中華大典

歷史典

上海古籍出版社

中華人民共和國國務院批准的重大文化出版工程

國家文化發展綱要的重點出版工程項目

新聞出版總署列為「十一五」國家重大工程出版規劃之首

國家出版基金重點支持項目

《中華大典》工作委員會

《中華大典》編纂委員會

《中華大典》前言

《中華大典》是運用我國歷代漢文古籍編纂的一部大型工具書。其目的是爲學術界及願意瞭解中國古代珍貴文化典籍的人士提供準確詳實、便於檢索的漢文古籍分類資料。

中國是世界文明古國之一，幾千年來纂寫和聚集的文化典籍浩如烟海。我國歷代都有編纂類書的優良傳統，具有代表性的《永樂大典》等大多已佚失，現存《古今圖書集成》編就距今也已數百年。爲了適應今天和以後研究和檢索的需要，一九八八年海内外三百多位專家學者和各古籍出版社同仁倡議，在已有類書的基礎上，用現代科學方法編纂一部新的類書《中華大典》。

國務院在關於編纂《中華大典》問題的批覆中指出，編纂《中華大典》「是我國建國以來最大的一項文化出版工程」。本書所收漢文古籍上起先秦，下迄清末，約三萬種，達七億多字，分爲二十四個典，近百個分典，内容廣博，規模宏大，前所未有。

《中華大典》的編纂工作堅持科學態度和百花齊放、百家爭鳴方針。儘量採用古精校精刻本，優先採用我國建國後文獻學和考古學的優秀成果。對傳統文化中重要的不同學派的資料，兼收并蓄。運用現代圖書分類的方法，對收集到的資料，精選、精編，力求便於檢索、準確可信。

這項工作從開始起就受到中共中央、國務院和有關部門的重視和支持。國家主席江澤民、國務院總理李鵬分別爲《中華大典》題詞。江澤民的題詞是：「同心同德群策群力認真編好中華大典爲建設有中國特色的社會主義服務」。李鵬的題詞是：「繼承和弘揚民族優秀傳統文化」。全國政協主席李瑞環、國務委員李鐵映也作了重要指示，要求抓緊辦理。一九九零年五月，國務院批准《中華大典》爲國家重點古籍整理項目。一九九二年九月，正式成立了《中華大典》工作委員會和《中華大典》編纂委員會，召開了《中華大典》工作、編纂會議。自此，《中華大典》的編纂工作由試點轉入正式啓動，逐步鋪開。

編纂《中華大典》，學術性很强，工作量很大，工程十分艱巨，全賴廣大專家學者和全國各有關高等院校、科研院所、圖書館、出版單位的鼎力支持與積極參與。大家本着弘揚中華民族優秀文化的心願，發揚奉獻精神，克服各種困難，團結協作，給這部巨大類書的出版提供了根本保證。在此謹表示誠摯的謝意。

對本書的批評與建議，我們將十分歡迎。

《中華大典》編纂委員會

一九九七年四月

二〇〇六年十一月修訂

《中華大典》編纂通則

一、性質：《中華大典》(以下簡稱《大典》)是對漢文古籍(含已翻譯成漢文的少數民族古籍)進行全面的、系統的、科學的分類整理和匯編總結的新型類書，是在繼承歷代類書優良傳統、考慮漢文古籍固有特點的基礎上，借鑒和參照近代編纂百科全書的經驗和方法編纂而成。編纂《大典》的目的，是爲學術界及願意瞭解中國古代珍貴文化典籍的人士提供各種分門別類的，準確詳細的古代漢文專題資料。

二、規模和體例：《大典》所收古籍的時限，上自先秦，下迄辛亥革命。全書共收各類漢文古籍三萬餘種，七億多字。全書體例，着重汲取清代《古今圖書集成》所採用的經目和緯目相交織這一統一框架結構的模式，同時參照現代科學的學科、目録分類方法，并根據各類學科内容的實際情況，一般將每一大類學科輯爲一典，也有將幾個相關學科共輯爲一典的。對各典名稱，均以現代學科命名，對於所收入的各種古籍資料，亦儘可能納入現代科學分類體系之中。

三、經目：大典共分二十四個典，即哲學典、宗教典、政治典、軍事典、經濟典、法律典、教育典、語言文字典、文學典、藝術典、歷史典、歷史地理典、民俗典、數學典、物理化學典、天文典、地學典、生物學典、醫藥衛生典、農業典、林業典、工業典、交通運輸典、文獻目録典。典以下以分典、總部、部、分部分級，分部之下的標目根據各學科特點由各典自行擬定。

四、緯目：共設置九項緯目，用以包容各級經目的具體内容：

① 題解：對有關學科的名稱、概念、涵義、特點等作總體介紹的資料。

② 論説：有關理論部份的資料。

③ 綜述：有關學科或事物的系統性資料，凡有關學科或事物的性狀、制度、範疇、特點及學科地位、發展情況等具體内容均編入此緯目中。

④ 傳記：有關人物的傳記資料。

⑤ 紀事：有關學科或事物的具體活動或事例的資料。

⑥著録：重要人物或文獻的有關著作資料，如專集介紹、序跋、藏書題記，以及有關著作的成書經過、版本源流等。

⑦藝文：有關屬於文學欣賞性的散文或韵文。

⑧雜録：凡未收入以上各緯目，而又有較高參考價值的資料，均入雜録。

⑨圖表：根據有關經目的内容需要，圖與表附於相關專題之下，或集中匯總於某級經目之後。

《大典》以内容分類安排各級緯目，各級緯目的正文，一般以原書爲單位，按時代順序排列。每一條資料前標明出處，包括書名或作者名、篇名或卷次，以利讀者核對原書。

五、書目：每分典後附有該分典所收書之書目，書目包括書名、作者、時(年)代、版本等内容。時代以成書時代爲準，成書時代不詳者，以作者主要活動時代爲準，并遵從歷史習慣。

六、版本：《大典》在選用版本時儘量採用古人的精校精刻本，亦採用學術界通用的近、現代整理圈點本及現代學者校點整理本。

七、校點：爲儘可能保存古籍原貌，《大典》祇對底本中明顯的脱、訛、衍、倒進行勘正。古本中的避諱字一般不作改動，祇對缺筆字補足筆畫。後人刻書時避當朝人諱而改動的字，據古本改回。《大典》採用新式標點法。

一九九六年八月

二〇〇六年十一月修訂

《中華大典·歷史典》編纂委員會

《中華大典·歷史典》前言

中華文明歷史悠久，包括史實記述、史書編修、史官設置、史學研究在内的歷史學極爲發達，歷史文獻浩瀚無垠。誠如梁啟超所説，「中國於各種學問中，惟史學爲最發達；史學在世界各國中，惟中國爲最發達」。

殷商時代，甲骨上的大量占卜文辭，是中國最早的反映族類記憶與國家記憶的歷史記録；卜辭與青銅器銘文中所述的遺史作册，是中國最早的重視歷史記録與保存文書的制度安排。西周時，周王朝的國史稱《周書》，諸侯國的國史或稱書，或稱乘，或稱春秋，或稱檮杌。孔子命子夏訪求周室史記，得百二十國寶書，墨子亦曾見百國春秋。這些都説明保存史料、編寫國史在周代已成通例。

春秋戰國時期，史學多元發展，繁盛一時。孔子以春秋各國史書爲基礎，參照所見、所聞、所傳聞的各種資料，以正名分、辨是非、克己復禮爲宗旨，删訂編修《春秋》，開私人修史之先河。《左傳》《竹書紀年》，是以年代爲序、以記事爲主的編年體史書。《國語》《戰國策》是以地區爲中心、以記言爲主的史書。至今不詳撰人的《世本》，則是按專題分載，注意記述地理環境、氏姓、工藝製作等社會經濟事項的特别史書，頗具文化史性質，被史家歸入别史一類。

秦漢以後，與大一統中央集權國家相適應，出現了司馬遷《史記》與班固《漢書》，鴻篇巨制，卓識美文，分别開創了紀傳體通史與紀傳體斷代史的體例，爲後來歷代王朝編纂國史提供了範本。東漢荀悦以《漢書》爲資料基礎，列其年月，比其時事，撮要舉凡，存其大體，編成《漢紀》，爲中國第一部編年體斷代史。

從三國、兩晉、南北朝到隋、唐，史書數量、種類都大爲增加。中國正史二十四史中的一半以上成書於這一時期，范曄的《後漢書》，陳壽的《三國志》，沈約的《宋書》，魏收的《魏書》，與唐初房玄齡、姚思廉、魏徵等人所修的《晉書》《梁書》《陳書》《隋書》等八部史書，或以史料豐贍、條貫清楚，或以敍事簡練、文風樸實，或以評論允當、見解過人，在史學史上各具特色。杜佑的《通典》，專記歷代經濟、政治、社會、文化等方面典章制度沿革，取材廣博，見解獨特，是中國第一部關於典章制度的巨著。劉知幾的《史通》，綜合研究歷代史學實踐與成果，溯其源流，判其得失，融會貫通，自成體系，在中國史學史上樹起了一座豐碑。李吉甫的《元和郡縣志》，爲中國現存最早的全國地理總志，記述各道鎮府州縣的户數、沿革、山川、道里、貢賦等，以地繫事，間有親歷資料，甚爲翔實，所創體例在中國地理史上有里程碑意義。

五代、宋、元時期，中國史學又有新的發展。司馬光的《資治通鑑》，上起戰國，下迄五代，遍閲舊史，旁采小説，抉擿幽隱，薈萃爲書，按年紀載，一氣銜接，其經緯規制，爲史學史上横空大作，後世典範。鄭樵的《通志》，上起三皇，下迄隋代，内容豐富，卓識多有，特别是其二十略，精心結撰，自出機杼，氏族、校讎、圖譜、六書、音韻、金石等略，均爲此前所無，豐富了歷史記載的範圍，成爲後代各種專門學問的先驅前導。馬端臨的《文獻通考》，專論歷代典章制度，上起上古，下迄南宋，敍事本於經史，參以歷代會要、各種傳記，旁采名流之燕談，稗官之記録，分門排列，有敍述，有考訂，有論斷，信者傳之，疑者棄之，爲此後同類史書所宗範。袁樞的《通鑑紀事本末》，李燾的《續資治通鑑長編》，徐夢莘的《三朝北盟會編》，李心傳的《建炎以來繫年要録》，劉昫的《舊唐書》，薛居正的《舊五代史》，歐陽脩的《新唐書》《新五代史》，王溥等人的《唐會要》《五代會要》，元人修的《宋史》《遼史》《金史》等，蔚爲大觀。樂史的《太平寰宇記》爲北宋初全國地理總志，體例與記述範圍較前人有所發展，注意記述風俗、姓氏、人物等人文地理内容，史籍之外，旁及詩賦，兼采仙佛雜記，保留了相當豐富的歷史資料。

明清時期，史學更爲繁榮。官修正史方面，宋濂等人修的《元史》，張廷玉等人修的《明史》，沿襲了歷代編修前朝歷史的傳統。《續通典》《續通志》《續文獻通考》《明會典》《清會典》《清通典》《清通志》《清文獻通考》，也繼承了此前同類史書的傳統。民間治史盛極一時，李贄的《藏書》《續藏書》，黄宗羲的《宋元學案》《明儒學案》，顧炎武的《天下郡國利病書》《日知録》，王夫之的《讀通鑑論》《宋論》，錢大昕的《廿二史考異》，王鳴盛的《十七史商榷》，趙翼的《廿二史劄記》，章學誠的《文史通義》，崔述的《考信録》，角度不同，風姿各異，均爲名著。歷史地理學、地方志、地方史空前發達。李賢等人編修的《大明一統志》，穆彰阿等人編修的《重修大清一統志》，顧祖禹的《讀史方輿紀要》，各省府州縣所修的難計其數的地方志，或繁或簡，或新創或續修，極大地豐富了歷史記述的内容。

中國究竟有多少歷史文獻，恐怕永遠也不會有確切統計。《漢書·藝文志》把史書放在「六藝略」内。《隋書·經籍志》開始把古代典籍分爲經、史、子、集四部，並在史部之下分正史、古史等十三類，著録史籍八百十七種，一萬三千二百六十四卷。清代《四庫全書》，史部著録（包括存目在内）二千零五十三種，三萬九千零九卷。《四庫全書》未收史籍，據後人研究，有二千九百三十八種，四萬五千三百六十三卷。兩者相加，得四千九百九十一種，八萬四千三百七十二卷。這個數字，還不包括收在集部中、史部未録的大量傳記、碑銘、史論、史評。據不完全統計，至清朝末年尚存留的史部著述約六千種，方志約一萬種，另有大量敦煌卷子、金石碑志、古代文書。

在中國歷史上，有過多次類書的編纂，其中有大量的史籍。明代編成的《永樂大典》，清代編成的《古今圖書集成》，其中都有大量的歷史資料和豐富的史書内容。

今日所修之《中華大典》，是在我國已有類書的基礎上用現代科學方法編纂的新的類書，《歷史典》是《中華大典》重要組成部分。《歷史典》全書約四千萬字，力圖通過經緯交織的方法，展示中國歷史與歷史學的豐富内涵。《歷史典》内容，上不設限，下迄清朝統治結束。《歷史典》借鑑了中國傳統類書與傳統史書的編纂方法，分爲三個分典：《史學理論與史學史分典》匯編關於中國史學之理論遺産與歷史發展的文獻，《編年分典》《人物分典》分别以編年、人物爲主幹匯編能夠反映中國歷史發展的文獻。中國古代歷史文獻浩如煙海，將豐富的歷史資料按照史學理論遺産、歷史發展脈絡、重要歷史人物的分類進行編排，有助於今天的讀者檢索、使用。

《歷史典》的工作，得到了《中華大典》工委會、編委會的指導與支持。《歷史典》是來自北京、上海衆多高校、研究機構的歷史學者通力合作的成果，各位分典主編專攻的歷史時段，連接起來，涵蓋了從上古到清末的全部歷史。各位分典主編學養豐厚，都有參與古籍整理與研究的經歷，對於此項工作兢兢業業，精益求精，參與具體編纂工作的各位同仁也都盡心盡責，黽勉從事，大家都爲能夠參加整理、研究祖國文化典籍，爲弘揚中華優秀文化貢獻自己的力量而感到無上的榮光。

熊月之

二〇〇七年十月二十九日

二〇一五年十二月一日修訂

中華大典·歷史典

編年分典

《中華大典·歷史典·編年分典》編纂委員會

《中華大典·歷史典·編年分典》編纂説明

《中華大典·歷史典·編年分典》，是《中華大典·歷史典》的分典之一，是關於上起先秦、下迄清末的中國歷史編年的大型類書。

《編年分典》是《中華大典·歷史典》中的編年紀事部分，原則上主要收録編年體裁的史籍。編年體是我國史書的古老體裁，通過編年紀事來展現歷史進程中的因果關係和連貫性。在編纂體例上，本分典的指導思想是：既要適應編年紀事的特點，又應符合資料以類相聚的要求，故而經目、緯目的設置不宜過細，可依據資料内容的性質或其體裁的形式適當歸類。本分典依據學科特點，按歷史時期的劃分，下設《先秦總部》《秦漢總部》《魏晉南北朝總部》《隋唐五代總部》《宋遼夏金總部》《元總部》《明總部》《清總部》等八個總部，總部下視文獻豐儉存佚的實際狀況設部。各總部設置綜述、史表、雜録三項緯目，雜録項包含備録、備論兩部分。

緯目中的綜述，主要取歷代主要的編年史書和正史本紀的紀事，雜互采摭，歸并剪裁，以事相從，統一編年，以期達到編年繫事相對齊備，從而上下貫通，展現中國歷史進程基本脈絡的目的。史表收録正史或他書中的將相大臣、百官公卿、宰輔、紀事等表，概述歷朝將相大臣興廢拜罷之迹，以作提綱舉要之用。雜録的備録部分，主要收録一些史料價值較高、較爲罕見的編年史籍，包括後人的輯佚書，以及一些别史的帝紀和載記類、雜史類中用編年紀事的史籍，以起到保存文獻和拾遺補闕的作用。雜録的備論部分，則收録歷代對各相關朝代國勢興衰、諸帝功過以及重大事件、制度、政令所作的代表性評論。

本分典綜述部分的紀年方法，先秦時期周平王四十九年以前，依據考古成果和歷史文獻，以歷史傳説人物和三代諸王世系爲序；周平王四十九年起用諸王和皇帝紀年，漢武帝建元以降用年號紀年，皆附以干支、公元紀年；分裂時期，參考傳統編年通史做法，取一家爲主，分注其他政權相應紀年。

本分典的編纂方案，是在已故主編方詩銘先生主持下設計制定的，經過專家會議論證，並由《歷史典》編委會討論修訂，各位專家和編委提供了很有價值的指導性意見；在編纂過程中，我們始終得到《中華大典》工委會、編委會的勉勵和關懷，並一直得到上海古籍出版社的支持和配合，也得到上海師範大學人文學院和古籍整理研究所領導的支持，對此我們表示衷心的感謝。我們期待讀者給予指正。

《中華大典·歷史典·編年分典》編纂委員會

二〇〇八年五月一日

二〇一五年十二月一日修訂

《中華大典·歷史典·編年分典》凡例

一、《中華大典·歷史典·編年分典》係《中華大典·歷史典》的分典之一，其下按歷史時期設總部，各總部下視文獻資料狀況設部。

二、本分典設綜述、史表、雜録三項緯目，均在總部下展開，部下不設緯目。

三、本分典秦以後各部一般以皇帝即位時日爲斷，並摘取正史本紀或其他書中對該帝的介紹性文字置於部首；先秦各部亦作相應處置。

四、本分典綜述部分的紀年方法，先秦時期周平王四十九年以前以歷史傳説人物和諸王世系爲序，周平王四十九年起以諸王和皇帝紀年。自漢武帝建元起以年號紀年，並用括弧注明干支和公元；遇有並立政權，取一家爲主，附以其他政權紀年。在位皇帝於年中改元，歲首即用新年號；新帝年中即位並改元，新部開始即用新年號。

五、本分典綜述部分一日内有多種引書，首部引書下保留干支，餘皆省略。

六、本分典綜述部分，遇有各史置閏不同，則據實際對應月日排序。所引各書四時、朔日記闕不一，皆仍其舊，未就一律。

七、本分典綜述部分所選文獻原文省略主語、姓氏、時間等，因摘録而致使語義歧異或不明者，用〔　〕補出。

八、本分典所録文獻若有節略，其節略部分一般以【略】注明。但綜述部分同一干支下若有多條紀事，而僅選取其中一或若干條，其未取諸條，則不用【略】標示。

九、本分典所録文獻，一般不作校勘。遇明顯錯訛，則以（　）括出，並將正確文字以〔　〕補入。

一〇、本分典中的卷次、繫年數字，均用一、二、三、四、五、六、七、八、九、〇標出，不用十、百、千、萬。

明總部

主　編：虞萬里
編纂人員：葉　舟　張曉東　陳　磊　秦　蓁
劉海琴　王　健　陳煒祺

《明總部》提要

本總部所涉及的中國歷史，起公元一三六八年，迄公元一六四四年，即爲明朝時期。現存記述這段歷史的編年類史籍，數量繁多，編纂中盡可能廣泛收録，並作了必要的甄別取捨。

本總部下依明代諸帝設一十七部（其中明英宗分作上下兩部），紀年依明帝年號，附以並立政權的紀年、干支及公元。

本總部下設綜述、史表、雜録三項緯目。綜述項以《實録》、正史帝紀、《國榷》及《明通鑒》等作爲編年脉絡，略采《昭代典則》《皇明大政記》《皇明資治通紀》等補充，一體剪裁，連貫而成。建文時期由於特殊原因，未有《實録》留存，相關編年諸書史料多有殘缺，故又摘取《革除編年》《建文朝野彙編》等書，希望稍補史料之闕。

史表項除《明史·宰輔年表》《明史·七卿年表》外，餘則取自清人所編《明宰輔考略》《明七卿考略》《殘明宰輔年表》。

雜録項分備録、備論兩部分。備録主要列編年類史籍及雜史類中用編年紀事的史籍。明末此類書籍尤多，故擇要選取，以見當時史事之一斑。備論略收歷代史家就明代重要史事所作的評論，以期對編年史事有所加詳。

目録

綜述

史表

雜録

備録

備論

綜述

明太祖部（起公元一三六八年，迄公元一三九八年）

《明史》卷一《太祖紀一》 太祖開天行道肇紀立極大聖至神仁文義武俊德成功高皇帝，諱元璋，字國瑞，姓朱氏。先世家沛，徙句容，再徙泗州。父世珍，始徙濠州之鍾離。生四子，太祖其季也。母陳氏。

洪武元年、元至正二八年（戊申、一三六八）

《太祖實録》卷二九 正月壬申朔，免百官朝賀。命禮官書四代考妣神主。

《國榷》卷二 甲戌，戒飭百官，將南郊。元萊陽守將世家寶降。

《明通鑒》卷一 乙亥，太祖祀天地于南郊，即皇帝位。定有天下之號曰明，建元洪武。

追尊高祖考曰玄皇帝，廟號德祖；曾祖考曰恒皇帝，廟號懿祖；祖考曰裕皇帝，廟號熙祖；皇考曰淳皇帝，廟號仁祖。妣皆皇后。

《太祖實録》卷二九 丙子，詔廼封皇族，以皇伯考爲壽春王；皇兄爲南昌王，爲盱眙王，爲臨淮王；皇從兄爲霍丘王，爲下蔡王，爲安豐王，爲蒙城王；皇姪爲山陽王，爲招信王；皇從姪爲寶應王，爲六安王，爲來安王，爲都梁王，爲英山王；皇伯妣劉氏爲壽春王夫人，皇嫂劉氏爲臨淮王夫人，皇從嫂翟氏爲霍丘王夫人，趙氏爲安豐王夫人。

《國榷》卷二 詔曰：「自宋運既終，天命真人于沙漠，入中國爲天下主。傳及子孫，百有餘年，今運亦終，海内土疆豪傑分争。朕本淮右庶民，荷上天眷顧，祖宗之靈，遂乘逐鹿之秋，致英賢于左右，凡兩浙、兩廣、江東、江西、湖湘、漢沔、閩廣、山東及西南諸部蠻夷，屢命大將軍與諸將校奮揚威武，已皆戡定，民安田里。今文武大臣，百司衆庶，合詞勸進，尊朕爲皇帝，以主黔黎。勉徇輿情，于吴二年正月四日即皇帝位，布告天下，咸使聞知。」

作太廟祭器，俱從時製，曰：「先人不習古籩豆也。」

湖廣行省平章楊璟攻永州，元右丞鄧祖勝乞援于全州，平章阿思蘭兵至，擊敗之。

元興化州降，湯和進兵延平。敕曰：「服人以德，負固乃威。凡推德先邇者，凡示威先大者。」又曰：「欲人不違，當使以信；欲人成功，當任以專。不信不專，爾之所短，故用爾戒。」

《明通鑒》卷一 丁丑，大宴羣臣于奉天殿。宴罷，謂御史中丞劉基曰：「堯、舜聖人，處無爲之世，猶且憂之。況德匪唐、虞，處天下者，其得無憂乎！朕賴諸臣輔佐之功，尊居天位，每念天下之廣，生民之衆，萬幾方殷，中夜思之，輒寢不安寐，憂懸于心。」

《國榷》卷二 戊寅，上自舊内遷新宫。

方谷珍入朝。上曰：「公胡反覆陰陽，勞我戎師耶？實公左右舞小智悮公，公不能自裁耳。」遂賜第京師。

《太祖實録》卷二九 辛巳，詔：「以銀青榮禄大夫、上柱國、録軍國重事、中書左丞相、宣國公李善長兼太子少師，銀青榮禄大夫、上柱國、録軍國重事、中書右丞相、信國公徐達兼少傅，銀青榮禄大夫、上柱國、中書平章、録軍國重事鄂國公常遇春兼少保，銀青榮禄大夫、大都督府右都督馮宗異兼右詹事，榮禄大夫、中書平章政事胡廷瑞、廖永忠、李伯昇俱兼同知詹事院事，資善大夫、中書左丞趙庸，右丞王溥兼副詹事，中奉大夫、中書參政楊憲、傅瓛兼詹事丞，榮禄大夫、同知大都督府事康茂才兼左率府使，榮禄大夫、同知大都督府事張興祖兼右率府使，驃騎上將軍、大都督府副使顧時兼同知左率府事，驃騎上將軍、大都督府副使孫興祖兼同知右率府事，鎮國上將軍、僉大都督府事吴楨兼左率府副使，鎮國上將軍、兼大都督府事耿炳文兼右率府副使，榮禄大夫、御史大夫鄧愈、湯和兼諭德，資善大夫、御史中丞劉基、章溢兼贊善大夫，嘉議大夫、御史臺治書侍御史文原吉、范顯祖兼賓客。初，御史中丞劉基、學士陶安言於上，曰：「適聞中書及都督府議，倣元舊制，設中書令，欲奏以太子爲之。」上曰：「取法於古，必擇其善者而從之。苟惟不善，而一槩是從，將欲望治，譬猶求登高岡而却步，渡長江而迴楫，豈能達哉？元氏胡人，事不師古，設官不以任賢，惟其類是與，名不足以副實，行不足以服衆，豈可取法？且吾子年未長，學未充，更事未多，所宜尊禮師傅，講習經傳，博通古今，識達機宜。他日軍國重務皆令啓聞，何必傚彼作中書令乎？」乃命詹同取東宮官制觀之。謂同等曰：「朕今立東宮官，取廷臣勳德老成者兼其職。老成舊人，動有典則，若新進之賢者亦選擇參用。夫舉賢任才，主國之本；崇德尚齒，尊賢之道。輔導得賢，人各盡職，故連抱之木，必以授良匠；萬金之璧，不以付拙工。」同等對曰：「陛下立法垂憲之意，實深遠矣。」於是，以李善長等皆兼東宮官。

周文貴自全州引兵援永州，左丞周德興等擊之，文貴敗走，斬其部將朱院判，獲元帥漆甲等六人。

壬午，上訪得皇后親族，欲授以官。后曰：「國家官爵，當與賢能之士，妾家親屬未必有可用之才。且聞前世外戚之家多驕淫奢縱，不守法度，有致覆敗者。陛下加恩妾族，厚其賜予，使得保守足矣。若其果賢，自當用之。若庸下非才而官之，必恃寵致敗，非妾之所願也。」上聞后言，遂止。

《國榷》卷二　胡廷瑞、何文輝攻建寧，元同僉達里麻、參政陳子琦等固守，因圍之。

癸未，元兵自廣西援永州，屯東鄉橋，甚盛。楊璟遣鎮撫吕深、指揮袁子明等擊敗之，寶慶衛百户周廸戰死。

《太祖實録》卷二九　甲申，詔遣周鑄等一百六十四人往浙西覈實田畝。謂中書省臣曰：「兵革之餘，郡縣版籍多亡，田賦之制不能無增損。征歛失中，則百姓咨怨。今欲經理，以清其源，無使過制，以病吾民。夫善政在於養民，養民在於寬賦。今遣周鑄等往諸府縣覈實田畝，定其賦税，此外無令有所妄擾。」復諭鑄等曰：「爾經理，第以實聞，無踵襲前弊，妄有增損，曲狥私情，以病吾民。否則，國有常憲。」各賜衣帽遣之。

丙戌，上御文樓，太子侍側，因問近與儒臣講説經史何事。對曰：「昨講《漢書》七國叛漢事。」遂問：「此曲直孰在？」對曰：「曲在七國。」上曰：「此講官一偏之説。宜言景帝爲太子時，常投博局，殺吴王世子，以激其怨。及爲帝，又聽鼂錯之説，輕意黜削諸侯土地，七國之變實由於此。若爲諸子講此，則當言藩王必上尊天子，下撫百姓，爲國家藩輔，以無撓天下，公法如此。則爲太子者知敦睦九族，隆親親之恩，爲諸子者知夾輔王室，以盡君臣之義。

《太祖實録》卷二九　丁亥，置中山衛親軍指揮使司，以周立爲指揮使。

《明通鑑》卷一　上御東閣，陶安、章溢等侍，因論前代興亡事。安謂：「喪亂之源，由于驕侈。」上曰：「居高位者易驕，處佚樂者易侈。驕則善言不入而過不聞，侈則善道不立而行不顧，如此者未有不亡。卿之此論，深契予心。」

《太祖實録》卷二九　壬辰，克建寧。時征南將軍胡廷美督兵攻建寧益急，達里麻不能支，夜潛至副將軍何文輝營納欵。詰旦，總管翟也先不花赤率衆詣文輝降。廷美怒二人不詣己，欲屠其城。文輝止曰：「吾與公同受命至此，爲安百姓耳。今城降，欲以私忿殺人，可乎？」廷美遂止。乃整軍入城，申嚴號令，毫髮無所犯。執參政陳子琦送京師，獲將士九千七百九十餘人，馬二百七十三疋，銀一萬六千三百兩，糧九萬八千六百四十石，命指揮費子賢領兵守之。廷美即廷瑞，避御字，改今名。

癸巳，上與諸儒臣論學術。翰林學士陶安對曰：「道之不明，邪説害之也。」上曰：「邪説之害道，猶美味之悦口，美色之眩目，人鮮不爲所惑，自非有豪傑之見，不能決去之也。戰國之時，縱横捭闔之徒，肆其邪説，游説諸侯。當時諸侯急於功利者多從其説，往往事未就而國隨以亡。此誠何益？夫邪説不去，則正道不興；正道不興，天下烏得而治？」安曰：「陛下所言，深探其本。」上曰：「仁義，治天下之本也。賈生論秦之亡，不行仁義之過。夫秦襲戰國之餘弊，又安得知此？」

庚子，以鄧愈爲征戍將軍，將襄陽、安陸、景陵等衛兵征取南陽以北未附州郡。

立大都督府斷事官，秩從五品。

立善世院，以僧慧曇領釋教事。立玄教院，以道士經善悦爲真人，領道教事。

置各處水馬站及遞運所、急遞鋪。

《國榷》卷二　湯和克延平。初，上使招陳友定，友定會諸將殺使者，取血和酒，盟諸將飲之。亡何，我兵至，友定戰不利，歸謂諸將：「彼遠鬬甚鋭，毋戰也，徒多殺將吏。吾墉山塹壑，蓄犀器飽士而久之。」皆曰：「善。」吏卒城守盡日夜，頗怨。諸將數請出戰，不許。已，疑部將蕭□、院判劉守仁，奪其兵，殺院判蕭□。劉守仁懼，來降，士卒多夜遁。圍十日，會軍器局火發，我急擊，陷之。友定出省堂，召樞密副使謝英輔、參政文殊海牙，訣曰：「公等善爲計，吾自死元耳。」按劍仰藥。英輔與達魯花赤白哈麻亦具服北向自經，文殊海牙、賴正孫等迎降。我兵舁友定屍，值大雷雨，復蘇。其子海自將樂來就死，并俘京師。上詰友定曰：「若殺我胡將軍，又不內使者，今何憊也！雖然，若降我，且官爾。否則伏銅馬。」友定恚曰：「已矣，毋多談！安得加死我乎？」伏銅馬。銅馬者，大馬也。遂併殺海。

《明通鑑》卷一　天下府州縣官來朝，陛辭，諭曰：「天下新定，百姓財力俱困，如鳥初飛，木初植，勿拔其羽，勿撼其根。惟廉者能約己而愛人，貪者必朘人以肥己。況人有才敏者或尼于私，善柔者或昧于欲，皆不廉致之也。爾等宜戒之！」

初，上克集慶，罷諸翼統軍元帥，置武德、龍韜等十七衛。後又罷元所設平章、總管等名，定以所部兵五千人爲指揮，千人爲千户，百人爲百户，五十人爲總旗，十人爲小旗。至是復用中丞劉基議，更定衛制，大率度要害地，係一郡者設所，連郡者設衛。衛五千六百人，所千一百二十人爲千户所，百十有二人爲百户所。所設總旗二，小旗十，大小聯比，以成隊伍，撫綏操練，務在得宜。凡有事征伐，則詔總兵官佩將印領之，既還則上所佩印于朝，單身歸第，軍士亦各歸其衛。權皆出自朝廷，不敢有所擅調。又定取兵之法，有從征，有歸附，有謫發。從征者諸將留戍之兵，歸附則勝國及僭僞諸降卒，謫發則以罪遷隸爲兵者，其軍皆世籍。此其大略也。

《太祖實録》卷三〇　二月壬寅朔，中書省臣李善長、傅瓛、翰林學士陶安等進郊社宗廟議。

征南將軍湯和遣使傳檄至漳州，元達魯花赤迭里迷實具服焚香，北面再拜，持斧斫印章，引刀自刎而死，總制陳馬兒以城降，和命指揮李執中往守之。

癸卯，詔御史大夫湯和還明州，造海舟漕運北征軍餉。命平章廖永忠爲征南將軍，以參政朱亮祖爲副帥，舟師由海道取廣東。

征南將軍胡廷美遣建寧降將曹復疇招諭汀州及寧化、連城等縣，元汀州路守將陳國珍納欵，泉州郡縣相繼降附。

丙午，征虜副將軍常遇春率師自濟南取東昌。

丁未，詔以太牢祀先師孔子于國學，仍遣使詣曲阜致祭。

戊申，上親祭大社大稷。

己酉，上謂侍臣章溢曰：「福建諸郡已平，但小寨未下。近遣湯和往明州造海舟，運糧北餉。吾欲令李文忠繼往，必全獲也。」溢力贊之。即日命文忠總兵往福建。

庚戌，遣右丞王溥齎上尊至濟南犒大將軍徐達等，仍頒賜于各衛將士。

壬子，先是，上嘗命中書省及翰林院官議於社稷壇創屋，以備風雨。至是，翰林學士陶安奏：「考諸禮，天子大社，必受風雨霜露，以達天地之氣。若亡國之社則屋之，不受天陽也。今於壇創屋非所宜。若祭而遇風雨，則於齋宫望祭。」上是之。

《國榷》卷二　壬子，翰林學士陶安進宗廟時享禮。命春特祭，餘三時合祭。太常寺進宗廟月朔薦新禮。上覽畢，悲歎久之，曰：「嘗聞爲人子者願爲兄。朕爲弟，養日不長，祭徒悲耳。」

《明通鑑》卷一　詔衣冠悉如唐制。

《太祖實録》卷三〇　癸丑，副將軍常遇春師克東昌，元平章申榮自經死，于是所屬茌平等縣皆降，遇春仍還軍濟南。

甲寅，平章楊璟遣千户王廷將兵取寶慶，進次郡陽茱萸灘。賊衆千餘據險拒戰，廷擊敗之。追至城下，周文貴遁去，餘衆猶據城拒守，廷進兵逼之。明日，賊衆縱火掠民財出走，遂下其城，留兵守之。

《國榷》卷二　丙辰，征南將軍廖永忠遣諭廣東元江西分省左丞何真。

《太祖實録》卷三〇　丁巳，命都督同知康茂才率師往濟南，從大將軍徐達北伐。

《國榷》卷二　己未，諭侍御史文原吉等曰：「日月之行，猶有薄蝕。朕凡事豈必盡善？臺臣久無諫諍，抑朕不能聽受耶？」

《太祖實録》卷三〇　庚申，大將軍徐達檄濟寧運糧一萬石，徐州二萬石，俱赴東昌。仍令守濟南指揮楊廣領新附軍士六千人赴齊東會大軍。

《國榷》卷二　壬戌，命贛州衛指揮使陸仲亨率兵自韶州擣德興，三方進師，會楊璟、廖永忠，犄角取兩廣。

甲子，命各行省作鴛鴦戰襖一萬，表裏殊色，可更服。

樂安守將俞勝復叛，徐達討平之。

《太祖實録》卷三〇　乙丑，上遣使諭大將軍徐達曰：「計將軍之師將至樂安，攻之半月可下。樂安既下，即引兵上黄河，取汴梁、河南。如樂安不下，作長圍困之，止留親軍攻守。彼外援不及，内食不繼，俞勝等將不戰而擒之矣。其羽林等衛壯士并各衛軍馬令都督馮宗異總之，都督同知張興祖、康茂才、右丞薛顯、參政傅友德諸將士等俱令至濟寧草橋，以聽調發。」

命中書議役法。上以立國之初，經營興作，必資民力，恐役及貧民，乃命中書省驗田出夫。于是省臣奏議：「田一頃，出丁夫一人，不及頃者，以別田足之，名曰『均工夫』。直隸、應天等十八府州及江西饒州、九江、南康三府計田三十五萬七千二百六十九頃，出夫如田之數。遇有興作，於農隙用之。」上諭中書省臣曰：「民力有限而徭役無窮，當思節其力，毋重困之。民力勞困，豈能獨安？自今凡有興作，不獲已者，暫借其力。至于不急之務，浮汎之役，宜罷之。」

丙寅，大將軍徐達等師至土河，距樂安五里，命軍士填壕以進。明日，俞勝部將朱鎮撫等報勝已遁去，達等率師趨樂安，營于城東南，其郎中張仲毅出降，樂安平，令指揮華雲龍守之。副將軍常遇春、都督馮宗異追勝不及，獲其將朱右丞而還。既而有報，元丞相也速、平章忽林台等軍至，達率兵出戰，元兵敗走，追奔八十餘里，殺傷甚衆，生禽樞密院判脱驩，并軍士數百人，獲馬三百匹。

《國榷》卷二　戊辰，陶安等議五冕。上曰：「五冕禮太繁。今大祀服衮冕，社稷等祀服通天冠、絳紗袍，餘已之。」

《太祖實録》卷三〇　庚午，詔中書省自今新除府州縣官給賜白金一十兩、布六疋。

《明通鑒》卷一　命選國子生國琦、王璞、張傑等十餘人，侍太子讀書禁中。琦等入對謹身殿，儀狀明秀，應對詳雅。上喜，因謂殿中侍御史郭淵友等曰：「諸生於文藝習矣。然與太子處，當端其心術，不流浮靡，庶儲德亦有裨助。」因厚賜之。

《太祖實録》卷三一　三月辛未朔，命户部及行省鼓鑄洪武通寶錢。其制凡五等，當十錢重一兩，當五錢重伍錢，當三錢重三錢，當二錢重二錢，小錢重一錢。

征戍將軍鄧愈達襄陽衛，指揮副使王遇成、孫茂先率兵分道取南陽。

《明史》卷二《太祖二》　詔儒臣修《女誡》，戒后妃毋預政。

《國榷》卷二　增國學齋舍。

《太祖實録》卷三一　壬申，克全州。先是平章楊璟兵圍永州，遣左丞周德興、參政張彬率兵取全州。至是，元平章阿思蘭聞王師至，率衆宵遁，州民以城降。於是道州萬户吴友遜、寧遠州土官李文卿、守藍山縣元帥黎茂陵等俱遣人請降，納元所授印章宣勅。

《國榷》卷二　癸酉，祀三皇太牢，遣祭仁祖陵及魯山淮河。

《太祖實録》卷三一　甲戌，上諭武臣曰：「汝曹從朕起兵，攻城畧地，多宣其力。然近日新降附者亦有推擢居汝輩之上，而爾等反在其下，非棄舊取新也。今天下一家，用人之道，至公無私。彼有智謀才畧，克建功勳，故居汝輩之上。夫有兼人之才，出衆之智，乃有超人爵賞。汝輩苟能日親賢士大夫，以廣其智識，努力以建功業，不患爵位之不顯也。」於是皆頓首感激，各賜綉衣以慰勉之。

《國榷》卷二　元江西分省左丞何真上廣東户籍、兵餉、印章，奉表降于廖永忠。事聞，詔曰：「元綱解紐，天下瓜分。朕除殘去暴，十有四年。邇者遣將四征，所向克捷。思昔豪傑之士，保境安民以待有德，若竇融、李勣，角立羣雄間，非真主不屈，此漢唐名臣，歎今未見。爾真連數郡之衆，不勞師旅，先期來降，又奚讓焉？於戲！爾實俊傑，識時達變，特遣驛召，朕將錫爾名爵。」

乙亥，徐達發樂安。

《太祖實録》卷三一　壬午，征南將軍廖永忠率舟師自福州航海趨廣東。

《國榷》卷二　癸未，元常寧州降。

甲申，征虜大將軍徐達定山東，奏得卒三萬二千餘人、馬萬六千餘匹、糧五十九萬七千餘石、鹽五萬三千七百餘引、布絹八萬七百餘匹。近臣請開山東銀場，上以勞民，不許。

丙戌，平章楊璟克武岡州。

徐達至濟寧，送衍聖公孔希學入京。開耐勞坡壩，引舟師自鄆城趨汴梁。

《明通鑒》卷一　戊子，命中書省給榜撫安山東郡縣。並令所在訪賢才，凡仕元者，皆予録用。

《太祖實録》卷三一　壬辰，征南將軍廖永忠舟師至潮州，何真遣其都事劉佐詣軍門，上其印章并所部圖籍。

丙申，征戍將軍鄧愈率兵趨南陽，前鋒至瓦店，遇南陽卒二百餘人，擊敗之，乘勝追奔。夜半，愈師至南陽城北。明攻其北門，克之，擒元守將蔡國公史克新、平章張居敬等二十六人，獲軍士一千五百餘人、馬一百五十匹，參政王國寶、副樞喬珍等皆降。

己亥，命禮官及諸儒臣編《存心録》。上以祭祀爲國大事，倉虞之間，儆戒或怠，則無以交神明。乃命禮官及諸儒臣編集郊社、宗廟、山川等儀及歷代帝王祭祀感應祥異，可爲監戒者，爲書以進。

大將軍徐達等至陳橋，左君弼、竹昌迎降。先是，元汴梁守將李克彝聞達至，召君弼謂曰：「公與南朝數接戰，熟其陣勢，今授公以兵，公前與戰，我從後乘之，何如？」君弼嘗感上歸其母，有降附意。因曰：「南朝軍鋒不可當。吾見其陣，輒膽落不能戰，故奔投至此。況徐相國善用兵，所向克捷，君弼安敢受命。」克彝無如之何，乃夜驅軍民遁入河南。於是君弼與竹昌等率所部兵詣建降。達入汴城，副將軍常遇春營于城外。克彝字景昌。

《太祖實録》卷三一　四月辛丑朔，中書省奏桑麻科徵之額。麻畝科八兩，木綿畝四兩，栽桑者以四年有成，乃徵其租。從之。

《明史》卷二《太祖二》　蘄州進竹簟，却之，命四方毋妄獻。

《太祖實録》卷三一　征南將軍廖永忠至廣州之東莞縣，何真率官屬迎見。

《國榷》卷二　潁州衛指揮使陸仲亨等略定英德、清遠、胥江、連州、肇慶等郡縣，進攻德慶，守將張鵬程遁，遂引兵會廣州。

甲辰，徐達自中灤進取河南，命都督僉事陳德守汴梁。

乙巳，征南將軍廖永忠次虎頭山門，元元帥張□降。

《太祖實録》卷三一　丁未，祫享太廟。

戊申，賜群臣享胙于奉天門。

大將軍徐達等率師自虎牢關進至河南塔兒灣。元將詹同脱因帖木兒以兵五萬迎戰，列陣于洛水之北十五里。我軍既成列，副將軍常遇春單騎突入其陣，敵發二十騎，攢槊刺之。遇春發一矢，斃其前鋒，彼軍奪氣，達遂麾衆乘之。時南風驟發，兵塵漲空，呼聲動天地，元軍陣亂退走，追奔五十餘里，俘獲無算。脱因帖木兒收散卒，走陝州。達遂進營于河南城北門，李克彝復走陝西。於是河南行省平章梁王阿魯温遣其副樞夏仲良送欵軍門。及暮，又遣參政鄭伯起、行省都鎮撫李敏等詣中軍見達。明日，阿魯温以梁王金印率官民出降，河南平。達命左丞趙庸守之，遣員外郎高瑞撫諭各處山寨，指揮任亮招諭嵩州。阿魯温者，察罕帖木兒父也。

征南將軍廖永忠師至廣州之龍潭，元將盧左丞遣鎮撫盧誠納欵，得其海舟五百餘艘，軍士二千九百六十五人，馬三百匹，糧五千餘石，命指揮胡通守之。

《國榷》卷二　命太廟俱金器。

命繪古孝行及身所歷艱難戰伐事爲圖，示子孫。曰：「富貴易驕，久遠易忘。後人生長深宫，惟習奢侈，不知祖宗積累之難，故示之。」

元國子祭酒孔克堅來朝，賜第一區，月粟二十石。

辛亥，元鄭州滎陽百尺寨守將參政楚諒降。

壬子，常遇春下嵩州。

乙卯，徵河南儒士睢明義、鉅鼎臣、程彦魯、秦彦洪、哈天民、王克明、馮子端、過仲德、單有志、王儀。

廖永忠克廣州三山寨，誅僞參政邵宗愚。

丙辰，元龍門守將參政保童、偃師守將儲德降。

《明通鑒》卷一　丙辰，禁宦官預政典兵。上謂侍臣曰：「史傳所書漢、唐宦官之禍，亦人主寵愛自致之耳。《易》稱『開國承家，小人勿用』。此輩在宫禁，止可使之供灑掃，給使令而已。若使宦官不預政，不典兵，雖欲爲亂，其可得乎！」

《太祖實録》卷三一　丁巳，平章楊璟兵克永州，元守將右丞鄧祖勝自殺。時璟圍永州，久不下，乃分命指揮胡海洋等於各門築壘困之，復造浮橋於西江上，練習軍士，示以必克。祖勝屢戰屢屈，至是食盡力窮，仰藥死。參政張子賢等猶率衆拒守。百户夏昇縋城詣璟降，因言祖勝死狀。夜三鼓，璟督兵四面攻之，胡海洋等踰城入，子賢復率衆巷戰。天明，衆潰，子賢與元帥鄧思誠等就執，并獲其全城士馬。璟調衡州衛指揮同知丁玉守之，於是耒陽等州皆遣人降。

戊午，大將軍徐達遣都督同知馮宗異、康茂才等分兵取陝州，又遣其麾下及降將楚諒招諭登封各處山寨頭目柴巖翁諒等，於是守鞏縣孟夏寨參政李成來降。

《國榷》卷二　辛酉，常遇春下汝州郟縣。

壬戌，都督同知馮宗異等至陝州，元將脱因帖木兒遁，入之。都督同知康茂才守陝州，宗異遣諭登封等山寨。

癸亥，置山東行中書省。江西參政汪廣洋調山東，翰林學士陶安爲江西行省參政。故參軍胡深贈縉雲郡伯。

侍儀范常爲翰林直學士，尋兼太常卿，尋以病免。歲餘，徵詣闕，如舊秩。尋遷起居注，又疾甚，乞休。上作詩五言貺之，賜敕，尋卒。子組，官雲南參政。

甲子，上發京師。馳諭馮宗異：「若克潼關，勿遽西，宜簡將守之，遏其援兵。爾回汴梁，俟朕議之。」

守方山寨儒官程夢魯降于徐達。

《昭代典則》卷三　馮宗異進兵攻潼關。初蒙古李思齊、張良弼聞王師取河南，即駐兵潼關以拒。既而火焚良弼營，思齊乃移軍退守葫蘆灘，遣其部將張德欽、穆薛飛守關。及王師至關，思齊棄輜重，走鳳翔，良弼奔鱗城。丙寅，宗異遂入潼關，引兵西至華州，蒙古守將望風奔潰。

《國榷》卷二　丁卯，指揮唐黑塔等攻裕州泉白寨，元平章郭雲堅守不克。元孟津守將萬户李恕、荅底寨知院陳德庸降。

《太祖實録》卷三一　是月，〔夏〕丞相戴壽總兵八萬征吳友仁，友仁入城自守，謂壽曰：「不須用兵，可遣參政文彦彬來，即投降。」是日，遂遣彦彬入城。友仁與彦彬約，丞相可設策，將義子明昭等誅之，不然必爲所害。壽回奏事，因朝會，設計拴明昭等，盡誅之。友仁同彦彬至重慶，請罪謝恩。

《太祖實録》卷三二　五月庚午，大將軍徐達自河南進至陝州。都督同知馮宗異請益兵守潼關，達調都督僉事郭子興將鷹揚衛指揮于光、威武衛指揮金興旺守之。

《國榷》卷三　昌國州蘭秀山盜陷象山縣，鄉兵蔣公直、王剛甫等擊破之。遣大理卿周禎録其功，賜公直、剛甫各百二十金。

《太祖實録》卷三二　癸酉，大將軍徐達遣蔣彦彰賚書往太原與擴廓帖木兒，又遣指揮王臻總虎賁、振武、驃騎、通州各衛將士往虢州等處取毛胡蘆山寨。毛胡蘆者，初南陽、鄧州等處義兵萬户府募土人爲兵，因其自相團結，故號曰「毛胡蘆」。

上幸汴梁，道郢州，駐蹕于東門。召知州李相諭之曰：「山東故官聽其從便居止，朕將用之。」相奏曰：「其有願赴京及還鄉者，未奉處分。」上曰：「往南京者日給廪餼，還故鄉者皆給米一斛。」

《國榷》卷三　袁州衛百户艾明擊山盜，戰死沙陂橋，予祭葬。

《太祖實録》卷三二　丙子，都督同知馮宗異還軍至陝州，大將軍徐達與之俱還河南。

《國榷》卷三　遣降將李二忻都從大將軍北征。

《太祖實録》卷三二　己卯，征南將軍廖永忠、參政朱亮祖等兵至梧州境，元達魯花赤拜住率官吏父老迎降。時元吏部尚書普顔帖木兒、張翱以便宜行事入廣西，行次藤州，聞永忠兵至，即募兵欲迎拒，民無有應之者。既而聞州守吳鏞出降，乃率所部百餘人走鬱林。亮祖勒兵追之，普顔帖木兒戰死，張翱赴水死。亮祖駐兵藤州，於是潯、貴等州郡以次皆降。

《國榷》卷三　辛巳，徐達、馮宗異等還河南，遣指揮唐英撫諭鞏縣諸山寨。

《太祖實録》卷三二　甲申，登封鞏縣雞翎山并天堂山寨復叛，大將軍徐達命指揮曹諒等率兵討之。

擴廓帖木兒遣尚書蔣也先、參政温某自太原，以馬二匹、白金二鋌詣大將軍徐達，脩饋禮。達受馬及金。明日，遣舍人王銘送也先赴京，仍遣温參政還報擴廓帖木兒。

指揮任亮以兵取露豹寨，克之。

庚寅，車駕至汴梁。

參政傅友德取凌青寨，克之，黑山寨守將聞風遁去。友德送所獲守仙人寨參政牛某等八人于大將軍。

辛卯，副將軍常遇春、都督同知馮宗異至行在謁見。上勞之，曰：「大將軍與將軍率師北征，不踰年平齊魯，下河洛，亦甚勞矣。」遇春頓首曰：「此皆陛下威德所致。臣等奉遵成算，得效驅馳，臣等之幸也。」

《明史》卷二《太祖紀二》　改汴梁路爲開封府。

癸巳，詔置中書分省于汴梁，以中書參政楊憲署省事。

指揮唐英及曹諒破雞翎山寨，獲叛將，送大將軍斬之。

甲午，參政朱亮祖引兵至梧州，容州同知明安不花贊、普寧縣達魯花赤買閭皆率父老來降。

乙未，指揮任亮克玉山等寨，擒其頭目李德，斬之。

《國榷》卷三　命常遇春復往河南。

丁酉，江南行省左丞何文輝，初召還扈從，改河南指揮使，守河南。

《太祖實録》卷三二　戊戌，參政朱亮祖師次貴州，元鬱林州知州張那海、同知王楚金皆來降。時土軍首領馮七脅衆反，大肆剽掠，郡邑騷然。那海自貴州還，捕擒馮七等三十餘人，斬之以徇，州境遂安。

《明通鑒》卷一　六月庚子朔，徐達朝行在，上置酒勞之，且謀北征，問計，達曰：「臣自平齊、魯，掃河、洛，王保保逡巡太原，觀望不進。及潼關既克，張、李失勢西竄，元之聲援已絶。今乘勢直擣元都，可不戰有也。」上據圖指示曰：「卿言誠是。然北土平曠，利騎戰，宜選裨將提兵爲先鋒，將軍督水陸之師繼其後，下山東之粟以給饋餉，使彼外援不及，內潰自生，必可克也。」達復進曰：「使元都克而其主北走，將窮追之乎？」上曰：「元運已衰，行自澌滅，不煩窮兵。出塞之後，固守封疆，防其侵軼可也。」達頓首受命。

《國榷》卷三　壬寅，上祀開封諸神，仍遣祭域內山川。

癸卯，徐達出次河陰。

甲辰，元海南海北道元帥羅福等來降，守雷州廉訪使廬山海牙走安南。

己酉，指揮曹諒克青山寨，元參政王興祖降。

《太祖實録》卷三二　己未，大將軍徐達師駐河陰。先數日，遣人督河南諸將來會。至是，常遇春至。遂發河陰向汴梁，是夕次陳橋。

《國榷》卷三　壬戌，楊璟、朱亮祖合攻靖江，克之。璟自永州攻靖江，屯北關。亮祖以蒼梧之師會于東門象鼻山，決其濠水，築隄並城，克其北門。元總制張榮射書約降，縋城出見，璟與之白帽百餘示別。夜入之，執平章也兒吉尼，趙元降，陳瑜、劉永錫、廉訪司僉事帖木兒不花、元帥禿鑾、萬户董丑漢、府判趙世傑皆自殺。參政張彬屯南關，忿守者詬之，欲屠其城，以璟禁殺而止。也兒吉尼送京師。

甲子，故陳友定將金子隆糾衆陷將樂，殺知縣馮源，攻延平，指揮羅德聚、千户李白擊卻之。

乙丑，賜北征諸將夏衣。

《太祖實録》卷三二　丙寅，命中書稽諸將士軍功。

《國榷》卷三　都督同知馮宗異爲征虜右副將軍。

置刻期百户所，選急足二百人專捷報，張德成領之。

金子隆復攻延平，官軍破走之。

《太祖實録》卷三二　戊辰，征南將軍廖永忠進師至南寧，元上浪屯田千户宋真執其守將平章咬住、參政那海，遣使詣降，永忠悉收諸司印章，命真守其城，送咬住等赴京師。

參政傅友德克神頂寨，元守將張知院等以其衆降。

《國榷》卷三　命浙江、江西、蘇、松、常、鎮等轉粟三百萬于開封。

永新州大雨水，蛟出江溢，溺人畜，命賑之。

《太祖實録》卷三二　是月，上以金子隆等寇未平，命平章李文忠率兵往討之。

上遣人祭元故將察罕帖木兒。

陳友定故將泉州陳總管復收集餘衆，攻陷同安縣，泉州衛指揮僉事周淵率兵擊之。淵馳馬直入其陣，斬陳總管，復同安。

七月己巳朔，征戍將軍鄧愈兵至隨州，元左丞王誠及守雞籠寨參政楊仲華等皆降。

《國榷》卷三　廣西左江太平府土官黄英衍、右江田州府土官岑伯顔等降于楊璟。

辛未，罷鑄錢，尋復之。

壬申，上自畫征進陣圖，馳授徐達，令各衛轉餉濟寧。

《太祖實録》卷三二　丙子，勑諭新授北方守令曰：「牧民之任，當愛其民。况新附之邦，生民凋瘵，不有以安養之，將復流離，失所望矣。爾等宜體朕意，善撫循之，毋加擾害。簡役省費，以厚其生；勸孝勵忠，以厚其俗。能如朕言，不但民受惠於汝，汝亦獲循良之名矣。」上乃命中書給賞，以勵其廉恥。

己卯，上在汴梁，復勑大將軍徐達等曰：「將軍駐師河洛，養鋒蓄鋭，經營布置，已見功緒。今軍中士卒皆賈勇思奮，况秋氣已近，糧餉粗足，乘機進取，維其時矣。宜調益都、徐州、濟寧諸將，各將精鋭，悉會東昌，以俟征進。」

壬午，新寨麻張等叛，征戍將軍鄧愈遣安陸衛指揮同知吴復等討平之。

《國榷》卷三　戊子，元平章阿思蘭以廖永忠遣指揮耿天璧再敗之，勢蹙，以象州降，廣西悉平。

己丑，都督同知康茂才兵自陝州渡河，取安邑、夏縣。

《太祖實録》卷三二　庚寅，上謂中書省臣曰：「中原兵難之後，老穉之孤貧者多有失所，宜遣人賑恤之。」省臣以國用不足爲對。上曰：「得天下者得民心也。夫老者，民之父母；幼者，民之子弟。卹其老，則天下之爲子弟者悦；卹其幼，則天下之爲父母者悦。天下之老幼感悦矣，其心有不歸者寡焉。苟聽其困窮而不之卹，民將憮然曰：『惡在其爲我上也。』故周窮乏者不患無餘財，惟患無是心。能推是心，何憂不足？今日之務，此最爲先，宜速行之。」

辛卯，平章楊璟等自靖江率師還京。

都督同知康茂才兵至河北，安邑、夏縣皆降。

《明史》卷二《太祖紀二》　〔上〕將還應天，諭達等曰：「中原之民，久爲羣雄所苦，流離相望，故命將北征，拯民水火。元祖宗功德在人，其子孫罔恤民隱，天厭棄之。君則有罪，民復何辜。前代革命之際，肆行屠戮，違天虐民，朕實不忍。諸將克城，毋肆焚掠妄殺人，元之宗戚，咸俾保全。庶幾上答天心，下慰人望，以副朕伐罪安民之意。不恭命者罰無赦。」

《國榷》卷三　丙申，上發開封，命右副將軍馮宗異留守。

焦山等寨盜寇汝州，何文輝遣指揮任亮擊破之。

丁酉，皇太子攝享太廟。

元邠州守將左豐楊降于楊璟。

徐達檄都督同知張興祖、平章韓政、都督副使孫興祖、指揮高顯等以益都、徐州、濟寧兵會東昌，命右丞薛顯、參政傅友德、左丞趙庸、平章曹良臣、俞通源、都督副使顧時、右丞梅思祖各分兵渡河。

南海盜馮蘭等作亂，義民闞敏擊賊，死之，贈敦武校尉、兵馬指揮司副指揮，表其鄉曰「忠義」，立祠歲祭。

戊戌，儒士李訥上書，乞有司存卹鰥寡。上然之。

《太祖實録》卷三二　是月，帶刀舍人周宗上疏曰：「陛下天縱聖明，神武不殺，數年之間，掃除羣雄，江南悉定，閩廣俱平，取山東，定河洛，易如拾芥。雖因天授，實由聖謨。今惟皇太子國之主器，四方之所仰望，宜於此時，擇忠良之士，與之居處燕遊。其侍御僕從，亦必選小心端正之人，使之日見正事，聞正言，知前代之興廢，辨人情之邪正，究事理之得失，考行己之是非。如是，則進脩德業，日就月將，善人日親，邪人日疏，福被兆民，萬世永賴也。國本既固，又必廣求人材而用之。今之所用人材，其學業才能皆由積習而後成，非一朝一夕所能得也。今不培之於將來，臣恐數年之後，壯者已老，少者未學，陛下欲求人材，何從而得焉？方今莫若於府州縣開設學校，置立學官，自公卿大夫至於庶人之子弟皆教養之，庶不失他日之用。」上善其言

《太祖實録》卷三三　閏七月己亥朔，遣使犒北征將士。

庚子，大將軍徐達等率師發汴梁，徇取河北州縣。時兵革連年，道路皆榛塞，人煙斷絶。是日次安丘，遣右丞薛顯、參政傅友德等取衛輝，元守將平章龍二棄城，走彰德。

元降將喬僉院叛于濟南，【略】指揮陳勝、楊春討平之。

辛丑，大將軍徐達等師至淇門鎮，參政傅友德以獲嘉縣尹胡仲信來見，達命仲信從鎮撫王虞仁守衛輝。

癸卯，大將軍徐達師至彰德，元平章龍二復出走，同知陳某等詣軍門降，以右丞梅思祖統和陽衛兵守之。明日，龍二部將楊義卿以船八十艘來歸。

甲辰，詔自汴梁至宿州立十站，每站置馬二十四。

乙巳，大將軍徐達等師至磁州，遣人詣虢州，召指揮王臻還兵守漳河。明日，達師至邯鄲，元守將遁去。

《明史》卷二《太祖紀二》　丁未，至自開封。

《太祖實録》卷三三　大將軍徐達等師至廣平，元平章周昱先棄城遁，大軍駐城中，邯鄲縣尹都文玉率耆老二十四人來降。是日，右丞薛顯獲元貊邦傑部將侯僉院至，言邦傑兵爲擴廓帖木兒所敗，其軍士妻子在趙州者悉爲豁鼻馬所虜。

《國榷》卷三　慈利軍民宣撫使夏克武等貢方物，授克武中書，覃垕湖廣理問。

《太祖實録》卷三三　己酉，大將軍徐達等師次臨清，遣人詣東昌，趣都督同知張興祖等以師來會，又檄守樂安指揮華雲龍將兵從征。

《明通鑒》卷二　詔徵天下賢才至京，授以守令。諭中書省曰：「布衣之士，新授以政，必先養其廉恥，然後責其成功。定制，自今除府州縣官，賜白金十兩，布六疋。」

《國榷》卷三　庚戌，參政傅友德游騎獲元將李寶臣、都事張處仁，遂導師。達因遣友德開道以通步騎，都督副使顧時浚閘以通舟師。

詔定軍禮。

《明史》卷二《太祖紀二》　壬子，常遇春克德州。

《國榷》卷三　癸丑，韓政、張興祖兵會臨清，徐達率步騎舟師北上，至德州，諸將皆集。

丙辰，官軍克太行山玲瓏等四寨及牛心寨，斬元僉院陳天祐等。

《太祖實録》卷三三　戊午，大將軍徐達等師至長蘆，元守將左僉院遁去，命指揮費子賢等守之。達遂趨清州，下之，遣人諭子賢分兵守清州。

辛酉，襄陽衛指揮王遇成督兵進攻光石腦寨，駐營小西門，令千户裴佐攻其大西門，又遣兵據卧羊嶺，斷其水道，吳興衛居指揮，攻茶牙山寨，據其澗。夜三鼓，分兵拔其五栅，其知院何政退保光石腦山尖寨。又明日，官軍進攻，破之，擒

僞副樞張成、僉劉敬等六十一人，斬之，獲軍士二千九百餘，駝馬牛羊三千二百餘頭，於是葉、舞陽、魯山等縣相繼降附。

大將軍徐達等師至直沽，獲其海舟七艘，作浮橋以濟師。達又令副將軍常遇春、都督同知張興祖各率舟師並河東西以進，令步騎遵陸而前，元丞相也速等捍禦海口，望風奔遁，元都大震。

《國榷》卷三　廣東何真率官屬入朝，授真江西行省參政。

《太祖實録》卷三三　癸亥，大將軍徐達等師至河西務，元平章俺普達朶兒只進巴率兵迎敵，我師與戰，大敗之，擒知院合剌孫及省院將校三百餘人，獲馬六百匹，船百餘艘，糧二千六百石，平章達朶兒只進巴等遁去。達進兵至通州，營于河東岸，常遇春營于河西岸。乙丑，達命衛吏田中爲通州判官，攝州事，括糧得四千五百石。元國公知院卜顔帖木兒等率兵出都城來禦戰，遇春敗之，擒卜顔帖木兒及副樞也先迭兒、脱脱帖木兒，獲馬四百匹，船百餘艘，國公五十八遁去。是日晡時，日有暈。丙寅，達率諸軍入通州城，指揮華雲龍以兵來會。是夜三鼓，元主及其后妃、太子開建德門北走。

平章李文忠率師攻破清流、寧化諸山寨，獲金子隆及其餘黨，閩地悉平。

詔免蘇州府吴江州水災田一千二百三十七頃有奇，糧四萬九千五百石，廣德、太平、寧國三府，和、滁等州水灾田九千六百餘頃，糧七萬六千七百三十餘石。

丁卯，大將軍徐達命都督副使孫興祖督軍士修築通州城。

《國榷》卷三　八月己巳朔，詔：「應天曰南京，開封曰北京，朕于春秋往來巡狩。」

《太祖實録》卷三四　庚午，大將軍徐達命馬指揮守通州，進師取元都。師至齊化門，命將士填壕登城而入。達登齊化門樓，執其監國宗室淮王帖木兒不花及太尉中書左丞相慶童、平章迭兒必失扑賽因不花、右丞張康伯、御史中丞滿川等戮之，并獲宣(讓)〔府〕、鎮南、威順諸王子六人及玉印二、成宗玉璽一，封其府庫及圖籍寶物等。又封故宫殿門，令指揮張焕以兵千人守之，宫人妃主令其宦寺護視，號令士卒無得侵暴，人民皆安堵。明日，順德守將吉右丞、胡參政、鄭參政皆自西山來降，武德衛軍校獲前樂安逃將俞勝及高參政、張郎中等。達遣指揮鄧畊赴京獻捷，仍命右丞薛顯、參政傅友德、平章曹良臣、都督副使顧時將兵偵邏古北諸隘口。

《國榷》卷三　壬申，徐達遣元尚書九住還太原，告諭擴廓帖木兒，又遣將應宗往涿州，招前廣平守將平章周昱，尋獲之。

《太祖實録》卷三四　癸酉，大將軍徐達命鎮撫吴勉攝大都路知府，知印謝秘攝同知，與本路舊官權行發遣公事。

甲戌，大將軍徐達遣人詣東昌，令平章韓政分兵守廣平，政遂招降白土等三十六寨。

《國榷》卷三　授張正常正一嗣教護國闡祖通誠崇道弘道大真人，領天下道教，革天師號，秩正二品。

乙亥，漳州府通判王禕奏：「人君修德之要有二，曰忠厚以存心，寬大以爲政。周家忠厚，故垂八百年之基；漢室寬大，故成四百年之業。簡策所載，不可誣也。臣聞之，人君莫先于法天道，莫急于順人心。法天道，順人心，則存于念自忠厚，行于政自寬大。」上嘉納之。時反元政，尚嚴厲，故禕以爲言。

《太祖實録》卷三四　丙子，上謂中書省臣曰：「任人之道，因材而授職。譬如良工之於木，小大曲直，各當其用，則無棄材。夫人亦然，有大器者或乏小能，或有小能不足以當大事，用之者在審察其宜耳。騂騮之材，能歷險致遠，若使攫兔，不如韓盧；鉛刀之割，能破朽腐，若解全牛，必資利刃。故國家用人，當各因其材，不可一律也。不然，則人材不得盡其用，而朝廷有乏人之患矣。」驍騎右衛千户陳諒巡還古北口，獲貊高部將李德明、劉荅失帖木兒、謝文振、尹野閭等三十九人而還。

丁丑，以將作司隸工部，革司農、大理二司。

中書參政傅瓛免。

大將軍徐達命指揮華雲龍經理故元都，新築城垣，北取徑直，東西長一千八百九十丈。

《國榷》卷三　遣官釋奠孔子，定春秋二仲上丁日。

定六部官制。尚書秩三品，侍郎四品，郎中、員外郎、主事遞次之。吏部尚書滕毅，侍郎樊魯璞，户部尚書楊思義，侍郎劉誠，禮部尚書錢用任，侍郎世家寶，兵部尚書陳亮，侍郎朱珍，刑部尚書周禎，侍郎盛原輔，工部尚書單安仁，侍郎張文。將作司隸工部，裁司農、大理二司。毅等入見，諭曰：「國家之事，總之者中書，分之者六部。凡諸政務，須竭心經理。或有乖謬，則遺患于天下，可不慎哉！」

御史中丞劉基予告。初，上北巡，基按劾不避權貴，官吏有犯，即捕治之。中書省吏李彬骩法，丞相李善長欲緩之，獄具奏可，即斬之。方旱，雨隨注。善長不懌，乘間訴其專，不聽。會妻喪，許歸青田。

有二風憲官廷訐，一甚口，一簡緩。上直其簡緩者，戒羣臣毋取便給。

戊寅，祀太社太稷。

上將復幸北京，諭六部官各任職。

徐達遣宣武衛鎮撫楊□以舟師守直沽。

《明史》卷二《太祖紀二》 己卯，赦殊死以下。將士從征者恤其家，逋逃許自首。新克州郡毋妄殺。輸賦道遠者，官爲轉運，災荒以實聞。免鎮江租稅。避亂民復業者，聽墾荒地，復三年。衍聖公襲封及授曲阜知縣，並如前代制。有司以禮聘致賢士，學校毋事虛文。平刑，毋非時決囚。除書籍田器稅，民間逋負免徵。蒙古、色目人有才能者，許擢用。鰥寡孤獨廢疾者，存恤之。民年七十以上，一子復。他利害當興革不在詔内者，有司具以聞。

《太祖實録》卷三四 大將軍徐達遣人詣東昌，諭平章韓政分兵守陵州。

督工修故元都西北城垣。

上念律令尚有輕重失宜，有乖中興，命儒臣四人同刑部官講《唐律》，日寫二十條取進，止擇其可者從之。其或輕重失宜，則親爲損益，務求至當。

《明史》卷二《太祖紀二》 壬午，幸北京。改大都路曰北平府。徵元故臣。

《國榷》卷三 徐達命傅友德分兵守蘆溝橋。

癸未，命徐達置燕山等六衛護北平，于是立大興、燕山、永清左、右衛。命徐達、常遇春取山西，留兵三萬人，分戍六衛，都督副使孫興祖、僉事華雲龍守之。

詔御史大夫湯和爲偏將軍，與平章楊璟從征山西。

免浙西長興、安吉明年田租，謂歸附以來，歲勞供億也。

《太祖實録》卷三四 戊子，大將軍徐達遣右丞薛顯、參政傅友德、陸聚等將兵畧大同。令指揮葉國珍計度北平南城，周圍凡五千三百二十八丈。南城故金時舊基也。

元翰林學士危素、張以寧、曾堅等謁見大將軍徐達于軍門，達以其儒者，禮遇之。

《國榷》卷三 己丑，元桂、彬等守將參政陳虎都率衆降。

壬辰，指揮曹諒等克裕州泉白寨，擒元平章郭雲等，送行在。上義其堅守，賜襲衣衾褥，授溧水知縣。

《太祖實録》卷三四 癸巳，車駕至北京。

大將軍徐達遣指揮張焕計度故元皇城，周圍一千二十六丈。又遣指揮薛某領東安州，降將左衛帥府副使段英、署丞劉夔子往本州，討未附守將哈剌赤。

《國榷》卷三 故元留守迭里迷失等謀作亂，事泄，僇其黨有差。

《太祖實録》卷三四 甲午，遣内官往放元宫人，且諭之曰：「元主耆淫，不恤國政，以致於亡。其宫人皆民家子，幽閉深宫，誠有可愍。爾至即放遣適人，勿使失所。」

《國榷》卷三 右副將軍馮宗異從征山西。

温州南溪人董孟怡等作亂，温州衛指揮僉事吴廣兵往，先諭散其黨，止誅孟怡等三人。

有御史許陶安隱事，上詰之，曰：「聞于道路。」上曰：「以道路之言中人，非法也。」命中書省斥之。

《皇明資治通紀》卷四 是月，有司奏造乘輿、服御諸物，應用金者，命皆以銅爲之。有司言，費小不足新。上曰：「朕富有四海，豈吝此？然所謂儉約者，非身先之，何以率下？小用不節，大費必至。開奢汰之原，啓華靡之漸，未必不由小而至大也。」

《太祖實録》卷三五 九月戊戌朔，大將軍徐達改故元都安貞門爲安定門，建德門爲德勝門。

《國榷》卷三 己亥，克東安州。

壬寅，置大都督分府于北平，都督副使孫興祖領府事，指揮華雲龍爲分府都督僉事。

癸卯，司農少卿杭琪爲户部侍郎。

元湖廣平章聶興、宗自德安率衆降。

江西行省參政陶安卒，年五十九。上自爲文祭之，追封姑孰郡公。

戊申，都督同知張興祖下永平。

甲寅，改各站曰驛。

乙卯，遣犒北征將士。

己未，置雷州衛、廣西衛。

鄧愈克洪山寨。

辛酉，湖廣保靖安撫司彭萬里來貢，授宣慰使。

《明史》卷二《太祖紀二》　癸亥，詔曰：「天下之治，天下之賢共理之。今賢士多隱巖穴，豈有司失於敦勸歟，朝廷疏於禮待歟，抑朕寡昧不足致賢，將在位者壅蔽使不上達歟？不然，賢士大夫，幼學壯行，豈甘没世而已哉？天下甫定，朕願與諸儒講明治道。有能輔朕濟民者，有司禮遣。」

《國榷》卷三　甲子，徐達遣常遇春、傅友德等發北平，取未下郡縣。

乙丑，常遇春下保定，遂下真定。

《太祖實録》卷三五　十月戊辰朔，車駕發北京，還京師。

《國榷》卷三　夏明昇遣使賀捷。

己巳，副將軍常遇春克真定，元平章孫克義遁入三門寨，遇春以指揮王金吾守之。克義尋又走平山寨，未幾來降。先是，真定路達魯花赤鈒納錫彰聞王師取元都，乃具朝服，登城西崖上，北面再拜，墜崖死。

右副將軍馮宗異、偏將軍湯和兵至武陟，遇懷慶邏騎百餘人，獲之。明日，兵抵懷慶，故元平章白瑣住等已棄城遁入澤州，官軍遂入城，獲將士八百人、馬五十匹，以指揮紀斌等守之。

辛未，皇太子攝享太廟。

壬申，右副將軍馮宗異、偏將軍湯和兵至太行山碗子城，破其關，故元守兵奔潰，宗異等駐軍星軺驛。癸酉，兵至澤州，故元平章賀宗哲、張伯顔等引兵遁去，遂取之，留兵戍守。既而擴廓帖木兒部將平章韓札兒、毛義等以馬步兵來攻，平章楊璟、參政張斌等往援之，與元兵遇於韓店，大戰，我師失利。

甲戌，元左丞王某自河中以衆攻潼關，都督僉事郭子興等禦之。兵始接，指揮于光持稍大呼，横衝其陣，敵衆披靡，子興等乘勝擊之，追奔數十里，元兵大敗。

乙亥，吏部尚書滕毅爲江西行省參政，刑部侍郎盛原輔爲吏部尚書。丙子，命中書省訪郡縣應祀神祇山川及帝王忠烈，令有司歲祭。

《明史》卷二《太祖紀二》　丁丑，至自北京。

《太祖實録》卷三五　右副將軍馮宗異、偏將軍湯和取潞州。

大將軍徐達遣指揮葉某等取齊堂山寨。

《明史》卷二《太祖紀二》　戊寅，以元都平，詔天下。

《國榷》卷三　己卯，有誣富人謀反者，臺臣以赦前宜戍，刑部擬抵罪。上問秦裕伯，對曰：「元時罪止杖一百，以開後告。」上曰：「奸徒不抵罪，誣且多矣。自今告謀反不實，反坐，著爲令。」

庚辰，諭宿衛武臣曰：「元君臣驕奢佚樂，今如此。朕日慎一日，卿等亦思曩在民間，視元將帥輕肥燄赫，何敢望之？當常勿忘貧賤時。」

《明史》卷二《太祖紀二》　戊子，徙北平城中兵民于開封。

《太祖實録》卷三五　己丑，置京畿都漕運司，設漕運使，正四品；知事，正八品；提控案牘，從九品。屬官監運，正九品；都綱，省注。以龔魯、薛祥爲漕運使。

《國榷》卷三　陸仲亨爲江西行省平章政事，元河南行省都鎮撫李敏爲工部侍郎。

辛卯，大都督府都事汪河爲吏部侍郎，使擴廓帖木兒，被拘陝州六年，今還。

《太祖實録》卷三五　甲午，詔徵元太史院使張佑、張沂，司農卿兼太史院使成隸，太史同知郭護、朱茂，司天少監王可大、石澤、李義，太監趙恂、太史院監候劉孝忠，靈臺郎張容，回回司天太監黑的兒阿都剌，司天監丞迭里月實一十四人至京。

《國榷》卷三　賜元昭文館學士李廷訓冠帶衣服。

《皇明資治通紀》卷四　司天監進元主所製水晶宫刻漏，備極機巧，中設二木偶人，能按時自擊鉦鼓。上覽之，謂侍臣曰：「廢萬機之務，而用心於此，所謂作無益，害有益也。使移此心以治天下，豈至滅亡？」命左右碎之。

《國榷》卷三　乙未，製大祀陪臣執事官法服。

裁考功所。

《太祖實録》卷三五　丁酉，大將軍徐達遣平章曹良臣率兵及馬指揮等守通州。

《國榷》卷三　浚後湖及石灰山龍灣河道。

定正旦朝會宴賀儀。

十一月己亥，告于太廟曰：「自古有天下者，祖皆配天。臣尚未敢，誠以功業猶未就，政治或闕，懼帝責焉。帝若問祖，祖告臣所行事善惡，帝鑒之。」

赦有司災異以實上。

《明通鑒》卷一　己亥，詔徵天下賢才，特遣起居注詹同、魏觀、侍御史文原吉等分行各府州縣訪求以聞。

《明史》卷二《太祖紀二》　庚子，始祀上帝於圜丘。

《國榷》卷三　還誥告太廟，御奉天殿，百官行慶成禮。明日，宴羣臣奉天殿。

徐達發北平，進取山西。

《太祖實録》卷三六上　辛丑，宴東宮官及儒士，各賜冠服。先是，上建大本堂，取古今圖書充其中，延四方名儒教太子諸王，分番夜直，選才俊之士充伴讀。上時時賜宴賦詩，商榷古今，評論文字，無虚日。是日，上命諸儒作《鍾山龍蟠賦》，置酒，驩甚，乃自作《時雪賦》，故有是賜。

《國榷》卷三　徐達次保定，明日薛顯克七垛寨。

《明通鑒》卷一　甲辰，詔以孔子五十六代孫希學襲封衍聖公，進二品秩，賜銀印。置衍聖公官屬，曰掌書，曰典籍，曰司樂，曰知印，曰奏差，曰書寫，各一人。立孔、顔、孟三氏學，曰教授，曰學録，曰學司，各一人。又立尼山、泗水二書院，各設山長一人。復孔氏子孫及顔、孟大宗子孫徭役。又授其族人希大爲曲阜世襲知縣。

《國榷》卷三　丙午，遣中書省照磨蘭以權詔諭廣西左右兩江溪峒官民。

定郡縣祭社稷、庶人祭里社土穀之神，及祭先祀竈，餘淫祀禁之。

《太祖實録》卷三六上　大將軍徐達師至真定，會副將軍常遇春于柳亭，調左丞趙庸守保定，令收諸未附山寨，又令安吉衛指揮趙興貴往守通州。

《國榷》卷三　中書省照磨孫安爲兵部侍郎。

癸丑，吏部尚書盛原輔調山東行省參政，大都督府都事張明善爲吏部尚書，刑部尚書周禎爲御史臺治書侍御史。

右丞薛顯追敗元詹同脱因帖木兒于石州。

《太祖實録》卷三六上　甲寅，户部侍郎杭琪言：「近工部欲發蘇、松、嘉、湖四府均工夫修浚城池。臣竊見各郡秋租未輸，農方種麥，時不可違。若令給役京師，計其往復道途，及役作之期，必經兩月，未免費糧食，妨農功。況今北征軍士戰襖未備，亦欲令民製辦，宜從寬假，以紓民力。」上曰：「古者役民，用其一則緩其二，既徵其布帛，豈宜復勞以力役？」遂罷四府均工夫，止令製戰襖以給軍士。

乙卯，大將軍徐達令指揮韋正守真定營壘，遣右丞薛顯、參政傅友德將鐵騎三千略平定州。明日，達發真定，次井陘，故元鳳山寨守將李景春遣人來降。

戊午，都督同知康茂才克河中府。時解州聞喜縣民結故元同僉吕德等據河中，與張思道連兵拒守，茂才調應天英武衛指揮朱明等與擊之，吕德等棄城遁。

大將軍徐達等師度固關，至平定州，令右丞薛顯取亂柳寨，不克而還。達進次新興店，副將軍常遇春邏騎獲故元右丞湯和卿。庚申，達至壽陽縣，守山寨頭目郝某來降，令吉右丞守之。遂進至黄次站，獲太原偵騎十五人，乃分兵扼榆次。

《國榷》卷三　癸亥，議耕籍禮。

上手書，召御史中丞劉基入朝。

甲子，定帝后、皇太子、妃嬪、百官命婦冠服之制。

丙寅，諭中書省臣曰：「將士相從有戰死者，天下已定，父母妻子可念也。遇時節，其預給薪米錢。」

定皇太子及品官庶人冠禮。

《太祖實録》卷三六下　是月，征戍將軍鄧愈率師討蜀河莽張，獲之，金、商、均、房之境悉定。

置潁州衛，命指揮僉事李勝守之。潁州自元季韓咬兒作亂，民多逃亡，野空虚。上因如汴道，過其地，遂命勝築城立衛，招輯流亡，民始復業。

《太祖實録》卷三七　十二月丁卯朔，以汪廣洋、劉惟敬爲中書省參政，楊憲爲御史中丞，錢塘爲刑部尚書，郭景祥爲浙江行省參政，阮崇禮爲江西行省參政，安然爲山東行省參政。

《國榷》卷三　禮部尚書廣德錢用任致仕，許居湖州。

徐達克太原，擴廓帖木兒出兵雁門關，將自保安窺居庸。達意太原必虚，彼即擣北平，孫興祖總六衛之師足禦也。遂輕騎抵太原，果還軍來救，鋒鋭甚。常遇春計步卒未至而輕與角，危道也，夜劫之，必潰。會元將豁鼻馬約降，請爲間，乃夜劫之。擴廓帖木兒方然燭視書，倉皇間跣一足，乘驏馬，以十八騎走大同。獲甲卒四萬，馬稱是。遇春追之忻州，不及，擴廓帖木兒又走甘肅。

《明通鑒》卷一　己巳，置登聞鼓于午門外，日令御史一人監之。凡民間詞訟冤抑，府、州、縣及按察司不爲伸理，及有機密重情，許擊登聞鼓，由御史引奏。其他户婚、田土及鬭毆、軍役等件，但許具狀赴通政衙門及當該衙門告理，不許徑自擊鼓。守鼓官不許受狀。有軍民人等故自傷殘恐嚇受奏者，由守鼓官校執奏，追究教唆主使之人，一體治罪。其後又移設于長安右門外，六科給事中派一人監之。

《國榷》卷三　上指宮中隙地，謂皇太子、諸王曰：「此非不可亭館臺榭，今使内使種蔬而已。漢文帝惜露臺之費，爾輩念之！」

《太祖實録》卷三七　庚午，大將軍徐達遣右丞薛顯、參政傅文德將雄武、寧國、横海衛步騎，邀擊賀宗哲等軍于石州。以戴復初署管州，丁玉明署忻州，蔣應宗署崞州，翁子奇守太谷。

《明通鑒》卷一　辛未，詔中書省會禮官定官民喪服之制。

時御史高原侃奏言：「京師人民，循習元俗，凡喪葬，設宴會親友，作樂娛尸，唯較酒肴厚薄，無哀戚之情。流俗之壞至此，甚非所以爲治。且京師者天下之本，萬民之所取則，一事非禮，則海内之人轉相視效，弊可勝言！況送終大事，尤不可不謹，乞禁止以厚風化。」上是其言。

《太祖實録》卷三七　壬申，大將軍徐達遣參政陸聚攻車子等山寨。

《國榷》卷三　改宣徽院爲光禄寺，徐興祖爲光禄寺少卿。

改太史院曰司天監，監令正三品。又置回回司天監，監令正四品。

《昭代典則》卷四　定三師朝東宫儀。上以東宫師傅皆勳舊大臣，當待以殊禮，朝賀東宫，難同庶僚，故命禮官考古定議。

《太祖實録》卷三七　癸酉，詔定皇太子、親王及士庶婚禮。

參政陸聚攻鳳山、成山、帖山三寨，降之。

《國榷》卷三　甲戌，馮宗異自潞州西至猗氏，擒元右丞賈成。明日，攻平陽，克之，擒右丞李茂。

乙亥，真定指揮李傑攻孔山寨，敗没。

《太祖實録》卷三七　丙子，先是，都督副使顧時於崞州獲前沂州逃將王信，又獲其叔父王仁於忻州。至是遣金指揮送於大將軍徐達所，凡四十八人，并印二顆，馬七十九匹，槖駝二隻。

《國榷》卷三　戊寅，徐達遣平章俞通源往平陽，督馮宗異兵會太原。

己卯，户部侍郎杭琪爲尚書。

徐達遣常文顯、馬良招諭忻、崞山寨，何文質招諭太和嶺山寨。

《太祖實録》卷三七　庚辰，參政陸聚督兵取故關山寨，克之。

《國榷》卷三　辛巳，起復濟南知府藁城崔亮爲禮部尚書，元浙江省掾。

《太祖實録》卷三七　壬午，詔中書省，命在京兵馬指揮司并管市司每三日一次校勘街市斛斗秤尺，稽考牙儈姓名，時其物價。在外府州各城門兵馬司，一體兼領市司。

《國榷》卷三　壬午，馮宗異克絳州，擒元右丞田保保、徐伯昌，獲將士五百人。

癸未，定中外官親屬冠服之制。

徐達遣指揮周房取榆次，開通潞州，參政陸聚克半坡寨。

甲申，徐達遣指揮曹崇、周賢、王約討介休、平遥山寇。

《太祖實録》卷三七　乙酉，太常司奏：「【略】今擬立秋後辰日祀靈星，立冬後亥日祀司中、司命、司人、司禄，如唐制，爲壇於城南。」上從之。丙戌，改順州爲順義縣，東安、固安及河南輝州、洪州俱爲縣，仍改檀州爲密雲、懷柔二縣。時廷議以各處州治有連轄數縣，有不轄縣而親隷民事者，於體未善。詔從其議。於是凡州之不轄縣治而改爲縣者六十有五。

《國榷》卷三　丁亥，祭戰没功臣胡大海等于雞鳴山，文臣殉難參軍李夢庚、郎中王愷、都事孫炎等附焉。

《太祖實録》卷三七　戊子，大將軍徐達遣指揮葉國珍取韓村寨，克之。

《國榷》卷三　吏部侍郎樊魯璞劾免。

己丑，頒社稷壇之制。

《皇明資治通紀》卷四　都邑設城西，左社右稷，各方二丈五尺，高三尺四寸，陛三級，祭用春秋二仲月上戊日。

《國榷》卷三　庚寅，立旗纛廟。

辛卯，宋冕爲開封知府。諭曰：「亂後多曠土，其勸課農桑，求實效。」

《太祖實録》卷三七　壬辰，遣符寶郎偰斯奉璽書，賜高麗國王王顓。遣知府易濟頒詔于安南。

定優給將士例。凡武官軍士兩淮中原者，遇有征守病故陣亡，月米皆全給之。若家兩廣、湖湘、江西、福建諸處陣亡者亦全給。病故者初年全給，次年半之，三年大半之。其有應地襲而無子及無應襲之人則給本秩之禄，贍其父母終身。

《國榷》卷三　遣諭夏主明昇書曰：「昔先公通使修好，遽爾長逝，朕思之泣下。感念先德，安得不爲足下慮哉？今人心思治，審幾識變，在足下自處何如耳。誠曰近老成練達之士，能籌善後之計，是竇融、錢俶復見于今日也。」

《太祖實録》卷三七　癸巳，大將軍徐達調守東昌平章韓政守順德，命守衛輝鎮撫王處仁率兵駐真定，聽調發，且命彰德守將别遣千户以兵三百人守衛輝。

孟州賊據乾河口寨，大將軍徐達遣太原智德往守祈縣靈樹口。

是歲，中書省奏，内外鼓鑄銅錢八千九百餘萬，天下州縣墾田七百七十餘頃。

洪武二年、元至正二九年（己酉、一三六九）

《國榷》卷三　正月丙申朔，上御奉天殿受朝賀，大宴羣臣。羣臣進退有禮，上悦。命婦朝皇后，坤寧宫賜宴。

封京都及天下城隍神，應天、開封、臨濠、太平、和、滁俱王爵，一品；餘府俱威靈公，二品；州俱靈祐侯，三品；縣俱顯祐伯，四品。

《太祖實録》卷三八　丁酉，指揮曹棠等討紅蓮溝山寇，平之。

大將軍徐達遣指揮張焕將兵萬人，取孟州山寨；指揮潘敬將兵三千，略管州大王川；又遣指揮韓温領指揮常守道等兵討亂柳寨。以參隨喬德源署朔州，李顔署沁州，王彦良、李茂、朱珍等署霍州及靈石、洪洞等縣。

建羣神享祀所於城南門外。

庚子，右副將軍馮宗異、偏將軍湯和等師至太原。

《明通鑒》卷二　上御奉天門，召元故臣至京師者入見。上詢以元政得失，馬翌對曰：「元有天下，以寬得之，亦以寬失之。」上曰：「以寬得之，則聞之矣；以寬失之，未之聞也。夫弦急則絶，民急則亂，居上之道，正宜用寬。元季君臣耽于逸樂，馴至淪亡，失在縱弛，實非寬也。大抵聖王之道，寬而有制，不以廢事爲寬；簡而有節，不以慢易爲簡；施之適中，則無弊矣。」

《國榷》卷三　辛丑，命有司祭祀典神祇。

甲辰，浙江行省參政蔡哲入中書。

乙巳，立功臣廟于雞鳴山。

徐達檄河南左丞何文輝從征。

《太祖實録》卷三八　大將軍徐達命右丞薛顯總寧國、長興、宜興及順德、澤潞等兵，取桃花、蟻尖等山寨。命參政傅友德領步騎巡太和嶺之西北，都督副使顧時領步騎巡太和嶺之東北。

《國榷》卷三　享太廟，功臣廖永安、俞通海、張德勝、桑世傑、耿再成、胡大海、趙德勝侑焉。

《太祖實録》卷三八　戊申，定翰林院官制：承旨正三品，學士從三品，侍講學士正四品，侍讀學士從四品，直學士正五品，典簿正七品。屬官待制從五品，修撰正六品，應奉正七品，編修正八品，典籍從八品。以侍讀學士朱升爲翰林學士，陳授、詹同爲直學士。

置河間長蘆、河東陝西二都轉運鹽使司，以周禎爲河間長蘆轉運使，朱珍爲河東陝西轉運使。置廣東、海北鹽課提舉司，提舉從五品，同提舉從六品，副提舉從七品，吏目省注。計廣東提舉司所屬十四場，歲辦鹽四萬四千六百三十一引有奇；海北提舉司所屬十五場，歲辦鹽二萬七千九百二十二引有奇，每引重四百斤。

《國榷》卷三　議驚蟄、秋分祀太歲、風雲雷雨，清明、霜降祀嶽、鎮、海、瀆及天下山川、城隍諸神。

《太祖實録》卷三八　己酉，擴廓帖木兒部將知院蔡孟周率其下六十餘人、馬七十餘匹，詣崞州降。

《明史》卷二《太祖紀二》　庚戌，詔曰：「朕淮右布衣，因天下亂，率衆渡江，保民圖治，今十有五年。荷天眷祐，悉皆戡定。用是命將北征，齊、魯之民饋糧給軍，不憚千里。朕軫厥勞，已免元年田租。遭旱民未蘇，其更賜一年。頃者，大軍平燕都，下晉、冀，民被兵燹，困征斂，北平、燕南、河東、山西今年田租亦與蠲免。河南諸郡歸附，久欲惠之，西北未平，師過其地，是以未遑。今晉、冀平矣，西抵潼關，北界大河，南至唐、鄧、光、息，今年税糧悉除之。」又詔曰：「應天、太平、鎮江、宣城、廣德供億浩穰。去歲蠲租，遇旱，惠不及下。其再免諸郡及無爲州今年租税。」

《國榷》卷三　遣都督孫遇仙等祭天下嶽、鎮、海、瀆，遣前國子祭酒孔克堅祀孔子于闕里。

癸丑，更定太廟時享，清明、端午、七月望、冬至。

祀馬祖後湖。

甲寅，常遇春征大同。

丙辰，傅友德屯朔州。

《太祖實録》卷三 己未，製四代帝后服事，下太常議。

《國榷》卷三 元翰林學士承旨危素、學士張以寧、王時、編修雷煥、刑部侍郎程徐、太常博士孫吾與、胡益、禮部員外郎曾堅、主事黄肅等入朝，賜冠服。尋拜素，時侍講學士，以寧侍讀學士，堅禮部員外郎，徐刑部侍郎，肅禮部主事。

《太祖實録》卷三八 庚申，副將軍常遇春率師至大同，故元守將竹貞等棄城走。官軍追至黑浦，擒知院眼子陳等八十餘人，獲軍士七千六百餘人，馬一千三百九十餘匹。

《昭代典則》卷三 敕諭太原諸將曰：「大將軍所至，敵人摧枯拉朽，天道昭然，可不敬乎？惟諸將軍留意，爾之功天授，爾之生亦天也。孟子有言：『五百年必有王者興，其間必有名世者。』今我朝之名臣，非爾等何人哉！古人功高自以爲平常，功平常自以爲無功，此古賢哲之道也。至若國家賞有功，罰有過，必不以功高爲平常，平常爲無功也。近者大夫湯和定淛左，平閩中，平章楊璟靖湖湘，定廣西，班師還朝，未曾定賞，爲大將軍等滅胡未還故也。於是再遣各官從大將軍征進。以湯和爲偏將軍，楊璟聽調。其璟兵出澤趨潞，中道與賊相拒，雖少算以累軍，此亦古今兵家常事耳，又何慮焉！太原之捷，皆得此爲犄綴，以分其勢，可不謂奇乎？今定左副將軍馮宗異居遇春之下，偏將軍湯和居宗異之下，偏將軍楊璟居和之下，協力同心，剪除餘虜。」

《太祖實録》卷三八 辛酉，大將軍徐達遣人榜諭澤、潞諸處士卒，毋得擾民，所獲敵人不許傷其肢體。其離散民人老幼給與完聚，各營不得拘留。

壬戌，湖廣行省臣言：「慶遠府地接八番溪洞，所轄南丹、宜山等處，宋元皆用其夷酋爲安撫使以統之。天兵下廣西，安撫使莫天護首來欵附，宜如宋元之制，録用以統其民，則蠻情易服，守兵可減。」上從之。詔改慶遠府爲慶遠南丹軍民安撫司，置安撫使、同知、副使、經歷、知事各一員，以天護爲同知，通判王毅爲副使。

右丞薛顯克潞州桃花寨。

癸亥，大將軍徐達遣參政陸聚分兵守井陘圖關。

《國榷》卷三 乙丑，平章韓政克蟻尖寨。寨在林縣西北四十里，倚陽山，突兀高聳，東有路可通人行。先是，劉福通攻陷林州，達魯花赤神保死之，州民吴庸、王居義等聚衆團結其上。洪武二年，徐達分兵攻諸山寨，惟蟻尖寨險絶不可下，命指揮薛顯往。時順德守將韓政列營進攻，吴庸度勢難支，乃殺居義等以降，得兵萬一千六百人、民三千五百二十人，悉放免復業，設林縣守禦所。

湖廣饑，賑粟三千五百七十餘石。

是月，倭掠山東海上。

二月丙寅朔，詔修《元史》。時得元十三朝《實録》，命左丞相李善長、前起居注宋濂、漳州通判王禕總裁，徵士汪克寬、胡翰、朱禧、陶凱、陳基、趙壎、曾魯、高啓、趙(方)〔汸〕、張文海、徐尊生、黄箎、傅恕、王錡、傅(徵)〔著〕、謝(著)〔徵〕纂修，開局天界寺。

遣阿思蘭、楊完者不花、鄧邦富、牛成、陳節詔諭雲南、日本等國。

丁卯，遣官釋奠太學。

戊辰，沅州土官萬户李德璵爲高丹洞軍民長官司，何夢章爲鎮遠、溪洞、金容、金蓮等處軍民長官司。

己巳，占城國王阿答阿者貢虎象方物。

徐達使張興祖守大同。

辛未，命吴用、顔宗魯、楊載使占城、爪哇等國。

壬申，常遇春還師太原。

乙亥，立皇陵碑。

丁丑，上仁祖淳皇帝陵曰英陵，遣太常祭告。

定侍儀舍人及校尉冠服。

《太祖實録》卷三九 戊寅，大將軍徐達、副將軍常遇春、馮宗異等率師於太原，晚次徐溝。

庚辰，故元丞相也速侵通州。時大軍征山西，北平守兵單寡，通州城中亦不滿千人。也速將萬餘騎，營于白河。守將平章曹良臣曰：「吾兵少，不可以戰。彼衆雖多，然亡國之後，屢挫之兵，可以計破。」乃密遣指揮仵勇等於沿河舟中各樹赤幟三，亘十餘里，鉦鼓之聲相聞。也述望之駕駭，遂引兵遁去。城中出精騎渡白河追之，至薊州，不及而還。

《國榷》卷三 河南府同知廣濟徐麟爲知府。時降人謀叛，約漏二十刻舉事，麟聞之，緩漏，昧爽捕誅之。

遣官祭馬祖先牧馬社。

《明通鑒》卷三 壬午，上親祭先農，配以稷。祭畢，行躬耕禮。是日，宴百官耆老于壇所。

《太祖實録》卷三九　甲申，大將軍徐達等師自霍州至平陽，右丞薛顯自桃花寨以兵來會，并以降將知院杜旺等一十一人見于軍門。遂令指揮王某統元帥革存道兵守平陽，圖取陝西。

《國榷》卷三　南北郊增天下神祇壇，定大祀省牲。

庚寅，語廷臣曰：「累黍可以成寸，積善可以成德。故小善可以成至善，小惡必至成大惡。」又曰：「積善如積土，久而不已，則可以成山；積惡如防川，微而不塞，必至于滔天。」

《太祖實録》卷三九　辛卯，大將軍徐達師自平陽，次河中，遣指揮張良造浮橋，選士馬從副將軍常遇春、馮宗異先渡河，趨陝西。

《國榷》卷三　甲午，諭羣臣曰：「元不重名爵，官及私昵，吏不恤民，惟酒色財貨。朕在民間心疾之。今考官事之治，唯重貪吏之禁，何以故？天禄不可虚也。夫廉公當官，猶行坦途，苟貪賄罹法，如入荆棘中，即出無完體。唯爾羣臣戒之！」

《太祖實録》卷四〇　三月乙未朔，大將軍徐達自蒲州率師渡河。明日，次蒲城之車渡店，七稜等寨守兵俱遁去，達命指揮朱明等以兵守之。元鄜城守將副樞施成來降，納其所受宣印，遂以兵守鄜城，仍令成同守。

丙申，命京衛將士練習武藝。是時諸將率師平中原，入關陝，而將士之留京師者多安逸。上諭之曰：「凡事必預備，然後有濟。先時浚流，臨旱免憂；已涸而汲，沃焦弗及。汝等當閒暇之日，宜練習武藝，不可謂無事便可宴安也。夫溺於宴安者必至於危亡，居安而慮危者乃可以常安。」又曰：「成功非易，保禄尤難。今國家之用人，正如用車，苟有齟齬不行，即移載他車矣。汝等其戒之！」諸將皆頓首謝。

《明通鑒》卷二　以旱災，祭告仁祖廟。

丁酉，祈雨，祭風雲雷雨山川等神。凡爲壇十八，中五壇，上親行祭告禮，餘遣官分獻。

《國榷》卷三　戊戌，諭指揮同知袁義曰：「爾麾下多山東健兒，宜加恩威。昔平章俞通海戰鄱湖，敵巨艦壓其舟，部卒奮死力首抵艦，鐵兜牟盡脱得免，豈非御士之效與？」

定大祀齊戒七日，中祀五日。

《太祖實録》卷四〇　己亥，大將軍徐達師次櫟陽縣之康橋，遣武德衛參隨喬巨川守同州，雄武衛參隨孫德等守滄頭及榛陽，遂趨鹿臺，以取奉元。

庚子，大將軍徐達師至鹿臺，遂入奉元路。初，元行省平章李思齊據鳳翔，副將許國英、穆薛飛等守關中，張思道與孔興、脱列伯、金牌張、龍濟民、李景春等駐鹿臺，以衛奉元。及聞大兵入關，思道等先三日由野魚口遁去。達至，遣都督僉事郭子興將輕騎直擣奉元，而自率大軍繼進。渡涇、渭，至三陵渡，父老千餘迎降。達遂按兵，令左丞周凱入城撫諭。明日，達整師入，改奉元路爲西安府，以夏德潤署府事，常達署經歷。達師之至鹿臺也，元陝西行省平章哈麻圖棄奉元，走盩厔，爲民兵所殺。平章歪頭、西臺治書侍御史王武遁去，復降，斬之。西臺御史桑哥失里守關家洞，達遣兵攻之，勢窮促，不屈，與妻子俱投崖死。左丞拜泰古逃入終南山，郎中王可仰藥死，檢校阿失不花自經死。三元縣尹朱春謂其妻曰：「吾當以死報國。」妻曰：「卿能盡忠，妾豈不能盡節？」亦俱投崖死。時關中既附，民饑，上聞之，命户賜米一石，繼又命赴孟津倉户，給米二石，民大悦。

《國榷》卷三　翰林學士朱升致仕。

諭諸將曰：「朕昔下金華，有館卒能言元時點兵事。使者問其主將曰：『兵有乎？皆安在？』將舉佩囊片紙，指名曰：『在此矣。』及天下亂，以農夫市人戰。汝等娱樂，不練士，有急安使？」

壬寅，參政陸聚克承天寨。

癸卯，常遇春、馮宗異等發西安，進取鳳翔。

《太祖實録》卷四〇　丙午，副將軍常遇春等師至鳳翔，李思齊懼，率所部十餘萬西奔臨洮。遇春勒兵入城，獲其部將薛平章等。

《國榷》卷三　戊申，諭翰林侍讀學士詹同曰：「文取達理，明世務，如《典》、《謨》無一語怪僻，諸葛孔明《出師表》誠意溢出，何嘗雕刻？詞深意淺，即過相如、揚雄，何益？」

《太祖實録》卷四〇　辛亥，大將軍徐達令各衛軍士造咸陽橋，以都督耿炳文守陝西，遂發陝西，趨鳳翔，承制遣平章楊璟率左丞周覬及張參政等還師征唐州。初兵下唐州，以指揮朱某守之。後唐州兵亂，殺朱指揮，蘇家寨賊將老馬劉及南陽郡縣皆相應而起。事聞，上遣人命達、璟等討之。

癸丑，置北平、廣西二行省，以山東參政盛原輔爲北平參政，中書參政劉惟敬爲廣西參政。廣西州縣先隸湖廣，及北平之真定等府州縣隸山東、河南省，皆復其舊。凡北平所轄府八、州三十七、縣百三十六、長蘆鹽運司一。

《國榷》卷三　甲寅，御史臺經歷劉希魯爲刑部尚書。

傅友德克鳳州。

《太祖實録》卷四〇　乙卯，大將軍徐達至鳳翔，以指揮吴宏署知府事，尋以鎮撫黄源署同知代宏，仍遣指揮余思明將兵守禦。

戊午，詔增築國子學舍。初即應天府學爲國子學。至是，上以規制未廣，謂中書省臣曰：「大學，育賢之地，所以興禮樂，明教化，賢人君子之所自出，古之帝王建國君民以此爲重。朕承圖弊之餘，首建太學，招徠師儒，以教育生徒。今學者日衆，齋舍卑隘，不足以居。其令工部增益學舍，必高明軒敞，俾講習有所，游息有地，庶達材成德者有可望焉。」

《國榷》卷三　四月乙丑，朔遣内臣金麗淵送高麗流人還國，賜國王王顓紗羅各六。

《太祖實録》卷四一　丙寅，大將軍徐達在鳳翔，會諸將議師所向。諸將咸以張思道之才不如李思齊，慶陽易於臨洮，欲先由豳州取慶陽，然後從隴西攻臨洮。達曰：「不然。思道城險而兵悍，未易猝授。臨洮之地，西通蕃夷，北界河湟，我師取之，其人足以備戰鬬，其土地所產足以供軍儲。今以大軍蹙之，思齊不西走胡則束手就降矣。臨洮既克，則旁郡自下。」諸將然之。達乃留御史大夫湯和守營壘輜重，令指揮金興旺偕余思明等守翔，遂移師赴隴州。上遣使即軍中，命副將軍常遇春率師赴北平。先是，元將也速以兵屯道州，至白河遁去，至是有報胡兵復欲入寇，故遣使馳報遇春等，令率所部兵還北平，取巡北餘寇。

《明通鑑》卷二　戊辰，置陝西、山西行中書省。改河南分省爲行省。

《明史》卷二《太祖紀二》　己巳，諸王子受經於博士孔克仁。令功臣子弟入學。

《太祖實録》卷四一　庚午，大將軍徐達師至秦州馬跑泉，元守將吕德、張義等遁去，獲其部將鎮撫王某。遣都督僉事陳德領兵追吕德於鹽館，獲之。以鷹揚衛百户李德春權守秦州，參隨陳忠署州事。

《國榷》卷三　徵故元回回司天臺官鄭阿里等十一人至京師。

辛未，元海北道廉訪司僉事李文煥致仕，賜歸淮安。

壬申，徐達檄都督耿炳文、指揮金興旺各轉餉五千石，赴鞏昌。

《太祖實録》卷四一　甲戌，大將軍徐達師入伏羌，取寧遠，遣指揮諸秭收捕伏羌山洞，以參隨苗成署縣事，百户何勝守寧遠，參隨劉彦龍署縣事。

乙亥，大將軍徐達師至鞏昌，元守將平章梁子中、侍郎陳子林、郎中譚某、員外郎鄢某俱出降。既而總帥汪靈真保、平章商暠、左丞周添祥、達魯花赤張虎都帖木兒、萬户董禔、雷清、石榮等亦繼至，達皆禮待之。遂以都督僉事郭子興守其城，送汪靈真保等赴京。仍遣右副將軍馮宗異將天策、羽林、驍騎、雄武、金吾、豹韜等衛將士征臨洮，都督副使顧時、參政戴德各將本部兵征蘭州。

《明史》卷二《太祖紀二》　編《祖訓録》，定封建諸王之制

《國榷》卷三　工部尚書單安仁爲兵部尚書，孫克義爲工部尚書。

貽元主書曰：「曩者君之祖宗起自北方，奄有中土。及君嗣位，中外猶安。一旦多故，天下鼎沸。朕本淮右布衣，仗義興兵，君亦知天命，遜于沙漠。朕非不能窮追，以君知時通變，于心不忍。近聞兵擾邊陲，抑君失策而然耶？若果不自省，恐非君之福也。」又諭元臣納哈出書曰：「將軍昔自江左辭還，不通問十五年矣。近聞戍守遼陽，士馬强盛，茲因遣内臣至將軍營，即令其還，書不多及。」

《明史》卷二《太祖紀二》　丙子，賜秦、隴新附州縣税糧。

丁丑，馮勝至臨洮，李思齊降。

《國榷》卷三　顧時克蘭州。

己卯，左丞薛顯克馬鞍山西寨。

《太祖實録》卷四一　癸未，大將軍徐達師至會州，以參隨黎宗文署州事，指揮陳壽、周用等守之。時部將有欲括所下州縣羊馬，以供軍用者，達謂之曰：「西北之民，素以畜牧爲生，今奉命弔伐，本以安民，若盡括其所資，彼將何以爲生？」不許。

《國榷》卷三　甲申，上以臨洮下，遣諭徐達曰：「張思道兄弟多詐，即來降，勿墮其計。」

《太祖實録》卷四一　乙酉，大將軍徐達師至靖寧州，故元知院杜伯卜哈遁去。達遣指揮潘某將兵追之，不及，獲其人馬還報。乃遣人招之，復遣兵徇下隆德縣。明日，師度六盤山，至開城。諜報故元豫王駐西安州，遂令平章俞通源立柵守開城，移兵趨西安，次于海那都，遣右丞薛顯將精兵五千人襲豫王，豫王遁去，獲其人口頭目及車輛而還。

《國榷》卷三　戊子，太倉衛指揮僉事翁德爲指揮副使。時倭掠崇明，德出海，獲倭九十二人。仍遣祭海神。

癸巳，淮安、寧國、鎮江、揚、台、澤州各獻瑞麥，羣臣表賀，不許。

《昭代典則》卷六　五月甲午朔，更英陵曰皇陵，立皇陵衛以守之。

《國榷》卷三　薛顯至鳴沙，獲王保保部將毛祥、知縣尹鐸、李遵正、郭英、左丞董信、任弘等，并馬六千餘匹。大將軍至紅城還。

遣陝西行省員外郎許允德詔諭吐蕃。

《太祖實録》卷四二　丁酉，大將軍徐達師出蕭關，遂下平凉，父老相率持羊酒來迎。遣指揮儲秭往隆德、靖寧，會指揮吴汧、陳壽收未附山寨。又遣段答刺罕、參政麻毅等招諭華亭等處。指揮朱明克延安，遂以明守之。

辛丑，張良臣以慶陽降。初，張思道在慶陽，聞王師克臨洮，懼而走寧夏，而使其弟良臣與平章姚暉守慶陽。思道至寧夏，與金牌張等俱爲擴廓帖木兒所執。大將軍徐達既下平凉，即謀取慶陽，令御史大夫湯和遣軍往涇州，別遣指揮張煥將騎兵偵邏慶陽。會和部將謝三遣人招良臣，良臣以其兄被執，遂以城降。良臣驍勇善戰，軍中呼爲「小平章」。

《國榷》卷三　作玉璽，一曰「奉天執中」。

壬寅，都督僉事陳德克里店，買的哥即保寨。

《明通鑒》卷二　癸卯，始祀地于方丘，有司復請配位，上執不許。固請，乃曰：「俟慶陽平議之。」禮成，仍詣太廟恭謝，如圜丘儀。上祀方丘，患心不寧，學士宋濂從容言曰：「養心莫善于寡欲。」上稱善良久

《國榷》卷三　徐達發平涼，明日至涇州。

乙巳，上幸鍾山，見農勞，由獨龍岡步至淳化門，始騎歸。諭侍臣曰：「農爲國本，彼辛苦若是，獨不念之乎？古人謂衣帛當思織女之勤，食粟當思耕夫之苦，誠惻然于心也。」

戊申，張良臣復據慶陽叛我。右丞薛顯將五千騎、步卒六千入慶陽，良臣夜襲我，執指揮張煥，顯創走。徐達聞之，歎上明見萬里外。

《太祖實録》卷四二　甲寅，大將軍徐達遣兵畧慶陽。先是，右副將軍馮宗異、參政傅友德聞張良臣叛，率師自臨洮至涇州，御史大夫湯和亦將所部來會。至是，達恐其黨與相扇爲聲援，乃先遣兵抄其出入之路，平章俞通源將精騎畧其西，都督副使顧時畧其北，參政傅友德畧其東，都督僉事陳德畧其南。

《國榷》卷三　置福建行省，中書省參政蔡哲爲參政。諭曰：「君子先辨義利。義者，保身之本；利者，敗名之源。福建繁庶，多番舶，卿其慎之。」

辛酉，命時物先薦廟，始供御。

御史中丞章溢卒。

《太祖實録》卷四二　綏德葭州守將孫知院、孔榮、關二俱詣大將軍徐達降，達調指揮章存道、宋明等收集各鎮官軍分守之。

《昭代典則》卷六　是月，詔追封皇外祖考爲楊王，妣爲楊王夫人，並建廟于太廟之東，以時奉祀。

《國榷》卷三　六月甲子，徐達降寧州。

《太祖實録》卷四三　丙寅，功臣廟成。命論次諸功臣之功，以徐達爲首，次常遇春，次李文忠，次鄧愈，次湯和，次沐英，次胡大海，次馮國用，次趙德勝，次耿再成，次華高，次丁德興，次俞通海，次張德勝，次吴良，次吴禎，次曹良臣，次康茂才，次吴復，次茅成，次孫興祖，凡二十有一人。於是命死者塑其像于廟祀之，仍虚生者之位。

《國榷》卷三　丁卯，思州土官田仁厚子弘正入貢，俟釋服嗣秩。

戊辰，徐達以鳳翔守禦指揮余思明守平涼。

諭國子生習射。

上讀《叔孫通傳》，以魯兩生不肯行，迂之。「禮因時制宜，孔子云：『朞月三年必世』，亦時也，庸待百年哉！」

《太祖實録》卷四三　甲戌，大將軍徐達遣指揮陳壽將兵守原州，黄旺守涇州。涇州邏卒獲慶陽小元帥諜者張五十九，斬之。達遂自涇州率諸軍趨慶陽。己卯，駐于東原，令右副將軍馮宗異、御史大夫湯和、都督副使顧時、參政戴德以兵四面圍其城。張良臣開城西門出没，恣人馬馳驟城下。達怒，督宗異進營，逼其西門，遣寧國衛將士守其小東門。明日，張良臣以兵出戰于東門，都督副使顧時擊敗之，獲其裨將九人，斬之。

《昭代典則》卷六　己卯，常遇春克開平。上命遇春自鳳翔赴北平，平章李文忠輔之。遇春、文忠率步卒八萬、騎士一萬，自北平往取開平，道三河，徑鹿兒嶺，過會州，敗故元將江文靖兵于錦川，得士馬以千計。次全寧，故元丞相也速復以兵迎戰，又敗之，也速遁去。進攻大興州，文忠謂遇春曰：「元兵必走！」乃分兵千餘爲八屯，伏其歸路。虜果夜遁，遇伏，大破之，擒其丞相脱火赤，遂率兵道新開嶺，進攻開平。元主先已北奔，追北數百里，俘其宗王慶生及平章鼎住等，斬之。凡得將士萬人，車萬輛，馬三萬匹，牛五萬頭，薊北悉平。

《太祖實録》卷四三　辛巳，大將軍徐達督兵攻慶陽四門，城上矢下如雨，達兵不爲之動。既而，別將李德明遲環州，獲張良臣諜者竹笴，斬之以徇城。笴，張思道理問也。王保保自寧夏遣其來慶陽，覘伺王師，慶陽既受圍，張良臣復遣還寧夏求援，故獲斬之。仍以參隨王敬祖將兵守彭原。

《太祖實録》卷四三　壬午，張良臣自西門出兵挑戰，寧國衛兵與戰，少却。良臣復以兵薄興武衛營，指揮張四堅壁不動，右副將軍馮宗異以兵擊之，良臣走還。達復以都督僉事陳德守其西門。

《國榷》卷三　安南國王陳日煃入貢。命翰林侍讀學士張以寧、典簿牛諒往封日煃安南國王。十一月及境，日煃先五月卒，從子日熞嗣，求誥印，不予。乃遣杜舜欽等請命，以寧留俟安南。

癸未，革中書省照磨、檢校所斷事官。

乙酉，參政傅友德移兵會慶陽城下。

丙戌，右副將軍馮宗異營卒夜獲王保保諜者四人，斬之。

《國榷》卷三　丁亥，太廟祭器成。諭禮官曰：「邇用古籩豆，宋太祖曰：『吾先人亦不識此。』孔子曰：『事死如事生，事亡如事存。』其言可法。今廟器俱時製，象其平生焉。」

戊子，宋濂爲翰林學士，王禕待制。

故元左丞陳彎等攻鳳州，指揮張龍等擊斬之。

《太祖實録》卷四三　庚寅，慶陽大雨雹，山水泛溢，張良臣縱兵出城爭汲，龍驤衛兵擊之，戰至二鼓，敵大敗。

《國榷》卷三　壬辰，故海寧衛指揮同知嚴德追封天水郡公。

七月癸巳朔，禮部侍郎世家寶爲刑部尚書。

甲午，徐達遣降將李茂以千騎復捕隆德以西之未附者。

乙未，遣儒士歐陽佑等十二人採北方故元元統、至正事，入《元史》。

丙申，成太廟各帝后紗服。

《明史·太祖紀二》　己亥，鄂國公常遇春卒於軍，詔李文忠領其衆。

《國榷》卷三　丁未，廣西左右江各土官來貢。命岑伯顔知田州府、岑漢忠知來安府、黄世鐵知向武州、黄英衍知太平府、黄忽都知思明府、趙帖堅知龍州。

中書省議徙廣西諸溪峒人于内地，杜邊患，不許。

西番達達寇臨洮，會寧指揮楊廣擊走之。

戊申，李茂獲杜卜哈及將張演、達達、大都虎以歸。

《太祖實録》卷四三　己酉，置麻寮千户所。初，慈利縣人唐勇集兵據麻寮寨。吴元年大軍次澧州，勇率衆降。至是，置千户所，以勇爲千户守之。

張良臣復以兵出東門挑戰，龍驤衛官軍擊敗之，獲其樞密同僉等官。

辛亥，王保保部將韓扎兒攻破原州，指揮陳壽等俱陷没。大將軍徐達聞報，與都督馮宗異、參政傅友德議，以驛馬關當其衝，遣右丞徐禮將兵守之。又遣指揮葉谷真守彭原，調指揮韋正守邠州。宗異復與達謀曰：「今大軍圍慶陽，張良臣雖困，未能遽下。王保保欲爲良臣聲援，故令扎兒攻原州，欲以援慶陽。請得移軍逼關以扼原州，彼無所施矣。」達然之。宗異遂以其軍西臨驛馬關，去慶陽三十里而軍。是夜，扎兒復攻陷涇州，丁千户退保靈臺縣。

《國榷》卷三　癸丑，監察御史謝恕巡按松江，以漏賦逮百九十餘人至京師，多失實。上自訊得之，下恕吏。

丙辰，夏明昇來貢。蜀人聞我平關隴，大懼。丞相戴壽請結好治備，明昇從之。

辛酉，馮宗異自驛馬關擊韓扎兒，走之，窮追不及，復涇原。

八月癸亥朔，常遇春喪至龍江，上臨祭之。

甲子，元總制賀宗哲擊鳳翔。

高麗國王王顓上表賀即位，求封。

《太祖實録》卷四四　丙寅，慶陽小元帥降。初，小元帥與張良臣共守慶陽，及王師攻圍日急，小元帥欲降，爲良臣所囚。至是，城中降者夜劫小元帥出，詣大將軍營。達受之，令軍中無虐降者。

元兵攻大同，平章李文忠等帥師擊敗之，擒其將脱列伯。時慶陽未下，上詔李文忠自北平往，合師攻之。師至太原，聞大同受敵，文忠顧謂左丞趙庸等曰：「吾與若等受命而來，閫外之事，有利於國者，專之可也。今大同甚急，若俟進止，豈不失機？」衆皆諾。遂由代出鴈門，至馬邑，敵遊騎數千奄至，猝遇我師，與戰，敗之，擒其平章劉帖木兒。進至白楊門，時天雨雪，文忠疑有伏，乃身引數騎入山察視之。前軍已駐營，去敵五十里，文忠至，遽命徙五里，營于饅頭。其地阻水，先遣人由間道達大同城中，使知之。元將脱列伯悉鋭來攻，文忠令將士秣馬蓐食，閉營不出。先以兩營誘敵，自寅至辰，前營報數至，文忠不爲動。頃之，度其飢疲，乃分軍爲左右翼，身當前鋒奮擊，大敗之，生擒脱列伯，降其衆萬餘，獲馬匹輜重甚衆。縛脱列伯詣軍門，文忠命解其縛，與之共食。遂進兵東勝州，至莽哥倉而還。先是，元主北走，屯蓋里泊，命脱列伯、孔興以重兵攻大同，欲圖恢復。至是，脱列伯被擒，孔興走綏德，其部將復斬之來降。元主知事不濟，無復南向矣。

大將軍徐達命右丞薛顯、參政傅友德以兵駐靈臺。

《昭代典則》卷六　己巳，定内侍諸司官制。上諭吏部曰：「朕觀《周禮》所記未及百，後世至踰數千，卒爲大患。今雖未能復古，亦當爲防微之計。古時此輩所治，止於酒漿、醯醢、司服、守祧數事，今朕亦不過以備使令，非别有委任，可斟酌其宜，毋令過多。」又顧謂侍臣曰：「此輩自古以來，求其善良，千百中不一二見。若用以爲耳目，即耳目蔽矣；以爲腹心，即腹心病矣。馭之以道，但常戒飭，使之畏法，不可使之有功，有功則驕恣，畏法則檢束，檢束則自不敢爲非也。」乃定置内使監，尚酒、尚醋、尚麪、尚染四局，御馬、御用二司，内府庫、内倉監及置東宫典璽、典翰、典膳、典服、典藥、典乘六局，又置午門、東華門、西華門、玄武門、奉天門、左右順門、左右紅門、皇宫門、坤寧門、宫左門、宫右門各門官，東宫春和門、東宫後門、宫左門、宫右門各門正，及各人數有差。

《國榷》卷三　癸酉，《元史》成。左丞相、宣國公李善長表上之，其元統以後俟續。賜纂脩汪克寬等金帛文綺，總裁官宋濂等倍之。史自開局至削藁纔七月，迫期多忌諱，故表曰：「往牒舛訛之日甚，他書參攷之無憑。雖竭忠勤，難逃疎漏。」

甲戌，遣都督僉事吴禎諭徐達：「如克慶陽，令馮宗異統兵，同耿炳文守陝西，康茂才鎮山西，爾同湯和回京，會葬鄂國公。」

乙亥，倭寇淮安，鎮撫吴祐等擊敗之。

丙子，遣符寶郎偰斯往封王顓高麗國王，賜金印。

《太祖實録》卷四四　戊寅，大將軍徐達督諸軍攻慶陽，於是將士專穴其城，城中極力救禦，然奔逸歸附者甚衆。

《國榷》卷三　辛巳，定大祀齋戒七日。

元總制賀宗哲、右丞葛彬降于徐達。

壬午，給事中安統爲兵部尚書。

癸未，克慶陽。平章姚暉等開門降，張良臣投井，斬之，誅餘黨二百餘人。

元總制賀宗哲攻鳳翔，不克而遁。指揮金興旺、知府周煥力守，間出師擊敗之，至是聞慶陽下，引去。

韓原、周添祥、商暠爲福建、廣東、廣西行省參政，梁子忠爲尚寶司卿，陳子琳爲刑部侍郎。

甲申，上慮郊祀或風雨，禮部尚書崔亮攷宋祥符九年議，大祀值雨雪，就太尉廳望祭。元《經世大典》：社稷垣内建七楹，曰「望祀臺」。今南北郊皆殿九楹，社稷壇殿七楹，以備風雨。從之。又日月望祀靈星城南。

《太祖實録》卷四四　丁亥，大將軍徐達師次驛馬關。

《國榷》卷三　禮部定祭器，皆用磁，仿古簠簋豆登，惟籩以竹。

戊子，監察御史睢稼請有司月朔會鄉人讀律，如古人月吉讀法。上曰：「感人以法，不若感人以心。敦信義而勵廉恥，此化民之本也。」

江西行省平章陸仲亨署大都督府事。

《太祖實録》卷四四　己丑，大將軍徐達師至原州，右副將軍馮宗異、右丞薛顯、參政傅友德俱以兵會。

《太祖實録》卷四四　庚寅，大將軍徐達聞賀宗哲由六盤山遁去，遣都督副使顧時、右丞薛顯、參政傅友德將騎萬人追之。

《國榷》卷三　定五祀門户中霤竈井。

諭元將擴廓帖木兒書曰：「爾守孤城，保其餘衆，遠處沙漠，朕甚念之。是用特與湔滌，示兹至懷。」

《太祖實録》卷四四　是月，詔儒臣脩纂《禮書》。時上以國家創業之初，禮制未備，勑中書省令天下郡縣舉素志高潔、博通古今、練達時宜之士，年四十以上者，禮送至京，參考古今制度，以定一代之典。其年過五十，未及四十，非深知經術者勿遣。於是儒士徐一夔、梁寅、劉于、周子諒、胡行簡、劉宗弼、董彝、蔡深、滕公琰至京。時魯曾以《元史》方成，共奏留之，因命與諸儒同纂脩。

禮部言：「光禄司卿職奉御膳，今宰相、儒臣侍食，亦卿共之，於禮未安。宜設丘長四員，遇百員賜食御前者，則令供事。」從之。

《明通鑒》卷二　詔設京衛軍儲倉，遞增至二十所。又設臨濠、臨清二倉以利轉運。

《太祖實録》卷四五　九月壬辰朔，廣西行省言：「靖江、平樂、南寧等府，象、賓、鬱林等州，地接猺獞，其關隘衝要之處宜設巡檢司，以警姦盜。」從之。

《國榷》卷三　徐達復至平涼，左丞何文輝自宜禄至，分兵戍守。

《太祖實録》卷四五　甲午，賀宗哲以其衆掠蘭州，大將軍徐達遣右副將軍馮宗異率步騎萬七千道靖寧往擊之。宗哲聞王師至，即由迭烈廵渡河遁去，宗異乃率所部還。

《國榷》卷三　乙未，元宣差老闕堅篤以莊浪州降，大將軍即版授知州。

丁酉，元降將汪靈真保、張虎帖木兒同族屬入朝。

庚子，作御寶六，白玉三，青玉三。文曰：「天子行寶」、「天子信寶」、「天子之寶」、「皇帝行寶」、「皇帝信寶」、「皇帝之寶」。

辛丑，大將軍徐達、御史大夫湯和發平涼，入朝，以右副將軍馮宗異總制軍事。

山西參政楊憲爲中書省右丞，侍御史王居仁爲兵部尚書。

《太祖實録》卷四五　癸卯，詔府州縣正官三年一考課于吏部，覈其賢否而黜之。佐貳及首領官在任三年，所司具其政績，申達省部。吏目、典史在任者，給由赴京。

《國榷》卷三　禮部定獻瑞之節。上曰：「災異尤重。其令有司無大小即飛奏。」

定文武官見辭謝恩禮。

《明通鑒》卷二　上詔問羣臣建都之地，或言「關中天府之國」，或言「洛陽天地之中，汴京亦宋故都」，或言「北平宫室完備」。上以平定之初，民未休息，供給力役，悉資江南，建業長江天塹，足以立國。臨濠前江後淮，有險可恃，有水可漕，乃詔：「以臨淮爲中都」。

《國榷》卷三　乙巳，定司中、司命、司民、司禄、壽星曰中祀。

《太祖實録》卷四六　丙午，高麗國王王顓遣其總部尚書成惟得、千牛衛大將軍金甲兩上表貢方物，謝恩并賀天壽聖節，中宫及皇太子皆有獻。就請祭服制度，上命工部製賜之。

《國榷》卷三　占城國王阿答阿者入貢。

壬子，定番王朝貢禮。

癸丑，考樂制，徵聲律之士。

《昭代典則》卷六　甲寅，初製鐵券。上欲封功臣，議爲鐵券以賜之，而未有定制。有言台州民錢允一，吴越忠肅王鏐之裔，家藏唐昭宗所賜鐵券。遂遣使取之，準其式而加損益。高廣有差，第爲七等，公二等，侯三等，伯二等。其制如瓦，外刻歷履恩數之詳，以記其功，中鐫免罪減禄之數，以防其過。每副剖而爲二，分爲左右，左頒諸功臣，右藏諸内府，有故則合之以取信。仍以舊券還允一，厚賜而遣之。

乙卯，吐蕃寇臨洮，守河原指揮韋正擊降之，諸郡土酋皆來降。

《國榷》卷三　丁巳，元平章歐陽朝佐等三百六十人入朝，賜冠服。

《昭代典則》卷六　戊午，征南將軍廖永忠、參政朱亮祖等帥師自廣西還，命皇太子率百官迎勞於龍灣。

《太祖實録》卷四六　十月壬戌朔，高麗使者成惟得等辭歸，上以書諭其國王王顓。

《國榷》卷三　方谷珍、李思齊爲廣西、江西行省左丞，並居京師食禄。

參軍周彧爲山西行省參政。

《明通鑒》卷二　上遣平章楊璟至蜀，諭明昇歸命。昇牽于臣下吴友仁等之議，不能決。璟將還，遺昇書曰：「古之爲國者，同力度德，同德度義，故能身家兩全。反是者敗。足下幼沖，席先人之業，不思至計，而信羣下之言，自以瞿塘、劍閣，一夫當關，萬人莫敵，此不達時變之言也。昔之據蜀稱盛者，無如漢昭烈，又輔之以孔明，綜核官守，訓練士卒，然猶朝不謀夕，僅能自保。今足下君臣，以此況彼，相去萬萬，而欲藉一隅之地延命須臾，抑亦不自量矣。我主上仁聖威武，神明響應，順附者無不加恩，負固者然後致討。以足下先人通好之故，不忍加師，數遣使諭意；又以足下年幼，未更事變，恐惑于羣議，失遠大計，復遣璟面諭禍福；深仁厚德，足下可不重念乎！且以向者陳、張之輩，竊據吴、楚，造舟塞江河，積糧過山岳，强將勁兵，自謂無敵，然而番湖一戰，友諒授首，旋師東討，張氏面縛。足下視彼何如哉？友諒子竄歸江夏，勢窮面璧，主上宥其罪愆，剖符錫爵，恩榮之盛，天下所知。今足下無彼之過，而能幡然覺悟，自求多福，則必享茅土之封，保先人之祀，世世不絶，豈不賢且智哉！若必欲崛强一隅，假息頃刻，魚游沸鼎，燕巢危幕，禍害將至，恬不自知，恐天兵一臨，凡爲足下計者，各自便身謀以取富貴。當此之時，老母弱子，將安所歸？禍福利害，瞭然可覩，足下其細審之！」昇終不聽。

《國榷》卷三　甲子，録廖永忠所部征南將校功。既入謝，上曰：「論功行賞，常典也。第府庫之積，皆出民間，君特主以待有功，毫不敢妄與也。」

己巳，山西參政陳亮爲中書省左參政，知吏、户、禮三部。

《昭代典則》卷六　庚午，勑葬開平忠武王常遇春于鍾山之陰。

《明通鑒》卷二　甲戌，甘露降于鍾山，羣臣危素等請告廟，不許。

《太祖實録》卷四六　庚辰，命圖中書右丞相魏國公徐達、開平王常遇春等攻戰之蹟于雞籠山功臣廟，以示不忘。

辛巳，上諭中書省臣曰：「學校之教，至元其弊極矣。使先王衣冠禮義之教混爲夷狄，上下之間，波頽風靡，故學校之設，名存實亡。況兵變以來，人習於戰鬬，惟知干戈，莫識俎豆。朕恒謂治國之要，教化爲先；教化之道，學校爲本。今京師雖有太學，而天下學校未興。宜令郡縣皆立學，禮延師儒，教授生徒，以講論聖道，使人日漸月化，以復先王之舊，以革污染之習。此最急務，當速行之。」

《國榷》卷三　癸未，命潭州衛指揮同知丘廣爲總兵官，寶慶衛指揮僉事胡海、廣西衛指揮僉事左君弼副之，討左江上思州蠻黄龍關等，以龍關糾衆萬餘寇鬱林州也。

乙酉，翰林應奉睢稼爲中書省參政，吏部侍郎汪河爲御史臺侍御史。

《明通鑒》卷二　辛卯，詔天下府州縣皆立學。是定制：府設教授、州設學正、縣設教諭各一；俱設訓導，府四、州三、縣二；生員，府學四十人，州縣以次減十；並給學官月俸、師生月廩有差。生員專治一經，以禮、樂、射、御、書、數設科分教，務求實才，頑不率者黜之。

是月，遣使貽元帝書，勸其「安分順天以存宗祀，勿效漢之匈奴，唐之突厥，世爲邊患，自取滅亡」。不報。

《昭代典則》卷六　十一月壬辰，大將軍徐達北征還。

《國榷》卷三　甲午，工部尚書孫克義爲河南行省參政，兵部尚書周彧爲山西行省參政。

乙未，工部侍郎張允爲尚書，左司郎中劉誠爲兵部尚書。

丙申，大都督府都事趙耀爲湖廣行省參政，工部員外郎張本爲浙江行省參政。耀給事大將軍幕府，累績至是，加官未遣。

《太祖實録》卷四七　丁酉，中書省奏請營後堂，上不許。初，南北郊之祀，羣臣屢請舉配典，上謙讓未許，且曰：「俟平慶陽議之。」是年八月，慶陽平。至是，以冬至將行郊祀禮，羣臣復固請，乃從之。禮部因言：「先時郊祀，以未舉配天之禮，故禮成復詣太廟忝謝。今既議舉配典，廟謝之禮宜不用，惟先祭三日詣太廟以配享告。」從之。

《國榷》卷三　甲辰，馮宗異等俱發平涼入朝。

《明史》卷二《太祖紀二》　乙巳，祀上帝於圜丘，以仁祖配。

《國榷》卷三　還御奉天殿，百官行慶成禮。

丁未，遣元平章長壽等諭元丞相也速書曰：「將軍元之故家，宣力王室，積有年矣。比者天下多故，諸將類跋扈，元主遠去沙漠，將軍獨孤軍殿後，義氣不衰。其餘僥倖之徒，俱雲逝鳥散。嗟哉！將軍之節，朕甚嘉焉。近聞塞外猶逞蠆毒，擾我邊陲，豈將軍不能輯士與？我軍集于幽薊，待釁而動，將軍宜深思之。」

己酉，廣東行省參政周禎仍爲刑部尚書。諭曰：「刑以輔治，唐虞不免。舜命皋陶，始雖曰『明刑』，終期無刑。皋陶亦曰：『與其殺不辜，寧失不經。』當時恤刑如此，卿其體之。」

刑部尚書世家寶坐事降廬陵知縣。

戊午，户部員外郎張仁榮爲侍郎。

置驍騎中、後二衛。

庚申，朱昭爲户部尚書，楊思義、王克恭爲陝西、福建行省參政。

辛酉，侯原善爲中書省參政，樊思民爲户部尚書，尋改大都督府參議。

賑應天、蘇、松、杭、湖貧民八百四十六人，米一石，布一匹。

《昭代典則》卷六　十二月壬戌，降户部尚書宋昭爲蘇州知府。

占城遣使來言安南侵擾，命編修羅復仁、主事張福齎詔諭之，二國皆聽命，罷兵。命禮部考安南、高麗山川，著之禮典，設位以祭。

丙寅，諭禮官，凡百官奏對及班列失禮者即舉劾。

《太祖實録》卷四七　丁卯，改湖廣行省參政趙耀爲北平行省參政。耀初授湖廣，既陛辭，復留之。至是，上以耀嘗從徐達取元都，習知其風土民情，邊事緩急，改授北平，且俾守護王府宫室。【略】耀因奏進工部尚書張允所取《北平宫室圖》。上覽之，令依元舊皇城基改造王府，耀受命，即日辭行。

戊辰，平章楊璟自蜀使還，言：「明昇闇弱，將佐皆庸材，昧於遠略。喻之再四，終不悟，不如舉兵取之。」上曰：「兵之所加，必貴有名，無釁而加兵，仁者不爲也。西蜀之地，彼亦安能久據？但朕意俟其悔悟來歸，則師可不勞，民亦無苦也。姑緩之。」

《國榷》卷三　壬申，虎賁左衛指揮同知丁德率兵討饒州文山盜。

甲戌，遣中書省管勾甘桓、會同館副使路景賢封占城國王阿答阿者。

乙亥，安慶爲浙江行省參政。

己卯，辰州永順宣撫司彭天保入貢，置永順軍民安撫司。

辛巳，征虜右副將軍、都督同知馮宗異不俟命班師還京，責而宥之。

《太祖實録》卷四七　壬午，先是，高麗國王王顓有姪女遇亂陷没于軍，使者入朝言其故，上令中使訪得之。至是，賜以衣資廪餼，令其使者護歸本國。

《國榷》卷三　以安南、高麗山川附祀典。

《太祖實録》卷四七　甲申，總兵官潭州衛指揮同知丘廣等兵至上思州，蠻寇黄英傑拒戰，廣擊敗之，禽從賊黄權等。英傑走十萬山，廣復以兵追及，斬之，上思州平。

西安等府耆民王達等言：「比年爲張思道、李思齊交兵侵擾，加之歲旱，粟麥不登，民多饑死。」詔有司正月户給米一石，二月再賑，數如之。

《國榷》卷三　呂宗俊爲監察御史。

戊子，詔驚蟄後祭旗纛。

己丑，大賞功。

《太祖實録》卷四七　庚寅，元將王保保偵知大將軍南還，以兵襲蘭州，奄至城下。指揮張温會諸將校曰：「彼悉衆襲我，我兵寡，難與爲敵。然彼遠來，未知我衆寡，乘暮擊之，可以挫其鋒。彼不退，則固守以待援。」於是整兵出戰，保保兵稍却。遲明，温收兵入城，敵兵遂圍城數里，温堅守不與戰。時鷹揚衛指揮于光守鞏昌，將兵來援，至蘭州之馬蘭灘，卒遇保保兵，戰敗，被執。至蘭州城下，使呼「張將軍出降」，光大呼曰：「我不幸被執，公等堅守，徐總兵將大軍行至矣！」敵怒，批其頰，遂被害。城中聞光言，守益固，保保進攻不利，且懼大軍至，乃引去。

《國榷》卷三　詔赦臨洮吏卒之亡匿山谷者。

户部奏，是歲郡縣墾田八百九十八頃。

湖廣慈利縣叛蠻殺千户覃友仁，左丞周德興、平章曹良臣、李伯昇討平之。

《太祖實録》卷四七　是月，設河東、陝西都轉運鹽使司，所屬解鹽東西二場，歲辦小引鹽三十萬四十引，每引重二百斤。其法每歲伏暑時月，於山西平陽府、安邑等十縣内起民夫撈辦，畢日還家。靈州鹽課司歲辦大引鹽一萬三千三百三十八引有奇，每引重四百斤。設山東都轉運鹽使司，歲辦大引鹽一十四萬二千五引有奇。設北平河間都轉運鹽使司，所屬利民等二十四場，歲辦大引鹽七萬一千八百五十二引有奇。其法皆竈户自備器皿煎煮，每丁歲辦鹽四引，地每畝辦鹽一十六斤，車一輛辦鹽二百斤，牛驢每頭辦鹽一百斤。

設福建都轉運鹽使司。

西域僧班的達及其徒古麻辣室哩等十二人自中印度來朝。

洪武三年、元至正三〇年（庚戌、一三七〇）

《國榷》卷四　正月辛卯朔，上受朝賀，宴羣臣奉天殿。

置鞏昌、平涼二衛。平涼衛指揮秦虎率五千人屯田西鳳、平涼間。

《太祖實録》卷四八　癸巳，上以王保保爲西北邊患，復命右丞相、信國公徐達爲征虜大將軍，浙江行省平章李文忠爲左副將軍，都督馮勝爲右副將軍，御史大夫鄧愈爲左副副將軍，湯和爲右副副將軍，往征沙漠。上問諸將曰：「元主遲留塞外，王保保近以孤軍犯我蘭州，其志欲僥倖尺寸之利，不滅不已。今命卿等出師，當何先？」諸將皆曰：「保保之寇邊者，以元主猶在也。若以師直取元主，則保保失勢，可不戰而降也。」上曰：「王保保方以兵臨邊，今捨彼而取元主，是忘近而趨遠，失緩急之宜，非計之善。吾意欲分兵爲二道，一令大將軍自潼關出西安，搗定西以取王保保；一令左副將軍出居庸，入沙漠，以追元主，使其彼此自救，不暇應援。況元主遠居沙漠，不意吾師之至，如孤豚之遇猛虎，取之必矣！事有一舉而兩得者，此是也。」諸將皆曰：「善！」遂受命而行。

先是，上以天下初定，欲通羣下之情，日詔百官悉侍左右，詢問民情，諮訪得失，或考論古今典禮制度。故雖小官，亦得上殿，至有踰越班序者。上乃謂宰臣曰：「朝廷之上，禮法爲先，殿陛之間，嚴肅爲貴。朕始欲諮訪庶事，故令百官入侍左右，至班序失次，非所以肅朝儀也。自今文武百官入朝，除侍從、中書省、大都督府、御史臺、指揮使、六部尚書、侍郎等官許上殿，其餘文武官五品以下，並列班于丹陛左右，違者糾儀官舉正之。」

《國榷》卷四　駙馬都尉王恭爲福建行省參政。

《太祖實録》卷四八　甲午，定王府官制。王相府左右相各一人，正二品；左右傅各一人，從二品；參軍府參軍一人，正五品；録事二人，正七品；紀善一人，正七品。其班位各以其品秩列朝官之次。

上持黄金一錠示近臣曰：「此表箋袱盤龍金也，令宫人洗滌銷鎔得之。」又出雜紵絲小片縫成如毯者，曰：「此製衣服所遺，用緝爲被，猶勝棄遺也。」

《國榷》卷四　各按察司官來朝。

募萊州水工航海，餉永平衛。

命中外風憲官與屬官禮視品級。御史按察僉事行部，拜郡守；郡守有罪，得按治之。

來安士知府岑漢忠招諭定遠等縣，遣賜文綺上尊。

禮部定朝日春分，夕月秋分，星辰祔于月。從之。

庚子，遣使祀安南、高麗、占城山川。

中書右丞王溥省墓。

賜右丞楊顯名暈，參政陳亮名寧。

《明通鑑》卷三　壬寅，吏部請謫有罪人于儋崖，上曰：「前代謂儋崖爲化外，以處罪人。朕今天下一家，著有風俗未淳，宜更擇良吏治之，豈可棄之化外！」不許。

《太祖實録》卷四八　癸卯，元將王保保駐兵安定縣之西巉。先是，入侵蘭州，城中堅守，保保兵無所得而去。至是，乃縱遊兵四出虜掠，民頗被其擾。

《國榷》卷四　太常司定太廟朔望薦新及獻新禮。

丁未，享太廟。

庚戌，湖廣辰州湖耳洞長官楊秀榮、潭溪長官石文焕、新化長官歐陽萬、平江蠻夷長官楊晟明，歐陽寨長官楊再仲各入貢。賜冠服。仍立潭溪、湖耳、新化、歐陽、古州及八萬亮寨蠻夷軍民長官司。

辛亥，太常司卿胡惟庸爲中書省參知政事，起居注魏觀爲太常司卿。

癸丑，故都督張德勝子宣嗣職。初，宣幼養子同嗣，至是同更氏汪興祖。

《太祖實録》卷四八　丁巳，西安、鳳翔二府飢，耆民宋昇等來言，上即命户部往賑之。户部奏：「彼民飢，須運粟以濟之。」上惻然曰：「民旦暮待餔，如涸魚之欲水，若待運粟以濟之，死者多矣。況今東作方興，民無食而廢畊，將見其患益甚。」即命户部主事李亨馳驛往賑之，户給粟一石，計三萬六千八百八十九石。

沂、邳二州山民作亂，命參政陸聚率兵討平之。

《國榷》卷四　滕德懋爲兵部尚書。

刑部尚書鄱陽周湞入宫輒賫胥史，謫惠州府經歷。

二月辛酉朔，立神帛制敕局。

《明通鑑》卷三　辛酉，上游後苑，見鵲巢卵翼之勞，喟然嘆曰：「禽鳥劬勞如是，況人母子之恩乎！」令羣臣有親老者許歸養。

《國榷》卷四　甲子，享先農。

上合祀太歲、月將、風雲雷雨、岳、鎮、海、瀆、山川、城隍、旗纛諸神，手署名。

製四方平定巾頒天下。

乙丑，詔續《元史》。儒士歐陽佑等上所採故元元統後遺事，于是翰林學士宋濂、待制王禕總裁，儒士趙壎、朱右、貝瓊、朱世濂、王彝、張孟兼、高遜志、李懋、李汶、張宣、張簡、杜寅、殷弼、俞同纂修焉。時徵天台徐一夔，不至。

丙寅，中書省郎中夏惟武爲户部侍郎。

《太祖實録》卷四九　己巳，指揮曹興才爲山西行省參政，兼太原衛，立太原左右衛。

庚午，召江南富民赴闕。上口諭數千言刻布之，曰「教民榜」。初，元富室多武斷淩民，故上召諭之。

開封倉糧三萬六千餘石，虧支二百五十石，上以耗折，不問。

上問禮部尚書崔亮：「百官朝參分左右，何也？」曰：「朝參避君上，升降俱卯陛，朝左右列，避馳道。」上命省府臺官拜謁從甬道。

癸酉，命郊祀陳户口賦籍于臺下，祀訖藏内府。

丙子，上朝日于東郊。

《明通鑑》卷三　癸未，追封郭子興爲滁陽王，妻張氏王夫人。令有司立廟祀之，並以其三子祔祀。

《昭代典則》卷六　乙酉，指揮金朝興取東勝州，獲故蒙古平章荆麟等。

《太祖實録》卷四九　丁亥，置留守衛指揮使司。國初嘗設都鎮撫司，總領禁衛，後隸大都督府，秩從四品，統率各門千户所，尋改宿衛鎮撫司。至是，陞爲衛，專領軍馬，守禦各城門，及巡警皇城與城垣造作之事。

《明通鑑》卷三　戊子，詔訪求賢才堪任部職者。上諭廷臣曰：「六部總領天下之務，非學問博洽、才德兼全之士，不足以居之。誠慮有隱居山林或屈在下僚者，其令有司悉心推訪以聞！」

《國榷》卷四　是月，左副將軍李文忠兵下興和，進次察罕腦兒，擒元平章竹貞。

命省部同太史令劉基攷古朝服、公服之制。

三月庚寅朔，程昭爲工部侍郎。

《昭代典則》卷六　免應天、徽州等十三府州，河南、山東、北平三省税糧。詔曰：「蓋聞自古帝王之興，必有賴於武功，成武功者，必有資於民力。矜恤之道，理所當先。朕自即位以來，思欲與民同樂，第以將士新戍邊陲，大將遠入吐蕃，轉運之勞，猶未能已。然各處郡邑供給有先後，豐(斂)〔歉〕有不同，雖嘗免其租税，猶慮凋弊之餘，未能蘇息。其應天、太平、鎮江、寧國、廣德、滁州、和州，朕興師渡江時，資此數郡以充國用，致平定四方。朕念其勤勞，未嘗忘之，仍免今年夏秋税糧。其徽州、嚴州、金華、衢州、廣信、池、饒、廬等郡，以次歸附，供億軍國之需，亦甚煩勞。河南、北平近入版圖，重念其民久罹兵革，疲困爲甚。山東、河南壤地相接，宜優恤其民，使貿遷有無，相資爲生。今年三處租税再行蠲免，以甦民力。嗚呼！朕自布衣起事，故知黎庶之艱難；糧税從寬，必先郡邑之凋弊。有司其尚謹於奉承，以體朕恤民之意。」

《明通鑒》卷三　壬辰，享太廟，以忠武公常遇春配。

《國榷》卷四　甲午，海寧衛指揮副使孫虎至落馬河，值元太尉買驢，戰死之，贈廣安郡伯。

丙申，給朝臣袍帶二千八百十有二人，章服准原授散官，如唐制，不計見秩。

《明通鑒》卷三　丁酉，鄭州知州蘇琦上書言三事：「一、關輔、平涼、北平、遼右，餘(蘖)〔孽〕未平，調兵轉餉，事難猝辦，宜屯田積粟爲長久計。一、沙漠之地，宜徙其人民分布内地，而擇重臣鎮守要害以綏靖之。一、墾田開户，宜責之守令，招集流亡，官給牛種，及時耕耨。」上命中書省采行之。

《國榷》卷四　戊戌，免徐邳夏税。

己亥，裁處州慶元縣。

《太祖實録》卷五〇　庚子，置秘書監，秩正六品，先除監丞一員，直長二員。

《國榷》卷四　壬寅，兵部尚書滕德懋改户部，秦适、程進爲户部左右侍郎，尋遷适殿中侍御史。

丙午，賜京官絹帛有差。

江西行省参政何真改山東。班駙馬都尉于百官上。

《太祖實録》卷五〇　戊申，以吏部侍郎李廷桂爲户部尚書，以李思迪、李仁爲吏部侍郎。

己酉，以朱守仁爲工部侍郎，劉真爲兵部侍郎。

户部尚書杭琪以事降爲陝州知州。

《國榷》卷四　庚戌，虎賁衛指揮潘毅卒，遣祭賜葬臨濠，贈鎮國上將軍、僉大都督府護軍，追封滎陽伯，謚武肅。

《太祖實録》卷五〇　辛亥，置南寧、柳州二衛。

《昭代典則》卷六　廣西行省言便宜三事，一曰：「廣西地接交趾、雲南，所治皆溪洞苗蠻，性狠戾而叛服不常。府衛之兵，遠在静江數百里外，卒有警急，難相爲援。乞於南寧、柳州立衛，置兵以鎮之，庶苗獠有所憚而不敢竊發，民有所恃，以安其生。」二曰：「慶遠，故府也。今爲軍民安撫司，雖統地十有七州，其地皆深山曠野，其民多安撫同知莫天護之族。天護素庸弱，不能禦衆，而宗族强者動肆跋扈，至殺河池縣丞蓋讓，與諸蠻相扇爲亂，此豈可姑息，以貽禍將來？乞罷安撫司，而復設慶遠府，置軍衛以守其地，庶幾其民知有府治而不敢自恣，諸蠻知有重兵而不敢爲亂。此久安之道也。」三曰：「廣海之俗素獷戾，動相讎殺，因而爲亂，則一方皆警，蓋緣郡縣無兵以制馭之故也。近羣盜轉攻鬱林州，同知王彬集民兵拒之，經歷徐承祖亦以民兵千餘敗賊。由此言之，土兵未必不可用也。乞令廣西邊境郡縣長官，輯民丁之壯者，置衣甲器械，籍之於有司，有警用以捕賊，無事則使之務農。如此，非惟郡縣無養兵之費，而民實賴之以安也。」奏至，詔俱從之。遂設南寧、柳州二衛，益兵守禦。改慶遠安撫司爲慶遠府，命莫天護赴京，賞同知王彬、經歷徐承祖以下有破賊功者。

《國榷》卷四　壬子，都督同知汪興祖克武州、朔州。

甲寅，攷諸王册、寶制及册封禮。

《太祖實録》卷五〇　丙辰，置靖州衛，命指揮同知劉才、僉事孫維、劉福等築城戍守，以統湖耳等處土官。

《國榷》卷四　丁巳，元國子祭酒孔克堅卒。

立盱眙揚王神道碑，翰林學士宋濂撰文。歲再祭。

《昭代典則》卷六　戊午，大將軍徐達師至平西，王保保退屯車道峴，達遣左副將軍鄧愈立栅逼之。

《太祖實録》卷五〇　上遣使諭大將軍徐達等曰：「乃者大軍西征，術者言當有水警，將軍宜慎防毋忽。凡軍士駐營臨陣，須相度地宜，以備不虞。中原迤西，山川阨塞，一或遇雨，暴水卒至，勢不可測。昔唐裴行儉晝駐軍平川，暮復移於高阜，人莫解其意，其夜，平川水溢丈餘，而軍營無患，此其驗也。將軍其慎之！」

《國榷》卷四　是月，遣萊州同知趙秩詔諭日本國王良懷。

六安州人胡永興、潘文友作亂，殺判官朱謨，掠英山知州陳銘善。子真擊敗之，尋平。

置察言司，受四方章奏，王文卿爲察言司令。

《太祖實録》卷五一　四月己未朔，禮部造諸王册寶成。

甲子，禁蒙古、色目人更易姓氏。詔曰：「天生斯民，族屬姓氏，各有本源，古之聖王尤重之，所以别婚姻，重本始，以厚民俗也。朕起布衣，定羣雄，爲天下主。已嘗詔告天下，蒙古、諸色人等皆吾赤子，果有材能，一體擢用。比聞入仕之後，或多更姓名，朕慮歲久，其子孫相傳，昧其本源，誠非先王致謹氏族之道。中書省其告諭之。如已更易者，聽其改正。」

《國榷》卷四　乙丑，詔封皇子㭎秦王、棡晉王、棣燕王、橚吴王、楨楚王、榑齊王、梓潭王、杞趙王、檀魯王，從孫守謙靖江王，皆授册寶。齊、潭、趙、魯俱幼，保傅護之趨拜。

《太祖實録》卷五一　丙寅，大將軍徐達等率師出安定，駐沈兒峪口，與王保保隔深溝而壘，日數交戰。王保保發兵千餘人，由間道從東山下，潛劫東南壘。東南一壘皆驚擾，左丞胡德濟倉卒不知所措。達親率兵急擊之，敵乃退。遂斬東南壘指揮趙某及將校數人以狥，軍中股栗。明日，整衆出戰，諸將争奮，莫敢不力，遂大敗保保兵於川北亂冢間，擒元郯王、文濟王及國公閻思孝、平章韓扎兒、虎林赤、嚴奉先、李景昌、察罕不花等官一千八百六十五人，將校士卒八萬四千五百餘人，獲馬萬五千二百八十餘匹，橐駝、騾、驢、雜畜稱是。保保僅與其妻、子數人，從古城北遁去，至黄河得流水以渡，遂由寧夏奔和林。達遣都督郭英追至寧夏，不及而還。以德濟失律，械送京師。保保至和林，愛猷識理達臘復任以事。

《國榷》卷四　置大宗正院正一品。

鄭九成爲秦府左相，汪河爲晉府左相，各兼陝西、山西行省參政。

頒封王詔于安南、高麗。

《太祖實録》卷五一　戊辰，秦王㭎等謁謝太廟，如時享之儀。

《國榷》卷四　己巳，釋元平章火兒忽答、右丞哈海等北歸，貽元主書曰：「**【略】**前者兩致書於君，而使者久不還，豈君尚以往昔君民之分，謂不當相與通問邪？是大不然。君者，天下之義主，何常之有？顧人心天命何如耳。今日之事，非予所欲，實以四方兵争，所在紛擾，斯民無主，不得已而提兵一起，薄海歸心，此誠天命，非人力也。君其奉天順人，遣使通好，庶幾藉我之盛强，號令其部落，尚得牧養於近塞，以奉宗祀。若計不出此，猶欲以殘兵出没，爲邊民患，則予大舉六師，深入沙漠，君將悔之無及矣。近北平守將以雲中所獲爾平章火兒忽答、右丞哈海等八人至京，詢之皆君倚任之人，是用待以不死，再令齎書詣前，惟君其審圖之。」

《太祖實録》卷五一　壬申，安南使臣杜舜欽以其王陳日煃卒來告哀請命。癸酉，上素服御西華門見舜欽等，遣翰林編脩王廉往祭之，賻以白金五十兩，絹五十匹。

復以危素爲翰林侍講學士。

詔：諸王相府武相居文相之上，相府官屬與京官更互除授。時武職多勳臣故也。

戊寅，上遣使勅諭大將軍徐達曰：「爾將兵在外，軍中事宜與諸將佐熟計行之。凡調發守備，計定謀合，當即區處，毋事狐疑。蓋謀事宜審，行事宜決。近聞甘肅一路守兵甚少，當量勢調撥以守之。其吐蕃、興元就調兵收取。二處平後，大軍出漢江，順流東下，亦甚利也。凡獲牝馬，悉發臨濠牧養。所俘王保保部從及敗而來降者，令從伐蜀。蜀平，就留以守禦可也。」

《國榷》卷四　庚辰，立弘文館，胡鉉爲學士，劉基、危素、王本中、睢稼皆兼學士。

《明通鑒》卷三　乙酉，大將軍徐達械送左丞胡德濟至京。**【略】**上念其舊勞，貰之。仍以書諭達曰：「將軍欲效衛青不斬蘇建，獨不見穰苴之待莊賈乎？德濟失律，正宜就軍中戮之。今歸之朝廷，朝廷必議其功過，彼信州、諸全之功，朕豈得不念乎！今赦之。懼將軍以此緩軍法，是用遣使即軍中諭意。」

《國榷》卷四　丙戌，元主妥懽帖睦爾殂于應昌，年五十一。太子愛猷識里達臘嗣。上謚惠宗皇帝，太尉完者使觀音奴奉梓宫北葬。

丁亥，李思孟爲大都督府參議。

《太祖實録》卷五一　是月置磨勘司。上嘗以中外百司簿書填委，思所以綜核之。因覽《宋史》，見磨勘司而喜。至是，遂設其官，以太子伴讀高暉爲司令。

《國榷》卷四　湖廣慈利縣土酋覃垕作亂，平章楊璟討之。敕擊賊遠去，毋窮追輕動。

五月己丑朔，徐達遣左副副將軍鄧愈招諭吐蕃，自將取興元。

寧國衛指揮僉事陳德成西征，戰死岷州，賜祭葬，贈指揮副使，廕子千户。

辛卯，遣翰林編修蔡雲、侍儀舍人李震亨、陳敏、于謙等訪歷代帝王陵廟。

癸巳，諭中書省臣曰：「今人書札多稱『頓首』、『百拜』、『再拜』，殊不誠。小人取名字，往往犯先聖賢或國號。」禮部定書式，示四方，所犯名字禁之。

《明通鑒》卷三　甲午，置司農司，上以中原兵興以來，田多荒蕪，命省臣議計民授田，設官領之。于是設司開府于河南。

乙未，詔嚴宫闈之政。上以元末宫嬪女謁，私通外臣，或番僧入宫攝持受戒，而大臣命婦亦往來禁掖，淫瀆褻亂，遂深戒前代之失，著爲令：「皇后止治宫中嬪婦事，宫門之外，悉不得預。宫費奏自尚宫，内使監覆之始支部。違者死。私書出外者亦如之。宫人疾，言其狀，徵藥。羣臣命婦，非朝賀不見中宫人。君無見命婦禮。」以上皆垂爲永制，命子孫世世守之。

《國榷》卷四　丁酉，遣告諸王國内山川。

詔守令詢舉學識篤行之士，禮送京師。

左副將軍李文忠、左丞趙庸敗元太尉蠻子、平章沙不丁朵兒只八剌于白海子之駱駝山，進開平，降平章上都罕等。

都督孫興祖及燕山右衛指揮平定、大興左衛指揮龐禋至三不剌川，值虜戰敗，死之。【略】追封燕山侯，謚忠愍，孫虎贈大都督府僉事，追封廣安郡伯。

《昭代典則》卷六　己亥，詔設科取士。詔曰：「朕聞成周之制，取才於貢士，故賢者在職，而其民有士君子之行。漢唐及宋，科舉取士，各有定制。然但貴詞章之學，而不求德藝之全。前元依古設科，待士甚薄，而權家勢要，每納奔競，夤緣阿附，輒竊仕禄，所得資品，或居貢士之上。其懷材抱道之賢，恥於並進，甘隱山林而不起。風俗之弊，一至於此。兹朕統一華夷，方與斯民，願得賢人君子而用之。自今年八月爲始，特設科舉，以起懷抱道德之士，務在經明行脩，博通古今，文質得宜，名實相稱。其中選者，朕將親策於廷，觀其學識，第其高下，而任之以官。果才學出衆者，得以顯擢。使中外文臣，皆由科舉而選，非科舉者毋得爲官。彼游食奔競之徒，自然易行。於戲！設科取士，期必得於全才；任官惟賢，庶可成於治道。咨爾有衆，體予至懷。」

遣使頒科舉詔于高麗、安南、占城。

《太祖實録》卷五二　辛丑，左副將軍李文忠師趨應昌。未至百餘里，獲一胡騎，問之，曰：「四月二十八日，元主已殂。今自應昌往開平報國喪。」文忠即督兵兼程以進。癸卯，復遇元兵，與戰，大敗之。追至應昌，遂圍其城。明日，克之。獲元主嫡孫買的里八剌并后妃、宫人暨諸王、省院達官、士卒等，并獲宋元玉璽金寶一十五，宣和殿玉圖書一，玉册二，鎮圭、大圭、玉帶、玉斧各一，及駝馬牛羊無算，遣人俱送京師。惟太子愛猷識理達臘與數十騎遁去，文忠親率精騎追之，至北慶州，不及而還。師過興州，遇元將江文清等率軍民三萬六千九百餘人來降。至紅羅山，又降其將楊思祖等一萬六千餘人。師還北平，遣人送江文清、楊思祖等赴京師。

《國榷》卷四　乙巳，作南北郊齋宫。

丁未，行大射禮，頒天下官吏、學校。

《皇明資治通紀》卷五　上以先王射禮久廢，弧矢惟習於武夫，而文士都未解，至是，詔太學及郡縣學諸生皆令習射。

《太祖實録》卷五二　戊申，夏至，祭皇地祇於方丘。

辛亥，命禮部考定百官及内官於皇太子諸王前所稱禮。

《昭代典則》卷六　詔考歷代服色所尚。禮部奏言：「歷代異尚，夏尚黑，商尚白，周尚赤，秦尚黑，漢尚赤，唐服飾尚黄，旗幟尚赤。今國家承元之後，取法周、漢、唐、宋以爲治，服色所尚，於赤爲宜。」上從之。

《太祖實録》卷五二　大將軍徐達與都督馮勝、參政傅友德、左丞李思齊自徽州南出一百八渡，至略陽，擒元平章蔡琳，遂入沔州。又遣裨將金興旺、張龍由鳳翔入連雲棧，合兵攻興元。興元守將劉思中、知院金慶祥迎降。達留興旺、張龍鎮守，還軍西安。

《國榷》卷四　左副將軍鄧愈自臨洮進克河州，招諭吐蕃。

罷祀壽星、司中、司命、司民、司禄。

癸丑，增祀風雲雷雨于南郊，天下山川于北郊。

元江南儒學提舉楊維楨卒。

甲寅，增太廟各帝后幣二。

湖廣行省平章楊璟攻覃垕不下，請兵餉。初，攻覃垕寨，賊下，戰敗之。寨險峻，纔通一人，不可上。雖再敗之，賊詐降，誘執我將黄永謙。上讓之，命參政戴德往，仍撫慈利諸人，如違制，并治爾潞州失利之罪。

丙辰，免蘇州逋租三十萬五千八百餘石。初，户部欲罪其有司，上以罪有司必虐民，于是蠲之。

丁巳，上念初時都先鋒府及各元帥都尉等官多物故，或無子，存恤其家。

復諭元將納哈出書曰：「天下已定，高麗稱藩，于是盧龍、登、萊之師，欲造遼左。朕聞爾總其衆，不忍重擾。前使往，不得要領。豈遼地遠，我不能至與？抑人謀不決與？不然，謂曩日來歸，朕不能虚懷耶？何相忘之深也！昔竇融以河西歸漢，功右諸將，朕獨不爲遼東故人留意乎？哲人知幾，毋貽後悔。」

寶雞縣進瑞麥。上曰：「日者鳳翔饑，遣賑，不數月，獻瑞麥。夫民未粒食，雖瑞麥何益？第歲豐人給，風俗淳美，其瑞多矣，麥何異焉！」

六月戊午朔，上禱雨山川壇，素服草履步往。露坐，晝曝，夜卧地。皇后與諸妃執爨，爲農家食，雜麻麥菽粟，太子諸王躬饋于齋所。三日，庚申，還宫齋，宿廡下。

辛酉，出紗綵萬四千匹給將校，例外給軍士薪米。令法司決獄，下有司訪求天下儒術深明治道者。

癸亥，詔曰：「朕考嶽鎮海瀆之封，起自唐世，崇名美號，歷代彌隆。夫是皆高山廣水，自天地開闢至今，英靈之氣，萃而爲神，必皆受命上帝，幽微莫測，豈國家封號可加？忠臣烈士，可以加矣，亦唯當時爲宜。夫禮，明神人，正名分者也。今依古定制，皆以其神稱。府州縣城隍，第稱其府州縣城隍之神。歷代忠臣烈士，如其當時名爵，後世稱謚，皆與革去，惟孔子如舊。天下神祠不應祀典者，有司毋祭。」

命僧克新等往西域，招諭吐蕃，仍圖其所歷山川險要。

大都督府僉事華雲龍爲都督同知，兼燕府左相。

《太祖實録》卷五三　甲子，定五等勳爵。凡勳，正一品上柱國，從一品柱國，正二品上護軍，從二品護軍，正三品上輕車都尉，從三品輕車都尉，正四品上騎都尉，從四品騎都尉，正五品雲騎尉，從五品武騎尉。爵，正一品國公、郡公，從一品郡侯，正從二品郡伯，正從三品縣伯，正從四品縣子，正從五品縣男。

《國榷》卷四　定朝儀。其殿廷失儀，殿中侍御史糾之；大朝會失儀，監察御史糾之。

禁淫祠。制曰：「古者天子祭天地，諸侯祭山川，大夫士庶各有所宜。普天之下，民庶繁多，人人祈天，瀆僭莫甚。民間合祭之神，禮部定擬之。」祭先祖，歲除祀竈，春秋祀土穀之神。

《太祖實録》卷五三　丙寅，追封故姊太原長公主、隴西長公主。

丁卯，命賜武官指揮以上命婦冠服。

戊辰，詔自今武官有犯，非奏請，不得逮問。

《國榷》卷四　廣西衛指揮使蔡僊爲廣西行省參政。

庚午，司天監改欽天監。

徵江南富民詣闕。既至，親諭以生人處世，治家持身之道。恐其言久易忘，刻賜之。翰林官宋濂、詹同、王褘，起居注陳敬奏事畢，賜坐。曰：「卿等知朕訓民意乎？」褘曰：「三代下人主，知政不知教。自古帝王，身兼君師。陛下訓民，天下師也。」

《太祖實録》卷五三　壬申，置惠民藥局，府設提領，州縣曰官醫。凡軍民之貧病者，給之醫藥。

詔凡武官任王相、傅者，與兼職之禄。

《明通鑒》卷四　李文忠捷奏至，上命仕元者勿賀。又以庚申君不戰而奔，克知天命，謚曰順帝。上自製祭文，遣使致弔。

《太祖實録》卷五三　癸酉，中書省以左副將軍李文忠所奏捷音榜諭天下。上覽之，見其有侈大之詞，深責宰相曰：「卿等爲宰相，當法古昔，致君於聖賢，何乃習爲小吏浮薄之言，不知大體，妄加詆誚？況元雖夷狄，然君主中國，且將百年，朕與卿等父母皆賴其生養。元之興亡，自是氣運，於朕何預？而以此張之四方，有識之士，口雖不言，其心未必以爲是也。可即改之。」

安南國王陳日熞遣其上大夫阮兼、中大夫莫季龍、下大夫黎元普等來上表謝恩，貢方物。阮兼卒於南安，上賜季龍以布帛有差，仍賜日熞紗、縠各二匹，以銀五十兩爲阮兼喪費，令有司送柩歸其國。

《國榷》卷四　元孫買的里八剌等及册寶至京師，省臣楊憲議獻俘，上曰：「册寶貯庫，不必進。武王克殷，亦俘之乎？」憲曰：「遠不能知，唐太宗行之矣。」上曰：「以待王世充，恐不加隋氏。元之德及朕先人，未可俘也。令胡服朝奉天殿，畢，賜漢衣。」

乙亥，買的里八剌入朝，賜第龍光山，封崇禮侯，居食聽適其土之故。

《太祖實録》卷五三　丙子，以獲買的里八剌祭告天地於圜丘。翼日，告太廟。

《國榷》卷四　都督同知汪興祖與指揮常守道出大同，北擊元將速哥帖木兒等，大敗之。

丁丑，詔曰：「庚申之君，不能有元，天也。其始首禍之徒，欲爲王霸，卒皆滅亡，亦天也。朕時年二十有四，盤桓求生而已，不謂遂有天下。維元遺孽，時犯邊疆，勞我師旅。今年五月十有五日，左副將軍李文忠兵至應昌，庚申君已殂，獲其嫡孫，以禮送至。中書省臣請俘，朕心不忍。朕本凡民，天下之亂，實非朕致；今定四海，與之休息，亦非朕能，皆天也。於戲！君舟民水，載覆不常，敢不畏哉！」仍遺諭安南、高麗、占城。元主庚申生。

詔諭元宗室部落臣民曰：「朕即位初，遣使臨諭，四夷咸奉職納貢，惟漠北以庚申君故未及。今禄位已終，爾諸部酋長，依職奉貢，當給印還領所部，毋爲寇。朕視華夷亡間，凡孽畜從便地牧養，違者且舉兵加誅，毋執迷貽悔。其塞下因元喪亂，征徭繁重，供億勞苦，朕甚閔焉。詔至，悉安所居，毋驚擾廢耕牧。」

濟南知府陳脩及司農官言：「北土荒蕪，招鄉民墾十五畝，給二畝蔬之，皆免科三年。其馬驛、巡檢司、急遞鋪役人，各墾田給牛種。」從之。

《太祖實録》卷五三　戊寅，詔天下府州縣立城隍廟，其制高廣各視官署廳堂，其几案皆同，置神主於座。舊廟可用者，修改爲之。

《國榷》卷四　詔諭雲南八番、西域、西洋、瑣里、爪哇、畏吾兒等國。

溧水大雨，水壞民舍，命賑之。

庚辰，中書右丞相汪廣洋罷，侍御史劉炳望、楊憲旨誣其不孝。

遣葬宋理宗顱骨于紹興永穆陵。初侍講學士危素言：「元世祖毁宋陵，截理宗顱骨爲西僧飲器。」上購得之，瘞城南。至是，閱永穆陵圖，敕葬焉。

鳳翔衛指揮金興旺爲大都督府僉事，仍守興元；秦府左相耿炳文兼陝西行省右丞，都督僉事郭子興爲秦府傅，仍兼陝西行都督府僉事；都督同知汪興祖爲晉府傅，兼山西行都督府同知；謝德成爲大都督僉事，張温兼陝西行都督府僉事。

《昭代典則》卷六　故蒙古四大王寇大同、武州，太原衛桂亨等擊走之。四大王者，元之宗室也。初，大軍克元都，遁入静樂岢嵐山中，聚衆結寨自固。至是，寇武州，劫殺人民。桂與指揮鄭亨率兵擊之，追至龍尾莊，四大王遁走，獲其三大王脱忽的帖木兒，送京師。

《太祖實録》卷五三　辛巳，令民間立義塚。

《昭代典則》卷六　山西行省請令商人納米，各給引鹽。從之。山西行省言：「大同糧儲路遠費重，若令商人於大同倉入米□石，太原倉入米一石三斗，給長蘆淮鹽各一引，引二百斤，商人鬻畢，即以原引目赴所在官司繳之。如此則轉輸之費省，而軍儲之用充矣。」從之。

《國榷》卷四　徙蘇、松、杭、嘉、湖富人四千餘户佃臨濠。

改應天知府曰尹。

壬午，秦府左相陝西行省右丞耿炳文署行都督府事。

癸未，增廣國子生，擇文行之士充學官。

乙酉，置親軍都尉府及儀鸞司。

初，惠安人陳同作亂，屢敗官兵，至是駙馬都尉王恭擊斬之。

灤州大水，延安雨雹傷稼，俱免田租。

《太祖實録》卷五三　是月，中書省臣言：「臨濠府自吴元年至洪武二年税糧皆已蠲免，計其府夏税麥一千二百八十三石，及安豐千户所、濠梁衛屯田當税麥者，自今年爲始，徵收如舊。」上仍令勿徵，以蘇民力。

《國榷》卷四　倭寇山東、浙、福沿海，被其患，福州衛軍大敗之，擒三百餘人。

故元陝西行省吐蕃宣慰使何鎖南普等、鎮西武靖王卜納剌並降于鄧愈。

《太祖實録》卷五四　七月丁亥朔，續修《元史》成，計五十有三卷，紀十，志五，表二，列傳三十六。凡前書未備者悉補完之，通二百一十二卷。翰林院學士宋濂率諸儒以進，詔刊行之。

戊子，禮部尚書崔亮奏定皇太子以下及群臣賜坐殿上坐墩之制。

辛卯，命編置直隸應天等十八府州及江西九江、饒州、南康三府均工夫圖册。每歲農隙，其夫赴京供役，歲率三十日遣歸。田多丁少者，以佃人充夫。其田户出米一石，資其費用。非佃人而計畝出夫者，其資費則每田一畝出米二升五合，百畝出米二石五斗。

《昭代典則》卷六　詔建諸王府。工部尚書張允言：「諸王宫城，宜各因其國擇地。請秦用陝西臺治，晉用太原新城，燕用元舊内殿，楚用武昌天竹寺基，齊用青州益都縣治，潭用潭州玄妙觀基，靖江用獨秀峰前。」上可其奏，命以明年次第營之。

《國榷》卷四　壬辰，置水軍等二十四衛，各五十艘，軍三百五十人。

立亭午門外，凡政事可式及詔令善者勒于石。

《太祖實録》卷五四　乙未，禮部尚書崔亮奏：「每月朔望祭旗纛禮煩而瀆，非所以示誠敬。請止于當祭之月祭於旗纛廟。」從之。

翰林學士宋濂、待制王禕坐失朝，降爲編修。

丙申，詔定各行省行都督府官與按察司官會見位次。凡諸道按察司官，與行省及行都督府官公會，按察使、副使、僉事俱坐于參政、僉都督之下，省郎中、府經歷之上，按察司經歷坐于省員外之下，府都事之上，按察司知事坐於省府都事之下。其各衛指揮司官與按察司官、各府州官皆依品從。

丁酉，置軍儲倉。時在京衛多精糧以鉅萬計，而廪庾少，無以受之。乃命户部設軍儲倉二十所，各置官司其事。自一至第二十，依次以數名之。

《國榷》卷四　禮部主事王肅爲侍郎。

《太祖實録》卷五四　己亥，禮部尚書崔亮等言：「在外文武官，凡遇正旦、冬至，慶賀行禮，以本處指揮司官爲班首。如指揮司止有副使、僉事、守禦者，職皆四品，而按察使、知府皆三品，其秩雖高，而指揮副使、僉事統制軍民，守鎮一方，合居左，按察使、知府居右，仍以武官爲班首。如千户守禦，其品秩在知府同知之下，宜以知府、同知爲班首。如無知府、同知，則以千户爲班首。其府通判及知州與千户品秩等者，則以千户居左爲班首。」從之。

《國榷》卷四　殿中侍御史秦适爲廣西按察使，監察御史王子啓、胡子祺爲僉事。諭曰：「須馭吏嚴明，待民寬裕。」又曰：「毋貴近效，但安静俟之。」

定功臣守墓人户。

定朔望御殿百官朝參禮。

《太祖實録》卷五四　辛丑，革察言司

壬寅，賜文武官朝服、公服。先是，命省部官會弘文部學士劉基等參考歷代制度爲之。至是成，始給賜。

《國榷》卷四　乙巳，太常少卿陳昧爲太常卿。

吏部尚書黄岡、吴琳致仕。

徵天下學識篤行之士，應詔送至尚書。考最得十八人，桐廬魏潛、王訥、河西李顏、永豐丁節、永嘉許士宏、萬安夏瓚、樂清李時行、衛輝陳士舉、龍泉劉谷、趙暉、合肥夏起、瑞安馬漢、分宜劉沂、平陽孔希晉、永新歐陽子韶、泰和王子啓、安福歐陽楚芳、廬陵胡伯清、吉水胡子祺。是日，太史奏文星見。上曰：「此唐太宗一代之選，朕得之一日。」皆拜監察御史。胡子祺首奏：「天下勝地可都者四。河東高厚，控制西北，然其地苦寒，士卒不堪。汴梁襟帶江淮，然平曠無險可守。洛陽周、漢嘗都之，然嵩、邙諸山，非殽、函、終南之固；瀍、澗、伊、洛，非涇、渭、灞、滻之雄。故山河百二，可聳諸侯之望，縣宗社之久，舉天下莫關中若也。」上善之。

《太祖實録》卷五四　庚戌，命户部榜諭天下軍民：凡有未占籍而不應役者，定期許自首。由是應天府首籍者得户六百二十三，命軍發衛所民歸有司，匠隸工部。

《國榷》卷四　禮部侍郎黄肅降工部郎中，尋拜工部侍郎。

壬子，始賦畿内芻，以飼北馬。

命平章胡美招河南故元擴廓帖木兒遺兵。

甲寅，翰林應奉陶凱爲禮部尚書。

丙辰，中書省右丞楊憲爲左丞，尋伏誅。

《明通鑒》卷三　憲有才辨，明敏，善決事。然忮刻，有不足于己者，輒以事中傷之。在中書，欲盡易省中故事，凡舊吏皆罷去，更用己所親信者。會善長病，上以中書省乏人，召陝西參政汪廣洋爲右丞。憲專決省事，廣洋依違其間，猶不能得憲意，嗾侍御史劉炳劾廣洋奉母無狀，上切責，放還。已，又奏徙廣洋于海南，上不悦，自此益疑憲。是時炳復有所論劾，上覺其誣，下之獄，炳自言受憲指，上積前怒，收憲並炳，誅之，復召廣洋還。

《昭代典則》卷六　蜀將吴友仁寇興元，守將金興旺擊却之。明日，友仁復來攻，興旺與戰，面中流矢，拔矢復戰，斬首數百級。時城中守兵纔三千，友仁兵三萬，興旺以力寡，斂兵入城，遣使間道走寶雞，取援兵。友仁乃圍城，決濠填塹，攻益急。興旺嬰城拒守，發拒守擂石，敵兵多死傷者。時大將軍徐達在西安，得報，即帥師還屯益門鎮，先令傅友德領兵三千，徑趨黑龍江。夜襲木槽關，攻斗山岩，下令軍中人持十炬，燃于山上。友仁軍見列炬起，大驚，乘夜遁去。

《太祖實録》卷五五　八月丁巳朔，遣官釋奠于先師孔子。命來年曲阜廟

庭，官給牲幣，俾衍聖公主祀事，歲以爲常。

己未，大都督府同知康茂才卒于陝州。

《國榷》卷四　置信寶提舉司。

庚申，定官民房舍、車器、衣服之制。

遣通政司舍人輋哥鎖南等招諭吐蕃。

濟寧盜侯世雄作亂，掠滕、嶧間，官軍討平之。

辛酉，遣呂宗俊等詔諭暹羅國。

占城、高麗來貢。

《太祖實録》卷五五　乙丑，命賑聚寶門外軍民被水者，户給米一石，漂房舍者倍之，溺死者户三石。

《國榷》卷四　故元高昌王和尚、岐王桑哥朵兒只班來降。

戊辰，改應天知府曰府尹，正三品，銀印。府丞一，治中一，通判二，襄陽蘭以權爲府尹。

丙子，廣西行省參政蔡僊爲靖江王相，仍兼參政，提督廣西衛。

《太祖實録》卷五五　丁丑，詔定諸王府教官職名。禮部奏：「宋太宗朝，凡教皇姪、皇孫，並以教授爲名。今擬諸王府各置教授一員，秩正八品，以十二月爲滿。」從之。

詔中書省：「中禁官民器服不得用黄色爲飾，及彩畫古先帝王、后妃、聖賢人物故事，日月、龍鳳、獅子、麒麟、犀象之形。如舊有者，限百日内毁之。」

《國榷》卷四　禮部尚書陶凱言：「日膳，舉樂。」上以將士北征暴露，不許。

戊寅，遣使趙述諭三佛齊國，御史張敬之諭渤泥國，郭真諭真臘國。

己卯，夕月于西郊。

庚辰，海南盜陳思仁等陷陵水等縣，捕斬之。

癸未，定太廟祭四孟月，歲除凡五，其清明、端午、中元、冬至各時享。

定親王從祀功臣配享禮，文武樂歌。

《太祖實録》卷五五　乙酉，中書省臣言：「在京軍儲倉二十處，收糧六百餘萬石，每倉設官三員。請增設京畿漕運司官，專督其事。」從之。

詔太常司，凡宫懸樂户，令户部月賜米以贍之。

《國榷》卷四　上諭中書省臣曰：「中原争鬭，白骨在野。其遣人徧歷水陸收瘞之。」

《太祖實録》卷五五　是月，胡軍火尚失蘭歹等至大鹽池，殺守禦官齊拜舍等，慶陽千户孟德率兵擊敗之，獲其參政梁咬住等。

《昭代典則》卷六　京師及各行省開鄉試。自初九日始試初場，後三日試第二場，又三日試第三場。京師直隸府州額百人，河南、山東、山西、陝西、北平、福建、江西、浙江、湖廣各四十人，廣東、廣西各二十五人。若人材衆多之處，不拘額數。若不能及數者，亦從之。考試之法，大略損益前代之制。初場本經義及四書義各一道，第二場論一道，第三場策一道。中式者後十日復以五事試之，曰騎、射、書、算、律。騎觀其驅馳便捷，射觀其中之多寡，書通於六義，算通於九法，律觀其決斷。

九月戊子，京師城隍廟成。廟建左右二司，禮部尚書陶凱復請如前代六曹，曰吏、户、禮、兵、刑、工，二司左曰左司之神，右曰右司之神。上命罷六曹不必設，左右司止稱曰左司神、右司神。仍命製神主，主用丹漆，字塗以金，旁飾以龍文。及是成，命凱等迎主入廟，用王者儀仗。

《太祖實録》卷五六　庚寅，以户部郎中程昱爲本部尚書。

辛卯，户部奏：「賞軍用布其數甚多，請令浙西四府秋糧内收布三十萬匹。」上曰：「松江乃産布之地，止令一府輸納，以便其民。餘徵米如故。」

《國榷》卷四　免屯軍歲租。

《太祖實録》卷五六　壬辰，命免陝西民鹽米。先是，陝西民田畝輸糧一斗，復徵其鹽米六升。至是，上聞之，諭省部臣曰：「陝西民田既輸稅，復徵其鹽米，是重歛以困民也。自今止收正糧，除其鹽米。」

癸巳，詔中書禮官，凡遇降香祭祀在京山川等神，朕御殿以俟回奏，百官不必侍立。

《國榷》卷四　丙申，青州孫古朴作亂，襲莒州，殺同知烏程牟魯。

《太祖實録》卷五六　庚子，以户部員外郎孫煜祖爲中書省左司郎中，起居注楊訓文爲禮部尚書，岳州府知府蔣思德爲户部尚書，湖廣荆州分省贊理劉大昕爲刑部尚書。召山東行省參政安然、浙江行省參政安慶爲工部尚書，廣西行省參政商暠爲吏部尚書。尋復以思德知岳州府。

《國榷》卷四　置王府承奉司。

《太祖實録》卷五六　壬寅，以廣東行省參政周湞爲御史中丞，擢西安府知府李謙爲廣東行省參政，尋以爲中書省參政。

爪哇國王昔里八達剌八剌蒲遣其臣郎加占必忽先等來貢方物。

太子賓客梁貞歸里。

《國榷》卷四　癸卯，諭禮部別祭周天星辰。

《太祖實録》卷五六　乙巳，命改内使監御用監秩，皆從三品。其官令從三品，丞正四品，皇門官秩從四品，門正從四品，副正五品，春宫門官正副同。

《國榷》卷四　諭學士魏觀：「太廟祝文，止稱孝子皇帝，不稱臣。太子行禮，止稱命長子，不稱皇太子。」

《太祖實録》卷五六　丙午，靖江王相兼廣西等處行中書省參政蔡僊卒。

庚戌，户部奏：蘇、松、嘉、湖四府官民田租，不及六年者，請輸京倉，六年以上者，輸鎮江瓜洲倉。上令租之重者於本處倉收貯，餘皆令輸入京。

甲寅，河州衛指揮韋正言：「西邊軍糧，民間轉輸甚勞，而綿布及茶可以易粟。今綿布以輓運將至，乞併運茶給各衛軍士，令其自相貿易，兼省西民之勞。」詔從其言。

《國榷》卷四　是月，招諭遼陽等處官兵。

西洋諸國來貢。

平沂州茶山盜。

定朝會宴享樂舞之數。

《明通鑒》卷三　儒臣纂修禮書成，上之，賜名曰《大明集禮》。其書分五禮：吉禮目十四，嘉禮五，軍禮三，賓禮二，凶禮二。益以冠服、車輅、儀仗、鹵簿、字學、音樂，凡升降儀節，制度、名數皆具焉。

十月丙辰朔，詔儒士更直午門，爲武臣及功臣子弟講説經史，從御史袁凱奏也。時武臣恃功驕恣，得罪者漸衆，凱上言：「諸將習兵事，恐未悉君臣禮。請於都督府延通經古學之士，令諸武臣赴都堂聽講，庶得保族全身之道。」上乃敕臺省延名士爲之。

《太祖實録》卷五七　辛酉，命大將軍徐達及平章李文忠等班師。

《國榷》卷四　壬戌，重定内使服飾之制。

《太祖實録》卷五七　癸丑，命江(下)〔夏〕侯周德興爲征南將軍，率兵討慈利縣土酋覃垕及茅岡諸洞蠻，仍命潭州、常德等衛官軍悉聽調遣。初，平章楊璟攻垕，垕見官軍勢盛，遁去。至是，復出爲寇，故命德興討之。

己巳，詔凡朝覲辭謝官員，俱用公服，其或常服見者，綴班後。如以軍務遠來，及承制使還，即時引見者，不拘此例。

《國榷》卷四　丁丑，定品官墓制。

《太祖實録》卷五七　辛巳，定征礬法。户部言：「廬州府黄墩、崑山及安慶府桐城縣皆産礬，歲入官者二十二萬七百斤，每三十斤爲一引，共七千三百五十八引，每引官給工本錢一百五十文，其私煎者論如私鹽法。」從之。

《國榷》卷四　釋元平章徹里帖木兒北歸。

《皇明資治通紀》卷五　遣使致書元太子愛猷識理達臘曰：「君之將擴廓帖木兒自太原奔潰後，今年四月七日復大敗于定西，遁去，已命將追捕，旦夕必擒。近獲徹里帖木兒，乃君舊所用人，特令致書。適《元史》告成，朕以令先君爲三十餘年之主，不可無謚以垂後世，用謚曰『順』，已著于史。君之子買的里八剌，亦封崇禮侯，歲給食禄，及其來者與之同居無恙。但不知君之爲况何如？進退之間，其審圖之！」

《國榷》卷四　殿中侍御史武昌蔡哲以所舉御史犯法，被劾罷，尋卒。上惜之，予葬。

《太祖實録》卷五七　是月，征南將軍江夏侯周德興等兵至慈利縣，蠻酋覃垕復遁去。

《昭代典則》卷四　十一月壬辰，大將軍徐達、左副將軍李文忠等還至龍江，車駕出勞于江上。

《國榷》卷四　明日，達率諸將上平沙漠表，羣臣皆賀。又明日，告郊廟。

甲午，開封知府宋冕爲户部尚書。

丙申，大封諸功臣。上御奉天殿，諭曰：「朕論功行賞，若倣古帝王，籌之二年，以征討未暇，故至今日。今爵賞次第，皆朕自定。若御史大夫湯和，朕同里閈，結髮相從，功屢最。然嗜酒妄殺，不由法度。趙庸從李文忠取應昌，功不細，而私其奴婢，廢國法。廖永忠戰鄱陽，奮勇忘軀，朕親見之，奇男子也。使所善儒生窺朕意，徼封爵。僉都督郭子興不奉主將命，不守紀律，雖勞不足準。四人封爲侯。平章李文忠總兵應昌，逐前元太子，獲其皇孫妃嬪，重寶悉歸，功最大。御史大夫鄧愈，幼相從任使，屢挫抑無怨。二人宜列公。左丞相李善長雖無汗馬勞，事朕久，給軍不乏。右丞相徐達，朕同里從征，自起兵時功最高。二人已公，宜進封大國。餘悉據功定封。如不酬稱，廷論之，毋後言。」皆頓首悦服。遂班爵行賞，封公六人。李善長太師韓國公，禄四千石，勳號開國輔運推誠守正文臣；徐達魏國公，禄五千石，勳號開國輔運推誠宣力武臣；故常遇春子茂鄭國公，禄三千石，勳號翊運推誠宣德靖遠功臣；浙江行省平章李文忠左都督曹國公，禄三千石；右都督兼太子右詹事馮勝宋國公，御史大夫兼太子諭德鄧愈衛國公，俱禄三千石。世襲封侯二十八人，御史大夫兼太子諭德湯和中山侯，同知大都督府事唐勝宗延安侯，陸仲亨吉安侯，湖廣行省左丞周德興江夏侯，燕府左相兼北平行省參政華雲龍淮安侯，大都督府副使兼太子右率顧時濟寧侯，秦府左相兼陝西行省右丞耿炳文長興侯，大都督府僉事陳德臨江侯，郭子興鞏昌侯，並禄千五百石。平陽衛指揮使王志六安侯，朔州衛指揮副使鄭遇春滎陽侯，並禄九百石。大都督府同知都督僉事費聚平涼侯，吴良江陰侯，吴府左相兼大都督府僉事吴禎靖海侯，中書右丞兼太子副詹事趙庸南雄侯，中書省平章兼同知詹事院廖永忠德慶侯，江淮行省平章俞通源南安侯，並禄千五百石。湖廣行省平章華高廣德侯，禄六百石。楊璟營陽侯，康茂才子鐸蘄春侯，浙江行省參政朱亮祖永嘉侯，江淮行省參政傅友德潁川侯，中書省平章兼同知詹事院胡美豫章侯，山東行省平章韓政東平侯，並禄千五百石。江西行省參政黄彬宜春侯，山西行省平章曹良臣宣寧侯，浙江行省右丞梅思祖汝南侯，山東行省參政陸聚河南侯，並禄九百石。華高廣德侯，禄六百石。世襲，賜誥券，其勳號皆開國輔運推誠宣力武臣。仍賜綺帛，李善長、徐達各百匹，常茂、馮勝八十匹，李文忠、鄧愈六十匹，湯和、唐勝宗、陸仲亨、周德興、顧時、耿炳文、費聚四十匹，華雲龍、陳德、郭子興、王志、鄭遇春、吴良、吴禎三十匹，趙庸、廖永忠、俞通源、都督僉事金朝興，平章李思齊、參政戴德、曹興才二十四匹，華高、楊璟二十二匹，康鐸、朱亮祖、傅友德、胡美、韓政、黄彬、曹良臣、梅思祖、陸聚、汪興祖各二十匹，平章李伯昇十六匹，西征指揮二十四匹，千户衛鎮撫二十匹，百户所鎮撫十六匹，征定西興元、應昌指揮二十匹，千户衛鎮撫十六匹，百户所鎮撫十二匹，守禦指揮各十六匹，千户衛鎮撫十二匹，百户所鎮撫八匹，内軍各十，金錢六千。

賞陝西、蘭州等守禦將士綺帛有差。

丁酉，詔曰：「朕本農夫，托身緇流，遇時多艱，入于行伍，覩羣雄之無律，遂率衆渡江，東征西討，幾二十年。荷天地祖宗之靈，山川百神之助，遂致强殞弱服，華夷一統。其何以答諸將六軍委身暴露之艱？薄取輕收，非古人中正之道；厚斂以重賞，則損于民。是用倉庫錢糧，均其等第，以謝軍士；崇爵禄，頒金幣，以勞功臣。昭告中外，咸使聞知。」

定元降臣高昌王岐王借三品服，陪祭。

戊戌，大宴功臣。宴罷，諭曰：「創業之謀，與卿等勞心苦力，艱難多矣。艱難得之，當艱難守之。朕今不敢逸，卿等亦不可忘前事。」明日入謝，上退御華蓋殿，賜坐，從容歸功諸將。徐達等稽首曰：「臣等起畎畝從陛下，每奉成算，如指諸掌，事定不爽毫分。天錫聖智，非臣等能也。」上曰：「曩四方紛亂，朕與卿等圖生而已。渡江以來，觀羣雄所爲，非淫即貪，奢侈者溺，剽賊者鬭，朕始有救民之心。當時張士誠恃財，陳友諒恃兵，朕獨無恃，恃不殺人，布信義，守勤儉，又恃卿等同心共濟。時二寇相持，友諒剽而輕，士誠狡而懦。擊友諒，士誠必不能援；擊士誠，友諒空國來矣。此朕取二寇之先後。二寇既除，或勸盪平羣盜，或欲直趨元都，皆未合朕意。先命卿等取山東，次及河、洛，親至大梁，止潼關之兵。張思道、李思齊、擴廓帖木兒三人，皆百戰之餘，未必遽降。是以出不意，反旆北行。元都既舉，然後西征，張、李望絶勢窮，以故不勞而克。然擴廓帖木兒猶能力戰相拒，向使未平元都，先爲角力，彼人望未絶，勝負未可知矣。事勢與二寇又正相反。」達等皆頓首稱善。

命曹國公李文忠領大都督府，潁川侯傅友德、吉安侯陸仲亨、濟寧侯顧時、臨江侯陳德、六安侯王志、滎陽侯鄭遇春、江陰侯吴良、南雄侯趙雄並同知都督府事，指揮王成、單發、沐英、何文輝、莊齡、王簡、藍玉、仇成、金朝興、費震、王弼、胡德並大都督府僉事。

祭戰没功臣，禄其子孫，又祭陣亡軍士，優恤其家。將士莫不感動。

辛丑，上朝罷，坐東閣，召諸武臣曰：「往在戰陣，以力爲能，以勝爲功。今當講求古名將功成後，事君何道，持身何禮，所能保全功名者何人，常以爲鑑。」

《明史》卷二《太祖紀二》　庚戌，有事於圜丘。

《太祖實録》卷五八　辛亥，覈民數，給以户帖。先是，上諭中書省臣曰：「民，國之本。古者司民歲終獻民數於王，王拜受而藏諸天府，是民數有國之重事也。今天下已定，而民數未覈實。其命户部籍天下户口，每户給以户帖。」於是户部製户籍、户帖，各書其户之鄉貫、丁口、名。歲合籍與帖，以字號編爲勘合，識以部印，藉藏于部，帖給之民。仍令有司歲計其户口之登耗，類爲籍册以進，著爲令。

《國榷》卷四　命商輸北平粟一石八斗，給淮浙鹽一引。

壬子，曹國公李文忠立浙江七衛，錢塘、海寧、杭州、湖州、崇德、德清、金華，又衢州守禦千户所，分戍五萬二千五百十三人。後改湖州、金華守禦千户所。

改郊祀牲房。

《太祖實録》卷五八　乙卯，封中書右丞汪廣洋爲忠勤伯，御史中丞兼弘文館學士劉基爲誠意伯，皆賜誥命。

《國榷》卷四　十二月戊午，先是，松江錢鶴皋餘黨至是逮至百五十四人，皆論死，上宥之，戍蘭州。

中書省欲徙西北降胡于内地，杜後患。上曰：「胡人耐寒，驅而南，違其性，易亂。不若順而撫之，就邊地擇水草孳牧，自然安矣。」

上聞指揮箠虐，諭羽林衛指揮使葉昇等曰：「居京師與閫外不同。爾等享富貴，撫軍而反虐之，大失人心。」

庚申，元宗王也先帖木兒等自大同來降，授百户。

辛酉，《大明志》成。編天下州縣地理形勝，降附始末。儒士魏俊民、黄篪、劉儼、丁鳳、鄭思光、鄭權纂脩，皆授官。

命軍餉俱每月初給，著爲令。

癸亥，故元主子失篤兒，外戚阿里麻思海牙、駙馬忙哥剌失等來降，各賜宅一區。

遺書元嗣主，并招諭和林諸部。

《明史》卷二《太祖紀二》　甲子，建奉先殿。

《國榷》卷四　上朝退，語湯和等曰：「卿等安享富貴，當保此禄位，傳之子孫。尉遲敬德單騎脱唐太宗于王世充軍中，及争宴，拳毆任城王李道宗，太宗怒，欲罪之。長孫無忌以皇后親弟，佩刀入禁門，后請置法。外戚猶不免，况其他乎？」

遣祭南海。

中書省議民私鹽法當死。上以細民急衣食，杖戍蘭州。已潭州人私鑄錢，下寶源局。

翰林侍讀學士魏觀爲國子祭酒，編修宋濂爲國子司業。

《太祖實録》卷五九　乙丑，雷州衛指揮同知張秉彝言便宜四事。一預造戰船以防海道之寇；二增兵屯雷州，以爲欽、廉諸州緩急之援；三雷州之地當廣海之衝要，城池水寨，守禦之勢不得不重，而見在軍旅單弱，宜益鎮守之兵以重其勢；四本州糧儲不足以給兵食，乞以歲辦鹽課給民間糴糧以給軍。上從之。

《國榷》卷四　吏部尚書商暠爲侍御史，邵武知府周時中爲吏部尚書，磨勘司令郭曾爲治書侍御史，延平知府唐鐸爲殿中侍御史。

元平章汪洋慶奴弟左丞汪桑哥、趙敏安答見等來降。

廣西陽山縣十萬山盜作，南寧衛兵討平之。

《太祖實録》卷五九　丙寅，上諭禮官：「凡百官奏對及班列之中禮節有失當者，即舉劾之，庶朝儀整肅。禮儀有當更者，衆議以聞。百司奏事，進退皆以次，毋攙越。」

戊辰，詔軍官有犯必奏請然後逮問。

《國榷》卷四　始令祭無祀鬼神。築壇京師曰泰厲，王國曰國厲，州府曰郡厲，縣曰邑厲，民間曰鄉厲。

延安衛指揮唐恪、綏德衛朱明等追敗元兵于燕山只斤，擒五百餘人。

《明通鑑》卷三　封行省右丞薛顯爲永城侯。初，顯從大將軍達取中原，上謂達曰：「薛顯、傅友德，勇略冠軍，皆可當一面之任。」及征山、陝還，上以顯擅殺胥吏、獸醫、火者馬軍及千户吴富，念其功大，勿問。至是面數其罪。

《太祖實録》卷五九　己巳，大都督府臣奏陣亡軍士家屬之數，上命優給之。若故軍之妻願守節者，則給以薪米，比常例倍之。其願還鄉里者，人給米二石，官給脚力送之。

《國榷》卷四　定公侯儀從。

《明通鑑》卷三　初，上遣使訪先代帝王陵寢，命各行省具圖以進。禮官考其功德昭著者，凡三十有六。庚午，詔監書祕丞陶誼等往修祀禮，上親製祝文遣之，並令以時修葺。

《太祖實録》卷五九　壬申，長沙府洞蠻田某聚衆爲亂，剽掠旁近州縣，江夏侯周德興討平之。

命大都督府簡閲京衛軍士，老弱者以少壯代之。

癸酉，吏部言：「守令職主牧民，宜久其任，治效始著。而知府職任尤難，非老成廉能無過者不可居其任。請自今，同知一考無過者，陞知府；知縣二考無過者，陞知州；縣丞一考無過者，陞知縣。」從之。

殿中侍御史唐鐸言：「福建户口食鹽，每引收銀十兩，或錢一萬二千，民艱於辦納。請自今以土産物代輸爲便。」從之。

《國榷》卷四　丙子，大都督府覈自吴元年十月迄今，逃卒四萬七千九百八十六人，命諸司追捕之。

丁丑，禁武官縱軍鬻販。

諭徐達等：「久勞，許三日或五日一朝，有大事召議之。」達固辭，不許。

定親王鹵簿儀仗。

戊寅，宋國公馮勝爲大都督府右都督。

《太祖實録》卷五九　己卯，置諸王府儀衛司。司設正副各一人，秩比正副千户；司仗六人，秩比百户。

《國榷》卷四　賜徐達等勳臣田産。

辛巳，右丞王溥爲河南行省平章，潘原明爲浙江行省平章，俱世指揮同知。李伯昇、李思齊爲中書平章，方谷珍爲廣西行省左丞，江西行省右丞張麟爲行省左丞，俱世指揮僉事。食禄，不視事。

禮部尚書陶凱請選東宫官屬，罷兼職，專其輔導。上曰：「朕慮廷臣與東宫官屬不咸，甚至萌奸，漢之江充可以爲鑒。設兼職，父子一體，君臣一心之義也。」

《明通鑒》卷三　壬午，上以日中時有黑子，詔廷臣言得失。自上年十二月甲子日中有黑子，今年九月以後數見之。先是上疑祭天不順所致，欲增郊壇從祀之神，禮臣以爲漢、唐煩瀆，取法非宜，乃止。至是遂下求言之詔。

《國榷》卷四　甲申，享太廟，行家人禮，百官免陪享。享畢，諭陶凱曰：「鬼神享于誠心，有警乃不逸。其鑄銅人，高尺有五寸，手執簡，書曰『齋戒』。致齋之日，以致朕前。」

上嘗御東閣側室，弘文館學士危素行簾外，橐橐聞履聲。上曰：「誰？」對曰：「老臣素。」上曰：「朕謂文天祥也，乃爾乎？」亡何，監察御史王著等劾危素亡國之臣，謫和州之含山，爲余闕守廟。

是月，前翰林侍講學士朱升卒。

《太祖實録》卷五九　是年，户部奏今歲山東、河南、江西府州縣墾田二千一百三十五頃二十畝。

洪武四年（辛亥、一三七一）

《明史》卷二《太祖紀二》　春正月丙戌，李善長罷。

《國榷》卷四　中書右丞忠勤伯汪廣洋爲右丞相，參政胡惟庸爲右丞。詔曰：「天下已定，有功盡封。大將收戈解甲于武備之庫，息馬家庭，從善樂游，功名兩全，古何過哉？中書左丞相李善長事朕十八年，寅至戌歸，勤勞多矣，漢之何、參，無以尚也。其年既高，驅馳侍立，朕心不忍，業許致政。今以中書右丞汪廣洋爲中書右丞相，參知政事胡惟庸爲中書右丞，總理軍國重事焉。」

《明通鑒》卷四　【略】初，上與劉基論置相，因楊憲，次問廣洋，基曰：「褊淺殆甚于憲。」又問惟庸，基曰：「譬之駕，懼其僨轅也。」比憲誅，上復任廣洋，而惟庸以曲謹當上意，上數稱其才，至是，遂並用之。

《明史》卷二《太祖紀二》　丁亥，魏國公徐達練兵北平。

《明通鑒》卷四　命中山侯湯和爲征西將軍，副以江夏侯周德興、德慶侯廖永忠及營陽侯楊璟等，率舟師由瞿塘趨重慶。又命潁川侯傅友德爲前將軍，副以濟寧侯顧時及都督僉事何文輝等，率步騎由秦、隴趨成都。諸將陛辭，上復召友德諭之曰：「蜀人聞我西征，必悉精鋭東守瞿塘，北阻金牛，以扼我師。若出其不意，直擣階、文，門户既隳，腹心自潰。兵貴神速，患不勇耳。」友德頓首受命。

《太祖實録》卷六〇　戊子，命宋國公馮勝往陝西修城池，衛國公鄧愈往襄陽訓練軍馬，運糧餉以給征蜀軍士。

命中書定議親王宫殿制度。

命中書遣使諭潼關、鞏昌、蘭州諸處守禦官軍，修繕武備，議察姦細。且命陝西行省繪其山川地理來獻。

《國榷》卷四　令吏部月理貼黄。蓋選官里氏履歷，詳黄紙上，貼于籍，璽識之，曰「貼黄」。月一更，歲終貯籍内庫。

詔禮部參倣歷代祀郊廟社稷日月諸神冕服，并百官陪祭冠服之制。凡郊廟日月服袞冕，餘用皮弁服，陪祭各服本品梁冠祭服。

己丑，賜太子大本堂記，玉爲之質，龍紐。

庚寅，作圓丘、方丘、日月、社稷、山川壇及太廟于臨濠。上以晝繡，欲都之。

劉基曰：「中都曼衍，非天子居也。」

定公主駙馬封號。

諸王儀鸞司改儀衛司，司仗改典仗。

丙申，定王國宗廟、社稷壇之制。

《明通鑒》卷四　免浙江諸暨縣水災田租。

《太祖實録》卷六〇　丁酉，詔立内城門禁之法。守門指揮千百户日一更代，士卒三日一更代。凡内官内使出入，皆用號牌。若有以兵器雜藥到門者，論如律。守門軍士失於覺察者，罪如之。若車駕出行，則以御史一員臨門察視。

己亥，中書省臣上天下府州縣官之數，府州縣凡一千一百三十九，官五千四百八十八員。

詔京衛軍士犯罪笞四十以上者，發補外衛。

《國榷》卷四　頒《御史憲綱》。上語臺臣曰：「元貴本族，輕南士，不得入風憲，非公也。」殿中侍御史唐鐸曰：「聞元時遣使宣撫百姓，初出甚震動，至則寂然。謡曰：『奉使宣撫，問民疾苦，來若雷霆，去若敗鼓。』至今貽笑。今陛下任官惟賢，立法度以安百姓，臣敢不仰承聖意！」

癸卯，上以天寒，念邊戍之苦，命中書省製棉襖賜蔚、朔、寧、夏吏卒。

《太祖實録》卷六〇　甲辰，吏部奏定内官散官。正四品中正大夫，從四品中侍大夫，正五品中衛大夫，從五品侍直大夫，正六品内侍郎，從六品内直郎，正七品正奉郎，從七品正衛郎，正八品司奉郎，從八品司直郎。

《國榷》卷四　治廣西興安縣靈渠三十六隄。蓋秦漢舊跡，復之，溉田萬頃。

《太祖實録》卷六〇　乙巳，刑部奏：「自今在京及在外倉庫有放支錢糧金帛等物，内則中書，外則行省，第其字號爲符券，而後出之，庶免侵欺之弊。」從之。

《國榷》卷四　令宦官月廩一石。初月支粟九斗，中書省請加俸三石。上曰：「彼衣食于内，何俸爲？卿輩毋開其端。」

丙午，安南國王陳日熞賀平沙漠，貢馴象。

《明通鑒》卷四　丁未，詔以天下初定，令直省鄉試連舉三年。自後三年一舉，著爲令。

《明史》卷二《太祖紀二》　戊申，免山西旱災田租。

《太祖實録》卷六〇　己酉，詔諸處領兵鎮守屯戍諸將：「遇境内有警，許乘機調兵勦捕。若失誤，致使滋蔓者，罪之。餘事不許專擅調遣。其改除起取，非奉制書，亦毋得輒自離職。違者論如律。」

庚戌，命中書省、户部定文武官歲禄。正一品九百石，從一品七百五十石，正二品六百石，從二品五百石，正三品四百石，從三品三百石，正四品二百七十石，從四品二百四十石，正五品一百八十石，從五品百六十石，正六品一百石，從六品九十石，正七品八十石，從七品七十五石，正八品七十石，從八品六十五石，正九品六十石，從九品五十石。省部府州縣衛所臺憲諸司官驗數月支，其太常司、欽天監、侍儀司、太醫院等并各庫局官，量裁有差。

是月，廣信府弋陽縣民方谷華聚衆爲盜，刼掠商民，通判宋裕率民兵捕戮之。

《太祖實録》卷六一　二月乙卯朔，命中書省擬侍儀舍人并御史臺知班引禮。

《國榷》卷四　丙辰，轉山東糧十萬石饋大同。

《太祖實録》卷六一　戊午，翰林侍讀學士張以寧、吏部主事林唐臣、翰林編脩王廉自安南使還。其王陳日熞遣其臣阮汝亮偕來，上表謝恩，貢方物。以寧卒于道。

《國榷》卷四　刑部郎中劉惟謙爲尚書。上諭曰：「仁義者，養民之膏粱也；刑罰者，懲惡之藥石也。舍仁義而專刑罰，是藥石毒民。卿當體古欽恤之意。」

《太祖實録》卷六一　己未，吏部言：「宣使考滿，有文學才能者，宜任以有司；有幹辦使令之才，宜於巡檢内用。奏差考滿，通儒吏者就陞令史、書吏，若儒吏皆不通，於巡檢、驛官内用。」從之。

《國榷》卷四　壬戌，湖廣行省參知政事盱眙戴德卒于京師。贈行省右丞，追封譙郡伯，世□□衛指揮僉事。

《太祖實録》卷六一　甲子，遣官祭馬祖、先牧、馬社、馬步之神。

乙丑，詔太常司：「凡祭配享之位，不用祝文，不別奏樂。」

《國榷》卷四　丁卯，鑄洪武通寶小錢，民便之。

戊辰，免太平、鎮江今年田租。

己巳，燕府左相淮安侯華雲龍兼北平行省參政，左傅高顯兼大興左衛指揮使。

辛未，命工部市廣東耕牛，給中原農民。

壬申，免寧國今年田租。

始會試。

《明通鑒》卷四 【略】以禮部尚書陶凱、翰林院學士潘庭堅爲考官。庭堅以老告歸，至是復召主會試，又以司業宋濂、前貢士鮑恂、學士詹同、吏部員外原本爲同考官。得俞友仁等一百二十人。凱以禮官主試程文進，御序其簡首，遂爲定例。

《太祖實録》卷六一 癸酉，中書省奏：「各處都指揮使司統屬諸衛，凡有軍官、軍人詞訟，宜設斷事司以理之。斷事一人，正六品；副斷事一人，正七品。」從之。

户部定淮、浙、山東中鹽之例，皆以一引爲率。商人輸米臨濠府倉，淮鹽五石，浙鹽四石；開封府及陳橋倉，淮鹽二石五斗，浙鹽二石；襄陽府倉，淮鹽二石五斗，浙鹽一石五斗；安陸府倉，淮鹽四石，浙鹽三石五斗；辰州府、永州府及峽州倉，淮鹽三石五斗，浙鹽二石五斗；荆州府倉，淮鹽四石五斗，浙鹽四石；歸州倉，淮鹽二石，浙鹽一石二斗；大同府倉，淮鹽一石，浙鹽八斗；太原府倉，淮鹽一石三斗，浙鹽一石；孟津縣倉，淮鹽一石五斗，浙鹽一石二斗；北平府倉，淮鹽一石八斗，浙鹽一石五斗，山東鹽二石三斗；河南府倉，淮鹽一石五斗，浙鹽一石二斗；西安府倉，淮鹽一石三斗，浙鹽一石；陳州倉，淮鹽三石，浙鹽二石；北通州倉，淮鹽二石，浙鹽一石八斗，山東鹽二石五斗。

《國榷》卷四 慈利縣屢寇擾，免去年田租千四百七十餘石。

以臨濠傍近州縣通水漕者隸中都，壽、邳、徐、宿、潁、息、光、安、信陽、五河、懷遠、定遠、中立、蒙城、霍丘、英山、宿遷、睢寧、碭山、靈璧、潁上、太和、固始、光山、豐、沛、蕭。

《明史》卷二《太祖紀二》 甲戌，幸中都。

壬午，至自中都。

《明通鑒》卷四 元平章劉益以遼東降。初，元帝北走，其平章高嘉努固守遼陽山寨，行省參政劉益屯蓋州，與爲聲援。上遣斷事黄儔招諭之，益遂率所部來歸。詔立遼陽衛指揮使司，以益爲指揮同知。

《太祖實録》卷六一 是月，潞州卒李海舍等結衆謀叛，事覺，捕斬之。

《太祖實録》卷六二 三月乙酉朔，命中書省：「凡所鎮撫累戰有功者，不比試，即陞千户。其百户以久次陞千户者，比試如例。比試之法，每二人爲偶，持鎗角勝負，勝者始得陞擢。」

《國榷》卷四 策貢士于奉天殿，賜吴伯宗等進士及第出身有差。授伯宗禮部員外郎，賜袍笏冠帶。高麗貢士三人，金濤、朴實、柳伯儒，惟濤登第，授安丘縣丞。不能漢語，遣還。進士傳臚後，聽東宫注授，寫職名爲丸，耦進而分拈之。下第貢士皆授縣丞，亦拈丸注選。

丙戌，改圜丘、方丘壇。

《太祖實録》卷六二 庚寅，定孳牧所官秩。司象從七品，副從八品，典牧大使正八品，副使從八品。

《國榷》卷四 癸巳，命東勝、蔚、朔、武、豐、雲、應皆極邊，止設千百户，統領軍民耕守，不設有司。

丁酉，罷司農司。

庚子，命皇太子觀《元史》世祖時事。曰：「彼初有天下，政不及漢唐，況古人乎？」

《太祖實録》卷六二 辛丑，上以兵革之後，中原民多流亡，臨濠地多閒棄，有力者遂得兼并焉。乃諭中書省臣曰：「古者井田之法，計口而授，故民無不授田之家。今臨濠之田，連疆接壤，耕者亦宜驗其丁力，計畝給之。使貧者有所資，富者不得兼并。若兼并之徒多占田以爲己業，而轉令貧民佃種者，罪之。」

《國榷》卷四 許山東、山西、陝西歲辦鹽課，即貿其地棉布，備軍裝。

膚施縣旱，免租二萬八千二百餘石。

癸卯，令欽天監官久任。

山東、山西鹽課折收銀布，赴大同易米餉軍。

乙巳，定命婦封號。一品、二品夫人，三品淑人，四品恭人，五品宜人，六品安人，七品孺人。

《明通鑒》卷四 魏國公達奏請徙山後民萬七千户屯北平。

《太祖實録》卷六二 丁未，詔：「凡大小武官亡没，悉令嫡長子孫襲職，有故則次嫡承襲，無次嫡則庶長子孫，無庶長子孫則弟侄應繼者襲其職。如無應繼弟侄而有妻女家屬者，則以本官之俸月給之。其應襲職者，必試以騎射之藝。如年幼，則優以半俸。殁於王事者，給全俸，俟長襲職。著爲令。」

《明史》卷二《太祖紀二》 誠意伯劉基致仕。

《明通鑒》卷四　初，基既召還，上屢欲進基爵，基固辭。又欲以基爲相，基辭曰：「臣疾惡太甚，又不耐繁劇，爲之且孤上意。天下何患無才，惟明主悉心求之，目前諸人誠未見其可。」蓋指楊憲、胡惟庸輩也。憲既誅，上方嚮用惟庸。基遂不安于其位，上賜之歸。手書問天象，基條荅甚悉而焚其草，大要言：「霜雪之後，必有陽春。今國威已立，宜少濟以寬大。」時上用法嚴峻，故基及之。

《國榷》卷四　遣祭歷代帝王山陵。陳州伏羲，商高宗，孟津漢光武，洛陽漢明帝、章帝，鄭州周世宗，鞏縣宋太祖、太宗、真宗、仁宗，滎河商湯，項城唐堯，曲阜少昊，内黄商中宗，滑縣顓頊、高辛，酃縣神農，寧遠虞舜，會稽夏禹、宋孝宗，中都黄帝，咸陽周文王、武王、成王、康王、宣王、漢高帝、文帝、景帝，興平漢武帝，長安漢宣帝，三原唐高祖，醴泉唐太宗，蒲城唐憲宗，涇陽唐宣宗。著于祀典，俱二、八月朔祭，禁民樵採。

庚戌，令有司滿三年稱職，始給告身。

《太祖實録》卷六二　是月，故元院判劉原利、副樞張時用、平章郭伯通等既降，聞回大王聚衆岢嵐山中，欲攻太原，乃謀相應爲亂。伯通潛入城中爲内應，原利等率衆從外起。軍士林旺等覺其謀，密以告指揮桑桂。桂領兵捕伯通，復收原利等，斬之。

《太祖實録》卷六三　閏三月甲寅朔，詔諸郡縣軍以田三頃爲率，税糧之外，悉免徭役。若有餘田，計其餘役，與民同。

《國榷》卷四　乙卯，南海縣送官牛至京，多道死。工部責償，且送臨濠。上曰：「彼遠役，又何堪焉？」止勿償。

戊午，蘇州知府陳寧爲浙江行省參政。

己未，上諭省臺臣，擇宫僚端謹文學者。省臣曰：「邪正未易辨。」上曰：「尊德樂義，正也；便佞褻慢，邪也。故驕奢淫佚，鮮不由于褻慢；而端莊中正，必皆本于好德。」

户部尚書宋冕爲河南行省參政。

賜功臣墳户，李善長、徐達、常茂、馮勝各百五十户，鄧愈、唐勝宗、陸仲亨、華雲龍、顧時、陳德、耿炳文、吳禎、都督孫恪、郭子興各百户。

庚申，置法酒庫。

侍御史商暠往山東、北平收故元漢軍，按籍十四萬一百十五户，每三户出一卒，分隸北平諸衛。

甲子，刑部尚書班用吉降江西按察副使，磨勘司令王宗爲刑部侍郎。

《太祖實録》卷六三　乙丑，命吏部定内監等官品秩。内使監令正五品，授中衛大夫；丞從五品，侍直大夫；皇門官門正正六品，授内侍郎；門副、尚寶奉御俱從六品，授内直郎；尚冠等奉御、内府庫大使、内倉監令俱正七品，授正奉郎；庫副使、倉丞俱從七品，授正衛郎；局正、司正俱正六品，授内侍郎；局副、司副俱從六品，授内直郎；東宫門正、局正俱正六品，授内侍郎；門副、局丞俱從六品，授内直郎；王府承奉、門正、所正俱從六品，授内直郎；承奉副、門副、所副俱正七品，授正奉郎。

《明通鑒》卷四　上謂侍臣曰：「古之宦豎，不過司晨昏，供使令而已。自漢鄧太后以女主稱制，不接公卿，乃以閹人爲常侍，小黄門通命，自此以來，權傾人主。吾防之極嚴，犯法者必斥去之，履霜堅冰之意也。」

《國榷》卷四　故元宣慰司僉事范自野自察罕腦兒來降。

丙子，刑部侍郎李友諒爲尚書。

《太祖實録》卷六三　壬午，以陳修爲吏部尚書，蔣毅、趙孛堅爲刑部侍郎，朱從善爲户部侍郎。

是月，平章楊璟率師進次夔州大溪口。

《明通鑒》卷四　初，蜀人聞我師將至，遣僞將莫仁壽以鐵索横斷瞿塘關口，又遣吳友仁、鄒興等益兵爲助，北倚羊角山，南倚南城寨，鑿兩岸石壁，引鐵索爲飛橋，用木板置礮以拒大軍。璟攻瞿塘，分遣指揮韋權率兵出赤甲山以逼夔州，指揮李某出白鹽山下，逼夔之南岸，以攻南城寨，璟自督舟師，與都督僉事王簡出大溪口，皆爲仁壽、友仁等所遏，不得進。于是赤甲、白鹽之師亦退還歸州。

有吳興人王昇，以事繫獄，其子爲平涼知縣，昇以書託御史幕官宇文桂達之。會刑部搜獄中囚，得其私書以奏。上覽其書，内云：「爲官須廉潔自持。貧者士之常，古人謂貧乏不能存，此是好消息。撫民以仁慈爲心，報國以忠勤爲本，處己以謙謹爲先，進修以學業爲務。暇日宜讀經史並先儒性理之書，見得透徹，則自然思無邪。又熟讀《律令》，則守法不惑，仕與學蓋未可偏廢。人便則買附子二三枚，川椒一二斤，必經税而後來，餘物非所覬也。」上嘉嘆良久，釋之，旌以金帛，仍復其家。

《國榷》卷四　四月癸未朔，岳州知府蔣思德復爲户部尚書，侍儀使韓寬爲户部侍郎，楊冀安爲禮部侍郎。

《太祖實録》卷六四　甲申，定七品以下官員資級。起居注、給事中正七品，侍儀使從七品，引進使正八品，奉班部知正九品，通贊、通事舍人從九品，各府倉大使從八品，副使從九品，龍江子務大使從九品，都督斷事官，司獄、應天府獄丞從九品，織染局大使正九品，副使從九品。

滎陽侯鄭遇春、都督僉事莊齡往臨濠，開行大都督府。

禮部侍郎秦文繹爲户部尚書。

《國榷》卷四　丙戌，征西前將軍潁川侯傅友德克階州。初，友德入陝，揚言曰：「出金牛。」引精騎五千趨陳倉，緣山晝夜行，抵階州。守將平章丁世真來拒，擊敗之。

戊子，征西將軍中山侯湯和克歸州，分遣南雄侯趙庸、宣寧侯曹良臣克桑植容美洞。會江夏侯周德興克茅岡覃垕寨，和次歸州。

《太祖實録》卷六四　己丑，申定王府官制。王相府左右相正二品，文武傅從二品，首領官、參軍、司參軍從五品，録事正七品，承奉正正六品，副正七品，儀衛正正六品，副從七品，審理正正六品，副正七品，紀善正七品，各署典祠正、典寶正、典儀正、典膳正、典服正、工正、醫正並正七品，典祠副、典寶副、典儀副、典服副、工副、醫副並從七品，牧正正八品，牧副從八品，引禮舍人典膳副中書省注。

《明通鑒》卷四　傅友德抵文州。【略】蜀人斷白龍江橋以阻我師，友德督兵修橋以渡。至五里關，世珍復集兵拒險。都督同知汪興祖躍馬直前，中飛石死。友德奮兵援擊，破之，世珍復遁，〔遂〕克文州。

《太祖實録》卷六四　庚寅，定儀鸞司爲正五品，設大使一人，副使二人。

《明通鑒》卷四　上以湯和等伐蜀三月，未得捷報，復命永嘉侯朱亮祖爲右副將軍，率師助之。

《太祖實録》卷六四　癸巳，潁川侯傅友德兵度青川果陽白水江，會都督僉事王成亦領兵至，蜀人望風驚遁。友德遣人諭降之，俾各還本業。留鞏昌衛指揮潘某守之，遂引兵趨隆州。

《明通鑒》卷四　乙未，廣德侯華高卒。

《國榷》卷四　丁酉，前弘文館學士羅復仁卒。

庚子，徵儒士趙晉、張羽俱至，晉直秦府致仕，羽放歸。

辛丑，秀才丁士梅爲蘇州知府，童權爲揚州知府。

傅友德克隆州。

禁直馳御道，橫度者勿論。

癸卯，傅友德兵徇下江油、彰明二縣，趨綿州。

《明通鑒》卷四　遣都督僉事藍玉夜襲蜀將向大亨營，友德自率精鋭繼其後。俄大風起，諸軍乘風縱擊，大破之，大亨走渡漢水，遂克綿州。

《太祖實録》卷六四　丙午，命中書省徵天下儒士、貢舉下第者及山林隱逸，悉起赴京。其有業農而有志於仕，才堪任用者，俱官給廪傳遣之。

《國榷》卷四　册皇太子妃常氏（常遇春女）。

辛亥，定太廟侑祀功臣合祭。

綏寧縣鄭成名等作亂，敗官軍，命江陰侯吴良討之。

故元知院白文顯先來降，至是叛于華亭，平涼衛指揮秦虎討平之。

是月，祠元御史大夫福壽。上曰：「朕渡江來，元守臣如福壽無外兵之援，其殉國，忠矣。」令有司歲祭。

命工部預造朝服，以備給賜。

《國榷》卷四　乙丑，禁諸司于掾令史外濫設貼書。

丙寅，立中都大社。

故元平章魁的斤等以千餘人自東勝塔灘來降。

故元平章洪保保、馬彦翬入舟等叛，殺遼東衛指揮同知劉益。

癸酉，定中宫妃主常服及外命婦朝服、常服之制。

《太祖實録》卷六五　乙亥，免兩浙秋糧。

《國榷》卷四　戊寅，禮部尚書楊訓文爲户部尚書。

《明通鑒》卷四　己卯，傅友德治舟訖。將渡漢，欲以軍事達湯和，乃削木爲牌數千，大書克階、文、龍、綿日月投漢水，順流而下，蜀守將見者皆解體。

《明通鑒》卷四　辛巳，上與廷臣論刑法。御史中丞陳寧曰：「法重則人不輕犯，吏察則下無遁情。」上曰：「不然。法重則刑濫，吏察則政苛。鉗制下民而犯者必衆，鉤索下情而巧僞必滋。夫壘石之岡，勢非不峻，而草木不茂；金鐵之溪，水非不清，而魚鼈不生。古人立法置刑，以防惡衛善，故唐、虞畫衣冠、異章服以爲戮而民不犯，秦有鑿顛、抽脅之刑，參夷之誅，而囹圄成市，天下怨叛。所謂法正則民慤，罪當則民從。今施重刑而又委之察吏，則民無所措手足矣。朕聞帝王平刑緩獄而天下服從，未聞用商、韓之法可致堯、舜之治也。」寧慚而退。

《國榷》卷四　五月乙卯，免江西田租。詔曰：「朕本農夫，深知民間疾苦。及親率六師，南征北伐，備悉將士之勞。天下一統，東戍遼海，南鎮諸番，西控羌夷，北靖沙漠，皆以中國精鋭，屯守邊要，艱難萬狀，朕不忍言。然欲鎮安黎庶，必資守邊之力，其于科徵轉運，事宜得已。念惟江西之民，土豪割據，狼驅蠶食，貲財一空。歸附之後，供給繁重，已九年矣。兩浙歸附以來，貪官污吏，害民肥己，亦四載于兹。今雖掃除，尚未蘇醒。其免今歲秋糧。於戲！四海蒼生，旦暮念之。事有緩急，故恩有先後。唯爾下民，體朕至意。」

作用寶金牌二，中書省、大都督府各留一。值請兵牌入，始出寶用之。又走馬符牌，事急遣使佩之。又金牌二十，銀牌二十，俱鐵爲之，長五寸，博二寸五分，藏内府，遇調發則出。

《太祖實録》卷六五　丙辰，中山侯湯和兵發歸州，進攻瞿塘關，以江水暴漲，駐兵大溪口。

丁巳，詔定楊王、徐王廟祭，歲春秋二祀，所在有司行禮。

《明通鑒》卷四　李守道、詹同爲吏部尚書。【略】諭之曰：「吏部者，衡鑑之司，鑑明則物之妍媸無所逃，衡平則物之輕重得其當。蓋政事得失在庶官，任官賢否由吏部。任得其人則政理民安，非其人則瘝官曠職。卿等居持衡秉鑑之任，宜在公平以辨賢否，毋但庸庸碌碌，充位而已。」

《明通鑒》卷四　〔傅〕友德軍至漢江，水漲，不得渡，伐木造戰艦百餘艘。成都大震。

《國榷》卷四　辛酉，進士郭翀爲廣□知府，廉潤爲松江知府，楚嶽爲湖州知府。

詔天下吏人服皂。

《太祖實録》卷六五　壬戌，賜儒士始授官者，冠帶及夏布各二疋。

《國榷》卷四　六月壬午朔，傅友德渡江，克漢州。初，夏人悉力守瞿塘。及階、文陷，丞相戴壽、太尉吴友仁自瞿塘來援，未至。我偪城下，向大亨出戰，大敗之。援兵至，復敗之，遂拔漢州。

《明通鑒》卷四　【略】戴壽、向大亨等走成都。臨江侯陳德追擊，又敗之，獲其卒三千餘人，馬三百匹。吴友仁走古城，友德乃以顧時守漢州，自率大兵追之，大敗其衆，禽僞宣慰胡孔彰等，友仁遁還保寧。

平陽知府徐本爲户部尚書。

《明通鑒》卷四　丙戌，詔讓征西將軍湯和：「傅將軍冒險深入，連克數城，蜀已無險可恃。此時正宜水陸並進，使其首尾受敵，將軍抑何怯也！」和得書，猶豫未決。會德慶侯廖永忠舟師至，偵知戴壽等已撤其精兵西救，其留守瞿塘者，皆老弱也。【略】永忠率所部先發，自白鹽山伐木開道，由紙牌坊溪徑趨舊夔府。

《國榷》卷四　戊子，劉季通爲起居注，陳則爲户部侍郎，丘民爲禮部侍郎，杜寅、趙彰爲兵部侍郎。

廖永忠敗平章鄒興于舊夔州，殺溺甚衆。

《明通鑒》卷四　辛卯，廖永忠進兵瞿塘。【略】飛橋鐵索，横亘關口；山峻水急，舟不得進。永忠乃密遣壯士數百人，持糗糧水筒，舁小舟，踰山度關，出其上流。蜀山多草木，令將士皆衣青蓑衣，魚貫走崖石間，度已至，乃率精鋭出墨葉渡。夜五鼓，分兩軍攻其水陸寨，水軍皆以鐵裹船頭，置火器而前。黎明，蜀人始覺，盡鋭來拒，永忠先破其六寨。會將士舁舟出江者，一時俱發，上流揚旗鼓譟而下，遂會下流之師，前後夾擊，大敗蜀軍，鄒興中流矢死。乃乘勝焚三橋，斷其横江鐵鎖，禽僞同僉蔣達等八十餘人，飛天張遁走，遂克夔州。明日，湯和始至。永忠與之分道，和率步騎，永忠率舟師，約會重慶。

《國榷》卷四　癸巳，中書省參政宋冕爲江西按察副使，班用吉爲江西行省參政。

丙申，傅友德薄成都。

戊戌，夏平章丁世珍復陷文州。

《明通鑒》卷四　友德之下文州也，留指揮朱顯忠守之。僞將丁世珍既遁，復搆蠻寇數萬來攻。文州城中食用盡，援兵不至，或勸之走，顯忠叱曰：「爲將守城，與城存亡，豈有求活將軍邪！」戊戌，世珍攻之急，自旦至莫，顯忠裹創力戰，卒不支，城陷，死之。千户王均諒被執，不屈，蜀人磔之于文州東門。士卒從顯忠守者七百餘人，城破，存者僅百餘人。友德遣兵來援，世珍棄城走。事聞，贈卹有差。

《國榷》卷四　夏平章俞思忠以金州九龍山寨來降。

《明通鑒》卷四　己亥，廖永忠抵重慶，次銅鑼峽，明昇大懼。其右丞劉仁勸奔成都，昇母彭泣曰：「成都可到，亦僅延旦夕命耳。今大軍所至，勢如破竹，不如早降以活民命。」于是昇遣使納款于永忠。永忠以和未至，辭不受。

《國榷》卷四　庚子，唐宗魯爲工部侍郎。

壬寅，故元右丞張良佐、左丞房暠自遼東來降，貢馬。殺馬彦翬、洪保保，走納哈出營，執平章八册知院僧兒等至京，納元所授印敕金牌。上嘉之，授斷事吴立及良佐、暠俱遼東衛指揮僉事。

《明通鑒》卷四　癸卯，湯和至重慶，永忠駐師朝天門外。昇面縛銜璧，與母彭及劉仁奉表詣軍門。和受璧，永忠解縛，承制撫慰。下令禁侵掠，並招諭戴壽、向大亨，令兩家子弟持書往成都，趣之降。

《國榷》卷四　甲辰，製武臣金銀牌。指揮佩金牌，雙雲龍雙虎符，凡五百。千户佩鍍金銀牌，獨雲龍，獨虎符，凡二千。百户佩銀牌，凡萬有一千。牌博二寸，長尺，竅其首，紅繩貫之。上親爲文，曰：「上天祐民，朕乃率撫，威加華夷，實憑虎臣，錫爾金符，永傳後嗣。」

《國榷》卷四　丁未，征西右副將軍永嘉侯朱亮祖兵至重慶。

《太祖實録》卷六六　戊申，魏國公徐達駐師北平，以沙漠既平，徙北平山後之民三萬五千八百户，一十九萬七千二十七口，散處衛府，籍爲軍者，給以糧，籍爲民者，給田以耕。

《明通鑒》卷四　吏部尚書詹同、禮部尚書陶凱作《宴享・九奏樂章》【略】一曰《本太初》，二曰《仰大明》，三曰《民初生》，四曰《品物亨》，五曰《御六龍》，六曰《泰階平》，七曰《君德成》，八曰《聖道行》，九曰《樂清寧》。先是上厭前代樂章率用諛詞以爲容悦，甚者鄙陋不稱，乃命凱等更製其詞。詞成，命協律者歌之。謂侍臣曰：「禮以導敬，樂以宣和，不敬不和，何以爲治！元時古樂俱廢，惟淫詞豔曲，又雜以北方之音，甚者以祀典神祇飾爲隊舞，諧戲殿廷，殊非所以道中和，崇治體也。自今一切流俗喧嘵淫褻之樂，悉屏去之！」

《國榷》卷四　賜故元臣驢兒書，曰：「爾所守封疆，與朕邊將旌旗相望。若不通介使，恐將軍他日進退兩難。幼主倘失國，强臣自立，將軍能忘君以事仇乎？名義所在，含恥忍辱，諒不爲也。不然，必驅兵向之。苟力不足，麾下一旦解體，將身死人手，妻子離散，又何益哉？將軍幡然改悟，結我以善後，他日遇難來依，朕不食言。」

倭寇膠州

《明通鑒》卷四　庚寅，上御奉天門。謂詹同曰：「論行事于目前，不若鑒之于往古。卿儒者，宜知古先帝王爲治之道，試爲朕言之！」同對曰：「古先帝王之治，無過于唐、虞、三代，可以爲法。」上曰：「三代而上，治本于心；三代而下，治由于法。本于心者，道德仁義，其用爲無窮；由于法者，權謀術數，其用蓋有時而窮。然爲治者違乎道德仁義，必入于權謀術數，故擇術不可不慎也。」

《國榷》卷四　是月，遼東衛奏元將納哈出據金山，擾邊，上遣萬户黄儔致納哈出書，曰：「元地非不廣，兵非不衆，一旦紅巾起于汝潁，盜徧中原。盜名字者數人，韓林兒帝亳，徐壽輝帝蘄，陳友諒帝九江，張九四王姑蘇，明玉珍帝蜀，皆爲我俘虜。此天命，非人力也。大厦既傾，非一木可支。機之後先，惟將軍自思之。」納哈出留儔不遣。

《明史》卷二《太祖紀二》　七月辛亥，徐達練兵山西。

《國榷》卷四　豐城知縣林唐臣爲吏部考功郎中。唐臣前使安南，還命，令豐城，坐事逮至京。獄中上書，釋之。置定遼都指揮使司，馬雲、葉旺爲都指揮使，總遼東諸衛兵。

《昭代典則》卷七　編《存心録》成。

上謂諸儒臣曰：「朕聞歷代賢君事神之道，罔不祇肅。故百靈効祉，休徵類應。及乎衰世之君，罔知攸敬，違天慢神，非惟感召災譴，而國之禍亂，亦由是而致。朕爲是懼。每於臨祭，必誠必敬，惟恐未至。故命卿等編此書，欲示鑒形。夫水可以鑒形，古可以鑒今。是編所載善惡，豈惟行之於今，將俾子孫，以爲法守。」

《國榷》卷四　壬子，命中書省毋奏祥瑞，災異蝗旱即以聞。

《太祖實録》卷六七　己未，享太廟，命配享功臣仍於廡間，徹其布殿。

庚申，潁川侯傅友德兵圍成都。僞夏丞相戴壽、知院向大亨等出城拒戰，以象載甲士，列于陣前。友德命前鋒指揮李英等以弓矢火器衝之。象中矢，却走，壽兵蹦藉，死者甚衆，友德亦中流矢。會湯和遣人報重慶之捷，壽等亦得其家書，聞重慶已降，而室家皆完，遂無鬭志。乃籍府庫倉廩，遣其子詣軍門納款，友德許之。翌日，壽等率其屬降，友德按兵入自東門，得士馬三萬。

壬戌，潁川侯傅友德分兵徇下川蜀州縣之未附者。至崇慶，僞知州尹善清拒戰，友德擊敗其兵，執斬之。判官王桂華率城中耆民詣軍中降。

《國榷》卷四　曹國公李文忠往四川撫綏軍民。

乙丑，明昇至京師。命議受降禮。省部上言：「宋乾德三年，蜀主孟昶降，請考故事，雜定其儀，宜御奉天殿，昇進表午門外，叩頭伏地待罪。侍儀使奉表入，承制出釋罪，賜冠服。引至墀下，拜謝。」上曰：「昶奢淫自恣。昇幼，孽自臣下，可免其叩頭伏地。」是日，率官屬見，封歸義侯，賜冠帶衣服，甲第一區。

《太祖實録》卷六七　丁卯，中書省奏：「科舉定制，凡府州縣學生員，民間俊秀子弟及學官吏胥，習舉業者，皆許應試。」上曰：「科舉初設，凡文字詞理平順者，皆預選列，以示激勸。惟吏胥心術已壞，不許應試。」

《國榷》卷四　辛未，淮安侯華雲龍兵至靈州，夜襲元平章僧家奴營，盡俘其衆。

乙亥，占城國王阿答阿者來貢，上金葉表，長尺，博五寸。夷書内訴安南侵擾，請兵器、樂器。上命中書省檄王：「安南已罷兵，所請兵器，助鬬，非義也。擇爾國數人諳華語者來習樂。」并諭福建免占城之権。

丙子，置四川行省，刑部尚書劉惟謙爲參政。

《太祖實録》卷六七　庚辰，江陰侯吴良討綏寧堵鑾，擒其首惡蘇子榮等，遂克馬王、惡鬼、長冲、雲水、鎖口、桐木、藍溪、雷公、大溪、三峯、當山十一寨。

《明通鑑》卷四　夏平章丁世珍率其餘黨攻秦州。【略】攻圍五十餘日。城中食盡，括牛畜以食軍，友德調兵往援，擊走之。世珍逃竄山谷間，自以屢拒官軍，殺傷者多，懼不敢出。夜，宿梓潼廟中，爲帳下小校所殺。及蜀平，小校赴京言狀。上曰：「小校殺本官，非義也。」不賞。

《太祖實録》卷六七　大同官山千户所百户速哥帖木兒、捏怯來等詐言故元將王保保率兵至上都，遂謀叛，殺其千户把部等。事覺，伏誅。

《國榷》卷四　八月辛巳朔，改用寶金牌，博三寸，長九寸五分，上鈒鳳二，下鈒麒麟二。

《太祖實録》卷六七　丙戌，户部奏：「今年兩浙秋糧及没官田租既已蠲免，而所賜公侯田糧多没，官租亦宜照例免徵。其公侯歲禄別給之。」制可。

《國榷》卷四　庚寅，罷鞏昌故元總帥府。

癸巳，浡泥國王馬合謨沙來貢。浡泥，西南海中闍婆屬國。

上以北平艱運，命發銀三十萬，布十萬，即近地易米餉吏卒。又遼東衛乏馬，發山東布萬匹貫馬給之。

《太祖實録》卷六七　甲午，户部奏：「近餽運四川糧儲，已行湖廣行省運歸峽等處十萬石餉成都。今再擬於荆州、岳州、武昌、蘄州四府運糧十萬石繼之。江西行省南昌、吉安、撫州、南康四府運糧十萬餉重慶。其商人中鹽運米至重慶倉者，每淮鹽一引納米一石二斗，浙鹽一引納米一石。」皆從之。

詔中書省，自今凡賞賜軍士，無妻子者，給戰襖一襲；有妻子者給綿布二匹。

《明史》卷二《太祖紀二》　免中都、淮、揚及泰、滁、無爲田租。

《國榷》卷四　己亥，中書省左司郎中海淵爲户部尚書。

《明通鑑》卷四　謫國子司業宋濂安遠縣。先是濂遷國子司業，會京師修文廟，爰命禮官儒臣釐正祀典。濂乃上《孔子廟堂議》。議上，上以舜、禹、湯、文不宜祀于國學，不悦，遂坐不以時奏，謫知安遠縣。其後助教貝瓊希旨，作《釋奠解》駁之。時祭酒魏觀亦被謫。而同時翰林院待制王禕，亦著《孔廟從祀議》，謂：「荀況之言性惡，揚雄之事新莽，何休注《公羊》而黜周王魯，王弼注《易》而專尚清虚，如此之等，猶在祀列，何以在漢獨遺董仲舒，在唐獨遺孔穎達？至如宋之范仲淹、歐陽修、真德秀、魏了翁，元之吴澄，凡此七人，並宜從祀，用以蒐累代之曠典，昭萬世之公議。」又謂：「顔、曾、思父子，配位倒置，不免《春秋》逆祀之譏，亟宜釐正。天下之禮，有似緩而實急，似輕而實重者，名教所關，不可不慎。」其語多與濂合。厥後上置國子監，先聖改用木主，卒從濂議。其他所論，後代之議禮者率多宗之。

《國榷》卷四　庚子，江夏侯周德興等克保寧，執吴友仁，檻送京

《明通鑑》卷四　先是上聞全蜀已平，惟保寧未下，復以書責中山侯湯和，至是始克之。于是蜀地悉定。

《國榷》卷四　上語侍臣曰：「孫武論將，使愚使貪，其言殊謬。夫武臣當量敵制勝，智勇兼盡，不可使愚；捐軀殉國，以廉養士，不可使貪。」

癸卯，遣拂菻國人捏古倫持詔諭其國王。

故元宗王子巴都麻失里、沙加失里、院使汪家奴等來降。

戊申，穎州上猶縣盜起，命宜春侯黄彬剿之。

《明史》卷二《太祖紀二》　己酉，振陝西饑。

《國榷》卷四　遣諭雲南八番烏撒等蠻。

《明史》卷二《太祖紀二》　是月，高州海寇亂，通判王名善死之。

《太祖實録》卷六八　九月丙辰，册故元太傅中書右丞相河南王王保保女弟爲秦王樉妃。

以磨勘司令端以善爲刑部尚書，刑部郎中吴雲爲磨勘司令，茹太素、任叔正、張慶等十一人爲監察御史。

分遣監察御史往山東、北平、河南等府州覈實鹽課，并倉庫逋負之數。

己未，中書省臣奏：「自龍江驛至河南中灤驛，凡三十二。有司既已選民糧百石者爲馬户，不足則益取鄰縣有糧之民充之。五户以上、十户以下，共爲一夫。惟臨濠府民田糧不及其例，請於民間擇丁産稍富者，合糧三十石爲一夫，馬不足者則給以典牧所官馬。」詔從之。

《國榷》卷四　庚申，三佛齊國王馬哈剌孔八剌卜來貢，上金葉表。

壬戌，工部尚書安慶爲北平行省參政。

庚午，諭省府臺臣曰：「海外諸蠻夷，阻山越海，僻在一隅。彼不吾擾，朕決不伐之。惟西北胡世患中國，不可不備。」

呂宗俊還自暹羅國，國王參烈昭昆牙入貢馴象、六足龜及方物，表賀明年正旦。

《太祖實録》卷六八　乙亥禮部奏：【略】「今擬親祭天地宗廟，齋五日；祀日月星辰、社稷、山川、風雲雷雨，齋三日；降香齋一日。」上命著爲令。

丙子，置成都都衛及右中前後四衛。初，成都既克，潁川侯傅有德等留官軍守之。及曹國公李文忠經理四川，以成都舊城低隘，乃增築新城，高壘深池，規模粗備。而友德猶駐兵保寧，中山侯湯和駐兵重慶，各遣人招輯番漢人民，及明氏潰亡士卒，來歸者衆。因籍其丁壯，置各衛以分隸之。

《明通鑑》卷四　丁丑，詔州縣始設糧長，以田多者爲之，督其鄉賦税。糧以萬石爲率，設長、副各一人，輸以時至得召見，語合輒擢用。其後官軍兑運，糧長不復至京師，在州里頗爲民害。其孱弱者復爲勢豪所淩，至有鬻産以償逋負者，民頗苦之。

《國榷》卷四　戊寅，日中黑。上因手書與劉基曰：「近西蜀悉平，稱名者盡俘京師，我之疆宇亦日博廣。前元以寬失天下，朕今救之猛。然小人但喜寬，遂恣謗罵國家，扇惑是非，莫能治。即今天象迭見，天鳴已八載，日中黑子見三年。今秋天鳴震動，日中黑子，或二或三，或一日更有之，更不知災禍自何年月日至。卿年高静處萬山中，必有真知。今遣刻期往卿問訊，使行勿賫茶飯返之。」基悉條對而焚其草。大要勸上國威已立，宜少濟以寬大云。

《太祖實録》卷六八　是月，置保寧守禦千户所。初王師克保寧，潁川侯傅友德留和陽衛指揮黄榮駐守。至是，曹國公李文忠調濠梁等衛官軍，置千户所守之。

《國榷》卷四　衛國公鄧愈平鄖縣盜。

江陰侯吴良平綏寧蠻，還師。

十月癸巳，日本國王良懷遣僧祖來入貢。先是，趙秩往，未納。秩書諭之，始聽命，偕秩至京。

《太祖實録》卷六八　甲午，定未入流官冠服。凡在外諸處提控、案牘及吏目、典史、税課局、閘壩等官，服制皆准侍儀舍人。冠無梁，服赤羅服，青緣飾，赤羅蔽膝，烏角帶，紅白大帶，桃木笏，白襪黑履，不用中單，去珮綬。

《國榷》卷四　乙未，置朵耳衛指揮使司。

丙申，征西將軍中山侯湯和等還京，上印綬。

丁酉，俘吴友仁等至。以首釁誅友仁，餘戍徐州。

《太祖實録》卷六八　甲辰，中書省奏公侯佃户名籍之數。

《國榷》卷四　大都督府上京師兵額，二十萬七千八百二十五人。

《太祖實録》卷六八　丁未，故元知院小保、司丞蠻子於忻州聚衆作亂，官軍擒戮之。

是月，脩築京師城垣及發山西民夫築晉陽城。

作諸王宫殿於太原等府。

《明通鑑》卷四　十一月丙辰，有事于圜丘。禮官奏定：「先祭六日，百官沐浴宿官署，翼日，朝服詣奉天殿丹墀受誓戒。丞相以祀期徧告百神，復詣各祠廟行香。次日，駕詣仁祖廟告配享。」又定：「天子親祀齋五日，遣官代祀齋三日，降香齋一日。」

《國榷》卷四　丁巳，西安鳳翔、慶陽旱，免田租十九萬三千三百餘石。

己未，召魏觀、宋濂還朝，爲禮部主事。

庚申，上聞京衛將士多酣費。詔曰：「儉爲治本，奢爲喪源。習奢不已，入儉良難，非保家之道。爾其裁之。」

命官吏犯贓者無貸。初，元末政以賄成，上深知之。曰：「此弊不革，欲善治，無由也。」

《太祖實録》卷六九　丁卯，開封府祥符等五縣并睢州以旱聞，詔免今年田租。

命工部檢覈府歲脚蹬弩數，擇其可用者，給陝西、山西、北平、大同戍邊將士。仍命天下軍衛如式造之。

壬申，中書省奏：「河南、山東、北平、陝西、山西及直隸淮安等府屯田，凡官給牛種者，請十稅五，自備者，十稅三。」詔且勿徵，三年後畝收租一半。

《國榷》卷四　上御武樓，下，語驍騎左衛指揮使郭英等曰：「汝亦思守身家乎？」曰：「臣愚，亦念及此。」上曰：「軍士作臨濠宮殿，爾私役之，非自全計。」英等駭謝。

《太祖實録》卷六九　甲戌，以興化衛指揮使聶緯爲廣東都衛都指揮使，廣東衛指揮同知胡通爲指揮使，建寧都衛都指揮同知宋晟爲江西都衛都指揮使，驍騎左衛指揮使郭英爲河南都衛都指揮使，神武衛指揮使繆道爲河南都衛都指揮使。先是，上謂中書省臣曰：「國家設都衛，節制方面，所係甚重。當於各衛指揮中，遴擇智謀出衆，以任都指揮之職。或二三年，五六年，從朝廷陞調，不許世襲。」至是，以緯等爲都指揮使，仍著爲令。

乙亥，大都督府奏：「內外衛所武臣，不能約束軍士，致逃亡者衆。宜立條章，以示懲戒。」於是定例：「凡小旗逃三人者降爲軍，總旗逃十五人者降小旗，百户逃十五人者月減俸一石，遞減至四石以上，則追奪所授勑命，降充總旗。如遇歸併，百户止有軍五十人者，併與軍多百户領之，其官別調他衛，食其減餘之俸。若所管軍復有逃者，通算減俸。千户逃五十人者，月減俸一石，遞減至十石者，降百户。如從征在外，小旗逃五人，總旗逃二十五人者，降如前。百户逃三十人者，月減俸一石，遞減至三石者，罰如四石之例。千户逃至百人，月減俸一石，遞減至八石者，罰如十石之例。」詔從之，著爲令。

戊寅，命中書省定功臣祖父母封爵。禮部言：「古者封爵有五，曰公、侯、伯、子、男。如父封某國公、某侯、某伯者，母封某國夫人、某侯夫人、某伯夫人。已封某國公、某侯、某伯者，妻封某國夫人、某侯夫人、某伯夫人。未授封爵，應封贈者，父母以子貴，妻從其夫，祖降父一等，曾祖又降一等，並依品級授散官職事。」從之。

大都督府奏議：「守蜀將士凡五萬二百餘人，月支俸糧。其成都五衛以成都府所收米穀麥一萬一百八十石，及瀘州等處鹽糧給之。永寧等九所則以本處接運糧九千六百四十石給之。貴州則以本州及八番、播南所徵糧一萬五千石給之。其不足者，以一歲爲準，移四川省會計補之。瞿塘則以大溪口所貯九千六百六十石給之，重慶則以本府所貯糧三萬九千四百二十石給之，漢中則以湖廣所運糧給之，保寧則以本處所貯米穀麥二萬九百五十石給之，雅州則以本處所貯及見運米三千四百三十六石給之，敘南則以本處所貯米穀五千三百二十七石給之，青川則以四川行省所計及保寧、漢州所運米二千石給之。」上可其奏。

《國榷》卷四　是月，安南陳叔明弒國王日熞自立。叔明，日熞叔也。日熞居國色荒，常以兩女進，其豔巧，六宮無並者。後復以女進，上不悅，曰：「彼謂朕漁色耶？」併出前二女返之。命使臣曰：「歸語王，嫁之，猶女也。」日熞竟以昏荒，爲叔明逼死。

《太祖實録》卷七〇　十二月辛巳，上命禮部：「今歲各處鄉試取中舉人，俱免會試，悉起赴京用之。」時吏部奏天下官多缺員，故有是命。

《國榷》卷四　壬午，暹羅斛國王參烈昭昆牙入貢，表賀明年正旦。

癸未，定吏卒優給之例。

甲申，上聞諸勳臣所賜莊户不法，召諸勳臣戒之，曰：「卿等晚節宜留意。而莊户怙勢，若不戢下，必累爾德也。」

《太祖實録》卷七〇　乙酉，定文武官祖父封贈之典。初中書議舉封贈之典，上意欲以功臣封爵爲一例，以常銓官品秩爲一例。於是，中書定開國文武功臣，一品至四品，及常選除授一品至八品散官職事，付吏部。吏部議曰：「公、侯、伯、子、男，不論品級，取自上裁，不在封贈常例。其一品至七品，不限文武內外，應封贈者，驗本身品級，皆止封贈散官。若奉特旨，封公、侯、伯者，則隨其爵封贈。」具其事以聞，上曰：【略】「自今五等之爵，不論品級，非有大功於國者，雖官至丞相，亦不得封。其開國功臣已封公侯伯者，則其祖父亦依見授封爵封贈。若不係功臣，止依品級授散官職事。蓋功臣封爵，與常選之品不同。爾吏部其以兩等著爲定制。如無大功勞，所司朦朧奏請者，請者、授者皆罪之。」

《國榷》卷四　吏部奏：「天下府百四十一，官八百八十人；州百九十二，官五百七十二人；縣千三百，官三千四十一人。」

《太祖實録》卷七〇　丙戌，户部奏：「浙江行省民一百四十八萬七千一百四十六户，歲輸糧九十三萬三千二百六十八石，設糧長一百三十四人。」

《國榷》卷四　命工部尚書朱守仁察吏山東。

故元惠王伯都不花、儲王伯彥不花、宗王子蠻蠻伯帖木兒入朝，各賜宅，給月廩。命吳王左相靖海侯吳禎籍溫、台、慶元方氏遺兵及蘭秀山流民，凡十一萬一千七百五十人，分戍各衛，仍禁瀕海民不得私出海。

庚寅，户部言：「漢中之金州、石泉、漢陰、平利、西鄉產茶，採之十採其一，官園十採其八。每裹五十斤，二裹爲引。貯有司，易馬西番。」從之。

辛卯，賞平蜀將士。傅友德、廖永忠各二百五十金，幣二十雙；顧時百五十金，幣十五；陳德百金，幣十二；郭子興以罪謫，止幣十二；故都督同知汪興祖金幣如陳德。都督僉事何文輝、王蘭、藍玉、張温、金朝興各五十金，幣十；陳桓幣十，王成幣七。湯和僅克李逢春山寨，幣十五；周德興幣十二，俞通源幣十，梅思祖幣五，都督僉事仇成、葉昇幣如之。林霽峯幣六，指揮幣八，千户衛鎮撫幣六，百户所鎮撫幣四，總旗十二金，小旗十一金，卒十金。惟楊璟、趙庸、朱亮祖不賞。上諭之曰：「亮祖破保寧，不足掩潞州之敗；趙庸合攻覃垕寨，中道返；朱亮祖比至重慶，城已下，故賞所後也。」又讓湯和怯，和頓首謝。

壬辰，賜中山侯湯和田萬畝，鞏昌侯郭子興田租千石，故大都督府同知汪興祖追封東勝侯，世襲禄千石。

令指揮千户幼襲止給半禄，年二十全之。

聽軍民採江上蘆葦，毋侵占。

《明通鑒》卷四　漢中府知府費震，坐事逮至京師。震，鄱陽人，以賢良徵，爲吉水知州，有惠政。擢守漢中，歲凶多盜，震發倉粟十餘萬石貸民，約以秋成收還。盜聞，皆來歸，鄰境民亦争赴之，震令占宅，自爲保伍，籍之得數千家。上聞其事，曰：「此良吏也，宜釋之以爲牧民者勸。」

《國榷》卷四　癸巳，禮部欲罪鎮江官鶩瘠者徵其直，上不許。

《太祖實録》卷七〇　乙未，上諭大都督府臣曰：「朕以海道可通外邦，故嘗禁其往來。近聞福建興化衛指揮李興、李春私遣人出海行賈，則濱海軍衛豈無如彼所爲者乎？苟不禁戒，則人皆惑利而陷于刑憲矣。爾其遣人諭之。」

《國榷》卷四　丙申，故元施南道宣慰司覃大勝、隆中路宣撫司同知南木什用、金洞安撫副使達谷什用、東鄉五路軍民府知府結剌什用及四川容美洞宣撫司田光寶，各遣子弟入朝。

戊戌，選故常遇春參隨葉壽等六十八人，俱授京衛百户。

定官民揖拜禮毋胡習。

丙午，故元宣政院副使常繼祖等自河州來降。

丙午，大都督府僉事沐英、何文輝爲同知都督。

《太祖實録》卷七〇　丁未，勅太常司，自今歲除享太廟，以其日巳時行禮，著爲令。

吏部奏：「擬馬湖府知府一人，從四品；同知一人，從五品；通判一人，正七品；經歷一人，從八品；知事一人，從九品。沐州知州一人，從五品；同知一人，正七品；州判一人，正八品。泥溪、蠻夷、平夷、雷波長官司皆正六品，施州宣慰司從三品，金洞、隆舉、忠孝、世德、平溪、東鄉等五路長官司皆正六品，以流官土官參用。」從之。

是月，高麗王顓遣使貢方物，賀明年正旦節。

《明史》卷二《太祖紀二》　徐達還。

《國榷》卷四　延安中部盜起，延安衛千户曹隆擊平之。

裁僧道善世、玄教二院。

《太祖實録》卷七〇　是歲，天下郡縣望田十萬六千六百二十二頃四十二畝。

洪武五年（壬子、一三七二）

《國榷》卷五　正月庚戌，故元兵犯汾州，大同衛指揮僉事蔡端追擒八百餘人。

壬子，置親王護衛指揮使司。

瑣里國王卜納的入貢。

癸丑，詔：「犯罪當謫戍兩廣者，發臨濠屯種。」

《明史》卷二《太祖紀二》　待制王褘使雲南，詔諭元梁王把匝剌瓦爾密。褘至，不屈死。

《太祖實録》卷七一　上謂禮部臣曰：「近代以來，舉人不中程式，爲有司所黜者，多不省己自脩，以圖再進。往往摭拾主司細故，謗毁以逞私忿，禮讓廉耻之風不立。今後有此者，罪之。」

《國榷》卷五　乙卯，忠建元帥府元帥墨池釋用來朝，置忠建長官司。

庚申，併振武、神武、鳳翔、英武、宣武、廣陵等十二衛俱入豹韜衛。

播南故元參政余仲方來朝。

辛酉，上幸太平興國寺廣薦法會。搢玉圭，禮佛，再拜，聽法于僧宗泐，受戒于僧慧日。癸亥，還宫。

壬戌，暹羅斛國來朝。

甲子，遣楊載詔諭琉球國。

爪哇國昔里八達剌蒲入貢。

耀州宜君縣盜起，秦州衛指揮僉事王溥等捕斬之。

置蒙古衛。

《明通鑒》卷四　乙丑，徙陳理、明昇于高麗。時有告理等怨望，上曰：「彼童孺耳，言語小過不足問，但恐爲小人蠱惑，不能保始終。宜徙之遠方，則隙無自生矣。」

賜魏國公徐達、曹國公李文忠、宋國公馮勝交趾弓五十、彤弓百。

《國榷》卷五　播州宣慰使楊鏗、同知羅琛、播州總管鄭瑚等來朝。仍置播州宣慰司，鏗、琛秩如故，改總管爲長官司。普定府女總管適爾及來朝，改知府，世襲。

龍番安撫使龍舜昌、方番安撫使方德用、韋番安撫使韋勝祖、金石番安撫使石良玉、新添安撫使宋亦鄰真各來朝。

《太祖實録》卷七一　戊辰，申定武選之法。凡武官陞調襲替，或因事復職，及見缺官員應入選者，先審取從軍履歷，齎赴内府參對貼黄歸附年月、征克地方、陞轉衛所，及流官世襲相同，然後引至御前，請旨除授。若奉特旨陞遷者，隨將欽與職名及流官世襲陞轉之由於御前陞選。仍照選簿，條寫榜文，次日入奏。將選遇官員者畢抄榜給符，立限到任。附寫内外貼黄與正黄流號合同，請寶鈐記。正黄送銅匱收貯，内外黄亦於内府收掌。遇有陞調襲替，續附如前襲替之例。凡武官亡故、老疾、征傷，以嫡長男承襲。嫡長男有故，則嫡長孫承襲。無嫡長子孫，則嫡庶子孫。俱無者，方許應繼弟侄。若子孫俱幼，或母老妻女存者，並優給其家，俟子孫出幼，方令襲職。若母老妻存，無子孫弟姪者，亦優給之。其總小旗有缺，選年深軍士壯勇者併鎗勝者爲小旗，小旗勝者陞總旗，皆須奏請。若總、小旗亡故，子孫替襲優給，並如之。

《國榷》卷五　己巳，命皇太子及秦王樉往臨濠祭陵。

上御武樓，計邊事。曰：「擴廓游魂尚出没，奈何？」魏國公徐達曰：「亟發兵坑豎子耳。」「度兵幾何」曰：「十萬足矣。」上曰：「吾與卿十五萬騎。」拜達征虜大將軍，出雁門；曹國公李文忠爲左副將軍，出應昌；宋國公馮勝爲征西將軍，出金蘭，各五萬騎，征擴廓帖木兒于沙漠。

辛未，改留守司曰留守衛。

《太祖實録》卷七一　甲戌，命祭告太歲、風雲雷雨、山川、旗纛等神。遣征虜大將軍魏國公徐達、左副將軍曹國公李文忠、征西將軍宋國公馮勝等率師征王保保。

《國榷》卷五　上戒徐達等曰：「大將軍出中路，揚言趨和林，實持重，致其來擊之。左副將軍出東路，掩其不備。征西將軍出西路，取甘肅以疑其兵。令虜莫測，乃善計也。」

靖海侯吴禎航海餉遼東給北軍。

命衛國公鄧愈爲征南將軍，江夏侯周德興、江陰侯吴良副之，討古州、田州、澧州諸處洞蠻。愈率營陽侯楊璟、宜春侯黄斌出澧州，德興率南雄侯趙庸、指揮僉事左君弼出南寧，良率平章李伯昇出靖州。

《太祖實録》卷七一　定中都城基址，周圍四十五里，街二，南曰順城，北曰子民。坊十六，在南街者八。東曰德輔、善慶、崇德、中和，西曰順成、新成、里仁、太和。在北街者亦八，東曰欽崇、德厚、恭讓、淮陽，西曰從善、慎遠、修齊、允中。

是月，危素卒。

《國榷》卷五　二月己卯，潮州盜據揭陽、潮陽，潮陽衛指揮僉事王友等擊平之。

《昭代典則》卷七　諭羣臣各盡其職。上諭羣臣曰：「凡居官者，任之大小雖不同，要皆盡其職而已。昔范文正公居位，凡日之所爲，必求與食相稱。或有不及，明日必補之，其心始安。賢人君子於國家盡心如此，朝廷豈有廢事？天下安得不治？元之將亡，内外諸官皆安於苟且，不脩職事，惟日食肥甘，因循度日。凡生民疾苦，政事得失，略不究心。由是紀綱廢弛，民心日離，遂致土崩。此皆近事，可爲明鑑。朕每夜不安寢，未明視朝，常恐天下之事或有廢怠不舉，民受其弊。卿等當體朕懷，夙夜盡心，能脩厥職，則無負國家，異日垂名青史，豈不美乎？」

《太祖實録》卷七二　辛巳，命兩淮都轉運鹽使司移通、泰等州批驗所于儀真縣，仍疏濬運河，以便商旅。

户部言：「遼東軍衛糧儲涉海轉運，動經數月，宜撙節支給，庶免軍士乏食。今擬官員月俸在京支給，其遼東倉量給與之。指揮使月米五石，同知四石，僉事三石，千户二石，百户一石五十。」詔從之。又奏蘇、湖等府漁人、商人舟車不應徭役者凡一萬三千九百九十户，宜令充漕運夫。上命：「有田者仍令應役，無田者充運夫。」

《國榷》卷五　壬午，上諭羣臣曰：「設官定分，上不陵，下不諂。昔參政丁謂爲寇相拂鬚，準正色呵之。前元憲官某寢疾，掾史候之，力疾杖起，因授吏杖。

吏拱立不受，至再三，憲官悟。明日謝吏。吏曰：『某雖公屬，非家僮，不敢瀆禮。』彼憲吏皆正人也。爾等鑒之。」

《明通鑒》卷四　丙戌，安南陳叔明弑其主日熞而自立，懼討，遣使入貢以覘朝廷意。至京師，主客曹受其表，將上，主事曾魯取副封視之，白尚書，詰使者曰：「前王日熞，今何驟更名？」使者不敢諱，具言其實。上曰：「島夷乃狡獪如此邪！」命卻其貢。叔明懼，復遣使謝罪，乃命姑以前王印視事。上由是重魯，問丞相：「魯何官？」以主事對，即日超六階，授禮部侍郎。

免河曲等縣食鹽米二千五百八十餘石。

辛卯，立四川等處茶鹽都轉運司于成都，鹽課司十五，歲辦鹽三萬七千八百四十二引有奇。

先是，户部奏言：「陝西、四川，產茶甚旺，宜設官收税，十取其一以易番馬。」從之。詔有司定税額，設茶馬司于秦、洮、河、雅諸州，自碉門、黎雅抵朵甘、烏斯藏，行茶之地，凡五千餘里。于是西方諸部落之市馬者悉至。

《國榷》卷五　郭桓爲山西按察司僉事。

壬辰，容美洞宣撫使田光寶入貢，改容美洞長官司。

盜掠陽江縣，尋平之。

丙申，羽林左衛總旗陳雲乞收永新等縣陳氏散卒三千三百七十人。上不許，詔以陳氏、張氏軍相告者罪之。

宣寧進忠宣撫使田惟戴來朝，尋卒，子茂長嗣。

丁酉，高麗入貢。

庚子，雲州旱，免鹽糧。

甲辰，停晉邸工，俟有秋營之。

《太祖實録》卷七二　乙巳，户部奏：「四川民總八萬四千餘户，其僞夏故官占爲莊户者凡二萬三千餘户。宜令户滿三丁者僉一軍，其不及者爲民。」從之。

户部言：「四川鹽井計一千四百五十六，已開煎三百八十，其未開者一千七十六處。」遂命會計各郡邑軍民歲食及鹽馬司市馬歲額之數煎辦，餘井並塞之。

《國榷》卷五　發河南兵二萬，從馮勝北征。命都督同知何文輝率山東步騎二萬八千，從李文忠出應昌。

户部言：「四川產茶四百七十七所，茶二百三十八萬六千九百四十三株，茶户三百十五。定制十採其一，計萬九千二百八十斤，易馬西番。」從之。

是月，作申明亭，令郡縣里社，凡人有犯，書其過名榜之。

《國榷》卷五　三月戢朔免都民徭役。

《明通鑒》卷四　應天府請役京民運輸官物，上不許，曰：「京民自開國以來，勞費倍于外郡，今兵革漸息，正宜以時休養。」命免其役。

《國榷》卷五　己酉，命將官子弟入國學肄業兼騎射。

辛亥，重定官民相見禮。

壬子，户部尚書徐本爲浙江行省參政。

《太祖實録》卷七三　乙卯，詔庶凡婦女袍衫止以紫緑、桃紅及諸淺淡顏色，其大紅、鴉青、黄色悉禁勿用，帶以藍絹布爲之。

《國榷》卷五　故元樞密同知别哥禿等來降。

丙辰，刑部尚書李友諒爲福建行省參政，工部侍郎黄肅爲尚書。

丁巳，故元金筑安撫使密定、程番安撫使程谷英等來朝，庚申，禮部主事魏觀爲蘇州知府。

《太祖實録》卷七三　壬戌，置金筑、程番長官司，秩正六品，隸四川行省，以審定、禮谷英等爲長官，世襲其職。

《國榷》卷五　丁卯，都督僉事藍玉敗擴廓帖木兒于土剌河，擴廓帖木兒遁去。

庚午，澧州洞蠻作亂，尋平之。

《太祖實録》卷七三　辛未，禮部言：「今定相車駕出入有司，肅清街道，官民不許開門，觀望行立。所在官員父老合迎駕者於俠外路右叩頭俯伏，候車駕前行方起。」

《國榷》卷五　壬申，囉囉斯宣慰使安定來朝。

癸酉，置靖州武岡守禦千户所，欽州百户所。膠州守禦千户所，都督僉事單發有罪，降南寧衛指揮僉事。

是月，高麗國王王顓上表賀平夏，且請子弟入太學，許之。

四月己卯，濟南登萊旱饑，命淮安轉粟賑之。

丁亥，中書省左司郎中吕本爲刑部侍郎。

戊子，廣東逋卒王福可等聚盜掠海豊，詔廣東衛兵討平之。宣化盜掠南寧，亦平之，俘二千八百餘人，斬百餘級。

庚寅，故元參政阿失寧自西番來降，上灌頂國王印。

丁酉，烏思藏僧章陽沙加仍灌頂國師，賜印幣，俾居報恩寺化導其俗。

《明通鑑》卷四　戊戌，詔禮部：「奏定鄉飲酒禮儀，命天下有司學官率其鄉士大夫之老者行之學校，著爲令。」

《國榷》卷五　己亥，更定品官命婦冠服。

庚子，故元趙王汪古圖、左丞錢友德來降。

《明通鑑》卷四　征南將軍鄧愈至澧州，討散毛等三十六峒蠻，悉平之。

《國榷》卷五　盤順元帥墨稍什用入貢，置盤順長官司。

酉陽沿邊溪洞軍民宣慰司都元帥府元帥冉汝彪入貢，改酉陽州，汝彪爲知州。

《太祖實録》卷七三　乙巳，禮部言：「舊制以文武班資同者，武官居左，文官居右。今各行省掌印官秩從一品，都指揮使司掌印官秩正二品，凡公會行禮，宜以行省掌印官班首。」詔令行省未除從一品官者，其班首依品級行之。

《國榷》卷五　五月庚戌，置諸司齋戒牌，祭則設之。文曰「國有常憲，神則鑒焉。」壬子，大將軍徐達至嶺北，擴廓帖木兒、賀宗哲合軍拒我，敗績。

中書右丞王溥言，頃者採木建昌之蛇舌岩，見黄衣人歌聲如鐘，忽不見。上以妖罔，不之信。

《明通鑑》卷四　戊午，有事于方丘。

上祭畢還宫，以天久不雨，令后妃以下皆素食。

《太祖實録》卷七三　丁卯，倭夷寇海鹽之澉滴，殺掠人民。

戊辰，命户部募商人於永平衛鴉紅橋納米中鹽，淮鹽米一石五斗，浙鹽米一石三斗，山東鹽米二石，河澗鹽米六石。時納哈出覘伺欲撓邊，故儲偫以俟征討。

高麗、日本歸所掠海濱男女七十八人，詔有司送還鄉里。

《國榷》卷五　故元沿海行樞密院同知葉廷秀等來降。

《明史》卷二《本紀·太祖紀二》　是月，詔曰：「天下大定，禮儀風俗不可不正。諸遭亂爲人奴隸者復爲民。凍餒者里中富室假貸之，孤寡殘疾者官養之，毋失所。鄉黨論齒，相見揖拜，毋違禮。婚姻毋論財。喪事稱家有無，毋惑陰陽拘忌，停柩暴露。流民復業者各就丁力耕種，毋以舊田爲限。僧道齋醮雜男女，恣飲食，有司嚴治之。閩、粤豪家毋閹人子爲火者，犯者抵罪。」

六月丙子朔，置兵馬指揮司分司于中都。

《太祖實録》卷七四　定宦官禁令。凡内使於宫城内相罵詈，先發而理屈者，笞五十；後罵而理直者，不坐。其不伏本管鈐束而抵罵者，杖六十。内使罵奉御者，杖六十，罵門官、監官者杖七十。内使等於宫城内鬬毆，先鬬而理屈者，杖七十，毆傷者加一等；後應理直而無傷者，笞五十。其有不伏本管鈐束而毆之者，杖八十，毆傷者加一等。毆奉御者杖八十，毆門官、監官者杖一百，傷者各加一等。其内使等有心懷惡逆，出不道之言者，凌遲處死。有知情而蔽之者同罪。知其事而不首者斬，首者賞銀三百兩。

《國榷》卷五　丁丑，定中宫女職之制。設六局二十四司，尚宫、尚儀、尚服、尚食、尚寢、尚功局各四司。官七十五人，女史十八人，俱良家子充之。

高唐、濮、聊城、堂邑、朝城、東昌民饑，命吏部尚書趙孛堅發粟千九百石賑之。

《太祖實録》卷七四　戊寅，征西將軍馮勝、左副將軍陳德、右副將軍傅有德率師至甘肅，故元將上都驢降。初，勝等師至蘭州，友德先率驍騎五千直趨西涼，遇元失剌罕之兵，戰敗。至永昌，又敗元太尉朵兒只巴于忽剌罕口，大獲其輜重牛馬。進至掃林山，勝等師亦至，共擊走胡兵，友德手射死其平章百花，追斬其黨四百餘人，降太尉鎖納兒加、平章管著等。至是上都驢知大將軍至，率所部吏民八百三十餘户迎降。勝等撫輯其民，留官軍守之，遂進之亦集乃路，元守將卜顔帖木兒全城降。師次别篤山口，元岐王朵兒只班遁去，追獲其平章長加奴等二十七人及馬駝牛羊十餘萬。友德復引兵至瓜沙州，又敗其兵，獲金銀印、馬駝、牛羊二萬而還。

庚辰，賜吴王、靖江王蘇州府吴江縣田各一百頃，歲計米各七千八百石。

癸未，上諭中書省臣曰：「近者禮部奏定中宫女職，遣奉御張和、蔡旺往蘇、杭二州選民間婦女通曉書數，願入宫者，得四十四人。其中堪任事者十四人，已俱授職，各賜白金三十七兩，以贍其家。有年未及二十者三十人，各賜白金二十兩，遣還，聽其適人。其已授女職者，令有司蠲其徭役，戒其父兄弟姪各守分，毋挾勢侵犯官府。」

《國榷》卷五　甲申，免登、萊今年夏税及逋租徭役，又發粟六萬六千餘石賑萊州、東昌。

丙戌，置遼東金、復、海、蓋四州。

倭寇寧德。

戊子，安化、合水、環縣民饑，賑之。

己丑，羽林衛指揮使毛驤，于顯，指揮同知袁義等率兵捕蘇、松、温、台瀕海流倭。辛卯，敕遼東都督僉事仇成嚴備納哈出。

《太祖實録》卷七四　癸巳，定六部職掌，歲終考績，以行黜陟。吏部掌天下官吏選法、封勳、考課之政，其屬有三，一曰總部，掌文選；二曰司勳部，掌官制；三曰考功部，掌考覈。户部掌天下户口、田土、貢賦、經費、錢貨之政，其屬有四，一曰總部，掌天下户口、田土、貢賦、水旱災傷；二曰度支部，掌考校、賞賜、禄秩；三曰金部，掌課程、市舶、庫藏、錢帛、茶鹽；四曰倉部，掌漕運、軍儲、出納、料糧。禮部掌天下禮儀、祠祭、燕享、貢舉之政，其屬有四，一曰總部，掌儀制、表箋、曆日、贈謚、詔赦、科舉、圖籍、樂律；二曰祠部，掌祭祀、醫藥、喪葬、僧道度牒；三曰膳部，掌燕享；四曰主客部，掌貢獻、建言、四夷朝貢賞賚。兵部掌天下軍衛、武選、廐驛、甲仗之政，其屬有三，一曰總部，掌軍務、符驗、題檢；二曰職方部，掌城池、部置、烽堠、四夷歸化；三曰駕部，掌鹵簿、馬政、車輅、驛傳、兵器。刑部掌天下刑法及徒隸勾覈、關禁之政，其屬有四，一曰總部，掌律令、獄具、盗賊、鬥毆、稱冤；二曰都官部，掌徒流、戒諭、審决；三曰比部，掌贓罰，凡犯錢糧、户婚、田土、茶鹽之法者；四曰司門部，掌門禁、軍政、關渡、捕亡、詐僞、畧誘。工部掌天下百工、屯田、山澤之政，其屬有四，一曰總部，掌城垣、工匠；二曰虞部，掌捕獵、窑冶、爐冶、軍需、造紙、鼓鑄；三曰水部，掌水利、水害、壩閘、橋梁、舟車；四曰屯田部，掌屯田、墾田、圩岸、廨舍、竹木、薪炭。各部設郎中、員外郎、主事，分掌其事，而以尚書、侍郎總其政務。

《國榷》卷五　甲午，户部尚書海溍爲福建行省參政。

《太祖實録》卷七四　丙申，詔河間府寧津等縣去年旱饑民流移者，免其徭役。

《國榷》卷五　定公主宅制。

定官民婚喪禮。

庚子，温州衛千户陳旺以追擊海寇失機，伏誅。

《明通鑑》卷四　壬寅，征南副將軍吴良出靖州，討會同峒蠻，遂以次平五開、古州之地，凡二百二十三峒，籍其民一萬五千，收集潰散士卒四千五百餘人。

《太祖實録》卷七四　癸卯，定遼都衛指揮同知馮祥等率兵克十萬山大片崖、小片崖、石甕九崖等處，撫輯其民而還。

參政何真收集廣東所部舊卒三千五百六十人，發青州衛守禦。

《國榷》卷五　句容民獻嘉瓜二，賜錢千二百。禮部尚書陶凱稱聖德。上曰：「朕何德之有？時和歲豐，王者之禎也。」

元人犯大同之宣寧縣。

指揮使毛驤敗倭于温州下湖山，追獲舟十二艘，擒百五十餘人。

甲辰，鐫戒后妃之辭于宫中。

《太祖實録》卷七四　左副將軍李文忠率都督何文輝等兵至口温之地，虜聞之，夜棄營遁去，獲其牛馬、輜重無算。遂進至哈剌莽來，虜部落驚潰。復進兵至臚朐河。文忠諭將士曰：「兵貴神速，宜乘勝追之。千里襲人，難以重負。」於是留部將韓政等守輜重，命士卒人持二十日糧，兼程而進至土剌河。虜將蠻子哈剌章覘知之，悉騎渡河，結陣以待。文忠督兵與戰，戰數合，虜稍卻。復進至阿魯渾河，虜兵益衆，持戰不已。文忠馬中流矢，急下馬，持短兵接戰。從者劉義直前奮擊，以身蔽文忠。指揮李榮見事急，以所乘馬授文忠，自奪虜騎乘之。文忠策馬橫槊，麾衆更進。於是士卒鼓勇，皆殊死戰，虜遂敗走，獲人馬以萬計。追至稱海，虜兵又集。文忠勒兵據險，椎牛饗士。縱所獲馬畜于野，示以閒暇。居三日，虜疑有伏，不敢逼，乃遁去，文忠亦引還。夜行，失故道，至桑哥兒麻，士卒無水，渴甚。文忠默禱于天，忽所乘馬跪地長鳴，泉水湧出，人皆以爲天助云。是役也，宣寧侯曹良臣、驍騎左衛指揮使周顯、振武衛指揮同知常榮、神策衛指揮使張耀俱戰没。

《國榷》卷五　乙巳，命户部遣使度四川田。

《明通鑑》卷四　上以功臣多恃鐵券犯法，奴僕殺人者匿不以聞。乃詔工部作鐵榜，戒以保全終始之道。又頒律令于各衛：「禁止軍官軍人不得私接受公侯所與信寶、金銀、段匹、錢物，及非出征不得於公侯之家門首侍立，其公侯，非奉特旨不得私自呼唤軍人役使，違者俱論罪。」

《太祖實録》卷七五　七月戊申，上諭都督府臣曰：「近營中都，聞軍士多以疾死。蓋盛暑重勞，飲食失和，董其役者又督之太急，使病無所養，死無所歸，朕甚痛之。爾其速遣官具醫藥往視之。病甚者，官給舟車，送還其家。仍沿途給醫治療，且勑董事者毋驅迫之。」

壬子，貴州衛指揮同知紀雄等以兵克平伐廬山山木等寨，其酋長皆來降，請歲輸租賦。

《國榷》卷五　甲寅，立觀星臺于中都獨山。

《明通鑑》卷四　丙辰，中山侯湯和從大將軍出塞征陽和，遇元兵于斷頭山，敗績，處州指揮章存道死之。

《太祖實録》卷七五　己未，左副將軍李文忠以所獲故元官屬子孫及軍士家屬一千八百四十餘人送至京師。

《明通鑑》卷四　上以其殺傷相當，又連失良將四人，故賞亦不行。

《太祖實録》卷七五　己巳，詔户部經理功臣田土。

《國榷》卷五　戊辰，裁嬀川、宜、興、雲四州，徙其民北平。

庚午，高麗入貢，奏耽羅國不朝，又蘭秀山數寇，請討。上諭止之。

辛未，遣諭故元□國公白鎖住書。時鎖住佯死，潛歸鄉里。諭曰：「爾志本求安，然事難逆覩。獨不見隋末高君雅、劉黑闥之事乎？一旦無賴假爾爲名，以禍生民，後來之悔。爾當出詣有司，慷慨還朝，全家保生，豈不快哉？」

是月，開封大水，徐州、大同蝗，鳳翔、平涼久不雨，至是雨雹傷菽，免田租。

《明通鑑》卷四　蘇州府崇明縣水，詔以所報恐未盡，令悉免之。

《太祖實録》卷七五　八月乙亥朔，以孫正道爲金吾右衛親軍指揮使。正道，陳友定之裨將，既降，又招集閩中舊卒，甚衆故有是命。

丙子，禮部尚書陶凱等奏：「【略】今擬凡遇上親祀，皇太子留宮中居守，親王戎服侍從。皇太子、親王雖不陪祀，宜一體齋戒。請著爲令。」從之。

《國榷》卷五　己卯，貴州宣慰使靄翠請討所部隴右，上恐啓釁，不許。

庚辰，罷天下進賀聖節冬至表箋。上曰：「正日稱賀，禮固宜然。冬至亦賀，于文多矣。朕考妣早逝，生日不勝悲痛，其皆罷賀。」

甲申，詔浙江、福建海上造舟六百六十艘，禦倭。

《太祖實録》卷七五　丙戌，《申明戒諭書》成，頒示天下。

《國榷》卷五　戊子，詔諭勳臣曰：「敬謹爲受福之本，驕怠爲招禍之原。非知道者，不足語此。」

《太祖實録》卷七五　壬辰，命中書省：「凡指揮、千户、鎮撫以罪謫在軍伍，或降爲巡檢者，悉令赴京，仍録用之。其見犯者，令從征立功贖罪，無功則通罪之。」

癸巳，上以北平、山西餽運艱難，命以銀易米，供給軍衛。計山西大同易米白金二十萬兩，北平易米白金十萬兩，綿布十萬匹。又遼東軍衛乏馬，發山東綿布萬匹易馬給之。

丙申，征南副將軍江陰侯吴良等平五開、潭溪、右州諸蠻，凡二百二十三洞，籍其民一萬五千，收集逃散士卒四千五百四十人，獲馬牛四百餘頭。

倭夷寇福州之福寧縣，前後殺掠居民三百五十餘人，焚燒廬舍千餘家，刼取官糧二百五十石。

《國榷》卷五　平陽衛指揮僉事張祥逐胡至崞縣之古洞山，被執。

庚子，祠開平王常遇春于北平，有司歲祭。

壬寅，明州衛指揮僉事張德擊倭，中流矢卒，賜祭。

癸卯，太倉衛言：「高麗使臣洪師範、鄭夢周等渡海舟壞，溺師範等三十九人，餘漂至嘉興。」上命護送歸之。

《太祖實録》卷七五　甲辰，胡兵侵雲内，突入州城，同知黄里與其弟得亨率兵民與戰。里死之，得亨亦被重傷。會應州同知王長賢率衆來援，胡兵遂解去。

《太祖實録》卷七六　九月己巳朔，太常卿陳世舉言：「古制，凡修理宗廟，則遣官祭告，并祭土神。今擇日修築太廟宫墻，宜告祭告禮。」上從之，曰：「至日，朕自祭告太廟，用羊一、豕一，其土神則爾太常以一豕祭之。」

《國榷》卷五　南海盜起，詔廣東衛軍擊斬之。

《太祖實録》卷七六　壬子，命工部造扈駕先鋒金字銀牌十。其制長五寸，濶二寸五分，上爲獅吻，下爲伏虎，外方内圓，鈒「駕前先鋒」四字，以金塗之。

《國榷》卷五　丁巳，靖海侯吴禎還京。先是禎督餉遼東練士，悉收未附之地，至是南旋，併送故元平章高家奴、知樞密院高大方、同僉高希古、張海馬、遼陽路總管高斌等至京。

戊午，征南副將軍江夏侯周德興等討平婪鳳、安田等州諸洞蠻。

《皇明資治通紀》卷六　壬戌，聖誕前一日，中書右丞相汪廣洋請行賀禮。上曰：「朕已令罷此禮，卿等共體朕懷。」

《太祖實録》卷七六　癸亥，先是，上諭中書省臣曰：「凡犯贓罪者罪，雖已赦，仍徵其贓如故。」大内有云：「已發覺、未發覺，已結正、未結正之類，何者宜赦，何者不宜赦，其詳定以聞。」至是，刑部議：「凡謀反、大逆、謀殺祖父母、父母、妻妾殺夫、奴婢殺本使，殺人及强盜蠱毒厭魅不赦外，其餘罪無輕重，咸赦除之。有以赦前事相告言者，抵罪。若係官錢糧事須追究，罪雖遇原，依律改正徵收。民間歸附之後户婚田産錢債雖已經赦，應合改正歸還者，並聽追理。凡今後官吏受贓，遇赦免，罪贓並追納，其在赦前犯贓事發，懼罪逃避，及革後發露，依律追究。」奏上，制從之。

《國榷》卷五　甲子，占城入貢。

十月辛巳，晉王左傅謝成兼太原都衛指揮使。

《太祖實録》卷七六　庚辰，豫章侯胡廷美收集武昌新軍五千四百餘人至京師。

《國榷》卷五　戊子，詔：「雜犯罪可矜者，免死，輸作臨濠。」

《太祖實録》卷七六　己丑，命定擬齋郎、樂生、文武舞生冠服之制。

禮部言：「命婦及庶民妻衣服首飾俱有等衰，唯女子在室者無其制。按宋制，女年二十而笄。未笄之前，服飾之制，史亦無所見。但士大夫家相傳皆作三小髻，金釵珠頭䯰，窄袖褙子。宜如其制。」從之。

《國榷》卷五　庚寅，高麗遣賀明年正旦。上以期遠淹使，又屢貢，命：「三年一聘，或比年所貢布十匹足矣，毋過豐。其占城、安南、西洋、瑣里、爪哇、渤泥、三佛齊、暹羅、真臘等國，各明告以朕意。」

丁酉，韃靼五千九百餘人自東勝來降。

征西將軍宋國公馮勝等班師入京。

諭中書省寬驛傳。必糧富丁多者充馬户，有司務加存撫。

是月，免應天、太平、鎮江、寧國、廣德田租。詔曰：「昔羣雄鼎沸，朕渡江屯建業十有八年。其間高城壘，深濠塹，軍需造作，皆近京之民率先効力，濟我時艱。朕心不忘。天下一統五年矣，雖嘗蠲四歲税糧，未報前勞。故申飭有司，盡行蠲免。」

《太祖實録》卷七六　十一月丙午，命文武官奏對者，各從其班次，不得攙越。

《國榷》卷五　庚戌，征南副將軍江陰侯吴良等班師還京。

《太祖實録》卷七六　壬子，定命婦圓衫之制。以紅羅爲之，繡重雉爲等。第一品九等，二品八等，三品七等，四品六等，五品五等，六品四等，七品三等，其餘不用繡雉。

《明通鑒》卷五　辛酉，有事于圜丘。

《國榷》卷五　建公侯第宅于中都。

《太祖實録》卷七六　癸亥，詔：「浙江、福建瀕海諸衛改造多櫓快船，以備倭寇。」

化州石龍縣餘寇結連黄泥山等砦猺蠻作亂，焚掠陸川、北流二縣，廣西衛兵討平之。

中書省臣言：「河間府清、獻二州，真定府隆平縣旱，平涼府雨雹傷稼。」詔並免田租。

《國榷》卷五　甲子，征南將軍衛國公鄧愈、營陽侯楊璟等班師還京。

詔：將士戰衣旗幟，色用黄赤。

丙寅，定封贈之制。

辛未，靖海侯吴禎還京。

壬申，賞甘肅西征兵萬四百三十五人，共四萬四千金。征西將軍馮勝等各私匿馬，不賞。諭曰：「將不私其身，況物乎？祭遵憂國奉公，曹彬圖書數卷，而何不古若也？」勝等頓首謝。

納哈出犯遼東之牛家莊，燔糧十萬餘石，損軍五千餘人。

是月，詔征虜大將軍魏國公徐達、左副將軍曹國公李文忠還京。

《太祖實録》卷七七　十二月甲戌朔，詔曰：「農桑衣食之本，學校理道之原。朕嘗設置有司，頒降條章，敦篤教化，務欲使民豐衣足食，理道暢焉。何有司不遵朕命？秩滿赴京者，往往不書農桑之務，學校之教，甚違朕意。特勅中書，令有司，今後考課，必書農桑、學校之績，違者降罰。民有不奉天時、負地利，及師不教導、生徒惰學者，皆論如律。於戲！彝倫不振，實君師之過。坐享民供，而不修政教，亦豈職分之當爲？凡在臣民，體朕至意。」

《國榷》卷五　丁丑，征南副將軍江夏侯周德興班師還京。論功，賞征南將軍衛國公鄧愈綺帛各八，營陽侯楊璟、宜春侯黄彬六之，都督僉事王誠等四之，周德興、南雄侯趙庸各十二，江陰侯吴良、指揮僉事左君弼各十，平章李伯昇等八之，餘有差。

《明通鑒》卷四　庚辰，禮部尚書陶凱乞倣唐宋《會要》紀時政。【略】「漢、唐、宋時，皆有《會要》紀載時政。今起居注雖設，其諸司所領諭旨及奏事簿籍，宜依《會要》編類爲書，庶可以垂法後世。下臺省府者，宜各置銅櫃藏之，以備稽考，俾無遺闕。」從之。

《明史》卷二《太祖紀二》　辛巳，命百官奏事啓皇太子。

《國榷》卷五　甲申，上出三山門，見浚濠役人裸行水中，求鋤不得，蓋吏擲之者，捕吏杖之，命罷役。曰：「今日重裘猶寒，役苦乃爾。」遂併遣工匠之營中都者。

戊子，秦府左相兼陝西行省右丞耿炳文署行都督府事，燕府左傅高顯爲永平衛指揮使。

壬辰，禮部侍郎曾魯卒。

甲午，兩浙都轉運鹽使李信爲廣東行省參政。未赴，拜吏部尚書。

《太祖實録》卷七七 乙未，四川茶鹽都轉運司言：「碉門、永寧、筠連諸處所産之茶，名『剪刀』，麤葉，惟西番夷僚用之。自昔商販未嘗出境，既非茶馬司巴茶之比，宜別立茶局，徵其税，易紅纓、氈衫、米布、椒蠟可資國用。其居民所收之茶，亦宜依江南茶法，於所在官司給引販賣，公私便之。今擬設承寧茶局一，曰界首鎮，歲收茶一十八萬八千斤；雅州茶局一，曰碉門，歲收茶四十一萬一千六百斤；成都茶局三，曰灌州，歲收茶七千四百三十斤；曰安州，歲收茶萬三千一百七十斤；曰筠連州，歲收茶二十九萬六千二百八十斤。既收，則徵其什一於官。」詔從之。

《國榷》卷五 丁酉，禮部主事宋濂爲太子贊善大夫。

故皇姊隴西長公主加封曹國長公主，駙馬都尉恩親侯李貞封曹國公。

己亥，給僧道度牒。時僧道尼凡五萬七千二百餘人，禮部請鬻牒資用，免丁錢。上從之，著爲令。

庚子，詔作獨轅車，山西、河南八百輛，北平、山東千輛。

内使奏增飼虎肉，上以虛費，送虎光禄寺，悉縱禽獸。

烏思藏帝師喃加巴藏卜等入貢。

吐蕃諸部川藏邀阻烏思藏貢使，命衛國公鄧愈爲征西將軍，率兵討之。

琉球國中山王察度入貢。

《明通鑒》卷四 壬寅，貽元嗣君書。【略】「朕觀前代所獲亡國子孫，皆獻俘廟社，其有陽示優待者，不久非鴆即殺。朕則不然。君之子至京，今已三年，朕賓禮之，以俟君遣使來取歸，必不食言。至君家天運已去，人心已離，朕始議興師爲弔民伐罪之舉，此乃天運，非人力也。」又與元臣劉仲德、朱彦德二生書曰：「人臣致身于君，貴有終始。君之故主蒙塵而崩，幼君嗣立，朝臣無不叛去，獨二生竭力事之，誠可嘉尚！今朕特遣使者致書沙漠，令取其子密迪哩巴拉歸，俾父子相依，宗社不絶，即二生家族亦可長保。如其不然，六軍征討，勢如振落。以二生身膏草野，固宇宙奇男子事，但恐不能殉國，偷生免死，復何面目與朕相見！唯熟圖之！」

《太祖實録》卷七七 是月，中書省奏，今歲鑄錢二萬二千二百四十萬一千九百五十六文。

《國榷》卷五 城大同。

《明通鑒》卷四 命仍祀孟子。上偶覽《孟子》，至「草芥寇讎」語，謂非臣子所宜言，命罷配享。時上怒甚，詔：「有諫者以大不敬論！」刑部尚書錢唐抗疏入諫曰：「臣爲孟軻死，死有餘榮。」時廷臣無不爲唐危，上鑒其懇誠，不之罪。踰年，詔曰：「孟子闢邪説，辨異端，發明先聖之道，其復之！」

《國榷》卷五 是年，都指揮使馬燁城貴州。

洪武六年（癸丑、一三七三）

《國榷》卷五 正月甲辰，福州盜據白塔嶺，指揮耿良討平之。

温州盜據瑞安萬里林，官軍捕滅之，置淡洋巡檢司。

《太祖實録》卷七八 乙巳，上諭來朝守令曰：「朕設置百官，各司厥職，以分理庶務。惟郡守、縣令爲牧民之官，凡賦斂、徭役、訴訟皆先由縣，次至府。若縣令賢明，則賦斂平，徭役均，訴訟簡。一縣之事既治，則府可以無憂矣。苟縣官貪虐以毒民，或怠弛以廢事，民間利病，尸坐不聞，不惟民受其殃，府亦受其弊矣。爲府官者，知其弊，能繩其姦貪，去其闒茸，請更賢者而任之，則上下皆安矣。若知而不舉，上下蒙蔽，雖苟且一時，終必爲其所累。智人君子必能察於此矣。爾等勿謂身居遠外，朕不能知。異日政績有聞，必有嘉賞。顧爾等爲政何如耳！」命賜酒食。

《明通鑒》卷五 丙午，來朝守令陛辭。上曰：【略】「慈祥豈弟，身之德也；刻薄殘忍，德之賊也。君子成其德而去其賊，小人縱其賊而悖其德。朕之任官，所用惟賢。君子不可以僞爲，小人不可以幸免，各宜勉修厥德，以副朕懷！」

《太祖實録》卷七八 丁未，命選朝天宫道士，供天地、社稷、山川祭祀香幣之事。

戊申，太常司言：「外夷琉球諸國已入朝貢，其國山川之神禮宜通祀。」上可之。

庚戌，河州衛請設州縣，專掌錢糧。詔從其請，置河州各府州縣，尋罷之。

壬子，命魏國公徐達、曹國公李文忠等往山西、北平練兵防邊。上諭之曰：【略】「處太平之世，不可忘戰；開荒裔之地，不如守邊。朕與卿等同起布衣，削平禍亂，每念向者創業之艱及古人居安慮危之戒，不敢自寧。今邊塞未靖，倉猝有警，卿等豈能獨安！及此無事之時，訓練軍士，修葺城池，此正所謂有備無患者也。」

《太祖實録》卷七八　〔徐〕達等比至池河，召還。乃命吉安侯陸仲亨詣代縣，都督何文輝詣北平，代領其衆。

《明通鑒》卷五　癸丑，詔免遼東金、復二州旱災稅。

《太祖實録》卷七八　甲寅，以舉人張唯、王輝、李端、張翀爲翰林編脩，蕭韶爲秘書監直長。繼又以王璉、張鳳、任敬、馬亮、陳敏俱爲編修。是時天下舉人至京，上欲造就其才，擇其年少俊異者，皆擢編修，賜冠帶衣服，令入禁中文華堂肄業，詔太子賛善大夫宋濂等爲之師。上聽政之暇，輒幸堂中，取其文，親評優劣。命光禄日給酒饌，每食，皇太子、親王迭爲之主。冬夏賜衣，時賜白金、弓矢、鞍馬，寵遇甚厚。

《明通鑒》卷五　右丞相汪廣洋罷。時胡惟庸爲左丞，專決省中事。廣洋無所建白，遂左遷廣東行省參政。

《國榷》卷五　吏部尚書李信爲山西行省參政。

設普定府流官。

丙辰，工部尚書黄肅坐法當笞，命俸贖。

諭御史臺臣曰：「古云不剛不柔，剛則傷物，柔則廢事。嘗見貪者執謙，謙貶爲佞；廉者尚氣，氣增爲激。夫以中處剛，剛則不激；以正處柔，柔則不佞。」

《太祖實録》卷七八　戊午，上念天下既定，恐中外將卒習於安逸，弛武藝，於是命中書省臣同大都督府、御史臺、六部官定議《教練軍士律》。凡各衛所將士，務以時練習武藝，騎卒必善馳馬、射弓及鎗刀，步兵必善弓弩及鎗。

庚申，禮部奏增廣國子生。上曰：「須先擇國子學官師，得其人則教養有効，非其人，增廣徒多何益？蓋瞽者不能辨色，聾者不能辨聲，學者而無師授，亦如聾瞽之於聲色。朕觀前代學者，出爲世用，雖由其質美，實亦得師以造就之。後來師不知所以教，弟子不知所以學，一以記誦爲能，故卒無實用。今民間俊秀子弟可以充選者雖衆，苟無端人正士爲之模範，求其成材，難矣！故曰：『務學不如務求師。』今祭酒乏人，卿等宜爲朕詢采天下名士，通今博古，才德兼備，宜爲人師者以名聞。」

辛酉，都督府奏，内外見設衛百三十有九，任指揮者三百六十五人。

《皇明資治通紀》卷六　上謂儒臣詹同曰：「朕思聲色乃伐性之斧斤，其爲害甚于鴆毒，前代人君以此敗亡者不少。苟不知遠之，則小人乘間納其淫邪，不爲迷惑者幾人？況創業垂统之君，爲子孫所承式，尤不可以不謹。」同對曰：「陛下此言，乃端本澄源之道，誠萬世子孫之法也。」

《國榷》卷五　江西商人坐阻鹽法論死。上曰：「彼直貪耳，無他心。」俱輸作臨濠。

《太祖實録》卷七八　壬戌，禮部奏：「往者四川未平，望祭江瀆於峽州。今川蜀既下，當遣使詣南瀆大江神廟致祭。」從之。

乙丑，户部計天下所收鹽課，兩浙、兩淮、河東、河間、長蘆、山東、福建諸運司，及廣東、靈州、西河、漳縣、海北諸提舉司，自洪武元年至五年，凡收鹽九百八十三萬四十二百三十一引有奇。

《國榷》卷五　庚午，羅源盜起，官軍討平之，福州百户王銘戰死。

辛未，監察御史馬貫爲户部侍郎。

《太祖實録》卷七八　己巳，烏思藏怕木竹巴灌頂國師章陽沙加監藏遣酋長瑣南藏卜以佛像、佛書、舍利來貢。詔置佛寺，賜使者文綺襲衣有差。

是月，胡寇哈巴哈只寇會寧，掠驛傳牛馬而去。指揮林雄進擊之，禽哈巴哈只，送京師。

《國榷》卷五　安南陳叔明上表謝罪，請封。使者言：「日熞以疾卒，叔明遜于野，國人推事之。」上曰：「日熞卒，國人當爲服。叔明且以前王印視事，俟能撫下順上，更議之。」

成都衛指揮袁洪擊筠連州叛蠻，屢敗之，命所俘皆充戍。

《太祖實録》卷七九　二月癸酉朔，上諭太常司臣曰：「今後祭太歲、風雲雷雨、嶽鎮海瀆、山川、城隍、旗纛諸神，朕親行中五壇禮，餘壇命魏、鄭、曹、宋、衛五國公及中山、江夏、江陰三侯分祀。」

《國榷》卷五　置烏思藏朵甘衛指揮司，領宣慰司二，元帥府一，招討司四，萬户府十三，千户所四。

《太祖實録》卷七九　丁丑，禮部奏製中都城隍神主。主用丹漆，字塗以金，旁飾以龍文，如京都城隍之制。尚書陶凱因奏：「他日合祭，以何主居上？」上曰：「從朕所都爲上。若他日遷中都，則先中都之主。」

庚辰，命朝官製常服禮鞋。

《國榷》卷五　置洮州常陽十八族等處千户所六，百户所九，各族都管十七，並故元將吏。

海賈回回獻番香、阿剌吉（阿剌吉即薔薇露）。上以導侈，卻之。

《太祖實録》卷七九　辛巳，更置羣牧監于滁州，秩從三品，以唐原亨爲監令，孫楝爲監丞。仍命建司馬神祠于栢子潭，有司歲以春秋二仲，祀以少牢。

《國榷》卷五　壬午，申禁教坊司及天下樂人以古帝王義士爲優戲。

《太祖實録》卷七九　丙戌，禮部奏定救日食禮儀。

《國榷》卷五　番人寇隆德縣，平涼衛指揮莊德等擊敗之。

崇明縣潮溢，賑之。

戊子，羣牧監改太僕寺，秩如故。應天、鳳陽、鎮江、廬、滁、和等俱牧江北，便水草。江北户牧一馬，江南十一户牧一馬，歲三牝課駒一。

增築國子學舍。

役松江、嘉興二萬人浚上海湖港及海鹽澉浦河。

《太祖實録》卷七九　壬辰，貴州衛言：「歲計軍糧七萬餘石，本州及普寧、播州等處歲徵糧一萬二千石，軍食不敷。宜募商人於本州納米中鹽，以給軍食。」從之。

《國榷》卷五　壬辰，故元兵侵遷安，殺知縣夏□，永平衛指揮楊□戰死，指揮樊□來援，敵遁，追戰董家口，死之。

興山縣盜起，殺主簿范□，都督僉事王成調襄陽衛兵平之。

《明通鑒》卷五　乙未，詔暫罷科舉。諭中書省臣曰：「科舉之設，務得經明行修、文實相稱之士，以資任用。今有司所取，多後生少年，覩其文辭，亦若可用，及試用之，不能措諸行事。朕以實心求賢，而天下以虛文應之，非朕責實求賢之意也。今各行省宜暫停科舉，別令有司察舉賢才，必以德行爲本而文藝次之。」

《國榷》卷五　庚子，禮部尚書陶凱、刑部尚書吴雲爲湖廣行省參政，工部侍郎王虎降蘇州知府，刑部郎中顏希哲爲户部尚書，高萬傑爲刑部尚書。

《太祖實録》卷七九　壬寅，太原都衛奏修築澤州城，周一千二百七十五丈，詔軍民共築之。

故元將脱脱木兒犯慶陽、保安、會寧等處，延安衛發兵擊走之。

《明通鑒》卷五　命御史臺及按察使考察天下有司，奏請黜陟。諭臺臣曰：「古人言禮義以待君子，刑戮加于小人。蓋君子有犯，或出于過誤，可以情恕；小人詭計百端，無所不至，若有犯，當按法去之，不爾則遺民患。」

《國榷》卷五　是月，故元副樞失剌罕等犯雲陽之槐安寨，殺百户朱龍，指揮楊政等追敗之。故□國公驢兒復犯遷安，永平衛千户李智追敗之。

牛諒爲禮部尚書。

《太祖實録》卷八〇　三月癸卯朔，製中都城隍神主成，遣兵部尚書樂韶鳳奉香幣往奉安之。

四川盜編張復聚衆據筠連州滕大寨，指揮袁洪以兵討之，編張遁去。洪追至小芒部，不及，遂取得花寨，降蠻首阿普等。自是編張不敢復出，其寨悉平。

《明通鑒》卷五　《昭鑒録》成。【略】上御極之二年，詔尚書陶凱等編輯漢、唐以來藩王事蹟可爲鑒戒者，曰《昭鑒録》。初成一卷，上覽之，復命秦府右傅文原吉與禮部主事張籌增益數事，合爲二卷。至是書成，上既自爲序，又命贊善大夫宋濂序之，以頒賜太子、諸王。

《明通鑒》卷五　乙巳，始設六科給事中。初，吴元年，置給事中，掌侍從、規諫、補闕、拾遺，與起居注同秩五品，實統名也。元年，設六部。至是部各設科，科設給事中二人，鑄給事中印一，推年長者一人掌之，改從七品。定制，章奏出入所經由及有所遺失牴牾，皆許封駁，凡朝政軍事及舉劾官員，皆許聯署以聞。

《國榷》卷五　丙午，秦府紀善荅禄與權、國子學正鄭思先爲監察御史。

《明通鑒》卷五　戊申，大閱。上親御校場，諭諸將曰：「畜兵所以衛民，勞民所以養兵。爾等無耕耨之勞而充食，無織袵之苦而足衣，皆出于民也。若不知捍禦之道，横起淩虐之心，以害其民，民受其害，馴至困敝，是自絶其衣食之源也。且貴能思賤，富能思貧者，善處富貴也；憂能同其憂，樂能同其樂者，善體衆情也。不違下民之欲，斯合上天之心，庶可長享富貴矣。」

《國榷》卷五　壬子，命魏國公徐達爲征虜大將軍，曹國公李文忠、宋國公馮勝爲左右副將軍，備山西、北平諸邊。上曰：「同艱已久，今宜少休，故往者召卿還。今聞胡人窺塞，事不可已。卿等至邊，圖上方略，俾朕覽之。」

甲寅，命德慶侯廖永忠督運遼東。

《太祖實録》卷八〇　乙卯，太平伐苗獠作亂，貴州都衛發兵討平之。

陞蘇州府知府魏觀爲四川行省參政。

《明通鑒》卷五　初，祭酒魏觀被謫，尋召爲禮部主事。時廷臣薦觀有吏才，五年，授爲蘇州知府。前守陳寧苛刻，人呼「陳烙鐵」。觀至，盡改寧所爲，以明教化、正風俗爲治。建黌舍，聘周南老、王行、徐用誠，與教授貢穎之定學儀，王彝、高啓、張羽訂經史，耆民周壽誼、楊茂、林文友行鄉飲酒禮，政化大行，課績爲天下最。至是擢爲四川行省參政。未行，以部民乞留，命還任。初，蘇州府舊治，張士誠據以爲宫，遷之于都水行司。觀以其地湫隘，還治舊基。又濬錦帆涇，興水利涇，故吴王舟遊地也，或譖觀興既滅之基，上使御史張度廉其事，遂連及高啓、王彝，俱坐法死。啓之放歸也，上以其嘗賦詩有所諷刺，嗛之而未發。啓歸，居青丘，觀移其家至郡中，旦夕延見甚歡。觀既獲譴，上見啓所作《上梁文》，因發怒。而彝亦坐交通觀，同及于禍。

《國榷》卷五　廣西衛卒伍昇使沂州，受親故之饋，衛官株逮親故三十四人，議罪。上曰：「親故慰勞，恒也。」皆釋之。

己未，貢士趙唯一等三十四人並年少入國子監。

壬戌，甃臨濠皇城。

甲子，詔廣洋衛指揮於顯爲總兵官，横海衛指揮使朱壽爲副總兵官，出海巡倭。

丙寅，設四川行省織染、寶泉、雜造三局。

己巳，命滎陽侯鄭遇春仍守朔州。

《太祖實録》卷八〇　庚午，會計在京各衛大軍月糧，官吏俸薪給月支米二十五萬五千六百六十石有奇。

《國榷》卷五　是月，命翰林編修張唯等省侍。

四月壬申朔，太僕寺丞梁埜先帖木兒言：「寧夏及四川西南至船城，東北至塔灘，相距八百里，沃野通舟。宜重將鎮之，招集流亡，務農屯田，十一而税，兼行中鹽之法，可軍民足食。」從之。

甲戌，工部尚書黄肅、刑部尚書高萬傑爲廣西行省參政。

運蘇州糧十二萬石航海赴北平。

丙子，羅山妖人王某謀亂，捕斬之。

《太祖實録》卷八一　戊寅，思南宣慰司溶溪芝子坪蠻民叛，逐其長官楊世榮，遣兵討平之。

《國榷》卷五　己卯，設户部照磨二。

故追封楚國公廖永安謚武愍，蔡國公張德勝謚忠毅，越國公胡大海謚武莊，梁國公趙德勝謚武桓，高陽郡公耿再成謚武壯，永義侯桑世傑與光武封寇恂承義侯，景丹奉義侯同，不重謚。

命有司春秋祭元御史大夫福壽廟。曰：「疾風草勁，板蕩臣忠，所以勸也。」

《太祖實録》卷八一　辛巳，禮部奏：「郊廟犧牲已在滌者，或有傷則出之，死則埋之。其有疾者亦養于别所，待其肥腯，以備小祀、中祀之用，死者亦埋之。若未及滌，而或有疾傷者，歸所司，聽充庖用。」從之。

癸未，【略】定天下十二省山川，皆各省自祭。舊合祭京師及四夷山川悉罷之。惟甘肅以新附，其山川仍附祭。京師各城隍之神祭日，春用三月三日，秋用九月九日。

《國榷》卷五　乙酉，甘泉膚施去年七月雹災，免田租。

戊子，平陽孔克表爲翰林修撰兼編修（孔子五十五代孫）。

己丑，命天下州郡繪山川險易、物産以進。

《太祖實録》卷八一　癸巳，禮部言：【略】「近者官民漸生奢侈，踰越定制，恐習以成風，有乖上下之分。」詔申禁之。凡前所下禁條，有未備者，仍參酌漢唐以來制度，頒行遵守。

《國榷》卷五　高麗入貢。

戊戌，禁中置御藥局，俱内臣。

《明通鑒》卷五　辛丑，命有司察舉賢才。詔曰：「賢才，國之寶也。古聖王勞于求賢，若高宗之于傅説，文王之于吕尚，彼二君者，豈其智不足哉？顧皇皇于版築、鼓刀之徒者，蓋賢才不備不足以爲治。鴻鵠之能遠舉者，爲其有羽翼也；蛟龍之能騰躍者，爲其有鱗鬣也；人君之能致治者，爲其有賢人而爲之輔也。山林之士，德行文藝可稱者，有司采舉，禮送京師，朕將任用之，以圖至治。」是時定制，專用辟薦，其目曰聰明正直，曰賢良方正，曰孝弟力田，又有儒士、孝廉、秀才、人才、耆民等目，皆徵召至京，不次擢用。而各省貢士、貢生，亦皆由太學以進。于是罷科目者凡十年。

《國榷》卷五　兩浙鹽運司副使李泰爲刑部侍郎，太和知縣劉昭先爲工部侍郎。

紫荆關、蘆花山嶺各設守禦千户所。

《太祖實録》卷八二　五月壬寅朔，禮部尚書牛諒奏定太歲、風雲雷雨、嶽鎮海瀆、山川城隍諸神，祈報告祭神位。

《明通鑒》卷五　《祖訓録成》。先是上即位，命儒臣編輯，親加裁定，凡六年。其目十有三：曰《箴戒》，曰《持守》，曰《嚴祭祀》，曰《謹出入》，曰《慎國政》，曰《禮義》，曰《法律》，曰《内官》，曰《職制》，曰《兵衛》，曰《營繕》，曰《供用》，曰《内令》。至是成，命頒之天下。

《國榷》卷五　癸卯，作渡淮浮橋，聯舟四十五艘。

河南府訓導開濟爲國子助教。

定公侯以下家廟禮。

成都衛指揮使袁洪等討平滕大寨蠻。

親王儀仗車輅成。

命省臺六部教屬吏經史時務，年終考之。

《太祖實録》卷八二　乙巳，命大都督府，凡故軍之妻在營守節，及願還鄉者，倍與優給，冬寒加給薪炭。其欲改嫁依親者聽。

《國榷》卷五　房州段文秀作亂，衛國公鄧愈捕斬之。

《太祖實録》卷八二　戊申，詔山西都衛於雁門關、太和嶺并武朔等州縣山谷衝要之處，凡七十有三，俱設戍兵，以防胡寇。

戊午，命吏部定天下文武各司官職名，并該掌印信，以爲定式。

《國榷》卷五　庚申，故元兵犯鳳翔，徐達遣臨江侯陳德、鞏昌侯郭子興擊之，元人遁。

甲子，盜陷儋州，官軍擊破之。

《太祖實録》卷八二　乙丑，詔定官員侍坐禮。

《國榷》卷五　作護駕先鋒銀牌千五百，尋革之，改守衛金牌。

戊辰，工部侍郎李敏爲尚書。

是月，内使監典簿蘇□有罪，誅。

《太祖實録》卷八三　六月辛未朔，詔留守衛都指揮使司修築京師城。周一萬七百三十四丈二尺，爲步二萬一千四百六十八有奇，爲里五十有九，内城周二千五百七十一丈九尺，爲步五千一百四十三，爲里十有四。

定六部及諸司設官之數。部設尚書二人，侍郎二人。吏部設總部、司勳、考功三部，每部設郎中、員外郎各一人，主事各二人，通十六人。户部設一科、二科、三科、四科，并總科爲五科，每科設郎中、員外郎各一人，主事各四人，惟總科郎中、員外郎各二人，主事五人，通三十七人。禮部設總部、祠部、膳部，并主客四部，每部設郎中、員外郎各一人，主事各三人，通二十人。兵部設總部、駕部，并職方三部，每部設官如吏部之數。刑部設總部、比部、都官、司門四部，每部設郎中、員外郎各二人，惟都官各一人，主事總部、比部各六人，都官、司門各四人，通三十四人。工部設總部、虞部、水部，并屯田四部，總部郎中、員外郎各二人，餘各一人，主事總部八人，餘各四人，通三十人。太僕寺秩從三品，設首領官、知事、主簿各一人。京畿都漕運司秩正四品，設知事、提控、案牘各一人，各府設經歷、知事、照磨各一人。侍儀司從七品，陞爲從六品。起居注、給事中正七品，陞爲從六品。將作司正六品，所屬提舉司正六品，改爲正七品。開壩官，淮安等府七人係正九品；其餘俱省注。

《國榷》卷五　御用監改供奉司。

《太祖實録》卷八三　庚辰，詔於北平府密雲等縣置倉儲糧，以給北征軍士。

辛巳，中都皇城成。高三丈九尺五寸，女墻高五尺九寸五分，共高四丈五尺四寸五分。午門、東華門、西華門城樓臺基俱高五尺九分。午門、東南、西南角樓臺基與城樓臺基同。玄武門城樓臺基高五尺九寸五分，其東北、西北角樓臺基亦與城樓臺基同。御道踏級文用九龍、四鳳、雲朵。丹陛前御道文用龍鳳、海馬、海水、雲朵。城河壩磚脚五尺，以生鐵鎔灌之。

《明通鑒》卷五　壬午，盱眙民獻瑞麥，御史答禄與權請薦宗廟，上曰：「以瑞麥爲朕德所致，朕不敢當。歸之祖宗，御史言是也。」

《國榷》卷五　乙酉，浙江按察副使孫克義爲刑部尚書。

戊子，臨江侯陳德等至朔州，元人遁。

己丑，户部郎中吕熙爲尚書。

壬辰，兵部郎中劉崧等爲北平按察副使。

乙未，裁各行省都鎮撫司。

《太祖實録》卷八三　故元將王保保遣兵寇鴈門，據南北二山，守關指揮吴均率衆拒之。自卯至午，我軍大呼曰：「援兵至矣。」衆皆踴躍欲戰。胡寇聞之，即解去。均遂追擊，敗之。

《明通鑒》卷五　是月，免北平、河間、河南、開封、延安、汾州被災田租。

《太祖實録》卷八三　秋七月朔，廣東都衛言：「所屬雷州衛地隣溪洞，控制蠻夷。其人叛服不常，請益兵鎮守。」命以兵五千益之。

《國榷》卷五　胙城縣旱，免其税。

《明通鑒》卷五　壬寅，詔户部稽渡江以來各省水旱災傷分數，優恤之。

《太祖實録》卷八三　癸卯，命儒臣製釋奠先師孔子樂章。

《國榷》卷五　御史中丞陳寧兼領國子監事。

丙午，改典牧署曰典牧所(正八品)。

和州旱，免田租。

大將軍魏國公徐達分遣左副將軍李文忠、濟寧侯顧時、南雄侯趙庸、潁川侯傅友德、永城侯薛顯、鞏昌侯郭子興、臨江侯陳德、營陽侯楊璟、都督僉事藍玉、王弼率騎兵，右副將軍湯和、南安侯俞通海、永嘉侯朱亮祖、宜春侯黄彬、都督何文輝、平章李伯昇、都督僉事張温等率步兵，分戍山西、北平。

戊申，遣元臣盧道興北還，招諭太尉伯顔不花，爲王保保弟脱因帖木兒所殺。

《太祖實録》卷八三　己酉，更内倉監爲内府倉，以内倉監令爲大使，監丞爲副使。内府庫爲承運庫，仍設大使、副使，皆以内官爲之。

置北平等府廣備等庫。北平曰廣備，廣平曰大有，大名曰永昌，順德曰大益，河間曰廣成，保定曰永益，永平曰大潤，真定曰巨盈，凡八所。庫設大使、副使各一人。

增置北平等府永清等縣税課司局一百八處。

《國榷》卷五　都督僉事葉昇等逐胡于懸聚洞，烟斃之，擒百五十餘人。

置營造提舉司分司。

《太祖實録》卷八三　庚戌，命添給省府臺官禄。

《國榷》卷五　户部尚書吕熙改吏部尚書，安慶知府趙好德爲户部侍郎。

辛亥，倭寇即墨、諸城、萊陽、濱海爲擾，詔各衛分逐之。

壬子，大將軍徐達自臨清率師赴北平。

《明通鑒》卷五　授胡惟庸爲右丞相。自汪廣洋之罷也，上難其人，久不置相，惟庸以左丞專決省事，至是遂相之。惟庸又薦其黨陳寧、商暠等，上尋擢寧爲御史大夫，暠御史中丞。

《國榷》卷五　癸丑，故元僉院脱火赤等亦朶甘來降。

《太祖實録》卷八三　乙卯，廣東都指揮使司奏言：「近儋州山賊作亂，已調兵勦捕，獲海船十八艘，殺賊二千二百七十餘人，生禽五百二十四人。其儋、萬二州山深地曠，宜設兵衛鎮之。」詔置儋、萬二州守禦千户所。

胡兵寇山西白登縣，大同衛兵擊敗之，生禽八十七人。

《國榷》卷五　丙辰，兵部尚書樂韶鳳爲翰林侍講學士，刑部尚書孫克義、四川行省參政劉仁俱爲兵部尚書，四川行省參政劉惟謙爲刑部尚書，吏部尚書詹同爲翰林學士承旨兼吏部尚書。

陝西都鹽運使朱芾爲山東行省參政。

《太祖實録》卷八三　己未，詔禮部：「時享太廟，既以功臣配享，其雞籠山功臣廟宜同日遣官致祭，仍以新戰没定遼衛指揮高茂等三十八人祔祭。」自是每春正月、秋七月享太廟之日，遣官祭功臣於雞籠山廟。

大將軍徐達等師至北平，旋往山西。

《國榷》卷五　庚申，大都督府經歷俞溥爲户部尚書。

中書省言：「京倉糧四百八十三萬石，臨濠倉九十二萬石，乞寬天下逋賦。」上從之。

壬戌，吏部尚書吕本爲太常司卿。

癸亥，常州吕城巡檢司執途人無引者送法司論罪。其人急祖母疾，遠求醫，不及繻。上矜而釋之。

甲子，蘇州民饑，發粟貸之。

丙寅，台州舟師捕倭七十四人，船二艘。

《明通鑒》卷五　丁卯，儒士桂彦良爲太子正字。時上方開文華堂，命彦良與宋濂分教諸貢士。嘗從容有所咨問，彦良對必以正，上每稱善，書其語揭便殿。

《國榷》卷五　長興侯耿炳文拓西安城，命中書省定其圖，毋踰費，俟來冬築之。

户部侍郎陳則爲大同府同知，戒其毋徇邊將。

戊辰，武靖衛指揮同知卜納剌卒。元世祖子，西平王奥魯赤五世孫，襲武靖王。來降，授秩。至是命有司治喪給葬，世其職。

《太祖實録》卷八三　己巳，田州溪洞蠻賊竊發，土官總管黄志威、知府岑子振討平之。

《國榷》卷五　洮州衛指揮副使阿都兒等假出獵，約故元岐王朵兒只班犯河、蘭二州。西寧衛千户祈者公孫哥等擊之，斬滿答立等百餘人，千户倫達力戰死，敵退。

太子贊善大夫宋濂爲翰林侍講學士、知制誥，仍兼贊善。

是月，北平、河南、山西、山東蝗，延安旱饑，賑之。

八月庚午朔，故元兵犯蔚州，忻州指揮僉事余觀禦卻之。

《太祖實録》卷八四　辛未，懷慶知府王興宗言：「郡民食解鹽每斤輸米五升，河南、汝寧二府民止輸二升，請如二府之數。」從之。

《國榷》卷五　作釋奠孔子樂章。

《太祖實録》卷八四　癸酉，立紀事司，秩正七品，以宦者張翊爲紀事司正。

《國榷》卷五　乙亥，凡指揮戰没，賜公田。

作陪祀官齋舍于北郊。

《明通鑒》卷五　始詔祀三皇及歷代帝王。初，御史答禄與權請祀三皇，上以「五帝、三王及漢、唐、宋創業之君，俱宜立廟京師，春秋致祭」。乃命禮官考定有功德者，建歷代帝王廟于欽天山之陽，仿太廟同堂異室之制。

《國榷》卷五　丙子，故元兵犯河州，夜入玉門峽。千户王才戰死，臨江侯陳德擊敗之。

丁丑，故元左丞忽都等屯天池山，謀犯塞，太原衛指揮使常守等夜襲斬之。

《明通鑒》卷五　遣御史大夫陳寧釋奠于先師。時寧兼領國子監事，故有是命。丞相胡惟庸、參政馮冕等，不陪祀而受胙，上以爲非禮，命各停俸一月。寧坐不舉奏，亦停俸半月。自是不預祭者不頒胙，著爲令。

《太祖實録》卷八四　戊寅，祭大社大稷。其三獻禮，每獻各壇正配位，俱獻畢，各通行再禮，餘仍舊儀。

詔貴州宣慰使靄翠位居各宣慰之上。

《國榷》卷五　辛巳，四川按察僉事鄭思先言：「重慶夔州水運成都甚艱，乞減鹽價，募商輸粟，代遠餽之苦。且重慶運糧貴州尤勞，減鹽價亦如之。」報可。

更定親屬相容隱律。

太原右衛千户馮銘等復保德州河曲縣，先元將普賢奴陷之。

臨江侯陳德、鞏昌侯郭子興進兵荅剌海，擊胡兵，斬六百餘級，擒同僉興都等七百餘人。

乙酉，作歷代帝王廟于京師。殿五楹，中奉伏羲、神農、黄帝，左奉金天、高陽、高辛、堯、舜，右奉禹、湯、文；又左奉武王、漢光武、唐太宗，又右奉漢高祖、唐高祖、宋太祖、元世祖。

《太祖實録》卷八四　戊子，禮部奏，度天下僧尼道士凡九萬六千三百二十八人。

《國榷》卷五　衍聖公孔希學服闋來朝。

己丑，大同衛指揮王約夜襲元神仙寨，破之，執平章定定。

庚寅，攷五輅之制。上用木輅，其一朱漆，專祭祀；一裹革，專行幸。

辛卯，大將軍徐達至朔州，徙邊民于内地。

《太祖實録》卷八四　壬辰，大都督府奏：「内外軍衛一百六十四，千户所八十四，計大小文武官一萬二千九百八十人。」

分天下府爲三等。糧及二十萬石以上者，爲上府，秩從三品；二十萬石以下者，爲中府，秩正四品；十萬石以下者，爲下府，秩從四品。

丙申，築武昌城，從江夏侯周德興所請也。

成都城成，周三千六百丈，高三丈，城上戍屋二百七十九。

《國榷》卷五　改信寶提舉司爲信寶局。

敕大將軍徐達等曰：「卿等與朕平定天下，而瑣瑣殘胡，不能盡討，孰任其咎？朕爲爾言：今駐師處皆有家室，一也；肥馬輕裘，不知下人饑寒，二也；玩愒因循，三也。昔田單攻狄，久之不下，魯仲連以爲將軍有生之樂，無死之心，今殆類與。」

戊戌，占城國王阿荅阿者入貢，且言擊敗海寇，獲舟二十艘，蘇木七萬斤。上厚賚之。

是月，華州、臨潼、咸陽、渭南蝗，免田租。

《國榷》卷五　九月庚子，工部侍郎劉昭先爲禮部尚書，贊善大夫趙翥爲工部尚書。

賑棗强饑民。

壬寅，翰林臣言：「日曆秘藏天府，人不得見。請如唐太宗《貞觀政要》，編集以傳。」許之。纂修總裁官翰林學士承旨詹同、侍講學士宋濂、催纂官侍講學士樂韶鳳，纂修官禮部員外郎吴伯宗，儒士朱右、趙壎、朱廉、徐一夔、孫作、徐尊生，謄録官貢士黄昶、監生陳孟晹等。

復置御用局。正七品。

《太祖實録》卷八五　癸卯，詔定散官資給。凡除授官員，即與對品散官。在京官以三十月爲一考，每考陞一等；在外官以三歲爲一考，每考陞一階。授中書右丞相胡惟庸特進、榮禄大夫，御史大夫陳寧榮禄大夫，御史中丞商暠資善大夫，中書參政馮冕、丁玉中奉大夫，翰林學士承旨兼吏部尚書詹同、户部尚書俞溥嘉議大夫，翰林侍講學士兼太子贊善宋濂、户部侍郎趙好德中順大夫。

《國榷》卷五　定文武官制誥之等。

甲辰，設榜午門外及省府臺門，書戒飭之事。

《太祖實録》卷八五　丙午，禮部奏定百官常朝班次及奏事等禮儀。

《明通鑒》卷五　丁未，更定有司申報庶務法。初，府、州、縣户口、錢糧、學校、獄訟，每月具書于册。縣達州，州達府，府達行省，彙咨中書，吏牘煩碎，而公私(麋)[縻]費實多。又，有司決獄，杖八十以上皆送之府州，徒以上送行省，官吏受賕，率多出入輕重，因緣爲奸。乃命中書省、御史臺詳議，「改月報爲季報，以季報之數彙爲歲報。凡府、州、縣決囚，依律斷決，毋俟轉發。其有違枉，御史及按察使以時糾劾。」天下便之。

《國榷》卷五　賜勳武臣公田。

戊申，作臨濠池河橋。

己酉，侍御史文原吉爲秦府右相，國子助教朱復爲燕府參軍。

王撰爲翰林待制。

《明通鑒》卷五　庚戌，命翰林院儒臣擇唐、宋名臣箋表可爲法式者。詞臣以柳宗元《代柳公綽謝表》及韓愈《賀雨表》進，令中書省頒爲式，並禁駢(麗)[儷]對偶體。

《國榷》卷五　壬子，賑灤城、寧晉饑。

《太祖實録》卷八五　乙卯，命諸司今後常事啓皇太子，重事乃許奏聞。

《國榷》卷五　上諭皇太子曰：「慮事貴明，處事貴斷。更親賢樂善，以廣聰明。逆己之言，必求其善；順己之言，必審其非。」

丙辰，工部奏各省鐵冶八百五十萬三千八百二十斤有奇。

《皇明資治通紀》卷六　壬戌，太和鐘成。

《太祖實録》卷八五　壬戌，命禮部：「自今頒曆，惟直隸府州及北平、陝西二行省，則欽天監印造頒給之。其餘皆令依式印造，給與所屬。每歲仍以九月朔日進曆，朕於奉天殿受之，頒于百官。」

《國榷》卷五　改臨濠府爲中立府，參政丁玉署府事。

詔羣臣朝服見皇太子，去蔽膝及佩。

十月辛未，弘文館學士胡鉉致仕。

癸酉，中立行大都督府僉事莊齡、王簡有罪。齡盜官物，宥死，徙家瓊州。簡占營舍，貰之，俱論功。

丙子，徙山西弘、蔚、豐、雲、東勝、定安、武、朔、天城、白登之民八千二百三十八户于中立府，蓋屢被寇掠也。各官給車，賜錢、鹽、布、衣有差。

《太祖實録》卷八五　己卯，阿撒揑公寺住持僧端月監藏乞降護持，從之。

《國榷》卷五　辛巳，暹羅斛國王女兄參烈思獰入貢中宫，卻之。（十一月再至，再卻之）。

留李文忠山西練兵，徐達、馮勝冬盡還京。

高麗國王王顓遣臣金甲雨貢馬五十匹。甲雨至，言逸馬二。及馬至，如數。上怒其不誠，卻之。賜顓璽書，一切浮薄者勿遣。

庚寅，真臘國王忽兒那入貢，暹羅斛國亦至。

刑部尚書李儼改户部尚書，刑部主事陳璿爲尚書。

《太祖實録》卷八五　壬辰，禮部言：「文武官犯杖罪三次者，錫宴不得上殿及内廷。」從之。

《明通鑒》卷五　命考究前代糾劾内官之法。禮部議：「置内正司，設司正、司副各一人，專糾察内官失儀及不法者。」

《國榷》卷五　癸巳，中書參政馮冕署刑部尚書事。

置北平寶泉局。

乙未，遣諭大將軍徐達等：「聞王保保求和，非其意，善備之。」

《太祖實録》卷八五　丁酉，立開平王廟於中立府皇城西。

江夏侯周德興言：「田州府總管黄志威招撫奉議等州一百一十七處人民，皆來款附。」上嘉志威招撫之功，命以安州、候州、陽縣屬之。

《太祖實録》卷八六　十一月戊戌朔，分巡御史于永達言：「揚州所屬通州，秋糧俱輸淮安，其民多貧困。如糧少力薄者，令於本處州縣儲留，以備官吏師生俸廩及祭祀，存恤孤老之用爲便。」從之。

四川行省奏：會計明年官吏軍士歲支俸糧合用七十四萬一千七百餘石。

今稽其所徵，不及所用。詔：「以銀二十萬兩兼給之。」

《國榷》卷五　壬寅，諭皇太子諸王曰：「用人之道，當知奸良。奸良之知，受事自見。知良不用，知奸不去，誤之始也。既知奸矣，去復何難？所得侮惑，多緣姑息。」

《太祖實録》卷八六　丙午，應天府言：「民間交易，雜以私鑄銅錢，以故錢法不通。」乃詔自今遇有私鑄銅錢，許作廢銅送官，每斤給官錢一百九十大償之。諸稅課内如有私錢，亦更鑄之。

戊申，浚太平門外城濠，增造軍營。其地並湖，多侵民田。乃詔以公田給之，有麥苗者畝給銀伍錢償之。

《國榷》卷五　己酉，占城告安南之捷。上諭省臣，宜檄安南、占城各罷兵。

庚戌，賜高苑縣丞王公懋綺帛各五匹，以擒巨寇功。

徙綏德、慶陽之民于内地。

《太祖實録》卷八六　辛亥，更内正司爲典禮司，秩正七品，官制仍舊。

壬子，大將軍徐達等自朔州還。至代縣，聞王保保兵至大同北，即與左副將軍李文忠、右副將軍馮勝率師往擊之。至猫兒莊，遇大雪，退營鴈踏堡。邏騎獲故元平章鄧孛羅帖木兒。詰之，言懷柔有胡兵千騎。達即遣裨將領步騎三千掩捕之。至三角村，擒故元武平章康同僉，獲馬八十餘匹而還。

癸丑，詔户部：「凡民間畜養官馬者，每一匹免輸田租五石。」

命建歷代帝王廟于中立府皇城西，仍命于北平立元世祖廟。

《國榷》卷五　甲寅，汾州官言，歲旱免民租，仍秋稔，請徵之。上曰：「此聚斂之臣也。」不聽。

《太祖實録》卷八六　丙辰，詔免安豐守禦千户所今年田租。中書省奏徵其牛租，上命俱免之。

《國榷》卷五　定員丘燔柴禮。

《太祖實録》卷八六　丁巳，田州府知府岑伯顔奏：「安州、順龍州、候州、陽縣、羅博州龍威寨人民率無牛可耕，且乏食，願有以賑之。」詔有司各給牛米，仍蠲其稅二年。

《國榷》卷五　丁巳，四川龍渠洞宣撫使墨吾什遣子來朝。

《明通鑒》卷五　己未，潞州貢人參。【略】上曰：「人參得之甚艱，毋重勞民。往者金華進香米，太原進葡萄酒，朕俱止之。國家以養民爲務，奈何以口腹累人！」命卻之。

《國榷》卷五　户部尚書李儼爲刑部尚書。

庚申，改典禮司爲典禮紀察司。正六品。

暹羅斛國入貢。時國王參烈昭昆牙懦甚，國人推其伯父參烈寶昆牙嗯哩哆囉禄主國事，故來告。

《明通鑒》卷五　甲子，遣兵部尚書劉仁振真定饑。初，饒陽知縣郭積，見邑中大饑，民食草實木皮，遂以上聞。上覽其奏，復咨訪得晉、冀等州皆饑，乃命仁等往各州縣振之，蠲其租賦。

丙寅，冬至，上不豫，改卜郊。

《國榷》卷五　丁卯，更作大輅一，象輅十，中宮輅一。

《太祖實録》卷八六　閏十一月庚午，陞隆渠洞、千崖、太平三安撫司并宣化州俱秩從三品。

乙亥，上命都督府：「凡開國以來大小功臣有未食其報而卒，及身膺爵禄，而恩未及其嗣者，皆具以聞。」於是公侯以下至百户，亡没子孫應襲者凡二百九人。皆陞用之。士卒有於丙申歲以前充大號軍者二十九人皆授官有差。

甲申，詔定品官家用祭服公服。

復命定祭祀齋戒禮儀。

《國榷》卷五　乙酉，田儼、程斗南、張偉、錢允恭招諭緬甸國，不至而還。緬甸在滇西南，元時最强，通貢。先是，賫詔往，值安南、占城搆兵，阻道二年餘，乃召還。僅儼至，餘道卒。

庚寅，刑部尚書劉惟謙詳定《大明律》篇目，皆准于唐。上親裁之，頒天下。

《太祖實録》卷八六　己丑，復詔沿江蘆場，聽軍民採用，勢家無得侵擾，且免徵其地稅糧。

壬辰，貴州谷峡刺向關蠻寇的令等聚衆樹柵爲亂，命貴州衛指揮僉事張岱率兵討之。

《國榷》卷五　故元四大王侵嵩嵐州，千户唐誠吉禦卻之。

《太祖實録》卷八六　乙未，遣使勅諭大將軍徐達等曰：「爾諸將屯軍塞上，爲日頗久。軍中動静，王保保安得不知？兵法曰：『多筭勝，少筭不勝。況無筭乎？』此確論也。近有自軍中來者言，王保保部下之卒有盜印詣軍門降者，觀其來意甚篤。然古之智將謀慮深長，有鬼神不測之機。朕竊爲將軍慮之。爾所率步騎多，王保保部屬當其來降，實迫事勢，非出誠心。今隨爾往征，其心有不可測，當以誠待之，宜亦以計隄防。今王保保力勢雖微，然歹詐謀，必籌之萬全而後動。能不戰而屈之，乃爲上智。」

《國榷》卷五　是月，命攷古休沐假日。禮部以《唐六典》假日上，從之。令百官每月五日給假。

十二月戊戌，紹興知府唐鐸爲刑部尚書，羣牧監丞也先帖木兒爲工部侍郎。

令郡縣止存大寺觀一，併僧道居之。禁女子爲尼，年出四十上者聽。

己亥，立臨清倉，貯餉轉運。

《太祖實録》卷八六　壬寅，置澧州倉。初，武昌都司言：「澧州積糧之地曰大庸，其地卑隘，不若於且住岡築城積糧爲宜。」上命都司及澧州官別擇地之平坦有河，便於漕運者爲之。至是倉成。

上諭禮官曰：「歷代帝王廟皆祀開基創業之君，周文王雖基周命，然終守臣節。唐高祖雖有天下，然皆太宗之力。可勿設二主，止於陵廟致祭，庶於公論爲宜。其定祭儀，來歲朕將親祀焉。」

《國榷》卷五　六番招討使高英入貢，置天全六番招討司。從五品。

癸卯，故元兵侵撫寧瑞州。詔徙撫寧瑞州之民，廢瑞州。

甲寅，雲陽州、萬州改縣，又置井研、資陽、遷遠、灌江、丹稜、榮昌、永川、盧山縣，廢羅江縣，立九姓長官司，屬永寧宣撫。

乙卯，思南宣慰司爲思南道宣慰使司，永順安撫司爲永順宣慰使司，保靖軍民安撫司爲保靖軍民宣慰使司從三品，隸湖廣。改貴州宣慰使司隸四川。

《太祖實録》卷八六　庚申，以儒士朱右、趙壎、朱廉爲翰林編修，孫作爲太平府儒學教授，以修《日曆》故也。

《國榷》卷五　疏開封運河，役二十五萬人。

三佛齊國王怛麻來沙那阿者入貢。

乙丑，暹羅斛國表賀明年正旦。

《太祖實録》卷八六　丙寅，命中書省臣定議北平各衛軍士歲給布絮、綿花、錢米之例。於是驗地遠近，分爲四等。永平、居庸、古北口，爲一等；密雲、薊州次之；北平在城，次之；通州、真定又次之。其所給高下，以是爲差。

《國榷》卷五　高麗表賀明年正旦。

西番土官朵兒只巴入貢。

《太祖實録》卷八六　是歲，命都督府資送各衛軍士寡婦還鄉凡六千八百二十人。

戶部奏，今歲天下墾田三十五萬三千九百八十頃有奇。

洪武七年（甲寅、一三七四）

《國榷》卷五　正月戊辰，召四川按察僉事茹太素、鄭思光。

柳州蠻叛，廣西指揮使周誼討平之。

《太祖實録》卷八七　己巳，江夏侯周德興奏閱武昌等十五衛所軍計四萬四千八百九十九人，馬騾一千二百一十五匹。

庚午，吏部奏，主事員多，欲以主事王性改任戶部。上不許，曰：「自古設官分職，以理庶務。政有煩簡，故官有多寡，當因時制宜，豈得盡拘一律乎？況初入仕者，政非素習，必久而後通。令未滿考而遽遷之，使所施者非所習，事何由治，職何由稱哉？自今六部官毋得輕調，如有年勞者，就本部升用。」

中書省奏：「國初改鑄洪武通寶小錢，皆用廢錢及舊器銅鑄之。然廢錢銅一斤，較舊多鑄錢一十五文；舊器銅一斤，較舊多鑄錢十三文。請令寶源局及各行省放此爲例。」上曰：「鑄錢當以輕重爲準，豈得以多寡爲則？蓋錢輕則多，錢重則少。若違輕重而較其多寡，則工匠不堪矣。難爲定例。」

上諭都督府臣曰：「中立府乃朕鄉里，爲江淮要地，宜益兵鎮守。」於是，選浙江杭州、金華、衢州、紹興四衛精兵凡七千五百人增守之。

賑松江府水災民八千二百九十九戶，戶各賜錢五千。

甲戌，定遼都尉奏併衛所官軍。以左千戶所青州土軍五千六百人爲定遼左衛，以右千戶所萊州土軍五千人并本衛軍七百九十四人居定遼右衛，餘軍分爲八千戶所。內調千戶余機領中、後二所，往金州守禦，俱隸都衛。從之。

改王相府牧正署爲孳生所。

詔以靖海侯吳禎爲總兵官，都督僉事於顯爲副總兵官，領江陰、廣洋、橫海、水軍四衛，舟師出海，巡捕海寇。所統在京各衛及太倉、杭州、温、台、明、福、漳、泉、潮州沿海諸衛官軍悉聽節制。

《明通鑒》卷五　詔都督僉事王簡等分往河南、山東、北平經理屯務。時上以「北邊重鎮，大率食租稅于民，民力日疲而軍政日惰。惟古屯田之法，無事則耕，有事則戰，兵得所養而民自不勞，此爲長治久安之道。其屯制，定以三分守城，七分耕作。人授田五十畝，給以牛種，官收税，畝一斗，足以蘇民困而實軍儲」。乃遣簡及僉事王誠、平章李伯昇等，各率官軍分屯彰德、濟寧、真定等處，凡開墾、訓練諸務，許以便宜行之。

《太祖實録》卷八七　乙亥，上召太子宫臣諭之曰：「汝知所謂重器乎？」對曰：「豈非商彝周鼎乎？」上曰：「汝所謂商彝周鼎者，此非重器也。太子者，天下之重器。人有彝鼎，尚知寶愛。太子承主器之重，豈得不寶愛之乎？寶愛之者，必擇端人正士以爲輔翼，朝夕與居，使其熟聞善言，不邇詖行，自然漸漬，以成其德。若惟委之於便嬖近習，是委重器於塗，而不知寶愛之矣。汝等日輔太子，講論誦説之時，必導之以正，使其道明德立，才器充廣。庶幾他日克勝重任，可以副朕所望。」

《國榷》卷五　宣化府太平諸洞土官可主什用入貢。

命水軍右衛指揮同知吴邁、廣洋衛指揮僉事陳權航海餉定遼諸衛。

《昭代典則》卷五　詔定親王國中居名。其前殿曰承運，中曰圜殿，後曰存心。四城門，南曰端禮，北曰廣智，東曰體仁，西曰遵義。上曰：「使諸王能覩名思義，斯足以藩屏帝室，永膺多福矣。」

壬午，繁峙主簿虞文采上言，行省及按察司官吏多不法。按有驗，上嘉之，擢大同知府。

癸未，或訟曲阜知縣孔希大，當逮問，以聖裔置之。

《太祖實録》卷八七　乙酉，命各衛資送軍士寡婦還鄉，凡二千八百五十三人。

戊子，貴州平伐、谷霞、谷浪等寨苗蠻攻劫的敖諸寨，掠人畜，燒廬舍，貴州衛指揮僉事張岱率兵討之。

禮部尚書牛諒進歷代帝王像，凡十七。上曰：「伏羲、神農之時未有衣裳之制，不必加以冕服，餘皆衮冕。」仍命塑爲坐像。

是月，禮部奏：「凡大祀，皇帝躬省牲。其中祀、小祀，宜命官省牲。」【略】詔從之，命著爲式。

二月己亥，朔日，以丁酉春分日食，故以是日行禮。

《國榷》卷五　田州土官總管黄志威爲奉議州知州兼守禦事。

癸卯，貴州衛指揮僉事張岱擊谷峽剌等叛蠻，走之。

《太祖實録》卷八七　乙巳，山東按察司僉事趙綸言：「山東民乏食鹽，而官鹽久積，商賈不通，宜令懋遷以便民。」從之。

《國榷》卷五　增應天府知事、照磨。

《太祖實録》卷八七　丁未，遣官釋奠于先師孔子，以朔日上丁日食，故以是日致祭。

《國榷》卷五　詔太子、諸王祭旗纛之神。

己酉，故元甘肅行省平章江文殊奴、左丞朵兒只星吉等自河州來歸。

辛亥，儋州黎人符均勝等叛，海南衛兵討平之。

《太祖實録》卷八七　甲寅，浙江等行省并直隸府州縣皆以山川險易圖來獻。

《國榷》卷五　丁巳，上坐東閣，語：「京城西北龍灣獅子山扼險據勢，作閲江樓其上。」先試羣臣記，記上而上欲罷工，于是自爲文。

歷城等縣、平陽、太原、汾州旱，免田税。

《明通鑒》卷五　衍聖公孔希學上言：「廟堂圮毁，祭器樂器不備，請飭有司葺治。」戊午，詔修曲阜先師闕里及祭器樂器，仍設孔、顔、孟三氏學。

《國榷》卷五　己未，免汲縣田租。

癸亥，貸蘇州貧民米麥。

臨江侯陳德次會寧，獲故元元帥秃魯迷失等九十七人；六安侯王志次朔州，獲一百餘人。

《太祖實録》卷八七　甲子，上命省臣選儀貌端莊、善應對、知時務者，以備任使。於是，中書省考唐制，通事舍人掌通奏，司納辭見，承旨宣勞，皆以善於辭命者爲之，隸四方館，又屬中書省。元制，中書省設直省舍人三十二人，皆以公卿子弟爲之，職掌傳布王命，宣行制誥，及國有重事，悉得差遣。今議，中書省宜設直省舍人十人，秩從八品。從之。

丙寅，定掾史、宣使、令史、奏差、司吏，俱以三十月考滿，出身資格有差。

《明通鑒》卷五　三月丁卯，敕大將軍達分遣六安侯王志、南雄侯趙庸駐山西，營陽侯楊璟、汝南侯梅思祖駐北平，屯田備邊。詔馮勝、鄧愈、湯和等還京師。

《國榷》卷五　戊辰，兵部尚書劉仁、刑部主事鄭九成爲廣東行省參政。

《太祖實録》卷八八　壬申，海南衛指揮同知張仁以兵討儋州賊陳逢愆，斬之，生擒其黨揚玄老等五百六十餘人，劓其屬一千四百餘人。

《國榷》卷五　奉先殿鐘成。

甲戌，中書省奏，徵播州、貴州之賦自四年始。上曰：「播州首附，隨其入，不爲賦。」

《太祖實録》卷八八　乙亥，廣西行省奏：「靖江王府將建城樓，及旣甓其城。今當農作方興，待俟秋成，以軍民兼役爲便。」從之。

《明通鑒》卷五　甘肅蘭州八里麻民郭買的叛，誘番兵入寇，詔立賞格購捕之。蘭州衛遣其兄著沙與其弟火石歹往招之，買的不從，著沙、火石歹夜斬其首以歸。事聞，上曰：「買的罪固當死，然爲兄弟者，告之不從，執之而已。手自刃之，有悖大倫，若賞之，非所以令天下也。但以其所獲牛馬給之。」

《太祖實録》卷八八　丁亥，以陝西軍餉不給，命户部運陝州米麥二萬石於潼關漕運司，糧二萬石於孟津，二十萬石於陳橋，以備轉運。

《國榷》卷五　己卯，燕山都衛送元降臣至京，道逸。諭徐達等曰：「今後來歸者，其善撫之，無有失。」

庚寅，賑嘉定饑民。

《太祖實録》卷八八　壬辰，廣西洞蠻韋父、融州羅城洞蠻潘父窗各聚衆爲亂，柳州等衛官軍捕斬之。

廣西行中書省左丞方國珍卒。

《國榷》卷五　癸巳，暹羅斛國王貢使沙里拔言：「去年八月舟覆，所存蘇木、降香、兜羅緜等來獻。」上怪其無表狀，疑番商也，卻之。詔高麗國三年一聘，海外之國以世朝。

《太祖實録》卷八八　乙未，命立雞籠山功臣廟坊牌。

是月，召右副將軍馮勝、左副將軍鄧愈、右副副將湯和、鞏昌侯郭子興入計邊務。

《國榷》卷五　安南陳叔明入貢，且稱老，俾弟煓攝國，許之，然叔明實自擅也。

咸寧、華陰、長清、武清蝗，命有司捕之。

四月丁酉，熾盛佛寶國師喃加巴藏卜入貢。

太常寺卿吕本奉祀不恪，被劾免，輸作功臣廟。

戊戌，龍州宣慰司同知薛文勝等來朝，授文勝龍州知州。

中書省參政丁玉爲左丞。

己亥，刑部尚書唐鐸爲太常寺卿。

都督僉事藍玉攻興和，元將脱因帖木兒遣□國公帖里密赤逆戰，擊之于白酒泉，擒帖里密赤及官屬五十九人，脱因帖木兒棄城走，遂拔興和。

《明史》卷二《太祖紀二》　壬寅，金吾指揮陸齡討永、道諸州蠻，平之。

《太祖實録》卷八八　癸卯，命置鐵冶所官。凡一十三所，每所置大使一員，秩正八品；副使一員，秩正九品。是時各所歲煉鐵額，江西南昌府進賢鐵冶歲一百六十三萬斤，臨江府新喻冶、袁州府分宜冶歲各八十一萬五千斤，湖廣興國冶歲一百十四萬八千七百八十五斤，蘄州府黄梅冶歲一百二十八萬三千九百九十二斤，山東濟南府萊蕪冶歲七十二萬斤，廣東廣州府陽山冶歲七千萬斤，陝西鞏昌冶歲一十七萬八千二百一十斤，山西平陽府富國、豐國二冶歲各二十二萬一千斤，太原府太通冶歲一十二萬斤，潞州潤國冶、澤州益國冶歲各十萬斤。

《國榷》卷五　雷州王子英搆海盜作亂，雷州衛指揮僉事朱永擊斬之。

《太祖實録》卷八八　甲申，詔：「徽、饒、寧國等府不通水道，税糧輸納甚艱。今後夏税，令以金銀錢布代輸，以寬民力。」

《國榷》卷五　左副將軍李文忠遣裨將至三不剌，擒元平章陳安禮、木屑飛，至順寧楊門，斬元將真珠驢，至朔州，擒太尉伯顔不花。

《太祖實録》卷八八　乙巳，大將軍徐達以獲故元官屬一千三百二十三人，并招致河曲府山谷軍民二千九十二户，計五千九百八十八人入奏。上命官屬送京師，軍民居之塞内。

《國榷》卷五　高陽縣有高辛氏廟，命致祭。

癸丑，免漳、泉溪海崩陷之賦。

甲寅，設中立府孳牧所大使，從七品；副使，從八品。

《明通鑒》卷五　丙辰，命馮勝、鄧愈、湯和及鞏昌侯郭興仍鎮北邊。

《國榷》卷五　戊午，都督僉事金朝興、胡海等兵至黑城，獲元太尉盧的顔不花、大司徒平章帖木兒不花等二十五人。

廣東行省參政汪廣洋爲左御史大夫。

癸亥，彰德府税課司税及瓜、菜、柿、棗、畜牧、飲食之物，上以苛細，罪之。

是月，平鄉、茌縣、雄縣、壽光、膠州、鞏縣、樂亭、青縣、聊城俱蝗，捕之。

《太祖實録》卷八九　五月丙寅朔，修《大明日曆》成。

《明通鑒》卷五　初，上自起兵臨濠及渡江以來，征討平定之蹟，禮樂治道之詳，雖有紀載，尚未成書。儒臣詹同請編《日曆》，從之，命同與學士宋濂爲總裁官，禮部員外郎吴伯宗等爲纂修官。是月，書成，上之，自起兵至洪武六年，共一百卷。同等又言：「《日曆》祕天府，人不得見。請仿唐《貞觀政要》，分輯聖政，宣示天下。」乃命復輯《皇明寶訓》。自後凡有政蹟，史官日記録之，分四十類，依類增入焉。

《國榷》卷五　己巳，免蘇、松、嘉興夏税。

辛未，刑部侍郎平定王中立、郎中歷城李觀爲山西行省參政。

壬申，高麗國王王顓入貢表，稱：「禮送大府監。」按元大府監，主收貢物，今特妄言，非誠，上卻之。賜王璽書曰：「寧物薄而情厚，毋物厚而情薄。」仍令中書省檄其「大府監」之失。

癸酉，四川行省參政侯原善爲中書省參政，按察僉事茹太素爲刑部侍郎，鄭思先爲刑部郎中。

甲戌，修太廟。

丙子，嚴達爲工部尚書，趙著爲禮部尚書。

戊寅，北平、真定等旱，賑之，免田租。

《明史》卷二《太祖紀二》　辛巳，振蘇州饑民三十萬户。

《太祖實録》卷八九　壬午，山東濰州判官陳鼎言：「故事，正軍、貼軍，地土多者，雜徭盡免。今本州軍地多而民地少，民之應役者力日殫。請正軍全免差役，貼軍免百畝之下。其百畝之外餘田則計其數與民同役。」從之。

《國榷》卷五　四川散毛宣慰使司都元帥覃野旺、湖廣永順宣慰司使汪備、堂崖安撫使月值什用各入貢，上明玉珍賜印。

壬辰，兵部員外郎楊基爲山西按察司副使，監察御史荅禄與權爲廣西按察司僉事，吕本爲北平按察司僉事。

《太祖實録》卷八九　癸巳，增設蘇州府同知、通判各一人，崑山等六縣丞、簿、典史各一人，以民衆事繁也。

《明史》卷二《太祖紀二》　減蘇、松、嘉、湖極重田租之半。

《國榷》卷五　黄巖、臨海、寧海以積雨腐麥，命他物代輸。

置四川散毛沿邊宣慰使司，堂崖長官司，汶山、汶川、隴木頭、静州、岳希蓬五長官司，山店巡檢司。

甲午，禮部尚書牛諒攷進膳禮，請大祀宰犢。上曰：「儉可制欲，澹可頤性，傷物何益？」諒曰：「出《周禮》。」上曰：「周官不行多矣，獨自奉法之哉！」

安南陳端入謝。

《太祖實録》卷八九　是月，河間府任丘、寧津二縣，永平府昌黎縣，保定府安肅縣，真定府寧晉縣，濟南府海豐縣，北平府文安縣，順德府唐山縣並蝗，命捕之。

上以不雨，躬祀太歲、風雲雷雨、嶽鎮、海瀆及鍾山之神，天下山川、京都各府城隍之神，【略】既而大雨。

《明通鑒》卷五　學士承旨詹同請致仕，上許之，賜詔褒美。

《國榷》卷五　六月乙未朔，日本國王良懷遣僧來貢。時良懷有持明之亂争立，僧賫陪臣書，不表。上卻之。已志布志島津越後守臣氏久亦遣僧上表貢方物，以私忱，卻之。

丙申，江夏侯周德興、江陰侯吴良署中立府行大都督府事。

庚子，馬湖知府珉德遣弟貢馬。廷臣謂：「洪武四年授世職，今珉德既襲，不自朝，非禮。」上卻之。

癸卯，詹同仍翰林學士承旨，罷兼吏部尚書。

壬子，免平凉逋租三萬八千五百餘石。

癸丑，置貴州大華、麻嚮二長官司。

初，定遼衛都指揮使馬雲漕海，值風，覆四十餘艘，失米四千七百餘石，損卒七百十七人。上厚恤死者家。金吾衛指揮僉事陸齡奏不盡實，遂下吏。

《太祖實録》卷九〇　乙卯，命書雞籠山功臣廟附祭功臣姓名於籍，每歲遇祭則製神主，行三獻禮。都督府官祭之堂上，各衛指揮祭之兩廡，永爲定式。

《國榷》卷五　日本僧七十一人遊至京，令居天界寺。

《太祖實録》卷九〇　戊午，立皇陵祠祭署。

《皇明資治通紀》【略】以注文爲署令，劉英爲署丞，專典祀事。二人上故里人也，俾子孫世守之。

《太祖實録》卷九〇　汰北方府州縣官。上命吏部臣曰：「古稱任官惟賢材，凡郡得一賢守，縣得一賢令，足以致治。如潁川有黄霸，中牟有魯恭，何憂不治？今北方郡縣，有民稀事簡者，而設官與煩劇同，禄入供給，未免疲民。可量減之。」於是，吏部議減北方府州縣官三百八人。河南行省府減同知、知事者二，通判者一，州減知州者二，同知者八，縣減丞者四十九，主簿者七，減丞及簿者六。北平行省府減同知、知事者五，州減知州者一，知州及判官者二，同知者十二，減同知及判官者四，縣減知縣及簿者一，丞者四十三，主簿者九，減丞及簿者四十八。山東行省州減同知者三，縣減丞者二十九，主簿者四，減丞及簿者二。從之。

上謂翰林學士承旨詹同曰：「大祀既終獻，方行分獻禮，於禮未當。卿等其議之。」於是，同與學士宋濂議，以上行初獻禮，奠玉帛。將畢，即命分獻官行初獻禮，亞獻、終獻皆如之。上從其議。又謂：「古人祭用香燭，皆所以導達陰陽，以接神明。初無上香之禮。」遂命凡祭祀罷上香。

《國榷》卷五　日本國歸所掠百有九人，詔各還里。

壬戌，西域撒里畏兀兒安定王卜烟帖木兒入貢。撒里畏兀兒地去甘肅千五百里，廣袤千里，居毳幙，產駝馬牛羊。上賜錦綺四，詔其酋長分四部，給銅印，曰阿端、曰阿真、曰苦也、曰帖里。

癸亥，召淮安侯定遠華雲龍，未至，卒。雲龍起小校，累功封侯，鎮北平，頗驕。僭居脫脫大第，用元宮龍榻，上讓之。遂荒飲，疾作。故事侯當贈上公，雲龍葬祭，仍侯禮。

《明史》卷二《太祖紀二》　是月，陝西平涼、延安、靖寧、鄜州雨雹，山西、山東、北平、河南蝗，並蠲田租。

《國榷》卷五　南陽衛指揮僉事南陽郭雲卒。

《太祖實録》卷九一　七月甲子朔，左副將軍李文忠率師攻高州大石崖，克之，斬故元宗王朶朶失里，擒其承旨百家奴，餘衆敗走。文忠復遣指揮唐某追擊之。至氊帽山，遇故元魯王營于山下，以兵攻之，斬魯王及司徒答海俊、平章把刺、知院忽都，獲魯王妃蒙哥禿并金印一、玉圖書一。

《國榷》卷五　更定南北郊從祀禮。

敕中書省臣曰：「甲胄之成，勞民矣。其初剗山取鑛，鍊石成汁，凝精爲鐵，然後鎚鍊剪製。聞陝西甲甚多，當鏽蝕零落，使視而修整之。」

戊辰，密雲衛千户陳壽等巡塞外，以元平章白捨住等來降。

置思州龍泉坪長官司。

辛未，永平衛百户畢勝巡紅羅山，獲元同知楊普賢奴，進八角山，擊判田□□，斬之。

壬申，倭寇膠州，官軍擊敗之。

甲戌，倭寇海州，百户何達擊斬二十四人。

置南丹州土官莫金爲知州。

乙亥，荒忽灘故元樞副撒里荅歹來降。

《太祖實録》卷九一　丁丑，中書省言：「潞州城濠周二十餘里，役軍開鑿，二年無成。乞兼用民鑿之。」詔罷其役。

《國榷》卷五　置西安行都指揮使司于河州，轄河州、朶甘、烏思藏三衛，進朶甘、烏思藏亦行都指揮使司。

授朶甘、烏思藏荅力麻八剌灌頂國師，賜玉印。元帝師後。

西番兆日酋長勘卜監藏等獻葡萄酒。上曰：「中國有秫釀，其卻之。」賜酋長文綺襲衣，遣還。

壬午，倭寇大任海，百户許章擊敗之，追戰死。

設公主府家令、司丞、録事。

《太祖實録》卷九一　丙戌，上諭中書省臣曰：「天下諸司典吏俱無俸給，卿等其議給之。如南人在北，北人在南，去鄉遠者，冬夏加給衣服。」於是，省臣奏：「應天府典吏月米八斗，中立府典吏月米六斗。其二府所屬州縣及各府州縣典吏，土著者已免二頃田雜役，今擬府州縣典吏土著者免本户夫役，不給米，其田役不免。遠方之人，月給米五斗，冬衣給綿布二匹，夏衣給麻布一匹，苧布一匹。」從之。

海南羅屯等洞黎人作亂，千户周旺等討平之。

丁亥，降禮部尚書牛諒爲主事，言者以其怠職也。

詔立察罕腦兒衛指揮使司，以塔刺海等二人爲指揮僉事，以來降副樞撒里荅可爲衛鎮撫。

監察御史邢雄巡按山西，言大同諸處人民歲輸糧草餉給邊士，供億勞苦。上惻然，謂中書省臣曰：「軍士戍邊，道路險遠，民人供億誠艱，宜少紓其勞。」乃命停歲納馬草，若乏用則給直市之。尋詔山西、陝西、北平諸衛，令軍士依時芟取芻草，以爲儲蓄，免致勞民。

《國榷》卷五　庚寅，雲南建昌故元左丞阿里來降。

壬辰，李存義爲太僕寺丞。

户部尚書顔希哲爲山西行省參政，刑部尚書李儼爲陝西行省參政，户部侍郎馬貫爲尚書。

是月，有御史還自廣西，上平蠻六策，内曰「立威」。上非之，曰：「威惠並行，此制蠻夷之道也。」

《太祖實録》卷九二　八月甲午朔，禮部主事牛諒奏：「天下府州縣社稷之祭，正配位宜各以羊一豕一。」從之，復以諒爲本部尚書。

《國榷》卷五　上躬祀歷代帝王廟，伏羲、神農像勿冕服，于漢高祖加爵。曰：「古帝王皆有馮藉，惟君及我不階寸土也。」其祭元世祖文曰：「朕本元之農民，初無黄屋左纛之意，不揆菲德，繼承正統。唐虞禪授，湯武征誅，因時制宜，其理昭然。神靈在天，想自知之。」

《太祖實録》卷九二　丁酉，申定兵衛之政。先是，上以前代兵多虚數，乃監其失，設置内外衛所。凡一衛統十千户，一千户統十百户，百户領總旗二，總旗領小旗五，小旗領軍十，皆有實數。至是，重定其制。大率以五千六百人爲一衛，而十、百户，總、小旗所領之數則同。遇有事征調，則分統於諸將，無事則散還各衛，管軍官員不許擅自調用。操練撫綏，務在得宜，違者俱論如律。

《國榷》卷五　遣賜占城國王上樽、文綺、紗羅，賞去年獲賊功。

澄邁典史彭楨擊斬盜王官金。瓊州。

《明通鑒》卷五　戊戌，遣元威順王子伯伯賫詔雲南諭梁王。

《國榷》卷五　庚子，改中立府曰鳳陽，置鳳陽縣。

《太祖實録》卷九二　辛丑，刑部侍郎茹太素言三事。一檢舉卷宗，自中書省内外百司，悉聽監察御史、按察司檢舉，而臺衆互相檢舉，法則未盡善。在内監察御史文卷，御史臺檢舉；在外按察分司文卷，總司檢舉；總司文卷，守省御史檢舉。獨御史臺行過文書，未有定考。宜令守院監察御史一體檢舉。二言磨勘司初設，官吏數少，難以磨勘天下錢糧。請增設官吏，各分爲科。三言在外省衛，凡會議軍民事務，有不相合，往往遲誤。今後會議，請用按察司官一員糾正是非，以爲證驗。書奏，上命磨勘司增設司令一員、司丞五員、首領官五員、書吏二十人、典吏四十人，分爲四科。其檢舉、會議之法亦如所言。

北平按察司副使劉崧言：「宛平驛當要道，而驛馬之數與非要道之驛同，宜減他驛馬，以增宛平驛。」上可其奏。

《明史》卷二《太祖紀二》　詔軍士陣殁，父母妻子不能自存者，官爲存養。百姓避兵離散或客死，遺老幼，並資遣還。遠宦卒官，妻子不能歸者，有司給舟車資送。

《國榷》卷五　癸卯，遣使賜故元臣禿魯書。

故元□國公乃兒不花欲降，懼責前釁，遣使言于大同，上詔勞之。

甲辰，遣元臣趙元祐、張進、沙德成賫詔，諭雲南大理總管段明，許封大理國王。使還，當給印誥。

《太祖實録》卷九二　丙午，命太常卿議祭祀日期。於是定議：風雲雷雨、境内山川、嶽鎮、海瀆，皆於春秋仲月上旬，擇日以祭；歷代帝王陵寢仲春上旬甲日祭，城隍之神於山川後一日祭，社稷之神春秋二、八月上戊日祭，無祀鬼神春於清明日，秋用七月望日，冬用十月一日。書之於牌，依時以祭，著爲式。其祭日遣官監察，不敬失儀者罪之。

庚戌，以兵部尚書孫克義爲湖廣行省參政，代陶凱還朝。

增設牧監群官二十七處，隸太僕寺，每羣設羣頭一人。

《國榷》卷五　乙卯，增列侯武臣禄秩。

《明通鑒》卷五　丙辰，李文忠追擊元兵于豐州，禽元故官十二人，馬駝牛羊甚衆，窮追至遠塞乃還。

《太祖實録》卷九二　丁巳，上念京畿民庶之衆，鰥寡孤獨、廢疾無依者多，舊養濟院隘，不足容。命於龍江擇閑曠之地，構屋二百六十間，以處之。

庚申，吏部奏：「鳳陽臨淮縣地要事繁，宜增丞、簿、典史各一人。碭山、盱眙、天長、光山、蒙城、霍丘、羅山、潁上、定遠、五河、太和、虹、亳、息、沛、豐一十六縣，皆糧不滿千石，宜各減丞一人。」並從之。以羅山去鳳陽遠，命隸河南汝寧府。

《明史》卷二《太祖紀二》　振河間、廣平、順德、真定饑，蠲租税。

《國榷》卷五　監察御史荅禄與權請行禘禮，祀始祖所自出之帝。禮部謂：「漢唐來世系無考，故宋神宗嘗曰：『莫知祖所自出。』禘不可行也。」上是之。

九月癸亥朔，兵馬指揮司副指揮世家寶爲兩浙鹽運司副使。

乙丑，定躬祀儀。迎神四拜，飲福受胙四拜，送神四拜，著爲令。

戊辰，中書省平章政事李思齊卒。

《太祖實録》卷九三　己巳，儀鸞司大使葉茂奏：「進御用車輛九，龍馬車一，三轅馬車一，象車一，四馬轎七，用馬棕轎一，紅氈轎一，紅竹轎一，以人肩之。」

庚午，松江府華亭縣官上言：「舊設養濟院，收養鰥寡孤獨、廢疾貧民，今棟宇傾圮，不堪居止，乞將没官房屋改造。」從之。

辛未，罷信實局。置寶鈔提舉司，提舉一人，正七品；副提舉一人，從七品；吏目一人，省注。所屬抄紙、印鈔二局，大使各一人，正八品；副使各一人，正九品；典史各一人，省注。寶鈔、行用二庫大使各二人，正八品；副使各二人，正九品；典史各一人，省注。

《國榷》卷五　罷泉州、明州、廣州三市舶司。

《太祖實録》卷九三　丁丑，改中立大都督府爲鳳陽行都督府，濠梁後衛爲鳳陽衛。

《明史》卷二《太祖紀二》　遣崇禮侯買的里八剌歸。

《明通鑒》卷五　諭之曰：「爾本元君子孫，國亡就俘，幾欲遣歸，以爾年幼，道里遼遠，恐不能達。今已長成，朕不忍令爾久客于外，父子相失，今送之歸，以全骨肉，其善自愛！」又遣其二宦者從，諭之曰：「此爾君之嗣，不幸至此。長途跋涉，善護視之！」又貽元嗣君書，致織金、文綺。

《國榷》卷五　己卯，翰林進回鑾樂歌，凡三十九章，肄于太常。

《皇明資治通紀》卷六　先是，上以祭祀還宫，宜用樂舞前導，命翰林儒臣撰樂章以致敬慎鑒戒之意。諭之曰：「古人詩歌辭曲，皆寓諷諫之意。後世樂章惟聞頌美，無復古意。夫嘗聞諷諫則使人惕然有警，若頌美之辭使人聞之意怠而自恃之心生。蓋自恃者日驕，自警者日强。朕意如此，卿等其撰述，毋有所避。」至是，上所撰神降祥、神貺、酣酒、色荒、禽荒諸曲，凡三十九章，曰《回鑾樂歌》。其辭皆存規諫，其舞分爲八隊，隊皆八人。禮官圖其制以上，命樂工肄習之。

《太祖實録》卷九三　庚辰，命廣西行省置寶泉局，設官如北平。

癸未，詔鳳陽屯户有年老衰憊者，令於有司入籍爲民，篤廢殘疾者放還鄉里。其官吏犯公罪者，仍取選用。

《國榷》卷五　乙酉，改王相府參軍爲長史。

丙戌，貴妃孫氏薨，年三十二，謚成穆。命周王橚服慈母斬衰三年，主喪事，皇太子諸王皆朞，葬朝陽門外之楮岡。初，禮部據《周禮》、《儀禮》，父在，爲母服朞；若庶母，則無服。上迂之，定爲今制。

《明通鑒》卷五　是月，燕山衛指揮宋杲、通州衛指揮僉事鄭治、汝寧衛指揮僉事馮俊、密雲衛指揮僉事張斌等，率師出古北口防秋，猝遇寇，皆力戰死。上命厚恤其家，賜文祭之。

《國榷》卷五　高麗國王王顓卒。

三佛齊國王麻那答里林邦入貢。

十月庚子，靖海侯吴禎總兵巡海，還朝。

庚戌，收煢民入養濟院，凡千七百六十餘人。

《太祖實録》卷九三　戊午，初定授散官資格。職三品者授正五品下階散官，四品者授正六品下階散官，五品者授正七品下階散官。及考滿，俱各比例遞陞。六品而下，亦依定制。先是，除授官員有不次陞用者，俱與對品散官，故至是重定之。其已授散官者，須歷及所授散官品級，然後遞陞。其有才德拔萃，特旨不次用者，不拘此例。

《國榷》卷五　己未，皇長孫雄英生，妃常氏出。

置河州茶馬司。

《太祖實録》卷九三　命各衛，凡軍婦夫亡無依者，皆送還鄉，其欲改嫁依親者聽。於是，願守節者凡四百五人，命官給衣糧，贍之終身。

《國榷》卷五　庚申，置思南宣慰司平頭、著可二長官司，沿河、祐溪、厥柵、朗溪四蠻夷長官司。

琉球國中山王察度遣弟入貢。

《明通鑒》卷五　十一月壬戌朔，《孝慈録》成。先是九月，貴妃孫氏薨，敕禮官定服制。尚書牛諒等奏曰：「《儀禮》：『父在爲母服期年，若庶母則無服。』」上曰：「父母之恩一也，而低昂若是，未免不情。」乃敕學士宋濂等考定喪禮。濂等乃廣稽古人論服母喪者凡四十二人，主三年者二十八人，主期年者十四人。上曰：「三年之喪，天下通喪。今觀主三年者倍于期服，豈非天理人情之所安乎！」乃立爲定制，「子爲母，庶子爲其母，皆斬衰三年，適子、衆子爲庶母，皆齊衰杖期」。時貴妃無子，上命吴王橚行慈母服，斬衰三年，皇太子、諸王皆齊衰杖期。皇太子進曰：「禮惟士爲庶母緦，大夫以上則無服。陛下貴爲天子，而令適長爲庶母杖期，非所以敬宗廟，重繼體也。不敢奉詔。」上大怒。正字桂彦良言于太子曰：「殿下當緣君父之情，不宜執古禮以虧大孝。」太子乃持衰服入謝，上怒始釋。至是命儒臣輯喪禮五服之差，命曰《孝慈録》，頒之天下，著爲令。

《明史》卷二《太祖紀二》　壬戌，納哈出犯遼陽，千户吴壽擊走之。

《國榷》卷五　置慶遠裕民司于思恩縣，專買溪峒之馬。

甲子，詔西竺僧的違撒哈咱失里爲善世禪師，又都綱、副禪師，各給誥。

乙丑，更作奉先殿。

丙寅，詔曰：「釋從宥罪，昔君未嘗輕發，發則精詳至慎，恐有罪重而僥倖自脱者。眚災肆赦，怙終賊刑，《書》明載焉。漢唐及元，懦君承業，權由奸佞，因有大赦。雖脱君子之微差，善良之誤失，實則奸頑漏網，鬱抑多冤。日者五星紊度，黎庶匪寧，乖仁悖理，非朕而誰？特令條陳諸罪。若果真犯，雖笞不原。其餘詿誤，因人致罪者，盡在赦。」

《明史》卷二《太祖紀二》 辛未，有事於圜丘。

《太祖實録》卷九四 癸酉，陞寶鈔提舉司爲正四品。

《國榷》卷五 丁丑，暹羅斛國世子蘇門邦王昭禄羣膺入貢東宫，上箋許之。

《太祖實録》卷九四 己卯，定群牧監官。令正五品，丞正六品，鎮撫從六品，群頭十員，吏目一員，省注。

命禮部頒祭嶽鎮海瀆儀于所在有司。其祭各用羊、豕一，帛一，隨其方色。籩豆簠簋皆四，鉶一，爵三，尊三，祭期春二月、秋八月上旬擇日。

《國榷》卷五 辛巳，杭州衛軍章憲詣闕言鹽法事，授本衛鎮撫，理鹽場。

壬午，詔中書省御史臺：「先官吏有罪謫佃鳳陽者，選其年及四十之上復用之。年未及者，仍留屯田。故犯公罪經宥免者，亦復録用。」時徵至百四十九人，各授秩。

改典禮紀察司爲紀察司，罷四川茶鹽運司。

十二月壬辰朔，增置朵甘思宣慰司及招討司六，曰朵甘思、曰朵甘巃荅、曰朵甘丹、曰朵甘倉溏、曰朵甘川、曰磨兒勘，萬户府四，曰沙兒可、曰乃竹、曰羅思端、曰烈思麻，千户所十七。

甲午，禮部員外郎許允德使朵甘烏思藏。

《明史》卷二《太祖紀二》 戊戌，召鄧愈、湯和還。

《國榷》卷五 開封、陳留等縣水災，免田租。

《太祖實録》卷九五 辛丑，秦府右相文原吉言：「平陽、解州二處鹽法，平陽每鹽一引，價米二石五斗，解州三石。商人多以平陽價平，故以錢銀赴平陽中納。請一如解州例。其以米、麥、布、絹中納者，仍舊二石五斗。」户部因奏定量減之數。河東解、蒲、陝三州，初定三石，今二石七斗；平陽、懷慶、西安三府初定二石五斗，今二石二斗；鳳翔府澤、潞、遼、沁四州初定米二石，今一石八斗；太原府初定米一石六斗，今一石五斗；大同府朔州初定一石三斗，今一石二斗。已上若折收錢銀，皆如初定之數。蔚州舊無定價，今定一石二斗，若折收，加三斗；延安府初定二石，今一石六斗，折收加八斗；平凉、慶陽、鞏昌舊無定價，今定一石五斗，折收加六斗；綏德州舊無定價，今定一石四斗，折收加六斗；臨洮、蘭縣舊無定價，今定一石二斗，折收加三斗；河州舊無定價，今定一石，折收加二斗。上以臨洮、蘭縣、河州道里費重，每引減二斗，其各處折收者俱加米五斗。

鑿石灰山河，開民地六千餘畝。上命給白金償之，除其税。

壬寅，肇慶府新興縣盜李彦祥等三百餘人作亂，千户岳維率兵討平之。

《昭代典則》卷七 甲辰御註《道德經》成。上謂儒臣，舉老子所謂五色令人目盲，五音令人耳聾；與聖人去甚、去奢、去泰之類，曰：「老子此語，豈徒托之空言？於養生治國之道亦有助也。但諸家之註各有異見，朕因爲註，以發其義。」

《太祖實録》卷九五 己酉，召安陸衛指揮吴復入京。

《國榷》卷五 庚戌，官軍平陽江盜。

壬子，貴州衛指揮僉事張岱討播州汪度叛蠻，平之。

乙卯，刑部侍郎李浩使琉球，以文綺百綺、紗羅各五十、陶器六萬九千五百事、鐵釜九百九十市馬。

丁巳，石砫安撫司同知陳世顯及安撫使馬克用子村得什用來朝貢。

《太祖實録》卷九五 庚申，罷禮部尚書牛諒官。諒初爲禮部尚書，以怠職降爲本部主事。未幾，復爲尚書。至是，復以不任職罷。

《國榷》卷五 遣靖海侯吴禎往浙東，收藉台、温、明方氏舊兵。惡少多蔓引平民富室爲兵，瀕海大擾。寧海知縣潞州王士弘上書言狀，上即日罷之，已擢士弘南雄通判。

洪武八年（乙卯、一三七五）

《國榷》卷六 正月壬戌，中書左司郎中張善爲禮部尚書。

甲子，四川永寧長官司禄照爲永寧宣撫使。

置陜西歸德守禦千户所一，罕東等百户所五。

丙寅，上與學士宋濂等論人才或隱于佛老、卜筮、負販之流，在上能拔用之耳。濂曰：「昨僧名傳質臣文亦可取。」上索閲，大善之。

汏四川屬縣宂官二十九人。

燕山衛都指揮使曹興爲大都督府僉事。

庚午，置俄力思軍民元帥府、怕木竹巴萬户府、烏斯藏籠答千户所，改四川石硅安撫司爲宣撫司。

《昭代典則》卷八　辛未，鄭州知州梁敏以廉能，擢爲工部侍郎。

《明史》卷二《太祖紀二》　增祀雞籠山功臣廟一百八人。

《明通鑒》卷五　癸酉，命有司察窮民無告者，給之屋舍衣食。諭中書省臣曰：「朕昔在民間，目擊鰥、寡、孤、獨饑寒困苦之徒，常自厭生，心爲惻然。今代天理物已十餘年，若天下之民有流離失所者，非惟昧朕初心，亦於代天之工有所未盡。卿等爲輔相，宜體朕懷，不可使天下有一夫不獲也。」

有山陽縣民，父罪當杖而其子請代者，上謂刑官曰：「父子之親，天性也。然不親不遜之徒，親遭艱難，有坐視而不顧者。今此人以身代父，出于至情，朕爲孝子屈法以勸勵天下，其釋之！」

改酉陽宣慰司爲宣撫司，以土酋冉如彪爲宣撫使。置平茶、邑梅、麻兔、石耶四洞長官司，以楊底綱爲平茶洞長官，楊金奉爲邑梅洞長官，冉德原爲麻兔洞長官，楊隆爲石耶洞長官。

《國榷》卷六　故元降將瑣納兒加爲治書侍御史。

《太祖實録》卷九六　丁丑，中書省臣奏：「山西大同都衛屯田二千六百四十九頃，歲收粟豆九萬九千二百四十餘石。其屯軍月糧，請依陝西屯田之例，月減三斗。」上曰：「大同苦寒，士卒艱苦，宜優之。月糧且勿減，待次年豐熟，則依例減之。」

庚辰，以酣飲奪濟寧侯顧時、六安侯王志俸，仍諭大將軍禁約。

《明史》卷二《太祖紀二》　辛巳，鄧愈、湯和等十三人屯戍北平、陝西、河南。

《太祖實録》卷九六　癸未，廣東盗王官堅劫衆攻陷會同縣，海南衛官軍擊之，禽官堅及同亂者七十餘人，斬之。

《國榷》卷六　丙戌，置安定、阿端二衛，從卜顔帖木兒之請。沙剌爲指揮同知，亦班藏卜、卜理不花、護出完者帖木兒爲指揮僉事。

刑部侍郎茹太素降主事。

《明通鑒》卷五　丁亥，始詔天下立社學。上以府、州、縣皆有學，而鄉閭遠者未沾教化，乃詔有司仿古家塾、黨庠之制，區之爲社，延師儒以教子弟，兼令讀御製頒行諸書及新定《律令》。

《國榷》卷六　罷鍾山衛、雄武衛、龍驤衛，尋改定遠衛曰龍驤。

湖廣行省參政孫克義降上元知縣。

《明通鑒》卷五　是月，河決開封大黄隄，詔河南行省參政安然發民夫三萬塞之。

《國榷》卷六　高麗、占城、暹羅斛、日本、爪哇、三佛齊諸國皆入貢。

二月辛卯朔，故元平章柴驢兒、右丞於真自寧夏來降。

工部尚書李敏爲江西行省參政。

《昭代典則》卷八　癸巳，定外夷山川之次。先是，禮部尚書牛諒言：「京都既罷祭天下山川，其四夷山川亦非天子所當躬祀。」乃命別議其禮以聞。至是，中書及禮部奏：「以外夷山川附祭于各省，如廣西則宜附祭安南、占城、真蠟、暹羅、鎖里，廣東則宜附祭三佛齊、爪哇，福建則宜附祭日本、琉球、渤泥，遼東則宜附祭高麗，陝西則宜附祭甘肅、朶甘、烏思藏，京城更不須祭。」又言：「各省山川與風雲雷雨既居中南向，其外夷山川神位宜分東西，同壇共祀。」上可其奏，命中書頒行之。

《明通鑒》卷五　甲午，宥各處人民雜犯死罪以下者，皆工役終身。其官吏犯私罪者，輕則屯種，重則工役，皆謫鳳陽。

《國榷》卷六　乙未，製陪祀官入壇牙牌。

庚子，晉府左傅兼太原都衛都指揮使謝成爲大都督府僉事，左傅如故。

壬寅，重定頒賜及迎接詔誥儀，頒詔諸番及番國迎接儀。

乙巳，大都督府經歷韓焯爲户部尚書。

丙午，户部尚書俞溥爲江西行省參政。

上作《資世通訓》成。凡十四章，首君道，凡十八事，曰儉、曰素、曰勤、曰敬、曰祀、曰戎、曰親、曰内、曰外、曰孝、曰慈、曰信、曰仁、曰智、曰勇、曰嚴、曰愛、曰以時。次臣道，凡十七事。餘十二章，民用、士用、工用、商用等。

辛亥，置四川鎮南宣撫司，鎮邊忠義安撫司，忠義蠻夷安撫司，池著洞、田阿洞、世業三洞長官司，大旺宣撫司，東流安撫司，皮蠟洞、井埇洞、九明蠻夷三洞、市備全蔺四長官司。

壬子，户部尚書馬貫爲浙江行省參政。

《明史》卷二《太祖紀二》　癸丑，召徐達、李文忠、馮勝還，傅友德等留鎮北平。

《明通鑒》卷五　遣官享先農。上躬耕藉田。

《國榷》卷六　置書畫庫。

甲寅，御史中丞商暠爲浙江行省參政。

《明通鑒》卷五　庚申，命刑部尚書劉惟謙申明馬政。諭曰：「馬政，國之所重。近命設太僕寺，俾畿内之民養馬，恐所司收養失宜，或擾害養馬之民，皆當告戒。昔漢初一馬值百金，天子不能具鈞駟，及武帝時衆庶街巷有馬，阡陌成羣，遂能北伐强胡，威服戎狄。唐初纔得隋馬三千，及張萬歲爲太僕，至七十餘萬。此非官得其人，馬政修舉邪！其爲朕申明馬政，嚴督有司，盡心芻牧，務底蕃息，違者罪之。」

《太祖實録》卷九八　三月辛酉朔，命置行用庫。在京設大使一人，正八品；副使二人，從八品；典史一人，都監二人，隸户部。在外府州設大使、副使各一人，皆省注。

貴州蠻平猪、平謝等一十四寨叛，命貴州衛指揮僉事張岱率兵勦平之。

《國榷》卷六　詔計田均工役。初，田一頃出一丁。至是，計田定役。農隙赴京，役三旬，遣歸田。浮丁少，充以佃人，資粟一石，畝出米二升五合。他郡縣雜差，亦如之。

《明通鑒》卷五　詔始行鈔法。初，上設寶源局于應天。天下既定，又令各行省設寶泉局，皆嚴私鑄之禁，始令「民有私鑄錢，作廢銅送官，償以錢。」其後有司責民出銅，民率毁器皿輸官，頗以爲苦。而商賈沿元之舊習用鈔，多不便用錢。上乃稽宋交、會制及元之交鈔及中統、至元寶鈔，命中書省定鈔法，設寶鈔提舉司。至是造大明寶鈔，民間通行。其等凡六：曰一貫，曰五百文，四百文，三百文，二百文，一百文。每鈔一貫，準錢千文，銀一兩，四貫準黄金一兩。禁民間不得以金銀貨物交易，違者罪之。以金銀易鈔者聽。

《太祖實録》卷九八　甲子，中書省臣奏：「大都督府僉事吴復、曹興、謝成例應給公田一千石。吴復先任指揮，已賜公田二百石，今請以八百石益之。」上以曹興居大同時多不循軌度，調福建，又受王駙馬賂賄，謝成在山西擅奪民利，惟吴復禄秩如請，興、成二人不給。

户部言：「北平河間府、獻州交河縣洪武四年旱災，黍麥不收，人民飢窘，流移者一千七十三户，所荒田土三百三十餘頃，至今租税無從徵收。」詔免其租税。

《國榷》卷六　丙寅，命皇太子及諸王祭皇陵。

丁卯，高麗王王顓卒，來告喪。

《明通鑒》卷五　戊辰，命御史臺官選國子生分教北方。諭曰：「致治在于善俗，善俗本乎教化，教化行，雖閭閻可使爲君子；教化廢，雖中材或墜于小人。近北方喪亂之餘，人鮮知學，欲求多聞之士，甚不易得。今太學諸生，年長德優者，卿宜選取，俾之分教北方，庶使人知務學，人材可興。」于是選國子生林伯雲等三百六十六人，給廪食，賜衣服而遣之。

《太祖實録》卷九八　己巳，置行用四庫于應天府聚寶、幕府、儀鳳三門及會同橋。

南雄商人以貨入京，至長淮，關吏留而税之。既閲月而貨不售，商人訟于官。刑部議吏罪，當紀過。上曰：「商人遠涉江湖，將以求利，各有所向。執而留之，非人情矣。且納課于官，彼此一耳。遲留月日，而使其貨不售，吏之罪也。」命杖其吏，追其俸，以償商人。

《國榷》卷六　壬申，改内府鈔庫爲寶鈔庫。

丙子，立張巡、許遠廟于歸德。

《太祖實録》卷九八　丁丑，陝州府知事鄭慶復言：「在外有司所服朝服，宜依在京例，亦令官製，相承服用。其未入流官，凡遇朝賀，宜用紅圓領衫、皂靴，綴班行禮。」從之。

《國榷》卷六　戊寅，户部侍郎趙好德爲尚書。

《太祖實録》卷九八　己卯，召河南行省參政宋冕入爲户部尚書。

以軍器庫爲軍器左庫，別置軍器右庫，設大使、副使各一人。

《明史》卷二《太祖紀二》　辛巳，罷寶源局鑄錢。

《太祖實録》卷九八　癸未，置考功監，監設令丞。

置中都國子學，秩正四品，命國子學分官領之。

《明通鑒》卷五　甲申，德慶侯廖永忠坐事賜死。初，永忠覆韓林兒之舟于瓜步，上不悦。及大封功臣，諭諸將曰：「永忠戰番陽時，忘軀拒敵，可謂奇男子。然使所善儒生窺朕意，邀封爵，故止封侯而不公。」及楊憲在中書省，永忠與相比，憲誅，永忠以功大得免。至是坐僭用龍鳳諸不法事，誅之。後上追思勳舊，復封永忠子權嗣爲侯。

《太祖實録》卷九八　乙酉，上以天下驛傳，馬夫出貲買馬，早夜供億，勞費倍於他役，詔免其田租以優之。又以爲地有閒劇，徵有繁簡，宜少分別，以均其勞逸，命羣臣議。於是議：自京會同館至宿州爲驛十三，南至京師，西出秦晉，北抵燕薊，其勞最甚，田租宜全免。自百善道至鄭州，當陝西、山西二道，其勞爲次，宜免三分之二。自滎陽至陝西、山西、北平，爲驛一百二十一，其勞又次之，宜免三分之一。詔可。

《國榷》卷六　戊子，故元□國公乃兒不花來降。置官山衛，大同，乃兒不花爲指揮同知。

《太祖實録》卷九八　是月，大將軍魏國公徐達等還自北平。

《明通鑑》卷五　上以舊韻出江左，多失正，命學士樂韶鳳與廷臣參考中原雅音正之。書成，命曰《洪武正韻》。

辛卯，頒御註《道德經》及《玄教儀》。

《國榷》卷六　四月庚寅朔，奉先殿成。

《明通鑑》卷五　上幸中都，謁皇陵也。車駕至滁州，遣官祭滁陽王廟。

《國榷》卷六　丙申，遣靖寧侯葉昇巡浙閩海上，造舟防倭。

庚子，慶遠府那地縣土官羅兒來降，命羅兒知縣事。

甲辰，皇太子攝北郊。

《明通鑑》卷五　〔上〕至中都，以營建郊廟成，祭告天地于圜丘。

乙巳，仁祖忌日，躬詣皇陵致祭。是日，遣官祭開平王祠。

丙午，遣官祭揚王廟。

辛亥，仁皇后忌日，躬詣陵祭。

丁巳，上還京師。

《國榷》卷六　臨洮、平涼、河州雨雹傷麥，免其租。

罷中都役作。初，上倣周漢之兩京，至是費劇，寢之。

賜六部尚書、各省參政公田禄米各百石。

誠意伯劉基卒。

五月庚申朔，貴州衛指揮同知胡汝寧討江力、江松、刺向等寨叛蠻。

《太祖實録》卷一〇〇　戊辰，遣内使趙成往河州市馬。初，上以西番素産馬，其所用貨泉與中國異，自更錢幣，馬之至者益少。至是，乃命成以羅綺綾帛并巴茶往市之。仍命河州守將善加撫循，以通互市，馬稍來集。

《明史》卷二《太祖紀二》　己巳，永嘉侯朱亮祖偕傅友德鎮北平。

《國榷》卷六　召鳳陽行都督府都督僉事胡海，以都督僉事丘廣代。

陝西按察僉事虞以文言：「漢中多深山，自軍民屯種外，皆莽塞獸伏，渠堰荒棄。乞減租徭，漸墾平野之田。」從之。

庚辰，户部尚書宋冕爲陝西行省參政。

丙戌，故元廣平王保咱，司徒保保、威寧王帖文來降。

六月甲午，安南陳煓入貢，命中書省諭安南、高麗、占城等三年一朝貢。

《太祖實録》卷一〇〇　丁酉，以李擴等爲監察御史。初，上擇國子生年少聰敏者入文華、武英二堂説書，謂之「小秀才」，甚見寵遇。至是，俾職清要，俱爲監察御史。擴尋爲給事中兼齊相府録事。

《明史》卷二《太祖紀二》　壬寅，指揮同知胡汝平貴州蠻。

《國榷》卷六　丁未，户部尚書趙好德爲陝西行省參政。

丙辰，青田盜起，命錢塘指揮僉事賈真討平之。

戊午，高郵大水，滄、景、河間旱，免田租。

吏部尚書吕熙卒。

七月庚申，敕孔克伸爲曲阜知縣。時孔希大有罪。

《明通鑑》卷五　辛酉，改建太廟。前正殿，後寢殿，皆有兩廡。寢殿九間，間一室，奉藏神主，如同堂異室之制。

《明史》卷二《太祖紀二》　壬戌，召傅友德、朱亮祖還，李文忠、顧時鎮山西、北平。

《明通鑑》卷五　戊辰，北平按察司僉事吕本上言：「近制，士大夫聞父母喪，在外必待移文原籍審覈還報，然後奔喪，近者彌月，遠者半年。自今官吏若遇親喪，其家屬陳于官，移文任所，即令奔赴，然後覈實。」上深然之，詔：「百官奔父母之喪者，聞喪即行，不俟報。」

《國榷》卷六　庚午，國子生未娶者給錢婚聘，女衣二襲，月廩一石。

《明史》卷二《太祖紀二》　丁丑，免應天、太平、寧國、鎮江及蘄、黄諸府被災田租。

《國榷》卷六　甲申，定五祀禮。

《皇明資治通紀》卷六　孟春祀司户，孟夏祀司竈，季夏祀中霤，孟秋祀司門，孟冬祀司井。制可。

《國榷》卷六　丙午，禮部尚書張善爲湖廣行省參政。

八月己亥，敕太師韓國公李善長、永嘉侯朱亮祖、南安侯俞通源撫諭諸屯，勸督農事。

《太祖實録》卷一〇〇　己酉，故元將王保保卒。先是，保保自定西之敗，走和林，愛猷識理達臘復任以事，後從徙金山之北。至是卒于哈剌那海之衙庭，其妻毛氏亦自經死。

癸丑，潁川侯傅友德等至京師。

降翰林修撰答禄與權爲典籍，以不脩職也。

是月，開登州蓬萊閣河，役萬五千人。

《太祖實録》卷一〇一　九月己未，上遣使勑諭征虜左副將軍曹國公李文忠、左副副將軍濟寧侯顧時等曰：「孟秋遣爾代潁川侯等還，以息風霜之勞。今三越月矣，曾得胡人消息否？可遣輕騎數十潛入其地，候其動静。如獲其人，必得情實。古人用兵，務知彼知己。以朕料，彼今年得種羊馬頗牧，豈不爲苟延之計？設若驅其殘兵，來寇邊境，爾等當督三軍，一鼓而俘之。彼若不來，亦當堅壘壁，謹斥候，以備不虞。」

《國榷》卷六　辛酉，改建大内宫殿。

癸亥，陝西逋卒爲盗，西安衛指揮使濮英捕斬之。

《太祖實録》卷一〇一　丙寅，置藍靛所於儀真六合之地，設大使、副使、典吏各一人，督種青藍，以供染事，隷户部。

《明通鑑》卷五　戊辰，上以雲南久不下，議再遣使招諭梁王。時吴雲出爲湖廣行省參政，召至，語之曰：「今天下一家，獨滇南不奉正朔，殺我使臣。卿能爲朕作陸賈乎？」雲頓首請行。會梁王遣其臣鐵知院等二十餘人使漠北，爲大將軍所獲，送京師，上釋之，令偕雲往。既入境，鐵知院等謀曰：「吾輩奉使被執，罪且死。」乃誘雲令詐爲元使，改制書，共紿梁王。雲不從，知院等遂殺雲。梁王聞之，收雲骨，送之于蜀，殯于給孤寺。

《國榷》卷六　己巳，罷福建寶泉局。

《太祖實録》卷一〇一　甲戌，改光禄寺爲光禄司，卿從三品，少卿從四品，司丞從六品，典簿從七品，録事從八品。置所屬大官、珍羞、良醖、掌醢四署，每署令一人，從六品；丞一人，從七品；監事一人，從八品；孳牧所大使一人，從九品；副使一人，未入流。

《國榷》卷六　丙子，故元將張致道數犯邊，至是，大同衛兵捕斬之。

己卯，靖海侯葉昇、都督僉事於顯舟師還京。

《太祖實録》卷一〇一　甲申，召中山侯湯和、吉安侯陸〔仲〕亨還京。先是，和承制往河南彰德督士卒屯田，亨往山西大同、蔚、朔諸州脩飭邊備。至是，俱召還。

《國榷》卷六　丙戌，三佛齊國以拂菻國入貢。

十月丁亥朔，上謂中書省臣曰：「古人立賢無方。孟子曰：『有恒産者有恒心。』今郡縣富民多有素行端潔，通達時務者，有司審擇之。」遂命户部第民租之上者，下其姓名諸道，訪覈以聞。

西安衛都指揮使濮英、王銘、都督僉事葉昇、林霽峰往備邊。

《太祖實録》卷一〇一　辛卯，定王府典儀所爲正八品。

《國榷》卷六　乙未，城鳳陽皇陵。

丙申，徙鳳陽郡治于臨濠新城。

丁酉，暹羅斛國、古城國入貢。

《太祖實録》卷一〇一　壬寅，曹國公李文忠奏：「徙永平府撫寧縣洋河海口巡檢司于兔耳山，界嶺口巡檢司于馬頭崖寨。」從之。

《國榷》卷六　丁未，祥符、杞、陳留、封丘、睢、商水、西華、蘭陽、鹽城俱大雨水，免田租。

右丞丁玉還自北平。

《明史》卷二《太祖紀二》　壬子，命皇太子、諸王講武中都。

《明通鑑》卷五　【略】時上得輿圖《濠梁古蹟》一卷，遣使賜太子，題其外，令濂詢訪，隨處言之。太子以示濂。濂因歷歷舉陳，隨事進説，甚有規益。

《太祖實録》卷一〇一　癸丑，以在外各處所設都衛，並改爲都指揮使司。燕山都衛爲北平都指揮使司，北平衛爲燕山前衛指揮使司，西安都衛爲陝西都指揮使司，西安行都衛爲陝西行都指揮使司，太原都衛爲山西都指揮使司，置太原前衛指揮使司，大同都衛爲山西行都指揮使司，杭州都衛爲浙江都指揮使司，錢塘衛爲杭州左衛指揮使司，仁和衛爲杭州右衛指揮使司，江西都衛爲江西都指揮使司，置南昌左衛指揮使司，青州都衛爲山東都指揮使司，置青州左右二衛指揮使司，成都都衛爲四川都指揮使司，置成都中衛指揮使司，福州都衛爲福建都指揮使司，置福州左右二衛指揮使司，建寧都衛爲福建行都指揮使司，置建寧左右二衛指揮使司，武昌都衛爲湖廣都指揮使司，置武昌左右二衛指揮使司，廣東都衛爲廣東都指揮使司，置廣州左右二衛指揮使司，廣西都衛爲廣西都指揮使司，置桂林左右二衛指揮使司，定遼都衛爲遼東都指揮使司，置定遼前衛指揮使司，以遼東衛爲定遼後衛指揮使司，河南都衛爲河南都指揮使司，在京留守都衛爲留守衛指揮使司，原轄天策、豹韜、飛熊、鷹揚、江陰、廣洋、横海、龍江八衛俱爲親軍指揮使司，水軍左右二衛爲指揮使司，俱隸大都督府。

《明通鑑》卷五　乙卯，詔翰林院臣考議陵寢朔望節序祭祀禮。【略】學士樂韶鳳等言：「漢諸廟寢園有便殿，日祭于寢，月祭于廟，時祭于便殿。後漢都洛陽，以關西諸陵遠，但四時祀以特牲，每西幸即親詣，歲正月郊祀畢，以次上洛陽諸陵。唐園陵之制，皇祖以上陵皆朔望上食，元日、冬至、寒食、伏臘、社，各一祭皇考陵，加以薦新。宋每歲春秋仲月，遣太常、宗正卿朝諸陵。我朝舊儀，每歲元旦、清明、七月望、十月朔、冬至日，俱遣官致祭，祠以太牢；白塔二處，遣中官祭，祠以少牢。今擬如舊儀，增夏至日用太牢，伏臘、社及每月朔、望則用特羊。祠祭署官行禮。如節與伏臘、社、朔望同日，則用節禮。」制曰：「可。」

《皇明資治通紀》卷六　丙辰，浚涇陽縣洪渠堰。【略】涇陽屬西安府，其堰歲久壅塞，不通灌溉。遂命長興侯耿炳文督工濬之，涇陽、高陵等五縣之田大獲其利。

《明通鑑》卷五　十一月乙丑，考大祀登壇脱舄之禮。樂韶鳳奏：【略】「古者以屨不上堂爲敬。漢、魏朝祭皆跣襪，惟蕭何劍履上殿，以爲異數。宋南郊，皇帝至南階，脱舄升壇，入廟，脱舄升殿，所以崇敬也。今議于郊祀廟享前期一日，有司以席藉地，設御幕于壇東南門外，設執事官脱履之次于壇門外西階側。祭日，大駕入幕次脱舄，始升壇殿行禮。分獻、陪祀官皆脱舄于外，協律郎、樂舞生皆跣襪。」上以其援據故實，詔始行之。

《國榷》卷六　丁卯，暹羅斛國舊明臺王世子昭敕羅局入貢。

甲戌，甘露降南郊，羣臣表賀。上曰：「人情好祥惡妖。然天道幽微莫測。若恃祥不戒，祥未必吉；睹妖能懲，妖未必凶。朕德不逮，惟圖修省。豈敢以此爲己所致乎？」

《太祖實録》卷一〇二　丁丑，命增設六部官員。中書省議奏：「户、刑、工三部庶事浩繁，今定户部爲五科，每科設尚書、侍郎各一人，郎中、員外郎各二人，主事五人，内會總科主事六人，外牽照科主事二人，司計四人，照磨二人，管勾一人。刑部爲四科，每科設尚書、侍郎、郎中各一人，員外郎二人，主事五人。工部爲四科，每科設尚書、侍郎、郎中各一人，員外郎二人，主事五人，照磨二人。吏、禮、兵三部官仍舊。」從之。

《明史》卷二《太祖紀二》　有事於圜丘。

《國榷》卷六　前福建按察僉事李泰、河南知府周肅爲户部尚書，户部員外郎程昱、松江通判王庸、工部主事程昭爲户部侍郎。

壬午，登州衛知事周斌爲户部侍郎。

是月，故元寧肅王板的失里來降，至華陰，疾卒。

十二月丁亥，陝州人安言得天書以惑衆，斬之。

《明通鑑》卷五　癸巳，上諭御史臺臣：【略】「比設糧長，令其收民租以總輸納，無有司之擾，于民甚便。自今糧長有雜犯死罪及流徙者，止杖之，免其輸作，使仍掌税糧。」御史臺臣言：「自今糧長有犯，許納銅贖罪。」制「可」。

《太祖實録》卷一〇二　誅潮州衛指揮僉事李德等。先是，潮州瀕海居民屢爲倭夷劫掠，詔德等率舟師沿海捕之。德等逗留，不出兵巡禦，賊遂登岸，大肆劫掠。上聞而怒，逮德等至京師，誅之。

《國榷》卷六　丙申，前湖廣參政陶凱爲國子祭酒。時年老，仍致仕。

丙午，免宛平蝗租。

《太祖實録》卷一〇二　壬子，吏部言：「郡縣之上下，以税糧多寡爲例。今歲糧增者，太原、鳳陽、河南、西安宜陞上府，揚州、鞏昌、慶陽宜陞中府，明州之鄞縣陞上縣。其萊州税糧不及，宜降中府。」從之。

《明史》卷二《太祖紀二》　甲寅，遣使振蘇州、湖州、嘉興、松江、常州、太平、寧國，杭州水災。

《國榷》卷六　乙卯，鳳陽衛指揮使合肥瞿通以都督僉事致仕。

《太祖實録》卷一〇二　是月，納哈出寇遼東。先是，上勑遼東都司曰：「今天寒水結，虜必乘時入寇，宜堅壁清野以待之，慎勿與戰。使其進無所得，退有後慮。伏兵阻險扼其歸路，虜可坐致也。」至是果入寇。都指揮使馬雲等探知納哈出將至，命蓋州衛指揮吴立、張良佐、房暠等嚴兵城守。虜至，堅壁勿與戰。及納哈出至，見城中備禦嚴，不敢攻，乃越蓋州城，徑趨金州。時金州城垣未完，軍士寡少。指揮韋富、王勝等聞虜至，督勵士卒分守諸城門，選精鋭登城以禦之。納哈出悍將乃刺吾自恃其驍勇，率數百騎，徑至城下挑戰。城上發弩射之，乃刺吾被傷悶絶，遂獲之，虜勢大沮。富等復縱兵出擊，納哈出不利，慮援兵且至，引兵退走。以蓋州有備，不敢經其城，乃由城南十里外，沿柞河遁歸。都指揮葉旺策其將退，先引兵趨柞河，自連雲島至窟駝寨十餘里，緣河叠冰爲墻，以水沃之，經宿皆凝沍，隱然如城。藏釘板於沙中，設陷馬穽於平地，伏兵以待之。命老弱卷旗登兩山間，戒以聞砲即竪旗。馬雲於城中亦立一大旗，令定遼前衛指揮周鶚及吴立等各嚴兵以候，四顧寂若無人。已而虜兵至，旺等俟其過城南，砲發，伏兵四起，兩山旌旗蔽空，鼓聲雷動，矢石雨下。納哈出倉皇北奔，趨連雲島，遇冰城，馬不能前，皆陷入穽中，遂大潰。雲於城中亦出兵追擊，至將軍山畢栗河，斬戮虜人馬及凍死者甚衆。旺等復乘逐至諸兒峪，獲其士馬無算，納哈出僅以身免。

是歲，内外鑄錢萬九千九百八十四萬九千八百三十二文。

直隸、寧國諸府，山西、陝西、江西、浙江各省墾田地六萬二千三百八頃二十八畝。

洪武九年（丙辰、一三七六）

《明通鑒》卷六 正月丁巳，太子、諸王侍，上顧謂之曰：**【略】**「汝等聞進德修業之道乎？藻率雜佩，身之容也；恭遜温良，德之容也。古之君子，德充于内而著于外，故器識高明而善道日臻，惡行不見而邪僻益遠。己德既修，自然足以服人，賢者彙進而不肖者自去。能修德進業，則天下國家未有不治，易此者鮮不取敗。夫貨財聲色，爲戕德之斧斤；讒佞諂諛，乃妨賢之荆棘；所當拒之如虎狼，畏之如蛇虺。苟溺于嗜好，鮮不爲其所陷矣。」

《太祖實録》卷一〇三 戊午，上命都督府擇公侯都督及各衛指揮嫡長次子才可試用者爲散騎參侍舍人，俸秩視八品，隸於都督府，佩弓刀，充宿衛，或著各衛所事及廳省府臺部差遣。歷試以事，其有才器超卓者，不次用之。於是擇長興侯耿炳文子瓛、營陽侯楊璟子進等一百四人爲散騎舍人。

《國榷》卷六 己未，詔太常朔望祭陵以少牢，著爲令。

辛酉，增華亭、上海縣丞、主簿各一。

甲子，上告諸王就國于南郊。先是，告廟社山川。

刑部尚書徐本爲陝西行省參政，趙孛堅爲廣東行省參政，中書左司郎中韓士原爲刑部尚書，上元知縣孫克義爲廣東行省參政。

《太祖實録》卷一〇三 乙丑，命翰林學士宋濂、王府長史朱右等定議王國所用禮樂。

《國榷》卷六 丙寅，遣祭雞籠山功臣廟，祔福建都指揮僉事余隆等百三十一人。

丁卯，徵謫佃鳳陽官吏五百十八人赴京，命中書量用之。

前監察御史焦普等三十三人爲秦、晉、燕府紀善等官。

庚午，太歲、風雲雷雨、嶽鎮海瀆、鍾山、京畿山川月將、京都城隍諸神壇殿成，上親告祀。

甲戌，户部侍郎湯槃爲秦府右傅，都督謝成、致仕湖廣參政陶凱爲晉府左相，太原護衛指揮使袁洪、户部侍郎陳顯爲左右傅，河南參政陳昧爲燕府右相，都督僉事丘廣、户部郎中王務本爲左右傅。

《太祖實録》卷一〇三 壬午，定王國祭祀之制。

《國榷》卷六 册燕王妃徐氏，達長女。

《明史》卷二《太祖紀二》 是月，中山侯湯和、潁川侯傅友德，都督僉事藍玉、王弼，中書右丞丁玉，備邊延安。

《明通鑒》卷六 諭和等曰：「自古天下有道，守在四夷。今延安地控西北，與北虜接境。其人聚散無常，待其入寇而後逐之，民必受害。朕敕邊將嚴爲之備，誠恐久而懈惰，爲彼所乘。卿等率衆以往，常存戒心。雖不見敵，常若臨敵，則不至有失矣。」

《國榷》卷六 免保定、河間去年旱租。

故元四大王等侵朔州。

《太祖實録》卷一〇四 二月丙戌，命重定王府官制。王相府設左右相二人，武相一人，文相一人，左右傅二人，武傅一人，文傅一人，首領官長史二人，録事二人，罷王傅府及典籤司諮議官，并護軍府增設伴讀四人，選老成明經慎行之士任之，侍讀四人，收掌文籍，少則缺之。

《國榷》卷六 重定諸王公主歲禄之數。親王禄五萬石，鈔二萬五千貫，錦四十匹，紵絲三百匹，紗羅各百，絹五百，冬夏布各千，緜二千兩，鹽二千引，茶千引；靖江王禄二萬石，鈔萬貫，餘物半于親王；公主禄千五百石，鈔二千貫，莊田一區，歲紵、絲、紗、羅各十匹，絹布各三十匹，緜二百兩，餘郡王、郡主有差。

己丑，泰安人于蒿里得玉簡十六，上之，則宋真宗祀泰山后土文，仍命瘞其處。

庚子，秦王樉、晉王㭎、燕王棣將之國，命皇太子率往鳳陽觀祖跡，辭陵。辛丑，至鳳陽。

甲辰，河間知府偰斯爲户部郎中。

《太祖實録》卷一〇五　三月丁巳，命親王殿内屏風飾以雲龍，頂幔用青文綺，泥金雲龍，如東宫之制。

《國榷》卷六　乙丑，置同文局。

丙子，刑部侍郎臧哲，給事中兼□府録事李擴爲四川行省參政，起居注蔣覺，翰林編修張鳳爲廣西行省參政，編修馬亮、任敬、王璡、王輝、陳敏、張唯、典籍王偁、應奉殷哲、侍儀使孫化、祕書直長趙昭、贊讀閻裕、起居注嚴鈍、給事中方徵，彭通、宋善、王惟善爲監察御史。

授錢塘張善湖廣行省參政，初署職。

《明史》卷二《太祖紀二》　己卯，詔曰：「比年西征燉煌，北伐沙漠，軍需甲仗，皆資山、陝，又以秦、晉二府宫殿之役，重困吾民。平定以來，閭閻未息。國都始建，土木屢興。畿輔既極煩勞，外郡疲於轉運。今蓄儲有餘，其淮、揚、安、徽、池五府及山西、陝西、河南、福建、江西、浙江、北平、湖廣今年租賦，悉免之。」

《國榷》卷六　辛巳，侍儀使唐敏，引進使陳汝器爲監察御史。

癸未，火你赤爲翰林蒙古編修，易名氏曰「霍莊」。

是月，故元兵侵山西，都指揮使常守道擊敗之。

賀州屯軍作亂，桂林衛指揮姜旺擊斬千餘人。

四月甲申朔，刑部侍郎李浩還自琉球，市馬四十匹，琉黄五千斤。

日本國王良懷遣僧上表入貢，且謝罪。上以表未誠，詔諭之。

《太祖實録》卷一〇五　己丑，命户部天下郡縣税糧除詔免外，餘處令民以銀、鈔、錢、絹代輸今年租税。户部奏：「每銀一兩、錢千文、鈔一貫折輸米一石，小麥則減直十之二。綿苧布一匹折米六斗，麥七斗，麻布一匹折米四斗，麥五斗，以絲絹代輸者亦各以輕重損益。願入粟者聽。」上曰：「折納税糧，正欲便民，務減其價，勿泥時直可也。」

壬辰，時天下驛傳之名多因俚俗所稱，兵部具數以聞，命翰林考古正之。於是改揚州府驛曰廣陵驛，鎮江府驛曰京口驛，如是者凡二百三十二。

丙申，更置考功、承勅、司文三監，每監設令一人，秩正六品；丞二人，從六品。改侍儀司爲殿庭儀禮司，設使一人，秩正七品；副二人，秩正八品；承奉一人，秩從八品；鳴贊二人，秩正九品；序班一十六人，秩從九品。九關通事使一人，正八品；副六人，從八品。定中書舍人十人，起居注二人，給事中十人，俱正七品。中書省譯史七人，引進五人，都督府、御史臺亦皆設譯史四人，引進三人，俱正九品。

丁酉，以監察御史馬亮等五十五人爲考功監丞等官。

《國榷》卷六　墊江縣丞潘彝言：「永寧衛軍苦遠餉，雖募商入粟中鹽，未有至者，入粟多，得鹽少也。乞減粟增鹽，靡不趨矣。」從之。

癸卯，定武官誥敕之制。

己酉，加贈戰没功臣趙德勝、廖永安、俞通海、胡大海、張德勝、耿再成、桑世傑俱開國輔運推誠宣力武臣柱國，爵謚如故。

官山衛指揮同知乃兒不花叛，入沙漠，官軍追之，不獲。

五月甲寅朔，工部郎中魏鑑、禮部員外郎瞿莊爲福建行省參政。

安南陳端入貢，令中書省諭其期三年，毋數。

乙卯，禁秦、蜀軍民入西番互市。

丁巳，直武英堂監生郎敏爲監察御史。

戊午，上御奉天門，問學士宋濂等致賢何由。濂曰：「取士莫善于鄉舉里選，用人莫善于因能任官，任官莫善于久居不遷。」上是之。

壬戌，工匠乘危負重死者令工部給棺櫝，國子生送致其家，免徭役三年，復爲文祭之。

《明通鑒》卷六　癸亥，晉王妃謝氏薨。上始命學士宋濂等考定王妃喪服之制。濂等議：「皇帝素服入喪次，十五舉音，百官奉慰，皇帝出次，釋服，服常服。」制曰：「可。」

《國榷》卷六　乙丑，將北郊，以有晉王妃之喪，攷古制。宋濂曰：「郊祭大事，雖三年之喪不敢廢，示有尊也。」上然之。

《明通鑒》卷六　丙寅，命親王宫飾朱大青緑，餘室止丹碧。上曰：「惟儉養德，惟侈蕩心。獨不見茅茨卑宫，堯、禹以興，阿房、西苑，秦、隋以亡？諸子年方及冠，去朕左右，豈可靡麗蕩心！」

《太祖實録》卷一〇六　甲戌，中書省言：「蘭縣、河州舊募商人入粟中鹽，每引計米一石。道遠費重，故商人稀少。宜減其價，庶邊儲可積。」於是，命淮鹽減米二斗，浙鹽減米三斗，河東鹽減十之四。

己卯，朵甘烏思藏灌頂國師荅力麻巴剌遣僧藏卜巴及朵甘都指揮司同知賞竺監藏等遣其子搠兀兒監藏等各進表，貢方物，謝頒印及賞賜恩也。

《國榷》卷六　壬午，日本人販海貢馬二，卻之。

是月，故元□國公九住侵陝西塔灘，官軍追獲之。

六月丁亥，翰林侍講學士宋濂爲翰林學士承旨知制誥，兼贊善如故。

敕大將軍徐達捕虜。

壬辰，大都督府同知何文輝卒。

《太祖實録》卷一〇六　甲午，詔改行中書省爲承宣布政使司，設布政使一人，正二品；左右參政各一人，從二品。改左右司爲經歷司，設經歷一人，從六品；都事、檢校各一人，從七品；照磨、管勾各一人，從八品。理問所正理問，正六品；副理問，從七品；提控、案牘省注。

以監察御史蕭韶、秦府伴讀魏肅爲北平布政使司參政，司文監丞王璉，監察御史彭通爲山西布政使司參政，晉府伴讀王鐸、中書舍人王澍爲浙江布政使司參政，考功監丞馬亮爲河南布政使司參政，承勅監令張迥、監丞楊正、司文監丞王倜，給事中平荆爲監察御史，以儒士王佐爲給事中。

《明通鑑》卷六　乙未，日照知縣馬亮考績入京。【略】以長于督運，山西汾州平遥主簿成樂能，恢辦商税，皆注上考。上曰：「令佐之職，在撫安百姓，豈以督趣恢辦爲能邪！官司之考非是。」命吏部移文訊責。

《國榷》卷六　丙申，開封知府王博爲户部尚書。

己亥，重作奉先殿成。

《太祖實録》卷一〇六　辛丑，禮部言：「凡殿庭頒降詔書册命，宜從中道中門出，近東而行。其内外官員齎捧御製文字及御用之物進呈，不許直行中道，或左或右，取便以行。至御前，則正中跪進。光禄司進御膳等物，亦不可當中道直行，許於正道邊左以進。凡御座處，即爲正道。如上御奉天門，則於正門邊東入，將至御前正中，供具膳畢，而出亦如之。若上常所往來處，其奉御内使捧執御用之物，聽使令者，皆須近後取便左右行，不許隨後徑馳中道。違者杖一百。」從之，命著爲令。

《明史》卷二《太祖紀二》　李文忠還。

《國榷》卷六　戊申，召岐寧衛經歷臨川熊鼎還京。西至涼州，降戎朵兒只班叛，脅鼎，不屈，殺之。

己酉，罷各布政司寶泉局。

《太祖實録》卷一〇六　壬子，以左江太平府龍州隸廣西布政司。時龍州土官趙帖堅言：「本州地隣交趾，所守關隘二十七處，設有警急，須申報太平，達於總司。比報下，已涉旬月，恐誤事機，乞以奉議、泗城二州隸廣西爲便。」詔從之。

命中書兵部録用故武官子孫有遺棄者。

《國榷》卷六　七月甲寅，刑部尚書汶上韓士原爲江西布政使。

丙辰，刑部侍郎顧禮以親屬罪極例免官。

壬戌，韓國公李善長子祺尚皇長女臨安公主。

《太祖實録》卷一〇七　甲子，立倒鈔法。中書省奏：「國家行鈔日久，豈無昏爛？宜設收换，以便行使。」於是，議令所在置行用庫，每昏爛鈔一貫，收工墨直三十文，五百文以下遞之。仍於鈔面貫百文下用墨印「昏鈔」二字，封收入庫，按季送部。若以貫伯分明而倒易者，同沮壞鈔法論。混以僞鈔者，究其罪。

丁卯，始命散騎參侍舍人冠帶。

《國榷》卷六　監察御史王倜等百二十三人爲守令。

《太祖實録》卷一〇七　戊辰，增置各處遞運所，設大使、副使各一人，驗夫多寡，設百夫長以領之。先是，在外多以衛所戍守軍士傳送軍囚。上以其有妨練習守禦，乃命兵部增置遞運所，以便遞送。

《國榷》卷六　己巳，兵部侍郎李允爲尚書。

甲戌，置黎州長官司。

《太祖實録》卷一〇八　丁丑，詔蘇、松、嘉、湖四府下田之被水者免今年租，凡二十九萬九千四百九十餘石。

《國榷》卷六　是月，賑昌黎、盧龍、遷安、撫寧旱饑。

故元平章兀納歹執伯顔帖木兒來降。時入寇，潁川侯傅友德大破之，俘其衆，輜重羊馬亡算，兀納歹遂縛以歸。

大都督府僉事兼秦府左傅金興旺卒。

八月乙酉，户部侍郎周斌、郎中偰斯爲尚書，左司都事徐鐸爲户部侍郎。

戊子，選江淮軍士分守北邊關隘。

癸巳，增給廣東馬價。初市民馬，多轉買蠻境以應。

《太祖實録》卷一〇八　乙未，以監察御史杜宗文、孫傑、陳敏爲廣東按察司僉事，蔡儀、韓宜可及山西按察司經歷潘翥爲陝西按察司僉事，游遜志、閻裕、李珪爲四川按察司僉事。

以陝西都指揮使曹震爲大都督府都督僉事。

《太祖實録》卷一〇八　丁酉，賜吴、楚、齊三王府倉庫，名吴曰廣儲，楚曰廣阜，齊曰廣成。

《國榷》卷六　己亥，覽邦國王昔里馬哈剌劄的剌劄入貢。

吴印爲山東布政使。

《太祖實録》卷一〇八　癸卯，勅浙江、江西、福建、湖廣、山東、河南各都司及直隸衛所操練馬步軍士，以俟簡閱。

《國榷》卷六　國子生李鐸、鄭士昂、高雋、韓貞、董哲、徐思誠、趙起潛、王輗爲監察御史。

丁未，安然、朱芾、章善、徐賁爲浙江、陝西、湖廣、河南布政使。

《明史》卷二《太祖紀二》　己酉，遣官省歷代帝王陵寢，禁芻牧，置守陵户。忠臣烈士祠，有司以時葺治。

《國榷》卷六　分遣國子生修嶽鎮、海瀆祠。

庚戌，思南宣慰使田仁智入朝，還九江，卒，致祭。

《太祖實録》卷一〇八　是月，思州宣慰使田弘正與其弟弘道等來朝貢方物。【略】先是，上以西南夷土官世居荒服，未嘗躬朝闕下，詔令率所部酋長入朝，故弘正等皆詣闕奉貢。

《明史》卷二《太祖紀二》　西番朵兒只巴寇罕東，河州指揮甯正擊走之。

《明通鑑》卷六　九月癸丑，遣諭大將軍徐達曰：「今年七月，火星犯上將，此月金星又犯之，占有奸人刺客在左右，宜慎備之！」

《國榷》卷六　壬戌，華克勤、趙孚堅爲山西、廣東布政使。

《太祖實録》卷一〇八　甲子，上念各邊衛守禦指揮之歿於王事者，命禮部置素簡，以紀其亡歿月日，揭于公署。至日，遣人祭之。

《國榷》卷六　禮部員外郎張籌爲尚書。

丙寅，御史大夫汪廣洋、陳寧劾太師李善長：「自子祺尚主，狎寵自恣。陛下疾，不視朝幾及旬，而不知問候。駙馬都尉祺六日不朝，宣至殿，又不加禮，大不敬，請付所司論法。」善長率子免冠謝，上宥之。

丁卯，高麗國王王顓子禑上表賀壽，貢方物。

戊辰，命外官祭祀敍品，初獻都指揮使，亞獻布政使，終獻按察使。

甲戌，故北平都指揮使朱杲子煜爲燕山右衛世襲都指揮使。都指揮世襲自煜始。

戊寅，大都督府照磨陳銘爲吏部侍郎。

《明通鑑》卷六　己卯，中書省言：「福建參政魏鑑、瞿莊掠奸吏至死。」上賜璽書勞之，曰：「君之馭臣以禮，臣之馭吏以法。吏詐則政蠹，政蠹則民病。朕嘗著令，凡吏卒違法，繩之以死。奈何有司貪縱，爲下人所持，任其縱横，莫敢誰何，以致民多受害。今兩參政能置奸吏于極刑，所謂『唯仁人能惡人』也。朕實嘉之！」

《國榷》卷六　是月，故元太尉神保等來降。

《明史》卷二《太祖紀二》　閏九月庚寅，以災異詔求直言。

《太祖實録》卷一〇九　癸巳，詔定中書省左右丞相、大都督府左右都督爲正一品，大都督府同知、御史臺左右御史大夫爲從一品，中書省左右丞、御史中丞，王相府左右相，襲封衍聖公，真人，布政使司布政使，都司都指揮使爲正二品，大都督府僉都督，王相府左右傅，布政使司左右參政爲從二品，翰林院承旨、六部尚書、各衛指揮使、太常司卿、各道按察使、應天府尹爲正三品，翰林院學士、光禄司卿、各衛指揮同知爲從三品，翰林院侍講學士、六部侍郎、國子祭酒、各府知府、各衛指揮僉事爲正四品，州俱爲從五品，各府經歷司及縣俱爲正七品。汰中書省平章、參知政事、御史臺侍御史、治書、殿中侍御史等官，惟李伯昇、王溥等以平章政事奉朝請者仍其舊。

甲辰，詔諸王國山川、社稷壇俱建於端禮門外之西南。

《明通鑑》卷六　丙午，海州學正南昌曾秉正上言。【略】其略曰：「古之聖君，不以天無災異爲喜，惟以祇懼天譴爲心。陛下聖神文武，統一天下，天之付與，可謂至矣。兵動二十餘年，始得休息，天之有心于太平亦已久矣，民之思治亦已切矣。創業與守成之政，大抵不同。開創之初，則行富國强兵之術，用趨事赴功之人。大統既立，邦勢已固，則普天之下，水土所生，人力所成，皆邦家倉庫之積；乳哺之童，垂白之叟，皆邦家休養之人；不患不富庶，惟保成業于永久爲難耳。于此之時，則宜盡革向者之所爲。何者足應天心，何者足慰民望，感應之理，其效甚速。」又言「天既有警，變不虛生」，因極論《大易》、《春秋》之旨。上覽而嘉之。

《太祖實録》卷一〇九 戊申，命北平、山西都指揮使司悉送屬衛總旗從軍歲久者赴京録用。於是得魯福等一百八十五人，以爲金吾等衛所百户、鎮撫。

《國榷》卷六 庚戌，更大都督府參議曰掌判。

《明通鑒》卷六 平遥訓導寧海葉伯巨上言：「臣觀當今之事，太過者三：分封太侈也，用刑太繁也，求治太急也。先王之制，大都不過國三之一，所以强幹弱枝，遏亂源而崇治本耳。今裂土分封諸王，蓋懲宋、元孤立，宗室不競之弊。而秦、晉、燕、齊、梁、楚、吴、蜀諸國，無不連邑數十，城郭宫室，亞于天子之都，優之以甲兵衛士之盛。臣恐數世之後，尾大不掉，然後削其地而奪之權，則必生缺望，甚者緣間而起，防之無及矣。議者曰：『諸王皆天子骨肉，分地雖廣，立法雖侈，豈有抗衡之理！』然獨不觀于漢、晉之事乎？孝景，高帝之孫也，七國之王，皆景帝之同祖父兄弟子孫也，一削其地，則遽構兵西向。晉之諸王，皆武帝親子孫也，易世之後，迭相攻伐，遂成劉、石之患。無他，分封踰制之過也。昔賈誼勸漢文帝盡分諸國之地，空置之以待諸王子孫。向使文帝早從誼言，則必無七國之禍。願陛下及諸王未之國之先，節其都邑，減其衛兵，限其疆域，以待封諸王之子孫。此制一定，世爲屏藩，與國同休，割一時之恩，制萬世之利，消天變而安宗社，莫先于此。臣又觀歷代開國之君，未有不任德而專任刑者。何者？天生斯民，立之司牧，固欲其並生，非欲其即死，不幸而有犯法者，乃不得已而授之以刑耳。議者曰：『宋、元以姑息亡國，今欲懲其敝，故制不宥之刑，使人知懼而莫測也。』臣謂開基之主，垂範百世，一動一静，必使子孫有所持守，況刑者民之司命，可不慎歟！五刑之用，出于大公，近見用刑之際，多裁自聖衷，遂使治獄之吏趨求意旨，務爲深刻之律，不聞平恕之條。臣以爲必有罪疑惟輕之意，而後好生之德洽于民心也。古之爲士者，以登進爲榮。今之爲士者，以溷跡無聞爲福，以受玷不録爲幸，以屯田、工役爲必獲之罪，以鞭笞箠楚爲尋常之辱。其始也，取天下之士，網羅捃摭，務無遺佚，有司敦迫上道，如捕重囚。比至，除官多以貌選，所學非所用，所用非所學，一有差跌，苟免誅戮，則必在屯田、工役之科，率是爲常，不少顧惜。此豈陛下所樂爲哉？欲人之懼而不敢犯也。然數年以來，誅殺不少而犯者相踵，良由激勸不明，議賢議能之法廢，人不自厲而爲善者怠也。夫廉如夷、齊，智如良、平，少戾于法，則苛其短而盡棄其長。無怪廉耻道喪，一日爲官，無不争事掊克以備屯田、工役之資者，比比而然。豈非用刑太煩之所致乎？周自文、武至于成、康，漢自高帝至于文、景，所謂王者之作必世而後仁，爲治之方誠無取乎過驟也。今天下大定，法令修明，可謂治矣。而陛下切切以民俗澆漓，人不知懼，乃至令下而尋改，已赦而復收，天下臣民，莫知適從。臣愚以爲天下之趨于治，猶堅冰之泮也。冰之泮，必太陽之以漸而後融釋；聖人之治天下，漸民以仁，摩民以義，亦猶是耳。求治之道，莫先于正風俗，正風俗之道，莫先于守令知所務，風憲知所重，而尤莫先于朝廷知所尚。今之守令，以户口、錢糧、獄訟爲急，至于農桑、學校，王政之本，乃視爲虚文而置之。上官分部按臨，亦但循習故常，依紙上照刷，未嘗巡行點視。于是興廢之實，上下視爲具文，小民不知孝弟忠信爲何物，而禮義廉耻掃地矣。風紀之司，所以代朝廷宣德化，察善惡，聽訟讞獄，其一事耳。今專以獄訟爲要，忠臣、孝子、義夫、節婦，視爲末節而不暇舉。但知去一贓吏，決一獄囚，便謂稱職，而不知勸民成俗，使民遷善遠罪，乃治之大者，此守令風憲不審輕重之失也。今陛下急于求賢，令天下諸生考于禮部，升于太學，歷練衆職，任之以事，可以洗歷代舉選之陋，上法成周。然而升于太學者，或未數月而遽選之入官，委以民社，臣恐其未諳時務，上乖國政而下困黎民也。開國以來，選舉秀才不爲不多，所任名位不爲不重，自今數之，在者有幾？此臣所謂求治太急之過也。」書上，上大怒曰：「小子間吾骨肉，速逮來，吾手射之。」既至，省臣乘上怒稍懈，奏下刑部，卒瘐死獄中。

《國榷》卷六 時考較天下錢穀册書，空印事起。

《明通鑒》卷六 空印者，先署印而後書者也，有司相沿莫之正，上以爲欺罔，時主印吏及署守有名者，皆逮繫御史獄，凡數百人。而士利兄士元，亦以河南時空印入逮中。時上方盛怒，丞相、御史亦知空印無他奸，莫敢諫。士利獨嘆曰：「上不知，以空印爲大罪，誠得人言之，宜有悟。」會星變，士利欲應詔，而詔中有假公言私之禁，度其兄非主印者，得杖當出。既出，士利乃爲書數千言言數事，而于空印事獨詳，曰：「陛下欲深罪空印者，恐奸吏得挾空印紙爲文移以虐民耳。夫文移必完印乃可，今考校書册，乃合兩縫印，非一印一紙比，縱得之亦不能行，況不可得乎！錢穀之數，府必合省，省必合部，數難懸決，至部乃定。省府去部，遠者六七千里，近亦三四千里，册成而後用印，往返非期年不可，以故先印而後書。此權宜之務，所從來久，何足深罪！且國家立法，必先明示天下而後罪犯法者，以其故犯也。自立國至今，未聞有空印之律，有司相承，莫知其罪，今一旦誅之，何以使受誅者無詞！朝廷求賢士，置庶位，得之甚難。位至郡守，皆數十年所成就通達廉明之士，非如草菅然，可刈而復生也，陛下奈何以不足罪之事而壞足用之材乎？臣竊爲陛下惜之！」書成，閉門逆旅，泣數日。兄子問以所苦，答曰：「吾有書欲上，觸天子怒必受禍。然殺我生數百人，復何恨！」遂入奏。上覽書大怒，下丞相、御史雜問，究使者。士利笑曰：「顧吾言足用否耳。吾業爲國家言事，自分必死，誰爲我謀！」獄具，與其兄士元皆輸作江浦，而空印者竟多不免。

《國榷》卷六　時山東參政宋善、閻鈍、按察副使余奎、監察御史孫化、山東布政使檢校傅奎、守禦莊浪指揮僉事李景各應詔言事，上是之。又崇信知縣潘卣、海寧縣丞方仲容、福山縣丞徐謙、黄巖縣丞徐季清、安吉衛軍丘綋、山西分教國子生余懋亦言事，俱不可行。

罷弘文館。

十月丙辰，甘肅衛經歷沈立本爲户部侍郎，西凉衛經歷許傑爲刑部侍郎。

《明通鑒》卷六　己未，新建太廟成。定同堂異室之制，仍以四孟及歲除凡五享。孟春擇上旬日，三孟用朔日，及歲除皆合享。自是始罷特祭。又定親王配享在東廡，功臣配享在西廡。

《國榷》卷六　庚申，四川黄平、羅歷等叛蠻平。

辛酉，諭右丞相胡惟庸、御史大夫汪廣洋等釐正《大明律》十三則。

《太祖實録》卷一一〇　壬戌，徵諸衛武官守禦過五年者赴京陛調。甲子，調北平都指揮使潘敬爲河南都指揮使。

《明史》卷二《太祖紀二》　丙子，命秦、晉、燕、吴、楚、齊諸王治兵鳳陽。

《明通鑒》卷六　十一月辛巳朔，上與侍臣論女寵、寺人、外戚、權臣、藩鎮、四裔之禍，曰：「木必蠹而後風入之，體必虚而後病乘之，國家之事，亦猶是已。漢亡于外戚、奄寺，唐亡于藩鎮、戎狄。然制之有道。貴賤有體，恩不掩義，女寵之禍何自而生！不牽私愛，苟犯政典，裁以至公，外戚之禍何由而作！奄寺職在使令，不假兵柄，則無寺人之禍。上下相維，大小相制，防壅蔽，謹威福，則無權臣之患。藩鎮之設，本以衛民，財歸有司，兵待符調，豈有跋扈之虞！至于禦四裔，則修武備，謹邊防，來則禦之，去不窮追，豈有侵暴之憂！凡此數事，常欲著書，使後世子孫以時觀省，亦社稷無窮之利也。」

《明史》卷二《太祖紀二》　壬午，有事於圜丘。

《國榷》卷六　癸未，浙江都指揮使徐司馬調河南。

《太祖實録》卷一一〇　丙戌，更定承勑、司文、考功三監及起居注等官品秩。監令正七品，丞正八品，起居注、給事中、中書舍人從七品，殿廷儀禮司使從七品，副正八品，承奉從八品，鳴贊正九品，序班從九品。

《明史》卷二《太祖紀二》　戊子，徙山西及真定民無産者田鳳陽。

《國榷》卷六　辛卯，翰林編修華亭朱孟辨、工部照磨崑山盧熊、吏部奏差鄞縣史靖可俱博學能書，授中書舍人。

壬辰，故元保寧王雅納失里、宗王汪古圖、别里帖木兒、把的、忙哥者、乃馬歹等及遼陽行省左丞速哥禿等自大同來降，俱授浙江等衛所鎮撫。

壬寅，李新爲大都督府僉事。

戊申，靖江王守謙之國。

是月，饒州、保定旱災，免田租。

十二月庚戌朔，頒建言格式。

《明通鑒》卷六　刑部主事茹太素亦陳時務，累萬言。上厭其繁瀆，命杖之。次夕，復于宫中令人朗誦，得其可行者四事，慨然曰：「爲君難，爲臣不易。朕求直言，欲其切于情事，而文詞太多，便至熒聽。太素所陳，五百餘言可盡耳。」因令摘太素疏中可行者下所司，上自序其首，頒示中外。

《明史》卷二《太祖紀二》　甲寅，振畿内、浙江、湖北水災。

《國榷》卷六　戊午，浙江參政商暠、北平參政唐俊爲刑部尚書，江西參政李敏爲工部尚書，李仁爲户部侍郎。

《太祖實録》卷一一〇　己未，命中書、吏部：「自今諸司正佐首領、雜職官俱以九年爲滿。其犯公私罪應笞者贖，應徒流杖者紀。每歲一考，歲終布政使司呈中書省，監察御史、按察司呈御史臺，俱送吏部紀録。各有司，知府以實歷俸月日爲始，每年一朝覲，其佐二官及知州、知縣每三年一朝覲。倉庫、司局、錢穀官吏以歷俸周歲爲滿。收受少者以數付代官給由，多者以半俸守支，畢日給由。雖經改除，亦以九年通論。省、府、臺、六部、各布政使司、都指揮使司、按察司、各衛、各相府等衙門掾史、令史、典吏、舍人、知印、宣使奏差已有資格出身，亦以九年爲滿。有司吏以歷俸三年爲滿。如縣吏、州吏陞府，方入省注，一任入流注用。其布政使司等衙門典吏歷俸三年，許於相應衙門内轉陞；令史、書吏俱以九年爲滿。」尋詔知府亦三年一朝。

《國榷》卷六　庚申，中書司郎中王敏爲吏部尚書。

辛酉，吏部侍郎張度降常州知府。

《太祖實録》卷一一〇　戊寅，太僕寺奏：「直隸江淮間總一百四十八群，畿甸之民牧馬者一萬五千户，是歲孳生馬二千三百八十四。自六年至今，歲通得駒六千一百九十七匹。」

《明史》卷二《太祖紀二》 己卯，遣都督同知沐英乘傳詣陝西問民疾苦。

《國榷》卷六 貴州衛指揮顧成平新添、甕傍等蠻。

《明通鑒》卷六 送故元行省參政永寧蔡子英歸塞北。【略】子英，永寧人，元至正中進士，察罕開府河南，辟參軍事，累遷至行省參政。元亡，從庫庫走定西，庫庫既敗，子英單騎走關中，亡入南山。上聞其名，使人繪形求得之，傳詣京師。至江濱亡去，變姓名賃舂，久之復被獲。械過洛陽，見湯和，長揖不拜；抑之跪，不肯。和怒，爇火焚其鬚，不動。其妻適在洛，請與相見，子英不許。至京，上命脱械，以禮遇之，授以官，不受。退而上書曰：「陛下乘時應運，削平羣雄，薄海内外，莫不賓貢。臣鼎魚漏網，假息南山，曩者見獲，復得脱亡七年之久，重煩有司追跡。而陛下以萬乘之尊，全匹夫之節，不降天誅，反賜之冠服酒饌，授以官爵，陛下之量，包乎天地矣。臣感恩無極，非不欲自竭犬馬，但名義所存，不敢輒渝初志。自惟身本韋布，過蒙主將知薦，仕至七命，躍馬食肉，十有五年，愧無尺寸以報國士之遇，及國家破亡，又復失節，何面目見天下士！管子曰：『禮義廉恥，國之四維。』陛下創業垂統，方挈持大經大法垂示子孫臣民，奈何欲以無禮義廉恥之俘囚，廁諸維新之朝，賢士大夫之列哉？臣自咎往日之不死，至于今日，分宜自裁。陛下待臣以恩禮，臣固不敢賣死立名，亦不敢偷生苟禄。若察臣之愚，全臣之志，禁錮海南，畢其餘命，則雖死之日，猶生之年。昔王蠋閉户以自縊，李芾闔門以自屠，彼非惡榮利而樂死亡，誠以義之所在，雖湯鑊不敢避也。渺焉之軀，上愧古人，死有餘恨，惟陛下裁察！」上覽其書，益重之，館之儀曹。忽一夜，大哭不止，人問其故。曰：「無他，思舊君耳。」上知不可奪，命有司送之漠北，令從其故主于和林。

《國榷》卷六 是月，上謂中書省臣曰：「元末選法淹弊，選人久守乏資，則餬口卜醫，使賢者喪所守，非待士之道也。今亦聞久客空乏，其自今選後皆予道里費。有司差品，給舟車送之，著爲令。」

洪武一〇年(丁巳、一三七七)

《國榷》卷六 正月庚辰朔，兵部尚書李允改禮部吏部侍郎，麗水陳銘爲兵部尚書。

壬午，汝南侯梅思祖往濟南青州閲兵。

乙酉，翰林學士承旨宋濂致仕，令其孫慎護行。濂至家，表謝，上手詔答之。自是歲一朝。

《明通鑒》卷六 丙戌，工部奏差張致中言三事。【略】「一，慎擇監察御史。二，京師及各府、州、縣設常平倉，以時斂放。三，北方開墾曠土，令農民自實畝數以定税糧，守令不得任里甲虚增額數。」上飭户部采行之，並擢致中宛平知縣。

《明史》卷二《太祖紀二》 辛卯，以羽林等衛軍益秦、晉、燕三府護衛。

《太祖實録》卷一一一 甲午，命浙江等十二布政使司并直隸府州，各以其山川險易、地里遠近，繪圖以進。

《國榷》卷六 都督僉事曹震爲河南都指揮使。

《明通鑒》卷六 甲辰，上謂中書省臣曰：「凡職官聽選者，早予銓注，勿使資用乏絶，仍令有司給舟車送之。」

《國榷》卷六 己亥，罷將作司。

《太祖實録》卷一一一 丁未，罷思文監。

是月，詔賜蘇、松、嘉、湖等府居民舊歲被水患者户鈔一錠，計四萬五千九百九十七户。

《國榷》卷六 都督僉事藍玉練兵東昌。

融州盜起，官軍捕斬之。

琉球國中山王察度入貢。

安南陳煓攻占城，大敗，被殺。

高麗求故王王顓謚號，上聞其被弑，不許。

二月己酉朔，遣祭歷代帝王及先農。

辛亥，赦天下沙門講經化度。

《太祖實録》卷一一一 壬子，遣官享先農，命應天府官率農民耆老陪祀。

乙卯，復以刑部尚書唐俊爲福建布政使司右參政，遷右參政瞿莊爲左參政。

《國榷》卷六 丙辰，秀才淳安徐尊生爲翰林應奉。

丁巳，禮部尚書李允失職，降太僕寺丞。

《太祖實録》卷一一一 辛酉，上勑兵部臣曰：「天下衛所軍士皆四方之人，鄉里既遠，貧乏者多，月給廩粟僅足自給。其有死亡，棺斂之費，不能舉者必多。

使其死無所歸，或至暴露，甚非憫下之道也。朕聞文王埋朽骨，天下歸仁，況吾之壯士嘗宣力效勞，豈可使之失所乎？自今凡軍士死亡，家貧不能舉者，官爲給棺葬之。所司著爲令。」

《國榷》卷六　甲子，賑蘇、松、嘉、湖水災。

《明通鑒》卷六　丁卯，詔免見任官徭役，著爲令。

己巳，遣御史吉昌等十三人分巡天下。

《國榷》卷六　壬申，北平按察僉事吕本爲禮部尚書。

國子生范與辰言事稱旨，命攝刑部主事。

三月己卯朔，國子助教會稽錢宰致仕。

壬午，刑部侍郎李浩爲湖廣按察使。

丙申，復永城侯薛顯全禄。

《昭代典則》卷八　上謂中書省臣曰：「自古有天下國家者，莫不以馬政爲重。故問國君之富，必數馬以對。《周禮》六卿夏官以司馬爲職，特重其事也。後世掌以太僕，今仍其舊，又設羣牧，以分其責任，庶名實相符，民不勞而孳息蕃。但恐所司者不爲究心，民復怠惰，馬政不脩，則督責之令行，豈不因馬而疲民？國以民爲本，若因馬而疲民，非善政也。其下太僕寺諸牧監，各令脩職，毋怠所事。」

《明通鑒》卷六　丁未，上與翰林諸臣論日月五星之行，皆主蔡氏左旋之説。上曰：「天左旋，日月五星右旋。蓋二十八宿，經也，附天體而不動，日月五星，緯乎天者也。朕自起兵以來，與善推步者仰觀天象，二十有二年矣。嘗于天氣清爽之夜，指一宿爲主，太陰居是宿之西，相去丈許，盡一夜則太陰漸過而東矣。由此觀之，日月五星右旋。今但墨守蔡氏左旋之説，豈所謂格物致知之學乎！」

《國榷》卷六　是月，靈璧袁亮等作亂，官軍捕斬之。

《明史》卷二《太祖紀二》　四月己酉，鄧愈爲征西將軍，沐英爲副將軍，率師討吐番，大破之。

《國榷》卷六　庚申，賑宜興、錢塘、仁和、餘杭。

癸亥，儀鑾司大使江陵葉茂爲福建布政使。

乙丑，翰林編修桑慎、陳晟署監察御史。

戊辰，賑太平、寧國水災。

加贈高陽郡公耿再成泗國公，子瑜威州衛指揮僉事。

《太祖實録》卷一一一　己巳，禁天下急遞鋪卒不得私拆公文，窺覘漏洩。時溧水舊鎮鋪卒有私閲公文，剪裁餘紙者，故命禁之。

《國榷》卷六　是月，故元將也速犯慶陽，官軍擊卻之。

盜陷安溪縣，泉州衛兵平之。

曲先衛指揮沙剌殺故元安定王卜烟帖木兒，安定王子板咱失里殺沙剌，尋亦被殺。

《太祖實録》卷一一二　五月戊寅朔，以河南、四川等布政司所屬州縣户糧多不及數，凡州改爲縣者十二，縣併者六十。

《國榷》卷六　畿内、江、浙糧長萬石以上者，增副糧長一人。

乙酉，蘇州知府江寧王興宗爲河南布政使，河南布政使徐賁降懷慶知府。

丙戌，高麗世子王禑入貢，卻之。

丁亥，靖海侯吴禎督浙江諸衛舟師，仍海運遼東。

許邊民團結防虜。

戊子，户部尚書周斌改刑部，禮部尚書吕本、工部尚書李敏爲兩浙、福建都轉運鹽使，刑部尚書秦中、商暠降郎中，侍郎高萬傑降員外郎。

《太祖實録》卷一一二　辛卯，遣使命鄧愈發凉州等衛軍士分戍碾北、河州等處。

勑四川都指揮使司繕治武備。

命曹國公李文忠往鳳陽視師。

上念鑄銅之工有以罪罰役者，日久衣食弊竭，命工部限日遣還鄉里，俾如期復來。仍命量地遠近，給道里費。

《國榷》卷六　壬辰，減秦州茶馬司令、丞各一。

遣監察御史王淵等六人分巡各布政司。

乙未，登州衛拓新城，命侯農隙。

丁酉，户部尚書偰斯爲山西右參政，侍郎沈立本爲尚書。

己亥，置東宫通事司令丞。

《明史》卷二《太祖紀二》　庚子，韓國公李善長、曹國公李文忠總中書省、大都督府、御史臺，議軍國重事。

癸卯，振湖廣水災。

《國榷》卷六　辛丑，征西將軍鄧愈至吐蕃敗川藏之衆，追至崑崙山，斬獲甚衆，沿邊置戍而還。

《明史》卷二《太祖紀二》 丙午，户部主事趙乾振荆、蕲遲緩，伏誅。

《國榷》卷六 復各布政司寶泉局。

是月，臨淄縣丞王基乞發山海寶藏及禁職官言事，上責而斥之。

番酋也速脱火赤等寇涼州，指揮鄭遇春擊卻之。

《明通鑒》卷六 有内侍以久侍内廷，從容言及政事，上即日斥遣歸命，終身不齒。諭諸臣曰：「此輩日在左右，其小忠小信，足以固結君心；及其久也，假竊威權以干政事，遂至于不可抑；自古以此階亂者多矣。今立法不許寺人干預朝政，決去之，所以懲將來也。」

《國榷》卷六 六月丁未朔，延安侯唐勝宗城潁上。

癸丑，江夏侯周德興往濟寧，宜春侯黄彬往沂州練軍。

《太祖實録》卷一一三 乙卯，吏部奏定各道按察司及各府首領官資格。按察司經歷秩正七品，知事正八品，照磨從八品。各府經歷秩從七品，知事從八品，照磨正九品。其京畿都漕運司經歷、知事秩與各府同。龍江遞運所大使秩正九品，副使從九品。其各鹽場百夫長聽布政司注授。又定六部每科設都吏一人，歷九年，于從七品出身。省、府、臺、六部掾史、令史亦歷九年，依已定資格出身。從之。

《明史》卷二《太祖紀二》 丁巳，詔臣民言事者，實封達御前。

《國榷》卷六 庚申，裁磨勘司。

壬戌，召鄧愈班師。

《明史》卷二《太祖紀二》 丙寅，命政事啓皇太子裁決奏聞。

《明通鑒》卷六 【略】上諭皇太子曰：「自古創業之君，歷涉勤勞，達人情，周物理，故處事咸當。守成之君，生長富貴，若非平昔練達，鮮不謬者，故吾特命爾日臨羣臣，聽斷諸司啓事，以練習國政。惟仁則不失于躁暴，惟明則不惑于邪佞，惟勤則不昵于安佚，惟斷則不牽于文法，凡此皆心爲權度。吾自有天下以來，未嘗暇逸，惟恐處事少有不當，以負上天付託之意，戴星而朝，夜分而寢，爾所親見。若能體而行之，天下之福也。」

《太祖實録》卷一一三 丁卯，命平涼侯費聚往陝州理軍務。

《國榷》卷六 甲戌，長子縣税課局大使康有孚上言三事，曰重學校、曰褒忠良、曰文武並用。上嘉納之。

是月，遣韓國公李善長、魏國公徐達等十八人分祀嶽鎮、海瀆。

七月庚辰，儒士趙晉爲東宫文學。

《明通鑒》卷六 甲申，置通政使司。正使一人，秩三品；左右通政各一人，正四品；左右參議各一人，正五品。掌受京、外章奏，于早朝彙達御前，徑自封奏者參駁。午朝引奏臣民言事者，有機密報，不時以聞。諭曰：「政如水焉，欲其常通，故以通政名官。」

《國榷》卷六 陝西參政曾秉正新受命，未赴，拜通政使，應天府尹劉仁爲左通政。

改承敕書監令丞爲郎。

刑部尚書周斌爲陝西布政司左參政，大都督府經歷尹性爲刑部尚書。

乙酉，普定女知府適貢來朝。

殺山東按察副使浦江張孟兼。孟兼負才氣，輕布政使吴印。印，故僧也。印訴上，即治所笞之。孟兼捕書奏者，自復訴上。逮至，棄市。詔印曰：「除爾害矣。」

壬寅，給中外諸司散官。

乙巳，劉仁仍爲應天府尹。

《明史》卷二《太祖紀二》 是月，始遣御史巡按州縣。

《國榷》卷六 淡巴國王佛喝思羅入貢。

八月戊申，命行人李子南祭南昌康郎山兩廟死事諸臣。

己酉，置定遠牧監。

《明史》卷二《太祖紀二》 庚戌，改建大祀殿於南郊。

《太祖實録》卷一一四 壬子，定光禄司官散官品秩。上即位以來，所用光禄司官或内官、或流官、或庖人，出身不同，同於散官。至是，命吏部：「凡内官除授者，照内官散官給授；流官除授者，照文官散官給授；庖人除授者，卿從三品，尚膳大夫；少卿正五品，奉膳大夫；司丞從六品，司膳郎；各署丞從七品，掌膳郎；監事從八品，執膳郎。」

《明史》卷二《太祖紀二》 癸丑，選武臣子弟讀書國子監。

《明通鑒》卷六 以社稷分祭、配祀未當，下禮官議。時張籌以禮部員外郎驟擢尚書，奏請「合社稷爲一壇，行合祭禮，罷句龍、棄配位，奉仁祖配享，以明祖社尊而親之之義。」上從其言，乃合社稷同壇，改建于午門之右。初，社稷列中祀，自奉仁祖配，乃升上祀。

《太祖實録》卷一一四　丁巳，更定京城及中都兵馬指揮司俱爲正六品。

《國榷》卷六　三佛齊國王但麻沙那阿者卒，子麻那者巫里立，入貢請封。

《太祖實録》卷一一四　壬申，定官員儀從及公使人數。初，丞相、大都督、准侯例，儀從用十五人，從一品十三人，正、從二品九人，三品七人，四品五人，五品四人，六品、七品三人，八品、九品二人。至是，議自從五品以上仍前例，六品至九品比前例各減一人。其各司聽差公使人數，中書省、御史臺各二十六人，六部各十人，斷事司、察院各八人，應天府十五人，上元、江寧二縣各十人。

《國榷》卷六　九月丙子朔，免浙西被水田租。

戊寅，上謂侍臣曰：「荒君怠主，莫不藉口無爲。孰知無逸乃逸，否則帝舜何曰『倦勤』，大禹何曰『惜陰』，文王何曰『不遑食』。朕未旦臨朝，晡後還宮，夜披衣數起，仰觀天象，一星失次，即爲憂惕。量度民事，次第筆記，待旦發遣。非不欲暫安，惟祇畏天命，恐羣臣以天下無事，便欲佚樂。股肱既惰，元首叢脞。故言及此。」

《太祖實録》卷一一五　庚辰，汰天下遞運所副使，罷百夫長，并減省防夫之數。

《國榷》卷六　乙酉，暹羅斛國王遣子昭禄羣膺入貢。命禮部員外郎王恒賫詔印，封參烈寶昆牙𠻘哩哆囉禄爲王。

丙戌，占城入貢。

癸巳，浙江布政司右參政茹太素省視。

《明史》卷二《太祖紀二》　丙申，振紹興、金華、衢州水災。

辛丑，胡惟庸爲左丞相，汪廣洋爲右丞相。

《國榷》卷六　是月，分教北方監生俱召還録用。

十月丙午朔，社稷壇成，行奉安禮，升上祀，奉仁祖淳皇帝配。

壬子，觀心亭成。致仕翰林學士承旨宋濂來朝，召諭曰：「朕廟社日致齊于此，卿其記之，傳示來裔，知勿懈愈虔。」

丙辰，敕中書省曰：「熒惑占云主冢宰凶，貴人下獄死，不爾則火災。上帝好生，故愛人而象之。爾諸大臣知改愆省過焉。」

良家子弟充驍騎舍人者悉放還。

永平火，賑災民米布。

《明史》卷二《太祖紀二》　戊午，封沐英西平侯。

《國榷》卷六　甲戌，封麻那者巫里爲三佛齊國王，賜駝紐銀印。

《太祖實録》卷一一五　辛酉，制賜百官公田，以其租入充俸禄之數。公侯、省、府、臺、部、都司、内外衛官七百六十人，凡田四千六百八十八頃九十三畝，歲入米二十六萬七千七百八十石。

庚午，儋州大豐倉副使李德新言：「瓊州府軍餉每歲俱於廣東漕運，經涉海洋，往來艱險。宜以鹽引發下瓊州府，轉發儋、萬、崖三州，召商以米於海南各倉中納付，與鹽引，就場支給，庶免漕運之勞。」於是命户部定其米數。瓊州府每引米二石，儋州米一石八斗，萬州米一石五斗。

《國榷》卷六　是月，大内宫殿成。

十一月乙亥朔，上以大内宫殿不侈，謂侍臣曰：「節儉足以養性，侈靡必至喪德。朕夙夜慮驕盈，凡有興作，量度再三，不獲已乃爲，亦未嘗敢侈。皇后宫中亦能儉以率下，躬服浣濯，皆非矯飾，實恐傷民財，殄天物。」皆對曰：「善。」上曰：「爾等歲禄有限，日費無窮。倘或過度侵牟剥削，皆原于此。須體朕懷，與共寶之。」

己卯，皇次孫允炆生。東宫妃出。

《明史》卷二《太祖紀二》　癸未，衛國公鄧愈卒。

《國榷》卷六　爪哇國王八達那巴入貢。

《明史》卷二《太祖紀二》　丁亥，合祀天地於奉天殿。

《太祖實録》卷一一六　甲午，勑禮部外命婦一品至七品未受封者，不得戴山松特髻。

《明史》卷二《太祖紀二》　是月，免河南、陝西、廣東、湖廣田租。

威茂蠻叛，御史大夫丁玉爲平羌將軍，討平之。

《國榷》卷六　江夏侯周德興有罪，當下獄，特赦之。召諭將相大臣曰：「昔廖永忠犯罪，屢宥不悛，又復僭侈，朕甚惜焉。朕祭祀之時，一心奏格。及遣爾輩，輒多私利慢神。國家宫室之外，未嘗築一臺榭。汝輩私取材木，自廣結構。念昔相從，皆赦不治。夫法度者，所以一天下也。爲功臣詘之再三，難矣。智人君子既自守法，又能訓子孫，是以爵位傳于無窮。」

諭新除有司官。

十二月丙午，命諸司啓事東宫者，二三大臣參決奏之。

《明史》卷二《太祖紀二》　丁未，録故功臣子孫五百餘人，授官有差。

《國榷》卷六　戊申，置神宫監内使，掌太廟灑掃、陳設之事。

庚戌，内使金吉爲員丘署令，洪文、杜慶爲司香奉御。

辛亥，真臘國王莽荅甘武者特達志入貢。

戊辰，威州土酋董貼里降置威州千户所。

《太祖實録》卷一一六　是月，永平衛指揮劉廣巡邊，兵次中興州。胡兵三百餘騎奄至，廣率兵奮擊之，斬其騎士百餘人，擒其平章安童以歸，餘衆潰去。

《明通鑑》卷六　高麗國遣使來賀明年正旦。【略】上曰：「王顓被弑，奸臣竊命。《春秋》之義，亂賊必討，夫又何言！第前後使者皆稱嗣王所遣，莫明其實。」命悉卻其貢。仍敕中書省遣人往觀其所爲，且詰其嗣王何人，政令何在，以知彼中虚實。

《國榷》卷六　各道按察司道來朝，諭以風憲盡職。

《太祖實録》卷一一六　是歲，户部奏墾田一千五百一十三頃七十九畝。

洪武一一年（戊午、一三七八）

《明史》卷二《太祖紀二》　正月甲戌，封皇子椿爲蜀王，柏湘王，桂豫王，楧漢王，植衛王。改封吴王橚爲周王。

己卯，進封湯和信國公。

是月，徵天下布政使及知府來朝。

《明通鑑》卷六　上謂廷臣曰：「布政使即古方伯之職，知府即古刺史之職，所以承流宣化，撫安吾民者也。然得人則治，不則瘝官尸位，病吾民多矣。朕今令之來朝，使識朝廷治體，以儆其玩愒之心，且以詢察言行，考其治績，以覘其能否。苟治效有成，天下何憂不治！」

《國榷》卷六　安南陳端弟煒遣使告哀，命中使陳能弔祭。

《皇明資治通紀》卷七　二月戊申，祭大社大稷。前二日，詣奉天殿，告仁祖淳皇帝配。祭日陳設，大社在東，大稷在西，俱北向，淳皇帝在東，西向。

《國榷》卷六　丙辰，敕中書省減淮浙鹽價，俾商輸粟西河、梅川給餉。

《昭代典則》卷八　勑中書省曰：「朕初以邊餉勞民，商人納粟於邊，以淮浙鹽償之，蓋欲足軍食而省民力也。今既數年，軍餉不給，皆因鹽價太重，商人無利，以致輸粟者少。爾中書其議減鹽價，俾輸粟于邊，庶内地之民省輓輸之勞。」於是，定擬，凡輸粟于各邊者，量地遠近，價各有差。

《國榷》卷六　浚滹沱河。

己未，徙故元臣二十五人、部衆千九百人于平涼。

癸亥，皇太子祀皇陵，右丞相汪廣洋從。

東平侯韓政卒。

甲子，考功監丞郭傳署湖廣布政司右參政。

辛未，遣覈海康、遂溪潮患，免其租。

《明史》卷二《太祖紀二》　是月，指揮胡淵平茂州蠻。

《國榷》卷六　大夫丁玉率兵征松潘。

三月癸酉朔，暹羅斛國入貢。

甲戌，翰林應奉永寧荅禄與權致仕。元河南北道廉訪司僉事。

《太祖實録》卷一一七　丁丑，河間府知府楊冀安等考績來朝。

《明通鑑》卷六　【略】上命吏部課其殿最，分爲三等，稱職無過者爲上，賜坐、宴。有過稱職者爲中，宴而不坐；有過不稱職者爲下，不預宴，序立于門，宴畢始退。朝覲考察自此始。

《國榷》卷六　庚辰，皇太子還京。

《太祖實録》卷一一七　壬午，命禮部定親王之國、命婦朝見王妃儀。

《明史》卷二《太祖紀二》　命奏事毋關白中書省。

《國榷》卷六　秦王樉、晉王棡之國，燕王、周王、楚王、齊王還駐鳳陽。

丁亥，命庶官有才能者不次擢之。西安知府李焕文、寶鈔提舉費震俱擢户部侍郎，餘量遷九十五人。

己丑，太子正字桂彦良爲晉王右傅，燕府長史朱復爲左相。

禮部員外郎朱夢炎爲侍郎。

都督僉事王誠、陳桓爲浙江都指揮使。

辛卯，征四川茶鑾洞，俘百五十六人，悉宥之。

丁酉，始作牙牌給朝臣。

庚子，置莊浪分衛于碾北。

梧州知府望江周樂世致仕。樂世有善政，歸自衣衾外，惟書一篋。

四月己酉，闍婆國王麼那陀喃入貢。

禮部侍郎朱夢炎爲尚書。

兵部郎中陳銘爲吏部尚書。

甲寅，定賞軍節錢例以期給。

丙辰，興化衛指揮使張赫爲大都督府僉事。

戊午，永嘉侯朱亮祖言：「安東、沭陽二縣有野鬼數百，夜持炬。」上製文遣祭。

丁卯，户部尚書沈立本免，侍郎費震爲尚書，員外郎王琚爲侍郎，侍郎李焕文爲兵部尚書。

《太祖實録》卷一一八　是月，籍鳳陽屯田夫爲軍。先是，徙浙西民户無田糧者屯田鳳陽，至是籍爲軍，發補黄州衛。

《明史》卷二《太祖紀二》　元嗣君愛猷識理達臘殂，子脱古思帖木兒嗣。

《國榷》卷六　慶陽、靈州屯田百户山丹等叛，陝西都指揮使葉昇討平之，俘二千六百五十人。

《明通鑒》卷六　江陰侯吴良督田鳳陽，上命修葺皇陵，至是成。詔曰：「皇堂新造，予時秉鑑窺形，但見蒼顔皓首，忽思往日之艱辛。竊恐前此《碑記》，出自儒臣粉飾之文，不足以爲後世子孫戒，特述艱難，以明昌運。」乃自制碑文，命良督工刻之。

《國榷》卷六　五月癸酉，命東宫文學傅藻等編纂《春秋本末》。

《明通鑒》卷六　乙亥，璽書賜秦王樉：【略】「關内之民，自元氏失政，不勝其敝。今吾定天下，又有轉輸之勞，民未休息。爾之國，若宫室已完，其不急之務悉已之！」

《太祖實録》卷一一八　又賜晉王棡璽書，曰：「太原之民困於元氏弊政久矣。又嘗出力餽饟，以供我師，勤勞憔悴，吾未嘗不矜憐之。爾棡之國，務愛養生息，勿復以不急之役擾之，其體吾意。」

丙子，敕工部臣曰：「自古聖王之御天下，武功耆定，則修文敬而亦不忘武備也。今海宇乂安，生民樂業。宴安鴆毒，古人所戒；克詰戎兵，王者當務。爾工部其以歲造軍器之數，著爲令。」於是工部定天下歲造軍器之數，甲胄之屬一萬三千四百六十五，馬步軍刀二萬一千，弓三萬五千一十，矢一百七十二萬。

《國榷》卷六　高麗、琉球入貢。

《太祖實録》卷一一八　壬午，命工部：「凡在京工匠，赴工者，月給薪米鹽蔬；休工者停給，聽其營生，勿拘。」時在京工匠凡五千餘人，皆便之。

《國榷》卷六　癸未，下沙木洞蠻叛，湖廣官軍討平之。

甲申，置府軍衛。

《太祖實録》卷一一八　丁酉，改留守衛爲留守中衛親軍指揮使司，增置留守左、右、前、後四衛親軍指揮使司。

《明史》卷二《太祖紀二》　存問蘇、松、嘉、湖被水災民，户賜米一石，蠲逋賦六十五萬有奇。

《國榷》卷六　戊戌，免永年等縣夏税。

己亥，羽林左衛指揮使張銓、武德衛指揮使孫恪、留守衛指揮謝熊、興化衛指揮同知張德俱爲大都督府僉事，遼陽都指揮馬雲爲遼陽行大都督府僉事，各增賜公田千石。

庚子，賑聞喜、萬泉饑民。

宥廣東左右參政劉益、康濟罪。當徙，上念其以監生侍諸王也。

胡人侵陝西歸德州之三岔口，官軍擊敗之。

燕府左傅丘廣卒。

六月己酉，兵部尚書李焕文改吏部，户部侍郎王琚改兵部，吏部尚書陳銘謫大都督府掌判官。

《明史》卷二《太祖紀二》　壬子，遣使祭故元嗣君。

《太祖實録》卷一一九　壬戌，禮部奏：「京都大社大稷既同壇合祭，其王國、各府、州、縣仍用舊制，於禮未一。今議亦合同爲一壇，神主皆依京制。【略】王國社宜稱國社之神，稷宜稱國稷之神，府則稱府社、府稷，州則稱州社、州稷，縣則稱縣社、縣稷。」從之，命頒其制於天下。

《明史》卷二《太祖紀二》　己巳，五開蠻叛，殺靖州指揮過興，以辰州指揮楊仲名爲總兵官，討之。

七月丁丑，振平陽饑。

《國榷》卷六　戊寅，前户部侍郎沈立本署刑部侍郎。

辛巳，西平侯沐英城岷州，置岷州衛、碾北衛。

《太祖實録》卷一一九　乙酉，工部奏：「諸王國宫城縱廣，未有定制。請以晉府爲準，周圍三里三百九步五寸，東西一百五十丈二寸五分，南北一百九十七丈二寸五分。」制曰：「可。」

戊子，敕秦相府官曰：「王府設官，本古之道。然古者，惟以文章之士匡輔諸王。朕封諸子兼設武臣於相府者，蓋欲藩屏國家，禦侮防患，無事則助王之治，所以出則爲將，入則爲相。今靖江相府官與指揮耿良不協，甚有欺凌指揮之意。由是命武相有警則出而爲將，護衛指揮副之；歸則勿與金穀、刑名之事。軍務則文武議之，無事則導王以善。或中書省文移，有乖朕意，爾即如敕行之。」

庚寅，【略】今議，凡遇日月食，親王止於露臺行禮，不鼓；其大小官員則鼓於布政、按察二司。從之。

《國榷》卷六　辛卯，西安旱，蠲其租。

癸巳，皇孫高熾生，燕王出，嫡長子。

丁酉，禁謫戍人不得上封事。

己亥，命光禄少卿徐英以茶、紙、衣服往罕東市馬四百六十九匹。

遣廣東布政使趙孛堅詔諭故元丞相驢兒于應昌。

《明史》卷二《太祖紀二》　是月，蘇、松、揚、台海溢，遣官存恤。

《國榷》卷六　八月戊申，前刑部侍郎顧禮爲户部侍郎。

乙卯，陝西華亭雨雹，傷稼，免田租。

己巳，工部侍郎朱瑛爲尚書。

《明史》卷二《太祖紀二》　是月，免應天、太平、鎮江、寧國、廣德諸府州秋糧。

《國榷》卷六　遣使詔諭金山元將納哈出。

《太祖實録》卷一一九　九月庚午朔，欽天監進明年《大統曆》，上御奉天殿，頒曆于諸王百官。

《國榷》卷六　戊寅，吉安侯陸仲亨、汝南侯梅思祖赴召踰期，收仲亨公田，奪思祖俸。

丙戌，敕李善長等曰：「卿等董大祀殿工有日矣。善撫梓人，速成之。來日實朕父母劬勞辰，勿以此事離重役。」

《太祖實録》卷一一九　辛卯，禮部奏：「王國所屬府衛諸司正旦、冬至慶賀之禮，未有定制。【略】今王府親臨衙門，至期躬行賀禮，在外諸司則預遣佐貳官一員隨班行禮。」從之。

丙申，中書省奏減各處中納淮浙鹽米數，河中府引減四斗，河東及岷州減三斗。從之。

《國榷》卷六　追封劉繼祖義惠侯，婦婁氏夫人。繼祖，濠之太平鄉人，元總管致仕，好施予，捐地葬仁祖焉。

是月，永寧衛落下池蠻賊作亂，官軍討平之。

中都國子助教崇德貝瓊致仕。

復遣祭元嗣君。

十月戊申，遣内臣吴誠諭總兵官指揮楊仲名行營觀方略。

庚戌，駙馬都尉曹國公李貞薨。

丙辰，蘭陽河決，免田租。

辛酉，占城入貢。

《明史》卷二《太祖紀二》　甲子，大祀殿成。

《國榷》卷六　是月，歸元平章完者不花于故元丞相驢兒。原丞相部屬。

《太祖實録》卷一二一　十一月庚午朔，召寧國府知府涂節爲通政使。

置寧化守禦千户所。初，山西既平，唯靖樂縣餘孽四大王遁入蘆芽山，數出寇掠，爲居民患。六年，千户唐誠吉率兵於同瓦溝椽坊山捕其黨哈刺張，送京師，斬之。至是，復於寧化鎮築城，設千户所，爲捕滅之計。

《明史》卷二《太祖紀二》　征西將軍西平侯沐英率都督藍玉、王弼討西番。

《國榷》卷六　五開蠻平，命内臣尚履、奉御吕玉勞指揮楊仲名。

《明通鑒》卷六　是役也，兩遣内臣出使，宦官之預兵事自此始。

《國榷》卷六　甲戌，占城入貢。

戊寅，封丘河溢，免田租。

乙酉，陝西華亭縣旱蝗，免田租。

庚寅，皇太子妃常氏薨。

壬辰，臨江侯陳德卒。

《太祖實録》卷一二一　是月，陝西土魯干保安驛丞宗失加及刺哥美吉站黑韃靼叛，掠驛馬而去，守禦千户李德率兵追及，斬之。

《國榷》卷六　蘇州知府李亨在官勤廉，憂去，賜米鈔。

《國榷》卷六　十二月辛丑，除蘇、松、杭、嘉湖魚課。

癸卯，署刑部侍郎沈立本爲尚書。

丁未，彭亨國王麻哈刺惹荅饒、百花國王刺丁者望沙入貢。

辛亥，暹羅斛國王入貢。

甲寅，致仕翰林學士承旨宋濂來朝。

乙卯，衍聖公孔希學來朝。

丙辰，吏部尚書李焕文爲四川左參政。

是月，敕賜廣西布政使諸城臧哲米六十石、鈔二十五錠，儒士。仍服闋來朝。自是官憂去，皆有賜。

遣高麗使還，敕責其挾詐殺使之罪。

詔諭故元丞相哈剌章、蠻子、驢兒、納哈出等曰：「元末多事，羣臣有棄君自全，有託命自擅，目擊非一。卿等獨仗義衛君深塞，有始有終矣。聞欲立新君，其親王有三，皆嫡派，毋抑尊而扶卑。若有賢愚之别，從賢則吉。夫當流離之際，臣能竭力，不絶元祀，豈不難哉！或置尊卑賢愚勿論，但立君爲名，自專生殺，非人臣之道。況彼此疑猜，卿等富貴如飛霜，深可慮也。」

《明通鑒》卷六　上以佛經遺佚，命僧宗泐偕其徒使西域求之。

洪武十二年（己未、一三七九）

《國榷》卷六　正月辛未，燕王、周王、楚王、齊王自鳳陽來朝。

乙亥，罷天下運司批驗所三十一。

《明史》卷二《太祖紀二》　己卯，始合祀天地於南郊。

甲申，洮州十八族番叛，命沐英移兵討之。

《太祖實録》卷一二二　丁亥，定丞相、御史大夫等官歲禄之數，刻石官署。中書省左右丞相、御史臺左右大夫每歲各給二千五百石，若駙馬都尉李祺、梅殷每歲各給六百石，平章李伯昇、王溥、潘原明每歲各給七百五十石，俱於江西官田内給與。

《國榷》卷六　儋州倉副使李德言：「天下有司，例滿九年，而兩廣瘴厲，乞減一考。」從之。于是，雖兩廣非瘴厲者，仍九年；汀、漳、郴、贛、龍南、安遠亦瘴厲，通敍。

辛卯，户部員外郎任彬爲侍郎，通政使涂節爲御史中丞。

甲午，復置陝西行都指揮使司于莊浪。

乙未，命守制官在任三年上無贓犯者月如俸級予半級。在任三年如品級予全俸三月養其廉，著爲令。

《太祖實録》卷一二二　丙申，命禮部：「凡國子生居京師歲久，有父母俱存，或父母亡而祖父母、伯叔父、母存者，皆遣歸省。人賜衣一襲，鈔五錠，爲道里費。其父母或祖父、母、伯叔父、母存者，人賜帛二匹。」

《明史》卷二《太祖紀二》　丁玉平松州蠻。

二月戊戌，李文忠督理河、岷、臨、鞏軍事。

乙巳，詔曰：「今春雨雪經旬，天下貧民困於饑寒者多有，其令有司給以鈔。」

《太祖實録》卷一二三　戊申，建神樂觀。上以道家者流務爲清淨，祭祀皆用以執事，宜有以居之，乃命建神樂觀于郊祀壇西。

《國榷》卷六　己酉，定遣使外國儀注。

辛亥，召前丹徒知縣濟南李思迪于閩中，俾訓國子生。思迪，元進士，國子助教。洪武初授起居注，歷山西行省參政，貶丹徒，坐失入人罪，安置閩中。上嘉其守，召之。

《太祖實録》卷一二三　壬子，禮部尚書朱夢炎言：「《祖訓録》已定，公主、郡主、縣主歲賜禄米之數，其有嫡長子者，今宜從其父之品秩食禄，而不任事。如駙馬從一品，郡主之夫從二品，縣主之夫從三品，其子當食其父之品禄。」從之。

《國榷》卷六　丁巳，命登州收渡海遺骸，罪舟人棄者。

癸亥，敕李文忠曰：「二月二十五日，知大軍入西番，勝負必決矣。符至，爾即從洮州、鐵城取道而出。朕嘗有密諭，當遵而行，事須速成。山西之軍還衛洮州，擇人守焉。」

《明史》卷二《太祖紀二》　丙寅，信國公湯和率列侯練兵臨清。

《明通鑒》卷六　征西將軍沐英等兵至洮州。舊城三副使逋去，追擊，大破之，斬其酋長阿昌、失納等，遂於東籠山南川度地勢，築城戍守。遣使請事宜，上命置洮州衛。

《明通鑒》卷六　三月戊辰朔，上御華蓋殿，皇太子侍。問以「比日講習何書」？對曰：「昨看《書》至商、周之際。」上曰：「看《書》亦知爲君之道否？」因諭之曰：「君道以事天愛民爲重，其本在敬耳。人君一言一行，皆上通于天，下係于民。必敬以將之，而後所行無不善也。蓋善，天必鑒之，不善，天亦鑒之。一言而善，四海蒙福；一行不謹，四海罹殃。言行如此，可不敬乎！」

《國榷》卷六　户部尚書費震爲湖廣布政使，侍郎顧禮爲尚書。

《太祖實録》卷一二三　庚午，敕曹國公李文忠、西平侯沐英等曰：「捷音至，知番寇潰散，大軍見追餘黨。西番已定，河州二衛之兵止留一衛，以一衛守洮州。其岷州守禦士卒未可輕動，宜留以鎮静之。鐵城諸地，民多蓄積，軍士可以自供。凡有酋長，皆送京師。山西之兵聞已遣還，甚合朕意。西凉、寧夏之兵亦即遣之。陝西、河南之兵，步卒先還，騎士留彼。悉收西戎餘寇，事在乘勢，毋致再三。」

《明通鑒》卷六　辛未，敕平羌將軍丁玉曰：【略】「松、潘僻在萬山，接西戎之境。今克松州，則將進取潘州，擇其險要而守之，則威、茂不窮兵而自服。」

《國榷》卷六　壬申，給軍士布縷，自製戰襖，從山西布政使華克勤之言，通行各邊。

江西布政司參政劉璉下獄，以誠意伯基子，特宥之。

丙子，國子司業樂韶鳳爲國子祭酒。

壬午，海陽人朱得原作亂，潮州衛指揮崔延討平之。

乙酉，萊州知府董俊爲兵部尚書，明州知府余文昇爲工部尚書，平陽知府徐鐸爲應天府尹。

《明通鑒》卷六　丁亥，曹國公李文忠言洮州艱運。上遣人勞師，諭之曰：「洮州西控羌、戎，東蔽湟、隴，漢、唐以來備邊要地。今棄不守，諸番將復爲邊患。惜小費而忘大虞，豈良策邪！所獲牛羊，分給將士，亦足充兩年軍食。其如敕行之！」

乙未，上朝退坐便殿，召儒臣論治道。【略】時國子學官李思迪、馬懿獨無言，上謂諸臣曰：「孔子入周廟，見金人三緘其口，以爲古之慎言人，此謂非法之言耳。若理道之詞，上足以匡君，下足以澤民，孔、孟歷聘諸邦，惟恐其言之不用。今思迪等發身草野，一旦與人主論列殿廷之上，又得人主虛心就問，而緘默不言，學孔、孟者固如是乎？且思迪等事朕如此，欲其盡心以訓國子生，不可得也。」令謫之。

《國榷》卷六　丙申，敕李文忠、沐英以所得馬悉送京師。

敕曰：「朕給幼儒筆札，令曰講《四書》一章，先儒古文一篇，明日皆來。其先儒古文，多以韓柳，尋行數墨者有之，粗知大意者有之。柳子厚之兄司牧邕州，構亭馬退山巔，斯逸樂也。子厚不規，乃咏亭美，于民何利？《馬退山茅亭記》文之無益也。幼學亦以將至空逾日月。此其可不戒哉！」

四月甲辰，眉縣人彭普貴作亂，殺知縣顏師聖，敕四川都指揮音亮等捕之。

戊申，刑部尚書沈立本爲江西布政使，大都督府斷事官霍矩爲刑部侍郎。

庚戌，光禄寺卿徐興祖致仕，賜銀鈔，仍禄之。

丁巳，置内府尚衣、尚冠、尚履三監，針工、皮作、巾帽三局，甲、乙、丙、丁四庫，改尚珮局曰監。

《太祖實録》卷一二四　戊午，遣儀鸞司典仗陳忠往浙江杭州諸府募民願爲校尉者，免其徭役，凡得一千三百四十七人。校尉力士之設，僉民間丁壯無疾病過犯者爲之。力士隸旗手千户所，專領金鼓旗幟，隨駕出入及守衛四門。校尉隸拱衛司，專職擎執鹵簿儀仗及駕前宣召官員，差遣幹辦；三日一更直，立總小旗以領其衆，由總旗而陞爲百户及各王府典仗，擇年深者爲之。其餘有闕，則依例僉充。至是，隸儀鸞司，以數少，特詔募民爲之。後罷儀鸞司，置錦衣衛；罷旗手千户所，置旗手衛。校尉隸錦衣，力士隸旗手。

《明通鑒》卷六　庚申，遼東守將潘敬、葉旺等言，高麗致書。【略】上諭之曰：「此非彼殷勤致敬之意，蓋間諜之萌也。且人臣無外交，爾等宜慎之！」

《國榷》卷六　乙丑，敕李文忠、沐英等曰：「四月庚申，日交暈在秦分，主戰鬬。己未，太白見東方。甲子，順行而西，西征大利。宜順時追擊番寇。」

敕吏部曰：「朕思創業以來，文武羣臣宣力效勞，皆天之賜。今多年高，宜令致仕，樂其壽考。秩三品以上者仍舊，四品以下各陞一等，賜誥敕。」沂州判官李齊等、泗水主簿陳禮等皆加官致仕，賜敕。

前湖廣左參政無錫張籌爲禮部員外郎。

《太祖實録》卷一二四　是月，置松州衛指揮使司。初，松州平，御史大夫丁玉遣寧州衛指揮高顯等城其地，請立軍衛。至是，降印設官，領軍鎮守。

《國榷》卷六　五月庚午，給工匠鈔，悉遣還。

《太祖實録》卷一二四　己卯，遣使敕陝西都指揮使司曰：「爾等將校若候與大軍同還，恐誤調遣。還至河州、洮州，即以書示都督張温、曹興、周武、金朝興、吴復、張龍令馳驛赴闕。」

《明史》卷二《太祖紀二》　癸未，蠲北平田租。

《國榷》卷六　己丑，敕責四川都指揮音亮、朱輔等：「淹師蔓寇，不即擒滅，爾罪何逃？軍中惟指揮茅貴勇略有功，千户瞿闕亦效力。將士勤怠，朕悉知之。」

庚寅，敕李文忠分軍自棧道勦蜀寇。

《國榷》卷六　閏五月丁未，日本國王良懷入貢。

庚申，袁州通判即墨隨贇爲廣東按察使。贇，元官，入朝授英山主簿。討叛，晉知縣，禳虎暴，晉通判，政簡事治。

《明史》卷二《太祖紀二》　六月丁卯，都督馬雲征大寧。

《國榷》卷六　上欲罷松州衛，平羌將軍丁玉言其不可，從之。詔玉還四川。

《太祖實録》卷一二五　壬申，遣使敕曹國公李文忠曰：「使至，言爾已還至隴州。如見前日敕符，宜且駐鞏昌。若再往岷洮，恐士卒勞倦，難於隨從。西平侯計此時還師洮州，凡有機略，必能自決。來使言鐵城一路尚有餘寇剽掠，恐大軍已出，無能禦之者，故前諭言必守新城爾。初使去，其文有二，一欲其遺於道路，一以至爾所。今土官捕逃者以獻，乃其機之應也，爾知之乎？」

《國榷》卷六　壬申，定東宮與親王往來書式及相見禮。先東宮書曰「記諭」，答諸王書曰「記答」，諸王奉東宮書曰「謹啓」。

《太祖實録》卷一二五　甲戌，詔廷臣議親王見東宮禮儀。

《明通鑒》卷六　敕遼東守將潘敬、葉旺曰：「高麗僻居海國，其俗尚詐。況人情安土重遷，豈有舍桑梓而歸異鄉者！此必示弱于我，如墮其計，不過一二年間，至者接踵，其害非細。自今符至之日，開諭來者，令還彼國，以破其奸，慎勿貪受降之虚名而賈實禍也！」

《國榷》卷六　丙子，召吉安侯陸仲亨、江夏侯周德興、宜春侯黄彬還京。

《太祖實録》卷一二五　庚辰，北平布政使司請以北平府順承、安定二門與麗正等門一體，各設兵馬一人。從之。

《國榷》卷六　甲申，賜元丞相驢兒書：「丞相微有疾，朕聞之，深爲憂。特遣賚藥物，其服之無疑。」

《明通鑒》卷六　乙酉編《春秋本末》成。【略】上以春秋列國之事，錯見間出，欲究終始，乃命東宫文學傅藻等分列國而類敘之，附以《左氏傳》。首周王，以尊正統，次魯，以仍舊文，列國則先晉、齊，以内中國。至是書成，上之。

《太祖實録》卷一二五　丁亥，遣使敕曹國公李文忠、西平侯沐英曰：「六月二十三日曉，金星犯井東第三星，占主秦分有兵，故特遣人諭及之。前命爾等乘大軍之勢，起送番酋赴京。今已久矣，人必懷疑。如未遣，且宜停止，加意慎密，務在安輯，以防其亂。」

戊子，詔國公年老者每三日一朝。如遇朔望，雖在免朝之日，亦必入朝。其未老者朝參如故。

辛卯，敕陝西都指揮使司曰：「報至，知西固城番人作亂，已遣八百户兵擊之，恐非決勝之計。此作亂者，必瘦嗉子。此虜狡黠，未易輕也。宜預防之，勿中其計。」

《國榷》卷六　七月乙未朔，祔海國公吴禎等百九十三人于功臣廟。

丙申，召曹國公李文忠還京。

乙巳，荆州故陳友諒舊校孫諒等謀逆，捕斬之。

胡人犯阿蘭溪口，大同右衛指揮魏平擊敗之，俘六百餘人。

庚戌，河州衛千户甯正爲寧夏指揮僉事。

甲寅，陝西都指揮使葉昇、留守右衛指揮仇成爲大都督府僉事。

《明史》卷二《太祖紀二》　丙辰，丁玉回師討眉縣賊，平之。

《國榷》卷六　命罪都指揮音亮等如軍法。

《明史》卷二《太祖紀二》　己未，李文忠還掌大都督府事。

《國榷》卷六　八月丁卯，上御華蓋殿，語侍臣曰：「人之害，莫大于欲，惟禮可以制之。先王制禮，所以防欲也。循禮可以寡過，肆欲必至滅身。」

己巳，吏部尚書陳煜卒。

辛未，右丞相汪廣洋疾，敕勞之。

丁丑，陝西檻送番酋二十二人，湖廣檻送盜蠻九十四人。永寧蠻婦二十七人，戍海南、遼東，洞獠蠻婦分送孳牧所，皆給糧。

戊寅，減案牘繁文。元末案牘最繁宂，專聽老吏恣奸利。至是，上厭之，命廷臣定其制。

庚辰，延安侯唐勝宗督海運還京，上遼東城堡、兵餉之數。

《明史》卷二《太祖紀二》　辛巳，詔凡致仕官復其家，終身無所與。

《昭代典則》卷八　上諭中書省臣曰：「凡士，非建功名之爲難，而保全始終之爲難。自今内外官致仕還鄉者，復其家，終身無所與。其居鄉里，惟於宗族序尊卑，如家人禮；於其外祖及妻家，亦序尊卑。若筵宴，則設別席，不許坐於無官之右。如與同致仕官會，則序爵；爵同，序齒。其與異姓無官者相見，不須答禮，庶民則以官禮謁見。敢有淩侮者，論如律，著爲令。」

《國榷》卷六　乙酉，發三千騎屯鞏昌、臨洮，防番寇。

增兩廣要地巡檢司。

丁亥，敕宋國公馮勝曰：「命爾督建周王宫室，聞將以九月興工。中原之民，所恃二麥，此其播種時。敕到，放還之。」

九月乙未，户部尚書顧禮改刑部。

《太祖實録》卷一二六　己亥，陞都督府僉事爲正二品。

《明史》卷二《太祖紀二》　沐英大破西番，擒其部長三副使。

《國榷》卷六　庚子，刑部尚書顧禮卒。

通政司左參議江夏方鼏爲中書省左參政，禮部員外郎張籌爲尚書。

甲辰，御史臺右御史大夫丁玉爲左御史大夫，浙江布政使安然爲右御史大夫，四川右參政秦中爲左御史中丞，重慶知府殷哲爲中書省右參政，户部侍郎任彬爲尚書，滁州知州魏鏗爲禮部侍郎。

乙巳，河南都指揮使曹震爲大都督府僉事兼四川都指揮使。

丁未，常州知府張度爲吏部尚書。

己酉，改鳳陽行大都督府留守司爲留守中衛，置留守左衛。

戊午，占城入貢，中書省不即奏，内臣出以聞。敕責胡惟庸、汪廣洋等。

龍巖人汪志賢作亂，福建都指揮斬獲殆三千人，餘遁海。

癸亥，秦王樉、晉王棡來朝。

十月甲子朔，大都督府僉事陳方亮降海南衛指揮同知。

《太祖實録》卷一二六　壬申，詔親王所過州縣，官員皆具服迎於郊外。

乙亥，令教坊司伶人常服緑色巾，以别士庶之服。初伶人皆戴青巾，至是令改之。

《國榷》卷六　己卯，爪哇國王八達那巴那務入貢。

征西將軍沐英等至京。

乙酉，暹羅斛國入貢。

丁亥，召永嘉侯朱亮祖于廣東。亮祖多不法，番禺知縣道同以聞，故召之。

癸巳，儒士吴沈爲翰林待制。

《明史》卷二《太祖紀二》　十一月甲午，沐英班師，封仇成、藍玉等十二人爲侯。

《國榷》卷六　上讀《漢武帝紀》，語吴沈曰：「人主理財，當視國如家。父子而異貲，家必隳矣。君民猶父子也。損民益君，君獨富能乎哉？」

己亥，北平都指揮使郭英、浙江都指揮使王誠、陳桓、陝西都指揮使濮英、蕭成、寧州衛指揮僉事高顯、虎賁右衛指揮同知何德、府軍衛指揮僉事張翼並爲大都督府僉事。

上御奉天殿，朝訖，語待制吴沈曰：「進賢納諫，最人主要務。第行者鮮之，故亂多治少。」上又曰：「真知其賢興國，何有不進？真知其諫忠也，何有不納？惟知之不真耳。」

甲辰，中書右參政殷哲降通政司右通政。

《太祖實録》卷一二七　甲寅，燕府營造訖工，繪圖以進。

《國榷》卷六　濟寧侯顧時卒于北平。

戊午，刑部員外郎東平吕宗藝爲尚書。元中書省參政降。

《明史》卷二《太祖紀二》　庚申，大寧平。

《國榷》卷六　清遠人房文廣作亂。

辛酉，户部員外郎張璉爲侍郎，通政司右通政殷哲爲中書省左丞，左參議李素爲右丞，兵部侍郎趙本爲尚書，吏部員外郎陸鎮爲侍郎。

《太祖實録》卷一二八　十二月癸亥朔，神樂觀成，命道士周玄初領觀事，以樂舞生居之。

《國榷》卷六　故虎賁左衛指揮僉事李實贈大都督府僉事，予祭葬。實從沐英征番，戰死土門峽。

《太祖實録》卷一二八　丙寅，以承敕監、給事中、殿庭儀禮司、九關通事使皆隸通政使司。

《國榷》卷六　丁丑，東宫侍書張紞、翰林院修撰迮原霖爲通政司左右參議，鳳陽府知事白志仁爲户部侍郎。

《太祖實録》卷一二八　戊寅，上以工匠之役于京者，多艱於衣食，命工部月給米贍之。有妻子者一石，無者六斗。其魘魅獲罪免死，罰輸作者，不在是例。凡給糧工匠四千七百十三人，不給者一百四十九人。

《國榷》卷六　致仕翰林學士承旨宋濂來朝。

庚辰，衍聖公孔希學來朝。

《太祖實録》卷一二八　癸未，陞大都督府掌判官秩正三品。

《國榷》卷六　甲申，平羌將軍御史大夫丁玉還自四川，拜大都督府，進左都督。上戒其在軍少謀士，又不得士心。

《太祖實録》卷一二八　丁亥，初，元之遺民有避亂自北而南者，多聚於京師。至是，上命中書省察其才可取者用之，餘使占籍爲民。其虜獲者，少壯者隸軍籍，老弱者命爲民，各賜鈔有差。

《國榷》卷六　庚寅，監察御史夏伯俊爲户部侍郎。

壬辰，諭中書選卜筮官。

《太祖實録》卷一二八　是月，命永嘉侯朱亮祖發軍民三萬人拓廣東北城，凡八百餘丈。

增築福建興化衛城。

《明史》卷二《太祖紀二》　汪廣洋貶廣南，賜死。

《明通鑑》卷六　初，廣洋與胡惟庸並相，上漸覺惟庸奸狀，而廣洋依違其間，無所救正，上亦薄之。是年九月，占城入貢，惟庸等不以聞，中官出見之，入奏，上怒，敕責省臣。惟庸及廣洋頓首謝罪，而微委其咎于禮部，禮部又委之中書。上益怒，詔下諸臣獄，窮詰主者。會中丞涂節言「劉基爲惟庸毒死，廣洋宜知狀」。上大怒，切責廣洋朋欺，遂被謫。舟次太平，又追怒其在江西曲庇朱文正，在中書不發楊憲奸，值惟庸事發，遂敕賜廣洋死。廣洋之賜死也，其妾陳氏從死之。上詢之，乃前知縣之女没入官者，怒曰：「没官婦女，給功臣家，文臣何以得給！」仍敕法司取勘。

《明史》卷二《太祖紀二》　徵天下博學老成之士至京師。

《國榷》卷六　江西布政使沈立本招故元吏部侍郎西域伯顔子中，飲鴆死。

開西安府甜水渠，李文忠引龍首渠水入城，始甘飲。

安南陳煒入貢。上以安南剽占城不已，遂詔煒曰：「《書》不云乎？『毋爲亂首。』爾國與占城搆兵十餘年，朕未覩是非所在。然以社稷爲博，剽椎焚遺，男女不得耕織。朕兼愛海外元元，甚愍之。往者詔諭爾等，使寢戈舒忿。爾實不奉詔，陽解陰搆，毋乃首亂，違《書》戒哉！春秋列侯國亡慮百數，相繼迸滅，無他，背君、好戰二者已耳。爾其鑒之！」

高麗署國事王禑貢黄金百斤、銀萬斤，以違約，卻之。

洪武一三年（庚申、一三八〇）

《國榷》卷七　正月癸巳朔，詔讓高麗貢不如約。

《明史》卷二《太祖紀二》　戊戌，左丞相胡惟庸謀反，及其黨御史大夫陳寧、中丞涂節等伏誅。

《明通鑑》卷七　初，惟庸方任用，大將軍徐達深疾其奸，從容言于上，惟庸銜之，誘達閽者福壽以圖達，爲福壽所發。會劉基死，惟庸益無顧忌，與太師李善長相結，以兄女妻其從子佑，自是勢日熾。惟庸舊宅在定遠，忽井中生石筍，出水數尺，諛者争言瑞應，又言其祖父三世冢上，夜有光燭天，惟庸益自負，遂有異謀。時吉安侯陸仲亨、平涼侯費聚嘗犯法，上切責之。二人懼，惟庸陰以權利脅誘之。陳寧久事上，上以爲才，犯法屢宥之。出知蘇州，以惟庸薦，召爲御史中丞。寧守蘇，號稱酷吏，及居憲臺，益厲威嚴，上嘗責之，不能改。其子孟麟亦數諫，寧怒，捶之至死，上深惡之，曰：「寧於其子如此，奚有于君父邪！」寧聞之，懼，益與惟庸比。而是時涂節及御史商暠，皆以惟庸薦驟貴。一日，惟庸與寧坐省中，閱天下兵馬籍，令都督毛驤取衛士有勇力及亡命者爲心膂，又使太僕寺丞李存義陰説善長。存義者，善長之弟，惟庸兄壻李佑父也。善長初不許，而年老不決，輒依違其間。于是惟庸以爲事可就，乃遣明州衛指揮林賢下海招倭與期會，又遣元故臣封績致書稱臣于元嗣君，請兵爲外應，事皆未發。會惟庸子馳馬于市，墜死車下，惟庸殺輓車者。上怒，命償其死，惟庸請以金帛給其家，不許。惟庸懼，乃與陳寧、涂節等謀起事，陰告四方及武臣從己者。值上以占城入貢事將罪惟庸及在事諸臣，涂節等懼禍及，乃先上變告惟庸，而商暠時謫爲中書省吏，亦以惟庸陰事告。上大怒，命羣臣更訊，詞連寧、節。廷臣言：「節本預謀，見事不成，欲以告變自脱。」遂并誅之。獄詞既具，株連黨與凡萬五千餘人。上以善長功大，與陸仲亨等皆置不問。

《國榷》卷七　己亥，諭朝臣，欲罷中書省，任六部。監察御史許士廉請設三公府，太師、太傅、太保總百僚庶務。上然之。

庚子，山西左參政偰斯爲吏部尚書，河南按察使鄭九成爲禮部尚書，前北平按察副使劉崧爲禮部尚書，應天府尹徐鐸爲户部尚書。

作太倉、鎮海、蘇州三衛海船百六十六艘，轉運。

《明史》卷二《太祖紀二》　癸卯，大祀天地於南郊。罷中書省，廢丞相等官，更定六部官秩，改大都督府爲中、左、右、前、後五軍都督府。

《太祖實録》卷一二九　甲辰，定六部、御史臺等官品秩。六部尚書正二品，侍郎正三品，郎中正五品，員外郎從五品；御史臺左右中丞正二品，左右侍御史正四品；在外承宣布政使正三品，左右參政從三品，提刑按察使正四品，副使從四品，僉事正五品；都轉運鹽使正四品，副使從四品。

定五軍都督府爲正二品，在内親軍指揮司、在外各衛指揮司并護衛指揮司皆爲從三品，都指揮使司正三品。以金吾、羽林、虎賁、府軍等十衛職掌守衛宫禁，凡有支請，徑行六部，不隸五軍。

《國榷》卷七　武官子弟常安等百三十人爲參侍舍人。

乙巳，上御奉天門，命吏部選官。

丙午，定五軍都督正一品。

丁未，罷鐵甲、弓箭、毛皮、織染、神帛等局。

罷軍需庫，置軍器局；罷龍江分司，置龍江提舉司。

戊申，改雞籠山爲雞鳴山。

《太祖實録》卷一二九　庚戌，定王府左右相爲從二品，左右傅爲正三品。

《國榷》卷七　遣覈天下倉庫蓄積之數。

《太祖實録》卷一二九　壬子，遣官祭功臣於雞鳴山廟，以濟寧侯顧時以下二百八十人附祭。

癸丑，罷禮部備用庫、書畫庫、鳳陽行工部營造提舉分司、儲用庫、鹽運司綱官押運。

《國榷》卷七　丁巳，御史大夫安然爲左御史中丞。

《太祖實録》卷一二九　辛酉，吏部言：「天下税課司局歲收課額米不及五百石者，凡三百六十有四，宜罷之，從府、州、縣征其課爲便。」從之。

《國榷》卷七　大都督府掌判官洪彝爲吏部尚書。

是月，廣東右衛百户建昌翁顯討山寇房文廣等，戰死，贈都指揮僉事，子儀襲湖廣都指揮僉事。

《明史》卷二《太祖紀二》　二月壬戌朔，詔舉聰明正直、孝弟力田、賢良方正、文學術數之士。

發丹符，驗天下金穀之數。

《國榷》卷七　詔安陸衛指揮僉事柳依率兵守漢中。

敕諭天下巡簡司。

《明史》卷二《太祖紀二》　戊辰，文武官年六十以上者聽致仕，給以誥敕。

《太祖實録》卷一三〇　己巳，改作在京街衢及軍民廬舍。

《國榷》卷七　辛未，上諭皇太子、諸王曰：「吾平日無優伶狎褻，無酣歌夜飲，正宫無自縱之權，妃嬪無寵幸之私。朝政稽衆參決，惟善是從。燕閒之際，一人之論，尤加維審。每日星存而出，日入而休，非疾勿惰，以此自防，猶恐不及。與爾言之，使知持守之道。」

故元□國公脱火赤、樞密知院愛足率五萬餘衆屯和林，命西平侯沐英以陝西兵擊之。

癸酉，四川都匀定雲土官大金總等來歸。

《太祖實録》卷一三〇　乙亥，遣應天府官祀歷代忠臣。

《明通鑒》卷七　【略】漢蔣子文，晉卞壼，南唐劉仁贍，宋曹彬，元福壽，凡五廟。尋徙建雞鳴山下，以春秋致祭，著爲祀典。

《國榷》卷七　丙子，作潭王邸于長沙。

泗城州知州岑善忠子振作亂，寇利子，廣西官軍討之。

《太祖實録》卷一三〇　丁丑，命户部以重定内外文武官歲給禄米俸鈔之制，勒于石。【略】其制以歲計，正一品禄米千石，從一品九百石，正二品八百石，從二品七百石，正三品六百石，從三品五百石，正四品四百石，從四品三百石，皆給與俸鈔三百貫。正五品二百二十石，從五品一百七十石，俸鈔皆一百五十貫。正六品一百二十石，從六品一百一十石，俸鈔皆九十貫。正七品百石，從七品九十石，俸鈔皆六十貫。正八品七十五石，從八品七十石，俸鈔皆四十五貫。正九品六十五石，從九品六十石，俸鈔皆三十貫。

丁亥，户部奏定文移減繁之式。凡天下郡縣如歲終所報户口，户絶者明言其故，有析合者有司裁定之，不必申請，但五年一具册申部。若租税課程，則通類申部，徵收既足，則別具通關申報；攷科者，則具所由。其各衛所給軍士糧草，則以簿籍軍士之名及聽支之數。有司庫藏所收，每以歲終起解至京。畿内郡縣徑送内藏，達數于部。在外税課司局官考滿，就以任内所徵課數申呈郡縣，郡縣稽其籍以次申部注代。天下有司倉庫、金穀、錢帛，其陝西、北平、四川、山東、山西五布政司供給軍需者兩月一報，其餘布政司并直隸府州半年一報。大軍鹽糧、口糧，學生、樂舞生食米，按月齊支。各衛軍士凡有賜給之物，都府籍其名數送部，轉下倉庫支給。如轉輸糧儲，各布政司會計缺糧之處，以隣近有餘者撥運，不須申請，惟以所撥郡縣之數，具報。從之。

《國榷》卷七　己丑，召故真人張正常子宇初詣闕，嗣正一嗣教道合無爲闡祖光範真人。

《太祖實録》卷一三〇　辛卯，詔預刊明年《大統曆》，仍以十月朔進。其諸王及在京文武百官、直隸府州俱於欽天監印造頒給。十二布政司則欽天監預以曆本及印分授之，使刊印以授郡縣，頒之民間。自是歲以爲常。

《明史》卷二《太祖紀二》　三月壬辰，減蘇、松、嘉、湖重賦十之二。

《明通鑒》卷七　初，大師平吴，久不下，上怒蘇、松、嘉、湖之民爲張士誠守，乃籍諸豪族及富民田以爲官田，按私徵簿爲稅額。及楊憲爲司農卿，又以浙西地膏腴，增其賦，畝加二倍。時軍事方興，未暇減也。已而覈四府之糧踰于浙江全省之額，乃命免其逋賦前後數十萬，而逋者不已。壬辰，始命減其額，舊一畝科七斗五升至四斗四升者，減十之二，四斗三升至三斗六升者，止徵三斗五升。然較之他省，猶爲極重之賦云。

《太祖實録》卷一三〇　癸巳，詔以京衛軍士充公侯儀仗户，韓國公李善長、魏國公徐達皆二十户，曹國公李文忠等皆十九户，侯皆十五户。先是以京民充之，近因善長以老疾辭儀從，故命易以軍士，仍給之。

丙申，改各州儒學正爲未入流官。先是，學正秩從九品，至是改之。

《國榷》卷七　丙申，鄧鎮嗣申國公。

湖廣崇山衛指揮僉事楊仲名督軍屯田。

戊戌，裁户部印引局。

辛丑，作魯王邸于兖州。

《明史》卷二《太祖紀二》　壬寅，燕王棣之國北平。

《國榷》卷七　賜燕山中左右三護衛吏卒五千七百七十人。

戊申，定六部官制。各子部四，吏部曰總部、司封、司勳、考功，户部曰總部、度支、金部、倉部，禮部曰總部、祠部、膳部、主客，兵部曰總部、職方、駕部、庫部，刑部曰總部、都官、比部、司門，工部曰總部、屯部、虞部、水部。其郎中、員外郎、主事多寡各有差。

《太祖實録》卷一三〇　庚戌，户部奏定吏員月俸等差。一品、二品衙門提控都吏月俸二石五斗，掾史、令史二石二斗，知印、承差、典吏一石二斗；三品、四品衙門令史、書吏、司吏二石，承差、典吏一石；五品衙門司吏一石二斗，典吏八斗；六品至雜職司吏一石，光禄司等典吏六斗。

《國榷》卷七　琉球入貢。

《太祖實録》卷一三〇　壬子，禮部奏：「教官、首領官、雜職官列爲三等，亦勒之於石。教官之禄，州學正月米二石五斗，縣教諭月米二石，府、州、縣訓導月米二石。首領官之禄，凡内外衙門提控、案牘，州吏目、縣典史皆月米三石。雜職之禄，凡在京并各處倉庫、關場、司局、鐵冶，各處遞運批驗所大使月米三石，副使月米二石五斗，河泊所官月米二石，牐壩官月米一石五斗。」

《明史》卷二《太祖紀二》　沐英襲元將脱火赤於亦集乃，擒之，盡降其衆。

《國榷》卷七　乙卯，定公侯稱號。

《太祖實録》卷一三〇　己未，更定殿廷儀禮司官制，設使一人，副二人，鳴贊二人，序班四十四人。

《太祖實録》卷一三一　四月甲子，詔儀鸞司，凡隨駕校尉嘗犯罪，有杖瘢者，悉放爲民。

《國榷》卷七　乙丑，禮部侍郎劉崧署吏部尚書。

《太祖實録》卷一三一　壬申，命官檢校在京諸倉及在外府州倉糧儲之數。

《國榷》卷七　翰林待制吴沈降編修，工部侍郎清遠李鏞改兵部。

壬午，工部員外郎周誼爲侍郎。

甲申，都督僉事濮英襲故元柳城王等于西涼，破之，獲部民千三百餘人，馬二千餘匹。

丁亥，濮英請開哈梅里之路通商，從之。

《太祖實録》卷一三一　己丑，召江夏侯周德興等還。先是，德興及河南侯陸聚承制往福州理軍務，平章李伯昇往漳州理軍務。至是，俱遣使齎符召還。

《明史》卷二《太祖紀二》　命羣臣各舉所知。

《國榷》卷七　改封故楚國公廖永安爲鄖國公，豫章侯胡美爲臨川侯。

《太祖實録》卷一三一　庚寅，詔驍騎舍人凡犯法者悉罷爲民。

《明史》卷二《太祖紀二》　甲午，雷震謹身殿。

《國榷》卷七　是月，廖權嗣德慶侯。永忠子。

五月辛卯朔，都督僉事王簡卒。

進各省都指揮使正二品，布政使從二品。原正三品。

乙未，大赦。

丙申，釋在京及臨濠屯田輸作者。

《國榷》卷七　御史臺左中丞安然予告，韓國公李善長理臺事。

戊戌，禮部員外郎李冕爲侍郎。

《太祖實録》卷一三一　己亥，户部言：「初造大明寶鈔，文曰『中書省奏准印造』。今既罷中書，陞六部，鈔印改『中書省』爲『户部』。宜申諭天下軍民，無分中書、户部，一體行使。其行用庫收换昏鈔之法本以便民，然民多緣法爲姦詐，每以堪用之鈔輒來易换者。自今鈔雖破軟而貫伯分明，非挑描剜補者，民間貿易及官收課程並聽行使。果係貫伯昏爛，方許入庫易换。工墨直則量收如舊，在京一季，在外半年送部，部官同監察御史覆視。有僞妄欺弊者，罪如律，仍追鈔償官。但在外行用庫裁革已久，今宜復置。凡軍民例鈔，令軍分衛所民分坊廂，輪日收换。鄉民商旅，則各以户帖路引爲驗。」從之。

《明史》卷二《太祖紀二》　免天下田租。吏以過誤罷者還其職。

《國榷》卷七　工部侍郎肅寧劉敏改刑部。

庚子，户部主事王克己試吏部侍郎。

壬寅，都督濮英進兵赤斤站，獲故元豳王亦憐真及其部曲而還。

癸卯，命吏部銓次薦辟者皆授官，賜夏衣一襲。諭曰：「爾朝廷失得，有司利病，必盡知之。當盡心所事，爲朕福民。」

《太祖實録》卷一三一　乙巳，監察御史章良等言：「近者詔告天下，十惡之外，罪無大小，咸赦除之。而屯田役作者未蒙赦宥，是仁恩有所未徧也。願釋令還鄉，使均霑聖澤，則天下幸甚。」上曰：「此奉行者之失也。自十惡外，罪無大小，皆赦之，何獨屯田役作者不釋？亟命放遣之。」

丁未，詔五軍都督府，凡大小武臣有伯叔兄弟若姊妹之夫居行伍者，皆得給聚，及分禄贍之，著爲令。

庚戌，上諭都督府臣曰：「近各衛士卒多有逋逃者，皆由統之者不能撫恤。宜重定千百户罰格，凡一千户所逃至百人者，千户月減俸一石；二百人者，減二石。一百户所逃及十人者，百户月減俸一石；二十人者，減二石。若所管軍伍不如數，及有病亡殘疾事故者，不在此限。」

辛亥，上諭禮部臣曰：「樂舞者，所以享天地祖宗而致感格之道也。凡樂舞生必慎擇其人，若有過及疾病者，放歸爲民。諸在王府者亦然。」

《國榷》卷七　癸丑，户部郎中范敏署尚書事。

丙辰，會寧侯張温、雄武侯周武往河南理軍務。

敕遼東都指揮使曰：「五月二十五日，知高麗周誼至遼東，此必有詐。前元庚申君索女其國，誼女入元宮，庚申出奔，朕内臣得此女歸。今誼數至，殊有意。卿等不可不備。」

《明史》卷二《太祖紀二》　是月，罷御史臺。命從征士卒老疾者許以子代，老而無子及寡婦，有司資遣還。

《國榷》卷七　署吏部尚書劉崧致仕。

日本國王良懷入貢，以無表，卻之。

六月庚申朔，免太原、大同鹽課。

許敘州、重慶輸布代絹。

《太祖實録》卷一三二　癸亥，命鳳陽、揚州二府及和州之民畜官馬一匹者，户免二丁徭役。

《國榷》卷七　安南陳叔明入貢，謝前諭。煒一名叔明。

罷各省軍餉及官吏月俸。

《明史》卷二《太祖紀二》　丙寅，雷震奉天門，避正殿省愆。

《明通鑒》卷七　丁卯，敕諭江陰侯吴良等曰：「昨者上天垂戒，朕思治理，恤民爲先。其王府一切役作，皆令停罷，以仰答上天愛民之心。」時良等重建齊、楚各王府，故有是諭。

《國榷》卷七　庚午，儒士趙楫試通政司右參議。

癸酉，太常寺少卿仁和阮畯爲吏部尚書。

敕召儒士李延齡、李幹。御史薦。

乙亥，罷各府照磨。

敕召儒士楊良卿、王成季。翰林典籍戴安薦。

丙子，敕召儒士陝州石器、荆至、靈寶王道、楊原、張知、閿鄉王仲寧、張謙、郭黼、趙規。尚書范敏薦。

《明史》卷二《太祖紀二》　丁丑，置諫院官。

《國榷》卷七　戊寅，諭户部：「軍民嫁娶喪祭之物，如舟車絲布等，皆勿税。」

己卯，置行人司行人一，左右行人各一。

召儒士吕慎明及湖州教授童冀。吴沈薦。又儒士劉仲海、鄒魯狂、宋季子各專敕。儒士揭樞、王輿、龔文達、白天民遺召，不敕。

置判録司判録一，正七品；副判録二，從七品，專驗京官俸給。

罷天下抽分竹木場。

禮部尚書溧陽偰斯致仕。

延安侯唐勝宗督浙江衛官，作海船，繕城。

暹羅斛國入貢。

《昭代典則》卷九　是月，受朝於正殿。上以天變，避正殿，羣臣上表固請。制書答曰：「朕聞堯、舜、禹、湯、文、武德侔天地，仁洽民心，嘉祥屢臻，號稱至治。朕菲德，不能任賢圖治，是以上天垂戒，災異薦興。夙夜兢業，不遑寧處。特避正殿，以省厥愆。卿等上表固請，勉狥羣情，朝臣民於正殿，期德政於日新，冀天心之可格，尚賴臣寮匡朕不逮。」

《明通鑒》卷七　胡惟庸之誅也，上命翰林儒臣纂輯歷代諸王、大臣、宗戚、宦官之悖逆不道者，凡二百十二人，命曰《臣戒録》，頒布中外，以昭炯鑒。

以蘇恭讓爲漢陽知府。恭讓，玉田人，以舉聰明正直召見，擢授是職，爲治嚴明而不苛。漢陽密邇行省，凡徭役科徵，倍于他郡。恭讓每遇重役，輒詣上官反復陳説，賴以減省。而是時有漢陽知縣趙庭蘭，亦能愛民任事。朝廷嘗遣使徵陳氏散卒，他縣率以民丁取應，庭蘭獨力言無有，民以不擾。一時漢陽人言郡守則稱恭讓，言縣令則稱庭蘭云。

《太祖實録》卷一三二　七月庚寅，吏部奏定在京三品以下衙門典吏月俸一石，六品以下衙門典吏月支食米六斗。

《國榷》卷七　壬辰，諭户部運陝西布于近邊易米麥。

詔京官復其家。

《明通鑒》卷七　癸巳，罷祕書監所藏古今圖籍，改歸翰林院典籍掌之。

《國榷》卷七　遼東都指揮使潘敬、葉旺送高麗貢使周誼至京。上以高麗貢不如約，留誼，遣其通事先還，禁彼使毋擅入。

辛丑，罷寶鈔提舉司及外都布、鹽運司照磨。

壬寅，復封鄭遇春滎陽侯。

倭寇東莞。

甲辰，許給事中屯留張純求歸娶。上嘉純謹厚，遣賜鈔其家，致之以婦至。

廣東都指揮使王真卒。

戊申，召儒士林克堅、林有學、林孟高、孟思淵。

壬子，韓國公李善長等請賀聖節，不許。又請，制曰：「父母劬勞，昊天罔極。當生之日，痛心無已，所以奉祀静居，無敢歌懽。卿等數云天下太平，及朕年高，固請稱賀。今不違羣情，毋致過侈。」自是在外諸司五品上聽表賀，明歲爲始。

丙辰，兩廣溪峒人居京師者，悉聽還鄉。

平章潘原明往福建理軍務。

丁巳，禮部侍郎李冕試尚書。

《太祖實録》卷一三三　八月丙寅，定天下巡檢爲雜職。

《國榷》卷七　癸酉，徵賢良方正楊遇春等至京。遇春乞歸，許之。

丙子，祭歷代功臣用常服行禮。

己卯，置翰林院檢閲官。

丙戌，置應天府學，設教授一，訓導四。

倭寇海豐。

《太祖實録》卷一三三　丁亥，福建布政使司言：「泉州府惠安、德化二縣歸附之初，因降臣主簿張子安以舊徵秋糧妄增田畝，凡民户有糧一石者，虚作田四十畝；驛夫户有糧一石者，虚作田八十四畝，其間虚報之數五百三頃三十畝，爲糧三千餘石，久爲民病。願覈實，除其虚數。」詔從之。

《明史》卷二《太祖紀二》　是月，命天下學校師生，日給廩膳。

《明通鑒》卷七　九月庚寅，永嘉侯朱亮祖坐罪死。亮祖勇悍善戰而不知學，去年，奉詔出鎮廣東，所爲多不法。時番禺知縣道同，執法嚴，非理者一切抗弗從，亮祖以威脅之，同不爲動。有土豪數十輩，抑買市中物，同械其魁于通衢。諸家賄亮祖求免，亮祖置酒爲同言之，同厲聲曰：「公大臣，奈何受小人役使！」亮祖不能屈，破械脱之。富民羅氏，納女于亮祖，其兄弟怙勢爲奸，同復按治，亮祖又奪之去。同積不平，條其事奏之，未至而亮祖先劾同訕傲無禮狀，上不知其由，遂遣使誅同。會同奏亦至，上悟，以爲「同職甚卑，敢斥言大臣不法事，其人骨鯁可用」，復遣使宥之。兩使者同日抵番禺，後使至則同已死。上怒亮祖誣奏，趣召還，與其子府軍衛指揮暹俱鞭死，蓋欲爲同論抵也。既，念亮祖功，御製壙誌鐫其事，命仍以侯禮葬。道同雖以忤權貴得禍，而自上治亮祖後，守令稍稍行其法，軍衛之暴横者亦稍斂戢焉。

《明史》卷二《太祖紀二》　辛卯，景川侯曹震、營陽侯楊璟、永城侯薛顯屯田北平。

《國榷》卷七　甲午，日本入貢，無表，卻之。

乙未，命天下諸司正官首領來朝明年正旦。

《太祖實録》卷一三三 戊戌，兵部奏：「河州茶馬司市馬，用茶五萬八千八百九十二斤，牛九十八頭，得馬二千五十匹。」

《國榷》卷七 改行人判録司爲司正，左右行人判録副爲左右司副。

己亥，徵儒士王本等至京。敕諭之曰：「朕興艱難，朝無良佐，道乖政靡，勿獲泰安。四凶雖誅，賢士未至。今得爾諸儒旬有餘日，厥志未知，特爾敕問。果志秉忠誠，可交神明，與朕同游，以康天下。」

《明史》卷二《太祖紀二》 乙巳，天壽節，始受羣臣朝賀，賜宴於謹身殿，後以爲常。

丙午，置四輔官，告於太廟。以儒士王本、杜佑、龔斆、杜斆、趙民望、吴源爲春、夏官。

《國榷》卷七 丁未，詔戒守令曰：「曩奸臣弄權，百職罔忠，遂致刑典。所授有司，皆出編民，宜知稼穡艱難，民生疾苦。舊任未代者，若仍前非，則國有常憲。」

戊申，敕四輔官王本等曰：「卿受斯任，民生繫焉，可不重乎？卿等昨爲庶民，今輔朕掌兹二儀，敬事，不可有乖。」

辛亥，後軍都督府僉事高顯卒。

《明史》卷二《太祖紀二》 是月，詔陝西衛軍以三分之二屯田。

《國榷》卷七 召儒士梁俯、賈惟岳。

十月戊午朔，敕王本等曰：「是春徂秋，天災叠見。惟秋之暮，天氣尚暄。諭爾齋沐精勤，爾等奉命盡誠。候及立冬，朔風釀寒，以成冬令。嗚呼！感應如響。古者三公四輔，論道經邦，理陰陽，順四時，乖戾則曰失職。卿等尚竭忠勤，用佐厥終！」

諭吏部有司舉士非人者，罰無貸。

召儒士張叔廉、陳真、宋訥，教諭石瓊、楊盤，訓導曹文壽、張珹、李睿。

壬戌，罷諸王府録事，置左右長史，正五品。

乙丑，前户部尚書徐鐸試湖廣右布政使。

己巳，真臘國王參答甘武者持達志入貢。

召魏國公徐達還京。

《太祖實録》卷一三四 癸酉，命吏部汰天下巡檢司，凡非要地者，悉罷之。於是罷三百五十四司。

乙亥，遣使勑諭江陰侯吴良曰：「上天垂象，主土木之事。近令拓青州北城，恐勞民太重，宜罷其役。」

致仕兵部尚書單安仁言：「由大江入黄泥灘口，過儀真縣南壩，入轉運河，自南壩至扑樹灣，約三十里，宜濬以通往來舟楫。其湖廣、江西等處運糧船可由大江黄泥灘口入轉運河，過淮安壩，以達鳳陽，及迤北郡縣。其兩淮鹽運船可由揚子橋過縣南灘，入黄泥灘，出江，以達京師。其浙江等處運糧船可從下江入深港，過揚子橋，至轉運河，過淮安壩，以達鳳陽。凡運磚木之船皆自瓜州過堰，不相混雜。如是則官船無風水之虞，民船無停滯之患。其轉運河及江都縣深港亦宜考其故道而疏濬之。又瓜洲所建倉厫地邊大江，風潮不測，莫若以漸移入揚子橋西高阜之地，於計爲便。」上曰：「所言雖善，然恐此役一興，未免重勞民力。姑緩之。」

《國榷》卷七 丁丑，琉球、爪哇入貢。

己卯，試禮部尚書李冕爲江西布政使。

福建都轉運使司副使龍泉周時中坐罪，當棄市，宥之，除名。

《明通鑑》卷七 是月，吏部引見國子生二十四人，皆授府、州、縣官。

《國榷》卷七 十一月戊子，罷在京行用庫。

癸巳，擢教諭石磺户部侍郎。

庚子，重定王國社稷山川壇制。

《明史》卷二《太祖紀二》 乙未，徐達還。

丙午，元平章完者不花、乃兒不花犯永平，指揮劉廣戰没，千户王輅擊敗之，擒完者不花。

《國榷》卷七 癸丑，吏部重定功臣及常選官封贈等第。

《明通鑑》卷七 是月，致仕翰林學士承旨宋濂，以長孫慎坐胡惟庸黨被誣，與濂季子璲俱下獄死。時並逮濂至京師，論死，皇后諫曰：「民家爲子弟延師，尚以禮全始終，况天子乎！且濂家居，必不知情。」上不聽。會賜后侍食，不御酒肉，上問故，曰：「妾爲宋先生作福事也。」上爲惻然投箸起。明日，赦濂，安置茂州。

《太祖實録》卷一三四 十二月丁巳朔，上命户部移文諸郡縣：「凡功臣之家有田土，輸納税糧，并應充均工夫役之外，如糧長、里長、水馬驛夫等役悉免之。」

《國榷》卷七　壬申，太倉衛指揮使朱文質、福州左衛指揮僉事陳文俱爲後軍都督僉事。

庚寅，湖廣試布政使李叔正試禮部侍郎。

癸未，改雜職方印爲條記。

乙酉，南昌府上賀正旦表，不如制，宜罪，宥之。

《太祖實録》卷一三四　是月，户部奏，天下開墾荒閑田地五萬三千九百三十一頃。

《明史》卷二《太祖紀二》　天下府州縣所舉士至者八百六十餘人，授官有差。

南雄侯趙庸鎮廣東，討陽春蠻。

《國榷》卷七　承敕郎曾儀等乞歸省。敕曰：「朕聞士有五患焉。患同庶人，不同庶人矣，患無學；學矣，患不齒于志學者；齒于志學者矣，患無官；官矣，患不忠；忠矣，患不孝。儀等以生員選入國學，異庶人矣；未及數年授以官，出國學者矣。今各言歸，云省親，云歸祭，亦知孝身矣。惟志學忠君，未審何若？若患不出于志學而忠君，則當思孟軻三鼎五鼎之厚薄也。民之享也，無鼎乃微；士之享也，有鼎乃貴。貴有厚薄，以三五鼎者，則必思志學而忠君矣。」

重作天禧寺。舊長干寺。

《皇明資治通紀》卷七　遣使詔諭日本國王，不得縱民侵擾。

洪武一四年（辛酉、一三八一）

《明史》卷二《太祖紀二》　正月，戊子，徐達爲征虜大將軍，湯和、傅友德爲左、右副將軍，帥師討乃兒不花。

命新授官者各舉所知。

《國榷》卷七　户部試尚書范敏免。

《明史》卷二《太祖紀二》　乙未，大祀天地於南郊。

《國榷》卷七　置松潘等處安撫司，龍州知州薛文勝爲安撫使。

《明通鑒》卷七　丙申，上諭部臣曰：「人君操賞罰之柄以御天下，必在至公。無善而賞，是謂私愛；無過而罰，是謂私惡，此不足以爲勸懲。朕觀漢高帝斬丁公，封雍齒，唐太宗黜權萬紀、李仁發而賞魏徵之直，皆至當，可以服人。所謂賞一君子而人皆喜，罰一小人而人皆懼。朕于賞罰未嘗敢輕，一時處分恐有未當，卿等宜明白執論，寧使賞厚于罰，但不可濫及，使小人僥幸耳。」

《太祖實録》卷一三五　庚子，敕諭蘇、松、嘉、湖及浙江、江西有司，凡民間女子年十三以上、十九以下，婦人年三十以上、四十以下，無夫者，不問容貌妍醜，但無惡疾，願入宫備使令者，女子人給鈔六十錠，婦人給鈔五十錠，爲道里費，送赴京師。

《國榷》卷七　置各布政司左右參議。

《太祖實録》卷一三五　乙巳，以國子學助教趙新爲山西布政使，郝仲誠爲陝西布政使司左參政，馬懿爲江西布政使司左參議，王景範爲湖廣布政使司右參政，試司業張勵爲山東布政使司右參議。

《國榷》卷七　命吏部，凡郡縣所舉諸科賢才，日引至端門廡下，令四輔官、諫院官共論議，覘其才識。

《皇明資治通紀》卷七　丁未，近臣有言國家當理財以紓國用者，言之頗悉。【略】上曰：「天地生財以養民，故爲君者當以養民爲務。夫節浮費，薄税斂，猶恐損人，况可重爲徵斂乎？」近臣復言：「自天子至于庶人，未有不儲財而能爲國家者。」上曰：「人君儲財，與庶人不同。庶人爲一家計，則積財於一家；人君爲天下主，當散財于天下，豈可塞民之養而陰奪其利乎？昔漢武帝用桑弘羊、孔瑾之徒剥民取利，海内苦之；宋神宗用王安石理財，小人競進，天下騷然，此可爲戒。孔子曰：『百姓不足，君就與足。』此言何謂也？」言者愧悚，自是無敢以財利言者。

辛亥，征虜大將軍魏國公徐達發燕山等衛屯兵萬五千一百人，修永平、界嶺等三十二關。

《明史》卷二《太祖紀二》　壬子，罷天下歲造兵器。

癸丑，命公侯子弟入國學。

《國榷》卷七　丙辰，詔求隱逸。【略】曰：「哲士幽潛而闢世，天道動忍以增能。士隱耕釣，困羈旅，高才至智，不能伸者，有司以禮敦致，朕將尊顯之。」

禮部侍郎靖安李叔正爲尚書。

《明通鑒》卷七　是月，詔定賦役。始令天下編造黄册，以一百十户爲一里，有里長；十户爲甲，有甲首。歲役里長、甲首各一人，董一里、一甲之事。其先後以丁糧多寡爲序，凡十年，周，曰「排年」。在城曰「坊」，近城曰「廂」，鄉都曰「里」。里編爲册，册有丁有田，丁有役，田有租。租一年兩征，曰「夏税」，曰「秋糧」，皆以户爲主。册首有圖。鰥寡孤獨不任役者，附十甲後爲畸零。僧道給度牒，有田者入民册，無田者亦爲畸零。册凡四，一上户部，其三則布政司、府、縣各存一焉。每十年，有司更定其制，以丁糧增減而升降之，上之户部。以黄紙爲册面，故名之曰「黄册」。時范敏主户部事，諸册式皆其所裁定云。

《國榷》卷七　命刑部録囚，具案奉旨送四輔官、諫院官、給事中覆覈奏之。有疑讞，四輔官封駁，著爲令。

二月壬戌，賜諫院右司諫石中、判録司左司副夏守忠鈔各十定，以公直敢言也。

甲子，浦江鄭湜爲福建布政司左參議。

《明通鑑》卷七　〔時〕有告浦江鄭氏交通胡惟庸者。鄭氏家以義門聞，上即位之初，處士鄭濂，以田多推爲糧長，入覲于朝，上頗識之，至是爲奸人所誣。濂時在京師，吏捕其家，濂之從弟曰湜者，與諸兄争先詣吏。至京師，濂迎謂曰：「吾爲家長，當任其罪。」湜曰：「兄老矣，弟當任之。」兩人相争入獄。上曰：「吾知鄭義門必無是，人誣之耳。」俱召至廷，慰勞勉之。並問濂治家所以長久之道，具以對。上悦，擢湜爲福建布政司參議。

《國榷》卷七　乙丑，融縣猺民作亂，官軍討平之。

丙寅，楚王楨之國武昌。

暹羅斛國入貢。

辛未，試户部侍郎武進徐輝爲試尚書。

《太祖實録》卷一三五　癸酉，命刑部吏定徒罪煎鹽炒鐵例。凡徒罪煎鹽者，福建、廣西之人發兩淮，河南、山東、廣東之人發兩浙，直隸、江南、浙江之人發山東，直隸、江北之人發河間，湖廣之人發海北。凡徒罪炒鐵者，江西之人發泰安、萊蕪等處，山西之人發鞏昌，北平之人發平陽，四川之人發黄梅，海南、海北之人發進賢、興國。

《國榷》卷七　乙亥，儒士鄭孔麟、王德常爲河南、廣東右參議。

丁丑，申明鄉飲酒禮。

己卯，增布政使左右。

《明史》卷二《太祖紀二》　庚辰，覈天下官田。

《國榷》卷七　甲申，令武官三品以上有犯，請旨乃鞫；四品以下竟逮問。

《太祖實録》卷一三五　乙酉，給事中劉達言：「議刑司奏劄，諫官覆審訖，又署名劄尾而後行。恐他日有窺伺沾恩者，乞自今諫官無令署名。」制從之。

《明史》卷二《太祖紀二》　三月丙戌，大赦。

《明通鑑》卷七　【略】詔曰：「唐、虞、三代之君，任賢使能，民皆遠罪，刑措不用，享年永久。朕夙夜究心，未臻斯效。意者委任非人，致民陷于刑辟，朕甚閔焉。其大赦天下，與民更始。」

《國榷》卷七　丁亥，復置各道按察使及分司。

己丑，蘇州人附私物運船，上以運木勞苦，赦之。

庚寅，詔刑部：「犯徒流罪者毋處以荒地，定道里遠近居之，全其生。」

乙未，定王國慶賀禮。

丙申，敕内外倉庫、司局官各舉賢良方正、文學才幹之士。

敕致仕刑部尚書李敬爲國子祭酒，禮部侍郎劉崧爲司業。

辛丑，頒《五經》、《四書》於北方學校。

《皇明資治通紀》卷七　上謂廷臣曰：「夫道之不明，由教之不行也。夫《五經》，載聖人之道者也。譬之菽、粟、布、帛，家不可無。人非菽、粟、布、帛則無以爲衣食，非《五經》、《四書》則無由知道理。北方自喪亂以來，經籍殘缺，學者雖有美質而無講明，何由知道？今以《五經》頒賜之，使其講習。夫君子知學，則道興；小人知學，則俗美。他日收效，亦未必不本於此也。」

《國榷》卷七　宋國公馮勝爲征虜將軍，節制河南，息民練士。

《太祖實録》卷一三六　壬寅，遣使齎敕諭征虜大將軍魏國公徐達、左副將軍信國公湯和、右副將軍潁川侯傅友德曰：「今夏及秋，胡人必伏精兵于近塞，以待我師。卿等欲輕騎進擊，不可不深爲謀。必先知彼虚實，乃可行兵。若知彼之計，宜遣三四百人，先入其境，而以精騎繼之。其先行者必有擒獲，執而詢之，可得情實。有伏則引還，誘其追我，度其行遠勢困，則返擊之，必得其利。無伏即以精兵擣之，可也。若大軍未可出塞，且留營北平。」

《國榷》卷七　敕刑部官吏受賂者，必求所賂人併罪，家徙邊。著爲令。

丙午，召前御史中丞安然爲四輔官。

丁未，置東宮左右春坊司直郎。正六品。

戊申，軍儲倉副使李忠爲刑部侍郎。

命郡縣訪明經夙儒，補訓導。

辛亥，起致仕四輔官龔斆爲國子學司業。

癸丑，工部主事李文仲爲侍郎。

四月丙辰朔，改國子學于雞鳴山南。

令國子生兼讀劉向《説苑》及《律令》。諭祭酒李敬曰：「劉向《説苑》多載前言往行，朕時觀省，深有勸戒。《律令》國家法制，參酌古今，可遠刑辟。宜兼讀。」

簡精騎萬六千三百三十五人，赴北平，從大將軍征胡。

己未，國子司業禮部侍郎劉崧卒。

甲子，上諭刑部臣曰：「惡名，人所恥。仕者孰不欲保爵禄，彰善譽？或差或誤，雖悔無及。自今犯者宥罪復職，榜過門端，改則除之。」

《明史》卷二《太祖紀二》　庚午，徐達率諸將出塞，至北黄河，擊破元兵，獲全寧四部以歸。

《國榷》卷七　癸酉，召前武昌知府義烏傅藻爲河南按察使。博學善詞章

《太祖實録》卷一三七　乙亥，復置磨勘司稽考在京諸司文移司令一人，左右司丞各一人，左右司副各一人。

《國榷》卷七　己卯，北平布政司乞仍徵焰硝。上以息兵，罷其輸。

五月乙酉朔，哈梅里回回阿老丁來朝。

《太祖實録》卷一三七　丙申，刑部奏決重刑。上諭之曰：【略】「自今凡十惡非常赦所原者，則云重刑。其餘襍犯死罪，許聽收贖者，毋槩言也。」

甲辰，前翰林學士承旨宋濂卒。

己酉，造軍衛廬舍官署。

壬子，陳鏞嗣臨江侯。

《明史》卷二《太祖紀二》　是月，五溪蠻叛，江夏侯周德興討平之。

《明通鑒》卷七　時江夏侯周德興，自福建召還，上以其年老，欲令少休息，德興力請行，乃壯而遣之。賜手敕曰：「趙充國征西羌，馬援討交阯，皆年老自請行。朕常嘉其事，謂今人所難，卿忠勤不怠，何多讓焉！」

《國榷》卷七　靖州蠻作亂，衛兵討平之。

《明通鑒》卷七　六月丙辰，選國子生，得三十七人，以備擢用。

《國榷》卷七　安南陳煒入貢。時思明府言安南脱峒二縣攻其永平等寨，安南亦訴思明見攻。上以煒欺詐，卻之。

《太祖實録》卷一三七　戊寅，築海鹽縣海塘成。先是，海鹽縣塘岸爲潮水衝激，壞二百餘丈，命工部募市民無農業者分築之。至是始成。

癸未，置黔江縣。初，黔江之地元季陷入蠻夷，國朝立千户所，招諭其民。至是漸復故業，遂置縣以安撫之。

《國榷》卷七　七月，乙酉，重定進賀表箋禮。

丁亥，刑部郎中錢塘胡楨爲尚書。

《昭代典則》卷九　戊戌，日本國王良懷遣僧如瑤等貢方物及馬，却，仍命禮部責其國王。曰：「大明禮部尚書致意日本國王：王居滄溟之中，輔世長民。今不奉上帝之命，不守己分，但知環海爲險，依山爲固，妄自尊大，肆侮隣邦，縱民爲盜。帝將假手於人，禍有日矣。吾奉至尊之命，移文與王。王若不審巨微，效井底蛙，仰觀鏡天，自以爲大，毋乃搆隙之源乎？王涉獵古書，不能細詳，始號曰『倭』，後惡其名，遂改日本。自漢歷魏、晉、宋、梁、隋、唐、宋之朝，皆遣使奉表，貢方物生口。當時帝王或授以職，或爵以王，或睦以親，由歸慕意誠，故報禮厚也。若叛服不常，搆隙中國，則必受禍。如吴大帝、晉慕容廆、元世祖皆遣兵征伐，俘獲男女以歸。千數百年間，往事可鑒也！王其慎之！」

《國榷》卷七　裁工部雜作局。

己亥，左軍都督僉事何德卒。

《太祖實録》卷一三八　辛丑，皇后千秋節，諸命婦朝賀于坤寧宫，錫宴。

《國榷》卷七　壬寅，前刑部員外郎寇徵爲應天府尹。

《太祖實録》卷一三八　丁未，定給授文職散官之制。凡布衣初入仕，雜職，初入流，任内未及初考而遷調改除，陞等者，有罪及不稱者，貶降者，考覈平常、量才降等、非貶降者，皆得初授階。凡初考稱職，任内已及初考，遷調改除，而品級仍前者，任内已陞授，未及再考，遷調改除，而品級仍前者，皆得陞授階。凡及兩考而事蹟顯著者，皆得加授階。

《國榷》卷七　己酉，前軍都督府經歷商英試刑部右侍郎。

《太祖實録》卷一三八　壬子，申禁官吏軍民不許服用玄黄、紫色。

《國榷》卷七　各省社稷、山川等祀，武職不預。

八月癸丑朔，諭征雲南梁王把匝剌瓦爾密，先備資裝。

《太祖實録》卷一三八　壬戌，四川布政使司言：「重慶府舊治爲明氏所居，

歸附以來，但以巴縣置府。今已十年，舊治摧毀，惟餘廳事，乞仍舊爲府治便。」上從之。

《明通鑒》卷七　乙丑，南雄侯趙庸討陽春蠻，平之。先是廣東右衛百户翁顯討山寇，房文廣力戰，死之。會倭寇閩洋，上命庸兼鎮閩廣。至是陽春之捷，俘囚無算，庸奏戮其魁，餘悉散遣之。

《國榷》卷七　丁卯，致仕户部侍郎李仁爲滁陽牧監正。

廣安州人僞彌勒佛惑衆，官軍捕斬之。

《太祖實録》卷一三八　己巳，遣在京致仕武臣有才幹者，往江南諸府州縣督造海舡。

《明史》卷二《太祖紀二》　丙子，詔求明經老成之士，有司禮送京師。

《明通鑒》卷七　庚辰，河決原武、祥符、中牟。有司請修築。上曰：「此天災也。今欲塞之，恐徒勞民力，但令防護舊堤，勿重困吾民。」

《國榷》卷七　四輔官兼太子賓客安然卒。

《明史》卷二《太祖紀二》　辛巳，徐達還。

九月壬午朔，傅友德爲征南將軍，藍玉、沐英爲左、右副將軍，帥師征雲南。

《明通鑒》卷七　【略】〔上〕諭友德曰：「雲南自昔爲西南夷，至漢始置吏，臣屬中國。今元遺孽巴咱爾、斡爾密等，自恃險遠，害我使臣，在所必討。朕嘗覽輿圖，得其阨塞。取之之計，當自永寧别遣一軍向烏撒，大軍自辰、沅入普定，分據要害，然後進兵曲靖。曲靖，雲南之噤喉，彼必并力于此以抗我師。出奇制勝，實在于此。既下曲靖，三將軍以一人向烏撒應永寧之師，大軍直擣雲南。彼此牽制，疲于奔命，破之必矣。雲南既克，徑趨大理，先聲已奪，勢將瓦解。其餘部落，遣人招諭，可不煩兵下也。」師行，上親餞之龍江。

《明史》卷二《太祖紀二》　徐達鎮北平。

《國榷》卷七　敕播州宣慰使楊鏗南征。

《太祖實録》卷一三九　癸未，改翰林院、欽天監、太醫院爲正五品。翰林院學士一人，侍講學士二人，侍讀學士二人，孔目一人，屬官侍講二人，侍讀二人，五經博士五人，典籍二人，侍書二人，待詔六人，史官脩撰三人，編脩四人，檢討四人。欽天監令一人，丞二人，主簿一人，屬官五官正五人，五官靈臺郎八人，五官保章正二人，五官挈壺正二人，五官監候三人，五官司曆二人，五官司辰八人，漏刻博士六人。太醫院令一人，丞五人，吏目一人，屬官御醫四人。其欽天監、太醫院官，俱從品級，授以文職散官。

《國榷》卷七　西域僧古麻辣室哩、山丹室哩等辭歸。先自中印度來朝，命遊五臺山，六年留京，至是賜而遣之。

《太祖實録》卷一三九　乙酉，勑諭宋國公馮勝、河南都指揮使徐司馬曰：「天象屢見，不可不警。大梁軍民雜處，宜用心撫安之。今秦王、晉王還京，宜選精鋭將士嚴密宿衛。王到之時，宋國公出迎，則都指揮城守；都指揮出迎，則宋國公城守。指揮軍士以三分之一出迎，餘悉令守城。爾其夙夜加慎毋忽。」

《國榷》卷七　己丑，復置起居注。

壬辰，立滁陽王廟于滁。

《太祖實録》卷一三九　丁酉，置中都留守司，統鳳陽、長淮等八衛。留守一人，正二品；左右副留守各一人，正三品；經歷司經歷一人，正六品；都事一人，正七品；斷事司斷事一人，正六品；副斷事一人，正七品；吏目一人，未入流。以駙馬都尉黄琛爲留守。

《國榷》卷七　己亥，改蔣山興國禪寺爲靈谷寺。

辛丑，敕刑部尚書胡楨等曰：「唐虞之世，罪疑惟輕。四凶之誅，止于流竄。有司既不能宣明教化，使民無犯，及小過或加苛刻，朕甚閔焉。自今十惡真犯決如律，餘皆減死論。」

衍聖公孔希學卒。

《太祖實録》卷一三九　丙午，禮部尚書李淑正言：「州縣儒學訓導多以賢良等科薦至京，致師範缺員，生徒廢業。」上曰：「學校人才所出，朕方以未得明師爲憂，而有司又拔而舉之，甚失教育人才之意。其即禁之，著爲令。」

《明史》卷二《太祖紀二》　周德興移師討施州蠻，平之。

《國榷》卷七　上謂四輔官王本曰：「天于君，猶父于子，有警敢不懼？朕與卿等皆當謹慎無違。」

《太祖實録》卷一三九　丁未，征南將軍潁川侯傅友德兵至湖廣，分遣都督胡海洋等帥兵五萬，由永寧趨烏撒。

《國榷》卷七　考功監令李澂爲兵部尚書。

己酉，翰林修撰樂清趙新致仕，予敕。

以李幹、何顯周爲四輔官兼太子賓客。

《明史》卷二《太祖紀二》　十月癸丑，命法司録囚，會翰林院給事中及春坊官會議平允以聞。

甲寅，免應天、太平、廣德、鎮江、寧國田租。

《國榷》卷七　丙辰，南靖民亂，南雄侯趙庸討平之。

秦府右長史奉化蔣子傑爲山西按察使。

庚申，古田民亂，主簿蘇璉等討平之。

《明通鑒》卷七　辛酉，給事中鄭相同言：「舊制，百官見東宫皆稱名，惟宫臣稱臣。」下廷臣議，編修吴沈等曰：「東宫，國之大本，所以繼聖體，承天位也。臣子尊敬之禮，不宜有二，請凡啓事皇太子者，皆稱臣如故。」從之。

《國榷》卷七　壬戌，置水馬驛二十六。

《明史》卷二《太祖紀二》　癸亥，分遣御史録囚。

《昭代典則》卷九　上欲革天下刑獄壅蔽之弊，故分遣御史四出按治，凡罪重者悉送京師大理寺詳議。於是愿等往湖廣等處，石恒等往直隸、蘇、松諸府。勑諭之曰：「王者，順天時以修政令，古之制也。今天氣嚴肅，當修刑典。御史職在司法，伸理冤抑。今遣爾等往各處審決獄囚，其罪重者悉送京師，令大理寺詳讞，無任情以屈法，枉道以厲民。期於律應人心，法當天理。欽哉！」

《太祖實録》卷一三九　甲子，四川威、松、茂州三衛以茶姜布紙易馬，送京師。

《國榷》卷七　己巳，禁瀕海軍民私通外夷。

《太祖實録》卷一三九　壬申，定考劾之法。在京六部五品以下及太常司、國子學屬官聽本衙門正官察其行能，驗其勤怠，定爲稱職、平常、不稱職。五軍各衛首領官俱從監察御史考劾，各三年一考，九年通考黜陟。其四品以上及通政使司、光禄司、翰林院、尚寶司、考功監、給事中、承勑郎、中書舍人、殿廷儀禮司、磨勘司、判禄司、東宫官俱爲近侍，監察御史爲耳目風紀之司，太醫院、欽天監及王府官不在常選，任滿黜陟，俱取自上裁。直隸有司首領官及屬官從本司正官考劾，任滿從監察御史覆考。各布政使司首領官及屬官並從提刑按察司考劾。其茶馬司、鹽馬司、鹽運司、鹽課提舉司并軍職首領官任滿，俱從布政使司考劾，仍送提刑按察司覆考。其布政使司四品以上，按察司、鹽運司五品以上，任滿，官黜陟，取自上裁。内外入流并雜職官九年任滿，給由赴吏部考劾，依例黜陟。果有殊勳、異能，超邁等倫者，取自上裁。所司事繁而稱職無過者陞二等，有私笞公過者陞一等，有紀録徒流罪一次者本等用，二次者降一等，三次者降二等，四次者降三等，五次以上雜職内用。繁而平常無過者陞一等，有私笞公過者本等用，有紀録徒流罪一次者降一等，二次者降二等，三次者降三等，四次以上雜職内用。簡而稱職與繁而平常同。簡而平常無過者本等用，有私笞公過者降一等，有紀録徒流一次者降二等，二次者雜職内用，三次以上黜之。其繁而不稱職，初考降二等；簡而不稱職，初考降三等。若有紀録徒流罪者，俱於雜職内用。九年之内，二考稱職，一考平常，從稱職；二考稱職，一考不稱職，或二考平常，一考稱職，或稱職、平常、不稱職各一考，皆從平常。其繁簡之例，在外府以田糧十五萬石以上，州以七萬石以上，縣以三萬石以上，或親臨王府、都司、布政使司、按察司，并有軍馬守禦，路當驛道，邊方衝要，供給之處俱爲事繁。府糧不及十五萬石，州不及七萬石，縣不及三萬石，及僻静之處，俱爲事簡。在京諸司俱從繁例。

《國榷》卷七　甲戌，江西按察司吏許副使某常服寫表，以妄訐正其罪。

《明史》卷二《太祖紀二》　己卯，延安侯唐勝宗帥師討浙東山寇，平之。

《國榷》卷七　海陽民亂，南雄侯趙庸討平之，擒千餘人。

是月，周王橚之國河南。

爪哇國王八達那巴那務入貢。

《明通鑒》卷七　工部尚書薛祥坐累杖死，天下哀之。

《明史》卷二《太祖紀二》　十一月壬午，吉安侯陸仲亨鎮成都。

《國榷》卷七　戊子，上聞盜掠黄陂而西，敕宋國公馮勝于汝寧、南陽，伺其出没，捕之。

庚寅，覈天下廢寺田入官。

《太祖實録》卷一四〇　己亥，復置大理寺及審刑司，以平理庶獄。大理寺卿一人，正五品；左右少卿各一人，從五品；左右寺丞各一人，正六品。其屬左右寺正各一人，正六品；左右寺副各二人，從六品；左評事四人，右評事八人，正七品；胥吏六十二人。凡刑部、察院、五軍斷事官、直隸府、州、縣罪囚，左寺理之；十二布政司，右寺理之。審刑司左右審刑各一人，正六品；左右詳議各三人，正七品；司吏十人。凡大理寺所理之刑，審刑司復詳讞之。

《國榷》卷七　甲辰，諭吏部、兵部擇用志學武臣子弟。

乙巳，浚揚州官河。

蘇人上治安六策，上曰：「治國當用賢，致治在得人，此首言用法，悮矣！」

丙午，南雄侯趙庸平程鄉盜。

丁未，賜國子生冬至節錢。

平涼侯費聚兵趨普定。

江陰侯吳良卒。

起復太常寺卿唐鐸爲兵部尚書。

己酉，禁有司不得差遣學官。

《明史》卷二《太祖紀二》 庚戌，趙庸討廣州海寇，大破之。

《國榷》卷七 福安人作亂，官軍討之，遁入山。適延安侯唐勝宗討處州盜，分兵捕滅之。

《國榷》卷七 十二月壬子，禮部郎中高信試尚書，儒士張子源試侍郎，張宗德試兵部侍郎。

中軍都督僉事孫世卒。

乙卯，龍巖人作亂，官軍討平之。

《明史》卷二《太祖紀二》 丁巳，命翰林春坊官考駁諸司章奏。

《國榷》卷七 常德多虎，命留守司選勇士百八十二人，從回回唐哈撒捕之。唐哈撒善捕虎。

《昭代典則》卷九 辛酉，征南將軍傅友德等克貴州普安，進兵曲靖。傅友德兵至湖廣，即分遣都督胡海洋等帥兵五萬，由永寧趨烏撒，友德與藍玉、沐英率大軍由辰、沅趨貴州，進攻普定，克羅鬼，苗蠻犵狫聞風而降。至普安，復攻下之，乃留兵戍守，進兵曲靖。

《國榷》卷七 乙丑，右正言田友信試户部右侍郎。

敕遼東都指揮使潘敬等：「高麗李仁人弒主，今願聽約束。其貢有一物不如約，即卻之，毋被其誑。」

戊辰，傅友德等至曲靖，梁王把匝剌瓦爾密遣司徒平章達里麻將精兵十餘萬，拒戰白石江。右副將軍西平侯沐英請諸軍嚴陣，兼道蒙霧，潛渡白石江下流，出其後，而達里麻陣動。大軍遂畢濟，乘而擊之，力戰自旦至暮，敵大潰，擒達里麻，俘以萬計，克曲靖。分遣左右副將軍藍玉、沐英趨雲南，自率衆數萬，循格孤山而南搗烏撒。元樞密院副使燕帖木敗歸，妻脱脱懷氏閉門不納，曰：「爾受梁王厚恩，兵敗不死，何以見妻？」遂飲鴆死，乃鴆其二男一女，命侍兒曰：「我死，爾焚其屋，毋辱我。」

庚午，元梁王把匝剌瓦爾密聞兵敗，與左丞達的參政金驢遁入羅佐山。

辛未，賜國子生明年正旦元宵節錢。

敕傅友德等：「烏蒙、烏撒果降否？前恐蠻地無糧，令將軍分軍回衛。今資糧于敵軍，不可回也。」遣内臣敕烏蒙、烏撒、東川、芒部、建昌諸酋長：「如悔罪來朝，否則遣貢，朕當罷兵，以安黎庶。」

户部尚書徐輝有罪下獄，上以勤事，減死論。

《明史》卷二《太祖紀二》 壬申，元梁王把匝剌瓦爾密走普寧自殺。

《明通鑒》卷七 癸酉，玉、英等師至雲南之板橋，元右丞觀音保以城降。玉等整軍入，秋毫無犯。

《太祖實録》卷一四〇 甲戌，革善世、玄教二院。

《國榷》卷七 丙子，延安侯唐勝宗平衢、處、温山盜，斬二百八十級，俘三千三百餘人，賜田一莊。

征南左副將軍永昌侯藍玉遣景川侯曹震、定遠侯王弼、宣德侯金朝興分兵趨臨安諸路。

《太祖實録》卷一四〇 是月，城普定。

戊寅，金朝興至江川，元右丞五輔臺降。

《明通鑒》卷七 城烏撒。友德自曲靖取間道，循孤格山而南，直擣烏撒，元右丞實卜方屯赤水河拒英等，聞大軍至，遽遁去。友德下令城烏撒，版築方具，實卜引諸蠻復大集，友德據高岡，嚴陣待之。諸將請戰，友德曰：「必欲戰者，有進無退。」時芒部土酋悉衆來援，我軍争擊之。戰數十合，蠻衆中槊墜馬，死者相踵，遂大潰，斬首三千級，實卜率餘衆遁。遂城烏撒，克七星關以通畢節，進兵可渡河。于是東川、烏蒙、芒部、水西諸蠻，皆望風降附。

《國榷》卷七 太常寺卿吕本卒。

《明通鑒》卷七 罷京畿都漕運司。

洪武一五年（壬戌、一三八二）

《明史》卷三《太祖紀三》 春正月辛巳，宴羣臣於謹身殿，始用九奏樂。

景川侯曹震、定遠侯王弼下威楚路。

壬午，元曲靖宣慰司及中慶、澂江、武定諸路俱降，雲南平。

《太祖實録》卷一四一　癸未，起前石埭縣知縣石禎爲嘉興府知府，監大軍倉支納楊企賢爲常州府知府，辰州府通判墨景銘爲鳳翔府知府。初禎等皆坐事免，還鄉。至是，上懲胡、陳蔽賢之弊，故皆起用之。

始置諸司勘合。其制以簿册合空紙之半，而編寫字號，用内府關防印識之。右之半在册，左之半在紙。册付天下布政使司、都指揮使司及提刑按察司、直隸府、州、衛所收之，半印紙藏於内府。凡五軍都督府、六部察院有文移，則於内府領紙填書所行之事，以下所司。所司以册合其字號，印文相同則行之，謂之半印勘合，以防欺弊。

《太祖實録》卷一四一　禮部言：「天下布政使司、府、州、縣，凡祭祀社稷、山川，命文官主祭，武官不與。岷州等衛軍民指揮使司既職兼軍民，其社稷、山川之祭則宜從本司主之。」制曰：「可。」

《國榷》卷七　乙酉，城播州。

丙戌，翰林侍講火原潔等編類《華夷譯語》。

《太祖實録》卷一四一　丁亥，命禮部遣使往福建、湖廣、江西、浙江四布政使司及直隸府、州選善書者，凡得千九百十人。

《明通鑒》卷七　置貴州都指揮司，命平涼侯費聚、汝南侯梅思祖署司事。

《明史》卷三《太祖紀三》　己丑，減大辟囚。

《國榷》卷七　庚寅，免開封河決去年田租。

《明通鑒》卷七　甲午，上遣使諭友德曰：「貴州、雲南，相距甚遠，今須别置雲南都司以統諸軍。既有土有民，亦須置布政使及府州縣治之。其烏撒、烏蒙、東川、芒部之地，亦宜留兵守衛，控制渠長。」

《明史》卷三《太祖紀三》　乙未，大祀天地於南郊。

《國榷》卷七　爪哇入貢。

南雄侯趙庸平東莞、翁源、四會諸盜。

戊戌，凡將校雜犯死罪，俱戍邊。

辛丑，免山東舟師出海巡倭，第嚴備之。

《太祖實録》卷一四一　癸卯，惠州府盜發，同知郎德率民兵捕獲斬之。

《國榷》卷七　大理守段信苴世上書傅友德，曰：「聖朝受命，奄有區夏。以雲南居使梗化，問罪之師，有不得已。麾下長驅一鼓，席捲曲靖，非天助順，何以及此？流言兵至如烈火，遷其土著，擄其妻子，故疑畏而不敢即也。夫雲南遐荒，歷代不能臣，秦漢通使，諸葛孔明不留鎮兵，諸夷信服；唐鮮于仲通調師十二萬而竟敗，皆蒙氏前事也。我段氏有國，抗趙宋三百十五年，元興内附，命仍大理部闡會，以建昌、威楚、姚安、鶴慶、東川、騰衝等處，并三十六酋長，悉聽節制，百三十年。今賴天聰，遣參議張普招諭，來領雲南王金寶之詔，麾下又榜諭信苴世。夫民情向背，基于撫虐，天道損益，應于謙滿，可不戒乎？且兵久則變生，事苦則慮易，莫若班師罷戍，奉揚寬大。比備覲儀，先遣張元亨詣麾下聽諭。」傅友德檄曰：「天厭元德，命我聖皇經綸草昧，掃蕩攙槍，電驅席捲，四海來庭。南徼異區，恃其險遠，蟻聚蜂屯，嘗遣諭使，愈肆猖狂，特命討罪。兵臨曲靖，直抵滇池，旬日之間，千里寧謐。爾大理未嘗遣使，今書來乃云吾兵烈如猛火。夫曲靖、烏撒之戰，白刃相向，勝敗存焉。況兵入重地，人自爲戰，雖欲不猛，其可得乎？至遷其土著，擄其妻子，則未之有也。諸葛亮亘古豪傑，不留鎮兵，用其渠帥，蓋一時權宜。鮮宇仲通、楊釗出自屠沽，彼豈將才哉？今玄闕之北，日本之南，無不景附，新附州縣，悉署銜賡戍，爲萬世不拔之計。領寶之説，前憤梁王殺我使者，故有是命。如發兵共滅，庶副前約。而天兵南下，反率衆爲援，閧敗而遁，又敢大言以所前詔乎？亟降，當即奏聞，否則深溝高壘，以俟兵至，欲爲城下之盟，必不可得。汝其察之！」

《太祖實録》卷一四一　甲辰，南雄侯趙庸進兵攻破東莞等縣石鼓、赤嶺等寨，擒僞官百餘人，其黨潰散。由是四會縣涌白沙、長岡、太冲、口山、河田、陳家坊各處父老迎拜于道，庸慰諭而遣之。

《明史》卷三《太祖紀三》　庚戌，命天下朝覲官各舉所知一人。

《國榷》卷七　致仕參政何真爲山西左布政使。

詔諭烏蒙、烏撒、東川諸夷，其洗心滌慮，效順中國。

《太祖實録》卷一四一　是月，龍川河源氏自稱李元帥，合龍南民作亂，南雄侯趙庸發兵捕之，獲賊五百七十餘人。

潮州府海陽縣民曹名用聚衆三百餘人，殺掠吏民，南雄侯趙庸調潮州衛指揮僉事詹繼率兵捕之，追至崑崙山黄鶯崙，擒名用并其黨，悉誅之。

《國榷》卷七　宣德侯金朝興兵次臨安，元右丞兀台、元帥完者都、土酋楊政等降。

《明史》卷三《太祖紀三》　二月壬子，河決河南，命駙馬都尉李祺振之。

《明通鑒》卷七　癸丑，置雲南都指揮司，以都督謝熊、馮誠署司事。

《國榷》卷七　時簡致仕武官五十七人，分守雲南。諭水西、烏撒、烏蒙、東川、芒部、霑益諸酋，各通道，博十丈，六十里置驛。

南寧衛指揮僉事單發爲右軍都督僉事。

《太祖實録》卷一四二　甲寅，漳州府龍巖縣羣盜作亂，福建都指揮使司發兵討平之。

《明史》卷三《太祖紀三》　以雲南平，詔天下。

《明通鑒》卷七　乙卯，始置雲南布政司，命汝南侯梅思祖、平章潘原明署司事。

《國榷》卷七　敕傅友德、藍玉、沐英曰：「雲南地，上古遐荒，禹跡所奄，屬之梁州，漢隋若唐，莫不内統。將軍率精兵，不逾五日取之，自非重臣，未可付委。特命梅思祖、潘原明暫假布政司事，平定之後，除代爲真。」

丁巳，賜六部尚書、侍郎馬。

《明通鑒》卷七　戊午，敕征南將軍潁川侯傅友德、左副將軍永昌侯藍玉、右副將軍西平侯沐英：【略】「烏蒙、烏撒、東川、芒部諸酋長雖已降，恐大軍一還，仍復嘯聚。符到日，悉送其酋長入朝。」又諭以「貴州已設都指揮使，然地勢偏東，今宜于實卜所居之地立司，以便控制。卿其審之」。

《國榷》卷七　己未，左通政張紞、儀鑾司副使宋昱爲雲南左右參政，通政司右參議韓[redacted]、試左通政范□祖爲左右參議，賜敕，賦詩二章，以勞行。

《太祖實録》卷一四二　壬戌，故元鯨海千户速哥帖木兒、木答哈千户完者帖木兒、牙蘭千户皂化自女真來歸，言遼陽至佛出渾之地三千四百里：自佛出渾至斡朵憐一千里，斡朵憐至託温萬户府一百八十里，託温至佛思木隘口一百八十里，佛思木至胡里改一百九十里，胡里改至樂浪古隘口一百七十里，樂浪古隘口至乞列憐一百九十里。自佛出渾至乞列憐皆舊所部之地，願往諭其民，使之來歸。詔許之，賜以織金文綺。

《國榷》卷七　乙丑，琉球入貢。

丙寅，敕傅友德、藍玉、沐英曰：「雲南諸夷自古叛服不常，馴服之道，必寬猛適宜。兩漢十叛，諸葛亮平其地，終亮世不反。亮卒後四叛，唐九叛，元七叛。將軍觀此，非惟制其不叛，重使其無叛耳。」

丁卯，應天衛指揮使丁德爲左軍都督僉事。

《太祖實録》卷一四二　庚午，荆州府言：「歸州巴東縣逋租，請以鈔代輸。」許之。

《國榷》卷七　辛未，改製使節。

《太祖實録》卷一四二　甲戌，開封府祥符等八縣及陳州水灾，詔免其田租。

《皇明資治通紀》卷七　壬申，詔雲南諸夷。曰：「曩者元政不綱，豪傑縱横，朕提師旅，與之並驅，十有三年。然後命將四征，五年而天下定，萬姓寧，建號紀元，又十五年矣。華夏蠻貊罔敢不服，惟爾烏撒、烏蒙、東川、芒部、建昌諸夷抗命弗庭，而雲南梁王尤肆陸梁，納我逋逃，擾我疆埸，用是命征南將軍傅友德、左副將軍藍玉、右副將軍沐英統三十萬衆問爾西南諸夷之罪。今得捷報，雲南部落俱已降附，故特遣使齎詔，諭爾西南諸夷，自今有不遵教化者，即加兵討之。爾等其洗心滌慮，效順中國，朕當一視同仁，豈有間乎？」

《國榷》卷七　翰林典籍劉仲質爲禮部尚書。

《太祖實録》卷一四二　乙亥，上以大軍征南，兵食不繼，命户部令商人往雲南中納鹽糧以給之。於是户部奏定商人納米給鹽之例。凡雲南納米六斗者給淮鹽二百斤，米五斗者給浙鹽二百斤，米一石者給川鹽二百斤。普安納米六斗者給淮浙鹽二百斤，米二石五斗者給川鹽二百斤。普定納米五斗者給淮鹽二百斤，米四斗者給浙鹽二百斤，川鹽如普安之例。烏撒納米二斗者給淮浙鹽皆二百斤，川鹽亦如普安之例。

《國榷》卷七　南雄侯趙庸盡俘乳源山盜。

《太祖實録》卷一四三　閏二月癸未，置馬驛二十三。

甲申，命禮部定諸司文移式。先是，以六部轄各布政使司，察院轄各按察司，五軍都督府分轄各都司衛所，惟金吾等十二衛指揮使司係親軍，王府長史司及護衛，俱無統屬，文移未定其式。至是，禮部定議，六部及親軍諸衛欲移文護衛，皆由都督府行於本國境内都指揮使司轉達。若五軍都督府及親軍并在京各衛欲移文長史司者，皆由六部行於本國境内布政使司轉達。其護衛及長史司回文亦如之。其六部及京衛文移在外都指揮使司并直隸衛所，由五軍都督府行之；五軍都督府於各布政使司并直隸府州，由六部行之；其於按察司皆由察院行之。著爲令。

《國榷》卷七　南雄侯趙庸平陽山、歸善等蠻寇。

甲午，賜雲南諸土酋冠帶誥敕，任知州等官。

戊戌，敕征南將軍潁川侯傅友德、左右副將軍永昌侯藍玉、西平侯沐英取大理。

《太祖實録》卷一四三　辛丑，勑光禄司，凡庖人死，妻子無依者，悉遣人送還其鄉。

《明通鑒》卷七　癸卯，藍玉、沐英攻大理，平之。大理爲段氏世守之國，元世祖封其子爲雲南王，仍録段氏子孫守其土。段氏有大理，傳十世至寶者，當上平江西、湖廣時，曾遣其叔段真奉表歸款。友德既克雲南，授寶子明爲宣慰使。明不受，遣使貽書，請奉正朔如外蕃入貢例，友德怒，辱其使。明復貽書，請友德班師，乃與藍玉、沐英等議征之。大理城倚點蒼山，西臨洱河爲固，聞大軍至，聚衆扼下關。關者，南詔皮羅閣所築龍尾關也，號猛險。玉等至品甸，遣定遠侯王弼以兵由洱水東趨上關，爲犄角勢，自率衆抵下關，造攻具，遣胡海由石門間道夜渡河，遶出點蒼山後，攀木援崖而上，立旗幟。昧爽，軍抵下關者望見，皆踴躍讙譟，蠻衆驚亂。英身先士卒，策馬渡河，水没馬腹，將士隨之，乃斬關入。蠻兵大潰，遂拔其城，禽段明弟世送京師，大理悉定。尋分兵取鶴慶，破石門關，下金齒，諸蠻部相率解甲降。

《國榷》卷七　甲辰，諭刑官曰：「笞杖雖輕，亦傷肌膚。自今犯者，送滁州種苜蓿。笞十者十日，杖十者二十日。」

《太祖實録》卷一四三　三月庚戌朔，征南左副將軍永昌侯藍玉等遣兵攻三營萬户砦，拔之，獲僞參政密山帖木兒等六十七人。

《國榷》卷七　乙卯，承敕郎茹瑺爲通政司參議，尋轉通政使。

令天下僧道田土不得賣買。

《太祖實録》卷一四三　丙辰，改國子學爲國子監，設祭酒一人，從四品；司業一人，正六品；監丞一人，正八品；典簿一人，博士三人，助教一十六人，俱從八品；學正三人，正九品；學録三人，從九品；掌饌一人，雜職。其文移則六部劄付國子監，國子監呈六部。中都國子監制同。

《國榷》卷七　中軍都督僉事陳清卒。

丁巳，翰林編修吴沈降渭源教諭，未行，除典籍。

戊午，定征南賞格，遣使入雲南給勞之。

《太祖實録》卷一四三　己未，命禮部考故元官制。

《國榷》卷七　定雲南所屬郡縣，府十二，州十三，縣五十四。

癸亥，南雄侯趙庸籍廣東蜑户萬人爲水軍。

敕孔克當爲曲阜知縣。五十五代孫。

《太祖實録》卷一四三　甲子，禮部尚書劉仲質、典禮紀察司副唐壽等以戰氅等制度進呈，請依古制改作。上命戰氅、戈氅、儀鍠氅依制改造，餘悉從舊。

《國榷》卷七　乙丑，頒軍法定律。

丙寅，工部試侍郎趙俊爲尚書，吏部試侍郎李信爲尚書，吏部司封員外郎朱同升之子。爲禮部試侍郎。

丁卯，顧敬嗣濟寧侯。

更定官吏相遇及公參禮。

己巳，賜雲南文武官祭服。

庚午，禮部郎中杜思進爲户部試侍郎。

河決朝邑，募塞之。

壬申，大同衛知事朱安仁試户部右侍郎。

癸酉，幣聘文學汪叔喻等。

甲戌，復選致仕武臣署雲南郡縣事。

《太祖實録》卷一四三　丁丑，征南將軍潁川侯傅友德等遣人至京奏事。先是，上諭友德等以雲南既平，由江西、浙江、湖廣、河南四都司兵守之，控制要害。考元時所習兵數，并計歲用及税糧徭役之法典，凡事便宜以聞。

《明通鑒》卷七　至是，友德等奏：【略】「雲南屢經兵燹，圖籍不存，兵數無從稽核，但當就今要害，量宜設衛。又據故元司徒平章達爾瑪言：『元末田土，多爲豪右隱占。』今循元舊制，歲用不足諸衛軍食，請以今年所徵糧並官田鹽課所入悉給之。」報可。

《太祖實録》卷一四四　四月辛巳，禮部奏定封贈官制，凡封侯贈謚，不加散官職事。

《國榷》卷七　廉州巡檢王德亨上言：「家本階州，界外産水銀、青緑、紫泥，乞兵取其地。」上曰：「開邊啓釁，帝王之深戒。苟用兵争利，後悔無及。」

置僧録司、道録司，總其教，郡縣設僧綱、道紀司。

《明史》卷三《太祖紀三》　甲申，遣元梁王把匝剌瓦兒密及威順王子伯伯等家屬於耽羅。

丙戌，詔天下通祀孔子。

《昭代典則》卷九　上諭禮部尚書劉仲質曰：「孔子明帝王之道，以教後世，使君臣臣，父父子子，綱常以正，彝倫攸序，其功參于天地。今天下郡縣廟學並建，而報祀之禮止行京師，豈非闕典？卿與儒臣其定釋奠禮儀，頒之天下學校，令以每歲春秋仲月通祀孔子。」又命外府州縣學田租入官者，悉歸于學，俾供祭祀，及師生俸廩。仲質對曰：「前代學田多寡不同，宜一其制。」乃詔定三等，府學一千石，州學八百石，縣學六百石，應天府一千六百石。各該吏一人，以司出納。師生月給廩膳米一石，教官俸如舊。

《國榷》卷七　襄陽衛知事賈勵試兵部右侍郎。

丁亥，刑部總部郎中閻育試右侍郎。

《太祖實録》卷一四四　己丑，命羽林等衛造軍士廬舍二千間，每十間爲連，間廣一丈二尺，縱一丈五尺。

《明史》卷三《太祖紀三》　壬辰，免畿内、浙江、江西、河南、山東税糧。

《太祖實録》卷一四四　癸巳，禮部尚書劉仲質言：「通政司職專出納王命，與内外諸司俱與文移。有徑行通政司者，以違制論。」上曰：「今在外諸司未知，若遽罪之，恐誤罹者多，宜移文使知之。」

《國榷》卷七　工部尚書趙俊請飾東宫以青緑，不許。

命國子生没者，給棺歸其家。

《太祖實録》卷一四四　乙未，改儀鸞司爲錦衣衛，秩從三品。其屬有御椅、扇手、擎盖、旛幢、斧鉞、鸞輿、馴馬七司，秩皆正六品。

《明通鑒》卷七　【略】自是上有所誅戮，下鎮撫司雜治，不由三法司。所屬校尉五百人，禄秩名號，無異京衛，于是始不隸大都督府。

《太祖實録》卷一四四　丙申，更定春坊爲左右春坊。置左春坊左庶子一人，正五品；左諭德一人，從五品；左中允二人，正六品；左贊善二人，左司直郎二人，俱從六品。右春坊官制並同左春坊。

《國榷》卷七　戊戌，設雲南各處儒學。

《明通鑒》卷七　己亥，烏撒諸蠻復叛。敕傅友德等：【略】「烏撒諸蠻，伺官軍散處，即有此變，朕前已慮之，今果然。然雲南之地，如曲靖、普安、烏撒、建昌，勢在必守，其東川、芒部、烏蒙，未可遽守也，且留屯大軍，掃蕩諸蠻，戮其渠長，方可分兵守禦耳。」

《太祖實録》卷一四四　辛丑，浙江都指揮使司言：「杭州、紹興等衛每至春，則發舟師出海，分行嘉興、澉浦、松江、金山，防禦倭夷，迨秋乃還。後以浙江之舟難於出閘，乃聚泊于紹興錢清匯。然自錢清抵澉浦、金山，必由三江、海門，俟潮開洋，凡三潮而後至。或遇風濤，動踰旬日，卒然有急，何以應援？不若仍於澉浦、金山防禦爲便。其台州、寧波二衛舟師，則宜於海門、寶陀巡禦，或止於本衛江次備禦，有警則易於追捕。若温州衛之舟卒難出海，宜於蒲洲、楚門海口備之。」詔從其言。

《國榷》卷七　癸卯，儒士吴顒爲國子監祭酒。

丙午，户部言：「天下進賦役黄册多錯悮，宜逮罪。」上曰：「地廣民繁，不無悮也。」命官給費再造，仍悮則罪之。

是月，西堡蠻寇普定，貴州衛指揮同知顧成擊敗之。初，攻城，堅壁不動。徐伺其怠，出北門挫賊。

《明通鑒》卷七　大理寺卿李仕魯坐言事死。仕魯少好朱子之學，上素知其名。會有司薦舉入見，上喜曰：「朕姑以民事試子，行召子矣。」除黄州同知。期年，治行聞，至是召爲大理寺卿。仕魯乃上書言：「陛下方創業，凡意旨所向，即示子孫萬世法程，奈何舍聖學而崇異端？」章數十上，皆不報。而仕魯性剛介，由儒術起用，方欲推明朱子之學，以闢佛自任。及言不見用，遽請于上曰：「陛下深溺其教，無惑乎臣言之不入也。還陛下笏，乞賜骸骨歸田里！」遂置笏于地。上大怒，命武士捽搏之，立死階下。

《國榷》卷七　五月己酉，朔，皇長孫雄英薨，追封虞王，謚曰「懷」。

乙卯，監察御史雷勵坐失入人徒罪，下法司，按勵爲刻戒。

丁巳，給囚米人日一升。

己未，新作太學成，舊國學爲應天府學。

辛酉，遣祭武昌右衛指揮僉事孫靖、延平衛指揮僉事馬驥、虎賁右衛千户楊貴，百户嚴整、驍騎千户余清，皆戰没者。靖、貴、整雲南，清施州，驥龍巖。

《太祖實録》卷一四五　壬戌，上謂禮部尚書劉仲質曰：「國學新成，朕將釋菜，令諸儒議禮。」

《明通鑒》卷七　侍臣有言：「孔子雖聖人，臣也。禮宜一奠再拜。」上曰：「昔周太祖如孔子廟，左右謂不宜拜。太祖曰：『孔子百世帝王師，何敢不拜！』朕嘉其不惑于左右之言。今朕有天下，敬禮百神，於先師禮宜加崇。」乃命禮部尚書劉仲質詳議。仲質請上「服皮弁，執圭，詣先師位前，再拜，獻爵，又再拜，退，易服，詣彝倫堂命講，庶典禮隆重」。制曰：「可。」

《太祖實録》卷一四五　甲子，禮部尚書劉仲質言：「神樂觀職掌樂舞，以備大祀天地神祇及宗廟社稷之祭，與道録司無相統屬。本觀提點秩從六品，知觀從九品。今道録司已爲正六品，宜改陞提點亦正六品，知觀從八品。凡遇朝會，提點列於僧録左善世之下，道録左正一之上。」從之。

《明通鑒》卷七　乙丑，上詣先師廟，釋菜如禮。禮成，退御講筵，宣祭酒吴顒等以次進講。講畢，賜宴，竟日，還宫。次日，祭酒率師生上表謝。

《國榷》卷七　丁卯，散騎舍人耿瑄爲尚寶司卿。炳文子。

《太祖實録》卷一四五　庚午，命禮部頒學規于國子監，俾師生遵守。祭酒每旦升堂，屬官序進，行揖禮，祭酒坐受。屬官分列東西，相向對揖。畢，六堂諸生進揖如之，唯無分揖禮。屬官升堂，禀議事務，或質問經史，須拱立聽命，不得違越禮法。監丞之職，凡教官怠於訓誨，生員有戾規矩，課業不精，廪饌房舍不潔，並從糾舉懲治。博士、助教、學正、學録職專訓教。生員，講讀經史，明體適用，以待任使。有不遵師教廢業者，罰之。典簿、掌饌務致廪食豐潔，錢穀出入明白，及課業進呈以時，他無所預。

《國榷》卷七　辛未，試户部右侍郎朱安仁試左侍郎。

癸酉，郭允道爲户部尚書，舉賢良方正。兵部侍郎王琚改户部。

《明史》卷三《太祖紀三》　丙子，廣平府吏王允道請開磁州鐵冶。帝曰：「朕聞王者使天下無遺賢，不聞無遺利。今軍器不乏，而民業已定，無益於國，且重擾民。」杖之，流嶺南。

《國榷》卷七　安南陳煒入貢，卻之。上以其詐，勅廣西已後勿納。

諭各省：「事凡勞民，必奏上始行之，毋擅役。」

《明史》卷三《太祖紀三》　丁丑，遣行人訪經明行修之士。

《太祖實録》卷一四五　是月，頒釋奠先師孔子儀注于天下府州縣學。【略】府州縣各以正官行之，有布政司，則以布政司官行。其分獻則以本學儒職及老成儒士充。十哲兩廡一獻。祭服則主祭陪祀官與執事者服之，陪祀儒士則用深衣幅巾。每歲以春秋二仲月上丁日行事。

《明通鑒》卷七　上聞士卒海運多溺死者，詔議遼東屯田。

《國榷》卷七　六月戊寅朔，詔國子監官年高者值暑月及雨雪，朔望免朝參。

《太祖實録》卷一四六　癸未，置大渡河守禦千户所，征南將軍傅友德調從征千户吴中領兵千人守之，復造舟以渡往來之人。

《國榷》卷七　四川茂州土知州楊者七謀叛，官軍捕斬之，盡徙羌民城外。

乙酉，命各道選郡縣諸生年二十以上，願入國學者，送京師。

丙戌，敕傅友德等曰：「知盤江道梗，且乏食，可留兵四百守水西城，觀靄翠動静，普定留兵亦如之。兩軍合勢攻烏撒諸蠻，食其糧，彼奔命不暇，尚及搗我空城耶？否則士卒饑矣。」

會同、文昌縣人作亂，廣東都指揮使王臻討平之。

《明通鑒》卷七　辛卯，敕安陸侯吴復、平涼侯費聚：【略】「授安陸侯吴復爲總兵，平涼侯費聚副之，命會征南諸軍討烏撒、烏蒙諸叛蠻。授以方略，令勿與蠻戰于關索嶺上，當分兵掩襲，直擣其巢，使彼各奔救其家之不暇，必不敢出以抗大師，俟三將軍至，破之必矣。」

《國榷》卷七　貴州諸番長皆來朝。

雲南北勝州酋長高策甫七歲，率所部降。後十年入朝，送太學。及長，還爲土官，令所歷土官視效之。莅事之日，即禁通把事，毋置田宅，以漁于民，邊境賴之以寧。

壬辰，禁官民等服飾玄黄、紫色。

定王國樂工、樂器、冠服之制。

《雲南志》成。時命儒臣採訂，六十一卷。

甲午，暹羅斛國入貢。

《太祖實録》卷一四六　乙未，革天下附郭縣僧會、道會二司，僧道悉屬本府僧綱、道紀司。

《國榷》卷七　是月，沐英自大理還軍滇池，會傅友德，進擊烏撒。

七月癸丑，詔免曆日工錢。初，頒曆民間，有司例徵工錢。上曰：「頒曆授時，君職也。」止勿徵。

故元四川分省左丞瓦剌蒙遣理問高惟善等自西番煎爐長河西來朝，尋遣還。

《太祖實録》卷一四六　乙卯，御史趙仁等言：「學校之設，本以作養人材，窮理正心，期有實效。今天下生員多不遵師訓，出位妄言，非希進用，則挾私讎，甚失朝廷教養之意。宜令有司嚴加禁止，日省月試，務在成効。果有奇材，欲陳便民利國之術者，許與教官詳議可否，同列姓名，然後上達。若其言有可取，仍命題考試。文字中式者，不次擢用。如是，則可以杜絶妄言，激勵士風矣。」

從之。

丙辰，以禮部侍郎吳玄爲山東按察使。

《明通鑑》卷七　辛酉，罷四輔官。上以所任輔臣皆老儒，起田家，惇樸無他長。自安然卒後，李幹等或出外，或罷去，是官遂廢不復設。

《國榷》卷七　甲子，解州學正孫詢訐税使曾必熹故善胡惟庸，今改名必貴；故元參政黎銘逃王官谷，爲道士，今仕聞善訓導，嘗訕謗朝廷。上曰：「告訐非儒者事。」竟不問。

《太祖實録》卷一四六　丁卯，遣使諭告吉安侯陸仲亨曰：「近命兵部録驍勇兵送赴雲南。到日，俱留七星關，脩繕城砦，練習弓馬。凡攻擊，則令其爲前鋒。」

《國榷》卷七　己巳，敕西涼都督僉事濮英及守禦都指揮宋晟曰：「七月二十日，彗出西南，主賊兵。自今回回之地有駝馬羊入，止遣一二人往視，切勿兵迎，恐借貿馬伏兵也。」

敕征南將軍傅友德等曰：「人來皆云守禦無糧。以朕坐料，莫若大軍守雲南、大理、楚雄、臨安、曲靖、普安。其身子裏守禦處，如東川、芒部、烏蒙，除烏撒見守，令其人民給軍足歲，餘且勿駐軍。使軍都督合往攻殺，令諸蠻畏服。然後從東川衛于七星關南一日半，烏撒北一日半立一衛，令東川人民給軍足歲。七星關立一衛，或烏蒙，或芒部，令其民人給軍足歲。自永寧南至七星關，分中劄一衛，令六詔、羿子等蠻給軍足歲。郵傳四達，軍勢交通，有變剿捕，便可會合。若深入萬山，割而守之，深昧阻絶，難制服矣。」

壬申，監察御史馬守中録囚福建。

乙亥，前國子助教洛陽開濟試刑部尚書，楊汝賢試侍郎。

《明通鑑》卷七　傅友德、沐英進兵烏撒，大敗其衆，斬首三萬餘級，獲馬牛羊萬計，餘衆悉遁，復追擊，破之。

《國榷》卷七　丙子，命天下諸司官朝明年元旦。

是月，蘄春侯康鐸卒。茂才子。

宣德侯金朝興卒。

《明史》卷三《太祖紀三》　八月丁丑，復設科取士，三年一行，爲定制。

《國榷》卷七　己卯，有廣東儒士上治平策。上曰：「安有立説數千言，不一及用賢者乎？」

敕監察御史余公大録囚秦州。

《太祖實録》卷一四七　辛巳，命禮部頒學校禁例十二條于天下。一曰生員事非干己之大者，毋輕訴于官。二曰生員父母有過必懇告，至于再三，毋致陷父母于危辱。三曰軍國政事，生員毋出位妄言。四曰生員有學優才贍，深明治體，年及三十，願出仕者，許敕陳王道，講論治化，述爲文辭。先由教官考較，果有可取，以名上于有司，然後赴闕以聞。五曰爲學之道，必尊敬其師。凡講説須誠心聽受，毋恃己長，妄爲辯難。六曰爲師者當體先賢，竭忠教訓，以導愚蒙。七曰生員勤惰，有司嚴加考較，獎其勤敏，斥其頑惰，斯爲稱職。八曰在野賢人君子果能練達治體，敷陳王道，許其赴京面奏。九曰民間冤抑等事，自下而上陳訴，不許蓦越。十曰江西、兩浙、江東之民多有代人訴狀者，自今不許。十一曰有罪充軍安置之人，毋妄建言。十二曰十惡之事，有干朝政，實跡可驗者，許密以聞。其不遵者以違制論。仍命以所頒禁例鐫勒卧碑，置於明倫堂之左。

《國榷》卷七　勅勞征南將軍傅友德、副將軍藍玉、沐英曰：「卿等南征諸夷，兵臨普定，如風行草上，風去草仰，致有小疵。及入雲南，擒首帥曲靖之西，敗烏蠻可渡之北，席卷金馬碧雞，摧堅敵于點蒼山下，金齒不戰，率土而降，雕題聞知，獻生遺貢，檄從百夷之種，咸來重譯之邦，將軍勞至矣。欲勞樽酒，遠不能及，特以朕心勞之。」

先是減死戍邊者，多艱衣食，上聞而閔之，命還家取貲，與爲期。五十三人先至，上喜，宥之，給費還里。

嘉定縣饑，貸倉粟二萬八千一百二十石。

壬午，諭禮部：「以郡縣申明亭概書雜犯小過，非懲惡之意。自今犯十惡，奸盜詐僞，有傷名義，贓至徒者，書于亭。餘非干風化，一切除之。」

《明史》卷三《太祖紀三》　丙戌，皇后崩。

《國榷》卷七　丁亥，百官奉慰，命考皇后喪服之制，京官人給匹布製服。

戊子，定大行皇后喪禮，京官入臨三日。

己丑，監察御史張良有罪，下獄，疏自訟，貶雲南府教授。

肥城知縣宜興陳好問上言：「秦爲漢閏，隋爲唐閏，元爲國朝之閏，伏望慎刑罰，昭勸懲，緩差徭，容直諫，致中和，以丕顯文明之治。」上善之。

《明史》卷三《太祖紀三》　己丑，延安侯唐勝宗、長興侯耿炳文屯田陝西。

《國榷》卷七　癸巳，敕責平山衛指揮陳鏞擅遣軍三百人追逮補伍，其至京具陳其由。

《明通鑑》卷七　乙巳，遣使諭傅友德、沐英等曰：「得報，知七月二十八日已擊破烏撒，次第搜捕林箐諸蠻。然此地山高道隘，慎勿輕動。人自七星關來者，皆曰『烏撒、芒部之等，至夜舉火，挈家入靄翠。』符至，可令靄翠之民縛送軍前。其關索嶺非古道，古道又在西北，大軍若開此道以接普定，即芒部渠長可盡獲也。」

《國榷》卷七　丙申，謚大行皇后曰「孝慈」。

《明史》卷三《太祖紀三》　丁酉，擢秀才曾泰爲户部尚書。

《國榷》卷七　庚子，上始釋服視朝。

《明史》卷三《太祖紀三》　辛丑，命徵至秀才分六科試用。

《國榷》卷七　作蜀王邸于成都。

壬寅，秦王樉、晉王棡、燕王棣、周王橚、楚王楨俱入臨。

《太祖實録》卷一四七　乙巳，宥靖州衛指揮僉事龐虎等罪，調臨安、霑益守禦。

《明通鑑》卷七　〔敕傅友德等曰〕：「雲南士卒既艱食，不宜分屯，止于赤水、畢節、七星關各置一衛，黑張之南，瓦店之北，中置一衛，如此分守，則雲南道路，往無礙矣。若靄翠之地，必用千萬衆乃可定也。」時靄翠雄踞貴州，是年之春，因平蠻懼讋，復來朝貢，上賜之冠帶衣鈔而遣之。然其地遠，未置郡縣，故上于《平滇詔》中，謂「靄翠輩不盡服之，雖有雲南不能守也」。至是，聞烏撒諸蠻部就之，故欲其乘勝宣威，以通普定之路云。

《國榷》卷七　營陽侯楊璟卒。

是月，萬州、崖州人作亂，陷陵水縣，海南衛官軍擊敗之，追至藤橋，斬三百餘人。

《太祖實録》卷一四八　九月丁未朔，製孝慈皇后神主。

《國榷》卷七　戊申，敕傅友德等：「知盤江道未通，無糧甚也。符到，水西但留四百城戍，看靄翠變不爾，雲南普定亦四百戍之，有糧蠻人，日合軍往攻，莫徒困守空城，饑我軍士。且夫蠻應吾攻之不暇，更何餘力搗我空城？」

《明史》卷三《太祖紀三》　己酉，吏部以經明行修之士鄭韜等三千七百餘人入見，令舉所知，復遣使徵之。賜韜等鈔，尋各授布政使參政等官有差。

《國榷》卷七　儒士蕭尚仁爲潭府左長史，辭老，改平涼訓導。

諭吏部善待徵士，其疾卒者，有司給槥，歸其家。

《太祖實録》卷一四八　己未，糧長有徵民夏税，匿絹入己者，刑部以監守自盗論。磨勘司令俞綸駁之，謂：「糧長因徵夏税，匿人絹，非盗在官之物。據律條，宜以因公科歛財物入己論罪。刑部所坐太重。」奏入，上從綸議。

《國榷》卷七　壬戌，始鑄御史印，曰「繩愆糾繆」。

癸亥，始設各道按察分司。儒士王存中等五百二十一人俱試按察僉事，人治二縣，期年轉官。陛辭，上曰：「吏莫甚貪，庸鄙次之。廉問糾舉，勿蹈因循。」

《明通鑑》卷七　致仕晉府長史桂彦良上太平治要十二事。【略】曰：「法天道，廣地理，順人心，養聖德，培國脈，開經筵，精選舉，審刑法，敦教化，馭四裔，蒐才俊，廣咨訪。」上覽之，曰：「彦良所陳，通達事理，有裨治道。世謂儒者泥古不通今，若彦良可謂通儒矣！」

《國榷》卷七　甲子，聖節，以孝慈喪，免朝賀。

乙丑，戍逃軍于雲南。

《明通鑑》卷七　丙寅，敕傅友德等【略】「上天垂象，以示鑒戒。自昔蠻夷叛服不常，卿等率師久勞于外，恐衆心懈弛，爲寇所乘，宜嚴加儆備，以防不虞。且蠻夷好置毒水中，將士飲食，極宜謹慎，以副朕懷。」

《國榷》卷七　丁卯，北平關隘一百處俱設兵戍守。

《明通鑑》卷七　【略】北平都司奏言：「邊衛之設，所以限隔内外。宜謹烽火，遠斥堠，控守要害，可以讋服胡虜，撫輯邊氓。按所轄關隘：曰一片石，曰黄土嶺，曰董家口，曰箭幹嶺。如此類凡二百處，宜以各衛校卒分戍其地。」詔從之。

《明史》卷三《太祖紀三》　庚午，葬孝慈皇后於孝陵。

《國榷》卷七　占城入貢。

《明通鑑》卷七　〔壬申，儒士沈士榮上章。〕【略】曰：「陛下恭勤求治，于今有年。在朝賢哲，豈皆不言邪？所用臣宰，豈皆不賢邪？恐言之不能拔其本，用之未盡展其才，故重勞宸慮也。況今智者自爲身營，甘于暴棄；愚者不思自守，累犯憲章；皆由進言者無拔本之論，選官者無量才之實。昔魏徵隨事立諫，不能格君心之非，是無拔本之論也；漢文帝屈賈誼于長沙，是無量才之實也。夫賢之難遇，如淘沙中之金，不淘則金不可得也；用人而歷試之，如鑛之鍊銀，不鍊則銀不可成也。願陛下詳加采擇，勿謂儒者皆賢而盡用之；或一士不稱，餘士皆棄，則賢在其中亦莫能辨，此猶金之未淘也。進用之初，或不當其職，其人雖有才能，先已敗事，此猶鑛之未鍊也。如蒙特賜優容，敢乞給以筆劄，條列事宜。」上手詔褒諭曰：「卿八閩志士，守儒者之道。一旦應召而來，傑然特出，攄誠納款，欲罄所懷，朕之願也。」尋擢爲翰林院待詔。

《太祖實録》卷一四八　甲戌，詔天下府州縣：「凡公署廨宇頽弊者，修葺之；隘陋不可居者，更新之。若體制不及而可居者，皆仍其舊，毋重改作勞民。其几榻器皿，凡官所置者，去官之日，毋輒持去，違者以贓論。」

詔吏部：「近所徵天下秀才，有老疾不願仕及考下等，已授職而未任者，人賜鈔四錠，遣還鄉。」

《明通鑒》卷七　十月丙子，更置都察院，設監察都御史八人，秩正七品。分監察御史爲浙江、河南、山東、北平、山西、陝西、湖廣、福建、江西、廣東、廣西、四川十二道，各道置御史或五人或三四人，秩正九品。時以秀才李原明、詹徽等爲監察都御史，吴荃等爲試監察御史，徽，同之子也。

《國榷》卷七　桂林理定縣主簿宜君楊時敏罪戍雲南，言家有母年八十餘，失侍九年，乞便道省母就戍。上憐之，復其官禄養。

敕傅友德等：「烏撒若平，便趨芒部。即平芒部，烏蒙、東川脱令來歸，且權待之。莫責其虚實，先調軍剿，毋役西蒲等處，然後復往下之，最後乃下水西。」

己卯，孝慈皇后主祔廟。

壬午，署雲南布政司事汝南侯梅思祖卒。

癸未，刑科給事中栗恕試户部右侍郎。

詔天下來朝官各舉一茂才。

丙戌，增内使三百六十一人。

《太祖實録》卷一四九　戊子，南雄侯趙庸討平廣東群盜，俘賊首號鏟平王者至京。凡獲賊黨一萬七千八百五十人，賊屬一萬六千餘，斬首八千八百級，招降其民一萬三千二百六十七户。詔庸班師。

《國榷》卷七　令各按察司精考儒學官。

頒劉向《説苑》、《新序》于天下學校。

《明通鑒》卷七　癸未，秦王等還國。【略】時諸王奔喪送葬畢，將還，上命各選僧一人侍從之國，爲孝慈皇后修佛事。吴僧道衍，先以宗泐薦，名在燕府籍中，一見相契，燕王因奏請從行。道衍者，姚廣孝僧名也。

乙未，詔齊王榑之國青州。

《明史》卷三《太祖紀三》　丙申，録囚。

《明通鑒》卷七　上命御史袁凱送皇太子覆訊，多所矜減。凱還報，上問：「朕與太子孰是？」凱頓首言：「陛下法之正，東宮心之慈。」上以凱老猾持兩端，惡之。凱懼，佯狂免告歸。凱工詩，以賦《白燕》爲楊維楨所賞，徧示坐客，人遂呼「袁白燕」云。

《國榷》卷七　戊戌，諭刑部禁越訴。

庚子，定諸司錢糧、刑名常行事擬，大政事請旨處分。

壬寅，故元平章月魯帖木兒自雲南建昌來朝。

刑部尚書開濟言：「諸司奏劄，輒千萬言，難省。」上然之，禁煩文出入人罪。

癸卯，北平有子訴父冤，法司擬越訴之罪。上曰：「凡子訴父枉者，勿論。」

故驍騎右衛指揮僉事武陟李英從征烏撒，戰没，贈指揮使，子堅駙馬都尉。

《明史》卷三《太祖紀三》　甲辰，徐達還。

《太祖實録》卷一五〇　十一月丙午朔，增設内使七十六人。

置雲南鹽課提舉司，所屬鹽課司，凡蘭州鹽井等處，歲辦大引鹽一萬七千八百七十引有奇。

庚戌，定磨勘司與在京諸司文移之制。凡五軍都督府與親軍指揮使司及在京各衛指揮使司，皆經歷司行移，六部則主事廳，都察院則監察御史，大理寺則左右寺。有事則移文磨勘司，磨勘司覆報其斷事官。審刑司有事，則徑與行移。

辛亥，上諭都御史趙仁曰：「近以秀才爲試僉事，按治各府州縣。此皆初任之人，朕將觀其才能。宜令各按察司訪其所行之事，歲終類奏，以憑黜陟。」

《國榷》卷七　癸丑，冬至，以孝慈喪，常服行禮。

丙辰，命天下衛所月鹽俱鈔代。

丁巳，諭都督府各都司，不許役軍營造。

高遜志試吏部侍郎，張來儀爲太常司丞。

上海訓導顧彧爲户部左侍郎。

《明史》卷三《太祖紀三》　戊午，置殿、閣大學士。

《明通鑒》卷七　上既罷四輔官，欲仿宋制置殿、閣大學士以備顧問，乃以禮部尚書劉仲質爲華蓋殿大學士，翰林學士宋訥爲文淵閣大學士，檢討吴伯宗爲武英殿大學士，典籍吴沈爲東閣大學士。

《國榷》卷七　庚申，宥振武衛指揮桑桂，以積勞，併復其官。

徵耆儒崇德鮑恂、上海全思誠、安吉余詮、高郵張長年至京。恂年八十餘，餘皆年七十餘，禮部主事劉庸薦。上賜坐，顧問，拜文華殿大學士。皆辭老，上曰：「留卿等輔導東宫耳。免早朝，從容侍對，不久聽還，庶不負卿平生。」恂等復固辭，皆放歸。又鄧州張紳後至，授鄠縣教諭。

户部左侍郎程照爲雲南黑鹽井鹽課提舉司提舉。

《明通鑒》卷七　壬戌，命禮部修治國子監舊藏書板，諭之曰：「古先聖賢立言以教後世，所存者書而已。朕每觀書，自覺有益，嘗以諭徐達，達亦好學親儒生，囊書自隨。蓋讀書窮理，於日用事物之間，自然見得道理分明，所行不至差謬，書之所以有益於人也如此。今國子監舊藏書板多殘缺，其令諸儒考補。仍命工部督匠修治之。」

《國榷》卷七　丁卯，敕各都指揮使詢所徵秀才爲僉事者，具行實以聞。

上以浙江、江西民好訟，諭户部頒示江浙民，各改過從善，永爲遵守。

普定軍民知府者額來朝，上手作誥賜之。

戊辰，都察院以巡按事宜頒按察司。

《國榷》卷七　庚午，吴印、張紞爲雲南左右布政使。

令布政司造兵器，毋衛所自作。

壬申，監察御史任昂爲禮部尚書，翰林典籍李翀爲侍講學士。

署雲南布政司事平章潘原明卒。

癸酉，置五軍十衛參軍。

兵部尚書唐鐸爲諫議大夫，都御史趙仁爲兵部尚書。

是月，裁故元廣西路宣撫司，置廣南府，土酋儂郎金爲同知。

《國榷》卷七　十二月乙亥朔，封中軍都督僉事李新崇山侯。孝陵功。

故元平章月魯帖木兒爲建昌衛指揮使。土官例不俸，特給之。

浚揚州儀真河。

乙酉，定僧道服色。

丙戌，詔各部逮繫人，悉送訊刑部。

《太祖實録》卷一五〇　己丑，築山海衛城，周一千五百八丈，高四丈一尺。

工部奏，是歲造完馬鞍六萬二千二百九十。上曰：「此皆民力，其慎藏之，以備武用。」

《明史》卷三《太祖紀三》　辛卯，振北平被災屯田士卒。

《太祖實録》卷一五〇　乙未，詔各衛軍士年老及殘疾有丁男者，聽其代役。所管官旗有留難者，坐罪。

延安侯唐勝宗、長興侯耿炳文訓練陝西二十二衛校卒凡一十萬六千八百七十四人，得驍勇騎士一萬九千七百九十人，習馬二萬三千五百匹。

戊戌，吏部奏定河泊所官制。凡天下河泊所二百五十二，歲課米五千石之上至萬石者，設官三人；千石之上者，設二人；三百石之上者，設一人。制可。

《太祖實録》卷一五〇　己亥，永城侯薛禄、南雄侯趙庸、懷遠侯曹興練兵山西。

《太祖實録》卷一五〇　庚子，有軍士赴京建言，在道爲人所殺。事聞，命自今凡軍士建言，許所司以其言用印實封，入遞奏聞，其人不必赴京。

《國榷》卷七　訓導滿九年爲教諭。

《太祖實録》卷一五〇　辛丑，兵部奏市馬之數，秦、河、洮三州茶馬司及慶遠、裕民司市馬五百八十五匹，廣東、四川二布政使司市馬五百六十五匹。

《國榷》卷七　罷濟南、青、萊採鉛。

是月，敕通政使曾秉正曰：「朕觀昔帝王之用臣也無疑，而臣懷奸者奉君多智，是有作聰明，探王嚮，是非喋出，斯古人所以殁姓陷身。爾秉正聰敏幹辦，凡有言慮，朕常聽從。何其計出多端，自欲深根後程，乃有效古殺身之奸？夫鰥寡孤獨，聖王先恤，爾誦古聖，是非曉然矣。朕憐爾才能，免死免竄，使還鄉里。爾鬻四歲小女，聲曰爲資。昔人有云，忠臣去國，不潔其名，爾何如也？既不能父，難種于父，朕命閹之，是其罰矣。」

洪武一六年（癸亥、一三八三）

《明通鑒》卷八　正月乙巳朔，以皇后喪，御殿，不舉樂。

《國榷》卷七　賜琉球國中山王察度、山南王承察度各鍍金銀印。時中山王、山南王及山北王怕充芝争雄長，上各敕諭之。

丁未，詔諭雲南諸蠻。遣紀事奉御徐保諭大將軍，今年至十月月三犯畢，主大戰，防水，每屯軍，須自穿井。

《明通鑒》卷八　庚戌，遣官祭陣亡指揮雍桂，卹其家。

壬子，諭刑部尚書開濟、都御史詹徽等曰：「昨民有子犯法當死，其父行賕求免，御史執之，並欲論罪。朕以父子至親，子死而父救之，人之至情也，故但論其子而赦其父。自今有論決者，宜再三詳讞，覆奏施行，愼毋重傷人命。」

《明史》卷三《太祖紀三》 乙卯，大祀天地於南郊。

《國榷》卷七 丁巳，國子祭酒河南吴顒免，以武臣子弟怠學也。

《太祖實録》卷一五一 戊午，勅諭遼東都指揮使潘敬、葉旺曰：「卿等封至高麗賀正表，知臘月中旬，其使始至遼東，安能及期到京？其計之狡，不過曰：『吾事大之禮已盡，可以塞責矣。』其誠心安在哉？卿等止其來使，甚善。今當諭之曰：『賀禮過期，朝廷不納。』以明其罪。」

《明史》卷三《太祖紀三》 徐達鎮北平。

《國榷》卷七 辛酉，敕松州衛指揮僉事耿忠賦西番民馬，三十户輸一。

壬戌，文淵閣大學士宋訥爲國子祭酒。

《太祖實録》卷一五一 丁卯，命刑部，凡十惡真犯死罪者，處決如律。餘徒流笞杖者，令代農民力役，以贖其罪。在京犯者，役十日，准笞二十，杖十。徒流各計年准之，雜犯死罪者罰戍邊，在外犯笞杖者就決，徒流死罪送京師詳讞。

辛未，以雲南所屬烏撒、烏蒙、芒部三府隸四川布政使司。先是，烏撒等部諸蠻復叛，征南將軍傅友德等率兵討之，大敗其衆。進軍搜捕餘黨，有潛匿者，皆捕而殺之。諸蠻懾懼，相率來降。至是悉平，以其地近四川，故割隸之。

《明通鑒》卷八 壬申，北平按察司言：「高陽諸縣嘗被水，三皇廟分司廨宇圮壞，請修治。」上曰：「居官宜恤民，不可勞民。今北方水患方息，正當問民疾苦以撫恤之。若有修造，俟歲豐足爲之未晚。」遂命停止。

《國榷》卷七 曹國公李文忠兼領國子監事，以公侯子弟多怠學，特勸勵之。

《明通鑒》卷八 二月乙亥，上觀唐太宗《帝範》，謂侍臣曰：「此十二篇者，雖非帝王精微之道，然語意備至，曲盡物情。使其子孫克守其言，亦足爲訓。自後女主竊柄，唐祚遂衰，賞罰政令，不行於天下，閹豎小人，朋比于國中，卒召藩鎮之禍。有國家者，其可不守祖宗之法乎！」

《太祖實録》卷一五二 壬午，詔武官子弟習騎射，校藝精熟者始許襲職，不中者有罰。

《國榷》卷七 己丑，東閣大學士吴沈等進《精誠録》。

《明通鑒》卷八 先是上將享太廟，致齋于武英殿，召沈等謂之曰：「朕閲古聖賢書，其垂訓立教，大要有三：曰敬天，曰忠君，曰孝親。君能敬天，臣能忠君，子能孝親，則人道立矣。然其言散在經傳，未易會其要領。卿等其以類編輯，庶便觀覽。」至是書成，上賜名《精誠録》，命沈序之。

《明史》卷三《太祖紀三》 丙申，初命天下學校歲貢士於京師。

丁酉，免鳳陽、和州田租。

《太祖實録》卷一五二 庚子，征南將軍潁川侯傅友德遣人送故元雲南右丞觀音保、參政劉車車不花及酋長段世等一百六十人至京。

《明通鑒》卷八 以元右丞觀音保爲金齒指揮使，賜姓名李觀。

《太祖實録》卷一五二 廣東布政使司請于禮部曰：「本司秩從二品，都指揮使司正二品。正旦等節慶賀行禮，請定著衙門。」禮部以聞，上命行禮宜於布政司，班列以秩爲序。

《國榷》卷七 辛丑，開濟實授刑部尚書。

敕遼東都指揮使潘敬、葉旺曰：「二月六夜，太陰有象，主胡兵入寇。已發兵屯真定、北平，如果犯遼，即以北平兵邀歸路，毋逸。」

故元軍士占籍爲民，相告者不理。

《明史》卷三《太祖紀三》 三月甲辰，召征南師還，沐英留鎮雲南。

《明通鑒》卷八 庚戌，上與侍臣論歷代創業及國祚修短。侍臣盛稱周祚之長，上曰：「周自公劉、后稷，弈世積德，以及文、武，遂有天下。若使其後君非成、康，臣非周、召，益修厥德，則文、武之業，何能至八百年之久乎！《書》曰：『皇天無親，惟德是輔。』使吾後世子孫皆如成、康，輔弼之臣皆如周、召，則可以祈天永命，國祚何患不昌！」

《國榷》卷七 乙卯，故龍虎衛指揮使胡斌戰曲靖黑松林，中矢死，贈都督同知。胡海洋子。

《明通鑒》卷八 丙寅，復鳳陽、臨淮二縣民徭賦，世世無所與。諭户部曰：「鳳陽朕故鄉，皇陵在焉。昔漢高帝生於豐，起于沛，豐、沛之民終漢世受惠。朕今永免鳳陽、臨淮二縣税糧徭役，其榜諭之！」

《太祖實録》卷一五三 壬申，勅四川布政使司：「自今非奉朝旨，不得擅移文於蠻夷官司，以生邊事。」

罷天下府州縣提刑按察分司。初，言者多陳守令貪鄙不法，故於直隸府州縣設巡按監察御史，各布政司所屬設試僉事，皆以秀才爲之，各有印章，布列郡縣。既而所行多違戾，故悉罷之。

《國榷》卷七 定詐僞律條。

《明通鑑》卷八　四月乙亥，上諭侍臣曰：「人君不能無好尚，要當慎之。蓋好功則貪名者進，好財則言利者進，好術則游談者進，好諛則巧佞者進。夫偏于所好者，鮮不累其心。故好功不如好德，好財不如好廉，好術不如好信，好諛不如好直。故好得其正，未有不治，好失其正，未有不亂者也。」

《太祖實録》卷一五三　丁丑，松州衛指揮僉事耿忠言：「臣所轄松潘等處安撫司各簇長官司宜以其户口之數，量其民力，歲令納馬置驛，而籍其民充驛夫，以供徭役。」從之。

己卯，勑禮部：「自今四夷及諸土官入賀正旦者，無分遠邇，務於畿甸近地會集，同入京師朝見。無使先後不齊，有失朝儀也。」

戊子，上諭兵部臣曰：「自古國家設置兵衛，所以爲民也。邇者無知之民凡遇軍士逃亡，往往匿於其家，玩法爲常。爾兵部宜榜示之，其有匿逃亡者，即令送官，逃者與藏匿者勿問。違者俱坐以罪。」

《明通鑑》卷八　庚寅，上以開濟定《詐僞律》，好爲深文，議法巧密，諭曰：「竭澤而漁，害及鯤鮞；焚林而田，禍及麛鷇。巧密之法，民何以堪！」由是浸惡濟。

《太祖實録》卷一五三　乙未，遣使齎勘合文册，賜暹羅、占城、真臘諸國。凡中國使至，必驗勘合相同，否則爲僞者，許擒之以聞。

己亥，寧國府宣城縣民訴故元官田徵租太重，積年逋負一十五萬七千六百八十餘石，民實貧困，不能輸納。户部以聞。詔自辛丑歲至洪武十三年逋租，悉皆免徵。

故元海西右丞阿魯灰遣人至遼東，願内附，上遣使齎勑往諭之。

雲南品甸土酋杜惠來朝，命爲千夫長。

《明通鑑》卷八　是月，故元儒士戴良卒于京師。【略】以上年徵至京師，試以文，命居會同館，日給大官膳。至是欲官之，以老疾固辭忤旨，遂暴卒，蓋自裁也。良以元之亡，不忘故主，每形之歌咏間，故卒不獲其死。

五月乙巳，敕「天下衛所，至冬率所部赴京師俟較閲」。

《太祖實録》卷一五四　丁未，吏部言：「在京及各布政司庫、各府倉、税課司等衙門，宜定爲從九品；巡檢、驛丞、遞運大使原不給俸者，宜月給俸一石二斗。」從之。

戊申，上謂禮部臣曰：「諸蠻夷酋長來朝，涉履山海，動經數萬里。彼既慕義來歸，則賚予之物宜厚，以示朝廷懷柔之意。」

乙卯，置内府寶鈔廣源庫大使一人，正九品，用流官；副使一人，從九品，用内官。内府寶鈔廣惠庫大使二人，正九品；副使二人，從九品，俱以流官、内官兼之。職掌出納楮幣，入則廣源庫掌之，出則廣惠庫掌之。

丁巳，雲南普舍縣僞右丞燕海雅謀作亂，土民章不花執之，送于官，命梟其首於縣境。

《昭代典則》卷九　戊午，廣東都指揮使狄崇乞封妾何氏淑人，不許。命禮部及翰林儒臣定嫡妾封贈例，頒示中外。於是定議，凡正妻在日，所取側室皆謂之妾。正妻殁，諸妾不許再立爲妻。若以禮聘良家女爲妻，許受封贈。前妻無子，其所生子，即爲嫡長子。若正妻在日無子，不再娶，而諸妾有子者，當長男襲父職，其子依本品職推恩其母。俱從之。

庚申，定文官封贈廕叙之例。封贈例十一。其一，文官一品至七品，止封贈散官職事。其應封一代者，父與子同，妻從夫貴；應封二代者，祖降父一級；應封三代者，曾祖降祖一級。父見任者不封，已致仕及亡殁者封之，其在任棄職就封者聽。其二，應封父母者，嫡母在而所生之母不得封，嫡母亡得並封。若所生母未封，不得先封其妻。其三，父母有兩子當封者，從其高品。婦人因其子受封，而夫與子兩有官當封者，從其高品。父祖原有官，既殁，而因其子孫封贈者進一階。其四，應封妻，止封正妻，亦得追封。凡繼室，止封一人。其五，命婦因子孫品級封者，並加太字。若已殁及曾祖父母在者，不加。其六，凡從七品陞至正從六品，封贈一次；陞至正從五品，封贈一次；陞至正從四品，封贈一次；陞至正從三品，封贈一次；陞至正從二品，封贈一次；陞至正從一品，封贈一次。其七，曾祖父母、祖父母、父母曾犯十惡、奸、盜、除名等罪，其妻非禮聘正室、或再醮，及倡優婢妾，並不許申請。其八，封贈之後，但犯贓私者，並追奪。其九，凡婦因夫貴，母因子貴，受封不許再醮，違者治之如律。其十，京官四品以上試職實授，頒給誥命，取自上裁，已受誥命者亦頒。一考滿秩方許封贈，五品以下官試職一年，考覈稱職者實授，頒給誥勑，不稱職者黜降。其已授誥勑者，亦須一考，方許封贈。其十一，凡在外三年爲一考，稱職者頒給誥勑，再考稱職聽請封贈。其有才能卓異，出自特恩者不在此例。廕叙之例五。其一，用廕以嫡長子，殘廢則嫡長子之孫以逮曾玄，無則嫡長之同母弟，以逮曾玄，又無則繼室及諸妾所生者，又無則傍廕其親兄弟子孫，又無則傍廕其伯叔子孫。其二，用廕者孫降子，曾孫降孫。傍廕者皆於應叙品第降一級。其三，正一品官廕其子於正五品用，從一品子則從五品用，正二品子則正六品用，從二品子則從七品用，正四品子則正八品用，從四品子則從八品用，正五品子則正九品用，從五品子則從九品用，正六品子則於未入流上等職内叙用，如行人、巡檢、司獄之類。從六品子則於未入流中等職内叙用，如各閘倉庫、總課司局、批驗、鐵冶所官之類。正從七品子則於未入流下等職内叙用，如遞運所、驛丞、閘壩官之類。其四，凡職官子孫許廕一人，年二十五以上，能通本經四書大義者叙用。其不通者，發還習學。其五，應叙之人各於原籍附近布政使司所屬地方銓注。詔皆從之。

《明通鑒》卷八 免應天、太平、鎮江、寧國、廣德税糧。詔曰：「五郡爲興王之地，其民助朕居多。數免其税，所以酬其勞也。有司有侵漁者，必置之法。」

甲子，孝陵殿成，命皇太子以牲醴致祭其儀。

《太祖實録》卷一五四 丁卯，禮部言：「百官軍民人等於御前及東宫、親王前行叩頭禮者，所以達感戴懇切之誠也。今於官長前往往亦行此禮，甚爲未當，宜申禁之。其行者受者俱論以罪。」從之。

上諭五軍都督府臣曰：「向因天下武臣縱逸軍士，遂至隊伍廢缺，已嘗用法懲之。今在京軍伍已足，即移文在衛所官知之，如軍伍有缺，速遣人追逮，否則必罪無赦。」

《國榷》卷七 是月，六安侯王志、安慶侯仇成、鳳翔侯張龍督兵往雲南繕城立屯，置郵傳，安輯人民。

《太祖實録》卷一五五 六月癸酉朔，命各府選舉儒士吏員練達時務、諳曉治體、善於詞命者或三四人，或一二人，赴京録用。

《國榷》卷七 敕傅友德等：「近聞永昌侯軍出食瀘、敍，意甚佳也，第不知何時？可過幾時？若駐瀘、敍，不久欲還曲靖等處，不知秋收可幾何，地産民賦可幾何？計至明年新穫之交，可不懸心？人來言，亦九子寨蠻密邇四川，恃險不賦，時出中途，損我軍士。莫若于内踐食一冬，擒獲其人，亦使之畏。來春軍還，休瀘、敍可爾。」

甲戌，刑部尚書開濟議五六日旬時三審五覆之法，上戒毋徇其名。

《太祖實録》卷一五五 己卯，吏部奏定考覈之制。

《明史》卷三《太祖紀三》 辛卯，免畿内十二州縣養馬户田租一年，滁州免二年。

《明通鑒》卷八 戊戌，大學士吴沈進講《周書》「國罔有立，政用憸人」。諭曰：「國家不可有小人，有小人必敗君子。故唐、虞任禹、稷，必去四凶，魯用仲尼，必去少正卯。」沈對曰：「所謂『去邪勿疑』也。」

《國榷》卷七 己亥，敕傅友德等：「聞雲南老人言，死可代地方三十六路，其初元人皆有之，後乃析入蠻。當元之世，雲南大理不知其蠻，又侵楚雄西南遠幹、威遠二府。以此觀之，不可不備。還軍遲速，尚宜度思。其亦九子寨戎縣地，面五村大壩上下落鄉十池等處及黄平、羅木、洞蠻、靄翠、管下、阿吕、雨宗、碎瓦、莫得阿、胡遣等蠻助烏撒叛者，大軍所過，就便合勢，略加以威。如可，行之；不可，還軍。軍還須從黄平、辰、沅、岳州，直至武昌，載舟爲便。」

《太祖實録》卷一五五 庚子，遣行人覈寧波府海塗田。

《國榷》卷七 是月，倭十六艘寇金鄉衛，拒卻之。

《太祖實録》卷一五五 七月丁未，詔天下都司，凡所屬衛所城池及境内道里遠近、山川險易、關津亭堠、舟車漕運、倉庫郵傳、土地所産，悉繪圖以獻。

己酉，禮部奏定都察院文移體式。五軍都督府有事於都察院，止令經歷司互相文移，轉呈本院。如行六部，則經歷司與主事廳互牒。其在京秩三品者，則與本院平行，仍故牒。在京四品，在外按察司帖下在京五品以下衙門，其在京四品，在外按察司牒呈本院，及在京五品以下衙門，行移本院，俱稱具呈。惟大理審刑、磨勘司，止與本院經歷司行移。各道監察御史亦止由本院行移，與諸司無行。

《明通鑒》卷八 庚戌，上諭侍臣曰：「自古王者之興未有不由於勤儉，其敗未有不由于奢侈，前代得失，可爲明鑑。後世昏庸之主，縱欲敗度，不知警戒，卒瀕於危亡，深可慨嘆！大抵處心清净則無欲，無欲則無奢縱之患。欲心一生，則驕奢淫佚無所不至，不旋踵而敗亡隨之。朕每一念及，未嘗不惕然于心。」

辛亥，分遣監察御史録囚于諸道。

壬子，遣官祭媧皇陵于趙城。

《國榷》卷七 癸丑，敕傅友德等：「朕思還軍一節，尚恐未可。曲靖等處，雖支吾近餉，未見謀及冬春。假令曲靖下種八百餘石，不過收稻八千餘擔，僅得四千餘米。守禦軍士月約三斗，計不耐冬盡。欲待明歲夏麥，何以充腹？若守軍無糧，大軍一還，必至逃散，城虚復作患矣。計雲南尚有未服蠻夷，可攻而取其糧，待諸郡收穫，乃還大軍。符至，多方思其便。」

《太祖實録》卷一五五　丁巳，山西布政使何真乞致仕，從之，命真還廣州。真至鄉，尋招集舊所部兵校二萬七百七十七人并家屬，送京師。

《國榷》卷七　戊午，更定冕服之制。

丙寅，武德衛指揮使梅義思祖子爲遼東都指揮使。

八月癸酉，令内臣張林徵鳳陽親鄰二十家赴京，予衣履。入見謹身殿，宴奉天殿左廡，宿于會同館。明日早朝，入見東宫，各賞鈔宴，上親送之西長安門。

《明通鑒》卷八　甲戌，詔曰：「比者政事苟且，上下相蒙。閭郡連歲不聞有所激勸，具云吏稱民安。其令御史按察司巡行訪察之！」

《太祖實録》卷一五六　丁丑，詔天下遞鋪公文，除奏啟本用黄袱裹之，其餘文移悉用紅袱。

辛巳，孝慈皇后小祥，禁在京音樂、屠宰。

《國榷》卷七　丙戌，東閣大學士吴沈進講後期，降翰林侍書，尋改國子博士。

《太祖實録》卷一五六　丁亥，會稽縣民有依附紹興衛指揮高謙，謙囑縣典史滿整免其徭役，不從，謙笞之，整訴於朝。【略】因命兵部申戒武臣，自今有受民囑託，以病有司者，皆論罪不赦。

戊子，上召應天府官，謂曰：「京師首善之地，居民當使習禮義，崇善道，爲天下先。近聞京民多有求充皂隸者，非所以善俗也。其禁止之。」

庚子，姚安府土官自久作亂，都督陳桓率兵討之。兵至九十九莊，自久遁去。

《國榷》卷七　九月辛丑朔，國子生親在，三年一歸省，仍許歸娶，奔期喪。

《太祖實録》卷一五六　癸卯，磨勘司奏增朝參牙牌律，詔從之。

《明通鑒》卷八　甲辰，詔曰：「頻歲豐稔，民多貧困，其咎安在？豈徭役之重及吏民因緣爲奸耶？有司宜思所以振救之！法令煩苛者，罪不宥。」

《明史》卷三《太祖紀三》　癸亥，申國公鄧鎮爲征南將軍，討龍泉山寇，平之。

《國榷》卷七　時廣東猺叛，江西永新龍泉縣民煽動，都指揮同知戴宗剿之，不克。

《太祖實録》卷一五六　甲子，建鳳陽大龍興寺成，寺即舊於皇寺也。

戊辰，命天下諸司官來朝明年正旦者，預進功業冊。

禮部言：「内外諸司文武官員已入流者，凡遇朝賀謝恩見辭，必具公服行禮。」

是月，命給事中潘壽等及國子生各衛舍人分行天下都司衛所，清理軍籍。

《國榷》卷七　十月辛未朔，授武定軍民府女知府商勝中訓大夫，誥賜冠服金帶。故土官法叔妻。

《太祖實録》卷一五七　戊寅，遣使召魏國公徐達、雄武侯周武、永平侯謝成、鞏昌侯郭子興、南雄侯趙庸、永城侯薛顯、都督僉事馬雲、蕭成還京。先是，命達等巡撫北邊，訓練士卒。至是，召還。

《明通鑒》卷八　甲申，免霸州、東安魚課。

《太祖實録》卷一五七　戊子，吏部試侍郎劉逢吉言：「自今除授在京官員，俱令試職一年。後考覈稱職者實授，頒給誥敕；不稱職者，罷黜。」從之。

庚寅，吏部試侍郎劉逢吉、户部試右侍郎栗恕、刑部試右侍郎王希哲、都察院試左僉都御史詹徽皆實授。

《國榷》卷七　辛卯，右僉都御史茹太素降翰林檢討。

《太祖實録》卷一五七　癸巳，詔郡縣復設社學。先是，命天下有司設社學以教民間子弟，而有司以是擾民，遂命停罷。至是，復詔民間自立社學，延師儒以教子弟，有司不得干預。

《國榷》卷七　乙未，頒《鄉飲酒圖》于天下。

是月，安陸侯吴復卒于普定。

十一月壬子，祀李冰、文翁、張詠于成都，祀黄霸于鈞州，祀卓茂于密縣，祀陸遜、抗、凱于松江，祀李龍遷于隆州，祀狄仁傑于彭澤，祀謝夷甫于建州，祀李黼于九江，祀李宗可于安慶。宗可，元義兵萬户，佐余闕戰守，同時死。

《太祖實録》卷一五八　甲寅，詔免鳳陽府壽州今年田租，以旱故也。

詔定朝參官員坐次。

乙卯，禮部言：「在外諸司凡進表箋，往往遣承差吏員齎進，甚乖臣子敬上之禮。宜令天下諸司凡進表箋，非職官不得差遣。」從之。

敕在外諸司，凡遣人來朝及朝使還京者，至京俱先朝見而後詣所司，否者以違制論。

十二月庚午朔，命賜國子監生讀書燈油，每月人一斤，著爲例。

己卯，禮部奏：「考試歲貢生員，文字中式者，送國子監，監官再考等第，分堂肄業。不中者，生員、教官、提調官罰各如制。」從之。尋命生員中式上等者送國子監，次等送中都國子監。

癸未，江西布政使司參議胡昱言：「所屬永新、安福、龍泉、萬安諸縣，地多山林，盜賊時發。請增設兵衛以禦之。」上諭兵部臣曰：「民所以爲盜者，豈其本心？皆由長民者不能撫字，使衣食不給，以致然耳。豈爲兵少邪？是但知其末，不知其本也。」

癸巳，詔國子監生病者，令應天府遣人送還鄉。時監生多病腫，祭酒宋訥以聞，故有是命。

《明通鑑》卷八　甲午，刑部尚書開濟坐罪誅。濟治獄囚，令郎中仇衍開脱死罪，爲獄官所發，濟與侍郎王希哲、主事王叔徵執獄官斃之。時鄞人陶垕仲，以國子生擢監察御史，首發濟骫法狀，且言：「濟奏事時，置奏劄懷中，或隱而不言，覘伺上意，務爲兩端，奸狡莫測；役甥女爲婢；妹早寡，逐其姑而略其家。」上怒，遂下濟獄，並希哲、衍等皆棄市。

《太祖實録》卷一五八　是月，須文達那國王殊旦麻勒兀達盼遣其臣俺八兒貢馬二匹，幼苾布十五匹，隔著布二匹，入的力布二匹，花滿直地二，番綿紬直地二，兆羅綿二斤，撒剌八二箇，幼賴隔著一箇，撒哈剌一箇，及薔薇水、降香、沉速香等物。

《明通鑑》卷八　武英殿大學士吳伯宗，坐弟仲實爲三河知縣薦舉不實，詞連伯宗，降檢討。

洪武一七年（甲子、一三八四）

《太祖實録》卷一五九　正月辛丑，上諭禮部臣曰：「天下府州縣學官總理學事，其訓導專教生徒，毋令同署公文，以妨講授。爾禮部其移文天下學校，永爲遵守。」

壬寅，陝西秦州衛奏修理城隍，請兼軍民爲之。上諭都督府臣曰：「修治城隍，借用民力，蓋權時宜，役之於曠閒之月耳。今民將治田之時，而欲兼用其力，失權宜之道。止令軍士修理，毋得役民。」

《國榷》卷七　乙巳，孔訥襲衍聖公。孔子五十七代孫。優給故官家屬。

《明史》卷三《太祖紀三》　丁未，大祀天地於南郊。

戊申，徐達鎮北平。

《國榷》卷七　己酉，左僉都御史詹徽爲左都御史，户部右侍郎栗恕試尚書，參軍府左參軍劉逵試刑部尚書，右參軍麥至德試工部尚書，右僉都御史邵質、給事中徐文顯試刑部左右侍郎，虞部郎中韓鐸試工部左侍郎，工部總部郎中李端試户部右侍郎。

《太祖實録》卷一五九　辛亥，户部尚書栗恕言：「兩淮、兩浙鹽每引官給工本鈔二貫五百文，河間、廣東、海北、山東八百文，四川七百文，福建每引上邑者七百文，下邑者六百文。煎鹽之力則一，而工本鈔有不同。今擬淮浙工本如舊，河間、廣東、海北、山東、福建、四川每引均給鈔二貫。」從之。

陞都察院爲正二品，左右都御史正二品，左右副都御史正三品，左右僉都御史正四品，經歷一員正六品，都事一員正七品。

癸丑，命兵部稽天下衛所軍器之數，其年久損壞者易之。

丁巳，命有司，凡海外諸國入貢有附私物者，悉蠲其稅。

《明史》卷三《太祖紀三》　壬戌，湯和巡視沿海諸城，防倭。

《太祖實録》卷一五九　癸亥，命吏部，凡文官居憂制，已在職五年，廉勤無贓私過犯者，照品秩給半禄終制。在職三年者，給全禄三月。

《國榷》卷七　甲子，起余熂吏部尚書。

《太祖實録》卷一五九　丙寅，各布政使司起送罷免官鞏貫道等至京。以貫道爲江西布政使司左布政使，周讃爲河南布政使司左參政，藥理爲都察院右僉都御史，李冲爲四川按察司按察使，李宇爲副使，董孟宗爲僉事，郭貞等爲各府知府。初，上諭吏部臣曰：「近内外官員有以微罪罷免者，其中多明經老成，練達政務，一旦廢黜，不得盡展其才能，朕甚惜之。爾吏部可移文各布政使司，凡罷免官通經術、有才幹者，悉起送京師。」於是貫道等五十餘人至京，皆擢居顯職。

二月辛未，上諭兵部臣曰：「朕向者以天下既不用兵，軍士閒逸，若不練習，恐猝有調遣，不堪應用。故命天下官軍分番入京較試，行賞罰以示勸懲。今附近衛所已試，而遠者未至。恐近邊將士既來，城守空虛，或盜賊乘隙竊發，此又不可不慮。自今邊衛軍士校射，止就本衛，不必赴京，其令知之。」

癸未，以諫院右司諫關賢爲山西布政使司左布政使，翰林院侍講學士李翀爲浙江布政使司右布政使，諫院左正言關乃馬歹爲四川布政使司左參政，國子監博士賀貫爲陝西布政使司右參政，國子監學録劉修爲山東布政使司右參政。

乙酉，改鑄南郊太和鍾。

己丑，吏部尚書余熂等奏，更定吏員考滿陞轉出身資格。

《國榷》卷七　定天下諸司移文式。

《明史》卷三《太祖紀三》　三月戊戌朔，頒科舉取士式。

《明通鑒》卷八　仍定以子、午、卯、酉鄉試，辰、戌、丑、未會試。鄉試中式者，各布政使司送禮部會試，會試中式者赴殿試，賜進士及第、出身有差。定制，鄉、會試各三場。第一場試《四書》義三道，《經》義四道，《四書》主朱子《集注》，《易》主程、朱《傳義》，《書》主蔡沈《傳》，《詩》主朱子《集傳》，皆兼古注疏，《春秋》主《三傳》及胡安國、張洽《傳》，《禮記》主古注疏。二場試論一，判語五，詔誥章表内科一。三場試經史策五。其應試舉人，則國子學生、府州縣生員及儒士之未仕者，官之未入流者皆預焉。惟罷閑官吏及倡優之家與居父母喪者，均不准入試。試士官定制，主試二員，同考試官四員，皆于儒官儒士中訪明經公正之士，先期幣聘，在内由應天府，在外由各布政司主之。

《明通鑒》卷八　曹國公李文忠卒。

《國榷》卷八　庚子，征南副將軍申國公鄧鎮等平永新、龍泉山寇。

丁未，江夏侯周德興請決荆州嶽山壩以通水利，從之。歲灌民田，增租四千三百餘石。

征南將軍潁川侯傅友德、左副將軍永昌侯藍玉班師入朝。

《太祖實録》卷一六〇　壬子，命天下有司祭祀，僧道官不與。

命停造寶鈔，以國用既充，欲紓匠力故也。

癸丑，吏部尚書余熂言：【略】「自今五等之爵誥皆如一品，庶見殊恩。」上是之。自是有封爵者給誥，皆用一品之制。惟公侯仍用玉軸，伯子男仍用犀軸，以此爲别。

常德府龍陽、武陵二縣水，詔免去年逋賦。

《明史》卷三《太祖紀三》　甲子，大赦天下。

《國榷》卷八　丙寅，改刑部都察院大理寺公署于太平門外，名其處曰「貫城」。

《太祖實録》卷一六〇　丁卯，修築京城儀鳳門。

《明史》卷三《太祖紀三》　四月壬午，論平雲南功，進封傅友德潁國公，陳桓等侯者四人，大賚將士。

《昭代典則》卷九　命禮部以八事榜示天下。上諭禮部臣曰：「州縣之官，於民最親。其賢不肖，政事得失，視民之安否可見。朕嘗命縣考於州，州考於府，府考於布政司。各以所臨，察其考覈，以憑黜陟，昭示勸戒。今上下之政，惟務苟且。縣之賢否，州不能知；州之賢否，府不能察；府之賢否，布政司不能舉。善無所勸，而惡無所懲。朕今命以八事，爾禮部其爲榜示天下。其一，州縣之官宜宣揚風化，撫字其民，均賦役，卹窮困，審寃抑，禁盜賊。時命里長，告戒其里人，敦行孝弟，盡力南畝，毋作非爲，以罹刑罰。行鄉飲酒禮，使知尊卑貴賤之體。歲終察其所行善惡而旌别之。其二，爲官府者，當平其政令，廉察屬官，致治有方。吏民稱賢者，優加禮遇，紀其善績。其有闒茸，及蠹政病民者，輕則治之以法，重則申聞黜罰，然不得下侵其職，以擾吾民。其三，布政司官宜宣布德化，考覈府州縣官能否，詢知民風美惡，及士習情僞奸弊，甚者具聞鞫之。如所治不公，則從按察司糾舉。其四，凡民有犯笞杖罪者，縣自斷決，具實以聞。其五，犯徒流罪者，縣擬其罪，申州若府，以達布政司定擬。其六，有犯死罪者，縣提其罪，申州若府，以達布政司，布政司達刑部定擬。襍犯者准工贖罪，真犯者奏聞，遣官審決。其七，凡諸司獄訟，當詳審輕重，按律決遣，毋得淹禁。其八，民間詞訟，務自下而上，不許越訴。以上八事，頒布天下，永爲遵守。」

《國榷》卷八　癸未，賞征南將校正總兵綵幣二十雙、鈔百錠餘有差。

更定内官六尚局品秩。

濟南衛指揮何誠言：「幼孤，伯父子之。雖先人已贈，乞推恩伯父示報。」事下禮部，謂宋右僕射李昉封其繼叔兼贈本生。上乃許之。

《明通鑒》卷八　〔己丑，上謂諫議大夫唐鐸〕：「人有公私，故言有邪正。正言務規諫，邪言務謗諛，謗言近於忠，諛言近于愛。惟不惑于謗言，則聽日聰而讒人自去；不眩于諛言，則智日明而佞人自遠矣。」鐸對曰：「聽言之難，自古爲然。陛下聖諭，深得其情。」

庚寅，諭兵部移文有司：「凡征南將士死者，悉收其遺骸，具棺葬之。」

《明史》卷三《太祖紀三》　增築國子學舍。

《太祖實録》卷一六一　癸巳，復造大駕車輅。

德慶侯廖權卒。權，永忠子也。

《太祖實録》卷一六二　五月辛丑，割雲南東川府隸四川布政使司，改烏撒、烏蒙、芒部爲軍民府，而定其賦税。烏撒歲輸二萬石，氊衫一千五百領；烏蒙、東川、芒部皆歲輸糧八千石，氊衫八百領。又定茶鹽布匹易馬之數。烏撒歲易馬六千五百匹，烏蒙、東川、芒部皆四千匹。凡馬一匹，給布三十匹，或茶一百斤，鹽如之。

《國榷》卷八　平越衛指揮使鳳陽孫恪仍爲後軍都督僉事。

《太祖實録》卷一六二　庚戌，雲南左布政使吳印等言：「新置鹽課提舉司三，曰白鹽井、曰安寧、曰黑鹽井。白鹽井之地，其人號生蠻，未易拘以鹽額，宜設正副提舉二人，聽從其便。其安寧鹽井月課鹽六萬三千斤，宜設提舉一人，同提舉一人，副提舉一人，吏目一人。黑鹽井月課鹽二萬九千四百斤，宜設提舉一人，同提舉一人，吏目一人。」從之。

壬子，定武臣襲職例。凡武臣卒，其子襲職。子幼者，給以半禄；三年，則以全禄給之；年二十，則任以事。著爲令。

《明通鑑》卷八　甲寅，詔恤海運溺死軍士家。

《太祖實録》卷一六二　己未，廣西北流縣民李從周以妖術惑衆，謀爲亂，鎮撫周貴捕送京師，斬之。

《國榷》卷八　辛酉，吴高嗣江陰侯，吴忠嗣靖海侯。

《明史》卷三《太祖紀三》　丙寅，涼州指揮宋晟討西番於亦集乃，敗之。

《國榷》卷八　是月，敕遼東守將唐勝宗絶高麗，必歲貢如約，始許之。

《太祖實録》卷一六二　六月丁卯朔，罷大理寺司獄司。

《國榷》卷八　詔天下官吏朝正旦，書功于册，圖土地、人民。俱臘月臨盡，五日畢至。唯雲南遠徼，免之。

《皇明資治通紀》卷八　上覽輿地圖，侍臣有言：「輿地之廣，古所未有者。」上曰：「地廣則教化難周，人衆則撫摩難徧。此正當戒慎。天命人心，惟德是視。紂以天下而亡，湯以七十里而興，所係在德，豈在地之大小？」

己巳，置親王博士，命禮部定議王與博士相見禮。

《明通鑑》卷八　庚午，上御奉天門，諭羣臣曰：「治天下禮樂爲先，或言有禮樂，不可無刑政。朕觀刑政二者，不過輔禮樂爲治耳。苟徒務刑政，雖有威嚴之政，必無和平之風。故禮樂者，治民之膏粱，刑政者，救弊之藥石也。」

《太祖實録》卷一六二　丁丑，命天下府州縣修治橋梁道路。

戊寅，高麗遣其臣司僕正崔涓、禮儀判書金進宜貢馬二千匹，至遼東。訴言金非其地所産，願以馬代輸，其餘皆如約。延安侯唐勝宗爲之奏請，上許之。

《國榷》卷八　辛巳，命禮部作大成樂器，頒天下學校。

《太祖實録》卷一六二　壬午，上以北平府東安、宛平、大興三縣去年雨雹傷稼，詔免其今年田租。

甲申，置府州縣醫學、陰陽學。府置醫學正科一人，陰陽正術一人，秩從九品；州置醫學典科一人，陰陽典術一人，縣置醫學訓科一人，陰陽訓術一人，皆雜職。

乙酉，詔免吉安府龍泉等縣今年田租。

庚寅，命製國子監祭服。

《國榷》卷八　辛卯，福建按察使鄞縣陶垕仲、僉事上虞謝元功劾左布政蠡州薛大方貪淫。上即令按察司訊之，大方亦誣辨，並逮入，聽于都察院。大方伏誅，垕仲、元功復位，閩人快之。

《明史》卷三《太祖紀三》　七月戊戌，禁内官預外事，敕諸司毋通内官監文移。

《明通鑑》卷八　上謂侍臣曰：「前代人君，多縱宦寺與外臣交通，覘伺動静，夤緣爲奸，假竊威權，以亂國家。後雖知而去之，勢不得行，反受其禍，延及善類。漢、唐之事，深可鑒也。朕所以嚴爲之禁者，欲見危于未形，制治于未亂耳。」

《國榷》卷八　作朝天宮。

上御東閣，語翰林待詔朱善等曰：「人主以天下之好惡爲好惡則公，以天下之智識爲智識則明。」又曰：「君子揚人善，不揚己之善；貸人過，不貸己之過。」又曰：「萬事不可以耳目察，惟虚心以應之；四方不可以智力服，惟誠心以待之。」

己亥，徐允恭署左軍都督府事。徐達長子。

丙午，諭吏部薦舉冒濫，其申嚴之。凡考覈，務從至公。

《明史》卷三《太祖紀三》　癸丑，詔百官迎養父母者，官給舟車。

《國榷》卷八　甲寅，遣國子助教楊盤等使安南，徵糧助餉雲南，陳煒即輸五千石于臨安。

命吏部簿録朝覲官所薦屬官及儒士人材，記其舉主姓名，任滿，考當否爲黜陟。

《太祖實録》卷一六三　乙卯，上諭户部臣曰：「今天下郡縣民户以百一十户爲里，里有長。然一里之内，貧富異等，牧民之官苟非其人，則賦役不均，而貧弱者受害。爾户部其以朕意諭各府州縣官，凡賦役，必驗民之丁糧多寡，産業厚薄，以均其力。賦役均，則民無怨嗟矣。有不奉行役民，致貧富不均者，罪之。」

《國榷》卷八　丙辰，皮作局大使許士哲上言：「治道之要，明賞罰以清官吏，問疾苦以安生民，均賦役以甦民力，嚴銓選以擇賢才，揀精卒以杜妄費，興武舉以羅英才，崇節義以厚風俗，明禮義以教萬民，立平準以利商賈，置常平以惠農民，用直臣以任糾彈，開言路以通民情。滅亡胡之餘燼，以絶後禍；監前代之興亡，以壽國脈。」上嘉納之。

北平降卒編入京衛者，悉放爲民。

《太祖實録》卷一六三　丁巳，命蘇、松、嘉、湖四府以黄金代輸今年田租。

《國榷》卷八　免畿内今年田租之半。

《太祖實録》卷一六三　戊午，命廷臣詳定合奏事目，其瑣細者勿以聞。時内外諸司多以細務入奏，故有是命。

《明史》卷三《太祖紀三》　庚申，録囚。

壬戌，盱眙人獻天書，斬之。

《國榷》卷八　景川侯曹震請征容美、管勾、沿邊、大旺、散毛等洞蠻及西番朵甘、思曩日族，不許。

《明通鑒》卷八　乙丑，秦、晉、燕、周、楚、齊六王來朝。

《明史》卷三《太祖紀三》　八月丙寅，河決開封。

《國榷》卷八　庚午，滎陽侯鄭遇春、東川侯胡海督金吾等衛，造海舟百八十艘。

《明史》卷三《太祖紀三》　壬申，〔河〕決杞縣，遣官塞之。

《明通鑒》卷八　平緬宣慰使思倫發遣使獻方物，上元所授宣慰司印。詔賜倫發朝服冠帶及鈔定，遣使還。

《國榷》卷八　癸酉，通經儒士陳玄爲右僉都御史，林文爲左春坊司經局試正字。

《明通鑒》卷八　乙亥，孝慈皇后神主祔太廟。

《太祖實録》卷一六四　丙子，上諭户部臣曰：「比者河決開封，屬邑漂没，民居渰浸，田畝受害者必衆。其有被水災者，悉蠲其賦税。」

改平緬宣慰使司爲〔平〕緬軍民宣慰使司，仍以思倫發爲宣慰使；改車里軍民府爲車里軍民宣慰使司，以刀欲爲宣慰使；以亦德爲烏蒙軍民府知府，並賜朝服、冠帶及織金文綺數錠。

己卯，復以任昂爲禮部尚部。

《國榷》卷八　壬午，詔撰皇伯壽春王墓文，立石。

癸未，定考績法。

《太祖實録》卷一六四　丙戌，以州之民户不及三千者皆改爲縣，改者凡三十七州。

壬辰，南昌府豐城縣民魯伯敬上言二事。一曰内外文武大小之臣，清忠報國者，宜尊位重禄，以勸將來。設有小過，宜寬宥之，以存仁厚，以養廉耻。一曰有司循弊，賦役不均，宜以賦税之家，編爲等第。凡有差役，定注其名，庶可革弊。書奏，從之。

改平緬軍民宣慰使司爲麓川平緬宣慰使司。麓川與平緬連境，元時分置爲兩路，以統領其所部。至是，以思倫發遣使來貢，乃命兼統麓川之地，故改之。

甲午，太原衛言：「山水暴漲，衝決城濠隄岸，請以軍民協力修治。其侵及民田者，乞除其租。」許之，仍命給鈔償所侵民田。

《國榷》卷八　乙未，儒士婺源汪仲魯爲左春坊左司直郎。仲魯舉明經，講《尚書・西伯戡黎》，上甚喜之。

《太祖實録》卷一六五　九月丙申朔，應天府奏，鄉試中式舉人廖孟瞻等二百二十九人。

《國榷》卷八　征南士卒悉爲小旗，免比試。

戊戌，懷慶府戴莊、湖廣都司副斷事高翼俱爲右僉都御史，静寧州判官元善爲右僉都御史，東昌教授馬叡爲左春坊左贊善。

《太祖實録》卷一六五　辛丑，命公侯駙馬并文官三品、武官四品以上，凡大朝會及常朝，許由午門之右門出入。其有宣召及不時奏事，文官四品、武官五品以下，仍由左右掖門。

《明通鑒》卷八　己酉，諸王之國。

《太祖實録》卷一六五　乙卯，西安府旱，傷稼。事聞，上諭户部臣曰：「水旱爲灾，皆傷和氣所致。朕惟加警省，思回天意。其西安府今年租税悉免之，凡一十三萬三千九百七十石。」上諭户部曰：「經國之要，兵食爲先。國家糧儲不可無備其全。各布政使司會計兵食，邊衛備三年之儲，内地備二年之儲。」

丁巳，命各王府樂舞生俱於所在儒學生員内選用。仍命神樂觀選樂舞生五人，往教習之。

己未，户部言：「祥符縣地多鹻土，自洪武之初，民一户月納焰硝六十斤，小鹽三斤。十一年雖罷焰硝，猶驗丁月納小鹽。」詔皆罷之。

上諭户部臣曰：「民有田則有租，有身則有役。歷代相承，皆循其舊。今民愚無知，乃詭名欺隱，以避差徭，互相倣效，爲弊益甚。自今有犯者，則入其田於官，能自實者免罪。」

壬戌，命通政使司：「凡民有所伸訴者，録其詞於簿，即送所司辯理。經一旬則條具以聞，經一月即以簿呈進。事重者請旨裁決。」

甲子，禮部尚書任昂奏更定親王冠禮。

《明史》卷三《太祖紀三》 十月丙寅朔，册李氏爲淑妃，攝六宫事。

《太祖實録》卷一六六 丁卯，上謂兵部臣曰：「驛傳所以傳命而達四方之政，故雖殊方絶域，不可無也。近聞貴州黄平等驛甚爲使者所苦，夷人不堪其役，竄入山林者多。爾兵部諭都司，凡經過使臣有非理者，必寘之法，以警將來。」

《明通鑒》卷八 復遼東海運。

《太祖實録》卷一六六 壬申，羽林右衛指揮陳義私賣官馬，爲法司所論。上以其有功，宥而不罪。因命兵部移文總兵官延安侯唐勝宗等及遼東都司，自今凡將士征討遼東者，原給官馬，悉收入官。指揮而下，試其驍勇者，人給二匹，庸常者一匹。軍還，馬仍入官。私賣私易者，罪之。

《國榷》卷八 魏國公徐達上北平諸衛吏卒之數，凡十七衛，計吏卒十萬五千四百七十一人。

後軍都督僉事陳文卒。

《明史》卷三《太祖紀三》 丙子，河南、北平大水，分遣駙馬都尉李祺等振之。

《明通鑒》卷八 乙酉，景川侯曹震上言：「四川至建昌驛道，經大渡河往來者，多死于瘴癘。詢之父老，自眉州峨嵋至建昌，有古驛道，平易無瘴毒，已令軍民修治，請以瀘州至建昌驛馬移置峨嵋新驛。」從之。震又請「以貴州、四川二都司所易番馬，分給陝西、河南將士」，亦報可。

丙戌，以趙瑁爲禮部尚書。以任昂告歸，代之也。

丁亥，以秀才宋矩等十七人爲監察御史。

《太祖實録》卷一六六 壬辰，上命吏部：「凡徵儒士至京，宜訪其縣官政事得失，風俗美惡，以陞黜之，亦治道之一助也。然人之好惡不齊，偏聽生姦，又不可不察。」於是吏部尚書余熂言：「善政美俗者，佐貳官宜陞之。正官留俟除官代之而復陞。」上曰：「善者即陞一等，否者待朝覲之日黜之。或能遷善改過，亦不黜也。陞者黜者，皆令本貫知之，以示勸戒。」

命兵部，凡征南總小旗死而子幼者，皆令食優給。總旗例如百户，小旗例如總旗。待子長，乃承父役。雖有餘丁，皆復之，聽其生理。

置稽疑司官。司令一人，正六品；左右丞各一人，從六品；屬官司筮，正九品，無定員。尋罷之。

《太祖實録》卷一六七 閏十月乙未，左都御史詹徽言：「四川成都府有吏訴其知府張仁受賄，同知蔡良於公署設宴，放吏爲民，請逮問之。」上曰：「吏胥之於官長，猶子弟之於父兄。下訐其上，有乖名義，不足聽也。」

《明通鑒》卷八 庚子，選儒士五十人試各道監察御史。

《太祖實録》卷一六七 辛丑，曲靖亦佐縣土酋安伯降。初安伯作亂，命西平侯沐英發兵討之。兵至其境，安伯懼，出降。至是英奏請罷兵，以撫輯其民。上從之。

乙巳，上諭禮部臣曰：「近聞在外方面官多侵郡縣之職，甚乖治體。其申諭之。自今民間庶事皆自州縣始，縣有不公則州理之，州有不公則府理之，府有不公則布政司理之。布政司所任非人，從按察司糾之。如仍前亂政，以擾吾民者，罪之無赦。」

丁未，上諭都督府臣曰：「瀕海兵衛，本以防禦倭夷。今台州倭人登岸，殺其廵檢，守禦官兵所職何事？」命逮其指揮陳亮、趙全至京師，罪之。

《明通鑒》卷八 戊申，永城侯薛顯母卒，工部請以棺給之。【略】上曰：「賜乃朝廷之恩，豈可請邪！自今公侯夫人賜棺，非奉特旨，不許奏請。著爲令。」

《太祖實録》卷一六七 癸丑，上命六部官會議，凡土官選用者有犯，依流官律定罪。世襲者，所司不許擅問。先以干證之人推得其實，定議奏聞。杖以下則紀録在職，徒流則徙之北平，著爲令。

《明史》卷三《太祖紀三》　詔天下罪囚，刑部、都察院詳議，大理寺覆讞後奏決。

《太祖實録》卷一六七　甲寅，上謂吏部臣曰：「設官分職，以爲民也。曩者諸司任用非人，常遣官屬吏卒下鄉，逮捕追督，迎送供給，甚爲民患，已嘗下令禁止。近河南府仍遣永寧縣官下鄉拘捕逋卒，民甚苦之。此豈良有司所爲？宜即逮治。仍申明禁令，使天下知之。」

《明通鑒》卷八　丙辰，欽天監刻漏博士元統言：【略】「曆以《大統》爲名，而積分猶踵《授時》之數，非所以重始敬正也。況《授時》以至元辛巳爲曆元，至洪武甲子積一百四年，以七十年而差一度之大約計之，每歲應差一分五十杪。辛巳至今，年遠數盈，漸差天度，擬合修改。今以洪武甲子冬至爲《大統曆》元。而七政運行，有遲速、逆順、伏見之不齊，其理深奥，未易推演。聞有郭伯玉者，精明九數之理，宜徵令推算，以成一代之制。」報可。尋擢統爲監令。

《太祖實録》卷一六七　戊午，上諭兵部臣曰：「聞太行山尚有餘寇潛伏，不時出劫行旅。宜遣人往諭，其地居民有勇略，能擒捕賊者，復其家三年，仍厚賞之。」

辛酉，置遼東都指揮使司儒學，設教授一員，訓導四員。金、復、海、蓋四州儒學學正各一員，訓導各四員，教武官子弟。復命皆立孔子廟，給祭器樂器，以供祀事。

壬戌，蘇州府言：「崑山縣民八十餘户，有田六頃九十餘畝，爲水所浸。」詔除其租，仍給鈔賑之。

癸亥，禮部尚書趙瑁言：「自設置僧道二司，未及三年，天下僧道已二萬九百五十四人。今來者益多，其實假此以避有司差役。請三年一次，出給度牒。且嚴加考試，庶革其弊。」從之。

是月，《大明清類天文分野書》成。其書以十二分野星次分配天下郡縣，於郡縣之下又詳載古今建置沿革之由，通爲二十四卷。

《明史》卷三《太祖紀三》　召徐達還。

《國榷》卷八　十一月乙丑，上御東閣，謂侍臣曰：「責難之詞，人所憚聽，明君受之無難；諂諛之語，人所易從，昏主信之允入。」右春坊右贊善董倫曰：「惟明主能慎擇之。」上曰：「責難不入于昏君，而諂諛難動于明主。人臣事君，在守正矣。」

丙寅，江西布政司參政胡昱請討金山納哈出，不許。昱，故元降將也。

己巳，敕孔希文爲曲阜知縣。孔子五十六世孫

文官年七十許致仕，給誥敕。

雲南左布政使吴印還京，張紞爲雲南左布政使。

《明通鑒》卷八　庚午，上諭禮部曰：「近命遼東立學校，有言邊境不必建學者。夫聖人之教猶遵禮義，女尚貞信。管寧居遼東，講《詩》、《書》，陳俎豆，飾威儀，明禮讓，而民化其德。曾謂邊境之民不可以教乎！況武臣子弟，久居邊塞，鮮聞禮教，恐漸移其性。今使之誦《詩》、《書》，習禮儀，非但造就其才，他日亦可資用。」

癸酉，鞏昌侯郭子興卒。

《太祖實録》卷一六八　丙子，韶州府翁源縣奏：「自洪武十四年、十五年山寇作亂，民多離散，田皆荒蕪，租税無徵。」詔免之。

《國榷》卷八　宣寧侯曹泰自貴州水西市馬還，得五百匹。

《太祖實録》卷一六八　丁丑，五軍斷事官邵文德言：「本司與刑部、都察院皆掌天下刑名，而刑部分設四部，各有郎中、員外郎、主事；都察院置十二道，有監察御史以分掌之；部又有尚書、侍郎，院又有都御史，以總其綱，猶慮壅滯不決。惟斷事官獨員，實難其任。乞增置員數，分隸五府，各掌其事，庶幾獄訟易理而無稽違之患。」上命廷臣議之。吏部尚書余熂定議：「五軍都督府宜各設左右斷事二人，提控案牘一人，司吏三人，典吏六人，以分理刑獄。」從之。

己卯，命故(榮)〔營〕陽侯楊璟子通襲爵。

庚寅，陞審刑司試左審刑王惠迪爲刑部尚書，試左詳議葛循爲刑部左侍郎。

辛卯，詔親王儀仗内交椅、盆罐用銀者，悉改用金。

十二月乙未，詔定官民居室器用之制。

丁酉，命内外軍衛士卒無餘丁及幼軍無父兄者，皆增給月糧一石。

《明通鑒》卷八　壬寅，翰林院待詔朱善言：【略】「民間姑舅及兩姨子女，法不得爲婚。仇家詆訟，或已聘見絶，或既婚復離，甚至兒女成行，有司逼奪。按舊律，尊長卑幼相與爲婚者有禁，蓋謂母之姊妹與己之身，是爲姑舅兩姨，不可以卑幼上匹尊屬。若姑舅兩姨子女，無尊卑之嫌。成周時，王朝相與爲婚者，不過齊、宋、陳、杞，故稱異姓大國曰『伯舅』，小國曰『叔舅』。列國齊、宋、魯、秦、晉，亦各自爲甥舅之國。後世晉王、謝，唐崔、盧、潘、楊之睦，朱、陳之好，皆世爲

婚媾。温嶠以舅子妻姑女，吕榮公夫人張氏，即其母申國夫人姊女。古人如此甚多，願下羣臣議，弛其禁。」從之。

《國榷》卷八　乙巳，左都御史詹徽奏：「太平人毆死孕婦，當絞，子請代。」下大理寺卿鄒俊議，曰：「死婦係二人之命，犯人當二死之條。與其存犯法之父，孰若全無辜之子。」上從之。

《太祖實録》卷一六九　己酉，兩淮都轉運鹽使司言：「竈户既已驗丁煎鹽，復應有司徭役，恐妨歲課。如蠲其他役，增其鹽額，實爲民便。」上曰：「既免他役而增鹽額，與不免同，豈誠心愛民哉？今蠲其雜役，鹽額如故。」

庚戌，刑部尚書王惠迪言：「凡民間乞養義女，雖非己生，然皆自幼撫養同居而食，已有尊卑之分。若帷薄不脩，有傷風化，宜比同宗無服之親，律加一等，杖六十，徒一年，其女歸宗，請著爲令。」從之。

壬子，户部言：「雲南布政使司自十四年至十六年多被霜災，田租一十一萬九百五十石，無從徵納。」詔皆免之。

雲南左布政使張紞奏：「今後秋租請以金銀、海貝、布漆、朱砂、水銀之屬折納。」詔許之。

癸丑，海南衛指揮僉事張信討儋州宜倫縣賊，破之。殺賊五十四人，生擒一百六十二人及家屬二百餘人。首賊唐那亮、鄭銀等遁走，信追擒之及其屬，送京師。知州魏世吉受賄縱銀竄去。上謂兵部臣曰：「知州不能捕賊，及官軍捕至，而反縱之。爲政之道，果如是乎？」命遣力士即其州杖之，責擒捕所縱之人。

甲寅，西平侯沐英奏：「近者發兵捕討普定蠻寇，已平。今復已師剪除廣南維摩餘孽，以通田州糧道，巡撫臨安而還。」上曰：「英能如是，朕無南顧之憂矣。」

刑部左侍郎葛循言：「凡民赴通政使司訴狀者，本司代其奏聞，既同親奏，有不實者，宜以迎車駕及擊登聞鼓伸訴。不實，律罪之。所誣罪重者，從重論。」上曰：「通政司訴狀不實，止可同諸司訴狀不實論。若如所議，豈不太重？第以誣告抵罪可也。」

《國榷》卷八　乙卯，東川侯胡海招集山東元遺兵千四百四十餘人。

《太祖實録》卷一六九　庚申，詔湖廣岳州等府造馬船運送馬匹。初，四川、雲南市易馬騾及蠻夷酋長貢馬者，皆由大江以達京師。有司載送，悉用民船。至是，命武昌、岳州、荆州、歸州各造馬船五十艘，每艘定民夫三十人，以備轉送。

四川都指揮使司言：「松潘安撫司所轄八積簇、老虎等寨，蠻人作亂，已發兵擊破之，獲其馬一百二十，犏牛三百，氂牛五百九十。景川侯曹震已擇其馬之良者貢京師，餘以散給軍士。其犏牛、氂牛非中國所宜畜，請就本地易糧餉軍。」從之。

《國榷》卷八　是月，國子助教楊磐還自安南，陳煒遣使隨入表賀正旦，貢閹豎三十人。

《太祖實録》卷一六九　兵部奏，是歲四川碉門茶馬司以茶易馬騾五百九十六匹。

《國榷》卷八　是年，泗州朱貴上祖陵圖帖，厚賜之，除奉祠，世襲。

洪武一八年（乙丑、一三八五）

《國榷》卷八　正月癸亥朔，琉球、暹羅俱貢賀。

《太祖實録》卷一七〇　甲子，擢太原府同知温祥卿爲兵部尚書，以山東左布政使徐鐸爲户部尚書，户部試尚書郭桓爲右侍郎。

乙丑，降工部尚書麥至德爲本部左侍郎，以廣東左布政使徐本爲工部尚書，磨勘司令王道亨爲户部左侍郎，右僉都御史張紳爲浙江左布政使，起復山西致仕左布政使何真爲浙江右布政使。

丙寅，定朵甘思宣慰使司秩正三品，朵甘萬户府、朵甘招討司、朵甘東道萬户府、烏思藏必力公瓦萬户府秩皆正四品，朵甘塔爾千户所、烏思藏葛剌湯千户所秩皆正五品。

《明史》卷三《太祖紀三》　辛未，大祀天地於南郊。

《明通鑑》卷八　癸酉，天下布、按二司及府、州、縣來朝覲者，凡四千一百餘人。詔「吏部考其殿最，分爲五等，稱職者陞，平常者復職，不稱職者降，闒茸者免爲民，貪汙者送法司罪之」。

《太祖實録》卷一七〇　甲戌，以儒士劉三吾爲左春坊左贊善。

《國榷》卷八　丁丑，高麗進馬五千匹，金五百斤，銀布各五萬。

戊寅，諭禮部令高麗三年一朝，止進馬五十匹。

己卯，命郡縣第民户上中下三則，編賦役册，驗輕重役之。

辛巳，慶遠府東蘭州蠻韋富撓作亂。初，富撓世據東蘭州。洪武己未，富撓遣舍人韋錢保入貢，匿富撓名，因授錢保知州，致隙。至是廣西官軍執錢保，改他吏，蠻民乃安。

癸未，禮部頒外官到任儀注。

甲申，江夏侯周德興往河南招故元兵。

乙酉，歲貢會試落第者還學讀書，再落者罰爲吏。

丙戌，福建按察使鄞縣陶垕仲以父兄徙鳳陽，乞得聚養，許之。垕仲按閩，盡刷宿弊，德惠流洽。嘗劾布政使薛大方見累，得雪復官。閩人謡曰：「陶使再來天有眼，薛公不去地無皮。」

戊子，魏國公徐達創愈，上書勞之。

辛卯，定王國祭祀社稷、山川等禮。

《明史》卷三《太祖紀三》　二月甲辰，以久陰雨雷雹，詔臣民極言得失。

《明通鑒》卷八　國子祭酒宋訥陳邊事曰：「今海内乂安，惟沙漠尚煩聖慮，若窮追遠擊，未免勞費。陛下爲聖子神孫計，不過謹邊備而已。備邊在乎實兵，實兵在于屯田，漢趙充國將四萬騎分屯緣邊九郡，而單于引卻。陛下宜于諸將中選謀勇數人，以東西五百里爲制，立法分屯，布列要害，遠近相應，遇敵則戰，寇去則耕，此長策也。」上頗采用之。時國子博士陳潛夫亦應詔上書，言「奬直臣、簡師儒、厲廉恥、審用人」四事。上皆嘉納之。

《國榷》卷八　丁巳，右春坊右贊善董倫爲左春坊大學士。

《明史》卷三《太祖紀三》　己未，魏國公徐達卒。

《太祖實録》卷一七一　是月，禮部奏定王國受曆等禮儀。

《國榷》卷八　松州羌反，討平之。仍轉餉給松州衛。

《太祖實録》卷一七二　三月壬戌朔，命工部增造京官居舍。

禮部主事陳章應言：「禮之切於民者有四，曰冠、婚、喪、祭。今民間徇俗廢禮，加冠於幼稺，娶婦而論財；喪親者惟惑於浮屠風水之家，而或缺衣衾棺槨之具；祀先之典，雖衣冠士族亦莫之行。宜定其禮，頒示天下，使遵而行之，亦厚風俗之要務也。」上嘉納之。

《明史》卷三《太祖紀三》　詔中外官父母歿任所者，有司給舟車歸其喪，著爲令。

《明通鑒》卷八　廷試，賜丁顯等進士及第、出身有差。是科，讀卷官初奏一甲三人，花綸、練子寧、黄子澄也。上以花綸年少，抑置第三，又抑子澄入三甲，擢丁顯第一，傳者謂上以夢故用也。

《明史》卷三《太祖紀三》　乙亥，免畿内今年田租。

命天下郡縣瘞暴骨。

《國榷》卷八　丙子，丁顯、練子寧、花綸爲翰林修撰，進士出身；馬京、齊麟等爲編修，吴文等爲檢討，□震爲承直郎，陳廣中書舍人，同進士出身；危瓛衛府紀善，李鴻綱潭府奉祠正，楊靖吏科庶吉士，黄耕承直郎，蹇瑢中書舍人，鄒仲實國子助教。瑢後改義。

以進士未更事，俾觀政諸司。

分宜黄子澄、蕭山魏觀皆少年美才，恒備顧問。明年，觀憂去，子澄滿三載，授修撰。

丁丑，定翰林院官制。學士、殿閣大學士俱正五品，侍讀學士、侍講學士各二，從五品；侍讀、侍講各二，正六品；五經博士五，正八品；典籍二，八品；侍書二，九品；待詔六，從九品。史官修撰三，從六品；編修四，七品；檢討四，從七品，首領官孔目一。

庚辰，定番國進表禮。

《太祖實録》卷一七二　辛巳，遣使諭靖寧侯葉昇等曰：「邇者上天垂象，沿邊城池宜加慎守。凡外寇入境，但當保障清野，静以待之。俟其怠歸，急擊勿失。不宜輕出境外，蹈其不測也。」

《國榷》卷八　禁河南伐桑棗榆槐。

罷考功監。

壬午，太常博士薛文舉言：「各官稱職，宜久任。」上納之。

《明史》卷三《太祖紀三》　己丑，户部侍郎郭桓坐盜官糧誅。

《明通鑒》卷八　初，桓以試尚書主户部，坐盜官糧七百餘萬石。上疑北平二司官吏李彧、趙全德等與桓爲奸利，敕法司拷訊，供詞牽引直省官吏，繫獄擬罪者數萬人，自六部左、右侍郎、諸司皆不免。覈贓所寄借徧天下，民中人之家大抵皆破，一時咸歸謗于朝廷。御史余敏、丁廷舉等以爲言，上乃手詔列桓等罪狀。敏等又言：「桓所妄指，皆法司逼令供招，遂成冤獄。」上歎曰：「朕詔有司除奸，顧復生奸擾吾民邪？」乃榜桓罪示天下，而論右審刑吴庸等極刑，以厭天下心。

《國榷》卷八　是月，翰林待詔朱善爲文淵閣大學士。

《太祖實録》卷一七二　四月丙申，遣使諭遼東都指揮使司曰：「近聞軍中鎗刃及城頭皆有火光。鎗刃火主兵，城頭火則有可疑。以有兵之象，而加可疑之事，宜慎守而豫防之。」

敕靖寧侯葉昇等脩治海、蓋、復三州城池，務令高深堅固，爲經久之計。俟海運船至，即以操舟軍士浚築之。

《明通鑑》卷八　丁酉，吏部尚書余熂及國子助教金文徵以罪誅。時方開進士科，上覈其出自太學者居多，以爲祭酒宋訥功，賜敕褒美。文徵等嫉之，搆之于熂，牒令致仕。訥陛辭，上驚問，大怒，以熂專擅威權，並文徵下獄論死。尋敕諭訥曰：「君子之道猶嘉穀，小人之道猶稂莠，稂莠不去，嘉穀不生。卿勿以是稍貶其節。」于是訥任職如故。

《國榷》卷八　壬寅，録有司善績著聞者，揭鄉之旌善亭，有顯罪者，揭申明亭。

《明史》卷三《太祖紀三》　丙辰，思州蠻叛，湯和爲征虜將軍，周德興爲副將軍，帥師從楚王楨討之。

《國榷》卷八　馬平縣主簿孔性善言：「溪洞猺獞，恃險殺掠，兵至則竄，兵退則恣。乞于要地置寨，扼其出路，食盡易勦。然前知縣陳景文猺獞俱應役，厥後撫字乖方，始復反側，則守令貴得人也。」上嘉納之，下吏部，擇賢守令撫輯之。

五月辛酉朔，文淵閣大學士朱善進《講心箴》。上曰：「人心道心，機相倚伏。人常持之可也。」

《太祖實録》卷一七三　乙丑，以雲南左布政使吳印爲陝西布政使司左布政使，陝西都指揮楊貴爲河南布政使司左布政使，雲南右參政宋昱爲山西布政使司左布政使，天策衛鎮撫歐陽相佐爲四川布政使司左布政使，水軍衛所鎮撫馮翼爲右布政使，留守中衛指揮僉事陳爚子信爲試左參政，鳳陽留守中衛指揮僉事韓春子恕爲試右參政，驍騎右衛千户俞清弟以立爲廣東布政使司試左參政，府軍左衛千户陳亨弟貞爲試右參政，台州衛千户金隆壻朱純爲北平布政使司試左參政，致仕水軍左衛鎮撫張貞爲湖廣布政使司左布政使，處州衛所鎮撫陳鑫爲右布政使，廣武衛鎮撫左傑爲江西布政使司右布政使，府軍前衛百户周良爲山東布政使司左布政使，武德衛鎮撫馬淵爲福建布政使司右布政使，羽林右衛鎮撫蔣彝爲廣西布政使司左布政使。

《國榷》卷八　丙寅，罷判録司。

《太祖實録》卷一七三　辛巳，湖廣大庸、簳坪、朝納洞蠻寇作亂，安福千户所以兵討平之，生禽一百三人至京，悉宥死，發戍遼東。

己丑，命右軍都督府都督張德督海運糧米七十五萬二千二百餘石往遼東。

上以各處驛傳多賦民出貲買馬以應役，勞費已甚，其孳息又有司取之，因爲姦利以病民。詔兵部尚書温祥卿：「凡陝西、山西、北平各驛馬不問官給及民自買，其孳息聽其貨鬻勿禁。」仍令揭榜諭之。

《國榷》卷八　沔陽衛指揮僉軍和州潘進爲雲南右衛指揮同知。滇夷叛服不常，至是屯田繕械，軍資不乏。

《太祖實録》卷一七三　六月癸巳，命法司録罪人應流徙者，發涼州木速禿、雜木口、雙塔兒三遞運所充車夫，俾運軍需。

《國榷》卷八　戊戌，頒命婦冠制。

丙午，僉各處民充力士萬四千餘人，增錦衣衛六千户領之。

《明史》卷三《太祖紀三》　戊申，定外官三年一朝，著爲令。

《明通鑑》卷八　庚戌，上閲《漢書》，謂侍臣：【略】「漢文恭儉玄默則有之，至于用人，蓋未盡道。初自代邸入，首拜宋昌爲衛將軍，張武爲郎中令，其諸將相、列侯、宗室、大臣，皆在所緩，非所以示至公也。有一賈誼而不能用，竟死長沙。欲相竇廣國，以其皇后弟，不可，曰：『恐天下以我爲私廣國。』夫以廣國之賢，爲天下用人而避私嫌，非君人之道也。」

《太祖實録》卷一七三　壬子，河南布政使司言：「自汜水縣蓼子峪至于鞏縣，道臨黄河，而出顛崖之下，土崩石峻，驛騎艱於往復，民力困於除治。詢諸父老，有云：『故道出鞏縣東南之豐子嶺，其地寬坦，遺迹尚存。』請如所言，以復故道，可利永久。」從之。

《國榷》卷八　是月，下第貢士俱授教官。

《太祖實録》卷一七四　七月癸亥，高麗權國事王禑復遣門下評理尹虎密、直副使趙胖上表獻馬，請襲爵，并請其故王王顓封謚。從其請。

《國榷》卷八　乙丑，丹徒知縣胡孟通、縣丞郭伯高、金壇縣丞李思進坐事當逮，耆民詣闕保留，特釋之，皆賜敕，勞酒一尊。復賜耆民酒，面諭之曰：「朕孜孜求賢，分任方隅，多失厥職，方欲窮罪而更張之，爾等列爾令丞善狀。嗚呼！昔人君巡狩四方，詢民知政。朕今坐而得縣官之賢，官得其人，朕復何憂？特勞爾酒，爾其合享之。」

丙寅，命户部廳事刻天下税糧課程一歲收用之數。

《太祖實録》卷一七四　己巳，命五軍都督府及户部：凡公侯家屬親戚有在他處占籍爲民及隸戎伍者，皆除其籍，給與完聚。

《國榷》卷八　辛未，免陝西欺隱田糧十二萬餘石。

壬申，浙江按察使陶晟坐事死。

甲戌，遣國子學録張溥詔封王禑高麗國王，遣國子典簿周倬追謚故王王顓「恭愍」。

《明通鑒》卷八　丙子，時郡縣官當去，其父老詣闕乞留者，皆賜敕留，加賜衣幣。【略】侍臣以爲言。上曰：「爲政以得民心爲本，故其去也，愛而留之。若不才，方恐其去之不速，豈肯留之！即此可以知其賢否矣。」

《明史》卷三《太祖紀三》　庚辰，五開蠻叛。

《國榷》卷八　甲申，歲貢生不雋者，提調官及教官奪禄一年。

丙戌，國子生值疾，官給醫藥；久不治者，護歸其家。

八月乙未，祀姜嫄、公劉于邠州。

癸卯，吏員役滿，避本貫互用。

丙午，賜公侯鈔，人萬錠，俾還鄉治宅。

《明通鑒》卷八　己酉，進士方昇、梁德遠等六十七人爲六科給事中、六部試主事。諭之曰：「忠良者國之寶，奸邪者國之蠹，故忠良進則國日治，奸邪用則國日亂。觀唐太宗用房、杜，則斗米三錢，外户不閉；玄宗用楊、李，則安、史作亂，蒙塵播遷，此可鑒矣。」

《明史》卷三《太祖紀三》　庚戌，馮勝、傅友德、藍玉備邊北平。

《國榷》卷八　癸丑，復設糧長。

《皇明資治通紀》卷八　〔丙辰，上御華蓋殿，論治道。〕【略】大學士朱善曰：「古者人主致治，惟在任賢。」上曰：「然。任人之道，當嚴于簡擇，簡擇嚴則庸鄙之人不進；當專于任使，任使專則苟且之意不生。」

《國榷》卷八　己未，指揮千百户鎮撫年五十以上，許子代襲。

《明史》卷三《太祖紀三》　是月，振河南水災。

《國榷》卷八　九月庚午，上御華蓋殿，大學士朱善講《周易・家人》卦。上曰：「家國一也，在誠實而有威嚴。誠則恩篤，嚴則無失。」

壬申，駙馬都尉黄琛卒。

乙亥，楚王楨請親征吴奋兒，許之。命信國公湯和爲征蠻前將軍，江夏侯周德興、都督同知湯醴副之。敕湯和曰：「行師須慎，毋輕視深入。雖來降，亦須審察。楚王尚幼，敬遣都督僉事劉寧總宿衛之兵。軍旅之事，卿自裁決，然後啓王知之。」楚護衛兵六千五百人，會湯和等，號二十萬。

甲申，定諸番頒貢禮。

丁亥，翰林檢討茹太素爲户部尚書。

《昭代典則》卷九　〔戊子，詔修築漳河堤。〕【略】上諭工部臣曰：「去年河決臨漳，民受其患。雖嘗脩築隄防，恐不可久。宜遣官與布政司都事會議，凡堤塘堰壩可以禦水患者，預爲脩治。」至是，有司以黄河、沁河、漳河、衛河、沙河所决堤岸丈尺之數，具圖計工以聞。詔以軍民兼築之。

《明通鑒》卷八　上諭户部臣曰：【略】「人皆言農桑衣食之本。然業本必先于黜末。自什一之塗開，奇巧之伎作，于是一農作未而百家待食，一女躬織而百夫待衣，欲民之毋貧，得乎！朕思足食在于禁末作，足衣在于禁華靡。宜申令天下四民，各守其業，不許游食，庶民之家，不許衣錦繡。」

《國榷》卷八　星變，敕諭秦王、晉王、周王。

是月，文淵閣大學士朱善卒。

《明史》卷三《太祖紀三》　十月己丑，頒《大誥》於天下。

《明通鑒》卷八　初，上既定《律令》，有司遵守，而犯法者日多。上曰：「本欲除貪，奈何朝殺而夕犯？」乃令采輯官民過犯，條爲《大誥》。其目有十：曰《攬納户》，曰《安保過付》，曰《詭寄田糧》，曰《民人經該不解物》，曰《灑派抛荒田土》，曰《倚法爲奸》，曰《空引偷軍》，曰《黥刺在逃》，曰《官吏長解賣囚》，曰《寰中士大不爲君用罪至抄劄》。

《國榷》卷八　賜湘王、潭王、魯王、蜀王《十七史》等書。

免北平今年田租之半。

癸巳，翰林院待詔孔希善言：「孟氏子孫，有以罪輸作者二人。」上曰：「大賢之後，當屈法宥之。」遂遣還。諭工部曰：「孟氏後甚微，脱或死，行凋盡矣。凡在輸作者，爾等詢其出自聖賢，即便釋還。」

徵天下武官赴闕。

乙未，進士胡昌齡等十人爲御史推官，二甲。進士李烜等二十人爲各部主事、各縣丞。三甲。

丙申，築欽天監觀星臺于雞鳴山，因雨花臺爲回回監觀星臺。

《明史》卷三《太祖紀三》 癸卯，召馮勝還。

甲辰，詔曰：「孟子傳道，有功名教。歷年既久，子孫甚微。近有以罪輸作者，豈禮先賢之意哉。其加意詢訪，凡聖賢後裔輸作者，皆免之。」

《國榷》卷八 乙巳，湘王柏之國荆州。

丙午，命蜀王椿之國，居鳳陽。

己酉，魯王檀之國兖州。

乙卯，敕洮岷武臣送馬。

《太祖實録》卷一七六 是月，以都察院右副都御史唐鐸爲刑部尚書。

《明史》卷三《太祖紀三》 楚王楨、信國公湯和討平五開蠻。

《國榷》卷八 宜興主簿王復春爲常州同知，遣吏科庶吉士楊靖敕勞之。曰：「爾羞朘下民之膏，不徇上官之欲，方今鮮此。尚竭乃心，用光初志。」

《明通鑒》卷八 十一月甲子，諭侍臣曰：「保國之道，藏富于民，民富則親，貧則離，民之貧富，國家休戚繫焉。自昔昏主恣意奢欲，致使百姓流亡。朕念微時兵荒饑饉，日食藜藿，今日貴爲天子，富有天下，未嘗一日忘也。」

《太祖實録》卷一七六 庚午，以西平侯沐英子春爲後軍都督府僉事。革城門郎，門禁、鎖鑰、銅牌中軍都督府掌之。

《國榷》卷八 甲戌，進士宣城秦逵爲工部右侍郎。

《明通鑒》卷八 乙亥，蠲河南、山東、北平、湖廣田租。

《太祖實録》卷一七六 十二月己丑，命户部：「凡天下有司官禄米，以鈔代給之。每鈔二貫五百文，代米一石。」

《國榷》卷八 庚寅，潭王梓之國長沙。

《太祖實録》卷一七六 丁酉，甃京都城垣。

《國榷》卷八 癸卯，吏科庶吉士楊靖爲户部右侍郎。

《明史》卷三《太祖紀三》 丙午，詔有司舉孝廉。

《太祖實録》卷一七六 戊申，降户部尚書茹太素爲北平道監察御史。

《國榷》卷八 高麗入貢，賀明年正旦。

己酉，遣行人王本敕諭建陽知縣郭伯泰、縣丞陸鎰，曰：「曩古人臣立志忠君，在内則和而不同，在外則不避權勢，所以上昭主德，下福民生。通政司言爾伯泰、鎰持法愛民，靡所撓怠。嗚呼！忠志之道，朕今見之。特命行人勞爾酒醴，陞爾伯泰爲泉州府同知，鎰福州府通判。尚堅乃心，厥有終始。」

壬子，高麗請《大統曆》，賜之。

《明史》卷三《太祖紀三》 癸丑，麓川平緬宣慰使思倫發反，都督馮誠敗績，千户王昇死之。

《太祖實録》卷一七六 是歲，建雞鳴寺于雞鳴山。

罷各布政使司煎煉鐵冶，以其勞民故也。

洪武一九年（丙寅、一三八六）

《明史》卷三《太祖紀三》 正月辛酉，振大名及江浦水災。

甲子，大祀天地於南郊。

《明通鑒》卷九 〔己巳，上與侍臣論治道〕【略】曰：「治民猶治水，治水者順其性，治民者順其情。所謂順其情者，使之以時，用之以道而已。若但抑之以威，迫之以力，强其所不欲而求其服從，是猶激水過顙，非其性也。」

《太祖實録》卷一七七 乙亥，兵部覈河南屬衛兵馬之數，官軍凡九萬一千六百一十三人，馬四千五百九匹。

《國榷》卷八 戊寅，湖廣通城、崇陽二縣山險，輸布帛代粟。

己卯，平郴州融縣洞蠻。

庚辰，頒《大誥》于國子生及各儒學。

甲申，雲南左布政使張紞言：「異時商輸粟金齒，每斗鹽十斤，以穀准粟者聽。後禁輸穀，中鹽遂少，乞仍之。」報可。

《明史》卷三《太祖紀三》 是月，湯和等征蠻師還。

《明通鑒》卷九 二月己丑，上坐東閣，因與侍臣論仁智。上曰：「聖人篤於仁，賢者不舞智。若姑息之仁，不爲愛物；奸欺之智，足以禍身。」又與侍臣論儉，上曰：「不可儉者祭祀，然祭不可瀆；不可儉者賞賚，然賞不可濫。」

《太祖實録》卷一七七 高麗國王王禑遣其密直副使姜淮伯上表，貢白黑布一萬匹，馬千匹。

《國榷》卷八 雲南臻洞、西浦、擺金、擺榜諸蠻叛，命潁國公傅友德討平之。

《太祖實録》卷一七七 辛卯，命吏部考國子監官，怠于訓教者，罰俸一年，到官未及一歲者半之。

《明史》卷三《太祖紀三》 丙申，耕耤田。

《國榷》卷八 丁未，遣使敕勞常熟知縣成莧奇，賜以酒。

《明通鑑》卷九 【略】時府吏詣縣，徑由中道入公堂，莧奇怒其越禮，執之。事聞，上喜其能，命以酒勞之。

《國榷》卷八 戊申，定首領官于本司九年考課，正官九年稱職，予誥敕。

壬子，命新除官不用符契，止給劄。

《明史》卷三《太祖紀三》 癸丑，振河南饑。

《國榷》卷八 三月丁巳朔，罷審刑司。

《明通鑑》卷九 戊午，上諭户部臣：【略】「國家賦税，已有定制，撙節用度，自有餘饒。輕徭抑末，使得盡力農桑，自然家給人足，毋事聚斂傷國體！」

《太祖實録》卷一七七 己未，以王鈍爲福建布政使司左參議，魯幹爲山東布政使司左參議，李翟爲河南布政使司左參議，周倬爲北平布政使司左參議，吴昭爲廣東布政使司左參議，胡昱爲四川布政使司左參議。

己巳，詔：「天下來朝官員及歲解諸税課赴京者，無問遠邇，皆給鈔二十錠，爲道里費。其所解税課錢鈔，有道里險遠難致者，許易金銀。」

《國榷》卷八 辛未，《大誥續編》成。

置牧監諸羣。

罷文武官節錢，俱賜筵。

《太祖實録》卷一七七 丙子，命凡公侯之家有外甥妻兄弟別籍者，許令合籍同居。

《國榷》卷八 辛巳，復頒北方學校《九經》。

《太祖實録》卷一七七 壬午，禮部言：「天下歲貢生員中式者計九百五十三人。」詔選其優者六百八十三人，升之太學，餘並送中都國子監。」

《國榷》卷八 左春坊司直郎汪仲魯致仕，命以秋行。是日，忽召至，賜坐，曰：「爾今老，可即還，無容來矣。所戒者，近侍臣歸，有司來見，當閉門謝之，曰：『仲魯蒙恩予告，杜門謝客。輪租應役，則有恒制，其敢以是自速厥戾？』如此則可以考終。」仲魯頓首謝。明日辭歸。

《明通鑑》卷九 蠲吴江被水田租。

《太祖實録》卷一七七 是月，《省躬録》成。初，上命翰林儒臣編集歷代帝王祭祀祥異感應，可爲鑒戒者爲書，名曰「存心録」，朝夕觀覽。後復命贊善劉三吾編類漢唐以來災異之應於臣下者，別爲一書，名曰「省躬録」。至是成，詔頒行之。

《昭代典則》卷一〇 四月丙戌，定工匠輪班之令。凡工匠驗其丁力，定以叁年爲班，更番赴京輪作，三月如期交代，名曰「輪班匠」。議而未行。至是，工部侍郎秦逵復議舉行。量地遠近，以爲班次，且置籍爲勘合付之，至期齎至工部聽撥，免其家徭役，著爲令。於是諸工匠便之。

《明通鑑》卷九 丁亥，遣御史蔡新、給事中宫俊視河南災民，振卹不及者補給之。

《太祖實録》卷一七七 壬辰，命在京文職衙門各計官吏歲俸之數，置版倉收貯，委官主之，按月支給。其官吏簡少衙門，則併於各部收支。

甲午，詔賜天下有司官每歲柴炭鈔五十貫。

《國榷》卷八 丁酉，李景隆嗣曹國公。

《太祖實録》卷一七七 己亥，陝西西安府言：「本府倉儲已多，今年夏税，請折收鈔。」户部擬麥一石收鈔二貫二伯文，上以爲太重，命止收一貫五伯文。

詔：「應天衛軍士有父母子女者，月給糧一石，總旗一石五斗，小旗一石二斗，因征戰傷殘致疾者亦給一石。」

壬寅，勑户部曰：「古先哲王之時，其民有四，曰士、農、工、商，皆專其業，所以國無遊民，人安物阜，而致治雍雍也。朕有天下，務俾農盡力畎畝，士篤於仁義，商賈以通有無，工技專於藝業。所以然者，蓋欲各安其生也。然農或怠于耕作，士或隳於脩行，工賈或流于遊惰，豈朕不能申明舊章而致然歟？抑污染胡俗，尚未革歟？然則民食何由而足，教化何由而興也？爾户部即榜諭天下，其令四民務在各守本業，醫卜者土著不得遠遊，凡出入作息，鄉鄰必互知之。其有不事生業而遊惰者，及舍匿他境遊民者，皆遷之遠方。」

《明史》卷三《太祖紀三》 甲辰，詔贖河南饑民所鬻子女。

《太祖實録》卷一七七 癸丑，命前軍都督府都督僉事商暠往河南、山東二都司訓練軍馬，遣屬衛指揮率赴遼東聽征。

置雲南洱海衛指揮使司并左右中前後五千户所，以賴鎮爲指揮僉事。洱海本品甸地，經兵之餘，人民流亡，室廬無復存者。鎮至，修浚城隍，建譙樓，創廬舍，分市里，立屯堡，築隄防，嚴斥候，又開白鹽井以通課利，民始安輯。

《國榷》卷八 是月，吴傑嗣安陸侯。

五月乙卯朔，上諭吏部：「進士魏安仁等六人謫浙江按察司吏，知已自新，其召用之。」

丙辰，命四民各守本業，醫卜安土，其遊惰匿他所者謫徙。

丁巳，嘉興知縣畢輝、縣丞齊搏剛正能其官，賜敕書酒醴。

《太祖實録》卷一七八　己未，詔户部：以今年秋糧及往歲倉儲通會其數，凡有軍馬之處，存給二年，并儒學廩膳、養濟孤老、驛傳廩給外，餘悉折收金銀布絹鈔錠，輸京師。」

庚申，命虎賁右衛百户甘美率軍士千人齎白金三萬一百三十九兩，往雲南東川等軍民府市馬，得馬二千三百八十餘匹。繼又命龍虎等衛將士以白金十三萬兩復往雲南市之。

《明通鑑》卷九　戊辰，福建妖僧彭玉琳伏誅。玉琳自號彌勒佛祖師，作白蓮會。新淦縣民楊文等惑其教，謀作亂。玉琳自稱晉王，建元天定，僞置官屬。知縣某率民兵捕獲之，械送京師。

己巳，常州府官范好古言：【略】「行人王良至郡，奉職不謹，黷貨無厭。」上嘉好古「能守邦憲以遵朝廷，發奸貪以安黎庶」，諭禮部遣人賫禮勞之，仍令械良送京師。

《太祖實録》卷一七八　乙亥，詔：「凡武臣士卒有欲復姓更名者，兵部爲具奏改正。」

《國榷》卷八　壬申，平靖州苗蠻。

《國榷》卷八　程鄉人鍾文遠作亂，伏誅。

《太祖實録》卷一七八　丁丑，監察御史蔡新等檢覈河南開封等府民被水患而賑濟不及者三千一百户，補給鈔三千八百四十五錠。

《明通鑑》卷九　甲申，處州麗水縣民有賣卜者，嘗干謁富室，不應所求，乃詣闕告大姓陳公望等五十七人聚衆謀亂，命錦衣衛千户周原往捕之。知縣倪孟賢，聞原將至，密召父老詢之，皆曰無有。孟賢又微服往察，見其男女耕織如故，歸，語僚屬曰：「朝廷命孟賢令是邑，惟欲撫輯斯民，安于田土。今無故使良善者受惡逆之名，豈朝廷命孟賢意邪！」即具疏聞，復令耆老四十人詣闕訴其誣。上命法司論妄告者，賜耆老酒食及道里費，遣還。

《國榷》卷八　六月己丑，廣西興業知縣王獻、縣丞曹玉容徵税踰期，以進士宥之。

《明史》卷三《太祖紀三》　甲辰，詔有司存問高年。貧民年八十以上，月給米五斗，酒三斗，肉五斤；九十以上，歲加帛一匹，絮一斤；有田産者罷給米。應天、鳳陽富民年八十以上賜爵社士，九十以上鄉士；天下富民八十以上里士，九十以上社士。皆與縣官均禮，復其家。鰥寡孤獨不能自存者，歲給米六石。士卒戰傷除其籍，賜復三年。將校陣亡，其子世襲加一秩。巖穴之士，以禮聘遣。

《太祖實録》卷一七八　丁未，河南開封府鄭州旱蝗，命户部遣官賑濟饑民。上諭户部臣曰：「河南諸府州縣軍馬數多，民間供給，頻年不休，地畝徵輸重於他處。自今河南民户止令納原額税糧，其荒閒田地聽其開墾自種，有司不得復加科擾，違命者罷其職。」

《明史》卷三《太祖紀三》　振青州及鄭州饑。

《太祖實録》卷一七八　癸丑，築福建長樂縣海堤。長樂之田瀕海者半，其堤久壞，田稼歲爲潮鹵所傷。時縣丞趙尹初莅官，請奏仍舊築之。尹親董其役，民皆樂於趨事，由是長樂田無斥鹵之患，而歲穫其利。

《國榷》卷八　給糧長賦役册籍之費。

平越衛麻哈苗楊孟等叛，征南將軍穎國公傅友德討平之。

七月乙卯朔，敕蘇州知府王觀、同知曹恒、經歷王旿曰：「爲官莅政，非權無以馭下，迂儒俗士，官名而已。爾當籠箠死猾吏錢英，如此則令行禁止，安民有日。特遣行人白思中賫敕勞醴，尚篤新志，共永高明。」

《太祖實録》卷一七八　癸亥，置東寧衛。初，遼東都指揮使司以遼陽、高麗、女直來歸，官民每五丁以一丁編爲軍，立東寧、南京、海洋、草河、女直五千户所分隸焉。至是，從左軍都督耿忠之請，改置東軍衛，立左右中前後五所，以漢軍屬中所，命定遼前衛指揮僉事芮恭領之。

《國榷》卷八　設揚州、武昌等糧長。

丙寅，左都御史詹徽、通政使蔡瑄、左通政茹瑺、工部侍郎秦逵、户部侍郎楊靖俱公勤，詔有司復其家。

甲戌，賜中山王及韓國公李善長等十四人鳳陽東西山場。

丁丑，國子博士金華吴沈致仕。

《明通鑑》卷九　癸未，詔舉經明行修、練達時務之士，年七十以上者，郡縣禮送京師。時禮部郎中鄭居貞言：「人六十精力衰耗，不能勝事。請六十以上者不徵。」上曰：「正謂比來有司不體朕意，士有耆年，便置不問。豈知老成古人所重！文王用吕尚而興，穆公不用蹇叔而敗，伏生雖老，猶足傳經，豈可概以老而棄之也！」乃詔「定六十以上者，置翰林備顧問，六十以下，則于六部及布、按二司用之」。

八月乙酉，上與侍臣論宋太宗改封樁庫爲内藏庫，上曰：「人君以四海爲家，何有公私之別！太宗宋之賢君，亦復如是。他如漢靈帝西苑，唐德宗瓊林大盈庫，不必深責。宋自乾德、開寶以來，有司計度支所缺者，必籍其數，貸于内藏，課賦有餘則償之，是猶爲商賈者自與其家較量出入。内藏既盈，乃以牙籤別其名物，參驗帳籍，晚年出籤示真宗曰：『善保此足矣。』貽謀如此，何足爲訓！《書》曰：『慎厥終，惟其始。』太宗首開財利之端，及其後世，困于兵革，三司財用耗竭，内藏積而不發，間有發緡錢幾十萬佐軍需者，便以爲能行其所難，由太宗不能善始故也。」

《太祖實録》卷一七九　丙戌，命營陽侯楊通、靖寧侯葉昇領兵捕象於廣西左江之十萬山。

《國榷》卷八　己亥，六安侯王志卒。

《明史》卷三《太祖紀三》　甲辰，命皇太子修泗州盱眙祖陵，葬德祖以下帝后冕服。

《國榷》卷八　己酉，定吏員轉補資格。

《太祖實録》卷一七九　九月甲寅朔，占城國王何荅阿者遣其子寶部領詩那日勿等來朝賀。

戊午，以凉州守禦都指揮使宋晟爲右軍都督府都督僉事。

己未，改孳牧所爲司牧司，官品仍舊。

復置寶鈔提舉司，秩正八品。

《明通鑑》卷九　庚申，西平侯沐英奏言：「滇南地廣，宜置屯田，令軍士開耕以備邊儲。」詔英以便宜行之。

《太祖實録》卷一七九　辛未，高麗國王王禑遣門下評理安翊，暹羅國亦遣使者曷羅等，各奉表賀貢方物。

壬午，磨勘司以諸司公文得失具奏。上曰：「爾等所勘公文，但當十日一送都察院類奏。其有失錯，就令各司改正，不必瑣瑣也。」

《國榷》卷八　癸未，行人劉敏、唐敬偕内臣賫磁器賜真臘等國。

《太祖實録》卷一七九　十月辛卯，覈遼東、定遼等九衛官軍吏胥，其屯軍不支糧者萬八千五十人，餘四萬七千四百五十人，月支糧五萬五千四百石。

《明通鑑》卷九　乙巳，上諭兵部臣曰：「官軍已亡，子女幼或父母老者，皆給全俸。著爲令。」

《皇明資治通紀》卷八　是月，頒《志戒録》。書凡百有餘事，皆採輯唐漢爲臣悖逆者，賜羣臣及教官諸生講誦，使知所鑒。

《明通鑑》卷九　胡惟庸之黨林賢通倭事始發，命族誅之。

《國榷》卷八　十一月乙卯，澧州蠻亂，討平之。

庚申，免大同鹽税虧額。

辛酉，日本來貢，卻之。

《太祖實録》卷一七九　甲子，命故東平侯韓政子勳襲其父爵。

丁卯，高麗國遣使上表，請易冠服。詔不許，命仍其本俗。

己卯，詔長興侯耿炳文率陝西都指揮使司、延安等二十一衛及西安護衛官軍往北平聽征。

詔陝西都指揮使司，令諸衛士著鐵甲馬軍悉令整備器械，赴京給賞聽操。惟西寧、西凉二衛臨邊，且留守禦。

《國榷》卷八　行人往廣西，圖山川與蠻洞相接者。

十二月甲申，陝西市馬。

乙酉，重囚令大理寺覆決。

作京師各門及橋道邸署，俱罪人輸作。

戊子，市馬高麗。

癸巳《大誥三編》成，頒天下。

《昭代典則》卷一〇　初，上以中外臣民染元之俗，往往不安職業，觸麗憲章，欲倣成周大誥之制，以訓化之。乃取當世事之善可爲法，惡可爲戒者，著爲條目，大誥天下。久之，又慮誥條所載，未能盡夫天下之情，續爲一編，以申其意，使民觀感，知所勸懲。自是，民之作非者鮮，從化者多，故又作《三編大誥》。其意切至，而辭益加詳焉。每編成，上親序之。

《國榷》卷八　己亥，岷州山寇作亂，討平之。

庚子，盧氏主簿徐存義上言：「大梁居中土，形勝可都，不宜在于江左；守令當重佐貳，不必多設；倡優俗樂，不可用，當修明雅樂。」上嘉奬之。

乙巳，命運糧給施州衛，餘崇山等衛令屯田自食。再請，復給之。

詔武官謫戍雲南、遼東者，皆縣次續食。

《太祖實録》卷一七九　戊申，雲南巨津州土酋阿奴聰叛，襲劫石門關，千户浦泉戰死。吉安侯陸仲亨率指揮李榮、鄭祥討之，復其關。賊戰敗，遁入山谷，捕獲誅之，并其從四百餘人。

《國榷》卷八　親王令節慶賀，止本城官行禮。

安南入貢。

都察院左都御史詹徽上言：「陛下理刑每存欽恤，今莫若嚴刑，使人知畏而重犯法。」上曰：「用刑之道，貴于得中。得中則刑清，失中則刑亂。卿言非也。」

《明史》卷三《太祖紀三》　是月，命宋國公馮勝分兵防邊。發北平、山東、山西、河南民運糧於大寧。

《明通鑑》卷九　是歲，始建議防倭。先是上以倭數寇沿海郡縣，又通胡惟庸事發，乃決計絶之，而專意整飭海防。時信國公湯和方征蠻歸，上春秋浸高，天下無事，魏國、曹國皆前卒，意不欲諸將久典兵，未有以發也。會和以休沐之暇，從容爲上言：「犬馬齒長，願得歸故鄉營骸骨之墟。」上大悦，立賜鈔治第中都，並爲諸公侯治第。既而倭寇上海，上患之，顧謂和曰：「卿年老，强爲朕一行。」和請與方鳴謙俱。鳴謙，國珍從子也，習海事。嘗訪以禦倭策，鳴謙曰：「倭海上來，則海上禦之耳。請量地遠近置衛所，陸聚步兵，水具戰艦，則倭不得入，入亦不得傅岸。近海之民，四丁籍一以爲軍，戍守之，可無煩客兵也。」上以爲然，詔鳴謙從和行。

洪武二〇年（丁卯、一三八七）

《明史》卷三《太祖紀三》　正月癸丑，馮勝爲征虜大將軍，傅友德、藍玉副之，率師征納哈出。

《國榷》卷八　初，納哈出以元萬户守太平，獲之，以元世閥厚待之，尋逸去。元亡，不從主漠北，擁大衆金山，三分其部，曰榆林、曰養鵝莊、曰龍安一秃河。輜重富盛，畜牧蕃息，數患遼左。上諭勝駐師通州，覘其出入。先克慶州，徑擣金山。仍遣前番將乃剌吾北還，賜納哈出書及毛閫撒里達温、蠻子、晃失台、和尚、伯蘭等。

《明史》卷三《太祖紀三》　焚錦衣衛刑具，以繫囚付刑部。

《明通鑑》卷九　初，上設錦衣衛，有罪官民，多不盡由三法司，其重者輒令收繫衛中。于是有非法凌虐者，上聞之，怒，命取錦衣衛刑具悉焚之，以繫囚仍付刑部審理。

《國榷》卷八　己未，修闕里孔廟。

《昭代典則》卷一〇　上詔工部右侍郎秦達曰：「春秋之世，人紀廢喪。孔子以至聖之資，删述六經，使先王之道晦而復明，萬世永賴，功莫大焉。夫食粟則思樹藝之先，衣帛則思蠶繰之始，皆重其所從出也。孔子之功，與天地並立。故朕令天下通祀，以致崇報之意。而闕里又啓聖降神之地，廟宇廢而不修，將何以妥神靈，詔來世？爾工部其及時爲修理，以副朕懷。」

《明史》卷三《太祖紀三》　甲子，大祀天地於南郊。禮成，天氣清明。侍臣進曰：「此陛下敬天之誠所致。」帝曰：「所謂敬天者，不獨嚴而有禮，當有其實。天以子民之任付於君，爲君者欲求事天，必先恤民。恤民者，事天之實也。即如國家命人任守令之事，若不能福民，則是棄君之命，不敬孰大焉。」又曰：「爲人君者，父天母地子民，皆職分之所當盡，祀天地，非祈福於己，實爲天下蒼生也。」

《國榷》卷八　改松潘衛爲松潘軍民府指揮司，松潘安撫司爲龍州。

《太祖實録》卷一八〇　癸酉，命工部主事楊德禮往高郵督有司脩築並湖堤岸。因揚州府同知任祥之言堤岸圮壞，故有是命。

《明史》卷三《太祖紀三》　二月壬午，閲武。

《國榷》卷八　仍令將軍衛士自習射于墀。

甲申，大將軍馮勝至通州，遣輕騎出松亭關。納哈出屯慶州，命藍玉乘大雪襲破之，殺平章呆來，擒其子不蘭奚。

《太祖實録》卷一八〇　戊子，浙江布政使司及直隸蘇州等府縣進魚鱗圖册。先是，上命户部覈實天下田土，而兩浙富民畏避徭役，往往以田産詭託親隣佃僕，謂之「鐵脚詭寄」。久之，相習成風。鄉里欺州縣，州縣欺府，姦弊百出，謂之「通天詭寄」。於是富者愈富，而貧者愈貧。

《明通鑑》卷九　〔上遂〕命國子生武淳等分行天下州縣，隨糧定區，區設糧長四人，量度田畝方圓，次以字號，悉書主名及田之丈尺，編類爲册，狀如魚鱗，號曰「魚鱗圖册」。先是「黄册」之制，以户爲主，詳具舊管、新收、開除、實在之數爲四柱式。而魚鱗圖册以土田爲主，諸原坂、墳衍、下隰、沃瘠、沙鹵之别，畢具于是。以魚鱗册爲經，凡土田之訟質焉，黄册爲緯，凡賦役之法定焉。其有質賣田土者，備書其税糧科則，官爲籍記之，于是始無産去税存之患。

《國榷》卷八　辛卯，琉球入貢。

《明史》卷三《太祖紀三》　乙未，耕耤田。

《太祖實録》卷一八〇　甲辰，御註《書·洪範》成。

《明通鑑》卷九　初，上命儒臣書《洪範》，揭于御座之右，朝夕省覽，因自爲注。至是成，謂學士劉三吾曰：「朕觀《洪範》一篇，帝王爲治之道，所以敍彜倫，立皇極，保萬民，敍四時，成百穀，原于天道而驗于人事。箕子爲武王陳之，武王猶自謙曰：『五帝之道，我未能焉。』朕每爲惕然。」因命三吾爲之《序》。

《太祖實録》卷一八〇　置定海、磐石、金鄉、海門四衛指揮使司於浙江並海之地，以防倭寇。

丁未，置金山衛于松江之小官場，築青村及南匯、觜城千户所二，置臨山衛于紹興，及三山、瀝海、三江等千户所，皆以沿海防禦倭寇。

《明史》卷三《太祖紀三》　三月辛亥，馮勝率師出松亭關，城大寧、寬河、會州、富峪。

《國榷》卷八　丙辰，宜興縣丞張福生犯法，以國子生宥之。諭曰：「進士、國子生皆朝廷所培養，初仕即有麗法者，雖欲改過無繇。自今雖犯法，三宥之。」

辛未，復設太原府交城縣大通鐵冶所。其地置治，歲採鐵十萬斤，後聽民採，至是以繕兵復之。

癸酉，市馬高麗，辭其直，不許。詔歸我流民三百五十八人。耽羅國亦貢馬，并償直如之。

甲戌，雲南左布政使張紞秩滿來朝，璽書褒諭，令復職。

《太祖實録》卷一八一　丙子，漢州德陽縣知縣郭叔文言：「四川所轄州縣，居民鮮少，地接邊徼，累年饋餉，舟車不通，肩任背負，民實苦之。成都故田數萬畝，皆荒蕪不治，請以遷謫之人開耕，以供邊食，庶少紓民力。」從之。

四月壬午擢五開衛指揮僉事宋炳爲前軍都督府都督僉事。

金吾等十衛奏請增守禁門校卒，上從之。因命自今内官内使出差，不問有無文據，須門官引奏，方許其出。

《國榷》卷八　癸未，諭大將軍馮勝進兵。選元舊官部下能騎射者，擇千百户領之，充前鋒。

《太祖實録》卷一八一　戊子，詔自今民間工匠謫充軍者，月給米八斗。

《國榷》卷八　罷磨勘司。

《昭代典則》卷一〇　命［周］德興往福建，以福、興、泉、漳四府民户三丁取一，爲緣海衛所戍兵，以防倭寇。其原置軍衛，非要害之所，即移置之。德興至福建，按籍抽兵，相視要害，可爲城守之處，具圖以進。凡選精壯萬五千餘人，築城一十六，增置巡司四十有五，分隸諸衛，以爲防禦。

《明通鑑》卷九　庚寅，蠲山東、北平、河南、山西運餉大寧者今年夏税。

《國榷》卷八　禁番使以麻、鐵出境。

丙申，有國子生任陝西知縣，受賄，逮至。上念其年少，宥之。

《太祖實録》卷一八一　丁酉，以朱懋爲左軍都督府都督僉事。

工部右侍郎秦逵言：「寶源局鑄錢乏銅，請令郡縣收民間廢銅以資鼓鑄。」上曰：「鑄錢本以便民，今欲取民廢銅以鑄錢，朕恐天下廢銅有限，斯令一出，有司急於奉承，小民迫於誅責，必至毁器物以輸官，其爲民害甚矣。姑停之。」

壬寅，北平布政使司請以菽折鹽糧，而每斗加五升。

《明通鑑》卷九　【略】上不許。謂户部曰：「以菽代穀者，謂其輕可以便民。然菽亦穀也，而又加之，益損民矣。大權變者當究其實，拯弊者當探其原，不知權變而昧其原，不幾于救跛而成痿乎！」

［己酉，都察院左都御史詹徽奏］：【略】「有軍人犯罪當杖，其人嘗兩得罪不悛，宜並論前罪誅之。」上曰：「用刑不信，使人何所措手足！前罪已宥，今復論之，則爲不信。且罪未至于死而輒欲誅之，在爾有故入之罪，在朕無恤刑之仁，皆不可也。」命杖而遣之。

《國榷》卷八　五月庚申，敕西平侯沐英、吉安侯陸仲亨、平涼侯費聚、南安侯俞通源、四川都指揮使甯正、楚雄衛指揮使袁義、大理衛指揮鄭祥、品甸衛指揮賴鎮、金齒衛指揮李觀、儲傑等曰：「近御史李原名自平緬歸，朕聽其説百夷事不下萬言，皆無倫敍。及有倫敍處，大抵稱其詭詐，符到晝夜緝壘。金齒、楚雄、品甸及瀾滄江中道，要當城高壕深，排柵粗大，收火銃、火箭、火藥以備之。來勿輕戰，可戰乃出。向者雲南初下，軍中遣人與百夷往來。以今觀之，小人淺事，一概張威，貽笑諸蠻。自今並不許遣。彼來持有文書，衹答大概。若無文書人至，毋與較論。固守此言，毋中彼慢。絶跡不交，靜以待之，彼乃無策。」

《太祖實録》卷一八二　甲子，上諭户部左侍郎楊靖曰：「京師軍儲所收已定。其在外諸司府州縣糧儲有軍衛處，宜存二年。無軍衛，則存學糧廪給，餘並折收鈔布絹疋。爾等其更計之。」靖言：「古今四川糧儲，歲給不敷，雲南尤甚。宜命商人納米，而以官鹽償之。若北平、山東之糧，以濟漠北、遼東匱乏。山西、陝西近邊之地，糧宜多積，亦難限以年數，皆當全收。惟河南、浙江、江西、湖廣、福建、廣東、廣西及直隸府州縣，可皆存糧二年，餘並在折收之數。」上從之。又慮有司折收過重損民，特命米一石，止折鈔一貫，布絹並循往年定例。

《國榷》卷八　丙寅，敕大將軍馮勝曰：「天象水火相犯，宜嚴號令，整行伍，遠斥堠。」

《明通鑒》卷九　〔丁卯，上御華蓋殿。〕【略】侍臣進講，因論人之善惡感召，亦有不得其常者，上曰：「爲惡或免禍，然理無可爲之惡；爲善未蒙福，然理無不可爲之善。人惟修其在己者，禍福聽之于天。彼爲善無福，爲惡無禍者，特時未至耳。」

《太祖實録》卷一八二　庚午，大將軍宋國公馮勝留兵五萬守大寧，率大軍趨金山。

《國榷》卷八　辛未，敕馮勝曰：「觀天象，其咎在虜，宜乘機取之。納哈出勢必來降，黑山魚海之間，地平無備，可盡滅也。」

癸酉，諭兵部：「軍士身亡，父母兒女無依者，並優給之。」

《太祖實録》卷一八二　戊寅，上臨朝，謂刑部尚書唐鐸等曰：「近來有司犯法者，欲盡法以治之，人謂朝廷用刑太重，不治則無所忌憚。古云：『書用識哉，欲並生哉。』朕常念此，欲使犯者皆紀過還職，冀其自新。」鐸等對曰：「聖心寬仁如此，臣下敢不盡心以圖補報？」於是命犯輕罪者悉宥之，徒流及雜犯死罪，俱今戴罪復職。有犯至再三者，亦録其罪，而復其官。

六月己卯朔，沂州衛官軍擒獲土賊七十餘人，械至京。命戮其首惡，餘皆謫戍金齒。

《國榷》卷八　廣西潯州府知府沈信言：「府界柳、象、梧、藤間，山猺盤據。近殺廣西布政司參議湯敬，官軍討之，遠遁不克。今桂平、平南二縣降猺皆善弩歷險，乞選千餘人，俾團寨協捕。」上不許，第謹備之。

《太祖實録》卷一八二　甲申，詔：「凡吏民謫發遼東戍守者，各以時力田講武，不得更上封事，論訴是非。違者罪之。」

《國榷》卷八　乙酉，惠州山盜起，討平之。

《太祖實録》卷一八二　癸巳，兵部主事王暹爲本部試右侍郎，監察御史李原名爲禮部試尚書。

《明通鑒》卷九　時原名方奉使平緬歸，言「思倫發懷詐窺伺，宜嚴邊備」，又言「靖江王以大理印行令旨，非法，爲遠人所輕」。語皆稱旨，遂超擢拜之。既而思倫發果叛，上以原名預悉邊情，自是多咨以遠方之事。

《太祖實録》卷一八二　乙未，詔免直隸應天府、浙江嘉興、江西九江等府州今歲馬草。

《國榷》卷八　丁酉，馮勝等至遼河東，獲納哈出屯卒三百餘人。進金山之西，遣張允恭送乃剌吾，見納哈出于松花河，驚曰：「吾謂汝死矣，乃得復相見。」因遣左丞劉探馬、參政張德裕隨允恭來獻馬，覘我師。納哈出送乃剌吾漠北，胡主欲殺之，以救免，仍歸納哈出。

宜春妖賊作亂，捕斬之。

戊戌，優給武官老疾無子姓者。

己亥，敕金齒衛指揮儲傑、嚴武曰：「金齒遠在邊徼，負固守險，不比中原五教之民，非德重名播，不足守之。指揮李觀所以命也，所移徙不下萬數，皆奸儒猾吏累犯罪人，不易制治。遣往指揮千百户鎮撫，亦多恃功放肆之徒，當以號令彈壓之。朕用李觀，用德而用名。若欲彈壓，必爾傑、武。」

《太祖實録》卷一八二　庚子，遣通政使司經歷楊大用往雲南練兵。時百夷屢爲邊患，上欲發兵平之，先已勅西平侯沐英、指揮儲傑等爲籌邊計。至是，復遣大用往練兵。大用至沅江等府，其土官請以兵五萬聽調。

《明史》卷三《太祖紀三》　庚子，臨江侯陳鏞從征失道，戰没。

癸卯，馮勝兵踰金山。

《國榷》卷八　丁未，馮勝次金山東北，遣左副將軍藍玉取納哈出，降其衆。納哈出計無從，乃剌吾勸之降。納哈出猶豫未決，復遣使至勝營獻馬，陽納款。勝遂遣左副將軍藍玉往受之，耀之以大軍。納哈出彈指曰：「天不使我有此衆矣。」率數百騎詣玉約降，玉酒之，甚洽。納哈出別攜酎酬玉，玉讓之先，納哈出先飲，復觴玉。玉解衣衣之，曰：「請衣此後飲。」勿肯衣，玉亦持不飲。久之，納哈出取酒澆地，顧其下咄咄語。鄭國公常茂，勝子壻也，部將趙指揮解胡語，謂茂，此且欲遁也。茂遽前搏之，納哈出驚起欲就馬，茂拔刀斫之，傷臂不得去。都督僉事耿忠騎擁納哈出見勝。納哈出所部妻子將士，在松花河北，凡九十餘萬，聞之，皆潰散。其餘衆四萬餘騎欲來追，勝遣觀童往諭之，并得其所部二十餘萬人，羊馬驢駝輜重，亘百餘里。勝厚禮納哈出，奏捷，并言茂驚潰虜衆狀。遂驅降衆南行，使都督僉事濮英將三千騎爲殿。

閏六月己酉朔，元司徒完者不花來降。

《太祖實録》卷一八二　庚戌，上諭工部右侍郎秦逵曰：「近聞各布政司和買水銀，而州縣多假此擾民，其亟罷之。」

辛亥，詔徵天下孝廉之士。

詔自應天府東，葛城至鳳陽府，宿州、睢陽凡九驛，驛置馬四十匹。以松江、蘇州、嘉興、常州、鎮江五府市民爲馬夫。

甲寅，上謂禮部試尚書李原名曰：「尚齒所以教敬，事長所以教順。虞夏商周之世，莫不以齒爲尚，而養老之禮未嘗廢。是以人興於孝弟，風俗淳厚，治道隆平。曩者，朕詔天下，行養老之政。凡耆民年八十以上，鄉黨稱善，貧無産業者，月給米五斗、酒三斗、肉五斤。九十以上，歲加帛一疋，綿一斤。若有田産能自贍者，止給酒肉絮帛。其應天、鳳陽二府富民，九十以上，賜爵社士；八十以上，賜爵里士，咸許冠帶，復其家。尚慮有司奉行不至，爾禮部其以朕命申諭之。」

《國榷》卷八　馮勝兵次金山亦迷河，更獲遺軍四萬五千、馬數千匹、傷痍老弱二萬四千餘人。

《太祖實録》卷一八二　乙卯，上以京衛將士多山東、河南人，一人在官，則闔門皆從，鄉里田園，遂致蕪廢。因詔五軍都督府覈遣其疏屬還鄉，惟留其父母妻子于京師。

《明史》卷三《太祖紀三》　庚申，師還次金山，都督濮英殿軍遇伏，死之。

《國榷》卷八　敕福建造海舟百，廣東倍之，以九月會浙江出海捕倭。

《太祖實録》卷一八二　壬戌，命凡指揮千百户鎮撫謫戍昌國衛者，咸出海捕倭，以功贖罪。

甲戌，上謂禮部試尚書李原名曰：「朕製《大誥三編》，頒示天下，俾爲官者知所監戒，百姓有所持循。若能遵守，不至爲非。其令民間子弟於農隙之時講讀之。」

《國榷》卷八　上聞捷，諭大將軍，降衆隨便居住，立衛，與漢軍雜處。常茂驚潰虜衆，械赴京師。

《太祖實録》卷一八二　丁丑，詔西平侯沐英：「凡雲南屬衛將校謫戍者，悉聽往金齒，分守城邑營壘。但能立功，即授舊職。」於是英按尺籍，自都督而下，指揮七十八，衛鎮撫九千户一百二十二，所鎮撫六十三，百户四百十一，聽征小校七，共六百九十八人，皆處分，具實以聞。

七月庚辰，遣使賜故元降將納哈出玉帶一、金飾香帶一、白金一千兩、文綺帛各四十疋、鈔一千貫。又以素金帶、百花素銀帶七百，紗帽八百賜其將校那木罕等及銀鈔各有差。

詔：「凡内外武臣之家，如子孫已襲替而亡，再無應襲者，給全俸以贍之。及有子孫坐事，謫充軍者，亦宥之。令自立功勳，仍給俸贍其家。」兵部請以半俸給之。上曰：「内外武臣，昔皆捐軀相從，百戰以定天下。念其勞績，未嘗暫忘。其家有不得其所者，朕深憫之。夫厚禄所以報功，廣惠所以惇仁。故給之全俸，使有所贍。爾心必曰：『全禄費財，半禄節用。』夫當予而予，則費不過度；當節而節，則用爲適中。優以全禄，未爲過也。」

壬午，詔覈在京諸司錢穀。

丙戌，命左軍都督府自山海衛至遼東置馬驛一十四，驛各給官馬三十匹，以贖罪囚徒爲驛夫，驛百二十人，仍令田其旁近地以自給。

《國榷》卷八　倭患，削台州衛指揮同知陳亮官，戍金齒。

詔有罪軍官戍遼東者悉赴京師。

《太祖實録》卷一八三　辛卯，高麗國王王禑復遣其臣李美沖、金仍貴、任壽、柳克恕進所市馬五千匹。

《國榷》卷八　乙未，徵還山東捕盜官軍，專罪有司。

丁酉，納哈出所部營王失剌八禿等、雲王蠻吉兒、郡王桑哥失理、和尚國公等來降，馮勝遣定遠侯王弼發兵，迎之信州，信州即一禿河。被襲，亡馬七百餘匹。

《太祖實録》卷一八三　禮部奏請如前代故事立武學，用武舉，仍祀太公，建昭烈武成王廟。

《明通鑒》卷九　上曰：「立武學，用武舉，是岐文武而二之，適以輕天下也。三代以上之士，文武兼備，用無不宜。以太公之鷹揚而授丹書，仲山甫之賦政而式古訓，召虎之經營而陳文德，豈比後世之專講韜略，不事經訓，專習干戈，不聞俎豆，拘于一藝之陋哉！至太公宜從祀帝王廟，其武成王廟罷之。」

《國榷》卷八　辛丑，左右參將南雄侯趙庸、東川侯胡海並落參將，聽征。

《太祖實録》卷一八三　乙巳，守大寧前軍都督僉事商暠奏所築大寧等四城見儲糧粟，大寧三十一萬石，松亭關五十八萬石，會州二十五萬石，足供數年邊用。上顧謂左右曰：「國家無事，守在四夷。守邊之計，足食爲先。今暠所言，儲糧足用，邊郡之民，可免輓運之勞矣。」

《國榷》卷八　封何真東莞伯，禄千五百石。

行人唐敬等還自真臘，其國王黎列保毘耶甘菩者貢象五十九隻、香六萬斤。

暹羅入貢椒萬斤，蘇木十萬斤。

《太祖實録》卷一八三　丁未，命户部，自四川永寧至雲南每驛儲米二百五十石，以給謫戍雲南者。

《國榷》卷八　八月壬子，上聞大將軍宋國公馮勝等在軍事多不律，遂敕勝及傅友德等曰：「古之名將爲國效忠，勛名千載。我朝若徐達、常遇春平定夷夏，未嘗行一不義。何馮勝膺大將軍之任，專爲己私，播惡胡中，降虜致恨，古名將豈如是耶？以嘗有戰功，姑容自新。若改行易慮，庶可保全。往來人言頗多，舉其大概，于將軍亦赧哉！」

庚申，遣使賜真臘國王金印綺繡。

癸亥，作泗州祖陵祭殿。

《太祖實録》卷一八四　甲子，故元尚書塔不歹詣大將軍宋國公馮勝降，遣人送至京師。

《國榷》卷八　丙寅，市四川耕牛萬頭，往雲南屯田。

庚午，命會寧侯張温、永平侯謝成、前軍都督商暠率兵追討金山餘衆，復遣帖木兒等榜諭之，竟寢。

《太祖實録》卷一八四　辛未，置大寧衛指揮使司，以將士有罪者往戍焉。

壬申，上謂刑部尚書唐鐸、工部侍郎秦逵、都察院左都御史詹徽等曰：「朕初于文籍設關防印記者，本以絶欺蔽，防姦僞，特一時權宜耳。果正人君子，焉用是爲？自今六科有關防印記，俱銷之。仍移文諸司，使知朕意。」

《國榷》卷八　定入覲止正官首領官吏各一，給驛禁乘傳，免雲南道遠者。

命北征諸將還京，留宋國公馮勝分軍各衛，潁國公傅友德提督。

詔民年二十以上，不許爲僧。

《太祖實録》卷一八四　詔凡從軍小校陣亡者，雖無功，亦給其家原俸百日。

《明史》卷三《太祖紀三》　收馮勝將軍印，召還，藍玉攝軍事。

景川侯曹震屯田雲南品甸。

《國榷》卷八　乙亥，詔遣雲南戍守家屬，每户賜十金、鈔十錠。

丁丑，征虜大將軍宋國公馮勝以納哈出部將三千三百餘人至京，上捷表。

《明史》卷三《太祖紀三》　九月戊寅，封納哈出海西侯。

《國榷》卷八　西平侯沐英自楚雄至景東，每百里置一營，屯種備蠻寇。

《太祖實録》卷一八五　壬午，詔親王府歲給米五萬石，其茶、鹽、布、絮等物，悉罷勿給。

《明史》卷三《太祖紀三》　癸未，置大寧都指揮使司。

《國榷》卷八　詔潁國公傅友德編集新附軍士，簡練精鋭，屯大寧防虜。尋徵還，改左軍都督僉事耿忠攝征虜副將軍事。

《太祖實録》卷一八五　乙酉，陝西都司言：「西安府臨潼等縣，屯卒所輸税糧，多於民賦，而又與民均科雜役，未免煩困。」上是其言。命自今屯卒率五丁選一，編成隊伍，以時屯種。税糧與民田等，雜徭復之。冬月則練習武藝。

丙戌，上諭户部侍郎楊靖曰：【略】「自今百官月俸皆以石計，或止於斗，毋得瑣碎。」於是户部奏定正一品月俸米八十七石，從一品七十四石，正二品六十一石，從二品四十八石，正三品三十五石，從三品二十六石，正四品二十四石，從四品二十一石，正五品一十六石，從五品一十四石，正六品一十石，從六品八石，正七品七石五斗，從七品七石，正八品六石五斗，從八品六石，正九品五石五斗，從九品五石。

《國榷》卷八　徵雲南土知府等官赴京。

《太祖實録》卷一八五　庚寅，北平布政司請自河間景州至永平撫寧縣馬驛二十二，吴橋至通州水驛八，各宜增置馬及船。時總兵官永昌侯藍玉亦言：「自遵化至喜峯口裏、灤陽口外，富民、寬河、栢山、會州、新城、大寧等處，宜置馬驛七，以備邊報。」詔皆從之。

壬辰，户部言：「今天下税課司河泊所課程視舊有虧，宜以洪武十八年所收立爲定額。」上曰：「商税之征，歲有不同。若以往年槩爲定額，苟有不足，豈不病民？宜隨其多寡，從實征之。」

《國榷》卷八　撤馬兒罕回回滿剌朝貢。

癸巳，永城侯薛顯卒于軍。

乙未，上壽六十，受朝賀。

高麗入貢。

《太祖實録》卷一八五　丁酉，命遼東都司市牛于高麗。

《明史》卷三《太祖紀三》　安置鄭國公常茂於龍州。

《國榷》卷八　定屯卒五百畝納糧五十石。

《太祖實録》卷一八五　辛丑，上命五軍都督府，以海西侯納哈出所部乘馬皆羸瘦，令各衛爲牧養之。

乙巳，湖廣都指揮使司言：「前奉詔，以靖州、五開及辰、沅等衛親軍選精鋭四萬五千人，于雲南聽征令。又令市牛二萬往彼屯種，請令諸軍分領以往，庶免勞民送發。」從之。

《明史》卷三《太祖紀三》 丁未，藍玉爲征虜大將軍，延安侯唐勝宗、武定侯郭英副之，北征沙漠。是月，城西寧。

《明通鑒》卷九 十月戊申，封都督僉事朱壽爲舳艫侯，張赫爲航海侯，賞督運功也。連年北征，壽等專司漕運以給軍食。而赫以習海道，前後往來遼東十二年，凡督十運，勞勩備至，上尤嘉之。

《國榷》卷八 雞鳴山歷代忠臣廟成，漢秣陵尉蔣子文、晉卞壼、唐劉仁贍、宋曹彬、元福壽歲五祭。

庚戌，衍聖公孔訥來朝。

壬子，顏禬爲溧陽縣丞。顏子五十八代孫。

劍川州土酋楊奴等叛，討斬之。

《太祖實録》卷一八六 丁巳，命各衛指揮分領千户所事。國朝之制，每衛設指揮使一人，指揮同知二人，指揮僉事四人，又設前、後、中、左、右五千户所，以分領士卒。是時，京衛指揮朝退，多不入公署涖政事，遇有責成，互相推避。遂命指揮使掌印，同知、僉事各領一所士卒，有武藝不訓練，器械不堅利者，皆責所領之官。

《國榷》卷八 定勳戚出使，非奉符驗，不得乘驛。

《太祖實録》卷一八六 戊午，詔：「凡軍士置營，從各衛所居止，不許越伍離次。」

詔湖廣常德、辰州二府民三丁以上者，出一丁，往屯雲南。

壬戌，上念山東、北平、河南水馬驛夫頻年供役煩困，命有司驗舊例户糧多寡，倍增之，以寬民力。

《國榷》卷八 癸亥，定武臣贈賻格列。

《太祖實録》卷一八六 乙丑，命兵部遣使籍杭、湖、嚴、衢、金華、紹興、寧波及直隸徽州等府市民富實者，出貲市馬，充鳳陽、宿州，抵河南鄭州驛馬户。

《國榷》卷八 丙寅，詔長興侯耿炳文率陝西軍三萬三千往雲南。

《太祖實録》卷一八六 丁卯，上以北方學校無名師，生徒廢學，命吏部遷南方學官之有學行者教之。增廣生員不拘額數，復其家。

《國榷》卷八 簡力士五千六百隨駕。

訂定朝參等禮二十六則。

《太祖實録》卷一八六 庚午，征虜大將軍永昌侯藍玉奏：「天氣向寒，胡人斂跡，大軍久屯塞上，徒費饋餉。今量留人馬，戍守大寧、會州等處，大軍分回薊州近城屯駐。俟有邊報，然後進軍。」詔許之。

《國榷》卷八 丙子，惠州海盜謝以青作亂，討平之。

《明史》卷三《太祖紀三》 是月，馮勝罷歸鳳陽，奉朝請。

《明通鑒》卷九 勝兩次坐法，皆以功大不賞，自此不復將大兵。

《太祖實録》卷一八七 十一月丁丑朔，普安衛軍民指揮使周驥奏：「古州一十二處長官司所統民九千二百一十七户，願納秋糧八千九百二十九石。」命户部籍其數。

己卯，貴州平越衛都勻安撫司奏，招諭各處長官司民八千三百四十三户，歲納糧六百九十九石。命登籍户部。

取福州女轎户。初閩俗，婦女有以舁轎爲業者，命取至京師，居之竹橋，以便出入宫掖。至是，復取之，凡二百餘户。

辛巳，免徵延安山地税。

《明史》卷三《太祖紀三》 壬午，普定侯陳桓、靖寧侯葉昇屯田定邊、姚安、畢節諸衛。

《國榷》卷八 乙酉，徵河南儒士岳宗原等九人，授布政使等官。

《太祖實録》卷一八七 丙戌，築高郵湖堤成，計一千四百三十丈。

丁亥，命禮部選天下陰陽官子孫年十二以上，二十五以下，質美而讀書者，赴京習天文推步之術。

《國榷》卷八 戊子，河南府訓導葛鈞爲翰林侍讀學士。

《太祖實録》卷一八七 己丑，信國公湯和奏言：「寧海、臨山諸衛濱海之地，見築五十九城，籍紹興等府民四丁以上者，以一丁爲戍兵，凡得兵五萬八千七百五十餘人。」先是，命和往浙西沿海築城，籍兵戍守，以防倭寇，至是事畢，還奏之。

《國榷》卷八 增馬牧所軍月餉，人五斗。

《太祖實録》卷一八七 甲午，征虜大將軍永昌侯藍玉奏：「得降人脱脱等言，故元丞相哈剌章乃兒不花等遁入和林，乞進兵勦滅。」許之。

丁酉，命兵部録京衛將校子弟皆爲試百户，其與見任父兄同居者，不給俸，不同居者，月給俸二石。旗軍除授者如之。

《國榷》卷八 十二月丁未朔，免徵鳳陽商税。

《太祖實録》卷一八七 庚戌，詔天下各衛所指揮千百户鎮撫以罪罷免者，咸復其職，令往各都司領軍戍守。于是武官得復職者，凡一千六十二人。

壬子，命左軍都督僉事馮誠往諭普定侯陳桓、靖寧侯葉昇，率湖廣都司諸軍駐普安，分屯曲靖、越州，仍命雲南布政司以白金二十萬兩給各府縣糴糧備用。

兵部尚書致仕單安仁卒。

甲寅，命浙江布政使司脩治所隸紹興等府橋梁道路。時信國公湯和還自浙東，言吴江長橋圮壞，及浙東西道路多不治，行旅病之，故有是命。

《國榷》卷八 前晉府左長史桂彦良卒。

《太祖實録》卷一八七 丁巳，遣前城門郎石璧往雲南諭西平侯沐英等，自永寧至大理，每六十里設一堡，置軍屯田，兼令往來遞送，以代驛傳。于是，自曲靖火忽都至雲南前衛易龍設堡五，自易龍至雲南右衛黑林子設堡三，自黑林子至楚雄禄豐設堡四，自禄豐至洱海衛普淜設堡七，自普淜至大理趙州設堡二，自趙州至德勝關設堡二，人稱便焉。

己巳，詔户部賑恤濟南、東昌、東平三府饑民，凡六萬三千八百一十餘户，爲鈔三十一萬九千八十錠。

《國榷》卷八 前軍都督僉事於顯卒。

庚午，凡將校自洪武四年守邊有功者，遞陞有差。

辛未，還河間阜城驛户孳生馬匹。

《太祖實録》卷一八七 壬申，命户部咨高麗王，以鐵嶺北東西之地舊屬開元，其土著軍民女直、韃靼、高麗人等，遼東統之；鐵嶺之南，舊屬高麗，人民悉聽本國管屬。疆境既正，各安其守，不得復有所侵越。

《明通鑒》卷九 遣刑部尚書唐鐸運鈔百餘萬錠振登、萊饑。

《太祖實録》卷一八七 癸酉，詔鎮南衛從征五開陣亡軍士家屬，悉放還鄉爲民。

甲戌，上以徐州歲歉民貧，詔户部，凡州民運糧赴京者，遣人止之，令悉輸濟寧倉，以省其漕運之勞。

是月，大誥武臣。上以中外武臣多出自戎伍，罔知憲典，故所爲往往麗法。乃親製《大誥》三十二篇以訓之，俾知守紀律，撫軍士，立勳業，保爵位。頒之中外，永爲遵守。

是歲，天下歲貢生員凡一千二百人，中式送國子監者九百七十五人，送中都國子監者一百三十二人，不中者九十三人，各遣還讀書，提調官、教官俱如例罰。

洪武二一年（戊辰、一三八八）

《太祖實録》卷一八八 正月戊寅，兵部侍郎沈溍奏：「曩因各衛軍士逃亡，累給勘合凡一千四百三十二道。今十二布政使司及直隸府州追逮官吏玩法，俱無回報，是致軍伍久闕。又或鬻改正名，以族屬同姓者發補，以逭其責。今各官朝覲京師，乞下吏詰問。」上命姑宥之，惟榜於治所，以速其報。

《國榷》卷九 召前諸城知縣陳允恭于雲南。上聞其修職愛民，諭吏部復之。

《太祖實録》卷一八八 辛巳，以浙江道監察御史淩漢爲右副都御史。

《明通鑒》卷九 麓川蠻思倫發入寇馬龍他郎甸之摩沙勒寨，西平侯沐英遣都督甯正擊走之，斬首千五百餘級。

《國榷》卷九 壬午，葺韶州張九齡、余靖祠。

《太祖實録》卷一八八 癸未，命徐州今年田租勿運赴京師，悉輸濟寧倉，以紓民力也。

《明史》卷三《太祖紀三》 辛卯，大祀天地於南郊。

《太祖實録》卷一八八 甲午，以都察院右副都御史淩漢爲右都御史。

《明史》卷三《太祖紀三》 振青州饑，逮治有司匿不以聞者。

《國榷》卷九 故元將信童來降。

永嘉人市暹羅沈香，當死，上以經過貿易，非交通比，釋之。

《太祖實録》卷一八八 己亥，帕木竹巴灌頂國師鎖南剳思巴噫監藏卜上表稱病，舉弟吉剌思巴監藏巴藏卜代職，許之。以朵甘都司所舉監藏剳思巴爲朵甘衛千户，仍給誥命。

《國榷》卷九 復馴象衛，于廣州、龍州捕象，後徙横州。

《太祖實録》卷一八八 辛丑，廣東韶州英德等縣民周廣全等聚衆作亂，都指揮同知花茂將兵討平之。

韃靼官軍姚曲里友等反於廣西，命潁國公傅友德率辰、沅、貴州、普定等衛兵討捕，尋平之。

是月，天下歲貢生員中式者一千二十七人。

二月己酉，置福建沿海五衛指揮使司，曰福寧、鎮東、平海、永寧、鎮海，所屬千户所十二，曰大金、定海、梅花、萬安、莆禧、崇武、福泉、金門、高浦、六鰲、銅山、玄鍾，以防倭寇。

庚戌，命自今天下有司官凡入流品以上犯罪者，皆須奏聞，方許逮問。

《國榷》卷九　庚戌，詔都督蕭用、王庸等，分天下各都司衛所軍爲十班，今歲八月始，輪赴京師較藝。仍先下操練法，免其久戰屯田者。

《太祖實録》卷一八八　癸丑，長興侯耿炳文承制遣陝西都指揮同知馬燁，率西安等衛兵三萬三千屯戍雲南。

普定侯陳桓、靖寧侯葉昇等奏報禄肇堡成。先是，上勑桓、昇曰：「往者命李焕、李隆帥畢節等衛戍卒，扼芒部道路，悉聽卿等調遣，務屯戍得宜，相機而動。若糧餉不繼，可於禄肇、芒部取給。仍防烏撒、霑益出没之地。」當時遣人偵候之。後又遣人諭桓等曰：「初命卿等往雲南，爲彼芻粟不繼，故俾於禄肇權駐。近得報，知已於麻哈之地屯軍。彼處糧餉艱難尤甚，然種已入土，不可輕動。若有驚急，即遣人馳報雲南西平侯沐英。候秋收軍，乃徙。」至是桓等奏報，去年冬已率師至禄肇立堡。

《國榷》卷九　福建布政司進《禮記註疏》。

甲寅，定歷代名臣從祀。風后、力牧、皋陶、夔、龍、伯夷、伯益、伊尹、傅説、周公旦、召公奭、太公望、召虎、方叔、張良、蕭何、曹參、陳平、周勃、鄧禹、馮異、諸葛亮、房玄齡、杜如晦、李靖、李晟、郭子儀、曹彬、潘美、韓世忠、岳飛、張浚、木華黎、博爾忽、博爾(木)〔朮〕、赤老温、伯顔，凡三十七人，侑帝王廟。去趙普、安童。

《太祖實録》卷一八八　丁巳，革郡縣禮生及儀從人。

《國榷》卷九　戊午，遣官祭歷代帝王廟，去隋文帝。

《太祖實録》卷一八八　庚申，户部奏貴州宣慰使靄翠、金築安撫使密定所屬租税累歲逋負，蠻人恃其頑險，不服輸送，請遣使督之。上曰：「【略】所逋租悉行蠲免。今宜定其常數，務從寬減。」於是户部奏定其歲輸之數，以洪武十九年爲始，靄翠歲輸三萬石，密定歲輸三千石。從之。

《國榷》卷九　遣官開辦四川六番茶課。

壬戌，以五月當日食，敕永昌侯等，防戒不虞。

仍聽四川人採茶通羌。

禮部主事高惟善還自西番，上安邊策曰：「巖州、寧遠等處，原古郡治，苟列戍築城堡，開墾山田，撫近威遠，則烏思藏、朵甘鎮撫長河西，可拓地四百餘里。蕃民專販碉門烏茶，于巖州立市，則此輩衣食，皆仰給于我。以長河西、伯思、東巴獵等八千户爲外藩犄角。天全、六番招討司八鄉之民，免其徭役，令造烏茶，貯巖州倉，易番馬，比雅州利倍之。并開大渡河兩岸荒田，通碉門、巖州道路，量遠近，立郵傳，與黎雅烽火相應。」上從之。

《明通鑒》卷九　丙寅，有星出東壁，占曰文士効用，上大喜，以爲將策進士之兆也。

《國榷》卷九　丁卯，令達軍隸各衛，編户丁男，月給米一石。

己巳，朝參官門籍各自置。

庚午，四川天全六番招討司改武職。

調北平軍赴大寧，代還舊軍。

《太祖實録》卷一八八　甲戌，天界寺災，遷僧録司于天禧寺。先是，設僧録司于天界寺，至是，以寺災遷之。

《國榷》卷九　故元四大王來降命，隨西平侯戍雲南。

《太祖實録》卷一八八　是月，重建天界善世禪寺於城南。

《明史》卷三《太祖紀三》　三月乙亥，賜任亨泰等進士及第、出身有差。

《皇明資治通紀》卷八　上命有司建狀元坊以旌之。聖旨建坊自此始。

《國榷》卷九　上謂侍臣曰：「驕，凶德也。田子方云：『貧賤驕人。』朕謂不然，君子以恭敬爲本。」

戊寅，鎮守遼東後軍都督僉事葉旺卒。

己卯，東莞伯何真卒。

《明通鑒》卷九　辛巳，上召考官陳宗順等于武門。諭之曰：「今日觀《列子》鄰子竊鈇之事，因思人之疑信，皆生于心。信心常出于忠厚，疑心必起于偏私。夫信其所好，疑其所惡，乃人之常情，是故不可不察也。君之于臣，好而信之，讒言雖至而不入；惡而疑之，毁謗不召而自來。苟能以大公至正之心處己待人，則自無偏信偏疑之私，庶幾得好惡之正矣。」因給紙筆，令諸進士撰《疑信論》。

《太祖實録》卷一八九　壬午，詔申國公鄧鎮、定遠侯王弼、南雄侯趙庸、東川侯胡海、鶴慶侯張翼、雄武侯周武、懷遠侯曹興等，往從征虜大將軍永昌侯藍玉北征。

《國榷》卷九　乙酉，增修南郊壇壝，更定郊禮及各廟祭章。

《明史》卷三《太祖紀三》　丙戌，振東昌饑。

《國榷》卷九　辛卯，廣東海陽人曾承廕等作亂，討平之。

《太祖實録》卷一八九　壬辰，詔定鳳陽、宿州及河南等處驛馬人户。先是，以浙江杭州、直隸徽州等府市井富民備馬應役。至是，定共户數上等馬一匹，一百三十八户；中等馬一匹，一百一十八户；下等馬一匹，九十八户。

《國榷》卷九　癸巳，增置羣牧監。

己亥，遣進士行監察御史事，分巡郡縣，偕一御史久任者。

壬寅，朵只生番入寇，討破之。

《明史》卷三《太祖紀三》　甲辰，沐英討思倫發，敗之。

《明通鑑》卷九　倫發欲報摩沙勒之役，率衆號三十萬寇定邊，新附諸蠻皆爲盡力。英聞報，選騎三萬，晝夜兼行，凡十五日抵賊營，隔壘而陣。蠻毆百象，被甲荷欄盾，左右挾大竹爲筒，筒置標槍，鋭甚。英分軍爲三，置火礮勁弩成行，遣都督馮誠將前軍，甯正將左，指揮同知湯昭將右。將戰，令曰：「今日之事，有進無退！」因乘風大呼，礮弩並發，象皆反走。蠻有梟將昔剌者，率衆殊死戰，左軍小卻，英登高瞭望，取佩刀，命左右斬帥首來。須臾，左軍遥見一人握刀馳下，士卒大恐，奮呼突陣。大軍乘之，無不一以當百，蠻衆大敗。遂直擣其寨，斬首三萬餘級，俘降萬餘人，生獲象三十有七，餘皆被矢如蝟死，渠帥中矢伏象背而死者相望。思倫發遁去，諸蠻震慴，自此麓川不復道梗矣。

《太祖實録》卷一八九　是月，大將軍永昌侯藍玉等率師十五萬，由大寧進至慶州。聞虜主脱古思帖木兒在捕魚兒海，從間道兼程而進。

《國榷》卷九　四月乙巳朔，何榮嗣東莞伯。

《太祖實録》卷一九〇　壬子，遣行人董紹往諭占城國王阿答阿者。

《國榷》卷九　乙卯，藍玉兵至百眼井，去捕魚兒海尚四十餘里，哨不見虜，玉欲引還。定遠侯王弼曰：「吾屬提兵十餘萬深入，無所得虜，何以復命？」玉曰：「是也。」戒軍中穴地爨，令虜不見烟。黎明，至捕魚兒海南，知脱古思帖木兒營在海東北八十餘里，玉以弼爲前鋒，直薄之。虜始謂我軍乏水草，必不能深入，又大風揚沙晝晦，軍行，皆不知。虜主方欲整衆而北向，忽大軍至，其太尉蠻子率衆拒戰，敗之，殺蠻子及其軍帥數十人，其衆遂降，虜主與太子天保奴、知院捏怯來、丞相失烈門等數十騎遁去。玉率精騎追之，出千里不及，獲其次子地保奴，后妃及故太子妃、公主等百十九人，擒其詹事院同知脱因帖木兒于深草間，追獲吴王朵兒只等將相官校三千人，男女七萬七千餘口，馬四萬七千匹，駝四千八百餘頭，牛羊十萬二千四百五十四頭，車三千餘輛，并得其寶璽、圖書、金銀印、宣敕、照會諸物，聚其鎧仗而焚之。遣人奏捷班師。

剿廣西叛蠻。

《太祖實録》卷一九〇　己未，詔各衛覈實軍伍，有匿其己子，以養子代役者，不許。

《國榷》卷九　壬戌，高麗請舊壤鐵嶺地。上令禮部尚書李彦名諭止之，毋啓釁。蓋舊界鴨緑江也。

癸亥，敕西平侯沐英：「破賊後，移兵漸逼景東，務圖萬全。隨地屯田，與之相持。俟大軍四集，如納款，即可許之。」

甲子，惠州、瀧川、興寧、歸善縣民作亂，討平之。

丙寅，命都察院戒諭江西御史花綸等：「官吏事重，始逮問，毋苛細興大獄。」

《太祖實録》卷一九〇　癸酉，普定侯陳桓率師駐畢節。初，詔桓等，自永寧抵畢節，度地里遠近夾道樹栅爲營。每營軍二萬，刊其道傍林莽有水田處，分布耕種，爲久遠之計，且與西平侯沐英相爲聲援。至是，桓等師至畢節。

大將軍永昌侯藍玉破故元將哈剌章營，獲其部下軍士一萬五千八百三户，馬駝四萬八千一百五十餘匹。

《明通鑑》卷九　中書庶吉士解縉以舉本科進士授職，侍上左右，甚見愛重。一日，上在大庖西室，諭縉曰：「朕與爾義則君臣，恩猶父子，當知無不言。」是月，縉上封事萬言，其略曰：「臣聞令數改則民疑，刑太繁則民玩。國初至今二十載，無幾時不變之法，無一日無過之人。嘗聞陛下震怒，耡根翦蔓，誅其姦逆矣，未聞褒一大善，賞延于世，復及其鄉，終始如一者也。陛下嘗云：『世不絶賢』，又云：『民不畏死，奈何以死懼之』！今陛下好善而善不顯，惡惡而惡日滋，或朝賞而暮戮，或忽罪而忽赦，每多自悔之時，輒有無及之嘆。臣又見陛下好觀《道德》、《心經》、《説苑》、《韻府》諸書，竊謂甚非所宜也。《説苑》出于劉向，多戰國縱横之論。《韻府》出元之陰氏，抄輯穢蕪，略無可采。陛下若喜其便于檢閲，則願集一二志士儒英，臣請得執筆隨其後，上溯唐、虞、夏、商、周、孔子，下及關、閩、濂、洛之書，隨事類别，勒成一書，上接經史，豈非太平制作之一端歟！若夫配天宜復掃地之規，尊祖宜備七廟之制，奉天不宜爲筵宴之所，文淵未備夫館閣之隆，太常非俗樂之可肄，官伎非人道之所爲；痛懲法外之刑，永革京城之役；婦女非帷薄不修，〔毋〕輕逮繫；大臣有過惡當誅，不宜加辱；順天應人，皆此類也。近年以來，臺省之建綱，不過以刑名輕重爲能事，以問囚多寡爲勳勞，而御史糾彈，大都承望風旨，宜陛下之以爲虚文塞責也。然陛下進人不擇賢否，授職不量輕重。建不爲君用之法，所謂『取之盡錙銖』；置朋奸倚法之律，所謂『用之如泥沙』。天下皆謂陛下任喜怒爲生殺，而不知皆臣下之乏忠良也。夫有申明旌善之舉而無黨庠鄉學之規，互知之法雖嚴，訓告之方未備。臣欲求古人治家之禮，睦鄰之法，若古藍田呂氏之《鄉約》，今義門鄭氏之《家範》，布之天下，使世家大族，以身先之，將見作新於變，至于比户可封不難矣。至于鼎革之際，民困未蘇。今日之土地無前日之生植，而今日之徵聚過昔年之税糧。或賣産以供税，産去而税存；或賠辦以當役，役重而民困；土田之高下不均，起科之輕重無别。欲拯民而革其弊，莫若復授田均田之法，兼行常平義倉之舉，積之以漸，至有九年之食無難者。若夫罪人不孥，罰弗及嗣。連坐起于秦法，孥戮本于僞《書》。今之爲善者，妻子未必蒙榮，而有過者，里胥必陷于罪。況律以人倫爲重，而有給配婦女之條，則又何取夫義夫、節婦哉！夫粢盛之潔，衣服之舉，儀文之備，此畏天之末也；簿書之期，獄訟之斷，鉤距之巧，此治民之末也。惟陛下垂鑒焉！」書奏，上稱其才。已，又獻《太平十策》，上雖不及行，頗嘉許之。

《太祖實録》卷一九〇　五月戊寅，上謂户部右侍郎楊靖、都御史詹徽、工部右侍郎秦逵、兵部左侍郎沈溍、刑部右侍郎趙勉、通政使茹瑺曰：「朕思天下將校軍士，月給俸糧，舊於倉庾出納，恐軍民不便。今欲將民間歲租較定其數，撥與之。每歲秋成，即令編户送至其家，庶官無出納之勞，民免耗損之患。卿等即爲朕議之。且令應天府將今歲民租先對一衛試行之。果便軍民，則著爲令。」

丁亥，命禮部凡公侯都督之家，自今子女婚嫁，皆以物賜之。

《國榷》卷九　庚寅，定誥命册符用敕命之寶。

甲午，藍玉捷表至，上曰：「戎狄久禍中國，今朔漠一清，無憂北顧矣。」羣臣咸賀，遂遣通政使茹瑺、前望江主簿宋麟賚敕勞之。曰：「周秦禦胡，上策無聞；漢唐征伐，功多衛李。宋遭遼金之窘，以終其世，神器弄于夷狄，腥羶污乎九州。朕起平定，與民更始，已有年矣。胡虜聚衆，復立王庭，意圖不靖。朕當耆年，失今不征，必爲後患。命爾等率十餘萬衆北征，去年爾親拘納哈出來降，今復躬擐甲冑，衝冒風露，穿地取飲，禁火潛行，越黑山而徑趨，追躡蹤而深入，直抵穹廬，胡主棄璽遠遁，諸王、駙馬、六宫后妃、部落人民，皆悉附歸。漢衛唐李，何以過之？使至敕勞，悉朕至懷。」

丁酉，定雲南官吏軍民犯罪條律。

戊戌，减豐城官租。

《太祖實録》卷一九〇　壬寅，命刑部都察院：「凡罪人當籍其家者，如謀叛姦黨、造僞鈔之屬，則没其貲産丁口。餘者止收貲産而不孥，仍以農器耕牛還之，俾爲衣食之本。」

《國榷》卷九　萍鄉縣有假彌勒佛惑衆者，誅之。

《明通鑒》卷九　六月甲辰，信國公湯和就第于中都，率妻子陛辭。上賜黄金三百兩，白金二千兩，鈔三千定，綵幣四十餘端，夫人胡氏，賜亦稱是，並降璽書褒諭，諸功臣莫得比焉。

《太祖實録》卷一九一　丁未，遷刑部尚書唐鐸爲兵部尚書。

癸丑，命中軍都督府發河南祥符等十四衛步騎軍萬五千人，往征雲南。

辛酉，安慶侯仇成有疾，上聞之，遣人賜内醖，以書勞之。

甲子，上諭户部右侍郎楊靖等曰：「曩者，山東青州諸郡歲祲，有司坐視民飢，不即以聞。及朕遣使賑濟，漕運稍遲，尚有飢死者。蓋素無蓄積，以備不虞故也。今歲山東夏麥甚豐，秋稼亦茂。爾户部可運鈔二百萬貫，往各府州縣預備糧儲。如一縣則於境内定爲四所，於居民叢集之處置倉。榜示民家，有餘粟願易鈔者，許運赴倉交納，依時價償其直。官儲粟而扃鐍之，就令富民守視。若遇凶歲，則開倉賑給，庶幾民無饑餓之患也。」

《明史》卷三《太祖紀三》　甲子，傅友德爲征南將軍，沐英、陳桓爲左、右副將軍，帥師討東川叛蠻。

《國榷》卷九　己巳，徵隱士謝天啓爲山西布政司參議。

《太祖實録》卷一九一　是月，頒賜軍士護身敕。上念軍士艱苦，爲將領者不知愛恤，多致怨咨。乃述始終之際，艱難之故，與夫撫綏愛養之道，通上下之志，達彼此之情，直説其辭，爲護身之敕，頒示軍士，永爲遵守。於是軍士莫不感悦。

《國榷》卷九　敕諭武臣曰：「朕觀國初諸將收撫士卒，或一二十人，或百人至四五人，皆視如兄弟，愛如骨肉，以故争先効功，所向克捷。人稱善戰，不知由其善撫士。今爾等居位食禄，豈爾能？皆爾祖父貽爾慶。爾則不念祖父富貴由士卒，時或苦虐，使不傅心，敗國喪身，職此之由。夫虐下不仁，敗國不忠。亡先人績不孝，曷不思之？因頒軍士護身敕，述始終之際，艱難之故。」

七月癸酉朔，追贈故金山侯濮英爲樂浪公。

戊寅，元后妃公主等俘至，賜宅廩。或言藍玉私元后，上怒，后慚自經。次子地保奴有怨言，徙琉球。

辛巳，江夏侯周德興還鄉，厚資遣之。

《明通鑒》卷九　安慶侯仇成卒。

《國榷》卷九　甲申，置北平行都指揮使司于大寧。

故元詹事院同知脱因帖木兒謀叛，事洩，藍玉僇之薊州。脱因帖木兒，故王保保弟也。

丙戌，頒《天下武臣大誥》，俾子弟誦習。

《昭代典則》卷一〇　上謂兵部曰：「曩因武臣有違法厲軍者，朕嘗著《大誥》，昭示訓戒，格其非心，開其善道。今思其子孫世襲其職，若不知教，他日承襲，撫馭軍士，或蹈覆轍，必至害軍。不治則法不行，治之又非保全功臣之意。蓋導人以善行，如示之以大路；訓人以善言，如濟之以舟楫。爾兵部其申諭之，俾咸誦習，遵守毋怠。」

《國榷》卷九　己丑，詔天下武臣致仕年未六十者，依原官半俸。

《太祖實録》卷一九二　甲午，免徐州蕭、沛等四縣軍民今年夏税。

《明通鑒》卷九　丁酉，敕傅友德等曰：「東川、芒部諸夷，種類皆出于玀玀。厥後子姓蕃衍，各立疆場，乃異其名曰東川、烏撒、烏蒙、芒部、禄肇、水西，無事則互相争鬭，有事則相爲救援。若唐時閣羅鳳亡居大理，官兵追捕，道經芒部諸境，羣蠻聚衆，據險設伏，唐將不備，墮其計中，喪師二十萬，皆將帥無謀故也。今須預加防閑，嚴爲之備。」

《國榷》卷九　辛丑，海西侯納哈出從征雲南，卒武昌舟中，還葬京師。

《明通鑒》卷九　八月壬寅，沐英遣都督甯正從傅友德討東川。

《太祖實録》卷一九三　己酉，詔五軍都督府：「凡天下武官擅調千百户、軍旗，混亂隊伍者，指揮、千、百户杖而罷職，總、小旗從者罪同。若身自首告者，陞一等。著爲令。」

《國榷》卷九　壬子，罷天下守令所舉耆宿。

《太祖實録》卷一九三　癸丑，命故海西侯納哈出子察罕襲爵，改封瀋陽侯。

《國榷》卷九　遷山西澤、潞貧人墾彰德、真定、臨清、歸德、太康閒田，免賦役三年，户給鈔二十錠，備農具。

《太祖實録》卷一九三　甲寅，命兵部遣使整治北平、山東、山西、河南、陜西、鳳陽、滁州等處驛傳，驛夫有自洪武初至今應役貧乏者，悉代之。

《國榷》卷九　監察御史桂滿劾右都御史凌漢、刑部左侍郎高鐸失職，降漢刑部右侍郎，鐸右僉都御史，俱停俸。

召天下致仕武臣任布政使官者悉還京。

高麗千户陳景來降。言：故元帥崔完部校也。今四月國王王禑欲寇遼，使都相崔瑩、李成桂治兵西京，令景屯乂州。餉匱，退師。王怒，殺成桂子某，成桂還攻，囚王禑及崔瑩。故景來降。命嚴邊備。

乙卯，令九卿各舉文學幹濟之士。

《太祖實録》卷一九三　己未，刑部論奏：「青州府知府賈紹祖暨所屬州縣官十七人，先後坐視民饑，不即上聞。」皆左遷之。

《國榷》卷九　癸亥，納哈出故部曲千餘人來降。

丙寅，征虜大將軍永昌侯藍玉送護故元諸王官屬士馬至京。

丁卯，藍玉入朝。上褒其功，仍責以污亂及遣人伺動静之罪。玉拜謝，宥之。頒賞玉二千金、鈔千錠、文綺五十。左右副將軍唐勝宗、郭英各千金，鈔四百錠，文綺十。左參將定遠侯王弼千金，鈔八百錠，文綺四十。右參將都督孫恪五百金，鈔三百錠，文綺十五。餘有差。

戊辰，宴北征諸將于奉天殿。賦《平胡詩》二章，命羣臣和。

《明史》卷三《太祖紀三》　戊辰，封孫恪爲全寧侯。

《皇明資治通紀》卷八　〔是月，御製《八諭》飭武臣。〕【略】一曰守邊之將撫軍以恩；二曰邊境城隍，務宜高深；三曰修築城池，葺理以漸；四曰操練軍士，習於閒暇；五曰軍士頓舍，勤於點視；六曰體念軍士，毋以加害；七曰事機之會，同僚盡心；八曰沿海衛所，嚴於保障。凡八條，頒之將士，永爲遵守。

《國榷》卷九　九月壬申朔，航海侯張赫督官軍八萬二千餘人漕海，還自遼東。

賜新除官張士平等千四百餘人靴帶襲衣。

《明通鑒》卷九　丁丑，勅五軍都督府臣曰：「養兵而不病于農者，莫如屯田。今海宇寧謐，邊境無虞。若使兵坐食于農，農必受敝，非長治久安之術。惟督兵屯糧于各衛所，庶幾古人寓兵于農之遺意。昔之良將若趙充國輩，皆以此策勳當時，垂名後世，爾都督府其申諭之！」

《太祖實録》卷一九三　戊寅，定中外衛所馬步軍士服色。

辛巳，上以乃兒不花在邊，遣使諭山西、北平二都司練兵以防之。

丙戌，撒馬兒罕駙馬帖木兒遣回回答木丁等五十九人來朝貢。

《明史》卷三《太祖紀三》　秦、晉、燕、周、楚、齊、湘、魯、潭九王來朝。

《國榷》卷九　真臘入貢，謝賜印。

《明史》卷三《太祖紀三》　癸巳，越州蠻阿資叛，沐英會傅友德討之。

《明通鑒》卷九　阿資，越州土官龍海子也。沐英南征，駐兵其地。龍海先降，遣子入朝，詔以爲越州知州。尋爲亂，英討禽之，徙之遼東，至蓋州而卒。阿資襲職，益桀驁，至是搆羅雄州營長發束等作亂。

《國榷》卷九　監察御史鄭賜試湖廣布政司左參議，翰林檢討吴文試右參議。

甲午，景川侯曹震、靖寧侯葉昇分討東川叛蠻。

更定歲貢生例。府歲一人，州二歲，縣三歲各一人，俱年二十上。

乙未，捕獲潮、惠等寇。

《太祖實録》卷一九三　戊戌，上以内外衛所軍伍有缺，遣人追取户丁，往往鬻法，且又騷動於民。乃詔：「自今衛所以亡故軍士姓名、鄉貫編成圖籍，送兵部，然後照籍移文取之，毋擅遣人。違者坐罪。」尋又詔天下郡縣，以軍户類造爲册，具載其丁口之數。如遇取丁補伍，有司按籍遣之，無丁者止。自是無詐冒不實役，及親屬同姓者矣。

庚子，改建歷代帝王廟于雞鳴山之陽。

《國榷》卷九　十月壬寅，南安侯俞通源奏雲南新附官民、軍士、田糧、馬牛之數。

庶吉士解縉爲監察御史。諸大臣忌縉才，兵部右侍郎沈溍奏縉索皂隸，部堂言語嬉謾。上不問，改縉。

丙午，故元□國公老撒知院捏怯來、丞相失烈門于耦兒干地等三千人來降。初，元少主脱古思帖木兒敗後，欲走和林，依丞相咬住。值也速迭兒于土剌河，被襲而潰，獨與捏怯來等十六騎遁去。適咬住等以三千人來迎，欲依闊闊帖木兒，其衆强。會大雪三日，未發。也速迭兒又追至，執脱古思帖木兒，縊之，并殺太子天保奴。故捏怯來等恥事之，來降。

丁未，靖寧侯葉昇進兵東川，獲五千五百一十八人。

命都督府更定屯田法。

《昭代典則》卷一〇　勑曰：「養兵而不病於農者，莫若屯田。今海宇寧謐，邊境無虞，若但使兵坐食於農，農必受弊，非長治久安之術。其令天下衛所督兵屯種，庶幾兵農兼務，國用以舒。古之良將若趙充國輩，皆以此策樹勳當時，垂名後世。其各鎮諸將務在程督，使之盡力於耕作，以足軍儲，則可以繼美於古人矣。」

《太祖實録》卷一九四　癸丑，勑五軍都督府，自今武臣有坐罪罷者追奪誥勑。

《明通鑒》卷九　庚申，高麗國王禑遣使來告，請遜位于其子昌。【略】上曰：「前聞其王被囚，此必成桂之謀，姑俟之以觀其變。」

《皇明資治通紀》卷八　乙丑，頒武士《訓誡録》。上以將臣於古者善惡成敗之事，未能通曉，特命儒臣編集申鳴、鈕麑、樊噲、金日磾、張飛、鍾會、尉遲敬德、薛仁貴、王君廓、僕固懷恩、劉闢、王彦章等所爲善惡爲一編，釋以直辭，俾莅武職者日親講説，使知勸戒。

《國榷》卷九　丙寅，徐允恭嗣魏國公，徐達子。常昇嗣開國公，遇春子。

《太祖實録》卷一九四　十一月壬午，賜國子監生鈔。北平、陝西、山西、山東、廣東、廣西、四川、福建之人在監三年以上者，人五錠；二年，人二錠，俾製冬衣。復命工部於國子監前造别室一區，凡百餘間，具竈釜床榻，以處諸生之有疾者。令膳夫二十人給役。

庚子，征南將軍傅友德等將兵討阿資，道過平夷，以其山勢峭險，密邇龍海，宜築堡，駐兵屯守，以捍蠻夷。遂遷其山民往居皋午村，留神策衛千户劉成等領兵千人樹柵置堡，其地後以爲平夷千户所。

《國榷》卷九　女直千户孛羅哥從征東川。行至沅江，謀叛，走思州。

是月，頒賜武臣保身敕。時廣西指揮耿良科斂激變，江西指揮戴忠勦盜貪賄，皆得罪。

十二月癸丑，安南表謝。敕書，令三歲一朝，方物隨産，許使臣一。

《明通鑒》卷九　壬戌，進封藍玉涼國公。上始欲封玉爲梁國，以過，改爲涼，仍鐫其過于券。

《太祖實録》卷一九四　是月，越州叛酋阿資等率衆寇普安，燒府治，大肆剽掠。征南將軍穎國公傅友德等率兵擊之，斬其營長者滿己青。

是歲，命兵部置軍籍勘合，遣人分給内外衛所軍士，謂之「勘合户由」。其中開寫從軍來歷，調補衛所年月，及在營丁口之數。如遇點閲，則以此爲驗。其底簿則藏于内府。

《明通鑒》卷九　安南黎季犛弑其主煒。初，安南陳叔明立三歲，傳其弟煓。

端死，弟煒代立，國相黎季犛方竊柄，因廢其主而立叔明子日焜，主國事。

洪武二二年(己巳、一三八九)

《太祖實録》卷一九五　正月壬申，詔：「自今凡遇大朝會，除已習儀及具服官員許入班，其餘便服人員止於午門外行禮，執事官於華蓋殿行禮，掛甲帶刀侍衛之人免拜。若常朝于奉天殿，五府、六部、都察院、通政司、錦衣衛、大理寺等官於殿内侍立，奏事止於華蓋殿。」

《國榷》卷九　丙子，鄧銘爲西安護衛指揮僉事。愈次子。

《太祖實録》卷一九五　己卯，占城國王阿答阿者遣使奉表貢方物，謝過。詔賜綺帛、鈔錠。

壬午，守陝西右軍都督僉事聶緯等追擊叛寇孛羅哥等，平之。初，孛羅哥軍叛，由思州界出荆州，湘王命護衛率兵遏其走路，不克。孛羅哥直趨荆州，歷樊城，由鄧州、内鄉入武關，經商洛，至華州搆峪山，出渭河，欲遁歸沙漠。緯總率西安護衛等處軍馬，會前軍都督僉事何福，追及于鄜延。孛羅哥等失道，入山谷間。谷深邃險隘，兩崖峻絶，不得度。我師併力攻之，孛羅哥等遂敗，死者二百餘人，生禽二百人，獲馬五百餘疋。

《國榷》卷九　會寧侯張温、北平行都指揮使周興拓大寧等城。

甲申，貯鈔殿廡下，備賞賜，給事中掌之。

《明史》卷三《太祖紀三》　丙戌，改大宗正院曰宗人府，以秦王樉爲宗人令，晉王棡、燕王棣爲左、右宗正，周王橚、楚王楨爲左、右宗人。

《太祖實録》卷一九五　丁亥，大祀天地于南郊。上御奉天門，退朝，召五軍都督府臣諭之曰：「軍士有從征亡没者，有疾病而死者，其父母妻子老弱無依，雖已給優，然遠違鄉里，終無所託。其有願還鄉依親者，悉遣其去，人給鈔伍錠，爲道里費。」

命莊浪、河州、洮州、岷州、西寧、涼州、寧夏、臨洮八衛官吏月俸每石折鈔二貫五佰文，馬軍兼支米鈔，步軍則全給之。舊例，邊儲皆收鹽糧及趨運供給。涼州衛商人運米二斗至倉，官給鹽一引，而每衛月糧給萬餘石，屯軍士民又種粟麥，軍民所用皆米而已。米價日減，每石至伍百文，故以鈔兼給之。

庚寅，高麗遣使姜淮伯來奏：「其權署國事王昌請入朝。」上以廢立，止之。

《國榷》卷九　癸巳，改太醫院令爲院使。

《明史》卷三《太祖紀三》　乙未，傅友德破阿資於普安。

《太祖實録》卷一九五　己亥，罷供奉司。

松潘軍民指揮使徐凱領兵追擊叛亡韃軍跂迷旦等，至連雲棧，悉斬之。

二月庚子朔，定各布政使司爲從二品，按察司爲正三品，都轉運鹽使司爲從三品，大理寺左右寺正爲從六品，五軍都督府斷事官、提控、案牘、内外千户所併各州吏目俱爲從九品。

辛丑，陞大理寺卿秩正三品，少卿二人，正四品；丞三人，正五品。其左右寺官如故。

壬寅，賜耆民酒肉絮帛。

《國榷》卷九　癸卯，兵、刑右侍郎錢塘沈溍、夷陵趙勉俱爲尚書，署吏部。給事中平度侯傭爲吏部右侍郎，試禮部右侍郎吉安張衡、刑部右侍郎邵永善俱爲左侍郎。

《太祖實録》卷一九五　甲辰，詔思州宣慰使田琛、播州宣慰使楊鏗，自今凡有朝命至，即行之，每季則遣人奏知。

丙午，詔兵部覈武官姓名、鄉貫、衛所，自辛卯至丙申，凡三千七百十一人。

《國榷》卷九　丙辰，改六部所屬總部名。吏曰選部，户曰民部，禮曰儀部，兵曰司馬部，刑曰憲部，工曰營部。

《明通鑑》卷九　己未，命涼國公藍玉練兵四川，修城池。

壬戌，禁武臣預民事。初，上置軍衛，以武臣統領所部兵馬，除軍民詞訟事重者許會問外，其餘不得干預。

時有廣西都指揮耿良，造譙樓，令有司起發，科斂民丁財物；青州衛造軍器，亦擅斂民財。上聞之，詔申明禁例：「凡在外都司衛所，遇有造作，千户所移之衛，衛達指揮司，司達五軍都督府奏准，方許之。其物料並自官給，毋得擅取于民。民間詞訟，雖事涉軍務者，均歸有司申理，毋得干預。並著爲令。」

《明史》卷三《太祖紀三》　癸亥，湖廣千户夏得忠結九溪蠻作亂，靖寧侯葉昇討平之，得忠伏誅。

《國榷》卷九　遣行人賜平陽知縣張礎敕曰：「乃者金鄉衛造軍器擾民，爾礎執法，即具關朕，朕深嘉歎。特遣賚鈔三十錠、内酒一封至，爾領焉！」

《太祖實録》卷一九五　甲子，蜀府長史司奏：「親王之國，歲用米五萬石，已收萬石，餘米例於十月收受，請定擬撥給。」上諭户部侍郎楊靖曰：「四川糧餉供給雲南，民甚艱苦。蜀王禄米宜且停五年。若王欲有賞賚，朝廷運鈔與之。」

丁卯，陞户部左侍郎楊靖、工部右侍郎秦逵俱爲本部尚書。

戊辰，平越衛察隴、乾溪、中場苗蠻作亂，穎國公傅友德等討平之。

《國榷》卷九　是月，沐英遣都督僉事甯正從傅友德擊敗阿資，斬其黨五十餘人，勢蹙請降。置越州、馬隆二衛，扼其要。

《明史》卷三《太祖紀三》　三月庚午，傅友德帥諸將分屯四川、湖廣，防西南蠻。

《國榷》卷九　送貢生于國子學。

己卯，增置殿廷儀制司丞四人。

《太祖實録》卷一九五　辛巳，詔户部遣官運鈔往河南、山東、北平、山西、陝西五布政使司，俟夏秋粟麥收成，則於鄉村輻輳之處，市糴儲之，以備歲荒賑濟。

《國榷》卷九　戊子，令天下軍丁習匠藝，置弓矢。

戊戌，南安侯俞通源卒。

改給事中魏敏、卓敬八十八人爲元士，又改源士，後復舊。

《明史》卷三《太祖紀三》　四月己亥，徙江南民田淮南，賜鈔備農具，復三年。

《太祖實録》卷一九六　壬寅，貴州都指揮使司奏：「赤水、層臺二衛軍餉不給，請令四川運糧往濟之。」户部尚書楊靖奏曰：「如此供運，益見民勞。莫若令富民輸粟，而以淮浙鹽償之。候各衛屯種收成，下年必可足用。」從之。

甲辰，詔兵部覈實北平都指揮使司并行都司燕山左護等衛，編伍軍士凡一十三萬九千八百人，山東都指揮使司并青州左護等衛軍士凡六萬七千四百一十人。

乙巳，上諭户部尚書楊靖曰：「聞九江、黄州、漢陽、武昌、岳州、荆州諸郡多貧民，其遣人運鈔往賑之。每丁與一錠，沿江遞運所水驛夫人五錠，凡九十一萬二千一百六十七錠。」

戊申，户部奏造小鈔自一十文至五十文，以便民用。從之。時有旨復造鈔故也。

庚戌，山東萊州、兖州二府久雨害稼，民飢乏食，遣使賑之。

癸丑，復命户部運鈔往湖廣常德、長沙、辰州、靖州、衡州、永州、寶慶、郴州、德安、沔陽、安陸、襄陽等處，賑貧民凡一百四十六萬八千七百餘錠。

《明史》卷三《太祖紀三》　魏國公徐允恭、開國公常昇等練兵湖廣。

甲寅，徙元降王於眈羅。

《國榷》卷九　丙辰，分建五軍斷事司于太平門外。

甲子，何福討都匀叛蠻，破平之。

丙寅，置詹事院，秩正三品。

《明通鑒》卷九　上以詹事爲東宮要職，而官聯無統，乃置詹事院，欲得望重者居之。諭吏部曰：「三代保傅，禮甚尊嚴。兵部尚書唐鐸，謹厚有德量，可以爲詹事，食尚書俸如故。」以鐸嘗請豫教故也。鐸尋致仕，而上眷遇不衰，後復起用。

《明史》卷三《太祖紀三》　是月，遣御史按山東官匿災不奏者。

《太祖實録》卷一九六　五月丁丑，命兵部，凡總旗陞百户者，與道里費。

《明史》卷三《太祖紀三》　辛卯，置泰寧、朶顔、福餘三衛於兀良哈。

《皇明資治通紀》卷九　兀良哈，古山戎也。歷代爲渾莫奚，爲奚契丹。時大軍屢敗北胡，朶顔元帥等各差人來朝，願爲外藩。詔以其地置三衛，自全寧抵喜峰近宣府曰朶顔；自錦義歷廣寧，至遼河曰泰寧；自黄泥窪踰瀋陽、鐵嶺，至開原，曰福餘。以其酋爲指揮等官，各統所部。自是每歲朝貢。

《明通鑒》卷九　是月，僉都御史黄政從征雲南還，次普安，遇寇，與其子琬皆死之。

《國榷》卷九　六月庚子，上退朝，謂侍臣曰：「人常慮危，乃不蹈危；常慮患，乃不及患。車行峻阪而仆平地，保天下者亦如御車。」

《太祖實録》卷一九六　辛亥，命孝廉、茂才年四十以下者於行人司差遣，以試其才。

真臘、暹羅二國貢方物。

癸丑，工部尚書秦逵言：「鼓鑄銅錢，本與寶鈔相參行使，不宜停罷。請仍收廢銅鑄造，以便民用。」從之，且詔更定錢樣。主事徐觀言：「往歲鑄錢分兩不一，難爲定則。今定其制，每生銅一斤鑄小錢一百六十，折二錢八十，當三錢五十四，當五錢三十二，當十錢一十六。」制可。

丁巳，詔：「凡指揮使陞都指揮使，不係世襲者出職，仍授本衛世襲指揮使。指揮同知陞都指揮同知，不係世襲者出職，仍授本衛世襲指揮同知。著爲令。」

《國榷》卷九　戊午，免河南開封、永城至彰德夏税，巡按許珪奏之。右都御史詹徽言其要譽，上不聽。

《太祖實録》卷一九六　癸亥，置興隆衛，隸貴州都指揮使司。初，其地屬狼洞黄平安撫司。至是蠻民作亂，穎國公傅友德討平之，遂置衛，命府軍左衛指揮僉事胡質領兵守之。

甲子，復置江西、河南、廣西、陝西、山西、山東、北平、四川八布政使司所轄寶泉局，與浙江、湖廣、福建、廣東所置並同。每局大使一人，秩從九品；副使一人，未入流。

《國榷》卷九　七月丙子，命禮部遣使諭故元丞相失烈門入朝。時既降，數稱疾，遷延未至。

《太祖實録》卷一九六　壬午，給賜文武官錦綬。

《國榷》卷九　是月，傅友德有疾，召還，諸將皆還京。

《太祖實録》卷一九七　八月丙申朔，江西贛州府瑞金縣丞古亨言：「縣境東接閩廣，山川險阻。近爲隣邑山賊作亂，驚駭居民，久廢耕稼。繼而餘黨蔓延，四出刼畧，燔燒室廬。初民户在籍者六千一百九十三，今亡絶過半，田多荒蕪，租税無所從出。乞除其徭役，蠲其無徵之賦。」上是其言，詔從之。

《國榷》卷九　癸卯，高麗署國事王昌再求入朝，不許。

庚戌，清諸司案牘，惟國子監、翰林、太常、太醫勿問。

《明史》卷三《太祖紀三》　乙卯，詔天下舉高年有德識時務者。

《太祖實録》卷一九七　丙辰，兵部尚書沈溍言：「各處水陸遞運之役，有司不量輕重，槩給舟車，以致民力困弊。宜著定例，凡文武官赴任千五百里之外者給之，老疾軍及軍屬寡婦，故官之妻子還鄉者給之。其紀法至死者不給，宥罪爲軍及軍丁補役者惟雲南、遼東、大寧等處水陸則給之，餘不許。」從之。

《國榷》卷九　庚申，韶州闞龍山人郭曰輝等作亂，討平之。

《明史》卷三《太祖紀三》　是月，再定《大明律》。

《明通鑒》卷九　刑部奏言：「比年《律條》增損不一，請編類頒行，俾知遵守。」乃詔翰林院同刑部官取比年所增者參考更定，凡四百六十條，皆依類編次。

《國榷》卷九　故元丞相失烈門襲刼知院捏怯來，被殺，其衆潰散。詔朵顔三衛資給之。

《太祖實録》卷一九七　九月丙寅朔，普安軍民指揮使周驥言：「自中鹽之法興，雖邊陲遠在萬里，商人圖利，運糧時至，於軍儲不爲無補。今蠻夷屢叛，大軍所臨，動經歲月，食用浩穰。而道里險遠，餽運弗繼。宜減鹽價，以致商人。舊例雲南納米二斗，給淮浙鹽一引，二石給川鹽，一石七斗給黑井鹽，二石四斗給安寧鹽，近因鹽重米輕，故商人少至，請更定其例。」於是命户部量減鹽價，淮浙鹽一引，米一斗五升，川鹽一石五升，安寧鹽二石，黑井如川鹽之數。

《國榷》卷九　丁卯，誅西安衛指揮王綱。綱從征，多箠死軍士。

戊辰，廷臣有言：「比來儒士起自田里，擢用驟峻，非朝廷愛重名爵之意。」上曰：「朕患不得賢耳。若伊尹出有莘，孔明起隆中，豈嫌驟哉？」

《太祖實録》卷一九七　壬申，後軍都督朱榮奏：「山西貧民徙居大名、廣平、東昌三府者，凡給田二萬六千七十二頃。」

廣東惠州府長樂、興寧二縣饑，詔户部遣官發附近倉賑之。男女年十五以上者人給米一石，十歲至十四歲者人五升，五歲至九歲者人三升。

癸酉，上諭户部臣曰：「各處有司官吏月俸既給鈔錠，不必置倉。其優給孤老之糧，命有司自行收貯。」於是湖廣襄陽府均州廣盈倉、淮安府南瑣壩倉、東新西新倉、大軍倉、邳州倉、松江府太平南倉、軍儲北倉、保定府廣孟倉之類皆罷之。

甲戌，詔五軍都督羅榻等，凡至京比試軍士，射中三箭者賞鈔十錠，二箭者八錠，一箭者五錠。仍各賜鈔三錠，爲道里費。不中者亦賜鈔三錠，遣還。仍令明年再至比試，射不中者軍移戍雲南，官謫從征，總小旗降充軍伍。

《國榷》卷九　賞沁州人告願屯田者百十六户，俱賜鈔。

戊寅，定王世子冠服禮。

《太祖實録》卷一九七　丁亥，詔定議在外各衛軍丁犯笞罪以上，及護衛軍丁犯杖七十以下者，各杖之，仍隸籍。餘丁俟補役，惟護衛者不許扈駕。其正軍及餘丁犯杖八十以上者，悉發屬衛，易無過者補之。

己丑，詔北平都指揮使司，以真定、山海、密雲、永平、薊州、遵化諸衛及居庸關千户所馬軍各編隊伍操練。又於步軍内簡壯勇堪充馬軍者，令赴京給馬。

乙未，開國公常昇奏：「辰州所屬籍取民丁編軍訓練者，合給月糧，未有定數。」户部援例，人月給五斗。上以爲不贍，命月以一石給之。

撒馬兒罕駙馬帖木兒遣回回滿剌哈非思來朝貢。

十月丙申朔，上謂吏部侍郎侯庸曰：「人之成才至難。自非聖賢，鮮有無過者。若有過能改，則志乎善矣，可以録用。比歲受禄之人及民間子弟久居學校，教養有成，或因小過罷黜者，悉許自新，仍録用之。」

癸卯，廣西慶遠府忻成縣儒學教諭駱基奏：「忻成山洞猺蠻，衣冠不具，言語不通，自古以來，賔興所不及。今雖建學立師，而生員方事啓蒙，難以充貢。」上曰：「邊夷設學，姑以導其嚮善耳。」免其貢。

甲寅，命户部於蘇州府太倉儲糧三十萬石，以備海運。

《明通鑒》卷九　丁巳，西平侯沐英來朝。上賜宴奉天殿，賚黄金二百兩，白金五千兩，鈔五百定，綵幣百疋，親拊之曰：「使我高枕無南顧憂者，汝英也！」

《國榷》卷九　辛酉，東川侯胡海等還京，賜金銀鈔綺有差。

王威嗣六安侯，郭振嗣鞏昌侯。威尋降安南衛指揮使。

壬戌，增國子監學舍，居監生攜家者。

十一月乙丑朔，上與翰林學士劉三吾論治民之道。三吾言：「南北風俗不同，有可以德化，有當以威制。」上曰：「地有南北，民無兩心，帝王一視而已矣。蓋德以化君子，威以制小人。因乎人，不失乎地也。」

《明史》卷三《太祖紀三》　丙寅，宣德侯金鎮等練兵湖廣。

《國榷》卷九　命後軍都督僉事孫恪募山西民徙彰德、衛輝、歸德、臨清、東昌，墾田，樹桑棗。

己巳，餘姚有妾訴其族長私販海者。上以傷化，置妾于法。

擢海州同知陳龔爲太僕寺少卿。龔，故元南臺御史大夫福壽子也。倅海州，坐事當戍邊，特宥而擢之，仍賜鈔。

己卯，通政使經歷楊大用使百夷。思倫發寇摩沙勒及定邊，沐英連敗之，乃遣把事來雲南，委罪其下刁廝郎、刁廝養，乞貸罪輸賦，故大用以敕諭悉下之。遂貢象馬白金，縛送刁廝郎等百三十七人。

癸未，上與侍臣論進君子退小人。兵部尚書沈溍曰：「君子小人，猝未易識。」上曰：「良玉委泥，色澤不變；君子在衆，德操自異。」

命選民間耆年有德者，里各一人，同有司入覲，隨朝觀政，三月遣歸。

乙酉，安南陳煒遣使來朝。時煒弒黎一元，懼罪，假其名入貢。

《太祖實録》卷一九八　壬辰，詔禮部復咨諭安南，自今惟三年一朝，毋數遣使，往來煩勞。

《國榷》卷九　十二月己亥，申嚴巾帽之禁。

《明史》卷三《太祖紀三》　甲辰，周王橚有罪，還雲南，尋罷徙，留居京師。定遠侯王弼等練兵山西、河南、陝西。

《國榷》卷九　丁未，討平把撒川番賊。

己酉，授六尚局宮官敕。

庚戌，魯王檀薨，謚曰「荒王」。王謙約好學，上以其近内服丹石，故謚「荒」，不以私恩廢公。

癸丑，魏國公徐允恭、曹國公李景隆自湖廣還京。

甲寅，以浙東鹽引給大寧軍儲。

倭十二艘掠山東艾子口，捕斬七人，遁去。

丙辰，禮儀司丞古里奇等出塞，訪故元丞相咬住、太尉乃兒不花等所在。

《太祖實録》卷一九八　戊午，魯府左長史胡東忠奏：「王府歲給米五萬石，折收金銀鈔錠，已移文山東布政使司。今魯王薨，而有司送納如故，未敢即收。」上諭户部尚書楊靖曰：「王府歲用已有定制，王雖薨，國用不可缺也。」命如數收受。

《國榷》卷九　富川縣逃吏糾賊爲亂，殺知縣徐原善等，都督僉事韓觀討斬之。

《太祖實録》卷一九八　庚申，户部令史蔡鑄言：「初爲陝西邊儲之計，召商輸粟，給淮浙鹽以酧之。近商人利其收糴之便，輒以陳米入倉。恐儲積久而腐爛，宜禁止之。武臣之在邊者，月俸請給以鈔。馬軍月糧二石，亦宜減半給之。如此則邊儲可充，軍餉不乏矣。」從之。

詔免四川重慶府瀘州民夫所運軍糧。初以畢節衛糧餉不足，命四川趲運以給之。繼令本衛開屯耕種，足以自給，故有是命。

《昭代典則》卷一〇　甲子，命故蒙古來降太子八郎、鎮撫渾都帖木兒往諭兀納失里大王。

《國榷》卷九　高麗入貢。

《太祖實録》卷一九八　是歲，高麗李成桂廢其主王昌，而立定昌國院君王瑤。

《明史》卷三《太祖紀三》　元也速迭兒弒其主脱古思帖木兒而立坤帖木兒。

《國榷》卷九　徵士梁寅卒。

定民牧法。初，民間各牧馬一，歲納駒一。至是五家共牧馬，納駒一。闕駒，納鈔七百貫。家牧牛，歲納犢一。其牛馬俱屬監羣。種馬北七萬，南三萬。歲五馬，俵解一匹上京。

洪武二三年（庚午、一三九〇）

《國榷》卷九　正月乙丑朔，命周王長子有燉監國。

丙寅，更造奉先殿祭器。

肅清逆黨，榜功臣五十七人。功高望重，連歲總兵，曰魏國公徐達，曹國公李文忠，宋國公馮勝，衛國公鄧愈，信國公湯和，長興侯耿炳文，江陰侯吴良，西平侯沐英。專簿書，聽指示，曰韓國公李善長。襲封曰滎陽侯鄭遇春，六安侯王志，平涼侯費聚。從征累戰功論舊，曰江夏侯周德興，南雄侯趙庸，安慶侯仇成，崇山侯李新，南安侯俞通源，永平侯謝成，鳳翔侯張龍，靖海侯吳禎，東勝侯汪興祖，普定侯陳桓，航海侯張赫，舳艫侯朱壽，德慶侯廖永忠，臨江侯陳德，濟寧侯顧時，延安侯唐勝宗，吉安侯陸仲亨，淮安侯華雲龍。建功，曰潁國公傅友德，永昌侯藍玉，靖寧侯葉昇，會寧侯張温，定遠侯王弼，武定侯郭英，景川侯曹震，懷遠侯曹興，雄武侯周武，安陸侯吳復，宣德侯金朝興，永城侯薛顯，東川侯胡海，鶴慶侯張翼，永嘉侯朱亮祖。因武功封曰開國公常昇，蘄春侯康鐸，全寧侯孫恪，西涼侯濮璵。持兵來歸，曰東平侯韓政，宣寧侯曹良臣，營陽侯楊璟，河南侯陸聚，汝南侯梅思祖，宜春侯黄彬，豫章侯胡美。

蜀王椿之國成都，以國子助教兼翰林院檢討茶陵陳南賓爲長史，昕夕獻納，王甚重之。南賓洪武二年應聘至京，授膠州同知，治先教化，遷國子助教。講《洪範》，上善之，書名于殿柱，故擢之。

《太祖實録》卷一九九　丁卯，陞五軍斷事官秩正五品，總治五軍刑獄。分左、右、中、前、後五司，司設稽仁、稽義、稽禮、稽智、稽信五人，俱正七品，各理其軍之刑獄。

勑河南右護衛及儀衛司曰：「周王遷鎮雲南，應有官軍校尉儀仗，俱遣赴雲南參侍。命河南布政使司與道里費，由陝西連雲棧陸路以往。」於是指揮僉事李興率軍馬五千五百人啓行。

《明史》卷三《太祖紀三》　晉王棡、燕王棣帥師征元丞相咬住、太尉乃兒不花，征虜前將軍潁國公傅友德等皆聽節制。

《國榷》卷九　召還指揮蔣旺等。雩都知縣查允中奏其擅討山賊傷農也。召還，令有司招降之。

己巳，康鎮爲大寧右衛指揮使。康茂才子。

倭登浙江穿山浦，殺掠，百户單正不即勦捕，坐誅。

庚午，鳳翔侯張龍、滎陽侯鄭遇春、平涼侯費聚、龍江衛指揮同知徐恭等往雲南置驛傳。

《太祖實録》卷一九九　辛未，賜公侯以下及文武官命婦冠服鈔。先是，上命更定文武官命婦冠服之制，頒行天下，以革胡俗。至是，尚慮其有不能自備者，故賜之鈔，使自製。

《國榷》卷九　長興侯耿炳文練兵陝西。

《太祖實録》卷一九九　甲戌，信國公湯和自鳳陽來朝。得風疾，留京師。是日，上幸其第視之。

乙亥，撒馬兒罕回回捨怯兒阿里乂等以馬六百七十匹抵涼州互市。守將以聞，詔送捨怯兒阿里乂等至京，聽自市鬻。

《明史》卷三《太祖紀三》　己卯，大祀天地於南郊。

庚辰，貴州蠻叛，延安侯唐勝宗討平之。

《國榷》卷九　進士王希曾請出母之喪，不許。

辛巳，翰林院學士劉三吾降國子博士，侍講學士葛鈞降助教。時授晉世子經，稍怠，尋復秩。

蜀王椿奏：「西番作亂，焚里崖關，已遣都指揮瞿能、同知徐凱以萬三千人助藍玉，往大渡河邀擊。」

《明通鑑》卷一〇　以胡騎指揮安童爲刑部尚書。武臣文職始此。

《國榷》卷九　癸未，高麗人言：「國王王昌實辛旽子，禑子之，故國人不服，別擇定昌君瑶立之，乞准嗣。」上諭禮部尚書李彦名曰：「高麗限山隔海，廢立事真僞未知，聽其所爲，移檄國人知之。」

詔高麗人在遼東貿遷者勿禁。

《太祖實録》卷一九九　甲申，上諭兵部尚書沈溍曰：「兵以衛民，民以給兵，二者相須也。民不可以重勞，軍不可以重役。今天下各衛所多有一户而充二軍，致令民户耗減。自今二軍者，宜免一人，還爲民。」

鎮海衛軍士陳仁建言造海舟，曰：「臣聞古人之言曰：『不備不虞，不可以師。』故將之用在軍，軍之用在器。將不智武，與無將同；軍不精練，與無軍同；器不堅利，與無器同。向者，陛下命瀕海衛所造防海舟，所以備外寇，衛民命也。然臣竊觀蘇州太倉，當大海之口，倭寇必由之地，所造海舟，歲月已久，檣檝摧壞，一有緩急，則假漕運之舟代之。器用不便，何以禦敵？失機誤事，其害非細。宜令軍衛急造海舟，以將統之，無事足以自守，有事足以禦敵。庶武備嚴整，永絶外患。」上是其言，行之。

《國榷》卷九　故元平章把都帖木兒等來降，聽就水草便地居之。

《明史》卷三《太祖紀三》　乙酉，齊王榑帥師從燕王棣北征。

贛州賊爲亂，東川侯胡海充總兵官，普定侯陳桓、靖寧侯葉昇爲副將，討平之。

唐勝宗督貴州各衛屯田。

《明通鑑》卷一〇 〔戊子，通政使茹常引奏〕：【略】有潮州生員陳質，以其父戍大寧死，有司以質勾補軍籍。質上書請除之，願歸卒業。時部臣沈溍以缺軍伍，持不可。上曰：「國家得一卒易，得一士難。」遂除之。

《國榷》卷九 己丑，作點鋼長鎗，付京城各門守衛。

《太祖實録》卷一九九 庚寅，府軍衛指揮僉事何達言：「各所千百户既從征，缺官理事。」上命各官應襲子弟領之，無者總小旗偕吏署事。

遣使勑諭遼東都指揮胡旻、朱勝，率所操馬軍往大寧，候總兵官調遣征進。其馳牛馬非備戰者，悉發大寧運糧，直抵征進所在，以給軍餉。

《國榷》卷九 辛卯，遣都御史古思帖木兒賫敕諭故元丞相咬住、太尉乃兒不花、知院阿魯帖木兒等。

《太祖實録》卷一九九 癸巳，詔增江北養馬人户。初，江南民俱以十一户養一馬，江北鳳陽、廬州等府，滁、和二州，止一户養一馬。至是，上念其勞佚不均，命江北民增至五户養一馬。仍命太僕寺，江南江北，各存牝馬萬匹，爲孳生種馬，其餘悉發草地牧放。江北之人，每户再給鈔三百貫，别市種馬孳生，以補兒缺之數。其正從馬二匹，官止歲收駒，餘聽民自鬻。其飛熊、廣武、英武三衛牧馬，亦如江北五户之例。

甲午，監察御史陳宗禮言：「兩淮鹽場煎辦鹽課，其役不均，竈户有一丁而辦鹽三十引者，有七八丁亦辦鹽三十引者。今宜計丁煎辦，每丁歲額大引鹽十引，每引重四百斤。從運司覈實丁口，編册在官，每歲驗其老壯，以爲增減。其有死亡事故者，即爲除額。」上可其奏，命户部定議。各場竈户每丁歲辦小引鹽十六引，每引重二百斤。先是，兩浙有覆鹽工丁，始皆民籍，後以竈户事故自承辦鹽，其餘車丁、火丁户籍，初於各竈户内認充，工丁煎辦鹽課，仍應民差。至是，並令派入竈户計丁辦鹽，每丁小引十六引，覆鹽工丁減其半。

《國榷》卷九 二月丁酉，國子祭酒宋訥卒。

《明通鑑》卷一〇 文臣四品給祭葬自訥始。後謚文恪。

《國榷》卷九 庚子，考定王國合祀山川。

《昭代典則》卷一〇 上曰：「王國有嶽、鎮、海、瀆，即以嶽爲正，次海，次鎮，次瀆，風雲雷雨之神又次之。」於是禮部爲圖以進，使頒之列國。復命東海則燕齊皆祭，東嶽、東鎮齊晉皆祭，秦蜀皆祭西海，晉祭北海。

《國榷》卷九 癸卯，宥給事中彭與民等罪。先是，諭給事中父兄伯叔來朝觀政，歸以書諭其鄉里子弟，使爲善，無犯法，人予鈔遣還。而與民等下獄，父九霄來朝，上表引咎。上憐之，同宥十七人。九霄尋卒，命歸葬。

甲辰，諭晉王、燕王備虜。

《明史》卷三《太祖紀三》 戊申，藍玉討平西番叛蠻。

《國榷》卷九 擒龍川賊蘇文山等，誅之。

壬子，隱士吴敦義、李翰爲陝西布政司左、右參政。

詔，有司過悮，一犯至三犯，皆記罪復職。

《太祖實録》卷二〇〇 丙辰，對撥官軍俸糧。初命户部以應天一府試行之，便，至是，上諭户部：「校理各衛官軍歲支俸糧實數，以内外有司民户該輸正糧對數撥給。如一縣之糧以對一衛，或多或少，捐其贏，補其不足。一户之糧以對一軍，多少損益如之。度其道里之遠近，有司以勘合號數，編定次第。如金吾衛軍五千，即以金吾字爲號，自一號編至五千號而止。又如指揮使歲俸四百二十石，務以人户糧額足其數，於勘合簿注之，遞發軍衛收掌。俟人户輸糧之際，對號相符，依數收受，即以實收付之，以憑查照。若一衛所收俱足，則出通關，付有司奏繳。」

《明史》卷三《太祖紀三》 耕耤田。

《國榷》卷九 龍川知縣陳敬詣闕言事稱旨，擢吏部右侍郎。

戊午，沅陵主簿張傑坐輸作，自陳有老母守節，乞宥罪歸養。許之。命禮部榜母節于天下，加俸資養

庚申，逮治千户虞讓子瑞，嗜酒不習武也。發邊，并諭武臣子弟。

《明史》卷三《太祖紀三》 癸亥，河決歸德，發諸軍民塞之。

《國榷》卷九 誅河南妖寇朱黄頭等。

藍玉克散毛洞，擒土酋而下萬餘人。

阿資既平，置陸涼衛。

三月乙丑，燕王率諸大將出古北口征虜。

《明通鑑》卷一〇 申定官民服飾。上見文臣衣服多取便易，日至短窄，有乖古制，乃詔禮部尚書李原名等參酌時宜，仍與古寛袍大袖之制相近。

《國榷》卷九 臨洮僧巴竹領占爲尚師。

《太祖實録》卷二〇〇 己巳，命都察院及六部所屬歷事官三年無私過者，給全俸；一年者，給半俸。

庚午，命禮部定公侯卒葬輟朝禮，著爲令。

《國榷》卷九　改公主府家令爲中使司，用內臣。

雄武侯周武卒于河南。

《明通鑒》卷一〇　壬申，發山東、河南倉粟振貧民。

《太祖實録》卷二〇〇　丁丑，以鄧餘、陳紀、王璥、金志爲尚實司丞。餘，申國公鎮之弟；紀，臨江侯德之弟；璥，六安侯忠之弟；志，宣德侯鎮之弟也。

《國榷》卷九　郝從道試大理寺右少卿，趙居仁試通政司左參議，俱人才侍朝觀政者。

《太祖實録》卷二〇〇　癸未，蜀王府城垣宫室，成都中護衛具圖以進。

戊子，默剌國回回麻哈馬等來朝。

《國榷》卷九　癸巳，燕王初出古北口，諭諸將曰：「虜地曠絶，吾千里行師，無間諜，難以成功。」乃發騎偵虜屯迤都，冒雪抵其營。諸將欲止，燕王不可。先以指揮觀童招之，觀童故善乃兒不花，至則持而泣，倉卒間，大軍壓其營，遂降。觀童以乃兒不花及丞相咬住等見燕王，慰勞甚至，悉收其部落數萬，畜産數十萬而歸。

晉王出塞，不見虜，引還。

《明通鑒》卷一〇　四月丙申，潭王梓自焚死。王英敏好學，善屬文，嘗會府臣，設醴賦詩，親品其高下，賚以金幣。王妃於氏，都督顯女也。顯子琥，方坐胡惟庸黨，王聞之，不自安。上遣使慰諭，召入見，王益懼，與妃俱焚死。無子，國除。

《國榷》卷九　丁酉，詔濱海衛所每百户造二舟邏海上，巡簡司如之。

庚子，置京師外城十五門。

甲辰，暹羅斛國貢香十七萬餘斤。

《太祖實録》卷二〇一　戊申，改平夷千户所爲平夷衛指揮使司。上以雲南列置戍兵，平夷尤當南北要衝，四面皆蠻夷部落，必置衛，屯兵鎮守。乃命開國公常昇往辰陽，集民間丁壯凡五千人，遣右軍都督僉事王成、千户盧春統赴平夷，置衛。

癸丑，命東平侯韓勳、西凉侯濮璵、瀋陽侯察罕、左軍都督府都督僉事王憲往東昌等處訓練軍士。

《明史》卷三《太祖紀三》　是月，吉安侯陸仲亨等坐胡惟庸黨下獄。

《國榷》卷九　閏四月乙丑，安南入貢，以非期卻之。

命傅友德部元降將至京，徙部落于關南。

《太祖實録》卷二〇一　丙寅，置大田軍民千户所，隸施州軍民指揮使司。先是，凉國公藍玉奏散毛、鎮南、大旺、施南等洞蠻人叛服不常，黔江、施州雖有衛兵，相去懸遠，緩急卒難應援。今散毛地方大水田與諸蠻洞相連，宜立置千户所守禦。至是，命千户石山等領酉陽士兵一千五百人，置所於大水田鎮之。

《國榷》卷九　辛未，授故元太尉乃兒不花留守中衛指揮同知，阿魯帖木兒燕山中護衛指揮同知，咬住爲右副都御史，忽哥赤爲工部右侍郎。尋進乃兒不花、阿魯帖木兒指揮使。

國子生李約父元恭坐事，謫廣東吏，老疾，約乞代，釋之。

《太祖實録》卷二〇一　癸酉，故元國公藏卜率衆來降。

《皇明資治通紀》卷九　舊以遇祖父母、伯叔兄弟喪，俱得奔訃。至是，吏部言：「祖父母、伯叔兄弟皆是期年服，若俱令奔喪守制，或一人連遭五六期喪，或道路數千里，則居官日少，更易數繁，曠官廢事。今後除父母承重者丁憂外，其餘期年服制，不許奔喪，但遣人致祭。」從之。

《明史》卷三《太祖紀三》　丙子，藍玉平施南、忠建叛蠻。

《國榷》卷九　詔免滁陽、定遠、六合、天長、儀真、舒城等縣馬户田租，民田全免，官田半之，著爲令。

丁丑，舳艫侯朱壽二子興、能俱犯法，當死，特宥之。

《太祖實録》卷二〇一　己卯，詔免浙江等處河泊翎毛。國初，河泊所俱納魚油鰾及翎毛，至是，詔翎毛非土産者免徵。

辛巳，廣東都指揮僉事王才討黄田山賊袁萬山等，平之。

《國榷》卷九　丙戌，仇正嗣安慶侯。仇成子。

免湖廣、江西、廣東被寇逋租。

戊子，賜宋國公馮勝、江夏侯周德興、永平侯謝成、定遠侯王弼、會寧侯張温、武定侯郭英、江陰侯吴高、鶴慶侯張翼、崇山侯李新、安慶侯仇正、南雄侯趙庸鈔，各二十錠，建先塋神道碑。

《太祖實録》卷二〇一　庚寅，上以都察院及刑部官有由耆民除授者，年老艱於步趍，命兵部各以馬賜之。

太僕寺奏，增編應天府上元、江寧二縣，太平府當塗及鎮江府丹陽等縣養馬人户，從之。

壬辰，命都察院左都御史詹徽署通政使司事，以通政使茹瑺爲都察院右副都御史，左僉都御史袁泰爲左副都御史。

《國榷》卷九　五月癸巳朔，户部尚書楊靖改刑部，兵部尚書沈溍改工部，工部尚書秦逵改兵部，刑部尚書趙勉改户部，俱賜誥。未幾，溍仍兵部，逵仍工部。

《明通鑒》卷一〇　詔：「在京官三年皆遷調。著爲令。」

《明史》卷三《太祖紀三》　甲午，遣諸公侯還里，賜金幣有差。

《國榷》卷九　丁酉，御史劾奏太師李善長，詔勿問。初，胡惟庸謀亂，私遣元臣封績通漠北，事敗，績留胡中。藍玉獲績于捕魚兒海，善長不以聞。至是或告之，訊績得狀，及善長私書，法司請罪善長，寢之。于是御史糾善長，追理胡惟庸事，不報。

庚子，御史復請按李善長，并其從子佑伸，下佑伸獄。時善長家奴盧仲謙等言：「胡惟庸令寧國，善長薦爲太常卿，謝黄金二十斤。善長送家奴耿子忠等四十人于惟庸，惟庸皆厚與金帛，酬善長古劍及白玉酒壺、玉刻龍蟠盞、玉蟠桃杯。」而吉安侯陸仲亨家奴亦告仲亨及延安、平涼、南雄三侯皆黨善長，謀變未發。下廷臣訊之，得實。羣臣請誅善長，上不許，復使讞，皆具伏。

己酉，播州、貴州宣慰司各遣子來朝，求入太學，許之。

壬子，命各郡縣置倉，糴穀備賑給。時方召天下老人至京，命所召老人賫鈔往各處催糴。

《明史》卷三《太祖紀三》　乙卯，賜太師韓國公李善長死，陸仲亨等皆坐誅。

《國榷》卷九　頒逆黨二十人姓名于天下。韓國公李善長，豫章侯胡美，亂宫死。延安侯唐勝宗，擅乘傳責捕代縣，期年下獄，久之，復爵，遂反。吉安侯陸仲亨，謀逆，爲家奴所覺。臨江侯陳德，匿西征畜産，餓死軍數千，言之而怒，遂反。平涼侯費聚，往姑蘇，不奉命，責之，遂反。營陽侯楊璟，屢敗兵，責之而反。永嘉侯朱亮祖，本粗鹵，爲誑所惑，與之反耳。汝南侯梅思祖，本元義旅，造反身故，事覺于家奴，族滅，弟姪子孫但存婦女。河南侯陸聚，宣德侯金朝興，宜春侯黄彬，爲胡所誘。淮安侯華忠，六安侯王志，都督僉事毛驤，於顯，陳方亮，爲胡、陳所誘。耿忠，於琥。先在寧夏任指揮，聽胡、陳計通虜。

《明史》卷三《太祖紀三》　六月乙丑，藍玉遣鳳翔侯張龍平都匀、散毛諸蠻。

《國榷》卷九　給事中朱懋私毀奏劄，當死，上惜其才，宥之。

給雲南諸衛屯牛。

《太祖實録》卷二〇二　丁卯，揚州府海門縣言：「是月三日夜，颶風大作，潮汐騰湧，壞廬舍，溺死居民孳畜無算。」詔工部遣官行視，修築堤岸，仍賑被災之民。

《國榷》卷九　戊辰，傅友德師還。

定馬户産一駒，賜鈔十錠，種馬及駒不及數，勿問。

己巳，召鳳翔侯張龍于雲南。

《太祖實録》卷二〇二　辛未，施南宣撫司土官覃大勝作亂，涼國公藍玉移兵討之。

《國榷》卷九　擒八百八十八人，誅大勝。

定公侯伯鐵册軍。先是，公侯伯各給卒百十二人，曰「奴軍」。至是，遣還鄉，設百户領之，盡公侯之世，給屯戍，俾自耕食，鑄于鐵册。

《太祖實録》卷二〇二　丁丑，右軍都督僉事王庸坐事當死，因自陳其過惡于上前。法司請論如法。上曰：「人莫難於知過。彼既能引咎自責，將復爲善人，姑貸之。」命解其官送雲南平夷衛，代其父誠屯守，尋命爲本衛指揮使。

庚辰，命左都御史詹徽兼吏部尚書，遷刑部右侍郎凌漢爲禮部右侍郎，左遷吏部侍郎高昌安爲河東鹽運司同知。昌安，蒙古人，故元御史喜山子也，以事爲御史所劾，故有是命。

《昭代典則》卷一〇　〔丙戌，定司經局官制。〕先設東宫司經局，至是，命定官制。禮部考唐制，言：「太子司經局洗馬從五品，校書正九品，正字從九品，其餘職官禄各有差。本朝禄增於唐，宜從裁減。」詔自洗馬而下，官秩依唐制，其俸禄則從本朝。

《太祖實録》卷二〇二　戊子，命駙馬都尉歐陽倫往湖廣、雲南給賞南雄侯趙庸所集新兵十七萬九千五百餘人，鈔各三錠。

《明史》卷三《太祖紀三》　庚寅，授耆民有才德知典故者官。

《國榷》卷九　命京衛各置軍器庫。

尚寶司卿楊顒往雲南，尚寶司丞楊鎮往貴州，閲各衛兵。

《太祖實録》卷二〇三　七月壬辰，上御謹身殿，觀《大學》之書。謂侍臣曰：「治道必本於教化，民俗之善惡，即教化之得失也。《大學》一書，其要在於脩身。身者，教化之本也。人君身脩而人化之，好仁者耻於爲不仁，好義者耻於爲不義，如此則風俗豈有不美，國家豈有不興？苟不明教化之本，致風俗陵替，民不知趨善源而爲惡，國家欲長治久安，不可得也。」

《明通鑒》卷一〇　壬辰，河決開封西華諸縣，漂没民舍凡萬五千七百餘户，遣使振之。

《明史》卷三《太祖紀三》　癸巳，崇明、海門風雨海溢，遣官振之，發民二十五萬築隄。

《太祖實録》卷二〇三　甲午，命西涼侯濮興往臨清訓練士卒。

淮安府海州臨洪場竈户紀德山言：「近者增添鹽課，計丁煎辦。本場竈户一千一百三十二，丁三千一百三十三，舊額小引鹽三萬一千八百八十九引，今增一萬八千二百三十引。竈户去場不下二三百里，丁男盡遣上竈煎鹽，妨廢耕業。且自正月起火，直至歲終方得煎完，是力役者無少休之日。」時刑部尚書楊靖亦言：「臣先職户部時，監察御史陳宗禮言，兩淮煎鹽竈户丁力不均，鹽引斤重大小不同，難於稽考，宜依律二百斤爲一引，竈户驗丁煎辦。其額多丁少者，減其舊額。臣切詳鹽額及引目斤重，俱係開國以來成法，前所准行，宜令改正。」上命户部定自二十二年爲始，仍照原額驗丁均辦，引目斤重亦依舊例。每引入場重四百斤，其兩浙鹽運使司並如兩淮之例。

《昭代典則》卷一〇　丁酉，詔兵部追還在外軍衛、水馬驛符驗，令都司、布政司、按察司仍舊行之。

《太祖實録》卷二〇三　鶴慶侯張翼、懷遠侯曹興征北還。

《國榷》卷九　己亥，景川侯曹震還鄉。

《太祖實録》卷二〇三　辛丑，河南開封府封丘縣民劉安壽進禁書。

《國榷》卷九　癸卯，景川侯曹震理四川軍務。

甲辰，高麗送故元伯伯太子男六十奴來京，蓋上徵之。

丙午，太僕寺少卿祝孟獻往滁陽，添省牧監，從民便。

丁未，定内外文武試職、實授、借除等則。

辛亥，敕法司：「在外死罪真犯者，具狀申刑部議定，遣官審決，免死者輸作京師。」

乙卯，安陸侯吳傑練兵長沙，籍土軍萬八千四十三人，分隸平壩、威清諸衛。

戊午，鑄晉世子妃印。黄金十五兩，方寸餘世子同。

詔五軍都督府清各衛所吏卒部伍。

八月辛酉，給事中有薦士者。上問宜何官？對曰：「宜牧民。」問所長，曰：「年少才高，勇于敢爲。」上曰：「才高者多過中，勇敢者少循理，其養于學而後用之。」

《太祖實録》卷二〇三　癸亥，命天下有司吏、典役滿三年，悉遣赴京，毋擅遷補。

《國榷》卷九　甲子，航海侯張赫卒。

《太祖實録》卷二〇三　丙寅，上以河南、北平陳州、真定、保定諸處水災，詔免徵今年所貸預備糧儲，仍賑給之。户部奏：「重造黄册，以册式一本并合行事宜條例頒行所司，不許聚集團局科擾。止將定式頒與各户，將丁産依式開寫，付該管甲首造成文册，凡十一户以付坊廂里長。坊廂里長以十甲所造册凡一百一十户，攢成一本，有餘則附其後，曰『畸零户』，送付本縣。本縣通計其數，比照十四年原造黄册，如丁口有增減者，即爲收除，田地有買賣者，即令過割，務在不虧原額。其排年里甲仍依原定次第應役。如有貧乏，則於百户内選丁糧多者補充，事故絶者，於畸零户内選湊。其上中下三等人户亦依原定編類，不許更改，因而分丁析户，以避差徭。其各里册首類爲圖，以總其税糧户口之數。縣、州、府、布政司以次總之，而以上于京師，藏之户部，庶几無移易倚託之患。」上命頒行之。

《國榷》卷九　己巳，改鑄監察御史印。先是分河南等十二道，每道印二，篆曰「繩愆糾繆」。今制如浙江則曰「浙江道監察御史」，餘道同。如出使，云「巡按」。惟浙江、江西、直隸事繁，每道置印十，餘皆五。

《明史》卷三《太祖紀三》　壬申，詔毋以吏卒充選舉。

《明通鑒》卷一〇　召藍玉還，增歲禄五百石。尋詔還鄉。

《國榷》卷九　甲戌，復命兵部清驛傳符驗，限其請給之數。

《太祖實録》卷二〇三　乙亥，給河南、山東、北平三布政司所屬州縣水災貧民鈔七千萬錠。

《國榷》卷九　丙子，考定使節之制，竹修三尺，旄三重，如漢。

《太祖實録》卷二〇三　壬午，西平侯沐英奏：「普安軍民指揮司屢言百夫長密即叛，殺屯田官軍劉海、尾灑驛丞余成及試百户楊世傑，刼奪驛馬，焚館舍。已調貴州都指揮張泰率兵討之，於槃江、木窄關等處與賊戰。緣山箐陡險，官軍失利。又增烏撒、畢節、永寧三衛官軍，委貴州都指揮蔣文統領勦捕，賊乃退遁。」又言：「曲靖衛副千户哈剌不花乃故元守禦六涼州千户，改授前職，今置六涼衛，宜調本官於本衛鎮守，庶絶後患。」詔從之。

《國榷》卷九　赦監守倉糧陳腐者之罪。

《太祖實録》卷二〇三　癸未，賑給湖廣長沙府屬縣貧民并驛所水夫鈔有差。

丙戌，北平霸州、保定等州縣水災，詔通政使司參議趙居仁往賑之。

《國榷》卷九　己丑，置北平行都司儒學。

《太祖實録》卷二〇四　九月庚寅朔，四川都指揮使司奏屬衛軍士之數，凡七萬八千三百六十人。

《國榷》卷九　辛卯，長興侯耿炳文還鄉。

賜應天考官及貢士鈔錠。

乙未，加封中山王徐達、岐陽王李文忠三代皆王爵，如開平王例。潁國公傅友德、江國公吳良、海國公吳禎、鄆國公韓政、黔國公吳復、皖國公仇成、樂浪公濮英、虢國公俞通海，三代俱封公。全寧侯孫恪、景川侯曹震、會寧侯張温、崇山侯李新、長興侯耿炳文，三代俱封侯。

丁酉，福建右參政太康王鈍爲浙江左布政使。

置大寧等衛儒學。

戊戌，分户部四子部爲十二部，雲南則四川兼領之，刑部同。

《太祖實録》卷二〇四　壬寅，占城國王阿答阿者遣使進表，貢方物。

以通政使司參議嚴震直爲户部郎中。

《國榷》卷九　封中軍都督僉事桑敬徽先伯世傑子，禄千七百石，世襲。

丙午，御史夏長文劾左副都御史袁泰。上宥泰，進長文左僉都御史。

《太祖實録》卷二〇四　戊申，上以哈梅里王兀納失里與別部互相讐殺，遣使諭都督宋晟訓練涼州、甘肅等處兵馬備之。

《國榷》卷九　壬子，豫府長史輔導失職，皆免官。

癸丑，定外官公宴節錢。

《太祖實録》卷二〇四　戊午，命賑湖廣所屬黄州、漢陽、武昌、沔陽四府及郴州饑民。

是月，疏四川永寧河。時永寧宣慰使司言：「所轄之地，水道有百九十灘，其江門大灘等八十二處皆石塞其流。」詔景川侯曹震往疏鑿之。

《國榷》卷九　十月己未朔，置倒鈔庫，聽民换易，尋罷。

《太祖實録》卷二〇五　壬戌，詔兵部：「凡武襲久任外衛副千户者，皆陞正千户。其近陞副千户，俱與世襲。」

戊辰，上諭户部尚書趙勉曰：「曩造大明寶鈔，與歷代銅錢通使，以利民。近聞兩浙市民有以鈔一貫折錢二百五十文者，此甚非便。爾等與工部議，凡兩浙市肆之民，令其納銅送京師鑄錢，相兼行使。且再定錢制，每小錢一用銅二分，其餘四等錢依小錢制遞增。凡鈔一貫，准錢一千文，榜示天下知之。」

己巳，詔公侯府第俱立壇，祭祀本處山川。

《國榷》卷九　辛未，尚寶司丞何雄爲少卿何真次子，太子洗馬詹紱爲尚寶司丞徽之子。

《太祖實録》卷二〇五　乙亥，東川侯胡海等討贛州賊夏三等，平之，斬首二千七百級，生獲蠻人萬三千四百人，追擒夏三，并俘其黨又三千五百餘人，遂班師還京。

丙子，更兵馬指揮司治所。以舊南城兵馬指揮司改爲中兵馬指揮司，聚寶門外爲南城兵馬指揮司，正陽門裏爲東城兵馬指揮司，清涼門裏爲西城兵馬指揮司，惟北城兵馬指揮司仍舊。每司設指揮一人，正六品；副指揮四人，正七品；吏目一人，雜職，以京師内外地方分隸之。

《國榷》卷九　戊寅，刊行宋儒黄公紹《韻會》。

《皇明資治通紀》卷九　時《洪武正韻》頒行已久，上以其字義音切未盡，命翰林重加校正。學士劉三吾言：「前太常博士孫吾與所編韻書本宋黄公紹《古今韻會》，凡字切必祖三十六母音，韻歸一。」因以其書進。上覽而善之，賜名曰「韻會定正」，命刊行之。

《明史》卷三《太祖紀三》　己卯，振湖廣饑。

《國榷》卷九　辛巳，賜故誠意伯劉基次子仲璟及孫廌織金、文綺、鞍馬，省墓。

甲申，封右軍都督僉事定遠張銓永寧侯，世禄千五百石，積功征雲南尤著。

追封宣寧侯曹良臣安國公，謚忠壯。

《太祖實録》卷二〇五　乙酉，詔户部申嚴交通外番之禁。上以中國金銀、銅錢、段疋、兵器等物，自前代以來，不許出番。今兩廣、浙江、福建愚民無知，往往交通外番，私易貨物，故嚴禁之。沿海軍民官司縱令私相交易者，悉治以罪。

《國榷》卷九　置閣門使正六品，劉仲璟爲之。

《太祖實録》卷二〇五　戊子，陞監察御史桂滿爲都察院左僉都御史，以王起東爲禮部試右侍郎。起東，上虞人，獻《大明頌》，故不次用之。

《國榷》卷九　十一月己丑朔，申明善惡，勸懲天下。

戊戌，改置太僕牧監之地。

己亥，錦衣等二十衛于江北岸草場牧馬。

《太祖實録》卷二〇六　壬子，以都察院右副都御史茹瑺爲兵部試尚書。

《明史》卷三《太祖紀三》　癸丑，免山東被災田租。

《國榷》卷九　耆民百六十七人授郡縣官，歷事諸司。

《太祖實録》卷二〇六　乙卯，置景東、蒙化二衛。先是，永昌侯藍玉取大理，命景川侯曹震駐兵楚雄。景東土官俄陶來降，就令爲景東知府。後百夷土酋思倫發叛，率衆據景東，俄陶走大理白崖川。西平侯沐英討之，大敗其衆。思倫發懼，請降，遂復景東之地。至是，英奏：「景東乃百夷要衝，蒙化州所管火頭、字青等亦梗化不服，俱宜置衛，以錦衣衛指揮僉事胡常守景東，府軍前衛指揮僉事李聚守蒙化。」上從之。命守洱海衛都督僉事祝哲領兵會都督馬誠，往置二衛，就以胡常等守之，俄陶仍其舊職。

《國榷》卷九　丙辰，賑河南水災。

《太祖實録》卷二〇六　戊午，上諭兵部試尚書茹瑺等曰：「朕虚心待人，汝等當思盡言，不宜容默。天下之事，一人慮之不足，衆人計之有餘。苟惟依阿承順，無所建明，非有利於天下也。」瑺等皆頓首謝。

《明史》卷三《太祖紀三》　十二月癸亥，令殊死以下囚輸粟北邊自贖。

《皇明資治通紀》卷九　上諭刑部尚書楊靖等曰：「自今惟犯十惡并殺人者論死，餘雜犯死罪皆令輸粟北邊以自贖。力不及者，或二人，或三人，併力輸運。仍令還家備貲以行。」劉三吾等曰：「聖心仁恕，垂念及此，罪人受更生之恩矣。」上曰：「善爲國者，惟以生道樹德，不以刑殺立威。」

《國榷》卷九　高麗貢玳瑁筆，分賜翰林劉三吾等。

《明通鑒》卷一〇　壬申，罷天下歲織文綺緞匹，有賞賚者給以絹帛。

《國榷》卷九　甲戌，福建進《南唐書》、《金史》、蘇轍古文。初，上購書，先刊行之。

禮部侍郎原武凌漢有罪免官，請留居京師，尋復秩。漢嘗面折左都御史詹徽見忤。

《太祖實録》卷二〇六　丙子，都察院奏：「刑部尚書楊靖前爲户部侍郎時，郭桓盜官糧，靖當連坐。」詔勿問。

《國榷》卷九　戊寅，遣國子生鍾必興等十四人視山東流民，令有司存恤。

庚辰，夷陵州學正張智試禮部左侍郎，肇昌府教授李本立爲翰林編修。

賑廣西驛遞人。

西番諸夷西天尼八剌國曰灌頂國師吉剌思巴監藏巴藏卜、曰烏思藏衛俺不羅行都指揮使司、曰仰思多前司徒公爲巴思、曰烏思藏衛都指揮使司僉事班竹兒藏卜、曰分司僉事管卜兒監、曰韃思寨官喃兒加、曰咂力巴韃卜闌、曰劄唐千户端竹藏卜、曰宣慰司列思巴端竹、曰烏思衛鎮撫朶兒只藏卜、曰班竹兒藏卜、曰汝奴藏卜、曰約瓦占寺僧星吉旦各入貢，賀正旦。

《太祖實録》卷二〇六　癸未，置安南衛。初官軍征雲南，指揮使張麟統寶慶土軍立栅江西，設屯守，至是，以其地炎瘴，乃徒于尾洒，築城，置衛守之。

丁亥，西域阿真畏兀兒故元太尉哈散短設的、國公完者不花、阿老丁、阿立的各遣使來朝貢馬。

《明通鑒》卷一〇　戊子，國子生陳通奏：「祖父謫戍陝西，年過七十，請放歸。」上嘉其志，破格許之。

《太祖實録》卷二〇六　是月，山東登州府寧海、萊陽、兖州府東平、泗水、曲阜、汶上、鄒、青州府諸城、安丘、蒙陰、北平通州、武清、霸州、文安諸州縣水，遣官賑之。

《國榷》卷九　西平侯沐英遣兵擊蒙化賊高天惠等，斬之。奏立蒙化、景東二衛。

辟耆民千九百十六人。

滎陽侯鄭遇春卒。

洪武二四年（辛未、一三九一）

《昭代典則》卷一一　正月己丑，定國子監官品秩、員數。祭酒一人，從四品；司業一人，正六品；監丞一人，正八品；典簿一人，博士五人，助教十五人，從八品；學正十人，正九品；學録七人，典籍一人，從九品；掌饌二人，雜職。

《太祖實録》卷二〇七　庚寅，命户部儲糧十六萬石于臨清，以給訓練騎兵。

辛卯，刑部尚書楊靖奏：「朝廷設置勘合，所以稽考庶務，使無留滞。今天下諸司乃有累年稽緩者，致使案牘山積，庶務不清，請逮問之。」詔免問，更爲限期督之。

《國榷》卷九　乙未，築上虞海隄，改造石閘。

癸巳，詔發蘇州府長洲、常熟、吴縣民丁三萬八千餘人修築通州並海圩岸。

雲南遷謫官軍給半俸。

《明通鑒》卷一〇　以芝陽知縣李行素有實政，擢刑部右侍郎。

《國榷》卷九　庚子，歲饑，免青、兖、登、萊、濟南糧課。

《明史》卷三《太祖紀三》　癸卯，大祀天地於南郊。

戊申，潁國公傅友德爲征虜將軍，定遠侯王弼、武定侯郭英副之，備北平邊。

《國榷》卷九　辛亥，北平布政司左參議周倬請增驛馬及白河浮梁，從之。

曲阜知縣孔彦文不報災，當逮，宥之，加賑。

《太祖實録》卷二〇七　甲寅，蘇州府崇明縣民趙以禮奏：「本縣地居海中，四望皆洪濤巨浪，全倚圩岸扞潮汐以耕稼。日者颶風暴作，隄防就圮，人民墊溺，歲用不登。幸垂軫念，以全民生。」【略】命户部運京倉糧三萬石至崇明賑之，仍命蘇州府修其圩岸。

《明通鑑》卷一〇　丁巳，免山東登、萊、青、兗、濟南被水田租。

《國榷》卷九　二月戊午朔，西域請以馬互市，不許，至者送京師。

《太祖實録》卷二〇七　壬戌，賑山東高密、棲霞、莒州被水患民萬五千九百餘户，男女年十五以上者鈔一錠，十歲以上者三貫，五歲以上者二貫。仍命他處被患者視例賑之。

《國榷》卷九　景州學正胡季安爲國子祭酒。

《明通鑑》卷一〇　丙寅，上閱《漢書》賜民爵之令，謂侍臣曰：「漢高立社稷，施恩惠，賜民之爵，子孫相仍以爲法，或遇有事，輒賜二級、三級者，又聽民轉移與子，甚無謂也。夫爵所以命有德，禮曰：『以賢制爵。』若天下之人，無賢不肖皆賜以爵，則賢人君子何以爲勸！貽謀若此，誠未盡善。」

《明史》卷三《太祖紀三》　壬申，耕耤田。

《太祖實録》卷二〇七　癸酉，上念將校有犯者，雖宥罪復職，而罷其廩禄，貧者無以爲養。乃詔户部，凡武臣得死罪而宥者給半禄，笞杖徒流而宥者全給，既死而有子孫者亦給之。其祖父致仕，見給禄者不復給。

《國榷》卷九　植桐、棕、漆樹于朝陽門外，各五十萬本有奇，備漕艘之需。種苜蓿于江南曠土。

《太祖實録》卷二〇七　甲戌，徐州沛縣民陳才興言：「民饑，採草實爲食。」上命户部令徐州即發倉廩以賑之，凡户三千六百八十，口二萬三千九十。

己卯，琉球國中山王察度及其子武寧遣其臣亞蘭紀、嵬谷致等奉表貢馬及方物。

三月戊子朔，魏國公徐輝祖、曹國公李景隆、涼國公藍玉等備邊陝西。

《國榷》卷九　己丑，市高麗馬萬匹，索閹人二百。

《明通鑑》卷一〇　〔甲午，上謂廷臣曰〕：【略】「朕昨命寺人發庫藏中古鏡十餘，以鑑容貌多失真，召冶工數人問之，莫能答。最後一人言『範模不正，故鏡體偏邪，照人失真』。朕聞之，不禁惕然。夫鏡，一物耳，略有偏邪，則不可鑑形。人君主宰天下，辨邪正，察是非，皆原于心，心有不正，百度乖矣。正心之功，其可忽乎！」

《明史》卷三《太祖紀三》　乙未，靖寧侯葉昇練兵甘肅。

丁酉，賜許觀等進士及第、出身有差。

《太祖實録》卷二〇八　庚子，長興侯耿炳文還自陝西。先是，奉詔往陝西訓練馬步士卒，至是還，奏上簡閲兵士之數，凡二十三萬餘人。

辛丑，命故誠意伯劉基孫廌襲爵。

《明通鑑》卷一〇　癸卯，上諭皇太子、諸王曰：「昔元世祖東征西討，混一華夏。至順帝，偷惰荒淫，天厭人離，遂至喪滅。《詩》曰：『殷鑒不遠，在夏后之世。』爾等宜以順帝爲戒，克勤克慎，庶可永保基業。」

《國榷》卷九　太僕寺少卿陳龔爲兩浙都轉運鹽使。福壽子，一曰龔福。

丙辰，命齊王榑同總兵官出開平圍獵。遇敵可自爲陣，或左右總兵官，或繼後，奏凱日毋自伐。八月秋高，可以師旋。

四月己未，敕後軍都督僉事沐春曰：「今虜遠遁，已設大寧都司及廣寧諸衛足守。其一片石等關，止存十餘人游徼，餘悉屯田。」

辛酉，逮靈璧縣丞周榮，父老詣闕保舉，宥之，賜鈔及宴，還職。

《太祖實録》卷二〇八　癸亥，太原府代州繁峙縣奏逃民三百餘户，累歲招撫不還，乞令衛所追捕之。上諭户部臣曰：「【略】今逃移之民不出吾疆域之外，但使有田可耕，足以自贍，是亦國家之民也。即聽其隨地占籍，令有司善撫之。若有不務耕種，專事末作者，是爲遊民，則逮捕之。」

《明通鑑》卷一〇　乙丑，振河南被水州縣。

《國榷》卷九　戊辰，鑄渾天儀成。

江北患虎，命哈散率衆往捕。

《明史》卷三《太祖紀三》　辛未，封皇子㮵爲慶王，權寧王，楩岷民，橞谷王，松韓王，模瀋王，楹安王，桱唐王，棟郢王，㰘伊王。

《國榷》卷九　罷承敕郎，改郎張斌、梅福、楊禮爲御史。

江寧縣沙洲修築土城。

詔更定侍班官。

《太祖實録》卷二〇八　癸酉，詔，凡外衛軍官調京衛者，皆給道里費，俾挈其妻子家于京師。

甲戌，命禮部置百官侍朝班序牌，人書品級，列丹墀左右，木柵之上。令文武百官照品序立侍班，違越者罰之。

《國榷》卷九　戊寅，定有罪罰役，充京官皁隸一年。

辛巳，修奉化縣海隄，役八萬一千六百餘人。

《明史》卷三《太祖紀三》　癸未，燕王棣督傅友德諸將出塞，敗敵而還。

《國榷》卷九　乙酉，齊東知縣鄭敏坐事逮繫，邑人詣闕頌其廉勤，賜鈔復官。

南雄府同知吉原以鎮撫賄獄，不署案，反被誣，赴京得直，擢知府。

五月丁亥朔，諭兵部尚書茹瑺，議給布政以下官乘馬。

己丑，復停造寶鈔。

辛卯，午節，宴羣臣奉天門，幸龍光山閱射。

定文武官封贈。

《皇明資治通紀》卷九　舊制一品封贈三代，二三品封贈二代，四品至七品封贈一代。時廷臣有奏：「庶子襲父職，例止封贈嫡母，而不及所生母。」劉三吾亦奏：「宋制，以子貴，母亦以生子之秩封贈。」詔從宋制。

《明史》卷三《太祖紀三》　戊戌，漢、衛、谷、慶、寧、岷六王練兵臨清。

《國榷》卷九　癸卯，申明鈔法。

甲辰，浚鄞縣東湖灌田。

乙巳，國子生日本滕祐壽爲觀察使。

國子生于京衛講武臣《大誥》。

丙午，涼國公藍玉防西邊，墜馬蘭州，勑勞之。

戊申，捕誅分宜縣妖民。

《明通鑒》卷一〇　甲寅，振北平被水州縣。

《太祖實録》卷二〇九　六月丁巳，命禮部清理釋道二教。勑曰：「【略】自今天下僧道，凡各府州縣寺觀雖多，但存其寬大可容衆者一所，併而居之，毋雜處于外，與民相混，違者治以重罪。親故相隱者流，願還俗者聽。其佛經番譯已定者，不許增減詞語。道士設齋醮，亦不許拜奏青詞。爲孝子慈孫演誦經典，報祖父母者，各遵頒降科儀，毋妄立條章，多索民財。及民有倣瑜珈教，稱爲善友，假張真人名，私造符籙者，皆治以重罪。」

廣西布政使司以慶節公宴課鈔之入不足以給其費，上言欲從省儉，又欲令諸土官衙門自備慶節禮賞。命下禮部議。禮部言，舊例本從儉，宜減十之七。從之。

《國榷》卷九　定有司朔望謁文廟禮。

《明史》卷三《太祖紀三》　己未，詔廷臣參考歷代禮制，更定冠服、居室、器用制度。

《太祖實録》卷二〇九　辛酉，選歷事官習成等往十二布政司整飭庶務，訪求賢才，勸勵學校，仍責其成於有司。

《明通鑒》卷一〇　甲子，上以久旱，命録囚。

《太祖實録》卷二〇九　丙寅，命禮部、翰林院議軍官姪男替襲叔伯職事及弟襲兄職、養子女壻承襲養父妻父封贈禮制。

己巳，定儒學訓導位于雜職之上。

《國榷》卷九　甲戌，頒《通鑑》、《史記》、《元史》于諸王。

《太祖實録》卷二〇九　戊寅，命禮部頒書籍於北方學校。

《昭代典則》卷一一　上諭禮部曰：「農夫舍耒耜，無以爲耕；匠氏舍斤斧，無以爲業；士子舍經籍，無以爲學。朕念北方學校缺少書籍，向嘗頒與五經四書，他子史諸書，未曾賜予。宜於國子監印。頒有未備，遣人福建購予之。」

《國榷》卷九　己卯，翰林侍講學士葛鈞降國子助教。

壬午，大理寺丞周志清爲卿。

《太祖實録》卷二〇九　甲申，遣官修治湖廣至雲南道路。

《國榷》卷九　是月，河決原武黑陽山，經開封城北五里，又南經項城、潁州、潁上，東至壽州正陽鎮，全入于淮，故道遂淤。又自舊曹州鄆城過安山，而元之會通河塞。

《太祖實録》卷二一〇　七月丙戌朔，詔天下僧道有剏立菴堂寺觀非舊額者，悉皆毁之。

《國榷》卷九　丁亥，東川侯胡海卒。

庚寅，刑部左侍郎李似、左僉都御史張構同閤門使、觀察使侍班。百官奏事，有闕遺者，隨事規正。

《太祖實録》卷二一〇　壬辰，詔犯罪軍官以令給隸，其總小旗舍人比軍糧月給一石。

《明史》卷三《太祖紀三》　庚子，徙富民實京師。

辛丑，免畿內官田租之半。

《太祖實録》卷二一〇　甲辰，杭州錢塘、仁和縣市民以輸銅違期，所司奏逮問之。浙江按察司僉事解敏奏言：「輸銅稽緩，實由有司怠慢因循。乞責郡縣，使之督完，免逮其民。」從之。

《明通鑒》卷一〇　乙巳，龍江衛吏以過罰書寫，值母喪，乞守制，吏部尚書詹徽不聽。吏徑至午門外擊登聞鼓訴之，上切責徽，聽吏終喪。

《國榷》卷九　戊申，禁罪人引誣良善，雖輕，亦重罪之。

壬子，上念秦府致仕左長史文原吉輔導功，敕賜銀二錠、鈔十錠、錦帛三十。

《太祖實録》卷二一一　八月己卯朔，撒馬兒罕駙馬帖木兒遣回回猞哈厘等來朝貢駝馬方物。

《明史》卷三《太祖紀三》　秦王樉有罪，召還京師。

《太祖實録》卷二一一　丁巳，嗣真人張宇初言：「符籙印信，前代嘗給正一玄壇傳籙之印。今授二品銀印，止用於表箋文移，於符籙不敢輕用，乞更別授。」詔從其言，賜印曰「龍虎山正一玄壇之印」。

甲子，置天下諸司架閣庫，以庋案牘，仍設吏掌之。

乙丑，降禮部右侍郎凌漢爲都察院左僉都御史。時左都御史詹徽奏漢不修職，故降之。漢性嗜酒，於事多不理。上嘗戒諭漢，然以其廉直，每寬容之。

《明史》卷三《太祖紀三》　皇太子巡撫陝西。

《昭代典則》卷一一　上諭皇太子曰：「天下山川，惟秦中號爲險固。向命汝弟分封其地，已十數年，汝可一遊，以省觀風俗，慰勞秦民。」於是擇文武之臣扈從，皆給道里費，仍命經過府縣以宿頓聞。

《太祖實録》卷二一一　丙寅，命户部遣官行縣，詢鰥寡孤獨之民，令有司修理養濟院，勤加存恤。

《國榷》卷九　增六部司務禄米。

《太祖實録》卷二一一　戊辰，高麗權國事王瑶遣判繕工寺楊天植等進所市馬一千五百匹至遼東。

《國榷》卷九　己巳，定封贈止嫡母正妻。

《太祖實録》卷二一一　辛未，命户部復申明鈔法。

《國榷》卷九　癸酉，黄巖縣海盜搆倭入寇，擊斬之。

《明史》卷三《太祖紀三》　乙亥，都督僉事劉真、宋晟討哈梅里，敗之。

《明通鑒》卷一〇　初，哈梅里請以馬互市于延安、綏德、平涼、寧夏等衛，上曰：「番人黠而多詐，互市之求，安知非藉以覘我！利其馬而不虞其害，所喪必多，宜勿聽。」時西域、回紇來貢者，多爲哈梅里所遏，有從他道來者，輒遣兵邀殺之。上聞之，怒。【略】命都督僉事劉真偕宋晟督兵討之。真等自涼州西出，令軍中多備糧糗，倍道疾馳，乘夜直抵城下，四面圍之，其知院岳山，夜縋城降。黎明，兀納失里驅馬三百餘匹突圍而出，官軍爭取其馬，兀納率家屬隨馬後遁去。真等遂拔其城，斬爾王、國公等一千四百人，獲王子及部屬千七百三十人，馬六百餘匹。

天久陰，勅皇太子曰：「比來一旬，久陰不雨，占有陰謀，宜慎舉動，嚴宿衛，施仁布惠以回天意。」

《太祖實録》卷二一一　己卯，遣使往山東、河南郡縣，以預備倉糧貸給貧民。

辛巳，詔京師小民鬻賤者毋入塌坊。初，京師輻輳，軍民居室皆官所給，連廊櫛比，無復隙地。商人貨物至者，或止于舟，或貯于城外民居。駔儈之徒從而持其價，高低悉聽斷於彼，商人病之。上知其然，遂命工部於三山等門外瀕水處爲屋數十楹，名曰「塌坊」。商人至者，俾悉貯貨其中。既納稅，從其自相貿易，駔儈無所與，商旅稱便。至是，所司於貧民負販者亦驅使投稅。應天府尹高守禮以爲言，遂命禁之。

《國榷》卷九　雲南土酋雨龍等叛，討平之。

壬午，罷耆民糶糧。

九月乙酉朔，許科舉歲貢于《大誥》出試目。

禮部主事寬徹、御史韓敬、大理寺評事唐鉦使西域，賚詔諭別失八里國王黑的兒火者。時遣使貢馬，徹等至其國被留，以敬、鉦二人還。

丙戌，誅寧波白蓮教妖僧。

《太祖實録》卷二一二　壬辰，禮部言：「朝廷之禮，貴於嚴肅。而近者文武官入朝，往往爭趨競進，品級紊亂，高下失倫，甚非所以明禮法、振朝綱也。請自今朝參之時，將軍先入，近侍官員次之，公侯、駙馬、伯又次之，五府六部又次之，有應天府及在京雜職官員又次之。有不如儀，從監察御史及儀禮司糾覈。」從之。

《國榷》卷九　宋國公馮勝子諒殺人，當論死，以功臣子特免之。

癸巳，皇太子至西安。

《太祖實録》卷二一二　甲午，太原府代州五臺縣民飢，流移者衆，田土荒棄，復霜灾。上詔户部免其民今年對給振武衛軍糧，其軍士別以糧給之。

《國榷》卷九　庚子，罷建寧歲造龍團茶，惟芽進。

《昭代典則》卷一一　天下産茶去處，歲貢皆有定額，而建寧茶品爲上。其所進者必碾而揉之，壓以銀板，爲大小龍團。上以重勞民力，罷造龍團，惟採茶芽以進。其品有四，曰探春、先春、次春、紫筍。置茶户五百，免其徭役，俾專事採植。既而有司恐其後時，嘗遣人督之，茶户畏其逼迫，往往納賂。上聞之，故有是命。

《太祖實録》卷二一二　癸卯，罷閤門使，改閤門使尤良、徐日莊等爲禮部、祠部等部主事。

乙巳，嘉興府通判龐安獲私幫鹽徒，送京師，而以鹽賞其獲者。户部以其違例，罰償鹽入官，且責取罪狀。

《皇明資治通紀》卷九　【略】安上言：「律者萬世之常法，例者一時之旨意。豈可以一時之例壞萬世之法？今欲依例而行，則於律内非應捕人給賞之言自相違背，是失信于天下也。」上然其言，詔論如律。

《國榷》卷九　丁未，舳艫侯朱壽、左軍都督僉事黄輅漕海還自遼東。

《太祖實録》卷二一二　己酉，復以吏部考功主事周舟爲新化縣丞。

《明通鑒》卷一〇　【略】新化縣丞周舟，以廉勤稱，考課得最，升吏部考功主事。縣民蕭俊等詣闕言，「自舟去後，民被擾不安。」詔復以舟爲新化縣丞，仍令禮部宴賞遣之。

《國榷》卷九　修臨海縣横山嶺水牐。

壬子，穎國公傅友德等還京。

《明史》卷三《太祖紀三》　是月，倭寇雷州，百户李玉、鎮撫陶鼎戰死。

《國榷》卷九　十月甲寅朔，遣元臣承徽院使康完者等使高麗。以王瑶新立，偵之。

《明史》卷三《太祖紀三》　丁巳，免北平、河間被水田租。

《國榷》卷九　宋國公馮勝、穎國公傅友德同涼國公藍玉陝西練兵。

《太祖實録》卷二一三　己未，上諭户部曰：「凡軍民死亡，其父母妻子鰥寡孤獨，貧病無依者，令天下有司即具奏來聞，朕將賑恤之。」

《明通鑒》卷一〇　庚申，定生員巾服之制。以學校爲國儲材，而士子巾服無異胥吏，宜更易之。時秦逵方任工部，命製式以進，凡三易，始命用玉色絹布爲之，寬袖，皂緣，皂絛，軟巾，垂帶，命曰「襴衫」。上又親服試之，始頒行天下。又賜國學生藍衫絛各一以爲天下先，蓋士子衣冠之創制云。

乙丑，南豐縣典史馮堅上九事。「一曰養聖躬，請清心省事，不與細務，以爲民社之福。二曰擇老成，諸王年方壯盛，左右輔導，願擇取老成之臣，出爲王官，使得直言正色，以圖匡救。三曰攘要荒，請務農講武，屯戍邊圉，以備不虞。四曰勵有司，請得廉正有守之士，任以方面，旌别屬吏以聞而黜陟之。五曰褒祀典，請敕有司采歷代忠烈諸臣，追加封謚，俾有興勸。六曰省宦寺，晨夕密邇，其言易入，養成禍患，而不自知，裁去冗員，庶防其漸。七曰易邊將，假以兵柄，久在邊陲，易滋縱佚，請時遷歲調，不使久居其任，不惟保全勳臣，實可防將驕卒惰，内輕外重之弊。八曰訪吏治，廉幹之才，或爲上官所忌，僚吏所嫉，上不加察，非激勸之道，請廣布耳目，訪察廉貪，以明黜陟。九曰增關防，諸司以帖委胥吏，俾督所部，輒加捶楚，害及于民，請增置勘合，以付諸司填寫差遣，事訖繳報，庶有司不輕發以病民，而庶務亦不致曠廢。」書上，上稱其知時務，達事變。又語侍臣曰：「兵將數易則兵力勇怯，敵情出没，山川形勝，無以周知，倘得趙充國、班超者，又何取數易爲哉！堅之此言，則未然也。」乃擢堅爲左僉都御史。

《國榷》卷九　丙寅，湖廣實慶衛舍人倪基上四事，任用武臣、制民恒産、興舉社學、選賢授職。上嘉之，命參贊清平軍衛事。

《太祖實録》卷二一四　十一月丙戌，詔在京各衛軍士初犯，笞杖、徒流罪並免一次。

《明通鑒》卷一〇　己丑，占城國遣太師陶寶加直奉金表、犀牛、番奴及布。上惡其篡逆，召禮部卻之。

《國榷》卷九　癸巳，禮部諭天下生員兼讀誥律。

《明史》卷三《太祖紀三》　甲午，五開蠻叛，都督僉事茅鼎討平之。

《國榷》卷九　丙申，宋國公馮勝等請勒兵巡邊，討西番未附者。上諭：「天象未利，征討俟後命。」

己亥，高麗送市馬二千五百匹。

命錦衣、旗手、虎賁、左右興武、鷹揚、金吾、前後羽林、左右龍驤、豹韜、神策、驍騎并府軍中前後左右衛，俱江北官道旁草場牧馬。

賞民間誦《大誥》子弟十九萬三千四百餘人。

《太祖實録》卷二一四　辛丑，詔在未入流官，凡遇行禮，皆具公服。

《明通鑒》卷一〇　庚戌，皇太子自陝還京師，獻陝西地圖。時太子已病，病中猶上書言經略建都事。晉王棡隨太子來朝。初，棡在國，驕縱，多不法。或告王有異謀，上大怒，欲罪之，賴太子力救得免。至是來朝，上怒稍解，仍敕歸藩。

《太祖實録》卷二一四　辛亥，五開、堂厓諸洞苗蠻作亂，命前軍都督府僉事楊春率鎮遠、平涼、清浪、辰沅、靖州、五開等處官軍會都督僉事茅鼎討之。

《明史》卷三《太祖紀三》　振河南水災。

《太祖實録》卷二一四　壬子，上諭户部臣曰：「今天氣方寒，陝西之民運糧艱苦，宜令停罷。其已運到倉者即收之，在中途者就貯所在官倉，其運糧人及車牛悉令放還。」

十二月癸丑朔，禮部奏：「正旦、冬至及皇太子妃誕日，公侯伯夫人、文官四品以上、武官五品以上命婦及未受封正妻，各具服赴柔儀殿行賀禮，仍定儀注以遺。」上命武官六品正妻亦預其列，餘並從之。

《明通鑒》卷一〇　〔詹徽爲吏部尚書，仍兼左都御史。〕以袁泰爲右都御史。徽與泰皆以明決邀上眷，而用法多希上旨，務爲苛嚴。

《太祖實録》卷二一四　甲寅，徙越州衛于陸涼州。

《明通鑒》卷一〇　初，西平侯沐英請置陸涼衛，既，又以阿資叛服不常，請徙越州衛于陸涼鎮之。

《太祖實録》卷二一四　戊午，命兵部試尚書如瑺、户部試侍郎傅友文皆實授。

己未，命景川侯曹震往四川治道路。震至瀘州，按視有枝河通永寧界，乃鑿石削崖，直接其地，以通轉運。復闢陸路，作驛舍郵亭，駕橋立棧。自茂州一道至松潘，一道至貴州，以達保寧，通陝西。由是往來者便之。

戊辰，更置六科給事中品秩。每科都給事中一人，秩正八品；左右給事中二人，從八品；給事中吏科四人、户科八人、禮科六人、兵科十人、刑科八人、工科四人，俱正九品。

《明史》卷三《太祖紀三》　庚午，周王橚復國。

《太祖實録》卷二一四　癸酉，高麗權國事王瑶遣其長子定城君奭、門下贊成事偰長壽等上表，貢馬及方物，賀明年正旦。詔賜奭等金織文綺衣服。

《國榷》卷九　戊寅，國子生夏倫、楊砥購書還，頒賜北方儒學。

工匠役内府者皆給鈔。

《太祖實録》卷二一四　辛巳，禮部言：「明年正旦朝賀及筵宴，其高麗國權國事王瑶子奭班次宜列於六部尚書之次，其從臣於中左門序坐。凡諸番國使臣悉以此爲序。」從之。

《明史》卷三《太祖紀三》　阿資復叛，都督僉事何福討降之。

《太祖實録》卷二一四　是歲，天下郡縣更造賦役黄册成，計人户一千六十八萬四千四百三十五，口五千六百七十七萬四千五百六十一。直隸應天、鎮江、太平、蘇州、松江、鳳陽、常州、徽州、安慶、廬州、寧國、淮安、池州、揚州等十四府，廣德、和州、徐州、滁州等四州計户一百八十七萬六千六百三十八，口一千六萬一千八百七十三。浙江布政使司户二百一十八萬二千四百四，口八百六十八萬一千六百四十。山東布政使司户七十二萬二百八十二，口五百六十七萬二千五百四十三。北平布政使司户三十四萬五百二十三，口一百九十八萬八百九十五。河南布政使司户三十三萬二百九十四，口二百一十萬六千九百九十一。陝西布政使司户二十九萬四千五百二，口二百四十八萬九千八百五。山西布政使司户五十九萬三千六十五，口四百四十一萬三千四百三十七。廣東布政使司户六十萬七千二百四十一，口二百五十八萬一千七百一十九。江西布政使司户一百五十六萬六千六百一十三，口八百一十萬五千六百一十。湖廣布政使司户七十三萬九千四百七十八，口四百九萬一千九百五。廣西布政使司户二十萬八千四十，口一百三十九萬二千二百四十八。福建布政使司户八十一萬六千八百三十，口三百二十九萬三千四百四十四。四川布政使司户二十三萬二千八百五十四，口一百五十六萬七千六百五十四。雲南布政使司户七萬五千六百九十，口三十五萬四千七百九十七。

《明通鑒》卷一〇　韓國公李善長既死之踰年，虞部郎中王國用上言：「善長與陛下同心，出萬死以取天下，勳臣第一。生封公，死封王，男尚公主，親戚拜官，人臣之分極矣。藉令欲自圖不軌，尚未可知，而今謂其欲佐胡惟庸者，則大謬不然矣。人情愛其子，必甚于兄弟之子，安享萬全之富貴者，必不僥幸萬一之富貴。善長與惟庸，猶子之親耳，於陛下則親子女也。使善長佐惟庸，不過勳臣第一而已矣，太師、國公、封王而已矣，尚主、納妃而已矣，寧復有加于今日？且善長豈不知天下之不可倖取！當元之季，欲爲此者何限，莫不身爲齏粉，覆宗絶祀，能保首領者幾何人哉！善長胡乃身見之而以衰倦之年身蹈之也？凡爲此者，必有深讎激變，大不得已，父子之間，或至相挾以求脱禍。今善長之子祺，備陛下骨肉親，無纖芥嫌，何苦而爲此？若謂天象告變，大臣當災，殺之以應天象，夫豈上天之意哉！臣恐天下聞之，謂功如善長且如此，四方因之解體也。今善長已死，言之無益，所願陛下作戒將來耳。」上得書，竟亦不罪也。久之，有言其疏爲御史解縉代草者。而是時都御史袁泰方用事，縉又爲同官夏長文草疏劾泰，泰深銜之。時近臣父皆得入覲，縉父開至，入見，上謂開曰：「大器晚成，若以爾子歸，益令進學，後十年來大用未晚也。」縉遂放歸。

洪武二五年（壬申、一三九二）

《國榷》卷九　正月丁亥，右都御史袁泰劾御史胡昌齡等四十一人不言時政。上曰：「人臣進言，會有時耳，安知卒不言？」泰曰：「昌齡等非不能言，懷詐耳。」上曰：「以詐罪人，此何異張湯誹謗法？」泰乃不敢復言。

《明史》卷三《太祖紀三》　戊子，周王橚來朝。

《國榷》卷九　令屯軍樹桑、棗、柿、栗、胡桃等，備歲歉。

《明通鑒》卷一〇　庚寅，河決陽武，汎陳州、中牟、原武、封丘、祥符、蘭陽、陳留、通許、太康、扶溝、杞十一州縣。有司具圖以聞，詔發民丁及安吉等十七衛軍士修築。

《明史》卷三《太祖紀三》　乙未，大祀天地於南郊。

《國榷》卷九　癸巳，定歲貢府學二人、州再歲三人、縣歲一人。

何福討都勻、畢節諸蠻，平之。

《明史》卷三《太祖紀三》　辛丑，令死囚輸粟塞下。

《國榷》卷九　丙申，送故元梁王孫愛顏帖木兒于高麗，轉入耽羅。

壬寅，晉王棡、燕王棣、楚王楨、湘王柏來朝。

《太祖實録》卷二一五　丙午，以開封府祥符等縣河決，詔免今年田租。

置山西解州運鹽站，命户部遣官相治道路，設法轉運，以便商賈。乃遣主事蔚綬、劉勻詣鹽池，量度水路之程。

丁未，命自今武臣既没，有子未承襲者，仍給其禄。

庚戌，河南按察司言：「王府長史與按察司僉事俱五品。然僉事乃風紀之職。今王府筵宴長史上殿，僉事乃坐於殿外廡下，公聚序坐，長史復居僉事之上，禮有未當。」詔下廷臣議。以爲公宴序坐，長史宜在僉事下。若王命長史上殿，則不拘此例。上曰：「按察司僉事，方面官也，王府筵宴亦宜入殿，坐於長史之上。」

《國榷》卷九　辛亥，靖江王守謙薨。守謙，皇兄南昌王孫。初，南昌王子文正謫死桐城，育守謙宫中。及長，就封，淫虐不悛。召諭之，作詩刺譏。俾鳳陽力田七年，復爵鎮雲南，淫虐如故。召置鳳陽，猶横恣奪牧馬。乃笞之，幽京師，卒。子贊儀爲世子。

《太祖實録》卷二一六　二月壬子朔，四川都指揮同知徐凱言：「成都六衛，西蜀重鎮。其軍士宜以十之六屯田，餘皆守城。惟漢州地廣民稀，宜全發二衛軍士往彼屯種自食。」從之。

《國榷》卷九　傳制、遣使持節等儀，皆出東階。

《太祖實録》卷二一六　癸丑，以大理寺卿周志清爲都察院右副都御史，通政使張廷蘭爲大理寺卿，兵部右侍郎葉皾爲通政使。

丁巳，山東青、兖、登、萊、濟南五府飢歉，上命免徵今年魚課，聽民漁以助食。

《明史》卷三《太祖紀三》　戊午，召曹國公李景隆等還京師。

靖寧侯葉昇等練兵於河南及臨、鞏、甘、涼、延慶。

都督茅鼎等平五開蠻。

《國榷》卷九　上諭刑部尚書楊靖等曰：「京師之獄，卿等三覆奏，朕親臨決，猶慮不當。中外有司，安能人皆盡職？所上獄，卿等詳讞之。」

《太祖實録》卷二一六　癸亥，遣其使至甘肅，諭都督宋晟、劉真曰：「凡西番回回來互市者，止於甘肅城外三十里，不許入城。」先是嘗遣回回使西域諸國，留其家屬，居于西凉，逗留五年不還。其餘回回居邊上者，又數爲刼掠，爲邊將所獲。事聞，上以回回王使者朝貢往來，恐其因生邊釁，命徙居揚州。既而復有願挈家還本地者，上始疑其爲覘我中國。至是命晟等，自今西番回回來互市者，毋令入城。若朝貢之使欲入城者聽。

《國榷》卷九　甲子，命儒學諸生兼習射書數法。

《明史》卷三《太祖紀三》　丙寅，耕耤田。

《太祖實録》卷二一六　辛未，上勑中軍都督府臣曰：「近内臣自河南還，言開封府大河濟渡處，寬者二十里，狹者猶十餘里，水勢汎溢。或天氣寒沍，舟人濟渡者手足皸瘃，艱苦尤甚。且使傳絡繹，候渡者常數百人。舟纔至岸，人争趨先登。既登而開，水工執櫓，未得措手足，而舟已在急流中矣。非器堅利而人素習，少有不没溺者。而附舟强横之徒，又往往攘敓其器物以去，使束手無措。縱免没溺，而所損亦多矣。有司置而不問。朕已嘗命給水工衣糧，使其專力於濟渡之役。今其害若此，爾都府即移文都指揮使司、布政使司并開封府，使巡察以時，常修治舟楫。若怠其事，首領官與攘敓水工器物者皆論如律。」

《國榷》卷九　癸酉，詔諸將流罪以下謫戍雲貴者，復其官。曰：「此皆從朕萬死一生，不戒而犯，朕不忍置于法。今既有年，必自新矣。」

《太祖實録》卷二一六　庚辰，户部奏：「蘇州府崇明縣濱海之田爲海潮渰没，民無田耕種者凡二千七百户。」上命徙其民於江北屯種，官給牛糧資之。

上以松州、茂州山路崎嶇，民間輸運艱苦，逋逃者多，命本衛軍士三分守禦，七分屯種；其王府護衛以三之二屯種，三之一扈從，以息其民轉運之勞。仍令布政司別設法儹運，且招諭逃亡，使其復業，無重擾之。

監察御史張式奏，徙山東登、萊二府貧民無恒産者五千六百三十五户，就耕於東昌。

監察御史李謙言：「河東解州鹽池，西屬解州，東屬安邑，鹽夫一萬七千二百五丁，撈鹽之所凡三百有四，歲辦鹽一十五萬二千引。緣鹽所産本係一池，中分兩界，而運司設於安邑，止於東池撈鹽。然西池地高水淺，鹽花易結，倍於東池。宜別設西場於解州，於原額上再加一倍。其撈鹽人夫除額定外，於附近州縣人民内量撥丁夫協辦。如此則人力易爲，公私兩便。」從之。

《明史》卷三《太祖紀三》 詔天下衛所軍以十之七屯田。

《國榷》卷九 賜涼國公藍玉米千五百石。

復寶鈔行用庫，尋罷。

曹縣主簿劉郁因事逮繫，耆民詣闕，言郁廉勤，上喜，復其官。

辛巳，潁國公傅友德請懷遠等縣官地九頃有奇爲圃。上曰：「禄，腆矣，而猶請地，獨不聞公儀休乎？」

三月壬午朔，罷民間歲輸馬草。

《明史》卷三《太祖紀三》 癸未，馮勝等十四人分理陝西、山西、河南諸衛軍務。

《太祖實録》卷二一七 甲申，北平府東安、文安等縣被水災，貧民二千五百餘人流移乏食。上命有司悉免其租，復賑濟之。

《國榷》卷九 敕諭燕王：「殘胡散處塞外，必爲後患。其選六七千騎或萬騎，各裹糧，以乃兒不花等所部爲鄉導，令北平都指揮使周興爲總兵官，出塞搜捕。」

《明通鑒》卷一〇 丁亥，命舳艫侯朱壽等督海運遼東。

《太祖實録》卷二一七 庚寅，工部言：「在外諸司公宇，有司以不敢役民，歲久頽弊，宜頒以成式，俾之修營。」從之。

《明史》卷三《太祖紀三》 庚寅，改封豫王桂爲代王，漢王楧爲肅王，衛王植爲遼王。

《國榷》卷九 罷築鳳陽城。

乙未，建寧府教授周斌爲中都國子監司業。

《太祖實録》卷二一七 丙申，上諭禮部右侍郎張智曰：「諸王分封之地，其境内名山大川，如東嶽泰山、東鎮沂山與夫江河淮濟諸神，咸宜祭告。爾禮部與太常遣人行禮。」

《國榷》卷九 癸卯，兩浙都轉運鹽使陳龔坐胡黨，宜論死。以元忠臣福壽子宥之，謫雲南，敕西平侯善遇。

庚戌，四川敘州山盜作亂，討平之。

《明史》卷三《太祖紀三》 四月壬子，涼國公藍玉征罕東。

初，上命玉理甘肅蘭州、莊浪七衛之兵，以追逃寇祁者孫。

癸丑，建昌衛指揮月魯帖木兒叛，指揮魯毅敗之。

《太祖實録》卷二一七 庚申，改將作司爲營繕所，秩正七品。

《國榷》卷九 丁卯，申肅朝儀。

辛未，藍玉分置甘州左右中三衛。

《太祖實録》卷二一七 乙亥，詔刑官凡在京獄囚犯，笞杖者俱宥之；徒流、雜犯、死罪并重罪罰役者，悉發戍于邊。

詔自今京官出使者，廩給之外，仍月賜鈔一政。

《國榷》卷九 左春坊大學士董倫爲河南布政司右參議。

《太祖實録》卷二一七 丙子，邛州龍泉群蠻作亂，殺大渡河千户并軍士五十餘人，四川都指揮使瞿能、都指揮同知徐凱等統兵討平之。

《國榷》卷九 皇太子薨，年三十九。上慟哭，命禮部議喪禮。上服齊衰十二日，祭畢，釋。廷臣入臨文華殿三日，詣春和門會哭。明日，素服奉慰。

《明史》卷三《太祖紀三》 戊寅，都督聶緯、徐司馬、瞿能討月魯帖木兒，俟藍玉還，並聽節制。

《國榷》卷九 上御東角門，諭羣臣曰：「朕老矣。太子不幸，命也。」因大哭。

《明史》卷三《太祖紀三》 五月辛巳，藍玉至罕東，寇遁，遂趨建昌。

《太祖實録》卷二一七 癸未，琉球國中山王察度及其子武寧遣其使渥周結致等各進表箋貢馬。察度又遣從子日孜每闊、八馬寨官子仁悦慈入國學讀書。

《明史》卷三《太祖紀三》 己丑，振陳州原武水災。

《明通鑒》卷一〇 當除服，上猶不忍，羣臣固請，乃釋服視朝。

《太祖實録》卷二一七 庚寅，琉球國中山王察度表，言：「通事程俊、葉希尹二人以寨官兼通事，往來進貢，服勞居多。乞賜職加冠帶，使本國臣民有所景仰，以變番俗。」從之。

《明通鑑》卷一〇　壬辰，北平、江西、陝西饑，發倉粟振之。寧夏千户何忠，以缺伍削官，上以其爲萬户何勝之孫，特宥之，並予世襲。

《太祖實録》卷二一七　甲辰，尚膳太監而聶等至河州，召必里諸番族，以勑諭之。諸族皆感恩意，争出馬以獻，於是得馬萬三百四十餘疋，以茶三十餘萬斤給之。諸族大悦。而聶遣使入奏，命以馬分給河南、山西、陝西衛所騎士。

丙午，降都察院右副都御史周志清仍爲河南道監察御史。志清初由通經秀才授河南道監察御史，遷大理寺右寺丞，陞爲卿，轉副都御史。志清遇事敢言，而爲人率略，故於事不計可否，輒任意行之。至是，以故出人罪，爲僉都御史李文吉所劾，遂降今官。

庚戌，都指揮使瞿能等將兵至栢興州。月魯帖木兒懼，欲遁去，恐我師追及，乃遣人請降。諸將皆曰：「此必詐也，宜乘勢擊之。」能不聽，乃歛兵待之，遣使馳報。賊果逸去，追之，不及。

《國榷》卷九　高麗入貢，謝賜禮幣。時李成桂廢王瑶，自簒其國。

六月癸丑，置建昌、蘇州二衛，會川千户所。

戊午，封右軍都督僉事俞通淵越巂侯，世禄二千五百石，以征蠻功。

《太祖實録》卷二一八　癸亥，上諭禮部臣曰：「近聞天下學校生員多驕惰縱肆，凌慢師長，宜重禁之。爾禮部其著爲學規，俾之遵守。」於是禮部乃條其目，自授業、講讀、進退、出入皆有定法。且令内不違親之命，外不咈師之訓，以至處朋友，待僕隸，皆有其道。又戒以毋蔑禮玩法，毋矜能喪志，毋違卧碑以取愆，惟篤志聖賢，潛心古訓，以勉其成，違者罪之。

丁卯，西平侯沐英卒。

凉國公藍玉師至建昌。

《國榷》卷九　戊辰，議時享禮。

《明通鑑》卷一〇　時有東宫之喪，侍郎張智、學士劉三吾等議：「《王制》，三年不祭，惟祭天地社稷，不以卑廢尊也。《宋會典》，真宗居喪，易日而服除，明年，遂享太廟，合祀天地，皆服衮冕，所有鹵簿、儀仗、車路、登科、鼓吹，並如常儀。真宗批答云：『除郊天用樂，其鹵簿鼓吹之等，皆備而不作。』今議宜如宋制。惟太廟祖先神靈所在，國既有喪，恐神不歆聽，宜亦備而不作。」制曰：「可。」

《國榷》卷九　癸酉，敕總兵官凉國公藍玉曰：「都指揮使瞿能討賊失機，許自贖。月魯帖木兒詭詐萬狀，遽信其降，歛兵縱敵，非愚而何！其謀主楊把事及達達千户二人宜即捕之。月魯帖木兒多子，如出質，收撫之，以擒月魯帖木兒，毋惑！」

《明史》卷三《太祖紀三》　七月庚辰，秦王樉復國。

《國榷》卷九　上御右順門，諭侍臣曰：「治有緩急，治亂民不可急，急則益亂；撫治民不可擾，擾則不治。」

《太祖實録》卷二一九　壬午，申明靴禁。

《明史》卷三《太祖紀三》　癸未，指揮瞿能敗月魯帖木兒於雙狼寨。

《國榷》卷九　賊遁，進托落等寨。復遁，累勝至打冲河，大敗之，俘五百餘人，溺千餘人。賊又遁，因窮搜，先後俘殺千八百餘人，月魯帖木兒走柏興州。

己丑，貴州苗寨悉平。

《太祖實録》卷二一九　庚寅，以雲南都指揮使甯正爲右軍都督府左都督，命鎮守雲南。以左軍都督僉事馮誠爲右軍都督府右都督，與都督僉事何福同署雲南都指揮使司事。

辛卯，以大理寺卿張庭蘭爲都察院左副都御史，署院事。僉事解敏爲右副都御史，大理寺右寺丞曹銘爲右少卿，左評事馬文彧爲右寺丞。

癸巳，上以月魯帖木兒之叛，既命師征討，廼勑景川侯曹震往四川都指揮使司，以所屬士馬簡閲訓練，以俟調用。諸軍糧以米鈔兼給之，存其餘，以餉建昌之卒。普定侯陳桓往陝西修連雲棧，入四川。都督王成往貴州，平險阻，治溝澗，架橋梁，以通道路。

丁酉，復以周志清爲都察院右僉都御史。

《國榷》卷九　戊戌，雲南土官王春作亂，討降之。

丁未，改詹事院爲府，起致仕兵部尚書唐鐸兼詹事，左通政祝春、右僉都御史李文吉爲少詹事。

己酉，命商人支鹽入海者勿禁。

《明通鑑》卷一〇　敕刑部榜諭天下學校。上留心民事，凡教官給由至京師者，悉召見，詢民疾苦。岢嵐州學正吴從權、山陰縣教諭張恒，以給由至京師，上召問民事，皆言：「職在訓士，于民事無所知。」上曰：「宋胡瑗爲蘇湖教授，設經義、治事二齋，兵農水利，靡不兼之，當時得人稱盛。爾二人既不通世務，罔識民情，則平日所教何事？生徒將安賴邪？」命竄之遠方，榜示天下學校，以爲鑒戒。

八月庚戌朔，都察院右都御史袁泰卒。

《明史》卷三《太祖紀三》　己未，江夏侯周德興坐事誅。

《國榷》卷九　庚申，葬皇太子于孝陵之左，謚曰「懿文」。

總兵官都指揮使周興出塞，敗虜于徹兒山，擒五百餘人及畜産符印，悉送京師。擇卯罕、阿魯溫沙二人，令賫榜北還諭虜。

丙寅，國子監立射圃，賜諸生弓矢。

《明史》卷三《太祖紀三》　丁卯，馮勝、傅友德帥開國公常昇等分行山西，籍民爲軍，屯田於大同、東勝，立十六衛。

《太祖實録》卷二二〇　戊辰，前軍都督僉事楊春率兵從道州寧遠縣攻麓石等洞及富川諸處蠻寇，平之。

己巳，詔各衛軍士老疾有代者，聽其還鄉，以罪謫爲軍者不許。

癸酉，改建宗人府、五府、六部、太常司官署。

《昭代典則》卷一一　上諭廷臣曰：「南方爲離明之位，人君南面以聽天下之治，故殿廷皆南嚮。人臣則左文右武，北面而朝，禮也。五府、六部官署宜東西並列。其建六部於廣敬門之東，皆西嚮；建五府於廣敬門之西，皆東嚮，惟刑部掌邦刑，已置西北太平門之外。」於是以宗人府、吏、户、禮、兵、工五部列於廣敬門之東，中、左、右、前、後五府、太常司列於廣敬門之西。悉改造，令規摹宏壯。命主事高有常董其役。

《明史》卷三《太祖紀三》　甲戌，給公侯歲禄，歸賜田於官。

丙子，靖寧侯葉昇坐胡惟庸黨誅。

《皇明資治通紀》卷九　是月，頒《醒貪簡要録》。上諭廷臣曰：「四民之中，士最爲貴，農最爲勞。士之最貴者何？讀聖賢之書，明聖賢之道，由爲君用，坐享天禄。農之最勞者何？當春之時，雞鳴而起，驅牛乘耒而耕。及苗既種，又須耘耨，炎天赤日，形體憔悴。及至秋成，輸官之外，所餘能幾？一或水旱蟲蝗，則舉家遑遑，無所望矣。今居官者不知吾民之艱，至有刻剥而虐害之，無仁心甚矣！」於是，命户部臣備録文武大小官品，歲給俸米之數，以米計其用穀之數。又計田畝出穀之數，與其用力多寡而爲之書。至是編成，賜名曰「醒貪簡要録」，頒布中外，俾食禄者知所以恤民。

《國榷》卷九　九月辛巳，户部左侍郎陳宗禮、大理寺丞曹瑾，罪當杖、降官，命免杖，工部辦事。

《太祖實録》卷二二一　壬午，上以鞏昌至甘肅馬驛相去甚遠，馬乏而人易困，迺命兵部同右軍都督府遣官相度。凡百二十里以上者，中增一驛，以秦、河二州所市馬分給之，其驛夫則籍於有司附近者。於是自鞏昌、涼州達於甘肅，增置延來等二十九驛，驛置馬三十匹。

乙酉，命鑄各按察分司印。先是，各按察分司所分巡按地方，多有未當。至是命都察院六部官會議更定，凡四十八道。

《國榷》卷九　戊子，左軍都督府經歷唐奉先干請通政司葉獻，刑部以聞。罪當杖，上念其進士，免罪，紀其過。

召太常寺卿許昇問祭禮，不能對，典簿劉仲實從旁代對甚詳。上責昇曰：「國之大事，而昏惰不恭！」降刑部主事，進仲實太常寺卿。

《太祖實録》卷二二一　庚寅，册立皇第三孫允炆爲皇太孫，祭告太廟。

《明通鑒》卷一〇　皇太子之薨也，上御東閣門，召對羣臣，慟哭。學士劉三吾進曰：「皇孫世適，承統，禮也。」于是上意定。

《太祖實録》卷二二一　以都察院左僉都御史淩漢爲左春坊左贊善。

《明通鑒》卷一〇　高麗知密直司事趙胖等持國都評議司奏言：「本國自恭愍王薨無嗣，權臣李仁任以辛旽子禑主國事，昏暴好殺，至欲興師犯邊，大將軍李成桂以爲不可而回軍。禑負罪皇恐，遜位子昌。國人弗順，啓請恭愍王妃安氏，擇宗親權國事，遂立瑤，已及四年，昏戾信讒，戕害勳舊。子奭，癡騃不慧。王氏子孫，無可當輿望者，中外人心咸繫成桂。臣等乃以安氏命，退瑤于私第，率國人耆老推主國事，惟聖主俞允！」蓋成桂自爲之詞也。

上以高麗僻在海隅，非中國所治，詔聽之。

《太祖實録》卷二二一　癸卯，工部尚書秦逵有罪，自殺。

甲辰，遷兵部左侍郎邵永善爲工部左侍郎，陞户部郎中嚴震直爲工部試右侍郎。

戊申，户部議減四川蘇州、建昌二衛中鹽則例。先是，商人於建昌衛輸米八斗者，給浙鹽一引，一石五斗，給川鹽。商人以建昌山路險遠，難於轉輸，且米數重，故中納者少，以故兩衛軍儲不給。至是，議減浙鹽一引，納米五斗，川鹽米一石。

《國榷》卷九　左軍都督僉事王珪卒。

除方孝孺漢中教授。孝孺徵至，上曰：「今非用孝孺時。」

《皇明資治通紀》卷九　疏鑿溧陽銀墅、東壩河道，自十字港至沙子河，凡三千九百六十丈。又沙子河至胭脂壩，凡三百六十丈。計役嘉興等府州民丁三十五萬九千七百人，命崇山侯李新往溧水縣督視之。諭曰：「兩浙賦税漕運京師，歲費浩繁。一自浙河至丹陽，捨舟登陸，轉輸甚勞。一自大江泝流而上，風濤之險，覆溺者多。朕甚憫之。今欲自幾甸而疏鑿河流，以通于浙，俾輸者不勞，商旅獲便。故特命爾往督其事。爾其蒞事惟勤，役民勿暴。」新頓首受命而行。暨河成，人皆便之。

《太祖實録》卷二二二　十月己酉，改建欽天監于五府之後。

《國榷》卷九　申諭較試軍士之令。

《太祖實録》卷二二二　癸丑，户部言：「運解州池鹽計其路程，自河口楊臺站至淮安白萍站，共二十七站，每站一百里，當用船二百七十艘，次第接運，至京倉收貯。宜令工部造船，刑部都察院發囚夫往運。」從之

《昭代典則》卷二　戊午，上遣使諭總兵官涼國公藍玉曰：「月魯帖木兒凶頑無識，生死輕重，殊無顧藉。其用事者，楊把事、達達千户二人而已。若大軍壓境，或有使來，恐是此人，宜即羈之，勿令遁去。昔寇恂斬皇甫文而降高峻，用此計也。且月魯帖木兒其出也，或詭詐以覘我軍，不可信之。若知其所在，即遣兵進攻。若來降，密爲之防。所謂事起乎所忽，不可不慎。其屯人建昌土軍三千人，宜收入營，諸將散亡者，捕送京師。又蘇州去西番甚邇，宜早定之。其栢興州賈哈喇境内摩挲等部，亦須除其凶渠，然後宥其餘衆，俾耕牧以供賦税。凡節制軍務，惟此最當留意。」賈哈喇者，摩挲洞土豪也。初王師克建昌，授以指揮之職，至是從月魯帖木兒叛。

《國榷》卷九　辛酉，修築陽武河防。

癸亥，上度地自牛首山接方山，傍河淮爲上林苑。以妨民，罷之。

己巳，故西平侯沐英追封黔寧王，謚「昭靖」。

《太祖實録》卷二二二　乙亥，命鎮守雲南都督甯正署雲南都指揮使司事，召都督僉事何福等還京。

《明史》卷三《太祖紀三》　沐春襲封西平侯，鎮雲南。

《國榷》卷九　訪精諳曆數之士。

《明通鑒》卷一〇　時山東周敬心爲太學生，上疏極諫，且及時政數事。其略曰：「臣聞國祚長短，在德厚薄，不在曆數。三代尚矣。三代而下，最久莫如漢、唐、宋，最短莫如秦、隋、五代。其久也以有道，其短也以無道。陛下膺天眷命，救亂誅暴，然神武威斷則有餘，寬大忠厚則不足。陛下若效兩漢之寬大，唐、宋之忠厚，講三代所以有道之長，則帝王之祚可傳萬世，何必問諸小道之人耶！臣又聞陛下連年遠征，北出沙漠，爲恥不得傳國璽耳。昔楚平王時，琢卞和之玉，至秦始名爲璽。歷代遞嬗，以訖後唐，治亂興廢，皆不在此。石敬瑭亂，潞王擕以自焚，則秦璽固已毁矣。敬瑭入洛，更以玉製，晉亡入遼，遼亡遺于桑乾河，元世祖時，札剌爾者漁而得之。今元人所挾，石氏璽耳。昔者，三代不知有璽，仁爲之璽。故曰『聖人大寶曰位，何以守位曰仁』。陛下奈何忽天下之大璽而求漢、唐、宋之小璽也？方今力役過煩，賦斂過重，教化溥而民不悦，法度嚴而民不從。昔汲黯言于武帝曰：『陛下内多欲而外施仁義，奈何欲效唐、虞之治乎？』方今國願富，兵願强，城池願高深，宫室願壯麗，土地願廣，人民願衆，于是多取軍卒，廣籍資財，征伐不休，營造無極，如之何其可治也！臣又見洪武四年録天下官吏，十三年連坐胡黨，十九年逮官吏積年爲民害者，二十三年罪妄言者，大戮官民，不分臧否，其中豈無忠臣烈士，善人君子！于兹見陛下之薄德而任刑矣，水旱連年，夫豈無故哉！」言皆激切。報聞，然亦終不能用也。

《太祖實録》卷二二二　十一月乙酉，山東都指揮使周房言：「所屬寧海、萊州二衛，東瀕巨海，途岸紆遠，難於防禦。近者審擇萊州要害之處，當置八總寨，以轄四十八小寨。奠寧衛亦宜置五總寨，以備倭夷。」詔從之。

丙戌，景川侯曹震遣鎮撫甘信入奏五事，一曰四川所屬地方鹽井五十七處，俱用竹筒皮囊，汲水煎辦，歲額四萬五千一百七十五引，以給各衛軍士，月鹽不敷。夔州雲陽有上温、下温、東西等五井，大寧縣鹽井泉湧，易爲煎辦，已有竈丁九百六十人，歲辦一萬六百二十三引。請依普安例，召商輸粟，以備軍儲，而給鹽償之。二曰四川鹽課司言，今商人於雲南、建昌、烏撒諸處輸粟，給以川鹽，數支不敷。乞令以重慶府綦江縣買馬官鹽八千一百餘引給之。三曰馬湖等府秋糧逋征，蓋以四川之民，自國初剏置貴州黄平、松茂等衛，營造蜀府，征討雲南，禄肇諸處，積年勞役，請從末減。四曰施州衛官軍歲用糧儲，皆湖廣郡縣所運。川江至險，泝汎艱難。重慶府歲儲糧三十三萬八千石有奇，既無他用，可具舟順流至巫山，俾施州衛發軍與民兼運，甚便。五曰建昌、蘇州新置之衛，控禦羌戎，凡弓矢火攻之具，四川都司布政司足以造之，惟盔甲不易成，請於工部支給。上皆從之。

《國榷》卷九　翰林院編修唐震卒于泗州，特命往祭，歸喪京師。

《明史》卷三《太祖紀三》　甲午，藍玉擒月魯帖木兒，誅之。

《國榷》卷九　〔藍〕玉奏：「四川控扼西番，蠻夷梗化，由其山險地曠，備禦

寡踈，宜增置屯衛，籍民爲軍守之。」又請移兵討長河西朵甘百夷。上報：「設諸衛，毋籍兵。籍兵，困邊民也。兵久在外，毋重勞之。朵甘百夷之行，非四十萬衆不可。爾其還師。」蓋上自用兵以來，無不慎重。又徐、常在軍，惟上所命，未有請移書往攻者。玉征西番罕東，已非上意，更無所得虜，復請移兵攻朵甘，宜上之難之也。

癸卯，少詹事李文吉仍爲右僉都御史。

置貴州宣慰司儒學。

是月，重定中外文武官品階勳禄之制，陰陽、醫學、僧道官不給禄。

十二月丁未朔，敕宋國公馮勝、潁國公傅友德備邊。

《明通鑑》卷一〇　丙辰，宥安陸知州余彦誠。因征稅愆期，當逮。【略】州民楊幺等伏闕乞留，上賜宴遣還，幺等亦預宴。未幾，擢彦誠爲永州知府。

《國榷》卷九　安慶府知事周昌請寬宥小過，從之。

《太祖實録》卷一二三　庚申，琉球國山南王承察度遣使南都妹等貢方物，并遣姪三五郎尾及寨官之子實他盧尾、賀段志等赴國子監讀書。

甲子，廣東都指揮使花茂奏：「東莞、香山等縣大溪山、横琴山逋逃蜑户輦人凡一千餘户，附居海島，不習耕稼，止以操舟爲業。會官軍則稱捕魚，遇番賊則同爲寇盜。隔絶海洋，殊難管轄。其守禦官軍冒山嵐海瘴，多疾疫而死。請徙其人爲兵，庶革前患。」從之。

《國榷》卷九　乙丑，都督僉事楊春討平靖州蠻。

改製鐵券，賜諸功臣。

《太祖實録》卷一二三　庚午，山東布政使趙子良奏：「濟南長清、東阿、兗州、濟寧河流久涸，舟楫不通。」詔兵部設車輛遞運。

《國榷》卷九　雲南布政司右參議當塗范祖爲左參議范常子，户部郎中雲南楊大用爲右參議。

《太祖實録》卷一二三　辛未，以北平河間府水災，詔免其田租，凡五萬五千餘石。

後軍都督府都督僉事李恪、徐禮還京。先是命恪等往諭山西民，願徙居彰德者聽。至是還，報彰德、衛輝、廣平、大名、東昌、開封、懷慶七府民徙居者凡五百九十八户。計今年所收穀粟麥三百餘萬石，綿花千一百八十萬三千餘斤，見種麥苗萬二千一百八十餘頃。上甚喜曰：「如此十年，吾民之貧者少矣。」

哈梅里兀納失里王遣回回哈只阿里等來貢。

《國榷》卷九　壬申，宋國公馮勝及諸侯伯還朝。

《明史》卷三《太祖紀三》　甲戌，宋國公馮勝、潁國公傅友德等兼東宫師保官。

《明通鑑》卷一〇　以黄子澄進修撰，命侍東宫講讀。

《太祖實録》卷一二三　乙亥，詔陝西都指揮使司，甘肅等處回回軍民願還西域者，悉遣之還撒馬兒罕之地，凡千二百三十六人。

《國榷》卷九　丙子，五府諭各都指揮使上兵餉之數，及圖關隘衝要、山川險易、道里遠近以聞。

《太祖實録》卷一二三　閏十二月己卯，命户部遣官，於湖廣、江西諸郡縣買牛二萬二千三百餘頭，分給山東屯種貧民。

辛巳，上諭禮部臣曰：「周制諸侯之妻曰夫人，漢制妃以下亦曰夫人。今王妃以下有所出者，皆稱夫人，著爲令。」

《國榷》卷九　乙酉，高麗李成桂請更國號，上以朝鮮名最善，即賜之。

辛卯，定巡檢考課之法。

壬辰，户部尚書趙勉有罪，下獄。

甲午，翰林學士劉三吾以趙勉婦翁，自訴失教，免其官。

《昭代典則》卷一一　命僧録司造周知册，頒於天下僧寺。時京師百福寺隱囚徒逋卒，往往易名姓爲僧，遊食四方，無以驗其真僞。於是命造周知文册。在京及在外府州、縣寺院僧名，以次編之。其年甲、姓名、字行及始爲僧年月，與所授度牒字號，俱載於僧名之下。既成，頒示天下僧寺。凡遊方行脚至者，以册驗之。其不同者，許獲送有司，械至京治重罪。容隱者，罪亦如之。

《明史》卷三《太祖紀三》　戊戌，馮勝爲總兵官，傅友德副之，練兵山西、河南，兼領屯衛。

《國榷》卷九　甲辰，趙勉伏誅。

刑部尚書楊靖鞫一武臣，門卒檢其身，得一大珠。靖曰：「僞物也。」椎碎之而以聞。上歎其四善，得奇物不獻，一也；其珠必有所受，轉詰且起大獄，碎不問，二也；門卒無所嘉獎，杜小人之倖端，三也；敏才應卒，四也。敕褒之。

《太祖實録》卷一二三　是歲，造端門、承天門樓各五門，復於承天門外建長安東西二門。

計内外武官并兵馬總數在京武官二千七百四十七員，軍二十萬六千二百八十人，馬四千七百五十一匹；在外武官萬三千七百四十二員，軍九十九萬二千一百五十四人，馬四萬三百二十九匹。

洪武二六年（癸酉、一三九二）

《國榷》卷一〇　正月丁未朔，册諸妃生子者。

《明史》卷三《太祖紀三》　戊申，免天下耆民來朝。

《太祖實録》卷二二四　庚戌，置四川越嶲衛。

《國榷》卷一〇　辛亥，中軍都督僉事徐司馬卒。

乙卯，起致仕兵部尚書唐鐸兼太子賓客。

《明史》卷三《太祖紀三》　辛酉，大祀天地於南郊。

《國榷》卷一〇　癸亥，肅王楧、遼王植、慶王㮵、寧王權之國。初，肅王都甘州，遼王都廣寧，慶王都寧夏，寧王都大寧。至是，惟寧王就國，餘俟完邸集餉，駐肅王平凉，遼王大凌河北，慶王韋州城。

大理寺右少卿曹銘奔父喪，葬訖，起復。

《太祖實録》卷二二四　琉球國中山王察度遣使麻州等貢馬及硫黄，詔賜麻州等錦綺及鈔有差。

戊辰，命以大成樂器頒給天下府學。先是，上以天下通祀孔子，而樂器未備，命禮部、工部集工人製之。至是樂成，以給各府儒學，俾州縣皆如式製之。

己巳，初，靖州會同縣山賊王漢等恃險聚衆，據天柱龍寨，連結五開、龍里羣盜爲亂，乘間時出剽掠，命靖州衛發兵討之。兵至，斬獲甚多。至是，械其首從五百餘人至京。廷臣請誅之，上曰：「蠻人爲亂，何代無之？但誅其首亂者足矣，其餘悉發戍東勝州。」

《國榷》卷一〇　辛未，刑部尚書楊靖兼太子賓客。

《太祖實録》卷二二四　是月，重定親王、公主婚禮。

《明史》卷三《太祖紀三》　二月丁丑，晉王棡統山西、河南軍出塞，召馮勝、傅友德、常昇、王弼等還。

《明通鑒》卷一〇　棡既歸藩，自此折節，待官屬有禮，更以恭慎聞。時上整飭邊防，自燕王外，惟棡數被重寄，凡將兵出塞及築城屯田之事，皆以委之。

《國榷》卷一〇　長興侯耿炳文入朝，三月復往陝西。

辛巳，置大同、陽和、天城、懷安、萬全、左右東勝、左右宣府、左右鎮朔、定邊、玉林、雲川、鎮虜、宣德等衛，皆城守。

《太祖實録》卷二二五　癸未，遣使往西凉、永昌、甘肅、山丹、西寧、臨洮、河州、洮州、岷州、鞏昌緣邊諸番，頒給金銅信符。勑諭各族部落曰：「往者朝廷或有所需于爾，必以茶貨酬之，未嘗暴有徵也。近聞邊將無狀，多假朝命，擾害爾等，使不獲寧居。今特製金銅信符，族頒一符，遇有使者徵發，比對相合，始許承命。否者，械至京師，罪之。」

《明史》卷三《太祖紀三》　乙酉，蜀王椿來朝。

凉國公藍玉以謀反，并鶴慶侯張翼、普定侯陳桓、景川侯曹震、舳艫侯朱壽、東莞伯何榮、吏部尚書詹徽等皆坐誅。

《明通鑒》卷一〇　〔藍〕玉長身赬面，饒勇略，有大將才。中山、開平既没，數總大軍，多立功，上遇之厚。寖驕蹇自恣，多蓄莊奴假子，乘勢暴横。嘗占東昌民田，御史按問，玉怒，逐御史。北征還，夜扣喜峯關，關吏不時納，縱兵毁關入。上聞之，不樂。後又以在軍私元主妃事，上戒敕之，玉猶不悛。侍宴，語傲慢。在軍擅黜陟將校，進止自專。洎西征還，以太孫立，命兼太子太傅。玉不樂居宋、潁兩公下，曰：「我不堪太師邪！」比奏事多不見聽，益怏怏，語所親曰：「上疑我矣。」至是錦衣衛指揮蔣瓛告玉謀反，下吏鞫訊。獄詞云：「玉同景川侯曹震、鶴慶侯張翼、舳艫侯朱壽、東莞伯何榮及吏部尚書詹徽、户部侍郎傅友文等謀爲變，將俟上出藉田舉事。」獄具，族誅之，列侯以下，坐黨夷滅者凡萬五千餘人。于是元功宿將相繼盡矣。上又以是疑宋國公馮勝等，即日召馮勝、傅友德、常昇、王弼還。初，玉征納克楚歸，言于皇太子曰：「臣觀燕王在國，陰有不臣心。又聞望氣者言『燕有天子氣』，殿下宜審之。」蓋玉爲常遇春妻弟，而皇太子元妃常氏，遇春女也。太子殊無意，而語嘖嘖聞于燕王，遂銜之。及太子薨，燕王來朝，頗言「諸公侯縱恣不法，將有尾不大掉憂」，上由是益疑忌功臣，不數月而玉禍作。

《明史》卷三《太祖紀三》　己丑，頒《逆臣録》於天下。

《明通鑒》卷一〇　時有吴縣名士王行父子，皆坐玉黨死。初，青丘高啓，家北郭，與行比鄰，時有徐賁、高遜志、唐肅、宋克、余堯臣、張羽、吕敏、陳則，皆卜居相近，號「北郭十子」。行以洪武初，有司延爲學校師，已，謝去，隱于石湖。

其二子役于京，行往視之，玉館于家，數薦之于上，得召見，竟以是及禍。又，順德孫蕡，曾徵修《洪武正韻》，授翰林院典籍。出爲平原主簿，蘇州府經歷，坐累戍遼東。及玉敗，大治其黨，以蕡嘗爲玉題畫，遂論死。臨刑，作詩長謳而逝。

《明史》卷三《太祖紀三》 庚寅，耕耤田。

《國榷》卷一〇 太常寺卿丘玄清卒。

《太祖實録》卷二二五 癸巳，朝鮮遣使送馬九千八百八十匹至遼東，命指揮王鼎運紵絲、綿布一萬九千七百六十匹以酬之。

《明通鑒》卷一〇 乙未，遼東開元衛軍士馬名廣上言五事。其末言：「今華夏治安，北寇遠遁，正歸馬放牛之日。昔唐太宗初年，置府兵分隸禁衛，天下八百，而在關中者五百。舉天下之兵不敵關中，此居重馭輕之法也。請自今，外衛軍士老死者免補，且漸收藩衛，移置京畿，不勝社稷之福。」上觀其言有可采者，授爲太和縣丞。

《國榷》卷一〇 丙申，爪哇國入貢。

國子生魏照坐累罰爲吏，上言乞改過，秋試，許之。

辛丑，給事中梁焕署吏部事。

《太祖實録》卷二二五 壬寅，降禮部右侍郎張智爲北平府儒學訓導，未行，改國子學録。智坐烏思藏奏請印章文移失體故也。

西寧番僧三剌貢馬。先是三剌爲書招降罕東諸部，又刱佛刹於碾白南川，以居其衆。至是，始來朝。因請護持及寺額，上賜名曰「瞿曇寺」。

人有告燕山中護衛指揮使阿魯帖木兒、留守中衛指揮使乃兒不花有逆謀。上曰：「二人之來歸也，朕知其才可用，故任之不疑。今反側乃爾，何胡人之心不誠如是乎？」命軍中察實以聞。

是月，朝鮮權知國事李成桂遣門下贊成事禹仁烈貢馬及方物。

《國榷》卷一〇 三月戊申，平緬國入貢。

定救日禮。

《明史》卷三《太祖紀三》 辛亥，代王桂率護衛兵出塞，聽晉王節制。

長興侯耿炳文練兵陝西。

《國榷》卷一〇 乙卯，敕燕王曰：「有告指揮乃兒不花有逆謀者。人言夷狄畏威不懷德，果然，可遣人防送至京。胡人反側背恩，不可無備。爾護衛士卒，遇出獵，必選數千騎披堅執鋭，訓練使習，則臨陣不怯。宋國公勝今已召還，當諭諸將士防禦之策。舊防胡兵，非出征不可輕縱，恐盜馬潛遁，陰泄事機。若欲用禦敵，常參錯之。」

駙馬都尉王寧掌後軍都督府事。

《太祖實録》卷二二六 丙辰，禁官民步卒人等服對襟衣，唯騎士許服，以便於乘馬故也。其不應服而服者，罪之。

《明史》卷三《太祖紀三》 馮勝、傅友德備邊山西、北平，其屬衛將校悉聽晉王、燕王節制。

《太祖實録》卷二二六 丁巳，遣使諭北平、山西二都指揮使司，發屬衛步騎人齎三月糧，往駐宣府，聽調。

《國榷》卷一〇 戊午，太白經天。傳諭晉王、燕王及諸將巡邏塞外，候來歲築城。

《明史》卷三《太祖紀三》 庚申，詔二王軍務大者始以聞。

壬戌，會寧侯張温坐藍玉黨誅。

《太祖實録》卷二二六 癸亥，前軍都督僉事楊春平蠻還京師。初，春會茅鼎等討堂匡諸洞蠻，平之，詔即其地立右州衛鎮守。後春復率長沙、衡州、寶慶、武岡諸衛兵討富春猺蠻，駐軍於江華縣。上以蠻方連歲用兵，民勞於供輸，故詔還京師，諸軍各還衛屯種。

《國榷》卷一〇 甲子，駙馬都尉李堅掌前府都督事。

《太祖實録》卷二二六 丙寅，立西寧僧綱司，以僧三剌爲都綱；河州衛漢僧綱司，以故元國師魏失剌監藏爲都綱；河州衛番僧綱司，以僧月監藏爲都綱。蓋西番崇尚浮屠，故立之，俾主其教，以綏來遠人，復賜以符。

《昭代典則》卷一一 庚午，《諸司職掌》成，詔頒行中外。上以諸司職有崇卑，政有大小，無方册以著成法，恐後之莅官，罔知職任、政事、施設之詳，迺命吏部同翰林院儒臣，倣《唐六典》之制，自五府、六部、都察院以下諸司，凡其設官分職之類，類編爲書。至是始成，名曰「諸司職掌」，詔刊行頒布中外。

《太祖實録》卷二二六 壬申，雲南左布政使張紞考滿來朝，命吏部勿考，即遣復任，仍賜宴及道里費，以其綏輯荒裔，有治績也。

癸酉，以大理寺少卿曹銘爲都察院右僉都御史，右僉都御史李文吉爲左僉都御史。

甲戌，上聞晉王督兵於下水築城，遣使責之曰：「迺者上天垂象，征伐之事，不可輕舉。向命爾與燕王各統將校出塞，以振揚威武，禦備胡寇。燕王深入虜庭，掃清沙漠，爾不及而還。今又無深謀遠慮，即有築城之便，則人受其害者多矣。自今軍中調遣，必計出萬全，毋徒勞軍士。」

《明通鑑》卷一〇　是月，頒示《稽制録》于功臣。上即位以來，封賚功臣，皆稽考前代典禮，凡封爵、禄食、禮儀等差，皆因時損益。然諸功臣多武人不學，往往恃功驕恣，或任情廢法。及藍玉以罪誅，籍其家，服舍器用，僭侈踰制，因詔儒臣稽考漢、唐、宋功臣封爵、食邑之多寡及名號虚實之等第，編輯成書，御製序文頒示，使之朝夕省覽，以遏其僭侈之萌。

《明史》卷三《太祖紀三》　四月乙亥，孝感饑，遣使乘傳發倉貸之。詔自今遇歲饑，先貸後聞，著爲令。

《太祖實録》卷二二七　丙子，革雲南會川府。初，月魯帖木兒叛，土官知府王春攻陷會川，燬民居府治，至是遂墮其城。

《國榷》卷一〇　己卯，福建鎮海衛千户黎旻巡海，遇寇先遁，陷百户韓觀公四十人，旻伏誅。

《太祖實録》卷二二七　壬午，瀋陽侯察罕坐藍玉黨，伏誅。

《明史》卷三《太祖紀三》　戊子，周王橚來朝。

庚寅，旱，詔羣臣直言得失，省獄囚。

《國榷》卷一〇　誅叛虜阿魯帖木兒。

《太祖實録》卷二二七　辛卯，琉球國中山王察度遣使壽禮結致貢馬及方物，并遣其寨官子段志每入國學讀書。

《國榷》卷一〇　壬辰，滑縣訓導宋復祖爲國子司業。宋訥次子。

《太祖實録》卷二二七　甲午，上以雨澤愆期，命禮部令天下郡縣以雨澤之數來聞。

《國榷》卷一〇　丙申，以安南廢立，命廣西都指揮絶其使。

《太祖實録》卷二二七　己亥，詔百官凡朝會無朝服者，許其公服行禮。

《明通鑑》卷一〇　甲辰，命吏部司封主事翟善署部事。詹徽、傅友文既誅，命善署侍郎事，尋遷署尚書。善明于經術，奏對合上意。上曰：「善雖年少，器宇恢廓，他人莫及也。」欲爲營第于鄉，善辭。又欲除其家戍籍，善曰：「戍卒宜增，豈可以臣破例！」上益以爲賢。

五月己酉，命在京各衛，凡陣亡、病故、殘疾，軍旗止以在營丁男紀録入伍，不許於舊貫追取。

庚戌，兵部臣言：「故河南都指揮使茅羽無嫡嗣，有二庶子皆幼，請所宜立。」上曰：「庶子論賢不論長。第給以羽之禄，俟其長，擇賢者襲之。」

《明通鑑》卷一〇　乙卯，陝西人當戍邊，婦道病，其弟代之。御史責弟不當代兄，並罪監送者。上聞之，曰：「弟之代兄，義也。監送者能聽之，是亦有人心矣。」賜其弟道里費，並賞監送者。

《太祖實録》卷二二七　甲子，魏國公徐輝祖、崇山侯李新奏：「考《稽制録》所載，公侯家人及儀從户存留如制，餘請給付有司。」上命發鳳陽，隸籍爲民。

《國榷》卷一〇　乙丑，道士請給度牒。審皆逃民，發錦衣習匠。

《太祖實録》卷二二七　丙寅，以都察院右僉都御史周志清爲刑部左侍郎。

定學官考課法，以科舉生員多寡爲殿最。

丁卯，詔工部：「自今凡功臣卒，不建享堂，其墳塋葬具皆令自備。惟歿于戰陣者，官給之。」

《國榷》卷一〇　戊辰，越嶲侯俞通淵有罪，削爵。

《太祖實録》卷二二八　六月丙子，以都察院右僉都御史曹銘爲左僉都御史，復以左春坊左贊善淩漢爲都察院右僉都御史。

己丑，免武定侯郭英合輸税糧，仍撥賜佃户。

壬辰，申嚴皇陵禁令。凡車馬過陵，及守陵官民入陵者，百步外下馬，違者以大不敬論。

《國榷》卷一〇　遼東報朝鮮招誘女直五百餘人潛渡鴨緑江，上敕戒之。

都督馬俊以黨誅。

丁酉，徐增壽爲左軍都督僉事，李增枝爲右軍都督僉事，沐晟爲後軍都督僉事。

左春坊大學士董倫爲河南布政司參議，趙州吏目諸葛伯衡爲陝西布政司右參議。

申明錦衣衛鞫刑之禁，逮者俱屬法司。

戊戌，户部侍郎郁新、工部侍郎嚴震直並爲尚書。

《太祖實録》卷二二八　己亥，詔習匠軍人老弱殘疾無子孫者，于養濟院存養。

庚子，遷刑部右侍郎祁著爲户部右侍郎。

開卜筮禁。先是，京師卜筮者多假此妄言禍福，特下令禁之。至是，勅欽天監，凡瞽目及陰陽人仍聽其卜筮，諸人不許妄詞訐告。

辛丑，命禮部申嚴公侯制度僭侈之禁。

《國榷》卷一〇 敕曰：「朕考前代勳臣受封，皆受虚號，禄食給繒帛而已。我朝賜以腴膏土田，待有功不薄。尚有不知分限，以速戾者，業頒《稽制録》而教之。爾禮部尚將公侯食禄及服舍器用等殺，著爲定式，申朕保全之意。」

壬寅，重定朝賀、傳制等東宫朝儀。

《太祖實録》卷二二八 宣寧侯曹泰卒。

《國榷》卷一〇 召諸王入朝。

七月丙午，罷各布政司寶泉局，京師如故。

《明史》卷三《太祖紀三》 戊申，選秀才張宗濬等隨詹事府官分直文華殿，侍皇太孫。

《國榷》卷一〇 辛亥，敕遼東嚴備朝鮮。

《太祖實録》卷二二九 癸丑，以長興侯耿炳文男璿爲前軍都督府都督僉事，中軍都督府都督僉事劉德、左軍都督府都督僉事袁洪並爲本府左都督，左軍都督府都督僉事徐增壽爲右軍都督府都督僉事，右軍都督府都督僉事李增枝爲左軍都督府都督僉事。

《明通鑑》卷一〇 辛酉，欽天監監副李德秀言：「臣按故元至元辛巳爲曆元，上推往古，每十年長一日，每百年消一日，其法至密，不可易也。今監正元統改作洪武甲子曆元，不用消長之法。以考《春秋》，魯獻公十五年戊寅歲，天正冬至，比辛巳爲元差四日六時五刻，不合實測。今宜復用辛巳爲元及消長法。」疏入，元統奏辨。上曰：「二説皆難憑。但驗七政交會，行度無差者爲是。」然朝臣多是德芳言。自是《大統》曆元雖定用洪武甲子，而推算仍依《授時》法。

《太祖實録》卷二二九 癸亥，命吏科給事中張迪署吏部事，其印仍令署部事司封主事翟善掌之。

丙寅，禮部奏定武職隨從人數。一品至三品六人，四品至六品四人，七品至九品二人，俱用正軍，三日一更。

戊辰，廣東韶州府梁昌縣盜起，殺縣官，發倉庫，刼掠民貲，命清遠衛指揮雍文率兵討捕之。

己巳，置各處布政使司獄，秩從九品。

都督聶緯坐藍玉黨，伏誅。

壬申，普定衛西堡長官司阿德、諸寨長卜刺讚等聚衆作亂，命貴州都指揮顧成領兵討平之。

八月甲戌朔，散騎舍人劉昌捕刼盜王天錫，斬其首，獻京師。

《國榷》卷一〇 庚辰，命吏部，今後除官即與實授，勿試職。

《太祖實録》卷二二九 辛巳，署吏部事主事翟善言：「内外雜職官三年給由，無私犯者未入流陞從九品，有私犯者降用。有司官三年秩滿，不稱職者黜降，稱職及平常者雖有私犯，亦令赴任。今議雜職私犯尚有降用之條，況有司曾犯私罪，而不加黜降，則無以示勸懲。」上曰：「有司犯私罪而宥之，所以冀其改過自新也，宜勿降等。」

《國榷》卷一〇 儒學訓導始冠帶。

《明通鑑》卷一〇 癸未，秦、晉、燕、周、齊五王來朝。

丙戌，命崇山侯李新往溧水縣督視有司開燕脂河。諭之曰：「兩浙賦稅，漕運京師，歲費浩繁。一自浙河至丹陽，舍舟登陸，轉輸甚難；一自大江溯流而上，風濤之險，覆溺者多。今欲自畿甸近地鑿河流以通于浙，俾輸者不勞，商旅獲便，特命爾往督其事。」自此漕運悉由常、鎮矣。

《太祖實録》卷二二九 己丑，詔凡未入流雜職官幞頭展角與入流官同，不用垂帶。

《國榷》卷一〇 乙未，復興國州鐵冶。

《太祖實録》卷二二九 庚子，以工部右侍郎田春爲左侍郎，命司務王昇署右侍郎事。

九月癸卯朔，欽天監進明年《大統曆》。

《國榷》卷一〇 戊申，復劉三吾翰林學士。

己酉，道州蠻作亂，討平之。

《明史》卷三《太祖紀三》 癸丑，代、肅、遼、慶、寧五王來朝。

赦胡惟庸、藍玉餘黨。

《國榷》卷一〇 丙辰，宥工部尚書嚴震直弟姪罪。其鄉人訴弟姪不法，即命震直按之，獄上不欺，故併釋。

丁巳，河南按察司僉事王平行部孟津、宜陽，屬吏斂賄，械其人以聞。上敕勞之，賜鈔百錠，文綺襲衣。

《太祖實録》卷二二九 己未，命自今聖節日，在京官吏、監生、軍民、僧道並賜鈔。

《明通鑒》卷一〇　甲子，以鄭濟爲左春坊左庶子，王懃爲右春坊右庶子。時上以太孫初立，欲增置東宮官屬，乃命廷臣舉孝義篤行之士。工部尚書嚴震直，以浦江鄭氏對，上曰：「朕素知鄭氏，更聞其里王氏，力行鄭氏家法，可並徵兩家子弟以勸天下。」濟，即鄭湜等兄弟行也。初，浦江王澄，慕鄭氏家法，令其子孫同居，一時孝友之名，鄭、王並稱。方鄭湜授福建參議時，上命復舉所知，湜以王澄之孫應對，亦授參議。懃即應之從弟也。

《太祖實録》卷二二九　乙丑，命工部新製弓樣，令各處布政使司歲造進貢。弓闕三指，不如法者，罪之。

戊辰，賜天界、天禧、靈谷、能仁、雞鳴五寺蘆柴地四十七頃有奇。

壬申，朝鮮國王李旦得所賜勅書，惶懼，遣使奉表陳情謝罪，貢白黑布、人參及金裝鞍馬。

《國榷》卷一〇　十月丙子，擢兵部吏崔士先爲户部主事。

《太祖實録》卷二三〇　丁丑，命致仕武官有才幹，精力未衰者，爲都指揮等官。

《國榷》卷一〇　定諸王來朝及還國祭祀禮。

丙戌，宥朝鮮海寇罪。

己丑，裁中都國子監，並入國學。

壬辰，監生二百四十一人除教諭等官。

《明史》卷三《太祖紀三》　丙申，擢國子監生六十四人爲布政使等官。

《明通鑒》卷一〇　時雖設科，而國子監生與薦舉人才，悉參用之，一時由布衣登大僚者，不可勝數。

《太祖實録》卷二三〇　己亥，更給天下府州縣工匠輪班勘合。先是，諸色工匠歲率輪班至京受役，至有無工可役者，亦不敢失期不至。至是，工部以爲言。上令見分各色匠所業，而驗在京諸司役作之繁簡，更定其班次。率三年或二年一輪，使赴工者各就其役而無費日；罷工者得安家居而無費業。于是給與勘合，凡二十三萬二千八十九人，咸使之。

命總兵官宋國公馮勝，凡將校有罪削爵聽征者，悉復其職。是月，改建翰林院于皇城東南宗人府之後，詹事府居其次，太醫院又次之。

十一月丁未，遣使至山西大同、蔚、朔及北平密雲、永、薊諸州郡收糴黍、麥、蕎粟各九千石，役明年發兵出塞，給種屯田。

戊申，監察御史奏，稽覈在京諸司洪武二十三年、二十四年案牘，得其隱没違錯等事通一百二十四，刑部尚書楊靖等當逮問者二百餘人，詔宥之。

庚戌，户部奏：「貴州宣慰使司宣慰使安的言，水東所統異種蠻民，言語不通，雖承納租賦，而近年逋負益多，逃徙鄰境，無從徵納。」西平侯沐春亦言：「水西土官靄翠所納税糧八萬石，連年遞減至二萬石，然亦不能供也。」上曰：「蠻夷之人，其性無常，不可以中國治之，但羈縻之足矣。其貢賦之逋負者悉免，徵逃徙者招諭復業。」

西平侯沐春奏：「永寧宣撫司招徠土官禄肇所部蠻民四百六十五户，誅其逆命者七十餘人。」初，蠻民作亂，官軍進討，既降復遁，數爲邊患，至是始平。

癸丑，詔建鑾駕庫于皇城東長安門之外。

甲寅，詔發漢中等府民丁修棧道，凡三百二十橋。

乙卯，廣東東莞縣民黄廷輔等聚衆作亂，廣東都指揮使司發兵討平之。

戊午，詔遼東都指揮使司，凡朝鮮人至，止令于革河互市，不許入境。

《國榷》卷一〇　己未，叛寇何迪伏誅。迪，東莞真之弟，以次子宏罪死，自疑作亂，殺南海衛官軍三百餘人，入于海。官軍追捕之。

《太祖實録》卷二三〇　十二月壬申朔，降工部尚書嚴震直爲監察御史，左侍郎田春爲本部主事，著右侍郎司務王昇仍爲司務，命都給事中冀凱署工部左侍郎，卓敬署右侍郎。

定六部司務爲從九品，每部添設二員，復設吏二人，掌出入文書簿籍。

《國榷》卷一〇　丙戌，禁軍民命名不得用三公以下官稱。

《太祖實録》卷二三〇　庚寅，暹羅斛國遣使昌勾來貢方物。

己亥，刑部言：「天下諸司比年以來，勘合不報者，積至千數。請因官吏來朝，罪之。」上曰：「勘合不完固有罪，但不可因其來朝而治之也。其移文趣完之。」

太僕寺奏：「是歲孳生馬駒萬七百餘匹。」命右軍都督府榜諭河州等處，禁民毋鬻官馬。先是，朝廷以言者謂陝西各處軍民往往有過河販鬻馬匹，既遣使往甘肅、西涼、西寧印烙係官之馬，宜俾關吏禁絶過河私販之弊。既又有言，西人所賴者，畜牧爲生。舊常以馬過河鬻售，今既禁遏之，恐妨其生計。上然其言。乃命右軍都督府給榜諭守關者，今後止禁官印馬匹不許私自販鬻，其兩番之人自己馬無印者及牛羊雜畜之類，不問多寡，一聽渡河售易，關吏阻者，罪之。

《明通鑒》卷一〇　是月，各省學官秩滿來朝，上召問經史及政治得失，令直言無隱。有泰州訓導門克新，對詞亮直，紹興府教授王俊華，文詞工贍，上擢克新爲左贊善，俊華爲右贊善，諭吏部曰：「左克新，右俊華，重直言也。」命儒臣輯歷代諸王宗室爲惡及悖逆者，編次成書，命曰《永鑑録》，頒賜諸王。

洪武二七年（甲戌、一三九三）

《國榷》卷一〇 正月乙巳，命都察院戒飭天下按察司官。

丁未，復置平陽二鐵冶。

《太祖實録》卷二三一 戊申，命禮部榜示天下僧寺道觀，凡歸併大寺，設砧基道人一人，以主差税。每大觀道士編成班次，每班一年高者率之。【略】俱不許奔走于外，及交搆有司，以書册稱爲題疏，强求人財。其一二人于崇山深谷修禪，及學全真者聽，三四人不許。毋得私剏菴堂。若遊方問道，必自備路費，毋索取於民。所至僧寺，必揭周知册驗實，不周者拏送有司問充軍。不許民間兒童私自削髮爲僧，違者并兒童父母皆坐罪。

《國榷》卷一〇 辛亥，中都國子司業寧德周斌爲齊府左長史。

甲寅，禁用番香、番貨。

《明史》卷三《太祖紀三》 乙卯，大祀天地於南郊。

《太祖實録》卷二三一 丙辰，召信國公湯和入朝。時和居鳳陽里第，以風疾不能行。上思之，特召入見，勉慰問勞。既而遣還，賜鈔一百五十錠，俾擇地營壽藏。

《明史》卷三《太祖紀三》 辛酉，李景隆爲平羌將軍，鎮甘肅。

《國榷》卷一〇 上退朝，顧翰林學士劉三吾曰：「朕歷年久而益懼者，恐懈也。日慎一日，效尚未臻，甚矣治難！夫愛民之心不實，則民不蒙澤；民不蒙澤，則衆離怨積。朕嘗懼焉。」

《明通鑒》卷一〇 詔發天下預備倉穀貸貧民。先是命户部遣耆民，于各郡縣糴穀置倉，儲之民間，委富民守視，以備荒歉。至是户部議，以粟藏久致腐，宜貸于民而收其新者，乃有是命。

《太祖實録》卷二三一 丙寅，上以皇孫及諸王世子郡王年漸長未婚，勑禮部，於河南、北平、山東、山西、陝西，凡職官及軍民家，或前朝故官家女，年十四以上，十七以下，有容德無疾，而家法良者，令有司禮遣之，俾其父母親送至京，選立爲妃。其不中選者，賜道里費，遣還有司。用是擾民者，罪之。

《國榷》卷一〇 置各布政按察司及各府照磨檢校官不署案，不分遣。

戊辰，道州蠻作亂，討平之。

《昭代典則》卷一一 是月，建漢壽亭侯關羽廟于鷄鳴山之陽，與歷代帝王及功臣城隍廟並列，通稱「十廟」云。

《太祖實録》卷二三一 二月癸酉，重定優給例。凡軍官在任亡故，及征傷失陷者，自指揮至所鎮撫並賜其妻米五石，優給終身，無子孫者亦如之。坐事死，無子孫承襲者，賜其妻鈔二十錠，令依親，不優給。

《國榷》卷一〇 遣都督劉德、商暠巡海上，練兵備倭。

停朝鮮給曆。

《太祖實録》卷二三一 庚辰，詔罷在外文武諸司公宴。

癸未，免松江府華亭縣荒田租税。先是，上以民間多荒蕪田土，有司仍徵其賦税，民甚苦之，命户部榜諭天下郡縣，凡土田荒蕪者，以實奏報。於是華亭縣言，流民七百二十户，該徵税麥絲綿粗米四千一百二十餘石，詔覈實免之。

丁亥，增遞運驛夫糧額。初，遞運驛傳夫皆以民間田賦多者充役，少則併別户以足之。轉遞往復，久不得代，船壞馬斃，則易買補償，雖巨室甲户亦憚其役。吏緣爲姦，往往富者以賄免，而貧者愈困。於是，饒州府樂平縣民方處漸上言：「郡縣徭役不均，最爲民病。如紅船、馬船、站船等役，皆可計會。乞令有司計每里雜役若干，驗其丁賦輕重，以損益之。務令均一，定爲圖册，十年之内，以次更番。其餘輕役，則於每年里長之下閑户差遣。如此則吏無賕賄之弊，民無不均之患。」書奏，上命户部集百官議之。户部尚書郁新等言：「天下水馬驛遞運所夫其役至重，雖蠲其税糧，而久不得代，困乏之故，皆由於此。今後不須免糧，但於各布政使司所屬境内計水馬驛遞、運所、船馬、車牛之數，以所隸民户田糧，照依舊僉糧額加倍均派，不分民匠，依次輪充，周而復始。其兩浙税户與市民及宥罪發充者，應役如故。湖廣、山西之民，先嘗垛軍已除水馬諸項役占人户，宜令依舊充當，不須均派。」上曰：「或依舊例糧數，止加一倍，恐不足以蘇民力。」命增至五倍，餘如所議。

《國榷》卷一〇 辛卯，繁峙知縣劉英坐事被逮，耆民詣闕乞貸，釋之，給道里費遣還。

《太祖實録》卷二三一 甲午，勑左軍都督府臣曰：「朝鮮國屢入朝貢，既聽約束，乃復使人鈔掠邊境，爲國啓釁。近日澉浦獲賊胡德等五人，問之，廼其國遣之出海劫掠，偵伺邊聲者。宜遣人往詰朝鮮李旦，何得無禮如此？今胡德所連之人甚多，朕不欲深究其事，姑與李旦言，俾知之。」

是月，緬國及朵甘、烏思藏皆遣使入貢。

《明史》卷三《太祖紀三》 三月庚子，賜張信等進士及第、出身有差。

辛丑，魏國公徐輝祖、安陸侯吳傑備倭浙江。

《國榷》卷一〇 上謂侍臣曰：「人主聰明，不可使壅蔽，壅蔽則天下之事不達矣。」翰林學士劉三吾曰：「惟博採衆論，任用賢能，則視聽廣而聰明大。」上善之。

癸卯，河南按察僉事王平爲左僉都御史。

起太子賓客、兵部尚書唐鐸爲太子少保。

《太祖實録》卷二三一 甲辰，詔武官子弟習騎射。

《明通鑑》卷一〇 上諭五軍都督府曰：「朕嘗令武臣子弟演習武藝，今天下久安，彼年少者，惟安享父兄俸禄，甘酒嗜音，博弈游戲，一旦襲職，弓矢不諳，能爲國家効力乎？近揚州衛指揮使單壽，襲其父職，率兵泰州捕寇，猝與賊遇，遂懼而走，由其素不練習故耳。自今武臣子弟，年及二十，五軍都督府試其騎射，閑習者許襲，否則授職，止給半俸。候三年復試之，中者給全俸，不能者謫爲軍。著爲令。」

《國榷》卷一〇 城東勝州。

上謂侍臣曰：「毁譽之言，不可不辨也。問君子于小人，小人未必能知，鮮不爲所毁；問小人于小人，朋黨阿私，譽必衆矣。人主能知毁中之賢，則誣謗可息；知譽中之不肖，則偏黨可絶。」

《太祖實録》卷二三二 戊申，陞行人司正爲正七品，左右司副爲從七品，行人爲正八品。凡設官四十員，咸以進士爲之。先是所任行人多孝廉人材，上以其將命四方，往往不稱使指，至是，始命以進士爲之。凡賚捧詔敕，奉使外夷，諭勞賞賜，祭祀，徵聘賢才，賑濟軍務，整點軍馬等事則遣之，餘非奉旨，諸司不得擅差，而行人之任重矣。

《明史》卷三《太祖紀三》 庚戌，課民樹桑棗木棉。

《明通鑑》卷一〇 上諭工部曰：「人之常情，飽則忘饑，煖則忘寒，猝有不虞，將何以備！其廣諭民間，如有隙地，種植桑棗，益以木棉，並授以種法而蠲其税，歲終具數以聞。」

《昭代典則》卷一一 甲寅，命韓王、瀋王分道省視秦、晉、燕、周、齊王。上以韓王松、瀋王模年幼，欲其遊觀諸王國都，以敦友弟之情，故有是命。二王同日啓行，至宿州分道。韓王由周歷秦、晉，抵燕、齊；瀋王自齊、歷燕、晉，抵秦，皆至秋八月而還。

《國榷》卷一〇 鎮安府土官輸糧，每石折一金。

癸亥，有儒士初授知縣，陛辭。上曰：「試言莅民何先？」曰：「先教化。」曰：「教化何先？」對曰：「奬勸之。」上曰：「先身焉。故曰：『以身教者從，以言教者訟。』」

《國榷》卷一〇 申禁胡俗嫁娶。

《明史》卷三《太祖紀三》 甲子，以四方底平，收藏甲兵，示不復用。

《太祖實録》卷二三二 四月癸酉，詔兵部，凡以罪謫充軍者，名爲「恩軍」。

《國榷》卷一〇 戊寅，罷司牧局。

庚辰，下乾州，立唐渾瑊祠。

《昭代典則》卷一一 更定蕃國朝貢儀。上以蕃國朝貢，舊儀頗煩，故復命更定之，凡蕃國王來朝，先是遣禮部官勞于會同館。明日各服其國服，如嘗賜朝服者，則服朝服，於奉天殿朝見，行八拜禮畢，即詣文華殿朝皇太子，行四拜禮，見親王亦如之，親王立受後答二拜，其從官隨蕃王班後行禮。凡遇宴會，蕃王班次居侯伯之下。其蕃國使臣及土官朝貢，皆如常朝儀。

《國榷》卷一〇 壬午，嚴越訴之禁，命民間高年老人理其鄉之訟。

癸未，上謂太子少保唐鐸曰：「帝王體天道，順人心，則國家基業自久。朕思前代亂亡之故，未有不由于違天而逆人。卿久事朕，資弼良多。朕有勿逮，卿即言之。」

丙戌，徵儒臣定正宋儒蔡氏《書傳》。

《明通鑑》卷一〇 初，上觀蔡氏《書傳》，象緯運行，與朱子《詩傳》相悖，其他注與鄱陽鄒季友所論有未安者，徵天下宿儒訂正之。兵部尚書唐鐸，薦宰及致仕編修張美和、助教靳權等，詔行人馳傳徵至，命學士劉三吾總其事。

《國榷》卷一〇 己丑，曲阜知縣孔希文坐貢舉不當，宥之。

《太祖實録》卷二三二 庚寅，爪哇國遣使貢蘇木、香藥等物。

《國榷》卷一〇 五月壬寅，前軍都督僉事馬鑑卒。

《太祖實録》卷二三三　己酉，勑諭宋國公馮勝曰：「天道以有餘補不足，人反其道，迺以不足奉有餘。體天道者，仁人也；以不足奉有餘者，非仁人也。嗚呼！禍福之來，皆自人致。故智人循理而行，則家昌；愚人所行悖於理，則家亡。朕命卿子出鎮西鄙，近以家人不從所役，來言於朕。朕察言觀色，良由不得其所故爾。然小人畧無怨言，誠可愛惜。朕以卿昆弟相從於開創之初，具有功勞，且有姻親之愛，故不忍忘，而爲卿言之。自今以後，所在役者，使得從容，足衣食，俾無窘迫，自然効力。下無怨咨，則家道昌矣。」

癸丑，命左軍都督府左都督楊文率舟師鎮太倉。

《昭代典則》卷一一　甲寅，安南遣使奉表，由廣東貢方物，却之。上諭禮部臣曰：「安南篡弑，不許朝貢，已諭廣西布政司毋納其使。今又從廣東來，有司不先請命，而擅納其使，亟遣人詰責之，仍却其貢獻不受。」

《明通鑒》卷一〇　癸亥，以修撰任亨泰爲禮部尚書。自李原名致仕後，禮臣多碌碌無聞，亨泰以廷對第一爲上所器重，遂擢拜之。

《太祖實録》卷二三三　丙寅，禁諸司文移，有奉旨施行者，勿書「聖旨」二字。凡有陞賞差調等事，悉以欽字代之。

《明通鑒》卷一〇　六月癸酉，上御便殿，謂侍臣曰：「昔楚莊王謀事而當，羣臣莫能逮，朝而有憂色；魏武侯謀事而當，羣臣莫能逮，朝而有喜色。夫一喜一憂，得失判焉。喜則矜其所長而志滿，將恃才以傲物；憂則知其所不足而志下，必能虚心以受人；以是見武侯之不如楚莊也。故莊王卒霸諸侯以興楚國，武侯侵暴鄰國而魏業日衰，可勿鑒諸！」

《國榷》卷一〇　戊寅，興遼東各衛屯田。

《太祖實録》卷二三三　甲午，詔互徙浙江、福建沿海土軍。初，閩浙濵海之民多爲倭寇所害，以指揮方謙言，於沿海築城置衛，籍民丁多者爲軍以禦之。而土人爲軍，反爲鄉里之害。至是，有言於朝者，乃詔互徙之。既而以道遠勞苦，止於各都司沿海衛所相近者，令互居之。

全州及灌陽等縣平川諸原猺民聚衆爲亂，命湖廣、廣西二都司發兵討之，擒殺千四百餘人，諸猺遂奔竄遁去。

《國榷》卷一〇　七月戊戌朔，更定親王婚禮。

《太祖實録》卷二三三　癸卯，鳳陽、定遠等縣以編賦役黄册内有欽免士民，及太僕寺、長淮等監養馬户雜役，難同役户編排，申請定度。户部以聞，詔士民優免有例，養馬者亦不令重役。

《太祖實録》卷二三四　八月辛未，詔免河南府祥符、陽武、封丘三縣水災田租。時三縣之田連三歲爲河水暴決浸没，有司不以言。上聞之，即遣官覈實，免其租，且切責三縣官吏坐視民災之罪。

癸酉，詔有司免輸明年桑穰。先是，以造鈔歲買浙江、河南、北平、山東及直隸鳳陽諸府桑穰爲鈔料，民間不免伐桑以供科索，至是，上以其不便於民，恐妨蠶作，故免之。

《明史》卷三《太祖紀三》　甲戌，吴傑及永定侯張銓率致仕武臣，備倭廣東。

乙亥，遣國子監生分行天下，督吏民修水利。

《明通鑒》卷一〇　上諭工部曰：「湖堰陂塘，可蓄洩以備旱潦者，因地勢修治之。」復諭諸生曰：「周時井田制行，有瀦防溝遂之法，故雖遇旱潦，民不爲災。秦廢井田，溝洫之利盡壞，于是因川澤之勢，引水溉田而水利興，惟有司奉行不力，則民受其患。今遣爾等分行郡縣，毋妄興工役，毋掊克吾民！」尋給道里費，遣之。

《太祖實録》卷二三四　丙戌，詔禁用銅錢。時兩浙之民重錢輕鈔，多行折使，至有以錢百六十文折鈔一貫者，福建、兩廣、江西諸處大率皆然。由是，物價湧貴，而鈔法益壞不行。上迺諭户部尚書郁新曰：「國家造鈔，令與銅錢相兼行使，本以便民。比年以來，民心刁詐，乃以錢鈔任意虧折行使，致令鈔法不行，甚失立法便民之意。宜令有司悉收其錢歸官，依數換鈔，不許更用銅錢行使。限半月内，凡軍民商賈所用銅錢，悉送赴官。敢有私自行使及埋藏、棄毁者，罪之。」

《明史》卷三《太祖紀三》　階、文軍亂，都督甯正爲平羌將軍討之。

《國榷》卷一〇　庚寅，京師酒樓成。時江東諸門作樓十四，娱臣民，賜文武百官鈔，宴于醉仙樓。

丙申，禮部主事蓋霖下獄，其父上書，願以次子從軍求贖，釋之。

九月戊戌朔，浙江右布政使楊允恭、參政羅鍾、李文華、湖州知府王楨俱事逮，非貪墨，宥之，復官。歸安縣丞高彬亦連坐，耆民訴其公廉，即釋。

《太祖實録》卷二三四　乙巳，青州府日照縣民江伯兒以母病，割脅肉食之，不愈，乃禱於岱嶽祠，誓云「母病愈則殺子以祀神」。既而母病愈，竟殺其三歲子以祭。

《明通鑒》卷一〇　山東守臣以聞，上怒其滅絶倫理，命杖之百，戍海南。乃召尚書任亨泰定旌表孝行事例。亨泰議曰：「人子事親，居則致其敬，養則致其樂，有疾則謹其醫藥。臥冰割股，事非恒經。割股不已，至于割肝，割肝不已，至于殺子，違道傷生，莫此爲甚。墮宗絶祀，尤不孝之大者，宜嚴行戒諭。倘愚昧無知，聽其所爲，亦不在旌表之例。」制曰：「可。」

《國榷》卷一〇　丙午，撒馬兒罕國王駙馬帖木兒入貢。

己酉，錦衣衛卒誣告樂清人，逮至，得其枉，誅衛卒。

《太祖實録》卷二三四　庚戌，山東曲阜縣知縣孔希文坐須知不完，罷爲民。

《明通鑒》卷一〇　癸丑，定正蔡氏《書傳》成。初，召國子監博士致仕錢宰等至，上時賜宴于江東門酒樓，宰等賦詩謝。上大悦，諭諸儒年老願歸者，先遣之。宰年最高，請留，上喜。至是書成，頒行天下，厚賜宰。馳驛歸，年九十六而卒。

《太祖實録》卷二三四　戊午，浙江定海衛奏：「所屬廓衢等千户所皆瀕海地方，陸路一百二十里，水路則風濤險遠，遇警急，卒難應援。請於穿山築城，置千户所，分調官軍守禦。」從之。

《國榷》卷一〇　庚申，《寰宇通衢書》成。天下道里，從一萬九百里，衡一萬一千七百五十里，四夷之驛不與焉。

《太祖實録》卷二三四　丙寅，命遼王府校尉軍士屯田自食，與定遼等衛屯卒俱俟十年後始收其租。

詔：「自今諸王婚禮，使者所持之節，置于册案，使者受命，行禮畢，執事者舉册案，由王道，正副使由臣道出至午門外。以節置綵輿舁至妃家門外，正使乃持節行禮。禮畢，仍置綵輿舁回復命。」

《明史》卷三《太祖紀三》　是月，徐輝祖節制陝西沿邊諸軍。

《太祖實録》卷二三五　十月戊辰，初命鑄尚宫、尚儀、尚服、尚食、尚寢、尚功印。

遼東有倭夷寇金州，卒入新市，燒屯田營糧餉，殺掠軍士而去。詔以沿海衛所將校不加備禦，命都督府符下切責之。

庚辰，命各處都指揮使司，自今凡武官到任，即驗劄付給禄，遣人覆奏，還乃視事。著爲令。

命自今，府州縣學生員凡食廩十年，考其學，無成效者，罰爲吏。

辛巳，陞大理寺右評寺王雋爲工部左侍郎，署部事，給事中冀凱爲右侍郎。時雋以言事不實，法司請致其罪。上曰：「雋年少有才畧，在官四年無過，姑宥之。」遂陞今官。

《國榷》卷一〇　翰林院詹事府成，賜宴落之。

壬午，令武官子弟自十五歲以下入郡縣學。

《明通鑒》卷一〇　己丑，停建岷王宫殿。以雲南民力未紓，俟十五年後作之未晚。

《太祖實録》卷二三五　庚寅，勑天下衛所屯田將士以時耕作，毋怠其事，每歲秋後，遣人上數京師。

癸巳，上命有司，凡軍士居没官房屋者，免征其賃錢。

十一月戊戌，朝鮮國遣知門下府事李茂奉表貢馬十四匹。

甲辰，陞沭陽縣知縣周質爲山東布政使司參政，衡山縣主簿紀惟正爲陝西布政使司參議，賜以鈔錠衣服靴帽等物。質、惟正皆剛直有爲，廉潔自守，爲同僚所忌，因事誣陷之，逮至刑部，得辨理其事，以聞。上嘉賞之，故有是命。

《國榷》卷一〇　辛亥，土官襲職免比試。

癸亥，敕盱眙知縣方素易曰：「爾莅政三載，内艱去官，民勿忍舍，詣闕留任，何以致之？特遣使賫鈔二百錠、衣服被各一襲，靴襪各一對，用旌爾能。爾維懋哉！」素易入謝，賜宴禮部，許歸葬而後復官。

《明通鑒》卷一〇　乙丑，潁國公傅友德坐事誅。友德喑啞跳盪，身冒百死，自偏裨至大將，每戰必先士卒，雖被創，戰益力，以故所至立功，上屢敕奬勞。子忠，尚壽春公主，女爲晉王世子妃。二十五年，友德請懷遠田千畝，上不悦，曰：「禄賜不薄矣，復欲侵民利，何居！爾不聞公儀休事邪？」至是坐法賜死。以公主故，録其孫彦名金吾衛千户。

《明史》卷三《太祖紀三》　阿資復叛，西平侯沐春擊敗之。

《太祖實録》卷二三六　甲子，以馬隆衛指揮僉事李成爲中軍都督府都督僉事。

先是，茂已致仕，遣赴大同置衛屯戍，而茂盡心所事，故有是命。

《國榷》卷一〇　十二月辛未，鑿廣西鬱林州北流、南河二江。

甲戌，申定皇城門禁。

《明通鑒》卷一〇　乙亥，定遠侯王弼坐事誅。弼與馮勝、傅友德同時召還，藍玉之誅也，友德内懼。弼謂友德曰：「上春秋高，旦夕且盡，我輩奈何？」上聞之，遂相繼賜死。

《太祖實録》卷二三五　辛卯，復漢中府同知柴庸職。時庸以事下刑部獄，其僚屬與同獄者咸言其在官廉介。尚書楊靖以聞，上特宥之，復其官。凡爲庸言者，亦減罪一等。

《國榷》卷一〇　癸巳，貴州蠻叛，討平之。

賈哈剌寇鹽井，指揮僉事陳進死之。

雲南臨安知府致仕蒙古世家寶卒。

《太祖實録》卷二三五　是歲，改建通政使司及錦衣、旗手二衛于中軍都督府之後，建儀禮司于長安街之東，建行人司于西華門外。

洪武二八年（乙亥、一三九四）

《太祖實録》卷二三六　正月丁酉，置四川鹽井衛軍民指揮使司儒、醫、陰陽學官。時本衛新置，以儒、醫、陰陽學并倉庫、驛傳未設官爲請。吏部議，倉庫官以鎮撫兼之，驛官以百户領謫卒當傳者兼之，儒學等官宜許其請。從之。

庚子，陝西行都指揮使司指揮僉事張豫言：「治所北濱邊塞，鮮有儒者，歲時表箋，乏人撰書，武官子弟，多不識字，無從學問，乞如遼東建學立師。本司衛所官俸舊皆給鈔，由是各占田耕種，多役軍士。乞給禄米十之三，庶免役軍之弊。甘州等衛隸兵者多謫戍之人，例不給賞。然邊地苦寒，不產木綿，乞給衣布，以爲禦寒之具。遞年軍士逋負種糧積二千八百二十八石，貧不能償者，乞免其徵。」從之。于是置陝西行都指揮使司儒學，設官如府學之制。

辛丑，命廣東都指揮同知花茂討捕海寇。時廣東都指揮使司言：「潮州吉頭澳有賊船九艘泊岸，約五百餘人，刦掠南柵等村。」上以廣東瀕海州縣常被寇害，由守禦官軍巡邏不嚴所致，于是詔都司以兵操海舟五十艘，往來巡捕，令茂總之。

《明史》卷三《太祖紀三》　丙午，階、文寇平，甯正以兵從秦王樉征洮州叛番。

丁未，大祀天地於南郊。

《國榷》卷一〇　辛亥，命晉王、周王發屬衛官軍三萬四千餘人，屯田築城于塞北。

壬子，置皇城四門倉糧給守卒。

甲寅，命晉王發官軍二萬六千四百餘人屯築塞北。

甲子，命燕王發屬衛步卒萬人、騎七千，同都指揮使周興、右軍都督僉事宋晟、劉真往三萬等衛，勦捕野人女直。

《明通鑒》卷一一　沐春等平越州，禽阿資，斬之。初，春將進兵，與何福謀曰：「此賊積年逋誅者，以與諸土酋姻亞，展轉亡匿。今悉發諸酋從軍縻縶之，而多設營堡制其出入，授首必矣。」遂趨越州，分道逼其城，伏精兵道左，以羸卒誘賊，縱擊大敗之。阿資亡山谷中，春陰結旁近土官，詗其所在，樹壘斷其糧道，賊困甚。已，出不意擣其巢，遂陣斬阿資，並其黨二百四十人皆誅之。尋分兵破廣南酋儂貞佑，俘斬千計。福分徇寧遠，禽其酋刀拜爛，餘衆悉降。

《太祖實録》卷二三六　是月，琉球國山南王叔汪英紫氏遣其臣耶師姑等，中山王察度遣亞蘭匏等，各貢馬共三十六匹，硫黄共四千斤。詔賜耶師姑等鈔有差。

《明通鑒》卷一一　二月丁卯，宋國公馮勝坐事賜死。勝自征金山還，屢以細故失上意。上嘗戒勝曰：「天道以有餘補不足，人反其道，乃以不足奉有餘。嗚呼！禍福之來，皆其自取。」勝嘗築稻場，瘞甒其下，以碌碡碾之，取有鞺鞳聲，走馬以爲樂。有告勝場下瘞兵器者，遂坐法。或曰：「上召勝，飲之酒，歸而暴卒。」蓋自誅藍玉召還，識者已知其不免也。

《國榷》卷一〇　戊辰，徙青、兖、登、萊、濟南民就東昌開墾閒田。

復分宜縣鐵冶。

《太祖實録》卷二三六　庚午，陝西行都司言：「山丹、永昌、凉州、西寧四衛軍士之馬係臨邊征調之數，宜以官倉所儲料豆，支與飼養，庶可調用。其屯田軍士之馬則于各軍歲輸數內，免其十之二以給飼之。」又言：「甘州五衛軍士分耕塞上，一伍之中，有遠至二百里者，軍不成伍，將吏不能朝夕督視，以致軍士怠惰，所獲不足自食。繼今宜令一百户爲一屯，以便耕種。」從之。

西平侯沐春言：「霑益、烏撒地境相鄰，連年争地不决，宜以所争地給烏撒衛官軍屯種。」可之。

甲戌，以工部侍郎王儁爲本部尚書，通政使司左通政宋徵爲通政使，都察院左僉都御史王平爲右都御史，監察御史嚴德珉爲左僉都御史，范俊、常權爲右僉都御史，馮彬爲工部右侍郎，右侍郎孫顯爲左侍郎，大理寺左寺丞汪善爲左少卿，右寺丞徐正爲右少卿，兵科給事中張泌爲光禄司卿，兵部郎中齊泰爲本部左侍郎，主事劉雋爲右侍郎，户部員外郎李彪爲本部右侍郎，右侍郎祁著爲左侍郎，監察御史房安爲江西按察使，王文爲湖廣按察使，陳文通爲廣東按察使，黄信爲廣西按察使，潘伯庸爲河南按察使，師逵爲陝西按察使，陳英爲山東按察使，張翀爲四川按察使，李瑛爲北平按察使。

《國榷》卷一〇　庚辰，詔右軍都督府榜諭龍州土官趙宗壽。

《明通鑒》卷一一　初，鄭國公常茂謫龍州。龍州者，廣西土司也。洪武初，其酋趙貼堅歸附，詔以爲龍州知州，許世襲。貼堅死，無子，從子宗壽嗣。會常茂至州，貼堅妻黄，以愛女予茂爲小妻，擅州事。亡何，茂病死，黄與宗壽争州印，相告訐。或搆蜚語，謂「茂實不死，宗壽知狀」。上怒，責令宗壽獻茂。

《太祖實録》卷二三六　戊子，刑部臣奏：「律條與條例不同者，宜更定，俾所司遵守。」上曰：「法令者，防民之具，輔治之術耳。有經有權，律者常經也，條例者一時之權宜也。朕御天下將三十年，命有司定律久矣，何用更定？」

《國榷》卷一〇　命罪人罰役死者，免父兄追捕。

《明通鑒》卷一一　己丑，諭户部編民百户爲里，婚姻死喪，疾病患難，里中富者助財，貧者助力，春秋耕穫，通力合作，以教民睦。尋又令民間鄉里各置木鐸一，耆老每月振之，徇于道路，以儆鄉愚。又四時置一鼓，遇農事則里長擊之，聞鼓聲皆至，以驗勤惰。

《國榷》卷一〇　三月丙申，罷龍江大勝港抽分場官。

戊戌，中軍都督僉事朱信充總兵官，領海運。

己亥，東勝衛百户吴信坐侵暴屯卒，誅，仍諭守邊將士。

乙巳，谷王橞之國宣府。

《太祖實録》卷二三七　己酉，詔中軍都督府左都督劉謙、右軍都督府都督僉事陳春、後軍都督府都督僉事朱榮往彰德、衛輝、大名、廣平、順德、真定、東昌、兖州等府勸督邊民屯田。

《明通鑒》卷一一　癸丑，秦王樉薨。先是樉奉詔征叛番，至洮州，番懼而降。上悦，賚予甚厚。至是薨，上賜謚册曰：「哀痛者父子之情，追謚者天下之公。朕封建諸子，以爾年長，首封于秦，期永綏禄位，以藩屏帝室。夫何不良于德，竟殞厥身！其謚曰愍王。」

《國榷》卷一〇　妃王氏殉死，謚愍烈。

戊午，罷太僕寺羣監，官收其馬，屬有司。

《太祖實録》卷二三七　庚申，陝西、四川二都司率馬步官軍征討西番東峯里、烏雜山及水扶州、羅家、毛工等族及祈家溝、丹堡等處，破之，獲男女一千六百七十餘口。其一十四族，五百九户内附，編籍輸賦。

《國榷》卷一〇　四月己巳，禮部右侍郎張炳爲左侍郎，翰林編修齊麟爲右侍郎，盧原質爲太常寺少卿。

命國子生分行天下，勾稽吏牘。

辛未，命秦世子尚炳嗣秦王。

禮部尚書任亨泰議喪服記：「諸侯受天子之命，服其命服，使者出，返喪服，即位而哭。」詔行之。

《明通鑒》卷一一　詔停造遼王宫室。敕武定侯郭英曰：「遼東軍務物情，來者多言其艱苦，況邊境營繕，不宜盡力以困之。今役作軍士，皆强悍勇力善戰之人，勞苦過多，心必懷叛，故往往逃伏草野山澤間，乘間劫掠。近者高麗表奏，言多不實，朕已命有司究之。聞彼自國中至鴨緑江，凡衝要處所，儲軍糧，每驛有一萬、二萬石或七八萬、十數萬石，迤東鄰近，皆使人誘之入境，此其意必有深謀。朕觀高麗自古常與中國争戰，昔漢、唐時，遼東地方皆爲所有，直抵永平之境，恃遠不臣，時時弄兵，自古無狀。今遼東乏糧，軍士饑困，儻不即發沙嶺倉糧賑之，必啓高麗招誘逋逃之心，非至計也。使高麗出二十萬人以相警，諸軍何以應之？今營繕造作，暫宜停止，且令立營屋以居，十年之後再爲之。古人有言『人勞乃易亂之源』，深可念也。」

壬申，蠻寇鄧華仔等伏誅。

《太祖實録》卷二三八　甲申，詔置遼、寧、谷、慶、肅五王護衛指揮使司，命武定侯郭英會遼東都司分調廣寧、義州等衛官軍，置遼王廣寧、左右二護衛。北平都司調大寧左右二衛，爲寧王營州左右二護衛。宣府左右二衛爲谷王宣府左右二護衛，改興州中護衛爲宣府中護衛。陝西都司調慶陽衛爲慶王寧夏左護衛，改寧夏衛爲右護衛。調甘州在城官軍置肅王甘州右護衛。凡有差遣，從王調用。

廣西布政使司言：「龍州土官趙宗壽屢詔令赴京，宗壽與群蠻結聚，拒命不出。」又言：「奉議、南丹等處蠻人梗化。」上復命兵部尚書致仕唐鐸賚勑往諭之，宗壽不從命。

《國榷》卷一〇　五月庚子，李芳英爲中都留守司留守。景隆子。

《太祖實録》卷二三八　癸卯，詔：「鳳陽、河南并直隸衛所，凡軍官犯徒流死罪宥免者，悉發遼東擒捕野人。其有征調過期，免罪還職軍官，悉令自備鞍馬、衣甲、器械，期以六月至京，聽發廣西征進。」

乙巳，上以内外大小武臣多缺員，命兵部自壬辰至甲辰從軍，洪武十五年以前除授，二十年以前陞除指揮僉事、千百户、衛所鎮撫者咸陞用之。其在各王府護衛者，從王陞轉。

詔發湖廣、江西所屬衛所馬步官軍六萬餘及諸衛達達官軍各賫三月糧，期以秋初俱赴廣西，從大軍進征龍州、奉議等處。

癸丑，安南國遣其臣大中大夫黎宗轍、朝儀大夫裴鑿奏表貢象，賜宗轍、鑿冠帶，賜其從人鈔有差。

丙辰，四川宋儂茶洞蠻賊田大蟲作亂，四川都指揮使司發瀘州衛官軍征勦。賊走寶靖，重慶衛指揮楊錦率兵與寶靖民兵追擊之，斬大蟲等二百餘人，俘男女一百八十口。

《國榷》卷一〇　六月乙丑，肅王楧之國甘州。

《明史》卷三《太祖紀三》　壬申，詔諸土司皆立儒學。

辛巳，周興等自開原追敵至甫答迷城，不及而還。

《國榷》卷一〇　丁亥，曹國公李景隆飭兵陝西。

《明史》卷三《太祖紀三》　己丑，御奉天門，諭羣臣曰：「朕起兵至今四十餘年，灼見情僞，懲創奸頑，或法外用刑，本非常典。後嗣止循《律》與《大誥》，不許用黥、刺、剕、劓、閹割之刑。臣下敢以請者，置重典。」又曰：「朕罷丞相，設府、部、都察院分理庶政，事權歸於朝廷。嗣君不許復立丞相。臣下敢以請者置重典。皇親惟謀逆不赦，餘罪，宗親會議取上裁，法司祇許舉奏，毋得擅逮。勒諸典章，永爲遵守。」

《國榷》卷一〇　晋定蠻恣掠，命都指揮顧成等討之。

七月癸巳，翰林編修馬京署通政司事。

《太祖實録》卷二三九　甲午，廣西都指揮使韓觀率兵捕獲宜山等縣蠻寇二千八百餘人，斬僞大王韋召、僞萬户趙成秀、韋公旺等，傳首詣京師。時嶺南盛暑，官軍多病瘴，上命觀班師，觀還軍廣西。

《明通鑒》卷一一　戊戌，河南確山縣野蠶成繭，令廷臣勿表賀。

《太祖實録》卷二三九　庚子，增設刑部所屬十二部主事各二人，以國子生歷事者爲之。

詔凡亡故征傷武官子弟襲職，如比試弓馬不中，仍令還衛署事，與半俸。二年後，復比試，不中者降爲軍。

辛亥，命刑官審録囚徒，惟軍士屢逃者依律，餘論死者皆免爲軍，從征廣西。

甲寅，上諭兵部臣曰：「近來在外衛所遇有寇盜卒起，守禦指揮千户不親率兵勦捕，但遣百户、旗手領之，是以失機誤事。自今各衛所地方設有寇三四十人，即調官軍一二百人；寇有數百人，即調數千人，刻期捕獲，毋令滋蔓。如指揮、千户不躬率士卒，及調兵失律誤事者，罪之。」于是兵部榜示天下。

丙辰，工科給事中陳洽等奏：「凡大臣犯重罪，雖蒙恩宥，不宜仍列本班，必少加降抑，以示勸懲。」上從之，詔禮部，凡大臣犯重罪得免者，叙列八品、九品班後。

丁巳，遼東衛鎮撫張能言：「遼東三萬衛所部高麗、女直歸附者，常假出獵爲患。」上命武定侯郭英徙其衆于廣寧西屯種，遼海軍出調在外者，悉令還衛。

《國榷》卷一〇　戊午，敕國子生習《春秋》。曰：「孔子修身立政之道備矣。處事決疑，孰能舍諸？」

方士獻道書。

《明通鑒》卷一一　上曰：「朕爲天下主，將躋天下生民于壽域，豈獨一己之長生久視哉！」命卻之。

《明史》卷三《太祖紀三》　八月丁卯，都督楊文爲征南將軍，指揮韓觀、都督僉事宋晟副之，討龍州土官趙宗壽。

《太祖實録》卷二四〇　戊辰，遣禮部尚書任亨泰、監察御史嚴震直使安南，諭以討龍州趙宗壽之故。

《明通鑒》卷一一　致仕信國公湯和卒。

《國榷》卷一〇　丙子，命江陰侯吴高領南寧兵，安陸侯吴傑領柳州兵各千人，從征龍州。

《太祖實録》卷二四〇　己卯，詔總兵官征南將軍左都督楊文等，如兵至龍州，土官趙宗壽躬親來見，具陳常茂已死之由，則宥其罪。若詐遣人來，即進兵討之。

辛巳，兵部尚書唐鐸還京，言龍州土官趙宗壽伏罪來朝，乞罷兵勿征。詔征南將軍左都督楊文移兵奉議等處，仍命鐸至軍，參議軍事。

上以各王及世子有未婚者，命禮部遣人往河南、山東、山西、陝西、北平諸處選官民家女年十四五，容德端厚，及父母俱存，家法嚴整者，官給舟車，令其父母親送至京選用之。有司毋得擾民。

癸未，詔置南丹、奉議、慶遠三衛指揮使司，命兵部取罷免武官及遼東捕野人有功者俱送總兵官左都督楊文，俟征進畢日，選授三衛指揮以下官，每衛指揮五人，所千户三人，百户依缺選補。

丁亥，命蘄州衛指揮僉事胡冕爲征虜前將軍，六安衛指揮僉事宋晟，武昌、荆州二護衛指揮僉事徐越、榮鑄副之，各率本衛及瀋陽等衛官軍討郴州、桂陽等處山賊。時桂陽縣耆民陳仲才言：「本處山賊刼掠人民，廣西、湖廣二都司調指揮胡宗等將兵收捕。賊聞官軍至，皆遁入山谷。及師還，復羣出剽掠，屢爲民患。」於是，詔冕等討之。

戊子，更定王府官制。

《國榷》卷一〇　更定皇太子親王等封爵册寶之制。

《昭代典則》卷一一　九月甲午，詔岷王楩之國。初岷王定都岷州，上以雲南土曠人悍，必親王往鎮之，故命岷王改都焉。

《太祖實録》卷二四一　丙申，户部尚書郁新言：「山東濟南府廣儲、廣豐二倉糧七十五萬七千石有奇，止給臨清訓練軍士月糧，其德州、平山、濟南三衛所儲雖足支用，然二倉蓄積既多，歲久紅腐，宜以三衛官軍俸糧於此支給。其今年秋糧宜折綿布以備給賜。」上曰：「山東之民供給遼東、山西、北平軍需，宜免之。」

《國榷》卷一〇　龍州趙宗壽來朝。

《明史》卷三《太祖紀三》　丁酉，免畿内、山東秋糧。

《國榷》卷一〇　征虜前將軍胡冕追捕桂陽山賊，悉擒斬之。

左都御史曹銘有罪，誅。

《明通鑒》卷一一　戊戌，崇山侯李新以事誅。新以營孝陵功封，後又命改建帝王廟于鷄鳴山，頗有心計，將作官吏視成畫而已。以洪武二十三年遣就第。時諸勳稍僭肆，上頗嫉之，以黨事緣坐者衆，新首建言，「公侯家人及儀從户，各有常數，餘者宜歸有司」，上是之。尋命禮部纂《稽制録》，頒之公侯，于是武定侯郭英還佃户輸税，信國公湯和還儀從户，曹國公李景隆還莊田，皆自新發之也。

《太祖實録》卷二四一　辛丑，命衛所鎮撫發夜巡銅牌。初，銅牌掌於中府，每夜令軍旗持牌，分行巡城，及點視各門鎖鑰與守禦知更官軍。至是，每夜命鎮撫一員發牌，分鎖二員領軍旗巡警。仍置大木牌一面，編定當巡官員姓名及更番次序，懸於中府。

《明通鑒》卷一一　庚戌，頒《皇明祖訓》。初，上命陶凱等編輯《祖訓録》，自爲之序，命大書揭于右順門之西廡，隨時損益。至是重加更定，名曰《皇明祖訓》。序中言：「創業之君，備嘗艱苦，閲人既多，更事亦熟，以視生長深宫之主未諳世故，及僻處山林之士自矜己長者，甚相遠矣。」又言：「四方諸夷，皆限山隔海，僻在一隅，得其地不足以供給，得其民不足以使令。若其不自度量，來擾我邊，則彼爲不祥，彼既不爲中國患而我興兵輕伐，亦不祥也。吾恐後世子孫，倚中國富强，貪一時戰功，無故興兵，致傷人命，以干天和，此甚不可。」書成，頒示中外。復諭曰：「後世有敢言更制者，以奸臣論，毋赦。」

《太祖實録》卷二四一　乙卯，户部尚書郁新言：「近烏撒、烏蒙、芒部、東川歲賦氊衫不如數，已詔免徵。今有司仍復徵之，有乖德意，宜加申明。」又言：「戍守貴州、雲南軍士舊例三歲則賜以冬布人三疋，請如其例賜之。」上皆從其言。

《國榷》卷一〇　庚申，楊文討廣西右江歸德州土官黄碧等，減其鹽課。

是月，重定宫官六尚品職，及内官監、司庫局與諸門官，并東宫六局、王府承奉等官職。

閏九月丁卯，吏部尚書翟善受賄當死，其父謙乞宥戍，許之，降宣化知縣。

諭征南將軍楊文等鑿井，避水毒。

《太祖實録》卷二四二　己卯，湖廣沅州等衛指揮僉事李貞等率兵討沅州作耗苗賊，平之，斬首三千七十餘級，禽獲四千二十人。

《國榷》卷一〇　丁亥，鎮遠苗蠻作亂，討破之。

《太祖實録》卷二四二　庚寅，工部臣言：「各處續開爐冶，今已三年，而内庫見貯鐵凡三千七百四十三萬餘斤。」上以庫内儲鐵已多，詔罷各處鐵冶，令民得自採煉，而歲輸課程。每三十分取其二。

《明通鑒》卷一一　庚寅，定減諸王歲供之數。初，洪武九年，定諸王歲支禄米五萬石。至是上謂户部尚書郁新曰：「朕今子孫衆多，天下官吏軍士日增，俸給彌廣。其斟酌古制，量減各王歲支，以足軍國之用。」于是定議減五之四，並郡王、公主以下，皆議減有差。著爲令。

《國榷》卷一〇　重定《皇明祖訓》，召諸王賜之，諭以子孫衆多減禄之意。

《太祖實録》卷二四二　辛卯，户部尚書郁新言：「親王歲米既有定議，請令有司如數給之。」上曰：「晉、燕、楚、蜀、湘給與如數，代、肅、遼、慶、寧、谷遠在邊地，民少賦薄，歲且給五百石，齊府千石。嗣秦王幼，應用米布，有司月進。周府且未給，各府罷給及多寡不齊者，特出一時權制云。」

《國榷》卷一〇　十月癸巳，上于東宫親王世系，預命二十字爲名，首一世一字，臨時足二名。

《皇明資治通紀》卷一〇　至二十世後，復擬續增。如燕王位下二十字，則曰高、瞻、祁、見、佑、厚、載、翊、常、由、慈、和、怡、伯、仲、簡、静、迪、先、猷是也。

《太祖實録》卷二四二　庚子，征南將軍左都督楊文等師至奉議州。蠻寇聞官軍至，悉竄入山林，據險自固。文督諸將分兵捕之，復調參將劉真等領兵分道攻南丹叛酋。

《昭代典則》卷一一　罷百官朝參賜食。禮部臣言：「百官朝參賜食，實出厚恩。緣職事衆多，供億爲難，請罷賜。」從之。先是，每日視朝奏事畢，賜百官食。上御奉天門或華蓋、武英等殿，公侯一品官侍坐於門内，二品至四品及翰林院等官坐於門外，其餘五品以下於丹墀内，文東、武西，重行列坐，贊禮、贊拜、叩頭，然後就坐。光禄司進膳案，以次設饌。食畢，百官仍拜，叩頭而退，率以爲常。至是，始罷之。

《明通鑒》卷一一　〔癸卯，先是，兵征龍州趙宗壽，以安南與龍州接壤。〕遣尚書楊靖諭：「輸米八萬石，金千兩，銀二萬兩，餉龍州軍。」季犛言：「龍州陸道險，請運至憑祥洞。」靖不可，乃令改水運，輸二萬石于沲海江，江距龍州止半日。靖因言：「日焜年幼，國事皆決于季犛，乃敢觀望如此，請足之。」上以趙宗壽已納款，移征向武諸蠻，遂令輸粟二萬石，而免其金銀。

《國榷》卷一〇　册光禄寺卿馬全女爲皇太孫允炆妃。

征南將軍左都督楊文等討奉議、南丹叛蠻，破之。左副將軍韓觀分討都康、向武、富勞、上林等州縣，斬渠帥黄世鐵等，先後斬萬八千餘人。招蠻民復業，徙置象州武宣縣，蠻寇悉平。致仕兵部尚書唐鐸參軍事，會諸將置奉議衛，並向武河、懷集、武宣、賀縣守禦千户所，戍守之。

《太祖實録》卷二四二　戊申，詔總兵官左都督楊文置龍州軍民指揮使司，調馴象衛官軍築城守禦。

辛亥，上謂兵部臣曰：「江淮養馬之民，遇有馬死，有司令其買補，乃去家離業，購於遠方，至有歷年不返，斃于道路者。朕甚憫之。其令太僕寺，凡缺馬者免其償。」

己未，禮部言：「今天下僧道數多，皆不務本教，宜令赴京考試，不通經典者黜之。」詔從其言，年六十以上者免試。

是月，緬國王卜剌浪遣使桑乞剌查貢方物，因言百夷思倫發屢出兵侵奪其境土之故。上謂廷臣曰：「遠夷相争，蓋其常事。然中國撫馭四夷，必使之無事，當遣使諭解之。」

《國榷》卷一〇　討兩廣土官儂貞佑，擒之。

十一月癸亥，侍臣進講《尚書·無逸篇》，上悦，曰：「朕每觀是篇，必反覆詳味，求古人之用心。」

《太祖實録》卷二四三　甲子，詔從直隸蘇州等十七府州及浙江等六布政使司所屬府州縣小民二萬户赴京，占籍於上元、江寧二縣，以充各倉夫役，名曰「倉脚夫」。

乙丑，遣使勅陝西行都指揮使司曰：「西凉、甘肅、山丹屢被胡虜入寇，宜留精鋭軍馬備之。但時于境上巡邏，不可深入其地。若春秋耕穫之時，尤宜嚴加守備。」

顧成討貴州土官阿傍，平之。

《明史》卷三《太祖紀三》　乙亥，奉議、南丹蠻悉平。

《國榷》卷一〇　魏國公徐輝祖往鳳陽，長興侯耿炳文往陝西，錦衣衛指揮使劉智往鎮江練兵。

《昭代典則》卷一一　《禮制集要》成，頒布中外。上謂翰林學士劉三吾等曰：「朕自即位以來，累命儒臣歷考舊章，自朝廷下至臣庶冠、婚、喪、祭之儀，服舍、器用之制，各有等差，著爲條格，俾知上下之分。而奸臣胡惟庸等擅作威福，謀爲不軌，僭用黄羅帳幔，飾以金龍鳳紋。邇者逆賊藍玉越禮犯分，床帳護膝，皆飾金龍，又鑄金爵以爲飲器，家奴至於數百，馬坊、廊房悉用九五間數。而蘇州府民顧常亦用金造酒器，飾以珠玉寶石。僭亂如此，殺身亡家。爾等宜重加考定，以官民服舍、器用等編類成書，申明禁制，使各遵守。敢有仍前僭用者，必寘之法，成造之人如之。」至是，書成。其目十有三，曰冠服、房屋、器皿、傘蓋、床帳、弓矢、鞍轡、儀從、奴婢、俸禄、奏啓本式、署押體式、服制，頒布中外。

《太祖實録》卷二四三　甲申，暹羅斛國嗣王蘇門邦王昭禄群膺遣其臣柰婆郎、直事剃等表貢方物，且告國王參列寶毘牙嗯哩哆囉禄喪。詔賜使者及通事柰詩俚曾等鈔有差。

都匀衛豐寧長官司三監等寨并鐵梁、平州、西凉蠻賊達管等作亂，時都指揮同知顧成破土官阿傍還，遂移兵討平之。

《明史》卷三《太祖紀三》　十二月壬辰，詔河南、山東桑棗及二十七年後新墾田，毋徵税。

《國榷》卷一〇　丙申，邊境築城軍士停役一年。

《太祖實録》卷二四三　辛丑，征虜前將軍指揮僉事胡冕等捕彬桂山賊餘黨，禽殺一千二百餘人，其地悉定。遂分遣指揮僉事宋晨率兵至兩廣境上，追捕潭源諸洞蠻賊。

《國榷》卷一〇　戊申，詔楊文等班師。蠻寇未靖者，有司撫恤。

己酉，朝鮮入貢賀正旦，上表而慢，詔逮其撰者。

《太祖實録》卷二四三　辛亥，太僕寺上孳生馬駒之數，是歲凡九千四百七疋。

《國榷》卷一〇　《洪武志》成，述都城、山川、地里、封域之沿革，宫闕、門觀之制度，以及壇廟、寺宇、街市、橋梁之易置。

《太祖實録》卷二四三　乙卯，湖廣布政使司上所屬郡縣菓樹之數，計栽過桑、棗、柿、栗、胡桃等樹凡八千四百三十九萬株。

《國榷》卷一〇　戊午，内使趙達、宋福使暹邏斛國，祭故王參列寶毘牙思里多羅，賜嗣王蘇門邦王詔禄羣膺文綺、羅布、敕諭。

《明通鑒》卷一一　是冬河渠之役，各郡邑交奏，凡開塘堰四萬九百八十七處，河四千一百六十二處，陂渠堤岸五千四十八處。水利既興，田疇日闢，一時稱富庶焉。

《國榷》卷一〇　是歲，重建朝天宫成，專羣臣習儀。

洪武二十九年（丙子、一三九六）

《國榷》卷一〇　正月壬戌，詹事府丞杜澤爲吏部尚書，左春坊左贊善門克新爲禮部尚書。

《明史》卷三《太祖紀三》　壬申，大祀天地於南郊。

《昭代典則》卷一一　乙亥，朝鮮國王李旦遣其知門下府事鄭總來請印誥，不許。

《太祖實録》卷二四四　丙子，詔脩西安城中水渠。引龍首渠水注之，覆以石甃，以障塵穢。計十家作渠口一，以便汲水。舊西安城中多苦水，渠成，民獲其利。

《明通鑒》卷一一　丁丑，定擒獲倭賊賞格：【略】「凡指揮千百户獲倭船一及賊者，陞一級，賞銀五十兩，鈔五十定。軍士水陸禽殺倭賊，皆賞銀鈔有差。」

《國榷》卷一〇　辛巳，散騎舍人湯醴爲左軍都督僉事。和庶子。

《太祖實録》卷二四四　乙酉，撒馬兒罕遣回回阿剌馬丹等二十人來貢馬二百四十餘匹。貴州清水江蠻人金牌黄等作亂，貴州都司發兵捕之，攻破蠻人，金牌黄遁去。上以叛酋賈哈剌未獲，下令軍民有能擒獲者，賞白金一千兩；其黨能擒獲以獻者，免其本罪，賞亦如之。

二月己丑朔，緬國復遣使來訴百夷以兵侵其境土。

《國榷》卷一〇　庚寅，遣行人李思聰、錢古訓使平緬麓川。時麓川思倫發侵平緬，上各賜詔諭解之。思倫發聞詔，謝罪，願罷兵，平緬亦聽命。思倫發餽古訓金寶、象馬等，卻之。古訓還奏，著《百夷傳》，紀其山川、人物、風俗、道里之詳以進，賜襲衣。

辛卯，仍給東甌王家禄三千石。

甲午，禮部尚書任亨泰使安南，諭以討龍州趙宗壽之故。陳日焜奉命，亨泰還，私市蠻人爲僕，降御史。

陝西軍壯代役者，老幼悉徙黄河南岸屯種，三年輸租；軍老者還鄉依親，無依者回京養贍；肅州軍糧從近地支給，皆陝西行都指揮使司僉事張豫之言。上從之。

《太祖實録》卷二四四　壬寅，安南以其前王陳叔明卒，遣其臣來告哀。上以叔明篡弑得國，諭禮部臣曰：「安南自陳叔明逼逐其王陳日熞，使不得其死，因篡其位，廢置相仍，未嘗來告。叔明懷姦挾詐，殘滅其王，自圖富貴。不義如此，庸可與乎？今叔明之死，若遣使弔慰，是撫亂臣而與賊子也。異日四夷聞之，豈不效尤，狂謀踵發？亦非中國懷撫外夷之道也。爾禮部咨其國知之。」

《明史》卷三《太祖紀三》　癸卯，征虜前將軍胡冕討郴、桂蠻，平之。

《明通鑒》卷一一　辛亥，寧王權上言：「騎兵巡塞，見有脱輻遺道上，恐有邊寇往來。」上曰：「狡寇多奸，此必示弱誘我也。」于是詔燕王棣率師巡大寧，周世子有燉率帥巡北平關隘。

壬子，命陝西行都指揮使陳暉、同知馬溥等率甘州等衛兵五千，討失剌罕僞王撒力失等，斬獲甚衆。

《國榷》卷一〇　甲寅，給恩軍月糧。先籍没人免死者曰「恩軍」。

乙卯，御史辛彦德過彭澤，奏民饑，有司不能存恤。詔賑之，杖有司。

《明史》卷三《太祖紀三》　三月辛酉，楚王楨、湘王柏來朝。

甲子，燕王敗敵於徹徹兒山，又追敗之於兀良哈禿城而還。

《國榷》卷一〇　丙寅，國子監學正吴啓署祭酒，博士楊淞署司業，學録張毅署監丞事。面諭以簡身飭行，守道尊嚴，使諸生敬慕而化。

《太祖實録》卷二四五　庚子，令吏民有犯流罪者，甓京師城各一尺。

《明通鑒》卷一一　壬申，行人司副楊砥上疏言：「揚雄爲莽大夫，詒譏萬世，董仲舒《天人三策》及正誼明道之言，足以扶翼世教。今孔廟從祀，有雄無仲舒，非是。」上是其言，詔罷揚雄從祀，增祀董仲舒。

《太祖實録》卷二四五　癸酉，征虜前將軍指揮僉事胡冕等言：「郴、桂二州數被猺賊剽掠，其藍山等縣芭蘺、召慕等處，山谷深邃，乃賊出入之地，宜設二千户所分兵屯守，庶田無荒閒，民獲安業。」從之，遂詔冕等還師。

《國榷》卷一〇　戊寅，延安知府李廣坐累，同知李受言其勤政愛民，釋之。

《太祖實録》卷二四五　庚辰，清水江中平等寨群蠻聚衆爲亂，貴州守禦官軍捕之，獲從亂蠻人五百，械至京師，俱宥死，給衣謫戍三萬衛。

壬午，遣行人陳誠立撒里畏兀兒爲安定衛指揮使司。

癸未，以都督僉事徐增壽爲右軍都督府左都督，李增校爲前軍都督府左都督，沐晟爲後軍都督府左都督，湯醴爲左軍都督府都督同知，袁宇爲後軍都督府都督同知，都指揮使韓觀爲右軍都督府都督同知，指揮使李諒爲中軍都督府都督僉事。

四月己丑，長興侯耿炳文奏：「秦州茶馬司不便於互市，請遷於西寧。」命户部議之。

戊戌，中軍都督府都督僉事朱信言：「比歲海運遼東糧六千萬石，今海舟既多，宜增其數。」上命增十萬石，以蘇州府嘉定縣糧米輸往太倉，俾轉運之。

丙午，監察御史王仲和言：「湘陰縣丞劉英以生革爲鞭，長三尺，中夾銅錢，撻人至皮肉皆裂。嘗出行，以巡檢弗出迎，怒而撻其妻幾死，請逮英罪之。」上曰：「【略】律載刑具，明有定制，乃棄不用，而殘酷如是，是廢吾法也。難論常律。」遂逮英至，戮之於市。

《國榷》卷一〇　甲寅，魏國公徐輝祖同禮部翰林官考國子生次第，送部録用。

是月，右軍左都督甯正卒。

《太祖實録》卷二四六　五月戊午，續置吏部文官歷仕貼黄簿内外二册。其以事去官者，則别置册附録，以備稽考。

乙丑，詔各都司致仕武臣俱於今年九月赴京。

《國榷》卷一〇　貴州蠻亂，殺土官王應名，討平之。

庚午，以淮、徐桑種二十萬給民，栽于辰、沅、靖、金、道、永、寶慶、衡州。

四川土官普習叛，討誅之。

《太祖實録》卷二四六　乙亥，蘇州府言，是歲海運糧米凡八十萬四千四百二十二石有奇。

《國榷》卷一〇　蜀王平四川叛番。

戊寅，始給詹事府、翰林院、尚寶司、中書舍人、六科給事、中儀禮司牌，驗出入午門。

《太祖實録》卷二四六　乙酉，廣東連山縣盜起，燒刧縣治，命廣東都司發兵捕之。

是月，修嶲眉至越嶲道途軍工。先是，命成都各衛軍士與民合力修治，至是功成。

六月戊子，河南左布政使周榮言：「近年宜陽縣洛河泛溢，淹没民田，乞修築河防，使水復故道，以便耕種。」詔令預備磚石，俟農隙發軍民併力修之。

《國榷》卷一〇　廣西捕獲叛蠻三千餘人。

癸卯，都督府斷事廖昇爲太常寺左少卿，翰林編修張顯宗爲太常寺丞，左僉都御史辛彦德爲詹事府丞。

《太祖實録》卷二四六　甲辰，置五軍都督府照磨所。初，五軍文牘俱庋於庫，無官專掌，多致混亂，故特立照磨所以掌之。

命吏部選國子生年三十以上者，分隸諸司，練習政事，月給米一石，三月則考其勤怠，能者擢用之。

乙巳，以監察御史李文敏爲四川按察使，張定爲陝西按察使，王平爲副使，鄭金保爲廣東按察使，耿賢爲副使，張明爲河南按察使，胡璉爲山東按察使，丘野爲副使，王冀爲廣西按察司副使，王仲和爲福建按察使，齊魯及刑部郎中曹瑾爲副使。

戊申，命工部左侍郎孫顯署本部尚書事。

七月己未，廣東惠州衛指揮丁振、王虎、潮州衛千户彭德興、鎮海衛千户呂仁下海巡寇，遇賊懦怯，不即進兵勦捕，致賊殺傷官軍。事聞，皆命誅之。

癸亥，監察御史蔡民玉按事陝西還，言諸府州縣民以轉輸邊郡，道遠苦之。宜於驛道有軍民處置倉，令各處民夫就近地計程接遞，運至邊衛，給軍爲便。」從之。

《皇明資治通紀》卷一〇　丙寅，上觀《唐書》。至宦者魚朝恩恃功玩忽無忌，謂侍臣曰：「當時不當使此曹掌兵政，故恣肆暴横。然其時李輔國、程元振及朝恩數輩，勢皆極盛，代宗一旦去之，如孤雛腐鼠。大抵小人竊柄，苟能決意去之，亦有何難？但在斷不斷爾。」又曰：「漢末之時，宦官雖號驕縱，尚無兵權，故凡所爲，不過假人主之名以濁亂四海。至唐世，以兵柄授之，馴至權勢之盛，刼脅天子，廢興在其掌握。大抵此曹只充使令，豈可使當要路，執政操權，擅作威福？深鑒前轍，自左右服役之外，重者不過俾傳命而已。彼既無威福可以動人，豈能爲患？但遇有罪，必罰無赦，彼自不敢驕縱也。」

《國榷》卷一〇　丙子，定未入流官陪祭，俱用祭服。

《太祖實録》卷二四六　丁丑，先是，有朝鮮使者歸，至遼東，遼東都司遣百户夏質送之，期至鴨緑江而止。使者乃誘質渡鴨緑江，至義州，留萬户府數日，始遣其還，因令船人沉質于江。至是，上聞，勑諭左軍都督楊文令咨朝鮮，逮義州萬户訊其實。

是月，頒表箋文式於天下。先是，天下諸司所進表箋多務奇巧，詞體駢儷，上甚厭之。乃命翰林院學士劉三吾、右春坊右贊善王俊華撰慶賀謝恩表箋成式，頒於天下諸司。令凡遇慶賀謝恩，則如式録進。

八月辛卯，廣西慶遠府思恩縣山賊作亂，攻掠縣治，命廣西都司發兵討平之。

丁酉，命大理寺右寺丞夏恕署刑部尚書事。

《明史》卷三《太祖紀三》　丁未，免應天、太平五府田租。

《國榷》卷一〇　己酉，禮部尚書門克新卒。

庚戌，改六部諸屬爲清吏司，稍更官名。於吏部曰文選司、驗封司、稽勳司，於禮部曰儀制司、祠祭司、精膳司，於兵部曰武選司、車駕司、武庫司，於工部曰營繕司、屯田司、都水司、虞衡司，餘司仍舊。

重定諸王見東宫禮。禮官議：「諸王來朝，冕服見上畢，次見東宫，敍家人禮，但常服。王入文華殿東門，至後殿，王西向，東宫南向，四拜，王坐受，敍坐。東宫正中南向，諸王左右。」奏上，從之。時諸王皆東宫叔父，故有是議。然頗以尊屬詘，藩釁始萌。

《太祖實録》卷二四六　壬子，桂陽縣知縣周德甫言：「桂陽山口爲諸蠻要害之地，宜置兵戍守。」於是命茶陵、郴州、桂陽三衛各調兵千人，築城堡，以鎮之。

是月，降右都御史來恭爲刑部右侍郎。

《明通鑑》卷一一　四川鄉試，聘方孝孺及茶陵陳南賓爲典試官。孝孺在蜀，名重一時。而南賓時爲蜀府長史，蜀王好學，與孝孺並見敬禮，造安車以賜南賓，又爲搆第，名安老堂。一時蜀中典試稱得人。

《國榷》卷一〇　九月丙辰朔，兵部尚書唐鐸參軍事廣西，請修興安縣三十六陂溉田。命御史嚴震直督工，遂通漕。

《太祖實録》卷二四七　丁巳，户部尚書郁新言：「近置開平衛，軍士糧餉皆仰給於北平，道路遼遠，所費不貲。宜廣募商人於開平納米，以淮浙鹽償之，庶免轉輸之費。」從之。

乙丑，命五軍都督府遣人往北平、山東、山西、河南、陝西各衛所覈實將士隊伍，仍具其善戰步騎將校姓名及馬騾之數，以俟調遣。

《國榷》卷一〇　丁卯，朝鮮國王李旦以上責表文粗謬，送撰人鄭總等入京。上以其樂禍挑釁，留之。

《太祖實録》卷二四七　庚午，陝西行都指揮使司都指揮馬溥言：「甘州中納潞鹽，商人稀少，蓋是各處鹽池常以私鹽侵鬻，故官鹽沮遏不行，請禁之。」上命户部遣人封閉延安、綏德、慶陽三郡鹽池，仍令軍士巡邏察罕腦兒一十三池之地，有以私鹽出境者，罪之。

《國榷》卷一〇　乙亥，召致仕武臣二千五百餘人入朝，大賚之，各進秩一級。

《明通鑑》卷一一　是月，殺監察御史王朴。朴性鯁直，數與上辨是非，上怒，命戮之。及市，召還，諭曰：「汝其改乎？」對曰：「陛下不以臣爲不肖，擢官御史，奈何摧辱至此！使臣無罪，安得戮之！有罪，又安用生之！臣今日願速死耳。」帝大怒，趣命行刑。過史館，大呼曰：「汝士劉三吾志之，某年月日，皇帝殺無罪御史朴也！」竟戮死。

《太祖實録》卷二四七　丁酉，詔定各司奏事次第。禮部會議，凡奏事一都督府，次十二衛，次通政使司，次刑部，次都察院，次監察御史，次斷事官，次吏、户、禮、兵、工五部，次應天府，次兵馬指揮司，次太常司，次欽天監。若太常司奏祀事，則當在各司之先。每朝上御奉天門，百官叩頭畢，分班序立。儀禮司依次贊某衙門奏事。奏畢，復入班，伺各司奏畢俱退。若上御殿，奏事官陞殿以次，奏畢先退。其不陞殿者，俱于中左、中右門外兩廊伺候。奏事官出，則皆出。若于文華殿啓事，則詹事府在先，餘次第並同前。凡晚朝，唯通政使司、六科給事中、守衛官奏事，其各衙門有軍情重事者許奏，餘皆不許。詔從之。

庚子，金吾前衛軍錢伯奴言：「京衛士卒有老疾無丁壯代役者，其江西、淮西諸處屯田軍士多壯勇之人，乃委置農畝，不能振拔。今宜選拔更代，庶兵不缺伍，農無廢業。」從之。

辛亥，西平侯沐春言：「舊例，恩軍在邊十年不逃者，賞與舊軍同，人給布三疋。舊軍有逃而復役者，人二疋。今有逃而復役，并以户丁補役，已及十年者，亦宜循十年不逃之例給賞。」從之。

《國榷》卷一〇　甲寅，皇曾孫文奎生，皇太孫長子。上以十月數終，又晦日，詔勿賀。

省天下按察分四十八道爲四十一。

《國榷》卷一〇　十一月乙卯朔，免國子生朔望朝參。

壬戌，增詹事屬官左右清紀郎，司諫、通事舍人。

《昭代典則》卷一一　己巳，詔刊《稽古定制》。上以諸功臣之家不循禮法，往往奢侈自縱，以致覆亡。雖屢加誡勑，終莫之省。迺命翰林儒臣取唐宋制度及國初以來所定禮制，參酌損益，編類成書。凡勛舊之家墳塋碑碣丈尺、房屋間架，及食禄之家貨物禁例，皆有定制。命頒之功臣之家，俾遵行之。

《太祖實録》卷二四八　壬申，命刑部主事鄧文鏗署都察院事。

《國榷》卷一〇　十二月乙酉朔，行人陳誠、吕讓使安南，諭還思明侵地。先是，思明土知府黄廣成奏：「元初征交趾，去銅柱百里，立永平寨軍民萬户府戍守。元季交人破永平寨，越銅柱二百餘里，奪我丘温、如嶅、慶遠、懷鋭等五縣。又尚書任亨泰立站于洞登，彼云屬銅柱界，則《建武志》可考也。」上據奏，遣誠等往諭，久不決。誠等遺陳日焜書曰：「使者不佞，辱主上明命。久未決，無以復主上也。使者今援古證今，析利覵害，以告執事。在後漢時，徵側反，馬援討夷之，立銅柱經内外界。在唐五管之一，宋始自樹。然李乾德寇邊，郭逵討之，擒僞太子洪真，乾德懼而割廣源、門州、思浪、蘇茂、桄榔之地以降。元初有天下，爾先王光昺首稱臣修質。迨日烜嗣改操，于是世祖來討。爾日烜蒙荆棘竄島浮舶，城郭、宗社、人民幾盡。日燇鑒前失，祈命于元。且曰：『向者天使辱臨，小國迎送止禄州，懼冒侵越之罪，不敢過丘温也。』則是丘温以北地，不在爾國明矣。今爾國乃越淵脱，踰如嶅，慶遠而盡有之。將乘元末兵亂，伺隙僥倖而得之耶？行人下車之日，王之君臣皆曰：『此地故屬安南。』不言所以始也。毋乃爲大言誑我耶？抑王懼以侵地得罪，强自飾耶？主上神聖，不計王前罪，乃計王飾罪，其熟圖之。」日焜不聽。

《太祖實録》卷二四八　乙巳，詔定靖江王庶子鎮國將軍以下禄秩儀禮。

《國榷》卷一〇　丙午，定鎮國將軍與公、侯、駙馬、伯、文武官相見禮及出入稱呼之制。

《太祖實録》卷二四八　己酉，烏思藏都指揮答里巴等遣僧瑣南里監藏、衛鎮撫班竹兒藏卜等貢劍及甲胄等物。

《太祖實録》卷二四八　是月，永寧州土賊卜八如加等刼殺軍民，前軍都督僉事何福遣指揮李榮等領兵討之，其子阿沙遁入革失瓦都察。官軍齎三日糧，深入迫之，會天大雪，衆飢疲，賊據險不下，軍迺還。

肇慶府瀧水縣猺蠻李敬宗等作亂，率其黨四百餘人襲神電衛，指揮郭昂戰死，廣東都指揮使司發兵討之。

《國榷》卷一〇　順寧府土酋阿羅叛，伏誅。

《明通鑑》卷一一　再逮永州知府余彦誠，尋釋之，復其官。同時有知縣齊東鄭敏，儀真康彦民，岳池王佐，安肅范志遠，當塗孟廉，定遠高斗南，及丞懷寧蘇億，休寧甘鏞，當塗趙森，凡十人，並先後以事逮。耆老詣闕具其善政以聞，上復嘉之，賜衣鈔遣還，並賜耆民道路費。諸人既還任，政績益著，尋舉廉吏數人，並列其名于《彰善榜》、《聖政記》以示勸焉。

洪武三〇年(丁丑、一三九七)

《國榷》卷一〇　正月甲寅朔，命禮部諭朝鮮勿用狂生撰表箋搆禍。

《明史》卷三《太祖紀三》　丙辰，耿炳文爲征西將軍，郭英副之，巡西北邊。

《明通鑒》卷一一　時諸勳臣坐胡、藍二黨誅戮且盡，炳文以開國功臣，榜列其名，與大將軍達爲一等，是時元功宿將，無出其右者。英兄弟貴顯，女弟爲寧妃，恩寵尤渥。上自起兵以來，存者僅炳文與英二人，而炳文亦年踰六十矣。

《國榷》卷一〇　乙丑，敕肅王楧曰：「古者兵出于農，有寇則戰，無事則耕。春氣方和，宜及時督軍屯種。遇有征伐，親率精兵與長興侯耿炳文進討。」

沔陽吏高福興及民人田九成搆亂，敕耿炳文、郭英兵討之。

復敕秦王尚炳治備。

《明史》卷三《太祖紀三》　丙寅，大祀天地於南郊。

丁卯，置行太僕寺於山西、北平、陝西、甘肅、遼東，掌馬政。

《太祖實録》卷二四九　戊辰，漢中衛發兵捕高福興，兵次陽平關之土門。賊黨大集，有何妙順者號天王，突出逆戰，官軍爲其所敗。賊遂引衆入畧陽，焚縣治，殺知縣吕昌，執教諭吕誂。復燒徽州治，殺學正顔叔彬。

《明史》卷三《太祖紀三》　己巳，左都督楊文屯田遼東。

《國榷》卷一〇　辛未，左春坊司諫袁實言三事，曰歲貢經學未明，曰太學房舍未備，曰侍衛將軍宜識書知禮義。上納之。

《昭代典則》卷一一　壬申，初置雲南提刑按察司。先是以雲南荒服之地，未設按察司，命布政使司兼理之。至是始置司設官，其軍民重事，仍令與西平侯沐春議之。

《國榷》卷一〇　癸酉，御史劉觀、景清、司中署左僉都御史，刑部主事鄧文鑑署右僉都御史，俱半俸。署通政司事翰林編修馬京進左通政，監生王鐸、張翼爲左右參議。

《太祖實録》卷二四九　乙亥，詔郡縣以預備倉糧貸民之貧者。

《國榷》卷一〇　除黄河兩岸魚課。

丁丑，遣使諭別失八里國王黑的兒火者。先是，□部主事寬徹等使哈梅里別失八里。及徹至別失八里被留，副使二人得還。

己卯，改禮儀司爲鴻臚寺，太常、光禄二司爲寺。

翰林修撰張信爲侍讀，編修戴德彝爲侍講。

《太祖實録》卷二四九　是月，以寧、遼諸王各據沿邊草場，牧放孳畜，乃圖西北沿邊地里示之。

《皇明資治通紀》卷一〇　頒《爲政要録》。其書載文武官屬體統及僉書案牘次第、軍士月給廪餼與宿衛之禁、屯田之政，凡十二條。

《太祖實録》卷二五〇　二月丙戌，琉球國中山王察度遣其臣友贊結致、山北王攀安知遣恰宜斯耶、山南王叔汪英紫氏遣渥周結致各貢馬及硫黄。

占城國遣其臣卜落記真卜農來貢胡椒、降香、象牙等物。

上以川陝之間，山深道阻，故寇盜得以藏匿，出没不常，廼詔陝西都指揮僉事吴旺將兵一萬五千，四川都指揮僉事俞琪將兵一萬八千，從征西將軍長興侯耿炳文等，於沔縣、徽州之境據要害立營，遣兵入山，捕高福興等。

《國榷》卷一〇　朝鮮國王李旦入貢謝恩，仍戒諭之。

《明史》卷三《太祖紀三》　庚寅，水西蠻叛，都督僉事顧成爲征南將軍，討平之。

《太祖實録》卷二五〇　癸巳，實授工部署尚書事左侍郎孫顯爲本部尚書。

《國榷》卷一〇　丁酉，以朵甘、烏思藏、長河西等番以馬易茶，令發四川官軍于松潘、碉門、黎雅、河州、臨洮各關隘巡徼，禁私販。

遷江西貧民于武陵等縣耕種。

己亥，命靖江王世子贊儀往省晉王及燕、周、楚、齊、代、肅、遼、慶、谷、秦諸王，欲其展親習勞也。

甲辰，行人陳誠、吕讓還自安南。

《明通鑒》卷一一　初，安南入寇思明，屢侵州境，思明土官黄廣成訴于朝，言：「自元時設思明總管府，所轄左江州縣，東上思州，南銅柱爲界，元征交阯，去銅柱百里，立永平寨萬户府。其後交人攻破永平，越銅柱二百餘里，侵奪思明所屬五縣地。乞詔諭安南，仍畫銅柱爲界，以五縣地還臣。」上命行人陳誠、吕讓往諭之，季犛執不從，又爲日焜書移户部。上知其終不肯還，曰：「蠻觸相爭，自古爲然。彼恃頑，必召禍，姑静以俟之。」

《太祖實録》卷二五〇　壬子，立西寧僧綱司，以僧三剌爲都綱；河州衛漢僧綱司，以故元國師魏失剌監藏爲都綱。復置河州南番僧綱司，以僧端月監藏爲都綱。上以西番俗尚浮屠，故立之以來遠人也。

《明史》卷三《太祖紀三》 三月癸丑，賜陳郊等進士及第、出身有差。

《國榷》卷一〇 癸亥，遣駙馬都尉謝達諭蜀王椿曰：「制夷狄之道，當賤其所有，貴其所無。秦蜀茶自碉門，黎雅抵朵甘、烏思藏五千餘里，皆不可無。前代重之，非以專利也。我國家榷茶，本資易馬。今惟易紅纓等物，蓋因邊吏不譏，私販出境，茶爲夷賤。夫使番夷坐收其利，而馬入中國少，豈所以制之哉？其諭布政都司嚴禁焉。」

討廣東蠻寇李敬宗等，平之。

諭禮部，以打煎爐長河西土酋未歸，招諭之。

命禮部檄諭河西酋長月魯帖木兒、賈哈剌等。

定令史、典史巾服。

甲子，鈔法阻滯，禁民間金銀貿易。

《太祖實録》卷二五一 癸酉，征南將軍右軍都督僉事顏成等擊水西叛酋居宗必登等，斬蠻寇三千三百五十八人，生擒二千一百六十四人，獲馬二百二十七匹，必登遁去。時西平侯沐春亦令土官宣慰安的招諭密羅、歸濟、阿尼三寨納馬夷民而不科。阿加之地去必登遠，山谷窮隘，不可以進兵，遂還。

甲戌，刑部署尚書夏恕、都察院署左僉都御史司中等奏請加反逆法。以爲漢法，反者夷三族。宜改大明律，依漢法，不分異姓同居，三族應坐者，男子無長幼，皆磔于市，婦人入官爲婢，没其貲。

《明通鑑》卷一一 上曰：「古者父子兄弟，罪不相及。漢用秦法，未免過重。今律已定，勿有所更。」固請不許。

《太祖實録》卷二五一 庚辰，命户部申明牙儈朘剥商賈，私成交易之禁。

《明史》卷三《太祖紀三》 古州蠻叛，龍里千户吴得、鎮撫井孚戰死。

《國榷》卷一〇 壬午，曹國公李景隆齎金牌勘合直抵西番，給之爲符契，以絶奸欺。

熒惑入太微。敕楚王曰：「太微居翼軫，楚分野也。太微爲天廷，五星無故不入，入則災必甚焉。且五星徑入而東往，猶之西也。今順入而逆出，已八十日矣。在内廷十日，占有妨君者，有妨后者，有妨相者，矧八十日乎？爾冢子悼简王忽疾逝，天象豈虚應哉！」

四月甲申，申百官相見禮及司屬稟跽之式。

乙酉，敕晉王、燕王修邊十事。

申禁海外互市。

戊子，市馬西番。

辛卯，敕燕王曰：「玉井、天城，皆西北要地，非堅城深池，莫能守之。山西軍已城玉井，宜令北平軍往城天城。」敕晉王、燕王曰：「近占天象，胡當寇邊。朕度人事，前秋山西塞外降胡逃歸嶺北數人居山西八年，豈不以中國虚實告之胡人？其令都司行都司簡騎卒或三萬，或二萬，常兼步卒數萬，每騎五百，領以一將，分爲五隊，隊領一戰將，五將咸聽一將之令，步兵亦如之，與騎夾攻。我馬雖少，步卒則多，彼無步卒，來可戰矣。」

古州蠻犯平茶千户所，千户紀達擊破之。

癸巳，户部上富民名籍，田七頃以上爲差，藏籍印綬監，以次召至，量才用之。

《太祖實録》卷二五二 甲午，定考覈署事官員監生等第。【略】吏部侍郎張迪會議，凡實授官，在任三月，才力不逮者，考奏黜降。署事及歷事監生三月才力不逮者，仍送監讀書。從之。

丙申，上以武官多私役軍卒，踰法制，命禮部考定其從人額數。於是，禮部議：「指揮及同知六人，僉事及千百户、衛所鎮撫四人。皆於正軍伍内取用，輪番更直，每三日一易，下直則歸隊伍操練。凡衛所直廳六人，守門二人，守監四人，守庫一人，止選老軍充役，每月一更直。」上以正軍占役太多，宜減其數。指揮使至僉事人四人，千户以下人三人，百户以下人二人，每三日一更。餘如所議，著爲令。

《昭代典則》卷一一 丙申，陞刑科給事中張思恭爲刑部右侍郎。人有暮夜以金遺思恭者，却而不受，其人委金而去。詰旦，思恭言於朝。上善思恭有守，遂陞其官。

《國榷》卷一〇 丁酉，罷所在鐵冶。

《明史》卷三《太祖紀三》 〔古州蠻叛〕，己亥，都指揮齊讓爲平羌將軍，討之。

《明通鑑》卷一一 壬寅，顧成、何福等會討水西，俘斬叛蠻數千人。土酋居宗必登遁，禽其黨魁，誅之。水西平。

《太祖實録》卷二五三　癸卯，以前刑部尚書楊靖爲都察院左都御史，擢監察御史嚴震直爲右都御史。

《國榷》卷一〇　五月甲寅，議定贖罪事例。

《明通鑑》卷一一　《大明律誥》成。【略】上御午門，諭廷臣曰：「朕仿古爲治，明禮以導民，定《律》以除頑，刊著爲令。行之既久，犯者猶衆，故作《大誥》以示民，使知趨吉避凶之道。古人謂刑爲祥刑，豈非欲民並生于天地間哉！然法在有司，民不周知，故令刑官撮要附于《律》文各條下，凡榜文禁例悉除之。除謀逆及《律誥》該載外，其雜犯大小罪，悉依《贖罪例》論斷。令編次成書，刊布中外，俾天下知所遵守。」初，刑部請將比年律條依類編次，上特改名《例律》，冠于篇首。又首列《刑圖》，次列《禮圖》。《刑圖》凡二，首爲圖五：曰笞，曰杖，曰徒，曰流，曰死，分其輕重之等也；次爲圖七：曰笞，曰杖，曰訊杖，曰枷，曰杻，曰索，曰鐐，著其長短廣狹之度也。《禮圖》凡八，皆以服制表之，凡係族親有犯，視其服之等差以定刑之輕重。故有因禮以起義者，如養母、繼母、慈母皆服三年，則《毆殺之律》與嫡母同罪。舅姑服皆斬衰三年，則《毆殺罵詈之律》與夫之于父母同罪。書成，諭太孫曰：「刑原于禮。此書首列《刑圖》，次列《禮圖》者，重禮也。顧愚民無知，若于本條下即注寬恤之令，必易而犯法，故以廣大好生之德，總列名《例律》中。善用法者，會其意可也。」太孫請更定五條以上，上覽而善之。又請曰：「明刑所以弼教，凡與五倫相涉者，宜皆屈法以伸情。」乃命改定七十三條。復諭之曰：「吾治亂世，刑不得不重，汝治平世，刑自當輕，所謂『刑罰世輕世重』也。」

《明史》卷三《太祖紀三》　乙卯，楚王楨、湘王柏帥師討古州蠻。

《太祖實録》卷二五三　丙辰，擢禮部員外郎侯泰爲刑部左侍郎，司務暴昭爲刑部右侍郎。

《國榷》卷一〇　壬戌，朝鮮貢馬謝恩，以非時且無故而謝卻之。

丙寅，徙山西民墾山東曠土，給復四年。

《太祖實録》卷二五三　丁卯，詔征南將軍右軍都督僉事顧成還。

《明通鑑》卷一一　己巳，敕晉、燕、代、遼、寧、谷六王勒兵備邊，戒勿輕戰，寇至則乘其懈，或邀截要路擊之。

《國榷》卷一〇　中軍都督僉事陳信築遼府于廣寧，仍諭謹備朝鮮。

辛未，晉王、燕王出塞。敕曰：「今塞草豐茂，山後地高，夏無酷暑，宜留心防禦。上天垂象，不可刻寧。訓練士馬，控弦備之。」

己卯，天下講讀師生來朝者十九萬三千四百餘人，並賜鈔遣還。

《明通鑑》卷一一　六月辛巳，上親策諸貢士，再賜韓克忠等六十一人及第、出身有差，皆北士及川、陝人也。時稱爲「春、夏榜」，亦稱「南、北榜」云。南宫之試士也，翰林院學士劉三吾偕吉府紀善白信蹈爲考官，得泰和宋琮等五十一人，北士無預者。諸生言「三吾南人，私其鄉」。上怒，命侍講張信等覆閱，不稱旨。或言「信等故以陋卷呈，三吾實屬之」，上益怒，信與信蹈及陳郊等皆論死，三吾以老，與宋琮同戍邊。

《太祖實録》卷二五三　壬午，置政平、訟理二旛，審諭罪囚。上諭刑部官曰：「【略】自今論囚，惟武臣死罪朕親審之，其餘不必親至朕前，但以所犯來奏，然後引至承天門外，命行人持訟理旛，傳旨諭之。其無罪應釋者，持政平旛，宣德意，遣之。」繼令五軍都督府、六部、都察院、六科給事中、通政司、詹事府詳加審録，冤者即爲奏聞，無冤實犯死罪以下，悉如律。其雜犯死者准贖。

《國榷》卷一〇　乙酉，進士韓在忠爲翰林修撰，王恕、焦勝爲編修，行人司副陳繼善、行人陳誠爲檢討。

丁亥，敕楚王、湘王曰：「前命爾兄弟七月廿日以前進勦洞蠻。今占天象，太白七月三日伏，兵未可行。十月二十五日當夕見西方，太白出高，深入者勝，用兵當知也。指揮齊讓已壓蠻境，即遣語之。今且嚴備，俟太白出後，併力討之，生擒蠻人，切勿輕殺，兵非殃民，所以安之。」

庚寅，靖州洞蠻作亂，命顧成討之，許五月召還。

敕晉王、燕王曰：知爾兄弟出開平數百里，統軍深入。古人論兵，知彼知己。若能知彼，不能知己，不勝無凶；既不知己，又不知彼，凶莫甚焉。自遼東至甘肅，東西六千餘里，我可戰馬僅十萬，京師、河南、山東雖云有馬，猝戰難集。苟事之急，北平口外馬不過二萬而已。胡人良馬動計十萬，折衝鏖戰，雖古名將亦或難之。所以算我馬數，必欲知己。縱有步軍，不可追北，但可夾軍馬助聲勢。今爾等率數千馬，離開平三四百里，無輕騎遠堠，駐曠塞中，設胡兵數萬，晝潛夜行，隱柳藏荻，猝然相遇，何以制之？即欲縱轡疾馳，奈軍士何？夫吾馬數既少，全仰步軍，止可常附城壘，去城二三十里，往來屯駐，遠斥堠，謹烽燧，設信砲，若猝有急，一時可知。萬一不測，可固守待援。今不深思熟慮，提兵遠行，其不遇敵，則僥倖耳。噫！吾起寒微，因天下亂，不得已入行伍中，不二年從者如雲，猶且聽命諸雄。又二年，帥將士東渡建業，秣馬厲兵，以觀事變。其時諸雄皆放恣無籍之徒，元不能馭，乃命中山、開平總兵四征，與之並驅。又不十數年，乃殄滅之，以有天下。當並驅時，張士誠稱王于姑蘇，陳友定扼險于八閩，方谷珍擅命于甌越，杜遵道、劉太保僭亂于中原，徐壽輝、陳友諒相繼稱號于江漢。元義兵李察罕輩奮起河洛，劉太保莫能與敵，梁地遂平。察罕之兵徑入齊魯，滅亂雄毛氏之類。渠帥雖能嬰城固守，及與拒戰，所在敗北。察罕驕盈狂詐，卒殞敵手。其甥王保保率兵，一切作爲，蹈勇乏謀，不能服衆，以致部下聲言效忠朝廷，請命加誅，從是元内外釁生。朕觀其機，發兵討之。兵渡江淮，長驅齊魯，席卷河南，遂入潼關。復遣大將由鄴趨真定，營通州，元君棄城北歸，晉冀關中，相繼底平，不三年而天下一統。噫！吾用兵一世，指揮諸將，未嘗敗北，正欲養鋭觀胡之變，夫何諸將日請深入，不免疲兵和林。此蓋輕信無謀，致傷生靈。所以爾兄弟提兵遠行，吾甚慮之。自古及今，胡虜患中國久矣。歷代守邊，先謀爲急。吾于北鄙，尤加繫心。爾聽吾訓，能明事勢，無少懈幾，雖未必勝，亦不爲患。」

《太祖實録》卷二五三　己酉，命右軍都督府，凡陝西都司行都司軍民馬匹不許出潼關、藍田、武關，違者罪之。

命征南將軍右軍都督僉事顧成討靖州洞蠻。時成統兵平水西叛酋，被召將還京，會蠻人寇五開，故遣使賫勅即軍中命成與都指揮程暹統兵討之。

《明通鑒》卷一一　己酉，駙馬都尉歐陽倫，有罪賜死。初，詔西番互市，始設茶馬司于陝西、四川等處，令番人納馬易茶，並嚴禁私茶出境。時倫奉使至川、陝，輒載巴茶越境貿易，所在不勝其擾。陝西布政司檄所屬起車載茶渡河，家人周保索軍至五十兩。蘭縣河橋司巡檢被捶不堪，訴于朝。上大怒，遂坐法，並保等誅之，茶貨没入官。以河橋吏能不避權貴，賜勅褒嘉。

《國榷》卷一〇　七月庚戌朔，置都知監，掌内府各監事，秩正四品。

癸丑，命御史裴承祖、張亨、聞良輔、李昇、鮑正、康鸞、楊直、林山松、王中等十人同署都察院事。

丁巳，左都御史榻靖賜死。鄉人繫獄，家人擊登聞鼓上狀，靖稍改删，爲御史所劾，不問，而言官論之不已，故賜死。

甲子，太常寺丞張顯宗署國子祭酒事，翰林修撰韓克忠署司業，行人匡顯、鄧彦質、蔣祺、張庸、許子謨、周鐸、王禮署助教。

《昭代典則》卷一一　〔乙丑，上謂兵部臣曰〕：【略】自今邊將不得以所虜胡人爲家奴，所獲馬匹牧于塞上，或千百匹，或四五十匹，不得私鬻。若欲財用，則入馬于官，給其直。若征討，悉分給騎士。還日，損者償其直。馬少，不願鬻者聽。

《太祖實録》卷二五四　陞刑部郎中王良、張春、户部主事郭資俱爲都察院僉都御史。

《國榷》卷一〇　丙寅，上諭羣臣曰：「人不能無過，平心自知矣。其心本公，爲事或繆，此則局識致差，若緣私而戾故爲耳，此君子小人之辨也。然君子之過，雖微心彰；小人之過，雖大勿形。蓋君子直道而行，小人巧于修飾。人君不察，品且莫辨。」又曰：「朕觀往昔議論于廷，有忤主意，必君子也。其或順從，必小人也。忤而怒之，顔而悦之，小人得幸，君子斥矣。人主進退，當取兼衆論焉。」

己巳，申明學規教條。

《太祖實録》卷二五四　辛未，上謂户部尚書郁新等曰：「陝西漢中以茶易馬，每馬約與茶百斤，歲給茶三百萬斤，可易馬三萬匹。宜嚴守關隘，禁人販鬻。其四川松茂之茶與陝西同，碉門、黎雅則聽商人納米市易。爾户部即遣人於陝西、四川按視茶園之數。」

《國榷》卷一〇　壬申，致仕兵部尚書兼太子少保唐鐸卒。

《太祖實録》卷二五四　乙亥，命户部下郡縣，更置糧長，每區設正、副糧長三名，以區内丁糧多者爲之，編定次序，輪流應役，周而復始。

《國榷》卷一〇　丙子，上聞山海衛指揮黄祐以罪謫開平，屬校各鬻馬騾從行，命罪祐，逮鬻者。

八月辛巳，黔陽、辰溪等蠻作亂，敕楚王楨以二萬四千餘人從護軍與都督湯醴、甯忠往征之。

丙戌，楚王請軍餉，上敕讓之，曰：「兵止一隅，欲糧三十萬石，可媿也！況三十萬在靖州，備銅鼓立衛，五開缺食，不可輕費。爾兄弟兵十餘萬，不即撲滅，九月間當別使大軍進討。」

《明通鑒》卷一一　丁亥，河決開封。城三面受水，詔改作倉庫于滎陽高阜以備不虞。

《明史》卷三《太祖紀三》　甲午，李景隆爲征虜大將軍，練兵河南。

《國榷》卷一〇　己丑，右都御史嚴震直爲工部尚書。

《太祖實録》卷二五四　己亥，以義門鄭沂爲禮部尚書，税户人才湯行爲吏部右侍郎，嚴奇良爲户部左侍郎，潘長壽爲部察院右僉都御史，王聰爲左通政，丘顯爲右通政，沈成爲湖廣左布政使，盛任爲山東左布政使。

辛丑，命都督楊文點閲沿江各衛戰舡。

暹羅國遣其臣柰婆郎直事悌上表貢方物。

癸卯，四川鹽井衛遣鎮撫王真入奏，叛酋賈哈剌據十寨，已調兵平其五，餘負險未下。請得兵五千守關隘，即與都指揮使司進兵勦之。上從其請。

丙午，禮部奏諸番國使臣客旅不通。上曰：「洪武初，海外諸番與中國往來，使臣不絶，商賈便之。近者安南、占城、真臘、暹羅、爪哇、大琉球、三佛齊、浡尼、彭亨、百花、蘇門荅剌、西洋邦哈剌等，凡三十國，以胡惟庸謀亂，三佛齊乃生間諜，給我使臣至彼，爪哇國王聞知其事，戒飭三佛齊禮送還朝，是後使臣商旅阻絶，諸國王之意遂爾不通。惟安南、占城、真臘、暹羅、大琉球自入貢以來，至今來庭。大琉球王與其宰臣皆遣子弟，入我中國受學。凡諸番國使臣來者，皆以禮待之。我待諸番國之意不薄，但未知諸國之心若何。今欲遣使諭爪哇國，恐三佛齊中途阻之。聞三佛齊係爪哇統屬，爾禮部備述朕意，移文暹羅國王，令遣人轉達爪哇知之。」

《國榷》卷一〇　丁未，諭在外諸王不得私有興作。

戊申，平羌將軍都指揮齊讓討古州叛蠻，留所降于營。敕曰：「元時蠻叛詐降，賂其平章左右，遂厚待之，夜劫平章以去，鬮而奴之。覆轍可戒。如來降，宜散其衆，收其械，爾其慎之。」

吏部尚書杜澤請取用登名富民，詔先用山東、河南、淮東。

《明通鑒》卷一一　九月庚戌，耿炳文等討漢、沔寇高福興等，悉誅之，宥其脅從之民凡四千餘人。

《昭代典則》卷一一　辛亥，令天下各置木鐸。命户部下令，天下人民，每鄉里各置木鐸，内選年老者，每月六次持鐸，狥于道路，曰：「孝順父母，尊敬長上，和睦鄉里，教訓子孫，各安生理，毋作非爲。」又令民凡遇農桑時月，清晨聚衆鼓鳴，皆會田所，及時力田。里老縱其怠惰，不勸督者罰。又令凡遇婚姻、死喪、吉凶等事，一里之内，互相賙給，庶使人相親愛，風俗厚矣。

《太祖實録》卷二五五　壬戌，署平鄉縣知縣國子生曹禮言：「往歲詔天下州縣歲貢人才一人。緣屬户有多寡，宜令户少下縣三年選一人充貢，人衆州縣如常制。貢之時，方取用富民。」因命天下罷貢人才。

《昭代典則》卷一一　癸亥，勑楚王楨，湘王栢率其軍築銅鼓城。勑楚王楨、湘王栢曰：「前命爾兄弟帥師征蠻，既不親臨戰陣，建立功勳，宜各以護衛軍一萬，銅鼓衛親軍一萬，靖州民夫三萬餘築銅鼓城，每面三里。城池宜高深，坊巷宜寬正，營房列宜齊整。期十一月訖工，令銅鼓衛指揮千百户守之。其銅鼓軍士除留一千守衛，餘從總兵征進，至耕時，仍還本衛。爾兄弟可率築城護衛軍士還國，繪圖來奏知。」

《國榷》卷一〇　戊辰，麓川刀幹孟逐其宣慰使思倫發，走雲南，西平侯送至京師。

《明通鑒》卷一一　麓川思倫發之降也，上遣行人李思聰往諭歸國。適其部長刀幹孟叛，思聰以朝廷威德諭之，叛者稍退。而倫發欲倚使者服其下，强留之，賂以象、馬、金寶，思聰不受。歸，述于上，並詳紀其山川、人物、風俗、道路甚悉，蓋知刀幹孟之必將終叛，備征討也。初，平緬俗不好佛。有僧至自雲南，善言因果報應，倫發信之。又有金齒戍卒逃入其境，能爲火銃火礮之具。倫發嘉其技能，遂與僧並貴寵，在諸部長上，刀幹孟等不服【略】與其屬率兵攻逐思倫發。

《昭代典則》卷一一　乙亥，平羌將軍都指揮齊讓討古州叛蠻無功，命左軍都督楊文爲征虜前將軍代之。諭文等曰：「都指揮齊讓討賊久而無功，故命爾等代之。凡用兵行師，以嚴明爲務，賞罰必當功罪，然後恩威並行，人心悦服。如分遣官軍入山追捕，日可行十五里、十里或二十里，暮即還營，如此則出入有時，寇不得肆其狙詐。若五開蠻人果來連搆，即調兵會征南將軍都督僉事顧成，用勦捕之。其安陸侯吴傑、江陰侯吴高以事獲罪，可與步騎三四千，俾之立一功。甯都督、湯都督營領兵爲楚、湘二王宿衛，駐營黔陽、辰溪之地，二人亦令從征。宋都督、劉都督亦可與軍一二萬，俾自當一路。仍先徵思州宣慰司土官轉運糧餉，以足軍用。」

《太祖實録》卷二五五　十月壬午，行人高禎自陝西宣諭禁鬻私茶還。言三事，一曰乞減内地巡茶關隘；二曰選老成練達兵務之將捍禦西陲；三曰民之通糧，宜從土地所宜折收。上並從其言。

《國榷》卷一〇　癸未，詔折徵天下逋租，乃寬估直。

《明通鑒》卷一一　【略】又以陝西逋賦困甚，諭户部議，「自二十八年以前天下逋租，歲許任土所産折收米、絹、棉花及金、銀等物，著爲令。」于是户部定「鈔一定折米一石，金一兩十石，銀一兩二石，絹一疋石二斗，棉布一疋一石，苧布一疋七斗，棉花一斤二斗」。上猶以爲重，命「金銀折米之數仍加一倍，鈔止二貫五百文折一石。餘如議。」

《國榷》卷一〇　乙酉，平羌將軍齊讓械蠻酋林寬入京。

《太祖實録》卷二五五　丙戌，遣使勑征虜前將軍都督楊文等曰：「十月七日，齊讓已遣武昌左衛指揮朱俊械蠻寇林寬及潭洞賊首楊通秀至京。觀其人，皆庸懦愚人，宜不能爲此亂，計諸蠻中必有桀驁者爲謀主。【略】爾等宜次第捕滅。其令寬等投降，皆是虚詐，意在沮我大軍。若大軍遠行，必於中途設伏，掩我不備，慎毋遠掠。楊文至軍，去齊讓營百里。先令參將何清等領步騎同指揮譚全、散騎舍人劉添錫等詣讓營中宣詔，收平羌將軍印，即送讓赴京，其副將宋晟、胡冕仍令從征立功。」

《明史》卷三《太祖紀三》　戊子，停遼東海運。

《明通鑑》卷一一　時以北地軍餉贏羨，又方興屯種之利，遂罷之。

《明史》卷三《太祖紀三》　辛卯，耿炳文練兵陝西。

《明通鑑》卷一一　乙未，重建國子監先師廟成。初，上以太學爲京師首善之地，而文廟規制殊隘，乃命工部改作。其制皆上所規畫，大成殿門各六楹，櫺星門三，東西廡七十六楹，神廚庫皆八楹，宰牲所六楹。

《太祖實録》卷二五五　甲辰，詔禮部，令朝鮮國朝貢三年一來，以其國啓本語涉譏訕，仍拘留其使。

《國榷》卷一〇　十一月己酉朔，御史裴承祖奏武定侯郭英多養家奴百五十人，擅殺男女五人，被劾。宥之。

《太祖實録》卷二五五　丙辰，命中軍都督僉事徐凱、指揮使黄中、孫禧將兵討叛酋賈哈剌。

《明通鑑》卷一一　是月，上御奉天殿，見散騎舍人衣極鮮麗，問：「制用幾何？」對曰：「五百貫。」上曰：「五百貫，農夫十數口之家一歲之資也。爾乃費之于一衣，豈非暴殄！」命切責之。

《太祖實録》卷二五五　庚午，改工部織染局爲織染所，巾帽局、針工局爲二科，添設文思院，副使二員，秩從九品。

《明史》卷三《太祖紀三》　癸酉，沐春爲征虜前將軍，都督何福等副之，討刀幹孟。

《國榷》卷一〇　甲戌，齊讓至京，坐逗留，伏誅。

十二月癸未，上不豫，廷臣數問安。敕曰：「比失調受疾，卿等頻問候，禮也。堯、舜、禹、湯、文、武之世，皋、夔、稷、契、伊、傅、周、召爲之臣，其有志匡王一也。朕以此示卿等，宜竭忠修職，副朕至懷。」

《太祖實録》卷二五五　癸巳，琉球國山北王攀安知遣使恰宜斯耶，中山王察度遣使交贊結致，各上表貢馬及硫黄。

《國榷》卷一〇　乙巳，遣思倫發還雲南。

洪武三一年（戊寅、一三九八）

《明史》卷三《太祖紀三》　正月壬戌，大祀天地於南郊。

《明通鑑》卷一一　乙丑，上以山東、河南多惰于農事，詔户部「遣所舉人材分詣各郡縣，督民耕種，具籍所種田地與歲收穀粟之數以聞。」

《太祖實録》卷二五六　丙子，工部臣言，各處鐵冶久已住罷，今内庫所貯鐵有限，而營造所費甚多，恐歲用不敷。上令暫開爐冶一年，仍復住罷。

二月戊寅朔，定吏員出身事例，皆以九年考滿出身。凡在京三考，或在京兩考，在外一考；或在京一考，在外兩考，一品、二品衙門提控都吏，從七品出身；掾史、令史、典吏并内府門吏，正八品出身；三品衙門令史，從八品出身；典吏及四品衙門司吏，正九品出身；四品衙門典吏、五品衙門司吏、典吏、書吏，俱從九品出身；六品至九品并雜職衙門吏典，都察院各道吏典，俱除雜職。

《國榷》卷一〇　曹國公李景隆還自西番。

《太祖實録》卷二五六　庚辰，命吏部設學于虎踞關，選儒士十人教故武臣子弟之養于錦衣衛者。儒士人給米月二石。

《明史》卷三《太祖紀三》　乙酉，倭寇寧海，指揮陶鐸擊敗之。

《國榷》卷一〇　癸巳，命監察御史裴承祖署浙江按察僉事。

庚子，西平侯沐春奏，麓川刀幹孟求入貢。命姑許之，伺變進師。

總兵顧成再討水西蠻。

《明史》卷三《太祖紀三》　辛丑，古州蠻平，召楊文還。

《昭代典則》卷一一　甲辰，都督僉事徐凱執卜木瓦寨叛酋賈哈剌，送京師，伏誅。賈哈剌，麽些土豪也。初王師克建昌，授以指揮，俾領其部落。後與月魯帖木兒叛，走據卜木瓦寨。其地峻險，三面斗絶，下臨大江，江流悍急，不可行舟，惟一道僅可通人行。官軍至，輒自上投石，遂爲所拒，不得進。及是，凱等至，斷其汲道以困之，寇不得水，日就窮促。凱乃督將士直抵其寨，力攻之，寇不能支，遂就擒。

《太祖實録》卷二五六　丙午，上諭左軍都督府左都督徐增壽曰：「曩因碉門拒河西口，道路險隘，以致往來跋涉艱難，市馬數少。今聞有路自碉門出枯木任場，徑抵長河西口，通雜道長官司，道路平坦，往來徑直。爾即檄所司開拓，以便往來。」

三月戊申朔，琉球國中山王察度遣其臣亞蘭匏、押撒都結、致每步結、致撒都奴恃貢馬及琉黄、胡椒等物。

命太常寺左少卿廖昇署吏部左侍郎事。

《國榷》卷一〇　定武官子弟十五歲方許承襲，外衛者十歲。

丙辰，學官得除傍近郡縣。

己未，晉王棡薨，謚曰「恭」，葬地限八百畝。

《太祖實録》卷二五六　癸亥，上諭五軍都督府臣曰：「近聞守邊將帥多不究心，如五開守禦指揮千百户私役軍人，受賄弄法，以致軍伍缺少，城寨不脩，蠻獠竊發，攻劫屯戍，男女死者八百餘人，皆將帥怠弛之故也。自今如一衛五千六百人，指揮五員，則以左、右、前、後四所，分四指揮管領，中所則掌印官管之。凡修繕城池，五千户均分其工。敵至，且守且戰，四千户各守四門，掌印指揮提調中所，總四指揮而一。其部伍如城壁不高，壕塹不深，屯種不勤，則坐本管指揮千百户之罪。軍容不整，器械不精，操練不熟，則罪分管之官。其遣人往諭各衛，一循前後處分，慢令者究治之。」

四月丁丑朔，户部奏，改鑄造鈔銅板自二十文至五十文，共六十三板，并印鈔正背銅印。

《國榷》卷一〇　罷回回欽天監。

《明史》卷三《太祖紀三》　庚辰，廷臣以朝鮮屢生釁隙請討，不許。

《太祖實録》卷二五七　癸未，陞衛知事爲經歷。先是，内外諸衛設經歷一人，從七品；知事一人，從八品。後汰經歷，惟留知事一人，而印章與所署司名仍舊。至是，天策衛知事周璿建言，宜罷知事而復經歷，庶使官制有常，名實不戾。上從之。

乙酉，降左僉都御史張春爲刑部員外郎，郭資爲户部主事，右僉都御史王良爲刑部郎中。初，春等由部屬官擢居臺憲。後刑部員外郎温厚等坐法下都察院獄，春與厚等嘗爲僚友，故緩其獄，久而不決，爲監察御史周膺所劾，故降之。

《明通鑑》卷一一　是月，敕燕王棣率諸王防邊。諭曰：「北騎南行，不寇大寧，即襲開平，可召西涼、開平、遼東諸將，分左右翼，爾與代、遼、寧、谷諸王居中策應，彼此相護，首尾相救。兵法示饑而實飽，外鈍而内精，其毋忽！」

《太祖實録》卷二五七　戊子，陞刑部侍郎暴昭爲左都御史，天策衛經歷周璿爲左僉都御史。璿以言事稱旨故也。

《國榷》卷一〇　己丑，上享太廟畢，步自門，指桐梓，謂侍臣曰：「往年植此，不覺成林，鳳陽陵樹，當亦似此。」因感愴泣下。

《太祖實録》卷二五七　丁酉，遣通政使趙彝持節往山西，立晉世子濟熺爲晉王。

《國榷》卷一〇　龍江衛經歷黄福、羽林衛經歷邊昇爲工部左右侍郎，俱言事稱旨。

《明通鑑》卷一一　五月丁未，何福等討刀幹孟，率兵踰高良公山，直擣南甸，大破之，殺刀名孟，斬獲甚衆。回兵擊景罕寨，寨憑高據險，堅守不下，官兵糧械俱盡，賊勢益張。福使告急于沐春，春率五百騎往援，乘夜至潞江，詰旦渡，車騎馳躪，揚塵蔽天。賊不意大軍至，驚潰，遂破之。乘勝擊崆峒寨，賊皆夜遁。刀幹孟遣人乞降，詔不許，命春俟變討之。

《國榷》卷一〇　庚戌，開四川南部蓮花鹽井。

《明史》卷三《太祖紀三》　甲寅，帝不豫。

《明通鑑》卷一一　戊午，詔都督楊文從燕王棣，武定侯郭英從遼王植，備禦開平，均命聽二王節制。

《太祖實録》卷二五七　丙寅，置山東都指揮使司屬衛七，曰安東、曰靈山、曰鰲山、曰大嵩、曰威海、曰成山、曰靖海。

遣監察御史史仲成等分往北邊諸王府，稽閱牛羊馬駝騾驢之數。

《國榷》卷一〇　齊泰爲兵部左侍郎。上嘗問邊將，泰悉對無失。嘗欲考圖籍，泰袖出所手録以進，上大重之。

户部尚書郁新奏，山西民徙耕山東已三年，當照民田徵租。上命再復一年。

《太祖實録》卷二五七　壬申，四川新設衛所地方，蠻人糾集，光金、堵虎寨蠻人作亂，都指揮程暹等率兵討平之。

《昭代典則》卷二一　乙亥，勅燕王曰：「朕觀成周之時，天下治矣。周公猶告成王曰『詰爾戎兵』，安不忘危之道也。今雖海内無事，然天象示戒，夷狄之患，豈可不防？朕之諸子，汝獨才智，克堪其任。秦、晉已薨，汝實爲長，攘外安内，非汝而誰？已命楊文總北平都司行都司等軍，郭英總遼東都司，并遼府護衛，悉聽爾節制。爾其總率諸王，相機度勢，用防邊患，乂安黎庶，以答上天之心，以副吾托付之意。其敬慎勿怠！」

《太祖實録》卷二五七　閏五月丙午朔，浚常州府武進縣奔牛、吕城二壩。

《明史》卷三《太祖紀三》　癸未，帝疾大漸。

乙酉，崩於西宫，年七十有一。遺詔曰：「朕膺天命三十有一年，憂危積心，日勤不怠，務有益於民。奈起自寒微，無古人之博知，好善惡惡，不及遠矣。今得萬物自然之理，其奚哀念之有。皇太孫允炆仁明孝友，天下歸心，宜登大位。内外文武臣僚同心輔政，以安吾民。喪祭儀物，毋用金玉。孝陵山川因其故，毋改作。天下臣民，哭臨三日，皆釋服，毋妨嫁娶。諸王臨國中，毋至京師。諸不在令中者，推此令從事。」

《國榷》卷一〇　上素少疾，及疾作，臨朝決事如故。皇太孫侍湯藥甚謹，親扶掖，雖穢褻必躬以進。深夜侍衛或寢，呼太孫即唯，目不交睫，形至骨立。大漸，諭曰：「燕王不可不慮，齊泰受顧命。」

《國榷》卷一一　〔乙酉〕太祖高皇帝遺詔皇太孫嗣皇帝位。太孫哭踊，哀動左右。敕有司喪儀悉遵《周禮》。于是倣金縢遺制，前朝後殿左右角門及西宫内寢，各設座十有一。久不御者，即香湯洒掃之。陳祖訓于東直殿，設重器于西直殿，京官四品上朝服執鉞立諸陛上，日哭臨如禮。晝不飲勺水，夜不枕簟。先是太祖不豫，多暴怒，譴僇甚衆。太孫躬侍，嘗藥扶掖，唾壺溺器等，靡不手奉，容色愉婉，太祖氣漸平，多全宥。每深液，侍衛酣寢，有呼則應，終夕未交睫也。至是哀毁骨立。是日諸大臣逆之大明門外，臣民望容聞慟，俱歎爲純孝，喁喁然有至德之思焉。

明惠帝部（起公元一三九八年，迄公元一四〇二年）

《明史》卷四《恭閔帝紀》 恭閔惠皇帝諱允炆。太祖孫，懿文太子第二子也。母妃呂氏。

洪武三一年（戊寅、一三九八）

《明史》卷四《恭閔帝紀》 〔閏五月〕辛卯，即皇帝位。大赦天下，以明年爲建文元年。

《國榷》卷一一 詔曰：「天祐下民，作之君，我皇太祖高皇帝統有萬邦，宵衣旰食，弘濟斯民，凡有益于天下者，無所不用其心，政教休明，規模宏遠。朕以眇躬，纂承大統，恭依遺詔，于洪武三十一年閏五月十六日即皇帝位。夙夜祗懼，思所以克相上帝，以無忝皇祖之大命，永惟寬猛之宜，誕布維新之政。其以明年爲建文元年，大赦天下。於戲，德惟善政，政在養民。當遵先聖之言，期致雍熙之盛，百弼卿士，體朕至懷。」

《明史》卷四《恭閔帝紀》 是日，葬高皇帝於孝陵。詔行三年喪。羣臣請以日易月。帝曰：「朕非效古人亮陰不言也。朝則麻冕裳，退則齊衰杖絰，食則饘粥，郊社宗廟如常禮。」遂命定儀以進。止諸王會葬，哭臨本國，所在吏民軍士悉聽朝廷節制。燕王入臨，將至淮安，兵部左侍郎齊泰言于上，急敕還。

《建文朝野彙編》卷一 〔甲午〕，立宜山縣得勝馬驛，改宜陽水驛爲水馬驛。

《明史》卷四《恭閔帝紀》 丙申，詔文臣五品以上及州縣官各舉所知，非其人者坐之。

《建文朝野彙編》卷一 先是，内外缺官，於進士、舉人、監生、人材、秀才、孝廉、税户、考滿吏員、知印承差除用。至此，定保舉法。不問下僚鄉民及因累充軍者，或多或少，悉聽保舉，吏部選用。

〔六月丙辰〕，革都察院司獄四員。

〔庚申〕，革天下陰陽學、醫學衙門，羣臣議其別無分辯。又所隸皆有司板籍爲户，詔革之。

《革除編年》 以黄子澄爲太常寺卿。

《建文朝野彙編》卷一 〔戊辰〕，革建昌府盱江遞運所、南城縣藍田巡檢司，改河南陳州淮陽站遞運所爲潁岐站遞運所，隸商水縣。

《國榷》卷一一 〔是月〕，上太祖欽明啓運俊德成功統天大孝高皇帝、孝慈昭憲至仁文德承天順聖高皇后尊謚。

中書舍人蹇義爲吏部右侍郎，户部主事夏原吉爲右侍郎。

驛召漢中府教授方孝孺爲翰林院博士。上素聞其賢，將大用之，爲當事所忌，授博士，尋遷侍講。

釋黔卒及囚徒還鄉里。

平江知縣陳彦回入臨，給事中楊惟康薦其文學廉幹，爲徽州知府。

〔七月丙戌〕，召前河南布政司右參議董倫于雲南，爲禮部左侍郎兼翰林院學士。倫至，屢請親睦宗人，不聽。詔行寬政，赦有罪，蠲逋租。

〔丙申〕，周府汝南王有爋告其父橚及世子有燉反，會曹國公李景隆往訊，大索金寶，王不能應，坐罪。執至，詔諸王議其罪。燕王請寬之。上欲且止，齊泰、黄子澄曰：「若然，婦人之仁耳。」乃廢周王爲庶人，徙蒙化，置世子臨安。時齊泰、黄子澄謀削藩。泰欲先燕，子澄曰：「不然，燕猝難圖也。先取周，剪其翼。」而周王亦自爲備，長史王翰屢諫，不納，即斷指佯狂去。至是官屬皆就理，翰竟無所坐。奉祠正周是修嘗諫王，調衡府紀善。教授吉水黄金華，洪武戊辰進士，論死。

〔丁酉〕，六科定員都給事中，省左右給事中。

《建文朝野彙編》卷一 癸卯，革北平府常慶、鄭材二壩衙門。

《國榷》卷一一 是月，燕王簡壯士爲護衛，以周王得罪，益爲備。

〔八月〕乙巳，敕魏國公徐輝祖兼太子太傅，練兵山東。

辛亥，國子監祭酒程師周言：「諸生有三五年未歸省，宜令知本。」從之。方孝孺亦言：「近代文字好奇，三吴尤甚。」因責祭酒第其高等，賜襲衣束帶歸省。

召王景彰于雲南，爲禮部右侍郎兼翰林侍講。

徵江西處士楊士奇。

增國子監司業，以學録張智爲之，訓導鄒緝爲國子助教。

《革除編年》 辛酉，增置浙江、江西、湖廣、福建、山東、山西、河南、陝西八布政司，揚州府各織染局局大使一人，副使一人。

《國榷》卷一一 〔壬戌〕，臨江推官劉翼爲知府。

《建文朝野彙編》卷一 〔丁卯〕，革鳳陽府屬鳳陽縣蚌蜱站，潁上縣潁陽站、聶家灣站，太和縣要灣站，舊縣站，潁川乾溝站，泗州黄岡站，雙溝站，壽州下蔡站，獨溝站，凡十三遞運所。開封府陳州潁岐店站，項城縣紙店站，蔡河站，祥符縣金梁站，太康縣長嶺站，扶縣義聲站，通許縣青岡站，滎澤縣通濟站，陽武縣城南站，凡九遞運所。懷慶府濟源縣小交，材背站，孟津縣下孟里站，凡三遞運所。平陽府垣曲縣黎樹，交斜，陽壺站，絳縣乾澗，横嶺，夏縣常村，關喜城西東鎮，安邑縣運司陶村，凡十遞運所。

《國榷》卷一一 都督同知何福爲征虜將軍，總兵征百夷，都督僉事徐凱等從。

兵部尚書茹瑺爲吏部尚書，工部侍郎練子寧、蹇義爲吏部左右侍郎。

雲南右布政使陳迪爲禮部尚書。

〔辛未〕，兵部左侍郎齊泰爲尚書，右侍郎劉儁爲左侍郎，郎中盧淵爲右侍郎。時兵科給事中王垣、康健，兵部郎中潘行、杜禹、祁昭，員外郎石朴、張子真。

《明通鑒》卷一二 泰，溧水人，以洪武二十八年擢兵部侍郎。太祖問邊將姓名，泰歷數無遺。又問諸圖籍，袖中出手册以進，太祖奇之。上爲皇太孫，亦雅重泰。其時子澄方進修撰，伴讀東宫。一日，太孫坐東角門，謂子澄曰：「諸王尊屬擁重兵，多不法，奈何？」對曰：「諸王護衛兵，僅足自守。倘有變，臨以六師，其誰能支！漢七國非不强，卒底亡滅。大小强弱勢不同，而順逆之理異也。」上是其言。至是燕王自北平奔喪，援遺詔止之，于是諸王皆不悦，流言煽動，聞于朝廷。謂子澄曰：「先生憶昔東角門之言乎？」對曰：「不敢忘。」于是始與泰建削藩之議。

《國榷》卷一一 〔壬申〕，增兵部武選職方司主事四員。

《明史》卷四《恭閔帝紀》 是月，詔興州、營州、開平諸衛軍全家在伍者，免一人。天下衛所軍單丁者，放爲民。

《國榷》卷一一 〔九月辛巳〕，裁各省左右布政使，止布政使一人。

罷築銅鼓衛城，徵安陸侯吴傑還。

魏國公徐輝祖還自山東。

《明史》卷四《恭閔帝紀》 〔甲申〕，雲南總兵官西平侯沐春卒於軍，左副將何福代領其衆。

《明通鑒》卷一二 初，太祖命〔沐〕春討刀幹孟，幹孟乞降，詔春勿受，仍總滇、黔、蜀兵攻之。未發而春卒，上命左副將何福代領其衆。春材武有父風，積功授都督僉事。羣臣請試職，太祖曰：「兒，我家人，勿試也。」遂予實授。英卒，襲爵。在鎮七年，大修屯政，闢田三十餘萬畝，鑿鐵池河，灌宜良涸田數萬畝，民復業者五千餘户，爲立祠祀之。賜謚惠襄。無子，弟晟襲爵。

《革除編年》 戊子，革廣通鎮批驗茶鹽所。

《國榷》卷一一 錦衣衛鎮撫試百户散騎舍人張鳳、李衡、趙福、張弼、汪實、孫端、王斌、楊忠、林良、李成、張敏、劉政爲錦衣衛千百户，世襲，皆孝陵殉葬宫人父兄也。

〔壬辰〕，裁五軍都督府斷事，復設大理寺卿一、左右少卿寺丞各二、左右司正一。

〔十月丙午〕，征虜將軍何福進兵金齒。

《建文朝野彙編》卷一 貶安陸侯吴傑爲廣西南寧衛指揮使。

〔丁卯〕，召總兵官左都督楊文還京師。

《革除編年》 以戴禮爲太醫院使。元禮，金華人，名思敬，以字行，學於朱彦修。初以御醫事太祖，大漸時常目之曰：「此人仁義。」頗憶之，故有是命。

《明通鑒》卷一二 是月，前都督府斷事高巍，遼州人，以洪武中旌孝行授職。尋以決事不稱旨，謫戍貴州關索嶺，太祖嘉其孝，許其弟姪代役。至是以詔辟赴吏部，因上書論時政。時削藩議起，巍獨以爲不然。其略曰：「高皇帝分封諸王，比之古制，既皆過當，諸王又率不法，違犯朝制，不削則朝廷紀綱不立，削之則傷親親之恩。賈誼曰：『欲天下治安，莫如衆建諸侯而少其力。』今盍師其意，勿行鼂錯削奪之謀，而效主父偃推恩之策，在北諸王子弟分封于南，在南子弟分封于北，如此則不削之削也。臣又願益隆親親之禮，歲時伏臘，使人餽問，賢者下詔褒賞之，有不法者，初犯容之，再犯赦之，三犯不悛，則告太廟廢處之，豈有不順服者哉！」書奏，上嘉之而不能用。

《建文朝野彙編》卷一 〔十一月乙酉〕，立金華府義烏縣清溪巡檢司。

《國榷》卷一一 前監察御史解縉入臨，謫河州衛吏。初，太祖令歸學十年擢用，至是未及期也。

詔舉山東才德之士。

《明通鑒》卷一二　上有疾晏朝，御史尹昌隆上疏諫。其略曰：「昔太祖高皇帝雞鳴而起，昧爽而朝，百官戒懼，不敢稍怠。陛下嗣膺大業，宜追繩祖武，未明求衣，日旰忘食。今乃即于晏安，日上數刻，猶未臨朝，恐自此上下懈弛，曠官廢事，非社稷之福也。」書入，左右請以疾諭之。上曰：「直諫難得，何可沮也！」命頒其疏于天下。

《國榷》卷一一　齊府中人曾名深告變，徵齊王榑入京，留之。

《明史》卷四《恭閔帝紀》　〔十二月癸卯朔〕，何福破斬刀幹孟，麓川平。

《國榷》卷一一　上省牲郊壇。明年將有事于南郊，駕往省牲滌器，嚴飭百官。是日還宮。

《建文朝野彙編》卷一　召河南衛指揮僉事汪五十八還京師。汪本阿速人，洪武丁卯帥衆來歸，遂賜今姓。嘗從李景隆牧馬山後，番民爭出馬相市。被召，輿疾還京，卒。

〔丙午〕，復置工部照磨所。

《明史》卷四《恭閔帝紀》　是月，賜天下明年田租之半。

《國榷》卷一一　吏部尚書茹瑺署河南布政司事，雲南左布政使張紞爲吏部尚書。

《建文朝野彙編》卷一　瑺居位日久，多私親識。是月保舉人材都非其人，且有賊跡。右都御史暴昭劾瑺貪鄙，奉職無狀。黄子澄亦議瑺有心計而無學術，不宜居銓衡，統百官。遂令署河南布政司事。

《國榷》卷一一　工部右侍郎張昺署北平布政司事。時諸藩不靖，議簡守臣有威望者，以昺往。

授楊士奇齊府審理副。

福建布政司左參政王鈍爲户部尚書。

起鄭賜徒中爲工部尚書，黄福爲右侍郎。

謝貴爲北平都指揮使。時燕王稱疾不出，人言其有異志，故假備虜，遣貴及張昺偵禦之。

進士廬陵曾鳳韶爲監察御史。

流人廬陵劉有年爲太平知府。有年洪武中舉明經，拜御史，求歸養，謫通州。上《儀禮十八篇》，詔藏祕閣。及守郡，持正尚法，革黠胥，去淫祠，釐蠧政，以儒術飾吏治。靖難不迎駕，戍雲南。後起交趾按察僉事。

右都督沐晟嗣西平侯，充總兵官，鎮守雲南。

進何福右軍都督同知。

燕府參軍事訓導康汝楫爲安岳知縣。

召宋懌還京。懌故翰林學士承旨濂之孫，從戍夔州，至是授翰林侍書。

承天門災，詔求直言，舉山林巖穴懷才抱德之士。上虛心求治，聽諫訪逸。于是壽州訓導劉亨、崇仁訓導羅恢皆言事擢用。吉安知府朱仲智薦蕭用道，授靖江府直史，蘇州知府姚善薦錢芹，授户部司務，遼州知州王欽薦高巍，授前軍斷事。

都察院左僉都御史劉觀改嘉興知府。

《明通鑒》卷一二　燕府長史葛誠，奉燕王命奏事京師。上召見，問府中事，誠具以實對。上遣誠還，使爲内應。至則燕王察其色，心疑之。

《革除編年》　詔顧成班師。先是，成以都督僉事充征南將軍、總兵官，帥師征水西蠻。居宗既平，將旋師。洪武丙子，五開諸蠻叛，遂命成自水西移師五開，副使兵何青、宋晟、韓觀各率偏師佐之。成在軍，秋七月至十月，征平州、六固等長官司，苗皮、美唐、光金、蒙臺等一百三十七砦，及龍里鎮遠蠻亂者，前後斬首二千八百六十四，俘獲人口二千八百五十二，馬六十二疋。

建文元年（己卯、一三九九）

《明史》卷四《恭閔帝紀》　春正月癸酉，受朝，不舉樂。

《國榷》卷一一　戊寅，百夷平，征蠻將軍總兵官何福等師還。

《建文朝野彙編》卷一　先是，十月八日兵次金齒，十六日克何登等寨，十八日克小南和寨，二十二日還金齒。十一月二日兵次百夷崖甸，克魯麻等寨。五日次鹿川大甸，七日次木邦，十三日克刀幹孟寨，斬賊首刀幹孟景。十六日克孟別，三十日還大甸，十二月三日師還金齒。二十二日征蒲蠻，二十三日次石甸，招諭蒲蠻降。二十六日克呵哈喇寨、老老姚寨。明年正月二日克枯阿莽寨，初五日平要甸，七日頒師。於是百蠻悉平。

《明史》卷四《恭閔帝紀》　庚辰，大祀天地於南郊，奉太祖配。

《國榷》卷一一　先是戊寅，御奉天殿，誓百官，夕齋于文華。己卯，舍皇邸。庚辰子夜，脱舄行禮。昧爽，還朝受賀。翰林侍講方孝孺上《郊祀頌》。

詔養老，賜高年米絮帛有差。命官贖民鬻子。

詔京省開科鄉試。

《革除編年》 戊子，革雲南十四府照磨所，惟雲南、大理二府止省檢校一員。

《建文朝野彙編》卷一 癸巳，革武昌府江夏縣金口鎮、鲇魚鎮二巡檢，立贛州府安遠縣南橋保巡檢司。

丁酉，遣使告即位于天下神祇，國子司業張智詣闕里。

《明史》卷四《恭閔帝紀》 是日，修《太祖實録》。

《國榷》卷一一 禮部左右侍郎兼翰林院學士董倫、王景彰爲總裁官，太常寺少卿廖昇、翰林院侍講學士高遜志爲副總裁官，國子監博士王紳、漢中府教授胡子昭、齊府審理副楊士奇、崇仁訓導羅恢、雲南馬龍他郎甸長官司吏目程本立等纂修。

禮部尚書陳繼之應詔上言得失，條陳清刑獄、恤民隱二十餘事。兼陳太祖高皇帝時用人狥其名而不求其實，以小善而遽進之，以小過而遽僇之，因力陳古人所以教養任用之道。上深採納之。

《革除編年》 〔二月甲辰〕，改大理寺卿爲大理（寺）卿，革司務二員、主典簿一員。改太常寺卿爲太常（寺）卿。

革鴻臚寺司儀、司賓二署，改光禄寺卿爲光禄卿，少卿、寺丞各加左右字，陞少卿秩從四品，寺丞從五品。

改太僕寺卿爲太僕卿，少卿、寺丞各加左右字。陞少卿秩從四品，寺丞秩從五品。改主簿爲典簿，增典厩、典牧二署，各設正一員，丞二員，監事一員，吏目一員。典厩署增屬官驌騻等一十五群，群置長一人。改牧馬千户所倉處副使屬本署。典牧增屬官遂生等三群。

《國榷》卷一一 〔丁未〕，都督韓觀練兵德州。

〔庚戌〕，令親王不得節制文武吏士。

《明史》卷四《恭閔帝紀》 〔辛亥〕，追尊皇考曰孝康皇帝，廟號興宗，妣常氏曰孝康皇后。尊母妃吕氏曰皇太后，册妃馬氏爲皇后。封弟允熥爲吴王，允熞衡王，允熙徐王。立皇長子文奎爲皇太子。

《國榷》卷一一 詔曰：「祖宗廟謚稱號，所以褒顯功德，薦之天下，後世不宜諱。自今諱廟諱，廟謚稱號勿諱。山林巖穴有才德廉能之士，有司以實聞。軍民年八十以上，亡男女者，賜米一石、肉十斤、酒二斗，九十者加帛一、綿一斤。犯杖以上及嘗爲隸優者不與。鰥寡孤獨貧無告者，歲給米三石，親戚養之。亡親戚者，里鄰相收卹。田荒不可治者，除其賦。義夫、節婦、孝子、順孫及同居五世以上者，有司以聞。不能嫁娶喪葬者，部伍鄰族相資助。民罹災者速賑。軍中孤兒廢疾無養及老有代者，一體撫綏，還鄉自便者聽。前代兵後骸骨，春時掩埋，毋令其露。衛所軍户絶者，除勿勾。」

纂修官程本立爲左僉都御史。

宗人府儀賓耿璿進駙馬都尉，江都郡主進公主，璿領前軍都督府。

《建文朝野彙編》卷一 掌北平都司事左僉都御史景清署北平布政司參議，參將宋忠俱焉。徐凱練兵臨清，瓛練兵山海關。宋忠調北平沿邊各衛馬步官軍三萬，選燕府護衛精壯官軍悉隸麾下，護衛胡騎指揮關童等調送入京。調永清左衛官軍於彰德，調永清右衛官軍於順德，以防燕。燕王宴諸將及三司官，使術士袁忠徹執酒壺相之。宴畢，忠徹啓曰：「宋忠年五十四，方面五大，身短氣昏。張昺年三十六，面方五小，行步如蛇。謝貴年三十一，臃腫早肥而氣短，俱主刑傷。景清身矮聲雄，耿瓛顴骨插鬢，色如飛火，二人相亦凶，皆不足慮也。」忠徹即珙之子。

《國榷》卷一一 魏國公徐輝祖、曹國公李景隆加禄秩有差。

〔丙寅〕，革户部、刑部十二清吏司，立户部職民、度支、金帛、倉庾四司，刑部立詳憲、比議、職門、都官四司。

〔庚午〕，天下提刑按察司改肅政按察司，分巡道改分司，革照磨所。

〔是月〕，燕王棣來朝，絶馳道，登陛不拜。監察御史曾鳳韶侍班，奏曰：「諸王來朝，殿上宜主臣禮，宫中宜家人禮。今燕王大不敬，當問。」上不報。

《明通鑒》卷一二 户部侍郎卓敬密疏言：「燕王知慮絶倫，雄才大略，酷類高帝。北平形勝地，士馬精強，金、元所由興。今宜徙封南昌，萬一有變，亦易控制。夫將萌而未動者幾也，量時而可爲者勢也；勢非至剛莫能斷，幾非至明莫能察。」奏入，翌日，召問敬曰：「燕王，朕骨肉至親，卿何得及此？」敬叩頭曰：「臣所言，天下至計，願陛下察之！」竟不報。

《國榷》卷一一 駙馬都尉郭鎮卒。

中軍都督僉事宋晟總兵鎮守甘肅。

《建文朝野彙編》卷一 洪武中，凡無舍者，官自奏吏校人等具告，竝從錦衣衛同兵馬司，撥與在市廊房居住，月收賃錢，視毀者工部修理。至是，悉免月錢，令户、工二部同管。既而户部尚書郁新謂事不歸一，奏令工部專管，行五城兵馬司取勘見數。凡遇官民告討房屋，以兵馬查勘，即與撥住。

《國榷》卷一一　命布政、肅政二司官糾察屬吏。

户部右侍郎夏原吉、給事中徐思敬等二十四人充採訪使，巡行天下，問民瘼，課吏治，皆得便宜行之。

詔求賢，自守令以上，皆得薦舉。

《革除編年》　革錦衣衛屯田千户所。

《明史》卷四《恭閔帝紀》　三月壬申朔，釋奠於先師孔子。

《國榷》卷一一　〔癸酉〕，進各布政使秩正二品，堂上遞進一級。

革略陽縣。

《建文朝野彙編》卷一　〔庚辰〕，革應天府及各府照磨所檢校一員。於是應天、鎮江、常州、蘇州、松江、鳳陽、淮安、杭州、紹興、金華、武昌、荆州、黄州、衡州、長沙、開封、河南、彰德、懷慶、南陽、南昌、臨江、袁州、吉安、撫州、西安、延安、濟南、兖州、萊州、登州、東昌、青州、太原、平陽、大同、北平、大名、廣州、成都、重慶、福州府凡四十五員。

革徽州各府照磨所司獄司，於是天下各府照磨所司獄司竝革。

〔乙酉〕，以散騎散人張成等七十一人爲沿海巡檢。

以前監生傅以莊爲山東商河縣知縣。以莊舊名中，爲監生，洪武中以極刑家屬放爲民。至是舉保選除，後永樂二年考滿。

〔己丑〕，改山西、陝西、甘肅行太僕寺主簿爲典簿，改鴻臚寺主簿爲典簿。

〔辛卯〕，定廣惠庫舊鈔免進天財庫，就庫收放，立廣惠庫。

《國榷》卷一一　〔癸巳〕，燕王還國，遣校尉徐安護行，燕世子高熾及弟高煦、高燧留京師。

《明史》卷四《恭閔帝紀》　甲午，京師地震，求直言。

《國榷》卷一一　〔乙未〕，監察御史尹昌隆言：「大臣專政，陰盛陽微，禍見于天。」忤時貴，貶福寧知縣。上曰：「求直言而以直棄之，人將不食其餘。」尋復之。昌隆還朝，又言節民力，謹嗜慾，勤政治，務正學數事，上嘉納之。

《建文朝野彙編》卷一　革漢中府畧陽縣儒學。

《明史》卷四《恭閔帝紀》　〔丙申〕，都督宋忠、徐凱、耿瓛帥兵屯開平、臨清、山海關。調北平、永清二衛軍於彰德、順德。

《建文朝野彙編》卷一　〔是月〕，詔天下諸司不急之務悉皆罷去，工部製造亦須停免。

〔四月甲辰〕，改揚州府泰興縣印莊巡檢司爲新河巡檢司，增置通津巡檢司。

《國榷》卷一一　〔丙午〕，更定官制。進六部尚書秩正一品，增左右侍中，位侍郎上。都察院設都御史、副僉都御史各一，罷左右都御史。增左右補闕、左右拾遺各一。

〔壬子〕，裁烏撒軍民府同知推官知事。

《建文朝野彙編》卷一　〔丙辰〕，改通政司爲通政寺，改使爲通政卿，左右通政爲左右少卿，左右參議爲左右寺丞，經歷司爲典簿，知事爲録事，增置左右補闕、左右拾遺各一員。

〔丁巳〕，分太常寺少卿、寺丞爲左右，陞寺丞秩正五品，分鴻臚少卿、寺丞各爲左右，少卿正五品，鳴贊、序班改正九品。

〔戊午〕，分陝西、山西、甘肅行太僕寺少卿、寺丞爲左右。

《國榷》卷一一　分光禄寺少卿、寺丞爲左右，進少卿秩從四品，省署丞二。天壇祠祭署曰南郊祠祭署，泗州祠祭署曰泗濱祠祭署，宿州祠祭署曰新豐祠祭署。

增各省中布政使，復左右布政使。

《明史》卷四《恭閔帝紀》　〔戊辰〕，遣燕王世子高熾及其弟高煦、高燧還北平。

《明通鑒》卷一二　太祖之崩也，諸王世子及郡王皆在京師，遺命三年喪畢遣還，燕世子及高煦、高燧預焉。時燕王方稱疾，遺詔至，遣人扶掖哭臨。又數月，乃上書乞遣三子歸視疾，齊泰勸上勿許，且請收之。黄子澄曰：「不若聽之歸以示不疑，乃可襲而取也。」上從子澄言，竟遣還。燕世子兄弟，魏國公徐輝祖甥也。輝祖亦勸上留之，且密奏曰：「三甥中，高煦尤勇悍無賴，非但不忠，且叛父，他日必爲大患。」上以問輝祖弟增壽及駙馬王寧，皆力庇之，乃悉遣歸國。高煦陰入輝祖廄取其馬以行，輝祖使人追之，不及。【略】至則燕王大喜曰：「吾父子復得相聚，天贊我也。」于是反志益決。

《國榷》卷一一　湘王柏有罪自焚，國除。王母胡順妃，豫章侯美女。洪武戊午正月朔封國荆州。讀書能韻，書法遒勁。篝燈警枕，囊尊自隨。開景玄閣，招延俊乂，被服儒雅，兼有神仙之氣，望之如玉山晴霞。而武力過人，有俠氣。先奉命數從楚王將兵有功，坐僞造寶鈔，虐殺人，上降敕切責，召之。王怒，焚其宫室美人，乘馬執弓，躍入火中死，年二十。謚曰「戾」，文皇改謚曰「獻」，置祠官守塚焉。

户部侍郎郭任言：「天下事，先其本而後其末則易成。除惡而不務其本，過也。今儲財粟以備軍實，本誰爲者？而北討周，南討湘，舍其本而末是圖。曠日既久，鋭氣竭而姑息從之，所謂强弩之末，不能穿魯縞也，將坐自困耳。願陛下熟計而早斷焉。」

《建文朝野彙編》卷一　立鍾山祠祭署，設奉祠、祠丞各一員。

《國榷》卷一一　〔己巳〕，故翰林待制王禕贈學士，謚文節，其子紳請之。

《建文朝野彙編》卷一　革贛縣黄金税課局、南安府南昌潭口税課局。

五月辛未朔，連州賊兒阿孫授連州西岸巡簡司副巡簡。

《國榷》卷一一　癸酉，廢齊王榑爲庶人，留京師，誅青州中護衛指揮柴真等。諸藩煽動，朝議削奪，並讓燕王，皆齊泰、黄子澄主之。

《建文朝野彙編》卷一　〔壬午〕，秦府右長史茅大方爲右副都御史，左補闕胡閏爲大理寺左少卿。

《明通鑒》卷一二　陳瑛自山東按察司調北平按察僉事，湯宗上變，告瑛與右布政曹昱、副使張璉等受燕府金錢，有異謀，詔逮瑛至京師，尋謫廣西。

《建文朝野彙編》卷一　〔甲申〕，改錦衣衛千户徐斌於蘇州衛。庚辰，斌從蔡指揮捕賊常州，有功受賞。

庚寅，封楚世子孟烷。

辛卯，選補天下儒學官。【略】先是，學官缺，以舉人及試中監生通經儒士補之。至是，吏部奏缺衆，詔令天下，凡見任未及流官，及爲事充軍，令已替後，但通經者，所在訪舉試用。其後二年四月十四日復詔軍司、軍士、軍餘，凡有通經者，軍官舉送布、按二司，試中送用。

《國榷》卷一一　丁酉，省連山縣，入連州。

是月，四川岳池教諭程濟上言，大難起，宗室某月某日兵發西北。上怒，逮至京。召入見，濟仰而大呼，曰：「陛下且囚臣，不驗，死未晚。」遂下獄。濟有奇術，岳池去家數千里，寢食在朝邑，日治學事岳池不廢。

陝西按察司僉事林嘉猷來朝。

貢士樓璉爲翰林院侍讀。璉洪武中以藍田知縣擢廣東道監察御史，謫戍雲南。

漢陽知縣黄巖、王叔英爲翰林院修撰，布衣吴縣錢芹爲户部司務，召河州衛吏解縉爲翰林院待詔。叔英在漢陽，多惠政。嘗禱雨，隨澍隨止。建文時，方孝孺欲復井田，叔英移書曰：「夏時周冕之類，行于古而亦可行于今者也。井田封建之類，可行于古而難行于今者也。」拜修撰，上資治八策，務學問，謹好惡，辨邪正，納諫諍，審才否，慎刑治，明利害，定法制，皆援古證今，鑿鑿可行。且曰：「太祖除奸剔穢，抑强鋤梗，不啻如醫者之去病，農人之去草，急于去疾，則或傷其體膚，嚴于去草，則或損其禾稼，固自然之勢。然體膚疾去之餘，則宜調攝其血氣，禾稼草去之後，則宜培養其根苗，亦自然之理也。」錢芹幼自修立，居貧，漠無所營，意良苦。蘇州知府姚善愛士，既米郡人俞貞木，誤致之芹所。芹以守賢也，不逆。他日，貞木見善，乃知之。因欲見焉，不可。期謁于郡學，遺以書，皆時略。善薦于朝，故有是命。

《建文朝野彙編》卷一　以監察御史戴德彝爲左拾遺，以宋徵爲宗人府經歷。

〔六月辛丑〕，省贛州府安遠縣儒學訓導一員。

〔丁未〕，改莊浪衛税課局隸甘州左衛。

《明史》卷四《恭閔帝紀》　己酉，燕山護衛百户倪諒上變，燕旗校於諒等伏誅。詔讓燕王棣，逮王府官僚。

《明通鑒》卷一二　〔燕〕王遂稱疾篤，佯狂走呼市中，奪酒食，語多妄亂，或卧土壤彌日不甦。張昺、謝貴入問疾，王盛夏圍爐播顫曰：「寒甚。」宫中亦杖而行。昺等稍信之，長史葛誠密語之曰：「王本無恙，公等勿懈。」會燕王使其護衛百户鄧庸詣闕奏事，齊泰請執訊之，具言王將舉兵狀，乃密敕昺等圖燕，使約葛誠及指揮盧振爲内應。

《建文朝野彙編》卷一　〔甲寅〕合金華府雙溪水驛、馬驛爲雙溪驛，省雲南府昆陽州臨安府通海縣。省楚雄府南安州凡三儒學訓導各一人。

調荆州左衛所官軍於大同屯衛。

以開平王甥趙諒爲留守左衛指揮僉事。

《明史》卷四《恭閔帝紀》　〔是月〕，岷王楩有罪，廢爲庶人，徙漳州。

《建文朝野彙編》卷一　召解縉還京，爲翰林待詔。

《國榷》卷一一　七月己巳朔，北平都指揮使張信叛款燕。上密敕信縛燕王者再，信驚告母。母曰：「不可。師父嘗言王氣在燕分，王者不死，非汝所能執也。不如轉禍爲福。」信然之。因謁王，不得入，詐乘婦人輿以入。燕王佯風疾不能言。信曰：「殿下果有意，當語臣。」王猶諱疾。信曰：「殿下果無意乎？信奉密敕在此，當就執。」王實告之曰：「生我一家者子也。」先是，太祖擇僧道衍住持北平□□寺，專祝釐燕王。道衍雖學佛，以師道士席應真，通占筮，兼綜兵術。既久侍，王一日問以卜。曰：「大王卜天子耶？」王曰：「咄！毋妄言，族矣。」對曰：「主臣，大王幸賜臣燕，無左右窺聽，故敢畢其愚。主上猜間宗室，侵漁諸藩，所僇辱囚首隸士伍，蓋五王矣。雖未及燕，燕可覬幸免耶？大王，先帝所最愛也，又仁明英武，得士卒心，主上所最忌也。夫燕，勝國之遺，而北方雄鎮也。其民習弓馬，地饒棗栗，悉雄薊屬郡之材官良家子，彀甲可三十萬，粟支十年。大王之護衛精兵，拔石超距者，又不下一二萬。鼓行定山東，略淮南，此勢若建瓴而下，誰爲抗禦？大王即不南，機或先發，欲高臥得耶？且莫匹夫耳！臣竊謂大王卜之心與臣卜無異。」燕王悦曰：「子休矣。」道衍曰：「臣有所與相者，請以決大王。」問爲誰，曰：「鄞人袁珙。」曰：「汝與偕來。」珙至，就傳舍，燕王從貌類者十餘人，往就珙相。曰：「吾等俱護衛校耳。」珙獨起，指燕王拜，王手止之。稍間，命入宫，則悉屏左右。珙俯伏曰：「大王，太平天子也。臣游燕市中，燕市中諸將相肩接也，則皆以大王故，大王幸毋忘臣珙。」燕王益大悦，潛勒東部士，鍛兵器于窟室，雞鵝鴨棲其上，聲相亂也。問道衍起兵期，曰：「未也，俟吾助者至。」曰：「助者何人？」曰：「吾師也。」及聞張信語，疾召道衍，適簷瓦墮地碎，王不懌。道衍曰：「政欲易黄瓦耳。」王悦，遂定謀。

《明通鑒》卷一二　壬申，王稱疾愈，御東殿，伏壯士左右及端禮門内，遣人召昺、貴，不至，復遣中使示以所逮姓名，乃至。王方曳杖坐，賜宴行酒，出瓜數器，王索刀，割且詈曰：「今編户齊民，兄弟宗族尚相恤；身爲天子親屬，旦夕莫必其命，天下何事不可爲乎！」乃擲瓜于地。一時伏兵盡起，前禽昺、貴，捽葛誠、盧振下殿。王擲杖起曰：「我何病！爲若輩奸臣所逼耳。」昺、貴及誠等不屈，皆斬之。于是張玉、朱能等率勇士攻九門，克其八，獨西直門不下。都指揮彭二躍馬呼市中曰：「燕王反，從我殺賊者賞。」集兵千餘人，將攻燕。會燕健士從府中出，格殺二，兵遂散，盡奪九門。王尤恨誠、振二人，以爲貳于己也，夷其族。伴讀余逢辰，有學行，王信任之，以故得聞異謀，乘間力諫，不聽。及兵起，復泣諫曰：「君父不可兩負。」聞誠等被殺，亦死之。北平人杜奇者，才儁士也。王起兵，徵入府，奇因極諫宜守臣節，王怒，立斬之。

《建文朝野彙編》卷二　革九江府彭澤縣峯山磯鎮巡檢司、河口縣茭石磯巡檢司。

《明通鑒》卷一二　癸酉，燕王舉兵反。

《建文朝野彙編》卷二　〔燕王〕遂去建文年號，自署官屬。以丘福、張玉、朱能爲都指揮僉事，擢布政司吏李友直爲本司右參議，使拘收糧米於楊柳青諸處，且督大興、宛平二縣人夫浚齊化諸門城壕。戍卒金忠爲燕王紀善。是日陰晦，咫尺不相見。少焉，東方雲開，露青天，僅尺許，有光燭地洞徹。王諭諸將曰：「予太祖高皇帝之子，今爲奸臣謀害。祖訓云：『朝無正臣，内有奸惡，必訓兵誅之，以清君側之惡。』今禍迫於躬，實不得已，義與奸邪不共戴天，率爾將士誅之。用命者厚賞，不用命者顯僇。罪人既得，則法周公以輔成王。爾等宜體朕心，毋違命。」遂以首誅奸臣齊泰、黄子澄爲名，布政司參政郭資、按察司副使墨麟、都指揮同知李濬、陳恭等皆從之。

燕王上書於朝，曰：「臣聞《書》曰：『不見是圖。』又曰：『視遠惟明。』夫智者恒慮患於未萌，明者能燭情於至隱。自古聖哲之君，功業著於當時，聲名傳於後世者，未必不由於斯。今事幾甚明，非不見之謂，而陛下畧不垂察，謹冒死以聞。昔皇考太祖高皇帝當元之末世，生民塗炭，群雄角逐，被冒霜露，櫛風沐雨，東征西伐，親赴矢石，被體創痍，艱難百戰，萬死一生，然後定天下，成帝業，立綱陳紀，傳之萬世。封建諸子，鞏固宗社，爲磐石之安。夙夜圖治，兢兢業業，未嘗自寧。不幸皇考太祖賓天，令陛下嗣承大寶，而奸臣齊泰、黄子澄輩不能秉道德以輔聖治，而包蓄禍心，恣讒賊之口，奮豺虎之毒，假陛下之威權，剪皇家之枝葉。橚、榑、栢、桂、楩五弟，不數年間，竝見削奪。雖其皆有愆過，未聞不軌之圖。重可裁減護衛，輕可賜勑誡勵，則朝廷於厚親之仁，懲過之義，兩盡其美矣。不務出此，動輒削王爵，奪王土，轉徙流離，行路矜惻。栢尤可憫，闔室自焚。聖人在上，胡寧忍此？此皆非出陛下之意，而皆奸臣之所爲也。今其心尚未厭足，又以加臣。臣守藩於燕二十餘年，寅畏小心，奉法循分。天地宗廟，神靈鑒臨在上，敢有一毫非僻之心哉！陛下嗣統以來，臣事君之忠，明於皎日。誠以君臣大分，骨肉至親，恒思加慎，爲諸王先，况敢有悖仁傷義之爲哉！而奸臣跋扈，蔽陛下之聰明，誣直爲枉，獨加無辜。比者執臣所遣奏事之人，箠楚刺爇，備極苦毒，迫其言臣有不軌謀。遂分布宋忠、謝貴、張昺等於北平城内外，卒伍林聚，戈矛耀日，甲馬馳突於街衢，鉦鼓匉訇於遠邇。圍守臣府，周匝嚴密。詢其所由，但云府中不留一人。闔家遑遑，不測何事；大小凜凜，如臨湯火。已而貴、昺爲護衛之臣所執。臣得此二人，始詢知奸臣欺詐之謀，號地呼天，擗踊無訴。切念臣於懿文皇太子同父母至親也，於今事陛下如事天也。臣固知此非出陛下之心，但臣愚戇，不能諂媚權貴耳。夫爲臣之道，有君而已，焉知權貴？臣所以罹今日之禍者，此也。然臣竊料權奸之心，不止於害臣而已。譬人欲伐樹，必先剪旁附之枝，然後及其根幹。親藩夷滅之後，朝廷孤立，奸臣得志，社稷危矣，此不待明者而後見也。昔成周封建同姓，綿八百餘年之業；秦廢封建，二世而亡。明鑒在兹。《詩》曰：『价人維藩，太師維垣；大邦維屏，大宗維翰。懷德維寧，宗子維城。無俾城壞，無獨斯畏。』《易》曰：『大君有命，開國承家，小人勿用。』伏望陛下，廓日月之明，奮雷霆之斷，涣汗德音，去此兇慝，以肅清朝廷，以永安宗社，以保全親藩，以福被生民。此非獨臣之幸，乃國家天下之幸也。臣非敢愛一身一家之死，但惓惓之誠，慟皇考建洪業之艱難，望陛下保洪業於永遠。遥仰天門，敬攄愚懇，惟陛下念之。臣又竊計，奸權之黨必已蟠結深固，恐陛下未易除之。伏覩祖訓有云：『如朝無正臣，内有奸惡，則親王訓兵待命，天子密詔諸王，統領鎮兵討平之。』臣謹俯伏候命，惟陛下念之。」

《國榷》卷一一　甲戌，燕王次通州，指揮房勝降燕。

丙子，北平都指揮使馬宣起兵薊州。燕人使朱能攻之，宣再敗，與衛鎮撫曾濬俱被執，死之。拔薊州，遵化衛指揮蔣玉、密雲衛指揮鄭亨各以城降。

己卯，燕人陷居庸關。都指揮使俞瑱守關，王曰：「居庸，吾咽喉也。乘其衆心未固，攻之。」命指揮徐安往。瑱方部署，燕人賈勇先登，克之。瑱走懷來，依都督宋忠。

《明通鑒》卷一二　甲申，燕師攻懷來，率馬步精鋭八千，卷甲倍道而至。先是宋忠紿將士，言其家在北平，皆爲燕兵所殲，欲以激衆怒。燕王知之，令其家人張旗幟爲先鋒，衆遥識旗幟，呼其父兄子弟相問勞無恙，皆曰：「宋都督欺我！」遂相率解甲降。忠倉皇列陣未成，王麾師渡河，鼓譟而前。忠軍大敗，奔入城。燕兵乘城而入，遂執忠及俞瑱，皆不屈死。都指揮孫泰、彭聚，亦陷陣死之。其諸將校爲燕所俘者，皆不肯降，凡死者百餘人，斬首數千級，獲馬八千餘匹。

《建文朝野彙編》卷二　詔京官還官納内官勘合。吏部考功員外郎盧義言，在京官給假省親，俱於應天府給引，有失統體。合照丁憂例，於吏部給勘合，定限回銷。詔從之。

《國榷》卷一一　丙戌，燕人陷遵化，指揮馬鎖住降。

庚寅，燕人攻永平，指揮使趙彝、郭亮叛降燕。燕人進灤河。

《明通鑒》卷一二　大寧都指揮卜萬與其部將陳亨、劉真等，引兵號十萬，出松亭關攻遵化。燕王遣兵來援，萬等退保關内。萬有智勇，而陳亨等陰欲輸款于燕，畏萬，不敢發。燕王貽萬書，盛稱萬而詆亨，召所獲大寧卒，置書衣中，解縛賞勞，俾歸密與萬，故使同獲卒見之。卒至萬所，則同歸者發其事。亨等搜卒衣，得其書，遂縛萬下獄，上之于朝廷，以萬爲貳。詔籍其家，不知其爲燕之反間也。

《國榷》卷一一　辛卯，省躬殿成。殿在乾清、坤寧二宫間，專退朝燕居。翰林侍講方孝孺爲之銘。

壬辰，命長興侯耿炳文爲征北大將軍，駙馬都尉李堅、都督寧忠爲左右副將軍，率師三十六萬討燕。安陸侯吴傑、江陰侯吴高、都督都指揮盛庸、潘忠、楊松、顧成、徐凱、陳暉、平安、李文等俱從軍。祭告天地、宗廟社稷及江淮旗纛之神。書諭諸王，削燕屬籍。詔曰：「朕奉先皇帝遺詔，纂承大統，宵衣旰食，思圖善政，以安兆民。豈意國家不幸，骨肉之親，屢謀僭逆。去年周庶人橚潛爲不軌，詞連燕、齊、湘三王，皆與同謀。朕以親親之故，不忍暴揚其惡，止治橚罪，餘置不問。今年齊王榑謀逆事覺，推問犯者，又言與燕王棣、湘王柏同謀大逆。柏知罪自焚，榑已廢庶人。朕以燕于親最近，未窮其事。今乃忘祖逆天，稱兵構禍，意欲犯闕危宗社。悖逆如此，孰不駭聞！昔先皇帝時，棣包藏禍心，爲日已久。印造僞鈔，陰結人主，朝廷窮極，藏匿罪人，先帝震怒，遂以成疾，至于升遐。海内聞知，莫不痛忿。今不悔過，又造滔天之惡。雖欲赦之，而獲罪宗社，天地不容。已告太廟，廢爲庶人。遣長興侯耿炳文等，率兵三十萬，往討其罪。咨爾中外臣民軍士，各宜懷忠守義，奉職平燕，與國同心，永安至治。布告天下，咸使聞知。」又諭誡北征將士曰：「昔蕭繹舉兵入京，令其下曰：『一門之内，自極兵威，不仁之極。』今爾將士，與燕對壘，務體此意，毋使朕負殺叔父名。」上方鋭意文治，日與儒臣討論周官法度，謂燕人不足憂。齊泰、黄子澄等以北兵强，兼誘朵顔諸虜，不早禦之，將遂失河北，故大發兵焉。

置平燕布政司于真定，刑部尚書暴昭署司事。

檄山東、河南、山西給軍餉。

《明通鑒》卷一二　谷王橞聞燕兵破懷來，自宣府奔京師。

《建文朝野彙編》卷二　赦程濟出獄，擢爲翰林編修，充軍師，護諸將北行。〔是月〕，江北蝗，有司請使督捕。上曰：「朕之不德，又殺蝗以甚之。爾臣民其極言朕失，俾得改過，有司赦疑獄，捐逋租，周窮乏，以修實政。」是歲，蝗不爲災，更有秋。

《國榷》卷一一　八月戊戌朔，翰林侍講方孝孺主試應天，録二百十四人。長洲劉政第一，深器重之。曰：「此他日可託孤寄命者。」

《明通鑒》卷一二　己酉，耿炳文師次真定，分遣諸將，徐凱以兵駐河間，潘忠駐鄚州，楊松率先鋒九千人扼雄縣。

燕王使張玉往覘炳文營，還報曰：「軍無紀律，炳文老，潘、楊勇而無謀，可襲而俘也。今欲通南下之路，宜先取潘、楊。」王曰：「善！」遂躬擐甲冑，率師至涿州。

《國榷》卷一一　壬子，燕人屯樓桑。晡食渡白溝河，夜襲雄縣。楊松縱飲不爲備，雄人登陴罵北兵。遲明，燕緣雄屠之，獲馬八千匹。

癸丑，燕人次欒河。張玉曰：「楊松、潘忠扼吾南路，宜先擒之。」玉先驅覘耿炳文兵，還言南軍無紀律，其上有敗氣。

甲寅，都督潘忠來援楊松。燕將譚淵以千餘人過月漾橋，蒙茭伏水中。使勇士邀戰于路隅，伏出水據橋。忠、松無所退，俱被執。燕庶人遂自將百餘騎趨鄚州，官兵盡降，南兵還屯白溝。燕庶人曰：「耿炳文在真定，不虞我至，由間破之必矣。」時炳文兵營滹沱河南北。部將張保降燕言狀，燕庶人厚撫之，令詐言被縛而逃，言燕兵屢勝，行即至，須河南兵移北併禦之。炳文果移營。

庚申，都督徐真擊燕兵于大王莊，敗績。

《革除編年》　帝臨朝諭禮官曰：「今後薦新的品物，教太常寺差一員官，常川聚寶門外守候。凡遇應有水陸時新品物的，都着到聚寶門外太常司官處報知，合用薦新品物，增價收買了，即便從他貨賣，毋得因而作弊，刁蹬留難，虧折小民。違者治以重罪。恁禮部出榜，都教知道。」

《明通鑒》卷一二　壬戌，王率驍騎數千繞出城西南，破其二營。炳文出城逆戰，張玉、譚淵、朱能等率衆奮擊，王以奇兵出其背，循城夾攻，橫衝其陣，炳文大敗，奔還。朱能與敢死士三十餘騎，追奔至滹沱河東。炳文衆尚數萬，復列陣向能。能奮勇大呼，衝入炳文陣，南軍披靡，蹂藉死者甚衆，棄甲降者三千餘人。燕騎士薛禄引槊中李堅，墜馬，獲之。甯忠、顧成亦被執。燕王謂堅至親，送北平，道卒。謂成先朝舊人，釋其縛，與語曰：「皇考之靈，以汝授我。」成遂降，王遣人送北平，輔世子居守。

炳文奔入真定，閉門固守。吴傑率衆來援，聞敗而還。

《國榷》卷一一　丁卯，召耿炳文還，命曹國公李景隆爲征北大將軍，代耿炳文北征。上聞敗，始有憂色。黄子澄曰：「無憂，勝敗兵家之常耳。」上曰：「雖然，孰堪更將？」曰：「曹國公李景隆可。」比用景隆，真定已破矣，遂召炳文還。上親餞景隆江上，賜諸將犀玉帶有差。安陸侯吴傑、江陰侯吴高、都督盛庸、徐凱、李文、陳暉、平安等各帥偏師，步騎數十萬，諸道並進，直擣北平。而景隆奸懦專閫，自負文武才，意殊輕敵，識者憂之。

故前軍都督府斷事高巍參贊李景隆軍。巍貢入太學，母喪，廬墓三年。洪武甲子旌其孝，授前軍都督府斷事。奏墾河南、山東、北平荒田及抑末技，慎選舉，惜名器數事，太祖嘉納之。後坐累戍貴州關索嶺。值赦，上疏乞歸鄉，宥還遼州。知州王欽應詔辟巍。巍上言：「太祖有文王純一之德，皇后有后妃不妬之行，則百斯男，上齊三代，分茅胙土，各據形勢。關陝百二山河，其民悍勇，西鄰吐蕃，故以藩王之長秦府王之。山西表裏山河，地産良馬，其民剛壯，所謂山西出將者也，北近胡虜，故以晉府王之。燕國雖無名山大川之限，其南冀州，真定、保定、順德、廣平、大名，所謂桑麻之野，坦平肥沃。其北雖沙漠不毛，然廣畜馬羊，其人衣皮食肉，馳射是務。遼金殘元，藉之興業，故以燕府王之。四川僻在一隅，山河阻深，劉備據之，虎視吴魏，故以蜀府王之。其餘楚、湘、齊、兖、寧、遼、谷、代、慶、肅，星羅棊布，比諸古制，雖分封過當，然太祖聖意，莫不欲護中國而屏四夷也。今各處親王，多驕逸不法，違犯朝制，不削則隳紀綱，削之則傷親親之恩。賈誼曰：『欲天下治安，莫要于衆建諸侯而少其力。力少則易使以義，國小則無邪心。』真裁制諸侯之長策也。今盍師其意，下推恩之令，命秦、晉、燕、蜀四府子弟，分王于齊、兖、吴、楚、湘潭；齊、兖、吴、楚、湘潭，分王于秦、晉、燕、蜀。其餘皆然。則藩王之權，不削而自弱矣。」上奇其才，命赴行營。

谷王橞自宣府遁歸京師。長史劉璟上十六策，不報。

《明通鑒》卷一二　是月，召遼王植、寧王權。權不至，詔削其護衛。初，太祖諸子，燕王善戰，寧王善謀，又在邊友于最篤。燕兵既起，齊泰等慮二藩通約，乃並召之，權果不至。燕王聞之，大喜，乃遺寧王書以求援師。植至京，徙之荆州。

《革除編年》 陞六部尚書秩正一品，增置左右侍中二員，于左右侍郎上。

《明史》卷四《恭閔帝紀》 九月戊辰，吴高、耿瓛、楊文帥遼東兵，圍永平。

《明通鑑》卷一二 監察御史韓郁上書言：「燕王親則太祖遺體，貴則孝康皇帝手足，尊則陛下叔父。乃諸臣偏見，病藩封太重，疑慮太深，于是周王既廢，湘王自焚，齊、代相繼被摧。爲計者必曰：『兵不加則禍必稔。』今燕舉兵兩月矣，前後調兵不下五十餘萬，而一矢無獲，謂之國有謀臣，可乎？經營既久，軍興輒乏，將不效謀，士不效力，徒使中原赤子困于轉輸，民不聊生，日甚一日，臣恐陛下之憂方深也。諺曰：『親者割之不斷，疎者續之不堅。』此言深有至理。願陛下少垂鑒察，興滅繼絶，釋代王之囚，封湘王之墓，還周王于京師，迎楚、蜀爲周公，俾各命世子持書勸燕罷兵歸藩，明詔天下，篤厚親親，則宗社幸甚！」不報。

《革除編年》 遼東總兵官都督耿瓛帥師攻永平府，不克。

《明通鑑》卷一二 戊寅，李景隆調各道之師，並收集炳文餘衆，合兵五十萬，營于河間。燕王聞之，謂諸將曰：「九江，紈綺少年耳，未嘗習兵，色厲而中餒。今畀之以五十萬，是趙括之續也。」九江者，景隆小字也。燕王自以在北平，景隆必不敢至，乃命世子居守，姚廣孝輔之。諸將皆疑北平之守弱，王曰：「戰則不足，守則有餘。吾在外可隨機應變，兵事不可預度也。且今之去，亦豈專爲永平，直欲誘之至而禽之耳。吴高素怯，楊文少謀，聞我出援必走，是我一舉而兩得也。」

《明史》卷五《成祖本紀一》 丙戌，燕師援永平。

《建文朝野彙編》卷三 己丑，改鞏昌府會寧縣青家驛巡檢司爲古城巡檢司。

徵謫戍官伏顒等入京，復爲指揮僉事等官。

《明通鑑》卷一二 壬辰，燕師至永平，高等果不戰而走，追擊，敗之。

《國榷》卷一一 是月，長興侯耿炳文還朝。上言：「臣失利而旋，萬死難逃。天恩不罰，叨券莫何。然臣有一言，足以贖死罪，惟陛下聽之。燕王與上皇父爲同母弟，陛下之嫡叔父，其性尚未離骨，陛下何至解支體而散肝膽于他人？不如誠信親迎，使受顧命，授以國政，而陛下燕恭坐理，親臣夾輔，勳業湊冀，可保燕王之無敢有他志也。不然，新進用謀，驟而操兵握權，敢當國家之重任，諸王皆太祖之親子，臣輩皆太祖之親臣，彼不居食而空不已也。陛下何至以太祖之天下爲屠肆，而以太祖之子孫、太祖之舊臣爲犬豕乎？」奏上，不報。

參贊軍務前軍都督府斷事高巍。請身使燕，諭以大義，許之。巍至北平，稱：「國朝處士臣高巍再拜上書燕國大王：巍聞世之大丈夫，爲國家排難解紛，上安宗社，下安黎庶爾。巍雖無丈夫之才，竊慕魯仲連之爲人，喜排難解紛，附名世而不朽也。頃太祖上賓，今天子布維新之政，天下莫不感悦。不意大王與朝廷有隙，張皇三軍，不知其出何名？在朝諸臣，執言仗義，以順討逆，殆無不勝之理。巍不忍兵連禍稔，挺身開説。苟聽巍策，可使帝者復帝，王者復王，君臣之義大明，骨肉之恩愈厚。巍所以置死度外，來見大王，蓋夙許太祖以殞首結草之報，豈它有求哉？昔周公遭流言，居東土以俟成王之悟。大王誠解護衛，休甲兵，釋骨肉猜忌之疑，塞讒賊離間之口，不與周公比隆哉？慮不及此，使任事者得藉口以爲大王欲效漢吴王，倡七國，以誅晁錯爲名。萬一有失，大王獲罪先帝矣。今大王據北平，取密雲，下永平，襲雄縣，掩真定，雖易若建瓴。但自興兵以來，經今數月，尚不能出區區一隅之地，較以天下，十五而未有一焉。大王將士，殆亦疲矣。況朝廷以天下無限之師，大王以一國有限之衆應之，大王同心之士，大約不過三十萬。大王與今天子，義則君臣，親則骨肉，尚生離間之疑，況三十萬異姓，可保終身死于殿下乎？若大王信巍言，上表謝罪，按甲休兵，朝廷寬宥，再修親好，天意順，人心和，太祖在天之靈亦安矣。不然，執迷僥倖，即幸而事成，後代公論爲何？倘有蹉跌，取譏萬世，于斯時也，追復懇款之愚，其可得與？」書再上，不報。

《明通鑑》卷一二 十月戊戌，燕王欲遂趨大寧，諸將皆曰：「松亭關險塞，未易猝拔。景隆兵方盛，不若回師援北平。」王曰：「今自劉家口間道趨大寧，不數日可達。大寧將士悉聚松亭關，其家屬在城，老弱居守，師至，不日可拔。城下之日，撫綏其家，則松亭之衆不降且潰矣。北平深溝高壘，吾正欲其頓兵堅城之下，歸師擊之，如拉朽耳。」遂定計。

《革除編年》 辛丑，革四川行都司利濟驛。

《國榷》卷一一 壬寅，燕庶人襲大寧，都指揮使朱鑑力戰不支，死之。寧府長史石撰不屈，支解。撰平定州人。都督陳亨、都指揮房寬叛降燕。大寧古惠州地，國初設行都司，遼東、宣府左右之。寧王權建國，列城九十，帶甲八萬，革車六千。諸胡騎若朵顏諸夷，皆驍勇善戰。其三護衛，皆中州閭左。北地苦寒，日夜思歸也。寧王善謀，燕善戰。先是歲秋行塞相會，及燕人將出師南向，慮寧王躡其後，則歎曰：「安得有大寧兵斷遼東，助我以諸夷哉！」至是燕庶人從千餘騎直趨大寧。時劉貞、陳亨悉兵守松亭關，燕庶人徑道卷旆登山，從後攻度關。至大寧城，西門崩，克之，獲都指揮房寬，殺卜萬于獄，都指揮朱鑑戰死。總兵都督劉貞等引軍還援大寧，陳亨故通燕，出貞不意，與營州中護衛指揮徐理、陳文襲貞。貞悔曰：「吾失斷也夫！」自廣寧浮海還京師。

辛亥，征北大將軍李景隆聞燕人出，自蘆溝橋進攻北平，不克。遂築壘九門，遣別將攻通州，景隆自屯鄭村壩待燕人至。大兵十萬圍北平，攻麗正門急。燕盡出婦女乘城，轉繭石。都督瞿能與其二子帥騎千餘戰，入張掖門，勢鋭甚。城垂破，景隆密止之，退十五里而軍。燕世子令夜汲水澆城，俱冰，城遂不可登。都指揮梁銘等時時夜出斫營，官兵輒亂。

甲寅，燕庶人脅寧王權棄大寧而西。

《明通鑑》卷一二 寧妃、世子皆從，悉以三衛配北軍，大寧城爲之一空。初，燕王之起兵也，語諸將曰：「曩予巡塞上，見大寧諸軍慓悍，安所得用之？」至是乃大喜曰：「吾得大寧，取邊騎助戰，大事蔑不濟矣。」

《明史》卷五《成祖本紀一》 乙卯，至會州。始立五軍：張玉將中軍，鄭亨、何壽副之；朱能將左軍，朱榮、李濬副之；李彬將右軍，徐理、孟善副之；徐忠將前軍，陳文、吴達副之；房寬將後軍，和允中、毛整副之。

《明通鑑》卷一二 丁巳，燕師入松亭關。

《國榷》卷一一 庚申，燕人至廣昌，守將易勝以城降，靈丘諸縣皆降。

辛酉，遼王植來朝。王以大寧破，懼而入，改封荆州。

《革除編年》 乙丑，改思州府平溪水馬驛。【略】以開封府睢、陳、歸德三州直隸河南布政司。

《國榷》卷一一 丙寅 徵雲南兵入京備征。

《革除編年》 省南陽府鎮平縣訓導二員。

《國榷》卷一一 十一月庚午，燕王自大寧還。李景隆移營白河西。燕人禱曰：「河冰則天相燕也。」其日雪，河冰，燕師盡渡。都督陳暉追躡之，燕庶人還擊暉，暉敗，跳冰遁，冰乃皆解，至連破南軍七營。

壬申，李景隆值燕庶人于鄭村壩，戰三日，大敗，失亡數萬，降燕者亦數萬人。都督火真焚敝鞲以暖燕庶人，鎧者趨焉，楯人呵之。燕王曰：「止，是皆壯士。」其夜，景隆棄其輜重，走德州。

燕人乘勝還攻北平之九壘，破其四營，餘皆潰。

癸酉，燕庶人入北平。

乙亥，燕庶人再上書，傳檄天下，曰：「前上書已歷三月，未蒙垂察，兵討不已。竊聞朝廷論臣不軌罪八，悉奸臣誣臣，寃濫明甚。且陛下與臣，皆出太祖高皇帝孝慈高皇后，于屬最親，奸臣猶得誣以極惡，則疏遠小臣，天下細民，欲置之死，可望雪理耶？其不獨亂天下，傾危宗社不已也。今諸王臣序爲長，周、齊、湘、代、岷已去，獨臣未去，臣去則秦、晉諸國不難去矣。寧王無罪，頃又削其護衛。辟諸人身，手足皆去，身能獨全耶？伏乞斷然不惑，奮去巨奸，不勝懇切。【略】如陛下聽奸臣之言，執而不發，臣親帥精兵三十萬直抵京城索取去也。此等皆我父皇之讐人，臣必不與之共戴天。臣若不與父皇報得此讐，是臣爲子不孝也。爲子不孝，是忘大本大恩也，豈人之類也？今將合行奸臣數目開列於後：宫中侍病老宫人，長隨内官，太醫院官，禮部官，葬事官，造孝陵駙馬等官，奸臣齊尚書、黄太卿左班文職，監拆毁宫殿工部官内官。如上逆黨，一一如數發來臣軍前，究問的實，即行差官賫押，同具本奏，伏取聖明裁決。如果不發奸臣齊泰等來，臣必不已也。兵拒京赤地千里，臣冒瀆天威，無任激切恐懼之至。臣諱頓首稽首百拜，昧死謹具奏聞。元年十一月初九日臣諱。」初燕王書成，以示左右，喜謂曰：「署臣於燕王之上，其義爾知之乎？」皆對曰：「不知。」王曰：「余名與帝音同，皇考命名之意有在。今以臣先之即稱燕王帝，此其兆也。」左右皆頓首稱賀。

《太宗實録》卷五 甲申，（燕王）大賚將士。

《國榷》卷一一 壬辰，罷兵部尚書齊泰、太常寺卿黄子澄，以説于燕人。

是月，召茹瑺爲兵部尚書。

李景隆復聚兵德州，命禮部左侍郎陳性善監其軍。

《明通鑑》卷一二 十二月丁酉朔，詔削江陰侯吴高爵，徙之廣西。初，高與楊文守遼東，燕王恐其終爲永平患，謂諸將曰：「高雖怯差密，文勇而無謀，去高則文無能爲也。」乃遺二人書，盛譽高而極詆文，故易其函授之。二人得書，並以上聞，朝廷果疑高，遂有是謫。文守遼東，耿瓛數勸其攻永平以撓北平，文不聽。

《太宗實録》卷五　丙午　諜報李景隆在德州，復調集各處軍馬，期以明年春大舉。上諭諸將曰：「李九江集衆德州，將謀來春大舉，我今宜往征大同。」諸將曰：「彼既將來，則我當爲備，何得委而去之？」上曰：「彼雖云然，尚俟春煖。我征大同，大同必告急，于彼求援。苦寒之地，南卒脆弱不耐，疲於奔命，則凍餒逃散必多。誘而敝之，何爲不可？」諸將曰：「善。」

《明通鑒》卷一二　乙卯，王率師出紫荆關。

庚申，次廣昌，守將楊宗以城降。

《革除編年》　癸亥，置長蘆運司、兩淮運司、廣東運司、福建運司各照磨所。

改淮安府崇河驛隸桃源縣。置重慶衛石柱宣撫司、隘關巡檢司。

《國榷》卷一一　是月，岷府典膳李英等伏誅。

駙馬都尉王寧謀叛，幽之。

初令武官襲職，兵部關旨五府。

進李景隆太子太師。時軍敗，上不盡聞，兼賜勞敕、金幣、珍醖、貂裘等。

選募謀勇士。中牟楊本爲錦衣衛鎮撫，沅州周拱元爲所鎮撫。本精遁法，時吴王撫軍，及登臺，見大水淼茫，一軍不見。本曰：「此水遁也。」及帥師北征，諸將皆敗，惟本與平安有功。李景隆忌本，不以聞。

肅王楧乞内徙，徙蘭縣。

殺留守衛指揮同知李申。

錢芹爲行軍署斷事。

法司奏今歲論囚，減往十之二。

《明通鑒》卷一二　河北指揮使張倫等聞薊州馬宣之死，發憤結盟，因合兩衛官率所部南奔，詔從李景隆于軍。倫勇悍負氣，喜觀古忠義事，後從戰皆有功。

《革除編年》　薊州衛鎮撫曾濬謀起兵還朝，不克，死之。

以禮科給事中鐵鉉爲山東參政。

是年，朝鮮國王李旦請老，以子芳遠嗣位，旦尋卒。

安南臣黎季犛弑其主陳日焜，立其長子顒。未幾，復弑顒，立其幼子窽，又弑之。大殺陳氏宗族，篡其位。季犛自謂舜裔胡公滿之後，更姓名胡一元。其子黎蒼更曰胡𡗶，國號大虞。一元僭稱太上皇，𡗶僞大虞皇帝，改元元聖。

建文二年（庚辰、一四〇〇）

《明史》卷四《恭閔帝紀》　正月丙寅朔，詔天下來朝官勿賀。

丁卯，釋奠於先師孔子。

《國榷》卷一一　戊辰，楚王楨薨，謚曰「昭」，世子孟烷嗣。

燕庶人攻蔚州，指揮李誠出哨見獲，遂約獻城自效，縱遣入城。謀覺，下獄死。

已守將王忠、李遠以城降，自是全晉皆潰。

辛未，上南郊，還京受賀。

《革除編年》　庚辰，革韶州府翁源縣，以其地并桂山巖巡檢司入于英得縣，革平越衛税課司。增置萊州府慶豐庫大使一人。

丙戌，革平樂府昭平遞運所，改來州府祁陽縣江湘市巡檢司爲和平巡檢司。

《明通鑒》卷一二　二月丁酉，燕師攻大同。

《建文朝野彙編》卷四　改漢陽府爲州，更置官屬。革僧綱道紀司、税課司及漢陽縣儒學，蔡店、新灘二税課司，桑臺湖、馬影湖二河泊所，百人磯巡檢司。其蔡店鎮巡檢司仍隸本州。

壬寅，詔禮部右侍郎兼翰林院學士董倫、太常寺右少卿高遜志等考試天下貢士。知貢舉禮部尚書陳迪、右侍中黄觀，同考試右拾遺朱逢吉、史官吴勤、葉惠仲、趙友士、徐旭、張秉彝，監試御史俞士吉、王度，皆一時之選。得吉水王艮、常熟黄鉞、莆田陳繼之、廬陵胡廣、崇仁吴溥、建安楊子榮、新淦金幼孜、武進胡濙、太康顧佐，皆知名士，一時稱得人焉。壬午後，董倫去位，高遜志遠遁，莫考其終，陳迪、黄觀、葉惠仲、王度、王艮、陳繼之、黄鉞死難，餘多歸附云。

《國榷》卷一一　丁未，迤北可汗坤帖木兒、瓦剌王猛哥帖木兒款北平。

《明通鑒》卷一二　癸丑，李景隆果引兵援大同，景隆出紫荆關，燕王聞之，自居庸關還北平，敕諸將堅守勿與戰。景隆軍凍死者甚衆，墮指者十二三。

《建文朝野彙編》卷四　諜報胡寇將侵邊，王以書諭韃靼可汗坤帖木兒，并諭瓦剌王猛哥帖木兒等，曉以禍福。

《國榷》卷一一　庚申，進都給事中秩正七品，給事中秩從七品。

考試官董倫等賜宴於禮部。

辛酉，革廬州道紀司，無爲、六安二州道正司，巢縣道會司。

壬戌，改五城兵馬指揮司爲五城兵馬司，指揮爲兵馬，副指揮爲副兵馬。

癸亥，省行人司，隸鴻臚寺。

改大理寺曰司，左右寺正曰都評，寺副曰副都評，左右司各設評事六。

《明通鑒》卷一二　景隆遺燕王書，請息兵，王答書索齊泰、黄子澄等，又以「前兩次上書悉不賜答，此必奸臣慮非己利，匿不以聞，今備録送觀之」。景隆得書，遂有貳志。

《國榷》卷一一　甲子，改都察院曰御史府，置察院一，省監察御史定二十八人。

《建文朝野彙編》卷四　詔曰：「頃以斷獄繁易，御史臺號都察院，與刑部分治庶獄。今賴宗廟神靈，斷獄頗簡。其都察院承漢制，爲御史府，專以糾貪殘，舉循良，匡政事，宣教化爲職。省御史員定爲二十八人，務爲忠厚，以底治平。」

《明史》卷四《恭閔帝紀》　乙丑，均江、浙田賦。詔曰：「國家有惟正之供，江、浙賦獨重，而蘇、松官田悉準私税，用懲一時，豈可爲定則。今悉與減免，畝毋踰一斗。蘇、松人仍得官户部。」

是月，保定知府雒僉叛降燕。

《國榷》卷一一　户部司務錢芹署行軍斷事。

湖廣布政司左參議楊砥上書，請罷兵。略曰：「帝堯之德，始于親睦九族。今當務惇睦，不宜加兵，自剪其輔，枝葉盡而根本撥矣。」忤旨，安置遼東。

《太宗實録》卷六　三月丙寅朔，〔燕王〕大閱，武臣有爲權奸所黜不來歸者，復其職。

《國榷》卷一一　策貢士吴溥等百十人于奉天殿，賜胡廣、王艮、李貫等進士及第、出身有差。上欲首艮，寢其貌，易胡廣，賜名靖。其對策云：「親藩陸梁，人心不摇。」上善之。後艮殉難，靖歸附，仍名廣。

戊辰，賜御史衣。

己巳，改詹事府爲御史府，便朝謁。左都御史耿清爲御史大夫，副都御史練子寧爲御史中丞，賜宴于新治。

壬申，乙榜貢士選署教諭、訓導。

壬午，巡撫廣東大理寺丞彭與民等奏撫黎事宜，詔從之。

是月，纂修官、齊府審理副楊士奇爲翰林院侍講，監察御史戴德彝爲左拾遺。

鎮東將軍總兵官楊文督遼東兵士攻永平，不克。

袁義爲右府都督僉事。

進士黄鉞爲刑科給事中。

四月丙申朔，廬陵顏伯瑋舉賢良，授沛縣知縣。

《明通鑒》卷一二　李景隆自德州進兵北伐，武定侯郭英、安陸侯吴傑等自真定進兵，期會師于白溝河。

《建文朝野彙編》卷四　丁酉，改嘉定州峯門水驛隸眉州青神縣。

戊戌，增置蘇州府長、吴等六縣主簿各一員。

《革除編年》　己亥，增置松江府上海、華亭二縣丞、簿、典史各一員。

《國榷》卷一一　辛丑，燕庶人率衆渡馬駒橋南，軍武清。

丙午，增各王府賓輔二人，秩三品；伴講、伴讀、伴書各一，郡王賓友二人，教授一人，俱坐，禮如賓師，贊謁名，不臣。

癸丑，李景隆進河間，先鋒參將平安至白溝河，郭英、吴傑等自真定移營保定，期會軍白溝河。燕人進至固安。

《明通鑒》卷一二　乙卯，燕師渡玉馬河，營于蘇家橋。

《建文朝野彙編》卷四　置西安府咸寧縣乾佑鐵冶所，鞏昌府寧遠縣鐵冶所。

丙辰，改武定軍民府和曲縣，屬金沙江巡檢司，姜驛環州驛隸於元謀縣。

《國榷》卷一一　己未，諸軍次白溝河。燕庶人既渡，平安伏萬騎邀擊。安驍勇，合戰，互有勝負。都督瞿能奮勇衝之，燕屢却。會都指揮何清敗被執，安收兵還營。李景隆及郭英、吴傑等，合六十萬聯營白溝河。及燕庶人夜戰，燕庶人從數騎爲後殿，迷失道，下馬視河流乃辨，倉卒渡河去。

庚申，燕十萬衆渡河。瞿能、平安賈鋭翼攻，平安遂斬都指揮房寬。寬，驍將也。都指揮丘福以萬騎衝南軍，殊堅。燕庶人以精騎突入南軍左掖，南軍復繞出燕後，連戰百餘合。南軍矢如雨，燕庶人馬三創三易，射矢盡三橐，提劍左右擊，劍缺，遂稍卻，迫重隄，瞿能幾及之。燕庶人佯提鞭後招，能軍疑，乃不前。平安運槊驍健，斬燕將陳亨，斷都指揮徐忠兩指，忠自斷擲之，裹血而戰。高煦見事亟，率精騎數千合戰，彼此相扼。至日中，瞿能大呼滅燕，入北軍，斬其數百騎，越嶲侯俞通淵、陸凉衛指揮滕聚亦前。會旋風起，折大將之旝，南軍相視而動。燕人乘風燔諸營，南軍大潰，俞通淵、瞿能父子、滕聚俱陣没，監軍禮部左侍郎陳復初朝服躍馬入于河。郭英等潰而西，景隆潰而南，殺溺殆二十萬，暴骨如莽，委棄軍資萬萬計。燕人追及月漾橋，降十餘萬人，景隆單騎走德州。魏國公徐輝祖全軍而殿。瞿能合肥人，國初功臣瞿通子，驍勇有名。先四川都指揮使，從征西番。又副總臣從征建昌、月魯帖木兒，俱有功。俞通淵巢人，以參侍舍人累功，屬西平侯征蠻。洪武壬申封，禄二千五百石，予誥世，明年罪削。建文初，授豹韜衛指揮使。至是敕葬兄號國公通海墓旁。二子靖、端，尋卒，竟除。蓋建文末諸將校往往失世官也。

壬戌，燕人攻德州。

是月，禮部右侍郎黄觀爲禮部左侍郎。

《建文朝野彙編》卷四　五月戊辰，革德安府孝感縣道會所。

《國榷》卷一一　己巳，參贊軍務前軍都督府斷事高巍督餉山東，左參政鐵鉉相值于臨邑，大慟，誓趨濟南死守。

辛未，李景隆棄德州，奔濟南。

癸酉，燕人入德州，奪餉百萬。轉掠濟陽，教諭吉水王省被執，脱歸。坐明倫堂，伐鼓諭諸生曰：「今日君臣之義迫矣。」大哭，頭觸柱死。諸生欷噓歎泣，不能出户。省字子職，洪武壬子貢士，有文學，授浮梁教諭，歷艱轉濟陽。女静適即墨周簿，預遣人求父骸，葬之。

丁丑，燕兵至濟南。燕兵掠長蘆，盡得我軍餉。

《建文朝野彙編》卷四　戊寅，詔吏部，凡官員報缺，三日一赴吏部填註。先是，内外官缺，每月一報，類赴填註，以憑臨選補調。至是，吏科請每三日一報註，庶免遺漏。從之。

以貴州都指揮使程暹爲左都督府都督同知。

《明通鑒》卷一二　庚辰，燕師攻濟南。時景隆兵在城下者尚十餘萬，燕王乘其未陣，馳擊之，景隆大敗南走。燕師遂圍濟南，鉉與庸等乘城守禦。王知不可驟克，令射書城中趣降。有儒生高賢寧在城，乃作《周公輔成王論》，請罷兵，不報。

辛巳，燕師隄水灌城，城中兇懼。鉉乃佯令守陴者皆哭，撤守具，遣千人出城詐降。王大喜，軍中懽呼。鉉設計，預懸鐵板城門上，伏壯士闉堵中，候燕王入，下板擊之，又設伏，斷城外橋以遏歸師。計既定，千人者皆伏地請曰：「奸臣不忠，使大王冒霜露，爲社稷憂。誰非高皇帝子，誰非高皇帝臣民，其又奚擇焉！唯是東海之民，不習兵革，聞大軍壓境，將謂聚而殲旃，是失大王安天下、子元元之意也。請大王退師十里，單騎入城，臣等具壺漿以迎。」王許之，下令退軍。越日壬午，王乘駿馬徐行，張蓋率勁騎數十人直至城下，城門啓。比王入門中，人呼千歲，鐵板下稍急，傷燕王馬首。王驚覺，易馬而馳。伏發，橋倉猝不可斷，王鞭馬自橋逸去，憤甚，復設長圍攻之。鉉隨宜守禦，燕師持久頓城下者凡三閲月，卒不能下。

《國榷》卷一一　是月，都督僉事朱榮棄樂安走還，伏誅。

史仲彬爲徐王府賓輔，仍兼翰林侍書。

《建文朝野彙編》卷四　留守左衛指揮同知李申伏誅。申子讓爲燕府儀賓，居守北平甚力，申以故坐誅，没其産，丁男典刑，幼者收孥，婦女入浣衣局，異姓家屬俱發邊衛充軍。

《明通鑒》卷一二　六月甲午朔，上聞濟南圍急，用齊泰、黄子澄計，遣使赦燕罪以緩其師。

《國榷》卷一一　乙巳，詹事府設少師、少傅各一，賓客二。置資德院，設資德一，資善二，屬官贊讀、贊講、贊書、著作郎各二，掌籍、典簿各一。增國子監司業二，省博士學正、學録，增助教十七人。

丙午，令王府賓輔、伴讀、伴講、伴書及賓友、教授進對侍坐，稱名不臣，用師賓禮。

《明史》卷四《恭閔帝紀》　己酉，遣尚寶丞李得成諭燕罷兵。

《國榷》卷一一　八百土官刀板面遣頭目入貢。

《建文朝野彙編》卷四　省常德府沅江縣訓導一員。

乙卯，革肇慶府開建縣僧會司。

丙辰，革太原府興縣孟家峪巡檢司。革袁州府萍鄉縣河泊所。

《國榷》卷一一　壬戌，徵鳳陽官軍赴京。

《建文朝野彙編》卷四　改陝西行都司儒學爲寧夏等衛儒學。

《國榷》卷一一　是月，遣監察御史周觀閲兵徐州。

《建文朝野彙編》卷四　七月甲子朔，革典牧所。

李得成還自濟南，下獄，既而釋之。

戊辰，置開封府鈞州鐵冶所。革慶遠府忻城縣羅目鎮巡檢司，改衛經歷秩正七品。

癸未，平安率兵二十萬進次單家橋，欲分兵出御河，奪燕餉舟。燕王遣書諭漢王曰：「諜報平安領衆二十萬，營於單家橋，欲移營御河，截我糧船。又遣善水者五十渡河，合勢以攻德州。然德州尚餘糧數十萬，但恐衆寡不敵，我新附義勇軍挈家歸北者不絶於道，慮爲賊所邀。我料彼新破膽氣索，必不敢出，然不可無備。汝可將萬餘人初出營於章義門，次日移營在盧溝橋西，三日至良鄉。若與大軍合勢，使賊知之，必生狐疑，不敢輕進。四五日間，令其移軍復回，賊必再覘我動静，往返之間，已逾旬日，則我糧船及新軍已過直沽。以此兵法所謂『我不欲戰，敵不得與我戰』者，乖其所之也。」漢王如所言。【略】平安果不敢出。

《國榷》卷一一　壬辰，蘇州府通判徐宗實署兵部右侍郎。

是月，鎮守遼東都督楊文圍燕永平，不克。

八月癸巳朔，承天門災，詔求直言。禮部尚書陳迪言清刑獄，卹流民數事。户科給事中陳繼之請捐公私逋負，江南僧道多占腴田，蠶食百姓，宜限給之。皆見採納。

癸卯，改承天門曰皋門，端門曰應門，午門曰端門，謹身殿曰正心殿。改大學士爲學士，華蓋、文華、武英、正心殿、文淵閣各學士一。各殿增待詔典籍，革東閣大學士。

乙巳，增翰林院承旨一，學士一，省侍讀侍講學士，置文翰、文史二館，改中書爲侍書，隸之。石首楊敬爲修撰，孫子敬爲檢討，歸州梅遇春爲左春坊左司諫，國子助教漢川胡灝爲檢討。

戊申，遣都督陳暉率兵援濟南。

《明通鑒》卷一二　初，燕王之攻真定也，三日不下，即解兵去。惟自以得濟南足以斷南北道，即不下金陵，畫疆自守，亦足以徐圖江、淮，故乘此大破景隆之鋭，盡力攻之，期于必拔。不意鉉等屢挫其鋒，又令守陴者詈燕，燕王益憤，乃以大砲攻城。城中不支，鉉書高皇帝神牌，懸之城上，燕師不敢擊。王計無所出，僧道衍曰：「師老矣，不如暫還北平，以圖後舉。」會平安選水卒五千人，將渡河攻德州。【略】燕師解圍去，盛庸、鐵鉉追擊，敗之。進兵德州，燕守將陳旭遁，遂復德州。

《國榷》卷一一　參軍宋徵説鉉曰：「濟南天下之中，北兵南來，其留守北平者類老弱。且營、薊、趙、深初定，人心易摇，郭布政資輩皆書生。大參公誠出奇兵，由深、趙道廣平，抵真定，諸將散亡者稍稍收合，不數日至北平。其間豪桀起義者，大參公便宜權署戎階號召之，共圖北平。北平破，北師惶駭内顧，將散而歸。徐沛間風氣悍激，項羽、朱温皆徐産也。大參檄顔知縣鼓倡義勇，合南軍征進者，俟彼歸，晝夜躡之。大參館穀北平，休養士馬，以佚待勞。彼至迎擊，使腹背受敵，大難旦夕平耳。」鉉雖善之，而餉盡于德州，守卒久疲，南將多駑材，無可恃，不如固守濟南，以牽彼師，使江淮有備。彼不能越，歸道出濟上，吾邀擊之，全勝計也。遂不果從。既卻燕，諸郡縣皆復，兵勢大振。捷聞，進鉉山東左布政使，有功官軍姜貴等五十四人，陞賞有差。時死傷俱不獲賞，貴等亦賞不酬勞，軍中怨望，鮮鬬志矣。

《太宗實録》卷七　九月乙丑，〔燕〕師至北平。

《國榷》卷一一　辛未，召李景隆還。左都督盛庸爲平燕將軍總兵官，右都督陳暉、平安爲左右副將軍，馬溥、徐真爲左右參將，北伐。景隆還朝，黄子澄、練子寧慟哭請誅之，以謝祖宗，厲將士，不聽。景隆閟機以應燕，故其戰不力也。

《建文朝野彙編》卷四　復建昌南豐縣太平廵檢司。置饒州府餘干縣康山廵檢司，平陽府臨汾縣汾水廵檢司。革漳州府漳浦縣後葛廵檢司爲古雷廵檢司，南靖縣古雷廵檢司爲小溪廵檢司。

丙戌，增設太常寺贊禮郎二員。革漢中府畧陽縣嘉陵、□泉二驛。

《國榷》卷一一　辛卯，赦流放官，録其子孫。

《建文朝野彙編》卷四　十月壬辰朔，改天地壇祠祭署爲郊壇祠祭署，改山川增祠祭署爲籍田署祠祭署，泗州祠祭署爲泗濱祠祭署，宿州祠祭署爲新豐祠祭署。

己亥，平安與燕兵戰華山，斬燕將陳亨。時安及吴傑駐定州，盛庸駐德州，徐凱、陶銘城滄州，相爲犄角，以困北平。

革刑部司獄一員。

庚子，更定歷事監生選用法。凡歷事一年爲滿，考分三等，上者即授官，次下者再歷一年復考，考上者亦即授官；次量材選授，下還國子監讀書。洪武中，監生隨本監司務，分勤謹、平常、才力不及、奸懶等用引奏。勤謹者，仍歷俟缺官取用；平常再歷，才力不及送監讀書，奸懶充吏。

《明通鑒》卷一二　丙午，燕王聞南師已北，謂張玉曰：「德州城壁堅牢，大衆所聚；定州修築已完，急難猝下；獨滄州新築未成，凍土易敗，出徐凱不意，疾攻之，旦暮可克也。」又恐南師爲備，乃陽下令征遼東。

丁未，燕軍至通州。

《建文朝野彙編》卷四　張玉、朱能請間曰：「今密邇敵境，而勤師遠征。況遼地早寒，士卒難堪，此行恐非利也。」王乃屏左右，密詰之，曰：「今敵將吴傑、平安守定州，盛庸屯德州，徐凱、陶銘築滄州，欲爲犄角之勢。德州城壁堅牢，敵衆所聚；定州修築已完，城守初備；滄州土城，隤圮日久，天寒地凍，雪雨泥淖，修之未易便葺。我乘其未備，出其不意，急趨攻之，必有土崩之勢。今佯言往征遼東，示無南伐之意，以怠其心。因其懈怠，偃旗捲甲，由間道直擣城下，破之必矣。失今不取，他日城成，守備堅完，難與爲力。且機事貴密，故未令衆知者，慮洩也。」玉與能扣首稱善。

《太宗實録》卷七　庚戌，〔燕師〕駐營夏店。

壬子，〔燕王〕密令徐理、陳旭等詣直沽，造浮橋濟師。

《革除編年》　甲寅，革光禄寺各署丞，增設監生二員。

《建文朝野彙編》卷四　丙辰，燕王移師，復廻通州，循河而南。衆咸疑曰：「今往征東而回師南行，何也？」燕王紿之曰：「夜有白氣二道，至東北，指西南。占書曰『執本者勝』。今惟利南伐，而不利於東征。天象顯示，不可違也。」徐凱等諜知燕兵征遼東，果不爲備，遣軍四出伐木，晝夜督軍修城。燕師過直沽。

《明通鑒》卷一二　戊午，師至滄州城下，凱等方四出伐木，晝夜築城，倉猝收築具出戰。燕師四面攻之，張玉率壯士由城東北隅肉薄而登。

《建文朝野彙編》卷四　省成都府綿、威二州訓導各三員，新繁、雙流、崇寧、安井、德陽、綿竹、羅江等十一縣，重慶府黔江、酆都、武隆三縣，順慶府蓬州及營山縣，保寧府劍州及昭化、廣元、江油、梓橦四縣，敘州府筠連縣，夔州府萬縣，眉州丹稜、鼓山、青神三縣，蓬州及蓬溪、鹽亭、射洪、中江四縣，嘉定州威遠縣，雅州及營、徑、名山、蘆山三縣，凡州省訓導三員，縣省訓導二員，并馬湖府訓導二員。

《明通鑒》卷一二　庚申，拔滄州。預遣兵截其歸路，遂生禽凱及都督程暹、都指揮俞琪、趙滸等。降卒三千人，燕王令給牒以次遣，都指揮譚淵，一夜盡殺之，王不悦。凱等遂附于燕，遣至北平，仍其官禄。

《國榷》卷一一　是月，山西清遠衛卒羅義扣燕投書請罷兵。復詣闕上言：「天子當篤親親，厚諸父，已北征之役。」上不悦，下之獄。

《建文朝野彙編》卷四　十一月壬戌，定京官還家程期。吏科給事中汪奏請依監生省親例，往來路程外許在家三月。先是止一月。

癸亥，革常州府江陰縣黄田閘、宜興縣張渚批驗茶引所。

《明通鑒》卷一二　甲子，燕師過德州，盛庸出兵襲其後，不克。

壬申，燕師次臨清，將進薄濟寧，庸移師屯東昌以邀之，鐵鉉率兵躡其後。

甲戌，燕師自館陶渡河，遂略東阿、東平。

《建文朝野彙編》卷四　十二月辛卯朔，置真定府定州永定倉。

甲午，燕師駐營汶上，遊騎至濟南。王聞盛庸領軍離德州，遣遊騎往覘之。

《明史》卷五《成祖紀一》　丁酉，襲破盛庸將孫霖於滑口。

《國榷》卷一一　辛亥，復置御史府照磨所。

《建文朝野彙編》卷四　革建寧府建陽、崇安、浦城三縣河泊所，及建陽縣后山河泊所。

《國榷》卷一一　乙卯，盛庸、鐵鉉等椎牛享士，背城而戰，前其火器精兵。燕庶人突入其左翼，不動。衝其中堅，傷于礟弩，燕軍大亂。適平安兵至，麾旗大戰，斬燕都指揮張玉，燕騎有解甲降，燕庶人幾不得脱。朱能等奮擊我東北，燕庶人從西南，易服潛遁。我軍乘勝斬首萬餘級，大破之，燕庶人間道還北平。盛庸檄真定、滄、德諸將邀歸路，竟不及。是役也，盛庸、鐵鉉簡鋭悉力，遂大捷。燕庶人數危，知朝廷不欲死之，時獨身殿諸將，短兵接，莫敢加，故得免。先是，僧道衍曰：「師且捷，費兩日耳。」及敗，曰：「臣固已言之，昌于文兩日也。此後全勝矣。」

《明通鑒》卷一二　王聞張玉敗没，痛哭曰：「勝負常事，不足慮，艱難之際，失此良將，殊可悲恨！」

丁巳，燕師退走館陶。庸檄吴傑、平安等自真定遮其歸路，燕師大蹙。

《國榷》卷一一　是月，置威武中衛。

國子助教王紳卒。

監察御史鄒瑾爲大理司左司丞。

都督李文兵潰于德州。文欲合鐵鉉復真定，燕將張武率精騎自長蘆擣德州，文不戰而潰。

《建文朝野彙編》卷四　革牧馬所吏目，屬太僕寺典廄署。先是，三十一年五月十二日，所鎮撫王化奏養馬收糧艸多，請置倉。

建文三年（辛巳、一四〇一）

《國榷》卷一一　正月辛酉朔，凝命神寶成。上在儲，夢帝致寶。既即位，得青玉于雪山，方二尺，質理温粟。琢之，文曰「天命明德，表正萬方，精一執中，宇宙永昌」。至是告天地宗廟，御奉天殿，受賀。

《革除編年》　是日，宴百官于奉天殿，頒賞于四夷朝使。

《建文朝野彙編》卷五　燕軍回至威縣，遇真定守將吴傑、平安，以馬步二萬來邀。王以精騎數千，沿途按伏，率十餘騎逼陣。誘曰：「我常獲爾衆，即釋之。我數騎暫容過，無相阨也。」真定軍曰：「放爾是縱蝎。」衆即來追，王且鬬且却，引入伏内，盡殪之。

乙丑，燕軍至深州，真定守將復以馬步三萬邀之，以騎兵十餘遥阨歸路。王率精騎百餘薄陣，陣勢動，我軍遂奔潰，皆望真定走。燕騎兵要之，生擒監軍内使長壽并指揮千百户數十人，馬三千餘匹。

戊辰，燕兵據藁縣。時我師號三十萬，將議進攻，北將朱能、王真掩擊之，不戰而潰。

庚午，革廣西太平府乃積倉、廣南府花架縣。改建寧府松溪縣東關巡司爲遂應巡司。

《明史》卷四《恭閔帝紀》　辛未，大祀天地於南郊。

《國榷》卷一一　壬申，宴羣臣奉天殿。羣臣賦詩紀成，頒天下。

《建文朝野彙編》卷五　丙子，燕王還北平。恥東昌之敗，下令召募勇敢之士。姚廣孝與朱能力勸王兵衣前進。

《明史》卷四《恭閔帝紀》　丁丑，享太廟，告東昌捷。復齊泰、黄子澄官。

《明通鑒》卷一二　二月　戊戌，王自爲文，流涕祭陣亡將士張玉等，脱所服袍焚之，將士家父兄子弟見之，皆感泣。王乃激勸諸軍士，復出師。

《明史》卷四《恭閔帝紀》　乙巳，復帥師南下。

《明通鑒》卷一二　己酉，次保定。【略】燕王與諸將議所向，丘福等請攻定州，王曰：「野戰易，攻城難。今盛庸在德州，吴傑、平安在真定，我若頓兵城下，彼必合勢來援。堅城在前，强敵在後，此危道也。今真定距德州二百餘里，我軍介其中，敵必出迎戰，取其一軍，餘自膽破。」諸將曰：「腹背受敵，奈何？」王曰：「百里之外，勢不相及。兩軍相薄，勝負在呼吸間，雖百步不能相救，況二百里哉！」明日，遂移軍東出。

《建文朝野彙編》卷五　庚戌，盛庸合諸軍二十萬駐德州，約吴傑、平安出真定，攻北平。

《國榷》卷一一　乙卯，進禮部尚書陳迪太子少保。

是月，大理司少卿汪善、聞良輔調河南、湖廣肅政按察司副使。

鎮江知府薛嵓、左補闕胡閏爲大理司左右少卿。

《明通鑒》卷一二　三月庚申，燕師次滹沱河，游騎哨定州、真定，爲疑兵以誤之。

辛未，盛庸軍營于武邑縣南之夾河，平安軍營于單家橋。

《革除編年》　丙子，置衛輝府山陽鎮巡檢司。革瓊州府寧德縣德化馬驛、感恩縣甘泉馬驛、陵水縣博士馬驛。

《明通鑒》卷一二　己卯，燕兵自陳家渡過河逆之，相距四十里。

辛巳，庸軍及燕兵遇于夾河。庸結陣甚堅，陣旁火車鋭弩齊列。燕王以輕騎掠陣過，庸追卻之，乃復以步騎攻其左掖，不能入。燕將譚淵，從中軍望見塵起，遽出兵逆擊之。都指揮莊得，率衆殊死戰，遂合庸軍，斬淵及其部下指揮董真保于陣。燕王與朱能、張武等，復以勁騎繞出南軍背，乘暮掩擊，莊得陷陣死，又殺楚智、張皂旗。三人者，皆南軍驍將也。張皂旗，逸其名，或曰能力挽千斤，每戰輒麾皂旗前驅，軍中呼「皂旗張」，死時猶執旗不仆。是日戰酣，殺傷皆相當。而燕軍連失大將張玉、譚淵二人，王爲奪氣，自以十餘騎追庸軍，野宿。天明，見四面皆庸兵，王引馬鳴角穿敵營而去。

壬午，既還營，復嚴陣約戰。謂諸將曰：「昨日譚淵逆擊太早，故不能成功。今爾等嚴師以待，我率精騎往來陣間，敵有可乘之隙，即入擊之。兩陣相當，將勇者勝，此光武之所以破王尋也。」復戰，庸軍西南，燕軍東北。燕王臨陣，張奇兵左右衝擊，自辰至未，兩軍互有勝負，會東北風大起，塵埃漲天，兩軍咫尺不相見，北軍乘風大呼，縱左右翼擊之，庸軍大敗，棄兵走。燕師追至滹沱河，踐溺死者甚衆，其降者王悉縱遣之。庸遂退保德州。是役也，庸恃東昌之捷，有輕敵心。而燕王恃上有「毋使朕殺叔父」之語，不戒于敵。方野宿穿營過時，諸將士卒莫敢一矢相加遺，以至于敗。

《建文朝野彙編》卷五　癸未，真定諸將帥師駐單家橋。

甲申，燕王率兵趨橋，與平安等大戰。安擒燕將薛禄，禄脱走。吴傑、平安初與庸合勢，比出真定，聞庸敗，又聞燕散遣健兒四出索餉，遂進兵襲燕。

《明史》卷四《恭閔帝紀》 丁亥，都督何福援德州。

《革除編年》 閏三月壬辰，置楚雄府鎮南州儒學。

《明通鑑》卷一二 癸巳，上以夾河之敗，罷齊泰、黄子澄，謫于外，蓋使之募兵也。

《國榷》卷一一 乙未，燕人掠真定。

《建文朝野彙編》卷五 丙申，吴傑移軍滹沱河，燕令騎兵遏河上流，步卒輜重從下流渡，遇傑兵，不戰。傑移營藁城，燕兵亦至。

己亥，吴傑、平安帥師及燕兵戰於藁城，敗績。先是，夾河之戰，吴傑、陳暉等來與盛庸合。未至八十里，聞庸敗，乃退回真定。燕王謂諸將曰：「吴傑等若嬰城固守，則爲上策；若軍出即歸，避我不戰，是爲中策；若來求戰，則下策也。」乃設計以誘之。是日散軍四出，聲言取糧。又命校尉荷擔抱嬰兒，佯作避兵，奔入真定城，報云燕軍各散取糧，營中無備。吴傑等聞之，以爲信然，乃謀出師，掩其不備。遂出軍滹沱河，距燕軍營七十里。王聞之，大喜。薄暮，趨兵渡河，諸將請俟明旦。都指揮陸榮曰：「今日十惡，兵家所忌，不宜進步。」王曰：「時機不可失也。若稍緩之，彼退守真定，城堅糧足，攻之難爲力矣。拘小忌者誤大謀。」遂進與南軍遇於藁城。傑等列方陣於西南。王謂諸將曰：「方陣四面受敵，豈能取勝？我以精騎攻其一隅，一隅敗則其餘自潰。」乃以軍麋其三面，悉精鋭攻其東北隅，相與大戰。王以驍騎數百，循滹沱河繞出陣後，突入，大呼奮擊。南軍矢下如雨，前集王所建旗如蝟毛焉，燕師多被殺傷。忽大風起，發屋折樹，燕師乘之，傑軍大敗。追奔直抵真定城下，俘斬六萬餘人，生擒都指揮鄧戩、陳鵬等，吴傑、平安僅得入城。南兵降於燕，燕王悉釋之南還，自是南兵愈解體矣。王遣人送所建旗回北平，諭世子曰：「善藏之，使後世毋忘也。」

《革除編年》 丁酉，置蘇州府渠堰所，設大使、副使二人。革東昌府聊城縣周家店閘。

《國榷》卷一一 丁未，徐王府賓輔史仲彬還自山東，見上文華殿。曰：「夾河之役，非戰之罪也。盛庸智深勇沈，當今將略爲第一。至西涼都指揮使莊得、張能、楚智百户平元，斬將搴旂，力戰以死，宜加恤典。燕王用强恃壯，親掠我陣，幸庸結陣甚堅，屹不可動。復以數騎逼營，鳴角穿營而去，蓋恃毋殺叔父之命也。軍中多謂皇上失之太仁。」上曰：「奈何！已有是命，不可反也。」默然者久之。更奏密事，上叱左右無泄。

《建文朝野彙編》卷五 辛亥，燕掠廣平。

《國榷》卷一一 癸丑，燕庶人上書曰：「臣聞虞舜首去四凶，殷湯改過不吝，帝王之盛美，萬世所師法也。臣奉藩二紀，不敢違越。奸臣齊泰、黄子澄，懷莽操之逆圖，志傾宗社，造滔天之釁，剪藩輔之親，屢削諸王，次及于臣，欲陷臣家，並置死地。臣瀝懇號天，天聽高。古云『大杖則走』，陛下所以杖臣大矣。以兵自防，非臣得已。上賴天地宗廟，鑒臣衷誠，憫臣非辜。大軍見臨，輒自摧衄，臣不敢爲喜，輒用傷悼。誠念皆皇考之民，横被奸臣，驅之白刃，彼實何辜？是以夙夜控籲天地祖考之靈，冀開聖明，助震威斷。比聞二奸皆已竄逐，臣之一家，鼓舞更生。臣下令三軍將士，天其悔禍，可以釋憾。三軍將士，且恐且喜，合慮同詞，前告于臣：二奸雖逐，大兵未退，名爲格佞，實用弛謀，亦人事之或然者也。臣恐陛下未推豚魚之孚，尚惑樊棘之聽，此非獨撤其藩籬，抑將傾夫堂室。莽操之事，前鑒甚明，惟陛下力斷行之。」

《明通鑑》卷一二 上與方孝孺謀，孝孺曰：「燕兵久頓大名，天暑雨，當不戰自疲。急令遼東諸將，入山海關攻永平，真定諸將渡盧溝橋擣北平，彼必歸救。我以大兵躡其後，可成禽也。今其奏事適至，宜且與報書。往返踰月，使其將士心懈，我謀定勢合，進而蹴之不難矣。」上以爲然。

燕掠大名。

《明史》卷四《恭閔帝紀》 是月，《禮制》成，頒行天下。

《國榷》卷一一 命大理司卿薛嵓往赦燕庶人罪。嵓至燕軍中，曰：「皇帝使啓大王，釋甲還燕，南謁孝陵，朝至，莫收軍矣。」燕王曰：「嘆！是不可紿三尺兒。」而指諸將曰：「有丈夫者矣。」因連營列隊，馳射觀之。遣嵓還而語之情。嵓還報，上曰：「然。誠如卿言，曲乃在我。」

翰林侍讀唐愚士卒。愚士山陰人，父肅，國初翰林應奉，謫死臨濠。葬訖，求父遺文，荒郵敗壁，高崖斷石，靡不探録。愚士善文，贍蔚有俊氣，尤工詩。上欲集經史中治亂昭鑒戒，方孝孺薦愚士同纂，拜侍讀。年五十二，所著《萍居稿》、《文斷》諸書。

《國榷》卷一一 四月己未朔，燕人攻順德城，不克。

是月，都指揮吳玉擊燕人于新城，敗績。

《建文朝野彙編》卷五　五月，庚寅，革夔州府并巫山縣二河泊所。

《明史》卷四《恭閔帝紀》　甲寅，盛庸以兵扼燕餉道，不克。

《國榷》卷一一　燕人使燕山衛指揮武勝上書曰：「有詔解兵，吳傑等復倍先發也。」上覽之曰：「燕王，朕叔父，奈何須兵哉！」方孝孺對曰：「兵戢難張也。若燕不罷兵，長驅犯闕，胡以禦之？」遂下勝錦衣獄，尋斬之。

《建文朝野彙編》卷五　詔選武官弟侄爲沿海巡檢。錦衣衛所鎮撫陳直言，廣東濱海巡檢多係人材充授，不諳操練攻戰禦賊。請於軍官弟侄中不應襲職者，保選充授。上從之。詔在京各衛所選取相應年三十以上者，送吏部查缺送補。

《國榷》卷一一　是月，刑部左侍郎王艮以問燕府人未減，左遷，降浙江肅政按察使。

《建文朝野彙編》卷五　六月戊午朔，革常德府沅江縣稅課局。

《國榷》卷一一　辛酉，燕庶人遣別將李遠等南掠沙河徐、沛餉道。

《建文朝野彙編》卷五　戊辰，改邳州遞運所爲宿遷遞運所。

《國榷》卷一一　壬申，燕人李遠至濟寧，領五千騎，衣裝如南軍，入沛縣，大焚漕舟。河沸，魚鱉皆浮死。軍興以來，資糧仰給徐、沛，至是告竭。

壬午，都督袁宇以三萬人邀擊李遠，中伏大敗。

是月，殺觀海衛指揮使張壽，以被酒言，觸時事，坐妖言死。

太僕寺少卿祝孟獻市馬朝鮮。

《明通鑑》卷一二　七月己丑，燕師掠彰德。時都督趙清守之，燕王遣數騎日往來城下，擾其樵採，城中乏薪，拆屋而炊。清設伏邀之，燕師遂引去。

《國榷》卷一一　癸巳，燕人克彰德之蟻尖寨，于是順德、大名、衛輝皆降，惟保定未下，遂專意山東。

《明通鑑》卷一二　丙申，燕師陷林縣。

丁酉，平安自真定乘虛攻北平，營于平村，離城五十里，擾其耕牧。燕世子督衆固守，遣人詣燕師告急。時王在大名，遣將劉江率兵往援。

《國榷》卷一一　江傳砲不絶，聲言大軍且至，安兵駭走，被殺數千。

《明通鑑》卷一二　〔戊戌〕，初，蜀人林嘉猷，以洪武丙子校士四川，方孝孺識之，薦入史館，授編修，尋遷陝西僉事。嘉猷嘗以事入燕邸，知高煦謀傾世子狀。是時河北師老無功，德州餉道絶，孝孺乃言于上曰：「兵家貴間，今貽世子書，令歸朝廷，許以王燕。彼誠攜貳，王必北歸，王北而我餉道通，事乃可濟。」上曰：「善！」命孝孺草書，遣錦衣衛千户張安往。世子得書，不啓封，并安等馳送軍前。燕中官黄儼，素諂事高煦、高燧，比書至北平，則已先使人馳報燕王曰：「世子且反，高煦從中徵之。」王大怒，則世子所遣使以書及安俱至。王啓視，喜曰：「幾殺吾子！」乃執安等囚之。

《建文朝野彙編》卷五　置兗州府濟寧州任城驛。

革績溪、會稽、分水、禽山四縣稅課局。省徽州府、紹興府稅課司副使各一員。

《明通鑑》卷一二　壬寅，盛庸檄大同守將房昭引兵入紫荊關，掠保定下邑，駐易州水西寨。寨在萬山中，昭據險爲持久計，以窺北平。燕王在大名聞之，曰：「保定吾股肱郡，失則北平危矣。」乃下令班師。

《建文朝野彙編》卷五　甲寅，户科給事中陳繼之言，江南僧道多占腴田，請人給五畝，餘以賦民。上從之。

詔定銓選法。洪武中，吏部凡選官，文選司抄選，具本覆奏，附選送吏科，科目類附選簿，用寶鈐記，選榜亦送科收。至是定制，陞除等項官員，吏部選官之日，將引選過官員，就於當日从本部官自行附寫；及不係選官之日，有因急缺除授，并逐日實授陞調等項，内外官員通類各官實授除授等項，月、日、處所、職名、鄉土，選官日覆奏，附選就用寶鈐，選榜送司禮監收。

《國榷》卷一一　是月，安陸侯吳傑降南寧衛指揮使。

增欽天監五官監候一。

《國榷》卷一一　八月丁巳朔，燕庶人渡滹沱河。

《建文朝野彙編》卷五　己未，雲南老撾八百刀扳面各遣人入貢。

丁卯，詔人才不識字及未三十歲者准倣洪武人才不識字，即充校尉，年未三十者仍免充。

《太宗實録》卷八　丁卯，駐師完縣，諸山寨民來歸，悉撫安復業。命孟善鎮守保定。

《革除編年》　增設各布政司副理問。

《建文朝野彙編》卷五　辛未，省各布政司參議一員。

《明通鑑》卷一二　丙子，諜報吳傑等遣都指揮韋諒以兵萬餘轉餉房昭軍，燕王曰：「昭據水西寨，所乏者糧耳。使真定餽餉入，昭得固守，未易猝拔也。不如邀而擊之，援兵敗，則寨不攻而自破矣。」

丁丑，別令朱榮等以兵五千趨定州，語之曰：「彼聞我分兵往定，必速來，來則還兵合擊，此致人之計也。」時燕軍圍寨久，寨軍多南人，天寒衣薄，有潛出寨降燕者。

《革除編年》 庚辰，省州府稅課司副使一人。

甲申，置河間中衛鎮藩衛。

《國榷》卷一一 是月，御史府僉都御史程本立爲江西按察副使。

九月丁亥朔，置沛豐衛軍民指揮司，集民兵五千人，築堡備禦。

戊子，詔北方衛所幼弁赴南衛優給。

《建文朝野彙編》卷五 庚寅，革邵武府光澤縣、九江府遂昌縣、袁州府分宜縣、武昌府通城縣、大冶縣凡五縣稅課局。

辛卯，改四川行都司廣盈倉大使未入流。

《明通鑒》卷一二 甲辰，燕將劉江與平安戰于北平，敗之，安退保真定。

《建文朝野彙編》卷五 庚戌，革眉州府德縣、濟南府海豐縣、兗州府泗水縣、贛州府會昌縣、雩都縣、襄陽府鄖縣凡七稅課局，又荆州府鹽利縣稅課司局。

《國榷》卷一一 是月，倭寇浙東。

《建文朝野彙編》卷五 十月丙辰，真定諸將都指揮葉英、鄭琦率步騎三萬援西水寨，燕王自定州騎還。

丁巳，英等列陣峨眉山下，燕潛兵出陣後合戰，敗績，英、琦及都指揮王恭、指揮詹忠等被執，房昭、韋諒走，西水寨遂破。

《明通鑒》卷一二 己卯，燕師還北平。

《建文朝野彙編》卷五 甲申，革河南偃師縣、太原府孟縣二道會司。

《國榷》卷一一 是月，徙慶王㮵于寧夏。

《明通鑒》卷一二 十一月乙酉，遼東守將楊文引兵圍永平，略薊州、遵化諸郡縣。燕王遣劉江率衆往援，諭之曰：「爾至永平，敵必退歸山海，勿追之，但聲言還師北平，彼必復來。我則卷旗囊甲，還入城中，潛師夜襲，必大獲也。」

壬辰，江及文兵戰于昌黎，敗之。獲兵將士王雄等凡七十一人，歸之北平。

《建文朝野彙編》卷五 戊戌，省襄陽府稅課司副使。革開封府鄭州、彰德府沛縣、南安府南康縣、驢田、饒州德興縣、西安府咸陽、興平、盩厔、醴泉、鄠縣、乾州、淳化、三水等縣，登州府福山縣，黃源、太原府陽曲縣，平陽府滎河縣，大同府山陰縣，及潞州屯留縣，成都府、漢中府、福州府羅青縣，凡十九稅課局。

辛亥，韃靼遣使通於燕。

《太宗實録》卷八 庚戌，燕王釋擒獲遼東指揮王雄等七十一人還本衛。

《建文朝野彙編》卷五 置司圃所大使，未入流。

《明通鑒》卷一二 乙巳，燕王自爲文，祭南北陣亡將士。當是時，王稱兵已三年矣，親戰陣，冒矢石，爲士卒先，常乘勝逐北，然亦屢瀕于危。所克城邑，兵去旋復爲朝廷守，所據僅北平、保定、永平三郡而已。會詔有司繫治中官奉使之不法者，先後奔燕，具言京師空虛可取狀，王乃慨然曰：「頻年用兵，何時已乎？要當臨江一決，不復返顧矣！」道衍亦力勸燕王：「毋下城邑，疾趨京師，此批亢擣虛之策也。」遂定計。

《建文朝野彙編》卷五 壬子，省荆州當陽縣儒學訓導二人。

韃靼寇鐵嶺衛，殺百户彭城。

《國榷》卷一一 是月，兵部右侍郎徐垕招集兩浙義勇。

皇少子文垚生。

《明通鑒》卷一二 十二月丙辰，燕師復出。

迤北可汗坤帖木兒死，鬼力赤爲可汗。

《建文朝野彙編》卷五 庚申，革鳳翔府岐山、汧河二縣、登州府招遠縣、大同府渾源州、順慶府溪縣、夔州府開縣瞿塘凡六稅課局。

壬戌，革保寧府紫石水驛，慶元縣問津、朝天二馬驛，閬中縣高橋水驛。

《明史》卷四《恭閔帝紀》 癸亥，燕兵焚真定軍儲。

《明通鑒》卷一二 丙寅，燕王率師南下，駐軍蠡縣，命李遠率輕兵前哨。

《明史》卷四《恭閔帝紀》 是月，《太祖實録》成。

《國榷》卷一一 置神武中衛、錦川衛。

立鎮淮衛于盱眙。

詔奉使中官毋得外横。國初約束中官，不得與士民交易，至是頗暴横，許所在有司械送京師。于是中人奪氣，密謀北戴，約直擣京師爲内應。燕庶人然之，始不返轅。初，燕雖屢勝，攻城克邑，旋下旋失。鏖戰三年，才據北平、保定、永平耳。

遼府紀善程通爲左長史。

户科試給事中龔泰爲禮科都給事中。

右副總兵平安帥遼東兵十萬圍燕通州，不克。及燕人，大戰九城門，敗績。

左軍都督僉事徐真、右軍都督僉事馬溥充參將，率偏師北進。

《明通鑒》卷一二　上聞燕師將南，敕駙馬都尉梅殷鎮淮安。殷，汝南侯思祖從子也，尚太祖女寧國公主，有才智。太祖崩時，曾受顧命。至是命殷爲總兵官，召募淮南民兵，號四十萬，殷統其衆，駐淮上以扼燕師。

建文四年（壬午、一四〇二）

《明史》卷四《恭閔帝紀》　正月甲申，召故周王橚於蒙化，居之京師。

《國榷》卷一一　命魏國公徐輝祖領京衛軍援山東。

燕庶人使都指揮李遠、朱能覘南軍德州。都指揮葛進率萬衆渡滹沱河，值李遠，敗于藁城，奔還真定。

戊子，都指揮賈榮與燕將朱能戰衡水，敗績。

《明史》卷五《成祖本紀一》　乙未，燕人由館陶渡河。

《建文朝野彙編》卷六　丙申，省杭州府昌化縣丞、簿各一人。增置仁和、海寧二縣丞簿各一人。

《太宗實録》卷九上　丁酉，〔燕〕師至東河舊縣，攻城不下，力戰拔之，斬首三千餘級，生擒其守將。

《建文朝野彙編》卷六　增設各衛經歷知事一人理刑。置錦衣衛優給武學，設教授一人，啓中等十齋訓導各一人。

《國榷》卷一一　戊戌，〔燕人〕陷東平，指揮詹璟被執，吏目臨海鄭華死之。華洪武丁丑進士，授行人，建文中謫。至是力疾戰死，年三十。

庚子，燕人克汶上，執都指揮薛鵬，遂攻濟陽。國子生高賢寧作《周公輔成王論》射城外，竟陷。後被執，欲官之，賢寧固辭，遣歸。

燕人駐沙河，盡掠南餉。

《建文朝野彙編》卷六　丁未，革保寧府祈州、辰州府溆浦縣、彰德府武安縣、鳳翔府寶鷄縣、太原府寧鄉縣、平陽府浮水縣、敘州府高縣、西安府耀州。

《明通鑒》卷一二　庚戌，燕師攻沛縣，指揮王顯以城降。知縣顔伯瑋，方遣縣丞胡先間行至徐州告急，援不至，命其弟珏、子有爲還家侍父，題詩署壁，誓必死。燕師夜入東門，伯瑋冠帶升堂，南向自經死。有爲不忍去，還，見父尸，自刎其側。主簿唐子清、典史黄謙俱被執。燕將欲釋子清，子清曰：「願從顔公于地下。」又遣謙往徐州招降，謙不從，俱死之。

癸丑，燕師至徐州。

《國榷》卷一一　是月，刑部尚書侯泰督餉濟寧。

《明通鑒》卷一二　二月甲寅，何福、平安、陳暉軍濟寧，盛庸軍淮上。燕師謀斷餉道，遣番騎款台率十二騎前覘，至鄒縣，遇南師轉餉卒三千人，款台大呼，馳入其陣，曰：「燕王大軍至矣。」轉餉卒驚潰。

《建文朝野彙編》卷六　己未，增蘇州府推官一人。

《國榷》卷一一　丙寅，榜征討功于德州，陞賞有差。

《建文朝野彙編》卷六　雲南左衛副千户關慶陞楚雄衛指揮使。

《明通鑒》卷一二　甲戌，燕師攻徐州，城中兵出戰，敗績，閉城而守。時燕軍士四出取糧，恐後至者爲城中兵所掩，乃設伏以誘之，俟其出戰，自腹背夾擊之。自是王以單騎來往城下，城中兵竟不敢出，而王亦疾趨南下，不暇取徐州也。

《建文朝野彙編》卷六　革鳳陽府太和縣、延安府宜君縣、鞏昌府寧遠縣、太原府崞縣、潼川州安岳縣四税課局。

乙亥，改田州府向武縣、都康州直隸廣西布政司。革武林縣，以其地屬富勞縣，改隸向武州。

《國榷》卷一一　己卯，更定品官勳階。尚書曰特進資政上卿，侍中曰資政卿，侍郎曰資政亞卿，郎中曰資政中大夫，員外郎曰贊政中大夫，給事中曰嘉政中士。

是月，始置京衛武學。

《建文朝野彙編》卷六　三月甲申朔，燕王語諸將曰：「南兵雖我後，我欲致而破之。」乃命都指揮金銘將遊騎哨景山。囑之曰：「賊軍且至，見爾孤軍，必來追襲。爾列隊徐行，乍進乍退，賊疑爾爲誘，必不敢進。我令都指揮冀英先將數騎隔河按伏，覘爾渡河，賊來追躡，英即舉砲，必疑有伏。乘其狐疑，衆已渡矣。」銘在後果遇南兵萬餘，逡巡進退，引軍臨河。英放數砲，南兵即欲退欲步陣，衆皆紛亂，銘遂渡河，來會宿州。

《明通鑒》卷一二　壬辰，〔燕師〕次渦河。

丁酉，平安率步騎四萬躡燕軍。燕王設伏于淝河，命都指揮王真與白義、劉江各率百騎逆之，緣路設伏。安兵將至，真誘之戰，束草置囊中如束帛狀，遇安軍，擲而餌之，安軍士競取囊。燕師伏發，真率壯士直前，斬馘無算。後軍不繼，安軍圍之數匝，遂斬真。真夙稱驍將，身被重創，猶格殺數十人，燕王嘗曰：「諸將奮勇如王真，何事不成！」聞其死，自率兵迎戰。

《建文朝野彙編》卷六　〔平〕安軍胡騎指揮火耳灰者，素驍勇，持矛直趨王前，相距十餘步。燕將胡騎指揮童信引弓射之，中馬，馬踣，遂生擒火耳灰。其麾下哈三帖木兒亦驍勇，持稍衝突來救。信復射其馬，人馬俱仆，并擒之。安變服以數騎遁去。

《太宗實録》卷九上　甲辰，〔燕王〕遣胡騎薛脱歡，領兵哨宿州，遇敵軍，擊敗之，斬首五百餘級，降者釋之。

《明史》卷五《成祖本紀一》　丙午，遣譚清斷徐州餉道，還至大店，爲鐵鉉軍所圍。王引兵馳援，清突圍出，合擊敗之。

《太宗實録》卷九上　丁未，〔燕王〕遣陳文、李遠哨淮河，擊敗守淮河將士，斬首千餘級，獲馬千餘匹，幾奪浮橋。

《國榷》卷一一　是月，燕人陷蕭縣，知縣仙居鄭恕死之。恕工詩能書，聚徒談經，薦署昌國訓導，轉蕭縣。死年五十六，後追僇其家，妻女入浣衣局。

遣監察御史曾鳳韶使北師，不報。

《建文朝野彙編》卷六　改封遼王於荆州，遂之國。

遼東都指揮師兵圍薊州，指揮李廣以城降，指揮孫通拒之。北平都指揮陳賢以北兵來救，諸軍退移。師圍保定，不克。

四月丙辰，省重慶府綦江縣訓導二人。

北兵次大店，及諸軍戰。自是南北兵按綴行守，互戰不已。

戊午，省徽州府永豐倉、池州府、太平府豐積倉副使一人。革永昌府道州永明縣，彬州桂陽縣，平陽府吉州、大同府沁水縣、廣州府增城縣、嘉定州犍爲縣、烏蒙府税課局。省烏撒、曲靖二府税課司副使一人。

《明通鑒》卷一二　丙寅，燕師次于睢水之小河，燕王令陳文扼要處爲橋以濟。

丁卯，平安列陣爭橋，會何福軍亦至，張左右翼，緣河而東，擊敗燕軍，遂斬陳文于陣。安轉戰至北坂，橫槊刺王，幾及之，燕番將王騏，躍馬入陣掖燕王，得脱。南軍奪橋而北，勇氣百倍。燕將張武率勇敢士自林間突出，與王騎合，擊卻之。于是南軍駐橋南，北軍駐橋北，相持者數日，南軍糧盡。燕王曰：「更待一二日，南軍饟稍集，未易攻也。」乃留兵千餘守橋，而潛移諸軍輜重去南營三十里，夜半，渡河繞出南軍後，安等大驚。而徐輝祖之援兵適至，甲戌，與燕兵大戰于齊眉山。

《建文朝野彙編》卷六　庚午，遼東諸軍復圍保定，積四十日，不克，引還。都督韓觀帥兵次於保定三臺，都指揮丁□次於小保定縣。及北兵戰，敗績。

甲戌，魏國公徐輝祖帥師及燕兵戰於齊眉山，何福師繼之，相與大戰。自午至酉，兩軍相當。薄暮，輝祖斬其蔚州衛千户李斌等十餘人。斌於北軍中最號驍捷，馬蹶，爲南軍所獲，猶力斬數人乃死。會大霧四合，北兵遂退走，還營。

《國榷》卷一一　乙亥，燕將皆懼，説庶人曰：「軍深入矣。暑雨連綿，淮土蒸濕，恐有疾疫。小河之東，平野多牛羊，二麥將熟。若渡河擇地，休士息馬，觀釁而動，可持久也。」庶人曰：「兵事有進無退，勝形成矣，而復謀退，士不怠乎？公等所見拘攣耳。」朱能曰：「諸君勉矣！漢高與項王百戰百不利，而帝業克成。今僅一不利耳，而遽旋旆者，何也？且旆一旋，可復至此耶？」庶人意決。令曰：「欲渡河者，恣公等所之。」自是諸將不敢言還。時庶人不解甲數日矣。南軍樹碑相慶。捷聞，廷臣有曰：「燕且北矣，京師固不可無良將。」上遽召輝祖還。

丙子，何福諸軍次汴河。及北兵大戰，敗績。師潰于洪塘，無援，引兵會平安于靈璧。

《明通鑒》卷一二　丁丑，何福移營，與平安合軍靈璧，深塹高壘爲持久計，而糧運爲燕兵所阻，不得達。時南中餽餉五萬，安率馬步六萬護之。

己卯，燕王率精鋭橫擊，截其軍爲二，福空壁來援，殺燕兵數千，卻之。會高煦伏兵突出，燕王還軍復戰，福遂敗走。

《國榷》卷一一　庚辰，吐蕃寇保寧千户所，陷之。

《明通鑒》卷一二　南軍糧乏，乃下令，期以明日聞礮聲三，即突圍出，就糧于淮河。

《國榷》卷一一　辛巳，燕人敗韓觀于安州。

《明通鑒》卷一二　燕師攻靈璧壘，發三礮，令軍士蟻附而登。福軍誤以爲己號，爭門走，燕師乘之，人馬擾亂，遂大潰。指揮宋瑄，力戰死之。瑄，晟子也。

福單騎走免，安及陳暉、馬溥、徐真、孫成等三十七人皆被執。安久駐真定，屢敗燕師，斬驍將數人，燕將莫敢嬰其鋒，至是被禽，軍中懽呼動地，曰：「吾屬自此獲安矣！」争請殺之。燕王惜其材勇，遣鋭卒送之北平，安遂降。時文臣在軍被執者，副都御史陳性善，奉詔監軍，與大理寺丞彭與明、欽天監副劉伯完等，燕王悉縱之歸。性善曰：「辱命，罪也，奚以見吾君！」朝服躍馬入河死。餘姚黄墀、陳子方，與性善友，同死之。兵部主事樊士信守淮，亦力戰死，與明、伯完俱亡去，不知所終。

《明史》卷四《恭閔帝紀》　五月癸未，楊文帥遼東兵赴濟南，潰於直沽。

《明通鑒》卷一二　初，北兵南下，上用齊、黄謀，調都督楊文率遼兵十萬至濟南，與鐵鉉合，以絶燕後。行至直沽，遇燕將宋貴等邀擊，敗之，全師遂潰，竟無一至濟南者。

《國榷》卷一一　山西布政司理問徐讓、孝義縣丞衛健初應募賫書往燕，不答。還朝，並授衛鎮撫。後健守金川門，戰歿，讓亦巷戰死之。

《明通鑒》卷一二　己丑，燕師下泗州。王謁祖陵，賜父老牛酒。

《國榷》卷一一　壽州千户劉源以城降。

《明史》卷四《恭閔帝紀》　辛卯，盛庸軍潰於淮上，燕兵渡淮。

《明通鑒》卷一二　淮北之役，盛庸獨以一軍列淮之南岸，燕師不得渡。燕王乃遣使至淮安，假道于駙馬都尉梅殷，以進香爲名，殷答曰：「進香，皇考有禁，不遵者爲不孝。」燕王大怒，復書言：「今興兵誅君側惡，天命有歸，非人所能阻。」殷割使者耳鼻縱之，曰：「留汝口，爲殿下言君臣大義。」燕王氣沮，欲取道鳳陽，而鳳陽知府徐安，亦拆浮橋絶舟楫以遏燕。燕王乃令丘福、朱能等率驍勇數百人，潛自上流得漁舟以濟。【略】福等潛師襲庸軍後，庸倉猝不及禦，遂棄其戰艦軍資而走，燕師遂克盱眙。

壬辰，都督韓觀禦燕師于鐵裹寨，敗績。

《明史》卷四《恭閔帝紀》　癸巳，〔燕〕王集諸將議所向，或言宜取鳳陽，或言先取淮安。王曰：「鳳陽樓櫓完，淮安多積粟，攻之未易下。不若乘勝直趨揚州，指儀真，則淮、鳳自震。我耀兵江上，京師孤危，必有内變。」諸將皆曰善。

《建文朝野彙編》卷六　丙申，遣京衛軍操戰於江。

戊戌，燕兵次三河。諸軍迎戰，敗績。

《明通鑒》卷一二　己亥，至天長，遣使招諭揚州守將王禮。先是，禮聞燕師至，謀以城降。監察御史王彬巡江淮治揚州，與指揮崇剛嬰城堅守，晝夜不解甲，知禮有異謀，執之，與其黨俱繫獄。有力士，能舉千斤，彬常以自隨，禮弟崇者，厚賂力士母，呼其子出。會彬解甲而浴，爲千户徐政、張勝所縛，遂出禮于獄，開門降。彬與剛皆不屈死。

《明史》卷四《恭閔帝紀》　辛丑，燕兵至六合，諸軍迎戰，敗績。

《國榷》卷一一　壬寅，燕人次高郵，指揮王傑降。以黄旂入城招諭，軍民皆降。通、泰諸州咸潰，遂底江北。

詔曰：「燕禍日深，旦夕犯闕。中外臣民、文武吏士，宜剋日勤王，不忘爾報。」詔下，臣民聞之，無不慟哭。

遣禮部右侍郎黄觀、刑部右侍郎金有聲、工部右侍郎張顯宗、翰林修撰王叔英等分道徵兵，齊泰、黄子澄亦出募。

蘇州知府安陸姚善、寧波知府日照王璡、徽州知府莆田陳彦回、松江同知周繼瑜、樂平知縣龍泉張彦方、前永清典史武昌周縉，各糾衆勤王。命姚善兼督蘇、松、常、鎮、嘉興義兵。彦方至江上，值燕游騎，死之。縉字仲紳，歲貢，多文學，授典史，居官廉謹。既起義，度不支，佩印南奔。聞繼母喪，還家。喪畢，糾義旅勤王，治具略備。亡何，南師熸，匿民間。逮之獄，戍興州。居數年，子代，返里屏跡，年八十。

《明史》卷四《恭閔帝紀》　甲辰，遣慶成郡主如燕師，議割地罷兵。

《國榷》卷一一　文學博士方孝孺曰：「事急矣。許之割地，猶可以待勤王之師。」乃遣慶成郡主往見燕庶人。燕庶人哭曰：「忍心至此乎？我父陵土未乾，我兄弟頻見殘害。讒臣之言，如漆投膠，懿親之言，如水灑石。今日之來，豈得已哉！」郡主亦泣下。因問曰：「周王安在？」曰：「召還矣，未爵也。」「齊王安在？」曰：「猶囚。」燕王嘘唏不勝。郡主徐述上旨，燕王曰：「凡所以來，欲得奸臣耳。皇考所分吾地，尚不能保，何望割也！」

諸軍至骷髏灘，值燕，大潰。

衡府紀善周是修、靖江府直史蕭用道上書論大計。

命曹國公李景隆守金川門。黄子澄等言其不可，不聽。

《建文朝野彙編》卷六　省襄陽府上津、竹山及房山縣儒學訓導各三人。

《明通鑒》卷一二　六月癸丑朔，燕師將渡江，盛庸扼之于浦子口，敗之。燕王欲且議和北還，適高煦引兵至，王仗鉞拊其背曰：「勉之！世子多疾。」于是煦率衆殊死戰，庸兵失利，退屯高資港。會朝廷遣都督僉事陳瑄率舟師往援，瑄叛降燕。

時兵部侍郎陳植，監師江上，慷慨誓師。部將有金都督者，首議迎降，植責以大義甚厲，金遂殺之以降，且邀賞。燕王怒，誅之，令具棺斂植，葬之白石山上。

甲寅，燕王祭大江。

乙卯，燕師自瓜洲渡江，盛庸迎戰于高資港，敗績。諸將請徑薄京城，燕王曰：「鎮江咽吭，不先下之，往來不便。」

戊午，至鎮江，守將童俊以城降。

方事之殷也，刑科給事中黃鉞，丁父憂在家，方孝孺弔之，屏人問燕事，鉞曰：「蘇、常、鎮江，京師左輔也。唯鎮江最要害，守非其人，是撤垣而納盜也。指揮童俊，狡不可任，奏事上前，視遠而言浮，將有異志。」至是俊果降。鉞，常熟人。

《明史》卷四《恭閔帝紀》　庚申，燕兵至龍潭。

《國榷》卷一一　上大懼。方孝孺曰：「今城中勁兵二十萬，城高池深，糧食充足，尚可以守。請下清野之令。」

城西南隅崩，築未竟，又崩其東北。孝孺曰：「終無如割地。郡主，婦人耳。若使大臣往，或庶幾焉。今天下惟蜀王不背朝廷，其地四塞，令決一死戰，不利則收士幸蜀，萬一可圖也。」

《明通鑒》卷一二　辛酉，上遣李景隆及兵部尚書茹瑺、都督王佐復至燕軍申前請，燕王曰：「皇考已分封，今割地何名？公等歸奏上，但奸臣至，我即解甲謝罪，退謁孝陵，歸奉北藩。」景隆等惶懼不能對，遽還。

《國榷》卷一一　癸亥，上復遣谷王橞、安王楹等詣燕庶人營。曰：「奸臣逐矣。執而得之，且用釁鼓！」庶人見諸王，涕泣相勞。竟曰：「欲得奸臣。」諸王還報，上會羣臣慟哭。或勸幸浙江，或曰：「不如從湖湘入蜀。」方孝孺請堅守待援。議不決，乃遣魏國公徐輝祖、開國公常昇分道禦戰。

《建文朝野彙編》卷六　翰林修撰王叔英、太常少卿廖昇慟哭，與家人訣，自縊死。

《國榷》卷一一　甲子，出蠟書促勤王兵，燕盡獲之。軍薄都城，左都督徐增壽謀爲應。大理寺丞鄒瑾、監察御史魏冕知焉，與同官十八人毆增壽殿前，呼聞大內，上拘增壽禁中。

《明通鑒》卷一二　乙丑，燕師薄金川門。時北兵駐龍潭，王慮京城完繕，勤王之師四集，乃遣劉保、華聚等領騎兵千餘哨至朝陽門，覘知無備，還報燕王，遂率大隊整兵前進。至則增壽果謀內應，上乃手刃之于左順門。而是時谷王橞、李景隆已開門納燕師，輝祖等力戰，敗績。上知事不可爲，縱火焚宮，馬后死之。傳言「帝自地道出，翰林院編修程濟、御史葉希賢等凡四十餘人從。」

《國榷》卷一二　六月乙丑，燕王入南京，傳檄散天下勤王兵。諭在京軍民人等：「予日者固守藩封，以左班奸臣，竊弄威福，骨肉被其殘害，起兵誅之。蓋扶持社稷，保安親藩也。今撫定京城，奸臣之有罪者，予不敢赦；無罪者，予不敢殺。或小人報仇，擅綁縛劫略，禍及亡辜，非予本意。首惡聽擒，餘不許擅縛。其左班奸臣，太常寺卿黃子澄、兵部尚書齊泰、禮部尚書陳迪、都察院左副都御史練安、翰林侍講方孝孺、禮部侍郎黃觀、大理寺丞鄒瑾、少卿胡閏、户部侍郎郭任、盧迥、刑部尚書侯泰、侍郎暴昭、户科給事中陳繼之、工部尚書鄭賜、右侍郎黃福、前監察御史尹昌隆、吏部尚書張紞、侍郎毛泰、監察御史董鏞、曾鳳韶、王度、高翔、魏冕、宗人府經歷宋徵、户部主事巨敬。」已又榜奸惡官員，具如前。首方孝孺，加户部尚書王鈍、禮部侍郎黃魁、左拾遺戴德彝、兵科給事中韓永、燕府左長史葛誠、翰林修撰王叔英、衡府紀善周是修、護衛指揮盧振、沛縣知縣顏伯瑋、北平左布政使張昺、户部侍郎卓敬、兵部尚書鐵鉉、兵部郎中謝昇、户科給事中龔泰、副都御史茅大方、徽州知府陳彦回、蕭縣知縣鄭恕、錦衣衛都指揮使總兵官都事宋忠、蘇州知府姚善、刑部侍郎胡子昭、左僉都御史周璿、南昌知府葉惠仲、參軍高巍、德慶侯廖鏞、魏國公徐輝祖。

《明通鑒》卷一三　御史連楹叩馬欲刺王，遂被殺，屍植立不仆云。

《明史》卷五《成祖紀一》　丙寅，諸王羣臣上表勸進。

《明通鑒》卷一三　時文臣叩馬首迎附，知名者：吏部侍郎蹇義，户部侍郎夏原吉，侍中劉儁，侍郎古朴、劉季箎，大理寺少卿薛嵓，侍講王景，修撰胡廣、李貫，編修吴溥、楊榮、楊溥，侍書黃淮、芮善，待詔解縉，給事中胡濙、金幼孜，兵部郎中方賓，刑部員外宋禮，國子助教王達、鄒緝，吴府審理副楊士奇等。

方燕王之入城也，楊榮迎謁，請曰：「殿下先謁陵乎？先即位乎？」王乃悟。己巳，王謁孝陵。諸王、文武羣臣，備法駕，奉寶璽，迎王于道，呼萬歲。王乃升輦，詣奉天殿受朝賀，即皇帝位。

是日朝賀班中，兵部尚書茹瑺居首，上迎謂曰：「朕今日得罪天地祖宗，奈何？」瑺對曰：「陛下應天順人，何謂得罪！」上大悦。

時榜中逮捕諸臣，鄭賜、王鈍、黄福、尹昌隆，自陳「爲奸臣所累，乞宥罪」，又以茹瑺、李景隆言，並宥張紞及毛泰亨，皆先後授官，或仍其故職。尋復揭榜于朝堂，增徐輝祖、鐵鉉、周是修、姚善、甘霖、鄭公智、葉惠仲、王璡、黄希范、陳彦回、劉璟、程通、戴德彝、王艮、盧原質、茅大芳、胡子昭、韓永、葉希賢、蔡運、盧撮、牛景先、周璿等，共五十餘人。

《國榷》卷一二　丁卯，衡府紀善周是修自經于應天府學。是修，泰和人。洪武中，除霍丘訓導。高帝問其家居，曰：「導人爲善。」擢周府奉祠正，遷紀善。居官直諫。建文初，改衡府。數陳北征大計，犯衆怒不顧。至是書訣其友解縉、胡廣、楊士奇、江仲隆、蕭用道，死學舍。初，諸友約同死，無一踐者，惟是修能不負矣。年四十九。陳瑛請追戮，詔不問。後楊士奇作傳，語其子曰：「當時我死，誰爲爾父作傳？」聞者以爲笑。所著《詩小序》、《詩譜集義》、《論語類編》、《廣衍太極圖》、《綱常懿範》、《邇言》、《家訓》、《進思集》、《芻蕘集》、《觀感録》。

殺徽州知府陳彦回。彦回字士淵，莆田人。少坐累戍雲南，值赦不及□□，易姓名黄禮。舉明經，授保寧府訓導，遷平江知縣。守徽州，政教一新，疏復名氏。奉命募民兵入援，被執不屈。年四十七，妻子給配。

明成祖部（起公元一四〇二年，迄公元一四二四年）

《國榷》卷一一　成祖啓天弘道高明肇運聖武神功純仁至孝文皇帝，御諱棣。太祖高皇帝第四子也，母碽妃。

建文四年（壬午、一〇四二）

《明史》卷五《成祖紀一》〔六月〕己巳，王謁孝陵。羣臣備法駕，奉寶璽，迎呼萬歲。王升輦，詣奉天殿即皇帝位。

復周王橚、齊王榑爵。

《國榷》卷一二　庚午，復洪武舊制，革除建文紀年，稱洪武三十五年，復諸殿舊名。

復李諒中軍都督。

辛未，作皇帝親親之寶。

進燕山中護衛爲羽林前衛，左右護衛爲金吾左右衛，俱親軍指揮使司。

刑部員外郎宋禮署禮部事，廣西按察僉事汪泰爲鴻臚寺右少卿。

故右軍左都督徐增壽追封武陽侯，謚忠愍。

《明史》卷五《成祖紀一》　壬申，葬建文皇帝。

《明通鑑》卷一三　上以葬禮詢之王景，對曰：「當以天子之禮葬。」從之。

《國榷》卷一二　國子監博士歙縣黄彦在駙馬都尉梅殷軍中，縞素發喪，私謚孝愍皇帝。

癸酉，指揮使丘福、朱能、鄭亨、徐忠、張武、陳珪、孟善、李彬、王忠、火真、陳賢、李遠、郭亮、房寬、徐理、唐雲、陳旭、劉才俱爲都督僉事，王聰、徐祥、趙彝俱爲都指揮使，張輔、陳志、李濬、張興、王友俱都指揮同知，孫巖、房勝俱都僉事，故指揮使張玉、譚淵贈都指揮同知。

浙江按察使祥符王良自焚于公署。良字天性，聞變，收印及家屬焚死，婦□氏先投河死。詔徙其族于邊。良死後，風雨晦暝，人見其出。後官不敢處，葺宅以居。

《明通鑑》卷一三　下魏國公徐輝祖于獄。輝祖戰敗，歸守父祠。上入城，諸武臣皆迎附，輝祖不屈。召詰之，不出一語，始終無推戴意。乃下吏迫取供招，唯書其父開國功臣及免死有券。上怒，欲誅之，徘回既久，竟從寬典，勒歸私第，削其封爵。

《國榷》卷一二　甲戌，戒諭羣臣。

都督僉事顧成爲都督同知，都指揮同知張信爲都督僉事，故都督僉事陳亨贈都督同知，指揮使王真贈都指揮使。

命禮部定征守功。

乙亥，各處守城官及有司以次來朝。

丁丑，殺兵部尚書齊泰、太常寺卿黄子澄、文學博士方孝孺、禮部尚書陳迪、刑部尚書暴昭、吏部左侍郎毛泰、户部左侍郎卓敬、郭任、盧迥、禮部侍郎黄魁、御史府中丞練子寧、大理寺左少卿胡閏、兵部侍郎盧植、左拾遺戴德彝、户科給事中陳繼之、兵科給事中韓永、監察御史甘霖、高翔、户部主事巨敬、袁州知府楊任等。籍其家，妻女給配，宗戚僇戍有差，凡奸黨皆如之。户科都給事中義烏龔泰，以非奸籍，釋之。泰自投城死。

《明通鑑》卷一三　〔齊〕泰之謫也，帝令與子澄密在外募兵，後以蘇州知府姚善言，復召二人還。泰行至中途，聞京師不守，奔往廣德。時王叔英募兵在廣德，疑泰有貳心，欲執之，泰告之故，相持慟哭，共圖興復。榜購泰急。泰常騎白馬，墨之以行，行稍遠，汗出墨脱，有識之者曰：「此齊尚書馬也。」遂被執。子澄就姚善于蘇州，聞召未行而京師陷。欲與善航海乞兵，善不可，乃就前袁州知府嘉興楊任謀舉事，爲人所告，與泰先後縛至京師，俱不屈死。任以匿子澄，與二子禮、益俱斬。泰從兄弟及子澄二子俱從坐。

上之發北平也，道衍以孝孺爲託，曰：「城下之日，彼必不降，幸勿殺。殺孝孺，天下讀書種子絶矣。」上頷之。然素重孝孺名，召至，使草詔。孝孺衰絰入，悲慟聲徹殿陛，上降榻勞曰：「先生毋自苦！予欲法周公輔成王耳。」孝孺曰：「成王安在？」上曰：「彼自焚死。」孝孺曰：「何不立成王之子？」上曰：「國賴長君。」曰：「何不立成王之弟？」上語塞，曰：「此朕家事。」顧左右授筆札，曰：「詔天下，非先生草不可。」孝孺投筆。哭且詈曰：「死即死耳，詔不可草！」上曰：「獨不畏九族乎？」孝孺曰：「便十族，奈我何！」上猶欲强之，孝孺乃索筆大書「燕賊篡位」四字，上大怒，命磔諸市。孝孺慨然就死，作《絶命詞》曰：「天降亂離兮，孰知其由？奸臣得計兮，謀國用猶。忠臣報國兮，血淚交流。以此殉君兮，抑又何求！嗚呼哀哉兮，庶不我尤！」時年四十有六。孝孺兄孝聞，力學篤行，早卒。弟孝友，同時就戮，亦賦詩一章死。妻鄭及二子中憲、中愈先自經死，二女投秦淮河死。

是獄也，泰與子澄皆坐族，而孝孺以十族故，並及其朋友、弟子。于是廖鏞與其弟銘，皆德慶侯永忠孫也，以曾受業孝孺，爲拾遺骸瘞聚寶門外山上，遂被逮死。太常少卿盧原質，以中表故，與其弟原朴皆坐死。御史鄭公智，陝西僉事林嘉猷，皆同里弟子，孝孺嘗曰：「匡我者，二子也。」刑部侍郎胡子昭，以孝孺薦預修《太祖實録》，河南參政鄭居貞，孝孺友也，諸人皆坐黨被逮死。又，孝孺主應天試所得士有長洲劉政、桐城方法。政曾草《平燕策》未上，聞孝孺死，遂歐血卒。法官四川斷事，以諸司表賀登極，不肯署名，及被逮，行次望江，瞻望先人廬舍，再拜自沈江死。凡先後坐孝孺黨而死者八百餘人。

《國榷》卷一二 上得建文時所上策，悉火之。或言建文所用之人宜斥，不聽。

新作奉天殿。

製皇帝奉天之寶、制誥之寶、敕命之寶。

《明史》卷五《成祖紀一》 戊寅，遷興宗孝康皇帝主於陵園，仍稱懿文太子。

《國榷》卷一二 己卯，翰林院修撰黄巖王叔英自經于廣德。叔英，字原采。力學尚風節，辟仙居訓導。丁丑，改德安府學，擢知漢陽縣，有善政。建文初，拜修撰。上資治七策，預修《實録》。奉命募兵，至廣德，聞變，自經玄妙觀之銀杏樹。其絶命詞曰：「人生穹壤間，忠孝貴克全。嗟予事君父，自省多過愆。有志未及竟，奇疾忽見纏。肥甘空在案，對之不能嚥。意者造化神，有命歸九泉。嘗念夷與齊，餓死首陽巔。周粟豈不佳，所見良獨偏。高蹤邈難繼，偶爾無足傳。千秋史官筆，慎勿稱希賢。」又題其几曰：「生既久矣，未有補于當時；死亦徒然，庶無慚于後世。」年三十。陳瑛籍其家，妻金氏已自經，二女赴井死。所著《静學齋稿》多散逸。道士盛希年收葬城西。

庚辰，駙馬都尉總兵官梅殷入朝。京師陷，殷尚擁兵淮上圖興復。上迫公主招殷，公主嚙指血爲書達之。殷得書，慟哭。聞出奔，曰：「君存與存，君亡與亡，吾姑俟之。」乃還京。上曰：「駙馬勞苦。」殷曰：「勞而無功。」上默然。

《明史》卷五《成祖紀一》 秋七月壬午朔，大祀天地於南郊，奉太祖配。詔：「今年以洪武三十五年爲紀，明年爲永樂元年。建文中更改成法，一復舊制。山東、北平、河南被兵州縣，復徭役三年，未被兵者與鳳陽、淮安、徐、滁、揚三州蠲租一年，餘天下州縣悉蠲今年田租之半。」

《國榷》卷一二 詔至臨海，有二樵人鬻薪，聞人語曰：「新天子即位矣。」二樵人瞠視久之，舍擔相抱慟哭，投東湖死。初，楚人刑部郎中柳一景、蘇人太學生王志，以請誅李景隆不聽，遁居東湖。日負薪入市，口不二價，至是並死。漳州府教授茂名陳思賢聞詔至，曰：「明倫正在今日。」率諸生伍性原、陳應宗、林珏、鄒君默、曾廷瑞、吕賢爲舊君位，哭臨如儀。郡人執思賢入京，死之，諸生皆以身殉。

《明史》卷五《成祖紀一》 癸未，召前北平按察使陳瑛爲左副都御史，盡復建文朝廢斥者官。

《國榷》卷一二 瑛性殘刻，怨革朝甚深。暨入朝，曰：「不以叛逆處彼，則我輩何名？」舉朝大吏俱不答。瑛遂決意泄忿。一日，聞傳建文帝尚在，與諸逋臣圖復。瑛密奏方孝孺、黄子澄諸家門生故吏，結黨可慮，宜下令捕之，正犯論磔，妻子流二千里，家産没入，庶無後艱。上惑之，命瑛便宜行事。恣意羅織，鈐壓刑部大理諸臣，殺身外且録九族外親，以至外親之外親，師友交游，隻字相通，即誣奸黨，蔓延十族，村里爲墟。

命禮部鑄諸司舊印。

湖廣行都司都指揮同知薛鵬爲河南都指揮使，都督僉事徐義爲都督同知，鎮守兗州福建都指揮使鄭祥爲右軍都督僉事。

《明史》卷五《成祖紀一》 甲申，復官制。

《國榷》卷一二 享太廟。

《太宗實録》卷一〇上 乙酉，大理寺言：「本寺原設左右二寺，其左寺評事四員，審録在京軍民衙門及直隸衛所府州縣刑名。右寺評事八員，審録在外十二布政司、都司、衛所、府州縣刑名。後因二寺所設評事多寡不等，所治事煩簡不均，將二寺詳事均分六員，依刑部、都察院十二司道各帶管直隸地方審録。今吏部仍照舊制銓注，於事勞逸不均。」命會同曹國公李景隆、兵部尚書茹瑺等議之。景隆等奏，以爲均設評事，繁簡適宜。上從之。

《國榷》卷一二 右軍都督僉事鄭祥充總兵官，鎮守雲南。雲南左副總兵盧旺、都指揮僉事歐慶充左右副總兵。

都指揮使何清往浙直整兵撫民。

禮部左侍郎兼翰林學士董倫致仕，尋卒。屢言當務親睦，不聽。年八十，勒罷出京，悒悒數日卒。

《皇明大政紀》卷五　諭刑部：「朕靖内難，有罪者既已伏誅，無罪者各安職業，而中外軍民，誣執無罪之人以希陞賞，速諭止之，違者抵罪。」

《國榷》卷一二　丙戌，改謚湘戾王曰「獻」。

翰林侍講王景爲學士，吴府審理副楊士奇爲編修。

丁亥，復各道監察御史。

復泗州、宿州山川壇籍田祠祭署，其南郊祠祭署定爲郊壇祠祭署，鍾山祠祭署不可罷。

戊子，祭太社太稷。

己丑，楚王楨來朝。

《太宗實録》卷一〇上　辛卯，遣江陰侯吴高祭開平忠武王，神樂觀提點周原初祭北極真武之神，後軍都督陳旭祭漢壽亭侯之神，禮部員外郎宋禮祭都城隍之神。

《國榷》卷一二　儒士曾日章爲翰林侍讀，國子助教鄒緝爲侍講，給事中金幼孜、王洪、桐城知縣胡儼並改檢討。

殺刑部尚書侯泰。泰，南和人。時督運淮安，赴闕至高郵，被執，不屈死。妻配象奴，弟敬祖、子玘皆論死。

《明通鑒》卷一三　執蘇州知府安陸姚善至，不屈死。初，善守蘇州，黄子澄聞金川之變，欲與善航海募兵，善曰：「公朝臣，宜收兵圖興復。善則守土，與城存亡耳。」子澄去，善方練兵守蘇州，爲麾下許千户縛以獻。至京師，上詰之曰：「汝一郡守，乃敢抗我！」善大聲曰：「各爲其主耳！」命誅之。刑科給事中黄鉞者，善之執友也，方丁父憂，家居蘇州，聞童俊以鎮江降，杜門稱疾不出，善以書招之，許俟營葬畢至軍。及聞善被刑，乃以越日登琴川橋，西向再拜赴水死。

《國榷》卷一二　壬辰，召代王桂。

鑄司禮監出入精微印。

《明史》卷五《成祖紀一》　癸巳，改封吴王允熥廣澤王，衡王允熞懷恩王，徐王允熈敷惠王，隨母妃吕氏居懿文太子陵園。

《太宗實録》卷一〇下　甲午，吏部言：「建文中所改舊制，如在外文職官舊制考滿俱親赴京給由，建文中止，令進繳牌册。各處閘壩、驛丞、遞運、司獄等官舊俱三年一考，建文以其非錢穀衙門，徒勞往復，止令申報事蹟，九年通考。在外布政司、府州縣官舊考滿，填寫紙牌，攢造功蹟、功業、須知文册三本，親齎給由。建文止令造進功業文册一本，紙牌一面。按察司官并監察御史舊考滿，將任内歷問刑名、追過、贓罰，録爲事蹟。建文以建明政事，糾擊姦貪，薦舉循良，宣揚教化，爲風憲政績。各處巡檢舊三年爲滿，以所獲盗賊軍囚多寡爲黜陟。建文改爲九年，仍驗其地方衝要僻静、才力優劣爲考覈。教官舊九年爲滿，俱從合于上司考覈要見，所考詞語送部覆考，又以科舉多寡爲黜陟。建文革去考覈詞語，止論科舉多寡。今悉宜復舊。」從之。

《國榷》卷一二　裁河北都司、湖廣行都司。

乙未，□軍都督僉事趙清往中都整兵撫民。

定來朝文武官賞格。

丙申，告即位于先陵及歷代帝王陵、闕里、嶽鎮海瀆之神。

諭前軍左都督李增枝整兵荆州，節制荆州、襄陽、瞿唐、安陸諸衛。

諭兵部榜諭軍民安業。入城之日，市不易肆，今豈濫及無辜？有訐衆者罪之。

丁酉，賜谷王橞樂三奏，衛士三百，金、銀槍、大劍，黄金三百，白金二千，綵幣三百匹，鈔三百錠，馬四匹，金籠鞍轡二副，歲增米三千石。

《太宗實録》卷一〇下　戊戌，復瀋陽左右二衛。初，建文中改瀋陽左衛爲衡山護衛，右衛爲臨安護衛。至是兵部奏復舊制。遂命凡天下軍衛，建文中所改革者，悉復其舊。

《國榷》卷一二　吏部請繩罪吏，上以既赦，悉除之。

《太宗實録》卷一〇下　己亥，上以盛暑賜書在京諸王曰：「吾與諸弟皆先帝子。往者各在一方，有一歲得一見，數歲得一見者，手足之情不能自已。今吾承繼大統，諸弟早暮來聚，豈不甚愜於心？顧炎暑方盛，舉勤煩勞，可三日一朝，用稱友于之意。」

《國榷》卷一二　楚王還國。

翰林待詔解縉爲侍讀，修撰胡靖爲侍講，編修楊溥、楊子榮爲修撰，檢討鄭好義爲編修，太平府訓導蕭引高爲檢討，應天訓導王汝玉、蕪湖訓導張伯穎爲五經博士。特改子榮名榮。

辛丑，敕諭將士曰：「朕舉兵靖難，爾輩多功。所司上狀未詳，故未即賞。昔中山王從高皇帝混一天下，二年後方賞。今踰月爾，輒憤後時，不已急乎！向在兵間，小捷必報，豈當大定，乃遂忽諸？業敕所司亟上，悞許陳改。」

《明通鑑》卷一三　上顧侍臣太息曰：「只此一事，前代沿襲已久，何關利害，亦欲改耶！」乃令吏部尚書張紞、户部尚書王鈍解職務，月給半俸，居京師。紞懼，自經于吏部後堂。侍郎毛泰亨懼，亦死。方紞之在吏部也，值變官制，小吏張祖言曰：「高皇帝立法創制，規模甚遠，今更之未必勝，徒滋人口，願公力持之！」紞雖不能用，然心賢祖，奏爲京衛知事。及紞死，屬吏無敢視者，唯祖獨經紀其喪云。

《太宗實録》卷一〇下　癸卯，左都督袁宇往四川、雲南整肅兵備，撫安軍民。俟邊境寧靖，就鎮守雲南。

賜書岷王楩曰：「今遣都督袁宇赴雲南，整肅兵備，鎮撫一方。凡事可與計議而行。夫藩屏至重，賢弟宜慎出入，謹言節飲，庶諸夷有所瞻仰，而不負兄之所望。」

勅前軍都督府左都督李增枝曰：「朕命爾於荆州鎮守城池，提督軍務，隨事區畫，務在得宜。歲終圖所經地里險易，及軍馬錢糧數目以聞。」

《明史》卷五《成祖紀一》　江陰侯吴高督河南、陝西兵備，撫安軍民。

甲辰，尚書嚴震直、王鈍，府尹薛正言等巡視山西、山東、河南、陝西。

《國榷》卷一二　乙巳，賜諸王黄金百，白金千，綵段四十，錦十，紗羅各二十，鈔五千錠。

丙午，諭都督陳珪等輔導皇長子，居守北平。

吏部右侍郎蹇義爲左侍郎，郎中陳洽爲右侍郎，户部右侍郎夏原吉爲左侍郎，兵部右侍郎古朴改户部，署禮部事員外郎宋禮爲右侍郎，兵部郎中方賓爲右侍郎，工部尚書鄭賜改刑部，湖廣按察使黄信爲都察院右副都御史，河南按察僉事劉蕢、俞士吉爲左右僉都御史，楊得安爲右僉都御史。

復前户部尚書郁新、工部右侍郎黄福官。宥湖廣按察僉事朱吉爲中書舍人，湖廣布政司參議李至剛爲右通政。時皆坐累繫獄。

丁未，申明天下誦讀《大誥》三篇。

戊申，諭兵部，惟軍機給驛，餘並止。

舞陽人王忠等作亂，南陽衛指揮王真破擒之。

己酉，遣給事中閱天下逃軍補伍。

《太宗實録》卷一〇下　庚戌，賜書寧王權曰：「吾到京，即遣人將書來迎，不意爲閹豎胡伯顔邀之兖州，虐害不勝，至擊去其齒，焚所齎書，竟不得達。已將閹豎寘之極刑，尚慮盜賊未息，路途猶梗，是以來迎之使邇日方發。今聞已起程，如行未遠可暫還，待秋涼與宫眷同來。如已遠，則途中凡百謹慎，早至相見，以慰兄懷。」

《太宗實録》卷一一　八月壬子朔，勅歷城侯盛庸：「比以山東未定，命卿鎮守淮安。今山東布政使鐵鉉亦已就獲，諸郡悉平，是皆宗社之靈，生民之福。朕念山東軍民困於兵革，轉輸已久。卿其息兵養民，使各得其所，糧餉續有處分。」

《明史》卷五《成祖紀一》　侍讀解縉、編修黄淮入直文淵閣。尋命侍讀胡廣，修撰楊榮，編修楊士奇，檢討金幼孜、胡儼同入直，並預機務。

《明通鑑》卷一三　縉首迎附，召對稱旨，命與淮常立御榻左備顧問，或至夜分，上就寢，猶賜坐榻前，語以機密重務。內閣預機務自此始。

《明史》卷五《成祖紀一》　執兵部尚書鐵鉉至，不屈，殺之。

《明通鑑》卷一三　（鐵）鉉，鄧縣人，洪武中，由國子生授禮科給事中，調都督府斷事，嘗讞疑獄立白，太祖喜，字之曰鼎石。建文初，任山東，解濟南之圍，又與盛庸大敗燕師于東昌，自此燕兵徑取徐、沛，不敢復道山東。渡江之役，屯兵淮上，庸敗績，鉉兵亦潰。上以鉉非朝臣，故不族鉉。父仲名，年八十三，與母薛並安置海南，子福安戍河池。二女發教坊司，誓死不受辱，久之赦歸。鉉之死也，高巍在外，聞京師不守，先自經于驛舍。而高賢寧前以射書城外，上悦其言，爲之緩攻。至是被執入見，上曰：「此作論秀才，好人也。可予一官。」賢寧固辭。錦衣衛指揮紀綱，素與賢寧善，勸就職，答曰：「吾嘗辱王先生之教矣。」蓋賢寧，濟陽人，王省之弟子也。綱爲言于上，竟得歸，年九十七卒。其參鉉軍事之宋參軍及繼巍上書之御史韓郁，皆變姓名遁去，不知所終云。

《國榷》卷一二　頒詔朝鮮。

後軍都督同知陳用、都督僉事曹遠署山西行都司事，左軍都督劉貞鎮守遼東。

癸丑，天下耆民來朝。懼妨穫，諭禮部即止之。

《太宗實録》卷一一　甲寅　上謂禮部臣曰：「今諸王并世子、郡王多未婚，其下河南、山東、山西、北平諸司訪求官員軍民及前朝故官禮法之家，有女子及笄，容貌端厚，德行脩謹者，官給舟車，令父母親送至京，以備選擇。」

《國榷》卷一二　求民間識字婦女充内職，年三十至四十，女子年十七上者。

以鳳陽、淮安等官牛給北平、山東、河南。

《太宗實録》卷一一　丁巳初，上以北平各衛糧乏，命户部悉停天下中鹽，專於北平開中。其淮、浙鹽每引米三斗，河東二斗，四川一斗五升，聽大小官員軍民人等皆中，不拘次支給。至是，户部侍郎夏原吉具天下中鹽處所以聞。上曰：「雲南金齒衛、楚雄府、四川鹽井衛、陝西甘州衛勿停，餘悉停之。」

《明史》卷五《成祖紀一》　分遣御史察天下利弊。

《國榷》卷一二　遣官釋奠先師。

戊午，祭太社太稷。

中書舍人黄淮爲翰林編修。

遣使詔諭覺靈藏、烏思藏、必力工瓦、思達藏、朵思、尼八速剌等處。

寧王權求居杭州，不許。命于建寧、荆州、重慶、東昌擇之。

《太宗實録》卷一一　己未，定罪人輸作之例。笞罪五等，每等役五日；杖罪五等，每等十日；徒罪准所徒年月，加以應杖之數輸役；流罪三等，俱役四年一百日，並役滿日釋之。雜犯、死罪輸役終身。

《國榷》卷一二　封周府有爋汝南王，有烜順陽王，有爝祥符王，有熺新安王，有光永寧王，有煽汝陽王，有爌鎮平王，有炥宜陽王，齊府賢烶樂安王，賢焌長山王，賢烷平原王。

召秦王尚炳。

右軍左都督何福爲征虜前將軍、總兵官，往鎮陝西、寧夏，節制陝西、山西、河南官軍。右軍都督同知韓觀往江西練兵，廣東、福建、湖廣聽節制。

庚申，復北平右布政使曹昱官。

壬戌，代王桂及世子遜煓來朝，壬申還國。

岷王楩奏西平侯沐晟謀逆狀。上書諭王曰：「嘗聞皇考遺訓：年二十五尚未誕嗣，沐英甫八歲，皇妣鞠之，後命復姓封侯，控御蠻夷。十餘年來，朕無南顧憂者，以英在也。今晟所爲鹵莽，信奸邪以犯吾弟，固不可宥。但念乃父開疆，不忍罪之。況雲南重地，安邊撫夷，非賴世臣，其何以能？苟不改過，罪之未晚。吾弟亦宜念黔寧之親，置之度外。」又諭晟宜篤親親，以消舊怨。

定十一月朔進大統曆。

四川行都司都指揮同知程達爲前軍都督僉事，仍鎮守。

癸亥，晉王濟熺來朝。

衍聖公孔鑑卒。

《太宗實録》卷一一　甲子，上初以北平軍餉不繼，欲出獄囚輸米贖罪以給之，且省餽運之勞。命法司議。至是，法司議奏，除十惡人命，强盗及笞罪不贖外，其雜犯死罪輸米六十石，流罪三等俱四十石，徒罪一年十石，一年半十三石，二年十六石，二年半二十石，三年二十五石，杖罪五等六十者四石，七十以上每等加五斗，輸畢釋之。從之。

《明史》卷五《成祖紀一》　西平侯沐晟鎮雲南。

《國榷》卷一二　廬陵人作亂，守臣請兵。上曰：「此不足患。」遣行人許子謨教諭之，仍敕都督韓觀招撫。

丙寅，昭德王濟熿來朝。

定賞功格。

上得建文時奏章千餘道，使翰林侍讀學士解縉等閲，其干犯者悉燔之。既從容問：「爾等皆宜有。」衆未對。修撰李貫進曰：「臣實無。」上曰：「爾謂無，忠耶？朕非惡盡心建文者，惡其導之壞祖法耳。事建文，忠建文，事朕，忠朕，不必曲爲覆。」

《明通鑒》卷一三　殺御史大夫景清，夷其族。清本耿姓，訛爲景，真寧人，建文初出爲北平參議。上在燕邸，與語，言論明晰，大稱賞。還，遷左都御史，與孝孺等約同列國。及京師不守，清知建文之出亡也，密謀興復，乃詣闕自歸，上喜曰：「吾故人也。」命仍故官，委蛇班行者久之。是日早朝，清衣緋懷刃而入。先是日者奏「異星赤色犯帝座急」。上故疑清。及朝，清獨著緋，命搜之，得所藏刃，詰責，清奮起曰：「欲爲故主報仇耳！」上怒，命磔于市，清駡不絶口而死。一日，上晝寢，夢清繞殿追之。上曰：「清猶能爲厲邪！」乃夷其九族，盡掘其先人冢墓。又籍其鄉，轉相攀染，謂之「瓜蔓抄」，村里爲墟。

《太宗實録》卷一一　己巳，遼東都司言：「緣邊胡寇竊發不時，騎士乏馬操備。遼東行太僕寺舊所易朝鮮馬二千六百餘匹，請以給軍士。」從之。

《國榷》卷一二　許逃軍自首，赴京立功贖罪。

庚午，敕寧夏總兵官左都督何福曰：「欽天監言，火星犯上將。爾爲將禦邊，宜慎之毋忘。」

右軍都督陳暉往江西參韓觀軍事。

殺御史府右副都御史泰興、茅大方。大方博學能詩文，舉儒士，授淮安教授。入朝召對稱旨，擢秦府長史，制詞勉以董仲舒，顔其堂「希董」。建文中副院，至是不屈死，三子並遇害，妻張氏下教坊。所著《希董集》五卷行世。

壬申，命濟熿居平陽。

甲戌，高煦還北平。

《太宗實録》卷一一 丙子，陞前燕府長史金忠爲工部右侍郎，户部郎中陳宗問爲河南布政司右參政，兵部員外郎崔仕先爲右參議，户部郎中鄧肅爲江西布政司右參政，吏部郎中劉思忠爲浙江布政司右參政，禮部郎中郝鵬爲湖廣布政司左參政，刑部主事周淵銘爲四川布政司左參議，各賜鈔三十錠。

《國榷》卷一二 指揮施文守泗州。

蠲應天、太平、鎮江、寧國、廣德今年赴役京師。

丁丑，詔諭和林、瓦剌等處諸部酋長。

命撫淮安、永平、北平、河間流民復業者。

戊寅，水軍右衛指揮僉事宣信爲前軍都督僉事。

己卯，柳州等處蠻不靖，遣禮部員外郎李宗輔等敕諭之。

九月辛巳朔，肅王楧來朝。

户部郎中李昶撫安北平郡縣。

壬午，蜀王椿來朝，秦王尚炳至。

癸未，晉王還國。

湖廣布政司左右參政郭燧、王麟，按察副使聞良輔，僉事陳晟、蔣賓興、鄔修，張敏俱有罪，降行人。

《明史》卷五《成祖紀一》 甲申，論靖難功，封丘福淇國公，朱能成國公，張武等侯者十三人，徐祥等伯者十一人。論欵附功，封駙馬都尉王寧爲侯，茹瑺、陳瑄及都督同知王佐皆爲伯。

《明通鑒》卷一三 〔丘〕福與張玉、朱能，以首奪九門，功最大，而謀畫智計遜于玉，其敢戰深入與能埒。然爲人樸戇沈鷙，每戰勝，諸將爭前效虜獲，福獨後，故上嘗嘆曰：「丘將軍功，我自知之。」至是大封功臣，獨首福。又追贈張玉榮國公，譚淵金鄉侯。而大寧降將陳亨，以白溝河之戰，中創幾死。已，攻濟南，與平安戰于鏵山，大敗，創甚，與還北平，其年十月卒，上尤惜之。至是追贈涇國公，與玉等皆賜謚。

《國榷》卷一二 吏部左侍郎蹇義爲尚書，右侍郎陳洽爲左侍郎，户部左侍郎夏原吉爲尚書，右侍郎古朴爲左侍郎，兵部左侍郎劉儁爲尚書，右侍郎方賓爲左侍郎，禮部右侍郎宋禮爲左侍郎，工部右侍郎黄福爲左侍郎，大理寺少卿薛嵓爲寺卿，左寺丞袁復爲少卿。

《明通鑒》卷一三 〔蹇〕義迎附，以吏部右侍郎遷左。時方務反建文之政，所更易者悉罷之，義從容言曰：「損益貴適時宜，前改者固不當，今必欲盡復者，亦未悉當也。」因舉數事陳説本末，上稱善。原吉以建文時充采訪使巡福建，所過郡邑，核吏治，咨民隱，人皆悦服，久之，移駐蘄州。上即位，或執原吉以獻，釋之，尋轉左侍郎。有言「原吉建文時用事臣，不可信」，上不聽，遂與義並擢尚書。

《國榷》卷一二 殺陝西按察僉事寧海林嘉猷。嘉猷師方孝孺，洪武末，以儒士校文四川，蜀獻王薦爲成都府□□。建文初，累遷陝西僉事。至是坐方黨逮死。

丁亥，詔諭安南、暹羅、爪哇、琉球、日本、蘇門答剌、占城諸國。

《太宗實録》卷一二上 戊子，户部言：「天下倉糧宜撙節以備國用。各處都司官俸舊全支米者，宜米鈔中半兼支。河南、浙江、江西、山東、山西五布政司、按察司及王府官舊全支米者，亦如之。湖廣、福建、廣東、廣西、陝西、北平、四川、雲南八布政司、按察司官俸米鈔兼支，及各府州縣諸司官俸全支鈔者，仍令如故。」從之。

《國榷》卷一二 戊子，都指揮使劉江爲中軍都督僉事，朱榮爲左軍都督僉事，馬榮、紀清爲右軍都督僉事，都指揮同知朱崇爲後軍都督同知，何濬、薛脱歡、許成並爲左軍都督僉事，高成爲右軍都督僉事，譚深爲前軍都督僉事，都指揮僉事陳懋爲中軍都督，曹得、山青並爲中軍都督僉事，張欽爲中軍都督僉事，高士文、劉保、華聚爲前軍都督僉事，譚青、王端爲後軍都督僉事。

命各衛所屯田如舊制，專一人提調，歲終上其入數。

廬陵逃民俱復業，敕勞都督同知韓觀。

谷王橞請作宮殿于長沙，以勞民已之。

有言東南諸夷島多我逃人佐寇，上復敕諭之。

虜犯開原，官軍拒卻之。

己丑，慶王栴來朝。

《明紀》卷八　敕遼王植曰：「弟以遼地荒遠，經涉海洋，固請改國荆州。且以廣寧重鎮，就留三護衛於彼，以益邊防。欲於荆州别給一衛，備使令。言之再三，卻而復至。勉從所請，建國荆州，仍舊封號。」

《太宗實録》卷一二下　庚寅，皇第三子高燧來朝。

《國榷》卷一二　秦王還國。

周世子有燉自雲南來朝。

召廣澤王允熥、懷恩王允熞。

辛卯，賜在京官吏軍民鈔幣。

殺刑部左侍郎胡子昭。初名志高，字仲常，先廬陵人，徙大足縣。父復初，教授滎縣之東川，因家焉。生志高，弱冠舉經明行修，授本邑訓導。蜀王薦于朝，太祖親試稱旨，授翰林檢討，更名子昭。尋陞刑部右侍郎。建文初，轉兵部左侍郎。迨聞變，大内火，子昭衰絰哭入廟。比有詔詰問，子昭歷陳君臣大義，反覆辨論，詞色過激，下詔獄。居五月，復詔詰之，不屈，數請死，遂磔于西市，年四十一。亡子，婦黄氏死焉，女金奴没入宫，姻屬逮戍五十八家，加滎縣賦八百石。其弟山東按察僉事志遠，預奉母避難，約曰：「忠孝務各努力。」志遠遂負母而逃，不知所之。金奴入宫五十餘年，天順間乞歸，歸老東川。子昭嘗從方孝孺講學漢中，蜀王遺之詩，有曰：「不憚三巴路，欲成仁者心。」殆詩讖也。

工部右侍郎張顯宗、江西布政使楊璉、按察使房安、僉事吕升等，俱戍興州，以軍士執告其罪也。

《太宗實録》卷一二下　壬辰，陝西行都司奏：「回回可古思於寧夏市馬，請官市之，以資邊用。」上從之，命有司償其直。上馬每匹給絹四匹、布六匹，中馬絹三匹、布五匹，下馬絹二匹、布四匹，駒絹一匹、布三匹。軍民私市者禁之。

《國榷》卷一二　工部尚書嚴震直卒。震直烏程人，洪武五年，薦授試參議，尋授户部郎中，進工部右侍郎，逾年進尚書。癸酉，坐事降御史，使龍州。乙亥，修桂林靈渠，尋進右都御史，復爲工部尚書。丁丑，請廣鹽得行江西安、贛、吉、臨諸郡，高皇數稱之。建文初，督餉山東。至是使安南回雲南，悲憤吞金而死。

《太宗實録》卷一二下　甲午，上謂刑部、都察院臣曰：「前勑法司令囚人入米贖罪，以省轉輸之勞。近聞有貧不能致米者，往往憂感死。朕欲生之，乃速之死，非朕本意。自今凡人命十惡死罪，强盗傷人者依律處決，其餘死罪及流罪令挈家赴北平種田，流罪三年，死罪五年後録爲良民。其徒罪令煎鹽，杖罪輸役如故。自願納米贖罪者聽。仍選徒罪以下罷黜官，假以職名，俾督民耕種。三年有成績實授，無成仍坐原罪。」

《明史》卷五《成祖紀一》　定功臣死罪減禄例。

乙未，徙山西民無田者實北平，賜之鈔，復五年。

韓觀爲征南將軍，鎮廣西。

《國榷》卷一二　申木鐸教民之令。

詔諭兀良哈大小頭目。

賞從征扈駕將士。

丙申，肅王楧還國。

丁酉，蜀王還國。

《太宗實録》卷一二下　戊戌，西域回回者魯剌丁等使哈剌火州還，貢硇砂等物，賜鈔有差。

《國榷》卷一二　工部左侍郎黄福爲尚書。是日，工部左侍郎張思恭奉建文帝命出使還職。

庚子，慶王還國。

左軍都督僉事劉貞爲左都督，鎮遼東。真恆有媿色，以女爲德妃，故得宥。

辛丑，復議大賚臣民。

《太宗實録》卷一二下　乙巳，大理寺少卿虞謙自陳：「建文時臣爲杭州知府，嘗建言天下僧道，每人止令畜田五畝，無田者官給之。餘有常住田，悉歸官，以給無田之民。僧道悉免其賦役。當時從臣所言行之，臣當坐改舊制之罪。」上笑曰：「此秀才闢老佛也。已在赦前。」命以奏牘付科復之。初有旨，凡在建文中上言改舊制者，悉令面陳。至是視謙有戰懼之色，遂命自今不須面陳，悉以奏牘送科復之。

《國榷》卷一二　命武康伯徐理等往北平度地，處罪徒之民。

命都督陳用、孫岳、陳智移山西行都司官軍于北平設衛，岳前守中都不下。

戊申，復齊王榑國青州。

秦愍王次子尚炳來朝。

己酉，作皇后金寶，盤龍紐。

《太宗實録》卷一三　十月辛亥朔，湖廣鎮遠州蠻夷長官司長官何惠言：「本境路當雲南要衝，每歲修治清浪、焦溪、鎮遠三橋，工費繁重。所部臨諸溪洞民皆狌獖猫狫，力不勝役。乞令軍民相參修治。」從之。

《國榷》卷一二　壬子，寧王權來朝。

癸丑，楚世子孟烷來朝。

甲寅，諭兵部尚書茹瑺、劉儁以逃軍降罰本將之罪。

丙辰，享太廟畢，遣祭功臣廟，著爲令。

《明史》卷五《成祖紀一》　丁巳，命北平州縣棄官避靖難兵者朱寧等二百一十九人入粟免死，戍興州。

《國榷》卷一二　宴功臣。

戊午，頒《洪武中冠昏喪祭服舍器用圖》示中外，俾人民遵守。選陝西、河南、山西、山東、鳳陽等處力士三千五百人。

《明史》卷五《成祖紀一》　己未，脩《太祖實録》。

《國榷》卷一二　敕太子太師曹國公李景隆、太子少保兼兵部尚書忠誠伯茹瑺監修，總裁官翰林院學士解縉總裁，務合至公，以光簡册。是日，又敕纂修官翰林學士王景、右通政李至剛、翰林侍讀胡靖、黄淮、曾日章、胡儼、侍講鄒緝、楊士奇、金幼孜、修撰李貫、吴溥、編修楊溥、鄭好義、檢討王洪、五經博士張伯穎、王汝玉、典籍沈度、潘畿、待詔王延齡、□科給事中朱紘、吏部郎中徐旭、禮部郎中胡逸、朱遠、户部主事端木孝思、太常寺博士錢仲益、國子監博士金玉鉉、助教王達、行人蔣驥、□□按察使僉事葉砥、□□知府劉辰、□□知州鄒濟、□□知縣王褒、□□知縣楊觀、□□知縣梁潛、□□知縣趙季通、□□知縣沈瑜、□□教諭劉宗平、□□教諭解榮、□□訓導羅思程、□□訓導傅貴清、晉府伴讀蘇伯厚、靖江府教授張顯、諸生端禮、楊孟力、朱逢吉、莫士安、馬定、唐廣耘，命以建文事附其後焉。

《明通鑑》卷一三　建文初，臨海葉惠仲，以知縣被徵，預修《太祖實録》，遷知南昌府，至是以坐直書靖難事，指爲逆黨，遂逮至，族誅。

《國榷》卷一二　真人張宇初來朝。

《太宗實録》卷一三　庚申，諭修實録官曰：「自古帝王功德之隆者，必有史官紀載，垂範萬年。我皇考太祖高皇帝神功聖德，天地同運，日月同明，漢唐以來，未之有也。比建文中，信用方孝孺等纂述《實録》，任其私見，或乖詳畧之宜，或昧是非之正，致盛美弗彰，神人共憤，蹈于顯戮，咸厥自貽。今已命太子太師曹國公李景隆爲監修，太子少保兼兵部尚書忠誠伯茹瑺爲副監修。爾等皆茂簡才識，俾職纂述。其端乃心，悉乃力，以古良史自期，恪勤纂述，必詳必公，用光昭我皇考創業垂統，武功文治之盛，與乾坤相爲無窮，斯汝爲無忝厥職矣。欽哉！」

《國榷》卷一二　辛酉，江西布政司改寧王邸。

誅中軍都督同知陳質，以建文中奏代王强奪民女也。

《太宗實録》卷一三　甲子，賜晉王濟熺書，令於護衛内撥馬步官軍四千，隨高平王、平陽王於平陽衛府暫居，分原給本府符驗二道與之。

遼東都指揮司奏：「九月戊子，虜寇犯開原，至北門外，備禦都指揮吴立遣指揮莊濟率軍拒之，賊退。癸巳，諜報賊營城外五里，濟領軍襲之，賊以衆迎敵。指揮張恂、李冕棄軍而走，賊乘勢直前，濟督軍與戰，殺傷相等。衛鎮撫張能、千户陳良等九人死之，濟被重創，督戰益力，賊敗去。」勑鎮守遼東左都督劉貞曰：「古之馭夷狄者，嚴兵守境，使不得爲寇，若其入寇，驅之則已。今既不能嚴備，使遂至城下，驅而去之足矣，何必追襲？既以兵襲之，則當力戰。而張恂、李冕乃棄軍先走，致傷吾將士。其張恂、李冕即斬以徇，將士死傷者優卹其家。仍督緣邊諸將嚴兵守備，寇來則驅之，慎勿與戰也。」

《明史》卷五《成祖紀一》　丙寅，鎮遠侯顧成鎮貴州。

《明通鑑》卷一三　〔顧〕成自太祖時，以洪武八年調守貴州。已，從傅友德征雲南有功，進貴州都指揮同知，尋遷右軍都督僉事，佩征南將軍印，又會何福討平水西寨。凡在黔十餘年，威信大著。建文初召還，進左軍都督。以從耿炳文禦燕師于真定被執，遂降，輔世子居守北平。南軍圍城，防禦調度，一以委之。至是論功封侯，仍命鎮貴州。

《國榷》卷一二　陝西布政司右參政戚存心爲禮部右侍郎，陝西按察使師逵爲兵部右侍郎，副使王平爲左僉都御史，僉事朱逢吉爲大理寺左寺丞。

丁卯，定北平守城功賞。

《太宗實録》卷一三　辛未，山東青州諸郡蝗。命户部給鈔二十萬錠賑民，凡賑三萬九千三百餘户，仍令有司免其徭役。

《明史》卷五《成祖紀一》　壬申，徙封谷王橞於長沙。

《國榷》卷一二　寧夏總兵官何福奏：「徵騎卒五月一更屯田；胡卒簡驍鋭，免其租；購河州馬，給守隘將士皮裘狐帽。」上悉從之。

《明史》卷五《成祖紀一》　甲戌，詔從征將士掠民間子女者還其家。

《太宗實録》卷一三　乙亥，貴州都指揮張忠坐事謫寧夏，聽總兵官都督何福調。

《國榷》卷一二　復盧淵兵部左侍郎。

左軍都督僉事徐凱卒。

丙子，甘州中衛左所軍張真上書言事。上曰：「戍卒能言。」賜衣一襲，鈔千貫。

《太宗實録》卷一三　丁丑，詔罪人應發屯戍者，皆從六科給事中及行人司編次隊伍，然後遣行，以防姦弊。

《國榷》卷一二　戊寅，慶成王濟炫來朝。

改周邸于洛陽。

復遼東及在京罪人戍于邊者，仍原衛屯田。

己卯，中軍都督僉事宋晟爲後軍左都督。

欽天監占有邊警，命嚴備。

《太宗實録》卷一四　十一月辛巳，勑鎮守遼東左都督劉貞曰：「向虜未入寇之時，屢勑爾等嚴守備，勿輕忽。今聞虜入境劫掠，此不用朕命故也。其即收集各屯人畜，於近城暫住，嚴固邊備，審度事機，可發軍則發，不可即止。務在萬全，慎毋輕率。前過深可爲戒矣！」

○壬午，命禮部清理釋道二教。凡歷代以來，若漢、晉、唐、宋、金、元及本朝洪武十五年以前寺觀有名額者，不必歸併。其新創者，悉歸併如舊。

○北平署布政司事儀賓李讓奏請七月以前各處商民中鹽米關引者，暫停止。先令北平中納，候糧可足三年，仍依前例。户部尚書夏原吉曰：「讓言雖善，但商民舊中者，守候已久，難於再稽。其北平新中者，今置流通文籍付運司，令不次支給。」上從原吉言。

《國榷》卷一二　甲申，高平王濟熚來朝。

令武安侯鄭亨于千户寨、灰嶺、慶州、神樹、西馬山、七渡河設斥堠，新昌伯唐雲率兵自小興州至大興州牛嶺，會州，塔山、龍州諸處屯種。

都指揮使景福爲右軍都督僉事，薛貞爲後軍都督僉事。

虜犯盤山，官軍邀擊，敗之。

丙戌，奉天新殿成。

戊子，翰林侍讀解縉爲侍讀學士，侍講胡靖、編修黄淮、檢討胡儼皆進侍讀，修撰楊榮、編修楊士奇、檢討金幼孜皆進侍講。

《皇明大政紀》卷五　禮部奏：「親王儀仗，合增紅油絹銷金雨繖一，紅紗燈籠、紅油紙燈籠各二對，魫燈一對，大小銅角二對。」從之。

辛卯，長山王賢烶來朝。

《明史》卷五《成祖紀一》　壬辰，立妃徐氏爲皇后。

《明通鑒》卷一三　后之爲妃也，孝慈皇后深愛之。從上之藩，居孝慈喪三年，蔬食如禮。靖難兵起，一切部分，世子多稟命焉。及册爲后，后弟增壽常以國情輸燕，及其誅也，上慟惜之，欲追贈爵。后力言不可，上不聽，卒封定國公，命其子景昌襲。以告后，后曰：「非妾志也。」竟弗謝。其深明大義如此。

《明史》卷五《成祖紀一》　廢廣澤王允熥、懷恩王允熞爲庶人。

《太宗實録》卷一四　癸巳，上謂兵部尚書劉儁曰：「建文時軍官，總小旗以罪罷職役者，罪多失當，其皆復之。洪武中罷職役者，令從邊將立功，俟有功亦復之。」時鎮遠侯顧成鎮貴州，都督韓觀鎮廣西，劉貞鎮遼東，何福鎮寧夏，凡各處官旗立功者，隨所近分隸焉。

《國榷》卷一二　丁酉，左軍都督僉事何濬坐不宿衛，免官，調寧夏。

《太宗實録》卷一四　己亥，户部尚書夏原吉言：「寶鈔提舉司鈔板歲久，篆文銷乏，且皆洪武年號。明年改元永樂，宜併更之。」上曰：「板歲久，當易則易，不必改洪武爲永樂。蓋朕所遵用皆太祖成憲，雖永用洪武可也。」

庚子，寧夏總兵官左都督何福奏：「比虜襲涼州，掠近城三十里，守將都指揮丁斌畏怯不進。時舍人王榮差使在涼州，見寇已去，輒督兵窮追，致官軍失利。斌失機，榮擅命，皆當明正其罪。」上命法司治斌、榮罪。福又奏：「邊警不時，而堪戰之馬少，無以應猝。」遠命河南都司於屬衛選千五百匹給之。

《國榷》卷一二　都指揮使梁銘爲後軍都督僉事。

《太宗實録》卷一四　辛丑，撫安北平郡縣户部郎中李昶言：「真定、武强縣南滹沱河決，淹民田五十餘頃，宜亟修治。而民力不敷，乞發傍近州縣民及真定衛軍相參修築。」從之。

《國榷》卷一二　河南布政司參議杜驥、按察僉事吴彝、都指揮僉事劉珪以大水，移家避入周邸，俱謫戍興州。

壬寅，詔諭兀良哈韃靼野人諸部曰：「今天下一家，邊將言爾諸酋長誠心歸向，朕用嘉之。特令百户裴牙失里敕諭爾，其各居邊境，永安生業，商賈貿易，一從所便。欲來朝者與偕至。」

北平左布政使郭資爲户部尚書，仍署司事。

癸卯，岷王楩來朝。

《太宗實録》卷一四　甲辰，吏部言：「舊例教授滿九年任内，諸生有舉人九名，又考本官通經者陞用。舉人四名及考通經者，從本等用。舉人不及四名，又考不通經，黜降别用。今四川順慶府儒學教授馮莊甫考通經，任内止有舉人三名，請降用。」上命降學正，著爲令。又言：「鹽課提舉司考滿，舊無定例。宜如税課司局官，三年赴布政司、按察司考覈，九年赴部通考。」從之。

《國榷》卷一二　左副都御史陳瑛劾禮部侍中黄觀、太常寺少卿廖昇、翰林修撰王叔英、衡府紀善周是修、浙江按察使王良、沛縣知縣顔伯瑋等，其存心不異畔逆，宜追僇。上不問。

乙巳，朝鮮國王李芳遠入貢。

十二月庚戌朔，寧化王濟焕、永和王濟烺來朝。

駙馬都尉宋琥尚安成公主。

右通政李至剛爲禮部尚書。

量免北平、山東、河南、鳳陽、淮安、揚、徐歲辦有差。

辛亥，上曰：「公侯歷事皇考者，今皆年邁，朕不忍勞，非見任事者，其令以朔望朝參。」

壬子，敕諭功臣曰：「古人君以武功定天下者，必賴將臣之力，厥後往往不能保全，何哉？處高位者易驕縱，犯刑法者多怙終。人君代天理物，豈容私其間哉？所以罰加焉必也。高皇帝立法垂憲，欲世世行守。功臣有犯，罰戒再三，戒之不改，乃按誅之。至親至舊，不敢曲原。志人君子，莫不謂高皇帝英明果斷，上畏天命，下畏民情也。爾諸功臣昔受高皇帝厚恩，今事朕，朕欲爾等悠久共富貴。若復驕縱怙終，不問則違高皇帝成法，問而寘諸法，必謂朕寡恩。今録高皇帝戒敕，申明布告，尚永遵之。爾之不遵，後悔無及。」

嚴武臣冒襲之禁。

《明史》卷五《成祖紀一》　癸丑，蠲被兵州縣明年夏税。

《國榷》卷一二　以荆州、長沙商税予遼王、谷王。

甲寅，遣諭哈烈、撒馬兒罕等國，各賜金織文綺。

詔諭别失八里王黑的兒火者，并賜綵幣。黑的兒火者，元裔也。

户部議京官軍士支俸格。公、侯、駙馬、伯禄全支米，文武官一二品，支米十之四，三品四品支十之五，五六品支十之六七，八品支十之八，餘折鈔，每石准鈔五貫，九品雜秩吏胥旂軍並全支米。從之，每石增鈔五貫。

乙卯，復設各郡縣陰陽醫學。

丙辰，設雲南孟養、木邦、孟定三府，威遠、鎮沅二州。以土官刀木旦罕的法力渾立爲知府，刀筭黨、刀平爲知州。

《太宗實録》卷一五　丁巳，廣西總兵官右軍都督同知韓觀言：「近禮部員外郎李宗翰等賫勑撫安叛蠻臣，即遣官與之俱往。今桂林諸郡蠻民五千九百餘家已復業，惟思恩縣叛蠻千五百餘户尚未向化。而桂林、慶遠、柳、潯四府累報蠻賊韋公察、韋多成、譚公安等拒殺官軍及良民六千五百餘人，搶劫牛馬五千四百有奇。此悉猺獞，素梗王化，累嘗作亂，非可以化服。」上命復業者善加撫卹，梗化者發兵誅之。

《國榷》卷一二　庚申，保定知府雒僉加刑部尚書。

癸亥，復慶遠衛軍民指揮使司，改廣寧中左右三衛仍爲中左右前後五屯衛，設寧夏左右中前四衛。

甲子，韃官胡將怯烈帖木兒、哈剌脱歡、李剌兒來歸，仍授千户。怯烈帖木兒言：「阿卜兒却罕等五百餘人居塔灘，咸欲内屬。」敕何福招之。

乙丑，銅陵典史張璉爲左通政，舊北平按察副使。

江西儒士軒伯昂爲山東布政司左參議，時詔求懷才抱德之士。

金吾前衛指揮僉事徐膺緒爲中軍都督僉事。徐達季子。

丙寅，滄州鹽山等縣饑，詔民採鹽易粟者勿禁。

《太宗實録》卷一五　丁卯，寧夏總兵官左都督何福以邊地降虜有叛去者，請舉兵討之。勑諭福曰：「夷虜譎詐，不可憑恃，自古則然。但今朝廷大體，當以誠心待之。春秋馭夷之道，來者不拒，去者不追。蓋彼之來，既無益於我，則其去也，亦何足置意？况其同類頗衆，其間必有相與爲親戚者。今若以兵討叛，其未叛者亦將置疑。不若姑聽其去，但嚴兵備，固疆圉，養威觀釁，順天行事。如造次輕舉，後悔無及。」

《國榷》卷一二　成安侯郭亮鎮守永平、山海。

上問兵部尚書劉儁天下馬數，曰：「比兵耗，止二萬三千七百餘匹。」上命循洪武故事，嚴督所司孳牧。

戊辰，都指揮同知趙忠爲後軍都督僉事。

己巳，義烏教諭高澤疏請攬政納言，上嘉納之。

庚午，諭禮部，京官及外覲官、夷使俱預元日宴，監生、諸生、吏、僧道軍民人等俱賜鈔。

壬申，許北平、保定、永平民兵還籍。

癸酉，諭户部，來春遣人勸耕江北。因歎曰：「古者民無菜色，然後天子安享，誠四海皆足，雖不盛饌，未嘗不樂。」

甲戌，壽昌王孟焯來朝。

《太宗實録》卷一五　丁丑，直隸蘇州府嘉定縣民周程上言：「東吴水利舊有三江，曰錢塘，曰吴淞，曰婁江。民間數百萬錢糧皆仰於此。吴淞一江，跨連蘇松之境，東抵滄海，西接太湖。澱湖湖水溢則洩於海，海潮漲則通於湖。近年以來，沙土壅塞，爲平地二百五十餘里，水脉不通。五六月間，天時亢旱，高田稻苗，乏水灌溉，百姓坐視枯槁。至七八月，秋雨霖霪，湖水漲溢，低下之處盡是汙池，通洩無所，垂成之禾，坐視渰没。至於徵糧之際，則典鬻男女，蕩折産業，不能盡償。甚至棄業逃散，骨肉分離，誠可憐憫。乞勅工部差能幹官吏親詣其處，丈量計工。令於農隙之時，役民疏鑿，所謂因民之利而利之也。」從之。

《國榷》卷一二　賑順德、保定貧民鈔三十萬錠。

戊寅，享太廟。

永樂元年（癸未、一四〇三）

《明史》卷六《成祖紀二》　正月己卯朔，御奉天殿受朝賀，宴羣臣及屬國使。

《國榷》卷一三　庚辰，敕中外文武臣曰：「朕惟天德好生，人君承天，愛人而已。夫輿圖之廣，非一人獨治，自古帝王與賢共之。我太祖皇帝受天明命，勤愛保養，生息三十餘年，政教敷明，近古鮮儷。亦惟任天下之賢，理天下之務，旁求民隱，宣通德意，用厥臻茲。朕靖難承統，重惟天下，皇考天下，軍民，皇考赤子。即位以來，夙夜匪寧。爾諸文武臣體朕茲懷，毋怠毋忽，毋虐毋貪，毋爲掊克，毋縱詭隨，持爾廉平，秉爾正直，勵爾公勤，擴爾忠恕，共守成憲，毋或有違。惟民出賦税以贍軍，惟軍執干戈以衛民，軍非民不食，民非軍不安。惟爾文武羣臣，互爲保愛，無有侵害。惟皇考成憲，實萬世治安之具，遵之則吉，違之則凶。其悉心一志，敬之慎之！」

朝鮮及朵甘、烏思藏、必力工瓦等國入貢。

宴諸王于華蓋殿。

北平流民復業者十二萬六百餘户。

甲申，復前應天府尹向珤官。

《明史》卷六《成祖紀二》　乙酉，享太廟。

《國榷》卷一三　丙戌，羣臣請立太子，不允。

丁亥，左副都御史陳瑛爲左都御史，桂林府同知史仲成爲右僉都御史。

戊子，命汝南王有爋居雲南之大理，以勿容于父也。

止營州三護衛官赴京。

《明史》卷六《成祖紀二》　辛卯，大祀天地於南郊。

復周王橚、齊王榑、代王桂、岷王楩舊封。

《國榷》卷一三　禮部尚書李至剛等，請遵高皇帝中都之制，立北平布政司爲京師。從之，詔改北京。

《明史》卷六《成祖紀二》　癸巳，保定侯孟善鎮遼東。

丁酉，宋晟爲平羌將軍，鎮甘肅。

《國榷》卷一三　遣祀歷代帝王。

增周王歲粟二萬石。

許僧道三年給牒。

甲午，定牧馬法。牡馬一配牝馬三，歲課一駒，給軍士。非徵發不得擅遣。

《太宗實録》卷一六　乙未，禮部尚書李至剛奏：「月當蝕不蝕，請率百官賀。」上曰：「王者能修德行政，任賢去邪，然後日月當蝕不蝕，適以陰雨不見耳，豈果不蝕耶？不許。」

丙申，勅寧夏總兵官右都督何福等曰：「今遼東送至寧夏小卒許善才者，其人嘗爲虜寇所掠，久而縱其南回。善才言虜先欲掠大同、寧夏，後不果，已北行矣。今遣善才還寧夏，至可備詢之。其所言虜北行者或詐，而欲綏我邊防，不可不深慮。」

《國榷》卷一三　甲辰，設普安安撫司，土酋慈長爲安撫使。初曰普寧，改焉。置流官吏目，隸四川布政司。

《太宗實録》卷一六　乙巳，上謂禮部臣曰：「昔我太祖高皇帝立綱陳紀，禮樂制度，咸有成規。建文中率皆更改，使臣民無所遵守。朕即位以來，首詔諸司必遵舊制。尚恐奉行不逮，爾禮部其申明之。」

《國榷》卷一三　二月戊申朔，□軍都督僉事山青卒。

《明史》卷六《成祖紀二》　庚戌，設北京留守行後軍都督府、行部、國子監，改北平曰順天府。

《昭代典則》卷一三　北京行部設尚書二人，侍郎四人，其屬爲六曹清吏司，吏、禮、兵、工曹郎中、員外、主事各一人，户刑曹各二人。改户、刑二部北平清吏司爲北京清吏司。

《國榷》卷一三　辛亥，户部尚書郭資、刑部尚書雒僉俱爲北京行部尚書，安岳知縣康汝楫、□□按察僉事馬京爲左侍郎，臨江知府劉翼、南京户部郎中李昶爲右侍郎。汝楫蓋舊邸臣也。

《太宗實録》卷一七　壬子，嚴誣告法。凡誣告三四人者杖一百，徒三年；五六人者杖一百，流千里，所誣重者從重論。誣告十人以上者凌遲處死，梟首，其鄉家屬遷化外。

《國榷》卷一三　賑山西平陽饑。

《太宗實録》卷一七　癸丑，禮部尚書李至剛上言：「以爲論道經邦，必求賢才；興利除害，必開言路。昔太祖皇帝勵精圖治，聽納無遺，三十年間化行俗美。皇主即位以來，悉遵成憲，廣開言路，博采群謀。凡有可行，無不聽納。然無知小人往往假此爲名，或搜求細事，拑制諸司；或懷挾私讐，陷害良善；或妄稱奏訴，躲避差徭；或馳騁小才，希求進用。甚者無稽泛言，煩瀆聖德。雖稱興利除害，其實假公營私。誠宜榜示天下，果有益國便民之事，雖百工技藝之人皆許具實陳奏。若官吏人等貪污，顛倒曲直，酷虐良善，及婚姻、田土、軍役等事，必命自下而上陳告。若有假以實封建言，驀越上司，徑赴朝廷干冒者，治以重罪。」上可之。

《國榷》卷一三　甲寅，遣左通政趙居任賜朝鮮金印、龜紐，如國初。以建文更之也。

詔諭暹羅國王昭禄羣膺哆囉諦，并賜駝紐、鍍金銀印。

《明史》卷六《成祖紀二》　乙卯，遣御史分巡天下，爲定制。

《皇明大政紀》卷一三　［上］諭之曰：「朕居深宮，在下之情，不能周知。爾等爲朝廷耳目，其用心咨訪，悉行具奏。利有當興，弊有當革，亦悉以聞。」

《國榷》卷一三　書戒代王桂曰：「別久懷思。聞吾弟縱僇取財，國人甚苦，告者衆矣。果若其言，吾弟大謬。大天下之人，皇考四十年辛勤保養，以遺子孫。其罪合死，猶當請命，况乃實無？吾弟審思拘囚困辱，不記建文時耶？」

丁巳，釋奠太學。

戊午，祭太社太稷。

《明史》卷六《成祖紀二》　己未，徙封寧王權於南昌。

《明通鑒》卷一四　初，寧王之被誘入關也，上許以「事成中分天下」，比即位，大寧城已空，王乞改南，奏請蘇州，上曰：「畿内也。」請錢唐，上曰：「皇考以予五弟不果，建文無道，以王其弟，亦不克享。其他善地，惟弟擇焉。」遂封之南昌，上親製詩送之。詔即布政司爲王邸。

《明史》卷六《成祖紀二》　貽書鬼力赤可汗，許其遣使通好。

《國榷》卷一三　［上］曰：「元運既終，我皇考太祖皇帝，受天命撫有天下，朕以嫡子，奉藩于燕，入繼大統，嘉興萬邦，同臻安樂。比聞塞北推奉可汗，特遣指揮朵兒只怳惚等，賫織金文綺四端，致朕意。今天下大定，薄海内外，皆來朝貢。可汗能遣使往來，同爲一家，豈不休哉！」并敕諭太師右丞相馬兒哈咱、太傅左丞相乜孫台、太保樞密知院阿魯台等，賜文綺各二。

《國榷》卷一三　虜攻破遼東懿路寨，敕鎮守左都督劉貞謹守，不可窮追。又敕寧夏總兵官何福加備。

《明史》卷六《成祖紀二》　癸亥，耕耤田。

《國榷》卷一三　甲子，武定侯郭英卒。英鳳陽人，從起滁、泗渡江，從戰鎮江、武昌，從大將軍開中原，鎮北平，以前軍都督僉事屬潁川侯征雲南。洪武十七年封，禄二千五百石。追封營國公，謚武襄。

《太宗實録》卷一七　乙丑，谷王橞奏，欲躬詣京師賀萬壽聖節。勅止之，曰：「王之國日淺，遠道跋履爲勞。愛兄之情，豈在於此？其不必來。」賜橞羊五百腔。

《明史》卷六《成祖紀二》　遣使徵尚師哈立麻於烏斯藏。

《國榷》卷一三　封尚烈永興王，尚煜保安王。

胡將伯帖木兒等自塔灘來歸，授指揮使，命居寧夏。

丁卯，除麓川宣慰司加課萬八千金。

戊辰，諭户部、兵部，以衛所郡縣官私役軍民者罪之。

左軍都督僉事徐真卒。

《太宗實録》卷一七　己巳，禮部言：「科舉舊制應子卯、酉年鄉試。去年兵革，倉猝有未及舉行者。請以今年秋八月令應天府及浙江等布政司皆補試。其北京郡縣學校近廢于兵者，宜暫停止，俟永樂三年仍舊鄉試。」制曰：「可。」

都察院奏，定監生犯公罪，依律紀録；私罪當笞者，罰歷刑一年。考勤謹者，准歷事。監生出身平常者，再歷一年覆考。當杖者，斷發充吏員資格出身。

《明史》卷六《成祖紀二》　振北京六府饑。

《國榷》卷一三　琉球國中山王察度入貢。

殺南昌知府臨海葉惠仲。惠仲初授廣武衛知事。建文初，以□□知縣充史官，修《洪武實録》，進守南昌。至是坐《實録》指斥舊事，且方孝孺黨也。年六十四，妻蕭氏給千户泰貴爲奴。

《明史》卷六《成祖紀二》　辛未，命法司五日一引奏罪囚。

《國榷》卷一三　疏嘉定秦、趙二涇。

《明史》卷六《成祖紀二》　壬申，瘞戰地暴骨。

《太宗實録》卷一七　甲戌，書諭長子世子曰：「聞虜欲犯邊，今命高煦將兵駐開平禦之。爾鎮守北京，於事宜用心經理。將士起行之際，賜宴及鈔。仍遣人督運糧餉，隨軍而行，不可緩也。」

《明史》卷六《成祖紀二》　高陽王高煦備邊開平。

《國榷》卷一三　既行，[上]書諭之曰：「爾出大寧，未至開平四十里，即下營。先騎偵虜，勿令虜覺，乘以深入，夜襲之。若戰，則武安侯鄭亨居中，安平侯李遠、武城侯王聰左右之，爾將精騎一二千援之。毋利其牛馬窮追也。」

《太宗實録》卷一七　乙亥，寧夏總兵官左都督何福言：「寧夏至慶陽諸驛，其先每驛僉民馬四匹，茶馬司撥馬十匹，相兼遞送。厥後布政司摘去民馬，今各驛止有馬八匹或九匹者。宜自寧夏抵邠州驛，皆依舊設置。而慶陽至曲子驛一百餘里，道路遥外，馬力艱辛，給於中增設一驛。寧夏四衛馬步旗軍二萬四百一十三人，見撥馬步三千一百七十三人操練，其餘守城。正軍并紀録幼小之屬不置外，寔用一萬四千一百八十四人，耕田八千三百三十七頃有奇。據漢延、唐來二渠人當用耕牛一，今缺牛四千一百有奇。寧夏四衛見有糧料三十萬二千一百石有奇，而官軍月支八千六百石有奇。其來降韃官已量給食米，宜寔授職事，分置各衛，依例支降。」上從之，命有司給驛馬、屯牛。

《國榷》卷一三　乙亥，減曲靖中鹽米二石爲一石五斗。

丁丑，定捕盗賞格，金五十，幣四，鈔二千貫。

分遣監察御史、中官覈各處銀冶。

三月戊寅朔，羣臣復請立太子，不允。初靖難兵起，高陽王高煦武勇，使從師，領勍騎，接戰白溝、東昌有功。上戰浦子口而卻，高煦搏胡騎力戰，敗盛庸，因渡江，故甚愛之。及即位，嘗密召丘福、王寧及侍郎金忠議儲，俱請立高煦，以功高于世子，立子以長，平世之道也。金忠不可。已問學士解縉，對曰：「以臣所見異是。世子忠敬仁孝，天下莫不聞，守成令主也。且奪長爲亂道。」又曰：「好聖孫。」已召禮部主事尹昌隆于便殿，對如之，命昌隆勿復言。復召問庶子黄淮，又對如之。翊日，早朝罷，上獨留縉，語良久，戒勿復言，遂賜象笏。

己卯，魯世子肇煇嗣魯王。

前北平按察副使王禮爲户部右侍郎。

《明史》卷六《成祖紀二》　庚辰，江陰侯吴高鎮大同。

《國榷》卷一三　誅遼東都指揮同知沈永。以虜寇三萬衛，不以聞，及入朝，復隱不奏，誅之。令兵部榜諭天下，欺蔽者罪如永。

《明史》卷六《成祖紀二》　壬午，改北平行都司爲大寧都司，徙保定，始以大寧地畀兀良哈。

《明通鑒》卷一四　初，太祖封寧王于大寧，以守北藩。馮勝之征納克楚也，築大寧、寬和、會州、富峪四城。納克楚既降，尋置泰寧、福餘、朵顔三衛于烏梁海，舊作兀良哈。以居塞下之降附者，而置北平行都司于大寧治焉。靖難師起，劫寧王以歸，選三衛士卒三千人入關助戰，數有功。天下既定，遂割大寧畀之，以償其勞。于是洪武間所築諸城悉廢，並調營州五屯衛及東勝左右衛，悉遷之内地，而遼東、宣府之聲援，一旦爲之隔絶。

《國榷》卷一三　丙戌，琉球國山北王攀安知入貢。

丁亥，諭兵部，以守九門功再進一級。于是都督僉事劉江爲中軍都督同知，許成爲左軍都督同知，譚青爲後軍都督同知，都指揮使童信爲前軍都督同知，徐善爲中軍都督僉事，曹隆、馬瑛爲左軍前軍都督僉事，都指揮同知吕得昇、方敬爲中軍都督僉事，周長爲左軍都督僉事，冀英、王祺爲後軍都督僉事，王忠爲前軍都督僉事。

《明史》卷六《成祖紀二》　戊子，平江伯陳瑄、都督僉事宣信充總兵官，督海運，餉遼東、北京，歲以爲常。

《明通鑒》卷一四　初，洪武間，遼東及迤北諸路用兵，悉資海運以餉軍士。至三十年，以遼餉贏羨，令遼軍屯種其地，而罷海運。至是上以北方軍儲不足，命瑄與都督僉事宣信皆充總兵官，率舟師由海道運糧四十九萬石于遼東、北京，自是歲以爲常。

《國榷》卷一三　開封蝗，賑以菽麥。

辛卯　琉球國山南王弟汪應祖入貢。

壬辰，命命婦遇節朝中宫，餘免。

《太宗實録》卷一八　癸巳，工部尚書黄福言：「今有司所造弓準舊制，弓面衡闊三指，稍弛宏壯，故能射遠。然人力有强弱，弓力亦宜有差等。宜令軍器局造弓式自十七斤至四十斤，分爲四等，頒布郡邑，依式造進，量力給授爲便。」從之。

甲午，陝西乾州言：「州糧該輸岷州衛，每歲於鞏昌易粟轉輸。今其地蝗，田稼無收，乞以麥豆代輸。」從之。

《明史》卷六《成祖紀二》　振直隸、北京、山東、河南饑。

《明通鑒》卷一四　時編修楊溥上疏，言：「洪武間定制，每縣四境設倉，以官鈔糴穀，儲備荒歲之需，振貸斂散，皆有成規。又于縣之各鄉開濬陂塘，修築濱江近河隄岸以備水旱，此皆萬世之利。自有司雜務日繁，便民之事猝不暇及，一遇災荒，莫知所措。近聞南方官倉儲穀，十處九空，甚至倉亦無存。原開陂塘，多被土豪侵占及堙塞爲私田，隄岸坍塌，閘壩損壞，皆爲農患。大抵親民之官，得其人則百廢興，不得其人則百弊興。伏望命部行移各布政司，令有司遵依舊制，並加整理。除近被災傷外，凡豐稔之處，于現有官鈔支糴穀粟，儲以備荒。郡縣考滿，吏部計績以定殿最。各按察司分巡官及巡按御史，並取勘實蹟，歲終奏聞，有欺蔽怠事者罪之。庶幾祖宗卹民良法，不爲小人所壞矣。」疏入，從之。

《國榷》卷一三　乙未，以澤、潞民稠土狹，分佃裕州。

丁酉，都指揮同知周廣爲左軍都督僉事。

蘇州大雨水，決隄傷稼，命葺治。

《太宗實録》卷一八　戊戌，鎮守貴州鎮遠侯顧成言：「金築安撫司等處每有征討，輒率官軍土軍兼進，有功則皆賞之。宜令一概操練，庶可久長兼用。」上遣敕諭之曰：「卿策固善。朕慮土軍皆夷人，樂散逸而憚拘束。若後之同於官軍，或情有不堪。馭夷之道，當順情以爲治。可斟酌行之。」

《國榷》卷一三　修殷太師比干墓祠。

《明通鑒》卷一四　瀋陽軍士唐順上書，請開衛河。其略言：「衛河源出衛輝府輝縣，西北經衛輝城，抵直沽入海，距黄河陸路纔五十餘里。若開衛河，而距黄河百步置倉廒，受南運糧餉，至衛河交運，公私兩便。」上命廷臣議之，未及行。

《太宗實録》卷一八　己亥，賜書諭晉王濟熺曰：「前慶成王濟炫來朝，見其長成，未諳政務。欲令潞州權住，講讀詩書，操習弓馬。近得爾奏，謂年少不忍遽離。愛弟之篤，朕甚嘉。然慶成王已冠，内有母之訓誨，外有官屬輔導，使之涉歷，寔維其時。今可令都指揮韋善先往潞州修治居室，令慶成王擇日奉母同往。」

庚子，鎮守貴州鎮遠侯顧成言：「普定衛康佐長官司歲秋糧止内普定衛，洪武二十五年始改輸安南衛。然康佐距安南衛三百五十里，往復半月，人負米三斗，止足途中之食，故累歲有虧。康佐距普定止兩日，若令舊運輸普定，甚便之。」從之。

浙江台州府臨海縣言：「本縣見虧鹽糧八千餘石，去歲旱蝗，禾稼不登，乞敕户部候秋成輸納。」從之。

《國榷》卷一三　辛丑，鄧州官牛疫，有司迫民償，至鬻其子女。上聞而怒之，免民償，罪有司擅責者。

乙巳，諭兵部，再申停不急之務，非奏行者罪之。

《太宗實録》卷一八　丙午，賜秦王尚炳書曰：「比以爾弟永興王尚烈年長，令暫居鞏昌，講誦詩書，練習武事，以成德器。昨聞過鳳陽，自留守司官下至指揮小校皆被箠楚，人不能堪，竟莫明其何罪。夫國家篤於親親，宗室謹於禮法，斯共保富貴。今聞長世尚烈所爲若此，豈保富貴之道？凡今臣民皆太祖皇帝數十年教養者，况鳳陽祖宗肇迹之地，過其地，虐其臣民，豈賢子孫所爲乎？本欲罪其從官，但以方出，姑釋不問。爾其兄長，當深戒之，使改行爲善。將來有成，非獨慰爾父於冥冥，亦稱朕親親之意，爾之兄弟亦得以俱成令名也。」

《明史》卷六《成祖紀二》　夏四月丁未朔，安南胡奆乞襲陳氏封爵，遣使察實以聞。

《明通鑒》卷一四　初，安南黎季犛復弑主日焜，立其子顒。已，又弑之而立顒弟䆟。䆟時方在襁褓中，季犛欲篡其國，復弑䆟，大殺陳氏宗族。遂自立，更姓名曰胡一元，名其子蒼曰胡奃，謂出帝舜裔胡公後。僭國號大虞，年號元聖。尋自稱太上皇，傳位于奃。是時靖難師起，安南自帝其國，匿不以聞。及上即位，遣官詔告其國，奃懼，遣使奉表朝貢。及是至京師，表文自署「權理安南國事」，詭言「陳氏嗣絶。臣陳氏甥，爲衆所推，權理國事，于今四年，乞賜封爵。」事下禮部，部臣疑之，請遣官廉訪。上乃命行人楊渤等賫敕諭其陪臣耆老，詢以陳氏繼嗣之有無及胡奃推戴之誠僞，令具實以聞。

《皇明大政紀》卷六　戊申，諭中外文武羣臣攄誠供事，永保富貴。諭曰：「朕踐祚以來，思惟文武羣臣皆皇考舊人，推誠用之，纖悉無間，又何嫌疑之有哉？其各盡乃心，共乃職。朕言不再，其深體之。」

《明史》卷六《成祖紀二》　己酉，户部尚書夏原吉治蘇、松、嘉、湖水患。

《國榷》卷一三　庚戌，周王橚請立太子，未允。

遣鎮撫答哈帖木兒等敕諭瓦剌酋馬哈木、太平、把秃、孛羅。

户部右侍郎王禮卒。

癸丑，罷中軍左都督劉讓。

甲寅，楚世子孟烷、永安王孟炯來朝。

乙卯，周世子有燉、順陽王有烜來朝。

丙辰，通政司左參議李文郁爲户部右侍郎，監生余得之爲□科給事中，張政原、汪俊民、趙能爲監察御史。

戊午，蜀世子悦熑來朝。

浚華亭、上海運鹽河。

庚申，長山王賢烄來朝。

《皇明大政紀》卷六　禮部以萬壽聖節宴百官，預定位次，上親定命行之。命駙馬儀賓及隨侍各王來朝，官宴于三公府。四品以上文武諸學士及在京僧道官、大興龍寺住持侍宴奉天殿。在京各衙門堂上六品以上官、近侍官，修史官宴於中左門外。進表官、四夷朝貢、土官宴於中右門。餘文武宴於丹墀内。

《國榷》卷一三　辛酉，行人楊渤等使安南，諭其國人，推立胡奃果否以聞。

誅右副都御史黄信。初，禮部尚書李至剛妻父坐臺獄論死，乞免。上問：「何以知之？」曰：「黄信告臣。」刑科都給事中周璟等劾其泄事故也。

《太宗實録》卷一九　壬戌，湖廣、四川、雲南、廣西所隸宣慰使楊昇等并西北諸夷各遣人朝貢馬及方物。上以其遠至，且舊所定馬直薄，命禮部第馬之高下增給之。上馬每匹鈔千貫，中馬八百貫，下馬五百貫。

《國榷》卷一三　甲子，楚世子孟烷欲買河南人口。敕曰：「河南，周王封也。汝遣人入境，或有縱恣，將爲爾累，可不慮乎？」

乙丑，諭寧夏總兵官何福、甘肅總兵官宋晟，以月犯氐宿，占主將有憂；又金星出昴北，主北軍勝。卿等守邊，常加警省。」

丙寅，敕鎮守雲南西平侯沐晟，拔總旂中功最者爲百户，以勵軍士。

禁金銀交易，以通鈔法，犯者准奸惡論。

《明通鑒》卷一四　自鈔法行，定制，民間交易，錢鈔兼收，而商賈大率重錢輕鈔。至是復申其禁，犯者以奸惡論。其鈔楮昏爛者，許赴行在庫倒换新鈔。然收受艱難，故法雖嚴而禁不行。

《太宗實録》卷一九　丁卯，鎮守大同江侯吴高奏：「所轄之地西北接東勝黄河，蓋胡虜出没之路。宜自下水海北直抵把撒站，皆分戍巡邏，擇才幹都指揮使更番提督，有警即馳報。庶幾斟酌行事，不致失機。」從之。

直隸淮安及安慶等府蝗，上命户部遣人捕之。仍驗所傷稼，免其租稅。

《國榷》卷一三　以代王桂擅役民，命自今非朝命，毋擅發。

河州、洮州番族入貢，定賞格。

《明史》卷六《成祖紀二》　辛未，岷王楩有罪，降其官屬。

《明通鑒》卷一四　楩之廢于建文也，西平侯沐晟實奏其過。上即位，召還漳州，使復其國，而楩遂與晟交惡，上兩戒敕之。楩沈湎廢禮，擅收諸司印信，殺戮吏民，上怒，奪其册寶。已，念其幽縶久，復予之，僅示薄懲，降其官屬，而楩仍不悛。

《太宗實録》卷一九　壬申，巡福建按御史周新言：「朝廷設立軍民諸司，彼此頡頏，兩非統屬。今福建都司所轄各衛官，每府官過衛門，或道路相遇，怒府官不下馬，甚至鞭辱僕隷。及各衛千户所遇有公務不申本衛，但令有司理辯。少或不從，輒詞責吏典，有乖治體。請自今府官以公事至衛者，行正道，平禮相見；道途相遇，分道而行。皇節、正旦、冬至，衛官悉於府治行禮。其千户所遇有公務，不許徑移文府縣，亦不許凌辱有司官吏。又開讀詔書，乃各布政司職掌，既已差人於各府開讀，衛所官一同行禮，而都司又差人下衛所開讀，科斂軍士，筵宴餽送，擾衆非一。請自今開讀詔書，除附近府縣衛所一同行禮外，抄謄遵守。其邊海衛所，亦從布政司差人開讀爲宜。」上悉從之，命禮部行諸司遵守。

《國榷》卷一三　癸酉，以駙馬都尉胡觀僭乘晉王棡轎見劾，宥之。

《明史》卷六《成祖紀二》　甲戌，襄城伯李濬鎮江西。

《明通鑒》卷一四　時永新盜起，濬捕其爲首者誅之。尋召還。

《國榷》卷一三　丙子，中軍都督僉事孫岳，以建文中在鳳陽毁寺材，修戰艦，免官，安置海南。

《明史》卷六《成祖紀二》　五月丁丑，除天下荒田未墾者額税。

《國榷》卷一三　賜岷王楩册寶，并敕戒之。

戊寅，賜秦王尚炳書：「前令諸郡王出居近州縣，練習講讀。念四方水旱蝗蝻，道殣相望，修葺供億，勞費軍民。敕至，且令在國，成造居室，其即日罷。」又戒晉王濟熺：「令有司二十里設一火燎，橋梁道路，悉皆治除。今何時也？勞民如此乎？」

庚辰，禮部以太祖忌日，請僧道誦經朝天宫，不許。

辛巳，命福建作海舟百三十七艘。

倭寇福建金山，千户所副千户李敬逐之，斬五十八級，獲十一人，焚賊舟一，獲舟二，陞指揮僉事。

《太宗實録》卷二〇上　壬午，勑北京行部尚書郭資曰：「行部統六曹，政務甚煩，而卿爲之長，能悉心殫慮，爲國爲民，凡所經畫，具有條理，而於糧儲撙節措置，尤爲得宜。比聞小人或加怨謗。古云：『省己無愆，奚恤人言。』卿勞心爲國，朕知之有素。自今一切浮言，宜置度外，勿用芥蒂。惟懋忠勤，以副眷倚。」

《國榷》卷一三　設北京社稷壇祠祭署。

《明史》卷六《成祖紀二》　癸未，宥死罪以下，遞減一等。

《國榷》卷一三　甲申，封駙馬都尉袁容廣平侯，李讓富陽侯，世襲。

丁亥，右軍都督僉事李彬爲都督同知，封豐城侯；中軍右都督陳懋封寧陽伯，贈金鄉侯王真子通封武義伯，都指揮同知王友封清遠伯，都督僉事陳賢封榮昌伯，都指揮同知張興封安鄉伯，陳志封遂安伯。俱奉天翊衛宣力武臣，世襲，禄千石。

遣監察御史劉從政等往諭保靖宣慰司屬蠻人仇殺。

己丑，敕駙馬都尉廣平侯袁容掌北京留守行後府事。

《明史》卷六《成祖紀二》　庚寅，捕山東蝗。

《皇明大政紀》卷六　辛卯，淇國公丘福同文武百官進號謚。

《太宗實録》卷二〇下　壬辰，鎮海衛軍張琬言：「浙言定海諸處實倭寇出没之地。今太倉當其衝要，本衛舊委官率舟師防禦。然軍士數少，加以四散下屯，設或遇警，無以備之。乞令蘇州、鎮海二衛原選虎賁士以其半守護倉厫，其半與能幹官員管領，增添舟船，鎮守海口衝要之處，庶幾寇至無虞。」從之。

《國榷》卷一三　癸巳，鈞州蝗，免今年夏税。

《太宗實録》卷二〇上　甲午，户部言：「山東臨清會通税課局洪武間歲辦課鈔八千七百五十三貫。比年百姓流徙，商賈不通，致有虧兑。若春秋該税二千三十二貫，今止收二十九貫五百文，先後多寡之數懸絶。乞候人民稍甦，如舊徵之。」上命免徵二年，但經兵處俱准此例。

《國榷》卷一三　乙未，敕戒代王，條其三十二罪，俾改過。

敕北京留守行後軍都督府招諭口外逃軍聚劫者。

敕兀良哈，官軍人等但來朝者，俱授官，仍故地互市。

時議洪武中犯黨逆黥刺，爲建文中用者俱發原配所，有未犯罪爲齊、黄薦用者俱爲氓。上不聽。但洪武中黨逆發原配，非黨逆而黥刺者，罷爲氓。

丙申，置北京義勇後衛、神武中衛、忠義中衛、隆慶衛各經歷司。

太僕寺少卿祝萬獻市朝鮮馬千匹。將至，命盡給遼卒。

《明史》卷六《成祖紀二》　丁酉，河南蝗，免今年夏税。

《國榷》卷一三　己亥，論守城功。前北平左參政孫瑜爲户部左侍郎，左參議朱濬爲左通政，按察使喬穩爲兵部左侍郎，僉事楊泰爲順天府尹。

庚子，□軍都督同知陳恭爲右都督，掌北京留守，行後軍都督府事。

辛丑，都指揮使高實爲□軍都督僉事，參贊陳恭軍務。

故都督僉事陳文子敬爲前軍右都督，食禄，俟年長任職。

壬寅，賑歷城等縣饑。

《太宗實録》卷二〇下　癸卯，北京行部言：「順天八府所屬見在人户十八萬九千三百有奇，未復業八萬五千有奇，已開種田地六萬三千三百四十三頃有奇，未開種十八萬一千四百五十四頃有奇。」

勑北京行部，八府之民勤勞累年，宜厚撫綏。未復業者，悉使招撫復業。

甲辰，勑北京行部曰：「朕初奉兵靖難，北京之民皆出丁力以助之征討，輸家財以益軍需，朕心嘉之，未嘗少忘。昔太祖高皇帝混一天下，以直隸五府州之民供給爲勞，特優恤之。今内難既清，四方平定，可蠲實北京所轄郡縣，數歲之間，其出丁力，供財物，始終一致者，悉以名聞。」

《國榷》卷一三　諭天下諸司，事干王府，俱啓王知之。

丙午，南海番禺潮溢，壞民居。

六月丁未朔，許軍士六十以上還鄉，以壯者代。

戊申，沐昕爲駙馬都尉，尚常寧公主。

刑科都給事中周璟爲山西右布政使。

庚戌，致仕户部尚書王鈍言三事，曰囚人不分籍，但挨程安置；曰攢運冬衣布花，及時給邊卒；曰通州迤東驛，每站撥官馬十匹。悉從之。

辛亥，上苦久雨，遣户部侍郎李文郁往佐夏原吉治水。

《明史》卷六《成祖紀二》　壬子，代王桂有罪，削其護衛。

《明通鑒》卷一四　上賜璽書戒之曰：「聞弟縱戮取財，國人苦之，告者數矣。且王獨不記建文時耶？」尋詔有司：「自今王府不得擅役軍民，斂財物。聽者並治之。」

《明史》卷六《成祖紀二》　癸丑，遣給事中、御史分行天下，撫安軍民，有司奸貪者逮治。

丁巳，改上高皇帝、高皇后尊謚。

《國榷》卷一三　戊午，詔天下，仍頒安南、暹羅諸國。

設水東、乖西二蠻夷長官司，隸貴州都司。

辛酉，《太祖高皇帝實録》成，宴諸臣。

甲子，河南郡縣蝗，不以聞，遣御史按之。

丁卯，增行部户曹主事一人。

泉州衛金門千户所械至海島逃民，上釋之，且問其尚有未歸者乎？曰：「有之。」因遣敕往諭。

《明史》卷六《成祖紀二》　戊辰，武安侯鄭亨鎮宣府。

《明通鑒》卷一四　〔鄭〕亨至邊，度宣府、萬全、懷來形便，每數堡相距中，擇一堡可容數堡士馬者，爲高城深池，浚井蓄水，謹瞭望。寇至，夜舉火，晝鳴礮，併力堅守，規畫周詳，後莫能易。

《國榷》卷一三　始遣中官祭中霤。

《太宗實録》卷二一　己巳，書諭郡王高煦曰：「聞爾兵行初至清河，從者爲雷震死；過居庸，汝幕中釜鳴，皆不祥之徵，不可不謹。即率騎兵三百人還北京，餘令武安侯鄭亨、武城侯王聰、安平侯李遠總之，就駐宣府。」

《國榷》卷一三　庚午，尚寶司丞李得成爲陝西布政司左參政。得成雖不學，能數言民事，上重之。

辛未，朝鮮表謝，且請冕服，許之。

乙亥，舊承奉司改北京内官監。

七月丙子朔，命翰林侍讀學士解縉等輯《永樂大典》。

《皇明大政紀》卷六　上曰：「天下古今事物，散載諸書，不易檢閱。朕欲悉采各書所載事物，名數類聚，而統之以韻，庶便考索。嘗觀《韻府》等書，采摘不廣。爾等將自有書契以來，凡經史子集，百家、天文、地志、陰陽、醫卜、僧道、技藝之言，備輯爲一書，毋厭浩繁。」

《太宗實録》卷二一　戊寅，吏部言：「太僕寺、太常寺、光禄寺、通政司、大理寺、國子監、鴻臚寺、翰林院正佐官考滿，舊例四品以上本部不考，五品以下未有定擬。」命准四品以上之例。

《國榷》卷一三　己卯，定靖江府輔國將軍品級禮儀。

《太宗實録》卷二一　乙酉，降浙江都指揮同知李信爲指揮使。信坐威迫管軍官致死，法司論其罪落職，以聞於上。上念舊信勳，特宥之。

《國榷》卷一三　丙戌，諭兵部曰：「漢文帝時，閭巷有馬千匹爲羣，其聽民畜私馬。」

賑淮、徐粟八千四百八十餘石。

《太宗實録》卷二一　戊子，勑鎮守遼東保定侯孟善曰：「爾奏天數鳴。考古書，所鳴之方有兵。天戒如此，不可不慎。其深警省毋怠！」

《國榷》卷一三　己丑，復户部左侍郎嚴奇良、右通政丘顯官。

致仕禮部尚書鄭沂來朝，命署禮部。

〔庚寅，復貽書鬼力赤。〕曰：「有天下者，必得天命，非人力也。宋失天命，元世祖得之，嗣後荒縱，民散政乖，又復失之。我高皇帝削平禍亂，統馭華夷，豈人力也哉？朕承天休，入承正統。重念帝王以天下爲家，遣使者報書幣。可汗當知天命廢興之故，講好修睦。乃聞竊有覬覦。古云：『順天昌，逆天亡。』可汗寧不鑒？此再書諭意，并致儀物，可汗審之。」遣繒綺表裏各二，仍賜所部馬兒哈等各一。

《國榷》卷一三　癸巳，北京行部左侍郎許思温爲吏部左侍郎，右侍郎墨麟爲兵部右侍郎，行部郎中王鍾爲户部左侍郎，前北平布政司右參議盧祥爲刑部右侍郎。

新昌伯唐雲卒。雲不詳其始。事燕王，領侍衛。年長諸將，勇智服衆，屢從戰守。以都指揮使封世指揮使。

乙未，免崑山水災田租六千二百八十石。

丙申，户部尚書郁新言：「漕運自淮安，船可三百石以上。入淮河沙河，至陳州更船，可載二百石以上。至跌坡，更大舟入黄河。至八柳樹，陸運赴衛河入京。」上從之。

丁酉，周世子有燉來朝。

占城國王占巴的賴入貢。

己亥，遼東金州等衛蝗，命捕之。

《太宗實録》卷二一　庚子，勅諸邊將曰：「今火星犯壘壁陣，占云先起兵者亡。諸將守邊，須上順天心，下察敵情。如有機可乘，時不可失，亦須詳審。若敵情未得，無可乘之機，宜謹天戒，切勿妄動。」

癸卯，命禮部訪求在京官員軍民之家女子年十五至二十，容止端正，德性閑淑者，備王妃之選。

《國榷》卷一三　紹興知府李慶爲刑部右侍郎。

八月丙午朔，處州知府劉仲廉爲工部右侍郎。

戊申，遣右僉都御史俞士吉賜户部尚書夏原吉《水利集》。

《明通鑑》卷一四　原吉上言：「浙西諸郡，蘇、松最居下流，嘉、湖、常三郡頗高，環以太湖，綿亙五百餘里，納杭、湖、宣、歙溪澗之水，散注澱山諸湖以入三泖。頃有浦港堙塞，漲溢害稼。拯治之法，在濬吴淞諸浦。按吴淞江袤二百餘里，廣百五十餘丈，西接太湖，東通海，前代常疏之，而當潮汐之衝，旋疏旋塞。自吴江長橋抵下界浦百二十餘里，水流雖通，實多窄淺。從浦抵上海南倉浦口百三十餘里，潮汐淤塞，已成平陸，灩沙游泥，難以施工。嘉定劉江港，即古婁江，徑入海，常熟之白茆港，徑入江，皆廣川急流。宜疏吴淞南北兩岸安亭等浦，引太湖諸水入劉家、白茆二港，使其勢分。松江大黄浦，乃通吴淞要道。今下流遏塞難濬，旁有范家浜，至南倉浦口徑達海，宜浚令深闊，上接大黄浦以達泖湖之水，庶幾復《禹貢》三江入海之舊。水道既通，乃相地勢，各置石閘，以時啓閉，每歲水涸時，預修圩岸以防暴流，則水患可息。」上命發民丁開濬。原吉晝夜徒步，以身先之。

《國榷》卷一三　蘇州知府湯宗下獄，坐視水患也。

己酉，安丘縣紅河決，傷稼，遣築。

《太宗實録》卷二二　辛亥，户部言，四川羅片鹽井水耗，其井研縣大羅片竹筒小井可以開煎。從之。

《國榷》卷一三　翰林院侍讀胡廣、編修王達主試應天。

癸丑，行人吕讓、丘智使安南，按察副使聞良輔、行人寧善使爪哇、西洋、蘇門答剌，□科給事中王哲、行人成務使暹羅，行人蔣賓興、王樞使占城、真臘，行人邊信、劉元使琉球，翰林待詔王延齡、行人崔彬使朝鮮，各賜其國王絨、錦、織金、文綺、紗羅有差。并敕安南胡奃，毋恃强侵占城。

丙辰，禮部言：「鹵簿宜有九龍車，又舊金鉦、紅鼓四，魫燈、紅油紙燈各三雙。」上曰：「先朝定禮，豈可輒增？第補其舊。」

《皇明資治通紀》卷一二　命内臣齊喜提督廣東市舶。内臣提督市舶始此。

《國榷》卷一三　己未，左通政趙居任、行人張洪、僧録司右闡教道成使日本。

《太宗實録》卷二二　辛酉，福建建寧府言：「本府建安等七縣歲徵糧二十萬一千餘石，原撥輸建寧衛及本府倉。今以建陽、崇安二縣糧改撥福州。自崇安至福州七百餘里，水皆灘石，難以輸運。乞仍輸本府倉爲便。」從之。

《國榷》卷一三　賜晉王濟熺書，戒其弟濟炫擅給驛書。

乙丑，平江伯陳瑄海運四十九萬二千六百餘石，赴北京、遼東。

丙寅，羽林前衛致仕千户王欽訐歷城侯盛庸不法，賜銀鈔，進指揮同知。

《明史》卷六《成祖紀二》　己巳，發流罪以下墾北京田。

《國榷》卷一三　庚午，内官楊宣等敕諭麓川、車里、八百、老撾、古剌、孟定、孟養、木邦等土官。

《明史》卷六《成祖紀二》　甲戌，徙直隸蘇州等十郡、浙江等九省富民實北京。

《國榷》卷一三　九月丙子朔，諭中外羣臣曰：「爲君難，爲臣不易；創業難，守成不易。剛柔寬猛適其中，禮樂刑政有其序。唐虞三代至漢、唐、宋，率繇諸道。是故舜清問下民，報虐以威，誅四凶，舉五官，明五刑，然後無爲恭己。神禹承之，無間可議。夏桀之亂，民從其暴。成湯之興，兼弱攻昧，取亂侮亡，肇修人紀，用革慆淫。既奠四方，子孫承之，惟監于成憲。殷紂之亂，商俗靡靡。周公相武王，誅紂伐奄，遷殷頑民，滅國五十。繼相成王，制禮作樂，垂拱仰成，刑措不用。漢承秦亂，高祖令蕭何定律令，韓信申軍法，張蒼定章程，法令嚴明。惠帝清静，至于文、景，除挾書，已肉刑，務崇寬厚。唐承隋末，諂諛汰侈，暴慢成風。高祖定官制，頒律令，行租庸調法，沙汰僧尼道士，勳臣犯法，無所假貸。太宗貞觀之後，懲斬趾，禁鞭背，删定律令，變重爲輕，力行仁義，幾致刑措。宋興承五季之亂，太祖、太宗頗用重法，糾懲奸慝，躬自折獄，務底明慎，立法制嚴，用法情恕。咸平以後，删其繁密，益務寬仁，子孫承之，含弘光大，恭儉純誠，未嘗殺一不辜。此歷世守成創業之事。剛柔寬猛，禮樂刑政，厥中厥序，莫不遞用。朕太祖高皇帝，天錫大聖之資，以當非常之變，奮自布衣，撥亂反正，比三代漢唐宋創業之時，又大相遠。蓋中華禮樂，化爲左衽，沈浸百年，陵夷已甚。高皇帝服古人所未易服，齊古人所不能齊，兢兢業業，勞心焦思，晝夜圖惟，經權常變，不得已而用刑，特權時之宜耳。及立爲典常，既有定律，復爲祖訓，墨劓剕宫，並禁不用。朕克遵成憲，仰思聖謨，夙夜祗服。惟欲興禮樂，舉賢才，施仁政，以忠厚爲治。爾尚各共乃職，敬乃事，勿爲朋比，勿事貪黷，勿恣情縱欲，以干匪彝。至于用刑，必欽必慎，期于刑措，用臻康理，以上不負皇考創業之艱，而朕于守成之道，亦庶幾焉。」

《太宗實録》卷二三　戊寅，福建延平府尤溪縣言：「本縣與沙縣歲運糧於福州、延平二府。本縣去延平二百餘里，且順流而下。宜以本縣糧運福州，沙縣運延平爲便。」從之。

《國榷》卷一三　己卯，大興縣進嘉禾，薦太廟。

庚辰，嘉興知府劉觀爲雲南按察使。未行，改户部右侍郎。

爪哇國西王都馬板入貢。

《皇明大政紀》卷六　辛巳，勑吏部令内外諸司各舉賢才。敕曰：「朕以眇躬，嗣成大統，圖惟求賢，以資治理，宵旰遑遑，急于飢渴。其令内外諸司於羣臣百姓之中各舉所知，或堪重任而沉滯下僚，或可繁劇而優游散地，或拘道懷才，隱居田里，並以名聞。毋娼嫉蔽賢，毋狗私濫舉。《書》曰：『舉能其官，惟爾之能；稱匪其人，惟爾不任。』欽哉！」

《太宗實録》卷二三　壬午，陞通政司左參議苗微爲雲南按察使。

《國榷》卷一三　開四川夾江縣井鹽。

修西華縣決隄。

《明史》卷六《成祖紀二》　癸未，命寶源局鑄農器，給山東被兵窮民。

《國榷》卷一三　雲陽伯陳旭往南畿閲軍。

《太宗實録》卷二三　戊子，改前廣西右布政使張拱辰爲福建右布政使，陞户部都給事中徐奇爲廣東右布政使，兵科右給事中胡濙爲户科都給事中，擢開化縣丞王鐸爲禮科給事中，人材劉士傳爲兵科給事中，山西布政司照磨周幹爲山東道監察御史。

己丑，禮部言：「今天氣已凉，宜循舊制，在京文武四品以上官命婦朔望朝中宫。」上曰：「止令文武三品以上命婦入朝，寒暑雨雪遵舊制免之。」

宣府副總兵安平侯李遠奏：「山西緣邊胡寇出没不常，且冬寒冰堅，適其南嚮之時，宜令都指揮房昭、指揮同知董忠率軍備禦。」上曰：「天氣凝寒，士卒新至者弗勝，姑止勿遣。但令守邊將士嚴加瞭備。如寇至，即堅壁清野，寇當自退。」

《明史》卷六《成祖紀二》　庚寅，初遣中官馬彬使爪哇諸國。

《國榷》卷一三　大寧都指揮僉事王庸嘗掠氅居民，宥死，戍邊。

辛卯，鎮守貴州鎮遠侯顧成上書：「雲南兩廣蠻寇，如竈上掃除；東南狡倭，沿海嚴防，亦無足慮。惟北虜遺孽黠悍，遷徙鳥舉，即之如搏影，終爲國患。及今小康，數使使賞賚慰藉，偵伺動静，高城浚湟，屯田積粟，厲兵秣馬，不宜一日懈。若留家漠北，輕兵入寇，據險設覆，彼騎不得施，出不得展，蹈瑕候間，我可得志。如是數年，虜難抒矣。國家大事，臣所欲言者，早立東宫，贊萬幾，使天下臣民，共享太平之福。」上善之，賜金幣。

壬辰，吏部尚書蹇義等言：「建文中授官被斥，不宜復。」上曰：「此皆皇考所遺，安得以建文故棄之？第量才擢用。」

癸巳，陝西行都指揮僉事張豫坐易官鈔，戍邊。

《明通鑑》卷一四　鎮守雲南西平侯沐晟奏：「車里宣撫司土官刁暹答侵威遠地，虜其知州，請發兵討之。」

上謂兵部曰：「兵易動難安，一或輕舉，傷人必多。且人有不善，以理告諭，未必不從。如其不從，加兵未晚。」乃敕晟遣人諭之。刁暹答果悔懼，乃還所虜知州及威遠之地，遣人入貢方物謝罪。

《明史》卷六《成祖紀二》　乙未，奪歷城侯盛庸爵，尋自殺。

《明通鑑》卷一四　〔陳〕瑛自廣西召還，攝臺憲事，天性殘忍，受上寵任，益務深刻，專以搏擊爲能。甫蒞事，即言：「陛下應天順人，萬姓率服。而廷臣有不順命，效死建文者，如侍郎黄觀、少卿廖昇、修撰王叔英、紀善周是修、按察使王良、知縣顔伯瑋等，其心與叛逆無異，請追戮之。」上曰：「朕誅奸臣，不過齊、黄數輩。後二十九人中，如張紞、王鈍、鄭賜、黄福、尹昌隆，皆宥而用之。況爾所言，有不預此數者，勿問。」後瑛閲方孝孺等獄詞，遂簿觀、叔英等家，給配其妻女，疏族外親莫不連染。大理少卿胡閏之獄，所籍數百家，號冤聲徹天，兩列御史皆掩泣。瑛亦色慘，語人曰：「不以叛逆處此輩，則吾等爲無名。」于是諸忠臣遂無遺種。及擢任左都，益以訐發爲能。自劾庸後，以次及諸勳戚，中外文武，無不側目重足矣。

《太宗實録》卷二三　丙申，錦衣衛引清凉寺僧言：「近寺軍民牧放牲畜，蹂踐寺外之地。今捕得其人，請付法司治之。」上命釋之，曰：「京師隙地少，居人艱於孳畜。寺外有閒地，則推以便之，乃契佛濟利之心，此何必禁？」

《國榷》卷一三　丁酉，命撰《皇考樂章》。

戊戌，前軍都督府臣奏：「貴州都司言，普定衛遣鎮撫寧忠往普安，道經普利驛，所乘馬蹂踐王館，請罪之。」上曰：「驛館以備過使止宿，朝廷未嘗設王館。若是，諸王經過，不過暫時留止，豈是常制？忠不足罪，其釋之。」

己亥，遣内官李興等敕勞暹羅國王昭禄羣膺哆羅諦剌。

禮部以日本貢使至寧波，請籍其兵器刀槊等，毋民鬻。上命官市之，安其心。

《明史》卷六《成祖紀二》　庚子，岷王楩有罪，削其護衛。

《國榷》卷一三　賜各衛胡人姓名。

《皇明大政紀》卷六　上與侍臣論時政。上曰：「朕即位未久，常恐民有失所。每宵中秉燭夜坐，披閲州縣圖籍，静思熟記。何郡近罹飢荒，當加優恤，何郡地迫邊鄙，當置守備。旦則出與羣臣計議行之。近河南數處蝗旱，朕用不寧，故遣使省視，不絶於道。如得斯民小康，朕之願也。」

《太宗實録》卷二三　辛丑，刑部尚書鄭賜等奏：「吏部不謹，所書文移多謬誤塗擦，員外郎、主事亦不省視，輒聽行之，皆當治罪。」上曰：「人精神有限，案牘煩勞，豈無過誤？但無欺弊，可釋之。」

《國榷》卷一三　壬寅，禮部尚書鄭沂、户部左侍郎嚴奇良、通政司右通政丘顯俱致仕，賜敕宴。上顧禮部曰：「是皆皇考舊臣。自今舊臣老致仕者，禮之如沂，毋得有貶。」

十月乙巳朔，定軍功襲職例。

丙午，承天門守衛千户奏：「工匠遺牌，無名氏，列寶鈔提舉司官吏不法。」上以私忿，毁之。命後蜚語俱勿問。

《太宗實録》卷二四　戊申，勅遼東及陝西行都司，凡外國使臣朝貢及來歸者皆宴待之。以都司官主宴，其正副使及從人供具各有差。

《國榷》卷一三　上謂六科給事中曰：「四方蝗旱，民之艱食。宦寺服食朝廷，乃有畜養雞牲，糜費食米者。此輩論其一日當饑民一家之食，業行禁戢。爾等識之，再爾不宥。」

成陽侯張武卒。

大理寺卿薛嵓等奏：「各省布政司所上死獄，請遣御史分決。」從之，命左都御史陳瑛等授御史簡書慎刑之意。臨決苟有可生，即與辨釋。

《太宗實録》卷二四　庚戌，上謂侍臣曰：「朕思皇考所任之人，建文時爲奸佞所擯斥者，多不當罪。已勅吏部召至，將復用之。今中外官已滿無缺，宜令歸俟命。其有老病不仕事者罷歸。蓋孝子於親之遺物，有不忍棄，況人才乎？」

辛亥，上謂禮部臣曰：「帝王居中，撫馭萬國，當如天地之大，無不覆載。遠人來歸者，悉撫綏之，俾各遂所欲。近西洋、回回、哈只等在暹羅間，朝使至，即隨來朝。遠夷知尊中國，亦可嘉也。今遣之歸，爾禮部給文爲驗，經過官司毋阻。自今諸番國人願入中國者，聽。」

都察院左都御史陳瑛、刑科等科給事中馬禎等劾奏順昌伯王佐鎮守雲南，占據官民田地，大興土木，虚使軍士，私用官錢，激變蠻夷之事。上命姑宥其罪，所占田地追奪復舊，所私用庫錢如數償官。

《國榷》卷一三　癸丑，上御奉天門，顧侍臣曰：「有言朕法令太寬者。夫治人如醫，有是疾則服是藥，不反傷矣。朕守成之日，正不敢傷民之時。無疾服藥，朕不爲也。」

乙卯，敕鎮守永平山海成安侯郭亮選三千騎，勦十八盤賊。

敕建昌府同知馮士成等二十六人曰：「爾等事我皇考舊矣。建文中罷斥爲民，亦有不當罪者。朕思任舊人，仍召爾至。方今官備，爾且歸家。念皆蒼顏皓首，勿欲重勞。特賜冠帶，仍爾舊職。歸尚撫爾子孫，率化爾鄉人子弟。」因賜道里費有差。

日本使者至京師，上優禮之，遣官護送還國，並賚道義冠服、龜紐、金章及錦綺、紗羅、細軟之物。

山西蝗，遣捕之。

丙辰，敕寧夏總兵官左都督何福曰：「朕委爾鎮守，度事合宜即行之，勿人言自疑。」時有讒福者。

緬甸頭目那羅塔入貢，訴木邦孟養阻道，乞賜職印。從之，設緬甸宣慰使司。

丁巳，遣内官尹慶等詔諭滿剌加、柯枝諸國。

戊午，通事鎖飛自迤西還。初，鎖飛同鎮撫合哈帖木兒使迤西。時鬼力赤阿魯台擊瓦剌馬哈木，大敗之，鎖飛等被留，鎖飛夜竊其馬脱歸。

己未，上御奉天門，命侍臣輯古嘉言善行有裨君道者，以授皇長子。諭曰：「朕少庽鳳陽，民間細事，靡不究知。受命北平，經絶塞，冒霜雪，與士卒同甘苦。身所未歷，則博考載籍，覽鏡昔人之言行。今長子居守北平，雖吏案奏牘，亦令躬閲，以知爲臣之難，他日可爲君也。」

賞北京守城官刑部左侍郎李友直等金幣有差。

《太宗實録》卷二四　庚申，上謂兵部尚書劉儁曰：「武臣中有韃靼人，多不識字，難委以政，故只令食禄。遇有警急，則用以征伐。今中國人亦有冒韃靼名以避政事者，其曉諭改政，不改政者罪之。」

《國榷》卷一三　辛酉，户部尚書郁新等言：「湖廣夏税踰期，布政司、守、令俱可罪。」上曰：「賦入有經制，耕穫有先後，道里有近遠。其勿問，另限之。」

《太宗實録》卷二四　壬戌，以河南道淤塞，革山東濟寧州之耐牢坡、聊城縣之周家店、來海務，臨清縣之臨清閘、會通閘五垻官。

河南布政司左參政蔡淵自陳才力不及，願別授一職，命爲山東鹽運司運使，改本司運使。孫秀爲陝西河南鹽運司運使。

甲子，勅甘肅總兵官左都督宋晟曰：「知哈密安克帖木兒遣人貢馬，爾已差人送京。其頭目所貢者，可選善馬送來，餘皆以給軍士。然須分別等第以聞，庶可計直給賞。蓋厚往簿來，柔遠人之道。凡進貢回回有馬欲賣者，聽於陝西從便交易。須約束軍民，勿侵擾之。」

《國榷》卷一三　慶成王濟炫來朝。

敕晉府長史龍鐔等曰：「古人臣無私交。王府與西番往來，以私車遞送。王年少不知古，長史儒者謂不知乎？廷臣欲朕法爾。朕姑不問，尚慎戒之！」

乙丑，兵科給事中言：「天下衛所官吏上籍，或額數盈朒，或姓名舛異，或不印，或不臣，或不年月日，皆不敬，當罪。」上曰：「人精神有限，案籍繁勞，或短計數，或成迫促。姑條詰之，更令詳進。」

丙寅，治福建巡海指揮李彝罪，追卹福州中衛百户孫瑛等。瑛擊海寇死，彝不之援，且冒功。

戊辰，修祖陵，易黄瓦。

《皇明大政紀》卷六　賜鎮守貴州鎮遠侯顧成銀幣。上謂侍臣曰：「漢武帝窮兵黷武，以事夷狄，全盛之力，遂至彫耗。當時雖得善馬，豈足償萬一之費？朕今休息天下，惟望時和歲稔，百姓寧安。至於外夷，但思有以備之，必不肯自我擾之，以罷斃生民。近成言今日惟當安養中國，慎固邊方。此言甚合朕意。蓋斯人老成，非喜功好勝之流，以是特嘉獎之。」

《太宗實録》卷二四　壬申，左都御史陳瑛等奏，中書舍人芮善妄奏刑部官罪，請下獄。先是，善之弟家武進，夜有盜，殺之，并殺其婦，劫其財物。弟家疑所親覩者，捕送于縣，獄具，上刑部。刑部驗非盜，縱之。善白上，刑部官故出劫盜，更命御史鞫之。御史復驗非盜，縱之，遂明刑部官無罪，請罪善。上曰：「兄弟同氣，遭罹非命，心切哀憤，理有未察。然今尚未明盜，假令獲盜有驗，而善固誣執盜，則不貸。其釋善勿治。」

《國榷》卷一三　靖安侯王忠鎮北京，屯田。

癸酉，高平縣吏告知縣斂民財，市馬給遞，送大理寺。臣言方禁斂財，宜抵死。上曰：「禁令不許爲私也。馬給遞送，公事矣。」釋復職。

甲戌，西洋剌泥國回回哈只馬哈没奇剌泥等入貢，附載胡椒，當税。上以慕義，免之。

《明史》卷六《成祖紀二》　十一月乙亥朔，頒曆於朝鮮諸國，著爲令。

《國榷》卷一三　丙子，或訐寧王權誹謗魘鎮事。上謂必出細人，再逮之。不發。遂賜權書：「兄弟同氣，近事悉不問。第用小人，必害家國，更不必蔽。」

《太宗實録》卷二五　戊寅，書諭世子曰：「山後官員軍民本皆無罪之人，曩因建文殘害骨肉，禍及無辜，不得已逃遁，飄零艱窘，深可哀矜。今既來歸，其令官仍原職，兵仍原伍，民仍原業，咸加綏撫。後有歸者悉如之。」

《國榷》卷一三　錦衣衛奏死罪一，上審其情，宥戍興州。因諭刑部曰：「朕矜其愚，人無不可與自新。且國家得一人耕，亦可食數人。其爲例。」

己卯，四川行都司奏：「越嶲衛地，番寇時掠，宜勦捕。」上曰：「令嚴備，遣使諭之。」

庚辰，右軍都督僉事陳俊等運淮揚倉粟百五十七萬六千二百石有奇，赴陽武，轉輸北京。

《太宗實録》卷二五　壬午，湖廣指揮同知康鎮有罪，誅。

《國榷》卷一三　癸未，命浙江都指揮僉事程鵬率兵防倭寧波。

《皇明大政紀》卷六　丁亥，定給驛例。凡五府、六部、都察院遣人馳驛辦幹公事，必同都、布、按三司委官者，水路許乘驛船。若都、布、按三司自委官，并承差人等，於各府州縣催辦公事者，水路都司所委官乘軍衛快船，布、按二司所委官及承差人等乘遞運所船；陸路都司委官乘自己官馬騾驢，布、按二司委官給馬騾驢，承差人等悉自備。諸番朝貢使，至市舶提舉司馳報者，給驛。

《國榷》卷一三　己丑，晉恭王第六子濟熿來朝。

辛卯，敕兀良哈部落曰：「朕設泰寧、福餘、朵顔三衛，俾爾統衆鎮邊。舊嘗授官者以聞。其頭目等當授官者，朕即授之，俾世居土樂業。三衛歲二貢，每貢三百人。」

《明史》卷六《成祖紀二》　壬辰，罷遣浚河民夫。

《皇明大政紀》卷六　初，洪武中免應天府夏秋二税，但擇其丁壯，每歲農隙，聽供力役。及是河内淤塞，發其丁壯濬治。適時暄暖，胥樂赴工。將畢，是日旱風，沍寒。上召福等謂曰：「民供役久，衣食未必盡給。今且遽寒，且各賜鈔二錠，罷遣歸。未畢之工，令京衛軍士次第成之。」

《太宗實録》卷二五　癸巳，甘肅總兵官左都督宋晟奏：「韃靼察罕帖木兒來歸，言虜黨伯客帖木兒欲寇甘肅、寧夏。」上即日封晟所奏付寧夏總兵左都督何福，令嚴固守備。

《明史》卷六《成祖紀二》　甲午，北京地震。

《國榷》卷一三　市哈密馬四千七百四十匹。先是，許其入馬。

《太宗實録》卷二五　乙未，上諭兵部臣曰：「將士隨朕征討，其中有陣亡病死者已録其後，亦有妻子孤寡，不能自陳，親管官隱匿不報，致失所者，非朝廷報功之意。宜速下各衛，令征討官應襲子孫年十五以上者，送兵部襲職。十四以下并寡婦幼女，送京師優養。旗軍死亡，有幼男者，紀録食糧。當陞以官者，如例陞之。其無子，止有寡婦幼女者，一體優給。若有親可依，不願赴京者，聽其俸糧如例，於所在給之。」

《明史》卷六《本紀·成祖紀二》　命六科辦事官言事。

《明通鑒》卷一四　上初即位，欲周知民隱，命吏部尚書蹇義等：「凡郡縣考滿至京，選其識達治體者，令于六科辦事，俾各言所治郡縣事。」卒無言者。

上諭給事中朱原貞等曰：「郡縣之間，豈無一事可言？今在朕左右，尚猶默默，況遠在千萬里外乎？卿等可以朕意諭之，何利當興，何弊當革，皆勿隱。若今不言，有他人言之，則無所逃罪矣。」

《明史》卷六《成祖紀二》　丙申，韓觀討柳州山賊，平之。

《明通鑒》卷一四　〔韓〕觀爲忠壯侯成之子，生長兵間，有勇略。洪武間，歷平湖南、廣西諸蠻，凡前後斬獲以萬計。建文初，練兵德州，禦燕師，無功。上即位，以觀將家子，委任如故，遂由江西改鎮廣西。而觀性鷙悍，誅罰無所假，下令如山，人莫敢犯。上既命觀節制兩廣官軍，知其嗜殺，特賜璽書，諭以「蠻民易叛難服，宜先以德義綏懷之，毋專殺戮」。會羣蠻復叛，上遣員外郎李宗輔賫敕招之。觀大陳兵，示將發狀，而遣使偕宗輔往。于是桂林蠻復業者六千家，惟思恩蠻未附，而慶遠、柳潯諸蠻，方殺掠吏民。觀乃上章請討，遂與指揮葛森等擊斬理定諸縣山賊千一百八十有奇，禽其酋五十餘人，斬以徇。獲其所掠男女，歸之于民，而撫輯其逃散者，民皆大悦。

《國榷》卷一三　四川都指揮使胡淵有罪免。

《太宗實録》卷二五　戊戌，書諭世子曰：「朕念北京兵燹以來，人民流亡，田地荒蕪，故法司所論有罪之人，曲垂寬宥，悉發北京境内屯種。意望數年之後，可以助給邊儲，省餽運之勞，且使有罪者亦得保全。今聞此輩畧不留心農事，十五爲羣，日聚城市，遊蕩逐末。爾可諭有司嚴督之就農畝，毋令復蹈前過。」

《國榷》卷一三　己亥，封濟熿永和王。

敕山西右布政使周璟曰：「爾擢官未期，聲稱綽著，慎終如始。尚敬懋哉！」

辛丑，女直野人頭目阿哈出等來朝，設建州衛軍民指揮使司。

《太宗實録》卷二五　閏十一月甲辰朔，諭北京留守行後軍都督府及行部臣曰：「從朕征討將士身冒矢石，萬死一生。事定功成，報以爵賞。乃有不思艱難，保守富貴，往往觸犯刑憲，已謫令屯戍。今念前勞，特加矜貸，官復原職，軍復原伍。逃叛者不出此例。」

《國榷》卷一三　兵部主事牟諭上言：「臣往廣西撫諭桂林諸蠻，皆已歸化。第猺獞恃險，出没不時，兵至則匿，兵退則出。官軍遠入，觸瘴多疾。惟土兵諳其地情，可責收效。今後宜合官軍協擊，彼慕利爭先，可免轉運損伍之患。」上從之。

乙巳，靖江王府贊儀之國桂林。

《太宗實録》卷二五　丁未，鎮守寧波浙江都指揮僉事程鵬奏：「寧波邊海，日本諸國番船進貢，往來不絶。而各衛提備之舟，率不相屬。卒有警急，輒用飛報，無與符驗，難以給驛。」命兵部以符驗給之。

《國榷》卷一三　巡按河南監察御史孔復招流民三十萬二千二百三十戸，墾田十四萬七千二百五十八頃。

《太宗實録》卷二五　癸丑，上諭都察院臣曰：「朝廷置風憲，爲國家耳目，糾察百僚，綱維庶政。比有司奸弊，生民疾苦，豈無可言？而因循翫愒，略無建明。爾其申明憲章，在内令監察御史，在外令按察司官各舉其職，庶副朕之委任。不能舉職者有罰。」

《國榷》卷一三　免鳳陽、淮安、徐州今年田租之半。

《太宗實録》卷二五　戸部臣言：「北方諸驛廪給米，去歲以濟寧迤北之地，久經兵旅，加以旱蝗，糧賦無出，遂定凡使命往來，其廪給止於見有儲積之處通支。自濟寧計若干程至德州，即先於濟寧通給。自德州計若干程至北京，即先於德州通給。今濟寧、德州皆言請令民於見有儲積之處轉運米粟，往緣途驛館頓貯待給爲便，宜從之。」上曰：「此徒知便於官，豈顧不便於民？北方之民勞悴未蘇，寒不得衣，飢不得食。朕早夜圖休息之，更安忍重勞之轉運？勿聽。」

丁巳，勑寧夏總兵官左都督何福曰：「得報，知韃寇倫都兒灰等於不老山屯駐，欲侵寧夏。爾其勵士焉，嚴斥堠以備之。毋或少怠。」

戊午，戸部臣奏：「近歲有商人於諸城納米中鹽者，雖米支鹽，而官已給引。因此非舊制，當追其引目，罷支所中鹽。」上曰：「商人米既入官，則當償鹽，不償是罔民而奪之。商人本錢，未必皆己所有。有賣其生産，有先捐數倍之利，告假於富室，而盡勤勞以入米，其所望非小，豈可奪之？引目勿追，所中鹽悉還之。但今後須循舊例。」

刑科都給事中馬禎、山東道監察御史康郁等劾奏都督袁宇，昔鎮雲南，占據官軍屯田一千餘畝，私役軍人耕種，侵支官屯子粒，擅用軍器，顔料不法之事，非止一端，已爲御史所劾，特蒙寬宥。今袁宇來朝，又不謝恩，乞正其罪。上命宥之，但追其所侵物入官。

《國榷》卷一三　行人楊渤還自安南，以國人表與胡奆表合。上從之。

庚申，上御奉天門。諭左都御史陳瑛等曰：「國家設按察司，糾察牧守，無所不得問，無所不得言也。河南蝗旱數歲，水爲民災，有司不撫字，甚者朘削之，按察司官不一言。其移檄切責，俾采察所部軍民利病及布政司守令賢否以聞。并檄各按察司及按治御史之在外者。

辛酉，賞福建金門千戸所千戸王斌、巡檢解迪追捕海寇功，進斌永寧衛指揮同知，迪所鎮撫。

《太宗實録》卷二五　癸亥，書諭世子曰：「比北京、山西地震。神道貴静，占法地震主兵，數動人不寧。上天示戒，不可不謹。宜撫綏軍士，嚴固城池，伺察人情，不可怠忽。其征討將士有犯，前罰北京屯種，今念曩昔之勞，已勑所司宥之，令官復其職，軍復其役，惟逃叛不宥。并諭爾知之。」

《國榷》卷一三　皇長孫至自北京。

甲子，上謂侍臣曰：「朕每當法司奏囚，未嘗不反覆思究之也。毫有可生，便從寬減。蓋往在軍中，未嘗輕僇，況今爲天下主哉！」

浚山西平遥縣廣濟渠。

《太宗實録》卷二五　乙丑，平陽府洪洞縣言：「本府翼城等州縣租税往年以其半運輸太原護衛，山澗險阻，人力艱難。常以重價就彼易粟，甚至破産不能輸者。今又令盡輸太原，民愈困乏。宜令富者減半，貧者除豁。」從之。

《國榷》卷一三　丙寅，賞從征哨騎功。

南陽縣言，逃民逋賦役，乞下令捕之。上顧戸部尚書郁新等曰：「民誰樂去其鄉哉？河南連歲水旱蝗螟，守令鮮撫字之。夫其田廬生業已廢，捕歸益之困耳。」

《明史》卷六《成祖紀二》　丁卯，封胡奆爲安南國王。

《明通鑒》卷一四　時楊渤等奉使至安南，奃復遣使隨渤還，進其國陪臣父老所上表，如奃所以誑上者，乞即賜封爵。上信之，乃命禮部郎中夏止善齎敕賜封。奃遣使謝恩，帝其國中自若。

《國榷》卷一三　寧夏總兵官左都督何福奏：「虜龍禿魯灰等住不老山，議入寇。惟嵬的哥以資糧不給，不從。」上知其譎，若不出槍桿、野狐二嶺，雲州之地，必向山西、大同，敕北京、山西爲備。敕未下，山西奏犯灰溝村黄甫川，如上所料。

辛未，上御奉天門，顧侍臣曰：「北京、山西、寧夏一時地震，朕心惕然。爾言其故。」對曰：「兵戈土木，應也。」上曰：「比年兵旅饑饉，民困甚矣，朕夙夜圖之。朕避暑樓居，武門、端門而已。後宫墊隘，不敢增修，慮土木也。若云兵戈，政當飭邊修備。」

癸酉，都督張文傑縱其子銘犯法，劾免。

《明通鑒》卷一四　十二月甲戌，侍讀學士解縉等奉敕修《古今列女傳》成，上之，上親製序文頒行。

《國榷》卷一三　丁丑，免邊衛屯官赴京考覈。

福建俘海寇至京，法當死，上宥之，戍邊。

《太宗實録》卷二六　戊寅，工部尚書黄福奏：「陝西行都司所屬屯田多缺耕牛、耕具，今准北京例官市牛給之，耕具於陝西布政司所屬鑄造。」悉從之。

陝西寧州言：「州税糧歲用輸寧夏、甘肅等衛，山岡險阻，車輛不通，致累年虧欠。乞改輸本郡。」從之。

《國榷》卷一三　癸未，封贈靖難公、侯、伯三代及妻如舊制。

初，國朝諸司職掌云：「嫡母在，所生之母不得封；嫡母亡，得並封。又武官嫡繼母在，所生庶母不封；嫡繼母亡，所生母在，宜如其子職封。繼母見在，嫡母已亡，合封繼母，追贈嫡母。嫡母及所生母俱亡，止贈嫡母。」時廣平侯袁容嫡母孫、生母劉俱亡，獨繼母羅在，而封贈例不一。命禮部翰林院議之。曰：「若生母、繼母俱在，禮難並封。今繼母在，當封。所生母并嫡母俱亡，亦可追贈。」從之，仍不爲例。

甲申，敕讓鎮守遼東保定侯孟善曰：「爾比遣百户傳漢出塞竊馬，以致喪没。内失可用之人，外失信于夷狄。遼東地腴，一年耕足數年之食，海運可省。爾不盡心屯務，軍士皮裘必先給，爾及今方言，有司展轉文移，豈浹旬可得？及皮裘至，天氣向暖，苦寒之地，下人何堪？爲帥如此，國亦何賴！」

《太宗實録》卷二六　乙酉，河南、陝西耆民趙八等言：「州連歲蝗旱，人民飢困，所虧秋糧二萬七千餘石乞折輸鈔。」從之。

《國榷》卷一三　賑棗强縣旱饑。

丁亥，諭吏部都察院曰：「爲國牧民，莫切守令。其令巡按御史及按察司，凡守令到任半載以上，以賢否貪廉之實奏。」

壬辰，免陳州今年災租。

《明通鑒》卷一四　詔禮部選國子監生三十餘人，分詔「天下軍民之家，有收藏高廟御製宸翰詩文者，皆送官繳進，仍重賚之。」以建文遜去，大内毁于火故也。

《太宗實録》卷二六　甲午，掌後軍都督府雲陽伯陳旭等奏：「陝西延安府府谷縣灰溝村黄甫川，雖延安屬地，然相離五百餘里，猝有緩急，應援不及。比者虜入其地，殺人畜。山西巡邏將士相去僅十五里，乃曰『非吾境内』，擁兵不救。請治以罪。」上曰：「吾令高守大同，此高之過也。忠臣爲國，知無不爲。況邊將以禦寇爲職乎？其移文切責之。」又曰：「姑宥之。復爾必誅不釋。」

《國榷》卷一三　乙未，楚世子孟烷來朝。

貢士王偁爲翰林院檢討。上更問吏部，檢討下何官？曰：「博士、典籍、侍書、待詔。」曰：「皆已除未？」對曰：「已除。」曰：「賢何如偁？」對曰：「舊博士中皆老成文學士。偁初除，未知。」上歎曰：「國家用人，以賢以勞。偁賢既未知，勞亦未有，乃令賢有勞者位其下，其自博士以下陞職皆與偁同。」于是博士張伯穎、王汝玉、典籍沈度、潘畿、侍書蘇伯厚、待詔王延齡、劉宗平、解棨俱進檢討。

戊戌，命户部尚書郁新録奏民間利病。

辛丑，安南胡奃入貢，且上章謝咎。時封命未至。

永樂二年（甲申、一四〇四）

《國榷》卷一三　一月，甲辰，敕曰：「今春時和，東作方興。天下文武諸司，各宜申明教術，勸課農桑，慎固封守。問疾苦，恤饑寒，黽勉誠心，崇寬厚之政。」

《明通鑒》卷一四　夏原吉上言：「蘇、松之水，雖由故道入海，而支流未盡疏洩，請復往治之。」上從其言，命原吉再行，浚白茆塘、劉家河、大黄浦，又以大理少卿袁復爲之副。

《國榷》卷一三　右軍都督僉事陳俊從祀太廟失儀，下錦衣獄。

《皇明大政紀》卷六　丙午，諭天下布政司、府、州進表官慎毋擾民。諭曰：「數年以來，軍旅供給，民勞爲甚。今略得休息，正如病者初痊，宜保養調護。若復勞擾，病將愈深。其共戒之。」

《國榷》卷一三　丁未，復遣監生劉源等三十二人分訪郡縣，購太祖宸翰。

戊申，修高郵湖隄。

庚戌，道士獻道經，斥之。

辛亥，詔近年兵器遺民間者，悉送官。

宣府備禦武城侯王聰、同安侯火真以千騎巡邊北。

户部右侍郎李文郁失廟祀，下獄，戍三萬衛。

《明史》卷六《成祖紀二》　乙卯，大祀天地於南郊。

《國榷》卷一三　丙辰，陝西按察副使王煜娶屬吏女被劾，徵下獄。

丁巳，敕占城國王占巴的賴：以安南胡奃服罪，不復侵越，爾宜輯睦自保。

《明通鑒》卷一四　定屯田賞罰例。時尚書郁新上言：「河南等處管屯都指揮劉英等上屯田歲入之數，臣部核計，一人所耕，不足自供半歲之食。請定例，凡管屯都指揮、指揮及千、百户所管軍旗，各以歲所入之數，通計一歲軍士人食米十二石之外，查均餘石數多寡以爲賞罰，由巡按御史及按察司覈實以聞。」從之。

《國榷》卷一三　戊午，詔自今有犯交易銀兩之禁，舉家屯戍興州。

《國榷》卷一三　庚申，論守城功。前燕府紀善李達、袁圭、吴牧、相佐、王克敬、王安、王弁、李能、何順、甄實，前監察御史柯榮俱爲給事中。

辛酉，禁民下海。時閩人私市外國致寇。

《太宗實録》卷二七　癸亥，將遣使西洋諸國，命福建造海船五艘。

《國榷》卷一三　戊辰，翰林院侍讀學士解縉、侍讀黄淮主禮闈。

《明史》卷六《本紀·成祖紀二》　己巳，召世子高熾及高陽王高煦還京師。

《國榷》卷一三　户部尚書郁新言：「河南都指揮劉英上屯數不足供半歲，宜罪。」上以始令，宥之。召英等諭曰：「屯田重務，爾輩糜禄，欲役疲民以贍惰卒，大非策矣。後不爾貸也。」

庚午，鴻臚寺卿楊砥爲禮部右侍郎，徐州判官晏璧爲山東按察僉事。

户部左侍郎孫瑜坐事降北京行太僕寺少卿。

辛未，徵署山西都司事都督僉事曹遠、都指揮使房昭下獄，以擅罪軍職也。

二月壬申朔，蜀世子悦燫來朝。

敕江西總兵官襄城伯李濂等，選卒三千，勦永新縣賊，毋濫及。

癸酉，置奴兒干衛。女直野人。

禮部引奏：「北方歲貢生入學十年下考者，當充吏。」上曰：「人心志舒泰，衣食温飽，始進于學。北方頃年苦兵餉，故業荒。其還學補十年後試之。」

乙亥，江西按察使周觀政有罪，謫河間驛卒。

命豐城侯李彬以卒騎二千助勦永新賊。

丁丑，毋連河等處朝使辭歸。上召使者前勞之，問田獵生事，久而退。顧侍臣曰：「彼萬里來朝，不稍垂顧問，必不歡附。」侍臣曰：「陛下懷柔至矣。第問其田獵，未及人民畜産，何也？」上曰：「田獵是其性俗。若問人民畜産，彼或心疑。朕方懷遠，故不及也。」

戊寅，禁小秤交易。大理寺得犯者，請論違制律。上問工部明禁否？對曰：「文移諸司矣。」曰：「榜市否？」對曰：「未。」上曰：「未榜市，其宥之。」

《太宗實録》卷二八　辛巳，户部言：「四川永通鹽課司金石井竈丁自陳，本井歲額鹽八萬三千七百三十斤，去山遠，難得薪。犍爲縣福全、保通二井水鹹薪便，一歲可得鹽十萬餘斤。乞就彼關煎爲便。」從之。

《國榷》卷一三　壬午，涇縣丞孫述、密縣丞程竑、盂縣丞李維亨、偃師縣丞孫英、孟津縣丞李逵、新安縣丞裴榮、臨漳縣丞韓隸、宜陽縣丞梁資、青城縣丞周志、繁峙主簿費賓、静樂主簿王順俱爲給事中，象山縣丞張翥爲監察御史。

設北京兵馬指揮司。

《太宗實録》卷二八　甲申，除直隸蘇州府崑山等六縣户絶田四千七百九十七頃九十一畝有奇税糧。

《皇明大政紀》卷六　山西參政蔚綬奏：「河東積鹽運至楊壺店，民貧難輸。宜令商人中鹽，年久者量增引數，以爲路費。使就關支，庶免勞民。」下六部議，加引行之。

《國榷》卷一三　乙酉，禮部請定闈額。上問其舊，尚書李至剛曰：「各科多或四百七十餘人，少則三十人。」上曰：「朕初年，且多之，不爲例。」得楊相第一。

相洪武二十七年乙榜，例教職，時年十六，父思貽言未堪人師，俾歸教之。後仍入太學。

丙戌，設兀者左衛。時兀者衛頭目脱脱哈等來朝。

丁亥，雲南布政司左參政張定有罪，謫德州驛卒。

《皇明大政紀》卷六　户部奏開中浙淮鹽，於北平倉納米者，每引二斗五升；於德州倉納米者，每引三斗五升。今北京所轄地方米價賤，宜通增一斗。」從之。

《國榷》卷一三　己丑，永新賊平，止李彬兵勿進。

刑科奏强盜論死，有年十五以下者二人。上曰：「耄悼不刑。二兒去悼不遠，其勿論。」

《皇明大政紀》卷六　遣應天府祭先農，命郡縣耆老陪祀，著爲令。

庚寅，内官楊真童等往賜孟定木邦土官綵幣。

壬辰，琉球國中山王世子武寧以中山王察度喪告，命遣祭，封武寧琉球國中山王。

《太宗實録》卷二八　癸巳，下令：「天下都司衛所屯軍百人以上者，止以百户一人督耕，三百人以上者，千户一人；五百人以上者，指揮一人，毋多曠軍職。其舍人餘丁願耕者聽。」

《國榷》卷一三　乙未，修國子監經籍板。

己亥，築寶應縣汜光、白馬二湖隄。

庚子，工科都給事中趙毅爲工部左侍郎。

三月壬寅朔，策貢士楊相等四百七十二人于奉天殿。

甲辰，内官張勤等往賜麓川、緬甸、孟養土官綵幣。

《明史》卷六《成祖紀二》　乙巳，賜曾棨等進士及第、出身有差。

《明通鑒》卷一四　己酉，始選進士爲翰林院庶吉士。初，洪武乙丑，始設庶吉士，然擇進士爲之，不專屬之翰林也。至是既授一甲三人爲翰林修撰、編修，復命于第二甲擇文學優等楊相等五十人及善書者湯流等十人，俱爲翰林院庶吉士，于是庶吉士遂爲翰林之專官。尋命解縉等選才資英敏者就學文淵閣，縉等選修撰棨、編修周述、周孟簡及庶吉士楊相等凡二十八人，以應二十八宿之數。庶吉士周忱，自陳少年願學，上喜而俞之，增忱爲二十九人，時謂忱爲「挨宿」。上命司禮監月給筆墨紙，光禄給朝暮饌，禮部月給膏燭鈔人三錠，工部擇近第宅居之。上時至館召試，五日一休沐，必使内臣隨行，且給校尉騶從。

《明史》卷六《成祖紀二》　庚戌，吏部請罪千户違制薦士者，帝曰：「馬周不因常何進乎？果才，授之官，否則罷之可耳。」

《國榷》卷一三　刑部奏：「方禁銀交易，江夏民有父死，以銀買葬具。」上曰：「禁銀交易，恐鈔輕耳。《詩》曰：『凡民有喪，匍匐救之。』其赦勿治。」

丁酉，雲南都指揮使曹隆爲後軍都督同知。

己未，琉球國山北王攀安知入貢。

庚申，上諭刑科都給事中楊恭等曰：「朕命御史、給事中撫安中外，要以禁止奸慝，導爲善而已。昨給事中丁琰至四川，見無犯者，乃陰遣親信，用銀誘民交易，已而執之。昔唐太宗以物試人，待其受之，則加之罪，賴魏徵諫止。古人以光明正大治天下，苛則不堪，僞則不信。脱小民畏法，反執陰誘者于官，曷用治之？都察院其執琰論罪。」

《太宗實録》卷二九　辛酉，命工部建進士題名碑於國子監，命翰林院侍讀學士王達撰記。

《國榷》卷一三　大理寺左少卿呂震爲寺卿，右寺丞吳中爲左少卿。

《太宗實録》卷二九　壬戌，擢知縣何廣、任壇、田本、宋玨、主簿古彦輝、鄧宗文、布政司都事呂彦機、衛經歷羅仲頡、府知事王順舉、監生李矩、周正、秦瓚、魏清、文振、許信、闕和、呂衡、楊祥、楊儼、任重、王理、陸必壽、王良俱爲監察御史。

《國榷》卷一三　甲子，諭六科給事中曰：「爾職居近侍，比不聞一言軍民利病，何也？君資臣成治，臣不輔法，是不忠。可退思之，條析以聞。」

遼東都指揮同知何琪失機，論死。

乙丑，世子及郡王高煦至京師。

《太宗實録》卷二九　丙寅，撫安江西給事中朱肇言：「比者工部遣人於江西買牛，令有司遞送淮安，轉送北京，給軍屯種，未免勞民。今江西、浙江、湖廣所屬郡縣，積歲没官牛共計五千餘頭，俱在民間牧養。若停收買，以民間見養之牛轉送給軍，則官民皆便。」上命工部勘寔。先以牛給本處屯軍，有餘者送北京，給軍屯種。

《國榷》卷一三　安定衛指揮朵兒只束等來朝，納馬五百，給布絹，後仍予茶。

《明史》卷六《成祖紀二》　戊辰，改封敷惠王允熈甌寧王，奉懿文太子祀。

《皇明大政紀》卷六　己巳，文武羣臣復上表，勸立皇太子。勅答立世子，禮部卜日具儀以聞。

《明通鑑》卷一四　初，靖難兵起，世子居守。高煦扈從，數有功，上以其類己，高煦亦以此自負，謀奪嫡。至是議建儲，淇國公丘福、駙馬都尉王寧等，皆言「高煦有功宜立」。獨兵部尚書金忠以爲不可。忠自姚廣孝薦，以卜得幸于上，靖難師起，召置左右，決以疑事輒有驗，以時進贊畫，預機務。上即位，論佐命功，擢工部侍郎，輔世子守北京，會從召還，進兵部尚書。因議儲，在上前歷數古適孽事，上不能奪，又密以告解縉、黄淮、尹昌隆等。一日，上詢之縉。縉言：「世子仁孝，天下歸心。」上不應。已，又頓首曰：「好聖孫！」上頷之。尋以問淮、昌隆，對皆與縉同。先是太子未至，諸臣屢請建儲，上不允，蓋意在高煦也。一日，諸臣應制題《虎彪圖》。圖畫一虎領衆彪，作父子相親狀，縉援筆成四絶句曰：「虎爲百獸尊，誰敢觸其怒？惟有父子情，一步一回顧。」上感其意，立召太子歸，至是遂立之。

《國榷》卷一三　諭六科都給事中馬麟等曰：「爾等疏駁奏牘，一字之悮皆喋喋，毛疵甚矣。文書委積，人精力偶敝。自今奏内數目月日等錯謬，令旁注印蓋之，不必以聞。」麟等曰：「有不稱臣者。」上曰：「下豈敢慢上！或猝遽漏書，亦旁增之。爾等在朕左右，凡天下何弊當革，何利當興，何所軍民未安，何人奸邪未去，當歷舉以言。如此細故，可略也。」

庚午，上御武英殿。語侍臣曰：「人君進退人，皆須服衆。若進一人而皆知其善，則誰不爲善；退一人而皆知其惡，則誰敢爲惡！非然者，私愛私惡，何以服天下。」

四月辛未朔，敕曰：「朕惟天下武臣，犯石矢，冒霜雪，累積功勤，致有爵位，或承祖父。往有犯刑，朕不忍遽絶其世，皆謫之遠方。今已踰歲，其令輕者復職，重者立功自贖。」

遣指揮完者秃那海、百户亦剌斯等敕諭瓦剌馬哈木等，賜文綺，并諭和林等頭目。

簡東宫官屬。淇國公丘福兼太子太師，成國公朱能兼太子太傅，吏部尚書蹇義兼詹事，工部右侍郎金忠爲兵部尚書兼詹事，兵部右侍郎墨麟、工部左侍郎趙毅俱兼少詹事，吏科都給事中朱原真、刑科左給事中陸善俱爲詹事府丞。

《明史》卷六《成祖紀二》　壬申，僧道衍爲太子少師，復其姓姚，賜名廣孝。

《明通鑑》卷一四　道衍佐上定策起兵，凡轉戰山東、河北，在軍三年，或旋或否，戰守機宜咸取決于道衍，雖未嘗臨戰陣，然上用兵有天下，道衍力爲多。至是論功第一，拜資善大夫，上與語，呼少師而不名。命蓄髮，不肯，賜第及兩宫人，皆不受。常歸僧寺，冠帶而朝，退仍緇衣如僧服。

《國榷》卷一三　禮部尚書李至剛兼左春坊大學士，翰林院侍讀學士解縉爲學士兼右春坊大學士，侍讀黄淮、胡廣爲左右庶子，胡儼爲左諭德，皆仍兼侍讀，侍講楊榮爲右諭德，仍兼侍講，楊士奇兼左春坊左中允，北京行部主事尹昌隆爲左中允，修撰李貫爲右中允，仍兼修撰，吏部左侍郎許斯温兼左贊善，編修陳仲完爲左贊善，仍兼編修，檢討王汝玉爲右贊善，仍兼檢討，國子博士徐善述、監察御史王子沂爲左司直郎，國子助教晁鎮、刑科給事中王文貴爲右司直郎，刑部司務楊正、國子博士楊斌爲左右清紀郎，教授程禧、教諭黄貫爲左司諫，教諭張祥、梁良爲右司諫，編修楊溥、中書舍人姚友直爲司經局洗馬，溥仍兼編修，户科給事中吴牧兼校書，吏科給事中梁質兼正字，教諭劉真爲校書，訓導王雅爲正字。

《皇明大政紀》卷六　癸酉，禮部進東宫官朝儀，令頒示諸司。一每日翰林院分二員，同春坊、司經局官講書。以《五經》、《四書》、《通鑑》、《大學衍義》、《貞觀政要》等書，纂其事之始終，直述大義，輯成篇章，進呈御覽，然後赴文華講説。

《國榷》卷一三　北京行部郎中李繼鼎改禮部儀制郎中兼右贊善。

廣西思明知府黄廣成乞諭安南還禄州、西平州、永平寨侵地，許之。

《明史》卷六《成祖紀二》　甲戌，立子高熾爲皇太子，封高煦漢王，高燧趙王。

《皇明大政紀》卷六　册長子妃張氏爲皇太子妃。

《國榷》卷一三　封楚府孟煒崇陽王，孟⿰火侖通山王，孟燦通城王，孟炤景陵王，孟⿰火義岳陽王；蜀府悦燿華陽王，悦燇崇寧王，悦炘崇慶王，悦⿰火幼保寧王；代府遜煓爲世子，遜⿰火民廣靈王，遼府貴烚長陽王，貴燮遠安王，貴⿰火叟興山王，貴煊巴東王，貴炖潛江王，貴燸宜都王，貴⿰火衍松滋王；寧府磐烒、岷府徽⿰火夜俱世子，徽煣鎮南王；谷府賦灼世子，賦熻醴陵王；韓府沖⿰火或世子，沖炢襄陵王，沖⿰火禺臨汾王；晉府美圭世子。

《明通鑑》卷一四　高煦既不得立，又聞之國雲南，艴然曰：「我何罪，乃斥萬里之遠！」卒不肯行，以此益銜縉等。

《國榷》卷一三　丁丑，諭三法司出淹獄。

寶慶知府儀智爲通政司右通政兼右春坊右中允。

前浙江布政司右參政趙玨使安南還，進刑部右侍郎。

庚辰，封志均渭南王。

命户部尚書太康王鈍仍浙江左布政使致仕。

《明通鑑》卷一四　壬午，封琉球故山南王從弟應祖爲山南王。是年二月，中山王世子武寧遣使告其父喪，命禮部遣官諭祭，賻以布帛，遂命武寧襲位。未幾，山南王從弟應祖，亦遣使告其故王承察度之喪，謂「故王無子，傳位應祖，乞加朝命，且賜冠帶」。上並從之。遂遣官册封。

甲申，《文華寶鑑》成。先是上命侍臣輯古嘉言善行可爲法鑑者，爲書以授太子，至是成。上召皇太子諭之曰：「修己治人之要，具于此書。帝王之道，貴乎知要，知要便足爲治。」又顧講臣解縉等曰：「帝王之學，貴切己實用。秦始皇教太子以法律，晉元帝授太子以《韓非》，帝王之道廢而不講，所以亂亡。今此書所載皆大經大法，卿等輔導東宫，日爲講説，庶幾成其德業，他日不失爲守成令主。」

《國榷》卷一三　有官軍採木安慶，淩脅民貲，誣其誹謗，縛送刑部。獄上，上曰：「諺恆言軍强民弱，必軍誣民。」下府部訊實，遂釋民，抵官軍罪，并罪刑部官之枉民者。

進士沈升、孫子良、李昌祺、羅汝敬、涂敬、蕭寬、褚讓、獨孤樂善、陳士啓、陳綱、董鏞、劉子敬、陳伯恭、陳資善、趙曾、趙濟、劉剛、尤儀、劉澄、黄揚俱改庶吉士，修書。

《太宗實録》卷三〇　乙酉，朝鮮國王李芳遠、琉球國中山王世子武寧及諸番酋長俱遣使奉表貢方物，賜其使鈔幣有差。先有詔，命武寧襲王爵，猶稱世子者，詔命未至故也。

《國榷》卷一三　長山王賢烣來朝。

免順天、永平、保定、順民田租十九萬九千七百餘石。

丙戌，廣西柳州、慶遠等叛蠻陳公宣等就撫。

上朝罷，諭六科給事中曰：「朕可否庶務，或有失中，爾等直言。」顧解縉曰：「敢爲之臣易求，敢言之臣難得。」

己丑，敕文武羣臣曰：「今天下雖安，民未蘇息。郡縣豪猾，遇有征繇，並緣爲奸，細民不勝，盜賊滋起。爾等其悉心政務，毋横斂一錢，毋妄興一役，稱朕閔念元元之意。」

韃靼頭目脱兒火察爲左軍都督僉事，哈兒歹爲都指揮同知，署朵顔衛事，安出及土不申俱爲都指揮僉事，署福餘衛事，忽剌班胡爲都指揮僉事，署泰寧衛事。時指揮蕭上都等使兀良哈，各頭目隨朝三百五十四人，各授官有差。

《皇明大政紀》卷六　吏部尚書蹇義奏請明日選官。上諭之曰：「汝等職掌銓選，辨别邪正，但當揆理，不當任情。揆理則以是非爲進退，任情則以從違爲取舍。慎之！慎之！」

庚寅，北京行部右侍郎劉翼南改禮部右侍郎。

甲午，更定天下衛所屯田守城軍士。臨邊而險要者，則守多於屯；在内而夷僻者，則屯多於守。屯雖險要，而運輸難至者，屯亦多於守。

勅諭廣東都、布、按三司官，鍾均道果不死，能翻然悔過來朝，謹遵太祖待杜回子之道處之。

《國榷》卷一三　己亥，設老撾軍民宣慰使司，土官刀綫歹爲宣慰使。

是月，倭十二艘犯寧波穿山，百户馬興死之，尋寇蘇松。

五月辛丑朔，國子監祭酒徐旭書奏不謹，當降。上問吏部尚書蹇義：「旭何如？」對曰：「文有學，守寡合。」上然之，改翰林修撰。

諸司辦事進士曾慎、魏騏、吴惇、漆霄、趙理、趙琰、韓庸、史彬、徐觀、樊静、曹彦昌、陳旭、田堉、羅處富、邢旭、曾恕、王完、葉貞、陳興、俞禮、趙濬、潘中、徐昤、胡秉彝、周志義、俞益、曹睦、楊儀鳳、譚原性俱能書，選翰林院庶吉士。

《皇明大政紀》卷六　巡按北京御史周新奏請，今後吏民犯法徒流，悉從北京行部，巡按御史詳審允當，就發種田。從之。

《明史》卷六《成祖紀二》　壬寅，豐城侯李彬鎮廣東，清遠伯王友充總兵官，率舟師巡海。

《國榷》卷一三　甲辰，禮部以琉球山南王貢使市處州磁器，當罪。上以懷遠，不問。

乙巳，設散毛、施南二長官司，隸大田軍民千户所。初，元時各置宣慰司。洪武六年，改宣撫司，又設龍潭安撫司，隸散毛。二十三年廢，設大田所。至是土官子覃友諒等奏復之，降長官司。友諒爲散毛長官，田應虎副之；覃添福爲施南長官，覃敬副之。

戊申，通政司右通政兼右春坊右中允儀智爲湖廣右布政使，應天府丞王公亮爲四川右布政使，安仁典史李素爲山西道監察御史。

庚戌，上詣孝陵。先日，錦衣衛請具法駕，命祇數騎前導。顧侍臣曰：「皇考忌辰，方屬感慕之時，自非辟道，導騎亦可省也。」

壬子，户部右侍郎劉觀改右副都御史。

甲寅，右軍都督僉事臨淮景福卒。洪武中會州衛指揮同知。

乙卯，設廣西憑祥縣。時憑祥巡檢司土巡檢李昇言，地瀕安南，人庶。遂改縣，昇爲知縣。

《太宗實録》卷三一　丙辰，山東臨清縣會通税課局言：「比歲市鎮經兵，民皆流移，兼連年蝗旱，商旅不至，所徵課鈔不及，請減舊額。」户部以聞，上曰：「兵旱之餘，尚可徵税耶？其悉免之。俟豐歲，百姓復業，商旅通行，然後徵之。」

甘肅總兵官左都督宋晟言：「甘肅鎮番衛與胡寇接境，原調莊浪千户所軍九百備禦。今屯田之外，止存五百八十，不足調用。」命以鞏昌衛所帶管中左所軍益之。

《國榷》卷一三　丁卯，興安伯徐祥卒。

戊辰，築當塗縣慈湖決隄，並視浙江、江西、湖廣、安慶、蘇松等圮修築。

己巳，設八百者乃、八百大甸二軍民宣慰司，土酋刀招你爲八百者乃宣慰使，弟刀招散爲八百大甸宣慰使。

遣視瀏陽、益陽、安鄉、華容、龍陽、武陵、石首、監利、江陵水災。

六月辛未，楚世子孟烷來朝。

敕招臨邊逃將復職，逃卒復伍，逃民復業。

癸酉，木邦、孟養二府改軍民宣慰司使，知府罕的法、刀木旦爲宣慰使，世襲。

修孟津河隄。

庚辰，許警報給驛。

《太宗實録》卷三二　甲申，朝鮮國王遣陪臣吕稱等來朝，貢馬及方物，賜鈔幣表裏。兵部言，遼東人多亡居朝鮮者，近招復萬七百餘人，未復者尚多。上命禮部諭稱等，俾歸言於王遣還。

《明史》卷六《成祖紀二》　丁亥，汰冗官。

《明通鑒》卷一四　上諭吏科給事中曹崇曰：「官冗則坐食者衆，食衆則力本者困。生息之道，由于節儉。朕觀吏部録中外官數，比舊額增至數倍。古云：『官不必備，惟其人。』爾以此意諭吏部，令諸司汰冗員，以省國用而紓民力。」

《國榷》卷一三　誅鴻臚寺右少卿汪泰。泰使朝鮮受餽，又通權貴。

《太宗實録》卷三二　戊子，安南國王胡𡗶遣使奉表謝恩，上命禮部臣諭之。

《國榷》卷一三　公侯駙馬伯儀賓禄俱米鈔兼支，自明年始，惟二百石以下全米。

《明通鑒》卷一四　〔己丑，吏部尚書兼詹事府蹇義等言：〕「在京各官，額外添設者送部別用，在外令所轄上官嚴行考覈。今年所取二甲、三甲進士，量留七十人，分隸諸司觀政。各王府教授伴讀缺，於第三甲内選用，餘悉遣歸進學。」從之。

《國榷》卷一三　庚寅，陝西按察副使宋性爲布政司右參政，從户部尚書夏原吉蘇松治水。

《明史》卷六《成祖紀二》　辛卯，振松江、嘉興、蘇州、湖州饑。

《國榷》卷一三　朝鮮國王李芳遠奉命進牛萬頭，每牛酬絹一匹，布四，俱給遼東屯卒。

《明史》卷六《成祖紀二》　甲午，封哈密安克帖木兒爲忠順王。

《昭代典則》卷一三　哈密，古伊吾廬地，在燉墩北大磧外，西北羌胡往來要路也。元封忽納失里爲威武王，已而改封肅王。卒，弟安克帖木兒嗣。洪武時置甘州五衛於張掖，肅州衛於酒泉，凉州衛於武威，西寧衛於湟中，又置山丹、永昌、鎮裕、莊浪四衛，高臺、鎮夷、古浪三千户所。自陝西、蘭州渡河千五百里至肅州。肅州西七十里爲嘉峪關。文皇初設關外七衛，曰哈密、曰安定、曰阿端、曰赤斤蒙古、曰曲先、曰罕東、曰罕東左。七衛皆在嘉峪關西，哈密又在六衛西，東去肅州，西去吐魯番各千五百里，北至瓦剌數百里。至是改封安克帖木兒爲忠順王，以頭目馬哈麻火只等爲指揮等官，分其衆居苦峪城。

《國榷》卷一三　諭禮部曰：「天下之才不盡也。下第貢士，或宿學偶劣，或考官失之。其再試。」既試，得張鉉等六十人，召見，賜冠冕而勉之，俾隸國子監。

乙未，命太子少師姚廣孝賑蘇湖。

《國榷》卷一三　敕捕倭總兵官清遠伯王友、副總兵都指揮僉事郭義，以大謝桃渚赤坎寨胡家港之縱掠，宜自贖，務出萬全。

是月，封徐景昌定國公，世禄二千五百石。徐增壽子。

《太宗實録》卷三三　七月癸卯，勑宣府備禦武城侯王聰、同安侯火真，整飭所領將士，嚴固備禦。時韃靼民里不花等來歸，言虜將入寇故也。

《國榷》卷一三　甲辰，雲南寧晉進士張爲禮乞就教，特除雲南府教授以勸。

丁未，周王橚進嘉禾。

庚戌，都指揮吕毅爲副總兵，同王友巡海。

甲寅，寧世子磐烒來朝。

刑部尚書鄭賜等劾曹國公李景隆藏亡命蔣阿演等二十八人，有異謀。上勿問，止徵匿奴。

乙卯，太子太師曹國公李景隆及弟都督增枝再被劾，命鞫蔣阿演等。

丙辰，科臣劾李景隆不軌，敕景隆以曹國公歸第，絶朝請。

遣視三河、順義、東安、香河水災。

丁巳，右軍都督僉事馬榮航海餽運北京。

辛酉，敕甘肅總兵官左都督宋晟曰：「近聞虜乜孫台、阿魯台、馬兒哈咱各懷異見，去年大敗瓦剌，今春瓦剌亦敗鬼力赤。又鬼力赤部落北徙。彼詐難信。爾給諸屯米麵，多釀酒，如寇至，毒酒及河井。彼饑渴易斃也。」

敕宣府備禦武城侯王聰、同安侯火真巡開平。

《明通鑑》卷一四　〔禮部請賀山東野蠶絲。〕上曰：「野蠶成繭，不過衣被一方。必天下之民皆飽煖而無饑寒，方可爲朕賀也。」不許。

壬戌，有鄱陽儒士朱季友，年七十餘，詣闕上所著書，多斥濂、洛、關、閩之説。上覽之，怒曰：「此儒之賊也！」遣行人押送饒州，會同府縣官聲其罪，杖之，悉焚所著書。

《國榷》卷一三　乙丑，刑部右侍郎趙羾改工部右侍郎。

《明史》卷六《成祖紀二》　丙寅，振江西、湖廣水災。

《皇明大政紀》卷六　丁卯，有奉天征討將士功賞未當者，命成國公朱能、隆平侯張信等，推至公審議以聞，毋有所徇。

《國榷》卷一三　戊辰，大理寺言，有犯者法當黥。上曰：「宥之。人皆可自新，墨其身，則心不復。」

八月庚午朔，占城入貢，訴夏四月安南舟師見侵，又掠朝賜給冠服僞印。

壬申，遣敕安南國王胡𡗶曰：「占城奏爾掠地，剽人畜，蕩廬舍。又邀奪貢道，偪與冠服印章使臣屬，甚非遵奉一統之義。思明府臣言，爾奪其西平、禄州、永平寨。此中國疆土也，爾何得擅取之？不悛，必討無赦。」

甲戌，別失八里王沙迷查干入貢。

《明通鑑》卷一四　〔乙亥〕，安南故陪臣裴伯耆詣闕告急。言：「臣祖父皆執政大夫，死國事。而賊臣黎季犛父子，弑主篡位，屠戮忠良，滅族者以百十數，臣兄弟妻孥亦並遭害。臣棄軍遁逃，伏處山谷，思詣闕廷披瀝肝膽，展轉數年，始見天日。竊惟季犛乃故經略使黎國髦之子，世事陳氏，叨竊寵榮，及其子蒼，亦蒙貴任。一旦篡奪，更姓易名，僭號改元，忠臣良士，無不痛心疾首。臣不自量，敢効申包胥之忠，哀鳴闕下。伏願興弔伐之師，隆繼絶之義，蕩除奸凶，復立陳氏，臣死且不朽！」上得書感動，命有司周以衣食。

《國榷》卷一三　戊寅，封濟焕寧化王。

庚辰，遣千户高塔海帖木兒等，敕諭海州流民還三萬衛。

辛巳，免永平課鈔二年。

癸未，李景隆又被劾。上曰：「朕自處之。」

甲申，賑四川松潘衛饑。

丙戌，籍李景隆兄弟莊田、佃僕入官。

戊子，許民暫以鈔中鹽福建、山東、廣東。時鹽溢。

《太宗實録》卷三三　己丑，翰林院學士兼右春坊大學士解縉等進呈《大學·正心章》講義，上覽之至再。諭縉等曰：「人心誠不可有所好樂。一有好樂，泥而不返，則慾必勝理。若心能静虚，事來則應，事去如明鏡止水，自然純是天理。朕每朝退默坐，未嘗不思管束此心爲切要。又思爲人君，但於宫室、車馬、服食、玩好無所增加，則天下自然無事。」

先是，遣内官楊瑄等賚勑撫諭孟定、孟養、木邦、麓川、車里、八百、老撾、古剌，詔閩特令冬烏等處土官。至是瑄等道經八百、大甸，爲土官刀招散所阻，弗克進。

户部臣言，松江府華亭、上海二縣今歲水災，低田税糧宜令以串代輸。從之。

《國榷》卷一三　命廣西總兵官都督韓觀招荔波縣洞猺編籍。

《皇明大政紀》卷六　兵部奏，屯軍年六十之上，及殘疾年幼者，宜令耕種自食，不拘比較賞罰之例。從之。

《太宗實録》卷三三　庚寅，都察院左都御史陳瑛言：「比歲鈔法不通，皆緣朝廷出鈔太多，收斂無法，以致物重鈔輕。今莫若暫行户口食鹽之法，以天下通計人民不下一千萬户，軍官不下二百萬家，若使大口月食鹽二斤，納鈔二貫；小口一斤，納鈔一貫；約以一户五口，季可收五千餘萬錠。行之數月，鈔必可重。」上命户部會群臣議，皆以爲便。但大口令月食鹽一斤，納鈔一貫；小口月食鹽半斤，納鈔五百文，可以行久。覆奏，上從之。

《國榷》卷一三　武城侯王聰、同安侯火真以二千五百騎巡迤北。

免睢寧今年田租。

癸巳，清遠伯王友奏獲海寇，命盡以鹵獲予鄉導嚴寶等。

北京稔，發鈔糴黍粟荳麥充餉。

乙未，駙馬都尉富陽侯李讓卒。

丙申，敕寧夏總兵官左都督何福曰：「寧夏多屯，虜猝至，恐先受掠。可於四五屯間擇有水草者，浚濠，廣丈五尺，深半之，築土城，高二丈，開八門，便出入。旁近屯輜重，芻餉萃此。無警則耕牧，有警則固守待援。朕遥計其攻守之策，爾自深籌之。」

《明史》卷六《成祖紀二》　丁酉，故安南國王陳日煃弟天平來奔。

《明通鑑》卷一四　上言：「臣天平，前王烜之孫，奣子，日煃弟也。黎賊盡滅陳族，臣越在外州獲免。臣僚佐激于忠義，推臣爲主。方議興師討賊，而賊衆我寡，兵敗見迫，倉皇出走，竄伏巖谷，萬死一生，得達老撾。恭惟皇帝陛下入正大統，臣有所依歸，匍匐萬里，哀愬明廷。陳氏後裔，止臣一人，臣與此賊，不共戴天。伏乞聖慈垂憐，迅發六師，用章天討。」上益感動，命所司館之。

《太宗實録》卷三四　九月辛丑，復大理寺左右二寺評事，左寺四員，右寺八員。其審録内外刑名俱如舊制。

《國榷》卷一三　壬寅，召巡海總兵官清遠伯王友等回京。

韃靼知院馬剌沙率部落駐哈敦不剌遣使納款，許之。命鎮守大同江陰侯吴高逆以兵。真臘國王參烈婆毘牙入貢。初，中官使真臘，有從卒三人遁，至是以國人補伍，上歸之。左僉都御史王平，以訊御史鄭中虋獄事徇私見，劾下獄，釋左都御史陳瑛等不問。

《明通鑑》卷一四　〔福建布政司報〕：有番船漂至海岸，詰之，則云暹羅與琉球通好，因籍其貨以聞。上曰：「二國修好，此甚美事。不幸遭風，正宜憐惜，豈可因以爲利！其令所司治舟給粟，俟風便遣還。」

《國榷》卷一三　乙巳，遣國子監丞王俊用使朝鮮。

《明史》卷六《成祖紀二》　丙午，周王橚來朝，獻騶虞，百官請賀。帝曰：「瑞應依德而至，騶虞若果爲祥，在朕更當修省。」

《國榷》卷一三　戊申，大理寺左少卿吴中爲都察院右都御史。

己酉，爪哇國西王都馬板入貢。

庚戌，晉王濟熺奏上護衛。上不許，曰：「皇祖賜也。」

辛亥，印《列女傳》萬本給賜諸番。

暹羅國王昭禄羣膺哆羅諦剌入貢，謝赦賜。

壬子，女直野人頭目鹿壇等三百七十五人來朝。

丁巳，修開封壞城。

吏部尚書兼詹事蹇義等劾曹國公李景隆招納亡命，圖不軌。上以既宥之，姑勿論。

庚申，錦衣衛指揮同知潘誼等劾李景隆私閹人，僭金龍服器，上姑寘之。

上御右順門，召翰林學士解縉、侍讀黄淮、胡廣、胡儼、侍講楊榮、楊士奇、金幼孜慰藉之。

《明通鑑》卷一四　【略】曰：「爾七人朝夕左右，朕嘉爾勤慎，時爲宫中言之。但恆情慎初易，保終難，願共勉焉！」因各賜五品服。命七人命婦朝皇后于柔儀殿，后勞賜備至。

《國榷》卷一三　丙寅，刑部言，千户某製夾皮鞭，注桐油以決罰。上杖而免之。

《明史》卷六《本紀・成祖紀二》　丁卯，徙山西民萬户實北京。

《國榷》卷一三　左春坊左諭德兼翰林侍讀胡儼爲國子祭酒。

《明通鑑》卷一四　上謂吏部尚書蹇義曰：「往慮守令未必得人，故命御史監察。比聞御史至郡邑，但坐公館，召諸生及庶人之役于官者詢之，輒以爲信，如此何由得實？宜入其境，如其田野闢，人民安，禮讓興，風俗厚，境無盜賊，吏無奸欺，即守令之賢能可知。無是數者，即守令無足取矣。且詢言非一人，好惡不同則毁譽亦異。若但憑在官數人之言以定賢否，其君子中正不阿，小人賂遺求譽，而即墨及阿之毁譽出矣。故孟子論取舍，必徵之國人。自今御史巡行察吏，毋得摭拾人言，賢否皆具實蹟以聞。」

《太宗實録》卷三四　戊辰，初户部尚書夏原吉言：「蘇松水患，莫甚如太湖；洩太湖之水，莫急於疏下流。今各處舊洩水港浦，間有淺狹淤塞者，請及時疏浚。」從之。至是，浚蘇州千墩浦、致和塘、安亭、顧浦、陸皎浦、尤涇、黄涇共二萬九千一百二十丈，浚松江大黄浦、赤鴈浦、范家浜共萬二千丈，而下流疏通矣。

《國榷》卷一三　十月己巳朔，徙河南祥符遞運所，避水患。

《太宗實録》卷三五　庚午，勑鎮守大同江陰侯吴高曰：「韃靼率衆來歸者，慮有詐謀。古云：『受降如受敵。』其悉調山西都司行都司并太原三護衛騎士赴大同操備。」

《國榷》卷一三　作信符，金字紅牌，給雲南諸夷。其各土司量設經歷、都事、吏目，掌案牘。

辛未，兀者頭目那海、乂不札尼等來朝，設兀者右衛後衛。

故元丞相苦木子塔力尼等率所部來歸，設肅州赤斤蒙古千户所，塔力尼爲千户。

定江西官田租折布，民田輸米。

壬申，日本國王源道義入貢。

御史摘甘肅總兵官左都督宋晟之擅。上曰：「大將受邊寄，可盡拘文法如彼書生言爲哉？」遂敕晟曰：「御史言卿專擅，此言官欲舉其職。夫爲將不專，則功不立。朕既付卿閫外，事有便宜，即行而後聞。自古明君任將，率用此道。」

癸酉，甘州中衛指揮僉事王良失機，誅於軍中。

《明史》卷六《成祖紀二》　丁丑，河決開封。

《明通鑒》卷一四　初，河決率由開封北東行。洪武之季，下流淤塞，河遂決而之南。

《國榷》卷一三　己卯，齊王榑來朝。

減崑山荒租三千四百四十石有奇。

爪哇國東王孛令達哈入貢，給爪哇國東王銀印鍍金。

庚辰，鎮撫陸英以山後盜三十餘人，乞徙民稍南五十里。不許，命即捕之。

刑部尚書鄭賜言：「軍犯概宥其初，或容奸未便。」上曰：「天不於惡木廢發生，君亦不於小人忘矜恤。」

癸未，兀者托温野人頭目唤弟等來朝，設兀者托温千户所。

甲申，刑部尚書鄭賜、都察院左都御史陳瑛等交劾長興侯耿炳文，衣服器皿，僭飾龍鳳，玉帶用丹鞓。上曰：「舊臣亦爲此乎？其速改！」尋籍其家，炳文自經。

《明通鑒》卷一四　炳文長子璿，前軍都督僉事，尚懿文太子長女江都公主，建文初，進駙馬都尉。炳文北伐，璿勸直擣北平，不聽。上即位，璿杜門稱疾，坐罪死，公主亦以憂卒。次子瓛，後軍都督僉事，建文時守山海關，嘗勸楊文攻永平以動北平，不聽，後與弟尚寶司卿瑄同坐罪死。炳文雖太祖功臣，而以建文肺府之戚，故賜等希指劾之，遂坐誅。

《明史》卷六《成祖紀二》　乙酉，蒲城、河津黄河清。

《國榷》卷一三　丁亥，户部言：「御馬監索白象穀，不許。」責御馬監官奪民食，欲朕失天下心耶？

癸巳，駙馬都尉謝達卒。

乙未，琉球國中山王山南王入貢。

丙申，敕勞寧夏甘肅總兵官左都督何福、宋晟，各鈔萬錠。

丁酉，録囚。

戊戌，刑部劾儋州知州陳敏周、海南衛千户陳善等，餉舟風壞，遽散之官軍，當罪。上曰：「事有權宜，丞不及奏，汲黯所以達大體也。」置勿問。

《太宗實録》卷三六　十一月己亥朔，欽天監進永樂三年大統曆，上御奉天殿受之，頒賜諸王及文武群臣。

日本國王源道義遣使永俊等奉表賀册立皇太子，并獻方物。

《國榷》卷一三　哈密忠順王安克帖木兒貢馬。

都察院左都御史陳瑛等劾駙馬都尉梅殷蓄養亡命，私匿胡奴，通女巫劉氏等罪，命送胡奴於遼東。

辛丑，撫安湖廣給事中何海上三事，曰重理焚失舊册；曰軍衛幕官，選通文練事之人；曰軍官年少，選老成兼理佐。上從之。

廣東右布政使徐奇言：「本司委官遠役，皆自贐。今後乞遞運所應付。又故官道遼，多不能還鄉。今後故官乞助歸其喪。」從之。

濬江東門北河，泊運舟。

壬寅，屯田額外餘糧悉與本軍自用，仍給賞。

《太宗實録》卷三六　癸卯，户部言：「福建、山東鹽運司、廣東鹽課提舉司累歲所積鹽，皆已召商開中。其例福建、山東每引鈔五十貫，廣東每引三十貫。今廣東商民利其價輕，中納者多，乞依福建、山東例，每引五十貫爲均。」從之。

《國榷》卷一三　中書舍人唐恕、工科辦事官甘鏞、賓州訓導歐陽謙、盧氏知縣賀潤、高要知縣黃禎、淄川知縣石魯並爲監察御史，行人劉亢爲工科給事中，邊信爲湖廣道御史。皆使外國。

開淮安清江閘。

築泰興縣圩岸。

甲辰，周府汝南王有爋來朝。

江浦知縣周益坐罪行論，婦梅氏言益母老，請身代，釋之。

《明通鑒》卷一四　上御奉天門録囚，諭錦衣衛等官曰：「此等囚久在獄中，而初至朕前，欲辯則無及，欲言則不敢。爾等更以朕意從容審之，如得其情，猶可及時平反也。」

《太宗實録》卷三六　丁未，刑部尚書鄭賜等奏奉天征討官有以罪繫獄者，請論功定議。上曰：「朝廷大公至正之道，有功則賞，有過則刑。刑賞者，治天下之大法，不以功掩過，不以私廢公。此輩征討之功，既酬以爵賞矣。今有犯而不罪，是縱惡也。縱惡何以治天下？其論如律。」

《皇明大政紀》卷六　庚戌，西北諸胡來朝，命光禄寺卿賜食。尚書李至剛曰：「西北諸胡，陛下撫綏，皆已向化，邊境已寧。」上曰：「人恒言以不治治夷狄。夫好善惡惡，人情所同，豈間於華夷？撫之有道，未必不來。虎至暴，擾之能使馴帖。況虜亦飢食渴飲，具人心者，何不可馴哉？但有來者，惟推誠待之耳。」

《明史》卷六《成祖紀二》　癸丑，京師及濟南、開封地震，敕羣臣修省。

《國榷》卷一三　甲寅，周世子有燉來朝。

乙卯，介休縣民請採五色石製器，黜之。

丙辰，工部侍郎趙毅請鑿鎮江運河，須九十八萬人。上曰：「年來民困，輕其力植禍，豈不殆哉！」寢之。

丁巳，翰林學士兼右春坊大學士解縉等進所纂《韻録》，賜名《文獻大成》。已謂其未備，敕太子少師姚廣孝、刑部侍郎劉季篪及縉總之，翰林學士王景、侍讀學士王達、國子祭酒胡儼、司經局洗馬楊溥、儒士陳濟總裁，侍講鄒緝、修撰王褒、梁潛、吳溥、李貫、楊覲、曾棨，編修朱紘、王洪、蔣驥、潘畿、王偁、蘇伯厚、張伯穎、典籍梁用行、庶吉士楊相、左中允尹昌隆、宗人府經歷高得暘、吏部郎中葉砥、山東按察僉事晏璧副總裁，餘簡夙學之士纂修焉。

《明史》卷六《成祖紀二》　戊午，蠲蘇、松、嘉、湖、杭水災田租。

《太宗實録》卷三六　己未，設天津衛。上以直沽海運商舶往來之衝，宜設軍衛，且海口田土膏腴，命調緣海諸衛軍士屯守。

辛酉，上以海運糧船上抵直沽，欲於直沽置倉儲糧，別以小船轉運北京。命户部會議，皆以爲便。復請於天津等衛多置露囤，以廣儲蓄。從之。

乙丑，暹羅國王昭禄群膺哆羅諦剌遣使奈靄納孛剌等貢方物。

《國榷》卷一三　丙寅，廣西忻城訓導某以邑皆蠻獠，子弟不就學，詣闕自白。禮部欲罪之。上謂其非苟禄，下吏部調用。

《皇明大政紀》卷六　直隸和州吏目張良興言：「本州麻、澧二湖之田約五萬頃，比歲水潦，乞自本州至含山縣界增築圩埂三十餘里，以防水澇。」從之。

《國榷》卷一三　十二月庚午，宣府諸屯堡成。

辛未，河南都指揮僉事劉珪過周邸門不下，戍向武。

甲戌，黃巖盜童養民等伏誅。

《太宗實録》卷三七　戊寅，巡按山西監察御史張翥言：「山西行都司所屬地方切近沙漠，軍衛充實，則虜不敢爲患。比軍人犯徒流罪者，悉徙興州屯戍。恐邊衛軍士圖易避難，必多故犯，以求遷徙，則隊伍日減，邊備不足。乞令臨邊衛所軍人犯徒流罪者，止從科斷，仍流原衛戍守。」從之。

《皇明大政紀》卷六　命錦衣衛執治私役應天府工匠中官，仍召府尹向寶責戒之。

《太宗實録》卷三七　己卯，遣知縣潘隆本賫勑撫諭廣東瓊州府黎峒生黎。

《國榷》卷一三　壬午，許朝鮮國王李芳遠子禔爲世子。

《太宗實録》卷三七　癸未，甘肅總兵官左都督宋晟以急乏邊儲，請不爲常例，無分官民，令於甘肅衛倉中納淮浙鹽糧，庶邊儲易充。從之。

丙戌，朝鮮國王李芳遠、安南國王胡奃及四夷土官酋長俱遣人奉表貢名馬方物，賀明年正旦。

《皇明大政紀》卷六　上與侍臣論管屯官不務勸率軍士。上曰：「朕在藩邸時，數因閲獵過田家，見所食甚粗糲，知其所苦，每親勞問之，無不感悅。屯種軍士亦田家，若管轄者能知其情，時時勞問所苦，誰敢不奮勤力？」又曰：「用人之道，亦須先得其心，然後可以圖功。若養之於無事之時，用之於恩感之後，未有不得其力者。」

《國榷》卷一三　庚寅，禮部左侍郎宋禮爲工部尚書，右侍郎楊砥爲左侍郎，工部右侍郎趙玨改禮部。

《明史》卷六《成祖紀二》　壬辰，同州、韓城黄河清。

《國榷》卷一三　安南使至，令禮部出陳天平示之。使者錯愕下拜，至流涕。

《明通鑒》卷一四　伯耆責使者以大義，亦皇恐不能答。上曰：「奃父子悖逆，鬼神所不容。而國中臣民，共爲欺蔽，一國皆罪人也。」且遣使詰責，令具其篡弑之實以聞。

《國榷》卷一三　甲午，賜尚書侍郎金織文綺衣各一襲，翰林學士解縉、侍讀黄淮、胡廣、侍講楊榮、楊士奇、金幼孜賜如之。

《明通鑒》卷一四　縉等入謝，上曰：「代言之司，機密所繫。且旦夕侍朕，裨益不在尚書下也。」

《國榷》卷一三　丙申，御史顧謙等撫綏木邦等夷民。

復郡縣歲貢生入監。

《明史》卷六《成祖紀二》　是月，下李景隆於獄。

永樂三年（乙酉、一四〇五）

《國榷》卷一三　一月，庚子，諭天下文臣。

楚王楨來朝，丙午辭歸。

《太宗實録》卷三八　乙巳，八韃靼掃胡兒與其弟荅剌赤八速台迭兒必失等來歸。掃胡兒，阿魯台部屬也，言鬼力赤聞兀良哈、哈密内屬朝廷，遂相猜防，數遣人南來窺伺。上曰：「狡虜情狀固亦如是。謹吾邊備，虜何能爲？」遂遍勅邊將，令備之。

《國榷》卷一三　寧夏屯田積穀獨溢，敕勞總兵官何福。

丁未，前軍都督僉事華奎卒。

《明史》卷六《成祖紀二》　庚戌，大祀天地於南郊。

《國榷》卷一三　壬子，諭天下武臣。

諭明年外吏來覲，以雲南遠免之。

《明史》卷六《成祖紀二》　甲寅，遣使責諭安南。

《皇明大政紀》卷六　詔建孝陵碑。伐石龍潭山，得石龜，長尺許，其文玄蒼。儒臣楊榮、楊士奇等撰詩賦以進。

《國榷》卷一三　丙辰，國子祭酒胡儼請申明洪武學規，從之。

戊午，右軍都督僉事馬榮轉漕北京。

行人南海譚勝受、千户楊信使爪哇國，招舊港流民梁道明等。初，南海梁道明販爪哇，家焉，合衆數千人。指揮孫鉉使海南諸夷，遇道明子，攜歸。故遣勝受等敕諭之。

《明史》卷六《成祖紀二》　庚申，復免順天、永平、保定田租二年。

《太宗實録》卷三八　壬戌，命天下衛所，以去所定屯田賞罰例，用紅牌刊識，永爲遵守。

《國榷》卷一三　擢張輗金吾前衛指揮使。

後軍都督僉事陳用卒。

乙丑，湖廣答意等五寨生苗納款，刻箭爲誓，命善撫之。

二月丁卯朔，召宣府總兵官武安侯鄭亨回京。

河決河南馬村隄，命塞治之。

《明通鑒》卷一四　己巳，行部尚書雒僉有罪誅。僉自刑部改北京，至是以言事忤上意，陳瑛遂希指劾僉貪暴，下獄論死。

《國榷》卷一三　庚午，改大寧前衛、濟川衛、天策衛爲漢府三護衛，改彭城衛、永清左右衛曰常山中左右護衛，爲趙府三護衛。

辛未，蜀王椿來朝，戊寅辭歸。

壬申，寬和州民貸官稻三千四百七十餘石，俟明年償之。

雲南寧遠州土同知刀吉罕奏：「安南侵猛慢等七寨，擄臣壻及女，掠人畜，徵納差發。求憫救命。」禮部馳敕，具實以對。

刑科都給事中馬楨以欺罔誅。

癸酉，廣東按察副使耿賢有罪，戍邊。

甲戌，永平衛指揮使李宏縱虜入掠，伏誅。

丁丑，左通政朱濬爲北京刑部尚書。

巡按福建監察御史洪堪言十事，曰設義塚；曰祀唐觀察使常袞；曰存卹孤獨；曰按察司録囚，遇番異必親鞫；曰防倭軍户，不得再充垛集；曰驛夫預支廩費，免困迫；曰小訟付里老；曰申明鄉飲酒禮；曰各鄉申明亭集諭國法；曰修築塘堰圩岸，備旱澇。上皆納之。

《太宗實録》卷三九　己卯，命故羽林前衛指揮同知龐彥：「非專以兵馬威也。桂平等縣小民爲亂，或者迫于有司誅求，不得已逃匿行劫。苟圖自存，蓋未可知。宜遣人撫諭復業，毋輒進兵。如其不服，發兵未晚。」

《皇明大政紀》卷六　辛巳，遣兵部尚書徐子良等諭柳州府武宣、洛容二縣民黄田等，及桂林府荔浦縣民廖均用等，各復原業，永爲良民。若怙終不悛，調軍蕩除。

廣西總兵官韓觀奏桂平縣蠻民爲亂，請發兵剿捕。上命遣人撫諭復業。如其不服，發兵未晚。

《國榷》卷一三　壬午，翰林編修陸具瞻爲趙府左長史。

命趙王高燧立國社、國稷、山川等壇於北京。時方留守。

金吾左衛指揮周廷貴有罪，伏誅。

《太宗實録》卷三九　癸未，陞都指揮同知史勇爲左軍都督僉事，金吾左衛指揮同知王千一爲山東都指揮僉事，劉丕兒爲山西都指揮僉事，吴福爲遼東都指揮僉事，張九兒爲河南都指揮僉事，楊勝雄、甄全、傅興爲本衛指揮使，金吾右衛指揮同知劉成祖、楊友、戚用爲山東都指揮僉事，楊進、陳志、周福興爲山西都指揮僉事，周全、周大、高成爲遼東都指揮僉事，周成爲河南都指揮僉事，曹中、陳官音保、王外驢、魏文兒、王得、唐成、陳友辛、劉軍兒、張遇林、段定子、宋官保，指揮僉事郭福驢俱爲本衛指揮使，徐文、馬轉兒爲本衛指揮同知，羽林前衛指揮使雷春爲河南都指揮同知，指揮同知趙成爲河南都指揮僉事，劉全、張驢兒爲本衛指揮使，金吾左衛副千户吴改住爲本衛指揮僉事。皆以平定九門功復陞之。命故陝西都指揮同知朱賓鴻子祥襲父原職，爲金吾左衛指揮同知。

《明史》卷六《成祖紀二》　趙王高燧居守北京。

《國榷》卷一三　甲申，武城侯王聰、同安侯火真率三千騎巡邊北。

平江伯陳瑄充總兵官，前軍都督僉事宣信充副總兵，航海轉運北京。

丁亥，命寧夏屯田專旱稻。

《太宗實録》卷三九　己丑，四川布政司言：「諸番以馬易茶者，例禁夾帶私茶、布帛、青紙等物出關。今番商往往以馬易茶，及以他貨易布帛。有司遵禁例，又慮杜絶遠人。」上曰：「邊關立互市所，以資國用，來遠人也。其聽之。」

庚寅，勑甘肅總兵官左都督宋晟曰：「回回倒兀言撒馬兒罕回回與别失八里沙迷查干王假道率兵東向。彼必未敢肆志如此，然邊備常不可怠。昔唐太宗兵力方盛，而突厥徑至渭橋，此可鑑也。宜練士馬，謹斥堠，計糧儲，預爲之備。」

《皇明大政紀》卷六　工部尚書宋禮言：「山東衛所屯田缺牛耕種，請於太僕寺發給。」從之。

《國榷》卷一三　癸巳，懷慶蝗災，許鈔代租。

甲午，把蘭等處女直野人卯義等來朝。設撒力衛，卯義爲指揮僉事。

三月丙申朔，浚溧陽臙脂河。

丁酉，女直野人頭目温勉赤等來朝，設兀者穩勉赤千户所。

己亥，都指揮同知蔡彬、姜清、馮斌率舟師巡海備倭。

哈密頭目言忠順王安克帖木兒卒。命馳祭，兄子脱脱襲封忠順王。脱脱幼俘入中國，至是祖母速哥失里求還。

《太宗實録》卷四〇　癸卯，上謂兵部臣曰：「福餘衛指揮使喃不花等奏其部屬欲來貨馬，計兩月始達京師。今天氣向熱，虜人畏夏，可遣人往遼東諭保定侯孟善，令就廣寧、開原擇水草便處立市。俟馬至，官給其直，即遣歸。」

《國榷》卷一三　甲辰，併威虜衛吏卒於肅州衛，增設中右、中中二千户所。

琉球國中山王武寧入貢，表謝襲封。

丙午，敕鎮守大同江陰侯吴高，以虜將寇西涼，可飭士馬嚴備。

賑邳州飢民粟九千石，上倍給之。

誅浙江寧波衛指揮龐義、喬英，備倭失機也。

《太宗實録》卷四〇　庚戌，大理寺等衙門奏會議，文職官及中外旗校軍民人等，凡犯偷盗官物，毆罵本管官及尊長，鬪毆傷人，威逼人致死，詐僞竊盗，犯奸，恩軍再犯冒名頂替，上工守衛擅離信地，私賣及棄毀軍器，從征違期，誣告人，則依律科斷。其犯私度關津，臨事避難，私和公事，失火犯夜，私造斗斛秤尺，失囚，囑託公事，求索取受財物，牧養畜産不如法，居喪嫁娶，匿税，諸不應爲而爲，一應詿誤連累，則免決記罪。其有不應侵損於人等項，及情犯重者，臨時奏請。從之。

《明史》卷六《成祖紀二》　甲寅，免湖廣被水田租。

《國榷》卷一三　定屯田賞罰條例。

定遼東互市馬價。上上馬絹八匹，布十二匹；上馬絹布半之，中馬絹三布五，下馬絹二布四，駒絹一布三。

《太宗實録》卷四〇　丙辰，工部尚書宋禮言陝西蘭州、慶陽、鳳翔諸衛新撥屯軍缺耕牛，請以百人共牛四十隻，官買給之。從之，命著爲令。

《國榷》卷一三　戊午，河決温縣，渰田四十餘里。

四月丙寅朔，琉球國山北王攀安知入貢。

己巳，給寧夏、甘肅火藥兵器。

《明通鑒》卷一四　壬申，除直隸、浙江、湖廣、四川、廣東、江西、福建、河南户絶田租，計田三萬五千一百八十餘頃。

《國榷》卷一三　丙子，周世子有燉來朝。

丁丑，琉球國中山王我寧入貢，賀萬壽。

己卯，寧化王濟焕、長山王賢㸌來朝。

庚辰，賜別失八里王沙迷查干。初，哈密安克帖木兒爲鬼力赤毒死，沙迷查干問其罪，上義之。

壬午，萬壽節，定命婦朝賀止三品以上。

《太宗實録》卷四一　癸未，廣西總兵官都督同知韓觀奏：「北潯、桂、柳三郡蠻寇黄田等累行劫掠，殺虜人畜，已調都指揮僉事朱輝領兵追勦，殺獲賊人首級四百五十六顆。尋蒙欽差郎中徐子良等賚勅撫安，其黄田等二百六十四户皆已向化復業，悉歸所擄人畜，所執器仗亦悉輸官。」上命觀復業者更善撫恤。

《國榷》卷一三　工部尚書黄福改北京行部尚書，左都御史陳瑛劾福不卹工匠也。

琉球國山南王汪應祖入貢表謝。

甲申，灣甸長官司改灣甸州，設流官吏目。

丙戌，儒士西安馬巨江爲翰林院五經博士。上聞巨江學行，徵至。辭老，敕諭致仕。

戊子，副總兵都指揮同知吕毅捕倭八十七人，械至京。

己丑，廣西遷江縣蠻亂。命韓觀先撫，如不悛，兵之。

辛卯，命瓊州通判劉銘撫羅活諸洞生黎。

五月壬寅，武安侯鄭亨領騎兵千、步兵三千，巡宣府、興和諸邊。

癸卯，駙馬都尉胡觀罷朝請。左都御史陳瑛等劾觀矯稱内使，脅取上元女子數十人，娶妓，預李景隆逆謀，宜罪。故有是命。

丁未，肅王楧來朝，己卯辭歸。

庚戌，鑄北京内府各門印記。

敕武城侯王聰、同安侯火真曰：「聞鬼力赤在卜魯屯之地，可遣探。若寇開平，即設伏擊之。」

丙辰，代、寧、秦、晉、永興、高平、平陽諸王多失。上賜周、齊、楚、蜀等王曰：「朝廷不能篤親，吾恆戒此。居嘗教子孫，惟在重骨肉。蓋吾初奉藩，豈不能身體其事哉？第藩國亦當體朝廷之心而亮其誠。比代、寧、秦、晉、永興、高平、平陽諸王，稍不順理，聽細人形諸怨謗魘鎮，皆容忍不問。此特小恩耳。皇考之法度，吾嗣位而不能守之，又何以服天下之心？亦惟常念皇考，各盡厥道，共享富貴，豈有涯哉！」

癸亥，順陽王有烜來朝。

《太宗實録》卷四三　六月乙丑朔，勅甘肅總兵官左都督宋晟曰：「前歸附韃官阿卜都罕等八人、韃民十九人，令爾給與畜産，官牛十、羊五十，民牛六、羊二十。比聞其中有未給受者，皆有愧恨之辭。夫歸附同而朝廷待之不同，使愧恨，亦非撫納降附之道。可便如例悉給。」寧夏總兵官左都督何福奏，靈州韃靼宣埰集爲兵，以足邊備。勅福斟酌人情，可行則行。

《國榷》卷一三　右軍都督僉事王英卒。

戊辰，授察罕達魯花都督弟哈塔千户，以入貢言鬼力赤留。

《昭代典則》卷一三　詔革楚府鐵牌。湖廣都司言：「楚府鐵牌一面，遇夜差人出城驗此開門。」上以書諭之曰：「國家舊制，在外各城門鎖鑰皆屬都司軍衛。今王府自出此牌，禮非所宜。即宜停革，以副倚重之意。」

《國榷》卷一三　癸酉，慶成王濟炫多失，前徙潞州，至是還太原。諭晉王濟熺訓戒之。

《明史》卷六《成祖紀二》　己卯，中官鄭和帥舟師使西洋諸國。

《明通鑒》卷一四　建文帝之出亡也，有言其在海外者，上命和蹤跡之，且藉以耀兵異域，示中國富强。乃命和及其儕王景弘等將士卒三萬七千餘人，多賚金幣，造大舶修四十四丈、廣十八丈者六十一；自蘇州劉家河泛海至福建。自福州五虎門揚帆，首達占城，以次徧歷西南洋諸國，宣天子詔，因給賜其君長，使之朝貢。有不服者則以兵懾之。自侯顯至西域後，中官奉使外蕃，後先相望，而和與顯尤著云。

《國榷》卷一三　安塞等縣蝗，命捕之。

《明史》卷六《成祖紀二》　庚辰，中官山壽等帥兵出雲州覘敵。

《明通鑒》卷一四　時上命武城侯王聰出覘邊塞，別遣壽率騎兵出雲州北行會之，人齎一月糧，每三十里置五騎，以待馳報。自上即位後，中官出使，歲以爲常，此又典兵之始云。

《明史》卷六《成祖紀二》 甲申，夏原吉等振蘇、松、嘉、湖饑。

《明通鑑》卷一四 時户部尚書夏原吉再治浙西水利，工竣還，上復命偕僉都御史俞士吉、大理少卿袁復往，並發粟三十萬石，給牛種。有請召民佃水退淤田益賦者，原吉馳疏止之。姚廣孝還自浙西，稱原吉曰：「古之遺愛也。」原吉初至浙西，上使士吉齎水利書賜之，因留督浙西農政。湖州逋糧至六十萬石，有司欲減其數以聞，士吉曰：「欺君病民，吾不爲也。」具以實奏，悉得免。

《明史》卷六《成祖紀二》 免天下農民户口食鹽鈔。

《明通鑑》卷一四 初，户部以鈔法不通，由于出鈔太多，收斂無法，請暫行户口食鹽法，計口納鈔。因議大口月食鹽一斤，納鈔一貫，小口半之。至是以農民不便，免其納鈔。

《國榷》卷一三 乙酉，周王橚言，河水退，惟修舊邸。於是罷洛陽之役。

丁亥，拓西安門外周垣。

大理寺卿吕震言：「文官初犯杖，記罪還秩，停俸三月。今多恃恩蔑法，乞再犯論如律。」上命再犯仍宥之，三犯如律。

《明史》卷六《成祖紀二》 庚寅，胡奆謝罪，請迎陳天平歸國。

《明通鑑》卷一四 方李琦等至安南，詰奆篡弒之實，國人莫敢隱。會雲南寧遠州復訴奆侵奪七寨，掠其壻女，奆益懼，乃遣其臣阮景真從琦等入朝，抵言「未嘗僭號改元，請赦其罪，願迎天平歸國，奉以爲主」。且請退還寧遠及前所侵奪思明地。上不虞其詐，諭以「果迎天平歸，事以君禮，即當建爾上公，封之大郡」，命行人聶聰賫敕偕景真往。

《國榷》卷一三 湖廣都指揮僉事謝鳳招降治古等十八寨。

《皇明大政紀》卷六 辛卯，諭户部：「比蘇湖被水，民飢求食他郡。令所在官司善加撫綏，毋驅逐之。候水退，令復業。無糧食種子，並官給之。」

《國榷》卷一三 七月丙申，諭趙王高燧選漢胡六十人，領以二指揮，往北覘虜。

丁酉，設篁子坪長官司，隸湖廣；答意、治古寨二長官司，隸貴州。

戊戌，興平、鳳翔進瑞麥，羣臣表賀。上薄其諛佞。

己亥，浚山陽縣運鹽河十有八里。

《太宗實録》卷四四 壬寅，户部尚書郁新奏：「官民雜犯死罪以下，舊令於北京納米贖罪。今議莫若量增其米，雜犯死罪納米百一十石，流罪三等八十石，加役者九十石。徒罪三年者六十石，二年半五十石，二年并遷徒者四十五石，一年半三十五石，一年三十石。杖罪九十一百俱二十五石，六十至八十二十石。笞罪十石。聽於京倉輸納爲便。」從之。

《國榷》卷一三 漠北平章把都帖木兒、倫都兒灰自塔灘以部屬五千餘人款甘肅，把都帖木兒入京。

癸卯，授把都帖木兒右軍都督僉事，賜名氏吴允誠；倫都兒灰後軍都督僉事，賜名氏柴秉敬；保住陝西行都指揮僉事，賜名氏楊效誠，餘指揮千百户鎮撫有差。

周府長史移榜郡縣，上諭周王戒之。

甲辰，遣行人聶聰等同安南使臣往約胡奆，迎陳天平。

丙午，暹羅入貢。

己酉，命吴允誠、柴秉敬并部屬散居涼州，給牛畜。嘉宋晟招徠之功，敕賜鈔幣。

占城國王占巴的賴入貢，真臘告國王參烈婆毘牙之喪。

巡按廣東御史汪俊民言：「環瓊州皆海，中有大小五指、黎母等山，爲生熟黎人藪。比歲軍民逃入導惡，俗性頑獷，山水峻惡。有宜倫縣熟黎峒首王賢祐，奉命招黎人甚衆，可量授官，俾招諸峒約束之，毋納叛。其熟黎賦而不徭，生黎向化，許免賦三年，峒首差其功賞，庶黎可馴也。」從之。

庚戌，命平江伯陳瑄於天津城北造露囤，貯海運。

《太宗實録》卷四四 辛亥，工部尚書宋禮言：「燕山右衛吏趙成告犯笞罪，無力准工，自願北京爲民種田。」命户部依例給牛，具種子。自今有犯笞罪，無力准工，悉如之。仍勅杖罪八十以上即時發遣，七十以下放回鄉里備貲，自請屯所。

《國榷》卷一三 遣序班王孜祭故真臘國王參烈婆毘牙，給事中畢進、内使王琮封參烈昭平牙真臘國王。

元江府改元江軍民府。

壬子，車里宣慰使刀暹答請攻八百大甸宣慰使刀招散。上遣司賓田茂、推官林楨賫敕諭刀招散等，又敕西平侯沐晟嚴兵以待。慮老撾乘車里之虛，選萬五千人往備。

癸丑，設孟良府，隸雲南都司，土官刀哀爲知府。

除崑山荒田租二萬七千七百石有奇。

甲寅，福建都指揮使張鑑捕倭，通賄掠民，戍大寧。

元江軍民府知府那榮請率兵攻刀招散，上嘉勞之。

丙辰，太原左護衛總旂孟全等謀叛，伏誅。

《太宗實録》卷四四　庚申，改工部左侍郎張思恭爲北京行部左侍郎。初思恭坐事，命督修天津衛城。至是，還奏稱旨，遂改官行部，仍令督修天津衛城。

《國榷》卷一三　壬戌，西羌酋長鎖南等率衆來歸。

《明通鑒》卷一四　八月戊辰，禮部尚書李至剛坐事下獄。至剛以言事得上心，而務爲佞諛，然其所建白，亦多不用。上既立太子，令兼左春坊大學士，直東宫講筵，與解縉後先進講。至是得罪，尋釋之，謫爲禮部郎中。以縉嘗疏其附勢不端，遂與縉有隙。

《國榷》卷一三　己巳，申明學校舊規。

漠北闊闊兒不花等二十五人來朝。

壬申，翰林學士王景、侍讀學士王達主試應天。

《太宗實録》卷四五　丁丑，修會同館。時四夷朝貢之使充溢館舍，命併烏蠻驛之。

《國榷》卷一三　辛巳，遼王植來朝，丁亥辭歸。

壬午，永興王尚烈來朝。

《太宗實録》卷四五　癸未，山東布政司言，濟南等府淄川等縣蚜蝻生，命速捕瘞。

《國榷》卷一三　丙戌，雲南鎮守順昌伯王佐貪黷被劾，逮下獄。

戊子，兵部左侍郎喬穩改北京行部左侍郎。

故河南左參政張定謫驛山東，至是除河南道御史。

己丑，設赤不罕衛，失兒哈達兒等爲指揮千百户。

壬辰，女直野人頭目來朝。

九月癸巳朔，蜀世子悦燫來朝。

甲午，設福建來遠驛、浙江安遠驛、廣東懷遠驛，各於市舶提舉司候頓藩使。

丙申，御史周新爲雲南按察使。

《明史》卷六《成祖紀二》　丁酉，蠲蘇、松、嘉、湖水災田租，凡三百三十八萬石。

《國榷》卷一三　河南、山西都指揮使金玉、歐陽青爲中軍都督僉事，大寧都指揮同知柳升爲左軍都督僉事，遼東都指揮同知吕毅爲前軍都督僉事，陝西都指揮同知趙忠、脱列干爲後軍都督僉事，脱列干食禄，不視事。

己亥，刑部尚書鄭賜改禮部尚書，吏部左侍郎陳洽爲大理寺卿，大理寺卿吕震爲刑部尚書。

辛丑，戒諭周王橚擅調湖州官軍，虐繫平人。

右軍都督僉事馬溥降陝西行都指揮同知。

癸卯，蘇門答剌國酋長宰奴里阿必丁、滿剌加國酋長拜里迷蘇剌、古里國酋長沙米的俱入貢，詔封國王，賜印誥。

四川亞堅等十一寨生苗俱轄酉陽宣撫司，免其徭賦。

乙巳，時屢告齊王榑不法，上書戒之。

戊申，谷王橞來朝，辛亥辭歸。

庚戌，免聞喜縣荒租四千六百七十三石。

《太宗實録》卷四六　辛亥，河南夏邑縣言官地十六頃有奇，久荒而税額未除。上命户部除之，仍令募民耕種，三年後同民田起科。

《國榷》卷一三　乙卯，爪哇國西王都馬板入貢，其鄰碟里、日羅夏治、合猫里三國同入貢，俱賜錦綺襲衣。

《明史》卷六《成祖紀二》　丁巳，徙山西民萬户實北京。

《國榷》卷一三　楚世子孟烷來朝。

戊午，賜齊王榑書，曰：「輒用護衛兵守青州城北門，自廣智門外接園苑，築牆截往來，守吏不得登城夜巡，此何爲者？其他尚多不法。兄雖愛弟，能不爲之投杼乎？」

行人聞良輔還自蕃國，擢廣東按察使。

庚申，慶王㮵來朝，辛未辭歸。

《明通鑒》卷一四　十月乙丑，殺駙馬都尉梅殷。先是殷家居，上嘗遣中官伺察，詞色恆不平。于是陳瑛希指，劾「殷招納亡命，私匿塞外人，與女秀才劉氏朋邪咒詛。」上曰：「朕自處之。」因諭部臣考定公侯駙馬儀仗從人之數，而別命錦衣衛執殷家人送遼東。至是殷入朝，前軍都督僉事譚深、錦衣衛指揮趙曦，擠殷笪橋下溺死，以「殷自投水」聞。都督同知許成發其事，上命治深、曦罪，對曰：「上命也。」上大怒，立命力士以金瓜落二人齒，斬之。遣官爲殷治喪，謚榮定，而封許成爲永新伯。初，殷之死也，寧國公主謂上果殺殷，牽上衣大哭，問：「駙馬安在？」上曰：「爲主跡賊，毋自苦！」尋官殷二子順昌爲中軍都督同知，景福爲旗手衛指揮使。賜公主書曰：「駙馬殷，雖有過失，兄以至親不問。比聞溺死，兄甚疑之。許成來首，已加爵賞，謀害之人，悉置重法，特報妹知之。」踰月，進封寧國長公主。

《明史》卷六《成祖紀二》 丁卯，齊王榑有罪，三賜書戒之。

《國榷》卷一三 詔諭番速兒、米囊葛卜、呂宋、麻葉甕、南巫里、娑羅六國。

戊辰，周王橚上章深陳罪悔，上善之，令緘示齊王。

《太宗實録》卷四七 庚午，法司奏貴州都指揮僉事李政挾私憤，杖殺土官，當斬。命原其死，謫隸豐城侯李彬，令遇敵當先，殺賊贖罪，無功仍坐死。

《國榷》卷一三 癸酉，設沙州衛赤斤接界，困即來買住爲指揮使。

乙亥，趙王高燧來朝，癸未還北京。

懷遠等縣、金州俱旱，許豆麥代租。

丙子，左軍都督同知許成封永新伯，禄千石。

《太宗實録》卷四七 壬午，禮部進冕服、國簿、儀仗圖并《洪禮制》、《禮儀定式》、《禮制集要》、《稽古定制》等書。上曰：「議禮制度，國家大典。前代損益，固宜參考，祖宗成憲，不可改更。」即命頒之所司，永爲儀式。

《國榷》卷一三 賜滿剌加國鎮國山碑銘，上自撰。

《太宗實録》卷四七 丙戌，上諭兵部臣曰：「往者以官軍不用心牧馬，勅太僕寺及諸衛所委官董其事，年終具實來聞。然雲南、遼東、四川、兩廣道遠，往覆經年，必妨其職務。其令原管官三年一赴京考較。如託故轉遣人，及孳息不如數者，罪之。」

《明史》卷六《成祖紀二》 戊子，頒《祖訓》於諸王。

《國榷》卷一三 十一月癸巳朔，暹羅入貢。

《明通鑑》卷一四 〔甲午〕加封信安伯張輔爲新城侯，增禄三百石。輔，玉之長子也。玉戰没于東昌，輔嗣職，從入京師，論靖難功封伯，上又册其妹爲妃。至是丘福、朱能言「輔父子功高，未可以私親故薄其賞」，遂進爵。同日，又封平羌將軍宋晟爲西寧侯。是時晟在甘肅，招徠降附有功，故進侯爵。晟前後四鎮涼州，凡二十餘年，威信著絶域。上以其舊臣，有大將材，專任以邊事，所奏請輒報可。御史劾晟自專，上曰：「任人不專，則不能成功。況大將統制一邊，寧能盡拘文法？」即賜晟書褒諭之，仍敕以「便宜從事，毋恤人言」。

《國榷》卷一三 乙未，齊王榑上表謝罪。

丙申，上聞雲南總兵官西平侯沐晟自調兵駐近老撾，敕即還，且戢安南之兵。

戊戌，襄城伯李濬卒。

庚子，敕趙王高燧曰：「朕居燕二十餘年，每邊警，第謹守，未嘗輕出兵。昔中山武寧王開國元勳，亦惟嚴守，故無敗。凡遇警，其治備，勿輕出兵。」

辛丑，日本國王源道義入貢，並獻前倭寇邊者。上嘉之，遣鴻臚寺少卿潘賜、内官王進賜王九章冕服、錢鈔、織金文綺、紗羅絹三百七十八匹。

乙巳，撫安江西□科給事中朱肇言，南昌等民三千七百八十七户，墾九江南康閒田千二百九十七頃有奇。上未信，曰：「或肇僞增，希進用耳。」蓋肇輕刻，脅有司給民從之，實不過二千人，歲餘半竄，果如上料。

丙午，浡泥國麻那惹加那入貢。

甲寅，行人譚勝受等還自舊港。梁道明、鄭伯可等委施進卿代領其衆，自入朝，賜文綺絹鈔。

丙辰，開雲南大理銀冶。

《明通鑑》卷一四 是月殺庶吉士章朴。朴坐事與序班楊善同詿誤，家藏有方孝孺詩文，善借觀之，遂密以聞。上怒，逮朴，戮于市，而復善官。是時詔天下有收藏孝孺詩文者，罪皆至死，故朴及之。

孝孺門人王稌，隱居山中，絶意仕進，輯孝孺遺文，潛録爲《侯城集》，遂得行世。稌，忠文公禕之孫，國子博士紳之子也。

《國榷》卷一三 十二月癸亥朔，遣封浡泥國王麻那惹加那乃，賜印誥。

甲子，前浙江按察使辛彦博爲山東道監察御史。

乙丑，浚淮安支河。

《明史》卷六《成祖紀二》 戊辰，沐晟討八百，降之。

《明通鑑》卷一四 八百者，相傳其部長有妻八百，各領一寨，故又名八百媳婦國。以洪武二十一年入貢，置宣慰司，自後頻入貢，賜予如例。上即位之二年，置軍民宣慰使司凡二，以土官刀招你爲八百者乃宣慰使，以其弟刀招散爲八百大甸宣慰使，令五年一貢。已而遣內官齎敕諭孟定、孟養等部，道經八百大甸，爲招散所阻，上遣使敕諭，不從。至是始命晟率車里諸宣慰兵至八百境內，破其猛利石崖及者答二寨，又至整線寨，木邦兵破其江下等十餘寨。八百恐，遣人詣軍門伏罪。奏聞，敕晟班師。

《國榷》卷一三　癸酉，爪哇國西王都馬板入貢。

乙亥，都督僉事黄中、吕毅爲左右副將軍，佐廣西總兵官、征南將軍、都督同知韓觀。

丁丑，行人聶聰還安南。胡奃仍遣阮景直等請迎陳天平，臣率國人逆於境。上許之。

《明史》卷六《成祖紀二》　庚辰，都督僉事黄中、吕毅以兵納陳天平於安南。

《太宗實録》卷四九　辛巳，勅鎮守大同江陰侯吕高、寧夏總兵官左都督何福曰：「近伯客帖木兒弟夕必都驢來言，虜寇議舍甘肅，來春徑掠寧夏、大同。其言雖未可信，然宜嚴兵待之，所謂有備則無患也。」又勅甘肅總兵官西寧侯宋晟曰：「虜雖云不至甘肅，然同類有在甘肅，其間豈無與之同心者？且聲東嚮西，兵家之常，不可不備。」

《國榷》卷一三　壬午，爪哇國東王孛令達哈貢神鹿。

《太宗實録》卷四九　乙酉，都察院奏：「奉命詳定原議笞杖徒流罪條例，斟酌適中以聞。今議徒流罪發充恩軍者，於長安左右門造守衛官軍飯，於漢、趙二府牧馬。不充軍者，充國子監膳夫，將軍軍伴土工，或於北京爲民種田，於遵化炒鐵，或自買船遞運，或擺站運鹽。笞杖罪止鑄錢准工。」從之。

《國榷》卷一三　諭兵部曰：「西番馬至，予真茶，毋僞惡。」令巡按御史採察以聞。

戊子，琉球中山王、山南王、山北王各賀明年正旦。

永樂四年（丙戌、一四〇六）

《國榷》卷一四　正月壬辰朔，天下官來朝。

甲午，敕諭文武述職諸臣。

乙未，設鎮道、楊塘二安撫司，隸雲南。

《太宗實録》卷五〇　丙申，河南布政司奏南陽皂君山草寇竊發。

《明通鑒》卷一五　上謂兵部曰：「此雖小醜，不治將大，元末可鑒也。」時豐城侯李彬方自廣東召還，與新城侯張輔率師討平之。

《國榷》卷一四　戊戌，宴羣臣奉天門，蠻夷酋長皆起舞上壽，呼萬歲。

安南陳天平陛辭，賜綺羅、紗衣各二襲，鈔萬貫，命廣西參政王麟送之。別封胡奃順化郡公，盡食所屬郡縣。

《太宗實録》卷五〇　豐城侯李彬、新城侯張輔等往河南皂君山捕盜。陛辭，上諭之曰：「盜本良民，但爲有司不能撫綏，更加酷害，始聚爲盜。彼豈不愛其生？蓋出於不得已。汝往，先遣人招撫，示以生路。若能散歸農畝，即是良民，不必窮治。大抵官軍所至，必累及無辜。爾等此行當以保民爲重，無重困之。」

《國榷》卷一四　壬寅，琉球國進鬮人、閹人，卻之。

《明史》卷六《成祖紀二》　丁未，大祀天地於南郊。

《國榷》卷一四　己酉，先是，日本國王源道義盡殲對馬、臺岐等島海寇，上嘉之，遣使褒諭。封壽安鎮國之山，自作碑銘，令勒石。

韃靼滿束兒灰等率衆來降，授官，分居涼州、莊浪、寧夏三衛，各賜姓名。都指揮同知滿束兒灰曰柴志誠，都指揮僉事阿兒剌台曰楊汝誠，涼州衛指揮同知猛哥曰安汝敬，指揮僉事脱脱曰楊必敬，只蘭曰吴克誠，朵列干曰吴存敬，莊浪衛指揮僉事火失谷曰韓以謙，祖住不花曰柴永謙，寧夏衛指揮使伯帖木兒曰柴志敬，餘千户、衛鎮撫、百户等十一人，皆賜之。

《國榷》卷一四　庚戌，刑科給事中劉端爲右春坊右司直郎。

浡泥國使臣求中國冠帶，賜之。

癸丑，南陽皂君山盜平。

《明通鑒》卷一五　丙辰，初御午朝。上謂六部及侍臣曰：「早朝四方奏事者多，君臣之間，不得盡所言。午後事簡，卿等有所欲言，可以從容陳論，毋以將晡，疑朕倦于聽納。朕有所欲言者，亦可及此時與卿等商榷行之。」

《國榷》卷一四　丁巳，逮工部左右侍郎趙教、劉仲廉，以隱黄藤不報，仍賦於民，被劾。詞連尚書宋禮，謂新除，置之。

己未，爪哇國東王孛令達哈入貢。

辛酉，右軍都督僉事馬榮轉漕北京。

西域貢佛舍利，禮部尚書鄭賜因請釋囚。上曰：「治先刑賞。梁武帝溺佛廢法，此豈可效也？」

上聞哈密忠順王脱脱爲祖母速哥失里所逐，敕諭其大小頭目。

二月丁卯，寧世子磐烒來朝。

己巳，翰林侍讀學士王達、司經局洗馬兼翰林編修楊溥主禮闈，得貢士朱縉等二百二十人。

庚午，復建承天門。建文時災。

辛未，荔波縣民覃敬信先招梅村等七十三洞猺，即授荔波知縣，撫之。

《太宗實録》卷五一　壬申，上以太祖高皇帝御製嘉禾詩勒石，裝潢成軸，賜諸王及尚書、侍郎、内閣學士、侍讀、侍講及國子監祭酒、司業。

《國榷》卷一四　復設開平衛，謫戍充之。

署四川行都司事前軍都督僉事程達擅調軍職，下獄。

除四川荒田租。

乙亥，翰林修撰徐旭卒。

《太宗實録》卷五一　丙子，書諭趙王高燧曰：「小旗孫成自虜中逸歸，見鬼力赤、阿魯台、也孫台向東南行，其來寇掠邊境亦未可知。爾速遣人馳報武安侯鄭亨等，令堅壁清野以待。自黑峪車坊至魚臺領隘口，可塞者塞之，不可塞則鑿深壕以斷其路。仍督兵屯田，且守且耕，寇來則相機用事。爾居守北京，一切邊務皆當究心。」

《國榷》卷一四　敕武城侯王聰、同安侯火真往興和，同武安侯鄭亨備虜。

己卯，軍官有罪謫戍立功者，悉復職。

辛巳，唐府長史程濟、韓府長史司典簿魏居敬犯夜禁，宥之。於是韓、瀋、安、伊、魯、唐、岷府僚，如審理、奉祠、工正等官百三十四人俱暫還里，俟就國召之。

癸未，敕諭八百大甸軍民宣慰使司刀招散。

《太宗實録》卷五一　甲申，勅鎮守遼東保定侯孟善及遼東都指揮高得等曰：「欽天監奏，今天象有兵，占在邊境。爾者切宜慎防，凡有御寶文書及諸司文移，必須詳審，毋爲奸僞所欺。其諸邊務尤須用心。」

乙酉，命兵部，以有罪當謫戍者，實新設武清衛，犯死罪及逃軍令戍開平。

丙戌，禮部會試天下舉人，中式者朱(瑨)〔縉〕等二百一十九人。

丁亥，勅山西等都揮使司：「方春時和，邊民皆務耕種，虜或乘時侵掠，民不得盡力畝畆。宜嚴兵以備，寇至則捕擊，無事則歸屯。慎守疆埸，訓練軍士，且耕且戰，爾其慎之。」

《國榷》卷一四　己丑，右僉都御史俞士吉、大理寺少卿袁復蘇州治水還京。先至私邸，且受賂，爲左都御史陳瑛劾之，下獄。

庚寅，置塔魯木、蘇溫河、阿速江、速平江四衛。

《明通鑒》卷一五　三月辛卯朔，上幸太學，釋奠于先師孔子，服皮弁，行四拜禮。御彝倫堂，賜講官及大臣翰林坐。祭酒胡儼、司業張智等，皆序進講《堯典》、《泰卦》畢，賜百官茶，還宮。

《太宗實録》卷五二　壬辰，命工部修國子監太祖高皇帝詔書碑亭。

禮部奏請立視學之碑，上親製其文。

遣使賚詔封烏思藏巴里藏卜爲灌頂國師闡化王。

《國榷》卷一四　暹羅、琉球入貢。

《明通鑒》卷一五　甲午，設開原、廣寧馬市凡三：一在開原南關以待海西，一在開原城東，一在廣寧，以待朵顔三衛。既而城東、廣寧皆廢，(准)〔惟〕南關市獨存。

《國榷》卷一四　乙未，嘉興知縣李鑑逮至。以籍没逆黨姚瑄，遺其弟亨，左都御史陳瑛劾之。鑑曰：「亨本無名。」上釋之。

瓊州通判劉銘爲知府，銘招生黎萬餘户。

辛丑，敕諭韃靼可汗鬼力赤。

除河池縣荒田租二千百九十石有奇。

《太宗實録》卷五二　壬寅，遣使命靈藏着思巴兒監藏爲靈藏灌頂國師，授剳思木頭目撒力加監藏爲朵甘衛行都司都指揮使，切禄奔、薛兒加俱爲都指揮同知，各賜誥命。

命舘覺宗巴幹即南哥巴藏卜爲舘覺灌頂國師，隴答頭目結失古加之子巴魯爲隴答衛指揮使，俱賜誥命。

永和王濟烺來朝。

《國榷》卷一四　策貢士於奉天殿。

《明史》卷六《成祖紀二》　乙巳，賜林環等進士及第、出身有差。

丙午，胡奁襲殺陳天平於芹站，前大理卿薛嵓死之，黄中等引兵還。

《明通鑒》卷一五　先是黄中等送天平至丘温，奁遣陪臣黄晦卿來迎。中等以夻不至，遣騎覘之，無所見，而迎者壺漿相望。中不虞其詐，遂徑進，度雞陵關。將至芹站，寇伏兵邀殺天平。時大理卿薛嵒謫廣西，中舉以輔行，遇伏，自經死。中等亟整兵擊之，寇斬絶橋道，不得進，引兵還。

《國榷》卷一四　上親試下第貢士，得周翰等二十一人，賜冠帶。周翰、藍勗隸翰林院，李弼漢府伴讀，餘隸國子監。

庚戌，加賜邊軍布鈔。

辛亥，進施南、散毛二長官司爲宣撫司，復設龍潭安撫司。

癸丑，選庶吉士江殷、胡啓先、孫迪、張叔豫、李岳潤、陳孟潔、張文選、鄭復言、曾春齡、蕭福、曹閏、盧永、黃獻俱翰林院修書，餘賜敕還鄉讀書。

《太宗實録》卷五二　甲寅，命浙江、福建、廣東市舶提舉司，凡外國朝貢使臣往來，皆宴勞之。

吏部言：「各衙門官員考滿，舊制以事繁簡爲陞黜。第在京衙門及在外府有田糧十五萬石，州七萬石，縣三萬石之上者；或親臨王府、都司、布政司、按察司，并有軍馬守禦路，當驛道邊方衝要之處，俱從繁例。府田糧不及十五萬，州不及七萬，縣不及三萬石，并僻静之處，俱從簡例。其各都司、衛所、布政司、按察司、行太僕寺、鹽運司、鹽課提舉司、煎鹽提舉司、市舶提舉司、茶馬司及各土官宣慰等衙門，舊未有例。今擬宣慰、宣撫、安撫、招討長官司俱係土官衙門，宜從簡例，其餘俱從繁例。」從之。

《國榷》卷一四　丁巳，設哈密衛，置印。其頭目爲指揮、千百户、鎮撫有差。周安爲忠順王長史，劉行爲紀善，共佐脱脱。

敕招海島流人。

《太宗實録》卷五　四月壬戌，户部引奏種樣田官軍言，於今種樣田者每歲終赴京，較其所收多寡而賞罰之。是數人者更兩歲始至京，雖較其所收當賞，而違令遇期官軍皆當治罪。上曰：「收多者當賞其勤，違令者當責其慢。可通計兩歲所收之數，官軍並賞之。若慢令不至，非軍所得專，惟坐其官。」

《國榷》卷一四　甲子，禮部試歲貢生，廣西斥落二人，宜奪學官歲俸，杖提調官。上宥之。

辛未，保安王尚煜、順陽王有烜來朝。

上聞安南事，怒甚，諭成國公朱能等致討。

壬申，朝鮮入貢。

《太宗實録》卷五　甲戌，刑部右侍郎金純言：「西平侯沐晟不稟命于朝，擅以籍没罪人、婦女給配軍士男子，安置廣西馬牛給軍屯操。大臣專擅如此，漸不可長，宜正國典。」上曰：「爾言故是。然邊遠之事，朕嘗一以付晟，可勿問。」

《國榷》卷一四　設剌坎和、瓦魯之、革甸、香羅四長官司，隸雲南永寧衛。

乙亥，齊王榑乞詣京謝罪，許之。

《太宗實録》卷五　戊寅，上諭户部臣曰：「朕念北京數郡之民，比年軍旅困於供給，故特免租税以優之，其耆老近日多有來謝恩者。今春作方興，老人正當勸督子弟，勤力田畝，不宜妨其所務。况衰倦之人，豈堪跋涉遠道？即檄諸郡止之。」户部言：「下人受恩感戴，出乎中誠，恐雖止不從。」上曰：「朕心在寔惠及民，不務虚文勞民，其止之！」

《國榷》卷一四　設孟璉長官司，隸雲南都司。

車里宣慰使刀暹答貢馬，遣子刀興入國子監。初，官軍征八百，元江饋餉，車里人邀之，刀暹答時從軍，不預也。懼構怨，質其子。上知之，謂：「親隔萬里外非孝，且朕非浮説所能間也。」厚賜而遣之。

進雲南鎮沅州爲府，土知州刀平知府事，平從征八百有功。

《明通鑑》卷一五　上視朝暇，御便殿閲書史，召翰林儒臣，問：「文淵閣經史子集皆備否？」解縉對曰：「經史粗備，子集尚多闕耳。」己卯，命禮部遣使四出，購求遺書。

《國榷》卷一四　庚辰，有市外夷氈衫者，錦衣衛論其通夷。上詰其實，釋之。

甲申，敕鎮守雲南西平侯沐晟選蜀兵七萬，合討安南。敕蜀王椿選護軍五千從征。御史車舒怠職見劾。上召詰之，不能對，戍邊。

乙酉，廣西左布政使儲顒坐科斂，降廣東左參議。

己丑，錦衣衛校尉摘朝臣某謗毁朝政，上詰其實，則私忿也。上惡其誣善，下校尉法司，論如律。

五月庚寅朔，勑浙江、福建、江西、廣東、廣西、湖廣都指揮使司調軍八萬，往廣西聽征。

《明通鑑》卷一五　諭法司曰：「决獄貴明而無滯。前見刑部引奏，遼東衛官縱軍士往高麗者，一指揮專理屯田，未嘗預知，而一概逮繫，久不疏决，至于病危誤死，是枉殺之也。今天氣已熱，徒流以下，令所在發遣。」

《國榷》卷一四　府軍左衛指揮僉事沐昂爲雲南都指揮同知。

《明史》卷六《成祖紀二》 丁酉，振常州、廬州、安慶饑。

《國榷》卷一四 鑄征夷將軍、征夷副將軍印。

宥都督程達，從西平侯沐晟行營。

敕諭韃靼鬼力赤部下阿魯台。

戊戌，別失八里國王沙迷查干入貢。

前軍都督僉事馬瑛有罪，降百户。

《太宗實録》卷五四 辛丑，河南都指揮同知徐政有罪，謫從征安南立功自効。

壬寅，命户部，内外將士從征安南者，其俸糧皆給全米。

甲辰，勑廣西總兵官都督同知韓觀：「今大軍征討黎賊，合用糧餉已勑户部先撥二十萬石。爾即與廣西都司、布政司規畫，調發軍民，運赴順便去處貯之。候大軍至，順帶前去。餘令土兵隨軍饋運。」

勑鎮江、蘇州、鎮海、金山、建陽、新安、九江、儀真、高郵、淮安、安慶、六安、滁、壽、泗、揚、邳、徐、廬、宣二十衛，精選馬步軍一萬，往廣西，聽征安南。

《國榷》卷一四 大理寺卿陳洽赴廣西議兵事。

丙午，令雲南土官三年一貢，著爲令。

丁未，賜安南人裴伯耆冠帶，從征。

復設司牧局。

戊申，秦王尚炳來朝，甲寅辭歸。

《明通鑒》卷一五 庚戌，齊王榑來朝。廷臣復劾榑罪，榑厲聲曰：「奸臣喋喋，又欲效建文時事邪？會盡斬此輩。」上聞之不懌，留之京邸，削其官屬護衛。

《國榷》卷一四 丙辰，吏部尚書蹇義請罪齊府教授葉坦等。上曰：「齊王凶悖出天性。朕拔王囹圄安全之，誠心温詞，尚不得其聽，况肯遜於下？」置不問。

丁巳，哈密忠順王脱脱祖母速哥失里及頭目各遣人謝罪，上敕戒之。

大古剌土酋潑的那浪入貢。初，中官楊瑄、雲南騰衝守禦千户所千户孟景賢賫詔往，不拜，徙置使者於南灘河，不爲屈。於是悔而禮之。

戊午，駙馬都尉富陽侯李讓舍人中鹽被告，下錦衣衛，反坐告者。廷讞則錦衣衛以賂故，令都察院論家人如律。

《明史》卷六《成祖紀二》 六月己未朔，日當食，陰雲不見，禮官請表賀，不許。

《國榷》卷一四 庚申，詔各安撫司首領官皆定爲吏目。

辛酉，修廣濟縣江隄。

北京行部尚書黄福、左侍郎張思恭有罪，謫辦事官，從征安南，尋復其官。

甲子，諭侍臣曰：「昨一事失記，久思得之。朕萬幾易忽，卿等其悉記之，備顧問。」

《太宗實録》卷五五 乙丑，勑廣西總兵官都督同知韓觀、大理寺卿陳洽，於廣西各土官衙門土軍三萬，以九月初十日會大平府聽征。仍令觀等詗察安南賊中動静以聞。

《明史》卷六《成祖紀二》 丙寅，南陽獻瑞麥，諭禮部曰：「比郡縣屢奏祥瑞，獨此爲豐年之兆。」命薦之宗廟。

《國榷》卷一四 上徧諭齊王之失於諸王。

《太宗實録》卷五五 戊辰，勑湖廣、浙江、福建都指揮使司，增撥軍士一萬五千，福建、浙江屬衛乃選精壯韃軍，令韃官統領，俱赴廣西聽征。

《國榷》卷一四 敕寧夏總兵官何福，九月盡，令降人郭火都等爲鄉導，率騎出塞覘虜。

辛未，禁百官入朝私揖。

日本入貢。

《太宗實録》卷五五 甲戌，勑山東都指揮使司：「前命將青州二護衛及儀衛司軍校分調各衛。今可精選一千名，遣官統領赴京，隨總兵官南征。」

《國榷》卷一四 丙子，令廣東貢夷值農時，其方物貯南雄，俟十一月運赴南安，寬民力。

戊寅，賑静寧、平涼、華亭、隆德、莊浪、延川饑民。

己卯，貸嵩、温等縣穀種千七百五十九石。

壬午，置大古剌、底馬撒二宣慰使司、小古剌、茶山、底板、孟倫、八家塔長官司。

乙酉。行部左侍郎張思恭還北京。

《太宗實録》卷五五 丁亥，先是，命平江伯陳瑄督海運，詣天津衛。所部海舟必約日同發，不得先後，違者治本舟部運官罪。至是，瑄遣人奏，三十餘艘違約五日方行，雖同日俱達，亦無所損，然違同發之約，應罪各舟部運官，以戒後來。上曰：「姑宥之。」顧謂侍臣曰：「始慮海寇爲患，故勑令同發。今已濟而無損，雖違約當懲，然海道甚艱，其功可以贖過矣。凡用人者，録功而略過，則人奮於功。若計過而略功，則救過之不遑，何暇懋功哉？」

刑科都給事中張信等劾奏都督僉事黄中、吕毅率師失律，宜正典刑。上命姑貸其死，俾立功以贖。

《國榷》卷一四　七月戊子朔，以伐安南，告嶽鎮海瀆。

庚寅，賑嘉興縣飢民。

《明史》卷六《成祖紀二》　辛卯，朱能爲征夷將軍，沐晟、張輔副之，帥師分道討安南，兵部尚書劉儁參贊軍務，行部尚書黄福、大理卿陳洽督餉。詔曰：「安南皆朕赤子，惟黎季犛父子首惡必誅，他脅從者釋之。罪人既得，立陳氏子孫賢者。毋養亂，毋玩寇，毋毁廬墓，毋害禾稼，毋攘財貨掠子女，毋殺降。有一於此，雖功不宥。」

《國榷》卷一四　甲午，賑丹徒、建平、黄梅、新寧、山陰饑民。

丙申，于闐入貢。

丁酉，大理寺右少卿袁復獄死。

《太宗實録》卷五六　庚子，諭征討安南總兵官成國公朱能等曰：「聞安南氣候雖熱，然過中夜極凉，稍失蓋覆，輒生疾。其冬月亦冷，有附火者，軍中宜備綿衣。又蠻俗好爲蠱毒，士卒皆宜鑿井而飲，躬爨而食。」

《國榷》卷一四　除四川絶户茶課。

癸卯，征夷將軍成國公朱能等出師，上臨江送之。

《太宗實録》卷五六　乙巳，遣福建參政王平等隨成國公朱能赴安南辦事。自是凡有才能足任使者，次第遣行。

《明史》卷六《成祖紀二》　申誹謗之禁。

《國榷》卷一四　丁未，金吾左衛指揮使陳亨爲右軍都督僉事。

己酉，國子監博士趙季通爲司業，起復右副都御史劉觀。

復煎簡縣竹筒井鹽。

辛亥，賑甘泉縣飢民。

甲寅，命欽天監纂修陰陽、星命等書。

閏七月己未，敕征夷將軍朱能等入安南，凡得文籍圖志，皆勿毁。

《太宗實録》卷五七　辛酉，上以諸王多年長未婚，命禮部遣人，於北京、河南、山東、陝西、徐州訪求官員軍民及前朝名宦之家女子，有容德及端厚，其父母素德行可稱者，官具廩傳，令父母親送至京選用。

《明史》卷六《成祖紀二》　壬戌，詔以明年五月建北京宫殿，分遣大臣採木於四川、湖廣、江西、浙江、山西。

《明通鑑》卷一五　初，上以北平爲北京，尚書李至剛以爲「興王之地，宜爲首善之區」。上是其言，與近侍大臣密計數月，先以爲行在。

《太宗實録》卷五七　丁卯，甘肅總兵官西寧侯宋晟奏，亦集乃舊城隘小，請發卒增廣之。及召商人於亦集乃中納鹽粟，以實邊儲。又請給屯軍農具及授忠順王部下頭目官。上曰：「亦集乃荒漠之地，築城必用數萬人。商人納粟中鹽，道遠難致，皆不可從。」命工部如所奏，給屯軍農具，兵部量授忠順王頭目官。因曰：「晟雖老，其盡心邊事，晝夜不懈，於懷綏遠人，愛恤士卒，得邊將之道。使守邊者皆然，朕復何憂？」又命所司賜晟鳳陽縣第宅一區，田園池塘四十頃，山場二十頃，俾爲世業。

《國榷》卷一四　戊辰，申見丁著業之禁。

己巳，徵北京儒士武周文，授翰林侍講學士。周文善《易》，上夙重之。嘗曰：「爲學不可不知《易》，即『内君子，外小人』一語，益人君不淺。」周文辭老，賜敕致仕。

敕諭木邦軍民宣慰使罕的法賜金幣。

上聞緬甸軍民宣慰使那羅塔攻殺孟養宣慰使刀木旦，當討，遣行人張洪敕諭之，毋稔惡。

《太宗實録》卷五七　庚午，勑廣東都指揮司，選精鋭軍士六百人，以能幹千户二員、百户六員領之，具器甲糗糧，由海道往占城，會合軍馬，防遏黎寇。

刑部言：「〔鴻〕臚寺官前奏邊將不辭而歸，於法不敬。今逮至訊之，具言於寺報名辭。今稽勘有驗實，鴻臚寺官誣奏，宜罪之。」上曰：「邊職任匪輕。軍士無將，即無統紀。猝有警急，誰任其責？」命禮科賜鈔百錠，令馳驛還任。命刑部執鴻臚寺官之妄奏者罪之。

《國榷》卷一四　辛巳，爪哇國西王入貢。

八月戊子，置兀蘭、亦兒古里、札木哈、脱木河、福山五衛。

壬辰，定北京兵馬司夜巡銅牌，一如京師。

《明史》卷六《成祖紀二》　丁酉，詔通政司，凡上書奏民事者，雖小必以聞。

《國榷》卷一四　令鎮守甘肅、寧夏、山西、西寧侯宋晟、左都督何福、江陰侯吴高擇牧地。

己亥，濟南蝗，通、深、景、晉、東鹿、曲陽、贊皇、交河、安平、柏鄉、任丘旱，命户部發粟四萬八千六百石有奇賑之。

庚子，鎮守遼東保定侯孟善不法，敕讓之。

占城入貢。

乙巳，賜趙王高燧書：「聞都指揮款台，過駙馬袁容門不下馬，幾箠死。晉王敦爲駙馬恣横，卒滅亡。覆轍在前，可再蹈乎？此書觀畢，仍以示容。」

丁未，江西布政司右參政張本、開封知府任毅爲工部左右侍郎。

《太宗實録》卷五八　壬子，勑甘肅總兵官西寧侯宋晟曰：「西北番國及諸部落之人有來互市者，多則遣十餘人，少則二三人入朝。朕親撫諭之，使其歸國，宣布恩命。」

《明通鑒》卷一五　齊王榑既被留，益懷怨望，上乃召其子至京師。癸丑，並廢爲庶人。

《太宗實録》卷五八　是月，霖雨壞北京城五千三百二十丈，天棚門樓舖臺十一所，通州等衛城及白馬等三十三關，垣墻七百六十四丈。事聞，命發軍民修築。

《太宗實録》卷五九　九月丁巳朔，復以庶人榑所爲謗毀咒詛，陰結勇士，招納亡命，擅僉校尉，私通邊境，要結外夷，圖爲不軌之事，賜書遍諭周、楚、蜀、肅、遼、慶、谷、韓、瀋、安、唐、郢、伊、秦、晉、魯、靖江諸王。

《國榷》卷一四　戊午，申民間巾服之制。

别失八里國入貢。

己未，增北京官軍俸糧。

《太宗實録》卷五九　壬戌，設陝西、甘肅二苑馬寺，寺置卿一員，從三品；少卿一員，正四品；寺丞一員，正六品；首領官、主簿一員，從七品。寺統六監，而每寺先設二監，曰祁連，曰甘泉，隸甘肅苑馬寺；曰長樂、靈武，隸陝西苑馬寺。監統四苑，每監先設二苑，西寧、大通隸祁連監，廣特、麒麟隸甘泉監，開城、安定隸長樂監，清平、萬安隸靈武監。監置監正一員，正七品；監副二員，正八品；録事一員，未入流。苑視其地里廣狹爲上、中、下三等，上苑牧馬萬匹，中苑七千匹，下苑四千匹。苑有圉長，從九品。一圉長率五十夫，每夫牧馬十匹。餘八監、四十苑，命甘肅總兵官西寧侯宋晟、寧夏總兵官左都督何福度地勢，次第設置。

《國榷》卷一四　甲子，河間知府崔衍爲北京行部右侍郎，復左侍郎李友直官。先坐事謫戍。

乙丑，暹羅入貢。

《明史》卷六《成祖紀二》　戊辰，振蘇、松、常、杭、嘉、湖流民復業者十二萬餘户。

《國榷》卷一四　己巳，李隆嗣襄城伯。李濬子。

起刑部右侍郎李慶。

辛未，晉王濟熺、廣昌王濟熇來朝，辛巳還國。

丙子，湖廣廣濟縣妖僧守座立白蓮社惑衆，伏誅。

丁丑，周王橚市馬甘肅塞外，上書止之。

《太宗實録》卷五九　辛巳，大同鎮守江陰侯吴高奏言：「比奉勑，令臣等計議畜馬事宜。謹按視所屬地方，惟大同東北猪兒莊西至雲内、東勝等處，外有赤山、榆楊、疊白等關隘可守，東西阻險。其内延袤四百餘里，水草便利，可以孳牧。若給與軍民畜養，則屯種之地少有空隙，未免妨農。謹上地圖，伏惟聖裁。」上覽而是之。

《國榷》卷一四　置肥河衛。女直野人。

壬午，設北京、遼東二苑馬寺。

時庶吉士王訓、湯流、柴廣敬先後卒。上咨嗟久之，曰：「人才成之難，喪之何易！」

癸未，上御右順門。法司引奏浙西人告誹謗者，追質皆不識面。上怒其誣善，立棄市。

寧夏總兵官左都督何福請立東勝衛，上善之。報以鎮虜、定邊諸衛皆定議之。

丙戌，嚴匿名文書之禁。

《明史》卷六《成祖紀二》　十月戊子，成國公朱能卒於軍，張輔代領其衆。

《國榷》卷一四　己丑，山西道監察御史甄庸爲工部右侍郎。

庚寅，置密陳、卜剌罕二衛。女直野人。

《太宗實録》卷六〇　壬辰，改上林苑爲上林署，置署正一員，正七品；監事一員，正八品；首領官録事一，未入流。

《國榷》卷一四　乙未，征夷右副將軍新城侯張輔等兵自憑祥度坡叠站，望祭安南山川，傳檄數黎季犛二十罪。令都督同知韓觀以廣西兵運餉，除道伐木，繕關梁，出游兵偵賊。鷹揚將軍都督僉事吕毅等破隘留關，敗賊三萬衆，留兵守。大軍度關，軍容整暇，秋毫無犯。

丙申，驃騎將軍都督僉事朱榮等兵至鷄陵關。賊三萬人拒我，重塹鏢弩。我擊斬六十餘人，賊卻走。

丁酉，錦衣衛經歷許廓、行人胡均、進士李本、監生張弼、蔡誠、彭招、尹醇、鍾恕爲給事中。

己亥，前江西按察使周觀政上書，求秘之。上曰：「彼意不必盡法祖，真安人也。」

庚子，張輔入雞陵關。偵芹站旁皆有伏，令鷹揚將軍都督僉事吕毅、黄中等以兵搜捕之，賊遁。遂哨昌江市，造浮橋，築堡。遣鷹揚將軍方政、游擊將軍王恕等哨富良江北嘉林縣。輔自芹站西折至北江新福縣而左，副將軍西平侯沐晟兵至白鶴，遣驃騎將軍朱榮會之，晟亦遣都指揮俞讓來。又三帶州僞僉判鄧宗原、南策人莫邃、莫遠等來降，言賊恃東西都，及宣、洮、沲、富良、海潮、希、麻、牢諸江自固，緣江樹柵，築土城，緜亙九百餘里，二萬人守之。又富良江南岸下木杙，盡列戰艦橋內。東都守備嚴甚，列象馬陣，水陸師號七百萬，蓋空國男婦隨之以聲我。我師自新福移營三帶州，造舟圖進取。

癸卯，設剌和莊長官司，隸雲南都司。

令湖廣三司招洪州泊里蠻夷長官司叛蠻。

丙午，朱能訃至，上哀悼，輟朝五日，諭祭。

富昌伯房勝卒。

丁未，命征夷右副將軍新城侯張輔爲征夷將軍總兵官。敕曰：「昔開平王常遇春北討，卒於軍，偏將軍岐陽王李文忠代之，遂鼓諸將，滅此殘虜。將軍努力，毋使岐陽專美於前代也。」

《明通鑒》卷一五　回回國進玉椀，上曰：「朕朝夕所用磁器甚適意，奚事此。且受之則必厚賚之，後將有奇異于此者接踵而至矣。」命卻之。

《國榷》卷一四　乙卯，百户趙賢等還自塞北，言虜酋乜孫台爲部下所殺，馬兒哈咱往瓦剌，阿魯台往海剌兒河。上未之信，命甘肅、寧夏、開平、興和、大同守將謹偵虜，毋墮其計。

十一月癸亥，修高郵東河隄，浚江都劉家港。

甲子，設桑植安撫司，隸尤溪衛。

《明史》卷六《成祖紀二》　己巳，甘露降孝陵松柏，醴泉出神樂觀，薦之太廟，賜百官。

《國榷》卷一四　癸酉，起復工部左侍郎兼少詹事趙教。

工部左侍郎張本、右侍郎甄庸坐事免官，仍冠帶從事。

命雜犯死罪以下聽贖發遣。

庚辰，上聞寧夏總兵官左都督何福多見忌，敕其慎起居，或遺爾飲食，亦不可不謹。

《太宗實録》卷六一　辛巳，户部人材高文雅言時政，首舉建文事，次及救荒卹民，言辭率直，無所忌諱。

《明通鑒》卷一五　陳瑛劾其狂妄，請置之法，上曰：「草野之人，何知忌諱！其言苟可采，奈何以直廢之！」諭鄭賜曰：「不罪直言，則忠言進，諛言退。瑛刻薄，非助朕爲善者。」命吏部量授文雅官。

《國榷》卷一四　壬午，趣征夷將軍張輔等進師，期明年二月破賊凱旋。

安福盜平。

十二月丙戌朔，復張泌光禄寺卿。前坐事謫役。

朝鮮、暹羅入貢。

丁亥，召興和備禦武城侯王聰、同安侯火真等還北京。

右通政張璉役蘇、松、常、鎮人十萬浚孟瀆河，至奔牛鎮七千五百五十餘丈。

戊子，駙馬都尉沐昕迎尚師哈立麻。初，中官侯顯往烏思藏徵哈立麻，至是報入境，故遣昕。

《明史》卷六《成祖紀二》　辛卯，赦天下殊死以下。

《明通鑒》卷一五　是時法司進月繫囚數率數百人，大辟十之一。上曰：「寒沍淹禁，必有死不當罪者。凡雜犯死罪以下，約二日悉發遣。」至是遂大赦。

《國榷》卷一四　左副將軍西平侯沐晟奪宣江而軍，次洮江，與多邦城對壘。征夷將軍新城侯張輔遣右參將雲陽伯陳旭合攻洮江，作浮橋濟師。驃騎將軍都督僉事朱榮等敗賊嘉林江，而張輔議上流渡，遣榮於下流十八里對賊。日僞增其軍，列筏誘之，賊果分兵登刦，榮等大破之。

壬辰，別失八里國入貢。

癸巳，韃靼頭目苦木帖木兒等來歸，授都督僉事，賜名氏柴永正，達丹莊浪衛指揮僉事，賜名氏安汝堅，把的正千户，賜名氏平以正。

丙申，張輔克多邦城。先留都督高士文於箇招市江接朱榮等兵，大軍合左副將軍沐晟。賊沿江柵皆迫水，不可上，惟多邦城下沙坦可駐師，而賊嚴備，下設重濠，濠外復爲坎，坎外皆蒺藜，士馬甚盛。輔購死士爲雲梯，夜蟻附而上，賊列象陣以拒。輔夙具繪獅蒙馬而衝之，象皆股栗退走，矢石盡發，呼聲動天地，賊大潰。

丁酉，起復左僉都御史趙翥。

張輔循富良江搗東都，黎季犛急焚其宫室，遁入海。東都即交州。

癸卯，左右參將豐城侯李彬、雲陽伯陳旭下西都，都督黄中等屢敗賊生厥江、潭舍江，於是三江、宣江、洮江等州縣次第降。

乙巳，復右僉都御史俞士吉官。

己酉，除廣西户絶田及桑、棗、茶租稅。

《太宗實録》卷六二 庚戌，廣東按察使羅觀有罪，下獄死。

《國榷》卷一四 尚師哈立麻入朝奉天殿。初，上欲躬勞之，尚書夏原吉言：「宜示以君臣禮。」上曰：「卿欲韓愈耳？」賜金銀鈔幣甚腆。

貴州總兵官鎮遠侯顧成招諭合江等寨，皆來歸。

辛亥，浡泥國、娑羅國東王西王各入貢。

《明通鑒》卷一五 甌寧王允熙邸第火，王暴薨，謚曰哀簡。是時廣澤、懷恩二王，皆自漳州、建昌召還，錮之鳳陽，先後卒。初，建文帝太子文奎，遇燕師入城，宫中火起，莫知所終。少子文圭，時方二歲，幽之中都廣安宫，號曰建庶人。

《太宗實録》卷六二 癸丑，上與侍臣語，知京師之人，多有疾不能得醫藥者。嘆曰：「府内貯藥材甚廣，而不能濟人於闕門之外，徒貯何爲？」命太醫院如方製藥，或爲湯液，或丸或膏，隨病所宜用，於京城内外散施。仍訪朝臣中有通於醫者，俾分任其事。又曰：「朕一衣一食，不忘下人之艱。猶於咫尺不能有濟，何況遠外？」遂命禮部申明惠民藥局之令，必有實惠，勿徒有文具而已。

《國榷》卷一四 甲寅，哈密入貢。

兀良哈饑，請馬易米，厚酬之。

永樂五年（丁亥、一四〇七）

《國榷》卷一四 正月丙辰朔，張輔遣清遠伯王友，沐晟遣都指揮柳琮等渡注江，襲籌江柵，破之。又攻困牧山、萬刧江、普賴山，斬三萬七千三百九十級，餘賊潰。敵將胡杜聚舟盤灘江，使南策降人陳封擊敗之，杜走悶海口，因降諒江東潮等。

己未，都察院右都御史吴中改工部尚書，刑部右侍郎李慶改左副都御史。

壬戌，平江伯陳瑄、都督僉事宣信總督海運。

甲子，敕張輔等，聞破賊多得糧，可停廣西轉餉。如在塗，即道貯之。

《明史》卷六《成祖紀二》 丁卯，大祀天地於南郊。

《國榷》卷一四 戊辰，置喜樂温河、木陽河、哈蘭城、可令河、兀的河、阿古河、撒只剌河、依木河、亦文山、木蘭河、阿資河、甫里河十二衛。女直野人。

己巳，立五臺山寺塔。

初，張輔偵賊歷富良江，距交州下流二十餘里，黎季犛子澄等出黄江，屯兵木丸江。沐晟及參將豐城侯李彬自富良江進魯江，賊五百艘犯我軍，逆戰，大敗之，斬萬餘級。

《明通鑒》卷一五 〔辛未〕直隸及浙江諸郡軍民，披剃爲僧，赴京請度牒者千八百人。禮部以聞。上怒曰：「皇考之制，民年四十以上始聽出家，今犯禁者何多也！」命付兵部籍爲軍，發戍遼東、甘肅。

《國榷》卷一四 壬申，白嶼洋僞都總管林來等來歸，隸籍潮州。

甲戌，賜尚師哈立麻儀仗，視諸王。

《太宗實録》卷六三 乙亥，上諭後軍都督同知朱崇等曰：「朕懷綏遠人，凡韃靼、女直野人來朝者，皆賜賚之。遣還，令所經郡縣給廩餼厚待之。蠻夷不遵禮法，往往於經過之地掠人孳畜、財物，亦境内之人窺其所賚而剽奪之。自今悉遣人護送出。」

《國榷》卷一四 安鄉伯張興卒。

丙子，涿州等縣水災，蠲五萬二千三十石有奇。

丁丑，置朶兒必河衛。女直野人。

己卯，賜陝西都指揮僉事朶兒只、寧夏都指揮僉事鐵住姓名馬惟良、柴克恭。

置納木河、甫門河二衛。女直野人。

壬午，罷軍民伐木。

《太宗實録》卷六四　二月丙戌朔，晉王濟熺奏宫中災，居室悉燬。賜濟熺書，免其三護衛軍士屯糧，令併力作之。

《國榷》卷一四　置哥吉河、野木河、納剌吉河、亦里剌河、答剌河五衛。女直野人。

張輔遣南策人莫邃等招諭郡縣，俾官民復業，訪求陳氏後。

《皇明大政紀》卷六　己丑，勑鎮守遼東保定侯孟喜：「緣邊韃靼、女直野人來朝及互市者，悉從其便。但禁戢士卒，勿擾之。」

《明史》卷六《成祖紀二》　庚寅，出翰林學士解縉爲廣西參議。

《明通鑒》卷一五　縉以迎附驟貴，才高，勇于任事。然好臧否，無顧忌，廷臣多忮其寵。又因建儲事，獨歸心太子，與丘福等異議，高煦以此深恨之。會朝議發兵討安南，縉獨以爲不可，失上意。而太子既立，高煦寵益隆，禮秩踰適，縉復諫曰：「是啓争也。」上不懌，以縉離間骨肉，恩禮浸衰。四年，賜黄淮等五人二品紗羅衣，獨不及縉。而福等議稍稍傳播外廷，高煦遂譖縉洩禁中語。至是有劾其上年廷試讀卷不公事，遂有是謫。禮部郎中李至剛，挾下獄之嫌，謂縉實中傷之，乃奏言縉怨望。尋改交阯，命督餉化州。

《國榷》卷一四　尚師哈立麻建齋靈谷寺，厚賜有差。

敕廣西總兵官都督同知韓觀等，移勦柳潯諸蠻。

癸巳，敕張輔等訪安南才德賢智之士。

《太宗實録》卷六四　丙申，廣東布政司右參議吕惟得有罪，罷，仍命冠帶辦事。

《國榷》卷一四　戊戌，朵顔衛頭目把禿來朝，乞省母北京，許僦居。

丙午，復設五峯石寶長官司，隸湖廣都司。

丁未，娑羅國入貢。

癸丑，置阿剌山、隨滿河、撒禿河、忽蘭山、古魯渾山五衛。

甲寅，真定、保定水災，蠲租三萬二千三百十五石。

三月丙辰，復設東鄉五路安撫司，隸施南宣撫司。

琉球國山南王汪應祖入貢。

《明史》卷六《成祖紀二》　丁巳，封尚師哈立麻爲大寶法王。

《國榷》卷一四　其徒封大國師各有差，賜印誥金幣，宴奉天殿。時賜賚亡算，翰林侍讀李繼鼎曰：「彼神通當能漢語，何待譯？其教人誦『唵嘛呢叭彌吽』，乃『俺把你哄』也。」

《明通鑒》卷一五　〔庚申，駙馬都尉胡觀以黨李景隆，劾下獄。〕初，陳瑛劾「觀强取民間女子，娶娼爲妾，預李景隆逆謀」，詔以至親勿問，罷其朝請。至是，瑛又劾其怨望，遂逮之下獄。

《國榷》卷一四　辛酉，設四川馬剌長官司。

甲子，四川大木一夕自山浮出於江。工部尚書宋禮以聞，賜名神木山，遣祭勒碑。征夷將軍張輔馳上安南軍民降表，言陳氏殲盡，乞復古郡縣。

《太宗實録》卷六五　乙丑，設陝西、甘肅左衛及莊浪衛僧綱司。

丁卯，封館覺灌頂國師宗巴斡即南哥巴藏卜爲護教王，靈藏灌頂國師者思巴兒監藏爲贊善王，國師號悉如故，俱賜金印、誥命。并諭怕木竹巴灌頂國師闡化王，吉剌思巴監藏、巴里藏卜周護教王、贊善王，必力工瓦國師，川卜千户所、必里、朵甘、隴答三衛，川藏等簇復置驛站，以通西域之使。令洮州、河州、西寧三衛以官軍馬匹給之。仍賜闡化王等錦綺衣服。命館覺頭目南葛監藏、阿屑領占俱爲朵甘行都指揮使司都指揮使，阿卓南葛領占及靈藏頭目鎖南斡屬爲都指揮僉事，玉隆監藏、沙加藏卜、王隆星吉爲都指揮僉事，且汪加爲衛鎮撫。賜都指揮撒力加監藏、都指揮同知奔薛兒加、隴薛答衛指揮使巴魯亦印誥、白金、綵幣、襲衣及茶各有差。南葛監藏者，剌兀監藏之子也。剌兀監藏，洪武中率先朝貢，授朵甘衛都指揮使。及卒，以弟著思巴兒監藏暫領其職。至是，南葛監藏并諸頭目亦各遣人來朝貢馬，故有是命。

《國榷》卷一四　己巳，置考郎兀、亦速里河二衛。女直野人。

設雜谷安撫司，達思蠻寨長官司。

庚午，哈密忠順王脱脱貢馬，諭其忠孝。

築東昌潰隄。

辛未，敕陝西都指揮僉事劉昭、何銘等往西番朵甘、烏思藏等處設立站，撫安軍民。

《明通鑒》卷一五　〔壬申〕，守衛官有於皇城下誦經不輟者，上召諭之曰：「爾身備宿衛，不用心防奸，乃一志誦經，可乎？若存心忠孝，不越分違法，自然有福。如無是數者，而望有福無禍，得乎？今後仍於宿衛之所誦經者，必罪不宥。」

《國榷》卷一四　癸酉，誅禮部右侍郎戚存心。存心先泄機密，宥之。至是，上夜御右順門，急召禮部官，命至邸，滅燭就邸。上久待不至。還奏得實，誅之。

《皇明大政紀》卷六　設四夷館，命禮部選國子生蔣禮等三十八人隸翰林院習譯書，人月給米一石。遇開科令就試，仍譯所作文字合格，准出身。置館于長安右門之外處之，分爲八館，曰韃靼、曰女直、曰西番、曰西天、曰回回、曰百夷、曰高昌、曰緬甸。

丙子，吏部言，詹事府六品以上正佐官三年考滿。宜如太常寺等衙門堂上官例，不考，候九年奏請黜陟。從之。

《國榷》卷一四　己卯，趙王高燧還北京。

辛巳，改上林署爲上林苑監，兼用中官。

張輔、沐晟等敗黎季犛於富良江。初，追賊膠水縣之悶海口，地下溼不可屯，乃陽還師鹺子關，築堡，俾都督僉事柳升守之。賊果來躡，輔等回軍，值於富良江。賊舟亙十餘里，又精卒數萬陸戰。我夾擊，大敗之，斬數萬級，江水爲赤。長驅至黄江，抵悶海口。季犛等潛遁，僞吏部尚書范元覽、大理寺卿阮飛卿等皆降。

《皇明大政紀》卷六　癸未，賜文武百官西洋及高麗布有差，特命直内閣侍讀黄淮、胡廣、侍讀楊榮、楊士奇、金幼孜賜同尚書。

《國榷》卷一四　甲申，詔北京夏税及赦前租税課程悉輸鈔。

四月丙戌，興平王尚炳、永壽王尚灶來朝。

平陽王濟熿來朝。上以祖訓入朝長至幼，嫡先庶，今非序非召，卻之。

緬甸土官那羅塔等，以行人張洪等宣諭，貢方物謝罪。

《明通鑒》卷一五　辛卯，皇長孫瞻基出閣就學，時年十歲。上使少師姚廣孝等侍講讀，諭之曰：「朕長孫天資明睿，宜盡心開導。凡經史所載孝弟仁義，與大帝王大訓，可以經綸天下者，日與講解，不必如儒生繹章句、工文詞也。」

《國榷》卷一四　甲午，前禮部儀制郎中兼右春坊右贊善李繼鼎侍皇長孫，仍右贊善。

敕寧夏總兵官左都督何福：「比内使林清擅索兵數，爾遽示之，何也？自今慎之！慎之！」

增置各省按察僉事管屯糧。

乙未，順陽王有烜來朝。

琉球國中山王世子思紹入貢。

右僉都御史仲成憂去。

丁酉，寧世子磐烒、代世子遜煓來朝。

別失八里國入貢，請兵服撒馬兒罕，諭止之。

哈剌火州王子哈散、土魯番萬户賽因帖木兒、柳陳城萬户瓦赤剌等俱入貢。

戊戌，敕甘肅總兵官西寧侯宋晟，軍士潛出境，留居別失八里、哈剌火州，泄事。其嚴加約束。

庚子，朝鮮入貢。

《皇明大政紀》卷六　上與侍臣論政貴盡羣情。上曰：「朕與卿等論政事，每不覺坐久。或謂朕曰：『語多傷氣，非調養之道，當務簡爲貴。』朕語之曰：『人君用貴簡默，但天下之大，民之休戚，事之利害，必廣詢博訪，然後得之，非好多言也。』」侍臣對曰：「舜無爲而治，然亦好問好察邇言，豈舜不貴簡默哉！」上曰：「不如是，不足以盡羣情。」

癸卯，征夷諸將張輔等奏：「安南耆老尹沛等願復立郡縣，設官治理。」命俟擒黎賊父子而後處置。

《明史》卷六《成祖紀二》　己酉，振順天、河間、保定饑。

《國榷》卷一四　都指揮僉事郭義爲中軍右都督。

雲南八百大甸軍民宣慰使刀招散貢方物及金銀器謝罪，受之。

《太宗實録》卷六七　五月甲寅朔，勅甘肅總兵官西寧侯宋晟曰：「近聞回回多買中國人妻妾子女出境。律買賣者皆處死。宜嚴加禁約之，毋因循也。」

《國榷》卷一四　辛酉，武昌僧求修觀音閣祝釐，不許。

甲子，開平衛卒蔣文霆言，物料非土産者勿取，旌表節義當從公。上從之。

征南兵獲黎季犛等，安南平。初，張輔等次演州，偵季犛走乂安之深江，乃自陸進，都督僉事柳升以舟進，沐晟等循舉厥江。至日南州奇羅海口，大敗之，得舟三百。輔等追之永定衛，卒王柴胡等七人擒季犛及子澄等。

乙丑，安南人武如卿等，於永盎海口望高山獲大虞國太上皇帝黎蒼、僞太子黎芮、梁王黎漴、柱國東山鄉侯胡杜等。

丙寅，遣諭瓦剌馬哈木等。時聞虜廢鬼力赤，立本雅失里。

《皇明大政紀》卷六　丁卯，北京行部奏：「西湖景至通流七閘，河道淤塞，請以民丁疏浚。并自昌平至沛村一百里，增至十二閘。」命以運糧軍士浚河道，其置閘候吏議。

《國榷》卷一四　己巳，上幸靈谷寺。

辛未，河南饑，有司匿不以聞。悉下刑部，亟賑之。

《明通鑑》卷一五　諭都察院曰：「河南郡縣，洊罹旱澇，有司匿不以聞。有言雨暘時若，禾稼茂實者，及遣人視之，所收十不及四五或十不及一，至掘草實爲食。朕聞之惻然，亟發粟振之，已有饑死者。此朕任用匪人之過，已悉置之法。其榜諭天下，凡有司遇災傷不以聞者，皆罪之不宥。」

《國榷》卷一四　甲戌，選安南人補大軍。

《皇明大政紀》卷六　戊寅，工部言：「北京文明河至通州五閘，請設船置閘户、水脚夫。」從之。每閘設二十艘，於龍江造。用閘户十一户，水脚夫四百六十人，於湖廣、江西、河南點充。

《國榷》卷一四　己卯，日本入貢，並獻倭寇道金等。上敕勞之。

復工部左侍郎張本、右侍郎甄庸官。

辛巳，右僉都御史俞士吉巡視浙江民瘼，還，上《聖孝瑞應頌》。以諛詞，擲還之。

壬午，福建都指揮僉事張豫，坐頓置番國方物不如法，戍安南。

《皇明大政紀》卷六　平安南捷奏至，羣臣入賀。復請開設三司及郡縣，命降詔行之。

《明通鑑》卷一五　六月癸未，以安南平，詔告天下。改安南曰交阯，設交州、北江、諒江、三江、建平、新安、建昌、奉化、清化、鎮蠻、諒山、新平、演州、乂安、順化，凡十五府，分轄三十六州，一百八十一縣。又設太原、宣化、嘉興、歸化、廣威五州，直隸布政司，分轄二十九縣。置三司，以都督呂毅掌都司事，黄中副之，以前工部侍郎張顯宗、福建布政司左參政王平爲左、右布政使，前河南按察使阮友彰爲按察使，又命行部尚書黄福兼掌布、按二司事。其他要害，咸設衛所控制之。

《國榷》卷一四　大理寺卿陳洽改吏部左侍郎，給符驗二千道，銓選交阯官吏。

戊子，治北京祀典、神祇壇及祭器、樂器。

《明史》卷六《成祖紀二》　己丑，山陽民丁珏訐其鄉人誹謗，擢爲刑科給事中。

《明通鑑》卷一五　珏居山陽，見時嚴誹謗之禁，乃訐其鄉人里社賽神事，指爲聚衆謀不軌，坐死者數十人。法司因希指謂「珏才可用」，立擢之。由是陰伺百僚，有小過輒以聞，舉朝側目。卒以貪黷被劾戍邊。

《國榷》卷一四　庚寅，都督同知朱崇、都督僉事冀英鎮守浙江。

《太宗實録》卷六八　辛卯，監察御史蔣彦禄言：「國家養軍士以備攻戰，暇則教之，急則用之。今各衛所官貪緣爲奸，私家役使，倍徒常數。假借名目，以避正差，賄賂潛行，互相蔽隱。請嚴加禁正。」從之，命法司覈治。

《明通鑑》卷一五　以禮部侍郎趙羾爲本部尚書。羾以事每爲言者所劾，上不問。至是進官，賜宴華蓋殿，撤膳羞遺其母。

《國榷》卷一四　壬辰，命指揮徐佑、周鼎、劉綱選湖廣、廣東、貴州壯士三萬，同錦衣衛指揮程遠，期十月朔，會廣西韓觀兵，勦柳潯蠻。

癸巳，設交阯交州左右中前等衛，昌江衛，丘温衛，市橋隘、留關二守禦千户所。

《皇明大政紀》卷六　勅甘肅總兵宋晟，鬼力赤等爲邊患，當伺釁驅除之。

《明史》卷六《成祖紀二》　甲午，詔自永樂二年六月後犯罪去官者，悉宥之。

乙未，張輔移師會韓觀討潯、柳叛蠻。

《國榷》卷一四　翰林侍讀學士王達卒。

庚子，昨歲命内使李進採山西天花菜，至是進又矯旨往，遣御史鞫治。

壬寅，駙馬都尉宋琥省西寧侯晟於甘肅。

令雲南各學皆行釋奠禮。

《明史》卷六《成祖紀二》　癸卯，命張輔訪交阯人才，禮遣赴京師。

《明通鑑》卷一五　是時安南方入版圖，上加意綏懷，除黎氏一切苛政，遭刑者悉放免，居官者仍其舊，與新除者參治。凡有懷才抱德之彦，敦遣赴京。至是又詔訪求山林隱逸，明經博學，賢良方正，孝弟力田，聰明正直，廉能幹濟，下及書算兵法，技藝術數之等，悉以禮敦送至京録用。于是輔等先後奏舉九千餘人。

《國榷》卷一四　兵科給事中傅安、郭驥等還自撒馬兒罕。初，洪武二十八年使撒馬兒罕，被留十三年，至是頭目哈里歸之。同行御史姚臣、太監劉惟俱没，官軍千五百人，生還僅十七人。改禮科給事中。哈里，元帖木兒駙馬孫也。

庚戌，左通政趙居任修築杭州江隄。

辛亥，柳州自正月不雨，命户部馳視之。

七月壬子朔，命甘肅總兵官宋晟選千人或五百，赴哈密助忠順王脱脱。

癸丑，甘肅總兵官西寧侯宋晟卒。

《明史》卷六《成祖紀二》　乙卯，皇后崩。

《明通鑒》卷一五　后好讀書，嘗爲上言：「當世賢才皆高皇帝所遺，陛下不宜以新間舊。」又言：「帝堯施仁自親九族始。」上嘉納之。嘗召六卿命婦入見，諭之曰：「婦之事夫，奚止饋食衣服而已，必有助焉。朋友之言，有從有逆，夫婦之言，婉順易入。吾旦夕侍上，惟以生民爲念。願共勉之！」嘗采女憲、女戒作《内訓》二十篇，又類編古人嘉言善行作《勸善書》，頒行天下。至是疾革，惟勸上愛惜百姓，廣求賢才，恩禮宗室，毋驕畜外家。崩，年四十有六。上悲慟，爲薦大齋于靈谷、天禧二寺，聽羣臣致祭，光禄爲具物。

《明通鑒》卷一五　丙辰，敕禮部定喪儀。

《國榷》卷一四　乙丑，山西左參政王彰爲禮部右侍郎。

《明史》卷六《成祖紀二》　丁卯，河溢河南。

《國榷》卷一四　駙馬都尉宋琥爲平羌將軍總兵官，鎮守甘肅。

戊辰，浙江左參議左獻爲刑部右侍郎。

《太宗實録》卷六九　壬申，勅兵部編武職勘合一千道，往交阯，付尚書劉儁掌之。遇土官土人有功者，會議授官，如文職之制。

交阯總兵官新城侯張輔等奏，交阯都司城傾圮，宜修築。及清化宜立衛，兼前留守丘温、隘留二關官軍守禦。皆從之。

《國榷》卷一四　甲戌，朝鮮入貢。

乙亥，有牧卒告人呪死其馬，上以誣訶斥之。

丙子，立神樂觀醴泉碑。

《太宗實録》卷六九　丁丑，交阯布政司奏：「南安夷人俗惟尚浮屠法，不知敬事祀典之神。宜設祭風雲雷雨、山川、社稷等壇，使知祈報之道。」從之。

《國榷》卷一四　戊寅，兵部右侍郎兼少詹事墨麟卒。

己卯，山東布政司左參政郭璡爲工部右侍郎。

辛巳，徐欽嗣魏國公。輝祖長子。

《皇明大政紀》卷六　八月甲申，勅四川等處督木尚書宋禮、侍郎金純、古朴、師逵、副都御史劉觀等，今天氣漸寒，宜節量人力，使温飽趍事，而無咨怨愁苦之聲。

《明史》卷六《成祖紀二》　乙酉，左都督何福鎮甘肅。

《國榷》卷一四　令駙馬都尉宋琥還喪京師。

戊戌，張輔遣游擊將軍都指揮同知朱廣、鷹揚將軍都指揮僉事方政，會都督韓觀勦廣西叛蠻。

己亥，占城國王占巴的賴奏復安南侵地，獻俘，上嘉納之。

《明通鑒》卷一五　庚子，録囚，雜犯死罪減等，諸戍流以下釋之。

《國榷》卷一四　己酉，四川布政司右參政宋性爲北京行部右侍郎。

庚戌，上郡縣父老進香。

前軍都督僉事高士文討廣源餘寇，連戰中砲死。都指揮程瑒兵繼至，盡平之。

《皇明大政紀》卷六　勅陝西行都司都指揮陳敬等，及巡按監察御史，禁止外交。

《明通鑒》卷一五　九月壬子，鄭和還。西洋諸國皆遣使者隨和入朝，並執舊港酋長陳祖義至。舊港者，故三佛齊國也，古名干陀利，以洪武三年入貢，九年請封。而是時爪哇强，已威服三佛齊而役屬之，聞天朝封其國爲王，與己埒，大怒，遣人誘朝使，邀殺之。會胡惟庸之亂，貢使遂絶。三十年，禮部以諸番久缺貢奏聞，太祖乃傳諭暹羅，託言「將遣使至爪哇，恐中途爲三佛齊所阻，令暹羅諭意爪哇，使轉諭三佛齊。」維時三佛齊已爲爪哇所併，改其名曰舊港。而爪哇不能盡有其地，于是華人流寓者，往往起而據之，遂有廣東人梁道明、陳祖義，先後自稱頭目，于上即位之四年各遣使朝貢，而祖義復爲盜海上，邀截往來貢使。是年和自西洋還，遣人招諭之，祖義詐降，謀邀劫。有施進卿者告于和，祖義來襲，遂爲和所禽。至是俘獻入朝，命戮于都市。

《國榷》卷一四　蘇門答剌國、古里國、滿剌加國、小阿蘭國、阿魯國入貢。

《太宗實録》卷七一　乙卯，命都指揮汪浩改造海運船二百四十九艘，備使西洋諸國。

《明通鑒》卷一五　都督柳升俘送黎季犛及其子蒼等至京師，上御奉天門受之。詔季犛父子及其僞將相悉付獄，赦其子孫澄、芮等，令有司給衣食。

《國榷》卷一四　丙辰，賞獻俘將士都督僉事柳升、横海將軍都指揮魯麟等。

丁巳，開浦城縣銀冶。

戊午，舊港頭目施進卿入貢，特授舊港宣慰司使，賜印誥。

庚申，朝鮮入貢。

癸酉，張輔送交趾工匠七千七百人至京。

爪哇國西王都馬板入貢謝罪。初，西王攻滅東王，及朝使過東王城，被殺我軍七百十人。至是懼甚，上責輸黃金六萬兩。

《太宗實録》卷七一　丙子，兵部奏：「軍官子弟比試多不中者，請罪之，以示儆。」上曰：「軍官須諳韜畧，勤練習以精武事。今其子弟多驕縱，未嘗教習，及比試畏怯如處女，將來襲職，何以得用？姑移文戒諭之。今後比試不中者，悉謫戍交阯。」

遣太監王貴通賚勅往勞占城國王占巴的賴，賜王白金三百兩，綵絹二十表裏，嘉其嘗出兵助征安南也。

《國榷》卷一四　十月辛巳朔，交趾甘潤祖等十一人舉明經，悉授諒江等府同知。上作詩勉之。

丁亥，張輔等訪舉交趾文武才藝之士九十人，命給綿衣靴襪入京。

戊子，敕責老撾宣慰使刀線歹助黎季犛兵象。

己丑，諭刑部尚書呂震，凡戍邊，各從南北風土所宜。聞北人苦炎瘴，其改佃北京，全活之。

辛卯，紹興人告鄉人居室違制。上曰：「江南少兵革，多宋元故居，何可概罪？」令巡按御史驗之。

壬辰，遣諭兀良哈三衛。

《明通鑒》卷一五　甲午，册謚皇后曰仁孝皇后。

《國榷》卷一四　丙申，高平王濟熚來朝，進羊馬。

辛丑，暹羅入貢。初，占城貢舟風漂至彭亨國，暹羅掠而留之，又奪蘇門答剌國、滿剌加國所賜印誥。事聞，敕諭其國王昭禄羣膺哆囉諦剌。

癸卯，追贈安南陳氏子孫七人參政、參議等官，俱黎賊所害。

丙午，鎮守儀真都督譚青不法被劾，上宥而責之。

丁未，命右副都御史劉觀遣還山西採木之卒，俟明春至。

右通政楊泰爲北京行部右侍郎。

《明通鑒》卷一五　韓觀討潯、柳蠻，平之。時諸軍並集，分道進勦。觀自以貴州、兩廣兵由柳州攻馬平、來賓、遷江、賓州、上林、羅城、融縣，皆破之。與大兵會于象州，進攻武宣、東鄉、桂林、貴平、永福，斬首萬餘級，禽萬三千餘人，羣蠻復定。捷聞，上嘉勞之。

《國榷》卷一四　庚戌，韓王松薨於京。王機辨通今古，恭謹無過，謚曰「憲」，葬安德門外。

十一月辛亥朔，敕張輔班師。

右春坊右庶子兼翰林侍讀胡廣爲翰林學士兼左春坊大學士，□庶子兼翰林侍讀黄淮爲右春坊大學士，仍兼侍讀，右諭德兼翰林侍讀楊榮爲右庶子，侍講兼左中允楊士奇爲左諭德，侍講金幼孜爲右諭德，皆仍兼侍講。侍講鄒緝兼左中允，修撰曾棨、林環進侍講，修撰梁潛兼右贊善，檢討沈度、庶吉士彭汝器、王直、余鼎、王英、羅汝敬爲修撰。令吏部，廣等侍朕久，勿改外。

癸丑。頒《仁孝皇后勸善書》。

河決湯陰，免今年田租。

甲寅，山海衛都指揮同知費瓛爲後軍都督僉事。

乙卯，工部左侍郎張本上章悮右侍郎，被劾，命即右之。

己未，高平王濟熚薨，年二十九，謚懷簡。

逮河南按察副使夏禮、裴璉、僉事温仲和、黄友信下都察院獄。以巡按御史曹琰劾其畏巡歷，凡事輒委有司也。

《明通鑒》卷一五　甲子，冬至，以皇后喪，免朝賀。

《太宗實録》卷七三　乙丑　書諭趙王高燧曰：「欽天監奏彗星見燕分，爾宜謹慎出入，伺察邊境，毋或怠忽。」

《國榷》卷一四　頒《仁孝皇后内訓》於羣臣。

《明通鑒》卷一五　修《永樂大典》，書成，上之。初，上即位之元年，諭學士解縉等曰：「天下古今事物，散載諸書，篇帙浩繁，未易檢閱，朕欲悉采各書所載事物類聚之而統之以韻。嘗觀陰氏《韻府羣玉》、錢氏《回溪史韻》二書，事雖有統而紀載太略。卿等其如朕意，凡書契以來經、史、子、集、百家，至于天文、地志、陰陽、醫卜、僧道、技藝之言，備輯爲一書，毋厭浩繁。」縉等奉詔編纂，依韻排次，于二年十一月上之，賜名《文獻大成》。既而上覽所進書尚多未備，復敕太子少師姚廣孝、刑部侍郎劉季篪與縉重修。三人總其事，復命學士王景、王達等五人爲總裁，侍讀鄒輯，修撰梁潛、曾棨等凡二十人副之。既又徵儒士陳濟，擢爲都總裁，又簡中外官及四方老宿有文學者充纂修，選國子監及郡縣生員能書者繕寫。開館于文淵閣，命光禄寺給朝暮膳。至是書成，凡二萬二千九百三十七卷，一萬一千九十五册，更賜今名，上親製序弁其首。濟，武進人，以布衣入館，發凡起例，區分鈎考，秩然有條。書成，授右贊善。

《太宗實録》卷七三　戊辰，勅甘肅總兵官左都督何福曰：「爾奏欲調鳳陽留守左衛指揮使蘇楷赴寧夏中衛掌衛事，西安後衛指揮劉弘赴甘州右衛，寧夏百户葛復赴西寧衛，寧夏衛副千户趙禮寧夏左屯衛，百户石寬赴凉州衛，領騎士。復調寧夏右屯衛鎮撫李真理刑。悉從所言。爾於將校能量才選用之，果當朕心所悦。」

《國榷》卷一四　設通州左衛，立倉貯漕粟。

右軍都督僉事柴秉誠卒。

己巳，廣西布政司右參議吴翔往龍州，受民賂。東宮下之都察院獄。

《皇明大政紀》卷六　丙子，勅甘肅總兵官何福：「前命西寧侯宋晟選都指揮領騎三千，同買馬回回，由甘肅取道哈密之北，覘虜動静。晟任指揮劉廣非人，致謀洩無功，猶逡巡在沙漠俟命。可令即還，毋致爲虜所得。」

總兵何福奏邊地田多，請令餘丁屯種，及請甘肅鹽場，聽南人於黄河迤南糴糧中納。從之。

《明通鑑》卷一五　是月，特命户科給事中胡濙頒御製諸書，並訪仙人張邋遢，徧行天下州郡鄉邑。時鄭和已還，上終疑建文帝遜國事，故以訪異人爲名，陰物色之。濙奉詔出，垂十年乃還，所至亦問以民隱聞。

十二月甲申，朝鮮貢馬三千匹至遼東，送之京師。

《國榷》卷一四　己丑，設交州後衛、鎮夷、凉山二衛，增守禦千户所十有五。

壬辰，置喜剌烏衛。野人。

《皇明大政紀》卷六　癸巳，勅守大同江陰侯吴高：「爾奏焚邊草最當。須預報旁近，及巡徼軍馬，併屯堡房舍，使皆知備。」

《明通鑑》卷一五　甲午，以太祖戒飭功臣鐵榜及敕旨頒賜武臣。

《皇明大政紀》卷六　甘肅總兵官何福奏，哈密指揮法都剌欲置把總官。上以哈密官校惟聽令忠順王，若復置把總官，令出不一，下難奉承。宜熟計，具可否以聞。

《國榷》卷一四　丙申，虜阿魯台遣使來朝。

甲辰，中軍都督李諒致仕。

乙巳，通山王孟熗來朝。

永樂六年（戊子、一四〇八）

《太宗實録》卷七五　正月庚戌朔，以仁孝皇后喪，免朝賀。

《國榷》卷一四　朝鮮世子李禔來朝。

《太宗實録》卷七五　丙辰，勅甘肅總兵官左都督何福等曰：「近興和守將言，瞭見胡騎五十餘，往來塞外。宜練士馬，謹斥堠，晝夜隄防。仍密察把都帖木兒及倫都兒灰所部人心如何。若可用，則選壯勇者五六十人或百人，往迤北，覘虜聲息如何。未親附，切不可遣。」

《明史》卷六《成祖紀二》　丁巳，岷王楩復有罪，罷其官屬。

辛酉，大祀天地於南郊。

《國榷》卷一四　甲子，太監王安等使別失八里國。時鴻臚寺丞劉帖木兒不花等使迤西，言本雅失里走撒馬兒罕，已走別失八里，今虜迎立之。遂遣使覘虜。

開犍爲縣鹽井。

《太宗實録》卷七五　乙丑，交阯右政司言：「郡邑初定，倉廩未完，官軍俸粮宜撙節支給。今議一品、二品、三品月給米一石，四品、五品八斗，六品、七品七斗，八品至未入流六斗，旗軍、吏典、承差五斗。待粮儲充羡，別議奏請。」從之。

《國榷》卷一四　右軍都督僉事馬榮轉漕北京。

《太宗實録》卷七五　丁卯，陞兵科都給事馬麟、交阯布政司左參議祀瓊俱爲通政司右通政。

《國榷》卷一四　戊辰，設交趾雲屯市舶提舉司。

甲戌，趙王高燧始奔喪。

丙子，李禔辭歸，上詩賜之。

二月壬午，趙王還北京。

癸未，敕武城侯王聰、同安侯火真領騎備宣府。

丁亥，命廣東海運米二十萬石於交趾。

《太宗實録》卷七六　戊子，甘肅總兵官都督何福奏：「凉州諸衛土軍多私出外境市馬，請按其罪。甘肅馬驛遞軍卒，請如例寧夏例，户給附近田二十畝。」俱從之。

《國榷》卷一四　己丑，裁交趾附郭縣，俾知州理民事，如内地。

甲午，遣祭別失八里國王沙迷查干。時弟馬哈麻嗣。

乙未，後軍都督僉事王端、都指揮同知林泉、都指揮僉事牛諒俱運木貪淫，被劾下錦衣衛獄，謫端開平。

庚子，刑部郎中吴盛爲右侍郎。

壬寅，浙江都指揮使孫成奏對不實，謫戍邊。

癸卯，交州知府阮均爲北京行部左侍郎，建昌知府同彦翊、演州府同知黎思凱爲右侍郎。

甲辰，武康伯徐理卒。

丙午，都指揮費義爲前軍都督僉事。

《明史》卷六《成祖紀二》　丁未，除北京永樂五年以前逋賦，免諸色課程三年。

《國榷》卷一四　己酉，諭功臣子弟習騎射。如試不中，戍本衛三年，又不中戍邊。

平江伯陳瑄總海運，前軍都督僉事宣信副之。

《明史》卷六《成祖紀二》　三月癸丑，寧陽伯陳懋鎮寧夏。

乙卯，除河南、山東、山西永樂五年以前逋賦。

《國榷》卷一四　丙辰，有言肅王楧不法。上敕讓之，逮其僉人朱典及長史至京。

己未，賑來安、舒城饑民米萬七千九百四十石。

《太宗實録》卷七七　庚申，改河南布政司左參議易英、雲南按察使周新皆於浙江，陞兵部郎中魏瑛爲山東布政司左參議，工部員外郎曹本爲江西按察使司僉事，山西道監察御史胡恪爲福建按察司僉事，紹興府同知李遵義爲山西按察司僉事，擢趙府教授王玭、監生回謙、張翼爲監察御史。

《國榷》卷一四　定交趾賦稅，務從輕省。

辛酉遣諭虜本雅失里曰：「近聞鬼力赤迎爾北行，朕計鬼力赤與乜孫台爲肺腑親，爾與之勢不兩立。爾元代相傳，無一善終，爾保身赤，亦復何易？爾元之宗嫡，能幡然來歸，朕且加之爵。」

《國榷》卷一四　忽的河、法胡河、卓兒河、海剌河等女直野人頭目哈剌等入朝，地併入建州衛。

《太宗實録》卷七七　壬戌，勑交阯總兵官新城侯張輔等曰：「交阯布政司奏坡壘、丘温、隘留三處乃交阯咽喉。其地瘴癘，官軍難處。欲於近附思州、太平、田州等處量起土軍，設立衛所，如陝西潼關、四川瞿塘之例，軍隸廣西，民隸交阯爲便。尔等其議行之。」

勑甘肅總兵官都督何福曰：「凡回回、韃靼來鬻馬者，若三五百匹，止令鬻於甘州、凉州。如及千匹，則聽於黄河迤西蘭州、寧夏等處交易，勿令過河。凡來進馬者，令人帶乘馬一匹、路費馬一匹。俟至京師，餘馬準例給價。」

《國榷》卷一四　賑麗江軍民府饑。

癸亥，巡按福建御史趙昇奏柏生華，上敕責之。

《皇明大政記》卷六　丙寅，勑甘肅總兵何福：「自今諸事，但竭誠致力，盡其才識，可行即行，慎勿復有顧慮。」

己巳，召鎮守貴州鎮遠侯顧成還京。

《國榷》卷一四　術家言今歲多海風。敕鎮守遼東保定侯孟善，凡貢使至，俱遵陸。

辛未，撫安江西□科給事中朱肇捕安福盜虐民，株逮三千三百人。上得狀，徵收下獄。

乙亥，琉球國中山王思紹、山南王汪應祖入貢。

丁丑，蘇、揚二府言檜花之瑞，上敕責之。

戊寅，敕戒遼王植，遣内人商販恣擾。

四月壬午，禮科給事中傅安往賜撒馬兒罕國王哈里綵幣。

《太宗實録》卷七八　乙酉，上謂兵部臣曰：「朕即位以來，東北諸胡來朝多願留居京師。以南方炎熱，特命於開原置快活、自在二城居之，俾部落自相統屬，各安生聚。近聞多有思鄉土，及欲省親戚者。爾即以朕意榜之，有欲去者，令明言於鎮守官，鎮守官勿阻之。」

《國榷》卷一四　廣西布政司右參議解縉改交阯。淇國公丘福泄縉立儲語於漢府高煦，高煦大恨。禮部尚書李至剛奏縉怨望，故改交阯，督餉化州。

丙戌，楚王楨私遣内使市馬雲南，恣肆犯法。上敕王自治之。

《太宗實録》卷七八　戊子，有告言肅王楧聽百户劉成言，輒罪平源衛軍者。上曰：「此下人所爲，未必盡出王意。」勑王械成等送京師。

《國榷》卷一四　辛卯，永壽王尚炟來朝。

除濟南及寧遠、潮陽荒租。

《太宗實録》卷七八　丙申，巡按雲南監察御史陳敏言：「雲南自洪武中巴設學校，教養生徒。今郡縣諸生多有資質秀美，通習經義，宜如各布政使司，三年一開科取士。」又言：「師儒之職，爲後學矜式。雲南郡縣學校官多用土人，學問膚淺，容止麤鄙，不稱師範。宜別選用經明行脩之士，庶幾教育有法。」俱從之。

《國榷》卷一四　賑獻縣饑粟千五百七十石。

庚子，如來大寶法王哈立麻辭歸，遣中官護行。

《太宗實録》卷七八　乙巳，巡按福建監察御史張翥言：「緣海衛所實番人往來要衝之地，守禦者非得練習老成之材，恐外夷窺伺，邊民受害。今永寧等衛指揮丘榮、高祥、栢英等俱襲職幼官，年未二十，未知防禦克敵之方，倘有警急，必致失措。宜別選老成精鋭者代之，其幼官令居内地操習。」又言：「稽考公文册，本以禁革姦弊。近在外諸司每閲四月造册，各遣人進繳。然倉塲、庫務、水馬驛、織染、軍器局衙門額設官吏二人，或一人。有故一人進册，所管錢糧造作委之吏胥，欺詐百出，其獘愈甚。宜令依例造册，賫送本管府縣類進爲便。」俱從之。

《太宗實録》卷七八　戊申，後軍都督僉事王端貪縱犯法，謫開平立功贖罪。

《國榷》卷一四　都指揮使薛貴爲中軍都督僉事，鎮守貴州。

鎮遠侯顧成入朝。上慰勞之，賜金鈔文綺，尋還鎮。

五月庚戌，肅王楧上章引咎，祈免朱典等。上不許。

癸丑，日本國王源道義入貢，獻所獲海寇。上厚賜之。

甲寅，設遼東自在、安樂二州。即自在、快活二城。

乙卯，福建按察副使盧文達有罪，戍邊。

戊午，瀋、安、唐、郢、伊、魯六王將之國。命户部各歲給千石，免其護衛屯田三年。

《太宗實録》卷七九　辛酉，土魯番城僧清〔來〕率其徒法泉等來朝貢方物。命清來爲灌頂慈慧圓智普應國師，法泉等爲土魯番等城僧綱司官。賜清來白金五百兩，鈔千貫，綵幣十二表裏。其徒七人，各賜白金三十兩，鈔五百貫，綵幣三表裏。

《國榷》卷一四　通政司□參議賀銀坐欺罔，劾免。

《明史》卷六《成祖紀二》　壬戌夜，京師地震。

《國榷》卷一四　癸亥，詔悉赦交阯餘孽，使各復業。

戊辰，靖江王贊儀薨。

《明史》卷六《成祖紀二》　六月庚辰，詔罷北京諸司不急之務及買辦，以甦民困；流民來歸者復三年。

《皇明大政記》卷六　辛巳，命禮部移文中外軍民：弟男僮僕自削髮冒僧者，並其父兄赴京師，發五臺山輸作。畢日，就北京爲民種田，及盧龍牧馬。寺僧擅自容留者，亦發北京爲民種田。

《國榷》卷一四　甲申，改潼關衛隸北京行後府。

丁亥，命户部尚書夏原吉自南京抵北京，緣河巡視軍民運木造磚。

翰林院庶吉士沈升上五事，曰整飭各衛武備；曰預選精鋭充扈從；曰移鄉村倉廪於城，委老人及温室守視；曰選經明行修之士充教官；曰鄉試務精選實學。上採用之。

《明通鑒》卷一五　張輔等班師還。上交阯地圖，東西相距千七百六十里，南北二千八百里，户三百十二萬。自唐之亡，交阯淪於蠻服四百餘年，至是復入職方，上大悦，爲賦《平安南歌》。

《太宗實録》卷八〇　戊子，新城侯張輔言：「交阯平定，開設諸衙門，朝廷遣使及諸司奏報，皆須驛傳。宜於廣西桂林、柳州、南寧、太平等府增設水馬驛一十九，自桂林府東江驛，至思明府憑祥縣新舊馬驛共三十有一。其驛道遠者，宜設中站。南寧府至龍州等驛水道差遠，宜增驛舟，并置遞運所。」又言：「交阯舊太原等五鎮已改爲州，餘天關等十三鎮未改。」上命所司悉准行之。

己丑，吏部尚書蹇義等同六部尚書奏新城侯張輔等平定交阯，建設軍士衛門總四百七十有二，都司、布政司、按察司各一，衛十，千户所二，府十五，州四十一，縣二百八，市舶提舉司一，巡檢司百，税課司局等衙門九十二。置城池十二所，安撫人民三百一十二萬有奇，獲蠻人二百八萬七千五百有奇。糧儲一千三百六十萬石，象馬牛共二十三萬五千九百餘隻。船八千六百七十七艘，軍器二百五十三萬九千八百五十二件。

庚寅，上召新城侯張輔，諭之曰：「安南已平，皆將士用命所致。已命禮部定功次陞賞。然賞罰不可不公，賞罰公而後可以用人。大抵全有功、全有罪者明白易見。若功在前，罪在後者，賞其功，罰其罪。過在前，功在後者，宥其過，賞其功。如此庶當人心。悉次第將士功過以聞。」

《國榷》卷一四　壬辰，諒江知府莫邃爲交趾布政司左參議。初，邃忿黎氏，募土兵萬餘人助討有功。

丙申，欽天監占外夷侵邊。於是敕趙王及總兵甘肅何福、寧夏陳懋、廣西韓觀、交趾呂毅、大同吴高等各飭邊備。

己亥，太監王安馳奏：「本雅失里自別失八里北行，遣人伺哈密被留。」上敕忠順王脱脱送其人於何總兵福。

庚子，吏部左侍郎兼左春坊左贊善許思温卒於獄。思温自國子生署刑部主事，歷遷監察御史，降揭陽知縣，未上，還前任，薦擢北平按察副使。值靖難，城守功超任。上即位，拜吏左，已兼左贊善。時漢、趙二邸相繼伺東宮，中之，下獄瘐死，年四十三。有才略，尤長兵事。死未悉冤，人俱惜之。洪熙初，贈行在吏部尚書。

《皇明大政記》卷六　辛丑，禮部尚書鄭賜卒。先是，禮部職務繁夥，賜爲侍郎趙羾所間，憂欝且有疾，奏對屢失措，上厭之。是日早，遽以訃聞。召翰林諸臣，問曰：「未嘗聞賜病，豈其自盡乎？」衆未對。士奇進曰：「臣觀賜有病數日，但遑懼不敢退，即便安求醫藥。昨日晚，臣與賜同立右順門外，賜體力不支，仆地。旁人怪其鼻口之氣有嘘無吸，臣遽令其屬官扶出午門外。」上不俟士奇語竟，即諭翰林諸臣曰：「賜本君子，顧才不足耳。其撰祭文，遣官祭之。」又命工部予棺。其晚，士奇與黄淮奏事退，上召士奇還，諭曰：「早來微汝言，幾悮疑賜。自今有事，但直勿隱。」

《國榷》卷一四　壬寅，鎮守貴州鎮遠侯顧成勦横州叛蠻。

甲辰，右副都御史劉觀爲禮部尚書，龍江左衛經歷王昶爲北京監察御史。

《國榷》卷一四　七月丁未朔，楚世子孟烷來朝。

于闐、滿剌加入貢。

遣内官把泰、李達等諭八答黑商、葛忒郎、哈實哈兒等，開道通旅。

辛亥，始吉服，御奉天門。

魯王肇煇之國兖州。

《明史》卷六《成祖紀二》　癸丑，論平交阯功，進封張輔英國公，沐晟黔國公，王友清遠侯，封都督僉事柳升安遠伯，餘爵賞有差。

《明通鑑》卷一五　初，交阯平，上問夏原吉：「遷官與賞孰便？」對曰：「賞費于一時有限，遷官爲後日費無窮也。」至是從之。

《太宗實録》卷八一　甲寅，勑五軍各衛所曰：「征南官校已論功陞用，然皆因軍士敢勇，乃能成功。其有奇功、頭功者即具名來聞。奇功陞總旗，頭功陞小旗，就調補所陞總小旗之缺。若功在奇功、頭功之上者，量授官職，以酬其勞。」

《國榷》卷一四　賜兵部尚書劉儁、吏部左侍郎陳洽、工部主事黎添禄等金幣有差。

己未，山西都指揮同知魯麟從征交趾，有功，賞之，仍罪謫南丹。

甲子，黔國公沐晟仍鎮雲南。

福建行都指揮僉事劉達受賕，貸死，徼海捕倭，御史殷昶又受達賕，戍盧龍衛。

丙寅，浙江布政司右參政張春爲户部右侍郎。

庚午，諸司庶務奉皇太子處分，稱令旨。

壬申，賜故朝鮮國王李旦謚康獻，禮部郎中林觀往祭。

癸酉，翰林學士王景卒。

是月，玉山、永豐二縣疫。

八月丙子朔，定明年巡狩北京，議區畫。

遣諭大古剌宣慰使潑的那浪。時□科給事中周讓等使還，言潑的那浪攻奪底板、孟倫、八家塔三長官司，宜討。故敕諭之。

丁丑，周王橚進野蠶繭。

己卯，浚浙江平陽縣支河。

辛巳，設北京會同館。

壬午，各屯田務從輕例。

癸未，翰林修撰李貫、檢討王洪主試應天。

《明史》卷六《成祖紀二》　乙酉，交阯簡定反，沐晟爲征夷將軍，討之，劉儁仍參贊軍務。

《明通鑑》卷一五　時交阯方爲郡縣，中朝所置吏，務以寬厚輯新造，而蠻人自以非類，數相驚恐。有陳氏故官簡定者，先降，將遣詣京師，偕其黨陳希葛逃去，與化州僞官鄧悉、阮帥等謀叛。定乃僭大號，紀元興慶，國曰大越，出没化州、乂安山中，伺大軍還，即出攻盤灘、鹹子關，扼三江府往來孔道，寇交州近境，慈廉、威蠻、上洪、天堂、應平、石室諸州縣皆響應。

《明通鑑》卷一五　丙戌，詔曰：「成周營洛，肇啓二都，有虞勤民，尤重巡省。朕君臨天下，統御之初，已陞北平爲北京，今國家無事，省方維時，將以明年二月巡幸北京。命皇太子監國。親王止離王城一程迎候，官吏軍民于境內朝見，非經過之處，毋得出境。凡道塗供應皆已節備，有司不得有所進獻。」尋命禮部頒巡狩禮。並行直省：「凡有重事及四夷來朝與進表者，俱達行在所，小事達京師，啓皇太子奏聞。」

《國榷》卷一四　丁亥，唐王桱之國南陽，郢王棟之國安陸，伊王㰘之國洛陽。

《太宗實録》卷八二　己丑，甘肅總兵官右軍都督府左都督何福奏：「往者遣人出邊，給與軍器，及還，多有棄置者。今後宜令所入關隘，閱視其數，少者悉令補償。」又言，請以布於邊境易馬。上命兵部悉從之。因勑福曰：「馬政自古所重。馬蕃息，亦可以制遠夷。爾宜用心，仍選馬之壯偉高大，骨相奇駿者，別擇謹信之人，以時牧養，不與常馬相雜，庶幾良馬日蕃。」

黔國公沐晟言：「麓川、平緬所隸孟陶孟士官刀發孟之地，爲頭目刀薛孟侵擄，請命宣慰使思行發諭刀薛孟，歸所侵地。」從之。

《國榷》卷一四　壬辰，中官張原使暹羅。先是暹羅人李黑隨貢使失風，流安南之乂安，被留，沐晟訪而歸之。

癸巳，召户部尚書夏原吉還。

甲午，敕諭交趾叛人簡定等。

乙未，浡泥國王麻那惹加那乃率妃及弟妹男女來朝，遣中官迎勞，上親宴之奉天門，賜儀仗衣服。

《明通鑒》卷一五　浡泥地近爪哇、闍婆等國，洪武間始一貢。上即位之三年，其王麻那惹加那遣使入貢，上遣官封爲國王，王大悅。至是率妃及弟妹子女陪臣泛海來朝，次福建。守臣以聞，上遣中官迎勞，遂至京師。

九月丁未，敕山東、陝西、遼東、湖廣、河南、山西各都司，簡步騎，扈從北巡。

輟工作，期明年祇役。

前禮部尚書兼左春坊大學士李至剛下獄，至是釋，降儀制司郎中。

《明史》卷六《成祖紀二》　己酉，命刑部疏滯獄。

《明通鑒》卷一五　時科臣劾「刑部都察院淹禁罪囚，瘐死者衆」。上切責尚書呂震等，期三日内悉疏雜犯死罪以下囚。

《國榷》卷一四　庚戌，前江西布政司左參政劉辰爲北京行部左侍郎。

辛酉，榜葛剌國王靄牙思丁入貢。

乙丑，逮晉府紀善古紹先，以拒北巡詔不納。蓋迎詔具在祖訓，紀善有不知耶？

建昌、撫州、邵武、建寧、延平連年大疫，東宮遣官視災賑卹。

丁卯，山東都指揮使吳庸爲後軍都督僉事。

《明史》卷六《成祖紀二》　癸亥，鄭和復使西洋。

《國榷》卷一四　十月乙亥朔，占城貢象。

浡泥國王麻那惹加那乃卒於會同館。賜祭，葬安德門外，謚恭順。

丙子，瓦剌馬哈木等遣使貢馬。

福建、山西布政司右參政房安、陳壽爲工部左侍郎。

廣東右布政使徐奇卒。

己卯，修皇陵。

交趾太原、宣化二州俱進府。

庚辰，工部左侍郎房安失奏對，降山東右參政。

《太宗實録》卷八四　鳳陽、臨淮縣及湖廣靖州、廣東高要、靈山二縣皆言儒學廟舍傾圮，請令有司脩治。上召工部左侍郎陳壽，諭曰：「此國家致治事，不可視爲迂緩不切之務。即日下有司脩治如法。仍通州各郡縣，凡廟堂學傾圮者，悉令所司如法修治。」

《國榷》卷一四　辛卯，都督同知譚青、劉江俱爲右都督，都督僉事冀英、曹得、薛貴、曹隆、陳亨、朱廣、方敬俱都督同知，都指揮使冀中、梁福、馬聚爲都督僉事，都指揮同知雷春、李順俱指揮使。

壬辰，禮部尚書劉觀請豫市藥療馬。上不聽，曰：「牧馬得宜，自無疾。若需藥，豈不厲民也？」

癸巳，肅王楧獻馬二千匹。

安王楹之國平涼。

改順天税課司爲都税司。

甲午，交趾都指揮使張欽卒。

丁酉，敕甘肅總兵官左都督何福曰：「得奏，欲取西平侯家善馬孳牧。太祖時，勳貴家皆令畜馬，蓋共享富貴之意。此舉其止勿言。」

己亥，敕宣府備禦武城侯王聰、同安侯火真還北京。

庚子，豐城侯李彬充總兵官，都指揮江浩、蔡斌副之，練緣江舟師。

十一月乙巳朔，復陳灝、楊祥監察御史。俱坐罪謫。

丁未，設陝西咸虜、鎮蕃二衛及鎮夷守禦千户所。

《太宗實録》卷八五　戊申，上聞晉王濟熺來朝，賜曰：「祖訓：諸王朝覲自長至幼，以嫡先至，周而復始，毋得失序。今非諸王朝覲之時，又未有召命，其即還國，俟諸王朝覲，特循次而來。」

《國榷》卷一四　戊申，遐旺襲封浡泥國王，還國。舊浡泥歲貢爪哇片腦四十斤，求敕止之。

設乞塔河衛。女直野人。

己酉，瀋王模之國潞州。

甲寅，敕太子太師淇國公丘福、吏部尚書兼詹事蹇義、兵部尚書兼詹事金忠、翰林學士兼左春坊大學士胡廣、右春坊大學士兼翰林侍讀黄淮、右庶子兼侍講楊榮、左諭德兼侍講楊士奇、右諭德兼侍講金幼孜、司經局洗馬姚友直等輔導皇長孫。

丙辰，江西道監察御史于敬、李賢爲左春坊左中允，宛平縣丞梁敏爲左贊善，山東道監察御史劉子春、河南道監察御史韓守益爲右春坊右中允，行人邵昇爲湖廣按察使。

《明史》卷六《成祖紀二》　丁巳，録囚。

《國榷》卷一四　法司論囚三百餘人。上恐有冤，令行人持節論得自訴，又許讞釋二十餘人。

庚申，作皇陵祭器。

丁卯，日本入貢。

十二月乙亥，免交趾有司官入朝。

丁丑，中官張謙、行人周航護浡泥國王遐旺還國，封其鎮國山，立御製碑。

己卯，雲南孟艮府土知府刀交貢象及金銀器。禮部以嘗構兵侵鄰，欲卻之。上曰：「往事不足責。」

庚辰，敕諭北京官吏父老軍民，宜力本砥善，有冤抑，朕至日悉許自陳。

真臘、暹羅入貢。

《皇明大政記》卷六　爪哇國西王都馬板遣使獻黄金萬兩謝罪。禮部言：「所償金尚負五萬兩，宜下法司究治。」命免之，仍遣使賫勅諭意，并賜之鈔幣。

《國榷》卷一四　甲申，鑄行在府、部、院、寺、錦衣衛等印，内府、尚膳等監、兵仗等局鑄印隨駕。

都指揮使李龍、指揮王雄領兵六千人，往沙門島防倭。

乙酉，前湖廣右布政使儀智爲禮部左侍郎，山西右布政蔚綬爲户部右侍郎，廣西禄州判官湯宗爲大理寺右寺丞。

丙戌，以晉王濟熺通市西番，賜烏思藏闡化王青錦等敕戒之，並責長史等官。

庚寅，進士陳智、吴中爲監察御史。

日本國世子源義持告父源道義之喪，遣中官周全往祭，謚恭獻，復封義持日本國王。

辛卯，安遠伯柳昇充總兵官，平江伯陳瑄副之，率舟師防倭。

《太宗實録》卷八六　壬辰，甘肅總兵官左都督何福奏：「官馬送北京者，請俟草茂之時。由寧夏綏德前去甘州，至肅州馬驛遞運所及鋪舍宜復置。鎮夷千户所多設驛鋪，宜革。河南都司所貯明甲，請送給戍卒。斡兒朵之地水草便利，宜令土軍百户領軍選馬孳牧。」皆從之。

《國榷》卷一四　癸巳，右軍都督僉事馬榮轉漕北京。

《皇明大政記》卷六　涼州韃官都督僉事吴答蘭、紫别刀奇等自陳，戴朝厚恩，久居邊境，願領精騎，巡邏漠北，以圖報効。從之。時鬼力赤爲衆所戕，北虜迎立本雅失里，有不相附而奔潰者，故吴答蘭等請出塞自効。

《太宗實録》卷八六　甲午，勑交阯都司掌司事都督僉事吕毅等，今調軍征勦餘寇，所在淘金之類悉宜停止。其發去官軍旗匠取回操備，不許占留。

《國榷》卷一四　都指揮使李達討西寧申藏簇番。

丙申，令教官考滿，吏部拔其才識者辦事六科，一年始甄用。

《明通鑒》卷一五　丁酉，沐晟及安南賊簡定戰于生厥江，敗績。參贊尚書劉儁，行至大安海口，颶風作，揚沙晝晦，且戰且行，爲賊所圍，自經死。交阯都司吕毅、參政劉昱皆力戰，深入陷陣，死之。

《太宗實録》卷八六　戊戌，浙江都指揮同李晟有罪，黜。晟先往河南總督運木，而措置無法，軍民受其煩擾。事聞，黜隸安遠伯柳升立功次贖。

《國榷》卷一四　豐城侯李彬充總兵官，都督費瓛副之，自淮安沙門島緣海防倭。

都指揮羅文充總兵官，指揮李敬副之，自蘇抵浙，緣海防倭。如值豐城侯、聽節制。

己亥，興平王尚炳來朝。

禮部尚書劉觀、刑部尚書呂震易任，户部右侍郎蔚綬改禮部。

庚子，都指揮姜清、張真充總兵官，指揮李珪、楊衍副之，往廣東、福建防倭。如值豐城侯，聽節制。

《太宗實録》卷八六　辛丑，北京行部言：「山東德州至北京良鄉縣，陸路未設遞運所，每冬月河凍，舟楫不通，上供之物俱從陸路，發民間車牛載運，不免煩擾。宜設遞運所，以附近之民及犯徒流罪者備之車牛，充遞運夫。而山東青州、樂安等遞運所河道不通者，悉宜革罷。」從之。

永樂七年（己丑、一四〇九）

《國榷》卷一四　正月甲辰朔，外官來朝。

丙午，入覲官陛辭，上諭之。

庚戌，山東道監察御史何晟陪祀鳳陽皇陵，行御道，入殿狎玩，大不敬，棄市。

辛亥，嚴邊關茶禁。

《明通監》卷一五　初，洪武中，設茶馬司，令番人進馬者給以茶，上馬一匹給茶百斤，内外，中、下以次減之。上即位，招徠遠人，遞增其數。至是碉門茶馬司用茶八萬觔僅易馬七十匹，由是市馬者多而茶恆不足，茶禁亦稍弛，馬又多瘦損，乃詔申嚴茶禁。

《國榷》卷一四　右春坊右庶子兼翰林侍講楊榮母喪陛辭，命起服扈從。

《明通鑒》卷一五　榮以五年奉使甘肅，經畫軍務，歸，奏所過山川形勢及軍民城堡，上大悦。踰年，以父喪給傳歸。既葬，起復視事。至是連遭母喪，乞歸，上以北巡期迫，不許。

壬子，倭犯東海千户所。

《明史》卷六《成祖紀二》　癸丑，賜百官上元節假十日，著爲令。

《國榷》卷一四　甲寅，諭北巡所歷郡縣，止正官一人朝見。

《明史》卷六《成祖紀二》　乙卯，大祀天地於南郊。

《國榷》卷一四　戊午，涼州都督僉事吴允誠率騎同都指揮劉廣等覘虜於亦集乃。

甘肅總兵左都督何福鎮守寧夏，寧陽伯陳懋出塞哨虜，援吴答蘭等。

壬戌，朝鮮入貢。

癸亥，命翰林學士胡廣、侍講楊榮、金幼孜扈從。

甲子，平江伯陳瑄充總兵官，都督宣信副之，督北京餽運。

丙寅，命都督僉事馬榮率山東、河南官軍衛河餽運。

《太宗實録》卷八七　丁卯，户部言：「交阯新附，租税難於全徵，而軍馬供億浩繁。宜暫以魚課折米，每貫令輸二斗以資用。」上曰：「朕念交阯之民困於叛賊，是以興師弔伐。今正欲薄賦輕徭，使之蘇息。勞民給費，誠不得已。魚税納鈔，本簡便，今令折米，蓋一時權宜爾。户部移文明告之，俟年歲間軍用粗足，即仍舊。」又曰：「朕觀前代有事出權宜，而遂爲永計者，皆有司之弊。爾宜戒之，勿忘改復，以失信於民。」

《國榷》卷一四　庚午，交趾總兵官沐晟求濟師，命英國公張輔總兵往。

《太宗實録》卷八七　辛未，勅廣西、廣東、湖廣、四川、浙江、福建、江西、貴州、雲南各都指揮使司、鎮江等十三衛共發兵四萬，楚、遼、寧三府護衛共發七千，從英國公征勦交阯叛寇。

《國榷》卷一四　二月甲戌朔，敕皇太子監國，示《聖學心法書》四卷，君道、臣道、父道、子道。仍梓行之。

《明史》卷六《成祖紀二》　乙亥，遣使於巡狩所經郡縣存問高年，八十以上賜酒肉，九十加帛。

《國榷》卷一四　滿剌加國入貢。

《太宗實録》卷八八　丙子，置在京二十五門城門郎。正陽、朝陽、通濟、聚寶、太平、三山、石城、金川、儀鳳九門爲内門，每門設城門郎二員；江東、馴象、安德、鳳臺、雙橋、夾岡、上方、高橋、滄波、麒麟、仙鶴、姚方、觀音、佛寧、上元、金川十六門爲外門，每門設城門郎一員，皆正六品，選武職舍人爲之。

《明史》卷六《成祖紀二》　徵致仕知府劉彦才等九十二人分署府州縣。

《國榷》卷一四　榜葛剌國入貢。

戊寅，諭右春坊大學士黄淮、左諭德楊士奇盡心輔導。

己卯，册貴妃張氏、賢妃權氏、順妃任氏、昭容王氏、昭儀李氏、婕妤呂氏、美人崔氏。張氏河間忠武王女，王氏蘇人，餘皆朝鮮。

河決陳州。

庚辰，泉州知府姚恕爲應天府尹。

翰林侍講鄒緝、左春坊左司直郎徐善述主禮闈。

《明史》卷六《成祖紀二》 辛巳，以北巡告天地宗廟社稷。

《國榷》卷一四 行在户部尚書夏原吉兼行在禮工部都察院事。

鑄北京皇城四門銅符及夜巡銅牌。

《明通鑒》卷一五 壬午，車駕發京師，皇太子監國。命吏部尚書蹇義、兵部尚書金忠、右春坊大學士黄淮、左諭德楊士奇留輔太子，户部尚書夏原吉、右諭德金幼孜、翰林學士胡廣、右庶子楊榮扈從。

交阯之叛，復命英國公張輔、清遠侯王友益發南畿、浙江、江西、福建、湖廣、廣東、廣西軍四萬七千人，助沐晟討之。

《國榷》卷一四 癸未，次滁州。

北京行部左侍郎康汝楫卒。

《明通鑒》卷一五 〔丁亥〕，茹瑺下獄死。瑺釋歸爲民，其家人復告瑺不法事，逮至京。久之，復釋還，道經長沙，不謁谷王，王以爲言。時方重藩王禮，陳瑛遂劾瑺違祖制，逮下錦衣衛獄。瑺知不免，命子欽市毒藥服之，死。瑛又劾「銓毒其父，請以謀殺父母論」，尋以銓實承父命，減死，與兄弟家屬二十七人謫戍河池。

《明史》卷六《成祖紀二》 戊子，謁鳳陽皇陵。

《國榷》卷一四 己丑，遣祭靈璧陣亡將士。

庚寅，前右春坊右贊善兼翰林檢討王汝玉降典籍。以修禮書紊制，當戍邊，監國宥之。

癸巳，次徐州，親祀徐王墓。

己亥，禮闈得貢士陳燧等九十五人，並肄太學，俟駕回廷對。

《明通鑒》卷一五 庚子，次濟寧州，魯王肇煇迎跪道旁，召見行殿，厚賚之。

《國榷》卷一四 壬寅，次東平。諭侍臣曰：「漢東平王蒼對明帝『爲善最樂』，言可味也。」

《明史》卷六《成祖紀二》 三月甲辰，次東平州，望祭泰山。

《國榷》卷一四 丙午，廣東都指揮花英、楊瑒前南征，賄清遠伯王友，迂道徑還欽州。事聞，免官，從南征自贖。

己酉，户科都給事中胡濙出使，道寶雞，獲雙白雉，獻行在。

《明史》卷六《成祖紀二》 辛亥，次景州，望祭恒山。

《明通鑒》卷一五 乙卯，行後府都督僉事平安自殺。安自靈璧被執，送北平。上憐其材，即位，以爲北平都指揮使，尋進是職。至是上北巡，將至，覽章奏，見安名，語左右曰：「平保兒尚在耶？」安聞之，遂自刎。命以指揮禄給其子。

《國榷》卷一四 丙辰，敕海運總兵官陳瑄等，漕舟必會安遠伯柳升兵護送，勦倭寇。

召豐城侯李彬回京。

壬戌，上至北京，御奉天殿受朝賀。

《明史》卷六《成祖紀二》 癸亥，大賚官吏軍民。

《國榷》卷一四 甲子，行在兵部左侍郎方賓爲尚書。

召文武大臣、諸翰林從游萬歲山，賜宴。

《明史》卷六《成祖紀二》 丙寅，詔起兵時將士及北京効力人民雜犯死罪咸宥之，充軍者官復職，軍民還籍伍。

《國榷》卷一四 戊辰，都督僉事吴允誠等獻俘虜完都帖木兒等二十二人，進都督同知。

庚午，大宴文武羣臣及北京耆民，仍賜敕諭。

《太宗實録》卷八九 辛未，皇太子謂户部侍郎古朴曰：「今夏氣將至，農事正急。聞輸賦之人聚於京師，久不得歸，此必所司貪賄，故生事阻滯。其速榜諭，凡運賦所過官司不即放行，所至倉官不即收受，皆罪不貸。」

《明史》卷六《成祖紀二》 壬申，柳升敗倭於青州海中，敕還師。

四月癸酉朔，皇太子攝享太廟。

《國榷》卷一四 都督僉事吴允誠爲右軍都督同知。

《太宗實録》卷九〇 甲戌，廣西按察使曾寶劾奏廣西布政司左參議陳善過全州，抑買民物，虧時直。皇太子命鞫之。

乙亥，上諭行在都察院左副都御史李慶等曰：「朕昔爲權姦所逼，不得已舉兵自救。賴文武之臣、軍民之力，克平禍難，奠安宗社。比經往者戰鬭之地，追思矢石交下之際，心猶凛然。因念從征將士及始終效順之民，間有誤罹刑憲者，除十惡大逆不原，其餘罪無大小，已悉宥之。尚慮或有愚頑，怙終不悛，覬圖僥倖，輕蹈刑憲。罪之則將謂朝廷少恩，不罪則是縱之爲惡。爾等其以朕意榜諭之，使之循分守法，率履善道。若有作姦犯科，國典必所不宥。」

《國榷》卷一四　丁丑，遣都指揮金塔卜歹、禮科給事中郭驥賫書諭本雅失里，並賜其臣阿魯台、馬兒哈咱、脱火赤、哈失帖木兒綵幣各四。

《明史》卷六《成祖紀二》　壬午，海寇犯欽州，副總兵李珪遣將擊敗之。

《國榷》卷一四　癸未，朝鮮、琉球入貢。

丙戌，編紫荆、居庸、古北、喜峯、董家、山海六關出口勘合各百道，驗放。

《太宗實録》卷九〇　丁亥，勅甘肅總兵官左都督何福曰：「中國羅綺舊制禁出境。邇者朝貢使臣及往來市易之人往往有私出者，更嚴禁約。若稱朝廷賞賜，亦必驗實，方許放出。」

《國榷》卷一四　召鎮守遼東保定侯孟善回京。

庚寅，上聞太子譴責刑部尚書劉觀，賜書，曰：「羣臣雖細故，勿遽折辱，亦不可偏聽。機務之重，稍有所忽，累德不細。」

壬辰，趙王高燧侈費，歲止給米三百石、鈔千錠。

鎮守貴州鎮遠侯顧成好殺俘獲，上敕戒之，曰：「李廣殺降，禍貽子孫。卿鎮邊疆，必鑾夷懷服，其德渥矣。慎之慎之！」

《太宗實録》卷九〇　甲午，上諭行在禮部臣曰：「朝廷立法五十餘年，服式器皿皆有定制。比來臣民數有以越禮僭分罹刑憲者，此諭教未至也。即以舊定官民冠服、器皿、制度繪爲書册，頒示中外，俾諸色工匠俾知遵守。」

《國榷》卷一四　己亥，賜皇太子書：「優容羣臣，勿任好惡。凡功臣犯罪，調發將士，須奏決。」

《明史》卷六《成祖紀二》　閏四月戊申，命皇太子所決庶務，六科月一類奏。

《國榷》卷一四　己酉，設奴兒干都指揮使司。東寧衛指揮康旺爲都指揮同知，千户王肇舟等爲都指揮僉事。

《明史》卷六《成祖紀二》　丙辰，諭行在法司，重罪必五覆奏。

《國榷》卷一四　戊午，徙大同左右二護衛於定邊鎮朔。尋改大同左右二衛。

己未，行在左副都御史李慶憂去，命起復。

甲子，安肅縣前雨雹，命免田租。

乙丑，新喻縣致仕大使敖如淵啓監國曰：「細民安業，宜慎擇守令。按察司仍歲二月出巡郡縣，察其廉貪，而去留之。」監國納之。召如淵至，當署縣，特命署臨江府事。

丁卯，都指揮同知張勇嗣安鄉伯。張興姪。

設北京寶鈔提舉司。

五月壬申朔，召諭北京父老。

安邑縣教諭白威言：「民饑苦科徵，其税糧乞折收鈔帛。」監國命停徵，罪縣官，進威安邑知縣。

甲戌，錢塘知縣黄信中、青田知縣謝子襄、開化知縣夏升各爲杭州、處州、衢州知府，皆循吏考滿，邑人乞留。

丁丑，武城侯王聰、同安侯火真率三千騎練兵備宣府。

《明史》卷六《成祖紀二》　己卯，營山陵於昌平，封其山曰天壽。

《國榷》卷一四　癸未，都指揮使馬旺、都指揮同知陳翼、夏貴俱爲中軍都督同知。

甲申，輔國將軍贊傑卒。故靖江王守謙第七子，獨孝弟。

乙酉，改忽兒海衛爲弗提衛。

己丑，罷四川採木軍各還家。

《太宗實録》卷九二　庚寅，賜皇太子《聖學心法》書。

《國榷》卷一四　辛卯，置邊城調軍勘合。

壬辰，交趾總兵官英國公張輔等屯北江之仙游縣造舟，招諒江、北江、太原等逃民復業。時簡定僞大越上皇，從子陳季擴冒陳氏僞皇帝，改元重光。安南人不忍棄陳氏，多相率歸季擴，出没爲患。

《明史》卷六《成祖紀二》　乙未，封瓦剌馬哈木爲順寧王，太平爲賢義王，把禿孛羅爲安樂王。

《國榷》卷一四　己亥，琉球國山南王汪應祖入貢。

《明史》卷六《成祖紀二》　六月壬寅，察北巡郡縣長吏，擢汶上知縣史誠祖治行第一，下易州同知張騰於獄。

《明通鑒》卷一五　上之北巡也，遣御史考覈郡縣長吏賢否以聞。**【略】**御史還，言「汶上知縣史誠祖，治行第一」。上賜璽書勞之曰：「守令承流宣化，所以安利元元。朕統御天下，夙夜求賢，共圖治理，往往下詢民間，皆言苦吏苛急，能副朕心者實鮮。爾敦厚老成，恪共乃職；持身勵志，一于公廉；平賦均徭，政清訟簡；民心悦戴，境内稱安；方古良吏，亦復何讓。特擢爾濟寧知州，仍視汶上縣事。其益恭乃職，慎終如始，以永嘉譽。欽哉！」並賜以上尊衣鈔。誠祖，解州人。洪武末，詣闕陳鹽法利弊，太祖嘉納之，擢授是職。是時上過汶上，欲徙其民數百家于膠州，誠祖奏免之。屢當遷職，輒爲民奏留，閲二十九年，卒于任。御史又上言：「今貪吏虐民，無如易州同知張騰。」立徵下獄。

《國榷》卷一四　甲辰，御史袁綱、賈珩有罪，監國下之獄。

《明通鑑》卷一五　都御史陳瑛在臺，黨附者率恃瑛爲奥援，瑛又恃上寵，搏擊無忌。太子之監國也，有御史袁綱、覃珩，倶至兵部索皂隸，兵部主事李貞不應。綱等銜之，遂附瑛謀陷貞，謂「貞受皂隸葉轉等四人金」，瑛奏請下貞獄。無何，貞妻擊登聞鼓訴冤，太子命六部大臣廷鞫之。自辰至午，貞等不至，惟葉轉至，訊之，云：「貞不承，不勝拷掠死，三皂隸皆笞死三日矣。貞實未嘗受金。」于是刑科給事中耿通等言：「瑛及綱、珩朋奸蒙蔽，擅殺無辜，請罪瑛。」太子曰：「瑛大臣，蓋爲下所欺，失覺察耳，置勿問。」械繫綱、珩，以其罪狀奏行在。

《國榷》卷一四　乙巳，蜀世子悅熑薨。

丁未，設北京宣化、清平、居庸、榆林、鎮安、懷來、宣城、寧國、威遠、德勝等衛。

己酉，諭皇太子，命黄淮、楊士奇送《高皇帝御策》及《洪武實録》於北京。仍以翰林鄒緝、粱潛、李貫、王洪，並選廷臣謹厚篤實文學可稱者數人偕來。

《明史》卷六《成祖紀二》　辛亥，給事中郭驥使本雅失里，爲所殺。

《國榷》卷一四　申諭功臣，並録洪武間鐵榜示之。

命在外諸司官免朝行在。

甲寅，東宮起復司經局洗馬兼翰林編修楊溥。

丁巳，迤北僞國公阿灘卜花朵等來歸，敕寧夏總兵陳懋善撫之。

壬戌，江西道監察御史方恢匿父喪，東宮命執赴行在。

《太宗實録》卷九三　乙丑，書諭皇太子：「爾奏欲陞大理寺少卿虞謙爲都察院副都御史，從所言陞之。户部缺官，已令侍郎古朴還職。所云欲陞王高爲户部侍郎。舊制浙江、江西人不得任户部，如高非出浙江、江西，亦從陞用。」高本江西人，時爲刑科給事中。皇太子愛其詳謹端厚，欲亟進用之，而未暇詢故事。上蓋知之，不欲顯言拒之，故婉詞以諭云。

《國榷》卷一四　丙寅，敕瓦剌使臣取道亦集乃，毋經哈密。如亦集乃未便，取他道。

《明通鑑》卷一五　丁卯，召御史張循理等廿八人，詢其出身，有洪秉等四人，皆吏也。上曰：「用人雖不專一途，然御史爲朝廷耳目之寄，宜用有學識達治體者。」乃黜秉等爲序班。詔：「自今御史勿復用吏。」

《國榷》卷一四　戊辰，上御奉天門。語及水旱，右通政馬麟曰：「水旱天也，間一二處有之，何慮？」上曰：「非也。《洪範》雨暘皆人事致之。」顧尚書方賓等曰：「其擇賢守令則民安，民安則天應於上。」

交阯總兵官英國公張輔進慈廉州，攻唱門江粉社營，皆破之。進廣威之孔目栅，僞金吾將軍黄巨歛等皆遁。

己巳，禮科給事中傅安等還自哈烈，撒馬兒罕各隨使及火州入貢。尋遣安等送哈烈使臣還。

庚午，徙青州等貧民於冀州八百餘户。

《明史》卷六《成祖紀二》　秋七月癸酉，淇國公丘福爲征虜大將軍，武成侯王聰，同安侯火真副之，靖安侯王忠、安平侯李遠爲左、右參將，討本雅失里。

《國榷》卷一四　遣諭本雅失里。

丙子，廣東左參政樊敬爲左通政。

己卯，右春坊右司直郎劉端改大理寺右寺丞。

《太宗實録》卷九四　庚辰，復刑部右侍郎左獻官。獻先坐事，謫爲辦事官，至是始復之。

《國榷》卷一四　丁亥，韃靼脱脱卜花王、把秃王、都督伯克帖木兒、都指揮哈剌你敦，國公賽因帖木兒，司徒撒兒桃、賽罕、知院都秃、阿魯把撒兒等，各率所部詣甘肅求降。命右庶子兼侍講楊榮往諭總兵何福招撫之。

《太宗實録》卷九四　庚寅，都察院左都御史陳瑛等劾啟鎮守高郵都指揮同知林茂不法事，皇太子令姑宥之，而召茂戒之曰：「朝廷之恩，非可溢予。汝終不戒，將戮及於躬。勉自謹哉，毋貽後悔。」

辛卯，密雲縣獻嘉禾，羣臣欲表賀，止之。

《國榷》卷一四　武安侯鄭亨備禦開平。

乙未，韃靼丞相昝卜王亦兒忽秃典往哥、平章都連脱兒赤、司徒秃魯塔失、國公卜答失里、同知朵兒只速可、同僉阿東等三萬餘人來歸寧夏，上敕勞之。

丙申，遣中官徐亮敕勞木邦軍民宣慰使罕賓。時入貢，言緬甸宣慰使那羅塔數誘我叛，力拒之，故有是命。

丁酉，古里國王沙米的入貢。

戊戌，階州妖賊王金剛奴伏誅。賊久亂潛遁，至是私還里，捕得之。

是月，前北平都指揮僉事謝芳爲後軍都督僉事，張毅爲北京留守、後軍都督僉事。

《國榷》卷一四　八月辛丑，占城入貢。

交阯賊鄧景異等攻盤灘，都指揮同知儀真徐政力戰，飛槍洞其脇，政猶督衆殊死鬭。賊敗去，政腹潰死。盤灘最要地，藉以全。

户部右侍郎王鍾卒。

《太宗實録》卷九五　壬寅，虜酋把秃、伯克帖木兒、哈剌你敦、阿魯把撒兒、撒兒桃、朶欒帖木兒等來歸，至甘肅。先是，把秃與脱脱不花、都秃等俱來降，而遲回不至。上勅甘肅總兵官何福等計度處置，而福等已遣兵往撫諭，把秃等遂來歸，脱脱不花、都秃等復叛去。上勅福給把秃、伯克帖木兒等牛羊米布諸物，並宴勞之，遣入朝。又勅福曰：「朕以致誠待人，來者不拒，去者不追。其脱脱不花、都秃等先遣來納款，土知完者不花等亦令其去，不必拘留。所賜物俱勿追。」

《國榷》卷一四　乙巳，設北京五城兵馬指揮司。

壬子，韃靼國公阿灘卜花等至北京，授右軍都督僉事，餘授指揮千百户鎮撫等官有差。

《明史》卷六《成祖紀二》　甲寅，丘福敗績於臚朐河，福及聰、真、忠、遠皆戰死。

《國榷》卷一四　丘福出塞，先驅至臚朐河。遇虜前鋒，以輕騎千餘摧敗之。乘勝渡河，獲虜一尚書，酒之，問可汗安在？云：「北遁，去此可三十里。」福大喜，疾馳前。

《明通鑑》卷一五　初，福奉命已行。上慮其輕敵，連賜敕，謂「軍中有言敵易取者，慎勿信之」。至是諸將請俟大兵集，偵虚實而後進。福不從，以所獲尚書爲鄉導，薄敵營，戰二日，每戰，敵輒佯敗引去。福鋭意乘之，李遠諫曰：「將軍輕信敵間，懸軍轉鬭，敵示弱誘我，深入必不利，退則懼爲所乘。獨可結營自固，晝揚旗伐鼓，出奇兵綴之，夜多然炬鳴礮以張軍勢。俟我軍畢至，併力進攻，即其不捷，亦可全師而還。始上與將軍言何如，而遂忘之乎？」王聰亦力言不可。福皆不聽，厲聲曰：「有不用命者斬！」即先馳，麾士卒從行，控馬者皆泣下，諸將不得已與俱。俄而敵大至，圍之數重，聰戰死。遠率五百騎突陣，殺數百人，馬蹶，與福等皆被執，不屈死之。

《明史》卷六《本紀·成祖紀二》　庚申，張輔敗賊於鹹子關。

《明通鑑》卷一五　僞將軍阮世每，衆二萬，對岸立寨柵，列船六百餘艘，樹樁東南爲捍蔽。會秋令，西北風急，輔督諸將陳旭、朱廣等，悉載划船乘風齊進，礮矢飈發，斬首三千級，生禽僞監門將軍潘低等二百餘人，奪船四百餘艘。進擊景異，景異先走，乃定交州、北江、諒江、新安、建昌、鎮蠻諸府。

《國榷》卷一四　辛酉，召開平備禦武安侯鄭亨還。

甲子，修海鹽縣石隄六百餘丈。

繁峙縣獻嘉禾二百七十九本，禮部請表賀，不許。

河南遂平縣水，傷稼，乞輸鈔代税，從之。

張輔兵至盧渡江太平橋，鄧景異先遁，遂招諭難民復業，而交州、北江、諒江、新安、建昌、鎮蠻諸郡皆安。

乙丑，韃靼知院迭兒必失等來歸，命寧陽侯陳懋迎勞之。

九月庚午朔，張輔率兵追安南賊于太平海口，鄧景異以三百艘迎戰，復大破之。

封甘肅總兵官右軍左都督何福寧遠侯。

辛未，誅江西妖賊李法良。先刦安福縣，敗走吉水，獲之。

壬申，韃靼虎力罕等來歸，留居京師。

《明史》卷六《成祖紀二》　甲戌，贈北征死事李遠莒國公、王聰漳國公，遂決意親征。

《國榷》卷一四　乙亥，許罪囚戍武職赴北京自陳。時欲簡鋭北征。

《明史》卷六《成祖紀二》　丙子，武安侯鄭亨率師巡邊。

《國榷》卷一四　戊寅，書諭皇太子北征。

敕行在五府練士繕械，太僕寺送萬馬北京。

《明史》卷六《成祖紀二》　壬午，成安侯郭亮備禦開平。

《國榷》卷一四　敕瓦剌順寧王馬哈木等防虜詐攻。

行在刑科都給事中張信爲行在工部右侍郎。

甲申，敕甘肅總兵官寧遠侯何福練萬人從征。

涼州衛指揮同知點木爲都指揮僉事，賜姓名安守敬。

戊子，敕鎮守大同江陰侯吴高，如虜掠邊，各屯糧食，悉收入堡，深塹嚴備。

揚州知府徐銘爲兵部右侍郎。

己丑，大選各衛各王府軍士七萬四千人從北征。

辛卯，益五百人守登州沙門島，原守備七百人。

廣東巡海副總兵指揮李珪擊欽州海盜，敗之。追至交趾萬寧縣，溺殺無算。

《太宗實録》卷九六　癸巳，監察御史顧斌坐貪淫苛刻，謫戍廣西。

《國榷》卷一四　丁酉，東宮禁青龍山採石，以工部司吏汪如海言山近孝陵。

十月己亥朔，上召諸將諭親征之策。

《明通鑑》卷一五　上以北征餽運艱難，謂夏原吉曰：「工部所造武剛車，足可輸運，然道遠，人力難繼。朕欲以所運糧緣邊築城貯之，量留官軍守護，以俟大軍之至，此法良便。」于是原吉等議：「用武剛車三萬兩，約運糧二十萬石，踵軍而行。過十日程築一城，再十日程亦如之。每城斟酌貯糧以俟回軍，仍留軍守之。如寇覺而遁，則躡其後，亦如前法築城貯糧。」詔如法行之。

《國榷》卷一四　暹羅入貢。

前工部右侍郎張本改刑部右侍郎。

庚子，韃靼頭目失保赤等來歸，授失保赤都督僉事。

辛丑，韃靼知院禿赤等來歸，寧夏總兵陳懋遣入京。

張輔屯清化。陳季擴自稱前王陳氏後，致書求封。輔曰：「奉命討賊，不知其他。」斬使者段自始，進師，都督僉事朱榮、蔡福先驅。輔舟進自黃江、阿江、大安海口，至福成江，轉入神投海口，皆決其障柵。踰旬，會兵於清化。簡定已走演州，季擴走乂安，餘黨阮帥、胡具、鄧景異皆敗走。

《太宗實録》卷九七　癸卯，勅甘肅總兵官寧遠侯何福曰：「軍官有犯，除謀反大逆及重罪不赦，其雜犯死罪及宥死充軍並徒流杖罪者，俱令充爲事官，聽候隨征。」勅江陰侯吳高、寧陽伯陳懋亦如之。

丁未，遣書諭皇太子曰：「今天氣向寒，水陸遞運俱艱。惟軍需急用之物運來，餘悉停止。」

《明史》卷六《成祖紀二》　削丘福封爵，徙其家於海南。

《國榷》卷一四　壬子，徐禎嗣武康伯。徐理子。

乙卯，諭天寒，百官於右順門便殿奏事。

丙辰，右軍都督僉事陳春卒。

戊午，撒馬兒罕入貢。

甲子，命兵部覈北征將士存没。

乙丑，榜葛剌國王靄牙思丁、蘇門答剌國王宰奴里阿必丁各入貢。

是月，甘肅總兵何福送降胡把禿等二十七人至京。授把禿北京留守行後軍都督僉事，伯克帖木兒、哈剌你敦皆右軍都督僉事，餘指揮千百户有差。把禿賜姓名曰趙忠美，伯克帖木兒曰宋一誠，哈剌你敦曰張隆善，演只不花曰王懋忠，撒兒桃曰劉允信，餘皆賜姓名。

十一月乙亥，至日，上御奉天殿受朝賀。

交趾總兵官英國公張輔、征夷將軍黔國公沐晟獲渠帥簡定等。定至巨勒冊，欲從地冊趨天關鎮拒我。晟進磊江，南趨巨勒冊。都督朱榮、都指揮羅文等復從磊江上牛鼻關，輔率都督朱廣、都指揮陳懷等趨地冊，抵天關鎮。簡定已走多杯冊，追至美良縣吉利冊，定厲民舍，望見震恐，棄馬走入山。圍獲之，並僞將相陳希葛、阮汝盛、阮晏等。

辛巳，免思明府田租，秋水傷稼。

《太宗實録》卷九八　戊子，行在刑科給事中曹潤等劾奏行在都察院左僉都御史劉翥已奏遣御史陳禮等往山西監造車，退而擅以御史竇信等易之。陳禮等受命不行，竇信等私代之行，及劉翥專擅，皆當治罪。上曰：「止罪受命不行者，餘姑宥之。」

《國榷》卷一四　癸巳，命寧遠侯何福舉部將才智者。

甲午，兩淮都轉運鹽使伏伯安爲工部左侍郎，蔣庭瓚爲右侍郎。

丁酉，思恩侯房寬卒。

十二月戊戌朔，王琰嗣武城侯，聰子。李安嗣安平侯。遠子。

前山西布政司左參政李剛爲工部左侍郎。

甲辰，鎮守大同江陰侯吳高運米豆各三萬石於萬全衛。

戊申，行在工部左侍郎兼少詹事趙毅坐事謫交阯。

《明通鑑》卷一五　內官有誣奏城門郎罪者，皇太子命治之。

《明史》卷六《成祖紀二》　庚戌，賜濟寧至良鄉民頻年遞運者田租一年。

《明通鑑》卷一五　（壬子）進封寧陽伯陳懋爲寧陽侯。懋鎮寧夏，招降故元丞相昝卜及平章、司徒、國公等十餘人。已而平章都連等叛去，懋追至黑山，禽之，盡收所部人口畜牧，遂論功進侯爵。

《國榷》卷一四　都督譚青率兵赴北京。

《太宗實録》卷九九　甲寅，命平江伯陳瑄充總兵官，前軍都督僉事宣信充副總兵，率領舟師海運糧儲赴北京。

《國榷》卷一四　左春坊左中允周幹等劾吏部右侍郎師逵採木湖廣嚴急，激李法良之叛。今停採木，擅留軍起運，宜罪。皇太子俟駕旋議之。

《太宗實録》卷九九　丙辰，勑遼東都司都指揮儲欽等曰：「近有人自虜中回，言虜人有居金山與遼東切近者。宜嚴飭各衛所，固守城池，毋以邊隅晏安而忘武備。」

皇太子謂都察院左都御史陳瑛曰：「官軍赴北京聽調者，已多與道里費。今聞在外擾民，强市物貨，横奪資財，道路苦之，所領頭目亦不禁戢。宜即出榜於所過之處，戒諭將士。有復犯者，令民執送領兵官，以軍法治之。」

《國榷》卷一四　乙丑，召交趾總兵官英國公張輔、副總兵清遠侯王友，率都督朱榮、蔡福林、帖木等還北京。

丙寅，安邑縣乞停逃民逋租。上諭行在户部，凡各郡縣逃民，悉停徵。

永樂八年（庚寅、一四一〇）

《明史》卷六《成祖紀二》　正月辛未，召寧陽侯陳懋隨征漠北。

《國榷》卷一五　李茂芳嗣富陽侯。駙馬都尉李讓子。

丙子，英國公張輔敗賊黨阮師檜于東潮州。師檜僞稱王，據東潮州安老縣宜陽社，衆二萬餘人。至是兵圍宜陽社，擊斬四千五百餘級，擒二千餘人，皆斬之，築爲京觀。

《明史》卷六《成祖紀二》　己卯，皇太子攝祀天地於南郊。

《皇明大政記》卷七　乙酉，勑遼東都指揮儲欽、巫凱於原調官軍選步軍五千，委能幹指揮領還備寇，及防護屯田。其官軍并朝鮮所進馬，令赴北京隨征。

丙戌，築北京至居庸關鋪舍。

《國榷》卷一五　己丑，秦府保安王尚煜薨，謚懷僖。

辛卯，許四川棉布得販茂、威、叠溪，特嚴出境之禁。

《皇明大政記》卷七　壬辰，詔濟寧迤南至北京，水陸輸運軍需之民，免差役一年。

命北京行部尚書郭資率所屬民丁萬人，隨軍餽運，人賜鈔五錠，仍給行糧。

《明史》卷六《成祖紀二》　癸巳，免去年揚州、淮安、鳳陽、陳州水災田租，贖軍民所鬻子女。

《國榷》卷一五　甲午，廣東按察副使紀正爲應天府尹。

《皇明大政記》卷七　書諭皇太子留守，總軍國之務，事無大小，宜審度而行，務合中正。

《太宗實録》卷一〇〇　乙未，皇太子諭工部侍郎陳壽曰：「揚州、淮安、鳳陽至陳州，去歲水災之處，有工匠在京應役者，悉罷遣還家，令營衣食。」

《國榷》卷一五　諭從征將士。

《明通鑑》卷一五　輔將班師，上言：「季擴、鄧景異等尚在演州、乂安，近逼清化，而賊黨又塞神投福成江口，踞清化要路，出没乂安諸處。若諸軍盡還，恐沐晟兵少不敵，請留都督江浩、都指揮俞讓、花英、師祐等軍佐晟守禦。」從之。

《國榷》卷一五　丁酉，僞大越上皇簡定，僞輔國太保、大安海鎮將軍、福成郡公陳希葛，僞東都路安撫使阮汝勵，僞鈞鈐將軍管領麟翔軍阮晏等械至京，伏誅。

《明通鑑》卷一五　二月戊戌，上將親征，命皇長孫瞻基留守北京，命户部尚書夏原吉輔導，兼掌行在部院事。

《國榷》卷一五　敕黔國公沐晟仍征夷將軍，充總兵官，雲陽伯陳旭副之，征交趾餘寇。

《明通鑑》卷一五　辛丑，以北征詔天下。

《國榷》卷一五　敕行在户部尚書夏原吉輔導皇長孫。諭曰：「朕以房玄齡委卿矣。」

趙王高燧整理北京軍馬，廣平侯袁容、泰寧侯陳珪輔之。

甲辰，應天府尹姚恕才詘降湖廣布政司右參議。

廣德知州楊翰坐事當逮，邑人頌其政，宥之，復官。

《明史》卷六《成祖紀二》　乙巳，皇太子録囚，奏貰雜犯死罪以下，從之。

《國榷》卷一五　設法因河、兀應河、古木山三衛。野人。

丙午，哈烈國沙哈魯把都兒入貢。元帖木兒駙馬子也，時與姪哈里構兵。貢使還，敕諭之。

丁未，上征胡，發北京，翰林學士胡廣、侍講楊榮、金幼孜扈行。靖遠侯王友將中軍，安遠伯柳升副之，寧遠侯何福、武安侯鄭亨將左右哨，寧陽侯陳懋、廣恩伯劉才將左右掖，都督劉江等爲游擊將軍，前驅。都督薛禄、冀節等爲驃騎將軍，都指揮侯鏞、陳智等爲神機將軍，都督金玉等爲鷹揚將軍，都指揮李文等爲輕車將軍，分督之，不隸五軍。凡五十萬衆，出德勝門，晚次清河。

戊申，晚次沙河。

遣勞別失八里王馬哈麻。初，詔使往撒馬兒罕，歷其境，甚恭謹。

《太宗實録》卷一〇一　己酉，車駕次龍虎臺，遣行在太常寺少卿朱焯祭居庸山川。蔚州衛千户周全自虜中脱歸，具奏虜情實。

行在工部尚書吴中言：「營建山陵，合用工匠民夫，請於山東、山西、河南、北京及浙江布政司、直隸府州縣徵用。北京旁近衛所亦宜量撥軍士。」從之，仍命有司月給糧賞。

《國榷》卷一五　庚戌，度居庸關，關僅容駕凡數處。次永安甸，大風陰晦，須臾大雪，少頃霽，日下五色雲見。

皇太子除江西新城縣荒租。

《太宗實録》卷一〇一　壬子，皇太子陞通政使司左參議陳定爲右通政，以丘陵爲河南按察司僉事。陵初爲河南布政司右參議，坐事謫交阯，至是召還改用。

癸丑，皇太子謂都察院左都御史陳瑛曰：「五城兵馬專以巡警京城，若畏避權勢，縱惡長奸，將小人得志，善良受害。爾其戒勵之，使各修厥職。」

《國榷》卷一五　巡按直隸監察御史劉焕劾左通政趙居任治浙直水無功，皇太子封章示之。

《太宗實録》卷一〇一　甲寅，車駕次泥河。上途中見病卒，命馬載至營。遂命諸將撫卹軍士，命太醫院遣醫分療各營將士之病者。

《國榷》卷一五　中軍左都督郭義私役軍士販芻豆，皇太子宥其老。

《太宗實録》卷一〇一　丁巳，駐驛宣府。

壬戌，車駕度德勝關，駐驛興和。

癸亥，命鎮守大同江陰侯吴高提督操練山西大同、天城、陽和等處軍馬，整理城池，節制山西都司行都司及太原三護衛官軍。

《明史》卷六《成祖紀二》　遣祭所過名山大川。

《國榷》卷一五　甲子，上閱武營外。天晴大風，忽天陰，命亟回營，雪下復霽。

英國公張輔等至自交阯。命提督宣府、萬全、興和等處操練，受趙王節制。敕清遠侯王友循野狐嶺抵德勝關。

武安侯鄭亨往宣府、萬全督餽運。

《太宗實録》卷一〇一　乙丑，敕户部運糧民夫死者人與鈔十錠，復其家一年，凍傷手足亦復一年。

《明史》卷六《成祖紀二》　大閲。

《明通鑒》卷一五　三月丁卯朔，命清遠侯王友督中軍，安遠伯柳升副之，寧遠侯何福、武安侯鄭亨督左、右哨，寧陽侯陳懋、廣恩伯劉才督左、右掖。

《太宗實録》卷一〇二　戊辰，命都督劉江等充遊擊將軍，督前哨；都督薛禄、冀中等充驃騎將軍，都指揮侯鏞、陳賢等充神機將軍，都督金玉等充鷹揚將軍，都指揮李文等充輕車將軍。

《國榷》卷一五　辛未，琉球中山王思紹入貢。

涼州衛韃官千户虎保赤、張孛羅台等，永昌衛韃官千户亦令真巴等各叛，恣掠。皇太子命後軍都督僉事費瓛討之，刑部尚書劉觀贊其軍。時訛言移降胡別衛，故叛。都督吴允誠從北征，脅其子管者，不從。管者謀于母，率所部擊捕三十人，下之獄。

《太宗實録》卷一〇二　壬申，勑鎮守大同江陰侯吴高曰：「軍士隨征者，苟有畏避及强劫人財，皆斬以狥。」

《國榷》卷一五　忻城伯趙彝守宣府。

命湖廣、浙江、江西轉餉北京三百十萬石。

《明史》卷六《成祖紀二》　甲戌，次鳴鑾戍。

《國榷》卷一五　前北京行部左侍郎喬穩謫交阯，皇太子念之，除行在苑馬寺卿。

《明史》卷六《成祖紀二》　乙亥，誓師。

《國榷》卷一五　賑潁川饑民。

《明通鑒》卷一五　丙子，過大伯顔山、小伯顔山，登凌霄峯絶頂，望漠北，萬里蕭條，語侍臣曰：「元盛時，此皆民居也。」

《國榷》卷一五　丁丑，皇太子許開四川南部内江縣井鹽。

《皇明大政紀》卷七　户部啓：「四川鹽課提舉司言，小溪牛井鹹水減少，開梅旺井煎補，增千一百五十二斤。中埧井土石堵塞，開龍透井煎，補增千八百斤。宜以今增數爲額。」皇太子從之。

《國榷》卷一五　庚辰，敕供具減半，還興和。

辛巳，都指揮章安等爲輕車將軍，同尚書吴中轉運平胡城。

滁州知州陳璉課最，父老乞留，以揚州知府署滁事。

壬午，上東發，次五雲關。野燒迫行營，風發，分二道繞營而去。

甲申，次錦水磧。報虜跡，命嚴備。

《太宗實録》卷一〇二　丙戌，車駕駐環瓊圃，勅各營謹哨瞭。

《國榷》卷一五　丁亥，雲陽伯陳旭卒于軍。旭全椒人，會州衛指揮同知，從靖難封。

戊子，次金剛阜。敕游擊將軍都督劉江哨清水源，據之。

己丑，蘇州妖婦鄒氏誣降邪神，法當絞，子梁阿柱力求代死，皇太子杖婦，遣之。

辛卯，嗣教真人張宇初卒。

《太宗實録》卷一〇二　癸巳，皇太子諭後軍都督府臣曰：「頗聞山西寇盜出没，其衛所守城官軍不足者，聽暫於屯田官軍内撥補所撥軍士，除今年屯種子粒。」

甲午，户部左侍郎古朴等啟：「雲南所屬邊儲缺，宜以黑白、安寧等鹽井不拘次，召商中納。今定大理府蒙化州五井鹽每引米一石三斗，黑鹽井每引米二石；金齒軍民指揮使司黑鹽井每引米一石五斗，安寧鹽井每引米二石；景東府白鹽井每引米一石五斗。」皇太子從之。

《明通鑒》卷一五　丙申，駐蹕清水原。其地水鹹苦不可飲，人馬俱渴。行數里，忽有甘泉溢出，上取親嘗之，賜名曰神應泉，勒銘山上。

《國榷》卷一五　四月丁酉朔，撫寧老人張甫通、遷安老人何彬督運至清水源，各授本縣縣丞。

《太宗實録》卷一〇三　戊戌，上召諸將議餽運。有言沙磧車運行遲，不若人負之便。上曰：「任重致遠，水莫如舟，陸莫如車。舟遇淺，車遇沙，雖遲，如舟出淺，車出沙，人力所不能及矣。十人運一車，或缺一二人，尚堪挽之以行。用人負者，一人有故，必分於衆，以一累十，以十累百，不尤難哉！」遂用車。

《國榷》卷一五　戊戌，交趾署布政司事工部尚書黄福上五事。曰令廣東、廣西設欽州、靈山、横州驛站，相要害立衛所、巡檢司，田雲南開中鹽糧助餉；曰交趾官吏軍民欲還原籍，乞給脚力行糧；曰官吏月糧量撥閒田自種食；曰官吏視内地三年考績，赴京給由。皇太子納之。

《太宗實録》卷一〇三　癸卯，車駕次玄石坡，上製銘，使勒于立馬峰之石。

《國榷》卷一五　甲辰，日本入貢表謝。

戊申，上次楊林戍。以深入，免諸將朝。晚泉溢，賜名曰「神睨」。

壬子，次擒胡山。銘曰：「瀚海爲鐔，天山爲鍔；一掃胡塵，永清沙漠。」賜其泉曰「靈濟」。

《太宗實録》卷一〇三　甲寅，車駕次廣武鎮，賜其泉名清流。

《國榷》卷一五　丙辰，前北京行部左侍郎武功馬京卒于錦衣獄。京洪武乙丑進士，授翰林編修。履潔持正，歷通政使、大理卿。永樂初，改北京，佐皇太子甚力。漢王忌而毁之，謫廣西。已舉其文學，終坐前毁獄死。洪熙初，贈少傅，謚文簡。

戊午，開四川井研縣井鹽。

《明史》卷六《成祖紀二》　庚申，次威虜鎮，以橐駝所載水給衛士，視軍士皆食，始進膳。

《國榷》卷一五　壬戌，次玄雲谷。聞涼州降胡叛，命都指揮僉事史昭充總兵官，率兵三千鎮涼州。

皇太子免平涼、臨洮、鞏昌、鳳翔、慶陽、秦、階災民徭役一年，停逋租。

癸亥，涼州叛胡平，官軍斬三百餘級，虎保赤、亦令真巴等遠遁。

《明通鑒》卷一五　甲子，次長清塞，有泉水甚清，賜名曰玉華泉。夜漏初下，上立行帳殿前，指北斗語金幼孜等曰：「此爲極北之地。遥望北斗，皆在南矣。」

丙寅，駐蹕順安鎮。

五月丁卯朔，發順安。行十餘里；見山中多白雲，賜名曰白雲山。度一岡，遂臨臚朐河。上立馬久之，賜名曰飲馬河，又名其河上地曰平漠鎮。

《國榷》卷一五　戊辰，駐蹕賜食，遣祭山川。

庚午，次蒼山峽，哨騎獲虜諜五人。

辛未，遂安伯陳志卒。

《明史》卷六《成祖紀二》　甲戌，聞本雅失里西奔，遂渡飲馬河追之。

《國榷》卷一五　皇太子賑滁、宿饑民粟三千四百石有奇。

《明通鑒》卷一五　乙亥，令王友駐兵河上，留金幼孜在營，上率輕騎前進，人齎二十日糧，以方賓、胡廣從。

《國榷》卷一五　丙子，發聞喜岡。命諸將以次進，避山取便道，毋疲其卒。清遠侯王友送都指揮婁鬼所獲虜人口、孳畜以上。

丁丑，次平虜寨，用降虜百户爲鄉導。

《明通鑒》卷一五　沐晟討安南陳季擴于虞江，季擴棄栅遁，追至古靈縣及會潮、靈長海口，斬首三千餘級，獲僞將軍黎弄。

《國榷》卷一五　皇太子命築平度州河隄。

戊寅，上至兀古兒札河。虜先遁，駐河上，賜名清塵河。夜倍道追之。

沐晟追中軍都督僉事江浩擊鄧景異于魯江，不利。廣東都指揮孫全戰，争江，中砲死。

己卯，上及虜于斡難河。虜拒戰，上登山奮擊，敗之。本雅失里以七騎絶河走，俘獲男女、輜重、畜産。仍命游擊將軍劉江、驃騎將軍梁福等追之。上駐蹕滅胡山。

皇太子設陝西茶馬司。

辛巳，諸將俘把克帖木兒等男婦百餘人，上釋之，賜廩畜。

旋師五原峯，敕清遠侯王友等簡鋭，俟征阿魯台。

《太宗實録》卷一〇四　壬午，巡按廣西監察御史李賢啟：「潯州遞運所至南寧府千餘里，灘多水險，往復甚艱。宜於横州海棠橋增置一所，以本處囚徒充水夫，置船遞送。」又言：「各衛所屯軍比年征進，亡没者多。所存幼男寡婦追納子粒，艱難無措。宜令巡按監察御史覆實除免。」皇太子悉從之。

《國榷》卷一五　癸未，上次清塵河。

設行在國子監典籍。

丙戌，次飲馬河。遣都指揮李文、中官海壽書報皇太子。

班師詔天下。上以騎兵東逐餘虜，晚至威遠戍。

《明史》卷六《成祖紀二》　丁亥，回回哈剌馬牙殺都指揮劉秉謙，據肅州衛以叛，千户朱迪等討平之。

《國榷》卷一五　次殺胡城，敕成安侯郭亮督運赴應昌。

命清遠侯王友、廣恩伯劉才領兵先赴開平。時報虜知院失乃干西走廣武鎮，欲降，遣指揮廓廓帖木兒等招之。命王友等，如值失乃干，善撫之。如不降，即進擊。

《明通鑒》卷一五　時回回約赤斤蒙古爲援。赤斤不應，率部下禽其賊六人以獻。上嘉之，改赤斤蒙古千户所爲衛，擢其長塔力尼爲指揮僉事，其部下授官者三人。

《國榷》卷一五　戊子，上循飲馬河，次威遠戍。

庚寅，次蟠龍山。上念士卒艱苦，凡所獲牛羊及光禄寺上供米麪諸物，悉均給之。

壬辰，次定邊鎮。載水旱炊，遣都督僉事梁福祭去年陣没者。

《太宗實録》卷一〇四　辛卯，刑科給事中耿通言：「驍騎等衛倉壞，運糧至者，露積久而虧折多。工部侍郎陳壽等不預修理，宜正其罪。」皇太子曰：「豈獨虧糧？又妨農務。」令壽等亟修倉收納，遣民歸。

《國榷》卷一五　甲午，吏科給事中陶瑋有罪下獄。瑋訐其鄉匠某役于京私賈，皇太子謂其褻言官體，命訊匠，則瑋之鄰，有私忿而誣之也。

《太宗實録》卷一〇五　六月丙申朔，車駕次凝翠岡。下令將士毋掠人口孳重及馬駝牛羊，違者斬。

《國榷》卷一五　丁酉，經闊灤海子。白浪隱隱如山，有山限之。上曰：「斡難、臚朐，凡七河注此中，周圍可千餘里。」遂賜名曰玄冥池。

《太宗實録》卷一〇五　庚子，車駕次青陽戍。戒將士毋妄殺戮。

北京監察御史鄒師顔劾啟監察御史白春延視驛站，貪受賄賂，宜付法司論罪。皇長孫命都察院鞫之。

《明通鑒》卷一五　癸卯夜，度飛雲壑。

《國榷》卷一五　琉球國官生模都古等三人入太學。

《明史》卷六《成祖紀二》　甲辰，阿魯台僞降，命諸將嚴陣以待，果悉衆來犯。帝自將精騎迎擊，大敗之，追北百餘里。

《國榷》卷一五　乙巳，皇太子免潁州、太和水災田租。

丙午，上先將精騎長驅，命都督冀中、金玉等殿後。至長秀川，虜棄輜重彌望，焚之，收其牛羊雜畜。

丁未，上追及虜于回曲津。安遠侯柳升發神機銃，聲震數十里，矢連洞人馬，虜懼走。追破之，斬其名王以下百數十人。

《太宗實録》卷一〇五　戊申，湖廣都指揮僉事謝鳳啟，臺羅諸寨蠻賊苗普亮等歸順復業。先是，巡按湖廣監察御史及思州宣慰司言臺羅及上下坪等寨苗賊肆行劫掠，燒燬屯糧，殺虜人口，命兵部給榜招撫。鳳遣常德衛指揮同知李忠同熟苗及土人賫榜，入其地，諭以禍福。至是普亮等十六人皆自詣請罪。鳳以皇太子命，悉宥之，使復業。

《國榷》卷一五　復追虜于廣漠城，大敗之。

《明通鑒》卷一五　己酉，車駕發廣漠戍，見虜騎尚出没山谷間，欲以躡後邀我輜重。上自率精騎殿後，禽數十人，殲焉。

《國榷》卷一五　庚戌，次寧武鎮，餘虜多來降。

敕英國公張輔、成安侯郭亮轉運行營。

辛亥，次紫雲谷。

皇太子以膠州水災，逋租折布帛。

壬子，次玉潤山。上見病卒，命善視之，凡疾者概給醫藥。

甲寅，監察御史李公敏、劉先、劉勉、張睿、郭衡、商忠有罪下獄。公敏挾妻外飲通夕，先等俱娶棄婦，被劾。

戊午，次淙流峽。

庚申，次永寧戍。時清遠侯王友等將至擒胡山，距失乃干僅一程，迂道避往應昌，致軍士乏食多死。

辛酉，次長樂鎮。令都督同知劉江等殿後，敕英國公張輔以二千騎助之，瘞遺骸。

敕責王友、劉才。

壬戌，次通川甸。上遥指海邊石山曰：「此即三石山也。」敕張輔閲王友等兵仗。

乙丑，次威信戍。皇長孫及趙王高燧、行在各官上迎鑾表于行營。

琉球中山王思紹入貢。使臣林佑本漢人，求冠帶，皇太子許之。

《明通鑒》卷一五　七月丁卯，車駕次開平，宴勞軍士。

初，上在軍中，每日暮，中官具進膳，上曰：「軍士未食，朕何忍先飽！」至是謂諸將侍臣曰：「朕自出塞，久素食，非乏肉也，念軍士艱苦，食不甘味耳。」是日宴賚，始復常膳。命西寧侯宋琥佩將軍印，鎮甘肅。琥，晟之次子也，以尚上女安成公主，遂嗣封。

《皇明大政紀》卷七　命都督張遠等於平胡城運軍餉還開平。

《國榷》卷一五　戊辰，遣右春坊右庶子兼翰林侍講楊榮賫書諭皇太子。

簡各營兵扈蹕，餘先入居庸關。

改開平李陵驛爲威虜驛。

壬申，經元西涼故亭，晚次盤谷鎮。

《太宗實録》卷一〇六　癸酉，車駕次獨石。勅北京留守群臣毋遠迎妨事。

《國榷》卷一五　甲戌，次龍門。皇太子遣兵部尚書兼詹事金忠上迎鑾表，詹事府丞陸中善進袍服，上令入關與將士同易。

《太宗實録》卷一〇六　乙亥，禮部啟：「湖廣興山縣知縣秦鳳言，境内居民鮮少，儒學生徒選補乏人。且天下郡邑民數不同，多者不下萬户，寡者僅一二百户，歲貢生員宜有差等。」事下本部議，令議凡州縣户不及五里者，州一年，縣二年，各貢生員一人。皇太子從之。

交阯按察司僉事劉有年言：「交阯各衛宜倣雲南例，三分守城，七分屯田。屯各立堡，有警則入堡，以待調發。既不妨農，亦不失用，而邊有蓄積，民免轉輸。」皇太子命兵部議行之。

丁丑，皇太子謂禮部尚書吕震曰：「人情相愛，則祝以多男，而民庶者，國家之祥。近聞京師愚民有厭多男子，生輒棄之不育者，傷天地之仁，失父母之道，宜嚴禁止之。再有犯者，並兩隣加罪。」

《國榷》卷一五　庚辰，度居庸關，次龍虎臺。行在群臣迎見，即遣歸。

登州疫。

《明史》卷六《成祖紀二》　辛巳，振安慶、徽州、鳳陽、鎮江饑。

壬午，至北京，御奉天殿受朝賀。

《國榷》卷一五　癸未，宴群臣奉天殿。

甲申，賜尚書夏原吉鈔幣。

己丑，招復青、莒等流民萬三千四百户。

庚寅，築開平衛城。

《明史》卷六《成祖紀二》　甲午，論功行賞有差。

《國榷》卷一五　八月乙未朔，左軍都督僉事梁福爲都督同知。

丁酉，先是，監察御史李琳言，福建各鹽場虧課，悉論官吏死。上察其艱難，俱宥之。

辛丑，後軍都督僉事王麟爲都督同知。

《明史》卷六《成祖紀二》　壬寅，進封柳升安遠侯。

《國榷》卷一五　癸卯，賑伏羌、通渭等縣饑民粟九千八百八十石有奇。

大理寺左寺丞遠志有罪，謫北京苑馬寺軍。

《太宗實録》卷一〇七　乙巳，浙江按察司僉事徐善安有罪謫戍邊。

《國榷》卷一五　都指揮使薛貴爲中軍都督僉事，王勇、王禮爲左軍都督僉事，楊山、倪寬爲右軍都督僉事，吴能、朱旺、朱能爲後軍都督僉事。

庚戌，卹北征陣亡物故將士，悉厚賜其家。

癸丑，錦衣衛指揮使紀綱爲都指揮僉事，仍署衛事。

甲寅，吴伯克從征功，授涼州衛指揮僉事。都督同知吴允誠子。

乙卯，建州衛指揮使釋家奴爲都指揮僉事，賜姓名李顯忠，千户咎卜爲指揮僉事，賜姓名張志義，百户阿剌失賜姓名李從善，可捏賜姓名郭以誠，俱正千户，從征功。釋家奴，指揮阿哈出之子。

《明通鑒》卷一五　寧遠侯何福自殺。初，上以福舊臣，寵任踰諸將，福亦善引嫌，有事未嘗專決。至是從征，數違節度，羣臣有言其罪者，都御史陳瑛遂劾福怨望。福懼，自經死，爵除。

《國榷》卷一五　丙辰，中軍都督同知夏貴爲右都督，左軍都督僉事薛斌爲都督同知。

《太宗實録》卷一〇七　丁巳，遣中官田嘉禾、海壽賫勑往賜朝鮮國王李芳遠白金千兩，紗羅千疋，綵絹五百疋。先是，芳遠獻馬萬匹，助征北虜，故嘉答之。

《皇明大政記》卷七　戊午，命北京行部運鹽三萬斤儲懷來，以給開平守禦將士。

《國榷》卷一五　己未，賜從征文臣鈔幣有差，翰林學士胡廣、侍講楊榮、金幼孜賜同尚書。

《明通鑒》卷一五　庚申，河溢開封，壞城二百餘丈，民被災者萬四千餘户，没田七千五百餘頃。上以國家藩屏重地，特遣工部侍郎張信往視。信，河間王玉之從子也。舉建文二年鄉試第一，歷刑科都給事中，數言事。而從兄英國公輔尤重之，屢薦其賢，遂擢侍郎，尋有是命。

《國榷》卷一五　癸亥，右軍右都督馬榮卒。

是月，前軍都督同知童信爲右都督，後軍都督僉事趙忠爲左都督，都督同知薛禄爲都督。

《明史》卷六《成祖紀二》　九月己巳，幸天壽山。

《國榷》卷一五　壬申，北京行在行部右侍郎張思恭卒。

癸酉，占城入貢。

乙亥，刑部右侍郎金純爲左侍郎。

丙子，朝鮮國王李芳遠上平胡表。

後軍都督僉事吴庸卒于淮安。

己卯，中官張謙、行人周航還自浡泥國，國王遐旺偕入貢。

《太宗實録》卷一〇八　庚辰，命番僧綽思吉領禪巴藏卜爲灌頂弘慈妙濟國師，掌巴監藏爲净慈妙智國師，掌巴哈羅思巴爲普濟慧應國師，皆賜誥印、圖書。仍給護勅，俾自在脩行。其寺田土、山場、園林、財産、孳畜之類，禁諸人毋侵擾，違者罪之。

甲申，魯王肇煇奏：「初之國，護衛給月糧三年，免屯田。今已三年，當罷給糧，屯種自食。乞以六分屯田，四分守城，就給使令。」從之，仍免其屯田考較一年。

《國榷》卷一五　許福建今年秋糧折收布鈔。

丁亥，撫安山東給事中王鐸言，長青等縣文廟像左衽，乞改正。凡聖賢像衣冠非古者，悉更之。報可。

庚寅，給趙王高燧歲五萬石，鈔五萬錠。

壬辰，陳英嗣遂安伯。陳志孫。

遣内官關僧徵西番尚師昆澤思巴。

《太宗實録》卷一〇九　十月甲午朔，命番僧班丹藏卜爲净覺弘濟國師，高日幹爲廣慧普應國師，失剌查爲慈善弘智國師，把奔等六人爲禪師，各給誥印。

《國榷》卷一五　乙未，禁列侯都督家中鹽牟利。

《明史》卷六《本紀・成祖紀二》　丁酉，發北京。

《太宗實録》卷一〇九　是日，右春坊右中允劉子春等劾啟三法司官左都御史陳瑛等方命廢事。曰：「先有學官坐事，罰充太學膳夫，陳乞改役。令旨令三法司，凡學官有罪充膳夫者，悉與改役，以勵廉恥。瑛等久格不行，不罪之，無以示懲。」皇太子顧瑛等曰：「用心刻薄，不明政體，非大臣之道。其速改之！」

《國榷》卷一五　戊戌，刑部左侍郎劉季箎降兩淮都轉運鹽司副使，應天府尹向寶降兩浙都轉運鹽司判官。

《太宗實録》卷一〇九　己亥，駐蹕新城，命會州衛指揮趙得率保定、涿鹿、茂山、蔚州衛軍共千人守紫荆關。勑諭之曰：「關臨邊要地，務在嚴固隄備。遇寇即合真定諸衛軍勦之，賊退不必窮追，毋墮其計。」

甘肅總兵官駙馬都尉西寧侯宋琥奏調都指揮丁剛鎮凉州，王貴鎮肅州，史昭守鎮番。從之。

庚子，浙江台州府臨海縣言，去年八月淫雨，渰没田稼，民多饑窘，其税糧魚課乞以鈔代輸。皇太子從之。

《皇明大政紀》卷七　交趾布政司言，新例徒流遷徙杖罪，皆北京種田，比先降刑名事例不同。皇太子以交趾在萬里外，宜從先例，令刑部移文知之。

《明通鑒》卷一五　癸卯，御製《務本訓》成。上以皇長孫生長深宫，欲其知稼穡之艱難，因巡幸，命之侍行，使歷觀民情風俗及農桑勞苦之事，且舉太祖創業之難及往古興亡得失可爲鑒戒者，書成，賜名《務本》云。

《國榷》卷一五　戊申，崑山、日照縣民饑貸倉糧，不能償，折鈔。

甲寅，次濟寧。魯王榮煇來朝。

乙卯，上聞周王橚作殿祀太祖高皇帝。賜書曰：「禮，支子不祭，王國祀始封者。太祖高皇帝朝廷自廟祭，今祀于國，過矣。」

《太宗實録》卷一〇九　丁巳，是日，户部言，江西建昌府廣昌縣永樂五年、六年民疫死者八百餘户，乞蠲其税。皇太子從之。

己未，上諭三法司官曰：「昨夜太陰犯執法甚急。爾等典刑罰，宜加敬謹，無罪不可枉，有罪不可縱，須得中道，毋纖毫輕重。」

十一月癸亥朔，治水官朱逄吉言：「直隸郡縣民種官田者，其租重于民田，宜付糧長或里長，順帶納京倉，庶以寬恤小民。」户部會議，官租既重，又令遠輸，誠爲勞費，宜令輸納旁近官倉。皇太子從之。

《國榷》卷一五　乙丑，武安侯鄭亨充總兵官，守備宣府。

癸酉，福建都指揮使童俊下獄。時倭陷大全、定海二千户所，羅源等縣，攻平海衛城，百户繆真等戰死。

《明史》卷六《成祖紀二》　甲戌，至京師。

《國榷》卷一五　辛巳，虎賁左衛千户楊瑞訐指揮曹陞私畜妖書，擢府軍衛指揮僉事。

壬午，張宇清襲正一嗣教清虚沖素光祖演道真人。宇初弟。

都督梁銘侍皇太子，擅用罪卒入直，千户卜玉發之，下獄。

上聞哈密忠順王脱脱酣憒，遣指揮毋撒等戒諭之。未至，脱脱暴疾卒。

設喜申衛，乞烈速頭目干塔奴等來朝。

丙戌，後軍都督同知陳亨爲右都督。

壬辰，宥凉州千户虎保赤等罪。蓋流言悮之，倡亂遠遁，特命指揮哈剌那海等敕諭之，尋率妻子萬二千人來歸。

《明史》卷六《成祖紀二》　十二月癸巳，阿魯台遣使貢馬。

《國榷》卷一五　乙未，楚王楨寧世子盤烒來朝，己亥還。

《太宗實録》卷一一一　戊戌，爪哇國王都馬板遣使亞烈速木奴等上表貢馬及方物。

暹羅國王昭禄祥膺哆羅諦剌遣使曾壽等貢馬及方物，并送中國流移人還。

《明通鑒》卷一五　河決汴梁，壞城。上聞黄河水高三尺，亟遣官往視之。

《皇明大政紀》卷七　楚王楨言，王府校尉死亡者，自今請留所生另補缺，庶免別僉。從之。

《國榷》卷一五　庚子，周王橚來朝。

遣行人余炅敕賜凉州都督吴允誠妻綵幣。蓋虎保赤之變不從叛，且有擒獲功，子管者進指揮僉事。

壬寅，右軍都督僉事趙清致仕。

蠲如皋縣去年水災田租。

癸卯，右通政趙居任修吴江嘉興石塘。

《太宗實録》卷一一一　甲辰，有監察御史歸自河南，言軍士隨周王來朝，往往在途擾民。上召其從行指揮，諭曰：「周府比數有違法事，朕察之，非皆王之過，悉出下人縱恣。今王來朝，軍士假王之威，強取民財物，近路之民空舍逃避。爾爲護衛指揮，不能禁戢，使百姓被害歸咎于王，壞王令名，實由于爾。爾罪可宥乎？」命錦衣衛執送王自治。

福建邵武府言，比歲境内疫，民死絶萬二千餘户，所遺田地，乞以杖罪囚徒畊種輸税。從之。

《國榷》卷一五　丁未，以書諭阿嚕台。

戊申，蘇門答剌國、榜葛剌國入貢。

《皇明大政紀》卷七　己酉，命都督費瓛、都指揮胡宗、陳懷率陝西都司馬步軍五千，河南都司三千，山西都司二千，在甘肅操備者，聽總兵官駙馬都尉西寧侯宋琥節制。

《國榷》卷一五　庚戌，刑科給事中周智有罪，謫交趾。

辛亥，孔彦縉襲封衍聖公。孔子五十九代孫。

壬子，隆平侯張信占丹陽練湖八十餘里及江陰官田七十餘頃，左都御史陳瑛劾之，下法司雜治。

癸丑，諭吏部尚書兼詹事蹇義，今御史不得用刀筆吏，舊吏爲御史者皆罷，著爲令。

《太宗實録》卷一一一　甲寅，吏部言：「官員九年考滿給由，依職掌事例考覈陞降。近有歷任三年，或仍留視事，未經給由考覈者，令通歷九年。本部議得，初考稱職，次考未經考覈，今考稱職者，若初考平常，次考未經考覈，今考稱職者，俱請依稱職例陞用。鹽運司判官考覈事例，職掌未載，請依本司堂上官例。北京、遼東、陝西、甘肅等處新設苑馬寺卿、丞等官，考如行太僕寺官例，主簿從本寺考，仍送都察院、河南道監察御史考，本部覈考，其屬官監正、監副、録事止於各寺考，本部覈考。圉長三年考滿，開報任内事蹟，從本監、本寺官考覈。闒茸不稱，送部黜降，稱職平常者，仍令在任。六年再考，九年通考，仍行兵部，稽其所養馬數陞降之。其九年考滿者，先以缺申部，候代官至，方許給由。」從之。

大營都指揮同知吴玉以罪謫戍邊。初，玉鎮守居庸關，胡寇抄掠近關，不能捍禦。尋命往湖廣調軍，又縱軍虐民，遂謫戍使自效。

《國榷》卷一五　勑甘肅總兵官西寧侯宋琥，毋遣人出塞外交。

乙卯，撒馬兒罕國、火州國入貢。

罷京師城門郎。

丙辰，郊壇祠祭署改天地祠祭署，鍾山祠祭署改孝陵祠祭署。

朝鮮、琉球入貢賀正旦。

丁巳，永壽王尚炌來朝。

《明通鑑》卷一五　戊午，宥安南陳季擴罪，以爲交阯右布政使。初，安南之降，上心知其詐，姑許之，並其黨阮帥、鄧景異、陳原樽、潘季祐等，皆授都指揮、參政、副使等官。季擴卒不受命，尋復反。

《皇明大政紀》卷七　勑寧夏守備都指揮王俶，聞虜欲寇近邊，須嚴備之，慎勿輕戰，墮其譎計。

永樂九年（辛卯、一四一一）

《國榷》卷一五　正月甲子，諭兵部，榜天下。民遵法賦役，如有司苛征，豪勢侵淩，許訴理。其頑惡誘亂，聽擒解之。

丙寅，前太常寺丞袁珙卒。

《皇明大政紀》卷七　丁卯，開平備禦成安侯郭亮等奏請給金鼓，夜巡銅牌，起馬符驗，命所司悉給之。

己巳，修江西安福縣龍陂等處塘堰。

《國榷》卷一五　庚午，修築麗水縣通濟堰。

《明史》卷六《成祖紀二》　甲戌，大祀天地於南郊。

丙子，柳升鎮寧夏。

己卯，張輔爲征虜副將軍，會沐晟討交阯。

《皇明大政紀》卷七　勑交阯都、布、按三司，凡有犯重罪而情可矜者，發英國處立功贖罪。

《國榷》卷一五　庚辰，中軍右都督郭義、都督僉事徐膺緒、左軍都督僉事周長、前軍都督僉事費義、後軍都督同知曹隆俱曠職，謫交阯，尋宥之。

《皇明大政紀》卷七　勑甘肅總兵官西寧侯宋琥：「得報，韃靼失捏於剽黄河東岸，宜戒都指揮王俶，輕敵陷身，不可怠忽。」

《國榷》卷一五　令明年交阯惟布政、按察司印官入朝，餘留任。

甲申，修襄陽衛護城隄及樊城西隄。

乙酉，立孝陵門，如大祀壇、南天門之制。

朝鮮鄭允厚來朝，授光禄寺少卿，不任。

許右庶子兼侍講楊榮奔喪，賜鈔。命中官宋成護行，且趣之入。

《明史》卷六《成祖紀二》　丙戌，豐城侯李彬、平江伯陳瑄率浙江、福建兵捕海寇。

《國榷》卷一五　都督僉事費義運衛輝積粟三十二萬四千四百石赴北京。

築高郵州張家溝石塘。

戊子，中軍都督同知蔡福私官馬，戍邊。

己丑，免邳州水災田租。

工部郎中以下俱下獄。刑科右給事中耿通等言工匠役滿，尚書宋禮等不之遣也。上然之。禮伏罪，治事。

《國榷》卷一五　二月壬辰朔，敕戒秦王尚炳，以倨慢不迎詔，械長史、紀善等入京。

《太宗實録》卷一一三　癸巳，北京國子監言，比歲生徒增益，而監官未備。請如南京國子監例，置博士四員，助教十三員，學正九員，學録六員，掌饌一員。從之。

《國榷》卷一五　開四川武隆縣龍泉井鹽。

己亥，起復河南布政左參政孟驥。

河決沂州。

癸卯，上御右順門。覽奏牘，有鎮紙金獅欹側欲墜，給事中耿通等趨置之。上歎曰：「彼置于危則危，置于安則安。天下，大器也，可危置之哉！故小事必謹，小失必改，否即危道也。」初，上諭六科，批奏未當者悉改之。通曰：「恐失信。」上曰：「改而當，何失也？」

修郊壇、孝陵、奉先殿祭器。

瓦剌順寧王馬哈木貢方物，請圖本雅失里。

庚戌，浚齊東小清河。

《明通鑒》卷一六　辛亥，陳瑛有罪，下獄誅。初，瑛爲都御史，劾勳戚、大臣十餘人，多希上旨，上以其能發奸，寵任之，一時傾陷善類不可勝計。上亦知其殘刻，所奏讞不盡從。會自北京還，聞其諸不法狀，下獄論死，天下快之。

《國榷》卷一五　浚濰縣河，築壽光縣隄。

甲寅，秦王尚炳來朝謝咎。

敕勞日本國王源義持，以屢獲倭寇也。

乙卯，浚福山縣西官渠。

《明史》卷六《成祖紀二》　丙辰，詔赦交阯。

《明通鑒》卷一六　詔：「自九年二月以前，有嘯聚山林者，咸赦其罪，軍復原伍，民復原業。其官吏軍民有犯，毋論已發未發，俱赦除之。」

丁巳，倭掠廣東，陷昌化千户所，殺千户王偉，敕副總兵李珪戴罪討之。

《皇明大政紀》卷七　改禮部右侍郎王彰於户部。

《明史》卷六《成祖紀二》　己未，工部尚書宋禮開會通河。

《明通鑒》卷一六　會通河者，元故運道也。元至元中，壽張尹韓仲暉請自東平安民山鑿河至臨清，引汶絶濟，屬之衛河，爲轉漕道，名曰會通。然岸狹水淺，不任重載，終元之世，海運爲多。太祖定天下，輸餉遼東、北平，亦用海運。洪武二十四年，河決原武，絶安山湖，會通遂淤。上初建北京，命平江伯陳瑄兼督淮、海二運，海運險遠，多失亡，而淮運漕東南之粟浮淮入河，至陽武，陸輓百七十里入衛河，歷八遞運所，民亦苦其艱。至是濟寧同知潘叔正上言：「舊會通河四百五十餘里，淤者不過三之一，濬之便。」乃命禮偕刑部侍郎金純、都督周長往治之。

《國榷》卷一五　三月辛酉朔。廷策貢士陳璲等八十四人于奉天殿。

《昭代典則》卷一三　己丑，會試天下舉人。取陳燧等八十四人，以上巡北京未廷試，至是臨軒親策。

《皇明大政紀》卷七　癸亥，詹事府丞陸中善坐不能輔導，降交趾丘温知縣。

工部言，湖廣安陸州及京山、景陵等縣圩岸爲水所決，宜修築。從之。

《明史》卷六《成祖紀二》　甲子，賜蕭時中等進士及第、出身有差。

《國榷》卷一五　乙丑，法司録囚。

戊辰，遣祭故哈密忠順王脱脱，敕都指揮哈剌哈納爲都督僉事，鎮守哈密。

修泰州河隄。

《太宗實録》卷一一四　庚午，大營都指揮僉事牛諒坐奏對不實，免官，責隨寧夏總兵官安遠侯柳升立功自効。

《國榷》卷一五　安定王尚炌來朝。

癸酉，先有指揮訐天城衛千户某罪，繫刑部獄。其母託已賂部官，并首所賂。上問：「千户與指揮有舊乎？」曰：「否。」上曰：「非舊何託爲？」下指揮法司，則指揮鄰刑部，察母日橐饘，給其賂，事且泄，自首。上宥母不問，戍指揮交趾。

鎮康州土知州曩光遣頭目來朝。初，中官徐亮等使西南夷，道鎮康，被刦。敕責曩光，恐，乞貸罪。復命給事中周讓、行人方濬往諭之。

乙亥，敕趙王高燧，以妃徐氏誑誕不悛，幽别室，更選淑媛。

交趾宣化府土同知黄公歇來朝，求内遷，進太原知府。

丁丑，鎮守遼東中軍右都督劉江不謹斥堠，致虜剽殺。上欲誅江，已宥之，圖後效。

己卯，或盜勸善書，刑部擬當黥戍。上以非盜財，免戍邊，仍去其所黥。

除如臯、魯山縣絶户田租。

庚辰，温州人以歲輸白礬數千斤于京，苦陸運，求附海舟。上問工部白礬何用。曰：「染布須此。」上曰：「僅染布，何勞我遠民也？」罷之。

《明史》卷六《成祖紀二》　壬午，浚祥符縣黄河故道。

《明通鑑》卷一六　【略】初，張信奉詔至開封相視黄河，上言：「祥符縣魚王口至中灤下二十餘里，有舊黄河，岸與今河面平，若濬而通之，使循故道，則水勢可殺。」因繪圖以進。從之。發民丁十萬，命興安伯徐亨、侍郎蔣廷瓚偕金純相視，並命宋禮總其役。

《皇明大政紀》卷七　六科給事中曹閏等劾五軍都督府掌府事成國公朱勇、魏國公徐欽、定國公徐昌吉、永康侯徐忠、右都督郭義監試襲職武官，縱家僮奪其弓槊。法司奉旨追捕，勇等蔽不與，請正其罪。上命錦衣衛悉捕其僕，付法司。勇等姑宥其罪。

《國榷》卷一五　甲申，敕賜交趾土官右參政莫遼等，皆立功禦叛，各勞綵幣有差。

乙酉，鎮守大同江陰侯吴高言，山西各衛，屯軍十之七八，操軍甚少，宜半之。上諭兵部量地制戍，留陽和十之四，天城、朔州十之三，蔚州十之二，餘悉屯種。

工部右侍郎任穀降營繕主事，前通政司右參議賀銀爲工部右侍郎。

陝西都指揮僉事高英免。英從都督劉江北征，至静虜鎮，值虜，江移據高阜，英誣其退怯，上不直之。

《皇明大政紀》卷七　浙江都指揮同知張貴坐縱酒廢事，戍邊。

《國榷》卷一五　丙戌，平江伯陳瑄充總兵官，都督僉事宣信副之，海運北京。

《明通鑑》卷一六　戊子，命中軍都督劉江鎮遼東。

《國榷》卷一五　庚寅，修西安灞橋。

《太宗實録》卷一一五　四月癸巳，刑部、都察院言：「各布政司、按察司所鞫重囚，審覆明白者，請遣官臨決。」上曰：「雖云審覆明白，然能保其中悉無冤乎？京獄有冤者，得擊登聞鼓自陳。彼在數千里外，或有冤，欲自陳難矣。人命既絶，不可續，寧緩無急。果若有失，緩可以改，急則欲改無及矣。其再遣人審覆來聞，而後遣官決之。」

琉球國中山王思紹遣使坤宜堪彌等貢馬及方物，并以長史程復來。表言長史王茂輔翼有年，請陞茂爲國相，兼長史事。又言復饒州人，輔其祖察度四十餘年，勤誠不懈。今年八十有一，請命致仕，還其鄉。從之。陞復爲琉球國相兼左長史，致仕，還饒州。茂爲琉球國相兼右長史，仍賜坤宜堪彌等鈔幣，遣還。

《國榷》卷一五　乙未，兩淮都轉運鹽司副使劉季篪遷延未赴任，奪秩，令士服，隸翰林院修書。

丁酉，免安東縣永樂七年牛租。

庚子，朝鮮、爪哇入貢。

《太宗實録》卷一一五　壬寅，守聚寶門千户奏有民入城，檢其行李，得金鐲及銀數錠，於法不應。上問刑部尚書劉觀：「此在何法？」對曰：「法不得以銀交易，百姓不得用金首飾。」上曰：「禁民交易服用，何嘗禁其藏蓄？」命悉還之。顧千户，諭之曰：「爾職在察詰奸細，民違法，何預爾事？今姑宥爾，如再越職厲民，必罪不宥。」

《國榷》卷一五　癸卯，改交趾雞陵縣爲鎮夷縣，徙鎮夷關于松嶺，蓋地高爽避瘴。

《皇明大政紀》卷七　命户部開河自効民丁，一體給糧，當免租税。初朝議開會通河及浚河南黄河，命户部凡民丁皆給米鈔，及蠲户内是年租税。而山東、河南之人多有自願効力者，上聞之，遂有是命。

己酉，召遼、谷、瀋、安、唐、郢、伊、肅、晉九王來朝，分長幼，以次至。

辛亥，陝西按察使辛耀，副使徐道正、張泰，僉事姜榮、馬驥、黄禎俱妓飲，命械于本司前。

《國榷》卷一五　甲寅，交阯左參政劉本言三事：【略】曰停止一切不急之務，曰郡縣選老成廉謹爲之，曰簡宿學爲教官，訓迪交人。上嘉納之。

丙辰，賑綏德、隆德等饑民糧萬有八百石。

丁巳，征虜副將軍英國公張輔至南寧，言陳季擴等詐降，乞進兵。

《太宗實録》卷一一五　庚申，勅鎮守大同江陰侯吴高曰：「近得諜報，虜寇失捏干謀襲大同。其衆約五千，能戰者不過三千。雖賊少，然不可忽。况今春己寇寧夏，虜志必驕。秋高馬壯，來寇無疑。爾思患預防，凡戰守之計，萬全無失，乃稱朕任使。」

《太宗實録》卷一一五　五月己巳，定交阯土官考覈例。凡土官或遷調任用，或本土世襲，俱以三年爲一考。開任内事蹟，行本衙門驗實，申布政司、按察司考覈。平常者復職；稱職者於官錢内量加賞賜，復職；闒茸不稱者，降一級，于缺官衙門補用。六年再考如前，九年給由赴京，通攷黜陟。若貪污害民，劫奪仇殺，事有顯迹者，聽按察司舉問如律。

《國榷》卷一五　癸酉，土魯番總統古麻剌失里入貢。

甲戌，浚鄜州洛河故道。

《太宗實録》卷一一五　甲申，鳳翔府寶鷄縣知縣向瑛言：「本縣歲徵棉花、棉布，皆運赴陝西布政司交收，復經縣境轉送漢中等衛，給散軍士。緣本縣去陝西往回九百餘里，重復轉運，徒勞民力。乞就本縣運赴漢中爲便。」又言：「本縣該徵糧草皆於陳倉、東河等驛送納。今各驛積草可二十餘年，若將永樂九年草折收鈔，就彼官庫收支，官民兩便。」悉從之。

《國榷》卷一五　乙酉，董卜韓胡地面頭目南科入貢，言容隆蒙、碉門二招討侵鄰阻道，請兵往。命賜綵幣，敕諭之。

六月庚寅朔，韃靼太師阿魯台貢馬。

癸巳，遣行人迎榜葛剌貢使于太倉，宴勞之。

《太宗實録》卷一一六　甲午，户部言淮安府沭陽縣四月雨雹，傷稼計田五百三十九頃有奇。詔免其租。

《國榷》卷一五　監察御史周宗範、工科給事中謝垣私易奏章，右副都御史虞謙發之，下法司論罪。

甲辰，許青、登、萊流民墾東昌、兖州閒田，給牛，具種子，三年始租。又農隙并練屯軍。

揚州大風雨，江溢壞廬舍人畜。

《太宗實録》卷一一六　乙丑，寧夏總兵官安遠侯柳升言：「欲於近邊每千户所築一總堡，人畜芻糧，以備不虞。」上報之曰：「一所之軍，四散屯種，相去遠，豈能相及？朕嘗命守將於五六屯，或四五屯内，擇取一屯便之處聚守，正欲使屯堡相近，得以相援，不必分別衛所。可循此法行之。」

《明史》卷六《成祖紀二》　鄭和還自西洋。

《明通鑒》卷一六　初，和出使至錫蘭山，其王亞烈苦奈兒欲害之，和覺，去之他國。王又不睦鄰境，數邀劫往來使臣，諸番皆苦之。及和歸，復經其地，誘和至國中，發兵五萬劫和，塞歸路。和先覺之，乃率步騎二千，由間道乘虚攻拔其城，生禽亞烈苦奈兒及妻子、頭目以還。廷臣請誅之，上憫其無知，並妻子皆釋，且給以衣食，命擇其族之賢者立之。有邪把乃那者，諸俘囚咸稱其賢，乃遣使賫印敕封爲王，其舊王亦遣歸。自是海外諸番益服天子威德，貢使載道。

《國榷》卷一五　築沁州漳河決隄。

撒馬兒罕入貢。

丁未，趣工部尚書宋禮河工。

賑沁、遼、保安、芮城、定襄、浮山等饑民粟五千九百石有奇。

除雲南溪處甸長官司歲納海肥。蓋非土産，市于臨安，土官自恩乞折鈔。上以邮遠，其除之。

《太宗實録》卷一一六　庚戌，巡按河南監察御史李偉言，磁州、武安等縣民疫死者三千五十餘户，荒蕪田土千三十八頃有奇，請除其稅。從之。

大寧都指揮使羅文、福建都指揮使王敬中、都指揮同知李玉俱以罪免。初，上命豐城侯李彬統兵捕倭，遣文召福建都指揮使童俊領兵，從文計，爲彬言，迫敬中、玉偕行，敬中等即斂部屬金帛賂文，又敬中、玉在任多不法。至是，巡按御史併劾之。命悉罷職，從豐城侯立功自效。

《國榷》卷一五　壬子，賑龍游縣民稻四千八百六十餘石。

右春坊右庶子兼翰林侍講楊榮奔喪還京。

《太宗實録》卷一一六　甲寅，北京刑部尚書朱濬等奏：「順天、保定、永平等府初置各衛官軍屯種，人給地五十畝。後有陞調改撥等項事故去者，其地悉爲見在官軍占據，或自種，或借賃人種，分收子粒。今發至種田民及上林苑監遷民俱無地給種。宜令所司勘覈陞調事故官軍所遺田地，給與耕種，如例起科爲便。」從之。

《國榷》卷一五　乙卯，會通河成。

《明通鑒》卷一六　禮以會通之源必資汶水，而汶有大、小二河，其會合之處，經寧陽北、堈城西南流百餘里至汶上。其支流曰洸河，亦經堈城西南流三十里，會寧陽諸泉，經濟寧，東與泗水合。元初于堈城左汶水陰作斗門，導汶入洸後，又分流，北入濟，由壽張過臨清入海，而汶流遂弱。乃用汶上老人白英策，築堈城及東平之戴村壩，遏汶水使南無入洸，北不歸海，匯諸泉之水盡出南旺，中分爲二道，以四分南流接徐、沛，六分北流達臨清。南旺地勢高，以爲脊，決其水南北分注。因相地勢，置閘三十有八，以時蓄洩。凡發山東及徐州、應天、鎮江民三十萬，蠲租一百十萬石有奇，二十旬而工成。自是輓漕北京，尋罷海運，公私便之。

《國榷》卷一五　琉球國入貢。

戊午，遣内官趙惟善、禮部郎中李至剛宴勞從鄭和官軍于太倉。和使西洋，自占城西南通國以十數，蘇門答剌最遠；自蘇門而往通國以六七數，柯枝最遠；自柯枝而往通國六七數，天方最遠，蓋去中國數萬餘里矣。由是明月之珠，鴉鶻之石，伽南沈速之香，麟獅孔翠之奇，梅腦、薇露之珍，珊瑚、瑶琨之美，皆充舶而歸焉。

《明史》卷六《成祖紀二》　是月，下交阯右參議解縉於獄。

《明通鑒》卷一六　初，縉自化州督餉入奏事，會上北征，縉謁皇太子而還。漢王高煦因言：「縉伺上出，私覲太子徑歸，無人臣禮。」上震怒。時檢討王偁亦以罪謫交阯，縉偕偁道廣東，覽山川，上疏請鑿贛江通南北。奏至，逮縉下獄，拷掠備至。詞連大理丞湯宗，宗人府經歷高得暘，中允李貫，贊善王汝玉，編修朱紘，檢討蔣驥、潘畿、蕭引高，並及李至剛，皆下獄。汝玉、貫、紘、引高、得暘俱瘐死獄中。貫與縉及王艮皆同里，又與艮成進士，同爲一甲，金川門陷，唯艮死之。至是貫臨卒歎曰：「吾愧王敬止矣！」

《國榷》卷一五　七月庚申朔，陝西疫，遣户部右侍郎王彰祭西嶽。

辛酉，故東城兵馬指揮張麒追封彭城伯。太子妃父。

甲子，浚定襄縣故渠。

乙丑，蜀府崇慶王悦炘薨。

庚午，湖州大雨水傷稼，免田租。

辛未，築仁和、海寧海塘。時潮溢，漂人畜，遣官賑卹。

甲戌，滿剌加國王拜里米蘇剌來朝，遣中官海壽、禮部郎中黄裳等迎勞之。

乙亥，古里國王以米的、柯枝國王可亦里、蘇門答剌國王宰奴里阿必丁、阿魯國王速魯唐忽先、彭亨國王巴剌密鎮剌達羅息泥急、蘭丹國王麻哈剌查若馬兒南、巫里國王□□、加異勒國頭目葛卜者麻、爪哇國王都馬板各入貢。

《明史》卷六《成祖紀二》　丙子，張輔敗賊於月常江。

《明通鑒》卷一六　時賊據月常江，樹椿四十餘丈，兩崖置栅二三里，列船三百餘艘，設伏山右。【略】輔、晟等水陸並進，阮帥、鄧景異等來拒。輔令朱廣等連艦拔椿以進，自率方政等以步隊勦其伏兵，水陸夾攻，賊大敗，帥等皆散走。生禽僞將軍鄧宗稷、黎德彝、阮忠、阮軒等，獲船百二十艘。

《國榷》卷一五　戊寅，汝南王有爋、永寧王有兖來朝。

癸未，開鹽亭縣井鹽。

築西安涇河洪堰。

甲申，諭兵部遣人巡視苑馬寺官，不散牧者罪之。

滿剌加國王拜里迷蘇剌率妻子入朝奉天門，時從臣五百四十餘人。

《太宗實録》卷一一七　乙酉，河南浚黄河故道訖工。凡役民丁十一萬四百有奇，月餘而畢。

《明通鑒》卷一六　自洪武間河決原武，會通河淤，而元賈魯所治之故道亦淤，河遂自此南徙，則河南受災獨重。至是金純等濬河，自封丘、金龍口、下魚臺，塌場會汶水，經徐、吕二洪，南入于淮。是時會通河已開，黄河與之合，漕道既通，而河南水患亦稍息。

《國榷》卷一五　丁亥，巡按陝西監察御史魏源言，陝西倉糧千九十八萬四千二百五十五石，足支十年，乞後半輸鈔。從之。

戊子，賑臨城縣饑民糧二千七百石有奇。

靈州降胡都指揮馮答蘭帖木兒等逃叛，陝西都指揮使孫森、王儀等追破之。

八月乙未，翰林學士兼左春坊大學士胡廣、右春坊右庶子兼翰林侍講楊榮主試應天。時雲南始鄉試，貴州未附也。

石康縣典史陰鎰言，各布政司設照磨、檢校各一，浙江獨照磨四，宜裁。又竈丁歲支工本煎鹽，犯罪不得支，其罰甚輕，請發别場充役。上從之。

《太宗實録》卷一一八　辛丑，詔甘肅、寧夏備禦官軍俸糧俱全支米，其子弟有往省視者，官給車輛。

《國榷》卷一五　庚戌，左僉都御史劉翥馬上接旨徑歸第，見劾，下獄，尋宥之。

《太宗實録》卷一一八　甲寅，禮部、兵部奏議下西洋官軍錫蘭山戰功陞賞例。

《國榷》卷一五　築大名漳、衛二水決隄。

《太宗實録》卷一一八　戊午，工部尚書宋禮言：「會通河以汶、泗爲源，夏秋霖潦泛溢，則馬常泊之流亦入焉。汶、泗合流，至濟寧分爲二河，一入徐州，一入臨清。河流深淺，舟楫通塞，繫乎泊水之消長。然泊水夏秋有餘，冬春不足，非經理河源，及引別水以益之，必有淺澁之患。今汶河上流自寧陽縣堤城閘已築壩堰，使其水盡入新河。東平州之東境有沙河一道，本汶河支流，至十路口邇馬常泊，比年流沙淤塞河口，宜趁時開浚。況沙河至十路口，故道具存，不必施工，河口當浚者僅三里，河中宜築堰，計百八十丈。」從之。

《太宗實録》卷一一九　九月庚申，四川仙泉井鹽課司言，本司鹽課歲額有虧，灶丁於觀官井開煎，比仙泉井增鹽九千七百二十斤，宜定爲歲額。從之。

《國榷》卷一五　乙丑，免桂林今年田租之半，以蠻人流徙也。

《太宗實録》卷一一九　丙寅，以水災，免直隸穎州及河南汝州魯山縣永樂八年糧芻。

《國榷》卷一五　丁卯，後軍都督同知曹隆卒。

己巳，吏部尚書兼詹事蹇義、户部尚書夏原吉俱滿九載，敕復職，褒諭。

《太宗實録》卷一一九　庚午，禮部尚書趙羾有罪，下獄。

《明通鑑》卷一六　以朝鮮使臣將歸，例有賜賚，不奏，上怒，下之獄。

《太宗實録》卷一一九　辛未，都指揮柴苦木帖木兒、未朶兒只、馬朶兒只、指揮鐵柱、朶來、千户何青、虛兒立、嵬識亦里奏請居北京，以圖報效。勅總兵官安遠侯柳升遣人護送之來，并給途中資費。

《國榷》卷一五　癸酉，滿剌加國王辭歸，賜敕宴，送之。

《太宗實録》卷一一九　甲午，兩淮、徐瀆浦場鹽課司海潮泛溢，渰没鹽倉，虧鹽千四百十六引。

《國榷》卷一五　丙子，駙馬都尉永春侯王寧卒。

《明史》卷六《成祖紀二》　戊寅，諭法司，凡死罪必五覆奏。

《太宗實録》卷一一九　己卯，刑科給事中曹潤等覆奏處決重囚。上曰：「大辟重法，不可率易論決。萬一失當，死者含冤無窮。大抵善惡報施，理所必有。如犧牲天生以養人，若殺之過度，猶無善報，況妄殺人乎？自今遇處決重囚，既覆奏，仍録所犯之情封進。朕燕居得詳觀之，四封進之後，有命，然後決之。」

《明通鑑》卷一六　〔庚辰，通政司言：〕「黄巖縣民告豪民持建文時士人包彝古所進楚王書，聚衆觀之。書中多干犯語，請下法司究治。」上曰：「此必與豪民有怨而欲報之。朕初即位，命百司：『凡建文中上書有干犯者，悉毁之，有告者勿行。』今復行之，是號令不信也。」命勿論。

《明史》卷六《成祖紀二》　壬午，命屯田軍以公事妨農務者，免徵子粒，著爲令。

《國榷》卷一五　乙酉，肅王楧來朝，庚寅還。

〔十月〕壬辰，起復工部右侍郎郭璡。

癸巳，遼王植來朝，庚子還。

《明史》卷六《成祖紀二》　乙未，寬北京謫徙軍民賦役。

癸卯，封哈密兔力帖木兒爲忠義王。

《國榷》卷一五　韓世子冲㶴嗣韓王，佐敬嗣靖江王。

《明史》卷六《成祖紀二》　乙巳，復修《太祖實録》。

《明通鑑》卷一六　時上以前監修官李景隆、茹瑺等心術不正，又限期迫促，未及精詳，至是復命姚廣孝、夏原吉爲監修，胡廣、楊榮、楊士奇、金幼孜等爲總裁、纂修等官。《太祖實録》自建文至此凡三修，士奇皆預焉。

《國榷》卷一五　增行在行部户曹清吏司郎中一，永平、保定、河間同知、通判各一，涿、通、霸、薊、灤、安、景、滄同知、判官各一，專屯田。

《太宗實録》卷一二〇　丙午，兵科都給事中倪峻言，有内奏千户不待朝命輒發兵捕盜者，請治其專擅之罪。上曰：「國家養兵，政以除姦衛民。境内盜發，千户能率衆捕之，使民免於暴横，正是能盡其職。若必待奏報而後發兵，小則亡逸，大則勢張，民受害多矣。閹竪不達事體，爾亦從其言乎？千户無罪。」峻惶恐而退。

《國榷》卷一五　戊申，趙王高燧來朝，乙巳還。

甲寅，瀋王模來朝，壬戌還。

《明史》卷六《成祖紀二》　十一月戊午，蠲陝西逋賦。

《明通鑑》卷一六　癸亥，張輔等進兵，追勦陳季擴。其黨僞龍虎將軍黎蕊等，斷鋭江浮橋，阻大軍于生厥江。輔督水師擊敗之，斬首千五百級，追殺餘賊殆盡。

《國榷》卷一五　甲子，谷王橞來朝，戊辰還。

《明史》卷六《成祖紀二》　丁卯，立皇長孫瞻基爲皇太孫。

《太宗實録》卷一二一　己巳，交阯按察司副使楊直言：「交阯方用兵勦捕餘寇，糧餉爲急。而廣東欽、廉及雲南臨安地方接近，水行可通簰筏。若令軍民相參餽運，則用力省而人不勞。」從之。

庚午，勑交阯總兵官英國公張輔、黔國公沐晟曰：「指揮徐斌來，知賊勢已敗，謂當即日擒戮首惡，殄除餘孽，以休息將士，而久不見報，何也？若寇已平定，撫綏安輯，尤宜用心。其民間有才能者，即遣赴京，授之以官，俾回本境，撫治其人。」

《國榷》卷一五　浚鄒平縣白條溝河。

《明史》卷六《成祖紀二》　壬申，韓觀爲征夷副將軍，改鎮交阯，都指揮葛森鎮廣西。

丙子，敕法司決遣罪囚毋淹滯。

《國榷》卷一五　慶王㮵代世子遜煓來朝，庚子還。

丁丑，修仁和、海寧、海鹽石塘萬一千一百八十五丈。

辛巳，逮建陽衛鎮撫武戡。戡，高皇后戚屬也，守宿州徐王墓，不法，特宥而戒之。

琉球入貢。

《明史》卷六《成祖紀二》　是月，遣使督瘞戰場暴骨。

《國榷》卷一五　十二月己丑，韃靼太師阿魯台貢馬。

《明史》卷六《成祖紀二》　壬辰，敕宥福餘、朵顔、泰寧三衛罪，令入貢。

《明通鑒》卷一六　初，上既以三衛地畀烏梁海，其頭目來朝貢者，皆授以官，令掌三衛事，又令通馬市。四年，三衛饑，請以馬易米，上命有司第其馬之高下，各倍價給之。久之，三衛陰附韃靼，掠邊戍，復假市馬來窺伺。上既敕責，尋宥之，令其以馬贖罪。

《國榷》卷一五　乙未，雨雪，寒甚。上念往時靖難將士之苦，或墮指裂膚，勇氣不衰，各賜鈔有差。

免涿州、大興等去年水患田租。

丁酉，晉王濟熺率世子美圭來朝，甲辰還。

戊戌，歸阿魯台兄妹。先是洪武中，官軍于捕魚兒海俘之，今因貢使同遣。

《太宗實録》卷一二二　壬寅，上諭工部臣曰：「雨雪連日，朕與卿等猶不免憚寒，何況下人？京城之中，軍士離聚艱難，有出征者，有守衛者，獨妻子在營。此際寒凍，不能出門户，而薪炭踴貴數倍，蓋有飲食不能以時者。今抽分處積薪不少，每户給百斤，出征者三倍給之，不可稽緩。」

壬子，監察御史王會等劾奏左僉都御史劉翥不究心刑獄，且每旦奉天門朝退，不詣文華殿侍班，徑趍直房，坐卧自便，但令首領官啓事，大臣不敬如此，何以率下，乞正其罪。上曰：「御史言當理。太子，君之副，慢太子，即慢君。洪武初，懿文太子召中書左丞楊憲不即至，皇考聞之，震怒，未幾，竟坐極刑。前鑒不遠，翥敢蹈覆轍乎？今姑宥之，再犯必置重典。」

大理寺右丞寺丞陳援有罪，下獄。

成都知府賈瑜、饒州知府李益爲福建、山西布政司左右參政，皆九年奏最。命後郡守滿九年者，例如之。

《國榷》卷一五　甲寅，安王楹、平陽王濟熿來朝，辛酉還。

《明史》卷六《成祖紀二》　閏十二月丁巳，命府部諸臣陳軍民利弊。

《太宗實録》卷一二三　己未，户部言：「諸王歲給禄米，比來旱潦少收，宜略撙節。」命代、遼、寧、伊、秦及靖江王府皆循舊例，瀋、唐、郢、魯王府俱依太祖訓，萬石内歲給米三千石，餘支鈔。安王府歲給米千石，順陽王五百石，餘皆支鈔，候屯田積穀多，仍全給之。

《國榷》卷一五　吏部尚書兼詹事蹇義等上十事，曰朝臣七品以上，外臣五品以下及縣正官，各舉賢能堪牧民風憲者一人；曰分巡按察司官及巡按御史，嚴考察賢否；曰選京官四品以上，分行天下，察吏安民；曰覈大理寺官屬；曰如舊制部院罪囚皆送大理寺；曰京衛造海舡等料，費缺官補，不得科擾軍民；曰停工部買辦不急之務；曰人民賠納官物，貧極免追；曰許逃軍逃囚自首免罪；曰謫佃北京者或遁，例發全家，今量取一丁充額。上並行之。

《太宗實録》卷一二三　庚申，户部言：「廣東雷州府九月颶風暴雨，遂溪、海康二縣壞廬舍千百餘間，田禾八百餘頃，民溺死千六百餘人，府縣匿不以聞。」皇太子曰：「守令，民之父母。不恤其患，又不以聞，是豈有人心？」令御史按視鞫治。

《國榷》卷一五　壬戌，别失八里王馬哈麻入貢。

《太宗實録》卷一二三　癸亥，上諭兵部臣曰：「武臣子孫襲職者，未嘗知前人建功之難，而驟享厚禄，鮮不覆墜。太祖皇帝置武學教之，欲其諳禮義，知古今，以圖繼續爲國家之用。歲久人心玩愒，武學亦不振舉。軍官子弟安于豢養，武藝不習，禮義不諳，古今不通，將來豈足爲用？其申明武學舊規，嚴其課績，毋爲具文，應故事耳。」

《國榷》卷一五　甲子，都指揮僉事韓誠、柴永正、馬惟良皆爲都督僉事。

《太宗實録》卷一二三　乙丑，上御右順門，諭都察院左副都御史李慶曰：「爲朕養民，其先在于守令得人。然守令賢否，在按察司考察黜勸；考察按察司，又係于都御史。卿等不能舉職，即按察司之職亦廢，何望守令能盡職哉？其勉之！蓋廉則無私，無私則舉措當，而人心服矣。更察各按察司官，但非廉明正直之士，皆罷黜之。」

《國榷》卷一五　丁卯，刑部右侍郎吴盛卒。

《太宗實録》卷一二三　癸酉，琉球國中山王思紹遣使泰勃奇郭伯姑賴耶等貢馬，賀明年正旦。

《國榷》卷一五　戊寅，前山東右布政使馬麟起大理寺右寺丞。

己卯，禮科給事中傅安等還自别失八里。時瓦剌使臣馬哈麻等言别失八里將襲其部落，因敕諭之。

《太宗實録》卷一二三　庚辰，朝鮮國王李芳遠遣陪臣鄭擢等來朝貢方物，賀明年正旦。

《國榷》卷一五　罷山西徐溝縣歲辦鹽硝。

辛巳，賑臨晉饑民小麥萬八千餘石。

癸未，郢王棟來朝，戊戌還。

甲申，免景陵、湯陰水災田租。

永樂一〇年（辛卯、一四一一）

《國榷》卷一五　正月戊子，封右軍左都督吴允誠恭順伯，禄千二百石。

《皇明大政紀》卷七　刑科給事中曹閏等劾定國公徐景昌趨朝不循禮度，又縱家奴犯法，乞垂懲戒。上令景昌從師講學，勿預政事。

《明史》卷六《成祖紀二》　己丑，命入覲官千五百餘人各陳民瘼，不言者罪之，言有不當勿問。

《太宗實録》卷一二四　乙未，兩淮都轉運鹽使鮑渾等言：「近年朝廷以營造，召商中納北京鹽糧。乞仍令各處罷中，往歲所中鹽者亦令停支。今淮、揚二府人民每歲食鹽五萬餘引，亦宜暫停。候北京罷中，然後給與。」從之。

《國榷》卷一五　徙青、登、萊餘丁耕兗州、東昌，免徭賦三年。許洛陽縣納粟代粳米，樂昌縣納米代麥，從所産也。

《明史》卷六《成祖紀二》　丁酉，大祀天地於南郊。

《國榷》卷一五　庚子，元宵節。賜群臣宴，縱觀鰲山三日。户部尚書夏原吉侍母來觀，上聞之，賜鈔二百錠。

《明通鑒》卷一六　壬寅，上諭吏部尚書蹇義等曰：【略】「守令郡邑之長，牧守之寄甚重。近聞諸司造作雜務，輒遣經營，此不識大體，其禁止之。」

《太宗實録》卷一二四　甲辰，遣指揮康壽賫勑往諭罕東。時安定衛奏，罕東土酋屢爲寇盜，掠安定民三百户，復糾合西番無賴，阻截關隘，剽掠不已。故遣其勑諭酋長，俾悉還掠，且戒飭，自今能悔過遷善，庶可宥罪。

《國榷》卷一五　乙巳，趙王高燧還北京。

丙午，寧夏總兵官安遠侯柳升械叛賊察罕歹等至京，誅之。

山西左布政使周璟言：「太原、平陽、澤、潞運芻大同甚遠，請以天城、陽和等衛草往給大同，以平陽、澤、潞草貯近驛。」從之。

丁未，敕都督僉事費義、尚書宋禮由新河轉漕北京，兼修築河隄，其海運如故。

戊申，中軍都督郭義、尚寶司少卿朱秀以廟祀不至，下獄。

《太宗實録》卷一二四　己酉，巡按山東監察御史許堪言：「去秋衛河水溢河岸，低窪之處四散漫衍。其時雖略修理，今已復有倒塌者，自臨清至直沽，大率皆然。乞勅有司預期修理。」上命工部移文尚書宋禮，相度措置。

《國榷》卷一五　賑隴州饑民粟萬二百三十一石。

靈寶、永寧、平陸俱旱澇，逋租，許折鈔帛。

《太宗實録》卷一二四　庚戌，命國師班丹藏卜爲灌頂浄覺弘濟大師，禪師把奔爲慧慈弘應國師，湛查爲浄慈佑善國師，包剌麻爲浄覺弘慈國師。

辛亥，山東都指揮吴旺以公事決人致死，不以實聞，法司劾旺當斬。上以非私事，姑宥之。

《國榷》卷一五　壬子，魯王肇煇來朝，丁亥還。

《皇明大政紀》卷七　令法司：「凡奸民越訴當笞者，免罪，令挈妻子徙北京良鄉、涿州、昌平、武清爲民種田，給路費，三年始供租調。誣告犯徙流笞杖者亦免罪，挈妻子徙盧龍、山海、永平、興州，爲民種田，不給路費，一年供租調。」

《明史》卷六《成祖紀二》　癸丑，振平陽饑，逮治布政使及郡縣官不奏聞者。

《皇明大政紀》卷七　甲寅，陝西淳化縣及河州軍民指揮司言，水旱田稼不登，乞今年税糧折輸。從之。

《國榷》卷一五　二月丙辰朔，吏部尚書兼詹事蹇義、户部尚書夏原吉、禮部尚書呂震、兵部尚書兼詹事金忠、兵部尚書方賓、翰林學士兼左春坊大學士胡廣、右春坊大學士兼翰林侍讀黄淮、右庶子兼侍讀楊榮、左右諭德兼侍講楊士奇、金幼孜，各給誥命三代封贈。

《皇明大政紀》卷七　庚申，山西猗氏縣耆民張彦清等言，累歲旱澇，田稼不登，乞以八年九年逋租折鈔帛。命悉除之。

《明史》卷六《成祖紀二》　辛酉，蠲山西、河南逋賦。

《國榷》卷一五　左右春坊左右諭德兼翰林侍講楊士奇、金幼孜主禮闈。

《太宗實録》卷一二五　壬戌，命兵部，凡今北京之民見在遠衛爲軍者，遇有亡故，其户丁就于河間新衛補伍，原衛別調人補之。

《國榷》卷一五　敕責靖江府輔國將軍贊億貸民錢取息。

宥雜犯武職復其官。

《太宗實録》卷一二五　乙丑，勅甘肅總兵官駙馬都尉西寧侯宋琥曰：「瀾脱赤等逆叛，都督吴允誠首能率衆追捕，忠誠可嘉，今已進封爲恭順伯。其都督指揮保住等俱陞一級，各賜綵幣，可依等第給之。其諸降虜及新附者，爾與豐城侯李彬熟計，悉送京師。須設法隄備，毋致逃竄。」

《國榷》卷一五　丙寅，除湖廣五寨長官司歲課硃砂。

戊辰，諭考官貢士毋過百人。

庚午，伊王㰘、楚世子孟烷來朝。

《皇明大政紀》卷七　乙亥，琉球國山南王汪應祖遣使臣阿勃吾斯古貢方物，賜宴及鈔幣。

《國榷》卷一五　丁丑，户部左侍郎王彰改右副都御史。

《太宗實録》卷一二五　庚辰，上以甘肅官軍所用糧多百姓轉運煩勞，命户部減涼州鹽糧則例，召商中納，以供軍餉。待糧用充足，則仍其舊。於是定納涼州鹽糧淮浙鹽每引三斗五升。

《明史》卷六《成祖紀二》　遼王植有罪，削其護衛。

《明通鑒》卷一六　植之改封荆州也，請止給一衛以備使令，而留其三衛于廣寧防邊。然上終以起兵時植貳于己，至是並一衛削之，僅留軍校廚役三百人備使令。

《國榷》卷一五　三月乙酉朔，策貢士林誌等百人于奉天殿。

《明史》卷六《成祖紀二》　丁亥，豐城侯李彬討甘肅叛寇八耳思朶羅歹。

戊子，賜馬鐸等進士及第、出身有差。

《國榷》卷一五　壬辰，鑄征蠻將軍印。

乙未，秦王尚炳薨，謚曰「隱」。

《明史》卷六《成祖紀二》　甲辰，免北京水災租税。

《太宗實録》卷一二六　戊申，勅武義伯王通等曰：「天壽山營建將完工，匠役久，户無次丁者悉遣歸。仍命所過官司給行糧。」

《國榷》卷一五　河南遂平縣大雨水，河溢，賑之。

《太宗實録》卷一二六　庚戌，交阯太原府同知貢琛言：「交阯官吏多有挈家來者，或死于中途，或殁于任所。所遺妻妾，路遠不能歸，窘于衣食，往往服未終而更嫁，有傷風化。今後應有亡故官吏妻妾，官爲續食，遞送還鄉守制，庶全人倫，厚風化。」從之。

《國榷》卷一五　辛亥，代世子遜煓來朝。

甲寅，進順天府官正二品，知府張貫爲府尹，大興、宛平二縣進正六品。

四月丁巳，鴻臚寺左寺丞許廓爲工部右侍郎。

庚申，浚北市流等四閘河，共萬七百三十人。

壬戌，工部尚書宋禮言：「比者御史許堪云，衛河爲患，命臣經度。臣自衛輝至直沽，河岸多低薄。若不分析漫流，後費益甚。臣爲永久計，先視會通河，抵魏家灣，與土河連，可穿二小渠，用泄暴水入土河。則雖遇驟漲，衛河下流可無患。又德州城西北，自衛河岸東北至舊黄河，亦可穿小渠，開通泄水，抵海豐縣大沽河入海，衛河亦可無患。約作者三千人，期十日。」命侯農隙爲之。

癸亥，敕開平備禦成安侯郭亮等，自開平至懷來、宣府、萬全、興和各山上皆架五砲，便警備。

肅州僑居回回指揮哈剌馬牙殺御史陳錡、都指揮劉秉謙，大掠而去，以陝西按察僉事馬英激之也。命礫英于市。

《皇明大政紀》卷七　江西安仁知縣曹潤奏請復設惠民藥局、養濟院，從之。

《太宗實録》卷一二七　甲子，上謂兵部臣曰：「朕用心馬政有年，戒諭所司亦至矣，而蓄息之效未聞。今當孳牧之際，其飭勵太僕及各都司衛所管馬官，各盡乃心，歲終具實數來聞。當考勤怠，施賞罰焉。」

《國榷》卷一五　鹽察御史陳孟旭受贓枉法，文獻盜課銀，俱棄市。

乙丑，慶成王濟炫來朝。

福餘、朵顔、泰寧等三衛各納馬贖罪。

庚午，築遼東開原西門土城，處降胡。

朝鮮、琉球入貢。

賑許州、襄城、長葛、臨潁、郾城、泌陽等饑民粟二千五百二十六石。

癸酉，蠲臨海縣水災田租。

甲戌，遣户部員外郎孫恪賑平陽、翼城等饑民粟三十一萬四千二十石有奇。

《太宗實録》卷一二七　戊寅，給賜灌頂浄覺弘濟大國師班丹藏卜、慧慈弘應國師把奔、慈智禪師洗孥宛卜等誥勅。

《國榷》卷一五　癸未，賑萊州饑民粟五十八萬三千八十石。

五月甲申朔，始賜文武百官扇。

《太宗實録》卷一二八　乙酉，巡按北京監察御史言：「宣府、萬全、左右懷安、興和五衛所，官軍俸糧歲往大同關給，道里遼遠，往復艱難。今山商民於順天府中納鹽糧，宜令順塗就各衛輸納爲便。」從之。乃命宣府存留商民中糧一萬石，備官軍俸糧，餘輸北京。

《國榷》卷一五　乙酉，瓦剌順寧王馬哈木等遣使來朝。言滅本雅失里，得傳國璽欲獻，恐奪于阿魯台，乞勦之。又請還脱脱不花子，賞賚部屬伯顔阿吉失里等。上以不足較，遣敕諭馬哈木、太平、把禿孛羅。

金吾右衛指揮李嚴逐母不養，磔于市。

丙戌，修京師山川壇及功臣廟。

諭禮部，申飭釋道二教。

丁亥，長沙人言産銅鑛，廣西河池人言銀鑛大發，上怒其言利，斥之。

《皇明大政紀》卷七　己丑，勑鎮守興和都指揮王焕等：「阿魯台或進馬歸附，須詳察其實，勿遽納之。」

《國榷》卷一五　庚寅，修四川棧道。

《太宗實録》卷一二八　辛卯，哈密忠義王免力帖木兒所遣阿魯兒火者，請於其地設僧綱司，且請以僧速都剌失爲都綱。皆從之，給賜勅命及印。

《國榷》卷一五　居慶成王濟炫于蒲州。

乙未，寧化王濟煥來朝。

《皇明大政紀》卷七　勑甘肅總兵官豐城侯李彬，所獲叛賊闊脱赤人口，就給原獲官軍，馬駝令軍衛牧養。

《太宗實録》卷一二八　辛丑，命都督僉事費義督運衛輝、館陶倉粟二十一萬一千四百五十餘石，赴德州。

《國榷》卷一五　免開封水災田租。

壬寅，江西寧州大雨水，皇太子遣賑。

《太宗實録》卷一二八　辛亥，初，上平定内難，北京之民始終報効者，蠲芻糧徭役，給牒爲信。至是，武清縣民百一十餘户以遺所給牒，有司復徵其徭役。事聞，上諭户部臣曰：「遺牒是下不謹，復徵徭役是上不信。不謹其過小，不信其失大。其悉蠲之。」

《國榷》卷一五　六月丙辰，廣西潯州大雨，江溢。

《皇明大政紀》卷七　丁巳，禮部言滿剌加國、榜葛剌國遣使朝貢將至。命差人往鎮江府勞之。

《國榷》卷一五　戊午，命隆平侯張信、駙馬都尉沐昕建湖廣武當山宫觀。

《皇明大政紀》卷七　户部言：「四川羅召、樊家二井崩裂，虧歲課。近有明月、太平二井，比舊額稍增，宜開煎。」從之。

己未，湖廣按察司僉事胡璉言，武陵縣民居湖泊，不宜種麥，乞令納米。從之。

《國榷》卷一五　庚申，免湖州逋糧七十萬二千四百餘石。

《太宗實録》卷一二九　辛酉，遼東建州衛指揮僉事李顯忠奏，塔温新附人民缺食，乞賑貸之。上謂户部曰：「薄海内外，皆吾赤子。遠人歸化，尤宜存恤。其即遣人發粟賑之，毋令失所。」

《國榷》卷一五　癸亥，故學士宋濂孫懌以奸黨鄭公智外親當坐，上念濂舊德，宥之。

鄢陵、臨漳大雨，河溢，皇太子遣卹之。

戊辰，山西左布政使周璟言平陽、滎河、太原、交城縣捕蝗已絶。上命巡按御史驗之。

辛未，武昌、荆、黄、常德、漢陽大雨，江溢，壞田舍，命户部遣卹。

《皇明大政紀》卷七　庚午，諭兵部尚書方賓：「靖難故官子弟皆幼弱，可令襲職，給全俸。俟長成比試，不中罪之未晚。」

《太宗實録》卷一二九　辛未，初，河南陽武縣言，河決中鹽隄二百二十餘丈，漫流中牟、祥符、尉氏諸縣。中鹽堤與武縣大賓堤皆河流之衝，屢塞屢決。上遣工部主事藺芳按視。至是，芳言堤當急流之衝，夏秋之交，雨水泛漲，往往決弛。請依新開河岸捲土爲埽，樹樁捍禦之，庶不至重爲民患。從之。

《國榷》卷一五　壬申，浙江按察使周新奏：「浙西水潦傷稼，右通政趙居任匿不以聞，偪民輸納。」上問户部尚書夏原吉，對曰：「居任奏民間多熟田作荒，按察司未可悉信。」上曰：「水災昭著，按察司非妄也。」即遣人覆視。災者蠲租，災甚者賑之。」

滿剌加入貢。

癸酉，禮科給事中引囚至御前。有二人欲訴，錦衣衛官促之起。上見之，曰：「在朕前如此，況千里外哉！」顧錦衣官曰：「今敢復爾者必誅。」

《明史》卷六《成祖紀二》　甲戌，諭户部，凡郡縣有司及朝使目擊民艱不言者，悉逮治。

《國榷》卷一五　保定侯孟善卒。

乙亥，榜葛剌國王子賽勿丁入貢，告其父靄牙思丁之喪。詔諭祭，封賽勿丁榜葛剌國王。

丙子，永和王濟烺、廣昌王濟炳來朝。

《皇明大政紀》卷七　丁丑，敕鎮守遼東都督劉江等：「今阿魯台遣人修貢，心不可測，毋怠邊備。」

戊寅，命北京行後軍都督府量撥軍夫，運宣府、萬全衛倉粟二萬石往開平，備軍餉。

《國榷》卷一五　壬午，命幼軍未妻者，官爲之配。

七月丙戌，賜廷臣兜羅綿被。

蘆溝河水溢，潰隄八百二十丈。發卒治之。

《明通鑒》卷一六　以水災，免直隸吴江、長洲、崑山、常熟四縣田租。

《太宗實録》卷一三〇　丁亥，巡按福建監察御史陳智劾奏福建右布政使張拱辰贓罪，命都察院追鞫之。

《國榷》卷一五　己丑，命都督僉事薛斌、吴成等選永平、薊、通胡官教民牧馬，選真定、定州胡官教牧順天。

《太宗實録》卷一三〇　辛卯，寧夏總兵官安遠侯柳升奏，請修築察罕腦兒舊城，河凍之時，撥軍巡邏。賜敕報曰：「修城之策固善，未知城成之後，守者當用幾人？人少則難於守備，多則難於餽餉。朕意此城不過關一二逃卒，若寇猝至，不能禦之，反以資之。如何？爾更熟議。如果便利，即聽修築。」

《國榷》卷一五　甲午，鑄永樂通寶錢。

丙申，封耶巴乃那錫蘭山國王，并送亞烈苦奈兒歸。

庚子，慶成王濟炫以蒲州邸壞，請徙汾州。許之。

《太宗實録》卷一三〇　辛丑，後軍都督薛禄等言：「自古用人皆有預養素教之法，是以臨事之際，不乏任使。今各衛軍官子弟雖未承襲，而皆有進用之日，閒暇不預教之，緩急何以應用？宜及時操練武藝。」從之。

《國榷》卷一五　免四川通江縣茶課。

壬寅，徙甘肅胡人于蘭州縣，敕總兵官安遠侯柳升領二千騎屯凉州鎮番。

《明史》卷六《成祖紀二》　癸卯，禁中官干預有司政事。

《國榷》卷一五　乙巳，前行部左侍郎劉辰卒。

《皇明大政紀》卷七　朝鮮國王李芳遠遣陪臣李安愚奉箋貢金銀，賀皇太子千秋節，賜之鈔幣。

《太宗實録》卷一三〇　丁未，勅寧夏總兵官安遠侯柳升：「聞叛虜毛剌等今在斷頭山。虜窮寇無食，或來擾邊，宜嚴備禦，使寇進無所得，退則相機追捕。須審度之。」

戊申，中官吴賓等往賜爪哇國西王都馬板錦綺、紗羅、綵絹千匹。

《國榷》卷一五　河南監察御史鄒師顏改大理寺左評事。水災，免嘉興縣田租三千六百十五石。

庚戌，開四川安岳縣井鹽。

《國榷》卷一五　八月癸丑朔，寧世子磐烒來朝。

《明通鑒》卷一六　張輔擊交阯賊于神投海。賊舟四百餘，分三隊，鋭甚。輔率兵衝其中堅，賊卻，左右隊迭進，官兵與相鉤連，殊死戰，自卯至巳，大破賊，禽渠帥七十五人。進軍乂安府，賊將降者相繼。

《國榷》卷一五　丙辰，命皇太孫兼講武事。諭兵部尚書金忠選應天、鳳陽、滁、和、北京、山東、山西、陝西、河南、四川、湖廣民間子弟，年十七至二十，拳勇材藝者，給廩送京師充隨從，曰「幼軍」。

敕北京提督牧馬官，課卒孳生及數者，人賞鈔五錠。牧養失時，罪不貸。

《明史》卷六《成祖紀二》　己未，敕邊將自長安嶺迤西迄洗馬林築石垣，深濠塹。

《皇明大政紀》卷七　庚申，樂亭縣丞楊直言：「北京人民在各衛爲兵死徙者，户無餘丁，遺孤老無依。乞給與口餉，遣還故土，就親存活。」從之。

《國榷》卷一五　辛酉，浡泥國王遐旺率母妻來朝，遣郎中高謙、行人柳昌往宴勞之。

壬戌，山東定陶、河南中牟等縣耆民詣闕謝賑。上諭户部曰：「賑饑，上責也。遠來，謝止之；復來，其再止之。並給路費還。」

甲子，占城國王占巴的賴貢象。

己巳，外戚徐赫匿逃民，法司請治之。上召赫，諭曰：「疎遠小人尚相戒守法，爾乃狎恩。昔中山王不敢分毫越度，非爾祖耶？」治如律。

庚午，前涼州永昌土達老的罕逃叛，捕之。

癸酉，翰林庶吉士劉翀爲禮科給事中，同吏科給事中張英、國子學録王讓侍皇太孫説書。上曰：「朕聞讓之孝，故擢用之。」

甲戌，宥府軍衛指揮使趙琮罪謫，從其父右軍都督僉事清之請。并命兵部覈功臣子孫謫戍者。

《太宗實録》卷一三一　丁丑，上聞甘肅總兵官西寧侯宋琥，與豐城侯李彬不協，賜勅諭琥等，曰：「爾等俱以重臣，膺受邊寄，正宜同心協謀，以成國事。何得互有猜疑，行事之際，各懷私見，論議紛紛，久而不定？自今宜改心易慮，務在和協，庶克成功。不然，或誤邊事，罰有所歸。」

《國榷》卷一五　重建天禧寺。

《太宗實録》卷一三一　庚辰，甘肅總兵官駙馬都尉西寧伯宋琥、豐城侯李彬言：「永昌凉州土韃軍民老的罕等逃叛，自長城山口出向野馬川，都指揮滿都、何銘等領兵追及之。銘戰死，賊死傷多，老的罕等以衆遁，禽獲叛賊弩荅兒伯顔等男女九百餘人。又調西寧衛土官指揮李英率兵追捕，戰於討米川，斬首三百餘級，生擒六十餘人。時夜雪，賊遁，復追躡，盡獲之。」勅彬等，凡番兵所獲人口就以與之，其弩荅兒伯顔等械送京師。

《太宗實録》卷一三二　九月癸未朔，湖廣黄梅縣耆民言：「縣臨大江，舊有圩岸百二十餘里，洪武中嘗修築之。今夏霖雨，江泛溢，圩岸坍塌，傷民田千八百二十餘頃。請以闔郡丁夫修築。」從之。

《國榷》卷一五　戊子，召宣府總兵官武安侯鄭亨率師還京。

辛卯，敕兵部，軍職犯罪者悉復職。

《太宗實録》卷一三二　乙未，除廣西潯貴田租。時猺亂。

《國榷》卷一五　丙申，都察院右副都御史王彰劾奏山西布政司右參政何渙貪淫不律等事，皇太子令下之獄。

《國榷》卷一五　志垣嗣秦王。

《明通鑒》卷一六　工部主事藺芳言：【略】「中灤導河分流，使由故道北入海，誠萬世利。但緣河隄埽止用蒲繩泥草，不能持久。宜編木成大囤，貫椿其中，實以瓦石，復以木横貫椿表，牽築堤上，爲殺水固隄之長策。」詔悉如其法爲之。

《國榷》卷一五　戊戌，喃渤利國王馬哈麻沙、蘇門答剌國王宰奴里阿必丁各入貢，賜國王印誥。

《太宗實録》卷一三二　己亥，勅鎮守遼東都督劉江等曰：「近指揮孫觀保自瓦剌還，言瓦剌軍馬望東南行，欲襲阿魯台，未審然否。邊上當嚴固守備，不可怠忽。」

甲辰，北京行後軍都督府言，宣府興和等處城垣屯堡坍塌。遂勅宣府總兵官武安侯鄭亨曰：「前勅爾領軍還北京。如已還，可别選兵五百，仍去廵視各處關隘屯堡。凡衝要處有坍塌者，即壘石甃砌，或以土築，務在堅固。冬寒已近，宜早用工。」

《國榷》卷一五　工部都水主事藺芳爲右侍郎。初守吉安，有異政。吉水人妄言縣産銀，宜置冶，芳奏其妄。事母孝，母亦善教。凡芳日所行事，夕則命陳于前，有未善，必讓之。坐累謫辦事官，宋禮薦補主事，治河南河渠，又薦之。

丁未，浡泥國王遐旺入朝。

是月，大理寺卿耿通有罪，廷鞫論死，特磔之。

《明通鑒》卷一六　初，上北巡，太子監國。漢王高煦謀奪嫡，陰結上左右爲讒間，宫僚多得罪者，監國所行事，率多更置。通從容諫上：「太子事無大過誤，可無更也。」數言之，上不悦。至是復有言「通受請託故出人罪」者，上震怒，命都察院會文武大臣鞫之午門，曰：「必殺通無赦！」羣臣如旨，當通罪斬。上曰：「失出，細故耳。通爲東宫關説，壞祖法，離間我父子，不可恕，其置之極刑。」廷臣不敢争，竟論姦黨磔死。

《太宗實録》卷一三三　十月戊午，初，平江伯陳瑄言：「蘇州府嘉定縣瀕海之墟，正當江流衝會，海舟停泊之所。其地平，迄無大山高嶼，漕舟於此，或值風濤，觸堅膠淺，輒致傾覆。乞於縣之清浦築土爲山，立堠表識。」從之。命有司徵軍夫，令瑄督其役。仍勑瑄曰：「若工難成，宜速餽運，無失風堠，候農隙爲之。」至是成，方百丈，高三十餘丈，賜名「寶山」，上親制碑文記之。

《國榷》卷一五　修海門縣海塘萬八千餘丈。

己未，敕法司，出輕繫輸作贖罪，病者順天府醫療之。

庚申，復設湖廣南渭州。初，土知州彭萬滿被亂，革之，隸永順宣慰司。至是，子什才能輯其下，故復之。

癸亥，鎮守交趾都督韓觀運廣東糧萬石于交趾。

甲子，敕諭底里國王馬哈木沼納、樸兒國王亦不剌金。

丁卯，四川按察使譚友得庸污，下臺獄，御史石璞爲四川按察使。

《明通鑒》卷一六　命皇太孫演武于方山。

《明史》卷六《成祖紀二》　戊辰，獵城南武岡。

《國榷》卷一五　壬申，水災，免烏程、歸安、長興、臨海等糧十七萬四千五百石有奇。

刑部左侍郎盧祥卒。

丙子，陝西行都指揮使張遠加右軍都督僉事。

戊寅，交趾總兵官英國公張輔次乂安之土黄惡江，僞少保潘季祐等俱降。承制授季祐按察副使，署乂安府事，餘賊多來附。

《明史》卷六《成祖紀二》　十一月壬午，侍講楊榮經略甘肅。

《太宗實録》卷一三四　癸未，通政趙居任奏：「蘇州有逃軍言今年水潦傷田禾，乞免秋糧。究此人在鄉所行率不法，且今歲蘇田少水，而奸民多私决隄防，車水入田，以壞禾稼，冀苟免税糧耳。請俱罪之。」上諭户部臣曰：「言水潦者果逃軍，可止坐逃軍罪。其言决隄車水，求免税糧，恐無是理。蓋與其勞力决隄車水，曷若勞力治田？田中所入十分，以一分入官，有九分入己，豈肯以一廢九，自受飢餒耶？殆非人情。且前時浙江按察司亦嘗言浙西水潦，趙居任不恤民隱。今居任此言未可信，仍遣官往視之。」

甲申，勅甘肅總兵官駙馬都尉西寧侯宋琥曰：「西寧衛指揮李英能効勞，勦戮叛寇，其陞爲都指揮僉事，餘將士有功者各陞一級，並給賜賚。有功勞異等者，别具來聞，當加優賞。」

《國榷》卷一五　旱災，免湘陰、海康、遂溪田租。

丙戌，修儀真縣江隄。

戊子，定武官襲職比試法。初不中，支半俸；二年再不中，仍半俸；二年又不中，謫戍。

庚寅，雲南通安縣民饑，賑小麥。

《明史》卷六《成祖紀二》　丙申，鄭和復使西洋。

《皇明大政紀》卷七　丁酉，山東都指揮僉事李凱等督運衛輝等處糧百六十五萬九千二百七十餘石至北京。

《太宗實録》卷一三四　戊戌，都察院右副都御史李慶等劾奏河南都司、布政司、按察司官坐視河决爲患，不奏。幸蒙恩宥，令躬督修治，又轉委僚屬，而不親行，以致軍民勞而無功。上曰：「下不恤民患，上不奉君命，其治之如法。」

辛丑，上謂兵部尚書金忠等曰：「今各衛養馬官軍怙勢肆强，往往就田間牧放，蹂踐禾稼。民稍有言，即加搏擊，民甚不堪。其下軍衛嚴加禁約，仍行按治。御史巡察，犯者并本伍頭目悉罪之。」

《國榷》卷一五　壬寅，户科都給事中胡濙言，陝西積草朽壞，俱作侵欺追徵，上悉免之。

癸卯，洮州衛鎮撫陳恭上言：「人主侍衛宜嚴，戎狄異類，非我腹心，不當置左右。唐玄、宋徽可爲明鑒。」上曰：「恭言甚是。第唐宋自有敗道，人君亦安得示人不廣。金日磾忠于漢武，阿史那社爾效于唐宗。胡元疏外漢人南人，柄用蒙古韃靼，然亦不免于亡亂。」

《明通鑒》卷一六　〔十二月壬子朔，工部尚書宋禮復採木四川。〕【略】初，上將營北京，命禮取材川、蜀。禮伐山通道，得神木數株，不勞人力，朝廷以爲瑞。至是河工成，復使禮採木入蜀。

《國榷》卷一五　廣西平樂蠻賊平。

甲寅，四川安縣茶課不登，折鈔。

《太宗實録》卷一三五　癸亥，勅宣府總兵官武安侯鄭亨等曰：「今使臣自北還，言阿魯台移近開平，遣人來貢。虜性無常，不可不備。宜遣人自山海至居庸，自黑峪車坊至大同，各處嚴守關隘。若洗馬林、魚臺嶺地平無險阻處，尤宜加意。洪武中邊備嚴謹，而胡寇乃兒不花僅三百人徑至永平，殺守將雙刀劉。比年邊將號令不嚴，軍士縱弛，而虜已有衆二萬餘，必須謹防而預備之。」

《國榷》卷一五　甲子，暹羅入貢。

丙寅，召寧夏總兵官安遠侯柳升還京。

《太宗實録》卷一三五　丁卯，刑部右侍郎張本等言御史張循理擅鞫軍職，宜正其罪。從之。

《國榷》卷一五　己巳，工部右侍郎藺芳、右通政樊敬、錦衣衛指揮莊敬等治天壽山橋道舟車，將葬仁孝皇后。止各王赴京，第遣祭。

後軍都督僉事朱旺卒。

庚午，水災，免黄州、常德田租。

壬申，邳州淫雨傷稼，命御史乘傳賑之。

癸酉，陝西都指揮使張麟鎮守寧夏。

乙亥，諭明年巡狩北京。

《太宗實録》卷一三五　丁丑，刑部等衙門右侍郎張本等言：「御史劉翼同掌道御史袁綱挾讐，非法拷訊兵部主事李貞致死，論以斬罪。而御史陳杬知而不舉，律應徒。」從之。

四川銅梁縣言，縣比歲豐登，欲置倉以官鈔易粟。每丁約儲一石，遇飢驗口給濟，庶幾民無凶年之患。從之。

《國榷》卷一五　韃靼太師阿魯台貢馬。

戊寅，楊榮還自甘肅，言老的罕宜罪，第運道險惡，且非用兵時。上敕豐城侯李彬止兵勿進。

己卯，補鑄行在通政司、光禄寺等印。

《明通鑑》卷一六　殺浙江按察使周新。新，南海人，由鄉舉爲御史，彈劾不避權貴，時謂之「冷面寒鐵」。遷雲南按察使，尋改浙江，數有異政，名震一時。時錦衣衛指揮紀綱方用事，使千户緝事浙中，作威受賕，新捕治之，千户脱走，訴于綱。綱誣奏新罪，上遽命逮新。旗校皆錦衣私人，在道榜掠無完膚。既至，伏陛前，抗聲曰：「在内都察院，在外按察司，朝廷法官也。臣奉法捕惡，奈何罪臣！」上怒，命戮之。臨刑，大呼曰：「生爲直臣，死當作直鬼，臣無憾矣！」上尋悟其冤，惜之。

永樂一一年（癸巳、一四一三）

《明史》卷六《成祖紀二》　正月辛巳朔，日有食之，詔罷朝賀宴會。

《明通鑑》卷一六　先是鴻臚寺奏元旦賀儀，上召禮部翰林官問曰：「正旦日食，百官賀禮可行乎？」尚書呂震謂「日食與朝賀之時先後不相妨」，侍郎儀智曰：「終是同日，免賀爲宜。」上以問楊士奇，對曰：「日食，天變之大者。前代元旦日食，多不受賀。宋仁宗時，元旦日食，富弼請罷宴撤樂，呂夷簡不從，弼曰：『萬一契丹行之，爲中國羞。』後有自契丹回者，言是日罷宴，仁宗深悔。今免賀誠當。」上從之。敕曰：「朕乖治理，上累三光，衆陽之宗，薄食元旦。羣臣尚勉輔朕躬，消弭災變，朝賀宴會，其悉罷免。」

《太宗實録》卷一三六　壬午，上將巡狩北京，勅諭天下文武群臣，凡親王及官吏軍民朝見與道途宿頓供給，悉準永樂七年之例令。

《明史》卷六《成祖紀二》　壬午，諭通政使、禮科給事中，凡朝覲官境内災傷不以聞，爲他人所奏者，罪之。

《國榷》卷一五　丁亥，蘇州同知柳敬中乞浚崑山太平河。約役七萬八千四百人，期二十五日。上恐久役妨農，命調近民十萬亟成之。

己丑，停運木，徵還吏部侍郎師逵等。

《明史》卷六《成祖紀二》　辛卯，大祀天地於南郊。

《國榷》卷一五　乙未，長山王賢烑薨。

敕韃靼太師阿魯台曰：「把秃來貢馬，禮意可嘉。然察爾心尚未釋然，豈有歉于丘福之事乎？人各爲其主，朕于爾何責？昔呼韓邪入漢，突厥阿史那社爾歸唐，皆名光史册。爾聰明特達，豈下古人哉？賜爾綵幣，至可領也。」

丙申，琉球中山王入貢。

丁酉，都督僉事江浩擒交趾賊陳季擴從子陳原等五十四人。

《明通鑑》卷一六　以天壽山陵成，命漢王迎仁孝皇后之喪于京師。

《國榷》卷一五　庚子，甘肅總兵官駙馬都尉西寧侯宋琥送叛胡弩哈兒伯顔等至京。宥之，戍廉州衛。伯顔復叛，捕僇之。

《明史》卷六《成祖紀二》　辛丑，豐城侯李彬鎮甘肅，召宋琥還。

《國榷》卷一五　倭三千餘人寇昌國衛及爵溪、楚門二千户所，俱擊敗之。

《明通鑒》卷一六　前大理寺左丞王高、右丞劉端，以縱姦惡外親棄市。高與端，皆南昌人。方孝孺之下獄也，二人同在法司，以縱孝孺息樹陰，事覺，棄官去。至是捕得之，詰其逃，則曰：「存身以圖報耳。」上怒，命劓其鼻，端厲聲曰：「鼻雖去，猶留面目，地下見皇祖耳。」上怒，立命誅之。

《國榷》卷一五　壬寅，徐州饑，蠲逋租六萬三千八百石。

丙午，瓦剌順寧王馬哈木等貢馬，多求請。其表慢，且拘留敕使。上怒，令中官海童詰責之。

麓川平緬宣慰使思行發入貢，請弟思任發代職，許之。

《太宗實録》卷一三六　是月，天壽山陵成，命名「長陵」。

《明通鑒》卷一六　詔宥建文諸臣姻黨。時錢習禮，吉水人，以去年成進士，授庶吉士，與練子寧爲姻戚。先是逮治奸黨，習禮偶獲免，然恒爲鄉人所持，不自安，以告學士楊榮。榮乘間以聞，上曰：「使子寧今日在此，朕猶當用之，況習禮乎！」即日，下令禁止。尋授習禮爲檢討。

《國榷》卷一五　二月庚戌朔，韃靼太師馬兒哈咱等貢馬。

《明史》卷六《成祖紀二》　辛亥，始設貴州布政司。

《明通鑒》卷一六　貴州，古西南夷地也，元時置軍民宣慰使司以羈縻之。太祖既克陳友諒，聲威遠振，而思南宣慰田仁智、思州宣撫田仁厚，率先後歸附，即以故官授之，命世守其地，時元至正二十五年也。及洪武五年，則有貴州宣慰靄翠及普定女總管之等先後來歸，皆予以故官世襲。朝廷爲立貴州長官司，即其地設衛，命顧成爲指揮使。是時雲南未定，仁智等恪修職貢，賦税聽其自納，未及置郡縣也。上即位後，思南宣慰田宗鼎者，仁智之孫，素凶暴，與其副使黄禧搆怨，奏訐累年。朝廷以田氏世守此土，又先歸誠，曲宥之，改禧爲辰州知府。未幾，思州宣慰使田琛者，仁厚之孫，亦與宗鼎争沙坑地有怨。禧遂與琛結，合攻思南，宗鼎挈家走，琛殺其弟，發其祖墳，並戮其母屍，所過無不殘害。宗鼎訴于朝，屢敕琛、禧赴闕自辨，拒命不至，且有逆謀。上命行人蔣廷瓚往召之，而令鎮遠侯顧成率兵五萬壓其境，遂禽琛、禧，械送京師，皆引服。上欲治琛罪，宥宗鼎，復職，遣還思南，而宗鼎必欲報怨。上以其免禍不自懲，乃更逞忿，亦留之。而宗鼎怨望，出誹言，上復命刑部正其罪。諭户部尚書夏原吉曰：「思州、思南苦田氏久矣，不可令遺孽復踵爲亂。其思州、思南三十九長官地，可更郡縣，設貴州布政司總轄之。」乃命成以勦爲撫，諸苗悉定。踰年，遂分其地爲八府、四州，以蔣廷瓚爲布政使。貴州爲内地自此始。于是兩宣慰廢，田氏遂亡。

《國榷》卷一五　癸丑，莒、沂、崇明、德安、豐城、建昌等饑，賑之。

《太宗實録》卷一三七　乙卯，命平江伯陳瑄充總兵官，都督宣信充副總兵，帥海舟運糧赴北京。

己未，命禮部鑄行在旗手等十二衛、親軍指揮使司及經歷司印。

命哈立麻寺綽思吉監藏爲灌頂圓通妙濟國師，簇尔卜掌寺端竹斡薛兒巴里藏卜爲灌頂净慈通慧國師，俱賜誥印及綵幣表裏。

《國榷》卷一五　敕鎮守遼東都督劉江修理屯政。

遣太監侯顯賚敕賜尼八剌國王沙的新葛、地湧塔王可般錦綺。

置烏思藏衛牛兒宗寨行都指揮使司，喃葛監藏爲都指揮僉事。置隴卜衛，頭目鎖南翰些兒爲指揮使。

《太宗實録》卷一三七　壬戌，上命刑部揭榜緣途，禁約扈從官軍擾民。諭之曰：「帝皇巡狩，將以安民。聞前者扈從軍士往往在途擾民，威取勢奪，無所不至，是厲民也。今後有犯，所管官旗皆連坐勿恕。」

《國榷》卷一五　誅錦衣指揮劉誠。

《太宗實録》卷一三七　癸亥，敕交阯總兵官英國公張輔、黔國公沐晟：「今師老而賊未獲，宜勉力成功，以休息兵民。」

《明史》卷六《成祖紀二》　令北京民户分養孳生馬，著爲令。

《明通鑒》卷一六　初，洪武間，設羣牧監，初令應天、太平、鎮江、廬州、鳳陽、揚州六府，滁、和二州民皆牧馬，既而復令飛熊、廣武、英武三衛軍五人共養一馬，歲課一駒。二十八年，罷羣牧監，悉歸有司，專令民牧，江南十一户，江北五户，各養馬一匹，免其身役，課駒如三衛軍。至是上命行之北京。計丁養馬，十五丁以下養馬一，十六丁以上養馬二，其以事編發者，七户養馬一，除其罪爲良民。自是馬孳生日蕃，更推行之山東、河南，民漸苦之。

《國榷》卷一五　浡泥國王遐旺辭歸。

《明史》卷六《成祖紀二》　甲子，幸北京，皇太孫從。尚書蹇義、學士黄淮、諭德楊士奇、洗馬楊溥輔皇太子監國。

乙丑，發京師，命給事中、御史所過存問高年，賜酒肉及帛。

丙寅，葬仁孝皇后於長陵。

辛未，次鳳陽，謁皇陵。

《太宗實録》卷一三七　己卯，勅甘肅總兵官豐城侯李彬，令恭順伯吴允誠、都指揮脱歡台於所部選官軍、舍人、餘丁率詣北京。

《國榷》卷一五　三月乙酉，次濟寧，魯王肇煇來朝。

敕四川都指揮李敬勦威州蠻。

己丑，皇太子賑鞏縣饑民，停河工。

甲辰，皇太子賑烏程、歸安、長興、德清等饑民粟三萬七千六百石。

丙午，限京城獲盜二十日。

《明史》卷六《成祖紀二》　四月己酉，至北京。

《太宗實録》卷一三九　甲寅，勑鎮守大同江陰侯吴高，以武安侯鄭亨原領軍士，併選馬隊一千，令才幹指揮赴北京。

《國榷》卷一五　丙辰，命行在録囚。

戊午，諭兵部，非軍機重務，毋給驛。

己未，皇太子賑衢、嚴、西安、壽昌等饑民，貸穀萬三千石有奇。

辛酉，兵、户部右侍郎徐銘、張春爲山西左、右布政使。

癸亥，右僉都御史史仲成卒。仲成陝西安化人，洪武中國子生，拜御史。請封禪，進山東按察僉事，改桂林同知。永樂初，擢僉院。四年，採木山西五臺山，輒箠楚軍民，上不悦。比召至，暴卒。

丙寅，諭行在禮部尚書吕震曰：「有司妄言時和歲豐者，業加罪。有切民情，知治理者，宜奬賞之。」

丁卯，定淮浙鹽引米一斗五升，河南米二斗五升。

己巳，敕法司慎刑。

減貴州、雲南鹽引米各五斗。

琉球中山王、山南王俱入貢。

癸酉，行在刑部奏，論囚有律輕情重者，請重處之。上曰：「民勿信，其如律。」

《太宗實録》卷一三九　甲戌，户部奏：「四川鹽課提舉司竈丁言，寶馬井鹽税不及額，而小哥井亦崩壞。其上平竹筒、金李等井可以治辦，已遣人覈實如所言。除補舊井所虧，每歲增鹽萬八千四百餘斤。乞令於彼開煎。」皇太子從之。

《國榷》卷一五　丁丑，都督程寬、馬瑛、何璿率舟師轉漕北京。

《太宗實録》卷一三九　戊寅，山西都指揮使李謙坐擅借官兵器，謫戍大同。

《國榷》卷一五　賑安丘縣饑民米麥萬九千一百九十石有奇。

五月己卯朔，山東諸城等縣蝗，命捕瘞之。諭曰：「蝗，苗蠹也。有司不能除，則亦民蠹。」

庚辰，更定運糧贖罪例，力鮮者發天壽山種樹。

定興縣雨雹傷稼，命御史乘傳視之。

《太宗實録》卷一四〇　辛巳，命尚思昆澤思巴爲萬竹園融妙法最勝真如慧智弘慈廣濟護國宣教正覺大乘法王西天上善金剛普應大光明佛，領天下釋教，賜誥印，并袈裟、幡幢、鞍馬、傘蓋、法器等物。

《國榷》卷一五　除博興、高苑、樂安、新城去年水災田逋租。

《太宗實録》卷一四〇　丙戌，命哲尊巴爲灌頂圓通慈濟大國師，必力工瓦端竹監藏爲灌頂慧慈净戒大國師，日托巴羅葛囉監粲爲西天佛子灌頂净慈弘智廣慧大國師，賜以誥印。封領真巴兒吉監藏爲必力工瓦闡教王，南渴烈思巴爲思達藏輔教王，俱賜印誥、綵幣。

丁亥，上謂行在刑部都察院大理寺臣曰：「比來罪人連坐及誤犯者多，其情蓋有可矜。爾等同户〔部〕詳議，果所犯罪重不可容者，殺之；有於法當死而情可矜及罪不至死者，責贖鈔以懲。」至是三法司及户部詳議，覆奏：「除公罪依例紀録收贖及律該死罪情重者依律處治，其情輕者，斬罪贖鈔八千貫，絞罪及榜例死罪六千貫，流罪三千貫，徒罪二千貫，杖罪一千貫，笞罪五百貫。無資贖者，依前議發遣種樹。」從之。

《國榷》卷一五　己丑，赤斤蒙古衛指揮僉事塔力尼等擒送老的罕等入京，進指揮同知。

壬辰，設甘肅茶馬司于陝西行都司城外。

《太宗實録》卷一四〇　丙申，賜長陵工匠軍夫鈔幣有差。仍飭督工官曰：「今事已就緒，人力可省。凡用工軍士滿二年，民夫滿五月以上者，悉遣歸。工匠視其事之緩急量留。炎暑之際，所留軍民工匠宜以時休息之。蓋其勞已久，督工官務在加意撫卹，毋令失所。」

《國榷》卷一五　丁酉，鹽城縣蝗。

戊戌，西虜亦攀丹來朝，封安定王，故卜烟帖木兒孫。

庚子，韃靼太師阿魯台貢馬。奏馬哈木等弒可汗本雅失里，立答里巴，請討之。

壬寅，敍長陵功。賞武義伯王通進封成山侯，世禄千二百石。

朝鮮、撒馬兒罕各入貢。

《明史》卷六《成祖紀二》　丁未，曹縣獻騶虞，禮官請賀，不許。

《國榷》卷一五　六月戊申朔，隆平侯張信圖武當山五色雲以進，上出示百官。

己酉，北虜卜顔不花等來朝，請討瓦剌馬哈木。上諭俟之。

《太宗實録》卷一四〇　庚戌，勅大寧都司令都督柴永正及陝西都指揮同知閻俊、山西都指揮祝山各領所部士馬赴京操備。

辛亥，勅鎮守大同山陰侯吴高曰：「前掠失八都驛馬得志，聞將復來，此或是虚聲，然不可不預防之。」

《國榷》卷一五　甲寅，諭行在户部曰：「人從徐州來，言水災，民有鬻子者。人至父子相棄，窮極矣。即驛賑之，贖所鬻男女。」

《太宗實録》卷一四〇　乙卯，上謂行在兵部臣曰：「北京各衛孳生馬已令民間分養，民之税糧亦如例免之。」

《國榷》卷一五　北京行部右侍郎楊泰卒。

《太宗實録》卷一四〇　壬戌，上謂行在兵部臣曰：「嘗下令天下官員軍民皆聽養馬孳牧蕃息，聽自貨賣。今來北京，所過見民間牧馬甚蕃，朕深喜之。然聞郡縣官吏及勢要之人往往有低價强市之者，有以假借爲民實奪之者，是民由馬受害也。爾部嚴行約，不悛者聽民陳訴，必寘之法。」

《國榷》卷一五　增兵千人守開平，并要地築城堡、斥堠。

樂亭縣水傷稼，免其租。

己巳，孟瑛嗣保定侯。

庚午，韃靼太師阿魯台貢馬，納前元所授中書省印。

《太宗實録》卷一四〇　辛未，勅湖廣都司發兵勦捕臺羅等寨苗寇。其所屬自沅州至偏橋諸衛堡及銅鼓、五開、靖州等衛所官軍，俱令中半屯守，不急之務不許差用。

《國榷》卷一五　開平備禦成安侯郭亮奏開平兵少。上報曰：「軍在精不在多。爾能拊練，雖千人足矣。否且糜餉，亡益也。」

癸酉，西域哈烈、撒馬兒罕、失剌思、俺的干、俺都淮、土魯番、火州、柳城、哈石哈兒各入貢。

乙亥，增應天、順天通判、州判官、縣丞各一，專理馬政。

《明史》卷六《成祖紀二》　七月戊寅，封阿魯台爲和寧王。

《太宗實録》卷一四一　己卯，巡按浙江監察御史黨衢奏：「近倭賊攻劫楚門千户所，備倭都指揮胡麟、王貴、指揮李敬等失於隄備，請鞫治之。」上曰：「麟等以禦寇爲職，既失機，於法當死。姑緩之，令捕寇自贖。若復怠事，殺不赦。」

《國榷》卷一五　壬辰，敕交阯布政司及守令，宜輕徭薄賦，勸課農桑，善綏新附之民。

丙申，四川都指揮使李敬加右軍都督同知。

丁酉，别失八里國王馬哈麻入貢，迎勞于平陽。

甲辰，敕鎮守大同江陰侯吴高修諸處烽堠，高五丈，堅必鐵石。

乙巳，蠲長洲、崑山、常德、漢陽、荆州、長沙、沔陽去年水災逋租。

八月戊申，賑仁和、嘉興饑民米六千七百三十石。

庚戌，故北京行太僕寺丞楊智子信爲少卿。

甲寅，申恤刑之令。

《太宗實録》卷一四二　丙辰，掌陝西行都司都督僉事張遠坐盗官物，謫於邊立功。

辛酉，勅諭思州臺羅等寨及青龍、渡馬、上下小坪、春花、金井、天堂等處苗首人等曰：「近田琛、田宗鼎搆逆，人被其害，朝廷設官以撫安之。爾本安土樂業，而爲無籍之徒教誘爲非。群臣皆請調軍勦捕，朕以人命至重，兵戈之烈甚於猛火，恐濫及無罪之人。今特遣人賫勅諭，爾如能改過遷善，復業安居，即盡赦諭前罪。若執迷不悛，大軍一至，雖悔不及。」

壬戌，命開平備禦都指揮章安於威虜、閔安、環州、隰寧諸驛建立城堡，各以軍二百守禦。

《明史》卷六《成祖紀二》　甲子，北京地震。

乙丑，鎮遠侯顧成討思州、靖州叛苗。

《太宗實録》卷一四二　己巳，巡按直隸監察御史况文言：「壽州舊有安豐塘，可七十餘里，旁近屯田，資其灌溉。近因潦水，决壞堤岸。宜修築以便民。」命俟農隙修之。

命兵部革趙府群牧千户所，其三護衛官止存正員，額外者皆調別衛。凡以罪充軍者，不得隸王府。

《國榷》卷一五　永康侯徐忠卒。

壬申，滿剌加國入貢。

湖廣按察使吳公悦貪虐有罪，副使靳義劾之，皇太子下臺獄。

乙亥，木邦軍民宣慰使罕賓法遣使獻捷。初，緬甸土官那羅塔擅侵孟養地，賓法進兵，破二十餘城，獲象馬諸物，悉獻京師。

九月庚辰，命扈從軍士于北京城外近地，人種麥二十畝，依屯田例考較之，毋倚閒暇而曠沃土。

《明史》卷六《成祖紀二》　壬午，詔自今郡縣官每歲春行視境内，蝗蝻害稼即捕絶之，不如詔者二司并罪。

《國榷》卷一五　府軍衛指揮張杲自南京來奏事辭歸。上頗聞杲弟倚東宮妃兄，居鄉驕横。召諭曰：「開平王、永城侯、德慶侯家恃外戚生事，皆取滅亡，汝當爲鑑。」因賜鈔六十錠，曰：「若爾家守法，何翅萬之。」

占城入貢。

癸未，爪哇國西王都馬板入貢。

丁亥，建昌知府于濬爲應天府尹。

修武陟縣河隄及開封土城隄百六十餘丈。

《太宗實録》卷一四三　庚寅，巡按四川監察御史任旺劾啟同行御史余信，每巡歷之處，令有司郊迎，及擅役軍人、低價市物等事，宜正其罪。皇太子命都察院逮鞫之。

《國榷》卷一五　甲午，遣中官李達、吏部員外郎陳誠、户部主事李暹、指揮金哈藍伯送哈烈等使臣還國，因敕賜哈烈、撒馬兒罕等。

丙申，敕鎮守遼東都督劉江等，非御寶文書，不許出塞。

壬寅，漸寒，止祥符王有爝來朝。

《太宗實録》卷一四三　丙午，先是，上以苗寇反叛，而鎮遠侯顧成，國之宿將，久鎮邊陲，諳蠻洞地里及其人情，命成爲總兵官，令與都督蔡福等協心討之，且命成俟撫招諭不服，而後進師。至是，上慮招諭不服，而寇勢滋蔓，遂勅成等，若兵力不足，更於貴州都司調軍一萬，期以今冬平賊。

《國榷》卷一五　十月己酉，山西塞上烽堠成，皆高五丈有奇，城高丈有五尺，開濠懸梯，守卒三十一人。

庚戌，敕貴州總兵官鎮遠侯顧成，再調貴州軍一萬，播州土軍六千剿蠻寇。

《太宗實録》卷一四四　癸丑，諭安遠侯柳升曰：「神機銃砲，兵之利器，攻戰所不闕者，必操習精熟，然後臨機得用。爾提督不可不嚴。」

上謂行在户部臣曰：「先定屯田之法，令天下衛所軍依分數下屯，歲終較其所入多寡，以賞罰之。比歲慮地利不齊，姑從減輕例，而人心遂爾因循怠惰。今年但是成熟之地，仍依紅牌所定則例比較。其被水旱災傷者，從減之輕例。」

《國榷》卷一五　開平備禦都指揮章安爲後軍都督僉事，總理宣府、懷來、萬全諸衛軍務。

《明史》卷六《成祖紀二》　丙寅，以璽書命皇太子録囚。

《國榷》卷一五　置斡朵倫衛。女直野人。

辛未，命諸將整飭士馬。

《明史》卷六《成祖紀二》　十一月戊寅，以野蠶繭爲衾，命皇太子薦太廟。

壬午，瓦剌馬哈木兵渡飲馬河，阿魯台告警，命邊將嚴守備。

《國榷》卷一五　癸未，右春坊右司直郎鄆城晁鑄致仕。

《明史》卷六《成祖紀二》　甲申，寧陽侯陳懋，都督譚青、馬聚、朱崇巡寧夏、大同、山西邊，簡練士馬。尋命陝西、山西及潼關等五衛兵駐宣府，中都、遼東、河南三都指揮使司及武平等四衛兵會北京。

《太宗實録》卷一四五　乙酉，勅大同備禦江陰侯吳高及都督譚青、馬聚曰：「邊備戰守，皆須得人。如或寇至，江陰侯吳高守城，譚青、馬聚出戰。若不可戰，則堅壁清野以守。」

丙戌，上聞開平備禦成安侯郭亮擅遣人出境取鐵器。慮啓邊釁，降勅切責之。

癸巳，勑寧夏、大同守將及緣邊諸將曰：「指揮孫觀保還自瓦剌，言虜酋徵兵，欲掠寧夏、大同。宜治城堡屯障，謹備之。馬畜芻糧可徙向南。」

乙未，勑交阯總兵官英國公張輔、黔國公沐晟曰：「交趾頭目中有既降復叛，叛而復歸者，可揀拔一二人，宣布朕命，悉宥其罪。量材高下，先授以官，庶幾以安衆心。」

右軍都督同知薛斌言：「都督吳成等於斌所領隨駕三千馬隊官軍内多選舊韃靼人隸其麾下，致原任多缺。」上命於在京及直隸、揚州、高郵、泗州諸衛并浙江各都司選精者壯者補之。

《國榷》卷一五　戊戌，車里故宣慰使刀暹答次子刀賽貢象馬，許襲職。

辛丑，汝寧屢水災，許輸鈔帛代田租。

別失八里王馬哈麻、火州王子哈三、土魯番萬户賽因脱木兒、柳城萬户觀音奴俱遣使，從禮科給事中傅安等入貢。

乙巳，應城伯孫巖、都指揮齊安往開平備禦。

十二月乙酉，交趾右布政使王平卒。

《太宗實録》卷一四六　壬子，命都督朱崇等於山西都屬衛選官軍二千操練候命。

《明史》卷六《成祖紀二》　張輔、沐晟大敗交阯賊於愛子江。

《明通鑒》卷一六　張輔與沐晟合軍至順州。會安南賊黨阮帥等設伏于愛子江，據昆傳山之險，列象陣迎敵。輔戒士卒，一矢落象奴，一矢射象鼻，象遂奔潰，自蹂其衆。我軍乘勢進擊，矢落如雨，賊大敗，生禽僞將軍潘徑、阮徐等五十六人。唯季擴逃又安山中未獲，阮帥亦遁去。

丙辰，命陳瑄、宣信領舟師運糧于北京。

《國榷》卷一五　庚申，開四川潼川等井鹽。

什邡縣自永樂五年來虧茶課十六萬六百五斤，乞輸鈔。上念民艱，悉蠲之。

《明通鑒》卷一六　癸亥，湖廣沔陽州水災，請折輸鈔帛，從之。

《太宗實録》卷一四六　庚午，諭侯、伯、都督、各衛指揮曰：「瓦剌殘虜既弑其主，又拘殺朝使，侵掠邊境，違天虐人，義所當伐。爾等其秣馬勵兵，以俟大舉。作爾志，奮爾勇，共成大功。毋或慢令，以干軍法。」

《國榷》卷一五　癸酉，朝鮮李茂昌來朝，授光禄寺少卿。初，茂昌父文命來朝，授少卿，卒，繼其志也。

《太宗實録》卷一四六　甲戌，朝鮮國王李芳遠遣陪臣崔榮蘇，琉球國中山王思紹遣使威巴魯等貢馬及金器皿等物，賀明年正旦。

乙亥，行在兵部奏：「明年春太僕寺當選孳生馬詣北。」上曰：「此非兩月不能到，軍民送者亦勞苦。其令太僕寺，凡送馬者，人予鈔五錠。」

永樂一二年（甲午、一四一四）

《國榷》卷一六　正月丙子朔，上在北京，御奉天殿，受朝賀。

己卯，遣中官楊三保敕諭烏思藏等國。

壬午，皇太子攝享太廟。

乙酉，召甘肅總兵官豐城侯李彬北征。

丙戌，皇太子代祀南郊。

丁亥，修曲阜孔子廟。

戊子，平陽王濟熿、慶成王濟炫、永和王濟烺等屢奏晉王濟熺忿逆。上未信，第敕責之。

《明史》卷七《成祖紀三》　庚寅，思州苗平。

《國榷》卷一六　夜，上御午門觀燈。宴羣臣，進詩，命翰林第高下，賜鈔有差，并賜耆父鈔帛。

壬辰，交趾總兵官英國公張輔兵至政和縣之吒黄莊，賊帥胡同降。進羅蒙江，身越險，捫蘿而上，抵昆蒲册。鄧景異等七百餘人已遁，追至吒蒲幹册江。夜行二十餘里，聞漏聲，銜枚赴之，旦至吒蒲榛册。賊營南岸，渡而攻之，矢中景異脅，擒之，盡獲其黨。景異創甚，磔之。檻送鄧鎔、鄧鋭于京師。

甲午，漢王高煦還南京。上欲至秋遣之，高煦固請，上不懌，命羣臣勿送。

張輔遣指揮薛聚獲阮帥于南靈州。

戊戌，始設烏撒軍民府儒學。

己亥，停運木營作。

《太宗實録》卷一四七　庚子，命北京、山東、山西、河南、中都、直隸、徐州等衛不分屯守，各選軍士，以指揮、千百户率領，都指揮總率隨軍運糧。

《明史》卷七《成祖紀三》　辛丑，發山東、山西、河南及鳳陽、淮安、徐、邳民十五萬，運糧赴宣府。

《太宗實録》卷一四八　二月乙巳朔，行在兵部言：「苑馬寺軍士千七百餘人，自陳願隨征。宜選精壯者從征，其疲弱者令運兵餉。」從之。

《國榷》卷一六　丙午，都督僉事謝芳轉漕北京。

成山侯王通閲兵宣府、大同。

《明史》卷七《成祖紀三》　己酉，大閲。

庚戌，親征瓦剌，安遠侯柳升領大營，武安侯鄭亨領中軍，寧陽侯陳懋、豐城侯李彬領左、右哨，成山侯王通、都督譚青領左、右掖，都督劉江、朱榮爲前鋒。

《太宗實録》卷一四八　壬子，緬甸宣慰使那羅塔遣頭目那牙詣闕，言爲木邦所侵掠。上以那羅塔素强獷，遣人諭之，使脩好鄰境，各守疆界。

《國榷》卷一六　真臘入貢。

丁巳，敕召晉王濟熺，以平陽王濟熿等復奏其奸謀也。

《太宗實録》卷一四八　戊午，上諭行在兵部臣曰：「比聞天下衛所，聽征軍士多以罷弱者備數。用此討賊，何以成功？其該管頭目須罪之。若軍士逃逸缺伍，其頭目俱住俸。」

《明史》卷七《成祖紀三》　庚申，振鳳翔、隴州饑，按長吏不言者罪。

《國榷》卷一六　癸亥，上退坐右順門，裏衣袖垢敝，納復出。侍臣頌聖德。上歎曰：「朕日十易衣，未嘗無之，但念自惜福。昔皇妣躬緝故衣，皇考見而喜曰：『勤儉如此，可法子孫。』朕常不敢忘。」

《太宗實録》卷一四八　戊辰，勑鎮守寧夏都指揮使張霖麟、孫霖曰：「前虜胡寇侵邊，勑爾移馬畜南向。今悉令還屯務農，但謹備之耳。」

癸酉，命行在工部，凡營造夫匠悉罷遣歸，期明年赴工。

《太宗實録》卷一四九　三月丙子，河南按察使梁通以罪謫役長蘆。

《國榷》卷一六　丁丑，設隆慶州永寧縣于嬀外，隸北京行部。地衝而腴，國初徙其民關內，至是專處罪謫。

《太宗實録》卷一四九　己卯，勑總兵官鎮遠侯顧成等曰：「比知賊首就戮，餘衆潰散。今春耕及時，宜悉散軍回衛。若殘寇復出，俟秋成之後出兵勦除。」

《國榷》卷一六　庚辰，置卜忽禿河、阿兒温河、葛可河三衛。女直野人。

揚州水，賑之。

《明史》卷七《成祖紀三》　癸未，張輔俘陳季擴于老撾以獻，交阯平。

《明通鑑》卷一六　初，季擴逃入乂安之竹排山，輔遣都指揮師祐襲之，遂走老撾。祐踵其後，老撾懼大軍躪其地，請自縛以獻。輔檄令祐深入，克其三關，賊黨盡奔，遂獲季擴及其弟僞相國驩等，悉送京師。交阯平。

《國榷》卷一六　甲申，奉御祝原等使真臘，并戒占城國王占巴的賴侵軼。

兀良哈福餘、泰寧、朵顔三衛納馬三千匹，贖竊掠之罪，售以布。

《太宗實録》卷一四九　丙子，命皇太子監國，留守事宜一循永樂八年之制。

雲南臨安府嶍峨縣丞周成言：「境內夷民，僰人、囉囉、百夷、普蠻、和泥，其類不一。而僰人子弟多有俊秀，宜建學教之，使習詩書，知禮義。」從之。

丁亥，勑前鋒都督劉江、朱榮等曰：「爾爲前鋒，師之耳目係焉。即先遣勁騎出興和百里外，憑高瞭望。騎行可作二隊或三隊，勿令虜覺。爾等率餘衆，俟朕至然後行。」

《國榷》卷一六　戊子，賜從征將士鈔。

《明史》卷七《成祖紀三》　庚寅，發北京，皇太孫從。

《明通鑑》卷一六　上語諸侍臣曰：「皇長孫聰明英睿，智勇過人，宜歷行陣，俾知兵法，且可悉將士勞苦，知征伐不易。然文事武備，不可偏廢，每日營中間暇，卿等仍與之講論經史，以資典學。」

《國榷》卷一六　壬辰，上次龍虎臺。敕居庸關、長安嶺守將，雖從征吏卒，非奉敕，毋擅出入。

《太宗實録》卷一四九　辛卯，駐蹕沙河。勅陝西行都司，凡瓦剌使人來及買賣回回在甘肅者，悉遣赴陝西，毋令出邊。

甲午，户部言：「四川羅泉等五井鹽課司灶丁言，永隆竹筒井土石崩壞，課鹽虧折。而成都府內江縣舊有中海、銀杏、獨石小竹筒三井，可以開煎。已遣人覈實，宜令煎辦。」皇太子從之。

《國榷》卷一六　丙申，次雞鳴山。晉王濟熺上謁，留宣府，俟旋師。

戊戌，次宣府。上從容教太孫，對輒稱善，上悦。

《太宗實録》卷一四九　庚子，貴州鎮遠府綏寧等縣苗蠻三十七洞千六十餘户請占籍爲民，皇太子從之。初，苗蠻恃險嘯聚，數爲民患。嘗遣前遣監察御史遠志賁勅招諭，至是悉歸附焉。

《國榷》卷一六　發寧遠鎮。行間有突兔，命皇太孫射之，應弦而斃，賜太孫名馬。

辛丑，至萬全衛。命忻城伯趙彝、建平伯高福、尚書吴中、郭資、僉都御史李慶、通政馬麟督餉。曰：「役民隨軍苦矣。朝夕慰勞，毋毒以刑。」

壬寅，靈璧、懷遠、桐城、宿松、潛山、太湖、舒城、常熟、洛陽、汝陽、潁城、安丘、諸城、安化、華亭饑，皇太子賑穀九萬一千六百三十石有奇。

是月，武昌疫，皇太子遣視。

《太宗實録》卷一五〇　四月甲辰朔，以平陽王濟熿等所奏晉王濟熺不軌事諭皇太子。

《明史》卷七《成祖紀三》　次興和，大閲。

《國榷》卷一六　陝西都指揮使胡原爲右軍都督僉事。

《太宗實録》卷一五〇 丙午，召甘肅千户滿答剌馳驛詣行在。滿答剌者，都指揮滿都之弟，壯勇便捷。自甘肅來從征，後期至京，不敢前進。上聞而召之。

《明史》卷七《成祖紀三》 己酉，頒軍中賞罰號令。

庚戌，設傳令紀功官。

《國榷》卷一六 丙辰，開雲南楚雄之黑鹽井。

丁巳，次五雲關。敕行後軍駙馬都尉廣平侯袁容，如逃卒，盡繫之，俟回蹕。

庚申，次龍沙甸。值萬壽節，宴從臣。

辛酉，次錦雲磧。命都指揮伯先、指揮卯罕曲列兒等爲鄉導。

壬戌，至小甘泉。命五軍循次而行。

甲子，至清水源。禁私殺馬騾。

丁卯，發清水源。上以山川險易及將士之勤勞示皇太孫馬上，且曰：「汝知吾所以爲此者乎？」對曰：「陛下豈圖其土地，利其資畜，亦豈不自爲樂虜禽獸也。恩之不戴，服而遽叛，陛下固欲大獮薙之，永絶于遐荒。令一跡不近塞，爲子孫臣民世福。」遂下馬叩首。上悦。晚次屯雲谷，韃靼孛羅不花等五人降。

己巳，至玄石坡。申令將士惜戰馬，兵無離伍。

辛未，駐清風壑。命藥病者。

《太宗實録》卷一五 五月癸酉朔，勑忻城伯趙彝、刑部尚書吴中等督運糧餉，赴禽胡山。

《國榷》卷一六 駐楊林戍。上教皇太孫以創守之道，曰：「天下之事不可不周知，人之艱難不可不涉歷。」

甲戌，皇太子遣撫高密、安丘、諸城流民。

乙亥，駐禽胡山。念潛邸時禽虜乃兒不花于此，遣祭其山川之神。

丙子，築城貯餉，悉還運民。

《明史》卷七《成祖紀三》 丁丑，命尚書、光禄卿、給事中爲督陣官，察將士用命不用命者。

《國榷》卷一六 皇太子賑吴縣、新蔡、魯山、汝陽、西華。

己卯，次香泉戍。令將士齎糧。

甲申，交趾總兵官英國公張輔俘僞大越國皇帝陳季擴、驃騎大將軍太傅開國忠武公阮師及賊屬入京。

乙酉，開蓬州鹽井。

戊子，次至喜川。命前鋒偵虜飲馬河。

辛卯，次速兒温都兒之地。有水清洌，賜名蒙山海。

甲午，次通泉泊。都督朱榮報虜數十人東行。上曰：「必瓦剌所遣。敕榮直趨土剌河，朕明日趨飲馬河。」

乙未，次飲馬河。

丁酉，鎮守貴州鎮遠侯顧成卒。

己亥，前鋒都督劉江等跡虜東行，命急追之。

六月壬寅朔，次清流港。令五軍臨陣齊奮，所誅惟首虜，毋奪財物，毋掠婦女，毋虐老稚，毋殺降。

《明史》卷七《成祖紀三》 甲辰，劉江遇瓦剌兵，戰於康哈里孩，敗之。

《國榷》卷一六 乙巳，獲虜諜，言瓦剌馬哈木、太平等兵距此可百餘里。令秣馬早發。

丙午，發雙泉海，次三峽。上率師兼程進，命皇太孫于寶纛同行，專鐵騎五百護衛。

《明史》卷七《成祖紀三》 戊申，次忽蘭忽失温，馬哈木帥衆來犯，大敗之，追至土剌河，馬哈木宵遁。

《國榷》卷一六 己酉，賜名忽蘭忽失温地曰「殺胡鎮」。

《太宗實録》卷一五二 庚戌，置交阯乂安、新平、順化三衛，演州守禦千户所、乂安衛南靖守禦千户所。時總兵官英國公張輔以四府與老撾、占城、暹蠻接境，土地廣遠，夷民繁夥，宜有控制，同黔國公沐晟議請於各府置衛所，籍土軍，以土官指揮千户理其事，仍請給印信。皇太子從之。

湖廣按察司僉事戚文鳴坐事，謫爲交阯承差。

《國榷》卷一六 庚戌，班師。虜有乘高而覘者，上麾兵薄之，皆潰散。是役也，雖勝，所殺傷相當，幾危而復攻，故急還。

《明通鑒》卷一六 内侍李謙恃勇，導皇太孫追敵于九龍口，幾敗，上大驚，亟遣人追還，謙懼罪，自經死。

《國榷》卷一六 辛亥，發殺胡鎮，次回流甸。遣諭和寧王阿魯台。

壬子，御史劉愷等劾左軍都督同知梁福、中軍都督蔡福討思州叛苗，貪淫不法。皇太子俟旋蹕奏之。

《太宗實録》卷一五二 甲寅，駐蹕清源峽。命諸將凡將士被傷及有疾者，皆給馬載之糧，不足者計日給之。

《國榷》卷一六　戊午，次三峰山之西南。和寧王阿魯台遣所部來朝，命中官王安往勞之。

庚申，次飲馬河西。阿魯台復遣所部來言疾不能自詣，賜米百石，驢百匹，羊百牽，別賜其部屬米五千石。

《太宗實録》卷一五二　辛酉，户部言，四川蠻夷、平夷二處採木軍夫缺糧，乞於今年夏税内撥運給之。皇太子從之。

壬戌，駐蹕飲馬河南岸。命成安侯郭亮護將士有疾者歸，且命緣途加意撫綏，無令失所。

《國榷》卷一六　丙寅，次飲馬泉。阿魯台遣謝，上慰諭之。

丁卯，皇太子賑常熟水災穀四千二百三十石。

《明史》卷七《成祖紀三》　己巳，以敗瓦剌詔天下。

《國榷》卷一六　七月丙子，次擒胡山。敕山陝、遼東臨邊諸城增烽堠，謹備禦。

《明史》卷七《成祖紀三》　戊子，次紅橋。詔六師入關有踐田禾取民畜産者，以軍法論。

《國榷》卷一六　庚寅，次興和。

辛卯，命偃軍二十日，豐城侯李彬、成山侯王通領之。命興安伯徐亨等率步兵扈從。

己亥，次沙河。皇太子遣兵部尚書兼詹事金忠、指揮使楊義進迎鑾表。上怒其緩，且失對，以右春坊大學士兼翰林侍講黄淮、左諭德兼侍講楊士奇、司經局正字金問等輔導，並徵之。

皇太子賑新安、嵩縣、宜陽、登封、永寧、仁和、諸暨、新寧、東安饑民粟三萬四千八百二十石有奇。

《明史》卷七《成祖紀三》　八月辛丑朔，至北京，御奉天殿受朝賀。

《國榷》卷一六　壬寅，宴文武羣臣及從征將校。

陳季擴、阮師俘至，伏誅。

《明史》卷七《成祖紀三》　丙午，蠲北京州縣租二年。

《國榷》卷一六　翰林侍講曾棨、侍講兼左中允鄒緝主試順天。

丁未，司經局洗馬兼翰林編修楊溥、編修周述主試應天。

戊申，忻城伯趙彝督運貪殺，都督譚青選軍受賂，朱崇恣淫，俱見劾。下青錦衣獄，餘付法司。

庚戌，朝鮮入貢。

壬子，固安淫雨，寶坻雨雹傷稼，俱賑之。

甲寅，彭亨國王巴剌密瑣剌達羅息泥、忽魯謨斯國王人巴郎丁等入貢。

乙卯，尼八剌國入貢，封沙的新葛爲尼八剌國王，賜鍍金銀印及誥。

《太宗實録》卷一五四　丙辰，禮部進所會議將士賞例。

《明史》卷七《成祖紀三》　戊午，賞從征將士。

《太宗實録》卷一五四　壬戌，行在户部言，宣府邊衛宜有儲積，請召商中鹽，視淮浙鹽例每引輸米四斗，不次支給。從之。

《國榷》卷一六　丙寅，諭行在兵部，簡步卒補騎隊之闕。

九月辛未朔，平陽王濟熿進封晉王。

《明通鑒》卷一六　濟熿，晉恭王棡之庶子也。洪武之季，恭王薨，子濟熺嗣。上即位，封其弟濟熿爲平陽王。濟熿幼狠，失愛于父。及長，就學京師，與高煦等相比，不爲太祖所愛。會上即位之初，濟熺坐縱下，黜其長史，懼，欲上護衛，不許。至是濟熿嗾諸郡王及府中官校，日訴濟熺過于朝。上信之，奪濟熺爵，並其子美圭皆爲庶人，守恭王園，而以濟熿襲晉封。

《國榷》卷一六　甲戌，大寧都指揮同知江浩爲後軍都督僉事，都指揮僉事譚廣爲中軍都督僉事，浩治舟艦，廣總操練。

丙子，河決武清縣，命築之。

丁丑，榜葛剌國王賽弗丁貢麒麟、名馬。

戊寅，禮部請賀麒麟，上不許。

《明史》卷七《成祖紀三》　癸未，郭亮、徐亨備開平。

《國榷》卷一六　丙戌，湖廣篁子坪賊吴者泥械至京，伏誅。初，自稱苗王，攻刦屯寨，副總兵都督同知梁福攻破之。

戊子，上聞女直弗提斤六城之地沃，命指揮塔失往城弗提衛，令軍民商販居止，畋獵、孳牧從其便。

清遠侯王友妾徐氏訐友及其妻誹謗，友引伏奪爵。

庚寅，和寧王阿魯台求官其部屬。遂授阿魯秃阿只力思都督同知，餘都指揮等有差，并賜阿魯台米三千石。

壬辰，滿剌加國王子毋幹撒于的兒沙來朝，奏父拜里迷蘇剌卒，詔嗣王爵。

《明史》卷七《成祖紀三》 甲午，費瓛鎮甘肅，劉江鎮遼東。

《國榷》卷一六 乙未，伊王㰘薨。王母麗妃葛氏，國洛陽。好武，不能宮居，喜負劍馳馬。有犯蹕者，手斬之，血濺王衣，王則好衣其血濺者。平居髡裸男女雜坐之，故謚曰「厲」。

丙申，鎮守交趾右軍都督同知韓觀卒。

丁酉，遣官按視寧夏、甘肅、大同、遼東新築屯堡。

《明史》卷七《成祖紀三》 閏九月甲辰，以太子遣使迎駕緩，徵侍讀黄淮、侍講楊士奇、正字金問及洗馬楊溥、芮善下獄，未幾釋士奇復職。

《明通鑒》卷一六 先是上至北京，義等輔皇太子居守。時漢王高煦謀奪適，日夜譖太子，並及義等。會上北征回，以太子遣使奉迎緩，且書奏失辭，歸咎于輔導之官，遂有是逮。中途，有旨宥義還南京，淮先至，下獄。次日，士奇及問繼至，上曰：「士奇姑宥之。朕未嘗識金問，何以得侍東宮？」命法司鞫之。尋召士奇問東宮事，士奇叩頭言：「太子孝敬，凡所稽遲，皆臣等罪。」上意稍解。行在諸臣復交章劾「士奇不當獨宥」，遂下錦衣衛獄，已而釋之。淮及溥等遂長繫獄中。

《國榷》卷一六 乙巳，琉球中山王入貢。

戊申，交趾總兵官英國公張輔、黔國公沐晟班師。留兵五千，都指揮朱輝、廖春領之。

丁巳，賑崇明水災五千八百餘家米鈔，賜復二年。

《太宗實録》卷一五六 壬戌，勑寧夏總兵官寧陽侯陳懋曰：「近瓦剌人至，言馬哈木欲掠甘肅。虜雖已窮蹙，然不可無備。」

《明史》卷七《成祖紀三》 甲子，召吴高還。

丁卯，都督朱榮鎮大同。

《國榷》卷一六 十月辛未朔，監察御史金華鄭幹致仕。上以義門，特賜敕，宴于禮部。

《太宗實録》卷一五七 辛巳，上諭行在兵部臣曰：「今天下軍伍不整肅，多因官吏受賕，有縱壯丁而以罷弱補數者，有累歲缺伍不追補者，有僞作户絶及以幼小紀録者，有假公爲名而私役於家者。遇有調遣，十無三四，又多是幼弱老疾。騎士或不能引弓，步卒或不能荷戈，緩急何以濟事？宜先榜示禁約，後遣人分行閱視。步騎之士皆須壯健，能馳射擊刺，隊伍須實，軍律須嚴。若復踵前弊，必罪不貸。」

《國榷》卷一六 壬辰，命禮科給事中傅安等敕慰別失八里國王馬哈麻。其母及弟相繼卒也。

《太宗實録》卷一五七 乙未，河南按察司副使劉智有罪，免死，發交阯爲吏。

《國榷》卷一六 丙申，江陰侯吴高前守大同，多不法。上北旋興和，稱疾不朝。召還，道擾。御史成務等劾之，奪爵。

丁酉，户科給事中朱昭謫廬陵縣丞。

《太宗實録》卷一五七 戊戌，勑甘肅總兵官都督費瓛曰：「甘肅涼州緣邊諸衛所騎士常令操備。於步卒中選其半，精壯者守禦，餘皆下屯。」

副總兵都督同知梁福言：「湖廣簞子坪故賊首吴者泥之子吴担竹復誘苗蠻吴亞磨等，連結貴州治古答意等處苗蠻爲寇。都督僉事蕭授攻入亞磨等寨，禽戮吴担竹，餘賊潰散。其治古答意長官司王官龍答哥等今率苗首黨恰等來降。」上曰：「降即宥之。」

《國榷》卷一六 十一月庚子朔，郢王棟薨。王母惠妃劉氏。洪武二十四年封安陸。端重簡静。無子。妃郭氏，武定侯英女，對鑑自形，遺其女自經殉。謚曰靖。

《明史》卷七《成祖紀三》 甲辰，録囚。

《皇明大政紀》卷七 庚戌，廢晉王濟熺爲庶人。【略】勑諭曰：「爾謀爲不軌，自絶於天，自絶於祖宗。論爾之罪，有不容誅。重念恭王手足之義，特全爾生，令守恭園。其閉門念咎，杜絶外交，改過遷善，以保令終。慎之哉。」

《國榷》卷一六 乙巳，賑蘇州去年水災。

甲寅，諭行在翰林學士胡廣、侍講金幼孜曰：「《五經》《四書》，傳註雖定，羣儒異同之説，尚互可發明，其採纂爲大全書。周、程、張、朱所著如《太極》《通書》《西銘》《正蒙》諸篇，亦彙次之，爲《性理書》。」因命舉朝臣及四方文學之士，開館東華門外，光禄寺給饌。

己未，順天府尹張貫卒。

《太宗實録》卷一五 庚申，命都指揮李龍往河南都司，選步軍一千赴甘肅備禦。

《明史》卷七《成祖紀三》　蠲蘇、松、杭、嘉、湖水災田租四十七萬九千餘石。

《國榷》卷一六　甲子，工部左侍郎張信坐事，謫交趾。

乙丑，靖江府輔國將軍贊億有罪，廢爲庶人，徙泗州。

十二月己卯，諭禮部，爲皇太孫及諸皇孫選婚。

己丑，免豐潤、樂亭水災田租。

辛卯，行在刑部尚書朱濬卒。

癸巳，烏思藏尚師釋迦也失來朝。

甲午，置山後黄石崖、莊窠潤等守備，增守口官軍各十人。

永樂一三年（乙未、一四一五）

《國榷》卷一六　正月庚子朔，上在北京，受朝賀。

辛丑，敕諭天下來朝官曰：「朕夙夜圖治，擢任賢能，苟能盡心修職，俾康兆庶，天下未有不太平者也。夫爲官者，以忠勤廉謹爲本，以公正仁恕爲先。忠則不欺，勤則不怠，廉則不貪，謹則不肆，公則不私，正則不偏，仁則不暴，恕則不害。毋謂民愚，而心實神；毋謂朝廷可欺也，而上天鑒之。不遵朕言，罪不赦。欽哉！」既復榜而申戒之午門之外。

《明史》卷七《成祖紀三》　丙午，塞居庸以北隘口。

《國榷》卷一六　丁未，瓦剌順寧王馬哈木、賢義王太平、安樂王把禿孛羅貢馬謝罪，請朝貢如初，許之。

戊申，大寧都指揮使張忠卒。鳳陽人。

《太宗實録》卷一六〇　己酉，行太僕卿楊砥奏：「畿内民皆養馬。近見順天等府所屬多有官軍老幼、無職役者，宜令兵部、户部取勘，循例養馬。」上語砥曰：「民間養馬已甚煩擾，但以國家武備所急，不可以止。官軍老幼，艱難者多，正當存恤，可忍又令養馬？」不聽。

《明通鑒》卷一六　壬子，上元節，北京午門火，都督馬旺焚死。

《國榷》卷一六　甲寅，命禮部給死者家鈔，賜馬旺祭葬。旺燕山中護衛百户，從靖難，累功，上甚惜之。

丁巳，敕皇太子敬天戒，悉停各官進送物件。

《明史》卷七《成祖紀三》　戊午，敕内外諸司蠲諸宿逋，將士軍官犯罪者悉宥之。

《國榷》卷一六　遣監察御史吴文等分行天下，察吏治，詢民瘼，有司貪刻不律者執之，闒冗老病，悉送京師。

壬戌，設保安州，在居庸關外，漢涿鹿地，元奉聖州，國初廢，徙其民。

甲子，行在户部言：「漕運漸多，請發民治倉。」上曰：「東作將興，其出徒流以下，定等輸作。」

丙寅，命豐城侯李彬鎮陝西，忻城伯趙彝鎮徐州，都督同知曹得鎮德州，都指揮使李任鎮彰德，都指揮同知李晟鎮宿州，指揮使費瑾鎮真定，指揮僉事淩鎬鎮揚州，都指揮僉事施文、指揮同知劉敬、黄瑄鎮淮安。諭曰：「爾皆舊人，寄爾腹心。夫財，民心也。不傷其財，斯不失其心。往勉之。」

《明通鑒》卷一六　是月，前交趾參議解縉死于獄。時錦衣衛紀綱上囚籍，上見縉姓名，曰：「縉猶在耶？」綱遂希指醉縉酒，埋積雪中，立死，年四十七。籍其家。妻子、宗族徙遼東。

《國榷》卷一六　二月己巳朔，浚瓜州壩河。

《太宗實録》卷一六一　庚午，命禪師緣旦監剉爲灌頂慈慧妙智大國師，領占端竹爲灌頂慧應弘濟國師，皆賜誥印。

《國榷》卷一六　壬申，和寧王阿魯台貢馬。

《明史》卷七《成祖紀三》　癸酉，遣指揮劉斌、給事中張磐等十二人巡視山西、山東、大同、陝西、甘肅、遼東軍操練、屯政，覈實以聞。

甲戌，命行在禮部會試天下貢士。

《國榷》卷一六　翰林修撰梁潛、王洪主行在禮闈。

《明史》卷七《成祖紀三》　癸未，張輔等師還。

《國榷》卷一六　置兩京城門郎。

甲申，立北京馬神廟。

丁亥，陝西都指揮同知劉昭爲都指揮使。初，昭等使烏思藏還，至靈藏莽站，值番賊，敗之，故授官有差。

《明史》卷七《成祖紀三》　戊子，論平交阯功，賞賚有差。

《國榷》卷一六　己丑，渤泥入貢。

庚寅，免興化、金壇水災田租。

《太宗實録》卷一六一　壬辰，行在禮部會試天下舉人，得洪英等三百四十九人，賜其考官晏於本部。

《國榷》卷一六　甲午，顧興祖嗣鎮遠侯。成之孫，統之子。

《明通鑒》卷一六　乙未，釋工作囚徒。先是上命出繫囚輸作贖罪，既而多亡者，有司請捕之，上曰：「此皆衣食空乏，出于不得已。」遂命見役者悉遣還，共釋四千九百餘人。

《國榷》卷一六　丁酉，復刑部尚書劉觀官。先坐事，謫本部吏。

賑河間縣饑民，從主簿陳聚之奏。

戊戌，仍許西番以馬易茶。

《太宗實録》卷一六一　是月，免山東濟南等州縣十二年糧芻。

《太宗實録》卷一六二　三月己亥朔，上御奉天殿，試禮部選中舉人洪英等三百四十九人及前科未廷試舉人劉進等二人。

《國榷》卷一六　辛丑，復工部右侍郎許廓、山東左參議魏瑛官，先罰北運。

《太宗實録》卷一六二　壬寅，上御奉天殿，閱舉人對策，擢陳循爲第一，賜循等三百五十一人進士及第、出身有差。

《國榷》卷一六　貴州左布政使蔣廷瓚等率宣慰郡縣官民來朝。貢馬百匹，黄蠟千斤，水銀四百三十斤，硃砂三十五斤。

癸卯，試下第貢士，得朱瑛等二十四人，賜冠帶，入太學。

皇太子遣御史瘞畿内暴骸。

《明史》卷七《成祖紀三》　丙午，廣西蠻叛，指揮同知葛森討平之。

《明通鑒》卷一六　丁未，貴州左布政使蔣廷瓚言：【略】「去年北征詔至，思南府大巖山有聲呼萬歲者三。」禮官呂震復請賀，上曰：「呼譟山谷，空虛之聲相應，理或有之，布政司不察，以爲祥。爾爲國大臣，不能辨其非，又欲進表獻諛，豈以道事君之義耶！」震慚而止。

《太宗實録》卷一六二　己酉，大同鎮守左都督朱榮言：「大同右衛及定邊衛城池當邊境衝要，其忙牛嶺、兔毛河、赤山、榆楊口、東勝諸處城垣低薄，無濠塹，宜急修築。」從之。

辛亥，山西解州言：「硝池水溢，溢決豁口等處，流入鹽池。蓋由姚暹渠、涑水河併流，水道淤塞。乞發民修治。」從之。

《國榷》卷一六　甲寅，撒馬兒罕入貢。

琉球山南王世子他魯每入貢。山南王汪應祖爲兄達勃期所殺，國人誅之，推世子來請封。

戊午，爪哇國王楊惟西沙入貢（都馬板改名楊惟西沙）。

山東按察僉事晏璧坐事戍保安衛。

罷海運。令浙西、蘇、常、松江歲漕入淮安倉，鎮江、廬、鳳、淮陽入徐州倉，徐、兗入濟寧倉。令内河船于會通河，以三千艘支淮安，轉至濟寧，以二千艘支濟寧，轉至通州。其天津、通州等衛，派官軍于通州轉至北京。又浙、直、湖廣、江西，除存留及餉南京外，坐撥二百五十萬石，令民舟運赴北京通州河西務。蓋軍民半之。

乙丑，故山東按察僉事楊紳戍邊，至是起北京監察御史。

《明史》卷七《成祖紀三》　四月戊辰，張輔鎮交阯。

《太宗實録》卷一六三　庚午，命尚司釋迦也失爲妙覺圓通慧慈普應輔國顯教灌頂弘善西天佛子大國師，賜之誥命。

《國榷》卷一六　丁丑，設府軍前衛親軍指揮使司。上既選幼軍隨侍皇太孫，至是置官屬。

以真定、永平、滄州、盧龍洊水，賑之。

《明通鑒》卷一六　甲申，兵部尚書兼詹事金忠卒于南京。【略】先是上北征還，悉徵東宮官屬，而以忠勳舊，不問。已，密令審察太子事，忠言無有，上怒。忠免冠頓首流涕，願連坐以保之，以故太子得不廢，而官僚黄淮、楊溥等亦以是獲全。忠起卒伍，至大位，甚見親倚，每承顧問，知無不言，然慎密不洩。處僚友，恒推讓不自居。至是卒，詔給驛歸葬，命有司治祠墓，復其家。後追贈少師，謚忠襄。

《國榷》卷一六　丙戌，琉球中山王思紹、山北王攀安知並入貢。

吏部左侍郎陳洽爲兵部尚書，仍往交阯參贊軍務。

丁亥，占城入貢。

中軍都督同知曹得、孫勇爲金吾左衛指揮僉事。

《太宗實録》卷一六三　乙丑，監察御史鄧鑑等劾奏陝西掌都司事都督僉事胡原非法拷訊竊盜費祥等七人至死，併舉其他罪。上曰：「御史言是。朕嘗勅戒武臣循法度，毋作愆非，而原所爲皆悖。但所犯在勅未下之先，可姑宥之。再犯不恕。」

《國榷》卷一六　庚寅，定交阯召商金銀錢中鹽。

辛卯，賑桐廬、西安穀萬三千四百石有奇。

《太宗實録》卷一六三　壬辰，勅交阯總兵官英國公張輔，交阯人才有可用者，敦遣赴京用之。

《國榷》卷一六　甲午，貸嵩縣貧民粟。

《太宗實録》卷一六三　乙未，陞四川天全六番招討司爲天全六番招討使司，秩從三品，給印章，命招討高敬讓招討使。

陝西行都司都指揮同知金銘坐妖言下獄死。

《國榷》卷一六　撒馬兒罕貢馬。

五月辛丑，午節。上御東苑，觀擊毬射柳，賜文武群臣鈔有差。文臣以詩進，加賜酒席。

《太宗實録》卷一六四　丙午，命遼東都司築緣邊備倭烟墩，務令高厚，積薪糧可足五月之用。仍置藥弩於上，鑿井於旁，以嚴守備。尋遣都指揮同知胡俊往督之。

《國榷》卷一六　己酉，行人陳季芳等往封琉球山南王他魯每。汪應祖世子。

鎮守滁州都指揮同知劉鑑爲前軍都督僉事。

築開平沿邊斥堠，山海五所軍戍之。

辛亥，許臨洮、鞏昌稅糧轉資肅州。

《太宗實録》卷一六四　丙辰，以館覺灌頂國師護教王宗巴斡即南哥藏卜卒，遣使賚勅誥命。其侄幹些兒吉剌思巴藏卜襲爲灌頂國師、護教王，並賚勅。賜烏思藏怕木竹巴灌頂國師闡化王吉剌思巴監藏巴里藏卜綵幣。

《國榷》卷一六　設上邛部衛，頭目掌巴伯爲指揮使。

《明通鑒》卷一六　丁巳，敕漢王高煦出居青州。【略】初，高煦不欲之雲南，遂從上巡北京，嘗力請並其子歸南京，上不得已聽之；又請得天策衛爲護衛，輒以唐太宗自比，所爲益恣。黄淮等之下獄也，上徐察太子無過，讒間不行至是以高煦不欲遠行，遂封之近地，然猶遷延不肯之國，上始疑之。

《太宗實録》卷一六四　辛酉，開平備禦成安侯郭亮言：「開平軍少，不足調用。洪武中嘗分開平衛五所軍隸山海衛，宜令復舊。」從之。

《國榷》卷一六　運平涼、慶陽粟五十萬石于寧夏、甘肅，備餉。

《太宗實録》卷一六四　壬戌，河南都指揮使田榮有罪，謫交阯立功。

《國榷》卷一六　順天府丞甄儀爲府尹。

《明史》卷七《成祖紀三》　乙丑，鑿清江浦，通北京漕運。

《明通鑒》卷一六　是時平江伯陳瑄兼督江淮漕運，議造淺船二千餘艘，初運二百萬石，寖至五百萬石，河運大便。于是始罷海運。惟江南漕舟抵淮安，率陸運過壩，踰淮達清河，勞費尚鉅。至是瑄用故老言，「請鑿清江浦以通東南漕運」，詔行之。乙丑，瑄督工發人夫，自淮安城西管家湖鑿渠二十里爲清江浦，導湖水入淮，築四閘，以時宣洩，又緣湖十里築堤引舟。由是漕舟直達于河，省費不貲。一時又浚呂梁洪以殺水勢，開泰州白塔河以通大江，又築高郵湖堤，于堤內鑿渠四十里，避風濤之險。又自淮至臨清，置閘四十有七。淮上置常盈倉四十區，貯江南之漕，北至徐州、濟寧、臨清、德州，皆置倉以利轉輸。

《國榷》卷一六　六月戊辰，刑部尚書劉觀改都察院左都御史。

戊寅，順陽王有烜薨，謚懷莊。

《太宗實録》卷一六五　己卯，户部言浙江烏程等四縣水，傷田稼九千四百四十三頃，稅糧請折金帛。從之。

《國榷》卷一六　庚辰，户科給事中胡安有罪戍邊。

《太宗實録》卷一六五　壬午，命工部製漢王儀仗，先送青州。

癸未，移山東德州廣積倉於臨清縣永清垻，儲漕運糧。

《國榷》卷一六　甲申，除山西遼州水災田租三十餘頃。

己丑，復中軍都督郭義官。

辛卯，設董卜韓胡宣慰使司，頭目喃葛爲宣慰使，給銀印。

《太宗實録》卷一六五　甲午，蘇州府吴江縣丞李昇言：「蘇松水患，莫甚於太湖；欲洩太湖之水，莫急於疏下流。近時所疏河道，歲久不免淤塞。今觀常熟之白茆諸港，崑山之千墩等河，長洲十八都港汊及吴縣、無錫等處近湖河道，皆太湖之下流。若循其故迹，濬而深之。仍修蔡涇等閘，俟潮水來往，以時啟閉，庶免泛濫之患，而民獲耕種之利。」從之。

《明史》卷七《成祖紀三》　是月，振北京、河南、山東水災。

《國榷》卷一六　七月丁酉，諭行在左副都御史李慶曰：「灤州知州何敬、代州同知安損、武清知縣李潛皆殘吏，已置法。備録所犯榜天下，以警民牧。」

《太宗實録》卷一六六　辛丑，上諭行在兵部臣曰：「隨侍皇太孫幼官，其間有孱弱者，宜別選壯鋭易之。所設府軍前衛指揮、千百户、鎮撫管束幼軍者，宜選用老成端正之人，庶幾幼官有所視法。」

《明史》卷七《成祖紀三》　癸卯，鄭和還。

《國榷》卷一六　甲辰，太監侯顯等使榜葛剌諸國。

《明史》卷七《成祖紀三》　乙巳，四川戎縣山都掌蠻平。

《國榷》卷一六　甲寅，命武官杖罪以下，繫獄而疾，許出醫藥，著爲令。

《太宗實録》卷一六六　己酉，復福建布政司左參政楊景衡官。初，景衡坐累戍邊，至有言其在官醇謹者，特宥而復之。

丙辰，修沿河驛舍，自南京抵北京，凡四十五所。

《國榷》卷一六　己未，始召商中鹽北京，納米喜峯口。

庚申，賑魏縣、瑞昌、永川、射洪、巴縣饑民粟二萬二百石有奇。

癸亥，山東布政司左參議魏瑛瀆倫，磔于市。

八月丙寅，增行在行太僕寺卿、少卿各一，寺丞八。時北京軍民多馬。

戊辰，敕遼東總兵官都督劉江慎備。如倉卒寇至，不免有失。

庚午，唐王桱薨。桱母賢妃李氏，永樂六年就封。敏而蕩，年三十，謚曰「定」。

《明史》卷七《成祖紀三》　庚辰，振山東、河南、北京順天州縣饑。

《國榷》卷一六　丁亥，賑河南新寧等五縣饑民。

是月，大城、武强河決傷稼，免田租。

《國榷》卷一六　九月庚子，湖廣按察副使朱仲安改交趾。

《明通鑑》卷一六　壬寅，蘇門答剌國王宰奴里阿必丁入貢。【略】先是其國王之父，與鄰國花面王戰，中矢死，王子年幼，王妻號于衆曰：「孰能爲我復仇者，我以爲夫，與共國事。」有漁翁者，率國人往擊，馘其王而還，遂與王妻合，國人稱曰「老王」。既而王子年長，潛與部領謀，殺老王而襲其位。老王弟蘇幹剌逃山中，連年率衆侵擾。至是和使其國，蘇幹剌以頒賜不及己，怒，統數萬人邀擊。和勒部卒及其國人禦之，大破其衆，追至南渤利，禽之，俘以歸。其王旋遣使入謝。

《國榷》卷一六　癸卯，古里、柯枝、喃渤利、甘巴里、滿剌加諸番國入貢。

《太宗實録》卷一六八　戊申，西域貢獅子，文武群臣以爲聖德遠及所致，叩頭稱賀。上曰：「遠人貢土物以達誠，何用賀？《書》、《詩》所稱唐虞三代之治，曷嘗及祥瑞？蓋古聖賢之君，但求時和歲稔，百姓家給人足，即是太平。隋煬帝時孔雀集朝堂，百官稱賀；元順帝時，兩都桑果葉皆生黄色龍文，又有嘉禾一莖至八穗者，又常有五色祥雲見，持此而驕，卒皆亡滅，前鑒如此。朕與卿等但當祇守祖法，敬事無怠，以保鴻業，不可萌侈心。」

《國榷》卷一六　己酉，《五經四書大全》及《性理大全》書成。纂修官翰林學士兼左春坊大學士胡廣、右庶子兼侍講楊榮、右諭德兼侍講金幼孜、修撰蕭時中、陳循，編修周述、陳全、林誌、李貞、陳景著，檢討余學夔、劉永清、黄壽生、陳用、陳璲，五經博士王進，典籍黄約仲，庶吉士涂順，禮部郎中王羽，兵部郎中童模，禮部員外郎吴福，行在刑部員外郎吴嘉靖，禮部主事黄裳，刑部主事段民、洪順、沈升、章敞、楊勉、周忱、吴紳，廣東道御史陳道潛，大理寺評事王選，太常寺博士黄福，行在國子博士王復原，御醫趙友同，泉州教授曾振，常州教授廖思敬、蘄州學正傅舟，大庾教諭王進，濟陽教諭杜觀，善化教諭顔敬宇，常州訓導彭子斐，鎮江訓導留季安。上親序之。臨海陳燧常曰：「始欲詳，緩爲之。後被詔促成，諸儒之言，間有不暇精擇，未免牴牾。虛心觀理，自當得之，不可泥也。」

癸丑，浙江治水左通政趙居任言蘇、松、常、杭、嘉、湖歲登。上以居任好佞，驗視之。

庚申，免北京、山東、河南水災者傜役一年。

《明史》卷七《成祖紀三》　壬戌，北京地震。

《國榷》卷一六　十月乙丑朔，交趾叛寇陳月湖伏誅。初，月湖糾合清化磊江蠻作亂，張輔進討。至赤土縣，擒之，餘黨就戮，寇遂平。

丙寅，令郡縣，凡選發種田者，能養馬，悉除其罪。

《太宗實録》卷一六九　己巳，敕開平備禦成安侯郭亮等曰：「秋高馬肥，正胡虜出没之際。朕將巡邊，爾其整兵以俟。」

辛未，巡按湖廣監察御史林衡劾奏荆州左衛指揮僉事鄧義等爲擅毁湘府山川壇廟，逮問，而掌衛事都指揮使李英、僉事王剛擅引恩例，釋義等還職。乞皆罪之。命都察院悉謫戍邊。

《國榷》卷一六　乙亥，塞關外各隘口戍之。

《明史》卷七《成祖紀三》　甲申，獵於近郊。

《國榷》卷一六　辛卯，置忽魯愛、渚冬河、札真、兀思哈里四衛。女直。

《明史》卷七《成祖紀三》　壬辰，法司奏侵冒官糧者，帝怒，命戮之。及覆奏，帝曰：「朕過矣，仍論如律，自今死罪者皆五覆奏，著爲令。」

《太宗實録》卷一六九　癸巳，敕開平備禦成安侯郭亮、都指揮齊安等曰：

「得遼東諜報，阿魯台遣人徵朵顔等衛兵，言瓦剌人馬已到阿忽馬吉之境。宜晝夜謹備，不可怠忽。」

《國榷》卷一六　中官李達、吏部員外郎陳誠等使西域還。誠上《西域記》，歷哈烈、撒馬兒罕、俺都淮、八答商、迭里迷、沙鹿海牙、右賓塞、藍渴石、養夷、别失八里、火州、柳陳、土魯番、達失干、卜花兒，凡十七國，山川物産風俗悉備。

十一月庚子，遣御史閲軍衛士卒械器。

《太宗實録》卷一七〇　癸卯，勅鎮守寧夏寧陽侯陳懋及緣邊諸將曰：「今天寒地凍，正虜騎剽竊之時，宜嚴兵以備。」

《國榷》卷一六　己酉，琉球中山王貢使直佳魯還福建，奪海舶，殺官軍，毆中官，坐誅。宥其餘六十七人，特敕諭思紹。

辛亥，敕周王橚、肅王楧、晉王濟熿、秦王志堩，各選護衛步騎五千，以明春赴真定操練。敕陝西、甘肅、寧夏、大同、遼東及河南、山東、山西、陝西各都司、中都留守司、徐、宿、沂、邳、淮安、揚州、武平、歸德、睢陽、潼關諸衛，選步騎，明春赴真定、德州操練，候比試于北京。

壬子，麻林國及諸番國進麒麟、天馬、神鹿諸物。上御奉天門受之，羣臣稽首稱頌。上曰：「此皆皇考威德，卿等輔相功，繼今益勉之。」

《太宗實録》卷一七〇　甲寅，巡按貴州監察御史魯琛言：「近子平苗賊殺膚施溪長官司人民，總兵官都督梁福、都指揮田文奉命守邊，全無備禦之方，致寇恣肆，良民受害，請罪之。」上命封所劾章示之，俾盡力討賊以贖罪。

乙卯，勅岷州、西寧、臨洮各衛選土官、舍人、餘丁，不限名數，以明年春赴北京操練。

《國榷》卷一六　己未，賑海陽、潮陽、揭陽等縣饑民。

辛酉，兵部尚書陳洽奏：「占城通陳季擴，侵奪升華府地，請討之。」不許。敕諭占城國王占巴的賴。

壬戌，榮昌伯陳賢卒。

十二月乙丑，以磁州河災，免田租。

丁卯，定北京十五丁以下養馬一，十六丁以上養馬二，謫佃者不論丁，七户養馬一。

戊辰，免汲縣水災田租。

敕寧夏總兵寧陽侯陳懋曰：「瓦剌馬哈木等候冬襲阿魯台。斯言雖未可信，然須有備。第勿輕戰，堅壁清野，上計也。」大同、開平、遼東敕如之。

壬申，免遼東定遼等衛水災田租。

《太宗實録》卷一七一　甲戌，行在都察院左副都御史李慶劾奏都督同知曹得鎮守德州，未及期年，貪婪之名，彰著遠邇。妄作非爲，不止一端，爲軍民之害，失大臣之體，宜治其罪。上命封所劾章示之，且諭得曰：「如不悛改，將無及。」

《國榷》卷一六　丙子，許館陶、南樂鈔帛准租。

丁丑，遼東都指揮僉事徐剛捕倭而怯，戍邊。

丙戌，貴州普安安撫司改普安州，領羅羅夷民十二部。

《太宗實録》卷一七一　己丑，行在都察院左副都御史李慶等劾奏近倭賊入旅順口，都督劉江領軍至金川衛，相去甚近，不策應。及明日調兵至，而賊已遁。都指揮周興、巫凱俱不用心隄備，致倭寇屢爲邊患，宜寘之罪。上曰：「江等職在守邊，致寇如此，罪本難宥。姑記其過，使圖後效。」

辛卯，勅遼東總兵官都督劉江及遼東都司選女直官軍及舍人、餘丁，不限名數，以明年春赴北京操練。

《明史》卷七《成祖紀三》　是月，蠲順天、蘇州、鳳陽、浙江、湖廣、河南、山東州縣水旱田租。

永樂一四年（丙申、一四一六）

《國榷》卷一六　正月甲午朔，上在北京。

癸卯，韃靼脱脱不花等來歸，授副千户。

《明史》卷七《成祖紀三》　己酉，北京、河南、山東饑，免永樂十二年逋租，發粟一百三十七萬石有奇振之。

《太宗實録》卷一七二　壬子，勅鎮守陝西豐城侯李彬及都司衛所曰：「前所訓官軍赴北京者，如已在途，悉令回還。俟有召命則來。」

《皇明大政紀》卷八　癸丑，建昌衛指揮僉事李顯忠及毛憐衛指揮使猛哥不花等率其部屬郎卜兒罕、札不哈等來朝。命郎卜兒罕、札不哈等爲指揮、千户等官，賜誥命、冠帶、襲衣、鈔幣。

《國榷》卷一六　乙卯，永新伯許成擅杖工部主事王景亮，被劾，皇太子戒諭之。

《太宗實録》卷一七二　戊午，勑平江伯陳瑄、都督陳恭、謝芳率領舟師儹運糧儲赴北京。

《國榷》卷一六　己未，免懷慶、彰德去年水災田租。

庚申，琉球中山王思紹入貢，謝遣使不謹之罪。

辛酉，行在中軍都督金玉爲總兵官，蔡福副之，征山西廣靈縣妖寇劉子進等。

二月乙亥，浙江布政司右參議李彬坐贓，免死，輸作。

戊子，中軍都督僉事徐膺緒卒。

《明史》卷七《成祖紀三》　三月癸巳，都督梁福鎮湖廣、貴州。

《國榷》卷一六　長陵寢殿成，奉安仁孝皇后，命趙王祭告。

戊戌，刑部左侍郎金純改禮部。

《太宗實録》卷一七四　庚子，守三山門都指揮僉事孫勝怠於防守，至夜不鎖水閘。事覺，皇太子問，不以實對。法司論當斬，令旨免死，謫從貴州總兵官都督梁福立功贖罪。

《國榷》卷一六　禮部左侍郎金純爲尚書。

《明史》卷七《成祖紀三》　壬寅，阿魯台敗瓦剌，來獻捷。

《國榷》卷一六　別失八里王馬哈麻從子納黑失只罕入貢。告馬哈麻卒，亡子。遣中官李達、禮科給事中傅安往祭，仍封納黑失只罕爲王。時欲修怨哈烈，各敕諭之。

甲辰，改趙王高燧國彰德，命漢王高煦居青州。

庚申，前貴州普安安撫使慈長有罪，下獄。初，慈長侵營長黄暹地，奪民妻，下布政使孟驥按之。又率萬衆圍驥，驥計擒之，獄死。

《太宗實録》卷一七五　四月庚午，琉球國中山王思紹使韓完義等貢馬，山南王他魯每遣使鄭儀才等奉表貢方物，謝襲封恩。

《國榷》卷一六　貴州左布政使蔣廷瓚上言，思州思南土軍二千户所仍兼兵農。許之。

《明史》卷七《成祖紀三》　壬申，禮部尚書吕震請封禪。帝曰：「今天下雖無事，四方多水旱疾疫，安敢自謂太平。且《六經》無封禪之文，事不師古，甚無謂也。」不聽。

《皇明大政紀》卷八　甲戌，韃靼阿剌哈兒等九人各率家屬來歸。命阿剌哈兒爲都指揮僉事，餘受指揮僉事，俱賜冠帶、文綺、襲衣。

《明史》卷七《成祖紀三》　乙亥，胡廣爲文淵閣大學士。

《國榷》卷一六　丁丑，復設孟養軍民宣慰使司。初，宣慰使刀木旦及長子思欒發爲緬甸土官那羅塔所殺，司遂廢，所部三千餘人散居干崖金沙江。至是授其次子刀得孟宣慰使，從子玉賓宣慰司同知。

《皇明大政紀》卷八　朝鮮國王李芳遠遣陪臣韓長壽等貢方物，賀萬壽聖節。

《國榷》卷一六　癸未，定皇太孫婚禮儀仗如親王。

五月壬辰朔，暹羅國王子三剌波磨剌扎的剌告昭禄羣膺哆羅諦剌之喪。遣中官郭文往祭，詔封三剌波磨剌扎的剌爲暹羅國王。

甲午，廣靈妖寇劉子進等平。

《國榷》卷一六　丙申，午日。上御東苑，觀擊毬射柳，賜羣臣宴。自公侯以下至衛士、耆民，賜鈔有差。

甲辰，賑六安、英山、碭山、蕭縣及浙江西安諸縣饑民。

丙午，設交趾各郡縣儒學，及陰陽學、醫學、僧綱、道紀等司。

《皇明大政紀》卷八　庚戌，英國公張輔言：「自廣東欽州天涯驛，經猫尾港，至涌淪佛淘，從萬寧縣抵交趾，多由水道。陸行止二百九十一里，比丘溫故路近七驛傳，以便往來。」從之。

《國榷》卷一六　己未，金山衛報倭三十餘艘，約三千餘人，浮海往來。

《太宗實録》卷一七六　是月，江西南昌等府言，自四月至五月，淫雨，江水泛漲，壞廬舍，没田稼。命户部遣人撫視。

《國榷》卷一六　設西番領思奔寨行都指揮使司。

《太宗實録》卷一七七　六月乙丑，陝西都指揮使劉清掌寧夏衛事，私通外境，激變番夷，僭用服飾等事覺，法司當清斬罪。特命宥死，謫戍遼東。

巡按四川監察御史陳正倫言，瀘州比歲民饑，輸租不給，乞令去年税糧折收鈔帛。從之。

《明史》卷七《成祖紀三》　丁卯，都督同知蔡福等備倭山東。

《國榷》卷一六　敕鎮守寧夏寧陽侯陳懋曰：「瓦剌馬哈木已死，其衆潰散，故停北征。」

江西按察副使顧佐爲應天府尹。

庚午，交趾布政司右參議莫勛率土官來朝，進右布政使，三江土知府杜維忠爲右參政。

《太宗實録》卷一七七　辛未，朝鮮國王李芳遠遣使貢方物。

《國榷》卷一六　壬申，賑平陽大同饑民。

癸酉，賑偃師饑民。

乙亥，廣東儋州土官同知王賢祐率生黎峒首來朝。上謂行在禮部曰：「黎人遠不沾化，而貢獻頻繁。自今三年一朝，著爲令。」

己卯，哈烈、撒馬兒罕、失剌思、俺都淮等朝貢使還，賜鈔幣，命禮部遇所過郡縣宴餞之。仍遣中官魯安、吏部郎中陳誠賫敕偕行，賜哈烈王沙哈魯及撒馬兒罕等頭目金織諸物。

《太宗實録》卷一七七　巡按四川監察御史羅通言，四川行都司都指揮使郭賛隱匿罪人家財，分受進貢馬及諸不法事。點軍監察御史汪淋中與賛交通，共爲奸利，宜並治其罪。命都察院並追鞫之。

甲申，勅捕倭總兵官都督同知蔡福等曰：「近登州衛奏有賊舡三十三艘，泊靖海衛楊村島。已勅山東都指揮衛青等帥軍往捕，爾即合兵殄滅，勿誤事機。」

《國榷》卷一六　丁亥，故燕府長史壽州朱復贈北京行部尚書，謚忠定。

《太宗實録》卷一七七　是月，北京、薊州、遵化、玉田、通州、漷縣及山東濟南、商河諸州縣奏雨水傷稼，命户部遣人撫視。

《國榷》卷一六　七月庚寅朔，故鎮撫王忠贈後軍左都督，謚恭靖。以婦馮氏乳母也，封保聖賢順夫人。

癸巳，鎮守寧夏寧陽侯陳懋進嘉瓜。

《明史》卷七《成祖紀三》　丁酉，遣使捕北京、河南、山東州縣蝗。

《國榷》卷一六　辛丑，保定侯孟瑛、吏部右侍郎師逵作漢邸于青州。

《明史》卷七《成祖紀三》　壬寅，河決開封。

乙巳，掌錦衣衛事都指揮僉事紀綱有罪伏誅。

《國榷》卷一六　諭行在兵部尚書方賓同安遠侯柳升，選指揮千百户知兵者任其事，否則汰送京師。

丙午，應城伯孫巖初鎮通州，擅撻死金吾右衛千户馬俊，被劾，安置交趾。

丁未，右軍都督僉事趙清卒。

己酉，裁兩京城門郎，前年三月設。

永平大雨水，壞田廬，命賑之。

《太宗實録》卷一七八　辛亥，巡按江西監察御史成均劾奏江西布政司右參政潘賜不修職守，惟觴酒賦詩爲務，及與都指揮使唐琮督造海船，慢令失期。上以琮武夫，姑貫其耳，命都察院逮賜鞫之。

《國榷》卷一六　先是，蜀王子悦燇逃谷王橞所。王詭衆曰：「建文君尚在，金川之役，我出之，今居我所，我將伸大義，發有日。」蜀王椿聞之，大懼，使儀賓顧瞻上變。先是，橞益養死士，作舟艦弓弩器械，教習兵戰，大創佛寺，私度僧千人，呪詛縣官，與都指揮張成、宦者吴智、典寶劉信暱，造圖讖，謂十八子當有天下，而占之，曰：「我也，我高帝十八子。」號成曰師尚父，智信曰國老，令公隨侍。都督張興密言于上，上曰：「橞，朕弟。」興曰：「雖然，請察之。」上曰：「吾察之。」興還，白皇太子南京，曰：「臣所奏皆旦夕急，上猶徐徐爾，即不信，急時請得毋隨坐乎！」及蜀王奏至，上曰：「有是哉！」立歸悦燇于蜀。

癸丑，賜書褒蜀王椿，加黄金二百、白金千、鈔四萬、玉帶一、衮衣九、紵絲綫羅紗各五十、絨錦十、綵絹千、兜羅緜十、高麗布百、米千石、胡椒千斤、馬十。

《太宗實録》卷一七八　甲寅，行在户部尚書夏原吉言：「北京户口食鹽惟足本處軍民之用。今扈從官軍人衆，鹽不足用，宜令北京行部於長蘆鹽運司支運。每鹽一斤，收鈔一貫，庶公私兩便，鈔法亦通。」從之。

《國榷》卷一六　河南布政司左參議王徵巡部貪虐，皇太子下之都察院獄。

《太宗實録》卷一七八　己卯，監察御史康慶劾奏山西都指揮僉事穆肅嘗以妓女遺紀綱，交結服黨。上命錦衣衛鞫之。

《國榷》卷一六　是月，建寧、邵武、延平、廣信、饒、衢、金華、遼東大雨水，溺人畜甚衆，分賑之。

《皇明大政紀》卷八　八月庚申朔，巡按四川監察御史汪琳言：「越巂、寧番、鹽井、會川、禮州、德昌、打冲河俱係極邊衝要衛所，土城宜甃磚。」從之。

《國榷》卷一六　辛酉，設吉灘衛。女直野人。

《皇明大政紀》卷八　壬戌，山海衛指揮使言衛城及長城圮壞三百六十餘丈，宜亟修治。從之。

《國榷》卷一六　乙丑，召鎮守陝西豐城侯李彬。

刑科都給事中曹潤有罪徙邊。

丙寅，工部尚書吴中改刑部尚書。

己巳，常山右護衛指揮使陳智嗣榮昌伯。陳賢子。

《明史》卷七《成祖紀三》 癸酉旦，壽星見，禮臣請上表賀，不許。

《太宗實録》卷一七九 丁丑，詔天下軍民預北京營造者，分番赴工。所在有司人給鈔五錠，爲道里費。

《國榷》卷一六 戊寅，徵谷王橞。中官還自谷邸，言逆狀也。

辛巳，刑科給事中山陽丁珏素無行，因里賽社，誣其妖言見擢，專伺人細悮，人畏惡之，益貪濫。母喪，未期起復，輒從大祀，被劾戍邊。

《明史》卷七《成祖紀三》 丁亥，作北京西宫。

《國榷》卷一六 九月甲午，浙江左布政使辛彦博卒。汾州人，監生。謹直有通才，居官以廉能稱。

丙申，上聞漢王高煦選各衛軍隨侍，敕右軍都督僉事歐陽青即還原伍。

《太宗實録》卷一八〇 丁酉，掌常山右護衛都指揮同知陳中、掌常山中左二護衛都指揮僉事徐良、楊旺以擅調軍士，謫戍交阯。

《國榷》卷一六 命捕倭總兵官都督同知蔡福還京。

己亥，免寧陵縣水災田租。

行在行太僕寺卿楊砥言：「近年馬蕃，乞民五丁牧種馬一，歲蠲芻糧之半。薊州至山海諸衛屯軍，各種馬一，歲子粒半之。」上以軍牧，悉免焉。

《明史》卷七《成祖紀三》 癸卯，京師地震。

《皇明大政紀》卷八 壬寅，保安衛指揮使司議諸隘口用官軍防守。從之。

《國榷》卷一六 甲辰，瓦剌順寧王馬哈木、賢義王太平等使還，敕諭以順逆。

戊申，上疑漢王高煦，發北京。

甲寅，免鹽城縣被水田租。

十月甲子，兵部左侍郎盧淵卒。

乙丑，魯王肇煇朝上于濟寧。上先夕夢之，賜甚厚。

壬申，上次夾溝祭徐王墓。

占城國王占巴的賴入貢謝罪。

丙子，撒馬兒罕、土魯番地面回回法忽兒丁等貢馬。

《明史》卷七《成祖紀三》 丁丑，次鳳陽，祀皇陵。

癸未，至自北京，謁孝陵。

《國榷》卷一六 谷王橞猝就徵。既至，上示以蜀王之奏，自服。

甲申，成國公朱勇、都察院左都御史劉觀等奏谷王橞罪狀不可赦。上曰：「橞，朕弟。楚王楨、周王橚、蜀王椿、遼王柏、寧王權、瀋王模，其與諸王雜議。」

《太宗實録》卷一八一 是月，禁交阯、安息諸香不得出境。

《國榷》卷一六 十一月戊子朔，古里、爪哇、滿剌加、占城、蘇門答剌、南巫里、瑣里、浡泥、彭亨、錫蘭山、木骨都束、溜山、喃渤利、不剌哇、阿丹、麻林、剌撒、忽魯謨斯、柯枝諸國及舊港宣慰司各入貢。

《皇明大政紀》卷八 辛卯，以谷王橞謀逆事，條示諸王，議其罪。

癸巳，廣東高要縣猺首周四哥來朝，籍其屬八十七户，男女二百二十四口，願入版籍，供賦税糧。賜鈔幣，遣還。

《國榷》卷一六 辛丑，周王橚以子鎮平王有爌、宜陽王有炥來朝，己酉還國。

《明史》卷七《成祖紀三》 壬寅，詔文武羣臣集議營建北京。

《明通鑑》卷一六 上自北京還，遷都意決。工部請擇日營建，上曰：「此大事，須集廷臣議之。」【略】詔文武羣臣集議遷都之宜，乃上疏曰：「北京乃聖上龍興之地，北枕居庸，西峙太行，東連山海，南俯中原，沃壤千里，山川形勝，足以控四夷，制天下，誠帝王萬世之都也。宜敕所司營建。」從之。

《明史》卷七《成祖紀三》 丙午，召張輔還。

戊申，漢王高煦有罪，削二護衛。

《明通鑑》卷一六 初，上巡北京，高煦居南京，私選各衛健士，又募兵三千人，不隸籍兵部，縱使劫掠。兵馬指揮徐野驢捕治之，高煦怒，手鐵瓜撾殺野驢，衆莫敢言，遂僭用乘輿器物。至是上還，盡得其不法數十事，切責之，褫冠服，囚繫西華門内，將廢爲庶人。皇太子涕泣力救，乃削兩護衛，誅其左右狎暱數人。

《國榷》卷一六 丁巳，楚王楨來朝，庚申還國。

徙山東、山西、湖廣二千三百餘户于保安，三年不租。

《國榷》卷一六 十二月辛酉，修曲阜顔子廟。

《明史》卷七《成祖紀三》 丁卯，鄭和復使西洋。

《國榷》卷一六 壬申，《歷代名臣奏議》書成。

《明通鑑》卷一六　初，上在北京，以璽書諭皇太子，命翰林儒士編輯《歷代名臣奏議》。壬申，書成，上之。上諭侍臣曰：「致治之道，千古一揆。君能納善言，臣能盡忠無隱，天下何患不治！」遂命刊布，賜皇太子、皇太孫及諸大臣。

《國榷》卷一六　命都督冀中、馬聚調長沙護衛官軍三千戍遼東，二千戍宣府，二千戍保安諸衛，餘調山東。

丙子，設永寧衛，處遠戍刑徒。

己卯，免貴州官三年考滿赴京，通俟六年。從左布政使蔣廷瓚之言。

壬午，户科都給事中胡濙爲禮部左侍郎。

是月，右軍都督同知高成致仕。

永樂一五年（丁酉、一四一七）

《國榷》卷一六　正月庚寅，遼王植、瀋王模來朝，庚子還國。

癸巳，寧王權來朝，三月丙午還國。

《神僧傳》九卷成，上序之。

《明史》卷七《成祖紀三》　丁酉，大祀天地於南郊。

《國榷》卷一六　乙未，永安公主薨。上長女，駙馬都尉袁容尚之。

《明通鑑》卷一六　壬寅，上元節。上以長女永安公主薨，命罷張燈宴。

《國榷》卷一六　癸卯，蜀王椿來朝，丁未還國，厚賜之。

甲辰，楚王楨等謹上議：「谷王橞違棄祖訓，陰結惡黨，謀不軌，天地所不容，祖宗所不佑。臣等誠兄弟，謂宜按法誅。惟大兄皇帝裁門下恩，以昭奸示憲于天下。」上未即聽。

丁未，安王楹來朝，甲子還國。

壬子，晉王濟熿來朝，壬戌還國。

總兵官平江伯陳瑄領運，并提督沿河運木赴北京。

二月己未，楚世子孟烷來朝。

辛酉，右軍都督僉事張欽卒。

《明史》卷七《成祖紀三》　癸亥，谷王橞有罪，廢爲庶人。

《國榷》卷一六　山西左右布政使周璟、張春、參政李冲、張璘有罪，逮至，釋之。

《明史》卷七《成祖紀三》　丁卯，豐城侯李彬鎮交阯。

《國榷》卷一六　己巳，浙江左布政使鄧謙有罪，戍邊。

辛未，魯王肇煇來朝，乙亥還國。

《明史》卷七《成祖紀三》　壬申，泰寧侯陳珪董建北京，柳升、王通副之。

《國榷》卷一六　甲戌，肅王楧來朝。

掌繕工事泰寧侯陳珪、成山侯王通兼北京行後軍都督府事。

河南左右布政使周文褒、王文振俱坐罪，安置均州。

丁丑，慶王㮵來朝，壬午還國。

《太宗實録》卷一八六　三月丁亥朔，上將巡狩北京，命禮部定東宫留守事。

《明史》卷七《成祖紀三》　交阯始貢士至京師。

《國榷》卷一六　己丑，興平王尚炌、永壽王尚灴來朝。

甲午，胡榮爲光禄寺卿。

乙未，頒《四書》《五經》《性理大全》于六部、兩京國子監、各郡縣學。

別失八里王納黑失只罕入貢。時女弟將嫁撒馬兒罕，請市馬治奩。遣中官李信、指揮丁全等賜綺帛各五百匹。

《明史》卷七《成祖紀三》　丙申，雜犯死罪以下囚，輸作北京贖罪。

《國榷》卷一六　丁酉，中軍都督同知蔡福以捕倭溺舟師，宥死，謫交趾。

己亥，光禄寺卿胡榮女册爲皇太孫妃。

祥符王有爝、新安王有熺、永寧王有光、汝陽王有熵來朝。

《太宗實録》卷一八六　辛丑，以胡安爲府軍前衛指揮僉事，賜冠帶衣服，隨侍皇太孫，不視衛事。安，光禄卿榮之子也。

《國榷》卷一六　建洪恩靈濟宫于北京，祀南唐徐知證、知諤。初，徐温事楊行密，養子知證封江王，知諤封饒王，俱入閩，靖群盗，閩人祠之多靈應，上禱輒效，故立廟加封。

壬寅，皇太孫婚。

甲辰，永興王尚烈來朝。

《明史》卷七《成祖紀三》　丙午，漢王高煦有罪，徙封樂安州。

《明通鑑》卷一六　先是上怒高煦，漸得其奪適陰謀，以問尚書蹇義，義不敢對。復問諭德楊士奇，對曰：「臣與義俱侍東宫，外人無敢爲臣兩人言漢王事者。然漢王兩遣就藩，皆不肯行，今知陛下將徙都，輒請留守南京，此其心路人知之。惟陛下早善處置，以全父子之恩。」上默然。至是因其有罪，徙之樂安，並趣令之國，毋久留。

《國榷》卷一六　丁未，太監海童等使瓦剌還，賢義王太平、安樂王把禿孛羅貢馬謝罪。初，拒命，皆順寧王馬哈木也。

戊申，設貴州按察使。

《太宗實録》卷一八六　庚戌，勑交阯總兵官豐城侯李彬曰：「朕命爾鎮守一方，有罪者誅，有功者賞，必務公當，乃可服衆。」

《明史》卷七《成祖紀三》　壬子，北巡，發京師，皇太子監國。

《國榷》卷一六　四月丁巳朔，次鳳陽，祭皇陵。

庚申，次大店。邯鄲人言歲累歉，乞鈔幣代芻賦，上矜而蠲之。

壬戌，次夾溝。祭徐王墓，進鎮撫武勘爲徐州衛指揮僉事，守墓。

乙丑，次利國。復命太監海童、指揮柏齡等使瓦剌，勑勞太平、把禿孛羅。

《明史》卷七《成祖紀三》　己巳，次郯城。申禁軍士毋踐民田稼，有傷者除今年租。或先被水旱逋租，亦除之。

《太宗實録》卷一八七　甲戌，車駕次魚丘。勑松門衛以所獲倭賊送行在。

《國榷》卷一六　己卯，恭順伯吳允誠卒。

《明史》卷七《成祖紀三》　癸未，西宮成。

《國榷》卷一六　甲申，琉球國中山王思紹、山南王他魯每各入貢。

五月丙戌朔，上至北京御新殿，受朝賀。

戊子，行在左副都御史李慶兼督營造。命行在工部作安樂營，以居病匠，太醫院分療之，御史、錦衣衛官巡視，亡歿者歸其骨。

乙未，遣官巡視南北河道。

丁酉，和寧王阿魯台貢馬。

己亥，左僉都御史劉翥、工部左侍郎伏伯安坐事，俱降營繕司主事。

辛丑，許平陽、大同人分佃廣平、清河、真定、冀州、南宫等縣閒田。

《太宗實録》卷一八八　甲辰，福建泰寧縣言，境内馬鞍銀坑採鑿歲久，礦脈漸微，穴深泉湧，難于採辦。乞于傍近石厓古坑開煎，庶幾人力稍易，課額不虧。從之。

《國榷》卷一六　丙午，禁兵器鬻外國，雖勳戚不宥。

《太宗實録》卷一八八　壬子，行在兵部言：「隰寧、閔安、威虜、環州四堡，每堡舊設官軍二百，皆自宣府、懷安、萬全諸衛調至，因無家，屢逃。今新設保安左衛五所，居懷來者俱有家室。宜令每所撥五百户往守四堡，堡令千户一員統之。其中所官軍宜全伍調守長安嶺，令指揮一員統之，俱聽掌保安衛都指揮王禮總督。」上從之，令每堡先于保安撥二百户守之，餘俟酌量選補。

《國榷》卷一六　閏五月丙寅，交趾賊阮貞等伏誅。初，貞聚衆于陸那縣，至是擒之。李彬請以徇衆，從之。

《國榷》卷一六　戊辰，汀州賊劉勝孫僞稱太平將軍，刦清流縣，被擒，伏誅。

癸酉，禁僧尼私建庵院。

六月己丑，虜近開平，命備禦成安侯郭亮嚴兵。

《明史》卷七《成祖紀三》　丁酉，李彬討交阯賊黎核，斬之。

己亥，中官張謙使西洋還。敗倭寇於金鄉衛。

《國榷》卷一六　乙巳，真臘入貢。

《太宗實録》卷一九一　七月癸亥，遼東都指揮僉事徐忠以私忿杖殺軍士，宥死，謫戍開平，立功自效。

《國榷》卷一六　庚午，設四川烏撒軍民府。

甲戌，許幼官免缺襲職。

乙亥，賜皇太子《務本之訓》。敕曰：「朕以教太孫，今録賜汝，復別以賜太孫，使服膺之。」

癸未，刑科給事中阮瑢有罪，誅。

《國榷》卷一六　八月甲申朔，權蘇禄東國巴都葛叭答剌、權蘇禄西國麻哈剌叱葛剌丁、故權蘇禄峒王之妻叭都葛巴剌卜各入貢。

己丑，行在翰林侍講兼左春坊左中允鄒緝、侍講王洪主試順天。

琉球中山王思紹入貢。

庚寅，改行在翰林侍講王英主試，出侍講錢塘王洪禮部主事。洪□□進士，授行人，遷□科給事中。有文學，改檢討。自修撰歷侍講，頗矜傲，嘗訐延平知府胡子祺罪死。子廣，學士，于《實録》隱其罪。及受命主試，復奏之。上察子祺實卒于官，遂謫洪，飲恨死。

辛卯，右春坊右贊善梁潛、侍講陳全主試應天。

封蘇禄國東王巴都葛叭答剌，西王麻哈剌叱葛剌丁，峒王叭都葛巴剌卜。

《明史》卷七《成祖紀三》　甲午，甌寧人進金丹。帝曰：「此妖人也。」令自餌之，毀其方書。

《國榷》卷一六　己酉，福建沙縣盜陳添保等刦尤溪、清流等縣，伏誅。

浙江按察使周新擒嘉興盜倪弘三等，送京師，伏誅。

壬子，安王楹薨。楹聰敏好學，年三十五，亡子。謚曰惠，國除。洪熙初，韓王封平涼，景泰中使襄陵王冲秋奉惠王祀。

九月乙卯，都指揮谷祥、張翥往直隸、浙江、福建捕海盜。

戊午，太監張謙賫敕賜古麻剌朗國王幹剌義亦敦奔。

庚申，張安嗣安鄉伯。張勇子。

《太宗實録》卷一九二　癸亥，勅遼東總兵官都督劉江及遼東都指揮使司曰：「有自虜中還者，言虜歲凶乏食，欲肆掠各屯堡。其來必自太凌河或廣寧義州。宜令各衛慎固防守，毋爲所襲。」

《國榷》卷一六　乙丑，蘇祿國東王巴都葛叭答剌歸，次德州，卒。賜祭葬如禮，謚恭定。敕立其子都麻含。

丙寅，再定應天江北牧馬例，鳳陽、廬、揚、滁、和五丁牧馬一，應天、太平、鎮江十丁牧馬一。

《明史》卷七《成祖紀三》　丁卯，曲阜孔子廟成，帝親製文勒石。

《國榷》卷一六　戊辰，凡官馬斃及虧駒，悉免，著爲令。

己巳，庶人允熥卒。允熥以懿文太子季子，建文中封吴王，上改封廣澤王，降庶人。

辛巳，命行在工作人疾未痊者，護送還家，有司善撫之。

十月癸未朔，交趾盜楊進、江廣等平。初，賊據比書塞，左都督朱廣破之，悉斬以徇。

乙酉，刑部員外郎吕淵等使日本。時擒倭多日本人，特敕責日本國王源義持。

《太宗實録》卷一九三　丙申，勅掌陝西都司都督僉事胡原曰：「邊境屯戍，所以防禦寇暴，所務甚重。如綏德極邊之地，尤宜加意防慎。爾乃盡撤守備官軍，營幹他事，倘虜乘虛而入，何以制之？宜善計度，毋蹈失機之禍。」

丁未，勅甘肅總兵官都督費瓛曰：「今虜中有來歸者，加意撫綏。」蓋聞瓦剌之衆於兀古者河大敗阿魯台故也。

遼東總兵官都督劉江奏：「今歲兀良哈之地旱，泰寧衛指揮鎮南等以馬千疋來易米。前此易米者，其數不多，止用馬馱。今泰寧一衛用車三百輛運米。慮朵顔、福餘諸衛皆來，則無以給之。況遼東極邊，無他有司供給。守備官軍數多，每年安樂、自在二州寄住韃官俸糧，歲用浩大。而舊定馬價甚高，上上馬一疋米十五石，絹三疋；下者米八石，絹一疋。如悉依舊例，則邊儲空匱。宜令所司更議馬直，撙節糧儲，遞增布絹，中半市之。庶外夷蒙博施之恩，而邊儲無不給之患。」上曰：「江所言是。」命兵部定議行之。

《國榷》卷一六　十一月甲寅，賜朝鮮國王李芳遠，加金幣及其妃，以勤修職貢也。

《太宗實録》卷一九四　乙卯，勅遼東總兵官都督劉江曰：「爾奏欲更議馬直，已見體國之心。況今年遼東薄收，正宜撙節以舒用。今更定其價，上上馬每匹米五石，絹布各五疋；上馬米四石，絹布各四疋；中馬米三石，絹布各三疋；下馬米二石，絹布各二疋；駒米一石，布二疋。其他有可以實邊儲者，尚悉心計慮，以副朕倚託之重。」

交阯升華府知府嚴律己等奏：「占城侵據地方，拘制所屬官，不容理事。」勅總兵官豐城侯李彬斟酌處置。

辛未，勅遼東總兵官都督劉江曰：「近指揮朶兒只還自兀良哈，言虜寇至邊，晝則潛伏，夜則出入烟墩下，守者皆不覺。果如此言，爲將不嚴之過。然虜多詐，此言亦未可信。今宜密遣三五百人，匿道旁，俟寇入擒之，然後治守者之罪，庶其有警。」

《國榷》卷一六　工部右侍郎藺芳卒。芳夏縣人，洪武中舉孝廉，授刑部員外郎。永樂初，守吉安。先是，金華朱仲智守吉安，仁明廉潔，會改重慶，人難其繼。及芳至，民吏大喜。嘗坐累謫辦事官，從尚書宋禮治河，遷都水主事。督浚河南河渠，超右侍郎。吉安人思慕賢守，輒言「朱藺」。」

壬申，金水河太液池水冰，結爲樓閣、龍鳳、花卉象，賜群臣臨觀。行在禮部尚書吕震請表賀，不許。敕曰：「比歲以來，卿等遇祥輒賀。朕之涼德，夙夜不敢康。卿等毋因是而有怠心。」

癸酉，命中外諸司愛卹軍民，勸課農桑，作興學校，平均賦役，敬祀慎刑，旌表孝順節義，民鰥寡孤獨必存卹之。薦舉才德遺逸之士，嚴固邊徼，倉庫出納，無有侵欺，一遵高皇帝成憲。官吏貪暴曠職者，監察御史、按察司具實糾治之。

《明史》卷七《成祖紀三》　癸酉，禮部尚書趙羾爲兵部尚書，巡視塞北屯戍軍民利弊。

《國榷》卷一六　以新安王有熺火者領兵稱王來朝，直獵大名行刦，敕周王橚械入京。

辛巳，占城入貢。

十二月癸未，暹羅入貢。

濬揚州儀真縣河。

乙酉，周王橚請朝，止之。

辛卯，右軍都督僉事歐陽青卒。

丙申，哈烈、撒馬兒罕諸國入貢，偕中官魯安、禮部郎中陳誠等至。

《太宗實録》卷一九五　丁酉，命平江伯陳瑄充總兵官，率領舟師漕運糧儲赴北京。

《國榷》卷一六　癸卯，以永和王濟烺擅造龜紐印，敕戒之。

是月，浙江海寧、金鄉、松門、海門、昌國、定海各衛增置烽堠。

永樂一六年（戊戌、一四一八）

《國榷》卷一六　正月壬子朔，上在北京。

癸丑，外官來朝，部院科臣糾溺職者俱不問，敕諭之。

《明史》卷七《成祖紀三》　甲寅，交阯黎利反，都督朱廣擊敗之。

《明通鑒》卷一七　利初事陳氏，爲金吾將軍，歸命後，授巡檢，常怏怏。及大軍還，遂反，僭稱平定王，以弟石爲相國，與其黨段莽、范柳、范宴等放兵劫掠。李彬遣將朱廣討之，禽宴，斬以徇。利敗走。

《國榷》卷一六　癸亥，謚永興王尚烈曰「懿簡」。

丙寅，以《玄兔圖》并羣臣表頌賜皇太子。諭之曰：「羣臣頌朕，朕心媿之。大好直則德廣，好諛則過增。爾將來有寄，不可不審理于言。」

己巳，前行在太僕寺卿楊砥卒。

《太宗實録》卷一九六　甲戌，命西寧等處來朝禪師端岳藏爲弘智凈覺國師，爲兒藏爲廣陵妙凈國師，思我失星吉爲普濟凈慈國師，侖奔苑卜查失兒監藏爲弘慈廣智國師，皆賜誥印。

《明史》卷七《成祖紀三》　倭陷松門衛，按察司僉事石魯坐誅。

興安伯徐亨、都督夏貴備開平。

《國榷》卷一六　陝西布政司左參政郭敦爲行在禮部右侍郎。

二月丙戌，修大同等衛城堡。

丁亥，行在翰林院侍讀學士曾棨、侍講王英主禮闈。

癸巳，有言隨州棗陽流民不軌。上不聽，遣監察御史歐陽和撫散之。

乙未，琉球中山王入貢。

戊戌，永新伯許成卒。成江都人，自燕山中護衛百户從靖難，歷左軍都督僉事。

訐譚深、趙曦殺梅殷，得封。

《明史》卷七《成祖紀三》　辛丑，交阯四忙縣賊殺知縣歐陽智以叛，李彬遣將擊走之。

《明通鑒》卷一七　是時乂安知府潘僚，南靈州千户陳順慶，乂安衛百户陳直誠等，皆乘機作亂。其他奸宄范軟起浮槳，武貢黄汝典起偈江，儂文歷起丘溫，陳木果起武定，阮特起快州，吴巨來起善誓，鄭公證起同利，陶强起善才，丁宗老起大灣，范玉起安老，皆自署官爵，殺長吏，焚廬舍，而僚與玉尤猖獗。僚者，故乂安知府季祐子也，嗣父職，不堪馬騏虐，遂反。玉爲塗山寺僧，自言天降印劍，遂僭稱羅平王，紀元永寧，署相國、司空、大將軍官號，攻掠城邑。彬東征西勦，日不暇給。

《國榷》卷一六　北京行部禮部郎中秦政學狡險好訐，至是典科舉，受賕伏誅，輿論快之。

戊申，吴克忠嗣恭順伯。吴允誠子。

庚戌，别失八里頭目速哥等入貢。言其王納黑失只罕爲從弟歪思弑之而自立，西徙其國，改號亦力把里。上命速哥爲左軍都督僉事，克剌滿剌爲指揮僉事。

《太宗實録》卷一九八　三月辛亥朔，上御奉天殿，試行在禮部選中舉人董璘等二百五十人。

《國榷》卷一六　癸丑，行在後軍右都督陳亨卒。

《明史》卷七《成祖紀三》　甲寅，賜李騏等進士及第、出身有差。

都督僉事劉鑑備邊大同。王通副之。

《國榷》卷一六　癸亥，都指揮蘇火耳灰爲右軍都督僉事。

《太宗實録》卷一九八　甲戌，行在吏部言：「各處布政司、按察司官多缺。」

上曰：「布政司、按察司即古方岳之臣。方數千里之地，民生吏治，懸諸數人之手，得人則民安而政理，不得則民不安、政不理，其任匪輕。今廷臣中有賢能者，可選用之。」於是陞户部郎中楊端爲山西布政司左參政，朱忠為四川布政司左參政，員外郎楊寧遠爲交阯布政司右參議，禮部郎中平思忠爲陝西布政司左參政，陳士啟爲山東布政司右參政，兵部郎中張子真爲河南布政司右參政，刑部郎中劉顯爲浙江布政司右參政，交阯布政司左參議馮貴爲本司左參政，吏科給事中劉傑爲雲南布政司左參議，郝珩爲湖廣布政司左參議，兵科給事中羅拱、蔡彬俱爲山西布政司右參議，刑科給事中陳羽爲陝西布政司左參議，工科給事中張翊爲廣西布政司左參議，陝西道監察御史王敏、吴文俱爲福建布政司左參議，户部員外郎戴同吉爲浙江布政司右參議，魯璠爲湖廣布政司右參議，林季爲廣東布政司右參議，刑部員外郎沈升爲四川布政司右參議，兵科給事中李頻爲四川按察司副使，北京刑部主事蔣卣爲陝西按察司僉事，改福建右參議李煒於江西布政司，河南按察僉事韓善於陝西按察司，雲南按察僉事梁觀於廣東按察司。

《國榷》卷一六　太監海童、指揮柏齡等還自瓦剌。賢義王太平、安樂王把秃孛羅及弟昂克并順寧王馬哈木子脱歡各入貢。脱歡請襲爵，許之，仍海童往封。

《明通鑑》卷一七　戊寅，姚廣孝卒。上震悼，輟視朝二日，命有司治喪，以僧禮葬，追贈榮國公。上親製《神道碑》誌其功。

《國榷》卷一六　四月癸巳，周府儀賓盛瑜藏匿李景隆家人，敕周王橚戒之。

丁酉，太監海童、左軍都督僉事蘇火耳灰、都指揮程忠等賫敕賜太平、把秃孛羅及昂克、脱歡綵幣。遣指揮毛哈剌祭故順寧王馬哈木。

《明通鑑》卷一七　乙巳，日本遣使隨呂淵等來貢，託言：「海寇旁午，貢使不能上達。其無賴鼠竊者，實非下國所知，願貸罪容其朝貢。」上以其詞順，許之，禮使者如故。然海上之警猶不絶。

《國榷》卷一六　丁未，刑科給事中陳諤爲順天府尹。

己酉，代王桂悔過，復其護衛。

《明通鑑》卷一七　五月庚戌，重修《太祖實録》成。尚書夏原吉等上之，共二百五十七卷，爲二百五十册。又《寶訓》十五卷，爲十五册。上御殿以受，令別録藏古今通集庫，頒賞有差。《實録》自是始定。

《國榷》卷一六　遣中官楊忠等使亦力把里，賜其王歪思綺幣刀甲。

辛亥，蘇門答剌、干達里、暹羅、琉球各入貢。

昌平妖人劉化避軍，詭稱彌勒佛誘亂，伏誅。

《太宗實録》卷二〇〇　癸丑，金山衛奏，有倭舡百艘、賊七千餘人攻城刼掠。勑海道捕倭都指揮谷祥、張翥，令以兵策應。又令各衛所固守城池，賊至勿輕出戰。有機可乘，亦不可失，務出萬全。又勑福建、山東、廣東、遼東各都司及總兵官都督劉江督緣海各衛，悉嚴兵備。

《國榷》卷一六　乙卯，遼王植奏子遠安王貴燮私遁，命迹之。時貴燮失父意，欲入京訐其陰事。

丙辰，敕成山侯王通行視陝西潼關等處。曰：「高皇帝數命公侯重臣修理軍政。今西北邊尤急，勉盡厥心。」

命山東都督指揮衛青、李凱以八千人沿海剿倭。

《明史》卷七《成祖紀三》　丁巳，胡廣卒。

《國榷》卷一六　壬戌，隆平侯張信採太嶽太和山芝數千百莖進之。

戊辰，復代府長史、紀善等官。

辛未，行在刑部主事李時勉爲翰林院侍讀，陳敬宗爲侍講。

六月辛巳，雲南金齒潞江長官司進爲安撫司。

乙酉。詔纂修天下郡縣志。行在户部尚書夏原吉、翰林學士兼右春坊右庶子楊榮、翰林學士兼右春坊右諭德金幼孜總之，仍遣官博採。

戊戌，敕交趾總兵官豐城侯李彬曰：「爲將之道，在智勇仁信忠。勇則不可犯，智則不可惑，仁則愛人，信則不欺，忠則無二。爾撫鎮遠夷，正當體之。」

庚子，應城伯孫巖卒。

辛丑，敕遼東總兵官都督劉江曰：「倭孽出没，其固守勿輕出戰。」

丁未，光禄寺少卿周成、鍾永用、寺丞王宣于御膳所修製草藥。被告，伏誅。

七月辛亥，鎮守徐州忻城伯趙彝有罪，宥之。

丙辰，治滹沱河、滋沙二河決隄。

《明史》卷七《成祖紀三》　己巳，敕責陝西諸司：「比聞所屬歲屢不登，致民流莩，有司坐視不恤，又不以聞，其咎安在。其速發倉儲振之。」

《國榷》卷一六　靖州盜王忠自稱平定侯，攻刦武岡，捕誅之。

甲戌，翰林院侍讀兼右春坊右贊善梁潛以輔導有闕，逮下獄。

《國榷》卷一六　丙子，朝鮮國王李芳遠奏，世子禔驕恣不肖，季子祹孝弟力學，可嗣。從之。

八月戊寅朔，故交趾布政司右參政莫遂戰沒。子嵩襲參政祿，不任。

尼八剌國王沙的新萬入貢。遣中官鄧誠賚敕賜錦綺紗羅，所經罕東、靈藏、必力工瓦、烏思藏、野藍可般卜納等處頭目皆有賜。

辛巳，占城、滿剌加入貢。

癸未，遼東總兵官都督劉江請築望海堝石城。從之。

《太宗實録》卷二〇三 戊子，陝西行都司都指揮丁剛言：「總兵官都督費瓛率馬步軍一萬往甘肅備禦，每歲一易，交代參差。宜分爲三班，更番往來。」從之。仍勑瓛及其來時，就於本衛倉量帶米實邊，庶公私兼利。

辛卯，勑後軍都督僉事章安、兵部尚書趙羾曰：「今調瀋陽右衛及原調河南三護衛軍赴保安、宣府、永寧、美峪各衛所入伍。且令種田治生，勿遽役之。」

《國榷》卷一六 壬辰，禮科給事中馬政有罪，謫戍邊。

《太宗實録》卷二〇三 癸巳，命陝西布政司於所屬近地撥糧料二十萬石，運赴甘肅等衛倉，預備軍餉。

《國榷》卷一六 徐安嗣永康侯。徐忠子。

丙申，光禄寺卿張泌卒。

丁酉，哈烈、沙哈魯、撒馬兒罕、兀魯伯各入貢。

壬寅，蜀府崇寧王悅熑薨。

乙巳，刑部郎中陳福爲順天府尹。

《太宗實録》卷二〇四 九月戊申朔，上諭行在兵部臣曰：「近遼東緣邊官軍多出境市馬，以擾夷人，其禁戢之。今後非奉朝廷文書而私出境者，處以重刑。其守臣不嚴管束者，論罪如律。若安樂、自在等州女直野人、韃靼欲出境交易，不在此例。」

《國榷》卷一六 癸亥，漢府隨侍都指揮周彧、路宣、王海私受漢王龍文服，謫戍交趾。

戊辰，中官林貴、行人倪峻送占城國王孫舍那挫還國。

乙亥，浙江布政司左參議易英爲禮部左侍郎。

《太宗實録》卷二〇五 十月丁丑朔，勑平江伯陳瑄曰：「天氣向寒，漕運士卒久勞，可悉遣歸休，俟春暖復令就役。」

《國榷》卷一六 辛巳，令京城凡盜馬者斬。

甲申，工部言河南河溢，決埽座四十餘丈。命發卒治之。

戊子，交趾總兵官豐城侯李彬貢白象一、黑象十七。

工部右侍郎鄭綗卒。

己丑，諭陝西三司曰：「西人苦旱，征役又繁，朕甚憫焉。自今出使外夷，一切供應，非有朝命，毋得擅取。」

壬寅，朝鮮國王李芳遠稱老。命光禄寺少卿韓確、鴻臚寺丞劉泉往封其子祹朝鮮國王。

癸卯，大寧都指揮同知蕭授爲右軍都督僉事總兵官，鎮守湖廣、貴州。

定僧道府四十人，州三十人，縣二十人，限年二十，親隣保勘。出家五年，赴僧録、道録司試其業給牒，不則罷遣爲民。

《太宗實録》卷二〇五 丙午，左軍右都督薛禄言：「府軍前衛幼軍二十五所，其掌衛事者尚雜以年少，未能撫緝。宜增選老成軍官領之。」於是命指揮山雲、李玉、王彧、陳敬、張玉同掌衛事。

《國榷》卷一六 十一月壬子，行在刑部郎中楊勉爲右侍郎。

琉球中山王入貢。

癸亥，置交趾丘温衛。

甲子，命保定侯孟瑛往浙江祭海神。時瀕海諸縣潮患。

丁卯，左軍左都督朱廣卒。廣常熟人，自卒伍事上靖難，歷都指揮僉事，遷河南都指揮同知。從征交趾，累功至都督，復出鎮。

辛未，免浙江、江西、湖廣、蘇、松民營造，令轉運至北京。

《國榷》卷一六 十二月丙子朔，武當山宮觀成，賜名曰「太嶽太和山」，上自爲碑紀之。資先福，并祈弭臣庶焉。宮觀極巧麗，其天柱峰最高作銅殿，飾以黄金，範真武像，給田二百七十七頃。蓋靖難時藉靈真武云。

《明史》卷七《成祖紀三》 戊子，諭法司：「朕屢敕中外官潔己愛民，而不肖官吏恣肆自若，百姓苦之。夫良農必去稂莠者，爲害苗也。繼今，犯贓必論如法。」

《國榷》卷一六 戊寅，代世子遜煓薨。以狠傲荒淫，謚曰「悼戾」。

己卯，召開平備禦興安伯徐亨還京。

工部左侍郎伏伯安初有罪，降營繕主事，至是以才復之。

壬午，安定王尚炌狂悖有異謀，西安中護衛百户張誠等以王募兵檄聞，召入京詰問。

順天府尹陳福改應天。

癸巳，和寧王阿魯台貢馬。

丁酉，寬官吏給由期三月。

永樂一七年（己亥、一四一九）

《國榷》卷一七　正月丙午朔，上在北京。

癸丑，安定王尚炌至京，訊實，廢爲庶人，安置泗州守陵。　進張誠登州衛指揮同知，誅其黨二十八人，餘戍交趾。

丙寅，江西新淦縣逃匠雷劍南等聚衆拒捕，命都指揮劉忠、都督馬聚勦之。聞已輸罪，止聚等。

太監海童還自瓦剌，賢義王太平、安樂王把禿孛羅及弟昂克貢馬。

戊辰，琉球中山王貢馬。

壬申，都督僉事吴成、兵部尚書趙玨往視薊州迤東口北牧地。　時馬日蕃。

乙亥，平江伯陳瑄充總兵官，專理漕運北京。

《太宗實録》卷二〇九　二月乙酉，勑宣府備禦都督僉事章安等，視興和以外，於當立煙墩之處即立，不可稽緩。

《明史》卷七《成祖紀三》　興安伯徐亨備興和、開平、大同。

《國榷》卷一七　丁亥，濟南、青州水災，虧賦萬石，准輸鈔帛。

庚寅，通政司左通政趙居任卒。

丁酉，孫亨嗣應城伯。

戊戌，賀銀爲通政使。　先工部右侍郎，左遷營繕主事。

《太宗實録》卷二〇九　辛丑，勑諭交阯總兵豐城侯李彬曰：「比有言爾所親信人掠民子女孳畜，蓋爾約束不嚴之過。　夫爲將之道，在嚴紀律，積威信。　果若人言，良爲爾惜。　蓋爾勳名豈一日所致者？　自今須加省察，不可怠忽。」

《國榷》卷一七　都督僉事王哈剌把都兒領騎備禦開原、廣寧。

三月己酉，中官李信、林春使哈密，賜忠義王免力帖木兒綺帛及其母妃部屬。

辛亥，吏科給事中王卣有罪，謫戍邊。

乙卯，真臘入貢。

丁巳，《爲善陰隲書》成。　輯古百六十五人，各論斷，系詩于後。　上自序之，許科舉准《大誥》例試士。

辛酉，僧録司左覺義張答里麻通譯書，善應對，遂于番僧朝貢脅貲留難，侵奪各寺院田園。　都指揮李英發之，伏誅，籍其家。

甲子，占城入貢。

庚午，行在吏科給事中楊和爲工部右侍郎，監生李浩、顧悧爲吏工科給事中，進士陳敏爲浙江道監察御史。

都督僉事吴成、兵部尚書趙玨擇牧地于保安州。　自順聖川至桑乾河，廣袤百三十餘里。　先給馬千匹，都督張安、尚書趙玨提督，命行太僕寺少卿主之。

《太宗實録》卷二一一　四月丙戌，勑遼東總兵官都督劉江曰：「今朝鮮報倭寇飢困已極，欲寇邊，宜令緣海諸衛嚴謹備之。　如有機可乘，即盡力剿捕，無遺民患。」

《國榷》卷一七　丁酉，琉球中山王入貢。

《太宗實録》卷二一一　庚子，勑周王橚曰：「昔皇考時，諸王國所有匠作皆出護衛，有司無預。　秦王愍擅用民匠，事聞，命即改正，王所共知。　今奏欲得青州匠，已勑該都稽洪武事例施行，報王知之。」

《國榷》卷一七　壬寅，申交易金銀之禁。

癸卯，浚蕭山縣淤河。

甲辰，泰寧侯陳珪卒。

《明史》卷七《成祖紀三》　五月丙午，都督方政敗黎利於可藍栅。

《太宗實録》卷二一二　山西都指揮僉事穆肅坐交結紀綱，法司論當棄市，妻子流二千里。　特命宥死，謫戍交阯。

《國榷》卷一七　庚戌，行在禮部郎中周訥爲太常寺少卿。

癸丑，湖廣布政司左參政郝鵬爲户部左侍郎。

辛酉，哈烈回回、阿力火失阿鑾等入貢。

壬戌，禮部左侍郎易英卒。

戊辰，皇太子除建寧、邵武疫没人徭賦。

《太宗實録》卷二一三　六月丁丑，勑山東緣海衛所嚴兵備。　以金山衛奏，有倭船九十餘艘在海往來故也。

《國榷》卷一七　釋輕繫運磚贖罪。

辛巳，遣太監黄儼勞前朝鮮國王李芳遠。

《明史》卷七《成祖紀三》　壬午，免順天府去年水災田租。

《太宗實録》卷二一三　丁亥，直隸揚州府如皋縣丞劉遜言：「洪武中縣民五户養一馬，民田税糧全免，官田減半。比年新僉養馬户税糧未免，其有孳生及數者，責令買補，以致税糧逋欠。乞如例優免。」從之。

《明史》卷七《成祖紀三》　戊子，劉江殲倭寇於望海堝，封江廣寧伯。

《國榷》卷一七　庚寅，初山西行都司軍採石青于沙净州。舊塘艱甚，俄見青蛇，跡之，坎石青加鮮。都指揮李謙以圖上。

七月丁未，頒交阯人喪禮，從交阯布政司副理問盧文政之言。

癸丑，陳愉嗣泰寧侯。陳珪次子。

丁巳，錦衣衛署印都指揮劉忠因事擅囚都督程寬，見劾，下臺獄。

戊午，諭武臣子弟襲職，俱赴成國公朱勇統練。

《明通鑑》卷一七　庚申，鄭和使西洋還，凡歷滿剌加、古里等十九國，咸先後遣使朝貢。

《國榷》卷一七　鎮遠侯顧興祖巡視吕梁。時忻城伯趙彝鎮徐州，兼理洪道，貪縱廢事，故遣興祖，仍敕責彝。

八月壬午，交阯賊黎利掠磊江，都指揮黄誠等擊敗之，復走老撾。

癸未，敕皇太孫曰：「爾年既長，尚勤學問。自古帝王，未有不讀書明理而能齊治均平者。」

交阯乂安土知府潘僚反。僚，季佑子也。季佑事陳季擴，僞少保，勢迫來降，授交阯按察副使，署守乂安。僚繼之。時太監馬騏凌虐不堪，遂反。豐城侯李彬擊敗之，走玉麻州。

壬辰，交阯進白烏。

九月癸卯朔，上輯《列仙傳》，自序之。

丙午，滿剌加等十七國入貢。

《明通鑑》卷一七　壬子，封都督劉榮廣寧伯。榮冒其父江名，曾給事燕邸，從起兵爲前鋒，至是以破倭功論封，始更名榮。

《明史》卷七《成祖紀三》　丙辰，慶雲見，禮臣請表賀，不許。

《國榷》卷一七　丁巳，哈密等處及回回、滿剌撒丁貢馬三千五百四十六匹。

《太宗實録》卷二一六　己未，通政司右參議孫瑛、鴻臚寺丞高慶坐罪，謫交阯。

《國榷》卷一七　辛酉，召四川採木工部尚書宋禮回京。

十月壬申朔，交阯俄樂縣盜范軟平。初，軟據俄樂，都指揮徐源誅討之。

癸未，遣使敕諭暹羅國王三賴波磨札的剌。時滿加剌國王亦思罕答兒沙新立來朝，訴暹羅見侵也。

命中官楊三保等賜烏思藏法王國師等絨錦綵幣。

順天府尹陳諤改湖廣按察使。

《太宗實録》卷二一七　丁亥，勅交阯總兵官豐城侯李彬：「今乂安賊人潘僚等雖已敗散，而根柢猶在。宜早督軍進討，毋遺民患。」

《國榷》卷一七　十一月辛丑朔，和寧王貢使不法，奪市貨。命械其人，歸和寧王自治。

交阯盜四起，敕總兵官李彬督捕。

癸卯，廣寧伯劉榮仍總兵官，鎮守遼東。

《太宗實録》卷二一八　丙午，置均州馬山口巡檢司、小江口把截所。時隆平侯張信督工太和山，言小江口當往來之衝，馬山口通四川，俱宜設守備。遂命馬山口設巡檢司，小江口置把截所。旁近軍衛調百户一員、旗軍百人守之，每月更番。仍令按察司官巡察官軍之爲民害者。

《國榷》卷一七　蘇門答剌國王宰奴里阿必丁入貢。

官軍敗潘僚于玉麻州，走老撾，又追敗之。

丁未，吏部郎中諸葛平爲湖廣布政司右參議，專提督太嶽太和山宫觀。

指揮毛哈剌還自瓦剌，言阿魯台襲賢義王太平等，大破之。命千户脱力禿古等慰賜太平等綵幣。

甲寅，發京庫鈔九千七百二十錠，易粟儲貴州備歲。

甲子，拓北京南城。

戊辰，交阯嘉林善才縣盜陶强等叛，都指揮劉震、于瓚、吴興擊走之。欲渡富良江，都指揮陳濬力戰遏之。已賊益熾，李彬遣都指揮耿榮等擊敗之。

十二月癸酉，交阯都指揮陳忠等敗建昌縣賊于小黄江，追至西真縣，共斬獲千計。

丁丑，敕武臣曰：「自古國家盛衰强弱，未有不繫武備之張弛。有宋之時，太祖、太宗削除暴亂，將勇兵强。後嗣不修，醜虜僭竊，馴致分裂，宗社丘墟。元有天下，世祖戎部整肅，甲兵强盛，遂以胡主華。厥後嗣主荒淫，軍政弛焉，覆亡竟至。我高皇帝受命于天，于時將帥效忠，士卒奮勇，天下之民，陰受其賜。朕嗣位以來，屢敕爾等整齊隊伍，操練士卒，犀利器械。爾等惟圖貨賄，苟且蒙塞。今明與爾言，爾犯他罪，論勳論戚，猶可或恕。若如前弊，罪且用殺。」

戊寅，交趾總兵官李彬遣交州後衛方政擊建平盜丁宗老等，敗之。

《明史》卷七《成祖紀三》 庚辰，諭法司曰：「刑者，聖人所慎。匹夫匹婦不得其死，足傷天地之和，召水旱之災，甚非朕寛恤之意。自今，在外諸司死罪，咸送京師審録，三覆奏然後行刑。」

《國榷》卷一七 辛巳，李彬追敗鎮蠻盜，斬獲五百餘人。

乙酉，交趾總兵官李彬敗賊于東潮州。初，安老縣塗山寺妖僧范玉，詭神賜劍印，僭號羅平國，改永寧元年。以萬善爲入内檢校左相國平章軍國重事，吴忠爲入内行遣右尚書知軍國重事，陶承爲車騎大將軍，黎行爲司空。彬遣兵擊擒之，斬千二百級，擒善等七百八十人。玉脱去，後報擒，不實。

丁亥，敕皇太孫曰：「比聞出郊游獵，一軍害民，即懲以法，朕聞甚喜，善積而久，名播天下，不令而行，不言而信。」

戊子，刑部郎中吾紳爲行在禮部右侍郎。

《明通鑒》卷一七 〔乙丑〕學士楊榮疏陳十事，皆指斥府、部法司積弊。上覽之，密諭榮曰：「卿言甚當。但侍臣腹心之臣，若進此言，恐羣臣相猜疑，不若使御史言之。」于是御史鄧真疏入奏，衆皆請罪，詔「諸司即日悛改，怙終者不赦」。

《國榷》卷一七 庚寅，肅王楧薨。楧母郜氏，初封漢，二十五年改封肅，國甘州。建文初，移蘭州。居國循理，好文學，謚曰「莊」。

癸巳，琉球中山王入貢。

《明史》卷七《成祖紀三》 乙未，工部侍郎劉仲廉覈實交阯户口田賦，察軍民利病。

《國榷》卷一七 丙申，李彬進兵諒江。偵僞司空黎行、僞金吾大將軍陶强以八千人屯多錦縣之麻浪社，即勦之。

《明通鑒》卷一七 〔丁酉〕巡按交阯御史黄宗載上言：「交阯人民新入版圖，勞來安輯，尤在得人。而郡縣官多兩廣、雲南舉貢，未歷國學，遂授遠方牧民之任，若俟九年黜陟，恐益廢弛。宜令至任二年以上者，巡按御史及兩司覈實舉按以聞。」從之。因謂行在吏部曰：「守令，民之師率，不得其人，民受其殃。前除交阯郡縣官，出一時之宜，今御史所言良是，自今宜慎選之！」

《國榷》卷一七 戊戌，李彬兵至善才縣，敗賊游兵，追至麻浪社，大破之，斬陶强，殺獲三千五百餘人。

永樂一八年（庚子、一四二〇）

《國榷》卷一七 正月庚子朔，上在北京。

《明史》卷七《成祖紀三》 癸卯，李彬及都指揮孫霖、徐源敗黎利於磊江。

《明通鑒》卷一七 利何方政等還，潛出，殺玉局巡檢，已，復出磊江劫掠。官兵追擊，敗之。是時羣盜次第殄滅，而利益深匿不出。

《國榷》卷一七 乙巳，倭三百餘人掠金鄉、福寧及井門、程溪。

《太宗實録》卷二二〇 甲寅，上諭行在兵部臣曰：「將軍百户二十四人宿衛，歲久宜簡，其年及六十者陞之。」於是以徐諒爲陝西都指揮僉事，左岱爲陝西行都司都指揮僉事，趙瑛爲山西都指揮僉事，陳榮爲山西行都司都指揮僉事。

《國榷》卷一七 上觀燈午門，賜羣臣宴。上作詩，羣臣多屬和。

己未，左軍都督僉事何濬卒。

《太宗實録》卷二二〇 乙丑，命平江伯陳瑄爲總兵官，率領舟師漕運糧儲往赴北京。

《明史》卷七《成祖紀三》 閏月丙子，翰林院學士楊榮、金幼孜爲文淵閣大學士。

《國榷》卷一七 戊寅，甘肅總兵官都督費瓛釐涼州閒田。

《明史》卷七《成祖紀三》 庚辰，擢人材，布衣馬麟等十三人爲布政使、參政、參議。

《國榷》卷一七 乙酉，固安人王普順坐妖言誅。

辛卯，命械交趾都指揮劉震、于瓚、吴興入京，以討賊失利。

《明史》卷七《成祖紀三》 二月己酉，蒲臺妖婦唐賽兒作亂，安遠侯柳升帥師討之。

《明通鑒》卷一七 賽兒，蒲臺縣民林三之妻，自稱「佛母」，以幻術往來諸州縣，煽惑鄉民，奸人董彦昇等率衆附之，據益都之卸石栅寨。詔升率京軍往勦，都指揮劉忠副之。時青州衛指揮高鳳率兵往捕，賊乘夜銜擊，官兵潰，鳳等陷没，賊勢益張。

《國榷》卷一七　辛亥，趙府右長史董子莊卒。

《太宗實録》卷二二二　己未，勑甘肅總兵官都督費瓛曰：「今後陜西行都司所屬軍餘人等有犯笞杖、徒流、遷徒罪者，就發本地極邊處瞭守煙墩。其爲事官以下犯死罪者，送京師。」

《國榷》卷一七　丙寅，安遠侯柳升爲總兵官，都指揮僉事劉忠副之，率兵討山東妖寇。敕以賊栅憑高無水，且乏食，當坐困之，毋汲汲。

三月己巳朔，詔在外軍民匠役營北京者，咸復其家。

《太宗實録》卷二二三　壬申，勑總兵官安遠侯柳升曰：「賊屯山寨，其衆雖少，然蠆尾有毒，宜加意防，慎不可忽易。前高鳳輕進致敗，不戒困之之道。但斷其汲道，防其走逸，晝夜勿怠而已。」

《國榷》卷一七　癸酉，妖賊攻安丘，知縣張旟、縣丞馬撝糾衆力拒。

乙亥，賊掠莒州，千户孫恭等失利。

《太宗實録》卷二二三　丙子，命工部：「京師民居近皇城當遷者量給所費，擇隙地處之。」

《國榷》卷一七　庚辰，行在光禄寺丞高致有罪，誅。

賊陷即墨。

《明史》卷七《成祖紀三》　辛巳，敗賊於卸石栅寨，都指揮劉忠戰没，賽兒逸去。

《國榷》卷一七　癸未，命鴻臚寺丞李本、凌友諒等往諭勒白等百餘寨。勒白在西南最遠，未通貢。

《明史》卷七《成祖紀三》　甲申，山東都指揮僉事衛青敗賊於安丘，指揮王真敗賊於諸城，獻俘京師。

《明通鑒》卷一七　時賽兒之別黨賓鴻等攻安丘急，知縣張旟、縣丞馬撝，集民夫八百餘人，以死拒戰。賊復下莒、即墨，合衆并力攻之，聲言屠城，城中人兇懼。會都指揮僉事衛青備倭海上，亟率千騎晝夜馳至，甲申，奮擊，敗之。賊收合餘衆再戰，又大敗之，斬馘六千餘人。時城垂陷復完，青之力也。比三日，升始至，青迎謁，升怒其不待己，捽出之。而鰲山衛指揮王真，亦同時敗賊于諸城。賊遂平，惟賽兒卒不獲云。

《國榷》卷一七　都指揮桑高鎮守薊州，李昌鎮守山海關，吴顒鎮守真定，胡貴鎮守宿州，王傑鎮守揚州，徐甫鎮守永平。

丙戌，上聞唐賽兒遁，敕讓安遠侯柳升。

丁亥，進衛青山東都指揮使，王真都指揮同知。

《明史》卷七《成祖紀三》　戊子，山東布政使儲埏、張海，按察使劉本等坐縱盜誅。

《國榷》卷一七　己丑，榮昌伯陳智爲交趾左參將，協贊李彬。

癸巳，蠲廣東寧遠縣水災田租。

《太宗實録》卷二二三　甲午，勑遼東總兵官廣寧伯劉榮：「勦殺倭寇之時，都指揮并領隊官旗曾經力戰者，就彼各陞一級，退縮者不陞，務合至公。陞畢，具名來聞。」

戊戌，上以唐賽兒久不獲，慮削髮爲尼，或混處女道士中，遂命法司，凡北京、山東境内尼及女道士悉逮至京詰。

《明通鑒》卷一七　刑部尚書吴中劾奏：「升征勦失機。當賊憑高無水，又乏資糧，宜坐困之，升乃全不爲意。及賊夜斫營，殺傷將士，劉忠身先士卒，升不救援。衛青解安丘圍，反忌其功而摧辱之。請治其罪。」上曰：「升方命失機，媢功忌能，罪不可宥。」【略】徵升下獄，尋釋之。

《國榷》卷一七　四月己亥朔，行在刑部侍郎楊勉署山東布政司事，福建道監察御史鄧真署按察司事。

壬寅，交趾總兵官李彬遣都指揮孫貴等擊賊于鎮蠻之廷河縣，敗走之。彬自窮追殺，獲六百餘人，械范姪范玉等入京。

《明通鑒》卷一七　戊午，廣寧伯劉榮卒。

《國榷》卷一七　庚申，暹羅入貢。

辛酉，户部郎中張焕、刑部郎中石執中爲山東左右布政使，監察御史鄧真爲按察使。

乙丑，行在禮部右侍郎吾紳降廣東布政司右參議。

《太宗實録》卷二二五　五月辛未，命行在兵部，凡使西洋忽魯謨斯等國回，還官旗二次至四次者，俱陞一級。於是陞龍江左衛指揮朱真爲大寧都指揮僉事，掌龍江左衛事；水軍右衛指揮使唐敬爲都指揮僉事，餘陞如例。

丁丑，勅交阯總兵官豐城侯李彬曰：「叛寇潘遼、黎利、車三、農文歷等迄今未獲，未審兵何時得息，民何時得安？宜晝夜盡心，廣爲方畧，早滅此賊，以不負朕之委任。」

上懲妖婦唐賽兒誦經扇亂，遂命在外有司，凡軍民婦女出家爲尼及道姑者悉送京師。

《國榷》卷一七　辛巳，占城、爪哇國西王各入貢。

《明史》卷七《成祖紀三》　壬午，左都督朱榮鎮遼東。

《國榷》卷一七　交趾總兵官李彬遣都指揮朱廣剿賊，擒僞開聖王阮多、僞昭信侯譚興邦等，送京師。

癸未，湖廣鎮溪千户所苗叛，總兵官都督蕭授平之。

丁亥，河南按察僉事門泰以貪黷誅。

《明史》卷七《成祖紀三》　庚寅，交阯參政侯保、馮貴禦賊，戰死。

《國榷》卷一七　甲午，都指揮僉事莊興改河南，署南陽衛事。

六月辛丑，《孝順事實書》成。採史傳二百七人，各論次，系以詩。上製序，刊行之。

《明史》卷七《成祖紀三》　丙午，北京地震。

《國榷》卷一七　己酉，廣東布政司右參議陳誠爲右參政，同中官郭敬等使哈烈、撒馬兒罕、八答黑商、于闐諸國。時皆入貢，故遣賜綵幣。

七月庚午，遣指揮使徐晟賜阿魯台敕綵幣。

壬申，中軍右都督夏貴卒。

丙子，貴妃王氏薨。妃有賢德，上晚善怒，委曲調護，東宮諸王公主以下皆倚賴焉。謚昭獻。

辛巳，四川萬縣饑，賑之。

丙戌，衡州同知方素易卒于獄。素易樂平人，洪武中令盱眙，廉直平恕，吏民感之，太祖特敕賜上尊。憂去，奏留，後守金華，治行尤著。永樂初，坐累戍興州。尋拜左通政，諭交趾陳季擴，復使思州，勘田宗鼎、黄禧罪。還除衡州，捕桂陽峒寇龍卯銘。或詭言卯銘已兵死，不信，果獲之。有巡卒訴一子噬于虎，即檄山神，虎明日道死。其獄以州民匿谷庶人貨，株及素易，人皆惜之。

《明史》卷七《成祖紀三》　丁亥，徐亨備開平。

《國榷》卷一七　定大同中鹽河東引米三斗五升，淮浙引米四斗。

《明史》卷七《成祖紀三》　八月丁酉朔，日有食之。

《國榷》卷一七　壬寅，左春坊左中允兼行在翰林院侍講鄒緝、侍講王英主考順天；翰林院張伯穎、左春坊左贊善兼翰林編修陳仲完主考應天。

戊申，永壽王尚炌薨，謚懷簡。

己酉，壽星見丙位，羣臣請賀。上曰：「上天垂象，以親有德。朕惟恐勿堪。」

乙卯，蘇禄國西王入貢。

九月丁卯，揚州教授蔺從善、青州教授林長楙、寶鷄教諭徐永達並爲翰林院編修，甘泉教諭張昱、東阿教諭林岫、永年教諭劉順並爲國子監博士，同吏科給事中陳山侍皇太孫。

《太宗實録》卷二二九　己巳，行在尚寶司丞范寧以罪謫交阯，充吏。

《明史》卷七《成祖紀三》　己巳，召皇太子。

《明通鑒》卷一七　上定都北京。欽天監奏明年正旦吉，宜御新殿。遂遣户部尚書夏原吉齎敕召皇太子，尋敕太孫從行，期十二月終至京師。

《國榷》卷一七　甲戌，修仁和、海寧海塘。

乙亥，太監侯顯等使詔納樸兒國。

《明通鑒》卷一七　初，顯以通榜葛剌國使，隨貢麒麟，上悦之。至是榜葛剌國王賽佛丁遣人來告，以己居東印度之地，爲西境沼納樸兒所侵。上乃命顯復往宣諭，賜金幣，遂罷兵。顯自元年奉使西域，至是凡五出，與鄭和相亞云。

《國榷》卷一七　設大通關提舉司，如南京龍江提舉司，專治舟。

戊寅，滿剌加、蘇門答剌各入貢。

乙酉，通政使賀銀卒。銀臨海人，洪武中以桃源教諭薦令宛平。靖難時倡給芻餉，進通政司右參議。越六年，進工部右侍郎，尋降主事。初闕廉譽，侍郎坐累，籍貲甚厚。後復官改行，没之日，家具蕭然。

《明通鑒》卷一七　丁亥，詔：「自明年正月，改京師爲南京，北京爲京師，設六部，去行在之稱。」並取南京各印信給京師諸衙門，别鑄南京諸衙門印信，皆加「南京」二字。

《國榷》卷一七　十月丁酉，榜葛剌國頭目者剌里丁入貢。

庚子，召周王橚，以河南中護衛軍丁俺三等詐其不軌也。

乙巳，古麻剌朗國王斡剌義亦敦奔率妻子、陪臣，從太監張謙來朝。

《明通鑑》卷一七　壬子，皇太子發南京。

《國榷》卷一七　丙辰，給古麻朗國王幹剌義亦敦奔印誥。

皇太子過滁州，登瑯琊山，指學士楊士奇曰：「此醉翁亭故址也。」蓋好歐陽修文，謂有雍容和平氣象，刊行之。

《明史》卷七《成祖紀三》　庚申，李彬遣指揮使方政敗黎利於老撾。

《國榷》卷一七　壬戌，都指揮僉事馮興鎮定州，崔聚守紫荆關。

癸亥，甘露降孝陵松柏，皇太孫採之，薦太廟。

《國榷》卷一七　十一月丙寅，皇太子謁鳳陽皇陵。

《太宗實録》卷二三一　丁卯，上謂行在兵部尚書方賓曰：「明年改行在所爲京師，凡軍衛合行事宜，其令各官議擬以聞。」於是，行在左軍都督薛禄掌北京後軍都督府，其簿書宜付後軍都督府承長，印送禮部銷。夜巡銅牌、門禁、鎖鑰付中軍都督府掌，出關勘合令中軍都督府編置。兵部公同用印，送印綬監收。別置文簿，付各關爲驗。凡出關者，通政司具奏，赴印綬監填給勘合照驗。金吾左等十衛，已爲親軍指揮使司，其行移并守衛官軍，俱合依南京上十衛例。其各衛官軍，今在南京及行在衛分者，俱合取入原衛上直守衛。南京留守五衛，每衛改官軍一半，來北京開設留守五衛，仍屬五府，分守城門，及更番點閘皇城四門。北京牧馬千户所，候調南京軍至併之。常山三護衛，見在北京，其文移合依安東中護衛例。悉從之。命兵部以孝陵、濟川、廣洋、水軍、左右、江陰、横海、天策、英武、飛熊、廣武、應天等衛留守南京，神策、鎮南、驍騎、瀋陽、虎賁、豹韜、龍驤、鷹揚、興武、龍虎、武德、和陽、潘陽右等衛調守北京。留守中、左、右、前、後五衛官軍分守南北二京。

《明史》卷七《成祖紀三》　戊辰，以遷都北京詔天下。

己巳，應天府尹顧佐改順天。

《太宗實録》卷二三一　壬申，謫遼東都指揮李信等巡邊，以其守備不嚴，致寇入境也。

《國榷》卷一七　甲戌，裁北京苑馬寺。初用軍牧，比調軍保安，改民牧，故罷六監二十四苑。

乙亥，召皇太孫同皇太子至京。

壬午，裁北京行部并所屬六曹清吏司，增刑部雲南、交阯、貴州三司。

《太宗實録》卷二三一　乙酉，皇太孫發南京。

《國榷》卷一七　丁亥，免海康、遂溪潮溢田租千六百餘石。

己丑，皇太子過鄒縣。

《明通鑑》卷一七　歲荒民饑，耆老迎謁者皆賜之鈔，問以所苦，輟所食賜之。時山東布政使石執中來迎，太子命亟發官粟振之。執中請人給三斗，太子曰：「與六斗。汝勿以擅發爲懼，吾見上，當自奏也。」

《明史》卷七《成祖紀三》　壬辰，曲陽妖人楊得春逃晉陽，符呪惑衆謀亂，伏誅。

《國榷》卷一七　是月，振青、萊饑。

《國榷》卷一七　十二月己亥，貴州歲貢生入國子監。

甲辰，劉湍嗣廣寧伯。劉榮子。

行在左副都御史李慶爲工部尚書，右副都御史王彰爲右都御史，翰林院修撰羅汝敬爲侍講。

丁未，中軍都督陳恭掌中都留守司事。

《太宗實録》卷二三二　戊申，擢河南中護衛軍丁俺三爲錦衣衛指揮僉事，賜姓名趙誠。以其告周王橚不軌得實也。

庚戌，上以將行南郊祀禮，命法司出繫囚輸役贖罪。

癸丑，行在兵部尚書方賓言：「守衛官軍舊有定數，午門、端門、承天門、長安左右門俱係金吾旗手、府軍、虎賁宿衛，今因別有選調，其數不足。宜增羽林、濟川、濟陽、燕山四衛軍士相參宿直。」從之。

《國榷》卷一七　甲寅，封中軍右都督郭義安陽侯，禄千一百石；後軍右都督薛禄陽武侯，禄八百石；左軍都督同知薛斌永順伯，禄九百石，並世襲。

北京刑部尚書郭資改户部尚書，侍郎李昶爲右侍郎，李友直工部□侍郎，崔衍兵部右侍郎。

《明史》卷七《成祖紀三》　己未，皇太子及皇太孫至北京。

《太宗實録》卷二三二　辛酉，命駙馬都尉廣平侯袁容掌後軍都督府事。

《明通鑑》卷一七　太子因奏山東發粟振饑事，上曰：「善！昔范仲淹之子，猶能舉麥舟濟其父之故舊，況百姓固吾之赤子乎！」

《太宗實録》卷二三二　壬戌，甘肅總兵官都督費瓛言：「四川仙泉等鹽課司十八井，洪武中撥鹽井衛中納，停罷已久。請準見中川鹽則列，每引加米一斗五升，共米三斗，令於涼州衛倉中納爲便。」從之。

《明史》卷七《成祖紀三》　癸亥，北京郊廟宮殿成。

《國榷》卷一七　規制如南京加壯，自戊子六月肇工，歷十三年。工部營繕郎中蔡信爲右侍郎，餘陞賚有差。

免鳳陽旱傷田租。

《明史》卷七《成祖紀三》　是年，始設東廠，命中官刺事。

《明通鑒》卷一七　初，上命中官刺事，皇太子監國，稍稍禁之。至是以北京初建，尤鋭意防奸，廣布錦衣官校，專司緝訪。復慮外官瞻徇，乃設東廠于東安門北，以内監掌之。自是中官益專横，不可復制。

永樂一九年（辛丑、一四二一）

《明史》卷七《成祖紀三》　正月甲子朔，奉安五廟神主於太廟。御奉天殿受朝賀，大宴。

《國榷》卷一七　丙寅，刑部尚書吴中、都察院右都御史王彰糾天下入覲官，溺職者皆宥之。

丁卯，翰林學士兼左春坊左諭德楊士奇爲左春坊大學士。

備倭都指揮谷祥貪虐，杖斃指揮梁海。事聞，下獄死。

己巳，和寧王阿魯台遣使來貢。使臣要刼行旅，上戒諭之。自是阿魯台不朝。

交趾總兵官李彬遣都指揮師祐追潘僚于玉麻州。賊借老撾戰象突我，官軍力戰，繼以火器，象反走，賊潰，琴結以所部降。

《明史》卷七《成祖紀三》　甲戌，大祀天地於南郊。

《太宗實録》卷二三三　丙子，都察院右都御史王彰等劾奏陝西行都司都指揮李文、劉廣、陳賢、陳聚、吕均邊備不嚴，致虜騎入塞，殺傷軍士，請治其罪。上命姑宥之，令省過自效。

《國榷》卷一七　定各番夷朝貢賞例，務從厚，悉依品級。

增保安州順聖川牧馬萬二千匹。

《明通鑒》卷一七　戊寅，詔曰：「朕荷天地祖宗之祐，統馭萬方，祇勤撫綏，夙夜無間。乃者仿成周卜洛之規，建立兩都，爲永遠之業。爰自經營以來，賴天下臣民，殫心竭力，趨事赴工。今宫殿告成，祇祀天地社稷，眷懷黎庶，嘉與維新，弘敷寬恤之仁，用治好生之德。其大赦天下！」

《國榷》卷一七　安陽侯郭義卒。

《太宗實録》卷二三三　己卯，命平江伯陳瑄充總兵官率領舟師儹運糧儲赴北京。諭之曰：「北京所需糧餉爲切，而人力漕運不易。卿能公勤御衆，使倉庾充實，所助多矣。然民力有限，國用無窮。卿宜益勤撫卹，俾軍士樂於趨事，雖久而不怨，斯國家所賴不淺也。勉之勿怠！」

《國榷》卷一七　辛巳，廣東巡海副總兵指揮李珪值倭于潮州，擊斬五級，俘十五人。

甲申，置雲南車里靖安宣慰使司。初車里軍民宣慰使刀弄、同知刀雙孟弄叔。至是雙孟奏刀弄侵擾，乞分治。于是割其地，以雙孟爲車里靖安宣慰使。

《太宗實録》卷二三三　戊子，兵部言：「廣東都指揮李端捕倭失機，已就逮。」上命選能幹官往，率衆備倭。

《國榷》卷一七　忽魯謨斯、阿丹、祖法兒、剌撒、不剌哇、木骨都束、古里、柯枝、加異勒、錫蘭山、溜山、喃渤利、蘇門答剌、阿魯、滿剌加、甘巴里十六國入貢。

己丑，前軍右都督董信卒。

《明通鑒》卷一七　〔辛卯，禮部尚書吕震以中官之譖告皇太子，宜疎其人〕。【略】皇太子曰：「吾豈能無過！今至尊既不信之，我又與人計較耶？」卒置之。

《國榷》卷一七　壬辰，魏國公徐欽自南京來朝，遽辭歸，失上意，罷爲民，俾守鳳陽先塋。

《明史》卷七《成祖紀三》　癸巳，鄭和復使西洋。

《國榷》卷一七　二月己亥，左春坊大學士楊士奇、翰林院侍讀周述主禮闈。

《明史》卷七《成祖紀三》　辛丑，都督僉事胡原帥師巡海捕倭。

《國榷》卷一七　癸卯，開四川福興源亨小城鹽池井鹽。

丙午，周王橚至京。上示以密章，頓首謝罪，置之。

己未，全椒、吴橋饑，賑粟四千六百五十石。

壬戌，楚王楨、慶王㮵來朝。

三月，辛未，楚王還國。

壬申，命笞杖徒流雜罪俱輸作以贖。

《太宗實録》卷二三五　癸酉，禮部會試天下舉人，得陳中等二百人。賜考官宴于本部。

丁丑，上御奉天殿，試禮部選中舉人陳中等及前科未廷試舉人尹安凡二百一人。

《明史》卷七《成祖紀三》 辛巳，賜曾鶴齡等進士及第、出身有差。

《國榷》卷一七 甲申，賢妃喻氏薨。謚昭順，尋加忠敬昭順。

丁亥，復遣太監海童往賜瓦剌賢義王太平、安樂王把禿孛羅等綵幣。時入貢，詔諭其部落方敗于阿魯台，部衆流散，近邊懼見執，故安之。

四月甲午，封秩煃慶世子，秩熹靜寧王，秩炵安化王，秩熒真寧王，秩煉岐山王。

丙申，周王橚還國。

戊戌，慶王㮵還國。

庚子，奉天、華蓋、謹身三殿災。

《明通鑑》卷一七 〔壬寅〕詔群臣直陳闕失，其略曰：「朕仿古建二京，不意三殿同災，實惟祗懼。意者敬天事神，禮有怠歟？祖法戾，政務乖歟？小人在位，賢士隱遯歟？刑獄冤濫歟？讒慝交作歟？掊克及田里歟？蠹財妄費，用無度歟？租稅太重，徭役不均歟？軍旅未息，征調無方，饋餉乏歟？工作過度，民力敝歟？奸人附勢，羣吏弄法，有司闒茸不治歟？爾文武羣臣其盡言無隱！」

《國榷》卷一七 癸卯，蘇祿國東王母遣使入貢。

甲辰，翰林侍讀李時勉、侍講鄒緝應詔上言：「陛下嗣紹高皇帝統緒，建立北京，焦勞聖慮，幾二十年。本所以爲子孫不拔丕基，天下萬民尊仰之根本。然肇建以來，工巨費大，調度廣，科派繁，羣臣不能深體聖心，致措置失宜。冗官濫員，內外大小，動至千百，征需無藝，掊克蠶食，竭髓猶不足供，匱用莫知所圖。夫衣食者，民所賴命也。百萬之衆，終歲在官，既不得遂其父母妻子樂生之心，使耕種失時，農蠶廢業，猶且征求益深，所取無極。至于代輸桑棗，以供薪爨，剥取桑皮，以爲楮料，而衣食罄矣。加之官司胥吏，橫征暴斂，日甚一日。即如前歲買辦青綠顏料，本非產處，科派動千數百户，民無可得，醵鈔行買，每大青一斤至萬六千貫。及至進納，多以不中，不肯收受，往復展轉，須二萬貫，而不足供一柱一椽之費。其後已遣官課辦產處府縣，買辦猶不爲止。蓋緣工匠派料之時，預爲濫取之利，初不顧民艱難，害之甚者也。然此其一爾。京師，天下根本；人民，京師根本也。人民安則京師安，京師安則國本固而天下安，自然之勢也。自營建以來，羣輦工匠，假託威勢，驅迫移徙，號令方出，屋宇已摧，孤兒寡婦，哭泣叫號，寒暑暴露，莫能自蔽。倉皇别徙，奥突粗完，又復重驅，莫知所向。至有三四遷移，不能定居。既移之後，所空之地，經日逾時，工力猶未之及。此皆陛下之所不知，而京師人民不無怨讟者也。貪官污吏，徧布內外。朝廷每一差遣，即是其人養活之計。州縣官吏，賄賂公行，逢迎恐後。間有廉潔自守，不敢承應，復命之日，即罹讒毁，無以自明。是以在外藩司而下，聞有差遣官至，望風應接，剥下媚上，有同交易。夫小民所積幾何？內外上下，誅求如此！今山東、河南、山陝諸處，饑荒水旱相仍，至剥樹皮，掘草根，簸稗子爲食。官無儲蓄，不能賑濟。老幼流移，顛踣道路，賣妻鬻子，以求苟活。而京師之內，聚集僧道幾萬餘人，日食廩米皆百餘石，猶且徭役不息，征斂不休，此皆耗蠹以養無用者也。報效軍士，朝廷厚與糧賜，使之就役。而游行往來，恣橫擾害。是乃奸詭之人，懼還原伍，科徭不堪，假圖規避，豈真有報效之心，可任用者哉！朝廷歲令有司織緞鑄錢，齎往外番及西北胡買馬收貨，所出以數千萬，而所取曾不十一。夫錢出外國，自昔有禁，竭天下所有以與之，可謂失宜矣。馬至雖多，類皆駑下，散養民間，馬多人少，生養不遂。及至死傷，輒令賠償。馬户貧困，鬻賣子女，猶不能塞，不知人民耗矣，多馬奚裨！昔晉武帝徙胡內地，卒致亂華。今入貢胡人，皆窺覘虛實圖便利者也。乃使羣居輦轂，鞍馬弓矢，牛羊衣服，盛供張，厚賞賚以優之，此寧足明廣大耶！至于宮觀禱祠，蠹財妄費，亦其一端。夫奉天殿，陛下正朝之殿也，災首及焉，自非省躬責己，改革政化，疏滌天下窮困之人，曷回上天譴怒之意？臣願陛下駕返南京，奉謁陵廟，告以災變，保養聖躬，休息于無爲。散遣營造工匠，停止征派役作，蠲除租賦，賑濟饑荒，勿聽小人，重勞天下。罷絶禱祠，禁絶僧道，除下番買馬之役，四夷朝貢，賜賚遣之，勿復容留。沙汰冗濫，覈豪懲貪，獎廉能之吏，重陞賞之實。又前者常有監生、生員告乞侍親，因而獲罪，發爲充軍。又其間有先告侍親，後以親終已行出仕，有司不行分理，概發充軍者。此皆有虧教化之風，並乞赦原，遂其初志。又近者大赦天下，法司執滯常條，罪可宥原，尚復縶拘，亦乞予之自新，量加湔洗。夫國家所恃長久者，天命與人心也。而天命常視人心爲去留，欲得人心，先敦教化，必修禮讓，遂其生養，足其衣食，使其知父子君臣之義，被道德仁義之化，休養田里之間，不見貪殘虐害之政，將災沴不作，太平可臻矣。」疏上，忤旨。頃之，坐謗下獄。尋赦出，不敍。

給事中柯暹、監察御史徐瑢、鄭惟桓、羅通、刑部主事高公望並言時政，上俱嘉納之。

《明通鑒》卷一七　殺主事蕭儀。時言者多以建都北京不便，致召天災，而儀言之尤峻。上大怒曰：「方遷都時，朕與大臣密議數月而後行，非輕舉也。」遂坐儀誹謗，下獄誅。

一時言者因劾大臣，上命跪午門外質辨。諸大臣爭詈言者，惟尚書夏原吉獨奏曰：「彼應詔無罪，惟臣等備員大臣，不能協贊大計，罪在臣等。」上意稍解。或尤原吉背初議，原吉曰：「吾輩歷事久，言雖失，幸上憐之。若言官得罪，所損不細矣。」衆始歎服。

《明史》卷七《成祖紀三》　乙巳，詔罷不便於民及不急諸務，蠲十七年以前逋賦，免去年被災田糧。

己酉，萬壽節，以三殿災止賀。

《國榷》卷一七　辛亥，暹羅國王三賴波磨剌札的賴入貢，謝侵滿剌加之罪。

《明史》卷七《成祖紀三》　癸丑，蹇義等二十六人巡行天下，安撫軍民。

《國榷》卷一七　禮部左侍郎儀智致仕。

丙辰，古麻朗國王幹剌義亦敦奔歸，至福建卒。遣禮部主事楊善祭之，謚康靖。子剌苾嗣古麻剌朗國王以歸。

《明史》卷七《成祖紀三》　五月乙丑，出建言給事中柯暹，御史何忠、鄭維桓、羅通等爲知州。

《國榷》卷一七　【略】前言事請止巡游，引「龍不離淵，虎不離穴」爲喻。上怒，詰問之。引《易書》「龍虎風雲」對。皆謫知州，俱交趾。

丙寅，榜葛剌國入貢。

壬申，浡泥國叔祖須麻億等入貢。

周王橚辭三護衛，從之。

《明史》卷七《成祖紀三》　庚寅，令交阯屯田。

《明通鑒》卷一七　【略】豐城侯李彬上言：「交阯地遠，不通餽運，乞依各都司衛所例，分軍屯田以供糧餉，度地險易，爲屯守征調之多寡。」詔從之。

六月，甲辰，發倉粟，振蘇州之吳縣，浙江之西安，江西之瑞昌。

《國榷》卷一七　庚戌，以瓦剌侵哈密，敕諭賢義王太平等還所掠。

《太宗實録》卷二三八　辛亥，初，山西行都司都指揮同知李謙奏大同右衛赤山兒、猶兒、莊鷄兒崖俱係極邊，胡虜所窺之地，宜設軍備禦，從之。而總兵官都督劉鑑與謙不合，勒軍還。至是，上聞之，遣勅切責，青鎮軍乃復行。

《國榷》卷一七　甲寅，令南人入南京國子監。時北雍隘，不能容。

《太宗實録》卷二三八　乙卯，賑安慶府之潛山縣、河間府之東光縣飢民，凡萬四千九百五十三户，給倉糧五萬四千八百二十石。

《國榷》卷一七　丁巳，諜者云阿魯台欲寇邊，敕居庸關等處嚴備。

《太宗實録》卷二三八　戊午，勅開平備禦成安侯郭亮等曰：「今草盛馬肥，朕欲親巡興和、開平。其整飭軍馬以俟。」勅鎮守寧夏寧陽侯陳懋曰：「近有報阿魯台欲寇邊，其嚴備之。城池屯壁關隘之處，並須完固。」

勅興和備禦都指揮王喚曰：「今有報故寇欲犯邊，凡應守備城池、屯堡，亟須脩理。朕將巡視焉。」

《國榷》卷一七　庚申，命遼東總兵官都督朱榮、都指揮巫凱、劉青選五千騎，山東都指揮王真領三千騎，並赴北京。

《太宗實録》卷二三九　七月癸亥，命襄城伯李隆督運糧料二十萬石口外給官軍。

《國榷》卷一七　命河南都指揮張楨、山西都指揮朱銘各領卒五千，銘兼太原三護衛卒四千，潼關衛指揮□□領卒一千，並赴北京。

乙丑，後軍都督僉事章安選口北卒一萬赴宣府，山西行都指揮李謙、盛全選卒一萬赴萬全，錦衣衛指揮劉儼、左通政樊敬選河南卒二萬赴北京。

丁卯，嚴自宫之禁。

《明史》卷七《成祖紀三》　己巳，帝將北征，敕都督朱榮領前鋒，安遠侯柳升領中軍，寧陽侯陳懋領御前精騎，永順伯薛斌、恭順伯吴克忠領馬隊，武安侯鄭亨、陽武侯薛禄領左右哨，英國公張輔、成山侯王通領左右掖。

《國榷》卷一七　癸酉，志堈嗣保安王。

寧津、高邑、歙、新寧、上杭饑，賑粟六千一百七十石。

戊寅，惠安伯金玉卒。

丁亥，中軍都督同知曹得卒。

戊子，諜阿魯台北遁，罷所徵兵。

《太宗實録》卷二三九　庚寅，勅山西行都司都指揮李謙、盛全率所領軍還大同，俟明年二月至萬全。

《明史》卷七《成祖紀三》　八月辛卯朔，日有食之。

《國榷》卷一七　壬辰，太監海童、指揮白忠等還自瓦剌，言亦力把里國王歪思與賢義王太平戰，互勝負。遂命邊將嚴備。

癸巳，還諸路兵，期明年二月至北京。

《太宗實録》卷二四〇 庚子，勑後軍都督僉事章安罷遣所領官軍還各衛，俟明年二月赴宣府。

《國榷》卷一七 庚戌，免徐州去年水災田租四萬三千八百九十二石。

甲寅，選西寧、莊浪、平涼、鞏昌、岷河、臨洮等土軍明春赴北京。

丙辰，命鎮守寧夏寧陽侯陳懋選卒六千五百，明春赴京。

丁巳，命陝西都司中都留守司選卒一萬四千三百，明春赴京。

庚申，漢世子瞻壑薨，謚懿莊。

《太宗實録》卷二四一 九月乙丑，勑遼東總兵官都督朱榮言，遼東邊儲不給，宜令開中鹽糧。下户部議。至是尚書夏原吉等定議，淮浙鹽每引米五斗，於廣寧倉輸納，不次支給。從之。

《明通鑑》卷一七 〔辛未〕，李彬奏：「老撾久不遣黎利，觀望持兩端。」上敕彬拘其頭目，送京師詰之。

《國榷》卷一七 己卯，交趾總兵官李彬追擒劇賊楊恭于新安之岐山縣。

十月癸巳，暹羅等入貢。

壬寅，皇孫瞻垠薨。東宫第四子，年十七。追封静樂王，謚莊獻，葬昌平宜山。

丁未，永順伯薛斌卒。

庚戌，翰林院侍講鄒緝爲左春坊左庶子，仍兼侍講。庶吉士董璘爲翰林院編修，刑部郎中段民爲山東布政司左參政，監察御史俞士悦、陳鎰爲湖廣按察司副使。

《明史》卷七《成祖紀三》 十一月辛酉，分遣中官楊實、御史戴誠等覈天下庫藏出納之數。

《太宗實録》卷二四三 戊辰，開平備禦成安侯郭亮奏：「瞭見野馬、黄羊，從者答古川往西涼亭西南，又見隰寧堡北八十里墩野馬西走。」勑緣邊諸將嚴兵備虜。

己巳，勑户部侍郎李昶暫停餽運，散遣軍士還家休息，俟春暖復運。蓋昶初奉命總督餽運於邊，至是以冬寒停止。

《國榷》卷一七 命邊將置邏騎營于古北口北神樹之地，作深溝高壘以自固。

《明通鑑》卷一七 丙子，上鋭意親征沙漠，召户部尚書夏原吉、禮部尚書吕震、兵部尚書方賓、刑部尚書吴中等議，皆言兵不宜出。未奏，會上召賓，賓力言軍興費乏，上不懌，召原吉問邊儲多寡，對曰：「比年師出無功，軍馬儲蓄，十喪八九，災眚迭作，内外俱疲。況聖躬少安，尚須調護，乞遣將往征，勿勞車駕。」上怒，立命原吉出理開平糧儲。而吴中入對如賓言，上益怒，乃召原吉還，並中繫之内官監，又繫大理丞鄒師顔，以嘗署户部也。賓懼，自縊死。上遂欲殺原吉等，召楊榮，問原吉等平日所爲，榮力言其無他，上意稍釋。乃籍原吉家，自賜鈔外，惟布衣瓦器而已。上既繫原吉等，乃以震兼領户、兵部事，震亦自危。上令校官十人隨之，曰：「若震自盡，爾十人皆死。」蓋是時論北征事，惟震獨無迕，又乘間言賓等憸邪，誣罔，故上獨任之。

《明史》卷七《成祖紀三》 辛巳，下侍讀李時勉於獄。

《太宗實録》卷二四三 己卯，勑内官楊慶、御史譚原清等點勘南京并直隸衛府州縣倉糧遞年出納之數。

《明史》卷七《成祖紀三》 甲申，發直隸、山西、河南、山東及南畿應天等五府，滁、和、徐三州丁壯運糧，期明年二月至宣府。

《國榷》卷一七 己丑，静寧王秩𤇍薨。

《太宗實録》卷二四四 十二月壬寅，交阯布政司言糧儲不敷，宜以淮浙官鹽召商於交阯中納，不次支給。其交阯官鹽換金者，不爲常例，一體兼中，候糧足用俱停止。下户部議。於是尚書郭資等定議，交州、北京、諒江、新安四府每引米四斗折稻一石，建平、清化二府每引米三斗五升折稻八斗七升，乂安、新平二府每引米三斗折稻七斗五升，順化府每引米二斗五升折稻六斗二升。從之。

甲辰，勑鎮守河州都指揮劉昭於河州衛選土軍一百人，人馬二匹，委指揮康壽率領，明年三月至北京。

甲寅，朝鮮國王李裪遣陪臣崔淵得奉表及方物，賀明年正旦。

永樂二〇年（壬寅、一四二二）

《明史》卷七《成祖紀三》 正月己未朔，日有食之，免朝賀，詔羣臣修省。

辛未，大祀天地於南郊。

《國榷》卷一七 壬申，交趾總兵官豐城侯李彬卒。

丙子，龍游寧鄉饑，賑粟二千九百石。

己卯，哈烈、于闐諸國入貢。

壬午，禮部尚書兼都察院事呂震劾遼東總兵官都督朱榮弛備縱虜，及廣寧都指揮王真、周興等，俱宜下吏。命戴罪自効。

二月庚寅，除烏程絶户糧二萬九千五百四十七石。

癸巳，故惠安伯金玉子瑛襲金吾左衛指揮使。

《太宗實録》卷二四六　乙未，命平江伯陳瑄充總兵官，率領舟師儹運糧儲，赴北京。

《國榷》卷一七　秦府志潔封富平王。

己亥，後軍都督同知朱崇卒。

辛丑，命考黜贓污官吏邊戍之。

《明史》卷七《成祖紀三》　乙巳，隆平侯張信、兵部尚書李慶分督北征軍餉，役民夫二十三萬五千有奇，運糧三十七萬石。

《國榷》卷一七　丁未，封志墣永興王。

後軍都督僉事程寬卒。

三月己未，故永新伯許成子貴襲羽林前衛指揮使。

《明史》卷七《成祖紀三》　丙寅，詔有司遇災先振後聞。

乙亥，阿魯台犯興和，都指揮王唤戰死。

丁丑，親征阿魯台，皇太子監國。

戊寅，發京師。

辛巳，次雞鳴山，阿魯台遁。

《明通鑑》卷一七　諸將請追之，上曰：「虜非有他計，譬之狼，貪得所欲即走，追之徒勞。少俟草青馬肥，道開平，踰應昌，出其不意，直抵窟穴，破之未晚也。」

《太宗實録》卷二四七　癸未，駐蹕宣府，下令軍中愛惜戰馬。

勅保定侯孟瑛等率官軍及幼軍於北京操備。

《國榷》卷一七　甲申，享將士。

乙酉，市山東、河南、山西驢二十餘萬至，給士卒。

四月，丁亥朔，敕皇太子，凡官軍以罪繫者，悉送軍前立功。

戊子，武安侯鄭亨以萬卒治龍門道。

庚寅，賑潁州饑民粟八萬六千八百五十石。皇太子從吏部尚書、巡撫蹇義之請。

辛卯，命太醫院分醫生于行營視疾。

己亥，敕前鋒都督朱榮等，勤哨瞭，慎設伏。

《明通鑑》卷一七　辛丑，師次龍門。戍卒言虜倉猝遁去，遺馬二千餘匹于洗馬嶺，敕宣府指揮王禮盡收入城。

《太宗實録》卷二四八　壬寅，勑大營五軍諸將：龍門以北道狹，各營以次前進，不得攙襍。

《國榷》卷一七　癸卯，萬壽節。禮部請賀，上曰：「朕不獲祗拜宗廟，兼念從征士卒之苦，何樂于心？此行驅虜安邊，共效忠勇，所以賀也。」

《太宗實録》卷二四八　己酉，勑鎮遠侯顧興、遂安伯陳英等督餽運赴軍前。

《國榷》卷一七　壬子，令民以軍餉役塞外者，復之一年。

《明史》卷七《成祖紀三》　乙卯，次雲州，大閱。

《國榷》卷一七　五月己未，令將士軍行不得離隊五十丈，牧放馬驢亦毋得遠離營。

廣州暴風雨，潮溢，溺人畜，壞田舍。皇太子遣使撫問。

《明通鑑》卷一七　辛酉，駐蹕獨石。以端午節，賜從征文武羣臣宴。

《國榷》卷一七　甲子，爪哇國西王入貢。

《明史》卷七《成祖紀三》　乙丑，獵於偏嶺。

《國榷》卷一七　丙寅，次隰寧。敕開平備禦成安侯郭亮曰：「虜至勿戰，固守俟大軍。城中民禁之遠出，屯堡無要害者，悉徙入城。」

《明通鑑》卷一七　丁卯，復大閱諸將，諭侍臣曰：「兵行猶水，水因地而順流，兵因敵而作勢。水無常行，兵無常勢，能因敵變化取勝者，得勢者也。然必先使之熟習行陣，猝遇寇至，麾之左右前後，無不中節矣。」

戊辰，觀士卒射。有一卒射小旗，三發皆中，賜牛羊鈔錠。上自製《平虜曲》，俾將士歌之。

《國榷》卷一七　庚午，召列侯馳射。英國公張輔、安遠侯柳升、寧陽侯陳懋連中，應城伯孫亨不中，罷其領兵。隆平侯張信辭疾不至，降辦事官。餘半中。上諭曰：「智勇兼全，爲將之道。弓馬便捷，所向無敵，勇也；計算深長，智也。有勇無智，一卒耳。」

《明史》卷七《成祖紀三》 辛未，次西涼亭。

《明通鑒》卷一七 壬申，大閱于西涼亭，命自張輔以下皆就營馳射，上親觀之，惟輔及陳懋連中，餘或半中。應城伯孫亨以不中被罰，罷其領兵之任。張信托病不至，降充辦事官。

癸酉，次閔安。下令，「軍中樵採不得出長圍二十里外」。時營陣，大營居中，營外分駐五軍，建左、右哨，掖以總之。步卒居内，騎卒居外，神機營在騎卒之外，神機外有長圍周二十里。

《國榷》卷一七 甲戌，勅皇太子曰：「朕今去京師漸遠，軍機重務，令五府六部議當行之，不必來奏。」仍勅諸臣協心輔導。

丙子次威虜鎮。

丁丑，勅前鋒左都督朱榮哨騎止五千前行，餘回大營。值寇勿輕進，亟馳報。

庚辰，皇太子進蔬果。勅曰：「朕付爾宗社，親賢保民是爲爾孝。口腹勞人，非朕心也。繼今蔬果毋遠進。」

辛巳諭諸將曰：「軍旅重事，朕不敢自逸。每一令出，必審思之。古人云：『將，國輔也。輔周國强，輔隙國弱。』朕若未當，爾有深謀長策，即面陳焉。」上在軍率五鼓起，或閲卒，或計事。夜與侍臣論經史，或與諸將論兵法，至忘食寢。

壬午，勅領運公侯，令餽運兵民日隨大軍行。夜團營而宿，後者斬。

《皇明大政紀》卷八 癸未，車駕發威虜鎮，次行州。命户部以山西、河南、山東所運糧六萬餘石儲于山海。

《太宗實録》卷二四九 乙酉，勅户部運糧萬二千石，兵仗局運火藥千斤赴開平，爲守城之備。

《明史》卷七《成祖紀三》 次開平。

《國榷》卷一七 六月戊子，次玻瓈谷。分所轉運，還貯開平。

己丑，次通川甸。命都督吴成、都指揮程忠以五百騎馳應昌覘虜。

《太宗實録》卷二五〇 庚寅，河南布政司右參政趙儀有罪，當徒。皇太子令罷職，爲辦事官，督轉運之務。

《國榷》卷一七 次長樂鎮。鎮之水，晚有泉出，足飲。

《太宗實録》卷二五〇 辛卯，太僕寺丞王忠以閲馬受賕，皇太子令謫戍邊。

《明史》卷七《成祖紀三》 壬辰，令軍行出應昌，結方陣以進。

癸巳，諜報阿魯台兵攻萬全，諸將請分兵還擊，帝曰：「詐也。彼慮大軍擣其巢穴，欲以牽制我師，敢攻城哉。」

甲午，次陽和谷，寇攻萬全者果遁去。

《國榷》卷一七 丙申，次祥雲屯。方駐蹕，紫雲如蓋，見營南，故名。

戊戌，次翠玉峯。虜有降者，命善撫之。

《太宗實録》卷二五〇 甲辰，車駕次金沙泊。命公侯同御史點視將校兵器及所賫行糧。

《國榷》卷一七 庚戌，次玉河泉。以深入，勅前鋒都督朱榮等，各領健卒三百、卒二騎，賫二十日糧，宵行偵伺。都督吴成等踵兵千人後應。

乙卯，次通濟河。令軍中護兵器馬驢行糧，毋委棄。

是月，廣平、邯鄲、成安、肥鄉、無極、藁城、濬、魏、襄城俱霪雨傷稼。

七月丙辰朔，次廣威鎮。

戊午，次環秀岡。虜有息，命馳赴，簡邏騎四出。

《明史》卷七《成祖紀三》 己未，阿魯台棄輜重於闊欒海側北遁，發兵焚之，收其牲畜，遂旋師。謂諸將曰：「阿魯台敢悖逆，恃兀良哈爲羽翼也。當還師翦之。」簡步騎二萬，分五道並進。

《國榷》卷一七 辛酉，次清水泊。

皇太子遣視溧陽、寶應、蕭、新城、莒、諸城、壽光、膠、蓬萊、黄、中牟、原武、祥符、滎澤、長垣、薊、玉田、灤，俱霪雨傷稼。

戊辰，次捕虜川。命武安侯鄭亨、成山侯王通、陽武侯薛禄率大營諸軍後行。

己巳，次沙泉磧。命都督任禮等偵虜。

《明通鑒》卷一七 庚午，遇於屈裂兒河。三衛數萬之衆果驅牛馬車輛西走，倉猝遇大軍，迎戰。上麾騎夾擊，自率前鋒衝之，斬首數百級，餘皆走散。其地背河，面左皆山，大軍依山而軍。上乘高望之，見其衆稍聚，乃麾兵繞出其右，分兵渡河，斷其後，衆突至，盡獲之，又麾兵繞出其左。先伏神機弩于深林中，又命嚴陣山下以待。已而其衆盡棄輜重走左，上麾騎合山下兵馳追之，及林間，伏發，遂大潰。追奔三十里，斬部長數十人，虜牛羊十餘萬，蕩其巢而還。

《國榷》卷一七 暹羅、占城入貢。

《明史》卷七《成祖紀三》 辛未，徇河西，捕斬甚衆。

《國榷》卷一七　壬申，兀良哈餘寇多來降，釋之。

癸酉，皇太子免兩畿、山東、河南被水田租二十三萬八千三百四十石有奇，芻三十八萬一千三百餘束。

《明史》卷七《成祖紀三》　甲戌，兀良哈餘黨詣軍門降。

《國榷》卷一七　乙亥，工部尚書宋禮卒。

丙子，次聞喜岡，至大營。

丁丑，命寧陽侯陳懋以五千騎追餘虜于屈裂兒河東北，聞尚千餘人。

戊寅，次捷勝原。分給所獲牛羊于將士。

壬午，次紫駝岡。陳懋搜獲河東北深谷男婦千餘及牛羊馬數萬，并得所掠邊卒男女百餘人。

《太宗實録》卷二五〇　甲申，車駕次和鑾谷。勅開平備禦成安侯郭亮發官軍餽運赴行營。

《國榷》卷一七　八月乙酉朔，次清漠川。

前軍都督僉事馬真卒。真，武進人，襲燕山左護衛百户，靖難功陞。至是征北，力戰被創，還黑山，卒。予祭葬。

己丑，次祥雲屯。寧陽侯陳懋逐殘虜山澤中，敗之。

壬辰，次威遠川。益陳懋千騎，與武安侯鄭亨前行收輜重。亨、懋夾擊虜，又大敗之。

乙未，後軍都督僉事章安卒。

《明史》卷七《成祖紀三》　戊戌，諸將分道者俱獻捷。

《國榷》卷一七　署交趾布按二司工部尚書黄福乞交趾罪人皆納粟贖罪以資餉，皇太子從之。

皇太子許廣西鬱林、博白、北流、陸川歲餉九萬餘石，自鬱林航至廉州，令交趾自運。

《太宗實録》卷二五〇　己亥，户部尚書郭資言：「天下郡縣所上永樂十七年至十九年實徵之數，分豁本色、折色，內存留本處軍衛有司等倉米九百七十六萬二千三百五十三石有奇，其輸運南北二京及交阯等處倉米一千二百七十七萬一千四百二十石有奇。絲二萬斤，折米二萬石；苧布八萬九千二百八十二疋，折米六萬二千八百四十七石；綿布壹百七萬五千九百七十疋，每疋折米一石；鈔五百七十萬三千一百一十六錠，折米九十五萬五百一十九石有奇；白二梭布五千疋，折米七千五百石；棉花絨六十萬斤，折米六萬石。率未完，宜差官催徵。」皇太子從之。

《國榷》卷一七　廣東右布政使華亭王公亮、按察僉事當塗梁觀並卒，俱有賢名。

庚子，次武平鎮。皇太子遣富陽侯李茂芳、禮部尚書呂震迎駕。

《明史》卷七《成祖紀三》　辛丑，以班師詔天下。

《國榷》卷一七　是役最爲得志，然阿魯台竟遁，未伏誅也。

《明史》卷七《成祖紀三》　壬寅，鄭亨、薛禄守開平。

鄭和還。

《國榷》卷一七　皇太子定官吏考滿不給由，服滿不起，得代不赴，因事赴京不還任，俱戍保安。

庚戌，次雲州。禁官軍蹂傷田稼。

辛亥，皇太子遣駙馬都尉沐昕，趙王高燧遣長史趙季通，六部臣推侍郎郭敦，進《賀平胡表》。

九月乙卯朔，次榆林。

丁巳，度居庸關，次龍虎臺。享隨駕將校，北京文武大臣迎駕。

《太宗實録》卷二五一　戊午，車駕次新店，命官軍以所獲虜人口孳畜等物先入京城。

《國榷》卷一七　庚申，左春坊左庶子兼翰林院侍講鄒緝卒。又右春坊右贊善武進陳濟，博學强識，當日鮮倫。自布衣召總裁《大典》，皇太子深重之，亦卒。

《明史》卷七《成祖紀三》　壬戌，至京師。

癸亥，下左春坊大學士楊士奇於獄。

《國榷》卷一七　甲子，刑部右侍郎楊勉以弟罪下錦衣獄。

乙丑，工部左侍郎伏伯安，前過通州，私潞河驛丞妾，見劾，下錦衣獄。

《明史》卷七《成祖紀三》　丙寅，下吏部尚書蹇義、禮部尚書呂震於獄，尋俱釋之。

《明通鑒》卷一七　時皇太子屢遭讒搆，上以士奇輔導有闕。會呂震壻張鶴，朝參失儀，太子以震故，宥之。上聞之，怒義不能匡正，于是並震及士奇等俱先後下獄。尋皆釋之。踰年，皆復官。

《國榷》卷一七　己巳，上御奉天門，諭嚴鈔法。不行使者坐大辟，家徙邊。

宴從征將士，命禮部分等。有功無過者坐前列，食上食；功過相等，先入關者坐中列，食中食，功過俱無，坐下列，食下食；無功無過者傍立。賜鈔各有差。文淵閣大學士兼翰林院學士楊榮、金幼孜扈從之勞，特前坐上食，各賜金織紵絲衣一襲，鈔五千貫。

《明史》卷七《成祖紀三》　辛未，録從征功，封左都督朱榮武進伯，都督僉事薛貴安順伯。

《國榷》卷一七　癸酉，釋楊士奇，復左春坊大學士。

《太宗實録》卷二五一　壬午，監察御史王綱等劾奏都督吴成等隨征之時，奉命往征兀良哈，不赴行在復命，徑從東路還京，及上饗從征將士，成等以有過不與上列，徑自趨出，無人臣禮。不治之，無以警衆。上曰：「御史言當。然成等功過相等，姑宥之。」

《國榷》卷一七　十月戊子，高密流民復業七百餘户，有司乞寬宿負。上諭户部，凡逃民復業者，積年逋負悉蠲免。

《明史》卷七《成祖紀三》　癸巳，分遣中官及朝臣八十人覈天下倉糧出納之數。

《國榷》卷一七　占城、琉球中山王入貢。

壬寅，工部言：「開封土城隄，黄河舊離此五里餘，徑從邊村抵獨樂岡南入淮。比河決而西，蕩嚙城堤，雖屢修治，猶不能保無決患。宜浚故道，使通之。」報可。

甲辰，給大同、天城、陽和、朔州、等衛神機銃砲。

免寧晉縣旱傷田租。

戊申，遣祝沔陽州水災。

十一月壬申，爪哇國西王入貢。

《太宗實録》卷二五四上　十二月戊子，哈密忠義王免力帖木兒遣使舍黑馬哈麻及土魯番都督尹吉兒察貢馬千三百匹，柳城打剌罕者馬兒丁及哈密大師虎都卜丁等貢羊二千餘隻，賜賚有差。

《國榷》卷一七　庚寅，前朝鮮國王李芳遠卒。訃聞，謚恭定。

《明史》卷七《成祖紀三》　辛卯，朱榮鎮遼東。

《國榷》卷一七　賑英山縣饑民粟九千六百十七石。

《太宗實録》卷二五四上　己亥，瓦剌賢義王太平等遣使貢馬，謝侵掠哈密之罪。哈密忠義王免力帖木兒等亦遣使獻馬。各賜綵幣表裏。

庚戌，勅鎮守薊州都指揮陳景先等曰：「比得報韃賊人馬今駐斷頭山，宜令各關口晝夜嚴備。如遇賊，即相機勦捕，然須慎之。不慎而或失機，論死不赦。薊州、山海等衛官軍可調遣參用。」

《國榷》卷一七　閏十二月甲子，鎮守雲南黔國公沐晟勦維摩、蒙自等盜。

丙寅，賑登州飢民粟五十萬石。

庚午，後軍都督同知王麒卒。

甲戌，水災，免鳳陽及碭山、蕭縣田租。

《明史》卷七《成祖紀三》　戊寅，乾清宫災。

永樂二一年（癸卯、一四二三）

《國榷》卷一七　正月庚寅，遣監淮安、濟寧、東昌、臨清、德州、直沽商税。

《明史》卷七《成祖紀三》　乙未，大祀天地於南郊。

《國榷》卷一七　丁酉，應城伯孫亨卒。

戊戌，敕寧陽侯陳懋、武進伯朱榮及都督柴永正、都指揮馮荅蘭、指揮吴管者赴北京。

庚子，召都督李謙、都指揮朱銘。

《明史》卷七《成祖紀三》　癸卯，交阯參將榮昌伯陳智追敗黎利於車來。

《太宗實録》卷二五五　丙午，户部言，山東文登縣比歲水傷田稼，乞以十八年、十九年逋租折收鈔豆。從之。

丁未，命平江伯陳瑄充總兵官，率領舟師漕運糧儲赴北京。

二月乙卯，烏思藏怕木竹巴灌頂國師闡化王吉剌思巴監藏巴里藏卜遣指揮端岳竹巴，必力工瓦闡教王領真巴兒吉監藏遣使汪束監粲，思達藏輔教王喃渴烈思巴遣使結攝端竹監藏，靈藏贊善王吉剌思巴監藏巴藏卜遣使汝奴星吉等及灌頂弘善大國師釋迦也失并各部大小頭目皆遣人貢方物。命禮部賜宴，仍賜端岳竹巴等織金紵絲襲衣及鈔幣有差。

《國榷》卷一七　辛酉，魯迷入貢。

壬戌，釋蹇義，復吏部尚書兼詹事。

《明通鑒》卷一七　蜀獻王椿薨。王以洪武二十三年就藩成都，性孝友慈祥，博綜典籍，容止都雅，太祖嘗呼爲「蜀秀才」。既至蜀，聘禮方孝孺、陳南賓等。王禕死于滇，其子紳往求遺骼，王聞其賢，資給之，聘至蜀，待以客禮。時諸王皆備邊，練士卒，王獨以禮教守西陲。前代兩川之亂，多因内地不逞者鈎致爲患，有司私市蠻中物，或需索啓争端。王定繒錦香扇之屬以爲常貢，此外悉免需索，蜀人由此安業，日益殷富。川中不被兵革者二百年，王之力也。至是薨。世子先卒，孫靖王友堉嗣。

《明史》卷七《成祖紀三》 己巳，都指揮使鹿榮討柳州叛蠻，平之。

《國榷》卷一七 李賢嗣豐城侯，孫英嗣應城伯。李彬、孫亨子。

己卯，兵科給事中金文英前戍興和，陷虜二年，脱歸，言虜情，復其官。

三月戊子，賑登封縣饑。

庚寅，成安侯郭亮卒。

辛卯，釋呂震，復禮部尚書。

己亥，盜入南京大祀壇天庫，盜蒼璧二，黄琮一。

《明史》卷七《成祖紀三》 庚子，御史王愈等會决重囚，誤殺無罪四人，坐棄市。

《國榷》卷一七 己酉，賑吴橋、桐城饑民粟萬五千五百九十二石。

四月癸酉，作奉先殿祭器。

《太宗實録》卷二五八 己卯，兵部言：「河南新開河道淤塞，其所設封丘縣之中灤，儀封縣之大岡，祥符縣之清河，山東曹縣之寧川、雙河，鄆城縣之順，濮州之飛雲七驛，舡夫空閒。請設河南衛輝府之衛源，彰德府安陽縣之回隆，山東館陶縣之陶山，臨清縣之清泉，大名府之大名縣之艾家口，濬縣之新鎮、平川，内黄縣之黄池，凡八驛，而移中灤等七驛夫及船於彼遞送。革開河一路大岡、陳橋、雙河、順、濟遞運所，以夫船添撥衛輝至東昌一路，舊有南管陶五等處遞運所遞送。」從之。

《明史》卷七《成祖紀三》 五月癸未，免開封、南陽、衛輝、鳳陽等府去年水災田租。

《明通鑒》卷一七 己丑，常山護衛指揮孟賢等謀逆，伏誅。初，趙王高燧與漢王高煦謀奪嫡，時時譖太子。後上漸聞其恃寵不法事，誅其長史顧晟，褫高燧冠服，以太子力解得免。至是上不豫，其護衛賢等，結欽天監官王射成及内侍楊慶養子，造僞詔，謀進毒于上，俟晏駕，詔從中下，廢太子，立趙王。時總旗王瑜姻家高以正者，爲賢等畫謀，謀定，告瑜，瑜乃上變。上曰：「豈應有此！」立捕賢等，得所爲僞詔。上顧高燧曰：「爾爲之耶？」高燧大懼，不能言。太子又力爲之解，曰：「此下人所爲，高燧必不預知。」乃得免。賢等悉伏誅。陞瑜遼海衛千户。

《太宗實録》卷二五九 乙巳，改山東布政使張煥於陝西布政司，陝西左參議胥必彰於河南布政司，右參議孫綖於山西布政司，陝西按察司副使李縉於湖廣按察司。陞刑部員外郎汪麓爲陝西布政右參議，雲南按察司僉事張翼爲廣西按察司副使。

《國榷》卷一七 戊申，占城入貢。

《明史》卷七《成祖紀三》 六月庚戌朔，日有食之。

《太宗實録》卷二六〇 庚申，改湖廣按察使陳諤於山西按察司，湖廣布政司右參議魯璠於山西布政司。

丁卯，江西布政司左參政王靈受贓，事覺，謫戍邊。

庚午，鎮守居庸關指揮使袁訥言：「自岔道至南口橋道爲水衝决，乞用民兵脩治，以便餽饟。」從之。

《國榷》卷一七 七月，庚辰，交趾布政司右參政房安卒。

壬午，中官海壽往立朝鮮國王李祹嫡子珦爲世子。

《太宗實録》卷二六一 乙酉，諭公侯伯都督等曰：「今秋高馬肥，胡寇又犯邊。其嚴肅隊伍，整齊器械，以俟命。」

《國榷》卷一七 丁酉，封晉府美埍聞喜王，美增和順王。

《明史》卷七《成祖紀三》 戊戌，復親征阿魯台。

《明通鑒》卷一七 時邊將言阿嚕台將率衆南犯，上曰：「去秋寇犯興和，朕率大兵擣其巢穴，復勦其黨烏梁海，其窮甚矣。今以朕既得志，必不復出，朕當率兵先駐塞外以待之。彼不虞我出而輕肆妄動，我乘其勢而擊之，破之必矣。」于是部分諸軍，命安遠侯柳升、遂安伯陳英領中軍，武安侯鄭亨、保定侯孟瑛領左哨，陽武侯薛禄、新寧伯譚忠領右哨，英國公張輔、安平伯李安領左掖，成山侯王通、興安伯徐亨領右掖，寧陽侯陳懋領前鋒。

《明史》卷七《成祖紀三》 庚子，釋李時勉，復其官。

《國榷》卷一七 翰林院侍講羅汝敬、修撰李騏主試應天。

《明史》卷七《成祖紀三》 辛丑，皇太子監國。

壬寅，發京師。

《國榷》卷一七　皇太子令隆平侯張信等修築薊州馬蘭等隘口，又令工部築通州抵直沽河岸。

甲辰，次土木。大閲之，喜，遂賜宴。會有邊卒陷虜脱歸者云：「今聚飲馬河北，聲言犯大同、寧夏。」敕大同、寧夏守將嚴備之。敕慶王㮵嚴敕護衛，官軍亦如之。

乙巳，軍士取田穀飼馬，立斬之。

《明史》卷七《成祖紀三》　戊申，次宣府，敕居庸關守將止諸司進奏。

丙午，皇太子設貴州按察分司貴寧道、安平道、新鎮道、思仁道。

八月己酉，大閲。

《國榷》卷一七　壬子，湖廣指揮僉事王玉爲後軍都督僉事，鎮守宣府；羽林衛指揮使張義爲陝西行都指揮僉事，鎮守懷來。

甲寅，翰林院侍講王英、修撰林誌主試順天。

《明通鑑》卷一七　車駕發宣府，次沙嶺，賜諸將内廄馬。

《國榷》卷一七　戊午，琉球國中山王世子尚巴志入貢。

《明史》卷七《成祖紀三》　庚申，塞黑峪、長安嶺諸邊險要。

《國榷》卷一七　次萬全衛。兵民有進馬牛瓜果，倍償之。

敕大營五軍諸將曰：「朕勞勤將士，非志用武，計生民也。夫有精兵十萬可横行天下，今以三十萬衆當此殘虜，可患不克？」

辛酉，封瓊烴爲唐王。

皇太子賑會同縣饑民粟千五百四十九石。

甲子，禮部左侍郎胡濙進《太嶽太和山瑞光圖》。適聖壽節，又山産靈芝榔梅，禮部欲賀，不許。

丙寅，命諸將布陣，聚軍士操習之。神機銃當鋒，馬隊居後。曰：「陣密則固鋒，疎則達。」

丁卯，命諸將分督沿邊隘口，晝夜毋怠。

乙亥，次沙城。召見晉庶人濟熿，封其子美圭平陽王。

《明通鑑》卷一七　初，濟熿以搆濟熺，得爲晉王。既立，益横暴，至進毒弑嫡母謝氏，逼烝恭王侍兒吉祥，幽濟熺父子，蔬食不給。父兄及故侍從宫人多爲所害，莫敢言。其後有恭王宫中老媪，走訴于上，乃即獄中召晉府故承奉左微問之，盡得濟熿譏搆狀，立命微馳召濟熺父子。時濟熺幽空室已十年，微以濟熺故牽連繫獄。或傳微死已久，及至，一府大驚。微入空室，釋濟熺父子，相抱持大慟。至是，偕詣行在，故有是封。

《明史》卷七《成祖紀三》　丁丑，皇太子免兩京、山東郡縣水災田租。

《太宗實録》卷二六三　九月己卯朔，駐蹕沙城。朝鮮國王李祹遣陪臣崔雲詣軍門奏事，令還北京待命。

壬午，江陰等衛都指揮僉事周鼎等九百九十二人奉使榜葛剌等國回。皇太子令禮部賞鈔有差。

户部言四川李意與井比年河水泛溢，土石淤塞，鹽課有虧。今南部縣有范村井，除辦歲額外，尚增鹽六千一百二十斤，請覆實開煎。皇太子從之。

《明史》卷七《成祖紀三》　戊子，次西陽河。

《太宗實録》卷二六三　壬辰，守居庸關指揮袁訥奏：「徙白河屯軍妻子居永寧衛，新設八煙墩，架砲。官軍徙於天壽山後守口。而澁石嶺、苗鄉嶺仍舊砌塞，便於防寇。」從之。

《明史》卷七《成祖紀三》　癸巳，聞阿魯台爲瓦剌所敗，部落潰散，遂駐師不進。

《國榷》卷一七　甲午，諭諸將曰：「雖虜遁，當謹備。分令巡視緣邊，修築關隘防守之。」

宥廣西融縣降盜梁羅八爲民，初倡亂，鎮遠侯顧興祖等下之。

戊戌，西洋古里、忽魯謨斯、錫蘭山、阿丹、祖法兒、刺撒、不剌哇、木骨都束、柯枝、加異勒、溜山、喃渤利、蘇門答剌、阿魯、滿剌加等十六國入貢，使者千二百人，敕皇太子宴勞厚賜。

辛丑，命恭順伯吴克忠、安順伯薛貴、都督吴成等先引三千騎偵虜。

《國榷》卷一七　十月己酉，平江伯陳瑄請漕糧分三運，兩赴京倉，一貯通州。皇太子從之。

《明史》卷七《成祖紀三》　甲寅，次上莊堡，迤北王子也先土干帥所部來降。

《國榷》卷一七　甲子，次天城。將士獵東南山麓，上臨觀之。

丙寅，復觀獵。時風日暄霽，將士健捷，上喜。

己巳，寧陽侯陳懋以也先土干及其部屬入見。上大喜，召之前，與語，叩頭呼萬歲。命悉賜酒饌，封也先土干忠勇王，賜姓名金忠，其甥把台罕授都督，所以宴賜甚厚。

庚午，書諭皇太子，以也先土干來降，詔班師頒中外。

甲戌，次萬全。皇太子遣定國公徐景昌表賀。

《太宗實録》卷二六四　乙亥，車駕發萬全。

《明通鑒》卷一七　十一月，戊寅朔，車駕次懷來。

《國榷》卷一七　辛巳，入居庸關。上衮衣乘玉花龍馬，臣民夷使駢闐迎駕，懽呼萬歲。次龍虎臺，大賜宴。

乙酉，召忠勇王部下皆授官。都指揮七人，指揮三十一人，千户十八人，鎮撫百人。

丙戌，賜忠勇王誥券。

丁亥，皇太子聞内臣黄儼、江保之譖，賴上不聽，以語左春坊大學士楊士奇于文華殿，士奇曰：「殿下益宜自盡。」皇太子善之。

戊子，至日，受朝賀，大宴。

給平陽王美圭禄二千石。

《太宗實録》卷二六五　己巳，四川樊村等井竈丁言：「本井土石傾塞，虧鹽數多。本里有龍井、泉井二處，薪水便利，乞遣官覈實，定額開煎。」從之。

《國榷》卷一七　十二月丁卯，朝鮮國王李裪遣敕貢馬萬匹。賜千金，錦、綺、羅各三百，綵絹四百。

乙亥，歸交趾遺骸于故鄉，有司任其費。

是歲，交趾上供絹七千一百四十七匹，漆三千斤，蘇木五千斤，翠羽三千箇，扇萬柄。其貢自十四年始，歲有增損，而是歲獨羸。

永樂二二年（甲辰、一四二四）

《國榷》卷一七　正月戊寅朔，上御奉天門受朝賀，覲官二千四百七十二人。

壬午，廣西右布政使周幹等曠官被劾，下錦衣獄，尋輸作贖罪。

《明史》卷七《成祖紀三》　甲申，阿魯台犯大同、開平，詔羣臣議北征，敕邊將整兵俟命。

丙戌，徵山西、山東、河南、陝西、遼東五都司及西寧、鞏昌、洮、岷各衛兵，期三月會北京及宣府。

戊子，大祀天地於南郊。

《國榷》卷一七　辛卯，賜文武百官及京民四夷人等元宵節鈔。

《太宗實録》卷二六七　癸巳，命平江伯陳瑄充總兵官率領舟師儹運糧儲赴北京。

《明史》卷七《成祖紀三》　鄭和復使西洋。

《國榷》卷一七　戊戌，榜葛剌國僧入貢。

壬寅，定從征官軍賞格。

甲辰，舊港故宣慰使施進卿子濟孫遣使丘彦成請嗣秩，且舊印燬于火。命太監鄭和往給之。

二月丁未朔，陽武侯薛禄平長興盜吴貴歸等，俱伏誅。初，賊聚千餘人，拒命殺官吏，故遣禄以三千人往。

交趾參將榮昌伯陳智遣交州右衛指揮僉事陳麟擒陸那縣盜丁仕瑜。

壬子，翰林院侍讀學士曾棨、侍講余鼎主禮闈。

瓦剌賢義王太平、安樂王把秃孛羅、順寧王脱歡入貢馬。

戊午，琉球國中山王思紹卒，遣祭。

《太宗實録》卷二六八　灌頂浄覺弘濟大國師端岳藏卜卒，命班丹藏卜姪三丹藏卜、端岳藏卜姪鎖南監藏各嗣領其事。浄覺洪慈國師鎖竹監藏年老，其姪端岳監藏代之。皆賜誥命。

《國榷》卷一七　監察御史劉璉爲山東布政司右參政，工部郎中江淵爲廣東布政司右參議，揚州知府陳璉爲四川按察使。

應城伯孫英卒。英嗣爵踰年，妻李氏自經殉之，追封夫人。

戊辰，楚王楨薨。楨母充妃胡氏。生時，高帝破漢武昌，報至，問羣臣：「武昌古何地也？」對曰：「楚。」帝曰：「子長，予楚。」及分封，王齊，鑄齊寶，三鑄三虧，乃記楚事，改封焉。賜王經史，王録《御註洪範》及《大寶箴》于座右。屢命征散毛、大庸、銅鼓、五開諸洞蠻，又征雲南西番及全州、桂陽、瀘溪、黔陽、古州等寇，俱有功。王不親莅軍，措糧糗無方，高帝心謂王不武也。居國樂善奉法，無有踰越。上即位，召爲宗正。八年入朝，上美王賢，亦與其官能輔導，褒賜之。疾篤，勉世子孟烷以忠孝。年六十，謚曰昭。

《太宗實録》卷二六九　三月丁丑朔，上御奉天門，試禮部選中舉人葉恩等百五十人制策。

《明史》卷七《成祖紀三》 戊寅，大閱，諭諸將親征。命柳升、陳英領中軍，張輔、朱勇領左掖，王通、徐亨領右掖，鄭亨、孟瑛領左哨，薛禄、譚忠領右哨，陳懋、金忠領前鋒。

《國榷》卷一七 上諭曰：「阿魯台始以窮蹙來歸，朕撫甚厚。違天負恩不一，朕再出師擣其穴，命如絲髮。若從將士計，豈能復生？驅而逐之，冀能改也。豺狼獸心，終焉不變。朕非黷武，必拯邊民。」

《明史》卷七《成祖紀三》 己卯，賜邢寬等進士及第、出身有差。

《國榷》卷一七 丙申，設底兀剌宣慰使司。先是大古剌宣慰使潑的那浪據其地，故底兀剌土官之孫納蘭詣闕自陳，詔復之，給印符。

丁酉，滿剌加國王西哩麻哈者率其妃及頭目來朝。

甲辰，南京重建天禧寺成。賜名大報恩寺，爲高皇帝后薦福，上自勒碑。

四月丁未，贈靖難時戰没武臣。

《明史》卷七《成祖紀三》 戊申，皇太子監國。

己酉，發京師。

《國榷》卷一七 壬子，秦王志堩薨。王齔而能立，稍長，温恭孝敬，謚曰僖。

癸丑，度居庸關。

乙卯，皇太子賑吳橋縣饑民粟千四百五十石。

丁巳，次土木。陝西行都指揮使劉廣爲右軍都督僉事，署行都司事。

己未，次長安嶺，享諸將。

壬戌，萬壽節。次赤城，禮部請賀，上不許。曰：「朕方勞於師。」

《太宗實録》卷二七〇 丁卯，皇太子陞吏科給事中張瑛、禮科給事中戴倫爲左春坊左中允，雲南右參政姚肇爲福建布政司右布政使，按察司副使曹本爲廣西按察使，監察御史况文爲廣東布政司左參政，彭春爲福建布政司右參政，劉弘道爲江西布政司右參政，太僕寺丞陳儼爲河東鹽運司運使，范彝爲福建鹽運司運使。改雲南右參政袁昱於浙江布政司，浙江左參政江英於雲南布政司。

《明史》卷七《成祖紀三》 庚午，次隰寧，諜報阿魯台走答蘭納木兒河，遂趨進師。

《國榷》卷一七 是月，倭寇象山，縣丞宋真、教諭蔡海死之。

《太宗實録》卷二七一 五月乙亥朔，車駕次威虜鎮。

《明通鑒》卷一八 己卯，車駕次開平。是日雨，士卒有後至霑溼者。時北地尚寒，上指示諸將曰：「士卒者，將帥所資以成功名，撫之至則報之厚。古人言：『視卒如嬰兒，可與赴深谿；視卒如愛子，可與之俱死。』今方用此輩，可勿恤諸！」

《國榷》卷一七 壬午，遼王植薨。植母妃韓氏，洪武二十五年封。廣寧邊虜，初至，僅樹柵。已命郭英築宮城，英督工卞，高帝罷役。三十年，都督楊文治宮城，命高壯其城門。王諳兵，屢奏功，見褒賞。建文中，坐罪奪禄。上靖難，王有翊衛功，改國荊州，別給一護衛，而故三護衛留防邊。謚曰簡。

《明通鑒》卷一八 甲申，上召楊榮、金幼孜至幄中，諭之曰：「朕昨夕三鼓，夢有若世所畫神人者告朕，言『上帝好生』者再，豈天屬意此寇乎？」榮等對曰：「陛下好生惡殺，上格于天。此舉固在除暴安民，然火炎昆岡，玉石俱焚，唯陛下留意。」時上意亦厭兵，謂榮等曰：「卿等言合朕意。朕豈以一人有罪，罰及無辜！」即命草敕，遣中官及所獲北寇齎至阿嚕台部落，諭之曰：「往者阿嚕台窮極來歸，朕所以待之者，皆爾等所知。今何負于彼，而比年以來，寇奪我邊鄙，虔劉我黎庶，其自取之禍也。朕以天人之怒，統六師征之。彼之危猶洪鑪片雪，豈復有餘命哉！然朕體上帝好生之仁，不忍荼毒無辜。今所罪者，止阿嚕台一人，其所部頭目以下，悉無所問。有能順天意來歸者，當待以至誠，優與恩賚，仍授官職。朕之斯言，上通天地，毋懷二三，以貽後悔。」

《明史》卷七《成祖紀三》 乙酉，瘞道中遺骸。

《國榷》卷一七 戊子，皇太子諭法司：「頑民好赴京越訴。今後非重事，悉下巡按御史及按察司廉其實。」

《明通鑒》卷一八 諭諸將曰：「古謂武有七德，禁暴、除亂，是其首也。又謂止戈爲武。今罪人惟阿嚕台耳，脅從之衆，有歸降者，宜加意撫綏。非持兵器向我師者，縱勿殺。」

壬辰，次長樂，諭侍臣曰：「漢高祖過柏人，慮迫于人。今朕至長樂，思與天下同樂，何時而庶幾也！」

《國榷》卷一七 甲午，皇太子以山西行太僕寺少卿薛均爲應天府尹，兩淮鹽運使葉春爲福建布政司右參政。

乙未，浙江麗水賊周叔光、福建政和賊王均亮等作亂，衆二千餘人。兵部議調師，楊榮、金幼孜言：「民愚，迫衣食偷活，可撫而散也。否則兵之。」上曰：「然。」下巡按御史及三司招諭。

《明通鑒》卷一八　丙申，次應昌。是日雨，重車皆在後。諭諸將曰：「兵無輜重，危道也。」命分兵往迎之。

《明史》卷七《成祖紀三》　丁酉，宴羣臣於應昌，命中官歌太祖御製詞五章，曰：「此先帝所以戒後嗣也，雖在軍旅何敢忘。」

己亥，次威遠州。復宴羣臣，自製詞五章，命中官歌之。

皇太子令免廣平、順德、揚州及湖廣、河南郡縣水災田租。

《國榷》卷一七　六月甲辰朔，上次祥雲屯。

《太宗實録》卷二七二　丙午，次翠玉峯。勑寧陽侯陳懋、忠勇王金忠等曰：「用兵之道，貴乎先知。古之賢將所以動而勝人者，先知適之情也。今興師遠出，而未悉賊情，何以成功？朕以前鋒命爾尤宜晝夜用心，其釋擇勇智，廣布偵邏，如有所得，星馳奏來，朕佇俟焉。」

《明通鑒》卷一八　癸丑，次金沙濼，懋等得虜寇馬九匹來進。上曰：「醜虜多詐，安知非以是誘我也！」命再覘之。

《國榷》卷一七　甲寅，琉球國山南王他魯每入貢。

丙辰，次寶屏山。諭諸將，今深入虜地，益謹備。

戊午，次玉沙泉。以荅蘭納木兒河近，令諸將嚴兵。

皇太子遣視通州、漷縣、香河、武清雨災傷稼。

《太宗實録》卷二七二　己未，車駕次龍武岡。命寧陽侯陳懋、忠勇王金忠率師前進。且戒之曰：「若遇賊，宜審幾行事。如兩鋒相當，彼投戈下馬者皆良民，勿殺。如其來敵，先以神機銃攻之，長勁弩繼其後。獲阿魯台亦勿殺，縶之以來。」

《明史》卷七《成祖紀三》　庚申，前鋒至荅蘭納木兒河，不見敵，命張輔等窮搜山谷三百里無所得，進駐河上。

《國榷》卷一七　壬戌，次蒼石岡。張輔等分兵索山谷，周迴四百餘里無一跡。

癸亥，次房坡。陳懋、金忠兵抵白邙山，糧盡返。張輔等曰：「請假臣一月糧，深入必得之。」上曰：「朕更思。」

《明通鑒》卷一八　甲子，次翠雲屯，召輔等，諭曰：「古王者制夷狄之道，驅之而已，不窮追也。且今寇孽所存無幾，茫茫廣漠，譬如求一粟于滄海，可必得邪！吾寧失有罪，誠不欲重勞將士。」乃班師。

乙丑，議分兵兩路，上率騎士東行，命鄭亨等領步卒西行，期會于開平。

《國榷》卷一七　丙寅，次蒼玉淵。敕警備殿後。

《明史》卷七《成祖紀三》　壬申夜，南京地震。

七月庚辰，勒石於清水源之崖。

《國榷》卷一七　癸未，古城入貢。

乙酉，次通津戍。地衍多櫐子，騎將犯之。上適見，止馬，凡種蓺俱勿犯。

《明通鑒》卷一八　丁亥，次翠微岡，上御幄殿，憑几坐，榮、幼孜侍。上顧問內侍海壽曰：「計程何日至京師？」對曰：「其八月中矣。」上頷之。尋諭榮等曰：「東宮涉歷年久，政務已熟，還京後，軍國重事，悉以付之。朕得優游暮年，享安和之福矣。」榮等對曰：「殿下孝友仁厚，天下歸心，允稱皇上付託。」上喜，賜榮等羊酒而退。

《明史》卷七《成祖紀三》　戊子，遣吕震以旋師諭太子，詔告天下。

《國榷》卷一七　己丑，次蒼崖戍。上疾甚，顧左右，歎曰：「夏原吉愛我。」令大軍戒嚴。

《明史》卷七《成祖紀三》　庚寅，至榆木川，大漸。遺詔傳位皇太子，喪禮一如高皇帝遺制。

辛卯，崩，年六十有五。太監馬雲密與大學士楊榮、金幼孜謀，以六軍在外，秘不發喪，鎔錫爲椑以斂，載以龍轝，所至朝夕上饍如常儀。

壬辰，楊榮偕御馬監少監海壽馳訃皇太子。

壬寅，次武平鎮，鄭亨步軍來會。

《國榷》卷一七　八月癸卯朔，龍轝度開平。

《明史》卷七《成祖紀三》　甲辰，楊榮等至京師，皇太子即日遣太孫奉迎於開平。

《國榷》卷一七　乙巳，百官素服臨思善門外。

皇太子傳諭都督李謙等以山西兵還大同。

丁未，皇太子成服。

《明通鑒》卷一八　釋夏原吉、黄淮等于獄，並告原吉以先帝遺言。原吉伏地哭不能起。

《明史》卷七《成祖紀三》　己酉，次鵰鶚谷，皇太孫至軍中發喪。

壬子，及郊，皇太子迎入仁智殿，加殮納梓宮。

明仁宗部（公元一四二五年）

《明史》卷八《仁宗紀》 仁宗敬天體道純誠至德弘文欽武章聖達孝昭皇帝，諱高熾，成祖長子也。母仁孝文皇后，夢冠冕執圭者上謁，寤而生帝。幼端重沉静，言動有經。稍長習射，發無不中。好學問，從儒臣講論不輟。

洪熙元年（乙巳、一四二五）

《仁宗實録》卷一上 正月丁巳，以嗣位遣英國公張輔告天地，定國公徐景昌告宗廟，寧陽侯陳懋告社稷。上躬告几筵，即皇帝位。將即位，中官傳旨鴻臚寺百官免上表賀，行禮五拜三叩頭禮，赴承天門外聽詔。鴻臚寺宣旨百官訖，上登寶位，朝群臣，大赦天下。

《明史》卷八《仁宗紀》 壬申朔，御奉天門受朝，不舉樂。

《明通鑒》卷一八 先是羣臣習朝正旦儀，尚書吕震請用樂，惟大學士楊士奇、黄淮以爲不可，上疏請止，未報。士奇復奏，待庭中至夜漏十刻，報可。朝罷，謂士奇曰：「吕震每事誤朕，非卿等言，悔無及。」尋晉士奇兵部尚書兼故官，並食三禄。士奇辭尚書禄，許之。

《國榷》卷一八 癸酉，上召楊士奇、楊榮、金幼孜、黄淮，厚賜之，曰：「朝會賴卿同心，不從震請，自今朕有未當，卿但直言。」

《明史》卷八《仁宗紀》 乙亥，敕内外群臣修舉職業。

《國榷》卷一八 沐昂爲右軍都督同知，仍署雲南都司事。通政使兼武英殿大學士黄淮爲少保、户部尚書，仍武英殿大學士，楊士奇兵部尚書、太子少保兼武英殿大學士，金幼孜禮部尚書，仍兼太子少保、武英殿大學士，俱支三俸。南京通政使古朴爲南京户部尚書，南京禮部右侍郎蔚綬爲尚書，南京大理寺左少卿湯宗爲寺卿，故少詹事餘杭鄒濟、故左春坊左贊善天台徐善述並贈太子少保，謚濟文敏，善述文肅，立祠于墓，歲二祭。濟國初舉明經，訓導本縣，薦入翰林，修實録，和易不見崖岸，兼通老釋，侍上東宮，甚寵遇之。善述貢太學，授桂陽州學正，進國子博士，永樂初拜左司直郎，進左贊善，耿介不阿，多弘啓沃，先卒，遣奠。

丁丑，刑部尚書金純進太子賓客，中軍都督僉事馬聚、後軍右都督譚青俱爲左都督，右軍都督同知高成、後軍都督僉事馬瑛俱右都督，右軍都督僉事楊澤、倪寬俱都督同知，山東、陝西都指揮使高敬、海亮爲中軍右都督，浙江都指揮同知徐甫爲左軍都督同知，大寧、中都留守都指揮同知馮斌、李得俱前軍都督同知，山西行都司都指揮同知鄭銘爲後軍都督同知，河南都指揮同知高文爲中軍都督同知，都指揮僉事崔聚爲左軍都督僉事，祁英爲中軍都督僉事，山東都指揮僉事孫勝、馮興爲右軍都督僉事，陝西行都司都指揮僉事韓僖爲前軍都督僉事，後軍都督僉事李賢爲右都督，柴永正、把台爲左右軍左右都督，吴成、馬維良爲後軍左右都督，右軍都督僉事蘇火耳灰爲左都督。

《明史》卷八《仁宗紀》 己卯，享太廟。建弘文閣，命儒臣入直，楊溥掌閣事。

癸未，以時雪不降，敕群臣修省。

丙戌，大祀天地於南郊。奉太祖、太宗配。

《國榷》卷一八 己丑，罷給朝覲官（孽）〔孳〕牧馬。兵部尚書李慶言：「畿内民困牧馬，請中原及江南諸大省覲吏各給一馬，正官牝，佐貳官以下牡，太僕苑馬歲課其息，虧者司民罰。」從之。已，上曰：「非也，使士牧民而責以馬乎？」遂罷。

庚寅，權增市肆課鈔。瓦剌賢義王太平貢馬。

辛卯，遣中官楊琳招諭老撾軍民宣慰司及孟艮府土官。平江伯陳瑄充總兵官，率舟師運糧北京。

壬辰，諭禮部曰：「比令廷臣展省，則有養祭賓客，若往還道里費，官給俸給，日用而已，計餘貲鮮矣。自今一品、二品歸，賜鈔五千貫，三品、四品四千貫，五品二千貫，六品、七品千貫，八品以下皆五百，著爲令。」瓦剌安樂王把秃孛羅子貢馬。

《明史》卷八《仁宗紀》 己亥，布政使周幹、按察使胡概、參政葉春巡視南畿、浙江。

二月辛丑，頒將軍印於諸邊將。

《國榷》卷一八 遣中官柴山封琉球中山王世子尚巴志爲琉球國中山王。

《明通鑒》卷一八 初，鎮守邊將有佩將軍印者，多係特命，謂之「掛印將軍」。至是始頒各鎮將軍印，雲南曰征南將軍，兩廣曰征蠻將軍，遼東曰征虜前將軍，大同曰征西前將軍，宣府曰鎮朔將軍，甘肅曰平羌將軍。是時陳智鎮交阯，亦頒征夷副將軍印。

《國榷》卷一八　乙巳，置武英殿右順門待詔，秩從九品。

《仁宗實録》卷七上　哈密忠義王免力帖木兒遣打剌罕馬哈木沙等奏事，賜衣服鈔幣表裏有差。

《皇朝大政記》卷九　戊申，祭大社、大稷，奉太祖高皇帝、太宗文皇帝配，命禮部永爲定式。

命太監鄭和領下番官軍守南京。

《明通鑒》卷一八　和使舊港，以去年還，而文皇已晏駕，至是命之。

《仁宗實録》卷七上　己酉，皇太[子]千秋節，朝鮮國王李祹遣陪臣朴礎等朝賀貢方物，賜礎等鈔幣有差。

《國榷》卷一八　庚戌，鎮江、蘇、常多盜，命捕之。許軍民犯笞杖運磚贖罪。

乙卯，久旱得雨，封大小青龍神，名其山曰翠微山，禮部歲春秋仲月祭。

命吏部，方面官三考稱職，給本身誥，二考無過，始封贈。

丁卯，兵科給事中劉涣鎮交趾，不命代輒還，謫交趾吏。

《皇朝大政記》卷九　三月辛未朔，命皇太子往祭皇陵、孝陵，就留守南京。

壬申，前光禄寺署丞權謹爲文華殿大學士。謹最孝友，永樂初，薦授樂安縣知縣，奏最，轉署丞。母病，躬湯藥勿效，籲天求身代而愈。後母年九十終，負土封樹，廬墓三年，有烏鳴泉涌兔馴之異。上聞之，特召入，當朝宣誦事狀，以示百官。謹辭秩，上曰：「朕之除卿，嘉孝以風天下，他無責寄。」

甲戌，清明節，僧道追薦先帝后。

《明史》卷八《仁宗紀》　丁丑，求直言。

《明通鑒》卷一八　初，上即位，首召弋謙，擢任大理。謙直陳時政，極言官吏貪殘，非復洪武之舊，及有司誅求無藝，民所不堪，上多采納之。既復陳五事，詞太激，上不懌。于是尚書呂震、吴中等劾謙誣罔，都御史劉觀令衆御史合糾謙賣直沽名。上以問楊士奇，對曰：「謙不諳大體，然心感超擢之恩，欲圖報耳。主聖則臣直，惟陛下優容之！」上乃不罪謙。然每見謙，詞色甚厲，士奇從容言：「陛下詔求直言，不宜以謙言觸怒。今四方朝覲之臣皆集闕下，見謙如此，將謂陛下不能容直言。」上愓然曰：「此固朕不能容，亦呂震輩迎合以益朕過。自今當置之。」遂免謙朝參，令專視司事。

《仁宗實録》卷八上　丙子，命吏部凡在外官滿三考者聽給假省親祭祖。湖廣三司奏藍山縣賊潘康生等誘衆爲亂，屯聚大橋巡檢司。又寧溪有猺蠻千餘流刼。勑廣西總兵官鎮遠侯顧興祖量撥官軍相幾勦捕，以除民患，仍戒飭所調以除民患。仍戒飭所調官軍毋因而生事，擾害良善，違者雖有功不宥。

《國榷》卷一八　戊寅，復徐景昌定國公，徐長孫嗣魏國公，賜名顯宗。

庚辰，故贈崇國公謚忠顯張玉追封河間王，改謚忠武，加贈榮國恭靖公姚廣孝少師。

《仁宗實録》卷八上　壬午，開原衛奏馬市所買馬請進京師，命給遼東諸衛軍士。通政使司通政使李嘉、户科給事中艾廣俱坐奏對不實，降交阯按察司知事。刑科給事中劉蓋坐稽緩奏牘，謫交阯。

癸未，朝鮮國王李祹遣陪臣成概等貢方物，賜概等鈔幣表裏有差。

《明史》卷八《仁宗紀》　戊子，隆平饑，户部請以官麥貸之。帝曰：「即振之，何貸爲。」

《國榷》卷一八　遣中官往朝鮮祭故光禄寺卿權永均，賜其家金二百，幣十。

《明史》卷八《仁宗紀》　己丑，詔曰：「刑者所以禁暴止邪，導民於善，非務誅殺也。吏或深文傅會，以致冤濫，朕深憫之。自今其悉依律擬罪。或朕過於嫉惡，法外用刑，法司執奏，五奏不允，同三公、大臣執奏，必允乃已。諸司不得鞭囚背及加入宫刑。有自宫者以不孝論。非謀反，勿連坐親屬。古之盛世，采聽民言，用資戒儆。今奸人往往摭拾，誣爲誹謗，法吏刻深，鍛練成獄。刑之不中，民則無措，其餘誹謗禁，有告者一切勿治。」

《國榷》卷一八　壬辰，和寧王阿魯台貢馬。廣西蒙顧洞賊作亂，敕顧興祖討之。

《明史》卷八《仁宗紀》　戊戌，將還都南京，詔北京諸司悉稱行在，復北京行部及行後軍都督府。

《國榷》卷一八　加北京諸司曰行在，復建北京行部及行後軍都督府，上時決意復都南京也。南京兵部尚書張本、工部尚書李友直、右侍郎裴璉、蘇瓚俱調北京行部，户部右侍郎李泉、刑部右侍郎金庠俱北京行部左侍郎，禮部左侍郎胡濙爲太子賓客兼南京國子祭酒，革繕工官，事歸于兵部。

四月庚子朔，享太廟。河間忠武王張玉、東平武烈王朱能、寧國忠壯公王真、少師榮國恭靖公姚廣孝配享太宗廟。

《仁宗實録》卷九上　庚子，爪哇國王楊惟西沙遣頭目亞烈黄扶信貢方物，賜扶信冠帶鈔幣。

《明史》卷八《仁宗紀》　壬寅，帝聞山東及淮、徐民乏食，有司徵夏税方急，乃御西角門，詔大學士楊士奇草詔，免今年夏税及科糧之半。士奇言：「上恩至矣，但須户、工二部預聞。」帝曰：「救民之窮當如救焚拯溺，不可遲疑。有司慮國用不足，必持不決之意。」趣命中官具楮筆，令士奇就門樓書詔。帝覽畢，即用璽付外行之。顧士奇曰：「今可語部臣矣。」設北京行都察院。

《國榷》卷一八　甲辰，大名饑，發長垣縣倉賑之。

乙巳，嚴鈔法。

丙午，賜皇太子書曰：「朕惟祖于孫，父于子，親愛天下莫加焉。而惟明所以長保富貴壽康之道以期之者，聖人之心也。爾朕嫡長子，我皇考鞠育提訓，隨事示之。永樂甲辰春親征北虜，車駕將發，子孫咸在，顧爾謂「朕：『古之令主，盤盂劍几，皆有警銘，人主之道，莫大中正。吾欲以人主中正四字製寶，師還爾俾爾勉焉。』不幸賓天。今皇太子屬爾，謹製爾授，爾懋敬之，敬其内以慎其外，隆古帝王傳授盡此，爾懋敬之。」

戊申，薊州山海鎮守都指揮以神銃追虜，敗之。

庚戌，諭禮部曰：「南士善文，北士厚重。今科舉所進，北得十一焉，其定議南士六之，北士四之。」時鄭府審理正俞廷輔言：「科舉不得人，乞有司訪通今博古端重年二十五以上許入試。」上是之。昌邑、邢臺饑，驛賑之。

《明通鑒》卷一八　時南京屢奏地震，廷臣請以親王及重臣鎮之，上曰：「無踰太子矣。」遂命太子居守南京，大學士權謹扈從。

《國榷》卷一八　甲寅，上念舊勞，賜少師兼吏部尚書蹇義，少傅、兵部尚書兼華蓋殿大學士楊士奇銀章，蹇忠貞印，楊貞一印，令藏于家。時侍上，上曰：「夜見玄象否？」皆曰未見，亦不知。上曰：「士奇當知之，紫微垣甚急，命矣！」歎息起。明日，召義、士奇至奉天門，曰：「監國二十年，搆于讒慝，心之艱危，吾三人共之。上賴皇考仁明，得以保全。」言已，泫然。義、士奇亦流涕曰：「先帝之賜，陛下純誠之效，今已脱險即夷，陛下當自寬。」上曰：「即吾去世後，誰知吾三人同心一誠者？」各賜印。

《仁宗實録》卷九上　壬戌，朝鮮國王李祹遣陪臣曹備衡、趙慕等貢馬及方物，賜鈔幣表裏有差。

《國榷》卷一八　丙寅，琉球中山王尚巴志入貢。

《明通鑒》卷一八　是月，時廷臣有上書頌太平者，楊士奇進曰：「陛下雖澤被天下，然流徙尚未歸，創夷尚未復，民尚艱食。更休息數年，庶幾太平可期。」上然之，因顧蹇義等曰：「朕待卿等以至誠，實賴匡弼。數月以來，惟士奇五上章，卿等皆無一言，豈果朝政無闕，天下太平邪？」義等慚謝。

《仁宗實録》卷一〇　五月庚午，賜爪哇國貢使亞烈黄扶信等鈔十五萬九千五十錠。

《國榷》卷一八　辛未，諭吏部尚書蹇義曰：「御史當任老成者，遽授新進遇事風生，以喜怒爲威福，正直不阿，往往被淩辱，順比則與爲膠漆，自今慎選之。」又曰：「都御史惟廉清公正，乃可倡率，尚咨可都御史者。」

癸酉，敕修《太宗實録》，監修官太師英國公張輔、少師蹇義、少保夏原吉，總裁官少傅楊士奇、少保黄淮、太子太傅楊榮、太子少保金幼孜、太常寺卿楊溥。

丙子，山西按察副使王驥爲順天府尹。

《明史》卷八《仁宗紀》　己卯，侍讀李時勉、侍講羅汝敬以言事改御史，尋下獄。

《國榷》卷一八　庚辰，上不豫，召蹇義、楊士奇、楊榮、黄淮至思善門。命士奇書敕，遣中官海壽馳召皇太子。

《明史》卷八《仁宗紀》　辛巳，大漸，遺詔傳位皇太子。是日，崩于欽安殿，年四十有八。

明宣宗部(起公元一四二五年，迄公元一四三五年)

《明史》卷九《宣宗紀》 宣宗憲天崇道英明神聖欽文昭武寬仁純孝章皇帝，諱瞻基，仁宗長子也。母誠孝昭皇后。

洪熙元年(乙巳、一四二五)

《明史》卷九《宣宗紀》 六月辛丑，還至良鄉，受遺詔，入宮發喪。

《國榷》卷一九 壬寅，初，京師傳漢王舉兵犯闕，諸大將勒兵待，上以煩暑，悉撤去，曰："有天命在，是何能爲？"

《明史》卷九《宣宗紀》 庚戌，即皇帝位。大赦天下，以明年爲宣德元年。

《國榷》卷一九 癸丑，忠勤伯李賢卒。賢胡人，初名丑驢，元工部尚書，洪武二十一年來歸，篤慎能譯書，賜名氏，授燕府紀善，早侍世子，效勤爲多，靖難功，歷都指揮同知，專譯北虜表奏。仁宗初，念舊勞，進後軍都督僉事，尋封伯，禄千一百石。年八十，賜祭葬，爵除。

《明史》卷九《宣宗紀》 甲寅，趣中官在外採辦者還，罷所市物。

《國榷》卷一九 平江伯陳瑄總漕赴北京兼鎮守淮安。

《宣宗實録》卷二 戊午，哈密回回滿剌撒丁等來朝貢馬及方物。

《國榷》卷一九 壬戌，廣寧中屯衛軍士馮述言：定遼、金、復、海、蓋五衛已立學官，而三萬、瀋陽、廣寧、義州諸衛未設，乞並立學校。又，歲賜遼東二十四衛冬布花衣，皆貯金州、旅順口分給，遠至二千五百里，或二千里，遠道妨農，若如洪武舊制，定遼、瀋陽、海、蓋諸衛于牛莊，廣寧、義州諸衛于凌河，金、復二衛于旅順口，則貯給甚便。又，驛路經錦、瑞二州，相距三百里，荒山隱寇，莫若擇二州女河旁沃土，修城置衛，屯種樹防。上從之。

《宣宗實録》卷二 甲子，朝鮮國王李祹遣陪臣孟中思誠等奉表貢馬及方物。

《明史》卷八《宣宗紀》 己巳，上尊謚，廟號仁宗，葬獻陵。

《宣宗實録》卷三 甲戌，上念霖雨傷稼，遣中官雷春祭大小神青之神祈霽，明日霽，復遣春祭謝之。命安遠侯柳升簡都指揮二人督軍脩京城街渠。時久雨，行道皆溢，故命之。行在工部尚書吳中奏南京脩理宮殿，已令應天寺府以丁多民夫五千五百人供役，切慮工程繁重，卒難成功，請再起萬人，每三月一更，糧賞皆如例。

《明史》卷九《宣宗紀》 乙亥，尊皇后爲皇太后，立妃胡氏爲皇后。

《國榷》卷一九 己卯，令吏部選交趾教官用華人，變其夷習。

《宣宗實録》卷三 仁宗皇帝喪，遣行在鴻臚寺司賓署丞焦循攝禮部郎中，鳴贊盧進攝鴻臚寺少卿，以即位詔頒朝鮮。

《國榷》卷一九 辛巳，占城入貢。大賚百官儒吏軍民僧道醫匠夷使人等凡三十二萬九百五十人，共給九十六萬三千八百二十九金。

閏七月戊戌朔，琉球國中山王入貢。

己亥，都督府吏左輔、興州衛卒譚瑛言驛站田牧事，下行在禮部議。尚書呂震曰："吏卒卑，不識大體，言利病覬用耳。"上曰："芻蕘之論，聖人所擇，察當否議行之。"

辛丑，肥城丘縣以官牛斃，留租額百五十四石，命除之。

乙巳，纂修文皇、昭皇實録，太師英國公張輔、太子太保成山侯王通、少師吏部尚書蹇義、少保兼太子太傅户部尚書夏原吉爲監修，少傅兵部尚書兼華蓋殿大學士楊士奇、少保户部尚書兼武英殿大學士黄淮、太子少傅工部尚書兼謹身殿大學士楊榮、太子少保禮部尚書兼武英殿大學士金幼孜、太常寺卿兼翰林院學士楊溥爲總裁。

《明史》卷九《宣宗紀》 乙丑，楊溥入直文淵閣。

《宣宗實録》卷五 癸丑，交阯巡按監察御史奏清化府賊首黎利聚衆作逆，圍茶籠州，署州事土官知府琴彭拒守七月，糧盡兵困，請發兵援之。

《明通鑒》卷一八 乙丑，罷弘文閣，詔王進等各還本任。召楊溥入直文淵閣，與楊士奇等共掌機務。

《宣宗實録》卷七 〔八月〕戊辰，琉球國中山王尚巴志遣使者浮那姑是南者結制等奉表貢馬及方物，蓋與前使者佳期巴那同行，遇風，故後至。

《明史》卷九《宣宗紀》 都指揮李英討安定曲先叛番，大敗之，定定王桑兒加失夾詣闕謝罪。

《明通鑒》卷一八 初，洪武間，于西番地置安定、曲先二衛，尋授故元宗室卜因特穆爾爲安定王。未幾，王爲沙剌所弑，其子撒兒只失加爲其兄所殺，部衆離散，子亦攀丹，流寓靈藏。永樂十一年五月，率衆來朝，自陳家難，乞授職。文皇念其祖率先歸附，令襲封安定王，賜印誥，自是朝貢不絶。

《國榷》卷一九　庚午，行在工部奏内供綺羅九千匹，下蘇杭織作。上念民艱，減其半。

《明史》卷九《宣宗紀》　壬申，詔内外群臣舉廉潔公正堪牧民者。

《國榷》卷一九　丙子，交阯賊阮可朗等伏誅。交阯武寧州人阮克孝上五事，俱庸鄙，如採蜈蚣取珠，上置之。定漕舟先後從便發運。

戊寅，遣内官李敏、馬驥等送神機銃砲于萬全等衛，戒其專護神器，餘事悉聽總兵守備官，毋一預。自是中官送器械赴邊俱敕戒。

己卯，武進、宜興、江陰、無錫去歲水饑，勸富民借賑米麥二萬九千九百九十一石有奇，上諭户部勿輕用厲民之政。

《明史》卷九《宣宗紀》　癸未，大理卿胡槩、參政葉春巡撫南畿、浙江。設巡撫自此始。

《國榷》卷一九　丙戌，敕廣西總兵官鎮遠侯顧興祖勦思恩、忻城、宣化、桂平等賊，平之。

甲午，敕太監鄭和等修南京宫殿。

《明史》卷九《宣宗紀》　九月壬寅，葬昭皇帝于獻陵。

《國榷》卷一九　丁未，始給大營官馬芻豆。

《宣宗實録》卷九　辛亥，行在户部奏公侯駙馬伯及在外儀賓歲禄永樂二十二年以前並兼支米鈔，仁宗皇帝臨御，命於南京兼支米麥，今南京麥少，宣德元年各官歲禄宜循例於南京關米，其麥隨便於北京通州等處支給，從之。罷前雲南布政司左布政使周敖、山東按察司僉事葛回爲民。永樂中二人坐罪謫交阯辦事，至是遇赦還京，例應叙用，行在吏部言其不廉，故有是命。行在刑部尚書金純奏山東大辟重囚罪狀，請遣官臨决。

《國榷》卷一九　壬子，行在大理寺卿虞謙奏民有盜殺官馬者，論死。上曰：「奈何以馬殺民？發戍邊。」

癸丑，給國子監官吏俸鈔，永樂末俸鈔俱折支胡椒蘇木，國子監未之及。分遣大臣清理軍政，列爲八目。

甲寅，行在都察院右都御史向寶、右副都御史胡廙往南院建都知監于東華門外，鑄内府寶鈔司印。定科舉取士分南北，應天鄉試八十人，順天五十五人，兩雍預焉。江西五十人，浙江、福建各四十五人，湖廣、廣東各四十人，河南、四川各三十五人，陝西、山西山東各三十人，廣西二十人，雲南、交阯各十人，貴州則就湖廣試。

癸亥，撒馬兒罕頭目阿都兒火者來歸，授正千户，居甘州。

〔十月〕壬申，思州府通判檀凱九載當遷，民詣闕留，上曰：「爵禄所以勸士也。古人有三優，優外官，勉治也；優小吏，養廉也；優故老，遵德也。民愛凱，其優之五品之俸。」

《明史》卷九《宣宗紀》　戊子，敕公、侯、伯、五府、六部、大學士、給事中審覆重囚。

《宣宗實録》卷一〇　乙未，行在兵部奏四川鹽井衛土官千户阿抄妻葉甲初謀殺土官板必他。又，土官千户剌馬非令妻男阿白等劫掠禄得等村人畜，侵占地方，雲南麗江軍民府千夫長木彰聚衆私通西番，劫掠人民財産，請令總兵官黔國公沐晟及雲南、四川三司各委官撫諭，若梗化不服，則發兵執之，從之。行在工部尚書吴中奏營繕軍夫多逃者，當遣人追捕。

《明史》卷九《宣宗紀》　十一月戊戌，顧興祖討平思恩蠻。辛酉，恭禄爲鎮朔大將軍巡邊。

《國榷》卷一九　辛丑，博野等縣流民復業，以有司督徵，命緩之。

庚戌，時阿魯台貢馬，或自虜中歸，言彼攻兀良哈，欲窺開平興和，上敕各邊總兵官鄭亨等嚴備。都指揮同知李信鎮守懷安衛，都指揮僉事路宣鎮守定邊衛。

壬子，行在工部尚書吴中奏造御器當市料，上曰：「漢文帝服御帷帳無文繡之飾，朕甚慕焉。造器物料，内庫幸不乏，其止之。」

癸丑，韃靼孛羅脱者可脱干來歸，言虜中密事，賜衣鈔。上以虜狡，諭尚書呂震，去留任之。

辛酉，陽武侯薛禄爲鎮朔大將軍總兵官，率軍巡開平、宣府、大同。敕榮昌伯陳智、安平伯李安、都督方政征交阯賊黎利。利先攻茶籠州，殺乂安知府署茶籠州事琴彭，潛結玉麻、老撾土酋，太監山壽賫敕宥其罪，授清化知府，詭言俟秋往，又怨參政梁汝笏，乞改署茶籠州事，而土人從逆日不少，蔓難圖也。總司尚書陳洽請勦。

《明通鑑》卷一八　先是禄備邊開平、大同，上即位，召還，陳備邊五事。至是復遣之。交阯黎利圍茶籠七月，城中糧盡。巡按御史以聞，奏至而仁宗崩。上即位，尚書掌布、按二司陳洽上言：「利雖乞降，内攜貳。既圍茶籠，復結老撾及玉麻土官同惡。始言俟秋涼，今秋已過，復言與參政粱汝笏有怨，而招集徒衆，日益滋蔓。乞敕總兵官速行勦滅。」奏上，降敕切責陳智等，期以來春平賊。智等猶不爲意。

《國榷》卷一九　壬戌，遣祝南昌、建昌、宜黄、臨川水災，除其租。上御文華殿，問楊士奇、楊榮曰：「朕久欲言之，今獨卿二人，未輕洩也。昔在南京，皇考因交趾俘至，諭朕以高皇帝混一天下，平均四裔，安南臣服最先，其後黎氏篡陳奪之，及其無後，乃俯徇民心，許爲郡縣，果陳氏有後，選擇立之，猶高皇帝心也。朕對云，若行之，誠帝王之盛舉，皇考笑而秘之，朕未嘗忘。迄今思之，陳氏果有後，立之備藩，三年一貢如國初。用寧其民，省中國屯戍之勞，豈非策乎？議者謂捐棄成業，然繼絶興滅，實成皇祖之志。」士奇、榮對曰：「太宗皇帝初征黎賊，凡詔敕皆面命臣等，興滅繼絶，玉音具存。」上曰：「時朕髫歲，尚記聖語，卿二人第識之勿言，行自見也。」

《明通鑑》卷一八　是月，茶籠陷，又安知府署州事琴彭死之。

上之即位也，平江伯陳瑄上疏陳七事，其一謂「南京根本之地，宜嚴守備」。又言：「歲運糧餉，湖廣、江西、浙江及蘇、松諸府，並去北京遠，往返踰年，上逋公租，下妨農事。宜轉至淮、徐等處，别令官軍接運。」上是其言，至是遂命瑄鎮守淮安，仍督漕運。

《宣宗實録》卷一〇　〔十二月〕戊辰，渤泥國王遐旺遣叔沙那萬喏耶率頭目坐阿烈等來朝貢方物。上謂禮部臣曰：「夷人涉海道，遠來艱險，且時當寒凍，凡宴勞賜予，皆宜加厚。」

宣德元年（丙午、一四二六）

《國榷》卷一九　正月丙申朔，上御殿受朝賀。

《明史》卷九《仁宗紀》　癸卯，享太廟。

《國榷》卷一九　甲辰，將郊，上致齋武英殿，與羣臣習儀殿上，諭蹇義等曰：「祭享之禮，莫嚴于此，朕敢不敬？」

《明史》卷九《仁宗紀》　丁未，大祀天地於南郊。

《國榷》卷一九　己酉，遣使賜别失八里王歪思及西南夷木邦、緬甸、麓川、車里、八百、大甸老撾宣慰司、孟良、孟定、灣甸、鎮康等土官紗羅錦綺有差，時麓川、木邦争界，併諭解之。

壬子，建州左衛指揮僉事猛哥帖木兒爲都督僉事。大理寺卿胡槩以松江豪猾械送京師，下法司治罪。

戊午，貴州銅仁府大崖土黄坑水銀硃砂場局改隸大萬山長官司。

《明史》卷九《仁宗紀》　己未，遣侍郎黄宗載十五人清理天下軍伍。後遣使，著爲令。

《國榷》卷一九　甲子，嚴京城捕盗之禁。時京城多盗，左都御史劉觀等增兵馬司卒百人，每五十家置鋪警夜，命英國公張輔等按地協捕，并立賞格。

〔二月〕丁卯，遣太子少傅工部尚書兼謹身殿大學士楊榮釋奠先師。

《明史》卷九《宣宗紀》　戊辰，祭社稷。

《國榷》卷一九　庚午，諭行在户部尚書夏原吉等曰：「前詔官田開荒如民田起科，近聞有司以户部不除舊額，仍徵之，非信。卿其依詔悉豁逋税。」

《明史》卷九《宣宗紀》　丙戌，謁長陵、獻陵。

《明通鑑》卷一九　時巡按山西御史張政上言：「民人先有逃徙，荒廢田土，逋負税糧。近奉詔赦宥，令其復業，所有積逋，悉予蠲免，歡騰遠邇，莫不來歸。臣見山西民人多復愁沮，緣初逃時，有司懼罪，未申户部，無從開豁，今來歸，將復徵之，恐又逃徙。」上謂夏原吉曰：「大赦之後，何逋不除，豈可謂初未申聞，便要徵納！其即下有司，悉予蠲免。」

《國榷》卷一九　甲戌，免邊衛軍士歲辦柴炭。陽武侯薛禄言宣府懷來、永寧諸衛既守邊，又責採辦，致逋累，諭工部免之。

乙亥，遣永康侯徐安、安鄉伯張安等告即位于祖陵、皇陵、懿文太子及晉恭王等園，歷代帝王陵，嶽鎮、海瀆、鍾山、太嶽、太和山之神，先師孔子。

丙子，重作司苑局。

戊寅，論征曲先安定功，進國師宛卜格剌巴監藏爲浄慈普應大國師，侖奔宛卜番失兒監藏爲弘慈廣智大國師，吒思巴領占爲普覺静修大國師，失迦思端宛卜爲慧善真修大國師，達巴兒監參爲妙慈通慧大國師，皆給四品印誥，餘封禪師，給六品印敕，俱銀印。行在工部作軍器需鐵，江南不及，遂取遵化鐵冶二十萬斤。

《宣宗實録》卷一四　壬辰，南京守備太監鄭和等奏：「天地壇大祀殿并門廊齋宫及山川壇殿廊厨庫俱已朽敝，請加修理。」上諭行在工部尚書吴中等曰：「祀神國之大事，其祠宇皆當完固，况郊壇、山川壇尤重，其令南京工部發匠修葺。」中言大祀諸殿當用香楠等大材，請取四川、湖廣所採者用之。上曰：「大材南京見有者即給用，如無即往彼取之，須令善撫軍民，給以糧賞，一如營造工匠之例。」

《皇朝大政記》卷九　三月乙未朔，順天府官引京城坊廂里老人等入見，上親諭勉之。

《宣宗實録》卷一五　丁酉，上以舊制諸王子女婚娶皆由朝廷選授，比以宗室蕃盛，選之難悉得人，乃命諸王自今婚娶或有不及時者悉自行選配，然後聞之，朝廷授以冠服册誥儀物，諸王便之。

己亥，贈乂安知府琴彭爲交阯布政司左布政使，遣官賜祭。勑交阯布政使司曰：「故知府琴彭恪恭朝命，堅持臣節，畢力抗賊，死不易心，忠義之誠，明如皦日。朕懷憫惻，夙夜不忘。命特贈爲交阯布政使司左布政使，勑至即厚恤其家，仍遣人護送其子一人來京官之。」彭，交阯人，擢知乂安府，守茶籠州，民懷其惠。及叛寇攻城，晝夜備禦，臣節彌厲，糧盡援絶，不屈而死，事聞，故有是命。

《國榷》卷一九　己亥，鑄鎮守交趾内官印。交趾總兵官榮昌伯陳智、都督同知方政討黎利于茶籠州，敗績。蓋政頗勇，智怯，既不相能，太監山壽專于撫，擁兵乂安不救。尚書陳洽以聞，上切責智、政協力贖罪，又責壽及洽，各有敕。

許税户人材年老以子姪代。

丁未，敕楚王、蜀王，各發卒千人，雲、貴、川、廣、直、福合兵萬五千人，赴交趾，又選思明田州弩兵三千人爲鄉導。仍諭老撾毋納叛。

辛亥，給交趾尚書陳洽勘合千道，凡歸附建功者驗績除授。

丙辰，琉球國中山王尚巴志以封王例賜皮弁冠服，命補給。

《宣宗實録》卷一六　〔四月〕甲子，陝西洮州衛指揮后廣，寧夏衛、靈州千户所故土官百户脱火赤弟孛羅歹，福餘衛副千户阿帖木兒、烏思藏葛里麻番僧着由靈藏、番僧綽巴藏剳乩星吉等貢馬。

《明史》卷九《仁宗紀》　乙丑，成山侯王通爲征夷將軍，充總兵官，討黎利，尚書陳洽參贊軍務，陳智、方政奪官從立功。

《宣宗實録》卷一六　己巳，設交阯諒山府隘留關、董跕二巡檢司。留關舊爲小關堡，董跕舊爲董跕堡，俱以土兵土民守之，因山府言其山菁險要，請罷堡置巡檢司，改民兵爲弓兵，故置之。賜琉球國使臣實達魯等鈔綵幣表裏有差。

甲戌，琉球國中山王尚巴志遣使臣鄭義才進香長陵。

《國榷》卷一九　戊寅，作《外戚事鑒》、《歷代臣鑒》賜羣臣。

辛巳，停濟南、東昌、青、兗歲辦顏料，時旱饑。

《明通鑒》卷一九　是月，〔胡〕濙以仁宗改元召爲行在禮部侍郎，上書陳十事，力言「建都北京非便，請還南京，省南北轉運供億之煩」，帝皆嘉納。既聞其嘗有密疏，疑之，不果召，轉太子賓客兼南京國子祭酒。上即位，仍遷禮部左侍郎。至是來朝，留之行在禮部，遂進尚書。

《皇朝大政記》卷九　五月丙午，諭三法司審録繫囚。

《明史》卷九《宣宗紀》　丙申，詔赦交阯，許黎利自新。

《明通鑒》卷一九　時渠魁未平，小寇蠭起，美留潘可利助逆，而宣化周莊、太原黄菴等結雲南寧遠州紅衣賊大掠。上敕黔國公沐晟勦寧遠，又發西南諸衛軍，悉赴交阯，受王通節制，通未至而黎利復犯清化。于是下詔赦利罪，許以降者仍授官職，又停採辦金銀香貨，冀以弭釁。

《國榷》卷一九　丙申，詔曰：「樂生惡死，人情也。交趾入職方二十載矣，數搆叛逆，以勤王師，趨火赴淵，豈本圖哉？良由有司安輯亡狀，詔到，交趾官吏所犯無大小赦除之，黎利、潘僚、路文律誠悔過，爲臣子如初，悉宥罪，爵以官，交趾軍民賦税如故，他採辦金銀鹽鐵諸課悉罷。」

《宣宗實録》卷一七　辛丑，立故少師榮國公姚廣孝神道碑。初，廣孝卒，太宗皇帝親製碑文，命有司營葬并樹碑神道，時碑已具而文未刻，至是其養子繼請。上諭行在工部臣曰：「廣孝從皇祖最久，靖難與有勞勤，其卒也卹典特厚。」遂出永樂中御製文付之，曰：「其即爲刻碑，以成皇祖嘉念功臣之志。」

《國榷》卷一九　乙巳，蘇門答剌國王奴里阿必丁、滿剌加國王西哩麻哈剌者及白葛達國王俱入貢。

《宣宗實録》卷一七　丁未，朝鮮國王李祹遣陪臣南暉等奉表貢馬及方物，謝賜綵幣恩。

《國榷》卷一九　庚申，濬臨清至徐州河渠。

《宣宗實録》卷一八　六月癸亥朔，遣使賜琉球國中山王尚巴志皮弁冠服。

上謂禮部尚書胡濙曰：「遠夷歸誠，固是美事，特賜冠服，亦表異恩，古人言招携以禮，懷遠以德，朕與卿等，尤當念之。」

乙丑，直隸保定府淶水縣、真定府新河縣、河間府興濟縣、廣平府威縣各奏去歲水旱薄收，今夏新穀未登，民多乏食，乞將各縣存留倉糧驗口賑恤。上命行在户部如所言給之。

《國榷》卷一九 丁卯，南平縣蠻殺潯州通判張文郁，命總兵官鎮遠侯顧興祖討平之。

《宣宗實録》卷一八 壬申，交阯利蓬等縣土官知縣胡辰、雲南郭川等州土官典史王保、鎮南州把事李保等來朝貢馬及方物。

《國榷》卷一九 丙子，定宗室將軍、中尉，郡主、縣主、郡君、縣君、鄉君儀賓品級，冠服儀式，鎮國將軍禄千石，從一品，輔國將軍八百石，從二品，奉國將軍六百石，從三品，鎮國中尉四百石，從四品，輔國中尉三百石，從五品，奉國中尉二百石，從六品，其妻各依品受封，儀賓遞減一等，郡王納妃襲爵，遣使册命，其將軍縣主以下婚，但頒誥命冠服，餘儀仗奩具，皆本邸自備。

己卯，正一嗣教清虚冲素光祖演道崇謙守静洞玄真人張宇清進封大真人，掌天下道教。

庚辰，始命御史刷在京案牘。

壬午，御用司改隨駕御用監，給銀印。霸州、固安、永清、新城蝗，命有司亟捕。金齒潞江安撫司改隸雲南。

《明史》卷九《宣宗紀》 秋七月癸巳，京師地震。

《國榷》卷一九 嚴鈔法，禁民間金銀貿易。

甲午，監察御史李驥巡按永平諸郡，言薊州地廣草肥，故永平衛軍人牧牝馬一匹，免他役，今調發既頻，軍多殘廢，宜變其法。遂命行在兵部視薊州諸衛馬少者分給均牧。

《明史》卷九《宣宗紀》 己亥，諭六科，凡中官傳旨，必覆奏始行。

《國榷》卷一九 左都御史劉觀論囚七十人當決，命太監王振止之，其録情罪親閲。

甲辰，以御馬監造鞍，支鈔二千七百餘錠市金箔等料，上減其半。

辛亥，增兩淮都轉運鹽使司同知。

《明史》卷九《宣宗紀》 壬子，罷湖廣采木。

《明通鑒》卷一九 時湖廣發民運糧，調軍征討。會遇旱災，民皆艱食。工部勘合採杉松大材七萬株，巡按御史劉鼎貫奏請罷役，從之。尚書吴中請罷其半，不許。

《國榷》卷一九 辛酉，令行在禮部尚書胡濙同翰林官禮科給事中試僧道，通大經給牒，否則不給。

《明通鑒》卷一九 是月，始立内書堂，教習内官監也。

初，洪武間，太祖嚴禁宦官毋得識字。後設内官監典簿，掌文籍，以通書算小内史爲之。又設尚寶監，掌御寶圖書，皆僅識字，不明其義，及永樂時，始令聽選教官入内教習之。

初，上即位，下詔求直言，有湖廣參政黄澤，上書言十事。其言遠嬖倖曰：「刑餘之人，其情幽陰，其慮險譎，大姦似忠，大詐似信，大巧似愚。一與之親，如飲醇酒，不知其醉，如噬甘腊，不知其毒，寵之甚易而遠之甚難。古者宦寺不使典兵干政，防患于未然也。涓涓不塞，將爲江河，漢、唐已事，彰彰可監。」上雖嘉嘆，不能用。

至是開書堂于内府，改刑部主事劉翀爲翰林修撰，專授小内使書，選内使年十歲上下者二三百人讀書其中。其後大學士陳山亦專是職，遂定翰林官四人教習以爲常。

自此内官始通文墨，司禮、掌印之下，則秉筆太監爲重。凡每日奏文書，自御筆親批數本外，皆秉筆内官遵照閣中票擬字樣，用硃筆批行，遂與外廷交結往來矣。

《國榷》卷一九 八月壬戌朔，漢王高煦反樂安。高煦狙詐多智，自負才武，靖難時，領勍騎戰白溝、東昌、浦口有功，覬奪嫡，既封漢王，國樂安，深懷怨望，異謀益急，私造火器，籍壯丁爲軍，破獄出死囚厚養之，集旁近亡賴壯子弟及逋逃人，賜銀幣，編隊甲，給諸衛所兵器，行其暴盜，境内騷然。文皇帝崩，數遣人窺先帝，顧益厚遇之。暨上立，有所陳請輒不得，益怨望，遂稱兵，遣枚青潛來京師，約英國公張輔爲内應，輔夜縶以聞。又約山東都指揮靳榮等反濟南爲應。又散刀仗于真定諸衛，盡奪官私畜馬，遣使四出誘叛。天津衛鎮守都督孫勝、山西都指揮張傑、楊雲、青州左衛指揮史斌、河間衛鎮撫温英、德州衛指揮鄭興、鎮撫劉志等皆約舉城應之，先上軍馬錢糧之數。作五軍都督府，指揮王斌領前軍，常達領左軍，千户盛庸領右軍，知州朱恒領後軍，以諸子瞻坔、瞻域、瞻垵、瞻墿各監一軍，煦自領中軍，世子瞻垣居守，指揮常賢、常興、千户王玉、李智領四哨。部署已定，僞授王斌、朱恒等太師、都督、尚書等官，刻日取濟南後北向。有司軍民數上變。至是樂安御史李濬憂居，匿妻子變姓名，馳告闕下，高煦知之，追濬不及，磔使者。上猶未忍訟言討之，使中官侯泰賜以璽書，且觀變，略曰：「昨枚青來言，叔督過朝廷，予誠不信，皇考至親唯二叔，予所賴亦唯二叔，小人離間，不敢不吐露中懇，且傳播驚疑，或有乘間竊發者不得不備，唯叔鑒之。」泰至樂安，高煦不拜敕，盛陳兵衛見泰，南向坐，曰：「我何負朝廷哉？靖難之戰，非我出死，燕之爲燕未可知也。太宗皇帝信讒，削我護衛，徙我樂安，讒我者誰耶？今固望縣官優我，而輒云祖制，我豈能鬱鬱無動作？汝循營視我士馬，豈不可以洸洋天下？速歸報，急縛朝中奸臣來，徐議吾所欲耳。」

戊辰，定國公徐景昌、彭城伯張昶守皇城，安鄉伯張安、廣寧伯劉湍、忻城伯趙榮、建平伯高遠分守京城門。

《明史》卷九《宣宗紀》 丙寅，宥武臣殊死以下罪，復其官。

《國榷》卷一九 己巳，命陽武侯薛禄、清平伯吴成、太監劉順等率兵二萬爲前鋒，豐城侯李賢、侍郎郭璡、郭敦、李昶等督饋運。命鄭王瞻埈、襄王瞻墡居守，敕廣平侯袁容、武安侯鄭亨、都督張昇、山雲、尚書黄淮、黄福、李友直協守，大賚列侯、都督、都指揮、衛所吏卒及文職六品以上，少師蹇義、少傅楊士奇、少保夏原吉、太子少傅楊榮、太常寺卿楊溥、太子少保吴中、尚書胡濙、張本、通政顧佐俱扈從。

辛未，告高煦罪于天地宗廟百神，上親征，發京師，宿通州。中官侯泰還自樂安，上問高煦何言，曰：「一無所言。」問治兵，曰：「無所見。」已錦衣官校從泰往者具陳之。

癸酉，駐蹕水河鋪，上馬上顧侍臣曰：「試度高煦計安出？」或曰：「樂安城小，彼必引兵先取濟南以爲根本。」或曰：「彼往時不肯離南京，必引兵而南。」上曰：「不然，濟南雖近，未易攻，況聞大軍至，何暇攻？護衛軍家屬盡在樂安，豈肯棄之南往？煦外誇内懦，狐疑寡斷，今敢反者，欺朕新立，衆心未附，不能自將，他將來，以甘詞厚利誘餌之，幸成事。今知朕親征，行膽落矣，何戰爲，至即擒耳。」

乙亥，駐蹕直沽南，諭諸將曰：「昨見軍士負重者，晚始至營，亦有憊而道息者，爾等略不加意，非所以恤士也，其以官馬騾均載之，且藥病卒。」

《明史》卷九《宣宗紀》 辛巳，至樂安，帝兩遺書諭降，又以敕繫矢射城中諭禍福。

壬午，高煦出降。

《國榷》卷一九 甲申，遣書諭諸王，頒詔天下。

乙酉，班師。高煦妄覬大位，蓄謀非一日，又恃功高，諸宿將皆與善，永樂中，所以媒蘖東宫者無不至，宫寮多因之得罪，仁宗監國二十餘年，日隱忍之不發，及踐祚，猶怏怏，迨上則益自謂兄在我且不能下，況姪乎？故遂反。謂命將必藩府舊人，或持兩端觀望，可計脅之，遲回數月，人心必摇，或據濟南取南京，然後徐窺京師，初不意駕出，故不戰而潰。

戊子，琉球中山王入貢。署交趾布按二司尚書陳洽報黎利攻乂安，李安、方政等合擊，敗之。

《國榷》卷一九 〔九月〕甲午，北京國子監司業吴溥卒。溥字德潤，崇仁人，薦授翰林編修，永樂初，遷修撰，進司業，教學者致力本源，戒涉獵蹈襲，司成二十餘年，不一涉權門，或勸其少貶，不聽，自號古崖，没無以殮。

《宣宗實録》卷二一 丙申，土魯番城故都督鎖恪子也苦着兒、阿木河等衛指揮同知弗剌荅等來朝貢馬駝等物。

《皇朝大政記》卷九 帝還京。

《明史》卷九《宣宗紀》 戊戌，法司鞫高煦同謀者，詞連晉王、趙王，詔勿問。

《明通鑑》卷一九 時户部主事李儀請削趙王護衛，尚書張本亦以爲言。上召士奇諭曰：「言者論趙王益多，如何？」對曰：「今日宗室惟趙王最親，陛下當保全之，毋惑羣言。」上曰：「吾欲封羣臣章，示王令自處，何如？」士奇曰：「善，更得一璽書，幸甚！」于是遣廣平侯袁容、都御史劉觀至趙，齎書示之。容等至，趙王大喜曰：「吾生矣！」上書謝恩。明年，復獻護衛。由是言者始息。

《國榷》卷一九 庚子，爪哇入貢。

辛丑，賞從征功。

壬寅，宴從征文武諸臣六千八百五十人于奉天門，加賜吏卒綵幣絹布。

甲辰，代府左長史戴禮奏代王父子違戾四事，上是之。

戊申，暫免青、登、萊馬芻。

庚戌，罷廣西思恩、忻城二縣儒學。時蠻寇攻劫，人不知學。

《宣宗實録》卷二一 辛亥，亦馬剌等處女直野人木刀兀等二百二十九人來朝貢馬，命木刀兀爲指揮僉事，脱脱出等爲千百户所鎮撫，賜冠帶文綺表裏鈔有差。上因謂侍臣曰：「夷狄爲患，自古有之，未有若宋之甚者。靖康之禍，論者以爲不當通女真攻契丹，取燕雲之地，亦非根本之論。是時，天祚失道，内外俱叛，取之可也。女真以方强之勢，乘契丹之敝，後日必與我爲鄰。燕雲之地，太宗百戰不能剋，乘時取之，亦不爲過。若究禍之根本，蓋自熙寧至宣和五六十年小人用事，變易法度，民苦征徭，軍無紀律，國家政事日陵月替，遂爲夷狄所侮，致有此禍。高宗南渡，中原陷於夷狄，民心思宋政，宜卧薪嘗膽，委任忠良，恢復舊疆，洗雪大恥，乃復用小人，力主和議，爲偷安之計。以岳飛之忠，卒死於秦檜之讒，小人之敗人國家如此。」又曰：「自古無中國清明而有外夷之禍者。」

《國榷》卷一九　命按問自山海至居庸守關將校。

壬子，上作《東征記》示羣臣。

丁巳，毛憐衛右軍都督僉事猛哥不花加中軍都督同知。黎賊殺瓊山土知縣許志廣。征夷將軍成山侯王通兵至交趾。

〔十月〕己巳，南京刑部尚書趙玭等奏論囚，再令法司會羣臣詳讞以上。

辛未，賜朝鮮國王李裪經書、《性理大全》、《通鑑綱目》。

壬申，量免工匠禁攀平民求脱者。

癸酉，成山侯王通奏賊黨黎善據廣威州，陳智遣都指揮袁亮、指揮王勉、司廣等禦之，渡河中伏敗，指揮陶森、錢輔千户等死之，失亡五百人，亮被執。

《宣宗實録》卷二二　乙亥，行在户部言：「比者鈔法阻滯，朝廷屢嚴禁約，至今未見流通，蓋由所出者多，所入者少。請自今凡官員軍民人等赦後倒死虧欠馬駝等畜俱令納鈔，馬每匹三千貫，駝八千貫，騾二千貫，驢牛每頭一千貫，猪羊每隻三百貫，鵝八十貫，雞鴨各三十貫。赦後至洪熙元年終各處所欠魚鰾等物，魚鰾每斤二十五貫，魚油十貫，茶五貫，翎毛每百根十貫，牛皮一張三百貫，羊皮以下每一張一百五十貫，蘆柴每束二十五貫。贓罰金銀諸物金每兩八千貫，銀二千貫，銅錫每斤各二百貫，鐵五十貫，鉛一百貫，紵絲羅每匹各二千五百貫，綾二千貫，紬一千貫，官絹五百貫，小絹二百五十貫，官綿布二百貫，小綿布一百五十貫，三梭布四百貫，大苧布一百五十貫，小苧布一百貫，福生布、洗白夏布各二百貫，高麗布一千貫。其有不盡載者各加時價五倍折鈔，内外商税門攤等項俱依前例，監察御史、按察司官嚴督比較，如或怠惰致令有司作弊，一體究問。今後若官吏軍民人等犯笞杖罪，每一十贖鈔一千貫，軍官還職，文官應降罷者依律降罷，吏改撥軍民人等着役寧家。」上曰：「此亦一時權宜耳，俟鈔法稍通别議。」

《明史》卷九《宣宗紀》　戊寅，釋李時勉，復爲侍讀。

《明通鑒》卷一九　初，時勉以諫先帝，授扶瀕死。既下獄，與錦衣千户某有恩，千户適蒞獄，密召醫，療以海外血竭，得不死。仁宗之大漸也，謂夏原吉曰：「時勉廷辱我！」言已，勃然怒，原吉慰解之。其夕，帝崩。

至是有言時勉得罪先帝狀，並及遺言，上震怒，命使者：「縛以來，朕親鞫，必殺之！」已，又令王指揮：「即縛斬西市，毋入見！」指揮出端西旁門而前，使者已縛時勉從端東旁門入，不相值，上遥見，罵曰：「爾小臣，敢觸先帝，疏何語？趣言之！」時勉叩頭曰：「臣言諒陰中不宜近妃嬪，皇太子不宜遠左右。」上聞言，色稍霽。徐數至六事止，上令盡陳之，對曰：「臣皇懼，不能悉記。」上意益解，曰：「是第難言耳。草安在？」對曰：「焚之矣。」上乃太息稱其忠，立赦之，並復其官。比王指揮詣獄還，則時勉已襲冠帶立階前矣。

《國榷》卷一九　〔十一月〕壬辰，廣西左州蠻作亂，土官黄榮等請勦，上命先招撫之。

《宣宗實録》卷二二　癸巳，行在工部奏：「去年冬，平江伯陳瑄總軍夫疏濬儀真、瓜州、壩下河道，至歲終罷役，今尚有未疏導者，請仍以舊集軍夫及時用工。」從之。

《明史》卷九《宣宗紀》　乙未，成山侯王通擊黎利於應平，敗績，尚書陳洽死之。

《國榷》卷一九　戊戌，諭順天府尹王驥收煢民悉入養濟院。

己酉，汝南王有爋訴兄周王有燉之過，上不直有爋，遺書有燉，宜篤愛，不必較也。

《明通鑒》卷一九　是月，左都御史劉觀等言：「高煦之黨，同謀者皆伏法。其護衛軍丁，居他州者尚多，當罪之。」上曰：「凡先調衛及商販在外者，皆不預逆謀，其釋之，勿窮治。」

《明史》卷九《宣宗紀》　十二月，辛酉，免六師所過秋糧。

《國榷》卷一九　以交趾人思尚書黄福，敕召福于南京，即馳赴之。

甲子，黎利攻清化州不利，引去。時王通自寧橋之敗，無復固志，自清化以南悉委利，其官民出城赴東關，惟清化知州羅通、指揮打忠率民兵堅守，間出攻其土山，數殺傷，賊衆勢稍緩。至是檄至，城中大驚懼，通語忠曰：「城高池深，糧裕人衆，寧死守，毋出城縛也。主帥之令，決不可從。」日獎勵軍士，賊不能克而去。

《明通鑒》卷一九　上聞王通之敗，大駭，乙酉，命安遠侯柳升爲征虜副將軍，充總兵官，保定伯梁銘副之，都督崔聚爲右參將，尚書李慶參贊軍務，由廣西進討黎利。又命黔國公沐晟爲征南將軍總兵官，率興安伯徐亨、新寧伯譚忠從雲南會之。尚書黄福奉使南京，陳洽之代福也，累奏乞福還撫交阯，至是召福赴闕，諭曰：「卿惠愛交人久，交人思卿，其爲朕再行！」仍以工部尚書兼詹事，領交阯布、按二司事，與升等同行。並敕王通守城練兵，俟升至同進。

《國榷》卷一九　丁丑，夜，交阯賊萬餘人攻圍隘留關，殺百户黄彪等，百户萬琮登城大呼，率死士出南門擊賊，卻之。

辛巳，以瓊州黎賊陷定安、會同，責廣東都指揮僉事程瑒等捕賊自贖。

是冬，上之逍遥城視漢庶人，庶人足鐐于木，運木撞上，上踣，左右急扶起，上怒，命舁銅缸覆庶人，炭炙之，庶人負缸，缸動，須臾銅鎔死，諸子皆死。

《明通鑒》卷一九　是歲，以錢塘于謙爲監察御史。

謙生七歲，有僧奇之，曰：「他日救時宰相也。」中永樂十九年進士。上即位，授御史，奏對，音吐鴻暢，上爲傾聽。尋扈蹕樂安。高煦出降，上命謙口數其罪，謙正詞嶄嶄，聲色震厲，高煦伏地戰慄稱萬死。上大悦，師還，賞賚與諸大臣等，遂命巡按江西。

宣德二年（丁未、一四二七）

《國榷》卷二〇　〔正月〕庚寅朔，大覲，受朝賀。

辛卯，敕諭文武羣臣。

《宣宗實録》卷二四　壬辰，木寧衛指揮僉事卜顔不花、建州衛指揮使鎖羅幹及合密衛回回打剌罕倒兀等來朝進羊馬。

甲午，朝鮮國王李裪遣陪臣崔訽等奉表及方物，賀萬壽聖節。

《明史》卷九《宣宗紀》　丁未，有司奏歲問囚數。帝謂百姓輕犯法，由於教化未行，命申教化。

《國榷》卷二〇　許重軍併役。

戊申，敕各邊總兵官備虜。

癸丑，設西寧衛儒學。

丙辰，沙州衛人屢劫西域貢使，命甘肅總兵官崇信伯費瓛捕之。置保安州馬坊。

《明通鑒》卷一九　是月，詔申明屯田法。

諭户部及侍臣曰：「海内無事，軍士量留守備，餘悉屯糧，所收足以給衣食，則國家可省養兵之費。然朕以爲立法固善，尤在任用得人。其令兵部移文所司，選老成軍官提督屯田，仍命風憲官以時巡察。」

《國榷》卷二〇　二月己未朔，庚申，趙王高燧奏謝，盡納常山中護衛及羣牧千户所儀衛司軍校，歸之朝廷，許之，命存儀衛司。遣駙馬都尉廣平侯袁容調護衛軍于永平、山海、盧龍。

《明史》卷九《宣宗紀》　乙丑，黎利攻交阯城，王通擊敗之。

《明通鑒》卷一九　利破膽遁走，諸將請乘勢追之，通逗留三日，賊知其怯，復立寨濠，四出剽掠。未幾，勢復張。

是月，上御文華殿，賜輔臣銀章各一，楊士奇曰「端方貞靖」，榮曰「方直剛正」。尋又賜尚書蹇義銀章曰「忠厚寬弘」，夏原吉曰「含弘貞靖」。

《國榷》卷二〇　壬午，復馬貞寶雞知縣。貞初憂去，邑人誦其公廉乞留，至是服闋。

甲申，巡按四川監察御史裴俊請禁奸民誣奏，從之。

丙戌，行在錦衣衛官分捕沿河南北盜。赤斤蒙古衛指揮使且旺失加進都指揮同知。

〔三月〕己丑，命雲南、四川、兩廣、福建、湖廣勾軍除逃解外，餘留所在附近衛所帶操。策貢士趙鼎等百人于奉天門，賜馬愉、杜寧、謝璉等進士及第、出身有差。行在刑部右侍郎樊敬往廣西，右副都御史胡廙往廣東，李素往湖廣，俱督運給交阯，益調兵四萬五千二百人。置麻兒匝安撫司，地去松潘七百餘里，時刺麻着八讓卜來歸，故官之。

《宣宗實録》卷二八　庚寅，陞太子少保兼工部尚書吴中爲少保，仍兼行在工部内俸兼支，從尚書蹇義、夏原吉所請也。敕再調武昌護衛官軍一千人、成都護衛一千二百人、南京原下西洋精鋭官軍一萬人、中都留守司、湖廣、浙江、河南、山東、廣東、福建、江西、雲南、四川都司并福建、四川行都司官軍三萬三千人從安遠侯柳升、黔國公沐晟等征交阯。

《國榷》卷二〇　己亥，黎利攻丘温，都指揮孫聚力拒之。

辛丑，進士邢恭爲翰林院庶吉士，恭先隸院譯書。免湖廣轉餉交阯，上念其去年旱饑。上作《西漢循吏論》示少師蹇義等。

甲辰，給京衛軍冬夏布，勿折鈔。

丙午，諭行在户部，凡庫役歲一更。先是霸州人直天財庫五年，故上以爲言。

《明史》卷九《宣宗紀》　夏四月，庚申，黎利陷昌江，都指揮李任、指揮顧福、劉順，知府劉子輔，中官馮智死之。

《國榷》卷二〇　增蘇、松、常、杭、嘉、湖督農通判，屬縣督農縣丞。

庚午，亦力把里入貢。

辛未，琉球山南王他魯每入貢。兩浙都轉運鹽使李泰坐事當謫，以場民言其廉勤，僅降副使。

《明史》卷九《宣宗紀》　己巳，王通許黎利和。

《國榷》卷二〇　癸未，武定侯郭玹署宗人府事。

初，議徵松潘衛軍戍交阯，俱憚行，謀于千户錢宏，宏曰：「惟言番人叛，則戍止矣。」遂告衛官以番人叛，于是都司果止交阯之役，遣成都後衛指揮陳傑等以兵往，而番實不叛也。宏潛入其寨，脅出牛馬財物以止師，果與之。然聞兵已壓境，大懼，各結黑水諸生番拒之，傑等敗没，番民大擾。

《明史》卷九《宣宗紀》　五月，癸巳，薛禄督餉開平。

《國榷》卷二〇　都督同知沐昂討瀾滄衛叛寇楊和等，抵金沙江，擒之。

《宣宗實録》卷二八　丙申，行在户部奏：「永樂二十一年勅朝鮮送馬二萬匹，令遼東都司以官貯大布四萬、大絹六萬酬其直，以布絹不足，因循至今，請令山東布政司運送遼東，如數酬之。」上曰：「遠夷不可失信，復敢稽緩者罪之。」

戊戌，巡按四川監察御史及四川都司、布政司、按察司奏：「四月内番蠻五萬餘人攻圍松潘衛城，焚上下四關及諸屯堡，恣肆殺掠，威、茂、疊溪諸衛所相繼被圍，賊勢益甚，敘南衛指揮吴玉等討賊敗績，請治其罪。」上勑御史三司吴玉討賊失機，本難容恕，姑宥其罪，降充爲事官，俾殺賊立功，再犯以軍法從事。

《國榷》卷二〇　乙巳，暹羅入貢。

丙午，行在鴻臚寺丞何敏爲行在錦衣衛指揮僉事。敏諳胡語，命同都指揮僉事蔣貴及松潘衛指揮吴瑋招撫松潘番寇，又陝西都指揮趙安以臨鞏等衛五千人赴之。

甲寅，設武功左衛，置左右中前後五所。復鄭辰山西按察使。初，辰憂去，吏民思其端潔，請復之。

丙辰，渾源知州陳淵能愛民，千户陳貴誣以罪，民詣闕言其狀，復之。

〔六月〕甲子，悉召鎮守内臣還京。

癸酉，爪哇入貢。

乙亥，定淮、浙鹽引米三斗五升，河間、長蘆引五斗，河東、川、陝引二斗。

《明史》卷九《宣宗紀》　戊寅，録囚。

《國榷》卷二〇　己卯，命總兵官陽武侯薛禄等自開平旋師，駐宣府。

癸未，增浙江布政司理問所副理問。

《宣宗實録》卷二八　〔七月〕丁亥，行在鴻臚寺卿楊善等劾奏鄭府工副等官周信等一百四十三人朝參不具公〔服〕，懇請正其罪。上曰：「小官或未有備，姑宥之。」

《國榷》卷二〇　辛卯，占城入貢。

《宣宗實録》卷二八　乙未，賜哈密忠順王差來都督僉事北斗奴、失剌忠使臣都指揮僉事阿力、土魯番城使臣都指揮僉事也苦著紀及哈密衛指揮同知僉事千百户鎮撫誥勅。

《明史》卷九《宣宗紀》　己亥，黎利陷隘留關，鎮遠侯顧興祖擁兵不救，逮治之。

《國榷》卷二〇　丙午，諭南京法司，罪人納粟以贖有差。

《宣宗實録》卷二八　戊申，行在刑部都察院奏定岷州、洮州、河州、臨洮納米贖罪例：「岷州、洮州二衛死罪十石，流八石，徒六石，杖三石，笞一石五斗，河州、臨洮二衛死罪十三石，流十石，徒八石，杖五石，笞三石。納畢依在京運磚罰鈔例，軍官應徒流者調衛，雜犯死罪者降用，文職官吏應徒流及雜犯死罪俱放原籍爲民，軍民人等者使寧家。官吏受贓犯死罪，又閑吏犯徒流罪者，仍發北京爲民，杖罪者軍官還職，文官應降罷者依律降罷，吏改撥笞罪，各還職役，閑吏起送行在吏部照例發遣。」上從之。

《國榷》卷二〇　乙卯，諭禮部，自宫者遣戍，如先帝例，榜禁中外。

〔八月〕戊午，定大同中鹽每引米二斗五升，再減米五升。

《宣宗實録》卷三〇　庚申，行在户部以宣德三年隨駕御馬監飼象馬牛羊草、太常光禄飼牲草分派南、北直隸及山東、河南、山西、陝西諸府州於今年地畝穀草内徵納，上曰：「古者納緫、納銍皆量地之遠近，慮勞民也。宜從減省，毋困民力。」

辛酉，免隆慶、昌平民修居庸關橋，以妨農也。

《國榷》卷二〇　丁卯，總兵官陽武侯薛禄、副總兵清平伯吴成等還京，賞賚有差。

戊辰，崇謙守静洞玄大真人張宇清卒。宇清嗣封真人，朝，上加號。

甲戌，上朝罷，御便殿，問侍臣曰：「朝廷下令寬恤，或有司沮格，果否？」對曰：「聞亦有之。」上曰：「治天下貴信，朕每下令，度其可者，不然，徒失信耳。君欲施仁而沮格在臣，何哉？」

乙亥，行在户部左侍郎兼少詹事郭敦爲尚書。免河間等六郡民償馬，去年徵入京，道斃五萬五千餘匹。

丁丑，少師隆平侯張信、行在户部尚書郭敬往陝西安輯軍民。

己卯，設甘州前後二衛右千户所。

癸未，起復工部尚書甄庸于南京。

甲申，嚴反逆家屬在逃之令。

〔九月〕丁亥，武職旗軍見繫者，悉具情罪上聞。

《明史》卷九《宣宗紀》　壬辰，録囚。

《國榷》卷二〇　癸巳，遼東總兵官都督僉事巫凱進嘉禾。

《明史》卷九《宣宗紀》　乙未，柳升師次倒馬坡，遇伏戰死。是日，保定伯梁銘病卒。

《明通鑒》卷一九　升奉命久，俟諸軍集，至是始抵隘留關。黎利已與王通有成言，乃僞爲國人書，詭稱陳氏有後，請升罷兵，立陳氏裔主其地。升得書，不啓封，遣人奏聞。

時賊于官軍經處，緣途據險列栅拒守，官軍連破之，抵鎮夷關。升以賊屢敗，易之。郎中史安、主事陳鏞，言于參贊尚書李慶曰：「柳將軍詞色皆驕，驕者，兵家所忌。賊或示弱以誘我，未可知也。防賊設伏，璽書告誡甚切，公宜力言之。」時慶與保定伯副總兵梁銘皆病甚，慶强起，爲升言之。都事潘禋，亦勸升持重，廣偵探，引寧橋事爲戒。升不爲意，進薄倒馬坡，與百餘騎先馳。渡橋，橋遽壞，後隊不得進，伏四起，升陷泥淖中，中鏢死，從者皆没。其夕，銘病卒。明日，慶亦卒。

又明日，左軍都督僉事崔聚，率兵至昌江，賊來益衆，官軍殊死鬬。賊驅象大至，陣亂。聚力戰被執，賊百計降之，不屈死。官軍或死或走，無一降者。安、鏞、禋及主事李宗昉皆死之。

升質直寬和，善撫士卒，勇而寡謀，遂及于敗。升既敗，沐晟師至水尾縣，不得進，引兵還，王通孤軍援絶，遂決意棄交阯矣。

《宣宗實録》卷三一　丙申，勅鎮守山西都督李謙及都司、布政司、按察司曰：「近有人自虜中回，言韃寇蜂屯飲馬河，簡閲壯夫健馬，似圖南侵，又得武安侯奏大同西北夜屢有火。此寇譎詐情僞未可知，須預爲之備，可練士馬、固城堡、謹烽燧、速斥堠，寇至堅壁清野勿與之戰，使彼無所得。朕將親率六師，按邊待之，必勦滅乃已，其悉心以副委任，欽哉！」

丁酉，朝鮮國王李祹遣陪臣安壽山、金乙賢等貢馬五千匹。

《國榷》卷二〇　緬甸大頭目莽得剌爲緬甸宣慰使。初，緬甸宣慰使新加斯仇木邦而死，子弟潰散，至是莽得剌攝事修貢。

乙巳，松潘蠻就撫，行在錦衣衛指揮何敏請止陝西之兵，上命俟之。

《明通鑒》卷一九　是月，工部尚書黄福行抵交阯，聞柳升敗没，退至雞陵關，爲賊所執，欲自殺。賊至是始知爲福，相與羅拜下泣，曰：「公，交民父母也。公不去，我曹不至此。」力持之。黎利聞之曰：「中國遣官吏治交阯，使人人如黄尚書，我豈得反哉！」遣人馳往守護，餽白金餱糧，肩輿送出境。至龍州，福悉取所遺歸之官，乃還。

《國榷》卷二〇　〔十月〕戊午，免蕪湖水傷田租。

己未，以漸寒，命法司簡輕囚。

甲子，蠲西安、洮、岷等災傷田租。

乙丑，擢柳州照磨曾節爲行在河南道監察御史，起通判姚兼善行在江西道監察御史，皆求賢應薦者。思南府通判卓禮秩滿，長官司誦其德，命進同知，吏部謂貴州例裁同知，上曰：「勿拘例。」復王謙壽州知州，增俸從四品。

丙寅，上閲法司所具囚狀，出八百餘人。

乙亥，琉球中山王入貢。

丙子，松潘蠻復出掠，陷緜竹，殺鎮撫侯璉，上曰：「果如吾料。」

《明史》卷九《宣宗紀》 戊寅，王通棄交阯，與黎利盟。

《明通鑒》卷一九 先是利上柳升書，其略言：「高皇帝龍飛，安南首朝貢，特蒙褒賞，賜以玉章。後黎賊篡弒，太宗皇帝興師討滅，求陳氏子孫。陳族避禍方遠竄，故無從訪求。今有遺嗣暠，潛身老撾二十年，本國人民不忘先王遺澤，已訪得之，儻蒙轉達黼扆，循太宗皇帝繼絶明詔，還其爵祀，匪獨陳氏一宗，實蠻邦億萬生靈之幸。」至是通與利盟，復教利僞爲陳暠謝表，稱「臣暠乃先王暊三世適孫」，其餘詞意與利書略同。遂遣官偕利使奉表及方物進獻。通既與利和，因宴利，遺以錦綺，利以重貨賂通。通不俟朝命，遂擅許之。

《國榷》卷二〇 壬午，行在鴻臚寺上安遠侯柳升所奏黎利書。

癸未，黎利遣僞翰林待制黎少穎，同成山侯所遣指揮闞忠進表及方物，表曰：「安南先陳王臣暊三世孫臣暠：曩黎賊篡弒，臣族殆盡，臣暠奔老撾以延殘息二十年，今國人聞臣尚存，逼臣還國，云大兵初平黎氏，詔訪先王子孫，一時未得，乃建郡縣，皆欲臣陳情請命，謹奉表。」上示諸大臣，英國公張輔曰：「詐耳。太宗皇帝勞師有年矣，當益發兵安遠，成山侯非將也，而少發兵，少發兵不足以制敵，臣請出，保一年擒利。」上默然。蹇義、夏原吉對如輔，楊榮、楊士奇勸息兵安民。上曰：「止戈爲武，吾民得安，人言奚恤，其與之。」

《宣宗實録》卷三三 十一月乙酉朔，行在欽天監進宣德三年大統曆，上御正朝受之，給賜諸王羣臣，頒行天下。

《明史》卷九《宣宗紀》 赦黎利，遣侍郎李琦、羅汝敬立陳暠爲安南國王，悉召文武吏士還。

《國榷》卷二〇 丙戌，以寒至，休百工。爪哇入貢。

癸巳，增陝西布政司、按察司各一員，監視寧夏、甘肅、洮、岷等衛糧儲。

《宣宗實録》卷三三 戊戌，和寧王阿魯台遣使臣都指揮僉事把禿及陝西岷州衛番僧喃哈監藏等來朝貢馬。

《明史》卷九《宣宗紀》 己亥，以皇長子生大赦天下，免明年税糧三之一。

《明通鑒》卷一九 上年三十，胡皇后未有子，又善病。孫貴妃有寵，乃陰取宮人子爲己子。上以長子生，大喜，寵貴妃有加。

《國榷》卷二〇 壬寅，英國公張輔等率百官上表請立太子。

甲辰，司禮太監侯泰有罪下獄。泰初通高煦，上疑之未發，及選駙馬，橫虐受賄，因罪之。

辛亥，琉球中山王入貢。

《宣宗實録》卷三三 癸丑，朝鮮國王李祹遣陪臣李思儉等來朝貢方物。

《國榷》卷二〇 （十二月）癸亥，內官張善伏誅。善監饒州磁器，貪酷不堪，又上供器分餽同列。

《宣宗實録》卷三四 丙寅，朝鮮國王李祹遣陪臣李興發等奉表貢金銀器皿及方物，賀萬壽聖節至。

丁卯，陝西岷州等衛國師班丹領占遣剌麻夫勞乩，西寧衛大國師三丹藏遣其徒失剌監藏及疊州升朶簇故千户恰卜子極的自智吾等簇番僧簇頭本卜節等貢馬。設西寧衛儒學、雲南姚安軍民府大姚縣僧會司，置僧會一員。增置廣西宣化縣那南寨巡檢司土官副巡檢一員。

《國榷》卷二〇 庚午，限僧道度牒，如永樂十六年例。

丙子，復嚴捕盜法。

《明史》卷九《宣宗紀》 丁丑，振陝西饑。並給絹布十五萬疋。

《明通鑒》卷一九 是月，王通不俟詔至，輒令太監山壽與陳智等由水路還欽州，而自率步騎還廣西，至南寧始以上聞。

自交阯内屬者二十餘年，前後用兵數十萬，餽餉至百餘萬，轉輸之費不預焉。至是棄去，官吏軍民還者八萬六千餘人，其陷于賊及爲賊所殺者不可勝計。天下舉疾通棄地殃民，而上不怒也。

宣德三年（戊申、一四二八）

《國榷》卷二〇 正月甲申朔，乙酉，命行在工部右侍郎黎澄全俸支米。澄，安南俘人而貧。

丁亥，都指揮僉事黄竑、張貴鎮守龍州坡壘等處，聽總兵官都督山雲節制。

庚寅，以哈密忠順王卜荅失里幼，立故忠義王免力帖木兒之子脱懽帖木兒嗣忠義王，同忠順王撫其部屬，立奴兒干都指揮使司。和寧王阿魯台貢使歸，上書諭之，賜綵幣五十雙。

癸巳，遣內官李信、林春、李貴、郭泰等，敕賜亦力把力、別失把里、亦昔闊、哈烈、馬綽兒、八剌黑城、把答失罕、撒馬兒罕、賽蘭城、掃郎城、達失干城、失剌思、亦思弗罕及坤城等國文綺。

《明史》卷九《宣宗紀》　丙申，陳懷平松潘蠻。

《明通鑑》卷二〇　懷初至，梟錢弘于軍中以徇。尋率諸軍連敗賊于犵答壩、葉棠關，奪永鎮等橋，復疊溪，撫定祁命等十族，又招降渴卓等二十餘寨。松潘遂平。

《宣宗實録》卷三五　己亥，朝鮮國王李裪遣陪臣韓承順等進方物。賜朝鮮國使臣文貴等鈔綵幣表裏紵絲襲衣有差。

庚子，女直野人頭目女隆加安成哥等來朝貢爲。

辛丑，行在工部奏淮安修改漕運船所費不少，上諭之曰：「漕運國大事，修船豈可惜費？昔劉晏於江淮造船，皆豐其資，船成經久不壞，其後有司慳吝，減損大半，船遂脆薄，漕運竟廢，此事足爲監戒。」

《國榷》卷二〇　辛丑，四川萬縣訓導李鐸請考正從祀先賢名位，免差訛失次，從之。

乙巳，亦力把力王歪思入貢。

《明通鑑》卷二〇　是月，命都督僉事山雲佩征蠻將軍印，充總兵官，鎮廣西。

《國榷》卷二〇　二月癸丑朔，甲寅，命御史彭謙、給事中高舉往四川、雲南，給事中楊鼎往北畿，御史趙儼、給事中李蓄往河南，御史羅亨信、給事中李錫往山西，御史王璡，給事中李庸往浙江，御史汪景明、給事中彭璟往江西，御史李立、給事中孫確往蘇、松、常、鎮，御史劉信、給事中武達往應天、安慶、池、徽、寧國、廣德、太平，御史姚震、給事中吳信往廣西，御史裴俊、給事中李應庚往廣東，御史陳貞虞、給事中楊中往淮、揚、廬、鳳、和、滁，御史賀敬、給事中車遜往湖廣，御史王俊得，給事中丁銑往山東，御史尹崇高、給事中吳澤往福建，各清軍，賜敕，列條例十一。

丙辰，有交趾逃軍罪，限兩月回籍。命招廣西富川縣獞賊。

《宣宗實録》卷三六　丁巳，以明日立今上皇帝爲皇太子，上親告天地、宗廟、社稷。

《明通鑑》卷二〇　皇子生之八日，羣臣即上表請立爲太子。皇后亦數上表請早定國本，孫貴妃佯驚曰：「后病痊，自有子，吾子敢先后子邪！」上不允，至是遂立。于是胡皇后始請遜位。

《國榷》卷二〇　庚申，交趾總兵官成山侯王通等奏，黎利同陳暠奉表謝罪，貢代身金人銀人，并還都督蔡福等官吏四百十七人，兵萬三千一百九十一人，馬騾千二百匹，乞班師。上責通等擅歸南寧，無人臣禮，其貢儀入之，爾同內官山壽、馬騏等還官。

乙丑，陝西文縣守禦千户楊瑛往諭生番，脅餉需索激變，下都察院獄。

戊辰，敕三法司慎刑。

己卯，諭尚書蹇義等，貢舉人材皆引內廷考試，科道錦衣衛官監視。誅松潘衛千户錢弘，謫都指揮高隆爲事官，韓整、鄧鑒等戍廣西。

《明史》卷九《宣宗紀》　是月，作《帝訓》成。

《明通鑑》卷二〇　凡二十五篇，曰：《君德》、《奉天》、《法祖》、《正家》、《睦親》、《仁民》、《經國》、《勤政》、《恭儉》、《儆戒》、《用賢》、《知人》、《去邪》、《防微》、《求言》、《祭祀》、《重農》、《興學》、《賞罰》、《黜陟》、《恤刑》、《文治》、《武備》、《御夷》、《藥餌》。至是成，上自爲之序，復題其後，以詔子孫。

《明史》卷九《宣宗紀》　三月癸未，廢皇后胡氏，立貴妃孫氏爲皇后。

《明通鑑》卷二〇　先是上欲廢后，召張輔、蹇義、夏原吉、楊士奇、楊榮諭之曰：「朕年三十未有子，今幸貴妃生子。母以子貴，古亦有之，但中宮宜如何處置？」因舉中宮過失數事，榮曰：「舉此廢之可也。」上曰：「廢后有故事不？」義曰：「宋仁宗降郭后爲仙妃。」上問輔、原吉、士奇：「何無言？」士奇對曰：「中宮母儀天下。羣臣子也，子豈敢議廢母！」輔、原吉依回其間，曰：「此大事，容臣等詳議以聞。」既退，榮、義語原吉、士奇曰：「上有志久矣，非臣下所能止。」原吉曰：「但當議處置中宮。」士奇意亦動。

明旦，上御西角門，問：「議云何？」榮懷中出一紙，列中宮過失二十事，上覽二三事，輒艴然變色曰：「曷嘗有此！宮廟無神靈乎？」士奇對曰：「漢光武廢后，詔書曰：『異常之事，非國休福。』宋仁宗廢后，後亦甚悔。願陛下慎之！」

一日，上獨召士奇至武英殿，屏左右問處置中宮事，對曰：「皇后今有疾，因其有疾而導之辭讓，則進退以禮。」上俞之。乃令后上表辭位，退居長安宮，賜號靜慈仙師，貴妃遂得立。

《國榷》卷二〇　甲申，暹羅入貢。

《宣宗實録》卷三九　辛卯，哈密忠順王卜答失里遣使，朝鮮國王李裪遣陪臣李純等，四川東川軍民府故土官知府阿得妻攝克等來朝貢馬及方物。

《國榷》卷二〇　癸巳，和寧王阿魯台入貢。

《明通鑒》卷二〇　是時阿嚕台數敗于衛喇特，部曲離散，率其屬東走烏梁海，駐牧邊塞。雖歲修職貢，不過窮蹙求撫，而衛喇特自此益强。

《國榷》卷二〇　丁酉，交趾僞翰林待制黎少穎上表謝罪請封，貢進代身金人銀人，各重百兩，銀罏一，銀瓶二，絹三百，象十四隻，沈速香百六十二斤，薰衣香二十罐，綫香二百枝。

癸卯，頒選武臣條式。

丁未，舊致仕武臣任各衛所事，得七百四人。

庚戌，補賜代府祖訓，敕符底簿。先是代府火。

《明通鑒》卷二〇　是月，上召蹇義、夏原吉、楊士奇、楊榮等十有八人，從游萬歲山，命乘馬登山周覽，賜登御舟，泛太液池。上指御舟曰：「治天下猶此舟矣，利涉大川，卿等之力也。」遂賜宴于西苑。

是時上方勵精求治，諸大臣同心輔政，海内漸臻治平。上乃仿古君臣豫遊事，每歲首許百官旬休，選勝宴樂。上亦時游西苑，諸學士皆從，賦詩賡和，從容問民間疾苦，朝野傳爲盛事。

《宣宗實録》卷四一　（四月）癸丑，遼東東寧衛女直指揮僉事木答哈等來朝貢馬。交阯所遣頭目黎少穎等陛辭，賜文綺衣及鈔，賜勅諭頭目黎利。

《國榷》卷二〇　甲寅，敕諭兩京國子監。罷南京諸司修作。初，襄城伯李隆請增匠數千人，修内府庫及光禄寺，上不信，遣御史陳搏察得其弊。

丙辰，少師吏部尚書蹇義請汰冗員及吏員濫收者，從之。

《宣宗實録》卷四一　丁巳，定折收税糧例。時行在户部奏：「今年天下税糧俱免三分，其該徵七分，夏税麥并額徵，絲緜量存本色於各處織染局織造段匹，餘請折徵布花等物運納京師倉庫，其折收例緜布每匹准小麥一石二斗，苧布每匹准七斗，細絲每斤准一石二斗，大麥二石准一石，緜花五斤准一石，其米豆紅花子皆抵斗，紅花依各處時值折收，絲緜二十兩折絹一匹。」從之。

戊午，有民言事，云首務重農，上大是之。

己未，瓦剌順寧王脱懽亦力把力王歪思入貢。

壬戌，上聞南京運船未半載輒道索軍役接送，令襄城伯李隆及南京工部都察院錦衣衛各官監視，務滿運。

《明史》卷九《宣宗紀》　癸亥，敕凡官民建言章疏，尚書、都御史、給事中會議以聞，勿諱。

《明通鑒》卷二〇　諭曰：「致治之道，莫先于廣言路。天下之大，吏治得失，民生休戚，臣民不言，朝廷何由悉知？古人謂明主視天下猶一堂，滿堂飲酒，一人向隅而泣，則一座不樂。若令天下有匹夫匹婦不得其所，實爲君德之累。今後有建言民瘼者，卿等勿諱。」

《國榷》卷二〇　癸亥，榜禁軍官凌害軍士。

甲子，免保定、河間洪熙元年逋租。

丙寅，旱，遣成國公朱勇禳之。上作《曹參論》示輔臣。論曰：「漢世賢相稱蕭何、曹參，何之相業著矣，參惟守何之法，以清静寧民，後世誚之，以爲不事事。朕意不然。嗣世之君，當守祖法，爲輔相者，固當以清静處之。《書》曰：監于先王成憲，其永無愆。《詩》曰：不愆不忘，率由舊章。參親見秦政紛更以亂天下，又親見高祖立國之不易，則以鎮静輔嗣君，固老成之士也。觀其居齊，用蓋公清静民自定之言，及屬後相無擾獄市，至爲相務掩人細過，擇謹厚長者爲丞相史，吏深刻者輒斥去，此其意固有在，豈誠耽于酒而塊然不事事者哉？吾故曰：參，國之老成人也。後世有老成如李沆相宋真宗，務守祖法不變，一切浮薄新進喜事之人不用，君子論宋名相得大體者，推沆第一，則亦參之力也。有不爲參者，如王安石、吕惠卿輩，相神宗以弊天下之人，其效可見矣。嗟乎！安石輩動引經義，述三代，非參所能與知也。然國家用參，未至乎病民，參其未可深誚哉。」

辛未，增大名府通判，開州判官，内黄、長垣、南樂、滑、清、豐、元城、濬、魏、大名佐貳官各一，專督馬政。

壬申，免竈户遠役。

癸酉，定遣戍二千里以上留附近衛所。

甲戌，增修玉牒，以命翰林院修撰苗衷、宗人府經歷張河。雲南麓川宣慰使思任發侵南寧州，守臣議討，上不許，敕諭之。松潘叛蠻平，總兵陳懷招撫復業萬二千二百六十九户。

《國榷》卷二〇　閏四月壬午朔，賜皇妹嘉興公主册封井源駙馬都尉。敍平松潘功，進都督同知陳懷右軍右都督，都指揮同知趙安爲左軍都督僉事，餘陞賞有差。

戊子，裁遼東苑馬寺官史。

《宣宗實録》卷四二　庚寅，行在通政司言南京國子監歲用柴薪，請給勘合支用。上曰：「國家育才，豈比其他費用，令即給之。」

《國榷》卷二〇　乙未，降王友指揮同知，備禦宣府。

丙申，暹羅入貢。

戊戌，陽武侯薛祿爲總兵官，清平伯吴成爲副總兵，護餉開平。

庚子，河南按察僉事傅啓讓，居官勤慎，秩滿，部民奏其築汴堤捍水多惠政，上復之，增祿正四品。禁採番禺縣鉛沙。

《明史》卷九《宣宗紀》　庚戌，論棄交阯罪，王通等及布政使弋謙、中官山壽、馬騏下獄論死，籍其家。

《明通鑑》卷二〇　廷臣復劾沐晟、徐亨、譚忠逗留及喪師辱國罪，上皆不問，亦無意誅通等，長繫待決而已。時顧興祖至，亦下獄。

戊申，成山侯王通、都督馬瑛爲事官，陳智、李安、方政，布政使弋謙等，内官山壽、馬騏等，下錦衣獄，籍其家。

《明史》卷九《宣宗紀》　五月，壬子，李琦、羅汝敬還。黎利表陳暠卒，子孫並絶，乞守國俟命。

《國榷》卷二〇　亦力把力以馬鬻陝西。

《宣宗實録》卷四三　丙辰，巡撫蘇松等處大理寺卿胡槩奏：「浙江嘉、湖、杭三府人民蕃多，税糧浩大，府縣有治農官理辦税糧，宜增布政司官一員以總之，庶農務以時，糧税不欠。」上謂行在吏部臣曰：「税糧自是常賦，國初以來徵斂輸送已有定制，朕方裁抑冗濫，豈得復設，古語省事不如省官，所奏不允。」

丁巳，賜朝鮮國陪臣李穜善、暹羅國使臣奈勾等四十五人，朵顔等衛指揮僉事猛哥禿等并原差招撫指揮僉事黄照化等九十人鈔綵幣表裏紗羅金織襲衣等物有差，并賜奈勾等七人冠帶。

《明史》卷九《宣宗本紀》　己巳，復遣羅汝敬等諭黎利立陳氏後。

辛未，贈交阯死事諸臣。

《明通鑑》卷二〇　先是交阯布政使弋謙，以都指揮同知李任等十二人死事聞，上惻然曰：「大丈夫爲國，固當殺身成仁，舍生取義，任等可謂無愧矣！」各加贈官，予誥，賜祭。

十二人者，李任、顧福、劉順、徐麒、周安、蔡顒、何忠、桂勝、易先、劉子輔，及中官馮智。凡得贈䘏者十一人，惟陳麟以嘗與朱廣開門納賊，死不掩過，故不及。

《國榷》卷二〇　壬申，免趙、定、冀、真定、平山、獲鹿、井陘、阜平、欒城、藁城、靈壽、無極、元氏、曲陽、行唐、新河、隆平、高邑、贊皇、臨城、新樂、平鄉、内丘、唐山、沙河、鉅鹿、肥鄉、邯鄲、永平田租，俱旱災。

丙子，復設駙馬府學録井源家，訓導李鳴鶴爲學録。

戊寅，設湖廣劍南摇把峒、上愛茶峒、下愛茶峒長官司，鎮遠、隆奉、東流、臘壁峒、西坪五蠻夷長官司，皆前元土官子孫，各擁蠻兵，今就撫。

庚辰，上作《酒諭》示百官。時郎中御史多酣敗，或請禁酒，諭曰：「天生穀麥黍稷，所以養人，人以麴糵投之爲酒，周官有酒正，以式法授酒材，辨五齊之名，三酒之物，以供國用，《書》秬鬯二卣曰明禋，《詩》既載清酤，賚我思成，以享祀神明也。厥父母慶洗典致用酒，以事親也。豈樂飲酒，以燕臣下也。酒醴惟醹，酌以大斗，釃酒有衍，籩豆有踐，燕父兄及朋友故舊也。皆用之大者，酒曷可廢乎？而後世耽嗜于酒，大者亡國喪身，小者敗德廢事，酒其可有乎？自大禹疏儀狄，戒旨酒，成湯至帝乙罔敢崇飲，文王、武王戒臣下曰無彝酒，曰德將無醉，曰剛制于酒，孔子言不爲酒困。又，禮有一獻百拜，然則酒曷爲不可有哉？夫非酒無以成禮，非酒無以合歡，惟謹聖人之戒而禮之率焉庶其可乎。」

《明通鑑》卷二〇　是月，黎利送還官吏百五十七人，蔡福等與焉。

初，黎利攻乂安，福與都指揮朱廣、薛聚、于瓚、指揮魯貴，千户李忠等不戰而降，福又教賊造攻具以攻東關。時有官軍九千餘人，欲焚賊營，福告賊，賊盡殺之，遂進攻昌江等城，又爲賊徧説諸城降。至是福與廣等六人至京師，鞫之，服罪，皆棄市，籍其家。

永樂十七年，四忙土官之役，交阯人陳汝石、朱多蒲從方政討賊，深入陷陣，死之。

又，陶季容者，世爲水尾土官，交阯内屬，以爲土知縣，歷歸化知州，遷宣化府同知。上即位之元年，季容遣所部阮執先等追賊，爲賊所獲，令執先還招季容，脅以兵，不爲動。上聞之，擢宣化知府，降敕獎勞。賊復遣人誘季容，季容執以送沐晟，而導官軍敗賊于水尾。王通棄交阯，季容率官屬入朝。

又有陳汀者，古雷縣千夫長，數從方政擊賊有功，政信倚之。王通棄地，汀北行，爲賊所得，授以官，令守交州東關。汀不從，挈其家九十餘人從間道走。賊追之，家屬盡陷，汀獨身入欽州。上嘉其義，以爲指揮，厚賚之。

他若土官阮世寧、阮公庭，皆不願從利，率所部來歸，乞居龍州、陳州之地。上命有司加意撫䘏，資糧器用悉給之。

《國榷》卷二〇　〔六月〕甲申，北京渾河水決，蘆溝橋隄百餘丈，即築之。

《明史》卷九《宣宗紀》　丙戌，免陝西被災夏税。

《國榷》卷二〇　庚寅，諭行在户部，遣視霖雨所潰河隄，亟修築。

《明史》卷九《宣宗紀》　丁未，都御史劉觀巡視河道。

《明通鑑》卷二〇　先是上朝罷，召大學士楊士奇、楊榮至文華門，諭曰：「祖宗時朝臣謹飭，年來貪濁成風，何也？」士奇對曰：「永樂末已有之，今爲甚耳。」榮曰：「永樂時無踰方賓。」上問：「今日誰最甚者？」榮對曰：「劉觀。」士奇曰：「風憲所以肅百僚。憲長如此，則不肖御史皆效之。御史奉巡四方，則不肖有司皆效之。」上曰：「然。」尋有是命。

《國榷》卷二〇　〔七月〕壬子，浦城、建陽盜起，命捕之。

癸丑，雲南潞江千夫長刀不浪班叛歸麓川。

丙辰，行在通政使顧佐爲行在都察院右都御史。

《明通鑑》卷二〇　佐前任應天尹，剛直不撓，人比之包孝肅。至是上出劉觀，問：「誰可代者？」大學士楊士奇、楊榮薦佐公廉有威，歷官並著風采。上喜，遂擢是職。

《宣宗實録》卷四五　辛酉，行在兵部奏昨巡撫官布政使周幹言：「浙江海鹽縣地臨海岸，每有倭寇，洪武中設海寧衛及澉浦、乍浦二千户所，陸置烟墪，水備戰船，瞭望巡守，因得無虞。永樂七年，盡拘軍船赴沈家門立水寨防守，撤去烟墪，倭寇乘虚連年縱掠，水寨相去海鹽千里，不能救援，民甚苦之，請如洪武中防守。今累覆勘，皆以爲便。」上曰：「古人云利不什不變法，凡謀事須爲永久之計，其再令巡撫大理卿胡槩與三司計議，果孰爲便，然後處置。」

《國榷》卷二〇　甲子，誅泗州妖人戴庚仔，庚仔僞爲御史，行鈔法，至清河敗。

庚午，召鎮守彰德都督李玉還京。

辛未，停開平運糧。

甲戌，占城入貢。

〔八月〕癸未，行在左副都御史陳勉、左右僉都御史李濬、凌晏如、監察御史繆讓、行在大理寺右少卿王文貴、評事陳永祥、諸哻，坐失出重囚下獄，尋宥之。

己丑，左都御史顧佐考上各省不職御史嚴曀、成林、韓瑄、繆讓、張衡、趙琰、趙礪、趙倫、楊居正、宋準、張士貞，司務段凱，俱貪淫無恥，張觀、王成、雷恭、王諭，司鐸胡曄、潘舉、牟倫，俱貪污不律，李孟瑄、王頤、蔡寧、晏鐸、張瑩、林真、張嘉會，司務趙玭，俱不諳政體，趙安不習案牘，馮斌、周毅、周瑞老疾，上命貪淫貪污者謫吏遼東，餘降縣典史，其老疾罷爲編氓。

庚寅，運南京内府大絹十萬匹、棉布二十三萬匹于北京。録用交趾歸附土官知州阮得舉百户丁射等。

《明史》卷九《宣宗紀》　辛卯，罷北京行部及行後軍都督府。

《明通鑑》卷二〇　初，仁宗將還都南京，因設行府、行部，凡五府、六部，文移申達，必經行府、行部，往往重複稽誤。至是命公、侯、伯、尚書、都御史、翰林、學士議。于是張輔、蹇義等言：「北京既有府、部，行府、行部宜罷。」從之。會李友直自四川采木還，改授工部尚書。然諸司尚沿行在稱也。

《宣宗實録》卷四六　癸巳，上御奉天門，召公、侯、伯、五軍都督府都督，諭之曰：「胡虜每歲秋高馬肥，必擾邊，比來邊備不審何似，東北諸關隘皆在畿内，今農務將畢，朕將因田獵親歷諸關，警飭兵備，卿等整齊士馬以俟。」

《國榷》卷二〇　甲午，省各處差遣，從進士魏淡之言。時松江差遣官數百人，淡亦户部檄往徵糧，極言其害。

丁酉，交趾宣化府土官知府陶季容等來朝，許居雲南阿迷州。

庚子，琉球中山王入貢。

癸卯，敕駙馬都尉廣平侯袁容、少師隆平侯張信、行在兵部尚書張本、禮部尚書兼華蓋殿大學士張瑛、户部尚書郭敦、都察院右都御史顧佐等居守北京。

丙午，告太廟巡邊，遣前鋒先發。哈失哈襲後軍右都督。

丁未，上發京師，少師吏部尚書蹇義、少保兼太子少傅户部尚書夏原吉、少傅工部尚書兼謹身殿大學士楊榮、行在禮部尚書胡濙、兵部侍郎王驥、刑部侍郎施禮、工部尚書吴中、右僉都御史凌宴如、太常寺卿兼翰林學士楊溥、太常寺卿姚友直、大理寺少卿王文貴等扈從，度潞河，駐蹕虹橋，見道經水潦，秋田無穫，遂戒將士無擾民。

《明通鑑》卷二〇　是月，皇次子祁鈺生，賢妃吴氏出也。

九月庚戌朔，車駕次薊州。

上覽郊原平遠，山川明秀，田疇既穫，頗多遺秉滯穗，喜曰：「使四處皆如此，朕復何憂！」進其州官，諭之曰：「此漢漁陽郡也。昔張堪爲政，民有樂不可支之歌。古今人材，不甚相遠，其勉爲之！」

《明史》卷九《宣宗紀》　辛亥，次右門驛。諜報「烏梁海萬衆侵邊，已入會州」，上謂諸將曰：「此寇無能爲。若知朕在此，必驚遁。今須擊之，不可失也。惟喜峯口路隘且險，可單騎行。朕以精卒三千爲諸將先，出其不意，禽之必矣。」或請益兵，(立)[上]曰：「兵在精與和，不在多。」乃命齎十日糧以行，使西寧侯宋瑛、武定侯郭玹、豐城侯李賢、都督冀傑屯兵遵化以俟。瑛，晟之次子，兄琥，以洪熙元年坐事奪爵，命瑛襲封。玹，洪武功臣英之孫，賢彬之子也。

《宣宗實録》卷四七　壬子，駐蹕遵化縣，簡精鋭騎士三千人，人二騎，各持十日糗糧以俟。

《明通鑒》卷二〇　乙卯，車駕出喜峯口，文臣惟大學士楊榮從。日暮，抵寬河，與寇遇。上親射其前鋒，殪三人，分鐵騎爲兩翼，夾擊之，飛矢如雨，神機礮並發，寇馬死者過半，遂大潰。上自將數百騎追奔，其衆望黄龍旗，知上在焉，悉下馬羅拜請降，皆生縛之，斬其酋渠。命諸將搜山谷，獲軍器馬駝無算。

《宣宗實録》卷四七　壬戌，忠勇王金忠獲虜寇數十人，馬百餘，牛羊數百至。上喜，命中官賜之内厨酒饌，而飲以大金爵，併爵賜之。都督把台獲虜生口及馬牛羊繼至，賜亦如之。

《明史》卷九《宣宗紀》　甲子，班師。

《國榷》卷二〇　丙寅，入喜峯口，分遣近臣巡督關隘守備。聞近關虎暴，命都督李玉率壯士捕之，上往觀，射虎中焉。

《明史》卷九《宣宗紀》　癸酉，至自喜峰口。

《宣宗實録》卷四七　甲戌，文武羣臣上表賀平胡。朝鮮國王李裪遣陪臣趙濬等奉表箋貢馬及方物。

《國榷》卷二〇　乙亥，山東新城知縣董諒奏老人岳景賢等四十一人陷害官府，侵剥小民，上命布政司治其罪。

《宣宗實録》卷四七　〔十月〕庚辰，宣諭各王府長史，俾戒戢下人，勿爲非。明日，鄭王瞻埈等入謝，又諭之曰：「在下小人所爲，王當戒之。吾與王同氣，有至愛存焉。人情愛木者必去蠹，愛苗者必去莠，况吾兄弟至親之愛乎？小人者其爲害甚於蠹與莠也，戒之於早，可以消患於未萌，不早戒之，及其著則難制矣。」

《國榷》卷二〇　甲申，陽武侯薛禄爲總兵官，遂安伯陳瑛、武進伯朱冕爲左右參將，率兵鎮守薊州、永平、山海，并提督各關隘，都督僉事陳景先仍守薊州。

《明通鑒》卷二〇　乙酉，上巡邊還，以蹇義、夏原吉、楊士奇、楊榮四人皆春秋高，賜璽書曰：「古者師保之職，論道經邦，不煩以政。少師義，少傅士奇，少保原吉，太子少傅榮，皆祖宗遺老，畀輔朕躬。今黄髮危齒，尚令典煩劇，兼有司之事，非所以優之也。其輟所務，朝夕在朕左右，討論治理，共寧邦家，其勳階爵禄並如故。」

《國榷》卷二〇　賜朝鮮世子六梁冠，舊五梁，等于陪臣。

丁亥，和寧王阿魯台貢馬。

己丑，蠲江西德興、鉛山銅場夫徭役，各增縣丞一，管銅課。

乙未，停浙直造紙、買銅鐵，并撤催督主事等官，從大理寺卿胡槩之言。

《國榷》卷二〇　庚子，太監郭敬同武安侯鄭亨鎮守大同。

《明通鑒》卷二〇　時武安侯鄭亨佩征西前將軍印鎮大同，治軍嚴肅，撫士卒有恩。而自文皇任宦官監軍分鎮，遂至擅用威福，激生事端，一時邊鎮總兵爲所脅制，往往畏之。敬至，亨獨裁之以理，與議事，無所撓。敬雖不悦，然以此憚之。

《國榷》卷二〇　甲辰，罷遣衛士工役七月以上者。

《宣宗實録》卷四八　十一月己酉朔，行在欽天監進宣德四年大統曆，上御正朝受之，給賜諸王文武羣臣，頒行天下。朝鮮國王李裪遣陪臣李恪等奉箋及方物賀皇太子千秋節。

辛酉，賜琉球國使臣南者結制等鈔綵幣表裏有差。

《國榷》卷二〇　甲子，免追罰鈔。

《宣宗實録》卷四八　己丑，行在都察院右都御史顧佐奏：「近江西鄱陽縣民董復安建言鈔法阻滯，請禁使銀不拘舊例，凡交易銀一錢者買者賣者皆罰鈔一千貫，一兩者罰鈔一萬貫，仍各追免罪鈔一萬貫，人言官吏人等貪贓者，原其害民之情，非止一日，偶因一事而發耳，若止追一事之贓則彼爲得計。今官吏貪贓者若受鈔則仍追鈔，受貨物者估其直皆十倍罰鈔，受課者每兩罰鈔一萬貫，仍追免罪鈔一萬貫，庶可禁止奸貪。民間鈔漸少，必通行不滯矣。户部議從其言。臣竊見交易銀兩已有榜例，今欲追鈔，并官吏受贓者亦計物估備。追鈔可從其議，其追犯人免罪鈔一萬貫，緣犯有輕重，罪有不同，難一槩追罰，宜免追。」從之。

《明史》卷九《宣宗紀》　癸酉，錦衣指揮鍾法保請采珠東莞，帝曰：「是欲擾民以求利也。」下之獄。

十二月庚子，廣西總兵官山雲討擒忻城蠻。

《明通鑑》卷二〇　擒其首譚團，斬首千五百餘級，歸所掠軍民三百八十五人。

《宣宗實録》卷四九　壬午，總兵官平江伯陳瑄奏今年應賞運糧官軍鈔未給，請俟明年春運糧至京給之。上謂行在户部尚書郭敦曰：「一年勤苦，賞以酬勞，豈可候明年？」敦言：「淮安、山東德州等處官庫所收鈔多，請遣官會同平江伯如例支給。」從之。

《國榷》卷二〇　甲申，賑霍、絳、吉、隰、臨汾、翼城、永和、汾西、蒲、浮山、鄉寧、大寧、石樓、襄陵、太平、萬泉、稷山、河津、岳陽、安邑、猗氏、絳、垣曲、趙城、臨晉饑民，時繁霜殺菽。

庚寅，設筠連縣三岔巡檢司，高縣江口巡檢司，珙縣洞門巡檢司，各戍八十人，備敍州蠻。

甲午，定儀賓班次從三品，序同等官上。

丙申，巡視浙江大理寺卿胡槩械海鹽盜平康等三百餘人至京。

丁酉，敕行在錦衣衛指揮任啓，右參政葉春，御史賴瑛同太監劉瑛往常、鎮、蘇、松、嘉、湖，巡視軍民利病，并敕胡槩協力。

丙午，亦力把力入貢。

丁未，行在江西道監察御史定海陳憲卒于獄。進士任御史，歷江西、湖廣，莊重得大體，舉劾公當，革南昌之供億三司，逮吉安千户臧清之稔惡，尤其著者。同官偶引憲下刑部，事且白待命，施禮署部事不肅，臧清夜竊往憲所搥詬，竟忿死，時皆咎禮，上深惜憲而厭禮矣。

《明通鑑》卷二〇　是歲，封哈密故忠義王弟托懽特穆爾嗣爲忠義王。

初，永樂間，封恩克特穆爾爲忠順王。恩克死，以其兄子托克托嗣；托克托死，封其從弟推勒特穆爾爲忠義王。俱見前。上即位，推勒死，遣官賜祭，命故王托克托子卜答失里嗣，仍封忠順王，並遣中官諭之，令遣故忠義王弟托懽特穆爾至京師。上以卜答失里年幼，復以托懽嗣爲忠義王，同理國事。自是二王並貢，歲或三四至，奏求婚娶禮幣，命悉予之。

宣德四年（己酉、一四二九）

《國榷》卷二〇　〔正月〕戊申，聽邊將自置私記關防。陽武侯薛禄護運開平，并增戍獨石。免宣府十七衛歲辦薪炭。大賚從征諸臣銀鈔，加楊榮少傅。初，上出喜峰口，文臣從者獨榮也。鈔法壅，增兩京蘇松等門鈔。許衍聖公孔彦縉市書福建。

《宣宗實録》卷五〇　戊辰，役軍民十二萬人，浚濟寧北舊河百二十餘里。

《明史》卷九《宣宗紀》　己未，大祀天地於南郊。

《宣宗實録》卷五〇　乙丑，朝鮮國王李祹遣陪臣韓惠、琉球國中山王尚巴志遣使者謂慈滓也等貢馬。

丙子，定納米贖罪例。

《國榷》卷二〇　〔二月〕戊寅，隆平侯張信、太監沐敬浚河西務河，築堤，益京軍萬五千人。

丁亥，行在工部右侍郎羅汝敬等還自交趾，黎利附使貢方物并代身金人，具奏陳氏子孫實已盡，所喪吏士兵器家屬，悉因成山侯師還之矣。臣利有女九歲，于亂兵中失之，乃知爲中官馬騏進充宫婢，陛下幸既以赦臣罪，歸此女，臣仰德萬死無二。復遣監察御史何文淵，給事中李本清軍陝西。

《明史》卷九《宣宗紀》　己丑，南京獻騶虞二，禮部請表賀，不許。

《宣宗實録》卷五〇　甲午，行在户部尚書郭敦奏：「洪武、永樂年間屯田之例，邊境衛所旗軍三分、四分守城，六分、七分下屯，腹裏衛所一分、二分守城，八分、九分下屯，亦有中半屯守者，都司、布政司、按察司提督秋成比較，依例賞罰，倉有餘糧。近年各衛所不遵舊例，下屯者或十人或四五人，雖有屯田之名而無屯田之實，且以一衛計之，官軍一年所支俸糧動以萬計，而屯收子粒止有六七千石，或百餘石，軍糧缺少實由於此。今擬在京在外衛所下屯之數，不問正軍老幼餘丁，必依舊額補數，令其屯種。在外屬衛令三司委堂上官，在内并直隸衛所從都察院委御史提督巡視，至秋成依例比較賞罰，庶倉有糧儲，軍無缺食。」從之。

《國榷》卷二〇　乙未，免各省文書差誤之罪。

丁酉，敕法司曰：「五刑之屬三千，莫大不孝，有烝父妾、收兄弟妻者，送京師治之。武臣及子弟犯者，失職毋襲。著爲令。」

乙巳，爪哇入貢。禁濫給驛騎。

《宣宗實録》卷五二　三月丁未朔，行在禮部、户部奏：「昨總兵官都督陳懷報四川、陝西、貴州都司并四川、陝西行都司所調官軍從征松潘等處有功者凡四萬八千九百九十六人，有旨定高下，給賞鈔，請於所在官司給之，紵絲及絹三千四百六十一匹、布六萬五千七百匹，請於南北二京官庫關領，運赴各都司給與。遂命主事金勉等往給敢勇當先都指揮人鈔一千貫、綵幣表裏三，指揮人鈔八百貫，綵幣表裏二，千户衛鎮撫知州人鈔六百貫，綵幣表裏一，百户所鎮撫序班人鈔五百貫，絹三，總旗總甲舍人頭目人鈔四百貫，絹二，小旗小甲人鈔三百貫，絹布各一，軍人餘丁土民土兵人鈔二百貫、布二，齊力向前布政使人鈔八百貫、綵幣表裏二，指揮人鈔六百貫、綵幣表裏一，千户衛鎮撫人鈔五百貫、絹三，百户百夫長所鎮撫人鈔四百貫、絹二，總旗總甲舍人生員頭目人鈔三百貫、絹布各一，小旗小甲人鈔二百貫、布二，軍人餘丁土民土兵人鈔一百五十貫、布一，隨陣擺隊指揮人鈔四百貫、絹三，千户衛鎮撫人鈔三百貫、絹二，百户所鎮撫人鈔二百貫，絹布各一，總小旗甲舍人人鈔一百五十貫、布二，軍人餘丁土民土兵人鈔一百貫、布一，守城守營等項都指揮人鈔四百貫、絹二，指揮人鈔三百貫、絹一，千户百户衛所鎮撫典仗判官經歷等官人鈔一百五十貫、布二，旗軍舍人吏典頭目把事人鈔一百貫、布一，病故者賞如見存之例，陣亡及敢勇當先二三次者悉如本賞之半，自餘功次不同，悉依例給賞。」加太師英國公張輔號爲奉天靖難推誠宣力輔運武臣，階爲特進光禄大夫，勳爲左柱國，命成國公朱勇兼太子太保。

《國榷》卷二〇　建州衛都指揮僉事李滿住求入朝宿衛，諭止之。朵顔三衛頭目完者帖木兒等來朝貢馬，上宥其前罪，家屬被獲者悉還之，陞完者帖木兒都指揮同知，餘有差。逮福建都指揮僉事洪貴等，以倭攻鎮海衛殺掠。

《皇朝大政記》卷九　辛亥，右都御史顧佐劾巡按淮安御史顧達酣酒廢事，爲通判糾正所辱，命改用之。

《宣宗實録》卷五二　癸丑，哈密忠順王卜荅失里遣都指揮使把台、土魯番城僧桑果大師等貢馬。賜朝鮮國使臣柳思訥、朴實等鈔綵幣表裏及紵絲襲衣有差。

《國榷》卷二〇　壬戌，都督祁英、郭義提督牧馬。免前北京行部侍郎金庠官。庠清軍，受清豐知縣梁罐私賂。

《明史》卷九《宣宗本紀》　甲戌，遣李琦再諭黎利訪立陳氏後。

《國榷》卷二〇　四月丙子朔，寧王權奏：「宣德元年八月，江西布政司檄，謂太祖高皇帝子孫以禄米定品級，臣不勝惶懼。祖訓所載禄米，蓋親親次序，無有品級，不意自今世始。」

《明通鑑》卷二〇　時寧王自以大父行，數有干請，上皆以理裁之。至是又以「宗室將軍不宜以禄米定品級」奏，言「高皇帝篤念親親，凡宗室子孫，舊無品級，不與異姓同。」又言：「靖江王府將軍與諸王同班，不論品級，皆行君臣禮。」又請「不避斧鉞，乞赦高煦」。語多忿戾。

上乃自爲書責之，其略曰：「來書謂高皇帝子孫舊無品級，今稽之《祖訓録》，內載：『凡郡王之子授鎮國將軍三品，孫輔國將軍四品，曾孫奉國將軍五品，玄孫鎮國中尉六品，五世孫輔國中尉七品，六世以下，世授奉國中尉八品。』是郡王子孫，未嘗無品級也。必如王言，則諸王兄弟子姪，同爲行列，是無尊卑之分，曷爲而可！若靖江府鎮國將軍與羣下相見之禮，則洪武二十九年《欽定禮儀》云：『凡鎮國將軍與駙馬、儀賓公侯相見，將軍居左，駙馬等居右，皆再拜。與文武一品至三品官相見，將軍居中，各官拜，將軍答拜。四品以下官相見，各官拜，將軍坐受。凡遇將軍于道，駙馬、儀賓，公侯讓左並行，文武一品至三品引馬側立，四品以下下馬。』令曰『鎮國將軍裔旨』，稱曰『官人』，別無行君臣禮之說。若如王言，是教子孫越禮犯分。《春秋》之法，天無二日，土無二王，家無二主，豈宜有此！朕自嗣位以來，體祖宗之心，循祖宗之法，不敢毫末有所增損。往者逆賊高煦，包藏禍心，謀爲不軌，求朝廷之過不得，輒妄稱太祖高皇帝時未嘗頒給羣臣誥敕，以爲擅改舊制，具本指斥，遂舉兵反。及被執至京，出洪武中諸司職掌示之，俛首無言，愧悔不及。今王輒有『不避斧鉞，乞爲赦免』之說，宗廟神靈，監臨在上，何寃何抑而代抱不平？朕覽畢，以示公侯大臣，咸謂『王意非在此，蓋託此爲名。不然，何以宣德元年八月之事而至今始發也？』朕已悉拒羣臣之言不聽，尚望謹之！或復不謹，非但羣臣有言，恐天下亦將言之不已，彼時雖欲朕全親親之義不可得矣。」權得書，乃皇恐謝罪。

《明史》卷九《宣宗紀》　辛巳，山雲討平柳、潯蠻。

戊子，工部尚書黄福、平江伯陳瑄經略漕運。

《國榷》卷二〇　丁亥，禁臨清諸閘不時輕泄。

戊子，議減漕運寬民力，遣行在工部尚書黄福同平江伯陳瑄經略，福兼督淮北、河南、山東屯田。

《明通鑑》卷二〇　初，上即位，命瑄守淮安，督漕運，至是瑄奏：「濟寧以北，水道淤塞，計用十二萬人疏濬，半月可成。」上念瑄久勞，命福往同經理。大臣督河、督漕，皆自近年始也。

《國榷》卷二〇　辛卯，許犯贓官吏運磚後，文還民籍，武調衛，毋概仍職役，從御史王翱之言。

丙申，命在外文武官歸所給官馬。洪熙初，給覲官馬寄牧，雖止之，已有給者。

《明通鑒》卷二〇　是月，以吏部侍郎郭璡爲本部尚書。

初，尚書蹇義，以老，命輟部務，上欲以璡代之。璡厚重勤敏，然寡學術，楊士奇謂宜別選大臣通經術知古今者，上乃止。至是仍以命璡，並諭以呂蒙正夾袋、虞允文材館録故事。

然是時二楊用事，政歸内閣。自布政使至知府闕，聽京官三品以上薦舉，既，又命御史、知縣皆聽京官五品以上薦舉。凡要職選擢，皆不關吏部，璡亦望輕，委蛇受成而已。

《國榷》卷二〇　（五月）丁未，亦力把力捨伯沙來歸，居京師，授所鎮撫。

《明史》卷九《宣宗紀》　壬子，録囚。

《明通鑒》卷二〇　羅汝敬還，奏：「交阯廣源州人閔顔、岑斗烈、譚忠謹，初以龍州地歸附，授顔本貫知州，斗烈判官，忠謹吏目。黎利叛，三人義不從賊，咸歸龍州。顔臨終屬其子元成曰：『受天朝官，不可貳心從賊。』今顔已死，乞憫其忠，量與元成等官職，處之善地。」從之。

《宣宗實録》卷五四　戊午，土魯番城都指揮僉事也苦着兒、哈密等處回回剌罕例兀等來朝貢馬。

《國榷》卷二〇　甲子，定詞訟原告逃者即放遣被告人。

己巳，諭行在六部都察院，止捉辦科買。

《宣宗實録》卷五四　辛未，上御奉天門，諭行在户部尚書郭敦等曰：「近屢有言京師及通州各衛倉場，象馬牛羊等房收支糧芻官攢人等玩法欺公，取受財物，虚出實收，惟貧而無財者則收本色，加以考掠，數倍增收，既收又偷盗入己，其數動以千計，爾户部宜嚴禁止。」於是敦等議奏：「凡收支糧芻官吏人等有仍折收金銀并攬納偷盗者，許諸人出首，或擒送法司，正犯處斬，仍追物入官，家屬發戍邊。擒獲與首告得實者賞鈔五千貫，其嘗通同官攢作弊能自首者亦得免罪。」上從之，命揭榜戒約。

《國榷》卷二〇　壬申，敕勞遼東總兵官都督僉事巫凱，以敗虜西山。敕監司守令曰：「吏不得人，受賕縱奸，民之不平求伸，布政、按察二司及巡按、御史二司御史，又多非是枉直，或禁斃之，所以赴闕日衆而京師繁刑。夫安民之道，宜使有罪不逃誅，無罪不遭抑。今小民越訴京師，不恤死也，何以設官爲？其易心滌過，鉏奸植良，毋使豪右肆虐，朝廷受怨名于下。」作《典謨詩》示廷臣。

《明通鑒》卷二〇　是月，命元成仍爲龍州知州，判官、吏目皆如舊，俱于廣西布政司支俸，有司常加撫卹。

《國榷》卷二〇　六月丙子朔，戊寅，貴州庠生附試雲南，增科五人。

《宣宗實録》卷五五　己卯，四川伽木隆等處妙智通悟國師朶兒只監藏遣剌麻温卜釋麻監藏等貢馬及方物。

《國榷》卷二〇　辛巳，復山東管河布政司官。

丁亥，大興縣真元觀女冠求給牒，不許，還其家。

壬辰，太子太師致仕郭資至京，攝行在户部，憫其老，惟朝朔。

《明史》卷九《宣宗紀》　甲午，罷文吏犯贓贖罪例。

《明通鑒》卷二〇　時御史王翱言：「官吏害民蠹政，贓犯爲甚。今官吏罪無輕重，運甎復職，是貪黷者幸免，廉潔者鮮勸，非爲治之道。請自今贓吏坐死，但許贖罪，不許復官。」從之。

未幾，文職有贓罪納米者，吏部請降一級用，上曰：「納米乃一時之權宜，懲貪爲立國之大法。自今官吏犯贓者，罷納贖例，仍依律治之。」

《國榷》卷二〇　丁酉，虜寇赤城，開平衛指揮方敏適屯赤城，追敗之。

《明史》卷九《宣宗紀》　己亥，寇犯開平，鎮撫張信等戰死。

《國榷》卷二〇　庚子，陽武侯薛禄爲鎮朔大將軍總兵官，武進伯朱冕爲參將，護餉開平。行在户部議：「江南民糧，舊貯淮安、徐州、臨清倉，令軍轉運北京，後改民自北運，遠甚。宜江西、湖廣、浙江民運百五十萬石貯淮安，蘇、松、寧國、池、廬、安慶、廣德民運二百五十萬石貯徐州，應天、鳳陽、太平、淮安、常、揚、滁、和、徐民運百五十萬石貯臨清，北畿、山東、河南民俱運京倉。」上從之，增徐州倉二十四萬石，臨清倉七十餘萬石。定官軍有罪，内衛調邊，邊衛調極邊，雜犯依例降調一等。

壬寅，定場房等項納鈔例。

《明通鑒》卷二〇　初，仁宗即位，户部尚書郭資以太子少師致仕，至是上復召還，仍以原官掌户部事。資言：「鈔法不行，由商居貨不税，請推廣納鈔例。」舊制有商税而無船税，資請「照門攤市肆居商貨之例，凡舟船受雇裝載者，計所載料之多寡，路之遠近，悉征其鈔，設關收之。」于是始置漷縣、濟寧、徐州、淮安、揚州、上新河、滸墅、九江、金沙洲、臨清、北新諸鈔關，量舟大小修廣而差其額，謂之「船料」，不稅其貨。惟臨清、北新則兼收貨稅，各差御史及户部主事監收。鈔關之設自此始。

《國榷》卷二〇　癸卯，通、涿、霸、東安、武清、良鄉蝗，命御史督捕。

〔七月〕丁未，置驛馬勘合。

己酉，行在兵部請改保靖宣慰司流官，士宣慰絶，命擇土酋治事。

《宣宗實録》卷五六　甲寅，琉球國中山王尚巴志遣使臣謾泰來結制等奉表貢馬及方物。

《明史》卷九《宣宗紀》　己未，幸文淵閣。

《明通鑑》卷二〇　與少傅楊士奇、太子少傅楊榮等論經史，咨政務，悉召諸學士及史官諭之曰：「國史貴詳實，卿等宜盡心。」各賜鈔有差。

《國榷》卷二〇　丁卯，覈京軍置籍，防欺隱也。仍令總督計多寡均額。宣府守神銃内官王冠送海壽醉止田舍，虜偵殺之，并殺千户陳諒等，因戒各邊内官毋輕出。蓋内官恣肆，總兵官不能制。

己巳，占城入貢。

庚午，劉觀獄上論死，宥之。子輻戍遼東，令觀隨往。觀諳刀筆敢斷，第墨聲久著，至是人快之。

《明通鑑》卷二〇　是月，户部上户口登耗之數。

上曰：「隋文帝户口繁殖，自漢以來，皆莫能及。議者以在當時必有良法，因享國不永，故無傳焉。朕謂隋文勤于政事，自奉儉薄，足致富庶，豈徒以其法哉！大抵人君恭儉，取民有制，則生齒日繁，財賦自然充足矣。」

《國榷》卷二〇　八月乙亥朔，丙子，行在工部右侍郎羅汝敬、左僉都御史李濬、大理寺右少卿傅啓讓、鴻臚寺右寺丞焦循、郎中趙新、胡添祺、劉澤、員外郎張鑑、吴傑，往蘇、松、浙江、江西、湖廣督運。初設各處鈔關。

《宣宗實録》卷五七　丁丑，遣北京國子監祭酒貝泰釋奠先師孔子。

《國榷》卷二〇　己卯，增築山西偏頭關斥堠。

《明通鑑》卷二〇　太常卿楊溥以母喪告歸，上命中官護行。尋詔起復。

《國榷》卷二〇　辛巳，爪哇入貢。議海鹽縣輸京馬草十二萬束折糧。

《宣宗實録》卷五七　壬午，賜占城國使臣逋沙怕麻答等鈔綵幣表裏金織紵絲襲衣絹衣有差，仍命齎勑錦繡紗羅賜其王及妃。

《國榷》卷二〇　癸未，增勾軍例二十二則。

乙酉，全椒教諭杜琮，寧陽訓導孫純，黄州訓導李縉，大理訓導趙本，南安知縣張鑑，進士林英、曹南、陳質、達旺、劉濱、劉敬，俱爲行在監察御史。太監楊慶等率神機營銃卒往薊州、永平、山海，同都督陳景先備虜，戒毋偏執。

丙申，禁文武官妓飲廢事。

《宣宗實録》卷五八　〔九月〕丙午，遼東總兵官都督巫凱奏海西野人女直數有寇邊者，請發兵討之。

《國榷》卷二〇　勑諭海西野人女直，時數寇邊。遣將出塞燒荒，舊于初冬，今改，命賜敕。

壬子，重陽節，宴文武羣臣于午門，三品以上及學士加賜御製詩一章。

甲寅，放南北監生曠老者二百五十三人。

乙卯，復王鵂洋縣知縣，加俸從六品，邑民奏留也。令天下儒學生兼習書算，從北京國子監助教王仙之言。

《明史》卷九《宣宗紀》　癸亥，釋顧興祖於獄。

《國榷》卷二〇　丁卯，敕朝鮮國王李裪曰：「王間者薦其遠誠，海青鷹犬，不以實苑囿，遣使來獻，使還答王陶器十五几，王國誠多怪獸珍禽，然非朕所畜，幸自今已之。」

戊辰，修嘉興陸贄祠、湖州胡瑗書院、蘇州范仲淹祠、魏了翁書院。

〔十月〕乙亥，申舊制，禁約老人，犯者巡按御史按察司究問。

丙子，復命都督僉事劉昭守河州，史昭守西寧。賞捕倭功。倭攻海門衛城，千户徐忠敗之。

丁丑，申禁府部公務聽在外官管理，不得輒擬奏御史。

《明史》卷九《宣宗紀》　丙戌，制《猗蘭操》賜廷臣，諭以薦賢爲國之道。

《國榷》卷二〇　庚寅，行在禮部尚書兼華蓋殿大學士張瑛改南京禮部尚書，仍兼官行在，户部尚書兼謹身殿大學士陳山專授内監書。

《明通鑑》卷二〇　初，瑛與山皆以舊恩直機務，無所建白，上浸厭薄之。一日，御門，遥見山趨朝，問楊士奇曰：「山何如人？」對曰：「山雖侍陛下久，然其人寡學多欲而昧大體。」上曰：「然。往者趙王事，朕幾爲所誤。」至是命山輟閣務，專授小内使書。瑛亦改南京禮部尚書。

《國榷》卷二〇　辛卯，命朝鮮止貢土物，勿用金銀器，朝使至王國中，飲食之足矣，毋有所遺。

《明史》卷九《宣宗紀》 （十一月）癸卯，薛禄及恭順侯吴克忠帥師巡宣府。

《明通鑒》卷二〇 恭順侯吴克忠副之，命都督譚廣、武安侯鄭亨各選士馬聽調。克忠，恭順伯允誠之子，洪熙元年進侯爵。允誠，蒙古人，初名巴圖特穆爾。克忠，初名達蘭，俱以歸附，賜更姓名。

《國榷》卷二〇 壬子，皇太子千秋節，下令寬恤。

丙辰，增中河諸閘，疏湖塘淤塞。

丙寅，和寧王阿魯台求馬市，許之。

《宣宗實録》卷五九 己巳，賜朝鮮國使臣元惘生、洪師錫等鈔綵幣表裏襲衣靴襪有差。

《國榷》卷二〇 （十二月）甲戌，泰安州稅課局大使郝智奏：「中官採天麻野味，虐民妨農，乞檄有司採進，命所遣人悉召還，戒其後遣。」

《宣宗實録》卷六〇 乙亥，宣府總兵官都督譚廣等奏長安嶺以北獨石、鵰鶚等處屯種軍餘，宜徙入長安嶺以南爲便，遂勅廣曰：「此雖便於隄備，然未知開平差使往來及人情動静若何，須公私兩便，然後可行，其再計議以聞。」

《國榷》卷二〇 丙子，南海人華發請開番禺銀礦，不許。

丁丑，始給京官柴薪。

甲申，行在户部左侍郎李泉專督通州倉。

《明史》卷九《宣宗紀》 壬辰，罷中官松花江造船。

《明通鑒》卷二〇 先是遼東有警，鎮守征虜將軍巫凱請罷其役。既而中官復造舟，凱劾阮堯民等，下之吏，遂有是命。

《國榷》卷二〇 行在兵科給事中李蓄巡關上五事，曰布花先給，曰時修衣甲，曰禁出捕獵，曰就近支糧，曰停入貢迎送，上從之。

宣德五年（庚戌，一四三〇）

《宣宗實録》卷六一 （正月）癸卯，朝鮮國王李裪遣陪臣吴陞等來朝貢金銀器皿及方物。

甲辰，遼東兀者等衛女直指揮弗羊加、貴州福禄、永從等蠻夷長官司署司事舍人石宗和等來朝貢馬。

《國榷》卷二〇 戊申，棲霞太平寺僧明本游成山衛，詐稱轉輪大王，作僞詔，稱湧安元年，招誘文登人，械妖黨入京，下錦衣獄。

《明史》卷九《宣宗紀》 癸丑，大祀天地於南郊。

《宣宗實録》卷六一 庚申，賜四川長河西綵通、寧遠等處軍民宣慰司把事短竹伯及大寶法王之徒鎖南劄、岷州等處剌麻阿南荅等鈔綵幣表裏靴襪有差。

壬戌，進《兩朝實録》。前期一日設實録案于奉先殿丹陛之東，錦衣衛設鹵簿駕，教坊司設中和韶樂及大樂如常儀，設輿及香亭于史館。

《國榷》卷二〇 癸亥，和寧王阿魯台入貢。

丙寅，宴實録預事諸臣于中府。雲南永昌千户所千夫長刀不浪班等就撫。郡縣官貪污者戍邊二十五人，老疾鄙猥五十五人，並削籍。四川總兵官左都督陳懷奏蜀邸忽聲砲，察之，蓋四川都司私遣者，上責都司官。

《明史》卷九《宣宗紀》 戊辰，尚書夏原吉卒。

《明通鑒》卷二〇 原吉歷事三朝，筦度支二十七年，善持大體。入參軍務，出扈征巡，諸所獻替，率有古大臣風烈。性寬和有雅量，人有善即采納之，或有小過必爲之掩覆。吕震嘗傾原吉，震爲子求官，上難之，原吉以震在靖難時有守城功，爲之請。陳瑄初亦惡原吉，而原吉顧時時稱瑄才。或問原吉：「量可學乎？」曰：「吾少時，有犯未嘗不怒。始忍于色，中忍于心，久則無可忍矣。」嘗夜閲爰書，撫案而嘆，筆欲下輒止，妻問之，曰：「此歲終大辟奏也，筆一下則生死決矣。」與同列飲他所，夜歸值雪，過禁門，有欲不下者，原吉曰：「君子不以冥冥墮行。」其慎如此。自奉儉約，三年，從上北巡，上取原吉橐糗嘗之，笑曰：「何惡也！」對曰：「軍中猶有餒者。」上爲之犒將士，尋賜原吉以大官之饌。上雅善繪事，嘗親畫《壽星圖》以賜，其他圖畫、服食、器用、玩好之賜無虚日。至是以《兩朝實録》成，賜金幣、鞍馬。旦入謝，歸而卒。贈太師，賜謚忠靖，並敕户部復其家，世世無所與。

《國榷》卷二一 置遼東寧遠衛于寧池，黜南京貪污郎中黄玘等十七人，怠事郎中陳懋等十四人。

《國榷》卷二一 （二月）癸酉，免房山、良鄉災租。

丁丑，敕各都司按察司，及巡按御史，察衛所官才否奏上。太子太保陽武侯薛禄爲鎮朔大將軍總兵官，恭順侯吴克忠副之，總兵武進伯朱冕、奉化伯滕定充左右參將，率師巡邊。

己卯，宥武定侯郭玹罪。玹令家人奪南皮民田宅，巡按御史白圭劾之，宥玹，治其家人并天津右衛指揮呂昇。行在光禄寺官竊減貢夷供給，庖人訴焉，下刑部獄，上顧侍臣曰：「華元殺羊享士，羊斟不與，遂致喪師，飲食非細故也。」

丁亥，中官採江西泰和縣寒水石，恣虐，上問而召之，令自納。

《明史》卷九《宣宗紀》　壬辰，罷工部采木。

《明通鑑》卷二〇　諭曰：「爲國之道，農事爲急。今國家無大營繕，當東作時而採運木植不已，豈不有妨農事？凡已採之木，隨處堆積。軍夫悉罷歸農。」

《國榷》卷二一　壬辰，減松江田租三十萬二千八百八十五石一斗，諭：「舊額官田不一，自今年爲始，每畝舊納糧自一斗至四斗，各減十之二，自四斗至石以上，各減十之三，著爲令。」已，杜宗垣上巡撫周忱書曰：「太祖税天下田，畝三升一合，有三升五合者，獨蘇、松賦重，國初籍没土豪田租，有爲張氏義兵而籍入，有虐民得罪而籍入，有司不體聖心，將籍入田地一依租額起糧，每畝四五斗，七八斗，至石以上，民病自此而生。按宋華亭一縣，紹熙時秋苗止十一萬二千三百餘石，景定中，賈似道買民田以爲公田，益糧十五萬八千二百餘石，宋末官民税糧共四十二萬二千八百餘石，量用員斛，元初比宋尤輕。洪武以來，税糧共一百三十餘萬石，租既太重，民不能堪，于是今上憐民重困，屢降德音，將天下官田額遞減三分二分外，松江尚一百二萬九千餘石，往古以來，未有若是之重也。民俗日耗，錢糧年年拖欠，自永樂十三年至十九年，蠲免不下數百萬石。永樂二十年至宣德三年，積欠亦不下數百萬。由此觀之，有重税之名，殊無重税之實。願閣下轉達皇上，稽古税法，斟酌取舍，輕其重額，使民如期輸納，或以前代之法遠而難行，則宋初兩浙之田均于王方贄，元初天下之税定于耶律楚材，閣下之才之德，賢于方贄、楚材遠矣，而爲所當爲，夫何難哉？」

《明史》卷九《宣宗本紀》　癸巳，頒寬恤之令，省災傷，寬馬政，免逋欠薪芻，招流民賜復一年，罷採買，減官田舊科十之三，恤工匠，禁司倉官包納，戒法司慎刑獄。

《國榷》卷二一　〔三月〕甲辰，中官獲禽，上親割鮮上皇太后畢，頒文武大臣，乃自御。

《明史》卷九《宣宗紀》　戊申，道見耕者，下馬問農事，取耒三推，顧侍臣曰：「朕三推已不勝勞，況吾民終歲勤動乎。」命賜所過農民鈔。

《明通鑑》卷二〇　己酉，還宮。次日，上録其語作《耕夫記》，示蹇義、楊士奇等。

《明史》卷九《宣宗紀》　辛亥，李琦還，黎利稱陳氏無後，上表請封。

丙辰，免山西去歲被災田租。

《宣宗實録》卷六四　乙卯，宣府總兵官都督譚廣等奏以神銃分布緣邊城堡備用，勅廣等曰：「神銃國家所重，各處止可量給，以壯軍威，至於殺賊，又有弓弩刀槊，不止於此。然制敵安邊要在方畧何如，苟約束不嚴，將士不律，兵器雖多，亦奚以爲？爾等勉思良策，以稱委任。」

《國榷》卷二一　丙辰，免平陽災糧三十二萬二百五十九石。

《宣宗實録》卷六四　平江伯陳瑄遣其子儀齎密奏，言：「湖廣東南大藩，襟帶湖江，控引蠻越，實交廣黔蜀之會，人民蕃庶，商賈往來，舟車四集。楚府自洪武初立國，有三護衛官軍及儀衛司旗校，俱無調遣，四五十年之間生齒繁育，糧餉充積，造船以千計，買馬以萬數，兵强國富，他藩莫及。而衛所之官多結爲姻親，枝連蔓引，小人乘時或有異圖，實難制馭。伏乞皇上勿爲疑慮，斷自聖衷，於今無事之時，託以京師糧儲不充，命重臣與湖廣三司選其護衛精鋭官軍，給糧與船令運至北京，因而留使操備，則剪其羽翼，絶其邪謀，王可以永保國土，而朝廷恩義兩全矣。」上不納，顧謂侍臣曰：「從來楚國無過，祖考待之皆厚，朕尤加意禮之，瑄何其過慮也？調兵運糧，一時權宜，運軍則遣歸，拘留操備，上失宗親之心，下失軍士之心，鄙哉瑄也。」

《宣宗實録》卷六五　〔四月〕壬申，上御左順門，諭行在工部尚書吴中等曰：「方今正當播種，緣河燒瓶運石軍民皆罷遣歸農，毋以末務妨之。」

《國榷》卷二一　乙亥，法司上大辟十七人，上閲牘，止坐十人。

《明史》卷九《宣宗紀》　戊寅，薛禄帥師築赤城、雕鶚、雲州、獨石、團山城堡。

《明通鑑》卷二〇　先是禄巡邊，上言：「永寧衛團山及鵰鶚、赤城、雲州、獨石，宜築城堡，便守禦。」從之。至是詔發軍民三萬六千赴工，精騎一千五百護之，皆聽禄節制。

禄瀕行，上賜詩，以比山甫、南仲。禄，武人，不知書，以問楊士奇，士奇曰：「上以古賢人待君也。」禄拊心曰：「禄安敢望前賢！然敢不勉圖報上恩于萬一。」

《國榷》卷二一　己卯，定中鹽例，京倉、雲南井鹽引米五斗，宣府倉、淮浙鹽米三斗五升，山東、福建鹽引二斗，河間、長蘆鹽引四斗，四川、廣東鹽引二斗，山海衛倉同寧夏衛倉本衛所引米六斗，陝西、山西引米麥四斗五升，又獨石例淮浙鹽引二斗五升，山東、河南、廣東、四川鹽俱一斗五升，雲南井鹽三斗五升。

《明史》卷九《宣宗紀》 五月，癸卯，追奪贓吏誥敕，著爲令。

《宣宗實録》卷六六 乙巳，行在兵部奏：「昨工部尚書黄福言天下都司宜令都指揮于所屬官員或在伍及替間旗軍内每歲慎選智勇廉能一人，禮送來京，都府會官從公試驗，果堪大用則用之，宜如所言，悉令選舉。」上曰：「此言誠是，天下未嘗無才，但患訪求未至耳。然亦不可濫舉以塞責，其令盡心訪舉，勿有遺才，蔽匿不舉者罰，若濫舉亦不恕。」賜廣西都康州土官知州馮斌，思陵、龍英、養利、忠州等州護印土官子韋昌，頭目趙義、趙啓、黄雄等鈔綵幣有差。

《國榷》卷二一 丙午，始命巡按御史具薦廉能官，前劾而不薦，至是從御史金濂之言。

《明史》卷九《宣宗紀》 丙辰，修預備倉，出官錢收糴備荒。

癸亥，擢郎中況鍾、御史何文淵九人爲知府，賜敕遣之。

《明通鑑》卷二〇 上以郡守多不稱職，會蘇州等九府缺，皆雄劇地，命部、院臣舉其屬之廉能者補之。于是尚書蹇義、胡濙、大學士楊士奇等首薦儀制司郎中靖安況鍾，詔以爲蘇州知府。

一時與鍾同薦者，户部郎中羅以禮知西安，兵部郎中趙豫知松江，工部郎中莫愚知常州，户部員外邵旻知武昌，刑部員外郎馬儀知杭州，陳本深知吉安，陳鼎知建昌，何文淵知温州。九人者皆有治績，而鍾最著云。

《國榷》卷二一 乙丑，立臨安衛中右千户所于黎花舊市，柵而不城。

丁卯，永康侯徐安、行在工部右侍郎羅汝敬提督運木。

戊辰，豹房勇士奏與民析居，上曰：「彼在京十餘年，獨無居乎？必利民舍嚙之耳。」錦衣衛報其居城中，于是械勇士示警。

《宣宗實録》卷六七 六月，庚午朔，上諭行在禮部臣曰：「聞西南諸番進貢海舟初到，有司封識，遣人入奏，俟有命然後開封起運，使人留彼，動經數月，供給皆出于民，所費多矣。其令廣東、福建、浙江三司，今後番舡至，有司遣人馳奏，不必待報三司，即同市舶司稱盤，明注文籍，遣官同使人運送至京，庶省民間供饋。」

癸酉，琉球國中山王尚巴志遣使者阿蒲察都等來朝貢馬及方物。

乙亥，太子賓客兵部尚書張本署行在户部。置雲南孟緬長官司。

戊寅，遣太監鄭和等詔諭忽魯謨斯、錫蘭山、古里、滿剌加、柯枝、卜剌哇、木骨都束、喃渤利、蘇門答剌、剌撒溜山、阿魯甘巴里、阿丹、祖法兒、竹步加、黑勒等二十國及舊港宣慰司。

《明史》卷九《宣宗紀》 己卯，遣官捕近畿蝗。諭户部曰：「往年捕蝗之使害民不減於蝗，宜知此弊。」因作《捕蝗詩》示之。

《國榷》卷二一 壬午，置萬全衛都指揮使司，隸以宣武等十六衛。改雲南金齒軍民指揮使司、干崖長官司隸雲南都司。

甲申，朝使還自西域，言曲先衛都指揮散即思數劫使者，梗貢道，命都督僉事史昭爲副總兵，趙安、王彧爲左右參將，同太監王安、王瑾率兵征之。運絲緜布絹棉花及農器茶鹽于各邊，依價收糴，陝西專參政陳瑛、山西專參政樊鎮、口外專户部郎中王良等。

戊子，召署湖廣都司事後軍都督同知鄭銘還京。設雲南騰衝州，改騰衝守禦千户所，土官副千户張銘請立州，從之，改銘土官知州。

己丑，令刑部主事一，監察御史一，監視南北各洪閘，治水訟，覈各處倉糧，溢者盡許折鈔。從長汀教諭陳敬宗之言。

辛卯，都督僉事方政爲副總兵，自開平獨石至長安嶺永寧巡徼。

癸巳，免宣德以來逋欠桑穰。

《宣宗實録》卷六七 丙申，朝鮮國王李裪蒙賜世子冠服遣陪臣文貴等奉表貢方物謝恩。

《明通鑑》卷二〇 是月，遷開平衛于獨石。

《國榷》卷二一 〔七月〕甲辰，誅鄜州妖人申敏。敏府軍前衛卒，逃寧州，假佛法惑衆。

《宣宗實録》卷六八 壬子，命監察御史熊翼往陝西等處巡捕自京差遣之人之爲民害者。初，御史于謙言京師所差官旗人等往陝西諸處公幹，經過之地需求凌虐，官吏軍民不勝其苦，請禁約究治。上然其言，故有是命。

《國榷》卷二一 丁巳，邵武通判周仕迪改開封，署祥符事，先宰祥符，見思。

開臨清月河，置閘，免官舟徵税。

壬戌，行在户部左侍郎王佐同内官李德巡視京師、臨清、淮、徐等倉，員外郎楊貞、内官梁谷監督。

《明史》卷九《宣宗紀》 癸亥，甄別守令。

《國榷》卷二一　甲子，免安慶民歲運鹽鈔赴北京。

《明史》卷九《宣宗紀》　八月己巳朔，日食，陰雨不見，禮官請表賀，不許。

《國榷》卷二一　庚午，遣都指揮康旺等往奴兒干都司撫卹軍民。

《明通鑒》卷二〇　先是福上書陳足兵食、省役之要，大略謂：「永樂間，南討交阯，北征沙漠，加以營建北京，而資用未嘗乏。比國無大費而歲用僅給，若不幸有水旱征調，將何以濟？請役操備營繕軍士十萬人，于濟寧以北，衛輝、真定以東，緣河屯種，初年自食，次年人收五石，三年收倍之。既省京倉口糧六十萬石，又省本衛月糧百二十萬石，歲可得二百八十萬石。」上善之，下行在户、兵二部議。

尚書郭資、張本等言：「緣河屯田實便，請先以五萬頃爲率，發附近居民五萬人墾之。但山東近年旱饑，流徙初復，衛卒多力役，宜先遣官行視，以俟開墾。」上從之，命吏部郎中趙新等經理屯田，福總其事。既而有言「軍民各有常業，若復分營田役，益勞擾本等」以聞，事卒不行。

《宣宗實録》卷六九　辛卯，行在吏部奏：「蘇州知府況鍾言本府民蓄事冗，税糧浩大，乞再增府縣佐二各二員，緣前巡撫蘇松大理寺卿熊槩奏乞添官，專督税糧，已增設府縣佐各一員，今難再增。」上曰：「蘇松事雖繁，洪武、永樂間官不增設，何嘗不辦，蓋官在得人，苟不得人，反爲民蠹，不可增設。」

癸巳，賜少傅工部尚書兼謹身殿大學士楊榮誥命，加封其三代及妻。

丙申，設雲南府道紀司，置都紀、副都紀各一員。

《國榷》卷二一　〔九月〕己亥朔，免永平、河間、廣平、開封去年災租。

《宣宗實録》卷七〇　庚子，海西失里木等衛女直指揮同知木哈連、阮里河等衛女直指揮同知孫保等、遼東自在等州女直指揮僉事馬兒孫等來朝貢馬及方物。

乙巳，更定在外罪囚贖例。

《明史》卷九《宣宗紀》　丙午，擢御史于謙、長史周忱六人爲侍郎，巡撫兩京、山東、山西、河南、江西、浙江、湖廣。

《明通鑒》卷二〇　謙以御史巡按江西，雪寃囚數百。上知謙可大任，至是手書謙名授吏部，擢兵部侍郎，令巡撫河南、山西。

又以天下財賦多不理，而江南尤甚，思得才力重臣往釐之，乃用大學士楊榮薦，擢忱工部侍郎，令巡撫江蘇諸府。時與謙等同命者，吏部郎中趙新巡撫江西，兵部郎中趙倫巡撫浙江，禮部員外郎吳政巡撫湖廣，刑部員外郎曹弘巡撫北畿山東。而謙與忱任最久，績亦最著云。

《國榷》卷二一　辛亥，免易州逃民千二百二十九户，唐縣復業民千二百九十五户田租。增崇明縣戍兵千一百二十人。故御史嚴皚戍遼東，潛入京脅人財，下法司，棄市。

壬子，免濰縣復業民三千四百七户田租，除鉅鹿水災秋糧。

甲寅，北京國子監博士汪奉、許子謨爲翰林院檢討，仍監事，監生楊英爲南京刑科給事中，楊信民、張紀爲行在工刑科給事中。增廣平府通判白亨俸從五品，秩滿，耆民奏留之。

丁卯，罷饒州燒造磁器。

〔十月〕己巳，免金壇逋租萬六千九百五十六石。克羅俄監粲襲董卜韓胡宣慰使。

癸酉，琉球中山王入貢。定給由官所負糧税，立限追徵，不滿者治如律。從山西按察使張政之言。

《明史》卷九《宣宗紀》　乙亥，阿魯台犯遼東，遼海衛指揮同知皇甫斌力戰死。

《明通鑒》卷二〇　斌忠勇有智略，遇警輒身先士卒。聞寇至，馳赴密城東峪禦之，自旦至晡力戰，矢盡援絶，其子弼以身衛父，俱戰死。千户吳貴，百户吳襄、毛觀並驍勇，出必衝鋒，至是皆死。斌等雖死，殺傷過當，寇亦引退。事聞，詔有司褒卹。

《國榷》卷二一　〔十一月〕己亥，定寧夏納米贖罪例。

壬寅，漢中多逋逃軍民，前遣兵部郎中劉文勇招撫，寄籍共千九百餘人。

癸卯，上聞沅陵虎，敕總兵官都督蕭授遣捕，因曰：「能使渡河者何人也？」敕其守令修政。

《宣宗實録》卷七二　壬子，罷松花江造船之役。初，命遼東運糧造船於松花江，將遣使往奴兒干之地招諭，至是總兵官都督巫凱奏虜寇犯邊，上曰：「虜覘知邊實，故來鈔掠。」命悉罷之。

《國榷》卷二一　壬子，楚王孟烷辭三護衛，止留其一，許之，命王自選其一，而後歸兩護衛于朝。

乙卯，蘇州知府況鍾械經歷傅得赴京，言其貪害，命下臺獄治之。

己未，户部右侍郎段民改南京刑部右侍郎。給事中薛廣知懷慶，許侃知廣西太平，李本知梧州，金文英知柳州，汪本知思州，張謹知思南，富敬知高州，王瑩知肇慶，李頫知臨洮，監察御史李驥知河南，李奇知大理，賴瑛知臨安，户部郎中徐鑑知瓊州，李興知廣州，刑部郎中傅佐知濟南，吏部員外郎蔡祥知延安，禮部員外郎許敬軒知汀州，光禄寺丞李郁知長沙，刑部主事徐孔奇知嚴州，鄭珞知寧波，大理寺正王昇知撫州，寺副張瑛知貴州，鎮遠司務王恕知銅仁，國子監學正陳顔知惠州，楊昭知太原，皆一時之選，賜敕給驛，如況鍾例。

庚申，爪哇入貢。賑會稽餘姚縣饑，捕金華浦江盜。

癸亥，浙江左布政使黄澤奏温處銀冶永樂間歲辦八萬七千八百金，或礦脈盡絶，累民賠課，上命覈實，罷之。

《宣宗實録》卷七二　丙寅，賜兀者左衛女直指揮僉事柳温哥等綵幣表裏等物有差。

《宣宗實録》卷七三　〔十二月〕壬申，瓦剌順寧王脱歡遣千户演克等、烏思藏必立工兀番僧刺麻桑竹阿些兒等來朝貢馬，賜哈密忠順王使臣脱脱帖木兒、拜拜兀馬兒等綵幣表裏絹布有差。　癸酉，賜爪哇國通事八致宗敬、村主八致麻抹等鈔綵幣表裏襲衣等物有差。

《國榷》卷二一　庚辰，行在兵部請朋合馬價，官馬死，十人共買補，上以煩擾，不許。　上作喜雪詩，宴示群臣，群臣屬和，語有儆戒者，録而序之。

庚寅，增行在光禄寺大官珍羞掌醢良醖署丞各二，監事各一。

《明史》卷九《宣宗紀》　癸巳，曲先叛番平。

《明通鑒》卷二〇　史昭等兵至曲先，散即思先遁。其黨托克托布哈。等迎敵。諸將縱兵擊之，殺傷甚衆，生禽托克托布哈及男婦三百四十餘人，獲駝馬牛羊無算。

散即思素狡悍，上宥其罪，仍怙惡不悛。至是人畜多損失，乃悔懼。明年，遣其弟貢馬請罪，復待之如初，令還居故地，并歸其俘。自是西番慴服。

《國榷》卷二一　甲午，北京國子監博士黄胤宗、助教郭俊爲翰林院檢討，仍監事，進士王一寧以吏部稽勳司主事，授内府宦豎書。

復周義高州通判，賈麒乾州知州，俱加正五品禄，以任滿吏民奏留。

《宣宗實録》卷七四　〔閏十二月〕庚子，朝鮮國王李裪遣陪臣崔士儀等貢馬及方物賀正旦。

《國榷》卷二一　壬寅，豁魏縣浮山逃租。南京監察御史李安言糧長加耗害人，命户部禁之。

《宣宗實録》卷七四　辛丑，行在兵部尚書張本言：「浙江松門衛所收附近清出軍士，皆是當遠方補五年久埋没者，朝廷一其跋涉難艱，許隸近衛，今不思効力圖報，且亡逸還家，宜悉送平江伯陳瑄處發邳州衛，帶管運糧，以警其餘。」上從之。

乙巳，撤馬兒罕入貢。

丁未，上御奉天門，諭行在户部曰：「惠民無實，謂詔書何？聞者郡縣數水旱，民賦未充，有司逼迫，至于逋逃，其許以鈔絹布准民間直收之。」

庚戌，議築海鹽捍海石塘。

《明史》卷九《宣宗紀》　己未，赦内外諸司，久淹獄囚者罪之。

《明通鑒》卷二〇　是時直登聞鼓給事中年富奏：「重囚二十七人以姦盜當決，擊鼓訴冤，煩瀆不可宥。」上曰：「登聞鼓之設，正以達下情，何謂煩瀆！自後凡擊鼓訴冤，阻遏者罪直登聞鼓官，並命法司審録。」

《國榷》卷二一　庚申，諭行在兵部曰：「民七十以上及廢疾者，一子侍，詔書也，諸衛所勾軍，豈無父母老疾，家獨子，有司其覈而傳之近地。」

松潘蠻屢掠犍爲、永川、巴縣，敕責總兵官陳懷。

《宣宗實録》卷七四　辛酉，四川總兵官都督陳懷奏：「四川嘉定州犍爲縣宣化驛强賊聚黨，緣河劫掠，已調兵往捕，未獲餘黨逃入深山，負險抗敵，殺傷官兵。」上曰：「陳懷總兵在外，小寇不能戢，可恥。」遂勅懷同四川三司設法擒捕，過時不獲，罪有所歸。

宣德六年（辛亥、一四三一）

《國榷》卷二一　〔正月〕丁卯，罷湖廣採木。

《明通鑒》卷二〇　先是命侍郎黄宗載往湖、湘採宫殿大材，又發民運舊所採木赴南京。至是上聞湖廣旱災，軍民艱苦，遂罷之。

《國榷》卷二一　庚辰，福建都司遣撫鎮董禎捕麗水、青田等縣盜，恣掠，命罪之。

《宣宗實録》卷七五　己丑，建州等衛指揮僉事張加等來朝貢馬及方物。

《國榷》卷二一　宥大寧、福餘、朵顔三衛剽竊之罪，敕諭之。户部給西北二虜布五萬，售馬直。

庚寅，免安邑復業民三千七十一户元年、二年税糧萬七千石有奇。敕鎮守西寧都督僉事史昭宥曲先衛人罪，并招罕東，令喻板納頭目。

《宣宗實録》卷七五　壬辰，行在後軍都督府奏：「宣德五年給賞軍士冬衣布花，武城右衛軍士未領者三百九十四人，悉爲千户孫顯侵用，顯又冒支軍人口糧，請治其罪。」上曰：「朝廷恒慮軍士寒餒，親管官乃恣肆侵奪，不仁甚矣，治之如律。」

《國榷》卷二一　〔二月〕丙申朔，上聞阿魯台擊瓦剌脱懽而敗，敕總兵官武安侯鄭亨備之。

《明史》卷九《宣宗紀》　丁酉，侍郎羅汝敬督陝西屯田。

《明通鑑》卷二〇　時陝西參政陳琰言：「寧夏、甘肅膏腴之地，皆爲鎮守官及各衛豪横官旗所占，並不報官輸租。其卑下瘠地，則分與屯軍，致屯糧虧欠，軍士饑困。乞遣官巡視以均之。」乃命汝敬往同三司經理。

《明史》卷九《宣宗紀》　己亥，浚金龍口，引河達徐州以便漕。

《明通鑑》卷二〇　時河南布政使又請濬祥符抵儀封黄陵岡淤道四百五十里，從之。

《國榷》卷二一　己亥，改蘇、松、常、鎮、嘉、湖治農通判縣丞曰催糧官，其正官仍督農務，從蘇州知府況鍾之言。賞征曲先功。

甲辰，萬壽節，朝賀。

《宣宗實録》卷七六　乙巳，召少師蹇義、少傅楊士奇、楊榮、尚書胡濙至大華後殿，諭之曰：「昨日恭侍太后進壽觴，太后甚歡，朕及暮還宮，不覺亦醉。既覺而思仰荷上天眷佑，祖宗慶澤，聖母之訓教，今田穀屢豐，天下粗安，得朝夕侍奉聖慈，遂天倫之樂，可謂幸矣。又念國事賴卿等旦夕同心協慮。」遂出御製詩賜義等并賜特宴云。

《國榷》卷二一　己酉，停緣邊緣海舍人赴京操練。山西旱災，徵回催糧官參議王綱、劉登、鄭冕等，止遣侍郎于謙、主事翟喜、參政樊鎮。

庚戌，命貴州都督蕭授、山雲招諭安隆長官司頭目。

戊午，行在户部遣官巡視民瘼。

庚申，巡撫侍郎趙新上五事，曰儀真設壩，曰置提學官，曰提問貪官，曰開豁通鈔，曰詢察軍屯。上悉從之。

辛酉，蠲臨清等處舍店課鈔。

癸亥，前監察御史趙嚴清戎河南，杖斃九人，逮獄論死，逸去，至是捕得，伏誅。

是月，巡按江西監察御史陳祚疏請上讀《大學衍義》，上怒甚，曰：「此吾几案間物，豎子將謂吾目不知書耶？」命械入之，舉家下錦衣獄，籍其産。明年壬子，父思恭死，弟禮死，癸丑，母顧氏死，兄祐死，甲寅，從子瑀死，並獄中，凡五年始釋，得歸殯終喪。

〔三月〕丙寅，新淦縣丞厲忠與土豪苛斂激變，械入京，伏誅。

丁卯，增府縣佐貳官三百七十一員，專撫逃民。

戊辰，巡撫周忱減華亭、上海官田租二萬七千九百餘石，准民田，户部言其變亂成法沽名，上不聽。

《明史》卷九《宣宗紀》　乙亥，命吏部考察外官自布政、按察二司始，著爲令。

《明通鑑》卷二一　時巡撫江西侍郎趙新奏言：「今方面官雖出身不同，皆由資格陞擢，有臨政略無施設者，有貪虐爲非者，名與實異，行與言違。近吏部勘合令其考察郡縣官吏，己不能正，焉能正人！是以好惡不公，去取多謬。乞令吏部先察布、按二司賢否，分别留黜，然後可以責令考察屬吏。」上是其言，遂有是命。

《國榷》卷二一　温州知府何文淵奏：「自永樂十年至宣德五年積欠弓箭若干，臣到任來，僅督完二年，右布政艾瑛將考滿，遂催徵嚴急，久逋猝辦，何以應急？乞聽布政給由弓箭續解。」從之。

丙子，兼行在户部事禮部尚書胡濙等言：「今清造黄册，乞榜諭逃民復業。」從之。

丁丑，廣東碣石衛輸京庫降香四百斤，虧四十餘斤，責償。上以權衡或重，免之。

《宣宗實録》卷七七　壬午，朝鮮國王李祹遣陪臣成抑等奉表箋賀含譽星見。

《國榷》卷二一　己丑，松潘北定簇長官司言蠟匝等寨生番恣劫，招之不服。上命再撫諭之，徐議兵。

庚寅，行在工部奏：「浙江并直隸蘇、松等府州輪班工匠近以營繕起取，多託故失班，請遣官分行查審，惟造兵器及織幣者存留，若單丁常以營造放回者令當後班，其丁多大班一次者赴部補班，二次三次以上并從前不當班者逮問罰班，其湖廣、江西二布政司令南京工部遣官查審如例。」從之。

甲午，蘇門答剌國王卒奴里阿必丁入貢。

〔四月〕乙未朔，益都知縣曹純言户部仍追復業民逋租，有違恩詔。上免之。

戊申，行在兵部右侍郎王驥署行在都察院事。巡撫直隸侍郎周忱兼督蘇、松、常、鎮并浙江嘉、湖等軍衛，巡捕賊盜。

《明史》卷九《宣宗紀》　己酉，侍郎柴車經理山西屯田。

《明通鑑》卷二一　時巡按御史張勖言：「大同地雖寒，平原曠野，種粟麥有收。其地多爲官軍所據，民無地可種，日以貧困。請遣官往視，占多者分與軍民便。」從之，故有是命。

《國榷》卷二一　癸丑，命求賢應舉官四十三人，會官考試授職。

乙卯，增置武功右衛。

丙辰，溧陽妖人錢成等伏誅。成子質嘗危疾復生，云見李老君，遂萌異志，招黨焚掠，敕襄城伯李隆捕獲之，命黥刺逃匠，尋以非制，停之，論如律。

己未，北虜失都等四十九人攜家來歸，居京師，授官有差。遣賜和寧王阿魯台盔甲襲衣。阿魯台逼于瓦剌，南奔，或請兵掩之，上曰：「仁者不迫人于險。」

壬戌，免霑化、壽光、樂安復業民逋租。遣視蒲吉、永和、滎河、猗氏、臨晉、太平、稷山、萬泉、河津、襄陵旱災。

《宣宗實録》卷七九　五月甲子朔，巡按直隸監察御史金濂奏：「蘇州府知府況鍾丁憂去職，民二千五十人言鍾公正勤能，姦弊盡革，民賴以安，乞奪情起復。」上從之，命行在吏部臣曰：「民之所欲與之，其令鍾復任，不必赴闕。」

《國榷》卷二一　宥浙江按察使閩縣林碩。初，按察司吏訐碩受寧波知府黄永私餽，入京造舟，詰永，則鄉物，其舟碩自槖也，遂不問。

丙寅，黎利遣其僕射黎汝寬、吏部尚書何栗等言陳氏無後，奏聞，且謝罪，請封，許之。

辛未，巡按四川監察御史王翶上便宜五事：曰松潘衛極邊，去四川城八百餘里，總兵官陳懷嘗城居，緩急非便，宜往彼鎮守；曰松潘茂州諸衛所軍餉，皆内地轉運，多被掠，宜貯成都等倉，農隙起運，撥軍護送；曰四川所屬吏典，自洪武來多不給由，貽害良民，若立限許自首免罪；曰立社學；曰輕罪納粟會川衛銀場給餉。上悉行之，敕陳懷往鎮松潘。

壬申，遣内官楊琳敕諭老撾軍民宣慰使刀線達。誅麗水盜陳才等。

《宣宗實録》卷七九　庚辰，占城國王占巴的賴遣使臣逋沙怕美等來朝，奉金葉表貢奇藍香、象牙、犀角等方物。

《國榷》卷二一　辛巳，行在刑科給事中李芳好訐奏，降海鹽縣丞。

甲申，右副都御史胡廙先採蜀木，私役官軍造什器，乾没白金、白蠟，巴縣知縣雷升發之，下刑部論死，上宥之，安置遼東。

《宣宗實録》卷七九　乙酉，行在兵部尚書許廓言本部先選北京國子監生吴昌等清理軍伍籍册，今已二年，欲照例送吏部選用，然其間入監有久近不同，上曰：「年深者令出身，年淺者令歷事，如例考用，著爲令。」

《國榷》卷二一　丁亥，行在吏部驗封司郎中章敞爲行在禮部右侍郎，行在兵部職方司員外郎徐琦爲行在右通政。

壬辰，和寧王阿魯台使臣卜兒罕虎力爲都督僉事，時阿魯台二千騎駐帳集寧海子。能仁寺西僧孤納芒葛辣遍干諸王，矯旨採察，遼王奏之，逮至，棄市。

〔六月〕己亥，行在禮部右侍郎章敞、右通政徐琦持詔命黎利權署安南國事，黎利在國先私自帝。

《明史》卷九《宣宗紀》　辛丑，命瓦剌順寧王使臣脱哈答者原爲都督僉事，亦刺思答因爲指揮僉事，團永索失爲正千户，迭力迷失古木力大者爲百户，各賜冠帶。

《國榷》卷二一　甲辰，温州商税收鈔，從知府何文淵之請。

癸丑，建昌知府陳鼎以廣昌縣丞徐政攝南城，令民供億日鈔五十貫，械政送京師，下臺獄。

乙卯，平江伯陳瑄上言：「運軍十二萬，宜僉民倍增分班，以宥死充軍者，沿河立衛，編伍屯種，江南民運對撥近衛給路費，長運至京。河道壅塞，濟寧設都水司，沿河郡縣各銓官專職，仍大臣二員督之。」下廷議，其因徒立衛置都水司，沿河設官，寢之，餘命侍郎王佐往淮安與瑄及尚書黄福酌之，不果行。

辛酉，免開州逃民五年田租八百九十五户。

壬戌，上作《招隱歌》，賜少師蹇義等。

《宣宗實録》卷八一　〔七月〕癸亥，兀者前衛女直指揮同知阿剌秃、廣東文昌縣故土官子林丑等來朝貢方物。

甲子，設漢陽府漢川縣劉家隔巡檢司。時湖廣按察使李素奏：「劉家隔去漢川縣遠，而與雲夢、孝感、應城三縣相連，土著之民止有九户，而各處客船往來貿易，駐泊者常三五千艘，亦有結屋安居不去者，慮有逋逃軍民雜於其間，或至相聚爲盜，宜立巡檢司。」上命三司覆勘以爲宜，故設之。

《國榷》卷二一　丙寅，廣東布政司右參政楊勉卒。勉永樂甲申進士，以庶吉士受刑部主事，歷郎中、右侍郎，使山東坐罪，明年，復巡撫福建，復坐罪，起山東參政，改廣東，有才幹而懷市心，父事姚廣孝，至服喪，士論鄙之。

丁卯，行在刑部獄反，停侍郎施禮等俸。

《明史》卷九《宣宗紀》　己巳，録囚。

《國榷》卷二一　癸酉，賜武臣草場于三河等縣，侯四百畝，伯三百畝，都督二百五十畝，都指揮二百畝，指揮百五十畝，千户衛鎮撫百二十畝，百户所鎮撫百畝。

《明史》卷九《宣宗本紀》　壬午，許朵顔三衛市易。

《明通鑒》卷二〇　初，上即位，三衛掠永平、山海間，上將親討之，三衛頭目悉謝罪入貢。至是仍撫納之如初。

《國榷》卷二一　常州知府莫愚上言：「宜興歲貢茶百斤，後增至五百斤，近至二十九萬餘斤，今負九萬七千斤，乞辦之州縣，免遣官督責。」上悉蠲之。

丁亥，置龍門衛龍門守禦千户所。

己丑，除學録一員，教習新駙馬都尉李銘、焦敬、王誼。賑興化、碭山、犍爲饑。

《明通鑒》卷二〇　是月，上幸大學士楊士奇第。

時上好微行，一日，漏下十二刻，從四騎至士奇宅。士奇倉皇出迎，頓首曰：「陛下奈何以宗廟社稷之身自輕？」上曰：「朕欲與卿一言，故來耳。」越日，遣中官問士奇：「微行有何不可？」對曰：「陛下尊居九重，豈能徧洽幽隱！萬一冤夫怨卒，窺間竊發，誠不可不慮。」後旬餘，獲二盜，有異謀，上召士奇告之曰：「今而後知卿之愛朕也。」

《國榷》卷二一　〔八月〕乙未，命給事中儲懋、車遜掌吏科，年富、賈銓掌刑科，李偶、龔全安掌工科，上自擇掌科各二人。益都縣丞何恭、祁陽教諭馮履、清平教諭胡清、清江教諭朱良、武寧訓導徐觀爲行在給事中。

和寧王阿魯台方敗于瓦剌，又懼官兵來襲，上敕慰之。

乙巳，發卒數萬人開泰州白塔河。

《宣宗實録》卷八二　丙午，初，行在後軍都督府奏萬全都司近邊，糧餉爲重，請如靈川諸衛令衆囚納米贖罪。上命三法司與户部議：「今後萬全都司及屬衛所問罪囚除真犯外其大職官吏犯贓者皆如律，若非犯贓，其輕重罪囚有力納米者以近就近運，赴獨石等衛倉納免，俱如運甎例，各還職役。死罪一十二石，流罪十石，徒八石，杖五石，笞三石。宣府、隆慶、永寧、懷來、開平、保安諸衛興和千户所有犯運赴獨石倉，懷安、萬全、保安右衛、美峪、廣昌二千户所有犯運赴宣府倉。」從之。

《國榷》卷二一　丁未，湖廣五開、黎平衛、古州長官司羅里諸寨苗作亂。

辛亥，琉球中山王入貢。

戊午，趙王高燧薨。王母仁孝皇后，初封彰德，寡學好武事，留守北京，多進邪說，永樂七年誅長史顧晟，選國子司業趙季通、董子莊爲長史，講經論史，改節易行。仁宗初，力辭二護衛，奉藩甚恭。上即位，漢庶人反，詞連王，上不聽，王盡納護衛，賜賚稠疊。王在位二十八年，謚曰簡。

辛酉，太保忠勇王金忠卒。忠元太保不花六世孫，初名也先土干，永樂末來降，賜姓名，先帝進太子太師，宣德三年從巡會州，賈勇陷堅，明年，進太保。驍悍善戰，明道理，予祭葬。

〔九月〕丙寅，工部右侍郎羅汝敬還自陝西，言搜寧夏、甘肅宿豪占田萬四百餘頃，依屯田起科，增子粒十九萬五千五百七十餘石。

庚午，增造臨清廣積倉，度可容三百萬石。

《宣宗實録》卷八三　壬申，寧波知府鄭珞請弛出海捕魚之禁以利民。上不許，遣勅諭之曰：「爾知利民而不知爲民患。往者倭寇頻肆劫掠，皆由姦民捕魚者導引，海濱之民屢遭劫掠。皇祖深思遠慮，故下令禁止，明聖之心豈不念利民？誠知利少而害多也，故自是海濱寧静，民得安居。爾爲守令，固當順民之情，亦當思其患而預防之，若貪目前小利而無久遠之計，豈智者所爲。宜遵舊例，毋啓民患。」

乙亥，琉球國中山王尚巴志遣使者謂慈勅也等貢馬及方物，謝賜冠帶并海艘恩。

《國榷》卷二一　戊子，置寧夏、甘州二河渠提舉司。

〔十月〕甲午，行在鴻臚寺卿楊善被劾下獄，尋復之，免冠帶治事。

乙未，賑桐城饑。

《明史》卷九《宣宗紀》 甲辰，陳懷平松潘蠻。

《宣宗實録》卷八四 先是，懷及四川都指揮邢安奏松潘、勒都、北定諸簇，東路空郎、龍溪諸寨聚衆截路，殺傷軍民，欲攻閜堡。上勅懷等相機勦之。懷遣安以兵二百略寇境，遣都指揮趙得以兵一千應援。寇合衆迎敵，官兵稍却，寇乘勝追躡，發懸竿轉石，以擊官軍。指揮安寧等三百餘人退北溺水死。懷親督兵進，深入其地，攻革兒骨寨，破之。

庚申，增置廣西賓州安成鎮巡檢司土官副巡檢一員。總兵官黔國公沐晟奏雲南都司二十四衛所去歲收屯軍子粒米四十九萬二千一百石有奇，會計可足各衛旗軍十一月糧，命行在户部更覆實。

《國榷》卷二一 〔十一月〕癸亥，上作《祖德詩》九章，示楊士奇、楊榮、楊溥。

甲子，罷各處關津把截軍，巡按廣東御史陳摶以其邀阻索詐也。

《宣宗實録》卷八四 丙子，行在户部定官軍兑運，民糧加耗則例。先是，平江伯陳瑄言：「江南民運糧赴臨清等倉，若與官軍兑運，加耗與之，民免勞苦，得以務農，軍亦少有贏利。」命侍郎王佐往淮安與瑄等再議，以爲可行。上復命群臣議，至是吏部尚書蹇義等議，奏其法實便，軍民加耗之例請每石湖廣八斗，江西、浙江七斗，南直隸六斗，北直隸五斗，民有運至淮安，兑與軍運者止加四斗，如有兑運不盡，令民運赴原定官倉交納，不願兑者聽自運，官軍補數不及，仍於揚州衛所備倭官軍内摘撥。其宣德六年以前軍告漂流運納不足者不爲常例，許將粟米黄黑豆小麥抵斗於通州上倉。軍兑民糧，請限本年終及次年正月完就，出通關，不許遷延，妨誤農業，其路遠衛所就於本都司填給勘合。從之。

《明通鑒》卷二〇 初，平江伯陳瑄行支運法，軍民兩便。後以官軍多所調遣，仍用民運，而道遠數愆期。上即位之四年，命尚書黄福佐瑄經略漕運，因建議復支運法。乃令江西、湖廣、浙江民運糧百五十萬石于淮安倉，蘇、松、寧、池、廬、安、廣德民運糧二百七十四萬石于徐州倉，應天、常、鎮、淮、揚、鳳、太、滁、和、徐民運糧二百二十萬石于臨清倉，令官軍接運入京、通二倉，民力稍減。

至是，瑄復上言：「江南民運糧諸倉，往返幾一年，有誤農業。若令民兑與附近衛所官軍，運載至京，給與路費耗米，則軍與民尤爲兩便。」是爲「兑運」。上命羣臣會議。

吏部尚書蹇義等上《官軍兑運民糧則》例，其加耗以路之遠近爲差，每石湖廣八斗，江西、浙江七斗，江以南六斗，江以北五斗；民有運至淮安兑軍者，止加四斗。如有兑運不盡，仍令民自運赴倉，其不願兑者，聽其自便。自此兑運與支運參行。而軍既加耗，又給輕齎銀爲洪閘盤撥之費，且得附載他物，皆樂從事，而民亦多以遠運爲艱，自是兑運者多而支運者少。

《明史》卷九《宣宗紀》 乙酉，分遣御史往逮貪暴中官袁琦等。

《國榷》卷二一 庚寅，太監馬俊還京，至良鄉，聞袁琦事，自經，上以同惡，梟于市。

辛卯，免夏縣災租。太監唐受虐斂于南京，捕至，具伏，赴南京，磔于市，仍梟之。

《宣宗實録》卷八五 〔十二月〕甲午，命罪囚納米贖罪。時犯罪者俱發運糧贖罪。

《明史》卷九《宣宗紀》 乙未，袁琦等十一人棄市，榜其罪示天下。

《明通鑒》卷二〇 琦自幼侍上，恃恩縱肆，擅遣内官内侍，以採辦爲名，虐取官民財物。事覺，下錦衣衛獄。籍其家，金寶千萬計，服用僭侈非法，上怒，命磔之。

先是上以其黨所遣在外者尚多，遣太監劉寧、御史張駿、李灝等，分往直隸、福建、湖廣、江西、廣東、廣西、河南、南京、雲南等處捕之。

時裴可烈在蘇、松諸郡，貪暴尤甚。巡按御史林碩將繩以法，可烈遂誣碩毁詔書，被逮。上詢得其實，敕責可烈，方欲治之，而琦事適發，遂命械繫至京師，獄死。

其他宦黨阮巨隊、阮誥、武莽、武路、阮可、陳友、趙淮、王貴、楊四保、陳海等十人，皆下獄論死。

《國榷》卷二一 丙申，榜戒内官内使毋怙寵作威。

丁未，太子少保禮部尚書兼武英殿大學士金幼孜卒。幼孜新淦人，善《春秋》，建文庚辰進士，授户科給事中，以文學，太宗改翰林檢討，亡何，直内閣。數月，進侍講。五年，進右諭德，從北巡征虜積勞，陞文淵閣大學士兼翰林學士。仁宗初進户部右侍郎，踰月，以太子少保兼武英殿大學士，專典内制。簡易沈默，樂善泛愛，文章豐暢，求請躡至，臨終，有請爲求恩澤者，幼孜曰：「此君子所恥言。」年六十四，贈榮禄大夫、少保，謚文靖，賜祭葬。

戊申，免魏、内黄、廣平、成安、曲周、新河、隆平、獻、徐、碭山、豐、沛去年水災田租。

庚戌，增置北京通州倉。遣監察御史往寧夏、甘州巡視屯田水利。工部右侍郎巡撫江南周忱喪父，命乘傳歸葬，起服視事。

乙卯，沙州衛都督僉事困即來告饑，且懼罕東西番之侵，求築城，命俟之。

庚申，賑山西平遥旱災。

宣德七年（壬子、一四三二）

《明史》卷九《宣宗紀》 春正月辛酉朔，日有食之，免朝賀。

《國榷》卷二一 壬戌，和寧王阿魯台貢馬。

《皇朝大政記》卷一〇 乙亥，召輔臣蹇義、楊士奇、楊榮等觀燈于内苑，賜御製《小重山》詞。

《國榷》卷二一 丁丑，遂安伯陳瑛卒，賜祭葬。瑛爽闓，永樂時，鎮永平、山海，人怨其貪酷。

甲申，安定衛指揮同知果脱卜花數陳征曲先時鄉導功，特進指揮使。設開城廣寧苑，牧馬四千三百七十四，百户何通提督。

乙酉，留監察御史鄧棨再巡按南畿蘇、松、常、鎮一年，從民望也。陝西按察僉事林時言二事：曰申明善惡，曰文武並用，評衛所子弟入學出身。上是之。

丙戌，遣内官柴山諭琉球。遣人賫敕往日本，令朝貢。户部請停趙府歲禄三萬石，不許。

丁亥，福建布政司右參政彭晉清軍汀州受賂，謫爲驛卒。

己丑，磔濟陽衛指揮僉事王斌等，以糾黨夜劫都督譚廣家。

《明通鑑》卷二〇 是月，上御文華殿，謂大學士楊士奇曰：「恤民詔下，已踰二歲，今更有可恤者乎？」對曰：「前詔減官田租，而户部徵如故。」上怫然，曰：「今當首行之，廢格者論如法。」

《國榷》卷二一 〔二月〕壬辰，免長子縣逃民五百三十三户逋租。

《明史》卷九《宣宗紀》 甲午，以春和諭法司録囚。

《國榷》卷二一 丙申，行在禮部侍郎章敞還自安南，權國事黎利遣審刑院副使阮文絢、中丞阮宗贄隨表謝，貢方物並歲輸。

己亥，增順天解額，凡八十人。監察御史王賫監福建銀冶苛役發塚，戍遼東。

甲寅，設保德州守禦千户所。

《國榷》卷二一 戊午，賑寧鄉、臨祁、清源、大寧、河津、永和、介休縣饑。

己未，命貴州三司撫諭箐子坪叛苗。

《明史》卷九《宣宗紀》 三月庚申，下詔行寬恤之政。

《國榷》卷二二 敕行在府部院等官，卹民求才，振舉庶政，列目二十二。

辛酉，市朝鮮牛萬頭給遼東軍，令員外郎李顯運絹布五萬售之。

《明通鑑》卷二一 諭兼户部尚書胡濙曰：「朕以官田賦重，十減其三。乃聞異時蠲租詔下，户部皆不行，甚至戒約有司，不得以詔書爲詞，是計臣壅遏膏澤，使不下究也。自今令在必行，有壅遏者罪之。」乃出《減租詩》示廷臣。

《國榷》卷二二 壬戌，申洪武中僧人化緣之禁。建州左衛指揮僉事凡察招撫遠夷，敕進都指揮僉事。河決固安。

癸亥，行在户部右侍郎王佐督濬通州真沽河道三百六十餘里，以河紆多灘淺滯舟。

《宣宗實録》卷八八 己巳，琉球國中山王尚巴志遣使者漫泰來結制等奉表貢馬及方物。

《國榷》卷二二 己巳，蠲太原、平陽去年旱災田租。

癸酉，大通關提舉司吏昌化文中奏：「臣永樂末廣東鄉舉，因疾阻試，又母喪，宣德六年八月至部，謂違限謫吏，乞下科會試。」許之。

《宣宗實録》卷八八 丙子，設江西吉安府永新縣新安、禾山二巡檢司，各置巡檢一員。

《國榷》卷二二 己卯，設各衛所儒學，赴本處鄉試。

壬午，始以兩京贓罰庫所積衣服布絹等驗直抵文武官月俸。

甲申，減南京光禄寺正官，止寺丞二，典簿録事各一，每署留二員。

乙酉，廣西總兵官都督山雲平桂平等縣蠻寇。

〔四月〕庚寅，敕諭山東逃軍逃民嘯聚宜山等處復業滌罪。

辛卯，白塔河成，設江口巡檢司。賑高陽、完、定興縣饑，命民之食當先發預備倉，後聞。

《明史》卷九《宣宗紀》 辛丑，免山西逋賦。

壬寅，募商中鹽輸粟入邊。

《國榷》卷二二　定各邊中鹽例，寧遠、獨石、肅州中淮浙鹽引米二斗五升，河間、長蘆鹽三斗，山東、河東、福建、四川、廣東鹽俱一斗五升，宣府、大同、山海、龍門、甘州、寧夏中淮浙鹽引米三斗，河間、長蘆鹽三斗五升，山東、河東、福建、四川、廣東鹽俱二斗。

《明通鑒》卷二〇　初，洪武時，定《開中鹽法例》，召商輸糧而給以引鹽。始行之于山西，其後各行省、邊境皆仿之。成祖即位，以北京諸衛糧乏，悉停天下中鹽，專于京衛開中，惟雲南金齒衛、楚雄府、四川鹽井衛、陝西甘州衛開中如故。數年之後，京衛糧米充羨。會安南用兵，轉餉難繼，于是諸所復召商中鹽，他省邊地亦以次及之。

洪熙初，尚書夏原吉以鈔法不通，請令有鈔之家納鈔給引。上即位，尋罷之。原吉請更定舊則，仍召商納米北京。至是户部請推之邊境，以十分爲率，六分支與納米京倉者，四分支與遼東、永平、山海、大同、宣府、萬全、甘肅納米者。又以甘肅等處道險遠，趨中者少，許寓居官員及軍餘有糧之家皆納米豆中鹽。上以開中舊制，軍儲、鹽法、邊計，相輔而行，其法至善，故復之。

《國榷》卷二二　哈烈入貢。

〔五月〕戊午，中軍都督同知任禮署行在右府。

辛未，占城入貢。復平涼達開城縣迭烈孫運道。陝西歲餉甘州，經平涼、六盤等，山險艱，開城縣迭烈孫地平衍，過河即甘涼，近五百里，國初開行，命復之。上聞少詹事兼侍講學士王英母卒，問尚書胡濙：「可得賜祭葬乎？」曰：「制，三品四品親喪，曾封贈始賜葬，今英官四品，其母受五品封。」上命予祭葬，不爲例。

壬申，忻州食鹽米皆折鈔，時旱饑。

甲戌，山西進龍馬駒，羣臣請賀，上曰：「山西不歲，繼踵告災，一獸之異，足活民耶，其止之。」

丙子，交趾土官百户陳復宗等以吏部概送河南、山東就閒，非内附初心，乞留京勸天下臣子之忠義，從之，凡内附同。

甲申，廬山僧智順乞修高皇帝御製周顛仙碑亭及天池寺，從之。

《國榷》卷二二　六月戊子朔，蘇州知府況鍾上言：「近奉詔召民開荒，官田起科視民田，無種者勘豁其租額。今所屬崑山諸縣民，死徙從軍除籍者三萬三千四百餘户，召種官田，可起科者二千九百餘頃，互相補截，其間秋糧可除豁者十四萬九千五百石有奇。所屬長洲諸縣，舊三十六萬餘户，官民秋糧二百七十七萬九千石有奇，民糧不能當官十之一。國初，令有民糧者，出馬四百餘匹，役遞濠梁、桐城諸驛，約三歲一更，今三十餘年矣，出馬家如故，尚莫更者。工部徵蘇浙三梭布八百匹，浙江一大省，止百布耳，蘇州十居七，徵斂不均，比比而然，詔書所謂民多愁歎，乞除豁醒刷，以彰陛下鳲鳩之治。」上皆從之。

易州官羊五千二百餘隻，歲賦毛如數，今羊止千二百，毛額不減，上停其徵。

甲午，琉球貢馬。上閱獄狀，遣輕罪，强盜獄死勿斬首。

《明史》卷九《宣宗紀》　癸卯，録囚。

《明通鑒》卷二一　時御史孫純、刑部主事王鎮，以監決重囚，誤斬首爲凌遲。法司論純等罪應斬，上宥之，命罰役以贖。既而諭侍臣曰：「凌遲本律之文，命斬首者，蓋出于朕一時之不忍。純等依律處之，非故入之比，但不能宣朕德意，故姑以此示薄罰耳。」

《國榷》卷二二　丙午，作朝天宫於西直門内。

戊申，賜少師蹇義第於大明門。

《明史》卷九《宣宗紀》　癸丑，罷中官入番市馬。

是月，作《官箴》成，凡三十五篇，示百官。

《明通鑒》卷二十一　太原河、汾並溢，隄壞。鎮守都司李謙、巡按御史徐傑，以便宜修治，然後馳奏，上嘉奬之。

巡按湖廣御史朱鑑上言：「洪武間，天下各郡縣皆置預備倉，積穀多者萬餘石，少亦四五千石。倉設老人監之，富人守之，遇水旱以貸貧民。今皆廢毁，宜遵舊制，俾旱潦有資。」從之。于是始詔天下府、州、縣修預備倉。

《國榷》卷二二　〔七月〕戊午，停武陵王季堄妃魯氏册禮，以先受穆肅子聘也，令季堄别娶。敕賞三衛，謂能綏衆效職也。

己未，改交趾歸順土官知州知縣阮遷等四十五人於山東、山西各州判官、照磨驛丞。各省徵糧，以按察司一人協助巡撫。

壬申，置吕梁漕渠石閘。

《明通鑒》卷二一　庚辰，御製《豳風圖詩》，揭之殿壁。

時上閱内庫書畫，得元趙孟頫所繪《豳風圖》，因作詩一章，命儒臣書于圖右。

諭曰：「此周公陳公劉、后稷之所由興以告成王，使知稼穡之艱難，實爲萬世人君之鑑。朕非愛其圖繪之精，欲以此朝夕省覽，庶幾無忘農事。」

尋又製《織婦詞》示廷臣，以見蠶事之勞苦。

《國榷》卷二二 辛巳，申明御史與外官相見禮。蘇州知府況鍾言知府畏御史糾劾，諂謏拜跪，甘受辱詈，間有奉法不屈，輒求其小過也。

癸未，上登萬歲山之廣寒殿，召儒臣周覽都城山川形勢，諭曰：「此元之故都也。世祖知人善任，愛養民力，故混一區宇，至順帝荒淫，紀綱蕩然，遂致失國，脱使長守世祖之法，天下豈我明所有？」儒臣曰：「紂之跡，周之監也。」

《宣宗實録》卷九四 八月丁亥朔，遣北京國子監祭酒貝泰釋奠先師孔子。

《明史》卷九《宣宗紀》 乙未，敕京官三品以上舉才行文學之士，吏部、都察院黜方面有司不職者。

《明通鑑》卷二十一 諭曰：「近惟少傅楊士奇薦舉交阯南靈州知州黎恬等，諸臣曠旬積月，無一人焉。巖藪窟穴，豈皆虚哉！」

先是，上作《招隱猗蘭詩》以示廷臣，意在薦賢以自輔。比見推舉者少，而有司貪暴不職者亦不聞有所糾劾，故降敕責之。

恬以進士授御史，因上章力詆大臣，出爲南靈知州。黎利反，恬始北歸，至是以士奇薦入翰林。士奇嘗稱恬在内爲良御史，在外爲良郡守云。

《宣宗實録》卷九四 丁酉，朝鮮國王李祹遣陪臣尹季童等來朝貢方物。

《宣宗實録》卷九五 〔九月〕丁巳，行在户部言陽武侯薛禄初食禄一千一百石，洪熙元年以邊功加賜五百石，今其孫詵襲爵，歲禄當減，命仍給一千一百石。

《國榷》卷二二 丁巳，令山西偏頭關外燒荒，如宣大例。命廣西、泗城州以千人戍貴州陳蒙爛土長官司，防苗獠侵掠。

壬戌，大同參將沈固上四事：曰先降神銃三千，分撥邊堠柴溝等十八處，乞取回各城養鋭，其力不分；曰臨邊十二衛軍官多老弱，宜調内地，選内地精健者補之；曰大同屯田，畝徵一斗爲重；曰衛所仍設養濟院，上從之。

《明通鑑》卷二一 是月，蘇州知府況鍾奏言：「蘇、松、嘉、湖湖有六，曰太湖、龐山、陽城、沙湖、昆承、尚湖，永樂間，夏原吉濬導，今復淤，乞遣大臣疏濬。」上命巡撫周忱與鍾治之，並計其所用工役以聞。

上以江南歲稔，詔令諸府縣出官鈔平糴，以備振貸。

時蘇州官鈔所糴，得米二十九萬石。故時公、侯禄米，軍官月俸，皆支于南户部，蘇、松民轉輸南京者，石費六斗。巡撫周忱奏令就各府支給，與船價米一斗，所餘五斗，通計米四十萬有奇，並官糴米共得七十餘萬石，與鍾悉心計議。會修倉詔下，乃合所餘所糴置倉貯之，名曰「濟農」。振貸之外，歲有餘羨，以代民間雜辦及逋租，皆依時借給，約以秋成抵還。

是時寬恤備豫之詔屢下，有司率視爲具文，其以實心行實政者，惟忱與鍾二人。終忱在任，江南數大郡小民，不知凶荒，兩税未嘗逋負云。

《宣宗實録》卷九五 癸未，行在監察御史羅銓奏：「照刷行在五府六部等衙門卷牘，自宣德元年正月至宣德四年十二月，總六萬四千八百四十二事，内稽緩錯誤，冒支埋没錢糧及故出刑名、失追贓物等項凡一萬九千七百四十二事，赦前四千四百六十八事，經該官吏鴻臚寺卿楊善等五千一百一十六人，罪雖已宥，亦應查理改正，赦後一萬五千二百七十四事，經該官吏户部右侍郎王佐等一萬二千七百二十九人皆當有罪，請逮治之。」上曰：「赦前者如所奏，赦後者亦記其罪，俾查理改正，若冒支埋没錢糧及故出人罪者，悉查究明白，具實來聞，如有窺避，不宥。」

《國榷》卷二二 甲申，增運軍共十六萬人。

《明史》卷九《宣宗紀》 是秋，免兩畿及嘉興、湖州水災税糧。

《明通鑑》卷二一 辛亥，八百大甸宣慰司刁之雅遣使來貢方物，因奏「波勒土酋常糾土雅之兵入境侵掠，乞發兵討之」。上曰：「八百大甸去雲南五千餘里，波勒、土雅皆未嘗歸化。此等荒服之地，豈宜勞中國爲遠人役！」不許，止降敕撫諭而已。

《國榷》卷二二 癸丑，前鎮守寧夏寧陽侯陳懋侵倉糧及乾没贓罰金珠紵羅畜産，皆累萬計，私中鹽六千七百餘引，又他罪非一，侍郎羅汝敬發之，御史凌暉等報實，故召還，至是再被劾，宥之，追入其贓，尋免。

《宣宗實録》卷九六 〔十一月〕戊午，朝鮮國王李祹遣陪臣李尚興等貢方物。

己未，賜陝西鞏昌衛土官都指揮僉事汪壽、西寧衛大國師鎖南兒監參及禪師裸古藏卜等鈔綵幣絹有差。山西平陽府蒲州萬泉縣丞何福全言：「本縣舊有軍民匠凡四千七百七十七户，今存供賦役者止一千七百三户，充軍及死亡者三千一百七十四户，其所負糧草悉屬存者代納，又令運送京師及臨邊陽和等衛所，道路三千餘里，民不勝弊，比又令民辦納薪炭，乞遣官勘實荒廢之地，蠲除所負，而租税糧草之運輸者止就近處，併乞止薪炭之役。」上謂行在户部工部臣曰：

「山西土薄民貧，朕恒念之，加以徭税，如此人何以堪？自今糧草輸官者改就近地，荒地租税及薪炭悉蠲除之。」

《明史》卷九《宣宗紀》 辛酉，召督漕平江伯陳瑄、侍郎趙新等歲終至京議糧賦利弊。

《明通鑒》卷二一 時瑄等方奏行兑運法，上以户部所定則例，恐有利于軍而不便于民者，故令議之。

《國榷》卷二二 辛未，朝鮮國王李祹獻鷹菌，諭自今服食器用如鷹犬等更勿進。

辛巳，聞阿魯台東行攻兀良哈，敕緣邊謹備。

甲申，周定王第十六子殤，追封固始王。起復魏源左布政使。增淮、揚、青、兖、濟南、東昌、登、萊同知、通判各一，專理賦税。

〔十二月〕庚寅，琉球入貢。

戊戌，貴州按察使應履平請都督府遣人必驗勘合，又貴州萬人分戍廣西，及更代，逃者二千八百有奇，乞戍人還衛少息，上俱從之。作懷慶北沁河、丹河二橋。改林縣儒學神像左衽。

庚子，捕會昌縣盜。

《宣宗實録》卷九七 壬寅，置遼東都司寧遠衛、貴州都司烏撒衛、陝西都司寧夏羣牧千户所、中都留守司洪塘湖屯田千户所倉副使各一員，山西太原府保德州倉大使、副使各一員。

《國榷》卷二二 辛亥，平江伯陳瑄上糧運四事，從之。

是年，以右參將吴亮言，令江南、浙江、湖廣各就本地長運南京，江北仍於瓜淮交兑，河南彰德等俱小灘鎮，山東濟南等俱德州，東平等於安山，沂州等於濟寧，餘民糧仍送納淮、徐、臨、德諸倉者，支運十分之四。

《明通鑒》卷二一 是歲，巡撫南畿工部侍郎周忱、蘇州知府況鍾，奏減蘇州官田租七十二萬餘石。

初，太祖籍蘇、松、嘉、湖官田賦額，而四府之糧，皆以積重，逋賦獨多。蘇賦又比他府獨重，覈計官、民田租共二百七十七萬石，而官田之租乃至二百六十二萬石，民不能堪。上即位，屢下詔減之。去年二月，用楊士奇言，詔「舊額畝一斗至四斗者各減十之二，四斗一升至一石以上者減十之三，著爲令」。其年九月，特擢忱巡撫江南，命總督税糧。時鍾守蘇州，奏：「所屬崑山諸縣，民以死徙從軍除籍者，凡三萬三千四百餘户，所遺官田二千九百八十餘頃，應減税十四萬九千餘石。其他官田没海者，賦額猶存，宜悉除之。臣所領七縣，秋糧二百七十餘萬石，民糧止十五萬三千餘石，其他悉爲官田，有畝徵至三石者，輕重不均如此。」又請「屬縣四年逋賦凡七百六十餘萬石，量折以鈔」，皆爲部議所格。會忱至，與鍾曲算累月，奏減七十二萬餘之鉅數，民困獲甦。

宣德八年（癸丑、一四三三）

《宣宗實録》卷九八 正月乙卯朔，上御正朝受賀，大宴文武群臣及四夷朝使。

癸亥，寶慶大長公主薨。主太祖高皇帝第十六女。行在工部於湖廣、江西、浙江三布政司支官鈔市木造二千艘，四川布政司産木州縣造五百艘，舊海船損敝者改造五百艘，從之。

庚午，朝鮮國王李祹遣陪臣姜籌等貢馬及方物賀萬壽聖節。

《明通鑒》卷二一 己巳，上元節，張燈西苑。上奉皇太后往觀，皇后、皇太子咸侍，稱觴上壽，並敕文武諸臣及四夷朝貢之使，皆得往觀。大學士楊士奇撰《聖德詩》十章以獻，諸學士儒臣皆有奏御之作。賜文武羣臣遊于西苑。

時致仕大學士黄淮，以父喪賜葬祭，詣闕謝，會燈節賜宴，亦預焉，並詔乘肩輿登萬歲山，時以爲榮。

《國榷》卷二二 庚午，禁止出番馬數。

甲戌，敕各巡撫侍郎趙新等以便民事具聞。常州知府莫愚入朝，有吏訐其私，愚以此罪吏，方捕之，上曰：「郡守除奸而奸反噬之乎？」杖吏百，戍赤城，復愚任。

乙亥，遣中官范安賜蘇州知府況鍾《招隱歌》並詩三卷，時入覲，陛辭，賜鈔千貫。

丁〔酉〕〔丑〕，宣府總兵官都督譚廣杖萬全都司經歷蕭翔死，上封劾章示之。

《宣宗實録》卷九八 壬午，北京行太僕寺奏行在金吾左等衛、順天等府宣德七年孳生馬騾駒，計五萬六千六百三十三匹。

《國榷》卷二二 癸未，禁内豎爲僧，逃外悉捕之。

乙巳，行在户部右侍郎趙倫降山西布政司左參政。賑盧龍雞澤饑。

庚戌，定稽考勾軍之令。

辛亥，賑鄧、南陽、新野、鎮平、泌陽、舞陽、魯山、唐縣饑。賑蒲、絳、萬泉、稷山旱饑。

《明通鑒》卷二一　是月，禮部會試，命致仕大學士黄淮主試。試畢，辭歸，餞之太液池，上自製長歌送之，且曰：「朕生日，卿其復來。」

《宣宗實録》卷九九　〔二月〕丙戌，朝鮮國王李裪遣陪臣金乙賢等貢方物。

丁亥，遣北京國子監祭酒貝泰釋奠先師孔子。建州左衛野人女直都督僉事猛哥帖木兒等來朝貢馬。

《國榷》卷二一　戊戌，建州左衛土官都督僉事猛哥帖木兒爲右都督都指揮僉事，凡察爲都指揮使。盜陷石城陸川。

己亥，增長沙、武昌、黄、衡、荆、岳佐貳官各一，專督税糧。

庚子，琉球中山王入貢。

壬寅，賑東昌、泰安、歷城饑。禁中外横税。

〔三月〕甲寅朔，策貢士劉哲等九十九人於奉天門，賜曹鼐、趙恢、鍾復等進士及第出身有差。清僧道寄莊田，開籍供徭賦，從廣東按察僉事曾鼎之言。

《明史》卷九《宣宗紀》　丙辰，賜曹鼐等進士及第、出身有差。

《明通鑒》卷二一　鼐初舉鄉試，中乙榜，授代州學正，辭以「年少不堪爲人師，願改别職」，得泰和典史。時以督所部工匠至京，乞預會試，至是南宫廷試，遂膺首選。

《國榷》卷二二　丁巳，故忠義右衛鎮撫李壽卒。婦趙氏自經，贈宜人。

戊午，賑西平、修武、磁、涉、武安、魏、樂清饑。

壬戌，許三司官給驛。

甲子，復置隆慶州守禦官軍。

《宣宗實録》卷一〇〇　丁卯，建州左衛頭目早哈來朝，奏願居京自效，賜紵絲襲衣鈔布，仍命有司給房屋器物如例。

《國榷》卷二二　乙亥，上作《庶吉士自勵詩》示輔臣。

戊寅，成國公朱勇掌行在後府事，萬全都指揮同知武興、毛翔，錦衣衛指揮同知王瑜署行在後軍、右軍、左軍都督僉事。荆門州判官陳襄請天下關津詰捕游僧，歸原籍治罪如律，從之。

壬午，成國公朱勇、新建伯李玉及兵部選京衛幼軍萬人侍東宫。詔軍衛餘丁在營不得過二人，餘歸有司供賦役。

《明通鑒》卷二一　是月，初宴新進士于禮部，遂爲令。

《明史》卷九《宣宗紀》　是春，以兩京、河南、山東、山西久旱，遣使振恤。

《國榷》卷二二　〔四月〕丙戌，都督同知馮斌、鄭銘，尚書李友直等修京通倉。

乙未，增行在後府經歷司都事。

《明史》卷九《宣宗紀》　戊戌，詔蠲京省被災逋和、雜課，免今年夏税，賜復一年。理冤獄。減殊死以下，赦軍匠在逃者罪。有司各舉賢良方正一人。巡按御史、按察使糾貪酷吏及使臣生事者。

《國榷》卷二二　辛丑，金華、處州多盜，殺永康縣丞朱俊，命捕之。

《宣宗實録》卷一〇一　戊申，上命行在禮部曰：「自今四夷朝貢之使在京者止朝朔望，光禄賜酒饌。」先是，每五日一朝，至是乃簡其禮。

《國榷》卷二二　〔五月〕甲寅，日本國王源義教入貢。

《明通鑒》卷二一　初，上念四方蕃國皆來朝，獨倭久不貢，去年，命中官柴山使琉球，令其王轉諭日本，賜之敕。至是日本國王源義教始遣使來，上報之，賚白金綵幣。

乙卯，琉球中山王入貢。

《明史》卷九《宣宗紀》　丁巳，總兵官都督蕭授討平貴州烏羅蠻。

《明通鑒》卷二一　初，烏羅知府嚴律己奏：「所屬治古、荅意二酋長石各野等，聚衆劫掠，出没銅仁、平頭、瓮橋等處，誘脅蠻賊石雞娘及筸子坪長官吴畢郎等共爲亂，招撫不從。請調官土軍分據要地，且捕且撫。」事聞，詔授及鎮、巡諸司議。授乃築二十四堡，環其地守之，而兵力分，卒難扞禦。賊四出劫掠，殺清浪衛鎮撫葉受，勢益張。

去年，巡按御史陳斌奏言：「生苗之地，不過三百餘里，乞别遣良將督諸軍殄滅。」授言：「殘苗吴不爾等遁入筸子坪，結生苗龍不登等攻劫湖廣五寨，宜令川、湖、貴州接境諸官兵、土軍，分路併力攻勦。」上敕諭曰：「遣將調兵，恐暴師日久，轉爲寇翫。或撫或勦，朕觀成功，不從中制也。」

至是授果平蠻，奏言：「臣受命，統率諸軍進攻賊巢，破新郎等寨，前後生禽賊首吴不爾、王老虎等五百九十餘級，皆梟以徇，餘黨悉平。還所掠軍民男婦九十八口，悉給所親。獲賊婦女幼弱一千六百餘口，以給從征將士。並械吴不跳等至京師。」上覽奏，謂侍臣曰：「蠻苗好亂，自取滅亡。然於朕心，不能無惻然也。」授在鎮前後二十餘年，威服南荒。

《國榷》卷二一　乙丑，賑順義、清河、宿、沛、確山旱饑。

《明史》卷九《宣宗紀》　丁卯，山雲討平宜山蠻。

《明通鑑》卷二一　先是雲討平桂林蠻，上斬勦首級之數，上曰：「蠻寇害我良民，辟之蟊賊害稼，不可不去。然殺之過多，亦所不忍。」賜雲勅，戒諭之。至是獲賊首蘇公夏等，悉散其脅從之餘黨。

《國榷》卷二一　己巳，貸青、興濟、廣宗、滑縣粟。

庚午，賑淮安、鳳陽、徐州饑。

《宣宗實録》卷一〇二　辛未，占城國王占巴的賴遣使臣逋沙怕麻叔等來朝貢方物。

《國榷》卷二一　壬申，召開平副總兵都督僉事方政還京。四川總兵官都督陳懷請陝西兵征番蠻，四川轉餉，上召懷還京，敕參將都指揮蔣貴往勦。

《宣宗實録》卷一〇二　丙子，賜日本國使臣道淵等二百二十人紵絲紗羅絹布及金織襲衣絹衣銅錢有差。賜朝鮮、占城、日本三國貢使宴。

《明通鑑》卷二一　是月，四川盜起，命副都御史賈諒討平之。

《宣宗實録》卷一〇三　〔六月〕壬午朔，開平千户楊洪巡紅山，值虜引卻，誘至禮拜寺擊敗之，遂敕邊將嚴備。

癸未，右軍都督僉事方政爲平蠻將軍總兵官，參將都指揮同知蔣貴爲左軍都督僉事，充副總兵，鎮守四川松潘。遼東總兵官都督巫凱奏朝鮮擅攻建州衛，請詰問之。初，朝鮮奏毛憐衛建州之人詐裝忽剌温野人犯境，建州毛憐二衛謂已還所掠，上各諭之，至是止巫凱，但謹備邊。

《明史》卷九《宣宗紀》　乙酉，禱雨不應，作《閔旱詩》示群臣。

《宣宗實録》卷一〇三　丙戌，鎮守陝西行都司都督僉事王貴奏：「掌肅州衛事署都指揮僉事吕并挾私杖殺軍士二人、千户一人。又盜官木造私居，盜用官軍俸糧鈔四十五萬有奇，及軍糧二百八十餘石，受財盡出鹽倉鈔，又索取所部金銀、駝褐、布絹、米麥、牛羊諸物及出境私通赤斤蒙古衛韃官鎖可者，違禁買駝馬中鹽等事，請治之。」上命行在都察院遣廉正御史馳驛往鞫之。

丁亥，行在户部奏：「松潘中納鹽糧則例，四川鹽每引四斗，淮浙鹽每引二斗五升，河間長蘆鹽每引三斗，山東、福建、河東、廣東鹽每引一斗五升。」時總兵官陳懷奏松潘險遠，糧餉不足，餽運甚難，請減輕舊例，召商中納，以足軍食，從之，故定此例。

《國榷》卷二二　壬辰，鴻臚寺少卿潘賜、行人高遷、中官雷春等使日本，賜國王源義教金幣。

甲午，裁漢中府同知、金州判官。邳州、桐城、望江、定遠、襄垣皆饑，賑之。

乙未，起復貴州右布政使王敏。

《宣宗實録》卷一〇三　丙申，直隸廬州府英山縣知縣賀完奏：「洪武中定新官到任儀注，凡新官到任，父老人等導引入城，徧謁神祠，如儀致祭，其儀物皆出於官，若山川城隍等神俱用二牲，其餘忠臣烈士用一牲。今在外各衙門新官到任有用二牲徧謁祭告者，有用二牲於城隍廟設壇總祭者，其禮不一，宜有定規。」命行在禮部議，令以羊豕各一，總祀應祀神祇於城隍祠。從之。

《國榷》卷二二　丙申，復廣安州守禦千户所，裁房山縣丞、主簿。蠲永清、固安、靈壽、灤城、獲鹿、行唐、元氏、藁城、寧晉、高邑、析鄉、臨城、新河、唐山、南和、鉅鹿、廣宗、南皮獻雞、澤、邯鄲、開、魏、長垣、元城、内黄、懷遠、靈璧、海、邳、沭陽、清河、安東、贛榆、宿遷、安丘、昌邑、解、屯留、臨晉、上蔡、汝、鄧、陝、魯山、新野、舞陽、南陽、唐、泌陽、鎮、平、葉各州縣旱災田租。

《明史》卷九《宣宗紀》　辛丑，詔中外疏決罪囚。

是夏，復振兩京、河南、山東、山西、湖廣饑，免稅糧。

《國榷》卷二二　〔七月〕壬子朔，捕宜陽、永寧蝗。

甲寅，增户科給事中，户部廣西司主事各一，專理後湖册。

丙辰，以筠連茶課司積茶三百萬斤，准户口食鹽給鄰衛有司。

己未，申私通番國之禁。宥永新賊蕭彦真等復業。免大同等衛屯租。

《宣宗實録》卷一〇三　壬戌，設武騎左右、騰驤左右四衛，俱御馬監牧卒實之。

丁卯，賜朝鮮國等處貢使宴。

《國榷》卷二二　戊辰，陝西左布政使周璟以侵官磚石，改雲南右布政使。上素知其乏廉譽，語都察院曰：「璟罪不止是，姑薄懲耳。」

辛未，敕戒羣臣修省。

《明史》卷九《宣宗紀》　壬申，免江西水災稅糧。

《明通鑒》卷二一　時江西自六月以後，天雨不止，瀕江八府，江水漲溢，漂没民田，溺死男婦無算。

《國榷》卷二二　壬申，虜入大同鴉兒崖，殺千户朱銘等。

癸酉，敕行在户部右侍郎王佐監督京城倉糧。　蠲膠州、高密、日照、博興、蔚、渾源、絳、稷山、安邑、夏、萬泉、介休、武安及衛輝六縣去年旱災田租。

丙子，上元、江寧、當塗、蘇、松、清河、鹽城、山陽、桃源、高郵、寶應、興化、定遠、蕭、沛、碭山、霸州、平山、肥鄉、清豐、南樂、濬、滑俱去年旱災，寬卹之，賑高郵米三千四百石。

戊寅，上與侍臣論漢高祖、唐太宗皆創業者孰優，侍臣右太宗，上曰：「太宗才勝，高祖義勝。」嚴隱匿逃囚之禁。

《國榷》卷二二　〔八月〕壬午，雲南總兵官太傅黔國公沐晟以摩沙寨萬夫長刀甕等侵據馬龍他郎甸長官司，請都督同知沐昂討之，命馳諭，果不順，進師。

癸未，宥四川都指揮宫聚趙諒罪。初，總兵官陳懷遣之夜走襲叛蠻，適天曙賊覺，諒被執，尋脱歸，以都指揮邢安先退也，下安獄。

甲申，復廬陵忠節祠，祀歐陽修、周必大、楊邦乂、胡銓、楊萬里、文天祥。

辛卯，濟寧、東平、汶上、陽信、長山、歷城、淄川蝗，捕之。

《明通鑒》卷二一　交阯黎利復入貢，上命兵部侍郎徐琦等與其使偕行，諭以順天保民之道。未幾，利卒。

利雖受敕命，未得封，然已自帝其國，紀元順天。建東、西二都，分爲十三道，東都在交州府，西都在清華府，皆置百官，設學校，以經義、詩賦二科取士，彬彬有華風焉。

《明史》卷九《宣宗紀》　癸巳，汰京師冗官。

《明通鑒》卷二一　凡户、兵、工三部，大理、鴻臚、光禄、太僕及順天府官共七十七員。

《國榷》卷二二　甲午，洛陽、偃師、孟津、鞏、猗氏、濰、新城、滁、全椒、來安、丹陽、江陰各旱災，命户部寬卹。湖廣都指揮同知黄榮卒。

〔閏八月〕辛亥，蘇門答剌國王宰奴里阿必丁、古里國王比里麻、柯枝國王可亦里、錫蘭國王不剌葛麻巴忽剌比、佐法兒國王阿里、阿丹國王採立克那思兒、甘巴里國王兜哇剌别、忽魯謨斯國王賽弗丁、加異勒國、天方國各入貢，天方進麒麟，上御奉天門受之，蘇門答剌以弟哈利之漢來朝，卒京師，贈鴻臚寺少卿，賜祭葬。

《皇明資治通紀》卷十五　楊士奇進頌，謂其盛前古所未有。

《宣宗實録》卷一〇五　壬子，行在户部奏：「邊衛糧儲不足，請召商中納鹽糧不拘米麥豆，萬全左衛倉淮浙長蘆鹽每引四斗，懷來衛倉淮浙長蘆鹽每引四斗五升，永平府及古北口倉淮浙長蘆鹽並每引五斗。」從之。

《國榷》卷二二　癸丑，日本入貢。

《明通鑒》卷二一　先是洪熙時，倭久不貢，而沿海奸民輒爲嚮導，寇掠頻聞。自奉敕之後，時復窺伺。性最黠，常載其方物戎器，出没海濱，得間則張其戎器而肆侵掠，不得則陳其方物而稱朝貢。自是遂爲東南海濱之患。

《明史》卷九《宣宗紀》　戊午，景星見。禮官請表賀，皆不許。

《宣宗實録》卷一〇五　甲子，四川馬湖府土吏李昭及泥溪長官司土民劉勉等來朝貢馬及方物。置遞送口北軍囚宿舍，凡十一所。初，左府舍人馮旺等言自通州北關至山海衛東路凡十一站，舊設五遞運所，有相距百七八十里者，遞送軍囚多或二三百人，少或五七十人，其中亦有老幼男女，每日止行一站，所過别無官舍，須借民房止宿，貧窮患病民不肯容，不免露宿，冒寒受暑，因致死亡，況管送之人不過一二，防守不周，因而脱逃，負累者多。事下行在兵部議，奏：「以所在官司有遞運所，則令增修，無則增置，各爲房舍十餘間，繚以垣牆，就令遞運所官及驛丞、提督，凡遞送囚軍於此宿食爲便。」上從其議。

《國榷》卷二二　己巳，召南京都察院右都御史熊概。

乙亥，瓦剌順寧王脱歡遣使來朝。廷臣言：「明使者三入瓦剌皆未返，宜留之。」上曰：「尤而效焉，非禮也。」敕曰：「明三使人於王矣，皆未返，我國家撫遠甚厚，王亦效誠意，阻於道路乎？使歸遣之。」

《宣宗實録》卷一〇五　庚午，行在兵部奏太僕寺去年孳生馬騾駒計六萬一千五百九十八匹，請遣官印記。上命駙馬都尉趙輝、永康侯徐安往監之。

《國榷》卷二二　〔九月〕癸未，許諸生年四十五以上貢禮部。貸餘杭、於潛、昌化、建德、遂安、分水饑民粟。

《明史》卷九《宣宗紀》　乙酉，遣官録天下重囚。

《明通鑒》卷二一　諭三法司曰：「朕體上帝好生之德，惓惓夙夜，惟刑之恤。今法司所決重囚，憑案牘耳，外間所具，豈能保其無鍛鍊文致者？人命至重，死者不可復生。其遣廉明官分臨各處，同三司、巡按、御史及府州縣公同詳細審實。如情有可矜，獄有可疑及審訊不服者，仍監候具奏，與之辯理，切勿輕率致人冤抑。慎之，慎之！」

《國榷》卷二二　丙戌，暹羅國王悉里麻哈入貢。

《宣宗實録》卷一〇六　壬辰，哈密忠順王卜答失里等差指揮僉事捨黑馬黑麻等五人來朝，賜鈔綵幣表裏襲衣等物有差。

己亥，勑緣邊諸將嚴守備。先是，有降虜言和寧王阿魯台部屬咎卜欲犯邊，已勑諸將備之，至是果入寇。涼州、永昌皆警，甘肅總兵官都督劉廣遣指揮使李榮等率兵追及之，與戰，殺咎卜父子及其軍八十餘人，生禽三十餘人，餘衆皆遁，盡收其駝馬而歸。上嘉其功，謂侍臣曰：「醜虜慚憤，必將復來。」遂勑廣及寧夏、大同等處總兵官嚴督諸城堡，謹兵備戰，雖未至常若臨敵，庶保無虞。

《國榷》卷二二　〔十月〕庚戌，置雲南鈕兀長官司。

壬子，木邦宣慰使罕門法奏麓川平緬宣慰使思任發侵占，緬甸宣慰使莽得剌亦奏木邦侵地，孟璉長官司奏孟定侵地，下沐晟計之。

《宣宗實録》卷一〇六　甲寅，置雲南緬甸阿瓦驛土官驛丞一員。

《國榷》卷二二　丙辰，少師吏部尚書蹇義、少傅大學士楊士奇各滿三考，賜敕。起復茂州知州陳敏。

《宣宗實録》卷一〇六　己未，置雲南騰衝州僧正司僧正一員，命土僧爲之。

《國榷》卷二二　庚申，前吏部右侍郎王讓卒。讓益都人，監生，授國子學録，進助教，直東宫，進右贊善，上即位，拜侍郎，有儒者矩度，篤於自守。

丙寅，雲南金齒永昌千户所改潞江州，千夫長刀珍罕爲知州。滿剌加國王西里麻哈剌者來朝。平江伯陳瑄卒。

《宣宗實録》卷一〇六　瑄字彦純，直隸廬州合肥縣人，自少機警，有智畧，善騎射。初，隨父官成都，以舍人參侍大將，屢試以事，甚見奬重。襲父職，爲成都右衛指揮同知。率所部兵會雲南兵討小百夷，力戰敗賊，復討番寇賈哈剌，主將使瑄將輕兵從間道襲賊砦，擊破之，獲其酋，械送京師，陞四川行都司都指揮同知，尋陞右軍都督僉事。建文中，命瑄總舟師江上防禦。太宗皇帝舉兵靖内難，至江北，瑄以舟迎濟，授奉天翊運宣力武臣，特進榮禄大夫、柱國，封平江伯，食禄一千石，賜白金鈔幣，追封其三世。永樂中歲董漕事。初，率舟師由海道運糧百萬石以給北京及遼東，又建百萬倉於直沽，築天津城。四年歸至沙門島，遇倭寇，追勦至金州白山島。後數備倭海上，十年復領海運，十一年築通州捍海堤。時朝議以海運艱險，浚山東舊河，通北京。瑄建議造平底淺舟以運，人便之，歲增運至三百萬石。又建議於淮安城北開清江浦田管家湖，入鴨陳口，以達清河，免度壩及風濤之患。又緣管家湖築堤十餘里以畜水益河，且便行者。於清江浦河上及徐州、臨濟、通州皆置倉受糧，以次轉運，疏儀真、瓜洲、壩下渠，鑿吕梁、徐州洪傍亂石，於刁陽湖、南望湖皆築堤，緣河多置閘，以時閉泄，利舟楫，凡所經營，具有條理。洪熙初，言經國利民七事，曰重基本，擇賢良，甦民力，興學校，整軍伍，謹邊備，定漕運。仁宗皇帝嘉之，降勑奬諭，賜鈔幣，令子孫世襲伯爵。至是有疾，上勑賜慰諭，遣名醫往視，瑄自知不起，封上所受制命及漕運印，遂卒。訃聞，上悼惜之，輟視朝一日，追封平江侯，謚恭襄，賜祭，命有司治喪葬。

丁卯，朝鮮國王李祹遣陪臣許之惠等來朝貢方物。恭順侯吴克忠奏：「每歲禄米於南京倉關支運載遠，而家口衆，乞於北京倉支米三分。」上命行在户部歲於北京支米二百石，不爲常例。

《國榷》卷二二　〔十一月〕壬午，禁私文由驛。

《宣宗實録》卷一〇七　甲申，湖廣保靖軍民宣慰司土官舍人彭南木處、建州衛僧出思班等來朝貢馬。南京太僕寺送南直隸宣德五年孳生馬六千三百六匹至，命御馬監擇其良者調習，餘付順天府民牧養。

《國榷》卷二二　丙申，仍給永寧衛瞭卒皮裘狐帽。

戊申，和寧王阿魯台入貢。

己酉，命行在吏部選外吏文學之士。明日，列六十八人，命閣試。得知縣孔友諒，進士胡璋禎、廖莊、宋璉，教諭黄純、徐惟超，訓導婁昊，改進士爲庶吉士，餘歷事六科。

《宣宗實録》卷一〇七　〔十二月〕甲寅，西寧衛剌麻領真星吉、烏思藏必力工瓦完卜管着兒監藏等來朝貢馬。

《國榷》卷二二　清平侯吴成卒。成遼陽人，初名買驢，洪武二十年來歸，充永平衛總旗，從靖難，累進山西都指揮使，歷征胡功，宣德初，追録大松功封，卒，追封梁國公，謚壯勇。太子太師署户部事郭資卒。資字存性，武安人，洪武乙丑進士，授户部主事，進左僉都御史，改北平右參議、左布政使，從靖難，守城給餉，太宗嘗曰：「朕蕭何也。」即位，拜户部尚書。平生一介不取，年七十三。追封湯陰伯，謚忠襄，子佑，廕户部主事。

《宣宗實録》卷一〇七　庚申，設萬全都司道紀司，置都紀一員，置山西行都司山陰守禦千户所、馬邑守禦千户所吏目各一員，雲南大理府朶兮薄道紀司都紀、副都紀各一員，太和縣朶兮薄道會司道會一員。

辛酉，朝鮮國王李祹遣陪臣金益稽等奉表貢馬及方物，賀明年正旦。

《國榷》卷二二　壬申，赤城備禦都指揮僉事方貴還守松潘。

《明史》卷九《宣宗紀》　乙亥，諭法司宥京官過犯。

《明通鑒》卷二一　是歲，天方默德那國始來貢。

天方者，回回之祖國也，其地在西印度之西。印度者，漢之身毒國，一曰天竺，皆譯音之異也。印度凡五，曰中，曰東、西、南、北。中印度者，佛國也。佛滅度六百年，而西印度之耶穌出，是曰天主教。耶穌生後又六百年，而西印度之穆罕默德出，是曰天方教。穆罕默德生于默加，行教于天方，而葬于默德那。又自紀其最初之祖曰阿丹，爲肇生人類之始，故其國總名天方。而阿丹、默德那則其所分之國，皆奉回教者也。

先是上遣鄭和七使西洋，行至古里國，始知天方在其西南。會古里遣人往天方，和因遣人齎貨物附其舟偕行，往返經歲，市奇珍異寶及麒麟、獅子歸。于是天方默德那等隨朝使入貢，上喜，賜賚有加。

時回人居中國者，徧于各省，自元以來，用其曆法以參校《授時》。洪武之初，令設科，隸欽天監，與《大統》參用。其推算始于隋開皇十四年甲寅，蓋穆罕默德辭世之歲也。

宣德九年（甲寅、一四三四）

《國榷》卷二二　〔正月〕乙酉，虜百餘人牧大同官山近地，命招之。

《宣宗實録》卷一〇八　丁酉，行在户部同各處巡撫侍郎趙新等議奏今年運糧屯糧及贖罪納米事例：「一，運糧官軍兑運湖廣等布政司、蘇松等府民糧加耗各如上年例，若民自運至淮安、瓜洲等處，兑與軍運者，加耗四斗，俱及年終，及次年正月兑完，不得遷延，有妨農業。一，官軍運糧五百餘萬石，以三分爲率，通州倉收二分，京倉收一分。一，浙江、江西、湖廣、中都并南直隸衛所旗軍每名兑運民糧二十石，淮安、徐州倉支運一十二石，其運林南東店倉者如去年例，運四十萬石。一，各布政司委堂上官二員，按察司委堂上官一員專一總督追繳。一，蘇、松、常三府積糧九十餘萬石以俟北京帶俸軍官支給，今留在倉，請令各官預支今年三月至六月俸糧爲便。一，浙江、江西、湖廣并蘇、松等府今年税糧定撥南京各衛倉收者聽以土産紵絲綾羅布絹絲綿依時直折納。一，各府州縣部運税糧官吏有緣事者候糧完之日逮問。一，各都司衛所屯田旗軍除正糧外餘糧六石，納於附近官倉，仍照舊比較。一，江西、湖廣、福建罪囚舊于南京納米贖罪者量加米數，改發本布政司缺糧去處收受，犯死罪、流罪及徒三年、二年半者各加米二十石，徒二年加十五石，一年半加十石，一年加五石，杖一百者加五石，九十加三石，八十、七十、六十各加二石，笞五十者加一石五斗，四十加一石，三十、二十、一十各加三斗。」上皆從之。

《國榷》卷二二　虜也先帖木兒來歸，敕寧夏總兵官都督僉事史昭，以虜狡，毋墮其計。增給宣府諸衛神銃。

《宣宗實録》卷一〇八　〔二月〕庚戌，設江西贛州府安遠縣大墩、板石，信豐縣新田，會昌縣承鄉四巡檢司，置流官，巡檢各一員，土官，副巡檢各一員，弓兵各五十人，以土人劉弘海爲承鄉副巡檢，李梅五爲新田副巡檢，仍令大墩等各峒人推舉公正二人爲副巡檢。

《國榷》卷二二　庚申，上朝罷，出《思賢詩》示羣臣。

辛酉，擇武場於平則門外。或言民樹藝之地，罷之，仍德勝門外。命行在監察御史二人察視光禄寺。

《宣宗實録》卷一〇八　壬戌，福餘衛頭目把秃不花、兀者衛指揮僉事納哈出，亦馬忽山衛指揮僉事伯乞納、恭寧衛頭目可帖木兒等來朝貢駝馬。賜朝鮮國陪臣成抑等綵幣絹布有差。

《國榷》卷二二　甲子，改瓦甸長官司隸都司。

乙丑，武安侯鄭亨卒。亨合肥人，襲副千户，持榜招胡，進指揮僉事，從靖難功封，後鎮大同，境内晏然，嚴肅重厚，善撫士卒，人不敢干以私。追封漳國公，謚忠毅，妾張氏自經，贈淑人。

《皇明資治通紀》卷十五　乙亥，妖僧李皐伏誅。

《明通鑒》卷二一　是月，南京刑部侍郎段民卒。

民以山東參政召還，擢南京户部，踰年，改刑部。上以民廉介端謹，特賜敕令考察南京百官。是時以詔書寬恤，凡罪囚自十惡外，並減一等。有重囚三十餘人，例不得赦，民亦減其罪。後有旨報決，乃復追還，而逃已數人。民自陳狀，給事中年富劾民，上知民賢，不問。至是卒于官，貧不能斂，都御史吳訥挩以衣衾。事聞，詔有司爲營葬事。

《明史》卷九《宣宗紀》　三月戊寅，山雲討征思恩叛蠻。

《皇明資治通紀》卷一五　百官朝皇太子文華殿。

《宣宗實録》卷一〇九　乙酉，琉球國中山王尚巴志遣通事鄭長、使者步馬結制等奉表箋貢馬及方物。

《國榷》卷二二　丁亥，中軍都督僉事祁英卒。

壬辰，中内府擅修之罪。敕南京守備襄城伯李隆、僉都御史吳訥等，如真盜即決。

甲午，嚴皇城出入及守衛交直之禁。

《宣宗實録》卷一〇九　丙午，琉球國中山王尚巴志遣使者義魯結制等來朝貢馬及方物，蓋與步馬結制等同行遇風故後至也。通州衛把總都指揮僉事劉斌奏：「運糧及遞送官船皆泊通州東關，河道不足以容，按城北舊有海子，宜開鑿置二閘，可以積水通船。」上命成國公朱勇同工部尚書吳中等往視之。勇等還言工費浩繁，卒難就緒。上曰：「今東作方興，烏可役民，俟秋成再議之。」

《明通鑑》卷二一　是月，山雲討思恩叛蠻，平之。

時蠻首覃公砦等累年作亂，雲遣都指揮彭義率兵勦捕，斬賊首梁公成、潘通天等，梟之，仍督官軍搜捕餘黨。捷聞，上賜敕慰勞雲。

又以慶遠、鬱林苗、猺非大創不服，請濟師，詔發廣東兵千五百人，委都指揮一員赴廣西，聽雲調用。以王驥爲兵部尚書。驥以侍郎屢署兵部事，至是是實授。

《宣宗實録》卷一一〇　（四月）辛亥，置浙江温州府瑞安縣池村巡檢司、平陽縣雅陽巡檢司，各置巡檢一員，吏一名，弓兵一百人。先是，温州府知府何文淵言二縣僻在山野，人民頑獷，逃伏險阻，或集爲寇盜，宜置巡檢司防禦，至是行在兵部覈實以爲宜，故置焉。

《國榷》卷二二　癸丑，設畢力朮江衛指揮使司，其部長迎送勅使有禮，上嘉之，以管著兒監藏阿黑巴爲指揮僉事。貸鳳陽饑民倉粟。

丁巳，罷南昌、臨江、廣信顔料竹木等雜派。

《明史》卷九《宣宗紀》　己未，黎利死，子麟來告喪，命麟權署安南國事。

《明通鑑》卷二一　利僭位六年，私謚太祖。子麟，一名龍。自是其君長皆有二名，以一名奏天朝，仍貢獻如常制。

《國榷》卷二二　己未，録輕囚。

庚申，建州左衛都督僉事凡察奏去年野人木荅忽木冬哥哈當加等糾七姓野人入寇，殺右都督猛哥帖木兒，宜問罪，命指揮僉事施者顔帖木兒等諭宥之。

辛酉，迤北和寧王阿魯台言爲瓦剌所敗，上敕慰勞之。

乙丑，滿剌加國王西哩麻哈剌入貢。

《宣宗實録》卷一一〇　戊辰，行在刑部奏北直隷諸處及山東罪囚納米例。

初，巡按陝西監察御史陳穀奏：「比者南京、直隷、江西、河南、陝西等處罪囚除真犯死罪及文武官吏犯贓罪者解京發落，其餘輕重罪囚俱發本處，及淮安常盈倉納米贖罪，各還職役，惟山東、北直隷真定等府輕重罪囚尚解北京，乞勅法司依南京等處例議定納米多寡及所輸倉分，完日各復職役，免其赴京。」上命法司定議以聞。至是行在刑部左侍郎魏源等上議：「雜犯死罪納米五十石，流罪減十石，徒罪五等三年納米三十五石，餘四等遞減五石，杖罪五等一百米一十石，餘四等遞減一石，笞罪五等五十米五石，四十、三十比五十遞減一石，二十比三十減五斗，一十比二十又減五斗，其有力運納者山東輸於濟寧、德州、臨清等倉，北直隷輸於各府倉，完日就彼各還職役，無力者如律。」上從其議。

《國榷》卷二二　賑富陽、錢塘、昌化、上虞、山陰、會稽、定海、鄞、縉雲、嘉興、黄巖饑。行在鴻臚寺丞劉清受人二金，論死，已謫佃通州，右都御史熊概執論，仍繫之。

五月丁丑朔，濟寧、滋陽、鄒、祥符蝗，命捕之。

己卯，行人郭濟、朱弼往祭安南黎利。定貴州輸粟贖罪例，大辟三十石，流罪二十五石，徒罪以下遞減有差。

癸未，書讓遼王貴烚，以諸弟失愛也。暹羅入貢。賑蘇州、和州、吳橋、安邑旱饑。

《宣宗實録》卷一一〇　甲申，置四川嘉定州犍爲縣石馬灘巡檢司巡檢一員，以其地險，常有盜賊也。

《國榷》卷二二　乙未，敕責巡按浙江監察御史王憲及三司捕盜。許宜黄縣苧布准租。

丁酉，嚴侵害軍士之禁。上曰：「朝廷優恤軍士，贍以衣食，使感恩而勇公戰也。比聞官旗吏胥率侵牟其月糧布絮，主者或夤緣下鄉，以其糧絮易賄充饋，則蛇豕也。欲便按法行誅，謂朕不教而殺，自今犯者死，家戍邊。」

《宣宗實録》卷一一〇　庚子，起復行在禮部右侍郎吾紳至，改任南京刑部。

《國榷》卷二二　行在户部議屯軍如洪永例，邊衛十三，城守十之七，内衛十二，城守十之八，從之。

〔六月〕丁未，占城國王占巴的賴入貢。

戊申，今秋期民居離城二十餘丈，毋偪城。時民家火延燒文明門樓。修容城決隄。

己酉，木栅長官司改隸施州衛。

壬子，復樊鎮山西布政司左參政，禄正三品。授巫英廣寧衛指揮僉事。上聞巫凱中流矢傷足，故録其子。

戊午，廣西總兵官都督僉事山雲爲右軍都督同知。

庚申，成國公朱勇、禮部尚書胡濙封什迦也失爲萬行妙明真如上勝清浄般若弘照普應輔國顯教至善大慈法王、西天正覺如來自在大圓通佛。

《宣宗實録》卷一一一　庚午，以户口增置湖廣郴州桂陽縣、興寧縣縣丞、主簿各一員。

辛未，行在户部言：「比因旱澇，各處糧草逋欠者山東青州府七年税糧一十四萬八百二十三石，八年夏麥二十一萬六千四十六石，萊州府一十萬七千七十四石，直隸揚州府秋糧一十萬三千二百二十九石，應天府江浦縣糧二千五百五十二石，廣平、永平二府肥鄉等一十二縣糧一萬二千六百九十六石，草一十七萬三千七百三十束，河間等府趙州等州寧津等二十四縣糧二萬二千三百一十一石，草一萬六千九百五十束，綿花四百七十一斤，山西平陽府霍州等一十四州縣七年税糧三十三萬六千三百五十七石，草六十三萬二千三百三十束。」上命悉除免之。

《國榷》卷二二　免涿、文安、鉅鹿去年水災田租千三百四十五石。行在工部尚書吴中請禁蔚州、湖廣産木山場擅採伐，上以利民，姑已之。

《宣宗實録》卷一一二　乙亥，右副總兵都指揮僉事吴亮言督糧船萬餘艘已達北河，而河水泛溢難進，且河西務東西上下水決隄岸一十五處，奔流迅激，勢益猛悍，重載之舟恐失利，乞早修築。上命行在工部發軍民修築，命豐城侯李賢總督之。

〔七月〕癸未，琉球國中山王尚巴志蒙賜衣服、海舟，遣使者楊布勃也等奉貢馬及方物謝恩。

《明史》卷九《宣宗紀》　甲申，遣給事中、御史、錦衣衛官督捕兩畿、山東、山西、河南蝗。

《國榷》卷二二　甲申，增騰驤右衛指揮同知一。

壬寅，行在翰林編修習嘉言爲修撰。復鄒良邵武知縣，孫珏鉛山知縣，禄從六品，俱秩滿，邑人奏留。雲南布政司左參政楊應春以冗員改南京太僕寺卿。行在山西道監察御史梁軫巡按江西，坐妄劾王府違禮，謫元謀典史。

《宣宗實録》卷一一二　〔八月〕己酉，寧國大長公主薨。公主，太祖高皇帝第二女，母孝慈皇后。洪武十一年册封，下嫁駙馬都尉梅殷，永樂三年進長公主，仁宗皇帝即位，加大長公主，薨年七十一。訃聞，上輟朝一日，命有司治喪葬，遣中官致祭，内自皇太后、皇后，外及親王皆遣祭云。

《明通鑑》卷二一　初，文皇舉兵，主貽書責以大義，不答。及至淮北，貽主書，命遷居太平門外，勿罹兵禍，主亦不答。然文皇故推重主，及殷之死，恩禮尤厚云。

《國榷》卷二二　丁巳，行在太常寺卿兼翰林學士楊溥爲行在禮部尚書，仍兼學士。起復行在刑部右侍郎白勉至改南京。

戊午，工部請發河間、真定、保定壯丁協築渾河口、東狼口決岸，從之。都督鄭銘董其役。

《明史》卷九《宣宗紀》　甲子，敕兩京、湖廣、江西、河南巡撫、巡按御史、三司官行視災傷，蠲秋糧十之四。

己巳，瓦剌脱歡攻殺阿魯台，來告捷。

《明通鑑》卷二一　初，阿嚕台駐牧塞下，爲故元之後托克托布哈所襲，妻子死，孳畜略盡，獨與其子碩尼堪等徙居穆納山。至是托懽復襲阿嚕台，並其子碩尼堪皆殺之，遣使來獻捷，且請獻傳國璽。上賜敕曰：「王能克復世仇，甚善！至玉璽傳世久近，殊不在此，王得之，王自用之可也。」仍賜紵絲五十表裏遣之。

《宣宗實録》卷一一二　九月乙亥朔，行在户部奏：「陝西行都司各衛倉客商中納鹽糧及囚人納米贖罪者多有欺弊，請令商人俱於黄河迤南臨洮、鞏昌等府糴米運至河橋等巡檢司盤驗，渡河上倉仍於行都司出給勘合，齎赴布政司報數稽考，其行都司所屬罪囚例應納米贖罪者亦令將定擬收過米數具報布政司，庶革侵欺，以實邊備。」從之。

戊寅，四川汶川縣番僧温卜燕旦監藏等來朝貢馬。

《國榷》卷二二　蘇、常、松江、鎮江旱，命寬恤。

庚辰，將巡邊，命少師蹇義、少傅楊士奇、楊榮、禮部尚書吕中等扈從。

壬午，少保户部尚書兼武英殿大學士黄淮陛辭，賜御製詩及鈔二千貫。

癸未，上發京師，宿唐家嶺。

甲申，次龍虎臺。

乙酉，度居庸關，宿岔道。

丙戌，獵。

丁亥，獵。

戊子，次懷來。夜，召楊士奇幄中，問所見，曰：「居民比五年過時增多矣。」上曰：「然。」士奇曰：「臣問途人，今年大稔。」上喜，示御製詩數首。

己丑，次雷家站。

庚寅，次宣府之泥河。

辛卯，次萬全。

壬辰，代王桂請朝，書止之。

癸巳，虜朶兒只伯等竊寇涼州殺掠。

甲午，後軍左都督譚清卒。

乙未，阿魯台子阿卜只俺來歸。

丙申，次安家堡。

丁酉，次洗馬嶺。

上歷覽城堡，謂近臣曰：「比五年又謹飭，此邊將克用命也。」

己亥，獵。諸將請因獵掩虜，上曰：「彼不爲患，且朕已遣諭，非信也。」夜，問楊榮曰：「諸將計胡如何？」對曰：「虜聞駕出必先遁，雖出兵何利，徒失戎心。」上曰：「何也？」曰：「陛下屢敕招之獵，今感恩而來，遽擊之，則前敕爲誘矣。」上善之，賜酒饌。

庚子，上回沙溝。

《宣宗實録》卷一一三　冬十月甲辰朔，駐蹕龍虎臺。

丙午，車駕至京師。

《國榷》卷二二　永豐賊夏九旭等就擒，餘受撫，召任禮等回京。潛山知縣俞益卒。益餘杭人，進士，預修《永樂大典》，授靖安知縣，民德之，憂去，起補潛山，持己愛民，始終一節，公暇授諸生《春秋》，卒時室如懸罄，吏民哀之，助其殯。

己酉，免溧水、六合、江寧、上元、句容、當塗災租，且賑之。武昌、荆、長沙、岳、德安、漢陽、衡、永、杭、衢、金華、紹興各旱，命行在户部分遣寬恤。賑鳳陽、淮安、揚、廬、徐、滁、和、濟南、東昌、兗、獻縣旱饑。

《宣宗實録》卷一一三　甲寅，命故權署安南國事黎利子麟仍權署安南國事。先是，黎利病且死，屬陪臣黎察等以麟暫管國事，請命於朝，至是麟遣陪臣阮宗胄、耆老戴良弼奉表奏請。上命侍郎章敞、行人侯璡賫勅往諭之曰：「朕昔念安南軍民皆朝廷赤子，俯徇輿情，命爾父利權署國事，以撫綏之。今爾父既卒，將命爾權署安南國事，爾其敬順天道，誠以事上，仁以撫下，庶幾保境土於靖寧，享禄位於長久。欽哉。」賜敞等道里費及宗胄等鈔，令隨敞歸。

《國榷》卷二二　初，麟遣門下右司侍郎阮富、右刑院郎中范時中上表請命，遣禮部右侍郎章敞、行人侯璡往，又行人郭濟、朱弼祭利。麟一名龍，改紹平元年，僞謚利太祖高皇帝。

廣州府吏董珖以撫猺二百十五户附籍，授懷集典史，俾專招撫。

行在都察院右都御史熊概卒。概字元節，豐城人，永樂辛卯進士，授御史，進廣西按察使，改廣東，仁宗拜大理寺卿，治水吴中，兼巡民瘼，宣德初，賑饑鋤豪，召進南京右都御史，内召，或誣其受金，不聽，年五十，予祭葬。概初姓胡，官大理後改熊姓，既大用，改素節，徇子弟之欲，昧是非，虧廉行，君子惜之。

《明史》卷九《宣宗紀》　丙辰，都督方政討平松潘叛蠻。

《國榷》卷二二　初，政以精卒五千擊其西北，副總兵都督僉事蔣貴以四千人破任昌大寨，都指揮趙得宫聚等各進兵，先後斬千七百餘級，墜溺亡算。進政、貴左軍都督同知，敕勞之，餘陞賞有差。

《明通鑑》卷二一　初，總兵陳懷鎮松潘，討平諸蠻。尋爲御史及按察使所劾，謂「懷日荒于酒，不飭邊備，且僭侈踰分」。上怒，召懷還，遂以政代，貴副之。至是諸蠻復叛，政諭以禍福，皆聽命。惟任昌等寨梗化，政等分道進勦，以次平三十餘寨。捷聞，進政都督同知。

《國榷》卷二二　丙辰，行在大理寺左少卿張駿改行在左僉都御史。松江旱災，巡撫周忱奏以棉布萬五千九百二十五匹折支武官月俸，從之。

丁巳，革雲南車里靖安宣慰司，復車里軍民宣慰司。

《宣宗實録》卷一一三　甲子，陝西西寧衛刺麻湛藏烏思藏刺麻鎖南劄思等來朝貢馬。行在兵部右侍郎李郁言：「比奉命往通州至儀真視水驛路程遠近增置之宜，蓋通州至儀真驛俱洪武、永樂中所設，路程無甚相遠，惟通州楊村至楊青，山東梁家莊至甲馬營，開河至濟寧州南城驛，比之他驛稍遠，每驛可添船五艘，請以法司罪囚應徒者編發各驛，買船遞送，滿日更代。」從之。

《明史》卷九《宣宗紀》　罷陝西市馬。

丁卯，兩畿、浙江、湖廣、江西饑，以應運南京及臨清倉粟振濟。

《國榷》卷二二　壬申，敕緣邊總兵鎮守官曰：「今西北胡虜，敗者離散，勝者驕縱，當嚴兵保境，若虜境外往來，不侵擾，聽之，勿妄動開釁，來則戰，去勿追之。」

《宣宗實録》卷一一四　十一月甲戌朔，行在欽天監進宣德十年大統曆，上御正朝受之，給賜諸王群臣，頒行天下。

丁丑，行在户部奏宣德八年京師文武官俸米折鈔，請給與胡椒、蘇木，胡椒每斤准鈔一百貫，蘇木每斤准鈔五十貫，南北二京官各於南北京庫支給。

戊寅，置四川龍州宣撫司，經歷司經歷、知事各一員。

《國榷》卷二二　戊寅，裁賀縣縣丞、主簿。

己卯，近臣言遼東外屬夷以幼子來易米，恐爲他日患，宜禁。　上曰：「此饑耳。」命總兵官巫凱等給其直，送幼子京師。

《宣宗實録》卷一一四　庚寅，上初聞木蘭河等衛指揮兀苦里等言黑龍江七姓野人議侵朝鮮，至是朝鮮使還，賜勅諭國王令戒飭守將，嚴爲之備，并以備倭官軍所得朝鮮人歸之。　蓋朝鮮初遣舟師捕海賊，風飄一舟至揚州，官軍得之，凡七十八人，悉送京師。　上憐之，賜衣及鈔遣還。

《國榷》卷二二　免永嘉平陽魚課。

癸巳，上憫寒，罷緣河軍民運木，俟來春就役。

乙未，臨江、吉安、瑞、袁、撫、贛、南昌、南康、平陽、蒲州各旱，遣視寬恤。

己亥，翰林官講《周書》畢，上因論周事曰：「周家積德數十世而復興，其本已深，成王守成，周召輔之，皆天也，豈偶然哉？」

《明史》卷九《宣宗紀》　庚子，免四川被災税糧。

《明通鑑》卷二一　時四川奏旱澇不一，所種無收，命户部分别蠲其租。

《國榷》卷二二　庚子，併裁貴州新化府入於黎平。

癸卯，行在禮部言宣府總兵官譚廣立彌陀寺、朝玄觀，欲度幼軍爲僧道，上不許。

〔十二月〕甲辰朔，監生李源爲永寧宣撫司訓導。

《宣宗實録》卷一一五　乙巳，行在工部言内府寶鈔局鑄錢民夫訴離家久，日給爲艱，乞依修海船例，人月給口糧四斗，命給之。　丙午，瓦剌順寧王脱歡使臣昂堯等陛辭，命指揮康能等送之還。

《國榷》卷二二　丙午，有僧自陳欲募化祝聖壽，斥之。　語侍臣曰：「商中宗、高宗、周文王皆享祚緜遠，其時豈有僧道？自秦皇漢武求神仙，梁武帝事佛，宋徽宗事道，其效可見，何世之未悟也？」

戊申，命雲南罪囚如在京例納贖。

己酉，嚴内官内使侵盗官物之禁。

庚戌，内使馮林出郊調鷹，杖殺平民，立誅之。

《宣宗實録》卷一一五　乙卯，朝鮮國王李裪遣陪臣田興等奉表箋貢馬及方物賀正旦。

《國榷》卷二二　己未，甘肅總兵官都督僉事劉廣言朵兒只伯以三千人屯也可林察兒丹之地，去涼州十餘里，絶糧欲來歸，且乞還其甥卜魯罕虎里。　上諭行在兵部尚書王驥曰：「朵兒只伯必不來，宜嚴邊備。」

辛酉，王驥請招撫朵兒只伯，若來歸亦省邊慮，從之。

癸亥，巡撫江西侍郎趙新言：「湖口、德化、彭澤歲欠蘆葦，奉詔宣德六年前皆免，今工部以歲辦不在免例，且乞停鹽鈔。」上謂工部尚書吴中等曰：「詔布大信，乃欲背之耶？」悉免之，既民饑，停鹽鈔。　欽州奏貼浪、如昔二都接交趾萬寧縣，陷入，今招之不從，命檄廣西三司計之。

甲子，上不豫。

《明通鑑》卷二一　是月，命監察御史巡視各倉。

户部員外郎羅通奉詔理宣府軍餉，奏言：「朝議儲餉開平，令每軍運米一石，又當以騎士護送。　計人馬資費，率二石七斗而致一石。　今軍民多願輸米易鹽，請捐舊例五分之二，則人自樂輸，餉足而兵不疲。」報可。

宣德一〇年（乙卯、一四三五）

《明史》卷九《宣宗紀》　正月癸酉朔，不視朝，命群臣謁皇太子于文華殿。

乙亥，崩于乾清宮，年三十有八。　遺詔國家重務白皇太后。

戊寅，殯。

明英宗部上（起公元一四三五，迄公元一四四九年）

《明史》卷一〇《英宗前紀》　英宗法天立道仁明誠敬昭文憲武至德廣孝睿皇帝，諱祁鎮，宣宗長子也。母貴妃孫氏。生四月，立爲皇太子，遂册貴妃爲皇后。

宣德一〇年（乙卯、一四三五）

《英宗實録》卷一　正月壬午，上即皇帝位。

《明史》卷一〇《英宗前紀》　遵遺詔大事白皇太后行。大赦天下，以明年爲正統元年。始罷午朝。

《英宗實録》卷一　乙酉，甘肅總兵官都督同知劉廣奏：「哈密忠順王卜答失里遣使臣來報，猛哥卜花等衆欲來剽掠沙州等處。」上勅廣戒飭沿邊諸將，嚴兵備禦，及禮遣其使臣歸國，其撒馬兒罕使臣久處甘州者并與敦遣，仍加訪察，毋令私挾我人口出境。

《國榷》卷二三　衛王瞻埏攝南郊。

丙戌，朝鮮國王李祹貢賀。

《明通鑑》卷二一　丁亥，吏部尚書蹇義卒。

先是義以新君即位告祭，齋宿得疾，上遣醫往視，問所欲言，對曰：「陛下初嗣大寶，望敬守祖宗成憲，始終不渝耳。」遂卒，年七十三。

義歷事五朝，質直寬和，善處僚友間，未嘗一語傷物。楊士奇常言：「張詠之不飾玩好，傅堯俞之遇人以誠，范景仁之不設城府，義蓋兼之。」仁、宣之間，政在三楊。義雖掌銓衡，輒依違其間，無所匡拂，時亦以此少之。卒，贈太師，謚忠定。

《英宗實録》卷一　丁亥，直隸真定、大名、保定三府所屬州縣各奏去年旱傷水澇田禾薄收，逃移人户負欠糧草乞暫停徵。從之。

《國榷》卷二三　庚寅，琉球國中山王尚巴志入貢。減貴州屯糧三之一。

《明通鑑》卷二一　罷十三布政司鎮守中官，惟南京守備諸邊鎮守及徐州、臨清收糧、淮浙巡鹽者如故。

《英宗實録》卷一　甲午，行在户部奏：陝西、西寧、河州、洮州蕃簇輸馬一萬三千餘匹，當給賞茶一百九萬七千餘斤，欲移文四川布政司起夫輦運，今聞其處旱潦相仍，人民艱食，乞暫停止。上從之，且命有司善加收貯，俟豐年運給之。

《國榷》卷二三　乙未，無爲知州王錫言：「歲供南京象房蘆根茭草十萬八千斤，今象送北京，乞按象量數採辦。」從之。

丁酉，上大行尊謚憲天崇道英明神聖欽文昭武寬仁純孝章皇帝，廟號宣宗。

《英宗實録》卷一　己亥，少傅兵部尚書兼華蓋殿大學士楊士奇等言於上曰：「自古人君即位之初，中外軍民其心未一，但朝廷處置得宜，庶幾有備無患，臣等謹以合行事宜條具以聞：一，命五府兵部整飭軍馬，提督操練，以振兵威，以壯國勢，庶壓小人之心，及勅各處鎮守總兵一體嚴謹，防禦賊寇。一，南京國家根本之地，宜勅内外守備官員謹慎關防。切見南京户部尚書黄福老成忠直，宜勅令就彼參贊機務，庶無疎失。一，江西、湖廣、河南、山東歲荒民饑，恐無籍之徒嘯聚爲非，宜擇文武大臣各一員分遣鎮守，事妥即回。一，即今瓦剌强盛，恐來寇邊，緣各處多缺馬匹，宜勅邊將於附近太僕等寺關用，其西番諸處進貢之馬悉給邊軍騎操。一，行事校尉多有在外，假公營私，誣枉平人，挾制官府，瞞昧朝廷，宜減其數，令錦衣衛公正指揮一員提督禁約。一，在京在外文職虚廩俸禄者多，宜通行考察，廉能者存之，貪懦者黜之。」上嘉納其言，令悉行之。

《國榷》卷二三　令内臣上遞年收用錢糧之數。

庚子，頒謚詔。止瀋王佶焞入臨，自是諸王皆止。

辛丑，敕户部尚書黄福參贊南京機務。時襄城伯李隆守備南京，福事任焉，或少之，曰：「李侯未嘗一事悞也。」監察御史王翺進行在右僉都御史，同都督僉事武興鎮守江西，都督僉事毛翔、右副都御史賈諒鎮守湖廣，都督僉事韓僖、户部右侍郎王佐鎮守河南，都督同知馮斌、兵部右侍郎李郁鎮守山東，皆賜敕。

《明通鑑》卷二一　留都文臣參機務自福始。

《英宗實録》卷二　二月癸卯朔，行在禮部進上太皇太后尊號儀注。【略】與皇太后儀注同。

直隸鳳陽府臨淮等縣各奏去年歲歉秋糧，蒙詔免十分之四，今覈田畝所收不及六分，乞暫停免，以俟豐熟。從之。

《國榷》卷二三　遣指揮丁全敕諭和寧王阿魯台子昂克孛羅及諸部目。員外郎李儀賜朝鮮國王李裪文綺綵幣，諭朝貢如期，非常貢之物，悉止之。

甲辰，興安伯徐亨、都指揮同知韓鎮等鎮守永寧等衛，兼提督沿邊關隘。

《英宗實録》卷二　丁未，遣順天府官祭先農之神及宋丞相文天祥。

少傅兵部尚書兼大學士楊士奇等言近聞河南强盗三十餘起，往來行劫，恐將來勢盛，宜寫招撫榜文十道，遣人星馳齎去張掛，并勑鎮守巡撫等官整理軍馬隄備，如此賊滋蔓，即遣將往率官軍勦捕，以息地方人民患害。從之。

《明通鑒》卷二一　戊申，時左右有請太皇太后垂簾聽政者，太后曰：「毋壞我祖宗法！」第罷一切不急務，斥宮中玩好之物，時時勖皇帝嚮學而已。朝廷大政，羣臣白太后，太后悉令送内閣，俟楊士奇等議決然後行。太后兄彭城伯昶、都督昇，惟令朝朔望，毋得與聞國事。時楊士奇等薦昇賢，宜加委任，太后不許。

《國榷》卷二三　壬子，賚在京文武軍民人等金絹布鈔有差。

《明史》卷一〇《英宗前紀》　甲寅，罷諸司冗費。

《國榷》卷二三　丁巳，太皇太后賜書長兄彭城伯張昶、左都督張昇曰：「吾起寒微，叨蒙國恩，榮及祖宗，顯受褒寵，諸兄嗣膺崇爵厚禄，合門貴富，與功臣等，皆列聖天地之賜，豈嘗有汗馬勞哉？夫受非分之福，宜存非分之虞，古人有言，知足不辱，知止不殆，可不思永保之道乎？吾不幸侍仁宗皇帝日淺，長子宣宗皇帝又逝，今長孫皇帝幼冲，保持輔翼，實繫于吾，執玉捧盈，不遑寧處，言念外家，同歸于善，諸兄可不體吾心哉？尚其循禮度，修恭儉，以率子姓家人，咸慎蹈履，自今惟朔望朝參，勿預聞政事。」已，閣臣謂張昇公正可預議，竊勿爲嫌，太后不聽。初，先帝喪，太后罷宫中一切玩好及諸不急之務，而上幼，大臣請太后垂簾聽政，太后曰：「毋壞我祖宗家法。」委政閣臣，從中主之。時太監王振秉司禮，太后令凡事付閣議乃施行，已遣中官問驗，或不付，必責之，故朝委裘而治。

辛酉，令内府倉粟出納俱平斛。

《英宗實録》卷二　丙寅，雲南鎮南州土官段節雲、龍州把事李祥、四川石砫宣撫司土官舍人冉才雄，隆覺寺剌麻高僧遠丹藏卜等來朝貢馬，賜綵幣等物有差。

戊辰，琉球國中山王尚巴志遣使臣南米結制等奉表謝恩，貢方物，賜宴并綵幣等物。

《國榷》卷二三　戊辰，裁行在各衙門冗費。

革上林苑監所轄冰鑑、川衡、典察左右前後六署，惟存嘉蔬、蕃育、良牧、林衡四署。

定府學歲一貢，州學二年，縣學三年。

《明通鑒》卷二一　是月，封平陽王美圭爲晉王。

晉自濟熿廢後，不立王者已八年，至是始以美圭紹封。

《國榷》卷二三　三月癸酉朔，還朝鮮婦女五十三人，俱徵自宣德初。

丙子，南畿牧黄牛七萬餘隻，歲供光禄寺三千，以病民，止留三萬隻，餘給軍民任耕。

《明史》卷一〇《英宗前紀》　戊寅，放都坊司樂工三千八百餘人。

《明通鑒》卷二一　江西樂安大盜曾子良等作亂，據大盤山，衆至三萬，詔都督僉事彭森討之。

時陳本深爲吉安知府，與森設伏，大破之，斬子良，餘衆潰散。

本深治吉安，政舉大綱，不屑苛細。大猾既殲，府中無事，晨起鼓升堂，吏無所白，輒鼓而休。間有所訟，呼至榻前，析其曲直遣之，亦不受狀。有抑不伸者，雖三尺童子皆得往白。久之，人恥争訟，無告訐者。

《國榷》卷二三　己卯，罷浙江定海、沈家門等水寨守備。時吏周頌言：「國初設衛所，置哨船分汛，永樂間，内官王鎮使日本，奏調海船，立水寨，而船大不便操，且乏城守者，乞改海船作快船，哨港口尤便。」從之。

《明史》卷一〇《英宗前紀》　辛巳，罷山陵夫役萬七千人。

《國榷》卷二三　癸未，放庫役二千六百四十餘人。

甲申，法司上赦外别犯可矜者四百餘人，俱戍邊輸作。

《英宗實録》卷三　乙酉，户部奏南京諸衛旗軍月米折鈔者多，見貯鈔少，龍江、瓦屑二壩，歲積柴薪，量存供用外餘皆易鈔入官，欲將積薪依直抵鈔給軍，庶免出納之勞。從之。

《國榷》卷二三　乙酉，安南、滿剌加、哈密俱入貢。

丁亥，定吏典犯法無贓者，斷決就役，贓則納鈔完日，俱發爲民。

己丑，罰鍰悉輸承運庫。先入司禮監。

《英宗實録》卷三　辛卯，行在禮部尚書胡濙九年考滿，吏部以聞，上命復職，仍兼掌户部事，賜勅奬諭，賚以寶鈔羊酒。

《國榷》卷二三　甲午，停公、侯、伯、都督私馬日料。

《明史》卷一〇《英宗前紀》　丙申，諭三法司，死罪臨決，三覆奏然後加刑。

《國榷》卷二三　丁酉，行在禮部尚書胡濙等奏：「比奉敕旨節一切冗費，而四夷使臣動以百數，疲于供給，宜敕邊官，審其來者，量遣正副使從人赴京，餘悉留彼給待。」從之。

《英宗實録》卷三　戊戌，雲南大理府鄧川州等處土官知州阿永忠等、貴州新化府赤溪湳洞等長官司土官長官楊福等各遣人來朝貢馬，賜綵幣等物有差。

《國榷》卷二三　庚子，贈皇庶母何氏貴妃，謚端静，趙氏賢妃，謚純静，吴氏惠妃，謚貞順，焦氏淑妃，謚莊静，曹氏敬妃，謚莊順，徐氏順妃，謚貞恵，袁氏麗妃，謚恭定，諸氏恭妃，謚貞静，李氏充妃，謚恭順，何氏成妃，謚肅僖，俱殉葬。

《英宗實録》卷四　壬寅，勅諭滿剌加國王西哩麻哈剌者。

《國榷》卷二三　江南歲進鳥獸，遣送南京光禄寺，便程日。

癸卯，蘇門答剌國王宰奴里阿不丁年老，封其子阿卜賽亦的蘇門答剌國王。

減遣行人巡茶四川、陝西，期三月一遣，先是月遣四人，苦道費。

《英宗實録》卷四　乙巳，朝鮮國王李裪遣陪臣盧閈等奉表貢馬及方物慶賀，賜綵幣等物。

《國榷》卷二三　河南盜李剛等伏誅，宥其家屬。

丁未，免金州新增茶課。

己酉，海陽教諭袁均哲請祀唐潮州刺史韓愈。從之。

乙卯，減在京韃官月俸。

《英宗實録》卷四　辛酉，遣太子太保成國公宋勇祭大小青龍之神，以久不雨故也。

《國榷》卷二三　辛酉，修長陵、獻陵，始列石人石馬于御道。

行在左軍都督同知方政爲征西前將軍總兵官，大同參將都指揮使曹儉爲都督僉事、左副總兵，山西行都指揮使羅文爲都督僉事、右副總兵，賜敕，鎮守大同。

起李安行在右軍都督僉事副總兵，同甘肅總兵官都督同知劉廣提督操備。時涼州東虜朵兒只伯、鎮夷北虜阿端只、肅州西虜猛哥卜花各侵邊。

鎮守湖廣都督僉事毛翔還京，掌都督府事。鎮守江西都督僉事武興往淮安，同都督僉事王瑜提督漕運。

太監阮堯民、都指揮劉清等下獄，以造舟松花江捕海青，因市女直激變，失亡八、九百人。後戍清于邊。

《英宗實録》卷四　壬戌，陝西安定衛安定王、哈密忠義王遣人并撒馬兒罕地面頭目來朝貢馬，賜綵幣等物有差。

《明史》卷一〇《英宗前紀》　以元學士吴澄從祀孔子廟庭。

戊辰，遣給事中、御史捕畿南、山東、河南、淮安蝗。

《國榷》卷二三　五月壬申朔，命兵部右侍郎徐琦、工部左侍郎鄭辰、刑部右侍郎吾紳，行在左通政周銓并巡撫山西，行在兵部右侍郎于謙鎮守河南，行在户部右侍郎王佐鎮守山東，行在兵部右侍郎李郁鎮守陝西，行在右副都御史陳鎰巡撫浙江，户部右侍郎成均鎮守江西，行在右僉都御史王翺巡撫湖廣，行在禮部右侍郎吴政考察兩畿守令及各省布按堂上官。

《英宗實録》卷五　癸酉，遣官祭山川城隍及房山縣龍潭等神。時天久不雨，房山民言其縣北七十里有龍潭灑，宋元以來禱雨輒應，故遣官祭之。

《國榷》卷二三　癸酉，令吏部：「初入仕者毋輒除風憲，監察御史有闕，都察院堂上及各道官保舉以聞，吏部審察不謬，然後奏授。」

甲戌，賑揚、徐、滁諸屬縣饑。

丙子，減南京光禄寺内官監供用庫、御馬監及巡視官役歲費。

戊寅，巡按陝西監察御史兼理屯田。

己卯，下北畿、河南、山西鎮巡官，招撫逃民復業，免其徭賦。

庚辰，行在禮部上祖宗忌辰禮儀。初，諭禮部議其禮，大學士楊士奇等請是日服淡淺色衣，不鳴鐘鼓，視事奉天門，從之。

革兩京都察院交趾道并户部刑部交趾司。

《英宗實録》卷五　己丑，薦宣宗章皇帝陵號曰景陵。

《國榷》卷二三　定淮浙長蘆鹽每引米四斗五升，山東、河東、福建、廣東、四川鹽每引米二斗，仍不拘次，時議遼陽、開原二衛極邊，中鹽備積貯。

乙未，行在刑科給事中年富言江南佃户歲輸租，今詔免災賦，特及富室，細民輸租如故，乞如例蠲免，又爲貧民立券，貸富人粟分給，仍免富人雜役爲息，從之。

《明通鑒》卷二一　是月，大學士楊士奇等上言：「去年十月，奉先皇帝諭，『明年春煖，東宫出學講讀，宜慎選賢良端謹之士以爲輔導。』今遺言猶在耳，皇上沖齡，此爲第一重事。伏望山陵畢日，早開經筵，以進聖學。」太皇太后嘉納之。

《國榷》卷二三　六月辛丑朔，罷守日照縣官軍。國初沂州衛分戍百人，而縣南有安東衛，故罷。

虜千餘騎寇大同，逮都指揮鄧瑛等。

《明史》卷一〇《英宗前紀》　丁未，令天下瘞暴骸。

《國榷》卷二三　彭德等逃民五萬餘户復業，免其逋租，諭有司存恤。

廣西總兵官右都督山雲奏閹思恩州俘男進之，命後俘人功臣家毋私閹。

戊申，大同左副總兵都督曹儉報殺虜數十人，敕曰：「豈有殺虜數十人不獲一馬者乎？」責總兵官都督同知方政輕信。

庚申，賑應天、鳳陽、太平、廬、池、淮、揚旱蝗，鬻龍江積薪，易米麥賑之。

辛酉，章皇帝葬景陵。陵制庳隘，嘉靖丙申始再拓。占城入貢。

《英宗實録》卷七　七月庚午朔，享太廟，遣衛王瞻埏行禮。

《國榷》卷二三　赤斤、罕東等衛夷劫敕使指揮把台等禮幣，敕頭目詰獲，餘宥之。增松潘衛卒月餉，起復岷州衛經歷許璺。璺憂去，士民諸生各頌其德，上以一遠幕能得下，復之。

乙亥，爪哇從使哈災等自永樂中隨貢，因國亂，止京師，至是遣還。

《明史》卷一〇《英宗前紀》　丙子，免山西夏税之半。

《國榷》卷二三　敕修《宣宗皇帝實録》，監修太師英國公張輔，總裁少傅兵部尚書兼華蓋殿大學士楊士奇，少傅工部尚書兼謹身殿大學士楊榮，禮部尚書兼翰林院學士楊溥，少詹事兼侍講學士王英，侍讀王直。

復故少師蹇義家。

辛巳，巡撫河南、山西行在兵部右侍郎于謙言四事：曰有司考滿册填逃民復業，聽殿最；曰邊將莊田不得私役軍人播種；曰考察都司衛所正佐官，斥庸劣；曰止官吏朝見親王，免妨事。議行之。

《英宗實録》卷七　丁亥，增給大同軍士月糧。初，大同邊軍月糧有妻小者六斗，無者五斗，他衛調至操備者行糧四斗，總兵官都督方政以爲言。上以守邊軍士備極艱苦，命行在户部量增之，於是有妻小者八斗，無者六斗，調至操備者五斗。

己丑，嚴私下海捕魚禁。

《國榷》卷二三　壬辰，益大同備禦兵。

監察御史莫敏、馬謹、盧琉督雲南銀冶，奉詔罷採，不即行，至是入京，被劾下獄，俱贖還職。

甲午，温州知府何文淵、黄巖知縣周旭鑑俱治最，加俸二級，賜敕，以勸民牧。

丁酉，太師英國公張輔請出師勦虜，下廷議，謂胡兵去來莫測，第選驍卒，得智略如楊洪者領之，利械豐餉，分守可也，又簡總兵官，選四萬人，按甲以待，上從之。時舉總兵官成國公朱勇，新建伯李玉，加楊洪游擊將軍，給二千餘騎。

免保定、真定、順德、河間、淮安、黄州去年水災田租，又蠲萬全都司新增屯糧。

八月癸卯，限寺僧，府四十人，州三十人，縣二十人，給田自耕食，餘畝皆給貧民。

《明史》卷一〇《英宗前紀》　丙午，減光禄寺膳夫四千七百餘人。

《國榷》卷二三　丙辰，始命御史給事中巡視行在光禄寺，月一遣，從禮科給事中李讓之言。

戊午，中軍左都督阿卜只奄卒，予祭葬。

庚申，設花石潭巡檢司。

辛酉，命各税課司增收物料，舊止竹木三十之一，至是及麻油等。

《明通鑒》卷二一　是月，以寧陽侯陳懋爲平羌將軍，鎮甘肅。

上初踐阼，以懋勳舊，命偕英國公張輔參議朝政，至是以邊警出之。

《英宗實録》卷九　〔九月〕己巳，免德勝關富户原籍户丁徭役。時耆民翟原奏本關富户王禮保等一千四百五十七户俱係各布政司府州縣取來填實京師，歲久貧乏，乞免原籍户下徭役供給，奏下行在户部議，免二丁，從之。

增置行在户部郎中、員外郎、主事五員，往甘州、寧夏、涼州、莊浪都督府，除大使、副使各一員。

《國榷》卷二三　甲戌，汰各衙門冗吏。

《英宗實録》卷九　丙子，行在户部奏遼東、甘肅備禦官員俸禄米鈔中半支給，今在京軍官給米外餘米每二石折與生絹一匹，在外軍官宜如京衛例，從之。

丁丑，重陽節，賜文武百官宴。

行在户部奏各處捕魚官員奉詔取回，今光禄寺缺魚供用，宜令附近順天等府如例辦納。上曰息民節用，當今急務，其緩之。

壬午，革四川重慶府南川等四縣茶倉。時四川布政司奏四縣茶課數少，而倉官虚曠，宜併革其課，令本府徵收之。

《國榷》卷二三　癸未，以庫貯洪武、永樂時紵絲紗羅綾絹付工部，頒各省如式織造，監察御史同部監驗收。

《英宗實録》卷九　戊子，行在吏部主事沈中言：「浙江紹興府山陰縣西有小江上通金華、嚴、處，下接三江、海口，舊引諸暨、浦江、義烏等處湖水以通舟檝，近者水洩於臨浦三叉江口，致沙土淤塞，乞勅有司量户差人築臨浦戚堰障諸暨等處湖水，仍自小江流出，則沙土衝突，舟檝可通矣。」事下該部議行。

《國榷》卷二三　己丑，瓦剌順寧王脱歡貢馬。

《英宗實録》卷九　壬辰，巡撫陝西行在户部右侍郎李新奏甘肅諸邊用兵之際其糧儲仰給於西安等府，但山路險遠輓運艱難，且有番寇搶掠之患，今先於近邊慶陽等府倉内轉運五十萬石於甘肅，却以西安等府税糧補足其數。從之。

《國榷》卷二三　壬辰，儹運糧儲總兵官及各巡撫左侍郎與廷臣會議軍民利益，曰漕兑湖廣、江西、浙江，每米石加耗六斗，南畿五斗，北畿四斗，徐州三斗五升，山東、河南二斗五升，民運瓜州、淮安，正糧尖斛，耗糧平斛，仍二分米，一分折物；曰明年漕運四百萬石，收京倉十四，通倉十六；曰各立濟農義倉儲賑；曰淮、徐、臨清倉各遣監察御史監收；曰松江徵豆萬石，到京易腐，改輸緜布；曰運軍歲支行糧二石；曰疏南北運河；曰歸德設閘，引睢水濟各洪；曰運糧總兵官及巡撫官歲八月赴京議事。上皆從之。

甲午，定邊餉軍民兼運。

《明史》卷一〇《英宗前紀》　是月，王振掌司禮監。

《明通鑒》卷二一　是月，詔修《宣宗實録》。

振少選入内書堂，侍上于東宫，爲局郎，狡黠得上歡，遂越金英等數人任之。時輔臣方議開經筵，而振乃導上閲武將臺，集京營及諸衛武職試騎射，殿最之。有紀廣者，嘗以衛卒守居庸得事振，大見親暱，遂奏廣第一，超擢都督僉事。自此招權納賂，諸大臣自士奇以下，皆依違莫能制。

《英宗實録》卷一〇　〔十月〕己亥，巡撫河南山西行在兵部右侍郎于謙奏：「山西都司并行都司操備官馬，每匹日支豆四升，官軍自備驢，匹日支一升，費用浩繁，民力不堪，請如甘肅提督軍餉。巡撫河南山西行在兵部右侍侍郎王佐往萬全都司例，官馬日支三升，驢匹不支。」從之。

《國榷》卷二三　庚子，以虜阿台朵兒只伯等患邊，諭兵部示擒斬賞格。

《明史》卷九《宣宗前紀》　壬寅，遣使諭阿台朵兒只伯。

《明通鑒》卷二一　先是阿嚕台死，其故所立王子阿爾台及所部多爾濟巴勒等復爲托克托布哈所窘，竄居鄂齊訥路，外爲納款，而數入甘、涼爲寇。甘肅守臣以聞，上猶欲招撫之，故有是諭。

《國榷》卷二三　重立孝陵神功聖德碑。

戊申，許山西罪人納贖大同。

己酉，減除天下增額并人户消乏課程。

庚戌，革廣東高要縣清岐關。

《明通鑒》卷二一　辛亥，詔天下衛所皆立學。

《英宗實録》卷一〇　癸丑，日本國遣使臣中誓等來朝貢馬及方物，賜宴并賜紵絲紗羅絹布銅錢有差。仍命齎勅及白金文錦紵絲表裏紗羅等物歸賜其國王及妃。鎮守遼東太監亦失哈等奏：「近者朵顔三衛縱其部落數來擾邊，乞舉兵征勦。」上念軍旅一出必害及無辜，但勅諭三衛頭目使嚴加約束，毋自取滅亡之禍。

丙辰，改萬全都司保安衛倉爲直隸保安州新興倉，設大使、副使各一員。

庚申，朝鮮國王李裪遣陪臣南智等奉表貢馬及方物，賀萬壽聖節，賜宴并賜綵幣等物。

命豐城侯李賢督運口北糧儲。先是，行在户部員外郎羅通奏萬全都司所屬衛所添設人馬，歲費米豆七十餘萬石，今赤城、獨石、雲州、鵰鶚、哨馬營五城米豆俱缺。上命賢督官軍運京倉米豆三萬石給之。行在户部奏湖廣布政司所屬州縣宣德八年災傷田畝税糧俱請折鈔，從之。

《國榷》卷二三　諭行在吏部曰：「方面郡守，九年陞用，其與大臣會議，使常流不得倖進。」湖廣災，賦俱准鈔。

壬戌，陝西罪人發陝西苑馬寺牧馬。

是月，西虜數百騎犯陝西紅寺兒，恣掠。右副總兵都督李安遣指揮彭智、千户樊玉等追至黑河，大敗之。

《英宗實録》卷一〇　〔十一月〕己巳，勅遼東總兵官都督同知巫凱等曰：「比聞太監亦失哈奏擬將原賜奴兒干物件停貯邊庫者給賞，招來夷人，已從其言。今爾等又言亦失哈復自備并假貸官下財帛充賞，是將以有限之財供無厭之欲，殊非制馭外夷之良策也。爾等但宜作士氣，謹邊防，使有備無患，餘事不許擅行。」

辛未，貴州故宣慰使安中男聚、女直指揮苦亦不花等來朝貢馬及方物，并廣西思明府、雲南姚州土官遣人貢馬及藥物，俱賜綵幣等物有差。

設江西饒州府餘干縣康山巡檢司，南昌府進賢縣龍山巡檢司，置巡檢各一員，從行在吏部聽選官涂順言也。

《國榷》卷二三　城臨清縣。

壬申，妖賊孫旭林等伏誅。旭林本吉水僧，至安福武功山，同婦人匡氏幻惑，游南京，託符水療疾，云神與劍印，誘人官爵，闌入東安門，刃傷門卒，被執。

《英宗實録》卷一一　癸酉，復遣勅諭海西各衛野人女直都指揮頭目人等，令鈐東諸夷，毋容造禍，以遼東守臣累奏其來擾邊故也。

《國榷》卷二三　行在兵部尚書王驥言事繁，請監生十人書寫，歷三年照例出身，從之。

《英宗實録》卷一一　癸未，命户部郎中、員外郎、主事等官監收南京諸衛倉糧。先是，都察院奏南京諸衛倉六十餘處，歲收糧一百六十餘萬石，御史按月巡視，地方窵遠，姦弊不能盡除，乞於户部郎中、員外郎、主事內選公勤精力之人監視之。」奏下行在户部，議請循北京例，差在京堂上官總督其事，仍差郎中、員外郎、主事四員監收，從之。

甲申，濬治金龍口。

己丑，朝鮮國王李裪遣陪臣李思儉貢馬及方物，賀明年正旦，賜宴并綵幣等物。

庚寅，冬至節，遣官祭長陵、獻陵、景陵，上免文武羣臣賀禮，太皇太后、皇太后免命婦朝賀。

《國榷》卷二三　庚寅，儒士盧忠以經明行修應薦，吏部驗忠軍籍，當補伍，上命試之，試可用，擢太平府訓導，曰：「戎伍得人，孰與學校得師？」

《英宗實録》卷一二　十二月戊戌朔，行在欽天監進正統元年大統曆，上御正朝受之，給賜親王文武羣臣，頒行天下。故事十一月朔進曆，是歲以日食故移之。

《國榷》卷二三　故左都督阿卜只奄子脱脱孛羅襲錦衣衛帶俸指揮使。

《英宗實録》卷一二　己亥，行在户部員外郎羅通奏：「萬全都司各衛所、宣府各衛所軍馬歲用糧料六十四萬六千七百餘石，本處支用不給，乞召商出備車輛於宣德倉有糧之處，運三萬石輸之赤城，三萬石輸之哨馬營，一萬石輸之獨石爲便。」上命該部議行，定中鹽運糧則例，赤城堡中淮浙長蘆鹽每引一石，四川、福建、山東、河東鹽每引五斗，哨馬營中淮浙長蘆鹽每引九斗五升，四川、福建、山東河東鹽每引四斗七升，獨石中淮浙長蘆鹽每引九斗，四川、福建、山東河東鹽每引四斗五升，皆不拘資序支給。

《國榷》卷二三　妖賊張普祥伏誅。普祥以真定衛卒匿井陘，稱七佛祖師，勾黨河南、山東、山西、畿內，約先陷彰德，率百餘人入磁州而敗，普祥走柏鄉，遞運大使魏景厚獲之，械入京。

壬寅，命少傅兵部尚書兼華蓋殿大學士楊士奇、少傅工部尚書兼謹身殿大學士楊榮、行在禮部尚書兼翰林學士楊溥輪議建言事，以禮部尚書胡濙請也。

《英宗實録》卷一二　己酉，遼東三萬衛千户楊滿扁等、四川八郎等安撫司土官俱遣人來朝貢馬，賜絲幣等物有差。

辛亥，詔免甘肅土民雜差，從總兵官太保寧陽侯陳懋奏請也。

壬子，浙江嚴州、台州二府各奏屬縣歲辦弓箭弦翎數多，民實不堪。事下行在工部覆奏，宜減三分之二，從之。

松潘總兵官都督同知蔣貴奏比因番人作耗，松潘、疊溪諸處倉糧支銷殆盡，別無儲積。上命行在户部於四川歲運之數量益二分以給之。

丁巳，行在户部奏：「萬全大寧都司并直隸薊州等衛所軍官俸糧，除本色按月開支，餘米折鈔俱在船料鈔內支給，恐有不敷，宜將蘇木、胡椒與鈔兼支。」從之。

戊午，四川永寧宣撫司土官王瑄、廣西卯地州土官簇人羅用、湖廣保靖州宣慰使司土官舍人彭興、貴州都勻土官男王昇、女直指揮哈當加等俱來朝貢馬及方物，賜綵幣等物有差。

廣西梧州府知府李本奏：「律載寶鈔與銅錢相兼行使，今廣西、廣東交易用銅錢即問違禁，民多不便，乞照律條聽其相兼行使。」從之。

《國榷》卷二三　戊午，作大德觀。

《英宗實録》卷一二　庚申，朵兒必河等衛女直指揮阿剌荅木、貴州龍里衛指揮徐徽、四川馬湖府蠻夷長官司土官大昌保來朝貢馬，賜綵幣等物有差。

《國榷》卷二三　甲子，四川布政司右參議沈升爲北京行太僕寺少卿。定四川松潘茂州轉餉，民運七之，兵運三之。

《明通鑑》卷二一　是歲，廣西總兵官山雲討大藤峽賊，平之。先是雲奏請濟師，勦除慶遠鬱林叛蠻，朝廷遣廣東都指揮田真率兵助之。會潯州等處蠻寇劫掠良民，雲遣真率兵禦之于大藤峽，前後斬首九十六級，歸所掠男婦二百三人。

雲在鎮，先後大戰十餘，斬首萬二千二百六十，降賊酋三百七十，奪還男女二千五百八十。築城堡十三，鋪舍五百，陶磚甃石，增高益厚。自是猺、獞屏跡，居民安堵。論功，進都督同知，璽書褒勞。

雲謀勇深沈，而端潔不苟取。廣西鎮帥初至，土官率餽獻爲故事，帥受之，即爲所持。雲始至，聞府吏鄭牢剛直，召問曰：「餽可受乎？」牢曰：「潔衣被體，一汙不可湔也。」雲曰：「不受，彼且生疑，奈何？」牢曰：「黷貨法當死。將軍不畏天子法，乃畏土夷乎？」雲曰：「善！」盡卻餽獻，嚴馭之。由是土官畏服，調發無敢後者。雲所至詢問里老，撫善良，察誣枉，士人皆愛戴之。

上即位，雲墜馬傷股，上遣醫馳視。以病請代，優詔不許。進右都督。

正統元年（丙辰、一四三六）

《英宗實録》卷一三　（正月）丁卯，上詣奉先殿、太皇太后宫、皇太后宫行禮畢，出御正朝，文武羣臣及四夷朝使行慶賀。太皇太后、皇太后俱免命婦朝賀。

戊辰，琉球國中山王尚巴志遣使者伍是堅等來朝貢馬及方物，賜宴並綵幣等物有差。

乙亥，行在吏部奏天下朝覲官吏過期後至者雲南等處州縣凡九十六處，雖稱事故，於法皆當逮治。上以遠方官吏既有事故，俱宥之。

丙子，以大祀天地，上御正朝，誓戒文武羣臣致齋三日，以大統曆頒賜琉璃國中山王尚巴志，付其使臣伍是堅齎回。

《國榷》卷二三　裁貴州銅仁府税課司。

《英宗實録》卷一三　己卯，湖廣永順軍民宣慰使司宣慰使彭仲等、海西納剌吉河等衛指揮塔失等并貴州宣慰使司底寨長官司俱遣人來朝貢馬，賜綵幣等物有差。

《國榷》卷二三　論莊浪等八衛禦胡功，右副總兵都督僉事趙安爲都督同知，餘陞賞有差。

《英宗實録》卷一三　丙戌，巡撫河南山東行在兵部右侍郎于謙等奏：「考察潯布政司、按察司、府州縣官左布政使馬麟等稱職，參議劉登等不稱職事，下行在吏部覆奏，欲將稱職者給與誥勅旌異，不稱職者悉皆罷黜。」從之。四川行都司奏：「鹽井衛極邊，地寒不生五穀，軍儲勞於輓運，支給不敷，乞召商中鹽納米，以省民力。」事下行在户部，議擬覆奏，淮浙鹽每引米三斗五升，四川鹽每引米四斗五升，從之。

《明史》卷一〇《英宗前紀》　丙戌，罷銅仁金場。

《明通鑑》卷二二　初，永樂間，遣官湖廣、貴州採辦金銀課，復遣中官御史往覈之，又于浙江、福建開金銀場，歲額日增。上即位，欲封閉坑穴，以次罷之，是時以貴州生苗方爲亂，遂首罷焉。

大學士楊士奇等上言：「國家歲用糧儲浩大，皆仰給江南軍民轉運，不勝勞苦。況河道偶有阻窒，則糧餉不充，實非經久之策。計今在京官軍數多，除操練造作應用外，餘者悉令于北京八府空閒田地屯種。倘遇豐年，必有蓄積，可省南方轉運之費。」從之。

士奇等又言：「前因巡邊，調選大寧都司及南、北直隸衛所官軍，更番赴京操備。今天下已靖，請不必赴京，俱令下屯，既省轉運之勞，又養精鋭之氣。」上命從容行之。

《英宗實録》卷一三　戊子，廣西鎮安府遣頭目農保、貴州龍里衛平伐長官司遣總把阿令，貴州宣慰使司養龍坑長官司長官蔡昇俱遣人來朝貢馬及方物，賜宴并賜綵幣等物有差。

《明史》卷一〇《英宗前紀》　庚寅，發禁軍三萬人屯田畿輔。

《英宗實録》卷一三　（二月）丁酉朔，勅諭剌麻鎖占幹劄兒等五人，各賜以國書。

戊戌，以三月清明節，遣衛王瞻埏往南京祭孝陵。

行在户部言河南税糧已運抵京。

《國榷》卷二三　敕沙州衛都督僉事困即來、罕東衛指揮僉事可兒即等還所掠西番阿端貢物。

壬寅，定沿海衛所官軍犯徒流納贖調戍，限程三千里。

癸卯，進士王佉、陳浩爲刑、兵科給事中。

禁内外法司鍛鍊刑獄。

《英宗實録》卷一三　乙巳，遣順天府官祭宋丞相文天祥。

《國榷》卷二三　四川長寧安撫司改隸叠溪守禦千户所。

《英宗實録》卷一三　丙午，嚴逃民不復業之禁。

丁未，定通州五衛倉名，在城中者爲大運中倉，城内東者爲大運東倉，城外西者爲大運西倉，從通政使李暹等請也。

行在户部言，先因布賤米貴，奏准於秋糧内每米一石折布二匹，今廣西等布政司奏稱折重虧民，宜仍舊米一石折布一匹。從之。

《國榷》卷二三　己酉，始設直隸永寧縣儒學。

行在吏部言，監生淹滯，或白首不霑一命，乞年四十五十以上，聽補典史、吏目、税課、河泊、倉場等大使。從之。

乙卯，諭襄爵公侯伯悉從成國公提督操習，稍暇究書史。

設雲南金齒軍民指揮使司儒學。

丙辰，行在禮部上經筵儀注。初，大學士楊士奇等請開經筵，命推講讀官，于是敕太師英國公張輔知經筵事，少傅兵部尚書兼華蓋殿大學士楊士奇、少傅工部尚書兼謹身殿大學士楊榮、禮部尚書兼翰林學士楊溥同知經筵事，少詹事兼侍讀侍講學士王直、王英，侍讀學士李時勉、錢習禮，侍講學士陳循，侍讀苗衷，侍講高穀，修撰馬愉、曹鼐兼經筵官儤直，太子太保成國公朱勇、少保兼工部尚書吴中、吏部尚書郭璡、禮部尚書胡濙、兵部尚書王驥、刑部尚書魏源、都察院右都御史顧佐侍班，日講止講讀官四人儤直，不侍班，先書，次經史。

虜寇大同車房口，千户葉林死之。又百餘騎入黄牛坡，都指揮石亨追敗之。敕責總兵官都督同知方政，以指揮丘昂、李政失援，斬以徇。

《英宗實録》卷一三　丁巳，琉球國中山王尚巴志遣陪臣程安等并海西女直都木塔山等、衛賽罕等俱來朝貢馬及方物，賜宴并賜綵幣等物有差。

《國榷》卷二三　南京内官慶求增軍匠，不許。敕南京守備太監王景弘、襄城伯李隆，參贊尚書黄福曰：「朕體祖宗恤民之心，造作一切皆罷，爾等宜益從儉約。」

《英宗實録》卷一三　庚申，海西女直指揮木花連來朝貢馬，奏願留京自效。

大理寺左寺正李從智言，雜犯死罪納贖未完，又犯雜死罪者律無定例。詔三法司定議。刑部言宜决杖一百，再收贖鈔三十六貫，仍照先犯原擬發落，三犯奏請區處。從之。

《國榷》卷二三　丙寅，擇通經秀才爲教官，塾勳臣家。

《明通鑒》卷二二　是月，命僉都御史王翱出鎮江西。時廷議遣文武大臣出鎮，遂命翱偕都督武興行。

《英宗實録》卷一三　〔三月〕丁卯朔，上御正朝，策會試舉人劉定之等一百人。

勑南京守備内外官員、太監王景弘等曰：「比聞南京承運等八庫遞年收貯財物數多，恐年久損壞，負累官攢人等，勑至爾等即會各庫官員公同揀閲，除新收堪用之物及一應軍器顔料等項，并堪久貯該用不壞物件存留備用，其餘一應損壞及不該支銷之物悉令鋪户估直，另項收貯，聽候支銷。」未幾，又命行在户部盤點在京各庫，仍以是勑之。

琉球國使臣漫泰來結制等言：「初到福建時止具國王進貢方物以聞，有各人附齎海螺殼九十、海巴五萬八千，一時失於自陳，有司以爲漏報之數，悉送入官，因乏齎裝，懇乞給價。」上命行在禮部悉如例給之。

戊辰，上親閲舉人所對策于文華殿。

《明通鑒》卷二二　乙亥，上御經筵。

先是經筵進講之制，無定地，亦無定期，至是始定月講，御文華殿，詔以月之九日行之。續定每月三日，日以逢二爲期，以二、八月中旬起，四、十月末旬止，寒暑暫免。遂爲定制。

時中官王振方用事，考功郎中李茂弘，謂「今之月講，不過虚應故事，粉飾太平，而君臣之情不通，睽隔蒙蔽，此可憂也」。即日抗章致仕去。

初，鎮番之役，平羌將軍陳懋遣兵援之，遽解去，懋以捷聞。會參贊侍郎柴車至，劾懋「失律致寇，又取所遺老弱冒爲都指揮馬亮斬獲功」。又劾「涼州副總兵劉廣喪師，不以實聞，顧冒功要賞」。詔奪懋禄，械廣至京，特賜車金幣以旌其直。

車以廉幹名，上簡用之，一時調軍給餉，悉得事宜。

《國榷》卷二三　戊寅，祀唐江西觀察使韋丹于南昌。

庚辰，除行在都察院右都御史顧佐軍籍。改雲南廣邑州于石甸。

甲申，行在工部尚書李友直提督京倉糧儲。命南京運胡椒、蘇木三百萬斤于北京。

戊子，蔚州衛改蔚州左衛。

少保兼户部尚書黄福言四事：曰鈔法日輕，宜收舊鈔，量出新鈔换銀；曰鹽商久候不得支，宜遣勘補足；曰行在衛所官軍俸米，俱南京運給，路遠多道費，宜派有司折收銀布絹段，輸北京准俸；曰兩畿權豪占田，遣官勘報起科。上以遣官騷擾，且需之。

庚寅，湖廣布政司檢校程富言四事：曰親近師儒，講明道德；曰採洪武以來舊制，如官制、禮儀、財帛、軍國、賞賚、刑罰，著爲定式，頒示遵守；曰歸順韃官人等日累月增，動以萬計，乞量賜資裝，遣往江南衛所，省京廩，杜厲階；曰選大臣巡視邊塞，凡戎馬出没之地，皆高城深塹，謹其關隘，廣植榆柳，虜來林木阻遏，虜去伏兵邀路。上嘉納之。

辛卯，先陽和衛指揮僉事丘昂失機，命斬昂，委内官官保巡邊，怯敵，遂降保内使，杖昂百，戍大同。

《英宗實録》卷一三　癸巳，增置赤城等堡煙墩二十二座。先是，以給事中朱純言，命兵部移文總兵官左都督譚廣等措置，至是，廣等言自龍門至獨石約二百五十餘里，獨石至黑峪口約三百餘里，若沿邊築墻挑壕，工程浩大，不若增置煙墩，足以瞭守，從之。

《國榷》卷二三　謫光禄寺丞董正等四十四人戍甘肅，坐侵費，俱械入。

《明通鑒》卷二二　四月丁酉朔，享太廟。

上沖齡踐阼，至是始詣太廟行親享禮。

《英宗實録》卷一六　庚子，安順、永寧、鎮寧、西堡、寧谷十二營慕役頂營康佐等長官司土官阿寵等遣人貢馬，賜綵幣等物有差。

命行在禮部右侍郎王士嘉、行在工部右侍郎邵旻、行在都察院右副都御史陳鼎、右僉都御史魯穆、行在大理寺左少卿程富巡視順天等八府，陛辭，賜之勑曰：「今命爾巡視各都，遇有蝗蝻生發，隨即督併衛所府州縣起集軍民人等捕之，務令盡絶，以除民患，不宜稍緩，以致滋蔓。往者差官捕蝗，不體朝廷恤民之心，肆行箠楚，民受酷虐，甚於蝗災，爾宜深戒。尤在設法使人不勞困，田不損傷，庶副朕仁民恤災之意。欽哉！」

四川布政司奏：「鹽井衛極邊，四時霜重，五穀不生，乞如洪武舊例召商種納鹽糧，庶令改元例應更給。」從之。

《國榷》卷二三　進士高旭、舒瞳、石瑁、劉益、金昭伯、劉剛、鮑暉爲行在給事中。

庚戌，增内外衛所知事吏目各一。汰涼州各衛冗官冗卒。

壬子，賑畿内流民，雜停柴炭等役。

戊午，安南權署國事黎麟遣陪臣黎龍進香，阮文絢、梁天福賀登極兩宫尊號。

壬戌，行在户部左侍郎王佐乞覈五軍各都司衛所太僕苑馬寺馬數。兵部議，文皇帝祕馬數不許人知，宜仍軍民舊牧。從之。

甲子，琉球中山王入貢。

乙丑，初，山東鄉試，教諭朱經賂彌封官易卷，訓導江振代答策，事覺，巡撫御史任敬、布政司參議杜子良、按察副使杜時、僉事楊潤俱逮下獄。

逮陝西西寧衛指揮僉事穆肅下獄。肅索西番把沙簇思俄可馬不得，誣以盜，掠死思俄可致叛。

《英宗實録》卷一七　〔五月〕丁卯，行在左軍都督同知吴也兒堯台病篤，命太醫院調治。

宥陝西行都司都指揮同知包勝罪。勝守涼州、莊浪二衛，不嚴督所部，致賊入城虜掠人馬，詔巡按監察御史曹翼逮鞫之，坐勝當戍邊。上曰：「勝於法本難恕，姑宥之，毋得仍蹈前失。」

《明史》卷一〇　阿台朵兒只伯寇肅州。

《明通鑒》卷二二　先是，寇由鎮番入涼州，劉廣等不敢擊，大掠而去。尋犯山丹，指揮陳玘戰没。又犯大同，千户葉林等戰没。至是圍肅州，不克，亦大掠去。

《英宗實録》卷一七　庚午，端午節，賜文武百官扇及宴。

壬申，行在户部奏查得天下府州縣教官支俸不一，教授俸米五石，學正米二石五斗，教諭、訓導米二石，有全支本色者，又有減半者，惟雲南俱支六斗，北隸全折鈔，請定爲一例。上曰：「雲南、北直隸其支米一石，餘俱令全支。」

《國榷》卷二三　湖廣布政司檢校程富請增小吏俸養廉。行在户部言國初有定例，惟畿内文職及軍衛幕因缺米全折鈔，宜與米一石。從之。

《英宗實録》卷一七　癸酉，烏思藏大寶法王遣剌麻鎖南劄等來朝貢馬及方物，賜宴并賜綵幣有差。

《國榷》卷二三　甲戌，占城入貢。

朵顏衛都指揮哈剌哈孫貢馬，求使臣敕諭，上恐生釁，令來使賫敕。

減京寺番僧。初，番僧曰大慈法王，曰西天佛子，曰大國師，曰國師，曰禪師，曰都綱，曰剌麻，俱光禄寺日饌，又支廪餼，上即位，奉敕減六百九十一人，至是慈恩、隆善、能仁、寶慶四寺減四百五十人。

庚寅，占城使歸，敕其王還暹羅貢使及我西洋軍二十餘人。

壬辰，始設提調學校官。

《英宗實録》卷一八　六月丙申朔，四川長河西高剌麻番僧羅葛囉藏卜等赴京朝貢，賜之敕。

丁酉，減天下府州縣吏。時河南光州知州楊昇言，本州官員舊已裁減，而六房司典今尚備設，乞每房止存司吏一名，典吏二名。事下行在吏部，請如昇言，宜通行天下裁減。從之。

湖廣辰州府沅陵縣奏本縣人民多因陪納税糧充軍，爲事貧乏，將本户田產典借富人錢帛，歲久不能贖，產去税存，衣食艱難，欲令貧民自陳其實，官爲給價取贖。事下行在户部覆奏，從之。

《國榷》卷二三　辛丑，罷運茶支鹽例。右僉都御史羅亨信言商人恃引私販虧官課也。

香河知縣曹銘爲順天通判，仍署縣事。銘秩滿，邑人詣闕留之。

《英宗實録》卷一八　乙巳，行在都察院右都御史顧佐引疾乞致仕，從之，且賜勅褒諭并鈔五千貫，命户部復其家。

戊申，山東等處備倭左軍都督僉事衛青卒，遣官祭葬。

己酉，鎮守涼州都督同知李安等奏迤北長脱脱木兒及滿哥帖木兒各率其部落妻孥三百餘人來歸。

《國榷》卷二三　辛亥，爪哇入貢。

甲寅，山西布政司左參政王來乞容逃民隨處附籍，免糧税一年，係軍籍俟勾補。從之。

《英宗實録》卷一八　乙卯，命建涼州、九溪、永定、四海、太倉等衛儒學，從兵部右侍郎徐晞言也。徙甘州、涼州寄居回回於江南各衛凡四百三十六户，一千七百四十九口。

丙辰，朵顏衛頭目朵蘭帖木兒、雙城衛野人女直伯桑加等、建州衛女直韃官千户何隆家等俱來朝貢馬及方物，賜宴并賜綵幣等物有差。

陞監察御史趙伸、邵宗，給事中陶育爲府同知，以九年任滿循常例陞授也。

戊午，裁省黜罷南京各衙門主事等官二十餘人，從吏部郎中余可才言也。

《國榷》卷二三　辛酉，給遼東官軍馬價，中騸絹五匹，布十五匹，下騸絹二匹，布十二匹。

《英宗實録》卷一九　〔閏六月〕丁卯，命行在户部移文應天府，歲於所屬量存商税鈔課支給光禄寺，買辦果品供奉先殿并各王公主墳所時節祭祀。

《國榷》卷二三　定蘇松官田賦如民田，每畝糧四斗一升，至五斗以上減至二斗七升，二斗一升以至四斗減作二斗，斗以上至二斗減作斗，有司具數送部磨勘。

考正孔廟兩廡從祀名爵位次，頒示天下，以忠州訓導宋廣言。

嚴自宫之禁。

己巳，罷陝西續織駝毼。初，永樂中歲進五十匹，陝西布政司右參政年富言，既造綾絹氈毼九百餘匹，又加駝毼，民困，免之。

《明通鑒》卷二二　永樂間，增設内外各織染織造局，遂及陝西之駝氈，至是以西鄙不靖罷之。

《英宗實録》卷一九　戊寅，迤北來歸長脱脱木兒、滿哥卜花、撒力帖木兒等六十八人，沙州等衛千户阿兒台等二十人奏願居京自効。命長脱脱木兒等三人爲指揮，僉察罕奴及苦先哥等八人爲副千户，把都麻兒加等七十三人爲百户，及所鎮撫其阿兒台及其二子先授指揮僉事及正千户職，至是命如故，各賜冠帶。

爪哇國使臣馬用良自陳先任八諦來朝蒙賜銀帶，合馬亞烈乞賜金帶，其八諦南丕等乞賜銀。

《國榷》卷二三　戊寅，兩京文武官，萬全、大寧都司，畿内各衛所官，折俸半支鈔，半支胡椒、蘇木。

庚辰，靜海縣蝗饑，有司徵索如故，上聞，命撫按官分視，凡被災處悉免其物料税糧。

壬午，定陵祭百官皆淺色衣從朕，如洪武、永樂故事。

戊子，復楊節四川灌縣蠶崖關巡檢司巡檢。關當番夷孔道，節任滿，羌民奏留之。

《英宗實録》卷一九　辛卯，安南國權署國事黎麟遣陪臣陶公僎等來朝，進表文方物，賜綵幣等物。

《國榷》卷二三　壬辰，爪哇使臣財富八致滿榮奏，本龍溪縣漁人洪茂仔，被倭掠間走爪哇，乞復業。許之。

癸巳，古里、蘇門答拉、錫蘭山、柯枝、天方、加異勒、阿丹、忽魯謨斯、祖法兒、甘巴里、真臘貢使同爪哇俱還國，賜勅。

選北京行太僕寺牡駒三千匹，牧于御馬監。

《英宗實録》卷二〇　〔七月〕丙申，陞河南懷慶府武陟縣知縣何翕爲本府通判，仍理縣事，以縣民保其在任守法奉公有惠愛於民故也。

少保兼户部尚書黄福奏龍江鹽倉檢校批驗所秤子庫子自國初迨今子孫世役，爲獘百端，宜令應天府別僉，歲一更替。從之。

《國榷》卷二三　甲辰，襄王自長沙遷襄陽。初，王以長沙卑溼，求遷亢爽地，遂改襄陽。

《英宗實録》卷二〇　戊申，中元節，遣官祭長陵、獻陵、景陵。

《國榷》卷二三　丁未，河間知府姜濤爲順天府尹。

戊申，前刑部尚書趙玨卒。玨字雲翰，夏縣人，徙祥符，入太學，洪武庚午授兵部職方主事，進天下屯戍圖，進武庫員外郎、浙江右參政。永樂初，使交趾卻餽，進刑部右侍郎，歷工、禮部，至尚書。丁酉，改兵部，尋憂去，起復專塞外。仁宗初，改刑部，宣德庚戌致仕。玨英偉多才，善詩文，雖久貴，自奉如寒素。卒，予祭葬。

庚戌，順天推官徐郁言四事：曰南宋衍聖公孔端友扈蹕僑衢州，宋儒周敦頤、程顥、程頤、司馬光、朱熹子孫宜復其家，修祠墓；曰增設社倉；曰户口食鹽概收鈔；曰罪人僉遞外，餘項止給引回籍。上從之。

《英宗實録》卷二〇　辛亥，太宗文皇帝忌辰，遣官祭長陵。

壬子，給游擊將軍都指揮僉事楊洪火箭一萬五千以備邊警。

甲寅，遣中官阮至等齎勅往賜浄覺慈濟大國師綽竹藏卜金印誥命，弘慈廣善國師鎮南巴藏卜銀印誥命，及袈裟等物。

乙卯，巡按貴州監察御史陳嘉謨奏烏羅府去歲薄收，今夏民多缺食，發囚犯贖罪米賑濟不敷，復貸富室積穀以繼之，俟秋成責償，具以數聞。

丁巳，上將命工以是月庚申修獻陵，八月壬午修景陵，預遣衛王瞻埏詣　陵祭告，遣少保工部尚書具中祭后土及天壽山之神。

《國榷》卷二三　運絹十萬于宣大，折官軍俸糧兩月。

辛酉，琉球、日本入貢。

〔八月〕丙寅，廣西按察僉事楊復爲大理寺右少卿，進士李賢爲吏部主事。

修白河新隄。

戊辰，行在户部主事言陝西邊務四事：曰陝西遠運甘州各衛三千餘里，車摧牛仆，請自今運至蘭縣，另軍轉涼州，自涼州轉各衛；曰莊浪、涼州各衛中鹽道遠召商不至，請納蘭縣，每引米麥豆四斗，于淮浙支鹽；曰禁富室取息加倍；曰獻俘止首虜，餘戍江南。上從之。

庚午，河南布政使李昌祺言三事：曰設村市社學，曰禁約僧尼，曰廬陵祠宋丞相文天祥，追賜謚。上納之。

《英宗實録》卷二一　壬申，行在吏部言宣德間嘗詔天下布、按二司及府州縣官舉賢良方正各一人，迄今尚舉未已，宜止之。上以朝廷求賢不可止，但自今來者會六部、都察院、翰林院堂上官考試，中者録用，其不中者黜之。

四川布政司奏：「先因總兵官都督蔣貴言，令本司於歲運松潘等五衛所税糧以十分爲率加運二分，且本司去諸衛山路險阻，民之運糧者皆背負攀援，往返一月，人致四斗而已，常年運糧不下七萬，苟增二分，民益不堪，今歲運之數足給官軍，其各衛所屯田子粒及中鹽糧、囚犯贖罪糧宜立倉別貯，令都指揮一員監支，不得擅散，俟有緩急方許支給，則民不重困而邊境有備矣。」事下行在户部覆奏，從之。

甲戌，巡撫直隸右侍郎周忱言，近制各處衛所官倉改隸府州縣，其無府州縣者不改。今沿海金山衛倉并青村、南匯觜二千户所，倉去松江府并上海縣甚邇，宜俱徙置城外，更名改隸爲便。上悉從之。

乙亥，瓦剌順寧王脱歡遣使臣阿都赤等，朵顏衛指揮僉事紐林、木蘭河等衛女直頭目伯正哥等，俱來朝貢駝馬及方物，賜宴并賜綵幣等物有差。

《明史》卷一〇《英宗前紀》　甲戌，右都督蔣貴充總兵官，都督同知趙安副之，帥師討阿台朵兒只伯。

《明通鑒》卷二二　貴鎮守松潘，數有功。上即位，召還，進右都督。會阿爾台等數犯甘、涼，邊將告急，遂有是命。

《國榷》卷二三　丁丑，命提學憲臣兼督民間栽種桑棗。平江伯陳佐卒。

《英宗實録》卷二一　戊寅，山東濟南府奏本府歲造紵絲七百二十四，閏月增六十四，請如他府設織染局，官吏庶有職守而事易办。從之。

《國榷》卷二三　敕諭瓦剌順寧王脱歡。

《英宗實録》卷二一　迤北達子孛羅等來歸貢馬，賜衣服等物，安插如例。

瓦剌順寧王脱歡使臣阿都赤以私馬求市。從之。

庚辰，命江南租税折收金帛。先是，都察院右副都御史周銓奏行在各衛官員俸糧在南京者差官支給本爲便利，但差奉者將各官俸米貿易物貨，貴賣賤酬，十不及一，朝廷虚費廪禄，各官不得實惠，請令該部會計歲禄之數，於浙江、江西、湖廣、南直隸不通舟楫之處各隨土産折收布絹、白金，赴京充俸。巡撫江西侍郎趙新亦言江西屬縣有僻居深山不通舟楫者，歲賫金帛於通津之處，易米上納南京，設遇米貴，其費不貲。今行在官員俸禄於南京支給，往返勞費，不得實用，請令江西屬縣量收布絹，或白金，類銷成錠，運赴京師，以准官員俸禄爲便。少保兼户部尚書黄福亦有是請。至是，行在户部復申前議，上曰：「祖宗嘗行之否？」尚書胡濙等對曰：「太祖皇帝嘗行於陝西，每鈔二貫五百文折米一石，黄金一兩折二十石，白金一兩折四石，絹一匹折一石二斗，布一匹折一石，各隨所産，民以爲便，後又行於浙江，民亦便之。」上遂從所請，遠近稱便。然自是倉廪之積少矣。

《明通鑑》卷二二　始定歲賦折銀入内承運庫。

乃仿其制，米麥一石折銀二錢五分。南畿、浙江、江西、湖廣、福建、廣東、廣西，米麥共四百餘萬石，折銀百萬餘兩，不送南京，悉入内承運庫，謂之「金花銀」，除給放武臣俸，餘專供内用。其後概行于天下，自起運、兑運外，率糧四石折銀一兩解京，以爲永例。由是諸方賦入折銀者幾半，而倉廪之積漸少矣。

《國榷》卷二三　辛卯，汰錦衣衛帶俸食糧官校，令有小技者自食其技，或爲諸王公主守莊墓者自食其力，四夷降附老弱者悉就食南京，以省冗費。

九月甲午，監察御史軒輗等十七人清軍天下。

漕運總兵及各巡撫入京，會議軍民利便，因停山西旱災夏税，設清江提舉司造船，用都指揮提督南京各衛屯租。

有僭自宫者特戍遼東。命錦衣衛取囚刑部者賜駕帖以防僞。

乙未，修曲阜顔子廟。

《英宗實録》卷二二　丙申，命瓦剌使臣阿魯赤等十一人爲都指揮僉事等官，賜冠帶。

己亥，免兩浙都轉運鹽使司黄巖場鹽課。

辛丑，重陽節，賜文武百官宴。

設陝西西寧衛道紀司，從掌衛事都指揮穆肅等奏請也。

《明史》卷一〇《英宗前紀》　癸卯，遣侍郎何文淵、王佐，副都御史朱與言督兩淮、長蘆、浙江鹽課。欽差巡鹽自此始。

甲辰，作行在禮部印。時尚書胡濙失印自劾，不問。

監察御史楊翰督理浙江沿海軍儲。

《英宗實録》卷二二　乙巳，朵顔等衛都指揮哈剌孫等，童寬山等衛野人女直若剌木等，兀者前衛女直伯厮合等，俱來朝貢馬及方物，賜宴并賜綵幣等物有差。

《國榷》卷二三　乙巳，作應天府社稷壇，春秋祈報。初，京郡不置，今太社太稷北祭，故特及之。

安南入貢。

瓦剌順寧王脱歡使臣願受朝秩，遂授阿都赤都指揮僉事，皮兒馬黑麻指揮僉事。

戊申，敕緣邊諸將謹備瓦剌。時瓦剌敗阿魯台，兵勢甚盛，因通兀良哈女直諸部。

辛亥，許壽州黄、菉豆抵租。

乙卯，蘇州知府況鍾劾巡按浙江監察御史王璉越驛乘舟需索，下璉刑部獄。

丁巳，惜薪司供役，定河間永平、順德一年，大名廣平一年，順天一年，遞代。

《明史》卷一〇《英宗前紀》　庚申，封黎利子麟爲安南國王。

《明通鑑》卷二二　初，黎利死，敕其子麟權署國事，麟遣使入貢謝恩。上即位，改元之四月，以宣宗賓天，遣使進香，又以上登極，尊上太皇太后、皇太后位號，並遣使表賀，貢方物，閏六月，復貢。上以陳氏宗支既絶，麟事大禮恭，欲使正位。下廷臣議，咸以爲宜，遂有是命。

《國榷》卷二三　壬戌，赤斤蒙古衛都指揮同知且旺失加等言擊北虜脱歡帖木兒、猛哥不花，勝之，進都指揮使，陞秩五十一人。

定大同副總兵羅文巡東路，陽和、高山、天城、鎮虜四衛屬之；參將陳斌巡西路，大同、左右雲川、玉林、朔州五衛屬之，其北責總兵官方政，提督都指揮孫智。

《英宗實録》卷二二　冬十月癸亥朔，享太廟。以下元節遣官祭長陵、獻陵、景陵。

《國榷》卷二三　癸亥，行在吏部主事李賢乞重建太學，從之。

辛未，行在兵部尚書王驥言北虜阿魯台敗績降人非率所部及眷屬來歸者，俱發江南衛所管束，聽征調。從之。

甲戌，作通州白河浮橋。

丙子，免松江今年旱災田租。

《英宗實録》卷二二　辛巳，少傅兵部尚書兼華蓋殿大學士楊士奇等言：「北京軍官俸米俱在南京，多是各衛差人代關，中有浮蕩者荒淫費用，比至北京散還各官，十分之中僅得一二，誠爲未便。」上命行在户部會官評議，合遣堂上官一員往南京專理軍官俸給，同南京户部委官并監察御史會算清切，依時價糴賣貨物，運赴北京。

《國榷》卷二三　癸未，沙州衛都督僉事困即來追護阿端貢使，上嘉之，進都督同知。

戊子，瓦剌順寧王脱歡入貢。

《明通鑒》卷二二　是月，上閱武於將台，命諸將騎射，以三矢爲率。受命者萬餘，惟駙馬都尉井源三發三中，上喜，撤上尊賜之。觀者私相語曰：「往年王太監閱武，紀廣驟升。今天子自來，顧一杯酒耶？」然竟無殊擢。

《英宗實録》卷二四　十一月壬辰朔，行在欽天監進正統二年大統曆，上御正朝受之，給賜諸王及羣臣，頒行天下。

《國榷》卷二三　免兩浙運司逋課五萬七千引有奇。

丁酉，以虜寇莊浪，敕大同總兵官都督方政、甘肅副總兵都督任禮等嚴備。

《英宗實録》卷二四　癸卯，賜朝鮮國王李祹大統曆，命其使臣南宮啓齎回。

《國榷》卷二三　甲辰，麓川宣慰使思任發侵孟定灣甸，大殺掠，雲南總兵官黔國公沐晟以聞。

《英宗實録》卷二四　丁未，泰寧衛都督僉事拙赤、海西嘔罕河衛野人女直路失等、兀者衛野人都指揮剌塔古、脱倫衛野人忽里并加古賁葛林、阿剌山、奇吉河、婆羅河、亦罕河六衛女直兀的納等并雲南洱海衛女土官高氏、湖廣摇把峒長司土官向墨等俱來朝貢馬及方物，賜宴并賜綵幣等物有差。

《國榷》卷二三　淮河清踰月，禮部請賀，不許。

定州知州張麓署高平縣事。麓以高平縣丞進定州，高平人詣闕請留，時高平已除令，上以民望，從之。鎮原縣丞李顯憂去，亦以民籲復任。麓丞高平日，行在工部尚書吳中薦之，已右都御史陳智等言，麓在高平，贓私狼籍，及知定州，畏其繁劇，自爲高平人作奏留縣，愈恣貪黷，乞正中濫舉之罪，上宥中。

戊申，都察院右都御史陳智以御史李聰録囚駁于大理寺，怒責笞御史張勗四十，于是給事中謂失憲體，上不問。

《英宗實録》卷二四　己酉，併省浙江嘉興府各縣税課局。先是，各縣設局一十有二，至是以其事簡，止存嘉善、崇德、海鹽三局，餘皆併之。

丙辰，葛林、依木河、察罕秃山三衛女直指揮吉失塔木等，葛稱哥衛女直指揮者乞納等、朵顔、安河、納憐河、兀列河、木蘭河五衛女直指揮卜令哥等，俱來朝貢馬及方物，賜宴并賜綵幣等物有差。

《國榷》卷二三　庚戌，令逃民即占籍客土，毋游食不賦。

壬子，巡撫陝西爲事官羅汝敬言，轉餉莊浪衛之紅城子，被虜掠，毋再困民，上悉蠲之。

《明史》卷一〇《英宗前紀》　乙卯，詔京官三品以上舉堪任御史者，四品及侍從言官舉堪任知縣者，各一人。

《國榷》卷二三　免長沙宣德十年災租五萬二千七百石有奇。

辛酉，復遵化縣鐵冶。

十二月壬戌朔，免淮安户口鹽鈔。

甲子，行在中軍右都督高文卒。贈緜谷伯，謚壯靖。

丙寅，行在光禄寺少卿李畛爲行在右通政，往理南京諸衛官俸。

甲戌，各邊總兵官不得遣人内地催徵芻粟。

乙亥，給金牌信符，送歸老撾等處頭目。

《英宗實録》卷二五　丙子，命長蘆都轉運鹽使司以所獲私鹽給商，從行在户部左侍郎王佐請也。

《國榷》卷二三　丁丑，故和寧王所部阿台王子及朵兒只伯數寇邊，下兵部會廷臣議，五日不上奏，上曰：「謂朕冲人耶？」執兵部尚書王驥、右侍郎鄺埜下獄，已釋之，遂尋御史給事中各杖二十，奪俸三月。

《明通鑒》卷二二　時王振初用事，欲令朝臣畏己。會驥議邊事，五日未奏，振教上召驥，面責之曰：「卿等欺朕年幼耶？」即日，執驥並埜下之獄，尋釋之。

未幾，右都御史陳智，劾張輔回奏稽延，並劾科道不舉奏，上釋輔不問，杖御史、給事中各二十。

自是言官承振風指，屢摭大臣過，自公、侯、駙馬、伯及尚書、都御史以下，無不被劾，或下獄，或荷校，甚至讁謫，殆無虛歲。

《明史》卷一〇《英宗前紀》　乙酉，湖廣、貴州總兵官蕭授討廣西蒙顧十六洞賊，平之。

《明通鑒》卷二二　捷聞，進右都督。上言：「靖州與廣西接壤，時苦苗患。永樂、宣德間，嘗儲糧數萬石備軍興。比年儲漸少，有警發人徒轉輸，賊輒先覺，以故不能得賊。乞于清浪、靖州二衛各增儲五萬石，庶緩急可藉。」報可。

是冬，成國公朱勇言：「近衛喇特托懽以兵迫逐韃靼多爾濟巴勒，恐既吞併，日益强大。乞敕各邊廣儲積以備不虞。」上嘉納之。

是時二部相讐殺。而阿爾台、多爾濟巴勒竄居在外，非衛喇特之敵，故陽乞撫于我而陰行寇掠。未幾，復犯莊浪，都指揮江源戰没，亡士卒百四十餘人，邊事益棘。

《國榷》卷二三　是年，增鑄鐵蒺藜，給開平、赤城分布要害。游擊將軍楊俊謂邊用利之，行在兵部言：「洪永間，諸司衛所各有雜造局造械，其料出于軍民，今動請之武庫，非置局初意也。」于是，南京等郡以贖鍰給造，不足則軍鈔户食鹽税鈔給之。

《明通鑒》卷二二　上改元初政，三楊當軸，各處坑冶，悉詔封閉。撤永、宣新增之閘辦官，又罷諸處採買及造下西洋船木諸宂費，民困少蘇。內供之物，如糖蜜、果品、腒脯、酥油、茶芽、稉糯粟米、藥材，或較舊數減半，或減三之二。而上用膳食器皿，如南工部造金龍鳳白瓷諸器，饒州造硃紅膳盒諸器，即位數月，撙節頗多。而營造所之援例誅求，尚膳監之乘時乾没，上雖備帖具書，不能禁也。其後中官用事，徵索紛紜，較之舊制又變本而加厲云。

宣德八年，西洋、西域來朝貢者，凡古里、柯枝、蘇門答剌及天方等共十一國，滯留未遣。是年，上始命禮部稽其使臣在京師者，悉令附爪哇貢舟還國。

正統二年（丁巳、一四三七）

《明史》卷一〇《英宗前紀》　（正月）甲午，宣宗神主祔太廟。

《英宗實録》卷二六　都察院右副都御史朱與言奏鹽法二事。

《明史》卷一〇《英宗前紀》　己亥，大同總兵官方政、都指揮楊洪會寧夏、甘肅兵出塞討阿台朵兒只伯。

《國榷》卷二三　壬寅，太常寺博士方勉、大理寺評事張哲侯爵，行人楊永，序班孫睿、張鏞、趙倫，斷事張文昌，知事康榮，照磨判官胡信，縣丞鄺傑，教授上官民瞻，教諭韓陽、鄭顒，訓導鄭觀、曹泰、成規、齊韶、王巍、陸儔、唐震俱爲監察御史。

《英宗實録》卷二六　乙巳，上元節，賜假十日。

戊申，建州衛野人女直指揮僉事失里不孫、四川沐川長官司土人袁秉常、長河軍民宣慰使司剌麻查朵等來朝貢馬及方物，賜宴并綵幣等物有差。

《國榷》卷二三　己酉，右軍都督同知蕭授爲右都督，都督僉事吴亮爲都督同知。

庚戌，廣西總兵官都督山雲等，以泗城州土知州岑豹攻破利州，知州岑顔屢諭不服，當討。敕更諭之。

巡撫大同右僉都御史李儀言：「和寧殘虜，窮無所歸，乍臣乍叛，小爲邊寇，此常情也。嚴烽火，謹斥堠，練士馬，待其自遁，則無事矣。今重兵出境，棄所守地僥一勝，賊倘偵伺，襲我空虛，非策也。」上是之。然方政等已發，不之止，竟亡功。

辛亥，鴻臚寺序班馬昂爲監察御史。

壬子，免福州逃民逋租四千七百餘石。

己未，賑淮安、揚州饑。

是月，凉州部夷孛堇哈剌苦出與妻來降，入京卒。孛堇猶言平章也。妻入宫，子孛羅官御馬太監。

《明通鑒》卷二二　是月，太皇太后欲誅王振，不果。

上之初即位也，太皇太后悉委政內閣，而三楊皆累朝元老，振心憚之，未敢逞。太后嘗遣振至內閣問事，士奇擬議未下，振輒施可否，士奇愠，三日不出。

太后聞之怒，立鞭振，仍令詣士奇謝罪，且曰：「再爾，必殺無赦。」

一日，太后御便殿，召英國公張輔、内閣楊士奇、楊榮、楊溥、尚書胡濙入朝。太后左右女官，雜佩刀劍，侍衛凛然。上西向立太后旁，五臣東面稍下。太后召問，人皆有獎勸之詞。及溥，乃嘆曰：「先帝念卿忠，屢形愁嘆，不意今日得相見也！」蓋仁宗監國，以讒故，宫僚多下獄，溥及黄淮一繫十年，瀕死者數矣。仁宗每于宫中言及東宫時事，慘然不樂，以故太后言之。于是溥泣，太后亦泣，因顧上曰：「此五臣先朝所簡，貽皇帝，有行必與之計，非五臣所贊成者，不可行也。」

有頃，宣太監王振至，俛伏，太后顔色頓異，曰：「汝侍皇帝起居多不律，今當賜汝死。」時女官加刃振頸，上跪爲之請，五臣皆跪。太后曰：「皇帝年幼，豈知此輩自古禍人家國！我聽帝暨諸大臣留振，此後不得令干國事也。」振自此稍斂戢。已而太皇太后病，遂跋扈不可制矣。

《英宗實録》卷二七　二月辛酉朔，鳳陽府宿州知州王永隆奏：「近制各處倉庫儲蓄及户口田土并歲入歲用之數俱令歲終造册，送行在户部存照，州縣惟恐後期，預於八月臆度造報，且八月至歲終尚有四月，人口豈無消息，費用豈無盈縮，以此數目不清，徒爲虚文，請令有司今後於歲終造册，期以次年二三月至部，則無臆度之患矣。」從之。

《國榷》卷二三　壬戌，給陝西河州等八衛備邊士官俸。

《英宗實録》卷二七　己巳，行在工部奏天下工匠蒙放遣休息者三千七百餘人，俱到期，使自來赴工，今過期不至者二千九百餘人，請令所司械送赴京。從之。

壬申，浙江市舶提舉司提舉王聰奏琉球國中山王遣使朝貢，其所載海巴、螺殼亦宜具數入官。上謂禮部臣曰：「海巴、螺殼夷人資以貨殖，取之奚用，其悉還之。」仍著爲令。

《國榷》卷二三　癸酉，發營卒五萬，饑民一萬，塞耍兒渡決口。武進伯朱冕、工部尚書吴中開通濟河，河去通州二百里，係貢賦總會，命太監阮安往視，安請役萬五千人，從之。

乙酉，省京師海印寺收鈔官。

戊子，裁甘肅苑馬寺，併于陝西。

三月辛卯朔，監察御史盧睿爲行在右僉都御史巡撫大同、宣府。

《英宗實録》卷二八　壬辰，行在刑部右侍郎何文淵等奏，兩淮商旅輳集，鹽課不足，比見南京光禄寺并大軍食鹽歲給一十萬引有奇，可暫停止，以給商旅，則鹽法通而民用不乏。又言舊制煮鹽之家復其他役，今有司奉行不至，是以人多貧富，鹽課逋負，宜申明舊章，其該輸税糧亦於附近上納，則徭役均而鹽課足。從之。

雲南白鹽井鹽課提舉司奏，本司積鹽三萬九百引有奇，歲久未支。事下行在户部，請召商於陝西臨洮府蘭縣上納米豆，每四斗一引。從之。

《明史》卷一〇《英宗前紀》　甲午，録囚。

《國榷》卷二三　乙未，鶴慶土官知府高倫弟純、叔宣互争殺，敕雲南總兵官黔國公沐晟、鎮守雲南都督沐昂等勘諭之。

丙申，爪哇入貢。

《英宗實録》卷二八　丁酉，遣少保兼工部尚書吴中祭潞河之神。

《國榷》卷二三　亦力把力也先卜花王入貢。

《英宗實録》卷二八　己亥，命罪囚於龍門守禦千户所倉納米贖罪，雜犯死罪者三十三石三，流并徒三年者二十七石，徒二年半者二十二石，徒二年者十七石，徒一年半者十四石，徒一年者十二石，杖一百者八石，餘四等遞減八斗，笞五十者二石餘，四等遞減四斗。

《國榷》卷二三　癸丑，增南京户部主事監督草場。又主事監督内府諸監局并光禄寺，通委御史巡視，仍右副都御史周銓總之。

戊午，命監察御史金敬往大名、河南、陝西撫輯逃民。時漢中府深谷中潛居四五萬，黄河北岸亦團聚千餘。

四月庚申朔，定文武官犯贓者解京，餘本處訊結。

《英宗實録》卷二九　丙子，賞征剿韃賊將士。

革福建閩縣南州税課局，併其所辦課程於本縣税課局，以收鈔不及三萬貫也。

《國榷》卷二三　戊寅，命户部官督捕蝗于畿内、山東、河南。

免廣平、順德去年旱蝗田租，開封、彰德、河南、懷慶、衛輝去年水災田租。

甲申，賑西安、鳳翔、漢中饑。

五月庚寅朔，行在兵部尚書王驥往甘肅理邊務。

《英宗實録》卷三〇　辛卯，陞建州衛指揮僉事金家奴爲指揮同知，副千户牙失爲指揮僉事，百户七十所鎮撫阿不樂俱爲副千户。時金家奴等來朝貢，上嘉其誠，故加秩，并降勑諭之。行在户部奏各府縣洪武中俱設預備倉糧，隨時散斂，以濟貧民，實爲良法，近歲有司視爲泛常，倉廩頽塌而不葺，糧米逋負而不徵，歲凶缺食，往往借貸于官。今江浙等處豐收，請令所司出價斂糴，以防荒歲賑民。從之。

《國榷》卷二三　丁酉，琉球中山王入貢。

《英宗實録》卷三〇　庚子，省江西臨川縣東館、航步二税課局，以其事省課少，併於本縣坪塘税課局也。

辛丑，增設大同、宣府諸衛八倉以貯邊餉，從巡撫僉　都御史盧睿奏也。

《國榷》卷二三　壬寅，行在刑部尚書魏源往大同整飭邊儲。

癸卯，湖廣、四川、廣西、雲南、貴州官旗雜犯坐死以下，俱送總兵官立功，滿日復秩，其犯盜及土官軍民情輕者納米贖罪。

乙巳，虜五千餘騎犯寧夏唐來渠。

《英宗實録》卷三〇　丙午，貴州按察使應履平言四事。

《明通鑒》卷二二　丁未，免陝西平凉六府旱災夏税，並諭户部遣官勘實蠲之。

《國榷》卷二三　戊申，增大同等八衛經歷司經歷，支收糧儲。

《英宗實録》卷三一　〔六月〕己未，貴州都匀衛平州六洞長官司副長官楊平等并土官宣慰使安聚遣人貢馬，賜綵幣文綺鈔布有差。

《國榷》卷二三　行在大理寺右少卿賀祖壽率京軍採草。

《英宗實録》卷三一　琉球國中山王尚巴志奏，本國各官冠服皆國初所賜，年久朽弊，乞賜新者。又奏本國遵奉正朔，而海道險阻，受曆之使或半載一載方返。事下行在禮部覆奏，上以冠服可令本國依原降者造用，大統曆其命福建布政司給與之。

《國榷》卷二三　癸亥，徙陵水縣于南山，萬寧縣于蓮塘。

甲子，誅陝西行都指揮使安敬。初，右都督蔣貴、右僉都御史曹翼勦虜，率兵至魚海，敬黷而怯，云前途無水草，阻師，都御史劾貴等失機。上密敕尚書王驥，責貴死狀，而僇敬以徇。驥大會諸將責敬曰：「若何逗撓誤大計？」斬之。而謂貴曰：「將軍當死，且責狀以報，因誓師，若等亡懾敵，亡棄將不用命，有如敬。」吏卒悚服，分部都督李安、趙安、任禮、蔣貴等自爲戰守，虜大舉則合拒之，遂能軍。

戊辰，行在右僉都御史魯穆卒。穆字希文，天台人，永樂丙戌進士，授御史，敢言，進福建按察僉事，瘞暴骸，毁淫祠，理冤繩奸，時稱鐵面。正統初，薦擢内臺，捕蝗大名諸郡，還朝，没不能殮，同郡咸賻之，工部尚書吴中具棺衾，重其行也。賜祭，給舟歸其喪。子崇志，南京太僕寺少卿。天啓初，謚端敬。

己巳，定國公徐景昌卒，賜祭葬。

辛未，陝西旱蝗，遣官視之。

《英宗實録》卷三一　壬申，山西左參政王來奏：「臣聞農桑者王政之本，生民衣食之源，近年郡縣官失於勸課，是以民多遊惰，每遇催徵，輒至亡命，朝廷憫其失業，降詔蠲除，然田日荒閒，租税不出，軍國所需，累及良民。宜於郡縣守長擇其賢者職專課農，荒田令附近之家合力通作，秋成供租之外聽其均分，原主復業則還之。務使租隨田出，田隨人受，其有蠶織之類可以裨益本業者悉聽規畫，仍令提調學校風憲官督之，則人知務本，國用足矣。」從之。

《國榷》卷二三　甲戌，命軍職老疾者悉致仕。禁罷閒吏及奸民結攬寫發，把持官府，起滅詞訟者，杖戍遼東。

《明史》卷一〇《英宗前紀》　乙亥，以宋胡安國、蔡沈、真德秀從祀孔子廟庭。

《明通鑒》卷二二　時肇慶知府王瑩等，以「安國作《春秋傳》，沈作《書傳》，真德秀作《大學衍義》，均有功于聖門，請從祀孔廟兩廡。」下禮部議，奏稱「瑩等言是」，故有是命。

《國榷》卷二三　罷丹徒縣歲貢蘆柴。

庚辰，行在右副都御史賈諒、工部左侍郎鄭辰分賑鳳陽、淮揚、徐、和、滁、開封饑民。

癸未，西虜阿台朵兒只伯遣使納款。

甲申，敕占城三年一貢。時歲貢，瓊州知府程瑩言其勞費。

《英宗實録》卷三二　〔七月〕庚寅，福餘衛指揮也兒馬丹陛辭，令齎勑及綵幣表裏，歸賜其頭目指揮把禿不花。

《國榷》卷二二　弛淮揚川澤之禁。

癸巳，爪哇入貢。

乙未，虜寇莊浪，都指揮魏榮等擊敗之，擒渠帥把秃孛羅。

《英宗實録》卷三二　壬寅，賞大同都指揮石亨衣一襲、鈔三千貫，仍賜勑獎勵之，以享在邊效勞，累有獲虜功也。

《國榷》卷二二　丙申，時韃官軍校勇士人等在畿内多占民田，相聚騎射，强掠民財，監察御史成規言之，詔錦衣衛分捕，犯死梟于其處，徒流者戍邊，仍罪其頭目。

《英宗實録》卷三二　甲辰，越嶲衛印部長官司長官阿喬遣把事李阿得并黎州安撫司土官男馬麟俱來朝貢馬，賜綵幣等物有差。

《國榷》卷二二　乙卯，增四川按察僉事，巡收邊儲。

丙辰，守備獨石都指揮僉事楊洪敗兀良哈，擒渠帥朵欒帖木兒。

丁巳，哈密忠順王、瓦剌順寧王入貢。

《英宗實録》卷三三　〔八月〕戊午，遼西朵兒只伯、泰寧、福餘二衛都督拙赤等、四川酉陽宣撫司、石柱宣撫司土官馬真等、湖廣施州衛散毛宣撫司并臘惹驢遲長官司土官人等各遣人貢馬及方物，賜綵幣等物有差。設内黄縣回隆廟巡檢司，以其地廣人稠多盜賊也。

《國榷》卷二三　庚申，行在兵科給事中金昭伯削籍。時試明經儒士，闌入午門，欲代筆也。

《英宗實録》卷三三　己巳，命南京六品以下官俸三分給本色米，七分折鈔，雜職官准行在官例給本色米一石，從巡撫侍郎周忱奏請也。

辛未，瓦剌順寧王脱歡等遣都指揮僉事阿都赤等二百六十七人來朝貢駝馬，賜宴并綵幣鈔絹有差。

《國榷》卷二三　癸酉，撒馬兒罕等入貢。

《明史》卷一〇《英宗前紀》　甲戌，右都督蔣貴充總兵官，都督同知趙安副之，帥師討阿台朵兒只伯。

《國榷》卷二三　上海縣丞張禎爲知縣。時縣令闕，上海人乞補禎，而禎未九載，上特從之。

《英宗實録》卷三三　乙亥，遣官祭山川城隍等神。

《國榷》卷二三　壬午，免山東、順天、廣平、真定、淮揚去年水災糧芻。

甲申，敕廣西總兵官都督山雲勦義寧縣叛蠻。

九月戊子朔，命鳳陽陵户附籍太常寺祠祭署，諭祭莊浪陣亡官軍。

《英宗實録》卷三四　庚子，命五城兵馬指揮司及都税司等衙門同坊市度量衡，從順天府奏請也。

《國榷》卷二三　乙未，誅中都留守司署都指揮僉事陳鑑。鑑先備鬱林州，縱盜脅商，嫌百户白旺、蔣斌不贄，杖斃之。有卒索民饌不嗛，拔刀殺其女，知州林長懋疏其罪。長懋宣宗時忤旨，坐係十年，上即位赦之，官以思恩撫民，清儉自奉，朝夕惟鹽菜，卒葬桂林黄峽口，州人祠祀之。

《英宗實録》卷三四　丁未，置遼東都司醫學及屬衛藥局，從左副都御史李濬奏請也。

戊申，瓦剌等處使臣皮兒馬黑麻等并木蘭河衛野人女直阿大禿等、朵顔衛指揮帖木兒等、撒剌兒等衛女直指揮都魯不花等俱來朝貢馬，賜宴及綵幣絹布等物有差。

《國榷》卷二三　戊申，停大河衛軍器局。

己酉，河決陽武、原武、滎澤，役民二萬軍千餘人治隄。

析雷州衛後千户所，置石城千户所于高州，析南海衛後千户所，置靈山千户所于靈山縣。遣賑寧海、壽張、東阿、汶上、陽穀、鄆城、范縣水災。

《皇明資治通紀》卷一六　是月，甘肅守臣報北虜復犯邊。

《英宗實録》卷三五　冬十月丁巳朔，享太廟。下元節，遣衛王瞻埏祭長陵、獻陵、景陵。

《國榷》卷二三　戊午，廣西總兵官都督山雲言：「潯州大藤峽等山猺時劫掠，而左右兩江土官狼兵素勇，猺寇憚之，乞委土官都指揮黄竑領耕近山荒田，遇賊併勦。」從之。

己未，修江陵、松滋、公安、石首、潛江、監利決隄。

《英宗實録》卷三五　庚申，瓦剌脱脱不花王所遣使臣倘灰等奏願授朝廷官，命倘灰等爲都指揮同知，餘授官有差，俱賜冠帶。

辛酉，泰寧等衛指揮猛哥、帖木兒等衛女直頭目鎖令加等、烏思藏大慈法王釋迦也失徒弟禪師領占等各來朝貢駝馬及方物，賜綵幣等物有差。

《國榷》卷二三　甲子，左軍都督僉事王瑜、後軍都督僉事武興爲左右副總兵，專總漕運。瑜初鎮守淮安。

《皇明資治通紀》卷一六　時勳衛陳儀言于上，請于寧夏、甘肅簡精鋭，候春暖俱發，諸道并進，且約瓦剌相犄角，殘虜破敗之餘必就擒戮，此萬全計也。上然之。儀，平江伯陳豫子也。

《國榷》卷二三　丙寅，通州知州楊衡秩滿，民乞留，加順天府治中，食從四品俸。

丁卯，行在兵部左侍郎鄺埜，乞敕列侯、五府并各營把總官、在外三司、巡按御史各舉謀勇堪戰之士，不稱則連坐。從之。

《英宗實録》卷三五　甲戌，命行在户部運舊鈔八十萬錠赴六科廊收貯，以備賞賜，從行在禮科給事中劉海奏請也。

《國榷》卷二三　太子太保成國公朱勇、新建伯李玉、武進伯朱冕、都督沈清、尚書魏源同太監王景弘等大選京軍，得十五萬一千有奇。

乙亥，行在刑部右侍郎何文淵請申輕罪收贖法，給窮囚衣糧如錦衣衛。命行之。

癸未，命行在兵部榜，有壯勇膂力通武藝願自效者，在京許赴通政司，沿邊赴總兵官自陳，亡論奴隸亡命坐罪人，一概試用，有謀略出衆者，不次擢。

諭遼東總兵等官：「今後外夷來朝，止許二三人或四五人，非勘毋輒入之。」

《明通鑑》卷二二　是月，敕：「方面郡守缺，令三品以上保舉擢用。」左通政陳恭言：「古者擇任庶官，例由選部，職任專而事權一。今令廷臣各舉所知，恐開私謁之門，長奔競之風。」下吏部議。尚書郭璡遜謝不敢當，大學士楊士奇言：「宣德七年以前，布、按二司及府州縣官多不得人，致爲民害，是以宣宗皇帝敕令大臣保舉。自兹以往，多得其人。間有一二非才，亦緣舉主不察，甚或徇私，所司不行糾劾，以致如此。昔唐太宗力行仁義，命在京三品以上官舉郡守縣令，後來致天下斗米三錢之效。但所舉之人，後有犯贓，必須明正舉主之罪，則人知謹畏，不敢濫舉，官必得人矣。」詔仍如士奇言。

《英宗實録》卷三六　十一月丁亥朔，欽天監進正統三年大統曆，上御正朝受之，給賜諸王文武羣臣，頒行天下。

壬辰，賜行在户部尚書劉中敷封贈誥命。中敷進秩僅二載，未當推恩，自言母年幾八十，乞早沾寵渥，上特從之。

《國榷》卷二三　壬辰，命優恤交趾歸附官民。

甲午，封哈密脱脱哈木兒忠義王。

戊戌，建州左衛右都督猛哥帖木兒子童倉訴七姓野人殺其父，臣同叔都督僉事凡察、百户高早化等五百餘家遁朝鮮，今欲出遼東，乞毋爲朝鮮所留。上敕朝鮮國王李祹善遣之。

己亥，敕總兵官都督陳懷、譚廣、李謙、王彧等嚴備瓦剌。時瓦剌順寧王脱歡部落屯飲馬河，購兀良哈三衛并野人女直出没。

壬子，復林巍完縣主簿、范文忠思州府都坪峩異谿蠻夷長官司吏目，俱秩滿民獠奏留，巍食從八品俸。

《英宗實録》卷三六　甲寅，命故掌建州左衛事右都督猛哥帖木兒子董山襲爲本衛指揮使。

《國榷》卷二三　〔十二月〕丙辰朔，左副都御史吴訥、行在右通政李珍下獄。珍貪墨，訥不糾舉被劾。

《英宗實録》卷三七　丁巳，行在禮部奏：「初有旨諭，外夷勿貢珍珠，今建州左衛毛憐衛復貢珍珠，宜還之。」上以夷人遠來，意在規利，其姑收之，而酬以直。

《國榷》卷二三　己未，禮部左侍郎章敞卒。敞字尚文，會稽人，永樂甲申進士，選庶吉士，授刑部主事，辨山西冤盜，雪數百人，遷員外郎，歷禮部，佐胡濙以嚴肅，遇事不婛婀。予祭葬。

丁卯，少傅兼尚書大學士楊士奇等言：「御史清軍，以北人戍南，南人戍北，彼此遠土，多死寒瘴，宜清出北方軍發遼東、甘肅一帶，南方軍發雲貴、兩廣一帶。」上命行之。

乙亥，靖江王佐敬請立悼僖王碑，以非故事，不許。

辛巳，福餘等衛酋阿魯歹等糾五百餘騎渡葭州河，敗歸西涼亭，游擊將軍都指揮僉事楊洪邀擊之，斬六級，擒百户乞里麻等三人。明年正月，俘入京，集兀良哈貢使斬之。

甲申，西虜朵兒只伯貢馬。

是年，改永寧州隸貴州布政司。

正統三年（戊午、一四三八）

《英宗實録》卷三八　〔正月〕己丑，設陝西綏德州義合驛，吴堡縣河西驛，鄜州張村、隆益鎮二驛，合水縣郡莊、宋莊二驛，寧夏衛大沙井、句塔兒二驛，及二遞運所，從鎮守右副都御史陳鎰表請也。

《國榷》卷二四　庚寅，遣指揮同知陳友、指揮僉事李全賚敕及綵幣八百，往大同賜瓦剌使臣，又敕諭太師順寧王脱歡。時脱歡請合兵擊阿台朵兒只伯，上虜其譎，敕各邊備之。

大同都指揮僉事石亨、戴旺追虜于豐山，敗之。時虜三百餘騎飲馬黄河。

癸巳，召兩淮兩浙長蘆整理鹽法内官同監察御史回京，其事悉令鹽運司領之。

丙申，游擊將軍都指揮僉事楊洪連敗虜于伯顔山、寶昌州。

《英宗實録》卷三八　甲辰，設雲南來平縣上甸定夷關巡檢司。

《國榷》卷二四　壬子，免河間、大名、保定、荆、襄陽去年災租。癸丑，免文縣、永寧縣水災田租。

《英宗實録》卷三九　［二月］丁巳，皇太后聖節，上率親王上壽，免命婦朝賀，賜文武百官宴。闢安定門外地爲訓練軍士之所。

《國榷》卷二四　閲武于安定門外。修蘭縣黄河橋，便甘肅餽運。

庚申，免河南田租七十六萬三千三百餘石。

《英宗實録》卷三九　乙丑，福建福州府福清縣言鎮東衛倉今改作福清縣倉，而府所屬六縣糧俱輸之，今倉仍在衛城，軍士豪强不律，輸糧者罹其剥削，守倉者苦其侵陵，乞徙倉於縣之水次，其月給軍餉，令以舟載。事下行在工部，請如其言，從之。

《國榷》卷二四　甲戌，各邊巡倉御史歲代。初浹歲受代。易狎玩。

《英宗實録》卷三九　擢進士錢奂爲户部給事中，李春禮科給事中，陳傳刑科給事中，陳翌户部主事，黄彦俊兵部主事，梁棨、謝佑刑部主事，胡澄工部主事，陳鈍行人司左司副，俱行在。命行在工部左侍郎李庸督造兵器。先是，上勅工部曰：「兵者國之大事，不可不豫，日者邊境屢言兵器不足，爾其會五府、兵部、錦衣衛及司禮監，於曩時内府各監局所省軍匠，揀其强壯者備操，餘悉令於軍器局、鞍轡局協造兵器，物料咸取給京庫，工部其遣官一人專督之，三月一具數以聞，務須撫恤工匠，均其勞逸，使毋逼費，毋苟作。」至是，工部言得軍匠赴局者五千七百七十餘人。上命庸與太監山壽等協理之。

《國榷》卷二四　丙子，巡按浙江監察御史王璉謂蕭山主簿周仁怠事當斥，邑人訴仁勤敏，非怠事者，布政司勘如之，命復仁，奪璉俸半年。賑山東海豐縣饑。

給寧國大長公主子孫賜田之半。

己卯，琉球國中山王尚巴志、暹羅國王悉里麻哈賴入貢。

辛巳，行在兵部尚書王驥偵朵兒只伯往狼山，使左副總兵都督蔣貴擊之，驥同太監王貴、都督任禮等率兵繼進，檄寧夏總兵官史昭等分道追勦，誓曰：「勉旃，不能成功，毋相見也。」貴感奮直前，搏虜敗之，虜渡河遁。

《國榷》卷二四　［三月］乙酉朔，敕宣府都督僉事黄真、都指揮同知楊洪爲左右參將，修開平、龍門、獨石、潮河川堡斥堠。

《英宗實録》卷四〇　丙戌，設大同威遠衛。先是，行在刑部尚書魏源、總兵官左都督陳懷等言大同净水坪係韃賊出没要地，宜設軍衛，事下行在兵部議。行邊巡按監察御史陳毅奏：「平定州、蒲州二守禦所軍有全伍，今又增寄操軍千四百六十餘人，宜調補他處。」兵部遂請以二所多餘軍調净水坪，立威遠衛。從之。

戊戌，上諭行在兵部臣曰：「今後該調衛官員南京及江南直隸俱調北京附近衛所，北京直隸并江北直隸、山東俱調山海、宣府等衛所，山西、河南俱調大同、延安、綏德等衛所，陝西調甘肅、寧夏衛所，浙江、江西調福建、廣東衛所，湖廣調貴州、四川衛所，福建調廣東，廣東調廣西，四川調雲南，雲南、廣西調貴州，俱注於沿邊衛所，著爲令。」

己亥，朝鮮國王李祹遣弟惠寧君祉及陪臣權踶等來朝貢馬及方物，暹羅國王悉里麻哈賴遣把總奈苾臨等來朝貢孔雀及方物，賜宴并賜綵幣等物有差。

《國榷》卷二四　壬寅，行在工部尚書李友直治通濟河畢，擅放役者，自劾下獄，尋宥視事。

癸卯，北京國子監助教李洪請南人歲貢聽入北監，本監官仍給牙牌膳役。

戊申，行在工部言通州白河自正統元年水溢爲災，請令把總都指揮同知劉斌及通州役夫塞之。上曰：「決河非細事，再踰年乃言之，何緩也。」部言歲三月始得順天府報。上怒，下府尹姜濤、治中楊衡等于獄。

《英宗實録》卷四〇　庚戌，禁天下祀孔子於釋老宫。先是，四川重慶府永川縣儒學訓導諸華言：「孔子祀于學，佛氏祀于寺，老氏祀于觀，俱有定制。有等無知僧輩往往欲假孔子以取敬信於人，乃繪肖三像，並列供奉，如永川縣舊有寺曰三聖，坐佛氏於殿中，老子居左，孔子居右，其褻侮不經，莫此爲甚。」上以愚僧無知妄作，命行在禮部通行天下禁革。

《國榷》卷二四　壬子，行在錦衣衛後千户所司吏莫焕等言，本宣德七年鄉舉，疾踰試期，責充吏，乞仍會試圖報。從之。

癸丑，孔、顏、孟三氏子孫教授裴侃言：「闕里家廟顏淵、曾參、孔伋，子也，配享文殿；顏輅、曾皙、孔鯉，父也，從祀廊廡。名分不正，乞進孔鯉、曾皙公爵，偕顏、孟之父遷配啓聖王叔梁紇。」上然之。

《明通鑑》卷二二 是春，兵部尚書王驥督諸將出塞，以蔣貴爲前鋒，而自與任禮率大軍後繼。與貴約曰：「不捷，毋相見也。」貴亦感奮。

會多爾濟巴勒懼罪，連遣使入貢，敵勢稍弱，貴率輕騎敗之于狼山。追抵石城，多爾濟巴勒走，與阿爾台合。

《皇明資治通紀》卷一六 虜酋率數千騎遠竄，尋死。

《明史》卷一〇《英宗前紀》 夏四月乙卯，王驥、任禮、蔣貴、趙安襲擊阿台朵兒只伯，大破之，追至黑泉還。

《明通鑑》卷二二 貴分軍爲兩翼，別遣百騎乘高爲疑兵，轉戰八十里，斬首三百餘，禽僞左丞脱羅，獲金銀印各一，駝馬兵甲千計。

會驥與禮敗敵于梧桐林，至額齊訥路，禽僞樞密、同知、僉院十五人，萬户二人，降其部落，窮追至黑泉。而趙安等出昌寧，至多喇溝，亦禽僞右丞、達嚕噶（爾）齊三十人。分道夾擊，轉戰千餘里，多爾濟巴勒遠遁。西邊悉平。

《國榷》卷二四 癸亥，裁雲南尋甸軍民等六府同知、推官、知事、照磨、檢校官。

《英宗實録》卷四一 增設陝西延安府阜益、廣有、永盈、常積、寧塞五倉，并慶陽府定邊倉，各置副使一員。

《國榷》卷二四 乙丑，《宣宗章皇帝實録》成。

丙寅，封左都督任禮寧遠伯，右都督蔣貴定西伯，並禄千二百石，都督同知趙安會川伯，禄千石，行在兵部尚書王驥兼大理寺卿，支二俸，行在兵部左侍郎柴車、行在右僉都御史曹翼、羅亨信俱進俸一級，禮、貴、安、驥各金八十，幣八，車、翼、亨信各金四十，幣四，餘陞賞有差。

《實録》恩，監修官太師英國公張輔，總裁官少傅兼兵部尚書華蓋殿大學士楊士奇、少傅兼工部尚書謹身殿大學士楊榮、禮部尚書兼翰林院學士楊溥，總裁兼纂修官少詹事兼翰林院侍讀侍講學士王直、王英，各賜百金，幣六，羅衣一襲，鞍馬一。纂修官侍讀學士李時勉、錢習禮，洗馬藺從善，侍讀苗衷、曾鶴齡、馬愉，侍講高穀、胡稑、邢寬，修撰周敍、尹鳳岐、孫曰恭、習嘉言、陳叔剛、陳詢、曹鼒、儀銘、王一寧、杜寧、儲懋，編修楊翥、董璘、楊壽夫、林文、鍾復，主事劉球、劉鉉、洪璵，評事張益各金四十，幣三，羅衣一襲。侍講學士陳循金三十，幣三，御史邵宏譽金二十，幣一，羅衣同。稽考參對并催纂官編修蕭鎡、賴世隆、吴節、檢討李紹、姜洪、何瑄，主事潘勤，正字沈寅各金二十五，幣二，羅衣同，謄録官金幣各有差。已，賜宴禮部。

辛未，總裁官楊士奇、楊榮俱少師，楊溥少保兼禮部尚書武英殿大學士，總裁兼纂修官王直、王英俱禮部左侍郎，兼職如故，纂修官李時勉、錢習禮、藺從善俱翰林院學士，苗衷侍讀學士，曾鶴齡、馬愉、高穀俱侍講學士，周敍、尹鳳岐、孫曰恭、習嘉言、陳叔剛、陳詢俱侍讀，曹鼒、儀銘、王一寧、杜寧、儲懋俱侍講，楊翥、董璘、楊壽夫、林文、鍾復、張益、御史邵宏譽俱修撰，主事劉球、劉鉉、洪璵俱改侍講。

《皇明資治通紀》卷一六 廷臣以《實録》成進官始此。

壬申，祀元雲南行省平章政事瞻思丁于雲南，以按察副使徐訓言其降羅槃甸功，迄今感慕。

甲戌，復武全處州知府，鍾榮奉化主簿。初，巡按御史王璉、參政俞士悦、副使江鐵斥之，訴枉，得其實，士悦等以附御史，罰俸三月。

己卯，北京國子助教翁瑛子世資求入監，不許，命自今入監，俾科目出身，勿得諸司歷事。

《明史》卷一〇《英宗前紀》 癸未，立大同馬市。

《明通鑑》卷二二 先是刑部尚書魏源等，以衛喇特貢馬，援遼東開原例以六事聞，曰「置馬市，選貢馬，輸供具，嚴禁約，擇通事，設牙行」。上以「馬市勞軍民，不必置。待遠人宜厚，馬不必選。供具取給公帑，勿擾民。餘如議。」未幾，巡撫大同僉都御史盧睿，復言「大同宜立馬市」，從之。

《國榷》卷二四 〔五月〕乙酉，作太倉庫于京城東北。

丙戌，復張軏汾州知州，食從四品俸。

《英宗實録》卷四二 丁亥，革貴州鎮遠府附郭鎮遠州，以本州所屬鎮遠、施東二長官司屬府，改除本州知州何瑄爲本府同知，以其民少官多故也。

增兗州通判，專督閘壩河道。

《國榷》卷二四 庚寅，書天下文武姓名于文華殿。

裁貴州烏羅府，其平頭、著可二長官司隸銅仁府，朗溪蠻夷長官司隸思南府。

癸巳，遷甲乙丙丁等庫于内府。

己亥，爪哇入貢。

庚子，修天下郡縣申明、旌善二亭，户部主事張清言之。

壬寅，雲南南甸、騰衝二州，瓦甸、干崖二長官司，潞江安撫司，仍隸金齒軍民指揮使司。

《明通鑑》卷二三　南畿巡撫周忱奏疏通鹽課法。

去年，淮、揚水災，鹽課虧少，上命忱往視之。忱奏「令蘇州等府撥賸餘米，每縣量撥一二萬石，運赴揚州各鹽場收貯，如數出給通關，准作次年預納秋糧。令竈户將私鹽于附近場分上納，即照時價給米」。于是米貴鹽賤，官得積鹽，民得食米，公私賴之。

《國榷》卷二四　丙午，燕山左衛指揮使馬誠侵餉，械兵部前三月，戍威遠衛。

壬子，温、處逃民數千人潛掠福安縣銀礦，命浙江三司招諭之。

《皇朝大政記》卷十一　六月庚寅朔，日食。

丙辰，少師工部尚書吴中卒，追封茌平伯，謚榮襄。

《英宗實録》卷四三　乙丑，設福建永福堡守禦千户所，從翰林院編修謝璉奏請也。

丁卯，設雲南楚雄府陰陽學，置正術一員，嵩明州陰陽學，置典術一員。

《國榷》卷二四　安遠侯柳溥爲征蠻將軍總兵官，鎮守廣西，都督僉事田真爲參將。時都督山雲疾，以溥等代之。

設古浪守禦千户所。

癸酉，行在兵部郎中羅通降北流縣容山閘官。初從王驥甘肅，私中鹽，索諸將金帛裘馬，又攘蔣貴戰功，奸軍婦，驥以聞，下獄謫。

《明史》卷一〇《英宗前紀》　癸酉，以旱讞中外疑獄。

乙亥，都督方政、僉事張榮同征南將軍黔國公沐晟、右都督沐昂，討麓川叛蠻思任發。

《明通鑑》卷二三　任發，前宣慰思倫發子也。初，思倫發爲其部長刀榦孟所逐。洪武之末，太祖命黔國公沐春會都督何福討平之，歸倫發于麓川，仍爲宣慰使。分其地，設孟養、木邦、孟定三府，隸雲南，設潞江、干崖、大侯、灣甸四長官司，隸金齒。永樂初，陞孟養、木邦爲宣慰司。久之，孟養、木邦與緬甸相仇殺。時思倫發已卒，子行發襲，亦卒。次子任發遂襲，而狡獪踰于父兄，差發金銀，不以時納，朝廷稍優容之。會木邦與緬甸相攻，任發乘機侵奪，遂欲盡復其故地，稱兵擾邊。值宣德之末，以交阯、四川方用兵，民勞未息，遣中官齎敕撫諭，令勿與木邦争地抗殺。而任發輒連年侵孟定、南甸、干崖、騰衝、潞江、金齒等處。

于是黔國公沐晟奏：「任發叛形已著，近已侵迫金齒，勢甚披猖。已遣諸衛馬步官軍至金齒守禦，乞調大軍進討。」是時上方命晟遣官賫金牌信符諭還所侵地，而任發卒不奉詔。乙亥，命都督方政、僉事張榮會晟討麓川。

《國榷》卷二四　丁丑，停河南户口食鹽二年。

戊寅，錦衣衛指揮劉源賫敕戒諭遼王貴烚。王不友于諸弟，待庶母寡恩，奸江陵、瀘溪二郡主，捶死長史杜述，居國多過。

庚辰，敕諭木邦宣慰使罕門法會討麓川。

《明史》卷一〇《英宗前紀》　秋七月癸未，下禮部尚書胡濙于獄。

《明通鑑》卷二三　初，行在禮部印失，上以濙故，詔勿問，命改鑄。至是又失之，遂被劾下獄。未幾印獲，釋之，復其官。

《明史》卷一〇《英宗前紀》　辛卯，下户部尚書劉中敷於獄。尋俱釋之。

《明通鑑》卷二三　初，中官俸糈，于通州支給，中敷掌户部，改在京倉支給。中官諷御史給事中劾奏，遂並侍郎吴璽等俱下獄，既而釋之。

《國榷》卷二四　庚子，以思任發假貢金銀器象馬，尋據潞江，因羈其使于沐晟所。

八月癸丑朔，金筑安撫司鎮寧、永寧、安順三州俱隸貴州布政司，普定衛隸貴州，程番等十三長官司、平壩驛俱隸貴州宣慰司，木瓜、麻嚮、大華等四長官司隸金筑安撫司，增金筑安撫司流官同知。

設安順州流官。

罷陝西諸邊提督收糧主事。

《英宗實録》卷四五　乙卯，勅諭爪哇國王楊惟西沙曰：「王屢使臣亞烈麻咋來京朝貢，具見尊事朝廷美意，比者來使占微回至福建莆陽驛，飲酒酣醉，肆其任横，執刀殺死數人，復自殺其身，如此尤暴之人，豈可爲使？持勅諭王，今後遣人其慎擇之。」

《國榷》卷二四　蠲京城外菜地税鈔及江南蘆鈔。

《明通鑒》卷二二　辛酉，順天貢院火，席舍多焚，試卷亦殘缺。

時翰林侍講學士曾鶴齡爲考官，值初試之夕，有司懼罪，不敢言更試，惟請葺號舍終事。鶴齡曰：「必更試，然後滌百弊以昭至公。不然者，即此心無私，亦欺也。」禮部官乃具二議以進，詔下，如鶴齡言。

《國榷》卷二四　乙丑，河決邳州，灌諸邑，山東魚臺、金鄉、嘉祥尤甚，巡撫右侍郎曹弘以聞，命隨宜捍築之。

《英宗實録》卷四五　丁卯，鎮守陝西右副都御史陳鎰奏：「諸邊缺馬，請轉運京庫布絹於陝西布政使司收貯，貿易給軍。」行在户部亦言其便，上曰：「布絹自民間上納京庫，復轉運於彼，不已勞乎？宜於附近關中民間之禾上納者運給之。」

戊辰，命給浙江觀海諸衛新行在户部臣曰：「遠人不習水土，宜復其役，仍計口月給米四斗贍之，二歲後該衛具其生業以聞。」

《明史》卷一〇《英宗前紀》　乙亥，以陝西饑，令雜犯死囚以下輸銀贖罪，送邊吏易米。

《明通鑒》卷二二　平涼、鳳翔、西安、鞏昌、漢中、慶陽凡六府，皆以饑告，故有是命。

《國榷》卷二四　己卯，命祭孔廟非土所産者，鹿兔代以羊，榛棗代以果。從桂東知縣范忠之請。

《英宗實録》卷四五　辛巳，漕運總兵及各處巡撫官與廷臣會議事宜：一，近制運糧官軍犯笞杖徒流者罰運米贖罪，然罰運之數不及該運之數，以此輕於犯法。自今有犯者罰運之外仍運該運之米，其無力者謫戍極邊，則人知所警矣。一，山西行都司威遠衛及大同府山陰、馬邑二縣俱宜置倉設官，以貯糧儲。一，各邊夜不收軍士月增口糧二斗。一，獨石、馬營并西猫兒峪守備官軍其挈家居住者不給行糧。一，河南水旱相仍，該起運糧儲宜存三十萬石於本處備用。一，湖廣鎮遠、偏橋、平溪、清浪、銅鼓、施州六衛俱臨極邊，不通舟檝，挽運艱苦，請以湖廣罪囚該納米贖罪者每米一石折銀三錢，積至半歲，類送各衛，與米相兼支給。一，運糧官有比試違限，已經法司論斷者即令復任，於次年自備米九石，運赴京倉贖罪。上悉從之。

《國榷》卷二四　九月壬午朔，知州柯暹、監察御史郭智爲浙江、福建按察使，監察御史李敏、王琦爲廣西、山西按察僉事。

丁亥，荆王請徙河南，不許。

《英宗實録》卷四六　己丑，置陝西古浪城豐盈倉。先是，左副總兵都督任禮等奏，以古浪城改設古浪守禦千户所，移文巡撫右副都御史王文撥糧備用，其地舊有牧屯糧倉，未設官，降印文以爲言，故置是倉，銓撥官吏斗級。

《國榷》卷二四　庚寅，工部右侍郎蔡信卒，予祭葬。信本木工。

《明史》卷一〇《英宗前紀》　癸巳，蠲兩畿、湖廣逋賦。

《明通鑒》卷二二　凡六十四萬石，以元年、二年連災故也。

《英宗實録》卷四六　壬辰，添四川諸衛軍士月糧。先是，巡撫直隸侍郎周忱言：「天下糧儲頗足，兩京軍士既已添給，在外旗軍未蒙會計，宜移文各處有糧可給二歲者如例添給。」至是，四川都、布、按三司覆實，見糧可足五年，除松潘衛驗口支糧者不添，其餘衛所旗軍每月添給一斗。從之。

乙未，革貴州銅仁府大萬山長官司水銀硃砂場局，以其官多人少，地瘠課重也。

《國榷》卷二四　乙巳，占城入貢。

《英宗實録》卷四六　甲辰，革江西袁州府宜春遞運所，從知府何澄奏請也。

《國榷》卷二四　丙午，起復保定府同知錢寧、醴泉知縣胡璉，俱憂去，部民乞之。

丁未，召太監王貴、尚書王驥還京議邊事。先是虜脱脱卜花王殺阿台朵兒只伯。

《英宗實録》卷四六　庚戌，增置山東東昌府通判一員，專理河道，以本府通判戴浩言所屬河道八百餘里壩閘十有二所，督理疏濬，必得專職故也。

《國榷》卷二四　賜雲南大侯州土官知州刀奉漢金牌信符。先是奉漢欲同木邦宣慰使罕門法糾十萬衆勦麓川，故賜之。

〔十月〕壬子朔，榜葛剌國貢麒麟，羣臣稱賀。

《明史》卷一〇《英宗前紀》　再振陝西饑。

《國榷》卷二四　發粟三十一萬七千六百四十餘石。

《英宗實録》卷四七　乙卯，設江西南昌府寧縣八疊嶺巡檢司，從通判孫俊奏請也。

丁巳，順天府府尹姜濤奏：「先因鈔法阻滯，京城各門出入大小裝載物貨車輛俱納鈔貫，後雖減免，驢騾車猶納鈔八十一貫，牛車二十貫，小車四貫。令鈔法流通，乞免小車納鈔。」從之。

《國榷》卷二四　乙丑，巡撫直隸行在工部右侍郎周忱奏：「蘇、松羡粟，縣各一二萬石，移貯揚之鹽場，准爲縣明年田租，聽場户上私鹽給粟，官民攸便。」從之。

丙寅，瓦剌順寧王脱歡貢馬。

《英宗實録》卷四七　戊寅，設陝西岷州衛申都口各路山二寨，從掌衛事都指揮僉事后能奏請也。

《國榷》卷二四　辛未，衛王瞻埏薨。王孝謹，雅好學問，留居京師，年二十三。謚曰恭，亡子，國除，妃楊氏自經，謚貞烈。

《英宗實録》卷四八　十一月辛巳朔，欽天監進正統四年大統曆，上御正朝受之，給賜親王及文武群臣，頒行天下。

《國榷》卷二四　甲申，右都督山雲卒。雲徐州人，父青，百户，從靖難，歷都督僉事。雲始襲金吾左衛指揮使，從文皇帝北征力戰，累遷都督僉事。宣德初，柳慶諸蠻不靖，命雲往討，溪峒猺獞悉力迎戰，雲一鼓擊卻之，賊退保山巔，勢險峻，賊掛木于藤，壘石其上，官軍至，斷藤下木石，無敢近者。雲夜半束火牛羊角，縱之山下，賊謂官兵至，亟斷藤，比明，木石且盡。乃率衆鼓噪而登，遂盡破之，斬首數萬，俘降甚衆，築堡九，城四，鋪舍五百餘區，居民安堵者可十年。進都督同知，歷右都督。謀勇鷙發，而端潔如寒士，公賞罰，嚴號令，同士卒甘苦，盡卻土官餽獻，馭之皆服，征調亡敢後，廣人甚稱之。予祭葬，贈懷遠伯，謚忠毅。子俊，府軍前衛指揮使。

吏部左侍郎鄭誠卒。誠字文實，南城人，鄉舉，任吏部司務，譽甚，尋考功員外郎，改文選司。洪熙初，進郎中，宣德中，薦擢侍郎。詳雅練達，少廉介之行，賜祭葬。

丙戌，更定州學三歲貢二人，縣學二歲貢一人，繁昌主簿黄鍵言之。

《英宗實録》卷四八　己丑，四川播州宣慰使司土官宣慰使楊烱遣安撫宋忠誠并東寧衛寄住達官指揮舍人牙令哈、撒只剌河衛女直指揮脱因不花等俱來朝貢馬，賜宴并賜綵幣等物有差。

庚寅，瓦剌使臣阿都赤等以萬壽聖節獻馬二百匹，賜賞鈔幣償其直。

丙申，命改山東登州府管内奇山守禦所倉爲奇山倉，威海衛爲威海倉，百尺崖所倉爲寧海州倉，俱隸寧海州；成山衛倉爲成山倉，尋山所倉爲尋山倉，靖海衛倉爲靖海倉，寧津所倉爲寧津倉，俱隸文登縣；大嵩衛倉爲大嵩倉，大山所倉爲大山倉，海陽守禦所倉爲海陽倉，俱隸萊陽縣；萊州府管内王徐所倉爲本府王徐倉，鰲山衛倉爲鰲山倉，浮山所倉爲浮山倉，雄崖守禦所倉爲雄崖倉，俱隸即墨縣；靈山衛倉爲靈山倉，夏河所倉爲夏河倉，俱隸膠州；青州府管内安東衛倉爲本府安東倉，俱改銓其官，鑄印給之。所在府州縣各添設佐貳官一員，以理其事，仍添設按察司官一員以總之。先是，山東三司言登、萊、青三府沿海各倉俱隸衛所，出納之際民受其害，請俱改隸府縣，行在户部以爲宜如其言，故有是命。

《國榷》卷二四　丙申，上御奉天門，諭都察院右都御史陳智曰：「今武臣子弟，忘祖父起家之艱，漫不省武藝，赴京比試，多有過期及覓代者。自今犯者，全家戍邊，官吏受賂及不審實，罪如之。」

壬寅，敕雲南總兵官黔國公沐晟、左都督方政、右都督沐昂率兵討思任發，太監吴誠、曹吉祥監軍。兵至金齒司，賊沿潞江立柵，晟遣指揮車琳等諭降，賊佯如約，晟信之，無渡意。刑部主事楊寧曰：「不可，兵未加稱降，此詐也，懼有後悔。」晟迂之，檄寧督餉金齒。賊將緬檢數挑戰，政怒，造舟六十艘欲渡江，晟不可，乃夜渡擊敗之，追至潞江，賊走景罕寨，指揮唐清擊敗之，指揮高遠等又追敗之高黎共山下，共斬三千餘級。

己酉，增陝西布政司參議、僉事各一，監收甘肅食糧。

《明通鑒》卷二二　是月，逮天下逋逃工匠四千餘人。

初，宣德間，徵天下軍民工匠，多所興造，上即位，悉罷之。未幾，建宫殿，修九門，改造五府、六部諸司公署，又廣建京城内外諸佛寺，工役繁興，匠多逃者。二年二月以後，已逃六千餘人，至是積四千二百餘人，悉命逮之，逮至者皆桎梏赴工，軍民失望。

南京國子祭酒陳敬宗請定入監事例。

敬宗任南京國子監司業九年，秩滿遷是職。至是上書言：「舊制，諸生以在監久近，送諸司歷事。比年有因事予告者，遷延累歲，至撥送之期始赴，實長奸惰，請以肄業多寡爲次第。又，近有願就雜職之例，士風卑陋，誠非細故，請加禁止。」從之。

《國榷》卷二四　〔十二月〕癸丑，安定王亦攀丹貢馬。

《英宗實録》卷四九　丙辰，賜交阯歸附土官阮公庭、陳世寧等鈔有差。初，公庭爲諒山府柒源州知州，世寧爲脱縣知縣，黎利之亂，公庭等義不從逆，挺身來歸，朝廷嘉其忠，令於湖廣隨州及應山縣帶支月俸，仍各給家屬田地，及是來朝獻馬，謝恩，故有是賜。

《明史》卷一〇《英宗前紀》　下刑部尚書魏源、右都御史陳智等於獄。

《明通鑒》卷二二　源經理大同邊務，本年四月召還。有御史劾源爲御史時，曾犯贓，冒領誥命，上以源有勞，置不問。比還，與都御史陳智相詈于直廬，智以聞，詔兩責之。七月，以坐決獄不當，與侍郎何文淵俱下獄，既而釋之。至是以上遼王貴烚罪狀不言其内亂事，遂與三法司俱繫詔獄，智亦預焉。先是巡撫湖廣侍郎吴政等，奏「遼王貴烚不友諸弟，待庶母寡恩，捶死長史杜述，居國多過」。及召訊京師，盡得其淫穢瀆倫兇暴諸不法事。上以政等所奏及三司所鞫皆不當，復命英國公張輔會問，得實，乃論貴烚重典，遂並政等規避不奏論斬。

時上嚴繩臣下，大臣下獄爲常，源一歲兩繫，論者皆以爲王振作威之漸云。

《國榷》卷二四　丙辰，起復開封推官李鉉。鉉善捕盜。

甲子，廣東左布政使林碩卒。碩閩縣人，永樂壬辰進士，授御史，秩滿，進浙江按察使，雪冤澤物，不畏强禦。

乙丑，閉浙江、福建銀冶。

丙寅，禁江西窑場燒造青花白地瓷器，貨賣餽送，違者正犯論死，全家戍口外。

丁卯，遼東總兵官都督同知巫凱卒。凱句容人，廬州衛百户，歷都指揮同知。永樂初，以都指揮使調遼東。宣德初，進征虜前將軍都督僉事鎮守。性剛毅，饒智略，在遼三十年，威惠並著。賜祭葬。

癸酉，進瓦剌使臣阿都赤右都督，把伯察占昂克都指揮使。

丁丑，召遼王貴烚入京議其罪。

《明通鑒》卷二二　多爾濟巴勒敗走，尋爲衛喇特托懽所殺。

托懽自襲殺阿嚕台後，悉收其部。未幾，又内殺賢義、安樂二王，盡有其衆，欲自爲可汗。衆不可，乃以托克托布哈故元後，立之，以阿嚕台之衆屬焉。托懽自爲丞相，陽推奉之，實不承其號令。一時朝臣、邊將，皆言「衛喇特日强，且兩虜各一，尾大勢成，非阿爾台等殘寇之比也。」上皆不省，但戒敕防禦而已。

正統四年（己未、一四三九）

《英宗實録》卷五〇　正月庚辰朔，上詣奉先殿、太皇太后宫、皇太后宫行禮畢，出御正朝，文武群臣及四夷朝使行慶賀禮，太皇太后、皇太后俱免命婦朝賀。

辛巳，文武百官朝親王於奉天門東廊。榜葛剌國使臣下而柳眉等一十四人以正旦節賜宴失於入謝，鴻臚官劾之。上曰夷人不必究治。

《明史》卷一〇《英宗前紀》　壬午，方政破麓川蠻於大寨，追至空泥，敗没。

《國榷》卷二四　事聞，贈政威遠伯，謚忠毅，祠于永昌。

《明通鑒》卷二二　先是政等出師，詔會黔國公沐晟及晟弟右都督昂共討之。思任發者，本名思任，未襲時，曾隸孟養宣慰刀賓玉部下，賓玉嘗遣詣晟，晟兒畜之。洎擁衆麓川，侵略鄰境，勢日强。南甸知州刀貢罕，奏麓川奪其所轄羅卜思莊等二百七十八村，詔思任還之，不聽。

政等將至，思任佯言修貢，以冀緩師，復略孟養地，逐賓玉，遂據潞江，自稱曰「法」。「法」，夷人王號也。政謀進兵，而晟輒視思任發易與，聞其降，遷延不欲渡江。任發潛遣衆萬餘沿潞江造船三百艘，欲取雲龍。政欲出戰，晟不可；政造舟欲濟師，晟又不許。政不勝憤，乃獨率麾下與賊將緬簡戰，破其大寨。賊奔景罕，指揮唐清復擊破之。又追之高黎共山下，斬賊共三千餘級。乘勝深入，逼任發上江。上江，賊重地也。

政遠攻疲甚，求援于晟，晟怒其違節制渡江，不遣；久之以少兵往，至夾象石又不進。政追至空泥，賊出象陣衝擊，軍殲，政死焉。

時晟抵金齒，聞敗，引軍還。

《國榷》卷二四　己丑，撤專巡甘涼御史。

戊戌，寧府信豐王盤熿薨。年十九，謚悼惠，妃劉氏自縊，謚貞烈。

時裁運河官，止存右少卿徐儀、右通政王孜南北分巡，至是漕運左副總兵都督僉事王瑜言永樂間督理運河官至百二十餘人，宣德間猶十餘人，今非二人所能辦，于是仍遣郎中孫昇等六人。

辛丑，尚寶司少卿袁忠徹，令中書舍人私録《書林別集》四卷，被劾，下錦衣獄。

癸卯，瓦剌使回，敕諭可汗脱脱不花曰：「高皇帝兼愛中外，待漠北尤誠信，朕遵守不敢失。可汗順天道，遣使通好，人民安樂，此亦可汗祖宗愛民遺澤之所致也。今遣都指揮康能、陳友、王政等賫書幣往致朕意，宜益敦前好，使命往來無間，將後嗣蒙澤，可汗名亦千萬世不磨，可不念與。」賜丞相把把的、右丞相脱歡、左丞相昂克等有差。

《英宗實録》卷五〇　乙巳，行在工部左侍郎李庸以軍器局去歲冬季所造盔甲等器六萬四千有奇，已給神機營及運赴總兵官任禮給邊軍畢，具數以聞。上曰：「比聞所造多不如法，其於兵仗局各取一件爲式，每三月一次，令給事中、御史閲其所造，敢有不如法及侵盜者，必罪不宥。」

《國榷》卷二四　（二月）庚戌朔，豐城侯李賢、鎮遠侯顧興祖、兵部左侍郎鄭辰、都察院右僉都御史丁璿提督通倉、宣大邊儲。

《英宗實録》卷五一　辛亥，山西布政司奏鴈門關迤南可設牛站，隸代州，請銓官給印。上從之，命名爲定邊遞運所。

《國榷》卷二四　丙辰，哈密忠順王卜荅失里、瓦剌順寧王脱歡入貢。

《英宗實録》卷五一　乙卯，湖廣荆州府奏府城西四十里江水高城十餘丈，倘遇霖潦隄壞，水即灌城，爲害不小，乞專命府通判一員、荆州等三衛千户三員，常巡隄岸，少壞輒修，庶可以防水患。從之。

《明史》卷一〇《英宗前紀》　丁巳，總兵官蕭授平貴州計砂叛苗。

《明通鑑》卷二二　時苗賊首金蟲、總牌等，糾紅江生苗作亂，僞立統千侯、統萬侯號。授督兵抵計沙，分遣都指揮鄭通攻三羊洞，馬曄攻黄柏山，大破之。都督同知吴亮窮追至紅江，斬總牌，千户尹勝誘斬金蟲，于是生苗盡降。

授在鎮二十餘年，威信大行，寇起輒滅，前後諸帥莫及也。論功，進左都督，尋以老致仕。久之，復起視事右府。越數歲卒，贈臨武伯，謚靖襄。

《國榷》卷二四　己未，大學士楊士奇展墓，中官護行。

《明通鑑》卷二二　賜璽書金幣，曰：「卿省墓畢，即速來。毋久戀鄉土！」士奇省墓，道南京，聞少保黄福疾，往候之。福驚曰：「公輔幼主，一日不可去左右，奈何遠出！」士奇深服其言，越二月，還朝。

《國榷》卷二四　庚申，工部主事趙欽、署都指揮僉事張孟喆增置懷來、隆慶等倉。

辛未，方政敗聞，召都督吴亮、馬翔回京，分遣監察御史益徵兵。

《國榷》卷二四　（閏二月）辛巳，山西按察僉事劉翀言二事，曰振業貧民，令墾荒田，停徵五年；曰加惠邊軍，許沿邊空地耕種，免其子粒。上即行之。

《英宗實録》卷五二　壬午，命行在右軍都督府左都督陳懷理行在中軍都督府事。

併廣州府清遠縣横石馬驛於水驛。以廣東左布政使王俊得言二驛密邇，舟楫爲便，騎乘可省故也。

《國榷》卷二四　乙酉，命諸生犯罪，除詿誤外，廪膳追米，餘發充吏，不准收業。以山東提學僉事薛瑄言之。

丁亥，起復思州知府郭晟，改西安。晟初任西安同知，民思之。

《英宗實録》卷五二　己丑，朝鮮國王李裪遣陪臣崔士儀等，安南國王黎麟遣陪臣阮廷歷等，俱來朝貢馬及金銀器皿方物，賜宴并賜綵幣等物有差。改靈武監於鎮原縣，清平苑、萬安苑於開城縣，以陝西三司官奏舊監及苑逼近胡虜，累彼搶掠，牧養不便故也。

《國榷》卷二四　貴州苗復亂，殺沅州衛千户黄端、百户徐瑾等。

《英宗實録》卷五二　丙申，革江西廣昌縣唐坊巡檢司。

《國榷》卷二四　賑岷河、鞏昌、西安饑。

丁酉，武定侯郭瑄、太監雷春修皇陵。

己亥，修各關烽堠。

《明史》卷一〇《英宗前紀》　辛丑，釋魏源、陳智等，復其官，並宥棄交阯王通、馬騏罪。

《國榷》卷二四　丁未，增畿内、山東、山西、河南、陝西、湖廣招撫逃民官六十四人。

《英宗實録》卷五二　戊申，增置山西太原等府州縣九十九處佐貳官，從巡撫河南、山西行在兵部右侍郎于謙奏，山西邊境政務繁劇故也。

《明史》卷一〇《英宗前紀》　三月己酉，詔赦天下。

《明通鑑》卷二二　並蠲逋税。

《國榷》卷二四　行在户部請派各省黄白蠟芽茶等物，上以民饑，不許。

《英宗實録》卷五三　丁巳，狀元施槃率諸進士上表謝恩。陞知府熊觀爲山西右參政，郎中李讓爲河南右參政，員外郎黎璉爲山東左參議，監察御史郝敬爲陝西右參議，知州王聰爲湖廣右參議。先是，行在户部奏准山西等處增置方面官各一員，招撫逃民，至是行在吏部會官舉觀等，故陞之。

《國榷》卷二四　戊午，榜葛剌、滿剌加、琉球入貢。

敕湖廣處置征南糧儲。

《明史》卷一〇《英宗前紀》　庚申，廢遼王貴烚爲庶人。

《明通鑒》卷二二　俾守其父簡王園。已，封其弟貴煖爲遼王。

初，湖廣巡按御史陳祚，以奏遼王罪有所隱，與巡撫侍郎吳政等先後被逮下獄，至是以事定釋之，尋改南京、雲南道御史。

《英宗實録》卷五三　丁卯，雲南總兵官征南將軍太傅黔國公沐晟卒。晟，黔寧昭靖王英之子也，洪武中任後軍都督僉事。英長子先卒，無嗣，晟以介子襲爵西平侯，鎮守雲南。永樂四年，安南黎賊反，制諭晟佩征夷副將軍印，統雲南四川諸軍，副成國公往討之。晟由蒙次縣進兵，隨山刊木，抵賊境，築堡造舟，遣兵出宣光江口，奪敵舟，夜出洮水，陳師，復分兵泝流合攻。賊迎拒於富良江，鏖戰至暮，大敗之，進破其東西都城，黎賊遁於海。五年，合軍追至日南州奇羅海口，獲黎賊父子及其僞官屬。六年，班師，進封黔國公，仍鎮雲南。時交阯餘寇未息，復命晟佩征夷將軍印率諸軍追剿之，抵占城，獲其酋。二十二年，以降富州叛寇功，加太傅，其年入朝。洪熙元年，佩征南將軍印，遣還鎮。正統三年，麓川賊思任發反，勅晟統雲南、四川、貴州諸道兵討之，至潞江，督軍造舟，乘夜渡江，攻賊栅，破之，追至高黎共山，連破數寨，斬首三千。以疾還，至楚雄峨碌驛，卒。訃聞，追封定遠王，謚忠敬，以其子儼嗣爵。

戊辰，南京兵仗局奏：「自宣德八年成造軍器火器共二百四十四萬有奇，而工部下有司所市物料今尚未完，乞令追完，庶不誤軍需。」上以民方艱食，料未輸者不許催徵。

《國榷》卷二四　己巳，左副都御史吳訥致仕。

《明通鑒》卷二二　上初御經筵，訥録所輯《小學集解》上之。訥議論有根柢，于性理之書，多有發明。歸家，環堵蕭然。周忱撫江南，欲新其居，不可。家居十六年卒。

《明史》卷一〇《英宗前紀》　癸酉，增南京及在外文武官軍俸廩。

《國榷》卷二四　四月戊寅朔，安南國王黎麟遣使隨給事中湯鼎等謝侵地之罪，表貢方物。

《英宗實録》卷五四　己卯，行在六科給事中劉海等劾奏少保兼工部尚書吳中、左侍郎李庸、右侍郎邵旻等罪。時將册封遼府興山王貴煖爲遼王，妃杜氏爲遼王妃，特勅造金册冠服等物，各官延緩日久，於是給事中劾其有阻親親之恩，請治其罪。上特宥堂上官，罪其該司官吏，命法司逮治如律。

設福建南平縣湖口巡檢司。

《國榷》卷二四　辛巳，復長蘆巡鹽御史。

《英宗實録》卷五四　丁亥，勅諭安南國王黎麟曰：「得奏王拘原洪父子究問，及將占管虜掠，悉行退還，具見王之循禮守法。又奏安平州土官知州趙仁政等攻占地方，虜掠人畜，已令總兵官安遠侯柳溥及廣西三司查勘明白，具奏定奪。自今王宜戒飭守邊之人各守疆界，毋妄生邊釁，自取禍愆。」

初，建州等衛都指揮李滿住等奏都督凡察、指揮童倉等聽朝鮮招引叛去，有詔追索，朝鮮國王李祹上奏自明，并陳述累朝安邊詔勅。上賜勅諭之曰：「得奏李滿住等虚捏奏情及曾有勅諭，聽令童倉、凡察等仍在鏡城地面居住等因具悉。朕惟王之父子世守禮法，永篤忠誠，童倉、凡察等既在彼安生樂業，不必般移，王更宜戒飭其安分守法，勿作非爲，以累王之令德。」

《國榷》卷二四　己丑，禁外夷市銅鐵器。

《英宗實録》卷五五　［五月］戊申，廣西總兵官安遠侯柳溥奏：「蠻寇韋萬川仍糾衆侵擾，議率兵勦捕，請摘廣東或湖廣官軍一千來益之。」上勅溥曰：「蠻寇出没不常，爲總兵者宣布朝廷恩威懷服之，俾斂跡不敢犯爲上策，若一一興兵，徒勞人傷財而所得幾何？況不能得乎？勅至，其以所統官軍各分要地固守，有警即相機勦殺，毋令滋蔓。」

《明史》卷一〇《英宗前紀》　庚戌，右都督沐昂爲征南將軍，充總兵官，討思任發。

《國榷》卷二四　鳳陽、淮安、徐、兗、濟南、開封蝗，命捕之。

《英宗實録》卷五五　辛亥，修滁州栢子龍潭祠。革河南衛輝府河平馬驛，改衛源水驛爲水馬驛，從知府葉宣言也。

乙卯，增置福建泉州府織染局大使、副使各一員。

革江西九江府德化縣沙池、高頭湖桑落州二河泊所，併其歲課於小池小江河泊所。

《明史》卷一〇《英宗前紀》　丁卯，録中外囚。

《國榷》卷二四　庚午，遣視真定、保定、廣平、順德、大名、河間、延安、彰德、懷慶、開封、衛輝旱災。

壬申，京師大雨水溢，壞官府民居，溺人甚衆，人多露宿。

《英宗實録》卷五五　甲戌，建四川資縣銀山鎮、簡縣資陽鎮、瀘州李市鎮三巡檢司。

《國榷》卷二四　周王有燉薨。王博學善書，年六十一，謚曰憲。乙酉，上移祥符王有爝書，夫人以下不必殉，年少者許歸其家。議者曰，上異時止殉之漸也。

是月，倭舟四十餘，夜入大嵩港，陷城，轉陷昌國衛，時誅失事將官三十六人。

六月丁丑朔，湖廣都指揮僉事張善爲參將征蠻副將軍，鎮守湖廣，時總兵官蕭授年老召還。

《英宗實録》卷五六　戊寅，陞巡撫河南山西行在兵部右侍郎于謙爲本部左侍郎，仍理前事，以九年任滿故也。

《國榷》卷二四　辛巳，復張道陽曲知縣，食正六品俸。

壬午，福餘衛都指揮歹都等數言賞薄，互市失利，非永樂時比，上因使者還，敕曰：「文皇帝以爾通阿魯台歲徵馬三千匹贖罪，爾俛首聽命，朕實爾寬，而妄意無厭，是速敗也。其亟改圖，否者將遺悔。」

癸未，重定雲南中鹽例，時征麓川遞減，未幾，再減至米一斗，仍不次支給。

乙酉，敕總兵官都督同知，以兀良哈泰寧、朵顔、福餘三衛通瓦剌，罷其部落貢獻。

庚寅，裁廣東宜倫、寧遠、萬寧縣，俱附郭民少。

乙未，命工部右侍郎邵旻、右僉都御史曹翼同給事中，擇亢爽地及各廠房居軍民無室者。

户部右侍郎吴璽、順天府尹姜濤存問被水家給米一石，溺者加鈔五百貫。

《明史》卷一〇《英宗前紀》　丁酉，以京畿水災祭告天地，諭群臣修省。

戊戌，求直言。

《明通鑒》卷二二　時翰林院編修劉定之應詔言十事：一言「號令之出，宜求大公至正，久而無弊，不可苟且數易」。二言「公卿侍從，宜數召見，察其才能心術而進退之」。三言「降人處京畿者，宜漸移之南方」。四言「郡縣職宜以京朝官補，使迭相出入」。五言「薦舉之法，不當拘五品以上，宜仿唐制，遷秩時舉一人自代」。六言「武臣子孫宜習韜略」。七言「守令牧養爲先，毋徒取幹辦」。八言「僧尼蠹國，當嚴絶」。九言「富民輸粟授官者，有犯宜追奪」。十言「丁憂文臣宜永罷起復」。所言皆切中時弊，疏上，竟留中。定之，永新人。

癸卯，裁正陽門及沿河收鈔御史及户部主事。

居庸關城橋多雨圮，發隆慶、永寧、懷來等衛修築。

《國榷》卷二四　〔七月〕丁未朔，遣道士賫祀幣往命所在守臣祭歷代帝王陵寢。

慶府真寧王秩熒求改册庶長子，上以父薨未朞輒奏改，切責之。

《明史》卷一〇《英宗前紀》　庚戌，免兩畿、山東、江西、河南被災税糧。

壬申，汰冗官。

《國榷》卷二四　免兖、萊、九江、瑞、撫、贛、彰德、淮安、鎮江、揚、常、大名、廣平、順德、南昌去年水旱田租。

《明通鑒》卷二二　滹沱、沁、漳三水俱決，壞饒陽、獻縣、衛輝、彰德隄岸，敕有司修築。

《國榷》卷二四　壬子，封彭城伯張輔卒。輔彭城伯杲子，素疾，長子瑾嗣爵，封輔，未下而卒。

《英宗實録》卷五七　乙卯，命順天府修元世祖廟。

《國榷》卷二四　庚申，免安吉縣貢粟。

壬戌，許雲南軍官土官等納粟金齒，陞級有差。從按察使賴巽之請。

癸亥，免兩京各省武職官菜園鈔。

甲子，鎮守雲南右都督沐昂上潞江之捷，陞賞有差。

乙丑，修邵伯、高郵、寶應、白馬諸湖隄。

行在工科給事中吴昇言：「御史朝廷耳目，理刑特其餘事。邇年悉命三品上京官保舉，夫御史既蒙大臣舉拔，大臣或奸回不法，孰肯背舉主之私，罄彈劾之公乎？乞暫停保例。」上是之。廷議御史闕于進士、監生、教官、儒士歷一任考最，送都察院理刑半年覆用，從之。

丁卯，行在大理寺右少卿李畛巡視畿南，其河南、山西，令巡撫侍郎于謙巡視，時旱澇互告。

庚午，徐、宿、蕭山蝗，命捕之。

壬申，汰行在户部等冗官八十員改用。

《英宗實録》卷五七　甲戌，琉球國中山王尚巴志奏：「本國自洪武迄今，恭事朝廷，數荷列聖潤念，給賜海舟載運。近使者巴魯等貢方物赴京，舟爲海風所壞，緣小邦物料工力俱少，不能成舟，乞賜一海舟，付巴魯等領回，以供往來朝貢事。」下行在禮部覆奏，謂即今節省冗費以甦民力，若復造舟，不免勞擾軍民。上命福建三司於見存海舟内擇一以賜，如無則以其所壞者修葺與之。

《國榷》卷二四　〔八月〕辛巳，敕行在右僉都御史張純巡視畿内旱澇，撫卹之，或賑濟勸貸。

丁亥，裁保安、隆慶二州同知、判官并撫民同知各一。

丁酉，命給事中、御史各一，監收南京各庫追納物料。

召回各處清軍御史。

《明史》卷一〇《英宗前紀》　戊戌，增設沿海備倭官。

《國榷》卷二四　提督沿海備倭官都指揮同知張翥改提督福建，都指揮僉事吳凱提督浙江。

罷浙江巡撫官。

《英宗實録》卷五八　庚子，定寧夏中鹽例。

《國榷》卷二四　辛丑，增南京文武官六品以下官俸，月本色米五斗。

乙巳，復楊璉昌平知縣，食從六品俸。

嘉興知府黄懋上言，部民入京告訐，株連百十人，曠歲無稽，善良抱冤，請禁止。上深然之，命法司概禁于天下。　賑徐州、儀真、宜興、邯鄲、遂安、淳安饑。

《英宗實録》卷五九　九月丙午朔，勑雲南總兵官都督沐昂等曰：「麓川反寇恃其地險山峻，狃詐百端，切不可以爲易圖而輕視之，務在同心協慮，博采群策，毋以人廢言，毋以己妨衆，期於成功，以副朕委任之意。」

《國榷》卷二四　免宣德十年歲辦弓箭。

《英宗實録》卷五九　戊申，行在户部會廷臣并運糧等官議奏：「正統五年合運糧四百五十萬石，内林南東店收二十萬石，其餘支運糧俱於通州倉收兑，運糧六分京倉收四分，通州收兑運糧二百八十萬七千四百三十五石，支運糧一百六十九萬二千五百六十五石，俱於淮安、徐州、德州、臨清倉開支。　其官軍兑運民糧加耗則例，湖廣、江西、浙江三處六斗五升，南直隸五斗五升，徐州四斗，山東三斗，浙江、蘇、松等府人民自願至瓜洲兑與軍者三斗七升，至淮安兑者三斗，不願兑者令自運至淮安倉交納。」上是其議，悉從之。

《國榷》卷二四　己酉，琉球、占城入貢。

《英宗實録》卷五九　辛亥，上諭行在户部尚書劉中敷等曰：「比聞各處增置撫民官，奉公愛民者少，生事擾人者多，應否存留，爾會六部、都察院及巡撫官給事中從長計議以聞。」翌日議奏：「各司府州添官一員，未爲冗濫，若復取回，恐來年佈種之時逃移人民缺官撫恤，存之爲便。　其有地僻事簡，逃户數少之處，起送赴部，餘在任者，仍聽巡撫、巡按等官詢察，有不用心撫恤及生事擾人者悉奏罷爲民。」從之。

壬子，陞直隸永平衛。

《國榷》卷二四　癸丑，免貴州户口食鹽鈔。

甲寅，罷江西、陝西巡撫右侍郎趙新還吏部，右副都御史王文還都察院。

丁巳，右參將楊洪至白塔兒，值兀良哈五百騎，擊敗之，進都督僉事。

《明通鑒》卷二二　洪以去年擊寇于白顔山，馬蹶，傷足，戰益力，卒大敗之。璽書慰勞，命醫往視，賜之銀幣。　尋以總兵譚廣年老，命洪爲右參將佐之。　洪建議加築開平城，增置獨石等堠臺六十所。　寇至，屢卻之。

《國榷》卷二四　〔十月〕丙子朔，裁貴州布政司右參議、按察司副使各一，僉事二。

己卯，遣視蘇、松、常、鎮江水災，存恤之。

丙戌，進廣西思恩州爲府。　初，土官知州岑瑛勦賊功，進田州知府，而瑛輒欲領田州，與知府岑紹交惡，時議瑛、紹各知府，杜其事。

《英宗實録》卷六〇　丁亥，造渾天儀、璇璣玉衡、簡儀。　瓦剌等處脱脱不花王等遣都督阿都赤等千餘人來朝，貢馬三千七百二十五疋，駝一十三隻，貂鼠皮三千四百，銀鼠皮三百，賜宴并衣帽靴韈鈔幣有差。

《國榷》卷二四　己丑，工部作海運船十有六。

《英宗實録》卷六〇　辛丑，復設浙江臨安縣臨安青山稅課局，銓官給印，以本縣奏請，從民便也。　罷龍江大勝關等處收鈔官，從少保兼户部尚書黄福奏請也。

《英宗實録》卷六一　十一月乙巳朔，行在欽天監進正統五年大統曆，上御正朝受之，給賜諸王及文武群臣，頒行天下。　巡撫大同宣府右僉都御史盧睿奏山西上年撥送折糧銀一十萬兩，每銀一兩准糧四石，今宣府米價騰湧，請每銀一兩准二石五斗。　從之。

《國榷》卷二四　丙午，弛山海至密雲湖山榛果柴薪魚蝦之利，以贍饑人。

《英宗實録》卷六一　甲寅，朝鮮國王李裪遣陪臣李思儉等奉表貢馬及方物，來賀萬壽聖節，賜宴并賜綵幣等物有差。

《國榷》卷二四　丁未，行在刑部右侍郎張鳳提督京倉。

《英宗實録》卷六一　戊午，賜朝鮮國王正統五年大統曆一百本，命來使李思儉齎與之。

《國榷》卷二四　丁卯，以兀良哈掠延安、綏德，敕宣府總兵官譚廣邀擊之。

《英宗實録》卷六一　辛未，山東按察司副使王裕奏：「東嶽泰山爲五嶽之宗，祀典所重，近年以來，四方愚民登山燒香，捨身跳崖，毁傷肢體，穢惡褻瀆，有傷和氣，請令巡按御史、按察司并泰安州官嚴加禁約。」從之。

《明通鑒》卷二二　是月，福建僉事廖謨以事杖死驛丞，大學士楊溥欲坐謨抵罪，楊士奇謂「因公致死，宜示薄譴」，互争不決，請裁于太皇太后。王振因進言：「溥與驛丞同鄉，士奇與僉事同鄉，各有私意。抵償過重，因公過輕，宜對品降職。」太后然之，乃出謨爲同知。

自是振漸摭閣臣過，侵其權，自士奇以下，皆莫能難也。

《國榷》卷二四　〔十二月〕乙亥，修乾清宫。

丙子，免萬全都司保安衛屯租。

《明史》卷一〇《英宗前紀》　丁丑，都督同知李安充總兵官，僉都御史王翺參贊軍務，討松潘祈命族叛番。

《明通鑒》卷二二　先是指揮趙得奏祈命番族桑巴作亂，官軍捕禽之。其弟小桑巴復聚浦江、新塘等關，據險劫掠，至是命安等率官軍士兵二萬人往。

《國榷》卷二四　禁衛所軍官與所屬旗軍結婚。

戊寅，故哈密忠順王卜荅失里子哈力鎖魯檀嗣忠順王。

己卯，樂平王冲炏以平涼苦寒，求内地，不許。

壬午，署都指揮僉事盛琦往揚州，提督官軍備倭。初，倭寇定海、爵溪、大嵩、桃渚，值官軍則稱貢，稍弛即焚剽，沃嬰兒戲槊上，剖視孕婦，以爲笑樂，東南慘喪，官吏罰論二十六人。起復貴州蠻夷長官司流官吏目張順。

癸未，定監生越選之禁。

《英宗實録》卷六二　甲申，朝鮮國王李裪遣陪臣柳守剛賫表文貢馬及方物，來賀明年正旦節，賜宴并賜綵幣等物有差。

《明通鑒》卷二二　衛喇特托懽死，子額森嗣，稱太師、淮王，北部皆服屬，托克托布哈具空名，不復相制，每入貢，主臣並使，朝廷亦兩敕答之，稱托克托曰達可汗，額森曰太師，賜賚甚厚，並及其妻子部長。于是額森勢益横，邊境自此多事矣。

正統五年（庚申、一四四〇）

《英宗實録》卷六三　春正月甲辰朔，上詣奉先殿、太皇太后宫、皇太后宫行禮畢，出御正朝，文武羣臣及四夷朝使行慶賀禮。太皇太后、皇太后俱免命婦朝賀。

乙巳，文武百官朝親王於奉天門東廊。

《國榷》卷二四　戊申，南京守備參贊機務少保兼户部尚書黄福卒。

《明通鑒》卷二二　福歷事六朝，多所建白。公正廉恕，當官不爲赫赫名，事微細無不謹。憂國忘家，老而彌篤。初，太宗手疏大臣十人，令解縉評之，惟于福曰：「秉心易直，確乎有守。」無少貶。上即位，令福以少保參贊南京機務。時襄城伯李隆守備南京，福嘗坐隆側。楊士奇寄聲曰：「豈有孤卿而旁坐者？」福曰：「焉有少保而贊守備者邪？」卒不變。然隆待福甚恭，公退，即推福上坐，福亦不辭。兵部侍郎徐琦自安南回，福與相見石城門外。或指福問安南來者曰：「汝識此大人不？」對曰：「南交草木亦知公名，安得不識！」

卒之日，贈謚不及，士論頗不平。成化初，始贈太保，謚忠宣。

《國榷》卷二四　辛亥，賑順天、保定、河間、永平饑，招真定、太原逃民三萬六千六百餘户，免賦三年。

《英宗實録》卷六三　辛亥，行在都察院右僉都御史張純奏：「順天、保定、河間、永平四府所屬霸州、文安、保定、固安、房山等州縣饑民一萬餘户，而各州縣糧儲少積，乞將附近衛分倉糧賑貸之，庶有再蘇之望。」行在户部議令於武清、天津等衛并涿州常盈倉内量給賑濟，從之。免四川建昌衛河泊所課額米四百一十八石有奇，以辦課人户死亡消耗，從巡按監察御史姚勉奏請也。

《國榷》卷二四　甲寅，裁大通關副提舉一員。

己未，上南郊。

《英宗實録》卷六三　壬戌，設湖廣荆門州樂鄉橋巡檢司，革四川叙州府安邊驛。

丙寅，增置陝西洮州衛軍民指揮使司、僧綱司番僧都綱一員。

《國榷》卷二四　造浙江海舟百二十六艘備倭。

丁卯，給還鹽商資本鈔。

《英宗實録》卷六三　庚午，置浙江下砂二場三場鹽課司，銓撥官攢，革昌國正鹽場鹽課司，從都察院右副都御史朱與言奏請也。

《明史》卷一〇《英宗前紀》　〔二月〕乙亥，侍講學士馬愉、侍講曹鼐入閣預機務。

《明通鑒》卷二二　先是王振用事，漸厭三楊，一日，語士奇、榮曰：「朝廷事久勞公等。今公等皆高年，倦矣。」士奇曰：「老臣盡瘁報國，死而後已。」榮曰：「吾輩衰殘，無以効力，當擇後生可任者報聖恩耳。」振喜而退。士奇以咎榮，榮曰：「彼厭吾輩矣。一旦内中出片紙令某人入閣，且奈何？及此時進一二賢者，同心協力，尚可爲也。」士奇以爲然。翌日，列愉、鼐及侍讀學士苗衷、侍講高穀名以進，愉、鼐遂先被擢用。

《國榷》卷二四　乙亥，增行在光禄寺大官、良醖、珍羞、掌醢四署署丞、監事各一。

占城入貢。賑大同饑。

己卯，覈江北貧民，給官牛一萬牧種。

庚辰，以鶴慶軍民府土知府高倫妻劉氏同倫弟昌等糾羅羅麽些人歃盟恣暴，命雲南總兵官左右都督沐昂、吴亮，參將都督僉事馬翔、張榮等按之，械首惡于京。

營建宫殿，役軍匠各三萬餘人。

辛巳，行在光禄寺廚役白大有奏，父年八十，無他子，乞歸養。上曰：「禮，八十者一子不從政。」即遣之。

《英宗實録》卷六四　癸未，給京城饑民飯。先是，上從少師兵部尚書兼華蓋殿大學士楊士奇奏：「命行在户部於在京兩處原設飯堂增米煮飯，以待饑者兩月，仍遣御史給事中等官往來提督。」至是行在兵科給事中劉益奏：「臣等巡視飯堂，起食者日以千計，瀕死之人，蒙恩全活，不可勝數。今兩月之期將滿，而京師米價尚貴，乞仍前賑卹，俟米價稍賤，却如舊數。」上命復增米賑卹一月。

《明史》卷一〇《英宗前紀》　甲申，僉都御史張純、大理少卿李畛振撫畿内流民。

《明通鑒》卷二二　乙酉，大學士楊榮乞歸省墓，命中官護行。

《國榷》卷二四　丁亥，定罪囚無力輸贖事例。

己丑，時討麓川思任發，抵隴把，去賊巢甚近，右參將都督僉事張榮先令都指揮盧鉞擊賊，大敗，榮棄符驗軍器以遁。昂等不之救，師還，敕責總兵官沐昂等，留昂鎮守，左參將都督僉事馬翔協贊軍務，召副總兵右都督吴亮還京議之，右參將都督僉事張榮失事貸還三司，仍轉餉金齒。

庚寅，山東按察副使蔡錫爲順天府尹。

甲午，琉球入貢。

辛丑，監察御史李紀巡撫遼東，提督屯種。

〔三月〕癸卯朔，富户徙京，逃者戍之。

《明史》卷一〇《英宗前紀》　戊申，建北京宫殿。

《國榷》卷二四　作奉天、華蓋、謹身三殿，乾清、坤寧二宫，其材料俱舊積，故事集而民不擾。

《明通鑒》卷二二　初，永樂間，奉天、華蓋、謹身三殿災，稍稍修葺之。上即位，命中官阮安同都督沈清、工部尚書吴中等重建三殿。奉天門爲正朝，大事御正殿，其後爲華蓋，又其後爲謹身，皆較前壯麗。並修繕乾清、坤寧二宫。凡役工匠官軍七萬餘人。

《國榷》卷二四　庚戌，定大同宣府八月燒荒。初，邊軍秋深出塞燒荒，近備瓦剌貢使入大同，十月往多雨雪，右僉都御史盧睿乞乘其未貢爲便，從之。

癸丑，革德州廣川驛。

《英宗實録》卷六五　丙寅，遼東東寧衛寄住達官指揮官保番僧羅得納、發得納等俱來朝貢馬及貂鼠皮，賜綵幣等物有差。

《明通鑒》卷二二　丁巳，麓川思任發請罪，詔宥之。

《國榷》卷二四　戊子，沐儼嗣黔國公。

辛酉，以兩京風雨，遣告郊廟各壇。

癸亥，定徽州夏税苧布折銀。

己巳，宥定國公徐顯宗。

《明史》卷一〇《英宗前紀》　〔四月〕壬申，免山西逋賦。

《國榷》卷二四　癸酉，行在浙江道監察御史軒輗爲浙江按察使。

初，靖江王佐敬，與弟奉國將軍佐敏互訐，命械其内使張信等廷鞫。

丙子，廣西總兵官安遠侯柳溥勦羅城縣叛獞。

庚辰，逮巡撫大同宣府行在右僉都御史盧睿下獄。初，瓦剌使回，大同總兵官朱冕等欲增給羊二百，睿以歲凶止之，語聞，上責狀，其詞飾，被劾。

辛巳，行在吏部考功主事宋琰、進士錢溥授宫豎書于内府。

壬午，封怕木竹巴灌頂國師，吉利思巴永耐監藏巴藏卜嗣闡化王。

癸未，行在右僉都御史張純賑順天、保定、河間、永平官民，麋穀共三十三萬一千七百餘石，大理寺右少卿李畛賑真定、大名、廣平、順德，官私共十九萬一千六百八十餘石。

立平湖梁莊堡，倭船易泊也。

《明史》卷一〇《英宗前紀》 丙戌，祈命簇番降。

《國榷》卷二四 復命松潘祁命簇商巴爲浄戒弘慈國師。初，鎮守松潘都指揮同知趙諒惡商巴，誘執之，掠其貲，謂糾衆寇邊，遂命都督同知李安、右僉都御史王翺以兵往，已聞其枉，翺出商巴于獄，招所部皆聽命，還商巴銀印，誅趙諒，松潘遂平。

己丑，平定、岢嵐、朔、代、壽陽、静樂、靈丘等饑民流徙，命賑䘏。

辛卯，江西提學僉事王鈺秩滿，謁都察院左都御史陳智不跽，訶之，引疾致仕。

鈺博學守正，在江西大得士，議者惜之。

《英宗實録》卷六六 癸巳，裁省通州白河道積二抽分竹木局副使各二員，攢典各一人，以給事中朱良言其事簡故也。

《國榷》卷二四 乙未，嚴違例收息之禁。時駙馬都尉石璟舍人私徵子錢，故下都察院懲而禁之。

《英宗實録》卷六七 〔五月〕壬寅，裁省遼東都司安樂、自在二州同知、判官各一員。

《國榷》卷二四 順天、廣平、河間、順德蝗，遣捕之。

癸卯，永平大長公主乞蘆溝橋免榷所市蔚州之木，不許。

甲辰，行在兵部左侍郎鄺本、右僉都御史丁璿、翰林院侍讀學士曾鶴齡、編修董璘清理武臣貼黄。

乙巳，瀋陽中屯衛卒訴日操飢其孥，乞農時暫耕資養。上從之，著爲令。

《英宗實録》卷六七 壬子，浙江淳安縣奏境内石厚土瘠，桑絲少産，乞將夏税絹如歙縣例，每一疋納銀五錢。事下行在户部覆奏，從之。

丙寅，設湖廣蘄州大同鎮巡檢司，以其地去州治三百餘里，山深多盜，居民請設官警邏故也。

《國榷》卷二四 丁卯，減通州衛開荒田租。

〔六月〕乙亥，陳循服闋補行在翰林院侍講學士。

庚辰，免山西逃户糧六十五萬四千七百四十五石有奇。

甲申，赤斤蒙古衛都指揮使且旺失加來朝，進都督僉事。

《英宗實録》卷六八 乙酉，行在禮部言：「今歲例度僧道，天下僧童至者三萬七千有奇，有旨止度一萬餘，令俟後再度。道童先至者二千三百，俱度矣，今至者又二千五百，宜令俟後再度。」上曰：「僧道舊有定額，今所度已濫甚，未度者姑已之。」

《明通鑑》卷二二 中官王振喜僧道，每歲必一度之。是年五月以前，已度二萬一千人，至是又度，前後共二萬二千三百餘人。黄冠緇衣，布滿街市，自來僧道之多，無踰于此。

《國榷》卷二四 庚寅，德州、清平、觀城、臨清、館陶、范、冠、丘、恩、蝗。

辛卯，固始訓導黄俊乞再頒高皇帝孝慈録，從之。

甲午，令進士觀政一年。監生歷考中并坐監三年以上有學識者，由吏部授官，歷兩考，廉潔愛民才識相稱者悉得保舉，送吏部考用，後犯贓罪，連坐。陝西饑甚，命賑之。

己亥，行在刑部主事張用瀚同右侍郎何文淵糴粟儲備。

《明史》卷一〇《英宗前紀》 七月辛丑，遣刑部侍郎何文淵等分行天下，修備荒之政。

《明通鑑》卷二二 從大學士楊士奇之請也。

時太皇太后專以養民爲務，每遇水旱，振濟動億萬計，蠲免災糧或數百萬石，閭閻安樂，雖災不爲害。迨王振用事，悉反初政，惟蠲租振荒，尚仍之不改云。

《明史》卷一〇《英宗前紀》 壬寅，楊榮卒。

《皇明資治通紀》卷一六 先是，榮請告還鄉省墓，遣中官阮江護送，既畢事，還京，至杭州武林驛病卒。

《明通鑑》卷二二 榮歷事四朝，善處君臣間。每諸大臣議事不決，觸上怒，榮至輒解。又或遇人被重譴致不測，往往以微言導上意，亦旋解。嘗語人曰：

「事君有體，進諫有方，以悻直取禍，吾不爲也。」故其恩遇亦始終無間。性喜賓客，雖貴盛，無稍崖岸，士亦多歸心焉。或謂榮處國家大事不愧唐姚崇，而不拘小節亦頗類之。

嘗從文皇北征，頗通餽遺，邊將歲致良馬。帝頗知之，賴士奇力言「榮曉暢邊務，不宜以小過介意」，事乃解。榮數短士奇于帝前，至是愧之，遂相得甚歡。晚年，值王振用事，導上以重法繩臣下。榮之歸也，靖江王佐敬私餽榮金于京邸，榮固不知。振欲借以傾榮，賴士奇力解乃已。

卒，年七十，贈太師，謚文敏。

《國榷》卷二四　壬寅，遣視順天、保定、河間、順德、廣平、金華、衢、兖水災，懷慶、衛輝蝗。

丁未，雲南總兵官都督同知沐昂言：「麓川思任發糾百夷數萬，屯孟羅大掠，據者章梗寨，臣率都指揮方瑾、指揮柳英、王官、知府陶瓚等進擊之，斬五百餘級，賊宵潰。」又威遠州土知州刀蓋罕戰于威江，又敗之。

戊申，武安侯鄭能牧馬通州，受賂，被劾下獄，謫獨石衛自贖。

己酉，木邦宣慰使罕蓋法、陶孟刀板放等同祖母美罕板擊思任發于孟彌孟臉，殺渠帥二十人，斬三萬餘級，獲象馬兵械甚衆。事聞，封美罕板太淑人，罕蓋法懷遠將軍，賜金帶綵幣。

壬子，招廣東黄連大羅諸山猺人。

乙卯，廣西羅城縣賊韋公振等招之不下，命勦之。

己未，各省按察使專理屯田。

設四川芒兒者寨、阿角寨安撫司，潘幹寨長官司。

《英宗實録》卷六九　甲子，先是有例汰冗官，每道止存御史五員，至是右都御史陳智言差多人少，請量增員數。上命增五員於事冗之道，仍選廉正忠厚識大體者授之。

八月庚午朔，貴州按察司副使茹琪以老疾乞致仕，從之。

《國榷》卷二四　陝西右參議郝敬過華池驛，呼驛丞張耕野不至，杖死之，謫敬戍大同。

《英宗實録》卷七〇　戊寅，祭太社、太稷。

《國榷》卷二四　置河東運司儒學。

己卯，爪哇貢使回國，值風，覆溺五十六人。餘留廣東，俟國人至附載。

壬午，復莫愚常州知府，食正三品俸。

丙戌，行在錦衣衛指揮僉事王息故居朝鮮磨鐵嶺，至是貢使金振，胞兄也，求見振，并延款諸使，許之。

《明史》卷一〇《英宗前紀》　乙未，令各邊修舉荒政。

《國榷》卷二四　丁酉，沙州衛都督同知困即來爲右都督。故四川都指揮僉事陳玥、故貴州都指揮僉事王軫、顧勇，贈都指揮同知，皆賜祭。

〔九月〕庚子朔，初，建州左衛都督僉事凡察走朝鮮，尋歸建州。朝鮮國王李祹以凡察窮歸臣而善遇之，今背德必索焉，凡察以留其私屬，請檄還，否者隨以兵。詔兩解之，諭李祹曰：「國家以王爲東藩，如凡察，直夷畜之，何敢望王。彼其懷鳥獸心，去留亡恒，王第善自備，毋與較。」

《明史》卷一〇《英宗前紀》　壬寅，蠲雲南逋賦。

《國榷》卷二四　上作觀天之器銘。許雲南煎鹽罪人納贖。

癸卯，柳城頭目米兒咱阿都剌入貢。

丁未，河南衛河提舉司改山東衛河提舉司。

戊申，遣御史清軍陝西、廣東、福建、浙江、江西。

乙卯，八百大甸軍民宣慰司使刀招散等入貢，奏土人不通漢語，乞如永樂例，仍通事賚金牌信符催貢。從之，仍護使來往。

《英宗實録》卷七一　丙辰，置直隸揚州府通州狼山巡檢司，設巡檢一員。省廣西桂林府理定縣入本府永福縣，其横塘驛亦從隸焉，以本布政司都事王怡奏民稀事簡故也。

《國榷》卷二四　盡免山西柴炭。

敕鎮守遼東太監□□、總兵官都督僉事曹義：「凡海西哥吉河黑龍江等處野人女直苦納亦里加納等來朝貢，擇譯人護行，厚撫之。」

《明通鑑》卷二二　是月，封都督張昇爲惠安伯。

昇與彭城伯泉，並太皇太后之兄，而泉已前卒。太后念外氏惟昇一人，故別封之。

戊寅，宜君知縣王奎調合水。奎嘗丞合水，其人乞還之。

切責行在都察院右都御史陳智，罰俸三月。智銜山西按察使徐永達，令巡按御史吴昌衍、孫睿索垢不得，署昌衍等下考，各不服，疏其枉大見劾。行在河南道監察御史周瑮爲鄭府右長史，時鄭王瞻埈怒輒斃人，故命瑮嚴之。仍書戒王，王稍戢。

甲申，行在金吾左衛帶俸都指揮使康能言，比賜脱脱不花王及平章伯顔貼木等，復索諸部賜，臣借官軍綵段六百六十八雙，布五千八百七十匹，予之，求給還。行在禮部謂貪胡無厭，宜折以大義，奈何輒斂軍實，長其奸萌，且殊域所借，疇爲券之，遂不許。

欽州人黄寛等不受命，守臣以聞。又考州志州西南銅柱西北分茅嶺，今嶺内三百餘里，柱内二百餘里，悉入安南，乞還其地，則叛民不招而至矣。下兵部，俟貢使至諭之。

丙戌，思任發頭目陶孟忙怕等入貢，禮部議減其宴賚，上曰：「彼來雖緩我師，而朕不逆詐。」遂宴而不賚，賜敕諭之。

《英宗實録》卷七二　辛卯，賜雲南麓川宣慰使司宣慰使思任發及大小頭目人等敕。

〔十月〕己亥，朝鮮國王李裪遣陪臣尹炯齎表及方物來賀萬壽聖節，賜宴并賜綵幣等物有差。

《英宗實録》卷七三　十一月庚子朔，行在欽天監進正統六年大統曆，上御正朝受之，給賜親王及文武羣臣，頒行天下。

癸卯，迤北瓦剌脱脱不花王遣使臣卯失剌等男婦六百四十四人來朝貢馬一千六百七十四匹，銀鼠等皮三百二十張，賜宴并賜綵幣衣帽等物有差。

《國榷》卷二四　丁未，行在工科給事中吴昇言：「中外言事有切直者，會議之。時執政或因中己病，或見與己乖，輒駁令指實。乞敕自今會議可行則允，不可行則止，毋駁言者，以通下情。」從之。

戊申，行在户部主事鄒來學言江北糴粟預備不多，乞暫令馬課入粟，從之。

庚戌，《大藏經》刊成六百三十六函六千三百六十一卷，上序之。

《明通鑒》卷二二　壬子，免蘇、松、常、鎮、嘉、湖水災税糧。

《明史》卷一〇《英宗前紀》　丁巳，廣西僧楊行祥僞稱建文帝，械送京師，錮錦衣衛獄死。

《明通鑒》卷二二　先是有僧年九十餘，自雲南至廣西，詐稱建文帝，遣其徒清進詣思恩府土官知府岑瑛。時安遠侯柳溥，升之子也，以總兵官鎮廣西，瑛執送溥。械至京，會官鞫之。僧自言：「九十餘，且死，思葬祖父陵旁耳。」御史言：「建文帝生洪武十年，今當六十四歲。」僧詞屈，乃自陳「姓名爲楊行祥，河南鈞州白沙里人。洪武十七年度爲僧，歷游兩京、雲南，至廣西。」詔錮之錦衣衛獄，越四月死。其徒十二人皆戍邊。

或曰「建文帝遜國後，爲僧于雲南、廣西間，好爲詩，行祥偶同寓，竊其詩，遂冒其名」云。

《明史》卷一〇《英宗前紀》　乙丑，沐昂討平師宗叛蠻。

《國榷》卷二四　乙丑，雲南瓦甸長官司早貴執于思任發，脱歸，進安撫司。

雲南師宗州賊金郎剌、金福、阿牟僞稱帝后總兵，糾衆千人，沐昂遣兵擊敗之。斬金福，擒阿牟，金郎剌奔貴州。阿牟伏誅。

《明史》卷一〇《英宗前紀》　〔十二月〕壬午，免南畿浙江、山東、河南被災税糧。

《國榷》卷二四　癸未，起復雲南布政司右參政張鉞，仍提督金齒等處糧儲。

丙戌，定四夷貢使朝參，止正副使給馬。

戊子，進士胡拱辰、焦寛爲監察御史。

增科額，會試百五十人，鄉試應天百人，順天八十人，浙江、福建六十人，江西六十五人，湖廣五十五人，河南、廣東五十人，山東、四川四十五人，陝西、山西四十人，廣西三十人，雲貴二十人，從國子祭酒陳敬之請。後復增順天二十人。

庚寅，韓王冲烒薨。王孝友恭儉，樂善循理，聲聞中外，年四十五，有《惠迪堂集》千餘篇。謚曰恭。

辛卯，起復山東布政司右參政洪豫。

甲午，免池州絶户漁課。

丙申，貴州都指揮使宫聚徵兵討麓川，私受賂，命徵金媿之。

丁酉，敕曰：「欽天監言明年正月朔日食凡九十一秒。故事，日食不一分者不救護。朕惟敬天之變，毋敢豫康，况兹獻歲，其以是日免賀，行救護如常儀。」

《明通鑒》卷二二　是月，麓川思任發請罪，廷議罷兵。而王振欲示威荒服，先已召還甘肅總兵官蔣貴等使待命，兵部尚書王驥揣知振意，力主用兵，振大悦，遂絀廷議，于是麓川之役起。

《國榷》卷二四　是歲修京城，工部侍郎蔡信議役十八萬人，上命太監阮安役營卒萬人，均勞加廩，即歲而竣。

正統六年（辛酉、一四四一）

《英宗實録》卷七五　正月乙亥朔，上詣奉先殿、太皇太后宮、皇太后宮行禮。

《明史》卷一〇《英宗前紀》　日當食，不見，禮官請表賀，不許。

《國榷》卷二五　甲寅，復王源潮州知府。

行在刑部右侍郎何文淵言：「麓川之在南陲，彈丸耳，疆里不過數百，人民不滿萬餘，大軍易克，然得其地不可居，得其民不可使，宜寬其天討，興我羽旄之舞，官軍于金齒且耕且守，仍遣官宣諭，俾感虞舜之敷德，同有苗之格心，計不勞征伐而稽首來王矣。」事下廷議。太師英國公張輔等謂思任發世職六十餘年，屢抗王師，釋此不誅，恐木邦、車里、八百、緬甸等夷，覘視窺覦，示弱小夷非策，乞選定西伯蔣貴、都督李安、劉聚、都指揮宮聚、冉保，或爲總兵官及左右副將，分統南京、湖、廣、川、貴官土軍人，仍命户部左侍郎徐晞往來巡督，先遣諭禍福，或詣軍門納款，又諭木邦、車里、八百、緬甸、大侯等，起兵協力，刻期並進，上從之。

定西伯蔣貴爲平蠻將軍總兵官，都督同知李安爲左副總兵，都督僉事劉聚爲右副總兵，都指揮使宮聚、都指揮僉事冉保充左右參將，行在兵部尚書兼大理寺卿王驥總督軍務，率兵討麓川思任發。蔣貴、王驥先赴雲南，會計軍餉，李安、宮聚領川、貴兵，劉聚、冉保領南京、湖、廣兵。

《明史》卷一〇《英宗前紀》　乙卯，以莊浪地震，躬禮郊廟，遣使祭西方嶽鎮。

《明通鑒》卷二三　大舉征麓川。以定西伯蔣貴爲平蠻將軍，都督同知李安、僉事劉聚副之，兵部尚書王驥總督軍務，太監曹吉祥監督軍務。大會諸道兵十五萬，轉餉半天下。——皆王振主之也。

《皇明資治通紀》卷一六　驥奏舉廷臣隨軍贊畫，太僕少卿李菁、郎中侯璡、楊寧、主事蔣琳等皆在行。

《國榷》卷二五　庚申，復況鍾蘇州知府，食正三品俸。鍾敦本抑訟，務淳悶，有隱士杜瓊、鄒亮，薦于朝，力辭不上，鍾甚禮重之，秩滿當遷，郡人乞留。

甲子，瓦剌使者辭歸，賜可汗書，又賜太師淮王也先書，俱厚賚之。淮王太師者，虜酋大號也，是時虜衆皆服屬也先，脱脱不花具可汗名而已，顧下妻也先姊，主臣並使貢，我亦兩敕答之，賞賜繒綵、帽纓、珠寶、靴刀、琵琶、火撥思之屬，不可勝計，及其妻子部屬皆有等差，針綫、脂粉、絲絨皆具。

《英宗實録》卷七五　丁卯，革貴州銅仁府滑石江巡檢司。

《英宗實録》卷七六　二月戊辰朔，命陝西按察司副使陳斌協贊延安、綏德軍務。

《國榷》卷二五　壬申，裁行在光禄寺四署署正、署丞、監事十六人，裁河南布政司及衛輝、懷慶、彰德河南撫民官。

甲戌，敕户部左侍郎徐晞、右僉都御史丁璿分督轉運南餉，山東都指揮僉事張安從征麓川，引疾，錮之。

戊寅，命布絹折大同軍餉兩月。

給雲南木邦、緬甸、車里、八百、大甸、威遠、大侯、施甸各長官司信符金牌各一，將合討麓川也。

己卯，右軍都督僉事羅文卒。

昌邑人王坦請復膠州河故道，通海運，報寢。

壬午，轉粟二十萬石于金齒。

《英宗實録》卷七六　戊子，設直隸保定府安州傅正司，從本州奏請也。

《國榷》卷二五　丁亥，少保禮部尚書兼武英殿大學士楊溥省墓，中使護行。

嘔罕河衛都指揮同知乃勝貢馬，求陞進都督僉事。

《英宗實録》卷七六　壬辰，置山東大嵩衛儒學，從本衛奏請也。

《英宗實録》卷七七　戊戌，增大同宣府屯田旗軍。

庚子，命出直隸蘇州府官廩米二萬石，造備倭船。

《明史》卷一〇《英宗前紀》　下兵部侍郎于謙于獄。

《明通鑒》卷二三　謙巡撫山西、河南十二年，威惠大行。每入京師，無私謁，王振銜之。謙以在外久乞召還，薦參政王來、孫原貞自代。通政使李錫阿振指，劾「謙以久不遷怨望，擅舉人自代。」會謙來朝，遂下法司論死。繫獄三月，始釋之，左遷大理少卿。山西、河南吏民，伏闕上書請留謙者以千數。久之，始復原官。

《國榷》卷二五　己酉，賑中都皇陵等衛饑。

辛亥，行在刑部右侍郎張鳳改户部。太師英國公張輔及府部奉命選都指揮紀廣等四十四人，上命讀武經百將傳，講略練武，特試而用之。

壬子，行在大理寺少卿李畛考察官吏有私，削籍。

乙卯，免陝西累歲鹽課。

癸亥，賑淮安、鳳陽、揚、滁、和、徐、杭、紹興饑。

《明通鑒》卷二三　是月，兵部尚書柴車自陝西召還。

上念車久勞，命與都御史曹翼歲一更代。及期病甚，請歸治疾。未及行，越二月卒。車介特，有宴樂輒不與，至斷酒肉。

《國榷》卷二五　〔四月〕戊辰，書止荆王來朝。

《英宗實録》卷七七　己巳，減山東濟南府税課司商税課鈔一十萬二千九百貫，併省巡欄一十六名。

《國榷》卷二五　禁僧道私創寺觀。先是巡按直隸御史彭勗疏其敝。

《明通鑒》卷二三　己卯，以災異屢見，遣使祭郊社山川。

《明史》卷一〇《英宗前紀》　甲午，以災異遣使省天下疑獄。

《明通鑒》卷二三　楊士奇請之也。

《國榷》卷二五　壬午，命歷事監生有携家者，給月粟一石。

庚寅，復命監察御史分巡陝西邊衛。

《英宗實録》卷七九　〔五月〕丁酉，户部進糧價銀。先是，上以南京軍民艱食而官廪充積，命户部依時值糶之民間，至是以所易銀來進，計一千錠重五萬兩。

《國榷》卷二五　戊戌，瓦剌太師也先等貢馬。

故中軍都督僉事胡榮卒，妾陳氏自經，贈淑人。

《英宗實録》卷七九　己亥，設雲南雲南府陰陽學，置正術一員。

《國榷》卷二五　壬寅，設京衛武學教授一，訓導六。

戊申，特給行在禮部左侍郎兼翰林院侍讀侍講學士王直、王英誥封贈祖父。故事，文臣例滿九載，至是方三載，乞恩。行在鴻臚寺卿賈庠卒。

雲南總兵官都督同知沐昂言，先遣署都指揮僉事李福以八千人進攻麓川，破寨十二，斬百五十級，今瘴盛，俟秋往。從之。

《明史》卷一〇《英宗前紀》　甲寅，釋于謙爲大理少卿。

《國榷》卷二五　命朝貢番僧止宿會同館，毋擅入各寺，大國師班丹劄失阿木葛各館夫十人，剌麻館夫二人，著爲令。

庚申，增行在刑部主事十三人。

賑武昌、長沙、德安、常德、漢陽、荆、衡、辰、岳、郴、沔陽饑。

免麗水、寧德銀冶。

《英宗實録》卷八〇　〔六月〕丁卯，四川播州宣慰使司土官舍人楊綱等來朝貢馬，賜絨錦綵幣鈔錠有差。

丙子，户部右侍郎張鳳言：「近日行在户部以副總兵吴亮奏貴州缺糧，移文令於龍江鹽倉掣挐客商鹽内支五千七百餘引，於兩淮運司餘鹽及私鹽内支撥一萬引，運赴鎮遠等府，收貯備用。緣龍江倉鹽多雜以灰土泥沙，到彼價低，不堪易米給軍，宜俱於兩淮運司支給，欲俟奏報，誠慮遲誤軍餉，已如數給之。」上曰：「鳳司國計，能任事如此，良可嘉矣。」

《國榷》卷二五　辛巳，免徐、景、置沛災租二萬二千四百餘石。

丙戌，行在國子監祭酒金華貝泰致仕。

丁亥，蠲河間、壽光、臨淄災租。

《英宗實録》卷八〇　戊子，宥守備蘭州衛指揮同知戴旺罪。

《皇明資治通紀》卷一六　右都御史陳智罷。

《國榷》卷二五　己丑，敕赤斤蒙古衛都督僉事且旺失加、都指揮僉事革古者可兒郎等：「近使者至哈密，爾與沙州衛護行，爾獨不奉命，革古者又時率其屬往來沙州爲盗暴，苦行旅，甚負朝廷所以建衛設官封殖爾等之意，其改圖毋忽。」行在大理寺卿王文爲行在都察院右都御史，改福建各衛所倉隸郡縣。免全椒、來安災租千三百十餘石。

庚申，敕廷臣修省曰：「間者畿内旱蝗，朕心警惕，有言大臣所致，朕明下其章，俾之修省，而言官指摘過當，朕慮溷淆，悉置不問。乃犯者不悔過，言者猶忿攻，今最甚者皆已罷斥，爾大小諸臣，宜益勵厥心，洗改焉。」

《明史》卷一〇《英宗前紀》　七月丁未，振浙江、湖廣饑。

《國榷》卷二五　壬寅，定武學規制。

丙午，詔給事中舒曈、行人吴惠封占城國王摩訶賁該。增順天解額二十人，共百人。命州縣不及三里，祭文廟第行釋菜禮，過三里，祭如制。從石泉教諭黄士文之言。

己酉，行在翰林院侍講學士陳循、翰林院侍講周用主試應天。

董卜韓胡宣慰使克羅俄監粲貢馬，趨保縣，雜谷瓦及谷墩人阻之。敕四川三司開諭，毋失遠人向化之心。

辛亥，戒宣府總兵官都督譚廣等，造神銃火槍神箭，其祕之。

進順寧土知府猛蓋勛大中大夫資治尹，賜金帶綵幣，旌從討麓川之功。

己未，免寧陵縣孔氏子孫徭役。

壬戌，裁德安府撫民通判。

《英宗實録》卷八二　八月乙丑朔，增給南京各衙門歷事監生月小者月支八斗，無者六斗。

丁卯，釋奠先師孔子，遣行在翰林院學士苗衷行禮。

《國榷》卷二五　庚午，新建伯李玉求世爵，不許。

賑武進、江陰、無錫、宜興、桐城饑。

辛未，新建伯李玉卒。交河人，追封新建侯，謚榮僖。

癸酉，遼東都司經歷黄琰爲遼東苑馬寺少卿，兼署行太僕寺事。

裁遼海煎鹽提舉司，令遼東都司兼攝鹽課。

甲戌，賑蘇州饑。

《英宗實録》卷八二　乙亥，設雲南鶴慶軍民府清水江巡檢司、趙州乾海子巡檢司，各置巡檢一員。設節川州鳳羽鄉巡檢司於羅坪山頂。

《國榷》卷二五　丁丑，罷收南京上新河船鈔。

上御奉天門，諭行在都察院曰：「朝廷優士至矣，將領不恤，輒私役爲工匠，月日亡休，沿邊軍屯操稍暇，邊將亦輒令捕野味，治薪炭，勾至補伍者，所隸官盡索其攜，何怪不貧窘逃竄也。今犯者與法司執之。」

《英宗實録》卷八二　庚寅，命崇信伯費釗、忻城伯趙榮印記北京行太僕寺馬騾駒共六萬七千一百三十四疋。

《國榷》卷二五　辛卯，行人虞禎、學録周道爲行在陝西雲南道御史。思任發糾衆三萬，至大侯州，欲攻景東、威遠，行在兵部郎中侯璡同都指揮馬讓、盧鉞等擊敗之，斬三百五十二級，上敕勞之。

〔九月〕甲午朔，奉天、華蓋、謹身三殿，乾清、坤寧二宮成。

乙巳，周叙服闋，補行在翰林院侍讀，遣視淮揚、濟南、臨清水災。

丙辰，華亭、上海旱，命量輸布代租。

《英宗實録》卷八四　〔十月〕甲子，米昔兒地面使臣馬速兀把都兒奏：「守天方地面王遣其男賽亦得阿力同使臣賽亦得哈三帶奇異方物進貢，至哈剌北面被賊殺死，賽亦得哈三傷賽亦得阿力右手，劫其貢物、衣服、行李。」上命禮部、兵部審實明白，計議以聞。

《國榷》卷二五　己巳，復陳本深吉安知府，食正三品俸。本深鄞人，歷政寬簡，御史程富掠其治盜功得遷，本深竟不言，吉安人留本深十八年，決訟不待詞，嘗榻前口理其曲直。士人有佳慶，爲本深置酒，輒往，歸，携其果餌啗市小兒。久之，廨前民有女及笄，本深歎曰：「是女吾見其舉，女今已字，尚可留乎？」投牒告老，人益思之。行在禮部右侍郎王士嘉致仕。

丙子，王驥分大兵，東路右參將冉保自細甸趨孟定，會木邦、車里之師。驥同總兵官蔣貴中路至騰衝會保，俾思任發腹背受敵。

《明史》卷一〇《英宗前紀》　丁丑，户部尚書劉中敷，侍郎吴璽、陳瑺荷校于長安門，旬餘釋還職。

《國榷》卷二五　以京城草乏，御用牛馬欲分牧民間，言官劾其紊制，下之獄，論死，命械之。巡視通州倉儲行在户部左侍郎王佐署部事。

辛巳，賑徐、豐饑民。

癸未，豫備陝西邊儲。南京守備豐城侯李賢、太監劉寧提督修築江岸。

甲申，瓦剌脱脱不花王貢馬二千五百三十七匹。

己丑，叙殿功，封都督同知沈清修武伯，世禄千石，少保工部尚書吴中進少師，太僕寺少卿馮春、楊青爲工部左侍郎，各賜鈔幣，太監阮安、僧保各金五十，銀百之，幣八，鈔萬貫。命行在户部檄山東參政洪豫、僉事蕭啓，專撫安人民。

《明史》卷一〇《英宗前紀》　庚寅，免畿内被災税糧。

《英宗實録》卷八五　〔十一月〕甲午〔朔〕，减浙江金華、台州二府歲造兵器。先是，浙江左布政使黄澤言：「洪武間金華府七縣户口二十五萬六千有奇，歲造弓二千，弦一萬，箭萬八千餘。台州府四縣户口一十八萬八千有奇，歲造弓一千四百，弦七千二百，箭一萬三千餘。自宣德迄今，户口金華已耗五之二，台州止存三分之一，而歲造之數如舊，民實不堪，乞勑該部如例减省，以甦民困。」至是，工部覈實以聞，乃命减之。

《明史》卷一〇《英宗前紀》　乾清、坤寧二宮，奉天、華蓋、謹身三殿成，大赦。定都北京，文武諸司不稱行在。

《國榷》卷二五　上御奉天新殿，大赦天下，罷稱北京行在，冠南京于南京府部司寺院局，悉改其印。

《明通鑒》卷二三　初，仁宗欲遷都南京，命北京諸司仍稱行在，至是定都北京，始去行在稱。

洪、永以來故事，中官不預外廷宴。是日，上遣使問：「王先生何爲？」王先生，謂王振也。上在宮中，呼振先生而不名。使至，振方大怒，曰：「周公輔成王，我獨不可一坐耶？」使復命，上蹙然，命開東華中門召振，至，百官候拜于門外，振始大悦。

時上傾心嚮振，公侯勳戚咸呼振曰「翁父」。工部郎中王祐，以諂事振驟擢本部侍郎；都御史王文、陳鎰，俱跪門俯首；兵部侍郎徐晞屈膝，尋擢尚書。一時士大夫廉恥道喪，相與恬然。

《國榷》卷二五　戊戌，大兵渡江，賊伏四起，奮擊斬千餘級，賊遁入寨，圍之。

壬寅，内官曹吉祥、蕭保、副總兵劉聚、左參將宫聚，自下江夾象石合攻。明日，因風焚其排栅，大破之，拔上江寨。賊千餘猶迎敵，我長戈蹴之，賊將刀放憂父子俱没，刀招漢闔家自焚，生擒刀門項，先後斬五萬級，上江平。

《明史》卷一〇《英宗前紀》　癸卯，王驥拔麓川上江寨。

《明通鑒》卷二三　驥馳傳至雲南，部署諸將，遣參將冉保由東路趨孟定大軍山，大軍由中路至騰衝，分道。

《昭代典則》卷一五　思任發走緬甸，遂旋師。

《國榷》卷二五　丙午，福餘衛夷脱火赤完哈等假射獵屢犯邊，至是被擒，磔于市。

己酉，禁邊夷擅入界碑。

《明通鑒》卷二三　癸丑，免河南、山東及鳳陽等府被災税糧，凡四十四萬三千四百餘石。

《國榷》卷二五　〔十二月〕甲午，免當塗、蕪湖、繁昌災租萬七千七百三十餘石。

王驥等直搗賊巢，山周三十里，栅堅塹廣，其東南依江壁立，以三千人探之。

《明通鑒》卷二三　驥等之趨上江也，令副總兵劉聚、右參將宫聚等，由夾象石渡下江，通高黎共山道，與大軍會于騰衝，長驅抵杉木籠山。賊乘高據險，築七壘相救，驥遣聚等分左、右翼，緣嶺而上，自將中軍奮擊，賊大潰，連破之。乘勝至馬鞍山，進擣賊巢。山陡絶，深塹環之，東南面江，壁立不可上。賊更從間道潛師出大軍後，驥戒軍中毋動，而令都指揮方瑛以六千人突入賊寨，斬首數百，復誘敗其象陣。瑛，政之子也。

會冉保亦由東路破諸蠻寨，以兵來集，驥令截守西峨渡防賊軼。乃分督諸將環攻其七壘，積薪縱火，風大作，焚死及溺江死者凡數萬人。思任發僅免，攜其二子走孟養。獲其虎符金牌及宣慰司印，又所掠騰衝諸衛所印章凡三十有奇。犁其巢穴，留兵守之而還。

捷聞，上及王振皆大悦。丁未，詔班師。

《昭代典則》卷一五　麓川本百夷，僻遠不當中國一郡，驥統兵十五萬，轉餉半天下。

《英宗實録》卷八七　丁酉，命廟祀平江恭襄侯陳瑄。初，瑄爲總兵官督漕運，疏鑿清江浦等處，增設移風等閘，堅築堤防，以畜水行舟，立常盈倉，積糧甚多。及殁，民感其惠，於清江浦東立祠堂，塑像崇奉，禱者屢有靈應。至是事聞，命有司春秋致祭。

朝鮮國王李裪奏：「本國僻在東陲，語音與中國異，凡遇聖諭及使臣至國必資通譯乃克知之，通者遼東鐵嶺衛軍李相被虜至國，頗識文墨，語音純正，合無賜留本國訓習語音，以通上國之情。」上賜勑諭之曰：「比奏欲留李相，是見王之謹於事大，誠心可嘉，特允所奏，諭王知之。」

《國榷》卷二五　癸卯，山東右布政使王質爲户部右侍郎。

甲辰，亦力把力等入貢。

《明史》卷一〇《英宗前紀》　丁未，班師。右副總兵李安攻餘賊于高黎貢山，敗績。

《明通鑒》卷二三　是役也，惟副總兵李安駐潞江護餉，聞貴等大破賊，自恥無功，乃率兵追擊餘賊于高黎共山，敗績，都指揮趙斌等戰没，亡士卒千餘人。詔逮安下獄。

《國榷》卷二五　丁未，安定王亦班丹等入貢。王驥、蔣貴平麓川，班師。

《英宗實録》卷八七　己酉，增設東直門牛房倉副使一員。

丁巳，設四川鹽井、寧番、越雟三衛倉，各置大使一員。革湖廣瞿塘衛楊瀾津三關，設瞿關巡檢司，置巡檢一員，隸四川夔州府。初，洪武中於瞿塘衛楊瀾津設關三處，每年輪流撥軍守之，歲久弊生，行旅病焉。至是，四川梁山縣知縣李政奏楊瀾津上下相去不過十里，而設三關，實爲繁擾，乞革之，設巡檢司，巡視爲便。兵部移文巡按御史覆視，御史亦言宜如所請，故有是命。

《國榷》卷二五　辛酉，忽魯謨斯國王速魯檀土蘭沙入貢，求通使。禮部乞降敕諭其安守，從之。

是年，巡撫工部侍郎周忱浚吴淞江。

安南遣内密院副使阮田、僉知内密院副使阮有光、僉知陶孟珙入貢，求冠服，詔予皮弁服、常服各一襲。

《明通鑒》卷二三　是歲，蘇州知府況鍾、吉安知府陳本深，皆九載秩滿，詔進正三品，仍視府事。

鍾起刀筆，然重學校，禮文儒，剛正廉潔，孜孜愛民，前後守蘇者皆莫能及。先丁母憂，郡民詣闕乞留，詔起復。至是以考最當遷，部民二萬餘人走訴巡按御史張文昌，乞再任，奏聞，遂有是命。明年十二月，卒于官，吏民聚哭，爲立祠祀之。

正統七年(壬戌、一四四二)

《英宗實録》卷八八　正月癸亥朔，上詣奉先殿、太皇太后宫、皇太后宫行禮畢，出御奉天殿，受朝賀，大宴文武羣臣及四夷朝使。太皇太后、皇太后俱免命婦朝賀。

《國榷》卷二五　己巳，革陝西甘肅茶馬司，仍布政司管糧官提督。

戊寅，敕大同總兵官武進伯朱冕、參將都指揮同知石亨曰：「往者瓦剌貢使多五人，今脱脱不花、也先動遣千餘，供億勞費，令都指揮陳友等敕諭瓦剌，自後不過三百人，如增至，爾第遵額入之，餘先回，或俟于貓莊。」鎮守密雲都指揮僉事陳亨失事下獄，戍威遠衛。東昌府通判傅寬上《太極圖説》，以僻謬悖理，斥之。

癸未，命吏部左侍郎魏驥往順天、永平，通政司右參議王錫往鳳陽、淮揚，大理寺右少卿賀祖嗣往真定、保定，光禄寺丞張如宗往河間、順德，大理寺左寺丞仰瞻往廣平、大名，督有司預絶蝗種。停禪師領占剌麻三丹等口糧。都指揮僉事陳友，指揮同知李全、季鐸同瓦剌使臣往賜脱脱不花可汗及也先書，賞賚之。

己丑，琉球國中山王尚巴志薨，子尚忠入貢。

庚寅，麓川寇平，奉御蕭保爲都知監左少監，仍鎮守雲南。召鎮守右監丞曹吉祥還京。

《國榷》卷二五　〔二月〕壬辰朔，工科都給事中李僴爲湖廣布政司右參議，賜敕，提督太嶽太和山宫觀。

《英宗實録》卷八九　癸巳，南京吏部尚書黄宗載自陳年七十有八，乞歸田里，上嘉念舊人，特留之。

《國榷》卷二五　壬寅，令觀海、定海、臨山、寧海四衛水師泊定海之烈港，徼巡沈家門黄溪港海道。

甲辰，建州衛都指揮僉事李滿住爲都督僉事。分建州左衛，設右衛，都督僉事董山、凡察皆爲都督同知，分署左右衛事。初，建州左衛以難亡其印，既更給而故印在，詔上更給者，凡察匿不出，遂析左衛分領之。

庚戌，築大同西路玉林城，去右衛五十里，有險可據，參將都指揮石亨請以護屯。

乙卯，罷大臣朔望酒饌，著爲令。

戊午，誅南京尚膳監内使郭敬，以尚膳監火也。

庚申，上發京師，詣天壽山。先是工部右侍郎張瑋除道。

辛酉，至天壽山。

〔三月〕壬戌朔，祭長陵、獻陵、景陵。

《明史》卷一〇《英宗前紀》　甲子，還宫。

《英宗實録》卷九〇　戊辰，先是，山東備倭署都督僉事李福奏即墨三營備倭官軍距各衛所遠者至一二百里，其間道多溝渠，遇夏水長不可渡，恐誤策應，青、登、萊三府有漁舟方春而漁，及夏則止，乞令所司僉漁户舟以渡，免其雜徭。事下山東三司及巡按御史覆之，以爲漁舟有税課不可重役，其溝渠淺者不必舟渡，惟萊陽縣南五龍河、膠州東新河宜令有出官物造舟，付守墩軍操渡。上從之。

庚午，故占城國王占巴的賴孫述提昆朝貢，歸卒於途，有司斂葬以聞，遣官祭之。

《國榷》卷二五　辛未，國子祭酒李時勉上國學五事：重歲貢，嚴私假，均撥歷，給醫藥，毀怪刻。從之。

壬申，占城入貢。

《明通鑒》卷二三　乙亥，免陝西屯糧十之五，旱故也。

《國榷》卷二五　設雲南永年軍民指揮使司，都指揮胡誌、李昇等分守金齒、蒙化等要害，從王驥之請。

壬午，詔給事中全忭、行人劉遜往封尚忠琉球國中山王。監察御史吴瑜專理兩淮鹽課。右僉都御史金濂參贊寧夏軍務，代盧睿。

《英宗實録》卷九〇 戊子，總督永平山海邊儲通政司右參議張隆奏請召商上米中鹽事，下户部定例，淮浙鹽每引粟米五斗，長蘆鹽四斗五升，山東、四川鹽三斗，河東、福建、廣東鹽二斗五升，從之。

〔四月〕辛卯朔，覈陝西邊糧，借支不能償者免之，從鎮守右僉都御史王翺之請。給事中楊信民請自通州至南京沿途收銀鈔官，如巡按例，歲代，從之。

《英宗實録》卷九一 甲午，徙福建武平縣永平寨巡檢司於立留背寨，以舊署地僻而新徙地衝要故也。

《國榷》卷二五 甲午，以鎮守松潘都指揮僉事王杲、高廣遣招粟谷等寨叛蠻，敕戒之。復范希正曹縣知縣，李忠分宜縣丞，吴瓊樂清主簿，楊意南陵典史，俱秩滿乞留。免平陽去年田租六十五萬三千餘石。

《明通鑑》卷二三 振陝西旱饑。

《國榷》卷二五 乙未，武安侯鄭能卒。

丁酉，琉球入貢。

戊戌，山西太原左衛卒張敬言頃者山西擒盗功非實，此屬雖紿朝廷，然衆耳目不可塗也，恐天下皆然，宜御史廉其實，削其冒陞置于法。都察院覆議，從之。

己亥，少師兼工部尚書吴中疾，辭部事，仍給禄。

壬寅，鎮守洮州都督僉事李達致仕，子钀爲洮州衛指揮使。總督雲南軍務兵部尚書兼大理寺卿王驥以臨安衛指揮使萬城等勦韋郎羅，克之。郎羅走安南，黎麟擒獻，撫其衆四千餘人。

癸卯，作宗人府，吏、户、禮、兵、工五部，鴻臚寺、欽天監、太醫院于大明門之東，翰林院于長安門之最東。

甲辰，裁漢陽同知、通判、知事、檢校各一。

丙午，設南京京衛武學。

丁未，遣户部左侍郎王質以羊酒途勞蔣貴、王驥，凱旋將士悉給舟車餼廩。

《英宗實録》卷九一 庚戌，有祈福濟瀆廟得詩於水中者，遠近爭傳誦之，巡撫少卿于謙奏：「事當杜漸防微，往者妖賊張普禪假佛法誑愚民倡亂，今軍民祈福濟瀆，歲以萬數，恐萌禍端。」遂收得詩者以聞。上是之，令械其人赴京鞫治。

《國榷》卷二五 戊午，增户部主事五人，分督京通等倉。

己未，敕鎮守陝西右副都御史陳鎰兼督陝西歲運及河渠提舉司并各倉廠收支芻粟。

《明史》卷一〇《英宗前紀》 是月，免山西、河南、山東被災税糧。

《明通鑑》卷二三 兩畿、山東、山西、河南、陝西皆旱蝗，命吏部侍郎魏驥等分往各郡縣督有司捕之。

《英宗實録》卷九二 五月庚申朔，禮部進大婚禮儀注。

《國榷》卷二五 辛酉，刑部左侍郎包德懷戍威遠衛。德懷初任河南按察使，數通周王餽遺，妾婢竊議之，至是閉妾婢一室，忿縊者三人，事發，下諸婦詔獄。讞上當削籍，上特戍之。

《英宗實録》卷九二 壬戌，命英國公張輔爲正使、少師兵部尚書兼華蓋殿大學士楊士奇爲副使，持節行納采問名禮納采。設四川瀘州納溪縣納溪河口巡檢司，置巡檢一員。

《國榷》卷二五 敕朝鮮國王李裪毋納逋逃，但漢人、女直至即擒獻。刑科都給事中郭瑾爲刑部左侍郎。

丁卯，少師隆平侯張信卒。信臨淮人，父興，永寧衛指揮僉事。信嗣，紫江草塘功，進都指揮僉事，建文初，調北平，令伺燕邸縛之，信反通款，累功封侯，太宗欲納其女爲妃，堅辭，人以此多之。追封鄖國公，謚恭僖。

戊辰，順天、廣平、大名、河間、鳳陽、開封、懷慶、河南蝗，命捕之。

辛未，南京增遮洋船三百五十艘，航海轉餉薊州。

《明史》卷一〇《英宗前紀》 壬申，論平麓川功，進封蔣貴爲侯，王驥靖遠伯。

《國榷》卷二五 甲戌，監察御史高峻提督浙江海道。都督同知李安下獄。初，安駐潞江護餉，恥不與功，聞賊屯高黎貢山，擅攻之，不利，賊躡我，失都指揮趙斌等千八百人。

乙亥，北京行太僕寺卿李賁爲工部右侍郎，兵部郎中侯璡爲禮部右侍郎，刑部郎中楊寧爲右侍郎，俱從征麓川也。

《明史》卷一〇《英宗前紀》 戊寅，立皇后錢氏。

《明通鑑》卷二三 后族單微，上欲封其父貴爲侯，后遜謝，故后家獨無封。

《國榷》卷二五 辛巳，倭二千餘人寇爵溪千户所，卻之，尋陷大嵩千户所。

《英宗實録》卷九二　癸未，裁省廣東布政司軍器局大使、副使，南雄府通判、知事、檢校，連州、萬州、崖州同知，清遠、陽春、石城、靈山、定安、海豐六縣主簿，從左布政使吳揚等奏其事簡也。

《國榷》卷二五　乙酉，巡撫河南山西大理寺左少卿于謙請郡縣各設機兵數十人捕盜，從之。

《明通鑑》卷二三　丁亥，倭寇浙東，陷大嵩千户所，殺官軍百人，掠三百人，糧四千四百餘石，軍器無算。

《英宗實録》卷九三　辛卯，山東濟南府奏所屬州縣倉糧多，庫鈔少，每遇起運遼東，賞軍鈔無從出辦，今年存留糧米乞令每一石折鈔一百貫，貯庫備用，從之。設雲南鶴慶軍民府醫學，置正科一員。

《國榷》卷二五　辛卯，敕總督備倭都指揮使李信等，徙水市居民，築要害，併城門禁闌出。復饒景春新建主簿、沈斌鄱陽主簿，俱食正八品俸。

《明史》卷一〇《英宗前紀》　壬子，户部侍郎焦宏備倭浙江。

《明通鑑》卷二三　兼理蘇松、福建沿海軍務。

《國榷》卷二五　茂名教諭傅璿，乞停保舉，專責吏部精選，如往例。部覆御史、知州闕，停保舉，餘仍舊，從之。

《英宗實録》卷九三　己酉，命客商於金齒司中鹽者每引納米二斗，大理府中者每引納二斗五升，俱於淮、浙及四川、雲南鹽課内不拘資次支給。

壬子，山東萊州府掖縣奏户口食鹽價米乞准折布，户部言宜令每石折布一匹，運赴遼東備用。上曰：「萊州雖近遼東，而海道艱難，其審而行之，以從民便。」

《國榷》卷二五　丙辰，貴州道監察御史馬謹爲吏部驗封郎中，時闕數年。

《皇明資治通紀》卷一六　少師工部尚書吳中卒。

《明通鑑》卷二三　中前後在工部二十餘年，北京宮殿及長、獻、景三陵，皆中所營造，規畫井然。然不恤工匠，家貲巨萬，湛于聲色，時論鄙之。踰月，以工部侍郎王巹陞任尚書。

《國榷》卷二五　〔七月〕己未朔，遣視濟南、青、萊、松江、揚、南昌、吉安、袁、辰、淮安、鳳陽、徐州水旱。

《明史》卷一〇《英宗前紀》　丙寅，振陝西饑民，贖民所鬻子女。

《國榷》卷二五　戊辰，福建按察僉事李在修箠斃八人，被劾，特戍邊。

庚午，工部虞衡主事吳賢訟其父尚書中功，乞武職。改賢錦衣衛帶俸百户，世襲。

《英宗實録》卷九四　癸酉，置河東陝西都轉運鹽使司儒學訓導一員。初，建學時止設教授，至是，生員數多，故置訓導以佐之。

《國榷》卷二五　癸酉，召商陝西中鹽，淮引米菽一石二斗，浙引一石，長蘆引六斗。

戊寅，哈密忠順王倒瓦答失里奏：「瓦剌太師也先爲弟娶其女。」詔任之。

壬午，裁保定府撫民通判。木邦宣慰使罕蓋法合南甸千崖等兵攻逆黨思機法兄弟，沐昂以聞。

《明通鑑》卷二三　思任發之走孟養也，詔木邦、緬甸：「能効命禽任發獻者，即以麓川地予之。」既而任發走孟蒙，爲木邦宣慰所擊，追過金沙江，走孟廣，爲緬甸宣慰卜剌當所禽，于是緬人挾之以求麓川。

任發子思機發，復率餘衆據者藍，聞任發被禽，懼，遣弟招賽入貢謝罪。王振不可。

《國榷》卷二五　甲申，選官旂等善騎射者六百十一人，都督同知冉保、都督僉事毛福壽率往雲南勦寇。

《英宗實録》卷九五　〔八月〕戊子，命駙馬都尉焦敬、新寧伯譚璟往南北二太僕寺印記馬騾駒，計五萬九千一百五十四。

《國榷》卷二五　己丑，監察御史趙全等清軍京省。四川董卜韓胡宣慰使克羅俄監粲來朝，乞王爵，不許。

庚寅，廣西泗城州土官岑豹與利州土官岑顏仇殺，命諭解之。

辛丑，蘇、常、松江、杭、湖、嘉興糧長每歲一更，從御史柳華之請。

《英宗實録》卷九五　壬寅，先是，巡按雲南監察御史等官言：「雲南都司及各衛所軍官數多，正副千户及百户等官一所多餘有至二三十員者，亦有全缺員者，其間老成歷練者少，貪暴柔輭者多，乞加精選調補。」又言：「都司及各衛所官宜照原額定員管事，庶得軍政修舉。」上悉從所言。

《明史》卷一〇《英宗前紀》　壬寅，復命王驥總督雲南軍務。

《明通鑑》卷二三　率參將冉保、毛福壽等以往。未至而機發遣其弟招賽入貢，朝廷不納。會緬甸亦奏獲思任發，請麓川地，不許。敕驥以便宜討思機發，且圖緬甸。

《國榷》卷二五　辛亥，以河州黑城廠地賜大慈法王釋迦也失，立弘化寺。

癸丑，賜大學士楊士奇、楊溥三代誥命。故事，九年考滿始給。上重二相，特給。士奇言，伯祖公辰所出繼，并贈如制。

《英宗實録》卷九五　丁巳，朝鮮國王李祹奏：「比者承賜勑諭附近鴨緑江一帶東寧等衛率多過犯逃匿，或被人誘挾至者，無分漢人、女直，即擒解發回。臣蒙聖訓，切至感激罔極，挨訪發遣還者計一千二百七十五人。自兹以往，復有至者，不敢容留，以欺上國。」

《明史》卷一〇《英宗前紀》　九月甲戌，陝西進嘉禾，祀臣請表賀，不許。

《國榷》卷二五　壬戌，陳員韜爲山西道監察御史。覈揚、池、松江、淮安、武昌、黄、岳、常德、衡、荆、會稽、臨海、天台水旱。

乙丑，雲南都司瀾滄衛軍民指揮使司北勝州改隸雲南布政司。

丙寅，誅浙江都指揮僉事李貴，指揮沈容、千户劉濟，以倭陷大嵩也。

丁卯，永平、薊州、山海關總兵官都督同知王彧等言，兀良哈三衛假射獵犯邊，乞勦之，不許。都指揮僉事紀廣充右參將，協守宣府。都指揮同知胡源充左參將，協守開原。都指揮劉端充右參將，協守遼東。都指揮僉事王榮充右參將，協守寧夏。都指揮同知宗勝充右參將，協守薊州、永平、山海。都督僉事楊洪充左參將，守備獨石、永寧。

《英宗實録》卷九六　癸酉，浙江嘉興府海鹽縣民沈興進漆一萬，請給與時直之半。上曰：「小民不遠數千里，效勤可嘉，宜照時直給之，不可減。」

《國榷》卷二五　甲戌，耀州進嘉禾三百餘本，禮部稱賀，止之。

《英宗實録》卷九六　丙子，置雲南曲靖軍民府醫學及正科一員，直隸隆慶州永寧縣醫學及訓科一員。

《國榷》卷二五　戊寅，命河北民採薪輸易州柴廠，免平陽之役，俾專農事。

庚辰，敕瓦剌使臣卯失剌孛端等：「前諭爾少遣人來，亦敕大同總兵鎮守官，凡來使定數外，餘留猫兒莊，今聞來人仍多，念天寒邊遠，特俱縱爾等來朝，和好之道，貴以至誠，況遣人動以千計，寧無越分違理者乎？爾等宜戒約從人，庶保和好。」敕大同總兵官武進伯朱冕，參將都指揮同知石亨酌待，毋啓戎心。

辛巳，陝西都指揮同知汪壽世土官，守鞏昌六衛，前調西安，土人乞復舊，從之。寧波人鄭道堅等殺倭功，各賞布一，鈔五百貫。

壬午，免青、萊逃民夏税秋租。

《昭代典則》卷一五　是月，始置太倉銀庫。

《明通鑒》卷二三　先是，歲賦折銀，謂之「金花銀」，入内承運庫，至是復設太倉銀庫，專以貯銀。各直省派賸麥米，十庫中綿絲、絹布及馬草、鹽課、關税，凡折銀者俱入太倉；籍没家財，變賣田産，追收店錢，援例上納者亦入焉。銀庫之設始此。

《英宗實録》卷九七　〔十月〕戊子，命皇城東安門倉添設副使一員，專出納光禄寺草束。

《明通鑒》卷二三　壬辰，烏梁海寇廣寧前屯，大掠而去。

時衛喇特額森正强，三衛附之，泰寧衛頭目以女妻額森，皆陰爲之耳目，入貢輒易名，且互用其印。上惡其反覆，始議討之。

《國榷》卷二五　壬辰，兀良哈糾野人女直千餘人，自氈帽山犯廣寧前屯等衛。

癸巳，兵部郎中鄧浩爲南京太僕寺少卿，仍督江南白糧。敕四川三司：「番僧入貢多土人邊人冒隨，今審實赴京，多不過三五人，回日帶茶，人止二百斤。」

甲午，初，瓦剌密令女直誘脅朝鮮，國王李祹拒之以聞，敕賜彩幣，至是遣崔士康等表謝。

《英宗實録》卷九七　丙申，設陝西延安府栢林寨倉，置大使一員。

《國榷》卷二五　戊戌，許瓦剌後使百餘人入朝。大同總兵官朱冕以請，念遠至，納之。增各道御史十一人。

庚子，户部主事劉湛總督懷來、隆慶運糧。

壬寅，復楊節敘州府推官，食正六品俸。

乙巳，太皇太后崩。遺詔曰：「吾自洪武中配仁宗皇帝三十餘年，爲未亡人十八年，今命止此，得全歸以從先帝于地下足矣。惟國家重事，存没在念。皇帝聰明孝敬，爾内外文武羣臣宜盡誠輔導，庶幾克濟。吾素無德，身没之後，喪服悉遵仁宗皇帝遺詔，皇帝成服三日後即聽政。」后永城人，彭城伯張麒女，始爲太子妃，操女行甚謹，手庖爨供太宗帝后，微后當太宗意，太子幾廢。既爲后，中外政事羣臣才品莫不周知。

《明通鑒》卷二三　先是太皇太后大漸，命中官問大學士楊士奇、楊溥：「國家尚有何大事未舉？」士奇因上三事，其一言「建文君雖亡，曾臨御四年，當修《實録》，仍用建文年號」；其二言「太宗詔：『有藏方孝孺諸臣遺書者死。』宜弛其禁」；其三未及上，而太皇太后已崩。遺詔勉大臣佐帝惇行仁政，語甚諄篤。
太后自宣廟之崩，以上在沖齡，凡宮中玩好之物，不急之務，悉皆罷去；禁中官不得差遣，有事必關白始行；委任三楊，政在臺閣。數年來海宇休息，皆太后之力也。王振擅權，以太后故不敢逞，數年來太后有疾，漸至驕縱，及崩而振益無顧忌矣。

《英宗實録》卷九七　丁未，禮部以大行太皇太后喪禮儀注進。

《明通鑑》卷二三　癸丑，上始御門視事。

《國榷》卷二五　乙卯，裁湖廣郡縣撫民官。復屈義清苑知縣，義被誣下刑部，民伏闕稱枉，得雪。

《英宗實録》卷九八　〔十一月〕丁巳，欽天監進正統八年大統曆。

《國榷》卷二五　戊午，祀武城王太公望于後軍都督府。

庚申，上孝誠恭肅明德弘仁順天啓聖昭皇后尊謚。初，太后甚禮廢后胡氏，及薨，廢后不敢同孫后，自列名妃嬪中，慟甚。

壬戌，作刑部、都察院、大理寺于宣武街西，詹事府于玉河左。

癸亥，頒謚詔。瓦剌遣使二千三百二人，貢馬二千五百三十七匹。

《明通鑑》卷二三　故事，衛喇特使入貢，來者不過五十人。其後利朝廷賞賚，增至二千餘人，大同供億費至三十餘萬，屢敕不奉約束。又所過多殺掠，邀索不遂，輒造釁端。

是春，上以貢使太多，限三百人入關。及秋，至大同者仍二千餘人，旬日又百餘人，詔姑納之。使人以馬易弓，藏于衣篋，不可勝計。巡撫羅亨信請于居庸關詰檢之，不許。鎮守太監歲造箭簇數十甕遺其使，恃王振庇之，故上不之知，知亦不問也。

《國榷》卷二五　乙丑，兀者衛都指揮使剌哈爲都督僉事。右僉都御史王翱提督遼東軍務。時東鎮屢失事，翱至鎮，守將旅謁，詰玩寇故，將斬之，哀懇乃釋，繕烽選鋭，謂邊人不當用常法，量罪贖粟，遼左稱安。

《明通鑑》卷二三　翱前鎮江西、陝西，上知其能，至是以遼東寇迭侵，將士不能力戰，使翱治之。

翱至，諸將庭謁，責以失律罪，命曳出斬之，皆股栗叩頭，願効死贖。翱乃躬行邊塞，起山海關，抵開原，繕城垣，濬溝塹。五里爲堡，十里爲屯，使烽燧相接。練將士，室鰥寡，軍民大悦。又以邊塞孤遠，軍餉不繼，緣俗立法，令有罪得收贖。十餘年間，得穀及牛羊數十萬，邊用大饒。

《國榷》卷二五　己巳，增湖廣布政司右參政柴璉、按察司副使陳質專督屯種。泰和人奏大學士楊士奇子稷不法事，士奇待罪，命逮稷。至京，連及三百餘人。

《英宗實録》卷九八　壬午，命章官保、梁貴爲正副使使瓦剌。自元年以來，康能、陳友凡六使瓦剌，及是上以友等連歲劬勛，宜令休息，故更命官保等云。

《國榷》卷二五　甲申，復劉恕武城知縣，食從六品俸。監察御史時紀使陝西，枉道還里，脅長垣民女爲妾，下之獄。諭法司，錦衣衛今後慎選。

錦衣衛指揮僉事王瑛上八事：「禦邊莫善于燒荒，使胡馬無水草可恃。積糧莫善于屯田。虜使入貢，非禮凶虐，令其酋長自責罰。邊卒演武，果才勇特出，量加賞賚。備倭戰船，私販鹽捕魚採薪，致失備，乞監察御史時加巡視。沿海衛所軍士或摘運糧，或屯田百里外，不及調，乞沿海軍士免運屯軍。附郭軍官多戍貧役富，宜才幹武臣提督，修城實伍，法令歸一。海上盔甲器械有損壞，將在官贖鍰修理。」上頗採之。

是月，安南國王黎麟死，子濬嗣，遣陪臣阮廷歷來告哀，黎傅來請封。濬一名基隆，僭號太和。

《明史》卷一〇《英宗前紀》　十二月，葬誠孝昭皇后于獻陵。

《明通鑑》卷二三　上尊謚曰誠孝昭皇后。

初，洪武中，鑒前代宦官之禍，置鐵碑高三尺，上鑄「內臣不得干預政事」八字，在宮門內，宣德時尚存，至是振以太皇太后崩，益無忌，遂盜毀之。

《國榷》卷二五　己丑，爪哇、占城入貢。禮部尚書胡濙言：「山東左參政沈固、右參政劉璉並以中外官舍軍民，戴帽穿衣，語言跪拜，尖頂禿袖，垂纓插翎，輒效胡俗，請令都察院嚴榜戒治。」從之。

《英宗實録》卷九九　壬辰，增置大同府草塲副使及大同左衛、右衛、玉林、雲川、威遠、天城、陽和、高山、鎮虜九衛倉大使各一員，從總督邊儲户部右侍郎沈固奏請也。

己酉，重建媧皇氏陵寢廟宇。

《國榷》卷二五　辛亥，麗水盜陳善恭、青田盜葉宗留合二千人，盜福建寶峯塲銀冶，命浙江、福建捕之。

甲寅，琉球入貢。

丙辰，蘇州知府況鍾卒。

正統八年（癸亥、一四四三）

《國榷》卷二五　〔正月〕丁巳朔，免賀。

敕廣東按察使郭智整飭緣海備倭軍務，同都司偏歷各衛，革弊興利，仍與三司御史推都指揮或指揮智勇堪任者以聞。敕總督雲南軍務兵部尚書靖遠伯王驥等擒捕麓川餘孽。浙江備倭户部右侍郎焦宏兼福建備倭。

《英宗實録》卷一〇〇　己巳，吏部尚書郭璡有罪，令致仕。

《明通鑑》卷二三　先是六年，御史曹恭以災異請罷大臣不職者，上命科道官參議，璡及尚書吳中、侍郎李庸等，被劾者二十人，上皆切責而宥之。至是璡子亮受賂，爲人求官，事覺，御史孫毓等復劾璡。璡請致仕，許之。踰四年卒。以禮部侍郎王直爲吏部尚書。

時初罷廷臣薦舉，方面大吏專屬吏部。直委任曹郎，嚴抑奔競，凡御史巡方歸者，必令具所屬賢否以備選擢，時稱得人。

直子稹，爲南國子博士，考績至部，文選郎欲改北學，留侍直，直曰：「是亂法自我始矣。」不可。

遇王振，未嘗少降辭色。每坐，直先居其右，曰：「太監四品，尚書二品也。」振無如之何，更加禮貌焉。

吏部侍郎魏驥，直道自持，時王振怙寵，獨嚴重驥，呼先生。振出，六卿皆斂輿避，驥一日遇振于崇文門，不爲避，振頗銜之，遂改禮部。尋以老請致仕，吏部尚書王直，言「驥未衰，如念其老，宜令去繁就簡」，乃改南京吏部侍郎。復以老請，不允。尋進尚書。

《國榷》卷二五　己巳，太常寺少卿兼翰林院侍講學士金問、太僕寺少卿王一榮調南京。免淮安夏税麥十五萬四千三百三十五石有奇。

癸酉，順德長公主薨。得蜚章于大明門外，俱刺法司，上示刑部尚書魏源等，仍命邏捕之。

乙亥，安南入貢。

壬午，迤北使臣還，賜書可汗厚賚之，并敕諭太師淮王中書右丞相也先加賜。宣府操備署都指揮僉事王良提督萬全都司屯種。

甲申，沙州衛右都督困即來來朝，進左都督。

丙戌，赤斤蒙古衛都督僉事且旺失加來朝，進都督同知。

〔二月〕丁亥朔，武邑典史張斌爲知縣，雖任淺，重民望也。

己丑，裁南京吏部員外郎四，户部主事九，兵部主事四，刑部主事一，并六部都察院司務各一，司獄三，大理寺左右寺副各一，左評事二，右評事五，司務一，太常寺博士、典簿各一，光禄寺典簿、録事各一，署丞十二，鴻臚寺鳴贊二，序班三十二。

《英宗實録》卷一〇一　庚寅，裁省廣東南雄、肇慶二府，德慶州，并程鄉縣城、南海、陽縣上廊、韶州府曲江、惠州府長案、歸善縣歸善八遞運所，瓊山縣白沙水驛，感恩縣甘泉、大南村二馬驛，從巡按廣東監察御史布政按察司奏請也。

《國榷》卷二五　庚寅，敕尚膳監内官曰：「供養若御膳并宮中食物，毋不潔蠲，褻神而耗費。」

壬辰，吏部尚書王直、禮部署部事左侍郎兼翰林院侍講學士王英仍直講。瀘州知州林逌節爲鶴慶軍民府知府。鶴慶本土官高氏，至是罪絶，改流官。免陝西貧民歷貸倉穀。

《國榷》卷二五　己亥，在京文武官各置倉，儲官吏俸米。作司禮監。

甲辰，敕勞雲南木邦宣慰使罕蓋法等綵幣。

《英宗實録》卷一〇一　戊申，朝鮮國王李祹遣使貢方物，賜宴并賜綵幣等物有差。命度南北二京及各布政司諸觀道童二千八百九十五人，各布政司及西番諸寺行童一萬四千三百人。

《國榷》卷二五　戊申，代府宣寧王母徐氏，夜擊世孫門，厲甚，世孫奔訴都司，命遣武定侯郭玹往諭，因書賜代王桂。

庚戌，以荆王瞻堈以建昌山瘴，求遷善地，命遷撫州，已改長沙，又改蘄州。

癸丑，許鄭王瞻埈徙懷慶。

《英宗實録》卷一〇一　甲寅，裁省江西南安府經歷司知事、照磨所檢校各一員，以本府南康知縣齊原銘奏事少官多故也。

《國榷》卷二五　甲寅，哈密忠順王倒瓦答失里、瓦剌太師也先入貢。

乙卯，南京通州知州魏復請天下里置木鐸，誦教民六諭，如國初舊，從之。

〔三月〕戊午，令户部榜諭天下，民流移境外，願占籍其處者聽，仍免役三年，願復業者，記名優卹，秋成遣之，公私逋負，悉與蠲除。高苑、博興、齊東久雨傷麥。守備獨石永寧左參將都督僉事楊洪巡灤河，逐虜亦把禿河，擒那歹，斬十級。

《英宗實録》卷一〇二　辛酉，巡按浙江監察御史李璽奏：「沿海備倭官軍每歲都司、按察司各委官提督，今海道未寧，地方廣遠，宜更委布政司官兼督并嚴本巡檢司官兵隄備。」從之。

《國榷》卷二五　癸亥，安南入貢。南京大理寺少卿楊復致仕。

乙丑，致書鄭王瞻埈曰：「比念皇考同氣至親，久處封國，特召諸叔父宮眷子女來京，不幸皇祖母遐棄，痛何可言。近襄王、荆王、淮王俱至，叔獨疾不果來，悵然在念，兹遣内官郝順，特賫奉金銀綵幣鞍馬諸物，兼賜世子、郡王、郡主，叔宜勉進藥食，遠副睠望。」楚王季埦薨。王自武陵王進封，年三十一，謚曰憲。王事母孝，亦以文稱，士林誦之。瓦剌也先土罕來歸，授南京錦衣衛副千户。

辛巳，進士姚夔、包良佐、翟敬爲吏科給事中，陳宜、伊侃爲工科給事中。增國子監生饌米。

甲戌，獨石開平衛并馬營堡召商中鹽。

乙亥，御製銅人腧穴鍼灸圖序。

丁丑，南京右僉都御史張純上言：「宋臣包拯謂古禮人臣七十致仕，所以優崇老成，且開止足之端也，歷代皆行，國朝尤重。切見内外文官，有踰厥紀，亦或年及者，精神昏晦，在公日少，請急時多，曠廢甚矣，間畏清議，勉告致仕，吏部又以精力未衰，奏留如故，彼此相蒙。乞申明古禮，有因循覬覦之輩，許給事中奏斥，其荷重眷，留無可去之義者，自難繩拘。」上是之，下吏部，先曉諭百官，許其自陳，自是多有致仕者。

乙酉，户部右侍郎王質爲刑部尚書。初，命吏部咨訪廷臣，尚書王直疏王質及兵部左侍郎鄺埜、刑部員外郎劉廣衡、監察御史張驥以聞，上即用質。復張順盧氏知縣，馮熙湘潭縣丞，各加俸二級。浚常州孟瀆、白塔、德勝等河。

《英宗實録》卷一〇三　〔四月〕丁亥，設雲南大理衛下關至沙參和等五堡，并趙州迷渡市巡檢司。革順天府遵化縣盧兒嶺巡檢司，從巡按監察御史王受奏請也。

戊子，設山西遼州榆杜縣黄花嶺、和順縣松子嶺二巡檢司，置巡檢各一員，以右參政李讓言二處盜賊剽掠爲害故也。

《國榷》卷二五　丁亥，設雲南芒市長官司，隸金齒軍民指揮使司。初，陶孟、刀放革從思任發，至是來降，授長官。

己丑，占城入貢。敕總督雲南軍務兵部尚書靖遠伯王驥等：「前報緬甸因思任發于阿瓦城，欲自貢章械，至今云合官軍攻思機發，取孟養與之，始械至。爾等宜諭木邦及附近土官，集衆俟秋進師，緬甸頗遠，非夷兵不可，爾等選萬卒從之，其上方略以聞。」

甲午，朝鮮貢鷹及方物。遼東指揮同知王崇以女直野人盜入鎮北山，追及海西寨，獲二人。進崇指揮使。

丁酉，故安南國王黎麟子濬上表請封，并貢方物。都察院右都御史王文劾少師楊士奇縱子宜斥，上不問。

《英宗實録》卷一〇三　戊戌，設浙江紹興衛三江千户所。先是於紹興府倉關支俸糧，往復六十餘里，官軍苦之。至是，於本所置三江倉貯糧以給，設大使一員，倉隸山陰縣，從户部右侍郎焦宏請也。

《國榷》卷二五　庚子，久旱，遣告于天地社稷山川諸神。

丙午，設女直成討温衛。初，兀者衛指揮僉事婁得，以都督同知剌塔弟析居成討温，故立衛。

己酉，赤斤蒙古衛都督僉事且旺失加請建寺于也恪卜剌，其地近肅州。總兵官寧遠伯任禮謂寺而不已，且予之巢，勿許便，報可。

甲寅，泰州判官王思旻議修淮安西湖隄。初，光禄少卿王賢、淮安知府彭遠俱以爲言，命督漕總兵官武興等議，取物料于直隸、湖廣、江右。于是思旻言朝廷設宫殿及文武官署不役天下一人，今奈何以西湖隄困民，各處徵需，宜可罷。從之。減延綏等處屯糧。初，屯卒一人納糧六石，至是減二石。

〔五月〕乙卯朔，翰林院侍讀周叙上言：「比者天旱，皇上躬自引咎，命羣臣齋求禱祠，三日而雨，然禾稼未大沾溉，生民未盡滿望，皇上惓惓是念。臣下所當欽承德意，思陳闕政，以消譴助理。乃共致憂勤效忠補過之疏未聞，告老陳情自乞留用之章繼進，掌銓選者諏詢不審，資格徒拘。司國計者，農桑生殖不加勤，而賦税科征日見益。軍士困于造作，刑罰失其中正，風憲乏激揚之公，言官惟緘默之尚。至若僧道之流，無益政教，多至數萬，額溢十倍，徭役或迫征徭或窘飧，不加矜恤由守令原故，皆民，推其山東流年饑甸甚。又近蠹政傷和，莫此爲乏人，户口滋耗，竊謂守令寄撫字，風憲司耳目。風憲得人，守令自職，尤宜精選，方可望治。」上示章諸大臣，吏部尚書王直等皆引罪自訟，上命加毖慎，以副朕意。賑無爲、海門、興化饑，遣視文安旱災，清苑雹災。

丙辰，江西去年田租半折鈔。斥國子監生裒鄙陳義等百有二人。

《英宗實録》卷一〇四　庚申，先是雲南金齒、大理二處俱召商中鹽納糧。至是，僉事陳璇奏大理儲積已豐，請專於金齒中納，每鹽一引視前例減米五升，從之。

《國榷》卷二五　丁卯，免雲南屯軍逋糧五十九萬四百石有奇。

《明史》卷一〇《英宗前紀》　己巳，復命平蠻將軍蔣貴、王驥帥師征麓川思任發子思機發。

《國榷》卷二五　初，思任發走緬甸，官軍索之不得，蓋挾賊餌我地也。其子機發據麓川，勢益雄，故有是命。

《明通鑒》卷二三　調士兵五萬，發卒轉餉凡五十萬人。

《國榷》卷二五　辛未，倭寇海寧衛，官軍禦卻之。

甲戌，行人程璥諭祭故安南王黎麟，光禄寺少卿宋傑、兵科都給事中薛謙往封黎濬爲安南國王。敕緬甸宣慰使莽得剌，木邦宣慰使罕蓋法，孟養宣慰司大小頭目，各發兵協討麓川。前山西按察僉事王琦服闋，補四川。守備獨石永寧左參將都督僉事楊洪爲都督同知。右僉都御史程富往雲南督理軍儲。

丙子，定外遣，先行人，方進士。時行人劉瀚計禮部郎中葉蓁遣進士錢森伴送占城使臣，非制。尚書胡濙言往使瓦剌，或員外郎，主事，進士，不專行人。命定其制。陝西道監察御史曹泰言考洪武二十七年五月行人陳升等奏定詔赦、賞勞、使夷、祭祀、賑濟、軍務、徵聘、閲軍之類，俱遣行人，如奉特旨，不拘例，遂准洪武行。

《明史》卷一〇《英宗前紀》　戊寅，雷震奉天殿鴟吻，敕修省。

《國榷》卷二五　己卯，上輟朝三日，遣祭天地，敕諭文武群臣。工部虞衡郎中王佑爲右侍郎，仍理各廠。佑諂事振，遂超拜。佑美而無鬚，振曰：「侍郎何無鬚？」佑曰：「阿父無鬚，兒敢有耶？」聞者笑之。

〔六月〕甲申，敕大理知府劉烈，屬官不法，衛所官害民，俱指奏。

乙酉，立南京武學。

《明史》卷一〇《英宗前紀》　丁亥，侍講劉球陳十事，下錦衣衛獄，太監王振使指揮馬順殺之。

《明通鑒》卷二三　球疏既上，下廷臣議。惟擇太常官可行，令吏部推舉，修撰董璘遂乞改官太常奉祀事，而獄因之起。

初，球言麓川事，振固已銜之。欽天監正彭德清，球鄉人也，倚振爲奸，凡天文有變，皆匿不奏。一時公卿，以振故皆趨謁德清，球絶不與通。德清恨甚，遂摘疏中攬權語謂振曰：「此指公耳。」振益大怒。會璘疏上，振私人錦衣指揮馬順喜謂振曰：「此可以并殺球矣。」遂誣以同謀，並逮下錦衣衛獄，旋屬馬順殺球。

乙未，順深夜攜一小校，持刀至球所。球方臥，起立，大呼太祖、太宗。校直前斷其首，血流被地，體猶植立不仆。遂支解之，瘞獄户下。

振既殺球，遂不問，獄解，璘得釋歸。球之見殺也，璘在旁，竊其血裙歸，遺球子鉞，鉞後復求得一臂，裹裙以斂。

順有子病，忽起捽順髮，拳且蹴之曰：「老賊！令爾他日禍踰我。我劉球也。」順驚悸，俄而子死。

小校者，傳爲盧氏人。球死數日，有識校者，見其貌瘠色慘，詢之，校吐實告，且曰：「爲勢所迫不敢違。比聞劉公忠臣，吾儕小人，無故作此逆天理事，死有餘罪矣。」因慟哭悔恨不已，未幾亦死。

璘有孝行，既歸，遂不復出云。

《英宗實録》卷一〇五　乙巳，改四川疊州守禦千户所所轄長寧安撫司隸茂州衛，從都督同知蔣貴等奏請也。

《國榷》卷二五　丙午，蠲湖廣正統五年災租八十九萬石有奇。

〔七月〕乙卯，大理寺左寺丞仰瞻戍威遠衛，坐囑薛瑄脱岳氏也。

丙辰，初，朵顏、福餘、泰寧三衛人屢盜邊，命錦衣衛指揮同知季鐸往詰之。于是朵顏衛都指揮使完者帖木兒、福餘衛都指揮同知安出、泰寧衛都督僉事拙赤各謝罪，上敕勞之。

《明史》卷一〇《英宗前紀》　戊午，祭酒李時勉荷校於國子監門三日。

《明通鑒》卷二三　王振矯旨坐之也。

初，時勉請改建國子監，上命振往視，時勉待之無加禮，振銜之，廉其短，無所得。時勉嘗芟彝倫堂樹旁枝，振遂言「時勉擅伐官樹入家」，徑取中旨，與司業趙琬、掌饌金鑑並枷國子監前。官校至，時勉方坐東堂閲課士卷，徐呼諸生，品第高下，顧僚屬定甲乙，揭榜乃行。方盛暑，枷三日不解，監生李貴等三千餘人詣闕乞貸。有石大用者，上章願以身代。諸生圜集朝門，呼聲徹殿廷。振聞諸生不平，恐激變，及通政司奏大用章，振内慙。

會會昌侯孫忠生日，公卿皆爲壽。忠，太后父也。助教李繼因公卿請解于忠。太后使至忠家，忠言：「今歲生辰殊不樂，以公卿皆集，獨李先生荷校不至耳。」使還奏，太后言于上，上始知振所爲，立釋之。

大用樸魯，素不爲六館所知，至是名動京師。而繼官于國子監，不拘檢柙，時勉嘗規切之，繼不能盡用，然心感時勉言，至是遂得其助云。

《昭代典則》卷一五　〔時勉〕獲免未幾，乞歸，士林高之，亦可謂明哲保身矣。

《國榷》卷二五　庚申，誅通倭叛人黄巖周來保、龍溪鍾普福，皆勾倭内犯，倭去潛留縣境，被執伏誅。

戊辰，爪哇入貢。

辛未，大同巡軍至沙溝，驟風雪，裂膚墮指二百餘人，各人給毛襖。

癸酉，命山西布政司督糧參政阮存同清軍參議尹弼兼督有司招撫逃民。

辛巳，敕爪哇國王楊惟西沙三年一貢，毋數，蓋廣東右參政張琰言頻貢勞敝中國也。

〔八月〕癸未朔，右副都御史金濂爲刑部尚書，監察御史馬昂爲右侍郎。

《英宗實録》卷一〇七　乙酉，勑諭長河西地面因果寺高僧簇克林藏卜曰：「爾能敬順天道，恭事朝廷，尊崇佛教，化人爲善，忠誠可嘉，今特頒勑護持聽樂于漢人西番各寺院自行修行，尤宜嚴謹戒律，用闡宗風，以廣慈化，俾人有所起敬，庶副朝廷眷待之意。欽哉。」

《國榷》卷二五　戊子，復故文亮海康知縣，楊慶通城知縣，進慶從六品俸。

《英宗實録》卷一〇七　庚寅，户部右侍郎焦宏奏：「福建行都司衛所官軍于沿海地方協同備倭，周歲更代。近年代者多不時至，守者遂至踰期，宜如蘇松例，每歲二月朔各赴所守地方，至八月朔代者至即回原位。如此，則軍不久勞，邊守有備。」從之。

《國榷》卷二五　免鄒平、蒲臺、商河災租。

壬辰，復宋儒周敦頤、程顥、程頤、司馬光、朱熹子孫，以順天推官徐郁言之。修宣府大同屯堡。刑部尚書王質降户部右侍郎，左侍郎郭瑾降潯州知府，杖刑部主事王彰，司獄王温、張森，戍威遠衛，主事王儉削籍，郎中唐璉、員外郎丁芹、主事羅瑛俱降黜。時刑部盗越獄，質等俱下都察院，至是獄上。

丁酉，總督雲南軍務兵部尚書靖遠伯王驥奏：「緬甸宣慰使卜剌浪馬哈省約今冬送思任發于貢章，臣先遣指揮使李儀等進兵南芽山，直擣貢章伺敵，大兵繼之，俟任發至，合木邦兵夾攻。」報聞。

戊戌，行人陳鑒爲雲南道監察御史。

《英宗實録》卷一〇七　己亥，以征進麓川命總督軍務兵部尚書靖遠伯王驥祭告雲南境内山川之神。革湖廣興國州富池批驗茶引所，以其事簡，令富池鎮巡檢司帶辦。

先是，浙江備倭都指揮使李信道：「一向寧息，正統二年始掣散水寨，各守地方，自此海寇益多，又見海寧、臨山等衛無港泊，船遇有儆急拒敵良難，乞復舊爲便。」事下兵部，移文侍郎焦宏審實，至是宏奏信言非是，且定濱海衛所泊船港久以聞。從之。

《國榷》卷二五　辛丑，逮南京廣西道監察御史王復，以貪淫不法，遂敕責南京部院大臣，率屬遵戒，復下錦衣衛，得實，戍鐵嶺衛。

己酉，前太子賓客國子祭酒兼翰林侍講胡儼卒。儼字若思，南昌人，好學博覽，洪武貢士，歷華亭、長垣、餘干教諭。己卯，薦授桐城知縣。永樂初，解縉薦其文，遷翰林檢討，尋進侍讀直閣。甲申，進左諭德，未幾，拜祭酒。庚寅，從北征，命署翰林院，輔導太孫，洪熙初，致仕。儼持正善教，嘗楚試，拔楊溥登科，甚期之，人謂其知人，議論微驗，飭慎早退，有足多者。

《明通鑒》卷二三　儼家居二十年，方岳重臣咸待以師禮，儼與言，未嘗及私。自處澹泊，歲時纔給衣食。初爲湖廣考官，得楊溥文，大異之，題其上曰：「必能爲董子之正言而不爲公孫之阿曲。」世以爲知人。卒，年八十三。

《國榷》卷二五　〔九月〕癸丑，祠鎮遠侯顧成于貴州。

乙卯，聞瓦剌也先遣三千騎攻哈密，刦王及王母去，掠千餘人，益兵二萬，欲掠沙州赤斤及肅州，敕邊將嚴爲備。

《英宗實録》卷一〇八　辛酉，兵部尚書徐晞等言：「瓦剌自其兇酋脱歡吞併同類，其勢益張。脱歡雖已殞滅，其孽子也先兇虐譎詐，尤勝其父，近年屢蒙朝廷賜賚撫綏。然狼子野心，奸計難測，恐其恃强狃勝，忽肆跳梁，必煩聖慮，當今急務，莫先于此。惟當極意整飭邊備，豫圖萬全，臣等謹條陳三事：一，添任將佐。緣邊一帶，朝廷俱命總兵官鎮守，而參將佐之，宣府、遼東、寧夏俱有參將二員，甘肅大同尚缺其一，乞勑在京總兵大臣與臣等推選其人，以備委任。一預增兵力。甘肅、寧夏二處地方闊遠，而肅州鎮番尤爲孤絶，脱有急報，遠處調軍，緩不及事，宜將二處七軍及舍人餘丁精壯者編成隊伍，相兼操備，蓋士兵勝于客兵數倍，邊防必得其用。一，贍卹邊軍。西北邊塞風高氣寒，其軍士或瞭煙墩，或守關隘，或充夜不收出境採探，或隨邊將往來哨備，經年累月，不得回營，妻子失所，衣食不足，雖有歲賜月糧，或用以置備軍裝，或用以陪補馬匹，餓寒艱苦，不可勝言，乞將内府所貯絆襖袴鞋量加給賜。」上命英國公張輔等博議以聞。

《國榷》卷二五　甲子，總督雲南軍務兵部尚書靖遠伯王驥奏：「思機發求款，臣約至南甸騰衝，須身至。」上許之。

丙寅，瓦剌入貢。

辛未，像宋儒胡安國、蔡沈、真德秀于孔廟。命延綏、寧夏于花馬、定邊二營間畫界分守。

壬申，都指揮僉事王敬、劉法貴爲左右參將，協守甘肅。都指揮使石亨、馬義爲左右參將，協守大同。

《英宗實録》卷一〇八　癸酉，設雲南府嵩明州醫學，置典科一員。

甲戌，朝鮮國王李裪遣陪臣鄭苯等來朝貢方物，賜宴及綵幣表裏襲衣等物有差。

《國榷》卷二五　乙亥，都督同知黄真爲征西將軍總兵官，鎮守寧夏。都指揮使朱謙爲宣府右參將，守備萬全左衛。大理寺左少卿薛瑄論死，子淳等三人，請一人代死，戍，贖父罪，不許。將決，王振老僕泣于爨下，振問之，曰：「薛少卿之不免，是以泣。」曰：「何自知之？」曰：「鄉人也。」因述其平生，振少解，得不論。瑄在獄，日誦《周易》不輟。

戊寅，監察御史李純巡撫遼東，刑部右侍郎薛希璉清鳳陽田糧。禁私牧南海子。下清平伯吴英、太監吴亮、范弘、金英、阮讓等錦衣獄，俱私牧南海子，奪民芻。

十月壬午朔，敕禁内官内使私結外廷，囑託營求。敕戒内外官交通作弊，畏勢圖賄，致那移文武銓選，出入囚罪，勞敝軍民。禁私藝南海子。

癸未，增户部雲南司主事一，專督御馬監芻豆。

《英宗實録》卷一〇九　癸未，增置户部雲南司主事一員，專督御馬監芻豆，從户部請也。户部侍郎焦宏言：「臣承命巡視直隸蘇、松及浙江、福建海道，遍歷各處衛所，見其官吏貪而不恤軍士，旗軍刁詐而不畏刑威，上下相蒙，兵政廢弛，乞勅廉幹御史二員，一巡兩浙，一巡福建，以戢姦頑靖海道。」從之。

《國榷》卷二五　丁亥，内使張環、顧忠爲蜚章責數王振罪，事覺，下錦衣獄。以誹謗磔于市，令内官俱出視。

庚寅，作光禄寺牲房。

《英宗實録》卷一〇九　壬辰，添設密雲縣縣丞一員，專管糧儲。

庚戌，增置浙江布政司右參政一員，督巡海道。

《國榷》卷二五　長清典史何聰爲長壽知縣。聰先以長壽典史憂去，除長清，而長壽人詣闕以請，從之。

懷安教諭丁泰亨爲廣西道監察御史。

《英宗實録》卷一〇九　辛亥，定陝西沿邊中鹽則例。

《國榷》卷二五　〔十一月〕壬子，許彬服闋，補翰林修撰。

甲寅，復紀振武學教授。時秩滿，改吉安，武學生留之。遣視黄巖、樂清水災。

《英宗實録》卷一一〇　丙辰，革湖廣嘉(興)〔魚〕縣五重湖河泊所。

《國榷》卷二五　乙丑，迤北瓦剌脱脱不花王等貢馬。

《英宗實録》卷一一〇　己巳，增置密雲縣古北口倉，以倉少不足貯糧故也。

《國榷》卷二五　巡撫山西右僉都御史羅亨信改遼東，監察御史李純仍理屯糧。御馬監草場火，御史會劾户部尚書王佐、左右侍郎王質、焦宏罪，不問。

辛未，汝州妖人張端伏誅。

《皇明資治通紀》卷一六　宣德廢后静慈仙師胡氏薨。

《明通鑒》卷二三　先是太皇太后崩，后慟哭不已，至是亦卒。以嬪御禮葬金山。后無過被廢，天下聞而憐之，宣宗亦嘗自悔曰：「此朕少年事。」

《國榷》卷二五　己卯，增各省按察僉事專理屯種。

《英宗實録》卷一一一　〔十二月〕壬午，裁省雲南永寧府經歷司知事一員。

《明史》卷一〇《英宗前紀》　癸未，免山東復業民税糧二年。

丙戌，駙馬都尉焦敬荷校于長安右門。

《明通鑒》卷二三　王振搆之也。

《國榷》卷二五　戊子，静慈仙師葬金山，每節太常寺例祭。

丙申，均配兩淮鹽場，分上下，便商販。

丙午，錦衣衛指揮同知丁全往祭故沙州衛左都督困即來、赤斤蒙古衛都督且旺失加。

《明通鑒》卷二三　是冬，王驥、蔣貴等以大軍逼緬甸，索思任發。緬人佯諾不遣，潛載樓船來覘官軍，而别以他舟載思任發遁去。驥等乃與沐昂分五軍薄之，緬人亦聚衆以待。驥見緬衆盛，未易攻，又恐多一麓川敵，乃宣言犒師，而令貴潛焚其舟數百艘。緬人仍堅執予地前約，復以獻任發之故，慮其子機發致仇爲解。于是舍之而專攻思機發。

大學士楊士奇既耄，子稷傲很，嘗侵暴殺人，言官交章劾稷，朝議不即加法，封其狀示士奇。復有人發稷橫虐數十事，遂下之理。時士奇以老疾在告，上恐傷其意，降詔慰勉之。士奇得詔感泣，憂不能起。

《國榷》卷二五　是年，巡撫周忱奏：「松江賦役繁重，以闊白三梭布一匹准平米二石五斗，加津費二斗五升，闊白棉布一匹准平米九斗八升，加津費一斗二升，每匹長四丈二尺，重三斤，兩端織紅紗，防盗剪，華亭細布萬六千一百八十五匹，匹直六錢一分，粗布四萬八千九百三十五匹，匹值二錢，上海同。」

正統九年（甲子、一四四四）

《明史》卷一〇《英宗前紀》　正月甲寅，右都御史王文巡延安、寧夏邊。

《明通鑒》卷二三　文至，劾都督僉事王禎、都督同知黄真等，皆逮治，邊徼爲肅。

《英宗實録》卷一一二　戊午，設陝西米脂縣銀川馬驛，置驛丞一員，從鎮守延綏都督僉事王禎奏請也。

《國榷》卷二六　瓦剌貢使都指揮僉事把失罕卒于會同館，諭葬。

《明史》卷一〇《英宗前紀》　辛酉，大祀天地於南郊。

《英宗實録》卷一一二　乙丑，設順天府大城縣僧會司，置僧會一員。

戊辰，設山東兖州府東阿縣張秋鎮税課局，置大使一員。先是，欽天監春官正王巽奏：「張秋鎮適臨南北往來河道約有十餘里許，街道市肆客商買賣及船隻屯聚，宜於是開局收辦課税。」至是，户部勘覆，請如巽言，從之。

《明史》卷一〇《英宗前紀》　辛未，成國公朱勇，興安伯徐亨，都督馬亮、陳懷，同太監僧保、曹吉祥、劉永誠，但住分道討兀良哈。

《明通鑒》卷二三　會泰寧衛頭目與肥河衛頭目戰于鄂爾坤，大敗。衛喇特復分道截殺，建州亦出兵攻之，三衛大困。

《英宗實録》卷一一二　甲戌，設四川成都府漢州三水關巡檢司，置巡檢一員，從本州知州白亨奏請也。裁省湖廣施州衛忠建宣撫司、經歷司知事一員，以民稀事簡故也。

乙亥，朝鮮國王李裪以襲封，遣陪臣柳守剛等奉表及方物謝恩，賜宴及金織襲衣綵幣表裏等物。設雲南昆陽州醫學，置官降印。

《國榷》卷二六　瓦剌使回，敕賚可汗并太師也先。

丁丑，大同左參將都指揮使石亨爲後軍都督僉事，内官韋力轉爲都知監右監丞。初，虜犯延安，亨追敗之金山，擒六人，斬七級。命鴻臚寺序班祁全，往諭四川松潘黑虎等寨番族，擒叛賊贖罪。召雲南總督軍務兵部尚書靖遠伯王驥還京。

《英宗實録》卷一一二　戊寅，朝鮮國王李裪奏故父恭定王冠服年久，汙垢不潔，乞賜新者，以備服用，從之。

《國榷》卷二六　己卯，兵部右侍郎虞祥往順天、永平，工部右侍郎王永和往鳳陽、淮、揚，通政使右通政吕爰政往大名、廣平，左參政王錫往真定、順德，光禄寺丞張如宗往河間、保定，各巡視督捕蝗種。孝陵衛指揮使梅永善卒。

《英宗實録》卷一一三　〔二月〕壬午，建州左衛女直指揮佟郎可等，雙城等衛野人女直頭目准荅等來朝貢貂鼠皮，賜宴并紵絲、襲衣、綵段、絹有差。

《國榷》卷二六　乙酉，定安王市茶五百斤，官運；國師二百斤，徒衆百斤，俱自運，著爲令。

丙戌，監察御史羅綺參贊寧夏軍務，時右僉都御史盧睿疾，還京。遣内臣勞楊士奇：「卿子有違家訓，干于國紀，以祖宗之法拘繫之，卿其勉進藥食，用副注望。」

癸巳，故赤斤蒙古衛都督同知且旺失加子阿速來朝，爲都督僉事。

甲午，暹羅國王谷戎有替下入貢。

《英宗實録》卷一一三　乙未，勑諭禮部曰：「國家建學，丕隆文教，以圖化理。今，太學新成，朕將祇謁先師孔子，勸勵師生，爾禮部其擇日具禮儀以聞。」

《明通鑒》卷二三　先是太學因元陋，吏部主事李賢上言：「國家建都北京以來，太學日就廢弛，佛寺時復修建，舉措乖舛，何以示天下！請以佛寺之費修舉太學。」李時勉亦言之。詔始營建，至是遂成。

《國榷》卷二六　乙未，左軍都督僉事曹儉薦廣東東莞縣河泊所官羅通文武才，不聽。

戊戌，朱勇等渡柳河，經大小與州，過神樹，至全寧，遇福餘衛，逆戰，敗之。次虎頭山，及流沙，遇泰寧、朵顔，又敗之。

《英宗實録》卷一一三　丙午，設雲南禄豐縣醫學，置訓科一員，從本縣奏請也。

《明史》卷一〇《英宗前紀》　王驥擊走思機發，俘其孥以獻。召驥還。

《國榷》卷二六　總督雲南軍務兵部尚書靖遠伯王驥上捷云：「臣等合木邦等夷兵進緬甸，累捷，緬人截思任發于江上覘我，復匿之，欲以麓川予木邦，孟養戛里予緬甸，始獻任發，詭思機發致仇爲解。乃縱兵搗思機發寨，獲其私屬及從賊九十餘人，象十一隻，班師。」

《明通鑒》卷二三　捷聞，詔立隴川宣慰司，命驥等班師還。時機發竊據孟養，負固不服自如也。

《國榷》卷二六　戊申，濬鎮江、常州運河。

庚戌，琉球中山王尚忠入貢。

《英宗實録》卷一一三　庚戌，上命自三月初一日爲始於左順門晚朝。

《明史》卷一〇《英宗前紀》　三月辛亥朔，新建太學成，釋奠于先師孔子。

《國榷》卷二六　始復晚朝。

甲寅，瓦剌太師也先入貢。

庚申，重給暹羅國王鍍金印，以前燬也。命廣西招諭桂林叛蠻。

《英宗實録》卷一一四　癸亥，革湖廣歸州興山縣，併于本州

《國榷》卷二六　總督漕運官不得委武弁分管閘壩。

《明史》卷一〇《英宗前紀》　甲子，朱勇等師還。

《國榷》卷二六　兵部尚書徐晞等劾太子太保成國公朱勇等出塞無功，上宥之。少師兵部尚書兼華蓋殿大學士楊士奇卒。士奇泰和人，少孤，游學武昌，薦直翰林，授□府審理。文皇帝初，擢編修，直閣，進侍講東宫，進兼左中允，尋左諭德兼侍講，上北征，輔東宫監國。及即位，進禮部侍郎兼華蓋殿大學士，歷少保少傅。洪熙初，兼兵部尚書。宣德初，漢庶人反，勸全趙邸，左右密勿。上即位，進少師。士奇受知三朝，弼益弘多，但薦士必出其門，不能獎恬抑競，有攻己者目爲浮薄，必欲斥逐，王振擅權不能匡救，猶戀榮寵，士論以此少之，然秉謙篤義，論事存大體，在帝前表德掩瑕，所推轂皆名士。文謹嚴有法，卓然爲當世望。贈左柱國太師，謚文貞，賜祭葬，子稷，廕尚寶丞。

《明通鑒》卷二三　〔士奇〕卒，年八十，贈太師，謚文貞。

士奇卒後，法司乃論殺稷。越二月，稷瘐死獄中。

《明史》卷一〇《英宗前紀》　乙丑，叙征兀良哈功，封陳懷平鄉伯，馬亮招遠伯，成國公朱勇等進秩有差。

《明通鑒》卷二三　朱勇等征烏梁海，皆以捷聞。勇奏敗敵于富峪川，亨奏敗敵于土河，懷奏敗敵于虎頭山，亮奏敗敵于黑山，然俱無大功，捕其擾邊者，奪回所掠人畜而已。至是還。自是巡邊者多以斬獲邀功，三衛積怨，遂爲衛喇特額森鄉導之師。

《國榷》卷二六　乙丑，時雨澤愆期，遣祭郊社山川諸神。南征麓川達官舍人家屬，給絹二匹，布三匹，有願省視者，給口糧脚力。

丙寅，太子太保成國公朱勇爲太保，封中軍左都督陳懷平鄉伯，右軍左都督馬亮招遠伯，以勦虜功。户部劾勇奉命出喜峯口迂道，支糧萬六千餘石，菽八千石，芻八萬餘束，宜責償。上不問。時三衛寖衰滅，而怨我次骨，雖朝貢如故，陰通瓦剌。

《英宗實録》卷一一四　丁卯，詔運江西等處折糧銀一萬四百餘兩于萬全都司，令鎮守總兵巡撫等官公同收貯官庫，用糴邊儲。

《國榷》卷二六　庚午，寧夏總兵官都督同知黄真、都指揮陳友擊兀良哈，獲四百餘人，畜産萬餘。

《英宗實録》卷一一四　辛未，增置喜峯口收貯糧草倉場。

《國榷》卷二六　乙亥，定廣西屯兵，歲九月至次年三月戍柳州，四月至八月瘴盛回桂林。

四月庚辰朔，雨澤愆期，徧告羣神。

《明史》卷一〇《英宗前紀》　丙戌，翰林學士陳循直文淵閣，預機務。

《明通鑒》卷二三　初，廷議天下吏民建言章奏，皆三楊主之，至是榮、士奇相繼卒，循及馬愉、曹鼐在内閣，禮部援故事請，上以楊溥年老宜優閒，令循等三人預議參決。

《國榷》卷二六　增山海衛户部主事提督屯糧，并巡視永平界嶺口、劉家口、喜峯口倉場。

《明史》卷一〇《英宗前紀》　丁亥，振沙州及赤斤蒙古饑。

《國榷》卷二六　戊子，朝鮮國王李祹獻犯邊逆倭五十七人，敕勞之。

壬辰，禁勢豪攬納芻粟中鹽。

甲午，敕部院、順天尹，凡造作物料，先給價買，不許損民。

丁酉，琉球入貢。

《英宗實録》卷一一五　戊戌，設陝西興平縣底張馬驛。

《國榷》卷二六　戊申，安南入貢，上言欽州地，又遣阮叔惠參知番刑院事程真入貢，言龍州赤城地。

乙酉，命陝西糧存留三分，餘本折半之，悉輸甘肅、寧夏、延綏。守備鎮番衛都指揮使馬驎侵餉，以赦復秩，不許。

〔五月〕辛亥，思機發子菡蓋等械至京，没入御馬監，餘十二人戍邊。

乙卯，工部右侍郎邵旻降柳州知府。旻坐盗官物下獄，適值赦丧去，至是服闋，吏部以聞，特謫。

《英宗實録》卷一一六　丁巳，革廣東韶州府英德縣河泊所。

《明史》卷一〇《英宗前紀》　己未，命法司録在京刑獄。

《國榷》卷二六　遂命左副都御史張琦往南京，刑科給事中王鐸録京師，琦道疾，改刑部右侍郎馬昂。

庚申，大同總兵官武進伯朱冕等言，鎮卒止二萬四千六百餘人，除諸處守備，恐策應不給，馬隊尤少，請步卒二千四百人屯田，山西行都司者仍遣回，半充馬隊，更選河南、山西千五百人充馬隊，從之。

《英宗實録》卷一一六　丙寅，哈密衛都指揮使脱脱不花來貢，進都督僉事。

丁卯，刑部右侍郎丁鉉、光禄寺丞吕泰往四川督茶運西寧。

太監王振言饒州陶器不堪，命錦衣衛指揮往杖其提督官，仍責造。

己巳，占城入貢。

壬申，召提督遼東軍務左副都御史王翺還京。崖州守禦正千户陳政、副千户洪瑜勦黎賊，濫殺熟黎激變，政被殺。事聞，瑜戍廣西。

癸酉，後軍都督僉事陳友出塞招胡四百八人來歸，賜衣幣。

乙亥，罷四川高縣筠連茶課司，以茶惡折鈔。

丁丑，敕諭緬甸軍民宣慰使莽得剌子卜剌浪馬哈省以速剌等：「爾囚思任發于阿瓦城，約官軍于貢章接取，爾恃詐襲我，諸將請兵之，朕念傷及亡辜，今爾果擒獻，即宥罪陞賞，若復不悛，貽悔無及。」又敕木邦軍民宣慰使罕蓋法等開諭緬甸執賊來獻。免保定和州去年災租。

《明通鑑》卷二三　是月，命刑部侍郎楊寧參贊雲南軍務。

寧與侍郎侯璡，從王驥再征麓川，皆有功，詔璡與寧二年更代。至是召璡還，命寧代參贊軍務。

時麓川甫平，寧以騰衝地居要害，與都督沐昂築城置衛，設戍兵，以控諸蠻，邊方稍定。

《英宗實録》卷一一七　〔六月〕己卯，設廣東歸善縣碧甲巡檢司、陽江縣海陵巡檢司，各置巡檢一員。徙海豐縣平安馬驛於茶亭鋪，新會縣沙村巡檢司於崖山，吴川縣硇州巡檢司於茂名縣，更名恃茂巡檢司，俱從按察使郭智言也。

《國榷》卷二六　禮科給事中余忭、行人劉遜還自琉球，受餽下獄，杖而宥之。

《明史》卷一〇《英宗前紀》　壬午，振湖廣、貴州饑。

《國榷》卷二六　敕寧夏總兵官都督同知黄真等，選靈州土達從征，以署都指揮僉事韓鵬領之。

丙戌，總兵官定西侯蔣貴益禄五百石，王驥三百石，賜金百，幣十雙，鈔萬貫。總兵官右都督沐昂爲左都督，都督同知冉保爲右都督，都督僉事毛福壽爲都督同知，左少監蕭保爲太監，各金八十，幣八，鈔五千貫。時驥老師亡見績，而王振爲之内主，勿恤也。

《英宗實録》卷一一七　辛丑，革江西贛州府上館驛，從知事方華言也。

《國榷》卷二六　壬寅，歷城縣丞熊觀爲知縣。

《英宗實録》卷一一八　〔七月〕戊申，設陝西永昌衛儒學，置官降印，從指揮同知高瑛奏請也。

《明史》卷一〇《英宗前紀》　己酉，下駙馬都尉石璟於獄。

《明通鑑》卷二三　璟詈其家奄，〔王〕振惡其賤己同類也，遂搆之下獄。

《明史》卷一〇《英宗前紀》　處州賊葉宗留盗福安銀礦，殺福建參議竺淵。

《明通鑑》卷二三　初，洪武之末，浙江之温、處，福建之浦城等處，皆有銀場，歲徵其課。其後福建歲額增至三萬餘兩，浙江增至八萬餘兩，地力既竭，民不堪命。上即位，詔封坑冶，而奸民私開，遂屢以盗礦相殺傷，嚴禁不可止。於是福建參政宋彰、浙江參政俞士悦，請「復開銀場，使利歸于上而礦盗自絶」。下三司議。浙江按察使軒輗力持不可，謂：「復開銀場雖一時利，而百凡器用皆出民間，恐有司横加科擾，其患尤深。莫若擇官典守，嚴加禁捕，盜自衰息。」朝廷是輗言，得止。

至是處州賊葉宗留及陳鑑胡等，聚衆數千，盜開福安礦，福建參議竺淵捕之，不克，遂被殺。

《國榷》卷二六　辛亥，貴州施秉蠻夷長官司改施秉縣。

《明通鑒》卷二三　癸丑，免河南之開封、衛輝、南陽、河南、懷慶、彰德等府所屬去年被災糧凡三十萬三千餘石。

《英宗實録》卷一一八　辛酉，遼東總兵官都督同知曹義奏朝鮮國報倭賊聲息。

《國榷》卷二六　庚午，敕邊將，以兀良哈頭目安出言女直來侵，且修怨，又也先索三衛流人，其情叵測，宜整士申備。

《英宗實録》卷一一〇　八月丁未朔，朝陽門外倉成，名大軍倉，銓大使一員，副使三員，後軍都督府以貯操備馬料豆。

《國榷》卷二六　戊申，申明習尚胡虜衣服語言之禁。刑科給事中鮑輝言：「近例浙江計口月納米三升，買鹽一斤，彼饑民安能計口出米哉？請自今禁舟車，其肩負十斤以下勿問，民間食鹽聽自買，毋復計口月給。」從之。

《明史》卷一〇《英宗前紀》　庚戌，免陝西被災税糧，贖民所鬻子女。

《國榷》卷二六　刑科給事中鮑輝言：「郡縣官九年考滿，多在任買田置宅，娶妻立籍，恐遷他境，保留故事不可以一妨十，惟宜上司嚴覈。」上從之，果徇私，俱治以罪。蠲陝西田租十之四，凡四十八萬六千石有奇，餘收粟布。

《英宗實録》卷一一〇　壬子，革臨清壩官。初，平江伯陳瑄奏設臨清閘壩，遂廢，至是乃革其官。

《國榷》卷二六　壬子，復徐聖保定府推官，食正六品俸。

甲寅，翰林院侍讀周叙、侍講王一寧主考順天。進士畢鸞、胡貫、任寧、張文爲監察御史。大理寺卿俞士悦等言：「文職受財枉法，滿貫當絞者，例充軍，不滿貫者，並贖爲民。武職坐流徒杖者概充軍。夫武職出萬死得官，例概充軍，則前功盡棄，罪反重于文職，乞令武受贓私縱操卒，滿貫當死者充軍，其不滿貫當流徒杖者，如舊贖罪還職。」從之。

《英宗實録》卷一一〇　乙卯，增設福建建寧府雜造局大使、副使。

《明史》卷一〇《英宗前紀》　甲戌，敕邊將備瓦剌也先。

《明通鑒》卷二三　時額森日强，遣人授罕東諸衛都督訥格等爲平章，又置甘肅行省名號，鎮撫陝西右都御史陳鎰以聞，故有是諭。

《英宗實録》卷一二一　九月丙子朔，設四川叙州府富順縣趙化鎮巡檢司，從知縣李真奏請也。

《國榷》卷二六　庚辰，南京國子祭酒陳敬宗秩滿至京，仍任。溧陽縣丞鄢璠爲知縣。

《明史》卷一〇《英宗前紀》　丁亥，靖遠伯王驥、右都御史陳鎰經理西北邊備。

《明通鑒》卷二三　初，寧夏諸邊軍，半歲一更。後邊事亟，三年乃更，又益選軍餘防冬，至一家有五六人在邊者，軍士日益疲困。驥請「歲一更代，當代者以十月至，而得代者留至明年正月乃遣歸，邊備足而軍不勞」。上善其議，命行之諸邊。

《國榷》卷二六　增給遼東、延安、綏德、甘肅、永寧、宣府、寧夏銅銃。鎮守延安、綏德都指揮僉事王禎爲都督僉事，仍鎮守。

己亥，立雲南隴川宣撫司。麓川頭目恭項先來歸，累功，于是即麓川故地設宣撫使、同知、副使、僉事各一。

壬寅，肥河衛都指揮別黑格修怨于兀良哈，同嘔罕河衛都督你哈荅等敗掘赤安出等于格魯坤迭連，遣指揮咬失報捷。

甲辰，許廣西提學僉事考校應襲武職。

（十月）丙午，命大同總兵官武進伯朱冕、寧夏總兵官都督同知黄真鎮守延安、綏德，都督僉事王禎守備偏頭關，都指揮馬貴巡視塞外。

丁未，道録司右演法邵以正校道經于禁中。

壬子，許貴州輸布代租。

癸丑，瓦剌脱脱不花王及太師也先貢馬三千九十二匹，遣使千八百六十七人。

《英宗實録》卷一二二　丙辰，設廣西思恩府在城、蘇葦、古陵三驛。

辛酉，設江西袁州府萬載縣鐵山界巡檢司，萍鄉縣草市巡檢司。

《國榷》卷二六　己未，監察御史李儼監收光禄寺祭物，值太監王振不跽，下錦衣獄，戍鐵嶺衛。

甲子，孝誠昭皇后主祔廟。

永寧伯譚廣卒。廣丹徒人，燕山左護衛百户，從靖難，再從出塞征胡，以左都督鎮守宣府，正統六年，捕虜，獲胡馬中律，封，禄千二百石，流爵。起戎伍，大小百餘戰未嘗敗，統神機營，騎兵整鋭，人稱譚家馬。鎮宣府二十年，吏卒感慕。年八十二，贈祭葬，謚襄毅。

乙丑，頒釋道大藏經于天下。

丁卯，順天府尹姜濤爲户部左侍郎，光禄寺少卿王賢爲順天府尹。

《明史》卷一〇《英宗前紀》 庚午，兀良哈貢馬謝罪。

《國榷》卷二六 庚午，大興知縣蘇敬杖斃老人蕭永，戍威遠衛。

《英宗實録》卷一二三 十一月丙子朔，欽天監進正統十年大統曆，上御奉天殿受之，給賜諸王及文武羣臣，頒行天下。

《國榷》卷二六 甲申，也先復入貢。

《英宗實録》卷一二三 乙酉，朝鮮國王李祹遣陪臣安崇善等賫表方物賀萬壽聖節，賜宴及綵幣表裏等物有差。

《國榷》卷二六 己丑，滿剌加國入貢。

《英宗實録》卷一二三 癸卯，命河南山西逋負税糧折鈔河南解京山西貯之，本處備用，從巡撫少卿于謙奏請也。復設四川叙州府宜賓縣横江鎮巡檢司。

《國榷》卷二六 十二月乙巳朔，提督易州山場柴炭通政司右通政陳恭爲工部右侍郎，仍故任。運南部絹布萬八千匹，賚雲南吏卒。

《英宗實録》卷一二四 己酉，户部言：「民間芻草歲用不給，請令法司囚犯以四分爲率，二分仍舊運磚還糧，二分輸草，二死罪納草一千八百束，三流并徒三年一千四百束，徒二年半以下每等自一二百遞減二百束，笞杖罪每一十四十束。」從之。

甲寅，朝鮮國王李祹遣陪臣進表及方物，賀明年正旦。野人女直葛林等、十八衛指揮打里哈等，建州左右二衛都督同知董山、凡察、兀里奚山等，十二衛指揮塔必失、兀的罕等，各來朝貢馬及方物，賜宴并賜綵幣等物有差。

丙辰，置彰義門官房，收商税。

《國榷》卷二六 丙寅，給陝西運茶軍人月糧三斗。

《明通鑑》卷二三 癸酉，再振赤斤蒙古饑。

正統一〇年（乙丑、一四四五）

《英宗實録》卷一二五 正月乙亥朔，上詣奉先殿、皇太后宫，行禮畢，出御奉天殿受朝賀，大宴文武群臣及四夷朝使。皇太后、皇后免命婦朝賀。

丙子，文武群臣朝親王于奉天門東廊。

丁丑，宣宗章皇帝忌辰，遣官祭景陵。

《國榷》卷二六 己卯，令吏部都察院會同禮部察入覲官，仍各詢所屬治行，具最以聞。

戊子，命中外官各推舉將才。

《明通鑑》卷二三 詔：「舉天下智勇之士以備邊將之選。」

《國榷》卷二六 辛卯，琉球中山王入貢。

魏國公徐顯宗等二十八人失朝，被劾，令跽于午門媿之。

壬辰，吏部大計，罷黜四百五十三人。

癸巳，浙江都轉運鹽使司運使丁鎡、鞏昌知府韓福、南昌知府胡本惠、寧國知府袁旭、松江知府趙豫、鳳陽知府楊瓚、海豐知縣王懋、霸州知州張雷、吴縣知縣葉錫、慶雲縣典史趙亮等十人俱察最，命人賜金織衣一襲，鈔五百貫，宴禮部，吏部録姓名叙擢之。

《明通鑑》卷二三 先是給事中鮑輝請于各官來時，敕吏、禮二部詢訪有廉能著稱，治行超卓者，禮部官引赴御前，而加獎賞，吏部具録姓名，待其考滿，薦舉擢用，從之。至是舉布政丁鎡等，宴于禮部，各賞衣一襲，鈔百定，候吏部遇缺陞用。尋擢鎡爲刑部左侍郎，汝寧知府李敏爲應天府尹。

《國榷》卷二六 丙申，都指揮同知黄讓往陝西慶陽提督操備。

《明通鑑》卷二三 王振專權日甚，朝臣無敢言者。錦衣衛卒王永，心不平，乃數振罪惡，爲書揭之通衢，又揭于振姪山家，爲緝事者所獲。刑部坐以妖言論斬，詔即磔之，不必覆奏。

《國榷》卷二六 己亥，舊太倉曰京都太倉。

辛丑，河南濟源縣道士宋本澄進綵幣緋緑各一，銀瓶一，云浮自濟瀆，賜之鈔。定西侯蔣貴領五軍左哨。

〔二月〕乙巳朔，參贊甘肅軍務右僉都御史曹翼秩滿，爲右副都御史。

戊申，令陝西贖囚運芻甘州衛。

《英宗實録》卷一二六　己酉，革福建延平府尤溪縣河泊所，以其歲課併歸本縣。

《國榷》卷二六　辛亥，翰林院學士錢習禮、侍講學士馬愉主禮闈。

《英宗實録》卷一二六　丁巳，命禮部出榜選郕王妃。

《明史》卷一〇《英宗前紀》　己未，免陝西逋賦。

《國榷》卷二六　癸亥，陝西、山西饑民流河南，巡撫河南山西大理寺左少卿于謙請發河南懷慶倉粟八十一萬石平糶，從之。

甲子，滿剌加國、錫蘭山國入貢。申驀越誣告之禁，誣十人以上，軍戍邊衛，民流口外。

《明史》卷一〇《英宗前紀》　丙寅，兀良哈貢馬，請貸犯邊者罪，不許。

《國榷》卷二六　丙寅，設鎮番衛右千户所，專罪戍。

庚午，正一嗣教真人張懋丞卒，賜祭葬。

《明史》卷一〇《英宗前紀》　壬申，如天壽山。

《明通鑑》卷二三　三月甲戌朔，謁陵。

《國榷》卷二六　乙亥，還宿沙河。

《明史》卷一〇《英宗前紀》　丙子，還宮。

《明通鑑》卷二三　時上謁三陵，諭百官具淺色衣服，如洪武、永樂例。又定制，每歲三月謁祭以爲常。

《明史》卷一〇《英宗前紀》　庚辰，思機發入貢謝罪。

《國榷》卷二六　庚辰，設雲南騰衝軍民指揮使司。以騰衝要地，城守之，四旬而成，因建學舍，選生徒，訓農務學，以變其俗。雲南浪蠻等叛，據剌撒山寨，官軍攻破之，走洞索山，又大敗之，斬三百餘級，擒四十七人，誅于甸尾。

癸未，毛憐衛右都督李撒滿答失里乞居京自效，從之，賜名曰忠。

《英宗實録》卷一二七　甲申，建獻陵衛及府軍忠義等衛倉。

《國榷》卷二六　申禁私創寺院庵觀。

《明史》卷一〇《英宗前紀》　庚寅，賜商輅等進士及第、出身有差。

《明通鑑》卷二三　輅，淳安人，鄉會試皆首選，至是廷對復第一，時稱「三元」。

《國榷》卷二六　敕雲南總兵官左都督沐昂、參贊軍務右侍郎楊寧曰：「緬甸卜剌浪約爾等及木邦罕蓋法，至貢章付思任發，而罕蓋法云卜剌浪索地獻賊，爾等酌計，毋墮其奸。」

《英宗實録》卷一二七　癸巳，設四川名山縣、直隸青縣僧會司，置官，降印記。

《國榷》卷二六　己亥，故少師楊士奇子穛爲尚寶司丞。推官劉琚，行人吕囦、劉文，知縣王鏜、胡拱辰、莫源爲南京監察御史。衛輝府同知張亨爲知府。

庚子，亦力把力使臣馬黑麻爲副千户，速來蠻爲百户，以遠至，嘉之。

辛丑，勅鎮守陝西都察院右都御史陳鎰巡撫河南、山西。哈密衛都指揮使脱脱不花爲都督僉事。浙江松溪縣礦脈竭，除其銀課。

《英宗實録》卷一二八　〔四月〕乙巳，除山西太原府陽曲縣、屯留縣主墳地税糧四石有奇。

《明史》卷一〇《英宗前紀》　庚申，詔所在有司飼逃民復業及流移就食者。

《明通鑑》卷二三　浙江寧、紹等處久旱，上命禮部侍郎兼侍讀學士王英往祀南鎮。

英齎香幣，虔誠致禱。時民遭厲疫，死者甚衆。英爲民禳厲，齋宿三日，大雨，水深二尺。灌獻之夕，雨止見星。明日，又大雨，田野霑足，民疫以解，皆喜呼曰：「此侍郎雨也！」

英歷仕四朝，在翰林四十餘年，屢爲會試考官。朝廷制作，多出其手。時年七十，以三楊不喜，故屢請致仕，不許。

《國榷》卷二六　戒飭各提學官，許巡按御史糾舉。

辛亥，守備獨石左都督楊洪嘗請旗牌，不允，洪私作箭旗五十，未牌二十，爲交鋒緩急之節，工部論其擅，上不問。

《英宗實録》卷一二八　甲寅，命折臨清、德州、河西務倉三分之一，改爲通州及在京倉。時各倉皆空閒，而通州、京倉皆不足故也。

《國榷》卷二六　工部右侍郎王佑、太監尚義修大功德禪寺。

延安、慶陽二衛召商納馬中鹽。

《英宗實録》卷一二八　壬戌，設山東靈山衛學，置教授、訓導各一員，從本衛指揮張忠奏請也。

癸亥，故正一嗣教真人張懋丞嫡孫元吉當襲封，其族叔祖懋嘉欺其幼，欲奪之，刼其所攜金玉諸器物，并奏疏沮不使行，懋丞妻攜元吉潛詣京，懋嘉亦偕至，相與競於真武廟，爲道録司官所發，法司鞫懋嘉贖徒。上命杖之，發朝天宮灑掃其祖天師廟。

《英宗實録》卷一二九　五月甲戌朔，禮部言：「天下諸司官吏軍民建言，例會廷臣議行。竊見宣德中尚書蹇義、夏原吉已解職務，特詔與議。正統初學士楊士奇、楊榮、楊溥輪番會議。今士奇、榮已故，惟溥尚在，請令學士陳循、曹鼐、馬愉參之。」上以溥年老，禮宜優閒，令循等與議。

《國榷》卷二六　丙子，靖遠伯王驥奏：「延安至肅州六千餘里，戍卒不過五萬六千餘人。」部議甘肅凡四萬二千八百人足備，遂益寧夏千人，延安五百人。

漕運參將都指揮僉事湯節言濬滕縣運河，從之。

庚辰，廣西總兵官安遠侯柳溥勦潯、梧等叛蠻，斬七百三十餘級。署都指揮僉事范息等勦慶遠等蠻。

辛卯，免河間去年災租，雲南屯糧。

《英宗實録》卷一二九　丙申，復置登州府寧海州金山倉，設大使一員。

《國榷》卷二六　丁酉，免萬全都司屯糧。

戊戌，占城入貢。

《國榷》卷二六　六月癸卯朔，以紹興、寧波、台、西安疫，遣禮部左侍郎兼翰林院侍講學士王英祭南鎮會稽山，通政司參議湯鼎祭西嶽華山、西鎮吴山，爲民祈福，亡人蠲其租，病賑恤之。

丁未，潯州通判龐本厚爲同知。本厚秩滿，以善撫猺獞進之。

癸丑，定河南牧地，開封七，衛輝六，彰德四。

庚申，封班丹堅剉爲靈藏灌頂國師贊善王。

甲子，雲南總兵官左都督沐昂卒。昂，晟叔子，洪武中，授散騎舍人，進府軍左衛指揮僉事。永樂初，進雲南都指揮同知。洪熙初，進右軍都督同知。宣德末，進右都督，鎮守雲南。正統三年，征麓川功，進左都督總兵官，復征麓川，敗績，降都督同知。七年，進右都督，從征麓川，復左都督。

辛未，增置陝西西安府通判一員，專督水利。

《明通鑑》卷二三　是月，以黎澄爲工部尚書。澄，前安南王季犛之子，蒼之弟也。季犛禪位于蒼，蒼以弟澄爲衛國大王。永樂間，獲季犛父子，送京師，長繫獄中，赦澄。澄善製神鎗，供事内府，以監造器仗有功，遂拜尚書，令專供内府事。

《國榷》卷二六　〔七月〕甲戌，修滁陽王廟。

《明通鑑》卷二三　下霸州知州張需于獄。需見州民游食者衆，每里置簿，列男女大小口數，計其耕桑樹畜，暇復躬自巡視，分别勸懲。于是民皆勤力，州用以饒。有中官牧馬擾民者，需笞其校卒。中官譖于王振，執需，下錦衣衛獄，箠楚幾死，卒戍邊，並坐其舉主順天府丞王鐸，罷爲民。

《英宗實録》卷一三一　乙亥，設陝西平涼府開城縣固原巡檢司，置巡檢一員，從鎮守都御史陳鎰奏請也。

《國榷》卷二六　戊子，撒馬兒罕國兀魯伯苦列干王並入貢。

庚寅，緬甸宣慰使卜剌浪馬哈省以木葉書約十月終歸思任發于貢章，付金銀鐵三刻爲信，索木邦盻顙之地。其頭目哈答至京，上敕卜剌浪馬哈省即俘至論功陞賞。又思機發刼隴川宣撫司使恭項印。

壬辰，減平陽、潞、汾、沁今年布花之二，田租之三。

《英宗實録》卷一三一　甲午，革四川夔州府巫山縣、重慶府江北嘴、嘉定州黑水尾、瀘州小市壩并叙南馬湖江口五茶鹽批驗所，叙州府高縣、長寧縣、夔州府奉節縣、巫山縣四河泊所。

《明史》卷一〇《英宗前紀》　乙未，減糶河南、懷慶倉粟，濟山、陝饑。

《國榷》卷二六　丙申，黔國公沐儼改名斌。

戊戌，賜哈密忠順王倒瓦答失里駝紐鍍金銀印。

芒市土官放革會木邦兵，殺思機發，刀怕囊等，斬五百餘級。

辛丑，增順天府通判，專督匠役。

召商納糧騰衝，中淮、浙、四川鹽三十萬五百九十引。

《英宗實録》卷一三二　八月壬寅朔，遣道士賫祝幣往命所在守臣，祭歷代帝王陵寢。

《國榷》卷二六　黔國公沐斌爲征南將軍總兵官，鎮守雲南。

乙巳，遣祭司鐘之神曰：「維神職司禁鐘，朝儀是肅，兹晨扣擊失常，朕惕政乖，特申祭告。」

《英宗實録》卷一三二　己酉，省邊衛教官冗員。

庚戌，設福建泉州府安溪縣源口渡巡檢司，從縣丞徐省躬奏也。

《國榷》卷二六　壬子，河南多逃民，委開封同知王靖、南陽同知汪庭訓、汝寧通判周海，又增陝州知州，專撫逃民，其復業者免賦役三年。

《明史》卷一〇《英宗前紀》 癸丑，免湖廣旱災秋糧。

《明通鑑》卷二三 丙辰，免蘇、松、嘉、湖十四府州水災税糧。

《國榷》卷二六 乙丑，定宣府龍門衛、赤城、鵰鶚堡每一金糴粟二石二斗，獨石馬營、龍門所、雲川堡每一金糴二石。

〔九月〕壬申，仍遣監察御史巡茶。

書誡秦王志潔，以折山川壇獸吻，拒宜川王入廟，燬儀賓柩，偪承奉自縊，拔紀善鬚髮，誘軍民子弟自宫之類，不可悉數也。

癸酉，吏科都給事中張睿爲户部右侍郎。

甲戌，諭吏部尚書王直曰：「給事中職封駁糾劾，非行誼莊飭，才識優長，儀偉言端，曷克稱之，今後慎選，毋以輕畀。」

戊寅，始免監生徭役。

《英宗實録》卷一三三 甲申，設四川雅州道正司，置官降印記，從判官李彬請也。

《國榷》卷二六 丁亥，山東布政司左参議黎璉專撫流民，罷濟南等撫民通判，以驛騷故。

庚寅，兵部左侍郎鄺埜爲尚書。

《明通鑑》卷二三 以徐晞致仕，代之也。埜以元年進兵部右侍郎，明年，王驥出征，埜獨任部事，以邊陲多警，請令中外博舉謀略材武士以備任使。至是拜尚書，又言「衛喇特日盛，宜嚴爲備」，因請「增大同兵，擇智謀大臣巡視西北邊務」。尋又請「罷京營兵修城之役，令休息以備緩急。」時不能用。

《國榷》卷二六 辛卯，吏部左侍郎李嚴卒。嚴字居學，涿人，永樂初，入北雍，嘗試第一，授衛經歷，進禮部主事，歷員外郎，遷江西右参議，改四川，除歲買茶課，從近轉餉松潘，遷右参政。正統初，遷右布政使，憂去，奪情，至佐銓。剛直勤慎，在蜀十餘年，績最著，吏部爲不逮也。賜祭葬。

丙申，增定邊營中鹽納馬例，上馬一，鹽百二十引，中馬一，鹽百引。初，户部定上馬百引，中馬八十引，商病其遠，不即赴。

丁酉，户部右侍郎張睿、内官阮忠巡視提督京、通、臨清、徐、淮倉糧并象馬牛羊房。

《英宗實録》卷一三四 〔十月〕辛丑，以下元節遣官祭長陵、獻陵、景陵。

《國榷》卷二六 癸卯，敕户部右侍郎焦宏往河南、陝西抵甘肅，巡視倉儲，整理屯種。 蠲鳳陽、揚州、岳、荆、常德、長沙、襄陽、南陽、平陽旱災田租。

《英宗實録》卷一三四 甲辰，置陝西洮州衛八角寨於安籠山口，移羊撒關於大草灘。

《國榷》卷二六 乙巳，始授乙榜貢士劉震等教授、學正，監生侯琰等教諭、訓導，俱翰林院考定。

丙午，上畋于南海子。

《英宗實録》卷一三四 戊申，設順天府道州通濟庫，置大使一員，從户部主事翁世資言也。

辛亥，設湖廣布政司偏橋、鎮遠、平溪、清浪、五開、九溪、銅鼓、施州、永定九倉，俱置大使一員。先是，倉各隸本衛長官，收支欺弊，至是以户部建明，故改設之。

戊午，役浙江二萬人，疏海鹽永安湖。

壬戌，增置河南河内縣清化鎮巡檢司，并復其鎮原廢税課局。

丁卯，朝鮮國王李祹遣陪臣朴堧來朝奉表貢馬及方物，賀萬壽聖節，賜宴，并金織襲衣綵幣表裏等物有差。

《明史》卷一〇《英宗前紀》 戊辰，侍讀學士苗衷爲兵部侍郎，侍講學士高穀爲工部侍郎，併入閣預機務。

《昭代典則》卷一五 進内閣曹鼐吏部左侍郎，陳循户部右侍郎。

《皇明資治通紀》卷一六 以錢習禮爲禮部右侍郎。

《英宗實録》卷一三四 己巳，户部奏：「脱脱不花、也先差來朝貢使臣并買賣回回帶來馬駝草料定與則例。初到京，馬駝與草半束，過半月增至一束，至十一月半，每匹支與料豆一升。」從之。

《英宗實録》卷一三五 十一月庚午朔，欽天監進正統十一年大統曆，上御奉天殿受之，給賜諸王及文武羣臣，頒行天下。

《國榷》卷二六 癸酉，故和寧王阿魯台次子火兒忽答孫願來歸，敕迎之。

乙亥，通政司右参議侯潤失奏對，謫和州知州。

《英宗實録》卷一三五 庚辰，復設河南懷慶府河内縣税課局，置大使一員。縣舊有局，後以課額少革去，至是，巡按監察御史趙敬言商賈輻輳，課税增盈，故復請設之。

《國榷》卷二六　丙戌，增濮州同知、亳縣縣丞各一。

《英宗實録》卷一三五　戊子，革福建汀州府上杭縣興化鄉巡檢司，設太平巡檢司於本縣虎岡山，置巡檢一員。先是，聽選教諭范金言虎岡山路當衝要，宜設關禦暴，下布政司覆視，至是，右參政宋彰等奏本縣興化鄉巡檢司路僻官曠，公署頃圮，請改設於虎岡山，故有是命。

《英宗實録》卷一三六　〔十二月〕癸卯，設直隸鳳陽府潁州亳縣義門巡檢司，置巡檢一員，從巡撫侍郎薛希璉言，地迫黄河，居民叢集，正逋亡往來之路，宜設巡司，以盤詰之也。

《國榷》卷二六　乙巳，户部郎中楊諶巡視福建銀場。增處州、建寧、福州撫民通判各一，時處州盜葉宗留糾衆恣刦。罷江西均徭册。初議自按察僉事夏時，頗擾民，寢之。

《英宗實録》卷一三六　丁未，設福建漳州府龍巖縣雁石、溪南、東西洋、歸化四巡檢司，各置巡檢一員，從按察司僉事陳祚奏請也。

《國榷》卷二六　設曹州。以曹縣土廣民稠，故析之，曹縣知縣范希正爲知州。

己酉，瓦剌貢使云太師也先求人參、木香諸藥，陰陽、占候、算卜等書，上以其詞悖，不予。

丙辰，瓦剌使臣皮兒馬黑麻等貢馬八百，青鼠皮十三萬，銀鼠皮萬六千，貂鼠皮二百。上侈之，命收其駿，青銀鼠皮各一萬，貂全收，餘令夷自售。

《明通鑑》卷二三　丙辰，緬甸始獻思任發及其妻孥三十二人，送至雲南。任發于道中不食，垂死，千户王政斬之，函首京師。

《明史》卷一〇《英宗前紀》　壬戌，輸河南粟振陝西饑。

廣西總兵官安遠侯柳溥討平慶遠叛蠻。

正統一一年（丙寅、一四四六）

《英宗實録》卷一四七　正月己巳朔，上詣奉先殿、皇太后宮，行禮畢。是日立春，順天府官進奏上御奉天殿，受之，并受正旦朝賀禮，大宴文武群臣及四夷朝使。皇太后、皇后免命婦朝賀。

庚午，文武百官朝親王於奉天門東廊。

《明通鑑》卷二三　庚辰，予太監王振姪林世襲錦衣衛指揮僉事官，並授錢僧保姪亮、高讓姪玉、曹吉祥弟整、蔡忠姪革，俱世襲副千户。中官世襲實始于此。

《國榷》卷二六　賜司禮太監王振及各監太監錢僧保、高讓、曹吉祥、蔡忠白金、寶楮、綵幣諸物。

瓦剌太師也先請灌頂國師剌麻禪師封號銀印衣飾等，以非例，不許。

《英宗實録》卷一四七　丁亥，添設直隸鳳陽、大名二府并開州同知各一員，長垣縣、滑縣縣丞各一員，職專撫民。泗州天長縣縣丞一員，撫民兼理詞訟，從巡撫侍郎薛希璉奏請也。置浙江金鄉等處公館二十九處，從都指揮僉事高舉奏請也。

庚寅，吏部尚書王直等奏，考功司舊設主事二員，後裁減一員，官少事劇，乞仍舊設二員爲便，從之。

《國榷》卷二六　二月己亥朔，巡撫山東大理寺右寺丞張驥上三事，曰：山東旱，即椎初葬之塚，殘其骸，曰打旱骨樁，惡俗宜禁；曰臨清千户所宜改守禦千户所，除吏目，便鞫訟；曰永利諸鹽場地近長蘆，即命巡鹽轄之。俱報可。

壬寅，南京中軍都督僉事徐景珩卒，賜祭葬。

癸卯，亦力把力等處地面也密力虎者王入貢。

庚戌，琉球入貢。

《英宗實録》卷一三八　壬子，設陝西寧夏衛漢僧綱司，直隸隆慶州僧正司、永寧縣僧會司、山東汶山縣僧會司署都綱、副都綱、僧正、僧會如制。

《國榷》卷二六　丁巳，廣東猺寇八百餘人掠石城、遂溪諸縣。

《英宗實録》卷一三八　庚申，增置處州府麗水、青田、縉雲、慶元、松陽、龍泉六縣縣丞各一員，專管銀場。

《國榷》卷二六　辛酉，禮部請度僧道，命如永樂例。

《明通鑑》卷二三　有異氣見于華蓋殿金頂及奉天殿鴟吻，上遣官祭告天地。

《國榷》卷二六　丙寅，協贊陝西軍務陝西道監察御史馬恭爲右僉都御史。

增開封、衛輝、彰德通判，磁、陳判官，封丘、蘭陽、儀封、陽武、項城、考城、汲、輝、胙城、新鄉、獲嘉、安陽、湯陰、臨漳縣丞，管馬。

《明史》卷一〇《英宗前紀》　三月戊辰，下户部尚書王佐、刑部尚書金濂、右都御史陳鎰等於錦衣衛獄，尋釋之。

《明通鑑》卷二三　時安鄉伯張安與弟爭祿，詔逮治。法司與户部相誘，言官劾佐、濂等，並及刑部侍郎丁鉉、馬昂，副都御史丁璿、程富等，俱下錦衣衛獄。數日，釋之。尋命安出鎮廣東。

《明史》卷一〇《英宗前紀》　壬申，御史柳華督福建、浙江、江西兵討礦賊。

《明通鑑》卷二三　福建銀場既開，盜礦者益衆。葉宗留爲賊首，自稱大王，詔遣户部郎中楊諶招撫。浙江參議吴昇上言：「福建礦盜，出没浙江、江西、廣東諸境，東勦則西逃，南捜則北竄。若合而爲一，其患不小，宜特遣朝臣專董勦捕。」乃命華督福建、浙江、江西軍討之。

華至福建，遣兵分捕羣盜，令村聚皆置隘門望樓，編民爲甲，擇其豪爲長，使自置兵器，督轄巡夫。盜稍稍戢，而宗留劫掠如故。

《國榷》卷二六　辛巳，前兵部尚書徐晞卒。

癸未，嚴僞銀之罪，戍邊。

甲申，廣西大藤峽賊流劫。

《英宗實録》卷一三九　丁亥，裁省直隸廬州府無爲州東口河泊所，設本州巢縣焦湖巡檢司，置巡檢一員，從知府衛宗孟等奏請也。

辛卯，設河南開封府歸德州丁家道口巡檢司，置巡檢一員，從按察司副使榮華奏請也。

《國榷》卷二六　癸巳，暹羅國王思利波羅麻那惹智剌入貢。

《英宗實録》卷一三九　丁酉，增置浙江處州府龍泉縣縣丞一員。

《明通鑑》卷二三　是月，英國公張輔及諸侯、伯等奏，願偕詣國子監聽講，許之，令以月之三日往。

李時勉升師席，諸生以次立，講《五經》各一章。畢事，設酒饌，諸侯、伯讓曰：「受教之地，當就諸生列坐。」惟輔與時勉抗禮。諸生歌《鹿鳴》之詩，賓主雍雍，盡暮散去。時以爲太平盛事云。

《英宗實録》卷一四〇　〔四月〕辛丑，給萬全都司、宣府等驛站馬一百二十三匹。

壬寅，爪哇國遣使貢白鸚鵡、火雞各一，賜宴并襲衣綵幣等物有差。

《國榷》卷二六　癸卯，濬任丘縣凌城港，接大河，入直沽。

《英宗實録》卷一四〇　甲辰，裁省湖廣郴州、與寧縣、衡山縣四河泊所，命州縣帶管，以其課鈔數少也。

甲寅，設陝西洮州衛陰陽學，置正術一員，從鎮守洮州都指揮僉事李信奏請也。

《國榷》卷二六　戊午，遣諭麓川思機發。

賜雲南芒市長官司長官放革綵幣，嘉其去年助討麓川功。

《英宗實録》卷一四〇　庚申，設雲南都司騰衝軍民指揮使司僧綱司，置都綱、副都綱各一員。

《國榷》卷二六　五臺山僧請修圓通寺，上難民力，不允。

甲子，安南、琉球入貢。

乙丑，設雲南景東衛儒學。

《明通鑑》卷二三　是月，倭犯浙西之海寧、乍浦。

《英宗實録》卷一四一　〔五月〕己巳，命孔子五十七代孫諤爲山東曲阜縣知縣。舊制曲阜知縣以孔氏之賢者任之，時知縣孔公堂以事去，衆舉諤堪代，故有是命。

《國榷》卷二六　辛未，起復山東布政司右參議張允中，仍理易州薪炭。

乙亥，免黄巖、寧海、天台、臨海去年災糧二萬八千餘石。

《英宗實録》卷一四一　戊寅，置河南永城縣僧會司。復置福建泉州府安溪縣原口渡巡檢司，從縣丞余省躬奏請也。

《國榷》卷二六　戊子，會昌伯孫忠舍人倍徵子錢，被劾，上宥忠，戍舍人鐵嶺衛。

己丑，封張元吉正一嗣教冲虚守素紹祖崇法真人，領道教事。

先是，四川歪地等寨番人作亂，鎮守都指揮王杲、高廣不能制，廷議推都督同知宫聚、都督僉事陳榮，上欲撫之，命山西按察副使寇深、鴻臚寺署丞祁全往諭。

《英宗實録》卷一四一　庚寅，革陝西蘭州衛阿丁鎮關，設摩雲嶺巡檢司，置巡檢一員，隸狄道縣，從都指揮僉事岳廣奏請也。

《國榷》卷二六　甲午，嚴京城外窑禁。時太監賈亨、僧保、内官雲保山、黄義俱私陶，下獄。修南京大報恩寺。

乙未，前軍都督僉事鄭通卒，賜祭葬。

《英宗實録》卷一四二　六月丁酉朔，給賜貴州會誦《心經》并《法華經》及能作瑜伽法事者土僧童四十九名度牒。

《國榷》卷二六　内使阮愷擅啓寶藏庫鑰，特僇之。

戊戌，亦力把力等處地面也密力虎者入貢。

《英宗實録》卷一四二　壬寅，設河南開封府歸德州永成縣僧會司，置僧會一員。

《國榷》卷二六　琉球中山王尚忠表賀今年正旦。

丙午，安南入貢。

壬戌，木邦宣慰使罕蓋法求麓川地，鎮守雲南太監蕭保、總兵官沐斌、侍郎楊寧議，已設隴川宣撫司，惟餘孟止地。上命畀之，卒從所請。

癸亥，敕占城國王摩訶賁該以安南訴其侵升華、思義，近又攻化州也。又敕三年一貢，泊廣東市舶提舉司河或瓊州。

《英宗實録》卷一四二　甲子，設山東濟南府青城縣僧會司，置僧會一員，鑄給印記。

《國榷》卷二六　〔七月〕丁卯朔，晉州請疏滹沱河故道，修隄岸，命侯秩成。

《英宗實録》卷一四三　己巳，置雲南瀾滄衛僧綱司，從本衛指揮使姚替請也。

設四川思曩日安撫司，以頭目阿思觀爲安撫，屬松潘等處軍民指揮使司管轄。

《國榷》卷二六　户部右侍郎張濬提督京倉糧料，焦宏還部。

《明史》卷一〇《英宗前紀》　癸酉，增市廛税鈔。

《明通鑒》卷二三　復設税課司領之，用户部尚書王佐議也。

初，上即位，凡課程門攤，俱遵洪武舊額，不得藉口鈔法妄增。未幾，以兵部侍郎于謙奏，革直省税課司局，領其税于有司。罷濟寧、徐州及南京上新河船料鈔，移漷縣鈔關于河西務。船料當税六十貫者，減爲二十貫，商民稱便。

至是佐掌户部，以軍旅四出，庫藏空虛，乃請置彰義門官房，收商税課鈔。尋令天下税課司局，一萬五千貫以上者，俱請復設税課官。于是征榷漸繁。

《國榷》卷二六　癸未，吏部右侍郎趙新、曹義、文選郎中張琛、禮科給事中章瑾等下獄。初，新私其從子澄，令婿瑾囑琛，不從，及左銓，相忤，又受知縣洪鈞賂薦銅仁知府，事發，并劾及尚書王直。上宥直，餘下法司，俱釋。

甲申，上聞沙州衛都督僉事喃哥等陰附瓦剌，命甘肅總兵官寧遠伯任禮等密執之。

戊子，敕思機發入朝，量授爾官。又敕孟養護爾家屬，毋失。

兵部左侍郎侯璡參贊雲南軍務，代楊寧。

《英宗實録》卷一四三　庚寅，設山東兖州府鉅野縣安興器巡檢司，置巡檢一員，以有司言地衝要多盜故也。

《明史》卷一〇《英宗前紀》　八月戊戌，免湖廣被災秋糧。

《明通鑒》卷二三　謫大理寺丞羅綺戍邊。

先是綺參贊寧夏軍務，嘗以事劾指揮任信、陳斌。二人皆王振黨也。是夏，信、斌訐綺不法，事下總兵官黄真覆覈。真謂綺嘗詈宦官爲「老奴」，以激振怒。召還京，下法司，擬贖。振改令錦衣衛再鞫，指揮同知馬順鍛鍊成獄，遂謫戍遼東。

《國榷》卷二六　己亥，陝西按察僉事莊觀爲副使，仍提督學校。

《英宗實録》卷一四四　辛壬，設四川江津縣清平巡檢司，以有司言其沿江地曠而多盜也。

《國榷》卷二六　丁未，作通州八里莊橋。

《英宗實録》卷一四四　己酉，吏部尚書王直等奏四夷館譯字官一十四人照例會官考試，次爲三等。上命一等授鴻臚寺序班，仍習夷字，二等、三等過二年再試。

辛亥，增置陝西延安府同知一員，專理邊倉糧儲，從知府陳蚪奏請也。設四川重慶府江津縣清平巡檢司，置巡檢一員，從知府郭齡奏請也。

《國榷》卷二六　江陰人劉源上《司馬法注》五篇。

癸丑，裁烏蒙東川軍民府知事、檢校。

《明史》卷一〇《英宗前紀》　庚申，下吏部尚書王直等於獄，尋釋之。

《明通鑒》卷二三　時光禄寺卿奈亨，諂事王振，擢户部侍郎。亨嘗以事干請吏部不行，怨郎中趙敏，搆之，詞連直及侍郎曹義、趙新，並下獄。三法司六科廷鞫，論亨斬，直、義、新俱徒。上宥直、義，奪新、亨俸，遂釋之，仍復亨職。

行人尚褫上疏言：「古者刑不上大夫，今文武大臣，偶因微眚，遽陷囹圄，事或涉虛，旋即復職。是今日衣冠之大臣，即昨日受辱之囚繫，面僚友而統屬官，寧能無愧！請自今有犯者召至午門，大臣會問。事實則疏其輕重，請旨裁決，不實即奏還其職。」上頗然之，而惑於王振，不能改也。褫尋授南京御史。

《國榷》卷二六　辛酉，禮部右侍郎錢習禮署吏部。

遣視大名、廣平、真定、順德、廬、淮安、安慶、濟南、東昌、青、萊水災。

河州衛番僧加失領真在罕東衛通瓦剌，至是來朝，安置南京。

癸亥，沙州衛都指揮同知桑哥失力來朝，願率所部三十家内徙甘州，許之。

〔九月〕丙寅朔，遣視徐州、南陽、太原、兗、登、武昌、長沙、襄陽、岳、黄、荆、漢陽、德安、常德水災。

前左副都御史李濬卒。濬字伯瀟，武定人，監生，擢四川道御史，憂居，告漢庶人之變，進右僉都御史。正統初，巡撫遼東，邊事大飭，進右副都御史。八年，致仕。賜祭葬。

己巳，宥王直、曹義，奪趙新俸二月，李亨三月。禁邊衛官舍取直輸草。

癸酉，增新會縣丞管糧。

丙子，沙州衛都督僉事喃哥兄弟不協，部衆有二志，甘肅總兵官任禮先招諭而大兵乘之，遂入居甘州塞，凡二百五户，千二百三十餘人。

庚辰，敕緬甸宣慰使卜刺浪馬哈省以速刺曰：「爾能調夷兵南據戛里，北渡金沙，思機發立可擒，勿爲他人功。」時緬甸請孟養泄里之地。

《明史》卷一〇《英宗前紀》　辛巳，廣西瑶叛，執化州知州茅自得，殺千户汪義。

《明通鑑》卷二三　自山雲卒後，柳溥代鎮廣西，不能守成法，過于寬弛，雖先後討大藤峽賊及柳州叛蠻，頗有斬獲，而猺、獞相煽爲亂，訖不能靖。

《國榷》卷二六　有僧私立寺于彰義門外，下法司，戍邊。

禁應天、鎮江、太平、寧國湖濱淺灘築圩耕種，以巡撫工部左侍郎周忱言壅水妨民也。

沙州衛都督喃哥弟鎖南奔，就婚罕東衛，上聞其臣瓦刺，僞封祁王，命總兵官寧遠伯任禮遣人招撫之。

丁亥，敕漕運總兵官及諸巡撫官曰：「租税出民，漕輓以軍，苦勞矣。所司不恤，復侵擾之，卿當加意，暴官汙吏必致之法。」

戊子，兵部言瓦刺太師脅哈密忠順王及王母頭目陝西丁等往瓦刺，屬其整兵聽報聞。

癸巳，赤斤蒙古衛都指揮鎖合者來朝。初，苦朮娶西番女，生塔力尼，又他娶，生鎖合者革古者，乃三分其部，自領中帳，塔力尼領左，鎖合者領右，至且旺失加阿速父子相繼長赤斤，部衆强，欲并右帳，相仇殺，鎖合者迫，故自歸。

〔十月〕丙申，始遣户部主事兑漕。

丁酉，暹羅、爪哇、占城俱入貢。申禁文武官訐奏。疏常州孟瀆河。

戊戌，瓦刺入貢。

癸卯，巡按浙江監察御史黄裳言：「御史、給事中考滿黜陟取上裁，其後吏部奏定近年三品以上廷臣保陞。夫科道專糾察參駁，若考滿待陞，求如文彥博之薦唐介，吕夷簡之舉范仲淹，幾何人哉？乞今後吏部照例陞授。」上是之。

兵部尚書鄺埜等上集議禦虜方略：蓄糧邊境，增大同東西路、宣府古北口、延綏定邊營之戍，乞二大臣巡視西北邊。俱報聞。

乙巳，瓦刺也先遣使奄克，求見大同鎮守太監郭敬，且云也先兵往兀良哈回乞餉。上敕敬奉命守邊，辭不敢擅見，京師儲峙如山，爾可自請也，仍傳語：「爾攻兀良哈，已敕邊將勒兵，宜禁所部，毋近邊，恐難辨也。」

丙午，中都留守司正留守蕭讓卒，賜祭。

丁未，賑淮、徐、濟寧災民，免田租。

戊申，西安水利通判黄鏞請鐫溉田之數、用水之期于石，庶人遵畏，從之。

壬子，許罪人于通州轉粟龍門、開平二衛自贖。

《明史》卷一〇《英宗前紀》　甲寅，遣給事中、御史分賚諸邊軍士。

《國榷》卷二六　各一金，共二十五萬七千一百五十三金。

《明通鑑》卷二三　上閲武于近郊。

《英宗實録》卷一四六　丁巳，命各邊管軍自備馬匹待戰者悉給草料。設陝西行都司莊浪衛儒學，署教授一員，訓導二員，從本衛奏請也。設女直塔山左衛，給印，命塔山衛都指揮弗刺出掌印管事。

《國榷》卷二六　己未，敕瓦刺太師也先曰：「來使把禿不花等，不由大同貢道，自塞外險路，值巡軍不明言貢使，幾悮勦，特宥不問，館待尤厚，今後須賚鐵牌印符入大同。」

甲子，命吏部推監司郡守第舉其人，不許定秩，其由掾吏，必軼才清譽方保薦。

雲南按察使賴巽卒。巽廣昌人，永樂乙未進士，授御史，按蘇、松，糾治豪猾，考察湖廣，斥參政以下三百餘人，進雲南按察副使，至今官。

〔十一月〕丙寅，陝西都指揮同知楊得乞募西安沿山獵户士民，復其家，殺賊有功例賞，分命都司官訓練班軍，從之。

戊辰，裁四川烏撒軍民府。

《英宗實録》卷一四七　己卯，設塔山左衛。勅諭塔山衛都指揮僉事弗刺出。

《國榷》卷二六　庚辰，敕雲南署都指揮僉事司韶提督屯種。

蠲順天、淮安、廬、徐、沂、宿、瀘、廣安田租。

辛巳，户部雲南司主事胡紀爲吏部文選員外郎。

《英宗實録》卷一四七　甲申，設河南開封府扶溝縣僧會司，置僧會一員，從本縣官奏請也。

《國榷》卷二六　甲申，重給瓦剌也先順寧王駝紐金印。初，永樂舊印失于兵。廣西思恩府爲思恩軍民府。

《明通鑑》卷二三　是月，命襄城伯李隆巡大同邊，賜寶刀一，戒敕將士，内外凛凛，訖還，不戮一人。明年，隆卒。

《國榷》卷二六　〔十二月〕癸卯，設廣西巡檢司三十六所。故少師楊士奇子秫廕國子監生。

甲辰，遣左通政王錫祭西嶽西鎮，太常寺丞李宗周祭境内山川，時甘肅疫。

置銅鼓衛儒學。

乙巳，增南京户部主事四人。

壬戌，四川都指揮僉事徐貴、郭禮、孫敬分守松潘。貴自西寧關至平夷堡，禮自金瓶崖至靖夷堡，敬自永鎮堡至新堡。

户部郎中楊諶招閩浙盜礦流民二千五百三十九户。

癸亥，進瓦剌使臣都指揮使把伯都督僉事。

正統一二年（丁卯、一四四七）

《英宗實録》卷一四九　正月甲子朔，上詣奉先殿、皇太后宫行禮畢，出御奉天殿，受朝賀，大宴文武羣臣及四夷朝使。皇太后、皇后免命婦朝賀。

乙丑，文武羣臣朝親王於奉天門東廊。

《明通鑑》卷二三　癸酉，巡撫宣大副都御史羅亨信奏：「衛喇特額森，專候釁端以圖入寇，宜預于直北要害增置城、衛爲備。不然，恐貽大患。」時王振用事，兵部尚書鄺埜不敢主其議，遂寢不行。

《國榷》卷二六　乙亥，命鶴慶軍民府土官四品以上免家僮十六人，五品六品免十二人，七品以下遞減其二，餘悉爲編氓，從知府林道節之請。

戊寅，諭工部，禁僭用織繡蟒龍、飛魚、斗牛等服及違禁花樣。

《英宗實録》卷一四九　庚辰，設山東兖州府曹州税課局。

《明史》卷一〇《英宗前紀》　予太監王振等弟侄世襲錦衣衛官。

《國榷》卷二六　庚辰，兵部尚書鄺埜等言：「瓦剌也先分攻兀良哈三衛，東西俱定，遂將窺邊，乞遣京兵戍大同。」上寢之。

壬午，瓦剌也先誘麻亦哈等處頭目阿剌答瓦米兒咱貢玉石，俱不堪，卻之。乞憐，遂半其賞。

《英宗實録》卷一四九　甲申，設雲南臨安府寧州州學，置典科一員。

《國榷》卷二六　丙戌，都督僉事方瑛爲參將，整飭雲南兵備。

鎮守山西太監郭敬部卒以甲胄易胡馬，被劾，上宥之。

《英宗實録》卷一五〇　二月癸巳朔，設陝西布政司廣武倉，減京通州店房税鈔。

甲午，設湖廣銅鼓衛儒學，置教授一員，訓導二員。

《國榷》卷二六　乙未，增大同貓兒窪屯堡。

丙申，敕福餘衛都指揮同知安出、泰寧衛都指揮同知隔干帖木兒、朵顔衛都指揮同知朵羅干等曰：「瓦剌侵爾，朕甚憫之。然部屬私通，實亦自取，今毋聽其誘，或有警，急馳奏。」

壬寅，外戚孫奉祖凶暴殺人，上念皇太后，姑戍邊，遂敕戒府軍前衛指揮孫繼宗及弟紹宗、顯宗、續宗、純宗曰：「朕觀前代戚屬，馮藉聲勢，肆爲暴横，卒致禍敗，我祖宗法度嚴明，褒善罰惡，非前代比，宜洗心守分，庶保爵禄。」

甲辰，琉球中山王尚忠卒，子思達入貢請封。

廣西荔波縣改隸南丹州。

《英宗實録》卷一五〇　丁未，設廣西思恩軍民府儒學，置教授一員，訓道四員，從本府奏請也。

壬子，增設户部主事二員，於臨清、淮安監收船料鈔課。先是，二處鈔課令收糧主事兼理，至是巡按監察御史周鑑言其不便，故有是命。

《國榷》卷二六　癸丑，免雲南木邦軍民宣慰使罕蓋法歲辦銀八錠三年，仍賜各土官綵幣。

丁巳，大理寺丞張驥爲右少卿，監察御史李奎、刑部郎中蕭維楨爲左右寺丞。復李善汾州知州。

守備馬營署都指揮僉事楊俊總督馬營官軍操練，時虜入夏兒嶺夾牆，不追擊。敕責總督獨石等處左都督楊洪協同守備都指揮僉事趙玫，有急併力，毋私執失事。

己未，募商納粟于廣寧、前屯、寧遠、鐵嶺、三萬、遼海六衛中鹽，淮引米豆四斗，浙引一石二斗，長蘆引六斗，支俱不次。

《明史》卷一〇《英宗前紀》　辛酉，異氣見華蓋、奉天殿，遣官祭告天地。

癸亥，詔恤刑獄。

癸酉，鳳陽知府楊瓚請各儒學增廣生開科應試，從之。

《英宗實録》卷一五一　〔三月〕甲戌，設雲南和曲州小甸巡檢司、南甸縣乾海子巡檢司，各置巡檢一員。

《國榷》卷二六　乙亥，給甘肅新附達官四十八户各田五十畝。

《英宗實録》卷一五一　丙子，設直隸定遠縣僧會司，置僧會一員，從本縣耆民王昇等言也。

《明通鑑》卷二三　免杭、嘉、湖被災秋糧凡五十一萬五千石有奇。

《國榷》卷二六　戊寅，守備偏頭關都指揮使馬貴上備邊六要：操士卒，便器械，選馬隊，謹烽堠，識地利，修城塹。上從之。

四川茂州草坡寨首加悟仇蘇村寨，走雜谷數年矣，至是貢鐵甲乞貫罪，許之。

己卯，沙州衛都督僉事喃哥等率所部千二百三十餘人來歸，分置山東平山、東昌二衛，各賜田有差。

庚辰，減開平、龍門二衛屯卒餘糧，舊領五十畝，納六石，今減開平四石，龍門二石。

壬午，安南、朝鮮入貢。安南遣御史中丞何甫、審刑院同知阮蘭等言欽州地，殿中侍御史程馭言龍州地。

裁武定軍民府通判、知事、檢校，和曲、禄勸州同知。

《英宗實録》卷一五一　癸未，裁省山東萊州府管糧同知一員，從本府知府崔恭等奏請也。

《國榷》卷二六　癸未，國子監祭酒李時勉致仕。時勉任祭酒六年，規條嚴肅，恩意稠至，諸生疾或不婚喪，贍給之，嘗潛察一生出舍，跡問所在，曰：「亡奴尾之。」時勉憮然曰：「游學之力，曷資薪水耶。」生見其意誠，自媿悔，因謝曰：「奴實不亡，離學甘罪。」屢求去，至是朝臣及國子生出都門外餞者殆三千人，商賈廢市，又百餘人送至通州泣別。初，時勉平恕，南雍陳敬宗嚴重，士望均屬，時稱南陳北李。

翰林院侍讀蕭鎡爲國子監祭酒，裁萊州府管糧同知。

乙酉，停蔬薪徵鈔。

丁亥，定朔州歲課，仍三十税一。蠲雲南河泊虧課。命四川布政司廣濟庫綾錦衣被布褐等物，依時值准官吏旗軍俸糧鈔。命科給事中陳傳、行人萬祥祭故琉球中山王尚忠，封世子思達琉球中山王。

《明通鑑》卷二三　是月，始命天下學校考取附學生員，從鳳陽知府楊瓚之請也。

瓚以趙城知縣課績爲山西最，擢守鳳陽，上言：「民間子弟多可造者，請增廣生員，毋限額。」下禮部議，從之。于是諸生日衆。定制，食廩餼者曰「廩膳生」，增廣者曰「增廣生」，皆如舊額，以歲科兩考高等充補。其額外增取入學者曰「附學生」。天下學校之有附學生自是始。

初，永樂二年，置沙州衛，授其酋昆濟愣、邁珠爲指揮使。宣德間，沙州爲罕東、西番侵掠，不自安，乞徙察罕舊城耕牧。宣宗遣敕止之，又敕罕東、西番還其所掠人畜。會上即位，昆濟愣懼衛喇特見逼，不能自立，率部衆二百餘人，走塞下陳饑窘狀，詔發邊粟濟之。且令邊臣議所處置，請徙之苦峪，從之。自是不復還沙州，但遥領其衆。于是部衆攜貳，亡入哈密、赤斤者甚多。而罕東久駐牧沙州不去，昆濟愣訴于朝。朝廷數敕責，諸部皆不奉命。九年，昆濟愣卒，長子訥格率其弟恭羅凌戩來朝，授訥格都督僉事，其弟都指揮使，賜敕戒諭。既還，兄弟乖争，部衆叛散。甘肅總兵官任禮，欲乘其窘乏，遷之内地，會訥格亦來，言欲居肅州。去年秋，禮遂遣使偕訥格先赴沙州撫諭其衆，而自率兵隨其後。比至，訥格意中變，陰持兩端，其部下多欲奔衛喇特。禮進兵迫之，收其全部入塞，居之甘州，凡二百餘户，一千二百三十餘人。詔徙之山東，居其頭目于東昌、平山二衛，分其部落爲三，屯居清平、博平二縣。于是沙州遂空，卒爲罕東所據。

初，太祖、太宗以次置哈密、罕東、赤斤、沙州四衛于嘉峪關外，屏蔽西陲，及是沙州先廢，而諸衛亦漸不能自立，肅州遂多事。

《國榷》卷二六　四月壬辰朔，福建銀場進去年萬三千四百金，虧户部侍郎焦宏之半，命各場補辦。

《英宗實録》卷一五二　甲午，設四川成都府簡縣龍泉鎮巡檢司，置巡檢一員，從參議楊潤奏請也。

設直隸鳳陽府定遠縣僧會司，置僧會一員，從本府奏請也。

《國榷》卷二六　丙申，免歸善、長樂、海陽、揭陽災租萬四千三百四十餘石。

辛丑，發萬金于密雲、遵化，糴糧備餉。

癸卯，免保定、河間、大同、大寧災租萬七千二十五石。

武功中衛指揮使華嵩與太監王振姪林争伎，當杖，特髡其首漆之，械示教坊司，戍大同。

甲辰，户部照磨張瑾上八事：曰各鎮選鋭士爲頭班，有警先行，次班隨應；曰沿邊營堡隘口甃磚石；曰邊卒全給本色，免折胡椒、蘇木；曰邊吏折俸，如在京例准銀絹；曰沿邊墩臺瞭卒人，給皮襖禦冬；曰迎送瓦剌使臣，預借官旗耕牛駕車，免軍士推輓；曰隆慶州榆林、土木二驛，改屬附近萬全都司；曰各總兵官增陰陽學官，審天時地利。上從之，惟改驛、增陰陽官不行，因諭禮部，月一集議羣臣所言事。

庚戌，免大名、廣平、真定去年災租萬八千二百四十餘石。

辛亥，貸襄陽、荆、岳、柳饑民倉糧。

巡按福建監察御史柳華上言：「處州流民多盗福建、江西諸銀鐵鉛場，屢諭復業不聽。臣令每村置金鼓揭燈擊應，諸坑場埋鋭竹鐵蒺藜，窒其徑穴，禁兵器，已復業二千五百餘人，乞免徭役一二年。」從之。

丙辰，增廣東布政司右參政鍾禄，巡視海道。

減文武官吏俸鈔。

《明通鑒》卷二三　丁巳，免蘇、松、常、鎮四府被災税糧凡九十八萬四千石有奇。

《國榷》卷二六　己未，弛山西邊民樵採禁。

庚申，故府軍前衛指揮僉事胡信子真襲職。信妻保母恭聖夫人李氏，故累進。至是求襲，非例，特世之。

辛酉，崖州黎賊殺千户陳政，按察使郭智、署都指揮杜信諭降之。

五月辛卯朔，琉球國中山王世子思達貢馬。

壬辰，邢寛補翰林院侍講。先剩員家居，至是言事召至。

丙申，遣視吉安水災。爪哇國使臣陳麻勿卒，賜祭。

丁酉，周府河陰王子壎薨，年二十一。妃韋氏自經。謚王懷僖，妃貞肅。署都指揮僉事陳憙提督廉雷高肇官軍守備，撫治夷人。

《英宗實録》卷一五四　辛丑，正一嗣教真人張元吉奏：「祖母玄君董氏有堉徐翰欺臣幼穉，欲擅府中貲産，又嘗於祖喪次通奸婢妾。」董氏亦具狀翰罪，翰至京誣奏董氏與家奴通。上命錦衣衛收翰，斬之，没其家貲。

壬寅，仁宗皇帝忌辰，遣官祭獻陵。

《國榷》卷二六　壬寅，廣東按察使郭智犯贓削籍。

增陝西都司斷事，往延安、綏德理刑。

常熟人魏宏通餽朝貴，仇家奪之以聞。上按所餽，兵部右侍郎李賁、翰林院修撰張益、順天府丞夏衡、監察御史虞禎、吕囦、中書舍人金鈍皆宏鄉人，罰俸三月；副都御史丁璿、禮科都給事中章瑾、監察御史曹偉皆宏託交，罰俸六月。

丙午，行人賈恪、成始終、知縣陳价、博士張晢爲陝西、河南、山西、四川道監察御史。吏部聽選官陳倫言：「洪武時夏秋二税但輸正耗，後轉漕北京，每石耗至二三斗，今至六七斗以上，官吏糧里索費又至三四斗，且淋尖收之，計正耗一石，通用二石二三斗，宜户部定例，都察院榜禁，以革奸弊。」疏下户部，謂近例湖廣、江西、浙江每石耗六斗五升，南畿五斗五升，徐州四斗，山東、河南三斗，江南運至瓜洲耗三斗七升，至淮安三斗，正糧尖斛，耗糧平斛，覆上，報聞。

己酉，修南京各祠廟。

壬子，巡撫河南山西大理寺左少卿于謙言：「流民至河南將及二十萬，乏食。請量減税糧，暫停逋租馬匹雜辦。各處解京鹽糧鈔暫存本處，米麥每石折鈔五十貫改三十貫。」上俱行之。

《英宗實録》卷一五四　甲寅，改四川建昌、鹽井、寧蕃、越巂、會川五衛倉，弄冕、山橋千户所倉，俱隸四川布政司。

《國榷》卷二六　乙卯，給思機發弟招賽居食，隸錦衣衛。初，思機發遣招賽入謝，命留雲南，至是移京，冀款思機發也。

《英宗實録》卷一五四　丁巳，革四川成都府威州保子關巡檢司。

《英宗實録》卷一五五　〔六月〕甲子，設廣西桂林府陽朔縣都樂墟、南寧府儻州運、表陸答、宣化縣渠樂寨、馱濱寨、武緣縣横山寨、博澀寨、平樂府賀縣白花洞口八巡檢司，置土官、副巡檢各一員。增置桂林府臨桂縣兩江口等三十巡檢司，土官、副巡檢各一員。增設靖邊營利益倉，從鎮守延安綏德等處都督僉事王禎奏請也。

《國榷》卷二六　壬申，占城國使臣左棸提朋卒南雄之凌江驛，賜祭。

《英宗實録》卷一五五　乙亥，設陝西延安府利益倉，置大使、副使各一員。

丙子，設山東濟南府濱州道正司，置道正一員。

《明通鑒》卷二三　是月，奪英國公張輔田。初，太監喜寧侵輔田宅，輔不從。寧弟勝，率奄奴毆輔家人妻，墮孕死，輔訴于上，上宥寧、勝而戍奄奴于邊。至是寧嗾青縣知縣奏輔占民田二十頃，上命以田還民，而置輔不問，輔實未嘗占也。時王振視諸勳戚如奴隸，諸勳戚亦望塵頓首，惟輔獨與抗禮，振亦敬輔。輔既衰老，又數爲喜寧所侮，亦稍屈以避禍矣。

《國榷》卷二六　七月辛卯朔，賑永平、鳳陽、河南蝗災。

己亥，故占城國王占巴的賴姪摩訶賁來遣使言：「先王以臣爲世子，臣幼遜國于舅摩訶賁該，屢侵安南，安南兵抵舊州古壘擒摩訶賁該，臣代其位，請封。」遂遣科給事中陳宜、行人薛幹往，往封爲占城國王。

翰林院侍講王一寧、檢討錢溥主考應天。

故定遠忠敬王沐晟祔黔寧王英廟歲祀，從雲南軍民之請。

《英宗實録》卷一五六　辛丑，置雲南騰衝軍民指揮使司，經歷、知事各一員。設陝西行都司甘州左衛道紀司，置都紀、副都紀各一員。

《國榷》卷二八　辛丑，贊理雲南軍務户部右侍郎沈固上言：「帝座有宦者之星，周官設常侍之職，今内官保護聖躬，贊翊皇化，其功尤著，乞如外臣例給誥敕爲身家樂。」不聽。時璫焰方熾，故固媚之。

《明通鑒》卷二三　甲辰，敕各邊練軍備衛喇特。

時額森糾結諸虜共背中國。其部衆有來歸者，言：「額森謀入寇，托克托布哈止之，不聽。」詔詰額森，不報。于是始以楊洪爲總兵官，鎮宣府，又命左參將石亨守萬全。

《國榷》卷二六　乙巳，巡視河道山東布政司右參議王聰下臺獄，以盜決隄也。

庚戌，泰寧等衛夷掠于也先，乏食附邊，求土物易粟。命果來歸，安置廣寧魏家嶺關外，否則聽牧塞外，毋近邊。

上聞瓦剌復欲侵兀良哈，敕海西野人女直、建州三衛都督李滿住、凡察、董山等，如虜蠱誘，即擒獻。停泗城州、利州逋租。

〔八月〕庚申，增獨石、永寧等墩臺百四十六，自龍門亂泉寺至龍門衛。

《英宗實録》卷一五七　甲子，設浙江海寧衛沙西土寨，撥本衛梁莊寨官軍輪番兼瞭。

戊辰，祭太社、太稷。遣順天府官祭宋丞相文天祥。設直隸保定府定興縣道會司，置道會一員。

《國榷》卷二六　辛未，暹羅國王思利波羅麻那惹智剌入貢。

乙亥，起復四川布政司右參議徐璟，仍理邊儲。

《英宗實録》卷一五七　己卯，革河南開封府封丘縣中濼巡檢司，以其地僻故也。

甲申，重建京城東嶽廟成，御製碑文。

乙酉，革湖廣靖州河泊所，以所辦課鈔少故也。

《國榷》卷二六　己丑，靖遠伯王驥上鐵蒺藜圖，馬革衡三尺，長四尺，布釘百八十，芒一寸有奇，每步一具，四百具列一里，四千具列十里，值寇即置地稍退，寇突至馬蹶，安營環于外。部議利于守不利戰，下邊將酌之。

《英宗實録》卷一五八　九月庚寅朔，命各處儒學四十歲以上生員自正統十年十月十二日爲始，二年以裏到部者收考，二年之外到部者發回原學肄業，依例科貢。

《國榷》卷二六　守備開平、獨石軍務山東布政司右參政尹聰還京。

乙未，禮部右侍郎兼翰林院侍講學士馬愉卒。愉字惟和，臨朐人，宣德丁未進士第一，授翰林修撰，進侍讀，《宣宗實録》成，進侍讀學士，正統五年直閣，十年進今官。端重簡默，門無私謁，再主禮闈，精心檢閱。年五十三，賜祭葬，贈禮部尚書兼翰林學士。故事贈無兩官，自愉始。謚襄敏。

《明通鑒》卷二三　愉端重簡默，門無私謁。論事務寬厚，嘗奏「天下獄久者多瘐死，宜遣官分道決遣」，上納之。邊警方命將，而别部使至，衆議執之。愉言：「賞善罰惡，爲治之本。波及于善，非法，乘人之來執之，不武。」上然之。

《國榷》卷二六　乙未，減徵船户課鈔十之八。

壬寅，大同總兵官武進伯朱冕、侍郎沈固等上禦虜六議：曰守，每秋深亟收田禾窖藏，老弱盡入城寨；曰戰，大同分三路，若小寇則一路出禦，大寇則三路互援；曰劫，虜晝馳夜宿，選鋭士夜劫其營，斬獲重賞；曰追，虜得利出塞，負重行遲，不得利則罷困，或據險設伏，或分擊躡後；曰選兵；曰車戰。上悉從之。

戊申，浙江文武官俸米減支如舊。初，倉粟溢恐腐，故增給。

庚戌，陝西按察副使陳嶷謫揭陽桃山驛丞，坐妄言惑衆也。

丁巳，府軍衛正千户馬雲、驍騎右衛副千户馬青賚綵幣萬三千三百五十五匹，率吏卒百七十一人使瓦剌，以脱脱不花王及太師也先使臣皮兒馬黑麻等二千一百四十九人來貢馬四千一百七十六匹，宴于大同。也先前掠大同卒四人，雲等索之，已遇害，遂還遼東卒四人。

時也先誘回回鎖魯檀哈密使臣脱脱卜花、撒馬兒罕使臣馬黑麻的等俱入貢，公私驛騷，邊患日棘。

遣視松江、紹興旱災。

〔十月〕戊申，駙馬都尉井源掌宗人府。

《英宗實録》卷一五九 辛巳，改遼東都司遼陽税課司隸山東布政司，設廣寧等五衛税課司，置大使各一員。設定遼左等二十五衛庫，置大使、副使各一員，俱隸山東布政司。從巡撫右副都御史李純奏請也。

乙酉，雲南總兵官黔國公沐斌等率官軍往騰衝，催督夷兵，追捕思機發。思機發聞之，遣其徒來朝貢。

《明通鑒》卷二三 是月，礦盜葉宗留反。宗留聚衆連掘少陽、政和等坑無所得，得亦微甚不給用，謂其徒曰：「以吾之衆，即索金于市，易耳，何至自疲山谷間，恒苦不給也！」時已數百人，遂掠政和至慶元，號召得千餘人，延龍泉良葛山人葉七爲教師，訓練武藝。由浦城劫建陽，從者益衆。遂掠建寧，官民皆逃匿。會閩盜起，遂蔓延不可制。

《英宗實録》卷一六〇 十一月己丑朔，欽天監進正統十三年大統曆，上御奉天殿受之，給賜親王文武百官，頒行天下。

《國榷》卷二六 賑南昌、吉安、臨江、廣信、九江、饒、撫及瑞金縣饑。

辛卯，瓦剌脱脱不花王及也先使臣至，遺宣府守將楊洪書。事聞，敕洪禮之，報札申國家威德，毋嚴拒失虜歡。時洪著威望，虜畏之，往來輒貺。

《英宗實録》卷一六〇 壬辰，重建城隍廟成，御製碑文。

《國榷》卷二六 戊戌，沙州衛遺衆矮爾丁把剌亦等來歸，分隸東昌、平山二衛。

辛丑，免濟南、青、登、萊災租。

《英宗實録》卷一六〇 壬寅，設益實左衛，命益實衛都指揮使木當哈掌衛事。

《國榷》卷二六 甲辰，福建布政司右參政宋彰入朝，夤緣得左布政使。

《英宗實録》卷一六〇 乙巳，設陝西慶陽府寧州驛馬關巡檢司，置巡檢一員，以其地多盜故也。

《國榷》卷二六 丁未，北虜阿兒脱台來歸，言也先謀入寇，脱脱不花可汗止之，也先計：「吾自爲之，日騎蹂塞下，彼田不得耕，民不得息，乃可逞也。」也先又釋所掠哨卒二人偵京師。命阿兒脱台授南京錦衣衛鎮撫，帶俸。

癸丑，考郎兀衛都指揮哥哈遣官入奏，黑龍江諸部野人欲來朝貢，乞付敕招之。上曰：「朕不能勞人以事遠，若其自來，固不拒也。」

甲寅，欽天監監正彭德清言，欽造銅儀，夏官正劉信測驗，北京北極出地四十度强，南京北極出地三十六度，日出時刻，南北不同。今宫禁及官府漏箭，皆南京舊式，不可用。」遂命內官監改造。

乙卯，嚴私鹽之禁。

丁巳，都督僉事喃哥卒，困即來子。弟克羅俄領占嗣，後賜名氏羅秉忠。

前吏部尚書郭璡卒。璡新安人，永樂初，授户部主事，勤能，遷福建布政司右參議，年財二十四，歷工部右侍郎，轉吏部左侍郎，秩滿進尚書，持銓十四年，名稍不及蹇義，然潔廉務採實行，不用浮薄。進士李賢揭選試嘉禾詩，即奇爲輔相才，補驗封主事，其知人類此，樸實安靜無遽色。年七十七，賜祭葬。

十二月戊午朔，命死罪疑輕者戍邊。

壬戌，限一品官誥五軸，二品三軸，三品二軸，四品、五品一軸，六品以下敕一軸，三考始給。時工部尚書王卺言文官貤封誥軸，或十道，或八九道，致闕給不敷，故減之。

丙寅，哈密衛都督僉事脱脱不花爲都督同知，都指揮使陝西丁爲都督僉事。

壬申，免池州去年災租萬一千餘石。

甲戌，禁饒州私造黄紫紅緑青藍白地青花等甆器，冒者首犯磔死，籍家貲，丁男戍邊，知不告者，連罪坐。

《英宗實録》卷一六一 丙子，設雲南臨安府道海縣陰陽學，置訓術一員。

辛巳，添除山西蔚州同知一員，專理柴溝堡倉糧料。

《國榷》卷二六 甲申，瓦剌也先所部把把來王以二千騎屯伯塔山，哈密猛哥不花子與頭目滿剌平章，乘其出，率衆襲之，悉俘其人畜。事聞，命甘寧延綏總兵官備也先之報復。

《明通鑒》卷二三 是歲，逮南京副都御史周銓及十三道御史並下獄。初，銓督南京糧儲，御史嘗劾其貪暴，遂銜之。及掌院事，置功過簿，督責諸御史，吹求詬詈。御史范霖、楊永、劉煒、盧祥、尚褫等十人不能堪，乃合疏訐銓不法事，詔徵銓詣獄。銓亦訐奏諸御史，于是盡逮十三道。銓忿，得心疾死。乃諭諸御史，或降或謫，而霖、永以首建議論決。永亦忿死獄中，霖以恤刑得減死出獄，煒、祥以事白留任，霖出獄數日亦卒。

正統十三年（戊辰、一四四八）

《英宗實録》卷一六二　正月戊子朔，上詣奉先殿、皇太后宫行禮畢，出御奉天殿，行受朝賀，大宴文武羣臣及四夷朝使。皇太后、皇后免命婦朝賀。

己丑，文武羣臣朝親王於奉天門東廊。

庚寅，宣宗章皇帝忌辰，遣官祭景陵。

《國榷》卷二七　癸巳，釋南京故曹國公李景隆家屬三十八人拘繫。

吏部大計，罷斥五百一人。

庚子，敕通政司右參議鄒來學往理薊州、山海、永平糧餉。

禁口北路售弓矢軍器于夷使。

迤北瓦刺使臣都指揮同知皮兒馬黑麻爲都督僉事。

壬寅，琉球赤力把力等入貢。命兩京、山東、河南捕蝗種。

《英宗實録》卷一六二　己酉，復設貴州鎮遠府税課司，置大使一員。

癸丑，設陝西岷州衛陰陽、醫二學，置正術、正科各一員，從都揮僉事后能奏請也。

《國榷》卷二七　二月丁巳朔，敕哈密忠順王倒瓦答失里及各頭目曰：「朝廷樹立之恩，于爾先世甚厚，背德不祥，慎勿爲人所誑惑也。」時哈密畏也先故，稍貳于朝。

己未，隆平縣丞米進爲欒城知縣。復李顯鎮原縣丞，食正七品俸，尋調安陸知州。翰林院侍講學士陳詢主試應天訖，枉道還松江，被訐下獄，還秩。

修大興隆寺。寺初名慶壽，在禁城西，金章宗建，太監王振言其敝，命役軍修之，費物料巨萬，壯麗甲于京都，上臨幸焉。免廣德、建平災租。

辛酉，復李茂平陽府通判，食正五品俸。命四川徵細茶易番馬。許雲南屬夷仍納馬。

乙丑，敕諭麓川叛賊思機發入朝，并孟養宣慰司各頭目勸駕。而思機發竟不至，則孟養陰右之也。

《英宗實録》卷一六三　戊辰，陞户部主事張用瀚爲吏部驗封司員外郎，以九載任滿也。

《國榷》卷二七　己巳，改工部主事，理淮安、儀真、瓜洲河道。

麓川思機發貢象馬，賞其使如初，惟留思機發賜物，俟自至。

《英宗實録》卷一六三　壬申，命雲南姚安軍民府設陰陽學，置術正一員。姚州大姚縣設陰陽學，置訓術一員。廣東新會縣設大瓦口巡檢司，置巡檢一員。俱從本處三司奏請也。

設直隸鳳陽府亳縣、廣平府鷄澤縣、真定府井陘縣、山東兖州府城武、鄆城二縣僧會司，各置僧會一員。廬州府無爲州道正司，置道正一員。俱從本處奏請也。

《國榷》卷二七　甲戌，將樂訓導王昌順請宋儒楊時從祀孔廟，下廷議。

三月丙戌朔，次天壽山。

《明史》卷一〇《英宗前紀》　戊子，詔責孟養宣慰司獻思機發。

《明通鑒》卷二四　初，思任發既誅，思機發竄匿孟養，屢遣使入貢，乞宥罪，詞甚哀。詔納其貢，因敕總兵官沐斌及參贊侍郎楊寧等經畫善後策以聞。斌，晟之子也。晟卒時，斌以幼留京邸，詔昂代之。數年，昂亦卒，乃令斌以總兵官仍襲晟封爵。上既敕諭思機發，許以不死，而機發以前所遣弟招賽未歸，疑懼不敢出。時招賽安置雲南，上復遣送來京，授爲頭目，給冠帶、月糧、房屋，隸錦衣衛，其從人俱令于馴象所供役，冀以招徠機發，而機發終不至。斌請率蠻兵討之，未幾，以糧盡瘴作引還。王振以斌師出無功，必欲生致機發，犁其巢穴，意乃慊，又慮孟養復效緬甸故智，故先以是諭之。

壬辰，增淮安課鈔。

《英宗實録》卷一六四　乙未，設直隸廣平府雞澤縣僧會司，置僧會一員，從本縣奏請也。

《國榷》卷二七　壬寅，兵部尚書靖遠伯王驥總督軍務，都督同知宫聚爲平蠻將軍總兵官，都督僉事張軏、田禮爲左右副總兵，方瑛貴州都指揮同知，張鋭爲左右參將，率南京、雲南、湖廣、四川、貴州官土軍復征麓川思機發，俾孟養舊宣慰刀孟賓爲嚮道。又敕木邦、緬甸、南甸、千崖、隴川等宣撫使刀蓋發等各助兵餉。

《明史》卷一〇《英宗前紀》 賜彭時等進士及第、出身有差。

《皇明資治通紀》卷一六 時狀元彭時上表謝恩之夕坐以俟旦，隱几不寤，竟失朝。科儀御史奏令錦衣衛拿，已得旨允，禮部尚書胡濙出班奏狀元彭時不到，合著錦衣衛尋，上是之，時得免拘執。人謂濙得大體云。

《英宗實録》卷一六四 乙巳，設雲南趙州醫學，置典科一員。

《國榷》卷二七 戊申，貸寧波、紹興饑民倉糧。

《英宗實録》卷一六四 己酉，設四川馬湖府沐州長官司醫學，置訓科一員，潼川州射洪縣僧會司、道會司，置僧會、道會各一員，從本處奏請也。

《國榷》卷二七 廣西蠻劫高州。

〔四月〕丁巳，免浙江、江西去年災租九十一萬餘石。

《英宗實録》卷一六五 庚申，革福建興化縣，併入莆田、仙遊二縣。

《國榷》卷二七 乙丑，給遼庶人貴烚妻子歲禄如故。

甲子，貸黄梅縣饑民倉糧。

丁卯，召大同總兵官武進伯朱冕。

巡按河南監察御史夏裕言：「王府長史、紀善、伴讀、教授專匡王不逮，今賚表奏事，累曠年月，乞後遣他官，庶盡輔導。」從之。

癸酉，選進士萬安、曹鼐、熊瓚、劉吉、孫茂、劉珝、王勤、謝瓌、白行順、李泰、宋弼、邢讓、劉清、喬毅、李本、李鏞、王恕、孫昱、孟祥、曹輔、韓敏、尹旻、張斐、李讚、李寬、華顯、霍榮、郭安、李堅、成章爲翰林院庶吉士，引見内廷。侍讀習嘉言、侍講王一寧、編修趙恢教習。

瀧水、電白等縣猺賊作亂，敕廣西總兵官安遠侯柳溥會廣東署都指揮僉事王清剋期並勦。

甲戌，遼府益陽王貴㮮薨。年三十七，謚安僖。

《明通鑑》卷二四 辛巳，録囚。

《國榷》卷二七 詔熱審。

癸未，禁募僧載像鳴鐃擊鼓。

《明通鑑》卷二四 是月，初，礦盗之亂，有江西人鄧茂七者，與弟茂八，殺人避仇，走福建，依寧化縣豪民陳政景，假信義，集無賴，爲衆所推。御史柳華之編里甲也，茂七兄弟皆爲甲長，益役屬鄉民。閩俗，佃人輸粟于田主，例餽少物，茂七倡其黨人佃者毋餽，田主自往受粟。田主訟于縣，縣逮茂七，不至，下巡檢追攝，茂七拒捕，殺弓兵數人。事聞上官，遣軍三百往勦之，被殺幾盡，巡檢、知縣並遇害。茂七遂刑白馬，歃血誓衆，舉兵反，攻沙縣、尤溪，政景亦率黨攻汀州，推官王得仁與守將及知府劉能擊敗之，禽政景等八十四人，械政景送京師，斬之。餘賊悉潰，獨茂七黨盛不可制。

有尤溪爐主蔣福成者，亦乘亂聚衆，旬日得萬餘，襲尤溪，據之，與茂七爲聲援。是時兵衛久弛，脅從日衆，又苦布政使宋彰虐政，于是相率附茂七爲盗者，衆至數萬。

茂七據陳山寨，自稱「剷平王」，設官屬，攻陷州縣。是月，遂圍延平。巡按御史汪澄至延平，聞賊勢熾，遽回省。

會刷卷御史張海，在城被圍，遣都指揮范真、彭璽拒戰于城外，先後敗没。海乃躬自登城諭賊，賊曰：「吾等皆良民，苦富民魚肉，有司不我直耳。乞貰死，免三年徭役，即解散。」海以聞，詔都督劉聚、陳榮討之，以僉都御史張楷監軍事。

《明史》卷一〇《英宗前紀》 〔五月〕丙戌，遣使捕山東蝗。

《國榷》卷二七 丁亥，山西左布政使石璞爲工部尚書。璞秩滿入朝，太監王振薦之。

《英宗實録》卷一六六 戊子，裁省光禄寺司牲司、司牧局副使各一員，以事簡故也。

《國榷》卷二七 庚寅，禁用銅錢。時鈔一貫准錢二文，監察御史蔡愈濟請罪行錢者。

《明通鑑》卷二四 自米麥折色之令行，遂弛銀禁，其交易之小者則用錢，惟折官俸用鈔，鈔益壅不行，洪武間鈔一貫直錢千文者，至是止折三文。于是愈濟請禁民交易用錢，違者以阻鈔論，追一萬貫，全家戍邊。然鈔仍不行，而商民益以爲不便，其後禁亦漸弛云。

《國榷》卷二七 壬辰，南京右僉都御史張純爲右副都御史。

丁酉，烏思藏番僧綽吉堅粲爲灌頂弘慈妙覺大國師，賜鍍金銀印。

己亥，敕安南國王黎濬，釋占城國王摩訶貴該，毋搆怨稔毒。

辛丑，遣禱于寺觀祠廟諸神。

癸卯，定雲南騰衝中鹽例，兩淮、四川鹽每引米四斗，浙引三斗五升。雲南五井引六斗，黑白二井引五斗。

《明史》卷一〇《英宗前紀》 甲辰，刑部侍郎丁鉉撫輯河南、山東災民。

《國榷》卷二七 丁未，妙勝禪師鎖南藏卜爲國師，剌麻劄失班丹爲都綱，給銀印。

《英宗實録》卷一六六 壬子，命各府州縣儒學孔子像在故元時塑有左衽服者悉改右衽，從山西絳縣學訓導張幹言也。

置貴州道紀司。時有勑賜道藏經于貴州在城大道觀，而其地未有道紀司，禮部尚書胡濙以爲請，故有是命。

《國榷》卷二七 甲寅，襄王瞻墡奏妃父指揮僉事李玉卒，請遣官祭葬，又爲郡王郡主請弔賀于其外戚家。禮部尚書胡濙請如韓王往南京祭掃祖墳例，允所請。上責濙：「祖塋也，而何可比外戚？」不許。

六月乙卯朔，廣西蠻殺掠潯、梧等處，命總兵官安遠侯柳溥勦撫，如受撫，且息兵嚴守。

《英宗實録》卷一六七 庚申，陞雲南大理府，革廣東瓊州府感恩縣、惠州府興寧縣二河泊所。

《國榷》卷二七 雲南蒙化州爲蒙化府。

壬戌，雲南布政司右參政馮郁參贊軍務。

廣東清軍監察御史劉訓言，高州肇慶猺人爲信宜瀧水猺人誘劫，撫之遺害，乞如瓊州例，命猺首能撫五百户以上授副巡檢，千户以上授典史，二千户以上授主簿，上從之。

《英宗實録》卷一六七 丙子，設河南南陽府泌陽縣僧會司，置僧會一員。

《國榷》卷二七 開封汝陽蝗，有禿鶖萬餘啄之盡，命禁捕鶖。

甲申，浙江按察使軒輗上四事：曰求賢，近薦舉懷才抱德賢良方正經明行修之士，多權勢戚，故經學不諳，案牘莫曉，今後徇濫，連坐其罪。曰曠職，浙江都司衛所官或二三日不至堂，或至堂即回，乞巡按御史察詰。曰明律，曰私債。上悉行之。

大名府淫雨河決，渰三百餘里，壞私舍二萬餘區，溺千餘人，命户部遣官賑卹，除其租稅。

《明通鑒》卷二四 是月，命侍郎楊寧巡撫江西。以浙、閩盜起，流劋入江西境上，故有是命。

《國榷》卷二七 〔七月〕辛卯，誅南京刑部右侍郎齊韶，下獄南京水師右衛指揮僉事賈福。以異姓陳玞爭襲，賂韶右之，大理寺少卿廖莊駁其獄，韶竟杖福死，事聞，逮韶等下詔獄。指揮馬順謂韶稱太監王振鄉戚，凌其部長，淹囚歲死百二十餘人，百户史宣姪女被内選，逼爲妻，僭市永嘉大長公主卧床，遂論死。韶屢訴，卒棄市。

《英宗實録》卷一六八 壬辰，改福建漳州府南靖縣寒婆巡檢司爲永豐巡檢司。

《國榷》卷二七 癸巳，巡按河南監察御史涂謙言：「竊見内外官初任之時，莫不砥礪束修，及得授方面知府，歲不二三，遂改恒度，往往累及薦舉大臣，誠以厥初希望而後怠窳。乞遵洪武、永樂舊制，一從吏部選擇陞授，或皇上親擢任用。」從之。遂罷大臣舉官例。

《明通鑒》卷二四 己酉，河決新鄉八柳樹口，漫曹、濮，抵東昌，衝張秋，潰壽張、沙灣，壞運道，東入海。尋又決滎澤，漫原武，過開封城西南，經陳留，歷睢、亳，入渦口，至懷遠界，入淮。淹地二千餘里，壞城垣廬舍，漂没人民不可勝計。詔工部侍郎王永和往治之。

河自永樂九年浚封丘金龍口，使復故道，又自塌場口會汶水，經徐、吕二洪，運道既通，而河南水患亦稍息。宣德以後，金龍口漸淤，河復屢溢開封，御史李懋請濬金龍口。迨正統初，一決范、濮，一決陽武，灌魚臺、金鄉、嘉祥。越數年，金龍口亦決。河既横溢，分流東趨，不專向徐、吕，而二洪亦淺澀，不能濟運。至是永和至山東，亟令修塞沙灣，以通漕運。

是月，始罷保舉。三楊既没，尚書王直稍收其權于吏部，于是教諭傅璿、給事中余忭、御史涂謙屢以爲言，至是始詔罷之。都督陳詔擊處州賊葉宗留，不克，死之。

《明史》卷一〇《英宗前紀》 〔八月〕乙卯，福建賊鄧茂七作亂。

《國榷》卷二七 己未，免應天、鎮江、松江、蘇、常去年災租五十五萬四千七百餘石。

《英宗實録》卷一六九 庚申，設直隸淮安府邳州直河口巡檢司、山東東昌府范縣水保巡檢司，置巡檢各一員，俱從本處奏請也。

《國榷》卷二七 甲子，鄧茂七攻延平，巡按監察御史張梅、參議金敬等登城諭之。有緋衣賊曰：「我曹苦富民魚肉，有司不我直耳。如朝廷宥我，且立散，乞免徭三年。」都指揮范真等戰于城外，先登舟，衆遂潰，真與指揮彭璽等俱死。

都指揮同知雍埜隱其敗，云真夜行而溺。

辛未，杭州知府高安言，歲課鈔十萬六千八十貫有奇，或年久店絶，容補其新者。上從之，命户部布其令于天下。

《明史》卷一〇《英宗前紀》 甲戌，命御史丁瑄捕之（鄧茂七）。

《明通鑒》卷二四 時張海奏至，上覽之惻然，乃下詔撫諭，許免徭役三年。復召瑄至諭狀，使齎敕往，而令宫聚、張楷等以大軍隨其後。

《英宗實録》卷一六九 乙亥，設雲南楚雄府道紀司，置都紀、副都紀各一員。

《國榷》卷二七 丙子，罷各部郎中、員外九載會考之制，從吏部都察院考覈。

《英宗實録》卷一六九 己卯，設山東兖州府曹州儒學，置學正一員，訓導三員。

《國榷》卷二七 壬午，占城國王姪摩訶貴來貢舞象。同州知州秦銘請州學四年三貢，從之。

〔九月〕戊子，兵部言：「正統十三年四月前，中外衛所册報清軍，共六十六萬六千八百有奇，今御史盛琦等僅清出六萬一千二百人，餘分十次遞報。」從之。

選浙江、江西卒各三千人，委都指揮征鄧茂七。

内使金榮等三人走密雲爲僧，緝獲，誅之。

庚子，諭禮部曰：「聞内外官有事至王府者，多方需索，致其窘迫，自今止許禮待酒饌，勿與餘物，三司并巡按御史體實來聞，犯者悉論死，全家戍邊，三司御吏知而容隱者，重治之。」

《英宗實録》卷一七〇 癸丑，頒五倫書於天下儒學。

《國榷》卷二七 〔十月〕乙卯，復田玉桐鄉知縣。司設監太監吴亮請老，從子江蔭錦衣衛百户。少監林壽賫敕諭甘肅總兵官任禮、王敬、王喜、劉法貴、都御史馬昂等整兵備虜。

丁巳，大興隆寺成。

《明通鑒》卷二四 王振重修慶壽寺成，壯麗甲京師，詔賜名大興隆寺。振延崇國寺僧主之。上幸寺中，親傳法稱弟子，公侯以下，趨走如行童焉。

《國榷》卷二七 庚申，工部右侍郎王佑免。佑進士，授武選主事，父事太監王振，擢侍郎。佑美姿貌，不鬚，振嘗曰：「侍郎何無鬚？」佑曰：「大人不鬚，兒何敢有？」貪淫不檢，夤緣奪情，權貴厭之。欲調外，引疾乞骸去。

辛酉，迤北瓦剌太尉完者帖木兒、平章烏馬兒來朝，太監劉增迎勞之。

《英宗實録》卷一七一 乙丑，省直隸撫寧衛倉，設界嶺口、劉家口二倉，俱置大使、副使各一員，從通政司右參議鄒來學奏請也。

《國榷》卷二七 乙亥，命巡河官三年更代。

丙子，命刑部右侍郎楊寧往江西，大理寺少卿張驥往浙江，撫安人民，練兵勦寇。寧至江西，修城練兵，寇入輒斬之，益鎮以簡静，深求民瘼，遠近威服。巡按廣東監察御史楊剛等言：「嶺南被寇多因有司撫寧失宜，今廣東都司經歷司都事鄧敏、布政司廣豐庫大使周剛、南海縣典史楊傑皆通練有斷，乞署敏于化州，剛于瀧水，傑于新會，俾展所長，庶末僚跂奮，罷民蘇醒。」上從之。

庚辰，減安慶、寧國、徽、揚、淮安、鳳陽災租。調京營兵二萬征鄧茂七。

辛巳，徵浙江漕卒二萬人，江西漕卒七千人，總兵官寧陽侯陳懋領之，征鄧茂七。

十一月癸未朔，廣東署都指揮僉事王清守備雷、廉、高、肇。

頒曆，夏冬二至晝夜各六十一刻。翰林編修岳正曰：「求諸古曆家，無有也，以私智揆之。」

《明史》卷一〇《英宗前紀》 丙戌，寧陽侯陳懋充總兵官，保定伯梁珤、平江伯陳豫副之，太監曹吉祥、王瑾提督火器，刑部尚書金濂參贊軍務，討鄧茂七。

《英宗實録》卷一七二 戊子，設河南開封府鄭州滎澤縣僧會司，置僧會一員，從本縣奏請也。

《國榷》卷二七 命福建秋糧俱資餉，仍運廣東折銀給之。

己丑，鄧茂七謀攻建寧，下福州，諭所司備之。

庚寅，瓦剌也先益糾結諸胡，貽書兀良哈曰：「爾祖父皆元成吉思可汗、薛禪可汗所授官，俱宜供頓過軍。」兀良哈以聞。成吉思者，元太祖，薛禪者，元世祖也。敕諭兀者等衛都督剌塔别里格等曰：「虜以元成吉思、薛禪可汗事誘爾，元亡百餘年，子孫奔竄被害，今其首領冒稱，脇部屬耳。部屬尚不信服，況欲〔服〕遠方之别類乎？爾女直野人，自國初設衛授官，毋受其誑。」

壬寅，迤北瓦剌脱不花王并太師也先貢馬。

《明通鑒》卷二四 甲辰，處州賊葉宗留、陳鑑胡等流劫浙江、江西。

張楷討福建，分兩路進兵，令都督劉聚率都指揮劉得新等自江西建昌取道，楷自率都督陳榮等自浙江取道。楷至廣信，以葉宗留道梗，留不敢進，浙江布、按二司請楷便宜擊之。江西巡按御史韓雍亦言：「宗留近在咫尺，門庭之寇，皆國家事，未可畫疆而守。」楷進退莫決。

指揮龔禮，願得兵五百往勦之。都督陳榮謂楷曰：「今延平事急，而鉛山不通。大軍密邇二寇，逗留不進，乃遣一部將往，朝廷知之，何所逃罪耶？」于是榮以二千人率禮等往。行至玉山，遇伏，榮、禮及都督劉真皆死之。

楷聞報，方益兵進。會劉得新等敗福建賊于建陽，道始通，楷由間道入閩。

《英宗實録》卷一七二　乙巳，置雲南武定軍民府元謀縣醫學，銓官降印，從本縣奏請也。

置廣東高州府信宜縣竇江驛，設驛丞一員，從本縣典史胡正奏請也。

《國榷》卷二七　乙巳，罷懷來、懷安、龍門等儒學，極邊尚武乏人也。

丙午，量賑福、汀、漳、建寧、興化、延平災民，寬賦役。

四川雜谷安撫司番僧南哥藏等貢刀劍鐵甲，舊賜鈔六十錠，幣二雙，折衣綵幣四雙、靴襪各一，近例過厚，部議如舊，南哥藏不肯拜賜，命罷賞，錮之會同館。

《明通鑑》卷二四　是月，朝廷慮浙、閩賊合，命御史朱瑛與中官分守兩省交界要隘。瑛榜諭脅從之民，示以禍福，降者甚衆。又以計禽賊黨周明松等數人，械至慶元。諜報「賊衆三萬來劫明松等」，中官大懼欲走，瑛不爲動，立梟明松等于市。賊聞之，皆遁去。

《國榷》卷二七　〔十二月〕丙辰，右副都御史丁璿致仕。

戊午，葉宗留自福建桐木關至祝公橋，拒鉛山官兵。時張楷南征至廣信，以宗留阻浙，未即進，巡按御史韓雍請移兵先擊宗留爲便，楷命指揮戴禮以五百人往，命劉得新自建昌會于邵武。楷自浙入，戴禮擊賊黄柏鋪，殺傷相當，宗留中流矢死，官軍勿知也。葉希八率餘衆屯車磐嶺，都督僉事陳榮以二千人合戴禮搜山，至玉山，中伏，榮及指揮劉真等皆死。張楷間道入閩。葉希八焚浦城，還龍泉，衆數萬人，屯雲和、麗水，楊□、陶得二、陳鑑湖俱率衆從之。

庚申，建寧知府張瑛爲福建布政司右參政，署府事。鄧茂七以二千餘人攻建寧。瑛率建安典史鄭烈、鄉兵吴保等，合都指揮徐信兵，分道乘霧，襲斬五百餘，拔其寨，故有是命。烈進主簿，保授巡檢。

禮部言山西行都司都指揮馬義、鎮守居庸關署都指揮僉事李景俱報迤北瓦刺及回回等貢使共三千五百九十八人支給，今會同館覈脱脱不花王使臣止四百十四人，也先使臣止千三百五十八人，回回止七百五十二人，計少千七百四人，命下馬義巡按御史，治如律。

辛酉，陝西甘州中護衛軍餘段興，以段干木後，乞往安邑修祠，許之。

甲子，禁各王府爲外戚求職。

賑濮州水災。

《英宗實録》卷一七三　乙丑，順天府尹王賢奏，宋丞相文天祥故元時塑以儒士像，今宜令考究宋時丞相冠服改塑，從之。

朝鮮國王李祹遣陪臣李堯齋捧表大賀明年正旦，貢馬及海青等物，賜宴并賜綵幣表裏襲衣等物有差。

《國榷》卷二七　南京監察御史葛崇先自朝回，道娶妾，尋坐事戍鐵嶺衛。

己巳，翰林院編修趙恢爲侍講。

總兵官左都督劉聚等敗鄧茂七于建陽，斬二千餘級，道始通。

減處州今冬春銀課之半。

《明史》卷一〇《英宗前紀》　庚午，廣東瑶賊作亂。

《國榷》卷二七　甲戌，瓦剌使臣都指揮使察占爲都督僉事。

初，哈密忠順王倒瓦答失里以也先召其母，不敢往，上敕勞之，至是聞其五月親往瓦剌，七月還，敕讓焉。

《英宗實録》卷一七三　丁丑，工部右侍郎王永和修沙灣等隄未成，以冬寒停工，且奏河決自衛輝入柳樹口，宜勑河南巡河及三司官修基。上勅責之。

《明通鑑》卷二四　是冬，丁瑄至閩，遣人齎敕往撫鄧茂七等。茂七大言曰：「吾豈畏死求免者！吾取延平，據建寧，塞二關，傳檄南下，八閩誰敢窺者！」遂據沙縣。瑄率兵二千馳赴沙縣圖之。

賊首林宗政等萬餘人攻後坪，欲立寨拒守。瑄亟令通判倪冕等率衆先據要害，而身與都指揮雍埜等邀其歸路，斬賊二百餘級，禽其渠陳阿巖，送京師伏誅。賊勢稍卻。

鄧茂七遣其黨陳敬德等寇泉州。

時南昌熊尚初，以吏才爲都御史陳鎰所薦，擢知泉州府。值閩盜起，上官檄尚初監軍，不旬日，降賊數百。至是賊逼城下，守將不敢擊。尚初憤，提民兵數百，與晉江主簿史孟常、陰陽訓術楊仕弘分統之，拒于古陵坡，兵敗，三人皆遇害。郡人哀之，爲配享忠臣廟。

茂七又寇建寧，率賊二千餘，迫城結寨，四出剽掠。建寧知府張瑛，率建安典史鄭烈會都指揮徐信軍，分三路襲之，斬首五百餘，拔其塞，賊遂遁。朝廷嘉之，擢瑛右參議，仍知府事，烈亦遷主簿。

以大理少卿張驥巡撫浙江。時閩賊之亂，葉宗留、陳鑑胡等倚爲聲援，流劫處州、金華，蔓延不可制。御史先後以敗聞，乃命驥往督有司捕治。

會遂昌賊蘇牙、俞伯通等剽掠蘭溪、武義、松陽、龍泉、永康之衆與之相應，遠近震動。驥至，遣金華知府石瑁擊斬牙等，處州知府張佑擊敗賊衆，禽斬千餘人。

驥勦撫兼施，散其脅從之餘黨，宗留、鑑胡亦自相猜殺。踰年，茂七既敗，浙賊勢亦孤矣。

《國榷》卷二七 是年，貴州叛苗圍興隆、清平、平越等衛，而平越尤急，或以無積貯，欲委棄賊，巡按監察御史黄鎬不可，曰：「平越貴之咽喉，無平越是無貴也。」乃集衆固守九閲月，至掘鼠羅雀，而亡叛志，會援兵至，始解。

正統一四年（己巳、一四四九）

《英宗實録》卷一七四 春正月壬午朔，上詣奉先殿、皇太后宫行禮畢，出御奉天殿，受朝賀，大宴文武群臣及四夷朝使。皇太后、皇后免命婦朝賀。

癸未，文武百官朝親王於奉天門東廊。

《國榷》卷二七 處州盜五百餘人自永豐流劫遂昌，殺指揮龔禮。巡按浙江監察御史李俊乞移閩兵勦賊，命巡撫浙江少卿張驥先徵各衛兵及民兵往勦。

甲申，江西龍南盗起。

己丑，指揮吴良、千户紀信賫金帛勞瓦剌也先。

乙未，蠲平度州户口食鹽布。

丙申，敕左都督劉聚：「滅閩賊後，移兵討浙賊。」

己亥，命畿内、山東、河南有司捕蝗種。

庚子，巡按貴州監察御史陳鑑爲雲南布政司右參議，往騰衝招撫思機發。

辛丑，巡按福建監察御史汪澄失事下獄。

沙縣賊林宗政等萬餘人攻後坪，延平通判倪晃、南平縣丞李茂先設木石，都指揮雍埜等預伏邀擊，敗之，斬二百餘級，擒渠帥陳阿巖。

《明史》卷一〇《英宗前紀》 乙巳，免浙江、福建銀課。

《明通鑒》卷二四 以鄧、葉二寇之亂故也。

《英宗實録》卷一七四 己酉，户部奏：「兩淮運司遞年商旅多有通同官吏，將僞印倉鈔重冒關支鹽鈔，本部已經奏准，設法辨驗，切恐兩浙運司亦有此弊，請通行辨驗禁革。」從之。

《國榷》卷二七 迤北瓦剌使回，上致可汗書，并諭太師也先，詰所貽兀良哈書，不報。故事，虜使歸，我使送之，因留明歲與俱來。虜時要索中國，貴無有者，使者輒許以媚虜，又往往出好語迎中之。也先奏胡樂，使者曰：「安能及漢伎也？他日請賜若。」也先因請婚，使者諾，吾爲若奏上，許矣。也先大喜，夸示諸虜。前貢馬報使三千人，上答詔不及婚事，禮部復不盡予三千人餼，予之物不及所請五之一，虜大媿怒。

庚戌，留浙江、江西漕米四十一萬石餉福建。

《英宗實録》卷一七四 辛亥，造京城崇文、宣武、朝陽、東直、德勝、安定六門更鼓。

《明通鑒》卷二四 是月，鄧茂七攻延平，不利，退保陳山寨。丁瑄遣人撫諭賊黨，降沙縣羅汝先、黄琴等三十餘人。

貴州巡按御史陳鑑上言：「思機發已遠遁，宜責雲南守臣相機勦滅，無勞禁旅。」王振怒，尋以事下之獄。

《國榷》卷二七 〔二月〕甲寅，初，赤斤蒙古衛都指揮總兒加陸、指揮寫帖兒鎖南卜等糾罕東衛都指揮阿黑巴等，乘哈密使臣脱脱不花等還苦峪城，以千餘人圍之，遂敕諭赤斤蒙古衛都督僉事阿速等，罕東衛都指揮同知賞卜兒加等。

免順天、山東災糧十八萬五千七百餘石。太監阮安、陳鼎巡視通州至南京漕路。

《明史》卷一〇《英宗前紀》 丁巳，御史丁瑄、指揮劉福擊斬鄧茂七于延平。

《明通鑒》卷二四 先是羅汝先等既降，瑄善遇之，汝先等願殺茂七贖罪，謂瑄曰：「茂七據險自衛，未易攻也。必欲取之，吾爲公説令復攻延平，公督大軍分道禦之。以逸待勞，我主彼客，禽之必矣。」瑄善之。

汝先等陰攜茂七黨，而啗茂七以攻城之利，於是賊悉陳山之衆直撲延平。瑄以江、浙、南京軍伏三面，而令福建軍素爲賊所易者，出城挑之。賊乘浮橋競進，突礮作伏起，大軍四面衝擊，大破之。賊遁走，劉福乘勝追之，遂斬茂七。汝先及黄琴復以計禽其僞將劉宗、羅海、郎七等，械至軍門，誅之，餘黨潰散。惟林子得、鄧永祖等復擁茂七兄子伯孫聚後洋，攻劫州縣。

瑄撫諭脅從者使復業，分兵徇沙縣、尤溪，會寧陽侯陳懋等大軍至，合討之。

《昭代典則》卷一五　金濂、陳懋留鎮福建，逮巡按御史柴文顯、汪澄下獄，誅之。

《英宗實録》卷一七五　丙辰，改貴州平越、都勻二衛倉隸布政使司。

《國榷》卷二七　乙丑，裁大同通判、應州同知、蔚州、朔州判官、大同縣丞各一。

《英宗實録》卷一七五　丙寅，添設直隸真定府晉州判官一員，專理柴炭，從工部右侍郎陳恭奏請也。

戊辰，以御史楊剛言，開詔必遣行人，如乏員，方遣進士，進士乏員，遣本衙門官，從之。

《國榷》卷二七　丙寅，故兵部尚書徐晞孫世英爲中書舍人。

禁邊衛僭服麟、獅、虎、豹、犀、海馬及禿袖夷帽。

《英宗實録》卷一七五　己巳，設置湖廣澧州嘉山鎮巡檢司，開設四川平夷長官司僧正司，從本司官奏請也。

《明史》卷一〇《英宗前紀》　王驥破思機發於金沙江，又破之鬼哭山，班師。

《明通鑑》卷二四　先是驥率諸將會師于騰衝，由干崖造舟，至南牙山，舍舟陸行，抵沙壩，復造舟，至金沙江，機發樹柵于江之西岸拒守。大軍順流下，至管屯，會木邦、緬甸兩宣慰兵，亦列于沿江兩岸，緬甸備舟二百餘爲浮梁濟師。我軍併力攻破其柵寨，得積穀四十餘萬石，軍士飽騰，鋭氣增倍。賊築大寨于鬼哭山，當兩峯上，又築七小寨，綿亘百餘里。官兵、土兵分道並進，皆攻拔之，斬獲無算，而思機發、思卜發卒遁去。時王師踰孟養至孟那，孟養在金沙江西，去麓川千餘里，諸部皆震讋，曰：「自古漢人無渡金沙江者。今大軍至此，真天威也。」

驥還兵，其部衆復擁思任發少子思禄據孟養爲亂。驥慮師老，度賊未可滅，乃與思禄約，使降，授以土目，得部勒諸蠻，居孟養如故，立石金沙江爲界。誓曰：「石爛江枯，爾乃得渡。」于是以捷聞，遂班師。

驥三征麓川，卒不能得叛首，一時議者謂其黨振邀功，老師(縻)〔糜〕餉，遂以一隅騷動天下。而四川會川衛訓導詹英抗疏劾之，大略謂：「驥等多役民夫舁綵繒，散諸土司以邀厚利；擅用腐刑，詭言進御，寬充私役；師行無紀，十五萬人一日起行，互相蹂踐；每軍負米六斗，跋涉山谷，自縊者多；抵金沙江，旁皇不敢渡，既渡不敢攻，攻而失都指揮路宣、翟亨等；俟賊解，多捕漁户爲俘；以地分木邦、緬甸，掩敗爲功。此何異李宓之敗而楊國忠以捷聞也！」奏下法司，王振左右之，得不問，而命英從驥軍自効。英知往且獲罪，匿不去。

《國榷》卷二七　乙亥，浙江右參議耿定、僉事王晟、台州衛千户楊清等以四千人擊麗水賊，俱敗没，賊遂攻處州，聲言趨金華。命兵部檄諭各官固守。令沙縣賊屬俱戍南京。

《英宗實録》卷一七五　丙子，設貴州畢節衛僧綱司，置都綱、副都綱各一員。

《國榷》卷二七　戊寅，命兵部重定内外官皁隸等額。

是月，貴州卭水苗陷思州府，爛土凱口苗攻都勻城，官軍卻之。草塘苗龍惟保陷石阡府，殺知府胡信。信廬陵人，事不以聞。

〔三月〕辛巳朔，琉球國中山王尚思達入貢。

尤溪賊鄭永祖以四千人攻延平，都指揮雍埜、蔣貴等敗擒之。

壬午，處州賊犯江西廣信境，永豐知縣樂昌鄧顒死之。時賊侵上饒，顒奉張楷檄，禦卻之，賊大至，或勸其走，不聽，遂被執，不屈罵賊死。時陞僉事未行，事聞，賜葬，給布六十端、米三十石，贈光禄寺少卿，謚忠毅。

南京大理寺卿陳勉内艱，命奔喪赴任。

癸未，敕湖廣布政使馬謹、御史侯爵招諭靖州衛洞苗。

總兵官寧陽侯陳懋趨建寧，鄧伯孫邀絶餉道，左副總兵保定伯梁珤擊斬九百級，擒七十餘人，賊潰。幕府頒賞格，能擒斬其黨，與斬敵同，自是擒斬而降者日衆。

敕責左都督劉聚、右僉都御史張楷，怯賊負託，其勉圖後効自贖。

《明史》卷一〇《英宗前紀》　戊子，如天壽山。

《國榷》卷二七　庚寅，上展祭三陵。昌平人獻牛馬羊，命羊馬給賞，還牛耕，賜鈔三錠。

遼東總兵官右都督曹義等巡邊，至廣平山，擒虜五十九人，斬首一，太監楊宣擒六十人，俱械入京。

辛卯，湖廣參將都指揮僉事張善率軍勦五開苗賊及廣西獞蠻，命廣西總兵官安遠侯柳溥、貴州參將都指揮同知郭瑛各率兵助之。

癸巳，上還京。

海寇泊福建鎮海衛，攻玄鍾千户所，禦卻之。

丁酉，榜諭處州賊。梟思任發、鄧茂七于京城。

甲辰，福建賊流刧江西贛州境，攻破瑞金，刧廣昌、石城。

己酉，處州賊陳鑑湖破松陽、龍泉二縣，刧青田諸縣，自號太平國王，改泰定元年。

《明通鑒》卷二三　是月，鄧茂七黨林子得等轉掠建寧，知府張瑛與從父敬率兵拒之，賊敗。乘勝逐北，陷伏中，敬死，瑛被執，大罵不屈，遂遇害。事聞，詔贈福建按察使，賜祭，官其子。

未幾，丁瑄禽子得等，誅之。尤溪之賊鄭永祖復率四千人攻延平，瑄偕雍埜邀擊，禽斬五百有奇，餘黨潰散。

會陳懋等大軍至，詔瑄還，命張楷赴處州會徐恭等討賊。

《明史》卷一〇《英宗前紀》　四月庚戌，處州賊犯崇安，殺都指揮吴剛。

《明通鑒》卷二四　徐恭等未至，處州告急，巡按浙江御史遣參議耿定、僉事王晟、都指揮沈麟率兵四千往，與賊戰于麗水，三人皆敗没。

庚戌，賊犯崇安，都指揮吴剛被殺。

旋入江西廣信境，張楷檄永豐知縣鄧顒禦之于上饒，顒伏兵截殺甚衆。俄賊大至，顒力戰，被執，駡賊不屈死。于是浙賊復熾。

《國榷》卷二七　壬子，四川播州宣慰使楊綱致仕，子輝嗣。

命靖遠伯王驥旋師，沿途相機勦殺湖、貴苗賊，暫屯武昌，徐入京。時貴州苗叛，攻靖州，陷平越衛黄平所、思南府，貴陽東道梗。驥等還師，所至人泣陳苗害，皆曰：「吾征麓川，非征苗也。」逭之。苗前後截我軍，死數萬，張軏等僅身免。

逮湖廣提學僉事韓陽。陽經三歲試士不偏屬縣也。

甲寅，遂昌縣賊蘇牙、俞伯通等攻蘭溪之蘇村寨，金華知府石瑁等集衆擒斬之。

丁巳，福寧流賊犯平陽縣，攻蒲門千户所，禦卻之。

《明史》卷一〇《英宗前紀》　壬戌，湖廣、貴州苗賊大起，命王驥討之。

《明通鑒》卷二四　麓川之役，盡調雲南、貴州兵，連兵十年，將士多死，列衛空虛，于是苗、獠乘間竊發，攻圍城堡，貴州之東路遂閉。時苗賊所在，西至貴州龍里，東至湖廣沅州，北至武岡，南至播州之境，不下二十萬。

王驥班師，所至民人皆遮泣陳苗害，驥曰：「吾征麓川，不受命平苗也。」還，至武昌，始奉朝命討之，遂與侍郎侯璡、都督宫聚等往。璡、聚，皆從征麓川者也。

《英宗實録》卷一七七　甲子，設四川馬湖府平夷長官司僧正司，置僧正一員。

《明史》卷一〇《英宗前紀》　乙丑，遣御史十三人同中官督福建、浙江銀課。

《明通鑒》卷二四　時罷課之令爲中官及有司沮格不行，至是以閩、浙將平，上意欲減其税，故有是命。

《國榷》卷二七　乙丑，以哈密累誘瓦剌掠沙州罕東等衛，敕甘肅總兵官寧遠伯任禮等遣使責還之。

福建賊平。鄧伯孫屯後洋，官軍稍擒斬，漸有降者。或言尤溪山賊可撫而下也，千户龔遂榮、驛丞周鑄請行，賊驍將張留孫遂榮遺之書，而故致之伯孫所，伯孫疑而殺留孫，賊人人自疑，來降，伯孫竟敗，被執，妖婦廖氏號女將軍，捕誅之。左都督劉聚等兵至南平、順昌、甌寧，擒餘黨六十二人，斬首亡算，縣人復業者五千六百九十七户，二萬三千六百六十八人。令劉聚等，閩賊平，即回討處州賊。

丙寅，金吾右衛帶俸都指揮僉事孫斌鎮守居庸關。

東莞人鄧恭言七事：曰欽州衣服語音類交趾，乞遣官變其俗；曰免廣東重囚戍欽、廉；曰中鹽欽州；曰邊海義倉移城内，絶盜心；曰南雄、南安二千户所宜積儲十年；曰加修清遠、韶州城；曰丈量韶州、南雄田土，定賦額。」上從之。

丁卯，大理寺左寺丞李奎巡撫河南及真定、保定、順德、河間，吏部右侍郎趙新巡撫山東及鳳陽、淮安、廬、揚，以賑失業之民。

戊辰，處州賊陳鑑湖屯金公巖，分刧義烏、武義、東陽。

庚午，進士王璧、羅俊、張鎣、朱永寧、程昊、李玘、倪敬、謝騫、徐溥、楊宜、吴淳、王常、李本道、沈義、沈宗、戴昂、黄溥、葉普亮、王豪、桂怡、朱瑄、邢宥、楊文琳、陳璘、陸阜、楊敷、余復、黄譽爲兩京監察御史。

貴州鎮遠苗作亂，命靖遠伯王驥、總兵官宫聚等同都指揮同知郭瑛、張善分勦。

辛未，大同左參將都督僉事石亨、備禦署都督僉事馬麟巡邊至箭豁山，各值虜，敗之，擒四十六人，斬四級，尋召麟還京，實授都督僉事。福建左布政使宋彰乞刊行《將門八寶箴》勵武臣，禮部駁其俚淺，且罪彰溺職，俟賊平逮治，從之。

禮部請故中軍都督僉事陳榮祭葬，上以覆師，不許。

癸酉，海寇陳萬寧攻破潮陽縣，殺主簿鄧選。

甲戌，諭禮部，試僧道然後給牒。

《明通鑒》卷二四　是月，大理少卿張驥、浙江副使陶成，招浙寇陳鑑胡等降之。

先是葉宗留、陳鑑湖、陶得二等寇蘭溪，成率兵擊斬數百人。進屯武義，立木城以守，誘賊黨爲内應，前後斬首數百，生禽百餘人。

會鑑胡以争忿殺宗留，專其衆，自稱大王，國號太平，建元泰定，僞署將帥，進圍處州，然聞官軍漸集，閩賊已衰，亦頗内懼。成見徐恭等屢勦無功，欲乘間招撫之，乃單騎從四五人徑抵賊巢，諭以禍福，凡前後諭降者三千餘人，于是鑑胡勢亦孤。巡撫張驥謀于成，以賊中多麗水人，遣麗水縣丞丁寧，率老人王世昌等，齎榜徑入鑑胡巢，許貸其死，鑑胡遂偕其黨出降。惟陶得二不就撫，仍入山爲亂如故。

《國榷》卷二七　五月庚辰朔，福建都指揮僉事鄧安等奏前巡按御史柳華擅置村樓給兵杖之罪。時華遷山東按察副使卒，詔籍其家，妻女入浣衣局，男戍鐵嶺衛。

辛巳，建昌府推官黎忠爲知府。閩寇始獗，郡人亦多嘯聚，忠悉力撫捕，適闕守，從郡人之請。

錦衣衛帶俸署指揮同知牛循、指揮僉事郭登、王英、府軍前衛指揮使過興、騰驤右衛指揮使馮洪、金吾右衛指揮同知方善俱爲署都指揮僉事。順天永平蝗，命捕之。

壬午，逮福建都指揮僉事鄧安。初，盗千餘人陷羅源縣及延亭巡檢司，官軍殲焉。後謫柳州所鎮撫。

甲申，賊圍汀州，都指揮僉事馬雄、按察僉事況真等擊敗之。知府劉能、推官王得仁又伏兵邀賊歸路，擒陳政景等八十四人。

免濮州屯糧萬五千一百六十餘石。

《明史》卷一〇《英宗前紀》　丙戌，陳懋擊破沙縣賊。

《國榷》卷二七　獲鄧茂七家屬并僞都督黄宗富等百五十五人。按察副使邵宏譽等擒僞官五十七人。

《國榷》卷二七　戊子，責廣東巡按御史同布政使揭稽往潮州勦賊。

《明通鑒》卷二四　初，鄧茂七之亂，澄逗留省會，檄浙江、江西會討。尋又以賊方議降，止兵毋進，既，知賊無降意，復趣進兵，而賊已不可制。浙江巡按御史黄英，恐以失援被重譴，因具白澄止兵狀，兵部遂劾澄失機。福建三司又言「賊初起前，按臣柴文顯匿不奏，釀成今患」。遂俱下吏。獄成，詔磔文顯，籍其家，澄棄市。

是時浙、閩盗起，所在剽掠爲民患。將帥率翫寇，而文吏勵民兵拒守，如張瑛、王得仁、石瑁、張佑之屬，往往多斬獲，于是上降敕詰讓諸將帥。都指揮鄧安等因歸咎前御史柳華。時王振方欲殺朝士威衆，命逮華。華已出爲山東副使，聞命仰藥死。籍其家，男戍邊，婦女没入浣衣局。

論者謂華所建置未爲過，澄、文顯罪不至死，武將不能滅賊，反委之文吏，至與叛逆同科，失刑實甚。而虐民激變之宋彰等，坐斬遇赦，竟以謫戍終。徐恭、石璞等逗留無功，爲御史張洪所劾，詔俟師旋以聞。

而張楷之監大軍討賊也，至建寧，頓不進，日置酒賦詩爲樂。比聞丁瑄破賊，則馳至延平攘其功，瑄被脅，依違具奏。劉福不能平，愬之，詔責瑄具狀。卒之楷等有罪不誅，而瑄以有功不問，亦竟不録。一時以爲賞罰失平，輕重倒置，皆王振主之云。

《明史》卷一〇《英宗前紀》　壬辰，旱，太監金英同法司録囚。

《明通鑒》卷二四　時築壇于大理寺，英張黄蓋中坐，尚書以下左右列坐，抑九卿于内官之下，遂爲定制。

《國榷》卷二七　甲午，天津、武清二衛屯地鈔改徵米。

增神機營餘丁月餉三斗。

《英宗實録》卷一七八　戊戌，設河南河南府陝州盧氏縣欒川鎮巡檢司，從本縣縣丞周民照奏請也。

《明史》卷一〇《英宗前紀》　己亥，侍讀學士張益直文淵閣，預機務。

《明通鑒》卷二四　益博學强記，三楊雅重之，至是遂入直。

《國榷》卷二七　免兗州去年災租萬六千七百二十二石。

辛丑，兩淮都轉運鹽司運使耿九疇爲刑部右侍郎，通政司右參議湯鼎爲右通政。

九疇廉儉嚴正，門絶私謁。楊士奇過淮上，饌之一雞。時浙江按察使軒輗剛介有聲，九疇與齊名，嘗坐水旁，有童子曰：「此水雖清，不如使君。」已坐判官薛華送守支鹽商于南戶部，給鈔姓名占二牘，命法司逮治，遣主事陳汝言往究。汝言奏九疇等受賄，重冒支給，下法司論罪，既察誣得釋。時鹽運同知義烏葉思銘，與九疇同心守法，不畏强禦，至是並逮。上既察釋九疇，特擢之，思銘亦復官，九疇餞而拊之曰：「無厭而磏。」思銘竟爲良吏。

占城哈密入貢。刑科給事中王復爲通政司右參議。岳州知府易善爲湖廣左布政使。命大臣考察中外官吏，遣錦衣衛馳令福建撫按究賊所以起，與有職事于其上者，悉械送京師，并撫捕實狀以聞。

陝西都指揮使汪壽卒，賜祭。

癸卯，建陽人林惠言三事：曰鹽糧鄉民納米，市民徵鈔，乞概折；曰丈量嘉禾里均賦；曰武仙山銀坑，歲課千二百餘金，乞減半。上從之。

前戶部右侍郎焦宏卒。宏字克明，葉人，永樂辛丑進士。宣德初，授御史，巡按貴州。壬子，進江西按察副使，平恕得民，歷江西右布政使。辛酉，佐戶部，累奉敕理餉浙、直、福建、京邊、河南、陝西，寬嚴有節。賜祭葬。

甲辰，義烏民兵胡彦陞等擒渠帥蘇紀養，授副巡檢。

丁未，江西右布政使張裴生杖斃奸吏，謫雲南中衛經歷。

是月，四川黑苗流劫石阡府城，知府盧陵死之，婦弟亦被殺，事不以聞。

《明史》卷一〇《英宗前紀》 六月庚戌，靖州苗犯辰溪，都指揮高亮戰死。

《國榷》卷二七 庚戌，通政司右通政湯鼎、光禄寺丞張如宗往四川運茶八十四萬三千六十斤，至陝西西寧河洮市馬。

《明通鑑》卷二四 靖州苗犯辰溪，都指揮高亮戰没。

戊寅，命平鄉伯陳懷、駙馬都尉井源、都督王貴、吴克勤、太監林壽分練京軍于大同、宣府，備衛喇特也。

《國榷》卷二七 壬子，甌寧賊林拾得不受撫，殺右參政張瑛。瑛擊林拾得不利，與其子敬死之，事聞，贈按察使，録一子。瑛，建德人。

乙卯，許雲南永平縣中鹽，每引輸三金，于金鹵糴米。

《英宗實録》卷一七九 戊午，設四川潼川州道正司，置道正一員。

《國榷》卷二七 己未，重定雲南文武官俸。初，麓川用兵，各依品減支。

庚申，湖廣、貴州生熟苗蠻蜂起，命靖遠伯王驥調師十萬滅之。

《明史》卷一〇《英宗前紀》 甲子，修省。詔河南、山西班軍番休者盡赴大同、宣府。

《明史》卷一〇《英宗前紀》 己巳，赦天下。

《英宗實録》卷一七九 辛未，革雲南澂江府江川縣河泊所，從知縣張奎言也。

《明史》卷一〇《英宗前紀》 戊寅，平鄉伯陳懷、駙馬都尉井源、都督王貴、吴克勤、太監林壽，分練京軍于大同、宣府，備瓦剌。

《明通鑑》卷二四 是夏，烏梁海盜邊，大同參將石亨等邀擊于箭谿山，禽斬五十人。三衛怨之，遂導額森入寇。

《國榷》卷二七 七月己卯朔，遂昌鄭仕本、楊實寧擒渠帥華宗演等，授副巡檢。

虜大入寇，有聲息，命邊將謹備之。

庚辰，命給事中翟敬、監察御史羅箎等分勞宣府、獨石、大同、延安、綏德、寧夏、甘肅、偏頭關、遼、薊、永平、山海等軍士各一金。復董智南城知縣，食六品俸。令直隸山西夏麥改豆，輸宣大。

《英宗實録》卷一八〇 辛巳，設直隸鳳陽府太和縣北原和巡檢司，以有司言其地衝而多盜也。

《國榷》卷二七 壬午，苗賊掠武岡州及黔陽縣，官軍不援，命王驥杖各將六十。

戊子，處州張佑率民兵王應參、王金禮等殺賊千餘人，擒八十餘人，獲皮甲八百餘。授應參、金禮巡簡，責總兵官徐恭等玩寇。于是御史張洪等劾恭及左右參將都指揮僉事孫鏜、陶瑾，參贊工部尚書石璞曠歲糜餉，福建總兵官左都督劉聚、都督僉事劉得新、右僉都御史張楷俱縮朒，命還師日按之。

《明史》卷一〇《英宗前紀》 己丑，瓦剌也先寇大同，參將吴浩戰死，下詔親征。吏部尚書王直帥群臣諫，不聽。

《明通鑑》卷二四 初，額森屢貢，王振以藻飾太平爲名，賞賚金帛無算，凡所請乞亦無不予。既而貢使日增，復虛其數以冒廪餼。是春，遣二千人貢馬，號稱三千。振怒其詐，令禮部覈實，汰其虛報者不與，而所請又僅得五之一。額森恚怒，欲誘脅諸部大舉入寇，托克托布哈止之曰：「吾儕服食，多資大明，何忍爲此！」額森不聽，曰：「可汗不爲，吾當自爲之。」于是藉減給貢使爲兵端。托克托布哈亦從之，率三衛之衆寇遼東，阿喇知院寇宣府，圍赤城，別將寇甘肅，額森自擁衆寇大同。參將吳浩迎戰貓兒莊，死之。詔遣宋瑛、井源等各率兵萬人屯陽和口。

《明通鑒》卷二四　是時邊報日數十至，王振勸上親征。兵部尚書鄺埜、侍郎于謙力言「六師不宜輕出」，不聽。吏部尚書王直率百官力諫，謂：「陛下宜固封疆，申號令，堅壁清野，蓄鋭以待之，可圖必勝，不必親御六師，遠臨塞下。況今秋暑未退，旱氣未回，青草不豐，水泉猶塞，士馬之用未充。兵凶戰危，臣等以爲不可。」亦不納。

《國榷》卷二七　己丑，漳州逃囚陳萬寧、鄭利貞、郭乾孝、鄭本成俱應募殺賊，授副巡檢。

《明史》卷一〇《英宗前紀》　癸巳，命郕王居守。

《明通鑒》卷二四　是日，陽和之敗聞。西寧侯宋瑛及武進伯朱冕、參將石亨將戰，爲太監郭敬所撓，瑛、冕戰没，亨單騎奔還，敬伏草中得免。冕，榮之子也。諸邊守將俱逃匿。

時廣寧右衛指揮僉事趙忠守鎮静堡。敵圍堡甚急，忠乘城固守，語其妻左氏曰：「若城破，吾不苟活，汝母子宜自爲計。」未幾，攻益急，訛言城陷，妻與三女皆縊死。攻圍凡兩晝夜，以堡堅解去。守臣上忠全城功，擢都督同知。贈左氏淑人，旌其門曰「貞烈」云。

《明史》卷一〇《英宗前紀》　甲午，發京師。

《國榷》卷二七　遣告廟社，發京師親征，詔下踰二日即行。文武吏卒倉卒就道，科給事中鮑輝當蹕諫曰：「陛下縱自輕，如宗廟社稷何？」王振叱之。前軍五萬騎，吏卒私屬可五十萬人。夕，宿康家嶺。

《明通鑒》卷二四　英國公張輔、成國公朱勇等率官軍五十萬人從，户部尚書王佐、兵部尚書鄺埜及學士曹鼐、張益等扈行，吏部尚書王直留守京師。

時從行者，英國公張輔居首，然不使預軍政，輔亦老，依違而已。閣臣惟鼐與益二人，而益入閣未及三月，相與憂憤。鼐乃乘間謀於諸御史之從行者曰：「不殺王振，則駕不可回也。今天子蒙塵，六軍喪氣，切齒于振久矣。若用一武士之力，捽振而碎其首於駕前，數其奸權誤國之罪，然後遣將領前詣大同，則天意猶可挽也。」諸御史惴惴無敢應者。尋又欲謀之于輔而不得間，遂行。

《明史》卷一〇《英宗前紀》　乙未，次龍虎臺。軍中夜驚。

丁酉，次居庸關。

《國榷》卷二七　群臣請駐蹕，不允。風雨連朝，六軍患苦，文武將士皆無紀律。

《明通鑒》卷二四　尚書鄺埜屢諫親征，謂：「此兵内犯，一邊將力足以制之。陛下爲宗廟社稷主，奈何不自重！」不聽。至是扈從出關，復首請回蹕，振怒，令與尚書王佐皆隨大營至懷來。埜墜馬幾殆，或勸留就醫，埜曰：「至尊在行，敢託疾自便乎！」

《國榷》卷二七　戊戌，次榆林站。

《明史》卷一〇《英宗前紀》　辛丑，次宣府。群臣屢請駐蹕，不許。

《國榷》卷二七　風雨大至，羽報益急，羣臣復交章請駐蹕，王振怒，俱令掠陳。

壬寅，次雞鳴山。衆皆危懼，上素以事付王振，振威益張，公侯請事膝而前。令户部尚書王佐、兵部尚書鄺埜領老營，佐、埜先行，振怒，跽之草間，至暮方釋。欽天監正彭德清曰：「虜未可乘也，象緯示警，脱致疏虞，陷乘輿于草莽，誰執其咎？」振怒曰：「即不幸，天也！」翰林院學士曹鼐曰：「我輩不足惜，惟主上事重，奈何輕進？」振終不從，必進師。我師漸進，虜漸退，伏塞外嘗我。

丙午，次陽和。伏屍蔽野，衆心爲寒。

《國榷》卷二七　是月，貴州苗寇攻赤水城，都指揮張祥死之。

《明史》卷一〇《英宗前紀》　八月戊申，次大同。鎮守太監郭敬諫，議旋師。

己酉，雨益驟。鎮守太監郭敬密告王振曰：「休矣！行且墮虜計。」振始懼，遂議旋師。

庚戌，師還。

《明通鑒》卷二四　振初議從紫荆關道由蔚州，邀上幸其家，既恐蹂其鄉禾，復折而東。時參將郭登，武定侯英之孫也，從劉安守大同，聞之，亟言于曹鼐等，謂「駕宜從紫荆關，可保無虞」。鼐等爲振言之，振亦不聽。

《明史》卷一〇《英宗前紀》　丁巳，次宣府。

《英宗實録》卷一八一　庚申，車駕將發宣府，諜報虜衆襲我軍後，遂駐蹕，遣恭順侯吳克忠爲後拒。

《明史》卷一〇《英宗前紀》　恭順侯吳克忠、都督吳克勤戰没，成國公朱勇、永順伯薛綬救之，至鷂兒嶺遇伏，全軍盡覆。

《國榷》卷二七　初，克忠下馬跪射，矢盡，猶刺殺數十人，與弟克勤皆死。

綬以空拳擊虜，虜支解之。既知其故山後人，相與哭之曰：「吾儕也，故爾勇。」天順初，追封勇平陰王，謚武愍。贈克忠邠國公，謚壯勇。克勤遵化伯，謚僖敏。綬謚武毅。克忠、綬驍勇善戰。勇鬚蝟張，好禮縉紳，善大書，然方略不足也。

《英宗實録》卷一八一 辛酉，車駕次土木。先是，每夕駐蹕必預遣司設監太監吳亮相度地勢。至是，振以軍失利慙恚，即止于土木。

《明通鑒》卷二四 日尚未晡，去懷來二十里，欲入保懷來城，以王振輜重千餘輛未至，留待之。尚書鄺埜再上章，「請車駕疾驅入關，嚴兵爲殿」，不報。埜又詣行殿力請，振怒曰：「腐儒安知兵事？再妄言者死！」埜曰：「我爲社稷生靈計，何得以死懼我！」振叱左右掖出之。遂駐土木。

寇四面合圍，地無水泉，人馬饑渴，掘井深二丈不得水。其南十五里有河，額森已遣兵先據之，車駕遂不得發。

《英宗實録》卷一八一 壬戌，車駕欲啓行，以虜騎繞營窺伺，復止不行。虜詐退，王振矯命擡營行，就水，虜見我陣動，四面衝突而來，我軍遂大潰。虜邀車駕北行，中官惟喜寧隨行。

《明通鑒》卷二四 額森遣使持書來，以和爲名，詔曹鼐草敕，遣二通事齎敕偕北使去。振亟傳令移營，回旋間行伍已亂。行未三四里，寇以勁騎四面蹂躪入，大呼「解甲投刃者不殺」。軍士裸袒蹈藉死者蔽塞川野，宦豎及宿衛士，矢被體如蝟。上與親軍突圍，不得出，下馬據地坐，敵兵擁之去。帝遂北狩。

是役也，官軍死傷者數十萬。文武從征扈行之及于難者，英國公張輔，泰寧侯陳瀛，駙馬都尉井源，平鄉伯陳懷，襄城伯李珍，遂安伯陳塤，修武伯沈榮，都督梁成、王貴，户部尚書王佐，兵部尚書鄺埜，吏部侍郎、内閣學士曹鼐，刑部侍郎丁鉉，工部侍郎王永和，副都御史鄧棨，内閣侍讀學士張益，通政使龔全安，太常少卿黄養正、戴慶祖、王一居，太僕少卿劉容，尚寶少卿凌壽，給事中包良佐、姚銑、鮑輝，中書舍人俞拱、潘澄、錢昺，監察御史張洪、黄裳、魏貞、夏誠、申祐、尹竑、童存德、孫慶、林祥鳳，郎中齊汪、馮學明，員外郎王健、程思温、程式、逯端，主事俞鑑、張塘、鄧瑄，大理寺副馬預，行人司正尹昌，行人羅如墉，欽天監夏官正劉信，序班李恭、石玉等，凡五十餘人。

一時諫親征者，自王佐、鄺埜、曹鼐外，鄧棨扈從出居庸關，上疏請回蹕，以兵事專屬大將，至宣府、大同，復再上章，皆不報。及遇變，同行者皆欲脱去，棨不可，曰：「乘輿失所，我尚何歸！主辱臣死，分也。」遂死。

北征之役，郎中胡寧當從，以病求代于俞鑑，鑑慷慨許之。或曰：「家遠子幼。」鑑曰：「爲國臣子，敢計身家。」鄺埜知其賢，數與計事，鑑曰：「惟力勸班師耳。」時不能用。

羅如墉從征，瀕行，訣妻子，以死報國，屬翰林修撰劉儼銘其墓，儼驚，拒之，如墉笑曰：「行當驗耳。」後果死。

事定，聞于朝，皆賜謚贈官有差。

《國榷》卷二七 癸亥，時京師戒嚴，羸馬疲卒，不滿十萬，人心洶洶，羣臣聚哭于朝，議戰議守未決。翰林侍講徐珵曉天文，好談兵，倡南遷，禮部尚書胡濙曰：「文皇帝定鼎于此，示子孫不拔也，而尚可遷？」刑部侍郎江淵曰：「當固守。」兵部侍郎于謙曰：「言遷者可斬也，速召勤王兵死守之。」學士陳循曰：「于侍郎言是。」衆皆是。皇太后禁中疑懼，問太監李永昌，對曰：「是也。陵廟宫闕在此，倉廩府庫百官萬姓在此。南遷，大事去矣。且陛下不聞宋靖康乎？」因述靖康事，皇太后悟，自是中外始有固志。天下臣民聞北狩，痛恨號哭，河州衛軍周敖慟甚，七日不食死，子路爲諸生，聞之，不易儒衣幘，奔至家，觸庭槐亦死。

《明通鑒》卷二四 帝命彬作書，遣千户梁貴齎示懷來守臣，言被留狀，且索金帛。守臣亟遣送至京師，以是夜三鼓從西長安門入。

甲子，敗問至，百官皆集闕下相聚哭。太后遣使齎金寶、文綺，載以八騎，皇后錢氏復括中宫物佐之。時尚不知帝之所在，令詣額森營請還車駕，不報。

《英宗實録》卷一八一 乙丑，皇太后勑郕王祁鈺：「邇者虜寇犯邊，皇帝率六軍親征，已嘗勑爾朝百官。今尚未班師，國家庶務不可久曠，特命爾暫總百官，理其事。爾尚夙夜祇勤，以率中外，毋怠其政，毋忽其衆，欽哉！」又勑文武羣臣凡合行大小事務，悉啓王，聽令而行，毋致違怠。

《國榷》卷二七 募謀勇捕奸諜，榜于禮部，從駙馬都尉焦敬之言。

丙寅，賞官舍餘丁人一金，布二匹，城守卒人布二匹。徵順天車五百輛運通州糧，官軍皆預給半載禄餉，聽其自運。又募運二十石于京者，給僦一金，令户部官、御史、給事各二人，沿途提督。左都御史陳鎰、錦衣衛指揮同知馬順、都督同知武興、都指揮湯節等總之。

參贊福建軍務刑部尚書金濂擒甌寧賊林拾得等七十一人，斬四百餘級。

《英宗實録》卷一八一 丙寅，兵部言：「宜取河南等都司并南北直隷衛所先次御史所選備調官軍，其山東、南直隸備倭軍士宜選精壯者四千五百，江北直隸、北直隸運糧官軍三萬六千宜俱取赴京操練。福建、浙江賊已多就擒，貴州、湖廣苗賊爲害止於一處，宜取總兵官寧陽侯陳懋、靖遠伯王驥等皆回京師，如賊未盡寧息，止留參將等官勦捕。」王令皆准所擬，惟王驥姑留彼不取。

《明通鑑》卷二四 時議欲焚通州倉以絶寇資，會應天巡撫周忱在京，言：「倉米數百萬，可充京軍一歲餉，棄之可惜，不如令自取之。」謙以爲然，白于王，令「京官及軍士有能運糧至京者，官以脚值給之」。于是京師始有備，人心稍安。

《國榷》卷二七 丁卯，召石亨爲後府右都督，領大營，駙馬都尉焦敬領神機營，忻城伯趙榮領三千營。

《明史》卷一〇《英宗前紀》 戊辰，帝至大同。

《明通鑑》卷二四 以兵部侍郎于謙爲本部尚書。

是日，額森擁帝至大同。

先是過宣府，額森傳帝令趣開門，城上人對曰：「所守者主上城池，天已暮，門不敢開。且鎮臣楊洪已他往。」時羅亨信仗劍坐城下，令曰：「出城者斬！」一時人皆死守。額森知不可動，乃引去。

至是郭登守大同，亦閉門不納。帝遣人謂登曰：「朕與登有姻，何至拒之若是？」登奏曰：「臣奉命守城，不知其他。」

時額森索金幣甚急，袁彬以頭觸門，登令以飛橋縋彬入。尋與廣寧伯劉安、給事中孫祥、知府霍瑄等出謁帝，伏地慟哭，以金二萬餘及宋瑛、朱冕、郭敬家資進，帝以賜額森等。初，額森索賂，許以賄至即歸聖駕，至是不應。

是夕，虜營城西，登謀遣壯士劫營迎駕，不果。明日，復擁帝去。

《明史》卷一〇《英宗前紀》 己巳，皇太后命立皇子見深爲皇太子。

《國榷》卷二七 皇太后詔曰：「邇因虜寇犯邊，毒害生靈，皇帝恐禍連宗社，不得已躬率六師，征正其罪，不意被留虜廷，尚念臣民不可無主，玆立皇長子見深爲皇太子，郕王爲輔，代總國政。於戲！國必有君而社稷爲之安，君必有儲而臣民有所仰。布告天下，咸使聞知。」工部左侍郎周忱爲户部尚書。寧遠守備右都督焦禮同遼東總兵官曹義率軍入京，諭京營把總管隊官，凡敗卒仍舊操練，人賞二金，布二匹。時逃卒疑懼，匿不敢報也。畿内降胡潛刧，命達官指揮王貴成等榜諭之。

《明通鑑》卷二四 時太子方二歲，以皇太后命立之，仍命王代總國政。卹陣亡將士。

庚午，王攝朝，御午門左門。右都御史陳鎰合諸大臣言：「王振傾危社稷，搆陷乘輿，請族誅以安人心。」哭聲震殿陛。振黨馬順叱之退，給事中王竑憤起，與刑科給事中曹凱，共捽順髮，齧其肉，曰：「汝往時助振惡，倚以作威。今事至此，尚敢爾耶！」與衆共毆之，立斃。又索振黨内使毛、王二人。太監金英見事急，捽之出，亦擊殺之，曳三尸陳東安門。有頃，又執振姪王山，反接跪於廷，衆争唾駡之。一時衛卒洶洶，朝班大亂。王懼，欲起，尚書于謙直前掖王止，請宣諭百官曰：「順等罪當死，勿論。」衆乃定。尋命縛山至市，磔之，振族無少長皆斬。籍其家，得金銀六十庫，玉盤百，珊瑚高六七尺者二十株，他珍玩無算。已而郭敬、彭德清皆自大同逃歸，並籍其家，下獄長繫，時猶以爲薄云。

是日，事起倉猝，賴謙鎮定，當排衆掖王時，袍袖爲裂。既出左掖門，尚書王直執謙手曰：「國家正賴有公耳，今日雖百王直何能爲！」蓋直自以篤老，倚謙爲重，謙亦毅然以宗社安危自任，天下賴之。

《國榷》卷二七 壬申，封右都督石亨武清伯，充總兵官，練兵京師。

《明通鑑》卷二四 亨以陽和之敗奔還，謫爲事官，令募兵自効。至是于謙薦之，遂有是命，尋封武清伯。

是月，辛未，月晝見，與日並明。

癸酉夜，天鳴，有聲如瀉水。

召前大理寺少卿薛瑄，給事中程信所薦也。尋授大理寺丞。

以羅通爲兵部員外郎，提督守備居庸關。

初，通以兵部郎中從王驥整飭甘肅邊務，爲驥所劾，謫爲廣西容山閘官，已，調廣東東莞河泊所官。及是于謙、陳循薦通有邊才，遂復起。

通至關，相度形勢，上言：「居庸爲敵出入之衝，大小關口宜各增兵。口凡三十有六，可通人馬者七，宜各增人千；可通人不可通馬者二十九，宜各增人百。仍命大將一人，統兵三萬，分駐十營于關外，備額森藉送駕爲名，因之入寇。」從之。尋進郎中。

廣東賊黄蕭養作亂。蕭養，南海人，以爲盜，捕繫獄中，潛通其黨，艤舟在外。是月，蕭養越獄出，凡百餘人，遂乘舟遁入海，嘯聚羣盜，旬日至萬餘人，遂攻廣州。詔總兵官安鄉伯張安討之。

乙亥，以修撰商輅、彭時入閣預機務，陳循、高穀所薦也。時方以繼母喪，乞終制，不許。諭邊將：「自今衛喇特奉駕至，不得輕出。」輸南京軍器于京師。

《國榷》卷二七　丙子，羣臣疏請皇太后：「國有長君，社稷之福，宜立郕王爲皇帝。」允之。命具儀卜日，郕王駭謝，羣臣固請，王厲聲曰：「東宮在，卿等敢亂法耶？」羣臣止不敢言，已述皇太后意，兵部尚書于謙颺言曰：「臣等爲社稷，非私也，願從衆弘濟艱難。」王始受命。

《英宗實録》卷一八一　琉球國中山王尚思達遣使臣馬權度等貢馬及方物賜綵叚衣服冠帶等物，仍令馬權度賫勅，并鈔羅紵絲歸賜其國王及妃。

《國榷》卷二八　〔上〕居伯顏帖木兒營，時見異兆，虜不敢加害，伯顏帖木兒與也先事上甚恭。也先曰：「中國別立皇帝，終不使皇帝還也，我當立皇帝爲皇帝，帝之大都以南。」則設宴進馬拜慶。

《明通鑒》卷二四　額森遣使來，言「欲送帝還京師」，謀入寇也。使還，賜額森金百兩，銀二百兩，綵幣二百匹。

《國榷》卷二八　〔九月〕庚辰，瓦剌也先遣納哈出等入奏。

許琉球使臣蔡寧等以賜絹易蘇州紗羅紵絲。

明景帝部（起公元一四四九年，迄公元一四五七年）

《明史》卷一一《景帝本紀》 恭仁康定景皇帝，諱祁鈺，宣宗次子也。母賢妃吴氏。英宗即位，封郕王。

正統一四年（己巳，一四四九）

《明史》卷一一《景帝紀》 九月癸未，王即皇帝位，遥尊皇帝爲太上皇帝，以明年爲景泰元年，大赦天下，免景泰二年田租十之三。

《明史》卷一一《景帝紀》 甲申，夷王振族。

《國榷》卷二八 乙酉，敕定州衛安置廣義伯吴玘、指揮使王貴誠、吴瑛約束達軍，進貴都指揮僉事。塞雁門關支徑。

虜三萬餘騎犯遼東，破驛堡屯莊八十，擄萬二千二百八十餘人，馬六千餘，牛羊二萬餘，提督軍務左都御史王翺、總兵官都督曹義俱奪禄半年。

《英宗實録》卷一八三 丙戌，重陽節，免百官宴。

《國榷》卷二八 郕府左長史儀銘爲禮部左侍郎。

作兵仗戰車，增工部官，員外郎張忠爲郎中，通判韓鐸、張亨、副兵馬指揮張遜、按察司經歷陳信、知縣丘繼、任忠、吴復俱爲主事。鎮守大同太監郭敬下獄。初，敬厚王振，歲甕藏鐵箭遺也先，受其賂，至是潛回京，論罪之。

己丑，裁郕府長史司。

禮部以皇上嗣位改元，宜天下文武正官俱十二月終赴京，上曰：「天下多事，其免之。」作戰車千輛。

庚寅，鞏昌知府韓福爲右僉都御史，參贊寧夏軍務。

宣府總兵昌平伯楊洪拾土木遺器，盔三千八百有奇，甲百二十，圍牌二百九十，神銃二萬二千有奇，神箭四十四萬，砲八百。

《明通鑑》卷二四 張楷報處州賊平，前後聽招撫復業者九千餘家，男婦二萬餘人。時值張驥、陶成剿撫兼施，賊勢已衰，楷亦攘其功奏之。而陶得二聞赦，降，未幾復叛。楷還，廷議楷無功，追論，下獄。詔以寇平功贖罪，得放歸。

《英宗實録》卷一八三 壬辰，兵部奏山東直隸運糧官軍俱各在京操練，糧船比舊數少，宜止用都督武興一員總督，其都指揮同知湯節存留在京别用。從之。

《國榷》卷二八 敕宣府總兵官昌平伯楊洪等，戒以虜假太上皇到塞脅關，毋墮其計。

《明通鑑》卷二四 癸巳，指揮僉事季鐸，奉皇太后命達于上皇。

時上初立，尚書于謙入對，慷慨泣奏曰：「寇得志，要留大駕，勢必輕中國，長驅而南，請飭諸邊守臣協力防遏。京營兵械且盡，宜亟分道募民兵，令工部繕器甲，修戰具。分兵九門，列營郭外，附郭居民皆徙入内。文臣如軒輗者，宜用爲巡撫，武臣如楊洪、石亨、柳溥者，宜用爲將帥。至軍旅之事，臣身當之，不效則治臣之罪。」上深納焉。

《國榷》卷二八 都指揮僉事季鐸以皇太后貂裘等詣太上皇漠北，報郕王即位及立皇太子，上皇聞之喜。

虜奉上皇斷頭山。虜故得賞賜，有德中國之心，其送上皇也，第欲得漢物，無他意。中國慮虜黠，不敢信，既扣諸關無所入，乃奉駕以北。上皇在難，無阻怯之容，隱處幄居，時時見徵表，也先故益恭謹，而我雖不納虜衆，往來遣使，亦不絶也。

《明史》卷一一《景帝紀》 甲午，祭宣府土木陣亡將士，瘞遺骸。

乙未，總兵官安鄉伯張安討廣州賊，敗死。指揮僉事王清被執，死之。

《明通鑑》卷二四 安率舟師遇賊于戙船澳，方醉卧，官軍不能支，退至沙角尾，賊薄之，安溺死。清爲賊所執，擁至廣州城下，使諭降，清大罵不屈死。

蕭養屢勝，遂僭號改元，自稱東陽王，據五羊驛，授僞官百餘人。

《國榷》卷二八 丙申，工科給事中張敏爲工部右侍郎，翰林院侍講劉鉉爲侍講學士。命京邊署職都指揮以上俱實授。

戊戌，廣西布政司右參政謝澤爲通政使，提督守備白羊口。

户部郎中李秉往鳳陽、淮安、廬、揚、徐、和，提督糧儲赴京。

己亥，停各處清軍御史。

領三千營忻城伯趙榮怠玩下獄，都督僉事孫鏜代之。上皇北行。

《明史》卷一一《景帝紀》　辛丑，給事中孫祥、郎中羅通爲右副都御史，守紫荆、居庸關。

《國榷》卷二八　宣府總兵官昌平伯楊洪言，都指揮季鐸報也先薄我賞，云送駕入京，須文武大臣出迎，不日至大同。

瓦剌使臣納哈出等來朝。

《明史》卷一一《景帝紀》　甲辰，遣御史十五人募兵畿内、山東、山西、河南。

都督同知陳友帥師討湖廣、貴州叛苗。

《明通鑑》卷二四　乙巳，遣使奉書于上皇，告即位也。

《國榷》卷二八　上奉太上皇書云：「虜若送駕來，可五七騎，擁衆大入，則不敢許。大兄還居天位，無所不可，但恐降尊就卑，他日非所以正名。」又致書也先，也先曰：「明立皇帝矣，終無和意，復往迫擾，令彼南遷，取我故元大都，不亦善乎？」

《明史》卷一一《景帝紀》　丙午，苗圍平越衛，調雲南、四川兵會王驥討之。

《明通鑑》卷二四　貴州鎮遠蠻苗金臺，僞稱順天王，與播州苗相煽爲亂，圍平越、新添等衛半年。巡按御史黄鎬死守，糧盡，掘草根食之。王驥頓兵辰、沅不進，詔調雲南、四川兵會驥討之。

時上皇北狩，廷臣劾王振，並及驥，以驥方在軍，且倚之平苗，置弗問。

以參議楊信民爲右僉都御史，巡撫廣東。

初，信民爲廣東參議，清操絶俗，先後劾巡按郭智、黄翰等。又劾僉事韋廣，廣遂訐信民，與翰俱被逮。軍民譁然，詣闕下乞留信民，詔復信民官，而翰、廣皆鞫實除名。上監國，于謙薦之，命守白羊口。會廣州圍急，嶺南人乞信民，遂有是命。于是廣州士民聞而相慶曰：「楊公來矣！」

時廣州被圍久，將士戰輒敗，禁民出入，樵采絶。而鄉民避賊來者，拒不納，多爲賊所害，民益愁苦歸賊。信民至，開城門，發倉廩，刻木鍥給民得出入。賊見木鍥，曰：「此楊公所給也。」不敢傷。避賊者悉收保，民若更生。

《國榷》卷二八　録王振罪，榜天下。

命採毒藥傅矢。從太醫院醫士程禮之言。

作劫營信牌給武清侯石亨，募壯士千人，伏居庸關西山俟虜。

《明通鑑》卷二四　是月，詔減浙江、福建銀場課，尋命封閉之。

廣寧伯劉安鎮大同。時額森欲以妹進上皇，使人言于安。安奏聞，上切責之。未幾，自大同馳至京師，言「奉上皇命來告敵情」，且言上皇已進己爲侯。羣臣交章劾安「擅離守地，自加侯爵，宜正典刑」，上令禁錮之。

會雲南提課鹽舉司吏目胡仲倫緣事入都，上疏言：「今日事不可屈者有七：降萬乘之尊，與諸婚媾，一也；敵假和議，使我無備，二也；和親之後，驕尊自大，三也；索我金帛，使我坐困，四也；以送駕爲名，乘機入犯，五也；逼上皇手詔，誘取邊城，六也；欲求山後之地，七也。稍從其一，大事去矣。今宜亟命宣、大守將固守城池，整肅軍伍，使敵不敢輕進。果其送駕還京，密敕楊洪邀其歸路，石亨據其險阨，俟駕至關，堅閉勿出，則戰無不勝而聖駕得還矣。若不戰而和，非計之得也。」事下禮部，議行之。

以郭登爲總兵官，鎮大同，代劉安也。

登值北狩之後，大同軍士多戰死，壁壘蕭條，城門晝閉，人心洶洶。登慷慨奮厲，修城堞，繕器械，拊循士卒，弔死問傷，親爲裹創傅藥，曰：「吾誓與此城存亡，不令諸君獨死也。」上監國，進都督同知，充副總兵，至是代安。初莅鎮，士卒堪戰者纔數百，馬百餘匹。不數年，馬至萬五千，精卒數萬，大同兵遂爲天下最。

以練綱爲監察御史。

綱舉鄉試，入國子監，歷事都察院。上即位，綱上《中興八策》。至是聞額森將入犯，復言：「和議不可就，南遷不可從，有持此議者宜立誅。安危所倚惟于謙，石亨，當主中軍，而分遣大臣守九門。擇親王忠孝著聞者，令同守臣勤王。檄陝西守將調番兵入衛。」上悉從之。

綱有才辯，急功名。都御史陳鎰、尚書俞士悅，皆綱同里，念綱敷陳時政有聲，又所言皆合上意，薦之，故有是擢。

巡撫山西副都御史朱鑑上言：「竊見王振亂天下，往者江南寇發，輒以誅振爲名。大事歸朝廷則治，歸宦官則亂。今額森詭詐百端，往來窺伺，宜專將帥事權，悉罷監軍中貴，重懸賞格，鼓勸義旅。庶大駕可還，敵兵自退。」上雖嘉納之，不能從。

《明史》卷一一《景帝紀》　十月戊申，也先擁上皇至大同。

《明通鑑》卷二四　先是額森以中國喪君有君，欲挾上皇要之不可得，乃會衆議。喜寧請「以送上皇爲名，至邊脅諸將開關，召總兵鎮守官出，見則留之，可以得志。京師空虛，長驅而入，必將南遷，大都可有也」。于是額森計決，奉帝至大同。總兵官郭登不納，遣人謝曰：「賴天地宗社之靈，國有君矣。」額森知有備，不敢攻。登馳蠟書入奏，京師戒嚴。

《國榷》卷二八　大同知府霍瑄自水竇出謁，獻鵝酒，上皇密曰：「汝第與郭登固守，毋開門。」

詔赦福建、浙江、湖廣、廣東、貴州遺賊。

《英宗實録》卷一八四　己酉，罷修南京祠山廣惠等八廟，以詔停不急之務也。

《國榷》卷二八　廣東布政司左參議楊信民爲左僉都御史，勦廣東賊。增兵二千戍密雲。

定通州京師邊衛運米例。

誅御馬監少監跛兒干。跛兒干本降胡，從土木，即助虜射内使黎定，至是來使，多需索。

辛亥，虜擁上皇至紫荆關，喜寧語虜曰：「大同、陽和不納，今可從紫荆關深入以窺京師。」次關北，右副都御史孫祥遣指揮劉深山謁，岳謙語深曰：「此虜三萬，精騎止二萬。又二萬入古北口，虜三萬騎過順聖川洪州堡，欲犯京師。」

《明史》卷一一《景帝本紀》　壬子，詔諸王勤王。

《國榷》卷二八　癸丑，上召文武大臣議禦虜。遂選萬六千人，給五千騎，以都督僉事孫鏜充總兵官，高禮充左副總兵，往紫荆關。右僉都御史段信、都指揮僉事姚麟等將真定、保定民兵入城。進鏜右都督，王通都督同知，楊壽都指揮同知。又選兵二萬，益陳鎰一萬，益左都督毛福壽、都督僉事陶瑾一萬策應。將發，聞虜入關，遂屯都城南。時虜聲言還蹕，朝議如沸，多主款，兵部尚書于謙獨抗言曰：「社稷爲重，君爲輕，戒邊將毋中計。」翰林侍講徐珵好言天象，入對，言紫微中宫皆有變，宜反南都，太監金英叱之。諸臣相軋未定，多遣其私重歸，謙慟哭廷諍曰：「京師天下本，宗廟社稷山陵寧此！百官萬姓帑藏廪庾萃此！此而不守，去欲安之？今日足一動，明日大事去矣！且虜乘勝驕，實不足畏也！」上善之，曰：「其聽謙處分。」金英宣于衆曰：「死則君臣同耳，有議遷者，上誅之無赦！」于是朝議始一。延平盜仍恣掠。敕梁珤、范雄、薛希璉督民兵捕之。虜二千騎寇肅州，官軍擊卻之。

《明史》卷一一《景帝紀》　乙卯，于謙提督諸營，石亨及諸將分守九門。

《國榷》卷二八　謙身屯德勝門外，反，闔門泣誓，將士皆感奮。

宥廣寧伯劉安、鎮遠侯顧興祖，右都督劉聚罪，俱充副總兵官。

《明通鑒》卷二四　乃議戰守之策。石亨請毋出師，盡閉九門，堅壁以老之。謙曰：「賊張甚矣，而又示之弱，是愈張也。」乃分遣諸將兵二十二萬，列陣九門外。謙自與亨率副總兵范廣等陣于德勝門，以當賊衝，都督陶瑾陣于安定門，廣寧伯劉安陣于東直門，武進伯朱瑛陣于朝陽門，都督劉聚陣于西直門，鎮遠侯顧興祖陣于阜城門，都指揮李端陣于正陽門，劉得新陣于崇文門，楊節陣于宣武門，皆受亨節制。悉閉諸城門，絶士卒反顧。下令：「臨陣，將不顧軍先退者斬其將，軍不顧將先退者，後隊斬前隊！」于是將士知必死，皆用命。瑛，冕之子。興祖以宣德間征交阯敗績論死，至是釋而用之。

額森自大同至陽和，進陷白羊口，守將遁。守備通政使謝澤，督兵扼山口，大風揚沙，不辨人馬，或請移他關避賊，澤不可。賊至，兵潰，澤厲聲叱賊，遂被殺。

《明史》卷一一《景帝紀》　丙辰，也先陷紫荆關，孫祥死之，京師戒嚴。

《明通鑒》卷二四　額森抵紫荆關，喜寧導之，夾攻關城。守備都御史孫祥、都指揮韓清戰死，關遂陷，長驅而東。

祥之死也，言官誤劾其棄城遁。及寇退，有司修關，得其尸于戰地，焚之，不以聞。祥弟祺詣闕言冤，景泰初，詔卹其家。

《國榷》卷二八　丙辰，吴瑾嗣恭順侯。

兵馬司議毁都門外民居，便屯兵，給事中李震言摇動人心，止之。

刑部右侍郎江淵參贊孫鏜軍務。

敕甲士出城，時士帶甲纔十之一。吏科給事中程信、户科給事中王竑同都督王通、右副都御史楊善提督軍務城守。

《英宗實録》卷一八四　丁巳，增置湖廣當陽縣縣丞一員，從大理寺丞李奎請也。

《明史》卷一一《景帝紀》　詔宣府、遼東總兵官，山東、河南、山西、陝西巡撫及募兵御史將兵入援。

《明通鑒》卷二四　兵科給事中葉盛言：「今日之事，邊關爲急。往者獨石、馬營不棄，駕何以陷土木？紫荆、白羊不破，寇何以薄都城？由此以觀，邊關不固，雖守京城，不過保九門而已。宣府爲大同應援，居庸切近京師，守之尤不可非人。楊洪等既召，必求如洪者代之，然後可以副重寄而集大功。」上是之，乃分遣別將代守。

額森擁上皇過易州。至良鄉，父老進茶果羊酒。進次蘆溝橋，園官進果。上皇作書三：一奉皇太后，一致上，一諭文武羣臣。

《明史》卷一一《景帝紀》 戊午，也先薄都城，都督高禮、毛福壽敗之於彰義門。

己未，右通政王復、太常少卿趙榮使也先營，朝上皇於土城。

《明通鑒》卷二四 寇擁上皇登土城。喜寧嗾額森邀大臣迎駕，詔以通政司參議王復爲右通政，中書舍人趙榮爲太常少卿，出城朝上皇，進書敕，額森與巴延特穆爾擐甲持弓矢侍。喜寧復嗾額森曰：「此小官耳。」于是額森不見復等，令亟遣于謙、石亨、胡濙、王直來。上皇亦諭復等宜亟去，遂辭歸。

額森更索金帛萬萬計。廷臣欲議和，遣人問謙，謙曰：「今日止知有軍旅，他非所敢聞。」

額森既不得請，四出窺掠。

庚申，遣數騎來覘德勝門，謙令亨設伏空舍中，遣數騎誘之。有頃，敵以萬騎來薄，伏兵出，神機營火器發，范廣躍馬陷陣，勇氣百倍，遂敗敵于城下，額森之弟博囉茂諸海中礮死。

敵復轉至西直門，都督孫鏜斬其前鋒數人。敵益兵圍鏜，鏜力戰不支，欲入城，給事中程信督軍守西城，不納，自城上發箭礮助之。會亨分兵至，敵稍卻，欲還，至彰義門，副總兵武興邀擊，敗之。而内官數百騎欲乘勝争功，躍馬競前，陣亂，興中流矢死。

寇至土城，居民升屋號呼，争投磚石擊之，囂聲動地。會僉都御史王竑督毛福壽、高禮援至，寇乃引去。

《國榷》卷二八 永平衛指揮僉事胡鏞爲都指揮僉事，充左參將，協守。鎮撫薛斌以二十三人劫虜營，殺一人，奪所掠千人，陞賞有差。徵官民鞍馬甲胄，償其直。

欽天監正彭德清獄死，仍斬首。德清黨王振，匿災異，從征又不擇地。

蔚州、靈丘、廣昌奸人乘警劫逃民，下巡撫朱鑑招之。

《明史》卷一一《景帝紀》 徵兵於朝鮮，調河州諸衛土軍入援。

《國榷》卷二八 辛酉，朱瑛嗣武進伯。

嚴京城夜禁。

敕提督居庸關守備右副都御史羅通等，盡以趙玫、楊俊兵入援。

是日瓦剌别部攻居庸關，官軍擊却之。

《英宗實録》卷一八四 壬戌，虜衆奉上皇車駕由良鄉西去。增置各城兵。

《國榷》卷二八 虜擁上皇出土城，自良鄉而西，散掠畿内。

致書太師也先曰：「太師欲奉朕兄歸，意良厚，顧部下多剽掠，朕所以發兵，備他盜耳。太師如戢兵，以數騎護衛上皇，朕亦遣數騎迎，彼此解甲相和好，固朕志也。」復敕知院伯顔帖木兒曰：「朕兄在營，知院供具無闕，敬謝知院。」封石亨武清侯，進于謙少保。增各城兵馬指揮十人。時太子太保吏部尚書王直言城外關廂居民自團聚詰盜，故增官轄束之。

尚寶司丞夏瑄奏募死士，持長刀巨斧并砲夜襲虜營，彼覺則砲驚之，俾夜不得息，寐則進擊，仍伏兵防其追，上是之。

伯顔帖木兒大同王來護太上皇，道見，曰：「太師誠心送皇帝回京，今另立皇帝，諸臣宰背德不一出見，故太師怒而西還，今欲到陽和，使臣送皇帝從居庸以歸，毋令皇帝望見京師，思念皇太后，萬一念皇太后，病悸至有不可知，乃使我留惡名萬世也。」晚，至紫荆關，卒劉婆兒取水煮飯，銘烹肉，納革囊備餞。

《明通鑒》卷二四 初，額森深入，視京城可旦夕破，及見官軍嚴陣待，意稍沮。至是相持五日，要請不應，戰輒不利。會其别部攻居庸者五萬，天大寒，羅通汲水灌城，冰堅不可近。七日，遁走，通追擊，三敗之，斬獲無算，額森大沮。又聞勤王兵且至，恐斷其歸路，乃以是夜拔營遁，仍挾上皇北行。謙諜知上皇移駕遠，令亨等夜舉火，發大礮擊其營，死者萬人。

論功，謙及亨爲多。癸亥，詔進亨武清侯，加謙少保，總督軍務。謙辭曰：「四郊多壘，卿大夫之恥也，敢邀功賞哉！」固辭，不允。

《明通鑒》卷二四 甲子，額森擁上皇出紫荆關。

《明史》卷一一《景帝紀》 丁卯，詔止諸王兵。

《國榷》卷二八 迤北脱脱不花王遣使來朝。太子太傅禮部尚書兼翰林院學士陳循等言宜受使以間也先，從之，禮使者加等。中外官民各進馳馬備戰，賜鈔幣。

《明通鑒》卷二四 額森之入寇也，托克托布哈在後，未入關，聞敗而遁。時衛喇特君臣鼎立，額森專國，兵最多，托克托布哈雖爲汗，兵較少，阿喇知院兵又少，三人互猜忌。而南犯之利多歸額森，害則均受之。至是托克托遣使來獻馬議和，朝廷欲卻之，尚書王直、胡濙曰：「彼君臣素不睦，宜受其獻，厚加賞賚以聞之。」從之。

《國榷》卷二八　戊辰，復楊思恭長清知縣，食正六品俸。

《明史》卷一一《景帝紀》　辛未，昌平伯楊洪充總兵官，都督孫鏜、范廣副之，剿畿内餘寇。

《明通鑒》卷二四　楊洪等追餘寇至霸州，破之，獲阿歸等四十八人，還所掠人畜萬計。孫鏜、范廣追寇至固安，亦捷。及關，寇返鬬，猶殺官軍數百人，洪子俊幾爲所及。

《國榷》卷二八　壬申，畿内降胡乘警多胡服恣刦，命官軍獲之，斬以徇。

癸酉，敕右副都御史王暹存恤順天昌平等難民，許自編伍勦賊，免雜徭三年。

敕薊鎮總兵官宗勝，以選鋭五千付右僉都御史鄒來學、都指揮僉事胡鏞赴京追虜。

徙即墨縣陰島社人于陳馬莊。時倭出没海中，慮其登陸。

乙亥，敕止廣通王徽煠、陽宗王徽焟赴京。

塞居庸關西支徑。

前江寧主簿王冕言：「南京馬快船供送官物，一船散載十餘，私攬客貨，今後京師易辦之物，不必遠取，船朽停造，舟人補伍。」下工部行之。

上皇往西北行，曰小黄河東，伯顔帖木兒小營在焉。伯顔帖木兒妻使胡女設氈帳，止宿供具，數日，復西行。

《明通鑒》卷二四　是月，大同總兵官郭登，將率所部自雁門入援。奏至，京師解嚴，上優詔褒答之。登以京兵新集，不可輕用，上用兵方略十餘事，上嘉納焉。

《英宗實録》卷一八五　十一月丁丑朔，太上皇帝在迤北。

欽天監進景泰元年大統曆，帝御奉天殿受之，給賜親王及文武羣臣，頒行天下。迤北瓦剌使臣回致書達達可汗。

《國榷》卷二八　上皇在漠北，虜奉上益恭，殺馬設宴，稽首行君臣禮，妻妾四人，次第上壽，伯顔帖木兒亦與其妻如也先禮。也先七日一獻馬，伯顔帖木兒七日一獻牛，二日一獻羊馬牛湩，射生則獻野馬、黄羊。上皇道行，或乘馬，或坐暖車，虜男女途見，皆叩馬上，時或進生。也先時時設宴，躬上酒，手彈箎撥思兒唱曲，虜齊和之。大同王、賽刊王上酒皆跽曰：「中國聖人，天之姤也。」也先請上皇曰：「今得明遣使來迎皇帝歸矣。」上皇曰：「即若自送我，須我使徒往返耳。」喜寧不悦，謂蔣信曰：「求急歸者，袁彬也，合殺之。」上皇曰：「非彬也，我自謂也。」敕答脱脱不花王。

朝鮮國王李祹入貢。命浙直作甲胄九十餘萬輸邊。

《明通鑒》卷二四　楊洪師還。論功，進封昌平侯。命率所部留京師，督京營訓練，兼掌左府事。洪陳《禦寇三策》，上以洪宿將，所言多采納。

《國榷》卷二八　戊寅，真定安平縣老人郭弘、諸生郭清等十六人斬虜七級，獲甲仗以獻。授弘判官，清等正副巡檢，專捕盜。浙江按察僉事陶成爲副使。

虜屢犯甘肅，外戍皆入城，毁舊肅邸爲營。

濟寧左衛徙臨清，改臨清衛，轄臨清守禦千户所。

禁私屠耕牛。肅州衛饑，月給贍粟一石，終今歲。

辛巳，平江伯陳豫掌前軍都督府。增畿内巡按御史各二。

《英宗實録》卷一八五　壬午，增置廣東潮州府通判一員，從巡海右參政嚴順奏請也。

《明史》卷一一《景帝紀》　癸未，修沿邊關隘。

《明通鑒》卷二四　以顧興祖爲左軍都督同知，劉安爲右軍都督同知，劉聚爲中軍都督僉事，命修塞沿邊關隘。時兵部缺官，三人皆起廢用之。

《國榷》卷二八　福建都指揮僉事蔣貴、徐信、張凱、閔忠俱失事，降所鎮撫。

甲申，詔天下曰：「大兄太上皇帝鑾輿未復，方詰兵數十萬，問罪于虜，彼請迎復，悉衆城下。朕遣大臣出迓，徧歷虜營，失駕所在，乃焚書斬使擣之。六軍斬獲甚盛，京城内外，人心帖然，用告天下，以彰殺伐之威。」

徵朝鮮馬三萬，給之直。

免遣京官宴送廣東夷使。初，暹羅、爪哇、占城諸貢使還廣東，例傳送。

丙戌，寧陽侯陳懋進幼閹百有八人。

丁亥，涼州副總兵都督僉事王敬爲平羌將軍總兵官，鎮守甘肅，代任禮。

密雲中衛指揮僉事張興爲署都指揮僉事，分守古北口，監察御史張斌協贊軍務。詔有司修城堡。宣府右參將都督僉事紀廣敗虜三百餘騎于神峪口。

戊子，令總兵、把總等官，值操期免其朝參。

弘教翊善國師簇克林巴卒。弟剳思巴藏求襲，不許，俟番僧立効者。

《英宗實録》卷一八五　己丑，復設直隸廬州府道紀司，署都紀一員。

《國榷》卷二八　昌平伯楊洪進封侯。行人趙訪爲江西道監察御史。免順天、河間明年藥材紙札。

召商中鹽，淮、浙、長蘆納草。

《明史》卷一一《景帝紀》　辛卯，毛福壽爲副總兵，討辰州叛苗。

壬辰，上皇至瓦剌。

《明通鑒》卷二四　自出紫荆關，連日雨雪，上皇乘馬踏雪而行，上下艱難，遇險則袁彬執鞚，哈銘隨之。

《國榷》卷二八　停順天、河間、真定、保定、隆慶、保安鹽銀鈔。

寧夏總兵官張泰等改造小戰車。初，戰車每輛馬七匹，寧夏多溝渠，妨駕，易小車，用馬一。

癸巳，指揮同知石彪爲署都指揮僉事。

光禄寺奉旨，仍附録文簿。故事諸司奉旨具覆，光禄寺則否，自柰亨得罪，謂矯旨日給王振酒饌，于是每事具覆，光禄寺卿齊整以事冗碎，乞仍附録，從之。

《明史》卷一一《景帝紀》　乙未，侍郎耿九疇撫安南畿流民，賜復三年。

《明通鑒》卷二四　時鳳陽等處歲饑，盜且起，九疇至，招徠流民七萬户，境内以安。

《國榷》卷二八　丁酉，陳涇嗣泰寧侯。

總兵官昌平侯楊洪言，令順天、真定、保定、河間、永平遇警督鄉民入城，移通州河上倉粟千九百餘萬石運貯通州城，從之。

戊戌，徵廣西、江西、廣東兵援廣州。

《英宗實録》卷一八五　庚子，增置直隸真定府所屬趙州等四州判官各一員，真定等十七縣縣丞各一員，靈壽等八縣并順德府所屬南和等八縣主簿各一員。

《國榷》卷二八　壬寅，令定州衛達官廣義伯吴玘等率部兵赴京。

增河道巡督御史。自通州至南京，舊二人，至是四人。

甲辰，翰林院侍講倪謙、刑科給事中司馬恂頒詔朝鮮。

免順天、河間、保定、真定兵旱田租。

丙午，祭故守白羊口通政使謝澤。

也先擁上皇轉西行，至八寶山，喜寧曰：「從此還到甘州，使其守將迎入。即轉入陝西，取陝騎卒以入南京，遂居于南京。」袁彬、哈銘候喜寧去，白上皇曰：「又不能騎，空取凍冷，到時守將亦必不受。」上皇曰：「是也。」喜寧曰：「此又哈銘計，直殺銘耳。」上皇道渴，覓陽泉鑿冰進水，哈銘求虜車一輛，駱駝一隻，展貓皮褥坐上皇車中。

伯顔帖木兒所畜胡奴，竊上皇物，喜寧聞上皇，使銘往索之。銘曰：「我今方困，索彼盜物，如虎口奪食，徒生怨耳。」上皇怒，使袁彬鞭銘，鞭已，叩頭謝，上皇曰：「鞭何謝也？」銘曰：「臣棄父母兄弟妻子而從陛下，尚誰攀耶？」

《英宗實録》卷一八六　〔十二月〕丁未朔，太上皇帝在迤北。帝省郊祀牲。先是，帝御奉天門，謂禮部尚書胡濙等曰：「朕嗣承大統，義當尊親，其尊聖母皇太后爲上聖皇太后，朕生母爲皇太后，奉遺皇后居仁壽宫，册朕妃汪氏爲皇后，皇太子母周氏爲貴妃，實册儀注爾其詳定以聞。」至是濙等上之。

《國榷》卷二八　戊申，詔更定大統曆。初，天文生馮軾乞改曆，欽天監正許惇等言：「正統間，監正彭德清于北京觀象臺較之，南京北極出地上高三丈，南極入地下卑三丈，冬至晝短三刻，夏至晝長三刻，奏爲永制。」上曰：「日出入度數，驗在四方，京師未足準也，今後曆悉如洪武、永樂故事。」

《明史》卷一一《景帝紀》　辛亥，王驥爲平蠻將軍，充總兵官，討貴州叛苗。都督同知董興爲左副總兵，討廣東賊，户部侍郎孟鑒參贊軍務。

《國榷》卷二八　壬子，諭都察院，榜示中外各官出入儀從，水陸驛傳私載需索之禁。

遼東百户施帶兒俘于虜，通鎮守太監亦失哈潛歸。巡按山東御史劉孜收斬之，因劾亦失哈海西種，當虜犯廣寧，禁不得擊，多收蒼頭，隱占軍餘佃户數百，宜罪。上不問。

《明史》卷一一《景帝本紀》　丙辰，大赦。

《國榷》卷二八　兩宮禮成，詔赦。

戊午，宣府右參將都督僉事楊俊仍領開平馬營等兵。

昌平增廣生馬孝祖上四事：養聖心，隆大臣，戒游食，恤臣下。上是之。

《明史》卷一一《景帝紀》　己未，石亨、楊洪、柳溥分練京營兵。

《國榷》卷二八　壬戌，增湖廣、廣東、廣西右參政，福建、雲南、貴州、四川右參議，湖廣、廣東、廣西副使，四川、福建、雲南、貴州僉事各一。

癸亥，都指揮同知翁信鎮守山西及提督守備雁門關都督僉事孫安還京。虜六百餘騎攻大同，官軍禦卻之。又千餘騎南行，命備之。

甲子，禮科給事中李實下獄。初，實言儀真五壩通漕，爲朝廷命脈，宜重臣鎮守，且請按察使孔文英内轉。工部謂土壩事微，又擅轉外臣，遂逮，論贖，還職。

《明史》卷一一《景帝紀》 戊辰，祭陣亡官軍於西直門外。

《國榷》卷二八 庚午，賑延平、建寧等兵災。

乙亥，廣州圍三月餘不解，上責右僉都御史楊信民綏兵，促左副總兵都督同知董興亟往討。

上皇在虜營，令袁彬草書致上及羣臣，謂宗社爲重，練兵固守，毋多慮，朕自有歸日也。時虜嘗夜見御幄有光若龍騰，大異之。也先請以妹嬪，上皇固卻之，袁彬辭以返國而聘，處居益莊，虜大敬服。

《明通鑒》卷二四 是歲，浙、閩盜赦而復叛，浙江布政使孫原貞條上方略，請爲備，至是即命原貞參議軍事，深入，禽其魁。而温州餘賊猶未滅，乃命都指揮李信爲都督僉事，調軍討之，遂拜原貞兵部侍郎，參信軍務，鎮守浙江。會原貞丁母憂當去，副都御史軒輗請留之，報可。

景泰元年（庚午、一四五〇）

《英宗實録》卷一八七 春正月丁丑朔，太上皇帝在迤北。帝詣奉先殿。上聖皇太后、皇太后宫行禮畢，出御奉天殿，文武百官行五拜三叩頭禮。

《國榷》卷二九 上皇在漠北，焚表告天地。也先設羊酒斷頭山奉宴，諸酋進皮條爲賀，校尉袁彬、温美時時爲隱語悦上皇，獲一羊髀，烹而共啖之，晝斧薪伐冰，夜則以背承上皇足而寢。虜與我小戰小不遂輒欲僇彬，上皇至泣請不得，而譯鞮哈銘頗幸也先，間以恢諧解之，僅免。彬嘗病寒，上皇親治糜啖之，身壓彬背，汗洽良已。銘嘗睡酣，手壓上皇胸，上皇稱引嚴光事無似之耶。銘叩頭：「萬死萬死。」也先間過上皇帳問，語曰：「皇帝歸，宜善視哈銘。」上皇笑諾。

上海人奏：「松江分司横浦等場課司隸兩浙運司，以逋課，巡撫侍郎周忱提督，謂鄉竈不善鹽，場竈不善耕，令鄉丁出粟，給近丁代煎。近改分司，隸浙江布政司，又設總催，民甚苦之，請仍忱舊。」從之。

己卯，武成後衛帶俸署都指揮僉事沈英鎮守洮州。

倒馬關見虜薄墻，砲逐之。調代州勦賊都指揮翁信至保定，助指揮陸祥併兵。

命户部主事陳汝言往河間、東昌選達官軍，付左副總兵左都督毛福壽征苗。汝言謂福壽本胡種奸狡，惟知同類，不可不慮，于是敕靖遠伯王驥，俟福壽至善御之。

庚辰，平江侯陳豫、右副都御史孫曰良鎮守臨清。

湖廣按察使孔文英爲大理寺卿，曹泰爲右少卿，段信爲左寺丞，同都督同知顧興祖等守備紫荆關、白羊口、倒馬關。

總督宣府邊儲户部右侍郎劉璉言：「懷來、永寧、赤城、獨石、馬營等官軍，前棄城入京，駐朝陽門外，今春方農，乞還原衛守備，庶宣府得全。」從之。

福安賊陳嚴四等作亂，命都指揮張欽合崇信伯費釗勦之。

辛巳，築城天壽山南，周十二里，居長陵、景陵、獻陵三衛官軍，并移昌平縣治。

癸未，署都指揮僉事石彪率兵自良鄉出紫荆關，直抵大同。

丁亥，遣大臣祭告祖陵、皇陵、孝陵并秦愍王等，及歷代帝王陵、孔子、嶽鎮海瀆。昌平侯楊洪請重總督軍務少保于謙將權，九門各設教場練士，作軍器，節糧儲，上是之。命南畿、山東、河南各巡撫捕蝗種。

戊子，琉球、朝鮮入貢。蠲光澤、莆田、閩、長樂、福清、惠安去年歲辦課程。

庚寅，都督焦禮、施聚等以遼東兵暫住永平練士。

沙、尤二縣遺賊復殺掠，命南京守備豐城侯李賢以二千人付都指揮仲福領之，同都督高禮選達軍勦賊。

癸巳，河南右布政使丁鋐爲刑部左侍郎，仍支從二品俸。

廣西賊熾，令參將都指揮使武毅平廣東賊，急援廣西。

乙未，都指揮使許貴充右參將，鎮守大同西路。

都督王通、總兵官朱謙等築塞各關隘。

戊戌，令都指揮王林、李綱以三千人分戍懷來、永寧，都指揮楊信往來提督。

寧夏右參將都指揮使王榮奏：「先有虜二千餘騎扣靈州城，云送駕，又二萬餘騎，云不出迎必重困。」命善備之。前國子監祭酒貝泰卒。

己亥，鎮守大同左少監陳公言，虜三百餘騎掠威遠衛。命署都指揮僉事石彪巡雁門關偵勦。

庚子，浙江道監察御史李賓爲太僕寺卿。

蠲北京軍需三分之一。

少保兵部尚書于謙言：「逃卒王貴還自虜中，云阿剌知院犯遼東，也先犯陝西。今右都督焦禮、施聚還遼東，宜敕其謹備互援。」從之。

辛丑，國子監學録魏齡爲江西道監察御史，提調北京學校。

禁都人包攬錢糧。改直隸睢州衛隸河南都司。

壬寅，募舍人軍民輸芻粟豆馬于宣府、大同，賜冠帶，或米豆二百五十石，或穀草二千束，或秋青草三千束，或馬匹十之。減密雲、隆慶中鹽價。

《明通鑒》卷二四　是月，以邊事需餉急，始定輸納之例，凡生員納粟上馬者皆許入監。户部又議令軍民輸納或米或粟或豆或草或鞍馬者，皆給冠帶，官吏罪廢輸納者得復職。初行之于宣府、大同，其後兩畿及諸布政司、遼東皆行之。

時又開輸豆予世襲之例，刑科給事中曹凱争之曰：「近例，輸豆四千石以上授指揮，彼受禄十餘年，費已償矣，乃令之世襲，是以生民膏血養無功子孫，而彼取息長無窮也。有功者必相謂曰：『吾以捐軀獲此，彼以輸豆亦獲此，是朝廷以我軀命等于荏菽。』其誰不解體！乞自今，惟令帶俸，不得任事傳襲，文職則止原籍帶俸。」上以爲然，命已授者聽，未授者悉如凱議。

《國榷》卷二九　〔閏正月〕丙午朔，勅都督同知范廣、紀廣、都指揮楊信勦虜于懷來長安嶺。

丁未，勅浙江左布政使孫原貞往處州佐軍務。

嚴在京逃軍之罪。

翰林院侍講徐珵請祠宋臣岳飛於湯陰，蓋所生地也，從之。

己酉，巡撫山東監察御史劉孜請罪倡議遷都者斬于市，以警奸邪。報聞。

庚戌，移通州空倉于京師。暫停兩京官吏食鹽。

癸丑，韓府教授胡昂爲左長史。

鎮守浙江左副都御史軒輗、刑部右侍郎耿九疇兼理兩浙、兩淮鹽課。釋右都督孫鏜獄。初，鏜薦都指揮李奇爲三千營把總，以私劾，至是石亨及刑部右侍郎江淵言之。

乙卯，賑靈州千户所。時寇犯鳴沙州，土民五人馮溝拒之，俄寇番語，五人遽棄弓矢椎髻而去。寧夏左參將都督僉事丁信以聞，言土達軍民艱窘易誘也。

築金坡鎮堡。鎮在紫荆關之南，五虎嶺之東，亦要害也。

丙辰，鎮守陝西都察院右都御史王文爲左都御史。

移易州柴炭廠于平山靈壽。

丁巳，裁五城兵馬司，指揮官如故。

戊午，勅鎮守延綏都督同知王楨等，令防護軍民各還屯堡耕作。

辛酉，出萬金市馬陝西。

《明史》卷一一《景帝紀》　癸亥，詔會試取士毋拘額。

《明通鑒》卷二五　初，洪熙、宣德間，定禮闈取士之額，分南、北、中卷，以百人爲率，正統中，增額至百五十人，而分地如故。至是從大理寺丞李奎之請，仍循永樂間例。癸亥，詔：「明年會試取士無拘額，本年鄉試亦如之。」

《國榷》卷二九　甲子，順天府尹王賢言：「京省鄉試同考官或四人，或三人，宜五經各專官，毋帶閱謬誤。」從之。

乙丑，召還福建銀坑内臣。從鎮守都督僉事范雄之請。

巡視居雄關御史王璧數奸軍妻，下獄，戍鐵嶺衛。猺賊焚電白縣。

己巳，設姚安府流官知府，同土官視事。

《明史》卷一一《景帝紀》　庚午，大同總兵官郭登敗瓦剌于沙窩，又追敗之於栲栳山。封登定襄伯。

《明通鑒》卷二五　時寇至沙堝，登召諸將問計，或言：「寇衆我寡，莫若全軍而還。」登曰：「我軍去城百里，一思退避，人馬疲倦。賊以鐵騎來逼，即欲自全，得乎？」按劍起曰：「敢言退者斬！」徑薄賊營，奮勇擊之，諸將繼進，呼聲震山谷，遂大破其衆，追奔四十餘里。又敗之栲栳山，斬二百餘級，得所掠人畜八百有奇。

自土木之敗，邊將無敢與寇戰。是役，登以八百人破敵數千騎，軍氣爲之一振。

《明史》卷一一《景帝紀》　是月，免大名、真定、開封、衛輝被災税糧。

《明通鑒》卷二五　侍讀彭時以兵事稍息，奏請回籍終制，許之。

舊以釋褐踰年參大政，前此所未有，上方嚮用之，以此頗忤旨。

《國榷》卷二九　二月丙子朔，上皇在漠北，居東勝州。

大同右參將都指揮使許貴爲後軍都督僉事。初，虜掠威遠衛，貴追至蒲州營，斬十三級。免大同皮翎鹽糧米鈔。

《英宗實録》卷一八九　戊寅，祭太社、太稷，祭先農之神，遂親耕籍田。

《國榷》卷二九　己卯，代府襄垣王遜熚教授張斌奏：「王事父簡王，侍疾衣不解帶，及薨，哀毁踰禮，廬墓十旬。」上敕旌之。尚寶司丞夏瑄求便養，改南京尚寶司。濟寧左衛指揮使趙輔爲署都指揮僉事，仍隷京營。

禁伐紫荆、居庸、雁門等關之木。

《昭代典則》卷一六　進苗衷兵部尚書兼翰林學士。

《國榷》卷二九　庚辰，免雲南所負差發金銀米鈔貝馬。

《明史》卷一一《景帝紀》　癸未，懸賞格招陷敵軍民。

丙戌，石亨爲鎮朔大將軍，帥師巡大同。都指揮同知楊能充遊擊將軍，巡宣府。

壬辰，太監喜寧伏誅。

《明通鑒》卷二五　先是寧數導誘額森擾邊，上皇患之，言于額森，使寧及總旗高礬等還京索禮物，而命袁彬以密書付礬，俾報宣府設計禽寧。寧抵獨石，宣府守將設伏野狐嶺，令礬給寧至其地，伏盡起，礬直前抱持之，遂禽寧，送京師，法司諸臣雜治，磔于市。上皇在迤北聞之，喜曰：「自此邊境稍寧，吾南歸有日矣。」

寧爲都指揮江福所獲，而參將楊俊飾奏于朝，謂己實定謀，遣福等禽之。上嘉俊功，進右都督，賜金幣。言官及兵部請如懸賞前詔，上以俊邊將，職所當爲，不允。俊，洪之庶子也。久之，冒功事始露。

《國榷》卷二九　壬辰，四川按察副使李匡爲右僉都御史，巡撫四川。吏科都給事中張固爲大理寺右少卿，鎮守四川行都司。

始，行都司轄六衛，環以番夷，三九月大渡河瘴，監司不時至，禮科給事中李實請專官撫安也。

《英宗實録》卷一八九　癸巳，增置直隷保定府易州同知一員，淶水等四縣及真定府曲陽等七縣主簿各一員，俱提督民夫，守把沿山關口，從鎮守都督孫安等奏請也。命都督同知范廣統理五軍。

《國榷》卷二九　作槍銃。鎮守遼東太監易信言手銃須柄長七尺，銃盡加以槍，詔下兵仗局。

壬寅，定貴州納贖例。

甲辰，敕各鎮守巡撫及三司巡按御史，以喜寧既誅，招撫流亡，給牛種，賑乏勸貸，停雜徭不急之務。

《明通鑒》卷二五　是月，初開經筵。寧陽侯陳懋知經筵事，文臣自内閣高穀、陳循等外，禮部侍郎儀銘及俞山、俞綱，皆以潛邸舊恩兼經筵官。銘，智之子也。

上每臨講幄，輒命中官擲金錢于地，任講官徧拾之，時以爲媟褻云。

贈前侍講劉球爲學士，賜謚忠愍，立祠于鄉。

並追謚彭德清。時德清已在獄瘐死，詔戮其尸。

球二子鉞及弟釪，皆篤學，躬耕養母。球既得卹，兄弟乃出應舉，先後成進士。

《英宗實録》卷一九〇　三月乙巳朔，太上皇帝在迤北。陞南京工部右侍郎吴政爲本部左侍郎。

《國榷》卷二九　丁未，京衛帶俸都指揮使失連台、茹鑑、焦用，都指揮同知咸斌、艾義、米朵、朵來俱爲都督僉事。

四川天全六番招討司使高鳳以副招討楊顯昭謀叛，擒之，道死。上恐其誣陷，下左副都御史寇深覈之。

乙酉，虜寇朔州妳河堡，守備偏頭關署都督僉事杜忠以三千騎邀之土塞及蕎麥川，擒三人，斬十餘級。進都督同知。

《昭代典則》卷一六　虜又入萬全，入寧夏，至慶陽，復奉車駕至大同，諸虜大掠蔚、朔，分寇宣府諸城。時獲虜諜言田達幹道也先，與賽罕王、大同王、答兒不花王、鐵哥不花王、鐵哥平章、脱脱不花王分道入寇。虜意欲上皇不忍諸邊受害，促賂議和迎駕也。

《明史》卷一一《景帝紀》　辛亥，録土木死事諸臣後。

《國榷》卷二九　辛亥，賞右都督楊俊黄金二十，銀三十，紵絲三雙，進江福都督僉事。時科道言：「購喜寧賞格，銀二萬，黄金千，封侯，今宜陞賞如格。」上以俊等職也，故再賞。

吏科給事中習敬言：「各官罪斥，納贖復秩，惟科斂償債，乞視知府駱敏例，止給冠帶。」從之。

壬子，兀者衛右都督剌塔爲左都督，益實左衛都指揮使木當加爲都督僉事，以絶瓦剌，旌之。大同總兵官武清侯石亨擊虜，敗之。

《明史》卷一一《景帝紀》　癸丑，瓦剌寇寧夏、慶陽。

《國榷》卷二九　都督同知范廣充總兵官，右副都御史羅通提督軍務，巡宣府。時虜二萬騎攻萬全右衛，内官弓勝、張温領神機營神銃從征。俄報虜退。

虜犯寧夏、慶陽，大殺掠。

《明通鑒》卷二五　乙卯，又寇朔州。

時寇分道入邊，官軍禦敵，互有殺傷。惟寧夏、慶陽、朔州，被敵殺掠甚衆。

黄興之討廣州也，未至，而僉都御史楊信民以巡撫坐鎮，威望日隆，乃多方招撫，降者日至，于是遣使持檄入賊營，諭以恩信。黄蕭養曰：「得楊公一言，死不恨。」尅日請見，信民單車詣之，隔濠與語。賊黨望見皆羅拜，有泣下者。賊以大魚獻，信民受之不疑。蕭養且降，俄聞大軍至，忽中變。其夜，有大星隕城外，七日而信民暴疾，遂以是日卒。軍民聚哭，城中皆縞素。賊聞之亦泣，曰：「楊公死，吾屬無歸路矣。」事聞，賜祭葬，録其子玖爲國子生。廣東民赴京請建祠，許之。成化間，賜謚恭惠，並命有司以忌日祭焉。

《國榷》卷二九　大同總兵官定襄伯郭登等言：「清明日，朔州人出城展墓，虜卒至，殺四百餘人，指揮周寧等追之，止斬一人，失亡六百六十餘人，蹂死數千。」

高要賊吴長能等欲連黄蕭養攻肇慶，署都指揮彭英等襲斬之，凡千七百餘人。南京翰林院孔目王稹爲檢討。

城南溪、富順、犍爲、榮昌、大足、永川、内江，時蜀夷竊發。

戊午，寧遠伯任禮提督三千營。虜三千餘騎攻天城東門，官軍射卻之。

己未，琉球入貢。

《英宗實録》卷一九〇　辛酉，設四川順慶府廣安州岳池縣僧會司，置僧會一員。

《明史》卷一一《景帝紀》　癸亥，免畿内逋賦及夏税。

《國榷》卷二九　丙寅，敕安南國王黎濬，以占城訴其侵掠共男婦三萬三千五百人，王宜保邦睦鄰，前事有則改之，否則加勉。又諭占城國王摩訶貴來。

免大名、順德、廣平户口食鹽鈔。

丁卯，復賀粲獲鹿知縣，食六品俸。旱，分遣大臣于京師禱各祠廟寺觀。

辛未，四川黎將都指揮僉事劉深爲右軍署都督僉事。

諭户部，榜天下，納米備餉賑饑，如其額例給冠帶，賜敕旌爲義民。

免平鄉、壽張縣災租。偏頭關獲虜諜，云也先欲分部入寇。

《明通鑒》卷二五　是月，虜分道入寇陽和、大同、偏頭關、野狐嶺，所過殘掠。時總兵官朱謙鎮宣府，奏敵以二萬攻圍萬全，敕范廣充總兵官禦之。

已而寇退。于謙請駐兵居庸，寇來則出關勦殺，退則就糧京師。大同參將許貴奏：「迤北有三人至鎮，欲朝廷遣使講和。」于謙曰：「前遣季鐸、岳謙往，而額森隨入寇，繼遣王復、趙榮，不見上皇而還，和不足恃明矣。况我與彼不共戴天，理固不可和。萬一和而彼肆無厭之求，從之則坐敝，不從則生變，勢亦不得和。貴爲介胄臣，而恇怯若此，何以敵愾！法當誅。」移檄切責。自是邊將主戰守，無敢言和者。

以俞綱爲兵部侍郎，内閣辦事。

綱以生員侍上潛邸，至是驟遷擢，疏辭。越三日，請佐兵部，許之。

是春，致仕國子祭酒李時勉卒。時勉家居，聞上皇北狩，日夜悲慟，遣其孫驥詣闕上書，「請選將練兵，親君子，遠小人，褒嘉忠節，迎還車駕，復讎雪恥」。得旨褒答，而時勉卒矣，年七十七。賜謚文毅。成化中，改謚忠文，贈禮部侍郎。

《國榷》卷二九　（四月）甲戌朔，上皇在漠北，嘗歎曰：「曷月予歸哉？歸當居于逍遥之府。」哈銘泣曰：「陛下非有畋游荒亡之樂，爲天下蒼生而來，歸當正位，又何歎也。」既數日，上皇在豐州，伯顔帖木兒妻使女問銘等曰：「今已夏暖，何得炙薪？」皆言不也，我輩數人同一氈帳。使女曰：「我謂薪焰也，氈帳上乃有火光。」歸語伯顔帖木兒妻，妻以告伯顔帖木兒，皇帝帳上夜現光，必有大福。伯顔帖木兒放鷹，得一雉，與酒來獻，謂哈銘曰：「我今有一喻上奏，皇帝如大海潮時，有一大魚，落在水灘，是大海魚，能淺水住，潮來終去，皇帝莫急。」

初，也先内犯，馬營、獨石、龍門、鵰鶚等城，以吏卒赴京，遺芻糧數萬，議塞其城門，俟後轉運宣府。已游擊將軍楊能請分兵防護，提督軍務右副都御史羅通言：「虜三四千人，各牽駝馬，取糧馬營等處，夫棄城遺糧資虜非計。然守則不足，運則不逮，焚則不給，乞下廷議。」户部謂事難遥度，下劉璉、羅通及總兵官朱謙等計之。

丙子，廣東都指揮李昇、王忠、何貴等分捕海寇，寇佯敗，奔小港，昇、貴深入追之，適潮退舟膠，忠潛回，昇、貴遂遇害，失亡無算。事聞，責忠後效。

少保兵部尚書于謙言：「南京災異屢見，乞守備太監及文武重臣撫卹人民。開封、南陽、襄陽、鳳陽、兖州安插逃民，乞右副都御史王來、洪英、尚書趙新加惠善防。京省賊擾，所遣練兵召募捕盗，内外文武官絡繹道路，迎送累民，乞召還各官，專委撫鎮，并裁鎮守内臣。調兵京操，往往逃亡，乞量加恩澤。各營馬瘠，乞暫借舊賜官員草場一年芻收。天久不雨，乞敕法司、錦衣衛，在外三司同巡按御史疏獄。」上悉從之，操軍人賜布一匹，惟鎮守內臣如故。

戊寅，朝鮮國王李裪請世子冕服，從之。召商中鹽偏頭關。

庚辰，貴州苗久圍安南衛，敕雲南總兵官黔國公沐斌調五千人，同普安州土官隆本援之。

《明史》卷一一《景帝紀》 辛巳，瓦剌寇大同，官軍擊卻之。

《明通鑑》卷二五 總兵官郭登出東門與戰，佯北，誘之入土城，伏起，寇敗走。登度敵且復至，令軍士齎毒酒、羊、豕、楮錢，僞爲祭冢者，見寇即棄走，寇至，争飲食之，死者甚衆。

《國榷》卷二九 四川夷民多盜，今行人劉澣，其土人，深知險阻，諳方言，乞同僉都御史李匡勦賊。下廷議，採之。

《明通鑑》卷二五 貴州平越被圍九月，御史黄鎬置疏竹筒中，募土人乞援于朝。

《國榷》卷二九 癸未，止石亨班師。

甲申，蠲山西鎮西衛屯租。

前國子監祭酒李時勉卒。時勉名懋，以字行，安福人，永樂甲申進士，選庶吉士，預修實録，憂去，起刑部主事，改翰林侍讀，三殿災，應詔言時政，未幾，被讒下獄。永樂末，薦復秩，復言事，命武士撲之金瓜，傷肋垂死，明日，改御史。又明日，下錦衣獄，宣宗初，宥之，預修兩朝實録，進侍讀學士。正統戊午，進學士。已進祭酒，六年規條嚴肅，恩意稠至，年七十四，致仕。及聞北狩，痛憤上書，卒，年七十七。少師楊士奇嘗曰：「時勉文學老成，操行修潔，節義足以表俗，剛正足以任事，量足以容物，而志則不可奪。」人以爲確論。至是諭祭，謚文毅。

《明史》卷一一《景帝紀》 丁亥，保定伯梁珤代王驥討貴州叛苗。

戊子，大理寺丞李茂録因南京，考黜百司，訪軍民利病。

《明通鑑》卷二五 時尚書于謙言：「南京重地，撫輯須人。中原多流民，設遇歲荒，嘯聚可虞。乞敕內外守備及各巡撫加意整飭，防患未然。」從之，遂有是命。

《國榷》卷二九 辛卯，免太原去年災租九萬七千四百八十餘石。苗賊攻江華永明縣。

《英宗實録》卷一九一 甲午，鎮守浙江右副都御史軒輗奏：「福建政和縣賊首吴金八等流劫處州青田縣，攻圍平陽千户所，出没不常，深爲民患。臣與太監李德等議調官軍二萬七千，分委布政司孫原貞、僉事鄺彦譽統領，且與原貞自東路進，德及彦譽自西路進，尅期會勦。」

《明史》卷一一《景帝紀》 丙申，瓦剌寇雁門。

《國榷》卷二九 虜數萬自鴉兒厓入廣武站，分攻雁門關，都指揮李端禦卻之。命總兵官石亨、右副都御史朱鑑率兵夾擊。

《明通鑑》卷二五 丁酉，以三百騎入石峯口，燒關門，復由故道去，敕責總兵官朱謙等。

《國榷》卷二九 戊戌，阜城縣丞魯俊爲知縣。

工部尚書石璞募兵太原，立百長、千長，例賜冠帶。

廣西羅城賊韋萬保攻融縣。柳城賊侯公寒攻破古高界等寨，復攻滕縣，殺指揮潘濟。

《明通鑑》卷二五 己亥，遣都督同知劉安充總兵官，練兵于保定、真定及涿、易、通三州，僉都御史陳泰參贊軍務。泰幼從外家，冒曹姓，既貴，請復之。

是月旱，山東亦旱。自去冬至春，災異疊見，黑氣四塞，烈風拔木。

浙江鎮守中官李德上言：「諸臣擅殺馬順，同于犯闕，賊臣不宜用。」下廷議，于謙以爲不足問。上曰：「誅亂臣，所以安衆志。卿等忠義，朕已知之，勿以德言介意。」

《英宗實録》卷一九二 五月甲辰朔，太上皇帝在迤北。帝遣太監尹鳳爲正使，奉御鄭善爲副使，諭祭故朝鮮國王李裪并持節册封裪子珦爲朝鮮國王。賜勅諭珦以篤承先志，益堅事上之誠，恪守臣節，永修職貢之敬，簡任賢良，善撫國衆，惇行善道，以保爾邦，庶幾享太平之福於悠久。又詔示其國人。

《明史》卷一一《景帝紀》 乙巳，免山西被災税糧。

設紫荆關、倒馬關、白羊口三守禦千户所，勅都指揮僉事魏忠充左參將。

《明通鑑》卷二五 時山西兼遘兵荒，鑑外飭戎備，內撫災民，勞瘁備至。

《明史》卷一一《景帝紀》 瓦剌掠河曲、代州，遂南犯。詔劉安督涿、易諸軍禦之。

《國榷》卷二九 乙巳，免絳、沁、汾、文水、平遥、潞城、黎城、高平今年夏税十之七，秋糧十之四。提督軍務右副都御史羅通以食匱班師。

己酉，雲南按察僉事李瓘爲布政司右參政，署廣南府事。廣南鄰交趾，時仇殺，特命璀綏之。增太原、平陽通判，澤、潞、遼、沁、汾州判官各一，專督民兵。

河南道監察御史謝琚言：「近日百官詣闕謝過，朝天宮行香設醮，俱具文，宜上下更相修省。」上是之。

辛亥，虜自倒馬關入寇宣府，總兵官左都督朱謙等追之，次關子口，數千騎突至，爲鹿角所拒，我砲擊之，少卻。已合圍，明日又戰，喪百四十人。都督江福援之，不利。

壬子，通事達官千户馬雲、馬青，先使瓦剌，許也先女樂結親，又謂節減賞賜出指揮吴良，兵部請罪之，下錦衣獄。

《明史》卷一一《景帝紀》 癸丑，董興擊破廣東賊，黄蕭養伏誅。

《明通鑒》卷二五 先是，都督同知董興，調江西、兩廣兵征討，而以天文生馬軾自隨。興果鋭，不能戢下，軾輒戒之。是春，師至廣州。賊舟千餘艘，勢甚熾，而徵兵未至。諸將請濟師，軾曰：「廣民延頸久矣，即以狼兵往擊，猶拉朽耳。」「狼兵」者，廣西溪峒土兵也。興從之。既而兵大集，進至大洲擊賊，殺溺死者萬餘人，餘多就撫。蕭養中流矢死，函首以獻，俘其父及子等。餘黨皆伏誅。論功，進興右都督，留鎮廣東。

《國榷》卷二九 乙卯，吏科給事中翟敬等言：「昨者虜警民逃，遺物多竊取，及事平擬盗，豈不傷和，乞自去年十月至今年正月，因盗諒從寬減。」上從之。

令衢、處、金華各縣立城。置居庸關公館。

《英宗實録》卷一九二 丙辰，朝鮮國王李珦遣陪臣方致知等續貢馬一千四百七十七匹，以備戰陣之用。賜致知等宴并鈔綵段表裏織金襲衣等物，仍命致知等齎勅并冕服冠服，白金三百兩，紵絲三十匹，羅三十匹，絹四千四百三十一匹，綿布二千九百五十四匹，歸賜其王及妃。

《國榷》卷二九 己未，苗賊殺武岡知州蘇忞，署都指揮僉事畢通等擊賊，斬三十五級。

《英宗實録》卷一九二 癸亥，復設直隸大名府滑縣老岸鎮巡檢司，置巡檢一員。先是，革爲屯堡，至是以地多盗故復之。

《國榷》卷二九 甲子，起復平山知縣張璟。

《明史》卷一一《景帝紀》 丙寅，侍郎侯璡、副總兵田禮大破貴州苗。

《明通鑒》卷二五 時梁珤等大軍未至，禮已進兵，解新添、平越之圍，璡復遣兵攻敗水西諸賊，貴州道始通。又調雲南兵由烏撒會師，開畢節諸路，檄普安土兵援安南衛，而自率兵攻破紫塘、彌勒等十餘寨。會賊復圍平越，回師擊退之，遂分哨七盤坡、羊腸河等處，撫定良苗，東至重安江，與王驥兵會，鎮遠道亦通。

捷聞，進璡兵部尚書。

衛喇特額森復寇宣府，以二千騎屯賈家營。總兵官朱謙與參將紀廣等拒以鹿角，發火器擊之，寇少卻。謙軍且退，寇復來追，都督江福援之，亦失利。謙卒力戰，寇不得入。

是時寇屢擾邊，鋭而驕，意大同、宣府二城可旦夕下，而謙與郭登屢卻之。會喜寧已誅，額森失其間諜，所部兵多死傷；而托克托布哈、阿喇知院，自遣使請和後，皆撤所部歸；于是額森亦欲息兵，恥自屈，乃令阿喇先通和議。

《明史》卷一一《景帝紀》 辛未，瓦剌遣使請和。

《國榷》卷二九 初，虜酋阿剌知院以可汗脱脱不花之命遣參政完者脱歡貢馬請和，至懷來。使太常寺少卿許彬、錦衣衛指揮同知馬政往察其情僞。時可汗兵最少，阿剌兵又少，獨也先强，衆虜鼎立，外親内忌，完者脱歡言：「講和還駕非特阿剌意，諸部皆然，如疑我，請留我爲質。」奏至，召閣臣陳循等議于文華殿，諭仇虜不共，何和爲，循等請敕諭阿剌，并賚使者，緩其奸謀，仍嚴京營邊關之備。敕阿剌曰：「也先譎詐，今爾使至請和，聞也先兵尚在邊，必盡出塞乃可和，不然，不難戰也。」

《明通鑒》卷二五 是月，初，土木之變，楊俊自獨石奔還，上以洪故，置不問。而俊恃父勢横恣，在宣府時，嘗以私憾杖都指揮陶忠至死。洪懼，奏「俊輕躁，恐誤邊事，乞令來京隨臣操練」，許之。既至，言官交劾，下獄。復以禽喜寧冒功事覺論斬，詔宥之，令勦賊自効。尋充游擊將軍，巡徼真、保、涿、易諸城。至是還，仍令督三千營訓練。

《英宗實録》卷一九三 〔六月〕癸酉，設直隸淮安府戚家橋巡檢司，置巡檢一員。

《國榷》卷二九 塞通濟河東西決口。户部右侍郎沈翼自直沽抵徐州饋運。

太子太保兼吏部尚書王直率諸大臣言：「上下神祇，陰誘虜衷，使來請和，臣等切惟陛下大寶嗣登，天與人歸，永永無二。陛下隆敬兄之心，尊爲太上，昭告天地宗廟社稷，名位已定，天下之人皆以爲宜，今車駕得還虜中，太上尊居，不復事天臨民，陛下但盡崇奉之禮，即稱天倫之厚。伏望俯從虜請，遣使答之，如果至誠，即別令大臣迎駕。」上曰：「朕非貪此位，卿等强樹焉。大兄蒙塵，五遣使，虜不聽，而復紛紜何？」衆懼。兵部尚書少保于謙從旁對曰：「天位已定，寧有他？第答使盡禮，紓目前，得爲備耳。」上色解，曰：「從汝從汝。」既出，上使興安追問曰：「即使虜，誰可者？孰爲富弼、文天祥？」王直厲聲對曰：「敦非廷臣？孰敢不行？」

甲戌，遣視濟南、東昌、兖、青旱災。

松潘贖罪，仍輸米。初輸米，左副都御史王來改輸鐵二十五斤准石粟。

丁丑，運河南、直隸京糧三十萬石于保定、易州，又河南麥四萬石運真定，山東麥五萬石運定州。

辛巳，録廣州平寇功，都督同知董興爲後軍右都督，都指揮使武毅爲都督僉事。真定操備署都指揮僉事王信鎮守真定。

《明史》卷一一《景帝紀》 壬午，瓦剌寇大同，郭登擊卻之。

《國榷》卷二九 敕户部郎中謝佑往山西，役三萬人，儹運大同。

癸未，募商中鹽蔚州。許諸生納粟倒馬、紫荆關，給冠帶，仍應試。

乙酉，監察御史桂怡閱内府各監局工匠，笞十餘人，上不懌，自後御史不點閘。五軍營都指揮僉事王淳言束伍法及練兵圖，命行之。

《英宗實録》卷一九三 丙戌，上皇車駕至大同。先是，虜北入既深，又議選戰馬奉上皇南歸。是日至大同，虜聲言送駕還，守將郭登等設計於城月門裏具朝服以候，潛令人伏城上，俟上皇入即下月城閘門。既及門，虜覺之，遂擁上皇退去。

《明史》卷一一《景帝紀》 丁亥，左都御史陳鎰、王文以鞫太監金英家人不實下獄，尋釋之。

《明通鑒》卷二五 時中官金英縱家奴不法事覺，下法司治之，鎰等但請抵奴罪，不及英。于是給事中林聰率同列劾鎰、文畏勢長奸，並及御史宋瑮、謝琚，皆下獄。尋以請罪自伏，宥之。

聰在科，論事無所諱。先是有中官單增，督京營有寵，朝士稍忤者輒遭詈辱，家奴白晝殺人，奪民産，侵商税。聰發其奸，下詔獄獲宥，增自是不敢肆。至是因治英家人獄，復劾瑮、琚不任風紀，竟調二人于外。

《明史》卷一一《景帝紀》 戊子，瓦剌寇宣府，都督朱謙、參將紀廣禦卻之。

《國榷》卷二九 自懷來築斥堠，抵于京師土城。

壬辰，命右副都御史羅通鎮守山西。初，兵部于謙恐山西摇動，擇大臣鎮之，昌平侯楊洪乞文武大臣自雁門關護運大同，俱委通，通不欲行，疏刺二臣，上不聽。

甲午，城臨清。

分將守都門，石亨、楊洪、柳溥、張軏、孫鏜、衛穎、過興、張義、雷通、劉得新、陳友、李全、王瑛、崔福、劉鑑、張通每營二萬餘人，俱土城内外。

革大臣舉保御史，從各道監察御史張子初等之言。

蠲貴州宣慰司田租萬三千二百六十餘石。

乙未，免金華、温、處户口食鹽鈔。

瓦剌阿剌知院遣參政完者脱歡等五人至懷來，求赴京進貢，許之。

丙申，敕右都督楊俊率京軍五千巡涿、易、保定、真定、定州。

《明史》卷一一《景帝紀》 戊戌，免山東被災州縣税糧。

《國榷》卷二九 辛丑，少保兵部尚書于謙言：「虜使請和，而邊關窺伺自如。兵法曰：無約而請和者，謀也。況也先狡，假和緩我備，而別部攻襲關隘，侵犯京畿。」上是之，敕各邊嚴備。

《國榷》卷二九 〔九月〕癸卯朔，遣禮部右侍郎李實、大理寺右少卿羅綺、指揮使馬顯偕完者脱歡使瓦剌，敕脱脱不花王。

甲辰，故都督宫聚、王喜、張斌降指揮僉事。

丙午，故信國公湯和曾孫胤勣爲錦衣衛千户減内府酒醋麪局廚役百五十人。

己酉，復王學古信豐知縣，趙應浮梁知縣，食從六品俸。

《明通鑒》卷二五 秋七月己酉，李實等至衛喇特。額森在營，既見，讀璽書畢，乃導之謁上皇。時上皇仍居巴延特穆爾營，惟袁彬、哈銘侍。實等見上皇泣，上皇亦泣，因問太后、皇上，又問二三大臣，泫然曰：「處此踰年，始見卿等。」實等頗以上皇前寵王振太過，以致蒙塵，請還京引咎自責，上皇意不懌。

實等之既行也，會托克托布哈及額森所遣使丕勒瑪尼哈瑪爾舊作皮兒馬黑麻。等復至趣和，詔禮之，賜之宴。使者因言于館伴曰：「昨知院使來，朝廷遣人偕往。今吾等乃汗及太師所命，若不報使，事必不諧。」禮臣胡濙以聞，尚書王直等議遣正副使四人往，上曰：「且俟實還，徐議之。」

《明史》卷一一《景帝紀》 庚戌，尚書侯璡、參將方瑛破貴州苗，擒其酋猷京師。

《明通鑒》卷二五　時璡檄副總兵方瑛攻賞改寨，禽苗僞王王阿同等三十四人。別賊阿趙僞稱趙王，率衆掠清平，璡復討禽之。會王驥亦俘獲剗平王苗富蟲，先後送京師伏誅。

李實等將還，王直等固請遣使，從之。

《國榷》卷二九　庚戌，初，忠勇伯蔣信從土木陷虜，屬賽罕王帳下，至是故部曲伯顔答里從皮兒馬黑麻入京，告少保于謙曰：「把臺心在南，特無路耳。」謙奏：「把臺列爵受禄，一旦悖德，曲全其家，不加孥戮，把臺未必知之，況用間者勝道也。宜令伯顔答里北還，密諭把臺，使知家屬無恙，或殺也先來歸，即授王爵，必不吝。」從之。

辛亥，獄驛閘壩等官在南北畿，各赴南北吏部考復。減慶元縣歲辦課鈔。

貴州賊阿趙僞稱趙王，掠清平等衛，總督侯璡擒入京，伏誅。

《英宗實録》卷一九四　壬子，命南京右軍都督府署都督僉事房顯署本府事。添設山西太原府草場代州草場置大使副使各一員。

《國榷》卷二九　壬子，巡撫直隸大理寺少卿李奎予告。

皮兒馬黑麻語我館伴曰：「關外十四城，皆爲我困，昨阿剌知院議和，尚遣朝使，今可汗及也先遣我，必須大臣往報，否則無濟。」禮部尚書胡濙等以聞，下廷議，吏部尚書王直等請遣使，上曰：「李實等方行，俟其還，酌之。」

甲寅，金山衛指揮同知侯端爲署都指揮僉事。

丁巳，太常寺少卿趙榮爲工部右侍郎。修江都儀真圩壩，卹災民。旌襄陵王庶長子鎮國將軍範址孝行。

《明史》卷一一《景帝紀》　庚申，右都御史楊善、工部侍郎趙榮使瓦剌。

《明通鑒》卷二五　以都指揮同知王息、錦衣衛千户湯允勣副之，賫金銀書幣往。

先是有金齒衛知事袁敏，自土木奔還，上書曰：「上皇居九重，所服者袞繡，所食者珍羞，所居者瓊宫瑶室。今駕陷沙漠，主辱臣死，臣子何以爲心！請速遣官一人，或就令臣賫書及服御物，問安塞外，以盡臣子之義。」不報。至是尚書胡濙等言：「上皇蒙塵久，御用服食，宜付善等隨行」，亦不報。

時額森欲還上皇，而敕書無奉迎語，自齎賜額森外亦無他物，善乃出家財，悉市彼中所需者攜以往，遂行。

《明史》卷一一《景帝紀》　辛酉，停山西民運糧大同。

《英宗實録》卷一九四　辛酉，設四川渠縣僧會司置僧會一員。

《國榷》卷二九　辛酉，令湖廣、四川、雲南罪人赴貴州納贖。時苗賊攻龍里等衛。募商中鹽廣西，糴米儲餉。令南畿、湖廣、浙江、江西罪戍補伍貴州。免海州及安東鹽城水災田租四萬三千五百九十石，蠲邯鄲旱災田租。

《明史》卷一一《景帝紀》　癸亥，李實、羅綺還。

《明通鑒》卷二五　初，實自京奉使，將行，見敕書不及迎上皇，驚走白内閣，遇太監興安，安叱曰：「若奉黄紙詔行耳。他何預！」實遂行。至是額森語實等曰：「我亟欲送上皇歸，而敕書無奉迎語。今汝之來，通問而已；若欲奉迎，宜亟遣大臣來。歸語皇帝：迎使夕來，大駕朝發。決不食言。」

實等還，具道額森意及再遣使奉迎狀，上不許。于是王直偕寧陽侯陳懋等上疏曰：「臣等與李實語，具得彼中情事。其所需衣物資斧者，上皇言也；而奉迎車駕，額森意也。昨者托克托布哈及阿喇知院使來，皆有報使；今額森使以迎請爲詞，乃不遣使偕往，是疑敵而召兵也。」復不許。已而實自言于上，上曰：「楊善已去。但以奉迎意致額森，即令善迎歸足矣。」

比北使將發，直等復上言：「宜本上皇之心，順臣民之願，因彼悔心，遣使往報，以圖迎復，此不待計而決者也。不然，衆志難犯，違天不祥。彼將執爲兵端，邊事益棘，京師亦不得高枕卧矣。」檢討邢讓亦上疏曰：「上皇于陛下，有君之義，有兄之恩，安得而不迎？且令寇假大義以詰我，其何詞以應？若從羣臣請，仍命實齎敕以往，述迎復之指，雖上皇還否未可必，而陛下恩義之篤昭然于天下。萬一迎而不許，則我得有詞于彼以興問罪之師，不亦善乎！」上不得已，乃從羣臣議，仍遣實往報。既而曰：「俟善歸議之。」卒不遣。

《國榷》卷二九　敕大同宣府遼東甘肅諸總兵，以虜八月内還駕，或誘陷邊城，毋墮其計。減良鄉縣税課之半。遣辦事官趣各鎮守撫按録囚論報。

丁卯，復李敏應天府尹，食二品俸。

戊辰，禁邊城毋徵私負。命御史出遣仍歲代。初，四方多事，或衛命二三年，至是左通政欒惲言之。募吏自臨清運米三百石至代州，給冠帶。

《英宗實録》卷一九四　己巳，奏從之。先是，以山東臨清縣爲南北水陸要衝，勑平江侯陳豫等城其地。

《明通鑒》卷二五　己巳，楊善等至衛喇特，額森遣館伴來迎。館伴自言田氏，亦中國人，飲善帳中，語曰：「土木之役，六師何怯也？」善曰：「彼時官軍，壯者悉南征，王司禮邀大駕幸其里，不爲戰備，故令汝得志耳。今南征將士歸，可二十萬，又募中外材官技擊，可三十萬，悉教以神鎗、火器、藥弩，百步外洞人馬腹立死。又用策士言，緣邊要害隱鐵椎三尺，馬蹄踐輒穿。又刺客林立，夜度營幕若猿猱。」伴聞之，色動，善曰：「惜哉，今皆無用矣！」問何故，曰：「和議成，歡好且若兄弟，安用此！」因出所齎遺之，其人喜，悉以語額森。

明日，謁額森，亦大有所遺，額森亦喜。善因詰之曰：「太上皇帝朝，太師遣貢使必三千人，歲必再賚，金幣載途，乃背盟見攻，何也？」額森曰：「奈何削我馬價，予我帛多翦裂，前後使人往多不歸，又減歲賜？」善曰：「非削也。太師馬歲增價，難爲繼而不忍拒，故微損之。太師自度，價比前孰多也？帛翦裂者，通事爲之，事露誅矣。即太師貢馬有劣弱，貂或敝，亦豈太師意耶？且使者多至三四千人，有爲盜或犯他法，歸恐得罪，故自亡耳，留若奚爲！貢使受宴賜，上名或浮其人數，朝廷核實而予之。所裁乃虛數，有其人者固不減也。」額森數稱善。

善復曰：「太師再攻我，屠戮數十萬，太師部曲死傷亦不少矣。上天好生，太師好殺，故數有雷警。今還上皇，和好如故，中國金幣日至，兩國俱樂，不亦美乎！」

額森曰：「敕書何以無奉迎語？」善曰：「此欲成太師令名，使自爲之。若載之敕書，是太師迫于朝命，非太師誠心也。」額森大喜。問：「上皇歸，將復得爲天子乎？」善曰：「天位已定，難再移。」額森曰：「堯、舜如何？」善曰：「堯讓舜，今兄讓弟，正相同也。」其平章昂克問善：「何不以重寶來購？」善曰：「若齎貨來，人謂太師圖利，今不爾，乃見太師仁義，爲好男子，垂史册，頌揚萬世。」額森笑稱善。

知院巴延特穆爾，勸額森留使臣，而遣使要上皇復位，額森懼失信，不可，竟許善請。明日，額森引善謁見上皇于巴延特穆爾營，遂許送上皇歸。

《國榷》卷二九 庚午，也先引楊善見上皇，善再拜進醪精，問起居，侍立不敢坐。也先數目上皇，上謂：「善，太師與汝坐則坐。」善頓首辭曰：「雖草野，不敢廢臣禮。」也先嚙指謂其下曰：「咄咄，汝曹，中國禮乃若此。」辛未伯顔帖木兒設宴餞上皇。

《國榷》卷二九 八月壬申朔，上皇在漠北。

水西頭目阿怨、阿堆、阿五、阿體、加納、阿遣六家乞降附，許之。

苗賊掠溆、浦、沅州，總兵官梁珤遣兵敗之，擒渠帥十七人，斬五百餘級。

《明史》卷一一《景帝紀》 癸酉，上皇發瓦剌。

《明通鑒》卷二五 瀕行，額森設宴餞上皇，額森席地彈琵琶，妻妾奉酒，顧楊善曰：「都御史坐！」善不敢坐，上皇曰：「太師著坐便坐。」善承旨，少坐即起，周旋其間。額森顧善曰：「有禮。」巴延等亦各設餞畢，額森築土臺，坐上皇臺上，率妻妾部長羅拜其下，各獻器用飲食物。上皇起蹕，額森率部長皆送，約半日程。巴延送至野狐嶺，下馬，伏地慟哭曰：「皇帝行矣，何時復得相見！」良久乃去，仍遣其頭目七十人扈送京師。

《國榷》卷二九 歸而放圍得獐，平章昂克射得麕，追獻之。

甲戌，平鄉知縣丘陵爲真定知府。

丙子，減安慶、廬州歲辦蘆柴，并折色鈔。

丁丑，免貴州普定、興隆等衛屯租。

《明史》卷一一《景帝紀》 戊寅，祀社稷。

《國榷》卷二九 戊寅，翰林院修撰周旋爲侍讀。

江西布政司左參議夏時爲廣西左布政使。

山西都司令史賈斌上所編忠義集四卷，報聞，上言：「桓帝權歸宦豎，文宗受制家奴，徽欽信用閹寺，馴致敗亡。太上皇蒙塵，亦由此輩，皇上肇登寶位，宜法高皇帝以爲治。事無大小，悉徑宸斷，寺人專備洒掃，凡阿諛者必斥之，端本澄源，則天下一新矣。臣于歷代直諫之士與恃寵宦官，録成四卷，名曰《忠義集》乞刊布臣僚，必能觀感。」尚書胡濙言斌離役，發回原衛。虜犯遼東，總兵官左都督曹義、都指揮王祥、耿和等追至漣州，斬七級，擒四人。左參將胡源又追至鷹湖，擒三人，斬三級。

《明通鑒》卷二五 初，廷臣聞上皇將還，欲奏請奉迎，都御史王文厲聲曰：「公等謂上皇果來耶？額森不索金帛土地而遽送還耶？」衆素畏文，皆愕然不決而罷。

及是上皇果還，乃詔禮部議迎上皇禮。尚書胡濙等議：「遣禮部官迎于龍虎臺，錦衣具法駕迎居庸關，百司迎土城外，諸將迎教場門。上皇自安定門入，進東安門，于東上北門南面坐。皇帝謁見畢，百官朝見，上皇入南城大內。」議上，傳旨：「以一轎二馬迎于居庸關，至安定門易法駕。餘如奏。」給事中劉福等言禮(大)〔太〕薄，報曰：「朕尊大兄爲太上皇帝，禮無加矣。」福等顧云太薄，其意何居？禮部其會官詳察之。」濙等言：「諸臣意無他，欲陛下篤親親耳。」上曰：「昨得太上皇書，具言迎駕禮宜從簡損，今豈得違之！」于是羣臣乃不敢言。

會(于)〔千〕户龔遂榮爲書投大學士高穀，言「奉迎宜厚。主上當遜位懇辭而後受命，如唐肅宗迎上皇故事」。穀袖其書于朝，以示胡濙、王直等，直曰：「此禮失而求諸野也。」濙欲以聞，王文不可，而給事中葉盛竟奏之。同官林聰復劾「直、濙、穀等皆股肱大臣，有聞必告，不宜偶語竊議。」濙等因以書進，且言：「肅宗迎上皇典禮，今日正可仿行。陛下宜躬迎安定門外，分遣大臣迎龍虎臺。」上不悦，曰：「第從朕命，無事紛更。」乃遣太常少卿許彬至宣府，侍讀商輅至居庸關迎上皇。

時上索遂榮書所從得甚急，遂榮自縛詣闕言之，下詔獄，坐遣，久之得釋。

《國榷》卷二九　己卯，翰林院侍講學士劉鉉、侍講陳文主試順天。

淮安知府程宗以民船六十餘艘爲太監金英私載，且受賂，謫戍遼東。

《英宗實録》卷一九五　庚辰，勑禮部具迎接、朝見太上皇帝儀注，兵部及各營總兵官嚴整軍馬，防備不虞。

《國榷》卷二九　先是累奏不得旨至是羣情欣慰，朝下廷議。左都御史王文厲聲曰：「來耶來耶，虜不索金帛，必索土地，便謂上皇來耶。」皆相顧莫敢言，于謙曰：「防變方略，謙之職也。」胡濙上儀注，宜令部堂官一人至龍虎臺，錦衣衛堂官一人并官校執丹陛駕輦至居庸關，各衛門分官迎接土城外，太上皇入安定門，東上北門坐，皇帝見畢，羣臣朝太上皇，自東上南門入南城大内，上曰：「迎居庸用輿一，馬二，丹陛駕第迎安定門内，命禮部左侍郎儲懋至龍虎臺，錦衣衛指揮僉事宗鐸至居庸關，太常寺少卿許彬迎于宣府。」户科給事中劉福等言禮太薄，上曰：「朕之即位，非得已也，尊稱太上，何云薄耶？」禮部會議之，胡濙言：「福無他意，大抵欲皇上篤厚尊親。」上曰：「太上皇自虜中寄言，迎禮從簡，朕敢違也？」

辛巳，也先遣五百騎護上皇入京，宿宣府右衛城外。

壬午，宣府總兵官都督朱謙迎宣府城外。初，郭登語哈銘曰：「駕若還，大同路阻，士馬疲乏，非所以示强，自宣鎮可也。」

《明通鑒》卷二五　壬午，上皇至宣府，許彬迎謁。上皇命書敕諭羣臣，遣祭土木陣亡官軍。

《明史》卷一一《景帝紀》　甲申，遣侍讀商輅迎上皇于居庸關。

《國榷》卷二九　時禮部復請迎駕安定門外，各衛門分官詣龍虎臺，臣民迎土城外，會太上皇詔至，上曰：「太上皇命簡，朕事已定。」

《明通鑒》卷二五　上皇諭以遜位退閒意，使歸告皇帝。

《國榷》卷二九　乙酉，户部郎中盧欽督運浙江京糧。

上皇至居庸關，諭侍讀商輅曰：「朕回京願退閒，卿爲朕草書與皇帝，并諭文武羣臣焉。」至雙泉，賜袁彬白綾衣及也先所獻戰裙，賜哈銘衽褥韡，總督雲南兵部尚書侯璡卒。璡字廷玉，澤州人，永樂甲辰進士，授行人，進兵部主事，征胡功，進郎中，從征麓川，擢禮部右侍郎，鎮守雲南，勦麓川餘孽，遷兵部左侍郎，總督軍務，至尚書，屢勤行間，受賞賚，賜祭葬，子爵蔭錦衣衛正千户。

《明史》卷一一《景帝紀》　丙戌，上皇還京師。帝迎于東安門，入居南宫。帝帥百官朝謁。

《國榷》卷二九　胡騎猶揭簾視候，上迎拜門内，上皇下馬相持泣，各述遜位意，良久，入南宫，羣臣隨請見，敕曰：「重以眇躬辱國喪師，有玷宗廟，又何顔見爾羣臣乎？」不許。

丁亥，監察御史羅澄上三事，聖學、法祖、敬天，上納之。

《明史》卷一一《景帝紀》　庚寅，赦天下。

《國榷》卷二九　庚寅，遣告天地社稷山川之神，大赦天下。

《明史》卷一一《景帝紀》　辛卯，刑部右侍郎江淵兼翰林學士，直文淵閣，預機務。

《國榷》卷二九　壬辰，右都御史楊善爲左都御史，仍署鴻臚寺事，都指揮同知王恩等十七人，賞金幣襲衣有差。特誅太監金英、蒼頭李慶。癸巳，宴虜使奉天門。提督守備居庸關右僉都御史王竑疾，還京。甲午，上皇宴虜使于南宫。

《英宗實録》卷一九五　乙未，琉球國中山王尚思達遣使臣梁回等奉表來朝貢馬及方物，賜宴并賜綵段表裏絹布等物有差。

《國榷》卷二九　瓦剌正使塔台参政剌來爲都督僉事，餘指揮同知四十三人，各給冠帶綵幣。貴州苗賊富蟲等械入京，伏誅，苗酋韋同烈據香罏山叛。

戊戌，召商中鹽肅州，納米豆。

大同總兵官定襄伯郭登製偏箱車上之，工部謂可守不可攻，不果行。

己亥，起復南京兵部右侍郎杜寧。兵部尚書兼翰林院學士苗衷致仕，賜敕。子槌，國子監學正，特除南京監察御史。護行僉都御史蕭啓提督居庸關。

《明通鑑》卷二五　時苗衷致仕，以淵代之。

初，徐珵倡議南遷，太監金英叱出之，踉蹌過左掖門。淵適入，迎問之，珵曰：「以吾議南遷不合也。」于是淵入朝，極陳固守之策，遂見知于上，以侍講超擢卿貳。至是遂入閣，踰月，改户部侍郎，兼職如故。

是月，總督貴州兵部尚書侯璡，以勞瘁卒于普定軍中。賜祭葬，廕其子，世襲錦衣衛千户。

御經筵。

先是御史許仕達上言：「經筵之講，一暴十寒，聖學何以有成？正統間，上下蒙蔽，無敢言者，願陛下于經筵之外，日召儒臣講論經史，稽之于古，驗之(于)[于]今，以應無方之變。」優詔褒答。

《國榷》卷二九　〔九月〕壬寅朔，監察御史陳述、張奎、項總、應灝、胡瑞、李玘、楊進、畢鸞、盛琦、劉訓、金愷清軍江西、陝西、河南、福建、湖廣、山東、四川、山西、浙江、廣東、淮揚。

癸卯，命山西河南左布政使楊鼎年富管運邊糧。

築通州大運西倉城，護餉。

大理寺左寺丞段信卒。信三原人，正統丙辰進士，授杭州推官，擢御史，進右僉都御史，巡撫保定，失事謫寺丞，没乞歸葬，詔復其家。

《英宗實録》卷一九六　乙巳户部請吕商於福建所屬缺糧倉分每鹽一引納米三斗以十分爲率海口牛田上里惠安四場鹽給六分潯美洒州浯州三場鹽給四分從之。

《國榷》卷二九　丙午，刑部右侍郎兼翰林院學士江淵改户部。

赤斤蒙古衛都督僉事阿速來貢，進都督同知。

《國榷》卷二九　丁未，免順天去年兵荒田租。

《明通鑑》卷二五　丁未，封都督朱謙撫寧伯，論守宣府功也。

《國榷》卷二九　守備蘭縣都指揮僉事李進請製獨輪小車，視賊勢爲進退戰守，制小費廉，從之。

己酉，郕府審理副朱紱爲湖廣道監察御史。

庚戌，翰林院侍讀商輅爲學士。

以大同鎮守太監陳公忤總兵官郭登，召還公。令右監丞馬慶鎮守。

辛亥，都督僉事武毅爲征蠻將軍左副總兵，鎮守廣西。

命澤潞平定汾之民轉餉大同。

壬子，瓦剌脱脱不花王貢馬，賞例如也先。

《明史》卷一一《景帝紀》　癸丑，巡撫河南副都御史王來總督湖廣、貴州軍務，討叛苗。

《明通鑑》卷二五　來巡撫河南，至是以侯璡卒，進來代之，與保定伯梁珤、都督毛勝、方瑛會討叛苗。勝即福壽更名也。

初，永樂中，降人安置近畿者甚衆，額森入寇，多爲内應。會西南用兵，尚書于謙謀散遣之，每有征行，輒選其精騎，厚資以往，已，更遣其妻子，内患以息。

《國榷》卷二九　敕兵部尚書靖遠伯王驥總督南京機務。巡撫河南左副都御史王來爲右都御史，總督湖廣貴州軍務。甲寅，脱脱不花王使臣都督僉事皮兒馬黑麻爲都督同知。

丙辰，補給忠勇伯蔣信禄，時回京。

丁巳，右僉都御史祝暹往倒馬關守備。

戊午，禮部請瓦剌報使，不許。

己未，免黎平士兵沅靖洞丁田租二年。

辛酉，初，龍門所倉糧七萬八千六百餘石，虜至不守，至是路通。左侍郎劉璉乞都指揮楊信運入懷來永寧城，從之。仍命宣府總兵官朱謙巡守開平馬營，

甲子，監生陳謨，楊檖俱爲禮科給事中。

南京吏部尚書魏驥致仕。

《明通鑑》卷二五　驥屢請致仕，不許，至是復以老請至京師。大學士陳循，驥門生也，請間曰：「公雖位冢宰，未嘗立朝。願少待，事在循輩。」驥正色曰：「君爲輔臣，當爲天下進賢才，不得私一座主。」退，語人曰：「渠以朝廷事爲一己事，其能善終乎？」竟致仕去。

敬宗官南京祭酒，與李時勉名望相埒，時稱「南陳北李」。方王振寵盛時，敬宗秩滿入都，振欲致之，不可得。會巡撫周忱亦在京，振知其與敬宗善，令通意，敬宗曰：「吾爲諸生師表而私謁中官，何以對同學生徒？」忱退，謂振曰：「陳公崛强，未可以勢力致。顧善書法，公試以禮幣求書，彼來謝，或可致耳。」振遂貽文錦羊酒，求書程子《四箴》。敬宗書訖，署名而返其幣，終不往見。以是在南太學十七年不調。及是與驥同引年歸，家居不輕出。有被其容接者，莫不興起。

驥在籍二十餘年，布衣糲食，不殖生産。事兄教諭麒，雖耄益恭。教子孫孝

弟力田，講明理學。蕭山故多水患，驥率鄉人增修塘堰，復宋時縣令楊時所築湖隄，邑人賴之。

《英宗實録》卷一九六　乙丑，減四川中鹽例。

《國榷》卷二九　丙寅，禮科給事中金達爲都給事中，達先頒賞獨石，值虜至，督兵拒守，故進之，賜十金二幣。

初，禮部右侍郎李實北還，言甘肅右參將都督僉事毛忠通虜，命逮之，兵部乞重論，上以歷效，宥之，歸其家屬京師。

《英宗實録》卷一九六《廢帝郕戾王附録》卷一四　戊辰，賜少保兵部尚書于謙誥命，并封贈其曾祖、祖父母、父母、妻，以其總督軍務克效忠勤，故持旌之也。

《英宗實録》卷一九七　十月，辛未朔，太上皇帝居南宫。帝享太廟。

《國榷》卷二九　壬申，吏部左侍郎曹義爲南京吏部尚書，禮部右侍郎儀銘爲南京禮部尚書，翰林院侍講吳節爲南京國子監祭酒。

《英宗實録》卷一九七　癸酉，給天壽山居庸一帶關口官軍衣鞋。

《國榷》卷二九　乙亥，右副都御史王暹巡撫河南及襄陽。

祠故翰林院侍講劉球于吉安，曰：「忠節。」減代州中鹽例。游擊將軍右都督楊俊修各關隘，役竣回京。

雲南總兵官黔國公沐斌卒于鎮遠，賜祭葬，贈太傅，謚榮康。

《英宗實録》卷一九七　丁丑，朝鮮國王李珦遣陪臣貢馬及方物，賜宴并綵幣等物。

《國榷》卷二九　戊寅，進士潘榮爲吏科給事中。

錦衣衛指揮僉事吕貴捕盜京城内外。

少保兵部尚書于謙言：「聞也先貢使逾三千人，慮其窺伺，宜出京兵萬五千騎列居庸關整俟，從之。命内外贖罪，免其運糧，悉納鈔。

己卯，科道劾會昌伯孫忠吏部尚書趙新家人私鹽，命新致仕，忠伏罪，宥之。

庚辰，敕刑部右侍郎耿九疇巡治鹽法，兼巡撫鳳陽淮安揚廬滁徐和。

恭順侯吴瑾領三千營，忠勇伯蔣信領舊部。

户部左侍郎劉璉，以保安、永寧二衛、保安、隆慶二州乙招逃民復業，從之。

辛巳，仍許山西、陝西、浙江、雲南、四川幾内官分俸養親。

光禄寺卿齊整請侍經筵，不許。

《英宗實録》卷一九七　甲申，朝鮮國王李珦遣陪臣貢馬及方物賜賞并鈔幣等物。

《國榷》卷二九　乙酉，翰林院檢討署國子監助教事李洪請故國子祭酒李時勉褒贈祭葬，許之。

丁亥，定古北口中鹽例。戊子，選補大漢將軍足千人。

庚寅，山東右布政使裴綸言：「内官唐廣來鎮玆土，供給累民，每一科十，傔從詐冒，生事侵漁，請敕廷議，凡非邊境，所遣内臣，俱命回京。」上切責綸。

錦衣衛校尉劉信結司禮太監金英，官百户，專偵外事，下獄論死，宥英。

初，宣府總兵官撫寧伯朱謙報虜五千餘騎犯塞，已即也先貢使三千五百人也，上切責之。

辛卯，萬全都指揮使董斌爲都督僉事，提督獨石馬營等處邊城。

《明史》卷一一《景帝紀》　辛卯，録囚。

《明通鑒》卷二五　癸巳，免畿内逋賦。

《國榷》卷二九　〔十一月〕辛丑朔，命吏部覈各官省親展祭養疾丁艱赴部違限者罪之。

《英宗實録》卷一九八　壬寅，賜朝鮮國景泰二年大統曆一百本，命來使李思純■與之。

《國榷》卷二九　壬寅，鎮守浙江兵部左侍郎孫原貞勦温處餘寇，聞母喪，命俟賊平終制。始命右僉都御史王竑總督漕運。癸卯，命昌平侯楊洪以三千騎分守開平龍門懷來永寧諸城。甲辰，陝西都指揮馬讓爲都督僉事副總兵，協守寧夏。遼東都指揮使王祥加左軍都督僉事。處州賊平，斬陶得二等二百四十餘人，招撫三千六百餘人。太監金英下都察院獄，錮之。左都御史陳鎰等劾英縱舍人私鹽受賂，如指揮韓志陞署都指揮僉事，内使汝住陞長隨奉御，都指揮孫鏜陞都督總兵官，校尉劉信陞百户，工部尚書石璞錦衣衛指揮僉事吕貴俱受其賄，宜籍英重論。上命錮英，訊鏜璞志，俱論死，宥之。

《明通鑒》卷二五　英縱家奴事發，上怒，乃盡發其結黨市恩及縱家人中鹽等事，論斬及戍謫有差。英下都察院獄，亦論斬，詔禁錮之，自是遂廢不用。

時工部尚書石璞方奉詔出募義勇，還朝，法司劾璞嘗賂英，遂並下獄論斬，上特宥之，命出理大同軍餉。

初，上之監國也，徐珵倡議南遷，舉朝震動。當是時，外微于謙，内微金英，幾岌岌矣。薛瑄既起用，尋推南京大理寺卿。英嘗奉使南京，獨瑄不出見。使還，上問：「所見誰爲良者？」英對曰：「獨一薛卿耳。」論者以爲英之智識殆非他瑞比云。

《國榷》卷二九　乙巳，禮科都給事中金達言：「江西按察僉事夏時立均徭法，五年正役，又五年雜役，此法最善。參政朱得搆沮之，乞復其法。又富户避重役，附充遠場竈户，乞巡鹽御史勘革。」從之。

丙午，瓦剌使臣昂克爲都督同知，哈只阿力者剌阿老丁俱爲都督僉事。

丁未，南京禮部主事章綸爲禮部儀制郎中，進士黄得温爲吏部考功主事。發龍門衛倉賑宣府饑。

戊申，都指揮使楊能爲游擊將軍，與都督僉事石彪各領三千騎練兵。

禮科都給事中金達等言：「守令任滿當去，輒令耆民保留，乞吏部從公斥陟，仍都察院榜禁。」從之。

己酉，遼東左參將都督僉事胡源爲都督同知，都指揮使宋政爲都督僉事。賑馬邑縣饑。

《明史》卷一一《景帝紀》　辛亥，禮部尚書胡濙請令百官賀上皇萬壽節。

《明通鑒》卷二五　奏：「上皇聖節，請令百官詣延安門行朝賀禮。」不許。

《皇明資治通紀》卷一七　帝詔免朝。

《國榷》卷二九　甲寅，雲南署都指揮僉事沐璘爲都督同知征南將軍總兵官，鎮守雲南，署都指揮使胡誌爲署都督僉事左參將，協守。

《英宗實録》卷一九八《廢帝郕戾王附録》卷一六　丁巳，置四川重慶府涪州僧正司。

《國榷》卷二九　定納糧冠帶例，大同二百五十石，山西四百石。

己未，虜千餘騎猝犯寧夏西門，左參將都督僉事丁信擊斬十人。

虜掠男婦二百五十餘，馬牛千餘。壬戌，城遂溪縣。

癸亥，行人郎勝朱驥、張紳、知縣楊貢、學正王驥、教諭張維、訓導談泰、周哲、李叔義、監生張琛、孔鑰戈立余泰爲南京監察御史。

甲子，署都督僉事石彪爲都督僉事。

《英宗實録》卷一九八　丙寅，設廣東高明府信宜縣存積倉化州石城縣永豐倉俱置大使副使各一員。

《國榷》卷二九　丙寅，河南同知呂達爲知府。

遷太原平陽各屬預備倉入城。

戊辰，免彰德去年田租七千八百餘石。

右軍都督僉事陳友牧馬東安等縣，俱瘠弱，下獄，降都指揮使，協守倒馬關。

己巳，敕工部尚書石璞同内官武良往山西會各官議措餉轉粟，或擺堡，或長運，從其可省。

庚午，瓦剌脱脱不花王貢馬。

賑大同饑。

《英宗實録》卷一九八　十二月，辛未朔陞陝西都指揮僉事后能爲都指揮同知，以殺獲番賊功。

《國榷》卷二九　辛未朔，停四川明年户口鹽鈔。

壬申，給事中程信等言：「昨長安左門外，見虜使在玉河橋左右奪馬，有騎馬欲直入長安左門。輦轂之下，尚敢恣肆，則狼心可見，乞該部嚴諭，及兵部并總兵等官練兵預備。」從之。

甲戌，令户部都察院各遣官覈蘇松常鎮等伏賦。

城良鄉縣，尋已之。

丁丑，彭山知縣黎顥爲嘉定知州。免河南及河間、瀋陽、大同三衛去年旱租四萬一千七百餘石，鈔四萬三千餘貫。

戊寅，給事中何陞、監察御史柳春，同左少監彭以德督運京糧于宣府。

四川參將署都督僉事劉深爲都督僉事，都指揮使徐海爲右軍都督僉事。

《英宗實録》卷一九八　己卯，置陝西西安府商縣道會司。

《國榷》卷二九　己卯，騰驤右衛前千户所軍餘劉潑兒前陷虜，侍駕回，至是以御衣白絹衫自陳，賜鈔千貫。

甲申，瓦剌進馬三百二十九匹，俱下駟，各給紵絲一，絹八。命有司逮逃匠三萬四千八百餘人。己丑，巡按浙江監察御史黄英請麗水縣之鮑村、瑞安縣之羅洋，增縣治巡司千户所，又宋高宗賜衍聖公孔玠衢州田五頃，奉廟祀，洪武間，王希達冒姓附籍，因得罪没入官，乞復給前田于孔氏，又洪武初，遣監生于各省丈量田，造魚鱗圖，郡縣各存册，世遠無考，明年例造册，宜如洪武法，事下户部，以立縣丈田，議行之。庚寅，撒馬兒罕地面等入貢。

《英宗實録》卷一九八　辛卯朝鮮國王李珦遣陪臣李純之進種馬五十匹賜宴賞如例。

《國榷》卷二九　壬辰，工部右侍郎趙榮爲左侍郎。總兵官武清侯石亨請選各營把總頭目，每營置都督一人，簡驍鋭，加其餉，每一萬爲一營，臣親督訓練，從之。

癸巳，敕鎮守陝西左副都御史劉廣衡往延安運綏德粟二萬石于保德，備偏頭關之餉。

《明史》卷一一《景帝紀》　丙申，復請明年正旦百官朝上皇于延安門。皆不許。

《明通鑒》卷二五　丙申，胡濙等復請「明年正旦令百官朝上皇于延安門」，不許，並諭「自今後正旦慶節皆免行。」給事中林聰欲上疏言之，同官葉盛止之曰：「今上孝弟，上皇盛德，兩宮帖然安静，若益以言，則涉衆易疑，恐無中生有，反爲非便。」聰乃止。御史盛杲目盛曰：「已不爲而又阻人爲之耶？」盛曰：「此大事，當孰慮。惟安與静，久長之道也。」

是冬，王來至靖州。賊掠長沙、寶慶、武岡，會梁珤、方瑛等連破貴州之賊，遂分道邀擊，俘斬三千餘人。賊魁韋同烈遁去，據興隆，復劫平越、清平諸衛。來與瑛邀擊，敗之。

《皇明資治通紀》卷一七　荆憲王請朝上皇，不許。

《國榷》卷二九　丁酉，徐州河淤，敕右僉都御史王竑治之。

己亥，給山西二萬金，分貧民糴種。

召商中鹽貴州。

《明通鑒》卷二五　是冬，王來至靖州。賊掠長沙、寶慶、武岡，會梁珤、方瑛等連破貴州之賊，遂分道邀擊，俘斬三千餘人。賊魁韋同烈遁去，據興隆，復劫平越、清平諸衛。來與瑛邀擊，敗之。

王驥既還，命總督南京機務。其冬，乞世券，予之。南畿軍素偷惰，驥至，以所馭軍法教之，于謙弗重也。朝廷以其舊臣，寵禮之。越二年，賜敕解任，奉朝請。

景泰二年（辛未、一四五一）

《英宗實録》卷二〇〇　春正月辛丑朔，帝詣奉先殿、上聖皇太后宫、皇太后宫行禮畢，出御奉天殿，受朝賀，大晏文武群臣及四夷朝使。朝鮮國王李珦遣陪臣趙石岡等貢方物，賜晏并綵幣表裏等物，仍命岡等齎綵幣表裏歸賜其王。

壬寅，大同總兵官定襄伯郭登奏：「大同極臨邊境，實爲要衝，達賊若來，首先受敵。臣身衰老，已成痼疾，兩眼昏花，不能操練軍馬，都督石彪年力精壯，智勇兼備，且在邊有年，人情賊勢無不周知，宜令代臣鎮守大同。臣有男嵩，年已長成，願備帶刀宿衛之列，以圖補報。」帝曰：「大同虜寇往來之地，必得老將鎮守。郭登辭老，不允。嵩令充散騎舍人帶刀。」

辛亥，以大祀禮成，帝御奉天殿，大晏文武羣臣及四夷朝使。

《國榷》卷三〇　大計。布政使宋興、阮存，按察使王瑄、柯暹，參政柳芳、李瓘，參議羅恪、李棨、李源、張維，僉事王通，知府姚本、吴涯、王曼、富敬、郭瑾、陳勛、黄平俱免，餘黜七百三十餘人。

《明史》卷一一《景帝紀》　壬子，詔天下朝覲官當黜者運糧口外。

《明通鑒》卷二五　初，僧道三年一度，上即位，特詔停之。至是太監興安，以皇后旨度僧道五萬餘人。尚書于謙上言：「今四方多流徙之民，三邊缺戰守之士。度僧道太多，恐乖本末。」不報。

《國榷》卷三〇　乙卯，起復定州知州王約。

瓦剌脱脱不花王使臣忽禿不花爲都督同知，孛端兀馬兒、伯顔帖木兒俱爲都督僉事。

丙辰，大計拾遺，罷免四百八十四人，削籍十三人。詔客商輸金百八十，馬十五，量授雜秩。賑平陽、太原、大同。貴州湖廣總兵官保定伯梁珤擊苗賊于靖州，大破之。

辛酉，詔山西入覲官以太原糧輸威遠衛，山東入覲官以德州糧輸大同。賑廣昌靈丘縣饑。

乙丑，遺書脱脱不花王曰：「與可汗和好非一世，今宜各順天心，勿妄生事端傷好，歲使可一二，所遣止百十人，此朕與可汗之利也。」

〔二月〕庚午朔，鎮守延綏都督同知王禎爲右都督，協贊軍務右僉都御史馬恭爲右副都御史。

《明史》卷一一《景帝紀》　辛未，釋奠于先師孔子。

《明通鑒》卷二五　時衍聖公孔彦縉率子孫來京師，至國子監聽講，上嘉之。自後幸學，必先期召衍聖公，著爲令。

禮成，上至彝倫堂，升座，祭酒蕭鎡講《尚書》「天聰明」章，詞旨敷暢，上甚嘉之。

鎡代李時勉爲祭酒，去年以老疾辭。既得允，監丞鮑相率六館生連章乞留，報可，至是遂有嚮用意。

《國榷》卷三〇　廣西流賊三百餘人陷封川縣，殺指揮周智。

南京翰林院侍講學士周叙請復午朝，上大是之，下禮部求直言。

巡撫四川右僉都御史李匡以奉詔榜諭播州苗，乞給印，從之。

户科給事中李侃言：「禮部奏會試不分南北士，夫江北文樸，江南文蔚，故洪熙初楊士奇議南人十之六，北人十之四，似不可改。」刑部左侍郎羅綺亦以爲言，不允。

《英宗實録》卷二〇一　壬申，以幸太學禮成，國子監祭酒蕭鎡率諸生上表謝恩。帝御奉天門，賜襲衣鈔絹筵宴。故事幸太學賜講官紵絲羅衣各一襲，學官紵絲衣一襲，監生鈔五錠，是日特命講官增冠帶，監生增絹一匹。

《國榷》卷三〇　乙亥，南京刑部右侍郎鄭泰爲左侍郎，翰林院修撰劉儼爲侍講，行人程敬爲貴州道監察御史，監生姜約爲吏部稽勳司主事。

官兵進勦貴州之興隆、清平、平越。時韋同烈僞稱苗王，糾三萬衆屯興隆衛之三截洞，復攻平越、清平各衛，總督貴州湖廣軍務右都御史王來以總兵官保定伯梁珤發沅江東路，都督方瑛自西路，會于興隆，擊賊敗之。賊退據香罏山。

壬午，敕山東左參政王聰、按察僉事王琬濬沙灣運河。

甲申，南京雷震，損大報恩寺塔，少保兵部尚書于謙以災異引咎，且請南京録囚，緩度僧。上從之，惟度僧如故。

《明史》卷一一《景帝紀》　辛卯，以星變修省，詔廷臣條議寬恤諸政。

《國榷》卷三〇　壬辰，琉球國入貢。

《明史》卷一一《景帝紀》　癸巳，詔畿内及山東巡撫官舉廉能吏專司勸農，授民荒田，貸牛種。

《英宗實録》卷二〇一　乙未，廣西左副總兵都督僉事武毅等奏：「廣西桂林等七府地方荒遠，堡分巡司多在萬山之中，緣按察司舊例設有桂林、蒼梧、左江、右江四道，分巡官四員，又有巡察邊務副使一員，宜令巡察并分巡官往來，提督官軍操練，遇賊相機勦殺及糾察賣放隱占軍士等項之人。又按察司既有分巡官四員，布政司亦宜添堂上官二員，每員分管二道，與按察司官協同整理邊務。」從之。

《國榷》卷三〇　出五千金給宣府、大同屯卒具牛種。瘞都門暴骸。

戊戌，復盧彰宣化知縣，食正六品俸。

《明通鑑》卷二五　是月，吏部郎中李賢上《正本十策》，曰：勤聖學，顧箴警，戒嗜慾，絶玩好，慎舉錯，崇節儉，畏天變，勉貴近，振士風，結民心。上善之，命翰林寫置左右備省覽。尋又陳車戰火器之利，亦見採納。

《英宗實録》卷二〇二　三月庚子朔，遣官祭西海河瀆、媧皇、帝堯、帝舜、商湯王、中鎮霍山、白彪山、馬跑泉、晉祠聖母之神凡九處，以山西地方久旱也。減四川永寧宣撫司税課局、鈔本局原額歲解鈔一萬三千有奇。比因苗賊生發，客商路阻，景泰元年總計所收鈔僅三千八百八十餘貫，四川布政司以聞，事下户部，議以二年鈔宜如元年數減徵，俟盜寧商通之時仍舊，從之。

丙午，徙山西蔚州平頂巡檢司於林關口，興寧口巡檢司於松子口，吴峪巡檢司於三澗口，從署都指揮僉事趙瑜言也。增設河南按察司巡河僉事，從尚書石璞言，初設參議，更歷不同故也。

《國榷》卷三〇　丙午，太僕寺卿吴敬致仕。

壬子，瓦剌使回，敕也先曰：「蘇克帖木兒等至，具悉和好，所欲遣使，朕再四思之，前細人取怨于太師，今懲前弊，不復遣。所索把哈孛羅，俟貴州回付之，我國人在太師處，亦宜遣還，副其父母妻子之望。」

辛酉，起復山東按察副使王亮，改山西。

癸亥，下第貢士及監生願就教者，試而授之。

〔四月〕己巳朔，免肅州衛屯租。

《英宗實録》卷二〇三　辛未，琉球國中山王尚思達遣使臣亞間美等奉表來朝貢馬及方物，賜宴并賜綵幣表裏絹鈔有差。

丙子，朝鮮國王李珦遣陪臣韓確等來朝貢馬，賜宴并綵幣表裏絹布等物有差。度天下道士二千人。

《國榷》卷三〇　己卯，訓導齊詔爲河南道監察御史。

奉御單增下錦衣獄。增恃寵，居從擬於王公，朝士或拂其意，輒詈辱之，占田奪税，科道交劾。

庚辰，免武岡州新寧縣荒租。

《英宗實録》卷二〇三　壬午，設河南開封府項城縣南頓巡檢司，革祥符縣河清巡檢司，從同知郝祥言也。

《國榷》卷三〇　監察御史韓雍、兵部署郎中項忠俱爲廣東按察副使。

始榷江西湖口、湖廣金沙洲船鈔。

癸未，定易州援紫荊關，真定、保定援倒馬關、居庸關、白羊口，京師援天壽山、黄花鎮。又都指揮以三千騎總備。游擊將軍石彪則援雁門關。俱從兵部分署。

《明史》卷一一《景帝紀》 乙酉，梁珤、王來等破平越苗，獻俘京師。

《明通鑑》卷二五 先是珤自沅州進兵，與都督方瑛破賊于興澤。賊退保香爐山，山陡絶，瑛與都督毛勝、陳友三道進，珤與來大軍繼之，先後破三百餘寨，會師香爐山下，發礮轟崖口，聲動地。賊黨懼，縛同烈並賊將五十八人降，餘悉解散，俘同烈等獻京師，遂分兵共勦都勻、草塘諸賊，賊皆望風具牛酒迎降。捷聞，詔班師，留珤、來鎮撫。尋命來兼巡撫貴州。

時因黔、楚用兵，暫行鬻爵例，至是來奏稱：「寇賊稍寧，惟平越、都勻等四衛之餉，請召商中鹽，罷納米例。」從之。

初，貴州苗未平，吏部侍郎何文淵議罷二司，專設都司，以大將鎮之。尚書于謙不可，曰：「不設二司，是棄之也。」議乃寢。

《國榷》卷三〇 己丑，廣西蠻攻賓州，敕廣東左副總兵右都督董興等援之。

庚寅，蠲武昌歲辦杉木皮藥等物。

壬辰，襄王瞻墡乞御註《洪範》、《大全》等書，予之，《古琴》闕。

《明史》卷一一《景帝紀》 甲午，瓦剌寇宣府馬營，敕遊擊將軍石彪等巡邊。

《明通鑑》卷二五 用尚書于謙議也。

初，楊洪自獨石入衛，額森内犯，所過八城俱殘毁。衆議欲棄之，謙曰：「棄之則不但宣府、懷來難守，京師亦且動摇。」乃薦安，授以方略，使率輕騎出龍門關據之，募民屯田，且戰且守，八城遂復。

《國榷》卷三〇 〔五月〕戊戌朔，建州右衛都指揮僉事佟火你爲都指揮使。

《明史》卷一一《景帝紀》 乙巳，城固原。

《國榷》卷三〇 修固原州廢城，調西安等衛兵戍之。

《明通鑑》卷二五 固原本守禦千户所，至是以故原州城置所，尋升爲衛。

上皇既歸，衛喇特托克托布哈及額森仍循歲貢，上皇所亦别有獻。上意欲絶衛喇特，不復報使，額森以爲請。尚書王直、金濂、胡濙等，皆言「絶之恐起釁」，上曰：「遣使有前事，適以滋釁耳。曩入寇時，豈無使邪？」因敕額森曰：「前者使往，小人言語短長，遂致失好。朕今不復遣，而太師請之，甚無謂也。太師使來，朕皆優禮厚給之。顧亦須少人，賞賚乃得從厚。」

至是托克托布哈使又至，送還所掠招撫使高能等。直等復請報之，上曰：「使臣不遣，朕志已定。」乃禮其使而以書報之。

《國榷》卷三〇 丁未，太子太保吏部尚書王直等言：「北虜又乞遣使人，請求不得則慚，再不得則憤而争，今虜請再矣，其若之何？」上曰：「正統間使通虜，幾危宗社，朕方思絶虜，卿等第謀所以富强雪恥，稱朕意焉。」

《英宗實録》卷二〇四 庚戌，建上林苑監于文德坊，至河橋之西。

《國榷》卷三〇 辛亥，止今歲各巡撫官赴京議事。

太子太保户部尚書金濂言：「虜請遣使，拒之且生釁，昔漢高帝以三十萬衆困于平城，可鑒。」上曰：「使毋往，朕志定矣，平城事非所宜言。」

癸丑，左都督汪泉占田萬六千三百三十餘頃，俱給主。

增宣府驍兵月餉。

《英宗實録》卷二〇四 甲寅，設山東萊陽縣馬山埠巡檢司，置巡檢一員。

《國榷》卷三〇 甲寅，昌平侯楊洪爲鎮朔大將軍總兵官，從子都督僉事能爲都督同知左參將，俱鎮守宣府。都指揮使信爲都督僉事右參將，提督懷來、永寧等處守備。

戊午，昌平侯楊洪製連環萬弩牌。

《英宗實録》卷二〇四 己未，革直隸淮安府滿浦、淮安、南鎮三壩官。

《國榷》卷三〇 命山西布、按二司各遣官遞赴宣、大收糧。

《英宗實録》卷二〇四 庚申，設易州紫荊新城倉，置大使一員。

《國榷》卷三〇 庚申，賜脱脱不花王書曰：「朕自祖宗以來，四裔來朝，並加恩待，初不遣使至彼，以此和好可久保全。比歲可汗、太師累使朝貢，朝廷嘉厥款誠，頻使還答。小人言語短長，傷和好，兩國人民咸罹災害，此亦朕與可汗所共知也。以天之靈，要約如故，朕與可汗，可不思所以終保之。使至業厚宴勞，所賜可汗若可汗妃，有金銀及金銀器皿、織金蟒服文綺等物，即付領去，自今但可汗使來，朕終始善視，決不食言。」

丁卯，定雷家站中鹽例。

停南京各衛去年屯租。

〔六月〕戊辰朔，敕巡撫山東河南右副都御史洪英、右副都御史王暹修治臨清、徐州決隄通漕。安南入貢。免武岡州課鈔，命内官監作偏廂車千輛。

己巳，左都御史沈固致仕。

應天府尹李敏爲户部右侍郎，巡撫江南，代周忱，勑其忱法果便于官民，毋輕易，但痛革作奸者。忱有心計，管利權二十二年，因事補救，嘗上計，道徵膠若干，請液内府敗革，俟新輸之。正統末，責明光鎧甲甚急，忱浮以錫，立辦。其機應類此。忱去後，吴中歲潦，饑民垂死，猶曰：「安得周使君生我乎？」

初，忱所積餘米，一切供辦資焉，故官裕而民不擾。至户部籍羡爲額，由是徵需雜出，民不堪命。

庚午，吏部郎中李賢言：「火鎗戰車，備邊莫善于此。」兵部覆其便，從之。

壬申，召商中鹽大同右衛。

免肅州衛去年屯糧。

乙亥，給貴州衛所襲職道餉。

中書舍人江陰徐頤父事王振得官，恣横，至是下獄削籍。

仍戍廣東兵二千五百人于廣西。青州故齊王廢邸災。

《明史》卷一一《景帝紀》　己卯，詔貴州各衛修舉屯田。

《英宗實録》卷二〇五　甲申，遣工部右侍郎張敏、左通政樂惲、侍講學士劉鉉分祭東嶽泰山、濟瀆及金龍口黄河之神，以河決及漕渠水淺也。

《國榷》卷三〇　戊子，詔安南以上皇還京。

丙申，趣總兵官都督僉事徐恭及右僉都御史王竑亟漕。

《明通鑒》卷二五　是夏，復命昌平侯楊洪鎮守宣府。

時宣府總兵官朱謙卒于鎮，復以命洪，並洪從子能、信充左、右參將。洪奏言：「臣既佩印充總兵官，而兄子能、信皆以都督同知僉事充參將，子俊亦以右都督督三千營，一門父子同握重兵，盛滿難居。乞賜臣休致，或調能等他鎮。」不許。居數月，以疾召還，又踰月卒。洪久居宣府，御軍嚴肅，士馬精强，爲一時邊將冠。

《國榷》卷三〇　〔七月〕丁酉朔，彭城伯張瑾縱蒼頭于河南西平等衛立莊田，詔宥瑾，戍蒼頭邊衛。

戊戌，給事中喬毅、行人童守宏諭祭故琉球國王尚思達，封其叔尚金福爲中山王。賑宣府及蔚州饑。

《英宗實録》卷二〇六　辛丑，設山東兖州府曹州陰陽學。

《國榷》卷三〇　癸卯，授于冕府軍前衛副千户，以武清侯石亨薦之。詔召見，尚書于謙言臣子宜嫌避，不聽。

丙午，禁僧道外游。

《明史》卷一一《景帝紀》　戊申，普定、永寧、畢節諸苗復叛。

《明通鑒》卷二五　詔梁珤留軍，會方瑛、王來等討之。

《國榷》卷三〇　時邊儲不足，許納粟補官。貴州大饑。左軍都督僉事過興爲都督同知。

《英宗實録》卷二〇六　壬子，革廣東瓊州府昌化、感恩、陵水，會同四縣河泊所，其歲課令各縣催徵。

《國榷》卷三〇　壬子，遣監察御史并户部官分覈遼東、永平、陝西、山西軍儲。

乙丑，西安旱，鳳陽、淮安水，俱損稼。

八月丙寅朔，賑如皋縣越巂衛饑。

丁卯，開封、濟南、東昌、興州左屯、廣寧、鐵嶺、三萬諸衛各大水。

己巳，禁私鹽。賜緬甸軍民宣慰使陰文金牌信符。

歲祭唐南霽雲于貴州，貴州按察使王憲言之。

甲戌，雲南布政司右參議甘敬賫表入京，言滇人盗礦，非臣所轄，宜增按察僉事提督，裁臣他用。上以玩盗下獄，贖還職。

丙子，免太平府田租之半，陝西夏税十之四，湖廣屯租十八萬八千四百七十石。

《明史》卷一一《景帝紀》　辛巳，復午朝。

《明通鑒》卷二五　從給事中葉盛請也。

《國榷》卷三〇　禁廣東、浙江、福建人私藏兵械。

丙戌，各關命户口食鹽，踰期三月，不赴場領者住支。

九月丙申朔，召商中鹽大同威遠衛及偏頭關。

甲辰，減濟寧、徐州管河主事三之一。

戊申，巡撫廣東户部左侍郎揭稽改兵部，仍巡撫，支從二品俸。

昌平侯楊洪卒。洪六合人，祖政，漢中百户。洪嗣官，調開平，累功都指揮。正統初，以都督守獨石，敗虜宣府大石門、寶昌州，捕虜阿台打刺花，斬首功二百。戊辰，封伯，禄千石，充總兵，鎮宣府。己巳，坐駕陷繫獄，出之，擊虜都門、涿州、紫荆，遂至固安，大捷，捕虜阿歸等四十八人，斬首四百八十，邀還俘掠人萬計，馬牛弓刀數萬，進侯，賜世券。久鎮宣府，號令嚴肅，善夜劫營，虜懾之。頗好文，立宣府儒學。追封潁國公，謚武襄，賜葬祭。

《英宗實録》卷二〇八　壬子，陞廣東道監察御史余儼爲都察院右僉都御史，專理清黄。撤馬毛兒罕回回阿力、火辛等來歸，命阿力爲鎮撫，火辛爲頭目，隸南京錦衣衛，賜白金綵幣表裏襲衣有差，仍命有司給房屋、床榻、器皿、牛羊、柴米等物。

乙卯，設直隸蕭縣趙家圍巡檢司，以其地屯軍多爲盜也。廣東電白縣立石驛爲賊所焚。

《明史》卷一一《景帝紀》　乙卯，禁諸司起復。

《國榷》卷三〇　乙卯，吏科給事中毛玉請令羣臣終喪，敦廉恥，消奔競。從之。

戊午，府軍前衛都指揮僉事孫繼宗私收閹者，戍閹者廣西，宥繼宗。

己未，免石城、平陽縣災租。

《英宗實録》卷二〇八　辛酉，革四川夔州府瞿塘關税課局，併其事於本府税課司帶管。

《明通鑑》卷二五　是秋，定襄伯郭登以疾召還。

先是登以老疾乞休，舉石彪自代，且請令其子嵩宿衛。上以嵩爲散騎舍人，不聽登辭。是時邊患稍息，登悉心措置，思得公廉有爲者與俱，遂劾奏沈固廢事，而薦布政使年富。上遂命富以右副都御史巡撫大同，召固還。

浙、閩盜平。

初，閩賊吴金八等流劫青田諸縣，詔副都御史軒輗會兵部侍郎孫原貞討平之。原貞復進兵擣處州賊巢，斬賊首陶得二，招撫三千六百餘人，追還被掠男女。捷聞，璽書奬勵。原貞請奔喪，踰月還，分兵勦平餘寇，奏請析瑞安地增置泰順，析麗水、青田二縣地置雲和、宣平、景寧，凡四邑皆建官置戍，盜患遂息。輗亦以防禦閩寇有功，至是皆進秩一等。

《英宗實録》卷二〇九　〔十月〕丁卯，革山西朔州小堡子村巡檢司，以毁於兵火又不臨要害也。

壬申，減巡河監察御史二員，罷南京捕盜監察御史。

《國榷》卷三〇　乙亥，初，巡按江西監察御史周鑑裁閣臣陳循之墓訟，循摘鑑諸不法，命御史王豪廉之，多虚，遂劾循誣罔，循復疏豪黨護，下法司。

丙子，苗賊掠武岡、靖州及通道等縣，命總督右都御史王來、總兵官保定伯梁珤討之。

太醫院醫士張鐸言：「京商税重，如紵絲一至三百五十貫，布一亦三百五十貫，他物皆然。」上是之，下户部更定價税，紵絲每匹毋過七十五貫，他物稱是。

《英宗實録》卷二〇九　戊寅，南京兵部車駕清吏司主事一員，先以例省，至是本部尚書徐琦言本司事繁官少宜復置，從之。

《國榷》卷三〇　甲申，中書舍人何觀言吏部尚書王直、禮部尚書胡濙等宿猾宜斥。又請安置虜使于南陲，以絶往來。語多誕妄，科道交劾，下錦衣獄，謫湖廣九溪衛經歷。吏科都給事中毛玉草奏，言觀誣陷大臣，擅開邊釁，宜罪觀。兵科都給事中葉盛請更所草，玉曰：「上怒甚，不可更。」盛堅爲請，且曰：「王振、馬順小人也。劉球之死，天下尚爲口實，況吾儕乎！」因取筆抹其首尾數語，玉竟不更。奏入，下觀錦衣獄。

乙酉，建州等衛女直都督李滿住、董山等自正統己巳竊掠，左都御史王翺遣指揮王武、經歷佟成招之，至是稍歸俘掠，身入貢謝罪。命罪人輸粟赤城等邊堡。

丙戌，瓦剌使臣皮兒馬黑麻等千六百五十三人來朝，貢馬三千三百六十二匹。命各學教官諸生俸廩俱全支。

析沙縣之浮流，立永安縣。設沙縣、永安、尤溪、龍巖四千户所。

塞野狐嶺，另置關新開口，列臺通虜使，從户部右侍郎劉璉之言。

《明史》卷一一《景帝紀》　己丑，免山西被災税糧。

《明通鑑》卷二五　是月，鎮守山西都御史羅通召還，仍贊京營軍務，命巡撫山西朱鑑兼領其事。

廣通王徽煠，陽宗王徽焟，以謀逆廢爲庶人。

徽煠、徽焟，岷王楩之庶子也。岷王薨，次子徽煣嗣位。徽煠有勇力，家人段友洪，以技術見寵，與致仕後軍都事干利賓，言徽煠有異相，當王天下，遂謀亂。作僞敕，分遣友洪及蒙能、陳添有等，誘諸苗以銀印金幣，使發兵攻武岡，苗首楊文伯等不敢受。事覺，友洪爲徽煣所執。都御史李實以聞，詔徵徽煠入京師。會湖廣總督王來、保定伯總兵官梁珤復發徽焟通謀狀，亦徵入，並除爵，幽高牆。

時蒙能方率苗兵至武岡，聞事敗，叛入廣西，遂結生苗作亂。

《英宗實録》卷二一〇　〔十一月〕乙未朔，欽天監進明年大統曆。帝御奉天殿受之，賜給諸王及文武羣臣，頒行天下。

《國榷》卷三〇　壬寅，召游擊將軍都督僉事石彪旋師。

豐城侯李賢卒。賢字嗣爵，正統丁巳，鎮大同。庚申，守備南京，多廢事，不能馭下。成化初，贈豐國公，謚忠憲。

《英宗實録》卷二一〇　甲辰，貴州平越衛税課司言，正統十四年以來苗賊蜂起，商賈不通，各年課鈔無從辦納，請移文貴州布政司勘實除豁。從之。

《國榷》卷三〇　丙午，四川筠連高珙初以茶惡改鈔，至是巡撫左僉都御史李匡從民便，仍徵茶，并及烏蒙軍民府。

召鎮守山西左副都御史羅通提督三千營訓練，命鎮守雁門關右副都御史朱鑑兼領山西。大同右衛千户石鐸改京衛。

庚戌，定嘉、湖田畝税糧二斗，絲綿三兩，餘視其腴瘠增減。時丈田，禁分户。停明年市茶四川。

壬子，詔傳明年度僧道，于是僧道赴京者數萬人，兵科給事中鄭林乞盡逐還。從之。

《英宗實録》卷二一〇　辛酉，革成都府保縣儒學，以巡撫僉都御史李匡等言其邑小民夷不堪教育故也。

《國榷》卷三〇　壬戌，内官李琮下獄。琮徵廣通王徽煠，道横脅賂，駙馬都尉焦敬奏之，琮亦訐敬受賂，命宥琮，并敬不問。

《英宗實録》卷二一一　〔十一月〕乙丑朔，命中都留守司及鳳陽府每歲專委堂上官一員，巡視皇陵樹林，治盗伐者罪，從副留守徐景璜奏也。

戊辰，設陝西革州石家坡巡檢司，以其地近銀礦，逃民多聚採故也。

《國榷》卷三〇　庚午，户部郎中李秉爲右僉都御史，參贊宣府軍務兼總督糧儲，召劉璉還。敕鎮守松潘左侍郎羅綺，以舊威州保縣通道，内官陳涓已奏其不可，或有他徑，爾其計之。

壬申，免西安等屯租十四萬三千五百八十餘石。

禮部乙通使瓦剌，不許。

丙子，禮部以瓦剌貢馬分三則給絹段，使臣察占謂其薄，不受。上曰：「不足校，即下下馬，悉視下馬賞之。」

少保兵部尚書于謙辭總督軍務，不允。令羅通協贊提督。

辛巳，治居庸關南北餉道。

丙戌，南京户部左侍郎張鳳爲尚書，廣東按察副使韓雍爲右僉都御史，巡撫江西。

瓦剌使臣右都督皮兒馬黑麻爲左都督，都督僉事察占哈只、阿力俱爲都督同知。召還鎮守陝西興安侯徐亨。兵部議選官軍十萬，分五營團操，每隊五十人，兩隊置領隊官，千人把總官，三五千人置把總都指揮。虜恃弓馬，知我火器一發不即裝，即馳突，今陣外列鹿角待敵，先火藥爆伏詐之，謂藥盡來攻，則火銃砲、飛槍、火箭、弓矢俱發，又大將軍繼之，待敵勢動，騎則長槍弓弩，步則圓牌短刀，此練武之略也。上從之。丁亥，應城伯孫傑卒。

《明史》卷一一《景帝紀》　庚寅，禮部左侍郎王一寧、祭酒蕭兼翰林學士，直文淵閣，預機務。

《國榷》卷三〇　兵部右侍郎鄒幹調禮部，兵部右侍郎李賢兼清理軍職貼黄，參贊宣府軍務右僉都御史李秉兼督屯種。初，宣府被掠牛盡，命官市牛萬五千隻給軍民，又人給銀六錢市穀種。户部左侍郎劉璉致仕。

壬辰，户部尚書兼翰林學士陳循爲少保兼文淵閣大學士，工部尚書兼翰林院學士高穀爲少保兼東閣大學士。

瓦剌太師也先弑其主脱脱不花。脱脱不花妻，也先姊，生子，也先欲立爲太子，不從。也先亦疑其通中國，遂治兵相攻，脱脱不花敗走，依兀良哈，追殺之。也先盡收其妻子。

《明通鑑》卷二五　于謙上言：「額森雖悔過摅誠，而上皇之仇，至今未雪。今其君臣自相仇殺，是天授我復仇之機。臣請統京營軍馬，分往宣府、大同，以除邊患而雪國恥。」上不許。

是月，初，徐珵創南遷議，爲内廷訕笑，久不遷。而珵急意進取，因自結于循，遺之玉帶，且用星術言「公帶將玉矣」。至是循果加少保，大喜，因屢薦之。而是時用人多決于少保于謙，珵屬謙門下士游説，求爲國子祭酒。謙爲言于上，上曰：「此議南遷徐珵耶？爲人傾危，將壞諸生心術。」珵不知，以爲謙之沮已也，益銜之。循因勸珵更名，自是遂名有貞。踰年，遷諭德。

《英宗實録》卷二一一　正旦遣官祭長陵、獻陵、景陵。遣太常寺官祭五祀之神。遣旗手衛官祭旗纛之神。

《明通鑑》卷二五　〔是歲〕，巡撫南畿工部尚書周忱致仕。

忱秩滿，由户部侍郎進尚書，尋以江西人例不官户部，乃改工部，仍巡撫。忱撫江南，經理財賦，耗羨充盈，于是益務廣大，修葺廨舍學校、先賢祠墓、橋梁、道路及崇飾寺觀，贈遺中朝官，資給過客，無少吝惜，胥吏漁蠹其中，亦不甚訾省，以是屢召人言。正統中，給事李素等劾忱「妄意變更，專擅科斂」，已而奸民持其短長，輒以多徵耗米爲詞。上即位之初，户部請遣御史稽覈，踰年，遂召忱還。忱乃自陳：「臣未任事之先，諸郡税糧，無歲不逋。自臣莅任，設法劃弊，節省浮費，于是歲無逋租，更積贏羨。凡向之公用所須，科取諸民者，悉于餘米隨時支給。或振貸未還，遇赦宥免，或未估時值，低昂不一。緣奉宣宗皇帝及太上皇敕諭，許臣便宜行事，以此支用不復具聞，以致部民訐奏，户部遣官追徵。實臣出納不謹，請治臣罪。」上素知忱賢，大臣亦多保持之，但令致仕去。

然當時理財者，無出忱右。其治以愛民爲本，其所弛張變通，皆可爲後世法。諸府餘米，數多至不可校，公私饒足，施及外郡。頻年江北饑，都御史王竑從忱貸米三萬石，忱爲計至來年麥熟，以十萬石畀之。性機警，錢穀鉅萬，一屈指無遺算。

忱既被劾，上命李敏代之，敕無輕易忱法。然自是户部括所積餘米爲公賦，儲備蕭然。其後吴大饑，道殣相望，課逋如故，民益思忱不已，即生祠處處祀之。越二年卒，謚文襄。

景泰三年（壬申、一四五二）

《英宗實録》卷二一二　正月乙未朔，帝詣奉先殿、上聖皇太后、皇太后宫行禮畢，出御奉天殿，受朝賀，大宴文武群臣及四夷朝使。

《國榷》卷三〇　辛丑，許勳臣禄米麥兼支。初支米鈔，仁宗時兼米麥，近仍支米鈔。

罷納粟補官。

蠲順德府災租萬九千三十餘石。

壬寅，貴州都指揮張任爲參將，總督守備貴州。

分福建備倭軍船五哨：烽火門、小埕澳、南日山、浯嶼、西門澳。

總督邊務參贊軍務右僉都御史李秉，請汰軍士屯田近郭。從之。

《明史》卷一一《景帝紀》　丙午，大祀天地於南郊。

《國榷》卷三〇　蠲廣東屯租。

戊申，故都督吕毅子瑛先聘指揮使葛覃妹，瑛調山海衛，娶千户俞勝女。其葛氏年踰三十，字南京千户劉昱，生子女。瑛還爭之，法司令歸瑛。南京兵部尚書靖遠伯王驥請年久不回聽改嫁。從之。

己酉，都督僉事郭瑛、署都督僉事崔福帶刀宿衛。

庚戌，仁廟賢妃李氏薨。

壬子，蠲廣平逃租二萬二千四百五十石。駙馬都尉石璟使湖廣，販鹽，下臺獄削籍。

甲寅，軍官尅減糧賞者，俱革職役官。

丙辰，報瓦剌脱脱不花曰：「前請答使，已書報，恐小人煩言結怨，亦瓦剌之大不便也。自今使來朝貢者聽，然亦須人少，賞賜乃得厚。漢人在瓦剌者，後使俱帶至，重賞不吝。」時聞脱脱不花與也先仇殺。

《昭代典則》卷一六　于謙、石亨請討虜。不許。

《國榷》卷三〇　廣東流賊陷石康縣。

逮致仕户部左侍郎劉璉。時巡按監察御史鄭韶、户部郎中汪滸劾其盜餉，例戍，上念其在邊久，宥致仕。

築海鹽縣石塘。

《英宗實録》卷二一二　辛酉，設隆慶州倉，置大使一員。

《國榷》卷三〇　紫荆關守備都督同知顧興祖、小龍門守備署都指揮僉事周晟受部曲賂，俱下獄，命左軍右都督陶瑾、署都指揮同知劉全代之。

（二月）乙丑朔，巡撫直隸監察御史朱驥下獄。

丁卯，作馳房于鄭村壩。

己巳，募商中鹽獨石馬營。

《英宗實録》卷二一三　庚午，遣順天府官祭宋丞相文天祥。

《國榷》卷三〇　浦城縣丞何俊爲知縣。

壬申，吏部左侍郎翰林院學士江淵以京師久雨雪請告災肆赦，向詔蠲景泰二年税糧三分，今又追徵，失信。上是之。于是録囚，末減者衆。

己卯，敕廣西左副總兵都督僉事武毅、提督軍務刑部右侍郎李棠會廣東右副總兵都督董興兵千五百人，勦梧州及茂名大藤等賊。增山東布、按二司官各一，理餉遼東，山東布、按二司官各一，理餉宣府。蠲海州元年災租二萬三千七百八十石。

《英宗實録》卷二一三　瓦剌太師也先遣使齎奏來言，其故父奪治阿魯台部落，以可汗虛位，乃扶脱脱不花王立之。也先姊爲其正室，有子不立爲太子，而欲以别妻之子立之。也先言之，不從，乃起兵來攻也先，中道而返。于是也先追與之戰，敗之，脱脱不花王領其下十人遁。也先盡收其妻妾太子人民，遣人報喜，并獻馬二匹。命宴其使，賜鈔幣等物有差。

癸未，設湖廣武岡州蓼溪、石門、紫陽三巡檢司，命老人曾真、鄧璉、總甲唐亮等三人俱爲副巡檢。

《國榷》卷三〇　癸未，考輟朝例。禮部言：「諸司職掌，公侯故輟朝三日，都督至都指揮故輟朝二日，公侯外故輟一日，櫬還京仍輟三日，其親王、公主、郡主薨，輟朝俱特旨。永樂間，伊王薨輟十日，素服西角門，永安公主薨，輟四日。」命今後禮如永樂例。募民遼東運米千石于開原，海州運千石于鐵嶺衛，俱賜冠帶。

《明史》卷一一《景帝紀》　乙酉，副都御史劉廣衡録南京囚。

《明通鑑》卷二六　京師久雨雪。學士江淵上言：「漢劉向曰：『凡雨，陰也，雪又雨之陰也。』仲春少陽用事，而寒氣脅之，占法謂人君刑法暴濫之象。陛下恩威溥洽，未嘗不赦過宥罪，竊恐有司奉行無狀，冤抑或有未伸。且向者下明詔，免景泰二年田租之三，今復移檄追徵，是朝廷自失大信于民，怨氣鬱結，良由此也。」上乃令法司申冤濫，並詰户部違詔事。

初，洪、永間，秋糧輸米有折收銀布者，夏稅輸麥有折收絲絹者，上即位，詔免二年稅糧十之三。時尚書金濂掌户部，檄有司但減米麥，其銀、布、絲、絹徵如故。至是淵言之，濂上書自辯。給事中李侃等，請追問有司奉何明文。濂恐事敗，乃言：「銀、布、絲、絹，詔書未載。今國家多用，若概免，國計何資？」于是科道交章劾濂，並發其爲生員時出妻及按福建不發母喪諸陰事。上欲宥之，而言者力争不已，戊子，詔下濂都察院獄。三日，釋之，削太子太保，調工部。越月，吏部尚書何文淵，言「理財非濂不可」，遂復還户部。

《國榷》卷三〇　以宣府萬億庫雜物賑宣府。

《國榷》卷三〇　湖廣貴州臻部五岔等處苗叛，命總督軍務右都御史王來、總兵官保定伯梁瑶會巡撫四川左僉都御史李匡等勦撫。

壬辰，釋金濂，裁太子太保。

《昭代典則》卷一六　召左都御史王翶掌院事。

《明通鑑》卷二六　是月，進江淵吏部侍郎，蕭鎡户部侍郎。

《國榷》卷三〇　〔三月〕甲午朔，許雲南文職土流官納粟普定衛馳封。

《英宗實録》卷二一三　戊戌，陞兵科都給事中葉盛爲山西布政司右參政，吏科左給事中程信爲山東布政司右參政，刑部郎中章繪爲山西按察司副使，署郎中事主事楊鏞爲山東按察司副使。先是，户部言萬全、遼東二都司倉糧俱軍衛管轄，奸弊日滋，乞添設山西、山東、布按二司官各一員分督邊儲，吏部舉盛等堪任，故陞用之。

《國榷》卷三〇　辛丑，琉球入貢。

定六科叙監察御史上。令親王自今節外毋飲諸守臣。

甲辰，命錦衣衛指揮僉事畢旺偵事京師。

《英宗實録》卷二一四　丁未，設浙江安吉州松坑口巡檢司。

癸丑，設直隸鳳陽府霍丘縣開順鎮巡檢司。

《明通鑑》卷二六　是月，遣刑部侍郎耿九疇巡撫陝西。

先是召王翶、陳鎰還，尋以九疇代之，又遣僉都御史王竑巡撫淮、揚、廬三府，徐、和二州，代九疇也。竑時奉詔督理漕運，遂就命之，並兼理兩淮鹽課。

初，王振之亂，馬順既誅，廷臣因極言官校緝事之弊，上切責其長，令所緝悉送法司，官校稍稍斂戢。及是上欲陰察外事，乃命指揮同知畢旺專司偵訪，自此錦衣衛官復漸用事。

《英宗實録》卷二一五　〔四月〕甲子朔，帝享太廟。

《明通鑑》卷二六　賜文淵閣諸臣陳循、高穀白金各百兩，江淵、王一寧、蕭鎡，商輅半之。

上自即位後，久欲易皇太子，以己子見濟代之，而難于發言，遲迴久之。太監王誠、舒良爲上謀，先賜閣臣以緘其口，然猶未發也。

《國榷》卷三〇　乙丑，户科都給事中李侃等劾中軍都督僉事石彪蒼頭占慶都民田，命覈還之，仍通戒勳戚大臣。

户科給事中李錫言，光禄寺錢料殊少，乞停四月八日、午節等宴賜。上以舊制，不允。

《英宗實録》卷二一五　丙子，遷河南原武縣治。先是，黄河决，縣治城垣學舍俱淪没。古巷縣址去舊治十餘里，地頭高爽，仍遷於其處，從巡撫河南右副都御史王暹奏請也。

己卯，設順天府涿州陸樊倉、宛平縣齋堂倉，各銓官，鑄印記。

庚辰，革江西袁州府宜春縣黄圃税課司局，併其事於本縣。

《國榷》卷三〇 禁文職避軍匠竄籍置産在任或隣境規脱役者，廣西按察使王增祐言其詭。

《英宗實録》卷二一五 癸未，革山西太原府陽曲縣税課局。

《明通鑒》卷二六 廣西土目黄竑【略】倡易儲議以上。其略曰：「太祖百戰以取天下，期傳之萬世。往年上皇輕身禦寇，駕陷北塞，寇至都門，幾危社稷，不有皇上，臣民何歸？今且踰二年，皇儲未建。臣惟人心易摇，多言難定，争奪一萌，禍亂不息。皇上即循遜讓之美，欲全天叙之倫，恐事機叵測，反復靡常。萬一羽翼長養，權勢轉移，委愛子于他人，寄空名于大寶，階除之下，變爲寇讎，肘腋之間，自相殘蹙，此時悔之晚矣。乞與親信文武大臣密定大計，以一中外之心，絶覬覦之望。」疏入，上曰：「萬里之外，乃有此忠臣。」趣下廷臣議。

《國榷》卷三〇 乙酉，議易儲，禮部尚書胡濙、侍郎薩琦、鄒幹會羣臣議。

《明通鑒》卷二六 衆相顧莫敢發言，惟都給事中李侃、林聰、御史陳英以爲不可。太監興安厲聲曰：「此事不容已。即以爲不可者，勿署名，毋得首鼠持兩端。」羣臣皆唯唯。時文武諸臣議者九十一人，濙及陳循、王文首署名；吏部尚書王直有難色，循濡筆强之乃署。因上言：「陛下膺天明命，中興邦家。統緒之傳，宜歸皇子。黄竑奏是。」制曰：「可。禮部速具儀擇日以聞。」即日，簡置東宫官，悉以文武廷臣兼之。于是王直、胡濙俱太子太師，陳循、高穀、于謙俱太子太傅，進儀銘兵部尚書，與俞士悦、王翺、何文淵俱太子太保，蕭鎡、王一寧太子少師，商輅以兵部侍郎兼右春坊大學士。勳臣自陳懋、石亨以下亦兼官有差。

《國榷》卷三〇 丁亥，宫、孤俱兼二俸，王直等疏辭不允。

戊子，通政使李錫、大理寺卿蕭維楨、左副都御史羅通俱爲太子少保。仍設兩京飯堂。

《英宗實録》卷二一五 壬辰，衛指揮同知馬順子升爲世襲百户。裁省貴州永寧、鎮寧二州同知、判官各一員，以事簡故也。

《英宗實録》卷二一六 五月癸巳朔，貴州思南府奏：「本府四面皆山，大小關隘五處，無城可守，乞發附近土軍修築。」事下，工部覆奏，都御史王來處置，從之。以明日立太子，具香亭奉天門，有一人自外徑入，執紅棍擊香亭曰：「先打東方甲乙木。」内使執之，命付錦衣衛。

《國榷》卷三〇 爪哇國王巴剌武入貢。

設宣府諸處養濟院。

《明史》卷一一《景帝紀》 甲午，廢皇太子見深爲沂王，立皇子見濟爲皇太子。

《明通鑒》卷二六 詔曰：「天佑下民作之君，實遺安于四海；父有天下傳之子，斯固本于萬年。」大赦天下。命百官朔望朝太子，賞諸親王、公主及邊鎮文武内外羣臣有差。尋又賜諸閣臣陳循等黄金各五十兩。

東宫公、孤官皆兼支二俸。時王直受加等金幣賞，頓足歎曰：「此何等事，乃爲一蠻酋所壞！吾輩愧死矣。」同日，封上皇子見清榮王，見淳許王。

廢皇后汪氏，立太子母杭氏爲皇后。上之易太子也，獨汪后不可，曰：「如監國之稱何！」上不悦，后以太子杭氏生，請讓位，從之。

《國榷》卷三〇 乙未，大賚文武官吏諸生軍匠等。

《明史》卷一一《景帝紀》 丙申，築沙灣堤成。

《明通鑒》卷二六 河自正統十三年經由沙灣決口入海，運道日益淺澀，上即位，敕山東、河南巡撫都御史洪英、王暹協力合治，積數月無功。時議者謂「沙灣以南地高，水不得南入運河，請别引水以灌運」。甚者言「沙灣水湍急，投以石鐵，沖浮若羽，非人力可爲，請設齋醮符咒以禳之」。上心甚憂念，命〔石〕璞往治之，並加河神封號。璞至，濬渠自黑洋山至徐州以通漕，而沙灣決口如故。復遣中官黎賢、阮洛、御史彭誼助之，乃于沙灣築石隄以禦決河，開月河二，引水以益運河，且殺其決勢。至是河流漸微細，沙灣隄始成。

璞還朝，加太子太保。又于黑洋山、沙灣建河神二新廟，春秋致祭。

《英宗實録》卷二一六 丁酉，設河南汝陽縣真陽鎮巡檢司、雲南騰衝龍川江、鎮夷關二巡檢司。

《明史》卷一一《景帝紀》 辛丑，河南流民復業者，計口給食五年。

《明通鑒》卷二六 〔乙巳〕，授顔希惠、孟希文並翰林院《五經》博士，子孫世襲。

先是，命禮部取顔、孟子孫長而賢者各一人至京師，至是召見，皆官之。未幾，以希惠非適子，乃改官其兄子議。

《國榷》卷三〇 戊申，少保兼太子太傅兵部尚書于謙上古陣圖，命行習之。

辛亥，琉球國中山王尚金福入貢。

壬子，敕董卜韓胡宣慰司都指揮使克羅俄監粲所侵舊維州，仍還保縣。

〔六月〕甲子，作隆福寺，太監尚義、陳祥、陳謹，工部左侍郎趙榮董之。

《英宗實録》卷二一七　乙丑，命河南、山東布政司每歲春秋仲月擇日祭朝宗順正惠靈顯廣濟河伯之神於黑洋山、沙灣二新廟，從太子太保兼工部尚書石璞奏請也。

庚午，爪哇國使臣亞烈麥尚耿陛辭，命齎勑并紅織金蟒龍衣及紅銷金羅傘歸賜其國王巴剌武。

《國榷》卷三〇　庚午，永和知縣胡貞爲應州知州。

户科給事中白瑩言三事：減官員以省糧儲，折桑絹以甦民困，申舊典以優官員。從之。

壬申，初，木邦宣慰使罕蓋法乞麓川闌景綫之地，未報，而罕東兵輒據之，以聞，總兵官沐璘等諭以威德，割麓川之底麻予木邦，餘歸麓川。

《英宗實録》卷二一七　甲戌，先是有建言裁革添設管糧官者，廷議事有煩簡，當量爲去留。巡撫侍郎李敏以蘇、松、常三府事冗，擬留一員，户部覆奏，止存一員。從之。

《明史》卷一一《景帝紀》　乙亥，罷各省巡撫官入京議事。

《國榷》卷三〇　故事，巡撫歲八月入議政，至是俱留，特以其事聞。

《明通鑒》卷二六　初，巡撫之設，本無定員，有事則命之。宣德中，以關中、江南等處地大而要，命官更代，巡撫不復罷去。正統之末，南方盜起，北寇犯邊，于是内省偏隅偏置巡撫，以職兼兵事，多不便于武官，石亨等奏請罷之。而是時耿九疇以侍郎巡撫陝西，有言「侍郎出鎮，與巡按御史不相統，事多拘滯，又文移往來亦多窒礙難行」，遂以踰年復巡撫，並請改授憲職，凡出鎮者，皆授都御史或副都或僉都，著爲令。

《國榷》卷三〇　丁丑，安南入貢。

己卯，敕萬州土判官王琥專撫村洞黎人。

除洛陽縣荒租。

庚辰，許安南使臣謁太學。

辛巳，吏部稽勳郎中陳鈍、刑部郎中陳金頒詔朝鮮，行人司正李寛、行人郭仲南頒詔安南，各賜織金羅衣一襲。

禁福建沿海販琉球招寇。

癸未，鎮守浙江兵部右侍郎孫原貞爲尚書，仍鎮守浙江。

敕官吏故勘平人致死俱論死。給事中于泰言其非故殺，遂得貸。監察御史左鼎言官吏受賍深文，與故殺何異，先朝恩宥，皆不及此。上從之。

《英宗實録》卷二一七　甲申，朝鮮國王李珦遣陪臣李蓄等來朝貢海青，賜宴并賜金織襲衣綵段等物有差。仍命齎勑并綵段表裏歸賜珦，且勑之曰：「得奏先有被虜逃在王國人口，已行陸續解送遼東，此具見王忠敬朝廷之善。王自今尤當嚴戒守邊頭目，但係野人女直先通北虜犯邊後帶所搶人口逃在王國後門幹木河一帶地方藏躲者，務須盡數搜尋，或設法驅逐，或連被搶中國人口送赴遼東總兵官處支收，毋令因循潛住，浸爲彼此邊患。」

《國榷》卷三〇　戊子，申明鹽禁。

《英宗實録》卷二一八　秋七月壬辰朔，命給事中潘本愚、行人邊永爲正副使，往吊祭故占城國王摩訶貴來，并封其弟摩訶貴由爲占城國王。

《國榷》卷三〇　罷兩淮長蘆巡鹽御史，令撫按兼之。

癸巳，禁有司造軍器，貸民車船輸運。

《明史》卷一一《景帝紀》　乙未，左都御史王翺總督兩廣軍務。

《明通鑒》卷二六　兩廣苗寇相尋，積年不靖，總兵董興、武毅，推委不任事。尚書于謙請以翁信、陳旺易之，而特遣一大臣督軍務，乃薦都御史王翺。

《昭代典則》卷一六　鑾尋平。

《國榷》卷三〇　丙申，命京官俸鈔俱給銀，鈔五百貫給一金。

丁酉，命各處庫收置籍，如官去驗代。

庚子，巡撫四川右僉都御史李匡言：「董卜韓胡宣慰使還所侵雜谷安撫司及違思鑾長官司之地，尚據舊維州，貺臣銀罌金珀，求御製《大誥》、《周易》、《詩》、《書》、《小學》、《方輿勝覽》、《成都記》。昔唐吐番求《毛詩》、《春秋》，于休烈恐其愈生變詐，裴光庭謂忠信禮義皆從書出，玄宗從之。今董卜韓胡所求，與之便，惟《方輿勝覽》、《成都記》不可許。」上允之。虜入遼東小團山，署都指揮僉事任義戍邊。

《明史》卷一一《景帝紀》　壬寅，王一寧卒。

《明通鑒》卷二六　一寧之入閣也，以中官王誠輩嘗受業，私相援引，遂致顯達，士論薄之。

《國榷》卷三〇　甲辰，召顔、孟二氏嫡裔顔希惠、孟希文至京。

丙午，停開封及胙城、新平、西平科辦。猺賊入高州。

戊申，哈密貢玉石三萬三千五百餘斤，每斤絹一匹，行都司都督任禮言宜少抑其貪，禮部請邊關卻其疵碎。

丙辰，少保兼太子太傅户部尚書文淵閣大學士陳循等言九事。

朝鮮國王李珦卒。遣内官金興、金宥往祭，謚恭順，封世子弘暐朝鮮國王。

戊午，令山西布政、按察二司覈災民，毋虚報。

免肇慶災租五萬六千八百二十餘石。

命法司録囚。

《明通鑑》卷二六　是月，殺内監王瑶等。

時御用少監阮浪侍上皇于南宫，上皇賜浪鍍金繡袋及鍍金刀各一，浪以贈瑶。錦衣衛指揮盧忠者，憸人也，見瑶刀、袋異常製，醉瑶酒而竊之。遂令校尉李善上變，言「浪傳上皇命，以袋、刀結瑶，謀復位」。上怒，下浪、瑶詔獄，令忠證之。忠筮于術者仝寅，寅以大義折之，且曰：「此大凶兆，死不足贖。」忠懼，佯狂以冀免。内閣商輅及中官王誠言于上曰：「忠病風，無足信，不宜聽妄言傷大倫。」上意少解，乃並下忠獄，坐以他罪，謫廣西立功，瑶磔死。錮浪于獄，尋亦殺之。

《國榷》卷三〇　〔八月〕辛酉朔，都督同知衛穎范廣領左右哨，俱充右副總兵。

廣東都指揮僉事胡英等擊廣州等賊，斬千一百餘級，俘渠帥四十七人。

甲子，清河訓導唐學成言：「河決沙灣，臨清告涸，實由臨清至沙灣十二閘勢甚陡，其地卑築隄薄，故河決若建瓴而注也。宜開河外另穿月河，其本河令深廣直抵沙灣。」命山東巡撫及巡河御史等官相度。

《明史》卷一一《景帝紀》　乙酉，振南畿、河南、山東流民。

《國榷》卷三〇　戊子，真臘國入貢。

《英宗實録》卷二一九　己丑，哈密地面遣使臣揑列沙等，朶顔衛遣達子兀孫帖木兒，泰寧衛遣達子乞剳，貴州宣慰使司宣慰使安隴富遣舍人安克等來朝貢駝馬及方物，賜宴并賜綵幣表裏青紅布絹等物。哈密忠順王倒瓦答失里奏：「乞陞指揮揑列沙等職。」兵部議：「哈密世受國恩，不能思報，乃陽爲尊事朝廷，陰則交通北虜，漏洩事機，以構邊患。今雖服罪來朝，終是心懷譎詐，若又濫與陞職，則是恩加有罪，賞出無功，宜不允所奏，待其有功而後陞賞。」從之。

《國榷》卷三〇　〔九月〕庚寅朔，兵部郎中王偉爲右侍郎。

太子少師兼禮部左侍郎翰林院學士江淵喪母，許奔喪還任。

《明通鑑》卷二六　初，侍講學士倪謙遭喪，淵薦爲講官，謙遂奪哀。至是御史周文言：「淵之引謙，正自爲今日地，請并治謙，以爲營求奪情者戒。」上以事既處分，不問。詔：「自今後有官吏遭喪者，皆令依例守制，毋得濫保。」

《明史》卷一一《景帝紀》　乙未，振兩畿、山東、山西、福建、廣西、江西、遼東被災州縣。

《國榷》卷三〇　丙申，令河南山東馬匹徵十之四，餘俟明歲。

會昌伯孫忠卒。忠字主敬，鄒平人，貢太學。洪武己卯，任介休主簿，心恕法嚴，吏民從化，憂去，復補永城，民益愛之，赴天壽山陵工，進鴻臚寺序班。宣宗初，其女立后，以中軍都督僉事進封伯，禄千石。敦厚謙和，雖居戚里爵齒之尊，無矜色，嘗戒子孫曰：「成立之難如升天，覆墜之易如燎毛，爾曹當終身誦之。」年八十五，賜祭葬，贈會昌侯，謚康靖。天順初，加贈安國公，更謚恭憲。

癸卯，罷河南、山東災民一切不急之務及歲辦物料。

復松江管糧通判、華亭縣丞、主簿、上海縣丞各一。

丙午，免壺關縣田租三千四百石。

庚戌，敕總督漕運巡撫揚、廬、淮安、徐、和右僉都御史王竑兼巡撫鳳陽、滁州，仍理兩淮鹽課。開原屬夷來歸四百餘户，提督軍務左副都御史寇深議徙内地，凡來歸者皆如之。兵部恐沮來意，下深等酌定。

癸丑，琉球入貢。

丙辰，敕福建都指揮僉事王雄招撫海寇。

巡撫江西右僉都御史韓雍奏：「各郡支預備倉米二十三萬五千六百六石八斗六升，勸借穀三萬四千九百六十石六斗，賑民十五萬四千七百十九户，大小三十五萬六千六百八十八口。」

《明通鑑》卷二六　初，副都御史朱鑑請罷内官監軍，不省。已而山東布政使裴綸言：「山東既有巡撫，又設内官鎮守，有司供應，以一科十，實爲擾民。請下廷議，凡内地已有巡撫者，鎮守内官悉召還。」疏入，中官激上怒，責綸陳狀，綸伏罪乃已。

時臨洮同知田暘，聽選知縣單宇，陝西舉人段堅，工部辦事吏徐鎮，俱上言「請召還監軍鎮守中官」，詔以爲「祖宗舊制不可更」，皆不納。

南京軍匠餘丁華敏上言，極陳宦官之害。略曰：「近年以來，内官袁琦、唐受、喜寧、王振，專權害政，國事傾危。望陛下防微杜漸，總攬權綱，爲子孫萬世法。不然，恐禍稔蕭牆，曹節、侯覽之害，復見于今。臣雖賤陋，不勝痛哭流涕！謹以虐政害民十事，爲陛下痛切言之：内官家積金銀珠玉，動以萬計，原其所至，非内盜府藏，即下朘民膏，害一也；怙勢矜寵，占公侯邸舍，興作工役，勞擾軍民，害二也；家人外親，皆市井無賴，縱横豪悍，任意作奸，納粟補官，貴賤淆雜，害三也；建造佛寺，耗費不貲，營一己之私，破萬家之産，害四也；廣置田莊，不入糧税，寄户府縣，不受征徭，阡陌聯亘而民無立錐，害五也；家人中鹽，虚占引數，轉而售人，倍支巨萬，壞國家之法，奪商人之利，害六也；奏求塌房，邀接商旅，倚勢賒貨，恃强不償，行賈坐敝，莫敢誰何，害七也；賣放軍匠，俾辦月錢，致内府乏人，工役繁重，并力不足，害八也；家人貿置物料，所司畏懼，以一科十，虧官損民，害九也；監作所至，非法酷刑，軍匠塗炭，愁苦不堪，害十也。」事下禮部，寢不行。

時又有賈斌者，山西都司令史也，亦疏言宦官之害，引漢桓帝、唐文宗、宋徽、欽爲戒，輯《忠義集》四卷，採史傳所記直諫盡忠守節之士，而宦官恃寵蠹政可爲鑑戒者附焉，乞命工刊布。上雖報聞，仍飭禮部不必刊行。

《國榷》卷三〇 〔閏九月〕壬戌，户部上節用事宜，從之。

《明史》卷一一《景帝紀》 癸未，開處州銀場。

《明通鑑》卷二六 從浙民請也。

《國榷》卷三〇 甲子，禁擅調屯軍。

《英宗實録》卷二二一 丙寅，裁省浙江布、按二司並所屬府縣督屯管糧撫民僉事、副理、同、通判、縣丞等官二十一員。

《國榷》卷三〇 丙寅，亦力把力國入貢。初，不從也先犯邊，遂授使臣捨哈三等副千户。禁李實《奉使録》，巡按四川監察御史黄溥訐之。

丁卯，户科右給事中路壁言：「往者有覲官之罪，令運米大同，此權計也。明年又入覲，慮墨吏重斂，乞都察院預禁。」從之。

戊辰，泉、漳、延平、邵武復盗起，敕責鎮守巡按官。

癸酉，免宣府屯租三之一。

《明史》卷一一《景帝紀》 是月，福建盗起。

《國榷》卷三〇 〔十月〕乙未，貴州平越、都勾、普定、畢節闕餉，召商中鹽四川，納粟四衛。

《明通鑑》卷二六 戊戌，召左都御史王文入直文淵閣，預機務，大學士高穀薦也。

時内閣陳循最任事，好剛自用，穀與循不相能。會王一寧卒，請增置閣員。穀以文强悍，思引與共政以敵之，遂舉文，循亦舉其鄉人蕭維楨，而文得中官王誠助，遂詔用文。

《昭代典則》卷一六 王文與中官王誠結爲兄弟，謀入内閣，嘗私以語高穀。

《國榷》卷三〇 壬寅，太監阮簡、刑部尚書俞士悦同兵部尚書于謙閱各營軍士。

《英宗實録》卷二二二 甲寅，瓦剌太師也先遣使臣察占等來朝貢馬，且奏求中國使臣往來和好，詔曰：「正統年間，因遣使臣往來，以致宗社傾危，今只聽其自來朝貢，以禮待之可也。」仍勅沿邊總兵官操習士馬以防寇。

戊午，添除山西太原府保德州倉副使一員，從山西按察司副使葉德奏請也。

《國榷》卷三〇 戊午，征南總督王來還京。

《明通鑑》卷二六 梁珤以來功大，乞加旌異，都給事中蘇霖駁之，乃止。來還，在道，以貴州苗復叛，敕回師討之。踰年事平，召爲南京工部尚書。

《國榷》卷三〇 〔十一月〕己未朔，吉安、袁、瑞旱災，田租遞減有差。

《英宗實録》卷二二三 丁卯，革直隸東平府所屬榮州并昌黎、樂亭二縣三河泊所歲課，各令本州縣帶管，從提督軍務右僉都御史鄒來學奏請也。

《明通鑑》卷二六 戊辰，都督方瑛討貴州白石崖賊，俘斬二千五百人，招降四百六十寨。進左都督。

《國榷》卷三〇 己巳，上皇萬壽節，羣臣請朝延安門，不許。

兵科給事中劉清爲刑部右侍郎。

虜也先復遣使二千餘人入貢。

壬申，嚴京師盗禁。

兵部左侍郎翰林院學士兼左春坊大學士商輅乞户部遣官往大同、宣府、懷來、永寧等處派卒耕田，分兩番，六日耕，六日守。從之。免山東災租八十四萬三千六百餘石。

《明通鑑》卷二六 甲戌，安輯畿内及山東、山西逃民，復賦役五年。

《國榷》卷三〇 丁丑，少保兵部尚書于謙乞解總督軍務。不許。

己卯，許陝西罪人輸粟涼州納贖。

庚辰，大理寺右少卿張固捕盜山東。

禁鬻北使兵器。

《明史》卷一一《景帝紀》 是月，免山東及淮、徐水災稅糧。

《國榷》卷三〇 〔十二月〕庚寅，前軍都督僉事薛失蓮台改名忠。

壬辰，兵部左侍郎翰林院學士兼左春坊大學士商輅以江北、河南流民入濟寧、臨清被逐，請募墾畿內閒田。從之。

各道監察御史練綱等上八事：節糧儲，賞邊士，選將卒，畫長策，禮大臣，廣薦舉，禁違例，清刑獄。上從之。復敕內官黎賢、武良、工部左侍郎趙榮治沙灣。

《明史》卷一一《景帝紀》 癸巳，始立團營，太監阮讓、都督楊俊等分統之，聽于謙、石亨、太監劉永誠、曹吉祥節制。

《明通鑒》卷二六 初，京軍凡三大營：一曰五軍，太祖初制也；一曰三千，太宗得邊外降丁三千人，亦分五營，掌隨大駕；一曰神機，則征交阯所得火器，立營肄習，佐以馬隊者也。三大營同隸五軍都督府，其掌府者，治常行文書而已，非特命不預營事。自上皇之還，謙以和議終不可恃，必求所以自强者。顧營政久弛，三大營雖各有總兵，不相統壹，臨期調撥，兵將皆非所素習，猝遇敵軍，有所呼召，甚至彼己不知，姓名不記者。于是始選三營軍十萬，分五營團操，名曰團營法。以五十人爲隊，隊有長，百人兩隊，有領隊官，千人有把總，五千人有都指揮。體統相維，兵將相識，量敵多寡，以爲調法。行之一年，又請益兵五萬，並前五營爲十團營，每營置都督一人，都指揮三人，把總十五人，指揮三十人，每隊置管隊官二人。仍各統以武臣、內臣，而謙及石亨、內臣劉永誠、曹吉祥往來提督。其餘軍不在團營者，歸本營訓練，以衛京師，名曰「老營」。

至是營制既定，謙繪圖上進，悉依古法而變通之，京軍舊制爲之一變。詔如謙議，依法訓練。謙號令明審，目視，指屈，口奏，悉中機宜。亨雖大將，受成而已。

團營既立，上命于謙總其事。石亨自以才智非謙敵，又上所以任之者不如謙專，自是銜之。亨恃功驕縱，輒爲謙所裁抑，益志甚，乃疏辭總兵，不許。

謙上言：「祖宗朝本無總督，近因邊事孔棘，命臣兼領，此一時之宜，非經久之法。即今敵情不定，將任宜專，臣見石亨屢奏辭職，以臣爲之軒輊也。乞解臣總督軍務，俾亨專任其事。」上亦不許。

初，額森寇京師，德勝門之捷，亨自以功不如謙而得世侯，內愧，乃疏薦謙子冕，請召赴京師，從之。冕既至，謙言：「國家多事，臣子義不得顧私恩。且亨位大將，不聞舉一幽隱，拔一行伍微賤以裨軍國，顧獨私臣子，如公義何！」卒辭之。

亨之不悅于謙，已非一日。而謙性剛，負才氣，遇有不如意事，輒拊膺嘆曰：「此一腔熱血，竟灑何地！」視諸選耎大僚勳戚，意頗輕之，以此自亨外，怨而訾之者益衆，賴上知謙深，得以自行其志。

而謙亦至性過人，憂國忘身。上皇之還，以謙從容數語，轉移上意，而口不言功。易儲之際，兼宮僚者命支二俸，而謙獨再辭，故金幣之賞亦不及焉。

方額森之入寇也，謙留宿直廬，不還私第。素病痰，疾作，上遣中官興安、舒良更番往視。聞其服用過薄，詔令上方製賜，至醯菜畢備，又親幸萬壽山伐取竹瀝以賜。或言寵謙太過，興安曰：「彼日夜分國憂，不問家計。即彼去，令朝廷何處更得此人？」其見重如此。然自易儲後，上之于謙，亦不無少替云。

《國榷》卷三〇 乙未，府軍前衛帶俸都指揮僉事孫繼宗嗣會昌伯。

留守左衛小旗徐靖言：「富人納粟補錦衣衛官，非制，宜調衛。」從之。

戊戌，暹羅入貢。

癸卯，令布政、按察二使有闕，三品以上連名會保，餘吏部推選。

裁京庫收銀主事。

甲辰，少傅兼吏部尚書王直等請瓦剌報使。事下兵部，尚書于謙言：「臣本兵，知戰耳，使事不敢聞。」遂勿遣。

乙巳，免保定災租。

丙午，孟養思卜發入貢，求孟養舊地，不許。

《英宗實録》卷二二四 甲寅，朝鮮國王李弘暐遣陪臣俞益名奉本表貢馬及方物，賀明年正旦，賜宴并綵幣表裏金織文綺襲衣物。

《國榷》卷三〇 丙辰，免河南災租五十七萬二千九百餘石。禮部乞瓦剌報使，不許。

《明通鑒》卷二六 衛喇特額森復遣使來賀明年正旦。尚書王直等復請遣使答之，詔兵部議。于謙言：「臣職司馬，知戰而已。行人之事，非所敢聞。」上是謙言，仍罷遣使議。

《國榷》卷三〇　丁巳，司經局洗馬兼翰林院侍講劉定之請報虜使，下廷議。

《明通鑒》卷二六　既而洗馬劉定之言：「北庭遣使，宜敕廷臣公議，不當但委之兵部。蓋和戰皆所以待敵，而兵部必不以和爲請，猶之巫醫皆所以治病，而巫者必不以藥爲言，各護其所短而欲見其所長也。」詔下羣臣更議。給事中路壁奏言「遣使有五不可」，上遂從壁議，使卒不遣。

《明史》卷一一《景帝紀》　是月，免河南及永平被災秋糧。

《明通鑒》卷二六　是歲，鳳陽、淮安、徐州皆大水，饑民死者相枕藉。僉都御史王竑巡撫江北，奏聞，不待報，輒開倉振之。上聞奏，方憂甚，及得竑自劾疏，喜曰：「好都御史！不然，餓死我百姓矣。」

景泰四年（癸酉、一四五三）

《國榷》卷三〇　〔正月〕辛酉，大同總兵官定襄伯郭登、右都督孫鏜不協，敕解之。

甲子，平江侯陳豫復鎮守臨清。

乙丑，雲南都指揮使沐璘、金吾左衛帶俸都指揮同知林宏、錦衣衛帶俸都指揮同知脱脱孛羅爲左、右、前軍都督僉事，俱征香爐山功。命河間知府王儉、東昌知府李正芳賑撫河南流民，檄原籍復業，免徭賦五年。

丙寅，都督同知孫安爲宣府副總兵，鎮守獨石馬營。

命畿內、山東、河南捕蝗種。

鎮朔將軍宣府總兵官右都督紀廣卒。廣句容人，襲隆慶右衛指揮僉事，有膽略，臨陣不懾。賜祭葬，贈溧陽伯。命南京各衛官分地巡捕，歲代。

麓川頭目陶孟刀邦緬等前入貢，下錦衣衛馴象所，至是乞放回，不許。

《英宗實録》卷二二五　戊辰，以大祀天地，帝御奉天殿，誓戒文武群臣，致齋三日。

癸酉，建州左衛野人女直都督董山等并泰寧衛都指揮使討勤遣頭目阿脱木、朶顔衛頭目卜台遣達子額也台等來朝貢馬并貂鼠皮，賜宴并襲衣綵幣表裏有差。

《國榷》卷三〇　甲戌，賑徐州饑。

户科給事中路壁言：「瓦剌報使無益，在修德厚邊，積糧練師，招賢安民庶忠。」上是之。

丁丑，召太子太保兼左都御史王文還京。

給事中劉珠、行人劉泰往祭故暹羅國王波羅摩剌劄的剌，并封其子把羅藍米孫剌暹羅國王。

戊寅，梧州通判陳謨爲知府，賓州判官錢積中爲知州，俱殺賊功。

己卯，免鳳陽、揚州災租十一萬四千餘石。

庚辰，瓦剌使臣都督同知察占、哈只阿力俱爲右都督，都督僉事兀馬兒、阿老丁俱爲都督同知，餘進秩有差。調五軍營卒千五百人協守良鄉、涿州。

壬午，右僉都御史蔣琳鎮守貴州，提督軍務。

《明通鑒》卷二六　河復決新塞口之南，詔復加河神封號。

《國榷》卷三〇　癸未，復董興右都督。

丙戌，敕瓦剌太師淮王也先。

丁亥，詔修省，求直言，仍賑恤災民。

《明通鑒》卷二六　是月，上元節，詔市羊角爲燈，副都御史巡撫陝西耿九疇引宋蘇軾諫神宗買浙燈事以奏，詔罷之。

《明史》卷一一《景帝紀》　二月戊子，五開、清浪諸苗復叛，梁珤、王來討之。

《國榷》卷三〇　畿內、山東、河南水災，遣祭東岳、河瀆。

壬辰，太子太保兼兵部尚書儀銘掌詹事府，右春坊右司直郎林聰改吏科都給事中，仍支從六品俸。減近侍官及内府供奉宿衛日饌有差。

甲午，築白廟兒堡于龍門關西二十里。

《英宗實録》卷二二六　乙未，以沙灣累修累決，詔加封河神爲朝宗順正惠通靈顯廣濟大河之神，命巡撫山東刑部尚書薛希璉以太牢祭之。

《國榷》卷三〇　乙未，皇太子冠。

詔河南、東昌、兗、徐今歲減運京糧，河南轉餉大同，俱告災故。

《英宗實録》卷二二六　戊戌，工部左侍郎趙榮言：「黄河之趨運河，勢甚峻急，而沙灣抵張秋舊岸低薄，故此方築完彼復決溢，不爲長計，恐其患終不息也。臣等議，請於新決之處用石置減水壩以殺其勢，使東入鹽河，則運河之水可畜以通運舟矣。然後加高厚其隄岸，填實其缺口，庶無後患。」從之，仍命京廠給鐵牛十八，鐵牌十二與之。

己亥，遣順天府官祭宋丞相文天祥。詔填築京城内外直抵通州街道，以便往來糧車，從户部奏請也。

《國榷》卷三〇　甲辰，倭陷福建清灣巡檢司城。

《英宗實録》卷二二六　丙午，朝鮮國王李弘暐遣陪臣吴靖等來朝貢方物，賜晏并金織襲衣綵幣等物有差。

《明史》卷一一《景帝紀》　庚戌，免江西去年被災秋糧。

《明通鑑》卷二六　是月，都御史王文自江淮還，晉吏部尚書兼學士。文以二品入内閣，閣體益崇。舊制重冢宰，雖内閣歷二三十年，不領吏部尚書，内閣之領吏部亦自文始也。

廣西土目黄竑，奉敕馳驛至京師，召見便殿。上以竑有機謀勇略，遂擢前軍都督同知，並賜第居京師。

初，巡撫廣西李棠治竑獄，檄參政曾翬、副使劉仁宅捕竑父子。竑使人持千金賄于道，且擁精兵脅之，翬等佯諾，遂誘執竑並其子下獄。甫按治而竑得釋赴召，且命出其子于獄，翬等太息而已。棠以不得竟竑獄，鬱鬱，累疏謝病，歸，不攜嶺表一物，以清節著聞。

《國榷》卷三一　三月戊午朔，吏科都給事中林聰等言：「初任未兩考、陞任未一考并年衰者，皆不許推舉。」從之。

監察御史左鼎言四事：修軍政，遵成憲，汰冗員，責成効。其汰冗員曰主事每司不過二員，今增爲十，御史各道共六十，今百餘，部有兩尚書，都御史數十，此京官之冗也。河南布政司參議二，今則四，按察司僉事三，今則七。大官皆爲民，今特設撫民，則餘復何爲哉？此外官之冗也。乞内外官非洪武之舊酌罷之，庶省民力。」上大是之。

己未，裁各屬糧長，凡糧不萬石，止糧長一人。

《英宗實録》卷二二七　乙丑，設廣東潮陽縣桑田巡檢司，徙廉州府平銀驛於風雲鋪，隸欽州，烏家驛於界首鋪，隸石康縣。

《明史》卷一一《景帝紀》　戊寅，開建寧銀場。

《明通鑑》卷二六　時浙江銀場既開，户部以閩地相連，請併開。從之，命少監戴細保提督場事。

《國榷》卷三一　辛巳，命勳臣俱習武藝。

壬午，禮部右侍郎兼左春坊左庶子鄒幹賚三萬金賑濟寧、徐州。

癸未，大隆福寺成。寺甲京師，費以數十萬，上將臨幸，監生濟寧楊浩、西安姚顯各言非所以示天下，禮部郎中章綸亦言之，即日止。

《明通鑑》卷二六　是月，召都御史王翱還。

時御史練綱偕同官上言：「吏部推選不公，任情高下，請置尚書何文淵、右侍郎項文曜于理。尚書王直，左侍郎俞山，素行本端，爲文曜等所罔，均宜按問。」上雖不罪文淵等，頗以綱言爲直。命綱舉堪勝吏部者，綱薦王翱、年富、薛瑄三人。時翱鎮兩廣，遂召之。

淮、徐洊饑，僉都御史王竑振之。

是時山東、河南饑民亦相率就食，竑以徐州廣運倉有餘積，欲盡發之，典守中官不可。竑曰：「民旦夕且爲盜。若不吾從，脱有變，當先斬若，然後自請死耳。」中官憚竑威名，不得已從之。竑乃自劾專擅罪，因言：「廣運所儲，僅支三月，請令死罪以下入粟自贖。」從之，復命侍郎鄒幹齎帑金馳赴，聽竑便宜。

竑乃躬自巡行散振，不足則令沿淮上下商舟，量其大小，出米作粥，以食饑民。又勸富民出米麥穀粟，參以銀錢絹布，分給被災之家。凡前後全活二百一十餘萬人，賦牛種及招撫復業者七萬九千餘户，流民安輯者萬六百餘家。病者給藥，死者具櫘，鬻子女者贖而還之，還籍者予道里費。民忘其饑，頌聲大作，歌曰：「生我者父母，活我者巡撫。」尚書金濂、大學士陳循等僉稱其功。

太監興安，自金英廢後，益專用事，佞佛甚于王振。又見振建大興隆寺，請乘輿臨幸，思有以敵之，乃請別建大隆福寺，費數十萬。

是月，寺成，上命尅期臨幸。河東鹽運判官楊浩切諫，謂：「陛下即位之初，首幸太學，海内之士，聞風景嚮。今又棄儒術而崇佛教，非所以垂範後世也。」郎中章綸亦上言：「佛者，夷狄之法，非聖人之道。以萬乘之尊，臨非聖之地，史官書之，傳之萬世，實累聖德。」上乃止。

自王振佞佛，歲一度僧，大作佛事，數年以來，京城内外，建寺二百餘區，以故釋教益熾。選人單宇，待銓京師，上書言：「前代人君，尊奉佛氏，卒致禍亂。近男女出家累百千萬，不耕不織，蠶食民間。營搆寺宇，徧滿京邑，所費不貲。請撤木石以建軍營，銷銅鐵以鑄兵仗，罷遣僧尼，歸之民俗，庶皇風清穆，異教不行。」疏入，爲廷議所格，出知外任。

而國學生姚顯亦上言：「曩者修治大興隆寺，窮極壯麗。又奉僧楊某爲上師，儀從侔王者，藐萬乘若弟子。一旦上皇北狩，曾不能前赴衛喇特化諭額森。佛之不足護國，彰彰矣。」

自上即位以來，廷臣諫事佛者甚衆，上卒不能從。

是春，吏科給事中林聰左遷春坊司直郎，以易儲異論也。學士商輅，言「聰敢言，不宜置之散地」，尋復之。

聰上言：「國家舊制，冒喪有禁，匿喪有罰。近年虜事寧謐，在外方面等官，已有定例不許起復；而在京官員或有奪情者，恐遂成故事，其流弊將必至貪戀名爵，不顧廉恥，以奪情爲幸事，視父母如路人。子道既虧，臣節安在！乞行改正。」上嘉納之。

《英宗實録》卷二二八 〔四月〕己丑，旌表節婦張氏等二人。張氏，河南扶溝縣民劉清妻，夫亡，紡績以奉舅姑，守節三十一年。盧氏直隸武平衛副千户金源妻，夫亡，惟食粥啖菜，紡績以供祭掃，守節四十三年。俱表其門曰貞節。

《國榷》卷三一 丙申，太子太保兼刑部尚書俞士悦以大隆福寺成建齋請收梟屍，釋械罪，刑科給事中尹旻糾其繆，不問。

庚子，起右副都御史馬昂總督兩廣軍務。

癸卯，改南京倉糧三十萬石于徐州備賑。

《英宗實録》卷二二八 戊申，琉球國中山王尚金福遣通事馬俊等來朝貢馬及方物，賜宴及綵幣表裏等物。

《國榷》卷三一 定各匠内府四之，外官六之。

《明通鑒》卷二六 己酉，詔：「天下生員納米徐州、東昌、臨清以振災民者，許入國子監讀書。」初，定制八百石，後減五百石，最後減至三百石行之。禮部胡濙等，言「權宜之制，實壞士習」。未幾遂罷。

初，洪武中，監生與薦舉人材參用，故其時太學生有布衣登大僚者。迨科目行而薦舉廢，于是監生亦漸輕。至是納粟例開，不久即止，然其後或遇歲荒，或因邊警，或大興工作，率援前例行之。而軍民子弟，亦得援生員例入監，謂之「民生」，亦謂之「俊秀」，或竟謂之「例監」，而監生日益輕矣。

時户部以邊儲不足，又奏請令罷退官非贓罪者，輸米二十石，給之誥敕。都給事中劉煒等言：「考退之官，多有罷軟酷虐，荒溺酒色，廉恥不立者，非上贓罪已也。賜之誥敕，以何爲詞？若褒其納米，則是朝廷誥敕止直米二十石，何以示天下後世？此由尚書金濂不識大體，有此謬舉。」上爲立已之。

《國榷》卷三一 癸丑，命沿河有司收雜木，易米賑民。

丙辰，免運河船帶磚，每磚輸粟一升，貯官倉賑饑，從安東典史黄鎮之言。

《明史》卷一一《景帝紀》 五月丁巳，發徐、淮倉振饑民。

《國榷》卷三一 移南京倉糧三十萬石于徐淮賑饑，以嘉、湖積粟抵南糧。

《英宗實録》卷二二九 庚申，安南國王黎濬遣陪臣黎尚等賀立皇太子，貢金銀器皿方物，賜宴及鈔幣等物有差。

《國榷》卷三一 己巳，裁山東、山西管柴炭參議。

《明通鑒》卷二六 學士王文丁母憂，詔奪哀起復。尋請奔喪，許之。

《國榷》卷三一 辛未，爪哇入貢。

癸酉，旱，遣官分禱寺觀。

乙亥，前軍都督同知黄竑赴召至京，留任，其家人繫廣西獄者俱宥之。

癸未，召何文淵復任。

召監察御史沈琮、王驥、伍星會、陳瓛還京。初各從巡撫官理事，謂非制也。

增陝西按察副使，監督延綏、慶陽糧料，裁其參政。

《明通鑒》卷二六 掣運河水入鹽河，漕舟盡阻。

《明史》卷一一《景帝紀》 乙酉，沙灣河復決。

《明通鑒》卷二六 時河南水患方甚，太僕少卿黄士儁言：「河分兩派，一自滎澤南流入項城，一自新鄉八柳樹入張秋會通河，並經六七州縣，約二千餘里。民皆蕩析離居，而有司猶徵其税，乞敕所司覆視免徵。」巡撫河南御史張瀾又言：「原武東岸嘗開二河，合黑洋山舊河道，引水通徐、吕二洪以濟漕運。今二河淤塞，恐徐、吕乏水，必妨漕事。黑洋山北河流稍迂迴，請因決口改挑一河，以接舊道，灌徐、吕。」上皆從之。

《國榷》卷三一 〔六月〕己丑，巡撫河南右都御史王暹言：「黄河舊從開封北轉流，東南入淮右爲害。正統間徙爲二：一決新鄭，東繞延津、封丘入沙灣；一決滎陽，漫原武，抵祥符，至項城、太康。雖嘗築隄，沙土善崩，議量起軍民協築，周防後艱。」報可。

《明史》卷一一《景帝紀》 壬辰，吏部尚書何文淵以給事中林聰言下獄，尋令致仕。

《明通鑒》卷二六 時災異見，給事中林聰等劾文淵憸邪。左庶子周旋疏言其枉，聰並劾旋。給事中曹凱復廷争之，遂與旋俱下獄。

先是御史左鼎以災異偕同官陳救弊恤民七事，末言「大臣不乏奸回，宜黜罷其尤，用清政本」。聰請明諭鼎等指實劾奏，于是鼎、聰等乃共論文淵，並及刑部尚書俞士悦、工部侍郎張敏、通政使李錫不職狀。上乃罷錫，令文淵致仕，以王翱爲吏部尚書。

《國榷》卷三一　癸巳，遼東戍卒李福惠、妖僧王海等謀亂，伏誅。

甲午，瓦剌太師也先誘赤斤蒙古衛都督亦魯伯通好，命備之。

己亥，刑科左給事中曹凱言：「户部奏准軍民官吏輸豆補官，如輸豆四千石以上，授指揮又世襲，是生民之脂膏，養無功之子孫于無窮也。其弊甚大，乞該部凡輸運粟豆授武職者，帶俸不任事，亦不世襲，文職例原籍衙門帶俸終身。」從之。

乙巳，復陳璇浙江按察使。璇繼軒輗後，雖劑以寬，而嫉惡懲奸，民甚德之。及洪英考察罷璇，浙人訴其枉，因復任，而英來鎮守，又誣劾之，科臣交救得雪。召還鎮守浙江右都御史洪英。

《英宗實録》卷二三〇　辛亥，琉球國中山王尚金福遣陪臣蔡寧等貢方物，賜宴并綵幣等物有差。

《明史》卷一一《景帝紀》　瘞土木、大同、紫荆關暴骸。

《國榷》卷三一　後府帶俸都督僉事王斌爲都督同知。

《英宗實録》卷二三〇　丁未，設鳳陽府潁州沈丘鄉巡檢司。

《國榷》卷三一　〔七月〕丙辰朔，蠲杭、台、寧波災租。

鳳陽、淮、徐、開封、衛輝、南陽、兗、青、萊大雨水，順天、保定、太原旱，朔州雹，遣視之。

壬戌，禳旱，分告天地、社稷、山川之神。

協贊軍務太子少保兼左副都御史羅通上《百將傳要略》。

癸亥，閣臣乞減俸停日饌。不許。

甲子，部院大臣上便民事宜。從之。

《英宗實録》卷二三一　辛未，添設南京羽林右衛復成橋倉，置副使一員。

《國榷》卷三一　癸酉，復兩浙巡鹽監察御史。

丙子，右春坊右諭德兼翰林院侍講徐珵改名有貞。初，土木之變，珵倡南遷，上薄之，累薦不用，至是詣閣臣陳循，循告以故，遂更名。

《明史》卷一一《景帝紀》　庚辰，停諸不急工役。

《明通鑑》卷二六　是月，上以沙灣屢決，復命尚書石璞往治之。璞乃鑿一河，長三里，以避決口，上下通運河，而決口亦築壩截之，令新河、運河俱可行舟，以濟漕運。

《英宗實録》卷二三二　八月乙酉朔，陞户部右侍郎孟鑑爲本部左侍郎，調兵部右侍郎李賢爲户部右侍郎。直隸徽州府婺源縣儒生朱楙奏係文公熹九(十)〔世〕孫，乞入國子監讀。從之。

丁亥，禮部奏：「比者浙江備倭都指揮僉事馬良等擒獲賊徒文吞只等五人，送部審等。吞只等係朝鮮國漁户，入海捕魚，遭風壞舡，漂流海島，遇巡海官軍禽獲，今朝鮮國王遣陪臣李仍孫等朝貢至京，宜給與衣糧，就令仍孫等領回，以示優待遠夷之意。」從之。

《國榷》卷三一　己丑，廣東布政司左參議陳贄爲太常寺少卿。

裁麗江軍民府知事、照磨、檢校各一。

辛卯，河南按察僉事劉清請濬馬曲灣裝載岡百十九里，通衛河便漕，又分沁河之勢，亡張秋之患。行人王晏亦言之。

癸巳，蠲兗、東昌今年災租三萬八千三百石有奇。

《明史》卷一一《景帝紀》　甲午，也先自立爲可汗。

《明通鑑》卷二六　初，額森既殺托克托布哈，遂乘勝迫脅諸部，東至建州、烏梁海，西及赤斤、哈密，遂自稱汗，以其次子爲太師。

《國榷》卷三一　乙未，蠲福、漳、泉、興化去年災租有差。

占城入貢。

《英宗實録》卷二三二　丙午，脱脱卜花王部下達子答失苦咄來歸命，爲所鎮撫，南京錦衣衛帶俸。

乙丑，復定科舉歲貢額。先是，工科給事中徐廷章言，科舉歲貢宜准宣德、正統中例，禮部言其所論切時弊，取旨施行。郎中章綸又言：「元年詔書云不許更改，今未四年遽行廢閣，殊失朝廷之體。」於是復命禮部斟酌以行。尚書胡濙等請科舉以正統中所定額爲准，如文字合格者多，量增入之，亦不得過。

《國榷》卷三一　工部尚書石璞等鑿河長三里，避沙灣決口通運河，從御史練綱之請，而教諭彭塤先言之。

辛未，除光禄寺少卿陳誠軍籍。

癸酉，寧夏副總兵都督僉事馬讓疾免。

東路左參將都指揮使王榮爲右軍署都督僉事副總兵。

乙亥，定禮闈分考官俱詞林科第，毋預教官。

太常寺少卿兼翰林院侍讀學士陳詢爲國子祭酒。

武昌、黄、荆早，開封、汝寧大水，遣視之。

辛巳，時諭禮部，凡建言者參看，或違例假報復，俱奏罪之。吏科右給事中潘榮謂其過言路，不聽。

《英宗實録》卷二三四 〔十月〕丙戌，賜守玄冲静高士兼道録司左正一邵以正誥命。

《國榷》卷三一 時四夷貢使多至千人，需索凌奪不可禁，禮部請治其使臣譯者，不聽。

前工部尚書周忱卒。

左軍都督同知劉得新卒。

《明史》卷一一《景帝紀》 庚寅，詔天下鎮守、巡撫官督課農桑。

甲午，諭德徐有貞爲左僉都御史，治沙灣决河。

《明通鑒》卷二六 沙灣屢塞屢决，上甚憂之。前後治河者皆無功，石璞所鑿新河雖成，上恐不能久，令璞且留處置，而命廷臣舉一人以專治沙灣。于是陳循等共薦有貞，上亦忘其爲珵也，遂以諭德驟膺遷擢，于是復起用。

《英宗實録》卷二三四 戊戌，瓦剌也先遣使臣哈只等齎書來朝，貢馬及貂鼠、銀鼠皮，其書首稱「大元田盛大可汗」。田盛猶言天聖也，末稱添元元年。中署言往者元受天命，今已得其位，盡有其國土人民，傳國玉寶，宜順天道，遣使臣和好，庶兩家共享太平，且致殷勤意於太上皇帝。帝命賜使臣宴及賜綵幣表裏有差。

命陝西布政司右參政楊鏞補缺視事。先是，鏞以剩員當赴部聽調，至是本司有缺，遂命補之。

《明通鑒》卷二六 詔廷臣議報書所稱。給事中林聰以爲「但敕諭來使，不必報書」，安遠侯柳溥以爲「宜仍稱太師」，郎中章綸以爲「可稱衛喇特王」，而府部大臣則僉言「稱汗者，從其俗也」。詔乃報書稱衛喇特汗。

《國榷》卷三一 辛丑，提督遼東軍務左副都御史寇深兼巡撫及總督屯種倉場糧儲。

《英宗實録》卷二三四 壬寅，革湖廣彬州管糧同知一員，桂陽、興寧二縣縣丞、主簿各一員。

乙巳，革山東蓬萊縣城北河口遞運所，以其地僻事少故也。

戊申，初清江提舉司專遣主事一員提調，後以冗裁去，司事盡以屬淮安運河主事項備，至是，備自言獨員不勝事，乃以主事鄭靈理淮安河道而備專主提調清江提舉司事。

《國榷》卷三一 〔十一月〕癸丑朔，仍留陝西各府撫民官。

甲寅，日本入貢。

丙辰，瓦剌也先弟賽因孛羅魯王等入貢。

《英宗實録》卷二三五 己未，設直隸唐縣軍城倉。

《明史》卷一一《景帝紀》 辛未，皇太子見濟薨。

《明通鑒》卷二六 謚曰懷獻。

《國榷》卷三一 丁丑，蠲河南災租七十九萬八千一百七十七石。

《英宗實録》卷二三六 十二月癸未朔，太上皇帝居南宫，帝省郊祀牲。給在京大興、宛平二縣養濟院冬衣布花。

《明史》卷一一《景帝紀》 乙未，免山東被災税糧。

《英宗實録》卷二三六 戊戌，朝鮮國王李弘暐遣陪臣金允壽，福餘、朵顔、泰寧三衛指揮可台及頭目卜阿歹等，各遣韃子脱火等來朝，貢騾馬及方物，賀明年正旦，俱賜宴并綵幣等物。

庚子，以明年大統暦一百本賜朝鮮國王李弘暐，付陪臣金允壽齎回。

《國榷》卷三一 辛丑，定稱也先瓦剌可汗。

《明通鑒》卷二六 乙巳，賚邊軍。

《國榷》卷三一 庚戌，免鳳陽夏麥九萬八千八百十三石有奇。

壬子，賑隆慶州復業貧民。

《明通鑒》卷二六 是月，衛喇特諸酋遣人貢馬，尋寇遼東，官軍擊卻之。

是歲，倭入貢，至臨清，掠居民貨，有指揮往詰，毆幾死。所司請執治，上恐失遠人心，不許。

時倭人貢物外，所攜私物增十倍。禮官言：「宣德間，估時值給錢鈔，或折支布帛，爲數無多，然已大獲利。今若仍舊制，當給錢二十一萬七千，銀價如之，宜大減其直。」給銀三萬四千七百有奇，使臣不悦。詔增錢萬，猶以爲少，求增賜物。詔增布帛千五百匹，終怏怏去。

景泰五年（甲戌、一四五四）

《英宗實録》卷二三七 春正月癸丑朔，帝詣奉先殿、上聖皇太后宫、皇太后宮行禮畢，出御奉天殿，文武群臣及四夷朝使行慶賀禮。

《明史》卷一一《景帝紀》　戊午，黄河清，自龍門至於芮城。

《國榷》卷三一　廷臣欲賀，止之。

己未，禁南京快船帶貨。

乙丑，免慶成宴。

少保兼兵部尚書于謙言：「北使多攜所掠人口，或父母妻子識認悲泣，其家無力贖，令通事昌英等諭令給賞以酬之。」報可。

丙寅，蠲廣平、真定、保定、淮安、黄州去年田租。

丁卯，敕諭入覲官。

《英宗實録》卷二三七　辛未，革遼東苑馬寺復州、龍潭二苑，從本寺少卿祝銘奏其官多事下也。

禮部奏：「永樂間會試取人不拘額數，不分南北中，宣德正統間定額數，分南北中。景泰二年，依永樂間例。近者，工科給事中徐廷章奏准依宣德、正統間例，今會試在邇，合請聖裁。」帝命照宣德、正統間例。

《明史》卷一一《景帝紀》　壬申，罷福州建寧銀場。

《明通鑒》卷二六　從鎮守尚書孫原貞之請也。

原貞言：「寇盜方平，且臣覆視各銀場，親臨各坑，見坑路深遠，礦脈微細，亦有堅石深泉之處，實難開煎。伏望仍前封閉，俟歲豐民富時徐議其事。」乃罷之。

《國榷》卷三一　〔二月〕癸未，報賜也先及阿剌知院忒古系猛可等王子綵幣有差。

進士鄭冕、周清、董廷圭、吴綽、靳敏、李人儀、陳僎、杜昇爲南京監察御史。

前軍署都督僉事崔福降都指揮使。

《英宗實録》卷二三八　丁亥，釋奠先師孔子，遣少保兼太子太傅户部尚書文淵閣大學士陳循行禮。

《國榷》卷三一　壬辰，定邊衛儒學止行釋菜禮，毋用牲。

癸巳，巡撫湖廣右都御史李實好作威，人厭苦之，徵還，以工部尚書王永壽往。

《英宗實録》卷二三八　乙未，省寧夏河渠提舉司副提舉二員，司典三名。

先是，以寧夏屯田水利豪强兼并，置提舉司以理之，至是言者謂自有管屯官當理，其提舉司官皆袖手高坐，虚縻廪禄，故省之。

《國榷》卷三一　己亥，琉球署國事尚泰久入貢，言：「兄國王金福薨，次兄布里與姪志魯争立，壞賜印，國人推立臣，乞補賜印。」

甲辰，召南京兵部尚書張鳳。

《明史》卷一一《景帝紀》　乙巳，以雨暘弗時，詔修省，求直言。

《國榷》卷三一　戊申，出帑金萬五千，給淮、鳳、揚、徐、河南貧民易種子。

己酉，南京右都御史張純改南京兵部尚書，參贊機務。南京管糧右副都御史軒輗爲南京左副都御史，理院。

《明通鑒》卷二六　是月，王竑上書言：「比年饑饉洊臻，人民重困。頃冬春之交，雪深數尺。淮河抵海，冰凍四十餘里，人畜僵死萬餘。弱者鬻妻子，强者肆劫奪，衣食路絶，流離載塗。陛下端居九重，大臣安處廊廟，無由得見，使目擊其狀，未有不爲之流涕者也。

陛下嗣位以來，非不敬天愛民，而天變民窮特甚者，臣竊恐聖德雖修而未至，大倫雖正而未篤，賢才雖用而未收其效，邪佞雖屏而未盡其類，仁愛施而實惠未溥，財用省而上供未節，刑罰寬而冤獄未伸，工役停而匠力未息，法制頒而奉行或有更張，賦税免而有司或仍牽制。有一于此，皆足以干和召變。

伏望陛下修厥德以新厥治，欽天命，法祖宗，正倫理，篤恩義，戒逸樂，絶異端，斯修德有其誠矣。進忠良，遠邪佞，公賞罰，寬賦役，節財用，戒聚斂，卻貢獻，罷工役，斯圖治有其實矣。如是而災變不息，未之有也。」上褒納之。

乙巳，敕内外臣工同加修省，並求直言。

禮部會試。

初，詔會試遵永樂間例，不限額，不分地。上即位之二年，辛未會試，禮部方奉行，而給事中李侃争之，言「部臣欲專以文詞多取南人」，刑部侍郎羅綺亦以爲言。下禮部，覆奏：「臣等所奉詔書，非私請也。」上命遵詔書，不從侃議。

去年，給事中徐廷璋復請依正統間例，從之。至是，禮部奏請裁定，于是復分南、北、中卷。南卷應天及蘇、松諸府，浙江，江西，福建，湖廣，廣東；北卷順天，山東，河南，山西，陝西；中卷四川，廣西，雲南，貴州及鳳陽，廬州二府，滁、徐、和三州。自是遂著爲令。

《英宗實録》卷二三九　〔三月〕甲寅，帝親閲舉人所對策，賜孫賢等三百四十九人進士及第、出身有差。

《國榷》卷三一　甲寅，免景陵縣災租千三百餘石。

乙卯，免江寧、上元、懷寧災租三萬三千一百二十餘石。

《明史》卷一一《景帝紀》　辛酉，學士江淵振淮北饑民。王文撫恤南畿。

《明通鑑》卷二六　淵前後條上軍民便宜十數事，並請築淮安月城以護常盈倉，廣徐州東城以護廣運倉，悉議行。

先是正統以來，蘇、松、常、鎮四府糧，四石折白銀一兩，民以爲便。後户部復徵米，令輸徐、淮，率三石而致一石，有破家者。至是文以便宜停之，又振饑民凡三百六十餘萬。

《明史》卷一一《景帝紀》　甲子，總督兩廣副都御史馬昂破瀧水瑶。

《明通鑑》卷二六　時王翱召還，以副都御史馬昂總督兩廣，至是破瀧水賊，俘其酋送京師，誅之。

《國榷》卷三一　乙亥，南京守備寧遠伯任禮協同守備都督僉事趙倫不相能，互詬，切責禮，降倫都指揮同知，調廣西柳州衛。

丁丑，安南入貢。

《明史》卷一一《景帝紀》　庚辰，緬甸執獻思機發。

《明通鑑》卷二六　初，緬人得思機發，仍挾爲奇貨。上即位之元年，總兵官沐璘奏請緩之，聽其自獻爲便，從之。至是緬人索舊地，左參將胡誌等許以銀戛等處地方與之，乃送機發及其妻孥六人至金沙江。總兵官毛勝以聞。尋遣誌等檻送至京，誅之。

勝以平貴州苗功，封南寧伯，鎮金齒。

是月，户部侍郎孟鑑言：「國子生二千餘人，俱仰給官廪，有名無實。請留年深者千餘人，餘悉放歸。」從之。

給事中林聰，以災異偕同官條上八事，雜引五行諸書，累數千言。大略以「絶玩好，謹嗜慾」爲崇德之本，而修人事在進賢退奸。武清侯石亨、指揮鄭倫，身享厚禄，而多奏求田地，百户唐興，多至一千二百餘頃，宜爲限制。餘如「罷齋醮，汰僧道，慎刑獄，禁私役軍士，省輸班工匠」，皆深中時弊。上頗多采納。

都督黄竑以易儲議得上眷，奏求霸州、武清縣地。都給事中劉煒偕同官抗章言：「竑本蠻獠，遽蒙重任，怙寵妄干，乞地六七十里，豈盡無主者！乞正其罪。」上宥竑，遣户部主事黄岡，謝杲往勘。還奏，果民産。户部再請罪竑，上卒不問。

《國榷》卷三一　（夏四月）癸未，監察御史周清守備小龍門。

《明史》卷一一《景帝紀》　辛卯，方瑛破草塘苗，封瑛南和伯。

《國榷》卷三一　辛丑，敕少保兼太子太傅工部尚書東閣大學士高穀祭告鳳陽祖陵、皇陵、孝陵，爲民祈福。

乙巳，工部計匠二十八萬九千有餘，南京五萬八千，北京十八萬二千，令北京分四班，歲四萬五千人。從之。

己酉，募運通州粟六萬石于龍門、赤城。

《明通鑑》卷二六　是月，以刑部侍郎張鳳爲户部尚書，時金濂卒，代之也。

《英宗實録》卷二四一　五月辛亥朔，户部奏：「虜酋也先往往令人於沿邊窺覘中國虚實，而倒馬關地接虜境，内通真定，直抵河南、山東地界，且去京師甚遠，難於策應，虜欲南侵，必由此入，宜廣爲預備。乞將原會大名府起運德州糧一萬石，真定府起運保定麥四千石，存留草二十萬束，每束折豆五升，俱改撥赴彼備用。」從之。

《國榷》卷三一　復李經莒州知州，食從四品俸。

庚申，初，木邦宣慰使罕蓋法子罕落法宜嗣職，其族罕揹法阻之。罕落法走孟都鑾求救，命左參將都督胡誌諭之，各聽命。

《明史》卷一一《景帝紀》　甲子，禮部郎中章綸、御史鍾同以請復沂王爲皇太子下錦衣衛獄。

《明通鑑》卷二六　懷獻太子之薨也，中外屬望沂王，欲乘此復東宮，無敢發者。御史鍾同，與禮部郎中章綸語及沂邸皆泣下，因約疏請復儲。五月，同上疏論時政，遂及復儲事。

其略曰：「近得賊諜，言額森偵京師及臨清虚實，期初秋大舉深入，直下河南，臣聞之不勝寒心，而廟堂大臣，皆恬不介意。臣草茅時，聞寺人搆惡，戕戮直臣劉球，遂致廷臣箝口。假使當時犯顔有人，必能諫止上皇之行，何至有蒙塵之禍？陛下赫然中興，剿奸黨，旌忠直，命六師禦敵于郊，不戰而三軍之氣自倍。臣謂陛下方且鞭撻，坐致太平，奈何邊氣甫息，創夷未復，而侈心遽生，失天下望。伏願取鑒前車，厚自奮厲，毋徇貨色，毋甘嬉遊，親庶政以總威權，敦倫理以厚風俗，辨邪正以專委任，嚴賞罰以樹風聲，去浮費，罷冗員，禁僧道之蠹民，擇賢將以訓士。然後親率羣臣，謝過郊廟，如成湯之六事自責，太宗之十漸即改，庶幾天意可回，國勢可振。」

又言：「父有天下，固當傳之于子。乃者太子薨逝，足知天命有在。臣竊以爲上皇之子即陛下之子，沂王天資厚重，足令宗社有託。伏願擴天地之量，敦友于之仁，蠲吉具儀，建復儲位，實祖宗無疆之庥！」

又言：「陛下命將帥各陳方略，經旬踰時，互相委責。及石亨、柳溥有言，又不過庸人孺子之計。平時尚爾，一旦有急，將何策制之？夫禦敵之方，莫先用賢。陛下求賢若渴，而大臣顧排抑之，所舉者率多親舊富厚之家，即長材屈抑，孰肯爲言！廷臣欺謾若此，臣所以拊膺流涕，爲今日妨賢病國者醜也。」

疏入，上不懌，下廷臣集議。寧陽侯陳懋、吏部尚書王直等請納同言，因引罪求罷，上慰留之。

越二日，綸亦抗疏陳修德弭災十四事。其大者謂：「内官不可干外政，佞臣不可假事權，後宫不可盛聲色。」又言：「孝弟者百行之本，願陛下退朝後，朝謁兩宫皇太后，修問安視膳之儀。上皇君臨天下十有四年，是天下之父也；陛下親受册封，是上皇之臣也；上皇傳位陛下，是以天下讓也；陛下奉爲太上皇，是天下之至尊也。陛下與上皇雖殊形體，實同一人。伏讀奉迎還宫之詔曰：『禮惟加而無替，義以卑而奉尊。』望陛下允蹈斯言，或朔望，或節旦，率羣臣朝見，以展友于之情，極尊崇之道。更請復汪后于中宫，正天下之母儀，還沂王于儲位，定天下之大本，如此則和氣充盈，災沴自弭。」

上得疏，益大怒。時日已暝，宫門閉，傳旨自門隙中出，立執同等。

甲子，同及綸俱下錦衣衛獄，搒掠慘酷，逼引主使及交通南宫狀，瀕死無一語。會大風揚沙，天地晝晦，獄得稍緩，令錮之。

初，額森入寇，朝廷仍遣使撫諭烏梁海，而三衛受額森指數，以非時入貢，遣使往來，伺察中國。既而額森虐使三衛，復逼徙朵顔所部于黄河穆納地，三衛皆不堪，復陰輸衛喇特情于中國。

《英宗實録》卷二四一 丙寅，革雲南河西縣河泊所，以事簡課少故也。

《國榷》卷三一 己巳，巡撫湖廣刑部右侍郎李棠疾，還京。尋致仕。

《英宗實録》卷二四一 癸酉，革湖廣所屬州縣糧長。時湖廣按察司言：「糧長收糧，民受其害，請將各屬正副糧長盡行革去，税糧里甲催徵。仍請移文各處推檢，如果無益於事，有損於民，奏請罷止。」從之。

《明通鑑》卷二六 是月，三衛請近邊屯駐，因乞居大寧廢城。尚書于謙以爲不可，詔不許。

《國榷》卷三一 〔六月〕辛巳朔，蠲濟南、青、登、東昌、懷慶、衛輝、汝寧、南陽旱災夏税。

《英宗實録》卷二四三 壬午，命都察院右僉都御史余儼復任，仍理清黄，以親喪服闋也。陞南京兵部職方司主事李才郁爲本部武庫司郎中。吏科言中書舍人舊有定額，乞裁省冗員。仍乞禁止官員子弟諸色人等，令後毋得自陳習字，以希進用。從之。尋以中書舍人劉鉞等言仍免裁省。

《國榷》卷三一 癸未，減南京光禄寺歲酒三萬瓶。

丁亥，復太原税課。

《明史》卷一一《景帝紀》 戊子，録囚。

《國榷》卷三一 甲午，總督南京糧儲工部左侍郎李浩兼理屯種。

丙申，朵顔衛都指揮阿兒乞蠻來貢馬，言瓦剌也先勾三衛，且欲内犯。

《英宗實録》卷二四二 戊戌，吏部言，各處巡撫官考察過府州縣官老疾者一百八十六人，例宜致仕，懦弱貪暴者一百三十三人，宜罷爲民，及學問荒疎教官五人，宜別選用。詔悉從之。

《國榷》卷三一 辛丑，泰寧等衛都督僉事革干帖木兒等言，也先見擾，求附塞居大寧廢城及甲盾。兵部持不可，敕曰：「大寧城迫近塞，不便射獵，又炎暑恐生疾疫，非所宜居，其去塞二百里住牧，毋犯邊吏約，甲盾不爾吝，寇至則給。」

南京翰林院侍講學士邢寬卒。寬字用大，無爲人，永樂甲辰進士第一，授修撰，進侍講，南侍講學士，署南雍。孝友善交，苦足疾，不樂内朝云。

癸卯，太子太保兼吏部尚書王文賑饑蘇州，獲長洲盗二百人，奏上，誅十六人，餘戍邊。文支蘇、松、常、鎮、淮、揚糧九十七萬二百十三石有奇，賑三百六十二萬一千五百三十六人。

七月庚戌朔，南京大理寺左少卿廖莊言：「臣入仕十餘年間，見陛下向在郕邸，太上臨朝册封，令羣臣歲時謁賀，恩禮隆洽。今深居南内，陛下起見，大見疎曠，非所以慰天心，教天下。又，太上子陛下猶子，宜使親近儒臣，輔成德器，以端國本，以繫人心。」不報。

庚申，敕閣臣纂修天下地理志，遣進士王重等採訪。

《明史》卷一一《景帝紀》 癸酉，振南畿水災。

《明通鑑》卷二六 時上皇在南宫，左右數爲離間。及懷獻太子薨，羣小恐沂王復立，讒搆愈甚，賴鍾同、章綸與莊先後力言，皆得罪，然上頗感悟。

兵部尚書儀銘卒。起復左都御史蕭維楨，仍故官。

《國榷》卷三一　八月庚辰朔，定真人邵以正班祭酒下。復李燦淶水縣丞。

《英宗實録》卷二四四　癸未，安南國王黎濬遣陪臣阮喬等來朝。

《國榷》卷三一　丙戌，雲南總兵官檻送賊子思機發等至京師，伏誅。

壬辰，爪哇入貢。

《英宗實録》卷二四四　乙未，祭山川城隍等神，遣旗手衛官祭旗纛之神。

《國榷》卷三一　丙申，正一嗣教冲虚守素紹祖崇法真人張元吉爲正一嗣教清虚冲素光祖演道崇謙守静洞玄大真人，掌天下道教事。

戊戌，秦府輔國將軍公鈐、公鎧内亂，廢爲庶人，錮京師。

巡按河南監察御史張瀾言：「原武黄河東岸先開二河，合黑陽山舊道，引水濟徐、吕二洪，今改決而北，二新河水不通二洪，宜改濬一河，仍接舊道入洪，約二萬人，度一月罷。」從之。

内使田福私亡至藁城，捕誅之。

《明通鑒》卷二六　是月，減兩京課鈔。

時以鈔法不行，令兩京市肆園場税悉納鈔，户部按月征之。商民以爲病，或閉户不敢市易，拔園蔬伐果木以避之。給事中陳嘉猷言：「兩京根本重地，不宜當歲歉之時，興擾民之政。縱使鈔法通行，而民已不聊生矣。」乃詔蔬果等暫免納鈔。

《國榷》卷三一　〔九月〕庚戌，山西都司獄逸。

《英宗實録》卷二四五　癸丑，琉球國通使蔡寧等、四川馬湖府通事何義等貢馬，賜鈔綵幣等物有差。

《國榷》卷三一　戊寅，户科右給事中何陞言：「往使河南，見沁河有漏港，今水溢成渠，誠令舟從漏港出沁入黄，度二旬可達于淮，願以臨清輕舟試險易。」命左副都御史王竑等相度之。

《明通鑒》卷二六　是月，福建官臺山民作亂。

時練綱爲巡按御史，捕其渠魁而釋其脅從，遂與諸司忤。福建按察使楊珏劾綱縱盗，而廷臣當事者亦多忌綱。召還，謫邠州判官。

《明史》卷一一《景帝紀》　冬十月庚辰，副都御史劉廣衡巡撫浙江、福建，專司討賊。

《國榷》卷三一　辛巳，赤斤蒙古衛都督阿速上瓦剌也先印檄。

癸未，鳳翔知府扈暹廉謹，先秩滿，郡人留之，食正三品俸，至是秩又滿，進從二品俸。

《英宗實録》卷二四六　甲申，增置儀真壩閘官一員。先是閘官二員，以例省去一員，至是添造新壩訖功，故復增之。

乙酉，詔修南京朝陽等十七門城垣樓鋪。

《國榷》卷三一　辛卯，罷引沁河。時命工部右侍郎趙榮偕行人王晏往視，榮言勿利，乃寢。時欲罪晏，不問。

甲午，瓦剌知院阿剌爲也先大將，求太師，不許，阿剌怒。也先殘忍，荒酒色，諸部稍解散，忌阿剌，欲討之，恐不勝，乃自遣其子守西番，召阿剌二子從，先鴆殺阿剌次子。阿剌懼，詐言兀良哈盗馬，請召還其長子，合擊之。也先使賽罕、大同二王與俱，臨行，觴焉，中途，其長子亦中鴆死。阿剌益怨，紿賽罕、大同前渡川，自後率部落三萬趨也先所，數之曰：「漢兒血在汝身上，脱脱不花王血也在汝身上，兀良哈人血在汝身上，天道好還，血在我矣！」也先曰：「今者我齋，詰朝與汝戰。」退，與伯顔帖木兒、真孛羅平章等議帳中。有阿剌故部曲三人，轉事也先久，也先不之疑，因共趨帳中，拔所佩劍刺也先，并殺伯顔帖木兒等。賽罕王聞變，領七千人躡之，既知也先死，棄衆去。乘十七橐駞，爲其下卜兒答追及，射殺之，大同王竟西奔。也先之强悍慓賊，倉卒死于所部，中國自此息肩矣。

癸卯，失朝官二百二十四人，各奪俸一月。

丁未，羅山教諭邵祥言：「今春大寒，竹樹魚蚌皆死，災極矣，乞主臣修省。」從之。

《英宗實録》卷二四七　十一月戊申朔，欽天監進景泰六年大統曆，帝御奉天殿受之，給賜親王及文武群臣，頒行天下。

《國榷》卷三一　己未，定官吏食鹽。

辛酉，鎮守福建兵部尚書孫原貞上論屯種漕運逃民，上是之。

丙寅，哈密使臣阿力乩毆甘州驛卒死，赦其主自治之。

戊辰，增召商納草價。

〔十二月〕戊寅，大理寺左寺副王恕爲揚州知府。

《英宗實録》卷二四八　庚辰，朝鮮國王李弘暐遣陪臣申自守等貢方物。

《國榷》卷三一　壬午，錦衣衛指揮同知畢旺領鎮撫司。

免霸州、文安、大城、饒陽災租。

《英宗實録》卷二四八　乙酉，少保兼兵部尚書于謙有疾，賜勑曰：「昨聞卿偶嬰重疾，朕爲惕然。念卿夙膺委託，旦夕不可或無，已令近臣備醫往視，玆復賜卿白金五十兩爲湯藥費，并賜羊酒白米，卿其勉杖病體，副朕惓惓之意。」

《國榷》卷三一　丙戌，免杭、湖、嘉興災租五十一萬六千餘石。

命禮部榜示喪葬婚嫁服舍舊制，禁奢僭。

壬辰，鎮守處州都指揮同知王英言：「銀場洪武中原額不及三千金，曰歲辦，永樂宣德間增額曰闡辦，如青田縣歲辦不千金，今闡辦至萬四千三百餘金，民深被其害，乞如洪武中例。」户部謂原額太輕，下布按二司議上。

《英宗實録》卷二四八　甲午，户科都給事中成章等奏：「舊例，税課司局河泊所倉庫官考滿先於户部查理糧課，其文册俱赴户科收掌。近吏科都給事中林聰奏准俱送吏科收掌，一旦變更，恐非立法之意，乞令仍遵舊制。」從之。

丙申，賜守立冲静真人邵以正銀印。

《國榷》卷三一　戊戌，召工部左侍郎趙榮，專委徐有貞治河。

己亥，太僕寺卿李賓爲副都御史，提督山海等處軍務。

免蘇、常、松江、鎮江、揚州田租二百一萬七千三百餘石，懷慶、衛輝、兖、青、濟南、東昌各有差。

癸卯，太僕寺少卿趙昱爲寺卿。

乙巳，户部主事余子俊言：「光禄供應日濫，各寺觀齋醮妄費，乞省一分則民受一分之賜。」命光禄寺禁約。吏科都給事中林聰數脅制吏部。爲御史黄溥等所劾，下獄論死。宥之，降國子監學正。

《明通鑑》卷二六　聰以敢言著，自劾何文淵等後，諸司皆凜凜，而吏部尤甚，凡聰所言，無不奉行者。内閣及諸御史，亦並以聰好論建，弗善也。

先是御史白仲賢以久次擢廣東按察使，聰言「仲賢奔競，不當超擢」，乃改鎮江知府。兵部主事吴誠夤緣得吏部，聰亦劾之，遂改工部。至是聰甥陳和爲教官，欲得近地便養，聰爲言于吏部。于是溥等遂劾聰「專選法，挾制吏部」。並訐其「前劾仲賢爲私其鄉人參政方員，欲奪仲賢官予之。與吴誠有怨，輒劾誠」。因並劾尚書王直，「阿聰不舉發」。

章下廷議。大學士王文尤惡聰，文致其罪，欲論斬，尚書高穀、胡濙不肯署。穀上書論救。濙稱疾數日不朝，上遣中官興安問疾，濙曰：「老臣本無疾。聞欲殺林聰，殊驚悸耳。」上亦自知聰，遂得釋，左遷國子監學正。

是冬，前南京御史尚褫，因災異上書陳數事。中言：「忠直之士冒死陳言，而執政者格以條例，輕則報罷，重則中傷，是言路雖開猶未開也。釋教盛行，煽誘聾俗，由掌邦禮者畏中官勢，以此度僧日益多，宜盡勒歸農以省冗費。」

章下禮部。時褫以劾周銓同下獄，尋論謫。至是疏既下，尚書胡濙惡其刺己，遂格不行，量移豐城知縣。

浙、閩之亂，尚書孫原貞兼鎮兩省，其年冬，疏言：「四方屯軍，宜簡精鋭實伍，餘悉歸農，以省冗食。今歲漕數百萬石，道路之費不貲。如浙江糧，軍兑運米，石加耗米七斗，民自運米，石加八斗，其餘計水程遠近加耗。是田不加多而征斂實倍，欲民無困，不可得也。況今太倉無十數年之積，脱遇水旱，其何以濟？宜量入爲出，俟倉儲既裕，漸減歲漕數，而民困可蘇也。」

又言：「臣昔官河南，稽諸逃民籍，凡二十餘萬户，悉轉徙南陽、唐、鄧、襄、樊間，羣聚爲生，安保其不爲盜？宜及今年豐，遣近臣循行，督有司籍爲編户，給田業，課農桑，立社學、鄉約、義倉，使敦本務業。生計既定，徐議賦役，庶無他日患。」時不能盡用。越十年，鄖陽盜起，果如原貞言。

景泰六年（乙亥、一四五五）

《英宗實録》卷二四九　春正月丁未朔，帝詣奉先殿、上聖皇太后宫、皇太后行禮畢，出御奉天殿，文武群臣及四夷朝使行慶賀禮。上聖皇太后、皇太后俱免命婦朝賀。

《國榷》卷三一　戊申，免保定、河間、廣平、大名、真定今年鹽鈔。

己酉，提督薊州、永平軍務左副都御史鄒來學巡撫蘇、松、常、鎮兼理浙江嘉、湖水利。

《英宗實録》卷二四九　庚戌，調太子太保兼工部尚書石璞爲太子太保兼兵部尚書協理部事，太子少師兼吏部左侍郎翰林院學士江淵爲太子太師兼工部尚書視部事。

《明史》卷一一《景帝紀》　戊午，大祀天地於南郊。

《國榷》卷三一　癸酉，罷提督白羊等口御史董廷圭、周清還京。

乙亥，免應天、太平、寧國、池州、安慶、和州、建陽、宣州各衛屯租。

《明通鑒》卷二七　是月，以江淵爲工部尚書，令視部事，淵遂出閣。時閣臣不相協，而陳循、王文尤刻私。淵好議論，每爲同官所抑，意忽忽不樂。會兵部尚書于謙以病在告，詔推一人協理部事，淵欲得之。循等佯推淵，而密令商輅草奏，示以「石兵江工」四字，淵在旁，不知也。比詔下，調工部尚書石璞于兵部，而以淵代璞，淵大失望。

《英宗實録》卷二五〇　二月丁丑朔，釋奠先師孔子，遣少保太子少傅户部尚書文淵閣大學士陳循行禮。

《國榷》卷三一　辛巳，逮巡按福建監察御史無錫倪敬，以還京留鄉踰四月也。

《英宗實録》卷二五〇　己卯，上聖皇太后聖節，免命婦賀。遣順天府官祭宋丞相文天祥。賜懷仁王弟二子名曰仕⿰土尞，弟三子名曰仕埂。太常寺卿許彬奏：「每歲仲春仲秋上下釋奠先師孔子及四配十哲，牲牢品物固無容議，其兩廡從祀先賢共一百九位，止用豕二隻，棗栗各二十二斤，黍稷各三升三合有奇，鉶鹽五斤十兩，每品分爲一百九分，甚儉薄不足以盡尊崇之意，請增豕四隻，棗栗各五十斤，黍稷各一斗，鉶鹽五十斤，庶於礼爲稱，及行南京國家一例增設。」從之。

《明史》卷一一《景帝紀》　壬午，太監王誠同法司、刑科録囚。

《明通鑒》卷二七　時中外繫囚有至十餘年者，上以災變，有是命，由是得減免者甚衆。

刑部郎中夏時正言：「通番劫盜諸獄，以待會讞，淹引時月，因多瘐死，請令所司斷決。」詔從之，遂推行天下，著爲令。尋又命大理少卿李茂等録南京、浙江囚。

《國榷》卷三一　乙酉，福建布政司獄逸。

庚寅，琉球入貢。

丙申，增置通州倉。

戊戌，巡按湖廣監察御史葉巒言二事：卻貢獻以制外夷，革游食以實邊衛。報聞。敕甘肅總兵官都督僉事雷通、參贊軍務左副都御史宋傑等出塞勦虜，如未犯邊，不可輕舉。申監司送迎之禁。

《英宗實録》卷二五〇　壬寅，湖廣華容縣醫學訓科王正中言：「本縣民歲運京儲皆經行洞庭(洞)〔湖〕，春夏水漲，人多被溺，秋冬水涸，舟復不通，往返搬運，勞苦萬狀。臣見附近有河一道，昔晉杜預所開者，但淤淺少水，乞勅有司于農閑之日督率工役，如舊疏濬，使運船悉由此達大江之京倉，實爲民便。」帝命工部移文有司，視其果利無害而後爲之。

《英宗實録》卷二五一　三月丙午朔，命西番净成寺國師弟劄思巴藏卜襲灌頂弘教翊善國師，瞿曇寺完卜班竹兒藏卜襲灌頂廣智善國師，皆錫之誥命。革四川建昌衛龍溪巡檢司，以巡檢王子舉言其路僻無盜故也。

癸丑，户部奏正統十三年浙江漕運軍二萬二千六百七十人，後因征處州寇賊軍有不足，令民代運。今寇賊既平，民運艱苦，宜命鎮守浙江及管漕運等官揀選浙江軍餘，補足正統十三年漕運軍數，凡民運糧米，盡令軍運，用寬民力。」從之。

詔直隸蘇州等府民糧負欠者俱暫停徵，以巡撫官奏其地連歲無收故也。

《國榷》卷三一　乙卯，設將軍直舍于午門外。

丙辰，革江北糧長賦役，令里甲催辦。

丁巳，減通州等衛草額，如宣德、正統例。

湖廣苗曰總幹等糾洪江等七十二寨攻清浪、鎮遠等衛，官軍擊斬二百餘級，擒十六人。

辛酉，始令吏部以經學試懷才抱德之士。

《英宗實録》卷二五一　乙丑，琉球國王侄尚伯禮等欲於蘇州收買紗羅段疋及買辦釘麻等物，修葺海船。禮部恐其擾民，不從。帝以琉球素遵王法，與他夷不同，特命從之。

《國榷》卷三一　己巳，工部尚書江淵濬運河，自沙灣北至臨清，南至濟寧，凡四百五十里，役營軍五萬人。

《英宗實録》卷二五二　四月丙子朔，有學官爲生員誣陷贓罪，械至京，自經于逆旅。事聞都察院，請通行天下禁約：「凡生員有以奉師束修贄見儀物爲贓，搆詞誣陷者，官司鞫實，即與分豁，毋一槩論贓。其生員誣陷師長，真情既暴白，仍械京治罪。」從之。

《明通鑒》卷二七　辛巳，敕户、兵二部及兩畿、山東、河南、浙江、湖廣撫按三司官條寬卹事，及罷不急諸務。

《國榷》卷三一　庚寅，以花馬池、興武二營乏草，許罪人納糧芻于延安、綏德。

辛卯，上皇第六子生。

給事中嚴誠、行人劉儉往封琉球國中山王尚泰久。

《英宗實録》卷二五二　丁酉，革直隸河間府滄州長蘆倉，從本州奏請也。

《明通鑒》卷二七　是月，韃靼小王子穆爾格爾遣使貢馬駝。禮部言「迤北未有君長，請量減賞賜」，詔從舊給之，以慰其心。

《國榷》卷三一　〔五月〕丙午，西寧侯宋傑卒。

辛亥，沙灣功成。右僉都御史徐有貞初作捲埽法，緯大竹爲編簿，土石實之，視其潰，數十人推而堙之，役五萬八千人，十有八月而竣。

《英宗實録》卷二五三　己未，滿剌加國王速魯檀無荅佛哪沙遣頭目馬哪吽等來朝貢馬及方物，賜宴并綵幣表裏金織羅衣等物。

《明史》卷一一《景帝紀》　己巳，禱雨於南郊。

《國榷》卷三一　遣告在京諸祀神祇。

辛未，停湖廣採辦。

《英宗實録》卷二五三　壬申，勑哈密忠順王倒瓦荅失里曰：「累聞迤北走回人言漢人男女有先被達賊搶去，有轉賣與爾哈密地方者，有自逃回爾地方潛住者，有經過爾處被爾部下拘留不發者，前後約有三千餘人，中間被爾部下賣與撒馬兒罕地面去者約一千餘人，其餘尚有二千餘人。朕以爾自祖父以來世受朝廷爵禄賞，爾亦自稱與朝廷守把後門，豈可以求微利致失爾之信義？勑至，爾即以朕言宣諭部下，但有拘留人口者盡數遣人送還朝廷，自有賞賜，決不吝惜，爾其體朕至懷。」是日復以忠順王使臣阿力乩毆必處以法不恕，特諭爾知之。

暹羅國王把囉藍來孫剌遣使臣坤罡悦等來朝貢方物，賜宴并綵幣表裏紵絲襲衣等物。

《明通鑒》卷二七　是月，畿内旱，蝗蝻延蔓。淮安、揚州、鳳陽皆大旱。

《英宗實録》卷二五四　六月乙亥朔，勑監察御史張鎣曰：「山東臨清縣地方雖不廣而實兩京咽喉，四方官民商旅之所往還住止，水陸貨物之所儲蓄貿遷，公私輸運，舟車去來，未嘗少息，爭競攘奪，欺壓凌暴，無日無之，詞訟之所從興，盜賊之所由發。雖有巡撫巡按，該管司府官員不得專臨，公差管河催事，收放物料，職役各務偏向，强暴得志，良善受虧。今特命爾往彼，專一整理詞訟，禁防盜賊，遇有前項事情，聽爾輕則懲治，重則解京。其有刁潑豪强之徒，及恃勢官吏，沮撓風憲，囑托公事，除京官及文官五品以上并軍職具奏外，其餘即時挐問，依律照例發落。爾受朝廷委任，務在持廉秉公，正己率人，毋枉良善。」

《明史》卷一一《景帝紀》　乙亥，宋儒朱熹裔孫梃爲翰林院世襲《五經》博士。

《明通鑒》卷二七　梃世居福建建安縣之紫霞洲，至是命主朱子祀。梃爲人醇謹，言動有則。

《英宗實録》卷二五四　癸未，廣東歸善縣黄峒等山撫猺人林原貴等來朝貢方物，賜鈔幣有差。朝鮮國陪臣李鳴謙等陛辭，賜宴命賫勑及綵幣歸賜其王。

河決河南開封府高門堤二十餘里，詔三司督軍夫積物料修築之。

《國榷》卷三一　甲申，免德慶州秋租。

《英宗實録》卷二五四　乙未，命禮部移文天下，今後僧道務要本户丁多，本人持行修潔，不係軍匠鹽灶等籍，里老保結，呈縣覆實，具申府司，類呈該部，方許收度。如有扶捏詐冒不實者，巡按御史、按察司將本人並保送僉書官吏一體治罪。仍勘各寺觀原定額數目，如有不及，給與度牒，如有數多，不與出給，從巡按河南監察御史程亨奏言也。

丙申，詔建内官直房于思善門側。

《英宗實録》卷二五五　〔閏六月〕己酉，設四川灌縣守禦千户所，摘成都後衛右千户所官軍實之。先是，左副都御史寇深〔言〕董卜韓胡久蓄異志，而灌縣實當其衝，宜築城置守，以防未然。事下兵部，移文四川巡撫及三司議，以爲宜，故有是命。

壬子，鑄給四川都司新設灌縣守禦千户銅印一顆，百户所銅印十顆，夜巡銅牌五面。

乙卯，命故陝西行都指揮僉事馬驯子麟襲爲甘肅州左衛指揮使。設湖廣襄陽府房縣撫民縣丞一員，以地曠山多逃民所聚故也。

《國榷》卷三一　丁卯，福建多盜，刑部尚書俞士悦乞遣在廷重臣巡撫，吏部尚書王直謂宜責三司禁捕。上是之，非大事，毋廷遣。

壬申，户部上寬恤減省事宜。從之。

《明通鑒》卷二七　閏月，兩畿、湖廣水，遣官省視振卹。

《英宗實録》卷二五六　〔七月〕乙亥，勑諭少保兼太子太保户部尚書文淵閣大學士陳循、少保兼太子太傅工部尚書東閣大學士高穀、少保兼吏部尚書東閣大學士王文、太子少師兼户部右侍郎翰林院學士蕭鎡、兵部左侍郎翰林院學士兼左春坊大學士商輅曰：「朕惟古昔帝王，盛德大功載諸典謨訓誥誓命之文，春秋二百四十二年之事，著於孔子褒貶之書，足爲鑒者，不可尚矣！自周威烈王至梁、唐、晉、漢、周五代事書於朱文公《通鑑綱目》，亦天下後世之公論所在，不可泯也。朕嘗三復，有得於心，獨宋元所紀竊有歉焉。卿等其仿文公例編纂，（官）上接《通鑑綱目》，共爲一書，以備觀覽。」應編纂官屬仍推勤敏有學識者具官職名以聞，其尚精審毋忽。」循等推舉左春坊大學士兼翰林院侍讀彭時、右春坊大學士兼翰林院侍講劉儼、翰林院侍講學士兼右春坊右中允吕原、翰林院侍講學士兼左春坊左中允倪謙、司經局洗馬翰林院修撰李紹、春坊贊善兼翰林院檢討錢溥、詹事府府丞李侃、李齡、順天府治中劉實、兵部主事章瑕、中書舍人兼司經局正字劉鉞、國子監博士陳淮、南京通政司參議丁澄、南京尚寶司司丞宋懷、南京刑部主事張和、南京工部主事劉昌、南京國子監學録蕭士高、湖廣蘄州知州金銑、浙江仁和縣學教諭聶大任俱堪任編纂，從之。

《明通鑒》卷二七　徐有貞治沙灣決口成。

有貞至張秋，上《治河三策》：一置水門，一開支河，一濬運河。議既定，督漕都御史王竑，以「漕渠淤淺滯運，請亟塞決口」，上敕有貞如竑言。有貞守便宜，言：「臨清河淺舊矣，非因決口未塞也。漕臣但知塞決口爲急，不知秋冬雖塞，來春必復決，徒勞無益，臣不敢邀近功。」詔從其言。

有貞乃踰濟、汶，沿衛、沁，循大河，道濮、范，相度地形水勢，上言：「河自雍而豫，出險固而之夷斥，水勢既肆，由豫而兗，土益疏，水益肆，而沙灣之東所謂大洪口者，適當其衝，於是決焉，而奪濟、汶入海之路以去，諸水從之而洩，隄以潰，渠以淤，澇則溢，旱則涸，漕道由此阻。然驟而堰之，則潰者益潰，淤者益淤。今請先疏其水，水勢平乃治其決，決止乃濬其淤。」

于是設渠以疏之。起張秋金隄之首，引而西南百里，踰范暨濮，又上而西北經澶淵以接河、沁，内倚古金隄以爲固，外恃梁山泊以爲泄，又置上下二閘以節宣之。凡河流之旁出不順者，築九堰以障之。堰各長萬丈，崇三十有六尺，厚什之，栅木絡竹，實之石而鍵以鐵。至是工成，凡役夫五萬八千有奇，閲五百五十餘日。賜其渠名曰廣濟。自是河水不東衝沙灣，而更北出以濟漕。乃濬漕渠，北至臨清，南抵濟寧，建閘于東昌者凡八，用王景制水門法以平水道。而山東之阿、鄄、曹、鄆間，田出沮洳者百數十萬頃，水患亦息。

先是有貞倡河決宜疏不宜塞之議，廷臣皆難之。上遣中使就問，有貞乃出二壺，而穿其一爲五竅，注水其中，則五竅者先涸。中使還，白于上，乃決用有貞策。

及工將竣，江淵請遣中官偕文武大臣督京軍五萬人往助役，有貞言：「京軍一出，日費不貲。今泄口已合，決隄已堅，但用沿河民夫，自足集事。」乃止。

自沙灣之決垂十年，至有貞治之，決口乃塞。然亦會黄河南趨徐、吕，東流之勢漸殺，故有貞用是奏功云。

《國榷》卷三一　丙子，巡撫江西韓雍奏：「勸借稻穀百八十萬四千九百石有奇，賑穀九十九萬七千九百五十三石五斗，米萬九千四百十石六斗八升，布千一百九十四匹。」

丁丑，免杭、湖、嘉興藥料。

《英宗實録》卷二五六　壬午，雲南灣甸等州遣頭目刀索孟等并廣東新會縣徭首鄧鉞等俱來朝貢馬及方物，賜鈔綵幣表裏紵綵絹襲衣等物有差。

《明史》卷一一《景帝紀》　庚寅，以南京災異屢見，敕群臣修省。

《明通鑒》卷二七　于是御史倪敬偕同官盛杲、杜宥、黄讓、羅俊、汪清等上言：「府庫之財不宜無故而予，遊觀之事不宜非時而行。曩以齋僧，屢出帑金易米，不知櫛風沐雨之邊卒，趨事急公之貧民，又何以濟之？近聞造龍舟，作燕室，營繕日增，嬉游不少，非所以養聖躬也。章綸、鍾同，直言見忤，幽錮踰年，非所以昭聖德也。願罷桑門之供，輟宴佚之娱，止興作之役，寬直臣之囚。」上得疏不懌，下之禮部，部臣稱其忠愛。上雖報聞，意終不懌。未幾，詔都御史蕭維楨考察其屬，遂希指罷黜敬等，凡十六人。

時又有御史王鑑者，嘗于左順門面斥中官非禮。中官怒甚，因考察，屬維楨並去之，維楨不可而止。

《國榷》卷三一　辛卯，免文安縣災租四千八百餘石。

《英宗實録》卷二五六　壬辰，雲南木邦軍民宣慰使司土官宣慰使罕落法、住守孟定地方土官宣慰使弟罕郭法遣頭目刀邦悶等來朝貢馬及金銀等皿等物，賜鈔綵幣表裏紵綵襲衣等物，仍命刀邦悶等賚勅并綵幣表裏歸賜其土官及妻。

（己）〔乙〕未，朵顔衛都指揮阿兒乞蠻遣韃子薛薛歹等來朝貢馬，賜宴并綵幣表裏等物。

丙申，滿剌加國遣使臣端麻士凌釘等奉表來朝貢馬及方物，賜宴并綵幣表裏金織紵絲襲衣等物，仍命賚勅并綵幣表裏賜其王及妃。凌釘等奏其王原賜冠服燬于火，詔復賜皮冠弁服、紅羅常服及紗帽犀帶。

《國榷》卷三一　丁酉，禁屠耕牛。

《國榷》卷三一　壬寅，敕諭灌頂國師贊善王班丹堅剉等護邊修職，毋信迤北虜誘。

《英宗實録》卷二五七　〔八月〕乙巳，泰寧衛都督僉事革干帖木兒等遣指揮脱脱不花等、湖廣施州衛南宣撫司遣把事般古送等貢馬，賜宴并綵幣等物有差。

壬子，提督山海等關右副都御史李賓奏：「洪武初，魏國公徐達守禦永平、山海等處，築禦縣長城三十餘里及喜峯等關口俱修築堅完，賊至不能進入，百姓賴以安居。宜建祠宇於永平府城内，俾有司春秋祭祀，以慰軍民仰慕之念。」帝曰：「邊務方殷，軍民艱難，俟豐年舉行之。」

《明史》卷一一《景帝紀》　庚申，南京大理少卿廖莊又請復沂王爲皇太子，杖于闕下，並杖章綸、鍾同於獄，同卒。

《明通鑒》卷二七　時莊以母喪赴京，闕給勘合，朝見東角門，上憶莊前疏，立命廷杖八十。左右言「事由鍾同等倡之」，上愈怒，乃封巨梃令杖同、綸于獄。同竟死獄中，綸長繫如故。

同，永豐人。父復，以宣德中進士官修撰，與劉球善，球上封事，約與俱，復妻勸止之。球聞之曰：「奈何謀及婦人！」遂獨上之，竟死。無何，復亦病死。妻深悔之，每哭輒曰：「早知不祿，曷若與劉君同死！」同幼聞母言，即感奮思成父志。嘗入吉安忠節祠，見所祀歐陽修、楊邦乂諸人，嘆曰：「死不入此，非夫也！」方復儲之上疏也，策馬出，馬伏地不肯起，同叱曰：「吾不畏死，爾奚爲者！」馬猶盤辟再四乃行。同死，馬長號數聲亦死。

天順復辟，贈大理左丞。録其子啓入監，尋授咸寧知縣。啓請父遺骸歸葬，詔給舟車器費。成化中，追謚恭愍，從祀忠節祠，與球聯位，竟如同初志。

方同等下獄時，有禮部郎孟玘者，亦疏言復儲事，竟不罪。

而進士楊集上書于謙曰：「奸人黄玹獻議易儲，不過爲免死計耳，公等遽成之。公國家柱石，獨不思所以善後乎？今同等又下獄矣，脱諸人死杖下，而公等坐享崇高，如清議何？」謙以書示王文，文曰：「書生不知忌諱，要爲有膽，宜進一官處之。」乃以集知安州。

莊既杖，謫定羌驛丞。

《國榷》卷三一　辛酉，朝鮮國王李弘暐幼得疾，讓其叔瑈署國事，詔許之。

丁卯，禁中外官擅械罪人。

戊辰，監察御史章亮、陳顯以考察謫驛丞。

設福建壽寧縣，析建寧之政和、福安地。

《明通鑒》卷二七　是月，濬京師城河，備雨潦也。

《英宗實録》卷二五八　〔九月〕癸酉朔，永嘉大長公主奏：「近見京師軍馬數多，用糧浩大，願以永樂、宣德、正統間所買直隸無錫縣田一處計一千二百餘畝，歲入租糧七百餘石，盡歸有司，以助供給。」從之。

甲戌，永嘉大長公主薨。公主太祖高皇帝第十二女，母惠妃郭氏，洪武九年生，二十二年册封爲永嘉公主，配駙馬都尉郭鎮，永樂三年封長公主，二十二年加封大長公主，至是薨，享年八十，訃聞，輟視朝。

《國榷》卷三一　己卯，監察御史劉紀巡通州倉，娶部民女，下錦衣獄，謫廣西高橋驛丞。

甲申，提督松潘兵備刑部左侍郎羅綺言：「土番張蠟國師商巴姪吾兒哲等濟惡，臣致其姪南柯兒，誓攻滅之。」兵部尚書于謙謂：「夷心叵測，倘謀泄，以朝廷誨戕同類，非義也。」上是之。

《英宗實録》卷二五八　丙戌，召商於貴州缺倉糧分中鹽納米，兩淮借撥鹽三萬引，每引米五斗五升，兩浙借撥鹽三萬引，存積鹽二萬三千七百二十一引，每引米四斗，雲南黑白等井遞年餘鹽三千九百四十引，存積鹽三萬七千引，每引米六斗五升，麗江軍民府蘭州上下等井遞年餘鹽九百六十八引，每引米六斗五升，四川上流等井存積鹽一萬四十七引，每引米四斗五升。

丁亥，裁革雲南雲南府滇池魚課司副使一員。

《國榷》卷三一　復董貫應天通判，食從五品俸。

戊子，南京監察御史苗樾、李堅、潘鏞、孔鑰俱降典史，秦纮、戴昂、楊敷俱驛丞，以考察。右僉都御史陳泰治運河成，自瓜、儀至淮安百八十里，役六萬餘人。

丙申，令張家灣榷木如淮安例。

《英宗實録》卷二五八　庚子，召商於遼東各倉中鹽納米以備軍餉，兩淮竈丁折糧鹽一十八萬七千四百二十九引，廣寧等四倉每引米豆中半石四斗，共鹽八萬四百二十九引，定遼前等三倉每引米豆中半一石五斗，共鹽七萬七千引，三萬倉每引米豆中半八斗，共鹽三萬引。

沿漕河盜賊横甚，漕軍爲有殺掠者，副都御史王竑以聞，命監察御史王用同錦衣衛官嚴捕之。

壬寅，命宋儒程頤之後克仁爲翰林院五經博士，子孫世襲，以奉其祀。命有司脩建先賢顏回、曾參、程顥、朱熹祠宇及定祭儀，仍命翰林院撰文，令其子孫世襲五經博士者春秋祭之。

《國榷》卷三一 〔十月〕庚戌，大名縣野蠶成繭，禮部欲賀，不許。

辛亥，京城多饑盜，分遣御史官校捕之。

《英宗實録》卷二五九 壬子，命內供用庫造大隆福寺，佛會蠟燭五萬七千四百枝，共用蠟一萬七百八十餘斤。

《國榷》卷三一 甲寅，召商中鹽，納米霸州、文安、固安、寶坻等縣賑饑。

乙卯，迤西脱脱不花王子麻烏可兒吉思及毛里孩孛羅等以四萬騎攻阿剌知院，阿剌亦三萬衆待之。詔邊臣嚴備。

《英宗實録》卷二五九 癸亥，襲封衍聖公孔彥縉，字朝紳，宣聖五十九代孫，甫十歲襲父鑑爵，太宗皇帝命教於太學，久之遣歸，仁廟賜第於東華門，正統間幸太學，有襲衣冠帶之賜，明年來朝，又有銀印、玉帶、織金麒麟之賜。至是卒，年五十五。帝遣禮部主事周騤往致祭，并令有司治喪葬。彥縉爲人和易，性嗜酒，文學亦少加意。

《國榷》卷三一 丙寅，翰林院編修黃諫上《大明鐃歌鼓吹》十四曲。

廣東都指揮同知耿全擊廣西流賊于肇慶之白沙村，敗績，指揮倪廣、李清等俱死之。

丁卯，命天下罪囚在都布二司但會二司官，在府衛會府衛官，在按察司及巡按御史不必會官，即訊結，毋淹滯。

十一月壬申朔，岷府庶人徽煠蒼頭蒙能竄蠻中，糾三萬餘人攻隆里銅鼓城，命捕之。

《英宗實録》卷二六〇 戊寅，設四川蒲江縣雙路巡檢司，以其地多少人强賊故也。

《國榷》卷三一 辛巳，減南京收糧御史二人之一。

《英宗實録》卷二六〇 壬午，故襲封衍聖公孔彥縉妾江氏遣人訴於朝，言子幼孫稺，爲族人所欺陵，凡廟中倉庫管鑰爲其所收，凌暴孤寡，窘迫備至。況今大柩在堂，喪葬禮儀無所措置，乞賜矜憐，特爲區處。帝命禮部遣官屬一人馳驛至闕里，爲之治喪葬，且勑其族人令纖毫毋與，凡公私出納管掌悉聽如故。時進士孔公恂以親喪家居，遂命兼理之。禮部又言：「衍聖公雖二品，然近蒙恩賜玉帶及三臺銀印，恩禮優異，其卹典宜視一品之制。」從之。

《國榷》卷三一 上皇萬壽節，羣臣請賀，詔罷。

癸未，巡撫廣東兵部左侍郎揭稽故勘死人，下都察院獄。

甲申，賑貴州烏撒衛。

己丑，免大同絶租。

乙未，復南京户部官于上新河監收船料。

庚子，免兩畿各衛屯租二十九萬三千石。

《英宗實録》卷二六一 十二月壬寅朔，帝省郊祀牲。

《國榷》卷三一 乙巳，貴州平越等苗賊作亂，命方瑛等合討之。

庚戌，蒙能破銅鼓所羅圍堡，都指揮汪迪援之，敗没。

甲寅，禱雪。

孔弘緒嗣衍聖公。

辛酉，左僉都御史徐有貞言：「鄒縣顏、孟二氏，元嘗撥田六千頃，國初因之，其後被占。」命追給之，各益田二十頃，佃户十家。

《英宗實録》卷二六一 乙丑，革廣東樂昌縣河泊所，以事簡課少故也。

《國榷》卷三一 戊辰，屠宗順爲副千户，屠芝爲百户，仍直御用監。宗順、芝專獻寶石規利。

景泰七年（丙子、一四五六）

《英宗實録》卷二六二 〔正月〕乙亥，朝鮮國王李弘暐遣陪臣申叔舟等奉表來朝貢馬及方物，賜宴及綵幣表裏襲衣紗絹等物有差。

《國榷》卷三一 苗賊三千餘人掠沅州衛。

丁丑，禁漕卒以米易貨，赴京市米上納。

《明通鑒》卷二七 己卯，命兵部尚書石璞總督湖廣軍務，與方瑛合討叛苗。

《國榷》卷三一 辛卯，諭朵顏等三衛，入貢仍自永平入。

乙未，免廣平府去年夏麥四千七百七十餘石。

〔二月〕庚子朔，蠲應天、寧國、太平、安慶、徽、池、廣德、保定、河間、廣平、濟南、兗、東昌、平陽、開封、懷慶、衛輝去年災租二十四萬五千六百九十石有奇。

癸卯，從朝鮮國王李弘暐請，遣內臣封李瑈朝鮮國王。

甲辰，以鈔少，給京官折俸銀，每金折鈔七百貫。

丙午，令巡撫給淮、揚貧民牛種。

庚戌，還兩京内府納户剩米。先是倉役禁不容出。湖廣都指揮僉事楊茂領兵護運辰、沅、靖州、偏橋、鎮遠、銅鼓、清浪、平溪。

辛亥，悉召捕盜諸御史官校還京，時急耕，恐擾民。

《明通鑑》卷二七　皇后杭氏崩。

《國榷》卷三一　壬戌，巡撫貴州左副都御史蔣琳奏擊平越等苗，斬四百餘級。

癸亥，南京太廟奉御阮崇等以失珠冠降内使。

丁卯，潯州大藤峽賊攻荔浦縣。

（三月）壬申，新會縣賊黎三仔作亂，官軍擊斬二千有奇，復業九千餘人。

癸酉，免鳳陽去年秋租十四萬七千八百五十餘石。

甲戌，琉球入貢。

乙亥，宥贓吏絞徒者並爲氓。

戊寅，免雲南災租六萬五千六百餘石。

己卯，苗賊陷晃州堡，殺千户鄭鉉。

庚辰，許南畿、山東、河南輸米贖囚，豆麥抵米。

壬午，謚杭氏孝肅皇后。巡撫湖廣兵部尚書石璞總督征苗軍務，時辰、沅有警。

戊子，岳正服闋，補翰林院修撰兼右春坊右贊善。

禮部言，撒馬兒罕地面遣使入甘州遷延，支廪千七百六十餘石，他無論，擇玉僅七塊，不受擇，悉攜入京，若概收則縻賜，乞擇進，餘聽市易。從之。

庚寅，故誠意伯劉基七世孫禄爲翰林院五經博士，世襲。

甲午，命户部輸金遼東、陝西、大同各五萬，宣府十萬，永平五千，各糴糧料。

設陝西高臺堡守禦千户所，以甘肅要地也。

《英宗實録》卷二六四　戊戌，省直隸廣德川織染局副使，以事簡官多也。

《國榷》卷三一　（四月）辛亥朔，湖廣賊蒙能糾苗賊二萬攻圍平溪衛，守備都指揮鄭泰等擊敗之。官軍乘勝追勦，斬獲亡算，能中槍死。

癸丑，增雲南按察司管屯副使。

《明通鑑》卷二七　乙卯，麓川思任發子思卜發，遣使貢象馬方物，奏稱：「臣父兄犯法，時臣幼無知，乞賜矜宥。」朝議許之，賜敕誡諭，並賚卜發錦幣及其使鈔幣有差。

《國榷》卷三一　丙辰，開麗水縣巖泉山銀冶，鎮守左監丞阮隨等請之。

（五月）癸酉，鎮守廣東右少監阮能爲左少監，總督兩廣右都御史馬昂爲左都御史，總兵官都督僉事翁信爲都督同知，以新會斗峒等山寨功。

《明通鑑》卷二七　初，詔儒臣修《寰宇通志》，至是成，上之。大學士高穀晉少保，陳循以下皆加兼官。

《明史》卷一一《景帝紀》　戊寅，以水旱災異，敕内外諸臣修省。

《國榷》卷三一　運松江、嘉興積鹽五萬引于常德，易粟餉軍。

己卯，前巡按直隸監察御史王常覈薦舉不實，至是起復，下刑部。

辛巳，遣官捕順天、河間、保定、真定、順德、大名蝗。

己丑，初，滿剌加貢使柰靄等至廣東新會，以犯奸自剄。餘使入貢還，通事馬貴聽間，謂柰靄有夜光珠、猫睛石未進，命追索之，俱虚，罪貴等如律。

《明史》卷一一《景帝紀》　辛卯，宋儒周敦頤裔孫冕爲翰林院世襲《五經》博士。

《明通鑑》卷二七　程氏世居嵩縣之六渾。周氏本道州人，周子葬母江州，子孫因家廬山蓮花峯下。至是命克仁、冕子孫世奉祀事。

《國榷》卷三一　壬辰，詔寬恤，蠲逋課，宥輕囚，停採辦一切不急之務。

設壽陵祠祀署。

《明通鑑》卷二七　是月，以福建僉事吕昌奏，增祀黄榦、蔡沈、劉爚、真德秀于朱子祠。

《國榷》卷三一　六月己亥朔，武城中衛改壽陵衛。

辛丑，浚杭州西湖。

癸卯，敕諭思卜發，務堅臣節，毋仍異心，自取不靖，賜錦二，紵絲紗羅二十，絹三十。

甲辰，蠲應天、太平、寧國、徽、池、安慶、廣德及宣州、建陽、新安等衛災租二十九萬四千一百四十九石有奇。

癸丑，徵保靖、播州、酉陽、貴州、安寧、金筑諸土兵征苗。

裁廣西巡鹽按察副使。

丁巳，廣東蠻賊掠合浦，指揮阮楨、湯洵敗没。

七月庚辰朔，城濮州。

庚午，韓雍奏勸借稻穀一百八十萬四千石有奇，賑穀九十九萬七千九百五十三石五斗，米萬有九千四百十石六斗八升，布千一百九十四匹。

壬申，誅妖人李珍、魏玄冲。俱通苗賊，珍僞稱帝，改元天順，糾苗賊至天柱，都指揮湛清等計擒之，械入京。

《明通鑑》卷二七　癸酉，是時山東河隄多壞，惟徐有貞所築如故，事竣還朝，召見獎勞，尋進左副都御史。

《國榷》卷三一　庚辰，祔天壽山神于北嶽壇，春祈秋報祀之。

癸未，禁漕運指揮等官道擾。

甲申，諭禮部，禁自宮求進者。

禁私錢。

乙酉，伶人李安爲錦衣衛百户。安姊惜兒自教坊入侍得幸。

庚寅，免平陽府夏税十萬六千九百八十二石有奇。

《英宗實録》卷二六八　壬辰，設福建延平府永安縣儒學，置教諭一員，訓導二員。

《英宗實録》卷二六九　八月戊戌朔，太上皇帝居南宫。遣保定侯梁瑶祭天壽山厔土及司工之神以營建山陵香殿故也。

《國榷》卷三一　戊戌朔，廣西流賊破欽州，執知州姜原性。

甲辰，立朝鮮國王李瑈子暲爲世子。

《英宗實録》卷二六九　乙巳，封襲封衍聖公孔弘緒庶祖母江氏爲夫人，錫之誥命，從弘緒奏請也。

《國榷》卷三一　乙巳，太常寺少卿兼翰林院侍講劉儼、左春坊左中允兼翰林院編修黄諫主試順天。

《明通鑑》卷二七　榜揭，大學士陳循子瑛、王文子倫皆被黜。循等乃以私憾搆儼等，劾其「校閲不公，請如洪武間治劉三吾等罪及重開科考試例」，蓋欲殺之也。詔禮部會大學士高穀復閲。取中之徐泰等，有優于瑛、倫者，有相等者，亦有不及者，惟第六名林挺硃卷無評語，亦無私弊，應以疎忽論。穀因言于上曰：「大臣子弟與寒士競進已不可，况又不安于義命，欲以此搆考官乎？」上欲兩全之，九月，賜瑛、倫俱爲舉人，准來年一體會試。其已中之舉人惟黜林挺，餘毋庸議。

于是六科給事中請論循、文罪。而張寧上疏，謂：「宋范質爲相，其從子求奏遷秩，質作詩戒之；韓億之子維舉進士，以父執政不就廷試。方之陳循、王文，賢不肖何如也？况應試者千八百有奇，而中式者百三十五人。倘一概援例干進，豈不壞科目之制乎？請治循等，仍將瑛、倫照不中發回原籍。」

是時穀亦請致仕，上慰留之。卒曲宥循等不問。文爲穀所引，而自入閣後，反與循比。穀持正不阿，屢爲循、文所擠，請解機務，不許。由是閣臣卒不相協，而以論救林聰、劉儼二事，人皆右穀而病文云。

《國榷》卷三一　丁未，免河南被災軍民採草。

虜阿剌知院爲孛來所殺。

《英宗實録》卷二六九　丁巳，裁省天下添設官員。

《國榷》卷三一　參政三，參議二，按察副使五，僉事二，府同知一，通判二十七，州同知、判官各十二，縣丞九十三，主簿十三，吏目、典史各一。

壬戌，江西賑三十萬六千六百八户，大小六十五萬三千十六口，支米穀三十九萬三千六百三十二石五斗九升。

《明通鑑》卷二七　詔追謚宋丞相文天祥曰忠烈，侍郎謝枋得曰文節，從僉都御史巡撫江西韓雍之請也。

雍代楊寧撫江西，歲饑，奏免秋糧，劾奏寧王奠培不法事。時雍年甫三十，赫然有才望，其所規畫措置，皆得士民心。

《國榷》卷三一　九月戊辰朔，濬河右僉都御史陳泰巡撫南畿。

甲戌，定浙西官民田糧。初，科額不一，至是以租收爲准，差等之。

《英宗實録》卷二七〇　己卯，裁省山東濟南府泰安州、德州判官各一員，兖州府寧陽、鉅野、金鄉三縣，東昌府夏津、武城二縣，主簿各一員。先是，增置各官，專理河道。至是，有詔省冗員，以是數州縣非河道所切，故省之。

《國榷》卷三一　戊子，道録司右玄義仰彌高奏，近聞東南大疫，河間等府旱澇相仍，圻内盜賊充斥，乞敕法司明清庶獄。詔曰：「朕屢命諸司平反諸獄，今有逮問未完，速斷遣之。」

甲午，停處州管銀場都指揮使。

《英宗實録》卷二七一　十月丁酉朔，革獨石馬營等邊倉管草副使，從右僉都御史李秉所奏也。

《國榷》卷三一　以靈福寺園賜錦衣衛百户李安。

番僧劄失尾則兒班、竹兒星吉俱爲左覺義，桑兒結巴爲右覺義。

《英宗實録》卷二七一　庚子，設陝西寧夏衛道紀司，署都紀、副都紀各一員，從總兵官都督同知張泰請也。

《明史》卷一一《景帝紀》　癸卯，振江西饑。

《國榷》卷三一　辛亥，給京師貧民布粟。

大名、湖、紹興、平陽各五月大雨水，寧國、安慶、蘇、台、嘉興各旱。

《英宗實録》卷二七二　十一月丁卯朔，欽天監進明年大統曆，帝御奉天殿受之，給親王及文武百官，頒行天下。

《明通鑑》卷二八　以監察御史陳述薦江西處士吴與弼，詔巡撫都御史韓雍禮聘送京師。

與弼年十九見《伊洛淵源圖》，慨然嚮慕，遂罷舉子業，盡讀《四子》、《五經》及洛、閩諸録，不下樓者數年。家貧躬耕，非其義一介不取。四方來學者，約己分，少飲食，教誨不倦。正統之末，御史涂謙、撫州知府王宇、山西僉事何自學先後薦，俱不出。嘗嘆曰：「宦官、釋氏不除而欲天下治平，難矣！」至是述請禮聘，俾侍經筵或備成均教士之選，故有是命。然與弼竟不至。

《國榷》卷三一　乙未，止朝鮮世子來朝。

盜竊南郊齋宫什器。

《明史》卷一一《景帝紀》　十二月己亥，方瑛大破湖廣苗。

《國榷》卷三一　茂州判官汪浩爲同知。

湖廣貴州總兵官南和伯方瑛等連擊苗賊，斬三千二百餘級，俘人畜器械亡算。

《明通鑑》卷二七　先是賊渠蒙能攻平溪衛，都指揮鄭泰等擊卻之，能中火鎗死。瑛遂進兵沅州，連破鬼板等一百十餘寨，遂與尚書石璞會兵于天柱。

《英宗實録》卷二七三　甲辰，朝鮮國王李瑈遣陪臣丰碩祖奉表貢方物，賀明年正旦。

《國榷》卷三一　乙巳，遣官覈蘇、常、松江倉糧。

丙午，迤北字來入貢。

《英宗實録》卷二七三　戊申，建金龍四大王祠於沙灣，命有司春秋致祭。

《國榷》卷三一　辛亥，貴州副總兵都指揮僉事李貴爲署都督僉事。

庚申，禁朝覲官餽遺。

《明史》卷一一《景帝紀》　癸亥，帝不豫，罷明年元旦朝賀。

是冬，免畿内、山東被災税糧，並蠲逋賦。

《明通鑑》卷二七　是歲，湖廣、浙江及南畿、江西、山西府十七旱，以水旱免天下税糧，計米麥二百四十五萬四千二百餘石。

景泰八年（丁丑、一四五七）

《英宗實録》卷二七三　春正月丙寅朔，太上皇帝居南宫。帝御奉天殿，免文武百官慶賀禮，上聖皇太后、皇太后俱免賀禮。

《國榷》卷三一　辛未，太子太師武清侯石亨攝享太廟。

壬申，吏部大計，罷斥有差。

《明史》卷一一《景帝紀》　丁丑，帝輿疾宿南郊齋宫。

己卯，群臣請建太子，不聽。

《明通鑑》卷二七　上疾日甚而儲位未定，中外憂懼。百官問安左順門，太監興安出，謂曰：「公等皆朝廷股肱耳目，不能爲社稷計，徒日日問安何益！」衆嘿然。安之意，蓋謂宜早請建儲也。

諸臣會于朝，議請復立沂王爲太子，惟大學士王文、陳循議不合。文曰：「今只請立東宫，安知上意誰屬？」循不言。學士蕭鎡曰：「沂王既退，不可再也。」乃以「早建元良」請。時都御史蕭維禎舉筆曰：「我請更一字。」乃更「建」爲「擇」，笑曰：「吾帶亦欲更也。」

己卯，諸臣疏進，諭曰：「朕偶有寒疾，十七日當早朝，所請不允。」

已而上將郊，召武清侯石亨至榻前，命攝行祀事。亨見上疾甚，退，與都督張軏、左都御史楊善及太監曹吉祥謀，謂：「立太子不如復上皇，可邀功賞。」軏、吉祥等然之。乃謀之太常卿許彬，彬曰：「此不世功也。彬老矣，無能爲。徐元玉善奇策，盍與圖之！」元玉，有貞字也。亨、軏遂夜至有貞家，有貞大喜曰：「須令南城知此意。」軏曰：「已陰達之矣。」有貞曰：「必得審報乃可。」亨、軏遂去。

《國榷》卷三一　庚辰，羣臣復請立太子，禮部尚書姚夔與大學士商輅議率百官伏闕請。

辛巳，集朝房，姚夔屬商輅草奏，輅屬草曰：「陛下宣宗章皇帝子，宜復立宣宗章皇帝孫。」皆曰：「善。」疏具，日已暮，皆出。

《明通鑑》卷二七　王直、胡濙、于謙會諸大臣、臺諫，請復立沂王，推商輅主章，大略謂：「陛下宣宗章皇帝之子，當立章皇帝子孫。」疏成，期以日暮奏，未入而奪門之變起。

明英宗部下（起公元一四五七年，迄公元一四六四年）

天順元年（丁丑、一四五七）

《英宗實録》卷二七四　正月壬午日，上復即皇帝位。時武臣總兵官太子太師武清侯石亨、都督張軏等，文臣左都御史楊善、左副都御史徐有貞等，內臣司設監太監曹吉祥等，知景泰皇帝疾不能起，中外人心歸誠戴上，乃於是日昧爽共以兵迎上於南宫。上辭讓再三，亨等固請，乃起陞輅，入自東華門，至奉天門，陞御座，文武群臣入，行五拜三叩頭禮。上曰：「卿等以景泰皇帝有疾，迎朕復位，其各仍舊用心辦事，共享太平。」群臣皆呼萬歲。朝退，上御文華殿，命徐有貞兼翰林院學士於內閣參與機務，召內閣臣少保兼太子太傅户部尚書華蓋殿大學士陳循等面諭之，遂命循等與有貞俱就文華殿左春坊草宣諭。頃之，進呈，上覽畢，以付禮官，於午門外開讀。

《明史》卷一二《英宗後紀》　日中，御奉天殿即位。下兵部尚書于謙、大學士王文錦衣衛獄。太常寺卿許彬、大理寺卿薛瑄爲禮部侍郎兼翰林學士，入閣預機務。

癸未，左副都御史兼翰林院學士徐有貞爲兵部尚書，兼秩視事如故。召太子太保安遠侯柳溥、廣寧伯劉安、都督僉事毛忠。

甲申，大理寺卿薛瑄爲禮部右侍郎兼翰林院學士，直文淵閣，左都御史楊善薦石亨請肅朝儀，從之。都督僉事張義下錦衣獄，株及署都督僉事都指揮同知王英，俱杖戍騰衝衛。永清左衛指揮同知黄瀚下錦衣獄，戍萬全右衛。逮寧夏管神銃內官高平、雲南內官閻禮、柳州衛千户盧忠，并籍其家。閣部府院大臣俱辭宫銜，從之。

乙酉，科道復論陳循、蕭鎡、商輅、俞士悦、江淵、王偉黨比王文、于謙，命羣臣廷訊之。禮部祠祭郎中蕭璁爲右侍郎，户部江西司郎中陳汝言爲右侍郎，俱迎駕。

《英宗實録》卷二七四　丙戌，以復位改元，遣寧陽侯陳懋告太廟，及遣駙馬都尉薛桓告長陵、獻陵、景陵。

《明史》卷一二《英宗後紀》　詔赦天下，改景泰八年爲天順元年。論奪門迎復功，封石亨忠國公，張軏太平侯，張輗文安伯，楊善興濟伯，曹吉祥嗣子欽都督同知。

《國榷》卷三二　召鎮守大同內官韋力轉，右參將都督僉事石彪。校尉逯杲縛錦衣衛百户楊瑛，以張永姻，且善施良，下詔獄。

《明史》卷一二《英宗後紀》　丁亥，殺于謙、王文，籍其家。陳循、江淵、俞士悦謫戍，蕭鎡、商輅除名。

《明通鑒》卷二七　先是廷臣會議請立沂王，文與陳循懼忤景帝意，遂易以「請擇」語，一時中外譌傳，謂文與中官王誠等謀召取襄世子。及石亨等議迎復，徐有貞恐其中變，乃詭詞激亨曰：「于謙、王文已遣人迎襄世子矣。」又曰：「上已知君謀，將于十七日早朝執君。」亨大懼，謀遂決。有貞以南遷及求薦事切齒于謙，而亨總十營兵，爲謙所制不得逞，亦銜之。上甫復辟，即日下謙、文于獄。

于是有貞與亨等嗾言官劾「謙、文謀迎外藩入繼大統」，命鞫于廷。文抗辯曰：「召襄王須用金牌信符，遣人必有馬牌，內府、兵部可驗也。」詞氣俱壯。謙笑曰：「亨等意耳，辯何益！」都御史蕭維禎曰：「事出朝廷，不承亦難免。」遂文致其詞，竟以「意欲」二字傅會成獄，坐《謀逆律》，當置極刑。奏上，上猶豫未忍，曰：「于謙實有功。」有貞曰：「不殺于謙，此舉爲無名。」上意遂決。時薛瑄方召至，力言于上，乃減一等，斬于市。

文之死，人皆知其冤，徒以倡易儲議爲時論所不與，無惜之者。而謙以定社稷功，爲舉朝所嫉。及奪門事起，一時希旨取寵者又藉以爲口實，至有遂溪教諭吾豫奏請族謙，並誅其所薦舉文武大臣，部議持之而止。籍没之日，家無餘貲，惟正室扃鑰甚固，啓視，則上賜蟒衣劍器也。臨刑入市，陰霾四合，天下冤之。皇太后初不知謙死，比聞，嗟嘆累日。

時有錦衣指揮多喇者，本出曹吉祥部下，以酒酹謙死所，慟哭。吉祥怒，抶之，明日，復酹奠如故。

都督同知陳逵，感謙忠義，收遺骸殯之。踰年，謙壻千户朱驥歸其喪，葬之杭州。逵故舉將才，出李時勉門下者也。

詔謫戍陳循、江淵、俞士悦于鐵嶺，斥商輅、蕭鎡等爲民，皆徐有貞主之也。有貞既入閣，欲盡攬事權，遂佐石亨輩撼去諸閣臣。循雖素有德于有貞，亦弗恤也。

上之即位也，至便殿，復召高穀及輅入，温旨諭之，命草《復位詔》。亨密語輅，赦文不須别具條款，輅曰：「舊制也，不敢易。」亨不悦。至是與有貞嗾言官劾循等朋奸，遂並及輅，下之獄。輅上書自愬，言「《復儲疏》在禮部，可覆驗。」蓋王直等疏雖未上，稿猶留禮部侍郎姚夔所，故輅以此請。而亨等持之，遂不省。淵既謫，進工部侍郎趙榮爲本部尚書。

《國榷》卷三二　遷太廟孝肅皇后主于别室。

戊子，錦衣衛指揮同知劉敬爲指揮使，指揮僉事門達爲指揮同知兼鎮撫司問刑，俱迎駕。雲南道監察御史沈惟言六事：保天命，固人心，停末務，汰冗員，擇守令，汰僧道。上間採之。

《明史》卷一二《英宗後紀》　己丑，復論奪門功，封孫鏜懷寧伯，董興海寧伯，欽天監正湯序禮部右侍郎，官舍旗軍晉級者凡三千餘人。

《國榷》卷三二　勅工部外匠毋預内臣。

忠國公石亨等奏奪門官軍三百三十一人，大漢百户六十九人，保駕千四百九十二人，守門千三百十九人。命奪門陞三級，餘陞一級。

增石亨禄二千五百石。

都督唐興下錦衣獄，籍其家。

庚寅，署太常寺事禮部尚書蔣守約言：「南郊舊瓷爵，景帝時改玉，今以請。」命仍玉爵。

《英宗實録》卷二七四　辛卯，減淮安、臨清、沙灣巡河主事三員，從定襄伯郭登言也。

《明史》卷一二《英宗後紀》　罷巡撫提督官。

《明通鑒》卷二七　亨在景帝時，屢以文臣不宜節制武臣爲言，至是卒罷之。時王竑巡撫江北，遂改浙江參政。亨與張軏、曹吉祥輩復追論竑擊殺馬順事，詔除名編管江夏。居半歲，上于宫中得竑疏，見「正倫理，篤恩義」語，感悟，顧左右曰：「竑所奏，多爲朕也。」命遷河州。尋遣官送歸田里，敕有司善視之。

《明史》卷一二《英宗後紀》　壬辰，榜于謙黨人示天下。

甲午，殺昌平侯楊俊。

《明通鑒》卷二七　初，俊守永寧、懷來，聞額森欲奉上皇還，密戒將士無輕納。至是上復位，張軏與俊不協，言于朝，遂徵俊還，下詔獄，坐誅。

是月，以太常寺卿許彬、大理寺卿薛瑄爲禮部侍郎兼翰林學士，入内閣預機務。

吏部尚書王直、禮部尚書胡濙以老請致仕，許之，並賜金帛給傳歸。直在翰林二十餘年，稽古、代言、編簒、記注之事，多出其手。長吏部凡十四年，年益高，名德日益重。上之還也，直最有力焉；景帝易儲，雖同受金幣之賜，非其本意也；請復沂王之疏雖未及上，上亦雅知之，故不及于譴。濙在禮部久，凡表賀祥瑞，皆以官當首署名，一時頗病其逢迎。然立朝垂六十年，節儉寬厚，喜怒不形于色。易儲議起，不免依違其間；而以屢請朝賀南宫，不忘忠愛，故上亦優容之。

二人既歸，直年八十有四，濙年八十有九，皆得享歸田之樂，以令名終。

《明史》卷一二《英宗後紀》　二月乙未朔，廢景泰帝爲郕王。

《明通鑒》卷二七　遷之西内。尋貶所生母皇太后吴氏復爲宣廟賢妃，廢后汪氏復爲郕王妃，削孝肅皇后杭氏謚號，改懷獻太子爲懷獻世子，皆稱皇太后制行之。

《國榷》卷三二　召紫荆關内使張誠，右都督陶瑾，雁門關内官阮談，署都督僉事陳友，懷來内官韋源，内使田霱，署都督僉事趙輔，居庸關左少監潘成，永寧内官弓勝，蔚州内官張普還京。兵部左侍郎俞綱仍理部事，禮部尚書章文削籍，南京户部右侍郎楊輿、右僉都御史余儼、大理寺右少卿朱絨、太僕寺少卿季亨俱改知府，吏部員外郎董蒿等七人俱改知州，工部右侍郎蒯祥、陸祥降太僕少卿，仍督工，以郕府舊僚，裁抑之。

《英宗實録》卷二七五　丁酉，先是，金吾右衛帶俸正千户白琦奏請盡誅郕府舊黨，上令該部通查其人以聞。至是兵官具録官軍一千七百七十五人，請裁處。

《國榷》卷三二　舊郕府官軍千七百七十五人俱調山東都司，校尉改軍，補京衛。

戊戌，祀太社太稷。

免鳳陽、淮、廬去年田租二十一萬六千三百三十餘石。

己亥，順天人江聰粥饑民四閲月，活八萬七千五百餘人，敕旌之。署太常寺事禮部尚書蔣守約致仕。

《明史》卷一二《英宗後紀》　庚子，高穀致仕。湯序請除景泰年號，不許。

《明通鑒》卷二七　穀見循、文等皆誅竄，遂謝病。上以穀長者，語廷臣曰：「穀在内閣，議迎駕及南内事，嘗左右朕。其賜金帛襲衣，給驛舟以歸。」

穀既去位，杜門謝客。有問景泰、天順間事，悉不答。越三年卒。後贈太保，謚文義。

《國榷》卷三二　時甄汰兩京大僚。安平伯吴安降府軍前衛指揮僉事，中軍左都督汪泉仍金吾左衛指揮使，汪瑛仍中軍兵馬指揮，錦衣衛指揮使杭昱仍副千户，皆郕王外戚也。

《英宗實録》卷二七五　癸卯，誅司禮監太監廖官保。官保管御藥房，上嘗索藥不得，至是誅之。誅司禮監少監許源。源初事上于南内，至是坐訕上，誅。誅御馬監太監郝義。義坐與王誠等同謀，欲發勇士擒殺吉祥、石亨等，故誅。

《明史》卷一二《英宗後紀》　吏部侍郎李賢兼翰林學士，入閣預機務。

《明通鑒》卷二七　時賢在吏部，王直既去，掌部事者爲尚書王翺，石亨惡之，言于上曰：「翺老矣，可令致仕。」翺聞之，遂上疏乞休，許之。亨語賢曰：「翺已休致，君當代之矣。」賢曰：「朝廷不可無老成人。況翺雖老，精力未衰，以賢輔之可也。賢安敢當此重任！」于是亨復言于上，遂留翺。未幾，賢復以徐有貞薦，遂與有貞同預閣務。

初，上之北狩也，廷議推舉將材，尚書于謙獨薦遼東指揮僉事范廣，充左副總兵，爲石亨副，積功累遷至總兵官，督兵居庸關外。及團營既立，謙復薦廣副亨提督團營軍馬。而亨所爲多不法，其部曲復貪縱，廣數以爲言，亨銜之，譖罷廣止領毅勇一營。廣又與張軏不相能，徒以謙在，未發也。及上復位，亨、軏等恃奪門功，遂誣廣附于謙，謀立外藩，下之獄。廣詞氣不屈，卒搆以謀逆，與謙同罪，遂斬于市。

廣性剛果，每臨陣，身先士卒，未嘗敗衄，一時諸將盡出其下，以故爲儕輩所忌。

謙與廣相繼死，團營亦尋罷。

《國榷》卷三二　丁未，徵邊關神銃、神砲還京，惟守城者勿動。

禮部請立東宮，從之。

《明史》卷一二《英宗後紀》　戊申，柳溥破虜西蠻。

《明通鑒》卷二七　先是潯州大藤峽山寇糾合荔浦等處賊劫掠縣治，殺虜居民，至是勦平之。尋召溥還。

《國榷》卷三二　辛亥，止晉王鍾鉉入朝。自後諸王奏來朝，皆止之。

《明史》卷一二《英宗後紀》　癸丑，郕王薨。

《國榷》卷三二　祭葬禮如親王，謚曰戾。帝恭儉明達，知人善任使。卒弘濟時艱，宗社賴之，年三十壹。陸釴《病逸漫記》曰：宦者蔣安以帛勒死。

《明通鑒》卷二七　以其後宫唐氏等殉葬。初議欲并及汪后，學士李賢曰：「妃已幽廢，兩女幼，尤可憫。」乃止。

《明通鑒》卷二七　戊午，南和伯方瑛、尚書石璞，率左副總兵陳友等進擊湖廣天堂諸寨，復大破之，克寨二百七十，禽僞侯以下一百二人。

捷聞，召璞還，瑛留鎮貴州、湖廣。

《國榷》卷三二　己未，復位，遣告嶽鎮海瀆、歷代帝王陵及孔子廟。

庚申，都督同知馬政、指揮哈銘使迤北，賜孛來等及伯顔帖木兒妻孛來留政。

户部郎中薛遠爲右侍郎，國子監學正林聰爲右僉都御史。翰林院編修趙昂爲通政司右參議，清理武職貼黄。進士孔公恂、鄭瑞爲禮、工科給事中，劉倫正爲南京刑科給事中。

車里軍民宣慰司板雅忠作亂，命雲南總兵官都督同知沐璘撫諭之。初，宣慰使刀霸羡自殺兄三寶立。

《明史》卷一二《英宗後紀》　壬戌，免南畿被災秋糧。

《明通鑒》卷二七　是月，贈鍾同官，釋章綸于獄，召廖莊還。擢綸禮部右侍郎，莊大理左少卿。

上釋綸，命内侍檢前疏不得，内侍從旁誦數語，上嗟嘆再三。

《英宗實録》卷二七六　三月甲子朔，蔡浩實授監察御史，以試職一年考稱也。賜占城國正使多把衣那、副使微公執、暹羅國副使馬戞抹金鈒花帶。

《皇朝大政記》卷一三　詔推恩天下，凡庶民年八十以上者賜冠帶。

《明史》卷一二《英宗後紀》　己巳，復立長子見深爲皇太子，封皇子見潾爲德王，見澍秀王，見澤崇王，見浚吉王。

《明通鑒》卷二七　初，景帝將易儲，語太監金英曰：「七月初二日，東宮生日也。」英叩頭曰：「東宮生日是十一月初二日。」帝憮然。蓋帝所言者見濟，而英所言今皇太子也。或曰：「景帝之怒英以此。」

汪后之諫易儲也，太子雅知之，至是請于上，遷居舊王府，得盡攜宫中所有而出。與太子母周貴妃相得甚歡，歲時入宫敍家人禮。性剛執，一日，上憶有繫腰玉玲瓏，索之，太監劉桓言在汪妃所，命往取。妃投諸井，對使者曰：「無之。」已而告人曰：「七年天子，不堪消受此數片玉耶！」後有言「妃出所攜巨萬計」，上命檢取之，立盡。

《明史》卷一二《英宗後紀》 乙亥，大賚文武軍民。

《英宗實録》卷二七六 辛巳，琉球國王尚泰久遣使臣程鵬等，朝鮮國王李瑈遣使臣權聰等，來朝貢馬及方物，賜宴并賜綵幣表裏等物有差。

《明史》卷一二《英宗後紀》 丁亥，振山東饑。

《國榷》卷三二 戊子，敕右副都御史耿九疇曰：「朕惟御史，内糾百官，外按方隅，受朝廷耳目寄，苟非其人，曷稱任使。景泰失政，臺諫進選，每出私門，當官者或枉法鬻獄，言事者或濟私罔上，出巡者或張聲勢，作威福，官邪不儆，紀綱蕩然。爾承朕簡，必奉公正己，督率咸修，御史不職，爾等察舉，爾等不職，亦聽御史糾劾，黜陟幽明，國典斯在。」

辛卯，安南入貢。

留守左衛通濟門千户小旗陳福請汰僧道。上是之，下禮部，核胡僧數以聞。

《明通鑒》卷二七 是月，下大同巡撫年富于獄。

初，富以景泰二年撫大同，提督軍務。時經喪敗之後，法弛弊滋，富一意拊循，奏免秋賦，罷諸州縣税課局，停太原民轉餉大同。

武清侯石亨等令家人領官庫銀帛，糴米入邊，多所乾没，富首請按治，詔宥亨等，抵家人罪。亨所遣卒越關抵大同，富復劾亨專擅，亨輸罪。已，又劾參將石彪罪，彪銜之。至是富以罷巡撫歸，未幾，彪修前憾，遂劾富，亨左右之，下富詔獄。上以問學士李賢，賢稱富能袪弊。上曰：「此必彪爲富抑，不得逞其私耳。」賢曰：「誠如聖諭，宜早雪之。」上乃諭錦衣衛門達從公鞫實，事果無驗。尋釋之，令致仕去。

初，袁彬從上在迤北，周旋左右，寒暑飲食，未嘗一刻離。一年之間，上視彬猶骨肉也。及從上還，景帝僅授彬錦衣試百户，至是上復辟，擢指揮僉事，尋進同知。上眷彬甚，所奏請無不從，内閣商輅既罷，彬乞得其居第；既，又以湫隘，乞官爲别建，上亦報從。彬娶妻，命外戚貴人主之，賜予優渥。時召入曲宴，敍患難時事，歡洽如曩時。

哈銘亦以舊恩擢千户，賜姓楊。

《明史》卷一二《英宗後紀》 夏四月甲午朔，以災異數見求直言。

《明通鑒》卷二七 是時北畿、山東並饑，發塋墓、斫道樹殆盡，父子或相食。上甚憂之，命侍郎周瑄振北畿，僉都御史林聰振山東。上恐巡歷不能周徧，復遣侍郎黄仕儁繼往。

聰屢請發帑，徐有貞曰：「發帑振濟，徒爲里書乾没耳。」李賢曰：「慮乾没而不貸，坐視民困，是因噎廢食也。」上卒從賢言。

《明史》卷一二《英宗後紀》 乙未，免浙江被災税糧。

《國榷》卷三二 命給事中江彤、行人劉寅之往封占城國王盤羅悦。免浙江去年災租五十四萬餘石。

《明史》卷一二《英宗後紀》 丁酉，方瑛攻銅鼓、藕洞苗，悉平之。

《國榷》卷三二 又勦其黨，斬二千八百九十餘級，擒賊屬五百餘人，命班師。

《明通鑒》卷二七 凡克銅鼓、藕洞一百九十五寨。覃洞、上隆諸苗震慴，各斬其渠來獻。

《英宗實録》卷二七七 己亥，增修錦衣衛獄

《國榷》卷三二 丙午，册貴妃周氏。

命監察御史、給事中各一，存恤軍士。蓋正統例，景泰初格之。

《明史》卷一二《英宗後紀》 丁未，録囚。

《國榷》卷三二 科道劾司禮太監陳鼎、阮蘭黨奸，俱安置南京，不敍。臨清船鈔改徵粟，鈔二貫折粟一升。

戊申，久旱，遣告郊社山川等神。

《明史》卷一二《英宗後紀》 癸丑，罷團營。

《英宗實録》卷二七七 甲寅，襄王瞻墡至京，見上於武英殿。

《明通鑒》卷二七 王在諸藩中，最長且賢。方上北狩時，衆望頗屬之，皇太后命取襄國金符入宫，不果召。景帝未立時，王上書「請立皇長子，令郕王監國，募勇智士迎車駕」。踰年，上還京師，居南内，王又上書景帝，謂「宜朝夕問安，率羣臣朔望朝見」。及上復辟，石亨等誣于謙、王文以迎立襄王爲詞，上頗疑王。久之，從宫中得王所上二書，復檢襄國金符仍在太后閤中，乃賜書召王，比二書于《金滕》。

至是王入朝，禮待優隆。一日，宴便殿，避席請曰：「臣過汴，汴父老遮道言『按察使王槩賢，以誣逮詔獄』，願皇上加意。」上立出槩，命爲大理卿。詔設襄陽護衛，命有司爲王營壽藏。及歸，上親送至午門外，握手泣別。王逡巡再拜，上曰：「叔父欲何言？」王頓首曰：「萬方望治如饑渴，願省刑薄斂。」上拱謝曰：「敬受教。」目送王出端門，乃還。

《明史》卷一二《英宗後紀》 乙卯，孛來寇寧夏，參將種興戰死。

《國榷》卷三二 官軍扼于河，乃設伏誘，西路左參將都指揮使种興以千餘人追之，敗没，興死，子賄陳汝言得賜祭。

丙辰，户部言興除八事。從之。

松潘指揮周剛巡邊，適叛番入犯，擊斬三百五十餘級。

《英宗實録》卷二七七 庚申，革管理河道河南布政司參議張琛、山東布政司參議陳雲鵬。

《國榷》卷三二 虜五百餘騎犯大同貓兒莊。

《英宗實録》卷二七七 辛酉，朝鮮國王李瑈遣陪臣姜孟卿等來朝貢馬及方物，賜宴并綵幣等物。

《國榷》卷三二 是月，詔處士中學貫天人，才堪經濟，隱居高尚，不求聞達者，所司以聞。

《皇朝大政記》卷一三 五月，癸亥朔，追復王振官，立祠祀之。

甲子，禮部右侍郎兼翰林學士許彬、薛瑄俱爲左侍郎。誅柳州衛千户盧忠、鎮守寧夏太監高平。景泰時，忠任錦衣衛指揮，平任尚衣監，各計令校尉李善奏上皇同太監阮浪、南城内使王瑤圖復位，于是浪、瑤及忠俱下錦衣獄。瑤被殺，浪瘐死，忠釋，後坐事謫柳州。至是，特收忠、平磔于市，籍其家。

丙寅，迤北太師孛來、知院阿哈剌忽來奏，欲獻寶璽。敕曰：「此璽已失真，即真，秦物耳，朕無藉此，獻否惟爾，爾何留我馬政爲？」誅徐正及軍餘汪祥。

丁卯，虜三千餘騎犯大同威遠衛，官軍擊敗之，擒五人，斬十六級。

戊辰，命石亨班師。

《明史》卷一二《英宗後紀》 辛未，安遠侯柳溥備宣、大邊。

《明通鑑》卷二七 時寇遣千騎屯大同邊外，窺偏頭關，命溥會石亨等合擊之。

丙戌，彗星見于危，芒長五寸，指西南。

初，景帝不豫，廷臣請立東宮，不許。御史楊瑄，與同官錢璡、樊英等約疏爭，會奪門事起乃已。及是瑄印馬畿内，至河間，民遮訴曹吉祥、石亨奪其田，瑄以聞，並列二人怙寵專權狀。上以語閣臣李賢，徐有貞曰：「真御史也！」遂遣官按覈，而令吏部識瑄名，將擢用。吉祥聞之懼，訴于上，請罪之，不許。

會星變，掌道御史張鵬、周斌等將劾亨、吉祥諸違法事，約十三道交章論奏。先一日，亨西征方歸，給事中王鉉遂洩之于亨。亨與吉祥泣訴于上，誣「鵬爲已誅内監張永從子，結黨排陷，欲爲永報讐」。明日，疏入，上大怒，收鵬及瑄，御文華殿，悉召諸御史，擲彈章俾自讀，斌且讀且對，神色自若。至「冒功濫職」語，上詰之曰：「彼率將士迎駕，朝廷論功行賞，何云冒濫？」斌曰：「此輩皆貪天功。當時迎駕止數百人，光禄賜酒饌，名數具在。今超遷至數千人，非冒濫而何？」上嘿然，竟下瑄、鵬及諸御史于獄。

《國榷》卷三二 丙子，畿内疫。

廣西古丁等峒賊刼武緣、南寧。

忠義前衛司吏張昭言近遣官舍往西洋土魯番，亦力把力、撒馬兒罕、哈密等處，分投和番，此虚費，不如救山東之饑民。上遂已之。

壬午，設襄陽護衛指揮使司，改羣牧所爲中千户所，上重襄王，故優之。上元、六合、盱眙、定遠、來安蝗，命捕之。

己丑，復發三萬金賑山東，仍量災免田租。

虜犯威遠衛，守備都指揮李英擊卻之。

壬辰，免河南去年災租十萬三千八百三十餘石。

摘神武、定州等衛軍千五百人，分戍紫荆、倒馬、龍泉等關。

〔六月〕癸巳朔，譚佑嗣新寧伯。

工部主事屈銓等一百四十八人坐贓，會赦，俱冠帶閒住。

暹羅貢使市山東饑民子女，命贖之。

安南國王黎濬請衮冕，不許。初，命尚寶司卿兼翰林院侍講黄諫、太僕寺丞鄒允隆諭復辟及册東宮，且賜濬綵幣，遂遣右納言黎希葛等入賀。

《明史》卷一二《英宗後紀》 甲午，下右都御史耿九疇、副都御史羅綺錦衣衛獄。

《明通鑑》卷二七 時楊瑄等下吏榜掠，詰主使者，無所引，于是石亨等以爲九疇、綺實主使之，遂並坐。

九疇既罷，以刑部侍郎馬昂代爲都御史，尋出撫山西。踰月，復以副都御史寇深爲都御史。

《國榷》卷三二　戊戌，禮科右給事中周監，以奏對蹇舌，謫崇慶州判官。因命三十五歲以下及言語未正者，各給事中對品調外。

《明史》卷一二《英宗後紀》　己亥，下徐有貞、李賢錦衣衛獄。

《明通鑑》卷二七　初，有貞既譖黜諸閣臣，得盡攬事權，中外側目。而有貞愈益發舒，進見無時。初爲曹、石所引，既得志，則思自異于曹、石。又陰窺上于二人不能無厭色，乃稍稍裁抑之，且微言其貪橫狀，上亦爲之動。

楊瑄之劾亨、吉祥也，上以問有貞及李賢，皆對如瑄奏，遂詔奬瑄。亨、吉祥大怨恨，日夜謀搆有貞。上方眷有貞，時屏人密語，吉祥令小豎竊聽得之，故泄之于上，上驚問曰：「安所受此語？」對曰：「受之有貞。」且曰：「某日語某事，外間無弗聞。」上由是始疏有貞。

會張鵬等獄起，亨、吉祥謂内閣實主之，遂並及賢，至是同至上前，具陳迎駕奪門功，因訴曰：「今内閣專權，欲先除臣等。不然，諸御史安敢爾！」相與悲哭不已。上心動，乃諭言官劾「有貞、賢圖擅威權，排斥勳舊」，遂並下獄。于是瑄及鵬皆論死，餘遣戍。

亨等復譖諸言官，上諭吏部：「簡給事、御史年踰三十者留之」。一時給事中何玘、御史吴禎等凡三十六人皆調外，臺諫爲之一空。

《明史》卷一二《英宗後紀》　是日，大風雨雹，壞奉天門鴟吻，敕修省。

《明通鑑》卷二七　而亨、吉祥家大木俱折，二人亦懼。欽天監湯序本亨黨，亦言「上天示警，宜恤刑獄」。于是上感悟，獄得稍稍解。

《明史》卷一二《英宗後紀》　庚子，徐有貞、李賢、羅綺、耿九疇謫外任，楊瑄、張鵬戍邊。通政司參議兼侍講吕原入閣預機務。

《明通鑑》卷二七　謫有貞廣東參政，賢福建參政，九疇江西布政使，綺廣西參政，楊瑄、張鵬免死戍遼東。十三道御史，自鵬外，周斌、盛顒、費廣、張寬、王鑑、趙文博、彭烈、張奎、李人儀、邵銅、鄭冕、陶復，凡十二人，皆謫知縣。其前請調外之何玘、吴禎等，皆令復職。

《明史》卷一二《英宗後紀》　壬寅，薛瑄致仕。

《明通鑑》卷二七　瑄在内閣數月，見曹、石用事，嘆曰：「君子見幾而作，寧俟終日！」遂以老乞休去。

薛瑄既去，上謀代者。尚書王翺薦翰林修撰岳正，召見文華殿。

正長身，美鬚髯，上遥見色喜。既入，上問年幾何？家安在？何年進士？正具以對。上連稱善，曰：「爾畿縣人，年正强仕，又吾所取士。今用爾内閣，其盡力輔朕。」正頓首受命。趨出，石亨、張軏遇之左順門，愕然曰：「何自至此！」比入，上曰：「朕今日自擇一閣臣。」問爲誰，以正告，兩人陽賀。上曰：「但官小耳。當與吏部左侍郎兼學士。」兩人曰：「陛下既得人，俟稱職，加秩未晚。」上嘿然。癸卯，命正以原官入閣預機務。

李賢謫外，未行，上謂尚書王翺曰：「賢非有貞比，宜可用。」翺亦薦之，請以爲南京吏部，蓋欲使之遠亨等也。上曰：「宜留之左右。」甲辰，復賢吏部侍郎。

《國榷》卷三二　放光禄、太常二寺廚役四百九十三人。

《明史》卷一二《英宗後紀》　乙巳，巡撫貴州副都御史蔣琳坐于謙黨棄市。

《國榷》卷三二　上親告于皇天上帝，兼爲母后祈福。時彗變，占謂應在母后。起復左副都御史寇深。

癸丑，復命侯伯及内官印馬。

丙辰，後府帶俸都督僉事陳守忠爲都督同知。

免大名去年災租二萬二千五百二十四石。

《明通鑑》卷二七　是月，游擊將軍石彪備大同，與參將張鵬等哨磨兒山，遇寇千餘騎來襲，彪率壯士衝擊，斬巴圖王以下百二十人，追至三山墩，又斬七十二人。

捷聞，時寇勢日熾，石亨無功而還，上憂形于色，恭順侯吴瑾侍，進曰：「使于謙在，當不令寇至此。」上爲默然。瑾，永誠之孫，克忠子也。

《國榷》卷三二　七月壬戌朔，岷王徽煠請加皇太后尊號，以非故事，止之。

甲子，後軍左都督皮兒馬黑麻，自迤北以族屬七十餘人來歸。

《明通鑑》卷二七　有貞既出，而石亨等憾未已，必欲殺之，令人投匿名書指斥乘輿，因奏「有貞怨望，使其客馬士權者爲之」。遂追執有貞于通州，並士權下詔獄。時錦衣衛都指揮門達承亨等意，痛加榜治。士權瀕死者數四，終無所言。

《明史》卷十二《英宗後紀》　丁卯，躬禱於南郊。

《明通鑑》卷二七　戊辰，下詔罪己，敕羣臣修省。

《國榷》卷三二　己巳，都察院獄盗逸。

《明史》卷十二《英宗後紀》 庚午，李賢復入閣。

《明通鑒》卷二七 時石亨知上嚮用賢，怒，然無可如何，乃佯與交懽。賢亦深自匿，非宣召不入，而上益親賢，顧問無虚日。保喇近塞獵，亨言「傳國璽在彼，可掩而取。」上色動。賢言「釁不可啓，璽不足寶」，事遂寢，亨益惡之。

上亦厭亨、吉祥驕横，屏人語賢曰：「此輩干政，四方奏事者先造其門，爲之奈何？」賢曰：「陛下惟獨斷，則趨附者自息。」上曰：「不用其言，能毋怫然？」賢曰：「願陛下制之以漸。」然是時亨等勢猶熾，賢亦有所顧忌，不敢盡言。

出内閣許彬爲南京禮部侍郎。

彬性坦率，門下多浮薄士，及輔政，欲謝客，客競騰謗，且爲石亨所忌，竟不安其位。甫行，復貶陝西參政。旋乞休去。

《明史》卷一二《英宗後紀》 辛未，出岳正爲欽州同知，尋下獄，謫戍。

《明通鑑》卷二七 正負氣敢言，驟蒙上遇，益感激思自效。或爲匿名書列曹吉祥罪狀，吉祥怒，請出榜購之，使正撰榜格。正與吕原入見曰：「爲政有體，盗賊責兵部，奸宄責法司，豈有天子出榜購募者！且事緩之則自露，急之則愈匿。」上是其言，遂不問。

石彪遣使獻大同之捷，下内閣問狀。使者言「捕斬無算，不能悉致，皆梟林木間。」正按地圖詰之曰：「此地皆沙漠，汝梟置何所？」其人語塞。

時亨、吉祥恣甚，正言：「二人權太重，恐久不可制，臣請以計間之。」上許焉。正出，見吉祥曰：「忠國公常令杜清來此，何爲者？」吉祥曰：「辱石公愛，致誠款耳。」正曰：「不然。彼使伺公所爲耳。」因勸吉祥辭兵柄。復詣亨諭令自戢。亨、吉祥揣知正意，因詣上，免冠泣請死，上内愧，慰諭之。召正，責漏言，正對曰：「臣觀二家必以謀叛滅門，臣欲全上恩，故令其自爲計耳。」二人聞之，益怒。

會承天門災，上命正草罪己詔，因歷數弊政無所避。亨、吉祥遂搆蜚語，謂正賣直訕上，上怒，故有是謫。于時正在閣僅二十八日耳。

初，陳汝言以附亨等謀奪門，亨薦之，遂代王驥爲兵部尚書，益相比爲奸。正以災異，極言「亨將謀不軌。陳汝言小人，宜亟去」，上不省。

至是正謫外道漷縣，以母老留旬日。汝言令巡校言狀，且言正嘗奪公主田。尋逮正繫詔獄，杖百，戍肅州。行至涿，夜宿傳舍，手梏急，氣奔且死。涿人楊四醉卒酒，脱正梏，刳其中，且厚賂卒，乃得至戍所云。

《國榷》卷三二 癸酉，詔赦天下。

徵山西按察副使韓雍下獄。寧王奏雍被召，行時列刀劍聲砲，上薄之，尋勒免。

《明通鑒》卷二七 時徐有貞在獄，亨等慮赦後將釋，乃言于上曰：「有貞自撰武功伯券，詞云『纘禹成功』，又自擇封邑武功。禹受禪爲帝，武功，曹操始封也。有貞志圖非望。」上出以示法司，命鞫于廷，馬士權大呼曰：「豈有自撰《誥券》露其逆謀理邪！」及獄具，刑部侍郎劉廣衡等奏「有貞詐爲制文，竊弄國柄，罪當棄市」，上以犯在赦前，免死。癸未，放有貞于金齒。

有貞出獄，拊士權背曰：「子義士也。他日一女相託。」後有貞自金齒歸，士權往候之，竟不及婚事。士權辭去，終身不言其事。人以是薄有貞而益重士權云。

戊子，以平苗功，晉方瑛南和侯，陳友武平伯。又論大同功，封石彪定遠伯。

《國榷》卷三二 〔八月〕癸巳，南京禮部左侍郎許彬調陝西布政司右參政，南京禮部右侍郎龔永吉改南京大理寺卿。

《明史》卷一二《英宗後紀》 甲午，以彗星屢見，躬禱於上帝。

《國榷》卷三二 乙未，蠲武昌、長沙、黄、永去年災租十六萬五千九百六十九石有奇。召商貴州中鹽納粟。

《英宗實録》卷二八一 乙巳，革湖廣岳州府臨湘縣城陵、臨湘二茶引所。

《國榷》卷三二 戊午，報襄陵王冲烌曰：「日出視朝，禮經所載，古人君是常，王念予朝昧爽，侵冒風寒，親親忠愛，感德良厚。」

都督同知白玉、僉事茹鑑、陳友、鮑政、喜信分理五府事。

《英宗實録》卷二八一 庚申，設陝西西安府鎮安縣道會司，置道會一員。

《國榷》卷三二 〔九月〕壬戌朔，太常寺卿夏杲致仕。

《英宗實録》卷二八二 甲子，先是，廣西屢奏猺賊自今年三月以來大肆猖獗，攻刼柳州府之柳城，南寧府之武緣等縣，所至殺虜居民，燒燬廨宇，其酋首至有稱王者。兵部奏請廣西總兵等官調集左右兩江土兵誅勦，至是總兵等官奏擬于秋後進兵，從之。

《明史》卷一二《英宗後紀》 太常少卿彭時兼翰林學士，入閣預機務。

《明通鑒》卷二七 時以請終制忤景帝指，遂不用。至是徐有貞得罪，許彬、岳正相繼罷，上坐文華殿，召見時曰：「汝非朕所擢狀元乎？」時頓首。明日，遂復入閣。自三楊後，閣臣進退禮甚輕，惟時與岳正二人爲上所親擢者。

而上方嚮用李賢，數召獨對。賢雅重時，退必咨之，時引義争可否，或至失色，賢初小忤，久亦服其諒直，曰：「彭公真君子也！」

《英宗實録》卷二八二 乙丑，復僧道堅爲僧録司右闡教。道堅先住持隆福寺，以罪謫充軍遼東，至是召還復其職。

《國榷》卷三二 戊寅，鎮守延安綏德都督僉事楊信爲都督同知。

《明通鑒》卷二七 是月上復位，欲仿先朝故事，出廷臣爲知府。是月，以御史林鶚爲鎮江知府，河東運判楊浩爲順德知府。陛辭，召至文華殿，諭所以擢用意，賜宴及道里費。

鶚以邑子林挺預薦，陳循等疑鶚有私，逮挺考訊，久之，事得白。鶚感上遇，莅任，革弊舉廢，治甚有聲。

浩以諫止景帝幸隆福寺，名震京師，至是遂被擢用。

《國榷》卷三二 〔十月〕丙申，前軍都督同知陳旺爲右都督，錦衣衛帶俸指揮僉事也先帖木兒爲後軍都督同知，帶俸。

《明史》卷一二《英宗後紀》 丁酉，賜王振祭葬，立祠曰「旌忠」。

《國榷》卷三二 太監劉恒等頌其勞，上亦憫之，像于智化寺，祠曰旌忠。

《明通鑒》卷二七 初，振既族誅，有言其在衛喇特爲敵用者，上大怒，謂「振之死難，朕所親見」。追責言者過實，皆貶竄。

或曰：「土木之難，振侍上側，有護衛樊忠者，從帝旁以所持箠箠死振，曰：『臣爲天下殺此賊！』遂突圍，殺數十人，死之。」

《英宗實録》卷二八三 戊戌，賜宋將岳飛廟額曰忠烈，命有司春秋祭之，從杭州府同知馬偉奏請也。

乙巳，漕運總兵右都督徐恭奏揚州一帶實應、泛光、邵伯、高郵等處，隄岸衝決數多，清江提舉司造船主事不能兼理，乞增設管河主事一員。從之。

庚戌，給永興王府庶人公鈴、公鎧食米每月共一十石。設直隸真定府獲鹿縣鹿泉遞運所，置大使一員，從知縣龔塤奏也。

《明史》卷一二《英宗後紀》 丙辰，釋建文帝幼子文圭及其家屬，安置鳳陽。

《明通鑒》卷二七 初，文圭被幽方二歲，至是五十七歲矣。上復位，念其無罪久繫，欲釋之，以問學士李賢，賢對曰：「此堯、舜之用心也。天地祖宗，實式憑之！」上意遂決。即日，白皇太后，太后許之。左右或以爲不可，上曰：「有天命者，任自爲之。」乃遣中官牛玉至鳳陽，造房屋，出文圭及其庶母以下家屬五六十人，皆安置鳳陽，聽婚娶出入自便，給閽者二十人，婢妾十數人。文圭初出，見牛馬亦不識，未幾卒。

《國榷》卷三二 丁巳，定京官科目三品上子孫許入國子監，四品以下不允。

戊午，賜中外寺額四十所。

《英宗實録》卷二八四 十一月辛酉朔，欽天監進天順二年大統曆，上御奉天殿受之，給賜親王及文武百官，頒行天下。陞南京大理寺右少卿李茂爲大理寺左少卿。

壬戌，聖太子千秋節，文武百官詣文華殿行賀禮。

《國榷》卷三二 丙寅，給兵部尚書陳汝言緹校出入。有部吏被杖死，妻遮道稱寃，汝言奏恐見刺也。

戊辰，設四川鎮夷堡。

蠲萬全都司屯租。

丙子，定文官封贈誥敕例，一品四道，二品、三品三道，四品至五品二道。

己丑，蠲濟南、青、東昌田租。

《明史》卷一二《英宗後紀》 己丑，免山東被災夏税。

《英宗實録》卷二八五 十二月辛卯朔，上省郊祀牲。平遥王幼㙺奏求山西潞州黎城縣歲額商税鈔，上命以一年之入給之。

《明通鑒》卷二七 復論奪門功，封曹吉祥養子欽爲昭武伯。時吉祥以司禮監總督三大營，又請官其從子鉉、鐸、鐯等皆爲都督，門下廝養冒官者多至千百人。

辛丑，保喇寇甘、涼，命安遠侯柳溥佩平虜大將軍印，充總兵官，率都督過興、都督同知雷通備邊禦之，又命宣城伯衛穎爲平羌將軍，鎮甘肅。

上爲石亨營第宅。是冬，上一日登翔鳳樓，見其新第極偉麗，顧問恭順侯吴瑾曰：「此何人居？」瑾佯對曰：「此必王府。」上笑曰：「非也。」因顧内臣，言「亨之横，無人敢發其奸者」。由是益銜之。

《英宗實録》卷二八五 甲辰，禮部言，今在京、在外僧尼道士女冠請賜寺院菴觀名額者源源不絶，竊惟此等無益於事，且既有名額，又復請求，實煩聖聽，今後除舊無名額者許請，其以有爲無一槩奏請，并扶同保結者，宜悉治其罪。從之。

《國榷》卷三二 戊申，鞏昌衛指揮使种泰請率子弟六人，自備械騎，從征虜。許之。

庚戌，命朵顔三衛入貢仍自喜峯口，毋道宣府。

辛亥，敕鎮守寧夏太監王清毋採捕鷹豹。

諭閣臣李賢，上母后尊號曰聖烈慈壽，從之。

壬子，上禱雪宫中。

甲寅，蠲山東各衛屯租十五萬六千一百四十五石。

丁巳，尚寶司少卿張信言，蘇、浙運從大江抵瓜州壩，風濤多險，若從鎮江裏河，少險，水道徑半，運船易壞，裏河自新港至奔牛，多淺窄。誠疏濬淤河通港口，引江入灌，便漕。從之。

令管河右僉都御史李秉浚鎮江河四十餘里。

天順二年（戊寅、一四五八）

《英宗實録》卷二八六　春正月庚申朔，上詣奉先殿、皇太后宫行禮畢，出御奉天殿，文武群臣及四夷朝使行慶賀禮，群臣復詣東宫，行慶賀禮。

《明史》卷一二《英宗後紀》　辛酉，兵部尚書陳汝言有罪下獄。

《明通鑒》卷二八　汝言以諂附石亨被薦，會于謙誅，王驥管部事，數月解任，乃以汝言代之，至是以贓敗，籍其家，財物累巨萬。上召亨等入視，愀然曰：「于謙被遇景泰朝，死無餘貲。汝言未一年，何多也？」亨俛首不能對。汝言遂伏誅。

初，謙既死，皇太后始知之，嗟嘆累日，徐爲上言謙匡濟國難之功及迎立外藩之誣，上亦悔之，至是始益悟謙寃而惡亨等。

《明史》卷一二《英宗後紀》　乙丑，享太廟。

《國榷》卷三二　戊辰，免山東被災處柴炭一年，重者二年。

徐州饑甚。

科道劾定襄伯郭登，先鎮大同，避難引疾，賄陳汝言千金。自南京還朝，下登獄，宥死，追其賄，降都督僉事，從征甘肅。石亨言五軍營軍物故老疾諸營當送補，率不至，臣請徑促之，使掌印官月至臣所聽勘。從之。

左僉都御史左鼎卒。鼎字周器，永新人，正統壬戌進士，授御史，巡山西，賑山東、河南。七年進廣東左參政，未赴，拜今官。以清勤稱，其召用藉權，論者惜之。

《明史》卷一二《英宗後紀》　甲戌，太祀天地於南郊。

《國榷》卷三二　己卯，尊皇太后爲聖烈慈壽皇太后，詔天下。

《明通鑒》卷二八　先是上郊天後，顧謂學士李賢曰：「朕居南宫七年，危疑之際，實賴太后憂勤保護。罔極之恩，欲報無由。可依前代尊上徽號，何如？」賢頓首曰：「陛下舉此，莫大之孝也！」即命賢擬徽號進，詔告天下。

初，天順改元，太后兄繼宗，以奪門功進侯爵，諸弟官都指揮僉事者，俱改錦衣衛，尋又命繼宗督五軍營戎務兼掌都督府事。左右又有爲其弟紹宗求官者，上召李賢謂曰：「孫氏一門，長封侯，次皆顯秩，子孫二十餘人悉得官，足矣。今又請，以爲慰太后心。不知初官其子弟時，請于太后，數請始允，不懌者累日，曰：『何功于國，濫授此秩！物盛必衰，一旦有罪，吾不能庇矣。』太后意固如此。」賢稽首頌太后盛德，因從容言：「祖宗以來，外戚不典軍政。」上曰：「初，内侍言『京營軍非皇舅無可屬』，太后至今實悔之。」賢曰：「侯幸淳謹，但後此不得爲故事耳。」上曰：「然。」

《國榷》卷三二　庚辰，廣西總兵官武進伯朱瑛平永福等賊陳公嘉等，斬獲千一百餘人。

《明通鑒》卷二八　辛巳，頒優老之政。

《國榷》卷三二　癸未，朝鮮世子李暲卒，立其次子晄爲世子。

《明通鑒》卷二八　是月，禮部請皇太子出閣讀書。上命李賢擬講讀官進，並詢以先讀何書，賢以《尚書》、《大學》對。

初，景泰間，京師崇信佛教，每三年度僧數萬。上謂李賢曰：「僧徒豈可如此泛濫！」敕「今後僧徒每十年一度，著爲令」。

《國榷》卷三二　〔二月〕庚寅朔，命廣西總兵官武進伯朱瑛等勦大藤峽賊。

乙未，安南、琉球等入貢。

《明史》卷一二《英宗後紀》　戊申，開雲南、福建、浙江銀場。中官市雲南珍寶。

《明通鑒》卷二八　司禮太監福安請之也。安奏：「雲南、福建、浙江等處，舊有銀礦，採辦煎銷，上納京庫，近年或採或止。今國用不足，宜如舊制，遣官開場煎辦。」又請「于雲南等處分遣内官收買黄金、珍珠、寶石」。從之。

《國榷》卷三二　庚戌，遣官以江南折銀輸遼東、宣府、大同、陝西各十萬，永平一萬，易粟。禁官民服蟒龍、飛魚、斗牛、玄黄等色。

《明通鑑》卷二八　是月，保喇寇涼州，柳溥堅壁不出，官軍敗績。改馬昂爲兵部尚書。

《英宗實録》卷二八八　〔閏二月〕辛酉，陞浙江備倭指揮同知劉聚署都指揮僉事事，仍協同備倭。

《國榷》卷三一　甲子，戒諭都察院。

己巳，修沙河行殿。

《明史》卷一二《英宗後紀》　己卯，瘞土木暴骸。

《國榷》卷三一　〔三月〕己亥，復設河間長蘆鹽運司滄州分司。

辛丑，柳慶等蠻七千餘人攻博白及廣東化州，都督僉事劉玉等斬三百餘級。

廣東海盜四百餘人犯香山千户所。

《明通鑑》卷二八　癸卯，張軏卒。軏以奪門功封侯，納賄亂政，亞于石亨。于謙、王文、范廣之死，軏有力焉。

或曰：「廣既死，軏一日遇諸途，爲拱揖狀。問之左右，曰：『范廣過也。』歸家，發病死。」

《國榷》卷三一　乙巳，聊城人李焕乞禁剌麻僧騷擾，從之。

丙午，廣西蠻流刦永安千户所，參將都督僉事歐信擊斬一百四十八級。

《英宗實録》卷二八九　辛亥，設河南息縣楊莊店巡檢司，置巡檢一員。

乙卯，朝鮮國王李瑈遣使來賀皇太后受尊號，貢方物，賜宴并鈔幣等物。

《國榷》卷三一　丙辰，敕鎮守臨清平江侯陳豫：「東昌、青、萊，故多安插夷人。朕念歲洊饑，民流離困敝，恐因而相聚爲非，敕至，其往來飭兵，盜生，剪之。」

《英宗實録》卷二九〇　夏四月戊午朔，享太廟。以久不雨，遣忠國公石亨等祭告天地、社稷、山川。命山東登州、萊州、青州府，寧海、膠州、文登、萊陽、即墨縣，山西潞州復設管糧府通判，州同知、判官，縣丞等官。諸處原設管糧官景泰中革之，既而各言不便，請復置，故有是命。太監阮通奏山東徂徠等處泉源舊差主事一員管理，以濟徐、吕二洪，景泰間裁革，今宜復差。從之。

《國榷》卷三一　壬戌，命中官于浙江、福建、雲南鬧辦銀課。

《明通鑑》卷二八　乙丑，皇太子出閣講讀。

上語廷臣曰：「東宫講讀，宜在文華殿。朕欲移居武英殿，但早晚朝見太后不便。」乃以左廊居東宫。

《國榷》卷三一　癸酉，東苗十三番賊首千把豬等僭稱僞號，攻刧都勾等處，命湖廣、貴州總兵官南和侯方瑛調兵勦之。

乙酉，敕曰：「近聞勳戚文武大臣中，多有藏匿罪人亡虜，有令家人强占軍民田地，造室私市，詭名中鹽，挾制官司者。夫京師天下本，貴戚近臣，四方視效，欲無干朕憲，在守位循禮矣。比會昌侯弟顯宗、姪璘，令家人造房罔市利，朕不敢用外戚故屈法也。諸臣有犯前所云者，自首免罪，不首自發者，罰無赦，家人投託人，皆永戍邊。」

《明通鑑》卷二八　是月，吏部侍郎孫弘聞喪。

弘以知縣考滿赴京，爲石亨鄉里營求京官，又以奉迎有功擢工部侍郎，即調吏部。上頗鄙其人，而以亨故，又恐其謀奪情，即令守制。

召李賢曰：「吏部乃天下人物權衡，侍郎即尚書之次，非他部比，必得其人，卿以爲誰可？」賢薦鄒幹、姚夔，更稱「夔表裏相稱，有大臣量」，乃以夔爲吏部侍郎。

《英宗實録》卷二九一　五月丁亥朔，錦衣衛繫囚有越獄逃者，六科十三道劾指揮使門達等防範不謹，請究其罪。上宥之。既而達等捕獲越獄番僧加失領真等五人及犯邊達賊十五人以聞，俱命斬于市。

《國榷》卷三一　署禮部事興濟伯兼尚書楊善卒。善字思敬，大興人，郡學生，以靖難守城，除燕府引禮舍人，永樂初，進鴻臚寺序班，改鳴贊，至寺卿。正統戊辰，進禮部左侍郎。己巳，以左副都御史守門，進右都御史。明年，使瓦剌，護駕歸。及復辟封。善能應對而無學術，外和中忮，永樂中，時同庶吉士章樸下獄，時禁方孝孺集，善紿樸借上之，遂殺樸，復善秩，又媚王振。至天順初，招權納賂，上寖疎之。卒時或云于謙、王文爲厲。年七十五，賜祭葬，贈興濟侯，謚忠敏。

《英宗實録》卷二九一　己丑，增置陝西臨洮府通判，狄道縣主簿各一員。

《明史》卷一二《英宗後紀》　壬寅，授處士吳與弼左諭德，辭不拜，尋送還鄉。

《明通鑑》卷二八　處士吳與弼至京師。上謂李賢曰：「與弼當授何職？」對曰：「今東宫講讀，正宜老成儒者輔導之，授以宫僚爲宜。」上曰：「然。」壬寅，召與弼入見，即日召吏部，授爲左諭德。與弼辭曰：「臣草茅賤士，本無高行，陛下采聽虚聲。又不幸有犬馬疾，匍匐京師。今年且六十八矣，實不堪供職。」上曰：「宫僚優閒，不必辭。」賜文綺酒牢，遣中官送館次。謂賢曰：「此老非迂闊者，務令就職。」時上眷良厚，而與弼疏辭再三，不許。乃請以白衣就邸舍假讀祕閣書，上曰：「欲觀祕書，宜勉受職。」令賢諭意。與弼留京師二月，遂以疾篤請。賢復叩其所以不受之故，謂「敕書崇重，聘以伊、傅禮，意當大用，而以宫僚無事，慮不得即行其志，故不受。」賢爲言于上，「請曲從放還，始終恩禮，以光曠舉」，上然之，賜敕慰勞，賚以銀幣，復遣行人送還，令有司月給米二石。與弼歸，表謝，陳「崇聖志、廣聖學」等事。

《國榷》卷三二　虜突犯涼州，安遠侯柳溥等迎戰，斬七級，擒十一人，明日，復追擊，斬三十八級，擒二十一人。

陝西左布政使芮釗，山西、山東右布政使陳翼、王宇俱爲右副都御史，釗巡撫甘肅，翼巡撫寧夏，宇巡撫宣府。

初，上謂李賢曰：「曩者奉迎之人，紛然請革邊巡撫，今聞武官貪縱暴横，無所鎮壓之，朕乃知其謬，卿與馬昂、王翺，仍擇可者。」遂有是命。

《明通鑒》卷二八　嚴自宫之禁。

初，石亨等收留自宫之人，至是乃自首；其大名等府、金吾等衛軍民人等，皆相繼自首。乃詔：「凡自宫自首者，皆宥其罪，發南海子藝蔬。」

《國榷》卷三二　六月丁巳朔，泰寧侯陳涇荒淫，下都察院獄。

《英宗實録》卷二九二　丁卯，雲南總兵官右都督沐璘卒。璘，昂之孫也，正統十一年蔭父職爲雲南左衛指揮僉事，薦陞雲南都司署都指揮僉事。景泰元年，黔國公斌卒，陞璘都督同知，佩淮南將軍印，充總兵官，鎮守雲南。天順元年，軍民耆老歷言璘耿介廉明，偉有謀畧，歷任以來威惠遠著，事妥民安，乞加陞授，以慰軍民之望。詔褒嘉之，陞右都督，至是卒。璘起自勳戚，喜讀書，平居恂恂若儒生，在鎮七年，境内晏然。自號東樓居士，日披誦探討其上，作爲詩文，繪畫亦可觀。其始總戎也，人以爲少年子易之，其後號令施設間凜然有不可犯者，人方之古儒將云。

《國榷》卷三二　占城入貢。

乙亥，徙山東降胡于南京。

辛巳，罷陝西布政司右參政許彬。

《英宗實録》卷二九二　癸未，增置山西平陽、太原二府通判各一員，專督民壯。

《國榷》卷三二　〔七月〕丁亥，逮前太平知府揭稽。稽出鄉人尚書何文淵之門，文淵自經，稽奏其子南京禮部主事喬新等迫之脱禍，喬新奏稽撫廣東爲黄玹屬草，俱逮訊，釋之。

乙未，奪刑部尚書劉廣衡歲俸。時有奸獄，太監曹吉祥謂郎中陳璡、員外郎劉玘賄入人罪，遂械璡等戍邊。

丙申，戒諭寧王奠培。勅三法司曰：「御馬監都指揮千百户并勇士廝，自倚善騎射，恃勢怙寵，自今但坐事者，不分輕重，録取上裁，伶人有謀陞伶官者，特戍邊。」

《英宗實録》卷二九三　丁酉，雲南緬甸宣慰使司遣頭目剌亞等來朝貢象及金銀器皿方物，賜鈔綵幣表裏襲衣等物，仍命剌亞等齎勅并綵幣表裏歸賜其土官及妻。

《國榷》卷三二　戊戌，孛來犯鎮番城。

壬寅，洛陽王勉湼擅笞洛陽典史辛和，書責之。

《明史》卷十二《英宗後紀》　癸卯，定遠伯石彪爲平夷將軍，充總兵官，禦寇寧夏。

《明通鑒》卷二八　彪先偕高陽伯李文赴延綏備邊，尋以疾召還，遂有是命。

《英宗實録》卷二九三　丁未，設福建建寧府壽寧縣儒學并陰陽醫學僧道會司，置官降印，以縣初置故也。

《國榷》卷三二　戊申，上謂李賢曰：「朕念曹吉祥隨侍舊人，每有干請，多曲徇之，吉祥不顧可否，無厭足。雖朕不可二三，四方奏事者不知，謂必行，往往造門求通，朕斷以公道。」

〔八月〕庚申，復蘇孔機永州同知。

辛酉，游擊將軍武平伯陳友擊虜于鎮番，敗之。尾後擒三人，斬四十八級。

己巳，進士遠芳爲户科給事中，左贊爲吏部稽勳主事。

南寧伯毛勝卒。初名福壽，和寧王阿魯台之裔，襲羽林前衛指揮使，從征麓川，進左府都督僉事，充右參將，復征麓川，進都督同知，以龍門功，進左都督，還守京門，尋征湖貴叛苗功，封伯，改名勝。至是，賜祭葬，追封南寧侯，謚莊毅。

《英宗實録》卷二九四　乙亥，立山川壇齋宫。

丁丑，廣西猺賊五千餘人掠賓州。

己卯，命閣臣修《一統志》。

《明通鑒》卷二八　諭李賢、彭時等曰：「朕欲覽天下輿圖之廣，我太祖、太宗嘗命儒臣纂輯，未竟厥緒。景泰間雖有成書，繁簡失當。卿等尚折衷精要，繼成初志。」于是命賢等爲總裁官。書成，凡九十卷。

《國榷》卷三二　癸未，虜犯昌寧、鎮番。

《英宗實録》卷二九五　九月乙酉朔，賞大同宣府總兵官高陽伯李文、武强伯楊能、遊擊將軍石彪并諸將士綵段銀絹有差。初，文等上其倚山墩、詹兒山、啼哭嶺等處勦殺胡寇功狀，詔禮部議賞，至是禮部請准往年大同東門獲功例。

辛卯，哈密忠順王卜列革以母疾遣使臣察馬力丁來朝貢馬，奏求通醫術者一人并丁香、桂皮諸藥。上曰：「哈密路遠，醫人不必遣，第給所需藥，付來使齎回賜之。」

戊戌，命吏部推方面官，每闕具兩人俟擇。

辛丑，前刑部尚書軒輗爲南京左都御史，總督糧儲，以李賢薦其廉故。增順天府通判一，專理軍務。

《明通鑒》卷二八　是月，右副都御史林聰奉詔捕江淮鹽盜，以便宜禽戮渠魁數人，餘悉解散，並奏籍指揮之受盜賄者。未幾，以母憂，起復，再辭，不許。

《國榷》卷三二　冬十月乙卯朔，上屏左右，問李賢政治得失，賢極言官校出入逮籍罪人之弊，上密察果然，召指揮使門達戒之曰：「敢有不悛，罪毋赦。」

《英宗實録》卷二九六　丙辰，革浙江蕭山河泊所，課鈔令蕭山縣河泊所帶辦，以所收鈔不及萬貫故也。

《明史》卷一二《英宗後紀》　甲子，獵南海子。

《明通鑒》卷二八　〔上〕親御弓矢，命勳戚武將以次馳射，獲輒獻之。既畢，賜酒饌，更以所獲分賜侍臣。

一時鷹坊司内臣奏乞出外採獵，上不許。固請，乃曰：「不許擾害州縣！」及出，所獲獐鹿兔雉多出州縣，斂之民間，遣人預進。上令人密訪某州若干，某縣若干，皆得其數，俟其歸，各杖而黜之。

《國榷》卷三二　丙寅，誅内使趙榮，以草韮章陷人也。

乙亥，葭州學正羅中，請禁各鎮守太監，都督等聽訟，禮部議格之。

庚辰，國子監學正閻禹錫乞申洪武學規，立武學，上然之。

辛巳，連山賀縣獞賊流刼江華縣境。

《明史》卷一二《英宗後紀》　壬午，武平伯陳友爲征夷將軍，充總兵官，剿寇寧夏。

《國榷》卷三二　鎮守大同東路左參將都指揮使張瑀爲後軍署都督僉事，仍分守。禁番僧貢回販茶。南城知縣陳陞考滿入京，言馬快等船攬載私貨，南京、上新河、揚州、淮安、臨清、河西務税商之弊。上是之。

《明通鑒》卷二八　是月，李賢請罷錦衣官校刺事。

時上慮廷臣黨比，欲知外事，多倚錦衣官校爲耳目。由是指揮門達、逯杲俱得幸，而杲更强鷙，上尤委任之。杲遣校尉偵事四出，所至官吏震恐，多進聲伎貨賄以求免，雖親藩亦然。無賄者輒被逮，每逮一人必破數大家。四方奸民，詐稱校尉，乘傳縱横，無所忌。賢請撤還，上不許，於是其勢益張。

刑部尚書劉廣衡罷，擢布政使陸瑜代之。

《英宗實録》卷二九七　十一月乙酉朔，欽天監進天順三年大統曆，上御奉天殿受之，給賜親王及文武百官，頒行天下。

《國榷》卷三二　丁亥，戒御史引疾歸省。時御史予告，鄉人多訐奏，故禁之。

戊子，長至節，各寺觀齋醮。刑科給事中劉洙等奏斷獄忤旨，下錦衣獄。

庚子，作平虜將軍、平虜副將軍、平夷將軍、平夷副將軍、平胡將軍、平胡副將軍印。立忠義營，時石亨募報効子弟，殆六千人。

乙巳，達官都指揮脱孫爲都督僉事。

壬子，詔訪舉精通天文、曆數、地理、課命之術，送詣京師，以欽天監事禮部左侍郎湯序言。

《明史》卷一二《英宗後紀》　甲寅，免山東秋糧。

《明通鑒》卷二八　免山東濟南、東昌、兖州、青州四府被災税糧凡五十一萬一千三百餘石。是月，罷冬至宴。

上謂李賢曰：「節固當宴，但殺牲畜太多。尚有正旦、慶成，一歲四宴，朕欲減之，如何？」賢對曰：「大禮之行，初不在此。陛下減之亦是。」由是每歲二宴，至于正旦亦或不宴。唯慶成一宴，歲以爲常。

《國榷》卷三二　〔十二月〕戊午，奪安遠侯柳溥太傅，間住。溥在西陲，斂兵縱虜也。

己巳，都督僉事宗勝、巡按御史李敏奏開直沽河。初，大河衛百户閔恭言，南京各衛漕舟三百五十艘，輸薊州等衛，越大海七十里，多險溺。竊見新開沽河，北距薊州直四十餘里，且水深，間有阻隔，若穿渠以通，可無海患，故勝等以爲言。從之。

戊寅，免開封、汝寧、懷慶、衛輝去年災租七萬一千四百六十四石。

癸未，修彭縣萬工堰。

虜一萬餘騎犯延安安邊營。

《明通鑒》卷二八　是冬，令百官祈雪。

《國榷》卷三二　是年，命左副都御史崔恭浚吳淞江，分三縣，崑山自夏界口至白鶴江，四千六十七丈，上海自卞家渡，四千六十七丈，嘉定自卞家渡至莊家涇，五千五百六十七丈，各深丈有一尺，博十丈二尺，出舊江萬七千七百一丈。

《明通鑒》卷二八　是歲，日本王源義政以前使臣獲罪天朝，欲入貢謝罪，不敢自達，乃移書朝鮮，令轉請之。詔令擇老成識大體者充使。而倭仍不時入寇，貢使亦不至。

天順三年（己卯、一四五九）

《英宗實録》卷二九九　春正月甲申朔，上詣奉先殿、聖烈慈壽皇太后宫行禮畢，出御奉天殿，文武羣臣及四夷朝使行慶賀禮，羣臣復詣東宫行慶賀禮。

《國榷》卷三二　丙戌，命法司錦衣衛祕獄毋泄。

悟玄養素凝神冲默闡教振法通妙真人邵以正值宴致之，毋殿上。　獞賊破錦田千户所。

嶺南無雪，是夜，大雷電，雪深尺許，賊解圍去，諸村寨獲全。

事聞，贈廣西參議，命守臣立廟祀之。

《英宗實録》卷二九九　丁亥，朝鮮國王李瑈遣陪臣李禮孫等奉表箋來朝貢馬及方物，雲南孟奏思卜發遣頭目孟板慶等來朝貢金銀器皿、象、馬，賜宴及綵幣表裏襲衣等物有差。

乙未，僧録司右覺義兼智化寺住持僧然勝奏，故太監王振有功社稷，賜祠額名旌忠，已立旌忠碑於祠前，乞賜贈謚，實萬世旌忠之勸。命禮部議之。

《明史》卷一二《英宗後紀》　大祀天地於南郊。

《國榷》卷三二　捕蝗種于山東、河南兩畿。

《明史》卷一二《英宗後紀》　甲辰，定遠伯石彪、彰武伯楊信敗孛來于安邊營，都督僉事周賢、都指揮李鑒戰死。進彪爲侯。

《明通鑒》卷二八　先是保喇屢犯寧夏、延綏等處，皆敗之。至是復以二萬騎入寇，彪與信連戰皆捷，斬其平章郭勒齊。追出塞，轉戰六十餘里，復大敗之，生禽四十餘人，斬首五百餘級，獲馬駝牛羊二萬餘，爲西北戰功第一。都督僉事周賢、都指揮李鑑俱没于陣。

《明通鑒》卷二八　是月晦，兩廣猺賊起，慶遠同知葉禎募健兒與戰，生縶其酋。其黨憤，悉衆攻城，禎子公榮戰不克，死之。禎自率三百人趨赴，道遇賊山下，鏖戰，手刃一賊，身被數鎗，與從子官慶及三百人俱殲焉。

《國榷》卷三二　〔二月〕甲寅朔，命遼東右參將都督僉事劉端春夏駐遼東都司，秋冬回廣寧。禁陝西各邊官占據草場。

兩廣盜蜂起，特禁有司貪恣貽害。

《英宗實録》卷三〇〇　丁卯，司禮監太監福安奏，永樂間差内官下西洋并往廣東買辦采撈珍珠，故國用充足，今久不採，府庫空虚。上命監察御史吕洪同内官往廣東雷州、廉州二府楊梅等珠池採辦。

庚午，山東登州衛海船有遭風飄涉朝鮮國境者，其船已壞，所載賞賜遼東官軍布花等物賴國人撈數得十之七，國王李瑈差人運送鴨緑江，仍給各旗軍衣糧遣回，具以聞。上嘉王敬事朝廷之意，特賜勑奬諭之。

《國榷》卷三二　庚午，建州等衛野人頭目乞貢回道買牛耕種，從之。

己卯，琉球入貢。

《明通鑒》卷二八　上幸太監曹吉祥宅。吉祥以奪門功得上寵，至是邀上幸其宅。

時有百户李成者，善謔，稱「沙狐狸」，隨迤北有功，擅入内府求陞職。上怒，命錦衣衛鞫之。指揮僉事哈銘與額森特穆爾謀脱成罪，伺上幸吉祥宅，乃報額森特穆爾先期往候。比至，奏言「成有功，乞宥之」。上問知事由哈銘，復命錦衣衛監禁。久之，録奏罪囚，乃降銘千户，調發貴州衛差操。

《國榷》卷三二　庚辰，武安侯鄭宏下獄。宏清明謁陵，道獵歸，馳神道也。

增通州大運倉。

辛巳，左順門門正忽思忽言，臣海西女直人，姪佟預知書，求入國子監。許之。

壬午，增鄉會試《詩》《書》《易》房同考官各一人。

《英宗實録》卷三〇一　〔三月〕甲申，禮部奏琉球國中山王南泰久奏，稱本國王府大火延燒倉庫，銅錢貨物欲將附搭蘇木等貨照永樂、宣德間例給賜銅錢，且銅錢係中國所用，難以准給，宜將估計鈔貫照舊六分京庫折支闕生絹匹，其四分移文福建布政司收貯紵絲紗羅絹布等物，依時直闕給。從之。

《國榷》卷三二　甲申，敕諭建州左等三衛右都督董山、都督同知古給哈、納郎哈等。以私款朝鮮，爾宜自省。

甲辰，朵顔衛都督同知朵羅干爲右都督。

戊申，廣西蒙峒苗三千人流刧，靖州綏寧守備都指揮汪迪擊斬六十六級。

夏四月壬子朔，巡撫兩廣右僉都御史葉盛奏，瀧水縣獞賊鳳弟吉糾廣西盜恣掠，擊敗之，擒鳳弟吉等十五人，斬三百三十級。

《明通鑒》卷二八　時兩廣盜蠭起，所至破城殺將，諸將怯不敢戰，率殺平民冒功，民之從賊者益衆。盛以蠻出没不常，請「自今攻劫城池者始以聞，餘止類奏」。疏上，兵部駁不行。

《國榷》卷三二　辛酉，李賢言虜酋孛來懼不敢貢，窮益入犯，宜出榜招諭，或給食，俾悔過進貢，如冥頑不悛，出兵未晚。上然之。

賜東宫及諸王莊田。

癸亥，閉青田縣銀坑，其景寧縣採辦如舊。

《明史》卷一二《英宗後紀》　己巳，南和侯方瑛克貴州苗。

《明通鑒》卷二八　初，東苗干把豬等，僭號稱王，攻都匀等衛，詔瑛與贊理軍務都御史白圭合川、湖、雲、貴軍四道擊之。瑛、圭兵進青崖，總兵李貴進牛皮箐，參將劉玉進谷種，參將李震進鬼山，所向皆捷。至是合兵攻石門山，賊退踞六美山翁受河。諸軍大進，生禽干把豬，送京師磔之。凡先後克六百餘寨，邊方悉定。

《國榷》卷三二　己巳，定遠伯石彪進封定遠侯，武平伯陳友進封武平侯。

《明通鑒》卷二八　彪本以戰功起家，不藉父兄蔭。然一門二公侯，勢盛而驕，多行不義，馴至于敗。

《國榷》卷三二　廣西流賊糾廣東懷集縣獞賊陷開建縣。

辛未，桂林、梧、潯等猺獞苗賊出掠，敕鎮守兩廣左少監阮能、朱祥、總兵官左都督劉深、副總兵都督同知歐信等協勦。

五月壬午朔，翰林編修馬昇、檢討傅宗爲雲南布政司左右參議，五經博士鮑相爲福建都轉運鹽使。餘外補有差。

初，陳循等舉昇輩于詞林，皆不由科第，率鈍鄙，李賢以修《一統志》非科第俱外之。

《英宗實録》卷三〇三　庚寅，設順天府霸州花家口巡檢司，置巡檢一員。

《國榷》卷三二　己酉，廣西流賊破容縣，掠潯、梧、柳、慶、南寧諸郡縣。

六月戊午，滿剌加國王子蘇丹芒速沙入貢。

《明史》卷一二《英宗後紀》　辛酉，復命巡撫官以八月集京師議事。

《明通鑒》卷二八　尋諭户部：「移文各巡撫，以地遠近分年赴京，著爲令。」

《國榷》卷三二　虜遁，召還顔彪。

《英宗實録》卷三〇四　戊辰，移置直隸蘇州府崑山縣壚茜涇港口巡檢司於本縣七汊港。

《國榷》卷三二　免開封去年災租四萬九千八百餘石。

七月庚辰朔，工部侍郎翁世資、都督僉事趙輔運徐州夾溝、吕梁、三堡積木。

《英宗實録》卷三〇五　辛巳，禁浙江并直隸緣海衛軍民不許私造大船，糾集人衆，携器下海爲盜，敢有違者正犯處以極刑，家屬發戍邊衛，從備守揚州等處都督僉事翁紹宗奏請也。

《國榷》卷三二　壬午，敕户部主事李璵同進士徐源覈四川行都司及松潘倉糧。

癸未，蠲常德、襄陽、荆、黄去年災租萬八千六百六十二石有奇。

己丑，泰寧衛都督僉事革干帖木兒爲左都督。

禁湖廣人通番僧販茶。

庚子，錫蘭山國王葛力生夏剌昔利把交剌惹入貢。

己酉，南和侯方瑛攻東苗，克一百三十四寨，斬二千三百六十七級，擒首從四百六十三人。

監察御史劉濬巡按甘肅，託疾，謫縣主簿。

《明通鑒》卷二八　是月，召石彪還。

彪與石亨内外爲援，上頗疑之，欲以封爵使奉朝請。而彪謀鎮大同，令千户楊斌等保奏，上覺其詐，收斌等，拷訊得實，趣彪疾馳入京。

《明史》卷一二《英宗後紀》 秋八月庚戌，石彪有罪，下錦衣衛獄。

《明通鑒》卷二八 令門達鞫之，得其繡蟒龍衣及違式寢牀諸不法事，罪當死。遂籍彪家，並逮其黨七十六人。彪事既發，言官將于朝班劾之，有泄于彪者，上聞之，大怒。

己未，「禁文武大臣往來，其給事御史及錦衣官，不得與文武大臣交通。違者依洪武間鐵榜例治罪。」

《國榷》卷三二 甲子，禁福建人聚衆販鹽。

以兩淮餘鹽十萬引充陝西邊餉。

辛未，召致仕户部左侍郎孟鑑，調南京工部。

蠲杭、衢、台、嘉興、紹興、金華今年旱災田租。

壬申，修武伯沈煜，刑科給事中王儼以封瀋王受餽，上遣校尉覘得之，逮下獄，煜奪歲禄，儼謫郯城主簿。

《明史》卷一二《英宗後紀》 乙亥，免湖廣被災秋糧。

《國榷》卷三二 丙子，免河間今年夏麥萬五千九十四石有奇。

己卯，調石亨黨都指揮僉事石寧等五十六人于外衛，凡附亨進者，皆貶斥之。

〔九月〕辛巳，濟源縣進瑞粟。

甲申，廣西流賊犯廣州界，命右僉都御史葉盛并總兵鎮守等官調度所在官軍土兵勦之。

乙未，免太原、平陽去年夏税十萬七千四百餘石。

乙巳，免濟南、東昌、青去年夏税十一萬三千八百四十餘石。

丙午，建安縣老人賀煬言四事。

《明通鑒》卷二八 言：「今銓授縣令，多年老監生，洎滿九載，年已七十，苟且貪污，何以爲治？宜擇年富有才能者；其下僚及山林抱德之士，亦當推舉。」又言：「朝廷建學立師，將以陶鎔士類。而師儒鮮積學，草野小夫，夤緣津要，初解免園之册，已厠鶚薦之羣。待次循資，濫升太學，侵尋老耄，倖博一官，但厘身家之謀，無復功名之念。及今不嚴甄選，人材日陋，士習日非矣。」上善其言，下所司行之。

《國榷》卷三二 〔十月〕庚戌，陝西道監察御史何楚英杖斃。

癸丑，召懷來永寧右參將都督僉事姚貴、守備代州署都指揮僉事李端、守備偏頭關都指揮同知袁勝，俱石亨姻。

《明史》卷十二《英宗後紀》 己未，幸南海子。

《國榷》卷三二 壬戌，郾城訓導黄嚴盧欽請追僇吏部尚書王直及陳循等，爲亂賊戒。命下欽錦衣獄，蓋謁選不得南闕故也，命削欽籍。

己巳，令右僉都御史韓雍奔母喪赴任，起復右副都御史林聰，命忠國公石亨閒住。

《英宗實録》卷三〇八 庚午，命大理寺右寺丞喬毅監理清黄。

《明史》卷一二《英宗後紀》 石亨以罪罷。諸奪門冒功者許自首改正。

《明通鑒》卷二八 先是亨聞彪下詔獄，懼，請罪，上慰諭之。亨請盡削弟姪官，放歸田里，亦不許。及法司再鞫彪，言「彪初爲大同游擊，以代王增禄爲己功，王至跪謝。自是數款彪，出歌妓行酒。彪凌侮親王，罪亦當死。」因交章劾「亨招權納賄，肆行無忌，私與術士鄒叔彝等講論天文，妄談休咎」。上乃命錮彪于獄，罷亨閒住，絶朝參。

《國榷》卷三二 戊寅，安南臣黎淙弑其主濬而自立，僭號天興。淙，濬之庶兄。

《明史》卷一二《英宗後紀》 是月，命法司會廷臣，每歲霜降録囚，後以爲常。

《英宗實録》卷三〇九 十一月己卯朔，欽天監進天順四年大統曆，上御奉天殿受之，給賜親王及文武百官，頒行天下。

壬午，增設福建延平府褋造局，從按察司僉事宋恂奏也。

《國榷》卷三二 癸未，南和侯方瑛卒。瑛全椒人，襲衛指揮使，從征麓川，殺獲賊，歷都指揮使、都督僉事，充參將，守備雲南，孟養戰勝，景泰初，以都督同知鎮貴州，敗苗，進右都督總兵官，征香爐山賊，進左都督。五年封，六年征銅鼓五開，斬獲功多，留鎮貴州，天順初，論功進侯，予世伯。謙和不矜，廉介若怯，至行師則紀律明，賞罰信，臨陣勇決，尤善撫士卒，西陲夷人深德之。賜祭葬，謚忠襄。

《明通鑒》卷二八 瑛在湖廣、貴州，前後克寨幾二千，俘斬四萬餘，平苗之功，前此無與比者。至是卒，年四十五。上聞，震悼，賜謚忠襄。

瑛天資英邁，通古兵法，嘗上《練兵方略》及《陣圖》，老將多稱之。

時都督僉事李震，從瑛平東苗有功，至是即以震充總兵官，代鎮貴州、湖廣。

《國榷》卷三二　壬辰，命設策賑長沙、常德、辰、永、衡、岳及銅鼓、五開等衛饑民。

《明通鑒》卷二八　癸巳，振湖廣饑，免其稅糧。

《國榷》卷三二　乙未，減饒州陶器八萬，時光禄寺議造十三萬三千有奇。

《英宗實録》卷三〇九　丁未，左都督劉深卒。深直隸合肥縣人，宣德三年襲父海爵爲指揮僉事，明年僉舉署都指揮僉事，以功累陞至都督僉事，天順元年以迎駕功陞右都督，尋陞左都督，充總兵官，鎮守廣西，至是卒。

《英宗實録》卷三一〇　〔十二月〕辛亥，上召内閣臣李賢論及迎駕奪門功，賢曰：「迎駕則可，奪門二字豈可示後？且景泰不諱，陛下即當復位，天命人心無有不順，何必奪門？況内府門豈可言奪？言奪門者徒欲張大其功耳。《易》曰開國承家，小人勿用，言其必亂邦也，於此驗之爲尤信。」上深然之，遂命凡有奏請不用奪門二字。

丙辰，設四川太平堡，從掌灌縣守禦千户所事指揮同知陸麒奏其路通董卜韓胡，宜設堡以備番人竊出也。革錦衣衛帶俸指揮使徐甫爲指揮同。

《國榷》卷三二　庚申，進士石後以從祖亨得疾家居，不之獄，削籍。

壬申，蠲宜山縣田租三千五百八十石有奇。

丙子，增大木廠舍。

選三千營卒百人充御馬監勇士，飼鷹。

丁丑，虜酋孛來以二萬人掠榆林，次于沙山，敕邊將嚴備。

是月，兩廣總兵官會兵廉州勦賊，賊流入高州，陷信宜所城。

天順四年（庚辰、一四五〇）

《英宗實録》卷三一一　春正月己卯朔，上詣奉先殿、聖烈慈壽皇太后行禮畢，出御奉天殿，文武群臣及四夷朝使行慶賀禮，群臣後詣東宫行慶賀禮。

《國榷》卷三三　庚辰，虜孛來犯延綏井兒坪。

癸未，作輕車五百輛，銃砲各三千。

《明史》卷一二《英宗後紀》　丁亥，太祀天地於南郊。

《國榷》卷三三　戊子，前工部尚書謹身殿大學士高穀卒。

虜數萬寇榆林，總兵官彰武伯楊信禦之。虜復入，信分兵追至金雞峪，擒十二人，斬三十五級，獲馬百匹。

《英宗實録》卷三一一　己丑，詔山東、河南并南、北直隸巡撫都御史、巡按御史督令都、布、按三司，府、州、衛所，各委佐貳官員於該管地方往來巡視，隄備蟲蝻生發，從户部奏請故也。

《國榷》卷三三　己亥，敕諭入覲官。

《明通鑒》卷二八　天下朝覲官至京師，詔「出榜禁約，不許交通京官，餽送土物，亦不許下人挾讐告害」。

《明史》卷一二《英宗後紀》　癸卯，石亨有罪下獄，尋死。

《明通鑒》卷二八　亨既罷，中官逯杲等奏：「亨怨望逾甚，與其從孫後日造妖言。且蓄養無賴，專伺朝廷動静，不軌迹已著。」廷臣皆言不可輕宥，乃下亨詔獄。坐《謀叛律》應斬，籍其家。

初，上以復辟德亨，亨復薦千户盧旺、彦敬爲指揮，使侍上側，自是干請無虚日。亨每見上，出必張大其言，在亨門下者，得亨語即揚于衆，以爲聲勢。一時朝臣奔走恐後，以貨之多寡爲授職美惡，入之先後爲得官遲早。時有「朱三千，龍八百」之謡，謂郎中朱銓、龍文輩俱以賄被擢也。

杲本亨所擢，密受上旨，往往伺亨所爲以報。會彪謀鎮大同，爲天下精兵處，權傾人主。羣疑其有異志，遂及于禍。

上又語李賢曰：「黜陟之典，亦宜舉行。」對曰：「此祖宗舊制。」時吏部、都察院黜不職者數百人，旌其才行超卓、政績顯著者布政以下賈銓等十人，賜禮部筵宴並衣服楮幣遣之。

《國榷》卷三三　甲辰，籍石彪家。

乙巳，吏部大計，罷斥九百三十人。

籍石亨家及莊田之在渭南、大同者。

丙午，左布政使賈銓、梁棨、蕭晅、徐琛、李顒，按察使劉孜，知府丘陵、胡濬，知州張福，知縣張瑄，各賜錦衣一襲，鈔千貫，宴禮部。初，上諭李賢曰：「覲官大集，旌異當如祖宗之典。」故有是命。

《英宗實録》卷三一二　二月戊申朔，鎮守寧夏太監王清奏：「延綏、寧夏二處雖俱召商中鹽納馬，緣寧夏路遠阻河，商人多不來，乞令該部定例，二處各輪一年收中，仍揭榜於陝西、河南等處，以諭各商。」從之。

己酉，興安伯徐亨卒。亨，湖廣大冶縣人，祖祥封興安伯，日賜祭，命有司營葬，謚武襄，子賢嗣。

《國榷》卷三三　庚戌，廣西獞賊流刧永州，陷桃川、枇杷二千户所，永明、江華二縣。

辛亥，敕諭文武羣臣以石亨爲戒。

《明史》卷十二《英宗後紀》　壬子，僮陷梧州。

《國榷》卷三三　甲寅，前兵部尚書兼翰林院學士苗衷卒。衷字秉彝，定遠人，己丑進士，授編修，歷修撰、侍講。正統初，《實録》成，進侍講學士，久之直閣。丁丑，進兵部右侍郎，景泰初，進尚書致仕。衷温厚典重，文章典實，獲保榮名，有由然矣。賜祭葬，贈少保，謚文康。

《明通鑒》卷二八　癸亥，石亨瘐死獄中。法司請戮其屍，梟首示衆，上以李賢言，命瘞之。

《明史》卷一二《英宗後紀》　丁卯，石彪棄市。

《明通鑒》卷二八　時有都督杜清，出亨門下，後造妖言，有「土木掌兵權」語，蓋言「杜」也。事覺，流金齒。

亨之敗也，有錦衣指揮劉敬坐飯亨直房，用《朋黨律》論死。時韓雍爲右僉都御史，佐寇深理院事，語深曰：「朋黨，謂阿比亂朝政也。以一飯當之，豈律意！且亨盛時，大臣朝夕趨門不坐，獨坐敬何也？」深嘆服，出之。

雍以景泰二年爲右僉都御史，巡撫江西，劾奏寧王兄弟相訐事，一時王府官皆得罪，軍民連逮者甚衆，寧王銜之。天順初，罷天下巡撫官，改山西副使。寧王因挾前憾，劾其擅乘肩輿諸事，下獄，釋之。尋起故官，佐理刑部。未幾，復命巡撫宣府、大同。

是月，擢布政蕭晅爲禮部尚書，又召致仕副都御史年富爲户部尚書。

時沈固罷，上以户部難其人，李賢薦「年富執法不撓，可居此職」，上然之。左右有不悦富者，謂賢「不宜再舉」。一日，上召賢曰：「户部之缺，恐非年富不可。」賢因述其不悦于衆，上曰：「富之執法，正宜居此。國計所關，豈顧私情！」遂召用之。

晅以吏部考察薦，故有是擢。

《國榷》卷三三　乙亥，遣太監王定書迎襄王入朝。

丙子，廣西蠻賊陷信宜縣。

三月戊寅朔，策貢士陳選等百五十六人于奉天殿，賜王一夔、李永通、鄭環等進士及第、出身有差。

《明通鑒》卷二八　一夔，前推官王得仁子也。

《英宗實録》卷三一三　辛巳，朝鮮國王李瑈、琉球國中山王尚泰久各遣使來朝貢方物，賜宴及綵幣有差。

《明史》卷一二《英宗後紀》　戊戌，免南畿被災秋糧。

《英宗實録》卷三一三　己亥，鎮守湖廣貴州太監阮讓閹割東苗俘獲童稚一千五百六十五人，既奏，病亡三百二十九人，復買以足其數，亦閹之。事聞，降勅切責讓，并責巡撫右副都御史白圭等不能救正之罪，俱令從實自陳。

《國榷》卷三三　〔四月〕戊申，凡三品以上子孫求入監者不許。

《明史》卷一二《英宗後紀》　己酉，分遣内臣督浙江、雲南、福建、四川銀課。

《明通鑒》卷二八　浙、閩課額，大略如舊；雲南十萬兩有奇，四川萬三千有奇。總新舊額十八萬三千有奇。

《明史》卷一二《英宗後紀》　壬子，襄王瞻墡來朝。

《明通鑒》卷二八　上命百官朝王于邸，詔王詣天壽山謁三陵。及辭歸，禮送加隆，且敕王歲時與諸子得出城遊獵，蓋異數也。

《英宗實録》卷三一四　庚申，朝鮮國王李瑈遣使貢白雉，安南國王黎琮遣使貢金銀器皿方物，各賜宴及賜絲幣等物。交城王美垙妃曹氏妬而悍，王宫人生子輒加箠楚，有至死者。王母瞿氏訓戒之，爲其所詬，不能堪，因避居晉定王墳園。王懼得罪，召儀賓張瑛詐爲母具本，稱固疾，願守墳園以終天年，已而母恐其侍女爲曾氏所殺，因盡縱遣之，王乃迎母歸置别館。事聞，上曰：「曹氏不孝，當處極刑，念其親親，遣内臣往視，令其自盡。」

《國榷》卷三三　乙丑，免松江、蘇州去年旱災田租四十一萬三千七百十三石。

乙亥，襄王辭，上送至午門外，握手泣别，王拜，上亦拜。王起行數步，顧且拜，上使中官掖之，王起行，且數顧上數拜，上目送出端門，御製《峴山》、《漢水》二賦及《襄陽四時歌》以榮之。

安南臣黎壽域起兵討黎琮，殺之，立濬弟灝，僭號光順。

《英宗實録》卷三一五　〔五月〕丁丑，勅毛憐衛都指揮尚冬哈：「頃者爾奏都督郎卜兒哈被朝鮮國王誘害，已嘗遣官詰彼情實。今朝鮮國王奏郎卜兒哈與其子亦升哥謀欲會寧作亂，因是殺之，伊妻已沙哥等五人見在，又言郎卜兒哈次子阿比車糾合人馬屢欲報讎。朕詳此情，彼此俱失，郎卜兒哈既不當與朝鮮交通，朝鮮亦不可因事殺之，若彼無故擅殺，朝廷舉兵問罪何難？但事起有因，理難窮治，今已降勅切責朝鮮國王，令即將已沙哥等送還阿比車完聚，爾等宜省諭阿比車將見聚人馬散回，依舊住牧生理，不許仍前讎殺，自取禍敗。」

己卯，修造直隸廣德州祠山神廟，從巡撫左副都御史崔恭奏請也。

《明史》卷一二《英宗後紀》 壬午，免畿内、浙江被災秋糧。

《英宗實録》卷三一五 甲申，設陝西行都司肅州衛僧綱司，置都綱一員。

《國榷》卷三三 占城入貢。

《英宗實録》卷三一五 乙酉，賜華陽王長京大理寺，以親喪服闋也。

己丑，設直隸徐州黄家閘，置閘官一員。

《國榷》卷三三 丙戌，靖遠伯王驥卒。驥字尚德，束鹿人，永樂丙戌進士，授兵科給事中，進山西按察副使，洪熙初，拜順天尹，宣德二年，拜兵部右侍郎，歷尚書。討陝西虜阿台朵兒只伯有功，尋征麓川功封，景泰初，予世。驥沈毅有方略，屢立功邊徼。年八十三，贈靖遠侯，謚忠毅。

【略】庚寅，增蘇州通判，長洲、吴江、常熟、崑山、嘉定、吴縣主簿各一，專理農税水利。

《明通鑒》卷二八 罷中官督蘇、杭織造。

《國榷》卷三三 〔六月〕丁未，也先不花奏求高麗布、樂器、藥品，命量予之。

《英宗實録》卷三一六 丙辰，命通州草場新蓋倉厫名曰大運南倉。

《國榷》卷三三 己未，免順天逃租二萬餘石。

《明史》卷一二《英宗後紀》 癸亥，免湖廣被災税糧。

《英宗實録》卷三一七 〔七月〕丙子，禮部奏：「哈密使臣石即馬哈麻等累奏欲以自帶來玉石并駝進收，請照例將玉石送内府，每十斤賞絹一匹，駝一隻送御馬監，賞綵段三表裏，絹十匹。」從之。

《國榷》卷三三 庚辰，徵天下逃匠三萬八千四百餘人。

壬午，徵寧府臨川王磐燁及長子奠壏入京，以僭侈厭呪，奠壏以聞。

甲申，後軍都督僉事王斌致仕。

安南使臣程稜等云，國王黎濬游湖溺死，且釋服，乞免弔，從之。

丙戌，金吾右衛指揮同知高文受贓露，自經，命梟示。

丁亥，上足疾，不朝累日。

遣使振恤。

《明史》卷一二《英宗後紀》 辛卯，自五月雨至是月，淮水決，没軍民田廬，

《明通鑒》卷二八 遣使加意振卹，並所決城壖以次修築。

《英宗實録》卷三一七 甲午，先是，遣中官阮棗造紙於湖廣，至是三司府縣各奏民饑乞停罷，工部奏請或造於無災及災輕州縣，上命皆罷之，召棗還京。

《國榷》卷三三 上朝罷，召李賢、王翱、馬昂，慰問良久，賜金及宴。

《明通鑒》卷二八 鎮守廣東太監覃記，誣奏廉州知府李遜縱民竊珠，徵遜下獄。遜悉發記杖人至死及强斂民財物狀，上怒，令錮記，復遜職。

《英宗實録》卷三一七 丙申，設福建〔福〕寧府壽寧縣陰陽學、僧會司，置訓術一員，僧會一員。

《國榷》卷三三 八月甲辰朔，免武昌、漢陽、襄陽、德安、常德、黄、荊、辰水災田租。

遣勘順天、真定、保定、廣平、河間、大名、開封、汝寧、濟南、登、甘肅水旱。

辛亥，爪哇國王都馬班入貢。

甲寅，占城國王槃羅悦入貢。

乙卯，河南永寧軍金聲進白兔，僅給鈔足道費。

《英宗實録》卷三一八 己未，遣順天府官祭宋丞相文天祥。

故安南國王黎麟子琮遣陪臣程封等來朝貢方物，賜宴并鈔綵幣表裏紵綵襲衣等物，仍命封等齎勅并綵幣表裏歸賜琮。禮部言近者占城國王言被安南國連年擾害，今封等還，宜令其告琮自今以後守禮睦鄰，毋得構釁結怨。從之。

《國榷》卷三三 壬戌，通政司左參議尹旻、禮科給事中王豫封故安南國王黎麟庶長子琮爲安南國王。

《明史》卷一二《英宗後紀》 甲子，孛來三道入寇，大同總兵官李文、宣府總兵官楊能禦之。

《國榷》卷三三 蠲安慶、池、寧國、廣德去年災租七萬三千石有奇。

虜入涼州，掠官馬。

丁卯，廣東韶州諸郡逃民萬計，命按察司分巡官撫之。

辛未，遣監察御史、錦衣衛官各二人，撫安畿内軍民，時訛傳寇至競避也。

《明通鑒》卷二八 癸酉，寇大舉直抵鴈門，掠忻、代、朔諸州，烽火徹京師。居民驚走，擁入禁城，不能止。

李賢言于上曰：「宜出軍紫荆、倒馬二關。非欲與之對敵，一則安撫人民，一則使彼知懼，不敢深入。」會兵部奏請遣將統京軍赴大同，上曰：「緩不及事，徒勞士馬，惟駐關之策可行也。」于是遣都督顔彪領兵赴紫荆關，馮宗領兵赴倒馬關。寇知有備，尋引去。

《國榷》卷三三　〔九月〕丁丑，西苑凝和、迎翠、太素等殿，飛香、擁翠、澄波、歲寒、會景、映輝等亭成，上臨幸，召文武大臣，遊賞竟日。

戊寅，蠲河間今年夏麥萬八百九十石有奇。

《明史》卷一二《英宗後紀》　庚辰，孛來窺大同右衛。

《英宗實録》卷三一九　甲申，四川三司奏，比奉勅番僧人等朝貢京師者不得過十人，餘悉留彼伺候，緣本處邇年荒旱，若悉留所餘番僧伺候，動經數月，疲於供億，宜准正統間例，以禮宴待發回各地方伺候爲便。從之。

《國榷》卷三三　丙戌，命給事中王汝霖、行人劉恕封故占城國王摩訶槃羅悦弟槃羅茶全爲占城國王。

壬辰，湖貴總兵官都督李震等追妖賊李天保，敗之，斬三百七十五級。

天保，麻城人，逋税走苗中，糾衆，僞稱唐王，改元武烈，屢攻城堡，然敗而未獲。

《英宗實録》卷三二〇　〔十月〕庚戌，命修徐王墳殿宇。先是南京太常寺言徐王墳殿宇多朽敝，乞令有司修理，既而以詔止修，至是復命修之。

《國榷》卷三三　己未，錦衣衛帶俸都指揮僉事馬雲使撒馬兒罕，至哈密，以乩加思蘭兵阻，召回。

《英宗實録》卷三二〇　甲子，設山西蔚州、洪州舊堡并新城馬房倉，從巡撫右副都御史王宇請也。

《明史》卷一二《英宗後紀》　閲京營將領騎射于西苑。

《明通鑒》卷二八　令三營管操侯伯都督以下皆騎射，以三矢爲率，上親按籍記中矢多寡，賜鈔有差。

《英宗實録》卷三二一　十一月癸酉朔，欽天監進天順五年大統曆。

《國榷》卷三三　甲戌，虜三百餘騎入花馬池，總兵官楊信追之，僅獲馬二十七匹，召信還京。

〔閏月〕庚戌，幸南苑。

戊午，曉刻，月食四分有奇，署欽天監事禮部右侍郎湯序不預奏。

《明通鑒》卷二八　丁巳，以月食失占，下禮部侍郎掌欽天監事湯序于獄。

上謂李賢曰：「月食人所共知，欽天監失于推算，以致救護不行。」因言：「序掌監事，遇有災異，多隱蔽不言，天文吉事，卻詳書以進。朝廷正欲知災異以見上天垂戒，庶知修省。今序如此，豈爲臣盡忠之道！」賢對曰：「自古聖帝明王，皆畏天變，聖意實同，序罪可誅也。」尋貶序秩。

《明史》卷一二《英宗後紀》　己未，幸鄭村壩，閲甲仗軍馬。

《英宗實録》卷三二二　十二月癸酉朔，上省郊祀牲。命欽天監歲增造大統曆五千本給司禮監。

《明通鑒》卷二八　戊寅，以巡撫直隸副都御史崔恭爲吏部侍郎。

上以王翱年老，欲早得一人習練其事，翱與李賢合薦恭，上以爲得人。因與賢論人才高下，上曰：「若徐有貞，才學亦難得，當時有何大罪，祇爲石亨輩所害耳。」即日，傳旨釋有貞爲民。

有貞既歸，猶冀復召，時時仰觀天象，謂將星在吴，益自負，常以鐵鞭自隨，數起舞。及聞韓雍征兩廣有功，乃擲鞭太息曰：「孺子亦應天象耶！」雍，同里人也。有貞既不用，放浪山水間，十餘年而卒。

朝鮮與鄰部毛憐衛仇殺，詔禮科給事中張寧同都指揮武忠往解之。寧詞義慷慨；而忠驍健，張兩弓折之，射雁一發墜。朝鮮人大驚服，竟解其仇而還。中官覃包邀寧相見，不往。尋擢都給事中。

《國榷》卷三三　癸未，虜十餘騎寇寧夏東路，出花馬池興武營，官軍追之，不獲。

乙酉，下高陽伯李文、太監陳瑄錦衣獄，以大同屢寇，按兵不出也。降文都督僉事，從征延綏。

天順五年（辛巳、一四五一）

《國榷》卷三三　〔正月〕戊申，敕巡撫兩廣右僉都御史葉盛往瓊州捕賊邵瑄。瑄故千户邵偉子，糾衆行劫，據城作亂。

《明史》卷一二《英宗後紀》　庚戌，大祀天地於南郊。

《英宗實録》卷三二四　己未，增置廣東布政司右參議一員，專理糧儲，從巡撫右僉都御史葉盛奏請也。給察剌秃山衛、木蘭河衛印各一，從其請也。

《國榷》卷三三　乙丑，廣西總兵官右都督過興勦慶遠清潭賊，斬六百十二級。

〔二月〕己卯，都指揮僉事海榮、錦衣衛指揮使馬鑑使海西。

免濟南、青、萊、登、兗、東昌去年災租二十四萬餘石，賑開封饑。

辛巳，通政司左參議尹旻、禮科給事中王豫、司禮太監柴真等奏：「奉使安南，至横州，則黎琮弒前國王黎濬，詭云溺死，請封，國人不服，故國王黎麟子灝主國事，琮自盡，臣等當返，報聞。」

壬午，免肥鄉六縣去年災租萬三千一百餘石。

《英宗實録》卷三二五　丙戌，漕運總兵官右都督徐恭奏：「運河諸閘多狹隘，臨清一閘尤甚，而近造糧舟高大，閘殆不能容，請勅山東軍衛有司積工措料，修移舊閘五十丈，濬深三尺六寸，增廣三尺，庶不阻漕運。」上曰：「臨清南北要衝之地，其閘乃淺狹如此，即令有司修築之。」

丁亥，設直隸保定府道紀司，置都紀、副都紀各一員，從本府奏請也。

《國榷》卷三三　庚寅，停廣東採珠。

《明通鑒》卷二八　巡撫廣東葉盛奏：「廣東珠池經二次採取，今珠螺稀嫩，須暫停緩，方得長大。況雷、廉等府州縣夫、蜑，累被廣西流賊劫殺，必須大兵寧靖人力寬甦之日，方可採撈。」上命户部議行。

甲午，保喇寇莊浪，詔都督馮宗率兵討之。

丙申，鎮守廣東中官阮隨奏：「大藤峽猺賊出没兩廣，累年爲患；雖常會兵勦捕，而地里遼遠，又兩廣軍馬不相統屬，宜大舉以創之。」乃命都督僉事顔彪佩征夷將軍印，充總兵官，調南京、江西及直隸、九江等衛官軍一萬隸之。

《國榷》卷三三　庚子，免河間逃租萬八千餘石。

募商納粟蘭縣中鹽。

《英宗實録》卷三二六　〔三月〕丁未，免陵川王佶烇店房門攤課鈔。

《國榷》卷三三　貴州右參將都督僉事劉玉平西堡蠻，斬九百餘級。

戊申，廣東賊陷靈山縣。

《明史》卷一二《英宗後紀》　壬子，免蘇、松、常、鎮被災税糧。

《國榷》卷三三　起復慶遠試知府周一清。

《英宗實録》卷三二六　癸丑，先是兵部奉上命復順聖川爲牧馬之地，行令各該衙門整理，至是總兵等官請甃其城，從之。

《明史》卷一二《英宗後紀》　甲寅，湖廣、貴州總兵官李震會廣西軍剿瑶、僮，悉破之。

《明通鑒》卷二八　攻横水、城溪、莫宜、中平諸寨，皆克之。長驅至廣西西延，會總兵官過興軍克十八團諸猺，前後俘斬數千人。

《英宗實録》卷三二六　己未，設懷來、保安二小馬站。

《國榷》卷三三　丁卯，總督糧儲左都督御史軒輗兼管淮揚倉糧。

《明通鑒》卷二八　是春，以劉孜爲右副都御史，巡撫江南十府。孜以吏部考察，舉治行卓異，遂自山東按察使陞任左布政，至是命撫南畿。蘇、松財賦，自前撫臣周忱立法，後多紛更。孜至，首訪忱善政遺蹟，斟酌行之，民以爲便。

《國榷》卷三三　〔四月〕辛未朔，城滄州。

壬申，命南京撫夷都指揮同知廉忠從征兩廣賊，領寓夷四百六十六人，留都指揮韋興撫夷。

甲戌，亦力把力等國入貢。

丙子，命撫寧伯朱永，領馬八百餘匹，俱牧宣府近城。

丁丑，虜犯莊浪，鎮守都督僉事林宏等擊卻之。

庚辰，游擊將軍都督同知和勇以兩京胡騎九百五十餘人從征兩廣賊。

癸未，免真定去年災租六千九百八石。

甲申，瓦剌太師也先弟伯魯王爲都督僉事，從子兀忽納爲指揮僉事。伯魯王即哈密王母弩温答失里弟，兀忽納母從子也，因也先亂，俱寓哈密，故王母上書請秩。

《英宗實録》卷三二七　乙酉，《大明一統志》成，御製序。

《國榷》卷三三　己丑，虜犯西寧，都指揮汪清禦之，失利。

《英宗實録》卷三二七　壬辰，致仕禮部右侍郎錢習禮卒。

《國榷》卷三三　習禮，吉水人，永樂辛丑進士，選館，授檢討，洪熙初，進侍讀，兩朝實録成，進侍讀學士。正統乙丑，進禮部右侍郎，兼署吏部，致仕。恬静寡欲，才敏思深，文行見重。年八十九，賜祭葬，謚文肅。

《明史》卷一二《英宗後紀》　癸巳，兵部侍郎白圭督陝西諸邊，討孛來。

《明通鑒》卷二八　保喇寇邊，入平虜城，誘指揮許顒等入伏死之。邊報日亟，乃詔兵部侍郎白圭督陝西諸軍討之。

是月，上與閣臣李賢言：「今府庫錢糧，入少出多；且軍官俸一季闕銀十四萬兩，何以爲繼？」賢對曰：「自古國家惟怕冗食，今一衛官有二千餘員者。」上令賢與吏、户、兵三部議之。「在京軍官老弱殘疾者，令兵部以次調外，卻以軍補其闕，以省冗費。」上曰：「此時恐難行。」賢曰：「宜安静行之，如無事然，使其不覺可也。」上頷之。

賢又言：「今日軍官，有增無減。自古賞功之典，雖金書鐵券，誓以永存，然其子孫不一再傳而犯法，即除其國；或能立功，又與其爵。豈有累犯罪惡而不行革黜者！若再因循久遠，天下官多軍少，民困歲供，此不可不深慮也。」上曰：「此事誠可慮，然亦當徐爲之。」

《英宗實録》卷三二八 〔五月〕辛丑，以《大明一統志》成，賜總裁、纂修等官學士李賢等鈔錠有差。

《明通鑒》卷二八 丙午，保喇犯宣府。

《明史》卷一二《英宗後紀》 丁未，免河南被災秋糧。

《國榷》卷三三 免開封、汝寧、懷慶、彰德、河南、南陽去年災租二十六萬七千九百十三石有奇。

己未，免南昌、南康、饒、九江去年災租五萬一千三百六十餘石。

《英宗實録》卷三二八 壬子，設順天府薊州道正司，置道正一員。

《明通鑒》卷二八 是月，殺弋陽王奠壏。王，寧獻王之庶孫也。

初，有錦衣衛指揮緝王烝母事，上遣人按問不實。復令奠壏兄寧王奠培具實以聞，奠培奏無其事。而是時中官逯杲，聽詗事者言，以爲實。迨上遣駙馬都尉薛桓與杲再按，會奠培奏亦至。上以責杲，杲懼，仍執如初，遂賜奠壏母子自盡，焚其尸。是日，雷雨大作，平地水深數尺，衆或冤之。

下南雄知府劉實于獄。

實居官三十餘年，廉介愛民。中官過郡多邀索，弗與，遂折辱之，郡民大呼，擁實去，中官憾忿，誣以罪，逮下詔獄，瘐死。郡人哀而祠之。實，江西安福人。

《國榷》卷三三 〔六月〕辛未，免杭、湖、嘉興、寧波去年災租七萬三千五百七十五石。

《英宗實録》卷三二九 丙子，致仕河南左布政使徐義卒。義字仲制，江西南昌縣人，以進士授山東道監察御史，宣德丁未陞廣東按察司副使，改河南，滿考陞今官，以疾致仕，至是卒。義在御史時，頗能守職，比居方面，貪墨無狀，士類鄙之。

《明史》卷一二《英宗後紀》 孛來寇河西，官軍敗績。

《英宗實録》卷三二九 己卯，設福建泉州府安溪縣道會司，置道會一員。

《明史》卷一二《英宗後紀》 壬午，兵部尚書馬昂總督軍務，懷寧伯孫鏜充總兵官，帥京營軍禦之。

《明通鑒》卷二八 未行而曹吉祥之亂作。

《國榷》卷三三 河南、山東、畿内班軍二萬人，先往陝西俟命，通政司左參議尹旻往治餉。命法司上重囚罪狀。

辛卯，故安南國王黎濬弟灝入貢乞封。

《英宗實録》卷三二九 癸巳，禮部奏：「安南國王黎麟卒于正統七年，朝廷封其嫡子濬爲王。濬於天順三年爲庶兄琮所弑，來求襲封，詔使未至其國，聞琮自盡。今琮弟灝遣陪臣阮昇等奏灝實麟嫡子，宜爲王。臣等恐其國事未定，難輒遣官往封，宜晏賞昇等，令其先歸，仍移文廣西三司、巡按御史往其近地憑祥縣境察之，琮果没，灝果濬嫡弟，别無争端，然後可封。」上曰然，命錦衣衛官往察之。

《明通鑒》卷二八 是月，以天下水災，又值邊警，會昌侯孫繼宗、吏部尚書王翱等，請行寬卹之政以蘇民困，上有難色，不得已令條其不便于民者十數事，詔行之。

《明史》卷一二《英宗後紀》 秋七月庚子，總督京營太監曹吉祥及昭武伯曹欽反，左都御史寇深、恭順侯吴瑾被殺，懷寧伯孫鏜師兵討平之。

《明通鑒》卷二八 石亨之敗也，吉祥内不自安，漸蓄異謀。家故多藏甲，日犒諸達官，金錢穀帛恣所取，皆願盡力，結爲死黨。

千户馮益，曾于景泰間請徙上皇于沂州，復辟後，以吉祥庇得不誅，因客欽所。欽問曰：「古有宦官子弟爲天子者乎？」益曰：「君家魏武其人也。」欽大喜。

欽有家人百户曹福來者，得罪逃去，奏行捕治，欽乃别遣人尋獲，至家私掠死，爲言官所劾。上令逯杲按之，且降敕徧諭羣臣，「毋自專干憲典。」欽驚曰：「前降敕遂捕石將軍，今復爾，殆矣！」反謀遂決。使其黨掌欽天監湯序擇以是月二日昧爽，欽自外擁兵入廢帝，而吉祥以禁兵爲内應。

謀既定，欽召諸達官夜飲。時懷寧伯孫鏜奉詔西征，將陛辭，是夜，與恭順伯吴瑾俱宿朝房。達官馬亮恐事敗，逸出，走告瑾，瑾趨告鏜，從長安右門隙投疏入。二人皆武臣，拙于書，惟曰「曹欽反，曹欽反」。上得奏，急縶吉祥于内，而敕皇城及京城九門（門）〔閉〕勿啓。

欽以亮逸，知事泄，中夜，馳往逯杲家殺杲，斫傷閣臣李賢于東朝房，以杲頭示賢曰：「杲激我也。」逼賢草奏釋己罪。無何，又執尚書王翺，賢乃就翺所索紙佯草疏，乃獲免。欽又殺都御史寇深于西朝房。遂率衆攻東、西長安門，不得入，縱火。守衛者拆河壖甎石塞諸門，賊往來叫呼門外。鏜遣二子亟召西征軍，擊欽于東長安門，且大呼曰：「有獄賊反！」西征軍奔集至二千人，鏜曰：「不見長安門火耶？曹欽反，能殺賊者必得重賞！」欽先攻東安門不克，瑾將五六騎覘賊，道遇欽，力戰死。欽復縱火，門燬，門内聚薪益之，火大熾，賊不得入。天漸曙，欽黨稍稍散。鏜勒兵逐欽，鏜子軏，斫欽中膊。欽走突安定諸門，門盡閉，歸家拒戰。會大雨如注，鏜督諸軍奮呼入，欽投井死。其家無大小盡誅之。

《國榷》卷三三　辛丑，命成國公朱儀等分守皇城都城門，蓋賊黨未殲也。

《明通鑑》卷二八　追封吴瑾涼國公，謚武壯。贈寇深少保，謚莊愍。

壬寅，撫諭京城内外。

《明史》卷一二《英宗後紀》　癸卯，磔吉祥於市，夷其族。

《英宗實録》卷三三〇　丙午，以誅曹吉祥，曹欽致書徧告親王宗室。

《國榷》卷三三　丙午，誅太常寺少卿署欽天監事湯序，以卜日舉兵也。

《明史》卷一二《英宗後紀》　丁未，免南畿被災税糧。

《國榷》卷三三　戊申，逆黨都督同知也先帖木兒竄通州，盗田瓜，民毆之，吐實，逮獄錮之。

《明通鑑》卷二八　時李賢上言：「曹賊就誅，此非小變。宜詔天下，一切不急之務悉皆停罷，與民休息。」又言：「自古治朝未有不開言路者，或設敢諫之鼓、誹謗之木以導之；或舉旌獎賞勞陞用之典以勸之；猶慮其緘默自保，或設不言之刑以懼之。聖帝明王，其惓惓求言若此者，唯恐不得聞其失也。惟姦邪之臣，惡其攻己，必欲塞之以肆其非。由是覆宗絶嗣，陷于大戮而不悟矣。」上曰：「此吉祥、石亨、張軏輩實爲之，宜列之詔中，咸使聞知。」

辛亥，以李賓爲右都御史。

寇深之遇害也，上以此職非輕，難其人，李賢請令六部共舉。已，舉三人，以南京刑部尚書蕭維禎居首。賢請用之，上曰：「此人曾經吉祥力薦，必其黨與，非端士也。」上以大理卿李賓年雖少，久典刑名，復詢之王翺等，遂有是命。

《英宗實録》卷三三〇　壬子，錦衣衛鎮撫司以大赦天下録見監罪囚以聞，詔釋安鄉伯張寧、兵部郎中何宜、内官劉添孫等三名，石亨等家人九名，餘仍監之。馬雲等以奉使失職仍追原賞。

《國榷》卷三三　乙卯，誅蔚州衛帶俸都指揮趙旺、錦衣衛帶俸都指揮侯通、致仕千户慈谿馮益，皆吉祥黨。

《明史》卷一二《英宗後紀》　丁巳，河決開封，侍郎薛遠往治之。

《明通鑑》卷二八　城中水深丈餘，官舍民居漂没者過半；周王及諸守土官，皆乘舟筏避于城外，軍民死者不可數計。

《國榷》卷三三　磔曹欽妻賀氏。初擬没之官，謂速欽反，磔之。

《明史》卷一二《英宗後紀》　戊午，都督馮宗充總兵官，禦寇於河西，兵部侍郎白圭、副都御史王竑參贊軍務。

《國榷》卷三三　懷寧伯孫鏜進封懷寧侯。

又以馬亮告反，授都督。

庚申，進會昌侯孫繼宗太保。

《明史》卷一二《英宗後紀》　辛酉，孛來上書乞和。

《國榷》卷三三　兵部議，虜酋孛來三上書，求遣使講款，宜允之。報可，遂遣指揮僉事詹昇，都指揮同知賓顯往，昇假都指揮使。

賑莊浪衛。

〔八月〕己巳，敕迤北太師淮王孛來。

《明通鑑》卷二八　壬申，寇犯永昌。

甲戌，又犯甘州。

《英宗實録》卷三三三　庚辰，遣順天府官祭宋丞相文天祥。上諭户部臣曰：「廣義伯吴琮能報逆賊曹欽反謀事，又効力殺賊，勤勞可嘉，其加歲禄二百石。」

辛巳，命兖國復聖公顔回六十世孫議襲五經博士，主奉祀事。以議父希仁卒，故命繼之。

《明通鑑》卷二八　甲申，加李賢、王翺皆太子少保。

時上敕吏部曰：「學士李賢爲賊傷，乃能力疾辦事，忠勤可嘉，宜進秩酬之。」賢等固辭，不許。

是月，保喇寇西番，遂入涼州，守將都督毛忠禦之。鏖戰一日夜，矢盡力疲，寇來益衆，忠意氣彌厲，拊循將士，復殊死鬭，寇卒不能勝。會宣城伯衛潁援至，寇解去，忠竟全師還。

上既擢李賓，而大理寺卿未除。一日，與李賢論人才，因及工部尚書趙榮，賢曰：「此人可取。且如曹賊反時，文臣皆畏縮不敢前，獨榮被甲走馬呼于軍曰：『好漢皆來從我！曹家亂臣賊子，當共勦殺。我輩忠臣義士勿避也！』于是從者數十百人。」上聞，嘆曰：「此忠臣也！」乃命榮以工尚兼大理卿，食兩俸。

岳正之在戍也，上每念及，輒曰：「岳正到好，只是大膽。」至是曹、石敗，上思其言，乃放還爲民。正自爲《像贊》，述上語，以爲之死靡憾。人謂其果于自信云。

賜兵部尚書馬昂玉帶及繡金麒麟服。

昂初附曹吉祥，嘗薦曹欽，得管大營禁兵，至是以誅欽有功，因得掩其薦欽之罪。自是寵待特厚，賜賚無虛日。

《英宗實録》卷三三一　戊子，賞守皇城四門并守衛直宿官軍人等五千六百一十人，都督各銀四兩、綵段一表裏，指揮各銀三兩，千百户等官各銀二兩，旗軍人等各銀一兩，死者加賞銀二兩，以禦反賊曹欽之功也。

《英宗實録》卷三三二　九月戊戌朔，陞後軍都督府帶俸都督僉事艾義爲都督同知。

己亥，賞錦衣等衛官校軍舍銀有差，以擒戮曹欽賊徒及守護禁城功也。

《國榷》卷三三　乙巳，進士白鳳、徐茂，監生張斆、張海、吴璘、朱暟、祝祥爲監察御史。脱脱不花王子領萬餘騎襲孛來于石頭城，兵敗被殺。

《英宗實録》卷三三二　丙午，修山東沿海衛城二十三處，從永康侯徐安奏請也。

《國榷》卷三三　癸丑，廣寧侯劉安進太子少傅。

許兩廣人納粟廉、高、慶遠授官。

乙卯，賑崇明、嘉定、崑山、上海，以七月風潮溢，溺萬二千五百二十餘人。

《英宗實録》卷三三三　冬十月丁卯朔，欽天監進天順六年大統曆。

《明史》卷一二《英宗後紀》　壬申，以西邊用兵，令河南、山西、陝西士民納馬者予冠帶。

《明通鑑》卷二八　保喇之乙和也，上遣都指揮詹昇、竇顯等賫璽書往諭降。自是凡三乙和，皆許之。

《國榷》卷三三　壬申，敕湖廣都指揮同知楊茂同總兵官右都督徐恭儹運糧儲。

己丑，致書襄王。

《英宗實録》卷三三三　辛卯，復設飯堂於南京。永樂中，於江東等門設飯堂三處，日給粥二餐，賑濟孤貧，後因歲用不敷，停止，至是守備臣以爲言，命舉行之。

《明通鑑》卷二八　辛卯，昇等至塞外，保喇聽命，遣使來貢，受約，又請改大同舊貢道而由陝西蘭縣入，朝議許之。

初，韃靼入寇，或在遼東、宣府、大同，或在寧夏、莊浪、甘肅，去來無常，爲患不久。景泰初，始犯延綏，然部落少，不敢深入。嗣後有韃靼部下阿勒楚爾者，率其屬潛居河套，遂逼近西邊，出没爲患。

河套，古朔方地，唐張仁愿築三受降城處也。地在黄河南，自寧夏至偏頭關，延袤二千餘里。其外爲東勝州，在受降城之東。明初置衛控之，厥後以曠絶内徙，虜始渡河犯邊。于是保喇與小王子及瑪拉噶等先後繼至，掠我邊人以爲鄉導。自請改道陝西，每歲入貢而寇掠如故。河套之患始此。

《英宗實録》卷三三四　〔十一月〕壬寅，巡撫寧夏右副都御史陳聖等奏官軍缺馬，兵部請令户部措置銀七萬兩運赴陝西市馬五千匹給軍。上從之，命第輸銀二萬兩往市二千匹。

《明通鑑》卷二八　丙辰，上召閣臣李賢于文華殿，語曰：「曹吉祥非無功，一旦犯法，誅殛無遺。且朕在南城時，若輩如何？一旦得志，卻又忘之。朕今復位五年矣，未嘗一日忘在南城時。是以每日視朝，朝母后畢即親政務，覽章奏。至于飲食未嘗揀擇去取，衣服亦俱從便。」賢曰：「如此節儉，益見盛德。若朝廷節儉，天下百姓自然富庶可期。」上曰：「願卿勉輔朕躬，君臣一德。」

《國榷》卷三三　〔十二月〕丁卯，定贖罪例。

戊辰，京師多盜，下巡城御史張祚錦衣獄，錦衣官校及兵馬司官，皆鎖項捕盜，著爲令。

癸酉，免蘇州、松江災租七萬九千八百餘石。

《明通鑑》卷二八　是冬，命李震專鎮湖廣。以李安充總兵官，鎮貴州。

四川松潘蠻叛。

松潘地雜番、苗，舊設參將一人，事權輕。會守臣告警，朝議設副總兵，以都督同知許貴充總兵官鎮守。未抵鎮而山都掌蠻叛，詔便道先討之。貴分兩哨，直抵其巢，連破四十餘寨，斬首千一百級，生禽八百餘人，餘賊遠遁。貴亦感嵐氣，未至松潘卒。上爲輟朝一日，賜賻及祭葬如制。

天順六年（壬午、一四五二）

《國榷》卷三三　〔正月〕庚子，內官周光使襄府索餽，還獻二馬，下錦衣獄。

《英宗實録》卷三三六　辛丑，印綬監太監阮通奏：「舊制，漕運遇風破舟者令所在官司覆驗無僞，即令全衛所皆於通州上納，免赴京倉，省其僦車之費，以補漂流之數。行之既久，姦弊滋甚，多有私賄沿河官司，虛報遭風，以致上納京倉者少。乞行禁革，犯者治以重罪。」

《國榷》卷三三　蠲南畿、山東、河南隨糧蘆葦。

《明史》卷十二《英宗後紀》　戊申，孛來遣使入貢。

《明通鑑》卷二九　時白圭、王竑巡視西邊，圭遇寇于固原川，竑遇寇于紅崖川，皆破之。保喇尋入貢謝罪。

時保喇與穆爾格爾相仇殺，會穆爾格爾死，衆共立其兄蒙古勒克埒青吉思，亦號「小王子」。自是韃靼部長益各專擅，延綏邊事日棘矣。

《國榷》卷三三　壬子，總兵官都督僉事顔彪等勦潯州大藤峽等獞賊，克七百二十一寨，斬三千二百十七級，賜獎敕。

癸丑，陝西督糧通政司左參議尹旻言：「賊退河開，供輸困極，乞罷兵。」時以後儆難之。李賢曰：「兵可暫不可久，暫則爲壯，久則爲老，莫若令官軍且耕且守，罷戍兵，但留文武官提督。」上然之。

〔二月〕丙寅朔，增薦新船十二艘。

己巳，崞縣知縣楊慶下錦衣獄。內官弓勝奉命捕虎，過縣索賂，欲杖慶，不服，斥去之，勝誣愬，重得罪。

壬申，吴鑑嗣恭順侯。

《英宗實録》卷三三七　庚寅，遣翰林院侍讀學士錢溥、禮科給事中王豫爲正副使往封故安南國王黎麟子灝爲王。

《明通鑑》卷二九　灝，麟次子也。初，黎麟死，子濬立，爲庶兄琮所弒，以濬游湖溺死聞。朝廷不知，方遣人弔祭，而琮已爲國人所誅，立濬弟灝。灝既立，連遣使朝貢請封。上命廣西守臣覈實，奏請從之，尋有是命。

《國榷》卷三三　戎縣蠻作亂。

免河南班匠三年，停一切不急之務。

復黄嵩平樂知府。

琉球入貢。

《英宗實録》卷三三八　〔三月〕乙巳，朝鮮國王李瑈、琉球國中山王世子尚德各遣陪臣來朝貢方物，宴賜各如例。

《明通鑑》卷二九　癸丑，召馮宗、白圭還，王竑仍留鎮西邊。

《英宗實録》卷三三八　丁巳，命疏濬淮安以南運河。

四月丙寅朔，享太廟。丁卯，兵部奏叙南夷人聚衆屢於永寧宣撫司地方劫掠，已勑都督同知許貴調兵勦捕。近日愈肆猖獗，而貴等兵猶未到，宜移文貴等督官軍亟行以靖地方。從之。

《明通鑑》卷二九　壬申，免河南、開封等五府所屬四十州縣去年被災稅糧凡二十八萬四千餘石。

《國榷》卷三三　丁亥，命浙直織紵絲紗羅萬匹。

南和伯方毅坐奸占奪爵。

〔五月〕己亥，午日，賜群臣扇及宴，仍題御詩二首於扇，分賜大臣。

《明史》卷一二《英宗後紀》　庚子，顔彪討平兩廣諸瑤。

《明通鑑》卷二九　先是大藤之亂，兩廣猺、獞蠭起，廣西殘毀殆徧。彪至，會兩廣巡撫葉盛攻破七百餘寨，遂駐軍大藤峽，進擊龍山，直抵梧、潯，所向皆捷。而彪多濫殺冒功，謗者並以咎盛，于是復命吴禎撫廣西，而盛專撫廣東。

《國榷》卷三三　壬寅，禁中外官毋增置夾棍等刑具。

《英宗實録》卷三四〇　癸卯，添設山西平陽府管糧通判，從本府奏請也。

《明史》卷十二《英宗後紀》　己未，免陝西被災秋糧。

六月戊辰，淮王祁銓來朝。

《國榷》卷三三　下國子祭酒劉益錦衣獄。典簿徐敬盜糧竊官紙、官木，罪覺，奏益因釋奠支鈔治茶款各臣也，尋贖還秩。

己卯，免莊浪、古浪、涼州、永昌鎮番衛屯糧五萬二千四百五十五石。

癸未，迤北孛來遣使察占等四百五十人，貢馬百二十九匹。

《英宗實録》卷三四一　戊子，裁革雲南諸鄧、大井、順盪三井鹽課司副使各一員，以各司奏事簡官多故也。

《國榷》卷三三　〔七月〕乙未，平陽妖人宋普貴等流刼汾州，蔚顯等格捕之，伏誅。

丙申，巡按直隸監察御史樊英下錦衣獄，以過六合飲同年主事鄭瑛家納賂也。

《英宗實録》卷三四二　乙卯，京師有無賴子數十輩常在吏部前覘聽選官吏監生，或謀賂内外官求美除，而貧欲借貸者輒引至富家借金，遂爲之往賂，其實或往或否，偶得美除，則掩爲己功，分有其金，俗呼爲撞太歲。既又執憑與所除官偕往任所，取償數倍。至是有爲緝事者所覺，下錦衣衛鞫得實，俱發邊遠充軍，命都察院揭榜天下禁約。

《明通鑒》卷二九　是月，淮安海溢，溺死鹽丁一千三百餘人，命免兩淮鹽課三十萬引。

《國榷》卷三三　八月癸亥朔，賑東莞等縣水災。

乙丑，修各邊屯堡、斥堠、濠塹。

《明通鑒》卷二九　是月，學士吕原以母喪歸，詔葬畢起復。原請終制，不許。

《英宗實録》卷三四四　〔九月〕癸巳，中書舍人楊貴芳言：「舊時誥勑勘合字號，國王用禮字，追封用文行忠信字，文官一品以上用仁義禮智字，三品以下用十干字。新製武官誥命初編用二十八宿字，續編用《千字文》。永樂三年十一月内以武官誥命二十八宿字編盡，該中書舍人芮善奏請同翰林學士兼右春坊大學士解縉等議用《百家姓》編，奉旨惟用漢《急就章》字。今文官三品以下誥勑十干字號俱已編盡，乞勑翰林院別取他字編號，庶無重復。」上命用十二支字編之。

《明史》卷一二《英宗後紀》　乙未，皇太后崩。

《英宗實録》卷三四四　戊戌，增置禮部儀制司主事一員，以尚書石瑁言司事繁冗故也。

《國榷》卷三三　丁未，户部定古田縣銀課千二十五金，福寧千五十金，上各減其半。

己酉，上欲用都指揮谷登充副總兵，鎮守涼州。李賢言登勇略不及，薦劉玉可任，從之。

《明通鑒》卷二九　初，逯杲給事門達左右，達倚爲腹心，及杲得志，達反爲之用。至是杲已死，達欲踵其所爲，益布旗校于四方，告訐者日盛。尋以囚多，獄舍不能容，請城西武庫隙地增置之。

《國榷》卷三三　十月壬戌朔，光禄寺請陶器萬餘件，上已之。

丁卯，乩加思蘭脅奪哈密忠順王妃，掠赤斤、罕東二衞。

丁亥，遣户部右侍郎楊鼎以漕舟可至天津、德州者，即收貯其粟，以便回運。

《明史》卷一二《英宗後紀》　〔十一月〕甲午，葬孝恭章皇后。

《英宗實録》卷三四六　壬寅，上黑冠服御奉天門，文武羣臣行奉慰禮。

《國榷》卷三三　甲辰，虜孛來以二萬騎掠朵顔三衞，遣使貢馬，來獻捷，欲從獨石入，命從貓兒莊入。

《明通鑒》卷二九　寧夏兵擊走之。自是每藉入貢之名，往來塞下，殆無虚日。

《國榷》卷三三　乙巳，太監吴昱守備天壽山，兼提督黄花鎮軍馬。

己酉，考郎兀衞來貢，進都督僉事哥哈爲都督同知。

《英宗實録》卷三四六　甲寅，嚴捕私鹽船令。

庚申，翰林院學士吕原卒。

《明通鑒》卷二九　初，原與岳正劾曹、石致上怒，上以原素恭謹，罷正，特留之。至是以母喪歸葬，哀毁羸瘠，甫襄事而卒。贈禮部左侍郎，謚文懿。

《英宗實録》卷三四七　〔十二月〕壬戌，僧録司覺義然勝奏智化寺成於太監王振，舊有賜經及勑諭，正統十四年散失無存，乞仍頒賜，以慰振於冥漠。上從之。

《國榷》卷三三

癸酉，修曲阜孔子廟。

迤北太師孛來奏：「臣長諸部，勞賜宜加等。」命增織金綵幣一。

時孛來與毛里孩猛羅出猛可相仇殺，不敢深入。

限南京快船，惟冰物十五扛一艘，餘滿載，毋分載滋擾。

乙酉，上不豫。

己丑，命有司捕逃匠。

《明通鑒》卷二九　是冬，召王竑還。

是歲，山西巡撫李侃，以考察屬吏，奏罷布政使王允、李正芳以下百六十人。

並自劾請罷，詔不許。其年冬，以母喪歸，軍民擁泣，至不得行。服除，遂不出，家居十餘年。

兩廣之亂，陶魯時以父蔭授新會縣丞。時新會土寇蜂起，魯以孤城守禦，賊來，輒擊敗之。會秩滿，巡撫葉盛上其績，就遷知縣。尋以破賊功進廣州同知，仍知縣事。

天順七年（癸未、一四六三）

《英宗實録》卷三四八　春正月辛卯朔，上御奉天殿，文武羣臣公服朝參如朔望儀，詣東宮止行四拜禮。

《明史》卷一二《英宗後紀》　丙午，大祀天地於南郊。

《國榷》卷三三　辛亥，吏部大計，罷斥千六百四十二人。

《英宗實録》卷三四八　戊午，正一嗣教大真人張元吉請度龍虎山上清宫道童三百五十七人。禮部言例未應度，上命度一百五十人。

《國榷》卷三三　廢遼府奉國中尉豪圯爲庶人，以淫暴也。

《明史》卷一二《英宗後紀》　二月壬戌，詹事陳文爲禮部侍郎兼翰林學士，入閣預機務。

《明通鑑》卷二九　呂原之卒也，上問李賢：「孰可代者？」賢以詹事柯潛對。出，告王翱，翱曰：「陳文以次當及，奈何抑之？」明日，賢入對，如翱言。文既入閣，數撓賢以自異，曰：「吾非若所薦也。」

《國榷》卷三三　戊辰，琉球國中山王尚德入貢。

《明通鑑》卷二九　會試，貢院火，御史焦顯扃其門，燒殺舉子九十餘人。詔以八月補行會試。

《國榷》卷三三　己巳，下禮部左侍郎鄒幹、郎中俞欽、主事張祥、御史唐彬、焦顯于獄，以焚闈也。尋宥幹，復之，餘外補。

《英宗實録》卷三四九　辛未，朝鮮國王李瑈以孝恭章皇后喪遣使臣鄭自濟等來朝進香及奉慰表文，命於清寧門行禮。

《國榷》卷三三　癸未，上杭賊平，餘孽復四千人，命捕之。

下禮、工部左侍郎霍瑄、薛遠等錦衣獄，以擅移貢院于安仁坊草場，上責之，命貢院如故。

《英宗實録》卷三四九　丙戌，上諭内閣臣李賢曰：「近聞空中有聲，此必上天譴告，必命真人張元吉祈禱之，卿可爲青詞進來。」賢曰：「禱之亦可，然尤須自省，以回天意。」上曰：「然。」明日，賢亦聞其聲，奏曰：「臣考之於書，無形而有聲者謂之鼓妖，君不恤民，天下怨叛，則有此異，乞行寬恤之典，以消此變。」上覽之曰：「此言正合朕意。」

《英宗實録》卷三五〇　〔三月〕壬辰，重造欽天監大統曆日印，從監正谷濱奏請也。

《國榷》卷三三　甲午，安南入貢。

庚子，初，廣西總兵官都督過興疾免，子得隆從還，道祁陽，以知縣李翰不賄，杖斃之，並及其子，事聞，興、得隆俱論死。

《明史》卷一二《英宗後紀》　壬寅，旱，詔行寬恤之政，停各處銀場。

《明通鑑》卷二九　時李賢復請罷江南所進緞匹及中官採辦，止各邊守臣進貢等事，不從。尋詔停各處銀場。

是月，進兵部侍郎白圭爲工部尚書。

福建上杭賊起，巡按御史伍驥討平之。

先是賊擾上杭，都指揮僉事丁泉，汶上人，善捍禦，賊屢攻城，皆卻之。已而賊轉熾，驥聞，立馳入汀州，調援兵四集。驥單騎詣賊壘，賊不意御史猝至，皆擐甲露刃。驥從容立馬，諭以禍福，賊感其至誠，有泣下者。一時歸附之衆，凡一千七百餘户，給以牛種，俾復故業。惟賊首李宗政負固不服，遂與泉深入，破之。泉力戰遇害。驥弔死恤傷，激以忠義，復與賊戰，連破十八寨，俘斬八百餘人，四境悉平。而驥冒瘴癘成疾，班師至上杭卒。軍民哀之如父母，旦夕臨者數千人，爭出財立祠。成化初，以知縣蕭弘請，詔與泉並祀，賜祠名「褒忠」。

是春，復命副都御史王竑巡撫淮揚，兼督漕務。淮揚士民聞竑再至，歡呼迎拜，數百里不絶。

四月壬午，逮宣大巡按御史李蕃下獄。

《英宗實録》卷三五二　〔五月〕庚寅，黑婁地面母塞亦王遣使臣馬黑麻捨兒班來朝貢方物。

《國榷》卷三三　丙申，裕州知州秦永昌貪暴，民訴之，逮至京，籍其家，誅之，仍榜示天下，并謫罰監司有差。

《英宗實録》卷三五二　戊申，增置西安門倉。

癸丑，先是，遼東總兵官成山伯王琮等奏海西女直屢犯開原等邊，上命守開原左參將曹廣勦之。既而廣奏同海西公幹都指揮馬鑑領兵追擊，攻破清河寨，斬首四十餘，皆遁去。至是，海西嘔罕河等衛頭目都督你哈答遣都指揮李土蠻詣闕，言廣等誤殺清河寨歸順夷人。上謂兵部尚書馬昂等曰：「向命廣但勦犯邊者，豈意妄殺如此？論法皆當治罪，今姑貸之，爾兵部即擇謹厚譯者往撫諭之。」

《明史》卷一二《英宗後紀》　甲寅，遼東巡按御史楊璡以擅撻軍職逮治。

六月丁卯，逮山西巡按御史韓祺，荷校于長安門，數日死。

《英宗實録》卷三五三　丙子，設順天府永清縣僧會司。

《國榷》卷三三　七月戊子朔，福建奏事，先列布按二司，次都司，上以紊次責之，命今後填奏序坐俱視品。

《明史》卷一二《英宗後紀》　庚戌，免陝西被災税糧。

《英宗實録》卷三五四　辛亥，敬妃劉氏薨。禮部奉上命，具喪禮儀注以聞。

丙辰，革淮安府常盈倉、徐州廣運倉、東昌府臨清倉及臨清縣廣積倉大使等官共九員，攢典、斗級、修倉大匠共八百八十一名，從户部奏各倉隸屯舊儹運數多，儲積數少故也。

《英宗實録》卷三五五　〔閏七月〕己未，增置河南懷慶府温縣縣丞、主簿各一員，以知縣劉傑奏里分增多故也。

《國榷》卷三三　諭廷臣，追復母后胡氏。

癸亥，蘇門答剌國入貢。

乙丑，追上故静慈仙師胡氏爲恭讓誠順康穆静慈章皇后。

《明史》卷一二《英宗後紀》　甲戌，上宣宗廢後胡氏尊謚。

《明通鑒》卷二九　章皇后孫太后之崩也，皇后錢氏爲上言「胡后賢而遜位，其没也，人畏孫太后，斂葬不如禮」，因勸上復其位號。上問李賢，賢對曰：「陛下此言，天地鬼神實監臨之！臣以陵寢、享殿、神主，俱宜如奉先殿式。」上皆從之。

《明史》卷一二《英宗後紀》　戊寅，命湖廣、貴州會師討洪江叛苗。

《國榷》卷三三　〔八月〕己丑，賑淮安、鳳陽、揚、徐饑。

《英宗實録》卷三五六　丁未，增置沂州判官一員，專督柴炭人夫。

庚戌，久雨壞國子監碑亭，仆進士題名碑五通，上命有司修碑亭，并竪其碑。

《明通鑒》卷二九　禮部奏請補行會試，從之。並贈被焚之貢士皆賜進士出身。

《國榷》卷三三　甲寅，出帑金募商納芻。

丙辰，前禮部尚書胡濙卒。濙字源潔，武進人，建文庚辰進士，授兵科給事中，太宗召對稱旨，進户科都給事中。丁亥，命巡歷天下，名訪張三丰，實陰察建文在否也。丙申，還朝，憂去，起復，又進禮部右侍郎。明年，巡江、浙、楚、襄，還報行在，密疏東宮七事，釋上之疑。洪熙初，進太子賓客南京國子祭酒。宣德初，進禮部左侍郎，尋入朝，進行在禮部尚書，天順初，致仕。濙節儉寬和，喜怒不形，以德重稱，而突梯多智，每大朝事，皆豫定于中，而外迎合之，故歷任垂六十年，榮遇不衰，十知貢舉，年八十九，好接方士，遺譏幃簿云。賜祭葬，贈太保，謚忠安。

〔九月〕戊午，起復吏部左侍郎崔恭、順天府尹王福。

《英宗實録》卷三五七　庚申，哈密忠順王母弩温答失里奏，衆必刺牙失里襲從父綽顔帖木兒國師職，上曰：「國師乃朝廷優待西僧，職之重者，非戒行精專莫能勝之，彼必刺牙失里何人？乃欲遽得是職。其弟以都綱授之。」

《國榷》卷三三　己巳，定國公徐永寧請封其母，下獄，停禄半年。

《明史》卷一二《英宗後紀》　甲戌，敕廣東總兵官歐信會廣西兵討瑶賊。

《明通鑒》卷二九　信以參將守備廣東，盛薦其廉勇，進都督同知，爲副總兵官。時廣西參將范信守潯、梧，陰納猺賂，縱使越境流劫，于是雷、廉、高、肇，悉被寇。奏聞，詔剋期會勦。

未幾，〔陳〕涇以罪徵，乃擢范信充副總兵鎮廣東，而命歐信佩征蠻將軍印，代涇鎮廣西。

《英宗實録》卷三五八　十月丙戌朔，户部奏：「南京錦衣等衛糧船泊于張家灣河下，忽被山水泛濫，漂流糧米通計二千九百餘石，其旗軍無力完納，請容其明年如數陪納。」從之。

《明史》卷一二《英宗後紀》　丁酉，振西安諸府饑。

《明通鑒》卷二九　凡出粟一百八十萬餘石。

《英宗實録》卷三五八　乙巳，禮部引歲貢生員赴奉天門前考，監試御史吕益、任璽爲儀制司郎中周騤等邀食於東廊，適上自右順門出，見其不監試，遂下之錦衣衛獄，且命都察院堂上官具狀以聞。右都御史李賓、右副都御史林聰、左僉都御史滕昭俱輸踈慢先告戒御史罪。上曰：「既輸罪，姑宥之。」

《國榷》卷三三　乙巳，逮福建按察使馬文升，以奏名列都、布二司前。

江上鹽盜劉清伏誅。

《明史》卷一二《英宗後紀》　丁未，巡撫廣西僉都御史吴楨節制兩廣諸軍，討瑶賊。

《英宗實録》卷三五九　〔十一月〕乙卯朔，濬南京中下二新河，以便操江船出入也。

《國榷》卷三三　丙寅，金華民訴其知府張瑄貪酷。上密遣官校察之，曰：「即不實，亦械至。」遂下錦衣獄。

丁卯，錦衣衛都指揮僉事袁彬調南京錦衣衛，帶俸閒住。

《明通鑑》卷二九　彬與門達同掌錦衣衛事，彬恃上舊恩，不爲達下。達深銜之，乃誣奏彬罪，且言其受曹、石賄，下之獄。上語達曰：「任汝往治，但以活袁彬還我。」

獄鍛鍊成，有軍匠楊塤者獨不平，爲彬訟冤，上疏言：「昔者駕在北庭，獨彬以一校尉保護聖躬，備嘗艱苦。今猝然付獄，誠所不解。乞御前録審，俾死無遺憾。」並羅達諸不法狀，擊登聞鼓以進。詔並下逮治。

時學士李賢方被寵任，數陳達罪，達恨入骨，欲并去之，乃榜塤究主使。塤知達意，謬應曰：「此李學士教我也。」達大喜，即奏聞，請法司會鞫午門外。上遣中官裴當監視，達欲執賢爲質，當曰：「大臣不可辱。」乃止。及訊，塤大言曰：「吾小人，何由見李學士！此實門錦衣教我言之。」達色沮，不能言。彬亦歷數達納賄狀。法司畏達，不敢聞，坐彬絞輸贖，塤論斬。上命彬贖罪畢，調南京錦衣衛，而禁錮塤。久之，塤亦論釋。

《國榷》卷三三　乙亥，虜使將至關，欲卻之，李賢曰：「夷性亡常，容則喜，卻則怒，莫若寬待之，其來千人，宜俱入京，令即反，費自省。」從之。

《明史》卷一二《英宗後紀》　癸酉，賊陷梧州，致仕布政使宋欽死之。

《明通鑑》卷二九　時總兵陳涇駐兵城中，方會議調兵，而賊以三更駕梯入，涇不覺。賊遂入府治，劫官庫，放罪囚，殺人無算，大掠城中，執副使周璹爲質，殺訓導任璩。有致仕布政宋欽，挺身出，諭以大義，亦爲賊害。賊聲言：「官兵莫動，動則殺周副使。」于是涇但擁兵自衛，不敢發一矢，縱賊出城而與講和，賊亦尋遣璹還。

時官軍數千，賊僅七百騎。事聞，上降旨切責而已。

壬午，以刑部囚自縊，諸給事中劾紀綱廢弛，乃下都御史李賓、右副都御史林聰于獄，尋釋之。

《英宗實録》卷三六〇　十二月乙酉朔，上省郊祀牲。

《國榷》卷三三　丁亥，以朵顔三衛貢自大同非例，令頭目四十四人赴京，餘留大同。免丹陽、當塗、金壇、武進、江陰、無錫、宜興、長洲、常熟、蕪湖、銅陵、上元、江寧、句容、溧陽、溧水、江浦、六合水災田租。

《明史》卷一二《英宗後紀》　辛卯，下刑部尚書陸瑜，侍郎周瑄、程信於錦衣衛獄，尋釋之。

《明通鑑》卷二九　初，瑄以刑部右侍郎出振順天、河間饑，未竣而上復辟，有司請召還，不許，復賜敕令便宜行事。瑄徧歷所部，大舉荒政，先後振饑民二十六萬五千，給牛種各萬餘，奏行利民八事。事竣還，轉左。時上方任門達、逯杲，數興大獄，瑄委曲開諭，多所救正，復飭諸郎毋避禍，以故行部定罪者，不至冤濫。官刑部久，意主寬恕，不爲深文。同佐部者，安化孔文英，爲御史時按黄巖妖言獄，當坐者三千人，皆白其誣，僅解首從各一人論罪。及是居部，與瑄並稱長者。是年，瑄以刑侍署工部尚書，遂並入瑜獄逮治。

信以天順二年以僉都巡撫遼東，都指揮夏霖恣不法，僉事胡鼎發其四十罪，信以聞，下霖錦衣獄。門達以信不當代奏，請責令陳狀。會寇深方掌都察院，修前在遼東隙，劾信，徵下詔獄，降南京太僕少卿。五年，召爲刑部侍郎，至是以獄因論劾。

又，二人者皆門達所不悦，因並搆之。未幾，瑄仍署都察院事。

《國榷》卷三三　辛丑，上不豫。

戊申，北虜貢馬三千餘匹，留八百人大同，來朝凡千人。

《明通鑑》卷二九　入關，上欲卻之，以學士李賢言而止。

《國榷》卷三三　是月，廣西流賊陷新興縣及樂民、石城二千户所。

《明通鑑》卷二九　是冬，湖廣總兵官李震平赤谿、湳洞諸苗。二部舊置長官司，至是叛苗據之。震會貴州總兵官李安分道進討，斬賊渠飛天侯等，破寨二百，遂復長官司。進震都督同知。

擢項忠右副都御史，巡撫陝西。

忠以天順初歷陝西按察使，母憂歸，部民詣闕乞留，詔起復。陝西連歲饑，忠發廩振之，奏請輕罪納米，民賴以濟。是年，召爲大理寺卿，部民乞留如前，遂晉官。

忠平洮、岷叛羌，開龍首渠，引水入城，又疏鄭、白二渠，溉涇陽、三原、醴泉、高陵、臨潼五縣田七萬餘頃，民祠祀之。

天順八年（甲申、一四六四）

《明史》卷一二《英宗後紀》 春正月乙卯，帝不豫。

己未，皇太子攝事于文華殿。

《明通鑑》卷二九 先是上臥疾文華殿，有間東宮于上者，上頗惑之，密告大學士李賢，賢頓首伏地曰：「此大事，願陛下三思！」上曰：「然則必傳位太子乎？」賢又頓首曰：「宗社幸甚！」上起，立召皇太子至。賢扶太子令謝。太子謝，抱上足泣，上亦泣。讒竟不行。

《英宗實録》卷三六一 乙丑，禮部奏：「昨日譯出迤北麥兒苦兒吉思可汗番文，欲乞遣使往來以通和好，奉旨命臣等議。臣等以爲宜諭來使滿都等還報麥兒苦兒吉思可汗，果能尊敬朝廷，聽其遣人來朝，今朝廷欲遣使臣往彼，恐別搆是非，反生嫌隙，請遵祖宗舊制毋遣，庶得永遠和好。」從之。

《明史》卷一二《英宗後紀》 己巳，大漸。

《國榷》卷三三 召諭皇太子及太監牛玉、傅恭、裴當、黄順、周着于榻前。命東宮即位，百日而婚。定后妃名分，止嬪御殉葬。斂時衣器用袍服繫腰絛環，皇后同東宮自選，帶皮鞓者易絛鞓，擇葬地，皇后他日同合葬，惠妃亦遷來，餘妃以次祔葬。梓宮之陵，遣親王護行，毋用多。牛玉奉諭示閣臣，李賢曰：「所言關大體，止殉尤盛德也。」

《明通鑑》卷二九 命太監牛玉執筆草遺詔。

初，太祖崩，宫人多從死者，歷成祖、仁、宣二宗皆用殉，多者至數十人。景泰帝以郕王薨，猶用其制。至是遺詔始罷宫妃殉葬。閣臣捧詔驚愴，以爲真盛德事。

《明史》卷一二《英宗後紀》 庚午，崩，年三十有八。

《英宗實録》卷三六一 壬申，大斂。癸酉，成服。是年二月乙未，上尊謚曰「法天立道仁明誠敬昭文憲武至德廣孝睿皇帝」，廟號英宗。五月庚申葬裕陵。上在位改元者二，曰正統，曰天順，歷年二十有二，壽三十有八。

明憲宗部（起公元一四六四年，迄公元一四八七年）

《明史》卷一三《憲宗紀一》 憲宗繼天凝道誠明仁敬崇文肅武宏德聖孝純皇帝，諱見深，英宗長子也。母貴妃周氏。初名見濬。英宗留瓦剌，皇太后命立爲皇太子。景泰三年，廢爲沂王。天順元年，復立爲皇太子，改名見深。

天順八年（甲申、一四六四）

《明通鑑》卷二九 〔正月〕乙亥，太子見深即皇帝位，大赦天下。以明年爲成化元年。免天下明年田租三之一。浙江、江西、福建、陝西、臨清鎮守内外官、諸邊鎮守内官，凡正統間所無者悉罷之。下番使者及緝事官校皆召還。

《明書》卷一〇 〔丁丑〕，番使貢馬三千匹，賚之。

《國榷》卷三四 〔戊寅〕，勦岷州叛番。

己卯，量賜貢夷段匹，舊賜鈔。

《明紀》卷一七 赦羅綺爲民，還其資産。

《明書》卷一〇 壬午，太監牛玉奏下侍讀學士錢溥于獄，詞連朱奎、韓雍等，降罰有差。

《國榷》卷三四 敕責廣東總兵官泰寧侯陳涇等玩寇殃民，亟勦賊贖罪。

二月甲申朔，上御西角門視事。

《明書》卷一〇 〔丙戌〕，命營山陵。

〔丁亥〕，大賚文武將吏。

《憲宗實録》卷二 庚寅，刑部右侍郎程信以母喪去位。

壬辰，以石亨幼男浤等二人給配會昌侯孫繼宗等家爲奴，釋石彪男玉等三人爲民。

《國榷》卷三四 癸巳，敕總兵會昌侯孫繼宗訓練營兵。

《皇明資治通紀》卷一八 〔乙未〕，上大行皇帝尊謚曰「法天立道仁明誠敬昭文憲武至德廣孝睿皇帝」，廟號「英宗」。

《昭代典則》卷一七 〔丙申〕，錦衣衛都指揮門達有罪，謫戍南丹衛。

《憲宗實録》卷二 戊戌，以上大行皇帝尊謚，詔告天下。

《皇明大政紀》卷一三 〔庚子〕，加李賢少保兼華蓋殿大學士，進陳文吏部左侍郎，彭時吏部右侍郎，仍兼翰林學士。

《明史》卷一三《憲宗紀一》 始以内批授官。

《明書》卷一〇 〔辛丑〕，召袁彬復掌錦衣衛事。

〔壬寅〕，頒詔外國。

《國榷》卷三四 廣西巡撫右僉都御史吴禎劾總兵泰寧侯陳涇縱寇陷城之罪，下兵部議。

〔辛亥〕，賚南京參贊及各巡撫、鎮守、守備、兵備官并邊卒。

《憲宗實録》卷二 壬子，改武成前衛爲裕陵衛，以奉衛英宗皇帝山陵。

《明史》卷一三《憲宗紀一》 三月甲寅朔，尊皇后爲慈懿皇太后，貴妃周氏爲皇太后。

《國榷》卷三四 丙辰，前府署都督僉事王端卒。

《明通鑑》卷二九 戊午，放宫人。

《明書》卷一〇 占城入貢。

〔辛酉〕，大學士李賢奏嚴宫禁。

《國榷》卷三四 壬戌，前工部右侍郎吴復仍理柴炭，復致仕。

乙丑，太常寺少卿兼翰林侍讀學士林文致仕。

《明史》卷一三《憲宗紀一》 丙寅，毁錦衣衛新獄。

《國榷》卷三四 戊辰，廷策貢士吴釴等二百四十七人。

《明通鑑》卷二九 庚午，賜彭教等進士及第、出身有差。蓋去年八月補行會試貢士，至是始廷試。

《國榷》卷三四 壬申，召各總兵官甘肅衛潁、遼東王琮、宣府董興、延綏張欽、薊州馬榮、大同副總兵盛廣，巡撫遼東、延綏、宣府都御史胡本惠、徐瑄、李匡入朝。俱年久，聲不著。

復都督僉事郭登定襄伯，爲平羌將軍、總兵官，鎮守甘肅。武安侯鄭宏爲征虜前將軍、總兵官，鎮守遼東。都督同知顔彪爲鎮朔將軍、總兵官，鎮守宣府。都指揮同知張傑爲靖虜副將軍，署都督僉事總兵官，鎮守延綏。修武伯沈煜總兵官，鎮守薊州、永平、山海關。都指揮僉事李英爲右參將，分守大同西路。

起左僉都御史滕昭巡撫遼東，改南京右僉都御史李秉巡撫宣府，兵科都給事中徐廷章爲右僉都御史，巡撫延綏。

《昭代典則》卷一七　復岳正翰林院脩撰，楊瑄、張鵬監察御史。

《國榷》卷三四　癸酉，琉球國中山王尚德入貢。

《明紀》卷一七　詔内閣九卿考覈天下方面官。

《國榷》卷三四　戊寅，禁匿名書。

《明史》卷一三《憲宗紀一》　復立團營。

《皇明大政紀》卷一三　〔己卯〕，詔選進士李東陽等十八人爲庶吉士，命學士柯潛教之。

《明書》卷一〇　四月癸未朔，欽天監奏日食不見，下天文生賈信於獄。

《國榷》卷三四　乙酉，四川安岳縣流盜平。

己丑，四川按察副使劉清、都指揮劉雄偵盜羅江，雄被殺。

中府都督僉事劉紀卒。

庚寅，敕太保會昌侯孫繼宗、太監劉永誠提督京營。

《明書》卷一〇　〔壬辰〕，命内官十二人坐營。

《國榷》卷三四　設裕陵祠祭署。

《明通鑑》卷二九　甲午，奉孝恭章皇后祔廟。

《明書》卷一〇　〔乙未〕，命刑部進士同見任官問刑。

《憲宗實録》卷四　治廣東都指揮尹通罪，陞龍川知縣汪智爲府通判。

《國榷》卷三四　虜酋孛來窺邊，敕京東嚴備。

《憲宗實録》卷四　〔丙申〕，定國公徐永寧爲嫡母所告，下獄，罪而釋之。

《國榷》卷三四　戊戌，顧溥嗣鎮遠侯。

辛丑，户部照磨黎獻請治兩廣失事官泰寧侯陳涇、總兵顔彪、參將范信等罪。上是之。

乙巳，罷遂安伯陳韶營務。

《明紀》卷一七　户部尚書年富卒。賜謚恭定。

《國榷》卷三四　丁未，前南京右府都督同知張斌卒。

《明書》卷一〇　〔辛亥〕，番賊入岷洲，命給事中童軒往四川撫賊。

《國榷》卷三四　壬子，分將坐營，定西侯蔣琬奮武營，太平侯張瑾耀武營，廣平侯袁瑄練武營，遂安伯陳韶顯武營，廣義伯吴琮敢勇營，都督同知趙勝果勇營，都指揮同知白玉鼓勇營，都督同知芮成效勇營，都督僉事王瑛立威營，李杲伸威營，鮑政揚威營，孫廣振威營，各有協贊。

《明通鑑》卷二九　發内帑七十六萬餘兩犒邊軍。

《明史》卷一三《憲宗紀一》　五月丁巳，大風雨雹，敕羣臣修省。

《明書》卷一〇　庚申，塟裕陵，遵遺詔免殉塟，自此定爲令。

《國榷》卷三四　甲子，敕修省。

大同副總兵都督同知曹安疾去。

乙丑，翰林編修張元禎上三事：勤講學、公聽政、廣用賢。報聞。

《憲宗實録》卷五　丙寅，陞南京都察院右僉都御史李秉爲都察院右副都御史，巡撫宣府。

《國榷》卷三四　戊辰，英宗睿皇帝主祔太廟。

己巳，大理寺左寺丞高明爲南京右僉都御史。

庚午，上始朝奉天門。

禁朝覲官科歛。

《憲宗實録》卷五　辛未，三法司會奏，巡撫宣府都御史言沿邊墩臺缺人守瞭。命法司計議，申明囚徒守瞭之法，死罪五年，流四年，徒照律條年限，每月仍以糧三斗給之。著爲令。

《昭代典則》卷一七　〔癸酉〕，南京給事中王淵、王徽請罷内臣管事，禁大臣與之交結。嘉納之。

《國榷》卷三四　襄陵王冲炑求遷江西、湖廣。不許。

甲戌，襄王瞻墡請皇上選婚，禮部亦言之。報可。

順聖川牧地改屯田。

《憲宗實録》卷五　〔丙子〕，都察院左都御史軒輗卒。

《國榷》卷三四　丁丑，哈密使臣苦兒魯海牙奏，國王卜列革死，無子，乩加思蘭欲侵據之，西番安定王與我同祖，今兄弟七人，乞選一主哈密。許之。

辛巳，羽林衛指揮使吴俊爲中府都督同知。

六月癸未朔，復前都御史耿九疇子裕編修。

《憲宗實録》卷六　〔戊子〕，兵部臣奏，冠帶閑住右布政王亮獻平虜三策五計及布陣圖機并持劍法。事下，臣等會同三營總兵太保會昌侯孫繼宗等於大教場試驗，其三策固爲有理，其五計惟可守城，獨持劍法可用。上以亮年老，賞銀二十兩，紵絲二表裏，令致仕。其持劍法令造與在京官軍操用。

《國榷》卷三四　乙未，賑哈密麥種百石。

丁酉，補經筵官。太保會昌侯孫繼宗、少保大學士李賢知經筵事。吏部左右侍郎兼翰林學士陳文、彭時同知經筵事。太常寺少卿兼翰林侍讀學士劉定之、少詹事兼國子祭酒司馬恂、大理寺左少卿孔公恂、翰林學士柯潛、萬安，侍講學士李泰，太常寺少卿兼侍讀孫賢、劉珝、牛綸，左庶子兼侍講王㒜、徐溥，修撰王獻、劉宣、黎淳，編修李本、尹直直經筵。别敕李賢、陳文、彭時率萬安、李泰、孫賢、劉珝、牛綸日儤直，不用侍衛。

《憲宗實録》卷六　壬寅，裕陵成。

《國榷》卷三四　乙巳，撫寧侯朱永總管神機營，都督僉事趙輔爲都督同知，同理軍務。

丙午，費淮嗣崇信伯。

丁未，瀋府廣宗王幼垙薨。年二十七，謚懷靖。

《憲宗實録》卷六　〔戊申〕，巡撫宣府右副都御史李秉奏，順聖川所牧馬已取回，其糧芻宜量留所在支用，請運其餘赴宣府收貯，原倉官吏送部别用。從之。

《明書》卷一〇　七月〔壬子朔〕，遣官分祭諸陵、闕里、歷代帝王陵、山川。

《國榷》卷三四　乙卯，安南國寧遠州頭目刺孟刺羡寇雲南之臨安，知府周瑛不以聞，治其罪。

己未，許彰武伯楊信世襲。

《明紀》卷一七　〔辛酉〕，南京吏部侍郎章綸，言山陵尚新，元朔未改，【略】乞俟明年議行。時已行册禮，不能用。

《國榷》卷三四　壬戌，嚴邊將侵漁軍士之禁。

甲子，刑部尚書陸瑜、吏部左侍郎崔恭考屬吏止試文檄，被劾。上切責之。

《憲宗實録》卷七　乙丑，命天下法司凡囚納有餘之處，皆令納鈔。

《國榷》卷三四　丙寅，定祭天壽山四陵，分遣駙馬都尉二員。舊一員，疲于奔命。

戊辰，復調民兵守紫荆，倒馬二關。

《明紀》卷一七　壬申，立吴氏爲皇后。

《國榷》卷三四　都察院都事金景輝言：會通河自安山抵臨清，僅有汶水，若春月雨少水微，舟必膠淺，宜再理别源以備。汴梁城北陳橋集有一古河，由長垣經曹州、鉅野出運河，每水溢，舟行其間。誠開濬分引河、沁水，置二閘啓閉，而〔徐〕州、臨清〔西〕〔兩〕河均得濟，且增衛水，可免長垣、曹、鄆飛輓之勞。又江淮民舟由徐州小浮橋抵陳橋以達，無濟寧壅滯之苦，甚利便。詔覈之。

庚辰，禮科都給事中張寧等請進講宋儒真德秀《大學衍義》。納之。

《明書》卷一〇　〔辛巳〕，召郭登還。

《國榷》卷三四　定西侯蔣琬爲平羌將軍總兵官，鎮守甘肅。

《明史》卷一三《憲宗紀一》　八月癸未，御經筵。

《憲宗實録》卷八　巡撫宣府右副都御史李秉奏，獨石等四城軍爲數多而糧料數少，請定中鹽則例，召商中納。户部議定大同、宣府七倉共開中淮、浙等運司各年鹽課一百六十七萬二千二百九十一引。

《明紀》卷一七　甲申，命儒臣日講。

《國榷》卷三四　禮部左侍郎鄒幹展墓。

《明通鑑》卷二九　〔辛卯〕，改兵部尚書馬昂爲户部尚書。

《明紀》卷一七　召〔王〕竑爲兵部尚書，〔李〕秉爲左都御史。

《國榷》卷三四　罷工部右侍郎吴復。

壬辰，大學士李賢等以民困，暫停作鹵簿大駕。從之。

乙未，巡撫四川左僉都御史陳泰爲右副都御史，總督漕運兼巡撫鳳陽。巡撫廣東右僉都御史葉盛爲左僉都御史，巡撫宣府。

丙申，景州獻嘉禾。

守備大同左衛都督僉事周廣疾去。

丁酉，太子少保吏部尚書王翺乞休。不允。時翺年八十一。

《皇明資治通紀》卷一八　〔戊戌〕，修《英宗睿皇帝實録》。

《國榷》卷三四　庚子，巡撫廣西右僉都御史吴禎提督兩廣軍務。

都督同知歐信爲征蠻將軍、總兵官，鎮守廣西。都督僉事范信爲副總兵，鎮守廣東。都督同知孫麒、都督僉事孫震爲左右參將，分守柳、慶、潯、梧。召還泰寧侯陳涇。

鎮遠侯顧淳占田下獄，尋釋之。

《明史》卷一三《憲宗紀一》　癸卯，廢皇后吴氏。下太監牛玉於獄。

《國榷》卷三四　乙巳，神機營總兵官撫寧侯朱永兼領三千營。

周府安鄉王有炯薨。年五十五，謚恭莊。

《憲宗實録》卷八　丙午，改蘭縣開中引鹽於甘、凉缺糧倉分上納。

《國榷》卷三四　戊申，前右都御史王暹卒。

庚戌，四川都指揮使何洪爲右府都督僉事。

《昭代典則》卷一七　九月〔丁巳〕，令會審勿會内閣。

《國榷》卷三四　戊午，伊府洛陽王勉逕薨。年三十四，謚安惠。

《憲宗實録》卷九　庚申，清平伯吴英子璽襲爵。

《國榷》卷三四　免漕耗四萬六千餘石。

辛酉，增畿内諸生廪米月二斗。

《憲宗實録》卷九　丙寅，命廣西參將都督同知孫麒子瑜爲指揮使，領兵勦賊。

《國榷》卷三四　戊辰，許郢府南漳郡主子周堈入監。

《憲宗實録》卷九　辛未，哈密忠順王母弩温荅失力遣使貢馬。

《明書》卷一〇　〔乙亥〕，大察京官。

《國榷》卷三四　己卯，前陝西布政司右參政許彬復禮部左侍郎，仍致仕。

十月壬午，翰林修撰劉吉爲侍讀。

徐俌嗣魏國公。

癸未，金吾左衛指揮使王鎮爲中府都督同知。

巡撫延綏右僉都御史徐廷章、總兵官署都指揮僉事張傑互訐。詔刑部錦衣衛遣覈之。

《憲宗實録》卷一〇　甲申，三法司會官審録重囚。

《明通鑑》卷二九　致仕禮部侍郎兼學士薛瑄卒。贈禮部尚書，謚文清。

《憲宗實録》卷一〇　庚寅，福建政和縣民許有仔等二十人作亂，伏誅。

《國榷》卷三四　湖廣平溪衛卒李容僞稱總兵謀叛，伏誅。

《皇明資治通紀》卷一八　〔壬辰〕，立皇后王氏，下詔。

《國榷》卷三四　乙未，四川按察僉事汪浩爲右僉都御史，巡撫四川。

丁酉，陳鋭嗣平江伯。

己亥，報虜孛來糾朶顔三衛窺邊。

《憲宗實録》卷一〇　庚子，命定襄伯郭登充神機營總兵官，兼理中軍都督府事。撫寧伯朱永專總三千營。

《明史》卷一三《憲宗紀一》　甲辰，立武舉法。

《國榷》卷三四　大理寺左少卿孔公恂復爲少詹事兼左春坊左諭德。

戊申，南京國子祭酒吴節爲太常寺少卿兼翰林院侍讀學士，南京翰林侍讀周洪謨改北。

十一月壬子，守備代州都指揮同知上禦邊三策：禦寇在於練兵，安邊在于持重，隄備在于屯重戍。上是之。

《憲宗實録》卷一一　癸丑，陞工部員外郎劉子鐘爲湖廣布政司佐參議，專撫治荆襄、漢陽流民。

《國榷》卷三四　巡撫陝西右副都御史項忠請濬涇陽瓠口鄭、白二渠。從之。

《憲宗實録》卷一一　陞四川都指揮使何洪爲右府都督僉事，仍守地方。

《國榷》卷三四　丙辰，令兩廣人賀壽宫各上平賊方略。廣東右參議王英、按察副使鄭彦譽請大征搗巢，廣西右布政使熊鍊、按察副使袁凱言如之。俱下兵部議。

復設京衛武學。

丁巳，敕四川巡撫都御史汪浩勦寇。

陝西關内道改關西道，易印。

《憲宗實録》卷一一　戊午，命都督僉事孫廣協同撫寧伯朱永掌右軍都督府事。

《國榷》卷三四　庚申，南京右僉都御史高明請分别納馬、明經監生録用。從之。

《明通鑑》卷二九　丙寅，逮南京給事中王徽、王淵等下獄。

《國榷》卷三四　庚午，户科給事中童軒等還自四川，言賊求撫挾詐，決策用兵。從之。後以失事下獄，謫知壽昌。

《明書》卷一〇　〔辛未〕，四川妖賊起，延及襄、鄧，都督何洪戰死。

《國榷》卷三四　十二月庚辰朔，上省牲。

壬午，廣西總兵官泰寧侯陳涇、巡撫兩廣右僉都御史吴禎互訐。遣刑部、錦衣衛官廉其事。

丁亥，延綏西路左參將都指揮同知房能請搜河套，除潛寇以靖邊疆，移營堡以固邊方，製利器以破敵鋒。事下兵部議之。

《憲宗實録》卷一二　庚寅，禮部奏各郡王府鎮國將軍及郡主、郡君等冠服俱有定制，其奉國將軍、鎮國中尉、輔國中尉、奉國中尉并將軍中尉妻及縣君、鄉君、儀賓一向未有受封者，其冠服儀制條例不載，請會同翰林院定擬以聞，永爲定制。

《國榷》卷三四　壬辰，都督同知張欽以營兵七千往居庸關，防候孛來貢使。

《明書》卷一〇　傳陞道士爲真人。

《憲宗實録》卷一二　癸巳，巡撫大同副都御史王越奏：「大同所開鹽格重，商人無一至者，請量減之。」事下户部，更定淮鹽每引米豆減五升，浙鹽減三升，長蘆、河東鹽各減二升。

《國榷》卷三四　甲午，都督僉事李杲爲靖虜副將軍總兵官，鎮守延綏。

巡撫陝西右副都御史項忠言，西安城中井鹹苦病民，請穿渠引龍首渠西入。從之。

丙申，肅王瞻焰薨。年五十七，謚曰康。

己亥，順天府丞盧祥爲右僉都御史，巡撫延綏。

庚子，前江西左布政使吳潤卒。

《明史》卷一三《憲宗紀一》　甲辰，免京官雜犯罪。

《國榷》卷三四　重定分俸例。初，京職六品下支本色三之，仍支南京原數，至是止南京分給。

成化元年（乙酉、一四六五）

《國榷》卷三四　正月己酉朔，上御奉天殿受賀。

壬子，廣西猺賊夜陷桂陽州，殺千户王鳳。

《明史》卷一三《憲宗紀一》　乙卯，享太廟。

《憲宗實録》卷一三　松潘副總兵都督僉事盧能奏邊倉乏糧，且言先年奏准開中淮浙鹽，而則例過重，商賈不至，乞爲量減。户部議淮鹽十萬引，每引原擬米四斗，浙鹽五萬引，每引米二斗，今宜各減五升，俱米麥中半兼收。從之。

《明史》卷一三《憲宗紀一》　己未，大祀天地於南郊。

《憲宗實録》卷一三　賜羣臣上元節假十日。

《國榷》卷三四　辛酉，泗城土知州岑豹攻上林長官司，殺土官岑志，滅其族，奪印。

《憲宗實録》卷一三　户部定擬中鹽則例，奏准遵化縣永盈倉開中（准）〔淮〕鹽二萬引，每引粟米九斗；長蘆鹽二萬引，每引粟米四斗。

《明史》卷一三《憲宗紀一》　甲子，都督同知趙輔爲征夷將軍，充總兵官，僉都御史韓雍贊理軍務，討廣西叛猺。

《國榷》卷三四　丙寅，漕運參將楊茂爲前府署都督僉事、漕運總兵官。

〔戊辰〕，國子監助教李伸上五事：明從祀之典【略】曰嚴學校之職，曰擇承襲之胤，曰廕大臣之子孫，曰益小吏之俸。命行之。

《明通鑑》卷三〇　〔庚午〕，命户部侍郎薛遠督兩廣餉事。

《國榷》卷三四　辛未，兵部尚書王竑上兩廣勦賊事宜。俱納之。

《憲宗實録》卷一三　寧遠伯任禮卒。

《明通鑑》卷三〇　開納粟例，以備兩廣軍餉。

《憲宗實録》卷一三　鎮守獨石馬營等處奉御進保奏：「【略】請自今軍中詞訟必須自下而上，輕則委官鞫問，重則親臨自理。」【略】著爲令。

《國榷》卷三四　甲戌，敕御史汪霖、劉慶約束南征蕃漢諸軍，毋竄功騷擾。

乙亥，改吳禎止巡撫廣西，兼提督軍務。

祠故汀州推官王得仁于汀州。

丁丑，起復程信兵部右侍郎，沈義工部右侍郎，大理寺右少卿董方爲刑部右侍郎。

《憲宗實録》卷一三　懷柔伯施榮卒。

《皇明大政紀》卷一四　二月戊寅朔，辛巳，迤北虜酋奏欲朝廷遣使。禮部奏舊無事例，却之

〔壬午〕，弗提衛都督察阿奴奏欲進海東青。不納。

〔乙酉〕，勅諭迤北使臣孛來遵朝貢舊例。

《憲宗實録》卷一四　丁亥，釋奠先師孔子。

《明史》卷一三《憲宗紀一》　戊子，祭社稷。

《憲宗實録》卷一四　建州衛指揮同知迭卜男捏苦迭等入貢，乞官職。命捏苦迭襲父職爲指揮僉事，惱納等四人陞一級。

命南京撫夷都指揮廉忠統領達兵，協同都督和勇征兩廣蠻賊。

《國榷》卷三四　己丑，御史趙敔訟故少保于謙之寃。上素閔之，亟議卹。

《憲宗實録》卷一四　辛卯，宥福建上杭縣知縣黄希禮死，謫戍邊衛。

《國榷》卷三四　壬辰，先是，延綏總兵官都督張傑上安邊方略七事：曰延綏慶陽，廣袤千里，甚宜耕牧，須增營堡。【略】府谷縣處極東，西距諸營八百餘里，猝難援也。可簡卒九千，分六哨，列府谷、神木、龍州、榆林、高(堡)〔家〕、安邊，足相援應。又延安極邊，鄜州、定邊、慶陽俱内屬，遇警不即達。虜寇邊堡，道延安、膚施、甘泉等縣，後至鄜慶。乞調鄜慶防秋二千餘人戍沿邊要害。餘六事亦行陣攻守之策，請鎮巡擇議。從之。

《明通鑑》卷三〇　甲午，上親祀先農，耕藉田。

《國榷》卷三四　丁酉，孛來寇遼河。總兵武安侯鄭宏追至長(同)〔嶺〕山。骨鹿惡市等番屢寇松潘，副總兵都督僉事盧能、參將周貴等敗之。

《憲宗實録》卷一四　戊戌，加賜齊庶人賢烼薪米。

免四川府州縣官朝覲。以川寇未平也。

辛丑，封湘陰王貴熠孫恩錤爲湘陰王長孫。

《國榷》卷三四　辛丑，都督同知芮成總兵，鎮守四川。

甲辰，守制翰林修撰陳鑑力辭實録之召。許之。

乙巳，敕兵部尚書王竑簡閱十二營。

責川、廣鎮守、撫、按三司失事，俱充爲事官，停俸圖贖。

丙午，命四川招漢州盜趙鐸等來降，善撫之，復業給居食，免其徭。

三月戊申朔，虜孛來搆朵顔三衛苦堆等九萬騎入遼河。

廣東按察副使毛吉討賊于陽江之雲岫山，敗之，逐北深入其營。賊殺我指揮閻華，師遂潰，毛吉死之。

《皇朝大政紀》卷一四　〔己酉〕，加吏部尚書王翺太子太保。

進直内閣侍郎陳文爲禮部尚書。

《明史》卷一三《憲宗紀一》　庚戌，四川山都掌蠻亂。

《國榷》卷三四　壬子，韓府漢陰王徵鍉薨。年十七，謚恭懷。

《憲宗實録》卷一五　癸丑，陞翰林院修撰曹恩爲尚寶司少卿，童緣爲右春坊右諭德，編脩丘濬爲侍講，檢討邢讓爲修撰。以各官九年滿也。前此修撰秩滿陞一級得侍讀、侍講，至是修撰王獻以將秩滿謀於大學士李賢，欲爲己地，故有是命，後遂爲例。

《國榷》卷三四　河南布政使司王恕爲右副都御史，撫治南陽、荊、襄流民。初，鄖陽介湖廣、河南、陝西間，國初鄧愈斥其地，虛無人，然地多山險，流民萃焉，既贅聚，自相雄長。天順初，錦衣衛正千户涿州楊英使河南，見流民，策其不早制必亂，宜選良吏賑饑，漸圖所以散之，願占籍者聽，盜鑛者宜絶外民與通，不得食，勢自不可久。歸上書，不報。後副使鄧本端追訟英先見，謂一言可當十萬師，比于茂陵徐福。

《皇明資治通紀》卷一九　〔丁巳〕，上幸太學，行釋奠先師禮。

《憲宗實録》卷一五　戊午，勑都指揮同知鄭時充右參將，分守延綏東路地方。

《明通鑑》卷三〇　以旱災，免陝西延安等府税糧凡八萬七千一百石有奇。

《憲宗實録》卷一五　己未，致仕南京前軍都督府都督同知范雄卒。

乙丑，朝鮮國王李瑈遣陪臣李仲英等齎表文來朝。

《國榷》卷三四　丙寅，作承天門。

丁卯，謫延綏總兵官都督僉事張傑戍邊，巡撫右僉都御史徐廷章下獄，罰贖還職，停歲俸。蓋刑部郎中羅淮、錦衣千户趙瑾勘報也。

琉球國中山王尚德入貢。

《皇明大政紀》卷一四　〔己巳〕，陞左春坊左庶子王倎爲南京翰林學士。

《國榷》卷三四　庚午，覈天下屯田額。

《憲宗實録》卷一六　夏四月丁丑朔，減曲阜縣孔氏子孫田租三分之二。

《國榷》卷三四　戊寅，城宜章縣。

《憲宗實録》卷一六　免貴州布、按二司及所屬官朝覲。

辛巳，免山西大同各衛屯田子粒。以歲旱故也。

《國榷》卷三四　癸未，翰林編修李本爲侍讀。

《憲宗實録》卷一六　免陝西延安府葭州、神木、府谷諸州縣朝覲。

《國榷》卷三四　丁亥，巡撫陝西右副都御史項忠請在外六品以下官犯罪，聽訊巡按御史、按察使，餘不得擅攝。從之，著爲令。

戊子，錦衣衛帶俸都指揮僉事李珍使哈密，并敕赤斤蒙古、沙州三衛。

庚寅，定京衛武學規則。

《明通鑑》卷三〇　以都給事中張寧爲汀州知府，修撰岳正爲興化知府。

《憲宗實録》卷一六　達賊脱脱犯邊，械至京，命磔于市。

《國榷》卷三四　辛卯，改徐廷章仍巡撫甘肅。

壬辰，四川巡撫都御史汪浩等請益兵討趙鐸。兵部議：「襄城伯李瑾總兵，寧遠衛指揮同知韓斌爲署都指揮僉事參將，以京達軍往。」有旨留瑾。

《憲宗實録》卷一六　癸巳，以刑部左侍郎周瑄爲都察院右都御史，總督南京糧儲。

乙未，勑廣義伯吴琮佩征夷將軍印，充總兵官，同賛理軍務右僉都御史吴琛、參將署都指揮僉事韓斌往四川征勦夷賊。

《國榷》卷三四　己亥，盜掠英德等縣。

庚子，傳制封見潚趙王，均銚楚王，均鉌東安王，奇溶河中王，音埅岷王。

《憲宗實録》卷一六　甲辰，賜大臣扇。

丙午，免江西南安、贛州二府官朝覲。

《國榷》卷三四　丙午，翰林侍讀周洪謨上四川勦賊方略：曰阻絶路徑，曰先勦賊黨，曰固守重地，曰廣募土兵，曰多用利器，曰密行反間。上納之。

《皇朝大政紀》卷一四　五月戊申，修比干廟，命有司春秋祭祀。

《國榷》卷三四　增户部四川、湖廣、貴州、廣西司主事，刑部四川、廣西司主事各一。

《皇明大政紀》卷一四　〔己酉〕，復倪謙爲翰林院學士，閑住。

《憲宗實録》卷一七　辛亥，綏德、寧夏缺邊儲，巡撫副都御史項忠請改莊浪、涼州已開未中淮、浙鹽召商中納，且令淮鹽每引米豆共九斗，浙鹽六斗五升。從之。

巡撫副都御史陳价奏：「寧夏備邊馬缺四千五百餘匹，請開靈州、花馬池等處鹽課，并備西安府地方行鹽三年召商中馬補足。」兵部覆奏，從之。

《國榷》卷三四　癸丑，報大藤峽賊陷南平縣，殺典史周誠。

甲寅，命皇陵祠祭署汪氏世奉祀，劉氏世祀丞。

丁巳，妖人寧夏趙春、景州張仲威伏誅。

《憲宗實録》卷一七　庚申，朝鮮國王李瑈遣陪臣李堣等奉表貢方物、謝恩。

《明史》卷一三《憲宗紀一》　辛酉，大雨雹。

壬戌，避正殿減膳，敕羣臣修省。

《國榷》卷三四　甲子，四川盜趙鐸伏誅。

《憲宗實録》卷一七　乙丑，罷征西四川兵，命總兵官廣義伯吴琮納征夷將軍印，賛理軍務右僉都御史吴琛於都察院管事，參將署都指揮僉事韓斌革參將，協同坐營官管操。

《國榷》卷三四　丙寅，增西安府同知管糧。

丁卯，任壽嗣寧遠伯。

庚午，總督漕運右副都御史陳泰請修高郵湖隄，袤三十里。從之。

《憲宗實録》卷一七　辛未，前軍都督府都督僉事牟林卒。

《國榷》卷三四　六月丁丑朔，德王婚。

《憲宗實録》卷一八　鎮守寧夏總兵官張泰自陳老病，乞致仕。許之。

《國榷》卷三四　己卯，定光禄寺歲牲毋過十萬，果毋粘纍。

《憲宗實録》卷一八　命延綏總兵官都督僉事李杲佩征西將軍印，充總兵官，鎮守寧夏。左參將都指揮同知房能佩靖虜副將軍印，充總兵官，鎮守延綏等處。署都指揮僉事韓斌充左參將，分守延綏西路。

《國榷》卷三四　癸未，進士毛志、鄧山、張鐸、吴檟、王銓、梁璟、蕭彦莊、王詔爲給事中。

甲申，監察御史張黼等以户部議增河南、山東、湖廣、陝西參政、參議，各府同知，畿郡亦如之，專撫民栽桑棗【略】，乞寢其議。從之。

《憲宗實録》卷一八　丁亥，襲封衍聖公孔弘緒來朝，進馬謝恩。

《國榷》卷三四　癸巳，朵顔衛右都督朵羅(千)〔干〕入貢，求帳房、鐵釜。非例，不許。

乙未，太子太保吏部尚書王翺乞休。不允，止朔望朝參。

《憲宗實録》卷一八　丁酉，命故懷柔伯施聚子鑑襲爵。

《明通鑑》卷三〇　庚子，革太平侯張瑾、興濟伯楊宗爵。

《國榷》卷三四　辛丑，廣西永康縣土官楊雄傑作亂，陷宣化縣。

《明通鑑》卷三〇　是月，僉都御史韓雍大會諸將于南京。

時朝議用兵兩廣，編修丘濬上書李賢，言「賊在廣東者宜驅，在廣西者宜困」，賢善之，上于朝，詔録其書示諸將。諸將多主其説，欲分兵兩廣，雍不可，曰：「賊已蔓延數千里，而所至與之戰，是自敝也。宜全師直擣大藤峽，賊之巢穴所在，腹心既潰，控制四面，如常山之蛇，動無不應，可迎刃解耳。舍此不圖而分兵四出，賊益奔突，郡邑益殘，所謂救火而噓之也。」諸將皆曰：「善！」趙輔亦知雍才足辦賊，軍謀一聽之。雍遂率諸將倍道趨全州。

《國榷》卷三四　〔七月〕丁未，都督僉事李震復總兵，鎮守湖廣、貴州。

《憲宗實録》卷一九　築江西安遠縣城。以其地東連福建，南抵廣東也。

《國榷》卷三四　戊申，爪哇國入貢。

《明通鑑》卷三〇　己酉，免天下軍衛屯糧十之三。

《憲宗實録》卷一九　設四川隣水等四縣。隣水縣隸順慶府，樂至縣隸潼川州，東鄉縣隸夔州府，資陽縣隸成都府。

《國榷》卷三四　庚戌，釋户科都給事中童軒，謫壽昌知縣。

辛亥，故廣東按察副使餘姚毛吉贈廣東按察使，海康知縣王麒贈雷州同知，驛丞秦瑄贈雷州府知事。

《憲宗實録》卷一九　丁巳，詔通錢法：凡徵商税課程錢鈔中半兼收，每鈔一貫折錢四文，無拘新舊、年代遠近，悉驗收，以便民用。

戊午，命翰林院侍講丘濬、編修彭華爲應天府鄉試考試官。

《國榷》卷三四　戊午，趙府襄邑王祁鋰薨。年三十三，謚恭定。

己未，大理寺卿王槩請禁越訴代訟。從之。

《憲宗實録》卷一九　庚申，命撫治南陽、荆襄右副都御史王恕賑濟饑民及勘災傷處所，奏報定議，以寬糧税。

《國榷》卷三四　辛酉，監察御史李志剛言龍南縣監生廖世傑殲流賊百十餘級，宜褒録。許之。

《明史》卷一三《憲宗紀一》　甲子，振兩畿、浙江、河南饑。

《國榷》卷三四　丙寅，定各邊城堡軍馬圖册三歲一報。

己巳，撫治南陽、荆襄右副都御史王恕内艱，許奔喪。已請終制，不允。

《憲宗實録》卷一九　壬申，南京中軍都督僉事趙倫卒。

《國榷》卷三四　癸酉，虜犯天城瓦窑口。守備右少監劉安、都指揮僉事孫泰、參將都指揮僉事鄭俊追虜，敗績。命逮劉安、孫泰、鄭俊及指揮王黼、百户葛誠下錦衣獄，敕責鎮守太監王春、總兵官彰武伯楊信、都督僉事張鵬、巡撫都御史王越。

《憲宗實録》卷二〇　（八月）丁丑，釋（鄭）〔奠〕先師孔子。

《皇明大政紀》卷一四　命工部侍郎沈義、僉都御史吴琛巡視南北直隸民瘼。

《國榷》卷三四　戊寅，災傷，停户口鹽鈔通課。

《憲宗實録》卷二〇　命戮四川反賊趙鐸餘黨任凱等一百九十九人。

己卯，免被災州縣官朝覲。

《明通鑑》卷三〇　辛巳，瘞暴骸。

《國榷》卷三四　壬午，監察御史趙敔上二事：曰革詐冒恩詔。【略】曰禁奸頑。【略】有旨：進階止易服色，逃官即奪秩。著爲令。

《憲宗實録》卷二〇　命太常寺少卿兼翰林院侍讀學士吴節、翰林院學士柯潛爲順天府鄉試考試官，賜宴于順天府。

《國榷》卷三四　南京兵部尚書蕭維禎疾去。

甲申，右都御史李賓爲南京兵部尚書。

丁亥，提督廣西軍務右僉都御史吴禎報斬賊三千一百七十四級。

《明史》卷一三《憲宗紀一》　庚寅，毛里孩犯延綏，總兵官房能敗之。

《憲宗實録》卷二〇　丙申，免南北直隸、浙江、河南等處被災府縣該班人匠。

丁酉，安南國王黎灝遣陪臣黎友直等進表及方物，賀上登極。

《國榷》卷三四　己亥，沐琮嗣黔國公。

暫停鳳陽、淮揚、安慶、滁、和、徐馬課。

修山海等關隘。

辛丑，翰林院庶吉士李東陽、倪岳、謝鐸、焦芳、陳音爲編修，吴希賢爲檢討，劉淳爲中書舍人，仍譯字，張敷華爲各部主事。

癸卯，玉牒成。

《憲宗實録》卷二〇　旌表孝子秦良等五人。

《皇明大政紀》卷一四　〔甲辰〕，南北直隸及河南、山西、湖廣、江西、浙江所屬郡縣凡一百四十餘處各奏水患。詔户部勘實以聞。

《國榷》卷三四　（九月）癸丑，寧夏馬少，給鹽引四十萬易馬。

甲寅，崇王冠。

《憲宗實録》卷二一　丙辰，爪哇國遣使臣亞烈梁文宣等貢馬、物。

六科十三道劾奏工部左侍郎霍瑄、漕運總兵官都督楊茂罪，皆不問而令其自陳。【略】上皆宥焉，但奪瑄俸一年。

《明通鑑》卷三〇　己未，兵部尚書王竑致仕。

壬戌，封偕涗廣安王，恩錢枝江王，同鏌沈丘王，同鉏内鄉王，仕墳襄垣王。

《憲宗實録》卷二一　巡撫陝西右副都御史項忠上疏。其一曰爲治莫要於求賢，得人莫嚴於考課。【略】二曰至重者將也，至危者兵也。【略】三曰國家詔舉將才一年餘矣，騎射之間尚無一人應詔，況才堪大將者乎？且陝西風土强勁，自古名將若郭子儀、李晟之輩皆由此出，雖曰間氣所生，世不常有，而弓馬閑習、膂力過人者，不可謂無，但拘於答策之難，不能進也。且天下生員養於學校，善答策者百無一二，況欲責之草野之人。自昔屠狗販繒之人皆能建立大功，亦不拘於答策。若專拘此，恐終不能得人用也。

丙寅，發銀四萬兩賑濟鳳陽、徐州饑民。從户部請也。

《皇明大政紀》卷一四　〔戊辰〕，定烏思藏番僧三年一貢例。

命福建延平府立祠祀宋儒楊時，以羅從彦、李侗配享。

《憲宗實録》卷二一　己巳，革寧夏河渠提舉司。

《國榷》卷三四　辛未，巡撫陝西右副都御史項忠以陝西終南山、河南盧氏、永寧等俱有銀鑛媒盗，宜禁採。從之。

壬申，項忠又請税茶易馬，逃户罷徵。從之。

癸酉，漕船帶貨免税。

〔十月〕戊寅，吏科都給事中沈瑶等言，學正教諭，必會試乙榜，訓導限年五十以下方就試。從之，著爲令。

庚辰，許覲鏁嗣弋陽王。

《憲宗實録》卷二二　廣西大藤峽蠻賊夜入藤縣城，掠官庫，刼縣印。【略】兵部請行廣西總兵官及贊理軍務都御史等官急爲勦平，從之。

《國榷》卷三四　辛巳，録平趙鐸功，都知監右少監閻禮爲太監。

甲申，命諸司覆奏毋越五日。

丙戌，限哈密貢使不得過二百人，乩加思蘭五十人，土魯番亦力把力等國貢或三年五年，道哈密同入，不得過十人。

《皇朝大政紀》卷一四　〔庚寅〕，户部奏請申勅宣府守臣恪守官田官牛之法。從之。

《憲宗實録》卷二二　免河間府該徵粟米一萬九百一十八石有奇，穀草二十四萬一千二百四十餘束。

《國榷》卷三四　辛卯，右都御史陳泰致仕。

壬辰，兵部(右)〔左〕侍郎王復爲尚書，右侍郎程信爲左侍郎。

丙申，嚴寒，特賜京營兵及皇城軍衣屨。

《憲宗實録》卷二二　辛丑，陞吏部右侍郎兼翰林院學士彭時爲兵部尚書，兼職如故。

《國榷》卷三四　故昌平侯楊洪孫珍授京衛指揮使。

壬寅，荆襄盜起。西華流民劉通，有膂力，嘗舉石獅千斤，衆稱之，糾衆自房縣至南漳，數百里恣攻掠。

《憲宗實録》卷二三　十一月乙巳朔，欽天監進成化二年大統曆。

《國榷》卷三四　四川巡撫汪浩等聞黔禍，夜奔長寧，迷道，人馬墜溪谷，死甚衆。【略】貴州兵屯金鵝池，四川兵屯戎縣，俱堅壁不出。蠻循江之南，直抵江安、納溪、合江，焚掠無虚日，屠江安賈家砦五百餘人。

《憲宗實録》卷二三　丙午，萬壽聖節，免行慶賀禮。

《皇明大政紀》卷一四　〔丁未〕，陞南京刑部侍郎廖莊爲刑部左侍郎。

《國榷》卷三四　己酉，水災，免河間、保定、永平田租萬八千六百六十石有奇。

辛亥，廣西叛猺夜入廉州、高州刼印。

《憲宗實録》卷二三　壬子，命巡撫河南副都御史王恕督都指揮林琛等(充)〔統〕領南陽等六衛下班官軍三千員名，詣湖廣、荆襄等處，會同總兵等官殺賊，且督都指揮高福、徐啓守備南陽地方。

《國榷》卷三四　甲寅，給孔、顔、孟三氏學印。

丙辰，免鳳陽、廬、揚田租。

丁巳，巡撫應天右副都御史劉孜爲南京刑部尚書，湖廣右布政使宋傑爲右副都御史，巡撫應天、蘇、松。

連山知縣孔鏞試高州知府，別給印。

己未，沁水知縣陳奎以廉能聞，薦擢澤州知州。

辛酉，寧遠伯任壽總兵，鎮守陝西。

《憲宗實録》卷二三　壬戌，巡按河南監察御史趙敔奏：荆襄叛賊擾攘，人民飢饉，請以南陽等府原派起運京倉税糧四萬二千餘石存留本處，以備賑濟軍餉之用。從之。

《國榷》卷三四　乙丑，承天門成。

免池州蘆役採辦一年。

《憲宗實録》卷二三　己巳，賜朝鮮國王成化二年大統曆。

壬申，上曰：「人命故殺者不宥，其餘皆宥之。犯在十惡者，罪雖輕亦不可宥。官吏貪淫，事無顯跡證佐者，且奏區處爲民者，自天順元年爲始，於謫所成家業不願回者聽，其犯贓有未追完者，悉免之。」

《明通鑑》卷三〇 〔是月〕，韓雍、趙輔等率官兵、土軍長驅至大藤峽口。

《憲宗實録》卷二四 十二月甲戌朔，上省郊祀牲。

《國榷》卷三四 乙亥，翰林侍讀周洪謨爲侍讀學士。

《皇明大政紀》卷一四 〔丙子〕，泰寧等衛都督劉玉、兀喃帖木兒等奏乞賜蟒衣，不許。其欲與民交易，許之。

《國榷》卷三四 戊寅，四川總兵官芮成等與貴州副總兵李安等互訐。命兵科給事中秦崇等按之。

《憲宗實録》卷二四 己卯，旌表節婦薛氏等六人。

庚辰，以福建按察使馬文升爲南京大理寺卿。

癸未，勑户部主事王臣、徐源往陝西、山西整備糧草。

《國榷》卷三四 乙酉，翰林侍讀李本、户部郎中陳俊爲南京太常寺少卿。

戊子，守備涼州都指揮使王英、湛清俱莊浪功，爲都督僉事。

壬辰，會昌侯孫繼宗、定襄伯郭登、撫寧伯朱永、尚書姚夔，分郊社禱雪。

乙未，進士劉俊、陳宏、趙勝、聶友良、温宗、柳彰、洪性、石玉、袁晟、張璡，監生邊鏞爲監察御史。

《憲宗實録》卷二四 丁酉，朝鮮國王李瑈遣陪臣【略】賀明年正旦節。

勑南京總督糧儲都察院右副都御史周瑄曰：「比聞南京米貴，人民艱食，兹欲發糶平價以濟民饑。勑至，爾同南京户部尚書陳翌亟將倉糧四萬石糶賣，價銀收貯在官。或倉糧不足，可將兩京文武本色俸米預賣一二年之數，量時定價，銀一兩米三石或二石五斗，按季如數分給各官。」

《國榷》卷三四 己亥，南京右府都督僉事詹忠卒。

庚子，貴州左布政使李浩爲右副都御史，巡撫貴州。

永寧衛指揮同知安琦戰死，命其孫暉爲都指揮僉事。

《皇明大政紀》卷一四 命直隸容城縣立祠祀元儒劉因。

《明史》卷一三《憲宗紀一》 癸卯，撫寧伯朱永爲靖虜將軍，充總兵官，太監唐慎監軍，工部尚書白圭提督軍務，討荆、襄賊。

《國榷》卷三四 貴州都指揮使張鋭、郭貴爲右府署都督僉事，帶俸。

《明史》卷一三《憲宗紀一》 是月，韓雍大破大藤峽瑶，改名峽曰「斷藤」。

成化二年（丙戌、一四六六）

《國榷》卷三四 正月甲辰朔，虜三萬騎近屯安邊營。勅各鎮嚴備。

丁未，大學士李賢請撫諭荆襄流民。從之。

《憲宗實録》卷二五 戊申，以貴州永寧、普安、赤水三倉缺糧，開中雲南黑白、安寧、五井鹽課七萬引，每引納米六斗五升。

《明通鑑》卷三〇 戊申，更定團營制。

《憲宗實録》卷二五 己酉，命巡撫貴州右副都御史李浩、副總兵李安率師會四川軍馬征勦山都掌蠻賊。

《皇明大政紀》卷一四 詹事府少詹事孔公恂以言事下獄，出爲漢陽知府。

《憲宗實録》卷二五 辛亥，陞武功左衛帶俸都指揮僉事王信爲後軍署都督僉事，鎮守山西，提督鴈門等關隘。

陞太僕寺少卿李侃爲都察院右僉都御史，巡撫山西地方。

《國榷》卷三四 壬子，部院大計，罷降斥千七百八人。

《憲宗實録》卷二五 甲寅，以上元節，賜文武群臣假十日。

《明史》卷一三《憲宗紀一》 乙卯，大祀天地於南郊。

《國榷》卷三四 丙辰，湖廣貴州總兵官都督僉事李震專鎮湖廣。

《明史》卷一三《憲宗紀一》 辛酉，英宗神主祔太廟。

《明通鑑》卷三〇 壬戌，皇長子生，萬貴妃出也。上大喜，遣中使祀諸山川。

《國榷》卷三四 癸亥，山東布按官分管遼東餉，歲更，至是定期三年。

《憲宗實録》卷二五 甲子，命修武伯沈煜於五軍營協同管操。

《國榷》卷三四 丁卯，禮部條禮闈事宜，供給屬順天尹，至是改禮部司官提督。

《明通鑑》卷三〇 己巳，命九卿舉堪任布、按二司者。

《國榷》卷三四 荆襄用兵亟餉，開輸納例。

《憲宗實録》卷二五 庚午，烏思藏桑思加等寺番僧温卜着白等【略】來朝。

壬申，命大理寺左少卿喬毅清理武選貼黃。

《國榷》卷三四　二月癸酉朔，闕里孔廟成，上自記之。

《憲宗實録》卷二六　乙亥，授問刑進士譚慶、費臻、馮貫，監生左鈺、胡靖、呂雯爲各道監察御史。

《國榷》卷三四　己卯，太常寺少卿兼翰林侍讀學士劉定之、學士萬安主禮闈。

庚辰，大學士李賢請精選守令，從之。

辛巳，定納豆贖罪資馬。

《明史》卷一三《憲宗紀一》　癸未，禮部侍郎鄒幹巡視畿内饑民。

《國榷》卷三四　廣西總兵官泰寧侯陳涇，提督軍務右僉都御史吴禎，俱玩寇下獄。

《憲宗實録》卷二六　庚寅，哈密【略】來朝，貢馬。

《國榷》卷三四　辛卯，巡視順天工部右侍郎沈義奢僭不法，下獄削籍。

壬辰，禮闈首科廣額三百五十人。

《憲宗實録》卷二六　癸巳，詔減徐州、淮安倉中鹽則例。

庚子，上命少保吏部尚書兼華盖殿大學士李賢、禮部尚書兼翰林院學士陳文、兵部尚書兼翰林院學士彭時、太子太保吏部尚書王翶、太子少保户部尚書馬昂、兵部尚書王復、刑部尚書陸瑜、都察院左都御史李秉、通政使司通政使張文質、大理寺卿王槩、太常寺少卿兼翰林院侍讀學士吴節、翰林院學士柯潛爲讀卷官，餘執事如例。

《國榷》卷三四　辛丑，截漕十萬石賑淮徐。

三月壬寅朔，廷策貢士章懋等三百五十人。

《明史》卷一三《憲宗紀一》　甲辰，賜羅倫等進士及第、出身有差。

《國榷》卷三四　周府永寧王有光薨。年七十四，謚靖僖。

《憲宗實録》卷二七　〔戊申〕，定湖廣納米事例。

己酉，烏思藏【略】來朝。

《皇明大政紀》卷一四　少保李賢丁父憂，詔奪情起復。賢乞終制，不允，命太監林興護送賢還鄉視葬。

《國榷》卷三四　辛亥，册貴妃萬氏，賢妃柏氏。

減京官折俸鈔。舊俸一石折鈔二十五貫，後定十五貫，至是裁其五。

復南京官吏户口食鹽之半。

《明史》卷一三《憲宗紀一》　乙卯，朱永大破荆、襄賊劉通於南漳。

《國榷》卷三四　丁巳，許進士觀政還里，各半之。

《憲宗實録》卷二七　己未，重定陝西納草贖罪則例。

《皇明大政紀》卷一四　延綏紀功兵部郎中楊琚奏移堡防邊事宜。下兵部會官議行之。

《皇明資治通紀》卷一九　〔壬戌〕，都督趙輔、僉都御史韓雍等討廣西蠻寇，大破之。

《國榷》卷三四　癸亥，進士曹卿、林璧、薛綱、金忠、余諒，監生戴琥、張俌、陳燮、貢璧、葉茂爲監察御史。

停民生納粟入監，許度僧牒賑饑。

改汝寧、南陽兵備曰汝南道。

《憲宗實録》卷二七　甲子，南京前府都督同知李得卒。

《國榷》卷三四　丁卯，忠勇前衛署指揮僉事湯胤勣爲署都指揮僉事右參將，分守延綏東路。

《皇明大政紀》卷一四　〔辛未〕，巡撫延綏都御史盧祥奏選陝西士兵。從之。

《憲宗實録》卷二八　閏三月壬申朔，復廣東順德縣知縣錢溥爲翰林院侍讀學士，致仕。從溥乞恩也。

《明通鑑》卷三〇　癸酉，振南畿饑。

《國榷》卷三四　乙亥，琉球國中山王尚德入貢。

《憲宗實録》卷二八　丁丑，復置保定州判官五員、吏目一員，隆慶州判官四員、吏目四員，分管各營堡倉糧。從巡撫都御史葉盛請也。

巡視淮揚等處民瘼右僉都御史吴琛奏賑濟饑民用過銀五萬七千五百五十九兩有奇，金六兩有奇，銅錢四十一萬六千文，鈔二百一十萬七千貫，米麥三十二萬二千五百石有奇。

《皇明大政紀》卷一四　〔庚辰〕，巡視淮揚都御史林聰請賣兩淮没官鹽二萬，並收船料鈔暫改米，以備賑濟。從之。

《憲宗實録》卷二八　甲申，勅湖廣總兵官都督同知李震討靖州苗賊。

乙酉，勅鎮守陝西寧遠伯任壽保障邊城、操練士卒，巡撫都御史項忠循行邊境、調度方畧，且命舉武臣有謀畧者帥兵於環縣、固原守禦。

《國榷》卷三四　丁亥，巡視淮揚民瘼右僉都御史吴琛貪虐下獄，命巡撫淮安右副都御史林聰代琛。

辛卯，湖廣按察使羅篪爲右副都御史，巡撫湖廣兼贊理軍務。

《明史》卷一三《憲宗紀一》　乙未，朱永擊擒劉通，其黨石龍遁，轉掠四川。

《國榷》卷三四　丁酉，發松江粟十萬石，助賑淮、徐。

《憲宗實録》卷二八　修直隸鳳陽府壽州安豐塘。

《國榷》卷三四　己亥，命哈密國王毋駑温荅失里還國。時乩加思蘭侵掠已退。

《憲宗實録》卷二八　庚子，命以南京文職五品以上、武職二品以上官四月、六月俸米運赴淮陽等處賑濟。

《國榷》卷三四　〔四月〕壬寅，遣二御史捕沿河盜賊。

丙午，册皇妹嘉善長公主，尚駙馬都尉王增。

《憲宗實録》卷二九　復江西左布政使翁世資職。

戊申，命故都督同知范廣子昇襲父原職遼東寧遠衛指揮僉事。

《皇明大政紀》卷一四　〔己酉〕，巡撫山西都御史李侃奏南方西北發戍各從所宜。下兵部議之。

《憲宗實録》卷二九　壬子，哈密王母駑温荅失力遣鎮撫亦撒等來朝奏事。

《國榷》卷三四　癸丑，湖廣苗糾廣西猺獞陷溆浦縣。

《憲宗實録》卷二九　辛酉，荆襄賊平，靖虜將軍撫寧伯朱永及總督軍務工部尚書白圭等執千斤劉等以獻。

《國榷》卷三四　乙丑，兩廣賊平，韓雍報斬四千四百餘級，俘二百餘人。

《明通鑑》卷三〇　擢掌新會縣事廣州府同知陶魯爲廣東按察司僉事。

《國榷》卷三四　丁卯，遂安伯陳韶往南京，操江捕盜。

戊辰，右軍都督僉事廣東副總兵范信卒。

《憲宗實録》卷二九　庚午，命荆襄提督軍務尚書白圭、總兵官朱永等定議班師。

《國榷》卷三四　五月辛未朔，巡撫陝西右副僉都御史項忠言：「套虜日衆，謀内寇，請重臣總督。」廷議以河南京操兵赴之，仍選武大臣赴延綏總制調度。

《憲宗實録》卷三〇　命定國公徐永寧閒住養病。

《明史》卷一三《憲宗紀一》　癸酉，修撰羅倫以論李賢起復謫福建市舶司提舉。

《國榷》卷三四　丙子，大學士李賢奪情入朝，再乞終制，不允。

《憲宗實録》卷三〇　丁丑，賜直隸永平府同知劉璲、常州府通判劉衛、鎮江府通判劉文徽、蘇州府推官宋徵等誥勑，以旌異之。

《國榷》卷三四　戊寅，召提督荆襄軍務工部尚書白圭還朝。

《明通鑑》卷三〇　己卯，禁侵損古帝王忠臣、烈士、名賢陵墓，犯者論罪。

《國榷》卷三四　癸未，兵部議量留趙輔兵殄餘寇。

南京右軍都督僉事馬亮卒。淇縣人，世彭城衛指揮使。

《憲宗實録》卷三〇　甲申，陞都指揮同知陳逵爲後府都督同知。

《國榷》卷三四　中兩淮、長蘆、河東鹽四十萬引于西邊。

《憲宗實録》卷三〇　乙酉，命協同鎮守廣東都督僉事張通仍總督備倭。

《國榷》卷三四　鄭王瞻埈薨。

丙戌，報虜酋毛里孩屯河套。命都督僉事趙英游擊。

《憲宗實録》卷三〇　庚寅，烏思藏敢匝等寺寨番僧【略】來朝，貢馬及氆氌等物。

南寧伯毛榮、都督同知馬良自兩廣召還，命坐營管操。

《國榷》卷三四　辛卯，召大同總兵官彰武伯楊信計事。

《憲宗實録》卷三〇　命修武伯沈煜佩征西前將軍印，充總兵官，鎮守大同。

《國榷》卷三四　壬辰，通政司使張文質爲兵部左侍郎，仍署通政司事。

《憲宗實録》卷三〇　丙申，禮部左侍郎鄒幹巡視民瘼還，言賑過順天等八府所屬饑民户二十六萬三千二百六十四，口七十二萬五百九十六。

《國榷》卷三四　丙申，麓川遺孽思明發俘入京，安置登州衛。

丁酉，罷貴州鎮守副總兵都指揮僉事李安，以南寧伯毛榮鎮守貴州。

〔六月〕辛丑，儀封知縣胡澄調杞縣，以儀封人奏留。

癸卯，巡撫山東、河南左副都御史賈銓回院。

《憲宗實録》卷三一　甲辰，兩廣賊寇平，命監督軍務太監盧永、總兵官都督同知趙輔班師。

《明通鑑》卷三〇　乙巳，免今年天下屯糧十之三。

《憲宗實録》卷三一　庚戌，命彰武伯楊信總管三千營操練軍馬。

《國榷》卷三四　辛亥，翰林學士倪謙改南京。

翰林修撰陳鑑爲侍讀。

《憲宗實録》卷三一　南京左軍都督府都督僉事鄭真卒。

《明史》卷一三《憲宗紀一》　壬子，楊信爲平虜將軍，充總兵官，太監裴當監督軍務，禦寇延綏。

《憲宗實録》卷三一　乙卯，旌表義民秦貴及孝子吳有直等四人，節婦丁氏等十九人。

《國榷》卷三四　甲寅，户部郎中王育督餉四川。

丙辰，命户部員外郎嚴祖興往督延綏軍餉。

《國榷》卷三四　丁巳，釋輕囚。

《憲宗實録》卷三一　癸亥，反賊劉通等伏誅。

乙丑，禮部右侍郎李紹乞歸養病。許之。

《國榷》卷三四　寧陽侯陳潤卒。

《皇明大政紀》卷一四　〔丁卯〕，勑陝西巡撫項忠、太監裴當、總兵楊信協謀征勦河套。

安遠侯教讀戴仲衡上言陝西用兵事宜。下兵部議。尚書王復以事勢難行沮之。

《憲宗實録》卷三一　勑右都督馮宗充總兵官，鎮守廣東。先是，武臣鎮守廣東者止稱副總兵，廣東有總兵官自宗始。

《國榷》卷三四　戊辰，南京翰林學士倪謙爲禮部右侍郎。

〔七月〕辛未，禮部右侍郎倪謙以科道交劾，命致仕。

《憲宗實録》卷三二　癸酉，巡按湖廣御史王瀛等奏：「武岡、溆浦等州縣屢被苗寇流刼。」上命總兵等官李震等速發兵勦滅之。

《國榷》卷三四　丁丑，西安知府余子俊、平涼知府王正、保寧知府李正方、保定知府謝騫、永平知府□晟、鎮江知府姚堂、東昌知府徐琅、登州同知宋壐、蘇州同知盧忠、□□同知王貴、濟南同知楊必貴、北通州知州李琪、高唐知州郭昇、曹州知州伍禮、鈞州知州彭述、安慶推官宋瓊、山東布政司理問楊愷、順義知縣徐晟、潞縣知縣賈貞、長垣知縣劉弘、吳江知縣韓槃、嘉定知縣龍普、華亭知縣石玫、當塗知縣韓泰、歙縣知縣吳遜、儀封知縣胡澄、柘城知縣李琳、新鄉知縣楊清、獲嘉知縣邢表、汲縣知縣盧信、信陽知縣尚璣、臨漳知縣戴昕、光山知縣段永、郟縣知縣王璽、陽信知縣白旻、商河知縣寇源、嘉祥知縣張慶、福山知縣段堅、太湖縣丞彭賢，俱廉能著，錫誥敕旌異。

《明通鑑》卷三〇　辛巳，封弟見治爲忻王，見沛徽王。

《憲宗實録》卷三二　壬午，兵部尚書兼翰林院學士彭時乞歸省。許之。

南京大理寺卿馬文升以父喪去任。

《國榷》卷三四　甲申，魯王肇煇薨，年七十九，謚曰靖。

丙戌，工部右侍郎蒯祥、陸祥俱爲左侍郎。

丁亥，安南國王黎灝入貢。

己丑，逮寧夏總兵官都督僉事李杲下獄。太監王清劾其貪怯，杲亦訐之。

《憲宗實録》卷三二　庚寅，申戒出使王府官毋受宴餽。

謫山東都指揮僉事錢能戍遼東邊衛。

壬辰，罷南京後府右都督陳旺閒住。

《國榷》卷三四　癸巳，虜寇寧夏。

甲午，廣義伯吳琮爲征西將軍總兵官，鎮守寧夏。

東寧伯焦亮卒。

《明史》卷一三《憲宗紀一》　戊戌，毛里孩犯固原。

《國榷》卷三四　〔八月辛丑〕，南京兵部左侍郎李震改兵部。

《憲宗實録》卷三三　申姦滛居及喪宴樂之禁。

《國榷》卷三四　進士馬誠、梁翰爲翰林檢討，教諭何璧、周謹爲待詔，監生羅麟、孫迪爲中書舍人，侍崇王。

戊申，兵部尚書王復、左都御史李秉整飭邊備。山東左布政使原傑爲右都御史，巡撫山東。户部郎中閻本爲右僉都御史，巡撫薊州。

《憲宗實録》卷三三　己酉，命都察院左副都御史賈銓署院事。

命發内帑銀於甘肅市馬，以給官軍。

《國榷》卷三四　庚戌，浙江左布政使李顒爲工部右侍郎。

辛亥，浙江按察副使張岐爲右僉都御史，巡撫延綏。宥南京兵部尚書李賓罪。

周府原武王子坶薨，年四十三，謚安懿。

壬子，都督同知馬良協守南京。

敕給事中劉昊、紀欽清理草場。

《皇明大政紀》卷一四　進士周鑑以避選王府官，問遣爲民。

《國榷》卷三四　癸丑，後軍都督同知艾義卒。

《憲宗實録》卷三三　右軍都督僉事孫廣卒。

《國榷》卷三四　甲寅，東寧伯焦壽爲總兵官，鎮守薊州、永平。

《明史》卷一三《憲宗紀一》　丁巳，〔毛里孩〕犯寧夏，都指揮焦政戰死。

《憲宗實録》卷三三　己未，烏思藏桑卜等番【略】貢氆氌、方物。

庚申，以蘇州等府地方災傷，召還清軍御史。

《國榷》卷三四　辛酉，紹興知府彭誼爲山東左布政使。

壬戌，翰林修撰邢讓爲國子祭酒。

《憲宗實録》卷三三　癸亥，定納馬贖罪例。

《明史》卷一三《憲宗紀一》　丁卯，諭祭于謙，復其子冕官。

《國榷》卷三四　兵科都給事中袁愷爲右僉都御史，巡撫遼東。

九月己巳朔，寧夏副總兵張榮報七月有女子逃自虜，云候雨雪掠蘭縣。右參將都指揮僉事王安報男子逃自虜，云十月自環縣直犯平涼。命嚴爲備。

《憲宗實録》卷三四　庚午，勑右軍都督府署都督僉事林盛充副總兵，協同廣義伯吴琮鎮守寧夏。

《國榷》卷三四　辛未，署都督僉事李昶管左府事，宰用、魯鑑管右府事。

壬申，録擒妖功，錦衣衛都指揮僉事袁彬爲都指揮同知。

甲戌，故户部尚書王佐謚忠簡，兵部尚書鄺埜謚忠肅。

《憲宗實録》卷三四　戊寅，陞曲阜縣知縣孔公錫爲兖州府通判，仍掌縣事。

《國榷》卷三四　庚辰，左僉都御史王儉降山東布政司右參議。

前後軍都督同知董斌卒。

《憲宗實録》卷三四　辛巳，禁邊衛官不許假貸罔利。

壬午，賜封工部尚書白友諒葬祭。

《國榷》卷三四　甲申，敕右軍右都督劉聚爲副總兵，以京營萬人往慶陽、邠、乾遏虜。

己丑，災傷，免太原、大同田租二十萬石有奇。

辛卯，福餘衛夷寇遼東。

乙未，延綏游擊將軍都指揮同知秦傑爲都指揮使。

《皇明大政紀》卷一四　禮部尚書姚夔等言光禄寺供應宜從元年詔例。從之。

《國榷》卷三四　丙申，册皇妹淳安長公主，崇德長公主，駙馬都尉蔡震、楊偉尚之。

赤斤蒙古衛阿速子瓦撒塔兒襲左都督。

丁酉，整飭大同邊備左都御史李秉提督遼東軍務。

十月己（丑）〔亥〕朔，科道交劾都督同知趙輔玩寇殃民、欺蔽諸罪。不聽。

復徵湖廣金沙洲、江西九江船鈔。

庚子，守備義州都指揮使施英爲署都督僉事副總兵。

虜寇延綏，東路右參將署都指揮湯胤勣追擊，死之。

癸卯，平虜將軍楊信言逐虜功，擒五人，斬五級。敕勞之。

丁未，傳制封膺鉟岷世子，膺鋪安昌王。

《明通鑑》卷三〇　朱永、白圭等誘執石和尚。

《國榷》卷三四　戊申，故工部尚書兼東閣大學士高穀謚文毅。

《皇明大政紀》卷一四　〔甲寅〕，整飭邊備左都御史李秉奏夷人進貢不得過爲揀選起邊釁。下禮部議，從之。

《憲宗實録》卷三五　丙辰，命都察院右僉都御史張岐理院事。

《國榷》卷三四　丁巳，罷大同總兵官都督僉事張鵬。

〔辛酉〕，河南上劉通再從子弟三十三人，且録其産。廷訊，俱疎屬，法不坐，釋之。

乙丑，降順天府尹張諫萊州知府，御史黄瓌常山縣丞。俱互訐失實。

《憲宗實録》卷三五　陞浙江布政司左參政閻鐸爲順天府府尹。

《國榷》卷三四　鎮守涼州都指揮僉事劉玉進都督同知。

丙寅，增四川敍州、馬湖兵備僉事。

是月，海盜犯廣東臨高縣，殺縣丞陳瑛。

《憲宗實録》卷三六　十一月己巳朔，欽天監進成化三年大統曆。

《國榷》卷三四　癸酉，協守涼州都督僉事趙瑛進都督同知。

設房縣、均州、安遠千户所。

《憲宗實録》卷三六　乙亥，遷四川豐溪守禦千户所城於舊城東北隅。

《國榷》卷三四　丙子，刑部員外郎彭韶劾左僉都御史張岐憸邪奔競不可用，宜召王竑、李秉、葉盛。上怒，下錦衣獄。

丁丑，命過冬至節論囚。給事中毛弘等謂非時，宜俟來年霜降。報可。

《明通鑑》卷三〇　庚辰，以平大藤峽賊功，封趙輔爲武靖伯。

《國榷》卷三四　韓府褒城王範坶薨，年四十四，謚昭裕。

〔癸未〕祭故司禮太監王誠。天順初被誣死。

乙酉，左僉都御史韓雍進左副都御史；游擊將軍右都督和勇進左都督，加俸百石；户部右侍郎薛遠爲左侍郎；御史汪霦、劉慶爲大理右寺丞。

《憲宗實録》卷三六　戊子，設湖廣房縣板橋山、穀城縣石花街、南漳縣七里頭、襄陽縣油房灘、當陽縣漳河口五巡檢司。

礫反賊劉通黨石和尚、劉長子等七十三人於市，并斬其家屬五十二人。

《皇明大政紀》卷一四　〔己丑〕，整飭邊備兵部尚書王復奏增府谷等處營堡墩臺。從之。

《國榷》卷三四　庚寅，罷山東按察司官，分巡遼東。

《憲宗實録》卷三六　〔辛卯〕增設湖廣均州撫民同知一員，竹山等十縣撫民縣丞各一員。

壬辰，賜朝鮮國王成化三年大統曆。

《明通鑑》卷三〇　甲午，皇子薨。萬貴妃自此不復娠，而擅寵如故。

《憲宗實録》卷三六　丁酉，以西堡平賊功，陞成都中衛指揮使劉方爲署都指揮同知；以征兩廣功，陞都指揮使廉忠爲右府都督僉事，楊銘爲前府都督僉事。

《國榷》卷三四　除遼東、大同、寧夏、甘肅帶俸差操之例。

《憲宗實録》卷三七　〔十二月〕戊戌朔，上省郊祀牲。

壬寅，定擬遼東邊衛開中鹽糧則例。

乙巳，授進士俞蓋、郭瑞、龔晟、季琮、羅明、婁謙、江孟綸、劉鉉、鄺文、江泝、劉瑀、戴珊、邵智，行人王哲，知縣梁昉，監生姚明、李大綱爲試監察御史。

《昭代典則》卷一七　〔丁未〕，迤北瓦剌太師阿失帖木兒遣使哈三帖木兒等入貢。

《皇明資治通紀》卷一九　刑部左侍郎廖莊卒。贈尚書，謚恭敏。

《國榷》卷三四　辛亥，監察御史董廷圭等請禁越訟。從之。

壬子，提督荆襄、四川軍務工部尚書白圭父喪，乞終制，不許。

少保吏部尚書兼華蓋殿大學士李賢卒。【略】年五十九，贈太師，謚文達。

乙卯，故後軍右都督陶瑾贈大同伯。

《昭代典則》卷一七　〔丙辰〕，以太常少卿兼侍讀學士劉定之直文淵閣。

《憲宗實録》卷三七　辛酉，旌表孝子項茂等六人，節婦吴氏等十三人。

《皇明大政紀》卷一四　〔壬戌〕，平虜將軍楊信請調軍十萬，期春三月搜河套。從之。

《昭代典則》卷一七　〔癸亥〕，開原守備右監丞韋朗失機召還，鎮守太監李良保留，仍令守備開原。

《國榷》卷三四　甲子，始設巡河監察御史。

乙丑，收京城貧民盡入養濟院。

丙寅，黔國公沐琮爲征南將軍總兵官，鎮守雲南。

禮部右侍郎李希安爲左侍郎，仍署太常寺事。

是年，南畿奏土不産馬，請輸金，【略】貯北太僕寺，市馬各邊。

成化三年（丁亥、一四六七）

《國榷》卷三五　正月戊辰朔，庚午，魯府鉅野王奉埕薨。謚僖順。

辛未，朝鮮國王李瑈貢海東青、白鵲、文魚。

《憲宗實録》卷三八　烏思藏贊善王遣番僧桑節藏卜等【略】來朝。

《國榷》卷三五　諭建州、毛憐二衛裁貢使。

《明通鑑》卷三〇　壬申，撫寧伯朱永以平賊功，進爵爲侯。加白圭太子少保。

《憲宗實録》卷三八　癸酉，命錦衣衛帶俸署都督指揮使武忠往諭建州、毛憐等衛都督董山等。

《皇明大政紀》卷一四　〔丙子〕，毛里孩侵大同，求貢。詔鎮臣禦之。

《憲宗實録》卷三八　丁丑，命雲南按察司副使吕洪專巡邊撫夷。

戊寅，以上元節，賜文武群臣假十日。

《明史》卷一三《憲宗紀一》　己卯，大祀天地於南郊。

《國榷》卷三五　庚辰，虜犯遼東鹹場城堡、鴉鶻山，屯梁家臺。

錦衣衛帶俸署都指揮使武忠【略】進都督僉事。

戊子，以朝鮮獻海青、白鵲，諭後止勿上。

己丑，右軍署都督僉事宰用爲參將，協同鎮守四川。

《明史》卷一三《憲宗紀一》　丙申，撫寧侯朱永爲平胡將軍，充總兵官，會楊信討毛里孩。

《憲宗實録》卷三九　二月丁酉朔，釋奠先師孔子。

《國榷》卷三五　毛里孩三上書求貢。遣通事指揮使詹升往報，敕貢使毋過三百人，遵邊衛約束。

己亥，前户部尚書沈固卒。

庚子，吏部奏起兵部尚書王竑，中旨責竑避事，仍致仕。

辛丑，都督同知趙瑛爲平羌將軍，鎮守甘肅。

《憲宗實録》卷三九　癸卯，命巡撫大同右副都御史王越贊理軍務兼紀功。

《皇明資治通紀》卷一九　〔甲辰〕國子祭酒邢讓請鐫欽降監規于石，樹本監中，永遠遵守。從之。

《明通鑑》卷三〇　召彭時還。

《國榷》卷三五　太子少保户部尚書馬昂、右副都御史林聰、左給事中潘禮、陳越清理京營軍士，司禮太監懷恩協贊。

真定新成縣丞邢政言，各都、布、按及各府有斷事理問推官專理刑獄，各州縣則否，獄情罔察，議擬罪名多憑吏典任意出入，或駁回再問，累歲未結，乞法司分官詣外詳審，輕重立裁，幸甚。議行之。

乙巳，宥彰武伯楊信罪。

丙午，英廟昭妃武氏薨。謚端莊。

《明通鑑》卷三〇　〔戊申〕，御經筵。

《憲宗實録》卷三九　己酉，命河南署都指揮同知劉清充參將，鎮守靖虜。

《國榷》卷三五　壬子，録平劉通功，湖廣總兵官都督同知李震爲右都督，右副都御史王恕爲左副都御史。

癸丑，德王見潾之國濟南。

《憲宗實録》卷三九　丙辰，禮部奏巡按江西監察御史趙敔請定京官出使公差王府禮儀。【略】從之。

《國榷》卷三五　丁巳，進士賀欽、胡智、張謙、成實、俞澤、陳鶴、董旻、楊理、芮畿、趙杲、張林、徐恪爲給事中。

《明史》卷一三《憲宗紀一》　湖廣總兵官李震討破靖州苗。

《國榷》卷三五　祀宋儒金華何基、王柏、金履祥、許謙于鄉。

《憲宗實録》卷三九　戊午，詔寧夏以淮、浙兩運司鹽召商中馬。

《皇明資治通紀》卷一九　三月〔戊辰〕，召前兵部侍郎兼翰林學士商輅至京，復原職，入內閣辦事。

《明史》卷一三《憲宗紀一》　己巳，毛里孩犯大同。

《憲宗實録》卷四〇　癸酉，哈密遣使臣斬阿沙等來朝，貢駝、馬。

《國榷》卷三五　甲戌，南京右軍都督僉事房顯卒。

戊寅，罷兩廣提學僉事，以他官兼之。

《憲宗實録》卷四〇　辛巳，賜武靖伯(起)〔趙〕輔誥券。

《明通鑑》卷三〇　復開浙江、福建、四川、雲南銀場，以內臣領之。

《國榷》卷三五　甲申，禮部尚書姚夔等條學校事宜，行之。

乙酉，琉球國中山王尚德入貢。

左都督毛忠封伏羌伯，歲禄千石。

丁亥，御馬監把總都指揮使李玉爲都督僉事。

《憲宗實録》卷四〇　庚寅，封兵部尚書兼翰林院學士彭時父毓義如其子官。

命南京操江遂安伯陳韶、揚州備倭都督僉事董良各督所屬巡視緣江一帶，擒捕鹽徒盜賊。

《國榷》卷三五　辛卯，逮遼東副總兵都督僉事施英下獄。違節制失事。

癸巳，敕撫寧侯朱永壁代州，左、右參將劉聚、鮑政各五千人屯大同、宣府。

《皇明資治通紀》卷一九　〔甲午〕，奏准在京三品以上官員子孫許一人送監讀書。

《明通鑑》卷三〇　是月，召李秉還。

《憲宗實録》卷四一　〔四月〕丁酉，命哈密故忠順王脱歡帖木兒外孫都督同知把塔木兒爲右都督，攝行國王事，賜印并金織衣一襲，降勑諭之。

《國榷》卷三五　己亥，右副都御史林聰爲右都御史。

辛丑，馬昂、林聰等同懷恩選五軍、三千、神機營見卒十四萬三千九百九人。

《明通鑑》卷三〇　壬寅，敕所在官吏修省，遣使祭其山川。

《國榷》卷三五　敕各鎮守、巡撫官覈流民，給以牛種，俾復業。

《憲宗實録》卷四一　甲辰，罷鎮守大同參將都督僉事李英，命彰武伯楊信代之。

《明史》卷一三《憲宗紀一》　乙巳，録囚。

《憲宗實録》卷四一　丁未，命宣城伯衛穎佩征虜前將軍印，充總兵官，鎮守遼東。

《國榷》卷三五　壬子，前軍左都督喜信卒。

《昭代典則》卷一八　〔癸丑〕，復團營，命太子少保兵部尚書白圭提督操練。

《明通鑑》卷三〇　改王復爲工部尚書。

《憲宗實録》卷四一　降都督僉事曹廣爲都指揮同知。

乙卯，設十二營坐營官。

《國榷》卷三五　平江伯陳鋭領奮武營，都督同知趙勝耀武營，都督僉事王瑛練武營，右都督劉聚顯武營，都督同知鮑政敢勇營，白玉果勇營，左都督和勇效勇營，都督同知馬良鼓勇營，都督僉事武忠立威營，湛清伸威營，都督同知張欽揚威營，都督僉事李杲振威營，各同内臣協理。

《憲宗實録》卷四一　己未，申命天下文武官軍折色俸糧錢鈔兼支。

《皇明大政紀》卷一四　六科十三道上言災變，乞修省。上嘉納之。

《國榷》卷三五　五月乙丑朔，傳制封見淇汝源王，見洽昆陽王，陽鏞鄒平王。

《憲宗實録》卷四二　辛未，定擬大同開中鹽草則例。

《明通鑑》卷三〇　壬申，宣府、大同地震有聲，威遠、朔州亦震。敕鎮、巡官警備。

《國榷》卷三五　癸酉，遼東總兵署都督僉事施英再違命，逗遛失事，論死。代府山陰王遜煁薨。年四十九，謚康惠。甲戌，停遼東人參一年。以頻歲中虜，巡撫袁愷以爲言。

《憲宗實録》卷四二　丙子，命陝西鎮守、巡撫、巡按及都、布、按三司等官詳議番僧進貢事宜。

丁丑，録平四川戎縣蠻功，陞總兵官都督同知芮成爲右都督。

癸未，命廣平侯袁瑄坐神機營，懷柔伯施鑑、都督僉事吕英坐五軍營。

《明通鑑》卷三〇　〔甲申〕，復命都御史李秉督師遼東。

《憲宗實録》卷四二　丁亥，上以朝參官少，命錦衣衛、鴻臚寺按門籍閲之，其不至者自陽北侯薛琮以下五百一十四員俱罰俸半年。

定擬遼東諸倉開中成化二年淮鹽則例。

《國榷》卷三五　己丑，左都御史李秉提督軍務，武靖伯趙輔爲靖虜將軍、總兵官，往遼東，進師征建州女直。

右都御史林聰署院。

《憲宗實録》卷四二　庚寅，免河間府任丘縣被災秋糧二千一百一十餘石，穀草三萬七千六百九十束有奇。

壬辰，旌表孝子衛瑾等二人，節婦張氏等十一人。

《憲宗實録》卷四三　〔六月〕丁酉，授理刑進士沈源、蕭器用、陳昭、鄭節、林榮、張鸞、朱謙、陳壯爲南京、山西等道監察御史。

《國榷》卷三五　庚子，始榷蘇、杭船鈔。

《憲宗實録》卷四三　癸卯，命成山伯王琮往南京總操江。

《國榷》卷三五　丁未，忻城伯趙榮卒。

《明通鑑》卷三〇　戊申，雷震南京午門。詔羣臣修省。

《憲宗實録》卷四三　壬子，早朝官少，命按門籍閲之，於是後軍都督僉事穆義等三百一十八員俱以失朝宥罪，人運磚五百。

《國榷》卷三五　壬子，周府封丘王有熅薨。年六十一，謚康惠。

癸丑，靖虜將軍武靖伯趙輔，報毛里孩擁數萬騎東行，或搆朵顔諸夷，不可不備。

甲寅，後軍都督僉事王順卒。

《皇明大政紀》卷一四　〔乙卯〕，復福建市舶提舉羅倫爲南京翰林院修撰。

《國榷》卷三五　太常寺少卿兼翰林侍讀學士劉定之言，宋儒陳澔注《禮記》，功宜祀。禮部謂行履未詳，下江西南昌詢訪。從之。

《明史》卷一三《憲宗紀一》　辛酉，襄城伯李瑾爲征夷將軍，充總兵官，兵部尚書程信提督軍務，太監劉恒監軍，討山都掌蠻。

《憲宗實録》卷四四　〔七月〕甲子，以大同地方虜寇遠遁，召還監督軍務太監葉達、左參將都督劉聚所統兵。

命户部郎中李田往四川，主事劉傑往貴州，區畫糧儲。

丙寅，詔開中兩淮、兩浙及雲南鹽共四十萬引有奇，令商人於貴州官倉納米，以俟征進官軍支給。

《國榷》卷三五　戊辰，監察御史章璠爲右僉都御史，巡撫陝西。

《憲宗實録》卷四四　壬申，巡撫陝西右副都御史項忠【略】請於城南鑿水門一座，洩水於壕，以除民患。從之。

丙子，提督四川軍務兵部尚書程信言，都掌地方山勢險惡，必得土兵鄉導。請勑四川所轄東川、芒部、烏蒙、烏撒諸土官各集兵以聽調度，仍令各守地方，毋容賊徒逃竄隱藏。【略】上從之。

《國榷》卷三五　庚辰，進封漢董仲舒廣川伯，宋胡安國建寧伯，蔡沈崇安伯，真德秀浦城伯。

提督軍務左都御史李秉言，拘留董山，非所以明漢大，或先遣家屬歸，諭部落還所掠。從之。

辛巳，召左都督和勇還京，都督僉事廉忠爲游擊將軍，赴兩廣。

《憲宗實録》卷四四　命禮部移文西寧洮河鎮守、守備等官，凡番夷進貢，務將年貌、簇分及所貢物一一審覈開報，勿令冒名作弊。從監察御史胡深奏也。

《國榷》卷三五　壬午，太子太保吏部尚書王翱致仕。年八十四。

遂安伯陳韶操江南京，受鹽徒金，械入京，謫遼東。

乙酉，諭羣臣修省，兩京各赦。

《明史》卷一三《憲宗紀一》　乙酉，停河南採辦。

《憲宗實録》卷四四　己丑，陞陝西左布政使張鎣爲副都御史，巡撫寧夏。

《國榷》卷三五　庚寅，靖虜將軍趙輔等召諭虜夷董山等百一十五人于行臺，述上旨，即出袖刀刺通事，其在驛百餘人亦閧。俱囚之。

癸巳，都督僉事王瑛爲副總兵，王銓爲游擊將軍，赴遼東。

《憲宗實録》卷四五　〔八月〕乙未，命龍驤衛帶俸都指揮同知陳善守備山海關。

《國榷》卷三五　丁酉，英廟和妃宫氏薨。年三十八，謚恭安。

《憲宗實録》卷四五　己亥，免貴州屯糧一萬二百餘石。

《國榷》卷三五　始遣御史陝西巡茶。

《憲宗實録》卷四五　庚子，陞翰林院侍讀學士周洪謨爲南京國子監祭酒。

《國榷》卷三五　巡撫陝西右副都御史項忠召署院事。

《憲宗實録》卷四五　調浙江按察司副使嚴淦于湖廣，撫荆襄流民。

敕毛憐、海西衛，以討董山，毋黨逆。

《國榷》卷三五　癸卯，户部左侍郎薛遠爲尚書，總理京儲。

丙午，署蘇州府事浙江左參政邢宥爲左僉都御史，巡撫蘇、松兼總理糧儲。

丁未，雲南、湖廣左布政使陳宜、王鋭爲右副都御史，巡撫貴州、延綏。

《憲宗實録》卷四五　己酉，禮部上進《英宗睿皇帝實録》儀注。

《國榷》卷三五　庚戌，後府帶俸都督同知季鐸，都督僉事脱孫，勒致仕。

辛亥，成國公朱儀仍守備南京。

《憲宗實録》卷四五　命署都督僉事武忠充參將，同總兵官武靖伯趙輔殺賊。

《國榷》卷三五　壬子，惠安伯張琮卒。

《皇明大政紀》卷一四　〔丁巳〕，《英宗睿皇帝實録》成。

〔戊午〕，加陳文、彭時太子少保文淵閣大學士，劉定之工部右侍郎兼翰林學士。

《國榷》卷三五　定延綏燒荒直抵河岸。

庚申，前後軍都督同知季鐸卒。

九月癸亥朔，禮部左侍郎鄒幹爲南京禮部尚書。

甲子，巡撫宣府右僉都御史葉盛言：「難民脱虜中，例充御馬監勇士，否則回原籍被侮，多走虜爲間。今乞原籍免其徭，挾馬而來仍給馬，則逃人感慕也。又詔書優老民，年八十以上有司給布絹、帛米、酒肉，九十以上給冠帶，而不及軍，軍民何異之有。」上從之。

《憲宗實録》卷四六　戊辰，召巡撫宣府左僉都御史葉盛爲禮部右侍郎。

《國榷》卷三五　辛未，南京守備司禮太監覃包言：「建庶人、吴庶人，天順初安置鳳陽，其家帳幔靴俱敝盡。又十八〔人〕歲給布縑緜絮，今死五人，日減給；女奴四人，俱無衣布，宜補給。」從之。

《明史》卷一三《憲宗紀一》　振湖廣、江西饑。

《國榷》卷三五　壬申，巡撫大同右副都御史王越兼巡撫宣府。

癸酉，占城國王槃羅茶悦入貢。

《憲宗實録》卷四六　貴州左布政使蕭儼等言：「貴州府州縣諸司并軍衛首領官先以邊境多事暫免考績，賊平，今尚仍舊。請自今諸司官在任三年、六年各備牌册考語，轉達吏部，待九年滿，黜陟之。庶人知所警，而政務脩舉。」下吏部覆奏，從之。

《憲宗實録》卷四六　戊寅，贈永寧伯謚襄懿譚廣爲永寧侯，錫誥命。

辛巳，免萬全都司衛所屯田子粒五千八百四十一石有奇，草一萬三千八束。

《國榷》卷三五　癸未，停江西、湖廣災賦。

丙戌，提督遼東軍務左都御史李秉、靖虜將軍總兵官武靖伯趙輔等征建州夷，分左、右哨五道各萬騎，是日出塞。

《憲宗實録》卷四六　命減四川鹽引納米則例。

《國榷》卷三五　辛卯，傳制封泰堪魯王，陽鑄魯世子，見湜樊山王，同鉠上洛王，同鋘魯陽王，子埸永寧王。

《憲宗實録》卷四七　〔十月〕乙未，禁豪强攬擾商税者。

《國榷》卷三五　通政使右通政陳嘉猷卒。

《憲宗實録》卷四七　丙申，特賜工部右侍郎兼翰林院學士劉定之、太常寺卿兼侍讀學士吴節誥命。

《國榷》卷三五　丙午，四川户口食鹽鈔六貫改收斗米。

《憲宗實録》卷四七　癸丑，申明禁鹽事例。

工部奏本部工匠自景泰間編填勘合須給，至今年久，逃亡事故及遺失遇例分豁等項者多，今宜重編頒給。【略】從之。

甲寅，定擬稾蓮臺新設萬億倉開中淮浙官鹽糧草則例。

《國榷》卷三五　戊午，英廟宸妃萬氏薨。年三十七，謚靖莊安穆。

己未，暫閉四川密勒山銀場。

增貴州解額六人，雲南四人。

壬戌，提督軍務左都御史李秉、靖虜將軍總兵官趙輔告捷，擒九十九人，斬五百三十六級。詔善後班師。

《憲宗實録》卷四八　十一月癸亥朔，欽天監進成化四年大統曆。

命南京把總操江成山伯王琮自儀真至九江巡捕鹽徒盜賊。

甲子，萬壽聖節。

免萬全都司保安右等衛屯田子粒一千七十四石有奇，馬草二千一百五十一束有奇，以夏秋冰雹之災也。

《國榷》卷三五　丙寅，敕遼東巡撫右僉都御史張岐贊理軍務。

《皇明大政紀》卷一四　〔戊辰〕，致仕少保吏部尚書王翺卒。贈太保，謚忠肅。

《明通鑑》卷三〇　乙亥，封周壽爲慶雲伯。壽，周太后弟也。

《國榷》卷三五　丁丑，朝鮮國陪臣參判南倫卒于京師，歸其喪。

己卯，遼府湘陰王貴熠薨。謚安僖。

乙酉，召提督軍務左都御史李秉還朝。

董山伏誅。初，李秉言董山復歸，苦邊必大，故奏誅之，安置其黨於閩、粵。

《憲宗實録》卷四八　戊子，賜朝鮮國王成化四年大統曆。

《憲宗實録》卷四九　〔十二月〕癸巳，命湖廣金沙洲、江西湖口所收船料鈔俱改收米，以濟饑民。

《國榷》卷三五　戊戌，廣平同知郭和、南宫知縣李聰、邢臺知縣邢琉、平鄉知縣王濬，俱卓異，賜誥敕。

《皇明大政紀》卷一四　〔庚子〕，左庶子黎淳奏訓導高瑶請復景泰廟爲妄言。從之。

《國榷》卷三五　辛丑，左都御史李秉爲吏部尚書。

《明史》卷一三《憲宗紀一》　辛丑，杖編修章懋、黄仲昭，檢討莊昶，謫官有差。

《國榷》卷三五　癸卯，禁京城内外增修寺院。

《憲宗實録》卷四九　實授試監察御史羅明、姚明、江泝、江孟綸、梁昉、劉瑀、李大綱、季琮、鄺文、王哲、邵智爲監察御史。劉鎡以不諳法律，改外任。

戊申，旌表孝子蔡廷璨等二人，節婦金氏等十七人。

《國榷》卷三五　保定侯梁珤卒。

丙辰，清京營占役，命兵科給事中崔儀、御史温琮。

戊午，朝鮮國王李瑈奏獲建州賊屬。敕瑈閉關隘，絶董山奔道，蹙誅之。

己未，許朵顔泰寧衛市耕牛、農具。

《明史》卷一三《憲宗紀一》　是月，程信破山都掌蠻，平之。

《明通鑑》卷三〇　是歲，揚州鹽寇起，守兵失利，詔南京僉都御史高明討之。

廣西賊首黄公漢等猖獗于思恩、潯州，按察僉事陶魯偕參將夏鑑等連敗之。未幾，賊陷石康，執知縣羅紳，魯復偕鑑追擊之六菊山，敗之。

成化四年（戊子、一四六八）

《國榷》卷三五　〔正月〕甲子，湖廣旱，停清軍御史。

《憲宗實録》卷五〇　戊辰，改湖廣臨武縣知縣章懋爲南京大理寺左評事，湘潭縣知縣黄仲昭爲右評事，桂陽州判官莊㫤爲南京行人司左司副。

《國榷》卷三五　戊辰，朝鮮獻建州之俘。

辛未，申殿中糾儀及賜宴班次。

《明史》卷一三《憲宗紀一》　甲戌，大祀天地於南郊。

《國榷》卷三五　戊寅，令江浦等縣輸紅土，止内臣採辦。

庚辰，上思州土官黄英、宣化縣獞民班劉記等互仇殺，遣勘。

廣西鬱林等盜殺署都指揮僉事林聰，陷興安縣，殺縣丞傅琛，入思恩古邕堡，殺百户王祥。上切責韓雍等。

壬午，封川訓導萬顯以保障功薦試封川知縣。

韓雍告捷，諭令盡平餘寇。

《憲宗實録》卷五〇　癸未，禁内外公差官員不得役占官船夫并例外需索供給。

《國榷》卷三五　甲申，分守荆襄右參將都指揮同知王信兼提督南陽軍務。

《憲宗實録》卷五〇　庚寅，勑大同、宣府兵互相應援禦寇。

論平建州虜寇功。

《明通鑑》卷三一　〔二月壬辰〕，以水旱，免直隸高郵州成化三年秋糧六萬五百七十石有奇。

《憲宗實録》卷五一　戊戌，命武靖侯趙輔掌左軍都督府事。

《國榷》卷三五　署太常寺事禮部左侍郎李希安爲尚書。

辛丑，定博徒輕重論罪。時械博徒，死三十餘人。

《昭代典則》卷一八　〔壬寅〕，府軍前衛副千户于冕爲兵部員外郎。

《憲宗實録》卷五一　癸卯，南京刑部尚書劉孜乞歸養病。許之。

《國榷》卷三五　提督四川軍務兵部尚書程信上山都掌蠻之捷。

丁未，巡撫河南左副都御史王恕爲南京刑部左侍郎。

《憲宗實録》卷五一　戊申，勑南京右僉都御史高明仍同太監王允中清理兩淮等處鹽法。

《國榷》卷三五　辛亥，琉球國中山王尚德入貢。

御史艾福等論李希安羽士，罷經筵侍班。

癸丑，黔國公沐琮奏：太監羅珪、梅忠同鎮雲南，今珪卒，乞毋再遣。上并罷忠，中旨，御用監太監錢能鎮守雲南。

《憲宗實録》卷五一　丙辰，命貴州布、按二司進表官準雲南例往還得馳驛給廩。

《國榷》卷三五　户部會上鹽法事宜。

《憲宗實録》卷五一　丁巳，巡撫湖廣右副都御史羅篪奏：「湖廣薦罹水旱，民飢糧少，請令江西九江府所收船鈔改納米，運往被災地方賑濟。」已而，巡按江西御史趙敔又奏：「九江之旱尤甚他方，宜存本處賑濟，如例加息還官，秋成停止。」從之。

《國榷》卷三五　己未，四川敘南衛指揮同知李鑛破山都掌凌霄城。

《憲宗實録》卷五一　庚申，陞羽林前衛帶俸都指揮使阮泰、遼東都指揮使夏霖俱爲都督僉事，以從征建州功也。

《國榷》卷三五　〔三月〕壬戌，增雲南布政司參議、按察司僉事各一，管銀場。

《明通鑑》卷三一　甲子，以湖廣去年旱，免荆州等處十四府、七十五州縣並武昌等二十三衛所糧凡一百七萬三千餘石。

《國榷》卷三五　戊辰，户部右侍郎楊璿改右副都御史，撫治荆襄、南陽流民。

己巳，都督同知馬良爲征蠻將軍、總兵官，鎮守廣西。

癸酉，命祭宋丞相李綱于邵武學舍。

免湖廣户口鹽鈔二年。

《憲宗實録》卷五二　戊寅，免應天、安慶二府并安慶衛旱災無徵田糧子粒共六萬六千四百三十餘石。

辛巳，命以順天府文安縣退（攤）〔灘〕空地三百六十五頃有奇賜嘉善長公主。

哈密忠順王母弩温荅失力遣都指揮阿都剌等來朝，貢馬、駝。

《國榷》卷三五　辛巳，建州夷糾朵顔三衛寇遼東開原。

《憲宗實録》卷五二　癸未，免直隸淮安府一州三縣、邳州、高陲二衛災傷無徵秋糧子粒共二萬七千六百五十餘石。

《明史》卷一三《憲宗紀一》　甲申，詔中外勢家毋得擅請田土。

《憲宗實録》卷五二　戊子，復命提督兩廣軍務兼巡撫左副都御史韓雍專一總督軍務。以廣東左布政使陳濂爲都察院右副都御史，巡撫廣東；福建按察使張鵬爲左僉都御史，巡撫廣西。

《憲宗實録》卷五三　夏四月庚寅朔，詔給慶雲伯周壽順天府涿州莊田六十三頃有奇，不爲例。

《明通鑑》卷三一　甲午，追封太后父周能爲慶雲侯。

《國榷》卷三五　進士曹言宏爲福建道監察御史。

《憲宗實録》卷五三　乙未，烏思藏番僧三竹藏卜等【略】來朝。

《國榷》卷三五　乙未，陽武侯薛琮卒。

戊戌，太僕寺立庫收馬價。

《憲宗實録》卷五三　庚子，免南京鷹揚等十一衛無徵子粒一萬四千五百五十四石有奇，以去年夏秋旱災也。

《國榷》卷三五　庚子，申三品以上績著者方廕。

《皇明大政紀》卷一四　巡撫遼東僉都御史張岐以挾私生事，酷害邊軍，爲軍士所奏。命給事中鄧山、刑部員外郎周正方往按之。

《國榷》卷三五　丙午，久旱，齋禱祭告。

《憲宗實録》卷五三　戊申，改工部左侍郎彭誼爲右副都御史，巡撫遼東。

《國榷》卷三五　己酉，程信等班師。

《憲宗實録》卷五三　庚戌，賜提督兩廣軍務兼理巡撫左副都御史韓雍誥命。

《明通鑑》卷三一　加番僧封號。

《國榷》卷三五　癸丑，遷瀘州衛于渡船舖，改大壩曰太平川，設太平長官司。

《皇明大政紀》卷一四　刑科給事中白昂以災異上言六事。詔下諸司處之。

《國榷》卷三五　丙辰，錦衣衛指揮僉事朱驥提督五城兵馬，治盗。

《明史》卷一三《憲宗紀一》　丁巳，録囚。

《國榷》卷三五　太僕寺卿鄭寧爲左僉都御史，巡撫宣府。

銀課買辦段三萬匹，俱減半。

《皇明資治通紀》卷一九　大學士陳文卒。【略】謚莊静。

《憲宗實録》卷五四　五月庚申朔，陞南京太常寺少卿陳俊爲户部右侍郎，掌光禄寺事禮部右侍郎李春爲工部左侍郎。

《國榷》卷三五　以兵科給事中陳鶴言，仍復天下附學生。

《憲宗實録》卷五四　辛酉，陞四川按察司僉事顔正爲本司副使，整飭瀘、叙邊備。

《國榷》卷三五　壬戌，通政司右通政劉璉爲光禄寺卿。

癸亥，京營把總都指揮使韓忠爲右軍都督僉事、參將，統理四川永寧等衛。

乙丑，頒《一統志》。

丙寅，命南京守備太監安寧、成國公朱儀、尚書李賓録囚。

戊辰，傳制封祁鍈鄭王，禄埤肅王，見滃襄邑王，誠泳鎮安王。

歲貢生值事越三年外不補貢。

己巳，日本國王入貢。

《憲宗實録》卷五四　壬申，召遼東總兵官宣城伯衛穎還京。

《國榷》卷三五　都督同知趙勝爲征虜前將軍、總兵官，鎮守遼東。都督同知趙英爲副總兵，鎮守涼州。

甲戌，詔順天尹存恤孤貧。

《憲宗實録》卷五四　乙亥，命故保定侯梁珤子傅襲爵。

《國榷》卷三五　己卯，增沿江捕盗指揮。

《明史》卷一三《憲宗紀一》　癸未，遣使録天下囚。

《國榷》卷三五　戊子，博羅縣訓導游宣，乞從祀先儒熊禾。廷議羽翼朱註，命祀建陽。

《皇明大政紀》卷一四　六月〔壬辰〕，都察院左僉都御史張岐有罪，除名。

《憲宗實録》卷五五　乙未，修葺南京歷代帝王等廟。

賜故後府右都督贈大同伯陶瑾謚武毅。

《皇明大政紀》卷一四　〔戊戌〕，日本國通事林從傑等乞容便道省祭。從之。

《國榷》卷三五　己亥，南京刑部尚書劉孜卒。

庚子，錦衣衛指揮朱驥上禁盗安民事：設軍馬、增夫役、責典守、禁淫泆、究容隱、清舖舍。命行之。

《昭代典則》卷一八　〔癸卯〕，太監潘洪奏中兩淮餘鹽，不許。

《明通鑑》卷三一　丙午，以旱災，免江西秋糧二百八十八萬六千三百餘石。

《國榷》卷三五　庚戌，監察御史鄭已、張浩、謝文祥，劾尚書姚夔舉用張岐之罪，下文祥獄。

《明史》卷一三《憲宗紀一》　辛亥，開城賊滿俊反，陝西總兵官寧遠伯任壽、巡撫都御史陳价討之。

《國榷》卷三五　甲寅，慈懿皇太后崩。【略】英宗預屬后合葬。年四十三。

《皇明大政紀》卷一四　丙辰，詔禮部會文武群臣議大行慈懿皇太后陵寢。

《國榷》卷三五　七月戊午朔，禮部尚書姚夔等會議陵廟並祔，上以皇太后未允，當别葬如禮。【略】上懇請太后，自巳至申，允合葬。百官乃退。

《憲宗實録》卷五六　辛酉，蠲四川虧欠銀課二千四百五十七兩有奇。

《國榷》卷三五　癸亥，巡按江西御史趙敔爲江西按察使。

《憲宗實録》卷五六　己巳，命翰林院侍讀學士陳鑑、侍讀尹直爲應天府鄉試考試官。

《國榷》卷三五　謫謝文祥南陵縣丞。

庚午，賜廉州知府敕。往大郡多賜敕，廉州多盗，故請之。

《明史》卷一三《憲宗紀一》　癸酉，都督同知劉玉爲平虜副將軍，充總兵官，太監劉祥監軍，副都御史項忠總督軍務，討滿俊。

《憲宗實録》卷五六　乙亥，遣户部員外郎張賑督餉陝西。

《國榷》卷三五　丙子，上孝莊獻穆弘惠顯仁恭天欽聖睿皇后尊謚。

己卯，頒謚詔。

壬午，下宣城伯衛穎都察院獄。鎮遼東，畏虜引疾，被劾。

《憲宗實録》卷五六　癸未，賜江西吉安府知府許聰勅。

《國榷》卷三五　乙酉，進士林正、魏景釗、(薊)[蘇]盛、徐完、葉廷榮、楊溥、李釗、張岫、錢山、王浩、徐英、馬震、傅鼒、鄭昱、薛爲學、張玉、吴禋、鄒儒，監生李鑑、邊完、王漢爲試監察御史。

丙戌，趙溥嗣忻城伯。

《憲宗實録》卷五六　丙戌，太子少保兵部尚書兼文淵閣大學士彭時等言：「翰林院所屬四夷館教習譯寫番字事雖輕而干係重。【略】今將合行事宜條具以聞：一，教習番譯全憑教師。【略】一，譯字官陞遷俱有常例。【略】一，永樂年間俱于監生、舉人内選取譯字。【略】今後子弟入舘俱令專習本業，如有志科舉者宜如科場例告試，不必仍寫番字送内閣。【略】若係監生、舉人選充者仍如前例。」從之。

《國榷》卷三五　丁亥，旌永寧宣撫司奢貴。率兵濬運河，協擊山都掌蠻。

《憲宗實録》卷五七　八月戊子朔，襲封衍聖公孔弘緒，以先聖廟御製碑亭修造畢，奉表謝恩。

《國榷》卷三五　庚寅，襄城伯李瑾還領五軍營。

南京大理寺右少卿夏時正爲南京太常少卿。

《憲宗實録》卷五七　甲午，命詹事府少詹事兼翰林院侍講學士李泰、翰林院侍讀彭華爲順天府鄉試考試官，賜宴于順天府。

下懷柔伯施鑑于都察院獄。

《國榷》卷三五　己亥，前巡撫延綏右僉都御史盧祥卒。

《憲宗實録》卷五七　免順天府通州今年被災夏税五百八十六石有奇。

辛丑，以旱灾免直隸建德、東流二縣無徵秋糧五千七百一十餘石。

《國榷》卷三五　戊申，逮陝西巡撫右副都御史陳价、總兵官寧遠伯任壽、右參將劉清、廣義伯吴琮，趣項忠等進兵。

《明史》卷一三《憲宗紀一》　任壽、陳价、寧夏總兵官廣義伯吴琮及滿俊戰，敗績，都指揮蔣泰、申澄被殺。

《憲宗實録》卷五七　己酉，命錦衣衛指揮僉事馮珤緝捕沿江鹽徒。

《國榷》卷三五　録山都掌功。兵部尚書程信兼大理寺卿，襄城伯李瑾進封侯，左都督羅秉忠封順義伯，都督僉事穆義爲都督同知，餘陞賞有差。

《憲宗實録》卷五七　壬子，定議陝西納米例。

庚戌，南京大理寺卿馬文升爲右僉都御史，巡撫陝西。

癸丑，命都督同知白圭鎮守陝西地方。

《國榷》卷三五　後府都督李英疾去。

《明史》卷一三《憲宗紀一》　乙卯，朱永代劉玉爲總兵官。

《國榷》卷三五　〔九月〕戊午，減徵南畿鹽鈔。

《明史》卷一三《憲宗紀一》　庚申，葬孝莊睿皇后於裕陵。

《明通鑑》卷三一　辛酉，振陝西饑。

《憲宗實録》卷五八　壬戌，孝莊睿皇后神主還京。

丁卯，吏部等衙門太子少保吏部尚書李秉等以彗星見，俱引咎乞免。【略】不許。

戊辰，太傅會昌侯孫繼宗等【略】乞賜罷黜。【略】不允。

《皇明大政紀》卷一九　〔己巳〕，給事中魏元等因災變條奏時事。上納之。

《國榷》卷三五　追回西域僧劄實巴賜田。

《皇明大政紀》卷一四　〔庚午〕，御史胡深等劾商輅、程信、姚夔、馬昂，乞罷黜。不從。

《明通鑑》卷三一　辛未，奉孝莊皇后主祔太廟。

《明史》卷一三《憲宗紀一》　壬申，以地震、星變下詔自責，敕羣臣修省。

《憲宗實録》卷五八　癸酉，太子少保户部尚書馬昂乞致仕。許之。

楚府永安王季塾薨。【略】年六十。【略】謚曰莊惠。

《皇明大政紀》卷一四　〔甲戌〕，吏科給事中程萬里請乘機襲毛里孩復河套。下兵部會議，非計。從之。

《憲宗實録》卷五八　戊寅，陞錦衣衛帶俸都指揮使白全爲右軍都督府僉事，武成後衛帶俸都指揮使白玘爲右軍都督僉事，金吾右衛帶俸都指揮使王受、湖廣都指揮使汪澤俱爲(全)〔前〕軍都督僉事。以全等克平都掌蠻賊功也。

《國榷》卷三五　己卯，前中府帶俸都督僉事顏通卒。

辛巳，前廣西右布政使夏時卒。

《明史》卷一三《憲宗紀一》　甲申，給事中董旻、御史胡深等九人請罷商輅及禮部尚書姚夔，下獄，杖之。

《國榷》卷三五　〔十月〕己丑，傳制封勉堉光陽王，諟鏞方城王，諟鈌西鄂王，諟鈃郟城王，徵鉅褒城王。

復董旻、胡深等官。

辛卯，鎮守金齒都督僉事胡誌卒。

《明史》卷一三《憲宗紀一》　乙未，項忠敗賊於石城，伏羌伯毛忠戰死。

《昭代典則》卷一八　〔丁酉〕，吏部請以身言書判四事考選監生。從之。

《明通鑑》卷三一　己亥，吏部考覈諸司，斥罷中外聽選官三百餘人。

《憲宗實録》卷五九　贈四川夔州府通判王禎爲府同知，賜誥命。

壬寅，三法司會官審録重囚。

《國榷》卷三五　甲辰，琉球國中山王尚德、滿剌加頭目八剌思各入貢。

《皇明大政紀》卷一四　〔甲辰〕，吏部等衙門尚書李秉等俱午朝失期，不及入侍，聯名待罪。上宥之。

《國榷》卷三五　癸丑，兵部左侍郎兼翰林學士商輅爲兵部尚書，工部右侍郎兼翰林學士劉定之爲禮部左侍郎，兼官直閣如故。

《憲宗實録》卷五九　給致仕禮部右侍郎倪謙誥命。

《國榷》卷三五　甲寅，户部左侍郎楊鼎爲尚書。

《憲宗實録》卷五九　詔免遼東、瀋陽等衛屯糧一萬三千石有奇。

《憲宗實録》卷六〇　十一月丁巳朔，欽天監進成化五年大統曆。

《明通鑑》卷三一　壬戌，項忠擊固原之賊，平之。

《明史》卷一三《憲宗紀一》　毛里孩犯遼東，指揮胡珍戰没。

《憲宗實録》卷六〇　癸亥，命三法司同錦衣衛廷鞫寧遠伯任壽、右副都御史陳价、都指揮劉清罪。

《國榷》卷三五　丁卯，修武伯沈煜爲征西將軍、總兵官，鎮守寧夏。

《昭代典制》卷一八　南京十三道御史楊智等以星變論劾南京守備朱儀、尚書李賓等。命禮部右侍郎叶盛、刑科都給事中毛弘往按之。

《國榷》卷三五　遼府蘄水王貴熡薨。年四十五，謚靖和。

《憲宗實録》卷六〇　戊辰，朝鮮國陪臣李石亨等來朝，報其國王李瑈薨。

《國榷》卷三五　辛未，命游擊將軍許寧率宣、大三千騎西援。

《憲宗實録》卷六〇　甲戌，日本國王源義政遣使臣清啓等奉表來朝。

乙亥，開中兩淮、長蘆、河東運司鹽課五十三萬二千餘引，於陝西平涼等處召商。

《國榷》卷三五　丁丑，土達滿俊就擒。

《憲宗實録》卷六〇　辛巳，賜朝鮮國成化五年大統曆。

《明史》卷一三《憲宗紀一》　〔是月〕，項忠擊擒滿俊，送京師，伏誅。

《憲宗實録》卷六一　十二月丁亥朔，上視郊祀牲。

己丑，駙馬都尉薛桓卒。

《皇明資治通紀》卷一九　〔辛卯〕，詔定中書舍人陞進分出身資格。

《憲宗實録》卷六一　〔壬辰〕，復遂安伯陳韶爵。

丁酉，巡撫荆襄右副都御史楊璩奏，德安等府俱無積糧【略】下户部議，以湖廣官庫所貯銀一萬一千兩賑之。安等府〕。

己亥，賜故朝鮮國王李瑈謚惠莊，襲封朝鮮國王李晄，并妃韓氏誥命三道。

《皇明大政紀》卷一四　〔庚子〕，雲南道御史戴用言六事。下所司議之。

《國榷》卷三五　甲辰，巡撫蘇、松左僉都御史邢宥清理兩浙鹽法。

己酉，故夔州通判王禎贈同知，故戎縣知縣李旺贈敘州通判。

《憲宗實録》卷六一　旌表節婦王氏等二十五人。

《明史》卷一三《憲宗紀一》　毛里孩犯延綏，都指揮僉事許寧擊敗之。

《國榷》卷三五　庚戌，右參將李榮爲左副總兵，鎮守甘肅。都督僉事白全領右參將。

周府遂平王子墌薨。年四十七，謚榮靖。

《昭代典則》卷一八　調御史邵有良爲四川蒲江知縣。

《國榷》卷三五　〔壬子〕，遣太監鄭同、崔安封世子李晄朝鮮國王，太監沈繪祭李瑈。

《皇明大政紀》卷一四　〔癸丑〕，旌表福建上杭故民邵縉紳妻陳氏、縉纓妻黄氏貞烈。

成化五年（己丑、一四六九）

《明史》卷一三《憲宗紀一》　正月乙丑，大祀天地於南郊。

《憲宗實録》卷六二　丙寅，以上元節，賜文武群臣假十日。

戊辰，吏部奏黜浙江等十三布政司、按察司并南北直隸府、州、縣來朝并在任官布政司左參政鄧義等官二千五百六員，命老疾者致仕，罷輭無爲及素行不謹者冠帶閑住，貪暴者爲民。

《國榷》卷三五　壬申，許晉府奉國中尉鍾鋏嗣永和王。

《憲宗實録》卷六二　癸酉，南京守備成國公朱儀等奏，南京英武等衛屯田旱災無收，其地與鳳陽府相連，今鳳陽饑民皆獲賑濟，軍民同體，亦乞給糧拯救。從之。

《國榷》卷三五　甲戌，署都指揮僉事都勝鎮守儀真，并提督揚州、通、泰兵。

《憲宗實録》卷六二　乙亥，韓王徵釗薨。【略】年三十。【略】謚曰惠。

《國榷》卷三五　丙子，吏部尚書李秉罷，革太子少保。

辛巳，吏部左侍郎崔恭爲尚書。

《憲宗實録》卷六二　以湖廣旱災，開中兩浙及福建運司存積官鹽。

《國榷》卷三五　〔二月丙戌朔〕，戊子，許撫寧侯朱永世襲。

立西安衛。

《憲宗實録》卷六三　庚寅，免四川瀘州及營昌、大足、銅梁、榮、江安、納溪六縣税糧共六萬八千一百餘石，以水旱災故也。

《國榷》卷三五　壬辰，太常寺卿兼翰林侍讀學士劉珝、侍讀學士劉吉主禮闈。

《憲宗實録》卷六三　甲午，日本國使臣清啓船凡三號，其一號、二號俱已回還，其三號船土官玄樹等奏稱海上遭風，喪失方物，乞如數給價回國，庶王不見其罪。【略】上曰：「方物喪失，本難憑信，但其國王效順，可特賜王（緝）〔絹〕一百匹、綵段十表裏。」既而玄樹又奏乞賜銅錢五千貫。【略】上曰：「玄樹准再與銅錢五百貫，速遣之去。」

乙未，陞南京户部左侍郎陳翌爲本部尚書。

《國榷》卷三五　丁酉，濟寧人李瓛言貢夷擾驛，乞遣官約束。命伴使禁之。

庚子，誅滿俊等三百五十七人。

《憲宗實録》卷六三　癸卯，賜西僧闡教王領占堅參叭兒藏卜誥命。

《國榷》卷三五　乙巳，召守備古北口都督僉事昌英兵三千人還京。

丁未，始賜田州土知府岑鏞誥命，以擊賊功。

戊申，琉球國中山王尚德入貢。

庚戌，遼府益陽王豪𡒊薨。年三十二，謚懿簡。

衍聖公孔弘緒有罪，命械入京。大學士彭時以聖裔，乞免械竟就訊。從之。

辛亥，災傷，止各巡撫入京議事。

《憲宗實録》卷六三　壬子，禮部臣領會試舉人費誾等二百五十人陛見。

《國榷》卷三五　癸丑，英廟德妃魏氏薨。年四十四，謚恭莊端惠。

甲寅，進士張廉、李顯爲翰林檢討，侍吉王。

《憲宗實録》卷六三　開中淮浙等運司鹽課十八萬引於荆襄、南陽等處賑濟。

《憲宗實録》卷六四　〔閏二月〕丁巳，陞四川按察司僉事沈琮爲副使，撫治松潘等處羌夷。

《國榷》卷三五　庚申，大理寺左評事申安言旌異官失實，如紹興知府吉惠，先以上虞知縣旌，今貪酷百狀，自今必三年考滿後訪實，仍行連坐法。從之。

《國榷》卷三五　甲子，前南京左都御史石璞卒。

《憲宗實録》卷六四　逆賊苗老潭伏誅。

《國榷》卷三五　丁卯，兩廣從征土達留駐送其家口，不願者聽還。

《憲宗實録》卷六四　己巳，磔達賊孛哥羅於市，以其犯邊抄掠罪也。

《國榷》卷三五　興化知府岳正致仕。

戊寅，成安伯郭昂卒。

己卯，南京考察仍舊，章綸、高明置不問。

庚辰，定南京諸司録囚議事坐次，闕門文武分班前後坐，闕門直廬，正卿上坐，亞卿、副僉院下坐，五品小京卿左列，六科右列。

《憲宗實録》卷六五　三月辛卯，録平逆賊趙鐸功。

丙申，免湖廣保靖宣慰司土兵成化二年實徵七分税糧八百五十三石有奇。以屢調廣西及荆襄、貴州征進，故優之也。

戊(戍)〔戌〕，賜故撫寧伯贈撫寧侯朱謙謚武襄。

《國榷》卷三五　滿剌加國王滿速沙兒入貢。

南京刑部左侍郎王恕憂去。

己亥，廷策貢士費誾等二百四十八人。

《明史》卷一三《憲宗紀一》　辛丑，賜張昇等進士及第、出身有差。

《國榷》卷三五　癸卯，衍聖公孔弘緒有罪奪爵。

《憲宗實録》卷六五　甲辰，陞南京總督糧儲都察院右都御史周瑄爲南京刑部尚書，命南京户部尚書陳翌代瑄總督糧儲，仍理部事。

丁未，工部奏自通州抵天津衛河道淤塞，漕運不通，宜加疏浚。其自天津迤南直抵揚州一帶河道亦有淤淺，宜勑總督等官通行疏通，以便漕運。從之。

戊申，授第一甲進士張昇爲翰林院修撰，丁溥、董越爲編修，其餘分撥各衙門辦事。

《國榷》卷三五　戊申，旌福建按察副使錢璡、山東布政司左參議江玭、衢州知州王高、德安知府周鐸，賜告身。

己酉，忻王冠。

庚戌，録平滿俊功，(進項忠右都御史。)王鋭、馬文升俱進左副都御史，都督同知白玉署右都督，署都督僉事林盛、魯鑑俱都督僉事，鑑仍署都督同知。

四月甲寅朔，巡撫永平贊理軍務右僉都御史閻本兼巡撫真定、保定、河間，仍提督倉場屯種。

乙卯，復故太子少保户部尚書兼翰林學士蕭鎡官，賜祭。

戊午，械正一嗣教大真人張元吉下刑部獄。元吉凶暴貪淫，强奪子女，掠殺四十餘人，論磔市，待決。妻吴氏革玄君號，擇廕其族，有妄稱符籙者罪之。刑部尚書陸瑜以張氏虚誕，欲奪封廕，毁府第，革管勾、都目諸人，竟寢。

庚申，故國子祭酒李時勉贈禮部左侍郎，改謚忠文。孫顒奏，以曹鼐例乞改謚。

《憲宗實録》卷六六　辛酉，命以龍江鹽倉檢校批驗所收集餘鹽四十五萬二千餘斤折充南京文武百官俸，每米一石折鹽八十斤。

《國榷》卷三五　甲子，工部右侍郎黎叔林子世榮廕中書舍人。

乙丑，御用監左監丞龍閏娶南和伯方瑛妾許氏爲妻。命離異，付司禮治罪。

《憲宗實録》卷六六　己巳，朝鮮國王李晄遣陪臣洪允成等奉表來朝。

庚午，烏思藏苔藏王南渴堅遣番僧南倫竹等由陝西洮州入貢。

《國榷》卷三五　丁丑，毛鋭嗣伏羌伯。

《憲宗實録》卷六六　己卯，給遼東備邊銀四萬兩，及令廣寧等倉開中長蘆、福建、兩淮運司鹽五十九萬引，每引米豆中半輸納廣寧前屯等倉則例，長蘆鹽三斗，福建四斗，兩淮一石二斗，其定遼、寧遠、三萬、遼海、鐵嶺等倉各以其道里遠近增損有差。從巡撫右副都御史彭誼言屬境饑荒、軍儲缺乏故也。

《明通鑑》卷三一　辛巳，皇子祐極生，柏賢妃出也。

五月乙酉，吏部尚書崔恭以母喪歸。

《憲宗實録》卷六七　丙戌，陞湖廣房縣千户所小旗艾能試所鎮撫。

《國榷》卷三五　辛卯，吏部右侍郎尹旻爲左侍郎，禮部右侍郎葉盛改吏部，右副都御史原傑爲户部左侍郎，陳宜兵部右侍郎。左布政使翁世資、秦敬爲右副都御史，巡撫山東、貴州。

翰林侍讀學士劉吉爲禮部右侍郎。

復漢陽知府孔公恂爲南京少詹事。

己亥，申明大理寺參問刑官舊制。

《明史》卷一三《憲宗紀一》　辛丑，禮部侍郎萬安兼翰林院學士，入閣預機務。

《國榷》卷三五　故大學士王文子户部主事宗彝乞謚祭，予之。

《憲宗實録》卷六七　賜故都察院左僉都御史楊信民謚恭惠。

《國榷》卷三五　壬寅，成山伯王琮卒。

癸卯，祠元臣賽典赤于雲南。

甲辰，前軍都督僉事常榮卒。

《憲宗實録》卷六七　丁未，陞保定後衛帶俸都指揮使馮昇爲都督僉事前府帶俸，以從征斷藤峽功也。

《國榷》卷三五　〔六月〕甲寅，謫寧遠伯任壽、廣義伯吴琮、右副都御史陳价戍邊。都指揮劉清、指揮馮傑棄市。

乙卯，定王府謚寶册，皆掌喪官順賫，餘下所司措辦。

《憲宗實録》卷六八　賜故南京刑部尚書耿九疇謚清惠。

《國榷》卷三五　庚申，禮部尚書姚夔改吏部尚書。召南京禮部尚書鄒幹，進國子祭酒邢讓禮部左侍郎，翰林侍讀學士陳鑑爲國子祭酒。南京工部左侍郎范理改南京吏部，南京吏部右侍郎章綸爲南京禮部左侍郎，左通政蕭彝爲南京工部右侍郎，南京大理少卿夏時正爲寺卿。

《明通鑑》卷三一　辛酉，録囚。

《國榷》卷三五　癸亥，封前軍左都督和勇靖安伯，歲禄千一百石。

戊辰，户科右給事中李森上十事：正心、講學、親賢、無逸、納諫、重民、恤軍、用賢、選將、抑奢。上嘉納之。

己巳，南京選御史一，督五城捕盗。

壬申，修築陝西塞堡五十餘所，遏番寇。

《憲宗實録》卷六八　甲戌，旌表孝子吴宗等二人，節婦尤氏等三十四人。

《國榷》卷三五　乙亥，靖江王佐敬薨。年六十六，謚莊簡。

《憲宗實録》卷六八　丙子，録大同殺賊功。

宣德總兵官都督同知顔彪奏修築諸邊墩臺、邊墻壕塹之數：新墩六，舊墩一十有三，邊墻壕塹凡爲丈十一萬四千六百有奇。

〔七月〕甲申，命工部左侍郎蒯祥、陸祥復職。

丙戌，詔常州府應納南京各衛倉夏税改徵銀價。以水災，從巡按都御史邢宥請也。

《國榷》卷三五　丙戌，定四川雜谷安撫司仍三年一貢。

戊子，淳安項宜求復故父吏部左侍郎文曜官。許之，賜祭。

辛卯，隆平侯張祐、新寧伯譚祐印南北太僕寺馬。

癸巳，起復秦紘秦州知州。民思其德，詣闕請。

《憲宗實録》卷六九　丁酉，移置河南嵩縣巡檢司於譚頭保，增民兵五十巡察白家溝、虎窩山、馬槽里、三銀洞寇盜。

己亥，命都督僉事湛清充副總兵，代盧能鎮守松潘地方。

辛丑，斬逆賊李洪、火聰於市。二人皆滿俊黨也。

《國榷》卷三五　癸卯，陝西按察僉事楊冕專撫固原。

乙巳，建州左衛故董山子脱羅李古納哈襲都指揮同知，姪完者禿襲都指揮僉事。兵部以董山逆命，難之。上特宥不問。

《憲宗實録》卷六九　丙午，陞松潘軍民指揮使司指揮同知堯彧署都指揮僉事，充左參將，代周貴鎮守松潘地方。既而，【略】改彧爲「右」。

戊申，賜襄城侯李瑾勳階誥券。

《國榷》卷三五　戊申，四川總兵官右都督芮成、巡撫都御史汪浩互訐，逮入京。

己酉，廣東守珠池奉御陳彝言五月安南人數艘竊珠。適黎灝入貢使還，并敕諭之。

〔八月〕甲寅，四川協守參將都督僉事宰用爲左參將，鎮守威、茂、叠溪。

戊午，翰林侍講學士丘濬憂去。

《憲宗實録》卷七〇　庚申，南京禮部尚書鄒幹以召至，命爲禮部尚書。

《明通鑑》卷三一　辛酉，禮部侍郎兼學士劉定之卒。贈禮部尚書，謚文安。

《憲宗實録》卷七〇　壬戌，命陝西都指揮使劉晟協同右副總兵都督同知趙英鎮守涼州地方。

《國榷》卷三五　甲子，復故刑部尚書俞士悦官，賜祭。子璋疏辨。

岷府江川王徽媢薨。年五十八，謚恭惠。

癸酉，上復御經筵，視午朝。

乙亥，兩廣游擊都督僉事廉忠衰疾罷，都督僉事馮昇代。

戊寅，安南國王黎灝入貢。

《憲宗實録》卷七〇　斬内使杜衡、匠人繆諒於市。

《憲宗實録》卷七一　〔九月〕壬午，命中書舍人解禎亮復職。

南京翰林院修撰羅倫以疾去任。

《國榷》卷三五　癸未，刑部郎中陳儼録囚南畿。

丁亥，外戚錦衣衛帶俸指揮同知孫瓚視衛事被論，仍帶俸。

《憲宗實録》卷七一　壬辰，改南京都察院右僉都御史吴琛于都察院，命巡撫廣東。

《國榷》卷三五　己亥，順德人姚銘等七人渡海掠安南之永安，誅于欽州。

辛丑，通政司右參議王詔爲工部右侍郎，仍督易廠。

開黄河東岸屯田七百餘頃。

《憲宗實録》卷七一　壬寅，刑部郎中彭韶、監察御史季琮下錦衣衛獄。

《國榷》卷三五　初，錦衣衛指揮周彧請武强、武邑閒田，以户部主事戴玉會巡按御史黎福覈田皆民業，履畝僅得田七十四頃。彧未饜，改詔、琮往，詔不履畝，但言民産不當奪。上責其市名，逮治，田仍歸民。

〔十月〕癸丑，晉府臨泉王鍾鏶薨。年二十九，謚悼昭。

甲寅，占城國王槃羅茶悦入貢。

《憲宗實録》卷七二　乙卯，代府定安王成鏻薨。【略】年三十有二。【略】謚曰悼隱。

《國榷》卷三五　辛酉，閩浙礦盜起。

《憲宗實録》卷七二　戊辰，旌異雲南左參政路璧、直隸松江府同知傅愷、開州知州謝鳳、真定府推官吳箎、無極縣知縣石倫、武邑縣知縣楊琇、臨城縣知縣張佐、河南新安縣知縣魏恭、山東按察司知事楊昇，俱給以誥勑。從巡撫、巡按官奏其政績卓異故也。

癸酉，擢進士侶鍾、許進、何淳、李芳、沃頪、王億、葉稠、李敬、屠滽、魏富、甄希賢、沈浩、李聰、戴祐、藺澄、萬繡、談俊、行人鄭恭爲試監察御史，聰、祐、澄、繡、俊、恭南京。

《國榷》卷三五　丙子，設固原衛，增西安千户所。

《憲宗實録》卷七二　己卯，朝鮮國王李晄遣陪臣尹岑等奉表貢馬及方物來朝，賀萬壽節。

《國榷》卷三五　陝西旱饑，增蘭縣中淮、浙、河東鹽八十萬引有奇。

徵士吳與弼卒。

《憲宗實録》卷七三　十一月辛巳朔，欽天監進成化六年大統曆。

《國榷》卷三五　甲申，廣東多盜，巡撫右副都御史陳濂等議分兵四哨：新興、瀧水、陽江、新會曰左哨，靈山、永安曰右哨，石城、信宜及雷州曰前哨，德慶抵連州曰後哨，每哨四千人，都指揮按察僉事統之。分八班，一守廉州，一守高、雷互援，半載遞代。報可。

乙酉，高州知府孔鏞爲廣東按察副使，專守高、雷。

《憲宗實録》卷七三　丙戌，【略】封【略】子埶爲封丘土。【略】鍾鈌爲永和王。【略】陽鍪爲鉅野王。【略】詮鍙爲稷山王。

《國榷》卷三五　庚寅，吏部文選郎中陳雲，員外郎劉恒，主事乙瑄、陳道，以吏許其賂，下刑部獄。科道劾尚書姚夔等，又論刑部尚書陸瑜朋比，遂改錦衣獄。已調南京，雲、瑄禮部，恒、道刑部。

辛卯，興安伯徐賢卒。

《憲宗實録》卷七三　乙未，命大同參將都指揮范瑾充游擊將軍，以備延綏等處策應。

《國榷》卷三五　設兩廣總府于梧州。

《憲宗實録》卷七三　丙申，琉球國中山王尚德遣使臣查農是等來朝。

己亥，命太監陳瑄總鎮兩廣。起復右副都御史韓雍，陞右都御史，總督兩廣軍務，兼理巡撫。南寧伯毛榮佩征蠻將軍印，充總兵官，鎮守兩廣。陞都指揮夏正署都督僉事，充副總兵，鎮守廣西。都指揮同知楊廣充左參將，分守高、雷、廉、肇。馬良代毛榮鎮守貴州，馮宗召還，巡撫都御史吳琛等俱令還京。

癸卯，代府博野王成鐭薨。【略】年二十有八。【略】謚曰悼恭。

《國榷》卷三五　南京右軍都督僉事張鋭卒。

《憲宗實録》卷七三　丙午，賜朝鮮國成化六年大統曆。

丁未，命指揮同知錢亮充右參將，分守延綏西路。

《國榷》卷三五　丁未，故鎮遠府通判楊瑄子蔭入太學。

《憲宗實録》卷七四　〔十二月〕辛亥，工部左侍郎陸祥卒。

《國榷》卷三五　辛酉，慶王秩煃薨。年五十五，謚曰康。

《憲宗實録》卷七四　甲子，韓府通渭王範壄薨。【略】年四十有三。【略】謚曰莊簡。

《憲宗實録》卷七四　乙丑，朝鮮國署國事李娎遣陪臣吳伯高等奉表貢馬及方物來朝。

丙寅，免順天府薊州等處糧五千二百八十石，草一十六萬三千四百二十八束。永平府灤州等處糧六千三百五十八石，馬草五萬一千四百八十束。大寧營州中屯等衛糧一萬六千三十八石。俱以水災故也。

《國榷》卷三五　壬申，禁都門、通州違例抽税。

暫停兩京、山東、河南徵馬民間。

設浙江太平縣。

《憲宗實録》卷七四　南京吏科給事中王讓以疾去任。

《國榷》卷三五　甲戌，兵科都給事中秦崇上六事：省無益以實邊費，公輪操以便下情，重名器以節糧餉，資長策以安邊方，恤貧民以行實惠，正流俗以汰異端。上納之。定納粟世授軍職，止襲子孫二輩。

《明史》卷一三《憲宗紀一》　是年冬，阿羅出入居河套。

成化六年（庚寅、一四七〇）

《國榷》卷三六　〔正月〕，壬午，虜駐河套，謀南侵。敕大同總兵官楊信簡兵嚴備，京營總兵官撫寧侯朱永飭兵聽遣。

甲申，命山東巡撫疏濟寧泉源利漕。

乙酉，鎮守貴州南寧伯毛榮卒。

《明史》卷一三《憲宗紀一》　己丑，大祀天地於南郊。

《國榷》卷三六　署太常寺事禮部尚書李希安等奏甘露。

辛卯，敕諭建州三衛，既悔罪後，果輸誠朝貢，朕賞如初。

壬辰，禮部言，木蘭河衛都指揮撒赤哈等，濱行告領段多剪幅，今不能詰。乞自後賞幣，同通事唱名面給。從之。

《憲宗實録》卷七五　丙申，浙江平湖縣知縣李翥奏本縣周家涇并獨山海塘衝塌，鹹水漫入民田，乞將在官折收贖罪納米銀計工修築。工部覆奏，從之。

《國榷》卷三六　戊戌，兵科給事中郭鏜言：正月丁亥，河南地震；己丑，李希安奏甘露，俱下禮部。尚書鄒幹等即以甘露聞，心存容悦，罪在不宥。上以地震先奏，置之。

己亥，左、右都督劉玉、劉聚以耀武、顯武營兵聽征，請補額。上謂團營選未久，何闕伍也，責營將置對。各引咎，宥之。

《明史》卷一三《憲宗紀一》　大同總兵官楊信敗毛里孩於胡柴溝。

《國榷》卷三六　庚子，遣行人祭告湖廣山川。地震故。

《憲宗實録》卷七五　辛丑，郭昂子鐄襲爵。

壬寅，命赤斤蒙古衛都督瓦撒搭兒叔父乞巴并失加卜丁爲指揮僉事，協管夷民。

《國榷》卷三六　癸卯，刑科給事中虞瑶等劾報四川巡撫都御史汪浩、鎮守右都督芮成相訐事。浩酷暴，戍獨石衛；成貪，鐫級。

丙午，鎮守松潘副總兵都督僉事羅能劾免。

翰林侍讀尹直等請删諸司職掌爲《大明會典》，倣朱熹凡例爲《綱目續編》。從之。

〔二月〕辛亥，朝鮮國王李晄薨。子幼且疾，從子娎攝國，封朝鮮國王。遣内官金興、行人姜浩往。

《憲宗實録》卷七六　癸丑，建州衛都指揮兀者禿木等欲舉兵侵朝鮮，朝鮮以聞。兵部言：「初討建州叛寇時，朝鮮實發兵爲助，此虜欲修怨于彼，倘置而不恤，失外國歸義之心。宜遣通事武忠諭責建州入貢之使，謂朝鮮助順討逆乃奉朝命，爾等不知自咎而欲咎人，神必不祐；且其士馬精彊，素非爾比，宜歸戒爾屬各安分守土，勿啓釁速禍。仍即以此意諭朝鮮入貢陪臣，并密勑其王，令謹爲防備。」從之。

庚申，以水災免福建福、漳二府成化五年糧一萬五百二十餘石。

乙丑，旌表孝子袁洪等二人，節婦何氏等十五人。

《國榷》卷三六　丙寅，水災，免平遥縣去年田租。

丁卯，故平江侯陳豫追封黔國公，謚莊敏。

戊辰，平江伯陳鋭爲征蠻將軍、總兵官，鎮守兩廣。

己巳，定四川雲南中鹽例。

巡撫大同右副都御史王越引兵還，至偏頭關，敕止之，留備延綏。

《明史》卷一三《憲宗紀一》　辛未，大理寺少卿宋旻，侍郎曾翬、原傑、黄琛，副都御史滕昭巡視畿南、浙江、河南、四川、福建，考察官吏，訪軍民疾苦。其餘直省有巡撫等官者，命亦如之。

《國榷》卷三六　壬申，進士徐霖、張寬爲翰林檢討，侍忻王。

《憲宗實録》卷七六　甲戌，烏思藏【略】來朝。

以福建沙尤等縣兵旅相繼，倉糧不敷，開中本處轉運司鹽課二十萬引，每引米四斗。

《國榷》卷三六　乙亥，部院等官奉命各條時事，上採行之。

魯府樂陵王泰壆薨。年五十七，謚恭惠。

《明通鑑》卷三一　丁丑，以自冬徂春雨雪不降，親詣郊壇祈禱。

戊寅，振廣西饑。

《國榷》卷三六　三月庚辰朔，旱災，免汝州去年田租。

《皇明資治通紀》卷一九　〔辛巳〕，編修陳音奏言：「異端者正道之反，害治之大者也。乞降佛子、法王、真人位號，併請建寺觀者悉置于法。」不從。

《憲宗實録》卷七七　甲申，發内庫銀四十萬兩分送遼東、陝西、宣府、大同四邊，以備官軍俸糧支用。

《明史》卷一三《憲宗紀一》　免湖廣、山東被災税糧。

《憲宗實録》卷七七　辛卯，巡撫延綏等處左副都御史王鋭陳言邊事：其一，增兵以守地方。【略】其二，設險以備邊患。【略】其三，團堡以衛民生。【略】上曰：「添築城堡，正係守邊急務，其令鎮守等官參酌舉行，務期成功。」

《明通鑑》卷三一　〔壬辰〕，免蘇、松、常、鎮四府及蘇、太、鎮三衛所去年秋糧二十四萬八千，屯糧七千一百有奇。

《國榷》卷三六　開延綏屯田。

戊戌，署都督僉事劉清提督草場牧馬。

兵部議勦河套虜。

己亥，葉縣知縣宋璽滿九年，績最，仍留任。

庚子，旌山西僉事胡謐、保定知府章律、淮安知府楊杲、杭州知府張僖、鳳陽同知戴耀、安州知州趙瑛、徐州知州王敍、南昌通判虞良、阜城知縣林恭、吴橋知縣張鐸、館陶知縣唐禎、安丘知縣謝縝，賜誥敕。

《憲宗實録》卷七七　都察院致仕右都御史羅通卒。

壬寅，命撫寧侯朱永佩平虜將軍印，充總兵官，都督劉玉、劉聚充左、右副總兵，太監傅恭、顧恒監督軍務，右副都御史王越參贊軍務，往延綏備虜。

《國榷》卷三六　丙午，襄城侯李瑾提督團營。

《憲宗實録》卷七七　丁未，以四川左布政使馬顯爲南京兵部右侍郎，江西左布政使林鶚爲南京刑部右侍郎，吏科都給事中潘榮、右春坊右庶子劉宣爲南京太常寺少卿。

《國榷》卷三六　免池州寧國去年田租萬八千七百餘石。

〔四月〕庚戌，（疏）〔琉〕球國中山王尚德入貢。

《憲宗實録》卷七八　癸丑，擢進士江純爲南京雲南道監察御史。

《國榷》卷三六　丁巳，命貴州諸生免屬雲南提學僉事，即貴州分巡官攝之。

《憲宗實録》卷七八　甲子，以水災免浙江烏程、歸安、長興、德清、武康、仁和六縣税糧共六萬六千二百餘石。

《國榷》卷三六　乙丑，定烏思藏贊善、闡教、闡化、輔教四王三年一貢，各不過百五十人，由四川入，國師以下不許貢。長河西、董卜韓胡二長官司，或間歲貢，人不過百。茂州番僧，歲許三五十人。其近烏思藏者，貢不過五六十人。仍降敕各番王，示以期額。

《明通鑑》卷三一　〔丙寅〕，以水災免直隸溧水、溧陽、句容、六合、江浦、當塗、蕪湖七縣税糧凡三萬六千有奇。

《國榷》卷三六　壬申，前南京工部尚書兼大理寺卿王來卒。

乙亥，周府汝陽王子壆薨。年五十，謚安憲。

《憲宗實録》卷七八　丙子，今後問擬竊盗，仍以赦前後通論三犯，著爲令。

《憲宗實録》卷七九　〔五月〕己卯，虜賊毛那孩等二十人犯邊，伏誅。

工部左侍郎霍瑄卒。

《國榷》卷三六　辛巳，孔弘泰嗣衍聖公。

邠州知州王諫秩滿，州人乞留，仍任。

《憲宗實録》卷七九　户部以陝西督餉郎中萬翼等奏缺料豆，建議請令河南府以今年應運京倉粟米一萬石，保定府廣盈倉六萬石，共改豆五萬石，京場及北新場馬草各十萬束，保定府倉折色草三十萬束，俱徵運延綏接濟。今年原派陝西羊改派河南、北直隸、陝西；秋冬二季該班人匠暫免赴京，令儹運糧草；其山西、陝西、河南軍馬所經之處户口鹽鈔悉爲寬免。從之。

《國榷》卷三六　甲申，進王越左副都御史，范瑾都督僉事，許寧都指揮同知。

《憲宗實録》卷七九　丁亥，免雲南右衛等所并澂江府州縣去年田租一萬四千二百一十六石有奇，以水災故也。

《國榷》卷三六　戊子，晉府方山王美垣薨。年六十四，謚莊憲。

己丑，山東旱，遣署太常寺事禮部尚書李希安祭告嶽鎮海瀆。

《憲宗實録》卷七九　庚寅，旌表孝子任勉等二人，節婦尤氏等十人。

《國榷》卷三六　辛卯，禮科給事中張賓言，荆襄流民，與其驅于既來，不若止于未至，凡災傷處暫免賦税。從之。

《憲宗實録》卷七九　丙申，免陝西、蘭州、靖虜、臨洮衛去年夏秋税糧五萬二千二百三十八石有奇，草四萬八千二百九十八束。以旱災故也。

《明通鑑》卷三一　丙申，振畿内、山東、河南饑。

《明史》卷一三《憲宗紀一》　丁酉，王越敗阿羅出於延綏東路。

《明通鑑》卷三一　〔戊戌〕，大學士彭時請免夏税、鹽鈔及太僕寺賠課馬。又以京師米貴，請發倉儲五十萬石平糶。下所司行之。

《國榷》卷三六　辛丑，刑部尚書陸瑜，以鄉人王銓干請，下錦衣獄。

癸卯，代府宣寧王遜炓薨。年四十八，謚靖莊。

《憲宗實録》卷七九　延綏立功都督僉事李文以從征虜寇有功，陞爲都督同知。

《國榷》卷三六　甲辰，罷西山佛閣。

《憲宗實録》卷七九　命四川筠連縣夷首阿坎培爲岔口巡檢司巡檢。

免陝西安定、會寧縣去年夏税一萬四百七十九石有奇，安寧、會寧、通渭、寧遠、隴西、彰縣秋糧二萬六千七百四十八石有奇，馬草二萬八千束。以旱災故也。

陝西督餉户部郎中萬翼以延綏缺草，請募人上納，并開中河東鹽。户部遂定陝西、河南、山西、北直隸所屬兩考吏有能于延綏納草七百束者，送部撥京考；九百束者，本布政司撥補三考，赴部免考，冠帶辦事；其納一千二百束并在京各衙門辦事吏納七百束者，亦如之，俱以次附選。開中河東運司見存鹽課每引料豆二斗。

《國榷》卷三六　丁未，復置湖廣興山縣。

是月，松潘番寇入掠。副總兵都督僉事湛清等至黄盛草場，射渠帥麻惹兒子死，斬五十餘級。

六月戊申，秦府永壽王志埴薨。年五十七，謚安惠。

《憲宗實録》卷八〇　乙卯，加延綏征進馬草五十萬束，及運太倉見收折草銀五萬兩于軍前買草應用。其馬臨征時許日加料一升，屯守則如舊。

《國榷》卷三六　戊午，周府宜陽王有炥薨。年七十二，謚憲穆。

《憲宗實録》卷八〇　己未，致仕都察院右副都御史陳泰卒。

《國榷》卷三六　癸亥，鄭王祈鍈初世子時，棄妃立妾，妃子見滋，不愛也，嘗言：「見滋母韓氏齷齪，百歲後難與同廟，見滋是我世子時子，如何嗣王。」聞人諫輒忿怒。左長史張鐸以聞，上書戒之。

《憲宗實録》卷八〇　甲子，上以會舉官多有未當，諭吏部臣曰：「今方面多缺員，爾等務選任得人，每缺推舉兩員來聞，不必會官保舉。」著爲令。

命福建署都指揮僉事武成總督備倭。

改淮、揚二府舡料鈔收米每鈔五貫折收京粟米三升，貯于近倉，以備賑濟，候豐年仍折；仍令在京文武官成化六年俸鈔亦暫住支。以去年亢旱故也。

庚午，詔以直隸滑縣并河南獲嘉縣積餘倉糧賑濟寧山衛缺食軍餘，候豐年如數還官。從巡視大理寺右少卿宋旻請也。

《明通鑑》卷三一　時旱澇相仍，民食草木幾盡。吏部尚書姚夔請遣使振卹，從之。

《國榷》卷三六　辛未，總兵官趙輔、工部尚書王復、太監黄順修京城九門。

《明通鑑》卷三一　秋七月戊寅，免四川被災税糧。

己卯，皇子生于西内，紀淑妃出也。

《國榷》卷三六　辛巳，給事中御史督五城兵馬，賑災民。

《憲宗實録》卷八一　免直隸淮安、鳳陽、廬州三府，滁州等州，并直隸武平、滁州、六安、儀真、廬州、淮安等衛所被災秋糧八萬八千九百九十石有奇，草一十四萬七千八百五十包有奇。

《國榷》卷三六　壬午，楚府通山王季垺薨。年六十四，謚莊(肅)〔簡〕。

《明史》卷一三《憲宗紀一》　朱永敗阿羅出於雙山堡。

《憲宗實録》卷八一　甲申，免直隸鳳陽府五河、懷遠、霍丘三縣，揚州府通州夏税小麥六千八百二十石有奇。以水災故也。

丙戌，命都察院右都御史項忠、吏部右侍郎葉盛賑濟饑民。右府署都督僉事李杲撫治屯營。

《國榷》卷三六　戊子，水災，停兩京、山東、河南印馬一年。

申監生撥歷則例。

《憲宗實録》卷八一　命給事中、御史各一員同順天府委官賑濟附近被水流移來京小民，每大口三斗，小口一斗五升。

乙未，命户部郎中李寬提督永平、山海、薊州等處糧儲，兼理屯糧。

戊戌，户部奏准開中偏頭關兩淮運司成化四年鹽十萬引，每引納穀草二十束；兩浙運司成化元年鹽六萬六千八百六十餘引，每引納穀草一十策。

己亥，甘肅總兵官定西侯蔣琬等奏築完甘州沙河拒敵堡周二百丈，四十里店屯堡周四百一十丈。

《國榷》卷三六　辛丑，山西行都司都指揮使馬儀爲後府帶俸都督僉事。

《憲宗實録》卷八一　壬寅，朝鮮國王李娎遣陪臣金國光、鄭蘭宗等奉表來朝。

工部奏通州至武清縣蔡家口河口并堤岸被水衝開一十九處，宜起債兵民併工修築，以便漕運。上從之，命侍郎李顒董其役。

《明通鑑》卷三一　〔癸卯〕，通州張家灣等處，被水軍民凡二千六百六十户，漂没房舍六千四百九十處。給事中韓文等勘實以聞，命所司振恤之。

甲辰，大同總兵官房能大破河套寇于開荒川。

《國榷》卷三六　八月丙午朔，免汾州去年田租二千五百七十石。

己酉，免臨洮、鞏昌田租八萬一千餘石。

《憲宗實録》卷八二　辛亥，免山西太原等府衛今年税糧。

《明通鑑》卷三一　辛亥，振山西饑。

《國榷》卷三六　壬子，定科甲歷任三年，不限内外，通選御史。

《明史》卷一三《憲宗紀一》　癸丑，以水旱相仍，下詔寬卹。

《憲宗實録》卷八二　甲寅，實授試監察御史戴珊爲監察御史。

辛酉，免山東濟南、東昌、兖、青、萊、登六府農桑絲絹。以旱災也。

《國榷》卷三六　壬戌，命延綏征西諸將分兵就餉。

癸亥，右軍都督僉事廉忠卒。

《憲宗實録》卷八二　陞都指揮同知許寧爲署都督僉事，佩靖虜副將軍印，充總兵官，鎮守延綏地方。

丙寅，減免四川平茶洞長官司土民去年秋糧一百五十石。以旱傷也。

戊辰，命山西都指揮使孫鉞充遊擊將軍，統宣府遊兵。

庚午，旌表孝子三人，順孫一人，節婦九人，累世同居者二人。

《國榷》卷三六　癸酉，巡視浙江刑部左侍郎曾翬奏罷部吏，左布政使巴縣張清預焉。清最廉峻，非賓祭不味，同官勿堪，詆以老疾，人多惜之。

占城國王槃羅茶全攻安南化州，安南國王黎灝自救之，占城退走，遂進克占城，執槃羅茶全以歸。

〔九月〕庚辰，右副都御史滕昭巡撫蘇、松、常、鎮，總理糧儲。

壬午，秀王見澍之國。

《憲宗實録》卷八三　甲申，陞總督漕運署都督僉事楊茂爲都督同知。

《明通鑑》卷三一　〔乙酉〕，以李賓爲左都御史。

《國榷》卷三六　丙戌，右僉都御史袁愷服除，起南京鴻臚寺卿。

《憲宗實録》卷八三　丁亥，免雲南所屬長官司及裁減州縣官明年朝覲。以其地旱澇民饑故也。

《國榷》卷三六　丁亥，雲南土官襲職，近令監司保勘，黔國公沐琮言非舊制。從之，命如正統例，仍歸沐氏。

《明通鑑》卷三一　〔戊子〕，改兵部尚書程信爲南京兵部尚書。

《憲宗實録》卷八三　己丑，賜大興、宛平二縣養濟院貧民布共四百七十餘匹。

《國榷》卷三六　己亥，發倉粟五十萬石平糴。

《憲宗實録》卷八三　命侍郎陳俊同太監韋煥、尚書薛遠總其事，仍差科道官分理之。

庚子，吏部言：「近例，凡御史缺員，無問内外官，但進士發身經三年秩滿者考選補缺。然所缺員多，備選官少，一如近例，則御史乏人。請凡任知縣推官由科目出身、歷三年之上、政績顯著者，以次行取，送各道問刑，炤例聽都御史覈其可用奏補，否則送部別用。」詔是之，俾查訪政績顯著、體貌相稱者取來選考。

《國榷》卷三六　〔十月〕丙午，北虜孛羅忽等貢馬。

《憲宗實録》卷八四　丁未，總督兩廣軍務右都御史韓雍等奏：「斷藤峽殘賊二百餘徒夜入神電衛城，燒燬電白縣治。」

《國榷》卷三六　宥張元吉死，戍肅州。刑科都給事中毛弘言元吉罪重，不納。

己酉，留朱永、王越仍督西軍。

《憲宗實録》卷八四　以水災，免保定等衛子粒二萬三百一十九石有奇。

《明通鑑》卷三一　己酉，以旱災，免河南民田夏税三十七萬七千七百石有奇，軍屯子粒八萬六百石有奇。

《憲宗實録》卷八四　甲寅，三法司會官審録重囚。

丁巳，運德州倉糧一萬一千七百八十四石於青縣，賑濟饑民。

户部奏：「河南、北直隸今歲夏秋水旱，而在倉儲積先已放支，恐饑饉，軍民無以賑給。及查順德、大名、廣平三府并河南衛輝府倉有餘積，宜勅巡視分巡官督同本處官計其見存者量留三四年之用，餘皆減價發糶附近缺糧之處，許以銅錢銀布槩糴收庫。事峻，衛輝、順德者解送保定，大名、廣平者解送河間收貯，候來年麥熟米賤，即以此准折所在官軍俸糧，使自易米食用，則軍民得以接濟，而儲積無朽腐之患。」從之。

《明通鑑》卷三一　〔己未〕，以旱災，免濟南、兗州等處秋糧二十八萬九千七百有奇，濟南、昌平、青州、德州諸衛所子粒七千三百有奇。

《憲宗實録》卷八四　辛酉，朝鮮國王李娎遣陪臣韓致義等奉表貢馬及方物來朝。

《國榷》卷三六　辛酉，放監生五百餘人歸省。

水災，免真定田租五萬一千四百八十四石有奇。

《憲宗實録》卷八四　定州、真定、神武右三衛子粒一萬二千八百七十六石有奇。

丁卯，免直隸天津等衛并梁城守禦千户所、在京義勇左等衛被水無徵子粒二萬六千五十石有奇，豆九百五十九石有奇，草四萬三千三百九十束。

以旱災，免荆州府江陵等七縣户口鹽鈔一萬一千三百四貫，米四千九百一十九石有奇；襄陽府襄陽等三縣户口鹽鈔二千七百五十貫八百文，米五百七十石有奇；沔陽州景陵縣户口鹽鈔米一千二百一十石有奇。

《憲宗實録》卷八五　十一月乙亥朔，欽天監進成化七年大統曆。

丁丑，命貴州參將都指揮同知吴經充總兵官，鎮守貴州。

《國榷》卷三六　戊寅，英廟順妃樊氏薨。

《憲宗實録》卷八五　庚辰，免役軍都督府歲辦薥秸、蘆葦、黄穰苗、馬躪根有差。以是歲夏秋水災故也。

《明通鑑》卷三一　癸未，荆、襄流民作亂，項忠總督河南、湖廣、荆、襄軍務討之。

《憲宗實録》卷八五　甲申，巡撫寧夏右副都御史張鎣等奏寧夏等處乏馬騎操。兵部議行陝西鹽運司召商納馬易鹽，定爲則例，不拘資次。從之。

《國榷》卷三六　丁亥，四川按察使鄭紀掠治蜀府横卒，斃三人。蜀王怒，誣其端禮門不下車，逮下獄，會赦免。

《憲宗實録》卷八五　辛卯，召巡視河南户部左侍郎原傑代右都御史項忠賑濟順天、永平、河間三府饑民。

壬辰，免南京大勝關及江東巡檢司冬春二季所料鈔之半。

《國榷》卷三六　甲午，復設河南淅川縣。

丁酉，南京禮部左侍郎章綸奏留臣鄉温州知府范奎。下吏部。

《憲宗實録》卷八五　戊(戍)〔戌〕，定擬河東鹽運司開中銀馬則例，每鹽一百引中納上等馬一匹，八十引中等馬一匹。以延綏虜寇之警各邊乏馬騎操也。

賜朝鮮國成化七年大統曆。

《國榷》卷三六　庚子，忻府翰林檢討襄陽張寬數論處置流民，項忠薦之南征。

《明通鑑》卷三一　十二月庚戌，遣官十四人分振畿輔。

《國榷》卷三六　癸丑，給京師流民還鄉。

復故少保户部尚書兼華蓋殿大學士陳循官。循前卒，子珊疏請，許之。

《憲宗實録》卷八六　焚前正一嗣教體玄悟法淵默静虚闡道弘化妙應大真人張元吉并其妻冲和恭静元君吴氏誥命。

《國榷》卷三六　辛酉，免順天、河間、真定、保定歲辦石青等物件。

《憲宗實録》卷八六　壬戌，朝鮮國王李娎遣陪臣禹貢等奉表貢馬及方物來朝。

癸亥，賜禮部右侍郎劉吉誥命。

《國榷》卷三六　順天府尹閻鐸失賑被劾，降衢州知府。

乙丑，禦套虜功，撫寧侯朱永世襲。

《憲宗實録》卷八六　劉聚進右都督，王越右都御史，秦剛、房能厚賞，范瑾陞都督同知，神英署都督僉事。

《國榷》卷三六　丙寅，陝西右布政使李裕爲順天府尹。

《憲宗實録》卷八六　己巳，免廣東、廣西府州縣官明年朝覲。

《國榷》卷三六　庚午，户科都給事中丘弘等言：「近來風俗尚侈，亡論貴賤，服飾概用織金寶石，飲宴皆簇盤糖纏，上下倣效，習以成風。京民居宗順等數家，專販寶石，至借進獻，或邀官，或倍利。蠹國病民，莫甚于此。乞加嚴禁，追宗順等倍價入官助賑。」上是之，置宗順等不問。

逐京師游僧。

癸酉，再發京糧三十萬石平糶。

成化七年（辛卯、一四七一）

《明通鑑》卷三二　春正月，辛巳，命京官五品以上及給事、御史各舉堪州縣者一人，復正統間例。從都御史李賓之請也。

《國榷》卷三六　陳瑛嗣寧陽侯。

《憲宗實録》卷八七　開中長蘆官鹽五十萬引於北直隸、陝西饑荒府縣召商納米。

《國榷》卷三六　壬午，故留守前衛帶俸都指揮僉事張雄延綏戰没，弟紀襲職都指揮，不世，以雄功録之。

《明史》卷一三《憲宗紀一》　丙戌，大祀天地於南郊。

《國榷》卷三六　戊子，以延綏邊備廢弛，切責鎮守三司。

《憲宗實録》卷八七　懷寧侯孫鏜卒。

《明通鑑》卷三二　〔辛卯〕，擢浙江布政使余子俊爲右副都御史，巡撫延綏。

《憲宗實録》卷八七　癸巳，掌太常寺事禮部尚書李希安三載考滿，吏部臣言希安年已七十之上，例宜致仕。詔令復職。

《國榷》卷三六　太常寺卿兼翰林侍讀學士劉珝憂去。

《憲宗實録》卷八七　調南京監察御史沈源外任。

《國榷》卷三六　罷南京御史巡營。

《憲宗實録》卷八七　下南京禮部郎中吕晟及主事林孟和于南京刑部獄。

甲午，以水災，蠲順天府東安等縣民徭役。

《國榷》卷三六　丙申，故靈山縣西鄉巡檢司巡檢歐陽福勦欽州賊死，敕贈廣東布政司照磨。

《憲宗實録》卷八七　癸卯，開設浙江金華府湯溪縣，割金華府之金華、蘭溪，衢州府龍游，處州府之遂昌四縣地以隸之。

擢都察院理刑知縣夏璣、王衡、胡澄爲監察御史。

《國榷》卷三六　定長運法。

《憲宗實録》卷八八　〔二月〕乙巳，命豐城侯李勇爲神機營，右都督馮宗爲三千營，鎮守遼東都督同知趙勝爲五軍營，俱總兵，協同會昌侯孫繼宗等管事。

《國榷》卷三六　都督同知歐信爲征虜前將軍、總兵官，鎮守遼東。

戊申，南京國子祭酒周洪謨憂去。

己酉，命陝西巡撫都御史集議茶馬法。

《明通鑑》卷三二　〔壬子〕，復設九江、蘇州、杭州鈔關。

初，鈔關設于宣德間，九江及蘇之滸墅、杭之北新，皆同時建置。上即位之四年，罷之。至是户部以京庫歲用鈔不足，遂議復設。

《國榷》卷三六　乙卯，水災，免福安、連江、龍巖去年田租萬五百餘石。

《憲宗實録》卷八八　丙辰，靖遠伯王瑺卒。

《國榷》卷三六　戊午，毛文嗣南寧伯。

庚申，羽林前衛都指揮使柯忠、濟陽衛都指揮使劉能、武成後衛都指揮使高俊爲後軍、中軍、左軍都督僉事。陝西都指揮使神英、金吾左衛都指揮使章能、山西行都司都指揮使孫鉞、羽林前衛都指揮使奚拜住，俱署都督僉事。延綏開荒川功。

丙寅，鎮守松潘前軍都督僉事湛清賄甚，逮入京，謫廉州衛都指揮僉事。

晉府寧化王美壤薨。年六十，謚僖順。宫人高氏、崔氏俱自經殉葬，事聞，追封夫人。

《憲宗實録》卷八八　戊辰，改注南京都察院右僉都御史張鵬于都察院總督漕運兼巡撫淮揚等處。

《國榷》卷三六　故少詹事贈太子少保謚文敏鄒濟加贈太子太保、禮部尚書。

庚午，陝西督餉户部郎中谷琰言：「客兵久役，乞回鎮暫息，俟警復赴。」從之。

《憲宗實録》卷八八　辛未，南京大理寺卿夏時正乞致仕。許之。

《國榷》卷三六　壬申，平虜將軍總兵官撫寧侯朱永上戰守二策：虜嘗數萬，我戰卒僅萬，又分戍益少，今宜京營、宣大、寧夏、陝西徵兵數萬，期三月會榆林，聽臣等指蹤，相機擣巢，此戰策也；慎封守，沿邊耕牧有警，各入城堡，伺便邀擊，此守策也。兵部白圭主守。上從之。

《憲宗實録》卷八八　癸酉，左春坊左庶子黎淳乞歸展祭。許之。

《憲宗實録》卷八九　〔三月〕乙亥，開設福建汀州府歸化縣，割沙縣、清流、寧化、將樂四縣地隸之。

《國榷》卷三六　戊寅，給静海、興濟、青縣麥種五百八十五石有奇。

《明通鑑》卷三二　工部尚書王復，請于直隸太平之蕪湖、湖廣荆州之沙市、浙江杭州城南三處，抽分竹木，遣官榷收。初止取鈔，後易以銀，漸增至數萬兩，以爲宫中營繕之用。

壬午，先是套虜阿羅出遣使扭歹該等十二人拘留大同，屢見索。朱永言留使無益，詔歸之。

《憲宗實録》卷八九　癸未，授進士李旲爲翰林院檢討，侍忻王讀書。

《國榷》卷三六　甲申，封後軍左都督劉聚寧晉伯，禄千石。

琉球國中山王世子尚圓入貢，奏國王尚德薨，請封。

《憲宗實録》卷八九　乙酉，上復御經筵。

丙戌，上復御午朝。

《國榷》卷三六　丁亥，遣户科都給事中丘弘、行人韓文使琉球，世子尚圓封琉球國王。

《明通鑑》卷三二　〔辛卯〕，禮部侍郎邢讓、國子祭酒陳鑑，以事除名。

《憲宗實録》卷八九　甲午，封安遠侯柳承慶卒。

《國榷》卷三六　乙未，總理河道工部左侍郎王恕濬揚州河四百五十餘里，役九萬餘人。

《憲宗實録》卷八九　丙申，襄府寧鄉王祁鏔薨。

《明通鑑》卷三二　〔戊戌〕，禮部尚書姚夔請起致仕禮部侍郎李紹爲祭酒，馳召之，而紹已卒。

《國榷》卷三六　山東左布政使雷復爲禮部右侍郎，翰林修撰耿裕爲國子司業。

《憲宗實録》卷八九　壬寅，免滁州全椒、來安縣秋糧一千二百三十五石有奇，滁州衛屯糧七百六十一石有奇。以旱災故也。

《國榷》卷三六　四月癸卯朔，賜巡關御史敕。

《憲宗實録》卷九〇　甲辰，命南京守備成國公朱儀代駙馬都尉趙輝歲時主祭孝陵。以輝有母服也。

《國榷》卷三六　下鎮守延綏太監秦剛、巡撫左副都御史王鋭于獄，總兵官房能疾免。兵科給事中章鎰等劾能不問，俱閒住。

壬子，淮安知府楊昹秩滿，吏民乞留，加右參政。

《憲宗實録》卷九〇　乙卯，免長蘆運司水没鹽課六萬四百六十七引有奇。

《國榷》卷三六　巡撫應天、蘇、松右副都御史滕昭、陳濂，巡按御史劉釪、姚明、劉忠，參政杜謙，參議甯珍、劉潺、傅允，按察使劉釬，(□□□□)〔知府〕龍晉、李巽俱推舉風憲失實，奪昭、濂俸六月，餘一年。

《憲宗實録》卷九〇　自今外任滿考應選用風憲者悉聽吏部推擢，著爲令。

丙辰，詔免四川州縣官明年朝覲。以其地方多事也。

《國榷》卷三六　進士盧璣請設起居注。下所司。

《憲宗實録》卷九〇　辛酉，禮部以災疫流行，請命大臣祈禳。上遣襄城侯李瑾、禮部尚書鄒幹、掌太常寺尚書李希安祭告山川等神。

《國榷》卷三六　癸亥，巡撫陝西左副都御史馬文升請榆林築邊墻，自安邊營至鐵鞭川戍守。從之。

甲子，許朱永暫駐朔州。

丁卯，詔發粟十萬石平糶。

《明史》卷一三《憲宗紀一》　己巳，録囚。

《國榷》卷三六　辛未，瓦剌平章拜亦撒哈入貢。已，哈剌忽思等四人盜馬先遁。

《憲宗實録》卷九一　〔五月〕乙亥，順天府尹李裕等言：「近日京城饑民疫死者多，乞於户部借糧賑濟，責令本坊火甲瘞其死者，本府官仍擇日齋戒，詣城隍廟祈禳災癘。」上允其請。

《國榷》卷三六　戊寅，定陝西布政司收茶例，以銀布等市河南、湖廣茶運赴西寧等茶馬司，檄巡茶官同守備、分巡官易番馬。

《明史》卷一三《憲宗紀一》　辛巳，瘞京師暴骸。

《憲宗實録》卷九一　詔京城外置漏澤園。

《國榷》卷三六　中書舍人吕憲乞順天鄉試。從之，不爲例。

壬午，乩加思蘭部長兀沈塔罕來降，授浙江金鄉衛副千户。

戊子，前户部尚書張睿卒。

《憲宗實録》卷九一　己丑，命故懷寧侯孫鏜子輔襲爵。

旌表孝子王賓等三人，節婦沈氏并烈婦梁氏、烈女盧氏四十一人，義民韓錦等二人。

《國榷》卷三六　癸巳，太僕寺少卿章璠爲寺卿。

乙未，召守制翰林學士柯潛于家。

《憲宗實録》卷九一　庚子，實授南京試監察御史萬繡爲監察御史。

《國榷》卷三六　巡視順天、永平、河間、保定户部左侍郎原傑還京。

《憲宗實録》卷九一　〔原〕傑又奏賑濟餘銀二萬三千餘兩宜給順天、保定、河間三府及時糴買小麥，送各預備倉收貯，以備賑濟。從之。

《國榷》卷三六　辛丑，蜀王申鈙薨。年二十四，謚曰懷。

〔六月〕戊申，許南京右僉都御史高明終養。

《憲宗實録》卷九二　庚戌，命故靖遠伯王瑺子添襲爵。

《國榷》卷三六　壬子，鄭王祈鏉薄其妃，并惡世子見滋。遣駙馬都尉石璟敕諭之，王謝罪。

癸丑，處州礦盜流入建寧。

甲寅，先户科給事中上杭丘弘使琉球，卒山東道中，改兵科給事中官榮往。

《憲宗實録》卷九二　乙卯，擢理刑行人李勳、孫敬，知縣方中、潘瑄、王濬俱爲監察御史。

《國榷》卷三六　壬戌，周府鎮平王有熿薨。年七十二，謚恭靖。

《憲宗實録》卷九二　乙丑，哈密忠順王母弩温荅失力等遣使臣火只哈三等來朝。

太常寺卿兼翰林院侍讀學士孫賢致仕。

庚午，免陝西所屬州縣官明年朝覲。

《國榷》卷三六　七月壬申朔，代府潞城王遜炵薨。年六十五，謚僖順。

《憲宗實録》卷九三　甲戌，復徙平夷、清平、鎮靖三堡于舊城。

《國榷》卷三六　丁丑，移朱永、王越于大同、宣府，有警西征。

《憲宗實録》卷九三　戊寅，命後軍都督同知馬儀充甘肅副總兵。

《國榷》卷三六　庚辰，北虜使臣平章完者禿等奏乞食糧。不許。

陝西妖人李奉先等伏誅。

《憲宗實録》卷九三　辛巳，命司經局洗馬楊守陳、翰林院侍講徐瓊爲應天府鄉試考試官。

監察御史等官周源等奉勑賑濟饑民，源賑濟順天府大興等四縣饑民二十一萬九千八百餘口，吏部員外郎王璽、刑部主事邢謹賑濟真定府所屬州縣十五萬八千二百七十口，禮部員外郎曹隆、兵部署員外郎張謹、大理寺正劉瀚共賑濟河間府所屬州縣三十九萬八千七百一十口。

庚寅，南京刑部右侍郎林鶚以母喪去任。

《國榷》卷三六　辛卯，羣臣請立皇太子，不允。凡三上，許之。

甲午，總督荆襄軍務右都御史項忠、鎮守湖廣總兵官右都督李震，共斬盜千級，撫脅從二萬八千七百餘人，驅流民九十三萬八千餘人。

《憲宗實録》卷九三　乙未，户部奏：「【略】請推選風憲重臣二員巡視京畿，并行天下巡撫官及布、按二司督令府州縣修舉預備倉，以備荒歉。」疏入，上命副都御史楊濬往直隸、順天等八府整理，其餘有巡撫處則委巡撫官，無巡撫處則令司府州縣衛所正官整理，務在隨宜設法，不許擾民。其司府以下官有怠慢無成效者，聽巡按御史糾劾。

開設陝西延安府神木倉。

丙申，以番僧怕思巴領占巴藏卜襲大國師，賜誥勅。

《國榷》卷三六　庚子，遼王貴烡薨。年七十二，謚曰肅。

《明史》卷一三《憲宗紀一》　秋八月甲辰，振山東、浙江水災。

《憲宗實録》卷九四　丙午，命左春坊左諭德兼翰林院修撰王獻、翰林院侍讀尹直爲順天府鄉試考試官。

《國榷》卷三六　丁未，左春坊左庶子兼侍講徐溥憂去。

《憲宗實録》卷九四　戊申，運銀五萬兩於宣府糴米，備邊儲。

《國榷》卷三六　戊申，哈密兀孫沙嗣都督同知。

《憲宗實録》卷九四　壬子，禮部上册立皇太子儀注。

《國榷》卷三六　乙卯，盜入西鄉縣。

《憲宗實録》卷九四　戊午，免兩淮富安等二十三場鹽課司折鹽夏秋税二萬八千二百五十二石有奇，草四萬四千五十六包有奇，計折小引鹽六萬五千三百九十五引有奇。以去年夏秋水旱故也。

《國榷》卷三六　庚申，賜陝西巡茶御史敕。

申贈官祭葬事例。

辛酉，免南宮、無極税絹九百五十四。

《憲宗實録》卷九四　罷遣行人四川禁茶。

《國榷》卷三六　丁卯，給前南京吏部尚書魏驥月粟三石。

〔九月〕壬申，巡按山東御史張進禄、潞州知州孫（琦）〔珂〕、判官馮徽會飲沁源王邸，索女樂，又刺時政。事聞，俱戍邊。

癸酉，瀋府沁水王幼壕薨。年四十，謚安惠。

《憲宗實録》卷九五　己卯，内官監太監黄順奏請以團營次撥官軍一萬赴西湖景城壕等處採辦蘆薪、燒造磚瓦，以備修理之用。從之。

太子少傅廣寧侯劉安卒。

乙酉，命河南按察司副使陳選提調學政。

《國榷》卷三六　丁亥，延綏總兵官署都督僉事許寧等言：「北虜開元王把哈孛羅欲來降，乞撫慰。」命擇彼所親厚往。

《明通鑑》卷三二　始定漕糧長運法。

《國榷》卷三六　戊子，進士李俊、陳鯉、郭銓、王坦、祝瀾、盧瑀、劉昂、鄒騏、吴傑爲給事中，騏、傑南京。

《憲宗實録》卷九五　命南京協同守備泰寧侯陳涇佩漕運印，充總兵官，總督漕運，鎮守淮安等處。

《國榷》卷三六　己丑，前南京吏部尚書魏驥卒。

丁酉，右都御史林聰巡撫大同。

《憲宗實録》卷九六　〔閏九月〕癸卯，免直隸鳳陽、廬州、淮安、揚州四府并滁、徐、和三州及所屬州縣官明年朝覲。以地方被災也。

《國榷》卷三六　甲辰，召巡視四川、南京户部右侍郎黄琛還任。

乙巳，朱永、王越專備延綏勦虜。

《憲宗實録》卷九六　丙午，吏部尚書崔恭起復至京，改南京吏部尚書。

辛亥，開設直隸常州府靖江縣。

《國榷》卷三六　壬子，吏部尚書姚夔秩滿，進太子少保。

《明史》卷一三《憲宗紀一》　己未，浙江潮溢，漂民居、鹽場，遣工部侍郎李顒往祭海神，修築堤岸。

《憲宗實録》卷九六　庚申，擢知縣白良輔、田瑄爲太僕寺寺丞，羅珪、李庭芝爲南京太僕寺寺丞。

《國榷》卷三六　〔是月〕，虜三萬餘騎入黑土圪塔，官軍擒一人，斬二十二級。王越以聞。

《憲宗實録》卷九七　〔十月〕壬申，實授理刑行人范瑛爲監察御史。

《國榷》卷三六　殺吉安知府許聰。

《明通鑑》卷三二　乙亥，以王恕爲刑部左侍郎，總理河道。

《國榷》卷三六　工部郎中陸鏞、郭昇，山東按察副使陳善分理。

《憲宗實録》卷九七　丁丑，户部請以布一匹准(支)〔折〕文武官員俸米二十石。舊〔例〕兩京文武官折色俸糧上半年給鈔，下半年給蘇木、胡椒。至是，户部尚書楊鼎奏京庫椒木不足，甲字庫多積綿布，以時估計之，闊白布一匹可准鈔二百貫，請以布折米，仍視折鈔例每十貫一石。先是，折俸鈔米一石鈔二十五貫，漸減至十貫，至是鈔法不行，鈔貫值二三錢，已是米一石僅值錢二三十文，至是又折以布，布一匹時估不遇二三百錢，而折米二十石，則是米一石僅值十四五錢也。自古百官俸禄之薄未有如此者，有司朦朧奏請，遂爲常例。

《國榷》卷三六　戊寅，巡撫大同右都御史林聰改宣府巡撫。

丙戌，户部尚書楊鼎、工部侍郎喬毅上濬通惠河議。初，漕運總兵官都督楊茂奏：「歲運張家灣，車轉至都下，僦費不貲。臣行視通州至京城，古有通惠河故道，石閘猶存，水約深二尺。第修閘儲水，令運船二十五艘共作一舟剥運，則車費省而困憊少蘇。」從之，命鼎、毅同漕運參將袁祐任之。

《憲宗實録》卷九七　庚寅，以陝西左布政使婁良爲都察院右副都御史，巡撫甘肅。調右僉都御史徐廷章巡撫寧夏。

《國榷》卷三六　癸巳，巡撫直隸右副都御史楊璿言：「順天、河間、保定、真定，屢被水患，地勢平衍，水易瀦積，而滹沱河上源，隄岸多不葺，縱葺之，率皆庳薄，故值雨水漲決。臣愚以爲宜遣官求故道濬之，又築隄岸如衛河，則順天以西數郡無水憂。」從之，命璿董其事。

《憲宗實録》卷九八　十一月己亥朔，欽天監進成化八年大統曆。

《國榷》卷三六　甲辰，許柯潛終制。

《憲宗實録》卷九八　兵部右侍郎陳宜以母喪去任。

丙午，以水災，免直隸鳳陽府泗州、天長、盱眙、宿州，徐州蕭、沛、碭山、豐諸縣夏税麥九萬二千一百餘石，絲五萬九千二百餘兩。

《國榷》卷三六　庚戌，秦府郃陽王公鏜薨。年四十。

《明史》卷一三《憲宗紀一》　甲寅，立皇子祐極爲皇太子，大赦。

《國榷》卷三六　丙辰，大理寺卿王槩，先以河南按察使旌異給誥命，至是再給同品改京。換給自此始。

《憲宗實録》卷九八　毛璘等衛女直都指揮兀答納等、女直指揮中山等各來朝，貢馬及貂皮。

丁巳，賜武靖侯趙輔號奉天翊衛推誠宣力臣，特進、榮禄大夫、柱國，食禄仍舊，本身免一死，三代并妻一體封。

《國榷》卷三六　己未，荆、襄、南陽流盜悉平。

左都督劉玉卒。

《憲宗實録》卷九八　辛酉，總督軍務右都御史項忠、鎮守湖廣右都督李震等陳荆襄便宜十事。【略】奏入，上命悉如所處行之。

《國榷》卷三六　〔十二月〕己巳，前軍都督僉事張能卒。

《明史》卷一三《憲宗紀一》　甲戌，彗星見，下詔自責，敕羣臣修省，條時政得失。

《國榷》卷三六　丁丑，誅荆、襄盜李原等二十三人，戍三十四人。

戊寅，併廣東石康縣于合浦。

《憲宗實録》卷九九　巡撫延綏右副都御史余子俊奏：「延綏河套達賊久住，軍民供給糧芻膏血殆盡，設動大衆措置無術，請勑户部以銀十萬兩運五萬於陝西變易，五萬於榆林准折，仍行山西、河南附近州縣或借撥或僦運或買辦料豆各萬石，穀草各一百五十萬束，俱納榆林一帶倉場，庶不臨期失措。」會督餉郎中谷琰亦以爲言。户部議：「遣官分運十六萬兩，仍行山西布政司，以明年分該運大同等邊夏税内預撥五萬石，抵斗納料馬草五十萬束，河南倣此，草加十萬，運納延綏，俱准該年之數。又開中兩淮存積鹽課五十二萬二千三百二十五引有奇，每引料四斗、草七束。此外更有長策，聽各官區畫。」從之。

《明通鑑》卷三二　〔庚辰〕，彗之見也，大學士彭時上言政本七事，【略】皆切中時弊。

《憲宗實録》卷九九　辛巳，減中長蘆鹽則例。

《國榷》卷三六　文武大臣科道各言時政闕失。

《憲宗實録》卷九九　壬午望，上以星變，避正殿，徹樂，御奉天門如常朝儀。

《明通鑑》卷三二　癸未，召朱永還。王越總督延綏軍務。

《憲宗實録》卷九九　旌表孝子方榮及節婦高氏等十八人。

《國榷》卷三六　甲申，禁官司科罰。

己丑，起復工部左侍郎李春，改南京工部。

庚寅，中旨召前左都御史李賓。

巡撫蘇、松、應天右副都御史滕昭爲兵部右侍郎。

《憲宗實録》卷九九　辛卯，授翰林院庶吉士費誾、尹龍、喬維翰、王臣爲編修，張泰爲檢討，張璲、陳珷、梁澤、陳紀、李介、徐謙爲監察御史。

《明通鑑》卷三二　録囚，減死罪以下。

《憲宗實録》卷九九　壬辰，朝鮮國王李娎遣陪臣韓致仍等奉表貢馬及方物來朝。

癸巳，兵部上智勇任將帥者五十人。

《國榷》卷三六　甲午，應天府尹畢亨爲右副都御史，巡撫應天兼總理糧儲。

乙未，虜寇寧夏慶陽。

《憲宗實録》卷九九　巡撫淮陽左僉都御史張鵬奏：「淮陽近歲水旱荐臻，人民缺食，而各倉所儲有限，今兩淮所屬富安等場自成化三年至五年見存糧草折鹽并儀真批驗所續收私餘没官等鹽共一十一萬五十引，請令委官變易時價，糴糧上倉，庶幾賑濟有備。」户部奏：「各邊糧少，先已建議以此變時價解部送邊支給，今仍令摘撥五萬引解部，餘皆從其所言。」上曰：「是。」

成化八年（壬辰、一四七二）

《國榷》卷三六　正月戊戌朔，上御奉天殿，星變免賀，朝覲官行禮。

監察御史張斅等上修省八事。納之，其減文武官半俸，豐年復舊不許。

癸卯，瀋府平遥王幼墁薨。年四十二。

乙巳，吏部大計，罷斥七百五十人。

募民納馬大同。

丙午，撫寧侯朱永還朝，仍掌右府事，陳西邊諸將罪狀，治之。

《憲宗實録》卷一〇〇　授來降虜人罕海爲正千户，安置廣州前衛。

《明史》卷一三《憲宗紀一》　庚戌，大祀天地於南郊。

《憲宗實録》卷一〇〇　命提督專營太監裴當、撫寧侯朱永、定襄伯郭登通閲各營馬步官軍。

甲寅，定兩浙納米充預備倉糧事例。

《國榷》卷三六　乙卯，定西侯蔣琬協守南京，東寧伯焦壽總兵鎮守甘肅，右都督馮宗總兵鎮守永平、山海。

巡撫延綏右副都御史余子俊以套虜馬弱，請暫休兵，有警調赴。從之。

《憲宗實録》卷一〇〇　定大同玉林等草場開中鹽草則例。

《國榷》卷三六　戊午，報廣西猺賊黄公剛等刼賓州。

《憲宗實録》卷一〇〇　致仕南京吏部尚書魏驥卒。

《國榷》卷三六　己(酉)〔未〕，工部言：「惠通河已發卒九(百)〔萬〕人，因災異罷諸役，而修河一事宜取旨。」命量役四萬人，先濬城濠，總兵官趙輔、郭登領之，太監黄順、工部尚書王復兼督。

庚申，江西左布政使夏塤爲右副都御史，巡撫四川。

順天府丞彭信爲應天府尹。

《明通鑑》卷三二　癸亥，皇太子薨。

《憲宗實録》卷一〇〇　丁卯，詔運山西代州新收穀草五十萬束于榆林府谷縣，以備邊需。

設羅漢洞關寨，調撫寧、盧龍、東勝左三衛官軍六十餘人守之。

《明史》卷一三《憲宗紀一》　是月，延綏參將錢亮禦毛里孩於安邊營，敗績，都指揮柏隆、陳英戰死。乩加思蘭犯固原、平涼。

《憲宗實録》卷一〇一　二月戊辰朔，以刑科都給事中白昂爲應天府府丞，監察御史丁川爲順天府府丞。

壬申，命都督僉事楊銘協同鎮守陝西地方。

《國榷》卷三六　癸酉，禮部左侍郎兼翰林學士萬安、司經局洗馬江朝宗主禮闈。

《憲宗實録》卷一〇一　丙子，命户部右侍郎陳浚總督陝西軍餉。

《國榷》卷三六　吏部右侍郎葉盛往延綏議兵事。

《憲宗實録》卷一〇一　丁丑，命撫寧侯朱永、兵部尚書商輅捧册寶謚故皇太子曰悼恭。

辛巳，運折糧官銀以備邊需。

壬午，改禮部右侍郎雷復爲都察院右副都御史，巡撫山西。

《國榷》卷三六　起復右副都御史陳濂，巡撫河南。

《憲宗實録》卷一〇一　癸未，禮部奏：「例應三月初一日殿試，【略】值悼恭太子發引，上不視朝，請改殿試於十五日。」從之。

《國榷》卷三六　乙酉，兵部尚書白圭請明年二月大舉搜套。上是之。

丙戌，敕南京右副都御史羅箎巡視操江。

榜禁妖書。

《憲宗實録》卷一〇一　丁亥，命大同、宣府、薊州、密雲、遼東、甘肅等處及偏頭、鴈門、紫荆、倒馬、居庸等關鎮守總兵内外等官修補墩臺、城堡、邊墻、壕塹。

《國榷》卷三六　戊子，琉球國世子尚圓入貢。

辛卯，忻王見治薨。王性孝友，年十五，謚曰穆。

癸巳，魯府安丘王泰圩薨。年六十二，謚靖恭。

丙申，旌岳州知府吴節、延平知府盛顒、金華知府李嗣、瑞州知府史宗禮、平陽知府吴睿、通判李杲、永平知府王璽、宿州知州劉槩、歷城知縣沈瑀、商水知縣羅楫、廣平知縣何琮、靈壽知縣冀賢、饒陽知縣張翰、鹽山知縣武震、滿城知縣劉翥、新河知縣蕭智、安平知縣王瑾、景州判官王佐、潞城知縣杜彪，俱給誥敕。

《憲宗實録》卷一〇二　三月丁酉朔，實授行人柳淳、樊瑩、熊繡、黄鍾，知縣劉必賢、毛驤爲監察御史；知縣吴貞、推官章顒及試御史徐完爲南京監察御史。

《國榷》卷三六　戊戌，虜退，延綏客兵仍還鎮。

《憲宗實録》卷一〇二　庚子，申處置荆襄流民之令。

《國榷》卷三六　丙午，悼恭太子葬金山。

《憲宗實録》卷一〇二　丁未，命婦人犯法納鈔贖罪。

《國榷》卷三六　戊申，命團營兵每季上其籍。

《憲宗實録》卷一〇二　己酉，陞守備龍州城指揮僉事岳嵩爲署都指揮僉事，充左參將，分守延綏西路。

《國榷》卷三六　辛亥，廷策貢士吴寬等二百五十人。

《憲宗實録》卷一〇二　致仕南京兵部尚書蕭維禎卒。

《明通鑑》卷三二　癸丑，賜吴寬等進士及第、出身有差。

《國榷》卷三六　丙辰，命進士仍次第觀政諸部院寺司。禮科給事中黄麟言：「頃年進士理刑多在刑部，大理寺非故事。」上從之。

丁巳，許張元吉子玄慶襲封真人。

《憲宗實録》卷一〇二　庚申，授第一甲進士吴寬爲翰林院修撰，劉震、李仁傑爲編修，分送第二甲、第三甲進士邵賢等於各衙門辦事。

南京三法司與錦衣衛奏：「會審囚犯，有問擬斬罪者六人，皆情可矜疑。」命免死謫戍。以星變修省故也。

辛酉，命兵部左侍郎李震、大理寺左寺丞汪霖、翰林院侍講徐瓊清理軍職貼黄。

《國榷》卷三六　壬戌，翰林院庶吉士林瀚爲編修。

知縣嚴萱、王瓚、郭經、簡嘉誥、任英爲南京監察御史。

丙寅，寧晉伯劉聚乞故御馬監太監劉永誠謚、祠。賜祠褒忠。閣部以謚非所有，乃寢。

四月己巳，增築大同邊堡。

《明通鑑》卷三二　癸酉，以京師久旱，運河水涸，遣使禱于郊社、山川、淮瀆、東海之神。

《憲宗實録》卷一〇三　以湖廣按察使張綱爲都察院左僉都御史。

乙亥，命南京兵部右侍郎馬顯巡視淮、揚等處。

《國榷》卷三六　都御史張鵬專漕事。

《憲宗實録》卷一〇三　丁丑，命故崇信伯費釗子淮襲爵。

《國榷》卷三六　南京右副都御史羅箎致仕。

《憲宗實録》卷一〇三　癸未，命吏部右侍郎葉盛還京，以會議邊務畢也。

命詹事府詹事兼翰林院侍講學士李泰復任。

乙酉，運太倉銀二十萬兩於陝西、山西等處，以給軍需。

《國榷》卷三六　諭法司遣官録囚。

丙戌，兵科都給事中梁璟等劾項忠驅逐流民，慘于夷虜，【略】乞正其濫殺之罪。上不聽。

《明史》卷一三《憲宗紀一》　丁亥，遣使録天下囚。

《憲宗實録》卷一〇三　命刑部郎中劉秩、金文、伍希淵、周鼒、馮俊、劉恕，員外郎武清、徐演、許盛、周重，大理寺正劉瀚、王軾，寺副王進、魏政十四員分往南北直隸并浙江等處會所在巡按御史及三司官審録罪囚，各賜勑遣之。

壬辰，召鎮守寧夏修武伯沈煜還京，命遊擊將軍都督同知范瑾佩征西將軍印，充總兵官，鎮守寧夏。

《國榷》卷三六　癸巳，兵部尚書白圭言：「右(副)都御史項忠荆襄報册，名數牴牾。【略】請下巡按河南、陝西、湖廣御史覈實論功賞。」上諭：「第如所報册論功，不必覈。」遂進項左都御史，餘陞賞有差。

《憲宗實録》卷一〇三　乙未，調光禄寺卿劉璉爲遼東苑馬寺卿，少卿陳鉞爲江西吉安府同知，王儼爲浙江處州府同知。

《國榷》卷三六　丙申，定襄伯郭登卒。

《憲宗實録》卷一〇四　〔五月〕，戊戌，陞山西布政司左參政周騤爲光禄寺卿，監察御史艾福及光禄寺丞秦玘爲少卿。

辛丑，勑巡視順天等府右副都御史楊璿兼理山海、居庸關等處邊務。

乙巳，勑大同都指揮使緱謙，宣府都指揮同知周玉俱充遊擊將軍。

《明通鑑》卷三二　戊申，免陝西、山西、河南夏税十之二。

《國榷》卷三六　庚戌，令故官三品子孫當廕者入本學貢部入監。

巡撫大同、宣府右都御史林聰致仕。

《憲宗實録》卷一〇四　辛亥，停免陝西、山西市馬。

《國榷》卷三六　壬子，起復左僉都御史鄭寧巡撫宣府，山東左布政使殷謙爲右副都御史，巡撫大同。

《明史》卷一三《憲宗紀一》　癸丑，武靖侯趙輔爲平虜將軍，充總兵官，節制各邊軍馬，同王越禦乩加思蘭。

《明通鑑》卷三二　敕都御史馬文升督陝西兵，余子俊督延綏兵，徐廷璋督寧夏兵，及各道總兵、參將、游擊俱聽輔、越節制，搜河套也。

《憲宗實録》卷一〇四　甲寅，巡按直隷監察御史聶友良奏：「直隷崇明、嘉定，上海、丹徒四縣并金山守禦千户所去年水旱及海潮泛漲覆實，如詔蠲其秋糧十二萬五千七百石有奇，馬草六萬四千四百包有奇，及賑濟過饑民以户計者四萬八千五百，稻糧以石計者三萬二千二百。」

《國榷》卷三六　丙辰，浙江、四川左布政使劉福、胡拱辰並爲右副都御史。福總督南京糧儲，拱辰南京都察院。

丁巳，占城國遣使臣槃沙來告急，云安南索犀象寶貨，去年二月破國，擄國王槃羅茶全，今槃羅茶悦攝國。上命待安南使至，敕還之。

《憲宗實録》卷一〇四　戊午，哈密使臣母撒法兒等【略】來朝。

《國榷》卷三六　戊午，進項忠左都御史，李震左都督，御史劉潔浙江按察副使，檢討張寬雲南僉事，餘陞賞有差。

庚申，命廣西布政司檄安南國，以侵上下凍州龍州地，諭之毋越界，且勘定其界。

壬戌，廣西左布政使黄鎬爲右副都御史，總督南京糧儲。

《憲宗實録》卷一〇五　〔六月〕己巳，增設慶陽、延安二府通判各一員，專理邊儲。

《國榷》卷三六　詔雲南銀課止視舊煎辦。

《憲宗實録》卷一〇五　壬申，授理刑知縣段正爲監察御史。

《國榷》卷三六　乙亥，翰林院庶吉士張晟爲禮科給事中，王錦、方珪、謝顯爲監察御史。

丁丑，前右都御史李賓赴召，被劾，道止之。

《憲宗實録》卷一〇五　戊寅，朝鮮國王李娎以悼恭太子之喪遣陪臣李原效奉慰表并進香、禮物及祭文。

壬午，命陝西行都司都指揮使劉昇充寧夏副總兵，分守花馬池地方。

《國榷》卷三六　乙酉，右都御史項忠被劾，疏辨荆襄濫殺，乞休。不允。

《憲宗實録》卷一〇五　丙戌，擢掌京衛武學事國子監監丞閻禹錫爲監察御史，提調北直隸學校。

《國榷》卷三六　丁亥，遣工科給事中陳峻、行人李珊封槃羅茶悦占城國王。

辛卯，大同游擊將軍都指揮使緱謙爲後軍都督僉事。

《憲宗實録》卷一〇五　甲午，礼部主客司員外郎曹隆，主事康玠、王琮下都察院獄。

《國榷》卷三六　中宫千秋節，奏「殿下」誤書「殿中」。

《憲宗實録》卷一〇六　〔七月〕庚子，兵部奏大同各城乏馬，宜募人上納，欲行河東運司每鹽七十引納馬一匹，或納價銀十兩；其冠帶事例令納馬四匹或價銀四十兩。從之。

《國榷》卷三六　庚子，都昌王祁鑑求徙建昌舊邸。不許。

《明通鑑》卷三一　〔丙午〕，敕修隆善寺成。

《國榷》卷三六　傳陞工匠三十人文思院副使。尚寶司少卿任道遜、司丞程洛書碑，進道遜司卿，洛少卿。

《憲宗實録》卷一〇六　戊申，旌表孝子劉哲等四人，節婦許氏等十一人。

《國榷》卷三六　庚戌，大學士彭時等言皇莊之害，【略】上納之。

《憲宗實録》卷一〇六　壬子，徽王冠。

丙辰，命鎮守兩廣平江伯陳鋭佩漕運印，充總兵官，鎮守淮安。

《國榷》卷三六　戊午，廣西鎮安土知府岑永壽從子宗紹糾黨破府城，都指揮岑瑛擒斬之。

《憲宗實録》卷一〇六　庚申，命平鄉伯陳政佩平蠻將軍印，充總兵官，鎮守兩廣。

《國榷》卷三六　癸亥，泰寧侯陳涇卒。

《憲宗實録》卷一〇七　八月乙丑朔，命署都督僉事劉清於奮武營，都督僉事柯忠於敢勇營，俱坐營；指揮僉事趙真於奮武營，馬本於立威營，俱把總管操。

丁卯，巡撫山東右副都御史翁世資賑濟濟南、青州等府飢民并復業人口一百六十二萬五千餘口，凡用預備等倉糧五十四萬餘石，給開地一萬九千餘頃，種子五萬七千餘石，具籍以聞。

《國榷》卷三六　戊辰，裁漕運理刑主事。

《憲宗實録》卷一〇七　庚午，户部左侍郎原傑以母喪去任。

《國榷》卷三六　辛未，翰林院庶吉士尹仁、吴祚爲監察御史。

壬申，巡撫淮揚右副都御史陳濂巡撫京畿，兼理永平、山海邊務，徙右副都御史楊璿巡撫河南。

《憲宗實録》卷一〇七　丁丑，敕兵科給事中郭鏜赴延綏等處咨訪行軍事宜。

《國榷》卷三六　戊寅，吏部左侍郎尹旻往督運船。

癸未，都督同知趙勝爲鎮朔將軍、總兵官，亟赴宣府擊虜。

《憲宗實録》卷一〇七　庚寅，擢進士黄璉、鄭宏、李鸞、臧瓊爲南京給事中。

《國榷》卷三六　壬辰，石城知縣潮陽陳綱有善政，且能捕盜，韓雍薦授高州通判，撫治夷民。

《憲宗實録》卷一〇七　癸巳，旌異湖廣長沙府知府錢澍、常德府知府楊宣、江西建昌府知府謝士元、直隸隆慶州知州李鼐、湖廣靖州知州蔣淇、浙江温州府通判余鼎實、直隸保定府推官鄭傑、湖廣長沙縣知縣艾旻、福建甌寧縣知縣喬銘，俱給誥敕。

《國榷》卷三六　修淮安抵儀真堤岸。

《憲宗實録》卷一〇八　〔九月〕丙申，運銀六萬餘兩於陝西等處，以給邊儲。

《國榷》卷三六　戊戌，占城國入貢。

己亥，安南國王黎灝入貢。

壬寅，雩都縣學生何京上禦虜車制，【略】命赴延綏行營。

《憲宗實録》卷一〇八　癸卯，命宣府總兵官都督同知顏彪等支萬全都司官庫銀五百兩製銀牌千面，給賞有功官軍。

《國榷》卷三六　甲辰，敕左僉都御史張綱整飭薊州、永平、山海、密雲、居庸邊備，兼巡撫順天、永平。

《明史》卷一三《憲宗紀一》　丙午，諭安南黎灝還占城侵地。

《憲宗實録》卷一〇八　戊申，申處置荆襄流民之令。

己酉，福建福安縣劉洋銀坑礦脉已盡，先以銀課分派民户辦納，至是有司請於新開上坪坑採辦代納其課。從之。

庚戌，陞番僧也舍堅粲崇教廣化國師。

《國榷》卷三六　癸丑，巡撫延綏右副都御史余子俊修築剷削邊山禦虜。

《憲宗實録》卷一〇八　甲寅，陞禮部右侍郎劉吉爲左侍郎，太常寺少卿俞欽爲右侍郎。

《國榷》卷三六　乙卯，秀王見澍薨。【略】年二十一。【略】謚曰懷。

《憲宗實録》卷一〇八　以巡撫山東右副都御史翁世資爲户部左侍郎，太僕寺卿牟俸爲都察院左僉都御史，巡撫山東。

《國榷》卷三六　福建、廣東左布政使劉敷、張瑄爲右副都御史，巡撫浙江、福建。

戊午，敕宣城伯衛穎守備鳳陽。

辛酉，命進士趙英等百二十四人歸省。

都指揮同知王信爲署都督僉事，鎮守臨清。

《憲宗實録》卷一〇八　壬戌，北虜孛羅來降，貢馬八十五匹。命爲廣州前衛副千户。

《國榷》卷三六　〔十月〕丙寅，邊報異同，命趙輔等及寧夏總兵、游擊等各議方略。

《憲宗實録》卷一〇九　丁卯，巡撫湖廣右僉都御史吴琛奏，湖廣起運南京糧每石加耗米至七斗五升，民不能堪，請量減其數；王府歲禄俱徵晚稻米，而湖廣産少，民以常米易于他州，石加十之三四，不勝疲敝，請令槩收常米，庶使旱荒之後，民困少蘇。户部議運糧加耗待勘報處之，王府歲禄宜令暫收常米。從之。

己巳，禁山東、河南及真定府起運京儲不許折價。

甲戌，以順天府旱，減五府所屬并親軍等衛採取秋青十分之三。

《國榷》卷三六　乙亥，前趙州訓導張傑卒。【略】郡守趙博立祠于家塾之左，學者稱默齋先生。

《憲宗實録》卷一〇九　丁丑，勑廣西按察司僉事葉淇專於賓州禦寇。

《國榷》卷三六　趙輔言搜套之難，莫若防守，省兵、節費、安民俱便，請還兵圖後舉。王越言如之。兵部謂輔欺悮，宜逮治，俟郭鏜勘上定畫。

《憲宗實録》卷一〇九　壬午，户部議覆巡視浙江工部右侍郎李顒等上言水災事宜：其一，浙江歲辦猪、鵝、麻、鐵之類【略】，宜改納於無徵之處，年豐如舊。一，浙江原派兑軍糧六十萬石，其被災無徵五萬二千二百七十石，【略】宜免之。一，舊例杭、嘉、湖、紹、金、衢、嚴七府户口食鹽官吏、市民納鈔，鄉民并寧、台、温、處四府槩納米，尋詔俱納鈔。今水災，納鈔不便，宜令復舊。一，各處軍民納米二百五十石者給正九品散官，每加五十石則增二級，至正七品止。一，三司并各屬吏兩考役滿納米一百二十石者，即撥京考；三百石者，免京考，冠帶辦事。民間子弟有願充知印者，納米二百石；承差一百五十石；參三司吏一百石；各府運司七十石；各司府經歷司及九品以上衙門五十石；雜職衙門三十石；舉保僧道、陰陽、醫官二百石。軍民納穀五百石者，請勑旌異爲義民；三百石者，立石，并給復其家。議上，從之。

丁亥，朝鮮國王李娎遣臣梁順右等奉表貢馬及方物來朝，賀萬壽聖節。

戊子，賞保定、河間各衛從征陝西官軍銀人四兩。

己丑，陞通政司左通政楊樾爲太僕寺卿。

開設福建永安縣醫學。

《憲宗實録》卷一一〇　十一月癸巳朔，欽天監進成化九年大統曆。

戊戌，定遼東開中鹽米則例。

命南京文武官員折俸布暫改折豆。

己亥，户部奏：「歲漕京倉米四百萬餘石，今年將盡，尚有未到者一百一十餘萬石，請貯於天津等五處水次倉，以俟支運。又恐糧數既多，收貯難久，宜令在京官吏旗軍原該通州倉食糧者悉於天津倉預支明年正月、五月俸糧，石與脚價銀五分。」疏上，命俱與假半月，令自往支。仍禁沿途糶賣，以絶他弊。

《國榷》卷三六　庚子，都督同知鮑政爲平羌將軍、總兵官，鎮守甘肅。

《憲宗實録》卷一一〇　壬寅，户部奏御馬等倉缺草，請將太倉折草銀召人中草，糶糧銀召人中豆。【略】疏上，從之。

《國榷》卷三六　己酉，南京太僕寺少卿魯崇志爲應天府尹。

《明通鑑》卷三二　以寧晉伯劉聚代趙輔爲將軍，充總兵官，屯延綏。

《國榷》卷三六　總督漕運右僉都御史張鵬專巡視淮揚。

《憲宗實録》卷一一〇　賜朝鮮國成化九年大統曆。

《國榷》卷三六　兵科給事中郭鏜還朝，奏邊事。有旨：切責王越怠職。

鎮守甘肅總兵官東寧伯焦壽卒。

《憲宗實録》卷一一〇　辛亥，賜封都督同知王鳳祭葬。

巡視淮揚等處南京兵部右侍郎馬顯奏：「一，鳳陽府并壽州正陽鎮往來商船甚衆，宜照淮、揚二府收料事例，暫收錢米，以備賑濟。一，淮、揚府、衛、州、縣地方間有水旱災傷，宜令該徵税糧半收雜糧，以蘇其困。一，巡獲私鹽揚州等府、州、衛、所解赴儀真批驗所，淮安、鳳陽、徐州等府、州、衛、所解赴淮安批驗所，各照令定事例收受，與本所已掣餘鹽一體支用。一，鳳陽、淮安、揚州三府缺糧，宜照浙江納米近例，召人上納：二百石者，給與散官，正九品；二百五十石者，正八品；三百石者，正七品；五百石以上者，請勑旌爲義民，仍免本户雜役二年；二百石以上者，立石旌異，免差役一年；一百五十石，給與(冦)〔冠〕帶。」户部覆奏，以爲可行。惟税糧以存留折半，而起運之數仍收本色。詔如議。

癸丑，免直隸順德府邢臺等九縣秋糧二萬四百四十餘石，草五十四萬五千四百四十餘束，以旱傷故也。

甲寅，定擬成化九年户口食鹽實徵事例。

《國榷》卷三六　丁巳，巡撫北畿右副都御史陳濂總督漕運。

戊午，減光禄寺魚(課)〔果〕等物。

十二月癸亥朔，前中軍都督僉事戚斌卒。

甲子，陳桓嗣泰寧侯。

丙寅，山西左布政使葉冕爲右副都御史，巡撫河間。

郭嵩嗣定襄伯。

《憲宗實録》卷一一一　免山東、山西并順天、直隸保定、真定三府成化九年春、夏季人夫柴價十分之三。以其地俱罹災傷也。

庚午，命建州右衛都指揮使察哈答子歹山降襲都指揮同知。

《國榷》卷三六　庚午，免真定田租。

《憲宗實録》卷一一一　巡撫山東左僉都御史牟俸奏救荒事宜：一，借糴官廩以平米價。【略】一，折收船料以備賑濟。【略】從之。

辛未，賜灌頂廣善大國師乃耶室哩祭葬。

《明史》卷一三《憲宗紀一》　癸酉，振京師饑民。

《國榷》卷三六　甲戌，□□知縣江弘濟爲陝西道監察御史。

《憲宗實録》卷一一一　西寧侯宋誠卒。

戊寅，朝鮮李娎遣陪臣貝達中等奉表貢馬及方物來朝。

南京户部尚書陳翌卒。

《國榷》卷三六　庚辰，内傳起服尚寶司卿朱奎、光禄寺丞顧本、儒士杜昌直内府書。

《憲宗實録》卷一一一　甲申，旌表孝子李傑等六人，節婦陳氏等十三人。

《國榷》卷三六　戊子，右府帶俸保定伯孟昂卒。

《憲宗實録》卷一一一　辛卯，命錦衣衛帶俸都指揮同知趙順充參將，鎮守固原、靖虜等處地方；濟陽衛帶俸署都指揮僉事劉瑛鎮守蘭縣地方。

成化九年（癸巳、一四七三）

《國榷》卷三六　〔正月〕乙未，平虜將軍劉聚值虜花馬池，擊斬(三)〔二〕級。

戊戌，巡撫貴州右副都御史秦敬疾去。

壬寅，河南按察使宋欽爲右僉都御史，巡撫貴州。

《明史》卷一三《憲宗紀一》　丁未，大祀天地於南郊。

《憲宗實録》卷一一二　庚戌，賜大慈恩等寺法王札實巴、灌頂大國師端竹也失、班著爾藏卜、國師乳奴班丹，加納失哩誥勑、金印等物。

《國榷》卷三六　壬子，錦衣衛越獄。

《明史》卷一三《憲宗紀一》　壬子，劉聚、王越敗癿加思蘭於漫天嶺。

《憲宗實録》卷一一二　癸丑，平虜將軍總兵官、武靖侯趙輔以疾自延綏代還，辭免營府事。上曰：「卿未衰老，尚堪任事，所辭不允。」

免湖廣、武昌等府秋糧二十一萬八千六百餘石；直隸廣平府秋糧三萬一千六百餘石，草六十萬五千六百餘束，綿花一十八萬二千七百餘斤。俱以旱災故也。

《國榷》卷三六　丙辰，海溢，免海康等田租三千石有奇。

戊午，命衛所運糧軍餘餉視正軍。

宥張元吉戍，還里。科道言其罪，不問。

《憲宗實録》卷一一二　己未，總督漕運平江伯陳鋭奏：「【略】運河【略】宜酌量遠近，自通州至德州責令郎中陸鏞專理，自德州至濟寧則責之副使陳善，自沛縣至儀真則責之郎中郭昇。仍勑大臣一員總督其事。庶事體歸一，而工力可成。」工部議以爲宜。從之。

《國榷》卷三六　庚申，右僉都御史李侃致仕。

辛酉，秦府永壽王公鋌薨。年三十六，謚康定。

命順天府尹賑貧，勸農桑。

《明史》卷一三《憲宗紀一》　是月，土魯番速檀阿力破哈密，據之。

《明通鑑》卷三二　二月壬戌朔，免山西被災税糧。

《憲宗實録》卷一一三　癸亥，開中四川鹽課十萬五十八引。

乙丑，户部奏：「陝西軍餉不足，請於山西税糧内量撥豆七萬石、草一百二十萬(石)〔束〕、布十萬匹，河南撥豆七萬石、草八十萬束、布十萬匹，運送榆林等處給用。」從之。

《皇明資治通紀》卷一九　〔庚午〕，吏部尚書姚夔卒。贈太保，謚文敏。

《國榷》卷三六　辛未，水旱，免順天、河間、保定田租六萬八千七百餘石。

壬申，翰林侍讀學士江朝宗憂去。

《皇明資治通紀》卷一九　〔丁丑〕，勑儒臣校訂宋儒朱熹《通鑑綱目》，命梓刻以傳。

《國榷》卷三六　戊寅，以旱災，免平陽、澤、潞、遼、沁田租三十萬二千五百餘石。

南京中軍都督同知翁信卒。

《憲宗實録》卷一一三　辛巳，免湖廣、荆襄等十三衛所屯田子粒五萬八千餘石。以旱災故也。

壬午，哈密忠順王母弩温荅失力等遣使臣失迭力迷失等各來朝，貢馬、駝。

癸未，以旱災，免直隸真定、定州、神武三衛所屯田子粒一萬四千五百餘石。

《國榷》卷三六　癸未，陝西兵荒，遣禮科都給事中霍貴祭西嶽、西鎮。

《憲宗實録》卷一一三　丁亥，户部議覆巡撫陝西都御史馬文升等所奏事宜：一、宜暫免陝西八府是歲户口鈔鹽，及再免延安逃亡人户税糧三分。一、宜量免平涼等府土達糧草差役三年，并給以牛種。一、宜開中寧夏大小鹽池鹽課二十萬引，在邊鹽一引豆三斗、草四束，環縣鹽一引豆五斗、草八束。從之。

《憲宗實録》卷一一四　〔三月〕甲午，勑南京都察院右副都御史胡拱辰提督操江。

《國榷》卷三六　丙申，鎮遠侯顧淳卒。

己亥，吏部左侍郎尹旻爲尚書，右侍郎葉盛爲左侍郎。

遣御史刷吏牘。

《憲宗實録》卷一一四　壬寅，陞福建福寧縣爲州。

《明通鑑》卷三二　壬寅，減雲南銀課之半。

《憲宗實録》卷一一四　癸卯，授知縣强珍、劉璋、劉喬、胡琮、劉璟、李珪爲監察御史。

復除王毓、王臣、曹卿爲監察御史。

免淮安府諸州縣夏税一十八萬七千八百五十餘石；鳳陽府宿、亳、虹、靈璧四縣州一萬九千七百九十餘石；徐州諸縣六萬七千一百五十餘石，絲六萬四百六十餘兩；徐州高郵、邳州武平、宿州大河、淮安等衛并海州千户所三萬七千餘石。以災傷故也。

《國榷》卷三六　乙巳，黄花鎮西水峪野火燬林木，勢及天壽山。京營兵萬人救之，返風而滅。

《憲宗實録》卷一一四　丁未，誅犯邊虜賊帖木來於市。

《國榷》卷三六　壬子，量減宣府中鹽米數。

《憲宗實録》卷一一四　淮、浙、山東、長蘆、福建、河東等運司鹽課開中於宣府。

甲寅，詔停徵順天府諸州縣成化七年糧草，并八年絹鈔、綿花逋負在民者，候今歲秋成徵之。以連年水旱故也。

《國榷》卷三六　丁巳，免長沙、常德、荆、岳、辰田租六十萬二千九百餘石。

《明通鑑》卷三二　庚申，振畿内、山東饑。是時東省饑尤甚，骼無遺胔。

《國榷》卷三六　四月辛酉朔，享太廟。午刻，日食。

丙寅，右僉都御史徐廷章爲右副都御史，巡撫延綏。

《憲宗實録》卷一一五　土魯番速檀阿力侵哈密衛，據其城。【略】哈密回回馬黑麻者【略】愬于甘肅守臣都督同知鮑政等以聞。事下兵部，尚書白圭等【略】

請命通事都指揮詹昇齎勑往諭速檀阿力，令其悔過自新，退還哈密境土；并勑赤斤蒙古等衛會兵併力以相衛翼；仍勑甘肅總兵等官振揚威武，相機以行。從之。

《國榷》卷三六　丁卯，琉球國中山王尚圓入貢。

《明史》卷一三《憲宗紀一》　戊辰，盡免山東稅糧。瘞京畿暴骸。

《昭代典則》卷一九　遣禮部侍郎劉吉祭告東嶽、東鎮、東海之神。

《憲宗實録》卷一一五　己巳，命延綏遊擊將軍都指揮僉事王璽充寧夏副總兵，以守備朔州城；都指揮僉事袁剛充遊擊將軍代之。

庚午，監察御史楊守隨等劾奏掌後軍都督府事太保會昌侯孫繼宗等以四方災傷，欲併在京諸司停止刷卷。【略】奏上，命見刷文卷并停止，待刷者，自成化元年爲始，至八年終止，以後三年一刷，不許違誤。繼宗等置勿問。

《國榷》卷三六　壬申，總理河道刑部左侍郎王恕改南京户部左侍郎。

浙江按察副使呂政，提督織幣不如法，降貴州布政司右參議。

徙南京神機營于城外。

甲戌，命涼州副總兵趙英等各還鎮。初以搜套集延綏，竟寢。

《憲宗實録》卷一一五　丁丑，免是歲運糧官軍帶運德州等倉糧。

《明通鑑》卷三二　壬午，上閱武臣騎射于西苑。

《憲宗實録》卷一一五　丙戌，兵部奏土魯番速檀阿力【略】僭擬大號，挾制鄰境，不可不爲之備。上曰：「詹昇且不必往，宜勑甘肅鎮守等官悉心隄備。」

《國榷》卷三六　丙戌，敕赤斤蒙古等衛，以土魯番速檀阿力侵據哈密，脣亡〔齒〕寒，不可不慮，宜結鄰援，勿聽其誘。

《憲宗實録》卷一一五　庚寅，免陝西西安府、慶陽、平涼、鞏昌四府逃亡并被掠人户是歲税糧三分。

《憲宗實録》卷一一六　〔五月〕壬辰，陞南京大理寺左評事章懋、南京監察御史張鸞俱爲福建按察司僉事。

以旱災，免直隸鳳陽府所屬定遠等七縣并高郵、儀真、揚州、壽州、武平五衛去年秋糧四萬一千七百八十餘石，穀草二萬九千七十餘包。

《國榷》卷三六　甲午，暹羅國入貢。

《憲宗實録》卷一一六　丁酉，免湖廣辰、沅、岳、安陸、長寧、夷陵六衛所屯田子粒一萬七千四百七十餘石。以旱災故也。

戊戌，户部奏直隸河間府所屬滄、景等州縣旱災，已奉旨【略】救民饑，但民缺食者衆。【略】上以饑民可憫，命再增一萬石，石止糶銀五錢。

《國榷》卷三六　庚子，傳陞都督僉事李玉、白玉都督同知。

《皇明資治通紀》卷一九　南京吏部侍郎范理卒。

《國榷》卷三六　壬寅，南京刑部主事張衍同巡撫牟俸賑山東。

《憲宗實録》卷一一六　癸卯，改派直隸真定府額辦供祀牛犢十五隻於應天府江浦縣并直隸和州二處，免山東額辦供祀山羊七十隻。以旱災故也。

丙午，户部議巡撫山東僉都御史牟俸所奏事宜：一，【略】乞勑河南等處巡撫等官以山東流民分發各州縣，務隨所在區畫屋舍居住，驗口給糧，候秋成仍給口糧發遣復業，以其數奏報稽考，庶得彼此兼濟。一，【略】乞撥百萬餘引於臨清、濟寧等處報中，不拘資次即與關支，則客商見利必趨，樂於中納，而有助於荒政矣。一，山東所屬該徵糧草、粟米、豆麥之類【略】乞俱停止，庶得少安。議入，上以爲然，更命移臨清粟米十萬石賑之。

丁未，哈密使臣皮剌的牙失力等來朝，貢馬。

《國榷》卷三六　丁未，協守陝西都督僉事楊銘，以失事貪暴，逮入京，戍貴州。

《憲宗實録》卷一一六　己酉，免貴州等一十三衛糧二萬一千九百餘石，貴州宣慰司并金筑安撫普安等司州及新添衛、新添等長官司糧一萬二千六十餘石。

《明通鑑》卷三二　〔辛亥〕，進商輅户部尚書，萬安禮部尚書兼學士，直閣如故。

《憲宗實録》卷一一六　癸丑，以災傷免南京豹韜等衛去年屯田子粒一萬一百三十餘石。

《國榷》卷三六　戊午，起前禮部右侍郎倪謙、翰林侍讀學士錢溥于南京。

〔六月〕丙寅，禮部左侍郎劉吉還自山東，奏祭告海嶽得雨。

丁卯，蜀府汶川王友壿薨。年三十，謚懿簡。

己巳，參贊軍務右都御史王越上守禦三策：以陝西計之，平涼、固原實要地，都指揮僉事（王）〔黄〕璽，謀勇歷戰，近充寧夏副將，徒擁虛名，乞假以總兵鎮守，庶可成功。以延綏計之，見卒二萬一千，堪戰不及五千，若練士兵，可得萬六千；山西游兵三千，宜屯灰溝營；還大同游兵三千，在大同右衛或朔州互援。

以寧夏計之，官軍經戰少，虜輒肆侮，宜令總兵官范瑾、游擊將軍祝雄等練士，值虜深入，與固原、靖虜、慶陽併力夾擊。上命劉聚駐固原，王越往來調遣。

《明通鑑》卷三二　壬申，振山西饑。

《國榷》卷三六　漕運參將錦衣帶俸都指揮同知袁佑卒。

《憲宗實録》卷一一七　乙亥，録榆林、寧夏等處征勦虜寇功紀功。【略】命陞劉聚世襲伯，王越左都御史，張遐左少監，余子俊左副都御史，神英實授都督僉事。

丙子，開中淮、浙二運司存積鹽課三十萬引於榆林，命巡撫官定立則例，召商上納糧草。

丁丑，擢理刑知縣洪冕、孫緝、康文爲南京監察御史。

《明通鑑》卷三二　己卯，免陝西被災夏税。

《憲宗實録》卷一一七　壬午，旌表孝子何文玘等三人，節婦余氏等六人，烈婦張氏等二人。

《國榷》卷三六　癸未，順天府尹李裕爲右副都御史，總督漕運。

《憲宗實録》卷一一八　秋七月庚寅朔，運户部折糧銀并太倉銀各十萬兩於陝西榆林城，以給軍餉。

開中淮、浙鹽課三十萬引於陝西、甘肅、寧夏等處倉，以給邊儲。

《國榷》卷三六　辛卯，浙江布政司左參政邢簡爲順天府尹。

壬辰，敕都督同知李文、右通政劉文往甘肅，規復哈密。

《明史》卷一三《憲宗紀一》　巡撫延綏都御史余子俊敗乩加思蘭於榆林澗。

《國榷》卷三六　癸巳，左軍都督府囚逸。

丁酉，慶府安塞王秩炅卒。【略】年四十七，謚宣靖。

南京左府應城伯孫繼先貪暴僭侈，奪爵免。

壬寅，督學監察御史閻禹錫乞免諸生追廪之例。從之。

《憲宗實録》卷一一八　乙巳，陞金吾右等衛帶俸都指揮使白玉爲中軍都督僉事，吴英爲前軍都督僉事，李璵爲後軍都督僉事，周賢爲右軍都督僉事，李俊爲左軍都督僉事。俱以延綏等處斬獲虜賊功也。

《明通鑑》卷三二　庚戌，東直門火。

《國榷》卷三六　水旱，免應天、安慶、徽、池去年田租九萬四千八百餘石。

《憲宗實録》卷一一八　癸丑，册皇第六妹爲隆慶長公主，選東城兵馬副指揮游傑男泰爲駙馬都尉，授以誥命。

《國榷》卷三六　顧溥嗣鎮遠侯。

復設蘇、松、常、鎮、湖勸農通判，縣丞。

《憲宗實録》卷一一八　甲寅，免河南彰德、衛輝二府所屬州縣去年税糧十六萬六千八百餘石，以旱災故也。

《國榷》卷三六　乙卯，葉縣知縣宋璽，有善治，薦進泗州知州。

《憲宗實録》卷一一八　丙辰，擢問刑知縣劉瓚、黄本、徐博爲監察御史。

《國榷》卷三六　〔八月〕壬戌，翰林編修謝鐸言：「臣奉命校《資治通鑑綱目》畢。【略】」

丁卯，署都督僉事劉清爲鎮朔將軍、總兵官，鎮守宣府。

《明通鑑》卷三二　〔戊辰〕，刑部尚書陸瑜致仕。

《國榷》卷三六　己巳，改右副都御史殷謙巡撫宣府，右僉都御史鄭寧巡撫大同。

前軍都督同知楊茂卒。

《憲宗實録》卷一一九　辛未，録遼東亮子河等處殺賊功。

《國榷》卷三六　壬申，令阮廷珪食縣丞禄。廷珪父遷干，自安南降，官順慶知府，晚廢宣城。廷珪乞官，特許之。

《憲宗實録》卷一一九　癸酉，户部奏：「真定府諸州縣先奉詔蠲免夏税五分，尋以壩上等倉急缺麥豆，令給太倉銀買補納之。今其地災傷比于上年爲甚，其所該徵五分亦乞蠲免，仍於太倉給銀買納。」從之。

甲戌，真定府奏：「成化六年以前所屬鄉民於户口食鹽俱納米，計歲徵米二萬三千四百二十餘石，官吏市民納鈔，尋令槩納鈔。今各州縣學驛俱缺糧支用，而鄉民無鈔，亦皆願納米，請仍行舊例。」户部議以爲宜從，詔如議。

丙子，巡撫北直隸右副都御史葉冕奏：「順德、廣平、大名、河間、真定、保定六府賑濟過饑民凡六十九萬一千七百三十六户，用糧七十五萬三百石有奇。」

《明通鑑》卷三二　丁丑，兵部尚書白圭以憂去，詔葬後起復。

《憲宗實録》卷一一九　巡撫山東左僉都御史牟俸奏：「山東雨水、蟲蝗甚於往歲，【略】伏望皇上重念民災，特勑廷臣各陳長策，仍集議臣前所陳【略】。」户部議：以俸所陳事宜皆先集議難行者，今俸又以爲言，則惟僧道正當十年一度之期，請令禮部出給空名度牒數萬，令赴山東告給，每牒納米二十石，或銀二十五兩。其借撥浙江等處餘糧，則惟常熟等縣折銀，見在官庫請行巡撫都御史畢亨借撥三萬兩。其陜西納草例：凡在京辦事及到部寄名吏納銀八十兩者，免京考。冠帶辦事當該一年以上者，令家屬納銀四十兩；二年以上者，三十兩；三年已滿者，二十兩，俱免考試，即冠帶，依資選用。各處軍民人等有納銀五十兩者，給冠帶；七十兩者，給從九品散官；自從九品以上至正七品，每一級遞加十兩。今可如例召納。議入，詔悉從之，其漕運糧准留五萬石於德州、臨清倉收貯。

戶部奏：「直隸府州縣被災，其夏稅已奉詔免五分，仍以太常寺等衙門急缺麥豆，令照時價支給太倉銀買納。今景州等處全災，則該徵五分亦宜蠲免，仍請給銀買補派納之數。」從之。

《國榷》卷三六　戊寅，大理寺卿王槩爲刑部尚書。

己卯，戶部右侍郎陳俊改吏部，左通政劉昭爲工部右侍郎，湖廣左布政使杜銘爲戶部右侍郎。

《明史》卷一三《憲宗紀一》　九月辛卯，鎮守浙江中官李義杖殺寧波衛指揮馬璋，詔勿問。

《憲宗實録》卷一二〇　壬辰，置湖廣遠安千戶所倉。

甲午，命以臨清、德州二倉去年寄收糧米各存二萬五千石以備賑濟（山東）。

《明史》卷一三《憲宗紀一》　庚子，王越襲滿都魯、孛羅忽、乩加思蘭於紅鹽池，大破之。諸部漸出河套。

《明通鑑》卷三二　〔乙巳〕，詔淮、徐、臨、德四倉支運七十萬石之米，悉改爲水次交兑。

先是七年，立長運法，計四百萬餘石之額，其舊入支運者，惟此四倉七十萬石之米未改，至是悉改之。自是官軍長運遂爲一代定制，其自支運改爲長運者，又名「改兑」云。

《皇明資治通紀》卷一九　〔丙午〕，以永平知府王璽奏，重建伯夷、叔齊廟，賜額曰清節，命詞臣撰祭文，令有司仍春秋致祭。

《國榷》卷三六　丁未，録遼東義州將士功，副總兵韓斌等陞賞有差。

《憲宗實録》卷一二〇　戶部覆議漕運總兵官平江伯陳鋭、總督漕運都御史李裕言，【略】宜以南昌前衛起至嘉興所止，該通州倉上納兑運支運，并改撥陪補火燒漂流糧，自後船扣出四五十萬石，照成化六年例，沿河就船兑與京衛官軍作本年十月、十一月俸糧，於九月以裏支盡；且定河西務兑者每石脚價銀四分，或米五升，張家灣者銀二分，或米三升，通州河下者不與脚價爲便。從之，且令速往兑支，無得留滯。

庚戌，賜撫寧侯朱永誥券。

《國榷》卷三六　壬子，敕各邊都御史整飭邊備。

《憲宗實録》卷一二〇　癸丑，暫免漢中、寧羌、金州、階州、文縣、西固城六衛所冬衣布花之給。

《國榷》卷三六　丙辰，免大名夏稅。

丁巳，定南京都城隍太常寺致祭。

《憲宗實録》卷一二〇　南京前府都督僉事阮泰卒。

《憲宗實録》卷一二一　冬十月己未朔，戶部奏山東救荒事宜，【略】詔俱允之。

《國榷》卷三六　庚申，增順天、河間、淮安、揚州通判各一。

《明通鑑》卷三二　乙丑，録囚。

《憲宗實録》卷一二一　己巳，命都督同知芮成管團子營。

《明通鑑》卷三二　〔庚午〕，巡撫山東牟俸，復以洊饑檄發東昌、濟寧倉粟十萬餘石爲軍士月糧，而以德州、臨清寄庫銀易米振濟，奏請伏專擅罪，上特宥之。又言：「今救荒者止救其饑，不謀其寒，縱得食，終不免僵死，乞貸貧民布棉。」詔從之。

《憲宗實録》卷一二一　左軍都督僉事夏霖以病乞致仕，許之。

《國榷》卷三六　癸酉，曉刻，月食，免朝。

起復戶部左侍郎原傑巡視江西。

《憲宗實録》卷一二一　甲戌，定擬河間府等處災傷納銀補官則例。

乙亥，巡撫山東左僉都御史牟俸奏：「易州山廠供用柴炭【略】近者雖量加減免，其該征者尚未能給，請并免之。」上命輸惜薪司、光禄寺御馬監者，再免一分；輸內官監、兵仗局者，一年俱免。

《國榷》卷三六　丁丑，焦俊嗣東寧伯。

戊寅，旌贛州知府謝杲、衢州同知魏安，賜告身。

壬午，魯王泰堪薨。年六十三，謚曰惠。

免平陽夏稅麥二十五萬八千八百四十餘石。

《憲宗實録》卷一二一　甲申，朝鮮國王李娎遣陪臣李克墩等奉表貢馬及方物來朝。

乙酉，定擬中鹽則例：直隸永平府永豐、山海、界嶺口、劉家營、永營、大喜峰口六倉兩淮存積鹽課一萬四千三百餘引，每引每米納五斗五升；兩浙存積鹽課二十萬二千七百餘引，每引米三斗五升。

《憲宗實録》卷一三二　十一月戊子朔，欽天監進〔成〕化十年大統曆。

《國榷》卷三六　甲午，刑部右侍郎董方爲右都御史。

丙申，蜀府華陽王友堚薨。年五十一，謚康簡。

《明通鑑》卷三二　丁酉，復閱騎射于西苑，罷定襄伯郭嵩等四人。

《國榷》卷三六　辛丑，前寧夏總兵都督同知張泰卒。

《憲宗實録》卷一三二　丙午，增設山東武城縣管河主簿一員。

《國榷》卷三六　戊申，諭内閣編纂《宋元續通鑑綱目》，因分七館編纂。**【略】**明年，侍講學士丘濬入，則八館云。

《憲宗實録》卷一三二　賜朝鮮國王成化十年大統曆。

《國榷》卷三六　癸丑，户部右侍郎杜銘爲工部左侍郎。

甲寅，免河間田租二萬九千三百餘石。

乙卯，釁河東鹽四十萬引，濟山西饑。

《憲宗實録》卷一三二　定軍民人等納銀給散官事例。

《國榷》卷三六　長沙、湘潭盜起，殺指揮韓輔。

温州礦盜流刦福建。

《憲宗實録》卷一三三　〔十二月〕己未，刑部左侍郎曾翬以疾奏乞致仕，許之。

《國榷》卷三六　辛酉，武進伯朱雲卒。

丁卯，錦衣衛都指揮同知袁彬乞母祭葬，特許之。

《憲宗實録》卷一三三　己巳，詔山東該徵糧草存留本處支用。

庚午，免天津等八衛軍士採運秋青草八十萬束，以水災故也。

《國榷》卷三六　壬申，賜山海關中山王徐達祠曰顯功。

遣工科給事中韓文勘韋州功，以紀功兵部員外郎張謹劾諸將濫殺冒級也。

癸酉，太子少保兼兵部尚書白圭奔喪回部。

復設陝西河州及文縣、禮縣。

前軍都督僉事白玘鎮守陝西。

戊寅，暫停徵畿内、山東、河南民馬。

《憲宗實録》卷一三三　辛巳，改陝西靖虜衛旗軍運糧折色布爲鈔。

壬午，旌表孝子徐寧等三人、節婦鮑氏等六人、烈婦一人。

癸未，詔免雲南各衛官司及裁減州縣明年朝覲。

免直隸大名、順德、真定、廣平、永平五府所屬州縣秋糧一十萬六千餘石，草二百萬束，綿花二萬三千餘斤，以水災故也。

甲申，免山西忻、澤、潞等十一州、繁峙、高平等三十九縣夏税二十六萬八千四百餘石，以旱災故也。

《國榷》卷三六　乙酉，重修南京靈谷寺。

是年，張悦爲浙江提學僉事，試士不糊名，曰：「我尚自疑，何以示信。」

成化一〇年（甲午、一四七四）

《明通鑑》卷三二　春正月丁亥朔，振京師貧民。

《國榷》卷三七　癸巳，巡撫陝西延綏馬文升、余子俊，薦延安府經歷徐彬、華州判官陳琦、宜川縣丞董敬、米脂縣丞吴瓘，彬試安定知縣，琦試安化知縣，敬試通渭知縣，瓘試洛川知縣。

《明史》卷一三《憲宗紀一》　丁酉，大祀天地於南郊。

《憲宗實録》卷一二四　以上元節，賜文武羣臣假十日。

《明通鑑》卷三二　癸卯，王越總制延綏、甘肅、寧夏三邊，駐固原。**【略】**三邊設總制自此始。

《憲宗實録》卷一二四　乙巳，巡撫河南右副都御史楊璿奏：「獲嘉等縣連年薄收，去歲夏秋雨潦，饑饉特甚，民多流移，賑濟無備，請行納米冠帶、中鹽之議。」户部奏定則例：凡軍民納米八十石者給冠帶，四十石者立石旌表，給復一年。其米麥俱納於獲嘉、新鄉、汲、淇等縣。開中河東運司見在鹽課三十萬引，每引米麥二斗，聽衛輝府撥於缺糧處上納。

免宣府、萬全、懷安、保安等衛并興和守禦千户所去年子粒一萬一百四十石有奇，草二萬一千六百五十束，以冰雹雨水災也。

《國榷》卷三七　丙午，虜警少弭，散遣沿河客兵，召還寧晉伯劉聚、紀功郎中張謹。

己酉，英廟賢妃王氏薨。年四十五，謚昭肅(静)〔靖〕端。

《憲宗實録》卷一二四　增置陝西環縣韋州倉。

辛亥，諭祭成討温衛故都督婁得。

《國榷》卷三七　辛亥，重給朵顔衛印。署衛知院脱火赤言印爲毛里孩掠之。

壬子，授哈密頭目脱脱不花指揮僉事，暫居甘州苦峪城。

是月，朵顔三衛夷犯開原，右參將周俊追出塞百餘里，斬十一級。明日，追五十餘里，斬六級。

二月丙辰朔，免各巡撫赴京議事。

戊午，靖安伯和勇卒。【略】贈靖安侯，謚武敏。

《憲宗實録》卷一二五　壬戌，免真定神武右衛平定禦千户所去年子粒八千六百石有奇，以水災故也。

《國榷》卷三七　癸亥，以浙江、江西折漕銀濟邊。

木邦宣慰司夷婦曩罕弄聚衆刼掠，雲南總兵黔國公沐琮等累撫不從。

《憲宗實録》卷一二五　乙丑，亂加思蘭部下咬喈犯邊，爲官軍擒獲，誅之。

丙寅，免兩廣府州縣官朝覲。從巡撫都御史韓雍言荒盜發也。

《國榷》卷三七　己巳，旌岷府安昌王膺鋪孝行。

定郡王、將軍以下邸宅差等，未五十年毋輒葺治。從荊州知府趙璡議。

辛未，巡撫〔北〕直隸、甘肅右副都御史葉冕、婁良，大同左僉都御史鄭寧，並劾罷。

《憲宗實録》卷一二五　禁京城鋪户(母)〔毋〕得與夷人貿易違禁器物。

甲戌，命右都御史董方巡撫大同，右副都御史張鎣巡撫河間等府，陞陝西左布政使朱英爲右副都御史，巡撫甘肅。

《國榷》卷三七　乙亥，南京工部右侍郎蕭彝有罪劾免。

《憲宗實録》卷一二五　户部奏文武官俸歳以兩月本色折絹，今南京庫絹少布多，請行南京文武官以本色兩月分支絹布。從之。

《國榷》卷三七　丁丑，土魯番入貢。

三月丙戌朔，罷總督兩廣軍務右都御史韓雍。

免淮安、鳳陽、徐州去年夏税六萬三千石有奇。

《明通鑑》卷三二　庚寅，崇王見澤之國。

《憲宗實録》卷一二六　辛卯，陞巡撫湖廣都察院右僉都御史吴琛爲右副都御史。

壬辰，追封故豐城侯李賢爲豐國公，謚忠憲，賜誥命。

《皇明資治通紀》卷一九　〔癸巳〕，吏部左侍郎葉盛卒，賜謚文莊。

《憲宗實録》卷一二六　甲午，勑巡撫湖廣右副都御史吴琛總督兩廣軍務兼理巡撫。

《國榷》卷三七　丁酉，工科給事中韓文劾陝西報功虚妄，巡撫馬文升、游擊將軍緱謙、指揮劉琮奪俸三月，餘半年。

《憲宗實録》卷一二六　己亥，勑巡撫浙江右副都御史劉敷巡撫湖廣。

《皇明資治通紀》卷一九　〔辛丑〕，兵科給事中郭鏜等奏：「總兵劉聚、都御史王鉞、馬文升、余子俊等怠于敵愾，急于貪功，既無保障之仁，反施屠戮之慘。郎中張謹劾奏于前，給事中韓文覈實於後，乞重加黜罰，以爲邊臣妄殺邀功之戒。」上曰：「爾等所言良是，但其事已裁處，不必再問。〔所〕司移文戒飭之。」

《憲宗實録》卷一二六　甲辰，命太監覃勸同傅恭總督五軍營操練。

《國榷》卷三七　限建州等衛貢額歳不過八九百人。

《憲宗實録》卷一二六　乙巳，以水災，免潼關寧山衛并蒲州守禦千户所去年子粒一萬三千四百餘石。

《國榷》卷三七　丁未，行人徐丹、楊徽，知縣陳璉、戴中爲監察御史。

《憲宗實録》卷一二六　免南京旗手等衛成化九年分子粒三萬二千七百餘石，以水災故也。

戊申，命致仕南昌府知府王詔復任。

《國榷》卷三七　己酉，朱霖嗣武進伯。

《皇明資治通紀》卷一九　〔壬子〕，以水災，免直隸壽、泗、和三州，霍丘等八縣成化九年秋糧，鳳陽留守左等七衛并洪塘湖千户所子粒。

〔甲寅〕，以旱災，免湖廣武昌、漢陽、黄州、常德、辰州、衡州、長沙七府成化九年秋糧，武昌、衡州、常德、靖州、沅州、五開、茶陵、黄州、長沙、銅鼓、辰州十一衛子粒。

《國榷》卷三七　〔四月〕丙辰，琉球國中山王尚圓入貢。

《憲宗實録》卷一二七　戊午，增置河南延津、洧川、鄢陵、太康、西華、鹿邑、新鄭七縣縣丞各一員，原武、永城、臨潁、郾城四縣縣丞、主簿各一員。

《國榷》卷三七　癸亥，寧晉伯劉聚卒。

甲子，刑部尚書王槩上處置條例十事。行之。

《憲宗實録》卷一二七　丙寅，以去年旱災，免山西太原、平陽二府無徵秋糧八十二萬五百七十七石，馬草一百六十四萬一千六百三十八束。

《國榷》卷三七　增雲南解額五人。

己巳，東光妖人劉通等伏誅。

壬申，南京禮部主事林孟和調慶陽通判。

《憲宗實録》卷一二七　乙亥，陞監察御史羅明爲陝西按察司副使，分守漢中，撫治流民。

《國榷》卷三七　乙亥，巡撫山東左僉都御史牟俸等乞留倉糧二十萬石，折銀五萬八千六百金賑饑。命借臨、德六萬石，麥稔止。

《憲宗實録》卷一二七　丁丑，免鳳陽、淮安、揚州、廬州四府所屬州縣及兩淮運司安豐等場邳、壽、廬、揚四衛秋糧子粒米豆共一十九萬五千一百六十餘石，馬草三十萬五千四百四十餘包，以去秋水災也。

《國榷》卷三七　戊寅，趙府襄邑王見濴薨。年十七，謚懷簡。

己卯，錦衣衛帶俸指揮使李俊爲署都指揮僉事，分守涼州。

《憲宗實録》卷一二七　庚辰，命英國公張懋掌中軍都督府事。

甲申，户部議覆巡視江西左侍郎原傑所陳二事：一，户口食鹽【略】照舊錢鈔兼收，錢非鉛、錫新鑄、破碎，鈔非僞造者，即與收受。一，贛州府所屬諸縣地不産絹，宜如傑言，每絹一疋折收銀一兩，解送太倉收用，自後絹少仍令納絹。從之。

免陝西入伍土兵四千八百六十餘人税糧，户二十石以下者全免，以上者免其半，丁差亦量減免，以助供給。每兵無事時月支糧米三斗，有警添支布花。三年以後量給。邊境空地，召軍民舍餘承種三年，軍納子粒，餘照民田輕例起科，以充邊用。從巡撫左副都御史馬文升請也。

《憲宗實録》卷一二八　五月乙酉朔，進封寧晉伯劉聚爲寧晉侯。

丁亥，命河東巡鹽御史王臣再巡一年。

《國榷》卷三七　戊子，巡撫山西邊關右副都御史雷復卒。

《憲宗實録》卷一二八　丁酉，免山西太原左右前、平陽潞州、鎮西、振武、瀋陽中護衛凡八衛，寧化、汾州、沁州、保德、平定五千户所子粒四萬二百八十六石；澤、潞、遼、沁、汾五州秋糧三十二萬六百五十六石，馬草六十四萬四千四百二十餘束；應天、太平、寧國、池州四府并廣德、溧陽等州縣，建陽、九江二衛秋糧子粒共九萬二千六百餘石，馬草一十九萬六千四百九十餘包。俱以災傷故也。

庚子，增設河東陝西都轉運鹽使司豐濟庫大使一員。

《國榷》卷三七　壬寅，旱災，免西安、平涼、慶陽、鳳翔、延安去年夏税四十五萬三千二百六十(五)〔三〕石有奇。

癸卯，增江西布政司參議，南昌、吉安、撫、袁、饒、臨江通判，俱管糧。

《明史》卷一三《憲宗紀一》　戊申，申藏妖書之禁。

《憲宗實録》卷一二八　旌表孝子張鄘等四人，節婦張氏等六人。

《國榷》卷三七　庚戌，增順天、永平勸農通判，各州判官，各縣主簿。

癸丑，許臨清鎮守都督僉事王信兼理民訟。

《憲宗實録》卷一二九　〔六月〕己未，右都督白玉、都督僉事董宦以罪免。

《明通鑑》卷三二　〔壬戌〕，趙輔以被劾辭侯，乞世伯。上許其世伯，侯如故，僅減禄二百石。言官力争，不聽。

《國榷》卷三七　巡撫福建右副都御史張瑄巡撫河南。

《憲宗實録》卷一二九　癸亥，陞太常寺卿兼翰林院侍讀學士劉珝爲吏部左侍郎，仍於經筵會講。改工部左侍郎杜銘于刑部。

《國榷》卷三七　甲子，録延綏戰功，進王越太子少保，余子俊右都御史，許寧署都督同知，劉寵(後)〔右〕軍都督僉事，周玉後軍署都督僉事，張遐太監。

《憲宗實録》卷一二九　乙丑，陞工部右侍郎王詔爲左侍郎，管部事；以通政司右通政程萬里代詔管易州山廠。

《國榷》卷三七　丁卯，旌韓府襄陵王範址孝行。

壬申，行人崔廷圭、余統爲南京監察御史。

《憲宗實録》卷一二九　陞南京都察院左僉都御史張鵬爲右副都御史，巡撫寧夏地方。起養病右都御史林聰理南京都察院事。

《國榷》卷三七　癸酉，免湖州去年田租十一萬二千二百五十石，馬草八萬八千六百五十餘束。

甲戌，前南京刑部右侍郎林鶚服除，補刑部右侍郎。

《憲宗實録》卷一二九　擢進士李孟暘、陳壽、蕭顯、馬孔惠、劉懋爲給事中，孟暘、壽户科，顯、孔惠兵科，懋刑科。

《國榷》卷三七　戊寅，内臣張端、工部右侍郎劉昭疏京城溝渠。

中軍右都督王鎮卒。

己卯，翰林檢討吴希賢爲修撰。

《憲宗實録》卷一二九　辛巳，授知縣汪奎、行人胡敬爲監察御史。

《國榷》卷三七　巡撫淮揚右副都御史陳濂卒。

癸未，翰林侍講學士丘濬，起復入朝。

〔閏六月〕己丑，劉禄嗣寧晉伯。

辛卯，太傅會昌侯孫繼宗被劾，辭營務。許之。

《憲宗實録》卷一三〇　癸巳，免在京濟州、神武後、義勇左、永清右、燕山前及直隸涿州、涿鹿左、東勝右、興州後屯、營州後屯、保定中、右、前、後十四衛，直隸保定府所屬高陽、新安二縣秋糧子粒共一萬二千一百七十七石有奇，馬草二萬三千一百三十五束，以去年水災故也。

《國榷》卷三七　乙未，英國公張懋管五軍營，定西侯蔣琬、撫寧侯朱永管團營。

庚子，南京後府武安侯鄭宏兼總操江。

《憲宗實録》卷一三〇　辛丑，工部尚書王復九年任滿，命復任。

《國榷》卷三七　乙巳，錦衣衛正千户馬俊爲指揮僉事。

《明通鑑》卷三二　巡撫延綏余子俊築邊墻成，上其事：【略】東起清水營，西抵花馬池，延袤千七百七十里，鑿崖築墻，掘塹其下，連比不絶。每二三里，置敵臺、崖寨備巡警。又于崖寨空處築短墻，横一斜二如箕狀，以瞭敵避射。凡築城堡十(一)〔二〕，邊墩十五，小墩七十八，崖寨八百十九。

《國榷》卷三七　七月甲寅朔，再給署太常寺事禮部左侍郎萬祺誥命。

《明通鑑》卷三二　免江西南昌等府被災秋糧凡八十六萬有奇。

《國榷》卷三七　己未，諭延綏等處嚴飭邊備。

《憲宗實録》卷一三一　乙丑，以旱災，免山東運司永利等一十二場鹽課本色并折色共三萬五千四百九十餘引。

丙寅，設陝西延安府建安、常樂二堡倉，慶陽府把都河、石澇池、三山三堡倉。

《國榷》卷三七　庚午，免應、朔、大同、懷仁、山陰去年夏税麥二萬六千二十餘石。

《憲宗實録》卷一三一　土魯番遣使臣滿剌馬黑麻等來朝，貢馬、駝。

《國榷》卷三七　總督王越疾，還朝。

《憲宗實録》卷一三一　辛未，户部定擬延綏、甘寧等倉開中兩淮等運司并廣東鹽課司成化七等年鹽共九十一萬八千五百六十一引。【略】得旨，從之。

壬午，免在京武功中衛并直隸武清等十一衛成化九年子粒一萬五千七百七十石有奇，以水災故也。

《國榷》卷三七　八月癸未朔，甲申，户部尚書楊鼎，議實淮安、臨清、徐、德倉糧。

丁亥，先是，安南調兵越雲南之廣南、鎮安，遂敕國王黎灝毋輕調夷兵，驚擾邊境。

命太監劉恒、都督同知趙勝簡兵待發。時癿加思蘭寇邊。

己丑，署太常寺事禮部左侍郎萬祺憂去。

《明史》卷一三《憲宗紀一》　辛卯，都督同知趙勝爲平虜將軍，充總兵官，太監劉恒，覃平監軍，討癿加思蘭。

《憲宗實録》卷一三二　壬辰，賞陝西延綏等處殺賊有功官軍總兵官武靖侯趙輔等六千六十員名。

《國榷》卷三七　壬辰，户科給事中張海西征紀功。

癸巳，起復周洪謨，補國子祭酒。

都督王義領參將，往宣府分擊虜寇。

《憲宗實録》卷一三二　甲午，陞鎮守遼東少監韋朗爲太監，都指揮僉事周俊爲都指揮同知。

《國榷》卷三七　甲午，工部(右)〔左〕侍郎王詔、都督同知芮成督修南苑。

乙未，晉府永和王鍾鋏薨。年三十一，謚順僖。

進士李暹、董鑅爲翰林檢討，侍徽王。

戊戌，秦府臨潼王公銘薨。年四十四，謚惠簡。

《皇明大政紀》卷一五　直隸博野知縣裴泰奏乞勅禮部定宋儒程顥、程頤祭儀。從之。

《明通鑑》卷三二　〔丙午〕，賜廣東按察副使孔鏞、僉事陶魯、林錦誥命。

《憲宗實録》卷一三二　丁未，誅犯邊虜寇火尼赤于市。

戊申，復除山西布政司左參議孫敬于江西，專理糧儲。

《皇明資治通紀》卷一九　〔壬子〕，刑部尚書王槩卒。

《國榷》卷三七　是月，赤斤蒙古衛左都督賞卜答兒等欲攻阿年番族，甘肅總兵鮑政檄責之。

《皇明資治通紀》卷一九　九月癸丑朔，日食，免朝。

《國榷》卷三七　甲寅，南京吏部左侍郎章綸憂去。

《明通鑑》卷三二　乙卯，以水災，免南直隸蘇、松、常、鎮四府被災州縣並蘇州衛秋糧共四十三萬四千餘石。

《國榷》卷三七　丙辰，代府隰川王遜燂薨。年四十六，謚懿安。

庚申，命侯伯新襲及駙馬年少俱入太學。

《憲宗實録》卷一三三　癸亥，户部以淮安、徐州、臨清、德州諸水次京儲借撥已盡，宜及時措置，以備不虞，遂定擬開中鹽引隨納米麥則例。【略】得旨從之。

《國榷》卷三七　戊辰，前(右)〔後〕軍署右都督白玉卒。

《憲宗實録》卷一三三　庚午，賜武靖侯趙輔誥券。

《國榷》卷三七　十月癸未朔，乙酉，旌青州知府李昂、湖廣按察僉事尚褫、浙江按察僉事周正方、河南同知吉慶、真定通判傅恕、順德通判李觀、故城知縣杜中、陽城知縣耿昇、錢塘知縣謝頌，賜誥敕。

丙戌，增山東勸農參政。

丁亥，浙江左布政使張瓚爲右副都御史，巡撫四川。

《憲宗實録》卷一三四　戊子，陞團營掌號指揮使杜山爲署都指揮僉事。

《國榷》卷三七　瀋府陵川王佶熢薨。年六十八，謚康肅。

《憲宗實録》卷一三四　己丑，命哈密都督罕慎暫管本處人民，於苦峪城居住。

《國榷》卷三七　戊戌，兵部左侍郎李震，奔喪仍任。

《憲宗實録》卷一三四　庚子，給内帑鈔三百三十一萬貫有奇，償大興、宛平二縣鋪户買辦物料之直。

辛丑，朝鮮國王李娎遣陪臣韓致仍等奉表貢馬及方物來朝，賀萬壽聖節。

《國榷》卷三七　增廣東、廣西右參議、僉事各一，專理逃卒。

癸卯，左春坊左庶子兼翰林侍講徐溥服除，進少詹事兼侍講學士。

停遼東黑山淘金。巡撫右副都御史彭誼言永樂中治三月止八金，乃報罷。

甲辰，太常寺卿余謙卒。

前南京右軍都督同知吴良卒。

《憲宗實録》卷一三四　丁未，增設管理柴炭官四十四員。

命五城兵馬司月領火夫三百入光禄寺掃除三日，月限一城，以次流轉，著爲令。

《國榷》卷三七　己酉，襄垣王(任)〔仕〕壇居蒲州，多不法，敕責之。

《憲宗實録》卷一三五　十一月壬子朔，欽天監進成化十一年大統曆。

《國榷》卷三七　丙辰，守備鳳陽宣城伯衛穎兼管徐州、歸德。

壬戌，出帑金三十一萬，濟遼、陝、宣、大、榆林、密雲。

《憲宗實録》卷一三五　免浙江杭州衛嚴、湖二所成化九年屯田子粒共九千一百五十石有奇，嘉興府嘉善縣秋粮一萬六千三百石有奇，馬草六千四百餘包。

《國榷》卷三七　丙寅，故朝鮮世子暲追封朝鮮國王，謚懷簡。

丁卯，左都御史項忠改刑部尚書。

《憲宗實録》卷一三五　免長蘆都轉運鹽使司利民等一十八場鹽課本色一萬八千四百餘引，折色布六千餘疋，以被水故也。

《國榷》卷三七　辛未，四川大寧縣逃民張某以署縣事驛丞蕭彦莊罰百金，忿甚，突殺彦莊，于是都察院榜禁苛罰。而彦莊前訐太宰李秉，今慘死，羣快之。

壬申，南京太常寺祠祭署祀丞劉雄、奉祀汪琨，並爲奉祀，世襲。

命英國公張懋、保國公朱永、襄城侯李瑾禱雪。

《憲宗實録》卷一三五　虜寇之入獨石馬營也，分守左監丞劉祥、左參將都指揮使李剛率兵敗之，生擒四人，斬首六級，奪獲旗、馬、器械等物。兵部請陞賞有功官軍，以勵其餘。上從之，降勑獎諭，陞祥爲右少監，剛署都督僉事，及官軍陞者二十七人，賞者八十六人。

《國榷》卷三七　乙亥，前兵部尚書孫原貞卒。

《憲宗實録》卷一三五　丙子，免河南開封等府夏税麥三十四萬一千餘石，絲一十九萬九千餘兩；秋糧六十萬二千餘石，馬草七十二萬餘束。

賜朝鮮國王成化十一年大統曆。

戊寅，土魯番速檀阿力遣赤兒米即等來朝，貢方物。

《國榷》卷三七　十二月壬午朔，前軍右都督李榮卒。

乙酉，翰林編修程敏政爲侍講。

《憲宗實録》卷一三六　陸靈藏贊善王所遣進貢禪師桑兒結藏卜爲國師。

《國榷》卷三七　戊子，巡視江西左副都御史原傑回院。

中旨召守制署太常寺事禮部左侍郎萬祺。

《昭代典則》卷一九　〔己丑〕，罷湖廣寶慶等府縣淘金。

《國榷》卷三七　庚寅，翰林編修李東陽爲侍講。

《明通鑑》卷三二　甲午，都御史李賓等奏：「錦衣鎮撫司累獲妖書，語多妄誕，小民無知，往往被其幻惑。請備録妖書名目榜示天下，並定傳習罪名，俾畏法不敢再犯。」從之。

《國榷》卷三七　乙未，工科右給事中陳峻使占城，不果入而還。

戊戌，雲南按察僉事童軒進太常寺少卿，署欽天監事。

《憲宗實録》卷一三六　命萬全都司學訓導張升復任。

《國榷》卷三七　庚子，後軍署都督同知王信卒。

辛丑，知縣張鏞、梅江、雍泰爲監察御史。

《憲宗實録》卷一三六　朝鮮國王李娎遣陪臣金之慶等奉表貢馬及方物來朝。

《國榷》卷三七　太子少保兼兵部尚書白圭卒。【略】贈少傅，謚恭敏。

《憲宗實録》卷一三六　甲辰，免直隸各衛分成化九年屯田子粒，東勝左衛三千九百石，永平衛一千九百石，盧龍衛一千九百石，興州右屯衛六千三百石。

《國榷》卷三七　丙午，刑部尚書項忠改兵部，巡撫大同右都御史董方爲刑部尚書。

《憲宗實録》卷一三六　丁未，命成山侯王通孫鏞襲封成山伯。

戊申，陞遼東都指揮僉事陳璽爲都指揮同知。以興平東長嶺殺賊功也。

《國榷》卷三七　是年，貴州王經同鎮遠通判楊瑄攻茅坪賊，戰江上，死之。贈瑄參議大夫，鎮遠同知，廕子入監。

右副都御史畢亨開吴淞江。

成化一一年（乙未、一四七五）

《國榷》卷三七　〔正月〕壬子，傳陞李瓚錦衣衛鎮撫。

《明通鑑》卷三三　〔丙辰〕，吏部奏罷朝覲官布政使楊文琳、按察使王琳以下凡一千八十一員。

《憲宗實録》卷一三七　丁巳，復釋張元吉爲民。

《明史》卷一三《憲宗紀一》　癸亥，大祀天地於南郊。

《國榷》卷三七　丙寅，巡撫陝西左副都御史馬文升總制各路軍馬。

丁卯，巡撫保定右副都御史張鎣改大同。

周府汝陰王子埯薨。年三十，謚懷懿。

己巳，太子少保吏部尚書兼文淵閣大學士彭時進少保。

《憲宗實録》卷一三七　土魯番速檀阿力遣使臣赤兒米即【略】等來朝。

《國榷》卷三七　辛未，瀋府沁源王幼埼薨。年四十〔五〕，謚靖憲。

壬申，祀故監察御史伍驥、都指揮丁泉于福建之上杭，祠曰褒忠。

《憲宗實録》卷一三七　命取兵仗局逃故軍民人匠一萬六千一百八十名。

《國榷》卷三七　癸酉，給哈密種子。

《憲宗實録》卷一三七　國子監祭酒周洪謨言四事：一，【略】宜令一品至九品止立一廟，但以高卑廣狹爲殺，神主則高祖居左，曾祖居右，祖居次左，考居次右，于禮爲當。二，在外衙門時節行禮宜令致仕官與有司官依品級高下序列班次。三，天下府州縣學祭先師孔子多有禮無樂，宜令禮部以樂歌之詞、佾舞之數行下有司置造樂器，俾士子以時習肄。四，欽天監所藏選擇曆書係洪武年間譔定頒行，今民間不見此書，宜遵舊制刊布天下。事下所司議聞。禮部覆奏：「洪謨所言祠堂之制，乞命翰林院參酌更易，具奏處置。所言在外有司行禮班次，緣致仕與見任同，乞通行天下遵守，及受封官亦合與致仕者同。所言學校祭祀先師合用樂舞，緣樂歌佾舞用人數多而州縣學生數少，乞行天下止令俟豐稔之時補造樂器。所言頒行選擇曆書，乞令欽天監印造，遇陰陽學官赴監聽考者人給一本，使與官民之家遵用。」從之。

禮部奏雲南鶴慶軍民府去年地震，乞行所司致祭境内山川社稷之神。從之。

《憲宗實録》卷一三八　二月庚辰朔，建州左等衛女直額苦捏等七名乞襲其父指揮使等職。命各降一級授之，以其皆董山餘黨也。

壬午，改定淮安常盈倉并臨清廣積倉所中鹽課則例。

《皇明資治通紀》卷二〇　〔癸未〕，詔閉河南宜陽等衛銀洞。

《明通鑑》卷三三　甲申，禁酷刑。

《皇明大政紀》卷一五　國子祭酒周洪謨言，請禁聽訟用夾棍等刑具。從之。

《國榷》卷三七　乙酉，少詹事兼翰林侍講學士徐溥、侍講學士彭華主禮闈，華避家嫌，改侍講學士丘濬。

戊子，翰林侍講學士楊守陳憂去。

宋愷嗣西寧侯。

癸巳，後軍都督同知顔彪卒。

丙申，敕諭土魯番速檀阿力：「還哈密王母，歸城印，朕一切不問；其甘肅暫留人貨，待事定日護送。解仇釋怨，實爾國無窮之利，視據守空城，自阻道路，其得失無難辨者，爾其圖之。」

《憲宗實録》卷一三八　丁酉，擢行人謝秉中、徐鏞、陳遵毅、周蕃、何舜賓、李珊、鄒霶，太常寺博士李延壽，知縣張鋭、李紀、王弼爲試監察御史。

《國榷》卷三七　庚子，兵部左侍郎張文質爲工部尚書，仍署通政司事。

《憲宗實録》卷一三八　乙巳，加都察院左都御史李賓太子（太）〔少〕保，仍掌院事；命太子少保兼左都御史王越同理院事，兼提督十二團營操練。

《國榷》卷三七　丙午，唐府新野王芝城薨。年四十三，謚恭簡。

《憲宗實録》卷一三八　命中府帶俸都督僉事劉能管前府事，調都督同知趙勝于後府。

《國榷》卷三七　三月庚戌朔，廷策貢士王鏊等三百人。

《明史》卷一三《憲宗紀一》　壬子，賜謝遷等進士及第、出身有差。

《國榷》卷三七　甲寅，敕南京吏部尚書崔恭參贊機務。

乙卯，刑部左侍郎杜銘提督山西邊備。

丁巳，南京右副都御史胡拱辰爲南京兵部右侍郎。

《憲宗實録》卷一三九　戊午，授第一甲進士謝遷爲翰林院脩撰，劉戩、王鏊爲編脩，其餘分撥各衙門辦事。

《國榷》卷三七　免鳳陽、廬、徐去年田租四萬六千餘石。

己未，琉球國中山王尚圓，暹羅各入貢。

《憲宗實録》卷一三九　工部尚書兼大理寺卿趙榮卒。

《國榷》卷三七　壬戌，寧晉伯劉禄卒。禄初嗣爵未久，止予祭，不輟朝。著爲令。

《憲宗實録》卷一三九　癸亥，詔順天等府州縣歲欠税糧待秋成輸納。

《國榷》卷三七　戊辰，遣御史清軍，胡敬江西，楊俊湖廣，黄傑陝西，馬震山東，楊（徵）〔徽〕山西，徐完河南，何純四川，丘山廣東、廣西，陳璉南畿、江南，樊瑩江北，王衡畿内。

《憲宗實録》卷一三九　己巳，免順天、保定、真定三府所屬秋糧一萬四千餘石，穀草五十餘萬束，并在京濟州、直隸、營州等衛屯田子粒二萬三千六百餘石。

旌表孝子馬敬等三人，節婦張氏等四人。

《國榷》卷三七　辛未，命工部員外郎張敏督工脩砌京城至張家灣糧運道路。

少保吏部尚書兼文淵閣大學士彭時卒。【略】贈太師，謚文憲。

《憲宗實録》卷一三九　癸酉，命故保定伯孟昂子達世襲京衛指揮使。

甲戌，朝鮮國王李娎遣陪臣玄碩圭等貢馬及方物來朝謝恩。

乙亥，開中雲南黑白等井鹽課十七萬七千餘引于貴州，每引納米六斗。

《憲宗實録》卷一四〇　四月己卯朔，户部奏長蘆、小直沽二批驗所見貯收割餘鹽一千六百引有奇，宜令變易時價解京，以備京儲、邊餉之用，其後率以二年一解，著爲令。從之。

巡撫宣府右副都御史殷謙奏：「【略】請令于葛峪、趙川、洗馬林三堡倉各設官攢，而以葛峪堡倉兼理青邊口、常峪口二處，趙川堡倉兼理大、小白陽二處，洗馬林堡倉兼理新河口一處，而張家口堡倉則附于萬全之廣盈倉，西陽河口堡倉則附于保安之柴溝堡倉，其草場之在鷄鳴山、張家口、柴溝等堡及萬全左右等衛、懷安、懷來二城者，亦宜照前諸堡倉分事，例增設官攢，定派所當支給城堡，庶責有所歸。」户部議上，從之。

《國榷》卷三七　庚辰，伊王諟鐖薨。年二十五，謚曰悼。

蜀府德陽王友（城）〔墄〕薨。年四十（五）〔二〕，謚僖安。

翰林張頤爲修撰。

大同總兵官彰武伯楊信奪歲禄。

《憲宗實録》卷一四〇　朝鮮國王李娎遣陪臣韓名澮等奉表貢馬及方物來朝謝恩。

《國榷》卷三七　乙酉，户部尚書兼翰林學士商輅兼文淵閣大學士，吏部左侍郎劉珝、禮部左侍郎劉吉俱兼翰林學士，直閣。

敕建州頭目勿侵朝鮮。
《憲宗實録》卷一四〇　丁亥，增設南北直隸、河南、湖廣、江西等處勸農官。
戊子，琉球國使臣程鵬奏乞如常例歲一朝貢。【略】上從之，勅其王尚圓曰，【略】自後定爲例二年一貢，止許百人，多不過更加五人，除國王正貢外，不得私附貨物，并途次騷擾。
《國榷》卷三七　辛卯，禁遷安縣開礦。
《明通鑑》卷三三　壬辰，乾清宫門災。
乙未，以災告于奉先殿，譴躬自責。
《國榷》卷三七　甲辰，重作乾清宫門。
《明史》卷一三《憲宗紀一》　己亥，録囚。
《憲宗實録》卷一四〇　乙巳，復除布政司右參議翁信于湖廣，仍專理糧儲。
丙午，以貴州永寧倉布十萬疋爲威清等衛所官軍折色俸糧。
《國榷》卷三七　丁未，增畿内管屯僉事，注山東按察司。
五月己酉朔，知縣高安、胡璘爲監察御史。
《皇明資治通紀》卷二〇　以水災，免直隸鎮江府秋糧、鎮江衛屯田子粒。
壬子，免福建漳州府龍溪、南靖、漳浦、長泰四縣秋糧二萬三百餘石，漳州衛屯田子粒一千三百餘石，以水災故也。
《國榷》卷三七　甲寅，滿剌加國王蘇丹芒速沙入貢。
《憲宗實録》卷一四一　丁巳，免蒲州千户所去年屯田子粒七百四十石有奇，以旱災故也。
辛酉，陞刑部郎中蔡麟爲山西按察司副使，協守代州偏頭等關。
敕黔國公沐琮曉諭安南國王黎灝。
《皇明大政紀》卷一五　兵部奏查團營虚支糧餉，上命究理之。
《明通鑑》卷三三　丁卯，始召見皇子于西内。
《國榷》卷三七　己巳，中軍都督同知張欽卒。
《憲宗實録》卷一四一　辛未，免應天府之上元、江寧、句容、江浦、六合縣，安慶府之懷寧、桐城、灊山、太湖、宿松、望江縣，池州府之貴池、銅陵、建德、東流縣去歲秋糧六萬三千七百餘石；安慶、建陽、九江衛去歲屯田子粒一萬四千一百石有奇，以水災故也。
《國榷》卷三七　壬申，游擊將軍周玉爲副總兵，鎮守宣府。
《明史》卷一三《憲宗紀一》　癸酉，免湖廣被災秋糧。
《國榷》卷三七　〔六月〕己卯，寬延綏班軍之期：季冬河凍赴戍，季春河開寧家。
《憲宗實録》卷一四二　壬午，增設應天府上元、溧陽、溧水三縣，太平府當塗、繁昌二縣主簿各一員勸農；四川重慶府通判，潼川州同知，内江、仁壽、南溪、岳池、鄰水、大竹、夾江、遂寧八縣主簿各一員，專理糧儲，兼捕盜賊。
《國榷》卷三七　楊愛襲播州宣慰使。
乙酉，劉福嗣寧晉伯。
丁亥，獎襄陵王冲炑女清澗縣主并孫輔國將軍徵鍈婦王氏孝行。
《憲宗實録》卷一四二　己丑，旌表節婦徐氏等五人。
壬辰，免廬州府之六安州、舒城、合肥縣，鳳陽府之五河、太和縣，揚州府之通州、高郵州、如皋、興化、泰興、儀真、江都縣及和州秋糧豆共十一萬四千七百餘石。高郵、揚州、儀真、鳳陽中右、留守中左、懷遠、鳳陽、長淮、皇陵等衛屯田子粒共二萬九千一百石。以水災故也。
《國榷》卷三七　癸巳，定廣西土官襲職限半年内定名會奏。
《憲宗實録》卷一四二　丁酉，調河南都指揮僉事高福於湖廣都司帶俸差操，坐犯姦貪罪也。舊例，軍職宿娼調衛原奏止是指揮以下，而無都指揮以上例，至是兵部以請，遂著爲令。
《國榷》卷三七　庚子，南京右都御史林聰兼提督操江。
行人宋經、知縣劉魁、王杲爲試監察御史，進士丘璐爲南京吏科給事中。
《憲宗實録》卷一四二　辛丑，勅雲南按察司僉事翁遂兼理屯田。
《國榷》卷三七　鎮守大同總兵官都督同知曹安卒。
兵部右侍郎滕昭爲左侍郎。敕巡撫湖廣右副都御史劉敷贊理軍務。
甲辰，免平陽田租二十八萬一千二百石有奇。
《憲宗實録》卷一四二　乙巳，皇子母紀氏薨。追封淑妃，謚恭恪莊僖，輟朝三日。
《憲宗實録》卷一四三　七月戊申，省四川成都府廣豐右、中、前、後四倉。
定擬中鹽納米給湖廣邊方軍餉事例。
《國榷》卷三七　庚戌，知縣王崇之、陳鼎、余金爲監察御史。
癸丑，通政司左通政劉俊爲南京太僕寺卿。

戊午，錦衣衛指揮使萬貴卒。

《皇明資治通紀》卷二〇 〔庚申〕，朶顔等三衛夷人請開馬市。不許。

《憲宗實録》卷一四三 辛酉，增設陝西州縣收糧官：平涼之靖寧、鞏昌之秦州判官三員，臨洮之河州判官二員，蘭縣縣丞二員，金縣縣丞一員。

《國榷》卷三七 壬戌，唐王瓊炟薨。年六十四，謚曰憲。

癸亥，益趙王見灂歲禄五千石，不爲例。

浚杭州西湖。

丙寅，修南京太廟。

《憲宗實録》卷一四三 辛未，免南京錦衣等十三衛屯田子粒四萬二千五百七十餘石，以去年水旱故也。

《國榷》卷三七 乙亥，廣西副總兵署都督僉事夏正卒。

《憲宗實録》卷一四四 〔八月〕庚辰，申定浙江備荒納米事例。

《國榷》卷三七 辛巳，敕平江伯陳鋭、右副都御史李裕、户部左侍郎翁世資、工部左侍郎王詔浚舊通惠河。

《憲宗實録》卷一四四 壬午，免山西太原府所屬二州八縣并潞、沁、遼三州所屬六縣夏税四千九十六石，秋糧三萬二千七百六十七石，馬草六萬五千五百三十餘束，以去年災傷也。

癸未，開設陝西榆林、鎮番二衛儒學。

《國榷》卷三七 甲申，户科給事中崇德勞玭乞省墓，不許。定朝臣十年歸省。

代府靈丘王遜烇薨。年六十三，謚榮順。

丁亥，還陝西巡茶御史，仍遣行人二。

《明史》卷一三《憲宗紀一》 滿都魯、乩加思蘭遣使來朝。

《憲宗實録》卷一四四 壬辰，陞户部郎中歐賢爲兩淮都轉運鹽使司運使。

《國榷》卷三七 丁酉，安南國王黎灝入貢。

戊戌，閉秦州銀礦。

壬寅，恭恪莊僖紀淑妃葬西山。

癸卯，翰林編修謝鐸爲侍講。

〔九月〕戊申，定銅錢折俸，錢二〔百〕文折鈔一貫。

己酉，浚山東大、小清河。

《憲宗實録》卷一四五 免寧夏修築備邊牆夫匠一萬二千名成化十年本户遠運糧各二石。從巡撫左副都御史馬文升請也。

《國榷》卷三七 庚戌，秦府保安王公錬薨。年四十一，謚莊簡。

辛亥，陳州知州戴昕秩滿，民奏留，進俸二級。

甲寅，知縣楊謐、熊翀爲〔試〕監察御史。

旌石阡知府楊榮、晉州判官張綱，賜誥敕。

《憲宗實録》卷一四五 以江南折納糧草銀四萬兩運赴陝西布政司，作甘肅成化十二年撥運之數，每銀一兩折米四石，或糧草價賤，乘時折糴。

乙卯，文武羣臣英國公張懋等上表請立皇太子。【略】未允所請。

丙辰，文武羣臣英國公張懋等再上表請立皇太子。

丁巳，文武羣臣英國公張懋等三上表請立皇太子。【略】令禮部擇日具儀以聞。

免廣西横州成化十年以前秋糧米一千八百八十餘石。

《國榷》卷三七 都督僉事白玉爲副總兵，鎮守廣西。

己未，改廣西荔波縣轄慶遠府。舊屬南丹州。

《憲宗實録》卷一四五 宥右副都御史畢亨、翰林院學士錢溥罪。

《國榷》卷三七 壬戌，選進士楊茂元等刑部聽訊，如正統例。

《憲宗實録》卷一四五 丙寅，禮部上册立皇太子儀注。

置陝西延安府歸德堡倉。

《國榷》卷三七 丙寅，襄垣王仕壇、鎮國將軍仕埭、仕埪等，坐瀆亂，廢爲庶人。

辛未，翰林編修倪岳爲侍讀。

《憲宗實録》卷一四五 命運江南折糧銀五萬兩赴遼東折糴糧草。

《國榷》卷三七 〔十月〕己卯，敕英國公張懋等，以虜滿魯都僭稱可汗，吞并，練營兵聽征。

庚辰，馬顯服除，仍南京兵部右侍郎。

癸未，增通州河道工部郎中。

《憲宗實録》卷一四六 甲申，朝鮮國王李娎遣陪臣李恕長等來朝。

乙酉，復除廣西布政司右參政程泰於河南，專管糧儲。

《國榷》卷三七 己丑，行人馬璇爲南京〔河南道〕監察御史。

《憲宗實録》卷一四六　壬辰，朝鮮國王李娎遣陪臣金良璥等奉表貢馬及方物，來賀萬壽聖節。

土魯番【略】來朝，貢駝、馬。

《皇明資治通紀》卷二〇　〔丙申〕，命國子監科貢、納粟兩途監生分序撥歷。

《憲宗實録》卷一四六　壬寅，改禮部左侍郎萬祺於工部。

《國榷》卷三七　癸卯，免順天田租三萬三千九百餘石。

《憲宗實録》卷一四七　十一月丙午朔，欽天監進成化十二年大統曆。

《國榷》卷三七　庚戌，命羽林前衛都指揮僉事錢瑾守備歸德。

《明通鑑》卷三三　癸丑，立皇子祐樘爲皇太子，大赦天下。

《國榷》卷三七　甲寅，巡撫甘肅右副都御史朱英總督兩廣軍務，兼巡撫。

丙辰，定南京及各布政司進表禮儀。

丁巳，大賚朝臣。

傳陞太監黄賜弟賓錦衣衛指揮僉事。

《憲宗實録》卷一四七　甲午，賜襲封衍聖公孔弘泰誥命。

丙寅，陞吏部右侍郎陳俊、禮部右侍郎俞欽俱爲本部左侍郎，右副都御史黄鎬、右通政程萬里、侍講學士尹直、左副都御史馬文升俱爲右侍郎，鎬吏部，萬里户部，直禮部，文升兵部。工部左侍郎萬祺管易州山廠。

丁卯，增設山西朔、應、渾源、蔚四州判官各一員，收支糧儲。

《國榷》卷三七　庚午，傳陞太常寺少卿孫廣安爲寺卿。

辛未，户部郎中祁順、行人左司副張瑾使朝鮮，禮部郎中樂章、行人張廷綱使安南，頒詔，賜王及妃綵錦。

《憲宗實録》卷一四七　賜朝鮮國成化十二年大統曆。

《國榷》卷三七　十二月丙子朔，巡撫延綏右都御史余子俊改陝西；南京兵部右侍郎胡拱辰改右〔副〕都御史，總督南京糧儲。

《憲宗實録》卷一四八　戊寅，太監黄賜傳奉聖旨，陞太醫院院使方賢爲通政司左通政，仍掌院事。【略】前此雜流陞四品官帶俸者，止於太常、太僕、少卿及順天府丞，以通政官帶俸者自賢始。

《國榷》卷三七　己卯，陝西右布政使宋有文爲右副都御史，巡撫甘肅；順天府丞丁川爲左僉都御史，巡撫延綏。

辛巳，祀宋太傅張世傑、丞相陸秀夫于崖山。從廣東按察副使陶魯議。

《明通鑑》卷三三　〔壬午〕，祈雪。

《國榷》卷三七　戊子，命復郕王帝號，令會議尊謚及修飾陵寢。

《憲宗實録》卷一四八　庚寅，淮府永豐王祁鉞薨。年四十一，謚恭和。

《國榷》卷三七　辛卯，申國子監學規。

《憲宗實録》卷一四八　命漕運把總指揮陳裕、王瑾、吴昇署都指揮事。

《憲宗實録》卷一四八　置儀真縣河港三閘。

《國榷》卷三七　壬辰，設廣東高明縣。

乙未，知縣黄著、馮錤、嚴賓爲試監察御史，錤、賓俱南京。

《憲宗實録》卷一四八　丙申，增設河南許州、尉氏、洧川、臨穎、郾城、西平、上蔡、汝陽馬驛凡八處。

丁酉，賜故少保吏部尚書兼文淵閣大學士彭時贈特進光禄大夫左柱國太師，謚文憲，太子少保兼兵部尚書白圭贈榮禄大夫少傅，謚恭敏誥命。

《明史》卷一三《憲宗紀一》　申白宫之禁。

《憲宗實録》卷一四八　戊戌，開設四川東鄉縣儒學、陰陽、醫學。

《國榷》卷三七　旌萊州知府熊瓚、韶州同知方新、成都同知李祥、東昌通判蕭彦敬、河南布政司理問諸豫、歸德判官陳獻，賜誥敕。

《憲宗實録》卷一四八　旌表孝子路車等三人，節婦曹氏等三人，烈婦張氏一人。

《國榷》卷三七　己亥，上謚恭仁康定景皇帝，不頒詔。

《憲宗實録》卷一四八　辛丑，朝鮮國王李娎遣陪臣金謙光等奉表貢馬及方物來朝。

壬寅，立山西偏頭關守禦千户所。

成化十二年（丙申、一四七六）

《國榷》卷三七　〔正月〕戊申，命福建布政司官祭其山川。

壬子，襄王瞻墡言，英廟時，敕許世子郡王出遊，歲或四五，今禁之。詔春秋各一出，即日返。

永順伯薛輔卒。

《明史》卷一四《憲宗紀二》　戊午，大祀天地於南郊。

《國榷》卷三七　甲子，撒馬兒罕、土魯番各入貢。

乙丑，鴻臚寺卿楊宣爲禮部左侍郎。

《憲宗實録》卷一四九　辛未，烏思藏【略】來朝。

《憲宗實録》卷一五〇　〔二月〕戊寅，户部尚書楊鼎奏：「遼東缺糧，宜召商中淮、浙、河東、福建運司官鹽總四十八萬引，其存積鹽兩淮每引米一石二斗，兩浙九斗；常股鹽兩淮每引米八斗，兩浙六斗，河東五斗五升，福建七斗。」命如所奏行之。

《國榷》卷三七　壬午，襄府棗陽王祁鉦薨。年四十，謚安穆。

《昭代典則》卷一九　〔丙戌〕，加内閣商輅太子少保、吏部尚書，萬安户部尚書。

《國榷》卷三七　丁亥，運帑金餉宣、大各五萬，遼東十萬二千，陝西十萬八千，榆林三萬，密雲一萬。

辛卯，免南陽、彰德田租。

《明通鑑》卷三三　甲午，以南京災異，敕羣臣修省。

《國榷》卷三七　辛丑，翰林編修陳音爲侍講。

命御史分刷各省案牘。

壬寅，給獄囚藥餌。

《憲宗實録》卷一五一　〔三月〕戊申，琉球國中山王尚圓遣使臣【略】來朝。

《國榷》卷三七　辛亥，前右軍都督僉事劉端卒。

《明史》卷一四《憲宗紀二》　壬子，減内府供用物。

《憲宗實録》卷一五一　定軍士糧草。

《國榷》卷三七　兵部左侍郎滕昭、兵科都給事中(張)〔章〕鎰選宿衛吏卒。

癸丑，敕巡撫四川右副都御史張瓚撫捕播州苗賊，起致仕宣慰使楊輝任之。

《憲宗實録》卷一五一　甲寅，刑部左侍郎杜銘巡邊還，籍其所閱兵馬及所修城堡之數以聞。

《國榷》卷三七　乙卯，前軍都督僉事馮昇、吳英，俱署都督同知，錦衣衛達官。

《憲宗實録》卷一五一　都指揮使白瑜、王剛俱爲都督僉事，瑜左府，剛右府，俱帶俸。皆以兩廣軍功斬首六級以上陞一級也。

丁巳，岷府江川王音埈薨。【略】年三十有六。【略】謚曰莊僖。

《國榷》卷三七　巡按陝西監察御史許進言，河西十五衛，東起莊浪，西抵肅州，緜亘幾二千里，所藉水利，多規奪于勢家，宜特設官專理。部議屯田僉事兼之，報可。

《憲宗實録》卷一五一　戊午，命都督同知趙勝、工部尚書王復統五軍、三千、神機三營官軍五千，十二團營一萬五千修京城。

强盜宋全伏誅。

辛酉，朝鮮國王李娎遣陪臣鄭效常等【略】來朝。

《明通鑑》卷三三　壬戌，湖廣總兵官李震大破靖州叛苗，平之。

《憲宗實録》卷一五一　丁卯，申荆襄等處流民入山之禁。

庚午，户部尚書楊鼎奏：「各處倉場缺草支用，乞開中二百萬束召商上納，每草百束滸石橋等倉給價二兩二錢，壩上南北各倉二兩六錢，壩上倉二兩八錢，東直門牛房倉三兩，其銀俱于太倉庫支給。」從之。

《憲宗實録》卷一五二　〔四月〕丙子，擢理刑太常寺博士李延壽，行人謝秉中、周蕃、陳遵毅、徐鏞，知縣陳英、鄧杞、張鋭、瞿俊爲監察御史。

《國榷》卷三七　監察御史薛爲學等請議戰守長策。從之。

《憲宗實録》卷一五二　命故陝西署都指揮僉事費澄子梁襲陞都指揮僉事。

《國榷》卷三七　辛巳，宥鎮遠侯顧溥罪，奪俸三月。以擅留錦衣邏人也。

壬午，增遼東、陝西、宣府、榆林餉十三萬。

《憲宗實録》卷一五二　命勘廣西斬獲流賊軍功，并調靖江府護衛兵擊賊。

《國榷》卷三七　丙戌，初，議遣廷臣巡邊。不許，加敕巡撫都御史。

《憲宗實録》卷一五二　丁亥，命以軍人、民匠、樂工、厨役及各項餘丁與民人犯徒者兼充儀從軍伴。舊例，在京公侯、駙馬、伯、儀賓及侍衛、將軍、官旗有儀從軍伴，俱民犯徒罪而力不能贖者充之；至是，定西侯蔣琬、將軍千百户束銘等皆以缺人役使爲言，三法司因爲會議改擬。奏可，著爲令。

戊子，陞鎮守寧夏副總兵、都指揮同知王璽爲署都督僉事，佩平羌將軍印，充總兵官，鎮守甘肅；命大同遊擊將軍、都督僉事緱謙充副總兵，鎮守寧夏。

鎮守甘肅都督同知鮑政免。

壬辰，哈密指揮同知阿的納等三人來降，給賞如例。

《國榷》卷三七　丁酉，廷議修關隘，治鹿角榨，偏箱車不利涉險，宜工部造而試之；又如偏頭有警，延綏東路、大同西路策應；朔、代、威遠有警，偏頭、寧武南路、宣府中路隨宜掩襲。上從之。

《憲宗實録》卷一五二　戊戌，朝鮮國王李娎遣陪臣朴仲喜等【略】來朝謝恩。

《國榷》卷三七　己亥，周府永寧王子埸薨。年五十五，謚安惠。

庚子，後軍都督同知芮成卒。

《憲宗實録》卷一五二　兵部左侍郎滕昭、兵科都給事中章鎰選完五軍、三千等營上直、貼直，府軍前衛帶刀等役官軍四千七百九人。

《國榷》卷三七　許巡關御史二年代。

翰林院編修焦芳爲侍講。

〔五月〕乙巳，敕山東署都指揮僉事高通總督備倭。

《憲宗實録》卷一五三　己酉，免貴州威清等衛新化等長官司成化九年税糧二千餘石，以旱災故也。

《皇明資治通紀》卷二〇　〔庚戌〕，設大同左雲川衛、右玉林衛、天城鎮虜衛、陽和高山衛四儒學。

《國榷》卷三七　辛亥，給事中張海、員外郎金迪覈遼東軍儲。

《憲宗實録》卷一五三　癸丑，户部尚書薛遠九年秩滿，命復任。

甲寅，增置湖廣會同縣江東鎮巡檢司。

武靖侯趙輔以疾辭免兵柄，降勑允之，仍令掌府事如舊。

《國榷》卷三七　己未，復懷柔伯施鑑爵。時坐贓謫貴州龍里衛立功。

《明史》卷一四《憲宗紀二》　庚申，録囚。

《國榷》卷三七　癸亥，都督僉事昌英卒。

丙寅，復罷遣陝西巡茶行人，以按察司官兼之。

丁卯，傳陞工部左侍郎萬祺爲尚書，仍易州山廠。

《明通鑑》卷三三　丁卯，荆襄流民復亂，命左副都御史原傑撫治。

《國榷》卷三七　靖遠伯王添、定襄伯郭嵩、署都督同知馮昇、都督僉事白瑜管五軍營，豐潤伯曹振、成安伯郭鏞管神機營。

《憲宗實録》卷一五三　戊辰，復除監察御史郭瑞、李讓、嚴萱、王瓚于各道，瑞、萱陝西道，讓貴州道，瓚南京貴州道。擢問刑行人李珊、何舜賓、鄒霶爲南京監察御史，珊福建道，舜賓湖廣道，霶廣西道。

《國榷》卷三七　己巳，進士馮義、仰昇、馬中錫、方陟爲給事中，義禮科，昇兵科，中錫刑科，陟工科。

《憲宗實録》卷一五三　庚午，朝鮮國王李娎遣陪臣慎承喜等【略】來朝。

《國榷》卷三七　庚午，前太子少保户部尚書馬昂卒。【略】年七十八。予祭葬，贈少保，謚恭襄。

《憲宗實録》卷一五四　〔六月〕丁丑，旌表孝子葉伯廣、節婦王〔氏〕等三人。

《國榷》卷三七　戊寅，廣東按察僉事陶魯爲副使。

《憲宗實録》卷一五四　己卯，以陝西邊儲不足，召商中兩淮、河東鹽各十萬引。甘涼等倉上納者淮鹽每引米四斗、豆二斗，河東鹽米一斗五升、豆五升；肅州鎮番、古浪等倉上納者淮鹽每引米三斗、豆二斗，河東鹽米一斗、豆五升。

辛巳，增給四川建昌、會川、寧番、越嶲并建昌前衛軍官俸糧。

《明通鑑》卷三三　丁亥，通惠河成。

《國榷》卷三七　己丑，薛勳嗣永順伯。

《憲宗實録》卷一五四　增置陝西慶陽府通判一員，專理寧夏糧儲。

《國榷》卷三七　治修武伯沈煜等罪，以縱僧官常琇挾妖道通南和伯方瑛妾也。

庚寅，劉瓘嗣廣寧伯。

雲南蒙化、洱河、鶴慶、大理、趙州、鄧州盜起，命守臣勦捕。

丙申，兖州通判陳翼，以善治水改順天通判，專理河道。

兩廣乏餉，召商中鹽各二十萬引，并聽民輸粟給冠帶。

《憲宗實録》卷一五四　廣東鹽於本處上納者每引米三斗五升，廣西減三升；海北鹽於本處上納者每引米三斗二升，廣西減四升。其冠帶者自七品至九品如舊例納米有差。

《國榷》卷三七　戊戌，翰林修撰劉健、汪諧爲右春坊右諭德，編修周經爲侍讀。

《明通鑑》卷三三　趙王見灂有罪。

《國榷》卷三七　庚子，廣平侯袁瑄管五軍營，都督僉事王剛管神機營。

《明通鑑》卷三三　秋七月癸卯，皇次子生，宸妃邵氏出也。

《國榷》卷三七　丙午，濬揚州白塔、瓜洲、儀真諸河。

己酉，趙府平鄉王祁(鍯)〔鏓〕薨。年三十(二)〔三〕，謚榮順。

庚戌，定京操官軍逃亡〔罪〕例。

《憲宗實録》卷一五五　辛亥，陞巡撫山東左僉都御史牟俸爲右副都御史，巡撫蘇松等處。

《國榷》卷三七　宋儒朱熹十世孫燉襲翰林院五經博士。

壬子，設貴州程番府。

《憲宗實録》卷一五五　乙卯，勑巡撫四川右副都御史張瓚兼理松、茂、安、綿、建昌等處邊務。

《國榷》卷三七　丙辰，薛倫嗣陽武侯。

巡撫遼東右副都御史彭誼致仕。

丁巳，增九江守備。

壬戌，山東左布政使陳鉞爲右副都御史，巡撫遼東。

《皇明大政紀》卷一五　〔癸亥〕，大學士商輅因黑眚見條弭災八事，上嘉納之。

國子監祭酒周洪謨奏請改孔子封號「大成至聖」爲「神聖廣運」，拜加冕旒佾舞。下禮部議，止之。

《明通鑑》卷三三　乙丑，上躬禱天地于禁中，以「用度不節，工役勞民，忠言不聞，仁政不施」自責。

《憲宗實録》卷一五五　丁卯，户部議覆南京守備成國公朱儀等所言修省事：一，欲免南京總督糧儲并巡撫江南都御史來京議事。【略】一，欲遣官清理各衛牧馬草場。【略】一，欲裁省各處新設勸農官。【略】議入，詔悉從之。

《國榷》卷三七　丁卯，兵部右侍郎馬文升、户部右侍郎程萬里整飭邊備。

《明史》卷一四《憲宗紀二》　戊辰，遣使録天下囚。

《國榷》卷三七　八月辛未朔，南京户部左侍郎王恕改左副都御史，巡撫雲南；巡撫順天左僉都御史張綱予告。

丁丑，内承運庫監生袁慶，見内帑虚耗，歲入不供，而售寶石者無虚日，上章極言其弊。命杖五十，遣之。至是仍入太學。後舉進士，終廣東按察僉事。

《憲宗實録》卷一五六　戊寅，烏思藏【略】來朝。

己卯，户部議覆大學士商輅等所言修省事，欲會計西北各邊積蓄多寡之數。緣各邊糧草稽覈其數大約有餘，但恐用兵調度，所費無窮，賊入之處亦無定所，請移文各巡撫官催征每歲逋負及中鹽未納者，仍開中淮、浙運司見在積鹽二十萬引，命陝西送銀十萬兩，分撥於榆林、甘肅、寧夏本部，復遣官運銀五萬兩於遼東，六萬兩於大同，四萬兩於宣府。制可。

《國榷》卷三七　庚辰，遣給事中、御史覈畿内屯田。

辛巳，大理寺右少卿汪霖爲右僉都御史，巡撫永平，整飭兵備。

壬午，行人宋經、知縣劉魁、王杲爲監察御史。

甲申，增徽州、階州判官各一，隴西縣丞各一，俱理邊儲。

《皇明大政紀》卷一五　大學士商輅等奏祀玉皇不經，拜止齋醮。上罷之。

《國榷》卷三七　南京大理寺左少卿金紳爲南京刑部右侍郎。

停湖廣、四川、江西三司官俸，令戴罪捕盜。

丙戌，宥都督同知趙英罪。

《憲宗實録》卷一五六　都督僉事張榮卒。

《昭代典則》卷一九　都察院左都御史李賓，上言車戰事宜，命巳之。

《憲宗實録》卷一五六　己亥，召鎮守大壩署都督僉事韓忠還京。

《國榷》卷三七　〔九月〕丙午，撫治荆襄(左)〔右〕副都御史原傑奏地方事宜。

己酉，南京太常寺少卿潘榮爲南京户部右侍郎。

妖人李子龍等伏誅。

辛亥，增孔廟籩豆、佾舞之數，卒如周洪謨言。

《憲宗實録》卷一五七　兵部復定京操官軍違限例。

《國榷》卷三七　壬子，衡州知府周瑛爲山西行太僕寺卿。

癸丑，失朝一百八十餘人，各停俸三月。

邊警方劇，令旗軍能出貲募兵滿百人以上者，賜冠帶。

《憲宗實録》卷一五七　〔乙卯〕，巡撫河南右副都御史張瑄以河南水旱相仍，賑濟無備，奏乞募人納米給冠帶、散官有差；又以汝州距南陽府七百餘里，原隸於府，每移文往復甚艱，欲改隸河南布政司。事下户部覆奏，從之。

《國榷》卷三七　丁巳，□□都督僉事周貴卒。

己未，遼府衡山王貴燬薨。年五十(八)〔六〕，亡子，除謚恭惠。

《明通鑑》卷三三　庚申，湖廣總兵官李震，以平靖州苗功封興寧伯。

《國榷》卷三七　右副都御史劉敷爲左副都御史，參將都指揮使彭倫爲都督僉事，俱靖州功。

癸亥，晉府交城王美垸薨。年七十，謚榮順。

《憲宗實録》卷一五七　命都指揮同知張英，都指揮僉事尹玉，指揮使孫賢、莫廣，指揮同知樊智、汪勇，指揮僉事白宗、白斌、王通、武釗、白祥把總管操。

戊辰，詔撫綏流民。

詔歲調甘州兵五百赴肅州備冬。

《國榷》卷三七　十月辛未朔，傳陞監生李英，儒士顧經、郭亨、萬婾、蔣釗、張欽、陳賁、楊清、周冕、陳鑑、孫士端、沈葵、李瀚、劉鍾、涂昭、謝汝明、解綸、趙(哲)〔晢〕、包銘、鄔存敬，俱冠帶，中書科食糧。

《憲宗實録》卷一五八　壬申，朵顔三衛夷人復請開馬市，不許。

《國榷》卷三七　甲戌，南京户科給事中蕭龍，家居有罪，戍邊。

丁丑，宥刑部尚書董(芳)〔方〕、大理寺卿宋旻等罪。

戊寅，封皇貴妃萬氏，宸妃邵氏，順妃王氏，和妃梁氏，昭妃王氏。

《憲宗實録》卷一五八　庚辰，定擬大同等處開中長蘆、河東運司引鹽事例。

《國榷》卷三七　總督兩廣右副都御史朱英等招撫廣西猺獞，賜獎敕。

《憲宗實録》卷一五八　甲申，析廣東海陽縣地，置饒平縣。

己丑，朝鮮國王李娎遣陪臣李封等奉表貢馬及方物來朝，賀萬壽聖節。

《國榷》卷三七　庚寅，禮部奏度僧道萬三千三百四十人。

《憲宗實録》卷一五八　旌表孝子錢通等三人，節婦江氏等二人。

《國榷》卷三七　辛卯，南京禮部左侍郎章綸致仕。

壬辰，封朝鮮國王李娎繼妻尹氏。

《憲宗實録》卷一五八　戊戌，命遼東寧遠并廣寧、前屯二衛開中兩淮運司成化九年存積官鹽五萬引，每引米一石二斗。以二衛近邊，糧草匱乏，且虜寇窺迫，慮欲調兵。從整飭邊備兵部右侍郎馬文升請也。

命湖廣歲撥接濟廣西糧三萬石，石收銀三錢五分，解送廣西布政收納備用。從巡撫湖廣右副都御史劉敷請也。

《國榷》卷三七　戊戌，詔兵部，檄宣、大、密雲、山海、遼東、偏關等守臣整兵備虜。

《憲宗實録》卷一五九　十一月辛丑朔，欽天監進成化十三年大統曆。

《國榷》卷三七　癸卯，傳陞大隆善護國寺灌頂清心戒行國師班卓兒藏卜爲灌頂大國師，大能仁寺覺義結瓦領占爲禪師，餘陞秩有差。

《皇明資治通紀》卷二〇　〔乙巳〕，鑄哈密衛印。以舊印爲土魯所劫也。

《國榷》卷三七　己酉，撫治荊襄左副都御史原傑爲右都御史，賜敕。

庚戌，增汝陽縣丞。

辛亥，秦府興平王公鑠薨。年三十，謚安僖。

《憲宗實録》卷一五九　癸丑，賜朝鮮國成化十三年大統曆。

擢進士唐昭爲德府右長史。

《國榷》卷三七　甲寅，賜衍聖公孔弘泰誥命，特玉軸。

乙卯，《續資治通鑑綱目》成。

丙辰，海寧伯董興卒。

《憲宗實録》卷一五九　丁巳，追封魯府安丘王當溰父陽鐾爲安丘王。【略】謚曰莊簡。

《國榷》卷三七　己未，都督同知鮑政卒。

壬戌，哈密使臣言，苦峪城隘，且沙磧無水，不可耕，而肅州東有金塔寺并魏城、魏里等，乞賜居。不許。

癸亥，命行人伴送貢夷，并禁其市兵器。從馬文升之言。

《憲宗實録》卷一五九　甲子，命繼今收糧每石別加八升，聽納户刮鐵行槩。

《明通鑑》卷三三　是月，巡撫四川右副都御史張瓚討播州灣溪苗，破之。

《憲宗實録》卷一六〇　〔十二月〕壬申，復除廣西陽朔縣知縣楊綱于舊任。

《國榷》卷三七　癸酉，傳陞南京禮部左侍郎倪謙爲尚書，翰林侍讀學士錢溥爲南京吏部左侍郎，國子祭酒周洪謨爲禮部右侍郎，仍署監事。

乙亥，禱雪。

丙子，仍裁瓊州整飭兵備副使。

《憲宗實録》卷一六〇　戊寅，陞翰林院侍講徐瓊爲南京翰林院侍讀學士。

《國榷》卷三七　壬午，復通、涿、霸、薊州判官，宛平、順義主簿各一，專理柴炭。

《憲宗實録》卷一六〇　癸未，朝鮮國王李娎遣陪臣尹壕等【略】來朝。

《國榷》卷三七　甲申，傳陞錦衣正千户萬通爲指揮僉事，副千户萬達、軍人邵宗、王敏爲正千户，俱世襲。

《憲宗實録》卷一六〇　陞户部郎中劉顯爲長蘆都轉運鹽使司運使。

《國榷》卷三七　乙酉，禮部右侍郎尹直憂去。

《憲宗實録》卷一六〇　己丑，開設湖廣鄖陽府，即其地設湖廣行都司衛所及縣，撫治荆襄。

整飭邊備右侍郎馬文升奏遼東諸夷朝貢，【略】光禄寺酒飯甚菲薄，殆非懷柔之道。【略】上曰：「【略】今後筵宴并酒飯處令光禄寺堂上官視之，仍以禮部官一員督察，敢有不遵者，併治以罪。」【略】文升又奏：「海西建州女直、朶顔三衛諸夷變詐叵測，慮爲邊患，自後入貢，乞勑兵部會同總兵宣布朝廷恩威利害，令還諭部落感恩畏威。」事下，尚書項忠等謂：「事非著令，但遇各夷入貢之時，或有邊情，宜令譯者譯問必須明白切當，俾夷人知所感畏，不得飾言，以取輕慢。」從之。

壬辰，禮部右侍郎尹直以其父奂重曾封爲翰林侍講學士，乞祭葬。允之。

《國榷》卷三七　甲午，整飭兵備兵部右侍郎馬文升作遼河浮橋以通往來。

《憲宗實録》卷一六〇　乙未，户科左給事中張海等言：「遼東歲費京師輂銀十萬，以爲積粟四十萬石之計，近姦弊日滋，儲積日耗，臣等目擊其事，敢略疏五事爲獻：一，三萬衛倉其地汙下瀦水，糧多濕腐，宜徙於高燥之地。一，【略】宜令自今開報銀鹽凡地里遠近、糧價貴賤，斟酌適均，則倉各有積，足支三年。一，【略】宜令自今開納則量歲運銀數，支給則依輸納月日，庶兵商兩利，國課不虧。一，【略】宜令監臨内外官自都指揮以上無得報納，違者比依鹽法没入其糧。一，【略】今宜如大同、宣府事例，部差廉幹郎中一員於廣寧管理，犯者即治其罪；其二司官或減省取回，差官查盤，立爲定法，則事體歸一。」事下户部議，以爲諸倉宜行巡撫并布、按二司管糧官從宜計造，繼以贓罰之貲官銀以備糧餉，無容輕費；欲添設郎中，宜行吏部推選；以往二司巡守暫合如舊，俟踰三年，從巡撫官具奏區處；差官查盤則定以五年。餘如所言。議上，上皆從之，惟查盤則三年一差官，著爲令。

《國榷》卷三七　乙未，右副都御史陳鉞請敕自都指揮以下有罪徑執治。不許。

丙申，禮部右侍郎周洪謨釋監事，司業耿裕爲祭酒。

巡撫大同右副都御史張鎣爲刑部右侍郎。

《憲宗實録》卷一六〇　定擬浙江救荒事宜。

《國榷》卷三七　己亥，後府都督同知趙勝爲左都督。

成化一三年（丁酉、一四七七）

《明通鑑》卷三三　春正月丙午，以水災，免浙江税糧四十一萬有奇。

《國榷》卷三七　己酉，周府胙城王子壚薨。年四十三，謚榮順。

《明史》卷一四《憲宗紀二》　庚戌，大祀天地於南郊。

《憲宗實録》卷一六一　戊午，分隷湖廣之荆州、荆州左、右、瞿塘、襄陽、安陸、鄖陽七衛及德安、房縣、均州、長寧、夷寧、枝江、遠安、竹山八所於湖廣行都司，調湖廣都指揮使柴政掌行都司事，陞襄陽衛指揮同知吕鍾、南陽衛指揮同知臧廉俱署行都司都指揮僉事。從撫治荆襄左副都御史原傑等議也。

《國榷》卷三七　辛酉，四川左布政李敏爲右副都御史，巡撫大同。

提督四夷館右通政劉文致仕。

壬戌，大興左衛指揮使周廣奏，近年鈔千貫直銀四五錢，勢家於各布政司、郡、縣每鈔千貫徵五金，乞禁之。報可。

《憲宗實録》卷一六一　甲子，以旱災，蠲直隷潼關衛蒲州守禦千户所成化十二年子粒一千一百二十餘石。

直隷安肅等縣民李文友等八人以妖言謀逆，坐斬。

《國榷》卷三七　戊辰，翰林編修陸簡爲侍講。

《憲宗實録》卷一六一　定擬遼東各倉開中成化九年、十年鹽引則例。

《皇明資治通紀》卷二〇　〔己巳〕，增孔子籩豆樂舞之數，遣兵部尚書兼學士商輅告文廟，翰林學士王獻告闕里。

《國榷》卷三七　翰林院編修費誾爲國子司業。

改大壩兵備副使爲安縣、石泉、江油、龍州等處兵備，監察御史江沂爲之。

分遣給事中、御史覈邊餉。

《憲宗實録》卷一六一　録四川松潘寫字崖等處斬獲番賊功，陞參將署都指揮同知堯彧實授都指揮同知，其餘將士一百八十七人陞賞有差。

《明史》卷一四《憲宗紀二》　己巳，置西廠，太監汪直提督官校刺事。

《憲宗實録》卷一六二　二月辛未，免雲南各長官司及裁減州縣官朝覲。

《國榷》卷三七　壬申，寧府瑞昌王奠墠薨。年五十八，謚恭僖。

《皇明資治通紀》卷二〇　〔甲戌〕，減寧王奠培、樂安王奠壘禄米。

《憲宗實録》卷一六二　乙亥，命肥河衛女直都督同知别里格子剌哈等一十三名各襲祖父職，渚冬河衛女直指揮使哈的納等六名各陞一級。

丙子，命守備鳳陽宣城伯衛潁管南京後府事，協同大教場練兵，兼總操江。

《國榷》卷三七　丁丑，虜酋滿魯都、癿加思蘭各入貢，俾關兵護之。

《皇明大政紀》卷一五　督西廠權監汪直捕中書舍人董璵、兵部主事楊仕偉下西廠獄，籍没福建都指揮使楊曄家。

《憲宗實録》卷一六二　更定遼東倉分開中成化十二年鹽課。

《國榷》卷三七　壬午，監察御史熊繡謫清豐知縣。

癸未，武安侯鄭宏卒。

《憲宗實録》卷一六二　丙戌，旌表孝子盧雍等二人，節婦張氏等四人，并烈婦高氏。

宥遼東總兵官都督同知歐信罪。

《國榷》卷三七　庚寅，修遼東邊垣堡塹。

甲午，旌代府靈丘王仕(墁)〔壜〕孝行。

《憲宗實録》卷一六三　〔閏二月〕庚子，詔免兩廣各府、州、縣官明年朝覲。

戊戌，設四川安寧宣撫司及懷遠、宣化二長官司。

《國榷》卷三七　乙巳，錦衣千户吴綬請禁傳報泄旨。從之。

丙午，韓府襄陵王冲烋薨。【略】年七十(二)，謚莊穆。

《憲宗實録》卷一六三　辛亥，命分守莊浪都督同知魯鑑子麟爲百户，領士軍操練。

《國榷》卷三七　丙辰，免平陽、大同去年災租六萬三千六百四十石有奇。

丁巳，監察御史吴道宏往鄖陽撫安人民。原傑薦道宏才望出己上也。

戊午，敕廣東按察副使陶魯提督高、雷兵備，防禦蠻寇。

《憲宗實録》卷一六三　庚申，詔免四川各府首領并州縣官明年朝覲。

《明通鑑》卷三三　辛酉，免山東被災税糧凡四十一萬有奇。

《國榷》卷三七　癸亥，詔修省。

〔三月〕己巳，瀋府黎城王幼墂薨。年四十一，謚莊惠。

《憲宗實録》卷一六四　安南國王黎灝遣陪臣陳瑾等來朝奏事。

《國榷》卷三七　虜滿魯都、乩加思蘭貢馬、駝，使者三千餘人。詔許千七百人，餘諭還。虜告饑，鎮撫官廪之而去。

庚午，故海寧伯董興孫昇乞襲爵。不允，襲燕山右衛指揮同知。

壬申，琉球入貢。

癸未，自宫求用者積九百餘人，以違禁，命錦衣衛各杖(二)〔三〕十遣回。

《明通鑑》卷三三　諭法司慎勘妖言獄。

《憲宗實録》卷一六四　甲申，實授試監察御史黄著，擢理刑行人賀元忠、司馬亜、范珠、蔣昺、李寅、王玹俱爲監察御史。

丙戌，朝鮮國王李娎遣陪臣尹子靈等奉表貢方物來朝謝恩。

丁亥，户部再議撫治荆襄右都御史原傑所奏事宜：一，湖廣、荆襄等府安陸等州流民俱已有田産家業，宜編户籍，附入州縣當差，所種田地、山場照例徵納糧草。一，陝西新設山陽縣附籍流民十有二里，其地界有距縣治三百餘里者，與商縣屬地名木河者相接，宜别立爲商南縣；商縣舊屬西安府華州，去府亦遠，宜陞爲商州，以轄鎮安、洛南、山陽及商南四縣，而仍屬西安。一，鄖陽既立行都司及鄖陽府并所屬州縣，今宜依官制創立倉庫、税課司局，其間倉糧闕乏者，宜令所司催徵，存留本處倉分，并成化十二年以前拖欠糧税責限完納。詔允其議。

戊子，以水災，免河南開封等五府、陳州等五州、太康等四十縣并宣武等八衛所成化十二年夏麥三萬八千一百九十餘石，秋糧子粒共三十九萬八千二十餘石，草四十一萬四千八十餘束。

《國榷》卷三七　壬辰，故禮部左侍郎許彬贈禮部尚書。

丙申，命慎選王府官，嚴保勘考試之禁。

《憲宗實録》卷一六四　烏思藏【略】來朝，貢方物。

《憲宗實録》卷一六五　四月戊戌朔，擢進士潘洪、張雄、童柷、田景賢、劉英、林元甫、王珩爲給事中。洪、雄吏科，柷、景賢户科，英禮科，元甫、珩工科。

《國榷》卷三七　己亥，南京試監察御史嚴賓考中下，謫盱眙知縣。

《憲宗實録》卷一六五　庚子，陞吏部左侍郎陳俊爲南京户部尚書。

《國榷》卷三七　壬寅，巡撫雲南左副都御史王恕爲右都御史。

癸卯，南京監察御史任英等以災異請考察京官。從之。

免平陽府去年夏麥七萬八千三百餘石。

乙巳，手敕商輅兼謹身殿大學士；萬安太子少保；吏部左侍郎劉珝、禮部左侍郎劉吉俱尚書，仍兼學士。以《續通鑑綱目》成也。

復懷柔伯施鑑爵。

《明通鑑》卷三三　〔戊申〕，召原傑爲南京兵部尚書。

《國榷》卷三七　辛亥，順天府尹邢簡爲南京大理寺卿。

暹羅入貢。

《明通鑑》卷三三　癸丑，刑部郎中武清，廣西勘事還，至通州，廠校謂其有所賫載，不俟奏，執而繫之獄。尋訊鞫無驗，釋之，竟不以聞。

《國榷》卷三七　丁巳，江西布政司左參政胡(濬)〔睿〕爲順天府尹。

《明通鑑》卷三三　汪直令韋瑛執太醫院院判蔣宗武，下之獄。

《皇明大政紀》卷一五　〔庚申〕，權豎汪直擅令韋瑛執出使安南還禮部郎中樂章、行人張廷綱下西廠獄。

《憲宗實録》卷一六五　辛酉，復除按察司副使余洵、嚴憲于陜西。

增設陜西延安府同知一員，專撫土軍、理屯田。

《國榷》卷三七　宥南京兵部右侍郎馬顯罪。

浙江左布政使劉福起復至京，或搆之汪直，下之西廠獄。

壬戌，胡瑶襲錦衣衛指揮僉事。

《憲宗實録》卷一六五　甲子，巡撫湖廣左副都御史劉敷奏【略】乞暫免上年拖欠税糧，以蘇民困。從之。

《皇明大政紀》卷一五　上命太監錢僖、百户韋瑛籍建寧指揮楊曄家産，并械曄父泰及同居男女百餘人至京。

《國榷》卷三七　丙寅，琉球國中山王尚圓復請歲貢。不許。

《憲宗實録》卷一六六　五月丁卯朔，免鳳陽、淮安、揚州、徐州成化十二年夏税麥八萬九千餘石，秋糧十一萬五千四百餘石，絲二萬五千餘兩，草十七萬一千六百餘包；鳳陽等十八衛所屯田子粒十七萬四千二百餘石。

《皇明資治通紀》卷二〇　發御史黄本爲民。

《國榷》卷三七　戊辰，前湖廣按察僉事黄潤玉卒。

《憲宗實録》卷一六六　癸酉，以黄河水災，免河南睢州夏税小麥二千五百石，秋糧七千二百餘石，絲一千五百餘兩，草九千二百束；睢陽衛屯種子粒二萬石有奇。以渭河水災，及雨雹，免陜西鞏昌、臨洮等府衛税糧子粒共三萬三千餘石，馬草四萬六百束。

《明史》卷一四《憲宗紀二》　甲戌，執左通政方賢下西廠獄。

《國榷》卷三七　丙子，傳陞都指揮袁彬爲前軍都督僉事。

《憲宗實録》卷一六六　巡撫河南右副都御史張瑄奏【略】乞將河南起運榆林及德州各倉糧料酌量存留，以候豐年仍舊遠運。【略】從之。

《明通鑑》卷三三　丙子，罷西廠。

《國榷》卷三七　戊寅，謫司禮太監黄賜、陳祖生于南京。

己卯，增(曲)〔汝〕陽縣丞，專撫流民。

辛巳，署太醫院事左通政方賢戍遼東。

壬午，尚寶司卿朱奎以善太監黄賜謫保寧府同知。

丙戌，宥前軍都督僉事袁彬、錦衣指揮同知焦(奉)〔壽〕罪。

《憲宗實録》卷一六六　庚寅，銓註錦衣衛帶俸都指揮同知吴玉、金吾左衛帶俸都指揮使陳英、署都指揮僉事張鑑於遼東都司。玉管事，英、鑑各城領操。

《明通鑑》卷三三　辛卯，太監懷恩傳内旨，令錦衣副千户吴綬同在鎮撫司問刑。

《憲宗實録》卷一六六　壬辰，陞陜西按察使王朝遠爲都察院左僉都御史，巡按甘肅。

《國榷》卷三七　禁遏刁訟，從都察院之請。

《憲宗實録》卷一六六　甲午，兵部尚書項忠乞歸養疾。許之。

《國榷》卷三七　敕旌廣東左布政使周鐸、河南按察副使王璘、黎平知府楊緯、泗州同知杜參、潛山知縣費璨。

前浙江左布政使劉福以歲幣不如法，降陜西按察使。

六月丙申朔，南京前軍建平伯高遠還京。

署前府都督僉事奚顯、後府都督僉事楊(祺)〔麟〕，俱劾罷。

《憲宗實録》卷一六七　南京兵部尚書原傑卒。

《國榷》卷三七　丁酉，敕廣東都指揮僉事歐磐充參將，分守廣西柳、慶。

《憲宗實録》卷一六七　己亥，命定襄伯郭嵩掌南京前府事，都督僉事李俊協同理事，都督僉事王受掌南京後府事。

《國榷》卷三七　壬寅，荆府都昌王(祈)〔祁〕鑑薨。年四十六，謚惠靖。

癸卯，嚴捕盜之令。

《憲宗實録》卷一六七　甲辰，朝鮮國王李娎遣陪臣李約等齎箋貢方物，賀皇太子千秋節。

《明通鑑》卷三三　甲辰，罷兵部尚書項忠爲民。

《國榷》卷三七　興寧伯李震降(右)〔左〕都督，罷居南京。

丁未，傳召惠安知縣永韶入朝。

《明史》卷一四《憲宗紀二》　庚戌，復設西廠。

《國榷》卷三七　壬子，後軍署都督僉事王信爲平蠻將軍、總兵官，鎮守湖廣。

禁私錢。

《憲宗實録》卷一六七　癸丑，調兵部武選司郎中姚璧爲廣西思明府同知。

《國榷》卷三七　丙辰，兵部請臨清設巡撫鎮守官，防饑盗。不許。

太監劉倜鎮守江西。

《明通鑑》卷三三　丁巳，大學士商輅請致仕，許之。【略】詔加少保，賜敕馳傳歸。

《憲宗實録》卷一六七　乙丑，户部尚書楊鼎九年秩滿，命復任。

《憲宗實録》卷一六八　〔七月〕丁卯，刑部尚書董方、太子少保都察院左都御史李賓自陳衰老，乞休致。許之。

《國榷》卷三七　戊辰，巡撫湖廣左副都御史劉敷兼撫治鄖陽。

己巳，户部右侍郎程萬里乞休，改南京工部。

《憲宗實録》卷一六八　户部覆奏監察御史戴縉陳言内一事，欲免順天等四府雜派物料，宜行巡撫、巡按官勘報區處。詔可。

《明通鑑》卷三三　辛未，詔翰林院會内閣自考察其屬。

《國榷》卷三七　左春坊左庶子劉健、翰林侍讀周經主試應天。

壬申，詔兩京堂上官五品以下者聽吏部考覈。

賑都人水災。時大霖雨壞民居。

癸酉，南京前府定襄伯郭嵩專督操江。

《憲宗實録》卷一六八　工部覆奏監察御史戴縉陳言内一事，欲免順天等四府擡柴夫，宜於易州山廠柴炭夫借撥一年，仍量於别處無災之地派辦，以足其數。詔可。

《國榷》卷三七　乙亥，禁山西攬納糧芻。

《憲宗實録》卷一六八　巡撫雲南右都御史王恕等劾奏鎮守太監錢能罪。

《國榷》卷三七　丙子，考察京官，奏斥三十三人。

《憲宗實録》卷一六八　戊寅，命内閣考覈左、右春坊，司經局官。

《國榷》卷三七　己卯，敕各邊鎮守巡撫等官，從宜計議弭盗安民之術，選將練兵之方，備奏以聞。

《憲宗實録》卷一六八　乙酉，免江西各府衛成化十二年分秋糧四十三萬二千餘石，子粒七千餘石，以水旱災故也。

《國榷》卷三七　丙戌，吏科都給事中趙侃等言，近諸大臣自陳休致，惟許董方等三人，餘皆存留，然尚有公論未協者：如户部尚書薛遠，過于寬縱；兵部左侍郎滕昭，失于鯁介；周騤居光禄，才力不及；楊宣居鴻臚，清譽無聞；大理寺丞劉瀚，進秩不慊清議；南京工部右侍郎程萬里，惟務奔競，乞令自陳，使之休致。御史尹仁等亦言之。報可，遠、昭、宣、萬里致仕，調騤遼東苑馬寺卿，瀚延平府同知。

丁亥，宣府副總兵周玉爲鎮朔將軍，鎮守宣府；宣府總兵官劉清移永平、山海；召都督馮宗還京；大同右參將都指揮使康永充宣府副總兵。

戊子，都督同知陳逵，同河道工部郎中楊恭于通州、天津等處役卒三千人、役郡縣千人，築隄便運。

庚寅，南京吏部尚書崔恭致仕。

《皇明大政紀》卷一五　〔辛卯〕，少詹事徐溥丁母憂。

《明通鑑》卷三三　召陝西巡撫余子俊爲兵部尚書，南京右都御史林聰爲刑部尚書。

《憲宗實録》卷一六八　國子監祭酒耿裕爲吏部右侍郎，南京大理寺卿邢簡爲户部右侍郎，巡撫寧夏右副都御史張鵬爲兵部右侍郎，陝西左布政使程宗爲右副都御史，山西左參政侯瓚爲光禄寺卿，鴻臚寺少卿施純爲本寺卿，命户部左侍郎翁世資總理京儲。

釋定安悼隱王長子聰濟回忻州。

《國榷》卷三七　癸巳，陝西布政司右參政秦紘爲右僉都御史，提督雁門等關，兼巡撫山西。

巡撫永平左僉都御史張綱致仕。

《憲宗實録》卷一六八　甲午，運山西布政司銀十萬兩於大同府，以給邊儲。

《國榷》卷三七　免福建去年旱災田租十五萬九千九百餘石。

八月乙未朔，太僕寺少卿李綱爲右僉都御史。

庚子，右副都御史程宗巡撫陝西，召巡撫河南右副都御史張瑄回院。

置陝西黑水苑，隸長樂監。

辛丑，貴州總兵官都指揮同知吳經爲右軍署都督僉事。

《憲宗實録》卷一六九　壬寅，命司經局洗馬鄭環、翰林院侍講彭教爲順天府鄉試考試官，賜宴于本府。

《國榷》卷三七　癸卯，祭唐褚遂良于杭州。儒士周璟言之。

甲辰，山東按察副使賈俊爲右僉都御史，巡撫寧夏。

戊申，兵部右侍郎馬文升乞慎選武學教官。從之。

庚戌，都督同知馬讓卒。

《憲宗實録》卷一六九　壬子，定賞征守官軍銀數。

《國榷》卷三七　甲寅，上閔兗州及南畿水災，命户部擇司官五人分賑。

復河南巡撫官。

《憲宗實録》卷一六九　乙卯，免陝西成化十二年税糧二萬六千餘石，馬草二萬三百餘束，布二千四百三十疋，以水災故也。

《國榷》卷三七　荆府都梁王見溥薨。年二十六，謚悼惠。

丁巳，詔留巡鹽御史雍泰一年，以撫恤兩淮竈丁。

戊午，巡撫遼東右副都御史陳鉞，以貢夷私市禁物，乞令行人同分巡僉事，于開原、撫順等關驗放。從之。

己未，翰林學士丘濬爲國子祭酒。

《憲宗實録》卷一六九　辛酉，實授試監察御史林琇，擢問刑知縣王珣、張曉、李經俱爲監察御史。

《明史》卷一四《憲宗紀二》　壬戌，錦衣衛官校執工部尚書張文質繫獄，帝知而釋之。

《國榷》卷三七　癸亥，巡撫雲南右都御史王恕改南京參贊機務，仍署院事。

甲子，翰林院檢討傅瀚爲修撰。

九月乙丑朔，江西右布政使李衍爲右副都御史，巡撫河南。

《憲宗實録》卷一七〇　丁卯，户部奏遼東開中淮、浙鹽課。

《國榷》卷三七　戊辰，禮科右給事中唐章等覈宣府虧餉米豆至十餘萬，請罪先後管糧官及巡撫鄭寧等。許之。

復改湖廣白河縣隸陝西金州。

庚午，行人楊榮爲南京監察御史。

免河間夏税萬一千五百八十餘石。

壬申，詔逐罷閑官吏人等之匿京師者。

乙亥，江西都指揮使劉江坐贓戍邊。

《憲宗實録》卷一七〇　丙子，詔自今邊儲三年一查盤，著爲例。

《國榷》卷三七　鎮守廣西内官黄沁貪虐占靖江王草場見奏，沁訐王妓飲及他事。遣勘獄上，下沁南京法司。

録囚，減三十一人戍邊。

庚辰，南京禮部尚書倪謙致仕。

《憲宗實録》卷一七〇　析陝西淳化縣，復置三水縣，陞臨洮府蘭縣爲蘭州。

《皇明資治通紀》卷二〇　〔壬午〕，巡按雲南監察御史甄希賢等劾奏鎮守太監錢能及都指揮方明、周佐，布政司參議金醞，按察司僉事翁遂等罪。都察院請下希賢等，逮治明等，能俟再勘至日處分。詔可。

《明通鑑》卷三三　甲申，吉王見浚之國長沙。

《國榷》卷三七　日本入貢。

《憲宗實録》卷一七一　冬十月乙未朔，南京欽天監監副貝琳等奉勑修大統曆、回回曆成，刊印進呈。上曰：「禮部其移文令以刊板送京。」

丁酉，巡按福建監察御史戴用以福建歲用不足，兼頻年凶札，陳措置糧儲事宜。下户部議，開中見在倉鹽一十萬引，引納米四斗於缺糧倉分。其民間子弟有納米一百五十五石者充知印，一百二十石者承差；軍民舍餘人等納米一百二十石者給正九品散官，加四十石者正八品，加八十石者正七品，八十石者請勑旌異，六十石者有司犒勞。詔如議。

《明通鑑》卷三三　〔戊戌〕，余子俊還，掌兵部事。

《憲宗實録》卷一七一　己亥，巡撫延綏左僉都御史等官丁川等各奏延綏糧豆、草束不足，請仍行開中鹽引、折納贖罪并召募上草三事。户部議奏開中鹽引，許以兩淮、兩浙成化十一年存積鹽各一十萬引，行巡撫官定擬時價則例，召納糧豆於缺糧倉分。其折納贖罪許巡按御史、布按二司、府州縣問擬，各照所定邊倉時價收銀，類解榆林廣有庫用，折官軍月糧。其陝西并各處軍民人等有能納草一千二百束者給正九品散官，加二百束者正八品，加四百束者正七品，但願冠帶者納銀四十兩於廣有庫。詔如議。

癸卯，勑巡撫河南右副都御史李衍兼理鄖陽地方，劉敷仍專巡撫湖廣。

《明通鑑》卷三三　戊申，復立哈密衛於苦峪谷，給土田牛種。

《憲宗實録》卷一七一　丙辰，設遼東懿路等七倉。

丁巳，詔暫止徵備用馬。

己未，朝鮮國王李娎遣陪臣韓致禮等奉表貢馬及方物來朝。

壬戌，命南京參贊機務右都御史王恕兼巡江。

《憲宗實録》卷一七二　十一月甲子朔，欽天監進成化十四年大統曆。

《國榷》卷三七　丙寅，嚴文武乘轎之禁。

丁卯，罷遼東屯田。

免長沙、善化、茶陵、湘陰、醴陵、攸縣田租十萬五千八百石有奇。

戊辰，吏部右侍郎黃鎬、兵部右侍郎馬文升俱爲左侍郎。

乙亥，許朝鮮市弓角，歲五(千)〔十〕計。

《憲宗實録》卷一七二　丙子，定遼東軍餘給引納草例。

丁丑，陞監察御史劉仁爲雲南按察司副使，專理屯種。

己卯，朝鮮國王李娎遣陪臣尹弼商等來朝，貢方物。

《國榷》卷三七　庚辰，暹羅入貢。

癸未，吏部右侍郎耿裕憂去。

《憲宗實録》卷一七二　乙酉，賜朝鮮國成化十四年大統曆。

《國榷》卷三七　乙酉，石州妖人桑沖伏誅。

《憲宗實録》卷一七二　丙戌，以旱災，免真定府諸州縣夏税一萬四千一百石有奇。

《國榷》卷三七　己丑，都指揮同知崔勝爲廣寧中路參將。

《憲宗實録》卷一七二　辛卯，陞武成後衛署指揮使魯廣爲署都指揮僉事，充右參將，守遼東、錦義二城。

《國榷》卷三七　壬辰，宣府柴溝、馬營、葛(路)〔峪〕堡中河東鹽各十萬引。

癸巳，鎮守寧夏都督同知范瑾爲征西前將軍、總兵官，鎮守大同。

《明通鑑》卷三三　是月，張瓚討四川松潘衛叛苗。

《國榷》卷三七　〔十二月〕乙未，分守延綏東路都督僉事神英爲征西將軍、總兵官，鎮守寧夏。

《憲宗實録》卷一七三　丁酉，給户部尚書兼翰林院學士劉珝、禮部尚書兼翰林院學士劉吉應得誥命。

《國榷》卷三七　庚子，彰武伯楊信卒。【略】贈彰武侯，謚威毅。

《憲宗實録》卷一七三　辛丑，更定京軍月支京、通二倉糧例。【略】自三月至八月支於京倉，餘於通州。

《國榷》卷三七　甲辰，免順天田租二萬三百餘石。

乙巳，巡撫遼東右副都御史陳鉞請討建州三衛。從之。

《憲宗實録》卷一七三　丙午，詔減天津等衛秋青草。

以水災，免隆慶衛所子粒七百九十餘石；保定府諸州縣秋糧一萬六千四百石有奇，草三十六萬二百餘束，綿花茸一千一百餘斤。

《皇明大政紀》卷一五　〔辛亥〕，少詹事黎淳請申明科場舊制。下部議行之。

御史胡璘奏天下教官乞多取副榜舉人選用。下部議行之。

《憲宗實録》卷一七三　乙卯，朝鮮國王李娎遣陪臣權、瑊等奉表貢馬及方物來朝。

《明通鑑》卷三三　丙辰，進王越兵部尚書。

《憲宗實録》卷一七三　丁巳，以水災，免直隸蘇、松、常、鎮四府并蘇州、鎮江二衛夏税子粒二十三萬一千石有奇。

《國榷》卷三七　戊午，命南京刑部尚書周瑄致仕。

己未，刑科給事中趙良請太子講學。諭俟明年。

《憲宗實録》卷一七三　以水災，免兗州府所屬州縣夏税一十二萬七千七百餘石，絲綿農桑絲折絹一萬二千六百六十餘疋；秋糧二十九萬八千六百餘石，草六十九萬二千一百餘束，綿花茸一萬六千餘斤。

《國榷》卷三七　庚申，武學訓導張寧言，各營都指揮以下曠學。兵部議推一官往教，上命不必推官，但月一課之。

成化一四年（戊戌、一四七八）

《憲宗實録》卷一七四　〔正月〕乙丑，定襄伯郭嵩卒。

《明通鑑》卷三三　〔庚午〕，吏部考察朝覲官，奏免二千十六員，浙江按察使劉釪、江西按察使趙敔預焉。時論惜之。

《明史》卷一四《憲宗紀二》　甲戌，大祀天地於南郊。

《國榷》卷三八　己卯，襄王瞻墡薨。【略】年七十(一)〔三〕，謚曰憲。

癸未，免嘉定去年水災田租七萬七千六百八十餘石。

甲申，復遣御史洮河巡茶。

乙酉，兵部尚書余子俊上申明條例十事：謹選法、嚴紀功、重爵賞、息爭端、革吏弊、重敕令、〔重地方〕、順夷情、〔省驛傳〕、謹軍政。皆從之。

《憲宗實録》卷一七四　丁亥，勅宣府、大同、延綏、寧夏、甘肅鎮守、總兵、巡撫等官戒嚴。以鎮守大同太監覃璣等奏虜欲入寇故也。

《國榷》卷三八　諭革倉場積弊。

《憲宗實録》卷一七四　戊子，命南京瀋陽右衛指揮僉事崔鈺守禦浦子口。守禦缺人，南京守備太監安寧等以鈺薦。兵部言守禦乃都指揮之任，鈺未有軍功，例難擬陞，宜令鈺以舊官守禦，而以都指揮體統行之，往來文移於都指揮則用手本，於所部指揮用帖文，所部指揮於鈺則用呈文，各處把總俱視此例，著爲令。奏入，從之。

壬辰，命陝西各邊開中引鹽。

《國榷》卷三八　免河間災傷田租七千六百餘石。

癸巳，刑部郎中鍾蕃等勘鎮守雲南太監錢能通安南、干崖、孟密諸夷皆實，宜罪。上特宥能，敕責之。

〔二月〕庚子，禮部尚書劉吉、翰林學士彭華主禮闈。

免真定、河間田租一萬八百九十八石。

壬寅，巡撫遼東右副都御史陳鉞以海西女直將入寇，請督兵塞。上從之。

錦衣衛指揮使萬喜爲都指揮同知，指揮僉事萬通爲指揮使，正千户萬達爲指揮僉事，各世襲。

《憲宗實録》卷一七五　丙午，命中外軍政官五年一考選。

《明通鑑》卷三三　戊申，皇太子出閣講學。

《國榷》卷三八　己酉，南寧伯毛文往南京操江。

《憲宗實録》卷一七五　調宣府副總兵康永于甘肅，以大同左參政江山代爲宣府副總兵，召甘肅副總兵馬儀管南京左軍都督府事。

《國榷》卷三八　增雲南按察副使整飭臨安兵備。

罷朝天宫役，專修國子監。

《明通鑑》卷三三　〔庚戌〕，改萬安吏部尚書兼謹身殿大學士，劉珝、劉吉加太子少保兼文淵閣大學士。

《國榷》卷三八　進英國公張懋太子太傅，撫寧侯朱永、襄城侯李瑾太子太保，吏部尚書尹旻、户部尚書楊鼎、禮部尚書鄒幹爲太子少保。

免鳳陽去年水災田租十七萬一千七百一十七石有奇。

壬子，府軍前衛署都指揮僉事周璽充左參將，分守大同。

甲寅，錦衣衛指揮使牛循爲都指揮同知，仍署衛事。

乙卯，定東宫侍衛官校二千有奇。

《憲宗實録》卷一七五　丁巳，禮部奏會試天下舉人三場已畢，請定名數。上命正榜取三百五十人。

《國榷》卷三八　免徐州夏、秋田租。

庚申，山東按察副使陳相、鳳陽通判馮珪、登州通判袁玘、開州〔通判〕〔判官〕林彦綱，俱賜誥敕，旌其善政。

《皇明大政紀》卷一五　巡撫遼東都御史陳鉞撲剿土著夷人，以搗巢之捷上聞。

《國榷》卷三八　三月癸亥朔，敕四川巡撫右副都御史張瓚討松茂諸蠻。

《憲宗實録》卷一七六　甲子，皇太子行冠禮。

丙寅，各道監察御史屠滽等言，竊見巡撫寧夏奏稱邊儲匱乏，欲將河南、陝西、山西、北畿兩考吏典及在京各衙門辦事〔未〕滿者俱令納銀免考，即與冠帶；民間子弟納銀，許充知印、承差、郡縣等官；三年、六年考滿納銀，免其赴部考績，户部准擬，詔許通行。【略】上曰：「【略】納銀足邊，後世謂何？ 御史言是，一切罷之。」

丁卯，南京參贊機務右都御史王恕爲南京兵部尚書，仍參贊機務。

戊辰，進士張琛爲吏科給事中。

免開封、南陽、衛輝、汝州、濟南去年水災田租。

《明通鑑》卷三三　免浙江被災秋糧。

《國榷》卷三八　録岷州破蕃功。

都督僉事白玘爲都督同知。

妖人陳廣平伏誅。

《憲宗實録》卷一七六　己巳，授理刑太常寺博士戴仁、徐瑁，行人汪山、唐鼒、楊澄，知縣張泰、馬隆監察御史。

《國榷》卷三八　庚午，右副都御史張瑄爲南京刑部左侍郎，南京太常寺少卿李本爲南京禮部右侍郎，總督南京糧儲右副都御史胡拱辰爲南京左副都御史，巡〔撫〕〔按〕貴州右僉都御史宋欽爲南京大理寺卿。

辛未，禁安南使臣多挾私貨。
敕兵部左侍郎馬文升往遼東招安建州三衛夷人。
癸酉，駙馬都尉趙輝卒。
《明通鑑》卷三三 〔甲戌〕，福建上杭盜起。【略】敕鎮守中官盧勝、巡按戴用督捕之。
《國榷》卷三八 丁丑，策貢士梁儲等三百五十〔一〕人于奉天殿。
《明史》卷一四《憲宗紀二》 己卯，賜曾彦等進士及第、出身有差。
《憲宗實録》卷一七六 定陝西秦、慶、肅、韓四府郡王以下府第工價則例。
《明史》卷一四《憲宗紀二》 辛巳，罷烏撒衛銀場。
《國榷》卷三八 壬午，免大寧都司并天津、平陽、大同屯租。
丙戌，進士梁儲、張潔、陳璚、楊傑、敖山、劉忠、孫珪、于材、王珣、劉允中、張璞、徐鵬、汪藻、鄧焲、林霄、江瀾、張九功、陳邦瑞、馬廷用、荆茂、劉機、李經、謝文、張芮、倪進賢、楊廷和、楊時暢、武衛，選翰林院庶吉士。命學士王獻、謝一夔教習。
開遼東廣寧馬市。從巡撫陳鉞之請。
起右僉都御史高明巡撫福建捕盜。
《明通鑑》卷三三 丁亥，以浙江饑，罷採辦花木之役。
《國榷》卷三八 江川王音投薨。
戊子，安南國王黎灝奏辨侵掠占城之罪。
辛卯，汪直議築高郵、邵伯、寶應、白馬湖隄。從之。
《皇明大政紀》卷一五 四月〔乙未〕，吏科都給事中趙侃言州守縣令不宜以監生序補，下部議行之。
《國榷》卷三八 丁酉，免山東及揚州等水災田租。
庚子，兵部尚書余子俊上軍功賞格。議行之。
《憲宗實録》卷一七七 辛丑，朝鮮國王李娎遣陪臣玄碩圭等進表箋貢馬及方物謝恩。
《國榷》卷三八 壬寅，南京户部右侍郎潘榮總理糧儲。
甲辰，琉球中山王世子尚真入貢。
丙午，兵科給事中董旻、行人右司副張祥使琉球，封尚真琉球國中山王。
《憲宗實録》卷一七七 丁未，斬强賊張政等十一人於市，梟首示衆。
《國榷》卷三八 戊申，翰林編修李傑爲侍講。
己酉，定琉球二年一貢。
庚戌，免廬州、淮安去年田租。
《憲宗實録》卷一七七 壬子，巡撫延綏左僉都御史丁川以親喪去任。
《國榷》卷三八 癸丑，户部左侍郎翁世資爲尚書，仍督京儲。
《憲宗實録》卷一七七 禮部詳定監生依親坐監事例。
《國榷》卷三八 甲寅，錦衣衛帶俸指揮僉事蔡英挾弓矢行掠，伏誅。
《憲宗實録》卷一七七 乙卯，安南【略】來朝，賀立皇(大)〔太〕子。
《國榷》卷三八 丁巳，楊瑾嗣彰武伯。
五月壬戌朔，免永和、(倚)〔猗〕氏田租。
癸亥，代府和川王成鏝薨。年三十，謚悼僖。
丙寅，免遼東藥材二年。
户部右侍郎邢簡卒。
《憲宗實録》卷一七八 庚午，陞南京通政司右參議邊鏞爲南京大理寺右少卿，遼東苑馬寺少卿樊英爲長蘆都轉運鹽使司運使。
《國榷》卷三八 壬申，河南左布政使楊浩爲右副都御史，巡撫延綏。
《明通鑑》卷三三 以戴縉爲右僉都御史。
《憲宗實録》卷一七八 癸酉，陞詹事府少詹事兼翰林院侍讀黎淳爲吏部右侍郎，都察院右副都御史張瓚爲户部左侍郎，殷謙爲右侍郎。
《國榷》卷三八 丙子，陝西、山東左布政使孫仁、陳儼並爲右副都御史，翰林修撰張頤爲右僉都御史，仁四川，儼貴州，頤宣府。
丁丑，寧陽侯陳瑛總領將軍宿衛。
戊寅，儒臣輯御製詩集四卷。
《憲宗實録》卷一七八 己卯，兵部尚書余子俊等議上武舉科條。
《明通鑑》卷三三 汪直奏武舉設科，鄉、會、殿試如文科例。
《國榷》卷三八 辛巳，前巡撫順天左僉都御史張綱卒。
甲申，遼王豪墭薨。年五十，謚曰靖。
《憲宗實録》卷一七八 戊子，減成化十二年遼東開中河東鹽米數，每引止納米三斗五升。先是開中時，引擬米五斗五升，後減作四斗，至是又以米貴鹽賤減之。

《國榷》卷三八 〔六月〕癸巳，敕各邊總兵官嚴兵備虜。

《憲宗實録》卷一七九 禁京城内外强奪人財及口稱聖號者。

《國榷》卷三八 甲午，設廣東恩平縣。

《憲宗實録》卷一七九 丙申，免直隸鎮江、蘇州、太平、池州四府，太倉、鎮江二衛去歲夏税三千一百六十餘石，秋糧子粒共五十五萬三百六十餘石，草一十九萬二千二十餘包，以水、旱、雹災故也。

四川贊理軍務右副都御史張瓚等以平夷寇班師上奏。

丁酉，旌表孝子支倹等三人，節婦鄭氏等七人。

《國榷》卷三八 戊戌，敕兵部左侍郎馬文升及贊理軍務右副都御史陳鉞會議招撫夷寇。

《憲宗實録》卷一七九 壬寅，陞司經局洗馬鄭環爲南京太常寺少卿，尚寶司卿李木爲南京光禄寺卿。

《明史》卷一四《憲宗紀二》 癸卯，太監汪直行遼東邊。

《國榷》卷三八 丁未，大慈恩寺禪師喃渴領占等乞銀印。特許之。

《憲宗實録》卷一七九 辛亥，福建鎮守等官以平上杭盜奏捷，降敕奬勵，俾以所獲賊徒，鞫其倡亂者誅之，其脅從者奏聞處置。

《國榷》卷三八 壬子，武功左衛指揮僉事王宣爲署指揮使。宣貢士襲職。

癸丑，貴州普定等蠻作亂，總兵官吴經等奏徵湖、貴、雲南兵大征。上不許。

甲寅，守制巡撫延綏左僉都御史丁川卒。

《憲宗實録》卷一八〇 七月庚申朔，朝鮮國王李娎遣陪臣金永堅等奉箋貢馬及方物來朝。

《皇明資治通紀》卷二〇 浙江按察使楊瑄卒。

《明通鑑》卷三三 癸亥，江西人楊福，以僞稱汪直伏罪。

《憲宗實録》卷一八〇 詔以久雨停修繕圓通寺工役，俟八月再舉。

《國榷》卷三八 壬申，復趙王見滆爵。

乙亥，兵部申明馬政條例。

前鎮守雁門關兼巡撫山西右副都御史朱鑑卒。

《憲宗實録》卷一八〇 丁丑，南京工部右侍郎李春奏乞致仕。許之。

户部以北直隸、山東水災，奏請勑遣本部郎中林孟喬，員外郎袁江往山東兖州、濟南、東昌、青州四府，署郎中事員外郎劉道、王臣往直隸真定、保定、河間、大名、廣平、順德六府勘實賑濟。從之。

《國榷》卷三八 戊寅，黔國公沐琮請三司保勘土官襲職者急爲剖決，争端可息。上是之。

《憲宗實録》卷一八〇 庚辰，勑延綏右參將郭鏞領延慶等衛精兵二千操備聽調，虜入河套，仍還守本境；大同參將周璽領兵三千，大同宣府遊擊將軍吴瓚、李鎬各率所部遊兵五千于本境操練，俟大同西路有警，會兵進剿；瓚、鎬仍俟延綏警報，領兵往援。以虜酋滿都魯、乩加思蘭窺伺西北二邊故也。

《國榷》卷三八 辛巳，南京太僕寺卿劉俊爲南京工部右侍郎。

癸未，進士趙泰、馬銓、吴凱、秦昇、劉清爲給事中。

敕諭哈密右都督罕慎。

《憲宗實録》卷一八〇 戊子，禁人于西山鑿石。

《國榷》卷三八 己丑，占城入貢。

《憲宗實録》卷一八〇 給哈密馬平章布帛、牛種。

《明史》卷一四《憲宗紀二》 八月癸巳，以直隸、山東災傷，詔六部條卹民事宜。

南京刑部侍郎金紳巡視江西水災。

《國榷》卷三八 乙未，禮科給事中馮義、行人張（璀）〔瑾〕封占城國王齋亞麻勿庵。

戊戌，遣京營把總指揮僉事張懷往會密雲守臣何虜。

《憲宗實録》卷一八一 錦衣衛指揮同知朱驥、監察御史王錦俱受命巡捕。

《國榷》卷三八 庚子，禮部員外郎黄景賑順天，户部員外郎劉道（直）賑保定，王臣賑廣平、大名、順德，主事官廉賑河間，刑部郎中張錦賑真定，户部郎中林孟喬賑兖州，員外郎袁江賑東昌，大理〔寺〕右評事彭詮賑濟南、青州。又減山東、湖廣、河南、江西災租，其災甚者，停馬匹及差徭。

丁未，停順天民借支倉糧。

免順天所負羊毛。

禁私鑄。

《憲宗實録》卷一八一 戊申，是日早朝，東班官若聞有甲兵聲者，因辟易不復成列，衛士争露刃，以備不虞，久之始定，莫知其故。

《國榷》卷三八 吏部以御史屠滽請汰冗官，共（冗）〔汰〕六百十三員。

從之。

庚戌，南京尚寶司卿夏瑄爲南京太常寺少卿。

《明通鑑》卷三三　庚戌，免湖廣被災秋糧凡十六萬有奇。

《國榷》卷三八　癸丑，巡撫四川右副都御史張瓚憂去。

《憲宗實録》卷一八一　禮部申明朝儀八事。

《明史》卷一四《憲宗紀二》　甲寅，下巡撫蘇、松副都御史牟俸於錦衣衛獄。

《國榷》卷三八　通政司右參議李寬通賂劾免。

乙卯，傳陞錦衣百户王英爲帶俸正千户。

《憲宗實録》卷一八一　丙辰，命兵部右侍郎張鵬、兵科給事中張善吉閲侍衛并九門官軍，退其疲老者，及易其衣仗之損壞者；仍命移文南京守備等官閲皇城、京城軍士。以御史言朝儀不肅，侍衛未嚴故也。

《國榷》卷三八　錦衣問刑副千户吴綬爲指揮僉事，仍管鎮撫司。

《皇明大政紀》卷一五　以御史戴珊爲陝西提學副使。

《國榷》卷三八　錦衣衛指揮同知朱驥爲指揮使。

遣御史三人往良鄉、固安、通州捕盜。

《憲宗實録》卷一八二　辛酉，免南京横海等十六衛屯田子粒四千三百六十石有奇，以大水故也。

《國榷》卷三八　定隱匿賊情例。

《憲宗實録》卷一八二　壬戌，陞吏部郎中國泰爲布政司左參政，户部郎中谷琰、福建邵武府知府馮孜、廣西潯州府知府孫暐俱爲右參政，户部郎中林迪、南京禮部郎中沈暉俱右參議。

《明通鑑》卷三三　擢嘉興知府楊繼宗爲浙江按察使。

《國榷》卷三八　乙丑，兵部上諸臣所薦邊才五十六人。

清平伯吴璽卒。

修居庸等處關隘。

《憲宗實録》卷一八二　己巳，給散寧晉伯劉聚鐵券。

《國榷》卷三八　裁錢塘、富陽、臨安、於潛、昌化、〔新城〕、桐鄉、安吉勸農縣丞。

癸酉，巡按貴州監察御史李勳縱家人入公署脅財，削其籍。

乙亥，巡按陝西監察御史鄭昱復命失儀，謫京山知縣。

《憲宗實録》卷一八二　己卯，免被災囚人納紙。

壬午，南京總督糧儲户部右侍郎潘榮奏：「鳳陽倉儲支給官軍俸糧不足。」户部議：「請開中兩淮運司存積鹽五萬引，召商納銀兼米支給。」從之。

户部議：「管糧通政司參議李寬等奏於永平等處開中引鹽，以足邊儲。宜以淮、浙運司官鹽一十五萬引召商上納。其常股鹽兩淮一引米五斗，兩浙三斗五升；存積鹽兩淮一引米九斗，兩浙五斗。」從之。

《國榷》卷三八　乙酉，鎮守雲南太監錢能爲指揮姜和、李祥乞恩免罪。許之。

《憲宗實録》卷一八二　丁亥，户部奏開中廣東、海北二提舉司官鹽一十四萬引。

《國榷》卷三八　〔十月〕壬辰，敕雲南巡撫等區畫廣西。

癸巳，通政司右通政潘禮憂去。

甲午，總督〔糧儲〕〔漕運〕兼巡撫鳳陽右副都御史李裕憂去。

《憲宗實録》卷一八三　户部奏：「舊制文武官吏月糧一石，歲計米五萬二千五百七十餘石，皆蘇、松、常三府歲運至京，臨時分派各衙門上納。今多過期不至，虧損糧額。請自今定爲常例，某府出糧若干於某衙門收納，先期移文，令其差官運送，庶使事體歸一，而姦弊可除。」從之。

《國榷》卷三八　乙未，南京羽林左衛署都指揮僉事都勝充參將，協守漕運。

《憲宗實録》卷一八三　陞户部主事董齡爲河南按察司僉事，專理屯田。

丁酉，朝鮮國王李娎遣陪臣韓致亨等奉表貢馬及方物來朝。

《國榷》卷三八　右僉都御史李綱爲左僉都御史，總督漕運，兼巡撫鳳陽。

《憲宗實録》卷一八三　戊戌，勑彭城衛帶俸署指揮同知郭鋐於揚州等處總督備倭。

《國榷》卷三八　辛丑，陳鉞請擣建州卜剌答等。兵部恐啓釁，宜俟其入擊之。報可。

《皇明資治通紀》卷二〇　追降韓府漢陰王徵鍉爲庶人，王母平氏、妃周氏及冒封郡王、縣主者皆賜死，妃父周恂凌遲，及其妻妾子皆斬之，籍其家。

《憲宗實録》卷一八三　甲辰，宥定西侯蔣琬、左軍都督僉事王義罪。

《國榷》卷三八　丙午，皇三子生，母宸妃邵氏出。

庚戌，進萬安、王越太子太保，兵部尚書余子俊、刑部尚書林聰、工部尚書王復、署通政司工部尚書張文質並太子少保，(富)〔豐〕城侯李勇、定西侯蔣琬、左都督趙勝，並太子太保。

《昭代典則》卷二〇　〔壬子〕逮江西吉安知府黄景隆至京，下詔獄。

《憲宗實録》卷一八四　十一月戊午朔，欽天監進成化十五年大統曆。

《國榷》卷三八　己未，萬壽節。始令翰林官習儀。

《憲宗實録》卷一八四　癸亥，巡撫河南右副都御史李衍等奏：「河南地方累有河患，皆由下流壅塞，以致衝決散漫，渰没民居。今宜自開封西南地名新城下抵梁家淺舊河口七里疏濬壅塞，以洩杏花營上流水勢；又自八角河口直抵南頓分道散漫，以免祥符、鄢陵諸縣，睢、陳、歸德諸州渰没；其衝決隄口則俟水落之日興工修築。工部覆奏，上仍命衍等斟酌行之。

《國榷》卷三八　丁卯，廣西養利州、永康縣俱改流官。

己巳，論囚。

丙子，寧夏副總兵都督僉事緱謙爲征虜前將軍、總兵官，鎮守遼東。

《憲宗實録》卷一八四　庚辰，賜朝鮮國成化十五年大統曆。

《國榷》卷三八　辛巳，復南樂王祁銑爵。

壬午，户部定遼東中鹽淮、浙、河東鹽例。

免順天災租。

癸未，後軍帶俸都督僉事李璵充副總兵，協守寧夏。

總督兩廣朱英與總兵官平鄉伯陳政争坐，改英巡撫兩廣。

丙戌，廣平侯袁瑄卒。

〔十二月〕己丑，出帑金三萬，賑兗州饑。

《憲宗實録》卷一八五　庚寅，巡撫福建右僉都御史高明【略】奏言上杭縣太平、溪南、金豐、豐南四里【略】宜即其地析爲永定縣，而以興化鄉、太平及三層嶺三巡檢司隸之。詔可。

壬辰，命河南是歲轉運德州、臨清二處糧米二十三萬石每石折銀八錢。

《國榷》卷三八　癸巳，進士王盛、章玄應爲南京户、禮科給事中。

巡撫兩廣右副都御史朱英爲右都御史，仍巡撫。

甲午，巡撫福建右僉都御史高明疾去。

《明通鑑》卷三三　免畿内被災秋糧凡二十萬有奇。

《國榷》卷三八　乙未，增太常寺司樂二員。

盗陷江西新昌縣。切責守臣。

戊戌，傳陞鴻臚寺卿施純爲禮部右侍郎，仍署鴻臚寺。

《憲宗實録》卷一八五　乙巳，免直隸永平府衛所屬秋糧子粒一萬八千餘石。

丁未，朝鮮國王李娎遣陪臣李坡等奉表貢馬及方物來(貢)〔朝〕。

《國榷》卷三八　戊申，知縣吴哲、姜昂、劉俊、奚銘、賀霖、劉宇、王輔、劉璧爲試監察御史。

己酉，遼東都指揮同知吴玉以胡種避嫌，乞回京。許之。

《憲宗實録》卷一八五　以水災，免直隸真定府并定州等五衛秋糧子粒七萬六千三百餘石。

《國榷》卷三八　庚戌，申外官私役軍士之禁。

壬子，翰林學士彭華爲詹事。

丙辰，裁嘉蔬千户所。

成化一五年（己亥、一四七九）

《國榷》卷三八　〔正月〕辛酉，皇四子生。德妃張氏出。

《明通鑑》卷三四　加吏部尚書尹旻太子太保，汪直爲之請也。

《明史》卷一四《憲宗紀二》　丁卯，大祀天地於南郊。

《國榷》卷三八　己巳，都督僉事韓忠以萬人待報，赴密雲防禦。

《明通鑑》卷三四　〔壬申〕，改王恕以兵部尚書兼左副都御史，巡撫蘇、松。

起致仕薛遠爲南京兵部尚書。

《國榷》卷三八　己卯，賑濟官刑部郎中張錦奏，民倒失官畜逋税，當追徵，乞併寬免。從之。

巡撫大同李敏請文廟樂器。許之。

免潁上、太和去年夏麥四千二百石。

庚辰，廣西上石西州改流官。時土官何任弘絶。

《憲宗實録》卷一八六　巡視江西南京刑部右侍郎金紳上言江西救荒事宜。【略】疏入，令如奏，收三月賑濟。

《國榷》卷三八　(□)〔中〕軍都督同知錢雄卒。

《明通鑑》卷三四　庚辰，免山東被災秋糧。

《國榷》卷三八　辛巳，省(山東)〔山西〕州縣勸農官。

《憲宗實録》卷一八六　户部奏：「京師内外倉場歲用草一千一百八十餘萬束，俱派山東、河南、北直隸徵納，今各處被災約減五分之二，而其常數乃所以給象、馬、牛、羊，不可缺者，請如先年例，以太倉官銀并陝西、河東、河間、長蘆運司鹽課召商，納草與鹽兼中，草每人止許中一萬束，鹽則聽其全中，而鹽銀則例視各倉場遠近爲多寡之差。」制可。

《明史》卷一四《憲宗紀二》　辛巳，振山東饑。

《憲宗實録》卷一八六　大理寺評事彭銓以差賑濟奏，【略】詔如議。

《國榷》卷三八　癸未，安慶、池州去年旱，免租十三萬一千八百餘石。

甲申，停徵武清縣黑土課米五百四十石。

丙戌，故少詹事兼國子祭酒司馬恂贈禮部左侍郎。

《明史》卷一四《憲宗紀二》　〔二月庚寅〕，免湖廣被災秋糧。

《國榷》卷三八　廣寧伯劉璀卒。

癸巳，命内官監右少監張志等役(九十)三萬人修蘆溝橋隄岸。

戊戌，罷鎮守通州都督同知陳逵。以玩盜推避也。

《憲宗實録》卷一八七　己亥，陞河南按察司副使顧以山爲陝西布政司右參政。陞南京刑部郎中徐貴、户部郎中孫義、兩淮都轉運鹽使司同知白行中俱爲運使，貴兩浙，義山東，行中兩淮。

《國榷》卷三八　故廣東按察副使贈按察使毛吉謚忠襄。

《憲宗實録》卷一八七　以遼東各衛所水災，免折細糧一十二萬六千一百石有奇。

《國榷》卷三八　詔運兩淮鹽給湖廣官軍俸糧。

辛丑，通政司左參議方漢爲南京太僕寺卿。

壬寅，廣西守禦千户所獲安南諜者七人，下鎮撫獄，有私人俱脱之，千户趙邦坐罪。

甲辰，都督僉事楊麟卒。

《憲宗實録》卷一八七　乙巳，以去歲湖廣荆襄德安府衛所屬水災，免夏、秋税二十二萬三千石有奇。

《國榷》卷三八　丁未，以兩淮常股鹽五萬引并帑金千二百賑兖州。

戊申，禁自宫求進者。時私閹二千人，盡逐之。

《明通鑑》卷三四　壬子，免廣東廣、肇、高、雷、廉五府逋賦。

《明史》卷一四《憲宗紀二》　甲寅，詔修開國勳臣墓，無後者置守冢一人。

《憲宗實録》卷一八七　乙卯，給遼東守哨軍士布人三匹半，其半匹折鈔。

免瀋陽中護衛及寧山衛沁州、平定州千户所屯田子粒一萬六千四百石有奇。

命軍職納粟應募陞授，無嗣者許親從依例承襲。

《國榷》卷三八　〔三月〕，丙寅，免貴州屯租。

吉安知府黄景隆苛刻論死。

《憲宗實録》卷一八八　庚午，兩浙巡鹽御史李延壽奏運司餘鹽舊例皆逐歲放支，緣江南旱潦，兼夏秋陰雨，多致虧折，請按季變易時價爲便。户部議宜照長蘆、直沽餘鹽例，每數至千引則易價解部。從之。

甲戌，琉球國中山王世子尚真遣使臣李榮等迎封册來朝，并貢方物。

《國榷》卷三八　前南京禮部尚書倪謙卒。【略】贈太子少保，謚文僖。

《憲宗實録》卷一八八　丙子，命巡按湖廣鄖陽等府監察御史吴道宏仍舊巡按撫治地方。

《國榷》卷三八　戊寅，知縣張淮、徐節、王紳、翟俊、趙英、孫弁、易鶚、吴泰、胡漢、李珉，推官孫(震)〔需〕爲〔試〕監察御史。

《憲宗實録》卷一八八　辛巳，陞南京大理寺署右寺正黄韶爲江西按察司僉事，專分巡吉安府地方。

《國榷》卷三八　户部主事澤州李諒以從子玉爲宣寧王府儀賓被訐，都察院擬調外，吏部言諒、玉别籍無服，遂如故。

《憲宗實録》卷一八八　壬午，免萬全都司所屬衛所細糧一千五百餘石，并山西都司衛所子粒五千二百石有奇，以去歲水災也。

《明通鑑》卷三四　癸未，免江西被災秋糧。

〔四月丁亥〕，以方士李孜省爲太常寺丞，尋改上林苑副監。

《憲宗實録》卷一八九　庚寅，命大理寺左少卿田景暘、南京大理寺右少卿邊鏞、翰林院侍講李傑清理武職貼黄。

《國榷》卷三八　辛卯，遼東太監葉達，都督同知歐信，都指揮韓斌、崔勝、陳雄、葉廣、羅雄、文寧、常凱、白祥、李宗，定遼等衛指揮夏時、王鑑、張宏、田俊、劉（晦）〔旺〕、石俊、蕭凱、傅斌，俱虜入失利被劾。命定西侯蔣琬、刑部尚書林聰同太監汪直往按之，各降罰有差。直之偕琬、聰，冀掩其罪，而尚書外勘，前未有也，議者謂聰之徇直。

癸巳，安南黎灝入貢。

戊戌，免應天、寧國、徽州災租五萬九千六百二十餘石。

《憲宗實録》卷一八九　庚子，賜太子太傅英國公張懋、太子太保撫寧侯朱永、太子太保襄城侯李瑾、太子太保豐城侯李勇、太子太保定西侯蔣琬、太子太保左都督趙勝誥命。

《國榷》卷三八　癸卯，署欽天監事太常寺少卿童軒爲寺卿，仍署監事。

《皇明資治通紀》卷二〇　致仕提督兩廣軍務右都御史韓雍卒。

《明史》卷一四《憲宗紀二》　丙午，免南畿被災稅糧。

《國榷》卷三八　己酉，慶王邃䧢薨。年三十五，謚曰懷。

庚戌，太監劉恆、汪直，總兵官朱永、蔣琬，尚書王越簡京營兵。

《明通鑑》卷三四　壬子，下駙馬都尉馬誠于錦衣衛獄。

《國榷》卷三八　癸丑，鄭世子見滋薨。年二十八，謚悼僖。

《憲宗實録》卷一八九　甲寅，命試監察御史徐瑁、戴仁、唐鼐、汪山、楊澄、馬隆、張泰俱實授。

乙卯，命在京各營騎操馬於今年牧放上操時添給草束兩月，銀草間支。

《國榷》卷三八　五月丙辰朔，添鑄鐵斛頒郡縣。

壬戌，免固原、靖虜、蘭州、甘州屯租萬三千五百二十八石有奇。

《明史》卷一四《憲宗紀二》　汪直劾侍郎馬文升，下文升獄。

《國榷》卷三八　甲子，監察御史吴道宏爲大理寺右少卿，撫治鄖陽流民。

行人（右）〔左〕司副張瑾使占城，道（豐城）〔江西清江縣〕，舟損詔物。命易之。

《憲宗實録》卷一九〇　戊辰，免陝西甘州左等五衛無徵屯糧九百三十二石有奇，以十三年六月冰雹災也。

《國榷》卷三八　右副都御史牟俸戍鎮遠衛，翰林學士江朝宗謫廣東市舶司提舉，汪直以朝宗與俸有連也。

《明通鑑》卷三四　庚午，〔馬〕文升戍四川重慶衛。

《憲宗實録》卷一九〇　福餘衛都指揮扭歹等奏報迤北癿加思蘭爲其族弟亦思馬因所殺。

辛未，以旱災，免直隸安慶、新安二衛成化十四年無徵子粒五千七百一十餘石。

壬申，陞大理寺左少卿田景暘爲本寺卿，仍舊清理貼黄。九年任滿也。

《國榷》卷三八　安南使臣陳中立等奏，道由廣西，爲馮祥、龍州土官阻滯。詔仍遣送。

《明通鑑》卷三四　癸酉，以牟俸、馬文升事，中旨責科、道官互相容隱，緘嘿不言，令自陳狀。于是給事中李俊等二十七人，御史王濬等二十九人，合詞請罪，詔廷杖各二十。

《國榷》卷三八　乙亥，傳陞右僉都御史戴縉爲右副都御史，屠滽爲右僉都御史，王濬爲南京右僉都御史，巡撫甘肅。

丙子，工部尚書萬祺進太子太保。

駙馬都尉周景爲父鴻臚寺卿顒乞贈謚，不允。

巡撫貴州左副都御史陳儼、貴州總兵官吴經，平西堡蠻賊，斬二千一百五十餘級，俘男婦七百二十餘人。敕勞之。冒功。

戊寅，下金吾右衛指揮經歷等官郭宏等三百四十九人于刑部獄。

《明史》卷一四《憲宗紀二》　己卯，免湖廣、河南被災稅糧。

《國榷》卷三八　錦衣指揮吴綬調南京。綬初附汪直，已悔之，忤直。

壬午，四川按察司僉事范純爲副使，整飭大壩兵務。初裁副使，仍復之。

《憲宗實録》卷一九〇　癸未，以旱災，免直隸崇明縣去年秋糧一萬九千三百四十餘石，草二萬五千六百五十九包。

《國榷》卷三八　燕河營右參將李〔銘〕爲署都督僉事總兵官，鎮守薊州、永平。

《憲宗實録》卷一九一　〔六月〕庚寅，修通州大運西倉一百四十間。

《國榷》卷三八　癸巳，罷給事中閔收，止令本營點視。

《憲宗實録》卷一九一　甲午，命斬劉八當哈於遼東，梟首示衆，發張驢兒等六人充軍。

《國榷》卷三八　丁酉，湖州知府李雄有罪，戍大同衛。

辛丑，伊府西鄂王諟鈌薨。年二十七，謚安僖。

《憲宗實録》卷一九一　朵顔衛夷人額挨等八人赴京報事，因貢馬。

癸卯，雲南總兵官黔國公沐琮等奏：「鐵索箐蠻賊王通海等羣聚劫掠，臣等將兵討之，分道而進，連戰累捷，生擒三百九，斬首一百三十九，俘獲一百三十三，其投崖及餓死者甚衆，獲畜産、兵仗無算。」奏至，上賜勅奬勵之。

戊申，巡按山西御史黄著奏：「山西諸府縣頻年災傷，民皆缺食，請令太原、澤、潞、陽曲諸府州縣糧草自成化九年至十二年止貧民逋負者糧一石折銀二錢五分，草一束折銀三分，於布政司官庫收貯待用，有仍願上納本色者聽。」户部覆奏，從之。

《國榷》卷三八　辛亥，兵部(左)〔右〕侍郎張鵬清理武職貼黄，仍佐部。

《憲宗實録》卷一九二　〔七月〕丙辰，巡撫河南右副都御史李衍奏修築過睢州等州、祥符等縣黄河衝决堤岸缺口計七萬七千七百五十二丈有奇。

《國榷》卷三八　己未，巡撫甘肅左僉都御史王朝遠予告。

《憲宗實録》卷一九二　實授南京試監察御史王弼于江西道。

《國榷》卷三八　遼東海州衛積芻火。

辛酉，署錦衣衛都指揮同知牛循，有罪下獄，以貪暴通賄也。戍循廣西。

壬戌，禮部右侍郎尹直改南京吏部。

《憲宗實録》卷一九二　改南京都察院右僉都御史王濬爲都察院右僉都御史，巡撫甘肅等處。

以旱災，免山西太原等三府、潞州等十三州、陽曲等四十九縣并大同前等一十五衛所去年夏税子粒共二十九萬六百五十餘石。

甲子，免廣東雷州府遂溪、海康二縣成化十三年秋糧米一千九百六十餘石。

《國榷》卷三八　乙丑，南京大理寺卿宋欽坐累奪俸三月。

《憲宗實録》卷一九二　丁卯，給故南京兵部尚書原傑加贈太子少保誥命。

《國榷》卷三八　己巳，户部左侍郎張瓚爲(右)〔左〕副都御史，總督漕運，兼巡撫鳳陽。

《明通鑑》卷三四　癸酉，命汪直行大同、宣府邊。

《國榷》卷三八　初，暹羅使臣坤禄羣等入貢，船壞，乞更造。許之。

《憲宗實録》卷一九二　乙亥，陝西榆林等倉開中兩淮、兩浙、河東運司成化十二等年鹽二十萬引。

《國榷》卷三八　丁丑，□□知縣陳金爲南京試監察御史。

《憲宗實録》卷一九二　定宣府沿邊開中成化十三年引鹽則例。

廣西太平府崇善縣民劉佛迓等四人以妖言伏誅。

《國榷》卷三八　庚辰，户部右侍郎殷謙、兵部右侍郎張鵬並爲左侍郎，巡撫順天右僉都御史閻本爲户部右侍郎，巡撫大同右副都御史李敏爲兵部右侍郎。

癸未，河南左布政使孫洪爲右副都御史，巡撫大同。

賜總督漕運左僉都御史李綱祭葬。平江伯陳鋭爲之請，不爲例。

八月甲申朔，旌邵武知府馮孜、(滁)〔隴〕州知州陳俊、寧晉知縣陳愉，俱賜誥敕。

辛卯，增貴州按察副使，整飭威清等處兵備，兼理糧儲。

南京刑科給事中李鸞先奏，南京工部造船虚費，命覈之。謂其妄，謫秦州判官。

癸巳，靖遠伯王添卒。

《憲宗實録》卷一九三　乙未，旌異桂林府知府金純、武昌府知府秦夔、濟南府知府王璟、揚州府知府周源、廬州府同知李弼、太原府同知李鳳、霸州知州蔣愷、廣德州知州周瑛、深州知州韓儒、通州知州方璟、六合縣知縣唐詔、藁城縣知縣李興、陽曲縣知縣宋賓，賜以誥勅。

《明通鑑》卷三四　遣户部郎中裴慧等七人巡視兩畿、山東、河南水災。

《國榷》卷三八　己亥，朱永歷陳其功。命世襲錦衣百户。

《憲宗實録》卷一九三　辛丑，定永平等倉開中成化十三等年長蘆存積鹽七萬引，原擬引米五斗，後减爲四斗，今减爲三斗五升。兩淮常股鹽三萬引，原擬引米五斗，今减爲四斗五升；存積鹽五萬引，原擬引米九斗，今减爲七斗二升。兩浙常股鹽三萬引，原擬引米三斗五升，今减爲三斗二升；存積鹽四萬引，原擬引米五斗，今减爲四斗五升。

壬寅，詔今後差官勘問仍選官疏名具奏。

《國榷》卷三八　韓王偕灊有罪，奪禄三之一。

《憲宗實録》卷一九三　增置廣東韶州府英德縣主簿一員。

《國榷》卷三八　丙午，(左)〔右〕府帶俸富陽伯李(興)〔輿〕卒。

《憲宗實録》卷一九三　戊申，定遼東等倉中鹽則例。

《國榷》卷三八　辛亥，鄭府河陽王見濍薨。年十五，謚懷簡。

壬子，故事，十一月朔頒曆。是日冬至，禮不能兼，遂定十月朔頒曆。

是月，安南以八萬人侵滿剌加。

〔九月〕乙卯，大理寺（左）〔右〕少卿劉慶卒。

《憲宗實録》卷一九四　丙辰，運銀五萬兩于大同，糴買糧料，以備軍需。

《國榷》卷三八　辛酉，貴州黑苗（齊梁）〔齎果〕等叛，起致仕播州宣慰使楊輝會兵討之。

壬戌，中書舍人黎昊降貴州布政司照磨。

甲子，立罕東左衛于沙州，令只克仍襲都指揮使統之。

乙丑，前巡撫四川右副都御史夏塤卒。

丁卯，巡撫湖廣左副都御史劉敷致仕。

庚午，逮山西守備都指揮郭瑄，按察副使蔡璘，保德知州劉昌。

辛未，湖廣左布政使吴誠爲右副都御史，巡撫湖廣。

壬申，遼府衡山王貴燉薨。年五十九，謚恭惠。

濬南京河道。

《憲宗實録》卷一九四　丙子，勑魏國公徐俌往南京奉祀孝陵，兼管南京左軍都督府事。時駙馬都尉石璟乞還京養病也。

《國榷》卷三八　戊寅，賜錦衣帶俸指揮使萬通兩淮餘鹽五千引。

庚辰，傳陞禪師結幹領占爲國師。

刑科都給事中趙良（良）〔艮〕，以汪直劾其輕浮，謫蘆山知縣。

《皇明資治通紀》卷二〇　南京兵部尚書兼大理卿致仕程信卒，謚襄毅。

《國榷》卷三八　安南國王黎灝遣將東正率兵六萬復攻老撾，敗歸。

《憲宗實録》卷一九五　十月癸未朔，欽天監進成化十六年大統曆。

《國榷》卷三八　免宣府屯租。

乙酉，南京鴻臚寺卿袁愷爲南京光禄寺卿。

緬甸宣慰使卜剌浪等求孟養地，不許。

《憲宗實録》卷一九五　駙馬都尉石璟卒。

《明史》卷一四《憲宗紀二》　丁亥，撫寧侯朱永爲靖虜將軍，充總兵官，汪直監軍，禦伏當加。

《國榷》卷三八　戊子，户科都給事中張海等上五事：曰寬被災郡縣糧草子粒、諸色顔料，江西尤甚，宜暫停磁器。曰禁外戚求討莊田、奸民投獻。曰各巡按録囚矜疑。曰南京兵部尚書薛遠年憊，南京吏部左侍郎錢溥老悖，户部尚書楊鼎職業未修，工部尚書王復精力亦衰，俱宜罷。曰海盜屢劫福建，交趾屢犯雲南，乞暫遣大臣巡視福建，命都御史巡撫雲南。上令被災者酌免，磁器不必停止，餘行之。楊鼎等俱留任，福建巡視、雲南巡撫俱不設。

《憲宗實録》卷一九五　辛卯，運銀五萬兩于遼東，以備邊儲。

《國榷》卷三八　蠲大同軍士孳牧馬。

《憲宗實録》卷一九五　命中都副留守孫安兼守備，神策衛指揮詹欽協理軍政，龍江右衛指揮聶端理漕運。

《國榷》卷三八　癸巳，太子少保户部尚書楊鼎致仕。

命直隸管屯按察僉事兼審獄。

丙申，命朝鮮國王李娎出兵夾擊建州女直。

庚子，禁游惰。

《憲宗實録》卷一九五　壬寅，給雲南緬甸宣慰使司陰文信符一道。

癸卯，户部以内帑乏金，請於浙江、福建、雲南銀課内折金一千兩。從之。

甲辰，户部覆議六科給事中所言救災事宜。

《國榷》卷三八　丁未，徙延綏定邊營于中山坡。初，余子俊以定邊營平曠難守，宜退徙中山坡，其後都御史丁川復仍舊。巡按御史李敬言：「開疆展土，乃爲國之圖；退地立城，豈守邊之策。」至是子俊申其説，從之。

己酉，命巡撫遼東右副都御史陳鉞參贊東征軍務。

庚戌，翰林侍講李永通爲侍講學士。

都督僉事葉春卒。

《憲宗實録》卷一九五　壬子，陞工部郎中楊恭爲通政司右通政，仍管河道。

《國榷》卷三八　閏十月癸丑朔，把麻奔等襲罕東赤斤衛都督僉事等有差。

乙卯，工科右給事中韓文爲湖廣布政司右參議，提督太和山宫觀。

《憲宗實録》卷一九六　以水災，免山東兗州等府州縣衛所成化十五年夏税三千九百六十石，草二十一萬四千三百四十餘束。

户部議奏巡撫湖廣左副都御史劉敷等所言積糧事宜。【略】從之。

《國榷》卷三八　癸亥，增甘肅布政司管糧參議。

丙寅，雲南按察副使陳騏忤太監錢能意，因鎮撫俞銓誣奏而擠之，云通巡按御史陳斌。遣刑部員外郎徐霖等勘上，戍銓廣西，俟斌代還，訊騏如律。

《憲宗實録》卷一九六　戊辰，烏思藏【略】入貢。

《國榷》卷三八　辛未，華陽王申銓及鎮國將軍申(鉀)〔銅〕居喪貪淫，互訐奏。並奪爵。

《皇明大政紀》卷一五　〔壬申〕，權豎汪直等誘建州夷人郎秃等四十人來貢，械至京。

《昭代典則》卷二〇　〔甲戌〕，命毀會定見行律條。

《憲宗實録》卷一九六　丙子，太監李榮傳奉聖旨，陞鴻臚寺主簿王哲爲中書舍人，仍舊辦事；儒士周惠疇、張烈中書科食糧；大慈恩寺國師乳奴班丹爲灌頂大國師，覺義綽吉堅參爲國師；大隆善護國寺灌頂大國師班卓兒藏卜爲佛子國師，著乩領占爲灌頂國師。

《國榷》卷三八　丁丑，皇五子生。母德妃張氏。

安南黎灝親率兵九萬侵老撾，爲滿剌伽所邀，死亡二萬。灝慚致疾，十二月還。

《明通鑑》卷三四　〔十一月丙戌〕，吏科給事中王瑞上言：「天下布、按二司進表官，令各陳地方利病。」上惡其紛擾，命杖之。

《憲宗實録》卷一九七　逮廣西按察使張黼。以入覲還里，久不赴也。免官。

《憲宗實録》卷一九七　辛卯，命番僧桑而結襲國師。

壬辰，刑部奏南京監察御史李紀建言申盜律、定立嗣、息濫訟三事。【略】議上，從之。

《國榷》卷三八　癸巳，增南京刑部廣東司主事一人。

《憲宗實録》卷一九七　庚子，巡撫河南右副都御史李衍奏：自成化十四年十一月至今年六月，賑濟荆襄等府、衛、所軍民一十七萬一千三百九十餘户，男婦四十五萬五千三百九十餘口，凡用米穀二十四萬七千四百三十餘石，銀四千一百三十餘兩。

乙巳，詔貴州、湖廣、四川巡撫官督布、按二司官各齎銀一萬兩於貴州近苗衛所，共糴米三萬石、豆三千石，以備調兵之用。時將征黑苗故也。

《國榷》卷三八　丁未，增天地壇祠祭署祀丞。

《憲宗實録》卷一九七　賜朝鮮國成化十六年大統曆。

《國榷》卷三八　築寧夏沿河邊牆。

朱永等上捷云，五路出撫順關，半月抵其境，擒斬六百九十五級，俘獲四百八十二人，破四百五十餘寨。其奏捷舍人李珍、監生陳澍，俱授錦衣衛百户。珍，太監李榮姪；澍，陳鉞子也。仍敕勞永等。是役也，掩殺建州貢夷六十人，出不意入建州，建州夷悉逃匿，直殺擄老弱，焚其廬幕，掘枯髏爲功。

《憲宗實録》卷一九七　己酉，擢行人鄧庠、楊純、俞振才太常寺博士，張稷知縣，朱洪、閻仲宇、李隆、陳嘉謨、高輔、陸愈、于璧爲各道試監察御史。

《國榷》卷三八　太傅會昌侯孫繼宗卒。贈郯國公，謚榮襄。

十二月壬子朔，監察御史許進以各省鄉試較閲不精，乞如兩京例翰林主試。不許。

《憲宗實録》卷一九八　甲寅，實授〔試〕監察御史劉宇、王輔、賀霖、劉璧、奚銘爲監察御史。

《國榷》卷三八　乙卯，前南京吏部尚書崔恭卒。【略】贈太子少保，謚莊敏。

《憲宗實録》卷一九八　丁巳，陞左春坊左贊善張昇爲左諭德。

以水旱災，免成都等四府州縣并叙州等三衛糧三十一萬六千五百四十餘石。

敕監察御史張泰提調北直隸學校。

辛酉，給故南京禮部尚書贈太子少保謚文僖倪謙、太常寺卿兼翰林院侍讀學士贈禮部左侍郎兼學士孫賢、詹事府少詹事兼國子監祭酒贈禮部右侍郎司馬恂誥命。

《國榷》卷三八　丁卯，四川敘州府奏白羅羅、羿子與都掌大壩夷相攻。禮部右侍郎周洪謨上言，【略】勦之不能，撫之不從，惟立土官爲久治，諸夷欣服。【略】兵部議，從之。

庚午，進坐營都指揮使馬俊、楊玉爲署都督僉事，都指揮僉事阮興爲署都指揮同知，指揮使馬能、指揮同知吴儼爲署都指揮僉事。俱汪直、朱永等薦之。

《明通鑑》卷三四　辛未，論東征功，進朱永保國公，加汪直歲禄。

《國榷》卷三八　四川按察僉事戴(省)〔賓〕爲副使，整飭松、潘兵備。

《憲宗實録》卷一九八　壬申，太監李榮傳奉聖旨，陞大能仁寺右講經劄(巳)〔巴〕宗柰爲國師。

《國榷》卷三八　免崇明夏税六千八百五十石有奇。

甲戌，孔鏞、章格服闋，補廣東、雲南按察副使。

免武昌、漢陽、黄、岳、長沙、衡、辰、常德災租七十萬八千六百餘石。

乙亥，禮部尚書鄒幹、工部尚書王復、南京兵部尚書薛遠，俱致仕。

《明通鑑》卷三四　召陳鉞還，以功晉户部尚書，張文質禮部尚書，劉昭工部尚書。

《國榷》卷三八　江西旱災，免田租百八十萬八千九百九十餘石。

丙子，巡撫甘肅右僉都御史王濬憂去。

丁丑，南京户部尚書陳俊改南京兵部尚書，順天府尹胡睿爲工部右侍郎，太僕寺少卿王宗彝爲右僉都御史，巡撫遼東。

復南京五城兵馬司副指揮。

戊寅，隆慶長公主薨。

《皇明大政紀》卷一五　兵部侍郎李敏願籍書屋于官，以爲社學，請勅額。賜額爲「紫雲書院」。

《國榷》卷三八　是年，始許土官納穀備賑。

成化一六年（庚子、一四八〇）

《國榷》卷三八　〔正月〕戊子，光禄寺卿侯瓚爲左僉都御史，巡撫甘肅。

禁雲南邊境軍民通夷。

《憲宗實録》卷一九九　己丑，陞應天府府丞談倫爲順天府府尹。

調寧夏副總兵都督僉事李璵充榆林副總兵，協守中路；甘肅左參將署都指揮僉事劉文充寧夏副總兵。

《國榷》卷三八　庚寅，户科都給事中張海、御史楊守隨爲順天、應天府丞。

《憲宗實録》卷一九九　壬辰，户部尚書陳鉞自遼東馳驛至京，命掌部事。

《明史》卷一四《憲宗紀二》　甲午，大祀天地於南郊。

丁酉，保國公朱永爲平虜將軍，充總兵官，王越提督軍務，汪直監軍，禦亦思馬因於延綏。

《國榷》卷三八　戊戌，總督兩廣朱英報，田州知州岑溥爲頭目王明所逐走，思（明）〔恩〕府知府岑鐩、（思）〔恩〕城州知州岑欽誅王明，盡殲其黨，宜敕勸。從之。

庚子，户部右侍郎閻本、郎中馬孝祖理陝西軍餉。

辛丑，免鳳陽去年田租。

《憲宗實録》卷一九九　壬寅，命宣府副總兵江山、遊擊將軍閻斌，大同參將周璽、遊擊將軍李鎬，偏頭關分守都指揮支玉，寧夏總兵官神英，靖虜、固原參將田廣，甘肅副總兵康永、協副總兵李俊，陝西署都督同知白玘，各領所部邊兵共三萬人，赴延綏聽調殺賊。

《國榷》卷三八　癸卯，吏部左侍郎黄鎬爲南京户部尚書。

戊申，太子太保兵部尚書兼左都御史王越奏，西征馬萬六千四百，尚少，乞選民間馬二萬。從之。

《皇明大政紀》卷一六　兵科給事中孫博條陳時政，并東西二廠旗校中傷大臣，乞嚴禁革。忤旨不從。

《憲宗實録》卷一九九　己酉，免山東濟南府去年秋糧米一萬六千一百五十餘石，草二萬八千三百餘束，運司鹽課二萬六千八百六十餘引，濟南衛所秋糧米一千二百八十八石，以是年水災故也。

《國榷》卷三八　命修泗國公耿再成墓。初遺之。

庚戌，署鴻臚寺事禮部右侍郎施純爲尚書，仍署寺如故。

斬建州夷人哈速等五人，戍郎禿等七十四人于兩廣、〔福建〕。

《憲宗實録》卷二〇〇　二月辛亥朔，詔天下學校孔子廟庭所在凡過門者皆下馬。從監生虎臣言也。

《國榷》卷三八　戊午，免潞城縣去年田租。

《憲宗實録》卷二〇〇　命工部右侍郎胡睿提督官軍修理京城。

《國榷》卷三八　庚申，命寧夏守臣發兵五百守慶王墓。

辛酉，巡按陝西監察御史李敬【略】謫貴州査城驛丞。

《憲宗實録》卷二〇〇　禮部奏定大同殺賊官軍賞例。

《國榷》卷三八　壬戌，修孝陵。

甲子，貴州征苗，開中雲南白（鹽）〔黑〕井并四川鹽課共十七萬五千六百餘引。

《明通鑑》卷三四　〔丁卯〕，逮河間知府滕佐下獄。

《國榷》卷三八　戊辰，後軍都督同知馮昪役卒萬二千人修朝天宮。

《憲宗實録》卷二〇〇　壬申，朝鮮【略】來獻建州之捷。

命停浙江等處刷卷。

《明通鑑》卷三四　癸酉，免湖廣被災税糧凡七十五萬有奇。

《憲宗實録》卷二〇〇　分守莊浪署都督同知魯鑑奏，鎮守甘肅總兵官署都督僉事王璽官在其下，文移往來制宜平咨，今因聽其節制，反稱呈行，事體未便。事下，兵部言：「鎭官品雖高于璽，然璽係主將，若曰官高難于呈行，宜從簡便，互行手本：分守于鎭守則曰合具手本，垂脚僉名；鎭守于分守則曰合用手本，不必僉名。庶名分兩得。」從之。

《國榷》卷三八　甲戌，扶風縣義官王金挾邪術。刑部治罪，發爲編氓，餘倣此，毋得冠帶。

乙亥，戒諸王及儀賓赴京陳情。

《憲宗實録》卷二〇〇　下朝鮮國所俘建州衛夷婦十人于浣衣局。

《國榷》卷三八　丁丑，户部請畿内停徵，寬馬政，薄征徭。上許停徵，餘議之。

命户部郎中冀綺、林同賑保定、河間。

《明史》卷一四《憲宗紀二》　戊寅，王越襲亦思馬因於威寧海子，破之。

《憲宗實録》卷二〇〇　實授試監察御史劉俊、王紳、張淮、徐節、易鷳、趙英、孫弁、崔俊、姜昂爲監察御史。

《國榷》卷三八　己卯，遣太監鄭同、姜玉敕奬朝鮮國王李娎。

懷寧侯孫輔卒。

庚辰，修闕里廟。

三月辛巳朔，修天地壇，增卒七千六百五十人。

壬午，巡撫陝西右副都御史程宗憂去。

甲申，增四川嘉定等州縣判官、主薄各一，專撫民捕盜。

丙戌，汪直等報捷，敕勞之。

丁亥，汪直、王越等班師。

戊子，增兵部職方司郎中一人。

《明通鑑》卷三四　以歲歉，詔減光禄寺供用物。

《國榷》卷三八　己丑，禁盜伐園陵樹。

庚寅，張瓚嗣惠安伯。

《憲宗實録》卷二〇一　辛卯，禮部奏定征建州等處有功官軍人等賞例。

《國榷》卷三八　乙未，岷王音埑薨。年四十九，謚曰順。

戊戌，加汪直歲禄四十八石；封王越威寧伯，世襲，仍太子太保兼左都御史，提督團營。

增蕃牧所養牛軍百人。

己亥，山東左布政使阮勤爲右副都御史，巡撫陝西。

《憲宗實録》卷二〇一　庚子，賜故太傅會昌侯孫繼宗追封郯國公，謚榮襄誥命。

《國榷》卷三八　癸卯，久旱，命英國公張懋、襄城侯李瑾、定西侯蔣琬祭告郊社山川。

《憲宗實録》卷二〇一　勅協守松、潘右參將都指揮同知傅泰充副總兵，分守松、潘等處。

《國榷》卷三八　甲辰，琉球國王尚真表謝。

録威寧功，吏卒二萬八百餘人，陞二千九百八十六人，賞萬七千九百二人。

乙巳，發太倉米三十萬石平糶，仍預給在京吏俸三月。

《憲宗實録》卷二〇一　己酉，命後軍都督僉事朱鑑爲大同遊擊將軍。

《皇明大政紀》卷一六　四月〔甲寅〕，録威寧海子殺虜功，賜王越誥券，封奉天翊衛推誠宣力守正文臣，特進光禄大夫柱國威寧伯，食禄一千一百石，本身免二死，子孫世襲，仍追封三代。

《國榷》卷三八　丙辰，劉琁嗣廣寧伯。

《憲宗實録》卷二〇二　丁巳，陞萬全都指揮使孫素署後軍都督僉事，署都指揮僉事指揮僉事楊伸署指揮同知，仍署都指揮僉事，各充參將，仍分守萬全、獨石、馬營等處。以擒斬虜賊功，從兵部奏請也。

己未，户部奏内庫乏鈔，欲令九門并都税宣課司、河西務、臨清、淮安等處商税及天下户口鹽鈔俱徵本色一年，以備賞賜支用。從之。

以水災，免直隸宿州等五衛屯田米麥七千二百餘石。

《國榷》卷三八　庚申，平虜將軍太子太保保國公朱永自延綏入朝。

辛酉，琉球請歲貢。不許。

《憲宗實録》卷二〇二　〔前〕兵部左侍郎滕昭卒。

《國榷》卷三八　壬戌，刑科都給事中王坦等言救荒、重大辟、重詞訟、伸冤抑、防盜賊、遵律例。上採行之。

甲子，嚴馬政之禁。

己巳，兵部言建州女直欲犯邊，報前怨。命備之。

庚午，知縣何珖、劉綸、朱欽、褚祚、宋德、周洪、俞俊、陳〔政〕〔孜〕、李勤、魏璋、王弁、孟俊、黄熒、田禋、何瀞、王璟、劉鳳翔、吴文度、劉銘爲試監察御史。

辛未，居哈密四百人于苦峪城，給牛種。

斬逆虜卯斤于市。犯大同被獲者。

《憲宗實録》卷二〇二　壬申，彭城伯張瑾卒。

己卯，免陝西慶陽等二府、西安等四衛所去年秋糧八千五百六十餘石。

《憲宗實録》卷二〇三　〔五月〕壬午，勅分守莊浪署都督同知魯鑑充左參將，兼守西寧地方。

《國榷》卷三八　丙戌，晋府雲丘王美堣薨。年(四十)〔六十一〕，謚簡靖。

丁亥，孫鎮嗣會昌侯。

戊子，福建左布政使李田爲右副都御史，整飭薊州、永平、山海邊備，兼巡撫順天〔、永平〕。

《憲宗實録》卷二〇三　庚寅，陞山東右布政使趙文博、福建右布政使李嗣俱爲本司左布使，浙江左布使杜謙爲順天府府尹。

《國榷》卷三八　東光縣官莊【略】畝徵五升三合五勺，如墾荒例。

《皇明大政紀》卷一六　〔壬辰〕，禮部右侍郎周洪謨進所纂《疑辨録》三卷，不往行。

《國榷》卷三八　己亥，上以朝臣數少，命鴻臚寺錦衣衛點視，凡六百三十四人不至。上宥之。

庚子，吏部右侍郎耿裕爲左侍郎。

《憲宗實録》卷二〇三　禁天下攬納税糧者。

《國榷》卷三八　辛丑，命天下鹽運司、提舉司銀悉入京庫。

癸卯，巡撫湖廣右副都御史吴誠改雲南，山西左布政使白行順爲右副都御史，巡撫湖廣。

《憲宗實録》卷二〇三　丙午，免河南税糧子粒十八萬七千餘石。

《國榷》卷三八　鎮守雲南太監錢能還南京，以陝西太監覃平代之。

《憲宗實録》卷二〇三　戊申，命萬全都司帶俸都指揮使劉寧充宣府遊擊將軍。

《國榷》卷三八　六月庚戌朔，免隴西縣及鞏昌等衛田租。

癸丑，工部左侍郎王詔致仕。

《明史》卷一四《憲宗紀二》　禁勢家侵占民田。

《憲宗實録》卷二〇四　甲寅，實授南京試監察御史胡漢、孫需、吴泰、李珉爲監察御史，漢雲南道，需四川道，泰浙江道，珉江西道。

乙卯，户部奏開中鹽課。

《皇明資治通紀》卷二〇　〔戊午〕，遼東總兵官侯謙、前巡撫都御史陳鉞等有罪，詔各罰俸一年。時巡按遼東御史强珍劾奏謙、鉞等失機隱匿等罪。

《國榷》卷三八　己未，故湖廣平江知縣宋鑑逐寇死，贈岳州通判，典史張澄贈主簿。

庚申，治松、潘失律罪，四川都指揮徐旻等降罰有差。

癸亥，置四川海棠坪守禦千户所。

《明通鑑》卷三四　〔丙寅〕，兵科都給事中吴原，復劾陳鉞及總兵官緱謙、鎮守太監韋朗，【略】御史許進等亦以爲言，【略】語甚剴切。上是之，卒置鉞等不問。

《國榷》卷三八　乙亥，都督僉事王剛卒。

丁丑，昭妃王氏薨。年三十，謚端榮。

《憲宗實録》卷二〇四　户部奏湖廣開中兩淮存鹽七萬引，引米九斗，或銀四錢五分；常股八萬引，引米六斗，或銀三錢五分。兩浙存積六萬五千引，引米五斗五升，或銀三錢；常股八萬五千引，引米四斗，或銀二錢五分。

《國榷》卷三八　七月己卯朔，享太廟。右通政趙侃失班下獄，御史劉瓚、許進不糾，各杖二十，還秩。

《憲宗實録》卷二〇五　甲申，國子監司業費誾乞歸展省。許之。

《國榷》卷三八　乙酉，禁官舟私載漏税。順天府治中李矗言之。

《憲宗實録》卷二〇五　丙戌，免山東濟南、青州府諸州縣衛所夏税子粒共六萬五千六百石有奇，以旱災故也。

丁亥，命覈邊將誘殺夷人以爲戰功者。

《皇明大政紀》卷一六　權豎汪直誣奏御史强珍行事乖方，安參被虜人畜之名數過多，請治其罪，并差腹心千户蕭聚同都御史王宗彝審勘，誣珍，械至京，下錦衣衛獄。

《國榷》卷三八　築鳳陽外城。

翰林院侍講彭教卒。

戊子，司經局洗馬羅璟、翰林侍講李東陽主試應天。

《憲宗實録》卷二〇五　辛卯，户部尚書陳鉞奏：「舊制，户部掌天下户口、田土、錢糧、圖籍，十三司各置算科令史一名，書算十人，人月給米一石，冗食太多，請裁革五名，永爲定額。」從之。

壬辰，户部臣奏舊例天下府州縣歲納京庫絹疋錢鈔【略】請下所司各如法徵收，且於解到時於中混取一二送部辨驗。【略】從之。

《國榷》卷三八　丙申，定文武官吏俸糧折布例。

丁酉，遣監察御史同兩京太僕寺官印馬。

己亥，免望江縣田租。

庚子，裁山西行太僕寺少卿一人。

户部員外郎林同請停保定等府逋負，從之。

《憲宗實録》卷二〇五　癸卯，命工部右侍郎胡睿提督修理京、通二倉。

乙巳，暹羅國遣正副使柰剌捧沙等來朝，貢象及方物。

免順天等府州縣夏税九萬六千八百石有奇，以旱災故也。

《國榷》卷三八　丁未，巡撫河南右副都御史李衍爲户部右侍郎，巡撫宣府右僉都御史張頤爲工部右侍郎，工部右侍郎胡睿爲左侍郎。

命萊州折徵布花仍本色。

《憲宗實録》卷二〇六　〔八月〕庚戌，免直隸淮、鳳、揚、廬四府并徐州等州縣官朝覲，以水災故也。

辛亥，免雲南府衛成化十四年秋糧子粒共二萬三千八百石有奇。

《國榷》卷三八　壬子，國子祭酒丘濬加禮部右侍郎。

癸丑，翰林侍講學士楊守陳、右春坊右諭德陸簡主試順天。

甲寅，通政司右參議郭鏜爲右僉都御史，巡撫宣府。

《憲宗實録》卷二〇六　命廣西布政司戒諭安南國王黎灝。

《國榷》卷三八　乙卯，免福、泉、漳、興化去年田租十一萬六千二百餘石。

《明史》卷一四《憲宗紀二》　辛酉，申存卹孤老之令。

《國榷》卷三八　令浙江户口鹽鈔折米，給官軍俸糧。

《憲宗實録》卷二〇六　壬戌，免陝西甘州等十四衛去歲屯糧七萬五千五百五十餘石，以是歲冰雹及蟲災也。

寧夏開中兩淮存積鹽五萬三千引，兩浙五萬八千引。固原開中兩淮存積鹽四萬六千一百四十餘引，兩浙二萬一千七百餘引。其納糧豆則例從巡撫官斟酌時價定擬。以二處缺糧也。

《國榷》卷三八　丙寅，晉府陽曲王美垙薨。年七十三，謚榮靖。

《憲宗實録》卷二〇六　庚午，户部臣奏：「真定歲納秋糧七千石於河間，河間歲納一萬石於真定，緣二府相距三百餘里，輸納不便，請各兑納本府，仍以河間所餘三千納於真定。」報「可」。

禁重解富户。

《皇明大政紀》卷一六　〔癸酉〕，謫御史强珍戍遼東，兵部尚書余子俊及科道吴原、許進各罰俸三個月。

《國榷》卷三八　蘇門答剌國入貢。

〔九月〕庚辰，禮部左侍郎俞欽憂去。

壬午，免河南夏税。

《憲宗實録》卷二〇七　丁亥，陞順德府同知雷霖爲山西按察司僉事，提調學校。

辛卯，旌異山東按察司副使陳相、廣西僉事何漢宗、柳州府同知馬襄、廣東市舶提舉司提舉陶熏，賜以誥命。

陞湖廣岳州衛指揮使柴皥署都指揮僉事，總領漕運。

《國榷》卷三八　甲午，罷兩淮運司新設副使、判官及令商人引鈔折銀。

《憲宗實録》卷二〇七　乙未，勑户部官分督軍餉。

《國榷》卷三八　命太監汪直監軍，保國公朱永總兵，威寧伯王越提督軍務，往遼東備虜。【略】未行而罷。

《憲宗實録》卷二〇七　丁酉，命都指揮僉事韓斌充副總兵，都督僉事李英充右參將，分守遼陽、錦、義，都督同知王鍇守備寧遠。

《國榷》卷三八　戊戌，禮部右侍郎周洪謨爲左侍郎，翰林學士謝一夔爲禮部右侍郎。

《憲宗實録》卷二〇七　庚子，陞通政司右通政李和爲左通政，右參議王㬌右通政，右參議陳政左參議，禮部給事中劉英右參議。

《國榷》卷三八　乙巳，□軍右都督陳(昭)〔旺〕卒。

十月丁未朔，太監汪直同傅恭、劉恆于神機營把總，仍提督十二營。

《憲宗實録》卷二〇八　庚戌，勑遼東都指揮同知佟昱、羅雄充遊擊將軍，各領遊兵三千往來勦寇。

《國榷》卷三八　乙卯，少詹事徐溥爲太常寺卿，兼翰林學士，仍舊任。

《憲宗實録》卷二〇八　開中河東運司餘鹽一十萬引於薊州等處，每引草十束或豆四斗、米三斗。

户部臣奏：「京師米價騰貴，請以通州倉該支本年十一月分糧於十月預放；其十二月與粳米，十七年正月與小麥，俱於十二月内放支；馬料則自今年十月以後俱於通州坐放，不足則於京倉補支。庶幾民不艱食，麥豆不至陳腐。」疏上，從之。

《皇明大政紀》卷一六　〔丙辰〕，南京六科章玄應、十三道御史徐完等各劾尚書陳鉞憸邪，罪重罰輕，乞明正典刑。不報。

《國榷》卷三八　己未，翰林編修尹龍爲侍講，檢討張泰爲修撰。

丙寅，晉府方山王鍾錠老無子，以夫人張氏女與外家易男，賜名奇湊。至是事覺，張氏、奇湊賜死，鍾錠奪爵，并削鎮國將軍鍾鑣封號。

慶成王府鎮國將軍鍾鉿、奇澗、奇潡有罪革秩，餘奪俸。

丁卯，僧録司左覺義繼曉賫護敕至湖廣九峯等處，乞乘傳。許之。

辛未，蕪湖老人張禮先後捕盜二百餘人，授九品散官，仍捕盜。

《憲宗實録》卷二〇八　癸酉，命後府帶俸閒住應城伯孫繼先復朝參。

《憲宗實録》卷二〇九　十一月丁丑朔，欽天監進成化十七年大統曆。

《國榷》卷三八　壬午，巡撫雲南右副都御史吴誠報，安南人攻破老撾宣慰司，今欲攻八百，乞遣官諭止之。命移檄黎灝，以狀上。

甲申，徐盛嗣興安伯。

巡撫(陝西)〔山西〕右僉都御史秦紘改河南。

《憲宗實録》卷二〇九　壬辰，賜朝鮮國成化十七年大統曆。

《國榷》卷三八　湖廣左布政使何喬新爲右副都御史，提督雁門等關，巡撫山西。

泰寧侯陳桓、鎮遠侯顧溥、武安侯鄭英、恭順侯吴鑑、宗信伯費淮、懷柔伯施鑑領五軍等營。

《憲宗實録》卷二〇九　癸巳，復除福建按察司副使馮俊于湖廣，整飭靖州。

《國榷》卷三八　申革關支户口食鹽積弊。

《憲宗實録》卷二〇九　乙未，停漕運把總都指揮謝雄等俸，令戴罪儹運，而宥總漕平江伯陳鋭、左副都御史張瓚、參將署都指揮都勝罪。

《國榷》卷三八　逮京操逃軍七千二百餘人。

丁酉，魯王陽鑄有罪，奪禄三之二，及妃張氏封號。

《皇明資治通紀》卷二〇　〔癸卯〕，旱災，免直隸順德所屬九縣秋糧。

《國榷》卷三八　韓府輔國將軍徵鐵早夭，聘杜氏女，守志不嫁。敕旌之。

十二月丙午朔，免長垣縣田租。

壬子，免廣平逋租。

戊午，協同守備南京豐城侯李勇疾甚，改修武伯沈煜。

《憲宗實録》卷二一〇　己未，巡按福建監察御史徐鏞奏，【略】乞查寺田，除五百畝以下，餘取其半給之貧民。事下户部議，從之。

《明史》卷一四《憲宗紀二》　庚申，亦思馬因犯大同。

《國榷》卷三八　辛酉，河南道監察御史陳(斌)〔珷〕巡按雲南，廠校言其枉法納賄，下之獄，安置遠外。

癸亥，知縣劉忠器、羅贇、程春震、謝綱爲試監察御史。

初，太監鄭同還自朝鮮，陪臣許熙送之，道開州，建州夷二千餘騎，掠從卒(二)〔三〕十餘人，馬二百三十餘匹，蓋忿其往者助兵也。詔賜熙金幣。

《憲宗實録》卷二一〇　甲子，户部臣言：「京民上言前此京師錢價每銀一錢易錢僅得八十文，錢貴米賤，軍民安業；比因僞錢盛行，銀一錢增至一百三十文，錢賤米貴，而又揀選太甚，小民勤勞自朝至晡，所得傭直不能養贍。乞勅都察院出榜禁約，如有揀選者，每一罰十，庶使錢法流通，米價平減。臣等請如先年事例，除僞造并破碎錫錢不用外，自餘不問年代遠近無得揀選，違者治罪。」從之。

《國榷》卷三八　乙丑，翰林院庶吉士梁儲、張潔、楊傑、敖山、劉忠、于材、徐鵬、鄧焲、馬廷用爲編修，劉機、楊廷和、楊時暢、武衛爲檢討，陳璚、汪藻、王珣、張九功、孫珪、張璞、林霄、劉允中爲給事中，荆茂、李經、謝文、倪進賢爲監察御史。

丙寅，進朱永太子太傅，益禄三百石，賜誥券。

虜入大同，命汪直監軍，朱永爲平虜將軍、總兵官，王越提督軍務，太監傅(恭)〔悳〕領神槍，往擊虜大同。

《明通鑑》卷三四　〔朱〕永等師未出，(己巳)〔壬戌〕，大同鎮將范瑾已拒(之)〔虜〕出境。

《國榷》卷三八　孫泰嗣懷寧侯。

丁卯，張信嗣彭城伯。

《憲宗實録》卷二一〇　增置貴州布政司右參政一員。

《國榷》卷三八　庚午，順義伯羅秉忠卒。

壬申，監察御史陳遵覈餉貴州，失究，謫遂平知縣。

甲戌，會昌孫鎮以犯英廟諱，更名銘。

海賊出没饒平縣，殺黄岡巡檢。潮州知府吴繹思擊斬五十八人。

《憲宗實録》卷二一〇　乙亥，户部上是歲京通二倉糧。

《明史》卷三四《憲宗紀二》　是月，總督兩廣軍務都御史朱英、總兵官平鄉伯陳政討廣西瑶，破之。

成化一七年（辛丑、一四八一）

《國榷》卷三九　〔正月〕戊寅，吏部大計，罷斥千九百九人。

壬午，傳陞太常寺卿劉岌爲禮部左侍郎，少卿朱福銘爲寺卿。

《明通鑑》卷三四　以方士顧玒爲太常寺少卿。

《明史》卷一四《憲宗紀二》　丙戌，大祀天地於南郊。

《憲宗實録》卷二一一　己丑，開中雲南黑白等井鹽課提舉司成化十二等年鹽十二萬引，每引銀五錢。

甲午，以水災免順天等府所屬州縣并鎮朔等衛成化十六年秋糧子粒一萬二千八百五十石有奇，穀草二十一萬五千八百三十束有奇。

免遼東遼海、三萬二衛成化十六年子粒三千餘石，以旱、雹災傷故也。

《國榷》卷三九　乙未，奪慶府真寧王邃（墉）〔埗〕歲禄三之一。

《明通鑑》卷三四　〔丙申〕，兵部尚書余子俊以母憂去。

《國榷》卷三九　戊戌，太子少保禮部尚書張文質憂去。

保定侯梁傅卒。

〔二月〕戊申，傳陞儒士華岳、周幹、陳嶽、張伸、董昂、歐陽鈇、孫完、覃瓚、劉謙、陳清、劉瓚俱冠帶，中書科辦事。

《憲宗實録》卷二一二　定擬開中成化十年以後兩淮鹽引則例。

《國榷》卷三九　庚戌，免浙西屯租。

辛亥，太常寺卿兼翰林學士徐溥、少詹事兼翰林學士王獻主禮闈。

《憲宗實録》卷二一二　甲寅，以水災，免順天府薊州玉田縣并大寧都司營州中屯等十一衛所成化十五、十六年秋糧子粒共七千四百三十餘石，草六千四百四十餘束。

乙卯，雲南大候州土官知州奉吉利法等乞仍降陽文信符。【略】從之。

《國榷》卷三九　丁巳，提督上林苑海子太監蔣琮乞修海子行殿。從之，命錦衣衛孫贇同提督軍匠。

《憲宗實録》卷二一二　免直隸鳳陽等三府、徐州等三十八州縣，并中都留守司等二十三衛所、兩淮鹽運司呂肆等三十鹽課司成化十六年大小麥共二十一萬九千五百餘石，絲一萬九千八百餘兩，草九百五十餘包，以旱災故也。

《國榷》卷三九　戊午，禁私錢。

庚申，雲南提督銀場布政司參議金醞改理黑白、安寧等井鹽法。

旌寬河衛千户王忠及妻岳氏（義）〔忠〕節。

辛酉，免山西去年災租。

壬戌，國子監丞祝瀾請改天下文廟木主。時謂其妄，謫雲南廣西府經歷。

《明史》卷一四《憲宗紀二》　覈天下庫藏出納之數。

《憲宗實録》卷二一二　丁卯，免應天并直隸徽州等五府，廣德、上元等三十五州縣去年夏税麥七萬七千二百九十餘石，以水災故也。

《國榷》卷三九　庚午，户部尚書陳鉞改兵部尚書，總督糧儲。户部尚書翁世資、署户部左侍郎殷謙、禮部左侍郎周洪謨，俱爲尚書，謙總督糧儲。太常寺卿兼翰林學士徐溥爲禮部左侍郎。

《憲宗實録》卷二一二　癸酉，巡撫雲南右副都御史吴誠奏乞令土官衙門各邊應襲子於附近府分儒學讀書，使知忠孝禮義。【略】上曰【略】其令土官各遣應襲子就學，如巡撫官及爾禮部所言。

《國榷》卷三九　甲戌，特賜太常寺少卿顧玒父母告身，并諭祭其母。

〔三月〕丙子，南京總督糧儲右副都御史潘榮爲户部左侍郎，南京大理寺右少卿白昂爲南京左僉都御史，兼督操江。

丁丑，錦衣衛囚逸。

戊寅，徽王見沛之國鈞州。

《憲宗實録》卷二一三　〔己卯〕，陞山西按察司僉事汪寬爲本司副使，專理屯田。

《國榷》卷三九　甲申，南京光禄寺卿袁愷爲南京右副都御史，總督南京糧儲。

丙戌，免山東去年田租。

《憲宗實録》卷二一三　戊子，烏思藏【略】來朝，貢馬。

《國榷》卷三九　策貢士趙寬等二百九十八人。

《明史》卷一四《憲宗紀二》　辛卯，賜王華等進士及第、出身有差。

《皇明大政紀》卷一六　論寧夏擒斬功，加威寧伯王越太子太傅，增歲禄四百石，總五軍營，署前軍都督府事，提督團營。

《國榷》卷三九　乙未，上林苑監事汪憲以醫從軍，改錦衣衛試百户，帶俸。

丁酉，進新寧伯譚祐太子太保。

《憲宗實録》卷二一三　戊戌，授第一甲進士王華爲翰林院修撰，黄珣、張天瑞爲編修，其餘分送各衙門辦事。

《國榷》卷三九　傳陞右副都御史戴縉爲右都御史，右僉都御史屠滽爲左僉都御史。

設山西平虜衛。汪直言自大同威遠城至老營堡宜分戍也。

己亥，巡撫河南秦紘改宣府，巡撫宣府郭鏜改大同，巡撫大同孫洪改河南。

大同總兵官范瑾爲左都督，都督同知孫鉞爲右都督，都督僉事盧欽、朱鑑爲都督同知。皆失律，以汪直報捷及之。

《憲宗實録》卷二一三　庚子，旱災，免山西潞州及潞城縣并直隸寧山衛去年秋糧子粒二萬九千八十餘石，草四萬八千五百九十餘束。

辛丑，免直隸鳳陽、徐州等府州縣并淮安等衛所去年秋糧子粒共一十四萬九千二百四十石有奇，草二十四萬二千九百包有奇，以水災故也。

《憲宗實録》卷二一四　（四月）丙午，命都察院右都御史戴縉經筵侍班。

《國榷》卷三九　戊申，監察御史黄傑等言十事，各都給事中盛實等言十一事。上並是之。

《憲宗實録》卷二一四　壬子，命廣東按察司僉事羅經提調學校。

《國榷》卷三九　乙卯，巡撫河南左副都御史孫洪加右都御史。

丙辰，方壽祥嗣南和伯。

《憲宗實録》卷二一四　陞前軍都督僉事袁彬爲都督同知，仍舊蒞事。

己未，遣户部官齎銀二萬兩送永平府預備邊儲。

《明通鑑》卷三四　庚申，以久旱風霾，敕羣臣修省。

《明史》卷一四《憲宗紀二》　戊辰，諭法司慎刑獄。太監懷恩同法司録囚，自是每五歲遣内臣審録以爲常。

《國榷》卷三九　癸酉，都督同知沐瓚卒。

《明史》卷一四《憲宗紀二》　亦思馬因犯宣府。

《憲宗實録》卷二一五　（五月）丙子，實授試監察御史劉綸、俞俊、孟俊、魏璋、褚祚、朱欽、王弁、何珖、周洪、宋德、陳孜、李勤爲監察御史。

《國榷》卷三九　吏科都給事中董旻等下錦衣獄。

《憲宗實録》卷二一五　丁丑，四川烏思藏【略】來朝。

《國榷》卷三九　庚辰，減浙江泰順縣銀課。

《憲宗實録》卷二一五　丙戌，添設四川建昌等衛所，打冲河、禮州、德昌三倉改屬布政司。

《國榷》卷三九　丁亥，刑部左侍郎杜銘憂去。

《憲宗實録》卷二一五　命金吾右衛帶俸都指揮僉事馬能往山東總督備倭。

《國榷》卷三九　乙未，禁邊人出塞樵獵。

戊戌，禮科都給事中張鐸、兵科給事中蕭顯，俱言事忤旨，謫鐸漢陽府通判，顯貴州鎮寧州同知。

立宋將楊業祠于古北口關外，曰靈威廟。

己亥，命汪直監軍，王越爲平胡將軍總兵官，以三千人赴宣府禦虜。太監傅（恭）〔應〕領神槍營，都督同知（□□）〔白瑜〕、都督僉事莊鑑充左、右參將，署都督僉事楊玉充游擊將軍。

庚子，大能仁寺灌頂國師結幹領占爲灌頂大國師。

《憲宗實録》卷二一五　暫免陝西府州縣應輸物料。

辛丑，上以邊報日急，命太監劉恒監督軍務，保國公朱永佩平虜將軍印充總兵官，太監張善管領神鎗，都督白全、李俊爲左、右參將，馬儀爲遊擊將軍。又以太監金輔監督宣府軍務，新寧伯譚祐充總兵官，太監劉保管領神鎗，都督憑昇、劉能爲左、右參將，馬俊爲遊擊將軍，分爲二路，各率官軍五千，嚴辦以待二方報至啓行。

壬寅，詔貴州中剩黑白井鹽四萬七千餘引每引減米一斗。

《國榷》卷三九　癸卯，定挾詐得財罪。

六月甲辰朔，免延安災租。

乙巳，朝臣不至者五百九十三人，上切責之。

丙午，皇六子祐橒生，母宸妃邵氏。

《憲宗實録》卷二一六　庚戌，户部議奏巡撫河南都御史孫洪等所言旱災寬恤事宜：一，原派十七年供用之物准待秋成之後起解。一，存留本處户口鹽鈔并逋負未完者暫候明年秋後催納。一，十二年至十五年逋負税糧每石宜折銀二錢五分，或大布一疋，送缺糧地方，銀發糴糧，布折官俸。一，所屬各庫收貯銀錢等物悉發糴糧賑濟。一，所屬衙門囚犯死罪之外盡聽納米贖罪。一，願充知印、承差、吏典者巡撫等官斟酌米價定立則例，納米完日以次參充。議入，從之。

《國榷》卷三九　壬子，敕安南國王黎灝，以攻老撾、八百。

《憲宗實録》卷二一六　甲寅，賜司設監太監王助淮鹽一千引建寺。

《國榷》卷三九　停陝西歲辦藥材。

乙卯，巡撫延綏右副都御史楊浩致仕。

己未，鎮守山西太監劉忠乞暫免山西柴炭。命即免秋冬。

《憲宗實録》卷二一六　壬戌，詔減免河南今年歲辦藥材之半，以巡撫都御史孫洪言其地比歲旱澇也。

《憲宗實録》卷二一六　遣官齎銀五萬兩送大同，以備邊需。

《國榷》卷三九　丙寅，太僕寺少卿吕雯爲右僉都御史，巡撫延綏。

戊辰，以水災，免南京水軍左等七衛子粒共二千七百八十餘石。

《國榷》卷三九　己巳，刑部右侍郎張鎣爲左侍郎，陝西左布政使盛顒爲右侍郎。

《憲宗實録》卷二一六　辛未，詔改浙江本年分存留食鹽價鈔徵米。

《國榷》卷三九　癸酉，築遼東鳳凰山等處城堡。

《明史》卷一四《憲宗紀二》　秋七月甲戌，免南畿被災秋糧。

《憲宗實録》卷二一七　己卯，開中兩淮、兩浙、長蘆、福建、山東五運司官鹽四十萬餘引于山西。

命山西右參政吴樌專理糧儲。

《國榷》卷三九　壬午，暫免山西應輸物料藥材，停户口鹽鈔十之(三)〔四〕。

《憲宗實録》卷二一七　己丑，巡撫湖廣右副都御史白行順致仕。

《國榷》卷三九　切責宣府總兵都督同知周玉等失律。

甲午，命汪直總督軍務，王越爲平胡將軍總兵官，統京營兵分路勦虜。

《明通鑑》卷三四　詔所在鎮守、總兵、巡撫，聽汪直、王越節制。

《國榷》卷三九　太僕寺少卿秦崇爲南京光禄寺卿。

乙未，四川左布政使馬馴爲右副都御史，巡撫湖廣，兼參贊軍務。

《憲宗實録》卷二一七　戊戌，實授試監察御史吴文度爲南京山東道監察御史。

宥掌鴻臚寺事禮部尚書施純、鴻臚寺少卿賈斌、寺丞孫繩罪。

己亥，開設四川石棚鎮巡檢司。

開設雲南納更山巡檢司，銓土官巡檢守之。

《國榷》卷三九　辛丑，禮科給事中林榮、行人黄乾亨往封滿剌加國王馬哈木沙。

壬寅，監生李春保奏故沐瓚子誠可嗣副總兵，鎮守雲南。上怒，下錦衣獄。

〔八月〕甲辰，杭人請鎮守内官留巡按御史謝秉中再任。從之。

《憲宗實録》卷二一八　乙巳，滿剌加國【略】來朝。

《國榷》卷三九　己酉，旌韓府樂平王沖休賢行。

《憲宗實録》卷二一八　庚戌，賜故少保吏部尚書兼文淵閣大學士彭時父毓義祭葬。

《國榷》卷三九　壬子，命户部侍郎潘榮督催漕船。

癸丑，命右都督馮宗修京城。

監察御史林堉巡按畿内，至大名，按治開州知州彭經，不服，互訐。劾上，經削籍，堉失實除名。

《明通鑑》卷三四　〔丙辰〕，以李孜省爲右通政。

《國榷》卷三九　庚申，進士陳鎮、羅鑒爲南京户、刑科給事中。

辛酉，安南入貢。

真定教諭俞正己言曆法，禮部覆劾之，下錦衣獄。

《憲宗實録》卷二一八　癸亥，順天府府尹杜謙奏請較定權量，以給民用。從之。

乙丑，實授南京試監察御史黄熒、何瀞爲監察御史，熒廣東道，瀞湖廣道。

《國榷》卷三九　戊辰，建州衛都督完者禿入貢。

《憲宗實録》卷二一八　辛未，擢行人李琨、武清、李孟晊、王琰、湯鼒，太常寺博士何鈞，知縣許斌、向翀、柯忠、張鼐、錢承德、戈瑄、朱瓚、劉規、劉瓚、曹英、李復貞爲試監察御史；行人陳嵩、黎鼎，知縣朱守恕、劉愷、張貫、蹇霆爲南京試監察御史；知縣孫安、張鳳騫太僕寺丞。

《憲宗實録》卷二一九 九月壬申朔，禮部奏自今諸夷朝貢乞令大小通事審譯精當方與賞賚，以革僞妄。報「可」。

滿剌加國使臣端亞媽剌的那查等奏：成化五年，本國使臣微者然那入貢，還至當洋，被風漂至安南國，微者然那與其傔從俱爲其國所殺，其餘黥爲官奴，而幼者皆爲所害。又言：安南據占城城池，欲併吞滿剌加之地，本國以皆爲王臣，未敢興兵與戰。適安南使臣亦來，朝端亞媽剌的那查乞與廷辨。兵部尚書陳鉞以爲此已往事，不必深校，宜戒其將來。上乃因安南使臣還，諭其王黎灝【略】宜省躬思咎，畏天守法，自保其國。復諭滿剌加使臣【略】宜訓練士馬以禦之。

《國榷》卷三九 戊寅，監察御史于大節巡按湖廣，言事頗切直，留中不報，密諭吏部外之，調鶴慶軍民府推官。

己卯，翰林編修商良臣爲侍讀。

辛巳，大同總兵官左都督范瑾領中府，罷分守懷來參將周(□)〔賢〕。

壬午，傳調(左)〔右〕通政王㬎爲太僕寺少卿。

《憲宗實録》卷二一九 陞禮部員外郎陳謨爲雲南按察司僉事，提調雲南、貴州學校。

甲申，命四川都指揮劉昇、指揮使陶亨分守雅州、越嶲地方。

丁亥，乞免湖廣、江西、浙江所運米攤曬，每石加米四升，以充折耗。從之。

《國榷》卷三九 庚寅，置四川安居縣，析銅梁、遂寧之地。

辛卯，給烏思藏諸番及長河西、魚通、寧遠等宣慰司敕符。

壬辰，占城入貢，訴安南侵地。

《憲宗實録》卷二一九 甲午，巡撫陝西右副都御史阮勤奏陝西救荒事宜。【略】户部爲覆奏，俱從之。

《國榷》卷三九 丁酉，詔安南國王黎灝還占城地。

《憲宗實録》卷二一九 誅强賊劉通等六人於市。

辛丑，賜德王兩淮批驗所餘鹽一千引。

《國榷》卷三九 〔十月〕癸卯，賜海外諸國及西域番王敕。

甲辰，免烏程、歸安、德清田租。

《憲宗實録》卷二二〇 乙巳，實授試監察御史劉鳳翔、劉銘爲南京監察御史，鳳翔四川道，銘廣西道。

改河南兑運京儲及真定、保定、德州、易州等處倉糧之半爲折徵。

《國榷》卷三九 己酉，嚴遼東馬市之禁。

《憲宗實録》卷二二〇 甲寅，太監懷恩傳奉聖旨，進封慶雲伯周壽爲慶雲侯，陞錦衣衛指揮使周(或)〔彧〕爲都督同知，千户周忠爲指揮僉事，舍人周整、周海、周讓、周成、周剛、周禮爲錦衣衛百户，俱世襲，彧世襲指揮使。

陞守備馬營堡指揮使張澄爲都指揮僉事，其下陞賞有差。

《國榷》卷三九 丙辰，使占城行人右司副張瑾有罪下獄。

《憲宗實録》卷二二〇 壬戌，賜太子太保吏部尚書兼謹身殿大學士萬安誥命，授從一品散官勳階。

《明通鑑》卷三四 以道士鄧常恩爲太常寺卿。

《憲宗實録》卷二二〇 巡撫河南右都御史孫洪奏河南被災，奉旨賑過饑民户六十一萬二千八百，口一百四十二萬五千一百七十。

甲子，命降夷宋哈答、哈里不花廣寧安置。

乙丑，免河南去年秋糧子粒十八萬三千七百餘石，以水災故也。

丁卯，以災傷，免山西是歲秋糧十萬五千三百餘石。

《國榷》卷三九 戊辰，大隆善護國寺西天佛子班卓藏卜死，命官軍千五百人建塔治葬。

《憲宗實録》卷二二一 十一月辛未朔，欽天監進成化十八年大統曆。

《國榷》卷三九 丙子，户部奏改長蘆運司鹽例。

戊寅，修大德顯靈宮。

己卯，許程蕃府歲貢士人子弟一人。從知府鄧廷瓚之請。

《明通鑑》卷三四 汪直、王越以寇退，請班師。不許。

《國榷》卷三九 壬午，皇七子祐橓生，母安妃姚氏。

南京(右)〔左〕僉都御史白昂爲右副都御史，仍兼督操江。

甲申，免大名夏麥十二萬一千四百餘石。

《憲宗實録》卷二二一 乙酉，鎮守固原等處參將田廣、守備署都指揮僉事甘澤、整飭兵備按察司副使王繼以不能禦虜停俸。

《國榷》卷三九　丙戌，免萬全都司、隆慶州田租六萬九千七百餘石。

《明史》卷一四《憲宗紀二》　戊子，取太倉銀三分之一入内庫。

《憲宗實録》卷二二一　庚寅，賜朝鮮國成化十八年大統曆。

《國榷》卷三九　丙申，右都御史戴縉清理武選貼黄。

丁酉，守備紫荆關兼提督易州右少監鍾慶以易州知州李憲慢己，杖之，遂訐憲擅絞部民，且侵帑。勘官論憲死，保定知府沈純、同知張奉徇情宜逮問，遂下巡按御史，慶不問。

戊(辰)〔戌〕，光禄寺丞楊惇爲少卿，典籍徐敏、署正王佐爲寺丞。

〔十二月〕壬寅，傳改錦衣衛百户何瑾爲尚寶司丞。

瀋府唐山王幼墧薨。年四十二，謚悼僖。

宥鎮守山西太監劉忠罪。縱舍人脅財也。

癸卯，永康侯徐安卒。

甲辰，詹事彭華兼翰林學士。

《憲宗實録》卷二二二　丙午，録廣西天河縣富禄、德謹等峒戰功。

《國榷》卷三九　戊申，傳陞大隆善護國寺禪師剳(竹石林)〔石竹〕爲國師。

《憲宗實録》卷二二二　以水災，免陝西、寧夏等四衛税糧五千二百餘石。

《國榷》卷三九　庚戌，甘肅總兵官署都督僉事王璽爲署都督同知。

辛亥，復開雲南狼井鹽課四千五百九十餘引。

《憲宗實録》卷二二二　乙卯，録廣西融縣八寨功。

丙辰，重建湖廣偏橋衛學，以所司言舊學燬于兵也。

丁巳，賜太子太保吏部尚書尹旻誥命，授從一品散官勳階。

庚申，加贈(周)能爲奉天翊運推誠佐理武臣，特進光禄大夫。【略】并賜〔周〕壽勳階誥券，封推誠宣忠翊運武臣，特進光禄大夫柱國慶雲侯，食禄一千二百石，本色八百石，折色四百石，子孫世襲，本身免二死，子免一死。

《國榷》卷三九　命威寧伯王越爲征西前將軍，鎮守大同，仍與汪直提督京營宣府各路軍馬防虜。時大同總兵官孫鉞没。

癸亥，定雲南户口商税等課鈔法。

《憲宗實録》卷二二二　甲子，實授試監察御史謝綱、程春震、劉忠器、羅贇爲監察御史。

乙丑，改在京文官并公侯伯明年俸禄折銀。免南京水軍等十八衛成化十四年子粒二萬七千五百餘石，以旱災故也。

戊辰，旌表烈婦王氏及節婦鄒氏等三人。

《國榷》卷三九　是月，傳奉官二十餘人。

成化一八年(壬寅、一四八二)

《國榷》卷三九　〔正月〕辛未，敕陝西、延綏、寧夏、甘涼鎮守等官戒嚴。時有警。

《憲宗實録》卷二二三　乙亥，以兩淮運司成化十七年存積鹽五萬引賜御馬監太監梁方。

《國榷》卷三九　丙子，以陝西廣積庫茶價銀易茶給番僧。

《明史》卷一四《憲宗紀二》　壬午，大祀天地於南郊。

《國榷》卷三九　戊子，發兩淮鹽價五萬金賑鳳陽、淮安饑民。

庚寅，大學士劉吉憂去，令奔喪復任。

〔壬辰〕，乞終制，不允。

辛卯，鬻兩淮、河東鹽引給宣府邊儲。

壬辰，令南京糶常平倉糧救饑。

《憲宗實録》卷二二三　土魯番使臣皮剌黑麻等來朝，貢馬。

癸巳，中府都督僉事白玉卒。

《國榷》卷三九　乙未，翰林修撰陸釴爲右春坊右諭德。

《憲宗實録》卷二二三　丙申，南京守備成國公朱儀等奏：「南京米價騰踊，民庶艱食，請以各衛官軍今年春夏三月俸糧候有司運至，令於水次兑支，以其所餘工脚米平價糶賣濟民，仍以所糶錢物貯於有司，候豐年秋成則糴米上倉。」户部議如所奏，從之。

《國榷》卷三九　丙申，免遼東屯租九萬一千一百餘石。

《憲宗實録》卷二二三　丁酉，四川烏思藏【略】來朝。

《國榷》卷三九　增成固、洋、鳳、南鄭、西鄉、洵陽主簿，專撫民捕盜。

免順天、河間、保定夏麥三萬三千二百餘石。

戊戌，傳陞内府供奉順天府通判沈政爲太常寺少卿。政善書。

《憲宗實録》卷二二三　運京庫銀六萬九千五百餘兩給遼東糧餉。

《憲宗實録》卷二二四　〔二月〕辛丑，陝西莊浪衛大通寺番僧劄失丹班建寺於本寺東南隅，簇克林堅剉建寺於本地西北隅，因來朝貢，乞賜名。詔賜東南隅寺曰「顯教」，西北隅寺曰「宣化」。

《國榷》卷三九　癸卯，汪直、王越使錦衣衛帶俸都指揮使汪鈺報捷，進後軍都督僉事。報捷人陞都督，前未有也。

《憲宗實録》卷二二四　乙巳，楚府江夏王季𡐤薨。【略】年四十有三。【略】謚曰悼順。

《明通鑑》卷三四　〔戊申〕，逮沛縣知縣馬時中于獄。

《憲宗實録》卷二二四　〔郭〕文納贖畢送司禮監發落。

《國榷》卷三九　辛亥，大同饑，命借軍儲倉賑之。

甲寅，禮部定烏思藏番王三年一貢，僧不過百五十人，近贊善王連貢，僧四百十三人，今請封請襲，又千五百五十七人，俱非例，乞請封請襲各百五十人。從之。

戊午，旌太原知府張鼎、懷慶知府倪顒、衛輝知府張謙、蘇州知府劉瑀、池州知府常顯、黄州知府王霽、衡州府同知海輔、松江府同知于準、薊州知州汪溥、耀州知州鄧真、鄜州知州李瓚、隴州同知嚴春、湖廣布政司經歷楊紹、澧州知州鮑愷，各賜誥命。

《憲宗實録》卷二二四　建州【略】貢馬并輸其犯邊之罪。

開中兩淮成化十一年中剩常股鹽一十六萬八千餘引，引米二斗，豆三斗，俱納榆林等倉。

《國榷》卷三九　庚申，命太監汪直總鎮宣、大。

辛酉，改牛房地爲倉場，獐鹿房地爲草場，尚書劉昭、廣寧伯劉璇董其役。

乙丑，命汪直專鎮守大同。調大同太監陳政鎮守延綏，延綏少監韋敬鎮守寧夏，令龔榮還京師。

《憲宗實録》卷二二四　戊辰，陞陝西延安府同知張承宗爲陝西按察司僉事，專理榆林等處邊儲，兼督屯田。

《國榷》卷三九　〔三月〕庚午，敕巡撫蘇松、應天左副都御史王恕，巡撫淮揚等處右副都御史張瓚賑濟饑民。

《明史》卷一四《憲宗紀二》　壬申，罷西廠。

《國榷》卷三九　築廣信永豐縣諸家墩、烏巖山、〔府〕〔翁付〕山三堡，戍守。

丁丑，敕巡撫山西何喬新、大同都御史郭鏜賑饑。

庚辰，免潼關衛夏麥四千四百餘石。

辛巳，琉球入貢。

癸未，罷京操達官，令還原衛。

甲申，敕都督毛倫充副總兵，鎮守廣西。

《憲宗實録》卷二二五　哈密【略】來朝，貢馬、駝。

以水災，免順天永平府秋糧三萬六千三百餘石。

工部議巡撫山西右副都御史何喬新所言内一事，欲以山西旱災暫免各衙門歲辦物料，因請併停各王府修造工役，禁各處有司不得指修造公廨爲名以困民力。從之。

《皇明大政紀》卷一六　〔乙酉〕，右軍都督馬儀奏兵部尚書陳鉞欺罔害人實狀，令鉞致仕，儀閒住，鉞子澍調永平衛帶俸差操。

《國榷》卷三九　丙戌，南京國子祭酒王倎爲南京吏部右侍郎。

庚寅，山東蒲臺縣奏地鹻溼，不稼不桑，請改徵布。從之。

辛卯，徐錡嗣永康侯。

太常寺少卿兼司經局正字謝宇爲太常寺卿，仍兼官。

乙未，傳陞大理寺右評事張苗爲太常寺丞。

《明通鑑》卷三四　〔丙申〕，以張鵬爲兵部尚書。

鵬自寧夏巡撫召還，歷任兵部左右侍郎，至是遂晉尚書。

《憲宗實録》卷二二五　戊戌，巡撫陝西右副都御史阮勤奏：「【略】乞令以兩浙鹽凡未中并已中未納者差官於本處督同運司召商糶賣，送運陝西各倉，或准折官軍俸糧，或糴買糧豆。」户部覆奏，從之。

《國榷》卷三九　〔四月〕壬寅，免慶雲、鹽山二縣田租。

癸卯，傳陞錦衣帶俸都指揮同知萬喜爲都指揮使，指揮僉事萬達爲指揮使。

甲辰，琉球陪臣子蔡賓等五人入南雍。

《憲宗實録》卷二二六　丙午，太監李榮傳奉聖旨，錦衣衛故都指揮使萬通并妻王氏應得誥命。

《國榷》卷三九　禮部請禁番僧安請秩誥。從之。

辛亥，免直隸永寧田租。

《明史》卷一四《憲宗紀二》　癸丑，罕慎復哈密城。

《國榷》卷三九　琉球中山王尚真乞時貢。不許。

《憲宗實録》卷二二六　乙卯，陞禮部員外郎張習、南京户部署員外郎何俊俱按察司僉事，提調學校。習廣東，俊雲南。

定給精微批文事例。

《國榷》卷三九　丁巳，推官楊（誼）〔宣〕、蔣誼，知縣劉信、文貴、俞深、趙炯、吴（鈺）〔珏〕、郭（深）〔紳〕、張西銘、陸淵、田益、徐同愛、海澄、陳經、董復、普暉、張廷瑞、張昺、謝寧、宋宣爲試監察御史。

辛酉，久旱，命英國公張懋、保國公朱永、襄城侯李瑾告郊、社、山川。

行人王勉還自廣西，言安南黎灝改元擅兵，宜討。上以啓釁，下錦衣獄。

壬戌，傳陞錦衣百户萬祥爲副千户。

《明通鑑》卷三四　甲子，免山西被災夏税凡五十四萬有奇。

《國榷》卷三九　〔五月〕庚午，傳陞冠帶舍人王臣爲副千户，王完、王釗、文思院副使姚敬百户，俱錦衣衛帶俸。

《憲宗實録》卷二二七　乙亥，免直隸保安州税糧六百八十餘石。

丙子，命故保定侯梁傳庶次弟任襲爵。

《國榷》卷三九　戊寅，故刑部右侍郎林鶚子薇援例乞入監。不許。

己卯，右僉都御史王濬撫治鄖陽，南京兵部右侍郎馬顯爲左侍郎。

辛巳，南京太常寺少卿劉宣爲寺卿，署國子監事，寺丞牛綸爲少卿。

壬午，四川松潘、叠溪、茂州等番屢刼掠，命巡撫都御史孫仁等撫諭，不服則勦之。

《憲宗實録》卷二二七　甲申，設四川洪雅縣。

《明通鑑》卷三四　免山東被災税糧。

《國榷》卷三九　乙酉，免應天及當塗田租。

《憲宗實録》卷二二七　甘州等五衛，山丹、永昌、凉州、鎮番、莊浪、西寧、古浪十二衛所屯糧八萬五百二十餘石，馬草二百五萬三千九百九十束。

丁亥，特旌貴州慕役長官司故長官禮福海妻適由女土官貞節之門。

《國榷》卷三九　戊子，增代州、澤州同知各一。

《憲宗實録》卷二二七　庚寅，命自後考察毋及内官。

《國榷》卷三九　辛卯，劉吉復乞終制，不允，遣鴻臚官賫敕趣之。

癸巳，禮部左侍郎俞欽改兵部。

甲午，更軍衛附籍法。

《憲宗實録》卷二二七　丁酉，以水災免直隸蘇、松、常、鎮四府去年秋糧五十七萬九千六百九十餘石，草二十八萬二千九百餘包；并蘇州、太倉、鎮海、鎮江四衛子粒一萬四千四百一十餘石。

哈密都督罕慎差阿力克等來朝，貢馬、駝、方物。

《憲宗實録》卷二二八　〔六月〕己亥，以旱災，免湖廣武昌、漢陽、黄州、德安、荆州、襄陽、常德、長沙八府，安陸、沔陽二州，并武昌、黄州、蘄州、安陸、沔陽、襄陽、瞿塘七衛，德安一所去年秋糧子粒共麥一萬五千四百一十餘石，米豆共一十九萬五千五百四十一石有奇。

辛丑，以水災免直隸蘇州府秋糧折銀布米三十二萬七千八百三十餘石，存留軍儲倉米九千二百石。

《明史》卷一四《憲宗紀二》　壬寅，亦思馬因犯延綏，汪直、王越調兵禦敗之。

《國榷》卷三九　捷上，益〔汪〕直米二十四石，〔王〕越五十石，進劉寧都督僉事。

丙午，召南京閑住太監錢能、安寧等守備。蓋進奉獲用也。

《憲宗實録》卷二二八　壬子，命户部運銀十萬兩赴遼東折給官軍俸糧，仍令河東附近諸衛於金、復、蓋三州倉兼支米豆。

《國榷》卷三九　戊午，周府鎮平王子埃薨。年五十八，謚榮莊。

己未，南京監察御史方輅憂居有罪，謫肅州衛經歷。

《皇明資治通紀》卷二〇　辛酉，調廣東左布政使彭韶于貴州。

《憲宗實録》卷二二八　後軍都督同知李愷卒。

《明通鑑》卷三四　〔七月〕庚午，詔副都御史程宗往雲南勘木邦獄。

《國榷》卷三九　壬申，大學士劉吉復任。

癸酉，外戚都指揮使王源爲都督同知，舍人王清爲正千户，王濬爲百户。

戊寅，守廉州珠池左監丞韋助乞往來瓊、廉、高、肇間，會巡守備倭等兵督兵捕盜。兵部不可，上特予之。

己卯，暹羅入貢。

庚辰，命刑科給事中林霄、行人姚隆往封暹羅國王隆勃剌略坤悉利龎地。

《憲宗實録》卷二二九　以旱災，免直隸鳳陽等府州縣及中都留守司所屬并直隸淮安等衛所去年夏税四十六萬五千四百餘石，秋糧子粒共四十八萬八千七百餘石，草七十九萬五千八百餘包。

《昭代典則》卷二〇 〔甲申〕，命雲南布政司歲祭故翰林學士王禕。

《國榷》卷三九 戊子，靈山縣猺賊掠村民，守備都指揮杜洪不救，降廣州後衛指揮同知。

《憲宗實録》卷二二九 癸巳，户部以遼東饑荒請開中兩淮、兩浙、福建、廣東成化十年以後鹽課九十萬引。從之。

《國榷》卷三九 是月，傳奉官六十餘人，道流、畫士、工匠皆與其選。

《憲宗實録》卷二三〇 秋八月丁酉朔，釋奠先師孔子。

甲辰，命給烏思藏灌頂國師桑而結卜藏誥并鍍金印等物。

己酉，雲南總兵官黔國公沐琮等奏，指揮潘祺還自老撾，死於孟艮，所持宣慰怕雅賽緬字公文大意述交人侵畧之事，且諸往者委官許助兵力，今已約會諸夷，籍兵以待。又謂車里欲附交阯，乞遣人諭之。【略】事下，兵部謂夷言多詐，固難俯從，然遠人赴愬，亦當示以懷柔之意，宜行琮等移文令老撾撫安瘡痍，勿啓邊釁。【略】如兵部議。

壬子，户部奏長蘆運司解到鹽價銀計一千四百兩，乞送承運庫，及後次鹽價銀一千八十兩亦促令起解。之時内帑缺用故也。

《明通鑑》卷三四 癸丑，遣使振畿内及山東饑。

《憲宗實録》卷二三〇 己未，以旱災，量免直隸九江衛去年子粒一萬一千四百五十餘石。

命給帶俸官皁隸視見任官之半。

《明史》卷一四《憲宗紀二》 辛酉，免河南被災稅糧。

《國榷》卷三九 乙丑，南京刑部左侍郎張瑄爲尚書。

丙寅，祠故平江侯陳豫于臨清，蓋以建城功。

是月，傳奉官十八人。

《憲宗實録》卷二三一 〔閏八月〕己巳，以水災，免直隸鎮朔等三十三衛所去年子粒四萬一千六百餘石，草一萬九千六百餘束。

《明史》卷一四《憲宗紀二》 壬申，倉副使應時用請罷饒州燒造御器内臣，下獄，贖還職。

《憲宗實録》卷二三一 甲戌，免雲南左等十衛所去年米穀三千八百七十石有奇，以水災故也。

《國榷》卷三九 丁丑，汪直奏，副總兵朱鑑私卒採草近邊，致虜入殺三十四人。逮下錦衣獄，宥之，降都指揮僉事。

辛巳，廣東保昌盜數人流劫大庾縣。

《憲宗實録》卷二三一 丙戌，陞河南布政司左布政使徐英爲都察院右副都御史，總督漕運，兼巡撫鳳陽等府地方。

《明通鑑》卷三四 〔庚寅〕，刑部尚書林聰卒于任。

《憲宗實録》卷二三一 辛卯，賜喃葛堅粲巴藏卜襲西番贊善王。

宥各處京操管隊官旗罪。故事，操軍不至，管隊官坐罪，至是以水災宥之。

《國榷》卷三九 壬辰，調王越鎮守延綏，都督同知許寧鎮守大同。

《明通鑑》卷三四 〔乙未〕，詔天下刑官毋滯訟。

《憲宗實録》卷二三二 〔九月〕丁酉，太監覃昌傳奉聖旨，陞【略】灌頂國師著乩領占爲灌頂大國師。

《國榷》卷三九 壬寅，分守獨石馬營右少監崔榮、都指揮僉事吴儼先追虜被圍而走，逮入論死。榮求于近幸，乃自訟。上曰：「念其追敵，非坐視者，送榮司禮監，降儼定遼衛正千户。」

《憲宗實録》卷二三二 丙午，以河南水患，改派是年兑軍糧十萬石于江西、浙江、湖廣、山東、南直隸補納，每石加耗米一斗。

庚戌，實授試監察御史王琰、曹英、武清、李孟晊、李琨、柯忠、戈瑄、何鈞、朱瓚、劉規、向翀、許斌、錢承德、劉瓚、張鼒爲監察御史。

以旱災，免南京江陰等三十七衛去年子粒七萬九千七百八十餘石十分之七。

丁巳，陞萬全都司都指揮僉事王珏等十七員各一級。

己未，詔浙江所屬災傷府縣衛所并鹽運司去年秋糧子粒共五十九萬八百餘石、草十九萬二千四百餘包、鹽課一十二萬四千二百餘引量免十分之六。

蠲應天、鎮江二府所屬應追馬，以兵部言其地災傷故也。

《國榷》卷三九 辛酉，太子太保(豐)〔豊〕城侯李勇卒。

壬戌，刑部左侍郎張鎣爲尚書。

《憲宗實録》卷二三二 癸亥，免直隸廣平府柴夫十分之五，以水災故也。

《國榷》卷三九 乙丑，巡撫山西左副都御史何喬新爲刑部左侍郎。

傳陞秀水姚福員爲錦衣衛千户。

《憲宗實録》卷二三二　録延綏清水營等處功，少監韋敬陞太監，總兵官署都督同知許寧實授都督同知，副總兵都督僉事李瑛署都督同知，俱加賞。

《憲宗實録》卷二三三　〔十月〕丁卯，以水災，免天津等八衛秋青草一百一十二萬餘束。

《國榷》卷三九　辛未，總督漕運右副都御史李裕服闋，補内院。

甲戌，提督謄黄右通政邊鏞爲右僉都御史，提督雁門等關兼巡撫山西。

乙亥，山東左布政使趙文博爲右副都御史，巡撫河南。

《明通鑑》卷三四　〔丙子〕，取太倉銀四十萬入内庫。

《國榷》卷三九　丁丑，湖廣茶陵縣進爲州。

《皇明大政紀》卷一六　〔壬午〕，詹事彭華爲其鄉人所訐，詔宥其罪，停俸半年。

《國榷》卷三九　甲申，吏部文選郎中黄孔昭爲通政司右通政，提督録黄。

《憲宗實録》卷二三三　以水災，免直隸隆慶州并永寧縣糧三千三百九十餘石，草四萬四千一百二十餘束。

《國榷》卷三九　丙戌，免南京濟川衛章瑾軍籍。瑾進寶石，盜祭遣戍者。

《憲宗實録》卷二三三　壬辰，命守備四川建昌等處署都指揮僉事陳雲充副總兵官，分守涼州。

申命都察院自後公差還京御史務當從公考察，不許徇私。

《憲宗實録》卷二三四　十一月乙未朔，欽天監進成化十九年大統曆。

《國榷》卷三九　南京協同守備修武伯沈煜卒。

《憲宗實録》卷二三四　辛丑，以水災免陝西慶陽等六府十二衛所糧二十萬一千五百餘石，草二十八萬四千九百五十餘束，布一千七百三十餘疋。

《國榷》卷三九　壬寅，免保定、河間田租。

《憲宗實録》卷二三四　甲辰，太監覃昌傳奉聖旨，【略】慈恩寺灌頂大國師劄實堅剉、乳奴班丹俱陞西天佛子，賜誥命、衣帽等物。

乙巳，詔禁諸王府不得以親屬爲婚姻。【略】著爲令。

庚戌，賜朝鮮國成化十九年大統曆。

《國榷》卷三九　辛亥，總督兩廣軍務右都御史朱英展祭，命亟還。

《憲宗實録》卷二三四　丁巳，以水災免山西及潞州、孝義等十二州縣共糧六萬八千一百九十餘石，草十三萬六千三百八十餘束；其澤州及曲沃等十六州縣衛所糧三萬六千四百餘石、草六萬七千九百六十餘束于内免十之七。

《國榷》卷三九　庚申，翰林編修董越爲侍讀。

《憲宗實録》卷二三四　以水災，免直隸真定、順德二府所屬三十八州縣并真定等七衛所糧七萬三千七百六十餘石，草一百四萬二千六百餘束，綿花一萬四千一百餘斤。

增設河南鈞州廣積倉，置大使一員。

辛酉，以水災，免保定、河間等十四衛所并静海縣糧二萬八百九十餘石，草一萬六千一百一十餘束。

以水災，免遼東定遼左等二十五衛屯糧共六萬七千二百四十餘石。

《國榷》卷三九　太常寺奏大祀將及，帶俸官例不看牲分獻，獨去年右通政李孜省分獻，待定。上令孜省仍分獻，免其看牲，蓋非故事也。

《昭代典則》卷二〇　〔壬戌〕，賜顔氏廟户。

《憲宗實録》卷二三四　以水災，免山西太原府壽陽縣糧一萬三千二百一十餘石，草一萬八千七百五十餘束。

癸亥，以水災，免直隸大名、廣平二府所屬開州等十九州縣糧十萬四千二百六十餘石，草一百六十八萬一千九百餘束；永平府州縣糧一萬三千五百餘石，草十一萬三千八百餘束。

《憲宗實録》卷二三五　〔十二月〕丁卯，以水災，免順天府薊州等州、香河等縣共糧三萬七千一十餘石，草一百三十七萬四千四百餘束。

《明史》卷一四《憲宗紀二》　庚午，御製《文華大訓》成。

《國榷》卷三九　録克復哈密功，右都督罕慎進左都督。

《明通鑑》卷三四　〔辛未〕，以書成，晉萬安太子太傅兼華蓋殿大學士，劉珝太子太保兼謹身殿大學士，劉吉太子太保兼武英殿大學士，彭華以下纂修官陞賞有差。

《國榷》卷三九　杖御史于璧、劉規于朝。

《憲宗實録》卷二三五　壬申，以水災，免山東東昌等三府所屬州縣并直隸德州等四衛所糧十六萬七千八百十餘石，草三十一萬六千一百九十餘束，棉花三千五百九十餘斤。

癸酉，陞順天府府尹杜謙爲工部左侍郎。

丙子，以水災，免萬全都司所屬懷安等九衛所糧七千一百四十餘石，草一萬三千三百餘束。

《國榷》卷三九　戊寅，談倫服闋，補順天府尹。

定僧道公罪不還俗之令，以巡撫南畿尚書王恕言之。

《昭代典則》卷二〇　〔己卯〕，申明犯罪充軍不勾丁補役之例。

《國榷》卷三九　辛巳，岷世子膺鈺居喪淫酗，革冠帶，不封。

丁亥，巡撫貴州右副都御史陳儼爲南京刑部右侍郎，南京右通政萬翼爲南京兵部右侍郎。

己丑，進征南將軍沐琮太子太傅。

《憲宗實録》卷二三五　庚寅，陞美峪千户所帶俸指揮楊榮爲萬全署都指揮僉事，管理屯田，巡捕盜賊。

壬辰，陞剌麻鎖南剉爲國師。

成化一九年（癸卯、一四八三）

《國榷》卷三九　〔正月〕丁酉，分守大同東路左監丞楊雄、左參將都督同知盧欽，私忿相訐，上切責之。

《昭代典則》卷二一　〔己亥〕，給事中林榮、行人黄乾亨使滿剌加國，航海遇風，卒於羊嶼。

《國榷》卷三九　壬寅，命四川歲輸茶十萬斤于陝西茶馬司，給番僧。

《明史》卷一四《憲宗紀二》　丙午，大祀天地於南郊。

《國榷》卷三九　丙辰，增北勝州流官知州。

工部左侍郎杜謙修蘆溝橋隄。

《憲宗實録》卷二三六　丁巳，總督漕運兼巡撫鳳陽等處右副都御史徐英奏：「淮揚、鳳陽頻年旱澇，倉庫無積，人民饑窘，恐來春流民四集，釀成別患。乞將淮、揚兩處船料及各府商税課鈔每貫收米一升，兩季而止；其各府州縣考滿官役滿吏並照舊例納米備荒，准給田辦事爲便。」從之。

《國榷》卷三九　戊午，拓修京通倉，太監張（昇）〔興〕、都督同知馮昇、工部右侍郎張頤董其役。

辛酉，四川左布政使謝昺爲右副都御史，巡撫貴州。

《憲宗實録》卷二三六　以水災，免營州中屯等五十六衛所去年屯種子粒共七萬三千八百餘石，穀草七千六百七十餘束。

賜大隆善護國寺國師鎖南堅剉誥命。

《國榷》卷三九　癸亥，定給湖廣太岳太和山香、蠟，令于襄陽夏税給之。

《憲宗實録》卷二三六　免山西大同府衛去年税糧一萬八千一百六十餘石。

《國榷》卷三九　二月甲子朔，趙府洛川王祁鋹薨。年四十七，謚靖懿。

《憲宗實録》卷二三七　己巳，免應天府上元等六縣去年夏税麥七千三百五十石有奇，以旱災故也。

辛未，賜太子太保户部尚書兼謹身殿大學士劉珝、太子太保禮部尚書兼武英殿大學士劉吉誥命，追封三代。

命浙江蕭山縣祀故南京吏部尚書魏驥于德惠祠。

《國榷》卷三九　晉府寧河王府火。

《憲宗實録》卷二三七　〔甲戌〕，以水災，免直隸盧龍衛成化十七年屯種子粒二千六百三十餘石。

《國榷》卷三九　襄城侯李瑾役萬人修大慈恩寺。

乙亥，立豐盈倉于豐潤縣，貯歲餉。

《憲宗實録》卷二三七　免山西平凉府去年秋糧米四千二百四十餘石，草五千三百餘束；洮州衛屯糧四千三十餘石，草六千餘束。

《國榷》卷三九　召甘肅左副總兵康永還京。永忤總兵官王璽，引疾。

戊寅，分守莊浪左參將署都督同知魯鑑爲甘肅副總兵。

己卯，王憲嗣靖遠伯。

《明通鑑》卷三四　〔辛巳〕，録故大理寺丞鍾同次子越爲通政司知事。

《國榷》卷三九　給工部文思院大使羅祥等八十五員牙牌。工匠例不牙牌，上特予之。

丁亥，俞欽服闋，仍兵部左侍郎。

己丑，進邛縣爲州。

《憲宗實録》卷二三七　免鎮江府去年夏税麥四萬八百餘石，以水災故也。

《國榷》卷三九　辛卯，户部尚書翁世資致仕，進太子少保，敕賜月廩二石，役四人。是舉也，朝恩以爲渥。

壬辰，命私閹三十人戍南海子。

是月，傳奉官六十六人。

［三月］乙未，署欽天監事太常寺卿童軒引疾乞調，勒致仕。

丁酉，分守萬全右衛右參將都督僉事孫素訐指揮使李賢失實，下獄。

己亥，楊守隨服闋，仍應天府丞。

《憲宗實録》卷二三八　陞監察御史毛鏞爲陝西按察司副使，整飭岷州等處邊備。

《國榷》卷三九　庚子，禁勢家中鹽侵商利。

壬寅，工部郎中徐九思爲南京右通政，翰林侍講陳音爲南京太常寺少卿。

癸卯，召太子少保兵部尚書余子俊。

《明通鑑》卷三四　［甲辰］，改戴縉南京工部尚書。

《國榷》卷三九　巡撫河南右都御史孫洪，以周府儀賓劉宣訐奏，按之多役部民作器物，下洪錦衣獄。

《憲宗實録》卷二三八　乙巳，四川大掌壩（印）［邛］部、天全六番賈弓等寨番蠻糾衆作亂，命巡撫都御史孫仁統率官軍勦之。

《國榷》卷三九　辛亥，通政司右通政潘禮服闋，改南京。

前刑部尚書董方卒。【略】贈太子少保，謚襄敏。

《憲宗實録》卷二三八　壬子，運京庫銀二十六萬九千七百餘兩于榆林、宣府、遼東等處，以備邊儲。

《國榷》卷三九　耀武營都督僉事劉能卒。

癸丑，逮前巡撫宣府左僉都御史鄭寧，以虧餉也。

甲寅，前南京禮部左侍郎章綸卒。【略】贈禮部尚書，謚恭毅。

乙卯，初，欽天監天文生張昇請改曆測象，下禮部，而欽天監泥之，不果行。

丙辰，設四川璧山縣。蓋古縣去巴縣三百餘里。

《明史》卷一四《憲宗成化十九年》　免湖廣被災稅糧。

《國榷》卷三九　壬戌，嘉祥長公主薨。

《憲宗實録》卷二三九　［四月］甲子，免雲南臨安、元江二府并裁減衙門及各長官司官明年朝覲，巡撫都御史吳誠等奏地方未靖故也。

《國榷》卷三九　乙丑，知縣朱福、唐韶、吳淑爲試監察御史。

《憲宗實録》卷二三九　丙寅，以水災，免直隸彭城衛子粒四千八百餘石。

《皇明資治通紀》卷二〇　［己巳］，陝西巡撫阮勤奏：岐山縣有周公廟，咸陽縣有周公墓，沔縣有漢諸葛祠，鳳翔府有宋范仲淹祠，藍田縣有呂大中、大臨、大鈞祠，俱歲久頽圮，乞修治并賜祭。從之。

《國榷》卷三九　庚午，太常寺帶俸少卿沈政，請聚天下財貨充府藏。上怒其悖，杖之，下錦衣獄，謫鎮安府通判。

壬申，特封朝鮮國王李娎長子㦕爲世子，嘉李娎恭順也。

《憲宗實録》卷二三九　癸酉，撒馬兒罕【略】貢獅子獻于朝。

丙子，户部奏徵天下折糧銀逋欠者凡六十二萬七千二百餘兩，請遣官催督至京。從之。

丁丑，免河南稅糧子粒共六十六萬餘石内十分之八，以去年水災故也。

乙酉，實授試監察御史陸淵、徐同愛、劉信、文貴、郭紳、俞深、董復、張西銘、田益、楊宣、趙炯爲監察御史。

丙戌，免陝西鎮番等衛稅糧一萬七千八百餘石，以去年旱災故也。

《國榷》卷三九　己丑，右副都御史李裕爲右都御史，左僉都御史屠滽爲右副都御史。

《憲宗實録》卷二三九　庚寅，宥刑部尚書張鎣等罪。

《國榷》卷三九　五月壬辰朔，起都督僉事周賢充副總兵，協同總兵官王信鎮守湖廣。

兵部尚書張鵬等校試天下將才。

丙申，傳陞太常寺少卿顧玒爲寺卿。

《憲宗實録》卷二四〇　辛丑，以旱災，免應天府六合、江浦二縣去年秋糧五千七百餘石。

《國榷》卷三九　壬寅，虜酋亦思馬因爲把秃猛可王敗走，遺細弱，朵顔三衛攜往海西易軍器，遼東巡撫王宗彝購九人入京，分賜太監懷恩等。把秃猛可，故小王子後也，復稱小王子。

丁未，減浙江銀課三分之一，如成化三年例，二萬一千二百五十金。

《憲宗實録》卷二四〇　戊申，户部郎中陳清等奉勑賑濟大名、廣平、保定、河間、真定、順德六府饑民八十三萬有奇。

壬子，命户部移文催督四川、雲南逋欠銀課，雲南歲辦銀十萬二千三百八十兩，四川一萬五千七百六十餘兩，皆去年額課也。

癸丑，定周府莊田徵租則例，每田一畝徵子粒八升。

《皇明大政紀》卷一六　鎮守大同太監汪直奏小王子欲入寇，乞將舊所統都盧深等一千一百人兼程赴援。兵部尚書張鵬覆止之。

《憲宗實録》卷二四一 〔六月〕甲子，授軍人章瑾爲錦衣衛所鎮撫。

運太倉折糧銀五萬兩於大同，五萬兩於宣府，用給軍需，以邊報方急故也。

《國榷》卷三九 丙寅，楚府通城王季〔瑾〕〔㻋〕薨。年七十一，謚榮順。

《憲宗實録》卷二四一 戊辰，賜浄覺弘濟灌頂大國師班竹兒藏卜誥命。

《國榷》卷三九 戊辰，前太子少保户部尚書翁世資卒。【略】贈太子少傅，予祭葬，謚襄敏。

《憲宗實録》卷二四一 癸酉，命故修武伯沈煜子祺襲爵。

《明史》卷一四《憲宗紀二》 乙亥，汪直有罪，調南京御馬監。

《明通鑑》卷三四 丁丑，廣西桂林、平樂諸猺叛，攻城殺將，總督朱英、會總兵官平鄉伯陳政分兵十二道擊破之。

《國榷》卷三九 庚辰，聞虜警，命太監金（鏞）〔輔〕、新寧伯譚（祐）〔佑〕等簡閲京營俟調。先令游擊將軍馬俊以三千人往，已命安順伯薛瑶駐永平，都督同知白琦駐密雲，各領三千人，都督同知白（金）〔全〕充右參將，歷邊關，大理寺少卿侯鍾往保定、真定。

〔七月〕甲午，道録司右至靈高宗諒、右玄義史宗信等，僞云丹雲神降，可長生，欲進御而覺，宗諒等削籍。

庚子，左春坊左諭德張昇、翰林侍講商良臣主試應天。

《明通鑑》卷三四 辛丑，迤北小王子犯大同。

《明史》卷一四《憲宗紀二》 癸卯，總兵官許寧禦之，敗績。

《國榷》卷三九 甲辰，增四川布政司參議提督銀課。

丁未，皇八子祐梓生，母敬妃王氏。生兩月殤。

《憲宗實録》卷二四二 庚戌，户部奏：「安順伯薛瑶、都督同知白琦率軍往永平、山海，都督同知馮昇、白全率軍往大同、宣府，俱奏請給賞。按例永平、山海者賞銀五錢，大同、宣府者一兩。」上是其言，仍命薛瑶官軍待啓行給與。

《國榷》卷三九 辛亥，太子少保兵部尚書余子俊召至，改户部。

《憲宗實録》卷二四二 壬子，禁收税糧餘價。

《國榷》卷三九 癸丑，武平伯陳能卒。

《憲宗實録》卷二四二 丙辰，旌表孝子陳璋等二人、節婦周氏等五人。

《國榷》卷三九 〔許〕寧謬以捷聞，得奬敕。

《憲宗實録》卷二四二 己未，命保國公朱永佩鎮朔大將軍印，充總兵官，將兵出大同征虜。

《國榷》卷三九 太監蔡新監軍，右僉都御史郭鏜贊理軍務。〔朱〕永請益步卒萬人，薦左都督范瑾可參將。從之。先發五千人，尋命都督同知李俊充游擊將軍。

光禄寺卿艾福加禮部右侍郎。

〔八月〕癸亥，太僕寺卿楊槎、少卿霍貴俱劾免；遼東巡撫都御史王宗彝降布政司左參議，予告。

南京應天府尹魯崇志卒。

甲子，命巡撫山西右僉都御史邊鏞增兵戍守各關隘。

《明通鑑》卷三四 甲子，小王子寇宣府，都督同知周玉將二千人前行，巡撫秦紘率兵繼進，至白腰山，擊敗之。

《憲宗實録》卷二四三 乙丑，擢太常寺博士王相，行人呂璋、許潛、向榮、許璘，知縣唐相、陳景隆、暢亨、陳璧、劉憲、鄒魯、賈錠、王嵩、紀傑、楊璡俱爲試監察御史。璘、傑、璡南京。

《明史》卷一四《憲宗紀二》 乙丑，户部侍郎李衍、刑部侍郎何喬新巡視邊關。

《國榷》卷三九 虜復犯大同，乘勝入掠雁門、紫荆等關，真定、保定人多驚竄。延綏副總兵李璵敗虜三百餘騎于朔州駝梁，參將莊鑑亦敗之錢家嶺。

兵部議令宣府總兵官周玉將二千騎，合大同總兵官許寧擊之；仍敕太監簡顒、右僉都御史秦紘練兵防守；其他諸將，俱令協守赴援；選重臣二，一自居庸關抵龍泉關，一自古北口抵山海關，歷視險易而區畫之。上曰：「然。」遂敕侍郎李衍、何喬新巡視，同保國公朱永帥師禦之。

丙寅，翰林學士倪岳、侍讀董越主試順天。

《憲宗實録》卷二四三 己巳，實授試監察御史陸愈爲監察御史。

壬申，巡撫宣府右僉都御史秦紘等馳奏，【略】請速催京兵策應。得旨：「鴈關等處虜情甚急，其令都督馮昇充遊擊將軍，帥官軍三千，明日啓行，赴彼合擊，不許延緩。」仍命左軍都督僉事王義充左參將，中軍署都督僉事楊玉充右參將，練兵聽調。

《明通鑑》卷三四 壬申，貶汪直南京奉御，其黨王越、戴縉等皆罷黜。

《國榷》卷三九　乙亥，巡撫寧夏右僉都御史賈俊爲工部右侍郎，順天府（尹）〔丞〕張海爲太僕寺卿。

太監懷恩、户部尚書余子俊閱團營兵。蓋杜賄賂買閑、應役權要之弊。

《憲宗實録》卷二四三　命移鎮守寧夏總兵官神英鎮守延綏，南京後軍都督僉事王受充副總兵，鎮守廣西。

《國榷》卷三九　丁丑，巡撫陝西左副都御史阮勤爲兵部右侍郎。

戊寅，分守延綏左參將署都指揮僉事岳嵩爲署都督僉事、總兵官，鎮守寧夏。

己卯，禮部尚書周洪謨上言藥矢拒虜。上以有神槍，不允。

甲申，南京大理寺右寺丞崔讓爲右僉都御史，巡撫寧夏。

丙戌，湖廣左布政使鄭時爲右副都御史，巡撫陝西。

庚寅，前軍都督府囚逸。

〔九月〕壬辰，誅妖人王臣。

甲午，授貢士新會陳獻章翰林院檢討，許歸養。

己亥，雲南木邦宣慰司下孟密曩罕弄奏，木邦侵擾，乞别立安撫司。命太監覃平、右副都御史程宗往撫諭之。

《憲宗實録》卷二四四　癸卯，運太倉銀二萬兩於山西布政司，以備大同邊餉。

甲辰，南京監察御史羅鵾等奏勘和陽等三十九衛屯田去年災傷該免子粒麥米五萬八千五百六十餘石。户部覆奏，宜以十分爲率，各減三分，餘皆徵納。詔如議。

《國榷》卷三九　命延綏副總兵李璵以二千人駐大同左衛，左參將范瑾、宣府副總兵江山以千人駐大同，都指揮祝璋等駐懷安，游擊將軍馬俊駐天成，都指揮吴（瑣）〔瓚〕領京兵駐陽和，各防胡。

《明通鑑》卷三四　〔丁未〕，江夏僧繼曉，以祕術因中官梁芳進，封國師，至是爲其母朱氏乞旌，許之。朱本娼家女也，詔不必勘覈，遽旌其門。

《國榷》卷三九　己酉，禮部左侍郎徐溥兼翰林學士，仍佐部。

庚戌，遼府肅寧王恩鉹薨。年三十一，謚悼靖。

辛亥，修赤斤衛舊城，并發粟賑番人。

壬子，翰林侍講李東陽爲侍講學士。

《憲宗實録》卷二四四　癸丑，慶成王府鎮國將軍奇澗初以罪降庶人，謫守晉恭王墳園，至是晉王鍾鉉請遷奇澗於汾州，守其祖慶成莊惠王墳。從之。

《明通鑑》卷三四　都察院右都御史李裕，以汪直既敗，偕副都御史屠滽請雪諸忤直得罪者。上以事已處分，惡其紛擾，各停俸半年。尋復馬文升、强珍官。

《皇明大政紀》卷一六　十月〔癸亥〕，革錦衣衛帶俸都指揮王時爲民，隨居安陸。

《國榷》卷三九　丁卯，金吾帶俸都指揮使盧欽爲都督僉事。

戊辰，荆府都昌王見潭薨。年二十四，謚懷順。

《憲宗實録》卷二四五　壬申，陞南京太僕寺少卿于冕爲應天府府尹。

《明通鑑》卷三四　壬申，召朱永還。

《國榷》卷三九　馬俊、白（奎）〔全〕所統兵，令太監蔡新、都御史郭鏜節制。

癸酉，兵部職方郎中劉大夏爲福建布政司右參政。

戊寅，撒馬兒罕貢獅，使臣求賞如永樂例。命加幣五，使臣又加二幣，餘人幣一。

《憲宗實録》卷二四五　命右副都御史程宗巡撫雲南。

《國榷》卷三九　庚辰，傳陞通政司右通政李孜省爲左通政。

《憲宗實録》卷二四五　癸未，命太子少保禮部尚書張文質掌通政司事。

《國榷》卷三九　定竊盜三犯律。

甲申，懷恩、余子俊上團營兵數十六萬八千有奇。

《憲宗實録》卷二四五　乙酉，録十二年陝西克大牆堐番簇等戰功。【略】十八年克滿松簇功。

《國榷》卷三九　丙戌，太子太保左都督趙勝封昌寧伯，歲禄千石。

《憲宗實録》卷二四六　十一月庚寅朔，欽天監進成化二十年大統曆。

《國榷》卷三九　丙申，周府項城王子堰薨。年五十四，謚恭和。

戊戌，翰林編修王臣爲侍講。

《憲宗實録》卷二四六　丁未，賜朝鮮國成化二十年大統曆。

直隸蘇州府儒學生趙汴等二十人俱以罵太監王敬坐罪。

《國榷》卷三九　己酉，東垣王見湏，狎蒼頭吴安童爲淫戲，欲毒其妃，不果。上切責之，戍安童邊衛。

《憲宗實録》卷二四六　癸丑，録宣府柴溝堡守戰功，太監簡顒歲加食米十二石，右僉都御史秦紘陞左僉都御史。

《國榷》卷三九　甲寅，吏科都給事中王瑞等言：「【略】三載黜陟各官賢否，布、按二司則據巡撫等官揭帖，餘官據布、按二司揭帖，或毁譽失真，弊端不一。乞吏部榜示，凡揭帖失實者，連坐之。」上報可。

〔十二月〕乙丑，故禮科給事中林榮贈都給事中，行人莆田黄乾亨贈行人司副，各賜祭，廕子入太學。以使滿剌加還，羊嶼風覆舟死。

《憲宗實録》卷二四七　戊辰，上以一冬無雪，命禮部以本〔月〕初十日爲始致齋三日，仍禁屠宰；遣英國公張懋等告祭天地、社稷、山川，定西侯蔣琬等行香於各宫觀、寺廟。

壬申，免順天府柴夫四分之一，以災傷故也。

癸酉，蠲直隸寧山衛去歲子粒一萬五千七百餘石，以水災故也。

《國榷》卷三九　癸酉，遼東措置邊儲户部主事王佐奏：「近年文官遷轉多拘資格，武臣任使多出請求，是以污吏債帥比比而是。乞吏、兵二部嚴選，各分三等：文官則有守有爲一等，擢之；守有餘才不足爲二等，仍舊任；若拘守爲三等，僅降謫；下此則罷之。武官勇略優長爲一等，使禦邊；廉能爲二等，使署事；才力不及爲三等，使城守；下此則調用。」然慎簡乃僚，又在大同科道，上以其泛，械入京。

通事錦衣衛正千户王英爲指揮僉事。

甲戌，遼東鐵嶺衛軍方賢乞免伍。從之，授御醫，致仕。

乙亥，蠲太原、平陽夏麥九萬三千五百餘石。

戊寅，命太常寺卿趙玉芝奔喪復任。

《皇明大政紀》卷一六　〔甲申〕，吏科給事中王端等、御史張稷等各言内降恩典太濫，乞一槩革除，并明正其罪。上以自有處分諭之。

《國榷》卷三九　刑部左侍郎杜〔謙〕〔銘〕復任，刑部右侍郎盛顒改南京。

《憲宗實録》卷二四七　賞宣府韓家莊、白腰山等處殺賊有功官軍人等九百三十五員名銀及綵段有差。

《國榷》卷三九　丙戌，傳降于寶、凌中爲寺丞，鄔存〔中〕〔敬〕爲中書舍人，左通政李孜省爲通政司左參議，劉恂器、黄謙、孫佐、錢通、劉鍾、邵〔文〕〔義〕、董紀、周〔進〕〔璡〕、洪迪俱奪官回籍，毋匿京師。朝論快之。

丁亥，録宣、大功，總兵官署都督同知周玉爲都督同知，署右都督左參將都督僉事劉寧爲都督同知，副總兵、署都督僉事周璽爲都督僉事。

成化二〇年（甲辰、一四八四）

《明史》卷一四《憲宗紀二》　二十年春正月庚寅，京師地震。

壬辰，敕羣臣修省。詔減貢獻，飭備邊，罷營造，理冤獄，寬銀課、工役、馬價，卹大同陣亡士卒。

《明通鑑》卷三五　〔癸巳〕，御史徐鏞、何珖，請「暫免慶成宴，以法古者減膳徹懸之意」。上以其妄議變制，下錦衣衛獄訊之。已，並謫知縣。

《憲宗實録》卷二四八　甲午，免修理沙河行殿橋梁工役官軍五千人。

乙未，停各處燒造磚料。

《明史》卷一四《憲宗紀二》　丁酉，大祀天地於南郊。

《憲宗實録》卷二四八　己亥，吏部奏黜浙江等十三布政司、按察司、南北直隸府州縣來朝并在任官三千五百二十三員。

減雲南歲辦銀課三萬兩，四川五千兩。

《國榷》卷四〇　乙巳，英宗睿皇帝忌辰，上祭奉先殿，遣大臣祭裕陵。

《憲宗實録》卷二四八　丙午，命分守寧夏西路左參將陝西都指揮使陳輝充副總兵，協守榆林；以大寧都指揮僉事蔡英充左參將，代輝分守寧夏西路。

晉府河中王奇溶薨。【略】年三十有一。【略】謚曰悼懷。

《國榷》卷四〇　己酉，陳選爲廣東左布政使。

《憲宗實録》卷二四八　庚戌，晉府西河王鍾鍱薨。【略】年五十有四。【略】謚曰順簡。

陞成都府知府王進爲四川布政司左參政，專理糧儲。

辛亥，免山西大同府所屬州縣并行都司所屬衛所去年秋糧子粒共十一萬四千二百石有奇，草四十四萬二千六百束有奇。

《昭代典則》卷二一　〔壬子〕，杖司禮太監尚銘，發南京充淨軍。

《憲宗實録》卷二四八　發薊州迤東等處軍民大疏浚鴉鴻橋河道，并造豐潤縣海運糧儲倉；寶坻縣迤西等處軍民大疏浚薊州新開沽河道。先是，二役東、西二路丁夫混派，至是巡撫都御史李田請各移附近爲便。從之。

甲寅，免順天府所屬二十七州縣并直隸遵化等五衛所去年夏税小麥二萬二千二百餘石，以旱災故也。

太子少保工部尚書萬祺卒。

乙卯，免萬全都司所屬衛所及順聖川東西二城去年細糧六萬九千三百四十餘石，草十二萬五千四百五十餘束，以雹旱及虜賊殘傷也。

《憲宗實録》卷二四九　二月戊午朔，調甘肅總兵官署都督同知王璽佩征西將軍印，鎮守大同；命中軍左都督范瑾佩征西前將軍印，充總兵官，鎮守甘肅；左參將都督同知劉寧充左副總兵，協守大同；副總兵都督僉事周璽充右副總兵，分守大同東路；調巡撫遼東右僉都御史左鈺於大同，巡撫大同右僉都御史郭鏜於遼東；召大同總兵官都督同知許寧回京。

辛酉，户部奏：【略】請差官往廣東、福建會巡撫、巡按等官以鹽賣銀，及行巡撫江北都御史徐英以被災府衛折糧銀約二十萬兩解部轉送遼東，以濟急用。從之。

以雹災，免山西大同後衛及大同縣、潞州并長子、襄垣縣去年夏税一千八百二十餘石。

《皇明資治通紀》卷二〇　〔甲子〕，會試天下舉人，命詹事彭華、庶子劉健爲考試官。

《國榷》卷四〇　〔戊辰〕，虜屯黄花嶺，整京營兵赴之。都督同知白瑜充游擊將軍，率指揮閻斌往雁門關等處按伏；署都督楊玉充左參將，率指揮王宣往朔州等處按伏；都督同知李俊充游擊將軍，率官軍三千往宣府按伏。

〔庚午〕，免延安去年災租二十七萬二千餘石。

《憲宗實録》卷二四九　以蟲潦災，免山西壽陽縣去年夏税二千石有奇，秋粮二萬一千九百七十石有奇，草四萬三千九百四十束有奇。

《國榷》卷四〇　辛未，誅張成。成洗改黄册。

《明通鑑》卷三五　〔壬申〕，命户部尚書余子俊兼左副都御史，總督大同、宣府軍務，兼理糧餉。

《憲宗實録》卷二四九　癸酉，運京倉銀十一萬二千二百三十五兩于遼東，以備糧儲。

哈密都督罕慎等遣使臣捨列夫丁等來朝，貢馬、駝謝恩。

《國榷》卷四〇　〔甲戌〕，復設保定巡撫，以大理寺右少卿侶鍾爲右副都御史，巡撫保定、真定，兼提督紫荆等關。

《昭代典則》卷二一　改南京刑部右侍郎盛顒爲左副都御史，巡撫山東。

《憲宗實録》卷二四九　己卯，禮部以會試三場已畢，具考試官所取文卷奏請名數，詔令取三百人。

壬午，代府昌化王仕墰薨。【略】年六十有九。【略】謚曰温憲。

癸未，治尚銘黨。

乙酉，命停革漢中守備武臣，以陝西守臣言事妥民安故也。

丙戌，調鎮守延綏太監陳政于大同，寧夏太監韋敬于延綏，宣府太監簡顒于寧夏，命太監孫振鎮守宣府，蔡新回京。

《國榷》卷四〇　三月戊子朔，廷策貢士儲(瓘)〔巏〕等三百人。

《明通鑑》卷三五　庚寅，賜李旻等進士及第、出身有差。

《憲宗實録》卷二五〇　丙申，授第一甲進士李旻爲翰林院修撰，白鉞、王勑爲編修，其餘分撥諸司辦事。

乙巳，琉球國中山王尚真遣使臣程鵬等來朝，貢馬及方物。

贈故太子少保户部尚書翁世資爲太子少傅。

丁未，以順天府府尹談倫爲工部右侍郎，總理易州山廠柴炭。

《明史》卷一四《憲宗紀二》　己酉，太監張善監督軍務，定西侯蔣琬充總兵官，同總督尚書余子俊備大同、宣府。

《憲宗實録》卷二五〇　庚戌，擢行人汪舜民、葛萱、李善，知縣李興、鈕清、陳讓、余璣、黄玹、周宗、桂鎬、吴珍、李尚達、金章爲各道試監察御史。

壬子，朵顔衛都督阿兒乞蠻遣知院察歹等來朝，傳報夷情及貢馬。

《國榷》卷四〇　總督尚書余子俊乞築宣大邊堠。從之。

《憲宗實録》卷二五〇　丙辰，秦府宜川王公銧薨。【略】年四十有九。【略】謚曰榮順。

《明史》卷一四《憲宗紀二》　夏四月戊午，録囚。

《憲宗實録》卷二五一　以河南按察使葉淇爲都察院左僉都御史，提督鴈門等關，兼巡撫山西。

《明通鑑》卷三五　〔庚申〕，增設山西副使、僉事各二員。

《國榷》卷四〇　〔辛酉〕，朵顔等三衛以虜酋招誘，拒之，來告。慰諭，加賞。

〔甲子〕，立殫忠、效義二營，選京衛舍人餘丁萬二千人實之。

《憲宗實録》卷二五一　乙丑，運太倉銀七萬兩于大同、宣府，以給邊儲。

辛未，以水災，免直隸永平府灤州糧五千八百餘石，草四萬三千餘束。

《國榷》卷四〇　乙亥，監察御史十人分往畿省清軍。

《憲宗實録》卷二五一　丁丑，以水災，免順天府薊州及玉田縣并薊州等五衛糧八千八百三十餘石，草二萬三千四百餘束。

戊寅，土魯番【略】來朝。

《國榷》卷四〇　孟津王見滍有罪褫爵。

《皇明大政紀》卷一六　〔壬午〕，起浙江按察使楊繼宗爲右僉都御史，整飭永平、山海等處邊備，兼巡撫順天、永平二府。

《國榷》卷四〇　癸未，南京兵部尚書陳俊改南京吏部，巡撫江南兵部尚書王恕改南京兵部，南京禮部左侍郎李本爲尚書，南京吏部右侍郎尹直爲南京禮部左侍郎。

《憲宗實録》卷二五一　甲申，以貴州左布政使彭韶爲都察院右副都御史，巡撫南直隸蘇松等處，總理糧儲。

《國榷》卷四〇　〔乙酉〕，修貴溪象山書院，祀宋儒陸九淵兄弟，歲一祭。

《憲宗實録》卷二五二　五月丁亥朔，命山東臨清縣稅課局課并船料鈔每貫折米一升，以備賑濟，從巡撫都御史盛顒等會議也。

《國榷》卷四〇　〔壬辰〕，前南京刑部尚書周瑄卒。瑄陽曲人。贈太子少保，謚莊懿。

《明史》卷一四《憲宗紀二》　甲午，再録囚，減死罪以下。

《憲宗實録》卷二五二　丁酉，命監察御史徐節等清理天下軍伍。

《明通鑑》卷三五　〔己亥〕，起馬文升爲左副都御史，巡撫遼東。

〔壬寅〕，逮大同失機之許寧、郭鏜、蔡新俱下獄，巡按程春震發之也。法司會鞫，以寧等輕率致敗，降指揮同知，閒住，鏜降六官，新以初任降三官。

《憲宗實録》卷二五二　甲辰，勑貴州按察司副使方中整飭兵備於貴州迤東。

《國榷》卷四〇　〔乙巳〕，給事中張晟、行人左輔往封滿剌加國王。

〔丙午〕，虜警，敕各邊戒嚴，選京營兵赴宣府、大同。

《憲宗實録》卷二五二　甲寅，兵部奏乞勑總督大同、宣府軍務尚書余子俊提督偏頭、延綏、寧夏、甘肅、遼東、紫荆等處，嚴兵以防虜寇。【略】上從之。

乙卯，以水災，免營州中屯、右屯二衛糧一千一百六十餘石，草三百五十餘束。

《國榷》卷四〇　六月丙辰朔，南京兵部右侍郎萬翼乞改北便養。許之。

〔丁巳〕，增軍政官二員輪操。

《憲宗實録》卷二五三　庚申，詔天津等八衛十九年分秋青草三十三萬二千五百餘束暫准折銀每分二束，以旱災故也。

乙丑，增倒馬關迤西龍泉關諸處兵備，以真定、定州等衛官軍舍餘雜差內撥補之，起十月初至次年二月中止，人月給行糧四斗。

《明通鑑》卷三五　庚午，設雲南孟密安撫司。

《憲宗實録》卷二五三　壬申，以水災免淮安府州縣并淮安等九衛所糧十七萬四百四十餘石。

《明通鑑》卷三五　〔乙亥〕，改都察院右都御史李裕爲南京都御史。

《憲宗實録》卷二五三　巡按山西監察御史周洪等奏：「【略】乞勑所司以今年柴炭、銀、綾、絹、户口食鹽、歲辦等料俱暫行停止，以甦困苦。」事下，工部覆奏，從之。

《國榷》卷四〇　〔丁丑〕，召總督兩廣軍務兼理巡撫右都御史朱英領院。

《明通鑑》卷三五　己卯，免陝西、延安等處被災稅糧六十〔一〕萬有奇。

《憲宗實録》卷二五三　庚辰，陞大理寺卿宋旻爲都察院右副都御史，總督兩廣軍務，兼理巡撫。

辛巳，南京户部尚書黄鎬奏乞休致，詔賜之。

《國榷》卷四〇　七月乙酉朔，泰寧等衛請從開原入貢。不許。

《憲宗實録》卷二五四　〔丁亥〕，調宣府總兵官周(王)〔玉〕於寧夏，以神英代之。

己丑，設山西井坪守禦千户所。

庚寅，賜西番僧清心戒行灌頂國師鎖南堅剉誥命。

《明通鑑》卷三五　以陝西旱，命停歲辦物料。

《憲宗實録》卷二五四　辛卯，巡撫保定等府右副都御史佀鍾奏：「直隸保定府、真定、河間、廣平、順德、大名六府去冬無雪，今年春夏不雨，秋成未卜，乞令所屬三年、六年考滿官納米以備賑濟，免其赴京，仍以所逋馬及柴夫商稅、鹽鈔派物料量爲寬免。」章下，户、工二部請如所奏，並從之。

勑占城國王古來，撫諭提婆苔，令納原降占城國王印，宥其受安南國僞封之罪，仍令爲頭目，本國居住。

《國榷》卷四〇　〔壬辰〕，遼東廣寧報警，敕鎮守太監韋朗、總兵官緱謙、巡撫左副都御史馬文升等嚴督分守諸將練兵防虜，并行薊州、永平、山海、密雲、古北口、黄花鎮、居庸等關嚴爲備。

〔甲午〕，加賞宣、大役卒。

《憲宗實録》卷二五四　乙未，以水災，免山東成化十九年秋糧二十一萬五千餘石，草三十八萬三千五百餘束，綿花三千二(石)〔百〕餘斤。

《國榷》卷四〇　承休王芝埌褫爵。

〔戊戌〕，始命大臣考滿一子自陳入監。

《憲宗實録》卷二五四　庚子，户部奏：「故武平伯陳能過禄米二百六十餘石，今其子綱奏乞寬免。」命過支者仍扣還官，著爲例。

户部主事戈孜奏，【略】乞將原派德州、臨清二倉糧每石折銀五錢解送太倉沿海倉，及存留者每石折銀三錢，俱解原倉，准作官吏旗軍俸糧之用。從之。

命分守代州右參將支玉移屯偏頭關，以時巡視代州并鴈門、寧武諸處。

《國榷》卷四〇　〔壬寅〕，以傳奉官多，增京班皁隸二百七名，俱畿内、河南、山東、山西取之。

〔辛亥〕，秦州知州傅鼎陳救荒事宜，行之。

《憲宗實録》卷二五四　癸丑，宥錦衣衛掌衛事都指揮僉事朱驥等罪。

《國榷》卷四〇　八月乙卯朔，代王妄請封號，奪歲禄。

《憲宗實録》卷二五五　革山陰王仕堿禄米及輔國將軍成鏊等封職。

戊午，免差陝西清軍御史，以旱荒故也。

《皇明大政紀》卷一六　〔壬戌〕，總督宣大軍務余子俊奏請命工部製戰車。從之。

《憲宗實録》卷二五五　癸亥，以旱災，免山西大同等府衛去年秋糧子粒二十三萬餘石，馬草四十三萬四千餘束。

甲子，巡撫陝西右副都御史鄭奏乞將陝西成化十九年以前逋負税糧該起運者每石折銀三錢，存留者每石折銀二錢五分，或折闊布一疋。從之。

乙丑，實授試監察御史劉憲、鄒魯、王相、唐相、暢亨、王嵩、陳景隆、呂璋、陳璧(爲監)爲監察御史。

《國榷》卷四〇　〔丁卯〕，傳陞工部司務高鳳爲都水司員外郎。

《憲宗實録》卷二五五　己巳，擢知縣史瑛、王鑑之、王傳、陳英祁，司員汪宗禮、宋漢、陳瑶、張晟、陳寬、吴道寧，行人方岳爲試監察御史。

《國榷》卷四〇　〔辛未〕，給事中李孟暘、行人葉應往封前占城國王槃羅茶悦弟古來。比行，孟暘言：「占城險僻，安南之搆兵未靖，而提婆苔又嘗竊據，萬一不順，損中國威。宜縱其來使傳命古來，仍敕安南悔過。」從之。

《憲宗實録》卷二五五　安南國王黎灝遣陪臣黎德慶等奉表貢方物。

免直隸鳳陽等府、廬州等衛去年秋糧子粒米豆共十三萬二千八百餘石，馬草十九萬九千八百餘包，以水旱災也。

以災傷停免山西、陝西成化二十一年分歲辦羊共二千八百餘隻。

《國榷》卷四〇　〔壬申〕，總督漕運右副都御史徐英卒。

《憲宗實録》卷二五五　乙亥，廣德長公主薨。

《國榷》卷四〇　敕陝西、山西、河南、鄖陽各鎮守、總兵、巡撫等官，招攜捕盗及更賢育民，凡可安靖地方者，聽便宜行之，事重者奏定。

《憲宗實録》卷二五五　丙子，户部奏定吏民輸粟冠帶以積邊儲事例。

《國榷》卷四〇　〔庚辰〕，禁遼東武臣役佔屯田軍士。

《憲宗實録》卷二五五　授直隸蕪湖縣老人張禮爲繁昌縣荻港巡檢司巡檢。

《國榷》卷四〇　〔辛巳〕，調湖廣糧十萬石于陝西，備荒。

嚴鎮邊官軍逃亡、冒支糧賞之禁。

《憲宗實録》卷二五六　〔九月〕丙戌，太監覃昌傳奉聖旨，授【略】真覺寺講經答兒馬悉提國師，剌麻麻尼星、曷納悉提俱都綱，南京僧録司左講經道香右善世，僧戒琛右覺義。

《國榷》卷四〇　〔辛卯〕，久旱，遣吏部左侍郎耿裕、禮部左侍郎兼翰林院學士徐溥祭告西岳、西鎮、西海并中(岳)〔鎮〕、大河之神。

《憲宗實録》卷二五六　壬辰，陞户部左侍郎潘榮爲南京户部尚書。

乙未，致仕南京户部尚書黄鎬卒。【略】贈太子少保，賜祭葬。

都督僉事董寬卒。

《國榷》卷四〇　〔丁酉〕，復李震興寧伯。

《憲宗實録》卷二五六　都察院經歷李晟以言事下錦衣衛獄。

《國榷》卷四〇　〔己亥〕，釋土魯番餘黨于甘州獄。

《憲宗實録》卷二五六　庚子，陞撒馬兒罕都督僉事怕六灣馬哈麻爲都督同知，指揮僉事哈只兒辛等四人俱指揮同知。

壬寅，勑監督軍務太監張善，總督大同、宣府軍務户部尚書兼左都御史余子俊，總兵官定西侯蔣琬兼護偏頭關兵馬，山西鎮守、巡撫等官悉聽節制。

《國榷》卷四〇　甲辰，皇八子祐樘生，德妃張氏出。

《憲宗實録》卷二五六　乙巳，復除陝西按察司副使翟廷蕙于四川。

《皇明大政紀》卷一六　〔己酉〕，巡撫山西（右）〔左〕僉都御史葉淇奏，山西連年災傷，乞給太倉銀數萬兩以備賑濟。詔發京庫銀三萬兩，遣官齎付淇糴糧應用，俟豐年徐議還官。

《憲宗實録》卷二五六　庚戌，以旱災，命山西、河南清軍御史還京。

辛亥，免河間府及瀋陽中屯等衛税糧小麥一萬四千九百餘石。

《明史》卷一四《憲宗紀二》　是月，寇復入居河套。是秋，陝西、山西大旱饑，人相食，停歲辦物料，免税糧，發帑轉粟，開納米事例振之。

《國榷》卷四〇　十月乙卯朔，給空名度牒一萬于山、陝，令民輸粟十石，度爲僧道。

《憲宗實録》卷二五七　丁巳，賜故南京刑部尚書周瑄贈太子少保，謚莊懿誥命。

《皇明大政紀》卷一六　刑部員外郎林俊劾權豎梁芳，【略】命下俊錦衣衛獄，杖三十。

《憲宗實録》卷二五七　戊午，晉府河東王鍾鏕薨。【略】年五十。【略】謚曰昭靖。

己未，賜征南將軍黔國公沐琮加授太子太傅誥命。

調監察御史周蕃爲湖廣湘陰縣知縣，劉瓚山西襄垣縣知縣。

壬戌，設四海冶守禦千户所，隸永寧衛。

《國榷》卷四〇　〔甲子〕，索土魯番所掠哈密金印。

《明通鑑》卷三五　〔戊辰〕，以倉場侍郎殷謙爲户部尚書，仍兼倉場事。

《憲宗實録》卷二五七　己巳，運太倉銀十萬兩、通州倉米五萬石赴大同，以給邊儲。

《國榷》卷四〇　〔辛未〕，復雲南嵩明州舊治。

〔壬申〕，後軍都督府經歷吉水張黻上疏論救，請釋用林俊。忤旨，下獄，杖三十，調師宗州知州。

虜入宣府。

《明史》卷一四《憲宗紀二》　癸酉，罷雲南元江諸府銀坑。

《憲宗實録》卷二五七　乙亥，陞户部右侍郎李衍爲本部左侍郎，巡撫宣府左僉都御史秦紘右侍郎，巡撫甘肅左僉都御史侯瓚兵部右侍郎，陝西左布政使魯能、山西右布政使李岳俱右副都御史。能代瓚，岳代紘。

丙子，封中軍都督同知王源爲瑞安伯，與世襲。

《國榷》卷四〇　〔丁丑〕，錦衣衛都指揮使萬喜爲後軍都督同知，指揮使萬達爲都督指揮同知，萬從善爲都指揮使，百户萬牛兒爲指揮僉事。

《憲宗實録》卷二五七　戊寅，實授試監察御史唐韶、朱福爲監察御史。

己卯，巡撫河南右副都御史趙文博奏：「河南旱災特甚，民多流亡，各王府請修府第、倉厫、壇廟、儀仗乞暫爲停止。又河南都司宣武等衛所逋負軍器亦請暫免徵，以俟豐年。」俱從之。

辛巳，擢知縣杜忠、張澤、袁道、劉洪、周南、王温、張冕、李燁、張賓、李政、宋鑑、趙瑛、胡諒、何悌、劉翔、姜洪、繆樗、鄒賢、康厚、曹玉爲各道試監察御史。

《國榷》卷四〇　〔癸未〕，巡撫江南右副都御史彭韶薦故兵部尚書項忠，不允。

《憲宗實録》卷二五八　十一月甲申朔，欽天監進成化二十一年大統曆。

戊子，免順天府州縣夏税一萬一千三百餘石，以旱災故也。

《國榷》卷四〇　朵顏衛都督阿兒乞蠻遣其弟影克孛羅送所獲北虜生口，兵部譯審牧虜也。上曰：「夷虜牧放爲生，追逐水草其常事，何罪之足誅，其編成之，賞孛羅以慰其勞，仍諭三衛貢夷，毋得貪掠啓釁。」

通玄翊教廣善國師繼曉乞歸養母。許之，命母終供職如故。

《憲宗實録》卷二五八　詔順天、永平及保定等府僧道輸粟十五石於大名等府被災處賑濟，給牒度之，從巡撫保定等處都御史佀鍾請也。

《明通鑑》卷三五　〔壬辰〕，中旨進吏部尚書尹旻爲太子太傅。

《國榷》卷四〇　萬全右衛百户韋瑛伏誅。

〔乙未〕，日本入貢。

《憲宗實録》卷二五八　丙申，增置山東武定、東平、高唐、濱、曹、濮六州判官各一員。

《國榷》卷四〇 〔戊戌〕，再發帑金十萬、河南糧五萬石賑陝西。

〔庚子〕，總督宣府、大同軍務户部尚書余子俊言虜遁請班師。命太監張善、定西侯蔣琬悉統京營兵還京，子俊暫留總督，令冬末具奏而還。

〔壬寅〕，傳旨户部尚書殷謙，禮部尚書周洪謨、施純、劉岌，兵部尚書張鵬，刑部尚書張鎣，工部尚書劉昭，右都御史朱英俱進太子少保。

《憲宗實録》卷二五八 癸卯，賜朝鮮國成化二十一年大統曆。

乙巳，運河南兑軍糧三萬五千石於山西救荒。

《憲宗實録》卷二五八 壬子，以旱災，免山東府縣衛所税糧二十一萬一千四百餘石。

《皇明大政紀》卷一六 南京户部主事張倫陳餽運事宜。下户部議行之。

《憲宗實録》卷二五八 癸丑，賜瑞安伯王源誥券，封推誠宣力武臣、榮禄大大柱國，食禄一千石，子孫世襲，本身免雜犯二死，子一死，三代一體追封。

《國榷》卷四〇 十二月甲寅朔，〔乙卯〕，預度僧道六萬人，救饑山、陝。

《皇明大政紀》卷一六 〔戊午〕，大學士萬安等疏，請敕工部重臣修築挑水堤岸，疏濬汶、泗諸泉。上命工部侍郎杜謙率郎中蕭冕、員外郎李溶往董其事。

《憲宗實録》卷二五九 辛酉，運臨清廣積倉糧一萬五千石於大名、順德、廣平三府，賑濟饑民，從巡撫右副都御史侶鐘奏請也。

壬戌，免大寧都司所屬并直隸神武等衛子粒二萬四千七百二十餘石。

《國榷》卷四〇 〔癸亥〕，户部左侍郎李衍理陝西邊儲。

《憲宗實録》卷二五九 戊辰，詔以漕運糧儲及兩淮鹽課給三邊。

《國榷》卷四〇 己巳，詔開中兩浙鹽課給三邊。

《明通鑑》卷三五 辛未，免山西被災夏税。

《國榷》卷四〇 〔癸酉〕，發江南折糧十五萬金并關中、兩淮、山東、四川鹽課二百萬引，于陝西榆林等處給邊儲。

〔甲戌〕，傳陞耀州判官張善吉爲兵科都給事中。

《憲宗實録》卷二五九 免順天、河間等府秋糧二萬七千三百餘石。

《明通鑑》卷三五 乙亥，免河南被災税糧。

《憲宗實録》卷二五九 丁丑，巡撫宣府左僉都御史秦紘言：「諸邊鎮守、分守内外官往往請以官舍自隨，營私作弊，而無益於事，宜一切革之。」事下，兵部言：「邊方守臣須人任使，已往者且不必革，惟自今損其人數爲便。」上曰：「軍法莫先於戢下。今各處隨行官舍既多，容有姦弊，宜爲之制，鎮守内外官止與五人，分守等官與三人，其餘仍取還京。著爲令。」

戊寅，命有司歲祭巡撫廣東故僉都御史謚忠惠楊信民。

《國榷》卷四〇 〔庚辰〕，朵顔三衛數掠。戒諭之。

《憲宗實録》卷二五九 壬午，兵部以武學幼官武生歲試中者名上，乞降賞格。有旨：策可觀又馬步中三箭者賞鈔百貫，策可觀并馬步中二箭者半之，教射舍人如例給賞。

成化二十一年（乙巳、一四八五）

《明史》卷一四《憲宗紀二》 春正月甲申朔，星變。

丙戌，詔羣臣極言時政。

《昭代典則》卷二一 〔丁亥〕，復林俊爲南京刑部員外郎，張黻爲南京左府經歷。

《國榷》卷四〇 戊子，太監傅恭仍總制三大營兼提督十二營。

《明通鑑》卷三五 〔己丑〕，廷臣以星變，各應詔上封事。吏部尚書尹旻、户部尚書余子俊、都御史朱英等，皆條陳政事，而於傳奉官論者尤多。【略】疏入，上優詔答之。

一時先後陳言者，兩京諸臣則給事中盧瑀、秦昇、童柷，御史汪奎，員外郎崔陞、彭綱，主事張吉、蘇章、周軫、李旦，中書舍人丁璣等，言尤剴直，大都爲李孜省、僧繼曉及傳奉之冗濫而發。

《明史》卷一四《憲宗紀二》 庚寅，赦天下。

《明通鑑》卷三五 詔行寬恤之政。

《明史》卷一四《憲宗紀二》 乙未，大祀天地於南郊。

《國榷》卷四〇 翼城、絳、陽城、垣曲等縣饑民多盜，命鎮撫等官宣諭，果不服，勦之。

《憲宗實録》卷二六一 癸卯，以災傷，免隆慶衛子粒一千八百石有奇。

《國榷》卷四〇 甲辰，周府鄢陵王子埅薨。年六十一，謚安僖。

乙巳，免北畿去年田租，其災輕者免十之八。

《明通鑑》卷三五 乙巳，遣户部侍郎李衍、刑部侍郎何喬新、僉都御史賈俊，以帑金二十五萬振山西、陝西、河南饑。

《憲宗實録》卷二六一　戊申，增設廣東恩平縣儒學訓導二員，廩膳增廣生各十名。

《國榷》卷四〇　戊申，軍器局匠金福〔郎〕【略】乞減提督冗員、清占匠。」從之。

〔己酉〕，内地鎮守等官仍舊。

《憲宗實録》卷二六一　庚戌，詔修河夫月給米人三斗。

壬子，以災傷，免遵化等衛子粒九千石有奇。

勑户部郎中張禎叔、主事吴紀賑濟陝西。

勑户部員外郎盧藝于延安府賑濟。以先遣郎中金迪病，不能往也。

《憲宗實録》卷二六二　二月癸丑朔，巡撫大同都御史左鈺奏，【略】宜令凡在京河南、北直隸、山東有能如例納米大同者聽，仍限以五百名，至七月而止。」户部覆奏，從之。

《國榷》卷四〇　乙卯，量蠲襄陽等災租。

《憲宗實録》卷二六二　兵部尚書張鵬等以陳言奉旨查京營及各處鎮守等官軍伴人數，具奏裁處。

戊午，巡按直隸監察御史董復覆勘真定、大名、廣平、順德等府州縣衛所去歲旱災應免税糧二十萬八千餘石，户部請災至八分以上者如奏，其七分以下者仍徵其十之二。從之。

《國榷》卷四〇　己未，吏部應詔奏列傳奉，除勛戚功陞廕授外，通五百十四人，御筆點留六十一人。【略】吏部又列傳奉官爲事妄冒者，御筆點留五人。【略】兵部奏傳奉除勛戚功陞廕授外，通五百三人，御筆點留三百九十四人。

《憲宗實録》卷二六二　以兩淮、山東、福建常股存積鹽四十四萬二千餘引召商中納糧豆於遼東，從郎中毛泰請也。

庚申，哈密左都督罕慎遣使臣滿剌法虎兒丁等來朝，貢馬、駝。

癸亥，巡按直隸監察御史鄧庠覆勘灤州等州縣及永平等衛所去歲水旱分數應免常税，户部請災至三分以下者如舊，其四分以上者仍徵其十之三。從之。

《國榷》卷四〇　丙寅，復命太子太保户部尚書余子俊兼左副都御史，總督宣、大軍務兼理糧儲，以總督倉場户部尚書殷謙理户部事。

戊辰，翰林侍講焦宏爲侍講學士。

《憲宗實録》卷二六二　己巳，詔山東張秋鎮并濟寧州、東昌府臨清、會通等税課等司商税課鈔每一貫折收米一升，以備賑濟，俟麥熟如舊。

《國榷》卷四〇　己巳，募四川人納粟補散官。

壬申，巡撫遼東左副都御史馬文升言十事。上從之。

癸酉，進士邵誠、李澄、方向、王琳爲南京給事中。

《明通鑑》卷三五　丁丑，免陝西被災夏税。

《國榷》卷四〇　己卯，召大同備冬左參將楊玉、游擊將軍馬俊領兵還京。

庚辰，巡撫宣府右副都御史李岳請暫停修邊，下余子俊酌之。

辛巳，詔各邊練兵，從馬文升之言。

鎮守通州都督同知陳逵卒。

〔三月〕甲申，免萬全都司屯租七萬一千石有奇。

己丑，南京吏部尚書陳俊等應詔言二十事。

《明通鑑》卷三五　庚寅，開納米例，振河南饑。

《國榷》卷四〇　庚寅，御馬太監李良監五軍營兼提督十二營。

《憲宗實録》卷二六三　辛卯，工部奏：「山東境内郡王以下房屋工價已有等第，惟奉國將軍房價未定，今宜依江西事例定與銀四百五十兩，仍軍三民七出辦，送府自行蓋造，勿再動擾軍民。仍以工完日爲始，算至五十年後，除有儀衛司、羣牧、護衛、侍衛、千户所者自備修理，其無前項人力者聽其具奏，以俟勘實，乃視初創之費量給其半。仍請通行各府長史司，著爲令。」從之。

《國榷》卷四〇　壬辰，徽王見沛乞起復長史董彝。不允。

《憲宗實録》卷二六三　甲午，詔借山東成化二十年及今年官鹽易糧，又令諸州縣立社倉以備賑濟，從巡撫遼東左副都御史馬文升奏也。

《國榷》卷四〇　乙未，令都察院榜禁西山山場，不許鑿石取煤。禁奸盜。

丁酉，皇九子祐橓生。母恭妃楊氏。

自正月至是風霾不雨，遣告郊社山川。

壬寅，前中軍都督同知韓志卒。

《憲宗實録》卷二六三　乙巳，巡撫山東副都御史盛顒奏：「山東歲荒，東昌、兖州二府尤甚，請以德州常盈庫所收銅錢四百九十餘萬文量留數十萬備用，餘皆借給糴糧；臨清、德州倉儲蓄甚富，請借四、五萬石賑濟災重州縣。」户部議：「銅錢可借三百萬文，糧則以原派成化二十年起運兑軍者量留二萬石，如不足，然後取於二倉。」從之。

戊申，總督大同、宣府軍務户部尚書余子俊奏：「大同各倉場糧豆缺乏，軍餉不給，即今虜賊近邊，防禦無時，請於通州倉運粟米十四萬石，京、通二倉運豆六萬石，以備支用。」事下，户部會大臣議：「宜借撥京營軍三萬名運粟米十萬石於宣府，每石給脚價銀四錢，每軍日支行糧二升；其豆則京倉所儲亦少，可召人上納，每石償以太倉銀一兩三錢；仍以兩淮成化十九年中剩見在官鹽四十五萬五千一百餘引分撥大同、宣府，從巡撫官定例募商上納。」疏入，上令亟如議行。乃遣户部員外郎鍾鏞主事，原潔督運。

《國榷》卷四〇　己酉，廣東按察使閔珪爲右僉都御史，巡撫江西。時多盜。

《憲宗實録》卷二六三　命都察院右副都御史屠滽、通政使司通政使何琮、翰林院侍講李傑清理武職貼黄。

《國榷》卷四〇　延平府同知劉瀚爲漳州知府。

《憲宗實録》卷二六三　辛亥，命右軍都督同知陳瑛統步卒三萬斡運京倉粟米十萬石赴宣府，接濟軍餉。

《憲宗實録》卷二六四　〔四月〕癸丑，實授試監察御史余鑨、汪舜民、周宗、桂鎬、吴珍、李興爲監察御史。

巡撫甘肅右副都御史魯能以父喪去任。

《國榷》卷四〇　監生虎臣請賑饑去貪。上是之。

《憲宗實録》卷二六四　乙卯，陞刑部員外郎朱臨、監察御史孫弁、南京刑部員外郎楊廷貴、南京監察御史李珊、户部員外郎江源俱爲按察司僉事。

《明通鑑》卷三五　〔丙辰〕，以康永韶爲禮部侍郎。

《國榷》卷四〇　丁巳，免大理、曲靖水災田租八千五百二十餘石。

《明史》卷一四《憲宗紀二》　戊午，以泰山屢震，遣使祭告。

《憲宗實録》卷二六四　復置密雲後衛指揮使司儒學。

己未，免直隸潼關衛秋糧子粒共七千一百餘石，以去年旱災也。

《國榷》卷四〇　己未，申溺女之禁。

庚申，雲南左布政使唐瑜爲右副都御史，巡撫甘肅。

《明通鑑》卷三五　壬戌，轉江南漕運四十萬石振陝西饑。

《國榷》卷四〇　癸亥，烏思藏闡化王等來朝。

《憲宗實録》卷二六四　甲子，改巡撫南直隸右副都御史彭韶爲大理寺卿。

丙寅，命刑部左侍郎杜銘復職，陞正二品俸，以九年秩滿也。

《明通鑑》卷三五　戊辰，録囚。

《國榷》卷四〇　辛未，勒巡按宣府御史婁源倪進賢致仕。

癸酉，命御史三人榷杭州、荆州、蕪湖竹木，以工部官恣弊也。

《明通鑑》卷三五　甲戌，免南畿、山東被災税糧凡五十七萬有奇。

《國榷》卷四〇　乙亥，福建左布政使李嗣爲右副都御史，巡撫蘇松等處。

己卯，翰林修撰吴希賢爲左春坊左諭德，太僕寺少卿韓定爲寺卿。

《憲宗實録》卷二六四　庚辰，哈密【略】來朝，貢馬、駝。

《憲宗實録》卷二六五　〔閏四月〕壬午，運户部折糧銀二萬兩于山西，以備邊餉。

《國榷》卷四〇　甲申，太子少保禮部尚書署鴻臚寺事施純卒。

丙戌，伊府方城王〔諟〕〔鍉〕鏞薨。年三十五，謚懷僖。

《憲宗實録》卷二六五　己丑，分守代州等處右參將署都督僉事支玉有疾，召還京；調分守大同東路右副總兵都督僉事周璽代之。

《國榷》卷四〇　庚寅，都督僉事慕勳以妄報功降指揮同知。

辛卯，傳内官監太監李榮鎮守山東，代太監韋焕；已復榮司禮監，命往南京守備，焕仍山東。

傳陞羽林前衛副千户楊玉爲錦衣衛正千户，御用監太監廖恭姪玘爲錦衣百户。

《憲宗實録》卷二六五　乙未，趙府臨漳王祁鋈薨。【略】年五十有五。【略】謚曰恭安。

丙申，增京、通二倉太監軍斗總督人三十名，監督人二十名。

《國榷》卷四〇　丁酉，進士韓鼎、簡琦、王敞爲禮、兵、刑科給事中。

戊戌，廣東市舶司提舉江朝宗復翰林院侍讀學士，致仕。

許諸生納粟入監。

《明通鑑》卷三五　〔辛丑〕，兵部尚書張鵬罷。

《國榷》卷四〇　丙午，故南京户部尚書閩縣黄鎬贈太子少保。

丁未，户部開輸納事例濟〔山、陝〕饑。

五月庚戌朔，巡撫順天右副都御史楊繼宗，以管河治中陳翼訐奏，調雲南按察副使。

乙卯，大理寺卿彭韶爲右副都御史，巡撫順天。

《憲宗實録》卷二六六　丙辰，命守備延綏、陝西都指揮李杲充左參將，分守大同東路。

《國榷》卷四〇　丙辰，廣西都指揮使邢斌爲右軍都督僉事。

《明通鑑》卷三五　〔丁巳〕，市舶中官韋眷奏，乞均徭户六十人，添辦方物。廣東布政使陳選，以時方減省貢獻，持詔書争之，上命予其半。眷由是怒選。

《憲宗實録》卷二六六　陞遼東管操都指揮僉事張欽爲都指揮同知。

《國榷》卷四〇　戊午，工部主事張吉調景東府通判，刑部主事李旦調鎮遠府通判，監察御史汪奎調夔州府通判，工科都給事中盧瑀調長沙府通判，刑科給事中秦昇調廣安州同知，工科給事中童柷調興國州同知。俱應詔直言，吏部承密旨外調之。吉疏尤讜，留中不出。

辛酉，免淮安、鳳陽、揚、廬、徐田租米荳二十九萬三千三百九十六石。

《憲宗實録》卷二六六　壬戌，陞刑部左侍郎杜銘爲工部尚書，掌大理寺事。

《明通鑑》卷三五　〔癸亥〕，撒馬兒罕使者自甘肅貢獅子，將取道廣東浮海歸，云「欲往滿剌加更市以進」，〔陳〕選疏言「不可許，恐遺笑外番，輕中國。」上納其言。

《國榷》卷四〇　乙丑，前太子少保左都御史李賓卒。【略】贈太子太保，賜祭葬，謚襄敏。

丙寅，申王府官坐罪事例。

《明史》卷一四《憲宗紀二》　丙子，振京師饑民。

《國榷》卷四〇　己卯，改余子俊兵部尚書，仍總督宣、大軍務，兼理糧儲，令防秋畢還朝。

巡撫保定右副都御史侣鍾爲刑部右侍郎。

〔六月〕辛巳，户部尚書兼督糧儲殷謙初代余子俊暫理，至是中旨專户部尚書。

《明史》卷一四《憲宗紀二》　辛巳，令武臣納粟襲職。

《明通鑑》卷三五　癸未，詔：「盛暑祁寒，朝臣所奏毋得過五事。」

《憲宗實録》卷二六七　起養病兵部右侍郎李敏，改都察院左副都御史，巡撫保定等府，兼提督紫荆等關。

丙戌，增設江西贛州府會昌、雩都、龍南、安遠、信豐、瑞金、石城七縣主簿各一員，專捕盜賊。

《國榷》卷四〇　戊子，周王子堃薨。年六十三，謚曰懿。

庚寅，南京兵部尚書王恕奉詔請裁錦衣衛内官子弟二十七人。不允。

壬辰，前軍都督同知袁彬調左府，以忤新寧伯譚祐也。

《憲宗實録》卷二六七　癸巳，陞浙江布政司右參議張敷華爲右參政，專理糧儲。

贈江西贛州府同知王庭桂爲江西布政司右參議，賜誥命。

《國榷》卷四〇　甲午，前太子少保户部尚書楊鼎卒。【略】贈太子太保，謚莊敏。

《憲宗實録》卷二六七　丁酉，陞户部郎中劉瓊、南京户部郎中孔舉俱爲布政司右參議，瓊陝西管理糧儲，舉浙江管理銀場。

《國榷》卷四〇　壬寅，錦衣衛舍人沈震請納粟補官。不許。

乙巳，免河間夏麥萬一千三百餘石。

《憲宗實録》卷二六七　置寧羌州於陝西寧羌衛城，編户四十里，并轄沔、略二縣。以地廣而險，流徙多(褩)〔聚〕爲盜，從都御史鄭時請也。

《國榷》卷四〇　丙午，前太子少保工部尚書王復卒。【略】年七十。贈太子太保，謚莊簡。

《憲宗實録》卷二六八　〔七月〕庚戌，撫治鄖陽等處都察院右僉都御史王濬卒。

《國榷》卷四〇　壬子，召賑濟山西刑部右侍郎何喬新等還京。

《憲宗實録》卷二六八　分守代州等處兼提督偏頭等關都督僉事周璽奏：「【略】請改分守爲鎮守。」事下，兵部言：「【略】宜勿許。」上【略】特從之。

《國榷》卷四〇　癸丑，署光禄寺事禮部右侍郎艾福致仕。

《憲宗實録》卷二六八　甲寅，運太倉銀十萬兩于陝西三邊，以備軍儲。

《國榷》卷四〇　戊午，荆襄總兵官署都督僉事王信爲都督同知。

壬戌，許余子俊修宣府、大同、偏頭關邊牆，期明年四月肇工。

《憲宗實録》卷二六八　丙寅，陝西布、按二司【略】請暫停各夷并鎮守等官年例貢獻。【略】詔鎮守等官暫停今一年。

《國榷》卷四〇　丁卯，諭都察院嚴考回道御史。

《明通鑑》卷三五　〔己巳〕，都察院右都御史朱英卒。

《國榷》卷四〇　庚午，選教坊司樂工。

辛未，增臨清州判官管河。

《憲宗實録》卷二六八　癸酉，擢行人常新、曹璘、劉讓、許鋭、謝嵩、文瑞、史簡、張瓚，推官包裕，知縣丁隆、楊縉、王宏、歐陽復、韓明、呂烱、陳轂、郭資爲各道試監察御史；推官陳炷，知縣劉遜、徐綱、吴球爲南京各道試監察御史。

《明通鑑》卷三五　〔甲戌〕，以副都御史屠滽爲右都御史。

《國榷》卷四〇　大理寺左少卿馮貫爲右副都御史。

《憲宗實録》卷二六八　實授試監察御史汪宗禮、王鑑之、史瑛、王傳、張晟、宋漢、吴道寧、陳寬、戈瑄爲監察御史。

《國榷》卷四〇　乙亥，代府隰川王仕墜薨。年四十一，謚恭僖。

〔八月〕庚辰，鎮守湖廣都督同知王信充總兵官，提督漕運，仍鎮守淮揚；巡撫遼東左副都御史馬文升爲右都御史，總督漕運，兼巡撫鳳陽。

壬午，召賑濟河南工部右侍郎賈俊還京。

甲申，前撫治鄖陽大理寺右少卿吴道宏爲南京大理寺卿。

乙酉，後軍都督同知馮昇爲平蠻將軍、總兵官，鎮守湖廣。

《憲宗實録》卷二六九　實授南京試監察御史李尚達、李善爲監察御史。

丙戌，太監韋泰傳奉聖旨，守備西寧都指揮僉事王義令協同田廣管事，守備臨清。都指揮僉事昌佐令守備儀真，兼管揚州、高郵等處。既而，命府軍前衛指揮僉事孫庸守備臨清，王義仍兼西寧守備。

《國榷》卷四〇　己丑，順天府尹劉潺爲右副都御史，巡撫遼東。

《憲宗實録》卷二六九　甲午，户部奏：「都御史崔讓建議今年寧夏例於陝西慶陽府、靈州花馬池等處鹽池中鹽，其則例，納上馬一匹者給六十引，中馬五十引，内地納銀者每引一錢八分，於西安等八府貿易，以濟邊餉。」從之。

《國榷》卷四〇　乙未，岷府安昌王膺鋪薨。年〔二〕十一，謚懷僖。

雲南布政使吴玘爲順天府尹。

戊戌，禮部定度京省僧道之額，僧不越五萬，道士二萬。

己亥，兩淮巡鹽御史王相凶暴，下刑部獄，降雲南南寧縣丞。

乙巳，賜太監陳玹浙鹽萬引。

丁未，署太常寺事太子少保禮部尚書劉岌致仕。

《憲宗實録》卷二六九　命賑濟陝西餘米十八萬二千石俱收貯河南諸倉。

《國榷》卷四〇　使滿剌加國吏科右給事中張晟卒于贛州，命行人左輔即廣東選七品有司官一人往。

《憲宗實録》卷二六九　戊申，以旱災，免直隸寧山衛并湖廣鄖陽衛前千户所夏麥一萬四百五十餘石。

《國榷》卷四〇　是月，建文帝女卒于高牆。女建文庚辰生，年八十六。

《憲宗實録》卷二七〇　〔九月〕癸丑，勅户部員外郎鄭烱總理宣府糧儲。

運京倉銀六萬兩于宣府，以備軍儲。

《國榷》卷四〇　甲寅，趙府湯陰王祁鎡薨。年五十四，謚莊僖。

都督僉事王義卒。

丙辰，永順伯薛勳、都督僉事莊鑑領果敢等營。

丁巳，南京禮部尚書李本卒。

《憲宗實録》卷二七〇　戊午，命中都留守司指揮同知聶端蒞南京錦衣衛事，府軍衛指揮使施理註中都留守司，理漕運。

《國榷》卷四〇　庚申，傳陞鴻臚寺帶俸主簿萬鑰、通政司知事萬壽俱中書舍人。

《憲宗實録》卷二七〇　甲子，實授山東道試監察御史李復貞爲監察御史。

《皇明資治通紀》卷二〇　太子太保户部尚書謹身殿大學士劉翊乞致仕，許之。

《國榷》卷四〇　丙寅，論重囚七十五人。

《憲宗實録》卷二七〇　賜太監潘牛儀真官鹽一萬引。

庚午，賜故太子少保户部尚書楊鼎贈太子太保謚莊敏誥命。

《國榷》卷四〇　工部右侍郎談倫理易州山廠，召商賈怨，見訐奏，下獄。復之。

乙亥，太監潘記主太岳太和山，求兼提督均州官軍操守。許之。

〔十月〕庚辰，故南京刑部右侍郎陳儼子杲援例入監。不許，命今後子孫乞恩，須審其父任久績著者始以聞。

甲申，鎮守兩廣平鄉伯陳政卒。

《憲宗實録》卷二七一　丙戌，實授試監察御史張冕、周南、王温、趙瑛、胡諒、何悌、李政、杜忠、李燁、張賓、袁道爲監察御史。

以水災，免陝西西安等五府并西安左等十衛所夏税子粒共六十四萬三千六百九十餘石。

《國榷》卷四〇　丁亥，免四川前年災租五十一萬五千三百餘石。

己丑，太子太保兵部尚書兼左副都御史余子俊改兼左都御史，巡撫大同，(乃)〔仍〕提督軍務。時被讒也。

庚寅，左軍都督同知周彧封長寧伯，禄千石。

《憲宗實録》卷二七一　癸巳，運京倉銀一萬兩于永平等處，以備邊需。

《國榷》卷四〇　前太常寺少卿吴道亮卒。

甲午，英廟惠妃王氏薨。大興人，年五十七，謚端静安和。

丙申，免濟南等夏麥四十五萬三千九百二十餘石。

丁酉，降夷舍打古珍等安置廣寧。

《憲宗實録》卷二七一　己亥，免兩浙運司清泉場雨水折損課鹽二萬六千五百餘引，從監察御史賀霖請也。

《國榷》卷四〇　壬寅，南京錦衣衛指揮僉事黄琳爲指揮同知，世襲。

甲辰，免開封田租五十七萬九千五百八十餘石，平陽、澤、潞、遼、沁田租四十萬七千九百七十餘石。

《憲宗實録》卷二七二　十一月戊申朔，欽天監進成化二十二年大統曆。

《昭代典則》卷二一　〔丙辰〕，陞廣東按察副使陶魯爲湖廣按察使。

《憲宗實録》卷二七二　丁巳，四川度僧銀六萬餘兩准送陝西賑濟。

永和王鍾鋏有罪，革禄米之半。

《國榷》卷四〇　庚申，東寧伯焦俊爲平羌將軍、總兵官，鎮守甘肅；召總兵官范瑾還京。

癸亥，監察御史錢承德、張瓚聖節後至，下獄，杖之，謫犍爲、介休知縣。

《憲宗實録》卷二七二　太監韋泰傳奉聖旨，陞通政司左通政李和爲南京户部右侍郎，禮郎中黄景爲左通政。

甲子，賜朝鮮國成化二十二年大統曆。

《國榷》卷四〇　乙丑，祠故山東總兵官都督衛青、永康侯徐安于山東，歲一祭，巡撫盛顒請之。

丁卯，鎮守延綏太監韋敬調寧夏，寧夏太監簡顒調延綏。

《明通鑑》卷三五　〔辛未〕，召馬文升爲兵部尚書。

《國榷》卷四〇　户部左侍郎李衍爲尚書，總督倉場；巡撫四川右副都御史孫仁爲户部左侍郎。

《憲宗實録》卷二七二　實授試監察御史劉洪、劉翔爲監察御史。

《國榷》卷四〇　癸酉，成山伯王鏞領神機營。

甲戌，巡撫保定左副都御史李敏總督漕運，兼巡撫鳳陽。

禁私閹。

〔十二月〕庚辰，撫治鄖陽右副都御史劉璋改巡撫四川。

《憲宗實録》卷二七三　壬午，太監韋泰傳奉聖旨，分守西寧衛都指揮使王義陞都督僉事，協守寧夏西路都指揮使吴玉充甘肅遊擊將軍。

《國榷》卷四〇　□軍右都督馮宗卒。

癸未，傳陞太常寺卿丁永中、鴻臚寺卿賈斌俱禮部左侍郎，仍署寺事。

廣西左布政使何(鑑)〔經〕爲右副都御史，撫治鄖陽。

甲申，手敕改太子太保禮部尚書劉吉爲户部尚書，兼謹身殿大學士。

《明通鑑》卷三五　以彭華爲吏部左侍郎兼翰林學士，入内閣預機務。

《憲宗實録》卷二七三　凡土官嫡庶每三年一上其籍，承襲之際，三司官會勘，不得過三月。

乙酉，命工部侍郎杜謙、工科給事中吴道寧、監察御史鄧庠往勘大同等處修邊之費。

禮部請度僧道行童二萬九千九百六十名。上命以十二月初十日爲始，有所在官司文憑者度之，餘毋濫給。

己丑，命降迤西降夷職。

庚寅，命安遠侯柳景佩征蠻將軍印，充總兵官，鎮守兩廣。

甲午，皇第十子生，母曰端妃潘氏。

《明史》卷一四《憲宗紀二》　振南畿饑。

《憲宗實録》卷二七三　乙未，以旱災，免常州府所屬武進等五縣秋糧十七萬二千一百餘石，草十六萬九千四百餘包。

己亥，以旱災，免蘇州府衛秋糧子粒共十五萬二千九百八十餘石。

以水災，免順天府薊州、遵化等六州縣并薊州等六衛米糧一萬六千六百四十餘石，草十三萬二千五十餘束，綿花二百十斤，從監察御史吴哲請也。

《國榷》卷四〇　辛丑，進南京兵部尚書王恕太子少保。

《憲宗實録》卷二七三　壬寅，許於廣西出榜募人輸粟。
《國榷》卷四〇　壬寅，免平陽、澤、潞等秋糧九十五萬三千二百五十餘石。
甲辰，命巡撫南畿右副都御史李嗣糶松江餘米九萬石，〔以平米價〕。
《明通鑑》卷三五　是冬，小王子犯蘭州、莊浪、鎮番、涼州。

成化二二年（丙午、一四八六）

《憲宗實録》卷二七四　〔正月〕癸丑，命遼東至甘肅沿邊并腹裡各布政司及鄖陽等處巡撫、撫治、都御史俱免赴京議事。
《明史》卷一四《憲宗紀二》　己未，大祀天地於南郊。
《國榷》卷四〇　乙丑，敕河南按察僉事傅希説兼理鳳陽等處，賑饑。
《明通鑑》卷三五　免河南被災秋糧。
《憲宗實録》卷二七四　丁卯，改南京太僕寺少卿李温于太僕寺。
《國榷》卷四〇　罷修沙河橋。
戊辰，左春坊左庶子劉健爲少詹事。
《憲宗實録》卷二七四　己巳，以旱災，免直隸寧山衛去年秋糧子粒共九千八百餘石。
庚午，以水災，免大寧營州右屯衛子粒一千八百餘石。
甲戌，陞刑部署郎中事員外郎柳應辰爲四川按察司副使，整飭松潘等處兵備；監察御史熊翀爲山西按察司副使；復除江西按察司副使王錦于四川；陞湖廣布政司右參議韓文爲左參議。
《明通鑑》卷三五　是月，寇犯臨洮。
《國榷》卷四〇　〔二月〕庚辰，太子太傅保國公朱永以蜚語言其不軌，因乞免。不允。
免大名、真定、順德、廣平、保定去年夏麥九萬八千三百餘石，武昌等秋糧五十四萬八千餘石。
辛巳，雲南嶍峨民作亂，平之。
《憲宗實録》卷二七五　壬午，減免直隸永平府去年秋糧米六千九百餘石，草九萬一千五百餘束，民壯屯地子粒豆四千三百餘石；及永平、盧龍、東勝、開平、興州、撫寧等六衛屯糧共一萬二千二百餘石，草一千九百餘束。
《國榷》卷四〇　癸未，賜各巡撫官敕，撫按軍民。
分守莊浪左參將都指揮使田廣爲都督僉事。
甲申，翰林修撰林瀚爲左春坊左諭德。
移備倭署都指揮同知郭鋐暫住通、泰、鹽城，捕鹽盜。
丙戌，進士王質、趙（鋐）〔竑〕、吕獻、夏昂爲給事中。
《憲宗實録》卷二七五　戊子，運銀五萬兩于大同，以給邊儲。
以災傷，免萬全都司宣府等衛去年子粒五千五十石，草萬一千一百餘束。
《國榷》卷四〇　己丑，陳輔嗣寧陽侯。
《憲宗實録》卷二七五　辛卯，減免通州、興州、定遠、遵化、武成府軍、永清等衛，梁城、寬河二千户所去年屯田子粒共四千三百七十石有奇。
免直隸潼關衛去年秋糧子粒七千一百餘石，蒲州守禦千户所去年秋糧子粒一千六百八十餘石，俱以災旱故也。
《國榷》卷四〇　癸巳，晉府寧河王美埕薨。年五十九，謚康僖。
甲午，罷余子俊，奪太子太保。
丙申，移開封米十二萬石于陝西，六萬二千石于河間，賑饑。
庚子，秦王公錫薨。年五十，謚曰惠。
辛丑，兵部武選司吏樊忠、韓錫，大興民匠吴鑑、吴興皆通屬夷售廢敕，事發伏誅。
《憲宗實録》卷二七五　甲辰，勑廣西按察司僉事李轍專居贛州，提督捕盜。
《國榷》卷四〇　乙巳，敕巡撫山西左僉都御史葉淇巡撫大同；右僉都御史左鈺巡撫山西；協守甘肅左副總兵署都督同知（□□）〔魯鑑〕爲靖虜副將軍總兵官，鎮守延綏；分守西寧都督僉事王義爲左副總兵，協守甘肅。
是月，貴州苗賊萬餘作亂。
〔三月〕戊申，傳陞肅州右參將署都指揮僉事李俊、涼州右副總兵都指揮使劉晟俱都督僉事，仍分守。
《憲宗實録》卷二七六　辛亥，發内庫鈔十五萬貫、銅錢三十萬文市祭祀果品。
《國榷》卷四〇　壬子，曲阜知縣孔燮有政績，加兖州府通判。不爲例。
癸丑，傳陞錦衣衛朱驥都指揮使。
鎮守代州右副總兵都督僉事周璽加總兵官。

庚申，免撫寧縣災租。

《憲宗實録》卷二七六　免萬全等衛城堡旗軍成化二十二年扒摟草八十八萬餘束，從巡撫副都御史李岳請也。

癸亥，授朵顔衛頭目滿剳孩爲百户，脱脱孛羅爲所鎮撫。

《國榷》卷四〇　癸亥，陝西寧州知州臧世清盜賑糧三千餘石。追入之，戍邊。

甲子，南京禮部左侍郎尹直改兵部，通政使何琮爲兵部右侍郎。

壬申，許琉球入監貢生蔡賓等五人還國。

《憲宗實録》卷二七六　壬申，户部臣奏：「遼東各衛成化二十年、二十一年煎辦鹽課先已奏准召商納糧支給，【略】乞借前項鹽中納穀草，或上銀官為買草，以防不測之用。」上准暫借一年。

《國榷》卷四〇　是月，虜屢犯大同。

《明通鑑》卷三五　夏四月戊寅，録囚。

《國榷》卷四〇　庚辰，傳陞太僕寺卿朱奎爲大理寺卿，太常寺少卿任道遜爲寺卿。

辛巳，琉球入貢。

禮部給僧道牒十一萬人，餘止之。

《昭代典則》卷二一　〔壬午〕，封金、玉二闕真君爲上帝，遣大學士萬安于靈濟宮致祭。

《國榷》卷四〇　金州知州鄭福九（戴）〔載〕秩滿，民奏留之，加〔從〕四品服俸。

《憲宗實録》卷二七七　丁亥，太常寺奏：「靈濟宮金、玉二闕真君祭祀舊例正旦、冬至、萬壽三節并真君生辰俱用素羞，近加封爲上帝，宜用牲醴。」上曰：「今後遇朕誕辰用太牢致祭，其餘如舊。」

《明通鑑》卷三五　〔庚寅〕，奪尹旻太子太傅，授太子少保。

《國榷》卷四〇　壬辰，汾川王賁鯮進封肅王。

癸巳，都督僉事劉寵卒。

甲午，免鳳陽去年秋租六十六萬三千七百餘石。

《明史》卷一四《憲宗紀二》　乙未，清畿内勳戚莊田。

《國榷》卷四〇　戊戌，命鎮守貴州太監張成、總兵官都督僉事吳經、右參將都督僉事彭倫等調兵討清平、都勻苗賊。

《憲宗實録》卷二七八　〔五月〕丁未，兵部尚書馬文升等言：「故事，各邊軍馬數目，地方圖本三年一造册奏報，恐其間消長參差，卒然有警，難以調度。宜自今改議，地方稍遠者歲一報，而邊方多事之地歲再報。奏報之法，不須造册具名，第以章奏，具書見兵幾何，其中騎幾何、步幾何，任戰者幾何、常操者幾何、冬操夏屯者幾何、有故者幾何。其歲再報者，期以夏冬之季至部；一報者，期以冬季至部。有後期及數目不明者，奏請處治。其三年造册畫圖則宜如舊，兼行之。」上曰：「可。」

《國榷》卷四〇　戊午，刑部右侍郎侶鍾憂去。

辛酉，傳陞通政使蔣宗武爲禮部左侍郎，太醫院使任儀、胡廷寅、張倫俱右通政。

《憲宗實録》卷二七八　癸亥，降樂陵王長子當菏、鎮國將軍當淠爲庶人。

乙丑，大同左副總兵劉寧乞以京衛指揮僉事劉澄自隨。兵部言不可從，且請令今後各處副總兵有所奏請，必須署以協同鎮守名目，不許與總兵官混稱鎮守，其奏帶之人僅視分守將領給以三人。又鎮守以下官自京師往者方聽奏帶京衛頭目。著爲例。報「可」。

《皇明大政紀》卷一六　〔乙丑〕，翰林侍講尹龍除名，并革其父旻太子太傅，以尚書致仕。

《憲宗實録》卷二七八　戊辰，詔以宣府團種糧仍給邊軍買馬。

己巳，運京庫銀六萬兩於陝西，以給軍需。

《國榷》卷四〇　六月甲戌朔，故宫人楊氏贈恭僖夫人，賜祭葬。

《明通鑑》卷三五　乙亥，敕羣臣修舉職業。

《憲宗實録》卷二七九　命南直隸有收府縣運糧十萬石於鳳陽等衛所給官軍，時巡撫左副都御史李敏奏倉糧缺乏故也。

《國榷》卷四〇　瀧水縣盜起，命總督兩廣右都御史宋旻撫捕之。

《憲宗實録》卷二七九　戊寅，以旱災，免直隸新安衛子粒四千二百九十餘石。

癸未，右都督范瑾自甘肅被召還，命管中府事。

《國榷》卷四〇　乙酉，申王府婚姻禁例。

免應天、寧國、徽、池、安慶去年秋糧三十萬八千八百餘石。

誅潞城知縣王濬。

丙戌，免陝西災租八十五萬三千(三)〔二〕百餘石。

武靖侯趙輔卒。追封容國公，謚恭肅。

丁亥，巡按浙江監察御史劉魁被訐下獄，降黄梅縣丞。

《憲宗實録》卷二七九　己丑，【略】工部議以山西地方災傷大約十有四五，宜將成化二十年以前所欠夫價量爲再減一半，其餘移文布政司行令正官覈實，災輕州縣驗里分派，以濟供應。從之。

《國榷》卷四〇　辛卯，光禄寺少卿胡恭爲寺卿。

廢充城王膺錕爲庶人。

壬辰，守廣東珠池都知監左監丞党鈿提督廣州、潮州。

《明史》卷一四《憲宗紀二》　甲午，諭法司慎刑。

《憲宗實録》卷二七九　丙申，以旱災，免直隸太平府并建陽衛秋糧一萬四千四百餘石。

《國榷》卷四〇　己亥，寧河康僖王宫人王氏、楊氏、張氏、段氏俱自經殉王，贈夫人。

南京太常寺奉祀朱昂有罪除名。昂世守泗州皇陵。

《明通鑑》卷三五　〔庚子〕，户部尚書殷謙致仕。

《國榷》卷四〇　辛丑，吏科給事中潘洪秩滿，吏部擬都給事中，特令外補邵武知府。

《憲宗實録》卷二七九　癸卯，户部奏擬陝西、甘肅開中鹽課。

《憲宗實録》卷二八〇　〔七月〕乙巳，命都督莊鑑會廣寧伯劉璇閲霸州牧放馬軍，從保國公朱永等言也。

《國榷》卷四〇　庚戌，寧府石城王奠堵薨。年六十，謚恭靖。

工部右侍郎談倫故善尹龍而不及罪，至是廠校發其侵没官帑，除名。

壬子，太常寺帶俸少卿劉淳以通尹氏降柳州知府。

癸丑，募人納芻粟于蘭州，給餉。

丙辰，右春坊右庶子汪諧、左春坊左諭德程敏政主試應天。

鑄各門照出大小銅關防三十七枚。

《憲宗實録》卷二八〇　己未，詔以雲南黑白、安寧五提舉司鹽課三萬四千一百餘引召商中納，以備兵荒之需，其則例每引銀四錢五分。

《國榷》卷四〇　辛酉，增設陝西寧羌州，轄略陽、沔二縣。

《憲宗實録》卷二八〇　改寧羌衛儒學爲州學。

《國榷》卷四〇　前少保吏部尚書兼謹身殿大學士商輅卒。【略】贈太傅，謚文毅。

壬戌，守備鎮夷甘州右衛指揮蘇洪追虜敗没。

增吉安府推官、理刑。

丁卯，太僕寺卿潘禮管易州山廠。

戊辰，廣西猺賊自正月以來累掠慶遠，殺千户二人。

庚午，降給事中張雄烏蒙府經歷、劉昂姚州判官、劉清石阡府經歷。

壬申，翰林侍講學士焦芳降桂陽州同知，坐爲指揮張旺草奏也。

《明史》卷一四《憲宗紀二》　小王子犯甘州，指揮姚英等戰死。

《國榷》卷四〇　八月癸酉朔，巡撫江西右僉都御史閔珪降廣西按察使。

《憲宗實録》卷二八一　閒住興寧伯李震卒。

《國榷》卷四〇　甲戌，禁太岳太和山樵蘇，并復民間侵地。

戊寅，巡撫陝西右副都御史鄭時【略】降貴州布政司左參政。

《憲宗實録》卷二八一　命運銀六萬兩於遼東，仍開中淮、浙、長蘆、山東、廣東鹽五十萬引。

《國榷》卷四〇　太常寺卿顧玒請妻祭葬。特予之。

《憲宗實録》卷二八一　己卯，命翰林院侍講學士李東陽、左春坊左諭德兼司經局校書傅瀚為順天府鄉試考試官。

《國榷》卷四〇　壬午，監察御史周洪坐薦潞城知縣王濬，降四川永寧宣撫司經歷。

癸未，順天府丞董傑降肇慶府同知。

甲申，户部(左)〔右〕侍郎秦紘降廣西右參政，御史劉璧降鶴慶軍民府同知，高輔降福建鹽運司同知，大理寺丞劉瓛降連州知州，禮部員外郎楊棨調漳州通判，刑部員外郎袁弼調寧州(同知)〔知州〕，御史于璧降遼州判官，張鼒(彬)〔郴〕州判官。俱山東人，謂黨尹氏也。

《憲宗實録》卷二八一　乙酉，陞太僕寺少卿吴原爲本寺卿。

丙戌，追封故武靖侯趙輔爲容國公，謚恭肅。

《國榷》卷四〇　署欽天監事禮部右侍郎康永韶以進曆訛字劾免。

戊子，以九江船鈔三分之二給荆王。半年復已之。

《憲宗實録》卷二八一　巡撫山西右僉都御史葉淇奏：「大同城北畝可歲徵黄米一石，折銀三錢；平虜等處畝可歲徵糧一石，折銀二錢。其大同等衛所欲買補馬四千六十餘匹，得銀八萬餘兩，俱責令軍士償納，人情可矜，宜以前所折銀買補爲便。」户部覆奏，從之。

《國榷》卷四〇　己丑，吏部左侍郎耿裕爲尚書。

甲午，廣西按察使孔鏞爲左布政使。

丙申，漕運參將署都指揮僉事都勝爲署都指揮使，充總兵官，提督漕運，仍鎮守淮安。

戊戌，遣監察御史鄧庠、兵部員外郎費瑄勘貴州邊事。

《憲宗實録》卷二八一　己亥，命揚州總督備倭署都指揮同知郭鋐充參將，協同漕運。

《明通鑑》卷三五　改工部尚書劉昭于户部，以李裕爲工部尚書代昭。

《國榷》卷四〇　巡撫蘇松右副都御史李嗣爲户部右侍郎，巡撫雲南左副都御史程宗爲刑部右侍郎，貴州左布政使章律爲右副都御史，巡撫雲南。

監察御史汪舜民巡按陝西，奏獄失詳，降蒙化衛經歷。

《憲宗實録》卷二八一　免邳州、徐州並所屬縣去年夏税十萬四千二百餘石，邳州、徐州衛子粒八千七百餘石，以雨雹災也。

《國榷》卷四〇　庚子，免保定今年夏麥萬餘石。

《憲宗實録》卷二八一　辛丑，掌通政司事太子少保禮部尚書張文質九年秩滿，命復任。

《昭代典則》卷二一　九月癸卯朔，南京兵部左侍郎馬顯請老，内批南京太子少保兵部尚書王恕同致仕。

《憲宗實録》卷二八二　甲辰，命吏部尚書耿裕、工部尚書李裕經筵侍班。

陞江西左布政使王克復爲都察院右副都御史，巡撫蘇松等處。

兵部臣奏舉富峪衛帶俸署都指揮僉事沈貴等總督福建備倭。上以命貴，仍令今後推用武職照例於公舉將材内具開舉主職名，以憑稽核。

命府軍前衛帶俸都指揮使吳瓚總督揚州等處備倭。

《國榷》卷四〇　乙巳，免河南今年麥四十一萬九千九百餘石。

戊申，詔天下有司徵税毋取餘價。

《明通鑑》卷三五　逮廣東布政使陳選，道卒。

《國榷》卷四〇　庚戌，免廣州去年田租十一萬六百餘石。

《憲宗實録》卷二八二　宥致仕吏部尚書尹旻罪。

辛亥，隆平侯張祐坐其妻徐氏姦淫罷管都督府事。

《國榷》卷四〇　壬子，司經局洗馬羅璟調南京禮部員外郎。

《憲宗實録》卷二八二　命户部運銀一萬兩於薊州，折支官軍俸糧。

《國榷》卷四〇　復岷世子膺鉟理事。

《憲宗實録》卷二八二　勑福建按察司僉事楊峻專守汀州、上杭，兼管漳南道事，以其地隣江西、廣東，寇盜屢作。

《國榷》卷四〇　癸丑，免順德府今年麥六千三十餘石，絹九百餘匹。

甲寅，巡撫山西右僉都御史邊鏞回院。

《憲宗實録》卷二八二　兵部奏：「薊州、遼東、陝西、甘肅、寧夏、四川、雲南、貴州各邊夷人進貢馬匹存留給軍之數，歲令各總兵、巡撫官造册類報，以憑稽考。」從之。

乙卯，免潼關衛并蒲州守禦千户所今年夏税子粒八千九百餘石。

丙辰，以夏旱，免寧山衛子粒麥四千九百餘石。

運銀五萬兩於大同。

《皇明大政紀》卷一六　工部主事王純奏乞召還王恕以竟其用。上命杖之，降貴州思南府推官。

《國榷》卷四〇　丁巳，兵部尚書馬文升改南京。

《憲宗實録》卷二八二　己未，命工部左侍郎杜謙提督修理京、通二處倉廒。

《國榷》卷四〇　庚申，申定監生撥歷之制。

癸亥，減諸司辦事半年。

乙丑，重建洪恩靈濟宫成。

《明通鑑》卷三五　遣刑部侍郎何喬新往四川，勘播州土司之獄也。

《明史》卷一四《憲宗紀二》　丁卯，兵部左侍郎尹直爲户部侍郎兼翰林學士，入閣預機務。

《明通鑑》卷三五　改都御史屠滽于南京，召劉敷代之。

《國榷》卷四〇　禮部郎中高敞爲順天府丞。兵部郎中王禄爲太僕寺少卿。

《憲宗實録》卷二八二　改太僕寺寺丞李景繁爲工部主事。

己巳，哈密都督罕慎遣使臣火者阿里麻等來朝，貢方物。

《國榷》卷四〇　〔十月〕乙亥，杖御史楊澄、李〔混〕〔琨〕于朝，以失糾儀也。

《明通鑑》卷三五　乙亥，録囚。

《國榷》卷四〇　丁丑，吏部右侍郎黎淳調南京。奪尚書耿裕俸。

《明通鑑》卷三五　〔己卯〕，刑部尚書張鎣以憂去。

《國榷》卷四〇　巡撫山東右副都御史盛顒致仕。

《明通鑑》卷三五　〔庚寅〕，改耿裕爲南京禮部尚書，李裕代爲吏部尚書，謝一夔代裕爲工部尚書。

《國榷》卷四〇　改【略】禮部左侍郎徐溥于吏部，溥仍兼翰林學士。署大理寺事工部尚書杜銘爲刑部尚書。

《憲宗實録》卷二八三　左通政黄景禮部左侍郎；兵部右侍郎何琮本部左侍郎；南京太常寺卿劉宣吏部，翰林院學士倪岳禮部，巡撫延綏右僉都御史吕雯兵部，俱右侍郎；右僉都御史邊鏞左副都御史，右副都御史馮貫改大理寺卿。

《國榷》卷四〇　辛卯，英廟安妃楊氏薨。

宥刑部尚書張鎣罪，杖給事中李瓚、趙竑、吕獻于朝。

癸巳，申廣西守卒失班之禁。

丁酉，湖廣左布政使黄紱爲右副都御史，巡撫延綏。

中書舍人梁蔭本市民，進奉得官，夸尹旻之去實其力。上聞之，削籍。

《皇明大政紀》卷一六　復建大永昌寺。

《國榷》卷四〇　己亥，英國公張懋、保國公朱永俱進太傅兼太子太師，襄城侯李瑾、定西侯蔣琬、新寧伯譚〔祐〕〔佑〕、昌寧伯趙勝俱太保兼太子太傅。

《明通鑑》卷三五　内閣萬安晉少傅兼太子太師，劉吉晉少保兼太子太傅，彭華晉禮部尚書、太子少保，尹直晉兵部尚書、太子少保。

《國榷》卷四〇　禮部主事龍騰霄更名壽，仍諭京職奇名異字者併改之。

《憲宗實録》卷二八四　十一月壬寅朔，欽天監進成化二十三年大統曆。

乙巳，户部奏：「大同倉庫俱缺糧儲，【略】宜量摘江南折糧銀三萬兩，并兩淮存積、常股鹽各五萬引，兩浙存積三萬引、常股七萬引召商中納。」有旨：銀准送五萬兩，餘如議。

《國榷》卷四〇　丁未，袁輅嗣廣平侯。

河南左布政使吴節爲右副都御史，巡撫山東。

己酉，南京吏部尚書陳俊致仕，進太子少保，賜敕。

《憲宗實録》卷二八四　勑甘肅鎮守太監覃禮、總兵官東寧伯焦俊、巡撫副都御史唐瑜嚴督各該分守、守備等官嚴飭兵備，以防虜寇；仍勑陝西、寧夏、延綏各鎮守、總兵、巡撫等官整兵策應，以甘肅、哈密累報警急也。

《國榷》卷四〇　庚戌，命僧道官仍考試入選。

辛亥，南京太僕寺少卿林鳳終養，特改太僕寺。

《憲宗實録》卷二八四　運江南折糧銀四萬兩于宣府，以給邊需。

《明史》卷一四《憲宗紀二》　癸丑，占城爲安南所侵，王子古來來奔。

《憲宗實録》卷二八四　兵部奏申明推舉將才之令，請令南、北二京暨巡撫、巡按、布按二司官各舉一二員以備擢用。從之。

《國榷》卷四〇　甲寅，沈坊嗣修武伯。

乙卯，行人王勉降四川酉陽宣撫司經歷。

修顔子廟。

丙辰，以覈餉大同各關多侵盜，至三十餘萬，遂停巡撫山西大同都御史左鈺、葉淇俸各三月；下户部郎中張倫，〔山西〕參政劉忠，參議〔梁之〕〔楚〕麟，副使雍泰、徐諫，僉事馬隆、徐輝等獄。

《憲宗實録》卷二八四　丁巳，擢太常寺博士李振綱，行人司行人茆欽、朱悌，知縣劉纓、李瀚、張濬、張泰、張璉、王表、王瑭、徐禮、譚肅、張昶爲試監察御史。悌、表、瑭、禮、肅、昶俱南京。

庚申，賜朝鮮國王成化二十三年大統曆。

〔己〕〔乙〕丑，以旱災，免直隸保定府一州七縣糧二千八百三十餘石。

治甘肅失機罪，太監覃禮戴罪殺賊，總兵官東寧伯焦俊調寧夏，以寧夏總兵官都督周玉代之，俊與都御史唐瑜各停俸半年。

《國榷》卷四〇　丙寅，更定會試取士，南數五十三人，北數三十三人，中數十四人。

丁卯，左通政李孜省爲通政使，陳政爲左通政，元守直、張璞爲右通政，田景賢、陳琬爲左參議。

《憲宗實録》卷二八四　戊辰，陞監察御史宋經爲大理寺右寺丞，光禄寺寺丞賀思聰爲本寺少卿。

《國榷》卷四〇　己巳，始命錦衣官一人守登聞鼓。先有婦訴冤自刎者。

傳陞左通政施欽爲通政使。

免淮安、鳳陽、徐、和麥四十三萬六千二百二十餘石。

《憲宗實録》卷二八四　辛未，降監察御史張淮爲四川雅州判官。

停巡撫寧夏都御史崔讓俸三月，下陝西僉〔事〕余金等于獄。

《國榷》卷四〇　〔十二月〕癸酉，太子少保户部尚書劉昭被劾，革太子少保，致仕。

甲戌，復趙府羣牧所官軍。

丙子，陳信嗣平鄉伯。

《憲宗實録》卷二八五　戊寅，以旱災，免江西吉安等三府并贛州等七衛所秋糧子粒共三十一萬九千四十餘石。

《國榷》卷四〇　甲申，傳降横州知州敖毓元爲(河)〔臨〕西縣丞。

《憲宗實録》卷二八五　乙酉，命故武靖侯趙輔子承慶襲伯爵。

丙戌，以水災，免廣西梧州等三府、蒼梧等七州縣夏秋税糧二萬三千五百餘石。

《國榷》卷四〇　丁亥，刑部右侍郎侶鍾降曲靖知府，太僕寺卿張海降鶴慶知府，俱坐尹氏黨，又憂去以漕船載其母柩也。

《憲宗實録》卷二八五　命雲南左衛指揮同知馬鉉提督屯田，以都指揮體統行事，從兵部奏請也。

《國榷》卷四〇　戊子，免順德府秋租萬八千七百三十餘石。

己丑，南京大理寺卿宋欽致仕。

庚寅，免廣平府秋租萬四千九百三十餘石。

辛卯，免順天麥七千九百餘石。

癸巳，韓府樂平王冲焂薨。年八十二，謚定肅。

乙未，敕吏部嚴課大計。

命廣東分巡海南道滿歲回司。

《憲宗實録》卷二八五　戊戌，給正一嗣教真人張玄慶度牒三百。

己亥，兵部具每月考驗武學幼官武生答策中箭名第以聞，有旨一次策文理可觀又馬步俱中箭者賞鈔百貫，策可觀而馬步止中三箭者半之，教射者八十貫。

《國榷》卷四〇　辛丑，翰林侍講學士李東陽憂去。

成化二三年(丁未、一四八七)

《憲宗實録》卷二八六　〔正月〕丁未，授國子監生張巒爲鴻臚寺卿。

《明史》卷一四《憲宗紀二》　庚戌，大祀天地於南郊。

《國榷》卷四〇　辛亥，皇十一子祐楷生。母恭妃楊氏。

《皇明資治通紀》卷二〇　〔辛亥〕，萬貴妃卒，葬天壽山。

《國榷》卷四〇　皇五女薨。賜號長泰公主。

庚申，監察御史(陸完)〔陳寬〕等劾太子少保禮部尚書張文質、户部左侍郎孫仁、南京工部尚書胡拱辰、【略】貴州右副都御史謝昺、湖廣右副都御史馬馴俱衰懦，工部(右)〔左〕侍郎杜謙、巡撫宣府右副都御史李岳【略】俱奔競，【略】户部尚書李衍褊酷，【略】俱宜免。上曰：「【略】俱令致仕。」

辛酉，命南京右都御史屠滽諭占城國王古來于廣東。

《憲宗實録》卷二八六　壬戌，行皇太子納采問名禮。

《皇明大政紀》卷一六　〔癸亥〕，調應天府丞楊守隨爲廣西南寧知府。

《憲宗實録》卷二八六　乙丑，賜故武靖侯趙輔追封容國公，謚恭肅誥命。

《國榷》卷四〇　免真定去年麥萬三千八百七十餘石。

虜三萬騎將窺莊浪，告急。命京營指揮使顔玉赴邊。

戊辰，巡撫鳳陽左副都御史李敏爲户部尚書。

《明通鑑》卷三五　召余子俊復爲兵部尚書。

《國榷》卷四〇　南京吏部右侍郎王與爲户部左侍郎，工部右侍郎賈俊爲左侍郎，南京右副都御史白昂爲南京兵部左侍郎，左通政陳政爲工部右侍郎，右通政黄孔昭爲南京工部右侍郎。

《憲宗實録》卷二八六　陞陝西左布政使吴檟、廣西左布政使孔鏞、雲南左布政使羅明、廣西右布政使劉城、大理寺右少卿張錦俱爲都察院右副都御史，【略】山西左布政使李益爲南京都察院右副都御史，總督南京糧儲。

《國榷》卷四〇　己巳，免陝西去年麥五十六萬三千一百五十餘石。

庚午，翰林編修楊守阯爲南京翰林侍讀。

免湖廣去年秋租九十一萬九千三百餘石。

《憲宗實録》卷二八七　二月辛未朔，行皇太子納徵、告期、册封禮。

癸酉，陞四川右布政使周鼒爲都察院右副都御史，總督漕運，巡撫鳳陽。

甲戌，杖監察御史歐陽復於朝。

《國榷》卷四〇　免鎮江前年災租十一萬一千六百七十餘石。

丙子，皇太子婚。

丁丑，太子少保兵部尚書兼翰林學士尹直、右春坊右諭德吴寬主禮闈。

己卯，許試録犯御諱下一字者不問。

庚辰，傳加通政使李孜省禮部左侍郎。

工部奏直沽新河例三年一濬，宜行巡撫都御史李田役卒六千人，仍給口糧。從之。

壬午，致仕巡撫湖廣左副都御史劉敷召至，爲右都御史。

癸未，太僕寺卿吴原爲户部右侍郎，提督倉場。

《憲宗實録》卷二八七　以雹災，免萬全都司屬衛去年子粒二萬三千七百三十餘石，草四萬四千一百四十餘束。

《國榷》卷四〇　甲申，遼東游擊將軍羅雄充右參將，分守錦、義二城。

《明史》卷一四《憲宗紀二》　乙酉，副都御史邊鏞、通政司參議田景賢巡視大同諸邊。

《國榷》卷四〇　丁亥，吏部郎中曾鑑爲右通政，提督謄黄。

《憲宗實録》卷二八七　貴州按察司僉事尹仁謫充遼東廣寧衛軍。

《國榷》卷四〇　己丑，唐府真寧王邃埈薨。年四十七，謚康簡。

《憲宗實録》卷二八七　辛卯，旌表直隸桐城縣陶氏四節之門。

丙申，調山西按察司僉事王璿代副使毛松齡整飭鴈門等關兵備。

《國榷》卷四〇　戊戌，江西流賊萬餘人入廣昌縣。

己亥，傳召江西省祭官楊立，授中書舍人，直文華殿。

〔三月〕丙午，葬貴妃萬氏。

《明通鑑》卷三五　丁未，彭華得風疾，致仕去。

《憲宗實録》卷二八八　戊申，命兵部尚書兼翰林院學士尹直兼經筵官，禮部侍郎倪岳仍兼講官。

己酉，監察御史王傳下獄。

《國榷》卷四〇　乙卯，策貢士程楷等三百四十九人于奉天殿。

《明通鑑》卷三五　丁巳，賜費宏等進士及第、出身有差。

《國榷》卷四〇　壬戌，翰林編修敖山、檢討鄭紀爲江西、浙江按察副使。

《明史》卷一四《憲宗紀二》　癸亥，免山東被災税糧。

《國榷》卷四〇　山西都指揮使李澄爲署都督僉事。

《憲宗實録》卷二八八　丁卯，授第一甲進士費宏爲翰林院修撰，劉春、涂瑞編修。

《國榷》卷四〇　丁卯，進士程楷、蔣冕、屈伸、（遠）〔袁〕達、黄穆、傅珪、萬弘璧、倪阜、華巒、吴儼、李漢、仲棐、羅玘、蘇葵、鄭（昭）〔炤〕、歐陽鵬、伍符、翁健之、李遜學、鄒智、石珤、李充嗣、唐希介、蔡杲、毛紀、劉丙、任儀、（嚴）〔閻〕价、楊廉、潘楷選翰林院庶吉士，右春坊右庶子汪諧、左春坊左諭德兼翰林院檢討傅瀚教習。

〔四月〕辛未，太監鄭强、平江伯陳鋭、兵部左侍郎白昂修孝陵皇陵。

《憲宗實録》卷二八九　癸酉，陞户部郎中陶壐爲河間長蘆都轉運鹽使司運使、南京户部郎中晏輅兩浙都轉運鹽使司運使。

《皇明資治通紀》卷二〇　〔癸酉〕，禮部致仕侍郎楊宣下獄。

《國榷》卷四〇　甲戌，故大學士楊榮曾孫昂乞入監，特許之。

瓦剌養罕王將入寇，以哈密罕慎報我，憾之，掠其剌木城；又與阿力古多合謀犯甘肅，且欲姻罕慎，罕慎不從。巡撫唐瑜謂哈密力不支則將及赤斤、罕東，宜假罕慎以名，使固臣節，拯䘏赤斤苦峪。上從之，賑赤斤餘民米千石。

《明史》卷一四《憲宗紀二》　乙亥，免浙江被災秋糧。

《國榷》卷四〇　復開浦城縣銀冶。

《憲宗實録》卷二八九　丙子，遣官齎太倉銀五萬兩于陜西，以備邊儲。

丁丑，詔南京運糧軍餘月糧仍給一石。

《明通鑑》卷三五　庚辰，録囚。

《憲宗實録》卷二八九　癸未，陞太僕寺卿潘禮爲工部左侍郎，仍管易州山廠柴炭。

《明通鑑》卷三五　丙戌，上周太后徽號曰「聖慈仁壽皇太后」。

《國榷》卷四〇　戊子，〔以〕上皇太后聖慈仁壽徽號，詔天下。

《憲宗實録》卷二八九　辛卯，左府都督同知袁彬乞致仕。許之，命其子勳襲爲錦衣衛都指揮僉事。

《國榷》卷四〇　指揮使顔玉還自甘肅，【略】上備邊六事。從之。

《憲宗實録》卷二八九　壬辰，上諭文武羣臣曰：「今天時亢旱，朕甚憂惶，虔心祈禱，自二十五日爲始致齋三日，其各加祗慎，毋或怠遑。」

《國榷》卷四〇　翰林編修劉戩爲侍講。

《憲宗實録》卷二八九　丁酉，運太倉銀五萬兩于宣府，以備邊儲。

《憲宗實録》卷二九〇　〔五月〕癸卯，給英國公張懋太傅兼太子太師誥命。

《國榷》卷四〇　丁未，河南左布政使李昂爲右副都御史，巡撫（河南）〔江西〕。時多盜。

《憲宗實録》卷二九〇　庚戌，給襄城侯李瑾、新寧伯譚祐太保兼太子太傅誥命。

《國榷》卷四〇　錦衣衛正千户徐安爲指揮僉事。

《憲宗實録》卷二九〇　辛亥，以旱災，免陝西鎮番衛去年秋糧一萬二千五百六十餘石，草二十萬束。

《明史》卷一四《憲宗紀二》　乙卯，旱，遣使分禱天下山川。

《明通鑑》卷三五　丙辰，敕羣臣修省。

《憲宗實録》卷二九〇　賜養病太子少保禮部尚書兼翰林院學士彭華誥命。

給太子少保兵部尚書兼翰林院學士尹直等二十三員誥命。

陞太僕寺少卿李温爲本寺卿，大理寺右寺丞李介本寺右少卿。

鴻臚寺左少卿張俊奏乞歸省，許之。

《昭代典則》卷二一　改紹興知府袁清于鄖陽府。

《國榷》卷四〇　戊午，工部尚書謝一夔卒。

《憲宗實録》卷二九〇　辛酉，陞監察御史楊澄爲大理寺右寺丞，右通政元守直、張璞俱左通政，左參議陳琬右通政。

壬戌，調監察御史吴珍爲江西永新縣知縣。

《國榷》卷四〇　甲子，大同總兵官都督同知王璽修邊三萬九千二百三十二丈成。

《憲宗實録》卷二九〇　丙寅，禮部上五皇子冠日及冠儀。

擢行人林瑭、張禎、張文，推官余疇，知縣馬良玉、歐陽旦、吴裕、馮玘、張鸞、李澄、汪律、陳振、李文、吴秀、蔣勛、李厚、徐憲爲各道試監察御史；推官孫紘，知縣周洪、余濬、李端、姜綰爲南京各道試監察御史。

《國榷》卷四〇　六月己巳朔，免陝西屯租十八萬六千四百八十餘石。

命巡撫遼東右副都御史劉潺備糧芻賜朵顔等三衛。

《憲宗實録》卷二九一　庚午，詔湖廣均州鹽鈔、農桑、絲絹并皮張、魚油、翎鰾折銀悉留修理大嶽太和山宫觀，從提督太監潘記請也。

癸酉，陞南京吏部右侍郎黎淳爲本部左侍郎。

《國榷》卷四〇　甲戌，釋故廣寧伯吴琮。

丙子，逐私閹三千餘人。

《憲宗實録》卷二九一　丁丑，給太傅兼太子太師保國公朱永世襲公爵誥券。

《國榷》卷四〇　己卯，左軍都督僉事李英卒。

庚辰，定武職隱匿舍餘〔立功〕久近之法。

《憲宗實録》卷二九一　癸未，以旱災，免南京留守左等三十二衛屯糧共五萬二千八百三十餘石。

乙酉，命各王妃贍養米有子受封者即罷給。

己丑，以水旱災，免直隸鳳陽等府所屬、徐州等州縣、武平等衛所共糧三十七萬八千九百七十餘石，草六十五萬九千四十餘束。

增設四川重安長官司重安倉。

《國榷》卷四〇　除真人胡守信軍籍。

《憲宗實録》卷二九一　甲午，賜太傅兼太子太師保國公朱永世襲誥券。

《國榷》卷四〇　乙未，青田縣葉珠四歲能書，求入國子監。許之。

《憲宗實録》卷二九一　丙申，陞寧夏副總兵錦衣衛署都指揮僉事劉文爲署都指揮同知。

《國榷》卷四〇　〔七月〕庚子，翰林編修劉震爲侍講。

辛丑，瑞安張天保七歲能書，舉入京，于禮部習字。

乙巳，兵部尚書余子俊入京，復太子太保。

都指揮使朱遠有罪免官。

《明史》卷一四《憲宗紀二》　戊申，封皇子祐杬爲興王，祐棆岐王，祐檳益王，祐樿衡王，祐橒雍王。

《國榷》卷四〇　己酉，岷世子膺鉦嗣岷王。

《憲宗實録》卷二九二　癸丑，致仕右副都御史謝杲奏請初考誥命。【略】上命與之，且諭吏部今後誥勑須以奏允歲月填寫，免致前後牴牾。

《國榷》卷四〇　免綏德衛屯租。

乙卯，太保兼太子太傅昌寧伯趙勝卒。【略】贈昌寧侯，謚壯敏。

戊午，遣刑部官三人論囚兩畿、（江西）〔浙江〕。

《昭代典則》卷二一　〔己未〕，進内閣萬安少師。

《國榷》卷四〇　庚申，暹羅入貢。

故監察御史贈大理寺丞鍾同謚恭愍。

《憲宗實録》卷二九二　辛酉，詔京城九門復種苜蓿地。

《國榷》卷四〇　癸亥，起復兵部右侍郎萬翼爲南京禮部左侍郎。

甲子，進宸妃邵氏爲貴妃，張氏德妃，郭氏惠妃，章氏麗妃，姚氏安妃，王氏敬妃，唐氏榮妃，楊氏恭妃，潘氏端妃，岳氏静妃。

丙寅，右僉都御史張悦爲工部右侍郎。

丁卯，故南京禮部左侍郎章綸贈尚書，謚恭毅。

《國榷》卷四〇　八月戊辰朔，襄城侯李瑾偕朱永提督十二營。

《憲宗實録》卷二九三　甲戌，遣官齎京庫銀四萬兩于寧夏、甘肅，以備邊儲。

己卯，命工部左侍郎陳政提督修理京師及通州倉廒。

《國榷》卷四〇　己卯，定西侯蔣琬卒。【略】追封涼國公，謚敏毅。

《明通鑑》卷三五　庚辰，上不豫。

壬午，究治天下諸司僞吏。

《明史》卷一四《憲宗紀二》　甲申，皇太子攝事於文華殿。

《皇明大政紀》卷一六　戊子，上大漸，召皇（太）子受遺命。

己丑，上崩，壽四十一，遺詔諭文武群臣。

《孝宗實録》卷一　以大行皇帝賓天告于奉先殿。

頒遺詔於天下。

報訃音於宗室諸王。

嚴京城守衛。

命禮部定大喪禮儀注。

庚寅，禮部進大行皇帝喪禮儀注。

《憲宗實録》卷二九三　辛卯，大斂。

壬辰，成服。

《孝宗實録》卷一　甲午，文武百官軍民耆老人等奉箋勸進。

《國榷》卷四一　禮部右侍郎倪岳等卜山陵。

《孝宗實録》卷一　乙未，文武百官軍民耆老人等再奉箋勸進。

丙申，文武百官耆老人等三奉箋勸進。

明孝宗部(起公元一四八七年，迄公元一五〇五年)

《明史》卷一五《孝宗紀》 孝宗建天明道誠純中正聖文神武至仁大德敬皇帝，諱祐樘，憲宗第三子也。母淑妃紀氏，成化六年七月生帝於西宮。時萬貴妃專寵，宮中莫敢言。悼恭太子薨後，憲宗始知之，育周太后宮中。十一年，敕禮部命名，大學士商輅等因以建儲請。是年六月，淑妃暴薨，帝年六歲，哀慕如成人。十一月，立爲皇太子。

成化二三年(丁未、一四八七)

《明通鑑》卷三五 〔九月〕壬寅，太子即皇帝位。詔赦天下，以明年爲弘治元年。

《國榷》卷四一 丙午，工部以甫詔寬恤，喪儀物料不便取民，乞如天順八年例，發内府見儲。從之。

《明史》卷一五《孝宗紀》 丁未，斥諸佞倖侍郎李孜省、太監梁芳、外戚萬喜及其黨，謫戍有差。

《國榷》卷四一 戊申，上御西角門視事。

《孝宗實録》卷二 以即位，貽書宗室親王，賜白金、文綺、鈔錠。

《國榷》卷四一 吏科給事中王質等上四事：斥異端、罷進獻、汰冗官、禮大臣。上以異端、冗官、進獻已議之，召見文武大臣，朕自處置，其衰老許自陳。

庚戌，安南國王黎灝入貢。以大喪免引奏，宴使臣徹樂。

《孝宗實録》卷二 暹羅【略】入貢謝恩。

《國榷》卷四一 辛亥，作茂陵。

壬子，南京户部尚書潘榮致仕。

《孝宗實録》卷三 癸丑，授進士李文祥爲陝西咸寧縣縣丞。

《明通鑑》卷三五 乙卯，上大行皇帝尊謚曰純皇帝，廟號憲宗。

《孝宗實録》卷三 命給雲南車里軍民宣慰使司等處及四夷日本等國信符勘合，以改元更造也。

《國榷》卷四一 丁巳，魚臺縣丞徐頊上言：「先母后舊痛未伸，請追謚遷葬，且詰萬喜等罪，籍其産。」下廷議。于是禮部等乞令中官密訪萬貴妃近御人等，求其確；又逮萬氏戚屬曾入宫者，下詔獄訊問。上以兩宫明諭，諸浮言置之。

戊午，頒謚詔。

己未，山西右布政使王繼爲右副都御史，巡撫福建。

《孝宗實録》卷三 釋鳳陽高墻内已故庶人磐燁子奠壄、玄胄并其家屬，居江西布政司城内。

《國榷》卷四一 庚申，城廣昌縣。

修仁壽等宫。

工部右侍郎張悦修京、通倉。

辛酉，總督漕運右副都御史周鼒復丘姓。

翰林編修王鏊爲侍講。

《孝宗實録》卷三 命給南京禮部左侍郎贈南京禮部尚書謚恭毅章綸誥命。

甲子，命御馬監把總都督同知李玉、白玉俱致仕。甘肅左副總兵都督僉事王義仍都指揮使，右參將都督僉事李俊仍署都指揮僉事，俱閒住。錦衣衛掌衛事都指揮朱驥，指揮使季成、錢通，指揮同知劉綱、孫瓚，署指揮同知劉良，指揮僉事楊綱，鎮撫司理刑副千户韓環俱供事如故。

《國榷》卷四一 乙丑，旱災，免臨洮夏税、鞏昌糧芻。

丙寅，召太監懷恩于鳳陽，仍司禮監。

《明史》卷一五《孝宗紀》 冬十月丁卯，汰傳奉官，罷右通政任傑、侍郎蒯鋼等千餘人，論罪戍斥。革法王、佛子、國師、真人封號。

《國榷》卷四一 己巳，大理寺左少卿楊理、陝西布政使梁璟並爲右副都御史，理巡撫河南，璟巡撫湖廣兼贊理軍務。

直文華殿大理寺卿朱奎、太常寺卿任道遜被劾，許致仕。

庚午，鎮守延綏總兵官都督同知魯鑑致仕。

《孝宗實録》卷四 壬申，命户部運銀六萬兩於大同，内一萬兩准給代府今年禄米，五萬兩以給軍餉。

甲戌，陞户部左侍郎王璵爲南京户部尚書，刑部左侍郎何喬新爲南京刑部尚書，南京吏部左侍郎黎淳爲南京工部尚書，南京禮部右侍郎侯瓚爲南京户部左侍郎，南京大理寺右少卿吴道宏爲南京大理寺卿。

《國榷》卷四一　陝西都指揮使陳輝爲署都督僉事、靖虜副將軍、總兵官，鎮守延綏。

《孝宗實録》卷四　乙亥，上以恭上聖慈仁壽太皇太后、皇太后尊號并册封皇后告憲宗純皇帝几筵。

《明通鑑》卷三五　尊皇太后周氏爲太皇太后，皇后王氏爲皇太后。

丙子，立妃張氏爲皇后。

《孝宗實録》卷四　丁丑，罷左軍都督府都督同知李俊署府事，止令坐營。

《國榷》卷三五　戊寅，漕運總兵官署都指揮使都勝爲中府署都督僉事。

己卯，即廣東封占城國王子古來爲王，護歸國，敕安南還其侵地。

武城後衛改茂陵衛。

《孝宗實録》卷五　壬午，增設大同平虜衛收糧州判官及井坪守禦千户所收糧州吏目各一員，從巡撫都御史葉淇請也。

《國榷》卷四一　癸未，左府都督同知王瑛致仕。

《明史》卷一五《孝宗紀》　丁亥，萬安罷。

《國榷》卷四一　戊子，刑部尚書杜銘劾罷。

汰傳陞錦衣衛官，遞降有差。

己丑，衍聖公孔弘泰入朝。

《明通鑑》卷三五　壬辰，追謚母淑妃爲孝穆皇太后。

《明史》卷一五《孝宗紀》　癸巳，吏部左侍郎兼翰林學士徐溥入閣預機務。

《孝宗實録》卷五　罷分守莊浪左參將右軍都督府都督僉事田廣，甘肅遊擊將軍錦衣衛帶俸都指揮使吴玉，分守西寧、陝西都司都指揮僉事哈震，傳陞職任并傳旨改調錦衣衛副千户單政等十員，各回本司本衛帶俸差操。分守遼陽副總兵府軍前衛帶俸都指揮僉事韓斌、濟州衛帶俸署都指揮僉事魏啓各仍舊。

《國榷》卷四一　停刑。

甲午，旱災，免永平夏麥。

乙未，趙府臨漳王見滍乞祭墓，暫許之。

十一月丙申朔，頒弘治曆。

《孝宗實録》卷六　戊戌，以進士鄭寓等二十人爲給事中。

革京、通等處倉場總督太監二員，京、通二倉及淮安、徐州、臨清三倉監督内官七員。

《國榷》卷四一　宣府副總兵都督僉事江山致仕。

辛丑，吏部尚書李裕劾免。

癸卯，右都御史劉敷劾免。

甲辰，設浙江孝豐縣。

《明通鑑》卷三五　［乙巳］，召王恕爲吏部尚書，調馬文升爲左都御史。

《國榷》卷四一　南京禮部尚書耿裕改南京兵部尚書，户、刑部右侍郎李嗣、程宗俱左侍郎，巡撫左僉都御史葉淇爲户部右侍郎，右副都御史彭韶爲刑部右侍郎。

《孝宗實録》卷六　庚戌，命故定西侯蔣琬之子驥襲侯爵。

《國榷》卷四一　辛亥，鄭府朝邑王（祈）［祁］鎔薨。年五十五，謚榮簡。

癸丑，直閣兵部尚書兼翰林學士尹直、禮部左侍郎黄景被劾免，直給驛。

乙卯，進劉吉少傅兼太子太師，徐溥禮部尚書兼文淵閣大學士。

《明通鑑》卷三五　乙卯，以詹事劉健爲禮部侍郎兼翰林學士，入閣預機務。

《國榷》卷四一　少詹事兼翰林侍（講）［讀］學士楊守陳爲吏部右侍郎。右春坊右庶子汪諧、左春坊左諭德程敏政俱少詹事兼翰林侍講學士。左、右諭德傅瀚、陸釴，左中允周經俱太常寺少卿兼侍讀學士。李傑左庶子，仍兼侍讀學士。右諭德謝遷、吴寬俱左庶子兼侍讀。侍讀董越、侍講王臣俱右庶子兼侍講。太常寺卿兼正字謝宇爲工部右侍郎，署通政司事。

丙辰，署國子監事禮部右侍郎丘濬爲禮部尚書，署詹事府事吏部（左）［右］侍郎劉宣爲左侍郎。

《明通鑑》卷三五　丘濬進《大學衍義補》。

《明史》卷一五《孝宗紀》　戊午，下梁芳、李孜省於獄。

《國榷》卷四一　辛酉，工部右侍郎張悦改禮部右侍郎。

《孝宗實録》卷七　壬戌，禮部尚書周洪謨會五府、各部、都察院、翰林院等衙門議祧遷之制及孝穆慈慧皇太后奉享之禮。【略】從之。

移京儲米五千石於隆慶衛倉，以河南等處所派本倉糧災荒未至也。

《國榷》卷四一　癸亥，起服兵部右侍郎萬翼道引疾去。

《國榷》卷四一　〔十二月〕戊辰，憲宗純皇帝之喪百日，禮部請如制易服，上素服如故。

琉球中山王尚真入貢。

己巳，巡撫四川右副都御史劉璋爲工部右侍郎。廣西按察使閔珪爲右僉都御史，整飭薊州兵備兼巡撫順天。巡撫山西右僉都御史左鈺改巡撫大同，贊理軍務。

庚午，右春坊右庶子兼翰林侍講董越、工科右給事中王敞使朝鮮，侍講劉戩、刑科給事中呂獻使安南，俱頒詔。

《孝宗實録》卷八　辛未，以江西旱災，令軍民舍餘納銀粟得授散官、冠帶、立牌坊，吏典承差得減役、赴部聽選，陰陽、醫生、僧道得免考，照缺選用，各以多寡爲差，俱用爲賑饑之備，至明年十二月終止，從巡撫都御史李昂奏也。

《國榷》卷四一　故制敕房山東布政司左參議淩暉贈太常寺少卿，予祭，歸其喪。舊直東宮。

《孝宗實録》卷八　癸酉，設分守參將、兵備副使各一員於江西贛州之會昌縣。

《國榷》卷四一　丙子，監察御史曹璘請上行三年喪，孝養兩宮；萬貴妃有罪，宜告于先帝，遷葬削謚。上以喪、養朕所自盡，遷葬削謚，其止勿復言。

戊寅，憲宗純皇帝梓宮發引。

《孝宗實録》卷八　駙馬都尉周景護喪。

《明史》卷一五《孝宗紀》　壬午，葬純皇帝於茂陵。

《國榷》卷四一　孝穆皇太后祔葬。

癸未，撫治鄖陽右副都御史何經疾去。

甲申，敕户部主事楊奇經理邊儲。

《孝宗實録》卷八　乙酉，神主至京。

丁亥，給賜朝鮮國弘治元年大統曆。

《國榷》卷四一　己丑，憲宗主祔太廟，次宣宗，東向。

唐王芝址薨。年五十四，謚曰莊。

庚寅，四川右布政使謝士元爲右副都御史，巡撫四川。南京大理寺左寺丞翟瑄爲右僉都御史，巡撫山西兼提督雁門等關。

辛卯，奉孝穆皇太后主于奉慈殿。

《昭代典則》卷二一　李孜省下錦衣獄死。

《國榷》卷四一　癸巳，旱災，減湖廣田租十之六。

丙申，進吏部尚書王恕太子太保。

弘治元年（戊申、一四八八）

《國榷》卷四一　正月丙申朔，上謁奉先殿，朝兩宮，出御奉天殿受朝。

丁酉，御奉天門視事。

《明史》卷一五《孝宗紀》　己亥，享太廟。

《孝宗實録》卷九　烏思藏【略】來朝謝恩，并貢佛像、馬、駝、方物。

《明通鑑》卷三六　丙午，大祀天地于南郊。

《國榷》卷四一　甲寅，召前太常寺卿童軒署欽天監事，以監副吴昊薦。

貴州布政司左參政鄭時爲左副都御史，撫治鄖陽。

《孝宗實録》卷九　乙卯，改南京户部尚書王㒺爲南京吏部尚書，南京工部尚書黎淳爲南京禮部尚書。

《國榷》卷四一　朝鮮貢使没于通州，歸其喪。

丁巳，南京光禄寺署正李浩上所纂《通鑑斷義》，賜紵紗。

《明通鑑》卷三六　己未，始命考察在外鎮守武臣，如文官例。

《國榷》卷四一　鎮守寧夏東寧伯焦俊、湖廣都督同知馮昇、貴州都督僉事吴經等皆罷。

《明通鑑》卷三六　〔庚申〕，以何喬新爲刑部尚書。

《國榷》卷四一　壬戌，趙鑑求嗣祖昌寧伯，以流爵，止襲錦衣衛指揮使。

癸亥，伏羌伯毛鋭爲平蠻將軍，總兵，鎮守湖廣；陝西都指揮同知傅泰爲征西將軍，署都督僉事，總兵，鎮守寧夏；前府都督僉事彭倫鎮守貴州。

甲子，禮部以左副都御史邊鏞禁賜蟒衣，【略】遂禁賜并織者。

琉球例二年一貢，入自閩；今自浙，且非期，卻之。

乙丑，作茂陵祭器。

《孝宗實録》卷九　以陝西、蘭州等處并甘肅、榆林、寧夏各缺邊餉，命開中兩淮、兩浙成化二十三年、弘治元年見在存積鹽三十八萬引，并發户部原收折糧草價銀及太倉庫銀十萬兩，再預支弘治二年分歲例銀十三萬兩以濟之。

《國榷》卷四一　閏正月丙寅朔，上御奉天殿受朝。朔、望御殿自此始。

巡撫順天右副都御史彭韶乞減大興、宛平、昌平、漷縣之役，蘇民困。從之。

《孝宗實録》卷一〇　丁卯，命都督僉事馬俊充副總兵，鎮守廣西；署都指揮僉事王麟充左參將，分守雷、廉、高、肇；陞瀘州衛指揮使韓雄爲署都指揮僉事，充右參將，協守松潘。

《皇明大政紀》卷一七　〔戊辰〕，勑修《憲宗實録》。

《國榷》卷四一　庚午，吏部右侍郎楊守陳請開經筵日講，午朝召對。上許之。

辛未，河南按察使張鼎爲右僉都御史，巡撫保定兼提督紫荆關。

《孝宗實録》卷一〇　癸酉，設茂陵祠祭署，除奉祀、祀丞各一員。

《國榷》卷四一　鹽商無子，許親屬代支如前。

乙亥，山西按察使雍泰降湖廣布政司右參政。

《孝宗實録》卷一〇　丙子，以視學取孔、顔、孟三氏子孫至京陪祀。陞致仕浙江道監察御史强珍、南京刑部員外郎林俊、廣西按察司僉事蕭蒼俱爲按察司副使，珍山東，俊、蒼雲南。

戊寅，命山西布政司右參議王盛總督糧儲。

《國榷》卷四一　庚辰，進士馬政、劉良、朱綬、鄭宗載、范紳、胡承、祝福、紀鏞、陳端、黄玄齡爲翰林檢討，教諭徐用、彭美、李鏜、周政、（萬鑰）〔葛綸〕、劉璉、汪成、馬能、楊埙、董嘉言爲待詔，監生劉儆、馮經、丘永、董森、李儀、楊本清、閻璟、王士衡、王璲、夏綱爲中書舍人，將直興王出閣。

雲南水災，免黑、琅二鹽課司積負。

辛巳，江西信豐獲盜二百七十九人，刑部郎中往鞠，梟首盜，餘戍邊。

《孝宗實録》卷一〇　壬午，廷臣議謂緱謙、劉寧、陳雲、韓斌、董昇猶可邊方管事，范瑾、白玘猶可衙門管事，薛琺、李俊可仍舊坐營，琺罷掌府軍前衛事，白全可令閒住，薛勳、王勇、楊昇可令歷練，以聽推用，劉文、蔡英可令養病。俱從之。

《國榷》卷四一　癸未，録註誤謫廢官。

甲申，命太監蔡用往廣西，訪孝穆太后親屬。

《孝宗實録》卷一〇　乙酉，定親王以下姻戚免差役例。

《國榷》卷四一　丁亥，山東、河南、山西、陝西、直隸災傷，多減免，定今年每石徵一金。

庚寅，罷浙江蕪湖、荆州抽分御史。

甲午，賜故司禮太監懷恩顯忠祠，予祭葬。

二月乙未朔，定朝臣考察，自欽天監外，五品下悉聽吏部考課，太醫院以科道知醫者同院使、院判品定。

丁酉，占城國王古來入貢。

辛丑，興王、岐王、益王、衡王、雍王出閣就學。

遣御史、主事督崇文門、南京上（清）〔新〕河税課，餘委郡縣佐貳官。

壬寅，南京右都御史屠滽總督兩廣軍務兼巡撫。福建左布政使秦紘爲左副都御史，總督漕運兼巡撫鳳陽。山東、河南左布政使徐貫、蕭（稹）〔禎〕爲右副都御史，廣西、貴州按察使許進、錢鉞爲右僉都御史。

普令問刑官讀律詳讞。

甲辰，晉世子奇源母喪，乞廬墓。敕止之。

《孝宗實録》卷一一　乙巳，陞雲南鶴慶軍民府知府張海爲順天府府尹，廣西南寧府知府楊守隨爲應天府府尹。

《明史》卷一五《孝宗紀》　丁未，耕耤田。

封哈密衛左都督罕慎爲忠順王。

《國榷》卷四一　監察御史徐珵、賀霖下錦衣獄。

《明通鑑》卷三六　丙辰，禁文武大臣請託公事。

〔丁巳，先是〕，中官郭鏞，請上豫選妃嬪以廣儲嗣，**【略】**詔罷選。

《孝宗實録》卷一一　辛酉，命太傅兼太子太師英國公張懋、少傅兼太子太師吏部尚書謹身殿大學士劉吉知經筵事，禮部尚書兼文淵閣大學士徐溥、禮部右侍郎兼翰林院學士劉健同知經筵事，賜之勑。

《國榷》卷四一　甲子，逮南京錦衣衛指揮僉事章瑾。

三月乙丑朔，命吏、兵部每季進職名略節，粘文華殿便覽。

戊辰，太子太保吏部尚書王恕請幸學釋奠，用幣太牢，分獻官陪拜。從之，改分獻曰分奠。

《孝宗實録》卷一二　己巳，册封占城國正、副使禮科都給事中李孟暘、行人司行人葉應還自廣東。

《明通鑑》卷三六　癸酉，幸太學，釋奠于先師孔子。**【略】**禮畢，御彝倫堂，命祭酒費誾等進講。

《孝宗實録》卷一二 陞刑部郎中潘祺、貴州普安州判官王徽俱爲布政司左參議，刑部郎中梁方、南京户部郎中李灝爲右參議，大名府推官張鋭、東莞縣知縣汪舜民爲按察司僉事。

《明通鑑》卷三六 乙亥，小王子寇蘭州，都指揮廖斌擊敗之。

《明史》卷一五《孝宗紀》 丙子，御經筵。

《國榷》卷四一 宴諸臣左順門，賜金幣有差。自是每月二日講文華殿。

《明通鑑》卷三六 丁丑，復命儒臣日講。

《孝宗實録》卷一二 遷湖廣江州王府於寶慶府府第。

戊寅，賜故齊庶人賢㛄子三人、孫二人名，并給其子女婚嫁之資。

《國榷》卷四一 己卯，定左順門午朝。

《明通鑑》卷三六 壬午，始視午朝于左順門。

《國榷》卷四一 癸未，仍通邸報。

丁亥，裁大理寺右評事四人。罪囚例不解右寺。

己丑，勒南京守備太監錢能閒住，毋入京。

壬辰，考察朝臣，降斥有差。

四月丙申，增廣東按察副使，整飭瓊州兵備。

庚子，工部右侍郎劉璋修京、通倉。

《孝宗實録》卷一三 辛丑，琉球國官生蔡賓隨其國使臣來朝貢。

癸卯，【略】自今各邊官軍犯罪重者或當有警則御史等官就訊之，輕者許令彼處兵備分巡等官鞫斷。

甲辰，命分守代州兼提督鴈門等關都督僉事周璽鎮守陝西，燕河營右參將都指揮同知阮興充寧夏副總兵。陞錦衣衛指揮使劉紀爲署都指揮僉事，充寧夏左參將；松潘東路左參將都指揮僉事李鎬充副總兵，分守松潘；守備都勾都指揮同知王通充右參將，協守貴州兼提督清浪等處。

丁未，琉球國使臣正議大夫程鵬等及占城國通事梅晏化等來貢。

《國榷》卷四一 己酉，巡撫雲南右副都御史章律爲南京左副都御史。

庚戌，致仕太常寺卿童軒召至，仍署欽天監事。

禮科給事中張九功乞正祀典，曰：【略】禮部覆從之，凡齋醮遣告，并東岳、真武、城隍、靈濟宮仍祀如舊，革二徐真君帝號，仍舊封江王、饒王，追毀袞冕。

辛亥，豐潤伯曹振提督操江。

《明史》卷一五《孝宗紀》 甲寅，以天暑録囚。嗣後歲以爲常。

《國榷》卷四一 丁巳，湖廣按察使楊繼宗爲左僉都御史，巡撫雲南。茂陵成。

《國榷》卷四一 辛酉，追復廣東左布政使陳選官。

《皇明大政紀》卷一七 五月〔甲子朔〕，左都御史馬文升疏請計處甘凉兵馬糧草。上嘉納之。

《明通鑑》卷三六 〔丙寅〕，嘉興盜起。【略】乃遣刑部侍郎彭韶馳往巡視〔浙江〕，偕鎮、巡官督諸司討平之。

《孝宗實録》卷一四 辛未，致仕南京吏部尚書錢溥卒。

《國榷》卷四一 乙亥，裁南京武職冗員。

《孝宗實録》卷一四 丙子，南京翰林院侍讀楊守阯、曾彦俱以纂修《實録》召至京，改翰林院侍讀。

《國榷》卷四一 己卯，考察閒住御史吳秀疑吏部侍郎楊守陳中傷，奏辨。削籍。

《孝宗實録》卷一四 命河南、山西并北直隸府縣起運大同夏秋税糧以三分爲率，止一分折銀，二分仍徵本色。

甲申，命户部運送太倉銀五萬兩于宣府，作弘治三年歲例之數。

乙酉，命甘肅等處倉塲開中雲南黑白等井見在鹽二萬引，四川鹽課提舉司見在鹽四萬引，山東運鹽使司見在鹽四萬五千引，兩淮運鹽使司見在存積鹽四萬五千引。

戊子，晉府永和王奇湞薨。【略】年二十八。【略】謚榮懷。

《國榷》卷四一 己丑，大理寺左少卿李介爲左僉都御史，巡撫宣府。

存卹高牆庶人。從宿州知州萬本之請。

〔六月〕乙未，兩浙饑，暫免綾紗、紙札。

《孝宗實録》卷一五 丁酉，襄王奇鏞薨。【略】年六十有一。【略】謚曰定。

《國榷》卷四一 鎮守寧夏總兵官署都督僉事傅泰卒。

《孝宗實録》卷一五 庚子，直隸蕭縣進瑞麥十三本。

《國榷》卷四一 （壬寅）〔癸卯〕，巡撫大同右僉都御史許進乞驗放虜使，定五百人入京。

各京省歲造兵器減半輸納。

甲辰，南京户科給事中方向、監察御史黎鼎等劾大學士劉吉、徐溥及南京守備太監陳祖生，成國公朱儀，南寧伯毛文，尚書耿裕、周洪謨，侍郎倪岳、吕雯，都御史邊鏞，太常寺卿翟瑛，右通政陳琬，太僕寺卿李温，少卿林鳳，祭酒徐瓊，通政使張苗，鴻臚寺卿周暠，少卿牛綸。有旨，止罷苗、暠、綸。

丁未，寧陽侯陳輔荒淫下獄，斥爲編氓。年十八。

戊申，逮繼曉錦衣獄。

敕左都御史馬文升提督團營。

庚戌，撒馬兒罕速魯檀阿黑麻王入貢。

《孝宗實録》卷一五 辛亥，烏思藏【略】來朝。

《國榷》卷四一 癸丑，遼府衡陽王豪埬薨。年五十三，謚靖僖。

丁巳，陝西、山西、河南洊旱。平陽、西安、河南、懷慶多盜古墓，命巡按御史禁之。

周府胙城王同鏖薨。年四十，謚昭僖。

《孝宗實録》卷一五 戊午，河南等府荒旱相仍，國子監監生荅禄祺等四十人奏乞放回原籍省視。上特許之。

《孝宗實録》卷一六 〔七月〕癸亥，命户部運銀四萬兩於陝西，以給固原、靖虜、蘭州、河州邊儲，從鎮巡官請也。

《國榷》卷四一 丙寅，沔陽州判官吴傑服闋，於九年考滿虧六日，吏部准考滿免補。凡不及一月，俱倣此，著爲令。

貴州倉界四川、湖廣，輸納者俱貴州，右參政林迪提督，賜敕。

戊辰，寧府瑞昌王覲錫薨。年四十六，謚榮安。

《明史》卷一五《孝宗紀》 減浙江銀課，汰管理銀場官。

《孝宗實録》卷一六 己巳，命刑部署員外郎主事尚縉、主事張銓分往南、北直隸，會巡按御史審決罪囚；各布政司分委三司官會巡按御史審决如例。

庚午，以災傷，免湖廣布政司弘治元年分起運應天、安慶、廬州夏税二十九萬五千三百石有奇。

《國榷》卷四一 甲戌，增陝西按察副使王軾專西寧衛，撫治番夷。

定府部會議，限半月報上，急議限五日。

乙亥，太子太保吏部尚書王恕以近賜内臣蟒服、莊田宜裁革。上以舊勞，置之。

《明通鑑》卷三六 〔癸未〕，南京御史張昺偕同官上言：「【略】《詩》云：『靡不有初，鮮克有終。』願陛下以爲戒。」上嘉納之。

《孝宗實録》卷一六 丁亥，建平伯高遠卒。

《國榷》卷四一 己丑，户部左侍郎李嗣、刑部右侍郎彭韶並兼左僉都御史，清理兩淮、兩浙鹽法。

《孝宗實録》卷一六 命疑獄仍開詳奏請定奪。

《國榷》卷四一 庚寅，周府遂平王同鏙薨。年四十五，謚恭安。

辛卯，兵部郎中陸容乞定武職陞轉之法，照例薦舉，不許營求。從之。

〔八月〕癸巳，泰寧侯陳桓爲征西將軍、總兵官，鎮守寧夏。

丁酉，南京左府都督僉事高俊卒。

庚子，給守祖墓庶人子女婚嫁金一鎰、幣四、羊豕四。

《昭代典則》卷二二 〔癸卯〕，詔議孔子從祀。

《孝宗實録》卷一七 乙巳，國子監生張時泰進所撰《續資治通鑑綱目廣義》十七卷。

《明史》卷一五《孝宗紀》 小王子犯山丹、永昌。

《國榷》卷四一 丙午，南京監史陳嵩等請復張昇官。不許。

《孝宗實録》卷一七 丁未，巡撫寧夏都察院右僉都御史崔讓乞歸養疾。從之，命疾愈起用。

《國榷》卷四一 庚戌，鎮守甘肅總兵官都督同知王璽卒。

《明通鑑》卷三六 辛亥，〔小王子〕犯獨石、馬營。

《國榷》卷四一 丙辰，刑部左侍郎程宗爲南京工部尚書。

《明通鑑》卷三六 減雲南銀課二萬兩。

《國榷》卷四一 丁巳，陝西左布政使張瑋爲右副都御史，巡撫寧夏。

《孝宗實録》卷一七 命後軍都督府帶俸都督僉事馬昇、李澄於五軍營坐營，昇領左掖，澄右掖。

《國榷》卷四一 罷真定、河間陸路築掘牆塹。

《孝宗實録》卷一七 庚申，命鎮守宣府右府都督僉事神英掛征西將軍印，鎮守大同。

《孝宗實録》卷一八 〔九月〕癸亥，陞大同東路左參將都指揮使李杲爲署都督僉事，掛鎮朔將軍印，充總兵官，鎮守宣府。

《國榷》卷四一　甲子，刑部右侍郎彭韶爲左侍郎，仍兼左僉都御史。巡撫順天右僉都御史閔珪爲刑部右侍郎。

《孝宗實録》卷一八　丙寅，陞山東按察司副使强珍爲大理寺左少卿，大理寺右寺丞楊澄爲左寺丞，户科都給事中陳壽爲右寺丞。

《國榷》卷四一　荆府桐城王祐櫸薨。封使未至。年十五，謚懷僖。

《孝宗實録》卷一八　丁卯，哈密等衛使臣把把亦速等奏事至。

《國榷》卷四一　庚午，調〔陳〕壽南京光禄寺少卿。

壬申，始給督漕御史敕。

甲戌，裁運河沽頭主事，南直隸巡河郎中。

丙子，授紀貴錦衣衛指揮同知，紀旺指揮僉事，賜田宅、奴婢。

《孝宗實録》卷一八　丁丑，命給肅州回回墳傍空地五畝以葬凡哈密使臣之道死者。

《明通鑑》卷三六　己卯，録囚。

《國榷》卷四一　辛巳，江西左布政使徐懷爲右副都御史，巡撫順天。

壬午，陝西鳳翔回賊平。

《皇明大政紀》卷一七　刑部尚書何喬新上言，錦衣衛官校出入逮捕乞給精微批，比號乃行。從之。

《國榷》卷四一　己丑，追贈孝穆皇太后三代俱中府左都督，母俱夫人，誥特玉軸。故事，武臣一品金軸。

《孝宗實録》卷一八　命山西布政司弘治元年坐撥宣府、大同税糧布花三萬一百石存留本處支用。

《國榷》卷四一　〔十月〕壬辰，遣官修孝穆皇太后先塋於賀縣。

甲午，暫免午朝。

《孝宗實録》卷一九　命南京守備參贊内外官提督京營馬政。

乙未，命四川守臣以見收鹽價銀四萬五千六百餘兩及召商報中各鹽井中剩鹽四十四萬一千餘引之半賑濟成都等府之被旱災者。

《國榷》卷四一　丁酉，國子生江紀乞補故祭酒胡儼、僉都御史李侃、高明贈謚。下禮部。

詔兩京練營兵，復敕湖廣、四川、河南飭備，以多饑盜。

庚子，勘南京後湖灘田。

《孝宗實録》卷一九　辛丑，烏思藏【略】來朝。

《國榷》卷四一　癸卯，旱災，免開封夏税。

丁未，晉府永和王奇湞薨。

戊申，久陰不雨，監察御史王嵩等上五事，中劾禮部尚書周洪謨、少詹事兼翰林侍讀學士程敏政、右春坊右庶子兼翰林侍講王臣，並令致仕；太僕寺卿李温調苑馬寺卿。

庚戌，代王成鍊獻海東青，大學士劉吉等請卻之。

甲寅，巡撫山東右副都御史錢鉞等言，東昌、兖州、濟南人領魯府羊三千一百餘隻，飼六十餘年，納毛十萬餘斤，羔六十萬餘隻，今人户逃絶，歲徵未已。上令還種羊原數。

《孝宗實録》卷一九　巡撫雲南都察院左僉都御史楊繼宗卒。

《國榷》卷四一　乙卯，復四川松茂巡撫。

《明史》卷一五《孝宗紀》　振湖廣、四川饑。

《國榷》卷四一　丙辰，進士王洧、芮稷、涂旦、任綸爲給事中。

《明通鑑》卷三六　〔丁巳〕召南京尚書耿裕爲禮部尚書，代周洪謨也。

《孝宗實録》卷一九　戊午，免湖廣武昌等衛屯糧五千二百五十石有奇。

《孝宗實録》卷二〇　十一月庚申朔，欽天監進弘治二年大統曆。

《國榷》卷四一　太常寺卿署欽天監事童軒爲右副都御史，提督松潘等處軍務兼巡撫四川。

辛酉，太子少保刑部尚書張鎣服闋，改南京兵部尚書。

秦府永興王公鉊薨。年六十一，謚昭僖。

《孝宗實録》卷二〇　壬戌，命于遼東召商報中兩淮都轉鹽運使司成化二十三年分存積鹽十萬引、常股鹽二十萬引，以備邊儲。

癸亥，叛賊陳輔等平。

《明通鑑》卷三六　〔乙丑〕調〔周〕紘南京光禄寺署丞，〔張〕昺南京通政司經歷。

《孝宗實録》卷二〇　丁卯，巡撫甘肅都御史羅明請于臨洮、鞏昌、平凉三府開中茶八十萬斤召商納米豆，以備邊儲。既而巡撫陝西都御史蕭禎亦請中茶備賑濟。俱從之。

《國榷》卷四一　戊辰，寧府樂安王奠（壘）〔疊〕薨。年六十二，謚昭定。

《孝宗實録》卷二〇　己巳，裁革浙江麗水縣寶定税課局。

《國榷》卷四一　丁丑，鄭府涇陽王祁銑薨。年五十六，謚安靖。

《孝宗實録》卷二〇　己卯，命吏典犯罪應革役者即發原籍爲民。

辛巳，命發江西九江鈔關船料銀五萬餘兩送湖廣，以助賑濟；其明年應收者并以畀之。仍以湖廣充軍糧米六十萬石折收銀留本處支用。

《國榷》卷四一　壬午，兩廣流賊平。

《明史》卷一五《孝宗紀》　甲申，妖僧繼曉伏誅。

《明通鑑》卷三六　乙酉，免河南被災秋糧。

《國榷》卷四一　丙戌，土魯番阿黑麻殺忠順王罕慎，復據哈密。【略】因入貢而自立爲王。不許，勑責之。

十二月庚寅朔，上省郊牲。

壬辰，前兵部尚書王竑卒。【略】贈太子少保，謚莊毅。

癸巳，王槐、鄭惟桓、鄭達、汪瀅爲監察御史。

甲午，鄖陽、荆襄流民嘯聚，撫治左副都御史鄭時乞預備。從之。

《孝宗實録》卷二一　乙未，命陝西官軍備禦甘州者歲以四月初旬更代。

《國榷》卷四一　癸卯，禮部右侍郎倪岳爲左侍郎。

《明通鑑》卷三六　〔乙巳〕，擢貴州布政使王詔以右副都御史巡撫雲南。

《孝宗實録》卷二一　丙午，復命京營把總指揮使劉全守備山東臨清地方。

《國榷》卷四一　丁未，故廣昌知縣莊英捕盜死，贈建昌通判。

《孝宗實録》卷二一　戊申，賜朝鮮國弘治二年大統曆百本。

《國榷》卷四一　辛亥，户部主事唐錦舟求封繼母舒氏。吏部以其父吏科給事中仁封婦周氏，則錦舟所請，仍封一非二也。從之，著爲令。

《孝宗實録》卷二一　癸丑，命管蘇松等處水利浙江按察司僉事兼提督太倉等衛所屯種，并監放太倉、鎮海二衛官軍俸糧。

《國榷》卷四一　賑應天饑民三萬石。

金吾右衛帶俸指揮僉事倪端以畫工直東宫，許改錦衣衛。

《孝宗實録》卷二一　乙卯，命天下歲報錢糧文册年終不到部者官吏提問，半年以上不到者罰俸二月。

丙辰，申嚴官員勢要違例中鹽之禁。

命各處鄉飲酒禮監生省祭官不得與飲，從彰德府知府鮑愷奏也。

以旱災，停徵湖廣布政司弘治元年以前上供藥材，從巡按御史姜洪奏也。

《國榷》卷四一　丁巳，兵部尚書余子俊等上防邊事宜，【略】上從之。

南京右僉都御史虞瑶兼提督操江。

弘治二年（己酉、一四八九）

《國榷》卷四一　正月壬戌，遼府應山王豪壞薨。謚端順。

《孝宗實録》卷二二　丙寅，復設江西南昌府厚儲庫庫官一員。

《國榷》卷四一　丙寅，裁四川管糧參政。

《明通鑑》卷三六　丁卯，收已故内臣賜田給百姓。

《明史》卷一五《孝宗紀》　辛未，大祀天地於南郊。

《國榷》卷四一　丙子，左都御史馬文升等言：「去冬虜住牧河套，云明春入貢，彼既入貢，餘衆在套散牧，比回又藉言河冰不出，乘此入寇，何以禦之？宜敕延綏鎮臣防諭出套，貢從大同入京，否則驅逐。」報可。

庚辰，咸寧縣丞李文祥爲兵部職方主事。

乙酉，定外官正佐互糾例。

進士馬子聰、倪天民、李岱爲南京給事中。

丙戌，進臨清縣爲州，館陶、丘縣隸之，仍屬東昌。

給事中胡瑞劾去年延綏失事還奏，鎮守太監藍蕙降左監丞，都督同知白玘等各鐫秩。

《孝宗實録》卷二二　丁亥，兵部奏比者鎮守内官及宗室之親往往違制乞陞武職，【略】請自今凡違例奏請者一切停罷。上從其言。

戊子，賜致仕太子太保户部尚書兼謹身殿大學士劉珝之父昺祭葬如例。

命萬全都司萬全左等衛屯田被災四分以上者蠲其租。

《孝宗實録》卷二三　〔二月〕辛卯，四川布政司奏：「往年湖廣饑，曾借四川銀二萬五千兩充歲輸貴州軍餉之數，今四川饑，乞以弘治元年該輸貴州折粮布銀二萬四千兩存留備用，且以補原借之數；其成化二十三年至弘治元年户部原派供應物料銀一萬五千兩有奇更乞停徵，以俟年登補解。」下户部覆議，從之。

《國榷》卷四一　壬辰，户部右侍郎吴原展墓。

《明通鑑》卷三六　癸巳，截湖廣漕米二十萬石振四川饑。

《孝宗實録》卷二三　兵部再議給事中王綸、郎中陸容所奏在閒侯、伯、駙馬隨操讀書事。【略】詔可。

乙未，以水災，免直隸營州、天津、密雲等十四衛所弘治元年屯田一萬二百二十一石，草五千九百六十七束；順天府覇、薊等九州縣秋粮三千四百一十石，草一十萬四百三十一束。

《國榷》卷四一　己亥，廣西布政司右參政王珣閒住。

前右府都督同知宰用卒。

《孝宗實録》卷二三　以水旱災，免直隸蘇州府衛并山西太原等府衛弘治元年秋糧災四分以上者。

辛丑，命發銀二萬兩給四川成都等府饑民，爲耕種之具。

召湖廣、四川清軍御史還京，以地方災傷也。

《國榷》卷四一　甲辰，設廣東從化縣及守禦千户所。

户部郎中江漢賑成都、順慶、保寧，王宏賑夔、敍、重慶、馬湖。

丁未，監察御史陳景隆等劾吉人抗命私黨，下詔獄，詞引御史湯鼐、曹璘，主事(束)〔東〕思誠，知州劉槩，知縣韓福等。御史陳璧復言非實，惟鼐、槩及主事李文祥、庶吉士鄒智、知州董傑詩酒標榜，毀時政。詔逮鼐并訊之。

停四川織絹。

《明通鑑》卷三六　〔己酉〕，復起南京御史姜綰之獄。

《孝宗實録》卷二三　庚戌，命再運太倉銀三萬兩于四川，以助賑濟。

《國榷》卷四一　辛亥，太子太保兵部尚書余子俊卒。【略】贈太保，謚肅敏。

甲寅，赤斤蒙古衛都指揮綽失加爲都督僉事。以擒虜功。

《皇明大政紀》卷一七　〔乙卯〕，以左都御史馬文升爲兵部尚書，仍督團營。

〔丁巳〕，召總督兩廣右都御史屠滽回掌都察院事。

《明史》卷一五《孝宗紀》　三月己未，免陝西被災秋糧三分之二。

《國榷》卷四一　巡撫四川右副都御史謝士元劾罷。

《孝宗實録》卷二四　庚申，運太倉銀六萬四千五百餘兩于遼東，六萬兩于陝西、寧夏、甘肅，三萬兩于榆林城，五萬兩于大同，以備邊儲。

《國榷》卷四一　辛酉，高進嗣建平伯。

《孝宗實録》卷二四　壬戌，詔免崇王見澤來朝。

《國榷》卷四一　崇德大長公主卒。

癸亥，陝西按察副使丘鼐爲右僉都御史，巡撫四川。

太保兼太子太保襄城侯李瑾卒。【略】贈芮國公，謚莊武。

司禮太監韋泰，兵部尚書馬文升簡營兵。

《明通鑑》卷三六　〔乙丑〕，以秦紘爲右都御史，總督兩廣軍務。

《孝宗實録》卷二四　丙寅，命保國公朱永掌後軍都督府事，遂安伯陳韶掌右軍都督府事。

《國榷》卷四一　己巳，萬安卒。【略】贈太師，謚文康。

《孝宗實録》卷二四　庚午，【略】免徵湖廣歲運兩京、安慶、廬州、貴州等處本色、折色糧六十四萬石，並兑軍漕運糧二十五萬石，以紓民困。令運軍如所免兑運之數支運淮安等處水次倉米于京、通二倉，以足歲漕之數。

《國榷》卷四一　辛未，巡撫江西右副都御史李昂總督漕運，兼巡撫鳳陽；巡撫福建右副都御史王繼改宣府。

戊寅，吴玉榮、陳崇爲南京監察御史。

劉槩論死，湯鼐戍肅州衛，吉人削籍，兵部主事李文祥降貴州興隆衛經歷，鄒智降廣東石城千户所吏目。

《明通鑑》卷三六　閉會川衛銀礦。

《孝宗實録》卷二四　己卯，減定河間、長蘆運司開賣陳積鹽課則例。

《國榷》卷四一　罷福建、江西巡撫官。盜漸息。

癸未，監察御史姜洪謫夏縣知縣。

甲申，監察御史暢亨坐事謫涇陽知縣。

旱災，免鎮江去年糧芻有差。

〔四月〕庚寅，靖江王規裕薨。年三十七，謚昭和。

辛卯，錦衣衛帶俸都指揮使錢承宗封安昌伯，世襲。

壬辰，吏部尚書王恕疏救劉槩，命徐議之。

《孝宗實録》卷二五　甲午，先是，户部奉旨起取南直隸各府州縣官庫銀三分之二以實内帑，至是應天府奏本府所積數少，請留爲賑濟及科舉之用。從之。

《國榷》卷四一　乙未，〔命〕清理兩淮鹽法户部左侍郎李嗣回部。

《孝宗實録》卷二五　丙申，李嗣以疾乞致仕。許之，命給驛以歸，俟病愈起用。

《明通鑑》卷三六　〔辛丑〕，吏部尚書王恕乞致仕。不許，詔免其午朝及風雨朝參。

《國榷》卷四一　減湖廣上供魚鮓，如成化七年例二千五百斤，止舟二艘。

丙午，敕河南按察司河北分巡道捕盜。

丁未，彰武伯楊瑾卒。

免福安縣銀課一年。

《明通鑑》卷三六　庚戌，録囚。

《國榷》卷四一　辛亥，水災，免海州夏麥。

壬子，翰林侍講學士李東陽服闋，進左春坊左庶子，仍兼侍講學士。

止武當山太監韋貴等貢茶、梅、笋、黄精。

癸丑，署讞，以刑部尚書何喬新言，釋劉槩，戍海州千户所。

甲寅，沔陽知州董傑謫四川行都司都事，坐湯鼐等黨議。

《孝宗實録》卷二五　丁巳，命鬻儀真、淮安批驗所掣割餘鹽一萬七千二百四十引，以濟邊儲。

《明通鑑》卷三六　復減浙江銀課。

《國榷》卷四一　定處州銀課萬二百三十七金，泰順縣六百四金，裁松陽、宣平、雲和管場縣丞。

《孝宗實録》卷二六　〔五月〕戊午，户部奏：「山西沁州連歲荒歉，【略】請以布政司所貯河東運司鹽銀給補俸糧。」【略】從之。

命京衛并直隸各衛所官軍弘治二年六月、七月俸糧各預于前月放支。

《明史》卷一五《孝宗紀》　庚申，河決開封，入沁河，役五萬人治之。

《國榷》卷四一　甲子，户部右侍郎葉淇爲左侍郎，工部右侍郎劉璋改户部。

丁卯，巡撫貴州右副都御史孔鏞爲工部右侍郎。

壬申，山東左布政使鄧廷瓚爲右副都御史，巡撫貴州。

南京前府豐潤伯曹振卒。

甲戌，署太常寺太子少保禮部尚書劉岌致仕。

《皇明大政紀》卷一七　以右副都御史戴珊撫治鄖陽。

《孝宗實録》卷二六　丙子，命編發静寧州知州李諒于湖廣靖州爲民，并停南京禮部尚書黎淳俸兩月。

丁丑，巡撫甘肅都御史羅明奏邊倉收糧每石加耗米八升，三年查盤之時，或有虧折。乞以此八升補作正數，如八升之外復有虧耗，始治以侵盗之罪。從之。

《國榷》卷四一　戊寅，逮巡撫雲南右副都御史章律。

《孝宗實録》卷二六　己卯，户部請令山東、山西、河南、北直隸等處自弘治二年以後該輸沿邊各場草每一束照例折收銀五分，解貯邊庫，俟缺草之處官爲買補，既可少紓民勞，亦可免積久浥爛及侵欺虧折之弊。從之。

《國榷》卷四一　辛巳，松潘中鹽二十餘萬引。

乙酉，修承光殿。

《皇明資治通紀》卷二一　〔丁亥〕，致仕吏部尚書李秉卒。贈太子太保，賜祭葬。

《國榷》卷四一　六月戊子朔，工部主事林沂奏秋坐御史上。御史向翀等謂慶成宴翰林坐科道上，科道坐郎中上，不拘品。上以沂違憲，下錦衣獄。

《孝宗實録》卷二七　庚寅，贈皇親錦衣衛指揮同知紀貴父紀秀爲中軍都督府都督同知，母韋氏封夫人，賜之誥命。

丙午，以旱災，免應天府及直隸徽州、太平、寧國、安慶、池州五府并廣德州弘治元年分秋糧米一十六萬五千一百三十四石，草四十八萬四千二百六十八包；直隸建陽、新安、安慶、宣州四衛屯糧五千九百二十六石有奇。

《國榷》卷四一　戊申，虜入遼東廣寧衛之岐山臺。

徽王見沛請祀中岳，諭止之。

癸丑，户部遣司官覈直隸、河南、湖廣、淮揚、山東災傷。

調陝西兵四千于莊浪紅城，備冬。

丙辰，代王成鍊薨。年五十四，謚曰惠。

《孝宗實録》卷二八　〔七月〕辛酉，增給京營馬明年春季内草一月，如例折銀。

命武靖伯趙承慶鈐註南京前軍都督府帶俸，專理操江。

壬戌，命右春坊右庶子兼翰林院侍讀董越、左春坊右贊善張元禎爲應天府鄉試考官。

《國榷》卷四一　賑京師及通州水災。

《明史》卷一五《孝宗紀》　癸亥，以京師霪雨、南京大風雷修省，求直言。

《孝宗實録》卷二八　命刑部主事王銓、毛憲分往南、北直隸審録罪囚，浙江等處令所在官司會審以聞。

《國榷》卷四一　戊辰，慶府弘農王邃堩薨。年四十〔一〕，謚安僖。

己巳，罷光禄寺卿胡恭、南京左通政徐世英、南京工部尚書程宗，以禮科都給事中韓重等上四事，糾及之。

庚午，前刑部尚書陸瑜卒。【略】謚康僖。

《明通鑑》卷三六　〔癸酉〕，御史歐陽旦上言七事，極詆閣臣劉吉不職狀，乞罷歸田里。上以其妄言，切責之。

《國榷》卷四一　暫停永平、河間、保定寄牧馬徵駒。

甲戌，左副都御史邊鏞改南京刑部右侍郎。

《孝宗實録》卷二八　乙亥，命今後安南公文止令從廣西舊路以來，雲南邊界不許接遞。

《國榷》卷四一　丙子，哈密國王罕慎爲土魯番速壇阿黑麻所殺，弟奄克孛羅走甘肅，時賜罕慎貢直，即給之。

《孝宗實録》卷二八　丁丑，改禮部右侍郎張悦爲吏部右侍郎。

兵部尚書馬文升等以災異言，【略】定優免：謂迤北走回勇士原有全家優免之例，但年久丁多，難以概免；今後除初回勇士請照例全免，其替役一、二輩者止優免户下三丁，著爲令。從之。

《明史》卷一五《孝宗紀》　戊寅，振畿内水災，免税糧，給貧民麥種。

《明通鑑》卷三六　復遣官分振河間、永平，户給米一石。

《皇明大政紀》卷一七　〔己卯〕，户部尚書李敏疏，官莊請令有司輸納；不報。

《孝宗實録》卷二八　癸未，命直隸保定府及涿州、良鄉諸倉所收各處税糧如遇有災則全收本色，豐年仍本色與折色兼收。

乙酉，命莊浪都指揮僉事魯麟守備紅城子堡。

《孝宗實録》卷二九　〔八月〕戊子，命户部運太倉銀二萬兩於薊州倉，以備軍儲。

《國榷》卷四一　庚寅，確山縣以隸信陽州遥阻，仍隸汝寧。

《孝宗實録》卷二九　辛卯，命左春坊左庶子兼翰林院侍讀學士李傑、左春坊左諭德林瀚爲順天府鄉試考試官。

命甘肅守臣給罕東左衛頭目盼卜等食米。

《國榷》卷四一　刑部左侍郎兼左僉都御史彭韶上鹽場八圖，各係以詩，俱狀貧竈之苦。復上六事：罪運司虧課，減額徵，立預備倉，擇總催，恤竈丁，清積引。上從之。

丙申，旱災，免南京各衛屯糧之半。

《孝宗實録》卷二九　廣東番禺縣後山賊平。

《明史》卷一五《孝宗紀》　丁酉，復四川流民復業者雜役三年。

《國榷》卷四一　壬寅，福建清軍御史兼理鹽法。初，海道副使兼之。

《明通鑑》卷三六　敕孟密歸木邦侵地。

己酉，奉憲宗神主祔太廟。

《孝宗實録》卷二九　壬子，禮部奏：「迤西各處貢使該貿易之物俱有成例定數，今土魯番及哈密使者各違例收買食茶、箭竹等物過多，請准潼關盤檢事例俱没官；仍令大通事曉諭在館諸夷各遵守禁例，如違，俱照此例行之，其未給賞者即遞減其賞；并行各守邊官員凡外夷來貢曾犯法者，再不許起送。著爲令。」從之。

《國榷》卷四一　癸丑，雲南順寧府賊莽丘等平。

甲寅，太常寺少卿兼翰林侍讀周經爲禮部右侍郎。

乙卯，巡撫甘肅右副都御史羅明歸哈密忠順王罕慎敕印、冠服、賜敕。

《孝宗實録》卷三〇　九月丙辰朔，禮科給事中孫孺等奏，奉旨清查畿内諸已故太監莊田，中間有轉賣寄託及佃户自占者凡二千七百一十八頃有奇，户部請籍之於官，召民佃種。上命不及二十頃者仍與管業人耕種，准民田例徵粮；二十頃以上者量除五頃，三十頃以上者每三十頃遞除五頃，並留與見管業人耕種納糧；不願耕種者聽。餘地並收入官，召人佃種。

己未，河南布政司左布政使王琮卒。

《國榷》卷四一　壬戌，右府帶俸廣寧伯劉璇卒。

《孝宗實録》卷三〇　增設遼東鳳凰城倉大使、副使各一員，帶管鎮東、鎮夷二堡倉粮。

《國榷》卷四一　木邦孟密累歲仇殺，上敕責黔國公沐琮、太監王舉、巡撫右副都御史王詔。

己巳，李鈜嗣襄城伯。

武進伯朱霖卒。

《孝宗實録》卷三〇　甲戌，以水災，暫停徵河南開封等府虧欠種馬駒并備用馬匹。

《國榷》卷四一　己卯，貢士林(潤)〔瀾〕以三試不第，禁入試，請寬明年。特許一科。

《明通鑑》卷三六　〔庚辰〕，以白昂爲户部侍郎，修治河道。

《國榷》卷四一　癸未，寧晉伯劉福修通州弘仁橋。

〔十月〕戊子，翰林編修張澯、楊傑爲侍講，檢討劉機、楊廷和、武衛爲修撰。

《孝宗實録》卷三一　鎮守江西太監鄧原以地方稍寧，裁革贛縣、寧都、興國、廣昌、信豐、會昌、雩都、石城、瑞金、龍南、安遠十一縣先年奏准添設管民快縣丞各一員，吏部因請并福建上杭、武平二縣添設縣丞裁革。從之。

《國榷》卷四一　己丑，駙馬都尉王增卒。

《孝宗實録》卷三一　壬辰，户部郎中江漢、王宏歸自四川，各上賑濟事蹟。

《國榷》卷四一　丙申，衍聖公孔弘泰薦貢士孔彦士堪曲阜知縣。從之。

雲南廣南衛指揮同知夏福孫昊世襲正千户。

丁酉，兩廣總督秦紘劾總兵安遠侯柳景貪欺罪，逮景入京。

占城國王古來以安南侵暴，乞官兵守護。諭止之。

戊戌，國子祭酒費誾爲少詹事，兼翰林侍讀，纂修《實録》。

《孝宗實録》卷三一　己亥，增設宣府洪州舊堡倉場。

《國榷》卷四一　庚子，浙江提學副使鄭紀爲國子祭酒。

《孝宗實録》卷三一　辛丑，以旱災，免直隸寧山衛弘治二年屯粮一千九百五十九石有奇。

《皇明資治通紀》卷二一　〔壬寅〕，吏部右侍郎楊守陳卒。謚文懿。

《國榷》卷四一　鎮守湖廣伏羌伯毛鋭爲征蠻將軍、總兵官，鎮守兩廣。

癸卯，南京守備太監蔣琮訐御史姜綰等。

《孝宗實録》卷三一　綰及御史金章、劉遜、孫紘、紀傑、曹玉、譚肅、徐禮、余濬皆就逮，而琮所占官房、酒樓地悉歸之官。

命以户部所收江南糧草折色銀及太倉銀十萬兩分送大同、宣府二邊，准弘治五年歲例。

《明通鑑》卷三六　乙巳，罷浦城銀冶。

《國榷》卷四一　丙午，進士項經實授南京監察御史。

戊申，哈密罕慎弟奄克孛剌襲都督同知，給新印。以舊印阿黑麻劫之。

《明通鑑》卷三六　己酉，録囚。

《國榷》卷四一　崞縣妖賊王良等伏誅。

辛亥，户科左給事中孫珪、御史滕祐往賀縣訪孝穆皇太后支系，并紀貴、紀旺事虚實以聞。

壬子，大理寺左少卿强珍爲右僉都御史，巡撫宣府。

癸丑，定土官先報應襲子弟，守臣覈實書册，遇應襲即奏請。

《孝宗實録》卷三二　十一月乙卯朔，欽天監進弘治三年大統曆。

《國榷》卷四一　鎮遠侯顧溥爲平蠻將軍、總兵官，鎮守湖廣。

《孝宗實録》卷三二　給事中胡金、監察御史劉翔按宣府邊儲，得粮草浥爛之數，劾巡撫右副都御史張錦、左僉都御史李介及管粮郎中趙潤、鄭炯等罪。

丙辰，以水災，免直隸隆慶州秋粮三千一百石、草四千一百束有奇。

戊午，水災，免鎮江夏税。

《明通鑑》卷三六　以順天饑，發粟平糶。

《國榷》卷四一　甲子，翰林院庶吉士程楷、蔣冕、黄穆、傅珪、華巒、吴儼、羅玘爲編修，李遜學、石玠、毛紀爲檢討，進士朱憙爲南京監察御史。

丁卯，敕兩廣總督秦紘訪孝穆太后確派。

戊辰，兵部右侍郎吕雯爲左侍郎，順天府尹張海爲兵部右侍郎，巡撫甘肅右副都御史羅明爲工部右侍郎。

翰林院庶吉士屈伸、袁達、李漢、唐希介爲給事中，蔡杲、劉昺、任儀、閻价、潘楷爲監察御史，倪阜爲主事。

庚午，巡撫宣府右副都御史王繼改甘肅。

《孝宗實録》卷三二　陞直隸徽州府知府侶鍾爲大理寺左少卿。

《國榷》卷四一　壬申，撒馬兒罕阿黑麻王入貢，道滿剌加國，進獅子、鸚鵡等。舊入甘肅。令諭止之，薄其賞。

己卯，淮安、鳳陽饑，募人納粟，予冠帶。

庚辰，議遷開封城避河。巡按御史陳寬言動摇人心，布政使徐恪亦持不可，議乃寢。

壬午，湖廣右布政使唐珣爲順天府尹。

《明紀》卷二一　〔十二月〕辛卯，贈于謙特進光録大夫、柱國、太傅，謚肅愍，建祠於其墓，有司歲時致祭，賜祠額曰「旌功」。

《國榷》卷四一　□□總兵李杲調寧夏，遼東總兵官侯謙代杲。

乙未，水災，免保定、河間、順德、廣平、大名田租。

丙申，劉佶嗣廣寧伯。

前中府帶俸都督同知李玉卒。

《孝宗實録》卷三三　丁酉，以直隸保定等六府大水，命移借唐河抽分所木植一年，易米賑濟。

庚子，以水災，免直隸隆慶州永寧縣秋糧六百石，草七千八百二十束有奇。

户部言：「近覈實順天、河間二府并錦衣、天津等衛所軍民被災地凡三萬四千三百六十六頃有奇，内災僅三分者一萬二百三十七頃仍舊徵税，其餘如例遞免。」從之。

賜朝鮮國弘治三年大統曆一百本。

辛丑，户部以畿内被水，草價騰貴，民難於輸納，請令今歲該納京城五塲草每束折收銀四分，貯之太倉，軍士支草時并塲中秋青草兼給，每馬月支草二十束，銀一錢二分。從之。

《國榷》卷四一　壬寅，册仁和長公主，駙馬都尉齊世美尚之。

丁未，水災，免河南夏税。

己酉，裁湖廣布政司撫民參議。

《孝宗實録》卷三三　庚戌，以水災，免天津等八衛秋青草九十八萬束。

以水災，免騰驤右衛屯粮二百七十石。

定鹽運司歲造册奏繳限期。

命燕山右等三十二衛及直隸瀋陽、營州等衛所并薊州所屬驛遞該納今年秋青草每束暫折收銀一分，以水災故也。

《國榷》卷四一　壬子，前右府都督同知李文卒。

弘治三年（庚戌、一四九〇）

《明史》卷一五《孝宗紀》　春正月甲子，大祀天地於南郊。

《國榷》卷四二　己巳，考察外官，降斥二千五百四十（二）〔三〕人。

《孝宗實録》卷三四　以水災，免直隸永平府所屬州縣弘治二年秋糧十之五、草束十之六，及直隸永平衛屯糧十之四，盧龍衛十之七，東勝左衛并興州右屯衛俱十之五，開平中屯衛十之八，山海、撫寧二衛俱十之六。

《國榷》卷四二　（庚午）〔辛未〕，應天府尹楊守隨降廣西右參政，南京刑部郎中趙璧降吉安通判，大理寺（右）〔左〕寺正閻釗降華容知縣，南京户科給事中方向降雲南多羅驛丞。

壬申，南京太僕寺卿秦崇爲應天府尹。

《明通鑑》卷三六　下南京御史姜綰等十人于獄，尋貶官。

《國榷》卷四二　謫下獄御史姜綰桂陽州、劉遜澧州、余濬平度州、孫紘膠州、繆樗莒州、紀傑同州、方岳泰州，俱判官，劉愷瀏陽縣丞，太監蔣琮不問。

改磚廠于張（家）灣渾河口，便納料者。

甲戌，桐城縣祠漢朱邑，祔國朝祭酒胡儼、御史胡頤。

《孝宗實録》卷三四　丙子，命減價糶京倉及各府預備倉糧，以濟貧民。

《國榷》卷四二　定烏思藏番僧三年一貢。

《孝宗實録》卷三四　己卯，以水災，免直隸隆慶衛并居庸關等驛弘治二年地畝糧一千三百六十石有奇。

《明通鑑》卷三六　户部侍郎白昂上書論治河。

《國榷》卷四二　壬午，太子太保吏部尚書王恕請追姜綰等前旨，事未得其當，雖十易之不爲過；若謂已發下者不可易，則古之從諫如流者，豈皆未發下事乎。不聽。

〔二月〕乙酉，賈宗錫、王一言、熊達、鄧公輔、盧格、朱文、（魏）〔吳〕瀚、魏英、劉廷瓚、張炟、梁廷賓、白鸞爲監察御史，實授。

《孝宗實録》卷三五　復除前賓州知州吴孟倈于舊任。

《國榷》卷四二　己丑，禮部尚書兼文淵閣大學士徐溥、少詹事兼〔侍講〕學士汪諧主禮闈。

中府帶俸安順伯薛瑶卒。

庚寅，始命禮部右侍郎周經知貢舉，入闈；經子疾，辭，尚書耿裕入。

《明書》卷一一　〔辛卯〕，疏直沽海口。

《明史》卷一五《孝宗紀》　壬辰，免河南被災秋糧。

《孝宗實録》卷三五　以貴州有警，募民納銀備軍興之用。

《國榷》卷四二　監察御史蔡杲公事杖斃人，下刑部，謫隨州判官。

《明紀》卷二一　甲午，户部請免南畿、湖廣税糧。【略】從之。

《國榷》卷四二　丁酉，山西芮城縣丞李濟以邑人奏留，進知縣。

庚子，寧府瑞昌王宸瀖薨。年二十三，謚悼順。

曹愷嗣豐潤伯。

田州土知府岑溥逐于思城知州岑欽，鎮臣以溥子猇入田州，見阻，留潯州。命按察使陶魯等屯南寧諭之，觀變。

壬寅，水災，免崇明田租。

《孝宗實録》卷三五　丙午，陞巡撫河南都察院右副都御史楊理爲工部右侍郎，總督糧儲；南京都察院右副都御史李益爲南京都察院左副都御史，掌院事。

《國榷》卷四二　戊申，朱潔嗣武進伯。

《孝宗實録》卷三五　命調湖廣按察司副使沈鍾于山東。

《國榷》卷四二　四川提學副使焦芳以舊恩訴冤，命改湖廣。

《孝宗實録》卷三五　庚戌，巡撫兩廣右都御史秦紘復劾總兵官安遠侯柳景貪殘不法事。詔併鞫之。

《孝宗實録》卷三六　〔三月〕乙卯，命四川成都等府、邛州等州縣、建昌等衛、永寧宣府等司自成化十一年至弘治元年拖欠茶課三百一十八萬六千二百五十九斤每芽茶一斤追銀二分，葉茶一斤追銀一分，輸之松潘關堡，以充軍儲。

《明史》卷一五《孝宗紀》　丙辰，命天下預備倉積粟，以里數多寡爲差，不及額者罪之。

《孝宗實録》卷三六　發順天府薊州倉粟米四萬石，減直糶之，以濟飢民。

《國榷》卷四二　給嘉祥曾子廟田十六頃有奇，復其徭。

丁巳，户科給事中屈伸請講學。上是之。

戊午，吴欖服闋，改總督糧儲南京右副都御史。

廣西左布政使侯英爲右副都御史，巡撫河南；河南按察使張文昭爲右僉都御史，巡撫貴州。

《孝宗實録》卷三六　陞刑部員外郎馬璠、湖廣夷陵州判官王敕、河南光山縣知縣周洪、湖廣郴州判官張鼐、大理寺寺副張軏、福建光澤縣知縣劉俊俱爲按察司僉事。璠陝西；敕、洪俱四川，敕提督學校；鼐、軏、俊俱河南。

《國榷》卷四二　刑部員外郎劉杲爲四川水利僉事，專治灌縣都江大堰。

《皇明資治通紀》卷二一　〔己未〕，致仕太子太保户部尚書劉珝卒。贈祭葬，謚文和。

《孝宗實録》卷三六　命廣西按察司僉事黄鑰整飭柳慶兵備。

《國榷》卷四二　丁卯，廷策貢士錢福等三百人。

《孝宗實録》卷三六　大學士劉吉等言：「舊制禮部會試中式舉人先一日殿試，次日讀卷，又次日放榜。【略】自今請再展一日，至第四日始放榜。【略】」從之。

《明紀》卷二一　甲戌，兵部侍郎張海、通政使元守直閱邊。

《國榷》卷四二　乙亥，水旱，免淮安、揚州、鳳陽米豆四十餘萬，草五十餘萬。

丙子，留進士半各署辦事，餘還里。

辛巳，琉球國中山王尚真入唁先帝喪。

《孝宗實録》卷三七　〔四月〕丙戌，吏部奏各處奉詔舉懷材抱德隱于山林者八人，請照例考試。【略】從之。

《明通鑑》卷三六　丙戌，寇犯宣府獨石。

《國榷》卷四二　丁亥，西域安定衛千奔入貢。

巡撫延綏右都御史黄紱爲南京户部尚書，吏部左侍郎劉宣爲南京工部尚書，巡撫蘇松常鎮右副都御史王克復爲南京吏部右侍郎，南京太常寺卿署國子祭酒徐瓊爲南京禮部右侍郎，南京右僉都御史虞瑶爲南京兵部右侍郎。

辛卯，上林苑良牧、蕃育二署多逋户，命賑錢八十五萬。

壬辰，延綏總兵官都督僉事岳嵩致仕。

丙申，敕巡撫陝西右副都御史蕭禎提督馬政。

《孝宗實録》卷三七　改刑部左侍郎彭韶于吏部，陞四川按察使王軾爲南京都察院右僉都御史。

《國榷》卷四二　丁酉，李宗泗、鄭軾、張敏、牟道、范坪、李端澄爲南京監察御史，實授。

安南國王黎灝入貢。

庚子，巡按浙江御史陳金言驛遞馬户之苦，遂定令上馬户納十五金，中十二金，下十金，俾驛丞自買，船歲一葺，三歲大葺，十歲改作，通行天下。

辛丑，安遠侯柳景反誣秦紘，命户科給事中屈伸、刑部署郎中秦瓛往訊。

《孝宗實録》卷三七　禁南京後湖耕種樵牧及盗水利者。

癸卯，琉球國中山王尚真遣其舅麻勃都等來貢。

《國榷》卷四二　丙午，大理左少卿侶鍾爲左副都御史，巡撫蘇、松、常、鎮。巡撫寧夏右副都御史張瑋總督漕運，兼巡撫鳳陽。

《孝宗實録》卷三七　以水災，免直隸涿鹿衛左、中二衛弘治二年屯糧二千八百石有奇。

《明書》卷一一　〔丁未〕，阿黑麻王入貢，求歸城池、金印，贖使人。

《國榷》卷四二　五月壬子朔，增廣東按察僉事，分守廣、潮、南、韶。

乙卯，陝西左布政使韓文爲右副都御史，巡撫寧夏。太僕寺少卿白思明爲右僉都御史，巡撫延綏。

《明紀》卷二一　〔戊午〕，復置湖廣興山縣。

《國榷》卷四二　定四夷館翻譯考選之法。

己未，巡撫延綏右僉都御史白思明望輕被劾，調兗州知府。

《孝宗實録》卷三八　辛酉，命湖廣今年以前坐派内府供用物料，出布政司并各府州贓罰等銀代民買納，以巡撫都御史鄭時言災傷民窮故也。

《國榷》卷四二　壬戌，修蘆溝橋成。

《孝宗實録》卷三八　命各處鎮守官不得擅執軍職及受理詞訟。

《國榷》卷四二　癸亥，胡海、徐璘爲南京監察御史。

《明通鑑》卷三六　甲子，録囚。

《孝宗實録》卷三八　丙寅，命直隸天津等八衛採運秋青草暫折徵銀。

山西潞州衛并沁州守禦千户所屯田被水災不及三分，例不免糧，上以其民饑困，方發倉賑濟，不可復徵，特免之。

庚午，命户部發太倉銀十萬兩於遼東，以備邊儲。

《國榷》卷四二　庚午，撒馬兒罕速魯檀阿黑麻土、土魯番速壇阿黑麻王各貢獅子、哈剌、虎剌等獸。巡按御史陳(瑶)〔瑤〕論其糜費，宜卻，禮部謂量容一、二人入京給賞。上從之，獅子等日給一羊，毋妄費。

壬申，占城國王古來入貢。

《孝宗實録》卷三八　甲戌，陞翰林院侍講謝鐸爲南京國子監祭酒。

乙亥，擢進士周旋、毛珵爲南京給事中。旋户科，珵工科。

《國榷》卷四二　丙子，令南京龍江提舉司造海船，自登州運布、鈔遼東。

《孝宗實録》卷三八　戊寅，命故安順伯薛瑶之子昂襲燕山右衛指揮使。

《國榷》卷四二　己卯，祠唐韓愈于河南孟縣。

《孝宗實録》卷三九　〔六月〕癸未，初，福建建寧、邵武、延平三府皆隸建寧道，至是，守臣言：「【略】請止以本府及福寧州屬之建寧道，委提督銀坑副使兼理分巡，邵武、延平更爲武平道，命别官分巡。」從之。

《國榷》卷四二　甲申，馬鸞、莫立之爲南京監察御史。

復增設南京户、工尚書，吏、禮、兵三侍郎。

《孝宗實録》卷三九　户部請以太倉銀五萬兩有奇給陝西邊軍，准冬衣布花并月糧。從之。

《國榷》卷四二　丙戌，初，甘肅修邊，總兵官周玉嚴急，悍卒張伏興等投玉以瓦石。事聞，誅伏興，餘十二人戍鐵嶺衛。

戊子，故後府右都督武平侯陳友追封沔國公，謚武僖。

《國榷》卷四二　己丑，禮科左給事中韓鼎請戒番人貢奇獸圖厚利。從之。

後府都督僉事董昇卒。

虜屯大同塞外，新寧伯譚祐整營兵萬二千聽征，虜尋遁，敕延綏有警即援。

《明書》卷一一　發洪武、永樂、宣德錢，與古錢兼行。

丙申，修南京外城及金川等門。

庚子，襄王見淑薨。年四十，謚曰簡。

辛丑，發宣、大庫金及太倉金，糴粟預備。

朱栻、王瑫、馬輿、王存忠爲南京監察御史。

《孝宗實録》卷三九　乙巳，修四夷館公廨。

《國榷》卷四二　丁未，巡撫四川右副都御史謝士元坐事下獄。

〔七月〕壬子，始遣科道巡視内庫，薊州管糧郎中歲核永平、山海等邊儲。

丁巳，山西左布政使劉忠爲右副都御史，巡撫延綏。

己未，湖廣按察副使焦芳再訴。上欲廷辨，劉健力阻，但下所司。

庚申，代府潞城王仕壕薨。年五十六，謚安簡。

鎮守陝西後府都督僉事周璽爲征西將軍、總兵官，鎮守寧夏。

右府右都督馬儀爲鎮朔將軍、總兵官，鎮守宣府。

《孝宗實録》卷四〇　癸亥，以蟲、旱災，免貴州永寧衛弘治二年分屯糧二千三百四十石有奇。

甲子，遣刑部主事沈清、王琮分往南、北直隸審録重囚，浙江等處令所在官司會審奏報。

乙丑，命左軍都督府都督同知陳英鎮守陝西。

《皇明資治通紀》卷二二　治紀貴、紀旺等詐冒皇親罪。

《孝宗實録》卷四〇　戊辰，命大同等處開中兩淮引鹽召商納米豆，以實邊儲。

辛未，勑甘肅鎮巡等官今後夷人進貢須審實放入，若時月、人數有違舊例者，諭之使回。【略】著爲例。

《國榷》卷四二　辛未，前總督兩廣右都御史宋旻以訪外戚失實，追降右副都御史。

壬申，前巡撫山西右僉都御史左鈺卒。

癸酉，巡撫湖廣左副都御史鄭時爲南京兵部左侍郎。

甲戌，駙馬都尉馬誠下刑部獄。誠託疾，二年不朝。

代府武邑王聰沐，【略】廢爲庶人。

《孝宗實録》卷四〇　乙亥，前軍都督府同知白瑜卒。

《國榷》卷四二　丙子，後軍帶俸廣平侯袁輅卒。

右都御史屠滽往廣東經理占城還，國王古來遣謝，兼餽滽。請辭，許之。

丁丑，大理寺右少卿楊謐爲左僉都御史，巡撫宣府。

《孝宗實録》卷四〇　己卯，以災旱，免南京廣洋等二十七衛屯糧之半。

《孝宗實録》卷四一　〔八月〕壬午，命武安侯鄭英坐耀武營，懷柔伯施鑑坐練武(英)〔營〕，左軍都督府都督僉事張昱坐伸威營，俱管操。

《國榷》卷四二　甲申，陳崇德爲南京監察御史。

丁亥，增南京奉先殿日品，間日鵞一、雞二。

庚寅，立孝穆皇太后父祠于廣西。

《孝宗實録》卷四一　辛卯，命兩浙運司竈丁近鹽場者辦鹽，在三十里外者納鹽價。

《國榷》卷四二　甲午，前左通政徐世英卒。

乙未，雲南左布政使謝綬爲右副都御史，巡撫湖廣。

《孝宗實録》卷四一　丙申，淮府永豐王見靜薨。【略】年三十八。【略】謚曰懷順。

戊戌，命河南開封等府及宣武等衛所去年停徵税糧内加徵起運者仍舊免徵，其明年折色銀該解邊倉者每石減一錢，以水災故也。

己亥，調巡撫宣府都察院右僉都御史强珍爲南京通政使司右通政。

《國榷》卷四二　甲辰，下陝西郿縣祭宋儒張載祠墓。

戊申，代府懷仁王遜熗薨。年六十六，謚榮定。

《孝宗實録》卷四一　復除保定府知府趙英于原任。

《明史》卷一五《孝宗紀》　秋九月庚戌，禁内府加派供御物料。

《孝宗實録》卷四二　乙卯，撒馬兒罕【略】來貢。

兵部言：「【略】今沿邊墩墻類多傾圮，請通勑各邊守臣及時脩理，此後每三年仍特遣大臣閲視，以行勸懲。」上曰：「邊備事重，正宜以時脩葺，其如所奏，令各邊守臣整理，仍三年一遣大臣閲視，不得虚應故事。」

《國榷》卷四二　丁巳，南京刑部左侍郎阮勤致仕。

丙寅，巡撫河南右副都御史侯英以先廣西布政使失訪外戚，降四川按察副使。

《孝宗實録》卷四二　丁卯，以旱災，免山東東昌府弘治三年夏税十之四，濟、兖、青、萊、登五府及濟南等四衛、武定等四守禦所税糧各十之三。

《國榷》卷四二　甲戌，太僕寺卿王霽爲左僉都御史，巡撫山東；巡撫山東右僉都御史錢鉞爲右副都御史，改河南。

戊寅，復設廣東按察副使，整飭雷、廉等兵備。

復設大名府東明縣及雲南邑市縣于路南州。

《孝宗實録》卷四三　閏九月庚辰朔，命鬻河東運司存積鹽五十萬四千引，貯銀於太倉，以備邊餉。

辛巳，安南國王黎灝遣陪臣阮克恭等來貢方物。

癸未，授安昌伯錢承宗推誠宣力武臣、榮禄大夫柱國、安昌伯，食禄一千石，子孫世襲，免雜犯死罪二次，子孫免一次，賜誥券，曾祖父、伯祖父、父俱贈安昌伯，曾祖母、伯祖母俱贈夫人，母封太夫人。

《國榷》卷四二　乙酉，工科左給事中王敞請撤蘇杭織造内臣，寬民力。不聽。

《明史》卷一五《孝宗紀》　癸巳，禁宗室、勳戚奏請田土及受人投獻。

《孝宗實録》卷四三　丙申，發南京龍江鹽倉批驗所餘鹽五十萬斤有奇鬻銀，爲查理後湖黃册之費。

《國榷》卷四二　丁酉，禮科右給事中韓鼎再乞選良家女充妃嬪。上從之。

《明書》卷一一　土魯番貢使由海道至京，罪經過官司。

《國榷》卷四二　戊戌，宋儒朱熹九世孫歲貢生朱貞爲婺源訓導。

乙巳，土魯番先求蟒服等，以戕罕慎，不予。至是復請，禮部諭其悔過，乃給。

〔十月〕辛亥，安慶元臣余闕祠增宗正郎中總管韓建。

《明通鑑》卷三六　録囚。

《國榷》卷四二　癸丑，翰林檢討馬政、劉良爲興府左、右長史，朱綬、鄭宗載爲岐府左、右長史。

庚申，旱災，免河南夏税。

《孝宗實録》卷四四　辛酉，巡撫四川都察院右僉都御史丘鼒乞致仕。許之，命給驛還鄉。

閣臣以内官監左監丞張芾伴送土魯番貢使非制，遂止不行。

《國榷》卷四二　祠漢張釋之于裕州。

乙丑，興王出閣就學。

丙寅，城政和縣。

《孝宗實録》卷四四　庚午，陞四川布政司左布政使邢表爲都察院右副都御史，巡撫四川。

《國榷》卷四二　壬申，裁陝西增設參議、僉事各一。

《孝宗實録》卷四四　癸酉，以水災，暫免順天府州縣貧民該徵馬匹。

《國榷》卷四二　丁丑，逮治有司馬政廢弛者。

〔十一月〕庚辰，前户部尚書劉昭卒。

癸未，武衢、張縉、張智、程文、曾禄、曾昂、陸完、汪鉉爲監察御史。

《孝宗實録》卷四五　丙戌，加送太倉銀五萬兩於遼東，准弘治五年歲例。

辛卯，陞户部郎中王宏爲兩淮都轉運鹽使司運使。

《國榷》卷四二　辛卯，浙東礦賊平。

乙未，敕山東按察副使，整飭天津等處兵備。

辛丑，國子祭酒鄭紀被劾，調南京左通政。

《明書》卷一一　癸卯，瓦剌太師入貢。

《明史》卷一五《孝宗紀》　甲辰，停工役，罷内官燒造瓷器。

《國榷》卷四二　丁未，始給駙馬都尉樊凱父母封敕。

《孝宗實録》卷四五　命運太倉銀三萬兩於榆林，作弘治五年歲例之數；又開中兩淮存積常股鹽十六萬引、兩浙十萬引、長蘆四萬引，以助邊儲。

《國榷》卷四二　〔十二月〕庚戌，總督漕運都御史張（璘）〔瑋〕濬徐州小黄河。

《皇明大政紀》卷一七　〔辛亥〕，敕「彗星垂戒，朕與文武群臣，當同修省」。

《國榷》卷四二　乙卯，岐王出閣就學。

丁巳，裁環慶兵備副使。

太僕寺卿唐章，擅笞軍職，下刑部，贖杖復官，調陝西苑馬寺卿。命未下，章自經。

《孝宗實録》卷四六　庚申，陞雲南廣西府知府賀勛爲雲南布政司右參政，仍理府事。

《明史》卷一五《孝宗紀》　壬戌，減供御品物，罷明年上元燈火。

《國榷》卷四二　癸亥，錦衣衛都指揮使朱驥卒。

戊辰，左春坊左諭德林瀚爲國子祭酒。

《孝宗實録》卷四六　己巳，賜朝鮮國弘治四年大統曆一百本。

《國榷》卷四二　署太常寺事禮部侍郎丁永中、南京大理寺卿吴道宏，俱劾罷。

辛未，右通政曾鑑爲太僕寺卿。

壬申，進士丘文翰爲翰林檢討，侍益王。

吏部左侍郎彭韶，請午朝無奏常事，惟議急務。許之。然亦具文，未久輒罷。

錦衣衛指揮使李成爲都指揮僉事，署衛事。成，保母翊聖夫人子。

《孝宗實録》卷四六　甲戌，陞吏部郎中吴裕爲通政使司右通政，提督謄黄；南京尚寶司卿李應禎爲南京太僕寺少卿。

禮科給事中王綸奏：「近年問刑，新例滋多，人難遵守。維今請一據律令，其律令所不載者，奏請上裁。如見行事例有可行之久遠者，請令法司删定，頒示天下，下三法司覆議。【略】繼今凡有奏議、刑獄條例者，但令法司會議斟酌，務上合律意，下通民情，然後條陳奏請上裁，著爲事例。」從之。

《國榷》卷四二　甲戌，南京刑部右侍郎邊鏞、太僕寺少卿王禄再劾免。

弘治四年（辛亥、一四九一）

《明紀》卷二一　春正月癸未，以修省，罷上元節假。

《國榷》卷四二　乙酉，巡撫山西右僉都御史翟瑄爲右副都御史，回院。

南京兵部左侍郎鄭時爲南京刑部尚書，巡撫順天右副都御史徐懷爲南京刑部右侍郎，南京光禄寺卿章格爲南京大理寺卿。

北虜小王子入貢，定五百人入京。

《孝宗實録》卷四七　戊子，慶府安化王秩炵薨。【略】年七十七。【略】謚曰忠懿。

《明史》卷一五《孝宗紀》　己丑，大祀天地於南郊。

《明通鑑》卷三七　辛卯，停慶成宴。

《國榷》卷四二　巡撫河南右副都御史錢鉞以奔競劾，調南京光禄寺卿。

甲午，提督松潘軍務右副都御史童軒爲南京吏部右侍郎，巡撫雲南右副都御史王詔爲南京兵部右侍郎。

乙未，鎮守貴州都督僉事彭倫疾罷。

巡撫大同右僉都御史許進調兗州知府。進與分守太監石巖相訐，巖召還。

《孝宗實録》卷四七　丙申，以水災，免遼東三萬等衛弘治三年屯糧有差。

《國榷》卷四二　丙申，賑遼東。

以雲南提學僉事領貴州阻遠，改貴州兵備副使兼提督學校。

丁酉，興王婚。

《孝宗實録》卷四七　以旱災，免陝西西安等府及西安左等衛弘治三年秋糧子粒有差。

《國榷》卷四二　戊戌，停京操吏卒沿途口糧。

己亥，江西、貴州、湖廣、河南左布政使秦民悦、張誥、張敷華、徐恪並爲右副都御史，巡撫順天、雲南、山西、河南。

《孝宗實録》卷四七　庚子，命於兩廣開中廣東及海北二鹽課提舉司鹽二十五萬引，以備賑濟。廣東十五萬引，廣西十萬引。

《明紀》卷二一　〔癸卯〕，馬文升遭繼母憂，詔起復。再疏辭，不許。

《明通鑑》卷三七　〔甲辰〕，户部尚書李敏致仕。

《國榷》卷四二　旱災，免太原去年田租有差。

〔二月〕己酉，先蔚州左衛帶俸都指揮僉事陳雲乞改錦衣衛，許之；至是被劾，且錦衣衛以近侍，例兵部會推。上留雲，今後會推如初。

辛亥，右都御史屠滽疾歸。

《孝宗實録》卷四八　都察院左僉都御史李介以母喪去任。

陞山東按察司按察使侯恂爲都察院右僉都御史，巡撫大同。

《國榷》卷四二　吏部左侍郎彭韶言：「比多無功之人，夤緣請謁，【略】伏望愛惜名器，重視廩禄，勿謂小官爲可與，勿謂雜流爲無害，嚴加杜絶。」上是之。

《孝宗實録》卷四八　壬子，以營建太廟後殿，遣保國公朱永、工部尚書賈俊董其役。

《國榷》卷四二　丁巳，驅番僧，止留百八十二人。

《孝宗實録》卷四八　己未，壽寧伯張巒請給勳號并誥券。

《國榷》卷四二　辛酉，貴州右參將王道爲署都督僉事，鎮守貴州，兼提督清平等衛。

壬戌，固安郡主卒。

癸亥，馬炳然、周津、萬祥、劉琬、王和、陳銓、郭珠、周昂爲南京監察御史。

乙丑，户部左侍郎葉淇爲尚書，刑部左侍郎白昂爲右都御史，巡撫遼東右副都御史徐貫爲工部右侍郎。

丁卯，代府宣寧王仕瀛薨。謚和僖。

《皇明大政紀》卷一七　〔己巳〕，勑兩京三法司及天下問刑衙門欽恤刑獄。

《明紀》卷二一　致仕禮部尚書周洪謨卒。年七十三，謚文安。

《孝宗實録》卷四八　庚午，先是，致仕太子少保禮部尚書周洪謨上安中國、定四夷十事。【略】至是疏聞，上命所司議處，時洪謨已卒于家矣。

《國榷》卷四二　辛未，前户部尚書李敏卒于内黄。【略】年六十七，贈太子少保，謚恭靖。

乙亥，巡撫貴州右僉都御史張文昭回院。

户、刑部右侍郎劉璋、閔珪爲左侍郎。

《孝宗實録》卷四八　巡撫保定等府都察院右僉都御史張鼎爲户部右侍郎，撫治鄖陽右副都御史戴珊爲刑部右侍郎。

《國榷》卷四二　三月丁丑朔，進士唐貴、甯舉、叢蘭、周序、吴世忠、王欽、李應和爲給事中。

《孝宗實録》卷四九　辛巳，命户部運太倉糧銀及河東運司鹽價銀各二萬兩于山西偏頭、寧武、鴈門關，以備邊儲。

《國榷》卷四二　癸未，張錦服闋，補右副都御史，巡撫保定。河南、山東左布政使張岫、王道爲右副都御史，福建按察使高崧爲右僉都御史。岫巡撫遼東，道撫治鄖陽，崧巡撫貴州。

丁亥，陞北虜并瓦剌貢使正使指揮使，副使指揮同知。

《孝宗實録》卷四九　己丑，命户部運銀六萬兩於甘肅，四萬兩於寧夏，以備邊儲，准弘治五年歲例之數。

《國榷》卷四二　庚寅，久旱，致齋三日。

《孝宗實録》卷四九　甲午，命户部運銀十萬兩於遼東，以備邊儲。

《國榷》卷四二　甲午，廣東陵水賊流掠，擊敗之。

丁酉，定巡按御史關報賢否，從都、布、按、郡縣正官稽覈而上。

戊戌，命攝逃卒止所司移檄，勿遣人勾擾。

己亥，南京禮部尚書黎淳致仕。

録楊銘子世錦衣指揮使。

《明通鑑》卷三七　逮兩廣總督秦紘。

《孝宗實録》卷四九　庚子，以水災，免河南所屬河南等府州并宣武等衛所弘治三年秋糧子粒有差。

《國榷》卷四二　癸卯，刑部左侍郎閔珪爲右都御史，總督兩廣軍務，兼巡撫。

《孝宗實録》卷五〇　〔四月〕戊申，以旱災，免直隸鳳陽等府並武平等衛，(真)〔直〕隸真定等府、神武、保定等衛，直隸潼關衛並蒲州守禦千户所弘治三年秋粮子粒有差。

《國榷》卷四二　戊申，秦王誠泳請王府官軍免調衛，罰贖還職。從之。

南京右僉都御史王軾兼提督操江。

《孝宗實録》卷五〇　己酉，調揚州府知府馮忠別任，黜通判楊棨爲民。

《明紀》卷二一　〔庚戌〕，禮部公廨火，耿裕及侍郎倪岳、周經等被劾下獄。已，釋之，停其俸。

《國榷》卷四二　甲寅，周府臨湍王同鈞薨。年三十二，謚榮惠。

代府寧津王聰滴薨。年十三，謚懷莊。

乙卯，翰林檢討張芮爲修撰。

丙辰，巡撫保定右副都御史張錦爲刑部左侍郎。

戊午，南京右副都御史吴檟降山西左參政，以前陝西布政時移用賑濟銀。

庚申，遼府衡陽王恩鐥薨。雖册封，使未至，喪葬視郡王，謚悼僖。

《明通鑑》卷三七　乙丑，遣司禮太監韋泰同法司録囚。

《國榷》卷四二　遣刑部郎中陳章、何説録囚兩畿。

《孝宗實録》卷五〇　丙寅，以旱灾，免大寧都司茂山衛弘治三年屯粮九百一十石有奇。

辛未，以旱灾，免湖廣漢陽等府及武昌等十四衛弘治三年秋粮草子粒有差。

癸酉，翰林院編修兼司經局校書梁儲丁憂服闋，陞本院侍讀。

《國榷》卷四二　江西左布政使張琳爲右副都御史，巡撫保定，兼提督紫荆等關。

甲戌，山西左布政使劉瑀爲右副都御史，總督南京糧儲。

《明紀》卷二一　五月〔甲申〕，贈吴雲刑部尚書，謚忠節，與王禕並祀，改祠額曰「二忠」。

《國榷》卷四二　戊子，雲南按察僉事賀元忠爲副使，整飭騰衝兵備。添設。

《孝宗實録》卷五一　辛卯，授儀賓王憲之子道爲錦衣衛百户。

壬辰，憲廟安妃姚氏薨。

《國榷》卷四二　大理寺左少卿楊澄爲左僉都御史，提督鴈門等關，兼巡撫山西。

《孝宗實録》卷五一　南京五府六部各衙門官凡朔望守備廳議事，【略】守備與五府官若爵秩相等，則先守備；否則以爵爲序，凡慶賀議事皆然。

《國榷》卷四二　甲午，南京國子祭酒謝鐸致仕。

前南京工部尚書程宗贖杖還職，仍致仕。

丙申，進士劉紳、匡翼之爲南京監察御史。

己亥，大理左寺丞魏璋以託市女奴，謫九江同知。

〔六月〕戊申，廣東德慶州猺賊平。

《孝宗實録》卷五二　癸丑，以旱灾，免陝西甘州左等十一衛所弘治三年屯田子粒有差。

《國榷》卷四二　乙卯，翰林檢討胡承、丘文瀚爲益府左、右長史。

丁巳，左通政元守直爲通政使。

戊午，許孫鑾襲會昌侯。

《皇明資治通紀》卷二一　南京刑部尚書鄭時贖罪還職。

《皇明資治通紀》卷二一　〔壬戌〕，南京工部侍郎黄孔昭卒。

《國榷》卷四二　癸亥，前太子少保兵部尚書張鵬卒。【略】予祭葬，贈太子太保，謚懿簡。

己巳，寧王奠培薨。年七十三，謚曰靖。

〔七月〕庚辰，廣東增城縣山盜平。

癸未，左春坊左庶子兼翰林侍讀學士李傑爲南京國子祭酒。

甲申，南京工部尚書劉宣卒。

丙戌，南京國子祭酒李傑仍修《實録》。

丁亥，南京太僕寺少卿李應禎致仕。

己丑，鎮守寧夏總兵官都督僉事周璽卒。

《孝宗實録》卷五三　辛卯，改河南陝州盧氏縣徑屬河南府，從民請也。

《國榷》卷四二　甲午，壽王、汝王、涇王、榮王、申王冠。

《孝宗實録》卷五三　丙申，以灾免直隸揚州府及高郵等衛所弘治三年糧草有差。

《國榷》卷四二　八月乙巳朔，祀宋留守宗澤墓于丹徒。

《孝宗實録》卷五四　丙午，遼東沅陵王豪塶薨。【略】年五十六。【略】謚曰昭安。

《國榷》卷四二　戊申，應天府尹秦崇卒。

《明史》卷一五《孝宗紀》　庚戌，蘇、松、浙江水，停本年織造。

《國榷》卷四二　癸丑，定進士内外選依榜先後，不得越。

土魯番入貢，請還哈密城印。

戊午，安遠侯柳景閒住，追贓。右都御史秦紘致仕。

《明通鑑》卷三七　己未，封皇弟祐橙爲壽王，祐桴汝王，祐橓涇王，祐樞榮王，祐楷申王。

《國榷》卷四二　丁卯，《憲宗純皇帝實録》成。

《皇明大政紀》卷一七　〔戊辰〕，總裁劉吉進少師、華蓋殿大學士，徐溥進太子太傅、户部尚書，武英殿大學士，劉健進禮部尚書，文淵閣大學士；副總裁禮部尚書掌詹事府事丘濬加太子太保，少詹事兼侍讀學士汪諧進禮部侍郎，餘陞官有差。

《孝宗實録》卷五四　命户部運太倉銀十二萬于遼東，以備邊儲。

《國榷》卷四二　己巳，增成都通判一，監餉松潘。

庚午，復午朝。

《孝宗實録》卷五四　暹羅【略】貢方物。

命前軍都督府都督同知李進掛征西將軍印，充總兵官，鎮守寧夏。

《國榷》卷四二　辛未，纂修官太常寺少卿兼侍讀傅瀚爲太常寺卿，少詹事兼侍讀費誾爲詹事，俱兼侍讀學士。左、右庶子李東陽、董越俱太常少卿，兼侍講學士；謝遷、吴寛、陸簡俱少詹事，兼侍講學士。侍讀曾彦、楊守阯俱左諭德。侍講劉戩、王鏊俱右諭德，楊傑、梁儲俱司經局洗馬。左贊善張元禎南京侍講學士。修撰劉機、楊廷和，編修江瀾，俱侍（講）〔讀〕；武衛、張芮，編修劉忠、鄧焲、黄珣、張天瑞，俱侍講。檢討楊時暢，編修劉春，（涂）〔徐〕瑞，俱修撰。

《孝宗實録》卷五四　以旱灾，免直隸揚州衛及通州、泰州、鹽城三守禦千户所弘治三年屯田糧有差。

《國榷》卷四二　〔九月〕戊寅，吏部左侍郎彭韶爲刑部尚書，南京户部左侍郎侯瓚爲南京工部尚書。

《孝宗實録》卷五五　巡撫陝西都察院左副都御史蕭禎爲南京工部右侍郎。

《國榷》卷四二　旱災，免廣西田租有差。

《孝宗實録》卷五五　壬午，少師兼太子太師吏部尚書華蓋殿大學士劉吉九年秩滿，吏部以聞。上曰：「吉侍朕年久，輔導勤勞，賜勅奬勵，加特進兼支大學士俸，仍舊供職。」

《國榷》卷四二　吏部右侍郎張悦爲左侍郎，禮部右侍郎周經改吏部。

甲申，南京督學御史王鑑之陳科場之弊。下禮部申飭。

《孝宗實録》卷五五　乙酉，户部言：「今歲山東、河南、陝西地方年穀頗登，其布政司並郡縣積貯衣服、首飾諸物，請悉鬻之，以銀易穀，爲官軍俸糧及預備賑濟之用。」從之。

《國榷》卷四二　甲午，壽寧伯張巒故妾湯氏贈安人，賜祭。不爲例。

《明通鑑》卷三七　丁酉，皇長子生。

《國榷》卷四二　戊戌，上有疾，不朝。

《孝宗實録》卷五五　庚子，陞河南按察司按察使樊瑩爲應天府府尹，吏部郎中畢亨爲順天府丞，南京通政使司右參議張貢爲南京太僕寺少卿，貴州按察司僉事李孟暘爲雲南按察司副使。

《國榷》卷四二　辛丑，憲廟惠妃郭氏薨。

壬寅，興王國德安，汝王國衛輝，益王國建昌。

〔十月〕丙午，詹事兼翰林侍讀學士費誾爲禮部右侍郎，南京左副都御史李益爲南京户部左侍郎。河南布政使王宗彝爲右副都御史，巡撫陝西。

《明書》卷一一　〔丁未〕，改封興王于安陸州。

《國榷》卷四二　户部左侍郎劉璋爲南京禮部尚書，巡撫甘肅右副都御史王繼爲南京兵部右侍郎。

《孝宗實録》卷五六　庚戌，陞山西布政司左布政使馮續爲都察院右副都御史，巡撫甘肅。

《國榷》卷四二　壬子，周府定安王安瀰薨。年十九，謚懷簡。

《明通鑑》卷三七　癸丑，録囚。

《明史》卷一五《孝宗紀》　丙辰，以皇長子生，詔天下。

《明紀》卷二一　戊午，河溢，振河南被災者。

《國榷》卷四二　己未，于茂爲監察御史。

《昭代典則》卷二二　〔乙丑〕，以詹事府禮部尚書丘濬兼文淵閣大學士，直文淵閣。

《國榷》卷四二　丁卯，修太廟及神宫監。

《孝宗實録》卷五六　己巳，上曰：「今後鄉試務遵依定制，事該簾内官管理者簾外官不許干預。」

《孝宗實録》卷五七　十一月癸酉朔，欽天監進弘治五年大統曆。

《國榷》卷四二　乙亥，水災，免蘇、松、常、鎮、太平、寧國、應天、杭、嘉、湖田租有差。

丁丑，(代)〔晉〕府寧化王鍾鈵、晉府慶成王長子奇湞，皆有罪奪爵。

《明史》卷一五《孝宗紀》　庚辰，振南畿災。

《國榷》卷四二　壬午，以河南巡撫都御史徐恪言，查回江南内臣。不果行。

乙酉，後府都督僉事柯忠卒。

己丑，旱災，免台、處、金、衢今年田租有差。

庚寅，整飭薊州邊備右副都御史秦民悦爲户部右侍郎，提督倉場。

命光禄寺市物即給直。

《孝宗實録》卷五七　癸巳，禮部進興王婚禮儀注。

《國榷》卷四二　丁酉，順天府尹唐珣爲右副都御史，整飭薊州邊備，兼巡撫順天。

《孝宗實録》卷五七　己亥，揚州衛正千户劉廸之父祥原以緝獲謀歹犯人功，陞正千户，廸襲職。至是，廸老疾無子，其壐請替職。兵部言：「舊職非軍功，不許襲替。近例緝獲妖言者許襲替一輩，緝獲謀歹者以比妖言爲重，宜加一輩，(諸)〔請〕著爲令。」從之。

《國榷》卷四二　〔十二月〕己酉，山東布政司庫被盜，左布政使吴岷下巡按御史訊，贖還秩。

癸丑，潘府唐山王銓鈹薨。年三十四。謚曰榮康。

《孝宗實録》卷五八　以旱灾，免陝西洮州衛及三十族番軍弘治三年屯糧五千四百七十三石，草八千七十五束有奇。

《國榷》卷四二　丙辰，陝西布政司左參政黄傑爲順天府尹。

戊午，貴州苗乜富架等作亂，殺掠都匀、清平。議討，户部尚書葉淇等言毋輕動，遂命增兵積餉以待。

《孝宗實録》卷五八　辛酉，賜朝鮮國弘治五年大統曆一百本。

岷府南渭王長子膺(鑼)〔䥯〕淫虐蔑倫，廢徙鳳陽。

《明書》卷一一　癸亥，册興王妃蔣氏。

《國榷》卷四二　甲子，慶王邃坍薨。【略】年四十四，謚曰莊。

進士胡易、韓智、童瑞爲給事中。

《孝宗實録》卷五八　英廟妃黄氏薨。贈懿妃。

《國榷》卷四二　大學士丘濬請纂禮經，擬詔旨傳出，上褒答。

《明史》卷一五《孝宗紀》　甲子，土魯番以哈密地及金印來歸。

《孝宗實録》卷五八　丁卯，命開中淮、浙兩鹽運司及四川、雲南鹽課提舉司存積鹽課二十萬引于貴州都匀、清平諸倉，召商納粮，以備征苗軍餉，從户部會議也。

《明通鑑》卷三七　〔戊辰〕，鳳陽陵火。時有遺火山場者，遂延爇九十餘里。

巡按官劾留守中官王正等罪，贖杖，還職。

《國榷》卷四二　己巳，南京户部尚書黄紱改南京左都御史。

《明通鑑》卷三七　復召秦紘爲南京户部尚書。

《國榷》卷四二　安遠侯柳景母孫氏以被火求宥贓，許之。刑部尚書彭韶言：「唐宣宗元舅鄭光官租不入，京兆尹韋澳械其莊吏，宣宗欲寬之，澳謂若此法獨行于貧户，不可爲訓，竟徵足之。今柳景無元舅之親，使臣等媿于韋澳。」不聽。景，姻外戚慶雲侯。

弘治五年（壬子、一四九二）

《明史》卷一五《孝宗紀》　春正月壬午，大祀天地於南郊。

《孝宗實録》卷五九　己丑，以水災，免遼東廣寧前屯等六衛弘治四年屯田子粒有差。

《國榷》卷四二　壬辰，減社稷壇鋪五色土，僅寸厚，用百有十石。

乙未，英國公張懋等上表請册東宮。以幼，未許。

戊戌，張懋等再表册儲。不許。

〔二月〕癸卯，張懋等又表請，許之。

水災，免蘇、松、嘉、湖糧芻有差。

甲辰，初，（思）〔恩〕城州知州岑欽誘殺泗城州知州岑應，已，應弟接伴迎欽，殺之。議裁（思）〔恩〕城州。

《明紀》卷二一　〔戊申〕，朝廷遣官按實，幽思鐇等鳳陽，謫戍其黨。思鐇陰使送者刑梏之，斃八十餘人。不數日，世子暴卒。

《孝宗實録》卷六〇　庚戌，以水災，免河南歸德、蘭陽、儀封、陽武等九州縣糧草有差。

《國榷》卷四二　癸丑，龍溪縣盜温文進等伏誅。

《孝宗實録》卷六〇　乙卯，以水災，免直隸順德府南和、任縣秋糧馬草四分者各免一分。

《國榷》卷四二　丁巳，右副都御史梁璟巡撫四川。

庚申，定經筵俱吉服。從閣臣言。

甲子，增禮部主事，提督會同館。

《明史》卷一五《孝宗紀》　丙寅，命陝巴襲封忠順王。

《國榷》卷四二　代府輔國將軍成鈋有罪，降爲庶人。

丁卯，虜入大同陽和衛境，殺邏卒。

己巳，旱災，免杭州、金華田租有差。

《明通鑑》卷三七　庚午，減陝西織造絨毾之半，巡按御史張文請之也。

《孝宗實録》卷六一　三月辛未朔，虜入宣府西河口等處，殺掠人畜。

《國榷》卷四二　壬申，前涼州副總兵都督同知趙英卒。

癸酉，進士樊祉爲江西道御史。

《孝宗實録》卷六一　丁丑，賜皇子名厚照。

《國榷》卷四二　丁丑，逮應天府（丞）〔尹〕冀綺，以南京陵廟牲遲悮見劾。

《明紀》卷二一　戊寅，立皇子厚照爲皇太子，大赦。

《昭代典則》卷二二　録太廟配享功臣子孫。

《國榷》卷四二　辛巳，劉大夏爲浙江左布政司使。

癸未，國子生薛丕授中書舍人。丕，南京兵部尚書薛遠子，以軍功廕。

乙酉，宣府龍門所守備左監丞陶亮兇戾，調萬全左衛，以守備萬全左衛太監謝銓代。

《明史》卷一五《孝宗紀》　辛卯，廣西副總兵馬俊、參議馬鉉、千户王珊等討古田叛僮，遇伏死。

《明通鑑》卷三七　詔奪兩廣總督閔珪等俸，令益兵進勦。

《國榷》卷四二　乙未，疏南、贛、衡、永鹽法，濟兩廣軍興。

禁永平麻谷山採礦。

丙申，鎮守薊州署都督僉事李銘致仕。

《明通鑑》卷三七　〔戊戌〕，進后父張巒爲壽寧侯。

《孝宗實録》卷六一　山西鎮巡等官奏請開中河東運司弘治四年存積鹽十萬引，召商上納糧、米、豆、草於偏頭、鴈門等處倉場，以備軍需，且發太倉銀一萬兩以助之。户部覆奏，從之。

陞錦衣衛指揮同知陳璽爲署都指揮僉事，總督山東備倭。

《國榷》卷四二　己亥，兵部郎中艾璞、行人高胤先使朝鮮，刑部郎中沈庠、行人董振使安南，頒詔。

《孝宗實録》卷六一　庚子，命寧晉伯劉福鎮守薊州、永平、山海等處。

《國榷》卷四二　〔四月〕癸卯，琉球國中山王尚真入貢。

《明紀》卷二一　陝西巡按御史李興坐酷刑徵下獄。

《孝宗實録》卷六二　甲辰，命南京江陰衛帶俸都指揮僉事耿麟充參將，協同漕運，兼守淮安。

《國榷》卷四二　甲寅，加鎮守薊州寧晉伯劉福總兵官。凡武臣不佩印，不稱總兵，至是福以請，尋給總兵長印，此後制稍變。

乙卯，徽府紀善龔天錫言徽王違祖訓(三)〔二〕十一事。命司禮太監李榮、駙馬都尉周璟敕諭王省改。

《明通鑑》卷三七　丁巳，録囚。

《國榷》卷四二　戊午，前太子少保禮部尚書鄒幹卒。【略】年八十四。贈太子太保，謚康靖。

《孝宗實録》卷六二　致仕南京禮部尚書黎淳卒。

辛酉，巡撫四川右副都御史邢表言：「故翰林學士承旨宋濂卒夔州，瘞蓮華池山下，乞贈謚祭葬。」章下禮部議之。

丙寅，易州山廠工部左侍郎潘禮致仕。

《孝宗實録》卷六三　五月庚午朔，烏思藏闡教王遣番僧來貢。

《國榷》卷四二　癸酉，太廟後殿成，兵、工部尚書馬文升、賈俊進太子少保。

《孝宗實録》卷六三　丙子，禮部以太廟後殿成，進奉安懿祖皇帝后神主儀注。

《國榷》卷四二　辛巳，太僕寺卿曾鑑爲工部右侍郎，理易州山廠。

大學士丘濬乞按內閣藏書，分類具數；又建重樓，藏實訓實録。從之。

《明通鑑》卷三七　詔求遺書，從大學士丘濬之請也。

《國榷》卷四二　乙酉，土魯番入貢獅。受之。

丙戌，上告太廟，奉懿祖宗、后于祧殿。

壬辰，曹州學正濮琰言，州東北五十里雷澤鄉堯冢及母慶都墓，元末入爲僧寺，今寺廢，乞立祠。命葺之。

《孝宗實録》卷六三　乙未，裁減南京神策等二十三衛知事各一員。

丁酉，黜管理河道工部郎中吴珍爲民。坐非法用刑，戕害人命也。

《國榷》卷四二　戊戌，廣州卒求增餉，大掠。撫定之，斬戎首三人。

六月庚子朔，右副都御史鄧廷瓚巡視貴州，兼提督軍務。

癸卯，災傷，免畿內今年備用馬十之三。

《明通鑑》卷三七　下御史彭程于獄。

《國榷》卷四二　甲辰，廣西永安長官司復改永安州。

內府光禄寺課程自白糧外俱停解，收直置辦，四川按察司知事王勉言之。

丙午，岷府南渭王音壂薨。年五十五，謚榮順。

戶部左侍郎吴原請從祀宋儒龍溪陳淳。

《明史》卷一五《孝宗紀》　丁未，免南畿去年被災稅糧。

《國榷》卷四二　辛亥，戶科給事中叢蘭諫造皇壇器皿，命光禄以數聞。光禄寺卿胡恭等謂欽安殿修齋辦之。上責蘭皇壇所自，蘭以本寺領狀對，于是胡恭等引罪，謂成化中乾清建黄壇修齋，今誤爲皇。上責其支吾，奪月俸。

《孝宗實録》卷六四　乙卯，命戶部運太倉銀十萬兩于遼東，以備邊儲，准弘治七年歲例之數。

甲子，陞授壽寧侯張巒勳階爲特進光禄大夫柱國，歲加禄米二百石，封號仍舊，賜誥券并三代妻室封贈。

《國榷》卷四二　戊辰，代府懷仁王成鈀薨。年三十一，謚恭和。

〔七月〕甲戌，王鼎、丁養浩、樊廷選、郭鏞、周進隆、張綸、金獻民、王哲、俞琳、韓春、王珀、方榮、劉紳、張天衢、榮華、劉芳、張黻、沈元、楊鍊、劉偉、國瑀、高崇熙、張聞、連盛爲監察御史。

增南京巡街御史二人。舊一人。

乙亥，定在京有印題奏徑自封上，餘赴通政司。

《孝宗實録》卷六五　丙子，以貴州有警，開中雲南鹽課四萬八千餘引，四川一萬九千七百餘引，俱聽於都勻、清平等倉上納，以備邊餉。

《國榷》卷四二　丁丑，南京神機營、小教場俱用勳臣。

戊寅，修湯陰岳飛祖塋，有司歲祭。

南京右府都督同知王銓卒。

《孝宗實録》卷六五　辛巳，命右春坊右諭德王鏊、司經局洗馬楊傑爲應天府鄉試考試官。

《國榷》卷四二　壬午，裁定問刑條例。

乙酉，嘉祥訓導婁奎請訪曾子遺派在江西贛、榆者，授博士主祭。下所司。

《孝宗實録》卷六五　戊子，重修禮部成。

《國榷》卷四二　己丑，哈密衛故都督僉事賽亦撒隆從子寫亦虎仙、都指揮使哈剌參，俱爲都督僉事。

《明史》卷一五《孝宗紀》　甲午，振南京、浙江、山東饑。

《孝宗實録》卷六五　丁酉，户部言：「江南蘇、松等府連歲荒歉，民間兑運糧米每石用銀二兩，而北直隸、山東、河南歲供宣府、大同二邊糧料每石亦用銀一兩，前弘治四年蘇州府兑運糧米已准將五十萬石折收銀五十萬兩，冀紓民困，今年請再行之，其應天、松江、鎮江、常州、池州、太平及杭、嘉等府亦請於兑運糧内折收四十八萬六千八百九十石銀價，災重者每石收銀七錢，稍輕者收銀一兩，俱解部轉發各邊，准北直隸等三處歲供之數，其三處歲運各邊糧料如折收之數暫請改輸京倉，庶幾費省而事易集。」從之。

戊戌，户部言：「舊例凡災三分以下者税糧不免，三分以上遞減之。比順天府所屬州縣以旱災覈實數告，間有不當免者，但京畿民困，尤宜加恤，今年夏税請照數悉與蠲免。」從之。

《國榷》卷四二　〔八月〕辛丑，禮科給事中王綸上六事：撫流移，急賑濟，緩催徵，均優卹，時播種，汰冗官。下所司。

《明史》卷一五《孝宗紀》　癸卯，劉吉致仕。

《國榷》卷四二　晉府慶成王鍾鎰子女九十四人，孫百六十三人，巡撫山西左僉都御史楊澄等言恐收養異姓。禮部勘實，奏自正妃外，限妾媵四人，各將軍三人，中尉二人。從之，著爲令。

《孝宗實録》卷六六　丙午，命左春坊左諭德楊守阯、司經局洗馬梁儲爲順天府鄉試考試官。

《國榷》卷四二　戊申，吏科給事中葉紳、刑部郎中顧源廣西勘事回，上十事。【略】上從之。

壽寧侯張巒卒。【略】年四十八。贈太保，追封昌國公，謚莊肅。

庚戌，敕工部左侍郎陳政兼右僉都御史，總理河南水道。

癸丑，皇妹薨，追封仙游公主。

乙卯，兩浙災，右僉都御史張文昭巡視賑濟。文昭喪母，改户部左侍郎吴原兼右僉都御史往。

己未，寧府宜春王磐烑薨。年七十九，謚安簡。

《孝宗實録》卷六六　壬戌，以水旱災，停徵山東、河南及直隸大名等府備用馬十之三，并量免各處協濟夫役，從給事中王綸奏也。

甲子，以水災，免浙江杭州、紹興二府縣正官明年朝覲。

乙丑，命取回山東、浙江、南、北兩直隸清軍刷卷御史，以地方災傷故也。以水災，停南京、兩浙、蘇松等處之額外織造者，并取回督造官員。

丙寅，惜薪司左司副何鼎奏，【略】請於都城隙地增置倉廒，移通州倉糧于其中，且請修濬大通橋以東石閘河道，令漕舟直至橋下，以省轉輓之勞。【略】從之。

丁卯，命發應天府預備倉糧二萬三千九百餘石給南京應天等三十九衛屯種軍餘之缺食者。

《明書》卷一一　九月〔壬申〕，回回自海道入貢，却之。

《國榷》卷四二　甲戌，太常寺卿兼侍讀學士傅瀚展墓。

《孝宗實録》卷六七　丁丑，重陽節，賜百官宴于午門。

庚辰，實授南京都察院理刑知縣郭紘、宗彝爲南京監察御史。

《國榷》卷四二　辛巳，命太監白俊、駙馬都尉蔡震徵荊王見潚。

壬午，以隸卒詐取獄囚，刑部郎中車霆、陳章，員外郎蔡相、陳宣、郁容，主事朱儀、侯直、仲本、張愷、姚文灝、張景琦、朱清、李充嗣、〔陶纘〕俱下獄調外。

《孝宗實録》卷六七　以各處災傷，減明年上元節所用黑鉛等料常數之半。

《國榷》卷四二　甲申，代府博野王聰泰薨。年三十五，謚端穆。

《孝宗實録》卷六七　丁亥，命詹事府少詹事兼翰林院侍講學士陸簡、司經局洗馬梁儲纂修玉牒。

壬辰，命户部運太倉銀十萬兩于宣府，以備軍儲。

乙未，以災傷，停解浙江、河南、南、北直隸州縣軍丁，并免山東秋班官軍，暫于本處操守。

《孝宗實録》卷六八　十月戊戌朔，命隨侍衡王翰林院檢討祝福爲左長史，紀鏞爲右長史。

壬寅，命户部運太倉銀六萬兩于甘州，准弘治六年歲例之數；并開中兩淮都轉運鹽使司弘治元年常股鹽八萬引、二年存積鹽六萬引，雲南鹽課提舉司三年鹽課六萬引，召商上納糧料于甘肅等倉，以備邊儲。

《國榷》卷四二　甲辰，江西按察使魏富爲右僉都御史，巡撫順天。

乙巳，前南京工部尚書程宗卒。

庚戌，止寧夏採豹。

乙卯，立故建寧知府建德張瑛祠于建寧。

給哈密忠順王陝巴婚費如一品禮。

丙辰，水災，賑廣、惠、南、韶。

《明通鑑》卷三七　丙辰，録囚。

《國榷》卷四二　己未，宥御史李興死，與彭程皆謫戍。

《明史》卷一五《孝宗紀》　壬戌，湖廣總兵官鎮遠侯顧溥、貴州巡撫都御史鄧廷瓚、太監江悳會師討貴州黑苗。

《國榷》卷四二　癸亥，張遇、郝鎰爲南京監察御史。

丙寅，前少詹事兼翰林侍講學士程(毓)〔敏〕政、左春坊左庶子兼翰林侍讀張昇並復秩。錦衣衛千户葉通言其枉。

《孝宗實録》卷六九　十一月戊辰朔，欽天監進弘治六年大統曆。

《國榷》卷四二　乙亥，福建提學副使羅璟爲南京國子祭酒。

《孝宗實録》卷六九　以水災，免應天、蘇、松、常、鎮等府弘治五年歲辦皮張、蠟(密)〔蜜〕等料三之二。令軍民人等有願納銀米以助賑濟者授以軍職，不治事。不爲例。

《國榷》卷四二　丙子，左府帶俸成安伯郭鐄卒。

丁亥，監察御史唐相以巡按廣西失訪外戚，謫永城縣丞。

辛卯，左府帶俸安鄉伯張寧卒。

《明通鑑》卷三七　停納粟例。

《明史》卷一五《孝宗紀》　丙申，閉温、處銀坑。

《國榷》卷四二　〔十二月〕戊戌，進士王中爲南京監察御史。

辛丑，命合州祀宋知州王堅、張珏，俱城陷殉虜者。

《孝宗實録》卷七〇　乙巳，命運户部銀十萬兩于遼東，以備邊儲，准弘治八年歲例之數。

《國榷》卷四二　庚戌，謝綬爲南京監察御史。

壬子，巡茶監察御史竇(庠)〔祥〕苛罰，謫萬縣知縣。

丙辰，張鶴齡嗣壽寧侯。傳陞通政司經歷高禄爲右參議，巒妹壻也。

《孝宗實録》卷七〇　丁巳，賜朝鮮國大統曆一百本。

復陞故壽寧侯張巒次子延齡爲都督同知、中軍都督府帶俸，并陞張嶙爲正千户，張岳、張麒俱爲副千户，張倫、張純、張恪俱爲百户，錦衣衛帶俸。

《皇明資治通紀》卷二一　廢荆王見潚。

《國榷》卷四二　己未，錦衣衛帶俸正千户周賢，原貢士，乞仍會試。特許之。

庚申，水災，免杭、湖、嘉興、紹興、金華今歲歲辦蓮蓴等三之二。

《孝宗實録》卷七〇　壬戌，禮部奉旨查奏先年自宫發遣充軍寧家者，内于剛等二千二百四十六名年籍相同，周英等八百三十八名無從查覈，又杜剛等二百一十二名不係先年發遣之數。命于剛等發充南海子淨軍種菜，周英并杜剛等送户部編充海户常令築墻種菜，當差逃者殺之。仍命禮部榜諭今後敢有私自净身者，本身并下手人處斬，全家發邊遠充軍，兩鄰及歇家不舉首者同罪，有司里老人等時加訪察，有即執送于官，如有容隱亦治罪不貸。

《國榷》卷四二　甲子，裁浙江管礦右參議、僉事各一。

《孝宗實録》卷七〇　河間、長蘆都轉運鹽使司各場鹽自成化元年至二十三年止有召商開中，無人報納者，亦有改撥存下虧折不堪者，共五十一萬六千九百餘引，官吏多沿襲作弊，竈丁亦乘此私煎。户部議謂須盡數鬻之，庶鹽法可清。從之。

《國榷》卷四二　丙寅，秦府臨潼王誠瀿薨。年四十，謚和僖。

是年，定民牧，十丁共兒馬一、牛一，十五丁騍馬一，計歲科俵。

弘治六年（癸丑、一四九三）

《國榷》卷四二　〔正月〕甲戌，平鄉伯陳信卒。

壽州同知董豫上三事：覈田糧，修陂塘，遵舊制。從之。

乙亥，廣東按察僉事沈鋭專理鹽法。

《明史》卷一五《孝宗紀》　己卯，大祀天地於南郊。

《國榷》卷四二　癸未，兵部主事莫驄上六事：平差役，去冗官，處置清勾逃軍，留災傷地方操卒，存雜差正軍，實軍户。上從之，惟勾軍宜餘丁代納仍舊。

丙戌，私閹數百人擊登聞鼓求用。俱下鎮撫司治罪。

《明書》卷一一　〔丁亥〕，免山東鹽課六萬八千引。

《昭代典則》卷二二　〔己丑〕，詔考察官未及三載者，悉復其任。

《國榷》卷四二　庚寅，募民納粟于貴州都匀、清平資餉。

辛卯，户部右侍郎張鼎疾去。

故鎮守廣西都督僉事馬俊贈都督同知，子振襲都指揮僉事。

癸巳，吏部奉命復奏留外官五十八人。

《皇明大政紀》卷一七　〔二月庚子〕，命太常寺少卿李東陽、少詹事陸簡主考會試。

《國榷》卷四二　辛丑，河南按察僉事史俊兼整飭鳳陽兵備。

壬寅，巡撫都御史魏富閲實山海諸關，張琳閲實居庸諸關墩牆器械。

癸卯，賑江西武寧縣水災。

甲辰，懷來右參將都指揮同知盛忠私卒伐木塞外被殺，不以聞。罷忠，並撤奉御張勝。

《孝宗實録》卷七二　乙巳，命提督倉場户部左侍郎秦民悦管部事，陞巡撫蘇松等處都察院左副都御史侶鍾爲户部右侍郎，提督倉場工部右侍郎徐貫爲本部左侍郎，巡撫湖廣右副都御史謝綬爲工部右侍郎。

《國榷》卷四二　己酉，襄府棗陽王見沔薨。年三十，謚僖順。

《皇明資治通紀》卷二一　〔辛亥〕，御史李善請築遼東邊墻。

《明通鑑》卷三七　甲寅，吏部訪得開國勳臣常遇春玄孫復、李文忠玄孫璿、鄧愈五世孫炳、湯和六世孫紹宗以聞。詔襲指揮使，奉先祀。

《孝宗實録》卷七二　丁巳，命運太倉銀二萬兩於遼東，以備軍餉。

《明史》卷一五《孝宗紀》　擢布政使劉大夏右副都御史，治張秋決河。

《孝宗實録》卷七二　戊午，命蘇、松、常、湖四府該運弘治五年京倉折色米量留三十萬石于本處，以備賑濟，從巡撫都御史侶鍾奏也。

《明書》卷一一　〔辛酉〕，給事中吴世忠乞褒遜國諸臣。下禮部議，格不行。

《孝宗實録》卷七二　癸亥，先是，以山東旱災，於弘治五年兑運糧二十八萬石内免十二萬石，至是，巡撫都御史請併以十六萬石准江南折銀例，每石徵銀六錢，以紓民困。從之。

《孝宗實録》卷七三　〔三月〕己巳，陞四川布政司左布政使何鑑、雲南左布政使韓文俱爲都察院右副都御史，鑑巡撫蘇、松等府，文巡撫湖廣，兼贊理軍務。

《國榷》卷四二　故廣西布政司右參議馬鉉贈右參政，子效才入太學。

修武伯沈坊卒。

《孝宗實録》卷七三　命河東運司運鹽課銀五萬兩于大同，以給邊儲。

《國榷》卷四二　河南、山東、山西、直隸旱，下巡撫禱嶽鎮、海瀆。

《孝宗實録》卷七三　庚午，以水旱災，免直隸鳳陽衛及河南衛輝等府、彰德等衛所弘治五年糧草子粒有差。

癸酉，命運太倉銀四萬兩於寧夏，三萬兩於榆林，五萬兩於宣府，以備邊儲。

命兩浙運司開賣鹽課二十一萬六千二百餘引，貯之太倉，以備國用。

《國榷》卷四二　命會試乙榜俱就教職。

丁丑，禮部議處廣東番舶，私舶禁而不絶，番舶禁而不至，今復番舶無違礙者，館禮以聞，否則阻回。從之。

庚辰，廷策貢士汪俊等三百人。

《明通鑑》卷三七　癸未，賜毛澄等進士及第、出身有差。

《孝宗實録》卷七三　庚寅，長蘆鹽運司奏：「先開中本司鹽引，定價太高，報中者少；乞場分高下，年分遠近，量爲增減。」户部覆奏，從之。

甲午，授第一甲進士毛澄爲翰林院修撰，徐穆、羅欽順爲編修，第二甲顧清等九十人、第三甲陳璘等二百五人分撥各衙門辦事。

《國榷》卷四二　〔四月〕丁酉，免大學士徐溥早朝。

蝗災，免遷安、撫寧田租。

戊戌，賜郭琥冠帶，奉祀滁陽王。

《孝宗實録》卷七四　録故太子太保兵部尚書余子俊之子寘爲錦衣衛正千户，子孫世襲百户。

《明史》卷一五《孝宗紀》　己亥，土魯番速檀阿黑麻襲執陝巴，據哈密。

《國榷》卷四二　辛丑，設雲南賓川州、大羅衛。

禮部尚書耿裕等請還土魯番貢使，停賞。

祀宋儒胡安國于衡州，子宏祔。巡撫謝綬言之。

《孝宗實録》卷七四　丙午，以蟲旱災，免遼東廣寧前屯等二十四衛弘治五年屯糧有差。

《明通鑑》卷三七　己酉，遣兵部侍郎張海、都督同知緱謙經略哈密。

《孝宗實録》卷七四　庚戌，内府承運庫告缺少供應金銀，户部請借太倉銀十萬兩應用，移文天下催取弘治二年至五年折糧銀兩以充之。復奉旨集廷臣議，擬上三事，以爲通融理財之法：一，折錢鈔。【略】一，清船料。【略】一，起存積。【略】奏入，從之。

《明通鑑》卷三七 〔癸丑〕，太醫院判劉文泰劾吏部尚書王恕。

《國榷》卷四二 追贈外戚瑞安侯王源父鎮阜國公，謚康穆。

《孝宗實録》卷七四 甲寅，命户部開中兩淮、兩浙二鹽運司及雲南提舉司弘治元年至四年鹽課各三十萬引於陝西三邊，以備軍餉；仍募人輸粟六十石、或豌豆八十石、或穀草九百束者俱授冠帶，從寧夏巡撫都御史韓文奏也。

《國榷》卷四二 乙卯，張恂嗣安鄉伯，郭寧嗣成安伯。

丁巳，寧王宸濠襲封，請復先靖王所革禄三之二。許之。

《明通鑑》卷三七 庚申，録囚，並命南京法司著月録囚如京師。

《國榷》卷四二 前太子少保禮部尚書張文質卒。

辛酉，南京户部尚書秦紘考績入京，通理致仕前右都御史倖被詰責。

《明史》卷一五《孝宗紀》 久旱，敕修省，求直言。

《國榷》卷四二 〔五月〕丙寅，代府靈丘王仕壜薨。年六十二，謚僖靖。

《明史》卷一五《孝宗紀》 小王子犯寧夏，殺指揮趙璽。

《國榷》卷四二 己巳，淮世子見濂卒。謚安懿。

《孝宗實録》卷七五 庚午，命陝西按察司僉事延綏靖邊營管糧者每三歲一更，從巡撫都御史王宗彝請也。

《國榷》卷四二 辛未，翰林編修馬廷用爲侍讀。

下劉文泰錦衣獄，鞫之。

壬申，吏部右侍郎周經、兵部尚書馬文升、工部尚書賈俊，〔癸酉〕，户部尚書葉淇、禮部尚書耿裕、（侍郎周經）等，各應詔言事，皆優答之。

甲戌，册皇妹永康長公主，駙馬都尉崔元尚之。

《孝宗實録》卷七五 乙亥，以順天府大興、宛平二縣旱災，命發預備倉賑之，下户兩月，稍優者一月，大口各給糧三斗，小口半之，從府尹黄傑請也。

《國榷》卷四二 戊寅，增設慶遠府永順、永定二長官司。

《孝宗實録》卷七五 右軍都督府都督僉事李杲卒。

《國榷》卷四二 庚辰，水旱，免荆、黄去年田租有差。

丙戌，劉文泰獄上，謂故都御史吴禎詆《王恕傳》疏中引《五子之歌》，又大學士丘濬云刊傳，此沽直謗君也。命降文泰御醫，燬恕傳。

辛卯，各王府食鹽，定運司輸直。

壬辰，左春坊左諭德曾彦乞宣召大臣參決章奏。納之。

《明通鑑》卷三七 〔閏五月〕乙未，免南畿被災秋糧凡一百八十萬石有奇。

《國榷》卷四二 戊戌，裁廣東雷、廉兵備副使。

《孝宗實録》卷七六 庚子，湖廣左布政使劉喬卒。

《國榷》卷四二 甲辰，太常寺少卿兼翰林侍講學士李東陽上封事，俱引《孟子》，以近事證之。章下所司。

《孝宗實録》卷七六 乙巳，以水災，免兩浙運司鹽課弘治二年至四年已徵在官而消折者七千一百三十引有奇，五年未徵者三千三十五引有奇。

《國榷》卷四二 南京户部員外郎周琦言：「廣西古田馬平山賊宿禍，征之策有三：如成化元年發兵二十餘萬，班師後立土官，招流民給田，免租三年，猺六年，而運湖廣、江西、廣東之粟接濟，此遠圖一也。若止調兩廣官軍，田州思恩、泗城、南丹等土兵，六月調發，九月進山，十一月冬至後散卒，十二月撫殘徒，明年正月安置，則殘徒各借牛種，可以資生，此近利二也。又全勦不如獨攻，明捕不如暗執，若賊發待檄，豈能坐斃，宜不拘時月撲滅，此兵力不勞，錢糧不費而事濟，三也。」從之。

《孝宗實録》卷七六 丙午，陞翰林院修撰王華爲右春坊右諭德。

庚戌，陞革職都督同知毛倫爲都指揮僉事，充左參將，分守廣西潯、梧等處。

辛亥，命開中兩淮、兩浙運司鹽二十五萬引於大同，四十萬引於宣府，二十五萬引於遼東，以備邊儲。

《國榷》卷四二 癸丑，右副都御史張敷華仍提督雁門關，兼巡撫山西。

《孝宗實録》卷七六 甲寅，吏部覆奏科道官所陳事，今後文武官有朦朧奏請希求進用者，查照舊例，文職黜退爲民，武職降調邊衛，仍申明禁約。

《明通鑑》卷三七 〔乙卯〕，太子太保吏部尚書王恕致仕。

《國榷》卷四二 光禄寺卿胡恭等奏：「乾明門貓十一，刺蝟五，西華門犬五十三，御馬監犬二百十二，虎三，狐狸三，豹一，土豹七，又西華門鴿子，共歲計豕，羊肉並皮骨三萬五千九百餘斤，肝三百六十件，菉豆、粟穀等四千四百八十餘石，俱乞減省。」納之，出御馬監狗七十九隻，牲口户雞、鵝、鴨、豕俱供光禄寺。

《孝宗實録》卷七六 丙辰，南京都察院左都御史黄紱乞致仕。許之。

《國榷》卷四二 己未，水災，免祥符、陳留、原武、封丘去年田租有差。

〔六月〕戊辰，南京總督糧儲右副都御史劉瑀致仕。

《明史》卷一五《孝宗紀》　庚午，捕蝗。

《明通鑑》卷三七　壬申，總督湖廣右都御史閔珪擊古田叛獞，破之。

《國榷》卷四二　癸酉，選翰林院庶吉士顧清、趙士賢、蕭柯、沈燾、曹瓊、吴一鵬、楊昇、曹鏷、汪俊、周玉、黄瀾、胡爟、王縝、任良弼、吴蕣、許天錫、薛格、陳玉、陳陽、王崇文，太常寺卿兼侍讀學士傅瀚、太常少卿兼侍講學士李東陽教習。

乙亥，申嚴考察奏辨之例。

戊寅，趙府襄邑王見沂薨。年三十六，謚榮惠。

《孝宗實録》卷七七　辛巳，命户部發太倉銀買小麥一千三百四十餘石送光禄寺供用，以補山東布政司今歲免徵之數。

《明通鑑》卷三七　〔壬午〕，改耿裕爲吏部尚書

《國榷》卷四二　癸未，河患，免蘭陽、考城、儀封夏麥。

《明書》卷一一　湯陰王見準敗倫，伏誅。

《孝宗實録》卷七七　丙戌，户部左侍郎兼都察院右僉都御史吴原選自浙江上巡視賑濟事蹟。

《國榷》卷四二　丁亥，李介服闋，補左僉都御史。

戊子，報土魯番糾虜牧北山，欲寇甘肅。敕邊臣備之。

《明通鑑》卷三七　〔辛卯〕，以禮部侍郎倪岳爲本部尚書。

《國榷》卷四二　太常寺卿兼翰林院侍讀學士傅瀚爲禮部右侍郎。

《孝宗實録》卷七七　以災傷，免山東濟南、兖州、東昌三府弘治六年官民户口鹽鈔。

户部奏：「【略】請以廣平府解京絹、遵化等三衛存留秋青草俱折徵銀，收之薊州庫，令遵化、忠義等衛所關營官員支給；河間府解京絹、涿鹿等三衛存留秋青草俱折徵銀，收之涿州庫，令涿鹿等衛官員支給。每絹一疋給銀五錢，布一疋給銀一錢五分，鈔七貫給銀一分。著爲例。」從之。

《國榷》卷四二　七月癸巳朔，蜀王申鑿薨。年三十五，謚曰惠。

丙午，清屯田。

丁未，山西左布政使李蕙爲右副都御史，總督南京糧儲。

戊申，起右副都御史屠滽署院，南京光禄寺卿熊懷爲南京刑部右侍郎。

《明通鑑》卷三七　〔庚戌〕，刑部尚書彭韶致仕。

《孝宗實録》卷七八　廣東歸善縣民吴宗益及其弟宗義皆好施，頻出私財助有司賑濟。【略】特旌爲孝義之門。

《國榷》卷四二　辛亥，吏部左侍郎張悦爲南京右都御史。

《孝宗實録》卷七八　丙辰，南京通政使司右通政强珍以母老，乞致仕歸養。許之。

《昭代典則》卷二三　〔戊午〕，兵部尚書馬文升請改北嶽于渾源州。詔從禮官之議。

《國榷》卷四二　南京禮部右侍郎徐瓊爲禮部左侍郎。

己未，太子少保南京兵部尚書張鎣卒。【略】贈太子太保，謚莊(懿)〔簡〕。

〔八月〕乙丑，進士王鉞、路麟、李師儒、何洽、楊鐸、劉溥、翟敬、徐浤、譚溥、王序爲翰林檢討，教諭侯相、趙珩、蔡材、張夔、楊敬、鈕天錫、劉濟、李文泰、趙通、吴叔和爲待詔，各直壽王、汝王、涇王、榮王。

《昭代典則》卷二三　〔丙寅〕，改右都御史白昂爲刑部尚書。

《皇明大政紀》卷一七　以周經、吴寬爲吏部左、右侍郎。

《孝宗實録》卷七九　己巳，命户部分遣屬官二員覈實直隸保定等四府及真定等三衛秋田水災分數，其各府原奏夏田旱災者各免夏税有差。

《國榷》卷四二　辛未，南寧伯毛文卒。

《明史》卷一五《孝宗紀》　甲戌，免順天被災夏税。

《明通鑑》卷三七　〔乙亥〕，禮部尚書倪岳疏弭災急務，勸上勤聖學，開言路，止無功之費，停不急之役，黜奸貪，進忠直，多見采納。

《國榷》卷四二　庚辰，詔孟密安撫司改隸雲南，不屬木邦。

癸未，暹羅國入貢。

甲申，前南京左都御史黄紱卒。

《孝宗實録》卷七九　乙酉，山東巡撫等官左僉都御史王霽等言：「臣等奉敕賑飢，自去歲八月至今年七月，共支過銀三十七萬四千五百四十兩，錢二千八百六十四萬六千六百文，米二百七十六萬三千二百三十八石，活飢民二百六十三萬五千餘口，招復業者萬三千八百八十三户。」命所司知之。

《國榷》卷四二　戊子，南京工部尚書侯瓚改南京兵部尚書。

《孝宗實録》卷八〇　〔九月〕丁酉，命雲南有司轉運騰衝金齒倉糧六萬餘石貯之隴川南甸等處，并開中雲南鹽課提舉司弘治三年、四年存積鹽課十八萬一

千餘引，召商上納銀米，以備軍餉。

《明史》卷一五《孝宗紀》 免陝西被災夏稅。

《國榷》卷四二 旌雲南孟璉長官司土官舍人刀派羅妻招囊猛。

《昭代典則》卷二二 〔己亥〕，詔取番僧領占竹，禮部尚書倪岳疏已之。

壬寅，大理寺卿馮貫爲南京工部尚書，太常寺少卿兼侍讀學士董越爲南京禮部右侍郎。

旱災，免河間、保定夏稅。

《孝宗實録》卷八〇 癸卯，命於甘肅開中兩浙運司弘治三年常股鹽八萬引，四年存積鹽七萬五千九十六引；福建運司四年額辦鹽九萬四千九百餘引；兩淮運司六年存積鹽五萬引，召商上納糧草，以備軍餉。復命户部運太倉銀六萬兩，并改撥秦、平、臨、鞏附近州縣糧料各五萬石以濟之。其軍民人等有願納銀米受正七品以下散官者，聽從巡視兵部侍郎張海奏。

甲辰，蜀王申鑿薨。【略】年三十五。【略】謚曰惠。

《國榷》卷四二 虜入密雲塘山。

荆庶人見潚，前作弓弩兵械不軌事復發，勒自盡，其世子祐柄並子女俱安置武昌，楚王約束之，推靖次嫡孫都梁王祐橺，進封荆王。

丁未，巡撫山東左僉都御史王霽爲大理寺卿。

《孝宗實録》卷八〇 己酉，以旱災，免陝西西安左等二十五衛所弘治六年屯糧有差。

復命户部差官屬領蘇州、九江等處鈔關，南京户部差官屬領淮安、揚州等處鈔關，其折徵銀鈔解内府供用。

《國榷》卷四二 壬子，大軍討叛苗，分二道，兵備副使吴倬、都指揮劉英進揚安，副使俞俊、參將趙晟、都指揮王楷進清平。三閲月，盡平之。

《孝宗實録》卷八〇 癸丑，陞應天府府丞冀綺爲南京太僕寺卿。

《國榷》卷四二 中府左都督范瑾卒。

《孝宗實録》卷八〇 甲寅，以旱災，免河南開封等府弘治六年夏田税糧之半。

己未，法司會官審録重囚三十八人。

《國榷》卷四二 庚申，定土官賞罰之法。

《明通鑑》卷三七 十月丙寅，以災傷，罷明年上元燈火。

《國榷》卷四二 安南國王黎灝入貢。

戊辰，築河南、彰德、懷慶、南陽、汝寧、許州渠堰。

《孝宗實録》卷八一 庚午，建平伯高進卒。

《明書》卷一一 〔辛未〕，止番僧領占竹入京。

《國榷》卷四二 丙子，禁伐山西塞上樹木。

《孝宗實録》卷八一 丁丑，以水災，免南京留守等三十四衛弘治五年屯糧五千三百石有奇。

《國榷》卷四二 翰林院檢討王鉞、路麟、李師儒、何治、楊鐸、劉溥、翟敬、徐鉉、譚溥、王序以藩僚沈滯，求定遷法，吏部寢之，羣詬部門，下鎮撫司，削籍，以路麟不預，釋之。

《明史》卷一五《孝宗紀》 庚辰，停甘肅織造絨毼。

《國榷》卷四二 甲申，選京營把總官。

復設沽頭閘主事。

戊子，左春坊左諭德曾彦爲南京翰林侍讀學士。

惠安伯張瓚卒。

《孝宗實録》卷八二 十一月壬辰朔，欽天監進弘治七年大統曆。

（戊戌）〔戊戌〕，增置收糧公館五區于太倉之右。

《國榷》卷四二 己亥，賈斌服闋，仍署鴻臚寺事禮部左侍郎。

辛丑，設雲南彌勒、維摩州流官。土官無後。

丁未，前大學士劉吉卒。【略】贈太師，謚文穆。

《孝宗實録》卷八二 己酉，以災傷，免保定左等五衛折草銀五分之二。

《國榷》卷四二 庚戌，光禄寺卿胡（泰）〔恭〕以吏役私盗，降山東都轉運鹽使司同知。

《孝宗實録》卷八二 甲寅，安南【略】來賀册立東宫。

乙卯，賜朝鮮國弘治七年大統曆一百本。

《國榷》卷四二 祠宋臣范仲淹、純仁墓于河南萬安山。

丁巳，南京太僕寺少卿林鳳爲光禄寺卿。

《明紀》卷二一 庚申，振京師流民。

《國榷》卷四二 十二月辛酉朔，進士王宸、李禄、張良弼、吴仕偉、于瑁、東思恭、蔚春、李舉、張文、方矩爲給事中。

丙寅，南京左府都督同知馮昇卒。

《孝宗實録》卷八三 辛未，晉世孫表榮卒。【略】年二十五。【略】弘治十六年追封爲晉王，謚曰懷。

《明通鑑》卷三七 以災復（復）開銀米事例，備振濟之用。

《孝宗實録》卷八三 癸酉，以旱災，免山西太原等府并平陽等衛所弘治六年夏税屯糧有次。

《明史》卷一五《孝宗紀》 己卯，敕天下鎮巡官修省。

《國榷》卷四二 甲申，修歸德殷上公微子祠。

《孝宗實録》卷八三 乙酉，以水災，免直隸真定等四府并神武等七衛所弘治六年糧草子粒有差。

《國榷》卷四二 丁亥，擢儒士潘辰翰林待詔。

《明通鑑》卷三七 巡按河南御史涂昇疏論治河。【略】上是其言。

《國榷》卷四二 是年，置貴州都匀府，凌文獻爲知府，特賜敕，令獨山、麻哈二州，清平縣，都匀、邦水、平州、平浪四長官司隸之。

弘治七年（甲寅、一四九四）

《國榷》卷四二 〔正月〕壬辰，太子少保兵部尚書馬文升請擇醇謹宫人如衛聖楊夫人，豫教皇太子。【略】一二年後，擇内臣如覃吉者，先誦《孝經》，八歲教詩書。上納之。

《明史》卷一五《孝宗紀》 丁酉，大祀天地於南郊。

《國榷》卷四二 庚子，水災，免保定、河間去年田租有差。

丁未，鄧廷瓚平都匀、清平蠻班師。

庚戌，河南水旱，免夏税、秋税有差。

《明紀》卷二二 〔辛亥〕，改作肅州嘉峪關，額曰鎮西。

《孝宗實録》卷八四 壬子，以順天府所屬州縣、直隸永清右等衛所水災，薊州縣忠義中等衛所并馬蘭谷等營堡蝗災，免弘〔治〕六年糧草有差。

癸（卯）〔丑〕，裁革浙江管理水利按察司僉事一員，併其事于管屯僉事。

甲寅，以水災，免直隸懷寧縣秋糧三萬三千八百六十三石有奇，草五萬七千五百九十二包；安慶衛屯糧一千五百四十八石有奇。

丙辰，命直隸大名府弘治六年該輸京庫綿花絨及真定府布疋俱暫折銀，絨一斤折銀一錢，布一疋銀三錢，俟年豐仍舊。

《國榷》卷四二 〔二月〕壬戌，傳制益王婚。

《孝宗實録》卷八五 以旱災，免直隸徐州并所屬四縣弘治六年夏税麥三萬一百（十一）〔一十〕八石，絲一萬七千一百一十八兩有奇。

《明史》卷一五《孝宗紀》 甲子，以去年冬孝陵風雷之變，遣使祭告，修省，求直言，命内外慎刑獄，決輕繫。

《國榷》卷四二 乙丑，旱災，免襄陽、南陽去年夏税之半。

戊辰，遼府枝江王恩錢薨。年四十一，謚温穆。

《孝宗實録》卷八五 庚午，命弘治六年、七年天下户口食鹽鈔仍折銀解京，以備内府承運庫支用；自八年以後則如舊例錢鈔兼收，以備司鑰庫支用。

《國榷》卷四二 癸酉，進士陳繗、李允、張顯、武臯、王選、劉藺、郭瑀爲翰林檢討，直諸王。

《孝宗實録》卷八五 陝西漢中衛舍人陳添福故殺孤姪，謀奪財産，獄具，都察院覆議，以爲律於徒例止於充軍，恐不足以懲姦惡，請旨。上命併當房家口盡發遼東三萬衛充軍，永不宥。仍著爲令。

《國榷》卷四二 乙亥，裁浙江水利僉事，歸于管屯。

《明通鑑》卷三七 〔丙子〕，工部尚書賈俊罷。

《國榷》卷四二 毛良嗣南寧伯。

復廣西柳慶兵備副使。

《明紀》卷二二 〔戊寅〕，王越屢疏訟冤，詔復左都御史，致仕。

《國榷》卷四二 己卯，巡撫順天右僉都御史魏富疾去。

《孝宗實録》卷八五 庚辰，命故建平伯高進之姪霳襲〔建〕平伯。

《國榷》卷四二 癸未，御史張泰等乞免遣織造内臣，不允；工科都給事中王敞等言之，仍不允。

乙酉，旱災，免平陽去年田租之半。

丁亥，南京禮部尚書劉璋改工部尚書。

增解州鹽三十萬引，共爲七十〔二〕萬引，試行一年。

〔三月〕壬辰，裁河南管糧參政。

巡撫延綏右副都御史劉忠致仕。

癸巳，大理寺左少卿屠勳爲右副都御史，整飭薊州邊備，兼巡撫順天。

《明史》卷一五《孝宗紀》 貴州黑苗平。

《國榷》卷四二 丁酉，戒酷吏，歲四月各撫按録囚，八月報上，其酷吏除名。

《孝宗實録》卷八六 戊戌，命户部運太倉銀五萬兩於大同，四萬五千七百兩於宣府，四萬兩於寧夏，三萬兩於榆林，准弘治八年歲例之數。

《國榷》卷四二 己亥，張偉嗣惠安伯。

庚子，山東右布政使熊繡爲右副都御史，巡撫延綏。

水災，免懷寧田租三萬三千八百六十三石。

壬寅，建州左衛都指揮使保能之弟伏當加【略】下錦衣獄。

乙巳，荆世子祐柄、虞城王祐榴、洛安王祐橙、廣濟王祐梲俱廢庶人，徙武昌。

《明通鑑》卷三七 戊申，敕兩畿捕蝗。民捕蝗一斗者，給米倍之。

《國榷》卷四二 辛亥，故刑科給事中林霄使暹羅，卒其國，録子菲入太學。

廣西巡檢司多設土官副巡檢，討盜同功罪。

《孝宗實録》卷八六 壬子，周府清河王同鏞薨。【略】年三十二。【略】謚曰昭和。

《國榷》卷四二 癸丑，都察院榜禁天下十事：縱盜賊，害軍民，淹罪囚，虐小民，繁科差，違信牌，積猾，濫罰，兇徒，賭博。

《孝宗實録》卷八七 〔四月〕壬戌，陞通政使司右通政毛倫爲本司左通政。

《國榷》卷四二 復右春坊右庶子兼翰林侍講王臣。

琉球國中山王尚真入貢。

甲子，南京通政司經歷張昺爲四川按察僉事。前御史謫。

庚午，撫治鄖陽右副都御史王道疾去。

《孝宗實録》卷八七 乙亥，增設雲南陸涼州流官知州、元謀縣流官知縣各一員，改設馬龍州流官知州一員。

《國榷》卷四二 丙子，陝西左布政使沈暉爲右副都御史，撫治鄖陽。

己卯，廣西計擒盜魁黄鑑臣。前殺副總兵馬俊者。

乙酉，貴州獻俘，伏誅，磔十一人，斬二人。

丁亥，濬南京天、潮二河。

《明通鑑》卷三七 録囚。

《國榷》卷四二 〔五月〕甲午，敕旌代府靈丘王長子成鍛孝行。

戊戌，南京兵部郎中婁性削籍。

《明史》卷一五《孝宗紀》 甲辰，太監李興、平江伯陳鋭同劉大夏治張秋決河。

《孝宗實録》卷八八 乙巳，陞南京吏部右侍郎童軒爲南京禮部尚書，兵部右侍郎張海爲本部左侍郎，都察院左僉都御史李介爲兵部右侍郎。

以水災，免直隸徐州及豐、沛二縣弘治六年秋糧八千三百四十三石有奇。

《國榷》卷四二 乙巳，下致仕御史倪進賢、閒住荆州知府定海沃頖于錦衣獄。

戊申，立貴州獨山、麻哈二州，改清平長官司爲縣，各設流官。

《孝宗實録》卷八八 癸丑，陞太僕寺卿李温爲太常寺卿，吏部郎中王佐爲太常寺少卿，同提督四夷館。

《國榷》卷四二 甲寅，右春坊右庶子兼翰林侍講王臣復被劾，調南京工部郎中。

乙卯，巡撫四川右副都御史梁璟爲南京吏部右侍郎，巡撫宣府右僉都御史楊謐回院。

《孝宗實録》卷八八 丁巳，命發山東、河南及直隸揚州等府官銀三萬一千八百餘兩，助修張秋決河之費，其役夫月口糧四斗五升俱以附近州縣預備倉糧給之。

《國榷》卷四二 〔六月〕庚申，限度僧道。

壬戌，廣東左布政使馮俊爲右副都御史，巡撫四川；陝西按察使陳紀爲右僉都御史，巡撫宣府。

《孝宗實録》卷八九 甲子，周府原武王同鐵薨。【略】年四十九。【略】謚曰康僖。

《國榷》卷四二 四川靖夷堡百户翟深等私卒出境，被番賊殺十四人，擄十五人。

《明通鑑》卷三七 〔乙丑〕，築高郵湖隄成，賜名康濟河。

《國榷》卷四二 初命巡河御史孫衍，管河郎中吴滄治之。

丙寅，兵部右侍郎張海上哈密六事，【略】下兵部議。

甲戌，陝西左布政使王衡削籍，巡按御史張文降貴州布政司照磨，李鸞衡州府知事。初，文考衡不謹，遂互訐，坐罪。

丁丑，立貴州印江縣。

戊寅，前後府都督僉事李銘卒。

己卯，録貴州功，進鎮遠侯顧溥太子太保；都御史鄧廷瓚右都御史，仍巡撫；都督僉事王通署右都督；右參將趙晟爲都督僉事，餘陞賞有差。

〔七月〕己丑，土魯番來貢，還哈密之俘。兵部右侍郎張海、都督同知緱謙等言：西域入貢，故事，肅州驗，甘州再驗，今止其使于肅州，必歸陝巴始許貢。下兵部。

癸巳，巡撫寧夏右副都御史韓文致仕。

《孝宗實録》卷九〇　甲午，以水災，免直隸景州追補孳生馬駒七十二匹。

《國榷》卷四二　己亥，河南左布政使孫仁爲右副都御史，巡撫寧夏。

甘肅總兵官周玉疾去。

辛丑，大同副總兵都督同知劉寧爲平羌將軍、總兵官，鎮守甘肅。

乙巳，改汾州守禦千户所爲汾州衛。

《明史》卷一五《孝宗紀》　丙午，工部侍郎徐貫、巡撫副都御史何鑑經理南畿水利。

《國榷》卷四二　庚戌，停哈密王封，令其衆暫居甘州，集番漢兵掩取牙木蘭。

《孝宗實録》卷九〇　壬子，户部以蘇、松、嘉、湖等處大水，恐漕運京儲不足，請以北直隸及山東、河南歲輸宣府、大同二邊夏麥五萬五千四百餘石及秋粟三十三萬八千餘石俱輸于京倉，以補不足之數，而以太倉折糧銀三十四萬六千七百餘兩輸于二邊，以補改運之數，待蘇、松等府勘災至日酌量徵免多寡，定擬本色、折色解補太倉銀米之數。從之。

《國榷》卷四二　後府帶俸泰寧侯陳桓卒。

《昭代典則》卷二二　八月〔乙丑〕，加内閣徐溥少傅、吏部尚書、謹身殿大學士，丘濬少保、户部尚書，劉健太子太保並兼武英殿大學士。

《國榷》卷四二　丁卯，裁臨洮、鞏昌水利通判。

己巳，兵科給事中周旋言：「近年傳奉復行，【略】恐自今以往，投間之人皆引類而起矣。」不納。

《孝宗實録》卷九一　授進士柯拱北爲翰林院檢討，侍親王講讀。

《國榷》卷四二　復設大臣專理誥敕。

《明紀》卷二二　擢李東陽禮部右侍郎兼侍讀學士，入内閣，專典誥敕。

《國榷》卷四二　日講官少詹事陸簡爲詹事，兼侍讀學士。程敏政爲太常寺卿，左庶子張昇爲少詹事，俱兼侍講學士。

《孝宗實録》卷九一　辛未，禮部進興王之國禮儀。

《國榷》卷四二　南京户部員外郎牛通貪鄙無狀，嘗詬同官員外郎余完，致自刎死。上惡之，戍建昌衛。

乙亥，周府聊城王安潪薨。年二十，謚懷和。

丙子，取鄉試羡金供禮闈，應天、山東、山西、河南、陝西各八十兩，餘百金，兩廣、雲貴不與焉。

己卯，敘州府大疫。

辛巳，旌故蒙化土知府左剛妻張氏貞節。

甲申，大通事錦衣指揮僉事王英言：「罕東左衛在哈密南，其程三日；野乜乞里在哈密東，程二日。怨土魯番次骨，我撫之，皆兵也。西域使者方叩關利互市，我聲阿黑麻罪，謝勿與通，彼窮而歸怨，皆吾間也。若然，土魯番孤而自危，安能有哈密。」章下兵部。

《明史》卷一五《孝宗紀》　九月丁亥，以水災停蘇、松諸府所辦物料，留關鈔、户鹽備振。

《明書》卷二　〔己丑〕，發内官蔣琮充孝陵軍。

《國榷》卷四二　癸巳，興王辭山陵。

《孝宗實録》卷九二　丙申，命甘肅、寧夏、延綏開中兩淮弘治三年常股鹽及弘治四年存積鹽共五十萬引，以備邊儲，每引價銀六錢。

《國榷》卷四二　癸卯，興王之國。

《孝宗實録》卷九二　甲辰，命户部運太倉銀六萬兩并運兩淮運司鹽價銀十八萬兩于甘肅，以備邊儲。

《國榷》卷四二　乙巳，汪宣、何歆爲南京監察御史。

《孝宗實録》卷九二　命户部運太倉銀十二萬兩于遼東，以備邊儲。

《國榷》卷四二　己酉，進遂安伯陳韶、平江伯陳鋭、成山伯王鏞，俱太子太保。

《明通鑑》卷三七　加吏部尚書耿裕、兵部尚書馬文升俱太子太保，户部尚書葉淇、刑部尚書白昂、都御史屠滽俱太子少保。

《國榷》卷四二　前南京刑部尚書張瑄卒。

〔十月〕丁巳，南京刑部尚書鄭時致仕。

戊午，增雲南解額二人，貴州三人，合五十人。

《孝宗實録》卷九三　己未，以旱災，免陝西西安等七府并西安等八衛糧二十七萬四千八百八十石有奇。

《明通鑑》卷三七　立僉民壯法。【略】令州縣七八百里以上里僉二人，五百里三人，三百里四人，百里以下五人，俱于丁衆糧多之家，選年力强者充之，有司以時訓練。遇有調發，給糧以行，而禁占役賄縱之弊。富民不願者，則上直于官，官自募之。

《孝宗實録》卷九三　法司會官審録罪囚。

《國榷》卷四二　壬戌，崇王見澤聞太皇太后違豫，求詣闕問安。諭止之。

以内官監太監李廣言，發卒萬人修内府萬春、壽安等宫，遂安伯陳韶督之。

癸亥，免四川太平長官司遖茶，令補植徵之。

丙寅，前户部尚書李衍卒。

甲戌，山東按察副使楊茂元言：「張秋之役，劉大夏足辦，餘滋擾耳，乞撤太監李興、平江伯陳鋭。」部覆不允。

己卯，定儀賓禄本色四之，餘折色。

先是，在京富户逃原籍歲徵五金，至是止徵三金。

《孝宗實録》卷九三　甲申，令廣東官鹽暫越衡、永地方發賣，每引收銀二分，以助修造三處王府之用，不爲例，從湖廣守臣請也。

《國榷》卷四二　哈密寄住夷人三種：曰回回，曰畏兀兒，曰哈剌灰，至是官其酋七人。

《孝宗實録》卷九四　十一月丙戌朔，欽天監進弘治八年大統曆。

《國榷》卷四二　復唐府承休王芝垠爵，仍奪半禄。

戊子，進士史載德、夏時、李情爲南京監察御史。

《孝宗實録》卷九四　庚寅，裁革湖廣布政司大庸倉副使一員。

丁酉，賜朝鮮國弘治八年大統曆一百本。

《國榷》卷四二　時訪畫士，工科右給事中柴昇言不宜留意，報聞。

戊戌，敕孟密土舍象馬思揲，執木邦宣慰使罕空法，幽之三年。巡撫雲南都御史張誥等議發兵，檄諭之。乃還罕空法，械戎首三十餘人待罪。

《孝宗實録》卷九四　癸卯，陞總督兩廣軍務都察院右都御史閔珪爲南京刑部尚書。

《國榷》卷四二　甲辰，秦府部陽王誠泓薨。年四十(二)〔三〕，謚温穆。

乙巳，南京右通政吕嵩爲左通政，其右通政懸闕，侯焦芳服除。

丙午，故寧晉主簿劉舉捕盜死，子弼廕四川南津驛丞。

丁未，右副都御史唐珣爲右都御史，總督兩廣軍務，兼巡撫。進士楊遜爲南京監察御史。

己酉，陳璇嗣泰寧侯。

《孝宗實録》卷九四　壬子，以陝西西安等七(等)〔府〕歲歉，命户部開中茶一百萬斤，召商納糧，以備賑濟；仍令陰陽、醫生納糧免考授職，軍民納銀授散官或冠帶，事畢而止。

初，有旨運兩淮鹽價銀十八萬兩于甘州，以備邊儲。至是，户部慮緩不及事，請先發太倉銀充其數，却以兩淮鹽價還補太倉。從之。

《國榷》卷四二　甲寅，增築各邊墩臺。

〔十二月〕戊午，陝西提學僉事楊一清爲副使，仍督學。

己未，旱災，免平陽、大同田租。

庚申，皇次子厚煒生。

《孝宗實録》卷九五　乙丑，以水災，免順天府所屬州縣及直隸東勝右等衛所糧草有差。

《國榷》卷四二　丙寅，鎮守甘肅太監傅惪、延綏太監陸誾互調。

丁卯，兵部左侍郎張海請拘阿黑麻貢使，閉嘉峪關，絶西域貢道。下兵部議。

《孝宗實録》卷九五　戊辰，憲廟順妃王氏薨。

《國榷》卷四二　己巳，户部右侍郎秦民悦改吏部右侍郎。

庚午，改張秋曰安平鎮。劉大夏疏孫家渡三十里，四府營十里，亘長隄分大名、山東水勢，別通張秋南以漕，五旬而畢。

《孝宗實録》卷九五　陞陝西按察使許進爲都察院左僉都御史，巡撫甘肅。

壬申，陞山東布政司左参政張縉爲通政司右通政，提調沙河至德州河道。

《國榷》卷四二　總督南京糧儲右副都御史李蕙爲左副都御史，總督漕運，兼巡撫鳳陽。

《孝宗實録》卷九五　廣西副總兵都指揮同知郭鋐爲署都指揮僉事，充漕運總兵官，鎮守淮安。

《明史》卷一五《孝宗紀》　甲戌，張秋河工成。

《國榷》卷四二　仍議黄陵岡工役。

《孝宗實録》卷九五　乙亥，命提督倉場户部右侍郎佀鍾管部事，改南京工部右侍郎蕭禎爲南京刑部右侍郎。

《皇明資治通紀》卷二一　兵部侍郎張海、都督僉事侯謙經略哈密還京，下獄。

《孝宗實録》卷九五　丙子，刑部言：「【略】請著令凡年七十以上、十五以下及廢疾者，除所犯罪名依律論斷外，其例應充軍瞭哨、口外爲民者，仍依例發遣；若年八十以上及篤疾者，有犯如應子孫永遠充軍者，以本犯子孫發遣，其應口外爲民及瞭哨并十歲以下者則依律收贖，免其發遣。」從之。

《國榷》卷四二　丁丑，楊綸、韓普、余本實、邵蕃、李紹、張淳、黄珂、王用、張隆、陳策、丘天祐、馮清、鄭弘、胡華、黄山、方誌、姚壽、王恩、姚祥、范鏞、邊憲、費鎧、劉淮、夏景和、石玠、趙鑑、謝朝宣、吕卣、鄧璋、燕忠、劉道立、黄世經爲監察御史。

《明通鑑》卷三七　己卯，小王子數犯甘凉、永昌、莊浪。諸被掠者，敕鎮、巡官恤其家，給以牛種。

《國榷》卷四二　庚辰，順天府尹黄傑爲户部右侍郎，提督倉場；應天府尹樊瑩爲南京工部右侍郎。

辛巳，成都前衛貢士徐（楠）〔柟〕終養教授，巡撫都御史梁璟薦授夷陵州判官，致仕。

甘肅邊警，英國公張懋，都督莊鑑、馬昇整京營兵候發。

巡撫河南右副都御史徐恪坐事調湖廣，以湖廣巡撫都御史韓文代。

壬午，災傷，免陝西田租十之三。

朝鮮國王李娎卒。

弘治八年（乙卯、一四九五）

《國榷》卷四三　〔正月〕辛卯，南京右僉都御史王軾爲右副都御史，總督南京糧儲。福建右布政使張玉、南京太僕寺卿冀綺爲順天、應天府尹。

《明史》卷一五《孝宗紀》　乙未，大祀天地於南郊。

《明紀》卷二二　致仕刑部尚書彭韶卒。贈太子少保，謚惠安。

《孝宗實録》卷九六　戊戌，户部以陝西涼州有警，請遣本部郎中一員往治軍餉，仍運太倉銀十萬兩以助其費。從之。

《國榷》卷四三　壬寅，後府右都督周玉卒。【略】謚武僖。

《孝宗實録》卷九六　丙午，以水災，免南京錦衣等衛弘治七年屯糧之半。

《國榷》卷四三　己酉，募甘肅士兵禦虜肅州，右參將彭清進左副總兵。

《孝宗實録》卷九六　壬子，以旱災，免四川成都等府州及重慶等衛所弘治七年秋糧子粒之半。

《明史》卷一五《孝宗紀》　甘肅總兵官劉寧敗小王子於涼州。

《國榷》卷四三　甲寅，懷柔伯施鑑卒。

《明紀》卷二二　〔二月〕戊午，丘濬卒。年七十六，贈太傅，謚文莊。

《國榷》卷四三　己未，降兵部左侍郎張海山西右參政，都督同知緱謙都督僉事。

《孝宗實録》卷九七　庚申，以旱災，免直隸潼關衛蒲州守禦千户所弘治七年屯田子粒一百八十七石有奇。

發太倉銀十萬兩于遼東，以備邊儲，准弘治十一年歲例之數。

《國榷》卷四三　壬戌，安置土魯番使者乩兒的乩丁廣西。

乙丑，岐王祐棆之國德安。

《明通鑑》卷三八　以禮部侍郎李東陽、少詹事謝遷入内閣預機務。

《國榷》卷四三　廣西按察使楊守隨爲南京右僉都御史。

丙寅，兵部右侍郎李介爲左侍郎，巡撫陝西；右副都御史王宗彝爲兵部右侍郎。

甲戌，巡撫山西右副都御史張敷華改陝西。

丙子，廷臣失朝，豐城侯李璽等六百二十餘人罰運磚有差。

《明史》卷一五《孝宗紀》　己卯，黄陵岡河口工成。

《國榷》卷四三　河復故道南流。

庚辰，大理寺左少卿顧佐爲左僉都御史，提督雁門等關，兼巡撫山西。

《孝宗實録》卷九七　壬午，户部覆議兵科給事中李舉所言邊儲之害，請令民間輸納，若時豐米賤，則納本色；時凶米貴，則納折色，以便民。當給軍時，如糧貴食艱，則給本色；糧賤食易，則給折色，以便軍。及散銀於軍民使易糧上倉者，當派糴時，計時價每米一石外多給一錢，仍酌量地里遠近以給脚費，使樂於趨赴。其召商上納者，宜禁豪家多支價銀及起軍民爲之搬運。從之。

巡撫貴州都御史鄧廷瓚以都勻既開設府治，請以原隸都勻衛之獨山巡檢司及在城税課局并來遠、都鎮二馬驛俱改隸都勻府，其都勻衛原是軍民指揮使司，請節去軍民二字，於新降印信篆文止稱都勻衛指揮使司。從之。

《國榷》卷四三　〔三月〕戊子，趙繒、王倬爲南京監察御史。

《明書》卷一一　〔辛卯〕，革鄭府涇陽王見溢爵。

《國榷》卷四三　武平伯陳綱卒。

《孝宗實録》卷九八　壬辰，陞河南布政司右參議張鼒爲河南按察司副使，專治河道；大名府知府李瓚爲山東布政司右參政，仍掌府事，兼防守河堤。

《明通鑑》卷三八　免湖廣被災税糧。

《孝宗實録》卷九八　修築黄陵岡河口功成，建黄河神祠以鎮之，賜額曰昭應，令有司春秋致祭，從太監李興等請也。

《國榷》卷四三　癸巳，賜朝鮮國王李娎謚康靖。

丁酉，内承運庫乞採礦補賈，户部議止之。

《孝宗實録》卷九八　庚子，命東寧伯焦俊掌南京前軍都督府事，兼提督操江。

《國榷》卷四三　河南右布政使朱瑄爲右副都御史，巡撫蘇松，兼理糧儲。至官，即以造士恤荒、抑强扶弱爲任，民繪像祠之。

壬寅，太皇太后疾平，諭上曰：「粤自英皇厭代，予正位長樂，憲宗皇帝克盡子道，以天下養，二十四年無異一日。暨皇帝嗣位，實能繼述先志，敦尚彝倫，奉養之禮，至隆至厚。去年七月，予偶嬰瘍疾，皇帝夜起祝天，春郊罷宴，問安視膳，寢食靡遑，頃者醫藥奏功，克底康寧。以昔校今，父子一道，天地所臨，祖考攸鑒，徵諸孝治，必有休祥。予心嘉焉，是用宣之于詞，以表誠孝。」上表謝。祖孫慈孝，稱盛事矣。

甲辰，刑部右侍郎戴珊爲左侍郎，工部右侍郎謝綬改刑部右侍郎。

《孝宗實録》卷九八　丙午，以水災，免直隸鳳陽等府縣及鳳陽等衛所弘治七年夏税子粒之半。

《國榷》卷四三　戊申，水災，免江西去年田租有差。

己酉，右春坊右諭德王鏊爲翰林侍讀學士，左春坊左諭德楊守阯爲翰林侍講學士。

庚戌，易州山廠工部右侍郎曾鑑署部事。

《孝宗實録》卷九八　辛亥，命户部運太倉銀三十萬兩於内承運庫備用。

《國榷》卷四三　四月甲寅朔，工部左侍郎徐貫等修江南水道并賑濟事竣。

丙辰，左通政王傳爲太僕寺卿，理易州山廠。

《孝宗實録》卷九九　以水災，免遼東廣寧左屯等十七衛弘治七年屯糧有差。

己未，陞通政使司左參議王珩爲右通政。

辛酉，命大興左衛帶俸署都指揮僉事黄忠總督福建備倭。

《明史》卷一五《孝宗紀》　壬戌，諭吏部、都察院，人材進退，考察務得實跡，不可偏聽枉人。

《明書》卷一一　封朝鮮世子李㦕爲國王。

《孝宗實録》卷九九　命户部運太倉銀四萬兩於寧夏，三萬兩於榆林，以備邊儲，准弘治九年年例之數。

《國榷》卷四三　甲子，前左府都督同知王瑛卒。世府軍衛正千户。

《孝宗實録》卷九九　巡撫寧夏都御史孫仁請募人納草于寧夏、榆林二邊，給與冠帶，計足三年之用而止。從之。

《明紀》卷二二　乙丑，封都督同知張延齡爲建昌伯。

《孝宗實録》卷九九　丁卯，追封故代府鎮國將軍仕壈爲懷仁王，謚安僖。

《國榷》卷四三　庚午，南京吏部尚書王㒜致仕。

癸酉，監察御史曹鳳請各省鄉試俱遣朝臣。下所司。

乙亥，洪遠爲南京監察御史。

《孝宗實録》卷九九　丙子，命直隸鎮江府原派本府并揚州府倉糧每石暫折徵銀三錢，以水災故也。

《國榷》卷四三　戊寅，大學士徐溥奏：「臣鄉宜興義田贍族，乞立户遵守。」從之，免其徭。

己卯，進士鄒文盛、夏易、孫瑞、王承裕、王廷、鍾渤、徐沂、李濬爲給事中。

出内庫舊甲七萬于工部修作。

《明通鑑》卷三八　〔辛巳〕，下山東副使楊茂元于獄。【略】會言官交論救，部議贖杖還職，特謫長沙同知，尋謝病歸。

《國榷》卷四三　南京户部主事高崐，勘災蘇、松受賄，下獄，戍常德衛。

《明紀》卷二二　始設巡撫南贛汀韶等處地方副都御史，以布政使金澤爲之。

《明通鑑》卷三八　壬午，録囚。

《國榷》卷四三　〔五月〕甲申，太僕寺卿王傳以藩戚降鄖陽知府。

《明紀》卷二二　進陶魯湖廣右布政使。

《孝宗實録》卷一〇〇　乙酉，命太僕寺卿彭禮管理易州山廠柴炭。

《明史》卷一五《孝宗紀》　己丑，免南畿被災秋糧。

《孝宗實録》卷一〇〇　庚寅，陞南京都察院右都御史張悦爲南京吏部尚書。

《國榷》卷四三　乙未，巡撫貴州右都御史鄧廷瓚回南院。

《孝宗實録》卷一〇〇　丙申，整飭肅州兵備陝西副使李旻奏：「【略】今宜令各處坐派肅州税糧俱輸本色，蘭州迤西諸問刑衙門凡罪應贖者俱令上納糧料，以助邊用。」户部覆奏，從之。

癸卯，陞總督南京糧儲都察院右副都御史王軾爲左副都御史，巡撫貴州地方，兼理軍務。

《國榷》卷四三　甲辰，國子祭酒林瀚請明年增歲貢生實國學。從之。

前南京吏部尚書王㒜卒。【略】贈太子太保，謚文肅。

丁未，廣西左布政使李孟暘爲右副都御史，總督南京糧儲。

《孝宗實録》卷一〇〇　庚戌，陞四川布政司右參政周瑛爲本司右布政使。

《國榷》卷四三　〔六月〕甲寅，北虜野乜克力部酋長亦刺思王、滿哥〔王、亦不剌因王〕各款肅州塞，避虜内附。許之。

己未，秦府汧陽王公鏳薨。年六十，謚端懿。

己巳，虜入密雲。

前太子少保工部尚書賈俊卒。

庚午，戒南京勳臣乘輿。

壬申，前左府都督同知白玉卒。

《孝宗實録》卷一〇一　癸酉，命户部於歲例外别運太倉銀六萬兩于遼東，以備邊儲，以巡撫都御史張岫奏邊方有警故也。

《國榷》卷四三　補造南京軍器。

丙子，張弘宜爲南京監察御史。

丁丑，大學士徐溥等請昧爽視朝。納之。

七月辛巳朔，秦府保安王誠潢薨。年三十四，謚榮穆。

《明紀》卷二二　丁亥，封宋儒楊時將樂伯，從祀孔子廟廷。

《明史》卷一五《孝宗紀》　戊子，廣西副總兵歐磐擊破平樂叛瑶。

《國榷》卷四三　己丑，遼王恩鑙薨。年四十四，謚曰惠。

《孝宗實録》卷一〇二　命南京都察院右僉都御史楊守隨提督巡江，兼管操江。

《國榷》卷四三　甘肅總兵官都督同知劉寧爲左都督。

癸巳，常州通判姚文灝爲工部都水主事，治蘇、松、常、鎮、杭、嘉、湖水利，賜敕。

甲午，土魯番速壇阿黑麻自稱可汗，侵沙州，脅罕東諸部。兵部尚書馬文升計虜黠桀，必加之兵，宜如漢陳湯故事，襲斬之。肅州撫夷指揮楊翥諳夷情，召語之，翥曰：「罕東兵三千爲鋒，我兵三千援之，裹糧數日，間道兼程，可克也。」遂敕罕東、赤斤、哈密三衛選兵，以副總兵彭清統之往。

議築潮河川石城，設密雲兵備副使。

《孝宗實録》卷一〇二　乙未，陞錦衣衛帶俸都指揮同知王清、指揮使王濬爲都督同知。二人皆皇太后弟也。

《國榷》卷四三　丁酉，敕還内官監太監李興、平江伯陳鋭、都御史劉大夏。

庚子，初，召崇王見澤省太皇太后，以閣部科道諫，止之。

《孝宗實録》卷一〇二　陞江西吉安府知府顧福爲河南布政司右參議，南陽撫民。

辛丑，命於榆林、寧夏二邊開中兩淮運司弘治五年存積常股鹽共六十萬引，河東弘治二年存積鹽七萬二千五百餘引，兩浙弘治七年存積鹽七萬二千八百餘引，福建弘治六年見在鹽四萬七千四百五十餘引，雲南弘治五年見在鹽四萬七千一百九十餘引，以巡撫等官奏邊儲不足故也。

《國榷》卷四三　甲辰，翰林院五經博士孟元請貤封。吏部謂八品非例，特許之。

《孝宗實録》卷一〇二　戊申，命陝西開中兩淮弘治四年常股鹽二十萬引，弘治六年存積鹽十五萬引；河東撈補鹽十萬引；四川弘治三年見在鹽五萬引；及開中洮州、河州、西寧衛茶四十萬斤。又令吏典、知印、承差納銀減役冠帶，農民納銀免考補役。以巡撫等官奏邊儲缺乏故也。

《國榷》卷四三　〔八月〕癸丑，虜犯延綏神木堡。

《孝宗實録》卷一〇三　乙卯，户部奏：「【略】請於德州開中二運司弘治元年至七年鹽五十一萬七千八百四十八引，臨清開中三年至七年鹽六十九萬九千五百四十一引，募人入粟，以實倉儲。」從之。

《國榷》卷四三　庚申，裁雲南巡礦參議。

《明史》卷一五《孝宗紀》　癸亥，以四方災異數見，敕羣臣修省。

《孝宗實録》卷一〇三　乙丑，巡撫寧夏都御史孫仁奏，寧夏總兵官李俊、副總兵盧欽忿争不和，請改調一人于别鎮。上曰：「【略】俊罰俸三月，欽令回京閒住。」上命大同遊擊將軍都指揮使張安充副總兵，協守寧夏。

《國榷》卷四三　戊辰，遼府應山王恩鐳薨。年三十八，謚和僖。

庚午，右副都御史劉大夏回院。

《孝宗實録》卷一〇三　甲戌，命於甘肅涼州開中兩淮弘治五年鹽課二十萬八百三十引，河東弘治二等年鹽十五萬二千八百七十引，雲南弘治五年見在鹽十四萬六千三百引，及各茶馬司茶四百萬斤，募人入粟，以實邊儲。其甘、涼一帶屯田弘治六年以前積欠糧草悉蠲之，仍責令所司召人耕種荒田。

《國榷》卷四三　内官監太監李廣以丹術符水見幸，富人子袁相賂廣選駙馬都尉，將尚主，被劾。斥相，廣不問，宥司禮太監蕭敬、楊穆、韋紀。

乙亥，益王祐檳之國建昌。

丁丑，太子太保兵部尚書馬文升言：「災異迭見，皆賦繁役重所致，【略】賦重民困，未有甚于此時也。」下所司議之。

鄭王祁鍈薨。年六十，謚曰簡。

戊寅，馬湖土知府安鰲淫虐有罪，伏誅。

〔九月〕壬午，復山東布政司右參政，勸農兼水利。

戊子，暹羅國人有舟飄至瓊州，歸之。

壬辰，魯府東阿王泰壄薨。年七十九，謚端懿。

癸巳，爪哇國王不剌各得那眉入貢，舟覆百餘人，惟金葉表存。市舶司太監王宣等請别遣人齎進，從之。

《孝宗實録》卷一〇四　乙未，命四川馬湖府改設流官知府，增設府同知一員。

《國榷》卷四三　戊戌，寧王覲鈞乞調南昌左衛，仍護衛。不許。

《孝宗實録》卷一〇四　辛丑，遷廣東廣州府從化縣并守禦千户所于番禺縣之馬場田，裁革縣丞、主簿各一員；原所屬獅嶺巡檢司改隸番禺縣，别以番禺之流溪巡檢司及南海李石岐馬驛隸之。又開設龍門縣於番禺、增城二縣之交，而遷所屬龍門巡檢司於縣東之黄沙凹，設知縣、典史，儒學教諭、訓導，陰陽、醫學訓術、訓科各一員，其龍門巡檢司增設土官副巡檢一員。

《國榷》卷四三　裁淮安、揚州管河通判。

《孝宗實録》卷一〇五　〔十月〕甲寅，改户部右侍郎佀鍾爲吏部右侍郎。

《國榷》卷四三　戊午，南京工部右侍郎樊瑩爲左副都御史，巡撫湖廣，兼督理軍務。

己未，總督兩廣右都御史唐珣卒。

辛酉，翰林院庶吉士顧清、沈燾、吴一鵬、周玉、黄瀾爲編修，趙士賢、楊昇、王縝、任良弼爲給事中，蕭柯、曹瓊、陳玉爲監察御史。

《孝宗實録》卷一〇五　壬戌，南京太常寺卿鄭紀進聖功圖。【略】飾以金碧，將取悦禁中，謀爲宫僚，聞者耻之。

乙丑，占城國王古來遣王孫并正副使沙古性等奉金葉表文貢方物。

丁卯，陞都察院左副都御史劉大夏爲户部右侍郎。

戊辰，法司會審罪囚。

《明通鑑》卷三八　〔己巳〕，詹事謝遷服闋，始至京師。

《明書》卷一一　〔庚午〕，修舉社學。

《孝宗實録》卷一〇五　壬申，兵部左侍郎李介承命修築潮河川，既而有疾，改命右侍郎王宗彝代之。

《明紀》卷二二　〔丁丑〕，占城奏安南侵擾，帝欲遣大臣往解。徐溥等言外國相侵，有司檄諭之足矣，無勞遣使，萬一抗令，則虧損國體，問罪興師，後患滋大。從之。

《孝宗實録》卷一〇六　十一月庚辰朔，欽天監進弘治九年大統曆。

《國榷》卷四三　署宗人府駙馬都尉周璟卒。

壬午，南京右府都督僉事楊昇卒。

《孝宗實録》卷一〇六　乙酉，增設陝西慶陽府管糧通判、寧武關倉監收州同知各一員。

《國榷》卷四三　晉府寧化王鍾鈵凶殘有罪，廢爲庶人，錮鳳陽，妃武氏奪封。

《孝宗實録》卷一〇六　己丑，命雲南五井鹽課提舉司、順盪井鹽課司改設流官副使一員。

己亥，免雲南新興等場積逋礦課及布政司礦夫折糧銀三萬七千兩有奇。

庚子，賜朝鮮國弘治九年大統曆一百本。

《國榷》卷四三　丙午，作壽邸于保寧。

《明史》卷一五《孝宗紀》　己酉，免直隸被災秋糧。

《國榷》卷四三　暫停内府工役。

〔十二月〕癸丑，户部右侍郎劉大夏爲左侍郎，巡撫河南右副都御史韓文爲户部右侍郎。

《明紀》卷二二　〔甲寅〕，詔選三清樂章。徐溥等言三清乃道家妄説耳，【略】臣等不敢奉詔，【略】願陛下曲賜聽從。【略】帝嘉納之。

《國榷》卷四三　丁巳，秦府永壽王誠淋薨。年二十四，謚莊僖。

辛酉，陝西左布政使陳道爲右副都御史，巡撫河南。

《明史》卷一五《孝宗紀》　辛酉，巡撫甘肅僉都御史許進、總兵官劉寧入哈密，土魯番遁，遂班師。

《國榷》卷四三　壬戌，前南京兵部尚書薛遠卒。【略】年八十二，賜祭葬。

《孝宗實録》卷一〇七　戊辰，展榆林城。

《國榷》卷四三　庚午，修潮河川關隘。

辛未，南京右都御史鄧廷瓚總督兩廣軍務，兼巡撫。

乙亥，施瓚嗣懷柔伯。

右府署都督僉事奚勇卒。

《孝宗實録》卷一〇七　丁丑，改總督兩廣軍務南京都察院右都御史鄧廷瓚爲都察院右都御史，總督、巡撫如舊。

裁革山東長山縣之白山、鄒平縣之青陽店、濰縣之城東三遞運所。

弘治九年（丙辰、一四九六）

《國榷》卷四三　〔正月〕癸未，傳陞太常寺丞布自雲爲少卿。

甲申，周府永寧王同釪薨。年五十，謚莊和。

己丑，承運庫太監龍綬等請長蘆鹽二萬八千引供織造。

《孝宗實録》卷一〇八　户部覆奏：「【略】惟將兩淮餘鹽每引易銀一兩，可得二萬八千兩，以備織造支給。」從之，令每引增銀二錢。

《明史》卷一五《孝宗紀》　壬辰，大祀天地於南郊。

《明書》卷一一　〔丁酉〕，大覲考察。

《明紀》卷二二　戊戌，吏部尚書耿裕卒。年六十七，贈太保，謚文恪。

《國榷》卷四三　甲辰，水災，免應天、鎮江、常州去年夏麥八萬七千八百石有奇。

戊申，科道拾遺，非不謹貪酷者俱留。

《孝宗實録》卷一〇八　署承運庫事太監秦文等奏，仍乞照太監龍綬所奏長蘆鹽引以供織造。户部言當照前旨，斷以不疑，各官果欲沿途收買物料，請以太倉餘銀二千兩先給之，而鹽引不可與。上竟與之。

以旱災，免山西太原、平陽二府并澤、潞等州，磁州守禦千户所弘治八年夏税十二萬一千二百石有奇。

《孝宗實録》卷一〇九　二月己酉朔，陞都察院左都御史屠滽爲吏部尚書，太子少保如故。

《國榷》卷四三　先是，巡撫湖廣右副都御史徐恪傳陞南京工部右侍郎，以不由廷推，辭。不允。

《明書》卷一一　〔壬子〕，增文廟樂舞，如天子之制。

《國榷》卷四三　甲寅，旱災，免順德去年夏麥四千六百三十餘石。

《皇明資治通紀》卷二一　〔乙卯〕，會試天下舉人，命詹事兼侍講學士謝遷、侍讀學士王鏊爲考試官。

《國榷》卷四三　戊午，周府臨汝王季塼薨。年五十，謚端懿。

太師兼太子太師保國公朱永卒。【略】追封永宣平王，謚武襄，以同謙謚，改武毅。

丙寅，寧府鍾陵王覲錐有罪，革歲禄三之一。

《孝宗實録》卷一〇九 丁卯，故翰林學士承旨宋濂，【略】令有司就於葬所祠堂春秋致祭。

《明書》卷一一 修孟廟。

《孝宗實録》卷一〇九 下南寧伯毛良于都察院獄，贖杖還職。

《明史》卷一五《孝宗紀》 庚午，免河南被災税糧。

《明通鑑》卷三八 辛未，詔右通政張璞、大理少卿馬中錫閱邊。

《國榷》卷四三 癸酉，皇次子厚煒薨。追封蔚王。

甲戌，水災，免徐州去年田租三萬三千餘石。

英國公張懋提督團營

戊寅，定西侯蔣驥總兵，鎮守薊州。

〔三月〕辛巳，晉府義寧王奇湠薨。年四十七，謚榮康。

《孝宗實録》卷一一〇 甲申，以災傷，免直隸蘇州府弘治七年起運南京夏秋糧七萬八千餘石。

《國榷》卷四三 甲申，南京守備太子太傅成國公朱儀卒。【略】年七十，贈太師，謚莊簡。

癸巳，廷策貢士陳瀾等三百人。

《明史》卷一五《孝宗紀》 丙申，賜朱希周等進士及第、出身有差。

《國榷》卷四三 己亥，皇太子冠于文華殿。

辛丑，左府都督同知白全卒。全以舍人侍英宗北狩，累功至今官。

《孝宗實録》卷一一〇 甲辰，授一甲進士朱希周爲翰林院修撰，王瓚、陳瀾爲編修，第二甲進士李永敷等、第三甲汪偉等分撥各衙門辦事。

《國榷》卷四三 丙午，葬蔚王。

丁未，進士張宦爲南京户科給事中。

閏三月戊申朔，皇太子始御文華殿受朝。

《孝宗實録》卷一一一 己酉，選進士顧潛、陳鳳梧、濮韶、陳諮、胡獻、張紹齡、華泉、陳霽、楊褫、葉德、賈詠、汪偉、王崇獻、王九思、張弘至、徐忱、陳琳、戴銑、陶諧、劉瑞二十人爲翰林院庶吉士讀書。

《國榷》卷四三 少詹事兼侍講學士張昇、侍讀學士王鏊教習。

壬子，旌西寧侯宋誠妾朱氏。

乙卯，南京左府都督僉事殷潤卒。

丙辰，旱災，免陝西田租有差。

《孝宗實録》卷一一一 命户部運太倉銀十萬兩於遼東，准弘治十二年歲例之數；并開中兩浙等處鹽課召商納米豆，以備邊儲。

《明書》卷一一 〔丁巳〕，日本入貢。

《孝宗實録》卷一一一 戊午，命魏國公徐俌南京守備。

丁卯，召致仕都察院左都御史王越掌都察院事。

《國榷》卷四三 辛未，秦府宜川王誠灌薨。年二十八，謚康僖。

乙亥，右副都御史翟瑄爲南京右都御史。

前直文華殿大理寺卿朱奎卒。

丙子，南京兵部尚書侯瓚改南京工部尚書。

〔四月〕庚辰，左僉都御史楊謐爲左副都御史，巡撫貴州左副都御史王軾改大理寺卿。

《明紀》卷二二 户部尚書葉淇致仕。

《國榷》卷四三 甲申，南京吏部尚書張悦改南京兵部尚書。

南京國子祭酒羅璟致仕。

《孝宗實録》卷一一二 以災復免遼東定遼左右等十一衛所及苑馬寺等處弘治八年秋糧有差。

《國榷》卷四三 丙戌，琉球國中山王尚真入貢。

《孝宗實録》卷一一二 丁亥，陞南京西城兵馬指揮王瓊爲兵部主事，令赴兩廣軍前捕盜；起致仕按察司副使張璁爲江西副使，丁憂僉事伍希閔爲廣東僉事，以總督兩廣都御史鄧廷瓚薦其才俱堪兵備故也。

《國榷》卷四三 丁亥，太僕寺卿彭禮爲工部右侍郎，仍理易州山廠。

《明書》卷一一 妖僧張金峯等伏誅。

《國榷》卷四三 戊子，吏部左侍郎周經爲户部尚書。 貴州左布政使張廉爲右副都御史，巡撫貴州。 巡撫宣府右僉都御史陳紀回院。

右春坊右諭德署國子司業劉震爲南京國子祭酒。

《明史》卷一五《孝宗紀》 以岷王膺鈃奏，逮武岡知州劉遜。 給事中、御史龐泮、劉紳等諫，下錦衣衛獄，尋釋之。

《明通鑑》卷三八 〔己丑〕，改禮部尚書倪岳爲南京吏部尚書。

《孝宗實録》卷一一二　上命〔王〕越仍舊致仕。

《國榷》卷四三　庚寅，尚寶司及中書舍人署六科事。

甲午，翰林院侍讀學士王鏊、左春坊左諭德侍讀楊廷和、侍講張天瑞改左、右中允，修撰費宏、楊時暢改左、右贊善，編修吴(儀)〔儼〕、靳貴俱兼校書，左寺副周文通、右寺副劉棨俱兼正字，少詹事兼侍講學士張昇、右諭德王華、洗馬楊傑仍舊職供事。

乙未，府部九卿請釋科道官。從之，各罰俸三月。

《皇明大政紀》卷一七　召南京刑部尚書閔珪爲左都御史，掌都察院事。

《孝宗實録》卷一一二　陞禮部左侍郎徐瓊爲本部尚書，吏部右侍郎倪鍾、禮部右侍郎傅瀚俱爲本部左侍郎，大理寺左少卿馬中錫爲都察院右副都御史，巡撫宣府。

《國榷》卷四三　丙申，南京禮科給事中彭誠等言：「舊額僧道，郡四十人，州三十人，縣二十人，概天下不過三萬六千餘人。成化二年度僧道十三萬二千二百餘人，十二年度萬三千三百餘人，二十二年度二萬四千五百餘人，前此又不知幾何。今不豫禁，爲患非細。」章下所司。

《孝宗實録》卷一一二　丁酉，陞翰林院侍講黄珣爲右春坊右諭德，管國子監司業事。

《國榷》卷四三　己亥，刑部左侍郎戴珊爲南京刑部尚書，少詹事兼翰林院侍講學士張昇、國子祭酒林瀚俱爲禮部右侍郎，瀚仍署祭酒。

庚子，巡按直隸御史鄧璋言：「高郵湖隄，易磚以石，庶堅完省費。」從之。

壬寅，陳勳嗣武平伯。

甲辰，刑部右侍郎謝綬爲左侍郎，右副都御史屠勳爲刑部右侍郎。

《明通鑑》卷三八　丙午，録囚。

《國榷》卷四三　五月丁未朔，蝗災，免青州去年田租有差。

庚戌，晉府襄陰王奇灃薨。年三十八，謚安惠。

《孝宗實録》卷一一三　陞陝西布政司左布政使張淮爲都察院右副都御史，整飭薊州等處邊備，兼巡撫順天等府。

《國榷》卷四三　辛亥，翰林編修白鉞爲侍讀。

己未，北虜遣使請三千人至京，詔許千人。尋請回兵襲瓦剌，至秋乃貢。敕邊臣嚴備，平江伯陳鋭選團營三千人。

〔六月〕戊寅，南京工部尚書馮貫致仕。

辛巳，翰林修撰李旻爲左春坊左諭德。

《孝宗實録》卷一一四　命江西豐城等六縣弘治七年起運南京各倉糧每石折銀四錢，以旱災故也。

《國榷》卷四三　廣寧前屯衛指揮僉事張禮修邊于陸洲河，忽虜百餘騎起葦泊間，官軍失利。

甲申，巡撫寧夏右副都御史孫仁致仕。

乙酉，代府棗强王成舒薨。年三十七，謚安靖。

《孝宗實録》卷一一四　己丑，陞太僕寺少卿張禎叔爲都察院右僉都御史，巡撫寧夏地方。

《國榷》卷四三　庚寅，山陰、蕭山大雨，山崩水溢，漂廬舍二千楹，死三百餘人。事聞，免其徭，賑之。

辛卯，限度僧道，京師八千人，南京五千人，各省補送原額，仍試而收之。

丙申，大飭京營舊制。兵部尚書馬文升言：「軍械朽鈍，其浙、閩、齊、洛諸省作不如法，宜敕工部覈内府見藏之數，可用或否，令兵仗局制爲成式，下諸司。舊造長槍署斬馬刀一，更團牌爲長牌，弓矢則如宣德正統間製法，毋復苟且塞責，糜費資財。有司不督責不勝任者，奏貶秩。」從之。

《孝宗實録》卷一一四　丁酉，右少監楊友鎮守貴州，奏帶頭目、家人及馬匹。得旨，頭目准帶五名，不支口糧；家人帶六名；馬二匹。是後内外鎮守官視此爲例。

己亥，授推官袁經，知縣林世遠、曹玉、劉堯、邢纓、何琛、王憲、王術、藍章、李咨、車梁、戈福、金洪、王約，行人吴學、石禄爲試監察御史。

庚子，命户部運河東運司鹽價銀五萬兩於大同，以備邊儲。

《明史》卷一五《孝宗紀》　免江西被災稅糧。

《皇明資治通紀》卷二一　〔辛丑〕，致仕尹直上賀萬壽聖節表及太子《承華箴》。却之。

《國榷》卷四三　壬寅，寧府宜春王奠垢薨。年六十一，謚宣和。

《明紀》卷二二　甲辰，朱暉襲封保國公，永之子也。給事中王廷言永功不當公，朝議止予襲一世，後皆侯。詔可。

《國榷一》卷四三　大學士徐溥等以上視朝漸晏，侍衛困憊，卸甲高卧，朝貢外夷不無輕視朝廷。上納之。

〔七月〕辛亥，前刑部尚書杜銘卒。【略】年七十八，賜祭葬。

甲寅，官鬻山東、長蘆二運司鹽。

乙卯，翰林檢討陳端、進士王用才爲汝府左、右長史。

《孝宗實録》卷一一五　己未，録克復哈密功，【略】陞總兵官右都督劉寧爲左都督，仍歲加俸一百石；巡撫左僉都御史許進爲右副都御史；右少監沈讓爲左少監；副總兵都指揮僉事彭清爲都指揮使。

《國榷》卷四三　壬戌，晉府雲丘王鍾鋋薨。年五十三，謚端惠。

癸亥，工部尚書劉璋致仕。

乙丑，應天府尹冀綺劾免。

《孝宗實録》卷一一五　己巳，陞應天府府丞高敞爲府尹。

《國榷》卷四三　辛未，户部右侍郎黄傑致仕。

八月乙亥朔，工部左侍郎徐貫爲尚書。

丁丑，南京兵部右侍郎王繼爲户部左侍郎，提督倉場。

《孝宗實録》卷一一六　己卯，命通政使司廷奏每六月、十月日引五事，餘月七事。

《國榷》卷四三　庚辰，以日本貢使殺人于濟寧，命自後止許五十人入京。

壬午，工部右侍郎曾鑑爲左侍郎，巡撫保定右副都御史史琳爲工部右侍郎，巡撫陝西右副都御史張敷華爲南京兵部右侍郎。

丁亥，巡撫甘肅右副都御史許進改陝西。

裁廣西游擊將軍。

辛卯，河南、山東左布政使高銓、吴珉爲右副都御史，銓巡撫保定兼提督紫荆等關，珉巡撫甘肅。

《孝宗實録》卷一一六　壬辰，汝王出府。

癸巳，陞河南布政司右布政使周季麟、山東右布政使李士實俱爲本司左布政使。

《國榷》卷四三　己亥，工部主事王鉉管遵化鐵冶，言囚罪不死，而官司虐之多斃，請月給口糧三斗。從之。

辛丑，湖廣左布政使鍾蕃爲右副都御史，巡撫四川。

《明史》卷一五《孝宗紀》　壬寅，免湖廣被災秋糧。

《國榷》卷四三　〔九月〕丙午，前南京工部尚書馮貫卒。

《明史》卷一五《孝宗紀》　己酉，禁勢家侵奪民利。

鎮守雲南征南將軍太子太傅黔國公沐琮卒。【略】贈太師，謚武僖。

《孝宗實録》卷一一七　壬子，慶遠府天河縣【略】增設永安長官司，仍隸慶遠府。授土人韋萬妙爲正長官，韋全保、韋公利、覃應填爲副長官，并置流官吏目一員。

《國榷》卷四三　乙丑，湖廣按察使林俊予告，南京大理寺卿章格致仕。

《明通鑑》卷三八　録囚。

《國榷》卷四三　〔十月〕丁丑，禮科右給事中胡瑞以三年例遣祭海瀆、岳鎮，例神樂觀樂舞生，請改遣見任官，或辦事進士，太常寺卿崔志端、鴻臚寺卿賈斌宜斥。不聽。

己卯，前太子少保禮部尚書直文淵閣彭華卒。【略】年六十五，贈太子少傅，謚文思。

辛巳，復設雷廉高肇兵備副使。

甲申，巡撫湖廣左副都御史樊瑩致仕。

《孝宗實録》卷一一八　授進士范兆祥爲翰林院檢討，隨侍涇王講讀。

《國榷》卷四三　前南京户部尚書潘榮卒。【略】贈太子少保，賜祭葬。

《孝宗實録》卷一一八　丙戌，陞南京都察院右僉都御史楊守隨爲南京大理寺卿。

命以廣鹽越境鬻于衡、永二府地方，助修建王府之用，每引納銀二分，餘鹽納銀伍分，工完仍舊，從巡撫湖廣都御史奏也。

《國榷》卷四三　增開封管河通判。

丁亥，裁慶遠府忻城流官知縣。

辛卯，巡撫山西左僉都御史顧佐還南院。撫治鄖陽右副都御史沈暉巡撫湖廣兼贊理軍務。

乙未，賑瀘州及新津諸縣水災。

戊戌，河溢中牟、蘭陽、儀封、考城，折徵田租。

己亥，廣東左布政使黎福爲右副都御史，撫治鄖陽。

《孝宗實録》卷一一八　庚子，調巡撫大同都察院右僉都御史侯恂巡撫山西，兼提督鴈門等關。

《國榷》卷四三　南京户部左侍郎李益致仕。

壬寅，初，邊警，命平江伯陳鋭練團營萬騎聽征，至是，改新寧伯譚祐練習。

癸卯，進亳縣爲州。

《孝宗實録》卷一一九　十一月甲辰朔，欽天監進弘治十年大統曆。

《國榷》卷四三　南京太常寺卿鄭紀爲南京户部右侍郎。陝西布政司左參政劉瓛爲右僉都御史，巡撫大同，兼贊理軍務。

《孝宗實録》卷一一九　丙午，命户部運折糧銀二萬兩于隆慶諸倉，以備軍餉。

《國榷》卷四三　丙辰，右府都督僉事楊義卒。

《孝宗實録》卷一一九　辛酉，陞湖廣布政司右布政使陶魯爲本司左布政使，兼湖廣按察司副使，帶廣東嶺西道。

《國榷》卷四三　乙丑，晉府慶城王鍾鎰薨。年六十三，有子四十四，謚温穆。

《明紀》卷二二　十二月〔己卯〕，給事中楊廉請頒薛瑄《讀書録》於國子監。從之，并賜瑄祠名曰「正學」。

《國榷》卷四三　乙酉，朱輔嗣成國公。

丙戌，册德清長公主，駙馬都尉林岳尚之。

定襄伯郭嵩子指揮使參求爵。吏部以從祖郭登封伯亡子，兄子嵩得襲，出特恩，今例難再襲，遂世錦衣指揮使。

《明紀》卷二二　〔己丑〕，祀毛忠於甘州城東，賜祠名曰「武勇」。

《孝宗實録》卷一二〇　癸巳，賜朝鮮國弘治十年大統曆一百本。

《國榷》卷四三　丙申，補造選官印，印各官名上。

《明通鑑》卷三八　〔丁酉〕，刑部吏徐珪，上書請革東廠。上初即位，員外張倫請革東廠，不報。及是司廠中官羅祥、楊鵬用事，遂起滿倉兒之獄。法司承鵬指，問擬失平，珪憤，因抗疏論之。【略】上以其狂誕，發原籍爲民。

弘治一〇年（丁巳、一四九七）

《明史》卷一五《孝宗紀》　春正月庚戌，大祀天地於南郊。

《國榷》卷四三　乙丑，戴乾爲試監察御史。

《明書》卷一一　奉御張瑄獻閒田爲東宫莊田，下詔獄罪之。

《國榷》卷四三　己巳，設太倉州，領崇明縣。

《孝宗實録》卷一二一　以旱災，免宣府前衛并萬全左等衛所弘治九年屯糧、草束有差。

辛未，巡撫貴州右副都御史張廉奏：「【略】請自今黎平詞訟聽貴州巡撫、巡按官行湖廣兵備副使問理，民有徑赴兵備告理者聽之，惟事情重大、干繫地方者仍兩省會官勘問。」從之。

《國榷》卷四三　二月癸酉朔，鎮守宣府總兵官右都督馬儀劾免。

停官軍採青，給民佃種徵租。

甲戌，大學士徐溥等請勤講親政，并絶齋醮修煉之説。從之。

戊寅，考察朝臣，兩京堂上官免自陳。

《孝宗實録》卷一二二　陞協守宣府副總兵都指揮同知阮興爲署都督僉事，掛印充總兵官，鎮守宣府。

《國榷》卷四三　庚寅，巡撫鳳陽左副都御史李蕙以致仕六安知州羅山劉鎰積穀十萬餘石，宜旌異。特進階奉政大夫。

《孝宗實録》卷一二二　辛卯，吏部奉旨考察兩京五品以下官，照弘治元年例。

《明書》卷一一　考察京官，惟學士免考。

《國榷》卷四三　壬辰，寧府弋陽王覲鏁薨。年四十五，謚僖順。

癸巳，旱災，免大同去年田租有差。

《孝宗實録》卷一二三　〔三月〕乙巳，命户部運太倉銀六萬兩於甘肅，四萬兩於寧夏，三萬兩於榆林，五萬兩於大同，五萬兩於宣府，以給軍儲。

《皇明大政紀》卷一七　〔戊申〕，命内閣及翰林儒臣纂修《大明會典》。

《國榷》卷四三　楊質嗣彰武伯。

《明史》卷一五《孝宗紀》　辛亥，以旱霾修省，求直言。

《國榷》卷四三　壬子，甘肅總兵官左都督劉寧疾去，副總兵都指揮使彭清爲都督僉事、總兵官，鎮守甘肅。

《孝宗實録》卷一二三　癸丑，以水旱災，免直隸鳳陽、淮安、揚州三府及滁州、鳳陽等十七衛所弘治九年税糧子粒有差。

《國榷》卷四三　戊午，安南國王黎灝入貢。

辛酉，土魯番復攻哈密，不克。

壬戌，哈密人以傷殘，盡焚其居，詣肅州求濟。命給牛羊、穀種。

癸亥，繫内官何鼎，進太監楊鵬、戴義司禮監。刑科都給事中龐泮、御史黄山等言：「鼎素著狂直，宜賜優容；鵬行事乖違，義得罪先朝，宜斥免。」上曰：「内事爾等何與聞？」切責之，各停俸六月。

《昭代典則》卷二二　〔甲子〕，帝御文華殿，召内閣學士徐溥、劉健、李東陽、謝遷議政事。

《國榷》卷四三　丁卯，禮部主事李昆疏救何鼎。報聞。

《孝宗實録》卷一一三　庚午，增設貴州黄平、普市二千户所興隆倉，平夷、摩尼等所赤木倉副使各一員，普安州普濟倉副使二員。

《國榷》卷四三　新修鹵簿大駕成。

〔四月〕乙亥，晉世子奇源薨。年四十八。謚靖和。弘治癸亥，追封晉王。

代府靈丘王成鍛薨。年四十一，謚莊和。

《明通鑑》卷三八　〔丙子〕，加屠滽太子太保。

《國榷》卷四三　己卯，雍王婚吴氏。

庚辰，南京考察，吏部郎中莊杲等罷謫有差。

癸未，户部尚書周經等申救何鼎。不聽。

《孝宗實録》卷一一四　丙戌，以霜災，免山西太原、平陽二府所屬州縣弘治九年夏秋税糧有差。

《國榷》卷四三　戊子，王璟、王經、王啓、蕭淵、任漢、羅列、杜啓、丘經、趙俊、李嶽爲南京監察御史。

《孝宗實録》卷一一四　癸巳，以旱災，免直隸丹徒縣弘治九年秋田被災者糧草八之五。

辛丑，上以天氣炎熱，命兩法司、錦衣衛將見監問罪囚笞罪及無干證者釋之，徒流以下減等發落，重罪情可矜疑并枷號者具奏以聞。於是免死充軍者十五人，免枷號者二十四人，釋放寧家者二人。

《國榷》卷四三　〔五月〕癸卯，翰林檢討范兆祥言君后分主陰陽，引紀伯姬、叔姬以諷。上怒，下錦衣獄，贖杖還職。

《孝宗實録》卷一一五　丁未，安南國陪臣黎峻卒于會同館。賜祭一壇，仍驛致其喪還國。

《國榷》卷四三　己酉，唐府新野王彌鎘薨。年四十五，謚宣懿。

庚戌，大學士徐溥乞休。命風雨、大寒暑免朝。

《孝宗實録》卷一一五　乙卯，以旱災，免應天府所屬五縣弘治九年分秋糧草束有差。

《國榷》卷四三　己未，錦衣衛指揮使劉良卒。

辛酉，南京國子祭酒李傑服除，改太常寺少卿兼翰林院侍讀學士。

癸亥，熊懷服除，仍南京刑部右侍郎。

《孝宗實録》卷一一五　乙丑，哈密衛使臣革失帖木兒等來貢。

《國榷》卷四三　丁卯，翰林院庶吉士汪俊爲編修。

戊辰，曲靖衛知事李晟爲都察院照磨，從總兵神英贊畫。

《明史》卷一五《孝宗紀》　小王子犯潮河川。

《明通鑑》卷三八　指揮王玉偕劉欽等出禦〔小王子〕。敵佯走，追之，遇伏，敗績，欽等二十七人戰死，玉僅以身免。

《明史》卷一五《孝宗紀》　己巳，犯大同。

《國榷》卷四三　命平江伯陳鋭總兵，太監楊穆監督，莊鑑、馬升爲左、右參將，待征。

六月辛未朔，南京吏部尚書倪岳上修省二十事：【略】上從之。

《孝宗實録》卷一一六　壬申，命户部運太倉銀七萬兩于大同，五萬兩于宣府，以備邊儲。

《明紀》卷二二　己卯，户部侍郎劉大夏、兵部侍郎李介並兼左僉都御史，督理宣府、大同軍餉。

《孝宗實録》卷一一六　癸未，户部請遣屬官二員各齎太倉銀萬兩分往古北口、永平等處措置糧草，及開中兩淮運司風雨消折鹽課三十萬引以濟之，其永平、順天二府附近州縣原派起運内外馬房并存留折糧、折銀草束俱暫就古北口輸納。從之。

《國榷》卷四三　辛卯，邊警，禁京城訛言。

壬辰，定文官贈廕祭葬例。

己亥，寧王覲鈞薨。年四十九，謚曰康。

《孝宗實録》卷一一六　賜故平江侯陳瑄祠額曰恭襄。

《國榷》卷四三　〔七月〕癸卯，遼府沅陵王恩鈽薨。年三十八，謚宣穆。

《孝宗實録》卷一二七　乙巳，命河南都司署都指揮同知王杲充永平等處游擊將軍，金吾左衛指揮僉事白琮協同楊勝分守燕河營。

《國榷》卷四三　丙午，吏部郎中儲巏爲太僕寺少卿。

大同告急，暫免軍士採青。

丁未，南京右通政焦芳改太常寺少卿兼翰林侍講學士。上以舊宫僚恩。

《孝宗實録》卷一二七　秦府會寧縣君有罪，賜自盡。

己酉，兵部以泰寧、福餘二衛近不入貢，慮其與朵顔衛陰圖入寇，請命薊州巡撫等官選遊兵三千，委遊擊將軍暫駐建昌應援，仍留薊州遵化以東各衛所京操官軍暫駐永平聽調。從之。

辛亥，英廟德妃張氏薨。

《明史》卷一五《孝宗紀》　癸丑，都督楊玉帥京營軍，備永平。

《明紀》卷二二　封王清爲崇善伯。源之弟也。

《國榷》卷四三　增廣、高、惠、潮、肇慶捕盜通判。

丙辰，南京工部尚書侯瓚致仕。

己未，設貴州鎮遠縣流官。原鎮遠金容金達長官司土官何碖得罪論死。

《孝宗實録》卷一二八　八月庚午朔，命户部發銀五萬兩于居庸關召商上納糧料各二萬石、草二十萬束，以備邊儲。

《國榷》卷四三　辛未，兩廣總督右都御史鄧廷瓚爲左都御史，總督漕運左副都御史李蕙爲右都御史，南京刑部右侍郎蕭禎爲南京工部尚書，巡撫陝西右副都御史許進爲户部右侍郎，廷瓚、蕙仍總督。

太常寺丞馮宗遠爲少卿。

《孝宗實録》卷一二八　壬申，命太常寺少卿兼翰林院侍讀學士李傑、太常寺少卿兼翰林院侍講學士焦芳充纂修《大明會典》副總裁。

《國榷》卷四三　乙亥，巡撫山東右僉都御史熊翀改陝西，進左副都御史。

順天府尹張玉爲右副都御史，巡撫遼東。

傳陞太常寺典簿趙繼宗、協律郎王福廣爲寺丞。

戊寅，浙江右布政使張憲爲順天府尹。

己卯，何鑑服除，補右副都御史，巡撫山東。

庚辰，賑鄧州水災。

《孝宗實録》卷一二八　癸未，命户部於年例外運折糧草銀十萬兩于遼東，以備軍儲，仍開中兩淮等運司存積鹽課三十萬引以給之。

《國榷》卷四三　〔九月〕辛丑，提督京通倉場户部左侍郎王繼秩滿，進尚書。

《明通鑑》卷三八　〔乙巳〕，振山東水災。

時濟、兖、青、登、萊五府皆大水，命有司分振之。

《國榷》卷四三　南城人萬軏販海，客暹羅，以通事屢入京，乞還里，仍役京師。命原籍冠帶閒住。

己酉，魯府安丘王當澻母喪，乞廬墓。止之。

《孝宗實録》卷一二九　巡按四川監察御史榮華以蜀漢北地王諶爲國死節，無愧于昭烈之胤，乞令仍舊封號，春秋陪享于昭烈之廟。從之。

《國榷》卷四三　壬子，兵部尚書馬文升子玠爲徽王所奏，擬絞。宥之。

暹羅國王國隆勃剌略坤息利尤地亞入貢。〔乙卯〕，表不能譯，徵廣東人，增暹羅館通事。

《明通鑑》卷三八　〔戊午〕，加兵部尚書馬文升柱國。

《國榷》卷四三　減光禄寺供用品物。

庚申，旱災，免延安、慶陽夏税。

《孝宗實録》卷一二九　辛酉，命於延綏等處開中兩淮弘治四年常股鹽四萬引，六年存積鹽五萬引；福建弘治四年、五年、六年見存鹽二萬九千五百三十二引；四川弘治四年見在鹽五萬引；長蘆弘治八年常股鹽三萬四百六十八引，以備邊儲。

《國榷》卷四三　先是盜據思明、上石、下石，復害知府黄道。事聞，下總督議。

《孝宗實録》卷一二九　乙丑，命給太子太保吏部尚書屠滽父母誥命。

《國榷》卷四三　虜犯宣府。

丙寅，曲阜妖人孔布事急攻入定遠。

〔十月〕庚午，賑成都水災。

《孝宗實録》卷一三〇　四川青神縣知縣楊璲以公事死於水。命給葬具，并歸其家屬。

《國榷》卷四三　辛未，免九江衛屯租。

壬申，録于冕子允忠世杭州衛副千户。冕陳先臣謙軍功，冕亡子，嗣新安衛千户明次子允忠。

《明通鑑》卷三八　録囚。

《國榷》卷四三　癸酉，延安、慶陽災傷，命陝西、河南、山西開納、贖罪。

《孝宗實録》卷一三〇　復設山西行太僕寺丞一員。

《國榷》卷四三　甲戌，南京翰林侍讀學士曾彦致仕。

巡撫應天右副都御史朱瑄予告。

《孝宗實録》卷一三〇　哈密衛等處夷使剌阿力克等各來貢。

《國榷》卷四三　丙子，改湖廣按察水利僉事爲上荆南兵備道。

丁丑，暫免宣府軍士採青。

戊寅，晉府交城王鍾鏤薨。年六十一，謚莊僖。

《孝宗實録》卷一三〇　己卯，命優給指揮僉事沐崑襲其兄琮黔國公爵，仍掛印充總兵官，鎮守雲南。

庚辰，改提督易州山廠工部右侍郎彭禮爲都察院左副都御史，巡撫蘇松等處，兼總理糧儲。

《國榷》卷四三　壬午，鬻兩淮鹽九十萬引，供餉宣府。

乙酉，翰林侍讀馬廷用爲南京侍讀學士。

《明書》卷一一　起左都王越總甘凉，經略邊務。

《國榷》卷四三　丙戌，立揚州江口閘。

丁亥，旱災，免順天田租有差。

己丑，故少保兼吏部尚書，謹身殿大學士王文贈太保，謚毅愍。

《明通鑑》卷三八　〔辛卯〕，兵部尚書馬文升言：「歷代兵制，不使權歸一人。漢制有南、北軍，南軍守王宫，主禁衛，北軍護京師，聽征討，各有所掌，而南軍尤託以心腹。我太祖法古，置十六衛親軍指揮使司，不隸五府爲禁兵，即古之南軍也；其他衛屬五府以備征討，即古之北軍也。永樂中，增置十二衛，又選精壯數千人屬御馬監，更番上直。近年禁兵廢弛，請敕大臣揀選操練，令更番直各門，官爲鈐束出入。」從之。

《孝宗實録》卷一三一　十一月戊戌朔，欽天監進弘治十一年大統曆。

《國榷》卷四三　南京禮部尚書童軒致仕。

《孝宗實録》卷一三一　以四川成都、保寧、順慶、叙州等處旱潦相仍，命所司賑給之。

《明史》卷一五《孝宗紀》　庚子，土魯番歸陝巴，乞通貢。

《國榷》卷四三　癸卯，刑部左侍郎謝綬爲南京禮部尚書。

丁未，張錦服除，仍刑部左侍郎。

己酉，敕雲南巡撫等協贊黔國公沐崑，每事酌議；仍諭崑親賢進學，毋墜前烈。

庚戌，謫工部主事盛應期雲南安寧驛丞，范璋吕合驛丞。應期管濟寧等閘，璋管衛河船，以南京内臣誣其阻薦新，逮獄，擬贖還職，特謫之。

辛亥，太監李廣請預作明年元節烟火，工部持之，命減三之一。

《孝宗實録》卷一三一　乙丑，開設湖廣鄖陽府保康縣。

《國榷》卷四三　丙寅，進士周璽、徐昂、熊偉、艾洪、周鼎、鄒軒、尚衡爲給事中。

〔十二月〕庚午，虜劫赤斤衛部落，撫夷百户劉達擊破之，斬九級。

《孝宗實録》卷一三二　壬申，治兩廣官軍殺良民爲功者罪。

《國榷》卷四三　癸酉，修大同邊垣。

乙亥，增韶州捕盜通判。

《孝宗實録》卷一三二　丙子，上命甘肅、寧夏、延綏三邊軍馬俱聽〔王〕越總制調用，巡撫甘肅都御史命别推堪任者充之。

戊寅，以水災，免順天府所屬州縣及直隸遵化等衛所糧草子粒之半。

《國榷》卷四三　己卯，慶王寘鏨薨。年三十三，謚曰恭。

定土官陞賞，如長官陞宣撫，知州陞知府，仍故署毋易。

《孝宗實録》卷一三二　庚辰，陞河南布政司左布政使周季麟爲都察院右副都御史，巡撫甘肅。

《國榷》卷四三　辛巳，安定王千奔入貢。

乙酉，壽王婚徐氏。

《孝宗實録》卷一三二　丙戌，申嚴各邊勢家攬納糧草之禁。

《國榷》卷四三　戊子，李裕中爲南京監察御史。

《孝宗實録》卷一三二　己丑，賜朝鮮國大統曆一百本。

《國榷》卷四三　欽天監正吴昊加太常寺少卿。

禮部祠祭郎中王雲鳳下錦衣獄。雲鳳嘗言事激切，不報。至是上視郊牲，雲鳳駕後乘馬被糾，謫陝州知州。

《明書》卷一一　〔庚寅〕，復萬貴妃家官。

《國榷》卷四三　癸巳，陝西右布政使韓重爲應天府尹。

增山西寧武關守禦千户所。

弘治一一年（戊午、一四九八）

《明史》卷一五《孝宗紀》　春正月丁未，大祀天地於南郊。

《國榷》卷四三　丁巳，兵部右侍郎王宗彝爲左侍郎，左副都御史楊謐爲兵部右侍郎。

庚申，苗賊犯靖州。

辛酉，定遠妖人楊潮等伏誅。

壬戌，翁理、蔣昇爲南京監察御史。

《明書》卷一一　清宣大屯田。

《國榷》卷四三　癸亥，右僉都御史陳紀爲右副都御史。

甲子，大理寺左少卿王嵩爲右副都御史，巡撫延綏。

《孝宗實録》卷一三三　宣城伯衛穎卒。

《國榷》卷四三　二月己巳，南京右僉都御史顧佐爲左僉都御史。

《明史》卷一五《孝宗紀》　小王子遣使求貢。

《孝宗實録》卷一三四　庚午，命湖廣布政司左布政使兼按察司副使陶魯改兼廣東按察司副使，以便行事。

《國榷》卷四三　辛未，録湖廣左布政使陶魯功，廕子荆民百户。

甲戌，提督雁門等關右僉都御史侯恂爲南京左僉都御史。

鎮守貴州右都督王通疾去。

《孝宗實録》卷一三四　乙亥，命南京户部每十年一次奏差内官并科道部屬官各一員查盤京内府各庫藏錢糧，有侵盜虧欠之弊者治其罪。

《國榷》卷四三　戊寅，東寧伯焦俊鎮守貴州。

《孝宗實録》卷一三四　賜太子太保都察院左都御史王越誥命，階光禄大夫，勳柱國。

《國榷》卷四三　己卯，南京大理寺右寺丞魏紳爲右僉都御史，提督雁門等關，兼巡撫山西。

巡撫遼東右都御史張岫劾免。

辛巳，旱災，免太原、平陽、澤、潞、汾去年夏税有差。

《孝宗實録》卷一三四　壬午，命安鄉伯張恂掌南京前軍都督府事，專領操江。

《國榷》卷四三　乙酉，前南京禮部尚書童軒卒。

《孝宗實録》卷一三四　甲午，大學士徐溥等以皇太子將出閣講學，侍講學士程敏政、侍講學士楊守阯、左春［坊］左諭德李旻、司經局洗馬梁儲充侍班官；太常寺少卿兼侍讀學士李傑、太常寺少卿兼侍講學士焦芳、侍讀學士兼左諭德王鏊、右諭德王華、洗馬楊傑、侍讀劉機、江瀾、白鉞、侍講武衛、左中允楊廷和、右中允張天瑞、左贊善費宏充講讀官；編修兼校書吴儼、靳貴、禮部員外郎兼正字周文通、大理寺右寺副兼正字劉棨俱更直供事。又以詹事府缺官管事，請改敏政爲詹事兼學士，陸鏊爲少詹事兼侍讀學士。上俱從之，仍命溥及大學士劉健、李東陽、謝遷提調各官講讀。

《明通鑑》卷三八　［丙申］，以皇太子將出閣講讀，加徐溥少師兼太子太師，劉健少傅兼太子太傅，李東陽、謝遷皆太子少保。改健户部尚書，東陽禮部尚書，遷兵部尚書，皆兼大學士。又，六部尚書屠滽等、都御史閔珪皆兼東宫官。

《國榷》卷四三　進太師英國公張懋柱國、太保，新寧伯譚祐、平江伯陳鋭俱太傅、太子太保，遂安伯陳韶、成山伯王鏞俱太子太傅，寧晉伯劉福太子太保。

《明紀》卷二二　布政使陶魯卒。

三月己亥，皇太子出閣就學。

《國榷》卷四三　辛丑，旱災，免西安、延安去年田租有差。

甲辰，崇信伯費淮卒。

庚戌，守備鮎魚石等關管都知監奉御羅綗縱卒採塞外木被殺，下綗御史，擬戍。上不問，徵還。

《孝宗實録》卷一三五　辛亥，以水災，免永平、開平二衛所屯糧二千五百九十一石，草一千一十一束有奇。

《國榷》卷四三　甲寅，故代府武邑王聰沬薨。聰沬嘗有罪奪爵。年三十五，謚懷隱。後追封代王，謚曰思。

乙卯，定内外官朝見藩王禮：凡郡王、親王同城，朝使止朝親王；各城則朝郡王，外官亦然；其朝謁，稱官不稱臣。

《孝宗實録》卷一三五　壬戌，給中軍都督府帶俸崇善伯王清誥券，推封宣力武臣榮禄大夫柱國崇善伯，食禄一千石，子孫世襲，賜誥券，本身免死二次，子免死一。

《國榷》卷四三　癸亥，詹事程敏政爲禮部右侍郎，仍兼翰林院學士，署詹事府。

《孝宗實録》卷一三六　〔四月〕甲戌，命給追封黔國公陳豫奉天翊衛推誠宣力特進榮禄大夫柱國封號勳階，從其子平江伯鋭請也。

《國榷》卷四三　旱災，免淮安、徐、邳去年夏税。

《孝宗實録》卷一三六　庚辰，陞福建左布政使洪鍾爲都察院右副都御史，整飭薊州等處邊備，兼巡撫順天等府。

《國榷》卷四三　癸未，遼府松滋王豪堊薨。年六十六，謚靖簡。

丙戌，南京工部右侍郎徐恪致仕。

丁亥，吏部右侍郎秦民悦服除，改左副都御史。

《孝宗實録》卷一三六　命開中兩淮、長蘆、福建、四川存積、常股鹽二十萬引於榆林召商上納，從巡撫都御史熊繡奏也。

辛卯，雍王祐橒乞裁革衡州府税課司及衡陽縣河泊所原設官吏，而以二處歲辦課鈔賜本府管業供祀。下户部議，謂親王歲禄萬石，足給公私之費，而二衙門税課例充本處文武官折俸，此祖宗成憲，萬世不可改者，宜勿許。上曰：「自今諸額辦錢糧衙門各王府不得請求。」著爲令。

《明通鑑》卷三八　録囚。

《國榷》卷四三　癸巳，巡撫湖廣右副都御史沈暉爲南京工部右侍郎。

《孝宗實録》卷一三七　〔五月〕丁酉，陞浙江布政司左布政使閻仲宇爲都察院右副都御史，巡撫湖廣。

《國榷》卷四三　己亥，英國公張懋等、吏部尚書屠滽等言頃歲修壽安、欽安宫，立毓秀亭，修神樂觀、太倉城樓及外戚賜宅；近又興濟縣建真武祠。三軍壯氣，耗于轉輸之勤；萬民膏血，浪爲土木之飾。又造織金綵妝閃色諸羅段紗絨，價不下百萬，奇巧靡麗，皆宜停止。上納之。

辛丑，鎮守遼東太監任良等奏，廣寧邊牆，以磚易土，庶堅久。從之。

《孝宗實録》卷一三七　壬寅，襄城伯李鏞卒。

《國榷》卷四三　甲辰，有旨：今歲外第歲給五千引。

乙巳，旌晉府鎮國將軍〔鍾鉻〕、鍾鈇孝行。

《孝宗實録》卷一三七　丁未，改巡撫甘肅都察院右副都御史吴珉于南京都察院管事。

《明史》卷一五《孝宗紀》　戊申，甘肅參將楊翥敗小王子於黑山。

《孝宗實録》卷一三七　己酉，以水災，免山東青、萊、兖三府及鰲山等五衛所弘治十年秋糧、草束有差。

辛亥，命代惠王庶長孫俊杖襲封代王。

《國榷》卷四三　壬子，盗入夏邑縣，殺典史劉灝。

乙卯，復衍聖公孔弘緒冠帶，閒住。

庚申，鄭府宜章王見洲薨。年二十三，謚懷順。

岷府黎山王膺錖薨。年四十二，謚安懿。

《孝宗實録》卷一三七　命發兩淮鹽價銀五萬一千餘兩于寧夏、甘肅，以備邊儲。

《國榷》卷四三　乙丑，衛璋嗣宣城伯。

《孝宗實録》卷一三八　六月癸酉，以水災，免直隸廬州、鳳陽、淮安、揚州四府，徐州、武平等四衛所糧草有差。

《國榷》卷四三　丁丑，前右僉都御史魏富改南京大理寺左少卿。

庚辰，秦王誠泳薨。年四十一。【略】謚曰簡。

訪故翰林學士沈度孫世隆，授制敕房中書舍人。上好度書。

辛巳，蘇州歲祀宋儒魏了翁于鶴山書院。

己丑，遼府宜城王豪埁薨。年□十□，謚榮僖。

庚寅，前鎮守貴州都督僉事彭倫卒。

〔七月〕辛丑，虜犯宣府。

定通政司五月至七月日引奏五事，餘月日七事。

壬寅，增瑞州通判捕盗。

《孝宗實録》卷一三九　甲辰，命司經局洗馬梁儲、翰林院侍讀劉機爲應天府鄉試考試官。

乙巳，命於甘肅等處開中兩淮弘治七年存積鹽十萬引，河東弘治十一年存積鹽六萬引，四川弘治六年鹽四萬引，以備軍儲。

丁未，命今後王府軍校逃回在京潛住者，錦衣衛、五城兵馬司各照地方嚴加訪察，獲日發極邊衛充軍；舍匿及兩鄰不舉者，一體發遣。仍諭兵部榜示之。

戊申，以蟲災，免陝西延安、慶陽、平涼三府及慶陽、綏德等衛所驛遞弘治十年秋糧、草束有差。

《明史》卷一五《孝宗紀》　己酉，總制三邊都御史王越襲小王子於賀蘭山後，敗之。

《明通鑑》卷三八　論功，進越少保。

《國榷》卷四三　費柱嗣崇信伯。

《明紀》卷二二　〔壬子〕，河決歸德，管河員外郎謝緝請亟塞決口，遏黄水入徐以濟漕，挑沁水之淤使入徐，以濟徐、吕二洪。從之。

《孝宗實録》卷一三九　丁巳，南京後軍都督府掌府事忻城伯趙溥、都督僉事王受俱以年老不職，命取回京帶俸朝參。

《明通鑑》卷三八　古北口報警。

《國榷》卷四三　壬戌，祀宋慈元皇后楊氏於廣州，及丞相陸秀夫。先是，右布政使劉大夏立厓山大忠祠，新會知縣沈章又言之。

南京浙江道監察御史萬祥言：「兩廣賊不難于征，惟難于守。【略】今欲成功，當先蓄糧。九月霜降，刻期進取；明年二月，將賊村牛穀給土軍充餉，且耕且守；過來秋霜降仍復行事。三年之後，可無後患。」下兵部，從之。

《皇明大政紀》卷一七　〔癸亥〕，大學士徐溥乞致仕。許之。

《明紀》卷二二　八月〔甲子朔〕，虜入遼東，都指揮王臣戰死。

《國榷》卷四三　丙寅，前總督兩廣右都御史宋旻卒。

《孝宗實録》卷一四〇　命清平伯吴琮掌南京後軍都督府事。

《明紀》卷二二　〔丁卯〕，析廣東新會縣地置新寧縣。

戊辰，命右春坊右諭德王華、左春坊左中允楊廷和爲順天府鄉試考試官。

《國榷》卷四三　戊寅，萬全都司帶俸都督僉事江山卒。

樂陵妖僧洪海以迷藥殺人，伏誅。

《明史》卷一五《孝宗紀》　癸未，振祥符民被河患者。

《國榷》卷四三　九月甲午朔，總制王越請陝巴復王哈密。從之。

《孝宗實録》卷一四一　丁酉，免歸德衛今年秋班官軍京操。以被河決之患也。

《明紀》卷二二　〔壬寅〕，先是倉場監督内官依成化末年例裁減，及是帝復增用少監莫英等三人，周經上疏力爭，帝以已遣，不聽。

《明書》卷一一　〔戊申〕，壽王之國。

《國榷》卷四三　己酉，皇女太康公主薨。

南京左僉都御史侯恂、右副都御史吴珉爭公廨被劾，俱免。

《孝宗實録》卷一四一　甲寅，陞通政使司通政使元守直爲禮部左侍郎，仍掌本司事；右通政高禄爲通政使；左參議王敞爲左通政；右參議陳瑶爲右通政；右參議姜清爲左參議。

《國榷》卷四三　乙卯，翰林檢討張顯、范兆祥爲涇府左、右長史。

己未，大理寺左少卿陳璚爲南京左僉都御史。

《孝宗實録》卷一四二　十月癸亥朔，陞漕運把總指揮梁璽、劉點、吴邈、王憲、崔謙、徐恭、汪副、彭瑨俱爲署都指揮僉事，以各有轉輸勞也。

《明史》卷一五《孝宗紀》　丙寅，命工作不得役團營軍士。

《明通鑑》卷三八　丁卯，録囚。

《國榷》卷四三　戊辰，翰林院庶吉士濮韶、陳霽、葉德、賈詠爲編修，汪偉、王九思、劉瑞爲檢討，陳諮、華杲、楊褫、張弘至、徐忱、陶諧爲給事中。

《孝宗實録》卷一四二　顧潛、胡獻、陳琳俱爲監察御史。

《國榷》卷四三　南京户部尚書秦紘致仕。

《孝宗實録》卷一四二　己巳，陞鎮朔衛指揮使郭英爲署都指揮僉事，總督福建備倭。

《國榷》卷四三　庚午，户部左侍郎劉大夏致仕。

《孝宗實録》卷一四二　辛未，命山西都司都指揮僉事袁果充參將，分守代州等處，兼提督鴈門等關。

《明通鑑》卷三八　甲戌，清寧宫災。

〔丙子〕，大學士劉健等言：「【略】伏望特降綸音，戒諭臣工，痛加修省，廣求直言，指陳弊政，並加采擇，次第施行，以收人心，以回天意，實宗社生民之福。」疏入，上嘉納之。

《昭代典則》卷二三　太監李廣有罪死。

《孝宗實録》卷一四二　丁丑，陞户部右侍郎許進爲本部左侍郎，總督南京糧儲；都察院左副都御史李孟陽爲户部右侍郎。

《國榷》卷四三　戊寅，南京吏部右侍郎梁璟爲南京户部尚書。

《孝宗實録》卷一四二　辛巳，陞翰林院侍講學士楊守阯爲南京吏部右侍郎。

《國榷》卷四三　刑科都給事中張朝用等劾内官監太監李廣招權納賄之罪，御史丘天祐等亦言之。命指實以聞。

癸未，巡撫雲南、貴州右副都御史張誥、張廉俱劾罷，巡撫寧夏右僉都御史張禎叔調遼東苑馬寺少卿。

《明紀》卷二二　司設監爲〔李〕廣請祭葬、祠額，〔劉〕健等力諫，乃罷葬費，祠額弗給。

《國榷》卷四三　江西左布政使陳瑗爲右副都御史，總督南京糧儲。

乙酉，初，中使至李廣私第，得其賄籍，某餉黄米若干石，某白米若干石。上曰：「安耳，吾嘗至廣第，庾中粟不至是。」左右爲言金、銀隱語也。上怒。中外不得其籍，多臆指未報。吏部員外郎張綵請按籍治罪，大臣許自免。章下所司。

丙戌，荆府都昌王祐槁薨。年十九，謚悼僖。

《明史》卷一五《孝宗紀》　丁亥，敕羣臣修省，求直言。

《國榷》卷四三　罷寧夏總兵官都督同知李俊、延綏總兵官都督僉事陳輝、宣府總兵官署都督僉事阮興。

《明史》卷一五《孝宗紀》　罷明年上元燈火。

《孝宗實録》卷一四二　戊子，陞河南布政司左布政使王珣、山東左布政使李士實，巡撫山東都察院左僉都御史錢鉞俱爲右副都御史。

《國榷》卷四三　旱災，免順天、廣平、順德、河間、保定夏税有差。

辛卯，遣勳臣告災于天地、廟社、山川。

《皇明大政紀》卷一七　詔籍没廣家財。編修羅玘疏不可執簿籍姓名究問，以存國體。從之。

《國榷》卷四三　壬辰，右副都御史陳紀予告。

錦衣衛指揮僉事周玉、樂工劉實等下錦衣獄。玉廚役，俱媚李廣通賄。

是月，復徵翰林檢討陳獻章、中書舍人王汶。汶距京五十里卒于舟。

《孝宗實録》卷一四三　十一月癸巳朔，欽天監進弘治十二年大統曆。

《國榷》卷四三　左府都督僉事莊鑑鎮守宣府；福建都指揮僉事房驥爲署都督僉事，鎮守延綏；陝西都指揮同知郭鋐爲署都督僉事，鎮守寧夏。

丙申，刑部左侍郎張錦予告。

己亥，周王同鑣薨。年五十一，謚曰惠。

《孝宗實録》卷一四三　辛丑，命分守大同左參將李璵充左副總兵，協守甘州；甘肅遊擊將軍顔玉陞署都指揮僉事，充副總兵，分守松潘。

《國榷》卷四三　壬寅，江西布政司右參議孫儒分守嶺北，懼盜，引疾輒行。削籍。

《孝宗實録》卷一四三　命開中兩浙弘治八年存積鹽四萬六千餘引，長蘆弘治元年至七年存積并常股鹽二萬四千四百三十餘引，四川弘治四年、五年鹽十萬四千五百五十引，福建弘治十年見任鹽三萬引，兩淮弘治四年、五年、七年常股、存積鹽九萬五千引，以備陝西、延綏、寧夏等處邊儲。

戊申，命綏德衛指揮僉事陶禎充左參將，分守大同東路；陝西都指揮僉事趙鉉充甘肅遊擊將軍。

《國榷》卷四三　刑部右侍郎屠勳爲左侍郎，巡撫河南左副都御史陳道爲刑部右侍郎。

壬子，四川左布政司鄭齡爲右副都御史，巡撫河南。

英國公張懋等、吏部尚書屠滽等應詔上三十四事。【略】上納之。

《明史》卷一五《孝宗紀》　免陝西織造羊絨。

《國榷》卷四三　蠲歲逋物料。

乙卯，裁傳陞匠官六十八人。

《孝宗實録》卷一四三　丁巳，以水旱，免南京水軍左、驍騎右、瀋陽右、應天、和陽等衛屯糧二千四百石有奇。

以旱災，免廣西潯、梧、柳、慶、南寧等府及南寧等衛所弘治十一年分秋糧子粒有差。

《國榷》卷四三　己未，塞河南決口。

〔閏十一月〕丙寅，通政司右參議李浩奏事偶舛，被糾。不問，仍諭通政、鴻臚官，奏舛一二字免劾。

丁卯，旱災，免廣、潮、肇慶今年田租有差。

己巳，翰林院庶吉士吴龏、戴銑爲吏、兵科給事中。

《明通鑑》卷三八　詔：「自壽節祈報外，所有齋醮悉罷之。」

《國榷》卷四三　癸酉，通政司左通政陳琬爲工部右侍郎，理易州山廠。

乙亥，廣西道監察御史胡獻，以劾太監韋泰、壽寧侯張鶴齡下獄，謫藍山縣丞。

丙子，大同總兵官都督神英、鎮守太監孫振劾免，調巡撫都御史劉瓛。

《孝宗實録》卷一四四　丁丑，安南國王黎灝卒，世子黎暉遣陪臣潘綜等以訃聞。命行人司行人徐鈺往祭之。

斬山西大同前衛指揮僉事劉桂，梟首示衆，以私賣軍器于夷人也。

《國榷》卷四三　壬午，後府都督僉事王璽總兵，鎮守大同。

《孝宗實録》卷一四四　以前府都督僉事馬昇充副總兵，協守地方。

調永平遊擊將軍署都指揮同知王杲於大同，仍充遊擊將軍。

《國榷》卷四三　癸未，陝西左布政使洪漢爲右副都御史，巡撫大同。

後府帶俸都督同知虞深卒。

《明史》卷一五《孝宗紀》　乙酉，罷福建織造綵布。

《孝宗實録》卷一四四　己丑，右軍都督府署都督僉事房驥卒。

《皇明資治通紀》卷二二　十二月〔壬辰朔〕，總制三邊少保都御史王越卒。贈太傅，謚襄敏。

《明書》卷一一　册封安南。

《國榷》卷四三　癸巳，陝西提學副使楊一清爲太常寺少卿，提督四夷館。

庚子，巡撫薊州洪鍾議潮河川鑿渠築堰并立外關。從之。

《明通鑑》卷三八　榜禁中外奢靡踰制。

《孝宗實録》卷一四五　癸卯，以旱災，免河南衛輝、彰德二府及彰德等三衛糧草子粒有差。

乙巳，土魯番等地方阿黑麻等王各遣使臣火者阿黑麻等來貢。

丙午，烏思藏番僧三竹劄失等來貢。

《國榷》卷四三　丁未，裁宣府順聖川參將。

《孝宗實録》卷一四五　停免兩廣採辦圓眼木。

《國榷》卷四三　己酉，令天下民壯十年編定。

《明書》卷一一　敵犯遼東，都指揮劉剛戰死。

《孝宗實録》卷一四五　庚戌，南京吏部尚書等官倪岳等以清寧宫災言二十八事。【略】命所司看詳以聞。

《明史》卷一五《孝宗紀》　壬子，以清寧宫災詔赦天下。

《國榷》卷四三　前刑部吏徐珪以刑部主事陳鳳梧薦，授桐鄉縣丞。三年，轉高唐州判官，歷贛州同知。

癸丑，祠故户部尚書夏原吉、工部尚書周忱于蘇州。

甲寅，祠故少保大學士楊溥于石首。

《孝宗實録》卷一四五　丁巳，賜朝鮮國弘治十二年大統曆一百本。

《明通鑑》卷三八　以吏部侍郎侶鍾爲右都御史。

弘治一二年（己未、一四九九）

《國榷》卷四四　〔正月〕己巳，右僉都御史顧佐爲右副都御史。

《明史》卷一五《孝宗紀》　辛未，大祀天地於南郊。

《明通鑑》卷三九　〔壬申〕，免慶成宴。

《國榷》卷四四　甲戌，部院大計，降斥千二百五十八人，雜職千三百三人。

辛巳，嘉善大長公主薨。英宗女，年五十三。

《孝宗實録》卷一四六　癸未，命陝西清澗縣徑隸延安府。

《國榷》卷四四　乙酉，行人常元慶爲山西道監察御史。

《明紀》卷二二　國子監生江瑢劾劉健、李東陽杜抑言路。帝慰留健、東陽而下瑢於獄，健、東陽力救得釋。

《國榷》卷四四　丁亥，虜入涼州。

庚寅，錢塘岳華奏先臣岳飛墓侵于僧寺。命理之。

虜入遼東錦州，官軍擊斬百二十五級。

《明通鑑》卷三九　是月，遼東總兵官李杲等誘殺朵顔三衛人，以捷聞。

《國榷》卷四四　二月辛卯朔，巡撫大同右僉都御史劉瓛改大理寺左少卿。

涼州副總兵都指揮僉事熊岡爲署都督僉事、總兵官，鎮守延綏。

《明史》卷一五《孝宗紀》　壬辰，免山東被災夏税。

《國榷》卷四四　癸巳，復安遠侯柳景爵，閒住。

監察御史余濂請有司歲一行取。從之。

《皇明大政紀》卷一八　〔丙申〕，命大學士李東陽、禮部侍郎兼學士程敏政主考會試。

《孝宗實録》卷一四七　庚子，以旱災，免山西大同府所屬州縣，行都司所屬衛所及河南開封等府所屬州縣，宣武、南陽等衛所弘治十一年糧草子粒有差。

《國榷》卷四四　辛丑，朵顔等三衛夷入遼東，官軍迎擊，斬百四十九級。

《明紀》卷二二　戊申，嚴左道惑衆之禁。

《國榷》卷四四　漕運總兵郭鋐等申引沁水之議。曹縣知縣鄒魯駁曰：「【略】害尤甚黄陵岡。【略】張秋之鑒不遠矣。」

《孝宗實録》卷一四七　己酉，命户部發太倉銀十二萬兩於遼東，六萬兩於甘肅，四萬兩於寧夏，三萬兩於榆林，以備邊儲，准弘治十五年歲例之數。

《國榷》卷四四　周世子安潢薨。年三十一，謚榮悼。

庚戌，遼東官軍追敗三衛夷于寧遠，斬四十四級。

乙卯，總督漕運右都御史李蕙卒。

丁巳，户科給事中華昶奏：考官程敏政鬻題，貢士江陰徐經、吴縣唐寅賄得之。特命正考李東陽覆閲，至三月二日放榜。

《明書》卷一一　〔戊午〕，定武職旁支襲官遞降法。

《國榷》卷四四　己未，韓府通渭王徵鈦薨。年四十九，謚榮靖。

〔三月〕辛酉，湖廣按察使吴雄爲應天府尹。

壬戌，巡撫宣府右副都御史馬中錫予告。

《孝宗實録》卷一四八　户部請再送京儲銀十萬兩于遼東，以備邊儲；并令遼東鎮巡等官發會府原貯金州等三衛餘丁歲納草價銀助買糴之用。從之。

《國榷》卷四四　乙丑，山東左布政使雍泰爲右副都御史，巡撫宣府。

《孝宗實録》卷一四八　丙寅，下户科給事中華昶及舉人徐經、唐寅于獄。

己巳，勑巡撫南贛等處都察院右副都御史金澤通巡撫江西各府。

《國榷》卷四四　辛未，署禮部左侍郎賈斌爲尚書，仍署鴻臚寺。

癸酉，命勳臣禱雨。

《皇明大政紀》卷一八　〔甲戌〕，廷策會試中式舉人。

《國榷》卷四四　韓府褒城王徵鉅薨。年五十八，謚宣惠。

乙亥，旌韓府輔國將軍徵鍏孝行。

《明書》卷一一　丙子，衡王之國。

《昭代典則》卷二三　〔丁丑〕，賜進士倫文敘等三百人及第、出身有差。

《國榷》卷四四　己卯，汝王祐椁婚。

癸未，祠故少師大學士楊士奇于泰和。

《孝宗實録》卷一四八　甲申，陞河南布政司左布政使徐鏞爲都察院右副都御史，總督漕運兼巡撫鳳陽等府。

乙酉，授第一甲進士倫文敘爲翰林院修撰，豐熙、劉龍爲編修，第二甲孫緒等九十五員、三甲劉潮等二百二員分撥各衙門辦事。

《國榷》卷四四　熊岡罷，鎮守陝西都督同知陳瑛改鎮延綏。

《孝宗實録》卷一四八　丁亥，協守宣府副總兵都指揮同知韓玉以罪免，命分守西路萬全右衛等處左參將都指揮僉事白玉代之。

《國榷》卷四四　〔四月〕辛卯，劉忠服除，補翰林侍講。

《孝宗實録》卷一四九　命惠安伯張偉鎮守陝西。

壬辰，命周府鎮國將軍睦橎暫理府事。

《國榷》卷四四　癸巳，趙繼爵、陳熙、董綖、俞諫、陳順、吴玭、劉烈、羅璋、陸徵、吕鏜爲南京監察御史。

《明史》卷一五《孝宗紀》　敕宣、大、延綏備邊。

《國榷》卷四四　甲午，田州頭目黄驥、李蠻叛土知府岑猛，搆兵。思恩土知府岑濬攻據舊田州，大殺掠。

丁酉，季春、耿明、彭鳳來、王紹、李鉞、蔡中孚爲監察御史。

《明書》卷一一　〔戊戌〕，古田猺獞作亂，下督撫勦之。

《孝宗實録》卷一四九　己亥，以雹災，免陝西莊浪衛弘治十一年屯糧二千八百七石，草二萬八千七十束有奇。

《明紀》卷二二　〔乙巳〕，前禮部主事楊循吉應詔馳疏，請復建文帝尊號。下禮部議，格不行。

《孝宗實録》卷一四九　丙午，以水災，免湖廣長、岳、衡、永四府，寧遠、茶陵等十一衛所弘治十一年分税糧子粒有差。

《國榷》卷四四　己酉，尚衣太監秦文往南京織幣，請長蘆鹽五萬引。户部争之，命給二萬引，其三萬引准淮鹽。

庚戌，翰林檢討王選、柯拱北爲榮府左、右長史。

《孝宗實録》卷一四九　以旱災，免江西南、贛、瑞、吉、建、廣六府及贛州衛，及建昌、廣信等八千户所弘治十一年税糧子粒有差。

《國榷》卷四四　辛亥，禮部右侍郎程敏政下獄。

《孝宗實録》卷一四九　癸丑，復前軍都督府閑住都督僉事緱謙爲都督同知，致仕。

乙卯，上以天氣炎熱，命兩法司、錦衣衛將見監罪囚笞罪無干證者釋之，徒流以下減等發落，重罪情可矜疑并枷號者具奏以聞。於是免枷號者二十九人，釋放者三百九人。

《國榷》卷四四 〔五月〕癸亥，祀故宋太子少保趙抃于衢州。

丙寅，宜章、臨武盜江欽、蘇瑛等伏誅。

壬申，旱雹，免陝西去年田租有差。

《明通鑑》卷三九 戊寅，免南畿被災秋糧。

《孝宗實録》卷一五〇 庚辰，代府潞城王成鐳薨。【略】年四十六。【略】謚曰榮安。

辛巳，予告湖廣按察使林俊養親，辭廣東右布政使。

《國榷》卷四四 六月己丑朔，土魯番入貢。

罷程敏政，謫華昶南京太僕寺主簿，林廷玉海州判官，徐經、唐寅除名。

壬辰，前禮部右侍郎兼翰林學士程敏政卒。【略】贈禮部尚書，賜祭葬。

《孝宗實録》卷一五一 癸巳，翰林院庶吉士許天錫病痊至京，授吏科給事中。

《昭代典則》卷二三 〔戊戌〕，以傅瀚爲禮部侍郎兼翰林學士，掌詹事府事。

《孝宗實録》卷一五一 癸卯，陞禮部右侍郎張昇爲本部左侍郎，太常寺少卿兼翰林院侍講學士焦芳爲禮部右侍郎。

《國榷》卷四四 故普安州土官隆暢妾米魯通營長阿保，殺其庶子，欲自襲職。上官勿許，且見罪，遂作亂。

《明史》卷一五《孝宗紀》 甲辰，闕里先師廟災。

《孝宗實録》卷一五一 乙巳，命於貴州開中雲南弘治六年見在鹽課十一萬引，四川弘治七年見在鹽課四萬引，以備邊儲及賑濟之用；其軍民舍餘願納銀米者授七品以下散官，陰陽、醫生願納銀米者補陰陽、醫官，從户部奏也。

《國榷》卷四四 己酉，占城國王古來奏：「安南侵新州港，請及臣在，預封子沙古卜洛守國。」廷議父在不得封，遂立爲世子，攝國事。

《孝宗實録》卷一五一 乙卯，占城【略】來貢。

《國榷》卷四四 七月甲子，寧王宸濠乞詣闕謝恩。止之。

《孝宗實録》卷一五二 庚午，傳旨陞太醫院院使王玉爲通政使司右通政，仍掌院事。院判徐生爲院使，御醫常行、王槩、黄綬、方叔和俱爲院判。

戊寅，命户部鬻兩淮鹽二十五萬引、長蘆鹽十萬引、兩浙鹽二十萬引、福建鹽四萬七千四百五十餘引，以其價銀轉送遼東，助邊儲之用。

《國榷》卷四四 己卯，雍王祐橒當辭陵，以疾欲免。命强往。

《明通鑑》卷三九 遣太常卿李傑詣曲阜祭告先師，並敕山東撫按官重建。

《國榷》卷四四 庚辰，户部右侍郎李孟暘催督漕運。以雍王行，恐妨漕。

前南京前府都督僉事都勝卒。

《孝宗實録》卷一五二 甲申，舊制，武職應襲子孫其未襲之先自己立功陞職者，有棄小就大之例。如己職大於祖職，聽承襲時開除祖職；如祖職大於己職，則開除己職。故羽林前衛指揮同知李榮子勇正統中應募，累功陞至指揮同知，其長子房既襲祖職，勇乞以次子梁襲己職。有旨止進房職一級爲指揮使。至是，勇復陳乞，謂祖職、己職相等，非棄小就大。兵部覆奏：「勇欲以子梁襲己職，則前無此比，若一旦革襲，又無以勸後。謂宜令梁量襲百户，房仍止襲祖職爲指揮同知。自今指揮應襲子孫立功陞職與祖職相同者倣此，若祖職、己職皆千户，次子令爲試百户；若皆百户，則止襲一百户，請著爲令。」從之。

《國榷》卷四四 乙酉，南京刑部右侍郎熊懷致仕。

《孝宗實録》卷一五二 丁亥，土魯番速壇阿黑麻王遣使臣哈非思等來貢。

《孝宗實録》卷一五三 〔八月〕己丑，陞巡撫江西都察院右副都御史金澤爲南京刑部右侍郎。

《國榷》卷四四 辛卯，撒馬兒罕頭目苦力干等入貢。

《孝宗實録》卷一五三 癸巳，陞廣東左布政使韓邦問爲都察院左副都御史，巡撫江西。

占城國王古來遣王孫沙不登古魯并使臣偃善挐巴地等來貢。

《國榷》卷四四 甲午，南京兵部尚書張悦致仕，進太子少保。

《孝宗實録》卷一五三 命運太倉銀及河東鹽價銀各五萬兩于大同，准弘治十二年歲例，并補前減免民糧之數。

《國榷》卷四四 遼府蕲水王豪奎薨。年五十六，謚安穆。

《明書》卷一一 〔己亥〕，雍王之國。

《皇明大政紀》卷一八 改倪岳爲南京兵部尚書，參贊機務。

《國榷》卷四四 辛丑，前南京刑部尚書鄭時卒。【略】年七十七。贈太子少保，賜祭葬。

旱災，免彰德夏稅一萬七百五十石有奇。

甲辰，秦府郃陽王誠瀹薨。年四十四，謚悼安。

《孝宗實録》卷一五三　陞吏部右侍郎秦民悦爲南京吏部尚書。

丁未，改掌國子監事禮部右侍郎林瀚爲吏部右侍郎。

《國榷》卷四四　己酉，增設九江、安慶、池州、建陽兵備副使。

壬子，前南京國子祭酒謝鐸爲禮部右侍郎，署國子監事；翰林院檢討毛紀爲修撰。

《孝宗實録》卷一五三　癸丑，陞陝西漢中府知府歐鉦爲江西按察司副使，專理九江、安慶、建陽等府衛，整飭兵備。

《孝宗實録》卷一五四　九月己未，户部奏：「凡親王薨，所遺母妃子女宫眷給養贍米歲二百石，郡王者一百石，鎮國、輔國、奉國將軍者俱五十石，鎮國、輔國、奉國中尉者俱三十石，各候子長襲封日停止，郡王而下無子者養之終身。其郡王及將軍母妃、夫人、淑人有亡故及女已受封者，各減十石；中尉恭人、宜人、安人有亡故及女已受封者，各減五石；宫人亡者每一人減五石。請著爲令。」從之。

《國榷》卷四四　庚申，南京兵部右侍郎張敷華爲右都御史，總督漕運兼巡撫鳳陽。

初，泰寧等三衛夷訴邊臣誘殺，【略】敕右副都御史顧佐往覈。

癸亥，追封故鄭世子見滋鄭王，謚曰僖。

甲子，右副都御史黎福爲南京兵部右侍郎。

《孝宗實録》卷一五四　丙寅，命於榆林開中兩淮弘治六年常股鹽十萬引、雲南弘治六年見鹽三萬引、四川弘治七年見鹽四萬引、長蘆弘治十年存積鹽三萬引，以備邊儲。

《國榷》卷四四　留雲南降級左參政毛科仍撫夷人。

《皇明大政紀》卷一八　〔戊辰〕，致仕大學士徐溥卒。贈太傅，謚文靖。

《國榷》卷四四　丁丑，降寧府石城王宸浮、輔國將軍宸潤爲庶人。

《孝宗實録》卷一五四　戊寅，命詹事府掌府事禮部左侍郎兼翰林院學士傅瀚及南京翰林院侍講學士張元禎充纂修《大明會典》副總裁官。

以旱災，免直隸淮安府及徐州及高郵衛并海州中前千户所夏税子粒有差。

《國榷》卷四四　己卯，重慶大長公主薨。

庚辰，刑部右侍郎陳道爲左侍郎，巡撫山東右副都御史何鑑爲刑部右侍郎。

《明史》卷一五《孝宗紀》　壬午，普安賊婦米魯作亂。

甲申，重建清寧宫成。

《國榷》卷四四　乙酉，陝西左布政使王儼爲右副都御史，巡撫山東。

丙戌，大學士劉健等以奉旨擬票，自書封進，毋代寫，誠爲祕密，臣等不善楷，其事理重大即自書，餘容代寫。仍如祖宗故事，或面諭，或御批，或密傳，使有所遵奉。上納之。

〔十月〕戊子，少詹事兼翰林院侍讀學士王鏊歸省。

陞督工太監李興、黄瓚、姚訓，英國公張懋，兵部尚書馬文升俱錦衣百户；工部尚書徐貫進太子太保。科道言其濫，不聽。

《孝宗實録》卷一五五　辛卯，陞吏部右侍郎林瀚爲本部左侍郎，改户部右侍郎韓文爲吏部右侍郎。

《國榷》卷四四　鎮守廣西副總兵都指揮使歐磐進都督僉事。

周府義陽王子圪薨。年五十七，謚康靖。

《孝宗實録》卷一五五　癸巳，每年印馬等官選其堪用補種者印畢，若養馬之家有原給地三頃無馬駒者，仍令牧養，先養駒者勿再給。其論丁地方分給空閒人丁牧養，不許仍累原户。著爲令。

《國榷》卷四四　戊戌，翰林檢討郭瑀、王禾爲申府左、右長史。

虜犯甘州。

《明通鑑》卷三九　己亥，録囚。

《孝宗實録》卷一五五　癸卯，以旱災，免直隸保安等衛所及隆慶、保安等州縣糧草有差。

《國榷》卷四四　丁未，旱災，免真定、保定、河間田租有差。

上虞張津上兵略三十卷，送兩廣總鎮參謀。

戊申，以新宫成，命大能仁寺灌頂國師那卜堅參等設壇慶讚。大學士劉健等言：「宫禁嚴密，豈可使胡羯邪妄之徒群行喧雜。【略】」不聽。

壬子，延平府教授徐彰請祀宋儒羅從彦于江西，李侗于延平。從之。

刑部主事鄭岳下獄。

《孝宗實録》卷一五五　癸丑，以水旱災，免福建福、興、泉、延四府及興化、福州左等八衛秋糧子粒有差，内被水渰溺人口、漂流房屋者如例賑給。從之。

《國榷》卷四四　丙辰，爪哇國王入貢。

《孝宗實録》卷一五五　兵部奏請今後兩京管馬寺丞聽本部訪察政績，移文吏部推舉，仍行令南北直隸、河南、山東巡撫、巡按官遍察所屬府、州、縣掌印管馬官，具以能否疏報吏部參酌黜陟，以示勸戒。從之。

《孝宗實録》卷一五六　十一月丁巳朔，欽天監進弘治十三年大統曆。

《國榷》卷四四　安南國世子黎暉入貢。

《明書》卷一一　乙丑，太皇太后還居清寧宮。

《孝宗實録》卷一五六　乙亥，陞漕運總兵官都督僉事郭鋐爲都督同知。

《國榷》卷四四　戊寅，傳陞御用監辦事鴻臚寺右少卿李綸爲太僕寺少卿，寺丞周惠疇、萬隆爲少卿，餘鴻臚寺丞、序班、錦衣千百户、鎮撫、工部營繕所所丞、文思院副使、皮作局副使。

《孝宗實録》卷一五六　監察御史史載德以兩淮運司竈丁多逃住鄰縣豪家，致虧鹽課，請著爲令，限三月以裏許自首免罪，否則竈丁、窩主同令償所逋正課，竈丁坐本罪，窩主發充竈終身，里鄰知而不舉及所司破調不發者皆治罪。户部覆奏，從之。

《國榷》卷四四　己卯，初，壽王之國，承奉宋祥、趙鳳等道横索錢，毆臨清兵備副使陳璧。事聞，逮祥、鳳論罪，調長史王春參議。

庚辰，初，朵顔三衛入寇遼東，議都督孫貴率京兵五千往。兵科給事中李宣等言：「兵不可發有三，且貴非統御才。」遂止師。

《孝宗實録》卷一五六　壬午，傳旨命錦衣衛帶俸指揮使孫鑾管南鎮撫司事。

《國榷》卷四四　虜犯遼東寧遠。

癸未，安南國、真臘國遣使，俱風漂至廣東。命贍而歸之。

〔十二月〕丁亥，科道論傳陞之弊。【略】上不納。

《孝宗實録》卷一五七　戊子，命專委户部官屬一人督理長安等四門倉糧出納。

《國榷》卷四四　庚寅，吏部尚書屠滽等乞盡汰傳陞官七百九十餘人。不允。

《明通鑑》卷三九　〔辛卯〕，兵部尚書馬文升等請罷傳奉官。

《國榷》卷四四　乙巳，吏科給事中許天錫請補建陽被火書板。從之。

《孝宗實録》卷一五七　丙午，賜朝鮮國弘治十三年大統曆一百本。

《國榷》卷四四　己酉，兵部主事李源、黄清按閲遼東、陝西馬牧。

《孝宗實録》卷一五七　庚戌，命宋程頤十八代孫繼祖襲翰林院五經博士。

《國榷》卷四四　辛亥，户部尚書周經等言：「宗室勳戚莊田，俱畝徵銀三分。昨張鶴齡徵銀五分，恐效尤未便。」不聽。

《孝宗實録》卷一五七　以旱災，免南京水軍左等三十二衛弘治九年屯田子粒有差。

壬子，以旱災，免浙江太平縣秋糧八千三百七十四石、松門等衛屯糧七百六十九石各有奇。

《國榷》卷四四　甲寅，巡撫寧夏右副都御史王珣言：「寧夏孤懸，苦無水。臣聞有古渠三：東爲漢渠，中爲唐渠，今見通水路，惟西一渠逼山下，首尾三百里，亦漢唐舊渠。宜疏鑿引水下流，築東岸積土如山，仍度要害，建營堡，置戍按伏以遏虜。請發内帑三萬，并借靈州五、六年鹽課給其費。」從之。

乙卯，停糧茶。先陝西饑，暫中糧茶，至是巡按監察御史王憲以關輔稍稔，宜暫停，異時兵荒，當更圖之。報可。

弘治一三年（庚申、一五〇〇）

《明史》卷一五《孝宗紀》　春正月乙丑，大祀天地於南郊。

《國榷》卷四四　丁卯，工部尚書徐貫等請停織作。不允。

戊辰，右副都御史顧佐還自遼東，都指揮魯勳、王璽、魯麟各鐫級，敕責總兵官李杲、太監任良、都御史張玉。

丙子，時尚衣監太監趙榮監督通州倉，户部尚書周經等執論。命止設總督二，京、通監督三，著爲令。

己卯，祀宋永新節婦趙氏。

錦衣百户陶荆民爲副千户，世襲。

《明通鑑》卷三九　禁民間收鬻軍器。

《孝宗實録》卷一五八　癸未，以旱災，免順天府及東勝等三十二衛所弘治十二年分糧一萬八千六百七十九石，草五十六萬一千二百九十餘束。

命直隸池州府貴池等四縣及各巡檢司原額辦蘆柴課銀之地有爲水衝嚙并瘠鹵窪下不能辦課者量與減免，從南京工部郎中郭祥鵬言也。

《孝宗實録》卷一五九　二月乙酉朔，陞廣西梧州府知府張吉爲廣西按察司副使，整飭府江等處兵備。

《國榷》卷四四　崇王見澤乞歸德黄河退灘地二十餘里。户部執争，事下撫按覈之。

《孝宗實録》卷一五九　禮部火。

《明史》卷一五《孝宗紀》　戊子，免山西被災税糧。

《孝宗實録》卷一五九　己丑，以水災，免直隸揚州、鳳陽、淮安三府及徐州并宿州衛弘治十二年糧草有差。

《明書》卷一一　〔庚寅〕，命詳定問刑條例。

《國榷》卷四四　壬辰，寧府鍾陵王覲錐善騎射，上章求備行間自效。不許。

《明史》卷一五《孝宗紀》　乙未，嚴旌舉連坐之法。

《國榷》卷四四　命大德顯靈宫祈醮三日。禮科給事中于瑁乞止之，不聽。

己亥，英廟恭妃劉氏薨。謚昭静。

《明通鑑》卷三九　檢討陳獻章卒。

《國榷》卷四四　庚子，下河南府葺宋儒程顥、程頤墓祠，量給田土守户。

《孝宗實録》卷一五九　乙巳，命運各處折糧銀及河東鹽價銀，大同、宣府各十萬兩，甘肅六萬兩，寧夏四萬兩，榆林三萬兩，遼東十五萬兩，以備邊儲。

丙午，命晉府世曾孫知烊凡遇時節進表箋及祭祀之類代晉王行禮，以世子冠服給之，從王奏也。

《國榷》卷四四　丁未，翰林編修兼司經局校書靳貴爲右春坊右中允。

《孝宗實録》卷一五九　己酉，光禄寺以急缺供應，請暫借太倉官銀三萬二千餘兩給還行户牲口之直。從之，仍命照數補還，此後不許再借。

《國榷》卷四四　〔三月〕丙辰，給總督京通倉場太監蔡用條印。

《孝宗實録》卷一六〇　辛酉，以旱災，免山東濟南、兖州等六府及濟南、肥城等十衛所弘治十二年粮草子粒有差。

《國榷》卷四四　甲子，故西天佛子著癿領占造塔。工部疏止，不聽。

己巳，署禮部左侍郎元守直爲尚書，仍署通政司事。

巡撫河南都御史鄭齡奏修丁家口上下河決隄岸。從之。

《孝宗實録》卷一六〇　庚午，禮部以久旱，請祈禱雨澤。上命致齋三日，遣英國公張懋祭告天地，新寧伯譚祐告社稷，遂安伯陳韶告山川。

丙子，爲涇王妃行納徵發册等禮。

戊寅，命福建備倭把總指揮五年一更，總督巡海官三月一次出巡，互相更代，并行遼東等處，從鎮守太監鄧原奏也。

己卯，命冠帶閒住右軍都督府右都督馬儀爲都督同知，致仕。

《國榷》卷四四　壬午，琉球國中山王尚真入貢。

《孝宗實録》卷一六一　〔四月〕丙戌，命發太倉銀二萬兩及靈州鹽課司二年鹽課助修渠之用，從巡撫寧夏都御史王珣奏也。

《國榷》卷四四　丁亥，始補貴州右布政使。

《孝宗實録》卷一六一　庚寅，命發太倉銀六萬兩并開中淮、浙兩運使常股鹽二十萬引于榆林，以備邊儲。每歲仍量撥延安府各縣糧料于東西邊倉上納。

《國榷》卷四四　癸巳，遼東太監任良、總兵李杲、巡撫都御史張玉以殺降免。

進士徐蕃爲南京禮科給事中。

《孝宗實録》卷一六一　丁酉，舊例，各邊士兵秋冬操練，給口糧，春夏務農時停止；其聽操馬匹冬春給草料，至夏秋牧放時停止。至是，以宣府方有警報，命士兵及馬匹俱暫給口糧、草料；仍命于歲例銀兩外再輸太倉銀十萬兩，以助軍餉。

戊戌，禮部【略】請行令陝西鎮巡等官，今後遇有各處使臣入貢者，俱約至八月初旬方許驗放入關，每年止許一次，亦不許人數過多，違者治罪。從之。

《國榷》卷四四　己亥，通政司右通政陳瑶爲左僉都御史，巡撫遼東。

定西侯蔣驥爲征虜前將軍、總兵官，鎮守遼東。

《明史》卷一五《孝宗紀》　乙巳，平江伯陳鋭爲靖虜將軍，充總兵官，太監金輔監軍，户部左侍郎許進提督軍務。

《國榷》卷四四　都督劉寧副總兵，楊玉左參將，太監姚舉監火槍，往大同禦虜。

《孝宗實録》卷一六一　巡撫陝西都御史熊翀奏：「邊儲不充，欲將新開納銀冠帶例寬至十四年終停止，并請開中淮、浙兩運司鹽二十萬引召商上納。」户部覆議，從之。

《國榷》卷四四　丁未，增陝西按察副使，整飭環慶等兵備，兼理鹽法。

《昭代典則》卷二三　〔戊申〕，以張元禎爲翰林學士。

《孝宗實録》卷一六一　命後軍都督府署都督僉事阮興充總兵官，鎮守薊州、永平、山海等處。

《國榷》卷四四　己酉，寧府宜春王宸滄薨。年二十七，謚康僖。

《孝宗實録》卷一六一　庚戌，陞監察御史于茂爲陝西按察司副使，整飭環慶等處兵備，兼理鹽法。

《明通鑑》卷三九　庚戌，録囚。

壬子，召閣臣議軍政。

《昭代典則》卷二三　帝御平臺，召内閣大學士劉健等議諸營提督官去留。

《國榷》卷四四　〔五月〕丙辰，太子太保工部尚書徐貫致仕。

《明書》卷一一　復召廷臣論兵部推舉各官，即宣手勅。

《孝宗實録》卷一六二　命保國公朱暉、太子太保鎮遠侯顧溥提督三千營，惠安伯張偉提督神機營，溥仍提督團營，太傅兼太子太傅新寧伯譚祐罷提督團營，專督神機營。

《國榷》卷四四　丁巳，鴻臚寺卿張俊加禮部右侍郎。

戊午，旌寧海王三苟妻陳小奴貞烈。

《孝宗實録》卷一六二　己未，陞山西行都司都指揮使張安爲署都督僉事，掛征西將軍印，充總兵官，鎮守延綏。寧夏右參將署都指揮僉事吴江充副總兵協守。

《國榷》卷四四　太子太保刑部尚書白昂致仕。

癸亥，南京監察御史歲三人，仍同工部官権杭州、荆州、太平竹木。

《孝宗實録》卷一六二　乙丑，命南京兵部右侍郎黎福致仕。

《昭代典則》卷二三　〔丙寅〕，改左都御史閔珪爲刑部尚書，陞工部左侍郎曾鑑爲工部尚書。

《國榷》卷四四　東寧伯焦俊爲平蠻將軍、總兵官，鎮守湖廣。恭順侯吴鑑鎮守陝西。

丁卯，府部大臣上修省十八事，【略】上納之。

《明通鑑》卷三九　〔戊辰〕，户部尚書周經、禮部尚書徐瓊，【略】皆以星變請致仕，許之。

《孝宗實録》卷一六二　是日，司禮監太監陳寬傳旨，致仕太子太保刑部尚書白昂、太子太保工部尚書徐貫、太子少保户部尚書周經、太子少保禮部尚書徐瓊俱歷事累朝，效勞年久，昂、貫加太子太傅，仍賜以勅，經、瓊加太子太保。

《國榷》卷四四　庚午，豐潤伯曹愷鎮守貴州。

壬申，巡撫四川右副都御史鍾蕃爲南京兵部右侍郎，南京左僉都御史陳璚改左僉都御史。

《孝宗實録》卷一六二　甲戌，命開中兩淮、長蘆運司常股鹽三十五萬引於大同召商上納，以儲軍餉，從提督軍務户部左侍郎許進奏也。

《國榷》卷四四　乙亥，工部右侍郎史琳爲左侍郎，巡撫陝西右副都御史熊翀爲兵部右侍郎。太僕寺少卿劉纓爲右僉都御史，巡撫四川。

《明通鑑》卷三九　禮部侍郎傅瀚爲本部尚書。

《國榷》卷四四　丙子，湖廣按察使林俊爲南京右僉都御史。

戊寅，少詹事王鏊入朝。

《孝宗實録》卷一六二　己卯，命發太倉銀五萬兩於大同，爲犒勞軍士之用。

《國榷》卷四四　左都御史佀鍾爲户部尚書。

庚辰，巡撫甘肅右副都御史周季麟改陝西。

太子太傅吏部尚書屠滽致仕。

《孝宗實録》卷一六二　辛巳，命户部發太倉銀二十萬兩於大同召商中納糧草，以備客兵支用。

《孝宗實録》卷一六三　六月癸未朔，陞宣府遊擊將軍都指揮同知張俊爲都督僉事，録大同禦虜功也。

《明史》卷一五《孝宗紀》　甲申，免江西被災秋糧，停山、陝採辦物料。

《孝宗實録》卷一六三　乙酉，命閑住都督僉事神英、立威營都督同知李俊領原選聽征官軍操習，以備北虜。

《國榷》卷四四　丁亥，山西右布政使劉璋爲右副都御史，巡撫甘肅。

戊子，敕襄城伯李鄌飭備紫荆、倒馬、龍泉三關，都督僉事李澄、張晟各分戍密雲、潮河川、古北口、大水谷及居庸關、黄花鎮、白羊口，兵部左侍郎王宗彝兼左僉都御史經略焉。

《孝宗實録》卷一六三　命南京都察院右僉都御史林俊兼督操江。

《國榷》卷四四　辛卯，復命署都指揮僉事劉全守備臨清。

《孝宗實録》卷一六三　壬辰，命工部左侍郎史琳兼都察院左僉都御史，經畧紫荆關等處邊備，仍賜勅遣之。

《明紀》卷二三　〔甲午〕，召倪岳爲吏部尚書而加文升少傅。

《明通鑑》卷三九　召南京刑部尚書戴珊爲左都御史。

《孝宗實録》卷一六三　户部以大同虜患尤急，請借宣府宣德等倉糧二十萬石、豆二十萬石、草一百萬束運於大同，以給邊餉。從之。

《國榷》卷四四　乙未，總督兩廣軍務左都御史鄧廷瓚卒。【略】贈太子少保，謚襄敏。

《明書》卷一一　戊戌，許進、陳鋭無功，下詔切責。

詔舉將才，益選京營兵二萬聽調。

《皇明大政紀》卷一八　〔庚子〕，改南京吏部尚書秦民悦爲南京兵部尚書，參贊機務。

《明通鑑》卷三九　庚子，言官劾陳鋭、金輔等玩寇無功，並及許進，皆召還。

《明書》卷一一　以保國公朱暉佩印，招陳鋭等還。

《孝宗實録》卷一六三　辛丑，陞大寧前衛帶俸都指揮使戴廣爲都督僉事。

《明紀》卷二三　侍郎史琳爲右都御史，經略紫荆關。

《國榷》卷四四　甲辰，英廟麗妃陳氏薨。

《孝宗實録》卷一六三　戊申，陞吏部左侍郎林瀚爲南京吏部尚書。

《國榷》卷四四　山東按察使劉宇爲右僉都御史，巡撫大同。

己酉，右都御史史琳提督大同邊務。

賑山西行都司及大同災民，蠲賦役一年。

《孝宗實録》卷一六三　辛亥，重修雍王府第。

《國榷》卷四四　〔七月〕丁巳，大理寺左少卿王鑑之爲左僉都御史，經略紫荆等關。

己未，太子少保刑部尚書閔珪進太子太保。

兵科給事中熊偉請各邊募士兵，事寧之日還農。從之。

《孝宗實録》卷一六四　辛酉，陞監察御史史瑛、曾昂，湖廣按察司僉事李善，河南僉事包裕俱爲按察司副使。

《國榷》卷四四　吏、工部右侍郎韓文、熊翀爲左侍郎。少詹事兼侍讀學士王鏊、巡撫延綏右副都御史熊繡、光禄寺卿李鐩，爲吏、兵、工部右侍郎。

《孝宗實録》卷一六四　癸亥，陞養病户部左侍郎劉大夏爲都察院右都御史，總督兩廣軍務，兼理巡撫。

《國榷》卷四四　乙丑，提督軍務户部左侍郎兼左僉都御史許進入朝，辭憲職。

丙寅，太僕寺少卿王珩爲光禄寺卿。

庚午，罷許進、陳鋭、劉寧，俱劾免。

《孝宗實録》卷一六四　命提督紫荆等關襄城伯李鄌及都督張晟回京。

辛未，命徽國朱文公十一世孫塈襲翰林院五經博士。

《國榷》卷四四　癸酉，南京户部尚書梁璟致仕。

《孝宗實録》卷一六四　丙子，陞户部右侍郎李孟暘爲本部左侍郎，巡撫山東。都察院右副都御史王儼爲户部右侍郎。

《明書》卷一一　陝西巡撫熊翀得玉璽來獻，禮部辨其僞，上命置之庫。

《國榷》卷四四　丁丑，南京工部尚書蕭禎致仕。

《昭代典則》卷二三　〔戊寅〕，以王軾爲南京户部尚書。

《國榷》卷四四　庚辰，湖廣左布政使徐源爲右副都御史，巡撫山東。貴州左布政使張撫爲南京太僕寺卿。

辛巳，撤雲南、貴州清戎監察御史。

壬午，南京禮部左侍郎董越爲南京工部尚書，南京大理寺卿楊守隨改大理寺卿。

《孝宗實録》卷一六四　命襄城伯李鄌提督五軍營。

《國榷》卷四四　〔八月〕甲申，四川番賊入掠松潘。

丙戌，岷王膺鉟薨。年五十一，謚曰簡。

丁亥，太常寺少卿兼翰林侍讀學士李傑爲南京禮部右侍郎，巡撫保定右副都御史高銓爲南京工部右侍郎。

《孝宗實録》卷一六五　南京大理寺左少卿魏富爲本寺卿。

庚寅，授進士牧相爲南京兵科給事中。

《明紀》卷二三　辛卯，振江西水災。

《孝宗實録》卷一六五　壬辰，陞提督河道通政司右通政張縉爲都察院右僉都御史，巡撫保定等府，兼提督紫荆等關。

《明紀》卷二三　〔丙申〕，廢安泛爲庶人，幽鳳陽，安涘亦革爵。

《孝宗實録》卷一六五　己亥，命銓註惠安伯張偉于左軍都督府，襄城伯李鄌于右軍都督府，寧晉伯劉福于後軍都督府。偉掌印管事，鄌、福各佐貳管事。

《國榷》卷四四　雲南木邦蠻作亂。

《孝宗實録》卷一六五　丙午，命以福建泉州府市舶司銀三萬餘兩爲本府賑濟之用。

《國榷》卷四四　丁未，復作余子俊所製戰車。

〔九月〕癸丑，廣東官軍平翁源等縣流盜。

丙辰，刑部左侍郎陳道爲南京右都御史。

《明紀》卷二三　〔丁巳〕，復置陝西靈州於河口，靈州所城直隸布政司。

《孝宗實録》卷一六六　庚申，陞兵部右侍郎兼都察院左僉都御史王宗彝爲都察院右都御史，仍經畧密雲、潮河川等處邊務，以九年秩滿也。

《國榷》卷四四　刑部右侍郎何鑑爲左侍郎，巡撫雲南右副都御史李士實爲刑部右侍郎。

《孝宗實録》卷一六六　甲子，以旱災，免直隸保定府夏税有差。

丙寅，改工部左侍郎熊翀爲兵部左侍郎。

《國榷》卷四四　江西、雲南左布政使葉贄、陳金爲右副都御史，贄總督南京糧儲，金巡撫雲南。

翰林院編修蔣冕、傅珪兼司經局校書。

戊辰，行人王雄謫雲南浪穹縣丞。

《孝宗實録》卷一六六　庚午，陞工部右侍郎李鐩爲本部左侍郎，南京光禄寺卿張達爲右侍郎。

《國榷》卷四四　辛未，定教官不許賫進表箋。

癸酉，鎮守湖廣總兵官東寧伯焦俊卒。

戊寅，翰林編修兼司經局校書吴儼爲左中允，仍直東宫。

《孝宗實録》卷一六七　〔十月〕戊子，命司禮監太監會同各營内外提督官閲視京營武職，較量其藝能第等以聞。

《國榷》卷四四　庚子，水災，免徐州蕭、碭田租有差。

《孝宗實録》卷一六七　以旱災，免陝西慶陽府所屬州縣及慶陽衛所税糧五萬一百五十四石有奇。

癸卯，法司奉旨會官審録死罪重囚。

甲辰，陞司經局洗馬兼翰林院侍講梁儲爲本院學士。

《國榷》卷四四　乙巳，黔國公沐崑以孟養思陸越金沙江侵孟密蠻（英）〔莫〕（章貢）〔貢章〕等地，木邦宣慰罕列年幼，意同思陸報孟密，欲發兵討之。晝三策：【略】下策防守撫諭。上用其下策。

丙午，命宗藩廟樂從國初舊制。

《孝宗實録》卷一六七　陞南京鴻臚寺卿陳壽爲都察院右僉都御史，巡撫延綏。

《國榷》卷四四　戊申，楚府江夏王均鉌薨。年三十九，謚安惠。

《明書》卷一一　革鳳陽鈔關。

《明紀》卷二三　〔是月〕，小王子諸部寇大同。

《孝宗實録》卷一六八　十一月辛亥朔，欽天監進弘治十四年大統曆。

《國榷》卷四四　己未，裁南京羽林右衛養虎倉。

《孝宗實録》卷一六八　辛酉，命防守密雲等處都督僉事李澄回京。

《國榷》卷四四　壬戌，免雲南判山、窩村、廣運、寶泉四場銀課。

癸亥，遼府湘陰王豪壛薨。年六十四，謚康懿。

致仕知府邳州袁清，召赴大同贊畫。御史曹玉薦其知兵。清進士。

《孝宗實録》卷一六八　乙丑，禮部覆奏監察御史王憲所陳擇出使事，今後公侯伯出差，所司先擇其人能否，兼論次序疏上，請承命後，所至動遵成憲。如有違慝，聽巡撫、巡按官糾舉。從之。

《國榷》卷四四　乙丑，永康侯徐錡爲平蠻將軍、總兵官，鎮守湖廣。

己巳，初，各都司製兵械輸京，俱貯九門城樓，便關領。後内官監太監陳良收内庫，恣科索。至是解大刀萬五千五百，兵部請貯城樓。不允。

丁丑，申嚴沿邊伐木之禁。

經略右都御史王宗彝入朝。

《明書》卷一一　十二月〔癸未〕，敵再犯大同，尋引去。

《孝宗實録》卷一六九　甲申，增築紫荆關三里堡城。

《國榷》卷四四　丙戌，增山西副總兵，駐代州，提督三關；改代州參將駐偏頭關。

《孝宗實録》卷一六九　辛卯，致仕應天府府尹于冕卒。

《國榷》卷四四　鎮守兩廣伏羌伯毛鋭進太子太保。

《孝宗實録》卷一六九　癸巳，授進士王蓋、許誥、倪議、徐仁、張維新、張元良爲給事中。

《國榷》卷四四　甲午，翰林編修兼校書蔣冕爲右春坊右中允。

《孝宗實録》卷一六九　經略紫荆等關都察院左僉都御史王鑑之事竣回京，命仍改大理寺左少卿。

《國榷》卷四四　丙申，召提督軍務右都御史史琳。

《孝宗實録》卷一六九　命宣府副總兵白玉屯駐大同，遊擊將軍張雄屯駐偏頭關，以備延綏虜警。

《國榷》卷四四　丁酉，傳陞署都指揮同知吳安爲後府帶俸都督僉事。

《孝宗實録》卷一六九　降户部署郎中事員外郎王沓爲雲南阿迷州同知。

《國榷》卷四四　戊戌，覈大同失事，逮總兵王璽，戍鎮番衛；巡撫都御史洪漢閒住；副總兵馬昇、右參將秦恭、游擊將軍王杲論死。

辛丑，榮府翰林檢討武皐服除，改中書舍人。

《明史》卷一五《孝宗紀》　火篩寇大同，南掠百餘里。

《國榷》卷四四　諸將閉城不出，虜得利去。

壬寅，瀋府遼山王幼壂薨。年六十八，謚宣穆。

《孝宗實録》卷一六九　癸卯，賜朝鮮國弘治十四年大統曆一百本。

《國榷》卷四四　刑部郎中黄韡坐狎樂婦，削籍；顧謐閒住。

《孝宗實録》卷一六九　甲辰，土魯番【略】來貢。

《國榷》卷四四　乙巳，虜犯薊州。

丁未，減光禄寺供應。

〔戊申〕，兵科給事中戴銑請頒《歷代名臣奏議》，從之。

己酉，上視朝稍遲，以累日侍兩宫頗勞，特諭閣臣。

是年，命提督織造太監韓義令蘇州及太倉織腰機細布六千匹。

弘治一四年（辛酉、一五〇一）

《明史》卷一五《孝宗紀》　〔正月〕己未，大祀天地於南郊。

《國榷》卷四四　丙寅，水旱，免湖廣田租有差。

《孝宗實録》卷一七〇　甲戌，命送太倉銀六萬兩，陝西布政司官庫銀四萬兩，并開中兩淮運司弘治九年常股鹽十五萬引，四川鹽課司九年、十年見在鹽十八萬七千二百四十餘引於延綏等處，以備邊儲。

《國榷》卷四四　憲廟麗妃章氏薨。

乙亥，録宋儒朱熹十世孫墦，婺源學受書。

丙子，吏部右侍郎王鏊上禦虜八事：曰定廟算。【略】曰重主將。【略】曰嚴法令。曰恤邊民。曰廣召募。曰用間。曰分兵。曰出奇。【略】章下所司。

丁丑，巡撫四川右副都御史鍾蕃復姓潘氏。

己卯，晉府寧河王鍾鏤薨。年三十八，謚安憲。

〔二月〕壬午，司設監乞倣兵仗局，收幼匠二千人。工部謂兵仗局以軍器，宜收幼匠濟乏；司設監止輿帳等，何急爲。命收千人。

《孝宗實録》卷一七一　丙戌，爲榮王妃劉氏行納徵等禮。

《國榷》卷四四　大同總兵官張俊、宣府總兵官莊鑑互易。

《孝宗實録》卷一七一　丁亥，户部覆議太監苗逵等奏請太倉銀二十萬於大同，以備軍餉。上從之。

《國榷》卷四四　己丑，水旱，免順天、河間田租有差。

《孝宗實録》卷一七一　癸巳，授進士陳伯獻爲南京吏科給事中。

《國榷》卷四四　甲午，豐城侯李璽等勒京兵二萬，候虜聽征。

乙未，停蘇、松、常、鎮導河之役。初，歲雇役導河，民甚病之。

己亥，開大同淮鹽百萬引，宣府浙鹽五十萬引。

《孝宗實録》卷一七一　嚴禁沮壞鹽法者，以復祖宗之舊：凡奏乞者一切停止，非邊報緊急不許開中，非商人正名不許關支，其公差人員及勢要之家有裝載私販者并治以罪。

《明紀》卷二三　罷陝西織造中官。

《孝宗實録》卷一七一　庚子，陞都察院右副都御史熊繡爲兵部右侍郎。

《國榷》卷四四　辛丑，提督四夷館太常寺少卿楊一清爲南京太常寺卿。

《孝宗實録》卷一七一　命户部運太倉銀五萬兩於宣府，以備軍儲。

《國榷》卷四四　癸卯，雹災，免延安、西安、寧夏田租有差。

丙午，左春坊左諭德李旻爲南京太常寺少卿。

《孝宗實録》卷一七一　命司禮監太監陳寬同兵部尚書馬文升查選三大營及各監局衛所雜差軍士之精壯者，補團營不足之數，其團營之老弱者退出别用。

命金吾右衛指揮使張鐸總督廣東備倭。

《孝宗實録》卷一七二　三月己酉朔，命開中兩淮弘治十年存積鹽五萬引、兩浙十二年常股鹽十三萬三千八百九十餘引、長蘆十三年常股鹽九萬九千六百餘引於環慶、固原、靖虜等處，以備邊儲。

《國榷》卷四四　罷延綏總兵官陳瑛，論死，副總兵朱瑾謫戍，鎮守太監曾敏降長陵司香，巡撫右副都御史王嵩降陝西布政司右參議。

辛亥，水旱，免江西去年田租有差。

壬子，信豐人李招貼、李廷方，閩人周程等私販爪哇國，竊封傳底簿故紙，僞入貢，至廣州，以聞。【略】治罪。

《孝宗實録》卷一七二　乙卯，以水蝗災，免直隸彭城衛子粒十之六。

《國榷》卷四四　丙辰，故修武伯沈坊以營繕封，子瑞襲錦衣指揮使。

《孝宗實録》卷一七二　庚申，暫免山西、河南、山東及順天、真定等八府明年歲辦果品廚料及内府供用庫料物有差，從府部等衙門奏也。

癸亥，以水災，免山東濟、兖、萊三府及濟寧、肥城等八衛所弘治十三年秋糧子粒有差。

《皇明資治通紀》卷二二　南京大理寺評事夏鍭上言民困數事，言養馬困于責駒，煎鹽困于賠課，近王府困于侵奪，近戚里困于恣睢，當孔道支應爲困，有土産貢獻爲困。下所司知之。

《國榷》卷四四　甲子，旱災，免太原、平陽、汾、潞去年田租有差。

乙亥，延綏告儆，命提督右都御史史琳率參將神英以京兵三千往，節制諸路。

《孝宗實録》卷一七二　丙子，陞廣西布政司左布政使汪奎爲都察院右副都御史，巡撫貴州。

《孝宗實録》卷一七三　四月戊寅朔，先是，以天寒，有旨命百官朔望暫免朝皇太子，至是，始復朝。

《國榷》卷四四　頒勳臣、都督《武經七書》。

《明通鑑》卷三九　庚辰，以寇入延綏，命工部侍郎李鐩督軍餉。

《國榷》卷四四　虜屢入遼東開原。

壬午，署國子事禮部右侍郎謝鐸請祀叔梁紇，斥吴澄，進薛瑄，禮部尚書傅瀚力持之，不果行。

甲申，儀真知縣徐淮下錦衣獄，謫之。

《孝宗實録》卷一七三　改派寧國府額辦祭祀山羊六十隻於浙江，而以原派陝西供祀北羊四十隻改派寧國府，俟事寧之日仍舊。又改派真定等四府并河南、山西額辦明年供祀牛羊五百隻於蘇、常、徽、廬等府并徐、滁等州解納。

戊子，以行人李璣、杜旻、胡瓚，知縣袁仕、趙時中，進士阮吉爲試監察御史。

《國榷》卷四四　益史琳兵七千，保國公朱暉爲征虜將軍、總兵，太監苗逵監軍，自宣、大進；都督同知李俊、都督僉事李澄爲左、右參將，自保定進，俱赴延綏。

《孝宗實録》卷一七三　己丑，兵部尚書馬文昇奏：「【略】請自今重大邊情毋有所避。」從之。

辛卯，復暫免順天、保定等府及陝西、山西、河南、山東弘治十五年額辦供應牲口，令浙江、江西、湖廣、福建及南直隸府州如數分派買辦，俟邊警寧日再議。

《國榷》卷四四　甲午，巡撫保定右僉都御史張綸爲右副都御史，巡撫宣府。

《孝宗實録》卷一七三　丙申，命再於寧夏三路開中兩淮弘治十年鹽二十萬引，以備軍儲。

《國榷》卷四四　丁酉，韓王偕㵪薨。年四十三，謚曰康。

戊戌，山東左布政使王沂爲右副都御史，巡撫保定。

《明史》卷一五《孝宗紀》　免陝西、山西物料。

《孝宗實録》卷一七三　壬寅，命除豁河南湯、輝縣二處沙壓地税糧六千五百石有奇。

《明通鑑》卷三九　甲辰，録囚。

《國榷》卷四四　乙巳，右春坊右諭德署國子司業黄珣爲南京國子祭酒。

《皇明資治通紀》卷二二　〔丙午〕，陞鴻臚卿王璟爲僉都御史，清理兩淮鹽法。

《國榷》卷四四　丁未，兩廣災傷，暫罷清軍監察御史。

五月戊申朔，饒瑭爲福建道監察御史。

《孝宗實録》卷一七四　己酉，陞翰林院編修周玉爲國子監司業。

《明紀》卷二三　庚戌，振大同被兵軍民免税糧。

《國榷》卷四四　壬子，前左都督馬儀、劉寧俱爲左參將，從朱暉等贊畫。

丙辰，裁天下添設官。

《孝宗實録》卷一七四　丁巳，巡撫延綏都御史陳壽上邊儲事宜，户部覆議，請開中陝西茶四百萬斤於延綏，令商人上納糧料草束。移借山西官庫銀五萬兩，俟事寧後補還。河南弘治十四年起運延綏糧料七萬六千八百石俱徵本色，又預借十五年糧料十萬石給之，准他年夏税之數。令陝西、山西等處文職有爲事革職者令納米五十石或料七十石或草一千束許冠帶閒住；武職爲事立功者三品以上納米一百石或草二千五百束，四品以下遞減二分，還職帶俸差操；原問帶俸差操者依前例上納許見任管事。俟邊事寧日停止。從之。

《國榷》卷四四　戊午，修大同外邊，巡撫都御史劉宇役卒五萬，期半年。

《孝宗實録》卷一七四　己未，運太倉銀七萬二百五十餘兩於固原、環慶等處，以備邊儲。

《國榷》卷四四　庚申，安南國王黎暉遣陪臣阮維楨來謝祭，劉興孝謝封。

《明史》卷一五《孝宗紀》　辛酉，免陝西被災稅糧。

《國榷》卷四四　罷鎮守陝西恭順侯吴鑑。恇怯被劾。

勦武岡苗賊。賊殺青坡巡檢劉浩、硤口巡檢杜良、長沙衛百户李俊。

《孝宗實録》卷一七四　癸亥，命武安侯鄭英鎮守陝西。

《明通鑑》卷三九　〔戊辰〕，命各布政司上所屬地里圖。

《國榷》卷四四　裁德州以北管河指揮、千户等官。

《明史》卷一五《孝宗紀》　修闕里先師廟。

《國榷》卷四四　己巳，立大興縣隆禧寺。

甲戌，大理府通判劉傑以其叔太監雲鎮守陝西，請改順天通判。科臣交劾，不聽。

《孝宗實録》卷一七五　六月丁丑朔，陞順天府府尹張憲爲工部右侍郎，管理易州山廠柴炭。

《國榷》卷四四　庚辰，應天府尹韓重改順天。

《昭代典則》卷二三　〔壬午〕，起章懋爲南京國子祭酒。

《國榷》卷四四　癸未，廣西按察使吴倬卒。

《孝宗實録》卷一七五　復前廣西按察司僉事黄鑰官。

《明書》卷一一　〔甲申〕，普安州女賊米魯反，會兵討之，敗績。

《國榷》卷四四　乙酉，工部右侍郎張達勘潮河川城。

《孝宗實録》卷一七五　丁亥，命花馬池千户所新軍暫免納秋青草束，令有司鬻池鹽之價補其數，從分守右參將馬隆奏也。

《明通鑑》卷三九　戊戌，寇犯延綏清水堡。

《國榷》卷四四　己亥，修黄巖縣宋丞相杜範墓，立祠。

壬寅，秦府保安王誠淥薨。年三十六，謚昭和。

《孝宗實録》卷一七五　復運太倉銀二十萬兩於榆林等處，以備軍餉。

陞陝西延安衛指揮同知時源爲署都指揮僉事，充右參將，分守延綏東路。陝西都司都指揮僉事衛勇充大同遊擊將軍。

癸卯，命分守懷來等處右參將都指揮僉事黄鎮充左副總兵，協守大同。

乙巳，命陝西都司都指揮僉事把琮協同分守寧夏東路。

命義勇衛署都指揮僉事解端充右參將，分守懷來等處。

《國榷》卷四四　七月丁未朔，秦王秉欆薨。年二十二，謚曰昭。

《明史》卷一五《孝宗紀》　泰寧衛賊犯遼東，掠長勝諸屯堡。

《國榷》卷四四　吏科右給事中鍾渤、刑部郎中王益謙勘遼東失事狀。

潮河川工成。

《孝宗實録》卷一七六　壬子，敕户部郎中徐鍵往理寧夏邊儲，以太倉銀六萬兩給之，從巡撫都御史王珣請也。

癸丑，先是，提督軍務都御史史琳等請遣（驛）〔繹〕字官赴軍作番文曉諭虜首火篩等。兵部覆奏，許之。

《國榷》卷四四　大同諜報，套虜治筏渡河而東，請撤游奇兵，分西路防守。下兵部議，覈嚴備，伺虜東西，相機戰守。

乙卯，南京刑部尚書翟瑄卒。【略】賜祭葬，贈太子少保。

《孝宗實録》卷一七六　庚申，理刑知縣臧鳳丁憂服闋，實授浙江道監察御史。

《國榷》卷四四　宥參將黄鎮、守備太監張瓚、指揮王璽等。

《明書》卷一一　〔癸亥〕，命南户部尚書王軾率兵討米魯。

《國榷》卷四四　丁卯，右都御史王宗彝整飭遼東備禦。

《明通鑑》卷三九　朱暉、史琳等襲寇于河套，以捷聞。

《孝宗實録》卷一七六　戊辰，暫免湖廣歲辦水牛底皮、銀硃、竹木等物料。

《國榷》卷四四　己巳，虜入平涼。

《明史》卷一五《孝宗紀》　庚午，分遣給事中、御史清理屯田。

《孝宗實録》卷一七六　癸酉，吏科給事中許天錫言浙江、福建不必增設巡撫官。吏部覆奏，從之。

甲戌，詔福建守臣今後琉球國進貢方物除胡椒、蘇木每一石斤准令加五十斤以備折耗，番錫不必加增外，其餘附帶物貨召商變賣者不許勸借客商銀兩及夷商私出牙錢，其布政司等衙門、市舶、太監等官俱不許巧取以困夷人，違者罪之。著爲令。以琉球國使臣奏守臣虐削故也。

乙亥，命户部預送明年歲例銀十五萬兩及開中兩淮弘治九年、十年存積等鹽二十萬引于遼東，以給軍儲。

大同守臣奏請預積邊儲以防虜患。户部請開中長蘆等運司鹽二十五萬引并預送明年歲例銀十萬兩以給之。上從其議，令巡撫并管糧官及時處置，毋臨時缺乏誤事。

《國榷》卷四四　丙子，立石表韓康王善行于墓。

《孝宗實録》卷一七七　〔閏七月〕己卯，命右春坊右諭德王華、翰林院侍講劉忠爲應天府鄉試考試官。

《國榷》卷四四　報虜酋孛羅約小王子犯邊，命官軍會于韋州。

《孝宗實録》卷一七七　壬午，改提督倉場户部尚書王繼爲南京刑部尚書。

《國榷》卷四四　癸未，定京官六年考察。

乙酉，裁臨清鈔關主事。

《明史》卷一五《孝宗紀》　都指揮王泰禦小王子於鹽池，戰死。

《孝宗實録》卷一七七　戊子，陞撫治鄖陽等處都察院右副都御史陳清爲户部右侍郎，提督倉場。

壬辰，命南京刑部右侍郎金澤與南京兵部右侍郎潘蕃兩更其任。

《國榷》卷四四　癸巳，巡撫湖廣左副都御史樊瑩撫治鄖陽。

《孝宗實録》卷一七七　丙申，江西瑞州府以歲荒民貧、宿逋累重，告户部請免徵本府弘治十一年、二年南京折糧布，而令別府縣代輸納；其起運南京糧米亦免徵本色，每石徵折色銀四錢。從之。

《國榷》卷四四　丁酉，益洮河、西寧中茶五百萬斤。

戊戌，賑兩畿、山西、山東、河南水災。

後府都督僉事孫貴卒。

《孝宗實録》卷一七七　癸卯，以旱災，免直隸蔚州等十二衛所及保安州今年税粮子粒有差。

《國榷》卷四四　禁漕卒私鹽。

乙巳，遣御用監太監王瑞送玄武像武當山齋醮，命内閣撰祝文。劉健等諫止之。

《國榷》卷四四　八月丙午朔，瀋府清源王幼㙺薨。年七十，謚莊簡。

己酉，前太子太保户部尚書葉淇卒。【略】賜祭葬，贈太子太保。

《明史》卷一五《孝宗紀》　免河南被災税糧。

《孝宗實録》卷一七八　庚戌，江西守臣請賑給南城縣民之被火災者。從之。

《國榷》卷四四　辛亥，立故河間忠武王張玉、子定興忠烈王輔世忠祠，特賜敕。

《明通鑑》卷三九　寇復分道散掠韋州、環縣、萌城、靈州，皆自花馬池入。

《國榷》卷四四　朱暉等報斬虜十二級。時諸將擁兵不戰，聞者恥之。

《孝宗實録》卷一七八　癸丑，以水災，免直隸鳳陽、淮安二府及徐州并高郵等五衛所夏税子粒有差。

《國榷》卷四四　叛婦米魯聽撫。命王軾議之。

丙辰，雲南馬龍他郎甸長官司改新化州，設流官。

丁巳，撫治鄖陽右副都御史陳清爲户部右侍郎，提督倉場。

《孝宗實録》卷一七八　以旱災，免山西大同府所屬并大同前後等十六衛所夏税子粒有差。

《國榷》卷四四　乙丑，南京禮部郎中丁璣爲廣東提學副使。

丁卯，賑大同、延綏邊民。

《明紀》卷二三　己巳，減光禄寺供應如元年制。

《國榷》卷四四　虜二萬騎入寧夏東路，萬騎入韋州，大殺掠。

乙亥，駙馬都尉樊凱乞自收莊租。特許之。

〔九月〕己卯，敕太監苗逵、總兵朱暉、都御史史琳奮勇勦虜，毋仍前習。

《明通鑑》卷三九　丁亥，遣大理丞劉憲、太僕少卿王質募兵于延綏、寧夏、甘、涼。

《明書》卷一一　甲午，汝王之國。

《明史》卷一五《孝宗紀》　甲辰，召史琳還，起秦紘爲户部尚書兼副都御史，代之。

《孝宗實録》卷一八〇　十月丙午朔，太子太保寧晉伯劉福卒。

《國榷》卷四四　庚戌，懷寧侯孫泰卒。

《孝宗實録》卷一八〇　壬子，陞通政使司左參議陳昺爲右通政，右參議李浩爲左參議。

《皇明資治通紀》〔甲寅〕，太子太保吏部尚書倪岳卒，謚文毅。

《國榷》卷四四　乙卯，夷婦米魯復叛，攻普安安南城。

《明通鑑》卷三九　戊午，録囚。

《孝宗實録》卷一八〇　庚申，運户部折糧贜罰銀二十萬兩于宣府，以備軍儲，内十萬兩准明年歲例之數。

《國榷》卷四四　癸亥，兵部左侍郎熊繡閱大同邊牆。

《昭代典則》卷二三　〔甲子〕，改馬文升爲吏部尚書。

《國榷》卷四四　丙寅，國子生田守仁自薦善用偏箱車。送朱暉行營。

監察御史文森、曾大有、張津下錦衣獄。

《明紀》卷二三　〔戊辰〕，岐王祐棆薨。無子，封除。

《國榷》卷四四　大同失事副總兵馬昇論死，宥游擊將軍王杲，戍三萬衛。

《孝宗實録》卷一八〇　庚午，運太倉銀三十四萬兩于大同，以備軍儲。

《明通鑑》卷三九　〔壬申〕，尋召劉大夏爲兵部尚書。

《國榷》卷四四　南京刑部尚書王繼改南京兵部尚書。

甲戌，日講增《周易》。

《孝宗實録》卷一八一　十一月乙亥朔，欽天監進弘治十五年大統曆。

再運太倉銀十五萬兩于寧夏，以助軍儲，從巡撫都御史王珣請也。

《國榷》卷四四　丁丑，虜入陝西山丹。

己卯，周府河陰王同鑣薨。年五十六，謚康簡。

辛巳，水災，免真定田租有差。

壬午，南京右都御史陳道爲南京刑部尚書。

《昭代典則》卷二三　改張敷華爲南京右都御史。

《孝宗實録》卷一八一　壬午，陞南京刑部右侍郎潘蕃爲都察院右副都御史，總督兩廣軍務，兼理巡撫。

《國榷》卷四四　旌秦府汧陽王誠洌孝義。

晉府交城王奇淐薨。年四十三，謚榮惠。

乙酉，遼東總兵官蔣驥、巡撫右副都御史陳瑶失事免。

《孝宗實録》卷一八一　丁亥，陞撫治鄖陽都察院右副都御史樊瑩爲南京刑部左侍郎。

己丑，改巡撫宣府都察院右副都御史張縉總督漕運，兼巡撫鳳陽等處。

《國榷》卷四四　庚寅，大學士李東陽省墓。

《孝宗實録》卷一八一　以旱雹災，免陝西河州、〔兆〕〔洮〕州二衛屯田子粒有差。

《國榷》卷四四　尚衣監太監秦文請淮鹽三萬引助織幣。從之。

壬辰，大理寺左少卿王鑑之爲右副都御史，撫治鄖陽。

《孝宗實録》卷一八一　以水旱災，免山東濟南等府州衛所并都轉運鹽使司税糧子粒、馬草、鹽課有差。

再〔間〕〔開〕中兩淮運司弘治十一年存積鹽二十四萬引於大同，以給軍儲。

《明紀》卷二三　癸巳，刑部侍郎何鑑、大理寺丞吴一貫振卹南畿、山東、河南饑民。

《孝宗實録》卷一八一　甲午，爲申王妃項氏行納徵等禮。

《國榷》卷四四　丙申，山東左布政使劉聰爲右副都御史，巡撫宣府。

丁酉，分守西寧布政司左參政馬輅避險不即任，謫順德府同知。

《孝宗實録》卷一八一　戊戌，命故東寧伯焦俊之子淇襲東寧伯。

己亥，以水災，免直隸保定、鳳陽等府及遼東、義州等衛所并陝西朝邑縣糧草子粒有差。

《國榷》卷四四　辛丑，徵永順宣慰使彭世麒、保靖宣慰使彭仕瓏各兵三千人，助討米魯。

癸卯，威州番賊陷霸州堡。

《孝宗實録》卷一八二　〔十二月〕癸丑，以水災，免順天府所屬二十六州縣及直隸興州後屯等六十三衛所税糧子粒有差。

《明書》卷一一　欽天監改造渾儀。

《孝宗實録》卷一八二　丙辰，以霜雹災，免山西太原、平陽二府并太原左等七衛所夏税子粒有差。

辛酉，以水灾，免直隸太平府所屬各縣夏税有差。

《國榷》卷四四　甲子，初，貴州按察使劉福自詭知兵，巡撫都御史錢鉞倚之討叛婦米魯。指揮任禮先通賊，敗官軍于附馬埂，進屯寶釧。太監楊友恐王軾至分其功，促福進兵，都指揮僉事史韜請營盤江東岸，太監楊友不聽，猶宴樂。賊夜襲我，執友，殺右布政使閭鉦，按察使劉福、都指揮李宗武、郭仁、史韜、李雄、吳達，失部卒千三百人，軍資俱空。

戊辰，巡撫四川右僉都御史劉纓致仕。

《明通鑑》卷三九　遼東大饑，命户部發帑金五萬振之。

《國榷》卷四四　己巳，召太監苗逵、保國公朱暉、右都御史史琳入朝。

辛未，致仕南京工部尚書胡拱辰年八十五，特賜廪役。

《孝宗實録》卷一八二　以水灾，免南直隸徐州明年歲貢之額及糧草除充軍起運外悉已之。

壬申，以水灾，免南京水軍左等三十四衛所屯田子粒有差。

《國榷》卷四四　陝西左布政使林元甫爲右副都御史，巡撫四川。

《孝宗實録》卷一八二　癸酉，陞順天府府尹韓重爲都察院左副都御史，巡撫遼東。

弘治一五年(壬戌、一五〇二)

《國榷》卷四四　〔正月〕乙亥，趙王見灂薨。年五十三，謚曰靖。

《明紀》卷二三　丙子，朱暉率師還。

《國榷》卷四四　庚辰，京營左參將都督僉事楊玉爲征虜前將軍、總兵官，鎮守遼東。

《孝宗實録》卷一八三　辛巳，命于寧夏開中兩淮弘治十一年常(没)〔股〕存積鹽各十萬引，及預支靈州弘治十六年至十八年鹽課，以備邊儲。

《國榷》卷四四　壬午，順天府丞蔺琦爲府尹。

《明史》卷一五《孝宗紀》　丙戌，大祀天地於南郊。

《國榷》卷四四　丁亥，晉王鍾鉉薨。年七十五，謚曰莊。

癸巳，科道各劾朱暉、史琳失事宜罪。不聽。

《孝宗實録》卷一八三　甲午，以水災，免山西太原、平涼二府及沁、汾等州、鎮西等衛所弘治十四年秋糧子粒共三十萬四千七百二十五有奇。

乙未，命南京户部發原收江西弘治十一年折糧銀十四萬四十餘兩于延綏，以備邊儲，從南京給事陳伯獻奏也。

《國榷》卷四四　部院大計，降斥二千四百八十四人。上恐其濫，命慎之。部院執奏，報可。

《孝宗實録》卷一八三　庚子，命吏部右侍郎王鏊爲會試知貢舉官。

《國榷》卷四四　壬寅，山西按察僉事王鴻儒爲副使，仍提督學校。

二月己酉，吏部左侍郎吳寬、翰林侍讀學士劉機主禮闈。

安遠侯柳景卒。

《明通鑑》卷三九　癸丑，免河南被災税糧。

《國榷》卷四四　乙卯，翰林修撰劉春爲左春坊左諭德。

《孝宗實録》卷一八四　丙辰，再運太倉銀十萬兩于寧夏，以給邊儲；仍諭各邊累次運送銀兩并開中措置之類所積糧料、草束巡撫等官各籍數奏繳，户部仍查實奏聞。

丁巳，實授南京試監察御史范希顔、鄭錫文爲監察御史。

己未，以霜災，免山西行都司所屬二十衛所及大同府所屬州縣弘治十四年秋糧子粒十一萬四千五十石，草四十一萬一百四十束有奇。

《國榷》卷四四　辛酉，右春坊右諭德王華爲翰林學士。

壬戌，巡撫貴州右副都御史汪奎劾免。

《皇明大政紀》卷一八　〔癸亥〕，禮部尚書傅瀚卒于官。贈太子太保，謚文(愨)〔穆〕。

《國榷》卷四四　丙寅，廣東按察使劉洪爲右僉都御史，巡撫貴州，贊理軍務。

《孝宗實録》卷一八四　命選差南京户部屬官一員往治貴州軍餉，并開中雲南弘治六年、七年鹽課二十萬九千五百餘引，四川弘治十二年、十三年鹽課一十七萬九千五百餘引以濟之，從給事中張文等奏也。

《國榷》卷四四　庚午，孫應爵嗣懷寧侯。

壬申，禮部左侍郎張昇爲尚書。

〔三月〕乙亥，以大同修邊，進總兵官都督僉事莊鑑爲都督同知，巡撫右僉都御史劉宇爲右副都御史。

丁丑，靖州叛苗李再萬平。

《孝宗實録》卷一八五　己卯，賜贈太保昌國公張巒墓祠額曰莊肅。

辛巳，以旱災，免陝西臨洮、漢中、平凉三府及延安、漢中、寧羌、鞏昌四衛弘治十四年秋糧子粒三萬六百餘石，草一萬八千二百餘束。

《國榷》卷四四　許提督遼東軍務右都御史王宗彝入朝。

癸未，禮部右侍郎焦芳爲左侍郎，南京禮部右侍郎李傑改北。

《明史》卷一五《孝宗紀》　罷饒州督造瓷器中官。

《國榷》卷四四　甲申，松潘署都指揮僉事顔玉爲署都督僉事、總兵官，鎮守貴州。

乙酉，鎮守甘肅左副總兵都督同知魯鑑卒。【略】贈右都督。

丁亥，廷策貢士魯鐸等二百九十九人。

《孝宗實録》卷一八五　陞南京翰林院侍讀學士馬廷用爲南京禮部右侍郎。

《皇明大政紀》卷一八　廣東左布政使周孟中乞休，進右副都御史致仕。

《明通鑑》卷三九　庚寅，賜康海等進士及第、出身有差。

《國榷》卷四四　壬辰，貢士余寘先襲錦衣正千户，世百户，已，寘陞指揮僉事，至是奏先臣子俊功，得世正千户。

癸巳，劉岳嗣寧晉伯。

琉球國中山王尚真入貢。

《孝宗實録》卷一八五　甲午，永康侯徐錡卒。

《國榷》卷四四　乙未，御馬監左監丞孫敍鎮守雲南金齒、騰衝。

《孝宗實録》卷一八五　丙申，授第一甲進士康海爲翰林院修撰，孫清、李廷相爲編修，第二甲胡煜等九十五人、第三甲卞思敏等一百二人分撥各衙門辦事。

《國榷》卷四四　戊戌，選翰林院庶吉士胡煜、魯鐸、薛金、温仁和、李時、滕霄、吉時、趙永、李貫、畢濟川、何(塘)〔瑭〕、張禬、李元吉、周禎、王廷相、顧燁、潘希曾、盛端明、朱衮、王萱，以翰林學士梁儲、王華教習。

增杭州管糧通判。

《明史》卷一五《孝宗紀》　夏四月壬寅，振京師貧民。

《明紀》卷二三　〔癸卯〕，復設南京國子監司業，以羅欽順爲之，虚祭酒位以待章懋。

《孝宗實録》卷一八六　山西守臣以修築邊墻及偏頭、寧夏墩堡事竣聞，命通政司右通政陳勗往閲之。

《國榷》卷四四　乙巳，立廬陵忠義廟，祀宋丞相文天祥，部曲趙時賞等四十餘人侑之。

前巡撫遼東都御史陳珤謫敍州知府。

《孝宗實録》卷一八六　庚戌，琉球國中山王尚真奏請自令本國使臣往福建地方補造海船，以便往回。禮部覆奏，上從之。

《明書》卷一一　壬子，涇王之國。

《孝宗實録》卷一八六　癸丑，命錦衣衛指揮僉事郭良襲武定侯。

《國榷》卷四四　乙卯，左春坊左中允吴儼爲南京侍讀學士。

徽州祀宋儒朱熹，如建陽。

《明通鑑》卷三九　乙丑，録囚。

《國榷》卷四四　旱災，免狄道、渭源去年田租。

丁卯，徵四川光相寺番僧國師領占竹。禮部難之，不聽。

《孝宗實録》卷一八六　命取回山西清軍監察御史，令巡按御史兼管其事。

《國榷》卷四四　戊辰，遼東洊饑，歲例外加五萬金，鹽三十萬引。

己巳，前後府都督僉事宋澄卒。

《孝宗實録》卷一八六　辛未，贈故貴州布政司右布政使周鉦爲資善大夫，賜祭葬，并録其子僮爲國子監生，以鉦死于米魯之難也。

《國榷》卷四四　祠宋丞相江萬里于饒州，監生裴春言之。

《明紀》卷二三　〔是月〕，小王子入遼東清河堡，至密雲。

《國榷》卷四四　五月乙亥，南京工部尚書董越卒。【略】年七十二，贈太子少保，謚文僖。

己卯，南京禮部尚書謝綬卒。【略】年六十九，賜祭葬。

虜入偏頭關。

癸未，故周世子安潢贈周王，謚曰悼。

《皇明大政紀》卷一八　〔乙酉〕，以右副都御史張撫總理南京糧儲。

《國榷》卷四四　丙戌，獎楚世子榮滅孝行。

《孝宗實録》卷一八七　丁亥，鎮守甘肅總兵官右軍都督府署都督僉事彭清卒。

《國榷》卷四四　庚寅，鎮守廣西署都督僉事歐磐爲平蠻將軍、總兵官，鎮守湖廣。

總制陝西軍務尚書秦紘上全勝車。【略】上命試之。

《明通鑑》卷三九　〔壬辰〕，是月，以災異修省。詔羣臣言時政闕失。大學士劉健，請「早朝以勤政，日講以視學，節儉以省費，剛斷以决事」。上納之。

《孝宗實録》卷一八七　癸巳，令臨清倉糧俱免徵償。

《國榷》卷四四　沙縣盜胡天琇平。

巡撫寧夏右副都御史王珣疾去。

《皇明資治通紀》卷二二　〔丙申〕，陞平凉府開城縣爲固原州。

《明史》卷一五《孝宗紀》　庚子，免湖廣被災秋糧。

《國榷》卷四四　總制尚書秦紘言邊備：平凉北四百餘里豫望城，固靖北三百餘里石峽口及雙峰臺城，最虜衝，宜備，此第一阨也。進而稍南，西安州鎮戎所海剌都，打剌赤、黑水口、乾鹽城，犬牙參錯，此第二阨也。又進而南，固原衛、靖虜衛、平灘堡、東山城、白楊城，分布守禦，此第三阨也。又進而益南，火龍溝、虎山溝、金佛峽、麻張溝、海子口，皆山澗蹊徑，分兵據險，此第四阨也。以此防邊，似爲得策。上從之。

六月辛丑朔，右僉都御史劉憲巡撫寧夏。

己酉，右都御史王宗彝爲南京禮部尚書，户部左侍郎李孟暘爲南京工部尚書。

辛亥，留南京吏部右侍郎楊守阯充會典副總裁。

《孝宗實録》卷一八八　壬子，南京都察院理刑知縣趙之奎丁憂服闋，授南京浙江道監察御史。

《國榷》卷四四　甲寅，監察御史車梁下鎮撫司獄。

丙辰，户部右侍郎王儼爲左侍郎，右副都御史顧佐爲户部右侍郎。

《孝宗實録》卷一八八　丁巳，戮逆賊胡天秀、徐成長、肅定、倪姑、田明道于市。

《國榷》卷四四　己未，唐王彌鍗言：「親藩或爲惡未敗，多獲美謚，是使善者怠，惡者肆也。今宜勘實，酌定美惡。」從之，仍獎諭通示諸王。

壬戌，刑部左侍郎屠勳服闋，改左副都御史。

《孝宗實録》卷一八八　甲子，陞江西布政司左布政使孫需爲都察院右副都御史，巡撫河南。

《國榷》卷四四　丁卯，復命山海關鎖鑰歸守備武臣。初屬主事。

《孝宗實録》卷一八八　己巳，以水災，免直隸安慶府懷寧等六縣今年夏税有差。

《國榷》卷四四　鎮守河南太監藍忠乞休，以吏民留之。

庚午，大學士劉健等辭擬釋迦啞塔像贊。從之。

〔七月〕丁丑，南京工科給事中徐沂請約束外戚，裁倉廠、市舶、織造添設内臣。報聞。

《明紀》卷二三　己卯，以劉瑜爲處州衛指揮使，世襲。禄之孫也。

《國榷》卷四四　癸未，凉州副總兵署都指揮同知劉勝爲署都督僉事、平羌將軍、總兵官，鎮守甘肅。

《孝宗實録》卷一八九　甲申，湖廣流賊李再萬等伏誅。

《國榷》卷四四　乙酉，故廣東布政司左參議南溪劉信進廣西右參政，死黎賊，贈嘉議大夫，諭祭，廕子景宗入太學。

《孝宗實録》卷一八九　陞通政使司通政使沈禄爲禮部右侍郎，仍掌通政使司事。太常寺少卿田景賢爲通政使。

《國榷》卷四四　前南京户部尚書梁璟卒。

戊子，山西偏頭等關墩臺成。

《孝宗實録》卷一八九　命延綏遊擊將軍都指揮使李祥充副總兵，分守凉州。

《明史》卷一五《孝宗紀》　己丑，王軾破斬米魯，貴州賊平。

《明通鑑》卷三九　辛卯，命各邊衛設養濟院、漏澤園。

《國榷》卷四四　八月庚子朔，兵部尚書劉大夏兼理營務。

癸卯，罷鎮守遼東太監梁玘，巡撫左副都御史韓重。

乙巳，議設武科，每文舉鄉試之年，許赴試取送。兵部請次年四月開科。敕較騎射中三矢爲率，再較步射，得三矢以上者爲率，末試策二論一。

丁未，淮王祁銓薨。年六十八，謚曰康。

戊申，河南按察使張鼐爲右僉都御史，巡撫遼東。

《皇明大政紀》卷一八　〔庚戌〕，致仕兵部尚書項忠卒于家。贈太子太保，謚襄毅。

《明史》卷一五《孝宗紀》　以南京、鳳陽霆雨大風，江溢爲災，遣使祭告。

《明通鑑》卷三九　辛亥，敕兩京羣臣修省。

《國権》卷四四　逮涇府承奉韋瑢、張賢等。以道横被劾。

《孝宗實録》卷一九〇　壬子，初，各王府親王薨逝，其子孫有俟終服制乃奏請襲封者，亦有服制未終奏請襲封者。至是，趙王見灂薨，〔左長史李實等奏請令王庶長子清流王祐棌襲封王爵〕，【略】有旨：（彩祐）〔祐棌〕即襲封趙王。

《國権》卷四四　甲寅，楚府壽昌王季垺薨。年六十五，謚靖和。

四川右布政使周瑛致仕。

《孝宗實録》卷一九〇　以雪霜灾，免陝西靖寧、膚施等州縣，綏德等衛所，萌城小鹽池等驛遞粮草有差。

壬戌，增甘肅、寧夏年例銀二萬兩，榆林三萬兩，以備軍餉，從户部奏也。

《國権》卷四四　九月庚午朔，定文武賜謚，下禮部具奏，移牒吏、兵二部詳其行實。

《孝宗實録》卷一九一　己卯，國子監司業周玉乞歸省墓。許之。

壬午，貴州布政司左布政使黄璉卒。

《國権》卷四四　乙酉，裁貴州右布政使。

《明通鑑》卷三九　丁亥，録囚。

《孝宗實録》卷一九一　戊子，陞都察院左副都御史屠勳爲刑部左侍郎。

《明史》卷一五《孝宗紀》　放減内府所畜鳥獸。

《國権》卷四四　癸巳，南京欽天監監正李鐘加南京太常寺少卿。

《孝宗實録》卷一九一　命南京都察院右僉都御史林俊巡視江西。

《國権》卷四四　時多盜。特賜〔林俊〕敕。

《明紀》卷二三　〔甲午〕，火篩諸部復以五千騎犯遼東長安堡，副總兵劉祥禦之，斬首五十一級，敵乃退。

《國権》卷四四　乙未，河患，免開封、歸德夏税有差。

丁酉，淮府清江王見澱薨。年二十六，謚端裕。

《孝宗實録》卷一九一　命各處問刑衙門，自明年爲始，徒流并雜犯死罪囚犯係有力并官吏人等，俱照舊納米折穀贖罪，于各縣預備倉上納，從户部奏也。

《明史》卷一五《孝宗紀》　冬十月癸卯，罷明年上元燈火。

《國権》卷四四　安南國王黎暉入貢。

《皇明大政紀》卷一八　〔甲辰〕，致仕南京兵部尚書張悦卒。謚莊簡。

《孝宗實録》卷一九二　以水災，免湖廣永順等處軍民宣慰司弘治十二年、十三年秋糧一千六百石有奇。

《國権》卷四四　乙巳，分守遼陽少監劉恭私官田三百餘畝，鐫三級。

丙午，浙江清軍監察御史任文獻被錢塘通判沈澂訐辱，謫藍田知縣。

己酉，楚府輔國將軍均鍩，蒸淫賜死。

《孝宗實録》卷一九二　授進士孫禎、潘鐸、趙鐸、湯禮敬爲給事中。

壬子，周府河清王安沈薨。【略】年三十三。【略】謚曰端穆。

癸丑，周府封兵〔丘〕王子𡓃薨。【略】年六十七。【略】謚曰和温。

己未，命山東兗州府借支臨泉水次倉兑軍糧八萬一千餘石免徵償，以户部言兩税并恐民力不堪也。

《國権》卷四四　己未，初，南京光禄寺卿楊峻請宗室子充諸生長史，提督考校，禮部覆寢之。

《孝宗實録》卷一九二　辛酉，初，河南兑軍起運糧歲二千七萬石，内起運薊州者十萬石，常奏准每石折取銀六錢。至是，巡按監察御史李咨奏，欲將弘治十五年原派本色者十七萬石亦徵折色，以蘇民困。户部議謂十七萬石之内如有起運京倉者宜仍徵本色，其起運天津、薊州者宜如咨所奏。從之。

《明紀》卷二三　户部尚書侶鍾上天下會計之數。

《孝宗實録》卷一九二　癸亥，以旱災，免遼東定遼左、右等十衛屯糧有差。

安南國來貢陪臣阮郁死于京師。命賜之祭，仍令所司歸其喪于本國。

《國権》卷四四　乙丑，定都司領班官比校法。

《孝宗實録》卷一九三　十一月庚午朔，欽天監進弘治十六年大統曆。

《明史》卷一五《孝宗紀》　壬申，瓊州黎賊作亂。

《國権》卷四四　設兵備副使。

癸酉，工科給事中陶諧請經筵講真德秀《大學衍義》。上納之。

戊寅，修真定護城二隄，防滹沱水患。

己卯，秦府汧陽王誠洌薨。年四十五，謚安裕。

辛巳，慶府真寧王寘鑛薨。年三十八，謚温穆。

《孝宗實録》卷一九三　丁亥，致仕太子太保工部尚書徐貫卒。【略】贈太保，謚康懿。

庚寅，以水災，免直隸鳳陽、淮安、揚州三府，徐、滁、和三州及鳳陽、懷遠等十九衛所秋糧子粒三十萬四千二百六十石，草五十萬二千八百六十束有奇。

《國榷》卷四四　辛卯，故武邑懷隱王以代王俊(杕)〔杖〕父，追封代王，謚曰思。

《明通鑑》卷三九　甲午，始罷廣東採珠，召中官還。

《國榷》卷四四　〔十二月〕庚子，停召商中茶。

辛丑，水災，免保定、河間田租有差。

傳陞貴州都指揮使王寧總督山東，備倭。

《明通鑑》卷三九　己酉，《大明會典》成，凡一百八十卷，大學士劉健等表上之。〔丁未〕，科道争之，不聽。

《孝宗實録》卷一九四　庚戌，命太監金輔充正使、李珍充副使，册封朝鮮國王李㦕之嫡長子顯爲世子。

《明紀》卷二三　辛亥，帝有疾，不視朝。

《國榷》卷四四　甲寅，太傅兼太子太傅平江伯陳鋭卒。

《孝宗實録》卷一九四　戊午，陞湖廣布政司左布政使韓鎬爲都察院右副都御史，巡撫湖廣。

《國榷》卷四四　己未，禱雪。

水災，免河南田租有差。

《皇明資治通紀》卷二二　〔庚申〕，前刑部尚書致仕何喬新卒。

《明通鑑》卷三九　〔辛酉〕，擢南京太常寺卿楊一清爲左副都御史，督理陝西馬政，尚書劉大夏之薦也。

《國榷》卷四四　水災，免應天、安慶田租七萬九千餘石。

《孝宗實録》卷一九四　巡撫遼東都御史韓重下獄，贖徒還職。

《國榷》卷四四　壬戌，右春坊右贊善楊時暢爲左春坊左諭德。

乙丑，故貴州按察使巴縣劉福賜祭葬，子入太學。後追議福失事，欲奪卹典，上不問。

丙寅，水旱，免真定、廣平、大名、順德田租五萬五千餘石。

泰寧三衛夷夜寇遼東瑞昌堡，官軍追斬三十八級。

弘治一六年(癸亥、一五〇三)

《國榷》卷四五　正月己巳朔，上疾未平，不朝。

《明通鑑》卷四〇　癸酉，享太廟，以疾，遣官行禮。

《國榷》卷四五　戊寅，修河間、天津隄岸。

《孝宗實録》卷一九五　壬午，陞翰林院學士張元禎爲南京太常寺卿。

《明書》卷一一　〔癸未〕，孟養思陸歸我侵地，入貢。

《孝宗實録》卷一九五　戊子，商人朱達等乞以長蘆運司正統五年至成化十六年雨水淹渡等項引鹽十六萬九千三百餘引俱免追鹽課，每引各納價銀伍分于官，别用價自各場買餘鹽補數販賣。户部執不可，上特許之。

《國榷》卷四五　己丑，令應天、太平、鎮江牧馬群長皆五年一更，如廬、鳳、淮、揚例。蓋江南舊十年一更。

癸巳，始設保定守備官。

《孝宗實録》卷一九五　乙未，命故安遠侯柳景之子文襲安遠侯。

《國榷》卷四五　二月己亥，總制陝西軍務秦紘兼督寧夏，築花馬池墩堡。

《孝宗實録》卷一九六　修安北門。

庚子，以水灾，免直隸池州府銅陵縣弘治十五年税糧五千一百八十七石，馬草八千二百九十五包有奇。

《明通鑑》卷四〇　辛丑，上疾愈，始視朝。

《國榷》卷四五　裁偏頭關參將。

《孝宗實録》卷一九六　壬寅，(聞)〔開〕中河東運司弘治十四年拖欠存積鹽一十二萬六千引，每引價銀三錢，以助宣府邊餉，准今年歲例之數。

《國榷》卷四五　壬寅，復臨清工部主事，管甎。

癸卯，調江西巡撫都御史韓邦問，改林俊。

《明紀》卷二三　〔乙巳〕，賜劉健、李東陽、謝遷蟒衣。閣臣賜蟒自健等始。

《明史》卷一五《孝宗紀》　戊申，大祀天地於南郊。

《孝宗實録》卷一九六　辛亥，陞都察院左僉都御史陳璚爲南京都察院右副都御史。

《國榷》卷四五　甲寅，故玉山知縣上虞孫景雲卒，妻鍾氏自經。旌其貞烈。

丙辰,鑄弘治通寶錢。

戊午,進士李光翰爲南京户科給事中。

《孝宗實録》卷一九六　己未,以水災,免江西南昌等處四府及直隸九江衛弘治十五年税糧子粒有差。

增設直隸永平府通判一員,專在遼東義州城分理(管)〔廣〕寧左右等七衛屯田糧草。三萬等七衛及定遼左右等七衛屯糧令分屬安樂、自在二州知州帶(糧)〔管〕,俱聽管糧郎中總理。其(管)〔廣〕寧在城四衛屯糧仍郎中自理。

辛酉,以水旱災,免湖廣黄州、漢陽、荆州等六府,沔陽州及武昌等八衛所弘治十五年税糧子粒有差。

壬戌,命兩廣總鎮等官撫勦叛黎,不許妄殺良民,以貽邊患。

《國榷》卷四五　癸亥,南昌兵備道駐瑞州,捕盜。

《明通鑑》卷四〇　〔乙丑〕,以《會典》成,加劉健少師兼太子太師、吏部尚書兼華蓋殿大學士,李東陽太子太保、户部尚書兼謹身殿大學士,謝遷太子太保、禮部尚書兼武英殿大學士,副總裁吴寬、王鏊以下,皆陞賞有差。

《國榷》卷四五　〔三月〕庚午,前巡撫遼東左副都御史韓重巡撫湖廣。

辛未,纂修官翰林學士梁儲、王華爲少詹事。侍讀學士劉機、江瀾,侍講學士武衛、張芮俱爲學士。左中允楊廷和爲左春坊大學士,兼侍讀學士。左諭德劉春、楊時暢、侍讀白鉞俱侍講學士。右中允靳貴爲左諭德兼侍講學士。修撰毛澄爲右諭德兼修撰。朱希周、毛紀、編修顧清爲侍讀。編修兼校書傅珪爲左中允兼編修。編修陳瀾爲修撰。典籍夏賚爲檢討。潘辰爲五經博士。

《明紀》卷二三　〔癸酉〕,僉都御史張鼐【略】請築邊墻,自山海關迄開原靆陽堡凡千餘里。

《國榷》卷四五　丁丑,太常寺卿李温進户部左侍郎,提督四夷館。

《孝宗實録》卷一九七　戊寅,先是,命甘肅開中兩淮、雲南、四川鹽以備軍餉。至是,四川、雲南鹽無人報中者十三萬七千二百七十八引,鎮守太監劉(榔)〔瑯〕請改撥濟用。户部議以兩淮運司弘治十一、十二年常股、存積鹽十七萬引與之,其雲南、四川中剩之數各令布政司鬻之,其價銀仍解赴甘肅。從之。

《國榷》卷四五　戊寅,吏部右侍郎王鏊憂去。

《孝宗實録》卷一九七　命工部員外郎韓大章、主事趙揀往南直隸并浙江等處布政司督催織造紵絲紗羅綾紬共五萬五千五百疋,并督徵各年逋負。

《國榷》卷四五　辛巳,裁廣西巡檢司十有七。

壬午,少詹事兼翰林學士梁儲爲吏部右侍郎。

《孝宗實録》卷一九七　增設陝西鞏昌府管糧通判二員,分理甘〔州〕、肅州及凉州、鎮番等處倉場。

《國榷》卷四五　癸未,湯沐、李高、張璡、秦鋭、陳茂烈、李璽爲試監察御史。

乙酉,巡撫江西都御史林俊瑞州立哨甲,以歸正人王武領之。

《孝宗實録》卷一九七　丁亥,開設湖廣城步縣,隸寶慶府。

《國榷》卷四五　趙府廣安王祐枳薨。年二十五,謚端裕。

辛卯,翰林侍讀毛紀歸省。

《孝宗實録》卷一九七　增設南京户部浙江、福建、湖廣、河南、山東、陝西六司主事各一員。

《明通鑑》卷四〇　癸巳,免山西被災税糧。

《孝宗實録》卷一九七　甲午,命於固原、靖虜等處開中兩淮運使弘治十二年存積、常股鹽十三萬引,兩浙運司十三年存積、常股鹽七萬引,以備邊儲。

丙申,兵部覆奏巡撫遼東都御史張鼐所言,【略】其曰清隱占、曰定軍伴者,請通行各邊,著爲例。【略】從之。

《國榷》卷四五　〔四月〕壬寅,廬陵縣祔祭故監察御史贈大理寺左寺丞鍾同于忠節祠。

癸卯,劉蒞、葛嵩、楊一漢、胡洪、馬騤爲給事中。

《孝宗實録》卷一九八　丁未,以水災,免大寧都司茂山衛及左右千户所屯田糧草有差。

《國榷》卷四五　丁未,敕旌鎮守河南太監藍忠、福建太監鄧原、浙江太監麥秀、宣府太監劉清,俱簡静宜民。

《明史》卷一五《孝宗紀》　辛亥,敕宣、大嚴邊備。

《孝宗實録》卷一九八　丁巳,增設雲南臨安府寧州流官知州及嶍峨、蒙自二縣流官知縣各一員,其土官知州、知縣止令專管巡捕。

《國榷》卷四五　戊午,寬河衛倉災,燬菽粟四萬餘石。

《明通鑑》卷四〇　〔壬戌〕,南京國子祭酒章懋服闋,復固辭,不允,乃之任,六館士人人自以爲得師。

《國榷》卷四五　乙丑,南京兵部尚書王繼卒。

《明通鑑》卷四〇　乙丑，録囚。

《國榷》卷四五　〔五月〕戊寅，巡按遼東監察御史王獻臣遇事敢言，駁邊將襲虜，爲緝事擠陷，下錦衣獄，謫上杭縣丞。

《孝宗實録》卷一九九　己卯，復設户部主事一員，監督臨清鈔關。

《國榷》卷四五　庚辰，衍聖公孔弘泰卒，兄子聞韶嗣。

《孝宗實録》卷一九九　增設陝西鞏昌府通判二員，專管肅州東西二路糧草。

《國榷》卷四五　癸未，增慶陽通判，監理花馬池鹽課。

《孝宗實録》卷一九九　甲申，增設四川按察司副使一員，整飭威茂兵備，兼理本道糧儲，陞福建道監察御史莫立之爲之；其威茂原管糧布政司參議裁革別用。

《國榷》卷四五　丁亥，盜劫同州庫，不獲，知州張鼒派償，治其罪。

戊子，遼府沅陵王恩銈薨。年四十二，謚莊恪。

《明通鑑》卷四〇　以雲南災變，敕兩京羣臣修省，並遣南京刑部侍郎樊瑩巡視雲、貴，察官吏，問民疾(若)〔苦〕。

《國榷》卷四五　辛卯，大學士劉健等奉旨摘編《通鑑》備御覽，推詹事府禮部尚書吴寬，禮部右侍郎署國子祭酒謝鐸，南京太常寺卿張元禎，少詹事兼學士王華，學士劉機、江瀾，左春坊大學士兼侍讀學士楊廷和，侍講學士劉春、白鉞，左庶子張天瑞，左諭德兼侍講靳貴，右諭德兼修撰毛澄，侍講張潔、劉忠，右中允蔣冕，左贊善費宏，編修羅玘、徐穆、王瓚纂修。

《孝宗實録》卷一九九　壬辰，陞吏部左侍郎韓文爲南京兵部尚書，參贊機務。

《國榷》卷四五　乙未，巡撫江西右僉都御史林俊乞停寧府改琉璃瓦。不聽。

六月丙申朔，禮部左侍郎焦芳改吏部左侍郎。

《明書》卷一一　減蘇、杭織造三分之一。

《孝宗實録》卷二〇〇　辛丑，陞禮部右侍郎李傑爲本部左侍郎，詹事府少詹事兼翰林院學士王華爲禮部右侍郎，華仍充經筵日講官。

《國榷》卷四五　壬寅，旱災，免徽州去年夏麥四萬一千三百石。

癸卯，翰林侍講劉忠爲侍讀學士。

乙巳，錦衣衛百户魏銘乞赴大同報效。下兵部斟酌，報效人毋濫許殃民。

初，保靖蠻彭萬里，國初歸附，授保靖宣慰司使，領二十八寨。萬里傳勇烈，勇烈傳藥哈俾，尚幼，萬里弟子可宜，諷土人立爲副宣慰，殺藥哈俾，據十四寨，下獄死，革副宣慰，猶據寨如故。其後勇烈弟勇傑嗣，傳南木扞，傳顯宗，傳仕瓏，與夷蠻可宜子孫日仇殺。兵部議世英歸小江七寨于仕瓏，止領大江七寨，徙沈埠，聽仕瓏約束。報可。

戊申，暹羅入貢。

《皇明資治通紀》卷二二　〔己酉〕，鎮遠侯顧溥卒。

《孝宗實録》卷二〇〇　湖廣貴陽州知州敖敏元有罪，發廣西南丹衛充軍。

壬子，凡於京城穴地取土及街巷土填坑者皆罪之。

《國榷》卷四五　乙卯，延綏副總兵署都指揮僉事吴江爲征西前將軍，署都督僉事、總兵官，鎮守大同。

《孝宗實録》卷二〇〇　己未，以水旱災，免直隸寧山衛屯田子粒三萬伍千四百石有奇。

《國榷》卷四五　辛酉，祠宋臣李芾、陳文龍、陳瓚于福州、長沙、興化。

《明通鑑》卷四〇　〔癸亥〕，吏部尚書馬文升，以考滿晉少師兼太子太師。

《國榷》卷四五　〔七月〕庚午，瓊州黎賊符南蛇平，斬二千五百六十餘級，俘千四百人。

丁丑，周府内鄉王同鉬薨。年四十八，謚温穆。

鄭府東(平)〔垣〕王見湏薨。年四十，謚端惠。

癸未，申親王之國舊例。

《孝宗實録》卷二〇一　甲申，駙馬都尉齊世美卒。

丁亥，英廟妃余氏薨。

《國榷》卷四五　庚寅，前太子太傅刑部尚書白昂卒。【略】贈太保，謚康敏。

停太倉洗白苧布四千餘匹。

《孝宗實録》卷二〇一　辛卯，山東臨清州民奏，山東地方災異迭見，人民艱食，加以修蓋府第，民困未蘇，乞將臨清衛河迤西修築城垣暫且停止。工部覆奏，從之。

《明紀》卷二三　〔癸巳〕，申王祐楷未就藩薨，無子，封除。

升江西寧縣爲州。

《孝宗實録》卷二〇二　〔八月〕丁酉，哈密【略】來貢。

戊戌，禮官奉旨議上申懿王喪葬禮儀。

《國榷》卷四五　癸卯，河南得古銅印三百，俱元物，盡燬之。

太醫院編葺本草，太監張愉主其事。

丙午，進士石禄爲南京刑科給事中。

戊申，商城盜平。

《孝宗實録》卷二〇二　己酉，以水灾，免陝西延安等府、靖虜等衛稅糧有差。

《明通鑑》卷四〇　〔辛亥〕，上念故贈侍講學士劉球之忠，詔有司訪其曾孫祠，録爲通政司知事。

《國榷》卷四五　乙卯，翰林學士張芮歸省。

《孝宗實録》卷二〇二　戊午，命充軍爲民逃回者改發極邊，永遠不宥；所司并四鄰容隱皆治以重罪。

庚申，致仕翰林院侍講學士江朝宗卒。

《國榷》卷四五　辛酉，應城伯孫繼先卒。

壬戌，周府上洛王同銇薨。年四十八，謚莊忠。

巡撫山西左僉都御史魏紳爲右副都御史，巡撫應天、蘇、松，總理糧儲。

《孝宗實録》卷二〇三　九月甲子朔，户部(因)請通行天下諸司，凡該徵絹花絨綿布(患)〔串〕絲、户口食鹽、錢鈔紵絲、皮張等物仍舊徵派；其梭布紅花係准稅糧之數，既足用，合暫折銀：梭布每疋折秋糧二石，紅花每四斤折夏麥一石，每石折銀二錢五分，如稅糧折銀例解納；合羅絲水銀既有餘，合暫停徵。俱自十七年爲始，待支用將盡之年如舊徵派，仍五年一次差官查理。著爲例。從之。

發太倉銀十五萬兩於遼東，以備邊儲。

《國榷》卷四五　丁卯，鎮守遼東太監梁玘有罪，謫孝陵司香。

己巳，孔聞韶嗣衍聖公。

大理寺左少卿何鈞爲右副都御史，提督雁門等關，兼巡撫山西。

《孝宗實録》卷二〇三　以水災，免南京錦衣衛等三十二衛弘治十五年屯糧十之七，金吾前等五衛災重者盡免之。

《國榷》卷四五　辛未，歸德城水溺，改築新城。

《孝宗實録》卷二〇三　丙子，趙府南樂王祈鉷薨。【略】年六十二。【略】謚曰安懿。

《明史》卷一五《孝宗紀》　丁丑，振兩畿、浙江、山東、河南、湖廣被災軍民。

《明通鑑》卷四〇　分遣都御史王璟巡視浙江，副使汪舜民于淮、揚，僉事閻璽于廬、鳳。其北直隸、山東、河南、湖廣被災州郡，皆敕有司如例振之。又以廬、鳳二府，滁、和二州災尤甚，發南京户部兑餘米給振。

《國榷》卷四五　戊寅，遼東廣寧衛火。

庚辰，前吏部尚書尹旻卒。【略】年八十一。賜祭葬，謚恭毅。

《孝宗實録》卷二〇三　辛巳，命以南京户、工二部官庫銀及各府州縣所收巡江屯田贓罰銀增價易米賑濟，從南京大理寺副張芝奏也。

《明通鑑》卷四〇　壬午，崇明海溢。

《孝宗實録》卷二〇三　命給漂流房屋頭畜者米一石，人口死者米二石，并免今年秋糧萬九千五百六十餘石，草二萬三千一百九十餘束。

《國榷》卷四五　甲申，進慶雲侯周壽太傅，瑞安侯王源、壽寧侯張鶴齡、長寧伯周彧俱太保。

《明紀》卷二三　進建昌伯張延齡爲侯。

《孝宗實録》卷二〇三　乙酉，命運太倉銀二十萬兩於宣府，以備邊儲。

《國榷》卷四五　〔十月〕丁酉，葬申懿王。

《孝宗實録》卷二〇四　户部言湖廣、山東、蘇、松等處災傷不減於浙江、淮揚等處，乞勑各巡撫、巡按官各令所屬將預備倉糧并在庫官錢及贓罰紙價鹽引等項銀兩，自今冬至來年麥熟止，按月驗口給賑；仍停止遠年逋欠不急物料，以蘇民困。上從之，命即勑各巡撫、巡按官用心賑恤，毋致失所。

《國榷》卷四五　祠宋臣趙抃于成都，同秦守李冰、漢守文翁、宋守張詠。

辛丑，湖廣右布政使張本爲右副都御史，巡撫江西。

《孝宗實録》卷二〇四　乙巳，南京太常寺卿張元禎以修《通鑑纂要》召至，命改太常寺卿，兼翰林院學士。

《明通鑑》卷四〇　丙午，録囚。

《孝宗實録》卷二〇四　庚戌，南京户部奏近來米價騰貴，乞將南京錦衣等衛烏龍潭等倉糧米減價糶十萬石以平時價，而貯銀于官，待豐年折支官軍俸糧。户部覆奏，從之。

壬子，巡撫鳳陽都御史張縉奏：「鳳陽、泗州等府衛軍民缺食，倉廩空虛，乞借支臨、德、徐、淮四倉米五十萬石，兩淮運司鹽三十萬引，淮、揚二鈔關見收舡料銀及以贖罪銀仍收本色米賑濟。」户部覆議，止從其鹽引折贖之請。得旨：鈔關銀准留賑濟，徐、淮等處倉糧再議以聞，餘從所議。户部復奏：「倉糧暫許借支，待年豐時追徵補還。」從之。

《國榷》卷四五　壬子，都昌縣祠元儒陳澔，江西按察副使邵寶言之。

錦衣衛指揮僉事劉斌卒。

甲寅，纂修《詩海珠璣》成。

乙卯，大學士劉健等請停齋醮及刻佛經道書。上納之。

《孝宗實録》卷二〇四　戊午，虜入遼東長安堡等處。

《國榷》卷四五　己未，陳熊嗣平江伯。

壬戌，安南國王黎暉入貢。

《孝宗實録》卷二〇五　十一月甲子朔，欽天監進弘治十七年大統曆。

《國榷》卷四五　戊辰，翰林編修徐穆爲侍讀。

《孝宗實録》卷二〇五　己巳，以火災、虜患，免遼東鐵嶺、瀋陽二衛子粒有差。

庚午，命以杭州府北新關船料并兩浙運司弘治十六、十七年盤掣餘鹽價銀之半，及先年召募農民助邊銀未解者俱留爲本處賑濟之用，從鎮守等官奏也。

《國榷》卷四五　癸酉，監察御史顧潛上《稽古治要》。

《明通鑑》卷四〇　甲戌，罷營造器物及明年上元燈火。

《孝宗實録》卷二〇五　戊寅，以旱災，免直隸淮、揚、廬、鳳四府及徐、滁、和三州，懷遠、壽州等四十衛所糧草子粒有差。

庚辰，命以蘇州府滸墅鈔關今年秋冬二季并明年春夏二季解京課銀留賑蘇、松、常、鎮四府饑民，從巡按監察御史奏也。

辛巳，命有司官科罰修理不係經手及出納明者止依科歛律論罪。

《國榷》卷四五　甲申，代府山陰王仕壏薨。年四十八，謚端裕。

乙酉，旌韓府輔國將軍偕浰孝行。

《孝宗實録》卷二〇五　癸巳，揚州府知府王恩奏：「商人在淮北鹽場有守候歲久無鹽可給者，請許每引納銀三錢，另買淮南餘鹽賣之，以助賑饑，至明年六月停止。」户部覆奏，從之。

《國榷》卷四五　癸巳，旱災，免蘇、松、常、鎮田租有差。

《孝宗實録》卷二〇五　鎮守浙江太監麥秀奏：「寧波等府縣地方災傷，乞將未解綾紗紙劄及派取織造銀兩量爲停減，待年豐補解；并明年一應坐派軍需等項亦量減省。」工部覆奏，命段匹減半解納。

《孝宗實録》卷二〇六　〔十二月〕丁酉，巡按直隸監察御史陳世良請以應天等府農民上吏銀留助賑饑。户部覆奏，從之。

戊戌，命廣西布政司以原擬解京納贖等銀存留本處糴糧，以備軍餉。

《國榷》卷四五　辛丑，誅應州妖人李道明。

《明通鑑》卷四〇　丙午，免淮、揚、浙江所辦物料。

《國榷》卷四五　其山東、河南、湖廣、兩畿災輕，免十之五。

《孝宗實録》卷二〇六　壬子，命各王府子女不許於本府軍校之家選配。

《國榷》卷四五　孫鉞嗣應城伯。

癸丑，河南左布政使李進爲右副都御史，巡撫宣府。

乙卯，巡撫延綏右僉都御史陳壽爲南京右副都御史。

閉沂州胡陵山礦穴。

《孝宗實録》卷二〇六　庚申，賜朝鮮國弘治十七年大統曆一百本。

辛酉，命户部運太倉銀六萬兩於寧夏，准明年歲例之數；并開中兩淮運司存積、常股鹽十五萬四千五百引，四川、雲南鹽課司見鹽十四萬五千五百引，以備邊儲。

《國榷》卷四五　辛酉，工部右侍郎李鐩視濟寧石堰。

弘治一七年（甲子、一五〇四）

《孝宗實録》卷二〇七　〔正月〕乙丑，命發太倉銀六萬兩于寧夏，准明年歲例之數，并開中兩淮弘治十二、十三年存積、常股鹽十五萬四千五百引，四川十四年見在鹽八萬八千七百引，雲南十二年見在鹽五萬六千八百引，以濟邊儲。

《國榷》卷四五　乙丑，宥霑益土知州安民罪。

《明史》卷一五《孝宗紀》　辛未，南京工部侍郎高銓振應天饑。

《國榷》卷四五　定國公徐永寧卒。

《明史》卷一五《孝宗紀》　甲戌，大祀天地於南郊。

《國榷》卷四五　乙亥，督理陝西馬政左副都御史楊一清請增種馬、增牧軍。**【略】**從之。

癸未，〔先是〕，傳陞盧龍衛指揮使胡震爲署都指揮僉事，分守通州。部科争之，不聽。

申禁誣告。

甲申，停福建採鷓鴣、竹雞等。　南京吏科給事中陳伯獻疏止之。

《明通鑑》卷四〇　〔丙戌〕，以道士崔志端爲禮部尚書。

《國榷》卷四五　水災，免順天、保定、河間去年田租有差。

庚寅，巡撫宣府右副都御史劉聰下獄，以妖人李道明獄多株累，降湖廣參政，尋察去。

壬辰，旱災，免湖廣去年田租有差。

巡撫江西都御史林俊以聖節行部，寧王宸濠訐之，奪俸三月。

巡撫貴州都御史劉洪乞賜土官漢姓。　命從其俗。

二月癸巳朔，廣東歸善盜古三仔等伏誅。

《明通鑑》卷四〇　〔甲午〕，詔：「每歲官録重囚，毋限一日。」

《國榷》卷四五　乙未，水災，免開封、懷慶去年夏税有差。

巡撫四川都御史林元甫、巡撫貴州都御史劉洪兩易任。

壬寅，南京刑部尚書陳道卒。**【略】**贈太子少保，賜祭葬。

乙巳，太子太傅遂安伯陳韶卒。

《明通鑑》卷四〇　丙午，截留漕糧振鳳陽諸府饑民，從應天巡撫張縉之請也，凡發米十五萬五千石。　縉請期以三年償之于官，上曰：「民困甚矣，今既振之，毋令償也。」

《孝宗實録》卷二〇八　四川巡撫官以地方饑窘、軍餉不足，請以弘治十六年以前布政司所貯贖罪米價并缺官皂隸等銀二萬九千四百餘兩存留本處支用。户部覆奏，從之。

定國公徐永寧妾丁氏永寧卒後三日自縊而死。　事聞，命旌其門曰「貞節」。

戊申，巡撫直隸都御史魏紳以應天等九府并廣德州災傷請將今年兩京官俸糧及南京各衛倉糧七萬石、漕運糧米三十萬石徵收折色月糧，擬每石銀八錢，俸糧并兑運米俱七錢，改兑者六錢。　户部覆奏，從之。

户部覆議山東都御史徐源所奏兗州等府災傷，宜移文監督臨清鈔關主事以今年、明年税課錢鈔折銀賑濟，每鈔一貫折銀三釐，錢七文折銀一分。　從之。

《明通鑑》卷四〇　詔建延壽塔于朝陽門外。**【略】**大學士劉健等力諫，得寢。

《國榷》卷四五　庚戌，兵部尚書劉大夏等言：「江南、江北災傷太甚，陝西往歲困兵，江浙困役，乞蠲租節養。」上納之，命即條上。

辛亥，大學士劉健等以撰真人杜永祺等誥非禮：「祖宗廟號十六字，文武大臣謚二字，此輩封號至十八字，虚詞濫譽，臣未敢奉命。」上從之。

癸丑，興安伯徐盛卒。

《明史》卷一五《孝宗紀》　甲寅，減供用物料。

《明紀》卷二三　己未，嚴讖緯妖書之禁。

《明史》卷一五《孝宗紀》　庚申，免浙江被災税糧。

《國榷》卷四五　虜入遼東義州。

《明書》卷一一　三月壬戌，太皇太后周氏崩。

己巳，上始御西角門，群臣奉慰。

庚午，鎮守寧夏總兵官署都督僉事郭鋐卒。

《孝宗實録》卷二〇九　辛未，命浙江杭、湖二府漕運米三十萬石，内以十萬石每石折徵銀六錢類解太倉。　以二府旱災故也。

《國榷》卷四五　乙亥，服闋南京兵部尚書秦民悦乞致仕。　不允。

丁丑，上御暖閣，示輔臣裕陵圖曰：「孝莊太后隔先帝數丈，非禮，宜釐正。」劉健等稱善。　因論祔廟，健等曰：「先年議定，左慈懿太后，右大行太皇太后，臣等何敢輕議。　第漢以前帝后一，唐始祔二后，宋乃三耳。」上曰：「末世不足法。太皇太后恩，朕何敢忘，但不欲以私壞後世法；且孝穆太后，朕所自出也，止祀奉慈殿。　今仁壽宮前殿敞甚，意奉太皇太后，而孝穆祀後殿，歲祭如太廟。」健等求廷議，許之。

《孝宗實録》卷二〇九　南京左軍都督府帶俸隆平侯張祐卒。

後軍都督府帶俸署都督僉事阮興卒。

《國榷》卷四五　戊寅，南京刑部左侍郎樊瑩爲尚書。

庚辰，右通政艾璞爲光禄寺卿。

《明紀》卷二三　〔壬午〕，小王子上書請貢。　許之。　竟不至。

《明史》卷一五《孝宗紀》　癸未，定太廟各室一帝一后之制。

《明通鑑》卷四〇　定祔廟制。【略】英國公張懋等援「《春秋》『考仲子之宫』胡安國《傳》云：『孟子入惠公之廟，仲子無祭所。』以此觀之，廟無二配。而《周禮》有『祀先妣』之文，《疏》云：『姜嫄也。』唐、宋推尊太后，不配食者皆别立廟祀之，亦得閟宫之義。宜仿故事，于奉先殿外建廟奉祀爲宜。」上然之。

《國榷》卷四五　上復召輔臣，示奉先殿圖，指其西曰「奉慈殿也」，指其東曰「神廚也」，擇地廟奉太皇太后，遷孝穆太后祔于左。

《明通鑑》卷四〇　將建廟，欽天監奏年月不宜，姑議「暫祀太皇太后于奉慈殿正中，徙孝穆居左」。終明世皆用其制。

《國榷》卷四五　甲申，命太監李興、保國公朱暉、工部右侍郎張達治裕陵。

《孝宗實録》卷二〇九　陞總督南京糧儲都察院右副都御史張撫爲南京刑部左侍郎。

《國榷》卷四五　旱災，免安慶、池去年田租有差。

丁亥，增陝西苑馬寺及行太僕寺寺丞。

《孝宗實録》卷二〇九　鎮守大同總兵官都督莊鑑有罪，謫遼東三萬衛立功。

《國榷》卷四五　戊子，廣西左布政使鄧庠爲右副都御史，總督南京糧儲。

《孝宗實録》卷二一〇　四月甲午，以水災，免河南開封府及直隸歸德衛弘治十六年秋糧子粒有差。

《國榷》卷四五　丁酉，上孝肅貞順康懿光烈輔天成聖太皇太后尊謚。

庚子，頒謚詔。

《孝宗實録》卷二一〇　辛丑，旌表直隸太倉州民顧鉞妻俞氏貞節。

《國榷》卷四五　廣西思恩土知府岑濬仇田州土知府岑猛，至是攻陷田州，猛僅免。朝議討濬。

《孝宗實録》卷二一〇　兵部奏：「舊例，軍職犯事被提監故、病故未復職者，不分職之大小，子孫襲替俱改調别衛，於事情欠當，宜著爲令：凡軍職犯人命、失機、典刑、宿娼等情者，子孫仍照例改調；其餘徒杖等罪不分已結、未結，監故、病故，子孫襲職俱免改調；其例前改調已襲替一輩者，此後子孫襲替宜聽其便。」從之。

《國榷》卷四五　癸卯，京營都指揮使王銘爲署都督僉事、總兵官，鎮守薊州。

《明紀》卷二三　己酉，葬孝肅皇太后於裕陵。

《國榷》卷四五　乙卯，南京後府帶俸清平伯吴琮卒。

《明通鑑》卷四〇　丁巳，振淮安火災。

《國榷》卷四五　庚申，涼州右副總兵都指揮李祥爲征西將軍，署都督僉事、總兵官，鎮守寧夏。

《明紀》卷二三　閏〔四〕月辛酉朔，闕里先師廟成，遣李東陽祭告。

《孝宗實録》卷二一一　命禁軍民奏訴泛及七八人以上及境外人摭入傍事者不得准理，仍治其告人。

《國榷》卷四五　癸亥，江西盜謝福、陳金、徐九齡等伏誅。

《孝宗實録》卷二一一　命巡撫直隸都御史洪鐘及管河郎中商良輔督理修濬薊州新港，以便漕運。

《國榷》卷四五　丁卯，顧仕隆嗣鎮遠侯。

兵部尚書劉大夏奉旨條救荒弭盜事宜。上納之。

《孝宗實録》卷二一一　己巳，追治貴州普安州敗軍之罪。

《國榷》卷四五　指揮劉英、任禮論死。

庚午，免兗州去年災租。

《孝宗實録》卷二一一　以應天府地方災重，命去年奏擬兑軍糧米折銀未徵者俱暫停徵，仍令户部查處南京諸冗食之當裁減者。

《明紀》卷二三　免山東被災税糧。

《國榷》卷四五　工部左侍郎李鐩，會山東巡撫都御史徐源，議：「寧陽堽城最高，受洸水以濟，宜可復濬。然洸本汶水支流，先是壩戴村，遏汶水盡入南旺，分濟北運。如洸水復濬深，分抵天井閘，水共高三丈有奇，勢必奪汶水盡出，濟寧遞北漕河仍復梗。臣按視諸河，從舊堽城口至柳泉，于運道不藉，可無事濬，從柳泉至濟寧，運始通利。又其流會曹、泗等水，必疏之始通，然後可以全注。」從之。

《明史》卷一五《孝宗紀》　乙亥，以四方災荒，敕羣臣修省。

《國榷》卷四五　戊寅，南京後府帶俸忻城伯趙溥卒。

己卯，巡撫河南右副都御史孫需調陝西。

《明史》卷一五《孝宗紀》　庚辰，命諸司詳議害民弊政。

《孝宗實録》卷二一一　壬午，加總制陝西邊務户部尚書兼都察院左副都御史秦紘爲太子太保，尚書、都御史如故。

《明通鑑》卷四〇　己丑，録囚。

《國榷》卷四五　釋輕囚。

御制闕里孔廟碑。

五月庚寅朔，光禄寺卿艾璞請量減果牲。【略】上納之。

辛卯，荆王祐橺薨。年三十一，謚曰和。

《孝宗實録》卷二一二　陞陝西布政司左布政使畢亨爲都察院右副都御史，巡撫甘肅。

《國榷》卷四五　吏科給事中許天錫以災異請考察中外官，罷文武大臣宫銜。吏部覆：京官仍十年考察。上納之，各官宫銜如故。

壬辰，國子生魏浚請祠宋儒劉子翬于建寧。從之。

《明史》卷一五《孝宗紀》　罷南京、蘇、杭織造中官。

《孝宗實録》卷二一二　癸巳，英廟成妃張氏薨。

《明通鑑》卷四〇　〔甲午〕，户部尚書侣鍾致仕。

《國榷》卷四五　户部請減各倉庫門房添設内臣。命核之。

《孝宗實録》卷二一二　丙申，改命巡撫陝西都察院右副都御史周季麟巡撫順天等府。

《國榷》卷四五　丁酉，畿内、山東旱，遣禮部左侍郎李傑禱天壽山，各巡撫禱嶽、鎮、東海。

《孝宗實録》卷二一二　前軍都督府左都督劉寧卒。

戊戌，命故遂安伯陳韶之孫鍶襲遂安伯。

辛丑，復以太僕寺馬八百匹及價銀五千兩給宣府官軍備征操之用。

《國榷》卷四五　壬寅，召總制陝西軍務太子少保户部尚書秦紘回部。

定劣生食廩追糧除名，濫貢并坐提學官。

《孝宗實録》卷二一二　命故定國公徐永寧之孫光祚襲定國公。

《國榷》卷四五　定死罪廢疾、年七十上、十五下遣戍，遣戍以下收贖。

戊申，平涼知府安惟學擒虜諜功，加四川右參政。

庚戌，裁添設有司官。

壬子，南陽縣暴風雨，河溢，壞民居，淹死九十人。詔賑之。

《孝宗實録》卷二一二　甲寅，陞廣西鎮遠府河池縣爲州。

《國榷》卷四五　大學士李東陽還自闕里，上言：「臣奉使遠涉川陸，見聞不敢緘祕：臣自聞四月以經裏河、天津，遇時亢旱，風霾屢作，夏麥枯死，秋田未種，運舟不至，客船希少，曳纜之夫身無完衣，荷鉏之人面有菜色，極目四望，可爲寒心。臨清、安平間，盜賊縱横，聞青州尤甚。南來人言，淮揚或掘食死人，或賤賣生口，民心惶惶，莫知所措。江南、浙東，荒歉方數千里，户口消耗，軍伍空虚，官庫無旬月之儲，俸糧有累年之逋。夫東南財賦所出，歲荒至此，北地呰窳，素無積聚，今秋再歉，何以堪之。臣非經歷此地，則雖久處官曹，日理章疏，猶不得其詳，况陛下九重之上耶。臣訪之道路，詢之官吏，皆言冗食太衆，國用無經，差役頻繁，科斂重派，木植顔料，物無虚月，内府錢糧，交納使用，靡所紀極。京城修造前後相仍，工役軍士累力倍錢，每值班操，寧死不赴。勢家巨室，田連州縣，徵科過度，請乞無厭。親王之國，供費至二三十萬，修齋挂袍，開山作礦，無益害有益者，間復有之。加以貪官酷吏，肆虐爲奸，民力困窮，怨咨交作。他如游手之徒，託名皇親，附搭鹽船，聲言造店，關津羅網商税。織造内臣縱使群小，掊擊閘河官吏，逐捉鬻販，居民騷擾動地。又臣目覩，在途如此，在彼可知。夫閭閻之情，郡縣不得知也；郡縣之情，廟堂不得知也；廟堂之情，九重不得知也。是皆始于容隱，成于蒙蔽。容隱之端甚小，蒙蔽之禍甚深。臣請以所見喻之。節用如閘河然，節一分則上有一分之益；廣儲如蓄源然，積一分則下有一分之利。今生民日疲，國計日匱，若事事蠲之則不可盡蠲，時時給之則不可勝給，在聖心轉移間而已。陛下以災異戒飭群臣，詔書屢降，章疏畢陳，而事關内府勛戚，動爲掣肘，累歲經時，俱見遏罷，誠恐今者所言，又成故紙。伏望採擇，斷在必行。」上納之。因自劾求退。不許。

《孝宗實録》卷二一二　丁巳，申嚴勳戚家人倚勢擾民之禁。

《孝宗實録》卷二一三　六月庚申朔，襄王祐材薨。【略】年三十一。【略】謚曰懷惠。

《國榷》卷四五　壬戌，署通政司事禮部尚書元守直服除，劾免。

兵部尚書劉大夏陳兵政弊端：京衛苦于出錢，漕軍苦于轉餉，班軍苦于往返。上納之。上嘗諭大夏曰：「每事欲召議，以非卿所部而止，後當以揭帖聞。」曰：「揭帖易私，事第外付府部，中咨閣臣也。」

《孝宗實録》卷二一三　甲子，命實授試監察御史程材于河南道，張璡于陝西道，俱爲監察御史。

《國榷》卷四五　甲子，裁淮安漕運問刑主事。

《明史》卷一五《孝宗紀》　乙亥，始命兩京五品以下官六年一考察。

《孝宗實録》卷二一三　丙子，裁革順天府管河通判一員。

《國榷》卷四五　丁丑，裁宂官，禁貪酷。

録廣東平黎功，進伏羌伯毛鋭太子太傅，提督軍務潘蕃左都御史。

辛巳，北虜小王子連營宣、大塞外。兵部請擇廷臣分督，上是之。

《明通鑑》卷四〇　召閣臣劉健、李東陽于煖閣，議邊務。

《國榷》卷四五　癸未，劉健等上禦虜安邊事宜。【略】上納之。

大同游擊將軍衛勇，副總兵黄鎮，都指揮尉景、李敬等值虜火篩于焦山，援指揮鄭瑀等。虜增五千騎圍我，迨暮，益萬騎，殺傷相當，瑀力戰死，虜亦退。

《孝宗實録》卷二一三　乙酉，吏部請考察京官，照弘治元年例。【略】從之。

《國榷》卷四五　丙戌，虜入宣府，副總兵白玉擊斬八級。

戊子，前太子少保户部尚書殷謙卒。【略】年八十八，贈太子太保。

《孝宗實録》卷二一四　〔七月〕庚寅，召延綏閒住都督僉事李杲、致仕都指揮僉事王戟、宣府閒住都指揮同知陳雄、守備龍門所指揮使穆榮赴京待用。

《皇明大政紀》卷一八　〔壬辰〕，上召大學士劉健、李東陽、謝遷至煖閣，議選京軍出援事宜。

上復召兵部尚書劉大夏議出師，大夏奏京軍不可輕出，止之。

《明通鑑》卷四〇　癸巳，命工部侍郎李鐩、大理少卿吴一貫、通政司參議叢蘭分道經略邊塞。

《國榷》卷四五　邊報屢聞。命御馬監太監苗逵監督軍務，保國公朱暉爲征虜大將軍、總兵，右都御史史琳提督軍務，司設監太監張林管神槍，左、右參將李俊、神英以京兵二萬擐甲待。

《孝宗實録》卷二一四　甲午，陞分守錦義等處都指揮僉事韓輔爲署都督僉事，掛征虜前將軍印，充總兵官，鎮守遼東。

《國榷》卷四五　都察院左副都御史閻仲宇往宣、大，通政司右參議熊偉往居庸等關，各理餉。

《孝宗實録》卷二一四　命户部運太倉銀五萬兩於宣府，以備邊儲。

《國榷》卷四五　戊戌，署詹事府事禮部尚書兼翰林學士吴寬卒。【略】贈太子太保，謚文定。

癸卯，召輔臣煖閣，以劉宇于潮河川鑿品字窖、製鐵砲，可賞賜。皆曰諾。又出東廠緝事揭帖，云密訪如此。劉健等曰須會勘，至日再議。

昌平盜王璽伏誅。

《孝宗實録》卷二一四　乙巳，通政使司右通政王淯卒。

丁未，命户部運太倉銀五萬兩于密雲等處，以備邊儲。

《昭代典則》卷二三　〔丁巳〕，掌國子監禮部右侍郎謝鐸致仕。

《國榷》卷四五　南京國子祭酒黄珣服除，改國子祭酒。

〔八月〕辛酉，吏科給事中吴蕣、户科給事中王蓋，考察不謹當罷，訐吏部尚書馬文升、左都御史戴珊奸私。下蕣、蓋鎮撫司獄，蕣削籍，蓋閒住。又刑部主事張斅飲狎鄉人妻，擬罪瀆辨，亦下獄削籍。

部院上計，降斥有差。

《孝宗實録》卷二一五　壬戌，南京户部右侍郎鄭紀乞致仕。命陞本部尚書致仕，給驛還鄉。

《明史》卷一五《孝宗紀》　戊辰，命天下撫、按、三司官奏軍民利病，士民建言可採者，所司以聞。

《國榷》卷四五　辛未，巡撫雲南右副都御史陳金爲南京户部右侍郎。

止保定、河間土達吏卒千餘人赴京操練。

欽天監天文生張璽有罪宜戍邊，命注近衛，仍赴監。著爲令。

《孝宗實録》卷二一五　壬申，命江西南昌等縣成化十六年至弘治十三年拖欠南京秋糧每石徵銀四錢，十四年、十五年者每石折銀六錢。

甲戌，調巡撫貴州都察院右副都御史林元甫巡撫雲南，巡撫順天等府右副都御史洪鐘巡撫貴州。

《國榷》卷四五　庚辰，遣科道閱騰驤等四衛。

《孝宗實録》卷二一五　革寧夏新設靈州。

辛巳，命户部發太倉銀四萬兩，開中兩淮、長蘆運司存積、常股鹽十萬引於榆林，以備邊儲。

《明史》卷一五《孝宗紀》　甲申，免南畿被災夏税。

《明通鑑》卷四〇　丁亥，召吏部尚書馬文升、都御史戴珊于煖閣，諭以「明年考察，務訪實蹟，秉公黜陟」。又以文升年高重聽，再呼告之，命左右掖之下階。

《孝宗實録》卷二一六 〔九月〕己丑，巡撫延綏都御史文貴上邊墩式樣，**【略】**上從其議，命如式建造，務俾堅久。

《明史》卷一五《孝宗紀》 庚寅，諭法司不得任情偏執，致淹獄囚。

《孝宗實録》卷二一六 辛卯，刑部都察院會官審録重囚。

《國榷》卷四五 丙申，景州知州馬馭、故城知縣楊凱，多斃人，論死。

戊戌，旱災，免順天、保定、河間、永平夏稅有差。

山西論囚，未覆遽決，巡按御史盧儀降滄州判官，按察使陳震降兩淮都轉運鹽司同知，儀更降山東布政司照磨。

《孝宗實録》卷二一六 癸卯，撒馬兒罕**【略】**來貢。

《明紀》卷二三 太僕寺少卿儲巏言：「古者左右史記注言動，典至鉅也。臣見陛下宣召羣臣，多帷幄造膝之言，近臣不得與聞，史官莫由紀録，恐歲月綿遠，傳聞各異。乞敕廷臣曾蒙召問者，備録呈覽，宣付史館。」報可。

《孝宗實録》卷二一六 己酉，命今後總兵官親禦大敵，官軍有退縮者聽以軍法從重處治。

《明通鑑》卷四〇 甲寅，命太常少卿孫交經略宣大邊務。

《國榷》卷四五 乙卯，旱災，免真定、大名、順德夏稅有差。

《明史》卷一五《孝宗紀》 丁巳，御暖閣，諭劉健、李東陽、謝遷：「諸邊首功，巡按御史察勘，動淹歲年，非所以示勸。自今奏報，以遠近立限，違者詰治。」諭講官進講直言毋諱。

《國榷》卷四五 十月甲子，裁南京國子監掌饌。

選彈忠、效義二營兵入團營操練。

《孝宗實録》卷二一七 庚午，授翰林院庶吉士魯鐸、温仁和、李時、滕霄、趙永、畢濟川、何塘爲編修。

《國榷》卷四五 周禎爲檢討，吉時、薛金、李貫、王廷相、王萱爲給事中，朱袞爲江西道監察御史。

真定知府熊達以河隄功加山西布政司右參政。

壬申，總督漕運右副都御史張縉言：「淮揚運河，雨水時則利舟，今秋旱，深冬恐不雪，明年水涸梗漕。乞先時濬治，閉清江口，葺仁信等壩，蓄水以待。」事下所司。

《孝宗實録》卷二一七 己卯，哈密**【略】**來貢。

《國榷》卷四五 南京部院上計。從之。

旱災，免山東夏稅有差。

庚辰，録囚，刑科三覆奏，失矜疑二人。上怒，免二人死，戍之。至是朝畢，召刑部尚書閔珪等暖閣，諭其故。珪等退引咎，奪月俸。

〔壬午〕，武科許泰等三十五人入朝，宴光禄寺，大學士劉健主席。三年一舉。

《明通鑑》卷四〇 〔癸未〕，户部尚書秦紘聞召，以年老連章力辭，乞致仕，賜敕乘傳歸。

《孝宗實録》卷二一八 十一月丁亥朔，欽天監進弘治十八年大統曆。

《國榷》卷四五 戊子，裁雲南管礦僉事。

《孝宗實録》卷二一八 己丑，直隸安慶府知府楊茂元奏：「本府水旱連年，乞存留兑軍正米四萬石，以備明年賑濟；湖廣歲額本府糧二萬石，宜趣起運，以濟軍餉；如道路險遠，許解折色每石銀五錢。」户部覆奏，從之。

《明通鑑》卷四〇 辛卯，寇入莊浪。

《國榷》卷四五 壬辰，嚴各邊代攬販馬之禁。

《明通鑑》卷四〇 〔乙未〕，逮大理寺少卿吴一貫。

《孝宗實録》卷二一八 戊戌，烏思藏**【略】**來貢。

《國榷》卷四五 己亥，廣東左布政使陸珩爲應天府尹。

《孝宗實録》卷二一八 辛丑，命今後當三年朝覲之時順天府堂上官免考察，巡撫、巡按官不必開報賢否，俱待六年與京官一體考察。

《明通鑑》卷四〇 〔癸卯〕，召南京兵部尚書韓文爲户部尚書。

《孝宗實録》卷二一八 甲辰，調雲南按察司管理銀場僉事李寬于四川按察司。

《國榷》卷四五 丁未，琉球補貢。初，風失之。

兵部會内外提督選京營把總等官。

《孝宗實録》卷二一八 辛亥，賜朝鮮國弘治十八年大統曆一百本。

命户部運折糧銀十五萬兩於承運庫支用。

《皇明大政紀》卷一八 〔壬子〕，改王軾爲南京兵部尚書，參贊機務。

《國榷》卷四五 〔十二月〕己未，兵部左侍郎熊翀爲南京户部尚書。

庚申，廣西流盜劫湖廣武崗州。

甲子，兵部右侍郎熊繡爲左侍郎，右副都御史閻仲宇爲右侍郎。

《孝宗實録》卷二一九　時言者請裁革南、北直隸及河南、山東州縣管馬官員。兵部覆奏，請令南直隸州縣馬不及五百匹，北直隸、山東、河南州縣馬不及四百匹者，其管馬判官、縣丞並當裁革。從之。

《國榷》卷四五　丙寅，右僉都御史王璟巡撫保定兼提督紫荆等關。

《孝宗實録》卷二一九　以水旱災，免直隸鳳陽、淮安、揚州、廬州四府，徐、滁二州及泗州等衛所糧草子粒有差。

《國榷》卷四五　己巳，廣西上思州土官改流官，隸南寧。

庚午，巡撫大同右副都御史劉宇回院。

《孝宗實録》卷二一九　命户部發折糧銀六萬兩及贓罰銀四萬兩於寧夏，以備邊儲。

《明史》卷一五《孝宗紀》　申閉糴之禁。

《國榷》卷四五　壬申，旌陽曲王府輔國將軍奇渾孝行。

丙子，哈密忠順王陝巴，以國人謀奉土魯番，懼甚，走嘉峪關。命百户董傑同哈密頭目都督奄克孛剌、寫亦虎仙護陝巴至哈密。有孛阿剌等六人欲夜劫我，傑等斬之，國人遂不敢有他志。敕陝巴還國。

《孝宗實録》卷二一九　命今後各處兵備官員所轄地方與本司隔遠者，皆徑赴職任，不必到司。

《明通鑑》卷四〇　己卯，寇犯靈州。

《國榷》卷四五　都指揮焦洪禦卻之。

楊一清兼巡撫陝西。

《孝宗實録》卷二一九　庚辰，録雲南官軍平反賊米魯功，【略】陞提督軍務南京户部尚書王軾爲太子少保。

《國榷》卷四五　辛巳，禮科都給事中李禄等，以京省試録文義乖違，并罪禮部。命摘懲之。

命御史陳珀核騰驤等四衛冒占。

甲申，江西右布政使周南爲右副都御史，巡撫大同。

《明紀》卷二三　免湖廣被災秋糧。

弘治一八年（乙丑、一五〇五）

《明史》卷一五《孝宗紀》　春正月己丑，小王子諸部圍靈州，入花馬池，遂掠韋州、環縣。户部侍郎顧佐理陝西軍餉。

《國榷》卷四五　甲午，魯府鉅野王陽鎣薨。年七十一，謚懿安。

《明史》卷一五《孝宗紀》　乙未，大祀天地於南郊。

《國榷》卷四五　己亥，福建所清屯田免子粒一年。

庚子，朵顔衛都督阿兒乞蠻入貢，言北虜小王子許我女，不從，屢被掠。上敕奬之。

甲辰，部院大計天下官。

《明紀》卷二三　小王子陷寧夏清水營，指揮仇鉞、總兵李祥擊走之。

《孝宗實録》卷二二〇　乙巳，命開中兩淮、兩浙、河東運司鹽一百萬引于陝西、寧夏諸邊，以備邊儲；仍發太倉銀三十萬兩以濟之，從户部侍郎顧佐請也。

《國榷》卷四五　己酉，左都御史戴珊再乞休，不允。珊嘗託劉大夏爲請，上曰：「主人能留客，客且强留，珊獨不爲朕留耶？且天下尚未平，何舍朕。」泫然者久之。珊泣謝。

復設廣東捕盜僉事，駐清遠縣，松江同知吴廷舉陞任之。

庚戌，設高郵等隄減水閘。

《皇明大政紀》卷一八　〔二月癸亥〕，命太常寺卿兼學士張元禎、左春坊大學士楊廷和主考會試。

《孝宗實録》卷二二一　甲子，以旱災，免山西大同府，直隸隆慶、保安二州及萬全左等四十六衛所弘治十七年糧草子粒有差。

《國榷》卷四五　甲子，遣科道核御馬監軍旂勇士。

《孝宗實録》卷二二一　南京刑部奏斬罪決不待時者三人，大理寺已審允得旨，欲即行刑，下法司議。謂：在京問擬重囚間有決不待時者，雖經審允奏請，至刑科三覆奏，或蒙恩仍監候會審；南京無刑科覆奏之例，乞俟秋後諸司會審無冤，仍類奏上請定奪；如有窮兇極惡難照常例者，更且奏處決。請著爲令。從之。

乙丑，以旱災，免山東德州等二十九州縣及濟南等四衛所弘治十七年粮草子粒有差。

《國榷》卷四五　丙寅，左春坊左贊善費宏爲左春坊左諭德兼翰林侍講。

《明紀》卷二三　崇明縣賊施天泰降，宥死，并家屬遣戍。

《國榷》卷四五　丁卯，減御馬監芻豆。

《明史》卷一五《孝宗紀》　戊辰，御奉天門，諭户、兵、工三部曰：「方今生齒漸繁，而户口、軍伍日就耗損，此皆官司撫卹無方，因仍苟且所致。其悉議弊政以聞。」

《國榷》卷四五　上以孝肅皇太后之憂久徹講，至是禮部覆御史藍章之請，暫淺色服。從之，復御經筵。

己巳，祀故都御史羅通于居庸關。

《孝宗實録》卷二二一　鎮守湖廣總兵官後軍都督府都督僉事歐磐復以老疾乞休。允之，令馳驛回廣東原衛致仕。

《明紀》卷二三　兵部左侍郎熊繡清釐騰驤四衛勇士。

《孝宗實録》卷二二一　命直隸揚州府起運鳳陽糧米五萬四千石暫免徵本色，每石折徵銀六錢，以地方災傷故也。

《國榷》卷四五　置易州倉郎中，裁居庸三户部官，東路餉屬薊州郎中。

《孝宗實録》卷二二一　壬申，命定西侯蔣驥掛征蠻將軍印，充總兵官，鎮守湖廣。

戊寅，以旱災，命山東濟南府弘治十七年兑軍粟米每石暫折徵銀六錢，從巡撫都御史徐源奏也。

《國榷》卷四五　甲申，禁密雲銀冶。

《孝宗實録》卷二二一　乙酉，廣東流賊二百餘人攻劫福建漳浦縣。

《國榷》卷四五　三月丙戌朔，孝肅皇太后(□□)〔小祥〕，不朝。

《孝宗實録》卷二二二　以旱災，免河南開封等三府及宣武等五衛所弘治十七年夏税子粒有差。

庚寅，都察院右副都御史葉贄丁憂服闋，復除原職，仍命總督南京糧儲。

《國榷》卷四五　壬辰，户科給事中劉蒞論吏部文選郎中張綵顛倒選法，尚書馬文升等疏辨，綵即移疾去。

乙未，西安故山東左參政李崙、故刑部員外郎孔琦，俱清謹，身没不贍。延綏副總兵曹雄請卹，命歲給其家。

己亥，嚴沿邊伐木之禁。

庚子，廷策貢士董玘等三百三人。

《明史》卷一五《孝宗紀》　癸卯，賜顧鼎臣等進士及第、出身有差。

《孝宗實録》卷二二二　甲辰，命于固原、蘭州、環慶等處開中兩淮、兩浙、長蘆、四川鹽課共五千萬引，以備邊儲。

以災傷，免山西太原、平陽二府，澤、潞等五州及太原左等六衛弘治十七年秋糧子粒有差。

《國榷》卷四五　己酉，小王子寇大同青松嶺。

辛亥，廣東南海縣盜肆掠。命兵之。

河南陳州衛軍訴虧餉二年。詰巡撫官究問。

《孝宗實録》卷二二二　授第一甲進士顧鼎臣爲翰林院脩撰，董玘、謝丕爲編脩，其第二甲崔銑、三甲段炅等分撥各衙門辦事。

命湖廣召募納銀冠帶事例再行二年，及停解京銀兩二年，以助賑濟。

陞翰林院編脩羅玘爲本院侍讀。

《國榷》卷四五　命太常寺卿兼翰林學士張元楨、學士劉機教習。

甲寅，給陝西行都司莊浪、涼、永等十五衛文職郵符。

《孝宗實録》卷二二三　〔四月〕己未，命掌詹事府事太常寺卿兼翰林院學士張元禎内閣專管誥勅，仍不妨府事。

降寧府鍾陵王覲錐及其子鎮國將軍震滮俱爲庶人。【略】送鳳陽看守祖陵。

《國榷》卷四五　辛酉，定兩京禮部會選監生，汰衰疾、疎劣之士，其衰疾量予冠帶，疎劣除名。

《孝宗實録》卷二二三　癸亥，命户部發明年歲例銀五萬兩於宣府，六萬兩於甘肅，以給邊儲；宣府仍益以河東運司鹽價銀五萬兩。

《國榷》卷四五　西虜渡河北去。

《孝宗實録》卷二二三　丁卯，以災傷，免直隸安慶、池州、太平三府及安慶、建陽三衛弘治十七年糧草子粒有差。

《國榷》卷四五　辛未，召輔臣暖閣，諭曰：「户部覆處置流民，推侍郎何鑑，何不會吏部？」劉健等曰：「係本部事，前亦徑推。」上曰：「此前人失之。吏部專推舉，且使他日不稱，亦無後言。」健等曰：「然。」並令會議。上曰：「處置流民，是户部事，不必議，惟推舉會吏部耳。」上在位久，習于事，亹亹數百言，動中節會，不能悉記。自是日而召對訖矣，龍馭不待，惜哉。

癸酉，延平盜起。

《明通鑑》卷四〇　戊寅，命刑部侍郎何鑑撫輯荆、襄流民。

《國榷》卷四五　久旱，遣官祭告郊社。

《孝宗實録》卷二二三　有盜於鎮江孟瀆等河劫漕運糧米一千三百石有奇。

《國榷》卷四五　總督兩廣都御史潘蕃、伏羌伯毛鋭以南海、連山、思明等寇被劾。

《明史》卷一五《孝宗紀》　甲申，帝不豫。

《國榷》卷四五　免朝。

纂修玉牒成，翰林侍講學士楊時暢言：「玉牒進文華殿，禮似未安，宜改奉天殿示重。」從之。

釋輕囚。

五月乙酉朔，〔上〕不朝。

丙戌，南京刑部主事胡世寧上六事：勤學問，廣延納，公用人，汰冗費，重守令，慎輔導。章下所司。

福餘衛酋那孩等悔罪，求互市。許之。

《孝宗實録》卷二二四　丁亥，上不視朝。

戊子，上不視朝。

己丑，上不視朝。

《國榷》卷四五　己丑，虜寇獨石。

禁僞錢。户部奏鑄弘治錢，年來纔十之二。上少之，命核工料以聞。

《明史》卷一五《孝宗紀》　庚寅，〔上〕大漸，召大學士劉健、李東陽、謝遷受顧命。

《明通鑑》卷四〇　辛卯，召太子，諭以法祖用賢。午刻，帝崩。

《國榷》卷四五　壬辰，頒遺詔。

癸巳，罷營軍工役。

南京兵部右侍郎金澤爲南京右都御史。

《武宗實録》卷一　乙未，令禮部左侍郎李傑及欽天監監副倪謙擇山陵地。

《國榷》卷四五　己亥，下太監張瑜、太醫院使施欽、院判劉文泰、御醫高廷和等于錦衣獄。

明武宗部（起公元一五〇五年，迄公元一五二一年）

《明史》卷一六《武宗紀》　武宗承天達道英肅睿哲昭德顯功弘文思孝毅皇帝，諱厚照，孝宗長子也。母孝康敬皇后。弘治五年，立爲皇太子。

弘治一八年（乙丑、一五〇五）

《明通鑑》卷四〇　〔五月〕壬寅，太子即皇帝位，以明年爲正德元年，大赦天下。除弘治十六年以前逋賦。

《國榷》卷四五　乙巳，減葬儀冥器。

丁未，令太監扶安、李興、覃觀，禮部右侍郎王華，少卿吴旻詳定山陵。

《明紀》卷二三　〔戊申〕，小王子乘喪大入宣府。

《國榷》卷四五　復命都督李俊、神英充參將，各二千人往，人賜二金，布二。

己酉，右通政王玉降太醫使，張瑜、劉文泰等論死。

《明通鑑》卷四〇　庚戌，命太監苗逵監督軍務，保國公朱暉爲征虜將軍，充總兵官，右都御史史琳提督軍務，禦寇宣府。

《武宗實録》卷一　命户部左侍郎王儼兼都察院右僉都御史，整理宣府糧草。

《國榷》卷四五　壬子，禮部尚書張昇請嚴宫殿門之禁，斥逐真人陳應循等、西番灌頂大國師那卜堅參及班丹羅竹等，奪印誥、追賞賜。從之。

益苗逵京兵六千人，命武定侯郭良、懷寧侯孫應爵練營兵待援，仍博舉勇略。

《武宗實録》卷一　運太倉銀十萬兩於宣府，以備軍餉。

癸丑，户部請乞運原貯易州米一萬石、料荳七千石於紫荆關，以備主客兵馬支用；又請運銀一萬五千兩於要害缺乏之處召買糧草。從之。

《國榷》卷四五　六月甲寅朔，募宣府土兵禦虜。

《武宗實録》卷二　乙卯，上御西角門視事，文武百官行奉慰禮。

《國榷》卷四五　都督李杲、都指揮劉祥爲游擊將軍，各率兵五千赴宣府。

兵部尚書劉大夏、英國公張懋及給事中、御史覈團營。

丙辰，翰林侍講張潔爲侍讀學士，檢討石珤爲修撰。

討思恩土官岑濬，平之。

《武宗實録》卷二　經畧山海關工部左侍郎李鐩回京，上經畧事蹟。

《國榷》卷四五　丁巳，裁華亭、丹徒、丹陽、金壇治農縣丞。

設豫旺城平虜守禦千户所。城去韋州嬴山僅百里，套虜出入必由之。

立潮河川新營于古北口外關。

《武宗實録》卷二　定幼軍解補開豁例。

發太僕寺馬價銀十萬兩於北直隸，一萬兩於宣府，二萬兩於大同、山東、河南收買馬匹，從兵部請也。

戊午，營建大行皇帝陵於天壽山，薦名泰陵。

《國榷》卷四五　戊午，大賚文武及軍民人等。

發延綏兵援宣府。

虜入蔚州廣昌。趣保定兵赴紫荆等關。

裁瓜洲水驛。去京口驛近故。

己未，故貴州都指揮僉事史韜、郭仁、李宗武，都指揮使李雄，俱贈都督同知。

《皇明大政紀》卷一八　〔庚申〕，上大行皇帝尊謚曰「建天明道誠純中正聖文神武至仁大德敬皇帝，廟號「孝宗」。

《國榷》卷四五　辛酉，團操畿内軍餘民兵。

癸亥，頒謚詔。

甲子，監察御史李良請擇近侍、召對大臣，翰林官儤直備顧問。上是之。

工部右侍郎張達卒。

工科都給事中王績等乞裁錦衣衛帶俸畫士蕭增等，革工匠濫陞。下所司。

《武宗實録》卷二　丙寅，大理寺左少卿張泰、錦衣衛都指揮韋順、巡撫都御史周季麟會勘薊州草場地土。

《國榷》卷四五　戊辰，巡撫湖廣左副都御史韓重爲南京兵部右侍郎。

《武宗實録》卷二　贈故致仕太子少保南京兵部尚書張悦太子太保。

《明紀》卷二三　〔庚午〕，占城國王古來卒，子沙古卜洛遣使入貢，不告父喪，但乞命大臣往封，別具奏言安南侵奪狀，微及父卒事。給事中任良弼等極言遣使宜慎，禮部亦以古來存亡未明，請令廣東守臣移文勘報。從之。

《武宗實録》卷二　辛未，致仕太子太保禮部尚書徐瓊卒。

《國榷》卷四五　癸酉，徽王見沛薨。年四十三，謚曰莊。

甲戌，提督軍務撫治鄖陽右副都御史王鑑之改巡撫湖廣，贊理軍務。

《武宗實録》卷二　陞提調河道右通政韓鼎爲通政使，管理易州山廠。

《國榷》卷四五　乙亥，兵部請罷鈞州鎮守太監齊玄及沿邊監槍分守守備內臣。遂撤齊玄，餘議裁。

《武宗實録》卷二　丙子，上命皇城四門仍舊，其餘各門自今以四員爲則，不許增。著爲令。

丁丑，發太僕寺馬三千匹于紫荆關，給大同遊兵；二千匹于居庸關，給宣府遊兵。

《國榷》卷四五　戊寅，刑部右侍郎李士實疾去。

安奎、呂翀、任惠、邊貢、王翊、陳霆、徐暹爲給事中，惠、暹南京。

復沙河縣丁舊治。縣當孔道，避役，遷僻地十數年，泉涸非便，至是復之。

庚辰，召南京太僕寺卿陳璧，浙江布政司左參政韓福。

辛巳，右副都御史孫需提督撫治鄖陽。

壬午，奉孝肅皇太后主于奉慈殿，移孝穆皇太后左之。

癸未，巡按浙江監察御史邢昭言寬恤竈户：如三丁以下人免七十畝，復其身，或丁多遞減十畝，或無餘田止免傜。報可。

七月甲申朔，兵部尚書劉大夏上團營實數。

乙酉，科道再劾王華、張元禎等皆公論之不與，不宜曲賜優容，自損治體。下所司。

《武宗實録》卷三　陞分守薊州馬蘭谷右參將都指揮使韓玉爲署都督僉事，充副總兵，分守保定地方；命都指揮戴儀充右參將，分守馬蘭谷。

丁亥，發順天府寄養馬二千匹給宣府遊兵。

《國榷》卷四五　戊子，起許進兵部左侍郎，同劉大夏提督團營。

《武宗實録》卷三　庚寅，陞巡撫蘇松等處都察院右副都御史魏紳爲刑部右侍郎。

《國榷》卷四五　乙未，光禄寺卿艾璞爲右副都御史，巡撫蘇松，總理糧儲。

《武宗實録》卷三　發太僕寺馬價銀于北直隸、山東、河南各二萬兩，買贏二千匹給順天府寄養，以備官軍出征馱載之用。時京師乏馬故也。

《國榷》卷四五　丙申，革壩上馬房飼牛。

《武宗實録》卷三　丁酉，召致仕户部尚書周經赴京。

運太倉銀十萬兩、折糧等銀五萬兩於宣府，以備軍餉。

《昭代典則》卷二三　〔戊戌〕，加劉健左柱國，李東陽、謝遷並少傅兼太子太傅。

《國榷》卷四五　太常寺卿兼翰林學士張元禎爲吏部左侍郎。學士劉機、江瀾，左春坊大學士兼侍讀學士楊廷和並少詹事兼學士。張芮進俸一級。

《武宗實録》卷三　侍講學士楊時暢爲太常寺少卿兼侍講學士。侍讀學士劉忠、張澯，侍講學士白鉞俱學士。

《國榷》卷四五　左諭德兼侍講靳貴、費宏並太常少卿兼侍講，右諭德兼修撰毛澄爲左庶子兼侍講，侍讀毛紀、左中允兼編修傅珪並左諭德兼侍講。順天府丞兼正字周文通爲光禄寺卿，尚寶司卿兼正字劉棨爲太常少卿。皆舊宮僚也。

《武宗實録》卷三　辛丑，復除起復應天府府丞呂獻爲順天府府丞。

甲辰，命江西都司管運都指揮同知何昇、掌本司事署都指揮僉事李清仍總理糧運。

《國榷》卷四五　丙午，崇王見澤薨。年五十一，謚曰簡。

丁未，忠義左衛改泰陵衛。

《武宗實録》卷三　以太僕寺銀萬兩給甘肅易馬。

戊申，召鎮守廣西副總兵都指揮僉事毛倫還京。

《國榷》卷四五　前湖廣都指揮使康泰補廣西副總兵。

庚戌，許朝鮮市角弓，歲二百雙。

辛亥，翰林院庶吉士潘希曾服闋，授兵科給事中。

《武宗實録》卷三　壬子，陞浙江左參政韓福爲大理寺右少卿，提調操練京西諸衛軍餘及保定等六府民壯。

《明史》卷一六《武宗紀》　秋八月甲寅，尊皇太后爲太皇太后，皇后爲皇太后。

《武宗實録》卷四　乙卯，加太保瑞安侯王源、太保壽寧侯張鶴齡俱太傅，建昌侯張延齡、崇善伯王清俱太保，仍各歲加禄米三百石。

《國榷》卷四五　丙辰，兩宮禮成，詔天下。

戊午，署承運庫太監龍綬請備覈先帝時傳取金銀之數。從之。

前太子少保禮部尚書劉岌卒。

己未，設思恩、田州流官，降土知府岑猛福建(平)〔沿〕海衛千户，進雲南知府張鳳、平樂知府謝湖俱廣西右參政，鳳署思恩，湖署田州，各賜敕。

《武宗實録》卷四　庚申，録開國功臣蘄國公康茂才五世孫永爲正千户，安陵侯吳復五世孫江爲副千户，俱世襲。

練武等營太監韋敏、姚舉、王庸等調耀武、顯武、敢勇等營；尚衣等監太監何祥、谷大用、楊廣、林貴、黎安，少監王剛、張昭等管神機等營左右哨、左右掖。

《國榷》卷四五　癸亥，罷塔像齋醮，惟春祈秋報如故。

《武宗實録》卷四　甲子，陞兩淮都轉運鹽使司同知陳震爲河間長蘆運使。

乙丑，授【略】李東陽、【略】謝遷階光禄大夫，勳柱國，仍賜己身并曾祖父母、祖父母、父母、妻誥命。

《國榷》卷四五　兵部奉遺詔裁監槍分守守備内臣二十四人。有旨仍舊。

丙寅，翰林侍讀徐穆、吏科給事中吉時使朝鮮，修撰倫文敍、户科給事中張弘至使安南，頒詔。

《武宗實録》卷四　丁卯，陞南京吏部署郎中蔡清爲江西按察司副使，提調學校。

《國榷》卷四五　前南京右通政强珍卒。

〔戊辰〕，許雍王祐橒徙敘州。既而不欲遷，乞修其邸。從之。

辛未，户部奏減各城門倉場監局内官。報寢。

《明史》卷一六《武宗紀》　丙子，召朱暉等還。

《國榷》卷四五　丁丑，翰林編修畢濟川請各山川祈禱遣官止就近望祭，免道里驛騷。從之。

《武宗實録》卷四　蜀府慶符王友壎薨。【略】年五十有七。【略】謚曰恭僖。

《國榷》卷四五　戊寅，汰傳陞冗官，太僕寺卿李綸降光禄寺少卿，太常少卿趙繼宗降鴻臚右少卿，尚寶司卿周惠疇降司丞。

《武宗實録》卷四　福建鎮守太監鄧原奏擒獲建安妖賊劉宗保等三十七人。革徐州等處兵備副使。

《國榷》卷四五　河南鎮守太監劉琅與周府輔國將軍鈊互訐，改薊州，以薊州太監陳榮改河南。

《武宗實録》卷四　己卯，户部奏【略】請如御史車梁言，將寧、紹等八府原派京庫折銀於内扣發萬餘兩，派湖折納；而以湖之起運南京等倉糧米抵數改派寧、紹等府徵運。」從之。

《國榷》卷四五　庚辰，南京吏部左侍郎楊守阯再考乞休。進尚書，致仕。

辛巳，監察御史高良弼劾監軍太監苗逵奏功欺罔，乞梟之邊庭。不問。

九月壬午朔，裁武職冗官。

《武宗實録》卷五　癸未，慶雲侯周壽家人周洪，壽寧侯張鶴齡家人杜成、朱達等奏買長蘆、兩淮鹽引。

《明紀》卷二三　〔甲申〕，致仕尚書秦紘卒。年八十。贈少保，謚襄毅。

《武宗實録》卷五　乙酉，命故忻城伯趙溥姪槿襲溥爵。

《國榷》卷四五　兵部汰乙陞大漢將軍千百户韓福敬等四十八人。福敬等故不入衛，(磯)〔激〕上怒，于是駙馬都尉樊(敬)〔凱〕請復之，俱如舊。

丙戌，久雨星變，分遣官祭告郊廟、社稷。

《武宗實録》卷五　以水災，免直隸鳳陽府所屬壽州等十六州縣、中都留守司所屬壽州等十四衛所夏税有差。

丁亥，陞國子監祭酒黄珣爲南京吏部右侍郎。

《國榷》卷四五　戊子，南京太僕寺卿陳璧爲右副都御史，整飭薊州邊備，兼巡撫順天。尋疾去。

(辛卯)〔癸巳〕，南京户部尚書熊翀、户部左侍郎李温、右都御史金澤，各被劾致仕。

旌韓府襄陵王範坧孝行。

《武宗實録》卷五　甲午，陞翰林院學士張澯爲國子監祭酒。

陞刑部左侍郎屠勳爲都察院右都御史。

《明史》卷一六《武宗紀》　丁酉，振陝西饑。

《國榷》卷四五　己亥，起周經南京户部尚書，太子太保仍舊。

甲辰，署太常寺事禮部尚書崔志端劾免。

丁未，兵部右侍郎閻仲宇、大理寺左寺丞鄧璋覈大同用兵罪狀。

《武宗實録》卷五　仍留京軍萬人，命參將神英、李俊、張澄，遊擊將軍李杲統之，分駐大同、宣府。

《國榷》卷四五　傳陞右都督王濬爲左都督，仍帶俸。

《明通鑑》卷四〇　上踐阼未數月，漸改先帝之舊。户科給事中劉茝疏諫，**【略】**報聞。

《國榷》卷四五　戊申，通政使田景賢爲禮部右侍郎，署太常寺事。

巡撫山東右副都御史徐源致仕。

〔十月〕甲寅，陝西左布政使柳應辰爲右副都御史，整飭薊州邊備，兼巡撫順天。

《武宗實録》卷六　魯世子當澁薨。

《國榷》卷四五　提學官始立三等簿核諸生，文行並茂爲上，文不逮行次之，或無行無學爲下。禮部覆祠祭主事彭縉之請。

乙卯，久雨，户部令官軍于張灣漕舟水兑。

《武宗實録》卷六　命武平衛指揮同知石璽駐揚州，協同備倭。

《國榷》卷四五　罷陝西總兵武安侯鄭英。都指揮僉事曹雄爲署都指揮僉事，鎮陝西，專固原防守。

丙辰，哈密忠順王陝巴卒，立其子拜牙郎爲忠順王。

召還宣府京兵諸將。時宣府虜遁。

《明史》卷一六《武宗紀》　丙辰，小王子犯甘肅。

《武宗實録》卷六　刑部會官録重囚于朝。

《國榷》卷四五　丁巳，湖廣左布政使朱欽爲右副都御史，巡撫山東。

己未，祧熙祖皇帝。

《武宗實録》卷六　庚(午)〔申〕，以守備固原署都指揮僉事陳善充陝西固原等處遊擊將軍。

《國榷》卷四五　辛酉，濬杭州西湖。

《皇明大政紀》卷一八　〔庚午〕，奉孝宗皇帝梓宫葬于泰陵。

《武宗實録》卷六　丁丑，奉孝宗敬皇帝神主祔廟。

《國榷》卷四五　己卯，視朝如常儀。

《明紀》卷二三　劉健等以山陵既畢，請開經筵。帝勉應之。

《武宗實録》卷六　庚辰，以旱災，減免南京錦衣等四十二衛屯糧有差。

《武宗實録》卷七　十一月壬午朔，欽天監進正德元年大統曆。

《國榷》卷四五　翰林檢討劉瑞薦南京國子祭酒章懋、前吏部右侍郎王鏊、右僉都御史林俊、故右副都御史雍泰、陝西副使王雲鳳、河南參政王瓊、廣東參政王綸、安慶知府楊茂元、雲南布政司照磨余濂、廣西僉事胡獻，而鏊、俊尤人望。上是之，召鏊、俊。

《明史》卷一六《武宗紀》　甲申，御文華殿日講。

《國榷》卷四五　乙酉，南京兵部尚書秦民悦改南京户部尚書。

《武宗實録》卷七　兵部言：「**【略】**自後内臣所進勇士必實其家屬乃聽補役，復役必兵部月一驗送而後廩之，凡五年必籍其人而覈其數，衛官軍政必由兵部考選賢否以定去留。著爲例。」從之。

《國榷》卷四五　御馬監太監寧瑾等乞停核騰驤四衛勇士，給事中艾洪等、御史周潔等各以爲言。竟不問。

戊子，起劉纓右僉都御史，巡撫四川。

庚寅，遣大學士李東陽祭靈濟宫，劉健等疏改太常寺官。

《武宗實録》卷七　壬辰，命南京刑部左侍郎張撫、南京都察院左副都御史陳璚、順天府府尹藺琦致仕，給驛還鄉。

《國榷》卷四五　魯府安丘王當溼薨。年三十四，謚榮順。

鎮守福建太監鄧原乞休，閩人留之。

甲午，整理陝西邊儲户部右侍郎兼右僉都御史顧佐還朝。

《武宗實録》卷七　乙未，授翰林院庶吉士胡煜爲吏科給事中。

《國榷》卷四五　丙申，命行人存問前太子太保吏部尚書王恕。時年九十。

《武宗實録》卷七　監察御史吴漳請毁寺觀、汰僧道。不允。

《國榷》卷四五　丁酉，太僕寺卿吴洪爲工部右侍郎，理易州山廠。巡撫湖廣右副都御史王鑑之爲南京刑部右侍郎。

辛丑，太監韋興太和山司香兼湖廣行都司分守。科道争之，不聽。

《武宗實録》卷七　癸卯，陞山東布政司左布政使曹元、四川布政司左布政使郝志義俱爲都察院右副都御史。元巡撫甘肅，志義巡撫湖廣兼贊理軍務。

《國榷》卷四五　甲辰，南京刑部尚書樊瑩致仕。

丙午，邵武知府夏英上所輯《莅祚典要》。

《武宗實録》卷七　安南國王黎暉薨，其子誼遣陪臣阮麒等告訃。詔遣官行吊禮。

《國榷》卷四五　丁未，起雍泰南京右副都御史，提督操江。

代府和川王聰㴰薨。謚宣懿。

戊申，右春坊右中允蔣冕爲右諭德兼侍講。

《武宗實録》卷七　己酉，封乳母田氏爲安聖夫人，宮人梁氏爲寅奉夫人，皆授以誥命。

庚戌，擢行人馬騏、王弘、吴鉞、蕭乾元、蔣瑶，推官房瀛、羅玹、陳鍾，知縣徐禎、文浩、吴堂、馬龍、劉慶、閻睿、翟唐、李廷梧、孫迪、許立、凌相、黄昭道、柳尚義、毌恩，學録王鑑，學正汪正，教諭周廷徵俱試監察御史。

《國榷》卷四五　十二月辛亥朔，上親視郊牲。

《武宗實録》卷八　壬子，陞南京都察院右都御史張敷華爲南京刑部尚書。

《明通鑑》卷四〇　丙辰，長寧伯周彧請加侯封。吏部言：「封爵重典，其以恩授者，皆出特旨，未有如彧之自請者。」上是之。

《國榷》卷四五　淮安懿世子見濂追封淮安王。

《明通鑑》卷四〇　丁巳，詔修《孝宗實録》，英國公張懋爲監修，大學士劉健、李東陽、謝遷爲正總裁。

《國榷》卷四五　署詹事府吏部左侍郎兼學士張元禎、吏部左侍郎焦芳、右侍郎王鏊、禮部左侍郎李傑副總裁，少詹事兼學士劉機等纂修。

《武宗實録》卷八　庚申，陞總督南京糧儲都察院右副都御史葉贄爲南京工部右侍郎。

《國榷》卷四五　辛酉，行人何霑諭祭黎暉，翰林編修沈燾、工科左給事中許天錫封黎暉子誼安南國王。

《武宗實録》卷八　乙丑，陞大理寺左少卿張泰爲都察院右副都御史，總督南京糧儲。

《國榷》卷四五　仍核各馬牛房會計芻料。

己巳，遣官禱雪。

辛未，大理寺卿楊守隨秩滿，爲工部尚書，仍署寺事。

《皇明資治通紀》卷二二　〔癸酉〕，左都御史戴珊卒。贈太子太保，謚恭簡。

《國榷》卷四五　〔甲戌〕，宣府總兵張俊、鎮守太監劉清、巡撫右副都御史李進俱罪免。

乙亥，旌魯府鎮國將軍陽鉷、陽鍙孝行。

南京監察御史陸崑上八事：奬直言以警循默，復面劾以折奸邪，明淑慝以別人才，嚴糾察以勵庶官，稽誥命以防欺蔽，懲沮壞以養鋭氣，均差轉以消偏重，專委任以精考核。

《明紀》卷二三　〔丁丑〕，復設河南真陽縣。

《國榷》卷四五　戊寅，巡撫遼東右僉都御史張鼎改宣府。

《武宗實録》卷八　命右軍都督府都督僉事李杲充總兵官，鎮守宣府地方。

《國榷》卷四五　立仁壽宮皇莊。

《武宗實録》卷八　庚辰，起用養病都察院右副都御史馬中錫巡撫遼東地方，兼贊理軍務。

正德元年（丙寅、一五〇六）

《國榷》卷四六　正月辛巳朔，上詣奉先殿、奉慈殿、太皇太后、皇太后、先皇帝几筵行禮畢，御奉天殿受朝。

壬午，上御奉天門視事，自是至乙未皆不朝。

《明史》卷一六《武宗紀》　乙酉，享太廟。

己丑，大祀天地於南郊。

《武宗實録》卷九　庚寅，免慶成宴。

《皇明大政紀》卷一九　〔壬辰〕，都察院右都御史史琳卒于官，贈太子少保。

《明通鑑》卷四一　甲午，大學士劉健等言：「郊壇廟享，内官、内使隨從數多。【略】乞查照正統以前舊制，定爲名數，勿使仍前冗濫。」上嘉納之。

乙未，以山陵甫畢，免宴。

《武宗實録》卷九　太監陳寬傳旨：神機營中軍二司内官監太監劉瑾管五千營，御用監太監張永管神機營中軍并顯武營、神機營右掖，御馬監太監徐智調中軍頭司管奮武營，而以司設監太監馬永成代智，御馬監太監王潤代瑾。

《國榷》卷四六　戊戌，太師英國公張懋、少師大學士劉健知經筵事，少傅大學士李東陽、謝遷同知經筵事。

南京刑部尚書張敷華改左都御史。

山東左布政使歐信爲右副都御史，巡撫大同，贊理軍務。

召貴州總兵都督僉事顔玉領奮武營。

己亥，召兩廣鎮守太監韋經，命尚寶監太監潘牛代鎮。

癸卯，總督兩廣兼贊理軍務左都御史潘蕃爲南京刑部尚書。

《武宗實録》卷九　陞協守貴州右參將都指揮僉事李昂爲署都督僉事，充總兵官，鎮守貴州兼提督清平等衛地方。

《昭代典則》卷二四　改副都御史楊一清總制三邊軍務，兼理馬政。

《皇明大政紀》卷一九　〔丙午〕，以右副都御史張泰巡撫陝西。

《國榷》卷四六　丁未，議城通州護倉粟。

己酉，兵部左侍郎熊繡爲右都御史，總督兩廣兼理巡撫。

楊一清言陝西災傷，預備救荒，條其事。從之，惟鹽法再議。

二月辛亥朔，巡撫雲南右副都御史林元甫疾去。

《明紀》卷二四　壬子，御經筵。

《國榷》卷四六　大學士李東陽講《大學》首章，謝遷講《堯典》首章。

甲寅，署鴻臚寺事禮部尚書賈斌致仕。

《武宗實録》卷一〇　丙辰，致仕左軍都督府都督同知王鍇卒。

《國榷》卷四六　丁巳，右副都御史劉宇爲右都御史，總制宣、大、偏頭等關邊務。

（戊午）〔己未〕，旌晉府陽曲王輔國將軍奇渾賢孝。

河南左布政使吴文度爲右副都御史，巡撫雲南。

庚申，廣西荔波、思恩二縣隸河池州，仍屬慶遠府。

修盧溝橋隄。

辛酉，設浦江關守禦千户所，仍隸松潘衛。

《武宗實録》卷一〇　壬戌，賜故左都御史戴珊謚【略】恭簡，贈太子太保。

《國榷》卷四六　分守大同右衛都知監左監丞侯能鎮守大同，御馬監左監丞宋彬代分守。

癸亥，祀元淮南左丞贈平章豳國公謚忠宣余闕于合肥故里。

《明史》卷一六《武宗紀》　乙丑，耕耤田。

《明通鑑》卷四一　戊辰，吏、户、兵三部及都察院各有疏言事，爲宦官所撓，傳示上意，令閣臣調旨。大學士劉健等不奉命，別擬以奏，上不聽。健等力諫，【略】不報。

《武宗實録》卷一〇　己巳，户部集廷臣再議鹽法。

户部言山西屬郡災傷重大，流移相屬，【略】請運太倉銀二十萬往濟之，而以河東運司鹽課百萬引易銀補太倉之數，其因災而負者暫且停徵，以蘇民困，俟豐年計處。從之。

壬申，以旱災，免直隸潼關衛蒲州守禦千户所秋糧屯田子粒一千八百七十五石有奇。

《明通鑑》卷四一　癸酉，罷採寶石、西珠。

《國榷》卷四六　乙亥，巡撫河南右副都御史韓邦問爲南京大理寺卿。提督保定等操練大理寺右少卿韓福爲右僉都御史，巡撫保定兼提督紫荆諸關。

丁丑，劉健等歷數政令之失，自劾求退。上慰留之。

己卯，劉健、李東陽、謝遷俱求罷。不允。

《國榷》卷四六　〔三月〕壬午，山東左布政使陶琰爲右副都御史，巡撫河南。

《武宗實録》卷一一　命整理宣大糧草户部左侍郎兼僉都御史王儼回京。

《國榷》卷四六　癸未，翰林院庶吉士張禬服闋，授兵科給事中。

甲申，上幸太學。

《明史》卷一六《武宗紀》　釋奠於先師孔子。

《國榷》卷四六　丙戌，惠安伯張偉同都督李俊、署都指揮同知許泰、都指揮張澄、劉祥操練東官廳新軍。

丁亥，劉健等言，自開經筵，進講纔九日，多云兩宫朝謁。近又擇日乘馬，曠怠如此，臣等安所盡其心哉？乞惕然自省，日勤聽講。不報。

葺宋儒周惇頤墓，復濂溪書院，有司歲祭。

祀宋太學生贈祕閣修撰徐應鑣于錢塘忠節祠。

己丑，録宣大禦虜功，進保國公朱暉太保，餘陞賞。

《武宗實録》卷一一　故提督軍務右都御史史琳贈太子少保。

《國榷》卷四六　戊戌，閣臣請逐私閹。從之。

己亥，吏部尚書馬文升以御史何天衢見劾乞休。不許。

《武宗實録》卷一一　庚子，太監陳寬傳旨，御馬監太監王宏管神機營右掖三司，尋命宏管本營左掖并耀武營，張景昌管右掖三司。

《明紀》卷二四　〔辛丑〕，何鑑得户二十三萬五千有奇，口七十三萬九千有奇，因疏善後十事及軍民利病以聞，帝悉採納之。

《國榷》卷四六　中旨：神機營左掖太監馬永成調中軍二司，管練武營兵仗局大使孫和管神機營右掖。

甲辰，遣行人存問前南京工部尚書胡拱辰。時年九十。

《武宗實録》卷一一　丙午，陞府軍衛帶俸署都指揮僉事李隆爲中都留守司正留守，孝陵衛帶俸指揮使梅純爲署副留守。

《國榷》卷四六　丁未，奉使安南翰林修撰倫文敘有父喪，改編修魯鐸代之。

戊申，尚膳監太監劉杲稱疾，求監督京倉，許之。

四月辛亥，汰傳陞官。

《武宗實録》卷一二　免陝西葭、涇、静寧等州，三水、平凉、華亭、蔣浪、真寧、西鄉、隴西等縣，靖虜衛左、右、前、後四所，固原衛左、右、中三所，榆林衛府谷、神木、甘泉、延川等屯，甘州中護衛中、左、右、前、後五所税糧共五萬九千九百餘石，馬草五萬七千餘束，以雨雹爲災故也。

《國榷》卷四六　壽王請湖廣劉家滆、楊子港、東山畬税課。不許。

《明紀》卷二四　掌大理寺尚書楊守隨言：「每歲熱審，行於京師而不行於南京，五歲一審録，詳於在京而略於在外。皆非是，請更定其制。」報可。

《皇明資治通紀》卷二三　〔丁巳〕，吏部尚書馬文升罷。

《國榷》卷四六　戊午，上御奉天殿，受玉牒。

襄陽修漢諸葛亮廟。

庚申，太子少保南京兵部尚書王軾致仕，進太子太保。

《武宗實録》卷一二　嚴天下僧道潛住京師之禁。

《國榷》卷四六　裁諸司濫占旗校匠役八百六十五人。

《武宗實録》卷一二　壬戌，命陳繼祖襲寧陽侯。

《明通鑑》卷四一　〔甲子〕，南京祭酒章懋乞致仕。不許。

丁卯，以吏部左侍郎焦芳爲本部尚書，代文升也。

《昭代典則》卷二四　改南京吏部尚書林瀚爲南京兵部尚書，參贊機務。

《國榷》卷四六　旱災，免延安田租。

庚午，南海、清遠、四會、番禺各盗平。

辛未，巡撫保定右僉都御史王璟疾去。

癸酉，翰林編修董玘歸姻畢，入，纂修《實録》。

《武宗實録》卷一二　乙亥，山西鎮西衛指揮同知楊豫詐稱父死欲襲職，事覺，謫戍邊衛。著爲例。

《國榷》卷四六　丙子，吏部右侍郎王鏊爲左侍郎。

巡撫宣府右僉都御史張鼒入院。

《武宗實録》卷一二　陞禮部左侍郎李傑爲南京吏部尚書。

《國榷》卷四六　兵部内閣言太監韋興先朝盜帑之罪，宜亟撤回。不聽。

《武宗實録》卷一二　己卯，特授故衍聖公孔弘泰之子聞詩翰林院五經博士。

《國榷》卷四六　五月庚辰朔，中旨：鼓勇營御用監太監吴軏調效勇營，内官監太監鍾賢管神機營右哨頭司并鼓勇營，内官監太監姚舉鎮守江西。

辛巳，禮部右侍郎王華爲左侍郎，少詹事兼翰林學士劉機爲禮部右侍郎。

陝西苑馬寺卿車霆爲右僉都御史，巡撫宣府。

左府僉書都督僉事楊玉卒。

《武宗實録》卷一三　壬午，户部左侍郎王儼乞致仕。許之。

哈密【略】貢馬、駝、方物。

《國榷》卷四六　錦衣衛鎮撫司指揮僉事王鋭、象房指揮僉事張銘，俱引疾。

甲申，南京工部尚書李孟暘致仕。

《武宗實録》卷一三　己丑，陞提督倉場户部右侍郎陳清爲南京工部尚書，陞户部右侍郎顧佐爲本部左侍郎，總督漕運兼巡撫鳳陽右副都御史張縉爲户部右侍郎。

《國榷》卷四六　庚寅，暑讞，減戍九十人。

中旨：惠安伯張偉同英國公張懋、保國公朱暉提督團營。

壬辰，戒寧夏墩卒擅出塞外收畜産。

癸巳，起洪鍾右副都御史，總督漕運兼巡撫鳳陽。提督雁門等關兼巡撫山西右副都御史何鈞爲户部右侍郎，提督倉場。

《武宗實録》卷一三　乙未，改刑科右給事中許詰爲翰林院檢討。

《國榷》卷四六　詔各長史非進士必滿九年奏保。

丙申，瀧水知縣翟觀善撫民猺，綏叛剪逆，進肇慶府同知，仍署瀧水。

《明通鑑》卷四一　兵部尚書劉大夏乞致仕。【略】許之，加太子太保。

《國榷》卷四六　禁官吏服玄、黄、紫，下民衣紗、紵。

《明紀》卷二四　丙申，減蘇杭織造歲幣。

《國榷》卷四六　丁酉，廣東左布政使徐節爲右副都御史，提督雁門等關兼巡撫山西。光禄寺卿王質爲右僉都御史，巡撫貴州。

《明通鑑》卷四一　戊戌，戒科、道毋得挾私舉劾。

《國榷》卷四六　己亥，敕巡撫蘇松都御史艾璞、巡江都御史雍泰勦盗。

《武宗實録》卷一三　御馬監太監魏彬管神機營中軍頭司并奮武營。

庚子，調神機營中軍并顯武營御用監太監張永於三千營，兼管三千哨馬營，而以神機營中軍二司御馬監太監王潤代永，内官監太監張思代潤。

《明通鑑》卷四一　甲辰，諭户部會各官議經制事宜。

《武宗實録》卷一三　乙巳，勑錦衣衛指揮使趙良提督官校捕盗。

《明通鑑》卷四一　丙午，擢兵部侍郎許進爲本部尚書，代劉大夏也。

《國榷》卷四六　六月己酉朔，中旨命御用太監劉雲守備南京，内官監太監劉璟鎮守浙江，麥秀管南京織染局，御馬太監岑章鎮守遼東，梁裕鎮守福建，御用太監張永鎮守山東兼轄臨清。

神機營中軍二司司設太監張英調神機左掖并耀武營，御馬右少監楊春代英。

《明通鑑》卷四一　辛亥，以内官監太監劉瑾提督十二團營。

《國榷》卷四六　司設太監馬永成代〔劉〕瑾，内官太監賴義代永成。

《武宗實録》卷一四　癸丑，陞兵部右侍郎閻仲宇爲本部左侍郎，巡撫遼東右副都御史馬中錫爲兵部右侍郎。

《國榷》卷四六　乙卯，御馬監奏御孫清鎮守貴州。

己未，大理寺右少卿鄧璋爲右僉都御史，巡撫遼東。

辛酉，旱災，免西安、慶陽及各衛田租。

《昭代典則》卷二四　以先師裔孫孔彦繩爲世翰林五經博士。

《明史》卷一六《武宗紀》　辛酉，禁吏民奢靡。

《國榷》卷四六　甲子，御馬監太監王宏鎮守薊州、永平、山海，召還劉瑯。

《武宗實録》卷一四　乙丑，加贈故都察院右都御史史琳爲太子太保。

《國榷》卷四六　丙寅，閣臣請重修玉牒。從之。

遣給事中、錦衣千户勘田無錫。

丁卯，榮王請之國。有旨俟明夏議之，輔臣再請，不報。

《明史》卷一六《武宗紀》　庚午，諭羣臣修省。

《國榷》卷四六　癸酉，劉健等摘廷臣疏要語録上：一單騎馳驅，輕出宫禁。一頻幸監局。一泛舟海子。一鷹犬彈射，不離左右。一内侍獻飲，亦屑曲納。

《武宗實録》卷一四　泰寧侯陳璇卒。

《國榷》卷四六　甲戌，刑部右侍郎魏富疾去。

丙子，湖廣平溪、清浪、鎮遠、偏橋衛大疫。

〔七月〕己卯，甘肅西路右參將吴鉉調莊浪。

《明通鑑》卷四一　以夏儒爲錦衣衛指揮使，尋進中軍都督府同知。

庚辰，巡撫湖廣右副都御史郝志義爲刑部右侍郎。

辛巳，減光禄寺供奉。

《武宗實録》卷一五　壬午，以孔承泗爲曲阜縣知縣。

《國榷》卷四六　兵部郎中何孟春請崇孔子尊號，詳議從祀。

癸未，監察御史郭東山請罷新設鎮守、分守守備内臣，奪月俸。

命御史覈沿邊及遼東屯田積穀。

《武宗實録》卷一五　陞陝西總制左副都御史楊一清爲右都御史。

《國榷》卷四六　甲申，貴州左布政使湯全爲右副都御史，巡撫湖廣兼贊理軍務。

庚子，廢武定之南甸、石舊二縣，隸和曲、禄勸州。

《武宗實録》卷一五　癸卯，命保國公朱暉充正使，尚書李東陽、謝遷充副使，持節行納吉、納徵、告期禮。

《明紀》卷二三　〔癸卯〕，升昌平縣爲州。

《國榷》卷四六　乙巳，徵户部四十萬金佐婚禮。告匱，不聽。

巡撫江西都御史張本劾免。

丁未，提督操江右僉都御史林俊爲右副都御史，巡撫江西。

〔八月〕壬子，武定土知府鳳英加雲南布政司右參政。

《武宗實録》卷一六　左軍都督府都督僉事顔玉卒。

《國榷》卷四六　甲寅，上好騎射微行，給事中胡煜、楊一漢、張襘皆言之，禮部尚書張昇覆奏，勸勤學遠佞。報聞。

《明紀》卷二四　乙卯，太監崔杲、王瓚督南京織造。

《國榷》卷四六　丁巳，郗夔、張賢、胡玥、劉澤爲給事中。

《明史》卷一六《武宗紀》　戊午，立皇后夏氏。

《武宗實録》卷一六　己未，遣户部侍郎顧佐祭京都太倉之神。遣順天府官祭宋丞相文天祥。

《國榷》卷四六　甲子，徐行慶、歐陽雲、胡節、林茂達、蘇錫、楊南金、陳奎、劉金爲試監察御史。

《明通鑑》卷四一　丙寅，劉健等言視朝太晏。【略】上曰：「知之矣。」

《國榷》卷四六　己巳，刑科右給事中湯禮敬等劾兩廣太監韋經侵帑回京。上不問。

庚午，命右少監鄭廣、監丞王欣往甘肅、寧夏監槍。兵科給事中楊一漢言：「部科不預聞，真僞何辨。」上不聽。

辛未，劉健等力陳時弊。報聞。

《武宗實録》卷一六　癸酉，南京守備太監傅容會同三法司長史審録罪囚。

《國榷》卷四六　丙子，前太子太保吏部尚書王恕疏謝存問，并及時事，【略】皆今日制治保邦之急務也。

九月戊寅，上御經筵。是早，諭免午講，劉健等疏懇，不聽。

癸未，册賢妃沈氏、德妃吴氏。

《武宗實録》卷一七　乙酉，授莆田處士劉閔以儒學訓導。陞翰林院侍讀羅玘爲南京太常寺少卿。

《國榷》卷四六　瀋府沁水王詮鐕薨。謚端懿。

丙戌，監察御史杜旻請慎選儒生，俾都督同知夏儒爲師友。從之。

《武宗實録》卷一七　戊子，陞翰林院修撰石珤爲南京翰林院侍讀學士。

《國榷》卷四六　庚寅，災傷，免鳳陽田租。

《武宗實録》卷一七　壬辰，楚府崇陽王均鐓薨。【略】謚端懿。

《國榷》卷四六　癸巳，南京科道會劾禮部尚書張昇、吏部左侍郎兼學士張元禎、南京工部尚書陳清、侍郎莫贇、大理寺卿韓邦問、太常寺卿呂㦂，俱留任。

丁酉，廣東連州盜越湖廣、廣西劫掠，府江道梗。

戊戌，總制陝西右都御史楊一清言：「防邊莫妥于守，其策有四：修濬邊塹以固邊防，增設衛所以壯邊兵，經理靈夏以安内附，整飭韋州以遏外侵。謹上修邊事宜。」【略】上悉從之。

《武宗實録》卷一七　烏思藏闡教王差禪師族秤伯等貢方物。

《明書》卷一二　罷内官抽運木植。

《國榷》卷四六　初遣太監許鏞、右少監呂憲往浙江権木，以部科執論，寢之。

癸卯，翰林編修謝丕省侍。

《明書》卷一二　五官監侯楊源諫天變修德，杖之，謫死河南。

《國榷》卷四六　十月戊申，濬任縣滏陽河。

壬子，河南左布政使崔巖爲右副都御史，巡撫大同。

《武宗實録》卷一八　乙卯，韓府襄陵王範址薨。【略】謚恭惠。

免遼東定遼左等衛所屯税有差，以水災故也。

《國榷》卷四六　惠、潮盜陳錦等平。

丙辰，增金州、西鄉、石泉、漢陰茶課二萬四千百六十四斤。

《武宗實録》卷一八　刑部會官審録重囚。

《明通鑑》卷四一　丁巳，大學士劉健、謝遷等，户部尚書韓文等，請誅太監劉瑾等，不果。

《明史》卷一六《武宗紀》　戊午，韓文等再請，不聽。以劉瑾掌司禮監，丘聚、谷大用提督東、西廠，張永督十二團營兼神機營，魏彬督三千營，各據要地。劉健、李東陽、謝遷乞去，健、遷是日致仕。

己未，東陽復乞去，不允。

《國榷》卷四六　庚申，李東陽復乞休，【略】不允。

《明書》卷一二　〔壬戌〕，晉焦芳、王鏊入閣辦事。

《國榷》卷四六　乙丑，命焦芳仍署吏部。

御馬監太監劉彝管福建市舶司。

丙寅，水旱，免保定、河間、永平、天津田租。

御馬監太監陳貴鎮守宣府。

《明紀》卷二四 戊辰，停日講。

《明通鑑》卷四一 己巳，大學士焦芳辭吏部印。許之。

《武宗實録》卷一八 庚午，命翰林院侍讀學士吴儼、太常寺少卿兼翰林院侍讀李旻纂玉牒。

《國榷》卷四六 壬申，拓外戚都督同知夏儒賜第。工部乞寢役，不聽。

《明通鑑》卷四一 癸酉，户科給事中劉菃、刑科給事中吕翀，抗疏請留劉健、謝遷。【略】不聽。

《昭代典則》卷二四 〔乙亥〕，改許進爲吏部尚書。

《武宗實録》卷一九 十一月丙子朔，欽天監進正德二年大統曆。

《國榷》卷四六 己卯，太常寺少卿喬宇言：「商湯陵在滎河縣北，嚙于河，請立廟祭。」從之。

辛巳，兵部左侍郎閻仲宇爲尚書。

乙酉，吏部右侍郎梁儲爲左侍郎，少詹事兼翰林學士江瀾爲吏部右侍郎。

許鳳陽守備太監倪文兼轄鳳、廬等府衛軍民。

《武宗實録》卷一九 丙戌，授理刑知縣陳和、華珩爲南京試監察御史。

《國榷》卷四六 東廠太監丘聚言：「松、蘇民輸布三十萬匹，自三月迄今，僅收二萬五千匹，必司庫難之，乞户部限收。」遂定旬日收五萬匹。

丁亥，兵部右侍郎馬中錫爲左侍郎，南京兵部右侍郎韓重爲兵部右侍郎。

辛卯，工部右侍郎兼左僉都御史張憲爲右都御史，仍整理兩浙鹽法。

《明紀》卷二四 升浙江安吉縣爲州。

《國榷》卷四六 南京户部尚書秦民悦致仕。

《武宗實録》卷一九 致仕太子太保南京兵部尚書王軾卒。

《國榷》卷四六 癸巳，提督撫治鄖陽右副都御史孫需爲南京兵部右侍郎。

荆府樊山王見潒薨。謚温懿。

丙申，敕兵部尚書閻仲宇同太監苗逵、英國公張懋等提督團營。

丁酉，南京監察御史長興陸崑等劾太監馬永成、魏彬、傅興、羅祥、谷大用蒙蔽左右，游宴無度，乞盡行屏斥，以絶禍端。不聽。

《武宗實録》卷一九 烏思藏大寶法王遣僧徒【略】來朝。

《國榷》卷四六 己亥，南京右都御史高銓爲南京户部尚書。南京操江右副都御史雍泰辭不赴。

後府都督僉事王銘卒。

《明通鑑》卷四一 癸卯，冬至節，以大喪未畢，免朝賀。

《國榷》卷四六 提督兩廣軍務兼巡撫右都御史熊繡改南京右都御史。

《明史》卷一六《武宗紀》 甲辰，罷韓文。

《國榷》卷四六 十二月乙巳朔，上視郊牲。

戊申，南京户部右侍郎陳金爲右都御史，總督兩廣軍務兼巡撫。

《明通鑑》卷四一 〔辛亥〕，以户部侍郎顧佐代韓文爲本部尚書。

《國榷》卷四六 南京給事中戴銑等、御史薄彦徽、蔣欽等疏留劉健諸臣，劾太監高鳳從子得林冒陞錦衣衛指揮僉事，兼言晏朝、廢學、游宴、驅馳、射獵非體。忤旨，盡逮銑等三十人入京。

《武宗實録》卷二〇 癸丑，恭順侯吴鑑卒。

甲寅，陞南京太僕寺卿王珩爲南京户部右侍郎。

《明紀》卷二四 丁巳，命錦衣衛官點閲給事中。

《國榷》卷四六 戊午，都指揮僉事温和爲右府署都督僉事、總兵，鎮守薊州、永平、山海。

《明通鑑》卷四一 〔庚申〕，晉李東陽少師兼太子太師、吏部尚書、華蓋殿大學士，焦芳太子太保、武英殿大學士，王鏊户部尚書、文淵閣大學士。

《國榷》卷四六 辛酉，户部右侍郎張縉爲左侍郎，光禄寺卿王佐爲户部右侍郎，南京工部右侍郎葉贄改刑部右侍郎，易州山廠工部右侍郎吴洪回部。

《國榷》卷四六 丙寅，雲南按察使張恕爲南京右僉都御史，提督操江。

《明通鑑》卷四一 乙丑，謫兵部主事王守仁爲龍場驛驛丞。

兵部左侍郎馬中錫改南京工部左侍郎。

《明通鑑》卷四一 丁卯，景帝后汪妃薨。

《武宗實録》卷二〇 己巳，賜朝鮮國正德二年大統曆百本。

以鳳陽、淮揚等府旱災，兑運糧米聽改十萬石爲折銀。

《國榷》卷四六 户部郎中郝海、工部員外郎畢昭濬會通河。

庚午，南京光禄寺卿胡諒爲工部右侍郎，理易州山廠。

《武宗實録》卷二〇　辛未，都察院右僉都御史林俊以多病親老，辭免右副都御史巡撫江西之命，并乞致仕。許之。

《國榷》卷四六　癸酉，巡撫延綏右副都御史文貴爲兵部左侍郎。

監察御史陳琳請留劉健、謝遷，救戴銑等，謫揭陽縣丞。

《明史》卷一六《武宗紀》　除曲阜孔氏田賦。

《國榷》卷四六　綏德衛指揮同知藍海爲署都指揮僉事，統練延綏土兵三千人從征。

甲戌，陳察、羅鳳、李鑑、李春芳、吴蘭、何棐、喻文璧、王奎、張璉、任賢爲南京試監察御史。

《明紀》卷二四　掌大理寺尚書楊守隨、左都御史張敷華，並傳旨致仕。

《國榷》卷四六　是年，猺賊掠德慶州之都城，殺巡檢牟智，千户林熙、高謙。

正德二年（丁卯、一五〇七）

《明通鑑》卷四二　春正月乙亥朔，日有食之。是日，不御殿，免文武羣臣朝賀。

《國榷》卷四六　丁丑，内官監太監黄凖侍皇陵兼守備，倪文調南京司禮監太監，御馬監左監丞滿隆守備朔州，召李岑還。

《明紀》卷二四　〔己卯〕，雍王祐樗薨。無子，封除。

《明史》卷一六《武宗紀》　乙酉，大祀天地於南郊。

《國榷》卷四六　行慶成禮。

丁亥，都知監左監丞王忻分守密雲古北口，召韋祥還。

戊子，河南、山東左布政使汪舜民、柴昇，湖廣右布政使曹鳳並爲右副都御史。舜民提督撫治鄖陽，昇巡撫江西，鳳巡撫延綏。

《武宗實録》卷二一　陞吏部郎中張志淳爲太常寺少卿，提督四夷館。

己丑，詔上元節勿禁民間作樂。

《國榷》卷四六　都知監右少監王秩分守開原，召黄廷還；御馬監右少監許威守備山海關，召邢玉還。

辛卯，上不豫。

《武宗實録》卷二一　勑召總制大同、宣府、偏頭關等處右都御史劉宇回院掌印管事。

《國榷》卷四六　甲午，建平伯高窿下獄。毆舍餘王鍾致自經也，論贖復爵。

丁酉，太監黄凖守鳳陽，乞符幟。工部尚書曾鑑等以非鎮帥，得寢。

辛丑，工科右給事中陶諧自請署印，下獄杖戍。

壬寅，户部員外郎李夢陽謫山西布政司經歷，兵部主事王綸謫順德推官。

《武宗實録》卷二一　南京掌前軍都督府事安鄉伯張恂卒。

《明通鑑》卷四二　閏〔正〕月丙午，上始視朝。

《國榷》卷四六　奪故永平大長公主賜第爲酒醋麪局外廠。

丁未，中旨增補守備内臣。

監察御史劉慶、閻睿、趙祐、房瀛、陳鍾、孫迪、劉子厲核邊餉。

《明史》卷一六《武宗紀》　庚戌，杖給事中艾洪、吕翀、劉菃及南京給事中戴銑、御史薄彦徽等二十一人於闕下。

《國榷》卷四六　壬子，工部尚書曾鑑致仕。

工部尚書曾鑑卒。【略】贈太子太保。

癸丑，少詹事兼翰林學士楊廷和爲詹事，專内閣誥敕。

懷柔伯施瓚總兵，鎮守貴州。

己未，秦府保安王誠淥薨，亡子，鎮國將軍誠漖進封保安王。

庚申，工部右侍郎李鐩爲尚書，刑部左侍郎何鑑爲南京兵部尚書，河南左布政使才寬爲右副都御史，巡撫甘肅。

《明紀》卷二四　牟斌善視獄囚，劉瑾惡之，矯旨杖闕下，降百户閒住。

《國榷》卷四六　辛酉，禮部尚書張昇致仕，進太子太保。

癸亥，太子太保刑部尚書閔珪致仕，進少保，給月廩五石，歲役六人。

《明紀》卷二四　〔甲子〕，劉宇爲左都御史。

《國榷》卷四六　刑部右侍郎葉贄爲左侍郎，南京刑部右侍郎王鑑之爲刑部右侍郎。

《明通鑑》卷四二　乙丑，下尚寶卿崔璿、湖廣按察副使姚祥、工部郎中張瑋于獄。

《國榷》卷四六　丁卯，南京吏部尚書李傑改禮部尚書，工部右侍郎吴洪爲左侍郎，總督南京糧儲右副都御史張泰爲工部右侍郎。

《武宗實録》卷二二　戊辰，豐城侯李璽卒。

《國榷》卷四六　己巳，右都御史屠勳爲刑部尚書，巡撫寧夏右僉都御史劉憲爲南京刑部右侍郎。

《武宗實録》卷二二　秦府永興王誠瀾薨。【略】謚曰榮惠。

《國榷》卷四六　庚午，中旨：南京監察御史潘鏜附故閹王岳削籍。

壬申，太僕寺卿儲巏爲右僉都御史，總督南京糧儲。

癸酉，禮部左侍郎王華爲南京吏部尚書。

《武宗實録》卷二二　甲戌，陞都察院右僉都御史張鼐爲右副都御史。

崔璿、姚祥、張瑋【略】發遼東鐵嶺衛永遠充軍。

《國榷》卷四六　工部左侍郎吴洪修京通倉。

總督兩廣右都御史熊繡、總兵官伏羌伯毛鋭，副總兵康泰勦賀縣猺賊，平之。

《武宗實録》卷二三　二月戊寅，命吏部左侍郎梁儲、禮部右侍郎劉機、翰林院學士劉忠充《實録》副總裁。

陞定邊右衛指揮使崔賢爲署都指揮僉事。賢自陳田舍人武舉中式，已授冠帶總旗，今所授乃祖父原職，乞加陞。兵部議許之，遂著爲例。

《國榷》卷四六　己卯，閣臣疏請早朝。報聞。

壬午，禮部申明禮制榜例。

工部左侍郎吴洪修上林苑行殿。

乙酉，大裁内外添設官百十八員。

丙戌，大理寺少卿張鸞爲左僉都御史，通政司右通政陳昻爲太僕寺卿。

丁亥，禮部右侍郎劉機爲左侍郎，國子祭酒張潔爲禮部右侍郎。

《武宗實録》卷二三　命武平伯陳勳總管三千營操練。

《國榷》卷四六　甲午，都指揮僉事仇鉞爲游擊將軍，屯寧夏清水營。

兵部右侍郎韓重、右副都御史張鼒清理貼黄。

中旨召宣府總兵李杲還，副總兵白玉爲總兵，代之。

《武宗實録》卷二三　丁酉，命錦衣衛都指揮僉事魏文禮總督浙江備倭。前軍都督府都督僉事王受卒。

《明史》卷一六《武宗紀》　戊戌，杖御史王良臣於午門，御史王時中荷校於都察院。

《國榷》卷四六　癸卯，鄭王祐柃薨。年三十四，謚曰康。

〔三月〕丁未，吏科給事中吉時謫鶴慶軍民府知事。

己酉，裁管糧、捕盜、勸農等通判四百四十五員。

庚戌，逮巡撫山東右副都御史邵武朱欽，勒致仕。

癸丑，復毛倫署都指揮僉事。

貴州宣慰使安貴榮以安定功進右參政。

《明通鑑》卷四二　丙辰，封后父都督同知夏儒爲慶陽伯。

《國榷》卷四六　許琉球國王尚真歲一貢。

己未，詹事楊廷和、翰林學士劉忠爲南京吏禮部左侍郎。

庚申，命裁文臣贈廕例。

《明通鑑》卷四二　總制三邊右都御史楊一清以疾乞退。許之。

《國榷》卷四六　戚畹錦衣百户沈傳、吴讓爲指揮僉事。

《皇明大政紀》卷一九　〔辛酉〕，南京國子祭酒章懋以病歸。

《武宗實録》卷二四　太監李榮傳旨，召鎮守陝西太監王興回京，調山西鎮守太監王宣代之，而以内官監太監朱秀代宣。

《國榷》卷四六　癸亥，雲南師宗州土民阿本作亂，巡撫右副都御史吴文度征之。

《武宗實録》卷二四　甲子，賜山東登州府關王廟額爲忠義武安王廟。

《明紀》卷二四　〔乙丑〕，枷遼東督糧郎中劉繹於户部。

《國榷》卷四六　丙寅，閣臣請經筵日講。

《明史》卷一六《武宗紀》　辛未，以大學士劉健、謝遷，尚書韓文、楊守隨、張敷華、林瀚五十三人黨比，宣戒羣臣。

是月，敕各鎮守太監預刑名、政事。

《國榷》卷四六　〔四月〕丙子，賜魯府鉅野恭定王陽鎣墓碑曰旌孝。

丁丑，吴世興嗣恭順侯。

禮部右侍郎張潔爲左侍郎，翰林學士白鉞爲禮部右侍郎。

旱災，免貴州田租。

工部尚書李鐩預製鼇山燈。

《武宗實録》卷二五　庚辰，琉球【略】來朝。

《國榷》卷四六　癸未，喬岱、魏彦昭、宇文鍾、陳鼒、趙應龍、李伸、方德懋、劉溥、孟醇、王注、陳伯安、原軒、李紀、儲珊、王鼒、楊邦禎、宋璉爲試監察御史。

丁亥，兵部尚書閻仲宇致仕，進太子太保。

《武宗實録》卷二五　己丑，賜寧王宸濠音樂院色長秦榮等四人冠帶。

《國榷》卷四六　庚寅，禮部主事陸坦罪免。

辛卯，刑部左侍郎葉贊致仕。

《武宗實録》卷二五　甲午，以都察院左都御史劉宇爲兵部尚書。

《國榷》卷四六　許守備懷安都知監左監丞王景和兼管順聖川。

《武宗實録》卷二五　丙申，以刑部右侍郎王鑑之爲左侍郎，巡撫河南右副都御史陶琰爲刑部右侍郎。

《國榷》卷四六　丁酉，命陝西巡茶御史兼理馬政，從總制楊一清議也。

己亥，前太子太傅吏部尚書屠滽爲左都御史。

《武宗實録》卷二五　壬寅，命兵部尚書劉宇兼督團營訓練。

《明通鑑》卷四二　壬子，杖監察御史馮允中于午門。

《國榷》卷四六　〔五月〕甲辰，總督漕運兼巡撫鳳陽右副都御史洪鍾滿三考，加右都御史。

己酉，朝鮮國王李㦕，以疾無子，求弟晉城君懌署國事。從之。

《國榷》卷四六　癸丑，中旨：都知監左監丞梁瑤管浙江市舶司，還張和南京，守備山海關太監趙剛改分守。

定河南各王府墳價。

《明史》卷一六《武宗紀》　戊午，度僧道四萬人。

《明通鑑》卷四二　逮順天府丞周璽于獄。

《國榷》卷四六　辛酉，中旨令兵部主事謝迪致仕，謫兵部員外郎李昆解州知州，御史陳伯安南充知縣。

癸亥，宣府副總兵都指揮僉事白玉，以援虜臺嶺功，進署都督同知。

甲子，南京吏部左侍郎楊廷和爲南京户部尚書，南京禮部左侍郎劉忠爲尚書，總督漕運右都御史洪鍾改南京右都御史。

《武宗實録》卷二六　運太僕寺馬價銀三萬兩於宣府。

乙丑，陞通政司右通政盧亨爲南京太常寺卿。

丙寅，以處置兩淮等處鹽法右副都御史王瓊總理漕運。

《國榷》卷四六　浙江左布政使林符致仕，進右副都御史。

《明史》卷一六《武宗紀》　己巳，復寧王宸濠護衛。

《武宗實録》卷二六　改撫治鄖陽等處右副都御史汪舜民爲南京都察院左副都御史。

《國榷》卷四六　順天府尹余俊爲南京工部右侍郎。

庚午，兵部尚書劉宇請内外諸司會選將才。從之。

壬申，工部郎中劉汝靖憂居侵官地，下錦衣獄，杖三十，削籍。

《明紀》卷二四　六月甲戌，孝宗祔太廟。

《國榷》卷四六　丙子，虜入寧夏鎮北等堡。

《明史》卷一六《武宗紀》　罷修邊垣，輸其費於京師。

戊寅，謫刑部主事李璋興國州判官，許承芳棗陽知縣。

《國榷》卷四六　庚辰，中旨：都知監右少監韋祥分守陽和，召侯富還。

《武宗實録》卷二七　癸未，以取回巡撫保定等府兼提督紫荆等關都察院右僉都御史韓福總督蘇、松等處糧儲。

戊子，右軍都督府管府事武定侯郭良卒。

《國榷》卷四六　辛卯，復戚畹邵英錦衣帶俸指揮使，〔邵〕喜百户。

丙申，舒晟、張羽、冼光、洪範、吴祺、羅縉、嚴紘、田塀、仇惠、王璠、謝琛、馮顯林、李瓊、李雲、賀泰爲試監察御史。

中旨：御馬監太監何名分守大同右衛，宋斌改左衛守備，召蔡恩還。

《武宗實録》卷二七　丁酉，修《歷代通鑑纂要》成。

辛丑，黜監察御史高胤光爲民。

《國榷》卷四六　七月癸卯，示内閣《通鑑纂要》訛字，奪禮部左侍郎劉機、學士劉春、太常少卿費宏、侍讀徐穆、編修王瓚等俸。太僕少卿季通，禮部郎中胡清，大理左右寺副何澤、劉學，右評事李理，中書舍人王珙、劉訊，鴻臚寺序班周令、林應禧、錢禄、張天保，勒致仕。中書舍人沈世隆、吴瑶，鴻臚主簿〔童〕〔董〕

漢，序班郭晟、沈秀、康世鳳、朱昇、何珍、張祚、張崑，貢士華淳，監生張元澄、邵文恩、汪惇、王瓚、高崙、張桓、許魯、黃清、汪克章，並削籍。時李東陽等核訛字，惟沈世隆、吴瑶、張桓、華淳、邵文恩，而并黜其餘，則瑾之專也。

巡視居庸關監察御史王渙失報唐家嶺之盜，下鎮撫司，杖之，削籍。

甲辰，巡撫湖廣右副都御史湯全致仕。

乙巳，以兵部右侍郎韓重爲南京工部尚書。

丁未，致仕禮部司務孫聰改兵部，贊書大同。

戊申，遣司禮左監丞張淮、户部左侍郎張縉、左僉都御史張鸞、錦衣衛都指揮僉事楊玉覆勘豐潤魏家店莊田。

《武宗實録》卷二八　己酉，以巡撫陝西右副都御史曹元爲兵部右侍郎。

《國榷》卷四六　癸丑，巡撫江西右副都御史柴昇改陝西，巡撫四川右僉都御史劉纓改湖廣。

左春坊左諭德兼翰林侍讀傅珪、侍讀顧清主試應天。

乙卯，祀宋朱熹於台州。

己未，命山東修理曹子廟。

《武宗實録》卷二八　丙辰，命添送宣府年例銀五萬兩，更開中兩淮長蘆鹽共二十萬引，以守臣奏虜勢方熾故也。

《國榷》卷四六　壬戌，中旨遣御用太監甄瑾奉湖廣太和山。

癸亥，前南京協同守備武靖伯趙承慶卒。

《明通鑑》卷四二　乙丑，謫翰林院編修謝丕爲民。

戊辰，以災免河南、開封等府，睢陽等衛，山西大同府並大同衛夏税。

《武宗實録》卷二八　命發太僕寺馬價銀三萬兩於大同，補買戰馬。免山西清源等縣民三千名戍威遠，止令人出銀一兩二錢以助買馬。

庚午，整理鹽法右都御史張憲請勑福建清軍御史兼管所屬鹽課歲終奏報，并令巡海副使帶理巡鹽聽鹽法御史提督。從之。

《國榷》卷四六　辛未，揚州白塔河成。

《武宗實録》卷二八　復開白塔河及江口、大橋、潘家、通江四閘。

《國榷》卷四六　八月壬申朔，黃河清。

癸酉，南京右都御史洪鍾爲南京刑部尚書。

乙亥，鎮守浙江太監劉璟以詔市果禽，乞贐費。從之。于是採邏四出，東南騷動。

戊寅，後府都督僉事戴廣卒。

己卯，右副都御史張鼐爲南京右都御史。

庚辰，翰林學士劉春、侍讀吴儼主試順天。

安遠侯柳文總兵，鎮守兩廣。

《明書》卷一二　辛巳，興王世子厚熜生，是爲世宗皇帝。

《武宗實録》卷二九　癸未，陞都察院左僉都御史張鸞爲右副都御史。

《國榷》卷四六　甲申，中旨起復楊瑢光禄寺卿，署鴻臚寺事。

《明通鑑》卷四二　〔丙戌〕，以《通鑑纂要》成，晉焦芳少傅兼太子太傅、謹身殿大學士，王鏊少傅兼太子太傅、武英殿大學士。東陽僅加俸一級，吏部尚書許進、兵部尚書劉宇俱太子少保。

《明史》卷一六　作豹房。

《明書》卷一二　丁亥，内旨召楊廷和入辦内閣事。

《武宗實録》卷二九　以旱災，減免南京錦衣等四十二衛屯糧三之一。

《國榷》卷四六　戊子，中旨：太子太傅伏羌伯毛鋭鎮守淮安兼漕運總兵，召郭鋐還。

《武宗實録》卷二九　己丑，命都察院右副都御史張鸞清理軍職貼黄。

《國榷》卷四六　辛卯，總督蘇、松糧儲右僉都御史韓福還院。

壬辰，陝西巡按御史李高、兵備副使張天衢、蘭州知州姜閎，並戍肅州。

《武宗實録》卷二九　丙申，勑錦衣都指揮同知高得林掌本衛印，并提督官校辦事。

己亥，陞四川左布政使羅鑒爲都察院右副都御史，總督蘇、松諸郡糧儲。

《國榷》卷四六　九月辛丑朔，錦衣衛指揮使朱成、藁城人王增，各獻地爲皇莊。從之。凡獻地多非己業，上不之察，往往致訟。

錦衣衛指揮同知于永爲都指揮同知，佐衛事。

癸卯，兵部尚書劉宇進太子太傅。

《武宗實録》卷三〇　乙巳，陞翰林院編修王瓚爲侍講。

陞江西左布政使戈瑄爲南京都察院右副都御史。

《國榷》卷四六　丙午，巡按浙江監察御史楊滋以海寧、嘉善等税課局課少，併之。

四川威茂州南村曲山等寨，自弘治四年叛，至是來歸，乞爲白人納賦。夷俗白爲善黑爲惡也。

丁未，中旨革贊畫機務等官，例監止冠帶榮身，毋乞陞。

戊申，嚴自宫之禁。時閹人驟貴，愚民競自宫，至一村數百人，禁之不爲止。

《武宗實録》卷三〇　庚戌，陞户部右侍郎王佐爲左侍郎，總督漕運右副都御史王瓊爲户部右侍郎。

《國榷》卷四六　癸丑，中旨，御馬監太監鄧玉鎮守甘肅，召楊定還。

甲寅，順天府尹李瀚爲右副都御史，總督漕運。

《明通鑑》卷四二　［乙卯］，江西提學副使蔡清乞致仕。許之。

《國榷》卷四六　賜秦府西安税鈔。

丁巳，巡撫甘肅右副都御史才寬報明水湖之捷，斬虜四十餘級。

《武宗實録》卷三〇　庚申，太監李榮傳旨，印綬監左少監張温提督正陽九門，巡城點軍。

三法司會同府部諸大臣及科道官於承天門外審録重囚。

十月甲戌，大同游擊將軍署都指揮僉事馬昂爲署都指揮同知。

庚午，前湖廣總兵都督僉事歐磐卒。

《國榷》卷四六　丁卯，晉府庶人鍾鍑仍爲陽曲王。

中都副留守梅純仍爲孝陵衛指揮使。

丙子，禮部左侍郎劉機爲禮部尚書。

《武宗實録》卷三一　南京吏部右侍郎黄珣爲本部尚書。吏部左侍郎梁儲爲吏部尚書兼翰林院學士，專掌誥勑，仍國史副總裁。

修河南鈞州城，改調陳州衛後千户所爲鈞州守禦千户所，以防盜警。

《國榷》卷四六　丁丑，大理寺左少卿汪宗器終養，加光禄寺卿。

辛巳，吏部右侍郎江瀾爲左侍郎，禮部右侍郎白鉞改吏部，太常寺少卿兼翰林侍讀費宏爲禮部右侍郎，太常寺卿攝國子監事李旻爲南京吏部右侍郎。

寧王宸濠請録已孝行付史館。從之。

《明史》卷一六《武宗紀》　甲申，逮各邊巡撫都御史及管糧郎中下獄。

《國榷》卷四六　乙酉，大理寺左寺丞費鎧引疾。勒致仕。

《皇明大政紀》卷一九　丙戌，以南京户部尚書楊廷和爲户部尚書兼文淵閣大學士，入閣辦事。

《國榷》卷四六　國子司業周玉爲祭酒。

戊子，太常寺丞趙繼宗爲少卿。

《明通鑑》卷四二　己丑，免山東濟南等府七十州縣夏税。

《國榷》卷四六　辛卯，户部左侍郎王佐、大理寺右少卿王鼎、錦衣衛指揮僉事周賢，以勘魏國公徐俌無錫莊田盡還俌，而巡撫右副都御史艾璞、巡按御史曾大有等，以扶同下鎮撫司獄。尋杖璞五十，徙其家海南。

甲午，後府右都督毛倫爲征虜前將軍、總兵，鎮守遼東。錦衣衛都指揮僉事劉祥爲署都督僉事、總兵，鎮守薊州。

《武宗實録》卷三一　乙未，翰林院侍讀朱希周病愈復任。

《國榷》卷四六　丙申，寧夏餉匱，增兩淮鹽引十萬、兩浙七萬、長蘆三萬。

戊戌，翰林編修魯鐸爲國子司業。

初，武城中衛軍餘鄭旺女入宫，弘治末，旺陰結内使劉山求自通，山言：「周太后宫鄭金蓮即若女，爲東宫所從出。」孝廟聞而磔山于市，旺論死，尋赦免。至是仍煽浮言，有王璽者利之，潛入東安門，云國母鄭氏幽若干年，欲面奏。東廠執以聞，窮治，寘極典。

《武宗實録》卷三二　十一月庚子朔，欽天監進正德三年大統曆。

《國榷》卷四六　辛丑，大學士焦芳乞先人祭葬。予之。

《武宗實録》卷三二　癸卯，改陝西道監察御史許讚爲翰林院編修。

《國榷》卷四六　甲辰，守備劉家口左監丞高永求兼分守燕河營。特許之。

乙巳，英廟貞妃王氏薨。年八十一，謚榮靖。

《武宗實録》卷三二　革監察御史金洪、刑部員外郎趙廉職，令都御史張泰致仕，奪御史邢纓、都指揮費梁俸各三月，御史季春候有京秩員缺用之。

《國榷》卷四六　己酉，擇孔氏二人官學録，主尼山、洙泗二書院。

辛亥，四川道監察御史鄭陽劾徽王莊田忤瑾，下獄，謫旌德主簿。

壬子，大理寺右少卿藍章爲左僉都御史，巡撫寧夏。

乙卯，改都察院右副都御史張鸞爲大理寺卿。

《明通鑑》卷四二　丙辰，授三氏學生員孔聞禮爲翰林院《五經》博士，主子思祀事。

《國榷》卷四六　丁巳，前大理左少卿劉獻爲左僉都御史，巡撫遼東。

《武宗實録》卷三二　浙江嚴州府知府季春爲大理寺右少卿。

《國榷》卷四六　己未，京師武弁二萬三千九百八人，秋俸三十九萬四千七百十三石，折九萬八千六百七十八金有奇。冗食始極。

吉王見浚乞湘潭商税。不許。

《明通鑑》卷四二　辛酉，詔宥田州土官岑猛。

《武宗實録》卷三二　壬戌，召巡撫延綏右副都御史曹鳳莅院事。

《國榷》卷四六　南京江西道監察御史郭泱憂去，合符不謹，謫豐城知縣。

癸亥，文華殿辦事光禄寺卿張駿爲禮部尚書。【略】以改録《通鑑纂要》成也。

丁卯，安仁伯王濬卒。

己巳，山西左布政使杜忠爲右副都御史，巡撫延綏。

《武宗實録》卷三三　十二月庚午朔，上親視郊牲。

《國榷》卷四六　密雲右參將吴玉爲署都督僉事、總兵，鎮守薊州、永平、山海；萬全右衛左參將孫成爲副總兵，分守遼陽。

《武宗實録》卷三三　壬申，以水災，減免遼東定遼左等二十衛所屯糧有差。

《國榷》卷四六　甲戌，巡撫寧夏左僉都御史藍章乞肩輿涉嶺，詔責其自便，謫撫州通判。陝西按察使曲鋭爲左僉都御史，巡撫寧夏。

巡撫直隸監察御史趙斌清宣大地八千九百餘頃。

《武宗實録》卷三三　丙子，命守備山海關署都指揮僉事楊恭充右參將，鎮守密雲、古北口等處地方。

《國榷》卷四六　壬午，諭旌寧王宸濠孝行。

乙酉，巡撫宣府右副都御史劉璟爲刑部右侍郎。

《武宗實録》卷三三　除山西布政司參議呂鏜名，仍杖三十。

《國榷》卷四六　西安左衛指揮僉事楊宏爲署都指揮僉事，守備固原。

《武宗實録》卷三三　免直隸揚州等府并徐州淮大等衛所今年分糧草子粒有差，以水旱災故也。

《國榷》卷四六　庚寅，寧夏大沙井驛草燬十四萬三千束，詔逮前巡撫右僉都御史劉憲，下鎮撫司，責償。

鎮守甘肅太監鄧玉徵還，南京閒住；以都知監太監楊定鎮甘肅。

辛卯，錦衣衛都指揮同知于永致仕。

《明史》卷一六《武宗紀》　壬辰，開浙江、福建、四川銀礦。

《國榷》卷四六　吏科給事中張瓚往四川，刑科給事中林文迪往宣府，覈餉。

甲午，大同左副總兵温恭爲征西前將軍，署都督僉事、總兵，鎮守大同。

《皇明大政紀》卷一九　〔乙未〕，改劉忠爲南京吏部尚書。

陸吏部左侍郎江瀾爲南京禮部尚書。

《國榷》卷四六　張坤嗣安鄉伯。

《武宗實録》卷三三　丁酉，罷鎮守甘肅總兵官劉勝本鎮閒住，以寧夏副總兵衛勇代之。

正德三年（戊辰、一五〇八）

《武宗實録》卷三四　〔正月〕癸卯，武進伯朱瀻卒。【略】子本嗣爵。

《明史》卷一六《武宗紀》　丁未，大祀天地於南郊。

《明紀》卷二四　辛亥，大計外吏。中旨〔吴〕儼致仕，〔楊〕南金爲民。

《武宗實録》卷三四　甲寅，命大同遊擊將軍馬昂充大同左副總兵，分守獨石、馬營；左參將楊英充寧夏副總兵。

丁巳，命以陝西茶馬二百三十四匹給固原衛。

《國榷》卷四七　戊午，刑部左侍郎王鑑之爲南京右都御史。

《皇明資治通紀》卷二三　〔己未〕，以王瓊爲吏部右侍郎。

《國榷》卷四七　庚申，兵部上武舉條格。

前南京工部尚書侯瓚卒。

《武宗實録》卷三四　詔度神樂觀道士一百名。

《國榷》卷四七　癸亥，釋户部左侍郎王儼獄，仍致仕。

甲子，巡撫雲南右副都御史吴文度爲户部右侍郎，南京大理寺卿韓邦問爲刑部左侍郎。

《明紀》卷二四　〔丙寅〕，致仕南京尚書胡拱辰卒。贈太子少傅，謚莊懿。

《國榷》卷四七　戊辰，湖廣左布政使顧源爲右副都御史，巡撫雲南。

《明紀》卷二四　二月己巳朔，令京官告假違限及病滿一年者，皆斥爲民。

《國榷》卷四七　辛未，兵科給事中王廷相宅憂不赴部領符，謫亳州判官。

壬申，大名知府石禄加山東右參政。

癸酉，河南左布政使張子麟爲右副都御史，巡撫湖廣。

《皇明資治通紀》卷二三　〔甲戌〕，會試天下舉人，命少傅大學士王鏊、梁儲爲考試官。

《皇明大政紀》卷一九　〔戊寅〕，養病南京國子祭酒章懋準致仕。

《明通鑑》卷四二　〔丙子〕，刑部尚書屠勛乞致仕。許之，加太子太保。

〔辛巳〕，召王鑑之爲刑部尚書。

《武宗實録》卷三五　甲申，陞户部左侍郎王佐爲南京户部尚書。

《國榷》卷四七　閉浙江温、處銀礦，令布政司別項歲輸二萬金。

《武宗實録》卷三五　乙酉，令南京刑部員外郎劉演致仕。

《國榷》卷四七　前巡撫大同都御史周南、督糧户部郎中孫禄，以儲腐，下錦衣衛獄。

《武宗實録》卷三五　丙戌，陞工部右侍郎張泰爲南京都察院右都御史。

《國榷》卷四七　戊子，右僉都御史韓福爲户部左侍郎。

故甘肅副總兵、都指揮同知魯麟贈右府都督僉事，特予祭葬。

《武宗實録》卷三五　壬辰，命會試正榜取三百五十人。

《國榷》卷四七　南京工部右侍郎俞俊改工部右侍郎。

癸巳，提督膳黄通政司右通政張綸爲右僉都御史。

安南國王黎誼來貢。

丙申，南京右僉都御史張恕爲南京工部右侍郎。

伊府儀賓龐進輔請採盧氏、永寧、宜陽、嵩縣銀礦。户部持不可。上命監司同進輔覈之。

《武宗實録》卷三五　丁酉，致仕南京刑部主事陳言有罪，謫戍邊衛。

《國榷》卷四七　三月庚子，中書舍人陰盈起復，進士陳璋、陳定之引疾，俱違限。盈謫晉州判官，璋、定之勒致仕。

《明通鑑》卷四二　〔辛丑〕，召前南京右副都御史雍泰，仍起原職，提督操江。

《國榷》卷四七　壬寅，修會稽孝女曹娥廟，從巡按御史楊滋之請。

乙巳，楚府縉雲王榮淋薨。謚懷僖。

《武宗實録》卷三六　己酉，改服闋南京刑部尚書周經爲禮部尚書，太子太保如故，仍命移文取之。

《國榷》卷四七　庚戌，贈劉榮後府都督同知。

《武宗實録》卷三六　辛亥，命故清平伯吴琮庶長男傑襲爵。

《國榷》卷四七　諭吏部：嚴斥貪吏，旌廉能。

壬子，策貢士邵鋭等三百四十九人于奉天殿。

歸安南使臣阮詮等之喪。時卒于龍州。

《明史》卷一六《武宗紀》　乙卯，賜吕柟等進士及第、出身有差。

《國榷》卷四七　乙卯，太監劉瑾請歲遣科道覈各邊芻粟馬匹。許之。

丙辰，兵部左侍郎文貴兼左副都御史，提督宣、大、延、綏軍務。

戊午，械致巡撫遼東都御史張鼐、馬中錫、鄧璋，分守參政冒政，參議方矩，管糧郎中劉繹、王藎，知州趙瑾、章英于遼，巡撫大同都御史周南、管糧郎中孫禄于大同，各追宿儲畢，仍赴鎮撫司以聞。

《武宗實録》卷三六　壬戌，增鄉試解額。

《國榷》卷四七　癸亥，進士吕柟授翰林修撰，景暘、戴大賓編修，二甲、三甲首焦黄中、胡纘宗俱檢討。

祀宋臣陳瓚、陳文龍于興化。

甲子，户部左侍郎兼左副都御史韓福整理湖廣糧儲，請開納。從之。

《武宗實録》卷三六　丙寅，命故武定侯郭良子勛襲父爵。

《武宗實録》卷三七　〔四月〕己巳，降大僕寺少卿公勉仁爲都轉運鹽使司同知，福建布政司左參政熊達爲夔州府知府，監察御史李壐爲鄧州判官。

《國榷》卷四七　甲戌，議令鎮巡官覈士馬，行開納事例，罷年例銀。

《武宗實録》卷三七　甘肅鎮巡等官太監鄧玉等請開鹽茶以濟邊餉。不允。

《國榷》卷四七　乙亥，右副都御史曹鳳赴官緩，勒致仕。

開鬻武爵贖罪、諸生入監、度僧道例。

丙子，賜大同總兵、署都督僉事温恭蟒衣一襲。初，勛臣出鎮間賜蟒，其後邊帥夤乞，不勝其濫。

《皇明大政紀》卷一九　〔丁丑〕，南京國子監司業羅欽順除名。

《國榷》卷四七　逮總制陝西(右)〔左副〕都御史楊一清、布政司督糧右參政李思明、安惟學，以給事中安奎、御史張彧覈邊儲虧耗也。

戊寅，太監韋霦覈餉兩廣，括庫金輸京師。蓋瑾欲搜遺利，外餉多詘矣。

《皇明大政紀》卷一九　〔己卯〕，致仕吏部尚書王恕卒于家。贈左柱國太師，謚端毅。

《國榷》卷四七　辛巳，巡撫陝西監察御史張彧清寧夏屯地，增四千四百餘頃。遷户部主事，治屯。

《武宗實録》卷三七　癸未，陞應天府府尹沈鋭爲南京刑部右侍郎。

《國榷》卷四七　甲申，南京右副都御史戈瑄改北院。

《武宗實録》卷三七　令武進伯朱瀯子本襲父爵。

《明通鑑》卷四二　己丑，逮致仕工部尚書楊守隨下獄。

《國榷》卷四七　庚寅，修貴溪上清宫。

《明書》卷一二　〔辛卯〕，始開武舉，宴於中府。

《國榷》卷四七　壬辰，四川左布政使李善爲南京右副都御史。

癸巳，吏部推鳳翔同知翟敬爲四川按察僉事。切責其私。

《武宗實録》卷三七　遷湯王廟於湯原里廟。

甲午，守備龍門所等處都知監右少監孟山請改守備爲分守。許之。

乙未，增造御樂庫房。

《國榷》卷四七　賜慶府安化王寘鐇母妃楊氏坊名貞節，并與之勅。

丙申，寧王宸濠乞追奬先德。命諭祭其先王。

五月戊戌朔，寧王宸濠求入謝。禮部議不許。

庚子，刑部主事宋冕下獄，謫金谿知縣。

《明通鑑》卷四二　壬寅，下吏科給事中安奎、御史張彧于錦衣衛獄。

《國榷》卷四七　庚戌，伊王諟鈳薨。年五十四，謚曰定。

辛亥，吏部左侍郎王瓊調南京。瑾薄其謝也。

蜀王賓瀚薨。謚曰昭。

壬子，户部右侍郎吳文度爲左侍郎，太常寺卿劉璣爲户部右侍郎。

《武宗實録》卷三八　癸丑，裁革雲南寧州流官。

《國榷》卷四七　乙卯，進知州譚綬、秦志、雷爵，通判謝汝暘、晁必登爲府同知，知縣張元春等爲知州。

《武宗實録》卷三八　丁巳，陞巡撫陝西都察院右副都御史柴昇爲吏部右侍郎，太常寺少卿張忠淳爲本寺卿，仍提督四夷館。

壬戌，陞山東按察司副使李遜學爲太常寺少卿，提督四夷館。

改巡撫甘肅等處右副都御史才寬巡撫陝西。

《國榷》卷四七　甲子，中旨：御用監太監郭通鎮守金齒、騰衝。

《武宗實録》卷三八　命平江伯陳熊充總兵官，提督漕運兼鎮守淮陽地方。

乙丑，兵部尚書劉宇言：「左侍郎文貴以防邊適宣府，右侍郎曹元以治船適通州，軍機之煩，尚書難以獨任，請暫增侍郎一員分理。」從之。

《國榷》卷四七　丙寅，太監劉瑾奏弘治十五年至正德三年各邊年例若干，遣科道分覈。從之，并覈折色鈔布鹽各項共五百十三萬四千五百七十金有奇。

《明通鑑》卷四二　六月丁卯朔，工科都給事中許天錫暴卒。

《國榷》卷四七　庚午，兵部右侍郎曹元爲左侍郎，南京大理寺卿劉纓爲右侍郎。

《武宗實録》卷三九　辛未，陞監察御史呂潔爲山東按察司副使，提調學校。

癸酉，太常寺少卿兼翰林院侍讀靳貴起復，令復原任。

《國榷》卷四七　械給事中安奎、監察御史張彧。

太僕寺少卿劉聰督理京營及宣府、居庸、密雲、古北口、永平、山海等馬政。

戊寅，刑部(右)〔左〕侍郎韓邦問滿六年考，進尚書致仕。

《武宗實録》卷三九　己卯，陞雲南左布政使熊禄爲南京光禄寺卿。

《國榷》卷四七　故都督同知李文仍贈高陽伯。

《武宗實録》卷三九　庚辰，故豐城侯李璽無子，令其庶長兄旻襲爵。

《國榷》卷四七　南京刑部右侍郎劉憲卒于獄。【略】聞者寃之。

《武宗實録》卷三九　勒養病都御史周季麟，江西按察司副使何琛、陳恪，福建鹽運司同知錢承德，紹興府知府劉麟爲民。降監察御史姚壽鄧州判官，李璽爲邊方驛丞。

癸未，陞巡撫陝西都察院右副御史才寬爲刑部左侍郎。

《明通鑑》卷四二　西廠太監谷大用遣邏卒四出，刺南康縣民吳登顯三家于端午競渡，擅造龍舟，捕之，籍其家。

〔丙戌〕，鎮守河南太監廖堂，擅保奏司、府、州、縣官員，且擬陞調某職，吏部多所覆從。吏科給事中何紹正論駁，上是之，切責堂，令自陳；所奏官員令巡按官察實以聞。論者謂近日惟此一舉尚近法耳。

《國榷》卷四七　戊子，山西巡撫右副都御史徐節削籍，罰粟三百石輸大同。

《明紀》卷二四　〔己丑〕，致仕左都御史張敷華卒。

《國榷》卷四七　庚寅，巡撫大同右副都御史崔巖改陜西。

土魯番速檀滿速兒入貢。

《明史》卷一六《武宗紀》　壬辰，得匿名文書於御道，跪羣臣奉天門外詰之，下三百餘人於錦衣衛獄，尋釋之。

《國榷》卷四七　癸巳，購各番善馬。

甲午，大學士李東陽等請緩刑。【略】上大是之。

乙未，通政司右通政熊偉爲左僉都御史，巡撫大同，贊理軍務。

丙申，始授孔彦邃洙泗書院學録，彦章尼山書院學録。

《武宗實録》卷四〇　七月己亥，以行人郁侃、何沾，學録林偉、汪景芳，助教周譔、張祐，學正夏廷芝，知縣劉經、朱儼、曹岐、薛鳳鳴、王綸、賀鋭、雷宗、平世用、楊鳳、馬溥然，推官范嵩、尹綸、李錫俱爲試監察御史。

《國榷》卷四七　總督兩廣陳金上柳慶之捷。【略】進金左都御史。

《武宗實録》卷四〇　庚子，令起復廣東按察司僉事方良永致仕。

《國榷》卷四七　己酉，孔、顔、孟三氏學定粟六人。

《武宗實録》卷四〇　庚戌，詔許武靖伯趙承慶之子弘澤襲伯爵。

辛亥，烏思藏【略】貢馬及佛像等物。

《明史》卷一六《武宗紀》　壬子，命天下選樂工送京師。

《明書》卷一二　戊午，榮王之國常德。

《武宗實録》卷四〇　詔裁革山東、福建管海并南直隸管屯兵備副使。

《皇明大政紀》卷一九　〔己未〕，以雍泰爲南京户部尚書。

《武宗實録》卷四〇　庚申，禮部奏刊正德三年殿試録。上命一甲吕柟等三名，二甲第一名焦黄中，三甲第一名胡纘宗並録所對策。

《國榷》卷四七　劉瑾矯旨遣科道各一人核兩淮鹽引。

辛酉，賜慶雲侯周壽豐潤田八百七十頃。

《武宗實録》卷四〇　發太僕寺馬價銀三萬兩給大同買馬，仍以寄養馬二千匹給之。延綏遊、奇、義三項客兵時方調大同策應，亦給馬九百六十四匹。

乙丑，陞河南左布政使朱恩爲南京都察院右副都御史，提督操江。

《國榷》卷四七　户部言天下軍衛有司預備倉缺額。命侍郎韓福及撫按核先後官吏追償。

翰林院庶吉士孫紹先服闋，仍入院肄業。

始遣監察御史巡屯。

八月丙寅朔，録宣、大禦虜功。

戊辰，命司禮左少監張淮、給事中張雲、御史王注、户部郎中董鋭核内庫。

浙江巡鹽監察御史王潤督課遲緩，下錦衣獄，杖三十，削籍。著爲令。

《武宗實録》卷四一　己巳，陞都察院左僉都御史劉瓛爲右副都御史。

給總督蘇松等處糧儲關防。

《皇明大政紀》卷一九　〔癸酉〕，吏部尚書許進致仕。

《國榷》卷四七　丙子，翰林學士張芮謫鎮江同知，御史湯沐謫武義知縣。

《武宗實録》卷四一　己卯，改太子太傅兵部尚書劉宇爲吏部尚書。

《明史》卷一六《武宗紀》　辛巳，立内廠，劉瑾領之。

《皇明大政紀》卷一九　〔壬午〕，大學士楊廷和進少保兼太子太保。

《國榷》卷四七　癸未，甘肅總兵都指揮僉事衛勇爲右府署都督僉事。

戊子，兵部左侍郎曹元爲兵部尚書，刑部左侍郎才寬改兵部左侍郎，户部右侍郎林泮爲南京户部尚書。

《武宗實録》卷四一　罰致仕山東按察司副使李惟聰米五百石輸大同；罷遼東遊擊將軍金輔於本衛帶俸差操，仍罰米五百石。

《國榷》卷四七　刑部郎中陳録、陸楝、員外郎徐朴下都察院獄。

《武宗實録》卷四一　己丑，陞翰林院編脩沈燾爲本院侍講。

《國榷》卷四七　罰前户部尚書韓文粟千石輸大同，侍郎張縉半之，輸宣府。

癸巳，户部尚書顧佐致仕，給廩役。

甲午，巡撫延綏右副都御史杜忠致仕。

伊王姊貞丘郡主適儀賓蔡昇，昇卒，首觸壁死。詔旌其貞烈，樹坊。

乙未，光禄寺卿孫交爲户部右侍郎，提督倉場。大理寺卿張鸞爲刑部右侍郎，巡撫甘肅右副都御史畢亨爲南京工部右侍郎。

《武宗實録》卷四一　哈密【略】來朝，貢駝、馬。

《武宗實録》卷四二　九月戊戌，命兵部尚書曹元同太監張永、英國公張懋提督團營操練。

《國榷》卷四七　庚子，災傷，免鳳陽、淮安、揚、廬、徐、和夏税。

《武宗實録》卷四二　壬寅，陞禮部左侍郎掌太常寺事田景賢爲禮部尚書，仍掌寺事。户部右侍郎劉璣爲本部尚書，都察院右僉都御史張綸爲大理寺卿。

烏思藏【略】進貢朝賀。

《明史》卷一六《武宗紀》　癸卯，削致仕尚書雍泰、馬文升、許進、劉大夏籍。

《國榷》卷四七　廣東(口)〔左〕布政使劉孟爲右副都御史，巡撫延綏等處。

《武宗實録》卷四二　丁未，陞通政使韓鼎爲户部右侍郎，吏部郎中張綵爲都察院左僉都御史。越二日，鼎以陛謝失儀，令致仕。

《國榷》卷四七　戊申，致仕南京刑部尚書樊瑩，前右都御史高銓及南京刑部尚書洪鍾，郎中邢珣、張賁、余貴，員外郎余祐，左評事何正，俱削籍。

《明通鑑》卷四二　庚戌，劉瑾責令前後諸官罰米者皆定限完報。

《國榷》卷四七　壬子，漕運右副都御史張縉【略】削籍。

《武宗實録》卷四二　癸丑，加兵部尚書曹元太子少保。

太子太保禮部尚書周經以老乞致仕。上慰留，不允。

《國榷》卷四七　荆州知府王綬自陳捕盗功，進一級，賜飛魚服。

甲寅，致仕南京右副都御史陳壽以延綏虧餉，宜償菽麥二千三百五十三石、布千五百十四匹。訴貧乏，免之。

《武宗實録》卷四二　乙卯，陞太僕寺卿陳昺爲户部右侍郎。

《國榷》卷四七　丙辰，給寧王宸濠南昌河泊所。

戊午，錦衣衛指揮僉事谷大亮等二十人乞往兩廣勦寇自效。

辛酉，逮前太子太保兵部尚書劉大夏、南京刑部尚書潘蕃、伏羌伯毛鋭下獄。

《武宗實録》卷四二　癸亥，延綏、慶陽等處大水爲災，命鎮巡等官賑濟。

《明紀》卷二四　振南京饑。

《國榷》卷四七　甲子，令宗禄按季支給，罪先期者。

十月丁卯，遣給事中、御史十人覈各邊芻粟馬匹，仍令邏卒密察。

辛未，徵整理湖廣糧儲户部左侍郎韓福。

《明史》卷一六《武宗紀》　南京工部侍郎畢亨振湖廣、河南饑。

《武宗實録》卷四三　癸酉，以地方災傷，停南京各項工程。

甲戌，命彭城伯張信子欽襲爵。

《國榷》卷四七　丙子，太子太保禮部尚書周經乞休，并令南京户部尚書林泮致仕，給廩役，泮視經之半。

《武宗實録》卷四三　命給事中何紹正、盧綸、李陽春、吴玉棨、薛金、胡洪、張賢、林文迪等查盤大同、宣府、遼東、甘肅等處糧草，并點視馬匹；其貴州地方糧草但令巡按御史兼理之。

《國榷》卷四七　夷人兀弩骨赤等二十一人來降。

《武宗實録》卷四三　己卯，以吏部左侍郎白鉞爲禮部尚書。

《國榷》卷四七　左都御史陳金改南京户部尚書。

《明通鑑》卷四二　陞南京右都御史張泰爲南京户部尚書，尋勒致仕。

壬午，刑部會多官審録重囚。

《國榷》卷四七　甲申，韓府通渭王偕涖薨。謚恭裕。

丙戌，户部左侍郎吴文度爲南京右都御史，左僉都御史張綵爲吏部左侍郎。通政使王敞爲兵部右侍郎，仍署通政司事。右副都御史劉洪爲右都御史，總督兩廣軍務兼理巡撫。

《武宗實録》卷四三　輸太倉銀十五萬兩于宣府，十萬兩于大同，以償商價。

《國榷》卷四七　丁亥，婺源朱爌以朱熹十代孫，求復其家。許之。

庚寅，兵科都給事中趙鐸等劾宣府太監陳貴、總兵白玉、右僉都御史鄧璋市恩將士，冒功賞；紀功御史郭東山不開被創實跡。上是之，璋、玉奪俸，下東山錦衣獄，廷杖削籍。

辛卯，整理兩浙鹽法兼右都御史張憲回院。

壬辰，盛鵬、寧溥、張瓛、張繢、酈約、高嶼、顧英、危行、張芹、李緯、王九峰、汪賜、江萬貫、杜昌、章槩、潘鋭、周奎並爲試監察御史。

《武宗實録》卷四四　十一月乙未朔，欽天監進正德四年大統曆。

《國榷》卷四七　應天賑濟侍郎王瓊兼賑廬、鳳、淮、揚。

丙申，謫禮科給事中曹大顯浙江布政司照磨，貴州道監察御史劉金桃源縣丞。

俱核餉忤逆瑾，下獄，杖二十。

《武宗實録》卷四四　丁酉，命隆平侯張祐從弟禄襲爵。

《國榷》卷四七　庚子，吏科給事中何紹正，户科給事中盧綸頒曆導駕失儀，被糾，各下獄，杖二十，謫紹正海州判官。

《明通鑑》卷四二　辛丑，給事中白思誠、御史儲珊等，復參劾遼東倉庫自弘治十五年至正德三年前後各任挪移虧折之數，遂及都御史王宗彝、陳瑶、張鼐、馬中錫、韓重，原任兵部尚書馬文升，侍郎熊繡，原任户部尚書侶鍾、顧佐、韓文，侍郎王儼、李孟暘、王佐、張縉及郎中、給事中、御史等凡數十人。除病故者勿追，餘俱各罰米輸邊，自一千石以下有差，其中所罰有至再至三者。

《國榷》卷四七　癸卯，撒馬兒罕國王沙亦乩等入貢。

《武宗實録》卷四四　致仕南京户部尚書鄭紀卒。

哈密【略】貢駝、馬。

《國榷》卷四七　甲辰，順天府尹胡汝礪爲户部左侍郎。

《武宗實録》卷四四　丁未，暫免鳳、廬、淮、揚四府，滁、和、徐三州正德二年以前積欠馬匹，以地方災傷重大故也。

《昭代典則》卷二四　〔己酉〕，禮部侍郎掌國子祭酒謝鐸致仕。

《國榷》卷四七　丙辰，兵科給事中周鑰使淮安還，自刎舟中。

《武宗實録》卷四四　戊午，陞翰林院編修吴一鵬爲本院侍講。

《明通鑑》卷四二　工部尚書李燧致仕。

《國榷》卷四七　己未，福建按察副使張罍誣搆泉州同知于茂贓罪，且戍，茂訴，得釋，罍論死。

辛酉，南京右都御史吴文度爲户部尚書，并南京户部右侍郎王珩致仕。

保國公朱暉被劾，辭營務。

《明紀》卷二四　〔癸亥〕，前南京尚書樊瑩卒。

《武宗實録》卷四五　十二月甲子朔，上視郊祀牲。

《國榷》卷四七　丙寅，南京刑部尚書洪鍾改工部尚書。

《武宗實録》卷四五　右都御史張憲爲南京都察院右都御史，掌院事。

詔免鳳陽八衛官軍京運一年，以地方災重故也。

《國榷》卷四七　己巳，巡撫宣府右僉都御史鄧璋爲南京户部右侍郎。

庚午，工部左侍郎吴洪爲南京刑部尚書。

《武宗實録》卷四五　命惠安伯張偉提督團營并總管三千營操練。

《國榷》卷四七　太保長寧伯周彧卒。

辛未，毁南京户部鹽引銅版，改隸户部。

壬申，刑部右侍郎李士實、右副都御史陳璧、户部右侍郎何鈞俱引疾年餘，勒致仕。

停各省物料，俟年豐輸工部。

癸酉，江西按察使陸完爲右僉都御史，巡撫宣府。

旱災，免應天、太平、寧國、安慶、徽、池、歸德田租有差。

丁丑，山西左布政使賈錠爲右副都御史，巡撫陝西。

己卯，江西災，量免田租有差。

陝西巡茶御史翟唐報陝西苑馬寺長樂、靈武二監、開城等七苑馬萬三千八百二十六匹。詔給宣、大各八百匹。

壬午，許開(宗)〔中〕靈州鹽課備餉。

左府帶俸都督僉事支玉卒。

《明紀》卷二四　〔癸未〕，罷昌平州，復爲縣。

《國榷》卷四七　戊子，以災傷，停徵兩京、河南、山東馬匹草租。

《武宗實録》卷四五　己丑，湖廣守臣奏：「下荆南、上湖南、湖北三道地方險遠，宜令分巡官各携家駐其地，二歲一更。」從之。

《國榷》卷四七　嚴皇城紅鋪巡警之禁。

秦府郃陽王秉欓薨。嗣爵册使尚未至，賜祭葬如禮，謚安僖。

《武宗實録》卷四五　庚寅，陞提督南京糧儲都察院左僉都御史儲巏爲户部右侍郎，總督漕運都察院右副都御史李瀚爲左副都御史，掌院事。

《國榷》卷四七　壬辰，災傷，罷修京城。

正德四年（己巳、一五〇九）

《國榷》卷四七　〔正月〕辛丑，廣西左布政使王綸爲右副都御史，巡撫湖廣，贊理軍務。時推南京光禄寺卿熊禄，令致仕。

湖廣左布政使邵寶爲右副都御史，總督漕運。

《武宗實録》卷四六　壬寅，兵部言：「羽林右衛百户吴禎弟祥廢疾不堪承襲，濟陽衛千户邵真妻賈氏、南京府軍後衛百户孟景祥妻劉氏俱夫死無子，請如例月給優養米，祥三石，賈氏、劉氏二石。」詔三石者月給二石，二石者一石，著爲令。

《國榷》卷四七　甲辰，劉瑾以陝西興平馬嵬鎮立義勇武安王廟，賜額忠義。瑾又作玄明宫于朝陽門外，費鉅萬。

《明史》卷一六《武宗紀》　丙午，大祀天地於南郊。

《明通鑑》卷四三　丁未，工科給事中吴儀覈寧夏、固原等處倉場粃爛虧折之數，劾歷任巡撫都御史徐廷璋、賈俊、王珣、冒政、孫需、楊一清等十六人，【略】又以馬價鹽課劾巡撫寧夏僉都御史劉憲、巡撫陝西右副都御史楊一清及苑馬寺卿、僉事、知府、同知及管屯衛官十餘人，皆入罰米例。

《明書》卷一二　〔己酉〕，憲宗廢后吴氏薨。劉瑾欲焚之，廷臣力争，命葬之。

《國榷》卷四七　癸丑，刑部尚書王鑑之致仕，給廪役。

乙卯，南京吏部右侍郎王瓊改南京户部右侍郎，令南京通政司右通政程文致仕。

丙辰，工部尚書洪鍾改刑部尚書，兵部左侍郎才寛爲工部尚書。

晉府義寧王表槐薨。謚僖裕。

己未，户部左侍郎胡汝礪改兵部左侍郎。

《武宗實録》卷四六　庚申，查盤南北直隷及浙江諸省錢糧。

《國榷》卷四七　賑丹陽、金壇饑民。

復連山縣舊治。

監察御史歐陽雲、工科給事中吴儀削籍。雲、儀使陝回，例賂瑾，適瑾矯名不受，以貪黜之。

《武宗實録》卷四六　辛酉，哈密【略】貢駝、馬。

《明紀》卷二四　籍前都御史錢鉞家，妻子皆謫配。

《武宗實録》卷四七　二月丁卯，授行人曹倣、涂敬，知縣許鳳，進士張璿、顔正、張縉、李元、俞躅、童寛、胡(止)〔正〕試監察御史。

《國榷》卷四七　戊辰，申飭武學舊例。

己巳，琉球中山王尚真入貢。

壬申，太傅慶雲侯周壽卒。【略】年六十八。贈宣國公，謚恭和。

《武宗實録》卷四七　戊寅，詔各邊諸凡修理墩臺不許於各處糧價内支用，其防護人馬果出百里外者乃照例折與價銀，勿令重復冒支，從户部奏也。

《國榷》卷四七　停南京征科，罷工役。

《武宗實録》卷四七　辛巳，陞應天府府尹黄寶爲都察院右副都御史，巡撫陝西等處，仍令乘傳至京領勑。

太監劉瑾傳旨：錦衣衛指揮僉事劉璋同楊玉辦事。

《國榷》卷四七　甲申，許南京、湖廣、河南、陝西、浙江贖罪粟一石准收雜糧一石五斗，賑饑。

《明史》卷一六《武宗紀》　丙戌，削劉健、謝遷籍。

《國榷》卷四七　戊子，勒山西右布政使姜洪致仕。

《武宗實録》卷四七　兵部言：「軍官子弟比試，不中式者凡七十一人，内劉珍等二人因馬蹶而墜，其情可憫，宜如例收選；彭鎮等不准襲替；張本等宜褫其職，發回原衛充軍，俟三年再比，若仍不中，發煙瘴衛分永充軍役，别取户下相應襲替者俟試中用之。」得旨：如擬，仍著爲令。

《國榷》卷四七　左府都督同知莊鑑卒。

《武宗實録》卷四七　己丑，申嚴休退官員留京師之禁。

《國榷》卷四七　南京禮部尚書江瀾卒。

《武宗實録》卷四七　庚寅，命長寧伯周彧子瑭襲爵。

《國榷》卷四七　辛卯，大理寺右少卿顔頤壽清理延綏屯田。

魯府鄒平王陽鑄薨。謚恭懿。

有旨：保母恩三世而止，著爲令。

三月癸巳朔，禮科左給事中薛金、監察御史宋璉核大同邊費。

甲午，免南京錦衣等衛屯租。

《武宗實録》卷四八　乙未，陞廣西布政司左參議林璿爲湖廣左參政。

《國榷》卷四七　罷廣東市舶司太監熊宣回南京，内官監太監畢真代之。

壬寅，裁廣西太平府通判、知事、檢校。

《明通鑑》卷四三　甲辰，是日，上御經筵。

《明史》卷一六《武宗紀》　振浙江饑。

《國榷》卷四七　丁未，河南布政司左參政徐以貞爲右僉都御史，巡撫延綏。

《武宗實録》卷四八　戊申，順天、保定、河間、永平等府所屬州縣并密雲等衛水旱災，免糧草子粒有差，所司造册稽遲者各罰米五十石輸居庸關。

勑禮部通查各王府樂女所生子女及禁與僧道刺麻往來。於是禮部因言各王府玉牒不載生母所自，考究無〔由〕，乞自今許鎮巡與輔導官查係樂女及非良家女所生不分已未請名授封選婚俱造册送部，係庶生者俱候鎮巡移文再行宗人府驗同玉牒方爲覆請名封，著爲令。從之。

《明史》卷二四　己酉，吏部侍郎張綵請不時考察京官。從之。

《國榷》卷四七　吏科給事中邵和核鹽課，論奏諸司有遺，謫曹州判官。

旌魯府鉅野恭定王陽鏊妃孔氏孝行。

丁巳，鎮守浙江太監劉璟以巡按監察御史史鑑瓜期，願更留一年。不允。

戊午，宣府屢失事，責提督左侍郎文貴後效。

《武宗實録》卷四八　庚申，兵部奏：「會州衛千户馮鐸違母教令，例革爲民，宜別取其家應襲者授以職。」得旨：鐸不孝敗倫，難循常格處之，其謫戍廣西南丹衛，其家不得復襲，著爲令。

《國榷》卷四七　四月癸亥，遼府湘陰王恩諶薨。謚恭簡。

甲子，江西按察使陸完試右僉都御史，巡撫宣府。

《明通鑑》卷四三　〔乙丑〕，命工部尚書才寬兼左都御史，總制延綏、寧夏、甘肅等處軍務。

《國榷》卷四七　兵部左侍郎兼左副都御史文貴總制大同、宣府軍務。

丙寅，禮部左侍郎陸濬爲南京禮部尚書，南京吏部右侍郎李旻代濬。明日，復改旻南京〔吏部〕左侍郎。

《明通鑑》卷四三　起山西按察副使王鴻儒爲國子祭酒。

《武宗實録》卷四九　辛未，陞禮部右侍郎費宏爲本部左侍郎，太常寺少卿兼翰林院侍讀靳貴爲右侍郎。

《國榷》卷四七　〔癸酉〕，逮上高人戴克明，戍前禮部左侍郎黄景肅州。

甲戌，免鎮守大同太監侯能，以虜入殺掠，并責總制文貴。

《明史》卷一六《武宗紀》　乙亥，王鏊致仕。

《國榷》卷四七　己卯，給事中李淳、監察御史仇惠核延綏、寧夏歲費，罰右都御史楊一清、僉事尚繻、慶府長史劉養浩、梁溥粟各二百石，致仕户部尚書顧佐、侶鍾、韓文、郎中徐錠〔鍵〕、石昭各半之。

辛巳，許翰林編修李時歸省。

大徵樂工入京。

《明通鑑》卷四三　壬午，《孝宗敬皇帝實録》成，大學士李東陽等表上之。

《武宗實録》卷四九　運户部銀十五萬兩于陝西固靖等處，以充軍餉；仍免織造及坐派物料，守臣以災爲請故也。

丙戌，令被虜走回男子審無父母妻室并不知鄉貫者聽編入軍伍調用殺賊，有家業者仍聽寧家，先發寧家而願入伍者聽，來降虜人則仍炤例安置。

丁亥，暫添分管環慶地方按察司副使一員。

己丑，命户部發銀五萬兩于陝西、寧夏等處，以實邊儲。

《國榷》卷四七　暫停鑄錢。

《武宗實録》卷五〇　五月壬辰朔，巡撫大同都察院左僉都御史熊偉以考察自陳乞休。許之。時文貴以兵部侍郎兼副都御史總制邊務，遂陞貴爲右都御史，巡撫其地，而罷總制勿設。

《國榷》卷四七　戊戌，命吏部擬纂修《實録》官陞職等第，且謂先年劉健等修會典糜費，革其陞職，仍令李東陽等覆定。

《武宗實録》卷五〇　壬寅，授獻縣知縣趙宗、武邑縣知縣成文、定海知縣錢如京、蠡縣知縣張叔安、南樂知縣賀洪，進士朱志榮、魏境、林近龍、張俅、王佩、周朝佐、周期雍、詹惠、李邦用、毛鳳爲試監察御史。

《國榷》卷四七　癸卯，南京右副都御史李善爲南京刑部右侍郎。

甲辰，陝西左布政使夏昂爲南京太僕寺卿，罷浙江右布政使李贊。

《武宗實録》卷五〇　降監察御史喬恕爲邳州判官。

《明通鑑》卷四三　〔丙午〕，以《實録》成，進焦芳少師兼太子太師、華蓋殿大學士。東陽加正一品俸而已。

《武宗實録》卷五〇　梁儲以纂修《實録》成，陞吏部尚書。

《國榷》卷四七　提督操江右副都御史朱恩爲南京吏部右侍郎。巡撫宣府試都察院右僉都御史陸完改提督操江。山東右布政使馬炳然爲左僉都御史，巡撫宣府。

丁未，瀋府靈川王詮鉌薨。謚榮懿。

《武宗實録》卷五〇　庚戌，陞江西右布政使林廷選于浙江，浙江右布政使安惟學于陝西，俱左布政使。遂附批：「調翰林院編修董玘爲外任。」

《國榷》卷四七　辛亥，南京太常寺少卿羅玘爲寺卿，附陞李貢爲右副都御史，巡撫遼東，勒劉璣致仕。故事撫臣廷推，今中旨，何也。

癸丑，琉球中山王尚真來貢。

甲寅，罷廣西布政司右參政楊茂元。

乙卯，安南國王黎誼來貢。

《明通鑑》卷四三　丁巳，逮山東巡按御史胡節下獄。

《武宗實録》卷五〇　戊午，陞巡撫寧夏都察院左僉都御史曲鋭爲南京禮部右侍郎。

《國榷》卷四七　六月辛酉朔，改曲鋭右副都御史，仍巡撫寧夏；湖廣左布政使王綸爲南京禮部右侍郎。

《明通鑑》卷四三　甲子，免蘇、松、常、鎮四府被災税糧。

《武宗實録》卷五一　丙寅，命凡郡王校尉止給至二十名。

《國榷》卷四七　丁卯，工部左侍郎俞俊爲南京工部尚書，右侍郎崔巖代俊。

《武宗實録》卷五一　南京右侍郎畢亨代〔崔〕巖。

詔在京操練工作官軍月糧每石折銀四錢伍分，各監局等衙門匠役并在外隆慶衛等處官軍每石折銀四錢，歲折支二月，永爲例。以户部奏連歲災傷故也。

《國榷》卷四七　戊辰，增陝西分巡僉事二，并令分巡官各攜家，無離所部。

定西侯蔣驥卒。居官二十餘年，家無餘資，其鎮湖廣，瑾索賄勿應。

《武宗實録》卷五一　庚午，陞太常寺卿張志淳爲南京工部右侍郎。

《明紀》卷二四　樂平賊汪澄二作亂，執知縣汪和。

《國榷》卷四七　壬申，遼府應山和僖王恩鐳亡子，從子寵波求襲，命嗣輔國將軍，著爲令。

《武宗實録》卷五一　甲戌，命凡調衛官俱永遠帶俸差操，著爲例。

《皇明大政紀》卷一九　〔庚辰〕，以石珤爲南京國子祭酒。

《武宗實録》卷五一　辛巳，陝西山丹衛千户馬政因斷理屯地，笞軍餘張成致死，都察院奏律應贖杖爲民，追銀給成爲埋葬費。得旨：納贖畢發戍邊衛，仍追給埋葬銀。著爲令。

《國榷》卷四七　壬午，罷候補兵備僉事李晟。

癸未，奪近年布政司管糧官敕。

丙戌，罷總督蘇松等糧儲都御史羅鑒，不設，事歸御史。

《武宗實録》卷五一　丁亥，詔罰尚書樊瑩、彭韶、侶鍾，侍郎王克復、劉璟米五百石；尚書何鑑，侍郎魏紳，都御史艾璞，御史饒榶，右布政劉琬，同知湯毓各七百石。

《國榷》卷四七　巡撫寧夏右副都御史曲鋭失事免。

《明史》卷一六《武宗紀》　戊子，吏部尚書劉宇兼文淵閣大學士，預機務。

《昭代典則》卷二四　〔庚寅〕，陞吏部左侍郎張綵爲吏部尚書。

《武宗實録》卷五一　改巡撫宣府左僉都御史馬炳然巡撫寧夏，以按察使楊綸爲左僉都御史代之。

《國榷》卷四七　七月辛卯朔，前府署都督僉事李璵充副總兵，分守遼陽。

甲午，襄城伯李鄘卒。

《武宗實録》卷五二　丙申，陞吏部右侍郎柴昇爲左侍郎，改户部右侍郎孫交爲吏部右侍郎。

《國榷》卷四七　丁酉，右春坊右諭德豐熙署南京翰林院事。

《武宗實録》卷五二　南京户部尚書張泰卒。

《明通鑑》卷四三　戊戌，劉瑾復矯旨遣御史喬岱等往覈兩浙鹽課，追論歷次巡鹽御史及運司官陪償商課，【略】皆令輸京師内承運庫。

《明紀》卷二四　〔壬寅〕，劉瑾患盜賊日甚，建議設四鎮捕盜御史，寧杲於真定、廣平，柳尚義順天、保定，薛鳳鳴江北，藩鋭江南。四人皆無行，而杲、鳳鳴尤甚。

《國榷》卷四七　乙巳，令朝士毋攜疾還里。

《武宗實録》卷五二　詔行洪武、永樂、宣德、弘治通寶等錢。

戊申，命武定侯郭勛後軍都督府僉書管事。

《國榷》卷四七　前文華殿禮部尚書張駿卒。

《明紀》卷二四　〔庚戌〕，四川賊劉烈等轉掠漢中。

《國榷》卷四七　前南京工部尚書李孟暘卒。

《武宗實録》卷五二　乙卯，命鎮守遼東左都督毛倫充總兵官鎮守湖廣；以分守遼陽署都督僉事李璵充總兵官，代倫鎮守遼東。

《國榷》卷四七　丁巳，中旨：刑部右侍郎劉璟爲左侍郎，提督南京糧儲右副都御史張子麟代璟，太僕寺卿屈直代子麟。

《明紀》卷二四　八月辛酉，遣使覈各邊屯田。

《國榷》卷四七　壬戌，處士沈周卒。

癸亥，鎮守陝西署都督僉事曹雄進都督同知、總兵，給鎮西將軍印。

甲子，劉瑾偵報，江西新建主簿孫環廉能宜擢。

丁卯，巡撫大同右都御史文貴劾免。

《武宗實録》卷五三　戊辰，改定翰林院官制額爲二十四員。

《國榷》卷四七　己巳，懷寧侯孫應爵提督上林工程。

甲戌，南京禮部右侍郎王綸爲左副都御史，巡撫大同。

乙亥，旱災，免同州、朝邑等田租。

戊寅，應天府尹常麟爲南京禮部右侍郎。

壬午，南京大理寺卿胡富爲南京户部右侍郎。

《武宗實録》卷五三　甲申，陞江西左布政使周宏爲應天府府尹。

《國榷》卷四七　丙戌，浙江左布政使林廷選爲南京大理寺卿。

九月己亥，左副都御史韓福免。

乙巳，湖廣布政司右參政張翼爲右僉都御史，巡撫甘肅。

孔承夏爲曲阜知縣。

《明通鑑》卷四三　丙午，六科、十三道給事中、御史等奏：「兩廣、江西、湖廣、四川、陝西等處，自本年正月以來，盜賊縱横，大肆焚掠。其餘未經奏聞者，若薊州大壩等處，被害頗多，請敕所在鎮、巡三司、地方軍、衛等官，隨宜勦撫。」詔下所司行文各省，勘酌行之。

《武宗實録》卷五四　己酉，陞翰林院侍講學士毛紀爲學士，左春坊左中允傅珪爲侍講學士。

《國榷》卷四七　貴州總兵懷柔伯施瓚，廣西副總兵張勇，俱劾免。

辛亥，後府都督同知郭鋐卒。

甲寅，南和伯方壽祥總兵，鎮守貴州；永順伯薛勛南京操江；署都督僉事張文淵副總兵，鎮守廣西。

《武宗實録》卷五四　丙辰，陞户部右侍郎儲巏爲本部左侍郎，光禄寺卿喬宇爲户部右侍郎。

《國榷》卷四七　丁巳，吏部推劉遜廣東瓊州兵備副使。不許。

《武宗實録》卷五四　己未，陞大理寺左少卿楊潭爲光禄寺卿。

《國榷》卷四七　提督四夷館太常寺少卿李遜學兼翰林侍講。

〔閏九月〕辛酉，前府署都督同知馬澄總兵，鎮守薊州。

壬戌，察罷雲南僉事劉用中、曲靖知府林劼、普安知州朱易。

癸亥，巡撫大同都御史熊偉、鎮守太監侯能，以馬耗劾免。

《武宗實録》卷五五　推官謝國表、高公韶、王堯封，知縣王鏜，進士朱冠、楊淳、袁宗儒俱爲試監察御史。

《國榷》卷四七　徐盈、胡訓、李鼒、毛汝乾、賈連、王崧、楊璵爲南京試監察御史。

《武宗實録》卷五五　遷文思院於安仁廠隙地。

《國榷》卷四七　乙丑，以旱災，免延安夏税萬一千六百四十餘石。

己巳，特命翰林官撰貴溪上清宫碑。

庚午，核錦衣衛本末，議存留。

丁丑，劉瑾奏鹽法：一免徵天下户口食鹽銀鈔，一巡鹽御史親掣，一禁私販夾帶，一裁虚引。詔從之，獨户口食鹽如故。

《武宗實録》卷五五　戊寅，達賊入大同團山墩。

辛(酉)〔巳〕，刑部會官審録重囚。

《國榷》卷四七　癸未，大同副總兵都指揮同知馬昂爲署都督僉事、靖北副將軍、總兵官，鎮守延綏。

丁亥，吏部尚書兼左都御史屠滽致仕。

署都督僉事楊敬爲參將，都指揮同知許泰爲游擊將軍，率五千人備虜薊州。

《明紀》卷二四　〔是月〕，小王子犯延綏，圍吴江於隴州城。

《武宗實録》卷五六　冬十月己丑朔，巡撫寧夏都御史徐以貞遣婿報捷，爲給事中李憲等所劾，下錦衣衛鞫問，黜以貞爲民。

改南京户部尚書陳金爲都察院左都御史。

《國榷》卷四七　癸巳，山西按察使黄珂爲右僉都御史，巡撫延綏。

英國公張懋辭團營，仍提督五軍營。

《武宗實録》卷五六　甲午，改南京禮部尚書張(粲)〔澯〕爲南京户部尚書。

《國榷》卷四七　丁酉，順天府丞楊孟瑛仍杭州知府。

《武宗實録》卷五六　戊戌，陞南京兵部右侍郎孫需爲南京禮部尚書。

《國榷》卷四七　懷寧侯孫應爵兼提督團營。

壬寅，增宣府游擊將軍白春。

《武宗實録》卷五六　癸卯，陞先任順天府府尹呂獻爲南京兵部右侍郎。

命伏羌伯毛鋭充總兵官，提督漕運。

《明通鑑》卷四三　山東督漕運官奏黄河北徙，恐奪漕運，疏陳修築事宜。

《國榷》卷四七　甲辰，吏部復議藩戚不任京職之例。

《武宗實録》卷五六　丁未，陞分守涼州右副總兵都指揮僉事姜漢爲署都督僉事，充總兵官，鎮守寧夏。

戊申，陞南京太僕寺卿夏昂爲右副都御史，總督南京糧儲。

《國榷》卷四七　魯府高密王當淯薨。謚康穆。

庚戌，南京光禄寺卿李堂爲南京左僉都御史，提督操江。

辛亥，祠漢丞相諸葛亮于雲南，歲祭。從太監崔安之請。

甲寅，水災，量折漕粟，蘇州二十五萬石，松江二十萬石，常州五萬石。

《武宗實録》卷五六　乙卯，令巡撫遼東右副都御史李貢致仕，而陞應天府府丞王彦奇爲右僉都御史代之。

《國榷》卷四七　右府武平伯陳勳卒。

十一月己未朔，至日，朝賀。改望日進曆。

《武宗實録》卷五七　庚申，以起復山東按察使王雲鳳爲國子監祭酒。

《國榷》卷四七　壬戌，公、侯、伯、都督俱試内府教場。

嚴鳳陽皇陵盜木之禁。

《明通鑑》卷四三　甲子，寇入花馬池，總制尚書才寬率兵禦之，頗有斬獲。敵伏兵沙窩，寬乘勝深入，中流矢卒。

《國榷》卷四七　乙丑，葺故兵馬副指揮關敏廟。

《明書》卷一二　以義子朱鐸等爲錦衣官。

《國榷》卷四七　丙寅，逮前大同巡撫右僉都御史熊偉、户部郎中王翀，下鎮撫司。以召商納芻粟虧額。

《武宗實録》卷五七　丁卯，勅加吏部尚書張綵、刑部尚書洪鍾俱太子少保。

癸酉，欽天監進正德五年大統曆。

《國榷》卷四七　乙亥，太僕寺少卿于瑄、刑部主事方位削籍，刑部郎中孫徽謫外。

《武宗實録》卷五七　丙子，土魯番并撒馬兒罕番王頭目速壇滿速兒等來貢馬、駝。

戊寅，命原任户部郎中劉繹爲監察御史，整理兩淮鹽法。

《國榷》卷四七　復廣東茂名縣儒學。成化間兵燹，并入高州。

甲申，安南國王黎誼寵臣阮种幽其主黎誼，弑之。

《武宗實録》卷五七　乙酉，以刑部尚書洪鍾兼都察院左都御史，蒞院事。

《國榷》卷四七　〔十二月〕庚寅，裁廣西太平府通判。

壬辰，徵陝西總制工部尚書兼左都御史才寬入朝。時警息。

乙未，罷南京禮部尚書孫需。

《武宗實録》卷五八　丁酉，加掌詹事府事吏部尚書兼翰林院學士梁儲太子少保，改南京吏部尚書。

陞刑部左侍郎劉璟爲本部尚書。

《國榷》卷四七　才寬變聞。

《武宗實録》卷五八　戊戌，改南京大理寺卿屈直爲左副都御史，總督漕運。

《明通鑑》卷四三　平江伯陳熊以罪削爵，謫戍海南。

以畢亨爲工部尚書，代才寬也。

《武宗實録》卷五八　南京右都御史張憲爲南京禮部尚書；改總督兩廣右都御史劉洪爲南京右都御史，掌院事；右副都御史戈瑄爲南京大理寺卿。

《國榷》卷四七　勅通政司左通政叢蘭往延綏，大理寺少卿周東往寧夏，尚寶司卿吴世忠往薊鎮，各清理屯田。

《武宗實録》卷五八　癸卯，命故定西侯蔣驥子鏊、襄城伯李鄘子全禮各襲其父爵。

《國榷》卷四七　南京大理寺卿林廷選爲右都御史，總督兩廣兼巡撫廣西。

限鎮守、總兵、分守、監槍、游擊養廉田各十頃，副總兵、守備各半之。

甲辰，南京左僉都御史李堂爲工部右侍郎。

乙巳，起右副都御史林俊巡撫湖廣。陝西左布政使安惟學爲右副都御史，巡撫寧夏。

《武宗實録》卷五八　丁未，陞致仕大理寺卿張泰爲刑部左侍郎。

己酉，陞廣東按察使王哲爲南京右僉都御史，提督操江。右僉都御史陸完爲左僉都御史，仍管院事。

《明史》卷一六《武宗紀》　庚戌，奪劉健、謝遷等六百七十五人誥敕。

《國榷》卷四七　檢累朝王府條例。

辛亥，許巡撫湖廣都御史王綸奪情署事，改林俊巡撫四川。

乙卯，廣西盜流入郴、永。命巡撫湖廣都御史王綸備郴、永，陝西巡撫都御史黄寶備漢中、商洛，四川巡撫都御史林俊備夔州、保寧，湖廣總兵毛倫備荆襄、鄖陽。

丙辰，工部左侍郎崔巖兼右副都御史，治河。

正德五年（庚午、一五一〇）

《武宗實録》卷五九　正月己未，命掌大理寺事工部尚書致仕楊守隨爲民。

癸亥，增湖廣巡按御史一人，以大湖中分南北：湖南三道一人，按常德等六府，柳、靖二州；湖北三道一人，按武昌等八府，安、沔二州。

《國榷》卷四八　乙丑，吏部右侍郎孫交調南京。

《明史》卷一六《武宗紀》　丁卯，大祀天地於南郊。

《國榷》卷四八　己巳，責吏部尚書張綵、左都御史洪鍾等勘合失核，杖禮科給事中于聰、張潤、閔楷、王鑾，河南道御史李賦，餘宥之。

《武宗實録》卷五九　庚午，命南京刑部尚書吴洪、都察院右都御史張憲、大理寺卿胡富致仕，調南京刑部郎中趙永禎、監察御史王輔、大理寺寺正徐元稔於外任，仍各罰米百石。

辛未，命發户部銀十萬兩於陝西，以備軍餉。

丁丑，户部左侍郎儲巏以疾乞休。許之

《明通鑑》卷四三　己卯，劉瑾、焦芳矯旨裁革江西鄉試解額，並仕者不得選除京職，著爲令。

庚辰，籍故尚書兼都御史秦紘家。

《國榷》卷四八　辛巳，兵部查駁各衛官旂。

《武宗實録》卷五九　癸未，陞南京吏部右侍郎朱恩爲南京禮部尚書，南京兵部右侍郎劉纓爲南京刑部尚書。

《國榷》卷四八　丙戌，太僕寺少卿張掄爲右僉都御史，巡撫大同；大理左寺丞楊武爲左僉都御史，巡撫宣府。

覈郡縣課金。

《明通鑑》卷四三　兵科給事中高淓奉使覈滄州地，劾前任都御史及歷年巡按御史以下凡六十一人，皆逮問。

《國榷》卷四八　監察御史劉寓生刷卷貴州，凌忽臺司，相搆。偵校發之，下錦衣獄，械吏部門，削籍。

二月丁亥朔，左副都御史李瀚爲吏部右侍郎，户部右侍郎喬宇爲左侍郎，太常寺卿陳震爲户部右侍郎。

《武宗實録》卷六〇　太常寺少卿兼翰林院侍讀李遜學爲户部右侍郎，提督倉場都察院左僉都御史陸完爲兵部右侍郎，巡撫宣府左僉都御史楊綸爲右副都御史，管院事。

《國榷》卷四八　己丑，日本國王源義澄遣宋素卿入貢。

《武宗實録》卷六〇　庚寅，哈密【略】、撒馬兒罕等【略】、土魯番【略】各來朝貢。

《國榷》卷四八　辛卯，東寧伯焦淇爲征蠻將軍、總兵，鎮守兩廣。

《皇朝大政紀》卷一九　〔癸巳〕，進楊廷和吏部尚書兼武英殿大學士，以太子太保兵部尚書曹元爲吏部尚書兼文淵閣大學士，俱内閣辦事。

〔戊戌〕，以胡汝礪爲兵部尚書，未任卒。

《國榷》卷四八　應天府尹周宏爲南京工部右侍郎。

《昭代典則》卷二四　〔辛丑〕，以劉忠爲吏部尚書兼翰林院學士，掌詹事府事。

《明通鑑》卷四三　兵科給事中屈銓，請頒行劉瑾所定《見行事例》，按六部爲序，編集成書，頒布中外，以昭法守。詔下廷臣議行。

《武宗實録》卷六〇　癸卯，鴻臚寺請開經筵日講。令至三月以聞。

《國榷》卷四八　癸卯，署通政司事兵部左侍郎王敞還部，順天府尹李浩爲通政使。

丁未，山西副總兵都指揮僉事葉椿爲征西前將軍，署都督僉事、總兵官，鎮守大同。

己酉，逮廣東布政司參議吴廷舉下錦衣獄。

《武宗實録》卷六〇　庚戌，詔令後王府喪禮應差大臣者即差本處三司正官，應差行人者差分守官，爲定例。

《國榷》卷四八　延綏右參將戴欽爲副總兵，鎮守山西兼提督代州三關。

三月丙辰朔，兵部尚書胡汝礪卒。

《明書》卷一二　〔戊午〕，降黜各道御史，改各部主事爲之。

《國榷》卷四八　甲子，鎮守湖廣左都督毛倫言：「安陸、襄陽、沔陽洊饑，俱先年侍郎韓福苛徵致之。」詔不問。倫黨瑾，故敢訟福之失，然未盡也。

《明通鑑》卷四三　〔丙寅〕，擢兵部侍郎王敞爲本部尚書，代胡汝礪也。

《國榷》卷四八　毛玉、劉纮、葉溥爲南京給事中，周宣、孫樂、朱纮、陳軾、丁楷、江良貴、王瑶爲試監察御史，賀寬、鄭行、許洪宥爲南京試監察御史。

《武宗實録》卷六一　詔今後僞造印信者，除本犯外，爲人雕刻者全家發邊衛，永遠充軍，財産没官。著爲令。

戊辰，改刑部署郎中等官朱嵩、李衮、蔣曙、劉和、劉文莊、馮時雍、陸鰲、張淮、喻時、塗文祥、于鏊、朱嘉會、徐文華、孫修、張承仁、陸芸、梁材、盛儀、張琮、高壇、張麒、詹源、劉大謨、許諫俱爲監察御史。

《國榷》卷四八　庚午，憲廟敬妃王氏薨。謚恭懿。

《明通鑑》卷四三　辛未，以天時亢旱，風霾累作，遣官祭告禱雨，並省釋獄囚。大學士李東陽等復陳寬恤數事，從之。

《明書》卷一二　災傷，免各處逋税五百萬有奇。

《國榷》卷四八　甲戌，敕勞四川、陝西、江西、湖廣鎮巡官擒盜功。

丙子，巡按湖廣監察御史翟唐奏：「蜀盜劉烈熾甚，僭號設官，守臣蒙蔽。」瑾矯旨切責之。

《武宗實録》卷六一　癸未，烏思藏【略】入貢。

《皇明大政紀》卷一九　［乙酉］，禮部尚書致仕周經卒。贈太保，謚文端。

《國榷》卷四八　南京右僉都御史王哲巡視江西。

《明史》卷一六《武宗紀》　刑部尚書洪鍾總制川、陝、河南、鄖陽軍務兼振卹湖廣。

《明通鑑》卷四三　四月庚寅，録囚。

《明史》卷一六《武宗紀》　安化王寘鐇反，殺巡撫都御史安惟學、總兵官姜漢。

《國榷》卷四八　癸巳，四川流盜入陝西、湖廣。遂增陝西副總兵吴鉉、湖廣副總兵康泰協勦。

乙未，司設太監王與鎮守陝西。

丁酉，免河南逋租。

《明通鑑》卷四三　庚子，封左軍都督府致仕署右都督神英爲涇陽伯。

《國榷》卷四八　辛丑，太僕寺卿王寅爲工部右侍郎，治易州山廠。

乙巳，蔣冕服闋，補右諭德兼侍講。

丙午，起楊一清右都御史，總制陝西、延綏、寧夏、甘、涼軍務，即西征寘鐇。寧夏副總兵都指揮僉事楊英爲右府署都督僉事、總兵，鎮守寧夏；游擊將軍都指揮僉事仇鉞爲副總兵，靈州守備都指揮僉事史鏞爲游擊將軍。

《武宗實録》卷六二　命户部右侍郎陳震兼都察院左僉都御史，暫往陝西、寧夏等處督調軍馬，兼整理料草。

《國榷》卷四八　罷延綏總兵署都督僉事馬昂。

《明通鑑》卷四三　陞協守延綏副總兵侯勛充總兵官，鎮守延綏。

戊申，游擊將軍仇鉞襲執寘鐇，遂平寧夏。

《國榷》卷四八　己酉，削寘鐇屬籍，命涇陽伯神英爲平胡將軍、總兵，同楊一清節制京營，并陝西、寧夏、延綏、甘、涼軍馬討之。

兵部右侍郎陸完爲左侍郎，户部右侍郎陳震改兵部。

賑河間。

徵還丈田官。

《明史》卷一六《武宗紀》　辛亥，詔赦天下。

《明紀》卷二五　太監張永總督寧夏軍務。

《武宗實録》卷六二　永康侯徐溥卒。

《國榷》卷四八　鎮守遼東總兵署都督僉事李璵卒。

《武宗實録》卷六二　甲寅，許巡撫陝西右副都御史黄寶致仕，陞陝西按察司僉事藍章爲都察院右僉都御史，巡撫陝西。

《國榷》卷四八　五月乙卯朔，翰林學士毛紀爲户部右侍郎，仍兼日講。南京太僕寺少卿張鳳爲南京右僉都御史，提督操江。

《明通鑑》卷四三　丙辰，湖廣盜劉惟華、洪景清等掠桂陽，指揮鄧旻禦之。遣千户楊泰先往，未至而遁。旻馳進，力戰死。賊殺指揮翟翱、劉懷。百户朱鏞趨樟橋。百户于江率所部力戰，殺惟華、景清，餘黨并力刺江，死焉。事聞，賜贈卹，並逮楊泰論罪。

《武宗實録》卷六三　丁巳，免山東鹽運賓樂分司今歲鹽課。

《國榷》卷四八　戊午，翰林侍講學士傅珪爲學士。

前巡撫大同左副都御史王綸杖斃二人，逮下獄，削籍。

《武宗實録》卷六三　己未，命都察院右僉都御史魏訥巡撫蘇松等處，專管糧儲。

《國榷》卷四八　辛酉，右春坊右諭德兼翰林院侍講蔣冕爲侍讀學士，侍讀毛澄爲侍講學士。

《武宗實録》卷六三　壬戌，陞遼東署都指揮僉事韓璽爲署都督僉事，掛印充總兵官，鎮守遼東地方。

《國榷》卷四八　己巳，通政司左通政叢蘭清理延綏。蘭言十事，瑾矯旨切責之。

《明通鑑》卷四三　壬申，以寧夏平，召總兵官神英班師還。張永、楊一清仍往寧夏安撫地方，及械送寘鐇于京師。

《武宗實録》卷六三　丁丑，免陝西鎮番衛屯糧四千一百石有奇。

《國榷》卷四八　庚辰，右僉都御史徐以貞巡歷保定兼理屯田。

《明史》卷一六《武宗紀》　癸未，焦芳致仕。

《國榷》卷四八　六月乙酉朔，徐州左衛指揮使時用于山東沿海總督備倭。

《武宗實録》卷六四　罷濬沽河之役。

《國榷》卷四八　己丑，南京工部尚書俞俊致仕。

《明通鑑》卷四三　〔壬辰〕，致仕吏部尚書馬文升卒。【略】年八十五。【略】贈特進光禄大夫、太傅，贈謚端肅。

癸巳，巡撫四川副都御史林俊，奏「劉烈之亂，自眉州逃匿保寧山中，諸不逞者，率假其名四出剽掠」。詔洪鍾自湖廣移師討之。

《國榷》卷四八　甲午，巡鹽監察御史盛鵬報課違限，謫臨洮推官。

《武宗實録》卷六四　賜都督同知劉景祥本身、妻及三代誥命。

《國榷》卷四八　工部左侍郎兼右副都御史崔巖報曹縣外隄潰。切責之。

《武宗實録》卷六四　庚子，添設江西贛州、南安、瑞州，福建汀州、漳州，湖廣鄖陽，陝西漢中，四川保寧、夔州及兩廣各府捕盜通判各一員；江西饒州、廣信，湖廣武昌、岳州、衡州、永州，四川重慶七府亦暫設捕盜通判，俟盜平革之。

發銀二萬兩於延綏，一萬於寧夏買馬。

《國榷》卷四八　辛丑，後府都督同知劉景祥卒，賜葬祭加等。

《武宗實録》卷六四　壬寅，陞南京刑部右侍郎李善爲南京工部尚書。

《國榷》卷四八　甲辰，山西提學副使陳鳳梧言巡按御史擅考生儒。命戒之。

《明史》卷一六《武宗紀》　丙午，劉宇罷。

《國榷》卷四八　辛亥，南京大理寺卿戈瑄爲南京刑部右侍郎，太僕寺卿郭紳爲南京大理寺卿，巡撫遼東右僉都御史王彦奇改南京，進太僕寺少卿王憲爲右副都御史，巡撫遼東。

《武宗實録》卷六四　添設陝西延、寧二鎮巡按御史一員，兼理靈州大小鹽池并臨鞏鹽課。

《明書》卷一二　惠、潮賊平。

《明通鑑》卷四三　秋七月丁巳，降副使寧杲爲山西參議。

《國榷》卷四八　己未，前南京工部尚書俞俊卒。

《武宗實録》卷六五　庚申，加魏國公徐俌、成國公朱輔太子太傅。

《國榷》卷四八　壬戌，楚王均鈋薨。年六十一，謚曰靖。

癸亥，前南京工部尚書韓重卒。

《武宗實録》卷六五　甲子，賜勑獎勵兵部右侍郎兼都察院左僉都御史陳震，令回京。

乙丑，命翰林院侍讀學士蔣冕、侍讀朱希周爲應天府考試官。

丁卯，兵部奏申明襲替事例。

《國榷》卷四八　戊辰，宋景、張景暘、曹雷、徐讚爲監察御史。

故征西將軍寧夏總兵都督僉事姜漢予葬祭。

己巳，湖廣兵討(柳)〔郴〕、永流盜，破之。

《明通鑑》卷四三　壬申，總制川陝、湖廣等處洪鍾，平湖廣沔陽州之賊。

《國榷》卷四八　甲戌，歸養監察御史晉江陳茂烈貧甚，改晉江教諭，資禄養母，俟母終起用。

《武宗實録》卷六五　丙子，故武平伯陳勳無子，弟熹乞襲祖爵，許之。

《國榷》卷四八　戊寅，巡按陝西監察御史閻睿言仇鉞功最，罰俸三月。

己卯，分守大同西路太監何(銘)〔名〕，守備大同左衛右監丞温暹劾免。

庚辰，占城國世子沙古卜洛入貢。

《武宗實録》卷六五　辛巳，遷發浙江左參政何顒于遼東自在州爲民，奪監察御史胡文璧俸三月。

《明通鑑》卷四三　八月乙酉，免福建銀課一年。

《國榷》卷四八　丙戌，沙古卜洛封占城國王。

《武宗實録》卷六六　壬辰，陞管理南京糧儲右副都御史夏昂爲工部左侍郎。

《明通鑑》卷四三　癸巳，總制楊一清奏請蠲寧夏被兵税一年。從之。

《國榷》卷四八　許巡撫湖廣右副都御史王綸終制。

《皇明大政紀》卷一九　〔甲午〕，太監張永回京獻俘，寘鐇伏誅。

《明通鑑》卷四三　乙未，上出張永奏示内閣，謫〔劉〕瑾奉御，鳳陽閒住。

《武宗實録》卷六六　丁酉，下劉瑾于獄。

《明通鑑》卷四三　籍劉瑾家。

《國榷》卷四八　戊戌，大學士李東陽引咎乞休。不許。

《明紀》卷二五　削慶王台浤護衛軍，革禄三之一。

《昭代典則》卷二四　劉瑾坐謀反，吏部尚書張綵、錦衣衛指揮楊玉、石文義等坐同謀，皆伏誅。

《國榷》卷四八　己亥，大學士楊廷和待罪，留之。

《明史》卷一六《武宗紀》　曹元罷。

《武宗實録》卷六六　户部尚書劉璣、兵部侍郎陳震罷。

《明書》卷一二　〔辛丑〕，罷劉宇、曹元，宇子仁爲民。焦芳及子黄中以附瑾劾，并爲民。

《國榷》卷四八　癸卯，前太子少保吏部尚書許進卒。

甲辰，南京工部尚書李善、左副都御史屈直、南京太僕寺卿王彦奇、〔工部右侍郎胡諒〕被劾致仕。

乙巳，徵太子少保南京吏部尚書梁儲。

丙午，河南左布政使張勛爲右副都御史，巡撫寧夏。

丁未，吏部左侍郎柴昪爲南京禮部尚書，通政使李浩爲兵部右侍郎。浙江右布政使夏景和爲右副都御史，巡撫宣府。

《明通鑑》卷四三　復革寧府護衛。

《武宗實録》卷六六　戊申，陞南京吏部右侍郎孫交爲南京吏部尚書。

《明史》卷一六　劉瑾伏誅。

《國榷》卷四八　前户部左侍郎韓福戍固原。

〔乙酉〕，傳罷鎮守兩廣東寧伯焦淇，命安遠侯柳文總兵，鎮守兩廣。

《明史》卷一六《武宗紀》　釋謫戍諸臣。

《明通鑑》卷四三　〔庚戌〕，復給前兵部尚書劉大夏、左都御史潘蕃誥命。

《國榷》卷四八　傳命英國公張懋仍兼提督團營；鎮遠侯顧仕隆總兵，提督漕運，鎮守淮安；南和伯方壽祥總兵，鎮守湖廣。

《皇明大政紀》卷一九　〔辛亥〕，改劉機爲吏部尚書。

召總制全陝楊一清爲户部尚書。

《武宗實録》卷六六　壬子，復設雲南、貴州、山東、河南、山西、江西、鄖陽、薊州、保定、蘇松、鳳陽巡撫都御史各一員。

《國榷》卷四八　癸丑，故南京右都御史張鼒卒。

《明通鑑》卷四三　九月乙卯，以旱災，免山東濟南等府五十四州縣税糧。

《國榷》卷四八　太平、寧國、安慶大水，溺二萬三千人。蠲田租，振之。

何錦、周昂等伏誅。

《武宗實録》卷六七　命豐城侯李旻充總兵官，鎮守貴州。

陞寧夏副總兵都指揮僉事仇鉞爲署都督僉事，充總兵官，鎮守寧夏地方。

《國榷》卷四八　丙辰，録寧夏功，【略】進楊一清太子少保，封仇鉞咸寧伯。

定坐監生歲率三千人。

《明紀》卷二五　〔丁巳〕，死難指揮楊忠、李睿、百户張欽贈級致祭。

戊午，吏部尚書劉忠、梁儲並兼文淵閣大學士，預機務。

己未，以平寘鐇、劉瑾功，封太監張永兄富泰安伯，弟容安定伯。

《武宗實録》卷六七　陞通政司右通政叢蘭爲通政使。

《國榷》卷四八　寧夏右參將都指揮僉事保勛爲副總兵，協守寧夏。

《明通鑑》卷四三　〔庚申〕，國子祭酒王雲鳳請休致。不許，改南京右通政。

《國榷》卷四八　通政使叢蘭爲户部左侍郎兼右僉都御史，督理寧夏、延綏、甘肅糧儲。

辛酉，以禮部尚書白鉞兼翰林學士，管誥敕。

吏部右侍郎李瀚爲左侍郎，禮部右侍郎靳貴改吏部。

《武宗實録》卷六七　壬戌，復尚書劉機，仍支正二品俸，致仕侍郎楊守阯、王華原職。

《國榷》卷四八　都察院右副都御史楊綸劾免。

癸亥，復各處兵備分守、分巡及管糧參議。

《明通鑑》卷四三　〔丙寅〕，工部尚書畢亨坐瑾黨改南京。

《明紀》卷二五　〔己巳〕，復平江伯陳熊爵。

《國榷》卷四八　壬申，李鐩仍工部尚書。

工部尚書畢亨【略】劾免。

《明紀》卷二五　起貶謫官尚書孫需等五十三人。

《明通鑑》卷四三　以平寧夏叛逆功，晉東陽左柱國，楊廷和少傅兼太子太傅、謹身殿大學士，劉忠少傅兼太子太傅、武英殿大學士，梁儲少保兼太子太保、武英殿大學士。

《國榷》卷四八　進兵部尚書王敞太子少保，廕錦衣百户。禮部尚書兼學士白鉞、吏部尚書劉機、禮部尚書田景賢、刑部尚書劉璟，俱太子少保，餘賜金幣。

《明紀》卷二五　封義子指揮同知朱德永壽伯，太監谷大用兄大寬高平伯，馬永成兄山平涼伯，魏彬弟英鎮安伯。

《國榷》卷四八　前南京禮部尚書張憲爲南京工部尚書。

《武宗實録》卷六七　壬午，陞禮部左侍郎費宏爲本部尚書。

癸未，復革荆府護衛之半。

〔十月〕，丙戌，兵部改正十八事。

《武宗實録》卷六八　丁亥，南京通政司右通政王雲鳳致仕。

《國榷》卷四八　己丑，户部右侍郎毛紀爲禮部左侍郎。鴻臚寺卿俞琳爲禮部右侍郎，署寺事。

《明通鑑》卷四三　斬劉二漢及劉瑾親屬十五人于市。

《國榷》卷四八　築大名長隄，至沛縣飛雲橋，凡三百十里。

《明書》卷一二　〔辛卯〕，桃源賊汪澄三等反，紿撫復叛，陷安仁。

減九門錢鈔。

《國榷》卷四八　乙未，復劉大夏太子太保，兵部尚書，楊守隨工部尚書，林瀚南京兵部尚書，韓文户部尚書，許進太子少保、吏部尚書，艾璞右副都御史，各仍致仕。

《武宗實録》卷六八　丁酉，陞宣府副總兵都指揮同知劉淮爲都督僉事，充總兵官，鎮守宣府。

己亥，治瑾黨太監陶錦、監丞賈振等二十三人罪。

《明史》卷一六《武宗紀》　己亥，戮張綵尸於市。

《國榷》卷四八　辛丑，免應天、寧國、太平、池州田租。

乙巳，開中鹽課百萬引于陝西三邊。

免霸州盜劉宸等三十四人罪。

庚戌，起户部左侍郎儲（瓘）〔巏〕管右侍郎事；右副都御史黄寶巡撫山東，鄧祥巡撫河南，周南巡撫宣府，胡瑞提督雁門等關兼巡撫山西；刑部右侍郎李士實爲右都御史，巡撫鄖陽。

辛亥，水災，減嘉興、湖州、寧波夏税。

壬子，太子少保禮部尚書兼翰林學士白鉞卒。【略】贈太子太保，謚文裕。

《武宗實録》卷六九　十一月癸丑朔，欽天監進正德六年大統曆。

丙辰，以吏部右侍郎靳貴兼翰林院學士，内閣管誥勑。

《皇明資治通紀》卷二三　以章懋爲南京太常卿。辭不赴。

《國榷》卷四八　己未，水災，免蘇、常、松江田租有差。

壬戌，前南京户部尚書熊翀卒。

《昭代典則》卷二四　〔戊辰〕，陞傅珪爲吏部右侍郎。

《明通鑑》卷四三　謫曹雄戍海南。

《國榷》卷四八　辛未，前南京户部尚書高銓卒。

南京監察御史張芹劾李東陽受先帝之託，使瑾得荼毒天下，就使能倡始誅瑾，僅可贖罪，今攘他人之力爲己功冒賞，何善爲身謀如此也。上不問，奪芹俸三月。

南京光禄寺卿馮鎬爲右副都御史，巡撫保定。

癸酉，前南京户部尚書吴文度卒。

《武宗實録》卷六九　陞都督同知高得林爲右都督，管後府事。

《國榷》卷四八　丙子，兵部右侍郎李浩、右僉都御史陳玉清理軍職貼黄。

《武宗實録》卷六九　土魯番并撒馬兒罕【略】貢駝、馬、方物。

《國榷》卷四八　丁丑，水災，免四川彭水、武隆田租。

裁雲南永昌府，仍軍民指揮使司。

《武宗實録》卷六九　給兩淮鹽引三十四萬以實固原、環慶等處邊儲。

《國榷》卷四八　十二月，乙酉，霜災，免大同田租。

丙戌，松潘副總兵都指揮同知昌佐爲署都督僉事，總兵鎮守四川。

《明史》卷一六《武宗紀》　己丑，賊陷江津，僉事吴景死之。

《國榷》卷四八　庚寅，申郡王襲封舊例，限嫡庶，否則止本職奉祀，諸弟姪不得混請。

《明紀》卷二五　甲午，上太皇太后尊號曰慈聖康壽，皇太后尊號曰慈壽。

《國榷》卷四八　丁酉，浙西災，湖州尤甚，悉免之，仍賑貸。

《明通鑑》卷四三　〔壬寅〕，詔發太倉庫銀三十萬兩入寶藏庫應用。户部尚書楊一清【略】乞省無益之費，爲天下惜財。詔以十萬兩送庫。

《武宗實録》卷七〇　癸卯，土魯番并撒馬兒罕【略】來朝。

《國榷》卷四八　戊申，太子少保吏、刑部尚書劉機、劉璟致仕。

己酉，太監喬忠、吴經織造南京，許帶長蘆鹽二萬二千引。户部尚書楊一清争之，仍支萬二千引，給兩淮鹽價二萬金。

正德六年（辛未、一五一一）

《明通鑑》卷四四　春正月壬子朔，巡撫林俊大破瀘州之賊于江津。

《昭代典則》卷二四　〔甲寅〕，改户部尚書楊一清爲吏部尚書。

《明通鑑》卷四四　又以南京兵尚何鑑爲刑部尚書。

《國榷》卷四八　乙卯，中旨：御用監甄瑾鎮守河南。

丁巳，南京科道劾參政甯舉、副使楊二和、李寬、薛英、史俊、僉事陳暉等中考功法。上是之。

《明史》卷一六《武宗紀》　甲子，大祀天地於南郊。

《國榷》卷四八　後府右都督毛倫戍大同右衛。以瑾黨。

戊辰，蜀盜陷江津，按察僉事吴景死之，又僉事郝綰被執，贖免。事聞，贈景副使，予祭葬，廕子入太學。

己巳，大計天下官，降斥二千四百六十七人。

《武宗實録》卷七一　庚午，改南京户部尚書張澯爲南京吏部尚書，陞户部左侍郎喬宇爲南京禮部尚書。

《國榷》卷四八　辛未，旌晉府鎮國將軍鍾鎮孝行。

《明史》卷一六《武宗紀》　癸酉，賊陷營山，殺僉事王源。

《國榷》卷四八　敕責洪鍾、林俊。

乙亥，吏部左侍郎李瀚爲南京户部尚書。

《明書》卷一二　〔乙亥〕，鑾寇亂，命高崇熙爲副都討之。

《明通鑑》卷四四　丁丑，南京御史周期雍、王佩奏：「前忤瑾建言諸臣牧相、任惠、貢安甫等及以事獲罪于瑾之趙士賢、李夢陽等，如其年力才識可用者，乞復其原職。」吏部覆以爲請，從之。

《國榷》卷四八　中旨：御馬監太監王潤鎮守湖廣，魏奉管四衛營。

庚辰，大學士劉忠屢乞休。不允。

辛巳，京營署都指揮同知李瑾以千人討山東盜，進參將。

二月壬午朔，湖廣左布政使董傑爲右副都御史，巡撫江西。

南京工部尚書張憲卒。

癸未，户部員外郎李夢陽爲江西提學副使。

《武宗實録》卷七二　甲申，陞吏部右侍郎傅珪爲左侍郎，翰林院學士劉春爲吏部右侍郎，巡撫貴州右副都御史邵寶爲户部右侍郎，督理倉儲。

《國榷》卷四八　中府帶俸都督僉事張寰爲都督同知。

《明書》卷一二　〔乙酉〕，停四川採辦。

《國榷》卷四八　乙丑，户部右侍郎儲巏引疾致仕。

少傅大學士劉忠、吏部右侍郎靳貴主禮闈。

〔庚寅〕，河南丁卯貢士廖鎧除名。

辛卯，英廟淑妃高氏薨。謚莊靖安榮。

《武宗實録》卷七二　乙未，陞浙江右布政使邊憲、山東右布政使蕭翀、陝西左布政使燕忠俱爲都察院右副都御史，憲巡撫山東，翀保定等府，忠宣府。

《國榷》卷四八　丙申，提督易州山廠工部右侍郎王寅改户部右侍郎。

《明通鑑》卷四四　丙申，寘鐇伏誅。錮其子孫五人于西内。

《國榷》卷四八　丁酉，巡撫蘇松都御史羅鑒、山西都御史胡瑞，並劾免。

己亥，大學士李東陽等請停京城内外工役及豹房、造寺，禁番僧出入。不報。

庚子，南京右僉都御史張鳳巡撫蘇、松、常、鎮。

總督糧儲前右僉都御史王璟提督雁門等關，兼巡撫山西。

徵修河工部右侍郎李堂，專副使領之。

壬寅，許高崇熙募土人及川南、川西兵。

《明通鑑》卷四四　停江西徵派物料及燒造瓷器，以地方災故也。

《國榷》卷四八　癸卯，順天府尹張遇爲工部右侍郎，管易州山廠。

乙巳，前太子少保工部尚書劉璋卒。

《皇明大政紀》卷一九　起何瑭爲翰林修撰。

《明史》卷一六《武宗紀》　己酉，起左都御史陳金總制江西軍務討賊。

《國榷》卷四八　庚戌，雲南按察司副使吴廷舉爲江西布政司右參政，蘇州同知李嘉言爲江西按察司僉事。吏部尚書楊一清薦其才足戢盜。

三月戊午，甘肅總兵署都指揮僉事衛勇劾免。

癸亥，延綏副總兵都指揮僉事王勛爲署都督僉事、總兵，鎮守甘肅。

乙丑，廷策貢士。

《武宗實録》卷七三　丙寅，起致仕南京礼部尚書孫需爲南京工部尚書。

開中長蘆運司鹽課六十萬三千九百餘引于宣府，召商上納糧草，以實邊儲。

《明史》卷一六《武宗紀》 戊辰，賜楊慎等進士及第、出身有差。

《國榷》卷四八 己巳，定捕盜條格：棄城者斬，擒獲如塞上例。

《明史》卷一六《武宗紀》 庚午，惠安伯張偉充總兵官，右都御史馬中錫提督軍務，討直隸、河南、山東賊。

《武宗實録》卷七三 壬申，陞山西右布政使石玠爲都察院右副都御史，巡撫大同。命馬中錫亟馳赴京。

敕整理糧儲户部左侍郎兼右僉都御史叢蘭兼管固、靖等處軍務。

《國榷》卷四八 甲戌，南京右僉都御史張鳳改右僉都御史，仍巡撫蘇松。

《武宗實録》卷七三 乙亥，敕户部郎中劉安、童旭往山東、河南整理糧草，運太僕寺馬價五萬兩、太倉銀十五萬兩軍前應用，從吏部尚書楊一清言也。

《國榷》卷四八 盜犯闕里。

《明通鑑》卷四四 丙子，太監張永傳旨：「【略】直隸、山東、河南、四川、江西、湖廣、陝西、福建、兩廣用兵地方，凡被寇之府州縣，概免稅糧一年。」

《明書》卷一二 〔丁丑〕，選許成名等三十三人爲庶吉士。

《國榷》卷四八 戊寅，許盜自首免。

《武宗實録》卷七三 己卯，陞分守松潘副總兵署都指揮僉事楊宏爲署都督僉事，充總兵官，鎮守四川。

《國榷》卷四八 四月庚辰朔，琉球國中山王尚真入貢。

《武宗實録》卷七四 辛巳，以應天府所屬上元、江寧、句容、溧陽、溧水、高淳六縣災傷，五年起運改兑無徵正米二萬八千石准以貯庫，贓罰贖罪補折起解，每石銀五錢；南京各衛倉、長安等四門倉無徵米四萬六千七百石候秋成帶徵。從巡撫副都御史羅鑒奏也。

《明史》卷一六《武宗紀》 癸未，劉忠乞省墓歸。

《國榷》卷四八 甲申，勘江西失事官。時盜陷新淦、萬安、新喻。

丁亥，都督僉事楊英爲都督同知。英自陳寧夏防河功。

《武宗實録》卷七四 庚寅，陞南京太常寺卿章懋爲南京禮部右侍郎。

《國榷》卷四八 辛卯，定科甲舍人再考得量轉，著爲令。

前户部尚書顧佐，刑部尚書屠勳、韓邦問，南京吏部尚書王華，刑部右侍郎沈鋭，皆賂瑾，見獄詞。各下巡按御史，論贖。

丙申，命懷慶府每春秋仲丁日祭元儒許衡。

魯府東阿王陽鏢薨。性孝友，能詩，工楷書。謚榮靖。

《國榷》卷四八 戊戌，徵山東備倭都指揮僉事朱泰，管象房；錦衣衛都指揮僉事朱翥代之。

《武宗實録》卷七四 命武靖伯趙弘澤掌南京前軍都督府事，專管操江。

《武宗實録》卷七四 己亥，命錦衣衛指揮使朱寧提督巡捕。

《國榷》卷四八 壬寅，覈李瑾報功虚實。

甲辰，詔鎮江祀宋留守宗澤，蘇、常祀宋丞相文天祥。

《武宗實録》卷七四 免直隸、山東、河南、四川、江西、湖廣、陝西、福建、兩廣今歲額辦軍需物料。

《國榷》卷四八 戊申，巡撫四川都御史林俊自劾討賊無功，乞總制洪鍾便宜用兵。有旨切責俊，令鍾即赴保寧，高崇熙專備播州。

《明書》卷一二 〔己酉〕，命太監張永會官釋囚。

《國榷》卷四八 五月庚戌朔，免直隸、山東、河南馬匹，許輸金。

辛亥，旌楚世子榮滅孝行。

《明通鑑》卷四四 甲寅，四川盜藍廷瑞，自鹽亭縣焚劫富村及柳邊驛，殺百户賈雄，茂州知州汪鳳朝與戰，馬蹶而死。盜遂攻破梓潼，掠蓬、劍二州，劍州判官羅明及其子介、義官王思政、鄭廷禄等禦之，不克，明父子罵賊死，思政、廷禄並遇害。詔贈卹死事者，而令洪鍾會林俊合兵討之。

《國榷》卷四八 戊午，太子少保兵部尚書王敞乞罷。不允，命仍署通政司。

《武宗實録》卷七五 己未，賜故太子少保工部尚書謝一夔謚曰文莊。

《明通鑑》卷四四 庚申，以蝗災，免陝西華州、渭南十一州縣去年稅糧。

《國榷》卷四八 壬戌，刑部尚書何鑑爲兵部尚書。

盜魁宫太保伏誅。太保，永清吏也，亡命，同劉寵等流劫。

《明通鑑》卷四四 己巳，河南盜由湖廣應山縣破雲夢，掠黄州，官兵追敗之，乃趨江西，掠星子縣，都指揮趙鉞敗之于左蠡，復還湖廣。

《武宗實録》卷七五 辛未，陞河南按察司按察使彭澤爲都察院右僉都御史，巡撫遼東地方。

《明通鑑》卷四四 〔甲戌〕，以提督軍務、右都御史馬中錫爲左都御史，右副都御史王鼎爲右都御史。中錫俟賊平回掌院事。

《國榷》卷四八　乙亥，太子少保兵部尚書王敞致仕。

四川巡視右副都御史高崇熙改提督松潘軍務兼巡撫。命林俊同太監韋興專討藍廷瑞等。

《武宗實録》卷七五　革劉家口遵化灣陽關分守内臣，命左監梁瑀、太監劉睿復爲守備。

《明通鑑》卷四四　命太監張永會兵部尚書何鑑及科、道官各一員選京營軍，南京太監黄偉會科、道官各一員選南京軍，備討賊也。

《國榷》卷四八　丁丑，減臨清京倉監督内臣。

戊寅，設九江兵備副使，移守備都指揮于安慶。

六月己卯朔，大慈恩寺大悟法王捨剌札死。特治葬。

辛巳，虜寇延綏定邊營，游擊時源敗之，斬三十四級。

《明通鑑》卷四四　癸未，山西盜李華等起，逆瑾黨亡命者多從之，衆至千人，衣幟皆赤。與劉六等合，掠壺關縣之趙村，大肆焚戮。瀋王乞師，詔切責鎮、巡官，令軍、衛有司失事者，俱停俸帶罪殺賊。

《國榷》卷四八　乙酉，韓府襄城王偕泗薨。謚安僖。

《武宗實録》卷七六　丁亥，勒禮科給事中陳鼎爲民。

《明通鑑》卷四四　己丑，江津賊曹甫餘黨方四等【略】陷婺川、龍泉坪，焚烏江屯寨四十。巡撫湖廣都御史陳鎬奏調永順、保靖土兵征之。

《國榷》卷四八　辛卯，郟城知縣唐龍、濬縣知縣陳滯，曹縣署印知事楊謙，俱卻盜進二秩；并切責總制洪鍾、陳金、馬中錫、惠安伯張偉。

《武宗實録》卷七六　壬辰，永順伯薛勳卒。

《國榷》卷四八　甲午，淮安、鳳陽課駒給軍，免其輸京。

盜楊虎等自山西十八盤山，還破武安，燬臨洺鎮，掠威、曲周、武城、清河、故城、景州，渡河復入文安，合劉宸等。都指揮桑玉、達官指揮馮安屢敗。命署都督同知張俊以京兵二千人往。

《明通鑑》卷四四　巡撫陝西都御史藍章奏請撫四川賊。

〔庚子〕，起右副都御史周南巡撫南、贛、汀、漳等處。

《國榷》卷四八　乙巳，酌定恤典：一品葬費三百金，役二百人；二品給二百五十金，役百五十人；三品給二百金，役百人；三品秩未滿半之，開壙槩役五十人；四品下特恩酌奏。

《武宗實録》卷七六　丙午，停故都御史安惟學、王綸祭葬。

《國榷》卷四八　是月，猺賊攻酃縣，火民居三日。

《武宗實録》卷七七　〔七月〕庚戌，甘肅守臣奏涼州、古浪二衛所被虜殘害，軍民乏食。命以餉邊年例銀十萬兩賑濟。

《國榷》卷四八　壬子，許真帖木兒還土魯番。

丙辰，吏部尚書楊一清陳陝西邊務八事。議行之，惟寧夏紅花仍貢。

《武宗實録》卷七七　革遼陽分守内臣。

《明通鑑》卷四四　丁巳，賊陷棗强縣，知縣段豸死之。

《武宗實録》卷七七　壬戌，命提督倉場户部右侍郎邵寶回部管事，陞巡撫河南右副都御史鄧庠爲户部右侍郎代之。

《國榷》卷四八　乙丑，南京户部右侍郎鄧璋爲左副都御史，巡撫河南。

定節孝官給三十金，自樹坊，復其家。

《武宗實録》卷七七　丙寅，禮部言：舊例：學校乏材處，許他縣人補充生員。比乃有冒籍入學者，甚壞士習。宜令各提學官查覈，如邊衛夷境、遠方山縣或初立學校人材鮮少，或止有府州縣學而無衛學，其衛所人材果堪教養及提學官摘撥充增補廪者，仍舊存留，起送科貢；若人材衆多處本地自有學者，乃或攙入別學，雖由提學撥送，亦宜覆試，果學已成者發回本學，計所補廪增月日依次出身，其學無成冒籍者俱爲民。遂著爲令。

《國榷》卷四八　己巳，兵荒，免開封田租。

《武宗實録》卷七七　庚午，詔免山東災傷及被賊殘破州縣歲俵馬匹。

辛未，陞户部右侍郎邵寶爲左侍郎，光禄寺卿楊潭爲户部右侍郎。

《明史》卷一六《武宗紀》　壬申，賊犯文安，京師戒嚴。

癸酉，調宣府、延綏兵入援。

《國榷》卷四八　設思恩府流官同知、通判等，立鳳化縣。

《武宗實録》卷七七　甲戌，陞刑部左侍郎張泰爲都察院右都御史，總制陝西、延綏、寧夏、甘肅等處軍務。

《明通鑑》卷四四　乙亥，盜攻江西臨江府，破之。總制副都御史陳金，前請調兩廣土兵未至，詔復趣之。

《國榷》卷四八　丁丑，提督軍務都御史馬中錫，惠安伯張偉，巡撫都御史蕭翀、李貢、邊憲、王璟，參將李瑾等，坐玩寇被劾。有旨切責。

八月戊寅朔，刑部右侍郎張子麟爲左侍郎。

《武宗實録》卷七八　改南京刑部右侍郎戈瑄爲刑部右侍郎，陞右通政劉永爲太僕寺卿。

《明通鑑》卷四四　己卯，命兵部侍郎陸完兼右僉都御史，提督軍務，統宣府、延綏及京營官軍勦直隸、山東、河南之賊。

總制都御史洪鍾、巡撫四川都御史林俊，禽斬四川盜首藍廷瑞、鄢本恕及其黨二十八人。

《國榷》卷四八　進洪鍾太子太保，林俊右都御史，藺(璋)〔章〕右副都御史。

庚辰，南京禮部右侍郎章懋自起太常並未赴，許致仕。

遣錦衣千户即其地斬于市。廖惠獨逃免，未幾復熾。

《武宗實録》卷七八　壬午，陞總督漕運兼巡撫鳳陽等處都察院左副都御史陶琰爲南京刑部右侍郎。

《國榷》卷四八　癸未，前吏部尚書李裕卒。

甲申，南京太僕寺少卿楊廉爲南京通政司右通政。

盜近霸州。命副總兵都督白玉駐東安，參將都指揮王杲駐通州，陳勛駐永清，副總兵張俊往天津。

《武宗實録》卷七八　丙戌，改南京户部尚書張縉爲都察院右都御史，總督漕運兼巡撫鳳陽等處地方。

《明史》卷一六《武宗紀》　召張偉、馬中錫還。

《國榷》卷四八　丁亥，翰林院侍讀學士吳儼爲南京禮部右侍郎。

己丑，貴州乖西賊阿雜等平。

〔癸巳〕，許貴州衛官暫免比試納米。

太保保國公朱暉卒。

乙巳，鎮守陝西總兵都督僉事韓玉卒。玉善撫部曲，屢立功，稱名將。

復故太子少保户部尚書秦纮告身。

《明書》卷一二　下馬中錫等於獄。

《國榷》卷四八　〔九月〕戊申，巡撫延綏右僉都御史黄珂爲户部右侍郎，提督倉場。

陸完求濟師，許之。

《武宗實録》卷七九　己酉，廣西懷賀等縣猺賊平。

《國榷》卷四八　庚戌，初，副總兵許泰、游擊將軍郤永等擊賊霸州，斬數百人，始南奔。泰追之東光，斬二百五十餘人，永又破之景州。

《武宗實録》卷七九　辛亥，陞陝西左布政使舒昆山爲都察院右副都御史，巡撫延綏。

《國榷》卷四八　癸丑，天津兵備太僕寺少卿陳天祥爲右僉都御史，仍捕盜。

《武宗實録》卷七九　乙卯，免寧夏左屯等衛所税糧有差。

《國榷》卷四八　丁巳，户部左侍郎邵寶兼左僉都御史，催漕。

己未，户部主事王崇慶乞復刑部主事宿進官，下獄，謫廣東壽康驛丞。

《武宗實録》卷七九　辛酉，延綏副總兵馮禎破賊於阜城縣宋門店，擒斬八百六十四人；宣府遊擊將軍郤永破賊於棗强縣禮義鎮，擒斬一百三十人；永及副總兵許泰復破之于叄老集及薛官屯，擒斬四百餘人。皆楊虎黨也。餘賊遂東奔。

提督軍務侍郎陸完以捷聞，復賜勑獎勵。

《明通鑑》卷四四　癸亥，命都指揮張勇充副總兵官，赴江西勦賊。

《武宗實録》卷七九　乙丑，賊方四等既敗於江津，散入貴州思南、石阡，復入四川境攻劫。鎮巡官議令播州宣慰使楊愛等進討，破之，奔貴州。都御史高崇熙以捷聞，賜勑獎勵。

《明史》卷一六《武宗紀》　丙寅，再調宣府及遼東兵益陸完軍。

《國榷》卷四八　庚午，錦衣衛指揮使朱寧爲都指揮僉事兼提督官校。

《武宗實録》卷七九　丁丑，南京守備成國公朱輔以母老辭任。令馳驛回京。

《國榷》卷四八　崇王祐樒薨。年三十，謚曰靖。

右府都督同知楊英鎮守陝西。

〔十月〕辛巳，命巡撫四川都御史高崇熙駐重慶討盜。

癸未，太子太傅魏國公徐俌守備南京。

錦衣都指揮僉事朱寧例進都指揮同知。

《明史》卷一六《武宗紀》　癸未，賊陷長山，典史李暹戰死。

《明紀》卷二五　甲申，〔賊〕圍濟寧，焚運舟千二百餘艘。

《武宗實録》卷八〇　得旨：守巡兵備并州衛掌印、管操、領軍、巡捕等官俱停俸戴罪殺賊，漕運總兵、都御史、參將、山東鎮巡及布按二司掌印官并(俊)姑宥之。

《國榷》卷四八　贛州士民何積玉誘擒廣東盜張仕錦等，斬之。

《明紀》卷二五　〔丙戌，賊〕轉寇曹州，馮禎、許泰、郤永進擊之，禽斬二千餘人，獲其魁朱諒。

《國榷》卷四八　太監張永選團營，得驍卒四萬三千人，練習聽征。

《武宗實録》卷八〇　壬辰，陞巡撫山西都察院右僉都御史王璟爲右副都御史，管院事。後三日，以盜賊未平，令俟代者始回京。

《國榷》卷四八　太常寺博士王子謨爲南京工科給事中。

前少保刑部尚書閔珪卒。贈太保，謚莊懿。

《武宗實録》卷八〇　乙未，發太僕寺馬價銀十五萬兩買馬。

《國榷》卷四八　丙申，江西布政使劉杲致仕，加都察院右副都御史。

《明紀》卷二五　丁酉，甘肅副總兵白琮敗小王子於柴溝。

戊戌，賊方四等四千餘人，自貴州石阡踰馬腦關，復入四川綦江縣，陷之，百户柳芳、義官曹騰皆戰没。巡撫林俊奏調總兵楊弘、都御史高崇熙會勦。從之。

《武宗實録》卷八〇　辛丑，命太子太傅成國公朱輔掌左軍都督府事，兼管三千營。

《國榷》卷四八　甲辰，東寧伯焦淇卒。淇賂瑾，庚午鎮兩廣，至是恚死。

《武宗實録》卷八〇　乙巳，給陝西西寧等處茶馬一千匹於甘肅。

《武宗實録》卷八一　十一月丁未朔，欽天監進正德七年大統曆。

《明史》卷一六《武宗紀》　庚戌，太監谷大用、張忠，伏羌伯毛鋭帥京軍會陸完討賊。

《國榷》卷四八　癸丑，大理寺卿張綸爲工部右侍郎。

甘肅總兵王勛敗虜觀音山，斬二百六十六級。

《明紀》卷二五　丙辰，户部侍郎叢蘭、王瓊振兩畿、河南、山東。

《武宗實録》卷八一　改巡撫宣府右副都御史燕忠爲大理寺卿。

《明通鑑》卷四四　巡撫四川右都御史林俊致仕。

《國榷》卷四八　己未，增太原府通判，監督偏頭、寧武、雁門三關倉場。

《明書》卷一二　〔辛酉〕，免山東粟豆二十四萬。

《國榷》卷四八　順天府丞趙璜爲右僉都御史，巡撫宣府。

《明史》卷一六《武宗紀》　敕修省。

《國榷》卷四八　壬戌，許大學士劉忠引疾去，廕一子中書舍人。

丁卯，小王子虜寇宣府龍門所，守備右監丞趙瑛、都指揮僉事王繼敗死。贈瑛太監，世錦衣百户；繼都指揮同知。

《武宗實録》卷八一　戊辰，命巡撫鄖陽右都御史李士實南京都察院管事。

《國榷》卷四八　傳諭撫盜，散脅從。

辛未，前户部尚書侶鍾卒。

《武宗實録》卷八一　命户部右侍郎兼僉都御史叢蘭巡視廬、鳳、滁、和地方，兼理賑濟。

《國榷》卷四八　癸酉，大學士李東陽滿九年考，兼食大學士俸。

浙江左布政使劉琬爲右副都御史，撫治鄖陽。

甲戌，左府署都督僉事楊敬卒。

乙亥，瘞畿内、山東、四川、河南、江西、山西兵亂暴骸，從雄縣教諭魏綸請。

《武宗實録》卷八二　〔十二月〕己卯，陞提督軍務兵部左侍郎陸完爲都察院右都御史，副總兵馮禎、遊擊將軍郤永爲都督僉事，副總兵許泰爲署都督僉事。

《國榷》卷四八　平江伯陳熊、寧晉伯劉岳、豐潤伯曾愷分守京城九門。

〔庚辰〕，提督松潘軍務都御史高崇熙改巡撫四川。

辛巳，户部左侍郎邵寶請復支運舊制。户部格之。

《武宗實録》卷八二　癸未，免直隸冀州及棗强、南宫、新河三縣糧草。

《國榷》卷四八　丙戌，南京工部右侍郎周宏自陳免。

《武宗實録》卷八二　陞福建布政司左布政使王縝爲都察院右副都御史，巡撫蘇松等處，總理糧儲。

中軍都督府署都督僉事張文淵卒。

《國榷》卷四八　戊子，前太子少保兵部尚書兼翰林學士尹直卒。【略】贈太子太保，謚文和。

免甘肅田租。

《明通鑑》卷四四　己丑，以旱災，免浙江長興、天台等六縣暨昌國衛税糧。

《國榷》卷四八　辛卯，武定侯郭勛爲征蠻將軍、總兵，鎮守兩廣。

《明史》卷一六《武宗紀》　癸巳，禮部尚書費宏兼文淵閣大學士，預機務。

《明通鑑》卷四四　以禮部侍郎傅珪爲本部尚書。

《昭代典則》卷二四　加楊一清少保兼太子太保。

《國榷》卷四八　署詹事府事吏部右侍郎兼翰林院學士靳貴爲禮部尚書。

乙未，給事中雷雯、柴奇、吴玉榮往畿内、山東、河南行營紀功。

《武宗實録》卷八二　丙申，命寧夏總兵官咸寧伯仇鉞提督三千營。

《國榷》卷四八　丁酉，吏部右侍郎劉春爲左侍郎。

《昭代典則》卷二四　以蔣冕爲吏部右侍郎。

《國榷》卷四八　兵部尚書何鑑進太子少保，右侍郎李浩爲左侍郎，巡撫大同右副都御史石玠爲兵部右侍郎，南京太僕寺卿俞深爲南京工部右侍郎。

己亥，大理寺右少卿謝綬爲都察院右僉都御史，巡撫大同。

《武宗實録》卷八二　庚子，平江伯陳熊卒。

《國榷》卷四八　辛丑，改總理河道右僉都御史張鳳爲右副都御史，巡撫山東，兼治河道。

《武宗實録》卷八二　巡撫遼東右僉都御史彭澤爲右副都御史，巡撫直隸、保定等府。

《明通鑑》卷四四　以旱雹災，免陝西慶陽、西安等府税糧。

《明史》卷一六《武宗紀》　辛丑，賊掠蒼溪，兵備副使馮傑敗死。

《國榷》卷四八　壬寅，寧夏副總兵都指揮僉事保勛爲征西將軍，署都督僉事、總兵，鎮守寧夏。

癸卯，伏羌伯毛鋭駐河南，馮禎、時源、金輔等兵屬之。太監谷大用、右都御史陸完駐畿南，李瑾、許泰、郤永、陳勛、王杲、熊偉、劉暉等兵屬之。仍敕湖廣協援。

甲辰，南京户部尚書李瀚自陳致仕。

《武宗實録》卷八二　乙巳，陞山東按察使袁經爲都察院右僉都御史，巡撫遼東。

《國榷》卷四八　都指揮同知王保擊盜于沈丘，敗没。贈都指揮使。

陸完追盜，戰文安、束鹿、安州，皆捷，俘斬凡千人。

是月，流盜攻遂平。

正德七年（壬申、一五一二）

《國榷》卷四八　〔正月〕癸丑，南京提督糧儲右副都御史丁鳳改通政司使。

《武宗實録》卷八三　甲寅，陞南京户部右侍郎胡富爲尚書。

《明史》卷一六《武宗紀》　賊犯霸州，京師戒嚴。

《國榷》卷四八　敕谷大用駐河間、保定，陸完、毛鋭往來督禦；署都督僉事温（公）〔恭〕守草橋。

丁巳，巡撫寧夏右副都御史馬炳然理南京糧儲。

《明史》卷一六《武宗紀》　〔賊〕陷大城，知縣張汝舟、主簿李銓戰死。

己未，大祀天地於南郊。

《明通鑑》卷四四　兵部奏議平賊賞格。【略】報可。

《武宗實録》卷八三　辛酉，韓府高平王偕欒薨。【略】謚曰榮和。

《國榷》卷四八　壬戌，伊府西鄂王訏滐薨。謚恭靖。

《武宗實録》卷八三　改養病户部左侍郎儲巏爲南京户部左侍郎。

《國榷》卷四八　乙丑，甘肅總兵王勛、游擊將軍吴英，追敗亦不剌虜于赤斤番城，斬九十九級。

命咸寧伯仇鉞討盜。

《武宗實録》卷八三　丙寅，贈河南上蔡縣知縣霍恩、西平縣知縣王佐爲光禄寺少卿。

《國榷》卷四八　丁卯，周府沈丘王同鏺薨。謚榮戾。

己巳，復甯杲、柳尚義左、右僉都御史，仍勦盜。

設潼關兵備副使。

庚午，禁私鑄錢。時錢惡甚，至四枚准一。

甲戌，故登州通判邵章贈知府，萊陽縣丞陳韜贈通判，各予祭。

《明史》卷一六《武宗紀》　二月丁丑，副都御史彭澤、咸寧伯仇鉞提督軍務，太監陸闇監軍，討河南賊。

《國榷》卷四八　己卯，户部右侍郎黄珂兼左僉都御史，總督河南糧餉。

免竹谿縣去年田租。

《明通鑑》卷四四　賊陷利津。

《明史》卷一六《武宗紀》　賊犯萊州，指揮僉事蔡顯等力戰死。

《明通鑑》卷四四　詔贈〔蔡〕顯父子官，卹其家。

《武宗實録》卷八四　發太倉銀五萬兩於直隸、山東，以供軍餉。

壬午，命都察院左僉都御史甯杲巡撫保定等處，兼提督紫荆等關，仍募義勇勦賊。

《國榷》卷四八　癸未，宥故延綏總兵署都督僉事馬昂罪，降參將，防守鳳陽。

辛卯，應天府尹孫春致仕。

《武宗實録》卷八四　命武平衛致仕署都指揮使石璽充參將，統遊兵於南直隸、河南地方聽調殺賊。

《明通鑑》卷四四　丙申，副總兵時源敗河南之賊于陽武，斬首三百七十餘級。

《國榷》卷四八　癸卯，日本國王源義澄貢馬匹、刀甲。

三月丙午朔，鴻臚寺卿劉愷爲右副都御史，總理河道。

翰林院庶吉士王道改應天教授，便養。

大學士李東陽等請御經筵。不報。

戊申，録功，副總兵都督僉事侯勛進都督同知。

《武宗實録》卷八五　庚戌，陞陝西布政司右參政林廷玉爲通政司右通政，提督謄黄。

《國榷》卷四八　辛亥，前南京户部尚書秦民悦卒。【略】贈太子少傅，謚莊簡。

丁巳，大學士梁儲以子次攄妄殺人，御史張璉劾之，乞休。不允。

戊午，分戍濟寧、穀亭、安山、安平、東昌、沛各二千人，每漕舟各取一人充伍。

《武宗實録》卷八五　癸亥，韓府鎮國將軍徵鑋有孝行，王以聞，贈勑褒獎。

《國榷》卷四八　副總兵劉暉逐盜滕縣，敗之。

裁神木千户所。劉瑾立。

《武宗實録》卷八五　辛未，御史徐文華劾巡撫貴州右副都御史魏英貪污。【略】乃令英致仕。

《國榷》卷四八　前府帶俸都督僉事谷大中爲都督同知。

《明史》卷一六《武宗紀》　副總兵時源敗績於河南，都督僉事馮禎力戰死。

《國榷》卷四八　贈〔馮禎〕洛南伯，謚襄愍，子大金襲陞都督僉事。

癸酉，雲南左布政使楊茂元爲右副都御史，巡撫貴州。

江西布政司右參政吳廷舉敗賊于連河寨。

四月乙亥朔，山東左布政使姜洪爲右副都御史，提督雁門等關，兼巡撫山西。

庚辰，前吏部尚書劉機改南京兵部尚書。

辛巳，罷巡撫寧夏右副都御史張勛。

癸未，陝西按察使馮清爲右僉都御史，巡撫寧夏。

《明通鑑》卷四四　甲申，以水災，免淮安府税糧十六萬石。

《武宗實録》卷八六　戊子，總制都御史張泰奏虜牧囉囉塛謀入寇，督副總兵蘇泰、都指揮徐謙等夜襲之，斬首八十一級。賜勑獎勵。

《明書》卷一二　發倉糧二十萬石賑畿南、山東。

《國榷》卷四八　辛卯，雲南鎮守黔國公沐崑報安南長官司那代等叛，擊擒之。

《武宗實録》卷八六　壬辰，發太倉銀〔一〕萬九千七百兩于光禄寺，以償借用民間牲口價，其舊欠牲口准徵折銀以還太倉，從禮部覆光禄寺奏也。

以水災，免浙江湖州府京庫絲綿絹匹、南京衛倉折銀、徐州倉米有差。

《國榷》卷四八　丁酉，參將王杲值盜于蒙村，戰没。贈都督同知。

癸卯，朱麟嗣撫寧侯。遵孝宗之命。

五月甲辰朔，以各災變修省。

《明通鑑》卷四四　丙午，劉六等自山東敗于滕、嶧，乃奔東萊。總制陸完師次平度州，令游擊郤永、參將温恭等迎勦，副總兵許泰軍萊陽策應，敗賊于古城集東。復令指揮傅鏜、張椿夾攻其左右，賊大敗，山東遂平。

《國榷》卷四八　罷九門守衛。

《武宗實録》卷八七　丁未，下紀功御史雷宗於錦衣獄。

《國榷》卷四八　辛亥，吏部尚書楊一清以考滿廕子禁庸禄，屢被劾者及子孫請乞。【略】如一清言。

《武宗實録》卷八七　壬子，户部左侍郎邵寶奏母有疾，乞歸省。許之。

《明史》卷一六《武宗紀》　甲寅，左都御史陳金討平撫州賊。

《明通鑑》卷四四　丁巳，巡撫南贛都御史周南討贛州大帽山賊，平之。

《國榷》卷四八　己未，前翰林檢討劉瑞爲山西提學副使。

辛酉，馬中錫卒于獄。宥惠安伯張偉，奪太保及歲禄。

癸亥，諭土兵頭目約束所部兵毋擾害。

《武宗實録》卷八七　甲子，傳旨：調分守懷來太監王剛鎮守宣府。

《國榷》卷四八　丙寅，湖廣兵敗盜于羅田、麻城、蘄水。

《皇明資治通紀》卷二三　〔丙寅〕，賊殺湖廣巡撫都御史馬炳然。

《國榷》卷四八　己巳，副總兵署都督同知張俊疾免；故總兵白玉賂太監陸誾，得代俊。

癸酉，巡撫雲南右副都御史顧源疾去。

河南妖盜趙景隆倡白蓮教，自稱宋王，糾千人，衣甲皆赤，自河南歸德轉掠鄭陽。巡視侍郎叢蘭令武平衛指揮石堅、亳州知州張思齊等擊斬之，俘五百餘人。

劉宇卒。

〔閏五月〕乙亥，故扶風知縣孫璽贈光禄寺少卿，予祭，廕子入監。

《武宗實録》卷八八　丁丑，陞陝西左布政使洪遠爲都察院右副都御史，巡撫雲南。

《明通鑑》卷四四　戊寅，山東餘賊陷濰縣。

《國榷》卷四八　己卯，命順天尹禱雨。

中旨：御馬監太監崔安守備南京，廣東珠池内官太監史泰鎮守貴州。

庚辰，四川劇寇方四伏誅。

《武宗實録》卷八八　兵部以太僕寺馬匹兑給將盡，馬價亦支費過半，請開納馬例。【略】從之。

壬午，免沁州守禦千户所屯田子粒有差，以被賊殘害也。

《國榷》卷四八　甲申，咸寧伯仇鉞擊盜于光山，大敗之。

《武宗實録》卷八八　庚寅，致仕右都督神英卒。

壬辰，傳旨：以御馬監太監張鋭提督東廠。

《明通鑑》卷四四　仇鉞、彭澤等討河南賊，平之。

《國榷》卷四八　辛丑，兵部議併功陞格。

《武宗實録》卷八八　賊劉七等入湖廣。勅都御史彭澤、咸寧伯仇鉞仍率時源、神周、陳珣所部兵往剿之。

《國榷》卷四八　壬寅，巡撫遼東右僉都御史袁經改大同。

六月癸卯朔，故翰林編修孫清爲山西提學副使。

《明通鑑》卷四四　四川賊方四餘黨奔寧羌，遂犯沔縣，官兵擊敗之。

《國榷》卷四八　甲辰，山西左布政使張貫爲右副都御史，巡撫遼東。

辛亥，給事中黎奭往江西，王萱往四川，紀功。

《武宗實録》卷八九　甲寅，陞河南布政司左布政使崔文奎爲都察院右副都御史，管理南京糧儲。

《國榷》卷四八　安南國王黎晭來貢。

丁巳，中旨：御馬太監耿宗分守遼陽。

盜劉寵等泛舟自(横)〔黄〕州下九江，歷安慶、太平、儀真，至于鎮江，俱肆掠，無誰何者。命彭澤、仇鉞自湖廣東駐應天，陸完自山東南駐鎮江，協捕。

《武宗實録》卷八九　戊午，以兵荒，免濟南、兖州、東昌今歲備用馬匹凡四千四百四十有奇。

《國榷》卷四八　癸亥，琉球中山王尚真來貢。

英廟麗妃劉氏薨。謚安和榮靖。

《明通鑑》卷四四　乙丑，户部侍郎王瓊奉命振北直隸、山東被寇者。

《武宗實録》卷八九　丙寅，陞右都督谷大中爲左都督。

《國榷》卷四八　戊辰，右都御史王鼎罷。

七月甲戌，南京刑部右侍郎陶琰爲右都御史，巡視浙江。

《武宗實録》卷九〇　丁丑，命故泰寧侯陳璇子儒襲其父爵。

《明通鑑》卷四四　四川賊陳一等降。

戊寅，以副總兵劉暉，時源、郤永、李鋐俱充總兵官，分守山東、河南、南、北直隸。

《國榷》卷四八　延綏兵還鎮遼東，宣、大兵過京，遂留不遣。

《武宗實録》卷九〇　己卯，改南京都察院右都御史李士實掌都察院事。

陞南京大理寺卿郭紳爲南京刑部右侍郎。四川按察司按察使公勉仁爲都察院右僉都御史，巡撫大同兼贊理軍務。

《國榷》卷四八　辛巳，巡撫都御史邊憲、蕭翀各引疾免。

《明通鑑》卷四四　壬午，罷陳世良、趙弘澤，以副都御史俞諫、懷寧侯孫應爵代督操江事。

《國榷》卷四八　癸未，刑部右侍郎戈瑄爲南京右都御史。

《武宗實録》卷九〇　甲申，陞光禄寺卿鄭宗仁爲都察院右副都御史，提督鴈門等關，兼巡撫山西。

《國榷》卷四八　戊子，伊府光陽王勉相薨。謚榮靖。

《武宗實録》卷九〇　改提督倉儲户部右侍郎黄珂爲刑部右侍郎。

壬辰，陞太常寺卿侯觀爲户部右侍郎，提督京倉。

《國榷》卷四八　南京國子司業羅欽順爲南京太常寺少卿。

《明史》卷一六《武宗紀》　癸巳，江西賊殺副使周憲於華林。

丁酉，振四川饑。

《武宗實録》卷九〇　以四川布政司貯庫銀五萬兩及提舉司正德六年、七年鹽課二十萬九千九百餘引召商開中，仍令巡撫官賑濟。

己亥，詔暫免山東官軍秋班京操，以盜賊未寧也。

《國榷》卷四八　庚子，翰林檢討穆孔暉爲南京國子司業。

八月癸卯，巡撫山東右副都御史張鳳致仕。

《武宗實録》卷九一　掌鴻臚寺事禮部尚書致仕賈斌卒。

《國榷》卷四八　乙巳，設汝寧、南陽兵備僉事。

丁未，監察御史周廣劾錦衣指揮朱寧本太監錢能蒼頭，不宜冒國姓，稱義子。忤旨，謫廣東懷遠驛丞。

《明通鑑》卷四四　己酉，罷鎮守河南太監甄瑾。瑾頗安静。

《明通鑑》卷四四　總制都御史陳金勦姚源峒賊，平之。

《武宗實録》卷九一　庚戌，陞養病南京通政使司右通政王雲鳳爲都察院右僉都御史，巡撫宣府。

《國榷》卷四八　癸丑，户部主事曹琥疏救周廣，謫尋甸軍民府通判。後改廣信，有聲，終鞏昌守。

《武宗實録》卷九一　致仕太子太保兵部尚書閻仲宇卒。

《國榷》卷四八　丙辰，前南京吏部尚書楊守阯卒。【略】贈太子少保，予祭葬。

《武宗實録》卷九一　戊午，調山西副總兵戴欽協守延綏；參將神周充副總兵，鎮守山西，兼提督代州三關。

《國榷》卷四八　辛酉，巡撫貴州右副都御史楊茂元改南京。

壬戌，江西左布政使任漢爲右副都御史，巡撫江西。

《明史》卷一六《武宗紀》　癸亥，陸完追殲劉七等賊於狼山。

《武宗實録》卷九一　甲子，陞廣西布政司右布政使沈休爲都察院右副都御史，巡撫貴州，兼理軍務。

《明紀》卷二五　〔庚午〕，以江西臨川縣之考岡立東鄉縣，析金谿、進賢、餘干、安仁四縣地益之。又以餘干縣之萬春鄉置萬年縣，析鄱陽、樂平、貴溪三縣地益之，以居降人。

《武宗實録》卷九二　〔九月〕癸酉，傳旨：調鎮守薊州、永平、山海等處太監王宏于河南，以王忻代之；罷鎮守雲南太監張倫、朱奉，陝西太監王與，以梁裕、廖堂代之。

《國榷》卷四八　甲戌，德府濟寧王祐榒薨。謚安僖。

《武宗實録》卷九二　丁丑，謫淮安知府劉祥，戍貴州平越衛。降錦衣衛指揮僉事牟斌、韋璽爲百户。

《明史》卷一六《武宗紀》　乙酉，陳金討平華林賊。

《明通鑑》卷四四　戊子，召總制四川軍務洪鍾還。以彭澤在河南有平賊功，擢右都御史，總制四川軍務，代之。

《武宗實録》卷九二　己丑，開中兩淮及河東運司鹽十六萬三千引於大同，三十五萬引於寧夏，召商上納糧草，以備邊儲。

辛卯，免寧夏夏秋税糧三千三百石有奇。

《國榷》卷四八　癸巳，户部右侍郎王瓊爲左侍郎。

《明書》卷一二　論平賊功，【略】進仇鉞爲咸寧侯，陸完及内閣加秩封廕。一時冒功授都督、指揮、千百户者千餘人。

《明史》卷一六《武宗紀》　丙申，賜義子一百二十七人國姓。

《國榷》卷四八　召四川總兵楊宏還，以都督僉事陳珣鎮守四川。停巡撫高崇熙俸。

戊戌，沈燾服闋，補右春坊右諭德。

《武宗實録》卷九二　庚子，以災量免定遼左等三十二衛所税糧有差。礫反賊趙鐩等於市。

《武宗實録》卷九三　冬十月辛丑朔，發太倉銀十萬兩於四川，以給軍餉。

《國榷》卷四八　壬寅，周府海陽王安滏薨。

甲辰，中旨：太監王堂管浙江市舶司，崔和鎮守雲南金齒、騰衝。

《武宗實録》卷九三　戊申，户部右侍郎兼左僉都御史叢蘭還部，添註。刑部奉旨會多官審録重囚。

《國榷》卷四八　癸丑，南京左府保定侯梁任卒。

丙辰，中旨：鎮守甘肅太監宋彬、大同鎮守太監梁玉互調。

《武宗實録》卷九三　己未，傳旨：以分守涼州太監張昭鎮守寧夏，以太監許宣代昭。

《國榷》卷四八　庚申，水旱，免紹興、寧波、嘉興、金華、嚴、台、温田租。

辛酉，太子少保左都御史陸完署院。

《武宗實録》卷九三　壬戌，宣府副總兵署都督同知許泰以疾辭免兵柄。准在京調理。

《明通鑑》卷四四　甲子，增建豹房。

《國榷》卷四八　乙丑，朱寧、朱安、朱國並進後府都督僉事，寧、安仍署錦衣衛印。朱謙錦衣都指揮使，朱剛都指揮僉事。以平盜功。

免餘干、樂平等田租。

丁卯，免裕州、鄢陵田租。

命修闕里。

戊辰，蜀府内江王友壜薨。謚莊懿。

己巳，兵荒，免所在糧税加賑并備用貼丁等項。

《武宗實録》卷九四　十一月辛未朔，欽天監進正德八年大統曆。

《明紀》卷二五　壬申，時源爲平賊將軍，會彭澤討四川賊。

《武宗實録》卷九四　甲申，以災傷，免萬全右等衛所今年糧草有差。

《國榷》卷四八　丁亥，命營軍、邊軍互出入練習，各三千人。

戊子，駙馬都尉楊偉卒。偉，故興濟伯善之孫，尚崇德公主。

《武宗實録》卷九四　壬辰，陞禮部右侍郎李遜學爲左侍郎，南京禮部右侍郎吴儼改禮部右侍郎。

《國榷》卷四八　癸巳，巡撫保定左僉都御史甯杲、提調天津兵備右僉都御史陳天祥俱貪暴被劾，徵還。

乙未，司禮監張永以舊理御用監，盜庫七千餘金，太監丘聚發之，調永御用監，閒住。

丙申，通政司右通政林廷玉爲右僉都御史，巡撫保定，兼提督紫荆等關。順天府尹楊旦爲南京禮部右侍郎。

監察御史雷宗謫瀏陽典史。

戊戌，修大慈恩寺僧舍。

《明紀》卷二五　［己亥］，以金州紫陽堡地置紫陽縣。

《國榷》卷四八　庚子，南京通政司左通政楊廉爲順天府尹。

是月，賊陷上蔡，知縣霍恩及典史梁逵死之。

《武宗實録》卷九五　十二月辛丑朔，上視牲於南郊。

《國榷》卷四八　壬寅，四川總制太子太保刑部尚書兼左都御史洪鍾致仕。

甲辰，南京吏部右侍郎羅玘致仕。

《武宗實録》卷九五　戊申，陞吏部郎中王守仁爲南京太僕寺少卿。

《國榷》卷四八　庚戌，免光州、上蔡、遂平、確山、真陽、新蔡、息、光山、固始、商城、裕州、葉、唐、泌陽糧役。

《武宗實録》卷九五　壬子，加工部尚書李鐩太子少傅，陞刑部左侍郎張子麟爲尚書。

《國榷》卷四八　禮部左侍郎毛紀憂去。

癸丑，仍令禮科給事中李貫、行人劉文瑞使占城。

《武宗實録》卷九五　丙辰，陞國子監祭酒王鴻儒爲户部右侍郎。

《國榷》卷四八　丁巳，刑部右侍郎黄珂爲左侍郎，工部右侍郎張綸改刑部。

戊午，免山東災傷糧芻。

壬戌，易州山廠工部右侍郎張遇還部。

甲子，旱災，免蘇、松、常、鎮田租。蝗災，免保定、河間、滄州田租。

《武宗實録》卷九五　瀋府吴江王詮鏗薨。【略】謚曰昭和。

《國榷》卷四八　遼東都指揮使張洪、張璽爲都督同知。

《武宗實録》卷九五　丙寅，陞太僕寺卿劉永爲工部右侍郎，管理易州山廠。

《國榷》卷四八　前南京户部尚書王佐卒。

旱災，免平陽、太原田租。

《武宗實録》卷九五　以兵荒，減免永昌、甘肅、山丹等十四衛所税糧有差。

《明史》卷一六《武宗紀》　丁卯，李東陽致仕。

《武宗實録》卷九五　以災傷，免河南開封等府，許州、祥符等州縣，睢陽等衛及趙府群牧千户所今年秋税有差。

《明書》卷一二　山西妖人李五以幻術作亂，尋敗平之。

《國榷》卷四八　戊辰，前太子太傅吏部尚書兼左都御史屠滽卒。【略】贈太保，謚襄惠。

《武宗實録》卷九五　以被賊并旱災，免陝西靖虜、秦州、蘭州等衛，鞏昌、臨洮等府秋糧有差。

《國榷》卷四八　己巳，延綏總兵官侯勛劾免。

《武宗實録》卷九五　庚午，陞應天府尹張淳爲都察院右副都御史，撫治鄖陽；山東按察使金獻民爲左僉都御史，巡撫延綏。

正德八年（癸酉、一五一三）

《明史》卷一六《武宗紀》　春正月癸酉，右副都御史俞諫代陳金討江西賊。

《國榷》卷四九　丙子，傳陞兩浙鹽運司同知劉瑄，改錦衣指揮僉事。

戊寅，山東布政司左參政張津爲南京右僉都御史，提督操江。

己卯，代府昌化王成鍰薨。謚榮僖。

陝西布政司右布政使高友璣爲右副都御史，巡撫大同，兼理軍務。

《武宗實録》卷九六　辛巳，調鎮守甘肅總兵官王勛于延綏；陞都指揮使金輔爲署都督僉事，充總兵官，代之；都指揮使李瑾充副總兵，協守湖廣、鄖陽。

《國榷》卷四九　降虜脱脱太等充御馬監勇士。兵部執不可，不聽。

《明通鑑》卷四五　韃靼小王子犯大同，命宣府、延綏及山西諸鎮兵禦之。

《明史》卷一六《武宗紀》　壬午，大祀天地於南郊。

《國榷》卷四九　甲申，太僕寺少卿孟春爲右僉都御史，巡撫宣府。

乙酉，署都督同知許泰管敢勇營，都指揮僉事江彬管神威營，武平伯陳熹管五軍營左掖。

《武宗實録》卷九六　戊子，以災傷，免順天府霸州、固安等七州縣糧草有差。

命兵部右侍郎石玠兼都察院左僉都御史，提督遼東軍務。

己丑，免山東萊陽縣户口食鹽并税糧有差。

《國榷》卷四九　增宣府、大同、延綏、寧夏、甘肅餉，告匱，增鹽引二百二十五萬二千五百有奇。

辛卯，旱災，免西安、延安田租。

壬辰，湖廣副總兵李瑾以常德、九谿等衛軍二千人赴江西。

《明紀》卷二五　癸巳，叢蘭及僉都御史陳玉巡視居庸、龍泉諸關。

《武宗實録》卷九六　乙未，户部言紫荆、倒馬等處各缺糧草，請於易州唐縣收貯折糧銀內量支三萬四千餘兩以備不虞。從之。

免直隸寧山衛并山西太原左等衛屯糧二千九百餘石，以被賊殘害故也。

以旱災，免直隸鳳陽等府、徐州等州縣、壽州等衛所糧草有差。

《明通鑑》卷四五　二月辛丑，以四川賊復熾，罷總兵官楊弘。

《國榷》卷四九　旌殉難孝子、烈婦百十九人，列碑，立旌善亭，書其事。

四川盜廖惠等以千餘人降。受之。

《武宗實録》卷九七　癸卯，發户部折糧銀七萬兩、太倉米銀伍萬兩於宣府、大同，以給軍餉。

《明通鑑》卷四五　甲辰，贈西安後衛指揮使雲海爲都指揮同知。

《國榷》卷四九　乙巳，賑浙江竈丁。

鎮守徐、邳總兵官都指揮同知李鋐爲署都督僉事，協同提督江西軍務。

科道劾甯杲妄殺，置不問。杲有奥援，語人曰：「彈章盈車，我無患也。」

《明史》卷一六《武宗紀》　丙午，以平賊功，封太監谷大用弟大亮、陸誾姪永皆爲伯。

《國榷》卷四九　故西安衛指揮僉事殷輔殉寇，贈指揮同知。

《武宗實録》卷九七　庚戌，陞中軍都督府都督僉事温恭爲署都督同知。

《國榷》卷四九　癸丑，寧夏總兵保勛劾免。

故萊蕪知縣固始熊騶贈光禄寺丞，主簿大谷韓塘贈知縣，各廕子入監。

《武宗實録》卷九七　戊午，發太僕寺馬價銀六萬兩給大同、宣府二鎮買馬。

《國榷》卷四九　辛酉，都指揮僉事魏鎮爲征西將軍、署都督僉事、總兵，鎮守寧夏。

《武宗實録》卷九七　癸亥，以久旱，命順天府官祈禱。

《國榷》卷四九　賑河間、保定。

《武宗實録》卷九七　乙丑，分守莊浪左參將魯經奏稱所部土丁饑饉，乞免徵原給種糧五百石。詔許之，且令巡撫官〔量〕爲賑濟。

《國榷》卷四九　丁卯，咸寧侯仇鉞總兵，署都督同知許泰副之，同領團營操。

三月庚午朔，設河南睢陳道兵備僉事。

《武宗實録》卷九八　壬申，命故永康侯徐錡庶長男源襲爵。

以江西用兵准存留正德五年停兑耗米八萬六千九百石有奇以充軍餉。

《國榷》卷四九　甲戌，内承運庫以需紵絲紗羅，乞工部市萬疋。命半之。

《武宗實録》卷九八　丙子，召宣府養病署都督同知張俊、前衛右所正千户楊瑄、大同右衛指揮同知焦鋭來京。

《國榷》卷四九　丁丑，試監察御史孟洋下獄。

戊寅，禁私閹，罪且戍邊。終不能革。

壬午，都督僉事朱國爲都督同知。

《武宗實録》卷九八　癸未，命立江海神廟於狼山，歲〔時〕致祭。

甲申，陞兵部右侍郎石玠爲左侍郎，都察院右副都御史王璟爲兵部右侍郎。

《國榷》卷四九　丙戌，虜千餘騎犯大同，攻朔州，圍馬邑，殺掠甚衆。總兵葉椿禦之，斬五十餘級。

丁亥，令天下築城。

《明史》卷一六《武宗紀》　戊子，置鎮國府處宣府官軍。

《國榷》卷四九　己丑，右僉都御史陳玉爲右副都御史。

停内外非時考察。

辛卯，蘇松兵備副使謝琛、浙江僉事吳希由分管水利。

《明通鑑》卷四五　癸巳，逮四川巡撫高崇熙至京師，以廖麻子復叛也。

《明史》卷一六《武宗紀》　甲午，以旱敕羣臣修省。

《武宗實録》卷九八　命巡撫延綏都察院左僉都御史金獻民管院事。

《國榷》卷四九　乙未，成都衛軍餘范藻等乘兵餒作亂。

丁酉，大理寺右少卿吳世忠、四川按察副使馬昊並爲右僉都御史，世忠巡撫延綏，昊巡撫四川。

《武宗實録》卷九九　四月己亥朔，提督謄黄右通政楊褫言：「武臣承襲或乖倫序，封贈請給多失實，及駁勘率歲久不報，誥勑軸積至千百，多損壞者，請議處。」於是兵部尚書何鑑等議以爲姪襲替伯叔父職爲嗣與未爲嗣者封贈舊例已明備；若弟襲兄職封贈本父母，兄嫂及本身妻俱不得封；侯傳之子視姪襲伯叔例封贈；願移己及妻之封於其父母者聽。其姪代伯叔總小旗以後，自立功陞職者亦封贈本父母，再醮母、祖母視文職例許封；問革充軍爲民其子襲替并襲替後自立功陞職者父母若祖在俱不得封贈，其還職又自立功陞者亦如之；納粟納銀者如有軍功仍論級數給授；若報捷陞職止以軍功論其封贈；誥勑每三年一次頒給。議上，遂著爲令。

《國榷》卷四九　庚子，慶王台浤請復護衛。不許。

癸卯，鎮筸、五寨等盜平。

乙卯，雲南安南長官司土舍那代謀叛，伏誅。

《武宗實録》卷九九　戊午，陞陝西布政司右布政使趙鑑爲都察院右副都御史，巡撫甘肅地方。

《國榷》卷四九　許開納授職，濟大工。

己未，刑部瀆囚十七人，主事王世文、紀存義下獄。尋獲之。

《明通鑑》卷四五　庚申，上御經筵。

《皇明資治通紀》卷二三　〔辛酉〕，修撰何瑭以經筵進講忤旨，謫開州同知。

《國榷》卷四九　定遼右衛指揮使郭錦爲都督僉事。

癸亥，前翰林編修邵鋭謫寧國推官。

甲子，錦衣都指揮朱謙爲都督僉事。冒軍功。

《明史》卷一六《武宗紀》　乙丑，彭澤破賊於劍州。

《國榷》卷四九　丁卯，宥伏羌伯毛鋭。

五月庚午，監察御史賀泰言義子賜姓之失，謫處州推官。

癸酉，駙馬都尉樊凱卒。

《武宗實録》卷一〇〇　甲戌，翰林院侍讀顧清居憂時陞侍讀學士，至是服闋，乃拜命。

先是，總制都御史彭澤奏四川軍餉缺乏，詔發湖廣折糧銀五萬五千兩給之，未至而廖賊就擒，澤請裁減。户部議以三萬五千輸陝西，准甘肅年例之數，其二萬仍留備四川軍餉。從之。

庚辰，以蟲災，免彭城衛正德七年分屯田子粒十分之四。

辛巳，畿甸軍民佃種各馬房草場地土每畝減租銀一分，被災者免徵。

開中兩淮運司正德九年鹽課二十五萬引於大同召商上納糧草，以備急用。

《明紀》卷二五　仇鉞充總兵官，帥京營兵禦敵於大同。

《國榷》卷四九　丁亥，發京兵九千分守倒馬、紫荆、居庸、龍泉、黄花鎮、古北口。

戊子，榮王府災。

己丑，歸建昌稅課司于益王。

癸巳，開化盜爲參將李隆、僉事儲珊、都指揮汪洪、嘉興同知伍文定屢敗，復歸江西德興求撫。

甲午，虜千騎次渾源，二萬騎復入大同。

《明紀》卷二五　六月戊戌，河決黄陵岡，治河都御史劉愷束手無策，奏言帥衆祭告河神，越二日河已南徙。工部尚書李鐩和之，曹、單間被害日甚。

《國榷》卷四九　庚子，召巡撫延綏右副都御史舒崑山還。

壬寅，宥貴州宣慰使宋然死。

《武宗實録》卷一〇一　癸卯，禁有司科歛。

《國榷》卷四九　丙午，給事中潘塤劾甯杲、江彬妄殺平民之罪。不問。

丁未，提調天津兵備右僉都御史陳天祥改巡撫貴州，兼理軍務。

《明通鑑》卷四五　〔辛亥〕，户部尚書孫交、禮部尚書傅珪皆致仕。

《武宗實録》卷一〇一　以推官潘棠爲南京吏科給事中，知縣樂頀爲南京户科給事中。

《國榷》卷四九　兵部右侍郎石玠至開原，遣諭海西諸衛各入貢。

《明史》卷一六《武宗紀》　乙卯，命諫破賊於貴溪。

《武宗實録》卷一〇一　丙辰，以行人張翰、竇信、朱鑑，太常博士潘湘，知縣張經、趙春、胡文静、王汝舟、牛天麟、陳伯諒、熊相、王光、李顯、孫孟和、蘇恩、蕭瑞，進士李節義，國子學正鍾曉爲試監察御史。

《國榷》卷四九　丁巳，詔革蒙自土官，安南長官司改新安守禦千户所。

《武宗實録》卷一〇一　己未，命故東寧伯焦洪弟洵襲爵。

《國榷》卷四九　庚申，故葉縣知縣唐天恩贈光禄少卿，賜祭，廕子入監。固始致仕縣丞曹基贈通判，息縣致仕主簿邢祥贈知縣，上蔡典史梁達子廕史。俱盜劉寵等見殺。

壬戌，都督同知白玉自陳東安功，進右都督。

《武宗實録》卷一〇一　山海關及黄花鎮虜退，召巡視都御史陳玉還京。

《昭代典則》卷二四　〔丙寅〕，陞王瓊爲户部尚書。

《皇明大政紀》卷二〇　以劉春爲禮部尚書。

《國榷》卷四九　〔七月〕己巳，署鴻臚寺事禮部右侍郎俞琳服闋，改工部右侍郎，添註。

旱災，免順天、永平、保定、河間夏税。

丙子，吏、户部右侍郎蔣冕、楊潭並爲左侍郎，兵部右侍郎王璟改吏部右侍郎。

《明紀》卷二五　南京吏部侍郎儲巏卒。

《國榷》卷四九　庚辰，祠太公望于咸陽，歲仲春祭。

辛巳，前南京右都御史金澤卒。

四川總制都御史彭澤以盜孽喻思俸、王某二百餘人奔入通巴山，容盡滅也。部議：增保寧、開達等守備。從之。

《武宗實録》卷一〇二　癸未，陞都察院右副都御史李貢爲兵部右侍郎。

《國榷》卷四九　廣西妖人李通寶等作亂，官軍擊斬五千餘人，事平。

《武宗實録》卷一〇二　戊子，命兵部左侍郎石玠清理軍職貼黄。

《國榷》卷四九　蜀盜平，右都御史彭澤乞休。不允。

己丑，四川左布政使王倬爲右副都御史，整飭薊州等處邊備，兼巡撫順天。

《武宗實録》卷一〇二　陞翰林院編修温仁和爲侍讀，仍加俸一級。

《國榷》卷四九　庚寅，賜真定唐顔真卿、杲卿廟曰二忠，歲仲春祭。

壬辰，滁陽王墓奉祀郭琥除名。

四川總兵都督僉事陳珣、陝西副總兵都指揮〔同知〕藍海以追論失事，並免。

故利州判官曾璉贈上林苑左監丞，〔井〕研縣主簿張岐贈知縣。

《武宗實録》卷一〇三　八月丙申朔，免山東王家岡等七場拖欠鹽課一萬六千九百餘引，折鹽布二千九百餘疋，以兵荒竈户多死徙故也。

《國榷》卷四九　丁酉，都督同知張洪自陳山東、河南功，進右都督。

《明紀》卷二五　免南畿水災税糧。

《國榷》卷四九　戊戌，涼州都指揮僉事徐謙爲署都督僉事、總兵，鎮守四川。

壬寅，故瑞金知縣宣城萬琛禦寇死，贈光禄寺少卿，予祭葬，廕子入監。

《皇明大政紀》卷二〇　〔丙辰〕，以石瑤爲南京吏部右侍郎。

《武宗實録》卷一〇三　庚申，南京兵部右侍郎吕獻、大理寺卿茆欽致仕。

《國榷》卷四九　辛酉，左副都御史鄧璋爲刑部右侍郎。

《武宗實録》卷一〇三　壬戌，命故保定侯梁任子永福襲爵。

《國榷》卷四九　九月丙寅朔，南京右副都御史楊茂元爲南京兵部右侍郎。

丁卯，福建左布政使陳珂爲右副都御史，巡撫河南。

辛未，南京國子祭酒王瓚改北，應天府尹歐陽旦爲南京右副都御史。

《明通鑑》卷四五　甲戌，命諫破賊于姚源。

《武宗實録》卷一〇四　丙子，命九月十二日復開經筵。

壬午，陞翰林院侍講學士吴一鵬爲南京國子監祭酒。

《明通鑑》卷四五　癸未，以旱災，免大同州、縣、衛、所夏税之半，又免河南開封等府，睢陽等衛夏税有差。

《武宗實録》卷一〇四　陞山西行都司都指揮同知潘浩爲署都督僉事，充總兵官，鎮守寧夏地方。

《國榷》卷四九　逮四川總兵陳珣、陝西副總兵藍海。

甲申，遼府長垣王恩鉀薨。謚恭順。

辛卯，傳賜蔚州衛都指揮僉事江彬國姓。

《武宗實録》卷一〇四　壬辰，虜入薊州大青山口，守臣以聞。

《國榷》卷四九　〔十月〕丙申，虜入寧夏宿嵬口，總兵官署都督僉事魏鎮禦于陶榮堡，中流矢卒。

《武宗實録》卷一〇五　傳旨以御馬監太監宋輔分守建昌行都司地方。

《國榷》卷四九　丁酉，敕葬大慈恩寺灌頂大國師也舍窩，著爲例。

《武宗實録》卷一〇五　庚子，授翰林院庶吉士許成名、劉棟、張璧、劉朴、費寀、張潮、王思、孫承恩、劉泉、林文俊、孫紹祖爲編修；金臯、吳惠、郭維藩、陳寰、張衍慶、邊憲爲檢討；黃臣、祝續、田荆、劉夔、張翀、俞敦爲給事中。

《國榷》卷四九　癸卯，翰林檢討汪偉爲南京國子司業。

《武宗實録》卷一〇五　甲辰，免浙江開化、常山、江山、西安、龍游、遂安六縣下户正德八年之税，以地方被賊及旱災故也。

乙巳，提督江西軍務總兵官署都督僉事李鋐卒，命鎮守山東右都督劉暉往代之。

《明史》卷一六《武宗紀》　丁未，俞諫連破賊於東鄉，江西賊平。

《武宗實録》卷一〇五　以歲災，免順天府所屬州縣夏税小麥六千五百石有奇。

《國榷》卷四九　癸丑，晉府新化王表槺薨。謚恭裕。

乙卯，遂安伯陳鏸總兵，鎮守薊州。

增甘肅兵餉。

《明紀》卷二五　〔丁巳〕，贈蔣欽光禄寺少卿，周璽、涂禎等十人俱復官賜祭。

《國榷》卷四九　辛酉，署都督同知許泰爲右都督。

《武宗實録》卷一〇五　甲子，申諭各王府今後有旁支進襲王爵者不得奏請加封父母及其父母所生之子女，違者罪坐輔導官。

《國榷》卷四九　增貴州銅仁府守備。

《武宗實録》卷一〇六　十一月乙丑朔，欽天監進正德九年大統曆。

《國榷》卷四九　己巳，兵部尚書何鑑罷。

《明通鑑》卷四五　江西紀功給事中黎奭奏，【略】請增調附近永順、保靖等處精鋭土兵三千人，相爲犄角，以殄殘賊兵。部議以「苗、蠻反覆，徵調非宜，必不得已，則福建浦城縣民快，亦驍勇可用。」從之，詔選浦城土兵一千，選二司官一人統領，仍聽俞諫等調遣。

《武宗實録》卷一〇六　提督謄黃右通政楊褫奏申定武臣誥命例。

壬申，准旌表四川兵勇王隆生、孫添舟、賀才、張添壽、王仲舉、何本清、蕭伯瑜、楊甫政忠義之門。

《明通鑑》卷四五　〔丁丑〕，都御史李士實致仕，以侍郎石玠代之。

《國榷》卷四九　辛巳，右都御史陸完爲兵部尚書。

癸未，災傷，免寧波、衢州田租十八萬石有奇。

丙戌，巡撫保定右僉都御史林廷玉罷。

己丑，命陸完同太監谷大用、英國公張懋等提督團營。

撫治鄖陽右副都御史張淳改巡撫保定兼提督紫荆等關。

《武宗實録》卷一〇六　甲午，改服闋右副都御史王憲提督撫治鄖陽等處地方。

《國榷》卷四九　〔十二月〕丁酉，總制陝西軍務右都御史張泰卒。【略】贈太子少保、刑部尚書。

己亥，琉球國中山王尚真入貢。

召巡撫江西都御史任漢還朝，命俞諫專任討盜。

整飭薊州邊備兼巡撫順天右副都御史李貢致仕。

《武宗實録》卷一〇七　陞兵部左侍郎石玠爲都察院右都御史。

《國榷》卷四九　庚子，定各衛所馬五年擇賣。

辛丑，吏部尚書楊一清等以巡按雲南監察御史張璞、巡按陝西監察御史劉天和、〔王廷相〕爲鎮閹梁裕、廖〔堂〕〔鏜〕所奏，逮獄久未決，風紀掃地，乞早具罪狀。從之。

《明通鑑》卷四五　總制四川都御史彭澤奏：「廖麻子之黨喻老人等爲官軍所敗，率數十人走匿大巴山，川、陝之兵已足搜捕，請罷邊兵還。」從之。

《國榷》卷四九　甲辰，福建按察使劉遜致仕。

南京刑部尚書劉纓被劾罷。

《明史》卷一六《武宗紀》　南京刑部侍郎鄧璋振江西饑。

《國榷》卷四九　己酉，遣勳臣禱雪。

《武宗實録》卷一〇七　庚戌，改南京工部尚書孫需爲南京刑部尚書。

哈密衛忠順王速壇拜牙即等并哈剌灰地面差使臣阿黑麻等來朝，貢駝、馬。

《國榷》卷四九　辛亥，翰林院庶吉士徐之鸞爲刑科給事中。

《明紀》卷二五　〔辛亥〕，加誠意伯劉基太師，謚文成，宋濂謚文憲，（朱善）、宋訥（並）文恪。

《國榷》卷四九　癸丑，水災，免平涼夏税麥豆萬六千三百石有奇。

《武宗實録》卷一〇七　乙卯，陞總督兩廣軍務兼巡撫右都御史林廷選爲南京工部尚書。

《國榷》卷四九　丁巳，前府左都督谷大中卒。

《武宗實録》卷一〇七　戊午，命提督倉場户部右侍郎侯觀回部管事。

《國榷》卷四九　吏部尚書楊一清議大臣當廕者查例竟給，不必乞恩。從之，其廕監後登科，仍許補廕。

壬戌，增大名通判一。

是年，都御史趙璜奏革種馬，尚書何鑑執奏，止之。

正德九年（甲戌、一五一四）

《武宗實録》卷一〇八　春正月乙丑朔，改刑部左侍郎黄珂爲兵部左侍郎，南京刑部右侍郎鄧璋爲兵部右侍郎。

《明通鑑》卷四五　進右副都御史周南爲右都御史，總督兩廣軍務兼巡撫。

《國榷》卷四九　丙寅，命兩京大臣、科道及外撫按各舉將才。

丁卯，南京監察御史羅鳳等劾寧王宸濠掊克淫酷諸不法事。不報。

壬申，工部右侍郎張遇改户部，提督倉場。户部右侍郎王寅改刑部，刑部右侍郎張綸爲左侍郎，右副都御史藍章爲南京刑部右侍郎。

《武宗實録》卷一〇八　復改密雲分守爲鎮守。

《國榷》卷四九　甲戌，四川左布政使蔣昇爲右副都御史，巡撫南、贛、汀、漳。

《武宗實録》卷一〇八　乙亥，詔各處有司存恤致仕廉吏不能自給者。

《明史》卷一六《武宗紀》　丁丑，大祀天地於南郊。

《明書》卷一二　〔戊寅〕，慶成宴始至設燭。

《國榷》卷四九　庚辰，大計，降斥二千八百八十六人。

《明史》卷一六《武宗紀》　乾清宫災。

《明通鑑》卷四五　壬午，以災御奉天門視朝，撤寶座不設。遂下詔罪己，並諭文武百官同加修省。

《國榷》卷四九　癸未，大學士楊廷和、梁儲、費宏乞休。不允。

丙戌，起陳壽右副都御史，巡撫陝西。

《武宗實録》卷一〇八　戊子，降監察御史劉天和爲金壇縣丞，王廷相爲贛榆縣丞。

《國榷》卷四九　岷府安昌王彦瀫薨。謚榮和。

《武宗實録》卷一〇八　己丑，烏思藏【略】來京。

辛卯，户部右侍郎張遇乞致仕。許之，命乘驛還。

《國榷》卷四九　壬辰，旌覲官卓異。

是月，致仕工部虞衡司員外郎祝萃起陝西提舉副使。

二月乙未朔，南京監察御史汪正請擇宗室親賢入京，置左右，俟皇子生，遣歸國。不報。

《明通鑑》卷四五　〔己亥〕，大學士楊廷和、費宏、梁儲再請致仕，皆慰留之。

《國榷》卷四九　增户部主事馬馴、王一麟，區畫宣、大邊堡。

《武宗實録》卷一〇九　戮賊首王浩八、艾茹七等于市。

《昭代典則》卷二五　〔庚子〕，帝始微行。

《國榷》卷四九　大學士梁儲、翰林學士毛澄主禮闈。

太師英國公張懋辭團營。

《皇明大政紀》卷二〇　〔辛丑〕，以右都御史鄧璋總制陝西三邊軍務。

《國榷》卷四九　巡撫山西右副都御史鄭宗仁爲户部右侍郎，提督倉場。

癸卯，命是月十二日經筵。

《明史》卷一六《武宗紀》　丙午，禮部尚書靳貴兼文淵閣大學士，預機務。

《武宗實録》卷一〇九　丁未，陞都察院右副都御史陳玉爲兵部右侍郎。陞順天府府丞王珝爲都察院右僉都御史，提督雁門等關，兼巡撫山西。

《國榷》卷四九　戊申，永平民大饑，命賑之，運通州粟十萬石，減其值。

庚戌，吏部左侍郎蔣冕兼翰林學士，專誥敕。

新寧伯譚祐提督團營并五軍營。

《明史》卷一六《武宗紀》　癸丑，彭澤、時源討平四川賊。

《武宗實録》卷一〇九　甲寅，陞都察院左僉都御史金獻民爲右副都御史。

《國榷》卷四九　乙卯，追奪方山昭僖王鍾鋌謚。

己未，吏部右侍郎王璟爲左侍郎，翰林學士毛澄爲吏部右侍郎。

命廣寧伯劉佶提督五軍營。

命新寧伯譚祐後軍都督府掌印管事。

癸亥，禮闈增額，得霍韜等四百人。

三月甲子朔，故夏邑縣丞安宣贈開封通判，廕子入監。

丙寅，英廟莊妃趙氏薨。謚恭靖。

《武宗實録》卷一一〇 以都察院右副都御史蕭翀巡撫貴州等處，兼贊理軍務。

勒户部員外郎黄體行爲民。

庚午，發太僕寺馬二千匹、銀二萬兩于宣府，大同倍之。

《國榷》卷四九 甲戌，嘉祥曾子廟成，撰御製碑文。

《明通鑑》卷四五 丙子，江西副使胡世寧上疏曰：「江西之盗，勦撫二説相持，臣愚以爲無難決也。【略】請于都御史俞諫、任漢專委一人，或别選公忠大臣鎮撫。敕王止治其國，毋撓有司，以清亂源，消意外變。」章下兵部，尚書陸完議「以撫勦事宜委之于諫。至所言違制擾民，疑出僞託，宜令王約束之」。得旨報可。

《武宗實録》卷一一〇 戊寅，策試舉人霍韜等三百九十六人。

《國榷》卷四九 己卯，宜興大長公主薨。母德妃魏氏。

少師大學士楊廷和以父春年七十九，求歸省。不允，令有司賜春羊、酒。

《明史》卷一六《武宗紀》 辛巳，賜唐皐等進士及第、出身有差。

《國榷》卷四九 壬午，魯府樂陵王陽鎗薨。謚宣懿。

己丑，巡撫江西右副都御史任漢被劾，引疾去。

《武宗實録》卷一一〇 庚寅，太子少保南京兵部尚書劉機乞致仕。許之。

《國榷》卷四九 壬辰，桃源盗梅憲等復叛，官軍擊斬三百五十八人，平之。

《武宗實録》卷一一〇 發太倉銀五萬兩於大同，以給軍儲。

《國榷》卷四九 移密雲兵備副使于永平。

《武宗實録》卷一一一 夏四月甲午朔，户部言：「山東鹽引奏開半年，無人報中，遼東防守兵馬見駐山東，民力困敝，供億不繼。請如巡撫都御史趙璜議，鹽課減價上納，原擬解送遼東者即留山東，以給軍餉及賑濟。」從之。

《明史》卷一六《武宗紀》 丁酉，復寧王護衛，予屯田。

《國榷》卷四九 南京吏部尚書張瀠改南京兵部尚書。

戊戌，瀋府沁源王(銓)[詮]鍾薨。王讀書好文。謚榮靖。

《武宗實録》卷一一一 己亥，以遼東饑饉，開中兩浙、長蘆鹽各五萬引召商上納賑濟。

《國榷》卷四九 復昌平縣爲州，領密雲、順義、懷柔。

癸卯，進彭澤太子太保、左都御史，時源左都督，馬昊右副都御史。澤請入朝。

《武宗實録》卷一一一 乙巳，命翰林院侍讀學士顧清、左春坊左中允兼翰林院修撰賈詠爲武舉考試官。

《國榷》卷四九 辛亥，南京右都御史戈瑄爲南京刑部尚書，改南京刑部尚書孫需爲南京吏部尚書。

《武宗實録》卷一一一 乙卯，陞兵部左侍郎黄珂爲南京都察院右都御史。

《國榷》卷四九 辛酉，巡撫寧夏右僉都御史馮清爲户部右侍郎，仍兼左僉都御史，督理陝西糧餉。兵部右侍郎陳玉爲左侍郎，通政使丁鳳爲兵部右侍郎。

《明通鑑》卷四五 五月甲子，振順天、河間、真定、保定、大名、廣平等被災州縣饑，發存留本年起運京邊糧十之二三以備振濟，又減免逋税。

《明史》卷一六《武宗紀》 乙丑，費宏致仕。

《國榷》卷四九 南京太僕寺卿羅欽忠爲通政使。起邊憲右副都御史，巡撫寧夏。

癸酉，工科給事中賴鳳請教官參用進士。部議，聽進士就教。報可。

《明通鑑》卷四五 罷江西布政使鄭岳，斥爲民，江西提學副使李夢陽冠帶閒住。

《國榷》卷四九 丙子，巡撫雲南右副都御史洪遠請停鎮守太監貢獻方物。不從。

《武宗實録》卷一一二 己丑，土魯番據哈密。勑都御史彭澤總督軍務，量調延綏、寧夏、固原官軍，駐甘肅禦之。

《明通鑑》卷四五 六月壬辰朔，寧王宸濠奏請鑄護衛及經歷、鎮撫司、千、百户所印，凡五十有八。詔予之，仍致書于王。

《國榷》卷四九 癸巳，中旨：守備朔州御馬監太監滿隆改分守獨石馬營。

乙未，江西大池盗張元等據樂安、新淦山中，僞稱王。至是討平之，擒斬千七百餘人。

丁酉，禁廣東番舶非期而至者，卻之。

《武宗實録》卷一一三 甲辰，召鎮守甘肅總兵官署都督僉事金輔還京，以四川副總兵署都督僉事徐謙代之。

《國榷》卷四九 丙午，巡按陝西監察御史成文削籍。

《武宗實録》卷一一三　丁未，右軍都督府署都督僉事吴玉卒。

《國榷》卷四九　壬子，翰林編修汪俊爲侍讀。

《武宗實録》卷一一三　乙卯，授進士張原、范洵、王俊民、熊浹、黄訓、余瓚、周文熙、陳經、田賦、梁本茂、翟瓚，行人黄重俱爲給事中。

《明史》卷一六《武宗紀》　乙卯，開雲南銀礦。

《明通鑑》卷四五　丙辰，罷工部署員外郎韓邦靖爲民。

《武宗實録》卷一一三　授知縣程啓充、馬録、張仲賢、吕秉彝，進士周文光、蕭鳴鳳、王經、周鵷、趙永亨、朱裳，行人盧楫、沈灼俱試監察御史；行人方鳳，進士虞守隨，國子監助教潘沭俱南京試監察御史。

《國榷》卷四九　戊午，蕭山訓導何重請禁浙東溺女。從之。

己未，前禮部尚書署太常寺事崔志端卒。

〔七月〕甲子，晉府臨泉王奇淐薨。謚榮穆。

《明通鑑》卷四五　乙丑，小王子犯大同、宣府。【略】總制叢蘭告急，京師戒嚴。乃命太監張永提督宣府、大同、延綏等處軍務，都督白玉充總兵官，發京營官軍二萬人，以都督僉事昌佐，指揮姜義充左、右參將統之。又發宣府京營諸軍凡六千二百四十人，命太監張忠監督，而以都督温恭充副總兵官，仍聽永節制。

《武宗實録》卷一一四　戊辰，開陰陽、醫生、知印、承差納銀例，輸陝西糴買糧草。以甘肅告急。

《國榷》卷四九　壬申，撫寧侯朱麒守紫荆關，寧晉伯劉岳守古北口，崇信伯費柱守居庸關，保定侯梁永福守倒馬關，指揮使西寬守黄花鎮，指揮同知福英守龍泉關。

《武宗實録》卷一一四　甲戌，瀋府稷山王詮鏠薨。【略】謚曰榮和。

《國榷》卷四九　巡撫雲南右副都御史洪遠改南京大理寺卿。

《武宗實録》卷一一四　開中兩淮鹽課於宣府、大同，各一十五萬引。

《明通鑑》卷四五　丙子，以旱災，免順天、河間、保定三府所屬州縣税糧。

《武宗實録》卷一一四　命户部右侍郎侯觀兼都察院左僉都御史，總督宣府、大同軍餉，仍賫銀一十萬兩以往。

丁丑，發户部折糧銀八萬兩於宣府，以備軍興。

《國榷》卷四九　己卯，浙江左布政使王懋中爲右副都御史，巡撫雲南。

進兵部尚書陸完太子太保，提督軍務俞諫右都御史。

《武宗實録》卷一一四　庚辰，哈密【略】來朝。

賜故葉縣知縣唐天恩葬。

《明紀》卷二六　〔壬午〕，湖廣清軍御史王相言，致仕尚書劉大夏年已八十，請復庫隸，録其子孫。中官用事者嗛大夏，不許。

《國榷》卷四九　甲申，虜屯近邊，窺居庸。增游擊將軍，備紫荆等關。

《武宗實録》卷一一四　尋以錦衣衛署都指揮僉事劉寶充遊擊將軍。

《國榷》卷四九　丙戌，調延綏總兵王勛駐清水營，援大同西路；遼東游擊將軍林睿駐山海關、永平，各三千人。

《武宗實録》卷一一四　戊子，陞江西南昌府知府李承勛爲浙江按察司按察使。

《國榷》卷四九　庚寅，復慶王台浤歲禄。

〔八月〕壬辰，晉府河東王奇淮薨。謚榮安。

癸巳，寧王宸濠奏：「臣約束宗室，痛革前弊。」上大喜之。

《武宗實録》卷一一五　乙未，發山西布政司所貯史農義民銀買馬千匹，輸太僕寺。又益以朋椿銀買馬千匹，給偏頭等三關。

發太僕寺銀二十二萬五千兩遣官市馬于山東、遼東、河南，廬、鳳等四府，保定等六府，共一萬五千匹；正德九年備用馬價及七年、八年之逋負者令所司嚴督輸納，以虜警故也。

《國榷》卷四九　丙申，南京右府都督僉事李昂總兵，鎮守貴州。

前南京吏部尚書黄珣卒。【略】贈太子少保，謚文僖。

《武宗實録》卷一一五　丁酉，召巡視浙江右都御史陶琰還京，以盜平故也。

《國榷》卷四九　貴州平頭苗合湖廣五寨苗作亂肆掠。命巡撫貴州右副都御史蕭翀兼制湖北，酉陽、平茶、邑梅各調土兵討之。

巡按貴州監察御史鄺約撫平浪苗猛朔。

《明通鑑》卷四五　以災傷，免山西平陽府各州縣税糧。

《武宗實録》卷一一五　戊戌，命以是月二十二日經筵。

《國榷》卷四九　翰林院庶吉士許復禮授兵科給事中。

《武宗實録》卷一一五　發京庫銀七萬兩于延綏、寧夏，以備邊備。

己亥，烏思藏【略】來朝。

《明通鑑》卷四五　辛丑，以災傷，免真定等四府税糧之半。

《明書》卷一二　敵犯白洋口，勅邊將固守。

《國榷》卷四九　乙巳，申九門盤詰之禁。

戊申，岷府沙陽王膺鉋薨。謚端静。

癸丑，養疾户部右侍郎鄧庠改右副都御史，巡撫蘇、松、常、鎮。

陝西饑，命總制右都御史鄧璋、督餉侍郎馮清兼理賑濟；右副都御史王憲駐漢中，撫流民；陳壽仍巡撫。

《武宗實録》卷一一五　發户部年例銀十七萬兩於宣、大二鎮，以充邊儲。

《國榷》卷四九　甲寅，太監劉寧、劉允徵通、薊、河間莊租，白帖下兵部，即給驛。中官廝養出皆然。

東平人吏部主事梁穀安告變，詞連魯府歸善王當沍。命諸將會兵，遣司禮太監温祥、大理少卿王純、錦衣衛指揮韓端執當沍，總兵官郤永駐河間，桂勇等繼之。訊之，無反狀。【略】温祥械質等至京，罷郤永等兵。巡按御史李翰臣辨其誣，而吏部尚書楊一清信穀言，主之，以匿奸下錦衣獄，同穀置對，謫廣德判官，穀免贖還職。

湖廣總兵方壽祥疾罷，都督同知楊英鎮守湖廣。

《武宗實録》卷一一五　戊午，以災傷，免應天府所屬上元等八縣税糧有差。

《國榷》卷四九　己未，都督同知侯勛爲總兵官，鎮守陝西。

《明史》卷一六《武宗紀》　小王子入寧武關，掠忻州、定襄、寧化。

《國榷》卷四九　災傷，免西安田租有差。

〔九月〕壬戌，旌魯府鎮國將軍當濡孝行。

癸亥，旱災，免廬、鳳、淮、揚夏税有差。

《明通鑑》卷四五　鎮守陝西太監廖堂，進上用鋪花氈幄一百六十二間。

《國榷》卷四九　丁卯，安南黎晭入貢，使臣阮文禮等道没。命以喪還。

《武宗實録》卷一一六　戊辰，刑部右侍郎王寅以病乞致仕。許之。

《明史》卷一六《武宗紀》　庚午，帝狎虎被傷，不視朝，編修王思以諫謫饒平驛丞。

《武宗實録》卷一一六　甲戌，改南京兵部右侍郎楊茂元爲刑部右侍郎。

《國榷》卷四九　庚辰，巡撫陝西右副都御史陳壽爲南京兵部右侍郎。

《武宗實録》卷一一六　壬午，以旱災，免陝西西安左等衛屯田子粒有差。

《國榷》卷四九　丁亥，督餉陝西户部右侍郎馮清巡撫陝西。

總督漕運右都御史張縉以南京户部尚書致仕。

《武宗實録》卷一一六　烏思藏【略】來朝。

《國榷》卷四九　戊子，諭録囚。

雲南十八寨叛賊平，夷降。衆欲掩之，巡撫洪遠以殺降非信。十八寨夷自是不復叛矣。

《武宗實録》卷一一六　國子監司業魯鐸乞祭掃。許之。

《國榷》卷四九　十月壬辰，巡視浙江右都御史陶琰總督漕運，兼巡撫鳳陽。

《武宗實録》卷一一七　癸巳，陞翰林院編修董玘爲本院侍讀。

《國榷》卷四九　甲午，刑部主事李中疏諫護國佛寺駐番僧。【略】不報，尋謫廣東通衢驛丞。

己亥，故靈璧主簿蔣賢贈知縣。賢死楊虎之難。

《武宗實録》卷一一七　庚子，户部以遼東軍餉缺乏，請以年例銀七萬兩先給之，及將山東等運司各年中剩鹽課減價召商報中以補年例原數。報可。

《國榷》卷四九　庚子，修文廟禮樂祭器。

《武宗實録》卷一一七　壬寅，工部左侍郎夏昂卒。

《國榷》卷四九　戊申，工部右侍郎俞琳爲左侍郎，易州山廠右侍郎劉永回部。

《明通鑑》卷四五　己酉，工部以修乾清、坤寧宫上請，命尚書李鐩督營建，工部侍郎劉丙總督四川、湖廣、貴州採木，而以署郎中主事伍全于湖廣，鄧文璧于貴州，李寅于四川分理之，又遣官于浙江、江西、直隸、徽州等處收買竹木。既而傳旨令太監谷大用、張雄總理，皆賜之敕。

《武宗實録》卷一一七　以旱災，免遼東衛所屯田子粒之半。

《國榷》卷四九　辛亥，治大同失事罪，逮總兵葉椿、都指揮程鉞下獄。

《武宗實録》卷一一七　壬子，陞河南左布政使陳璘爲都察院右副都御史，巡撫湖廣地方，兼理軍務。

癸丑，陞提督四夷館太常寺卿廖紀爲工部右侍郎，管理易州山廠柴炭。

《國榷》卷四九　甲寅，命各邊巡按監察御史覈殉事之臣，加贈廕。

戊午，宣府游擊將軍郤永爲征西前將軍、總兵官，鎮守大同。

《明通鑑》卷四五　敕左都督劉暉充總兵官，鎮守山西地方兼提督三關。

《武宗實録》卷一一七　兵部侍郎陳玉兼都察院左僉都御史，提督東西兩路。左僉都御史陳天祥提督山西三關。

《明通鑑》卷四五　降吏科給事中張原爲貴州新添驛驛丞。

《武宗實録》卷一一八　十一月己未朔，欽天監進正德十年大統曆。

《明書》卷一二〔庚申〕，選團營、勇士、四衛兵萬二千人入西内操練。

《明史》卷一六《武宗紀》　辛酉，廢歸善王當沍爲庶人，自殺。

《國榷》卷四九　定歲貢生到部論期。

癸亥，江西按察副使胡世寧爲福建按察使。

《武宗實録》卷一一八　乙丑，發户部銀一萬六千二百七十兩于宣府、大同二鎮，以備軍餉。

《國榷》卷四九　丙寅，巡撫湖廣右副都御史陳璘改延綏，右通政馮蘭爲光禄寺卿。

己巳，山東左布政使秦金爲右副都御史，巡撫湖廣，兼理軍務。

免順天、永平、保定、河間水災田租。

庚午，以虜數入宣、大，罷鎮守太監孫清、宋彬，巡撫都御史高友璣，孟春、王珝，切責總制叢蘭。

《明紀》卷二六　小王子入花馬池，參將尹清戰死。

《國榷》卷四九　癸酉，旌秦府保安王誠潡孝行。

丙子，南京工部尚書林廷選疾不起。予致仕。

裁蘇松兵備副使，河間、大名鎮守總兵。

瓦剌侵哈密，土魯番速壇滿速兒敗之，斬八級。

《武宗實録》卷一一八　丁丑，陞大理寺左少卿張禬、陝西按察使李鉞爲都察院右僉都御史，禬巡撫宣府，鉞提督鴈門等關兼巡撫山西等處。

《國榷》卷四九　改提督撫治鄖陽右副都御史王憲巡撫大同。劉暉爲鎮朔將軍、總兵，鎮守宣府。

壬午，右副都御史任漢撫治鄖陽。

《武宗實録》卷一一八　癸未，改服闋南京兵部尚書柴昇爲南京工部尚書。

《國榷》卷四九　兵部尚書陸完、新寧伯譚祐提督營建。

《明通鑑》卷四五　以災傷，免河南開封等府、陽武等二十四州縣秋糧。

《明紀》卷二六〔丙戌〕，廣西蒼梧賊殺指揮李鎮等。

《國榷》卷四九　右都督許泰、都指揮同知朱彬提督團營西官廳。

《武宗實録》卷一一八　增巡視山西偏頭等關御史一員。

《國榷》卷四九〔十二月〕辛卯，左都督時源總兵，鎮守山西，兼提督三關。

《武宗實録》卷一一九　壬辰，命順天府官祈雪。

《國榷》卷四九　乙未，故江西兵備副使李情贈按察使，予祭，廕子入監。

辛丑，祀唐相廣平郡公宋璟于南和。

《武宗實録》卷一一九　靖遠伯王憲卒。

《國榷》卷四九　己酉，盜劫安南貢物于池州。

《武宗實録》卷一一九　增設甘肅西路遊擊將軍。

《國榷》卷四九　甲寅，署太常寺事太子少保禮部尚書田景賢引疾去，進太子太保。

《明紀》卷二六　甲寅，建乾清宮，加天下賦壹百萬。

《昭代典則》卷二五〔乙卯〕，致仕南京户部尚書雍泰卒。

《國榷》卷四九　丁巳，貴州總兵豐城侯李旻以掊克免。

正德一〇年（乙亥、一五一五）

《國榷》卷四九〔正月〕庚申，太僕寺卿楊廷儀爲太常寺卿。

《明通鑑》卷四六　癸亥，享太廟，薄暮乃成禮還。

乙丑，以大祀天地，誓戒致齋。比夜乃傳旨免朝。

《國榷》卷四九　丁卯，薄暮，上出宿齋宮。

《明史》卷一六《武宗紀》　戊辰，薄暮，祀天地於南郊。

《武宗實録》卷一二〇　壬申，以水災，免義勇、燕山、富峪、會州等二十衛屯田子粒有差。

《明通鑑》卷四六　乙亥，大學士楊廷和等請謹視朝之節以觀示臣民，嚴官衛之防以消弭禍變。

《國榷》卷四九　丙子，虜入潮河川。

《武宗實録》卷一二〇　己卯，改巡撫河南右副都御史陳珂爲大理寺卿。

《明通鑑》卷四六　庚辰，吏部尚書楊一清等言：「比歲視朝太稀，又復太晚，或日西，或薄暮。入春以來，漸至昏夜，日月之光既遠，上下之情不達。」又言：「陛下新閲禁兵，以天子之尊行將帥之事，以禁密之地爲攻戰之場，震撼喧呼，以夜繼日。既無警蹕之規，復乖堂陛之分。」皆不報。

于是〔辛巳〕，六科給事中李陽春、十三道御史于鏊等皆以爲言，而給事中王良佐言尤切。【略】不報。

《國榷》卷四九　套虜二萬餘入花馬池，大掠固原。

《武宗實録》卷一二〇　癸未，哈密并撒馬兒罕【略】來貢。

《國榷》卷四九　甲申，巡撫貴州右副都御史蕭翀改河南。

《武宗實録》卷一二〇　丁亥，陞陝西左布政使曹祥爲都察院右副都御史，巡撫貴州，兼理軍務。

《明通鑑》卷四六　御史張翰上言：「旬日以來，民間相傳，謂朝廷欲博選女子以充後宮。【略】乞敕禮部榜諭，以解萬民之惑。」不報。

二月庚寅，巡按廣東御史高公韶奏：「韶州故有唐宰相張九齡祠。考九齡子拯爲伊闕令時，安禄山陷河、洛，拯不受僞官，堅守臣節，忠義著聞，而獨遺從祀，(以)〔似〕爲闕典。」禮部議覆，祔祀九齡祠。

時部議又請以故大學士丘濬祔祀蘇軾于瓊州奇甸書院，亦從之。

《國榷》卷四九　辛卯，災傷，免鳳陽、滁、徐田租。

壬辰，都指揮使張林、張謙、王瓛俱都督僉事。

《明書》卷一二　命都御史陳天祥修各關隘。

《武宗實録》卷一二一　甲午，降總兵官署都督僉事劉淮爲都指揮僉事。

鎮守雲南總兵官黔國公沐崑辭所加太子太傅。疏入，允之。

《明通鑑》卷四六　丁酉，給西域烏斯藏大德法王誥命。

《武宗實録》卷一二一　庚子，免江西萬年縣正德九年夏税，以縣新設。

辛丑，命是月二十二日經筵。

壬寅，免江西東鄉縣五十五等都聽撫復業人民糧差三年，七十一等都及臨川縣五十三等都糧差一年，從兵備副使胡世寧奏也。

《國榷》卷四九　癸卯，前南京右都御史劉洪卒。【略】贈刑部尚書。

甲辰，南京工部右侍郎俞深劾免。

《武宗實録》卷一二一　哈密【略】來朝，貢駝馬、方物。

《國榷》卷四九　庚戌，南京糧儲右副都御史崔文奎爲南京工部右侍郎。

甲寅，應天府尹白圻爲右副都御史，管南京糧儲。

總兵郤永奏帶千户李珍等二十六人。命止五人。

乙卯，虜入延綏、寧夏。

《明通鑑》卷四六　至是兵部議，令〔彭〕澤將原調延綏、固原人馬發回本處防禦。從之。

《國榷》卷四九　三月己未，兵饑，免西充、蓬溪、鹽亭、射洪等處田租。

庚申，晉府臨泉王奇湒薨。謚榮穆。

錦衣衛都指揮同知朱彬冒功爲都督僉事，後府食禄。

癸亥，大理寺左少卿王純爲右僉都御史，巡撫宣府。

甲子，禁訛言採女。

《明通鑑》卷四六　丙寅，大學士楊廷和丁父憂，請回籍守制。【略】不允。

《國榷》卷四九　戊辰，南京禮部右侍郎楊旦爲禮部右侍郎，署太常寺事。

己巳，楊廷和再乞守制。不允。

《皇明大政紀》卷二〇　〔壬申〕，大學士楊廷和丁憂去位。

《國榷》卷四九　癸酉，增紫荆三關兵備副使，真定、保定通判各一。

《武宗實録》卷一二二　甲戌，陞順天府府尹楊廉爲南京禮部右侍郎。

《國榷》卷四九　戊寅，雲南右布政使李充嗣爲順天府尹。

己卯，鎮守大名都督總兵官郤永移宣府。

《明通鑑》卷四六　癸未，廣東布政使羅榮等入覲，各言鎮守内臣入貢之害；禮部尚書劉春，因列上累朝停革貢獻詔旨，且言四方水旱盜賊軍民困苦狀，乞罷諸鎮守内臣。不納。

謫户部主事戴冠爲廣東烏石驛丞。

《國榷》卷四九　甲申，前南京工部尚書畢亨卒。

《武宗實録》卷一二二　丙戌，命提督四川等處軍務總兵官時源鎮守大同。

《明紀》卷二六　英國公張懋卒。年七十五。贈寧陽王，謚恭靖。

《武宗實録》卷一二三　四月壬辰，命靖遠伯王憲子瑾襲爵。

《國榷》卷四九　甲(申)〔午〕，考察京官，降斥有差。

《武宗實録》卷一二三　丙申，哈密【略】來朝，貢馬。

丁酉，太監韋霦傳旨：以都知監右監丞喬能守備黄花鎮。

《國榷》卷四九　庚子，琉球入貢。

《明紀》卷二六　〔辛丑〕，致仕尚書傅珪卒。

《武宗實録》卷一二三　癸卯，陞鎮守四川署都督僉事徐謙爲都督同知。

乙巳，陞南京國子監祭酒吴一鵬爲南京太常寺卿。

《國榷》卷四九　甘肅總兵署都督僉事金輔爲署都督同知。

丙午，安南來朝，陪臣阮貴雅奏：「龍州梁村灘舟壞，濡貢絹五十匹，行人阮文焕溺死。」上閔之，歸其喪。

丁未，慶陽伯夏儒卒。

《武宗實録》卷一二三　戊申，免長蘆運司利民等十七場拖欠鹽課一萬四千七百引有奇，從巡鹽御史余珊奏也。

《國榷》卷四九　禁三關開墾山場。

《武宗實録》卷一二三　庚戌，陞國子監司業魯鐸爲南京國子監祭酒。

《國榷》卷四九　壬子，翰林院庶吉士劉濟授吏科給事中。

《武宗實録》卷一二三　漕運糧二千石發於通州、武清、漷縣賑濟飢民。

《國榷》卷四九　癸丑，總理河道右副都御史劉愷爲兵部右侍郎，署通政司事。

《武宗實録》卷一二三　甲寅，陞翰林院編修黄瀾爲國子監司業。

《明通鑑》卷四六　丙辰，下江西副使胡世寧于獄。

《武宗實録》卷一二三　丁巳，設守禦千户二所於聚落、高山堡。

《國榷》卷四九　閏四月庚申，旌韓府鎮國將軍範墹孝行。

《武宗實録》卷一二四　免兩淮鹽運司余西等場各額鹽三萬一千八百九十四引有奇，以被海潮漂溺故也。

《明史》卷一六《武宗紀》　辛酉，吏部尚書楊一清兼武英殿大學士，預機務。

《國榷》卷四九　癸亥，大同總兵署都督僉事葉椿失事，降大同前衛指揮使。

總督漕運右都御史陶琰引疾去。

丁卯，南京兵部尚書張濚致仕。

《武宗實録》卷一二四　戊辰，發兩淮運司并揚州鈔關銀三萬兩送南京供應機房，以供織造。

命陝西巡茶御史兼理西、漳二縣開中鹽課。

《國榷》卷四九　庚午，太子太保兵部尚書陸完爲吏部尚書。

辛未，阿爾倫寇延綏，總兵王勛禦之五國城，擒斬五十九人。復寇寧夏，總兵潘浩禦，敗之洪團莊，斬十四級。

丙子，右都御史叢蘭總理漕運，巡撫鳳陽。

《明通鑑》卷四六　戊寅，召總制甘肅左都御史彭澤還。

《武宗實録》卷一二四　陝西地方并哈密一應事宜俱令總制鄧璋總理。

《國榷》卷四九　朵顔衛所鎮撫失林孛羅襲右都督。

《武宗實録》卷一二四　運户部折糧銀十萬兩於大同，并兩淮鹽課二十五萬引，引定價銀四錢二分，抵補商人糧草舊價，從管糧郎中鄭選奏也。

庚辰，前南京右都御史熊繡卒。

《國榷》卷四九　己卯，户部尚書王瓊爲兵部尚書。

《武宗實録》卷一二四　安南國王黎晭遣陪臣阮仲逵等貢方物。

《國榷》卷四九　甲申，楊谷、唐龍、何鰲、萬鏜、成英、李素、王應鵬、吴華、何鉞、張文明、孫方、袁澤、高鉞爲監察御史，實授。

《武宗實録》卷一二五　五月丁亥朔，命兵部尚書王瓊同太監谷大用、新寧伯譚祐提督團營操練。

《國榷》卷四九　戊子，右都御史石玠爲户部尚書，南京禮部尚書喬宇改南京兵部尚書。

己丑，府軍衛帶俸都指揮使李隆自陳桃源功，進左府署都督同知，帶俸。

《武宗實録》卷一二五　壬辰，陞禮部左侍郎李遜學爲南京禮部尚書。

《國榷》卷四九　甲午，吏部左侍郎王璟爲右都御史。左都御史彭澤入朝，回院。

丙申，周府鄢陵王同綬薨。謚靖簡。

丁酉，增京城捕盗官軍，定賞格。

《武宗實録》卷一二五　戊戌，改服闋禮部左侍郎毛紀爲吏部左侍郎，陞禮部右侍郎吴儼爲本部左侍郎，改南京吏部右侍郎石珤爲禮部右侍郎。

《國榷》卷四九　己亥，逮南京户部主事王瑞，以放糧擅辱千户王忠、鄭僖。

甲辰，都督同知白玉降都督僉事，都督僉事温恭降都指揮使。

丙午，宥提督三關副總兵都指揮神周罪，降總旗，而納粟指揮僉事如故。

《皇明大政紀》卷二〇　〔丁未〕，以羅欽順爲南京吏部右侍郎。

《國榷》卷四九　壬子，翰林檢討張邦奇爲湖廣提學副使。

是月，虜大掠固原、隆德、静寧。總制鄧璋募死士夜入虜營，竊馬斬首。賞各有差。

〔六月〕丁巳，鎮守宣府太監于喜部卒私騎官馬，總兵郤永杖之，喜誣永不軌，調寧夏，以寧夏總兵潘浩鎮宣府。

《武宗實録》卷一二六　斬四川賊黨雷伯定于市。

《國榷》卷四九　己未，巡撫山東右僉都御史趙璜爲工部右侍郎兼左僉都御史，總理河道。

《武宗實録》卷一二六　革陝西潼關、河南彰德等處兵備官。

《國榷》卷四九　庚申，廣東右布政使吴廷舉兼按察副使，爲嶺西兵備。

巡撫直隸監察御史陳言以通州倉增内臣十一人，乞停止。命暫供職，以後京通總督仍二人監督，臨、徐、淮安三人，著爲令。

壬戌，增兖州同知、大名通判，長垣、東明、曹縣、城武主簿各一。

復神木千户所于朝陽門。

《武宗實録》卷一二六　甲子，以水災，免河間府静海縣莊田子粒、銀兩有差。

《國榷》卷四九　丙寅，應天府尹黄瓚爲右副都御史，巡撫山東。

《武宗實録》卷一二六　以黄河水災，免山東曹、單、武城三縣歲欠備用馬匹。

《明通鑑》卷四六　己巳，朵顔衛花當等分道内侵，命都督僉事桂勇充副總兵官禦之。

《武宗實録》卷一二六　詔内外問刑衙門凡徵收部解官物雖未入官，有所侵盜及遇革不改者俱照監守及侵盜倉庫例科斷，敢故縱者坐之，著爲例。

《國榷》卷四九　分守松潘副總兵都指揮僉事吴坤爲署都督僉事、總兵，鎮守四川。

庚午，通事程理、聶勇與朵顔貢使爲奸利，逮之，命各邊通事歲更之。

《明紀》卷二六　〔辛未〕，帝微行出西安門，經宿始返。梁儲等諫，不省。

《國榷》卷四九　給事中王良佐、監察御史周倫、主事侯綸，奉命選各營衛官軍。

丁丑，薊州總兵官遂安伯陳鏸劾免。

己卯，雲南潞江安撫司土官綿捧作亂，官軍誘執之，獄死。

壬午，陝西都指揮同知戴欽爲署都督僉事、總兵，鎮守薊、永、山海。

癸未，巡撫甘肅右副都御史趙鑑改南京都察院。

《武宗實録》卷一二六　甲申，復給湖廣忠峝安撫司、忠建宣撫司、高羅安撫司印，以夷舍田隆、田本忠、田萬金掌之。

《國榷》卷四九　乙酉，前大同總兵都督僉事張安卒。

〔七月〕丁亥，陝西提學副使祝萃爲廣東左參政。

己丑，陝西左布政使李昆爲右副都御史，巡撫甘肅。

庚寅，故襄陽推官内江吴伯鈞擊盜東鄉死，子鳳興廕入監。

《明通鑑》卷四六　乙未，俞諫討江西賊徐九齡，平之。

《武宗實録》卷一二七　丁酉，巡撫延綏都御史陳璘奏虜萬騎擁入新興堡。

《國榷》卷四九　戊戌，監察御史高公韶謫富民典史。

《明通鑑》卷四六　己亥，建太素殿成，比舊尤華侈。

《國榷》卷四九　前巡按廣西監察御史朱志榮索賄土官，屬吏私女婦被劾，下錦衣獄，戍貴州。

《武宗實録》卷一二七　辛丑，命占城使臣力哪吧等領勑并封册還國。

《國榷》卷四九　禮科給事中范洵請各省鄉試遣京考。部議寢之。

壬寅，給提學官關防，以江西提學僉事田汝耔始。

《武宗實録》卷一二七　乙巳，輸太倉銀十萬兩、浙江事例銀八千兩于陝西備軍餉。

甲寅，降巡撫大同右副都御史高友璣爲湖廣按察司副使。

《國榷》卷四九　八月乙卯朔，遣少監秦用敕楊廷和入朝。

己未，雲南按察副使朱應登爲左參政。

辛酉，南京刑部右侍郎藍章兼左僉都御史，清理兩淮、長蘆鹽法。

《皇明大政紀》卷二〇　起僉都御史王雲鳳清理兩浙鹽法。

《武宗實録》卷一二八　壬戌，命二十二日復開經筵。

《國榷》卷四九　御用監太監張永同御馬太監谷大用總管神機營並提督團營。

給還開平王常遇春玄孫瑋江都田宅。

《昭代典則》卷二五　〔丁卯〕，以毛紀爲禮部尚書。

《武宗實録》卷一二八　戊辰，授推官向信、黎龍、林潮，知縣董相、伍希儒、王瑋、王以旂、賈啓，行人熊蘭、石金、楊秉中、張欽，太僕寺博士唐濂爲試監察御史；知縣王溱，行人沈霽、鄭慕爲南京試監察御史。

《國榷》卷四九　癸酉，吏部右侍郎毛澄爲左侍郎，南京户部右侍郎王鴻儒改史部右侍郎。

《武宗實録》卷一二八　戊寅，致仕兵部尚書王敞卒。

《國榷》卷四九　辛巳，中旨：都知監太監傅倫鎮守廣西。

壬午，江西左布政使陳恪爲右副都御史，巡撫南、贛、汀、漳。

監察御史張經劾太監于喜，下獄。

《明書》卷一二　九月〔辛卯〕，命都督張洪率兵西出禦敵。

《國榷》卷四九　金華知府劉蒞推浙江副使，以降調官不許。

《武宗實録》卷一二九　陞都督同知馬釗爲右都督。

《國榷》卷四九　壬辰，設工部署郎中二人，催採木料。

癸巳，中旨：御馬監太監廖鑾鎮守陝西，吴景鎮守河南，杜甫鎮守湖廣，撤廖堂、王宏、王潤。

《武宗實録》卷一二九　遣兵部主事楊應奎以銀五萬兩市馬于河南、陝西，各千匹。太僕寺官選保定等府寄養馬三千匹送陝西軍前聽用。

乙未，總督兩廣軍務都察院右都御史周南乞致仕。許之。

《國榷》卷四九　丁酉，鞏昌通判孫璘獲虜諜細車罕帖木兒，械入京。

《武宗實録》卷一二九　戊戌，南京三法司奉旨以天氣暄熱會審罪囚。

《國榷》卷四九　己亥，楊廷和乞終制。不允。

《武宗實録》卷一二九　陞陝西都指揮僉事趙文爲署都督僉事，鎮守陝西。

《明通鑑》卷四六　壬寅，起前總制江西左都御史陳金總督兩廣軍務兼巡撫。

《國榷》卷四九　乙巳，總制陝西軍務右都御史鄧璋致仕。

《武宗實録》卷一二九　刑部都察院會官審録重囚。

《國榷》卷四九　中旨：錦衣指揮僉事趙璽管象房，鎮撫司理刑百户劉儒爲指揮僉事。儒，太監雲從子。

庚戌，中旨：以太監張忠監督團營西官廳，佛保管神機營中軍四司立威營，御用監太監孔學管神機營右哨頭目並鼓勇營。

《武宗實録》卷一二九　壬子，陞都察院左僉都御史陳天祥爲左副都御史，提督陝西諸路軍務。

改巡撫河南都察院右副都御史蕭翀于陝西。

《國榷》卷四九　〔十月〕乙卯，中旨：鎮守貴州太監史泰調雲南，太監李鎮代之。人監黎鑑鎮守山東，兼管臨清。罷梁裕、畢真。

《武宗實録》卷一三〇　丁巳，命服闋都察院右僉都御史顔頤壽本院管事。

陞順天府府尹李充嗣爲都察院右副都御史，巡撫河南。

《國榷》卷四九　南京右都御史黄珂奏表至，乞展墓。許之。

癸亥，都督同知朱寧爲右都督，以緝捕功也。

《明通鑑》卷四六　甲子，以水災，免南直隸長洲、常熟、嘉定及蘇州衛秋糧。

《國榷》卷四九　丙寅，淮府德興王見滙薨。謚莊僖。

戊辰，南京工部尚書柴昇疾去。

庚午，右副都御史王倬爲南京兵部右侍郎。

《明通鑑》卷四六　〔壬申〕，擢河南布政使孫燧爲右副都御史，巡撫江西。

《武宗實録》卷一三〇　癸酉，命英國公張懋嫡孫崙襲爵。

《國榷》卷四九　乙亥，南京右都御史黄珂爲南京工部尚書。大理寺左少卿李瓚爲右僉都御史，整飭薊州兵備兼巡撫順天。

己卯，巡按南直隸監察御史施儒治門卒戍外衛過當，下獄，削籍。

《武宗實録》卷一三〇　辛巳，陞總理糧儲都察院左副都御史鄧庠爲南〔京〕都察院右都御史。

陞大理寺右少卿胡瓚爲左少卿。

《國榷》卷四九　壬午，中旨：太監張永、谷大用、新寧伯譚祐、尚書王瓊兼提督大工。

《武宗實録》卷一三一　十一月癸未朔，欽天監進正德十一年大統曆。

《國榷》卷四九　錦衣衛都指揮使張蘭爲後府都督同知。

《武宗實録》卷一三一　丙戌，陞都察院右僉都御史張津爲右副都御史，巡撫蘇松等處，兼總理糧儲。

《國榷》卷四九　庚寅，故巡撫寧夏安惟學子弘嗣廕國子生，罷其贈。

《武宗實録》卷一三一　壬辰，陞浙江按察司按察使范鏞爲南京都察院右僉都御史，提督操江。

《國榷》卷四九　乙未，虜入宣府雲州。

哈密衛都督同知奄克孛剌有功，加左都督。

丙申，增揚州管糧通判。

《武宗實録》卷一三一　辛丑，户部以各邊糧草缺乏，請開中兩淮、長蘆、河東鹽課。【略】從之。
發太僕寺馬三千匹、銀二萬五千兩於大同。
《國榷》卷四九　甲辰，覈内閣藏書，委誥敕房主事李繼先、典籍劉偉，多見盜。
丙午，翰林編修趙永爲侍讀。
水災，免仁和、錢塘、海寧、富陽、餘杭、臨安、於潛、新城、安吉、烏程、歸安、長興、孝豐、德清、武康、寧海夏麥、絲綿、絹鈔有差。
《武宗實録》卷一三一　丁未，發銀五萬兩於陝西，以供軍餉。
己酉，災傷，免蔚州等衛所屯田地畝團種餘地秋糧有差。
《明通鑑》卷四六　命司設監太監劉允往烏思藏賫送番貢等物。
《國榷》卷四九　庚戌，乾清宮肇工。
大理寺卿陳珂被劾免。
中旨：御用監左監丞張明守備峨嵋山等營，撤宋寶。
十二月癸丑朔，日食，改次日視郊牲。
《明通鑑》卷四六　浙江布政使方良永乞致仕。
《武宗實録》卷一三二　甲寅，上視郊祀牲。
《國榷》卷四九　丙辰，監察御史徐文華疏阻迎佛。不聽。
勞四川巡撫右副都御史馬昊，副總兵吴坤，副使盧翊金幣。
《明通鑑》卷四六　丙辰，下寧波知府翟唐于獄。
《國榷》卷四九　戊午，戒諭淮王祐棿。
己未，南京户部尚書胡富致仕。
巡撫保定右副都御史張淳被劾免。
《武宗實録》卷一三二　庚申，改巡撫南贛右都御史陳恪爲大理寺卿。
《國榷》卷四九　丙寅，南京右副都御史鄧庠爲南京户部尚書。河南左布政使臧鳳爲右副都御史，巡撫保定，提督紫荆等關。
威寧侯仇鉞辭營務。
《武宗實録》卷一三二　陞金吾右衛指揮使張英爲都指揮僉事。
《國榷》卷四九　丁卯，公勉仁服闋，除右副都御史，巡撫南、贛、汀、漳。
《武宗實録》卷一三二　陞後府帶俸都督同知朱國爲右都督。
《國榷》卷四九　己巳，裁曹州、武定州、大名府兵備道。
《武宗實録》卷一三二　庚午，太監韋霦傳旨：命太監郭原鎮守遼東，劉祥鎮守延綏，甯誠總鎮兩廣，許滿鎮守江西，王保鎮守四川。
《國榷》卷四九　壬申，前南京右通政徐説卒。
甲戌，暹羅國來貢，上金葉表，四夷館不能譯。大學士梁儲上言：「【略】今宜于暹羅夷使選一二人在館教習，待成日送歸。」從之。又貢船壞，特給修費。
乙亥，中旨：左府帶俸署都督僉事傅鎧右府僉書，後府帶俸都督同知朱彬、張林僉書。林，太監張雄姪。
《武宗實録》卷一三二　丁丑，陞南京大理寺卿洪遠爲南京都察院右都御史。
《國榷》卷四九　湖廣致仕永順宣慰使彭世麒獻大木三十、次木二百助大工。
《明紀》卷二六　己卯，免南畿旱災秋糧。
《國榷》卷四九　辛巳，錦衣衛指揮同知白埈奏父尚書昂勦盜、修陵功，命南鎮撫司視事。時武弁陳乞，文臣子弟亦效之，埈重費得錦衣，未幾，卒破家。

正德一一年（丙子、一五一六）

《國榷》卷五〇　正月癸未朔，酉刻，上始御奉天殿。朝罷，深夜，奔赴相蹂踐，將軍趙朗斃于禁門，其餘失簪笏，毁冠裳，午門外從者喧覓官長，聲如市，徹于殿陛。已，御史程啓充疏諫。不報。
甲申，署太常寺事禮部右侍郎楊旦改户部右侍郎，總督倉場。
辛卯，撫治鄖陽右副都御史任漢爲南京大理寺卿。
壬辰，潘倣、劉廷簠、陳良玉、周震、樊繼祖、陶麟、蔣亨、林有年、李鎮、吴闓、陸時通、甯欽、鄭光琬爲試監察御史。
《明史》卷一六《武宗紀》　乙未，大祀天地於南郊。
《國榷》卷五〇　丁酉，署通政司事兵部右侍郎劉愷爲禮部尚書，署太常寺事。
戊戌，商人梁相等乞開賣河東餘鹽。從之，户部不能奪。
庚子，南京禮科給事中徐文溥等請擇立皇儲。不報。
《武宗實録》卷一三三　添設徐州管糧判官一員。

《國榷》卷五〇　大同左副總兵林寬禦虜失律，降都指揮僉事。

甲辰，提督軍務左副都御史陳天祥回院。

《武宗實録》卷一三三　乙巳，召督餉兵部右侍郎馮清還京。

《國榷》卷五〇　丙午，南京太僕寺少卿文森爲右僉都御史，巡撫南、贛、汀、漳。

丁未，故韶州同知上虞韓銑以正德初征叛猺死，贈知府，子沇入太學。

《武宗實録》卷一三四　二月壬子朔，命左參將房潤充副總兵，鎮守廣西地方。

《國榷》卷五〇　癸丑，松潘墻栅成，敕奬巡撫都御史馬昊。

丁巳，贈馬蘭谷參將陳乾都指揮同知，予祭葬。

《武宗實録》卷一三四　襄府陽山王見滂薨。【略】謚曰恭和。

《國榷》卷五〇　戊午，命刑部郎中留志淑、孫泰、歐陽重、吴山、張元電、馬文、唐錦、倪璋，員外郎陳璋，大理寺正洪聰、劉經，寺副金壘，周敍録囚天下。

《明通鑑》卷四六　庚申，召巡撫江西右都御史俞諫還。

《武宗實録》卷一三四　都察院右僉都御史王雲鳳乞養病。許之。先是，以雲鳳清理兩浙、福建鹽法，雲鳳以病辭，不允。至是復辭，詔以副都御史陳天祥代之。

《國榷》卷五〇　辛酉，裁江西東鄉新設兵備副使。

壬戌，巡撫陝西糧儲户部右侍郎兼左僉都御史馮清改刑部右侍郎，添注。

甲子，復留曹州兵備副使吴璋，以治河決。

《國榷》卷五〇　戊辰，故縣丞袁瑤擊盗死，贈知縣，廕子國子生。

《明紀》卷二六　〔己巳〕，楊廷和三疏乞終喪。許之。

《武宗實録》卷一三四　庚午，傳旨：陞後軍都督府都督同知朱彬、都督僉事馬昂俱爲右都督。

《國榷》卷五〇　壬申，中旨：以右都督張洪監督團營西官廳，神周復指揮僉事，管勇士營。

《武宗實録》卷一三四　癸酉，後軍都督府右都督張林卒。

《國榷》卷五〇　三月丙戌，立泰州太昊伏羲氏廟。

《武宗實録》卷一三五　命太師英國公追封寧陽王張懋附祭世忠祠。

《國榷》卷五〇　庚寅，時傳作宣府行宫，備行幸。巡按御史盧雍疏諫。不聽。

《武宗實録》卷一三五　甲午，陞右都督許泰爲左都督，歲加禄米五十石。

丁酉，降巡撫宣府右僉都御史孟春、巡撫山西右僉都御史王珝爲布政司左參議，春陝西，珝浙江。坐虜入寇失機也。

《國榷》卷五〇　戊戌，左都督劉暉爲總兵，署都督僉事桂勇、署都指揮使賈鑑爲左、右參將，團營操練。

癸卯，慶成王府鎮國將軍奇瀊等兇惡，降奇瀊庶人，表檬、奇涇等奪禄有差。定宗室婚封及期。巡撫及長史等亟奏請，毋啓郡王索賕致怨曠。

甲辰，閣臣言馬昂納妹事。不報。

庚戌，琉球入貢。

安南鄭惟鐐、鄭綏與其黨陳真弑國王黎晭。諒山都將陳暠自稱陳氏後，以諒山之甲逼交州，殺惟鐐自立，夷號天應。陳真攻之，走諒山。綏等共立譓，一名椅，改元光紹，尊灝哲宗明皇帝，謚晭靈隱王，追謚黎誼威穆帝。遣陳真攻諒山，暠病死，獲其子昺，誅之。

《明通鑑》卷四六　夏四月丁巳，以久旱，命定國公徐光祚等禱雨，祭告天地宗廟社稷。

《武宗實録》卷一三六　發户部銀三萬兩於薊州，以備遼東客兵支用。

《國榷》卷五〇　己未，山西慶成、永和二王府歲禄折金，餘如舊。

《明通鑑》卷四六　大學士梁儲等以災異請策免，得旨慰留。

《國榷》卷五〇　庚申，鎮守雲南黔國公沐崑求歸葬母。不允，進太子太保。

分守莊浪、西寧左參將署都督僉事魯經爲都督同知。

《武宗實録》卷一三六　壬戌，運銀五萬兩于宣府，備客兵支用。

《國榷》卷五〇　乙丑，楚府通山王榮濠薨。謚温定。

《明通鑑》卷四六　丙寅，賜寧王宸濠所建書院曰陽春，從其請也。

《國榷》卷五〇　戊辰，令各巡撫檢災賑濟。

甲戌，貴州巡撫都御史曹祥劾免聽勘。

《武宗實録》卷一三六　乙亥，翰林院侍讀温仁和丁憂服闋，復職。

《明通鑑》卷四六　戊寅，振河南饑，發銀五萬兩，並移開封府東南州縣及南陽、汝寧等處倉粟振之，從巡撫副都御史李充嗣請也。

《國榷》卷五〇　中旨：中府帶俸都督同知王瓛爲僉書。

庚辰，災傷，賑順天、永平、保定、河間饑民。

中旨：御馬太監孫清鎮守河南。

《國榷》卷五〇　〔五月〕癸未，河南大饑，賑之。

《明通鑑》卷四六　甲申，南京六科給事中殷雲霄等，十三道御史范輅等，復請誅馬昂並斥昂妹于外，語皆切直。不報。

《武宗實録》卷一三七　丙戌，改設開封府同知一員，專理河道。

《國榷》卷五〇　丁亥，雲南左布政使鄒文盛爲右副都御史，巡撫貴州兼理軍務。

戊子，南京禮科給事中徐文溥薦致仕侍郎章懋學行。命有司存問。

《明通鑑》卷四六　己丑，振陝西饑。

《明史》卷一六《武宗紀》　庚寅，土魯番以哈密來歸。

《國榷》卷五〇　丁酉，江西提學僉事田汝耔薦養疾御史宋景、貢士安福劉養正。詔景復職，養正詣京。

庚子，故四川按察僉事王源予祭葬。

《武宗實録》卷一三七　追贈故廣東左布政使陳選爲光禄寺卿，謚恭愍。

《國榷》卷五〇　辛丑，鎮守甘肅總兵官都督同知徐謙致仕。以屢立功，進右都督。

《明史》卷一六《武宗紀》　甲辰，録自宫男子三千四百餘人充海户。

《武宗實録》卷一三七　乙巳，贈南京吏部尚書黄珣太子少保。

《國榷》卷五〇　甘州左副總兵都指揮同知史鏞爲平羌將軍，署都督僉事、總兵，鎮守甘肅。

中旨：内官監太監王暘鎮守金齒、騰衝。

丁未，把兒孫謀入寇。左都督劉暉總兵，率團營五百人及邊兵禦之。

庚戌，巡撫雲南右副都御史王懋中致仕。

《明紀》卷二六　致仕兵部尚書劉大夏卒。年八十一，贈太保，謚忠宣。

《武宗實録》卷一三八　〔六月〕癸丑，命都督僉事孫棠充右參將，分守開原。

《國榷》卷五〇　丙辰，都督僉事周倫守備靖虜。

《武宗實録》卷一三八　丁巳，詔兵備官所屬境内事干盜賊有司亦聽提調約束。

命署都指揮僉事王偉充左參將，協守松潘東路地方。

《明通鑑》卷四六　丁巳，遣尚衣太監浦智往蘇、杭等處織造紗羅紵絲一萬六千七百餘疋。

《國榷》卷五〇　戊午，故右都督張林子政世錦衣指揮使。

《武宗實録》卷一三八　己未，陞南京都察院右僉都御史范鏞爲都察院右副都御史，巡撫雲南。

《國榷》卷五〇　壬戌，巡撫山西右僉都御史李鉞改南京，提督操江。

《明通鑑》卷四六　乙丑，六科給事中吕經、十三道御史程昌等，皆疏論山西左布政倪天民、右布政陳逵、右參議孫清、登州知府張龍爲天下四害。【略】詔下吏部。

《武宗實録》卷一三八　丁卯，陞浙江左布政使任鑑爲都察院右副都御史，兼巡撫山西、提督鴈門等關。

《國榷》卷五〇　庚午，平原妖人胡文智伏誅。

丙子，裁廣西府江兵備道。

戊寅，前南京刑部尚書潘蕃卒。

《武宗實録》卷一三九　〔七月〕壬午，發陝西布政司事例銀三萬兩於寧夏，糴買糧草。

《明紀》卷二六　〔甲申〕，始收泰山碧霞元君祠香錢。

《國榷》卷五〇　丙戌，中旨：御馬監右少監趙昇守備倒馬關。

戊子，災傷，免霸州、大城、文安、静海葦課。

《武宗實録》卷一三九　壬辰，開中兩淮、兩浙鹽一十五萬引于貴州召商上納，及開吏典、知印、承差納米免考、免辦事例，其原擬廣西、福建、雲南生員上納銀兩解太倉者俱以給之。

《國榷》卷五〇　癸巳，雲南按察使劉麟疾罷。

前江西按察副使胡世寧戍遼東。

沛縣知縣胡守約削籍。

甲午，翰林編修徐縉爲侍讀。

旱災，減兗州今年田租。

《明史》卷一六《武宗紀》　乙未，小王子犯薊州白羊口，太監張忠監督軍務，左都督劉暉充總兵官，帥東西官廳軍禦之。

《國榷》卷五〇　命兵部分諭慰軍民。

瀋王幼㙉薨。年五十五，謚曰莊。

丙申，兵部右侍郎丁鳳兼左僉都御史，提督宣大軍務。

趙府襄邑王祐櫸薨。謚昭和。

戊戌，游擊將軍李琮防禦薊州。

《武宗實録》卷一三九　己亥，發户部銀七萬兩于大同，十萬兩于宣府，收買糧草。以邊警，從侍郎楊潭奏也。

《明紀》卷二六　致仕大學士李東陽卒。年七十，贈太師，謚文正。

《武宗實録》卷一三九　壬寅，南京前軍都督府掌府事專管操江懷寧侯孫應爵有疾，召還京，以南和伯方壽祥代之。

《國榷》卷五〇　乙巳，益兵守紫荊等關。

《明通鑑》卷四六　丙午，命工部右侍郎趙璜於順天等三府，左侍郎俞琳於保定等五府，整飭邊備，皆兼僉都御史。時北寇近邊，京師戒嚴，防其深入也。

《國榷》卷五〇　丁未，巡按宣府監察御史張經謫雲南河西典史。

八月庚戌朔，四川僰蠻作亂。命招諭，不聽即兵之。

《武宗實録》卷一四〇　辛亥，命都指揮同知袁傑、韓平，都指揮僉事蔣鑑、焦倫、高謙各領騎兵三千人，撫寧侯朱麒、安遠侯柳文領步兵一萬人，操練聽調。

《國榷》卷五〇　左都御史彭澤提督東西邊關，署都督同知金輔、都指揮陳珣充游擊將軍，以京兵七千餘人防虜。時獲虜諜奸僧法順，故戒嚴。

癸丑，旱災，免順天、永平、保定、河間、西安、大同夏税有差。

《武宗實録》卷一四〇　丁巳，命以是月十二日經筵。

《明通鑑》卷四六　命成國公朱輔充總兵官，偕彭澤行。

《武宗實録》卷一四〇　己未，翰林院庶吉士尹襄丁憂服闋，授本院編修。

《明史》卷一六《武宗紀》　庚申，賜宛平縣被寇者人米二石。

《國榷》卷五〇　壬戌，裁廣信捕盗通判。

癸亥，逮宣府總兵官署都督僉事潘浩。

《明史》卷一六《武宗紀》　甲子，楊一清致仕。

《國榷》卷五〇　乙丑，巡按山西監察御史李節乞優禮户部尚書韓文。不允。

《明通鑑》卷四六　戊辰，擢南京鴻臚寺卿王守仁爲都察院左僉都御史，巡撫南、贛、汀、漳等處。

《國榷》卷五〇　庚午，協守大同副總兵都指揮僉事朱振爲鎮朔將軍、署都督僉事，總兵，鎮守宣府。

《明通鑑》卷四六　〔癸酉〕，寇犯清河鹻場，地方官軍陣亡及傷者五十餘人。詔逮問分守都指揮王宣，守堡指揮趙鐸等。

《皇明大政紀》卷二〇　〔甲戌〕，以副都御史陳雍撫治鄖陽。

《國榷》卷五〇　前右參政毛理爲南京鴻臚寺卿，以吏部尚書陸完姻也。

乙亥，太僕寺卿孫緒削籍。

《武宗實録》卷一四〇　丙子，令河南道分巡官專駐汝州，防礦盗也。

《明史》卷一六《武宗紀》　丁丑，禮部尚書蔣冕兼文淵閣大學士，預機務。

《國榷》卷五〇　九月辛巳，逮鎮守大同總兵官時源。

丁亥，禮部尚書毛紀兼翰林學士，專誥敕，仍署詹事府。

《武宗實録》卷一四一　庚寅，陞湖廣左布政使龔弘爲應天府府尹。

《國榷》卷五〇　旱災，免鞏昌、濟南田租之半。

壬辰，南京禮部尚書李遜學改北。

《武宗實録》卷一四一　改鎮守延綏總兵官署都督僉事王勛于大同；陞分守涼州右副總兵署都指揮僉事柳湧爲署都督僉事，充總兵官，代勛；以遊擊將軍都指揮僉事陳珣充右副總兵，代湧。

《國榷》卷五〇　乙未，御馬監太監趙聰甘肅監槍。

丙申，陝西岐山盗魏景陽等平。

《武宗實録》卷一四一　丁酉，陞禮部左侍郎吴儼爲南京禮部尚書。

《國榷》卷五〇　己亥，巡撫貴州右副都御史鄒文盛同鎮守太監李鎮、總兵李昂征香罏山苗，會湖廣副總兵李瑾進師。

辛丑，趙府臨漳王見溥薨。謚榮和。

壬寅，禮部右侍郎石（瑶）〔珤〕爲左侍郎，國子祭酒王瓚爲吏部右侍郎。

癸卯，以寇退，召彭澤入朝，都御史臧鳳、李瓚仍駐各關。

《武宗實録》卷一四一　乙巳，陞通政司左通政劉達爲都察院左僉都御史，巡撫宣府。

陞後軍都督府都督同知張明爲左都督，僉書管事。

《明通鑑》卷四六　丙午，改南京祭酒魯鐸爲國子監祭酒。

《國榷》卷五〇　故右都督毛倫子錦襲錦衣衛指揮使。

後府右都督馬昂罷。

《昭代典則》卷二五 〔是月〕，土魯番復據哈密，侵肅州，守將芮寧禦之，敗没。

《明史》卷一六《武宗紀》 冬十月己酉朔，享太廟，遣使代行禮。

《國榷》卷五〇 壬子，南京翰林侍讀學士賈詠爲南京國子祭酒。

前太子太保刑部尚書屠勳卒。

《武宗實録》卷一四二 癸丑，陞都督同知朱安爲右都督。

《明通鑑》卷四六 甲寅，免直隸順天等四府，南直隸池州府六縣，河南開封等五府，陳州、鄢陵等二十四州縣，福建泉州等三府州縣被災税糧。

《武宗實録》卷一四二 武安侯鄭英卒。

《國榷》卷五〇 乙卯，前户部尚書顧佐卒。【略】年七十四，贈太子太保。

丁巳，詔太監張忠、侍郎丁鳳、總兵劉暉班師。

《國榷》卷五〇 中旨：以李浩爲禮部尚書，署通政司。

《武宗實録》卷一四二 己未，刑部都察院會多官審録死囚。

《明通鑑》卷四六 己未，下監察御史徐文華于獄。

《武宗實録》卷一四二 庚申，陞國子監司業黄瀾爲南京翰林院侍講學士。

《國榷》卷五〇 壬戌，裁肅州新設西路游擊將軍。

《武宗實録》卷一四二 丙寅，陞翰林院編修翟鑾爲本院侍讀。

命整飭保定等府武備工部左侍郎俞琳還京，右侍郎趙璜仍留順天等府撫卹饑民。

《國榷》卷五〇 天方國入貢。

己巳，東郊、章綸、楊樞、胡潔、朱寔昌、許翔鳳、汪淵、曹珪、胡瓊、周廷用、張英、羅玉、龔大有、盧瓊、謝源、楊朝鳳、龍彦爲試監察御史，大有等南京。

辛未，穆孔暉服闋，改國子祭酒。

《國榷》卷五〇 癸酉，韓府寧遠王旭栓薨。謚宣和。

《武宗實録》卷一四二 甲戌，勒浙江按察司僉事韓邦奇爲民。

《武宗實録》卷一四三 十一月戊寅朔，欽天監進正德十二年大統曆。

《國榷》卷五〇 己卯，設妓酒館，刑科給事中徐之鸞疏止。不報。

壬午，湖廣盜賀璋、羅大洪等平。

《武宗實録》卷一四三 癸未，裁革重慶府捕盜通判一員。

《明紀》卷二六 甲申，免湖廣被災税糧。

《國榷》卷五〇 丙申，尚膳監太監往饒州督造陶器。

庚子，内降吏科都給事中呂經蒲州同知，兵科都給事中潘塤開州同知。

乙巳，祭故都御史馬中錫，巡按監察御史盧雍訟其冤也。

《明通鑑》卷四六 十二月丁未朔，上以明年南郊視牲，是日車駕暮出，比還宫，已夜分，邊軍馳騎擁門，扈從羣臣爲其蹂踐，幾不得入。

《武宗實録》卷一四四 己酉，以冬無雪，令順天府官祈禱。

《國榷》卷五〇 癸丑，鄭府丹陽王見渄薨。謚靖和。

勇士營指揮僉書神周爲都指揮同知。

甲寅，南京右副都御史趙鑑爲右副都御史，清理浙江、福建鹽法。

戊午，左都督劉暉總兵，署都督僉事傅鎧、都督僉事張椿爲左、右參將，同團營東官廳練士。

《武宗實録》卷一四四 己未，陞工部營繕司郎中趙經爲太僕寺少卿，仍管營繕司事。

《國榷》卷五〇 辛酉，巡撫陝西右副都御史蕭翀改南院。

《武宗實録》卷一四四 清理兩淮鹽法南京刑部右侍郎兼都察院左僉都御史藍章乞致仕。許之。

《皇明大政紀》卷二〇 〔壬戌〕，監察御史養親陳茂烈卒。

《武宗實録》卷一四四 丁卯，陞巡撫大同右副都御史王憲爲户部右侍郎兼都察院左僉都御史，巡撫陝西。

《國榷》卷五〇 戊辰，太監張玉請往陝西、甘肅市貢物。

陞翰林院編修景暘爲國子監司業。

《明通鑑》卷四六 己巳，振河間水災。

翰林編修崔銑爲侍讀。

《武宗實録》卷一四四 辛未，太監温祥傳旨：陞都指揮同知神周爲後府都督同知，指揮詹冕爲都指揮僉事。

《國榷》卷五〇 壬申，巡撫寧夏右副都御史邊憲爲南京刑部右侍郎。大理寺左少卿胡瓚爲右僉都御史，巡撫大同。

《武宗實録》卷一四四 癸酉，兵部覆整飭武備侍郎趙璜奏河間府所屬滄州、鹽山、興濟、南皮、静海諸縣災傷，請發本府貯庫銀二千一百餘兩賑之，仍暫免今年應撥寄養馬三千匹，停征備用馬一千五百匹及查拖欠倒失馬匹之不能追陪者，具奏定奪。報可。

《國榷》卷五〇　乙亥，周府崇善王安涫薨。謚恭順。

錦衣指揮僉事潘昇，太監忠從子，朱寧奪其産，遷昇廣東署都指揮僉事僉書，實逐之也。

災傷，免鳳陽、淮安、揚、徐田租有差。

左都督劉暉選遼兵三千一百三十三人，參將杭雄選翰林兵亦如之，各團練聽征。

丙子，登州知府張龍入覲，求内遷。部科糾之，特進右通政。

是冬，命簡閲宣府鎮兵。

正德一二年（丁丑、一五一七）

《明通鑑》卷四七　春正月戊寅，召内閣、府、部大臣及科、道官，傳旨「十三日郊祀畢，駕幸南海子觀獵」。

《武宗實録》卷一四五　陞山西左布政使鄭陽爲都察院右副都御史，巡撫寧夏地方。

《國榷》卷五〇　壬午，南京給事中周用等乞停内降、沮倖進。監察御史楊必進等亦言之。皆不報。

癸未，上杭人賴思智屢殺賊，陣没，贈武略將軍，子楷世襲試百户。

《武宗實録》卷一四五　丁亥，以上元節，賜文武百官假十日。

户部以宣府撫臣奏糧芻缺乏，請發太倉銀五萬兩并兩淮運司鹽課二十五萬引爲銀十萬五千兩，令巡撫等官於要害城堡招商報中，以備主客兵馬之費。從之。

《明史》卷一六《武宗紀》　己丑，大祀天地於南郊，遂獵於南海子，夜中還，御奉天殿受朝賀。

《明通鑑》卷四七　〔庚寅〕，以所獵禽獸分賜府、部、翰林五品以上及科、道官。

《國榷》卷五〇　癸巳，部院大計，天下官降斥二千五百九人，參議孫清、知府張龍仍留任。科道再劾，不聽。

《武宗實録》卷一四五　庚子，後軍都督府帶俸左都督朱國卒。

《國榷》卷五〇　辛丑，趙府洛川王見渥薨。謚榮恪。

壬寅，土魯番速壇滿速兒復據哈密，寇肅州。游擊將軍芮寧禦之，敗没。

《武宗實録》卷一四五　癸卯，廕大學士楊士奇曾孫宗明爲國子生。

《國榷》卷五〇　丙午，工科都給事中石天柱等請停陝西織袍。不報。

《武宗實録》卷一四六　二月庚戌，發太倉銀五萬兩於延綏，以備軍餉。

《國榷》卷五〇　中旨：鎮守福建太監崔安改守備南京，山西鎮守太監羅籥代安，印綬監太監吳經代籥。又都指揮使李琮爲後府都督僉事，帶俸。

《明紀》卷二六　彭澤總制軍務，及張永、郤永帥師征滿速兒。

《明通鑑》卷四七　增設陝西織造中官。

《國榷》卷五〇　辛亥，大學士靳貴、少詹事顧清主禮闈。

《武宗實録》卷一四六　傳旨：特給御馬監太監陳貴旗牌，以備捕盜。

《國榷》卷五〇　甲寅，延綏副總兵署都指揮僉事安國爲征西將軍，署都督僉事、總兵，鎮守寧夏。

《明通鑑》卷四七　己未，免陝西鞏昌府、秦、隴等被災州縣去年稅糧。

《國榷》卷五〇　辛酉，左春坊左諭德兼翰林侍讀董玘歸省。

《武宗實録》卷一四六　壬戌，免直隸真定府冀州棗强、新河、南宫三縣正德四年至七年所逋隆慶倉糧，以爲賊殘破。

乙丑，以有事於甘肅，詔發太倉銀三十萬兩、太僕寺馬價十萬兩，開中淮鹽二十萬引、浙鹽十萬引及兼支陝西抽分贓罰上納事例銀以充軍餉。復開中淮鹽九萬六千餘引、河東鹽十萬引於陝西沿邊召商上納糧草。

《國榷》卷五〇　戊辰，引疾右僉都御史文森致仕。

己巳，户部右侍郎楊潭爲户部尚書，總督倉場。

《武宗實録》卷一四六　召整飭順天等三府地方武備工部右侍郎兼左僉都御史趙璜還，以盜息故也。

《國榷》卷五〇　辛未，賑順天、保定、永平。

《武宗實録》卷一四六　壬申，陞户部右侍郎侯觀爲本部左侍郎。

甲戌，禮部會試取中正榜舉人倫以訓等三百五十人。

《國榷》卷五〇　遣行人劉翀促大學士楊廷和入朝，並賜敕。

録大同功，陞蔭有差，兵部尚書王瓊進少保。瓊結權倖，數承廕敍。

《武宗實録》卷一四七　三月癸未，命武安侯鄭英子綱襲爵。

《國榷》卷五〇　丙戌，翰林編修許成名歸省。

丁亥，許厚炯嗣東垣王。

《明通鑑》卷四七　己丑，免大同府所屬州縣被災稅糧。

《武宗實録》卷一四七　海西兀者等衛夷幹黑能等歸，伴送舍人（亦）請遣通事護送。許之，遂著爲令。

《國榷》卷五〇　庚寅，廷策貢士倫以訓等三百五十人。

壬辰，襄陽、荆州大水，賑之。

《明史》卷一六《武宗紀》　癸巳，賜舒芬等進士及第、出身有差。

《明通鑑》卷四七　是日，上微行，騎出北安門，軍士從者纔數人，至順天府大街而還。比夜，始傳制。

《國榷》卷五〇　户科給事中王俊民劾大學士靳貴。不問。

乙未，南京光禄寺卿蔣恭爲右副都御史，管南京糧儲。

《武宗實録》卷一四七　丁酉，焦芳卒。

《明史》卷一六《武宗紀》　戊戌，以兩淮、浙江、四川、河東鹽課充陝西織造。

《國榷》卷五〇　己亥，琉球入貢。

庚子，吏科都給事中黄（鐘）〔鍾〕等諫上微行。不報。

《武宗實録》卷一四七　癸卯，改巡撫陝西户部右侍郎兼左僉都御史王憲爲兵部右侍郎。

甲辰，授一甲進士舒芬爲翰林院修撰，倫以訓、崔桐爲編修。

《明書》卷一二　選汪佃等三十四人爲庶吉士。

《國榷》卷五〇　署詹事府禮部尚書毛紀、少詹事顧清教習。

〔四月〕戊申，中旨：團營西官廳監督都督許泰、朱彬、張洪同新寧伯譚祐等監試武舉。

庚戌，巡撫寧夏右副都御史鄭陽改陝西。

辛亥，翰林侍讀崔銑予告。

《武宗實録》卷一四八　以災傷，免直隸保安州及宣府隆慶各衛所正德十一年稅糧有差。

《明史》卷一六《武宗紀》　壬子，靳貴致仕。

《國榷》卷五〇　癸丑，免順天、永平、保定、河間逋課。

甲寅，翰林檢討郭維藩歸省。

《明史》卷一六《武宗紀》　丙辰，副總兵鄭廉敗土魯番於瓜州。

《武宗實録》卷一四八　戊午，陞湖廣按察使王時中爲都察院右僉都御史，巡撫寧夏地方。

《國榷》卷五〇　壬戌，南京監察御史汪珊上言五事：任邊將，復總制，重禁軍，簡内臣，實邊儲。不報。

戊辰，閔暑，録囚。

《武宗實録》卷一四八　己巳，召遼東、宣、大、甘、寧都指揮魯祥、段錦、馬經、李瑞、黄鎮、江山、張鵬至京聽用。

《國榷》卷五〇　庚午，陳霽服闋，改翰林侍讀學士。

《武宗實録》卷一四八　甲戌，特宥情可矜疑者三人。

《國榷》卷五〇　五月乙亥朔，四川敘州僰人子普法惡等作亂，平之。

《明通鑑》卷四七　戊寅，寧府典寶副閻順、典膳正陳宣等，潛走京師，告寧王所親信典寶正涂欽與致仕都御史李士實、都指揮葛江等謀不軌，乞敕法司勘治。有旨執付錦衣衛獄。已，王亦奏順等背義私逃，杖之五十，發孝陵衛種蔬。

癸未，上微行至石經山、湯峪山、玉泉亭，數日乃還。

《國榷》卷五〇　乙酉，鳳陽高牆庶人聰濯、聰瀾逸出。獲之。

丁亥，初，雲南寧州盜起，敗官軍，殺百户牟禎。令子襲，加級。

郴桂峒猺龔福全作亂，討平之。

《武宗實録》卷一四九　己丑，革平樂、柳州、南寧、慶遠、思恩五府添設通判。

《國榷》卷五〇　工部請停内臣給葬。得旨：已。太監徐通仍治葬。

庚寅，中旨：御馬監太監丘得往鳳陽侍奉皇陵兼守備。

《武宗實録》卷一四九　陞都指揮僉事劉淮爲署都督僉〔事〕。

《國榷》卷五〇　鎮守湖廣太監杜甫以盜熾乞巡歷所部。兵部謂非故事，上特許之。

壬辰，廕大學士梁儲、蔣冕錦衣正千户。辭之，改廕儲尚寶司丞，冕中書舍人。儲又辭，改中書舍人。

傳廕錦衣衛指揮朱福、朱春、朱杰、朱熬、朱廷柱俱世指揮使。

《明通鑑》卷四七　乙未，都御史彭澤以衰病乞休，許之，馳驛，給夫廩如制。

《武宗實録》卷一四九　辛丑，命參將蕭滓統遼東兵駐宣府近地。

《國榷》卷五〇　始榷進貢番舶。

六月乙巳朔，日食，欽天監監正李源等以時刻悮推奪月俸。

《武宗實録》卷一五〇　癸丑，命禮科左給事中陳霑查盤大同糧草。

以宣府征調防邊人馬缺乏糧草，發太倉銀三萬兩給之。

《國榷》卷五〇　乙卯，刑部左侍郎張綸爲右都御史。

《明通鑑》卷四七　命安遠侯柳文防守古北口，署都指揮趙承序防守白羊口，華勛防守黄花口，以諜報寇在宣府沿邊駐牧也。

《武宗實録》卷一五〇　傳旨：後軍都督府左都督許泰、前軍都督府右都督張洪俱賜國姓。

《國榷》卷五〇　丙辰，都督僉事陸宣爲都督同知。尋以朱寧薦，進右都督。

初，福建南靖盜起，衆殆萬人，有司不以聞，至是勦平之。

《明通鑑》卷四七　禮部尚書李遜學改管誥敕。

《國榷》卷五〇　禮部左侍郎石珤兼翰林學士，教習庶吉士。

《武宗實録》卷一五〇　己未，令查革天下新設抽分處所及禁約各鎮守衙門横索助貢等項銀兩。

《國榷》卷五〇　壬戌，吏部左侍郎毛澄爲禮部尚書。

《明通鑑》卷四七　王璟遷左都御史，代彭澤也。

《武宗實録》卷一五〇　右副都御史金獻民爲刑部左侍郎。

《國榷》卷五〇　署通政司事禮部尚書李浩致仕，進太子少保。

《武宗實録》卷一五〇　丙寅，懷寧侯孫應爵卒。

《國榷》卷五〇　戊辰，吏部右侍郎王鴻儒爲左侍郎，工部右侍郎廖紀改吏部右侍郎，少詹事顧清爲禮部右侍郎，右僉都御史顔頤壽爲右副都御史。

己巳，禮部尚書李遜學署詹事府兼教習庶吉士。

壬申，兵部尚書王瓊辭廕，即注子朝翰錦衣左所正千户。

《明通鑑》卷四七　秋七月乙亥朔，享太廟，遣會昌侯孫銘代行禮。

《國榷》卷五〇　太常寺卿楊廷儀爲工部右侍郎，理易州山廠。

《明通鑑》卷四七　陞山東按察僉事許逵爲江西副使。

《國榷》卷五〇　丙子，工部左侍郎俞琳爲禮部左侍郎，署通政司事。

己卯，工部右侍郎劉永爲左侍郎，右侍郎趙璜注補。

《皇明大政紀》卷二〇　〔甲申〕，加蔣冕太子太傅兼武英殿大學士，毛紀太子太保兼文淵閣大學士。

《武宗實録》卷一五一　陞錦衣衛都指揮使岑玉爲都督僉事。

《國榷》卷五〇　丙戌，南京守備太子太傅魏國公徐俌卒。【略】贈太傅，謚莊靖。

《明通鑑》卷四七　下大理寺評事沈光大及司務林華于錦衣衛獄。

《國榷》卷五〇　丁亥，巡撫山西右僉都御史李鉞回院。

己丑，鎮守寧夏總兵署都督僉事安國復都督同知。

《明通鑑》卷四七　庚寅，命巡撫南贛僉都御史王守仁提督軍務。

《國榷》卷五〇　壬辰，署都督僉事李隆爲後府僉書。

大學士梁儲言京省水旱，乞蠲加派。上不省。

吏部尚書陸完等以上假裝將巡邊，疏止。不報。

《武宗實録》卷一五一　癸巳，以都察院（又）〔右〕僉都御史張禴提督雁門等關兼巡撫山西地方。

丙申，發太倉銀七萬兩於大同，以備軍餉。

《國榷》卷五〇　命户部主事龍誥督徵山西通課四十五萬金有奇。

丁酉，巡撫順天右副都御史臧鳳諫巡邊。不報。

《武宗實録》卷一五一　戊戌，翰林院修撰唐臯乞假歸省。許之。

《國榷》卷五〇　己亥，户部右侍郎鄭宗仁兼左僉都御史，總督宣大軍餉。

《明通鑑》卷四七　八月甲辰朔，上微服如昌平。

《明史》卷一六《武宗紀》　乙巳，梁儲、蔣冕、毛紀追及於沙河，請回蹕，不聽。

《國榷》卷五〇　丙午，禮部尚書毛澄等求回蹕。不報。

貴州巡撫右副都御史鄒文盛討清平衛平觀等寨苗。

巡撫湖廣右副都御史秦金等乞免取鰣鰉魚。不聽。

戊申，大學士梁儲等及署詹事府事禮部尚書李遜學、侍讀徐縉、修撰楊慎等各請回蹕。不報。

《明史》卷一六《武宗紀》　己酉，至居庸關，巡關御史張欽閉關拒命，乃還。

《國榷》卷五〇　禮部尚書毛澄、成國公朱輔、壽寧侯張鶴齡、瑞安侯王源、都督同知張蘭、給事中張漢卿、朱鳴陽、監察御史李潤、王堯封、李鎮，各疏請回蹕。不報。

辛亥，先是以代王府臨邊苦寒，議徙之。大學士梁儲疏止之。

壬子，梁儲等、户部尚書石玠各請駕回。不報。

設河間總兵，大名、武定二兵備道。

《武宗實録》卷一五二　甲寅，右軍都督府都督同知楊英卒。

《明史》卷一六《武宗紀》　丙辰，〔上〕至自昌平。

《國榷》卷五〇　丁巳，增青州通判於顔神鎮，防礦盜。

都督同知張璽總兵，鎮守河間。都督僉事馮大經爲都同知。

《明史》卷一六《武宗紀》　戊午，夜視朝。

《國榷》卷五〇　以災傷，停順天、保定、淮陽及河南、山東十一年所逋馬匹。

後府都督同知神周爲右府僉書。

錦衣衛指揮使齊佐爲都指揮僉事。佐，錢寧壻，冒陞。

己未，水旱，賑河間、保定、真定、大名、廣平、順德。

《明通鑑》卷四七　庚申，大庾賊陳曰能，盤踞山峒，與上猶、浰頭諸賊相犄角，守仁督副使楊璋潛師以入，乘夜縱火焚巢，破十九寨，禽曰能，俘斬五百六十餘人。

《國榷》卷五〇　立泗州烈女何氏祠。氏年十六，以貧鬻倡家，自刎死。

大學士梁儲等再請豫擇近屬教養，待他日元子生出就藩服。不報。

癸亥，罷古北口、白羊口、黄花鎮防兵。時虜退。

《明紀》卷二六　癸亥，副都御史吴廷舉振湖廣饑。

《武宗實録》卷一五二　甲子，命成國公朱輔南京守備，仍掌南京中軍都督府事。

詔發南京倉糧二萬石賑給應天府江寧、上元等八縣，仍免其糧税。

《國榷》卷五〇　乙丑，德王見潾薨。母宸妃萬氏。年七十，謚曰莊。

《明史》卷一六《武宗紀》　丙寅，〔上〕夜微服出德勝門，如居庸關。

《國榷》卷五〇　鄭府真丘王見消薨。謚榮隱。

戊辰，鎮守兩廣武定侯郭勛還總三千營。

《武宗實録》卷一五二　陞都督同知張蘭爲右都督。

《國榷》卷五〇　建州三衛夷始納款，仍諭鎮巡官毋弛備。

己巳，國子祭酒魯鐸予告。

《明史》卷一六《武宗紀》　辛未，出關，幸宣府，命谷大用守關，毋出京朝官。

《明通鑑》卷四七　癸酉，大學士梁儲等請回蹕。不報。

九月甲戌朔，車駕駐宣府。

《國榷》卷五〇　閣臣及給事中石天柱等疏諫。不報。

《武宗實録》卷一五三　辛巳，命撫寧侯朱麒充總兵官，鎮守兩廣。

《國榷》卷五〇　壬午，閣臣疏請回鑾。不報。

癸未，巡撫陝西（右）〔左〕副都御史蕭翀、巡按監察御史帥存智各請停織彩粧絨衮服。不聽。

乙酉，前南京禮部尚書王宗彝卒。【略】贈太子少保，謚安簡。

《武宗實録》卷一五三　辛卯，以翰林院侍講學士陳霽爲國子監祭酒。

贈都察院左副都御史陳天祥爲南京兵部右侍郎。

《國榷》卷五〇　南京户科給事中史魯削籍。

《武宗實録》卷一五三　詔修南京太廟後殿、孝陵明樓及内外城垣。

《國榷》卷五〇　陝西府谷縣知縣張宣改錦衣衛百户。

《武宗實録》卷一五三　命故左都督朱國子許洪嗣爲錦衣衛指揮使。

《明通鑑》卷四七　辛卯，河決城武。

《明史》卷一六《武宗紀》　壬辰，〔上〕如陽和，自稱總督軍務威武大將軍總兵官。

《國榷》卷五〇　癸巳，閣臣復疏請駕。

甲午，南京兵部尚書喬宇等、御史陶麟等，各言擇儲宗藩。不報。

《武宗實録》卷一五三　丁酉，萬壽聖節，上在陽和，文武羣臣具朝服于奉天門行遥賀禮。

《明通鑑》卷四七　〔戊戌〕，上在陽和，聞小王子以五萬騎駐邊，將入寇，上喜以雄略自見，遂命大同總兵官王勛、副總兵張輗、游擊陳銓、孫鎮軍大同，遼東參將蕭滓軍聚落堡，宣府游擊時春軍天城，副總兵陶杰、參將楊玉、延綏參將杭雄軍陽和，副總兵朱巒軍平虜，游擊周政軍威遠。

《明紀》卷二六　庚子，輸帑銀壹百萬兩於宣府。

《明通鑑》卷四七　辛丑，寇分道南下，〔王〕勛等率所部禦之，上命〔時〕春、

〔蕭〕滓往援，〔周〕政、〔朱〕巒及參將麻循、高時尾敵後，又調宣府總兵朱振、參將左欽等俱會陽和，參將江桓等爲之策應。

《國榷》卷五〇　壬寅，傳諭巡邊禦虜，凡百官朝見、諸司章奏，俱如常儀。

《武宗實録》卷一五三　録浙江孝豐討叛功。

《明通鑑》卷四七　冬十月癸卯朔，車駕駐蹕順聖川，會韃靼小王子入寇。

《國榷》卷五〇　甲辰，王勛值虜繡女村，方步戰，虜南循應州而去。

乙巳，閣臣以虜譎，請駕勿輕角。不報。

張輗、陳鈺、孫鎮與王勛于應州城北五里值虜，戰數十合，頗有殺傷。薄暮，虜寇傍東山而退，仍分兵圍勛等。比曉大霧，圍乃解。勛等入應州，朱巒及守備左衛城都指揮徐輔兵至。

《明通鑑》卷四七　〔丙午〕，〔王〕勛等出城大戰，時〔時〕春、〔蕭〕滓兵亦至，寇復以別騎迎敵，官軍不得合。

《明書》卷一二　丁未，上親督列侯諸將禦敵於應州，敵遁。

《國榷》卷五〇　〔己酉〕，〔虜〕引而西。上追至平虜朔州，會大風晝晦，乃還。是役也，斬虜十六級，我喪五十二人，重傷五百六十三人，乘輿幾陷。

《明史》卷一六《武宗紀》　辛亥，寇引去，駐蹕大同。

《武宗實録》卷一五四　辛酉，刑部會官于承天門外審録罪囚。

丁卯，致仕都察院右都御史王鼎卒。

己巳，左春坊左諭德兼翰林院侍讀温仁和、修撰楊慎奏乞養病，侍讀徐縉乞送母還鄉，編修張璧乞歸省。俱許之。

《國榷》卷五〇　庚午，給事中黄鍾、王爌、朱鳴陽，監察御史李潤、王九峯，各疏請回鑾。不報。

《武宗實録》卷一五四　壬申，武進伯朱本卒。

《國榷》卷五〇　十一月癸酉朔，上在大同，欽天監進曆如故。

丁丑，中旨：南京内官監太監劉璟守備南京。

《武宗實録》卷一五五　録四川按察司副使馮傑死賊功，以其子汝皞爲涿鹿中衛百户。

《國榷》卷五〇　太監張雄還自行在，傳諸司章奏，即賫往。

丙戌，翰林編修余本爲廣東提學副使。

前府都督僉事曹松爲都督同知，錦衣衛都指揮使張銘爲中府都督僉事。

《武宗實録》卷一五五　詔賑卹岢嵐州静樂縣、嵐縣、鎮西衛軍民〔彼〕〔被〕虜殘破者六百三十餘家。

《明通鑑》卷四七　總督兩廣都御史陳金討府江賊，平之。【略】捷聞，以功進金少保兼太子太保。尋召還。

《國榷》卷五〇　太監甯誠、總兵郭勛各世錦衣百户，兵部尚書王瓊少傅兼太子太傅，餘陞賞有差。嶺南險遠，凡用兵多殺良民誇捷。

《明史》卷一六《武宗紀》　丁亥，召楊廷和復入閣。

《國榷》卷五〇　翰林編修倫以訓歸娶。

四川兩河口溝番蠻平。

《武宗實録》卷一五五　以兩淮、兩浙鹽價銀各貳萬兩分賑廬、鳳、淮、揚四府，以地方水災故也。

《明史》卷一六《武宗紀》　戊子，〔上〕還至宣府。

《國榷》卷五〇　閣臣疏請回蹕宣捷。不報。

貴州巡撫都御史鄒文盛搗黑苗。

甲午，南京吏部右侍郎羅欽順歸省。

（己）〔乙〕未，大學士楊廷和請回蹕決獄。

《武宗實録》卷一五五　贈黔國公沐崑所生父都指揮使誠爲都督同知。

《國榷》卷五〇　中旨：御馬監太監畢真鎮守江西，遼東太監郭原改薊州、永平、山海等關，鎮守山海關太監王忻改遼東。

《明通鑑》卷四七　辛丑，冬至，上在宣府，文武諸臣行遥賀禮。

《國榷》卷五〇　大學士楊廷和等、尚書陸完等後期見糾。至明年正月壬寅，得旨不問。

《明通鑑》卷四七　南京六科給事中汪元錫、十三道御史孫孟和等上疏諫親征，且請返蹕。不報。

《國榷》卷五〇　盜焚大學士費宏家，殺其羣從兄弟。

提督南、贛、汀、漳左僉都御史王守仁平左溪盜。

《明通鑑》卷四七　十二月壬寅朔，上在宣府，傳旨以閏月朔省牲。大學士楊廷和等請明降諭旨，振旅還京師。

《國榷》卷五〇　甲辰，禮部尚書毛澄等、給事中朱鳴陽、御史王光等，俱疏請駕。不報。

戊申，巡撫貴州右副都御史鄒文盛攻黑苗于都黎，平之。

壬子，水災，免盧、鳳、淮、揚田租有差。

前太子太保禮部尚書張昇卒。

戊午，惜薪司歲增柴九百五萬五千八百斤。舊千八百十二萬斤。

復開納銀事例。

《武宗實録》卷一五六　以户部右侍郎楊旦爲都察院右都御史，總督兩廣軍務，兼巡撫地方。

陞應天府府尹龔弘爲都察院右副都御史，總理河道。

陞翰林院庶吉士戴顒爲吏科給事中。

《國榷》卷五〇　南京國子祭酒賈詠請博士、助教、學正、學録同行人等考選。許之。

己未，安遠侯柳文總兵，鎮守湖廣。

《明通鑑》卷四七　癸亥，太監張永等自宣府還，傳旨：「以邊報未寧，未得還京。自閏十二月初一日爲始，遣官省牲及大祀，皆照例舉行。」

于是楊廷和等復上疏言：「【略】伏望收回新命，即日車駕遄還，以成大禮。」禮部尚書毛澄等，科道官朱鳴陽、袁宗儒等，亦以爲言，皆不報。

《明史》卷一六《武宗紀》　癸亥，羣臣赴行在請還宮，不得出關而還。

《明通鑑》卷四七　閏月，壬申朔，上在宣府，大學士楊廷和等代行省牲禮。復傳旨：「京城九門守門官，毋放朝官出城。」

《國榷》卷五〇　丙戌，前禮部尚書李傑卒。【略】贈太子太保，謚文安。

《明史》卷一六《武宗紀》　丁亥，迎春於宣府。

《明通鑑》卷四七　備諸戲劇。又飾大車數十兩，令僧與婦女數百雜載戲暱，上觀之大笑以爲樂。

《國榷》卷五〇　戊子，瀋府沁水王勛灕薨。謚榮穆。

《武宗實録》卷一五七　戊戌，烏思藏【略】貢方物、馬匹。

正德一三年（戊寅、一五一八）

《明紀》卷二七　十三年春正月辛丑朔，帝在宣府。

《國榷》卷五〇　壬寅，故右都御史朱英謚恭簡。

賜鎮守浙江太監王堂生祠并護敕。

《明通鑑》卷四七　壬寅，佛郎機來貢。

《武宗實録》卷一五八　發通州大運倉粮三萬石并河西務鈔關船料銀于順天所屬州縣賑濟，從右副都御史臧鳳請也。

癸卯，命懷慶侯孫應爵子瑛、宣城伯衛璋子錞各襲爵。

《國榷》卷五〇　建虜寇遼東湯站堡，總兵韓璽等擊斬四十餘級。

良鄉、涿、武清、固安多盜，命右副都御史臧鳳、左僉都御史李瓚督捕。

京師饑，命户部賑卹。

鎮守江西太監畢真請敕預南贛軍事。兵部以牽制，寢之。

虜牧河西延綏邊外。命延綏副總兵朱巒、參將杭雄、游擊周政、劉玉軍安邊營，指揮紀世楹、馮大經軍便利城，總兵柳湧軍延綏，寧夏總兵安國、各守鎮副總兵路瑛、游擊李永定軍清水營、花馬池、定邊營，陝西總兵趙文、右副都御史鄭陽駐固原經略。諸將聽自爲戰守，毋遥制。

傳遼東參將蕭滓率三千人往保定、安肅、霸州捕盜。

出内庫兵械，改河南粟輸河間，給總兵官張璽。

山東饑民乞食京師。命人給粟三斗，還鄉聽賑。

《明通鑑》卷四七　以僉都御史李鉞督順天、河間、保定等府，與巡撫李瓚、臧鳳分道振之。

《國榷》卷五〇　甲辰，天方國王寫亦把剌克入貢。

《明史》卷一六《武宗紀》　丙午，〔上〕至自宣府，命羣臣具綵帳、羊酒郊迎，御帳殿受賀。

《明通鑑》卷四七　丁未，罷南郊致齋，初至不及也。

《明史》卷一六《武宗紀》　庚戌，大祀天地於南郊，遂獵於南海子。

《國榷》卷五〇　南京禮部尚書吴儼等言事。不報。

《明通鑑》卷四七　辛亥，〔上〕至自南海子，御奉天殿。

《國榷》卷五〇　行慶成禮。

壬子，上夜御奉天殿，宴羣臣。

《武宗實録》卷一五八　烏思藏大乘法王差使臣鎖南劄失等來朝，貢方物。

《明通鑑》卷四七　丁巳，留廬、鳳、淮、揚並徐州兑運糧五萬五千石及折糧腳價銀四萬兩，淮、浙鹽價銀各三萬兩，分給被災府州縣。

己未，賜文武羣臣銀牌于左順門。

《武宗實録》卷一五八　陞延綏參將都督僉事杭雄爲都督同知，團操授兵如故。都指揮紀世楹充副總兵，鎮守山西地方兼提督鴈門等關。

《國榷》卷五〇　庚申，中旨：薊州總兵官署都督僉事戴欽改靖虜副將軍，鎮守延綏。延綏總兵官署都督僉事柳涌改薊州。

《明書》卷一二　辛酉，上復如宣府。

《國榷》卷五〇　丁卯，忻城伯趙瑾卒。瑾謹飭寡失。

《明通鑑》卷四七　二月庚午朔，上在宣府。

《國榷》卷五〇　戊寅，守備鳳陽太監丘得求兼統廬、淮、揚、徐、滁、和政務。特許之。

停順天、河間、保定歲辦。

令司禮監左少監秦用等八人遞賫奏赴行在，俱得乘傳。

《明紀》卷二七　己卯，太皇太后崩。

《國榷》卷五〇　辛巳，上聞喪。

《明通鑑》卷四七　壬午，上至自宣府，乃發喪。

《武宗實録》卷一五九　癸未，陞巡撫宣府左僉都御史劉達爲左副都御史。巡撫保定兼提督紫荆等關左僉都御史李瓚爲通政使，掌鴻臚寺事。

《明通鑑》卷四七　降監察御史張士隆、許完爲判官，士隆晉州，完定州。

《國榷》卷五〇　設江西安義縣。

故南京工部尚書劉宣謚文懿。

丙戌，諭躬視大行山陵。閣臣疏諫。不報。

《武宗實録》卷一五九　丁亥，陞錦衣衛指揮廖鵬都指揮使，掌南鎮撫司印。

《明通鑑》卷四七　戊子，諭以二十二日西角門視事。

《皇明大政紀》卷二〇　以右副都御史張嵿巡撫保定。

《國榷》卷五〇　分守涼州太監顔大經鎮守寧夏。罷太監張昭。

《武宗實録》卷一五九　庚寅，命延綏、榆林團操援兵參將都督同知杭雄充總兵官，守大同地方。

《國榷》卷五〇　辛卯，京師粟貴，出京通倉粟平糶，遣給事中、户部員外郎、主事各一人同巡城御史監視。

《武宗實録》卷一五九　下刑部主事鄭懋德、林桂於錦衣衛獄。

《國榷》卷五〇　癸巳，趙王祐棌薨。年四十三，謚曰莊。

《明通鑑》卷四七　給事中石天柱見廷臣屢諫，上意不回，思所以感動之，乃刺血草疏。【略】而上終不悟。

《武宗實録》卷一五九　甲午，降御史王相爲直隸沭陽知縣。

《國榷》卷五〇　戊戌，福建右布政使伍符爲南京光禄寺卿。

貴州苗賊阿傍等平。

己亥，猺賊龔福全等平。

中旨：陽和衛都指揮僉事馬炅守備儀真。

《明通鑑》卷四七　是月，大學士楊廷和以上失德，屢諫不聽，時以疾在告，再疏請致仕，不許。

三月壬寅，恭上大行太皇太后尊謚曰孝貞純皇后。

《國榷》卷五〇　乙巳，頒謚詔。

丙午，上素服視事西角門。

《明通鑑》卷四七　壬子，勒致仕都御史彭澤爲民，並逮甘肅巡撫李昆、副使陳九疇至京師。

《國榷》卷五〇　乙卯，中旨：都知監太監劉岑分守開原，王秩分守山海關，御馬監太監黄玉分守潼關。

戊午，薊州總兵署都督僉事柳涌改平羌將軍，鎮守甘肅。

《明通鑑》卷四七　調給事中石天柱、王爌于外。

《武宗實録》卷一六〇　庚申，起養病右都御史鄧璋巡撫甘肅。

《國榷》卷五〇　辛酉，鎮守貴州總兵官都督僉事李昂爲都督同知，協守湖廣鄖陽副總兵都指揮使李瑾爲都督僉事。

壬戌，右參將都指揮同知馬永爲都督僉事、總兵，鎮守薊州。

甲子，中旨：内官監太監侯欽守備萬全左衛，守備萬全左衛尚衣監太監馮敬調分守萬全右衛，内官監太監葉森分守獨石馬營，分守涼州都知監太監王欽調鎮守甘肅，御馬監劉息分守涼州，内官監太監李昕寧夏監槍。

河南布政司左參政楊志學爲右僉都御史，巡撫大同。

丙寅，真定抽分太監鄭璽請順德之南關宋家莊、廣平之曲周仍設抽分。從之。橫征復起。

《武宗實録》卷一六〇　丁卯，故武進伯朱本叔江襲爵。以本乏嗣故也。

《明紀》卷二七　戊辰，帝如昌平。

《國榷》卷五〇　琉球入貢。

守備鳳陽太監丘得，鎮守延綏、寧夏、大同、宣府太監劉祥、馬錫、許金、顔大經俱改敕。閣臣疏止，不聽。

《明史》卷一六《武宗紀》　夏四月己巳朔，〔上〕謁六陵，遂幸密雲。

《國榷》卷五〇　甲戌，提督居庸關太監谷大用益禄十二石。

丙子，南京吏部尚書孫需致仕。

癸未，科道疏請駕。不報。

甲申，執永平知府毛思義。

《武宗實録》卷一六一　丙戌，改服闋禮部尚書劉春爲南京吏部尚書。

《明紀》卷二七　復改四川高縣爲州。

《國榷》卷五〇　壬辰，國子祭酒陳霽被劾免。

《明書》卷一二　五月己亥朔，日有食之。上次喜峰，欲招三衛彝人納質宴勞。

《明通鑑》卷四七　丙午，巡按直隸御史劉士元言：「招三衛入貢，有不可者四。請亟還宮，以示威重。」時給事中汪元錫等亦以爲言，皆不報。

《明紀》卷二七　戊申，帝至自喜峰口。

《國榷》卷五〇　甲寅，都指揮僉事右參將張祐爲副總兵，鎮守兩廣。

清理鹽法右副都御史趙鑑爲左副都御史。

《武宗實録》卷一六二　以長蘆運司鹽五千引給太和山道衆。

《國榷》卷五〇　徙平樂都指揮于府江昭平堡，扼其要。

許分守潼關太監黄玉視潼關兵備，例管理陝、商、解、蒲。

《明通鑑》卷四七　丁巳，執巡按御史劉士元于京師，繫錦衣衛獄。

《國榷》卷五〇　壬戌，吏部員外郎何景明爲陝西提學副使。

癸亥，撫治鄖陽右副都御史陳雍爲工部右侍郎，採木。右副都御史趙鑑爲大理寺卿。

總督漕運兼巡撫鳳陽右都御史叢蘭專理巡撫，以巡撫順天右副都御史臧鳳總督漕運。

刑部尚書張子麟母老歸省。

《武宗實録》卷一六二　乙丑，定出使官朝見諸王禮。

《國榷》卷五〇　寧王宸濠驕恣，脅用臣禮，巡按監察御史范輅請遵祖制欽定便服稱官。濠始怨輅，搆之，謫龍州宣撫司經歷。

〔六月〕庚午，前寧夏總兵都督僉事李祥卒。

《明書》卷一二　〔辛未〕，教坊司奉鑾臧賢乞閑，温旨留用。

《國榷》卷五〇　壬申，服闋右副都御史王縝提督撫治鄖陽。

癸酉，中旨：綏德衛副千户魏欽賜姓朱，陞錦衣正千户。

甲戌，南京國子祭酒賈詠爲國子祭酒。

《武宗實録》卷一六三　陞山東巡撫右副都御史黄瓚爲南京户部右侍郎。

虜入四海冶堡等處。

《國榷》卷五〇　己卯，晚，上衰服告辭几筵。

涿州至蘆溝橋多盜，詔發京營二千人，太監張忠、左都督朱泰總兵，兵部右侍郎王憲兼左僉都御史，俱提督軍務；都督同知桂勇、賈鑑爲左、右參將，俱捕盜；户部左侍郎侯觀兼左僉都御史，督餉。

《明史》卷一六《武宗紀》　庚辰，太皇太后梓宮發京師，帝戎服從。

《國榷》卷五〇　辛巳，中旨：錦衣指揮僉事劉熙爲指揮同知，同廖鵬南鎮撫司。

《明通鑑》卷四七　癸未，至山陵，遣官祭告后土、六陵及天壽山之神。是夜，上飲于帳殿，遂宿焉。

甲申，葬孝貞純皇后于茂陵。

《明史》卷一六《武宗紀》　乙酉，〔上〕至自昌平。

《明通鑑》卷四七　己丑，〔上〕至京師。

壬辰，祔孝貞純皇后神主于太廟。上逮暮乃入廟，雷電風雨大作，燭盡滅。言官上疏請修省。不報。

《國榷》卷五〇　甲午，中旨：鎮守密雲太監張信改薊州，太監邢安鎮守密雲。

《武宗實録》卷一六三　乙未，陞順天府府丞張潤爲都察院左僉都御史，整飭薊州邊備兼巡撫順天府等處地方。

陞南京光禄寺卿伍符爲都察院右副都御史，巡撫山東等處地方。

《明紀》卷二七　秋七月己亥，帝從江彬言，將徧遊塞上，傳旨以邊關多警，命總督軍務威武大將軍總兵官朱壽統六師往征，令内閣草敕。閣臣不可。帝復集百官左順門，面諭。楊廷和、蔣冕在告，梁儲、毛紀泣諫，衆亦泣，帝意不可回。已而紀亦引疾，儲獨廷争累日，帝竟不聽。

《國榷》卷五〇　傳陞後府都督僉事白玉爲都督同知。

《明史》卷一六《武宗紀》　録應州功，叙廕陞賞者五萬餘人。

《國榷》卷五〇　土魯番速檀滿速兒遣使請和。不許。

壬寅，諭兵部：進威武大將軍爵國公。

《武宗實録》卷一六四　罷鎮守河間總兵官張璽。

發太僕寺寄養馬八十匹給榆河驛，一百匹給薊州三河守備。

《明書》卷一二　丙午，上發京師，勑楊廷和居守。

《國榷》卷五〇　巡撫河南右副都御史李充嗣改巡撫蘇、松、常、鎮，總督糧儲。

中旨：都指揮僉事齊佐管南鎮撫司。

《武宗實録》卷一六四　陞署都督僉事馬永爲都督僉事。

《國榷》卷五〇　阿爾倫寇靖邊營。

《武宗實録》卷一六四　革密雲兵備副使。

《明通鑑》卷四七　丁未，車駕度居庸關，歷懷來、保安諸城堡，遂駐蹕宣府。

《國榷》卷五〇　中旨：錦衣衛指揮同知周暹象房管事。

(乙)〔己〕酉，刑部右侍郎馮清改兵部右侍郎、左僉都御史，治行在兵餉。

《明通鑑》卷四七　提督南、贛、汀、漳軍務王守仁，奏江西諸賊盡平，賜敕獎勵，尋進右副都御史。

《國榷》卷五〇　甲寅，大學士蔣冕請旋蹕，毋貶尊號。不報。

《武宗實録》卷一六四　戊午，以靈州鹽課給延綏買馬。

《國榷》卷五〇　甲子，逮巡撫雲南右副都御史范鏞。

乙丑，旱災，免濟南、東昌、兖州夏税有差。

《明通鑑》卷四七　八月戊辰朔，上在宣府。

《國榷》卷五〇　定浙江、江西、湖廣、南直隸罪發口外者，即發近衛終身，著爲令，從都御史吴廷舉之議也。

戊寅，國子司業景暘爲南京左中允，署南京國子司業。暘母老便養。

大學士楊廷和予告三月，當住俸。不允。

《明紀》卷二七　析廣東龍川縣地，置和平縣。

《國榷》卷五〇　右都督郭錦總兵鎮守河間。

庚辰，晋府靈丘王奇湆薨。謚恭僖。

《武宗實録》卷一六五　命右都督朱洪提督東路山海等關，左都督劉暉提督西路居庸等關，俱充總兵官，待報啓行。

《國榷》卷五〇　祠故信國公湯和于定海，右都御史韓雍于梧州。

南京尚膳監太監任宣乘輿于西上北門，被劾。杖釋之。

癸未，慶府壽陽王台瀠薨。謚和靖。

甲申，代府隰川王聰涘薨。謚康肅。

《明通鑑》卷四七　乙酉，上自萬全左衛歷懷安、天城、陽和至大同。

《國榷》卷五〇　丁亥，天津兵備副使胡文璧謫延安府照磨。

《武宗實録》卷一六五　開中兩淮鹽四十萬引及發馬價銀二十萬兩於宣、大二鎮，以上北狩諸邊告乏故也。

庚寅，追謚故刑部尚書何喬新曰文肅。

《國榷》卷五〇　福建福州軍索餉鼓噪，命逮左布政使伍符。

《武宗實録》卷一六五　辛卯，陞巡撫南、贛、汀、漳等處右副都御史蔣昇爲南京户部右侍郎。

《皇明資治通紀》卷二四　九月戊戌朔，〔上〕駐蹕大同。

《明史》卷一六《武宗紀》　庚子，〔上〕次偏頭關。

《武宗實録》卷一六六　乙巳，晋府永和王表栓薨。【略】謚曰靖惠。

《國榷》卷五〇　庚戌，前南京户部尚書林泮卒。

《明史》卷一六《武宗紀》　癸丑，敕曰：「總督軍務威武大將軍總兵官朱壽親統六師，肅清邊境，特加封鎮國公，歲支禄米五千石。吏部如敕奉行。」

《武宗實録》卷一六六　陞順天府府尹胡韶爲刑部右侍郎。

陞太僕寺卿何孟春爲右副都御史，巡撫雲南。

《國榷》卷五〇　兵部增定武舉條格，以内閣兵部尚書爲考驗官。

應州功，都督朱寧子永安世錦衣正千户。時六歲，復廕至右都督，賜蟒玉。錦衣衛指揮使秦玉爲都督同知，指揮同知魏天祥、温得爲都督僉事，指揮使于福爲都指揮使。

鎮守貴州總兵官都督僉事李昂乞休。以廉謹，改南京右府僉書，資録養。

《明通鑑》卷四七　江西鉛山縣民李鎮等作亂，巡撫孫燧討平之。

《明史》卷一六《武宗紀》　甲寅，封朱彬爲平虜伯，朱泰爲安邊伯。

《武宗實録》卷一六六　乙卯，刑部都察院會審重囚。

《國榷》卷五〇　丁巳，陝西右布政使李承勛、按察使楊惟康擅乘輿，奪俸四月。

己未，駙馬都尉林岳卒。

分守寧夏東路右參將署都指揮使傅鐸自言功，進署都督僉事。

《明書》卷一二　賑南畿。

《國榷》卷五〇　辛酉，萬壽節，上在宣府，羣臣遥賀。

壬戌，中旨：罷朔州守備太監王恭。

《武宗實録》卷一六六　乙丑，命服闋都察院右副都御史沈林巡撫山東。

《明通鑑》卷四七　丙寅，免直隸河間府所屬被災州縣税糧。

十月丁卯朔，享太廟，遣駙馬都尉馬誠代行禮。

戊辰，車駕渡河。

《國榷》卷五〇　庚午，都督僉事張銘爲都督同知，萬全都司都指揮使都勳爲都督僉事。

壬申，鎮守薊州太監郭原科索吏卒七千餘金，下詔獄，戍孝陵。

戊寅，水旱，免遼東屯租有差。

《明史》卷一六《武宗紀》　己卯，次榆林。

《武宗實録》卷一六七　庚寅，户部以遼東軍士缺糧，擬開河東、長蘆三運司鹽課各一十萬引，召商上納。從之。

《明通鑑》卷四七　副都御史王守仁辭陞秩，且請致仕，不允。

《國榷》卷五〇　癸巳，免蘇、松、常、鎮田租有差。

《武宗實録》卷一六七　甲午，命忻城伯趙槿子武襲爵。

《明通鑑》卷四七　十一月丁酉朔，上在榆林。

《國榷》卷五〇　戊戌，水災，免大名、真定田租。

《明紀》卷二七　庚子，調西官廳及四衛營兵赴宣大。

《國榷》卷五〇　辛丑，災傷，免杭、湖、秀水田租夏税有差。

《明通鑑》卷四七　丙午，冬至，上在榆林，文武百官于奉天門行遥賀禮。

己酉，以水災，免江西南昌等七府夏税，又免應天、安、寧、池、太等五府税糧。

《皇明資治通紀》卷二四　〔壬子〕，上至綏德州，幸總兵官戴欽第，尋納欽女。

《國榷》卷五〇　丁巳，閣臣疏問安。不報。

戊午，巡撫遼東右副都御史張貫卒。

《武宗實録》卷一六八　癸亥，命魏(公國)〔國公〕徐俌孫鵬舉襲爵。

《國榷》卷五〇　提督四夷館太常寺卿沈冬魁爲右副都御史，巡撫河南。右通政汪舉爲太僕寺卿。

《武宗實録》卷一六八　陞河南左布政使童瑞爲順天府府尹。

《國榷》卷五〇　前府署都督僉事昌佐爲總兵官，鎮守貴州。

《明通鑑》卷四七　十二月丙寅朔，上在榆林，諸大臣代行祝郊牲禮。

《武宗實録》卷一六九　戊辰，降徐州兵備副使余祜爲廣西南寧府同知，徐州知州樊準爲雲南寧州同知。

《明通鑑》卷四七　己巳，免山東濟南等六府被災州縣秋糧。

癸酉，振杭、嘉、湖三府饑。

《明史》卷一六《武宗紀》　戊寅，〔上〕渡河，幸石州。

《明紀》卷二七　戊子，〔上〕次太原，大徵女樂，納晉府樂工楊騰妻劉氏，江彬與近幸皆母事之，稱曰「劉孃孃」。

《國榷》卷五〇　停陝西苑馬寺逋馬萬四千六十四匹。

辛卯，吏部文選郎中聞淵爲南京通政司右通政。

《武宗實録》卷一六九　命忻城伯趙瑾子武襲爵。

《明通鑑》卷四七　欽天監博士朱裕請修改曆法。

《明書》卷一二　四川僰蠻復叛。

《國榷》卷五〇　癸巳，刑部囚逸，獲之，主事喻義、張文魁下錦衣獄。

正德一四年(己卯、一五一九)

《明史》卷一六《武宗紀》　春正月丙申朔，帝在太原。

《明通鑑》卷四八　戊戌，車駕將還京師，發太原。

《武宗實録》卷一七〇　庚子，發河東運司銀四萬兩於山西，以實軍儲。

《明通鑑》卷四八　辛丑，享太廟，遣官行禮。

《武宗實録》卷一七〇　命監察御史任洛清理四川軍(務)〔伍〕，既而以其地用兵及採取大木已之。

《國榷》卷五一　癸卯，駙馬都尉馬誠卒。誠尚宜興大長公主。

《明史》卷一六《武宗紀》　甲辰，改卜郊。

《國榷》卷五一　乙巳，遣工部管河郎中畢濟時疏南旺河。

《明史》卷一六《武宗紀》　壬子，還宣府。

《國榷》卷五一　乙卯，監察御史虞守隨請百官迎駕仍常服。不報。

《明通鑑》卷四八　壬戌，欽天監奏擬郊祀日期，傳旨令擇二月上旬以聞。〔癸亥〕，太常寺奏：「仲春當釋奠先師及祀社稷，而郊禮未成，請俟郊後擇丁戊日行禮。」報可。

《武宗實録》卷一七一　二月乙丑朔，上留宣府。

《明紀》卷二七　〔丁卯〕，命江彬提督十二團營。

《明通鑑》卷四八　壬申，車駕至自宣府，文武羣臣具綵帳、銀幣、羊酒迎駕，如先年儀。【略】賜閲首級、器仗及廷臣銀牌、花紅皆如初。

《武宗實録》卷一七一　癸酉，致仕中軍都督府都督同知張俊卒。

《國榷》卷五一　丙子，上騎出大明門，法駕鹵簿皆先行，惟百餘騎從。

《明史》卷一六《武宗紀》　丁丑，大祀天地於南郊，遂獵於南海子。

《國榷》卷五一　戊寅，夜，上還，御奉天殿，行慶成禮。

己卯，中旨：鎮守浙江内官監太監王堂總鎮兩廣，鎮守江西御馬監太監畢真鎮守浙江，南京御馬監太監王宏鎮守江西，王潤鎮守四川，南京守備内官監太監劉璟鎮守河南。罷守備朔州暖會隘口孫清、王保。

楊廷和等繳居守敕，上以不時巡狩，其勿繳。

朝鮮國王李懌請改正先國王李成桂世系本末。從之。

《武宗實録》卷一七一　庚辰，陝西左參政張綸爲都察院右僉都御史，巡撫遼東地方。

《國榷》卷五一　辛巳，召清軍御史回京，惟浙江、河南、山東、山西留任，歲代。舊瓜期三年。

甲申，閣部科道各止南幸。不報。

丙戌，中旨：左都督劉暉同安邊伯朱泰等團營西官廳監督操練。又御馬監太監張欽、陳禄、佛保監督勇士四衛營，提督團營。御馬監太監孫和把總神機營，御馬監太監蕭永福、張玉提督勇士四衛。

《武宗實録》卷一七一　改巡撫宣府左都御史劉達整飭薊州等處兵備，兼巡撫順天等府地方。

《國榷》卷五一　丁亥，漕舟阻凍，即納天津倉，凡六萬石。

命王守仁勘處福建叛卒。其南贛事，兵備副使楊璋暫攝之。

《明史》卷一六《武宗紀》　帝自加太師，諭禮部曰：「總督軍務威武大將軍總兵官太師鎮國公朱壽將巡兩畿、山東，祀神祈福，其具儀以聞。」

《國榷》卷五一　庚寅，禮部尚書兼翰林院學士李遜學卒。【略】贈太子太保，謚文簡。

《武宗實録》卷一七一　壬辰，太監李英傳旨：調鎮守湖廣太監杜甫于福建，鎮守貴州太監李鎮于湖廣，分守四川建昌太監宋輔于貴州。

《國榷》卷五一　保定巡撫右副都御史張貴引疾去。

《武宗實録》卷一七二　三月丁酉，命五經博士孔彦繩子承美襲職，奉衢州廟祀。

傳旨：令内官監太監李彬管神機營中軍二司并練武營。

《國榷》卷五一　戊戌，南京太僕寺少卿曹俶被劾。

《武宗實録》卷一七二　己亥，傳旨：調分守懷來太監劉寶鎮守陝西，守備萬全左衛太監侯欽分守懷來倒馬關，太監趙昇守備萬全左衛。

《國榷》卷五一　諭巡狩沿途毋驚擾官民，船仍通行勿阻。

《武宗實録》卷一七二　准宛平縣商人龔俸等報中兩淮運司存積、常股殘鹽三十餘萬引，仍令就便收買，不次秤掣。

《明通鑑》卷四八　(丁酉)〔庚子〕，六科都給事中邢寰、十三道御史王度等疏諫巡幸，南京六科孫懋、十三道張翀等亦以爲言，皆不報。

《武宗實録》卷一七二　辛丑，長寧伯周瑭卒。

甲辰，陞通政司右通政柴義爲左通政，左參議張瓚爲右通政。

命起左僉都御史甯杲巡撫宣府。

《國榷》卷五一　乙巳，修迎翠、昭和、崇智、光霽諸殿。

丙午，給事中徐之鸞等、御史楊秉中等，各諫南巡，伏闕俟命，自辰至申。命中官諭退。明日望，當陞殿視朝，上託疾免，蓋借爲伏闕罪也。

丁未，詔蕭山楊時德惠祠增祀游酢、羅從彦。

贈福建漳浦縣丞紀鏞爲本縣知縣，録其子爲國子生。

提督巡江右副都御史任鑑劾罷。

南京户部尚書鄧庠致仕。

《武宗實録》卷一七二　太監張淮傳旨：以御馬監太監耿忠守備紫荆關，楊金守備倒馬關，左監丞李厚守備劉家口。

《國榷》卷五一　都御史臧鳳言治常、鎮、高郵等運河。勑總理河道右副都御史龔弘督之。

中旨：御馬監太監田春監督勇士四衛營。

《國榷》卷五一　己酉，設福建平和縣。

《武宗實録》卷一七二　辛亥，陞吏部左侍郎王鴻儒爲南京户部尚書。陞河南左布政使王崇文爲都察院右副都御史，巡撫保定等府兼提督紫荆等關。

《國榷》卷五一　增歲貢生。

壬子，湖廣按察使僉事孟洋疾去。

《明史》卷一六《武宗紀》　癸丑，以諫巡幸，下兵部郎中黄鞏六人於錦衣衛獄，跪修撰舒芬百有七人於午門五日。金吾衛都指揮僉事張英自刃以諫，衛士奪刃，得不死，鞫治，杖殺之。

《武宗實録》卷一七二　甲寅，陞南京都察院右副都御史洪遠爲南京工部尚書。大理寺左少卿劉玉爲南京都察院左僉都御史，提督操江。

《明史》卷一六《武宗紀》　戊午，杖舒芬等百有七人於闕下。

《國榷》卷五一　庚申，河南布政司右參政王珝爲右僉都御史，巡撫山東。

《明紀》卷二七　夏四月甲子朔，免南畿被災税糧。

《武宗實録》卷一七三　戊辰，陞兵部右侍郎陳玉爲南京都察院左都御史。

《明紀》卷二七　〔己巳〕，謫范輅龍州宣撫司經歷。

《皇明大政紀》卷二〇　以廖紀爲吏部左侍郎，羅欽順爲吏部右侍郎。

《國榷》卷五一　丁丑，户部郎中陳維藩督糧薊州，私餉都督神周二百金，周以聞，遂下錦衣獄，謫之。

《武宗實録》卷一七三　戊寅，陞兵部右侍郎馮清為左侍郎。

《明史》卷一六《武宗紀》　杖黄鞏等三十九人於闕下，先後死者十一人。

《武宗實録》卷一七三　開中兩淮運司正德十五年鹽課三十萬引，兩浙運司十四年鹽課二十萬引于宣府，召商上納糧草。

《國榷》卷五一　福州亂卒葉元保、進貴等五十人伏誅，餘戍遣。

《明通鑑》卷四八　〔辛巳〕，户部尚書石玠致仕。許之。

《武宗實録》卷一七三　命都督朱洪領團營西官廳左營，提督東路山海等關；都督朱暉領右營，提督西路居庸等關，俱充總兵官。

《國榷》卷五一　壬午，中旨：内官監太監趙俊坐神機營右掖三司，仍坐揚威營。御馬監太監李禄分守四川建昌行都司并川南道。

乙酉，謫監察御史劉士元廣東麟山驛丞。

己丑，巡撫山東右副都御史伍符未赴任，以閩卒餉事，逮下錦衣衛獄，贖杖還職。

户部主事劉田、趙載、孫聰、鄒輗、陸傑，監兑兩畿、浙江，皆私歸愆期，下獄，尋復官。

《明史》卷一六《武宗紀》　五月己亥，詔山東、山西、陝西、河南、湖廣流民歸業者，官給廩食、廬舍、牛種，復五年。

《武宗實録》卷一七四　辛丑，命總督倉場户部尚書楊潭回部管事。

《國榷》卷五一　壬寅，秦府保安王誠漖薨。謚靖和。

《明紀》卷二七　南京禮部尚書吴儼卒。贈太子少保，謚文肅。

《武宗實録》卷一七四　甲辰，發户部銀五萬兩于宣府，以備軍興需。

《國榷》卷五一　議遷城武、單縣城，時溺于水。

丁未，雁門等關兵備副使秦偉爲鎮守太監吴經蒼頭所毆。不問。

己酉，江西巡撫右副都御史孫燧、巡按御史晉江林潮與鎮守太監畢真上宸濠孝行宜旌，禮科給事中邢寰駁其悖謬，禮部尚書毛澄覆真等諂附。上頗聞濠逆謀，怒曰：「宗藩善否，朝廷自知，何輒請也，各詰其實。」初，宸濠親喪善哭，聲動宫庭，徒步送葬。後變作，論者以林潮黨逆落職。

庚戌，限王府使人，不許久留京師。時寧府常數輩潛京師，謀頗泄，故禁之。

《武宗實録》卷一七四　陞錦衣衛指揮同知朱海為都指揮僉事。

《國榷》卷五一　詔中外官舉將才。

中旨：御馬監太監趙欽分守四川建昌行都司并川南道，淮安倉太監許滿改太岳太和山奉香兼分守湖廣行都司。

《昭代典則》卷二五　（丙辰）遣太監賴義、駙馬都尉崔元、都御史顔頤壽戒飭寧王宸濠。

《武宗實録》卷一七四　己未，詔自今大漢將軍試百户五年實授，著為令。

《武宗實録》卷一七五　六月癸亥朔，傳旨：提督軍務兼巡撫甘肅地方右都御史鄧璋革提督之名，仍舊巡撫。

《國榷》卷五一　諭延綏、山西、寧夏、甘肅、陝西、遼東、薊州各總兵、巡撫官職任，俱增入各鎮守太監敕中。

丁卯，傳加宣府巡撫左僉都御史甯杲贊理軍務。

《武宗實録》卷一七五　戊辰，命江西把總運糧署都指揮使王佐充參將，協同漕運。以廣西署都指揮僉事王繼善代佐把總運糧。

《國榷》卷五一　癸酉，户部右侍郎鄭宗仁爲左侍郎，刑部右侍郎邊憲改户部右侍郎。

《明史》卷一六《武宗紀》　丙子，寧王宸濠反，巡撫江西右副都御史孫燧、南昌兵備副使許逵死之。

《國榷》卷五一　總督兩廣軍務都御史改總制，尋改提督。

《明通鑑》卷四八　丁丑，宸濠僞授賊首閔念四、吴十三、淩十一等爲都指揮等官，與承奉涂欽等領兵攻九江、南康，並掠運舟于吴城。又遣校尉趙智如浙江，報太監畢真令助兵。又遣儀賓李蕃等如瑞州，招華林、瑪腦等寨僞參贊王綸，移檄招姚源等洞賊兵。又使妃弟婁伯募兵于進賢、廣信，僞參政季斆持檄諭南贛王守仁等，直至廣東。

時濠即欲僭大號，改元順德，李士實、劉養正等請俟至南京行之，從之。

《明史》卷一六《武宗紀》　戊寅，（宸濠）陷南康。

《國榷》卷五一　己卯，興王祐杬薨。年四十四。葬松林山，謚曰獻王。

《明史》卷一六《武宗紀》　（宸濠）陷九江。

《國榷》卷五一　進賢知縣劉源清勒兵禦賊，誅濠妃弟婁伯及通謀者。又龍津驛丞孫天祐、餘干知縣馬津亦起兵，殺其募兵者數十人，餘皆潰歸。濠欲攻源清，李士實曰：「大事既定，彼將焉往。」乃止。右副都御史王守仁至豐城，聞變，走吉安。

《明通鑑》卷四八　庚辰，巡撫南贛都御史王守仁，會吉安知府伍文定起兵討宸濠。

《國榷》卷五一　命大理寺少卿李鐸安撫土魯番，促貢使出關，并按哈密寫亦虎仙等通虜事。

辛巳，設福建平和縣，隸漳州。

逮四川巡撫右副都御史馬昊。

《武宗實録》卷一七五　癸未，宸濠釋御史王金、主事金山及布政使梁宸等，令各還其署。參議楊學禮已陞陝西參政，令之任。惟知府鄭瓛不釋。參政王綸，僉事師夔、潘朋賓軍前用事。參政程杲、參議許效廉、賴鳳爲散兵糧。凡移檄郡邑則付宸署押而行。

《國榷》卷五一　乙酉，通政使李瓚爲左副都御史，督居庸、山海關東西墩堡。

《武宗實録》卷一七五　陞撫治鄖陽右副都御史王縝爲南京刑部右侍郎。

陞鴻臚寺卿張昱爲禮部右侍郎，仍掌寺事。

《國榷》卷五一　立廣東鐵稅廠。

《武宗實録》卷一七五　開中正德十五年兩淮鹽課三十萬引、兩浙鹽課二十一萬四千四百餘引于大同，以給軍餉。

《國榷》卷五一　前太子太保禮部尚書田景賢卒。

《武宗實録》卷一七五　宸濠以將出兵，僞勅以承奉劉吉提督軍務，參政王綸贊理軍務，内官萬鋭鎮守江西，指揮佘雄總督巡守。又僞授舉人謝鳳及劉養正門生劉子達等爲主事，舉人甘貴及李士實男汝祺等為（鎮）〔錦〕衣衛指揮，賞宗室及三司護衛官軍銀兩。

《國榷》卷五一　戊子，太常寺丞張道榮爲少卿。

《明書》卷一二　己丑，宸濠兵圍安慶。

《國榷》卷五一　庚寅，上微行市中，或至四夷館菜園，夜不返。大學士楊廷和等疏諫，不報。

黔國公沐崑卒。【略】年三十八。贈太師，謚莊襄。

七月壬辰朔，起右都御史文貴提督，撫治鄖陽。

《武宗實録》卷一七六　命長寧伯周瑭子大經襲爵。

《明通鑑》卷四八　宸濠統兵發南昌。

《武宗實録》卷一七六　甲午，巡撫甘肅都御史李崑與鎮守太監許宣、總兵官史鏞、參將蔣存禮、兵備副使陳九疇，各以肅州失事先後逮至京，下法司獄。

《國榷》卷五一　前刑部尚書王鑑之卒。

乙未，賊悉兵至安慶。

《武宗實録》卷一七六　改工部右侍郎楊廷儀爲兵部右侍郎。

《國榷》卷五一　錦衣衛千户李雄從征陝西寇，死之。

丙申，翰林侍讀學士朱希周爲南京吏部右侍郎。

《明通鑑》卷四八　丙申，謫御史張文明爲黿白縣典史。

《武宗實録》卷一七六　綏德州知州吴楝爲信宜縣典史。

戊戌，陞陝西布政司左布政使盛應期爲都察院右副都御史，巡撫四川等處。

改巡撫山東右副都御史伍符巡撫保定等府兼提督紫荆等關。

《皇明大政紀》卷二〇　南京户部尚書王鴻儒卒于官。謚文莊。

《武宗實録》卷一七六　辛丑，命選各國通事譯業精者常令在館習學，以通夷情，永爲定規。

《國榷》卷五一　壬寅，光禄寺卿馮蘭爲工部右侍郎，管易州山廠。

甲辰，宸濠反聞，議親征。勑南和伯方壽祥，右副都御史王守仁、秦金、李充嗣，右都御史叢蘭各駐江西、湖廣、鎮江、瓜洲、儀真防遏，守仁仍兼巡撫江西。閣臣請遣將，毋駕往。不聽。命安邊伯朱泰領兵先往南京，太監張忠、左都督朱暉先往江西，王守仁暫領巡撫事，侍郎王憲督餉。于是忠提督軍務，拜泰威武副將軍，暉平賊將軍，俱總兵官。左都督朱洪、都督僉事朱琮，留西官廳練卒捕盜，洪仍兼東路關口，琮兼西路關口。平虜伯朱彬、左都督朱周從征。

《武宗實録》卷一七六　丙午，加少師兼太子太師吏部尚書華蓋殿大學士梁儲特進，兼支大學士俸，賜宴於禮部。

《國榷》卷五一　南京兵部尚書喬宇等上宸濠僞檄一、榜文二。吏部尚書陸完謂濠素賢，恐未確。

南京守備太監劉瑯素通宸濠，給事中孫懋請免瑯。不報。

《明史》卷一六《武宗紀》　宸濠犯安慶，都指揮楊鋭、知府張文錦禦却之。

《國榷》卷五一　丁未，中旨：御馬監右少監李環分守遼陽。

《明通鑑》卷四八　戊申，王守仁師至臨江樟樹鎮，知府臨江戴德孺、袁州徐璉、贛州邢珣，都指揮佘恩，通判瑞州胡堯元、童琦，撫州鄒琥、安吉談儲，推官王暐、徐文英，知縣新淦李美、泰和李楫、萬安王冕、寧都王天與，各以兵來會，合八萬人，號三十萬。

《國榷》卷五一　己酉，王守仁次豐城。

《明通鑑》卷四八　以伍文定爲前鋒，先遣奉新知縣劉守緒襲其伏兵。

庚戌，夜半，文定兵抵廣潤門，守兵駭散。

《明史》卷一六《武宗紀》　辛亥，提督南、贛、汀、漳軍務副都御史王守仁帥兵復南昌。

《國榷》卷五一　前工部主事林大輅、御史洪異下詔獄。

癸丑，南京監察御史楊必進疏言時事，指尚書陸完通逆。完銜之，調必進廣西按察僉事。

起林俊南京禮部尚書。以屢無成効，寢之。

甲寅，南京右副都御史蕭翀總督兩廣軍務兼巡撫，文華殿供奉工部右侍郎周惠疇爲工部尚書。

鎮守浙江太監畢真有罪，遣御馬監太監浦智鎮守浙江。

乙卯，南京工部尚書洪遠卒。

東寧伯焦洵卒。洵苦貧，生母卒，度不能葬，以哀殞。亡子。

《明通鑑》卷四八　伍文定等敗宸濠于黄家渡。

丙辰，復戰，官軍卻，守仁斬先卻者。文定親督官軍殊死戰，身犯矢石，火燎鬚不爲動。賊復大敗，退保樵舍，聯舟爲方陣，悉出金寶犒士。

《武宗實録》卷一七六　命緝事衙門廉捕寧府諜者於京師，并飭沿途官司設法盤詰。

《國榷》卷五一　給事中汪玄錫、監察御史吴闓等疏諫親征。上切責之。

《武宗實録》卷一七六　發保定府備用馬四千匹充南征軍。

陞應天府丞許廷光爲都察院右僉都御史，巡視浙江兼南直隸、徽州等處。

《國榷》卷五一　許山東、河南織幣折價，惟江南如故。

命安邊伯朱泰即行亟徵諸路兵悉會。以科左給事中祝續、徐之鸞，監察御史孫孟和、章綸紀功。

御馬監太監尚春鎮守福建。

丁巳，詔親征，削宸濠屬籍。【略】又諭江西官吏軍民。

《明史》卷一六《武宗紀》　守仁敗宸濠於樵舍，擒之。

《武宗實録》卷一七六　李士實、劉養正死於繫所。

《國榷》卷五一　八月壬戌朔，寧波知府寇天叙爲應天府丞。

《明紀》卷二七 〔壬戌〕，命江彬提督東廠錦衣官校辦事。

《國榷》卷五一 故巡視四川右副都御史高崇熙贈右都御史，子廕百户，陞世錦衣衛副千户。

《武宗實録》卷一七七 癸亥，致仕南京兵部尚書張瀠卒。

甲子，户部以大軍南征，請移漕運衙門以蘇州、揚州、淮安三府正德十三年兑軍米折銀一十八萬九百餘兩運送侍郎王憲，以備緩急支用。從之。

《國榷》卷五一 丙寅，廷議防邊居守事宜。

致仕永順宣慰使彭世麒以征郴桂盜功，辭賞。命立坊曰表勞。

丁卯，傳單總督軍務威武大將軍總兵官鎮國公朱壽敕。

戊辰，巡撫貴州右副都御史鄒文盛改南京右副都御史。

《武宗實録》卷一七七 起侍養户部右侍郎邵寶爲南京禮部尚書。

《國榷》卷五一 巡撫蘇松右副都御史李充嗣爲户部右侍郎，督理軍餉，仍兼巡撫。充嗣聞濠變，身將兵屯采石，遣諜順流而下，檄王師十萬四至以疑之。

《武宗實録》卷一七七 陞瀋陽中屯衛都指揮使袁傑爲後府都督僉事。

《明通鑑》卷四八 己巳，命太監張永提督團營及宣府北路官軍，贊畫機密重務，兼覈勘宸濠反逆惡黨及改逆効順者，即于軍門奏請處分，仍查覈宫眷庫藏。

《國榷》卷五一 辛未，録安慶功，守備署都指揮僉事楊鋭進都指揮僉事，充參將，分守安慶、太平、池、徽、寧國、九江、饒、黄、蘄，安慶知府張文錦爲太僕寺卿，提督九府，餘俟後命。

《武宗實録》卷一七七 壬申，傳旨：以大學士梁儲、蔣冕扈從南征。

《國榷》卷五一 癸酉，乾清、坤寧宫定址。

《武宗實録》卷一七七 乙亥，陞都察院右都御史鄧璋爲南京户部尚書。

《國榷》卷五一 吉安知府伍文定爲江西按察使。

《明通鑑》卷四八 乙亥，大學士楊廷和等請以宸濠謀逆詔告天下，並條陳寬恤事宜。從之。既而寬恤之詔竟寢不行。

《國榷》卷五一 丙子，敕勞南京内外守備、參贊官。

《武宗實録》卷一七七 調御馬監太監廖宣提督蘇、杭等府織造。

《國榷》卷五一 己卯，南京刑部尚書戈瑄致仕。

《武宗實録》卷一七七 以太倉庫銀一萬兩給兵部左侍郎王憲軍前應用。

《國榷》卷五一 庚辰，起前江西布政使鄭岳、副使胡世寧。

《武宗實録》卷一七七 辛巳，以水災，免蘇、松、常、鎮等府夏税有差。

壬午，以提督撫治鄖陽右都御史文貴巡撫甘肅等處。

《國榷》卷五一 袁州、贛州知府徐璉、邢珣爲江西布政司左、右參政。

楊廷和推南京吏部尚書劉春專誥敕。上以廷和鄉人，不允，責陳狀，疏上不問。

蓋廷和争鎮國公敕，藉此譴之。

《明史》卷一六《武宗紀》 癸未，車駕發京師。

《國榷》卷五一 命平虜伯朱彬提督贊畫機密軍務，仍軍門提督官校，左都督朱周協贊，錦衣衛都督朱寧隨征。

乙酉，諭南京守備、參贊等官燬宸濠僞檄，違者罪之。

《明史》卷一六《武宗紀》 丁亥，次涿州，王守仁捷奏至，秘不發。

《國榷》卷五一 戊子，上至保定。

庚寅，楊廷和請回蹕，專遣重臣往江西綏輯。不報。

辛卯，吏、户、刑、工部左侍郎廖紀、鄭宗仁、金獻民、劉永，兵部右侍郎楊廷儀，右僉都御史李鉞，左、右通政柴義、張瓚，大理左少卿吴祺，同内外坐營官防守九門。

《明通鑑》卷四八 九月壬辰朔，上駐蹕保定，宴于府堂，巡撫都御史伍符及巡按御史、管糧主事皆侍宴行酒。上與符爲藏鬮之戲，符探得鬮，上不悦；飲符至醉，乃大笑。

癸巳，上發保定。

《國榷》卷五一 南京鴻臚寺卿夏昇服闋致仕，加南京太常寺卿。

《武宗實録》卷一七八 丙申，改鑄總督漕運關防爲提督漕運。

《明通鑑》卷四八 戊戌，車駕至臨清。

《國榷》卷五一 乙巳，科道以擒叛請回蹕。不報。

《明通鑑》卷四八 丁未，王守仁械宸濠，將獻俘，至杭州，授太監張永。

《明書》卷一二 〔癸丑〕〔上〕復單舸疾歸至張灣，載劉良女同往。

《國榷》卷五一 崇明海盜起。

甲寅，敕勞應天巡撫李充嗣。

《武宗實録》卷一七八 陞坐營都督僉事岑玉爲都督同知。

《國榷》卷五一 乙卯，萬壽節，上舟過德州，京師百官遥賀。

《皇明大政紀》卷二〇 〔庚申〕，南京兵部尚書致仕林瀚卒于家。贈太子太保，謚文安。

《明通鑑》卷四八 冬十月戊辰，大學士楊廷和等復請班師，【略】扈從之梁儲、蔣冕等亦以爲言，計自乘輿發後，累疏數十上，皆不省。

《國榷》卷五一 辛未，上復至臨清。

《武宗實録》卷一七九 癸酉，准留遼東贖罪銀于本處賑濟。

以旱災，免陝西靖虜等四衛，蘭州、河州、隴西等九縣税糧有差。

丙子，刑部都察院如例會官于承天門外審録罪囚。

己卯，六科都給事中邢寰、十三道御史許翔鳳等以宸濠既平各上疏請上班師。不報。

《明紀》卷二七 壬午，帝發臨清。

《國榷》卷五一 甲申，撒馬兒罕番王可重速壇等入貢。

福建海寇平。

《明通鑑》卷四八 十一月辛卯朔，車駕過濟寧。

《武宗實録》卷一八〇 户部議直隸淮揚等處災甚，請如撫按官所奏以加徵税之三分暫爲蠲免，本年兑運糧盡許折銀，無徵者改撥支運，其截留運米如軍餉支給有餘盡以賑濟。從之。

《明通鑑》卷四八 丙申，〔上〕至徐州。

《國榷》卷五一 戊戌，增福州捕盗通判，治古田、杉洋；漳州捕盗通判，治南詔。

《明通鑑》卷四八 辛丑，〔上〕御龍舟自徐州順流而下。

《明史》卷一六《武宗紀》 乙巳，〔上〕漁於清江浦。

《國榷》卷五一 〔上〕幸監倉太監張陽第。

《明通鑑》卷四八 時上巡幸所至，捕得魚鳥，分賜左右，受一臠一毛者，各獻金帛爲謝。至是漁于清江浦累日。

《武宗實録》卷一八〇 己酉，授太常寺博士姚釪、湖廣武昌府推官衛道俱南京給事中。

《明史》卷一六《武宗紀》 壬子，冬至，受賀於太監張陽第。

《武宗實録》卷一八〇 癸丑，授知縣范永鑾、王杲、彭占祺、俞集、鄭氣、簡霄、周在、鄭本公、吉棠、傅桂、郭楠、李孟旭、楊銓、張彥杲、余翺，推官王鈞、胡松，行人喻漢，國子監博士陳克恭，儒學教授周允中俱試監察御史。

《國榷》卷五一 甲寅，上至淮安，屏侍衛，步入城，幸鎮遠侯顧仕隆第。

《明書》卷一二 命拘錢寧於臨清，收其家屬。

《明通鑑》卷四八 己未，上至寶應，漁于氾光湖。

十二月辛酉朔，上至揚州。

壬戌，上以數騎獵于府城西，遂幸上方寺。自是數出漁獵，以劉姬諫而止。

總兵神周，奉旨至泰州取鷹犬，城中騷然。

《武宗實録》卷一八一 癸亥，以災傷，免直隸隆慶州及宣府蔚州等衛所城堡屯糧有差。

《明通鑑》卷四八 丙寅，免河南、開封等府被災四十五州縣秋糧。

《國榷》卷五一 庚午，庶吉士閻閎服闋，爲吏科給事中。

《明通鑑》卷四八 辛未，大學士梁儲、蔣冕，以郊祀期近，請返蹕。

《國榷》卷五一 壬申，水災，免順天、河間、永平、保定糧芻有差。

《武宗實録》卷一八一 乙亥，免大同左、陽和、高山、天城、鎮虜五衛粮草有差，以旱澇相仍、雨雹為災故也。

《明通鑑》卷四八 戊寅，上閱諸妓于揚州，撫、按官具宴，卻之，令折價以進。

己卯，至儀真。

時上巡幸所至，禁民間畜豬，一時屠殺殆盡。

《國榷》卷五一 水災，免大名、真定、順德田租有差。

《明通鑑》卷四八 癸未，〔上〕漁于儀真之新閘，命江彬祭告大江。

明日，〔上〕幸民黄昌本家，閲太監張雄及守備馬炅所選妓，以其半送舟中。

《明史》卷一六《武宗紀》 乙酉，〔上〕渡江。

丙戌，〔上〕至南京。

《國榷》卷五一 丁亥，上祭太廟。明日，祭奉先殿。

是年，禮部員外郎鄭善夫請改曆元。

《明史》卷一六《武宗紀》 是歲，淮、揚饑，人相食。

正德一五年（庚辰、一五二〇）

《國榷》卷五一　正月庚寅朔，上在南京，謁孝陵。

《明通鑑》卷四九　詔百官戎服朝正旦，尚書喬宇不可，率羣臣朝服賀。

《國榷》卷五一　浣衣局幼女甚衆，薪炭歲十六萬斤，命增給。

《明史》卷一六《武宗紀》　癸巳，改卜郊。

《明通鑑》卷四九　丙申，諭行在閣臣，以宸濠將至，議處分。梁儲、蔣冕請如宣德間親征漢庶人例，罪人既得，即日班師，還告天地宗廟，下廷臣及各王府議其罪。不納。

丁酉，立春，上迎春于南京，仍備諸戲劇，如宣府故事。

《國榷》卷五一　甲辰，增平涼收糧通判，專寧夏西路。

逮臨淮知縣吴鼎，内臣楊秀誣其慢。

《明書》卷一二　廣西兵討猺賊，破之。

《武宗實録》卷一八二　庚戌，户部奏：「漕運議單内所載參奏軍衛有司官員例畧無等第，以致上下輕犯，糧運稽遲。請自正德十五年爲始，各水次至正月終有司無糧，軍衛無船者，府州縣管糧官、領運千百户提問，各住俸半年；遲至三月終者，并府州縣掌印官、領運指揮提問，各住俸一年，其船糧不到之數俱以三分之一爲限，仍先革冠帶戴罪催儹；若遲至五月者，不分多寡，又并布政司掌印管糧官、領運把總俱提問，各降二級，文職送吏部別用，軍職回原衛帶俸差操。以上三等俱聽監兑官查參，其監兑官亦令依期赴水次催兑，毋遷延誤事，以後永爲定規。」從之。

《國榷》卷五一　壬子，遼東饑，指揮唐斌、千户侯能逃三十餘人。命亟予俸。

甲寅，水災，免鳳陽、淮安、揚、徐、滁、和糧芻有差。

乙卯，周府麗水王安汾薨。謚靖恭。

《明通鑑》卷四九　戊午，免湖廣武昌、安陸等十五府被災税糧。

《皇明資治通紀》卷二四　執太監畢真、劉瑯、劉璟，都指揮廖鵬、齊佐、王準，都督同知王獻等，下錦衣獄。

《明通鑑》卷四九　二月庚申朔，上在南京。

《國榷》卷五一　乙丑，宸濠械至，泊于江上。

《武宗實録》卷一八三　丙寅，以禮部會試，命禮部左侍郎兼翰林院學士石珤、翰林院侍講學士李廷相爲考試官。

《明通鑑》卷四九　〔戊辰〕，大學士楊廷和等請罷養豕及宰殺之禁。不報。

《國榷》卷五一　防守白羊口都督僉事張椿疾去。

《明通鑑》卷四九　己巳，孝貞太皇太后大祥，遣壽寧侯張鶴齡祭茂陵。其神主祔廟日期令改擇。

《國榷》卷五一　庚午，吏部以考察日久，先遣小吏回，餘俟駕回定奪。

《武宗實録》卷一八三　丙戌，禮部會試取中正榜舉人張治等三百五十名。

《明通鑑》卷四九　三月己丑朔，上在南京。

《國榷》卷五一　庚寅，水災，免陝西寧遠縣糧芻。

甲午，許祭祀仍用豕。

甲辰，御馬監太監楊簡鎮守山東。

辛亥，太保會昌侯孫銘卒。

《明通鑑》卷四九　夏四月戊午朔，上在南京。

《明史》卷一六《武宗紀》　己未，振淮、揚諸府饑。

《國榷》卷五一　辛酉，修太廟殿廡及社稷壇殿。

甲子，張禄、李繼宗、陳德鳴、田美、孫元、陸翱、董雲漢、丘道隆、劉源清、李美、劉穎、楊材、王禄爲試監察御史，穎、材、雲漢、禄、繼宗俱南京。

丁卯，修築南陽白河。

己巳，琉球入貢。

《明書》卷一二　〔丙戌〕，四川僰蠻平。

《明通鑑》卷四九　五月戊子朔，上在南京。

《國榷》卷五一　辛卯，回賊劫汧陽，殺知縣賈鉞。

丁酉，國子司業穆孔暉爲翰林侍講。

辛丑，水旱，免寧國、池州、太平、安慶糧芻有差。

《皇明大政紀》卷二〇　〔壬寅〕，江西大水，巡撫都御史王守仁上疏自劾。不報。

《國榷》卷五一　甲寅，咸寧侯仇鉞卒。

《明紀》卷二七　六月丁巳朔，帝幸牛首山，諸軍夜驚，言江彬欲爲逆，久之乃定。

《國榷》卷五一　效勇營後府都督僉事李瑾卒。

甲子，土魯番入貢，歸我所擄吏卒及哈密王速壇拜牙郎妻妾家人，惟留王未遣。兵部議許其和。巡按陝西御史潘倣言：「如此適見輕。宜姑阻貢使，敕責其犯順，仍盡索歸人，擇使往議，然後納之。」報可。

己巳，沂州孝感鄉立諸葛亮祠。亮生處，巡按御史熊相所請。

《武宗實録》卷一八七　乙亥，虜近邊住牧。詔鎮巡官嚴備，仍發銀五萬兩於宣府，以充軍餉。

《國榷》卷五一　丁丑，補江西鄉試。

辛巳，前署大理寺事工部尚書楊守隨卒。【略】贈太子少保，謚康簡。

壬午，始允考察，降斥一千四百七十八人。

令遼東、延綏游擊將軍林睿、劉玉、周政兵還鎮。

《武宗實録》卷一八七　癸未，右軍都督府都督同知安國卒。

《國榷》卷五一　甲申，科道請班師。不報。

《明通鑑》卷四九　秋七月丁亥朔，上在南京。

《國榷》卷五一　丁酉，操江南和伯方壽祥劾罷。

僰蠻平。

戊戌，少師、大學士楊廷和滿九年考，賜敕，宴禮部。

《武宗實録》卷一八八　辛丑，開中兩淮鹽課十五萬引于薊州召商輸納糧草。

癸卯，陞普定衛指揮使王雄爲署都指揮僉事。冒貴州香爐山功也。

《國榷》卷五一　甲辰，逮湖廣按察副使黄天爵、都指揮僉事劉淳。

《明史》卷一六《武宗紀》　〔是月〕，小王子犯大同、宣府。

《明通鑑》卷四九　王守仁重獻捷于京師，言「奉威武大將軍方略，討平叛亂」，而盡入諸嬖倖名，江彬、張忠等讒乃已。

《明通鑑》卷四九　八月丙辰朔，上在南京。

《國榷》卷五一　廣東蘇峒、十八山、青龍岡等盜平。

《武宗實録》卷一八九　庚申，巡撫甘肅都御史文貴奏軍糧缺乏，乞仍開納銀例，令農民充吏軍職免罪，富民給冠帶。户部議從之。

《國榷》卷五一　壬戌，前太子太保、户部尚書、武英殿大學士靳貴卒。【略】贈太傅，謚文僖。

己巳，虜犯宣大，仍駐宣府西路牛心山，連營三四十里。命都督郤永軍居庸，參將楊玉軍昌平，都督朱洪軍黄花鎮，左副都御史李瓚守白羊口。

《武宗實録》卷一八九　壬申，以災傷，免直隸揚、鳳、淮、徐所屬十二州縣及淮安、大河二衛夏税有差。

《國榷》卷五一　庚辰，户部右侍郎邊憲兼右僉都御史，督餉宣府。

《明史》卷一六《武宗紀》　癸未，免江西税糧。

《明通鑑》卷四九　閏月丙戌朔，上在南京。

《國榷》卷五一　庚寅，占城國入貢。

壬辰，上辭孝陵。

《明史》卷一六《武宗紀》　癸巳，受江西俘。

《國榷》卷五一　令王守仁重奏捷，叙及親征所遣張忠、朱暉等功。

《明通鑑》卷四九　丁酉，上自南京返蹕。是夕，發龍江。

《國榷》卷五一　己亥，唐府承休王芝埌薨。謚榮和。

《明通鑑》卷四九　辛丑，至儀真。

《武宗實録》卷一九〇　壬寅，上漁于江口。次日如瓜洲，避雨民家。是夜，宿望江樓。

《國榷》卷五一　上閔採木之苦，令工部右侍郎陳雍優勞官民，仍祭神木山。

《明史》卷一六《武宗紀》　癸卯，次鎮江，幸大學士楊一清第，臨故大學士靳貴喪。

《皇明資治通紀》卷二四　庚戌，〔上〕發鎮江。

《國榷》卷五一　壬子，上再宿望江樓。

《明通鑑》卷四九　癸丑，〔上〕至揚州。

九月乙卯朔，上駐蹕揚州。

《國榷》卷五一　丁巳，撫按臣設宴慶功。

《明通鑑》卷四九　戊午，發揚州。

《皇明資治通紀》卷二四　庚申，上至寶應，復漁于氾光湖。

《國榷》卷五一　鎮守太監丘得苛索上供，繫知府蔣瑶北去，至臨清放歸。

《明通鑑》卷四九　辛酉，上駐蹕淮安。都御史叢蘭、總兵官顧仕隆等進賀功金牌、花紅、綵帳。上戎服簪花，鼓吹入城。

先是，有司治故尚書金濂第，至是遂幸之。

《國榷》卷五一　癸亥，九日，左右競進菊，材官以之賦民，大擾。

《明通鑑》卷四九　丙寅，上至清江浦，復幸張陽第。

《國榷》卷五一　丁卯，水災，免順天、永平、保定、河間夏税有差。

《明史》卷一六《武宗紀》　己巳，漁於積水池，舟覆，救免，遂不豫。

《武宗實録》卷一九一　辛未，法司如例會官審録重囚。

《國榷》卷五一　嚴捕盜之禁。

《明通鑑》卷四九　丙子，上至東昌。

戊寅，至臨清。是日，萬壽節，百官稱賀于鎮守太監第。

《武宗實録》卷一九一　免甘州中護衛屯糧有差，以被虜患故也。

《明通鑑》卷四九　以旱災，免陝西鞏昌、臨洮二府及蘭州、甘州等衛夏税。

《武宗實録》卷一九一　甲申，詔自今户部歲差一主事或員外郎一人于蘭州專管甘肅糧餉，禮部乃鑄關防給之。

《國榷》卷五一　核京衛放糧文册。

《武宗實録》卷一九二　〔十月〕己丑，孔、顔、孟三氏子孫教授司生員孔彦珩援天下學校開貢例，奏乞每歲貢一人，亦四年而止。允之。

《明通鑑》卷四九　庚寅，上至天津。

《武宗實録》卷一九二　丙申，以水災，免遼東三萬等衛、鐵嶺中左等所屯田子粒之半。

《國榷》卷五一　丁酉，周府臨淄王安滰薨。謚端簡。

《武宗實録》卷一九二　乙巳，以冰雹，免山西大同縣并大同前等六衛田糧有差。

《明史》卷一六《武宗紀》　庚戌，〔上〕次通州。

《國榷》卷五一　兵部尚書王瓊來迎。瓊亦通宸濠，大懼，至是求朱彬得釋。時知州劉繹，上供御用，下給百司，井井無失，村民若不知有乘輿也；且振頽革弊，剖決如流，雖當劇地，晏如也。繹邠州人，例貢，知青縣，課最，遷通州。

《武宗實録》卷一九二　癸〔亥〕〔丑〕，發太倉銀一萬七千二百兩送内承運庫，以備賞賜。

甲寅，召户部尚書楊潭赴行在。

《明史》卷一六《武宗紀》　十一月庚申，治交通宸濠者罪，執史部尚書陸完赴行在。

《明通鑑》卷四九　逮太監商忠、杜裕，少監盧明、秦用、趙秀，錦衣衛都指揮薛璽、陳喜及監察御史張鰲山、河南布政使林正茂等，俱下錦衣衛獄，皆以通宸濠有迹也。

辛酉，傳旨，「司禮太監蕭敬、李英閒住」，亦以嘗與宸濠通也。

《武宗實録》卷一九三　己巳，南京三法司會審罪囚，坐死者三人，情可矜疑謫戍者八人，其一婦人，杖而釋之。

《國榷》卷五一　松潘副總兵張傑爲都督僉事，仍副總兵鎮守。

《武宗實録》卷一九三　壬申，陞刑部左侍郎金獻民爲南京刑部尚書，都察院右都御史叢蘭爲南京工部尚書，巡撫湖廣右副都御史秦金爲户部右侍郎。

《國榷》卷五一　河南左布政使李承勛爲右副都御史，巡撫遼東兼贊理軍務。湖廣按察使胡世寧爲右僉都御史，巡撫四川。貴州左布政使趙文奎爲應天府尹。鄭岳復爲四川左布政使。

《武宗實録》卷一九三　命豐潤伯曹愷南京前軍都督府掌印，專管操江。

《國榷》卷五一　癸酉，山東左布政使姚鏌爲右副都御史，巡撫延綏。提督操江右僉都御史劉玉改提督撫治鄖陽。

《武宗實録》卷一九三　陞南京太僕寺卿毛埕爲南京都察院右副都御史，提督操江。

《國榷》卷五一　丁丑，盡召内閣府部勳戚大臣赴行在，每署止留佐貳官一人。時京師洶洶，傳朱彬欲爲變，聞是召，益懼。

己卯，大學士楊廷和、毛紀朝行在。

〔癸未〕，始下江西捷奏，議宸濠罪狀。

十二月乙酉朔，上在通州。

己丑，海外佛郎機始遣必加丹末等三十人入貢。佛郎機已滅滿剌加國，求封。許入京，其從者留懷遠驛，略人口立寨。御史丘道隆請歸國滿剌加方許貢。御史何鰲以番舶限貢，必覈奏抽分如例，自吴廷舉不限年，至即抽貨，致蠻夷雜沓，乞復舊制，悉驅在澳番舶，禁夷人潛住。議從之。

朱彬奏逆黨中宗遠等，乞正罪。加彬禄百石，廕錦衣正千户。

設九江、安慶副總兵，裁九江兵備副使。

《明史》卷一六《武宗紀》　宸濠伏誅。

《明通鑑》卷四九　先是有旨，召皇親、公侯、駙馬、伯、內閣府、部大臣、科、道官，俱至通州治宸濠獄。至是列其罪狀上之，並同逆之宗藩栱㭽等皆論死。上令從輕賜自盡，仍焚棄濠尸。

《國榷》卷五一　壬辰，南京科道請召費宏。報聞。

《明通鑑》卷四九　甲午，車駕還京師，文武百官迎于正陽橋南。

《明史》卷一六《武宗紀》　丁酉，大祀天地於南郊，初獻疾作，不克成禮。

《明通鑑》卷四九　〔上〕遂還齋宮，踰宿乃入，御奉天殿，文武羣臣行慶成禮，傳旨免宴。

《國榷》卷五一　庚子，罷京師防守大臣。

《明通鑑》卷四九　免四川保寧、順慶二府被災州縣稅糧。

《武宗實録》卷一九四　詔廣西田州府土兵自今遇有征調，夏秋仍户留一二丁耕種，以供常税，勿盡丁俱發；其從征者久勞于外，亦量爲賑恤，或停免其税。從掌府事指揮岑猛奏也。

《國榷》卷五一　壬寅，立春，上不朝。

《明通鑑》卷四九　丙午，免陝西西安府所屬被災州縣秋糧。又以霜災，免山西行都司並大同府所屬衛所州縣秋糧。

《國榷》卷五一　己酉，太監尹輔往饒州治陶。部科止之，不聽。

太監于經狎寵觸上怒，錮之內書館，受翰林官約束。自是疎外。

壬子，上力疾視朝。

《明通鑑》卷四九　改王瓊爲吏部尚書。

《國榷》卷五一　是年，德慶州猺糾叛獞劫封川，殺擄三千人，及指揮張鼎、千户王謙、達官馬驥等。

正德一六年（辛巳、一五二一）

《國榷》卷五一　正月甲寅朔，上視朝，如常儀。

乙卯，旱災，免淮、鳳、揚、徐糧芻有差。

戊午，服闋翰林院庶吉士余承勛、劉世盛俱爲編修。

己未，祔孝貞純皇后主于太廟。上疾甚，駙馬都尉蔡震攝事。

《昭代典則》卷二五　〔庚申〕，以石珤爲禮部尚書兼翰林學士，掌詹事府事。

《武宗實録》卷一九五　改南京吏部尚書劉春爲禮部尚書，兼翰林院學士，內閣專管誥勑。

《明通鑑》卷四九　以旱災，免陝西西寧、洮州二衛税糧。

〔壬戌〕，以兵部侍郎王憲爲本部尚書，代王瓊也。

《明史》卷一六《武宗紀》　癸亥，改卜郊。

《國榷》卷五一　甲子，提督漕運右副都御史臧鳳改巡撫鳳陽。

己巳，吏部左侍郎廖紀爲南京吏部尚書。

《武宗實録》卷一九五　南京禮部尚書邵寶以母老乞終養。許之。

《國榷》卷五一　庚午，進蔣冕少傅、謹身殿大學士，毛紀少保、户部尚書兼武英殿大學士。

《武宗實録》卷一九五　甲戌，命兵部尚書王憲提督團營。

《國榷》卷五一　庚辰，兩廣上新會、新寧等縣之捷。

始命指揮僉事張倫守備四川壩底。蓋番蠻咽喉，特專任之。

壬午，揚州知府蔣瑶爲陝西右參議。

《武宗實録》卷一九五　癸未，陞總理糧儲、巡撫應天等處、户部右侍郎兼右僉都御史李充嗣爲工部尚書，兼管水利。

《明通鑑》卷四九　二月甲申朔，上以疾，不視朝。

《武宗實録》卷一九六　乙酉，命署都指揮僉事楊宏于南京大教場坐營管操。

《國榷》卷五一　丁亥，焦棟嗣東寧伯。

太常寺丞俞九疇爲少卿。

己丑，前户部尚書石玠卒。

《武宗實録》卷一九六　改鎮守四川總兵官署都督同知吴坤于湖廣。

《國榷》卷五一　捕山東妖人劉天錫等。

《明通鑑》卷四九　庚寅，疾，不果郊。

《武宗實録》卷一九六　壬辰，命司禮監太監魏彬會各營內外提督官閱視軍官武藝并考察賢否。舊例：三歲一閱視，五歲一考察。至是兵部請同時舉行，以三歲爲期。許之。

《國榷》卷五一　癸巳，廣西古田縣蠻賊平。

甲午，沐紹勛嗣黔國公，仍總兵鎮守雲南。

中旨：太監晁進分守蘭州，楊保分守肅州。兵部言非制，不聽。

戊戌，陝西通渭、會寧、秦、隴間盜起。

《明史》卷一六《武宗紀》 己亥，巡撫雲南副都御史何孟春討平彌勒州苗。

《武宗實録》卷一九六 庚子，會昌侯孫銘子杲襲爵。

壬子，命毛憐衛指揮僉事木哈尚襲祖職都督僉事。

《明通鑑》卷四九 寇犯威遠松山等堡，軍士陳玉死之。

《國榷》卷五一 〔三月〕乙卯，宸濠等妃妾幽鳳陽高牆。

丙辰，廣東清遠、四會縣盜復起。

回賊流劫山、陝、河南。

《明通鑑》卷四九 庚申，傳旨：「改西官廳爲威武團營，以西官廳監督太監張忠及江彬等提督團營教場與威武團營操練，令別闢團營教場。」彬矯旨也。

《國榷》卷五一 四川流盜謝文禮等平。

《明紀》卷二七 辛酉，命興世子厚熜襲封。

《國榷》卷五一 乙丑，併南昌前、左二衛爲南昌衛。

《明史》卷一六《武宗紀》 大漸，諭司禮監曰：「朕疾不可爲矣。其以朕意達皇太后，天下事重，與閣臣審處之。前事皆由朕誤，非汝曹所能預也。」

《明通鑑》卷四九 丙寅，帝崩于豹房，年三十有一。

《明史》卷一六《武宗紀》 遺詔召興獻王長子嗣位。

《國榷》卷五一 是日，傳遺旨：令太監張永、武定侯郭勛、安邊伯朱泰、尚書王憲選鋭防守皇城門、都門及草場、蘆溝橋。又豹房隨侍官軍勞苦可閔，令永勛、泰、憲提督優卹。

《明史》卷一六《武宗紀》 罷威武團營，遣還各邊軍，革京城内外皇店，放豹房番僧及教坊司樂人。

戊辰，頒遺詔於天下，釋繫囚，還四方所獻婦女，停不急工役，收宣府行宫金寶還内庫。

《國榷》卷五一 己巳，〔上〕殯。

《明通鑑》卷四九 庚午，以皇太后懿旨，下江彬、神周、李琮于獄。

《國榷》卷五一 上前以南京古今通集庫所貯宋朝鹵簿等圖并符驗、鐵券及諸錢糧文册，令右少監宗璽北輸，至是太后仍令還南京。

壬申，司禮太監温祥、内官太監劉養、俞安、禮部右侍郎顧清及欽天監官科道各一卜山陵。

《明通鑑》卷四九 甲戌，奉太后旨，「遣太監温祥、孫和、惠安伯張偉、兵部右侍郎楊廷儀，領官軍三千人迎護嗣君。」

《武宗實録》卷一九七 復奉旨以户部左侍郎鄭宗仁、工部右侍郎趙璜督餉。

《國榷》卷五二 四月壬午朔，〔興世子〕辭園陵，伏地慟哭，左右感泣。

《明通鑑》卷四九 癸未，興世子發安陸。

辛卯，禮部奏：「遺詔以日易月，是日當除服；今新天子未至，宜勿除。」懿旨從之。

《世宗實録》卷一 壬寅，車駕至良鄉。

《皇明資治通紀》卷二四 癸卯，〔興世子〕至京師，乃御行殿受箋。

明世宗部(起公元一五二一年,迄公元一五六六年)

《明史》卷一七《世宗紀》 世宗欽天履道英毅聖神宣文廣武洪仁大孝肅皇帝,諱厚熜,憲宗孫也。父與獻王祐杬,國安陸,正德十四年薨,帝年十有三,以世子理國事。

正德一六年(辛巳、一五二一)

《明通鑑》卷四九 〔四月癸卯〕日中,〔上〕入自大明門,遣官告宗廟社稷,謁大行皇帝几筵,朝皇太后,出,御奉天殿,即皇帝位。頒詔天下,言:「奉皇兄遺詔,入奉宗祧。以明年爲嘉靖元年。大赦天下。卹録正德中言事罪謫諸臣。賜天下明年田租之半。自正德十五年以前逋賦悉免之。」

《明書》卷一三 甲辰,命大臣自陳,無功封拜之人許自劾,引誘蠱惑奸黨言官參奏,各衙門弊政俱遵祖制改正。

《國榷》卷五二 乙巳,作大行山陵。

《明書》卷一三 發宣府貯銀二十萬備賑。

義子勒令復姓。

《明史》卷一七《世宗紀一》 丙午,遣使奉迎母妃蔣氏。

《明通鑑》卷四九 召費宏復入内閣。

《國榷》卷五二 録王守仁贛州功,廕子正憲錦衣副千户。

清江西軍功。先是許泰等攘冒。

《世宗實録》卷一 丁未,兵科給事中史道劾兵部尚書王憲、巡撫順天副都御史劉達諂媚權姦,亟宜罷斥。詔奪達職,憲留用。

《國榷》卷五二 廷臣會奏勸講,任賢,斥邪。上褒答之。

《明書》卷一三 出錢寧等家資濟邊,代民賦。

《國榷》卷五二 釋都督郤永獄。

《世宗實録》卷一 戊申,上御西角門視朝,文武百官行奉慰禮。

《明史》卷一七《世宗紀一》 命禮臣集議興獻王封號。

《世宗實録》卷一 罷户部尚書楊潭、兵部尚書王憲、工部左侍郎劉永、都察院右副都御史毛珵、巡撫保定副都御史伍符,皆以奉詔自陳也。

《國榷》卷五二 兵科給事中夏言請朝罷即御文華殿,召大臣裁議。報聞。

《世宗實録》卷一 後軍都督府掌府事新寧伯譚祐以衰疾乞休。許之。

《國榷》卷五二 許泰下臺獄,太監谷大用、丘聚降奉御孝陵司香,張鋭、張雄、張忠、于經、劉祥、孫和、劉養、佛保、趙林、馬瑛、蘇縉、劉奉、周昂、吴經、丘得、顔大經、許全、馬錫、張信,都督錢安、張洪、馬昂、周惠疇、王杲、皮海、狄福、臧賢、劉寶俱下獄,魏彬、張永免,其子弟蒼頭冒濫者,並褫奪如詔。

《明書》卷一三 復太監王岳、范亨官,恤其家。

《世宗實録》卷一 罷後軍都督府右都督張舉。舉,太監張忠弟也。

《明書》卷一三 〔己酉〕下王瓊等於獄,奪謫有差。

革鎮平伯陸永等爵。

《國榷》卷五二 湖廣鎮守太監李鎮免。鎮扈駕至襄陽,箠辱知府吴華。

《世宗實録》卷一 庚戌,命立宋丞相陸秀夫祠於鎮江府,歲時致祭。

《國榷》卷五二 録故寧府典寶閻順、劉良、陳宣。前發濠逆謀,戍孝陵。復前左都御史彭澤官。録用右副都御史范鏞,御史高公韶,給事中石天柱、王爌、翟彬。

《皇明大政紀》卷二〇 〔辛亥〕,調禮部左侍郎王瓚于南京禮部。

《國榷》卷五二 立國初都督僉事馬雲、葉旺祠于遼東。

《世宗實録》卷一 後軍都督府帶俸平凉伯馬山辭伯爵,左軍都督府右都督馬釗辭職任。俱准免。

《國榷》卷五二 錦衣衛都指揮郭鰲,指揮王欽、殷鏜、周瓚、姚瓚,千户王錦、王銓、周保、藍華、章璉,皆錢寧、江彬黨,下獄。

五月壬子朔,遣工部營繕郎中張惠迎母妃。

增京城巡捕卒四千人,右都督桂勇提督。

武定侯郭勛、惠安伯張偉提督團營。

《明紀》卷二七 張英贈官賜祭。

《世宗實録》卷二 以左軍都督府左都督郤永充總兵官,鎮守遼東。

《國榷》卷五二　御史周宣劾前江西提學副使李夢陽比宸濠，忌鄭岳、江萬實致獄；前户部侍郎韓福奸貪，黨劉瑾；薦大學士謝遷、劉忠等。夢陽逮下獄。

《世宗實録》卷二　癸丑，禮部尚書毛澄等恭上大行皇帝尊謚。

鑄造雲南土官衙門信符、金牌及海外諸夷勘合給之。用改元年號也。

《皇明大政紀》卷二一　加章懋南京禮部尚書。

《國榷》卷五二　召王守仁入朝。

《明紀》卷二七　追贈陸震太常寺少卿，何遵、劉校尚寶司卿，林公輔、余廷瓚太常寺丞，詹軾、劉概、孟陽、李紹賢、李惠御史，劉珏刑部主事，各賜祭，録一子入國子監，王瀚亦贈御史。

舒芬、黄鞏等悉召復故官。

《世宗實録》卷二　詔立宋將岳飛祠於湖廣武昌府，有司歲時致祭。

《國榷》卷五二　鳳陽、密雲守備内臣各遵舊制除符幟。

甲寅，廣東左布政使湯沐爲右副都御史，巡撫貴州。

裁革河間鎮守總兵官，復四川松潘等處鎮守副總兵仍爲分守。

前遼東鎮守太監于喜有罪，戍孝陵。

詔四衛勇士歸原營。

工科給事中吴巖請緩逋負，召還各省趣徵主事茅貢、馮洙、王承恩。許之。

《世宗實録》卷二　乙卯，命吏部左侍郎兼翰林院學士袁宗皋赴任供職。

《國榷》卷五二　禁岷王、遼王別僉民校。

《明史》卷一七《世宗紀一》　罷大理銀礦。

《國榷》卷五二　録從龍官。

總理河道右副都御史龔弘爲工部右侍郎兼左僉都御史。

《明通鑑》卷四九　〔丙辰〕，以禮部尚書掌詹事府石珤爲吏部尚書。

《明書》卷一三　革先朝冒濫軍功官。

《國榷》卷五二　敕存問大學士劉健，復其孫原蔭。禮部尚書傅珪贈太子少保，謚文毅。

再録廢籍。

《明史》卷一七《世宗紀一》　梁儲致仕。

《世宗實録》卷二　戊午，陞福建左布政使席書、四川左布政使鄭岳俱都察院右副都御史，書巡撫湖廣兼贊理軍務，(兵)〔岳〕巡撫江西。

《國榷》卷五二　鳳陽饑，多盜。命右副都御史臧鳳專巡撫，以右僉都御史許庭光提督漕運。

《明通鑑》卷四九　己未，上大行皇帝尊謚曰毅皇帝，廟號武宗。

《國榷》卷五二　庚申，大賚勳戚文武軍民。

詔：島夷來貢，必徵符信貢期，其私泊非貢期者却之。

復山海關主事，撤内臣。

《明紀》卷二七　咸寧侯仇鉞卒。五十七，謚武襄。

《國榷》卷五二　辛酉，起王懋中右副都御史，撫治鄖陽。

《世宗實録》卷二　詔京城内外非營軍邏卒不得挾弓矢。

命右軍都督府署都督同知李隆、後軍都督府署都督僉事劉淮各充總兵官，隆鎮守甘肅，淮鎮守陝西。

壬戌，以上大行皇帝尊謚詔告天下。

《明史》卷一七《世宗紀一》　吏部侍郎袁宗皋爲禮部尚書兼文淵閣大學士，預機務。

《國榷》卷五二　故太子少保户部尚書石玠贈太子少傅，予祭葬。

〔癸亥〕，魏國公徐鵬舉奉祀孝陵。

《明書》卷一三　召還使朝鮮内官。

《明紀》卷二七　言官交章白冀元亨之冤，詔釋之。出獄五日而卒。

《國榷》卷五二　燬錢寧私籍。

《世宗實録》卷二　甲子，加南京兵部尚書喬宇太子太保，仍參贊機務。

《明通鑑》卷四九　孫交爲户部尚書，彭澤爲兵部尚書，林俊爲工部尚書。

《國榷》卷五二　翰林院侍讀學士汪俊爲禮部右侍郎。

楊廷儀、顔頤壽爲兵、刑部左侍郎，右僉都御史李鉞爲兵部右侍郎。

《世宗實録》卷二　巡撫鳳陽右副都御史臧鳳爲刑部右侍郎。

陞山東左布政使許銘爲都察院右副都御史，大理寺左少卿李鐸爲右僉都御史，銘巡撫甘肅，鐸宣府。

興府扈從倪旻、陸松並錦衣衛副千户。

乙丑，前雲南按察使劉麟爲太僕寺卿。

陞湖廣左布政使周季鳳爲右副都御史，巡撫保定。

起右副都御史李昆巡撫順天。

丙寅，策貢士張治等三百三十人。

《世宗實録》卷二　陞國子監祭酒費誄爲禮部右侍郎。

陞工部右侍郎趙璜爲本部左侍郎，都察院右副都御史吴廷舉爲工部右侍郎。

《國榷》卷五二　南京太僕寺丞潘塤、禮科給事中陳鼎爲陝西布政司右參議，江西按察僉事韓邦奇爲山東布政司參議，德安同知孫鳳爲湖廣按察副使，沅州竹寨驛丞周廣爲江西僉事。五人正德間忤權貴得罪，擢用頗厭衆望。

採諸臣關係章疏重要者成帙備覽，從工科給事中鄭自璧之請。

《世宗實録》卷二　命遂安伯陳鐩提督三千營。

以鎮遠侯顧仕隆充總兵官，鎮守湖廣。

丁卯，命寧晉伯劉岳、署右都督桂勇、都指揮同知左欽、署都指揮僉事王朴、都指揮僉事戴儀各坐營管操，岳耀武營，勇練武營，欽敢武營，朴、儀俱五軍營。

《國榷》卷五二　戊辰，署月，停各營軍操，惟奮武十二營每五日，三千、神機營每十日仍操。

《世宗實録》卷二　己巳，陞藩邸紀善所紀善易輝、太僕寺少卿審理副蔡亨、光禄寺少卿伴讀趙銘、太常寺寺丞葉廷芳及教授陳庠俱光禄寺寺丞。

《國榷》卷五二　夏臣嗣慶陽伯。

《世宗實録》卷二　賜楊維聰等三百三十人進士及第、出身有差。

辛未，陞巡撫河南都察院右副都御史沈冬魁爲工部右侍郎，管理易州山廠。

《國榷》卷五二　起張嵿右都御史，總督兩廣。平陽同知張衍瑞爲太常寺少卿。

壬申，太監張永降南京奉御。

《明史》卷一七《世宗紀一》　錢寧伏誅。

《世宗實録》卷二　癸酉，革蘇、松等府并通州漕運參將。

以南京後軍都督府署都督僉事楊宏充總兵官，提督漕運，鎮守淮安地方。

《國榷》卷五二　監察御史盧瓊、江淵請罷各鎮守内臣。報聞。

甲戌，命給事中及宦、監察御史俞集覈餉宣大。

《世宗實録》卷二　命工部左侍郎趙璜、太監邵恩提督山陵工程。

《明通鑑》卷四九　乙亥，毛澄復會廷臣上議曰：「《禮》：『爲人後者爲之子』，自天子至庶人一也。興獻王子惟陛下一人，既入繼大統，奉祀宗廟，是以臣等前議，欲令崇仁王厚炫主興獻王祀。至於稱號，陛下宜稱爲『皇叔父興獻大王』，自稱『姪皇帝名』，以宋程頤之説爲可據也。本朝之制，皇帝于宗藩尊行，止稱伯父、叔父，自稱皇帝而不名。今稱興獻王爲『皇叔父大王』，又自稱名，尊崇之典已至，臣等不敢復有所議。」因録程頤代彭思永議濮王禮疏進覽。上不從，命博考前代典禮，再議以聞。

《國榷》卷五二　都督同知白玉以傳陞詐引疾，降都指揮同知，閒住。

丙子，前裕州知州削籍王廷陳復冠帶。

《明書》卷一三　〔丁丑〕，改廖道南等二十四人爲庶吉士。

《世宗實録》卷二　戊寅，以原任巡撫順天都察院右僉都御史服闋張潤巡撫寧夏，改原任巡撫大同都察院左僉都御史病痊胡瓚爲南京都察院左僉都御史，提督操江。

《國榷》卷五二　浙江左布政何天衢爲右副都御史，巡撫河南。

《世宗實録》卷二　革前軍都督府帶俸右都督曹松職。

《國榷》卷五二　己卯，追奪内臣兄弟封伯誥券。

漕運都御史仍兼巡撫許庭光罷。

許近年投獻皇莊田地還民間徵租。

邊儲召商上納。

《世宗實録》卷二　庚辰，賜故太子太保禮部尚書張昇謚文僖。

《國榷》卷五二　命外解器料于内府，毋苛索。

六月辛巳朔，大學士楊廷和請崇聖學，開經筵。上褒答之。

〔壬午〕，節各倉庫冗役冗費。

《世宗實録》卷三　四川松潘衛熟番八大壤等作亂，指揮同知杜欽討平之。

《國榷》卷五二　癸未，敕勞邊卒。

《世宗實録》卷三　詹事府掌府事禮部尚書兼翰林院學士劉春卒。

丙戌，以原任都察院右都御史陶琰總督漕運，兼巡撫鳳陽等處地方。

《國榷》卷五二　築汜光湖椿柵，并修舊隄。

《世宗實録》卷三　丁亥，陞南京都察院右副都御史鄒文盛爲户部右侍郎。

《國榷》卷五二　復霸州兵備副使。

《明史》卷一七《世宗紀一》　戊子，江彬伏誅。

《世宗實録》卷三　己丑，詔發内庫銀二十萬兩于宣府，十三萬兩于大同。

《國榷》卷五二　庚寅，兵部左侍郎楊廷儀劾罷。

《世宗實録》卷三　詔都察院申明累朝禁例，凡都城内外詐冒皇親、太監名目攔截橋道、私開店舍，指稱内府包攬錢糧者，令巡城御史及廠衛緝捕，究治，枷號發遣，仍行南京及南北直隸、浙江等處撫按官一體禁約。

癸巳，以禫除，遣英國公張崙致祭于興獻王。

《國榷》卷五二　遼王寵涭薨。謚曰恭。

《世宗實録》卷三　號武宗毅皇帝山陵曰康陵。

《國榷》卷五二　義勇中衛改康陵衛。

《明紀》卷二七　乙未，縱内苑禽獸，令天下毋得進獻。

《國榷》卷五二　録囚，釋宸濠、江彬詿誤者二百四十餘人。

補江西鄉試。

治太監廖堂餘黨。

四川天全叛夷平。

《明書》卷一三　丁酉，革冒濫錦衣官旗三萬餘人。

《明史》卷一七《世宗紀一》　戊戌，振江西災。

《國榷》卷五二　命司禮監簡汰鎮守内臣更代。

《明書》卷一三　裁南京内府各監局官員。

《國榷》卷五二　誅宸濠逆黨劉吉、何鏜等二十六人。

《世宗實録》卷三　庚子，南京兵部右侍郎黄瓚應詔自陳，乞致仕。許之。

《國榷》卷五二　詔遣土魯番、撒馬兒漢、哈密諸貢使。

《世宗實録》卷三　辛丑，改南京刑部尚書金獻民爲都察院左都御史，陞兵部右侍郎李鉞爲左侍郎，改工部右侍郎吴廷舉爲兵部右侍郎，改撫治鄖陽右副都御史王懋中于南京都察院協管院事。

《明史》卷一七《世宗紀一》　壬寅，革傳陞官。

《國榷》卷五二　南京户部尚書鄧璋致仕。

歸回回女八人于甘州。正德末鎮守太監王欣奉旨所進。

《明史》卷一七《世宗紀一》　癸卯，振遼東饑。

《明紀》卷二七　〔甲辰〕，贈孫燧禮部尚書，謚忠烈，許逵左副都御史，謚忠節，【略】建旌忠祠於南昌，祀之。

《明書》卷一三　〔丙午〕，禁珠池内官干民事。

《世宗實録》卷三　命巡按廣東御史兼管鹽法，賜之勑。

《國榷》卷五二　騰驤等四衛官舍三百二十人各歸原衛。

《明書》卷一三　革傳陞僧道教坊官三百餘員。

《國榷》卷五二　京東盜劫霸州、永清，命右都督桂勇捕之。

《明通鑑》卷四九　己酉，停陝西織造絨服。

《世宗實録》卷三　革真定等府抽印木植内臣。

《世宗實録》卷四　七月庚戌朔，享太廟。

《國榷》卷五二　辛亥，議寧府宗室黨逆罪。

壬子，敕行人存問大學士謝遷、户部尚書韓文。復故户部侍郎王儼、右副都御史范鏞官，令有司存問儼，賜鏞祭，尋謚恭惠。

總督倉場户部尚書侯觀致仕。

《明史》卷一七《世宗紀一》　進士張璁言，繼統不繼嗣，請尊崇所生，立興獻王廟於京師。初，禮臣議考孝宗，改稱興獻王皇叔父，援宋程頤議濮王禮以進，不允。至是，下璁奏，命廷臣集議。楊廷和等抗疏力争，皆不聽。

《明紀》卷二七　癸丑，命自今親喪不得奪情，著爲令。

〔甲寅〕，起方良永副都御史，撫治鄖陽。

《國榷》卷五二　南京户部右侍郎蔣昇爲尚書，大理寺卿趙鑑爲南京刑部尚書，巡撫雲南右副都御史何孟春爲南京兵部右侍郎。

太子太保刑部尚書張子麟乞歸養。留之，命有司存問其母。

乙卯，南京户科給事中樂護、工部營繕主事華湘，以諳曆象，並進光禄寺少卿，署欽天監事。

丁巳，兵部車駕司郎中査仲道治舟迎慈駕。

《明史》卷一七《世宗紀一》　小王子犯莊浪，指揮劉爵禦却之。

《國榷》卷五二　覆訊太監張鋭等罪。

己未，吏部右侍郎秦金調户部，國子祭酒陳霽劾罷。

還静海縣外戚占田。

增京營把總指揮二，捕盜。

《世宗實録》卷四　庚申，陞户部左侍郎鄭宗仁爲本部尚書，總督倉場。總理南京糧儲都察院左副都御史蔣恭爲南京户部右侍郎。

《國榷》卷五二　祠故太保尚書黄福于昌邑。

辛酉，廣西左布政使王啓爲右副都御史，巡撫雲南。

嚴皇城門禁。

罷杭州抽分太監勿遣，(侯)〔馬〕俊下法司。

壬戌，長樂王顯榕改封楚世子。楚王榮減無嫡子。

革太監總兵官傔從濫秩。

《明紀》卷二七　甲子，帝御文華殿，召楊廷和，授以手敕，令尊父母爲帝后。廷和退，上疏諫，封還手詔。帝復留其疏不下。

《世宗實録》卷四　陞巡撫四川右僉都御史胡世寧爲吏部右侍郎，改巡撫江西右副都御史鄭岳爲大理寺卿。

《國榷》卷五二　陝西提學副使何景明予告。

濬金水、玉河及京城濠。

毀西市關鎮國府及宣府行殿。

乙丑，都察院右副都御史張綸致仕。

《世宗實録》卷四　丙寅，陞河南道監察御史唐龍爲陝西按察司副使，提調學校。

《國榷》卷五二　丁卯，鎮守河南、貴州(兩廣)太監董文、王閏，分守開原太監劉岑，並劾免。

(戊辰)〔己巳〕，諭禮部禳雨。

《世宗實録》卷四　庚午，以甘肅副總兵武振陞署都督僉事，充總兵官，鎮守延綏。協守寧夏副總兵傅鐸充總兵官，鎮守宣府。分守大同參將麻循充副總兵，鎮守山西，兼提督鴈門等關。分守宣府左參將江桓充副總兵，協守宣府。

《國榷》卷五二　覆治宸濠逆黨。

《世宗實録》卷四　辛未，改南京兵部尚書喬宇爲吏部尚書，仍太子太保。

《國榷》卷五二　遣給事中、御史覈太倉庫。

壬申，京師久雨粟貴，發倉糧五十萬石平糶，民賴以濟。

定國公徐光祚、大學士楊廷和知經筵事，大學士蔣冕、毛紀、袁宗皐同知經筵事。

工部右侍郎童瑞督康陵工。

癸酉，降取佛太監劉允閒住，捕治其黨。

《世宗實録》卷四　甲戌，陞光禄卿張玠爲都察院右副都御史，總理南京糧儲。廣東左布政使陳琳爲都察院右副都御史，巡撫江西。

《國榷》卷五二　陝西回賊陳克己等平。

《明史》卷一七《世宗紀一》　丙子，革錦衣衛所及監局寺廠司庫、旗校、軍士、匠役投充新設者，凡十四萬八千餘人。

《國榷》卷五二　立孔氏家廟于衢州，裔孫博士孔承美奉祀。

《世宗實録》卷四　遣刑部郎中鍾梁等十三人分行天下慮囚。

《國榷》卷五二　丁丑，加贈前太傅馬文升左柱國、太師。

提督南、贛、汀、漳軍務右副都御史王守仁爲南京兵部尚書。

《明紀》卷二七　寧津盜起，轉掠至德平，(丁丑)知縣龔諒率吏民禦之，力屈被殺。

《國榷》卷五二　己卯，復曹嘉浙江道監察御史。

《明紀》卷二七　八月庚辰朔，再命集議興獻王尊稱。毛澄等復上議曰：「先王制禮，本乎人情。先皇帝既無子嗣，又鮮兄弟，援立陛下於憲廟諸孫之中，蓋以陛下爲同堂之弟，考孝宗，母慈壽，無可疑矣，可復顧私親哉？」疏入，帝不懌，復留中。

給事中邢寰請議憲廟皇妃邵氏徽號，澄言宜稱「太皇太妃」，報聞。

《國榷》卷五二　辛巳，上御經筵。

《明書》卷一三　議出使外國用文臣。

《國榷》卷五二　乙酉，詔停刑。

戊子，禁山海、廣寧、遼陽内臣榷税。

《世宗實録》卷五　庚寅，南京禮部尚書邵寶乞終養。許之。

《國榷》卷五二　乙未，户部左侍郎秦金等奏皇莊之害。命額外給主，撤典莊者。

丙申，許王守仁歸省。

《世宗實録》卷五　己亥，陞南京禮部右侍郎楊廉爲本部尚書。

《國榷》卷五二　定江西白糧輸内府，每石加耗一斗，毋溢收。

辛丑，裁金齒、騰衝分守太監。

壬寅，駙馬都尉崔元、大學士蔣冕迎慈駕。

《世宗實録》卷五　禮官復議入門之儀，欲由正陽左門進大明，承天、端門、午門之東王門入宫。上不允，命再會多官議之。

甲辰，命總理粮儲、巡撫應天兼修水利工部尚書李充嗣兼都察院左副都御史，仍舊任，賜之勑。復添設工部郎中一員，協理水利。

《國榷》卷五二　乙巳，翰林編修嚴嵩爲南京翰林侍讀。

《世宗實録》卷五　以登極詔諭朝鮮、安南二國。

《明書》卷一三　〔丙午〕，免應天耗糧十三萬有奇。

戊申，祧仁祖。

《世宗實録》卷六　九月己酉朔，命西寧侯宋愷子良臣嗣爵。

《國榷》卷五二　廣西猺獞平。

辛亥，疏直沽東北新河。

癸丑，山東流盗平。

乙卯，發官店銀、山西鹽課，補代府宗禄。

《明史》卷一七《世宗紀一》　乙卯，袁宗皋卒。

《世宗實録》卷六　丙辰，命太子太保兵部尚書彭澤同太監張忠、戴永、武定侯郭勛、惠安伯張偉提督團營官軍。

《國榷》卷五二　丁巳，上自定儀，聖母入正陽大明門中道。

〔己未〕，兵部尚書彭澤請録各司建白政務并馬政事宜。從之。

《世宗實録》卷六　辛酉，命飾駕儀奉迎聖母。

《國榷》卷五二　辛酉，巡撫山西右僉都御史張襘以駐代州非便，求如弘治時還鎮太原。命遞駐覘常變。

工部請裁增派薪炭視弘治例。從之。

《世宗實録》卷六　甲子，遣官齎勑召太子太保、户部尚書、武英殿大學士費宏。

《國榷》卷五二　修延綏三山堡、定邊營等邊垣。

丁卯，免濟南田租。

江西、閩、廣流盗平。

《世宗實録》卷六　戊辰，起用户部尚書孫交、巡撫鳳陽都御史陶琰。

《明史》卷一七《世宗紀一》　庚午，葬毅皇帝於康陵。

《世宗實録》卷六　以災，例免山西石州等州、崞縣等縣税糧。

《國榷》卷五二　宥薊州總兵馬永罪。

辛未，免宣府田租。

《皇明大政紀》卷二一　癸酉，興王妃至通州。

《國榷》卷五二　甲戌，武宗毅皇帝主祔太廟。

乙亥，敕兩京、山東、河南、江西、湖廣、福建、四川、陜西、〔山西〕各守臣練卒勦盗。

丙子，議大禮。【略】廷和等仍執如初。

《世宗實録》卷六　贈興府故左長史張景明爲太子少保、禮部尚書兼文淵閣大學士，仍賜祭葬。

《國榷》卷五二　太監陳敬戍孝陵，御藥房供奉通政使鄭宏、太醫院使吴錢戍邊。

論奪冒功，于是都督同知張容、魏英、錦衣指揮使張富褫秩。

廣東封川盗平。

十月己卯朔，享太廟，奉毅皇帝祔享。

《明史》卷一七《世宗紀一》　追尊父興獻王爲興獻帝，祖母憲宗貴妃邵氏爲皇太后，母妃爲興獻后。

《明通鑑》卷四九　壬午，興獻后至京師，謁奉先、奉慈二殿。

《世宗實録》卷七　陞都指揮僉事陳珣、張輗俱爲署都督僉事，充總兵官。

《國榷》卷五二　癸未，福建古田盗起，巡按監察御史曹珪勦平之。

宥張鋭、許泰死，戍廣東。閣臣言官諫，不聽。

己丑，增宣府中路參將一。

《世宗實録》卷七　辛卯，陞總督漕運都御史陶琰爲户部尚書，仍兼原職。

命復設廣西府江等處兵備一員，陞僉事楊必進爲副使，整飭兵備。

《國榷》卷五二　監察御史樊繼祖覈皇莊田土，還其園奪。

癸巳，署都（督）指揮僉事楊賢爲左副總兵，協守大同。指揮僉事種勛爲右副總兵，分守涼州。

《世宗實録》卷七　乙未，陞翰林院檢討郭維藩爲南京國子監司業。

《國榷》卷五二　癸卯，免經筵日講，期明年二月舉行。

《世宗實録》卷七　甲辰，改兵部右侍郎吴廷舉爲南京工部右侍郎。

《國榷》卷五二　乙巳，停寧獻王以下祭告。

丙午，費宏入朝，仍直閣。

免遼東租。

故進士太倉陸伸贈大理寺右評事。

十一月己酉朔，敕修《武宗實録》。

辛亥，巡撫應天右副都御史李昆爲兵部右侍郎。

賑江西兵災。

四川邛州盜起，殺蒲江主簿齊敏。贈敏知縣，録其子。

壬子，增芒部軍民府長官司一、巡檢司四，俱土官。

《明書》卷一三 〔癸丑〕，築遼東邊垣。

《世宗實録》卷八 發太倉銀二十六萬七千三百餘兩、山東官庫銀十萬兩于遼東，又命召商中納淮鹽四萬一千四百餘引。

命山東、河南各州縣原派臨清倉民運米七萬六百石依正德十年例免輸倉，惟徵軍就各水次聽漕舟交兑領運，永爲定例，有設計沮撓，援引改納者罪之。

《國榷》卷五二 甲寅，修直隸南和縣唐宰相宋璟祠，歲祭。

《世宗實録》卷八 乙卯，陞應天府尹孟春爲都察院右副都御史，整飭薊州邊備，兼巡撫順天等府地方。

《國榷》卷五二 録囚，廖鵬、王瓛、齊佐、廖鎧、李琮、神周得緩刑。

《明史》卷一七《世宗紀一》 丁巳，録平宸濠功，封王守仁新建伯。

《世宗實録》卷八 戊午，革雲南鶴慶軍民府同知、推官、檢校、照磨四員。

《明紀》卷二七 追贈羅倫左諭德，謚文毅。

《國榷》卷五二 賑淮，徐饑民，免田租。

《世宗實録》卷八 庚申，貴州香爐山苗賊平。

《國榷》卷五二 壬戌，南京都察院右副都御史王時中改北。

乙丑，四川巡撫右副都御史馬昊逮至京，下獄。

《世宗實録》卷八 丙寅，罷四川松潘副總兵張傑。

丁卯，敕遼世子致格暫管府事。

《國榷》卷五二 賑大同。

戊辰，署通政司事禮部左侍郎俞琳爲工部尚書，仍署通政司事。

下正德遺疏于史館。

己巳，宥王瓊死，戍莊浪衛，後改綏德。以結納錢寧、江彬也。

庚午，更定征蠻賞格：身擒斬三人授一秩，遞進；擒賊加賚不進秩。

辛未，立太公廟于青州。

癸酉，左僉都御史王珝爲右副都御史，巡撫陝西。

《世宗實録》卷八 陞南京太僕寺少卿劉瑞爲南京光禄寺卿。

《國榷》卷五二 前河南按察副使邊貢爲南京太常少卿。

《世宗實録》卷八 改都察院左副都御史伍文定於南京，提督操江。

《國榷》卷五二 進士張璁上《大禮或問》。下所司。

《明通鑑》卷四九 甲戌，乾清宫成，上入居之。

《國榷》卷五二 祭故南京工部尚書陳清，賜葬。

《明史》卷一七《世宗紀一》 罷廣西貢香。諭各鎮巡守備官，凡額外之征悉罷之。

《世宗實録校勘記》卷八 乙亥，發太僕寺馬價銀四萬兩於甘肅市馬，補征騎之缺，從本鎮總兵官李隆請也。

《國榷》卷五二 丙子，蠲大同田租。

《世宗實録》卷八 逆番寫亦虎仙伏誅。

《國榷》卷五二 丁丑，採木工部右侍郎兼左僉都御史陳雍還部，添註。

《明通鑑》卷四九 御史鄭本公上言事之可思者六【略】。上嘉納之。

《國榷》卷五二 十二月壬午，鎮遠侯顧仕隆提督三千營。

《世宗實録》卷九 癸未，命晉府臨泉王府輔國將軍知烓以原職管理府事。

《國榷》卷五二 河南道御史何棟請停南京貢梨入北。

〔丙戌〕，監察御史何棟侍班遲悞，下獄，謫常熟縣丞。

丁亥，復清軍御史。

《世宗實録》卷九 誅雲南十八寨夷賊阿寺等八十三名，仍于本處梟示。

《國榷》卷五二 戊子，敕行人存問大學士王鏊、楊一清。

故保安衛千户周麒贈指揮僉事，給母、妻粟十石。

兩京武學如令甲六年會舉，送各邊鎮贊畫。

《明通鑑》卷四九 己丑，復傳諭：「興獻帝、后皆加稱『皇』字。」

《國榷》卷五二 辛卯，復行人王懋官。諫辛謫國子學正。

《世宗實録》卷九 命伏羌伯毛鋭充總兵官，鎮守湖廣地方。

《國榷》卷五二 誅錢寧奸黨王欽、藍華、姚瓚。

楊廷和上言慎始修德【略】上是之。

壬辰，户部尚書孫交請讀祖訓。上嘉納之。

御馬監右監丞鄭斌鎮守廣西，守備倒馬關太監楊(仝)〔金〕調廣東市舶司，御馬監右少監安川守倒馬關，撤傅倫、牛榮。

《世宗實録》卷九 議定捕盜賞格。

毛憐等衛指揮使乃哈等八名口來降。

兵部議上清理軍伍四事【略】詔可。

《國榷》卷五二 丙申，都察院左副都御史李瓚爲工部右侍郎兼左僉都御史，總督河道。

丙申，遣行人勑存問致仕南京禮部尚書章懋。

《世宗實録》卷九 丁酉，開設雲南十八寨守禦千户所。

戊戌，差刑科給事中劉穆賚勑撫諭遼東諸夷。

《國榷》卷五二 己亥，慈壽皇太后諭選淑女大婚。

出光禄寺供器于宫。

《世宗實録》卷九 辛丑，賜故南京都察院右都御史張鼒祭。

勑南京總督糧儲都御史兼督南京錦衣等四十二衛屯政，比較催徵如例。

壬寅，命鎮遠侯顧仕隆右軍都督府掌印管事，仍兼營務。

户部覆刑科給事中沈漢等奏請申明蠲免則例。【略】從之。

《國榷》卷五二 甲辰，前巡按江西監察御史王金從叛末減戍邊。

丁未，陝西道監察御史孫元改翰林院編修。

嘉靖元年（壬午、一五二二）

《國榷》卷五二 正月己酉朔，上御奉天殿，受朝賀。尚寶司卿喬宗請老，進光禄寺卿，致仕。嚴宣府近關礦峒之禁。定南京馬快船薦新，每進不過三艘。時守備太監戴義乞如正德例，兵部執登極詔持之，遂視弘治例。

《世宗實録》卷一〇 庚戌，廣西蠻賊梁公當數千人寇掠臨桂等州縣，鎮守太監傅倫以聞。

《明史》卷一七《世宗紀一》 癸丑，享太廟。

《世宗實録》卷一〇 乙卯，朝鮮國王李懌遣陪臣工曹參判金克成等貢馬及方物，慶賀賜宴賞金織衣綵段有差。

《國榷》卷五二 丁巳，河南巡撫右副都御史李瓚爲工部右侍郎兼左僉都御史，總理河南、山東、直隸、河道。

戊午，巡撫遼東右副都御史李承勛，請定軍功宜存、宜革、宜奏請三則。從之。

《明史》卷一七《世宗紀一》 己未，大祀天地於南郊。命稱孝宗皇考，慈壽皇太后聖母，興獻帝后爲本生父母。

《國榷》卷五二 清寧宫後三小室災。宫人稠密，諭「遷武宗皇后于西城仁壽宫，賢妃、德妃于武安等宫，憲廟諸妃亦遷西城」。楊廷和言：「西城仁壽宫，乃先朝幽閉廢斥之地。武宗皇后母儀天下十六年，皇上先嘗臣之，今康陵土尚未乾，遽忍忘之耶？憲廟諸皇妃逮事皇祖，同時邵太后親愛之情可知。顧寘之此地，非惟聖心不安，恐邵太后聞之亦不欲也。」乃止。

壬戌，禮部請修省。又言：「興獻帝后皇稱，于正統之親無別，恐不可告郊廟，播天下。」科道交章論沮。給事中安磐言：「興爲藩國，不可加于帝號之上。獻爲謚法，不可加于生存之母。」御史李儼言：「慈壽母妃，分均體敵，恐生羣小之心，漸搆兩宫之隙。」程啓充言：「虞舜不後瞽瞍，光武不封南頓君，禮無二本，自古已然。」俱報聞。

《明通鑑》卷五〇 先是上手敕加興獻帝、后皇號，楊廷和等偕禮官執奏，一時廷臣諍者百餘人，皆言稱「皇」非是，且請斥張璁等邪説，俱不報。至是殿災，廷和等因言：「興聖帝、后加稱，列聖神靈容有未安。今大災示戒，昭然可見。」給事中鄧繼曾亦言：「天有五行，火實主禮；人有五事，火實主言。名不正則言不順，言不順則禮不興。今之火災，廢禮失言之所致也。」上不得已乃勉從衆議，諭：「稱孝宗爲『皇考』，慈壽皇太后爲『聖母』，興獻帝、后爲『本生父母』，不稱『皇』。」方科、道官之論諫也，給事中安磐謂：「興爲藩國，不可加于帝號之上；獻爲謚法，不可加于生存之母。本生、所後，勢不俱尊；大義、私恩，自有輕重。」會廷臣多力争，俱下所司知之。

《國榷》卷五二 兵部左侍郎李鉞兼左僉都御史，總制陝西三邊軍務。

癸亥，套虜犯陝西。

乙丑，諭宣大管糧户部郎中便宜糴穀實邊。定軍餉本折間月給之。

丁卯，賑京師窮民。

《明通鑑》卷五〇　己巳，甘州軍亂，殺巡撫都御史許銘，焚其屍。銘之死也，實總兵官李隆以私憾嗾部卒殺之，而以銘酷刻激變軍士報聞。擢陝西按察使陳九疇爲僉都御史，巡撫甘肅。

庚午，以火災風霾，遣官祭告天地宗廟社稷，敕百官修省。

《國榷》卷五二　癸酉，寬遼東馬價。

《世宗實録》卷一〇　甲戌，更定選補各國通事之法。

丙子，詔減歲供内府鹽課之數。

《國榷》卷五二　二月戊寅朔，南京左都御史陳玉致仕。

《明通鑑》卷五〇　己卯，耕藉田。

《國榷》卷五二　庚辰，起方良永右副都御史，撫治鄖陽。以母老乞養，不起。

癸未，順天府尹徐蕃爲右副都御史，撫治鄖陽。

乙酉，南京工部右侍郎崔文奎爲南京右都御史，大理寺左少卿萬鏜爲順天府尹。

《世宗實録》卷一一　戊子，陞山西左布政使胡錠爲都察院右副都御史，提督鴈門等關，兼巡撫山西。

甲午，宣、大兩鎮連歲凶荒，軍糧久缺，米價騰貴。宣府鎮守大監於教場操練，一軍鼓噪求糧，幾至爲變。巡撫都御史李鐸上其狀。大同巡撫楊志學亦言本鎮軍民缺食，公私匱竭，强悍聚衆爲盜賊，肆行劫掠，北虜近邊住牧，警報日聞，乞亟爲議。

《國榷》卷五二　下户部量濟餉。

《明通鑑》卷五〇　丁酉，召何孟春爲吏部右侍郎。

《國榷》卷五二　陝西大疫。

《世宗實録》卷一一　己亥，陞山西按察司副使秦信爲本布政使司左參政。

庚子，户部尚書孫交等上言：「各處巡撫官，每歲入京議事不便，惟漕運總兵參將八月内會議運事，宜如故。餘有應議重大事，止令奏請。」上從之。

《國榷》卷五二　宣、大有警，刑部右侍郎臧鳳兼右僉都御史，督軍。

《明通鑑》卷五〇　壬寅，以巡撫湖廣副都御史席書爲南京兵部右侍郎。

《國榷》卷五二　甲辰，廣西左布政使張琮爲右副都御史，巡撫湖廣。

三月戊申朔，諭内閣：「興獻帝册文，朕宜稱孝子。」楊廷和等難之。不報。

《明史》卷一七《世宗紀一》　辛亥，弗提衛獻生豹，却之。

《明通鑑》卷五〇　甲寅，上幸太學，釋奠于先師孔子。

《明史》卷一七《世宗紀一》　丁巳，上慈壽皇太后尊號曰昭聖慈壽皇太后，武宗皇后曰莊肅皇后。

戊午，上皇太后尊號曰壽安皇太后，興獻后曰興國太后。

《世宗實録》卷一二　己未，陞河南參政王軏爲山東右布政使。

辛酉，陞河南按察司副使董然爲本布政司右參政。

癸亥，撫治商洛、陝西參議陳鼎斬妖賊馬隆，擒其黨，殺世龍等。【略】隆汝州郟縣人，其母李手有卦文，自號「觀音老母」。隆詐稱首有盤龍，左股有日月二氣，煽結世龍等聚衆劫掠，自河南盧氏、淅川流入陝西商南、山陽等縣，所過焚掠，勢甚猖獗。至是鼎率官兵討平之。

《國榷》卷五二　甲子，南京工部尚書叢蘭致仕。廣西盜流掠桂林陽朔，殺臨桂主簿曹時、古田典史陳祚。

丙寅，巡撫湖廣席書薦致仕大學士楊一清經略西北。

《世宗實録》卷一二　丁卯，陞福建右布政使夏從壽爲本司左布政使。

《明通鑑》卷五〇　戊辰，遣官詣安陸，上興獻帝尊號。時命禮部侍郎賈詠題神主，詠題神主曰「興獻帝神主」，不稱「考」及「叔」，亦不叙子名，朝論是之。

《世宗實録》卷一二　辛未，陞陝西按察司副使許踈爲本布政使司左參政。貴州布政使司右參議蔡潮爲福建右參政。

壬申，陞南京右都御史崔文奎爲南京工部尚書。

《國榷》卷五二　論翊戴功。進大學士楊廷和、蔣冕、毛紀伯爵，費宏廕錦衣指揮使，皆世襲。壽寧侯張鶴齡進太師。建昌侯張延齡進太傅。駙馬都尉崔元進侯。禮部尚書毛澄太子太傅，廕錦衣指揮同知，世襲。太監張錦、扶安、温祥、賴義、秦文、張欽、張淮等各加禄，廕弟、姪錦衣指揮僉事、同知等官有差。外戚邵喜、蔣輪各封伯。廷和等力辭伯，改廕錦衣，又辭，改文廕，不拜。

《明通鑑》卷五〇　廷和、澄以議大禮不合上意，數求去。而御史張鵬請罷蔣冕、趙永亨，又詆石珤不可掌銓衡，二人亦求去。朝議不平，乃復以温旨諭留。以是諸臣竟不敢拜命云。

《國榷》卷五二　癸酉，禁額外貢獻。時鳳陽守備太監張陽進茶，各鎮守總兵進馬。禁渾河等處内臣榷税。

四月庚辰，召林俊改刑部尚書，起楊旦南京右副都御史。

《明通鑑》卷五〇　癸未，禁廣東看守珠池及市舶太監不許干預地方事務。

《國榷》卷五二　乙酉，總督漕運户部尚書陶琰改工部尚書。己丑，南京吏部尚書廖紀改南京兵部。起右都御史俞諫總督漕運。

《明通鑑》卷五〇　壬辰，命各邊巡按御史三年一閲視軍馬器械，著爲令。

《國榷》卷五二　乙未，吏部左侍郎羅欽順爲南京吏部尚書。丙申，按李隆罪。右都督徐謙充總兵官，鎮甘肅。初，隆私恨殺許銘，以激變聞。至是，巡按監察御史喻茂堅上其罪，逮訊。

戊戌，御經筵。禮部右侍郎汪俊爲吏部左侍郎。前南京户部尚書胡富卒，贈太子少保，謚康惠。

《明通鑑》卷五〇　己亥，南京兵部尚書王守仁疏辭封爵。初，守仁以功爲内閣所忌，受封之日，諸同事有功者，惟吉安守伍文定當上賞，擢至大官，其他皆名示遷而陰黜之，廢斥無存者，守仁憤甚。比歸，丁父憂，乃疏辭封爵，乞録諸臣功，且言：「殃莫大于貪天之功，罪莫大于掩人之善，惡莫深于襲下之能，辱莫重于忘己之恥，四者備而禍全。臣之不敢爵，非以辭榮也，求避禍耳。」不允，所録功亦不報。

《國榷》卷五二　癸卯，翰林院侍講學士劉龍爲禮部右侍郎。

《明通鑑》卷五〇　是月，起致仕都御史林俊爲工部尚書。未至，會刑尚張子麟致仕，乃改俊代之。以副都御史陶琰爲工部尚書。

《國榷》卷五二　甲辰，刑部尚書林俊引疾，且争大禮：「凡爲人後，不得推尊所生。」緝堯舜至宋理宗事凡十則，上之。付所司，不允辭。

五月戊申，琉球國中山王尚真遣使入賀。

《明通鑑》卷五〇　己酉，以迎立功，封駙馬都尉崔元爲侯，外戚邵喜、蔣輪皆爲伯。時元等因閣臣皆辭封爵，亦疏辭。科、道官及吏部均請「宜聽辭免，以慎重名器，保全戚里」，不允。

《國榷》卷五二　辛亥，賑洮、岷難民。

丁巳，經筵值仁宗忌辰，暫免。先朝不免，止衣青緑。

丙寅，罷魯王陽鑄、鄒平王當沍、翼城王當澐食鹽，户部執非舊制也。

丁卯，進致仕户部尚書韓文太子太保，遣行人存問。

《世宗實録》卷一四　庚午，陞浙江布政使司右參政王簠爲本布政司右布政使。

《國榷》卷五二　壬申，南京户部尚書蔣昇致仕。是月，先是安南莫登庸自稱興安王。登庸有勇力，陰懷叛志，諷羣臣推之典兵，左右以所親防之，而退居海陽。黎譓起兵攻之，反爲所敗，逼納譓母。至是既得志，漸斥譓，謀鴆譓兄弟。卜者黄廷科密以告。登庸遽率兵入圖譓，殺廷科，悉屏其左右，置私人焉。惟經筵官黎汝厲年老，不之疑也。至是回古齋。譓令汝厲密召外兵而事泄，登庸攻諸營，殺副都將覃舉、阮登、阮壽，增築宫牆。登庸，荆門之宜陽人，世漁家，有力，補力士校尉，歷都指揮，爲陳暠參督。暠作亂，自拔歸譓，爲宜陽參將。有功封武川伯，鎮海陽。時鄭綏、阮弘裕相攻，各退居清華，國柄亡屬。登庸令范嘉謨賄文臣薦其典兵。加登庸太傅、仁國公，節制諸軍。已議罷登庸，乃輂其國重器歸古齋。使弟莫㰖以裴堵、武護、阮如桂等，入僞都殺掠，若他盜然。脅譓以兵，未可罷。

《明通鑑》卷五〇　六月丁丑，大學士楊廷和等上言：「近以暑日，傳旨經筵日講俱暫免，又免午奏，臣等職司輔導，實有未安。伏乞宫中無事不廢讀書，其《大學》、《尚書》，容臣等接續前日所講讀者，量進起止。仍不時御文華殿，召見臣等，俯賜訪問。」上是之。

《世宗實録》卷一五　戊寅，陞浙江按察司副使丁沂爲廣東布政司左參政。

《國榷》卷五二　己卯，南京右都御史楊旦爲南京户部尚書。前南京吏部尚書王華卒，有司請卹，子守仁平逆濠功，封新建伯，贈如子。

庚辰，前南京禮部尚書章懋卒，贈太子太保，謚文懿。

《明通鑑》卷五〇　禁内官弟姪毋得官錦衣衛世襲，著爲令。

《國榷》卷五二　甲申，禁晉府屯軍私占鹽場。

《世宗實録》卷一五　陞都察院左副都御史王懋中爲南京都察院右都御史。

丁亥，以旱災免歙縣、休寧、祁門、黟縣、婺源、績溪稅糧有差。

《國榷》卷五二　丙申，薊州煉金山礦盜屯聚。下巡撫周季鳳等勦捕，尋解散。

《世宗實録》卷一五　丁酉，以被災免山西代州榆社、和順二縣夏稅，從監察御史沈俊請也。

《國榷》卷五二　癸卯，太僕寺卿張文錦爲右副都御史，巡撫大同，贊理軍務。

《明通鑑》卷五〇　是夏，吏部員外郎方獻夫自家還朝，道聞大禮議未定，乃上疏。報聞。

七月丙午，免江西去年被災稅糧。

《國榷》卷五二　丁未，詔京衛軍如成化八年例每三年清核，嚴軍職冒籍異姓之禁。

戊申，監察御史汪珊上言十漸。

《明通鑑》卷五〇　疏入，上頗納之。未幾，出爲河南副備。

《明史》卷一七《世宗紀一》　己酉，以南畿、浙江、江西、湖廣、四川旱，詔撫按官講求荒政。

《國榷》卷五二　定上貢物盡輸本色。

《明通鑑》卷五〇　辛亥，兩廣盜起，命總督都御史張嵿討之。

《國榷》卷五二　甲寅，南京太僕寺卿吴一鵬爲禮部右侍郎，南京國子祭酒汪偉爲南京禮部右侍郎。

《明通鑑》卷五〇　丙辰，甘肅巡按御史奏：「正德中，寇入蘭州，指揮張瀛與所部總旗施二俱力戰死，請追賜贈卹。」兵部議從之，仍令有司祠祀。

甲子，大同軍士以告餉率衆譟，欲爲(辭)〔亂〕。提督侍郎臧鳳、巡按御史張欽，捕首惡張的祥等，請置之法。户、兵二部議：「以宣、大二鎮，糧餉久缺，以致軍士爭呼，宜且撫之。」上命法司會議，謂「近年主將因循，驕兵協制，在福建則犯守臣，在陝西則犯巡撫。大同兵素獷悍，自逆彬擅調後，轉加狂悖。若非重懲，恐益長亂」。詔戮其首禍者五人以徇。

《國榷》卷五二　己巳，刑部尚書林俊請内臣有罪下法司。報聞。

《明通鑑》卷五〇　是月，王守仁再疏辭封爵，爲諸臣訟冤。

《世宗實録》卷一七　八月丙子，以江西水災，再免起運米二十萬石，仍命巡按御史查嘉靖元年稅糧應免分數以聞，併勑鎮巡三司等官督率所屬，加意優卹，務使人霑實惠，以稱朝廷憫念小民至意。

乙酉，從户部議，令廣東、江西商貨納稅。自北而南者於南安，自南而北者於南雄，不許違例重徵。

戊子，廣西上思州舊爲土官治所，中更設流官，故土人常爲亂。夷目黄鏐等聚衆攻州，欲奪其印。都御史林廷選捕鏐下潯州府獄。已而越獄，復率衆攻州。官軍禦之，乃詐降。副總兵張祐不爲備。四月，鏐復攻破州城。福州衛叛卒曹宗德、唐清、黄英及管操指揮陳傑皆伏誅。先是，傑部卒進貴、葉元保與宗德等謀爲亂，傑知而不禁，貴等遂糾三衛卒數千餘人，以布政使伍符侵損糧價爲名，圍符官舍，縛其子及經歷顔玉，備極慘辱。鎮守及三司官撫諭，稍戢。未幾復亂，圍鎮守府。守臣募兵擊之，斬貴、元保，宗德、清、英潰走，守臣以聞，傑止坐守備不設律論戍邊。至是巡按御史汪珊捕得宗德、清、英，請還正其罪，因發傑縱賊搆亂狀論死。上命併傑誅之，宗德等仍梟示。

《國榷》卷五二　己丑，套虜犯邠州大掠，總兵劉淮奪職。

甲午，鄭卿爲署都督僉事、總兵，鎮守陝西。

乙未，免大同夏稅。

戊戌，釋故江西提學副使李夢陽獄。夢陽交通宸濠無狀，第嘗作《陽春堂記》，削籍。

《明通鑑》卷五〇　九月丙午，巡按江西御史程啓充得逆濠通蕭敬、陸完等私書，内有「守仁可任江西巡撫」語，因極論蕭敬、張鋭等，並劾守仁「陰謀黨惡，素與交通，請追奪封爵」。户科給事中汪應軫上書明守仁功，而刑部主事陸澄亦上疏爲六辨以折之。然上知守仁功，不問。

戊申，刑部尚書林俊，以災變奉諭修省，因上言：「今日之最急者，惟取法祖宗，躬行節儉。茲大婚届期，六禮之儀，固不可缺，中外賞犒，爲費尤多，時絀舉贏，其何能濟！臣願一切罷省，務崇儉以爲天下先。」詔褒納之。

《國榷》卷五二　辛亥，免馬邑、廣靈田租。

甲寅，命定國公徐光祚、大學士楊廷和爲正副使，持節行納采問名禮。

翰林修撰唐皐言：「治河如嘉，湖人纏桑法，運淤泥，務去河遠，省歲濬。山東多泉源，乞分司主事親行疏浚。」部覆從之。

戊午，命武定侯郭勛充正使，大學士蔣冕、費宏充副使，持節行納吉、納徵、告期禮。

辛酉，前命科道部曹覈御馬場草地，踰年盡得其私。奏上，户部請罪内臣。上意宥之。是日講罷，諭輔臣草場事毋競。楊廷和曰：「此最爲先朝之累，侵官民田幾萬頃，毀人塚亡算，不罪之，何以示後？」明日，降罰舊内臣有差。

癸亥，南京吏部尚書羅欽順歸養。

《世宗實録》卷一八　以水災命池州、安慶二府及高淳、溧水二縣，九江、安慶二衛兑軍糧，半徵折色。

甲子，前南京刑部尚書陳壽卒。

戊辰，陞貴州布政使司右參政傅習爲按察司按察使。

《明通鑑》卷五〇　己巳，吏部聽選監生何淵上言：「請權以禮制量立世室于太廟東北之地，奉興獻帝之神，如周祀文王于世室遺意，則陛下四時躬祭，而事生事存之心始得以自盡，太后千秋萬歲後，亦得配食太廟于無窮，不必遠祔安陸矣。」上然之，命所司會議以聞。

《國榷》卷五二　辛未，立皇后陳氏。陳萬言女，遣成國公朱輔充正使，大學士楊廷和、毛紀充副使，持節奉册寶，行奉迎禮。

十月庚辰，復設雲南永昌軍民府。

辛巳，種勛爲署都督僉事、總兵，鎮守寧夏。

《世宗實録》卷一九　癸未，以浙江右布政使王簋爲江西左布政使。

乙酉，陞福建按察司副使胡鐸爲湖廣布政使司左參政，河南布政使司右參政孫禄爲浙江布政使司右布政使。

《國榷》卷五二　傳制封充煜富川王，厚熇江華王，勤熫華亭王，勤炬寶坻王，厚照惠安王，勛泚福山王，厚燇新昌王，融炦崑山王，顯榕楚世子。

《世宗實録》卷一九　戊子，陞巡撫江西都察院右副都御史陳琳爲南京大理寺卿，陞原任吏部驗封司署郎中員外郎王濟爲河南布政使司右參政。

《明通鑑》卷五〇　辛卯，以南畿、湖廣、江西、廣西災傷重大，命所司發倉粟並户部發帑銀二十萬兩分道振之，仍各蠲免税糧有差。

《明史》卷一七《世宗紀一》　壬辰，以災傷敕羣臣修省。

《明通鑑》卷五〇　甲午，刑科給事中張翀言：「中官出鎮，非太祖、太宗舊制。景帝遭國家多故，偶一行之，謂内臣是朝廷家人，但有急事，令其來奏。乃往歲宸濠謀叛，鎮守太監王弘反助爲逆，内臣果足恃邪？時平則坐享尊榮，肆毒百姓，遇變則心懷顧望，不恤封疆，不可不亟罷之。」上是其言。

《國榷》卷五二　禮科左給事中章僑、河南道監察御史梁世驃，請正學訓士，一依程朱之言，文斥艱險。部覆從之。

《明通鑑》卷五〇　丙申，免山西被災州衛税糧。

《世宗實録》卷一九　壬寅，南京兵部尚書王守仁疏辭封爵，因言同事諸臣，未蒙均賞，反遭謫斥，乞行申理。上曰：「卿剿平禍亂，功在社稷，朝廷持加封爵，義不容辭，餘下所司議行之。」

《國榷》卷五二　十一月甲辰，芒部軍民府土舍隴壽襲知府。故事，土官九品上皆入京得襲。壽以庶弟争兵，不敢離土。事聞，聽襲。

《世宗實録》卷二〇　乙巳，詔南直隸被災州縣、草場籽粒銀應徵五分者，再免三分。

《國榷》卷五二　戊申，禮部議土官朝貢(五)〔三〕事：曰定賞例、明進收、防欺僞。上從之。

《明通鑑》卷五〇　辛亥，總督兩廣軍務張嵿討廣西賊，平之。

丁巳，刑科都給事中劉濟請定行刑時限。時太監廖鵬父子及錢寧黨王欽等皆以從逆論斬，鵬等賫緣中人冀脱死。濟因言：「自來死囚臨斬，鼓下猶受訴詞。奏上得報，已及日旰，再請而後行刑，則已薄暮，殊非與衆棄之之義。乞自三請後，鼓下不得受詞。鵬、欽等罪甚當，幸陛下勿疑。」詔自今以申、酉行刑。鵬等竟緩決，欽復以中旨免死，濟力争，不聽。

《國榷》卷五二　丁巳，免遼東屯租。山西盜劫沁、澤，流入河南。

己未，萊蕪盜平。

虜亦不剌千餘騎犯岷州，百户俞泰戰于冷地谷，敗之。

《明通鑑》卷五〇　庚申，壽安皇太后邵氏崩。壽安太后之崩也，大學士楊廷和等謂上爲孝宗後，不宜爲孝宗之庶母持祖母承重服，因摘《大明律令》「孫爲祖服齊衰期年」之文以示同官。禮部如其議上之，上不從，令喪制二十七日而除。然以廷和等言，不頒遺誥，僅行二十七日之服于宫中。

《世宗實録》卷二〇　壬戌，南京禮部尚書楊廉等奏申明大禮以息羣議。雜引程頤、朱熹言及濮議爲證。且言今之異議者，率祖歐陽修，然修于考之一字，雖欲加之于濮王，未忍絶之仁宗。今乃欲絶之于孝廟，加之于興獻，審此又修所不忍言者。願皇上尊信孔、孟、程、朱，勿遷惑于衆口。又請早擇親藩之子爲興獻帝後。章下所司知之。

《明通鑑》卷五〇　甲子，山東青州礦盜王堂等起顔神鎮，流劫東兖，轉入萊蕪、新泰、臨城間，都指揮楊紀等追及于泰安州之龜山。賊據山爲固，紀進攻不克，臨清指揮僉事楊浩死之。賊大掠魯橋，勢張甚。乃敕保定巡撫周季鳳、副總兵楊鋭選集漢、達官兵以備調遣。【略】于是山東兵備等官分道逐賊，賊不敢屯聚，【略】會諸道兵大集，就圍之，俘斬數百，賊乃敗散，東土稍寧。而餘賊突至曹州者，欲渡河不得，乃轉掠考城，循河西岸至東明、長垣。餘黨王友賢等，流入祥符、封丘。于是河南及保定巡撫皆告警。【略】兵部議：「【略】請敕漕運總督俞諫與都督魯綱並提督兩畿、山東、河南軍務，節制諸道軍。」從之。

《國榷》卷五二　丙寅，前户部尚書鄭宗仁卒。

丁卯，監察御史唐鳳儀言：「分守分巡等官巡歷郡縣，每三月行部，十一月還司。」報可。

《世宗實録》卷二〇　敕山東按察使林琦爲陝西右布政使。

《國榷》卷五二　戊辰，免鳳陽、淮安、揚、廬、滁、和田租。

己巳，工部尚書陶琰改南京兵部尚書，進太子太保。

辛未，始御西角門親事。大理寺卿鄭岳請正内臣賈全等侵盜罪。報聞。

《世宗實録》卷二〇　陞浙江副使于鏊爲山東按察使。

《國榷》卷五二　十二月癸酉朔，湖州水災，再折漕六萬石，發鹽五千引賑之。

乙亥，工部左侍郎趙璜爲工部尚書，改督理易州山廠。工部右侍郎沈冬魁爲户部右侍郎，總督倉場。湖廣饑，折漕賑卹。

戊寅，陝西流盜掠綏德、米脂、吴堡等處，殺指揮瞿相。

《明史》卷一七《世宗紀一》　振陝西被寇及山東礦賊流劫者。

《明通鑑》卷五〇　先是陝西數被套寇，深入固靖、環慶間，殺傷以萬計。復有陝西流賊百餘人，寇掠綏德、米脂、葭州、吴堡等處，殺傷指揮瞿相等。而山東青州之賊，流入東、兗二府，並及河南、直隸地方。詔「遣【略】科、道官各二員，户部發太倉銀十萬兩，以六萬給陝西三邊，四萬給山東等處，不足則以各司府州縣庫銀佐之。」

《國榷》卷五二　庚辰，巡撫延綏右副都御史姚鏌爲工部右侍郎，督理易州山廠。

《明通鑑》卷五〇　癸未，命廷臣議擇壽安皇太后葬地。時文武大臣皆言「橡子嶺地形高敞，可以卜葬」，而上意欲附近茂陵，命興工擇日。大學士楊廷和等言：「宋寧宗欲祔孝宗于裕、思諸陵之旁，朱熹累疏謂『祖塋之側，不宜數興工作，驚動神靈』。今欲祔壽安皇太后于茂陵左右，將開金井，興大工，在天之靈恐有未安。且其襟抱疏洩，利害所關非細。臣等不言，是爲負國。請如原議。」不納。

戊子，陞任山東僉事史道，劾大學士楊廷和昔年曾交通逆濠及諂附錢寧、江彬等事。【略】上置不問，然于廷和眷亦衰矣。

《國榷》卷五二　己丑，開原大饑。

甲午，裁各省冗官。

丙申，虜寇山西，掠偏頭關外。

丁酉，上始御奉天門受朝。是年，設四川永寧參將。

嘉靖二年（癸未、一五二三）

《國榷》卷五二　正月癸卯朔，兵部尚書彭澤被劾求去，不允。

甲辰，兵科給事中夏言勘還外戚沈傳、吴讓所占民田，別以没入閒田給傳讓。

《世宗實録》卷二二　己酉，朝鮮國王李懌遣陪臣甲公濟等奉表具方物入賀正旦，復遣陪臣孔瑞麟等貢馬，並賜宴給賞如例。

《國榷》卷五二　己酉，流盜至考城，副使李珏都指揮凌佣擊之，頗有斬獲。遽退，盜復振，中都留守顔愷會僉事郭震禦之，河南兵亦至，戰于郭村，敗績，指揮趙泰等三十餘人、官軍八百人死之。

辛亥，楊廷和求去。慰留之。

《世宗實録》卷二二　六科給事中李學曾等、十三道御史汪珊等各連章極論彭澤沮言路。

《國榷》卷五二　癸丑，許九江兵備副使節制黄、蘄。

乙卯，上祀天地于南郊。監察御史曹嘉劾吏部尚書喬宇，宇求去。不允。

戊午，楊廷和、毛紀、蔣冕各求去。閣虚跡數日，累遣内臣、鴻臚寺諭留。

《世宗實録》卷二二　己未，應天府尹王震致仕，以南京科道交論其不職也。巡撫大同都御史張文錦言「大同一歲經費計銀八十萬四千餘兩，而奇兵、游兵、援兵歲不下萬人，所費行糧芻菽之值又計銀三十餘萬兩，本鎮常賦所入及河東運司所輸且不及經費之半，乞轉發太倉銀數萬濟春夏。」報可。

《國榷》卷五二　癸亥，立洛陽周公廟。

乙丑，起邊憲户部右侍郎，總督倉場。

丁卯，虜小王子入沙河堡，總兵杭雄戰卻之。

《世宗實録》卷二二　吏部會都察院考察天下諸司官。

己巳，御史曹嘉極論吏部尚書喬宇奸邪，詔下所司。會宇亦上疏稱疾乞休。

《國榷》卷五二　庚午，右副都御史盛應期巡撫江西。湖廣瀏陽盜流劫袁州。

《世宗實録》卷二三　二月壬申朔，南京給事中魯綸、監察御史史梧等言：「往者甘肅總兵李隆鼓衆倡亂，殺都御史許銘。又故縱首惡，取無罪四人斬首滅口。太監董文忠、分守總兵官李義、都指揮支永等或乞明正隆罪而按鞫文忠等。」得旨文忠姑勿逮，李義等巡按御史同鎮撫官速勘以聞。

甲戌，吏部尚書喬宇再疏乞休。不允。

《國榷》卷五二　乙亥，革皇莊，仍禁勳戚受獻，從兵科給事中夏言之議。

戊寅，大學士蔣冕、吏部尚書石珤主禮闈。增補巡捕營邏卒二千人。

己卯，改敕總督宣大侍郎臧鳳并督山西三關及紫荆、倒馬、居庸等關。

庚辰，江西參政邢珣、徐璉考察當罷，以軍功加布政使致仕。

《世宗實録》卷二三　辛巳，陞浙江布政右布政使孫禄、河南右布政使章拯、雲南右布政使黄衷俱爲左布政使。

癸未，陞河南布政右參政董鋭爲甘肅行太僕寺卿。

《明通鑑》卷五〇　癸未，振遼東旱災。

《國榷》卷五二　丁亥，獎卓異。布政使王藎、孫禄、張璉，按察副使王廷相、袁檟、周廣、魏校、徐文華、汪玉，參政顧璘、鄭毅、林富，知府羅僑、歐陽鐸、朱裳、翟鵬，俱遣賜酒幣。

戊子，前臨江知府戴德孺服闋，進雲南右布政使。德孺征宸濠有功。

己丑，定淮鹽每引七錢。

庚寅，許陝西引鹽。以湖廣左布政使孫禄爲應天府尹。

壬辰，前户部尚書侯觀卒。贈太子少保。

《明通鑑》卷五〇　提督軍務俞諫討山東賊，與總兵官魯綱連營進兵，遂會河南、山東、保定巡撫及總理河道侍郎李瓚平之。

《國榷》卷五二　癸巳，前少傅兼太子太傅吏部尚書武英殿大學士劉忠卒。贈太傅，謚文肅。河南山東盜平。方面官經撫按論，毋奏辨，聽吏部徵實。

《明通鑑》卷五〇　丙申，葬孝惠皇太后于茂陵。先是楊廷和等請别擇葬地，不從。禮官集議，侍郎賈詠等乃請定葬地于茂陵元宫之右，至是遂祔焉。

《國榷》卷五二　丁酉，禁請調寄養馬匹。

戊戌，廣東清軍御史兼鹽法。

《世宗實録》卷二三　己亥，海西建州益實等衛女直都指揮僉事撒哈答等來朝貢馬，賜宴并綵段絹鈔金織衣及馬價有差。

《國榷》卷五二　庚子，上御奉天門，始鳴鐘鼓。

辛丑，禮部尚書毛澄致仕。治京師北城垣河。

三月壬寅朔，監察御史曹嘉倣范仲淹上《百官圖》，品第廷臣。給事中安磐、毛玉各言其輕肆，謫邑知縣。

總兵魯綱班師還京。

《世宗實録》卷二四　甲辰，南京禮部尚書楊廉乞致仕。許之。

《國榷》卷五二　女直撒剌衛都督僉事都魯花乞大帽金帶，予之。巡撫延綏右副都御史姚鏌請薛瑄從祀孔廟。下所司。

《明史》卷一七《世宗紀一》　乙巳，俺答寇大同。

《明通鑑》卷五〇　總兵杭雄不能禦，降旨切責。雄自劾，乞解兵柄。不許。

《國榷》卷五二　庚戌，中府都督同知陳萬言賜第近教坊，辭不受，改賜于西安門。

辛亥，南京吏部尚書羅欽順爲禮部尚書，户部左侍郎秦金爲南京禮部尚書。

癸丑，固安人多自宫求用，笞遂之，下都察院榜禁。

《明史》卷一七《世宗紀一》　甲寅，武宗神主祔太廟。

《國榷》卷五二　乙卯，策貢士于奉天殿。

壽光知縣劉峻擊鄰盜，平之。蓋時盜起樂安，峻即練民兵，度其犯境，夜襲之。擢兵部職方主事。

丙辰，定餘鹽存留納價輸部濟邊。

戊午，巡撫延綏右副都御史姚鏌薦先廟直臣：給事中劉茝、評事羅僑、布政使方良永、給事中張言。

《明史》卷一七《世宗紀一》　賜姚淶等進士及第、出身有差。

《國榷》卷五二　壬戌，佛郎機别都盧寇新會，指揮何榮擊擒之。

癸亥，上御經筵，明日日講。以旱霾諭修省，停齋醮興造。□科給事中章喬上言：【略】上是之。命臧鳳總制陝西，召李鉞還京。命遣給事中、刑部郎中會按高牆庶人，酌情罪輕重以聞。仍敕鳳陽守備太監加意優卹。

乙丑，南京户部尚書楊旦爲南京吏部尚書。

翰林院編修孫承恩、給事中俞敦使安南，以莫登庸亂，道梗不入。敦道卒，承恩還朝。

《世宗實録》卷二四　庚午，陞江西按察使曾大有、湖廣按察使杭淮、右參政鄭穀俱布政使司右布政使。

《國榷》卷五二　辛未，禁陝西、湖廣四川私茶。

《世宗實録》卷二五　四月壬申朔，上以災異脩省。

《國榷》卷五二　南京刑部右侍郎王縝爲南京户部尚書。南京太常寺卿王承裕爲户部右侍郎，總督倉場。

癸酉，命有司月給右副都御史方良永粟三石。仍著令，凡致仕終養，節行可稱，例優之。

《世宗實録》卷二五　罷刑部尚書張子麟及總督南京糧儲都御史張介。

《國榷》卷五二　丁丑，南京右副都御史胡瓚爲南京刑部右侍郎，南京光禄寺卿劉瑞爲南京太常寺卿，浙江布政司左參政顧璘爲山西按察使。

《世宗實録》卷二五　戊寅，陞河南布政使司右布政使孫脩爲浙江左布政使。

《國榷》卷五二　辛巳，刑部主事陸澄，以駙馬都尉崔元鬻獄，上其書。有旨：「刑官執法自其分，何必封奏名帖沽直？」置之。

壬午，巡撫保定右副都御史周季鳳佐南京都察院。起林玉南京右僉都御史，總督糧儲。

癸未，録宋儒朱熹裔孫墅五經博士，于婺源奉祠。

乙酉，户部主事羅洪載下獄。錦衣百户張瑾率校尉楊受等支俸橫取，洪載按其罪，瑾迫，佯求杖，洪載信而杖之。遂訴其擅笞，上怒，下鎮撫司。部科論救，謫湖州通判。

丁亥，罷獨流廠葦課軍官。

《世宗實録》卷二五　戊子，陞太僕寺卿劉麟爲都察院右副都御史，巡撫保定，提督紫荆等關。陞尚寶司卿劉乾爲南京鴻臚寺卿。陞廣西按察司副使劉節、山東按察司副使黄昭道俱爲布政使司左參政。

《國榷》卷五二　己丑，致仕南京刑部尚書陳壽卒。

庚寅，蠲宣府、大同椿棚銀。

辛卯，□科給事中汪應軫請革京城鋪户。户部言「舊制不可改，惟先給價」。從之。

《世宗實録》卷二五　壬辰，陞大理寺左少卿吴琪爲太僕寺卿。

《國榷》卷五二　癸巳，敕兩京三品以上及撫按官各舉可守令者以聞。前太子少保南京兵部尚書劉機卒。

乙未，興獻帝廟享，詔用八佾。

戊戌，遣刑部郎中、錦衣衛千户往山東按巡按監察御史李獻。獻杖鄒縣知縣沃潮死，潮母訴冤，後獄上，罷職。

〔閏四月〕甲辰，更作鹵簿大駕。

《明通鑑》卷五〇　大學士楊廷和上慎始修德十二事，而于建齋醮一事首力言之。

《國榷》卷五二　乙巳，報聞。時太監崔文誘上齋醮，令内臣若干人習其學，廷和極言其不可。上雖勉答，自是益疎廷和。

丙午，命司禮太監張佐録囚。盜入宿松。

丁未，更定盜賣官馬之例：罰馬二匹，鄰儈罰一匹，否則永戍。

庚戌，前太子太傅禮部尚書毛澄卒于興濟。贈少保，謚文簡。

辛亥，前太子太保刑部尚書劉璟卒。

己未，太監崔文蒼頭有罪，下刑部，已移鎮撫司。尚書林俊執奏，上怒，責對狀。俊引成憲爲言，「受國恩厚，不敢愛死」。上頗優容之。

庚申，陝西盜楊錦等伏誅。

《世宗實録》卷二六　壬戌，以真定府旱災，蠲免存留夏税有差。

《國榷》卷五二　癸亥，故兵部侍郎李貢贈南京工部尚書。

甲子，四川董卜韓胡宣慰司貢使千七百餘人。禮部言弘治前僅千人，裁其賞三之一，命自後視弘治例。西海亦不剌與套虜伺甘、涼間，命李鉞仍陝西總制。

己巳，大旱，諭禮部禱雨。

《明通鑑》卷五〇　五月庚午，小王子犯密雲，入石塘嶺，殺指揮殷隆等四人。詔逮治參將霍如忠等。

《國榷》卷五二　署都督僉事武振充總兵官，鎮守甘肅。

《世宗實録》卷二七　癸酉，建州等衛女直撒魯都等入貢，命賜宴給賞鈔幣有差。

戊寅，裁革廣東永莞縣税課局大使。

《國榷》卷五二　庚辰，前南京工部尚書黄珂卒。謚簡肅。

辛巳，故工部右侍郎劉丙謚襄敏。大理寺卿鄭岳、錦衣衛都指揮使王佐往按李隆獄。後獄上，論死。

壬午，量增鹽商中約之課。時鹽值甚高。

四川道監察御史俞翱劾太監張佐「典司章奏，不取上裁。假借綸音，疎隔内閣」。上以張佐謹慎，御史安得此言？下所司知之。

癸未，吏科給事中曹懷上六事：謹嗜欲、勤召對、明進退、杜請託、重綸音、禁僞行。報聞。

《世宗實録》卷二七　兵科給事中劉祺言：「近年水旱盜賊相仍，法令多舛。其故由公卿大臣不得召見，上下之情不通。又中黨恣横。」

《國榷》卷五二　丙戌，嚴皇城門禁。

《世宗實録》卷二七　戊子，詔以抄没由房分給小民佃住多不過三十畝，不許勢豪多占。

《國榷》卷五二　己丑，初甘肅巡撫陳九疇請合延寧二鎮兵各三千，春初集蘭州莊浪，分道出攻。總制李鉞計其入犯，擊之。卒如鉞言。

庚寅，祭故山東鹽運使連城。逆瑾瘐死。

《世宗實録》卷二七　陞建州右衛都指揮僉事牙令哈爲都督僉事。

《國榷》卷五二　修復儀真、江都水塘，溉民田。

乙未，西邊稍寧，許李鉞入朝。

《世宗實録》卷二七　丁酉，巡撫遼東都察院右副都御史李承勛稱病篤乞休，固請准暫回籍調治。

《世宗實録》卷二八　六月庚子朔，詔設福建鎮海衛儒學。

《國榷》卷五二　甲辰，議邊方巡撫久任。

《世宗實録》卷二八　戊申，禮部左侍郎賈詠以災異陳言。

《國榷》卷五二　己酉，監兑官復命不必候代。

辛亥，先是楚王代鎮國將軍榮瀿等奏借帑金賑乏。上諭禄糧補給，其例外之請毋輕上。

《明通鑑》卷五〇　以旱災免直隸廣平府所屬州縣税糧。

《世宗實録》卷二八　癸丑，户部覆巡撫甘肅都御史陳九疇奏請募軍之費。

《國榷》卷五二　上憫災傷，除漕運，各税俱減十之五。

甲寅，日本貢使宗設至寧波，尋瑞佐、宋素卿等亦至。故事，宴貢使叙先後。素卿欲凌之，宗設殺瑞佐，素卿走慈谿。宗設縱掠，殺指揮劉錦、袁璡，蹂躪寧、紹間，奪海舟出海去。

山西陵川盜起。

丙辰，增順天府廩生二十，歲貢二。

盜劫萊蕪獄，轉掠淄川、金鄉、新泰、泗水、魚臺。

《世宗實録》卷二八　丙辰，兵部左侍郎兼都察院左僉都御史李鉞以召回本部辭免兼憲職。許之。

《國榷》卷五二　丁巳，吏部尚書喬宇在告，免朝謁，專理部務。

己未，司設太監馬俊請增上供物料。工部執奏，仍視弘治例。

乙丑，順天府尹張璡爲右副都御史，巡撫遼東。虜入甘肅永昌，殺指揮孫仁、百户高經。

《世宗實録》卷二八　丁卯，兵部尚書彭澤以病乞解印。上令在部調理，疾愈即出掌印如舊。

《國榷》卷五二　戊辰，禮部覆日本宋素卿符驗乃弘治時，其正德所給云宗設奪之，不可信。給事中張翀、御史熊蘭言罪且犯順。遂下素卿及宗設餘黨于獄。

七月庚午，復除南京刑科給事中。

《世宗實録》卷二九　辛未，以山東布政使司布政使王軏爲順天府府尹。

甲戌，以時屆秋防，諭兵部尚書彭澤行各提督侍郎及鎮巡等官嚴督所屬，加意防守。鄰境諸臣亦宜一體操習，備禦有警。聽調應援，不許推托觀望。

乙亥，陞山東左參政劉思賢爲陝西右布政使。

《國榷》卷五二　丁丑，南京大疫。故興化知府岳正贈太常寺卿。

《世宗實録》卷二九　戊寅，户部尚書孫交言「京通二倉糧米久貯，未免虧折」。

己卯，户部尚書孫交奉旨查核各官莊田數。

《明通鑑》卷五〇　壬午，賜后父都督同知陳萬言第于西安門，命工部營造。

《國榷》卷五二　工部郎中葉寬、員外郎翟璘下獄。以治陳萬言賜第，欲裁其制，萬言謂「原二臣規畫也」。尋釋之。

乙酉，播州宣慰使楊相母喪，乞如文臣守制。以無例，不允。

戊子，吏部左侍郎汪俊爲禮部尚書，南京工部右侍郎吴廷舉改南京户部。

庚寅，刑部尚書林俊致仕。

《明通鑑》卷五〇　以旱災免山東濟南等府税糧。

《世宗實録》卷二九　甲午，南京監察御史陶儼以南京應天等府旱災，民多流亡失業，請大發内帑及餘鹽、贓罰銀兩以備賑卹。

《國榷》卷五二　甲午，永福長公主歸駙馬都尉鄔景和。禮科給事中劉最劾太監崔文左道蠱惑，糜費内帑。上怒，謫廣德州判官。敕應天巡撫李充嗣賑饑。

《明通鑑》卷五〇　是月，南畿復大水，江、淮河並溢，漂没人畜田廬無算。吏部侍郎何孟春復條恤災八事。

《國榷》卷五二　八月戊戌朔，廣東盜申大總劫新寧縣。

己亥，左都御史金獻民改刑部尚書，南京禮部尚書秦金改南京兵部，禮部左侍郎賈詠改吏部，巡撫河南右副都御史何天衢爲南京工部右侍郎。

庚子，南京禮部尚書秦金等因災異，歷數上政不能如初。上是之。

《明通鑑》卷五〇　進外戚壽寧侯張鶴齡爲昌國公，陳萬言爲泰和伯。

《世宗實録》卷三〇　辛丑，陞四川右布政使鄭毅爲浙江左布政使。

《國榷》卷五二　應天、滁、和等大饑，截漕三十萬石賑之。召提督宣、大、山西侍郎臧鳳入京。

壬寅，免大同田租。

癸卯，蠲順天、保定、永平、河間田租。

乙巳，總督漕運右副都御史俞諫還院，刑部左侍郎顔頤壽爲南京禮部尚書，改南京吏部右侍郎朱希周于禮部。

《世宗實録》卷三〇　壬子，虜入界嶺口。總兵官馬永等督兵追襲，斬首五顆。

《國榷》卷五二　癸丑，録奉迎防守功。

甲寅，刑部右侍郎孟鳳爲左侍郎，召南京刑部左侍郎胡瓚代之，南京禮部右侍郎汪偉改南京吏部。

《世宗實録》卷三〇　南京户部尚書王縝卒。詔賜祭葬如例。

《國榷》卷五二　乙卯，巡撫山西右副都御史胡錠總督漕運兼巡撫鳳陽。免開封、彰德、衛輝田租。

戊午，南京太常寺卿劉瑞爲南京禮部右侍郎，南京右副都御史周季鳳爲南京刑部右侍郎。

庚申，金、復、海、蓋大雨水，壞城舍，溺人畜亡算。議賑卹。

辛酉，裁雲南五井鹽課司副提舉。

《明通鑑》卷五〇　小王子犯遼東丁字堡，殺虜軍士男女五千餘口。都指揮王綱追襲出境，死之。

《國榷》卷五二　壬戌，南京右通政聞淵爲應天府尹。

癸亥，巡撫山東右副都御史陳鳳梧佐南院。

丙寅，武定侯郭勛嘗私逮邊衛指揮，爲御史許宗魯所劾。不問。

丁卯，江西、陝西左布政王蓋、畢昭爲右副都御史。

禁勳戚結婚内寺。時太監李宣故逆瑾黨，締姻外戚，復提督京倉。户科右給事中孟奇請禁，從之。

九月戊辰朔，南京大理寺右寺丞林希元以寺卿陳琳等劾其抗違，謫泗州判官。

《世宗實録》卷三一　己巳，户部議處漕運脚價事宜。

庚午，起致仕山東左布政使陳洪謨於江西，陞山西右布政使劉澤爲陝西左布政使。

壬申，陞陝西行太僕寺卿李璋爲山西布政司右布政使。

《國榷》卷五二　癸酉，南京户部右侍郎吴廷舉兼右僉都御史，賑安慶、徽、池、寧國、太平。

甲戌，大學士楊廷和一品四考，進太傅，宴禮部。力辭之。

乙亥，巡撫大同右副都御史張文錦請增設水口、宣寧、黑河、柳溝、樺溝五堡，從之。蓋大同城北平衍，虜一鳴鞭即至，蕩無可禦。築堡各距城六十里爲外捍。

丙子，下户部覈官莊田額，以成、弘間原數聞。

《明通鑑》卷五〇　振遼東饑，仍停徵子粒。

己卯，命以故贈江西按察使周憲配享孫燧、許逵旌忠祠。

《國榷》卷五二　壬午，吏部定雲貴土官廕襲。内地寧謐，仍赴部襲職，免納穀。其邊遠或仇殺，撫按代奏，聽襲，仍納穀備賑如勘報。遲一年外，罪之。

癸未，虜入遼東椵木山，指揮閻振等追敗之，分部入密雲白崖廠，略人畜。

《世宗實録》卷三一　乙酉，兵部尚書彭澤以疾乞致仕。不允。

丙戌，大學士楊廷和四疏辭加官。

《國榷》卷五二　戊子，上傳黑帖給安陸使臣馬匹。兵部尚書彭澤言：「黑帖乃先朝弊政，難辨真僞，乞用硃帖。」遂傳紅如舊。

己丑，太子太傅成國公朱輔卒。贈太傅，謚恭僖。

《世宗實録》卷三一　甲午，户部奉旨會議上賑卹事宜。

《國榷》卷五二　乙未，南京禮部尚書顔頤壽改南京户部。

《明通鑑》卷五〇　十月庚子，灤州民趙紀以田被土豪侵占，訐前任永平知府郭九皋，又賄太監芮景賢，訴之東廠。

《國榷》卷五二　辛丑，工部右侍郎沈冬魁爲南京禮部尚書。

《世宗實録》卷三二　以水災減免遼東瀋陽左邊等十六衛所税糧有差。

《國榷》卷五二　癸卯，太常寺卿楊一渶爲右副都御史，巡撫貴州。

丙午，光禄寺卿高友璣爲南京刑部右侍郎。逮臨洮知府郭九皋。九皋前守永平，有魏國公賜田，洪武末已辭免，至是徐光祚謂民間所占。九皋不爲理，因嗾灤州人趙紀誣告東廠。太監芮景賢云受賄，下鎮撫司。科道爭之，不得。

《世宗實録》卷三二　戊申，改南京太常寺卿潘希曾爲太常寺卿，提督四夷館。

《明通鑑》卷五〇　以旱雹災免直隸大名府各州縣及大同衛所税糧。

《國榷》卷五二　盜掠長樂、安溪、仙游。

《世宗實録》卷三二　辛亥，户部尚書孫交屢乞致仕，上以所奏誠懇，特允之。

《國榷》卷五二　進太子太保。

甲寅，南京太常少卿邊貢爲南京太僕寺卿。

《世宗實録》卷三二　戊午，裁革直隸博野縣管馬縣丞一員，添設束鹿縣縣丞一員。

庚申，陞陝西右參政蔡天祐爲山西按察使。

《明通鑑》卷五〇　以災傷免山東各府衛税糧。

《國榷》卷五二　乙丑，停丈田。初御史王佩所請，至是人言其擾。

十一月丁卯朔，召南京兵部尚書秦金爲户部尚書。

《明史》卷一七《世宗紀一》　免南畿被災税糧。

《國榷》卷五二　己巳，增雲南曲靖兵備副使。

庚午，免蘇、松、常、鎮田租。

壬申，刑部尚書金獻民爲兵部尚書兼提督團營。

丙子，免保定、河間田租。

己卯，逮廣德判官劉最及御史黄國用下獄。最就貶，郵符用禮科銜，國用巡鹽長蘆，送郵符東廠。芮景賢發之。最謫戍，國用降秩。定巡撫久任有功，四年以上，賜勅增秩。

壬午，召南京刑部尚書趙鑑爲刑部尚書。太子少保、工部尚書兼左副都御史巡撫應天李充嗣爲南京兵部尚書。

癸未，前南京工部尚書柴昇卒。昇内鄉人，成化丁未進士，素履清慎，贈太子少保。

戊子，南京户部右侍郎兼左僉都御史吴廷舉爲右都御史兼巡撫應天，户部左侍郎邊憲爲南京刑部尚書。

《明通鑑》卷五〇　己丑，振河南饑。

《國榷》卷五二　庚寅，江北水災，議賑救。

《明通鑑》卷五〇　大學士楊廷和等以直隸、江北水災異常，疏【略】。户部集廷臣條陳救荒八事，從之。

《世宗實録》卷三三　癸巳，以旱災免四川彭山縣下永豐等鄉并成都右衛中所屯田糧税。

《國榷》卷五二　甲午，户部右侍郎鄒文盛爲左侍郎，總督倉場。右侍郎王承裕回部。撫治鄖陽右副都御史徐蕃爲南京户部右侍郎。南京兵部右侍郎席書兼右僉都御史，賑濟江北。

丙申，設荆襄兵備副使。

《世宗實録》卷三四　十二月己亥，陞分守凉州副總兵、署都指揮僉事彭楧署都督僉事，充總兵官，鎮守延綏地方。

庚子，陞四川布政司左參政董天錫爲本布政司右布政使。

《明通鑑》卷五〇　以災傷免南直隸江北等府嘉靖元年、二年未徵税糧。

《國榷》卷五二　辛丑，巡撫順天右副都御史孟春爲户部右侍郎，總督倉場。廣西左布政使章拯爲右副都御史，提督撫治鄖陽。

《世宗實録》卷三四　癸卯，陞廣西右布政使彭夔爲本司左布政使。

《明通鑑》卷五〇　甲辰，南京兵部侍郎席書因條振粥活民事宜上之。

《國榷》卷五二　丙午，陝西左布政使劉澤爲右副都御史，整飭薊州邊備，兼巡撫順天。

《世宗實録》卷三四　陞貴州按察使傅習爲廣西右布政使。

丁未，蠲免應天府等州縣并各衛所被災田糧有差。

戊申，陞陝西右布政使劉思賢爲本司左布政使。

癸丑，陞陝西苑馬寺卿郭韶爲陝西右布政使。

《國榷》卷五二　庚戌，先是禮科給事中章僑請戒浙江鎮守太監梁瑶謀管織造。亡何，内織染局太監刁永求遣官織造江南，工部請下鎮巡官，毋煩内臣提督。楊廷和等言：「浙直旱饑，江北水災，白骨成堆，幼稚計斤而鬻。願停遣，不敢撰敕。」上趣之，九卿科道皆力言其不可，報聞。

丁巳，吏部右侍郎何孟春以災傷，引漢魏以來奏記八事。

庚申，户部左侍郎鄒文盛爲南京右都御史。前南京刑部尚書劉纓卒。

嘉靖三年（甲申、一五二四）

《明史》卷一七《世宗紀一》　正月丁丑，大祀天地於南郊。

《世宗實録》卷三五　癸未，海西塔山前等衛女直都督僉事速黑咸等來朝貢馬，賜宴并給賞如例。

《明通鑑》卷五〇　乙酉，以災傷免浙江嘉興等十四縣稅糧。

《明史》卷一七《世宗紀一》　丙戌，南京刑部主事桂萼請改稱孝宗皇伯考，下廷臣議。

《皇明資治通紀》卷二五　禮部尚書汪俊等上所議禮，極辨桂萼等議禮非是。上諭曰：「正統大義不敢有違，第本生至恩，情欲兼盡。其參衆論詳議以聞。」

《明通鑑》卷五〇　丁亥，户部主事唐冑上言：「織造之害，莫大于遣中官之提督。【略】」御史王杲亦以爲言，章並下所司。

《國榷》卷五三　署都督僉事魯綱總兵，練團營三千人聽征。時朵顔都督花當子把兒孫犯邊。

戊子，浚海口新河。

辛卯，災傷，暫停外解軍器。

癸巳，右副都御史劉玉爲刑部右侍郎。

甲午，趣内閣草織造敕。

乙未，免南京各衛屯租。

二月丙申朔，免江西吉安府田租。

丁酉，□科給事中鄧繼曾言：「頃傳中旨，事不考經，文不會理。或左右竊寵，故不由閣議。」上怒，下獄，謫金壇縣丞。

《明通鑑》卷五一　上初踐阼，言路大開，言者過于切直，亦優容之。自劉最及繼曾得罪後，厭薄言官，自此廢黜相繼矣。

《國榷》卷五二　庚子，復王時中右副都御史。翰林院侍讀湛若水請講磨聖學。報聞。

壬寅，免各邊巡撫入京議事。

丙午，少師兼太子太師吏部尚書華蓋殿大學士楊廷和致仕。以大禮、織造積忤，乞歸。禮部尚書汪俊曰：「公去，誰可主者？」言官交章請留，不聽。

《明通鑑》卷五一　廷和以議禮不合，累疏乞休，語露不平；又以諫織造忤旨，力求去。而上方得桂萼諸人疏，慮爲所持，勉留至再，遂許之，賜敕、馳驛、給廩隸如例，仍敕吏、兵二部擬論功世蔭以聞。言官交章請留，不報。廷和既去而大禮議復起。

《國榷》卷五二　丁未，内官監太監鄭潤鎮守兩廣，張準提督九門。初裁督門，潤遷去，不當補，竟以準代。兵部執奏，不聽。

戊申，禮部尚書汪俊等集議大禮，云：「前後章疏，惟張璁、霍韜、熊浹與桂萼議同，其兩京諸臣凡八十餘疏，二百五十餘人，皆如部議。桂萼等肆言無忌，宜罪。」上召張璁、桂萼于南京，下部再議。

己酉，召南京刑部尚書趙鑑于刑部。

乙卯，建州右衛女直都指揮僉事佟野八等來降，徙實廣寧。

己未，初御史何鰲劾都御史吴廷舉賑湖廣留餘銀，開布政周季麟、僉事王子謨妄費之端。于是追治，季麟陞南京刑部右侍郎，子謨陞參議，皆罷。詰責廷舉，疏辭，得釋。

庚申，壽、泗患寇，責鎮巡官即勦。

壬戌，裁江西布政司右參政。賑饑，鬻運米于江北平糴，截漕十四萬石，更輸金。外官久不赴任，訊之。著爲令。命各省右布政專清戎。

《明通鑑》卷五一　乙丑，先是昭聖皇太后生辰，有旨免命婦朝賀。

《世宗實録》卷三六　御史馬明衡、朱淛各疏言。

《明通鑑》卷五一　時上亟欲尊崇所生，而羣臣必欲上母昭聖，相持未決；二人疏入，上恚且怒，立捕至内廷，責以「離間宫幃，歸過于上」，趣下詔獄拷訊。

乙丑，下御史朱淛、馬明衡于獄。

《國榷》卷五二　三月丙寅朔，諭禮部：「加昭聖慈壽皇太后爲昭聖康惠慈壽，興獻帝爲本生皇考恭穆獻皇帝，興國太后爲章聖皇太后。皇考立廟奉先殿側。」禮部尚書汪俊言：「陛下入奉大宗，不得祭小宗，亦猶小宗之不得祭大宗也。今聖孝無窮，臣等竊效萬一，獻帝徽稱之上仍宣曰『興獻』，于本生不失尊崇，于正統無嫌匹嫡。」上切責俊，宥之。

戊辰，吏部尚書喬宇等屢争大禮，請于孝宗稱皇考，于興獻帝稱本生考。不聽。翰林修撰唐皋、編修鄒守益等，給事中張翀等，御史鄭本公等，各疏止。奪俸三月。

《明通鑑》卷五一　庚午，總督兩廣、都御史張嵿討廣東賊，平之。

《明史》卷一七《世宗紀一》　壬申，振淮、揚饑。

《國榷》卷五二　丙子，前少傅大學士王鏊卒。贈太傅，謚文恪。

《明通鑑》卷五一　己卯，禮部尚書汪俊復上疏論大禮。

《國榷》卷五二　庚辰，署詹事府事吏部尚書石珤、國子祭酒趙永各論大禮。報聞，以大禮既定，止張璁、桂萼入朝。

辛巳，監察御史金符謫鄧州判官。符巡山海關，巡撫孟春劾其乖張。及入朝，都察院奏如春言。

《世宗實録》卷三七　辛巳，陞通政司右通政楊果爲南京太僕寺卿。

《明史》卷一七《世宗紀一》　振河南饑。

《國榷》卷五二　壬午，大名府濬縣知縣焦昇上饑民圖。

丙戌，喬宇等再請止内殿另祀。不聽。

《明通鑑》卷五一　張璁、桂萼復自南京各上疏争大禮。

《國榷》卷五二　南京刑部主事張璁、桂萼道奏：「本生對所後而言，實陽與而陰奪之也。世無兩考之禮，禮官正借此爲辭，明皇上爲孝宗之子云爾。不亟去本生，雖稱皇考，實與皇叔無異。謹條七事。」上心動，仍促璁、萼入京。禮部尚書汪俊罷。

《明通鑑》卷五一　俊以議禮不協，再疏引疾求退。上責以肆慢，聽之去。

《國榷》卷五二　吏部尚書喬宇推左右侍郎賈詠、吴一鵬代俊。特旨召南京兵部右侍郎席書爲禮部尚書。喬宇奏，書不由廷推，由内降，非祖宗故事，乞收回成命。不聽。

甲午，前工部右侍郎李堂卒。

四月乙未朔，給事中張嵩、曹懷、章僑、安磐等各駁張璁、桂萼等議禮之非，上切責之。廣東新寧、恩平盜平。

《世宗實録》卷三八　戊戌，九卿、吏部尚書喬宇等合疏言：「頃罷汪俊，召席書，取桂萼、張璁、霍韜，黜謫馬明衡、李本、陳逅等，舉措異常，中外駭愕。」【略】疏入報聞。

《國榷》卷五二　戊戌，南京刑部主事黄宗明、都察院經歷黄綰同張璁、桂萼上言大禮，大率如前指。

《明通鑑》卷五一　上得疏，大悦。而是時「本生」之稱已從廷議，遂報聞。

《國榷》卷五二　崇明沙盜殺巡江指揮樊邦勇、千户劉欽。

辛丑，逮前陝西總督文貴。御史論其盜餉，及兵備僉事劉經、都指揮吴綸等。經没，綸等戍邊。災傷，減内府月料十分之一，歲豐仍舊。

《明史》卷一七《世宗紀一》　己酉，上昭聖皇太后尊號曰昭聖康惠慈壽皇太后。

庚戌，上興國太后尊號曰本生聖母章聖皇太后。

《國榷》卷五二　總理糧儲都御史吴廷舉請崇典禮，陰持兩端，被劾。

癸丑，申驛遞禁例，亡符驗者不得入傳舍濫給。

《明史》卷一七《世宗紀一》　追尊興獻帝爲本生皇考恭穆獻皇帝，大赦。

《國榷》卷五二　丁巳，南京倣造佛郎機銃。

戊午，禮部類奏災異。【略】上敕修省。

《世宗實録》卷三八　庚申，吏部員外郎方獻夫上大禮論。

《國榷》卷五二　庚申，翰林編修鄒守益議大禮云：「望陛下屈己從善，不吝改過。」上怒，下鎮撫司，謫廣德州判官。

甲子，上憫河南災重，停清軍御史。

《國榷》卷五三　五月乙丑朔，大學士蔣冕求去，上切責之，允致仕，仍賜月廩歲役。

《明通鑑》卷五一　自楊廷和罷，冕以首輔當國。上愈欲尊崇所生，逐禮尚汪俊以怵冕，而用席書代之，且召張璁、桂萼。物情甚沸。冕乃抗疏極諫，上益不悅，遂令馳傳歸。

《國榷》卷五三　翰林修撰吕柟以修省自劾不職，語涉大禮。下鎮撫司，謫解州判官。

己巳，故南京工部尚書叢蘭贈太子少保，予祭葬。

《明通鑑》卷五一　壬申，上手敕：「以奉先殿西室爲觀德殿，奉安獻皇帝神主，命禮官具儀以聞。」

《國榷》卷五三　乙亥，巡撫大同都御史張文錦言事稱旨，特敕獎之。

丁丑，南京大理寺卿陳琳爲南京兵部右侍郎。遣京山侯崔元、禮部左侍郎吴一鵬、司禮太監賴義詣安陸，上恭穆獻皇帝册寶，改題神主，迎入京。一鵬等言：「歷考前史，並無迎主入大内。乞奉于安陸，正百世不遷之祀。其觀德殿别立位，時慰孝思。」不聽。

己卯，吏部尚書石珤兼文淵閣大學士，直閣。裁易州兵備。

癸未，故南京右都御史王懋中贈太子太保。巡撫江西右副都御史王珝爲南京大理寺卿。

《世宗實録》卷三九　癸未，巡撫鳳陽侍郎席書進《大禮考議》。

《國榷》卷五三　丁亥，吏部左侍郎賈詠兼翰林學士，直内閣誥敕。

己丑，巡撫宣府右僉都御史李鐸爲右副都御史，巡撫陝西。

壬辰，吏部右侍郎何孟春爲左侍郎，召南京吏部右侍郎汪偉爲吏部右侍郎。

六月乙未，南京刑部尚書邊憲改左都御史。

丙申，南京右副都御史陳鳳梧爲南京吏部右侍郎。

《明通鑑》卷五一　戊戌，禮科給事中張翀等三十餘人，御史鄭本公等四十餘人，連章論劾。

《國榷》卷五三　己亥，刑部左侍郎孟鳳爲南京刑部尚書。用樂舞于觀德殿。太常寺卿汪舉言：「奉先殿不用樂舞，今似有隆殺。」上曰：「奉先殿不用樂舞，蓋見于太廟也。皇考止祀内殿，則宜備。」切責舉等。

壬寅，兵部左侍郎李鉞爲右都御史，總督漕運兼巡撫鳳陽。

《明通鑑》卷五一　張璁、桂萼至京，復條上七事，極論兩考之非，以伯孝宗而考興獻爲正。

《國榷》卷五三　張璁、桂萼再陳大禮。時入京，廷臣欲捽之，絶勿與通。數日始朝，亟出東華門，走武定侯郭勛所。勛喜甚，約爲内助。給事中張翀等、御史鄭本公等交章沮之，不聽。勛即奏其事。上夜召見璁，曰：「禍福與爾共之。如衆洶洶何？」對曰：「彼衆爲政耳。天子至尊，明如日，威如霆，疇敢抗者，需錦衣衛數力士足矣。」上頷之。

芒部賊隴政等作亂，議征。

丙午，進張璁、桂萼翰林院學士，方獻夫侍讀學士。于是學士豐熙、修撰楊維聰、舒芬、編修王思羞與爲伍，各乞罷，不聽。

《世宗實録》卷四〇　丁未，陞兵部右侍郎李昆爲本部左侍郎，以大理寺卿鄭岳代昆。

《國榷》卷五三　辛亥，張璁、桂萼疏辭，且求廷辨兩考之失。吏部尚書喬宇奏寢璁等新命，刑部尚書趙璜再論旨被詰。吏科都給事中李學曾等，河南道監察御史吉棠等倡同官七十四人會劾璁、萼，責對狀。宥之。御史段續、陳相特劾下獄，謫相鉅鹿縣丞，續偃師縣丞。河南左布政使劉文莊爲右副都御史，巡撫雲南。

癸丑，巡撫四川右副都御史湯沐爲大理寺卿。

乙卯，翰林修撰楊慎、張衍慶等三十六人奏：「臣等所執，程頤、朱熹之説也。璁等所言，冷褒、段猷之餘也。不能與之同列，乞罷。」奪慎俸兩月，餘皆一月。

《明通鑑》卷五一　時廷臣交章劾璁等，自是而大禮之訟興，伏門之獄起矣。

河南流盜平。

丙辰，命各巡撫候代，仍趣代者。

《世宗實録》卷四〇　丙辰，陞廣東按察司王廷相爲山東布政使司右布政使。

《國榷》卷五三　戊午，鴻臚寺右少卿胡侍疏辨大禮，謫潞州同知。

辛酉，順天、保定、河間及徐州蝗。户部命捕之，上諭勘災，蠲田租。

《世宗實録》卷四一　七月丁卯，陞南京太常寺少卿黄熿爲應天府府尹。

《國榷》卷五三　戊辰，減崇文、朝陽、東直門税鈔，如弘治初。

己巳，少保兼太子太保吏部尚書喬宇致仕。

《明通鑑》卷五一　上即位之初，鋭意求治，宇以選郎擢長吏部，與林俊、孫交、彭澤並召，皆海内人望也。俊等相繼去，獨宇在位，所執漸不見聽。又以屢争大禮請罷張璁、桂萼等忤旨，遂以微疾乞休，許之。賜驛，給廩隸如例。

《世宗實録》卷四一　辛未，兵部尚書金獻民以秋防虜警，請戒諭各鎮巡官同心戮力，加謹防備。上從之。

《國榷》卷五三　壬申，免應天、蘇、松、常、鎮、徽、寧、池、太、安慶、廣德、太倉旱災夏税。

乙亥，諭禮部：「改上本生聖母章聖皇太后曰聖母章聖皇太后。」

丁丑，兵部尚書秦金等各言「尊號不當去本生字」。疏入，留中。

戊寅，羣臣朝罷。以前疏未下，相率詣左順門伏候。或呼太祖高皇帝，或呼孝宗皇帝，聲泪内徹。上齋居文華殿，再諭退，不從。上怒，命録諸臣名氏，其首事豐熙、張翀、余翱、余寬、黄待顯、陶滋、相世芳、毋德純下獄。修撰楊慎、檢討王元正撼門大哭，羣臣皆哭。上怒，逮五品以下員外郎馬理等百三十四人于獄，四品以上及司務等皆待罪。

己卯，上聖母尊號册寶曰「章聖慈仁皇太后」。

《明通鑑》卷五一　是日，尚書秦金、金獻民、趙鑑、趙璜，侍郎何孟春、朱希周，都御史王時中，大理少卿張縉、徐文華，皆不赴行禮。上怒，責陳狀。希周等伏罪，復嚴旨切責。

《國榷》卷五三　吏部左侍郎何孟春等劾張璁等欺妄十三條。上以璁疏留中，安從知之？責對狀。云「璁等傳稿，且通政司副封在」。上復責誰倡，云與尚書秦金等一心一口。奪孟春月俸。

庚辰，大學士毛紀乞宥逮繫諸臣，切責之。

《明史》卷一七《世宗紀一》　癸未，杖馬理等於廷，死者十有六人。

《國榷》卷五三　錦衣衛以繫獄及待罪凡二百二十人，令再拷。學士豐熙、修撰楊慎，檢討王元正，給事中張翀、劉濟，御史余翱，郎中余寬、黄待顯、陶滋、相世芳，寺正毋德純皆謫戍，四品以上奪俸，五品以下各杖。

甲申，恭穆獻皇帝神主至京，奉安觀德殿，上册寶。

丙戌，初登萊造舟浮海，輸遼東花布，至是南京工部右侍郎吴廷舉言其無益，遂罷。

《世宗實録》卷四一　丁亥，以水災詔免河南開封府等處夏税有差。

《國榷》卷五三　作鐵斛給塞上諸倉，從巡按直隸御史王官請，以爲出納之凖。

己丑，少保兼太子太保、吏部尚書謹身殿大學士毛紀罷。紀求去，有旨切責，放歸，仍命有司給月粟歲役。再杖翰林修撰楊慎、檢討王元正、給事中劉濟，永戍。給事中安磐、張漢卿、御史王時柯削籍。時有言朝罷羣臣復上章者，故加杖。

《明通鑑》卷五一　大禮既定，上始下何孟春等前疏，【略】上怒不已。

《國榷》卷五三　八月癸巳朔，外轉給事中于桂、陳洸、史道、閻閎，御史曹嘉各復秩。洸嘗訐潮陽知縣宋元翰，元翰爲録以辨冤。而潮陽男子林鉦、嫠婦賴氏蜂起詣闕。吏部例轉湖廣僉事，不即赴，上疏用舊銜，力稱張璁等，攻費宏、金獻民等。又吏部尚書喬宇、文選郎中夏良勝用舍任意，擠于桂、閻閎、史道、曹嘉。上是之，降宇南京太僕少卿，良勝茶陵知州。洸因擊大學士費宏、尚書金獻民、趙鑑，侍郎吴一鵬、朱希周，郎中劉天民、薛蕙、余才，給事中鄭一鵬，皆目爲邪黨。

大同卒亂，殺參將賈鑑及巡撫右副都御史張文錦。時築五堡，各戍五百人，卒畏虜不樂赴，賈鑑苛趣之，被殺。

《世宗實録》卷四二　甲午，以旱災減免山東濟南等府所屬新城、蒲臺、沂州、費縣、莒州、膠州、寧海、茌平等州縣及靈山諸、城等衛所夏税。

《明通鑑》卷五一　丙申，吏部左侍郎何孟春調南京工部。故右都御史俞諫贈太子太保，謚莊襄。

辛丑，霍韜復馳疏論大禮兩考之失。上深嘉其忠義，趣令趨朝。自是改孝宗爲「皇伯考」之議復起。

《世宗實録》卷四二　乙巳，改巡撫河南右副都御史王藎巡撫陝西。

《國榷》卷五三　丙午，免順天永平保定河間旱蝗夏税。

丁未，選京營兵萬二千人，待西征。兵部左侍郎李昆承詔曲赦大同叛卒。求歸，言「文錦築堡守險良是，稍失之愎，暴骸家潰，乞加收卹」。

《明通鑑》卷五一　久之，庚戌，始得旨，以席書、方獻夫、張璁、桂萼前後奏疏及論議悉下禮部，令集廷臣博考倫理，再議以聞。

《國榷》卷五三　先是禮部右侍郎吴一鵬駁陳洸疏非是，久不下，已得旨：「以席書《大禮考議》，方獻夫《大禮論》，璁、萼前後三疏并南寧伯毛寬等疏下部集議。」時書適至京，與璁、萼、獻夫等集議闕左門。書等上言：「伯父子姪，分不可易。世無二道，人無二本。孝宗皇帝本伯也，宜曰『皇伯考』。昭聖皇太后本伯母也，宜曰『伯母』。獻皇帝本父也，已去本生，宜曰『皇考』。章聖太后本母也，已去本生，宜曰『聖母』。武宗仍曰皇兄，莊肅皇后曰皇嫂，名義如此，大倫大統，兩有歸矣。奉神主而別爲禰室，於至親不廢，隆尊號而不入太廟，于正統無嫌。」上善之。

辛亥，巡撫雲南右副都御史劉文莊移河南。南京國子祭酒崔銑以災異自劾，并及大禮。上不懌，罷歸。

甲寅，給事中陳洸徧劾争大禮費宏、毛紀、吴一鵬、汪俊、金獻民、朱希周、汪偉、趙鑑、余才、劉天民、薛蕙、鄭一鵬。於是宏等乞歸，不許。

乙卯，命禮部左侍郎兼翰林院學士賈詠爲禮部尚書兼文淵閣大學士，直閣。改召南京吏部尚書楊旦爲吏部尚書。土魯番速檀滿剌兒二萬人入嘉峪關，掠肅州。

己未，汪偉、孟春爲吏部左右侍郎。雲南左布政使黄衷爲右副都御史，巡撫雲南。

庚申，土魯番攻高臺千户所。免前大同總兵朱振贓罪，叙用。

九月癸亥，禮部右侍郎吴一鵬兼翰林院學士，直内閣誥敕。

甲子，滿速兒圍甘州，至月終解。許罪人輸粟備賑。錦衣衛百户隨全、光禄寺録事錢子勳皆被斥。希旨奏遷顯陵于天壽山，工部尚書趙璜言「改葬不可者三」，下廷議。

丙寅，定大禮。稱孝宗敬皇帝曰「皇伯考」，昭聖康惠慈壽皇太后曰「皇伯母」，恭穆獻皇帝曰「皇考」，章聖皇太后曰「聖母」。擇日祭告，頒詔天下。

丁卯，四川參將何卿擊芒部賊，破之。隴政走烏撒，趣卿追捕。江西泰和盜平。

庚午，南京都察院右都御史鄒文盛爲南京户部尚書。

《世宗實録》卷四三　陞禮部右侍郎朱希周爲左侍郎，翰林院侍讀學士李時爲禮部右侍郎，日講如故。

《國榷》卷五三　復設總河大臣，改撫治鄖陽，以右副都御史章拯總理河道。大學士石珤言：「大禮由小人離間，乞如鄭岳、徐文華及費宏與臣等原議。」上切責珤，奪岳、文華俸二月。

《世宗實録》卷四三　癸酉，以旱蝗免遼東廣寧、寧遠諸衛屯糧。

《國榷》卷五三　乙亥，總督兩廣右都御史張嵿署南院。

戊寅，故右都御史俞一鵬贈太子太保，謚莊襄。

《世宗實録》卷四三　己卯，以都察院右副都御史盛應期爲兵部右侍郎兼右僉都御史，總督兩廣軍務。

甲申，陞江西左布政使陳洪謨爲都察院右副都御史，巡按江西。

乙酉，以廣西布政司右布政使蔣瑶爲江西左布政使。

《國榷》卷五三　庚辰，總兵姜奭敗回賊于甘州，賊遁。

辛巳，禁漕運輕賫銀扣羡。

甲申，江西布政使陳洪謨爲右副都御史，巡撫江西。

丙戌，甘肅告急。命兵部尚書金獻民兼右都御史，總制軍務，杭雄總兵西征，發帑金二十萬。

丁亥，廷議顯陵不可遷。命復之。

《世宗實録》卷四三　戊子，陞江西右參政林廷棉爲湖廣布政司右布政使。

《世宗實録》卷四四　十月癸巳，九卿、漕運官會議漕規。

甲午，以湖廣荆州、岳州、襄陽、常德等府水災准改折南京倉糧，暫免徵各項物料。

《國榷》卷五三　丙申，嚴覈京營原額。

壬寅，吏科給事中陳洸劾吏部尚書楊旦、侍郎汪偉、郎中劉勳皆邪黨。旦、偉皆致仕。洸得氣，叫囂無虚日已。

《世宗實録》卷四四　癸卯，翰林院學士張璁、桂萼各上疏，薦謝遷、廖紀可任内閣吏部之職。下所司知之。以河南、山東、北直隸饑，准改本年光禄寺并密雲等倉米麥豆俱徵折色。

甲辰，禮部尚書席書等奉旨再集廷臣會議遷陵事。復極言其不可，事乃寢。

《國榷》卷五三　甲辰，科道劾陳洸之奸，又歷數其惡。上不問。

戊申，嶧縣鹽城盜平。

庚戌，設廣東惠來縣。

辛亥，夏言求豁戎籍，許之。

甲寅，起廖紀吏部尚書，右侍郎孟春爲左侍郎，翰林侍讀學士温仁和爲右侍郎。右都御史邊憲卒。召總督漕運右都御史李鉞還院。

乙卯，禮部上獻陵祭儀。復雲南騰衝司爲州。

十一月壬戌，裁革官校求復。席書請捕一二示警，不允。

癸亥，巡按直隸監察御史朱實昌言浙江右布政使馬卿、杭州知府查仲道之冤。

《世宗實録》卷四五　以災傷免河南開封等府存留糧差。

《國榷》卷五三　甲子，前吏部右侍郎胡世寧上言。報聞。

《明通鑑》卷五十一　侍郎胡世寧以疾在告，聞大禮之議，諸臣有廷杖死者，馳疏言。時世寧方上疏諫遷顯陵，遂並前《議禮疏》上之，上深嘉嘆。至是疏入，上雖不能從，亦不忤。

《國榷》卷五三　吏部考功郎中薛蕙以吏科左給事中陳洸劾其結亳州知州顏木，陷參將石璽。事下都察院，頗有指，蕙免官，洸放歸。

丙寅，裁大名、廣平兵備副使。禮部尚書席書上十二事，上責其紛刻。

庚午，兵部右侍郎姚鏌兼右僉都御史，總督漕運兼巡撫鳳陽。

甲戌，何天衢爲工部右侍郎，督易州山廠。

《世宗實録》卷四五　乙亥，以淮陽、滁、和等處歲饑，詔蠲免及緩徵是年馬價有差。

丙子，虜入延綏永康諸堡。

《國榷》卷五三　丁丑，大同卒復譁。修復廣西洛容縣，正德時古田盜殘廢。

戊寅，虜八千騎犯涼州。總兵姜奭以游擊周倫等襲于苦水堡，大敗之，斬百四十六人。都指揮張錦戰死。

己卯，代王俊杖避亂卒，走宣府。命兵部左侍郎胡瓚兼左僉都御史，總制宣大軍務。都督魯綱充總兵官，往大同索首禍，宥脅從，仍駐宣府。

壬午，改胡瓚提督軍務。

《世宗實録》卷四五　起用吏部尚書廖紀。

《國榷》卷五三　丙戌，巡撫湖廣右副都御史張琮爲南京工部右侍郎。

《世宗實録》卷四五　提督團營武定侯郭勛條上七事。

《國榷》卷五三　戊子，罪戍未即遣，獄死免勾補。著爲令。

十二月辛卯朔，虜入遼東寧遠等堡。守備閻振敗之，斬三十七級。

《世宗實録》卷四六　丁酉，改巡撫雲南右副都御史黄衷巡撫湖廣等處，兼贊理軍務。

《國榷》卷五三　戊戌，妖賊陸雄等殺山海關兵部主事王冕。守備指揮田登擊斬數人，餘遁去。

己亥，故太子太保刑部尚書兼左都御史洪鍾賜祭葬，謚襄惠。

癸卯，太僕寺卿吴琪爲右副都御史，巡撫雲南。

乙巳，進桂勇都督同知，召還。

丙午，公安盜流劫石首，擒滅。

己酉，四川盜劫婺川。故南京禮部左侍郎永嘉王瓚贈禮部尚書，謚文定。

《明史》卷一七《世宗紀一》　壬子，甘、涼寇退，召金獻民還。

《國榷》卷五三　丁巳，復陝西總督。起楊一清兵部尚書兼左都御史，總督三邊軍務。

《明通鑑》卷五一　故相行邊，自一清始。

嘉靖四年（乙酉、一五二五）

《國榷》卷五三　正月乙丑，薊鎮總兵馬永言：「大同餘逆不悛。【略】密徵遼東延綏勁兵各三千，【略】則事可定。」部覆從之。

丙寅，虜萬餘騎寇甘肅。總兵姜奭戰于苦水墩，斬百有十級，殲其酋。

丁卯，南京刑部右侍郎高友璣爲右副都御史，總督漕運兼巡撫鳳陽。

《世宗實録》卷四七　陞太僕寺少卿高嵩爲本寺卿。

《國榷》卷五三　庚午，始榷山海關商税。

《明史》卷一七《世宗紀一》　辛未，大祀天地於南郊。

《世宗實録》卷四七　壬申，吏部左侍郎孟春言「胡瓚督軍大同，止獲首惡十餘人，而郭巴子等逃遁未獲。」

《國榷》卷五三　癸酉，進甘肅巡撫陳九疇右副都御史，賜金幣。

乙亥，户部右侍郎王承裕、刑部左侍郎劉玉等案席書賑饑非其咎。俱還朝。益寧夏邊儲。

《世宗實録》卷四七　丁丑，改南京工部右侍郎張琮爲南京刑部右侍郎。

戊寅，陞廣東按察司按察使張祐爲山東布政使司右布政使。

庚辰，總督漕運兼巡撫都御史〔胡〕錠疏陳六事。

壬午，調撫治鄖陽都御史寇天叙巡撫甘肅等地方。

《國榷》卷五三　甲申，許魯迷入貢。禮部以會典不載，請卻之。不聽。

《世宗實録》卷四七　丁亥，户部左侍郎兼都察院左僉都御史胡瓚疏辭兼職。許之。

《國榷》卷五三　二月庚寅朔，湖廣左布政使蔣曙爲右副都御史，撫治鄖陽。

辛卯，安慶衛指揮方欽捕江盜見殺。

《明通鑑》卷五二　禮部尚書席書初薦楊一清、王守仁可大用。至是一清總制三邊，書因薦守仁可入閣，且曰：「今諸大臣皆中材，無足與計天下事。定亂濟時，非守仁不可。」報曰：「書爲大臣，當抒猷略，共濟時艱。何以中材自諉！」于是守仁迄不獲柄用。

《世宗實録》卷四八　癸巳，兵部侍郎鄭岳言：「山海關征税非舊例，徒以立商爲暴。請從臺諫言罷之。」

《國榷》卷五三　甲午，復鳳陽正陽鎮榷關。

乙未，免河間、保定及大同、瀋陽衛蝗災田租。

《世宗實録》卷四八　故事朝參序列首公次侯，又次伯。南京原會習儀靖遠伯王瑾自以協同守備，進居首列。南和伯方壽祥不平，詬斥，引下之。事聞，得旨「班次如舊，壽祥忿争公。」

戊戌，大祀社稷。

《明通鑑》卷五二　丙申，蠲蘇、松、常三府逋賦。

《國榷》卷五三　丁未，修都城。都督同知桂勇提督京城巡捕。

己酉，巡撫山西右都御史畢昭予告。

癸丑，初桂勇征西前將軍印失于亂卒，命更鑄。禮部尚書席書請索故印，上謂：「大同稍定，奈何令反側子自危也？」詰之。故事，夷使朝而後賞。適上不豫，書請先賞，又被詰。

《世宗實録》卷四八　賜故都察院右副都御史王崇文及故致仕南京兵部右侍郎黄瓚各祭葬如例。

《國榷》卷五三　乙卯，詔内外理官，輕罪成獄即放遣，贓甚則散羈，否則奏請裁奪，不得久禁。

三月庚申朔，許南京守備太監黄錦等榷蕪湖之木，備御器。

壬戌，山東道監察御史王懋乞録議禮杖卒諸臣，謫高要典史。

癸亥，廣東左布政江潮爲右副都御史，提督雁門等關，巡撫山西。

甲子，鎮守潼關太監黄玉以貪暴下獄，戍邊。

《明通鑑》卷五二　逮雲南巡按御史郭楠。先是大禮既成，楠自雲南馳疏。【略】先是御史王懋，亦以廷杖死者十七人爲言，請賜優卹，上怒，謫四川典史。至是見楠疏，怒益甚，遣緹騎逮治，言官論救，皆不納。卒下鎮撫獄搒掠，復廷杖之，削其籍。

《世宗實録》卷四九　丙寅，陞雲南布政使司右布政使鄧相爲貴州左布政使。

《國榷》卷五三　己巳，起周金右副都御史，巡撫宣府。

壬申，大同首亂悉伏誅。

癸酉，金獻民還兵部，辭左都御史。

甲戌，修《獻皇帝實録》。

乙亥，淮、揚大饑，賑之。

《世宗實録》卷四九　戊寅，翰林院學士張璁、桂萼以柯維熊論故各上疏乞休。

乙卯，户部覆巡撫順天都御史劉澤等奏御馬草場地土仍聽民佃種，租銀照舊該監徵收。從之。

《國榷》卷五三　庚辰，保定巡撫右副都御史劉麟疾去。

辛巳，兵部及巡撫江西右副都御史陳洪謨請恤張文錦。不許。

《明通鑑》卷五二　壬午夜，仁壽宫災，昭聖皇太后所居宫也。敕羣臣修省。

《國榷》卷五三　丙戌，議内臣武職優免。徐、宿盜平。

《世宗實録》卷五〇　四月庚寅朔，享太廟。

辛卯，詔各邊鎮巡官嚴督所屬，訓練軍士，以備緩急。

《國榷》卷五三　癸巳，福建右布政使何詔爲右副都御史，巡撫保定兼提督紫荆關。兵部左侍郎李昆疾去。

《世宗實録》卷五〇　丙申，提督巡捕都督同知桂勇條陳二事。

丁酉，陞江西按察司按察使丁沂爲福建布政使司布政使。

己亥，陞兵部右侍郎鄭岳爲本部左侍郎。

《國榷》卷五三　辛丑，南京工部尚書崔文奎致仕。禮科給事中楊言言：「仁壽宫災，特諭修省。」上不懌。

《世宗實録》卷五〇　壬寅，以旱災免霸州等州縣京營牧馬草場子粒銀兩有差。

《國榷》卷五三　癸卯，叛人宋素卿論死。

戊申，工部右侍郎陳雍爲南京工部尚書。

己酉，山東左布政林琦爲右副都御史，巡撫寧夏。

《世宗實録》卷五〇　辛亥，陞陝西布政使司右參政使郭韶爲本司左布政使。

戊午，陞陝西行太僕寺卿孫禎爲陝西布政使司右布政使。

《明通鑑》卷五二　禮部會廷臣集議世室。

《國榷》卷五三　禮部集議世室曰：「別立嗣王主祀，廷臣初議也。歲時遣官致祭，安陸廷臣改議也。祀于大内，張璁、桂萼、霍韜等議也。今何淵欲祔之太廟，自唐虞迄今，並無藩王躋祀。陛下何所祖而爲之乎？」不聽，命更議。

《世宗實録》卷五一　五月庚申，監察御史葉忠以災變陳言十事。章下所司。

《國榷》卷五三　署都指揮僉事王偉爲總兵官，鎮守廣西。

甲子，總督兩廣兵部右侍郎兼右僉都御史盛應期爲工部右侍郎，督理易州山廠。國子祭酒趙永爲南京禮部右侍郎。

《世宗實録》卷五一　翰林院學士桂萼、張璁以禮部再會議世室未允復上疏。

丙寅，給事中楊言等復上疏乞罷世室之議。

《國榷》卷五三　丁卯，兩淮巡鹽監察御史張珩報課，積銀至百萬，賜酒幣。舊七十萬。

己巳，南京翰林院侍讀嚴嵩爲國子監祭酒。諭禮部定議立世室。

《明通鑑》卷五二　庚午，吏部尚書廖紀復上疏請罷議，于是廷議爲獻帝別立一廟，而祔廟之議始寢。

《國榷》卷五三　辛未，兵部右侍郎姚鏌爲右都御史，提督兩廣軍務兼巡撫廣西。

《世宗實録》卷五一　甲戌，陞陝西布政使司右參政潘埙爲山東右布政使。

丙子，總督軍務、少傅兼太子太傅兵部尚書兼都察院左都御史楊一清言：「陝西供邊糧草缺乏，弊在此司催徵不時所致。乞明立條格，以示勸懲。」

《國榷》卷五三　戊寅，右副都御史王時中爲兵部右侍郎。

《明史》卷一七《世宗紀一》　庚辰，作世廟祀獻皇帝。

《國榷》卷五三　辛巳，革職錦衣千户李全等九十餘人皆辨復，部科執奏，不聽。

甲申，南京操江左副都御史伍文定予告。

乙酉，禮部執奏：「世室不當立，別立禰廟。」上仍定曰「世廟」，即環碧殿舊址，制如太廟。故南京禮部尚書楊廉贈太子少保，謚文恪。

丙戌，右僉都御史王堯封進右副都御史。

六月己丑朔，署都督僉事杭淮爲平羌將軍、總兵官，鎮守寧夏。守備鳳陽太監王德乞改敕兼轄廬、鳳、淮、揚、滁、徐、和。許之，兵部執争而寢。

《世宗實録》卷五二　庚寅，總理糧儲兼巡撫應天右都御史吴廷舉上言。

《國榷》卷五三　辛卯，提督南、贛、汀、漳右副都御史聶賢改南京提督操江。

壬辰，江西左布政使蔣瑶爲右副都御史，巡撫山東。

《世宗實録》卷五二　以水旱災免鳳陽、淮安、揚州、滁、徐、和等處府州縣正官朝覲。

癸巳，遼東叛賊李真、周輔等伏誅。

《國榷》卷五三　甲午，逮廣東按察使張祐、副使孫懋。上密遣校尉偵事，祐等詰忤坐罪，巡按御史楊鈴申救。南京工部尚書陳雍勒罷。

《世宗實録》卷五二　丙申，陞提督四夷館太常寺卿潘希曾爲都察院右副都御史，提督南、贛、汀、漳等處軍務。

《國榷》卷五三　丁酉，兵部尚書金獻民罷。寧夏總兵官種勛賂京貴，發于東廠，詞連獻民，被劾。

戊戌，巡撫甘肅右副都御史陳九疇疾去。

《世宗實録》卷五二　陞陝西按察司按察使袁賓爲江西布政使司右布政使。

《國榷》卷五三　己亥，兵部左侍郎鄭岳致仕。敕諭日本「縛送宗設等，歸所掠漢人，否則絶貢」。

庚子，上《武宗毅皇帝實録》。

《世宗實録》卷五二　辛丑，陞南京太僕寺卿楊杲爲太常寺卿，提督四夷館。

《國榷》卷五三　甲辰，巡撫順天右副都御史吴廷舉爲南京工部尚書。

戊申，免山東災傷夏税屯租。

庚戌，右副都御史李鉞爲兵部尚書。慶王台浤廢爲庶人。

《世宗實録》卷五二　癸丑，陞南京吏部右侍郎陳鳳梧爲都察院右都御史，總理糧儲，巡撫應天等處。

《國榷》卷五三　丙辰，起胡世寧兵部左侍郎，南京吏部尚書顏頤壽改左都御史，巡撫河南右副都御史劉文莊還院。

《世宗實録》卷五三　七月戊午朔，裁革廣東博羅縣沙河馬驛。

乙未，陞河南布政使司右布政使宋冕爲陝西左布政使。

《國榷》卷五三　壬戌，禮部左侍郎朱希周爲南京吏部尚書。

《世宗實録》卷五三　陞雲南按察司副使陳章爲山西行太僕寺卿。

《國榷》卷五三　癸亥，廣東按察副使孫懋謫藤縣典史。

戊辰，南京禮部右侍郎李時爲左侍郎。劉龍服除，補禮部右侍郎。

《明通鑑》卷五二　庚午，擢翰林院檢討席春爲修撰。春，尚書書弟也，預修《武宗實録》成，春及同官劉夔，俱已外除官職，内閣擬旨，就陞春按察司僉事。書因憾首輔費宏，上疏言：「累朝實録進官，未有調陞外任者。」上方嚮用書，遂有是擢，並擢夔編修。于是給事中張翀、御史徐岱等，劾「書爲其弟春陳乞改官，有玷清議」。會給事中鄭一鵬，御史聶豹等亦以爲言，皆奉旨切責。

《世宗實録》卷五三　辛未，太子太保、兵部尚書李充嗣等條陳快舡夫甲四事。

《國榷》卷五三　增固原參將。

癸酉，予告兵部左侍郎李昆降湖廣左參政，右贊善金皋降荊州推官，以種勛略之也。

丁丑，災傷，免開封田租。

《世宗實録》卷五三　己卯，應天巡撫都御史吳廷舉薦新建伯王守仁。

《國榷》卷五三　八月戊子朔，巡撫四川右副都御史王軏爲工部右侍郎兼右僉都御史，採大木。時修太廟仁壽宮。

《明通鑑》卷五二　工部會廷臣議修仁壽宮，會世廟大工方興，四川、湖廣、貴州山林空竭，所在災傷，請發内帑銀兩及户部鈔關、兵部馬價、工部料價各銀兩以佐工費，上不許。

《國榷》卷五三　己丑，四川按察副使余珊上言：「時事漸不克終，紀綱漸頹。」報聞。

癸巳，逮寧夏總兵官種勛，下鎮撫司。

甲午，翰林學士翟鑾、右春坊右贊善謝丕主試順天。

《明通鑑》卷五二　乙未，禮部言：「天方等國使臣來貢方物，由陝西都司具奏，而其玉石疵惡，其使臣所私貨者皆良。請下巡撫勘明都司有無弊端。其伴送千户陳欽及通事人等，請下法司論治。」報可。

《世宗實録》卷五四　癸卯，陞浙江布政使司左布政使鄭敷爲都察院右副都御史，巡撫四川。

乙丑，陞山西布政使司右布政使許讚爲本司左布政使。

《國榷》卷五三　丁未，上念民災，欲暫罷仁壽宮役。費宏言：「昭聖皇太后居仁智殿未安，宜漸修復。」上遂戒所遣各官科擾。

《明通鑑》卷五二　甲寅，免順天、保定、河間三府被災州縣稅糧。

是月，廣西田州土官岑猛，自改流後頗怨望，泗城之役，自恃兵力，數侵奪鄰境。會總督張璝征上思州，徵猛兵不至，以狀聞。詔巡撫盛應期、巡按謝汝儀調官軍討之。屬應期以他事去，命都御史姚鏌往代。汝儀與鏌隙，乃誣鏌之子淶納猛萬金，力勸其父議撫，且詭爲淶家書獻之。鏌惶恐，再疏請征，剋期進勦。從之。

《世宗實録》卷五五　九月己未，以灾傷免鳳陽、淮安、揚州所屬州縣及徐、滁二州、鳳陽等衛所稅糧有差。

《國榷》卷五三　戊辰，太傅新寧伯譚祐卒，謚莊僖。南京户部右侍郎徐蕃改工部，督理易州山廠。

甲戌，南京右副都御史胡錠爲南京户部右侍郎。

乙亥，吏部尚書廖紀上三事：「正士風、重守令、惜人才。」上是之。自今託疾致仕，俱不准。京官年七十上，方面官六十上，方予致仕。外官毋引疾。京官果疾，方准其奏上。遽去者許糾劾，守令俱九年考滿。免南昌新建、進賢、豐城、餘干災傷田租。

戊寅，南京太僕寺卿楊果終養。内府各監局請收工匠，户、兵二部疏止，報聞。

起李承勛南京右副都御史。

《世宗實録》卷五五　陞貴州布政使司左參政鄭錫文爲廣西右布政使。

《國榷》卷五三　辛巳，致仕太子太保刑部尚書林俊乞收用議禮諸臣，并寬廷杖，召用羅欽順、王守仁、呂柟、魯鐸等。章下所司。

甲申，盜殺河陰前右副都御史許廷光。

十月丙戌朔，修遼東邊垣。

《明通鑑》卷五二　丁亥，作玉德殿，景福、安喜二宮。工部尚書趙璜等，以「歲饑財匱，請暫停，俟仁壽宮完徐議營建」，不許。乙未，璜等復請停罷玉德殿等工，大學士費宏亦以爲言，乃罷之，遂併罷仁壽宮，召採木侍郎王軏還京。

《世宗實録》卷五六　辛卯，陞都察院右僉都御史張潤爲左副都御史，以九年任滿也。

《國榷》卷五三　壬辰，免大同田租。土魯番寇肅州。參將雲冒告急。

乙未，上以災異，諭輔臣擬諭修省。禮部右侍郎劉龍爲左侍郎，翰林學士翟鑾爲禮部右侍郎，直日講。

庚子，總督楊一清上言：「鹽引積滯，請自正德十三年前曰『舊引』，其後曰『新引』。每引輸二錢五分，舊引二，新引七，兼行召商慶陽貯銀，專市邊馬，先延綏，而寧夏、甘肅遞次之。」報可。

《明通鑑》卷五二　辛丑，清寧宮後殿成，太監崔文等爲各匠役乞官，陞授順天府經歷、知事等職者百五十人。給事中黄臣等切諫，以爲不可，不聽。

《世宗實録》卷五六　甲辰，以災免浙江紹興、湖州二府存留糧有差。

《國榷》卷五三　乙巳，罷南京工部尚書吴廷舉。

《世宗實録》卷五六　庚戌，以災免四川筒州、資陽等縣存糧有差。

《國榷》卷五三　癸丑，議世廟神道。乾州妖盜樊伸等平。

十一月丁巳，南京右都御史張嵿爲南京工部尚書。

《世宗實録》卷五七　戊午，太監梁棟奏内府供用金珠寶石缺乏，請下户部措處。

辛酉，總理漕運右都御史高友璣陳漕運二事。

《國榷》卷五三　兩廣總督姚鏌相機勦田州土官岑猛。

《世宗實録》卷五七　壬戌，陞提督操江南京都察院右副都御史聶賢爲南京都察院右都御史。

《國榷》卷五三　癸亥，錦衣衛指揮使夏助爲都督同知。

《世宗實録》卷五七　以災傷免蘇、松、寧國四府所屬州縣正官朝覲。

《國榷》卷五三　丙寅，免淮、徐、浙西、隆慶等衛田租。

《明通鑑》卷五二　己巳，學士張璁言「今日有君無臣，有治法無治人」，因薦「致仕大學士謝遷，雖垂老之年，實台輔之器。昔宋哲宗時，太師文彦博年八十一，猶六日一朝，一月再赴經筵。有益于國，雖老何害。陛下有願治之心，顧斯人而不用耶？倘有以老爲言者，皆忌嫉之徒也」。時桂萼亦以爲言，雖以薦遷，實以攻内閣諸臣。章下所司，于是大學士石珤引疾求去，優詔留之。

《國榷》卷五三　乙亥，許浙江市舶司太監賴恩巡海道值警，得徵吏卒。蓋成化末僅一林槐，非故事也。部科争之不得。

《明通鑑》卷五二　辛巳，免順天府被災州縣稅糧。

《昭代典則》卷二六　以提督陝西軍務、少傅兼太子太傅、兵部尚書、左都御史楊一清爲少師兼太子太師、吏部尚書、武英殿大學士，仍内閣辦事。

《國榷》卷五三　十二月丁酉，起王憲兵部尚書，總督陝西三邊軍務。

《明通鑑》卷五二　初，一清既召，廷臣首推彭澤、王守仁，不允，復推前户部尚書鄧璋及憲。會給事中鄭一鵬劾「璋甘肅壞事，憲貪緣權倖，請更擇有才望者」，吏部復推數人名上。上竟用憲，趣令赴代。

《國榷》卷五三　吏部尚書廖紀以推總督不合乞休，不允。于是科道交論席書搆嫌箝制，上切責之。

戊戌，荆州流盜平。

辛丑，刊《大禮集議》成。

庚戌，總督兩廣兵部右侍郎盛應期劾罷。

《明通鑑》卷五二　罷給事中陳洸爲民。初，洸家居無賴，與潮陽知縣宋元翰不相能，令其子柱訐元翰，謫戍。元翰摭洸罪及帷薄事刊布之，名《辨冤録》，洸由是不齒于清議。及張璁、桂萼以議禮驟顯，洸方調外，因上書附和，得還給事中職，璁、萼遂引以擊異己者。于是言官交章劾之，御史藍田並封上元翰《辨冤録》，都御史王時中請罷洸聽勘。洸奏：「羣奸恨臣抗議大禮，將令撫按殺臣，請遣一錦衣往。」洸意錦衣可利誘也。得旨：「遣刑部郎中葉應驄及錦衣千户李經往。」應驄與焚香誓天，會御史熊蘭、涂相等雜治，具上洸罪狀至百七十二條，「除赦前及曖昧者勿論，當論者十三條，罪極惡，宜斬，妻離異，子柱絞」。洸懼，復亡詣闕申訴，上持應驄奏不下。尚書趙鑑、副都御史張潤、給事中解一貫、御史鄭本公等，連章執奏，上不得已始命覆覈。郎中黄綰力持應驄議。萼爲居間，不能得，邀璁共奏，謂「洸以議禮爲法官所中」。上入其言，特宥其死，得罷歸。大理寺卿湯沐争之，不能得。已，尚書趙鑑及一貫連章請治洸罪，皆不納。

《國榷》卷五三　壬子，免淮、徐田租。

《世宗實録》卷五九　閏十二月戊午，以《大禮集議》書成，加禮部尚書席書太子太保。

《國榷》卷五三　己未，增南京守備太監卜春。

甲子，《大禮書》成，推恩上議諸臣，陞廕有差。

《明通鑑》卷五二　戊辰，奸商逯俊等，夤緣近倖，以增價爲名，奏買殘鹽開中宣府。戶部秦金言：「淮、浙、長蘆等處引鹽均爲供邊之用，必邊臣奏討，本部覆奏，方許開中，各司通融搭配，未有商人擅自奏討及專開淮鹽者。又必挨年報開，不許預先透派，故弘治間各處鹽課，多有餘積。至正德間，權奸用事，奏開殘鹽，遂使鹽法大壞。皇上登極，詔首裁革，鹽法疏通。今以奸商之奏，復開兩淮額鹽三十萬引于宣府，臣恐奸人占中淮鹽，賣窩罔利，使山東、長蘆等鹽別無搭配，積之無用。虧國用，誤邊儲，莫此爲甚！」御史高世魁亦争之。詔「減淮引十萬，分兩浙、長蘆鹽給之。」金復執奏：「宣、大俱重鎮，不宜令奸商自擇便利，但中宣府，致大同緩急無備。」上然之。已而俊等「請以十六人中宣府，十一人中大同」，竟從其請。

《國榷》卷五三　庚午，恩平縣盜平。

辛未，署詹事府禮部尚書吴一鵬予告。

甲戌，譚綸嗣新寧伯。

《明史》卷一七《世宗紀一》　乙亥，振遼東災。

《國榷》卷五三　庚辰，給事中俞經劾兵部左侍郎胡世寧心術奸回，開告密之門。

辛巳，兵部考選軍政。猺賊殺守備指揮李松德、慶州判官陳琚。

嘉靖五年（丙戌、一五二六）

《明通鑑》卷五二　正月乙酉，以京師饑，命發郡縣倉粟及太倉錢穀振之。

《世宗實録》卷六〇　戊子，海西弗朵禿河等衛女直都指揮申克捏等及其衆九十餘人入貢，賜賚如例。河南、山東州縣歲輸太倉粟米，民皆領價，有司市之京師。時京城米價翔貴，計值當虧正課三之一，民莫能辨，乃自言願盡輸原領價銀，以蘇困苦，戶部請從民便，每石輸價銀八錢五分，加耗五分。上許之。

《明史》卷一七《世宗紀一》　乙未，大祀天地於南郊。

《國榷》卷五三　丁酉，虜亦不剌駐寧夏賀蘭山後，欲窺邊。趣王憲赴鎮。

己亥，吏部大計，降斥千九百七十二人。

庚子，免丹陽、丹徒蝗災田租。

丙午，正一真人張彦頨府第災，求再建。遣内臣爲植，工科都給事中黄臣等言，【略】不聽。

庚戌，大計拾遺。

戊申，吏部上録用大禮及建言諸臣。張璁、桂萼及科道皆請之，報罷。

《明通鑑》卷五二　是月，陝西道御史張袞，以禮定廟成，請宥昔年議禮諸臣，以光孝治。下吏部看詳具奏。福建道御史喻茂堅因上言：「陛下幸念得罪諸臣，下之吏部，堯、舜之仁，不是過也。」于是尚書廖紀等列名疏上，自大臣楊旦、汪偉等宜起用外，諸降調者自修撰吕柟以下十二人，爲民者給事中張漢卿以下六人，謫戍者學士豐熙以下十一人，行勘者薛蕙一人，已死者編修王思以下十七人，凡宜復職、赦罪及優恤者，共四十七人，其給事中劉最及鴻臚少卿胡侍，以他事坐黨繫獄者不預焉。疏上，仍報罷。

《明通鑑》卷五二　二月甲寅，以龍虎山上清宫道士邵元節爲真人，賜銀印。

《國榷》卷五三　監察御史雷應龍言：「光禄寺歲飼鷹犬，【略】費財損德。」命覈其費，罷之。

乙卯，裁漢陽府同知。

戊午，盜起淮安之洪澤，掠泗州。大學士賈詠、詹事董玘主禮闈。先是土魯番求貢，兵部以叵測，下鎮巡官諭之，果悔過方許，否者拒絶，嚴備禦。

《世宗實録》卷六一　己未，以旱災免西寧衛屯糧。

庚申，陞雲南按察使葛浩爲廣東右布政使。

《明通鑑》卷五二　乙丑，戶科給事中管律言：「兩淮鹽課，舊制七十二萬引有奇，其常股四分，以給工役振濟之需；其存積六分，非國家大事，邊鎮有警，未嘗擅開；糧草皆輸本色，未嘗濫收銀價。是以國不言虚，邊不告歉。正德中，改常股、存積皆爲正課，破例生奸，遂令商人自請開中；又皆折收銀價，緩急無備。請自嘉靖五年始，盡復舊規，則公私兩便。」戶部覆議，從之。

《世宗實録》卷六一　庚午，提督陝西三邊少傅尚書楊一清請定召募陞賞格如弘治中。

《國榷》卷五三　靈丘礦盜千餘人拒傷吏卒。

壬申，順天、保定、河間大饑，賑之。

己卯，罷永寧參將。

庚辰，免太原田租。

壬午，出京倉粟十萬石平糶，賑饑民。

《世宗實録》卷六一　禮部會試天下貢士，取趙時春等三百人。

《明通鑑》卷五二　是月，巡撫遼東副都御史張璉奏：「謫戍給事中劉濟疾篤，乞放生還，以廣聖澤。」兵部亦以爲請。上以「濟倡率跪門，欺謾君上。璉黨護奏擾」，切責，宥之。

《國榷》卷五三　三月癸巳，遼東總兵官郤永疾去，副總兵楊鎮爲都督僉事，代之。

《世宗實録》卷六二　乙未，禮部尚書席書言：「舊例廷試貢士，掌卷官先行看閱，分送内閣，然後以次及于九卿。進士甲第前後第決于讀卷官，職之尊卑不復論。【略】自今請糊名混送，以防奸弊。」

《明通鑑》卷五二　丙申，遣太監刁永督辦陝西織造。

《國榷》卷五三　免甘肅降夷哈密遷徙。

戊戌，策貢士于奉天殿。賜龔用卿、楊維傑、歐陽衢等進士及第、出身有差。許軍官犯徒輸粟以贖，不得視事。

《明通鑑》卷五二　總督漕運都御史高友璣，清濬山東賈魯河、河南鴛鴦口。

《國榷》卷五三　庚子，禮部主客郎中陳九川下獄。自是貢使日驕矣。

《世宗實録》卷六二　辛丑，陞南京光禄寺卿張雲爲都察院右副都御史，巡撫山東。原任南京刑部右侍郎周季鳳稱病乞休。許之。

甲辰，原任都察院右副都御史方良永以丁憂辭。許之。

《國榷》卷五三　甲辰，前右都御史張綸卒，贈太子太保。

《明史》卷一七《世宗紀一》　丁未，定有司久任法。

《國榷》卷五三　庚戌，亦不剌等敗于小王子，走西海，逼脅屬番。諭總制王憲豫計之。

壬子，誅宣城亂民何隆。

四月癸丑朔，吏部右侍郎温仁和、詹事董玘教習庶吉士。

《世宗實録》卷六三　戊午，以災傷命停徵順天、永平、保定、河間四府拖欠料銀。

《國榷》卷五三　己未，詹事桂萼、張璁訐奏大學士費宏私貢玉。蓋璁、萼入玉堂，兩修實録、經筵日講、主鄉試、教習庶吉士，皆不得與，心憾宏。宏自辨「臣受攻宜即去，顧皇考實録未成，所爲戀戀。」上温旨答之。故南京刑部尚書孟鳳贈太子少保。

癸亥，南京右都御史聶賢爲南京刑部尚書。

乙丑，前南京右副都御史陳玉卒。

丙寅，先是總督陳九疇以回夷搆土魯番窺肅州，詭稱貢，宜拒其使。部議未決，總督楊一清上言：「【略】不宜拒絶。」上然之。

庚午，卜赤二萬餘騎犯大同，總兵朱振拒却之。復分犯宣府、開平，副總兵陳時禦之。指揮同知王本戰于瓦房溝，死之。

《世宗實録》卷六三　辛未，陞南京刑部右侍郎張悰爲南京都察院右都御史。

《國榷》卷五三　乙亥，廣西思恩府叛猺平。

丁丑，前吏部員外郎薛蕙削籍。河南撫按官以陳洸所劾案蕙，俱無驗，當復秩。不許。

辛巳，武舉賜宴兵部。大學士費宏主席，列武定侯郭勛于尚書下。勛上章争之，卒如勛請。

五月癸未朔，設三水縣于廣州。總督陝西王憲議出塞勦虜。上難之，令隨宜戰守，勿倖功以啓邊釁。

《世宗實録》卷六四　乙酉，陞山西布政使司右布政使李璋爲本司左布政使。

《國榷》卷五三　丁亥，南京右副都御史李承勛爲南京刑部右侍郎。

甲午，廣東肇慶府猺賊焚掠，殺守備李松。前南京户部尚書蔣昇卒。

戊戌，左都御史顔頤壽請正太監黄玉、趙綱之罪。上切責之。黄玉守備潼關貪虐，趙綱管甲字庫苛索，俱得宥。

《世宗實録》卷六四　四川流賊成相金等起，官軍討平之。

《國榷》卷五三　庚子，太子太傅提督陝西兵部尚書兼左都御史楊一清復吏部尚書、武英殿大學士，進少師，直閣。

《明通鑑》卷五二　上以一清老臣，特免常朝、日講侍班、朔望朝參，令晨初始入閣視事，御書和章及金幣牢醴之賜不絶，時以爲異數云。初，方獻夫以廷臣排擊不自安，謝病歸，尋以《大禮集議》成，進少詹事，獻夫自家復具疏辭，不允，趣令赴京供職。霍韜引疾歸，後以書成，擢少詹事兼侍讀學士，至是亦疏辭，且言：「邇年流弊，官翰林者不遷外任，官吏部者不改他曹，陞京堂者必由吏部，于是二官權要，人争趨之，百官以吏部爲趨向，吏部以内閣爲腹心。請自今，凡六部長、貳，翰林、給事、御史，俱調外任練政體；在外監、司、守、令政績卓異者，即擢卿丞，有文學者擢翰林；舉貢入仕，皆得擢翰林，陞部院，不宜困資格。」上趣韜赴京供職，而下其章于所司。于是刑科給事中沈漢及尚書廖紀交章攻之，遂格不用。

《國榷》卷五三　辛丑，刑部尚書趙鑑致仕。

甲辰，楊一清上五事：聖學、聖政、聽言、宥過、和衷。上是之。

庚戌，左都御史顔頤壽爲刑部尚書。

《世宗實録》卷六五　六月丁巳，以南京刑部尚書聶賢爲都察院左都御史。陞順天府府尹聞淵爲太常寺卿。

《國榷》卷五三　壬戌，吏部尚書廖紀等覆奏：「翰林諸臣，或司典故，或侍經筵，或備顧問，或代王言，累朝優異，視他官爲重。况九年考滿，方陞二級，間遇編纂，乃一轉官，原不待以常調。修撰而下，非首甲即庶常，儲養數年。若外調六品，則府通判、州同知矣，二甲尚爲主事、知州，以此相待，夫豈人情？吏部銓衡，原非他比。資望既深，量處京堂，亦不爲過。然亦間有外補。既入内閣，又遷外僚，豈隆重禁近之意？部堂遷參政，爲有罪者言與？有功者言與？皆臣等所未解也。」上命隨時斟酌以聞。

癸亥，楊一清言：「乞早降德音，將(陝西織造)太監梁玉取回。」不聽。

甲子，上御平臺。召閣臣費宏、楊一清、石珤、賈詠。南京刑部右侍郎李承勛爲南京刑部尚書。

丁卯，工部郎中陳毓賢請開寶應氾光湖月河，從之。

《明通鑑》卷五二　戊辰，禮科給事中謝蕡，疏「請革嚴刑以全民命」。

《國榷》卷五三　壬申，兵部右侍郎胡世寧引疾，改南京吏部。

乙亥，蠲應天諸税。宥長沙大盗李鑑。

丙子，《恭穆獻皇帝實録》成。翰林院侍讀王三錫爲四川布政司左參政。

丁丑，番賊二百餘騎寇甘溝。虜數犯洮河，多殺略。上責總兵鄭卿、守備田登、參將王璣等，各戴罪逐虜。

戊寅，廣東新會盗起。

庚辰，前太子太保户部尚書韓文卒。

《明通鑑》卷五二　是月，廣東道御史李儼，以世廟成上言二事，下所司知之。

《世宗實録》卷六六　七月壬午朔，享太廟。

《國榷》卷五三　駙馬都尉京山侯崔元攝享太廟，禮科左給事中章喬以爲言，奪俸二月。

丙戌，左都御史聶賢以妖人李福達之獄上。

《明通鑑》卷五二　福達者，山西崞縣人。初坐妖賊王良、李鉞黨，戍山丹衛；逃還，更名午，爲清軍御史所勾，再戍山海衛；復逃，居陝西之洛川縣，以彌勒教誘愚民邵進禄等，爲亂于鄜州、洛川間，官兵捕進禄等誅之。福達先還家得免，復更姓名曰張寅，挾重貲往來山西徐溝縣。已，復至京師，竄入匠籍，輸粟得山西太原衛指揮，以燒煉黄白術干武定侯郭勛，大信幸。久之，踪跡頗露，復還徐溝，其仇薛良發其事，訟于巡按御史馬録。福達懼，復亡入京師，求勛以書抵録，爲之祈免，録不從。時已捕得福達子大義、大禮，按治之，福達窘，身自抵案。獄具，偕巡撫江潮奏，「擬照《謀反律》，請置重典，妻子連坐」。並劾「郭勛以勳戚世爵，交通逆謀，請並逮治」。至是都察院聶賢等覆奏，如録等言。上責令勛對狀，勛懼，乞恩，因爲福達代辯，且以議禮激衆怒爲言。上置不問，獄亦久不決。

《國榷》卷五三　戊子，詹事張璁爲兵部右侍郎。璁省墓陛辭，仍留之。

《世宗實録》卷六六　陞兵部右侍郎王時中爲本部左侍郎。

《明通鑑》卷五二　庚寅，免四川成都府及綿、巴等州被災州縣税糧。

《國榷》卷五三　戊戌，募商納芻直隸、山東、河南，聽自輸，餘計直輸户部，給商輸之。

庚子，上臨觀德殿，命改建于奉先殿左。部科止之，不聽。令廷臣四品、翰林五品各舉守令，有功超擢，從御史朱豹之請。

壬寅，上作世廟樂章。

甲辰，盗劫九江鈔關，主事陳儒尋追擒之。

乙巳，禁勳戚都督及朝臣四品下乘輿。

是月，莫登庸將喬文昆率兵降于黎譓。

《世宗實録》卷六七　八月戊午，以水災免南京應天府及直隸太平、徽州、池州、廣德等州縣夏税有差。

《明通鑑》卷五二　丙寅，振湖廣饑，詔發太和山香錢備給。其湖廣漕運米十萬石，俱改徵折色。

《世宗實録》卷六七　丁卯，提督漕運都御史高友璣、巡按御史劉隅奉旨會勘前廬州府知府龍誥所陳備荒八議，條列以聞。

壬申，以江西災傷准折兑運米二十七萬石。

乙亥，以旱災免四川潼川、儀隴等四十三州縣及泥溪等長官司税糧有差。

《國榷》卷五三　乙亥，示輔臣手書「法祖安民、奉天行道、福道禍淫」十二字。

《明通鑑》卷五三　九月丙戌，上以世廟奉安神主，宣百官至左順門，諭以「章聖皇太后欲謁見世廟，令考求典禮以聞」。

《國榷》卷五三　辛卯，奉安獻皇帝主于世廟。

《世宗實録》卷六八　以水災免真定、河間二府所屬州縣并河間等衛所税糧有差。

《國榷》卷五三　乙未，兵部尚書李鉞致仕。

戊戌，皇太后謁廟。

癸卯，科道數論武定侯郭勛掊克徇賄，不問。

丙午，張璁論費宏劫制府部，謂其囑兵部尚書李鉞，鉞不應也。上不問。

庚戌，山西宗禄始折支，每石夏税六錢，秋糧八錢，放支折銀五錢。巡撫江潮議上。廣西布政司參政蒲圻、胡堯元卒于横州，贈右布政使。

《明通鑑》卷五二　十月辛亥朔，時享太廟及世廟。

《國榷》卷五三　壬子，免應天、徽、池、蘇、常、鎮江、太平、安慶、浙江、山東旱災田租。

戊午，薊鎮總兵官馬永罷。

己未，巡撫陝西右副都御史王藎爲工部右侍郎兼右僉都御史，督買大木修仁壽宮。尋疾辭。

辛酉，兵部右侍郎王時中爲兵部尚書。

壬戌，前南京户部尚書蔣昇卒。贈太子少保。

《明通鑑》卷五二　甲子，復以災傷，免盧、鳳、淮、揚四府税糧。

戊辰，遣官祭告天地、宗廟、社稷、山川及被災地方山川之神。

《國榷》卷五三　己巳，試監察御史魏有本請斥郭勛，用馬永。忤旨，謫之。科道申救，不聽。

庚午，上作《敬一箴》及註范浚《心箴》、程頤《四箴》。費宏請刻于天下學校，從之。

《明通鑑》卷五二　壬申，御經筵。

《國榷》卷五三　癸酉，兵部尚書王時中提督團營。

丙子，巡撫甘肅右僉都御史寇天叙爲右副都御史，巡撫陝西。巡撫貴州右副都御史熊一漢爲南京大理寺卿。

丁丑，岑猛敗走歸順州，被殺，函首以獻。

《世宗實録》卷六九　陞貴州布政使司左參政葉相爲江西右布政使。

《明通鑑》卷五二　十一月癸未，以故司禮監太監黄英有功，官其弟姪八人爲指揮、千户等職。給事中鄭自璧言：「朝廷恩不可太濫，濫則人輕之而不以爲德。」

《國榷》卷五三　乙酉，兵部右侍郎張璁、詹事桂萼屢劾費宏。宏乞休，不允。

庚子，兵部尚書李鉞卒。贈太子太保，謚恭簡。

《明通鑑》卷五二　丙戌，以蝗災，免四川簡州、資陽等處税糧。

《世宗實録》卷七〇　戊子，以災傷免儀真衛及泰州、鹽城二所屯糧有差。

《國榷》卷五三　丙午，勞賜兩淮巡鹽御史戴金羊酒文綺，蓄積課六十餘萬。

十二月壬子，四川左布政使林茂遠致仕，加右副都御史。

己未，太子少保、工部尚書署通政司事俞琳致仕。張璁、桂萼及霍韜、方獻夫再修《議禮全書》。

辛酉，陝西流盜平。

癸亥，大學士楊一清以災異極言，請罷。上嘉納之，特賜敕諭，仍戒羣臣修省。

甲子，禮部尚書席書等集議十六事。【略】上大是之，俱採行。

《世宗實録》卷七一　己巳，陞雲南布政使司左布政使傅習爲都察院右副都御史，巡撫雲南。

辛未，兵部覆議左都督時源條陳邊務三事。以災傷免鳳陽府等處秋糧有差。

《國榷》卷五三　甲戌，山西巡撫右副都御史江潮等各劾武定侯郭勛庇盜蔑法，當罪。上移李福達獄至京訊之。

丁丑，張璁、桂萼等力攻費宏。宏乞休，不允。

戊寅，暹羅國坤思悦喇者來的利等入貢。

《明通鑑》卷五二 是冬，以河道御史章拯爲工部侍郎兼僉都御史，治河。

嘉靖六年（丁亥、一五二七）

《明通鑑》卷五三 正月庚辰，總督兩廣都御史姚鏌奏田州平。至是告捷京師，乃請改田州爲流官，並陳善後七事，詔俱從之。

《國榷》卷五三 癸未，令廷臣四品以上條救荒事宜。

《明史》卷一七《世宗紀一》 命羣臣陳民間利病。

《國榷》卷五三 甲申，署都督僉事張倪總兵鎮薊州。

《世宗實録》卷七二 丁亥，陞撫治鄖陽都察院右副都御史蔣曙爲工部右侍郎兼右僉都御史，總督採辦大木。

壬辰，裁革江西臨川縣東館及安仁縣二税課局。論平岑猛功，陞提督兩廣右都御史姚鏌爲左都御史，加太子少保。

《國榷》卷五三 命廷訊李福達，毋得酷治。

《世宗實録》卷七二 乙未，以災免南京錦衣衛等四十二衛屯田子粒有差。

丙申，户部應詔條上恤民未盡事宜。

丁酉，南京給事中方紀達等劾兵部侍郎張璁、詹事府詹事桂萼累疏專攻大學士費宏。

《國榷》卷五三 戊戌，河南左布政使夏從壽爲右副都御史，撫治鄖陽。吏部奉詔録先年被譴諸臣，惟議禮者不與。

己亥，四川横江叛卒平。

庚子，敕纂修《大禮全書》。大學士費宏、楊一清、石珤、賈詠、禮部尚書席書總裁。

《世宗實録》卷七二 丙午，陞福建布政使司右參政蔡潮爲河南右布政使。

《國榷》卷五三 二月辛亥，虜犯宣府水地莊，參將王經戰没。

《明通鑑》卷五三 壬子，席書以疾屢疏求退，不允。至是疾篤，上念書議禮功，特加武英殿大學士，致仕，賜第宅京師，支俸如故。踰月卒。

《國榷》卷五三 免福建廣西災傷田租。南京工部右侍郎何孟春疾去。

丙辰，工部右侍郎何天衢卒。

《明通鑑》卷五三 己未，錦衣衛百户王邦奇上書言哈密事，遂誣奏致仕大學士楊廷和、尚書彭澤，並及閣臣費宏、石珤。

《國榷》卷五三 辛酉，起羅欽順仍禮部尚書。

癸亥，大學士費宏、石珤致仕。

《明通鑑》卷五三 先是宏、珤以邦奇之奏，各疏乞休，慰留不允。及是見璁、萼交搆不已，乃以同日乞骸骨，請得全身遠害。上皆許之。

《國榷》卷五三 乙丑，總督南京糧儲右副都御史韓荆爲南京工部右侍郎。

戊辰，免韶州南雄田租。

《明通鑑》卷五三 庚午，復召致仕大學士謝遷入閣。

《國榷》卷五三 辛未，太僕寺卿閔楷爲工部右侍郎。命太子太傅惠安伯張偉總兵，左府都督同知魯綱，萬全都指揮僉事劉淮爲左右參將，練新兵聽征。

《世宗實録》卷六七 甲戌，户部覆巡按直隸御史戴金條陳鹽法十事。

《國榷》卷五三 丙子，遼東大饑。

丁丑，南京太僕寺卿沈淮爲右副都御史，總督南京糧儲。

《世宗實録》卷七四 三月戊寅朔，陞大常寺少卿汪元錫爲太僕寺卿。裁革廣東廉州府税課司。

《國榷》卷五三 己卯，安南莫登庸篡位，稱大越皇帝，改元明德。

庚辰，虜復入宣府大白楊堡，參將關山戰没，部卒殲焉。

《世宗實録》卷七四 上以宣府一月間連喪兩軍，逮總兵傅鐸，起引疾總兵郤永代之。

《國榷》卷五三 延綏虜警。增開中鹽引。

《世宗實録》卷七四 辛巳，巡撫陝西右副都御史王蓋以疾乞歸，辭免四川採木、工部右侍郎新命。從之。

《國榷》卷五三 壬午，前少師兼太子太師吏部尚書華蓋殿大學士劉健卒。

《世宗實録》卷七四 陞太常少卿蘇夷爲南京太僕寺卿。

《國榷》卷五三 甲申，命撫按考察王府官。

丙戌，起兵部左侍郎馮清提督宣、大、山西軍務，同太監馬俊、總兵官惠安伯張偉等西征。

丁亥，山西總兵官楊賢免，趙廉代。

戊子，前少保兼太子太保禮部尚書武英殿大學士席書卒。贈太傅，謚文襄。

己丑，故工部左侍郎何天衢贈尚書。

《世宗實録》卷七四　庚寅，兵部議上武學六年會舉事例。

《國榷》卷五三　甲午，禮部右侍郎翟鑾爲吏部左侍郎兼翰林學士，直文淵閣。

《明通鑑》卷五三　時廷推閣臣，上意在張璁、弗與;，命再推，乃及鑾。中貴人多舉鑾者，遂踰次用之。楊一清以「鑾望輕，請用吴一鵬、羅欽順」，皆不許。

《國榷》卷五三　朝臣考課。虜寇大同。逮山西巡按御史馬録及布按三司官。岑猛餘黨盧蘇、王受破田州，據之。

《明通鑑》卷五三　丙申，巡撫江西都御史陳洪謨上所積穀七十四萬有奇，合故所積共一百五十四萬有奇。

《世宗實録》卷七四　裁革懷安、晉安二縣税課局。

丁酉，詔再選京營精鋭官軍三千人操練聽征。

《國榷》卷五三　己亥，户、兵、工部尚書秦金、王時中、趙璜俱罷。

《世宗實録》卷七四　庚子，革大同副總兵靳英職，回衛閑住。以分守保定副總兵麻循代之。

《國榷》卷五三　辛丑，吏部郎中彭澤考察謫外。張璁言其勸贊大禮，乞留。從之。

壬寅，考察拾遺。

《世宗實録》卷七四　户部右侍郎李瓚以九年滿，陞本部尚書，總督倉場如故。

《國榷》卷五三　癸卯，再訊李福達于午門。薛良等三十人共指之。

甲辰，詹事桂萼爲禮部右侍郎，提督四夷館。太常寺卿劉思賢爲工部右侍郎，督理易州山廠。

《世宗實録》卷七四　田州遺賊盧蘇既據府以叛。

《國榷》卷五三　四月己酉，洛容、古田盜復起。遣内臣南京織造。

《世宗實録》卷七五　庚戌，陞浙江布政司使司左布政使許瓚爲光禄寺卿。

辛亥，改南京太常寺卿邊貢爲太常寺卿，提督四夷館。

《國榷》卷五三　山西左布政使李璋爲右副都御史，巡撫寧夏。起方良永右副都御史，巡撫應天。

甲寅，禮部右侍郎桂萼、兵部左侍郎張璁俱直日講。

乙卯，南京禮部右侍郎胡世寧爲南京工部尚書，起顧清爲南京吏部右侍郎。

丙辰，南京太常寺少卿何塘爲南京太常寺卿，吏部郎中馬禮爲南京右通政。

丁巳，召南京户部尚書鄒文盛爲户部尚書，工部左侍郎章瑞爲工部尚書。

己未，巡撫湖廣右副都御史黄衷爲工部右侍郎兼右僉都御史，督採大木。南京右副都御史周倫爲南京工部右侍郎。

《世宗實録》卷七五　上以地方災傷，詔奪各掌印官俸二月，管糧官提問如例。

庚申，陞南京鴻臚寺卿劉乾爲南京光禄寺卿。

《國榷》卷五三　甲子，户部右侍郎王承裕爲南京户部尚書，巡撫保定右副都御史何詔爲工部右侍郎。

《世宗實録》卷七五　丙寅，陞南京太僕寺少卿楊欽爲南京鴻臚寺卿，陞廣東右布政使葛浩爲貴州左布政使。

《國榷》卷五三　丁卯，江西、陝西左布政使孫修、唐澤爲右副都御史，巡撫湖廣、甘肅。

戊辰，崇先殿成。即觀德殿更名。時以世廟配太廟，此殿配奉先，皆祀獻皇帝。

《世宗實録》卷七五　己巳，以災傷免廣西額辦錢糧一年。

《國榷》卷五三　壬申，湖廣左布政使林廷棉爲右副都御史，巡撫保定。

甲戌，太子太保吏部尚書廖紀致仕，進少保。兵部請補黄花鎮守備官軍。

《世宗實録》卷七五　起用南京吏部尚書羅欽順爲禮部尚書。欽順服闋居家，上疏辭仕。上優詔不允，趣令速赴供職。

乙亥，南京吏部尚書朱希周等俱年老有疾，詔罷黜、降調如例。初命查各鹽運司鹽引，至是欽定價值：兩淮每引六錢，兩浙四錢，長蘆二錢，山東一錢五分，從户部請也。鎮守浙江内官鹽太監鄧文以進貢爲名，乞於商販内重脚價，以充獻新器具之費。

丙子，調延綏總兵、署都督僉事彭瑛鎮守大同。

《國榷》卷五三　五月庚辰，兵部左侍郎王珝卒。

《世宗實録》卷七六　御史丘養浩陳薊遼邊務十事。

《國榷》卷五三　辛巳，南京刑部右侍郎王軏改户部右侍郎，巡撫四川右副都御史鄭毅佐南院。

《明通鑑》卷五三　辛巳，翰林院編修廖道南，疏陳《洪範》九事。

《國榷》卷五三　壬午，起陳珣署都督僉事、總兵官，鎮守延綏。

甲申，起禮部尚書羅欽順爲吏部尚書，遣官即家促就道。御史蕭一中言：「暑甚恤囚，請下馬禄于有司。」上怒其黨，下獄。

乙酉，令日講官纂經書、通鑑所關君德政事修省者録上。

丁亥，起新建伯王守仁兵部尚書兼左都御史，總制兩廣、江西、湖廣軍務，討盧蘇、王受。

戊子，前山東右布政使王廷相爲右副都御史，巡撫四川。

《世宗實録》卷七六　陞河南布政使司右參政陳祥爲福建右布政使。

《國榷》卷五三　庚寅，應天府尹王爌爲南京刑部右侍郎。

癸巳，詔：「大臣非奉旨起用，不得廷推。」

《世宗實録》卷七六　乙未，改南京工部右侍郎周倫爲兵部右侍郎。

《國榷》卷五三　丙申，署詹事府禮部尚書吴一鵬還禮部。

丁酉，覈宣大軍儲。

戊戌，免涿州、良鄉、固安、永清、大城、文安田租。

《世宗實録》卷七六　庚子，陞浙江按察使陳晰爲應天府府尹。

辛丑，改南京太僕寺少卿鄭裕爲南京鴻臚寺卿。

《國榷》卷五三　乙巳，吏部右侍郎温仁和爲左侍郎，署詹事府，理誥敕。署都督同知張鳳爲總兵官，鎮守陝西。

六月丙午朔，兩廣提督軍務左都御史姚鏌致仕。

《世宗實録》卷七七　廷臣會推王守仁代鏌，上報允。

《國榷》卷五三　丁未，故瑞州知府宋以方贈光禄寺卿。總理河道侍郎章拯奏開寧陵縣北坌河，出宿遷小河。從之。

《明通鑑》卷五三　南京給事中鄒架、御史毛憐之等，以拾遺糾劾都御史周金、陳洪謨等，並及禮部侍郎桂萼。詔洪謨、金致仕，萼供職如故。

《世宗實録》卷七七　庚戌，提督宣大兵部左侍郎馮清言：「宣府歲荒，米價騰湧。軍士月糧皆乞本色，而倉穀少，不足支放。」【略】上因責巡撫管糧官不能先事預處，令御史嚴治首惡諸管軍頭目，下提督侍郎治之。

《國榷》卷五三　壬子，南京太常寺卿何瑭爲南京工部右侍郎。

癸丑，廣東左布政使梁材爲右副都御史，巡撫江西。兵部右侍郎王翊、南京兵部右侍郎陳琳皆卒。刊《大學衍義》，上序之。

《世宗實録》卷七七　丙辰，户科都給事中劉祺等言：「南北直隸、河南、山東、山西諸府州縣衛所歲饑民亡，請稍緩徵科之令。命所司勘覈災傷以差蠲恤。」從之。

戊午，陞福建按察使周宣爲廣東左布政使。

《國榷》卷五三　始命歲貢生授教官，三年有效。預鄉試，每省限五人。

己未，太常寺卿聞淵爲南京兵部右侍郎。

辛酉，詹事董玘爲吏部右侍郎。

《明通鑑》卷五三　壬戌，禮部侍郎桂萼，請召用王守仁、王瓊經略邊事。章下所司。

《國榷》卷五三　乙丑，免真定、順德、廣平、大名、河間、保定田租。

戊辰，左都御史聶賢劾罷。

《世宗實録》卷七七　以災傷免河間、保定二府州縣糧税有差。

《國榷》卷五三　己巳，董玘、桂萼、張璁並兼翰林學士。禮部左侍郎桂萼請「科道考察後互糾劾，如成化初」。吏部言：「憲廟無此詔。萼屢被劾，蓋欲報復。恐不足昭公論，壓衆心也。」上切責吏部，趣行之。

辛未，賑畿内饑，免夏税、馬價、物料。套虜鎖合兒伯通入花馬池、韋州。

《世宗實録》卷七七　辛未，陞太常寺少卿陳道瀛爲本寺卿。

《國榷》卷五三　癸酉，宣大總督馮清被劾召還。尋自免。王時中復兵部尚書。虜抵鎮戎所，指揮路瑞拒之。

甲戌，涼州都指揮卜雲伏兵青羊嶺，邀斬九十五級。寧夏總兵官杭雄又斬八十三級。

《明通鑑》卷五三　是夏，黄河水溢，決入漕渠，沛北廟道口淤填七八里，糧艘阻不進。御史吴仲以聞，因劾「章拯不能辨河事，乞擇能者往代」。上切責拯。

《國榷》卷五三　七月丙子朔，科道互糾舉。改胡世寧左都御史，許羅欽順致仕。召李承勛爲吏部尚書。

《昭代典則》卷二六　丁丑，命王守仁總制兩廣軍務，勘處田州賊情。

《國榷》卷五三　庚辰，前南京禮部尚書邵寶卒。

丁亥，罷宣大提督官。

己丑，前太子太保刑部尚書林俊卒。贈少保，謚貞肅。

庚寅，總督漕運右都御史高友璣爲南京工部尚書。

《世宗實録》卷七八　户部覆提督侍郎馮清奏各邊糧草宜令守臣會同督糧官量豐歉，酌遠近，估定時直，召商輸入，然後給銀。不必差官糴買，以滋奸弊。從之。

《國榷》卷五三　壬辰，山東旱，免田租有差。

乙未，王偉罷。李廣爲總兵官，鎮守廣西。

丁酉，南京右都御史鄭毅，總督漕運兼巡撫鳳陽。

己亥，蠲順天、永平田租有差。

庚子，復察處御史儲良材。良材辨「爲吏部左侍郎孟春、右副都御史劉文莊所嫉」。桂萼言其任怨遭誣，復之。

壬寅，起盛應期右都御史，總理河道。

戊申，更核軍職冒濫被革者，釐爲六條，酌其去留。

八月丙午朔，免陝西延安府田租。

《世宗實録》卷七九　以災傷免山西行都司所屬十七衛所，大同府所屬十一州縣税糧有差。

《明史》卷一七《世宗紀一》　庚戌，以議李福達獄，下刑部尚書顔頤壽、左都御史聶賢、大理寺卿湯沐等於錦衣衛獄，侍郎桂萼、張璁，少詹事方獻夫署三法司，雜治之。

《明通鑑》卷五三　小王子以數萬騎踏冰過河，遂犯寧夏塞。提督尚書王憲，督總兵鄭卿、杭雄等分據要害，屯兵禦之，令都指揮卜雲伏兵斷其歸路。卿等敗之于石臼墩，寇退走青羊嶺，伏發，又大敗之，斬首二百餘級。

《國榷》卷五三　庚申，定大禮書曰《明倫大典》。

癸亥，少保兼太子太保、禮部尚書、武英殿大學士賈詠致仕，給驛。吏部右侍郎孟春以馬録柬及不引咎，下獄。

甲子，光禄寺少卿黄綰訟王守仁等平宸濠功，命給鐵券。

《世宗實録》卷七九　乙丑，改南京刑部尚書李承勛爲吏部尚書。

《國榷》卷五三　戊辰，監察御史楊彝請罪戍從宜編發，遠不過三千里。從之。

吏科給事中史于光上書。不報。

《世宗實録》卷七九　庚午，湖廣大水，漂没民田廬凡五府二十四州縣。巡撫孫修等請「以今年兑運米二十五萬、南京倉三十萬皆折銀，或量折其半」。上從部議，以災傷重大，亟命行之。

壬申，南京吏部尚書朱希周乞致仕。許之。

《國榷》卷五三　九月乙亥朔，禮部右侍郎桂萼爲吏部左侍郎，仍署刑部。

《明通鑑》卷五三　戊寅，張璁以署都察院，復考察各道不職御史王璜等十二人，又奏行憲綱七條，箝束巡按御史。先是璁以京察及言官互糾，已黜御史十三人，前後共二十餘人，臺署爲空。

《國榷》卷五三　己卯，免江西、河南、山西田租有差。

庚辰，少詹事方獻夫爲禮部右侍郎。

《明通鑑》卷五三　壬午，桂萼等治李福達獄具，上之。先是萼等三人希旨嚴刑拷訊，以上怒馬録甚，搜其篋中書，得大學士賈詠、都御史張仲賢、工部侍郎閔楷、御史張英及寺丞汪淵私書，詠引罪致仕，遂下仲賢等于獄。萼等遂列前後言官諸曹之奏劾是獄者，上言：「給事中劉琦、常泰，郎中劉仕，聲勢相倚，挾私彈事，佐録殺人；給事中王科、鄭一鵬、秦祐、沈漢、程輅，評事杜鸞，御史姚鳴鳳、潘壯、戚雄，扶同(口)〔妄〕奏，助成奸惡；給事中張逵，御史高世魁，方幸張寅速決，得誣郭勛謀逆，連名架禍；郎中司馬相，妄引事例，故意增減，誣上行私。邇者言官締黨求勝，内則奴隸公卿，外則草芥司屬，任情恣横，殆非一日。請大奮乾斷，彰國法。」上納其言，遂並下諸人獄，前後凡四十餘人。以萼等平反有功，勞之文華殿，賜二品服俸、金帶、銀幣，(口)〔給〕三代誥命。是獄也，凡前後所争福達事者，悉被株連。

《明史》卷一七《世宗紀一》　頒《欽明大獄録》於天下。

《國榷》卷五三　丙戌，巡按浙江御史楊彝言：「日本例十年一貢，來僅百人，船三艘，不持兵。請檄彼貢如故事，否則拒之。」報可。丁亥，禮部尚書吴一鵬爲南京吏部尚書，進太子少保。

己丑，左都御史胡世寧爲刑部尚書。免鳳陽、淮安旱災夏税。署都察院事兵部左侍郎張璁上發奸懲貪事宜。即行之。

辛卯，右副都御史梁材、光禄寺卿許讚爲刑部左、右侍郎，右副都御史潘希曾爲工部右侍郎，巡撫四川右副都御史王廷相回院。

《世宗實録》卷八〇　陞雲南左布政余祐爲太僕寺卿。

《國榷》卷五三　乙未，起劉麟大理寺卿。

丙申，吏部左侍郎桂萼爲禮部尚書，仍兼翰林學士。尚書兼學士自此始。

巡撫雲南右副都御史吴祺卒。

戊戌，兵部左侍郎兼翰林學士張璁上科目三事：正文體，明實録，慎考官。上善之。各省始遣京考。

壬寅，禮部右侍郎方獻夫爲吏部左侍郎，仍兼翰林學士。湖廣左布政使丁沂爲右副都御史，巡撫四川。

《世宗實録》卷八〇　以雲南布政使司左參政黄昭道爲本司右布政使。

《國榷》卷五三　癸卯，命王守仁專事田州，召太監鄭潤還。

十月乙巳朔，天文生按季考課定去留。

丁未，署都察院事張璁申明憲綱。

戊申，兵部左侍郎兼翰林學士張璁爲禮部尚書兼文淵閣大學士，直閣，仍署都察院事。刑部尚書胡世寧爲左都御史，進太子少保。張璁解院事。

己酉，諭内閣修定《會典》。

庚戌，吏部左侍郎温仁和歸省。

初哈密失國，走入塞，僑苦峪、赤斤、肅州諸城，凡千餘人，並僦居墾荒，間從官軍逐寇受犒，歲給五百石。至是大乩吉李哈剌灰畏兀兒等求增給田屋。總督王憲言：「諸番散處塞上，一時權宜，行且興復，未可許也。」從之。

壬子，陝西提學副使劉天和爲南京太僕寺卿。浙江布政使汪浤爲右副都御史，提督南、贛、汀、漳軍務。裁浙江市舶提舉。

《世宗實録》卷八一　乙卯，以災傷免萬全都司及宣府等衛所屯糧有差。

丁巳，陞貴州左布政使葛浩爲南京太僕寺卿。

《明通鑑》卷五三　戊午，巡倉御史吴仲請濬通州運河。

《國榷》卷五三　己未，起伍文定兵部左侍郎，順天府尹萬鏜爲南京右副都御史。

壬戌，提督總兵、署都指揮僉事楊宏爲署都督同知。

癸亥，吏部尚書李承勛未至，改刑部尚書，進太子少保。右府署都督僉事劉暉卒。

《明通鑑》卷五三　甲子，賜大學士楊一清等銀圖書各二，許軍國重事密疏用印以聞。張璁既入閣，一清爲首輔，翟鑾亦在閣，上待之皆不如璁。嘗諭璁：「朕有密諭毋泄。所賜卿帖，悉朕親書。」璁因引仁宗賜楊士奇等銀章事，上賜璁章二，文曰「忠良貞一」，曰「繩愆弼違」，因並及一清等，自閣臣外，惟尚書桂萼預焉。

乙丑，免陝西慶陽等府被災税糧。

《國榷》卷五三　少輔大學士謝遷入朝。

丙寅，贛州征猺民兵至韶州，潰歸。罪其首禍，餘下王守仁撫定。

《明通鑑》卷五三　諭内閣：「選擇翰林諸臣，稱職者留用，不稱者量才外補。」初，張璁以議禮驟拜學士，諸翰林恥之，不與並列，璁以爲恨。會侍讀汪佃，以講《洪範》不稱旨，令補外，璁乃請「自講讀以下量才外補」。一時改官及罷黜者，凡二十二人，諸庶吉士皆除部屬及知縣，由是翰院爲空。

《國榷》卷五三　國子祭酒嚴嵩請復舊制，嚴考貢，仍分給膳金。從之。

《昭代典則》卷二六　張璁請沙汰錦衣旗校冗官冗兵。凡革旗校三萬一千八百餘人，歲省糧儲數十萬。革冗官、冗兵四萬餘人，歲省京儲一百六十八萬石。張璁奏革各省鎮守内臣及請皇親莊田。

《國榷》卷五三　十一月乙亥朔，濬天津海口新河。

《世宗實録》卷八二　丁丑，陞廣西布政使司右參政黄芳爲江西右布政使。

戊寅，巡撫甘肅都御史唐澤條奏六事。

《國榷》卷五三　丁亥，總督糧儲右都御史方良永爲南京刑部尚書。

戊子，吏部左侍郎方獻夫爲禮部尚書，仍兼翰林學士，直史館。

庚寅，署都督僉事大同總兵麻循移鎮遼東。

甲午，勘畿内占冒田地。

乙未，免紹興、湖州、山東田租。

《明通鑑》卷五三　都御史胡世寧既掌憲，務持大體，條上憲綱十餘事。

《國榷》卷五三　丁酉，延綏總兵陳恂疾去，都督同知曾經代。

庚子，右都御史傅習改南京大理寺卿。

辛丑，召總河工部右侍郎章拯。

癸卯，吏部右侍郎董玘爲左侍郎，太僕寺卿余祐爲吏部右侍郎。雲南尋甸土舍安銓作亂，官軍討之，大敗，尋甸、嵩明州皆陷。

十二月甲辰朔，諭户部酌錢鹽事宜。尚書鄒文盛條鹽法六事。報可。

《世宗實録》卷八三　丙午，以雹災免山西應州及大同縣等處税糧有差。

《國榷》卷五三　戊申，詹事霍韜條舊章十二事。【略】上大是之，下所司。

太監張永提督團營。太子少保、刑部尚書李承勛上足食足兵八事。【略】下所司議聞。

壬子，禮部尚書方獻夫請禁度尼姑，變賣庵寺。從之。

丁巳，山西按察使唐龍爲太僕寺卿。

己未，大學士楊一清上營務六事。

《世宗實録》卷八三　辛酉，陞致仕南京刑部右侍郎周季鳳爲都察院右都御史，總理糧儲，巡撫應天。

乙丑，吏部尚書桂萼言「足食、足民大計全賴各巡撫兵備官整理」。

嘉靖七年（戊子、一五二八）

《世宗實録》卷八四　正月丁丑，朝鮮國王李懌差陪臣吏曹參、判洪景霖等貢方物馬匹，賀正旦。賜宴賚如例。

《國榷》卷五四　戊寅，秦府鎮國將軍誠漂及其子秉榆、秉枌有罪，降庶人。

庚辰，監察御史吴仲劾武定侯郭勛不法，藉口大禮大獄，益驕縱，請正其罪。上責仲假大禮大獄傾陷勳臣，貰勛勿問。

壬午，虜百餘騎掠開原靖安堡，參將閻振等追斬六十餘級。

癸未，進張璁、桂萼兼太子太保，俱辭。進璁少保。行巡撫久任法，考覈去留。罷河南巡撫蔣珤。

甲申，發山西三關兵討青羊山盜，仍詔鄰境嚴兵。

乙酉，總督河道、右副都御史盛應期言治河事。廷議許之。

《世宗實録》卷八四　陞兵部右侍郎周倫爲本部左侍郎，都察院右副都御史王廷相爲兵部右侍郎。

《明史》卷一七《世宗紀一》　丙戌，大祀天地於南郊。

《國榷》卷五四　辛卯，提督太監張永簡京營。原額兵十七萬七千有奇，今五萬四千四百有奇。馬十五萬二百餘匹，今萬九千三百餘匹。下兵部議補。

壬辰，浙江、福建、湖廣、江西左布政使潘塤、朱廷聲、潘珍、葉相並爲右副都御史，巡撫河南、湖廣、遼東、貴州。

癸巳，免平涼田租。

甲午，南京太子太保兵部尚書李充嗣致仕。

《世宗實録》卷八四　以淮、揚、廬、鳳連歲災傷，詔以兑運米改折四萬五千石，石銀七錢；徐州改兑米一萬八千石于臨清廣積倉，如數支運，俟買徵補。

乙未，户部覆尚書李承勛條陳裕國用三事，得旨俱允行。

《國榷》卷五四　丙申，楊一清上甘肅召商屯田事宜。下督撫王憲、劉天和區畫。前甘肅巡撫都御史陳九疇下獄。

《明通鑑》卷五四　初，上以王邦奇因番事訐楊廷和、彭澤，詞連九疇，乃遣給事中、錦衣至邊勘狀，未還報而獄解。會番酋伊蘭復求通貢，自言「非敢獲罪天朝。所以犯邊，由冤殺舍音和珊、實巴伊克二人」。于是萼欲重興是獄，請留質伊蘭，遣譯者諭其主還侵地，而脅禮、兵二部尚書方獻夫、王時中同上議曰：「番人上書者四輩，皆委咎前吏，雖詞多詆飾，亦事出有因，宜嚴覈激變虛實以服其心。」時上方疑邊臣虛妄，欲窮治之。大學士楊一清，以事既前決，請毋追論，上不聽，手詔數百言，切責九疇，而戒一清勿黨庇。遂逮九疇，並及尚書金獻民、侍郎李昆以下坐累者四十餘人。上手敕加張璁、桂萼俱太子太保。

《國榷》卷五四　己亥，順天府尹陳祥爲右副都御史，總理南京糧儲。

《世宗實録》卷八四　御史王重賢等陳三事。陞湖廣按察使盛儀、福建左參政查約俱本省左布政使。

《國榷》卷五四　二月癸卯朔，定廟祭類稱，太廟稱七廟，祫祭稱十廟。

《世宗實録》卷八五　陞四川左布政使林富爲都察院右副都御史，撫治鄖陽等處地方。

《國榷》卷五四　甲辰，鎮雄叛夷平。

丙午，免寧波田租。補築延綏邊牆。

《世宗實録》卷八五　太子太保、兵部尚書兼都察院左都御史李承勳等條知人四事。

《明通鑑》卷五四　丁未，免浙江寧波府被災各縣稅糧。

《世宗實録》卷八五　陞右通政黎奭爲順天府尹。

《國榷》卷五四　戊申，選各省兵備官及邊方知府。

甲寅，山西官軍討潞城縣青羊山盜，敗績。賊執知州王朝雍、郭鑑，殺指揮秦洲等。

丙辰，陝西總督王憲改南京兵部尚書。起王瓊總督陝西。

《世宗實録》卷八五　己未，户部條上大學士楊一清所題屯政事宜。

甲子，陞太僕寺少卿余瓚爲本寺卿。

《國榷》卷五四　設鎮撫河間、保定總兵官。都督同知魯綱以京營五百人往。

《明通鑑》卷五四　戊辰，田州平，提督軍務新建伯王守仁奏捷。疏聞，上嘉之，遣行人齎敕獎賚。

是月，四川鎮、巡官奏平芒部。山西潞城縣青羊山賊陳卿等作亂，官兵捕之，敗績。賊遂執知州王朝雍、郭鑑，殺傷指揮、知縣等官。事聞，詔副總兵趙廉調兵進勦，尋遣都御史常道統三關兵助之。

三月壬申朔，大學士楊一清聞陸粲建續築邊牆之議，復上書請遣專官董其事。上命廷臣會推，以兵部侍郎王廷相可任，乃擢廷相爲都察院僉都御史，提督延、寧邊防。

《國榷》卷五四　癸酉，河南盜平。

乙亥，太子太傅、鎮遠侯顧仕隆卒。謚榮靖。

丙子，賜張璁姚溪書院曰「貞義」，堂曰「抱忠」。

戊寅，大學士謝遷致仕。

《明通鑑》卷五四　己卯，詔儒臣重校《大明會典》，訂正訛謬，增入續定事例。

《世宗實録》卷八六　甲申，大學士楊一清等以黄河清，屢請率百官。許之。會御史周相上疏諫，上怒，下相獄。尋止稱賀。

《國榷》卷五四　庚寅，刑部尚書胡世寧言。【略】于是釋九疇獄，戍邊。彭澤、楊廷和俱得免。

壬辰，户部左侍郎胡瓚爲南京工部尚書。

癸巳，雲南武定府土舍鳳朝文作亂，殺同知官，奪印，與安銓合圍雲南。命伍文定爲兵部尚書兼右都御史，提督雲、貴、川、廣軍務，徵兵討之。梁才爲户部左侍郎兼右僉都御史，督理糧儲。發帑金三十萬。

甲午，貴州芒部、烏撒等苗刦畢節。

乙未，新建伯王守仁請宥盧蘇、王受，思恩、田州仍設土官。兵部議「岑猛罪革，不宜復府。思恩自弘治末改流官，非田州比。盧蘇、王受，凶渠也，奈何幸免？果能效順，俟執醜赴降，或聽解網」。上然之，下守仁熟計。

丁酉，卜赤犯山西，入乾溝，圍游擊邵定，殺之。令諸鎮互援。

戊戌，大學士楊一清言：「今日急務，宜先收土官之心，破其從逆。【略】」上是之。

己亥，禮部右侍郎徐縉改吏部，禮部左侍郎李時改户部，大理寺卿劉麟爲刑部左侍郎。

《明通鑑》卷五四　是月，命李承勛以兵部尚書兼管都察院事。

《國榷》卷五四　四月乙巳，南京吏部右侍郎李廷相疾罷。都督桂勇充總兵官，會河間、保定總兵魯綱等協捕京東流盜。

庚戌，諭百官修省，求直言。

《明通鑑》卷五四　甲寅，南贛巡撫汪鋐，奏所部甘露降，以爲上仁孝之感。上喜，遣官祭告郊廟。廷臣請表賀，以災異止之。

《世宗實録》卷八七　兵部覆貴州巡撫袁宗儒所條三事。

《國榷》卷五四　詹事霍韜爲禮部尚書，南京國子祭酒湛若水爲南京吏部右侍郎，右僉都御史熊浹爲大理寺卿。始遣朝臣主試各省鄉試。

《世宗實録》卷八七　庚申，六科給事中蔡經等應詔陳言八事。

《國榷》卷五四　壬戌，熊浹爲右副都御史，陳璋爲大理寺卿。

癸亥，巡撫四川右副都御史丁沂疾去。

乙丑，套虜近邊。

《明通鑑》卷五四　刑部尚書胡世寧以災異求退，因言十事。

《國榷》卷五四　丙寅，南京禮部尚書沈冬魁致仕。

己巳，詔吏部詳近年謫降官所由以聞。

庚午，國子祭酒嚴嵩爲禮部右侍郎。

《世宗實録》卷八七　吏部等衙門尚書桂萼等以修省，會議條陳十二事。陞署都指揮僉事潘浩爲署都督僉事，充副總兵官，鎮守山西，兼提督鴈門等關。

《國榷》卷五四　五月甲戌，總兵官桂勇報勦盜，賜金幣，仍還巡捕。

丙子，復鎮雄府土官。

丁丑，禮部左侍郎劉龍爲南京禮部尚書。

己卯，刑部尚書胡世寧讞上陳洸、宋元翰等獄，元翰及葉應驄俱爲民，洸閒住，黄綰降二級遠方用。

《明通鑑》卷五四　壬午，提督兩廣軍務、新建伯王守仁招降田州盜盧蘇、王受，投南寧受杖，乞立功自贖，宜量授土官。上嘉其功，敕遣行人獎賜金幣。

《國榷》卷五四　癸未，户部左侍郎李時改禮部左侍郎，直講《大學衍義》。

前提督兩廣姚鏌與御史石金訐奏，奪鏌官，閒住。

甲申，黔國公沐紹勛破土寇安銓等，賜敕優賚。

《世宗實録》卷八八　丙戌，兵部覆議巡按山東御史張問行條陳革弊五事。

《國榷》卷五四　甲午，前兵部尚書金獻民下獄奪秩。大學士楊一清言：「今日之務，【略】其急且要者：曰舉賢才以充任使，曰收人心以固邦本，曰求直言以防壅蔽。」上是之。

番夷牙木蘭帖木哥土巴率衆内附。

《明通鑑》卷五四　丙申，御製《顯陵碑》，遣禮部侍郎嚴嵩詣安陸竪碑祭告。

《國榷》卷五四　六月辛丑朔，《明倫大典》成，上序之，宣史館，頒天下。

《明通鑑》卷五四　癸卯，詔定議禮諸臣罪。以故大學士楊廷和爲首，言其「謬主濮議，自詭『門生天子，定策國老』，法當戮市，姑削籍爲民。」蔣冕、毛紀、毛澄、汪俊、喬宇、林俊俱奪職，斥何孟春、夏良勝爲民。

《國榷》卷五四　乙巳，通惠河成。

《世宗實録》卷八九　御史吴仲、郎中何棟等因疏五事：「每閘船六十隻，每船載米一百五十餘石，每日可運米二萬餘石。起五月，終九月，糧運續到，計有一百五十日，每歲京糧不過二百五六十萬石，自可盡入閘運。」

《國榷》卷五四　丙午，王守仁奏田州改田寧府，設流官，别立田州。

戊申，諭禮部加獻皇帝謚號、章聖太后尊號。

壬子，通政使羅欽忠爲左副都御史，總督南京糧儲。宣府總兵官郤永疾歸。

癸丑，詹事霍韜力辭禮部尚書，上不允。

戊午，署都督僉事趙瑛爲總兵官，鎮守宣府。

己未，復陳洸官，進一秩。桂萼、霍韜俱訟其枉。

丁卯，免河間、保定、順德、真定、廣平、大名水災田租。

《明史》卷一七《世宗紀一》　雲南蠻平。

《國榷》卷五四　己巳，虜犯大同中路，參將李泰擊斬十九級。

《明通鑑》卷五四　是月，以《明倫大典》成，超拜霍韜爲禮部尚書，掌詹事府事。

《國榷》卷五四　七月庚午朔，大學士張璁請宣諭内閣：絶讒邪，清政本。

《世宗實録》卷九〇　甲戌，巡關御史胡效才奉旨勘上保定等衛軍士王先同等呼索日糧，詬侮知府屠僑事。

《國榷》卷五四　己卯，刑部左侍郎劉麟爲工部尚書。

《明史》卷一七《世宗紀一》　追尊孝惠皇太后爲太皇太后，恭穆獻皇帝爲恭睿淵仁寬穆純聖獻皇帝。

辛巳，尊章聖皇太后爲章聖慈仁皇太后。

《國榷》卷五四　壬午，罷昭陽湖新河之役。功且半，旱災修省，議者格之。

甲申，巡撫遼東右副都御史張雲疾去。

丙戌，刑部右侍郎許讃爲左侍郎。南京兵部右侍郎□□爲刑部右侍郎。浙直織造太監張志聰有罪免，耿隆代。

庚寅，刑部尚書胡世寧薦霍韜爲左都御史兼翰林學士，不入院，專論糾彈。上嘉之。

辛卯，工部右侍郎潘希曾兼右僉都御史，總理河道。

《明通鑑》卷五四　代盛應期也。

《國榷》卷五四　陝西盜平。

甲午，南京右副都御史萬鏜爲南京兵部右侍郎。

《明通鑑》卷五四　是月，新建伯王守仁討斷藤峽八寨賊，平之。

《國榷》卷五四　八月庚子朔，巡撫□□右副都御史張縉疾去。命詰敕務從簡實。

辛丑，召南京工部右侍郎何塘于工部。

戊申，三邊提督仍稱總制。

辛亥，王守仁討八寨等叛猺。

壬子，免河南開封、彰德、衛輝、懷慶旱災田租。

《世宗實録》卷九一　丙辰，陞前太常寺卿楊杲爲南京工部右侍郎。改前河南巡撫、右副都御史蔣瑶爲南京都察院右副都御史，協管院事。陞南京太僕寺卿葛浩爲南京大理寺卿。

《國榷》卷五四　丁巳，湖廣容美宣撫司龍潭安撫司入貢，皆千餘人。命裁之。

癸亥，番夷帖木哥既降，所部日至。命安輯，其願還沙州者聽。

《世宗實録》卷九一　以四川災傷，詔免各府州縣正官朝覲。

《國榷》卷五四　甲子，大學士楊一清數求去。不允。一清雖首揆老成，而上方重張璁，璁氣盛，下視六卿。桂萼同進，非故知也。萼所建白，往往得抑，用是俱憾璁。而一清又自與萼隙，三人鼎詆，而一清尤見齕矣。

《世宗實録》卷九一　丙寅，巡撫山東都察院右僉都御史王堯封九年任滿，詔陞左副都御史，巡撫如故。陞山西右布政使錢如京爲南京太僕寺卿。

己巳，詰責守備太監劉岑。南京織造制帛絲料，例坐上元、江寧二縣鋪户買辦。後從應天府尹王壙議，請于南京丙字庫所收貯絲内擇取應用。至是，守備太監高隆疏言：「本庫絲料不堪織造。」上曰：「制帛乃奉享祀，至重。儀物宜照祖宗舊例行。」

《明通鑑》卷五四　兵部尚書李承勛，以疾三疏乞休，且陳時事。【略】上不允辭，下其議于所司。是科，定各省主試皆遣京官或進士，每省二人，用張璁議也。初，兩京房考亦皆取教職，至是命各加科、部官一員閲兩科，兩京房考，科、部皆罷之。

《國榷》卷五四　九月庚午朔，罷總督河道右都御史盛應期及郎中柯維熊。

《世宗實録》卷九二　壬申，陞河南按察使張翰、陝西布政使司右參政楊叔通俱爲左布政使。翰仍本省，叔通山西。

《明史》卷一七《世宗紀一》　甲戌，王守仁討廣西蠻，悉平之。

《國榷》卷五四　乙亥，提督南京糧儲、都御史羅欽忠仍爲通政使。

《世宗實録》卷九二　丁丑，以陝西災傷免各府知府朝覲。

己卯，奪户部尚書鄒文盛等俸二月，該司官俸三月。以題奏湖廣災傷疏内不稱。

《國榷》卷五四　刑部尚書胡世寧言：「【略】臣宜同罷。【略】」上慰留之。

《明通鑑》卷五四　庚辰，吏部議，以「兩廣既平，江西無事，請裁革巡撫江西官」。從之。

《國榷》卷五四　壬午，浙西災，折田租，加賑。

《明通鑑》卷五四　癸未，以各處災傷，敕下廷臣講求寬恤事宜，並命禮部尚書方獻夫彙書天下災異進覽，以存儆戒。

《國榷》卷五四　甲申，以災傷，諭户部、都察院酌議賑濟。

《明通鑑》卷五四　丙戌，上以諸軍討潞城賊久無功，欲罷兵以俟其自定，閣臣楊一清、張璁等皆以爲不可。乃召常道還，改保定巡撫王應鵬于山西代之，並兼提督雁門關等處。

《國榷》卷五四　壬辰，前太子少保南京兵部尚書李充嗣卒。贈太子太保，謚康和。

癸巳，南京太僕寺卿錢如京爲右副都御史，巡撫保定。

甲午，貴州兵討芒部沙保，數年亡功。召伍文定入朝。

十月庚子，皇后陳氏崩。禮部上喪祭儀注。上疑過隆，令更議。遂酌舊儀以請，上手自裁定。

辛丑，虜五萬餘騎犯宣府。總兵趙瑛、副總兵時陳等拒卻之，斬十一級，遁去。

《世宗實録》卷九三　陞江西左布政使顧珀爲南京太僕寺卿。户部類奏各處災傷，以陝西、四川爲甚，湖廣、山西次之。議將各省夏秋税糧照被災分數停徵，其應賑給者，查各布政司。

《國榷》卷五四　辛亥，南京太常寺卿牛鳳因事争禮部不相屬，返其札。南京禮部右侍郎顧清以聞，奪鳳俸三月。

壬子，南京禮部右侍郎顧清致仕，進尚書。

甲寅，定運官三年考選。

己未，西虜寇莊浪，入掠鎮原，殺主簿張文明。

壬戌，詹事黄綰爲南京禮部右侍郎。

閏十月庚午，謚大行皇后曰悼靈。

壬申，青羊山盜平。陳卿出降，兵科都給事中夏言往覈功罪。

甲戌，巡捕及直宿吏卒衣鞵，五年一給。

《世宗實録》卷九四　丁丑，刑部覆巡撫保定都御史王應鵬奏正德間新會問刑條例四十四款，皆深中情法。

《國榷》卷五四　戊寅，南京刑部右侍郎王爌終養。

《世宗實録》卷九四　壬午，禮部尚書方獻夫等上悼靈皇后喪禮儀。

《國榷》卷五四　改定京城編審甲徭之令。八寨等寇平。

《明通鑑》卷五四　王守仁報斷藤之捷，因言：「廟廊諸臣，推誠舉任，公心協贊，故臣得以展布四體，共成厥功。宜先行廟堂之賞，次録諸臣之勞。」上不悦。先是上以守仁捷書示閣臣楊一清等，謂守仁自夸大，且及其生平學術，一清等不知所對。守仁之起由璁、萼薦，萼故不善守仁，以璁强之。後萼長吏部，璁入内閣，積不相下。萼暴貴，喜功名，風守仁取交阯，守仁辭不應。一清雅知守仁，而黄綰嘗上疏欲令守仁入輔，毁一清，一清亦不能無移憾。萼遂顯詆「守仁征撫交失」，賞格不行，獻夫及霍韜不平，上疏争之，言諸猺爲患積。疏上，報聞而已。

《世宗實録》卷九四　丙戌，陞太常寺卿、提督四夷館邊貢爲南京刑部右侍郎。

《國榷》卷五四　己丑，兵部尚書王時中被劾罷。

庚寅，故太子太保、工部尚書湯陰李鐩贈少保，謚恭敏。總理河道工部右侍郎潘希曾言，【略】從之。

《世宗實録》卷九四　乙未，陞光禄寺卿蘇民爲太常寺卿，提督四夷館。

《世宗實録》卷九五　十一月壬寅，以旱災，免湖廣起運南京等項錢糧。

乙巳，以大同災傷，糧草缺乏，詔户部發銀二十萬兩給之，令趁時糴買。

《國榷》卷五四　丙午，許土魯番速檀滿速兒入貢。免大名、廣平、順德、真定水災田租。

己酉，改胡世寧兵部尚書，進太子太保。

壬子，内官監供用庫例收江南白糧，私斗倍索，納户苦之。户科都給事中蔡經告困，定每石加耗一斗，禁科擾。准錦衣衛衣裘韈五年一給。

癸丑，套虜六七千騎自寧夏鎮遠關渡河，循賀蘭山而南。總兵杭雄、副總兵趙鎮等次鎮羌堡擊之，失利。事聞，命給事中李仁往勘。

《明通鑑》卷五四　乙卯，免河南開封府被災秋糧。

《國榷》卷五四　丙辰，南京刑部尚書高友璣爲刑部尚書。

庚申，兵部尚書胡世寧上兵務十事。上善之。

辛酉，土魯番入貢，表而不印。詹事霍韜言其悔罪未實，命下兵部、户部議之。

癸亥，兵部左侍郎周倫爲南京刑部尚書。諭户部：「河南陝州饑，民相食，何不急賑？」尚書鄒文盛等言：「河南皆饑，陝州尤甚，請截漕五萬石。」報可。

丙寅，册妃張氏爲皇后。

丁卯，新建伯、總督兩廣、兵部尚書兼右都御史王守仁卒于南安。上聞之不懌。隆慶初，贈新建侯，謚文成。

《明通鑑》卷五四　守仁在軍中病篤，疏乞骸骨，舉鄖陽巡撫林富自代。不俟命竟歸，行至南安卒，年五十七。喪過江西，軍民無不縞素哭送者。

《國榷》卷五四　十二月戊辰朔，宣府滴水崖堡卒郭春等多負逋，擐甲不對簿，至焚劫。副總兵劉淵諭解之，尋伏法。

庚午，套虜千餘騎自寧夏渡河，寇史家溝，至青沙峴。總兵杭雄擊之，敗績。

癸酉，兵部右侍郎王廷相爲左侍郎，採木。工部右侍郎黄衷改兵部右侍郎。詔邊民歸自虜中，量勞之，有馬則給其直。

丙子，虜入大同，掠陽和、天城、平虜三衛及雲朔，把總指揮趙源死之。官軍頗斬獲，引去。定土官入貢，遵禮部坐名道大江。時湖廣忠孝安撫司把事田春等稱貢驛騷。

戊寅，命御馬監及豹房、鷹房上額費，以鷹犬虚費，縱之。

《世宗實録》卷九六　乙卯，巡撫山西都御史王應鵬等言：「山西歲比不登，加以青羊山之役，及虜終歲犯邊，供費不貲，公私兩困。即王府歲禄，及官吏軍士俸糧，【略】諸兵災州縣，聽一切蠲免，以便宜賑濟，使民沾實惠。」上允行之。

《國榷》卷五四　庚辰，都督僉事楊鋭爲總兵，鎮守遼東。署都指揮僉事李瑾爲總兵，鎮守山西。

辛巳，户部尚書鄒文盛致仕。定贖錢鈔則例，詔京官節錢勿用楮。

壬午，廖道南上言四事。

《明通鑑》卷五四　壬午，下吏科都給事中劉世揚，給事中李仁于獄。先是世揚等劾奏詹事顧鼎臣，【略】上怒其狂妄奏擾，杖之。

《國榷》卷五四　戊子，户部左侍郎梁材爲户部尚書。團營尚書李承勛劾武定侯郭勛，並求退。不允。勛自辨，戒諭謙協。

己丑，土魯番虎力納咱兒以瓦剌三千騎犯肅州。

丙申，户部右侍郎王軏爲左侍郎，工部右侍郎何塘改户部右侍郎。

嘉靖八年（己丑、一五二九）

《國榷》卷五四　正月己亥，許令歲襲武爵濟西陲。初兵部請開納，遂暫行。

《明通鑑》卷五四　振山西旱災，詔發太倉銀給之。

《國榷》卷五四　壬寅，南京提督機房太監李政乞淮鹽織造。切責之。

乙巳，撫治鄖陽右副都御史林富爲兵部左侍郎兼右僉都御史，巡撫兩廣，提督軍務。

丙午，兵部尚書胡世寧請薊、遼、宣、大各增兵將，録用故都御史馬昊、陳九疇、副使施儒、楊必進。廣屯種、興鹽法、預收糴，以足邊儲。上從之，惟不增兵。

《世宗實録》卷九七　巡撫雲南都御史歐陽重奏，雲南鹽課僻在萬里，與内地不同。翰林院侍講學士許浩陳四事，上嘉納之。

《明史》卷一七《世宗紀一》　庚戌，大祀天地於南郊。

《國榷》卷五四　甲寅，大計覲官，旌卓異，餘干縣丞周誼預焉。

丙辰，楊一清言「弭災之實，卹民窮、修武備、惜人才、飭言官」。從之。

丁巳，前少保兼太子太保、吏部尚書、武英殿大學士石珤卒。謚文隱。

戊午，諭修省。諸大臣各自陳，條議以上。

《世宗實録》卷九七　通政使司左通政宋滄等條奏職業六事。

庚申，吏部尚書桂萼等奏，原任都御史馬昊貪殘險譎。

《國榷》卷五四　套虜萬餘騎駐楊柳堡，塞上戒嚴。

乙丑，太子太保兵部尚書胡世寧致仕。

丙寅，雲南左布政使徐讚爲右副都御史，提督撫治鄖陽。

《世宗實録》卷九七　以災傷免南京四十二衛屯糧有差。

《國榷》卷五四　二月丁卯朔，考察拾遺。參政胡纘宗、副使何鰲、屠應埙、蕭鳴鳳等並降罷。

戊辰，吏部奏覆原王守仁。上意未解，詔議其學術事功。給事中周延稱其賢，謫太倉州判官。

《世宗實録》卷九八　總督漕運都督楊宏、都御史唐龍上疏自劾轉漕無狀，請免。

庚午，陞福建按察使吴山爲江西左布政使，雲南按察使陳軾爲雲南右布政使。詹事府詹事兼翰林院學士霍韜以災變應詔陳言。

《國榷》卷五四　詹事霍韜言：宗室日廣，禄費不給。裁易州廠委官，定部曹領之。侍郎改提督回京，專領廠局修造。

壬申，大學士張璁、詹事霍韜主禮闈。陝西災，詔開靈州鹽池課。

癸酉，少保兼太子太保、吏部尚書桂萼兼武英殿大學士，直閣。

《明通鑑》卷五四　萼素與張璁比，後皆用事，積不相下。及同居政府，遂致相失。

《國榷》卷五四　提督團營、兵部尚書李承勛回部，以伍文定提督團營。監察御史王鼎劾南京户部右侍郎胡錠，上不許，免錠官，令撫按廉其事。虜犯寧夏。

甲戌，停王守仁世爵卹典，并禁其學術。

丁丑，襄陽大饑，賑之。

戊寅，熊浹爲右都御史，署院。提督團營武定侯郭勛受罪戍金輅賂，擅縛指揮王臣，被劾。罷其典兵及保傅官階。録安慶士民李時憲等守禦功。

己卯，核在京錢糧出入之數。

《世宗實録》卷九八　庚辰，以直隸真定等府及河南山東歲饑，詔改徵折色一年。

《明史》卷一七《世宗紀一》　甲申，旱，躬禱於南郊。

《明通鑑》卷五四　丙戌，十三道御史穆相等，以災異陳八事。

《國榷》卷五四　籍鷹房田，召民佃種。洮、岷屬番入犯，殺千户馮綬、馬應爵等。

戊子，大學士楊一清請開王親京職之例及陞轉王府官。下吏禮部議，格之。

《昭代典則》卷二六　土魯番乞歸哈密通貢。

《國榷》卷五四　辛卯，廷議。哈密降人願還者聽，其都督以下等官免赴京承襲。

《世宗實録》卷九八　調南京工部右侍郎楊杲爲南京户部右侍郎。

壬辰，户部尚書李瓚應詔陳倉場六事。

《國榷》卷五四　癸巳，諭户、兵、工三部核錢糧積弊。遣給事中、御史巡視各倉場、内庫、監局，南京如之。

甲午，豐城侯李旻提督團營。虜入河套，寇寧夏。改方獻夫吏部尚書。

《明通鑑》卷五四　代桂萼也。

《世宗實録》卷九八　甲午，會試取中式舉人唐順之等三百二十名。

《國榷》卷五四　丁未，諭都察院，下各巡按録囚。

《明通鑑》卷五四　三月丙申朔，葬悼靈皇后。

《國榷》卷五四　署都指揮同知沈希儀爲右參將，分守廣西柳慶。

戊戌，上御經筵。

《明史》卷一七《世宗紀一》　振河南饑。

《國榷》卷五四　庚子，廣東按察僉事林希元上《荒政叢書》。

辛丑，兵部尚書李承勛請申會議會舉舊制。報可。

甲辰，提督南京倉儲左副都御史羅欽忠再引疾。上怒，免其官。立各鄉社義倉，從兵部左侍郎王廷相議。官軍攻洮州東路叛番，斬二百三十九人。

《世宗實録》卷九九　兵部覆詹事霍韜所上弭災事。

《國榷》卷五四　乙巳，禮部左侍郎李時爲禮部尚書。

戊申，御馬監太監麥福請復徵草場田租。不許。

庚戌，策貢士。賜羅洪先、程文德、楊名等進士及第、出身有差。

乙未，兵部尚書伍文定、都御史王軏勒罷，以御史戴金議其芒部失策。提督南贛都御史汪鋐回院。

《明史》卷一七《世宗紀一》　甲寅，賜羅洪先等進士及第、出身有差。

《世宗實録》卷九九　壬戌，巡撫四川都御史唐鳳儀、巡按御史戴金會奏議處芒部七事。

《國榷》卷五四　癸亥，定貪酷例。貪官追贓遣戍，酷斃者雖因公亦削籍，故入論死。

甲子，工部右侍郎章拯爲南京工部尚書。禁京師佛會。裁守備監槍市舶等內臣，併于鎮守太監。

乙丑，禮部右侍郎嚴嵩爲左侍郎，户部右侍郎何瑭改禮部右侍郎。海盜掠常熟。

四月丙寅朔，河南布政使周用爲右副都御史，提督南、贛、汀、漳。

丁卯，御經筵。敕修《會典》，增近來條例，總裁：大學士楊一清、張璁、桂萼、翟鑾。

《明通鑑》卷五四　己巳，大學士楊一清等考選翰林院庶吉士，得胡經等二十人。

《國榷》卷五四　嚴西番貢使出入之禁。撫治鄖陽右副都御史徐瓚巡撫河南。

壬申，巡撫甘肅右副都御史唐澤爲户部右侍郎，兵部尚書李承勛仍兼團練。

甲戌，禁勳戚妄乞莊田。

丙子，禮部右侍郎何瑭予告。大理寺卿陳璋疾歸。

《世宗實録》卷一〇〇　國初，南北直隸及各省屯田子粒皆御史查覈，正統間，改在京各衛及北直隸屯田專設僉事管理，列銜山東。至是，户部尚書梁材言：「京師畿輔，屯政日弛。蓋由僉事權力不重，皇親勳戚憑藉城社，沮撓百出，勢難管理。自今請裁革僉事，仍專差御史，如南直隸例。」詔從之。

《國榷》卷五四　戊寅，浙江左布政使潘旦爲右副都御史，撫治鄖陽。

己卯，户部尚書梁材等議天下歲用。上是之。

庚辰，右副都御史張璉爲户部左侍郎，南京右副都御史蔣瑶爲工部右侍郎，改南京大理寺卿葛浩于大理寺。

《世宗實録》卷一〇〇　丙戌，南京太常寺卿牛鳳、少卿黄重俱乞致仕。許之。

《國榷》卷五四　丁亥，刑部尚書高友璣以訊庇郭勛，劾免，奪勛禄三之一。

戊子，總制陝西王瓊言：「【略】議處哈密。」上從之。

《世宗實録》卷一〇〇　己丑，陞廣西左布政使王大用爲應天府府尹。

《明通鑑》卷五四　是月，命兵部尚書李承勛兼提督團營。初伍文定既罷，廷推，兵部侍郎王廷相、黄衷因言：「今方裁革冗員，團營似不必專官。」乃援正德初許進以兵侍兼督團營事。上是之，乃以命承勛。

《世宗實録》卷一〇一　五月乙未朔，南京户部奏弭災四事。

《國榷》卷五四　丁酉，南京右都御史張琮、光禄寺卿劉乾、應天府丞楊燦俱罷。

《世宗實録》卷一〇一　戊戌，陞太僕寺少卿張楠爲南京鴻臚寺卿。

己亥，陞浙江布政使司右參政毛思義於本司，四川左參張羽於河南，俱右布政使。

《國榷》卷五四　庚子，更定冕弁及羣臣朝祭服制。

癸卯，以旱蝗免北直隸興營、保河等各衛所屯糧有差。

乙巳，陞福建布政使司左參政徐問爲廣西右布政使。

丙午，陝西總兵都督同知魯綱疾，還莊浪。南京刑部尚書周倫改刑部尚書。

《世宗實録》卷一〇一　戊申，陞太常寺少卿歐陽鐸爲南京光禄寺卿。

《國榷》卷五四　甲寅，禮部右侍郎何瑭爲南京右都御史，尋罷。劉文充總兵官，鎮守陝西。

《世宗實録》卷一〇一　乙卯，改南京户部右侍郎楊杲爲户部右侍郎。以旱蝗免直隸順天、河間、真定、順德、廣平各府屬州縣税糧有差。

丁巳，陞福建右布政使馬卿爲南京太僕寺卿。

《國榷》卷五四　辛酉，賜楚府儀賓沈淵從一品服俸。淵前上大禮議。

《世宗實録》卷一〇一　壬戌，陞廣西按察使錢宏爲福建右布政使。

《國榷》卷五四　六月乙丑，南京吏部右侍郎湛若水改禮部。

戊辰，大學士桂萼上《輿地圖》。故右副都御史周南贈太子太保。

癸酉，詹事霍韜等言：「臣等修《會典》，先閲册籍，見洪武初天下田土八百四十九萬六千頃有奇，弘治十五年存額四百二十二萬八千頃有奇，失四百二十六萬八千頃有奇，是田存半失半也，國計何從足耶？【略】」上令各官詳核沿革，送史館。

南京禮部尚書劉龍改南京吏部尚書。

丁丑，虜入尖山墩，官軍失利。

《世宗實録》卷一〇二　戊寅，以旱蝗減免山西代州、陽城等州縣，直隸鳳陽、淮安、揚州府屬各州縣夏税。

己卯，奪户部尚書梁材俸三月，以司屬劉燁然侵尅官銀故也。

《國榷》卷五四　庚辰，罷兵部右侍郎黄衷。

辛巳，旱蝗，免山東夏税。

癸未，裁内庫上供白粲二萬六百八十二石。

甲申，故少師吏部尚書兼華蓋殿大學士楊廷和卒。謚文忠，賜祭葬。巡撫山西都御史劉大謨免。

《世宗實録》卷一〇二　乙酉，以災傷減免山西應州及安東中屯衛夏税。

丁亥，兵部條革宿弊六事。

《國榷》卷五四　庚寅，河南左布政使張瀚爲右副都御史，提督雁門等關，兼巡撫山西。

辛卯，工部左侍郎何詔爲南京刑部尚書，南京太常寺卿顧珀爲南京户部右侍郎。起陳洪謨兵部右侍郎。

《明史》卷一七《世宗紀一》　七月甲午，以議獄不當，下郎中魏應召等於獄，右都御史熊浹削籍。

《國榷》卷五四　福建都轉鹽運使黄宗明爲光禄寺卿。

乙未，兵科給事中孫應奎論「楊一清尚通，難獨任。張璁學博性偏。桂萼桀驁，大負委任」。諭萼滌過。楊一清求去，云「與璁、萼凡事齟齬，心知其非，力不能奪。包荒負國，實在于此」。慰留之。張璁、桂萼各引疾，上諭「璁資性剛速，宜思協恭」。「萼質任寬迂，因致物論。宜加修飭」。

《明通鑑》卷五四　自是一清與璁、萼皆不安于位，而攻璁、萼者四起。

《國榷》卷五四　丙申，南京兵部右侍郎萬鏜爲南京右副都御史。旱災，免臨洮、鞏昌田租。

丁酉，工部尚書劉麟罷。

庚子，右庶子方鵬爲南京太常寺卿。

《世宗實録》卷一〇三　陞河南布政使司右參政陶諧爲本司右布政使。

《國榷》卷五四　壬寅，盤石衛卒作亂，縛主簿，攘帑三千餘金，逃于海上。江陰盗侯仲金殺百户、主簿，大掠。

癸卯，起林庭棟南京兵部右侍郎。

《世宗實録》卷一〇三　陞工部右侍郎潘瑶爲本部左侍郎，提督四夷館。太常寺卿蘇民爲右侍郎。原任巡撫保定等府右副都御史林庭棉爲南京兵部右侍郎。以旱災免山西行都司所屬衛所、并大同府所屬州縣夏税有差。

丁未，改南京刑部尚書何詔爲工部尚書。詔疏辭，許之。

《國榷》卷五四　南京户部右侍郎楊旻終養。

戊申，提督南苑太監孫瑞，乞免南苑户役。不許。

庚戌，南京户部尚書王承裕北上至天津，有疾還里。被劾罷。土魯番速檀滿速兒入貢。

《世宗實録》卷一〇三　壬子，陞陝西左布政使成文爲太常寺卿，提督四夷館。

《國榷》卷五四　癸丑，禮科給事中王準劾張璁、桂萼薦舉徇私。不問。

丁巳，巡按直隸監察御史魏有本言：「頃停浙直織造待豐歲。今又命織造，上違德意，下失民心。仍乞停止。」不聽。兵科都給事中夏言請設巡視海道都御史，江淮總兵以捕盗。從之。

庚申，前少保兼太子太保左都御史陳金卒。

辛酉，太師兼太子太師定國公徐光祚卒，謚榮僖。兵部請録故提督兩廣右都御史韓雍後。不允。

八月甲子朔，虜警，練京兵聽征。

乙丑，太子太保、南京兵部尚書王憲改左都御史。提督兩廣兵部左侍郎林富請停廣東採珠。不聽。

《世宗實録》卷一〇四　庚午，改南京工部尚書章拯爲工部尚書。

《國榷》卷五四　壬申，起張雲户部右侍郎，巡撫遼東，右副都御史。

癸酉，都指揮使崔文爲都督僉事總兵官，提督上下江防捕盜。

《明通鑑》卷五四　丙子，張璁、桂萼罷。

《國榷》卷五四　工科給事中陸粲劾張璁、桂萼罔上行私，專權納賄。萼革散官并學士，以尚書致仕。周時望、胡森下獄。罷邵杰、嚴嵩、李如圭。粲不早言，并下獄。

丁丑，裁壽州正陽榷關。

戊寅，敕諭文武羣臣，明張璁、桂萼等罪。

庚辰，翰林院侍講許誥爲太常寺卿，署國子祭酒。

《世宗實録》卷一〇四　丙戌，十三道御史吴仲等言，總制三邊尚書王瓊兇惡姦猾。

《國榷》卷五四　總制陝西尚書王瓊劾罷。初議禮惟璁、萼、霍韜、席書、方獻夫最信用。璁、萼專恣，雖上亦不能堪。璁、萼去，言官欲窮治其黨，紛呶百出。韜疑一清嗾之，因力攻一清，默救璁、萼。上心頗動。

丁亥，起胡世寧南京兵部尚書。

戊子，科道劾張、桂餘黨。

己丑，太子太保、吏部尚書方獻夫論黨事：「如無顯過，宜令仍任。」上是之，命公議。

九月癸巳朔，敕召張璁直閣。璁時行及天津。

甲午，楊一清再求去。不允。

乙未，工科給事中劉希簡劾霍韜黨護。下獄。

丙申，復王瓊總制。上難其代也。

《世宗實録》卷一〇五　吏部尚書方獻夫等奉旨詳覈科道官所論劾黨附張璁、桂萼諸臣。

《國榷》卷五四　辛丑，南京刑部右侍郎邊貢爲南京刑部尚書。

《明通鑑》卷五四　謫行人司副岳倫爲山東主簿，給事中王準爲雲南典史，工科給事中陸粲爲貴州驛丞。

《國榷》卷五四　壬寅，浙江左布政使劉節爲左副都御史，巡撫山東。

癸卯，霍韜乞假，力攻楊一清贓罪。韜仍留，一清事下法司。

甲辰，免鳳陽、淮安、揚、徐、海災傷田租。

乙巳，刑部尚書周倫改南京，刑部左侍郎許瓚爲刑部尚書。户科都給事中蔡經上鹽法三弊。章下所司。

戊申，復桂萼少保兼太子太傅、吏部尚書、武英殿大學士，仍致仕。

《世宗實録》卷一〇五　庚戌，陞江西按察使胡璉、河南左參政胡鐸俱布政司右布政使。璉浙江，鐸湖廣。

《國榷》卷五四　辛亥，刑部等議上楊一清罪。張璁解之，報聞。一清引罪乞宥，許致仕。

甲寅，詔江南捕蝗，仍賑之。丙辰，刑部右侍郎聞淵爲左侍郎，右副都御史汪鋐爲右侍郎。起周廣南京刑部右侍郎。免應天田租。

己未，免河間州縣衛所田租。

庚申，起顧璘江西按察使。

《國榷》卷五四　十月戊辰，刑部員外郎邵經邦言：「議禮與臨政不同。」【略】下獄，謫戍邊衛。

《明史》卷一七《世宗紀一》　己巳，除外戚世封。著爲令。

《國榷》卷五四　雲南巡撫歐陽重核餉，兵大譁。尋諭解，免重官。許廣東仍通番舶，漳州私市禁之。

庚午，總督漕運左僉都御史唐龍爲右副都御史，回院。山西、陝西、江西災傷，免田租。

甲戌，免蘇、松水災田租。

丁丑，浙江布政使毛思義爲右副都御史，總督漕運兼巡撫鳳陽。虜寇榆林，王瓊禦卻之。

《世宗實録》卷一二　以災免浙江湖州府所屬州縣秋糧如例。

《國榷》卷五四　壬午，提督四夷館太常寺卿成文、貴州左布政使胡訓並爲右副都御史，巡撫遼東、雲南。

甲申，免順天、永平旱蝗夏税，山東田租。

《世宗實録》卷一二　乙酉，陞江西按察使顧璘爲浙江右布政使。

《國榷》卷五四　己丑，魏校爲太常寺卿，提督四夷館。

《明通鑑》卷五四　是月，復以旱蝗，免順天、永平等府及陝西臨、鞏等府夏税及山東秋糧。

《世宗實録》卷一〇七　十一月乙未，陞江西布政司右參政李緋爲山東右布政使。

《國榷》卷五四　停山海關内臣征税。

《世宗實録》卷一〇七　丙申，以河南蝗災，免開封等府所屬州縣并宣武等衛秋糧有差。

戊戌，陞廣東布政司右參政應大猷爲江西右布政。

《國榷》卷五四　庚子，召桂萼復相。吏科都給事中劉世揚上八事。謫世揚江西布政司照磨。

《世宗實録》卷一〇七　辛丑，以真定等府旱災，減免今年存留税糧有差。

《明史》卷一七《世宗紀一》　甲辰，振浙江災。

《國榷》卷五四　壬子，奪故工部尚書李鐩贈謚。刊《大明集體》。

《世宗實録》卷一〇七　總制陝西三邊兵部尚書王瓊奏所畫修築延寧邊墻事宜。

《明史》卷一七《世宗紀一》　丁巳，親詣郊壇告謝，百官表賀。

《國榷》卷五四　辛酉，故江西按察司提學副使李夢陽卒。

十二月辛未，罷太子太保左都御史王憲。憲推宣大總督，固辭，被劾。

己巳，應天府尹王大用爲右副都御史，巡撫順天。水災，免兩浙竈户今年歲辦。

甲戌，番夷入臨洮、鞏昌大掠。

丙子，福建左布政使查約爲應天府尹。

《明通鑑》卷五四　免山西太原、平陽等府及南直隸鳳陽、揚州等府被災秋糧。

《國榷》卷五四　丁丑，上親定百官朝服圖式，仍會典之舊，以習久而訛也。

己卯，大學士翟鑾予告。

庚辰，刑部左侍郎汪鋐爲右都御史。裁工部添設右侍郎。

《世宗實録》卷一〇八　以災傷詔免南京錦衣等衛屯糧子粒。陝西西安、延安、慶陽、漢中等府州縣衛所秋糧各有差。

《國榷》卷五四　辛巳，定郊祀告廟，詣太廟行禮。

《明通鑑》卷五四　乙酉，詔發預備倉振真定等府饑。

《國榷》卷五四　丙戌，停宣大總制。令户部左侍郎張璉兼右僉都御史，總督軍餉。

丁亥，核羣臣引疾三年以上俱免官。其親老重疾鄉望，非此論。巡視浙江、福建海防右副都御史王堯封，引疾奪官。浙江左布政胡璉爲左副都御史，代巡視。

嘉靖九年（庚寅、一五三〇）

《世宗實録》卷一〇九　正月丁酉，上大祀天地于南郊。

辛丑，詔浙江温、台、處三府税糧俱復徵本色。

《國榷》卷五四　壬寅，巡撫陝西右副都御史寇天叙爲刑部左侍郎。

《世宗實録》卷一〇九　癸卯，朝鮮國陪臣工曹參判朴光榮等來賀正旦，宴賜如例。

甲辰，陞浙江右布政使顧璘爲本司左布政使。

《國榷》卷五四　丙午，吏科都給事中夏言請皇后親蠶。

戊申，上復諭禮部親蠶。巡撫保定、右副都御史錢如京言：「京畿重地，守令須進士，不宜歲貢。」

庚戌，巡按雲南監察御史劉臬請罷採辦土酋孟密地方寶井寶石。不聽。

甲寅，太子太保、南京兵部尚書胡世寧疾辭。許之。寧夏旱，免田租，仍賑之。虜犯宣府馬營，赤城守備劉傳聞警砲，率所部援之。【略】殺其酋長，虜駭去。命團營右都督郤永總兵聽征。

丁巳，賑山西饑。

己未，兵部左侍郎王廷相爲南京兵部尚書。

《世宗實録》卷一〇九　庚申，以災傷免真定等府税糧有差。

《世宗實録》卷一一〇　二月癸亥，命鎮守貴州總兵官、署都督僉事牛桓僉書右軍都督府事。

《國榷》卷五四　甲子，定社稷配位。奉太祖、太宗神牌于太廟寢殿。

丙寅，太僕寺卿余瓚致仕。

丁卯，巡撫大同右副都御史蔡天祐爲兵部左侍郎。

《明通鑑》卷五五　戊辰，上祭社稷畢，出，郊祭先農，親耕藉田。

《國榷》卷五四　北虜阿爾禿厮五千餘人入紅城，參將彭濬拒卻之。

庚午，禮部上親蠶儀注。

辛未，江西道監察御史周襗上五事：「明史職、恤水災、清册籍、厚風俗、理驛傳。」上善之。免順天、永平田租。

壬申，定百官謁文廟禮。

癸酉，初上問張璁郊祀、宗祀、冬至圜丘、夏至方澤及日月配報之説。【略】諭禮部集議。

乙亥，李璋爲署都督僉事、總兵官，鎮守貴州。賑京師流民，令天下修舉養濟院實政。

丁丑，右都御史汪鋐請禁約官民服舍，一依會典品級。報可。

辛巳，議親蠶樂舞。

《世宗實録》卷一一〇　乙酉，陞陝西左布政使胡忠爲都察院右副都御史，巡撫延綏等處。

《國榷》卷五四　戊子，免福建逋租。

庚寅，免浙江田租。

三月甲午，巡撫山東右副都御史劉節總督漕運，巡撫鳳陽。

丙申，張璁上郊祀考議。下禮部。

《明通鑑》卷五五　時詹事霍韜深非郊議。

《國榷》卷五四　庚子，詹事霍韜下都察院獄。

甲辰，敕琉球國王源義傳諭日本，令擒獻宗設。

乙巳，應天府尹查約爲右副都御史，巡撫山東。

《世宗實録》卷一一一　戊申，陞陝西按察使姚文淵爲本布政使司右布政使。

《國榷》卷五四　庚戌，陝西流盜平。

辛亥，宣府總兵郤永罷。

癸丑，賑真定饑。

甲寅，延綏大饑，發金三萬市米賑之。

《世宗實録》卷一一一　陞山西右布政使江曉爲應天府府尹。

丁巳，陞後軍都督府都督同知桂勇爲右都督，仍管府事。

《國榷》卷五四　皇后行親蠶禮于北郊，祭先蠶。

己未，張璁申分祀並配之議云：「分祀從古，並配從今。」下禮部。

四月庚申朔，禁邊衛軍改近衛。

《世宗實録》卷一一二　癸亥，起用大學士桂萼。行至徐州，以疾辭。得旨：「卿趨命在途，具見忠敬。宜速來供職，以副朕懷。有疾沿途善加調理，毋再辭。」

《國榷》卷五四　乙丑，裁鎮雄府流官。復授芒部土酋隴勝爲通判，署府事。

丙寅，右都督桂勇總兵，聽征。

《明通鑑》卷五五　奪前大學士楊一清職。初，一清與故太監張永善，至是張璁等憾一清不已，乃搆朱繼宗之獄，坐一清受永弟容金錢，爲永志墓，又爲容請世襲指揮。詔革容職，而貰一清勿問。已而給事中趙廷瑞等復希璁指劾之，遂有是命。一清大恨曰：「老矣，乃爲孺子所賣！」疽發背卒。遺疏言：「身被汙衊，死不瞑目。」上聞而悼之。

《國榷》卷五四　戊辰，禮臣上羣臣郊祀配典申議。有旨如所擬。

癸酉，巡撫湖廣右副都御史朱廷聲爲刑部右侍郎。

己卯，少保兼太子太傅吏部尚書武英殿大學士桂萼入朝。

《世宗實録》卷一一二　庚辰，陞雲南左布政使凌相爲都察院右副都御史，巡撫湖廣地方。

壬午，六部、都察院奉旨議上恤災事宜。

《國榷》卷五四　漕運總兵楊宏劾免。

癸未，右僉都御史李如圭爲右副都御史，巡撫延綏，兼理賑濟。

《世宗實録》卷一一二　以災傷，停徵山東濟南等府、利津等州縣及張金泊等料。

《國榷》卷五四　甲申，定土官襲職，先報名核實。議延綏賑恤。

丁亥，原霍韜罪，罰金還任。

戊子，修南京太廟。

五月丁酉，總督倉場户部尚書李瓚致仕。山西巡鹽監察御史王宣薦屬官五十二人。右副都御史汪鋐言其濫舉，免官。

《明史》卷一七《世宗紀一》　己亥，更建四郊。

《國榷》卷五四　庚子，左都督桂勇解東官廳提督。先是，羽林衛指揮使劉永昌言其權重。

《世宗實録》卷一一三　壬寅，時劇賊李繼祖聚衆百十人，流劫湖廣上津、陝西洵陽、山陽間。兵備副使王明、都指揮王言率兵捕斬甚衆。事聞，詔旌獎明、言。

《國榷》卷五四　癸卯，孫家渡河隄成。

《世宗實録》卷一一三　丁未，御史盧問之條陳選將、練兵、足食事宜。

《國榷》卷五四　己酉，起户部左侍郎王軏總督倉場。左僉都御史李如圭以右副都御史賑濟榆林。吏科都給事中夏言超擢左僉都御史。

甲寅，廣西兵破猺賊平。

乙卯，阿爾秃廝衆二萬道寧夏，禦之，失利。

戊午，前太子少保工部尚書俞琳卒。

六月己未朔，定牧放營馬之例。

庚申，武定侯郭勛都督五營操練。阿爾秃廝自鎮遠關渡河入套。

《明史》卷一七《世宗紀一》　癸亥，立曲阜孔、顔、孟三氏學。

《世宗實録》卷一一四　南京兵科給事中何祉條陳九事。

《國榷》卷五四　庚午，刻《大明集禮》成，上自序之。

《明通鑑》卷五五　壬申，以真定府等處大旱，命太常寺官持香帛禱于北嶽之神。是日，雨沾足，守臣以聞。時上好言祥瑞，河南、四川等處皆獻瑞麥，令薦之奉先等殿。尚書李時請表賀，不許。

《世宗實録》卷一一四　新陞四川右布政使李際可以疾乞休，詔以原任參政銜致仕。

《國榷》卷五四　乙亥，吏科都給事中夏言奏：「給事中【略】乞復舊制通選。」從之。

庚辰，總制王瓊遣總兵劉文破洮、岷番夷若籠板爾等族，平之。

辛巳，先是豐林王台瀚上四事：崇輔導、建學校、定子女、均人役。下禮部議上，不果行。

河決曹縣，分三道出徐州。

七月戊子朔，兵部武庫主事趙時春言：「【略】急務有三：惜人才、固邊圉、正治教。」上責其掇拾賣直，下錦衣獄拷訊，削籍。

庚寅，南京内臣高昇貢魚笋艘，索舟役，棄笋，止進魚。兵部奏其違命，命按之。

辛卯，提督四夷館、太常寺卿魏校致仕。

《世宗實録》卷一一五　陞江西右布政使黄芳爲南京太常寺卿。

《國榷》卷五四　甲午，廣東左布政使劉士元爲右副都御史，巡撫貴州。

戊戌，前征西將軍右都督杭雄卒。

庚子，右春坊右諭德彭澤爲提督四夷館、太常寺卿。

《世宗實録》卷一一五　壬寅，陞廣西按察使高公韶爲廣西右布政使。

《國榷》卷五四　癸卯，初陳洸復奏葉應驄行勘殺人。下巡按。御史邵豳竟除名。令人訐御史聽囑，詞連修撰蕭與成、御史陳大器、知府鄭漳、顧遂。又下之巡按。于是御史李美言：「死者皆有狀，非勘官斃之。洸言妄。」不聽，應驄戍鐵嶺衛，豳、大器咸坐賄囑，漳坐規避，俱有罪。

丙午，工科都給事中趙漢言：「大學士桂萼、翟鑾，稱疾三月，未免曠職。張璁預政久，不求賢共濟，未免專擅。乞諭萼、鑾引退。【略】」遂奪月俸。

《明通鑑》卷五五　給事中孫應奎劾尚書方獻夫私其親故大理少卿洗光、太常卿彭澤，上不聽。越日，給事中夏言亦劾。

《國榷》卷五四　丁未，吏科都給事中夏言奏：「浙江右參政黄卿，忤張璁，調陝西。【略】」不問。前兵部尚書兼左都御史伍文定卒。行預糴備賑之法。法司會議律條，付史館采擇。

《世宗實録》卷一一六　八月戊午朔，給事中高金以下詔欲沙汰天下生員，因陳其不可遽行者有七，大略謂儲才貴豫，求才貴廣。【略】上責金不奉詔，仍令禮部申諭。

《國榷》卷五四　甲子，應天、太平、安慶水災，詔減田租有差。

乙丑，□科給事中薛甲上四事。【略】下吏部再議。甲疏辨，上怒其不俟覆遽上，謫湖廣布政司照磨。

《世宗實録》卷一一六　丙寅，御史孫錦以榆林荒，因條備荒事宜。

甲戌，以水災停免湖廣武漢等八府所派内府巾帽局物料。

《國榷》卷五四　乙亥，建平縣妖賊伏誅。

庚辰，羽林衛指揮使劉永昌言：「太祖罷丞相，分部院。今内閣無相名，有相權。乞存内閣，減事權，令九卿更直備顧問。」下所司。

辛巳，大學士桂萼上《授時考》、《任人考》。

壬午，水災，減江西田租。

乙酉，顯靈宫設醮。是日，論囚，法司三覆奏，以齋故免刑。

九月辛卯，朝臣多累月稱疾不朝，命核之。右都御史汪鋐言各邊墩臺宜佛郎機銃。從之。

壬辰，兵科給事中高金請斥真人邵元節，【略】下錦衣獄。裁雲南鎮守太監。巡按御史毛鳳韶言滇民苦之。

癸巳，革勳戚列廛。

甲午，寧夏總兵張瑛訐奏巡撫翟鵬。

乙未，免蘇、松旱災田租。

庚子，減免南京所貢果實器幣。

壬寅，巡按保定右副都御史錢如京爲工部右侍郎。

《世宗實録》卷一一七　命署都督僉事張輗僉書左軍都督府事，豐潤伯曹松掌南京右軍都督府事。

《國榷》卷五四　戊申，修寧夏墩堡，時大虜西行。

癸丑，都指揮同知周尚文爲署都督僉事、總兵，鎮守寧夏。

甲寅，前大學士楊一清卒。贈太保，謚文襄。

乙卯，浙江左布政使顧璘爲右副都御史，提督雁門等關，兼巡撫山西。太子太保、吏部尚書兼翰林學士方獻夫疾去。

《明通鑑》卷五五　獻夫累被劾不自得，兩疏引疾，報許之，然猶虛吏部尚書位以待云。

《國榷》卷五四　前南京右都御史張琮卒。

是月，黎譓没于哀牢，子寧七歲，故臣黎峒、鄭江、黎畬、鄭惟巙等共立之，稱元和元年。

《明通鑑》卷五五　十月丁巳朔，禮部奏宮中應行事宜及講《女訓》儀注。

《國榷》卷五四　辛酉，定海外諸國依期進貢。

壬戌，諭禮部選妃嬪備侍御，【略】不遣内臣。

《世宗實録》卷一一八　甲子，以水災免滄州、青州所屬利民等鹽場本年分鹽課。

《國榷》卷五四　庚午，裁浦子口管税内臣。

辛未，輯祀儀成典，以更定郊制也。

癸酉，右副都御史汪鋐爲兵部尚書，仍兼右都御史，提督團營。

甲戌，詔停刑。

乙亥，翰林院侍讀學士兼吏科都給事中夏言直經筵日講。

《世宗實録》卷一一八　庚辰，以災傷免遼東各衛所屯糧有差。

《國榷》卷五四　十一月丁亥朔，定閣臣、錦衣衛指揮侍御座左右。永樂間，閣臣首文班，錦衣官侍座右，便承旨捧敕。始命翰林。

戊子，上詣南郊，視圜丘。監察御史詹寬奏：「決囚日鼓狀訴冤，易稽緩，請前期三日。」從之，著爲令。翰林院編修徐階請文廟像如舊，謫延平推官。

《世宗實録》卷一一九　己丑，兵部給事中王璣條陳二事。

《明通鑑》卷五五　癸巳，上因更定祀典，命儒臣纂輯成書，乃諭大學士張璁以次裁定，纂入書中。

《國榷》卷五四　戊戌，起顧應祥右副都御史，巡撫雲南。

《世宗實録》卷一一九　陞順天府丞黄鍾爲南京光禄寺卿。

己亥，南京河南道御史張寅劾南京禮部侍郎黄綰違法不職十事。綰疏辯。

《國榷》卷五四　辛丑，更正孔廟祀典。易木主，題「至聖先師孔子」。四配曰復聖、宗聖、述聖、亞聖。餘稱先賢。

壬寅，工部尚書章拯罷，誤郊壇祭器。

《世宗實録》卷一一九　癸卯，陞山東右布政使顧應祥爲都察院右副都御史，巡撫雲南。

《明史》卷一七《世宗紀一》　己酉，祀昊天上帝於南郊，禮成，大赦。

《國榷》卷五四　丙辰，前南京禮部尚書沈冬魁卒。

十二月丁巳朔，免湖廣水災田租。

己未，工部左侍郎蔣瑶爲工部尚書。

癸亥，吏部右侍郎徐縉爲左侍郎，右副都御史唐龍爲吏部右侍郎。

乙丑，刑科給事中張裕前力詆祭酒許誥，命指其實，不能對，遂下詔獄。是日，失朝殆三百人，俱下法司，奪禄有差。

丙寅，捕四川永川縣妖賊，平之。

己巳，工部右侍郎劉尚賢卒。

壬申，順天府尹黎奭爲工部右侍郎。

丁丑，始祀先聖先師于文華殿東室。初有釋像，并周公，上以不經，撤之。專祀五帝三王，南向，周公、孔子東西向。

己卯，設福建詔安縣。

《世宗實録》卷一二〇　辛巳，役設南京户部員外郎六員。先奉詔裁革南京户部司屬官十員，至是，尚書邊貢以缺人差委，奏請量復，以稱任使。

《國榷》卷五四　恤刑官停陞遷，并嚴過家延緩之禁。大報禮成，釋囚千八百餘人。

《世宗實録》卷一二〇　壬午，以水災免南京府軍左等衛屯所税糧有差。

嘉靖一〇年（辛卯、一五三一）

《國榷》卷五五　正月庚寅，吏部遵詔如累朝例，科舉、歲貢、薦辟，三途並用。從之。

辛卯，祈穀于大祀殿。故巡撫山西右副都御史江潮卒。

壬辰，上欲舉禘祭大雩秋報之禮。巡按雲南御史陸蓼韓薦尚書羅欽順、秦金等三十四人。坐濫舉，謫安慶推官。

《明史》卷一七《世宗紀一》　甲午，更定廟祀，奉德祖於祧廟。

《國榷》卷五五　乙未，御奉天殿，順天尹進春。

丁酉，特享太廟。

庚子，從禮部議：「歲貢生務選學行，毋衰庸充數。」巡撫大同兵部右侍郎蔡天祐劾罷。

壬寅，初例監停者四年，至是蘇州復以例上，仍禁之。

甲辰，巡撫山西右副都御史顧璘仍浙江左布政使，致仕。

《世宗實録》卷一二一　陞山東右參政張衍慶爲四川右布政使。

《國榷》卷五五　乙巳，少保兼太子太傅、吏部尚書、武英殿大學士桂萼疾去。

丙午，裁薊鎮鎮守太監。吏部右侍郎董玘免。監察御史胡明善劾其排陷徐縉、李時、顧鼎臣及聞喪不即去也。

己酉，上不豫，羣臣問安。報天降寶露，二月行報謝禮。

辛亥，定春秋開講，告先師先聖。

二月癸亥，祭太社太稷。

乙丑，河南左布政使陶諧爲右副都御史，提督南、贛、汀、韶。

《明通鑑》卷五五　丁卯，上親祀歷代帝王于文華殿。

《國榷》卷五五　戊辰，上躬耕籍田。前少傅兼太子太傅、户部尚書、謹身殿大學士謝遷卒，謚文正。

甲戌，南京光禄寺卿黄鍾爲右副都御史，巡撫山西。免鳳陽、淮安、揚、廬水災秋租有差。

《世宗實録》卷一二二　丙子，兵部尚書李承勛以風霾示異，奉詔條陳備邊五事。

《國榷》卷五五　戊寅，浙江海道僉事姜儀破擒海盜，賜金幣。

《明通鑑》卷五五　庚辰，上親祀大明于朝日壇。

《國榷》卷五五　壬午，大學士張璁以嫌名，請賜名孚敬，字茂恭。俱御書。

癸未，議建太歲壇。刑部尚書韓邦問卒。謚莊僖。

《世宗實録》卷一二二　乙酉，太子太保、兵部尚書胡世寧卒。詔贈少保，賜祭葬如例，謚端敏。

《國榷》卷五五　三月丙戌朔，諭：「大禘定孟夏，祀始出之祖于太廟，以太祖配，辛、丙歲一舉。」

丁亥，册九嬪。

己丑，禮部言：「皇后出郊親蠶非便。」命卜地内苑。太子太保、兵部尚書李承勛卒。謚康惠。

《世宗實録》卷一二三　庚寅，以太僕寺少卿洗光爲南京光禄寺卿。

《國榷》卷五五　嚴逮東貢夷詐冒。

辛卯，初應天推官陳廷璡疾，乞免，吏部擬加太僕寺丞。上以疾甚，自當免，非恬退也，問例所自始，部以弘治中對。命自今乞休，止原官致仕。

癸巳，吏部言：「京官考滿，稱職方封贈。間有違礙，即不敢請。于是往往自陳蒙恩，因而紛效。或移封，或改封，自今宜裁。」從之。已巡撫宣府、左僉都御史劉源清乞移封，不許。

乙未，定西苑土穀壇曰「帝社帝稷」，籩豆八，牲用犢羊豕。吏部左侍郎徐縉、詹事顧鼎臣、左春坊左庶子兼翰林院侍讀學士穆孔暉各失日講，宥之。

丙申，翰林院侍讀學士兼吏科都給事中夏言爲少詹事兼翰林學士。套虜犯莊浪。停永平、河間、壩底、安普、金滄、銅仁、鎮筸、郴、桂、施州各守備及巡視洞庭湖、管理開原馬市敕書。餘兵備道、撫治、捕盜、守備及太僕寺敕，不坐名，許代任。著爲令。

丁酉，虜入大同新莊墩。千户張鉞敗没，亡卒六十人。

戊戌，諭擇吏部尚書。許文選郎中鄧尚義實授，仍久任。更慎選各司。

己亥，巡撫大同右副都御史王大用被劾免。

庚子，雲南左布政使陳軾爲右副都御史，巡撫應天。

辛丑，選舉貢監生爲科道。內承運庫奏乏金珠寶石，徵帑金七萬，下市御用監。工部請遣科道監收。除內承運庫、惜薪司、軍器局外，御馬監、司設監、針工局、巾帽局、浣衣局、司苑局、供用庫、甲字等十庫、廣益庫則原遣科道，內官監、印綬監、尚衣監、尚膳監、銀作局、織染局、兵仗局、酒醋麵局、寶鈔司、盔甲廠則續遣科道。上以御用、尚衣、織染不必監收，餘如議。

甲辰，賜女直左都督速黑忒金帶綵幣。速黑忒居松花江，距開原四百里，爲北夷孔道。殺賊猛克，求蟒玉，不許。

戊申，裁四川分守少監。

己酉，監察御史傅漢臣請行一條鞭法。下所司。

《世宗實録》卷一二三　辛亥，以東寧伯焦棟充提督五軍營總兵官。

《國榷》卷五五　四月丁巳，皇后親蠶西苑。

《世宗實録》卷一二四　戊午，太僕寺少卿洗光條陳馬政三事。

《國榷》卷五五　給事中王訥言奏：「太常寺卿金贇仁、寺丞桑友蘭、徐可成俱道流濫秩，若陳道瀛尤宜斥。」忤旨，下錦衣獄，謫湖廣布政司照磨。

壬戌，起王時中仍兵部尚書。

甲子，上大禘于太廟。牌書「皇初祖」，不主名，南向。太祖配，西向。各牛羊豕一。祭訖燎牌。

丁卯，修仁壽宮。

戊辰，雲南蒙自縣鑾才古等平。

庚午，巡撫宣府左僉都御史劉源清進右副都御史，巡視浙福右副都御史胡璉巡撫江西。

辛未，前工部右侍郎章拯削籍。致仕尚書劉麟閑住。郎中高仲嗣謫開州同知，以顯陵香殿暖閣微漏。山東左布政使李綷爲右副都御史，總理河道。

癸酉，工部左侍郎黎奭、太監崔文葺顯陵香殿。

《世宗實録》卷一二四　戊寅，陞浙江按察使汪珊爲廣東右布政使。

《國榷》卷五五　庚辰，兵部火，延及工部。逮兵部左侍郎陳洪謨、武選郎中黄禎、員外郎馬坤、主事袁袠、楊旦，下鎮撫司。

《世宗實録》卷一二五　五月甲申朔，掌都察院右都御史汪鋐奏劾浙江巡按御史李佶酷刑苛察，失憲臣體。詔下南直隸巡撫逮問。

《國榷》卷五五　南京户部尚書邊貢崇飲廢事，劾免。

壬辰，四川真州盜平。

癸巳，都察院請開贖軍之例。不許。

甲午，命鳳陽守備太監王德毋預軍民事。

乙未，南京太廟成。河南左布政使王潮爲右副都御史，巡撫大同。

丙申，浙江、江西布政司右參政萬廷彩、吴漳，湖廣、河南布政司左參政黄焯、祁鶴，山東□布政邊蕙，山西貴州左參議車純、姚如皋，陝西、廣東、雲南右參議孟易、翁磐、華金，四川、廣西左參政陸釗、蔣山卿各專敕清理黄册。

《世宗實録》卷一二五　辛丑，裁革嘉祥、東河、館陶三縣管河主簿，添設景州、滄(倉)州管河判官。

癸卯，陞山西布政使司右參政黄臣爲四川右布政使。

乙巳，建州右等衛女直都督阿剌哈等一百四十人來朝貢馬，宴賚如例。

《國榷》卷五五　增黄州、襄陽捕盜通判。

戊申，遼東巡撫右副都御史成文引疾，罷之。

壬子，夏至，上祭北郊。

六月乙卯，户部請開納助大工。報可。

丙辰，山西流盜平。

《明通鑑》卷五五　丁巳，雷震德勝門。

癸亥，雷震午門。諭羣臣修省三日，仍御製祝文，行露告禮于殿陛。

《國榷》卷五五　起秦金南京户部尚書。陝西左布政使周叙爲右副都御史，巡撫遼東。

《世宗實録》卷一二六　戊午，復除原任南京吏部右侍郎李廷相于原職。

《國榷》卷五五　巡撫延綏右副都御史李如圭劾免。

己未，太子太傅豐城伯李旻卒。贈太保，謚武襄。

壬戌，徵山西鎮守太監周縉，治罪，不補。

乙丑，罷太僕寺卿曾直。

戊寅，户部左侍郎張璉、大理寺卿葛浩罷。

《世宗實録》卷一二六　辛巳，陞湖廣左布政使盛儀爲太僕寺卿。

《國榷》卷五五　閏六月癸未朔，免寧夏屯租。

《世宗實録》卷一二七　甲申，裁革湖廣按察司屯田、水利副使二員等。

《國榷》卷五五　丁亥，南京工部右侍郎葉相爲户部左侍郎，巡撫順天右僉都御史周期雍爲大理寺卿。

戊子，減山東災租。

己丑，裁杭、湖、嘉興通判各一。録國初劉基、常遇春、李文忠、湯和、鄧愈後。指揮使常玄振、李性、鄧繼坤、湯紹宗、處州衛指揮使劉瑜入朝。裁浙江、江西、湖廣、福建及獨石、萬金、永寧鎮守内臣。

庚寅，監生詹棨憾吏部左侍郎徐縉，訐其賄遷知府喻茂堅，戚庇武庫郎中伍餘福。下都察院。縉力辨，不聽，竟削籍。汰豹房勇士二百人。西苑文豹一役二百四十人，占地十頃。

壬辰，總督王瓊修榆林邊牆。

《世宗實録》卷一二七　己丑，裁革浙江布、按二司、杭州等十一府各檢校一員等。

辛卯，陞福建布政使司左參政吴昂爲本司左布政使。

《國榷》卷五五　丙申，陝西大旱蝗，賑之。

《世宗實録》卷一二七　丁酉，以全陝災，停查盤各邊錢糧科道官。

《國榷》卷五五　己亥，裁廣東按察副使，高韶、南雄通判各一。

庚子，嚴考歲貢生，回學十四人。

辛丑，起王大用右副都御史，整飭薊州邊備，兼巡撫順天。裁太平、寧國通判各一。

壬寅，大理寺卿張羽爲南京工部右侍郎。

乙巳，裁陝西按察副使，鳳翔同知，平凉、鞏昌通判各一。

丙午，時都人好告訐脅賄。故太監張永弟容擅永餘貲，軍匠童源嘗脅之，不應，嗾容蒼頭王謙等發容奸利事。豪民張雄爲具帖。【略】下法司，鞫其妄。

丁未，户科左給事中孫應奎以頻年饑盜，請暫罷工作。工部言：「神祇壇、帝王廟、西苑、仁壽等宫、蠶壇俱垂成，不宜輟。惟門垣、各官署可停役。」從之。

庚戌，漕運總兵都指揮使楊鋭被劾免。

辛亥，禮部尚書李時等乞修省，求直言。許之。

《世宗實録》卷一二七　少傅兼太子太傅、户部尚書、謹身殿大學士致仕謝遷卒。

《國榷》卷五五　七月壬子朔，巡按蘇、松、常、鎮監察御史胡體乾言治河事。【略】下部議，許之。

癸丑，大賑陝西。命户部左侍郎葉相兼右副都御史，賫帑金二十萬往。

甲寅，翰林侍講學士席春、左春坊左中允孫承恩主試應天。陝西妖賊張文流刦漢中，兵備副使劉一正平之。

《明史》卷一七《世宗紀一》　戊午，張孚敬罷。

《國榷》卷五五　免順天水災田租有差。撫治鄖陽右副都御史潘旦爲南京大理寺卿。漕運參將張奎爲署都督僉事，總兵，提督漕運，鎮守淮安。行人司正揭陽薛侃嘗事王守仁講學，素狂易，言上春秋鼎盛，未有皇子，宜擇宗室之親賢者留京邸。【略】上怒甚，下法司廷訊。【略】侃削籍。嚴捕江盜。

《世宗實録》卷一二八　辛酉，命致仕大學士張孚敬給驛回籍，從大學士翟鑾請。吏部尚書養病方獻夫被召復任。

丙寅，詔南京兵部查收馬草場，徵收子粒。

《國榷》卷五五　以南京内外守備占種牧地還民間。

丙子，兵科給事中王璣言：「簡用閣臣，曰辨才、曰任職、曰防微。」上是之。

己卯，增貴州按察副使，清戎。

庚辰，刑部尚書許讚覆南京刑部尚書周倫推明律例七事。

八月癸未，上祀西郊夕月。吏部右侍郎唐龍轉左，右副都御史周用爲吏部右侍郎。

丙戌，翰林院侍講學士吴惠、右春坊右贊善蔡昂主試順天。

己丑，免臨洮、鞏昌旱災田租。

壬辰，滄州漕河淤阻，都御史李緋等奪俸。初吏部文選郎中夏良勝彙銓司存稿，載議禮時執奏傳奉諸疏，屬鄉人江西參議張懷、南城主簿甯鑰刊之。良勝削籍，怨家王榮訐其不法，株及建昌知府鄭源焕違例樹坊，新城知縣蕭一中餽産，俱下獄。良勝戍邊，懷時廣東參政，免官；一中南京刑部郎中，及源焕俱謫。

《明通鑑》卷五五　丁酉，免揚州、淮安旱蝗税糧。

戊戌，謫前吏部郎中夏良勝于極邊衛充軍。

《世宗實録》卷一二九　以災免遼東定遼左等衛田糧有差。

《國榷》卷五五　辛丑，進安陸州曰承天府，縣曰鍾祥。

壬寅，兵部右侍郎潘希曾爲左侍郎，工部右侍郎錢如京改兵部，巡撫山西右僉都御史王應鵬爲右副都御史。
甲辰，總督陝西王瓊、都督劉文進固原甘露，仍請賑，許之。前少保兼太子太傅、吏部尚書、武英殿大學士桂萼卒。【略】贈太傅，謚文襄。
乙巳，免太原旱災田租。
九月辛亥朔，復户部浙江、江西、山東、湖廣、河南、陝西司主事各一。南京太廟成。
癸丑，户部尚書梁材憂去。刑部尚書許讚改户部。巡撫河南右副都御史徐瓚爲工部右侍郎。
甲寅，復南京吏部文選驗封司、禮部儀制祠祭司主事各一，兵部車駕司、刑部陝西、江西、河南、浙江司員外郎、貴州、雲南司主事各一。
《世宗實録》卷一三〇　巡撫甘肅左副都御史唐澤卒于官。
《國榷》卷五五　録其勞。贈户部右侍郎，予祭葬，謚襄敏。
丙辰，詔罷南京郊祀。從南京太常寺卿黄芳等之言。
己未，巡按直隸監察御史張寅追論張孚敬與汪鋐誣陷夏言罪狀。謫高唐州判官。
辛酉，南京給事中林士元、監察御史馮恩等請大計南京臺省。【略】遂定大計，南京糾劾于十二月終具奏。
《世宗實録》卷一三〇　以廬、鳳、淮、揚四府及徐、滁、和三州水旱蟲蝗，詔以兑運糧三萬石折銀名伍錢，改兑米三萬石，暫于臨清、廣運二倉支運。
《國榷》卷五五　癸亥，署鴻臚寺太常寺卿魏璋卒。贈禮部右侍郎。
《明史》卷一七《世宗紀一》　乙丑，西苑宫殿成，設成祖位致祭，宴羣臣。
《國榷》卷五五　丙寅，太子太保、禮部尚書李時兼文淵閣大學士，直閣。
《明通鑑》卷五五　初張孚敬、桂萼在閣，與費宏、楊一清等相傾軋不已；萼先卒，孚敬尋罷，翟鑾獨秉政者兩月。至是時入，二人皆遜順無齟齬，政府稍寧。
《國榷》卷五五　江西左布政使吴山爲右副都御史，巡撫河南。
戊辰，禮部左侍郎兼翰林院學士夏言爲尚書。
《明通鑑》卷五五　時士大夫多惡張孚敬，恃言抗之。言既以開敏結主知，又折節士大夫得聲譽，朝廷製作一出于言，閣臣取充位而已。
《國榷》卷五五　己巳，上幸西苑仁壽宫，召大學士翟鑾、李時、左都御史汪鋐、尚書夏言，入議人才。用王瓊于吏部，王時中刑部，王憲兵部。又以吏部左侍郎唐龍才，即進兵部尚書兼右都御史，總制陝西三邊并賑濟。
癸酉，廣天下歲貢生。郡歲二人，州再歲三人，縣歲一人，入太學。
甲戌，兵部尚書王時中改刑部。
己卯，上御文華殿東室，召翟鑾、李時、汪鋐、夏言，欲更太廟同堂之制。
十月辛巳朔，禮部左侍郎嚴嵩改吏部。
甲申，止遷陵之議。故南京吏部尚書餘姚黄珣贈太子太保，謚文僖。
乙酉，虜六萬餘騎寇大同，應、朔告急。
丁亥，禮部右侍郎湛若水爲左侍郎，詹事顧鼎臣爲禮部右侍郎。
《世宗實録》卷一三一　巡按直隸監察御史余鍧條陳邊務。
《國榷》卷五五　己丑，失朝官二百四十六人。命三歷者下法司，再歷者奪俸兩月，餘宥之。太常寺卿署國子祭酒許誥請歸膳夫銀于太倉，錢鈔于户部。户科給事中葉洪等謂非制，寢之。四川真州盜平。
庚寅，定春秋仲月上巳祭帝社帝稷。
壬辰，通政司使張瓚爲户部右侍郎。
甲午，裁南京冗濫軍匠。
戊戌，停刑。
己亥，改德州衛生儒試山東，遼東衛生儒試順天。
辛丑，前南京户部尚書鄧璋卒。贈太子太保。
癸卯，定各庫折銀不得徵耗。
乙巳，巡撫江西右副都御史胡璉爲南京刑部右侍郎。
十一月甲寅，冬至，大祀員丘。
《明通鑑》卷五五　丙辰，中允廖道南請更定廟制。
《世宗實録》卷一三二　辛酉，巡按山西監察御史楊東疏陳鹽法五事。
《國榷》卷五五　甲子，起王憲太子太保，兵部尚書。
丙寅，雲南左布政使高公韶爲右副都御史，巡撫江西。
戊辰，免西安田租。
《世宗實録》卷一三二　南京户部尚書秦金疏陳便民六事。
《國榷》卷五五　辛未，羽林前衛指揮使劉永昌乞每歲經筵開講幸太學。詔明年行之。
《世宗實録》卷一三二　壬申，陞福建布政使司左參政宋景爲四川右布政使。

《國榷》卷五五　癸酉，上求嗣。設醮欽安殿，禮部尚書夏言爲監禮使，侍郎湛若水、顧鼎臣導迎春詞，郭勛、李時、王憲、汪鋐遞日薦香。故南京工部尚書歙縣洪遠贈太子少保，謚恭靖。定軍功世襲例，自永樂年降夷始。

《世宗實録》卷一三二　乙亥，南京禮部缺尚書。吏部左侍郎嚴嵩等言兵部左侍郎潘希曾、刑部左侍郎聞淵俱可任。上令別推。于是嵩等復舉南京吏部右侍郎李廷相、户部左侍郎王軏。上仍令再推。

《國榷》卷五五　丁丑，遣行人周文燭賫敕召致仕大學士張孚敬。

《世宗實録》卷一三三　十二月庚辰朔，初御史周相疏請「革去餘鹽，以通鹽法」。

《國榷》卷五五　免浙、直、河南、陝西災傷田租。

乙酉，禮部右侍郎顧鼎臣上《步虚詞》七章，又言「青詞尤爲至要，恐道流或慢易，幸戒諭之」。自此委詞臣撰焉。

戊子，監察御史喻希禮上言：「祈天求嗣，不在祠醮，而在行仁政。」【略】上不懌，並下禮部。

己丑，廣東海盜復熾。

庚寅，吏部左侍郎嚴嵩爲南京禮部尚書。

辛卯，起楊志學右副都御史，巡撫寧夏。停通考歲貢之令。

壬辰，虜大掠應州，時報斬二十餘級。禮部主事田汝成以祈天建醮，乞釋囹圄罪人。奪俸兩月。

《世宗實録》卷一三三　甲午，兵部議覆總督漕運都御史劉節所奏地方事宜。

乙未，總制陝西尚書唐龍議上賑濟事宜。

《國榷》卷五五　庚子，王瓊至，改吏部尚書。

辛丑，監察御史楊宣言「邇者沙汰諸生，學臣奉行過刻。略不愛惜」。

《世宗實録》卷一三三　壬寅，命收宛平、大興二縣貧民二千七百四人入養濟院，每人月給口糧三斗，歲給布一疋。流民二千三百三十二人，發旛竿、臘燭二寺給濟。

《國榷》卷五五　南京監察御史喬英上七事，上是之。上御平臺，召李時、翟鑾議谷大用罪。盡籍其家。雲南騰衝衛軍民指揮使司改騰衝衛。

乙巳，逮南京監察御史馬敭、喬英、陳洙、李祦、余勉學、劉志仁、李松、何宏、陳府、宋宜，下鎮撫司獄，並劾王瓊不宜召用也。吏科左給事中魏良弼疏救，亦下獄。復之。

《世宗實録》卷一三三　丙午，以災免南京錦衣衛等二十七衛所屯糧子粒銀有差。

嘉靖一一年（壬辰、一五三二）

《國榷》卷五五　正月辛亥，命户部郎中翁萬達賑順天饑民。

癸丑，太子太保吏部尚書王瓊等言：「考察令甲，【略】邇來多苛求。【略】殊失惜才之意。」上然之。

乙丑，吏部右侍郎周用爲左侍郎，太常寺卿署國子祭酒許誥爲吏部右侍郎。

《世宗實録》卷一三四　丙辰，海西建州女直夷人及朶顔三衛都督等官各來朝貢，宴賚如例。

《國榷》卷五五　丁卯，吏部大計。

戊辰，南京織造太監李政役竣，仍留任。

己巳，免重慶、保寧、馬湖、叙州田租。

庚午，前户部尚書李瓚卒，【略】贈太子太保。

辛未，始祈穀于員丘，奉太祖配。上不豫，命武定侯郭勛代。

《明通鑑》卷五五　主事趙文華亦言勛武臣，不宜代祭。疏入，奪文華俸五月。

《世宗實録》卷一三四　辛未，陞廣西布政使司右參政朱鳴陽、陝西行太僕寺卿孫鳳俱爲右布政使。

《國榷》卷五五　壬申，禮部尚書夏言上科場三事：「正文體、定程式、簡考官。」從之。

《世宗實録》卷一三四　甲戌，大學士李時以上所賜銀圖書藏在内閣，爲盜所竊，具疏言狀。得旨：「令廠、衛、五城刻期捕盜，務在速得。」

《國榷》卷五五　命户部郎中徐元祉賑保定、河間。户部尚書許讚言：「遣官賑恤，轉徙如故，則有司未能仰體，或恣意科罰，或擅興工作，或濫受詞訟，或非時點閘。乞下撫按嚴禁。」從之。

二月庚辰朔，上受朝，祀先聖先師于文華殿。户部左侍郎葉相疾免。起王堯封右副都御史，巡撫陝西。

癸未，後府右都督桂勇卒。署都督僉事郤永提督京城巡捕。

乙酉，少詹事兼翰林學士張潮、侍讀學士郭維藩主禮闈。

己丑，土魯番、天方、撒馬兒罕、哈密各入貢。凡四百餘人。

庚寅，賑大同，發帑二萬五千金。

辛卯，命武定侯郭勛、大學士李時、翟鑾、尚書王瓊、汪鋐、夏言祈嗣地祇壇，望祭天下山川。

壬辰，中府都督同知楊宏疾免。

《世宗實録》卷一三五　丙申，陞山東右布政使邊憲爲南京應天府府尹。户部覆給事中王璣等條奏清理庫藏四事。給事中秦鰲上言四事。

《國榷》卷五五　戊戌，免湖廣旱災田租。刑科給事中徐俊民請均糧限田。

《世宗實録》卷一三五　己亥，陞陝西按察使楊守禮爲山東右布政使。

《國榷》卷五五　庚子，故南京禮部尚書仁和江瀾贈太子少保，謚文昭。

癸卯，起潘珍右副都御史，提督操江。

《世宗實録》卷一三五　甲辰，命寧陽侯陳繼祖掌南京左軍都督府事。

丙午，廣東陽春西山賊趙林花、黎廣深等攻陷高州府，大掠而去。巡按御史吴麟以聞。

《國榷》卷五五　南京大理寺卿潘旦爲南京吏部尚書。

《世宗實録》卷一三五　戊申，詔：「取會試中式舉人林春等三百二十名。」

己酉，召還大學士張孚敬。

《國榷》卷五五　三月壬子，賑莊浪衛。

甲寅，少傅兼太子太傅、吏部尚書、謹身殿大學士張孚敬入朝，進兼太子太師、華蓋殿大學士。

《世宗實録》卷一三六　丙辰，命南京後軍都督府署都督僉事陳璠提督操江。

《國榷》卷五五　丁巳，南京光禄寺卿洗光爲南京大理寺卿。

己未，提督南贛右副都御史陶諧爲兵部左侍郎兼左僉都御史，總督兩廣。時林富聽勘。靖江王邦寧累請禄全支本色，不許。

辛酉，始御講筵。

《世宗實録》卷一三六　命少傅兼太子太師、吏部尚書、華蓋殿大學士張孚敬，太子太保、禮部尚書、武英殿大學士李時，太子太保、兵部尚書王憲，太子太保、兵部尚書兼右都御史汪鋐，禮部尚書、文淵閣大學士翟鑾，户部尚書許讚，刑部尚書王時中，太子少保、工部尚書蔣瑶，通政司陳敬，大理寺卿周期雍，少詹事兼翰林院學士張潮，翰林院學士席春，侍讀學士吴惠、郭維藩，侍講學士廖道南、蔡昂爲殿試讀卷官。

《國榷》卷五五　壬戌，廣平府教授張時亨進表至京，請「皇考定廟號稱宗。仍自皇上誕年紀元鍾祥。」又刻皇考木像、聖母衮服位。內「皇上聽政」其語悖，禮部論其罪，以心疾免。陝西左布政使汪珊爲右副都御史，巡撫湖廣。

癸亥，議北征。初吉囊款延綏塞求互市，不許，遂大寇邊。至是兵部尚書王憲等集議，仍諭總制唐龍厲志逐寇。

甲子，策貢士奉天殿。署都督僉事牛桓總兵，鎮守貴州。

乙丑，湖廣左布政使錢宏爲右副都御史，提督南、贛、汀、漳。唐龍求益兵餉。命户部右侍郎張瓚督餉并賑饑。

《世宗實録》卷一三六　丙寅，陞山西布政使司左參政胡纘宗爲本司右布政使。

《明史》卷一七《世宗紀一》　戊辰，賜林大欽等進士及第、出身有差。

《國榷》卷五五　京師旱饑，預給官軍餉一月。仍出粟十一萬石平糶。

己巳，皇后蠶于內苑。

庚午，諭禮部議宗廟昭穆世次。南京工部右侍郎林庭棉改工部左侍郎。團營副總兵趙鎮以三千人援延綏。江西巡撫右副都御史胡璉言：「清虛糧，立圖册，如田地山塘，必注都圖主名，開除係某賣，新收係某買。庶絶奸弊。」命頒其法天下。

《世宗實録》卷一三六　户部覆給事中高金等條奏經理庫藏四事。

甲戌，命彰武伯楊質僉書右軍都督府事。

戊寅，陞湖廣布政司右參政劉楝爲河南右布政使。

《國榷》卷五五　南京糧儲都御史毛思義、巡撫貴州都御史劉士元、太僕寺卿盛儀俱劾免。

《世宗實録》卷一三七　四月己卯朔，陞兵部右侍郎錢如京爲本部左侍郎。

《國榷》卷五五　光禄寺卿黄宗明爲兵部右侍郎。

辛巳，南京太常寺卿黄芳爲南京兵部右侍郎。比歲滹沱等六河溢，上責巡撫保定、右僉都御史林有孚對狀，遣太僕寺卿何棟治河。有孚引謝，改總督南京糧儲。

壬午，琉球國世子尚清入貢請封。

甲申，張孚敬等度地議廟制，當別立文皇帝廟于太祖之東，擬周世室，不在昭穆例。其昭穆六廟地隘，可每廟五楹，後即藏主，亡寢殿。遂報罷。

丙戌，總制陝西唐龍言：「北虜擁衆十一萬，脅貢市，不若姑與之，徐觀其變。」上責龍戰守。

戊子，起馬卿光禄寺卿。

辛卯，翰林院侍講學士廖道南、修撰王用賓主武闈，得六十人。封常玄振懷遠侯，李性臨淮侯，鄧繼坤定遠侯，湯紹宗靈璧侯，各禄千石，給誥券。廣東左布政使徐問爲右副都御史，巡撫貴州。巡撫湖廣右副都御史凌相以巡按雲南御史葉奇劾前任雲南左布政時奸利，因辨爲清軍御史陸夢韓所嗾，御史王德温又劾相，並免官。

《世宗實録》卷一三七　壬辰，以兵荒詔停徵貴州思南等府税糧。

《國榷》卷五五　甲午，暑讞，釋輕囚。

丙申，荆州知府孫存上《集刊大明律讀法書》。上以僭改，下巡按御史，并訊同知李章、通判吴望、推官朱黼等，燬其刻。

《世宗實録》卷一三七　陞湖廣按察使張峨爲廣東右布政使。

《國榷》卷五五　戊戌，閹者八千餘人守闕求進，詔罪其首，餘逐之。

壬寅，定朝日壇，間一歲，甲、丙、戊、庚、壬年親祀。夕月及神祇壇，間三歲，丑、辰、未、戌年親祀。餘遣祭。

癸卯，監察御史阮徵、楊行中先論囚。明日值經筵，復命踰期，被論，宥之。復命或當避忌，得更日。總督漕運、右副都御史劉節言：「運河漫沙直抵淮安西浮橋，宜改河口，築長隄。」議擇便行之。

甲辰，起趙璜仍工部尚書。

丙午，吏部上行取各官備科道，命擇端謹老成者，仍科貢並用。

《世宗實録》卷一三七　陞貴州按察使戴書爲廣西右布政使。

《國榷》卷五五　西海夷卜兒孩乞入貢。

《明通鑑》卷五五　是月，諭吏部：「用人兼取三途，自進士外，如有舉人歲貢，才能卓異者，皆行取以備科、道官之選。新進士授職者，皆遵舊制習知民事，俟有年勞，始如例行取選用。著爲令。」

《國榷》卷五五　五月戊申朔，吏部驗封郎中李默同考武舉，宴兵部，與尚書王憲争禮，被論調。

辛亥，兵部左侍郎潘希曾卒。贈兵部尚書，祭葬如例。

乙卯，裁太原管糧通判。

《明通鑑》卷五五　戊午，夏至，祀皇地祇于方澤，遣武定侯郭勛攝事。二郊之攝自此始也。

《世宗實録》卷一三八　己未，陞四川按察使劉淑相爲本布政使司右布政使。

《國榷》卷五五　甲子，雲南昆陽盜平。

己巳，趣羣臣薦舉。

《世宗實録》卷一三八　庚午，户部覆南直隸巡按御史方日乾所言二事。

《國榷》卷五五　丙子，太子太保吏部尚書兼翰林學士方獻夫召至，進武英殿大學士，直閣。

六月壬午，免順天、真定、保定、河間、順德水災田租。賑上林苑户，仍停徵十年以前逋税。

甲申，封劉瑜誠意伯，給誥券，禄七百石。

《世宗實録》卷一三九　乙酉，巡撫宣府都察院右副都御史劉源清以監生徐琰私揭其不職數事，因上章自理，懇詞乞休。不允。

戊子，添設陝西按察司副使一員。

《國榷》卷五五　庚寅，定廷試歲貢生，被斥五人以上，提學官鐫一級。時張孚敬等斥貢士五十九人，禮部儀制郎中田汝成請寬之，謂「祖宗朝以食糧年深爲序，兹欲下及增附，則廪膳似爲虚器矣」。

《世宗實録》卷一三九　壬辰，以旱災，免直隸鳳陽等府、河南開封等府、山西平陽等府存留錢糧及明年夏税，併折徵起運錢糧減價各有差。

《國榷》卷五五　戊戌，監察御史徐汝圭言：「虜有三窟，一河套，直延綏。一威寧海子北，直大同。一青山，直宣府。備俱不可緩。【略】畿郡各練兵赴援邊關。」議可。

壬寅，薊州總兵官楊鎮劾免。

癸卯，廣東巡撫林富削籍，以海盜薄廣州殺掠也。

《世宗實録》卷一三九　丙午，陞陝西苑馬寺卿張文魁爲山西右布政使。

《世宗實録》卷一四〇　七月壬子，兵部覆南京兵部尚書王廷相條陳江防事宜。

《國榷》卷五五　貴州都匀叛苗平。

癸丑，朵顔衛把班乞陞襲。許之。

戊午，李瑾爲署都督僉事總兵官，鎮守薊州。

己未，南京御史始理屯田。

辛酉，廣東按察僉事龔大稔劾吏部尚書方獻夫及守制詹事霍韜俱貪横不法數事。逮大稔，削籍。

《世宗實録》卷一四〇　甲子，户部覆陝西撫臣王堯封奏陝西諸邊歲費亡慮數十萬，而連年災沴，所缺乏計且百萬。今夏災已徵而秋成復未可必，請先發太倉銀八萬兩輸赴。

《國榷》卷五五　乙丑，前太子太保、南京兵部尚書陶傚卒。【略】贈少保，謚恭介。

丙寅，太子太保、吏部尚書王瓊卒。贈少保，謚恭襄，世錦衣衛千户。

《明史》卷一七《世宗紀一》　戊辰，免南畿被災夏税。

《國榷》卷五五　己巳，方獻夫署吏部。

《世宗實録》卷一四〇　初吏部尚書王瓊寢疾，上命獻夫暫署其印，至是瓊卒，遂詔獻夫掌部事，不必推補。

《國榷》卷五五　辛未，户部郎中徐元祉受命賑保定、河間，言河患。

壬申，左都御史汪鋐劾御史王宣、譚纘、沈奎、陳大器、陸夢麟、李美、胡體乾、陳世輔、熊爵先後保薦官屬，多掛察典，宜連坐。下吏部議罰。部覆：「濫舉四人以上免官，二人以上鐫調，一人奪俸六月。」于是宣、纘免，大器、夢麟、世輔謫，餘奪俸。

是月，前工部尚書趙璜卒。

八月辛巳，諭修省。薊鎮總兵李瑾移鎮大同，甘州左副總兵都督僉事卜雲鎮薊州。

《世宗實録》卷一四一　癸未，命原任宣府遊擊將軍、署都指揮僉事李懋充右參將，分守宣府北路獨石、馬營等處。

《明史》卷一七《世宗紀一》　戊子，以星變敕羣臣修省。

《國榷》卷五五　勞保定巡按都御史林有孚、户部郎中徐元祉酒羫文幣，以賑濟功。

壬辰，福建右布政使吴昂予告。

《世宗實録》卷一四一　戊戌，陞福建布政使司右參政王學夔爲本司右布政使。

《國榷》卷五五　辛丑，勒少傅、大學士張孚敬致仕。

《明通鑑》卷五五　先是上以星變，心疑大臣擅政，孚敬因求罷，猶慰留之。至是給事中魏良弼引古占書，【略】因劾孚敬專横竊威福，【略】于是給事中秦鰲劾孚敬。【略】上是鰲言，令孚敬陳狀，遂准致仕去。尚書李時請給廪隸、敕書，不許；再請，乃聽馳傳歸。

《國榷》卷五五　山東巡撫、右副都御史邵錫調外。錫核德府莊田，相訐。儀衛司旗校額千七百餘人，多逃絶，錫檄濟南知府楊撫裁其冒給，遂大譟，毆通判劉知之。事聞，各論罪。

是月，前少保、吏部尚書東光廖紀卒。贈少傅，謚僖靖。

《明通鑑》卷五五　是月，河決魚臺。

《國榷》卷五五　九月丁未，前霍州知州陳采下法司。采上言「祖訓兄終弟及，指同父而言。武宗遺詔謂陛下孝宗親弟之子當立，非與武宗爲兄弟也。楊廷和既誤主濮議，而張孚敬又謂繼統武宗，遺漏天潢，那移祖訓，乞正罪如律。」上怒，逮之。

《世宗實録》卷一四二　己酉，兵部尚書王憲應詔陳言五事。

《國榷》卷五五　庚戌，太子太保、兵部尚書兼左都御史汪鋐改吏部尚書。

癸丑，大學士方獻夫薦吏部文選郎中王道、河南道監察御史張珩堪補宫僚，遂改左春坊左、右諭德。珩辭之。

《世宗實録》卷一四二　丙辰，太子太保、兵部尚書王憲以從一品考滿，加柱國、光禄大夫。

《國榷》卷五五　丁巳，禮科都給事中魏良弼等劾汪鋐貪佞，不宜冢宰。各奪俸二月。發帑八十萬金賑陝西，仍令輸粟。刑部尚書王時中上六事：重欽恤、戒嚴苛、宥狂愚、明發遣、輯盗賊、禁刁訟。上是之，獨「宥狂愚」不果行。

《世宗實録》卷一四二　己未，大理寺卿周期雍等應詔條上四事。

《國榷》卷五五　庚申，上御文華殿西室，諭輔臣修省，語及人才，曰：「過猶不及。」于是李時等上三事：務安静、惜人才、慎刑獄。從之。

壬戌，前左都御史聶賢爲工部尚書，巡撫順天、右副都御史王大用爲左都御史。尋言官論大用望淺，仍巡撫。

癸亥，兵部尚書王憲提督團營。

甲子，巡按直隸監察御史李朝綱言：「太監鎮守非令甲。陛下撤大同太監張申，邊人稱慶。請自後不復遣。」從之。

乙丑，巡撫山西右副都御史黃鍾疾去。

丙寅，山東左布政使邵鋭爲太僕寺卿。

丁卯，免盧、鳳、淮、揚、滁、徐、和旱蝗田租。詔以河南府災甚，停徵起運秋糧以待豐歲。工部右侍郎林庭㭿應詔陳言四事。

己巳，陞山東右布政使楊守禮爲本司左布政使。

《世宗實録》卷一四三　十月戊寅，翰林院編修楊名以星變，陳言勸上省察其喜怒失中者。

辛巳，詔遮洋、山東二總免運南糧，于小灘交兑。著爲令。

《國榷》卷五五　刑部右侍郎朱廷聲予告。

《明通鑑》卷五五　甲申，復考選庶吉士例。

《國榷》卷五五　選進士錢亮、許楗、閔如霖、衛元確、段承恩、韓最、扈永通、吕光洵、謝九儀、劉光文、黃獻可、劉士達、劉思唐、閻樸、胡守中、錢籍、王梅、雷禮、邊浵、李大魁、郭希顔。上閲試牘，見糊名，疑其私，報罷。編修程文德請親試文華殿。選吕懷、范瑟、錢亮、黃應中、秦鳴夏、邊侁、閔如霖、王珩、衛元確、浦應期、游居敬、趙汝濂、劉思唐、閻樸、胡守中、李本、趙維垣、何城、王梅、李大魁、郭希顔並庶吉士。禮部右侍郎顧鼎臣爲吏部左侍郎，仍兼翰林學士，署詹事府，教習。

翰林院編修楊名言喜怒失中之實，「汪鋐心行反覆，不當長吏部。郭勛邪回險詐，不當典兵。陳道瀛、金仁輩庸惡道流，不當司太常享祀。此聖心之偏于喜也。皇上踐祚以來，諸臣建言，觸威取罪，懲創已久，終未釋然。此聖心之偏于怒也。又真人邵元節猥以末術，過蒙採聽，賞内府建醮。自古禱祠無驗，乃不惜糜費，且命大臣供事，致不肖乞哀其門，市恩播威，夤緣僨事之漸也」。上怒甚，下鎮撫司拷訊。汪鋐疏辨，謂「名爲楊廷和里人，乘張孚敬去位，報復及臣」。上益怒，命詰主者。名瀕死不承。嘗示草編修程文德，并下文德獄。兵部左侍郎黃宗明疏救云：「連坐非美政。」又下宗明獄。獄上，戍名于邊，謫文德信宜典史，調宗明福建布政司左參政。

《國榷》卷五五　丙戌，免山東田租。召賑濟陝西户部右侍郎張瓚，留員外郎袁淮、主事王維垣。

戊子，詔今歲停刑。

辛卯，總運右副都御史劉節爲刑部右侍郎。免河南田租。

甲午，故少保吏部尚書廖紀贈少傅，謚僖靖。禮部尚書夏言故隸府軍左衛，乞除伍，許之。直隸提學監察御史胡明善以禁塘石立碑，内臣昝文鑑訐之，下獄，削籍。刑部尚書王時中不即訊，奪俸六月。

丙申，工部尚書聶賢改左都御史。南京監察御史馮恩疏時政得失。【略】上怒其浮肆，逮入京。

己亥，免澤、沁、絳、霍、隰、曲沃田租。

《世宗實録》卷一四三　庚子，吏部議覆吏科都給事中李鳳來條陳吏治三事。

《國榷》卷五五　江西提學副使張徹專沙汰諸生，劾免。禮部尚書夏言言：「古郊祀設大次、小次。今止大次，宜作羢幄，備小次之制。」從之。榜肅朝儀。

辛丑，免順天各衛屯租。

《世宗實録》卷一四三　壬寅，虜掠西海，過寧夏，巡撫楊志學議調兵禦之。

《國榷》卷五五　甲辰，馬卿爲右副都御史，總督漕運。

十一月丙午，免吉安、袁州田租。

庚戌，故工部尚書安福趙璜贈太子太保，謚莊靖。

壬子，前南京通政司右通政馬理爲光禄寺少卿。免高淳溧陽、江浦、宣城水災田租。海盜陳邦瑞等犯廣州，指揮李敔等擒斬之，餘就撫。

癸丑，前沔陽州判官黃直服闋入京，疏救楊名、黃宗明，下獄戍邊。直嘗授漳州推官，請建儲被謫。

《明通鑑》卷五五　甲寅，巡撫四川都御史宋滄獻白兔。上好文飾太平，而彗星連月不滅，雖循故事敕羣臣言時政，然實不樂聞讜言。自楊名、馮恩以言事下獄，而南京副都御史萬鏜復應詔陳事，勸上黜虚文，崇實政，亦大怒，黜爲民。于是滄希旨獻白兔，詭稱祥瑞，上喜，廷臣表賀。

《國榷》卷五五　戊午，召南京户部尚書秦金爲工部尚書。

庚申，上祀南郊。辛酉，清馥殿、翠芳、錦芬、寶月亭成，進夏言太子太保。

乙丑，復荆州捕盗通判。

丁卯，朵顔三衛入寇。先巡撫王大用欲通朵顔，賂之，城其霧靈山，不果，至是大用効免。

《世宗實録》卷一四四　庚午，復設真定府同知一員。

《國榷》卷五五　辛未，南京吏部右侍郎許誥爲南京户部尚書。寧夏總兵官劉文以禦虜功，進都督同知。

《世宗實録》卷一四五　十二月乙亥，御史錢學孔條陳軍政八事。兵部議覆其可行者二事。

《國榷》卷五五　免河間、真定、保定、順德田租。兵部武庫郎中苗汝霖侵官錢，下獄，戍邊。

《世宗實録》卷一四五　庚辰，失朝參官臨淮侯李性等三百餘人，各奪禄俸有差。

《明通鑑》卷五五　辛巳，褫侍讀學士郭維藩職。時羣臣表賀白兔，皆有詩歌賦頌，上優答焉，維藩以獻賦忤旨，遂論黜。

《國榷》卷五五　甲申，欽賞酒羜專供光禄寺，向責宛平、大興。

乙酉，修孝陵東陵門殿。

戊子，詹事府少詹事張潮、翰林院學士席春爲吏部右侍郎。始遣内臣榷木真定，從内官監太監高忠之請。

己丑，户部左侍郎王軏爲南京右都御史。

戊戌，賑蒲、解饑民。虜數犯密雲，總兵卜雲未至，命京營總兵張輗率千五百騎暫鎮之。

《明史》卷一七《世宗紀一》　己亥，免畿内被災税糧。

《國榷》卷五五　是歲，巡按山東監察御史方遠宜行部東萊，訪膠河遺跡，上其圖。安南莫登庸遣裴堵、阮如桂攻黎譓，殺之。鄭綏走死，鄭惟峻以子寧走保險裔。

嘉靖一二年（癸巳、一五三三）

《世宗實録》卷一四六　正月甲辰朔，陞浙江按察司姚文清爲山東右布政使。

《國榷》卷五五　右副都御史王應鵬上章失僉名，下鎮撫司。禮科都給事中魏良弼以註誤求寬，并下獄。應鵬落職，良弼奪俸。

乙巳，巡撫河南右副都御史吴山進白鹿，獻太廟，示兩宫。

《明史》卷一七《世宗紀一》　自後，諸瑞異表賀以爲常。

《國榷》卷五五　己酉，虜屯近塞，發帑金十四萬備餉大同。

《世宗實録》卷一四六　庚戌，時享太廟、世廟，命武定侯郭勛代。

《國榷》卷五五　丙辰，遣鴻臚寺左少卿陳璋召還張孚敬。

《世宗實録》卷一四六　丁巳，兵部尚書王憲以大同虜衆壓境，因條上十事。

《國榷》卷五五　己未，工部左侍郎黎奭改兵部左侍郎兼右侍郎事，工部右侍郎林廷棉改左侍郎，太僕寺卿甘爲霖爲工部右侍郎。浙江左布政使朱裳爲右副都御史，總理河道。

庚申，禮部尚書汪鋐薦文武大臣郭勛、郤永、馬永、蔡天祐、張瓚、錢如京、陳九疇。又自請行邊，并創墩堡，作車銃。命行之。

壬戌，南京兵部右侍郎黄芳改户部右侍郎，總督倉場。

《世宗實録》卷一四六　陞河南按察使陳克宅爲湖廣右布政使。

《國榷》卷五五　癸亥，廣西副總兵都督同知張祐卒。

甲子，議恤故福建左布政使查約、右參議楊瑀、都指揮王翱，以給事中薛宗鎧言，寢之。蒲州諸生秦鏜請奉皇考于太廟，又分祀四郊，損文宣王爵像，俱非聖祖意。上以訕妄，下鎮撫司，以妖言論死。

《世宗實録》卷一四六　戊辰，陞山東右布政使陳察爲浙江左布政使。

《國榷》卷五五　巡按直隸御史聞人詮言密雲四鎮之患。【略】上從之。

己巳，以朵顔數寇薊鎮，自去冬零騎窺掠昌平、懷柔、密雲，詔逮密雲參將袁繼勳。

庚午，免杭、温、台、處及河南田租。

辛未，致一真人邵元節加俸歲百石，給役四十人，掌道教。前太子太保左都御史王璟卒。贈少保，謚恭靖。復寧夏游擊將軍一。

壬申，禁宗室越關赴奏。

《明通鑑》卷五六　二月丙子，始以驚蟄節祈穀于圜丘，遣武定侯郭勛攝行。

《國榷》卷五五　戊寅，巡撫宣府右副都御史劉源清爲兵部右侍郎，仍兼右副都御史，總制宣大、偏關、保定軍務。提督京城巡捕、署都督僉事郤永爲署都督同知、總兵官，鎮守宣大、偏關、保定。源清舉蔡天祐自代，不許。

己卯，南京右副都御史潘珍爲南京兵部右侍郎。南京太常寺卿盛端明爲右副都御史，總督南京糧儲。

庚辰，暫免籍田。

辛巳，土魯番速檀滿速兒請罪前都御史陳九疇，求歸降人牙木蘭，求欵和番。兵部議，馳戒之。

《世宗實録》卷一四七　壬午，廣東左布政使張思齊乞致仕。許之。

《國榷》卷五五　甲申，前署都督僉事朱振、傅鐸、都指揮同知魯綱、指揮使江桓入朝。

乙酉，賑雲南饑。

《世宗實録》卷一四七　丙戌，陞福建右布政使王學夔爲廣東左布政使。

辛卯，陞福建布政使司左參政何鰲爲本司右布政使。

《國榷》卷五五　癸巳，貢夷故事，貢訖所賞貨歸之，如入官奏賞。正德末，使者罔利亡厭，俱挾重貲，關吏頗侵之，累訴禮部，不之問。至是，甘肅太監陳洪令蒼頭王洪索土魯番名馬、玉石等，夷使值洪京師，執詣部，命檻致甘肅，按之。

己亥，下武昌知府仲選，楚府長史楊天茂、孫立于巡按御史，訊之。宗室顯棲欲脱人獄，賂選，[選]發其事，反誣選，行長史司自解。

庚子，前太子太保户部尚書孫交卒。贈少保，謚榮僖。

辛丑，南京太僕寺少卿穆孔暉爲南京太常寺卿。

《明通鑑》卷五六　壬寅，寇犯延綏。

《國榷》卷五五　癸卯，虜酋吉囊渡河，襲破西海卜兒孩，下西邊嚴備。

《世宗實録》卷一四八　三月乙巳，革浙江杭州府長安驛，移建嘉興府皂林驛於崇德縣。

《國榷》卷五五　開經筵。

丙午，右僉都御史毛伯温爲右副都御史。南京光禄寺卿張衍慶爲南京右副都御史，提督操江。

己酉，魯綱爲署都督僉事總兵官，提督西官廳。

壬子，禮部尚書夏言上《四郊禮儀》二十七卷，賜名《郊禮通典》。兵部議上女直海西建州毛憐等衛夷人陞襲事例。

甲寅，虜入宣府永寧，大掠。

丙辰，上幸太學，釋奠先師。國子祭酒林文俊講《益稷》篇，司業馬汝驥講《易・頤》卦。御史傅漢臣劾前南京總督糧儲右僉都御史林有孚託故吏買臨清民間女爲妾，下有孚獄。

壬戌，内計，降斥百有九人。

癸亥，前工部右侍郎徐讚卒。

丙寅，福建布政司左布政使宋冕爲右副都御史，撫治鄖陽。

丁卯，復湖廣總兵官，專勳臣。

己巳，皇后親蠶内苑。

四月癸酉朔，兵部左侍郎黎奭、南京刑部右侍郎胡璉、國子祭酒陳寰、總督糧儲右副都御史盛端明、巡撫順天右僉都御史戴時宗、巡撫應天右副都御史陳祥等並拾遺免。給事中王綖督浙直織幣。

甲戌，左都御史聶賢改刑部尚書。

乙亥，少傅兼太子太師、吏部尚書、華蓋殿大學士張孚敬入朝。上致齋，諭先直閣。

《世宗實録》卷一四九　丙子，巡按御史孫錦條陳畿輔事宜。

《國榷》卷五五　己卯，仍令科道互糾。汪鋐劾吏部考功郎中徐朏緒隱其旨，削籍，餘奪歲俸。

甲申，復賜張孚敬「繩愆弼違」、「忠良貞一」銀章二。

乙酉，科道互相糾劾。免給事中饒秀、戴儒、御史張相、鄭洛書、汪似，降給事中商大節、黄汴。御史蘇信以遺奸未盡，仍再覈。河南左布政使于湛爲右副都御史，整飭薊州邊備兼巡撫順天。

《世宗實録》卷一四九　丁亥，陞江西右布政使潘鑑爲四川左布政使。

《國榷》卷五五　戊子，南京兵部尚書王廷相改左都御史，河南左布政使胡鐸爲順天府尹。

庚寅，前户部尚書劉瓛卒。

《世宗實録》卷一四九　陞雲南右布政使范嵩爲本司左布政使。

《國榷》卷五五　癸巳，都給事中魏良弼、李仁，給事中郭應奎、秦鰲、劉望之、葉洪、李鶴鳴、傅學禮，御史段汝礪、陳亶、唐愈賢、王重賢、余鍧、邵豳、吴麟、王朝用、劉濂、施山、張澍、許廷桂、周寵、王橋、徐淮、萬夔、詹寬、蔣瑜並被察降斥。伏羌伯毛江爲平蠻將軍總兵官，鎮守湖廣。

五月癸卯朔，南京刑部尚書周倫、右副都御史高公韶自陳致仕。土魯番天方等國入貢，稱王至百餘人。

丁未，處州知府吴仲爲浙江布政司右參政，録其通惠河功。大理寺卿史道會推不至，被詰，不引咎，降山西布政司右參議，尋罷。

己酉，南京察處九十二人。

丙辰，禮部上大雩禮儀。四川黑虎番賊作亂，攻長安堡。巡撫宋滄疾免。

己未，刑部左侍郎聞淵爲南京刑部尚書，南京吏部尚書劉龍改南京兵部尚書，刑部右侍郎寇天叙服闋，補兵部右侍郎。

癸亥，江西、山東左布政使王綖，楊守禮並爲右副都御史，巡撫江西、四川。

己巳，應天巡撫都御史陳軾爲大理寺卿，前大理寺卿陳璋爲刑部右侍郎。

《世宗實録》卷一五〇　庚午，陞雲南布政使司右參政祝壽爲河南右布政使，陞應天府府丞柴奇爲本府府尹。

《國榷》卷五五　六月癸酉，禮部右侍郎、署太常寺卿陳道瀛爲左侍郎，仍署事。

戊寅，南京兵部尚書劉龍卒。贈太子太保，謚文安。

己卯，南京光禄寺卿侯位爲右副都御史。

庚辰，南京禮部尚書嚴嵩改南京吏部尚書。

《世宗實録》卷一五一　陞河南按察使張翰爲山西右布政使。

《國榷》卷五五　壬午，諭修省。

乙酉，申積穀之令。

己丑，保定巡撫都御史許宗魯拾遺劾罷。

《世宗實録》卷一五一　工部覆吏科給事中管見條奏二事。

《國榷》卷五五　癸巳，南京吏部尚書劉龍奪俸四月。初龍請南京五品以下免赴京考績，吏部以成化間奉命六年考績免赴。

甲午，起胡訓右副都御史，巡撫雲南。

丁酉，吏部右侍郎張瀚終養。

己亥，湖廣、廣西左布政使林大輅、唐胄並爲右副都御史，大輅巡撫湖廣，胄提督南、贛、汀、漳。

《世宗實録》卷一五二　七月壬寅朔，陞福建右布政使何鰲爲湖廣左布政使。

癸卯，陞福建按察司胡岳、廣西按察使孫懋、廣東按察使周忠俱爲右布政使。

《國榷》卷五五　乙巳，上朝畢，御文華殿，講《大學衍義》。

丙午，禮部左侍郎湛若水爲南京禮部尚書，詹事霍韜爲吏部右侍郎，巡撫寧夏右副都御史楊志學爲刑部右侍郎，巡撫遼東右副都御史周叙改提督操江。

《世宗實録》卷一五二　陞四川右布政使劉淑相爲廣西左布政使。

《國榷》卷五五　丁未，起右副都御史周金巡撫保定兼提督紫荊等關。巡撫山西、右副都御史陳達議管、代、瀋王歲禄一石折一金。瀋王胤栘言其紊制，命如故，達削籍。

壬子，免順天、永平旱蝗夏税。

甲寅，吏部擬在籍諸臣補方面。推前河南按察副使范時儆爲雲南布政司右參政。凡遷官例詳所歷，上疑時儆去秋被論，遽超之，責部具對，勒免時儆。汪鋐等引罪，復切責之，奪俸二月。左侍郎周用調南京刑部右侍郎。貴州總兵官、署都督同知牛桓引疾。兵部爲請，上責其私。

己未，巡撫大同右副都御史王潮移遼東。山西右布政使張瀚爲右副都御史，巡撫寧夏。免鳳陽、淮安、揚、滁、徐、和夏税。

庚申，南京禮部右侍郎黄綰爲禮部左侍郎。

《世宗實録》卷一五二　壬戌，巡撫雲南右副都御史顧應祥陳地方三事。

丙寅，陞陝西按察使任洛爲山西右布政使。

《國榷》卷五五　庚午，右副都御史劉節請城鳳陽，禮部右侍郎黄綰以泄靈氣，寢之。

八月癸酉，左都御史王廷相言：「御史回道考察，一除奸革弊，一申冤理枉，一激濁揚清，一符牒銷繳，一清修簡静，一撫按協和。」上嘉納之。盗夜入石州。南京錦衣指揮僉事李霑亡子，弟霽求襲，上以不由軍功，外戚無世襲之例，命停之，即世襲僅許一輩。著爲令。

《世宗實録》卷一五三　甲戌，户部儹運主事孫繼魯奏禁戢侵盗四事。

戊寅，祭太社、太稷，命武定侯郭勛代。

癸未，陞浙江布政使陳察爲光禄寺卿。

《國榷》卷五五　丙戌，烏思藏朵甘思，番僧也，領劄失等千餘人來貢。數溢甚，減給茶絹，下四川巡撫御史訊驗入者。

《世宗實録》卷一五三　丁亥，陞浙江布政司右布政使党以平爲本司左布政使。

《國榷》卷五五　己丑，皇長子載壇生，麗妃閻氏出。吏部右侍郎霍韜爲左侍郎，禮部右侍郎席春改吏部右侍郎。

庚寅，上御奉天殿受賀。

乙未，詔赦天下大禮大獄被譴諸臣，馮恩不預。

九月辛丑，左都御史王廷相奏詔申飭憲綱十五事，命舉行。

壬寅，巡撫山東右僉都御史袁宗儒賑饑失實，勒免。

乙巳，罷吏部右侍郎席春。春欲還楊維聰、陳沂翰林，尚書汪鋐不聽。至是推禮部侍郎，不共春議而詬，鋐劾春「議禮邪黨，其兄書與楊慎輩跽門抗疏。聖嗣生，廷臣吉服賀，春獨公服謝。臣羞與同列」。遂閒住。

丙午，大理寺奉詔減囚。上以借恩縱奸，署寺左寺丞周鳴鳳落職，右寺丞盧問之、署右寺丞戴鼎並謫。命右僉都御史胡東皐署大理寺。

戊申，諭禮部：「皇子命名，類有敕諭，孩幼何知焉？其待他日。且命名當告廟。」令夏言上儀注。

己酉，巡撫遼東右副都御史成文引疾，勒免。

庚戌，開經筵。廣東兵破山盜趙林花等，提督侍郎陶諧、總兵咸寧侯仇鸞等賜金幣。

辛亥，禁浙、福、兩廣大船販海。

癸丑，南京吏部右侍郎張邦奇服闋，補吏部。四川巡撫、右副都御史楊守禮，布政司左參議張文奎各免官。

《世宗實録》卷一五四　甲寅，禮部上皇子命名儀注。

《國榷》卷五五　丁巳，召福建左參政黄宗明爲禮部右侍郎。

庚申，提督南贛右副都御史唐胄改巡撫山東。雲南左布政使范嵩爲右副都御史，巡撫四川。

辛酉，定漕期登京倉，直隸、山東歲四月，江北歲六月，江、浙、湖、廣歲七月。自明年，著爲令。

丙寅，均草場租額，除其瘠。

丁卯，南京光禄、太僕寺卿陳察、王宗獻並爲右僉都御史，察提督南贛，宗獻巡撫寧夏。察請老，薦代人。以非例，降太僕寺卿，致仕。

《世宗實録》卷一五四　陞廣東右布政使屠僑爲福建左布政使。

《國榷》卷五五　廣東巡檢何儒前招降佛郎機番人，得製銃法，累功，官上元主簿。以秩滿，進宛平縣丞。直隸、山東大旱饑，訛言盜至，城門晝閉。流聞京師，詰其實，則德平知縣袁禎妄報兵備副使齊之鸞者。巡按御史王遠宜言其亡盜，上謂蔽匿，謫遠宜。

《世宗實録》卷一五四　乙巳，陝西延寧府等旱災，蠲免存留錢糧有差。

《國榷》卷五五　十月壬申，浙東多海盜，免海道按察副使及宦。

癸酉，復故少師大學士楊一清官，從其孫元援之請。

乙亥，大同卒叛殺總兵李瑾。

丙子，建昌侯張延齡下獄，論死。

《明通鑑》卷五六　初，正德間曹祖之死，延齡以太監錢寧等之援，獄遂解。其後指揮司聰與天文生董杲子至，謀首其事以脅延齡賄，延齡復執聰，幽殺之，焚其尸。聰子昇噤不敢言，常憤詈至，至慮事發，是年九月，乃摭聰前奏上之。上以昭聖皇太后遇其母蔣太后無加禮，方銜張氏，得至奏，欲坐以謀逆，族其家。昭聖太后窘迫無所出，欲爲之請，上謝不見；使人請，不許。獄既具，大學士張孚敬言：「延齡守財虜耳，何能反！若坐謀逆，恐傷皇太后心。」上手敕報曰：「天下者，高皇帝之天下。孝宗皇帝守高皇帝法，卿慮傷伯母心，豈不慮傷高、孝二廟心邪？」孚敬復奏曰：「陛下嗣位時，用臣言稱『伯母皇太后』，朝臣歸過陛下，至今未已。茲者大小臣工嘿無一言，誠幸太后不得令終以重陛下過耳。夫叛逆之獄成，當坐族誅，昭聖獨非張氏乎？陛下何以處此？」時法司逮延齡及諸奴雜治。延齡嘗買没官田宅，造園池僭侈踰制；又以私憾殺婢事併發覺，竟坐違制殺人，論死。延齡上疏自明，上以延齡罪重，責通政司不宜與封進，奪通政俸半年，並削昌國公鶴齡爵。延齡遂繫獄待決。

《國榷》卷五五　戊寅，禮部尚書夏言言：「京官主考，每爭巡按御史禮。且録文浮詭，不可訓。」遂仍教官主考。

《世宗實録》卷一五五　戊寅，陞山西行太僕寺卿曹蘭爲山西右布政使。

《明通鑑》卷五六　己卯，皇長子薨，謚曰哀沖。

戊子，都御史朱裳代戴時宗總理河道，乃條治河二事。

《國榷》卷五五　庚辰，曲沃知縣岳倫奏：「大同軍士往殺張文錦，繼執桂勇，今又殺李瑾，兵已三變，其進兵征討必矣。」

《世宗實録》卷一五五　甲申，以江西瑞州等府旱災，蠲免存留錢糧有差。

《國榷》卷五五　戊子，湖廣道監察御史郭宗皐言：「星變非細故，宜兢業祗畏。」【略】上疑其欺隱，下詔獄責對狀，杖四十，釋之。光禄寺卿馬理予告。

丙申，江桓爲總兵，提督西官廳。

《世宗實録》卷一五五　以順天、河間等處災傷，蠲免存留錢糧及衛所屯糧有差。

《世宗實録》卷一五六　十一月己亥朔，以遼東旱災，發太倉銀三萬兩濟之。

壬寅，以災傷，蠲免涼州等衛所存留錢粮有差。

《國榷》卷五五　癸卯，更鑄大同征西前將軍印，異其文防僞，給總兵魯綱。度道士萬人。

《國榷》卷五五　大同悍卒推故總兵官朱振主軍事。振，大同人，素機詐，敢大言，好市恩，以動士卒。出參將黄鎮，指揮馬昇，楊麟于獄，嬰城叛。潘倣等諭之，不聽。故參將王安、郭全等故亡賴，遺北虜小王子金幣、女伎，啗入寇。曰：「中土饒可帝，勝沙漠也。」指代邸奉之。劉源清多設邏卒，遏城中官民章奏，請濟師五萬，命選京營萬二千人，趙卿、任鳳、傅鐸、譚鉉充左右參將，都督僉事江桓總兵往，兵部左侍郎錢如京兼右副都御史督領。户部右侍郎張瓚轉餉十二萬石于懷來。給事中俞朝妥同御史蘇祐紀功。已有言江桓不任，更推勳臣。上忽悟其煩，兵遂專責源清，永止如京等。亡何，潘倣乞班師靖亂，源清左之，朝議皆右源清，禮部侍郎顧鼎臣、黄綰皆言用兵非是，而虜果分掠渾、應、朔、懷間。詔源清内討外禦，勿忽。

《世宗實録》卷一五六　丙午，賞總制尚書唐龍、陝西巡撫王堯封各鈔幣，以賑饑有方也。

《國榷》卷五五　丁未，停刑。

《世宗實録》卷一五六　庚戌，以災傷免直隸真定等府各州縣所存留錢糧，遼東定遠等衛屯糧有差。

《國榷》卷五五　癸丑，大學士翟鑾憂去，納所賜銀章一。

《世宗實録》卷一五六　癸亥，陞廣西右布政使孫懋爲河南左布政使。

《國榷》卷五五　甲子，兵部右侍郎寇天叙卒。

乙丑，始遣武定侯郭勛代祀南郊，罷慶成、冬至二宴。

《明通鑑》卷五六　南郊遣代自此始。

《世宗實録》卷一五七　十二月辛未，陞江西按察使陸杰爲本布政使司右布政使。

《國榷》卷五五　乙亥，巡撫河南右副都御史吴山調外。

己卯，虜二千餘騎犯寧夏，鎮遠關總兵官王效、延綏副總兵梁震擊于柳門，逐出塞，又敗之，斬百四十餘級。

《世宗實録》卷一五七　辛巳，以災傷，發太倉銀三萬兩，山東、淮、浙鹽引銀一萬兩延綏，爲糴買主兵糧草之費。免浙江杭州等府存留錢糧，鳳陽等衛所屯糧有差。

《國榷》卷五五　辛巳，四川烏都鵓鴿等番作亂，副總兵何卿攻破之。

戊子，撫寧侯朱麒總兵鎮湖廣。

癸巳，復衡州捕盜通判。

乙未，山東左布政使張文魁爲右副都御史，巡撫寧夏。

丙申，增兵部職方司員外郎一人。

嘉靖十三年（甲午、一五三四）

《國榷》卷五六　正月壬寅，遼東都指揮使史俊以三千人援大同。時虜薄大同城，官軍擊敗之，叛卒出應虜，又斬百三十七人。

癸卯，廢皇后張氏。諭禮部曰：「昨侮肆不悛，令退閒，收其册寶。」

《世宗實録》卷一五八　甲辰，陞陝西布政使司右參政易瓚爲湖廣右布政使。

《國榷》卷五六　丙午，總督南京糧儲右副都御史張衍慶還臺。

壬子，立德妃方氏爲皇后。漕運參將劉璽爲總兵，提督漕運，鎮淮安。

乙卯，南京户部尚書許誥卒。贈太子太保，謚莊敏。

丙辰，上御奉天殿受賀，命婦賀兩宮。

《明通鑑》卷五六　以册后禮成，晉張孚敬少師，李時、方獻夫及夏言俱少保。

《國榷》卷五六　丁巳，命婦朝皇后于未央宫。

甲子，國子祭酒林文俊爲南京禮部右侍郎，南京大理寺卿冼光爲南京工部右侍郎。

乙丑，雲南巡撫右副都御史顧應祥憂去，以候代仍還。巡按御史楊東言其輕率，互訐。應祥閒住。河道右副都御史朱震等言：「今之治河，與古不同。古除其害，今兼資其利。」

二月辛未，總兵官郤永圍大同。工部員外郎李文芝、兵部主事楚書往閱大同。

癸酉，諭内閣：「叛卒謀殺主將，法不可赦。然非舉城所爲，郤永聽劉源清貪功嗜殺，訛傳致逆卒劫囚勾虜。既脅從不問，何又引水灌城？大同北門要地，祖宗所遺，源清必欲城破人誅，縱使成功，何由興復？若二人不用，豈有今日之患？今可去二臣，別遣大臣備虜，密擒賊魁，庶免老師傷財。」御札出，始知用兵非上意，蓋張孚敬主之，薦源清、永，期盡賊而止。源清知其難下，自劾免官。户部右侍郎張瓚改兵部左侍郎兼右副都御史，總制軍務。召前右都督馬永。申飭諸將梁震、史俊、苗鑾分布援兵。王廷相爲兵部尚書兼左都御史，提督團營。

乙亥，南京禮部主客郎中鄒守益奪官，前署部右侍郎黄綰調雲南參政，吏部尚書汪鋐劾綰縱守益引疾先歸也。張孚敬惡綰大同異議，嗾汪鋐攻之。上念其贊禮，仍任。鋐再攻之，綰訴大同撫勦相左，鋐甘爲鷹犬逐臣。上竟留綰。明日，孚敬疏辨臣未嘗主勦，因乞休。上慰答之。

丁丑，南京光禄寺卿宋景爲右副都御史，總督南京糧儲。更員丘曰天壇，方澤曰地壇。

《世宗實録》卷一五九 致祭先師孔子，遣大學士張孚敬行禮。

己卯，陞山東按察使秦鉞爲本布政司右布政使。

《國榷》卷五六 丁亥，大理寺卿陳軾爲户部右侍郎，巡撫貴州右副都御史徐問爲兵部右侍郎。

己丑，大同圍久，叛卒屠掠，人人忿切。理餉户部郎中詹榮有機略，與都指揮紀振、游擊將軍戴濂、鎮撫王寧歃血謀圖賊。以指揮馬昇權行于賊，義激之，聽命。王寧出告樊繼祖及劉源清，許三千金付昇購士。副總兵梁震間入城，兵部主事楚書亦入，榜示癸酉德音，人稱更生。其夕，昇、麟等斬黄鎮等九人。明日，繼祖入，又斬二十六人，餘不問。發倉粟賑饑。衆猶夜驚，繼祖堅臥不起，乃安。又明日，張瓚與御史蘇祐鼓吹入南門，置酒高會，勞將休士，自是大定。副總兵梁震，遼東參將史俊，分鎮大同東西路。發帑金十萬賑大同。

辛卯，詔代王俊杖還國。先避亂走宣府。

《世宗實録》卷一五九 甲午，陞貴州左布政使羅方爲南京光禄寺卿。

丙申，遣大學士張孚敬大明於朝日壇。

《國榷》卷五六 江西左布政使戴書爲右副都御史，巡撫貴州。

《世宗實録》卷一六〇 閏二月甲辰，改提督操江南京都察院右副都御史周叙爲大理寺卿，陞服闋原任總理河道都察院右僉都御史孟洋爲南京大理寺卿，陞河南按察使范永鑾爲四川布政使。

《國榷》卷五六 癸丑，定屯田私售各遠戍，產直入官。

丁巳，起劉天和右副都御史，總理河道。

壬戌，南京右副都御史王軏爲南京户部尚書。前南京光禄寺卿歐陽鐸爲南京右副都御史，提督操江。

癸亥，初左都御史王廷相論南京守備魏國公徐鵬舉權重，鵬舉乞解兵柄。許之。

《世宗實録》卷一六〇 乙丑，陞順天府府尹羅輅爲大理寺卿，陞四川按察使楊淳爲本布政司右布政使。

《世宗實録》卷一六一 三月戊辰，琉球國中山王世子尚清遣陪臣正議大夫梁椿等貢馬及方物，宴賚如例。

《國榷》卷五六 庚午，撫寧侯朱麒守備南京，仍掌中府。

壬申，禮部左侍郎黄綰撫賑大同，并按功罪。時代王求遣大臣，禮部尚書夏言覆如之，大學士張孚敬持不下。上諭毋私嫉，以綰往，許便宜從事。罷郤永，居庸關總兵都督張輗代鎮。誅山海關妖賊沈淮。

丙子，薊鎮偵卒出百里外，例支行餉，仍復之。

己卯，黄州同知徐階爲浙江提學僉事。

《世宗實録》卷一六一 壬午，陞南京刑部右侍郎周用爲南京都察院右副都御史，掌院事。

《明史》卷一七《世宗紀一》 吉囊犯響水堡，參將任傑擊敗之。

《國榷》卷五六 癸巳，四川布政司失經歷印。先是司府經歷印貯正官，遂各改歸經歷。

丙申，上作祭祀記百九十八道，分貯閣府部院。

《明通鑑》卷五六 四月丁酉朔，時享太廟，遣武定侯郭勛攝行。

《世宗實録》卷一六二 庚子，南京兵部侍郎劉龍條陳時政。

丁未，命成國公朱鳳掌中軍都督府事。

《國榷》卷五六 戊申，南京織造太監傳政請增官，下法司。

己酉，大學士方獻夫致仕。

甲寅，復壽州正陽關稅。

庚申，工部尚書秦金秩滿，進太子少保。

《世宗實録》卷一六二 癸亥，命南京前軍都督府僉書、都督僉事李璋提督操江。兩官廳右哨參將、都指揮僉事傅鐸充副總兵，鎮守山西，兼提督代州三關。

《明通鑑》卷五六　是月，户科都給事中管懷理，上疏論餘鹽。【略】事下所司，户部覆，以爲「餘鹽銀仍解部如故」，而邊餉益虚。

《國榷》卷五六　五月癸未，南京户部尚書許誥卒。贈太子太保，謚莊敏。

甲申，免漕運都御史馬卿入京議事。

丙戌，免衛輝、彰德、懷慶并晉江、惠安、同安田租。

己丑，上疾，不視朝。諭禮部勤恭勿怠事。

庚寅，賜大學士李時書院額曰「珍謨」。巡撫保定右副都御史周金言：「蘭家圈決口，塞之則東溢，病河間。不塞則東流漸淤，病保定。可量濬深廣，使水東北平流，亡壅涸之患。」于是詔止不塞。

《世宗實録》卷一六三　辛卯，福建巡按御史方涯條奏鹽法宿弊。

《國榷》卷五六　壬辰，折湖廣宗陽縣南糧，以僻遠也。

癸巳，上御文華殿，召輔臣張孚敬、李時，尚書汪鋐、武定侯郭勛觀青爵，江西所進祭器。賜酒饌。復書宣宗《閲輿地圖》詩一章及和詩示之。黄綰撫定大同。

《明通鑑》卷五六　黄綰之至大同也，有爲亂卒通問韃靼者，綰執而戮之，于是亂卒復相懾。綰大集軍民，曉以禍福。罹害者陳牒，綰佯不問，而密以牒授給賑官按里覈實，一日捕首惡數十人。亂卒尚欽者，曾殺一家三人，懼不免，鳴金倡亂，無應者，遂就禽。綰復圖形購首惡數人，軍民乃不復虞詿誤。事畢還朝，上疏極詆劉源清、郤永，請逮治。給事中曾忭言：「宸濠亂，源清有保障功，當蒙八議之貸。」上怒，下忭詔獄，逮源清治之。獄久不決，綰以憂去，乃減死，斥爲民。

《世宗實録》卷一六三　甲午，詔除免直隸揚州衛、泰州、通州二守禦千户所新增無子粒，從直隸巡按御史須瀾奏也。

《世宗實録》卷一六四　六月丙申朔，陝西榆樹等族番人郭乩等一百五十一人來朝貢馬，給賞如例。

《國榷》卷五六　丁酉，土魯番回夷要貢。以非期，卻之。

《世宗實録》卷一六四　戊戌，總制陝西三邊尚書唐龍奏：「二月間虜酋吉囊、俺荅入犯延綏，副總兵梁震等帥師敗之於偏頭關，斬首五十三級，奪獲甚衆。」上嘉諸臣勞勛，命賞龍銀五十兩，幣四。

《國榷》卷五六　己亥，張孚敬乞休，上慰諭之。又疏上，令勿以大同一事固執。肅州衛鉢和寺外開田十六頃有奇，給僑寓哈密衛都督乩吉孛剌等部落耕食。

壬寅，以陝西左布政使黄臣爲右副都御史，巡撫陝西。

乙巳，南京太廟災，議修省。漢中流賊平。

《世宗實録》卷一六四　丙午，陞浙江右布政使張原明爲陝西左布政使，廣東右布政使王俊民爲本司左布政使。巡按直隸御史朱方條陳邊務六事。

乙卯，兵部尚書王憲上禦虜方畧。户部覆陝西巡按御史劉希龍條奏茶馬四事。

《國榷》卷五六　七月丙寅朔，祭先聖先師于文華殿。

丁卯，上告災于太廟。

戊辰，翰林修撰林欽予告。

己巳，户部右侍郎鍾芳、右僉都御史胡東皐災異自陳罷。刑部左侍郎陳璋、錦衣指揮使李文、兵科給事中朱隆禧往南京閲災。

丁丑，重書累朝及獻皇帝《寶訓》、《實録》，建神御閣南内，上奉累朝御容，下藏訓録。以石匱暑潤，改銅匣。吏部尚書汪鋐兼兵部尚書，總督神御閣、啓祥宫、延祺宫諸工。

己卯，虜吉囊自花馬池入定邊乾溝，總兵劉文拒走之，犯固原。

癸未，免慶陽、臨洮、鞏昌、西安、漢中、平涼雹災田租，仍賑之。

《世宗實録》卷一六五　乙酉，直隸巡按御史李禖條奏清理糧儲四事。

《國榷》卷五六　丁亥，大理寺卿周叙爲户部右侍郎，總督倉場。

戊子，吉囊自青沙峴寇安定、會寧、金縣。

己丑，南京户部右侍郎顧珀、南京太常寺卿穆孔暉、應天府丞柴奇，各自陳罷。南京工部右侍郎冼光改南京太僕寺卿。總兵劉文戰會寧柳家營及葛家山，斬數十人。虜將遁，文度其歸必青沙峴也，伏俟之。

庚寅，前南京大理寺卿孟洋卒。

壬辰，山西左布政使任洛爲右僉都御史，提督雁門等關，兼巡撫山西。

八月乙未朔，行墾田勸農之法，從直隸巡按御史李禖之請。

丙申，收大同、陝西鎮守太監養廉田助餉。減鳳陽入衛京操軍三分之一。

丁酉，瓊山黎賊作亂。

戊戌，吉囊合衆出青沙峴，劉文伏兵敗之。指揮王晉戰半個城，先後斬一百二十七級。都督僉事梁震值寇乾溝，斬一百八十五級。寧夏總兵王効又敗之興武，先後斬一百三十級。

庚子，申明大計降官推陞之例。初修撰楊維聰降安慶推官，亡何，推都水主事。詰吏部對狀，自今皆秩滿方選。

《世宗實録》卷一六六　朝鮮國王李懌遣陪臣吴準入賀册立中宫，貢方物馬匹，宴賚如例。

《國榷》卷五六　辛丑，侍讀學士廖道南、侍讀張衮主試順天。

甲辰，巡撫江西右副都御史王綖爲大理寺卿。

《明通鑑》卷五六　丁未，重建京師太廟。

《國榷》卷五六　召禮部尚書夏言于平臺，勅諭「南太廟可勿建，其集議之」。

戊申，以黜落歲貢生，下福建提學副使潘潢于巡按御史訊。

《世宗實録》卷一六六　庚戌，禮科都給事中潘大賓言武職官不習騎射。

《國榷》卷五六　壬子，吉囊四萬騎寇寧夏，總兵王効率指揮成賢、吕仲良、劉勳、王俊以八百騎戰秦壩。力戰移日，賢獨當一面，寇被傷者衆，因併力攻賢，及仲良等俱戰没。

癸丑，閩浙奸民販海，至拒傷官軍。論罪有差。

《世宗實録》卷一六六　直隸巡鹽御史鄧直卿條奏地方事宜。

《國榷》卷五六　丁巳，起林琦右副都御史，巡撫浙江。

己未，太僕寺卿邵鋭引疾去。

辛酉，户部尚書許讚終養。

《世宗實録》卷一六六　鴻臚寺、錦衣衛奉旨查覆本月二十三日早朝不至文武諸臣一百八十四人，疏别其等以聞。得旨：「常朝三不至者，下法司逮問。再不至者，奪俸二月。一不至及患病未請告者，奪俸一月。」

《國榷》卷五六　九月甲子朔，順天府尹胡鐸調南京，府丞張漢奪俸三月，考官廖道南、張衮奪歲俸。以初場試目不即上被詰，鐸歸咎考官，下監試御史錢學禮、周襗獄，贖罪還秩。

丙寅，巡撫湖廣右副都御史林大輅以水災自劾乞休。上意其避事，劾免。

《世宗實録》卷一六七　陞廣西布政司劉淑相爲順天府府尹，復除服闋應天府府尹江曉原職。

《國榷》卷五六　己巳，梁材服闋，仍户部尚書。巡撫山東右副都御史唐冑爲南京户部右侍郎，巡撫遼東右副都御史王潮爲南京大理寺卿，巡撫四川右副都御史范嵩爲南京工部右侍郎。

庚午，裁宣大總制、保定提督。召張瓚、張輗還京。

辛未，始議建九廟。

《世宗實録》卷一六七　丙子，陞浙江右布政使任忠、陝西右布政使萬潮俱爲左布政使。忠本省，潮廣西。以湖廣災傷，詔停徵是年厨料、顔料及南京折布之半。

《國榷》卷五六　丁丑，四川、雲南左布政使潘鑑、吕經爲右副都御史，巡撫四川、遼東。

己卯，應天上試録失裁。山西上試録，誤雜片紙。各提調官下巡按御史。

《世宗實録》卷一六七　壬午，監察御史劉希龍以南京太廟災，陳言修省二事。

《國榷》卷五六　癸未，禮部左侍郎黄綰按大同功罪，劾劉源清、郤永貪功妄殺僨事，叙張瓚等功。給事中曾汴劾巡撫潘倣階亂，叙郎中詹榮、主事楚書功。下源清、永法司，餘班賞贖罪有差。又以汴欺誑，下錦衣衛，已釋之。禮部尚書夏言劾儀制郎中張元孝、祠祭郎中李遂縱恣。並下鎮撫司，謫之。

己丑，南京神宫監左監丞周源等下法司。守備太監李瓚、永康侯徐源、兵部尚書劉龍各罰俸三月。以廟災。

癸巳，田州土目盧蘇殺其主岑邦相，賂總督陶諧，言天絶，别立田氏子芝，還田州。

《世宗實録》卷一六八　十月乙未，法司覆禮部左侍郎黄綰勘明大同叛卒及文武諸臣罪伏。

《國榷》卷五六　劉源清削籍，郤永謫邊，潘倣、孫允中許致仕。

甲辰，上久不視朝，諭閣臣静攝。

己酉，南京兵部主事劉世龍以太廟災，請杜諂諛以正風俗，廣容納以開言路，慎舉動以存大體。以訕上庇逆，逮下錦衣衛。

庚戌，威、茂、松潘等寇平。進副總兵何卿都督，仍鎮守。

《世宗實録》卷一六八　癸丑，陞湖廣布政使陳克宅爲都察院右副都御史，巡撫貴州。

《國榷》卷五六　戊午，停刑。

辛酉，初真人邵元節乘傳還山，道詆李員外舟辱之穀亭，因逮户部員外郎李旼。蓋李時弟，元節佯不知而奏之，時引罪。

《世宗實録》卷一六八　壬戌，陞山西按察使傅鑰爲四川右布政使。

《明通鑑》卷五六　十一月甲子，免南畿被災税糧。

《世宗實録》卷一六九　陞南京太僕寺卿劉棟爲太常寺卿，提督四夷館。

《國榷》卷五六　南京工部尚書何詔予告。

己巳，初會同館貢夷許五日出遊，惟朝鮮、琉球稍寬之。至是朝鮮國王李懌入貢，使臣蘇洗讓言恥與虜同列，命弛其禁。

《明史》卷一七《世宗紀一》　庚午，祀天於南郊。

《國榷》卷五六　壬午，張瓚添註兵部左侍郎。

乙酉，定視朝中書舍人與翰林各四人分侍。命有司官署考歲終及布按入賀者，密封上之。兩廣總兵咸寧侯仇鸞疾免。

《世宗實録》卷一六九　丁亥，陞威遠守備指揮僉事費英、敘瀘守備指揮使沈德元俱署都指揮僉事，充遊擊將軍。英宣府，德元四川松潘東路。兵部覆浙江按察司副使戴金條陳備倭事。

《國榷》卷五六　戊子，總制陝西唐龍薦延綏參將任傑補寧夏副總兵。兵部以令甲廷推，不許。

辛卯，起蔣瑤太子少保、南京工部尚書。

十二月辛丑，直隸巡按監察御史李新芳、大名兵備副使楊彝下錦衣獄。先是新芳行部至廣平，以城門銃猝發被驚，笞銃手並知縣周謐。又用左右譖，謂謐「居官多不法，恐見按治，故使銃手謀害」，遂執謐。謐不服，廣平知府李騰霄亦不平，詣新芳辨折頗厲，新芳遂誣奏騰霄主使謐謀害。尋遣推官楊經、秦新民馳府執騰霄，騰霄拒之，稍集衆自衛。新芳復劾其拒城爲亂，檄彝勒兵二千往捕之。騰霄棄官走，通判吴子孝、推官侯珮、經歷吴尚質皆走，郡地一空。新芳復遣數百人追執騰霄等于趙州，並子孝珮、尚質，皆笞之數十，尚質立斃。于是騰霄、謐等交訴于朝，巡撫都御史周金亦奏新芳謬妄及發兵幾激變狀，上命新芳回籍聽勘。遣給事中王禎、郎中李檟往，得實以聞。遂下新芳獄，與彝俱黜爲民。新芳擅作威福，調官兵，而尚質之死不究，時以爲失刑云。

《世宗實録》卷一七〇　壬寅，户部言：「頃者詔免今年夏秋税糧之半，業已頒布各省。以銀計凡六百八十一萬九千兩有奇，此皆歲正供經費，不可缺者。乞通行天下，亡論山海諸賦及寺觀、田園、倉庫、贖鍰、徭役等銀悉行會計，以補原額。」上不許，如歲用不足，令該部通融處。

乙卯，陞山西右布政使曹蘭爲本司左布政使。

丙辰，兵部覆御史趙元大條陳備邊事宜。

《國榷》卷五六　安遠侯柳珣充總兵官，鎮守兩廣。

嘉靖一四年（乙未、一五三五）

《國榷》卷五六　正月丙寅，兵部左侍郎兼左僉都御史張瓚總督兩廣軍務，兼巡撫廣西。

戊辰，提督京通倉場少監王奉、李順各犯贓。下法司。

《明史》卷一七《世宗紀一》　壬申，罷督理倉場中官。

《明通鑑》卷五六　初，孫交爲户部尚書，請盡罷監督倉場中官，並臨清、淮、徐諸倉一切勿遣，上爲撤其半，餘如故。至是監督中官王奉、李順，互以奸贓訐奏，下法司按問，給事中管懷理因言：「倉場錢穀，皆户部事，今參用內官，惟肆貪饕，無裨國計，請悉撤回。」從之。

《國榷》卷五六　癸酉，御奉天殿，受天下朝賀。大計，降斥有司九百八十二人。時大計，吏部阿輔臣意，修怨罷者甚多，參議王臣、韋商臣等四人預焉。故事，拾遺即不當罷而罷者不得復論。刑科給事中沈謐、戚賢等上言：「察典宜慎重。其當斥不當斥者，請令臣等得以詳論。」會四人報罷，言其枉，宜復，不聽。謐方轉右給事中，已轉山東按察僉事。衆論藉藉。兵科左給事中薛宗鎧疏論尚書汪鋐。

壬午，召諸臣于文華殿西室。以世室名同世廟，李時請稱太宗廟。夏言甚善之。問各廟號，時請序昭穆，曰昭一廟、昭二廟、昭三廟，穆亦如之，免易主。上然之。又欲改世廟于太廟左，殺其制。

《世宗實録》卷一七一　癸未，科道以拾遺例論劾按察使張鯤等。

《國榷》卷五六　甲申，初吏科給事中戚賢請申考察之枉，許之。已兵科左給事中薛宗鎧列參議王臣、韋商臣等枉狀，部覆寢之。

丙戌，莊肅皇后夏氏崩。禮部具儀注：上素衣冠絰而舉哀。上以叔嫂無服，且兩宮在上，何素也？夏言執如初。至再，始敕定。

庚寅，駙馬都尉鄔景和受武清獻田，劾奪之。

二月癸巳，初全州知州林元秩請立社倉，置田收租備賑。州民趙希尹輸穀五千石經始，求巡按御史鄭濂旌秩。上疑其私，下總督陶諧。言亡他端，終以元秩擅行，謫之。

戊戌，上祭太社太稷。御平臺，召張孚敬、李時、夏言議宗廟事。孚敬等以過勞，暫停籍田。從之。翰林院侍讀學士張璧、侍講學士蔡昂主禮闈。

己亥，上祭帝社帝稷。始分作九廟，改立世廟。

辛丑，上祭日東郊。

《世宗實録》卷一七二　甲辰，發太倉銀六千兩于甘肅，給新屯牛種，從都御史牛天麟奏請也。

乙巳，兵部右侍郎徐問引疾乞休。許之。

《國榷》卷五六　丙午，河道右副都御史劉天和築曹、單長隄三百里。

丁未，禁冠服違制。

己酉，翰林編修唐順之引疾忤上，勒原官員外郎致仕。集議莊肅皇后謚。張孚敬曰：「莊肅與累朝事不同，謚止二字、四字。」禮部尚書夏言曰：「列后謚俱十二字，何靳焉？」李時曰：「宜八字。」左都御史王廷相、吏部左侍郎霍韜，議與言合。言上言：「謚號祇以表行尊名，其于服制有無，名分尊卑本不相涉，謚宜十二字。」上以莊肅壓于昭聖，而皇嫂之喪，無有事嫂如事母之理。于是復議。東閣吏部尚書汪鋐等順旨，竟謚六字，曰「孝静莊惠安肅毅皇后」。

甲寅，上御文華殿，召尚書夏言，改定陵祭。初上陵清明、中元、冬至，言請罷中元節，移霜降日行之。冬至有事南郊，不必分祭。惟清明如故。遂定上陵各官不陪祭，内殿忌祭不作樂，改吉服爲淺色。

吉囊寇榆林，殺參將魏祥。

《世宗實録》卷一七二　庚申，詔取會試中式舉人許穀等三百二十名。

《國榷》卷五六　三月壬戌，御經筵。

丁卯，日講訖，召輔臣于文華殿西室，以大喪，改廷試四月。因言選庶吉士止一人教習足矣。上大行莊肅皇后謚，勑禮部黄遣使頒天下。

辛未，修祖陵皇陵。

甲戌，毓德、景仁二宫成。

乙亥，太子太保、兵部尚書王憲致仕，給月粟五石，歲役五人。

丙子，福建左布政使王浚爲右副都御史，提督南贛。

丁丑，召輔臣于重華殿，觀祀天祭器，各爲賦紀之，命曰《奉制紀樂賦》，又作《紀樂同述詩》。武定侯郭勛、吏部尚書汪鋐在工相左，各訐。上不悦鋐，李時力爲解，上意釋，曰：「昨鋐與夏言争莊肅事，此内閣禮部事，于鋐何與？而悻悻如此。且科道何不彈之？」時曰：「不敢。」上曰：「此謂寧忤天子，不敢忤貴臣也。其以朕意戒勛、鋐。」

己卯，前南京吏部右侍郎王廷相爲兵部右侍郎。暫發太和山香税賑湖廣。

甲申，張瓚爲兵部尚書。

乙酉，夏言奉命議宗廟厥明行禮。

《世宗實録》卷一七三　陞江西左布政秦鉞爲都察院右副都御史，巡撫江西。

丙戌，以廷試天下貢士，命少保兼太子太保、吏部尚書、武英殿大學士李時等充讀卷官。

《國榷》卷五六　戊子，葬莊肅皇后于康陵。

己丑，巡撫遼東右副都御史呂經苛虐失士心，舊每馬牧田五十畝，盡收其租，又築城牆迫甚，卒大譁，毆中軍都指揮劉尚德。經走苑馬寺，卒搜辱之。總兵官劉淮以聞。

《世宗實録》卷一七三　庚寅，以山西宗禄缺乏，詔將河東運司鹽引召商買納，并所司堪動官銀相兼抵補，後不爲例。

《國榷》卷五六　四月辛卯朔，享太廟、世廟，暫于奉先、崇先殿。

壬辰，策貢士三百二十五人于奉天殿。上親制策品，第甲乙。賜韓應龍、孫陞、吴山等進士及第、出身有差。初豐城李璣對策切直，雖進呈，末之，上以讜言，首二甲。

《世宗實録》卷一七四　癸巳，命兵部左侍郎錢如京兼都察院右副都御史，提督兩廣軍務，兼理巡撫。

甲午，大學士張孚敬以疾屢疏乞歸。

《明通鑑》卷五六　不許。至是遣中官賜藥餌，手敕言：「古有翦鬚療大臣疾者，朕今以己所服者賜卿。」孚敬得温諭，不自安，仍乞骸骨。上雖眷孚敬不衰，而與李時言，頗及其執拗，且不惜人材以叢衆怨狀。

甲午，復請致仕，許之，命行人、御醫護歸，有司給廩隸如制。先是，上與時論孚敬，因言：「内閣乏人，朕欲取舊老費宏來與卿共事，何如？」時遜謝稱善。及孚敬罷，遣行人即其家起宏官如故。

《國榷》卷五六　乙未，薦新麥内殿，賜百官麥餅。舊名不落莢，革之。

己亥，巡按遼東御史曾銑按部金，復，聞變，入遼陽，盡罷前政之不便者，悍卒稍就約。左僉都御史韓邦奇爲右副都御史，巡撫遼東。

《世宗實録》卷一七四　癸卯，奪提督四夷館太常寺卿劉棟俸三月，以謝恩不到故也。

《國榷》卷五六　乙巳，上御文華殿，躬試庶吉士。

《明史》卷一七《世宗紀一》　丙午，廣寧兵亂。

《世宗實録》卷一七四　丁未，陞兵部右侍郎李廷相爲本部左侍郎，都察院右副都御史周金爲兵部右侍郎，翰林院侍讀學士吴惠爲太常寺卿，管國子監。

《國榷》卷五六　戊申，選庶吉士趙貞吉等。禮部左侍郎顧鼎臣爲禮部尚書兼翰林學士，署詹事府教習。

庚戌，還功臣姚廣孝祀于大隆善寺。時大興隆寺火。

乙卯，南京光禄寺卿王學夔爲右副都御史，撫治鄖陽。

《世宗實録》卷一七五　五月辛酉朔，禮部左侍郎黄綰言：「臣往奉命勘大同事，方下法司而劉源清等輒先奏辯，以爲臣欲文致其罪。」

癸亥，增設七廟樂官樂舞生。

《國榷》卷五六　前右都御史鄒昊卒。

乙丑，河南右布政使邊惠爲南京光禄寺卿。右副都御史曹祥卒。

《世宗實録》卷一七五　庚午，上躬詣太廟，請太祖配位於方澤。

《國榷》卷五六　辛未，工部左侍郎林庭棉兼左僉都御史，往按遼東。

癸酉，上祭北郊。

《世宗實録》卷一七五　陞禮部右侍郎黄宗明爲本部左侍郎，太常寺少卿兼翰林學士謝丕爲禮部右侍郎。

乙酉，陞翰林院侍讀學士張璧爲太常寺卿，仍兼舊銜掌院事。

《國榷》卷五六　前兵部左侍郎蔡天祐卒。

丁亥，巡撫江西右副都御史林琦卒。

《世宗實録》卷一七五　戊子，録廣東新會等縣勦賊功，陞賞官軍王文昇等二千九百八十人。

《世宗實録》卷一七六　六月丙申，陞雲南按察使衛道爲四川右布政使。

《國榷》卷五六　戊戌，工部主事俞振强被劾，降大理右寺副，仍視工。振强請專建九廟，罷餘工，上怒，謫雲南蒙化衛經歷。

己亥，大理寺右寺丞林希元請討遼東叛卒，直言官校被囚。上詰錦衣衛對狀，指揮王佐諱之，謫希元欽州知州。

《明通鑑》卷五六　南御史馮恩既免死，長繫獄中，尚書聶賢與都御史王廷相，言「前所引律，情與法不相麗，宜用奏事不實律輸贖還職」，上不許。至是復言「恩情重律輕，請戍之邊徼」。報可，遂遣戍雷州。越兩月，而汪鋐亦報罷矣。

《國榷》卷五六　庚子，故太子太傅惠安伯張偉贈太傅，謚靖襄。湖廣盜流劫寶慶，發永順土兵討之。

戊申，兩廣總兵咸寧侯仇鸞不候代遽去，被劾下法司，乞貸。上原之，奪俸三月。

癸丑，故江西左布政使梁宸坐徇宸濠論死，宥戍邊。

甲寅，前太僕寺卿邵鋭卒。贈右副都御史，謚康僖。

丁巳，英國公張崙卒。贈太保，謚莊和。虜數入宣府，指揮趙鐘死之。是時小王子最富强，多畜金幣，稍厭兵，其連歲深入西北邊，皆吉囊、俺答二部，日盜邊，益强。

《明史》卷一七《世宗紀一》　吉囊犯大同，總兵官魯綱禦却之。

《國榷》卷五六　七月乙丑，泰和伯陳萬言卒。贈太子太保，謚榮僖。成國公朱鳳卒。贈太保，謚榮康。

辛未，前南京户部尚書李瀚卒。贈太子太保。免吉安田租，仍賑之。

《世宗實録》卷一七七　戊辰，録廣西賓州等處擒斬强賊功。

《國榷》卷五六　乙亥，監察御史曾翀、戴銑劾南京兵部尚書劉龍、刑部尚書聶賢、户部左侍郎張雲、刑部右侍郎陳璋、工部右侍郎甘爲霖、大理寺卿署國子監吴惠、南京太常寺卿冼光、巡撫甘肅右僉都御史趙載各庸劣，宜罷。下吏部議。尚書汪鋐俱擬留，上不懌，語李時「有私，且劉龍何如人也」？時曰：「誠篤。」上曰：「彼遲鈍，非參贊任，可召還，教習詞館。」問聶賢何如？曰：「亡過。」上老之，同陳璋、冼光致仕。問大理卿王綎何如，曰：「清介，第過執。」曰：「過執則鮮成事。朕自藩邸知之，亦何塘、趙永流也。」時請外調。上又論張雲誠慤，甘爲霖有才，趙載無過。吴惠雖少文，亦不忝厥職，調南京翰林。明日，詔聶賢、陳璋、冼光致仕，召劉龍，改惠南京。責鉉等負任，奪月俸。考功郎中李邦直奪俸四月。降綎山東布政司左參議。

河工成，總理河道右副都御史劉天和進工部右侍郎兼左僉都御史，餘陞賚有差。

《世宗實録》卷一七七　丙子，陞太僕寺卿党以平爲都察院右副都御史，整飭薊州邊備，兼巡撫順天。

辛巳，陞廣西按察使陸釴爲江西右布政使。

壬午，上遣中官賚手勅賜大學士費宏。宏疏謝。

《國榷》卷五六　癸未，起李元吉太僕寺卿。

甲申，巡按遼東監察御史曾銑擒斬遼陽、廣寧亂卒二十八人。蓋二城聞林庭榻且至，懼不免，復謀亂也。

乙酉，吏科都給事中楊僎請「卹革除諸臣，若尚書鐵鉉、張紞、陳迪、齊泰，侍郎卓敬、胡子昭，都御史景清、練子寧，太常寺卿黄子澄，侍講方孝孺等，宜贈謚録廕」。禮部尚書夏言言：「齊、黄悞國之罪，太宗名爲君側之惡，具載《實録》。僎徒見野語流傳，未知國史，且表勵之典，在太宗時則可，今日則不可。」上責僎輕率，宥之。

戊子，總制陝西兵部尚書唐龍改刑部尚書，太子太保、工部尚書秦金改南京兵部尚書。起周期雍，仍大理寺卿。

《明通鑑》卷五六　是月，費宏至京師，復命入閣。

《國榷》卷五六　八月庚寅，召大學士費宏于文華殿右室，賜銀章一。

辛卯，撫順城備禦指揮劉雄朘削致變，御史曾銑捕悍卒誅之，雄戍邊。

甲午，吴惠改南京太常寺卿。

丙申，南京後府右都督馬永爲總兵，鎮守遼東。

丁酉，命各總制撫按疏薦將才。

《世宗實録》卷一七八　遣禮部右侍郎謝丕致祭先師。

《國榷》卷五六　庚子，許貴州自鄉試。初附雲南，道遠，禮科給事中田欽請分之。解額雲南四十人，貴州二十五人。

癸卯，復太倉兵備副使。

乙巳，上御無逸殿左室，召大學士費宏、李時，諭君臣同游之意。歷觀殿廡農家詩、《豳風圖》，俱上所題跋。宏因及巡撫，内地吏部止會户部，邊上會兵部，不如會九卿，尤公。上善之。又舉姚謨總制陝西。上然之。

《明史》卷一七《世宗紀一》　詔九卿會推巡撫官，著爲令。

《國榷》卷五六　丁未，起姚謨兵部尚書兼右都御史，總制陝西三邊軍務。

《明通鑑》卷五六　費宏初薦鏌，上命廷推，既而曰：「朕既用之，安用推爲！」至是遂命之。

《世宗實録》卷一七八　辛亥，陞工部左侍郎林庭榻爲本部尚書，刑部右侍郎楊志學爲本部左侍郎，改南京吏部右侍郎潘旦爲刑部右侍郎。

《國榷》卷五六　甲寅，駙馬都尉蔡震卒。贈太保，謚康僖。

丁巳，大同叛卒楊鉞投卜赤，至是伏誅。

九月己未朔，吏部尚書汪鋐免。給事中薛宗鎧，御史曹汴、曾翀、方一桂下詔獄。

《明通鑑》卷五六　鋐長吏部，不協清議，屢爲言官所劾，上眷亦衰。會御史曾翀論劾南京兵部尚書劉龍、刑部尚書聶賢等，詔吏部秉公覈議，鋐言「龍等無大過，不宜遽棄」。上不悦，謂李時等曰：「近來言路不開，外廷咸歸罪張孚敬。今觀吏部此疏，似是愛惜人材，然亦私意耳。」已而給事中薛宗鎧、孫應奎，交論鋐奸回誤國，擅作威福。鋐上章自理，並以宋言官結黨論范、富、歐陽等事爲比。于是翀復劾鋐不畏朝廷，鴟張彌甚。疏入，留中不報。一日，語輔臣費宏、李時等曰：「鋐六卿之長，被論如此，何顔復列班行！聽致仕去。」已，復出翀等疏，責以挾私報復，乃下翀及宗鎧于錦衣衛獄。一時給事御史降調外任及黜爲民者凡十餘人。

《世宗實録》卷一七九　辛酉，户部以各處灾傷議折徵兑運正米一百一十五萬石，每石徵銀七錢。改兑米三十五萬石，每石徵銀六錢。被災尤重者，聽十萬石於臨、德二倉支運，石徵脚費銀一錢五分。從之。

己巳，陞貴州按察使韓士英爲湖廣右布政使。

《國榷》卷五六　辛未，前總督河道右都御史盛應期卒。

《世宗實録》卷一七九　庚辰，陞通政使司通政使陳經爲禮部右侍郎，仍掌司事。

辛巳，改南京禮部右侍郎林文俊爲南京吏部右侍郎。

《國榷》卷五六　甲申，免大同水災田租。始遣序班護送朝鮮使臣，防其私賫。

乙酉，工部右侍郎甘爲霖爲左侍郎，總理河道。工部右侍郎劉天和還部。

十月辛卯，南京禮部尚書湛若水祭告祖陵。

癸巳，起李如圭右副都御史，總理河道。

《世宗實録》卷一八〇　己亥，陞福建按察使夏邦謨爲廣西右布政使。

庚子，南京兵部尚書劉龍乞致仕。許之，命馳驛歸。

《國榷》卷五六　甲辰，賜故吏部尚書楊旦祭葬。

乙巳，停刑。

丙午，啓祥宮成。獻皇帝誕所。

戊申，少師兼太子太師、吏部尚書、華蓋殿大學士費宏卒。

《明通鑑》卷五六　宏再入閣，上眷遇益厚，每召見，移時始出，賜銀章曰「舊輔元臣」。宏承璁、萼操切之後，易以寬和，朝士皆慕樂之。上聞其卒嗟悼，賻恤加等，贈太保，謚文憲。

《國榷》卷五六　己酉，選補九嬪。

《世宗實録》卷一八〇　庚戌，《獻皇帝實録》成。

《國榷》卷五六　辛亥，割川南道邛、雅、眉、建、昌等六衛爲上川南道。

壬子，應天巡撫右副都御史侯位母百歲，求終養。不許，詔有司存問，賜絹二，粟三石。應天、蘇、松、常、鎮旱災，賑之，蠲折有差。

乙卯，録陝西禦虜功，總兵張鳳進右都督，王効、梁震等各進級。

《世宗實録》卷一八〇　丙辰，隸宣府膳房堡等處功，陞賞官軍姚浩等五十七人。

《國榷》卷五六　癸亥，南京國子祭酒費寀爲南京禮部右侍郎。

丙寅，免延安、寧夏田租。延綏副總兵、都督同知梁震總兵，鎮守陝西。

庚午，巡撫甘肅趙載改南京右副都御史，提督操江。

乙亥，上祀南郊。明日，宴奉天殿。

庚辰，詔孔子六十代孫儀封孔承寅爲國子學正，世襲。

丙戌，提督南、贛、汀、漳都御史陳察薦前右都御史萬鏜、大理寺卿董天錫等，吏部皆覆用。上以鏜前旨永不録，奪部司俸。察時予告，追削其籍。

《世宗實録》卷一八一　户部以南京錦衣衛等四十二衛所災傷，議上蠲租賑恤事宜。詔是年屯糧各依災免事例，以次遞減。

《國榷》卷五六　戊子，廣東按察僉事吴玭平連州盜。

《明通鑑》卷五六　壬辰，免湖廣武昌府被災稅糧。

《世宗實録》卷一八二　乙未，以冬深無雪，命順天府官祈禱。仍遣禮部尚書夏言等徧祭群神。

丙午，行大祫禮於大廟。

《明通鑑》卷五六　丁未，廣西田州土目盧蘇殺本州州判岑邦相，因糾歸順州土官岑瓛，搆引夷兵，攻毀鎮南府，居民遇害者無數。巡按御史曾守約以聞，兵部以「土目自相仇殺，不宜遽興問罪之師，驅吾民于鋒鏑。宜先降旨詰責，宣布恩威」。乃詔守臣勘處以聞。

《世宗實録》卷一八二　戊申，以旱災免鳳陽等衛所屯糧有差。

《國榷》卷五六　總制姚鏌疏辭，有「恐難善後」語，忤旨，罷之。湖廣九溪灣峒賊平。

庚戌，免濟南田租。

《明通鑑》卷五六　總理河道都御史劉天和條上治河數事。從之。

《國榷》卷五六　癸丑，免肇慶、梧州田租。

嘉靖一五年（丙申、一五三六）

《國榷》卷五六　正月己未，上不豫。

壬戌，改湖廣上湖南道分巡僉事爲兵備僉事，駐劄蘄州，專管漢陽，而下至蘄、黄、德安等處，名曰「下江防道」。原駐岳州僉事，專管武昌，而上至沔陽、岳州、常德、長沙等處，名曰「上江防道」。各給敕書關防。從湖廣巡撫都御史翟璜請也。

甲子，行時享禮于内殿，武定侯郭勛攝之。劉天和爲兵部左侍郎兼右副都御史，總制陝西三邊軍務。

《世宗實録》卷一八三　乙丑，改南京户部右侍郎唐冑爲户部右侍郎。

《國榷》卷五六　丁卯，始給卹刑官條印。

《世宗實録》卷一八三　庚午，以水災詔改折江西應解南糧倉米每石銀七錢。

《國榷》卷五六　甲戌，鎮守遼東太監王純還京，劾罷，停勿遣。

丙子，總制陝西唐龍乞甘肅治兵備虜。從之。

丁丑，光禄寺卿吴大山爲工部右侍郎，右僉都御史袁宗儒爲南京户部右侍郎，通政司左通政鄭紳爲通政使。

戊寅，唐龍薦故太子太保、兵部尚書彭澤，復官優卹，下所司。

壬午，故南京工部尚書何詔卒。贈太子少保。

《世宗實録》卷一八三　録廣西桂林府魯奔等巢鵬勦獞賊功。

乙酉，以水災免上林苑監良牧署去歲上供銀十分之四。

《世宗實録》卷一八四　二月丙戌朔，祈穀視牲，遣武定侯郭勛代。南京江西道御史龔湜疏劾南京户部尚書王軏、南京工部尚書蔣瑶并老誖庸鄙，不堪大任。章下吏部，覆軏之儉素、瑶之持，得旨「軏、瑶俱照舊供職，湜妄言，姑貰之」。

丁亥，祭至聖先師孔子，命尚書夏言行禮。

《國榷》卷五六　福建左布政使屠僑爲光禄寺卿。

《世宗實録》卷一八四　己丑，祭帝社稷，遣武定侯郭勛行禮。

壬辰，先是河南强賊高寵等聚衆三百餘人，攻破尉氏縣治，劫獄出囚，勢甚猖獗，及是賊平。

《明史》卷一七《世宗紀一》　癸巳，振湖廣災。

《國榷》卷五六　庚子，上疾，輟親耕，并停皇后親蠶。

《世宗實録》卷一八四　陞四川按察使劉漳爲山東右布政使。

《國榷》卷五六　辛丑，增湖廣督糧參政。總督漕運右副都御史馬卿卒。

《世宗實録》卷一八四　乙巳，兵部覆御史張景所陳者巡撫事宜。

《國榷》卷五六　三月丁巳，河患，徙豐縣于故城。

戊午，免各巡撫入朝議事，以災傷也。

丙寅，始御經筵。前南京工部尚書崔文魁卒。贈太子少保，謚康簡。

《世宗實録》卷一八五　戊辰，以斬獲番賊功賜陝西洮岷邊備副使馬紀銀二十兩，紵絲二表裏。

《國榷》卷五六　辛未，兵部右侍郎周金爲右都御史，總督漕運，巡撫鳳陽。起牛天麟右僉都御史，巡撫甘肅。

《世宗實録》卷一八五　甲戌，命宣城伯衛錞、户部尚書梁材居守京城。勅陞廣東按察使柴經爲本布政司右布政使。

《國榷》卷五六　乙亥，設大田縣。福建延平府。

丙子，上同皇后奉章聖皇太后發京師。

丁丑，自沙河抵天壽山行殿。召大學士李時、尚書夏言、武定侯郭勛，問沙河人少之故。時請設昌平總兵，南衛京師，北衛陵寢，吏卒既增，居民漸集。上是之。

己卯，謁長陵、獻陵、景陵，至十八道嶺，自擇壽宫。復閱橡子嶺，以十八道嶺勝之。

庚辰，謁裕陵、茂陵、泰陵、康陵。

壬午，還沙河行殿，諭免昌平田租三分之一，賜高年粟帛。幸西山。

癸未，祭恭讓章皇后、景皇帝陵。自西湖舟行還京。

四月乙酉朔，遣成國公朱鳳祭祖陵、皇陵、孝陵，英國公張溶祭顯陵。

丁亥，茂州夷攻長寧，指揮龔鋭拒卻之。

《世宗實録》卷一八六　戊子，兵部覆巡按貴州御史王店條陳地方事宜。

《國榷》卷五六　辛卯，巡撫貴州右副都御史陳克宅改總理南京糧儲，兼巡撫應天。

《明通鑑》卷五六　癸巳，皇后不親蠶，遣女官祭先蠶之神。

《國榷》卷五六　治長陵神道，并繕七陵，作壽宫。吉囊自賀蘭山入寇，邊將數破走之。總兵王效、副總兵任傑、游擊鄭時、參將史經合擊之，斬九百餘級。虜始遠遁。

《明通鑑》卷五六　捷聞，進劉天和右都御史。天和赴鎮，修戰具，飭邊備，增築城堡。

《國榷》卷五六　改武學于大興隆寺舊址，用文武重臣教習。

《世宗實録》卷一八六　甲午，詔起原任户部尚書許讚爲吏部尚書。

乙未，南京兵部尚書秦金條陳興革六事。

《國榷》卷五六　丙申，禘太廟。召南京兵部右侍郎潘珍于兵部。

己亥，兵部尚書兼右都御史王廷相秩滿，進太子少保。

庚子，巡撫四川右副都御史潘鑑、應天府尹江曉俱爲工部右侍郎，曉佐部督工，鑑採木川廣。順天儒士潘謙、錦衣衛匠金桂請遷顯陵。下詔獄。

辛丑，上欲祭告山陵，減鹵簿，僅吏卒萬二千人。

癸卯，上發京師，次沙河。四川按察僉事朱紈合總兵何卿、參將周繼勳勦茂州叛夷，平之。

乙巳，太常寺卿張鶚乘輿，下鎮撫司，謫戍。

丙午，上祭告長陵，餘陵分遣官往。

丁未，上遊九龍池，郭勛、夏言騎從。

戊申，上名十八道嶺曰陽翠，所駐蹕小山曰平臺。

辛亥，親閱長陵、獻陵、景陵。以景陵庳小，拓之。

壬子，駕次沙河。

癸丑，還宫。吉囊分騎犯涼州，副總兵王輔以八百騎逐之，戰孤山墩，斬五十七級。已犯莊浪，總兵姜奭逆戰分水嶺，佯北，誘入伏，大敗之，斬七十一級。

五月乙卯朔，改嚴嵩禮部尚書。時録列聖文集、《九經》、《二十一史》、《性理大全》、《聖學心法》刊之，重修《宋史》，嵩總理之。

《世宗實録》卷一八七　丙辰，陞河南左布政使孫懋爲應天府府尹。

《國榷》卷五六　丁巳，免順天、永平田租。

戊午，起蘇民南京兵部右侍郎，巡撫寧夏。右副都御史張瀚移四川。購紅黄玉于西域。

己未，午日，宴羣臣於奉天殿。上幸西苑，召郭勛、李時、夏言于崇智殿，舟登澄碧亭，宴無逸殿。

庚申，定山西冀北道兵備移駐大同，聽巡撫節制。

壬戌，典繕員外郎楊儀、主客郎中陳篪俱遷外官。尚書夏言以博練奏留，許之。

癸亥，吉囊青台吉以十餘萬騎駐大同近塞。

《世宗實録》卷一八七　女直夷人海西朶林山等衛額真奇等四百餘人，建川等衛卜剌塔等三百餘人俱貢馬來朝，宴賞如例。

《國榷》卷五六　甲子，遣給事中吕應祥等覈餉中外。

乙丑，毁大内大善殿佛骨萬三千餘斤，銷金銀佛像百六十九軀。

辛未，定壽陵玄宫及妃嬪從葬之制，命視長陵殺之。

甲戌，選遠近淑女八十八人，自東華門入宫。貴州都勾盗阿向平。

乙亥，前大學士張孚敬疏問安，上遣錦衣衛副千户劉昂視疾，手勅答之。

《世宗實録》卷一八七　辛巳，陝西左布政使張原明以疾乞休。得旨陞光禄寺卿，致仕。

壬午，兵部覆巡撫陝西御史周鐵奏近日各邊將士圖冒首功，【略】請下各邊鎮巡等官，以後有自虜中來降者，皆當厚爲優恤，【略】官軍有索其財物若妄殺報功者，皆罪不赦。【略】報可。

《國榷》卷五六　六月丙戌，南京禮部尚書湛若水改南京吏部尚書。

《世宗實録》卷一八八　戊子，陞河南按察使李顯爲雲南右布政使。

《明通鑑》卷五六　〔乙未，巡茶御史劉良卿言〕：「律例，『私茶出境與關隘失察者，並凌遲處死。』蓋西陲藩籬莫切于諸番，番人恃茶以生，故嚴法以禁之，易馬以酬之，以制番人之死命，壯中國之藩籬，斷匈奴之右臂，非可以常法論也。【略】今計三茶馬司所貯，洮河足三年，西寧足二年，而商私課茶又日益增，積久腐爛而無所用，茶法之弊如此。番地多馬而無所市，吾茶有禁而不得通，其勢必相求，而制之之機在我。今茶司居民，竊易番馬以待商販，歲無虚日，及官易時而馬反耗矣。請敕三茶馬司止留二年之用，每年易馬當發若干正茶之外，分毫毋得夾帶。令茶價踴貴，番人受制，良馬將不可勝用。且多開商茶，通行內地，官榷其半以備軍餉，而河、蘭、階、岷諸近番地禁賣如故。更重通番之刑如律例，洮、岷、河責邊備道，臨洮、蘭州責隴右分巡，西寧責兵備，各選官防守，失察者以罷軟論。」奏上，報可，于是茶法稍飭。

《國榷》卷五六　乙未，增築平涼、慶陽、臨洮邊堡。

丙申，四川威、茂、渾水番夷掠茂州長寧。禮部左侍郎黄綰憂去。釋劉源清，削籍。郤永鐫二級。

壬寅，吏部左侍郎霍韜言：「考選行人、博士、中書舍人，優游閒局，坐致華要，是不種而穫也。進士宜臨選糊名校試，擇其優長，授博士等官，餘授有司。」報可。禮部觀政進士盧梗上書曰：「博士等官，選且過半，韜始議上，蓋寮寀議其曲庇鄉里，飾私文過也。」因言其三不可，遂寢其議。應天巡撫都御史侯位憂去。薦舉非例，奪其官。

丙午，前右都御史盛應期卒。

壬子，吏部左侍郎霍韜爲南京禮部尚書。

《明通鑑》卷五六　韜素剛愎，佐吏部，屢與尚書汪鋐争，鋐等亦憚之。鋐既罷，上久不置尚書，以韜掌部事。閣臣李時傳旨用鴻臚王道中爲順天府丞，韜仍循故事，列道中及應天府丞郭登庸二人名上。上以韜守成法，乃用登庸而改道中大理少卿。

《國榷》卷五六　七月己未，成國公朱鳳卒。贈太保，謚榮康。禮部觀政進士盧梗復請除吏量闕預疏。又臺諫糾劾，惡聲醜語，毋瀆天聽。以瀆陳，下鎮撫司獄，贖杖，仍觀政。

庚申，郭勛請許漕舟載貨，歸餘鹽塞下，採礦課助工。遂改陝西巡撫右副都御史黄臣清理淮、浙、山東、長蘆鹽法。

壬戌，下順天府尹劉淑相詔獄。

《明通鑑》卷五六　淑相坐所親贓私被鞫，疑夏言姻通判費完陷之，因訐言請屬事。上怒，遂下詔獄。淑相與霍韜善，言亦疑韜主之，遂訐韜「扈蹕謁陵，遠遊銀山寺，大不敬」。韜自訴，因論言「請謚故少師費宏爲文憲，『憲』乃純皇帝廟號，人臣安得用」！會南京給事中曾鈞騎馬，不避尚書劉龍、潘珍轎，龍與鈞互訐奏。韜劾鈞，且請禁小臣乘轎。給事中李充濁、曹邁等，交章言「近侍之臣不當避道」，雜舉公會宴次得與尚書同列以證，語頗侵韜。韜疑充濁倚言爲内主，訐充濁爲奸黨，復摭言他事。言益怒，奏韜大罪十餘事，且言「彭時、宋濂皆于正德間謚文憲，不避廟號。韜陋，不知故事。」上方不直韜，淑相復自獄中摭言他事，上益怒，命拷訊，詞服韜主使。仍斥淑相爲民，降韜俸一級。

《世宗實録》卷一八九　乙丑，以鳳陽等處旱蝗，免漕運都御史周金赴京議事。

《國榷》卷五六　丙寅，吏部右侍郎張邦奇爲左侍郎。起張朝吏部右侍郎。建寧銀冶黄柏、上坪各設指揮守護，仍下温處兵備嚴什伍法，毋入闖盜礦。

丁卯，詔天下衛所官永戍者子孫不得嗣。

庚午，議陵殿並祀三后。

《世宗實録》卷一八九　壬申，陞山東左布政使張欽爲太僕寺卿。

《國榷》卷五六　癸酉，户部開粟監，俱輸大同。

甲戌，起于湛右副都御史，巡撫陝西。

《世宗實録》卷一八九　丁丑，陞江西按察司按察使張鯤爲山西右布政使。

《國榷》卷五六　戊寅，皇史宬成。即神御閣。進武定侯郭勛太師，大學士李時、尚書夏言兼太子太傅。

己卯，免大同旱蝗田租。

庚辰，禮部以監察御史徐九皋言，購遺書。

壬午，議備倭寇浯潙等五寨，分地徼巡，禁販海通夷。前太子太保吏部尚書汪鋐卒。贈少保，謚榮和。

《世宗實録》卷一八九　癸未，命定國公徐延德僉書左軍都督府事。

《國榷》卷五六　八月乙酉，録列聖《寶訓》、《寶録》成。錦衣衛都督僉事陸松卒。

《世宗實録》卷一九〇　丙戌，户部覆御史張景所陳二事。

丁亥，遣礼部尚書顧鼎臣祭先師孔子。

戊子，祭太社、太稷。

辛卯，命南京操江副都御史趙載回籍聽勘，以巡按御史王紳劾其前任甘肅巡撫貪污故也。

丙申，詔奪咸寧侯仇鸞禄米半年。

《國榷》卷五六　辛丑，總制陝西劉天和請修雙輪戰車、神臂强弩、藥矢及延綏、寧夏邊牆。從之。

壬寅，南京禮部右侍郎費寀改南京吏部。起歐陽鐸右副都御史，提督操江。

乙巳，署太常寺事工部尚書陳道瀛致仕。陽曲王府宗室知烕、知燋怨父叔，糾盜劫之，因大掠，屯中條山下。命督捕，尋敗滅。

丙午，叙西陲功，進劉天和左都御史，總兵姜奭都督同知，賜金幣，餘各有差。國子祭酒吕柟爲南京户部右侍郎。

《世宗實録》卷一九〇　丁未，遣武定侯郭勛、大學士李時等於文華殿恭迎列聖御容奉安。論五年陝西紅城子功，陞賞官軍九十六人有差。

《國榷》卷五六　九月甲寅，進武定侯郭勛左柱國，大學士李時少傅兼謹身殿大學士，尚書夏言少保，顧鼎臣太子太保，謝丕、張璧爲吏禮部右侍郎，丕署翰林院，蔡昂爲翰林學士，姚淶爲侍讀學士，張衮、張汝壁俱左諭德，張治、王用賓俱右諭德，童承叙、楊惟傑、歐陽衢俱洗馬，屠應埈、華察俱侍讀，胡經侍講，楊瀹、陳節之、周文燭俱修撰，餘陞秩有差。

己未，諸邊立武塾，教將士子弟。

庚申，翰林侍讀學士許成名爲太常寺卿，署國子祭酒。户科給事中田秩等請罷順天採礦，得不償費。不聽。

辛酉，進封貴妃沈氏等。

甲子，命行制錢、舊錢，制錢國朝鑄，舊錢歷代鑄。嚴僞鑄。

《世宗實録》卷一九一　戊辰，故事，欽天監奏祭祀日期，於奉天門進呈。上以祀天享祖，禮宜崇重，乃諭禮部，嗣後於奉天殿奏進，行禮如朔望。

《國榷》卷五六　己巳，巡撫延綏右僉都御史于桂爲右副都御史，撫治鄖陽。

庚午，上祭陵，發京師。晚次沙河。

壬申，上在行宫。宣府報警，命東西官廳總兵官李鳳鳴、江桓各三千人防居庸關。

癸酉，上祭長陵，餘六陵遣攝。

丁丑，還宫。太子太保南京兵部尚書秦金致仕。

己卯，九廟成。

庚辰，大理寺左少卿張珩爲右僉都御史，巡撫延綏。時延綏凶饑，珩茹蔬糲，一老妾供炊，斂公私所有以飽士，一軍遂安。

《世宗實録》卷一九一　辛巳，奪南京刑部侍郎王礦、都察院右都御史周用、大理寺卿王潮俸各一月，以其會疏誤用印信也。

壬午，户部等衙門會議漕運事宜。

《明通鑑》卷五六　改謚悼靈皇后爲孝潔皇后，從禮官夏言之請也。

是月，罷奉慈殿。初，孝宗建奉慈殿祀孝穆紀太后，其後孝肅周太后、孝惠邵太后皆入祀焉。至是上以三太后别祀奉慈殿，不若奉于陵殿爲宜，下廷臣議，**【略】**言等又言：「孝潔皇后先因祔于所親，暫祔奉慈殿孝惠太后之側。兹三后神主既擬遷于陵殿，則孝潔亦宜暫遷奉先殿旁室，享祀祭告則一體設饌。」從之。

是秋，濟農復犯延綏。劉天和知西有備，寇必東，密檄延綏副將白爵宵行，與參將吴瑛合，寇果東至黑河墩，遇伏，大創而去。既，又入蒺藜川，爵尾擊之，敵多死傷。尋又爲爵、瑛所敗，其分犯寧夏者，亦爲王效所敗。捷聞，進天和左都御史。

《國榷》卷五六　十月癸未朔，罷大同總兵官魯綱，移陝西總兵官右都督梁震鎮守大同。

甲申，加謚皇后全謚孝静莊惠安肅温誠順天偕聖毅皇后。

乙酉，免濟南旱蝗田租。

《世宗實録》卷一九二　户部以淮、揚等府災傷，議免是年田租如例，災重州縣聽支運改兑。

丙戌，陞山西左布政司曹茼爲順天府府尹。

甲申，兵部覆江西巡撫秦鉞等所奏四事。

《明通鑑》卷五六　張延齡之下獄也，提牢主事沈椿等以戚畹故寬其械繫，聽其奴出入，因得私通親知往來，或置酒獄中以爲樂。有獄囚劉東山者，發延齡手書訕上事，得免戍，又陰搆奸人劉琦，誣延齡盜宫禁内帑，所告連數十百人，上以爲實，令仍照原議處決。

《國榷》卷五六　丁亥，南京户部尚書王軏改南京兵部尚書。

戊子，皇次子載壑生，出昭嬪王氏。

辛卯，上祭南郊。通政司右通政趙廷瑞爲太僕寺卿。

乙未，上御奉天殿受賀。增江西督糧右參政。

《明通鑑》卷五六　戊戌，改題三后神主。

《國榷》卷五六　己亥，遷孝肅皇后主于裕陵，孝穆、孝惠二皇后主于茂陵。改世廟曰獻皇帝廟。

庚子，免遼東屯租。

壬寅，免吉安田租。

癸卯，諭禮部夏言：「遷三后主遣祭非禮，擇日自祭慰。」

丙午，四川威、茂等蠻數入犯，副總兵何卿、按察副使朱紈屢敗之。

戊申，上發京師，宿沙河。大同報虜六萬薄塞下。追論凱口囤之敗，前巡撫貴州右副都御史陳克宅落職。

己酉，上至天壽山。提督西苑户部右侍郎張雲爲户部尚書，佐部。郎中張完爲太僕寺少卿，專理西苑。

庚戌，上告長陵。

辛亥，祭慰裕陵、茂陵。

壬子，以皇子生，頒詔朝鮮、安南。遣翰林修撰龔用卿、户科給事中吴希孟使朝鮮。

《明史》卷一七《世宗紀一》　還宫。

《國榷》卷五六　十一月甲寅，宣、大、延、寧皆有警。復設總制官，改總督户部左侍郎周叙爲兵部左侍郎兼右僉都御史，總督宣大、偏關軍務。召巡撫樊繼祖，路迎，起史道右僉都御史，巡撫大同。順天府丞郭登庸爲右僉都御史，巡撫宣府。温仁和添註吏部左侍郎，李廷相改禮部左侍郎。虜自大同井坪堡入掠山西，薄静樂。禮部言：「安南不貢二十年，道阻，宜罷使問罪。」下兵部議之。

丁巳，促召吏部尚書許瓚服且闋，俟入京，服終赴部。

戊午，上御奉天殿，詔赦天下。

甲子，提督兩廣軍務兵部左侍郎錢如京爲南京户部尚書，户部右侍郎唐瑁爲左侍郎，南京工部右侍郎王堯封改户部右侍郎。免河南、山西屯租。

乙丑，議封安南。

丙寅，兵部右侍郎潘珍爲兵部左侍郎，總理河道右副都御史李如圭爲兵部右侍郎，提督操江右副都御史歐陽鐸巡撫應天。

壬申，起毛伯温右副都御史，巡撫河南。右副都御史簡霄爲南京右副都御史，提督操江。刑部右侍郎潘旦爲兵部左侍郎兼右副都御史，提督兩廣軍務。巡撫雲南右副都御史胡訓爲南京工部右侍郎。巡撫陝西右副都御史□□總理河道。

《世宗實録》卷一九三　甲戌，以災傷免肅州等衛屯糧有差。

《國榷》卷五六　諭停刑。

乙亥，雲南總兵、太子太傅黔國公沐紹勛卒。贈太師，謚敏靖。

己卯，叙廟功，武定侯郭勛少傅兼太子太傅。李時、夏言少傅並兼太子太師，廕錦衣正千户。兵部尚書張瓚、工部尚書林廷棉並兼太子太保。左侍郎甘爲霖進尚書。各賜金幣。大理寺卿周期雍爲刑部右侍郎。浙江湖廣布政使任忠、易瓚爲右副都御史，巡撫陝西、河南。

是月，禮部左侍郎黄宗明卒。

辛巳，上祭南郊，免賀。

《世宗實録》卷一九三　宣府總兵劉淵以貪懦爲御史徐九臯劾罷，陞宣府副總兵、署都指揮同知張顔署都督僉事，代之。

《世宗實録》卷一九四　十二月壬午朔，賜兵部左侍郎馮靖、張玠祭葬如例。

《國榷》卷五六　丙戌，河南左布政使胡纘宗爲右副都御史，巡撫山東。光禄寺卿屠僑爲大理寺卿。前右副都御史王應鵬卒。免保定田租。

戊子，初上御文華殿西室，語郭勛、李時、夏言以人才不足。勛請科、道、撫、按薦辟。吏部覆實以聞。

辛卯，奉安德、懿、僖、仁四祖于祧廟，太祖于太廟。

《世宗實録》卷一九四　陞陝西布政使文明福建右布政使，徐乾爲左布政使。明浙江，乾湖廣。先是南京禮部尚書霍韜言：「按禮儀定式，京官三品以上乘轎，官員相遇回避，有等制，甚明也。邇者南京無論品秩崇卑，皆用肩輿，或乘女轎，街衢相遇，卑不避遵。」

《明通鑑》卷五六　小臣乘轎如韜奏，而南京諸給事御史自如。韜請復加申飭，衆不悦。給事中曹邁及同官尹相等，遂與韜忿争，相劾韜「遷南部怨望，擅取海子魚，與鄉人羣飲郊壇松下」。韜上疏自理。下廷議，上爲停韜俸四月。

《國榷》卷五六　壬辰，奉安太宗于世室，列聖于昭穆廟。又明日，奉安獻皇帝廟。增淮安治農水利通判。趣各邊巡撫總兵赴鎮。

丁酉，復命監察御史查刷案牘。

《世宗實録》卷一九四　陞河南右布政使姚文清爲本司左布政使。以災傷免宣府等衛所屯糧有差。

《國榷》卷五六　庚子，建金籙大醮于玄極殿。欽安殿更名。四川左布政使陸深爲光禄寺卿。

丙午，名皇子載壑。

丁未，吏部右侍郎兼翰林學士席春卒。

閏十二月壬子朔，户部左侍郎唐胄諫伐安南。大同失事，逮副總兵李懋以下治罪。

《世宗實録》卷一九五　甲寅，刑部覆巡按直隸御史王㫤所陳二事。

癸丑，改路迎撫治鄖陽。

《國榷》卷五六　廢后張氏薨，喪禮視廢后胡氏。

《明通鑑》卷五六　戊午，加上章聖皇太后徽號曰「聖母章聖慈仁康静貞壽皇太后」。

《世宗實録》卷一九五　壬戌，以旱蝗免山西大同等衛所屯糧有差。

《明史》卷一七《世宗紀一》　乙丑，禮部尚書夏言兼武英殿大學士，預機務。

《明通鑑》卷五六　張孚敬、方獻夫等相繼去，言寵益專，數召見諮政事，善窺上旨，有所傅會。皇子生，賜予甚渥，疊加宫銜，至是入閣。李時雖爲首輔，政多自言出焉。

《明史》卷一七《世宗紀一》　丙寅，享九廟。

《國榷》卷五六　庚午，敕武定侯郭勛、大學士李時、夏言録囚。録西邊將士禦虜功。

辛未，吏部尚書許讚入朝。

甲戌，致一真人邵元節改禮部尚書。以禱嗣幸。

乙亥，史館禮部尚書嚴嵩視部事。

《明通鑑》卷五六　代夏言也。嵩久擢禮部尚書，至是始管部事。

《國榷》卷五六　丁丑，免延安、長沙田租。男子朱學至霍丘，自言宸濠第三子，母鍾氏，生四歲國滅，有趙賢挈之走民間，至是求高牆見母。事聞，按之不安，下高牆。虜犯大同，梁震擊敗之。

嘉靖一六年（丁酉、一五三七）

《國榷》卷五六　正月辛巳朔，河南宗禄虧至二百四十餘萬，屢索而譁。至是巡撫右僉都御史簡霄、巡按御史王鎬上六事，補給，定太僕寺馬價，南寺三分徵金，每匹十八金，京師盡徵馬。

己丑，詔侍養官親終起用。發太倉米平糶，收養京師貧民。

庚寅，署都督僉事周尚文爲總兵，鎮守山西。

癸巳，許承天貢生如京學，二歲三人。收武驤等四衛壯丁四千人，即前所革也。

《世宗實録》卷一九六　丙申，吏部疏請申明朝覲考察事宜。

《國榷》卷五六　戊戌，給陜西三邊銃砲。

《世宗實録》卷一九六　庚子，兵部覆大同巡撫樊繼祖議上四事。

《國榷》卷五六　武定軍民府土知府瞿氏仍署印，先是歸流官同知二十年。裁永平邊糧通判。禮部請立太子，命俟之。

辛丑，禮部左侍郎李廷相爲户部尚書，總督倉場。起顧璘右副都御史，巡撫湖廣。

癸卯，皇子載垕生，康妃杜氏出。

甲辰，逮前應天巡撫右副都御史侯位，以大工銀數萬擅賑。

乙巳，翰林院庶吉士李璣、趙貞吉、敖銑、郭朴、駱文盛、尹臺、康太和、歐陽晙、王立道、嵇世臣、彭鳳、鄭一統爲編修，林廷璣、黄廷用、郭槃、陳東光、王繼禎、盧宗哲、全元立爲檢討，沈潮、胡汝霖、高時、奚良輔、沈良材、李蓁爲給事中，何維柏、趙繼本爲監察御史，汪集、衛光確爲禮部主事。許岑芝襲田州判官，宥盧蘇立功自贖。兩江土官聞之，皆曰：「殺人不抵死，弑主不加刑，吾輩俱懸命于僕隸矣。」御史胡鰲請禁僧娶，逐雜倡。左都御史王廷相等覆如之。上褒其言，奪廷相等俸兩月，謫鰲鹽城縣丞。

丁未，復岳州管糧通判。

《世宗實録》卷一九六　發太倉銀六萬兩給甘肅鎮，八萬兩給宣府鎮。

《國榷》卷五六　二月庚戌朔，禮部右侍郎張璧爲左侍郎，翰林學士蔡昂爲禮部右侍郎，並兼翰林侍講學士。

辛亥，刑部録上文武戍臣應赦御史馬録、盧瓊等百四十二人。得旨「馬録、吕經、馮恩、楊慎、王元正、劉濟、豐熙、邵經邦不宥，餘釋之，不得推用」。

壬子，上祭朝日壇。安南國世孫黎寧間道使鄭惟憭來告變，乞師討莫登庸。上再下廷議，禮部言其難信，留惟憭，遣官往勘。從之。

《世宗實録》卷一九七　丁巳，祭先師孔子，命大學士夏言行禮。

戊午，祭太社、太稷，遣英國公張溶行禮。

《國榷》卷五六　癸亥，雨，罷耕藉、親蠶。

《世宗實録》卷一九七　壬申，巡鹽監察御史李佶上言兩淮竈煎餘鹽事。

《國榷》卷五六　癸酉，上如天壽山致祭，奉皇太后率后妃行。諸臣朝行在，兵部尚書張瓚蟒服，上怒，詰夏言等，以前賜飛魚服也。上以飛魚何組兩角？今後非特賜毋僭。

丁丑，上祭長陵，餘遣祭。大同總兵梁振出塞戰于宣寧灣，斬九十六級。

三月甲申，還宫。

癸巳，故武定侯郭英從祀太廟，從裔孫勛之請。禮部議配位叙爵，誠意伯劉基列六王之次，羣公之上，非等，命仍叙爵。

《世宗實録》卷一九八　戊戌，立夏，袷享太廟，時享獻皇帝廟。南京禮部尚書霍韜言：「元旦、冬至、萬壽聖節臣下拜賀，皆行十二拜禮，唯南京行八拜禮，不宜獨簡。」出制帛，文武百官俱得旨：「慶賀制帛禮儀俱照舊。六科道路遜避照在京一體遵行。」

《國榷》卷五六　壬寅，虜入甘州大掠。劉文爲都督同知總兵官，鎮守延綏。

《世宗實録》卷一九八　乙巳，禮部奉旨查奏：「文武官服色花樣俱因《會典》不曾分載，因而互用，殊非法制。乞嚴加禁約。」

《國榷》卷五六　丙午，上發京師，視金山行宫，宿沙河。

丁未，上蹕沙河。命修復太宗行宫，築城，設守備。

《明史》卷一七《世宗紀一》　丙午，幸大峪山，視壽陵。

《明通鑑》卷五七　先是上將征安南，命錦衣千户陶鳳儀、鄭璽等分往廣西、雲南勘事，並敕四川、貴州、湖廣、福建、江西守臣預備兵食，候征調。上是時方主用兵，趣毛伯温至京師，以是執政不能決。

《國榷》卷五六　四月癸丑，上還宫。寧夏總兵官左都督王効、副總兵魏時、游擊將軍鄭時各鐫級自效。巡撫右副都御史張文魁降山東布政司左參政，致仕。左少監劉玉免。虜入，我兵大敗。

庚申，禮、兵部集議安南莫登庸之罪。上決討之，議兵餉。起胡璉、高公韶户部右侍郎兼右副都御史，總督糧餉。璉雲貴，公韶兩廣。左右副總兵江桓、牛桓，左右參將楊鼎、田茂、孫繼武、高誼，游擊將軍樊泰、蕭鼒、湯慶、陳偉從征。

辛酉，增雲南、廣東右參政，副使各一，廣西、貴州副使一，補首領佐貳官。

兵部左侍郎潘珍言安南事。上以異議，落職。

《世宗實録》卷一九九　癸亥，詔增修內閣。

《國榷》卷五六　丁卯，提督兩廣軍務兵部左侍郎潘旦爲莫登庸請貢。不許。

己巳，進總督宣大周叙右都御史。瘞梁震本衛百户。

壬申，監察御史游居敬劾南京吏部尚書湛若水僞學，并乞禁王守仁及若水所著書，毁其書院。于是戒書院私創。

五月庚辰，復陝西潼關兵備副使。

丁亥，右都御史毛伯温起復入朝，命即之任。上南征六事，上大是之。

《明通鑑》卷五七　先是潘珍諫征安南；兩廣總督潘旦，亦馳疏請停前命，言「朝廷方興問罪之師，登庸即有求貢之使，宜因而許之，戒嚴觀變，以待彼國之自定」。嚴嵩、張瓚窺上旨，力言不可宥，且言「黎寧在清都圖恢復，而旦謂彼國俱定，上表求貢，決不可許」。旦疏遂寢。至是伯温復希執政旨，以旦不可共事，請易之。奏上，上意忽中變，謂「黎寧誠僞未審」，令三方守臣從宜撫勦，參贊、督餉大臣俱暫停。旦調用，以副都御史張經代之。伯温在院管事如故。于是御史何維柏請聽伯温終制，不許。伯温引疾不出，服除，始起視事。

《國榷》卷五六　敕提督兩廣、侍郎、巡撫雲南都御史及總兵官，偵莫氏。

己丑，右副都御史樊繼祖爲兵部左侍郎。

乙未，西河王府奉國將軍表寨，以招亡命行劫，廢爲庶人。

戊戌，右僉都御史蔡經爲右副都御史。

《明通鑑》卷五七　雷震謹身殿鴟吻，上問廷臣修省之宜。

《國榷》卷五六　乙巳，右副都御史蔡經爲兵部右侍郎兼右僉都御史，提督兩廣軍務兼巡撫廣西。

《世宗實録》卷二〇〇　吏科左給事中朱隆禧以雷警上言脩省四事。

戊申，陞都察院右副都御史蔡經爲兵部右侍郎兼左僉都御史。

《國榷》卷五六　六月庚戌，監察御史桑喬等上二事：禁奸弊以節工役，重邊防以銷隱憂。末劾禮部尚書嚴嵩、工部尚書林庭棉、兵部尚書張瓚、提督西苑户部尚書張雲。

《世宗實録》卷二〇一　癸丑，吏部言：「官員入覲回任，值三、六年考滿者，悉令關白本部，行該上司考覈具奏，准其考滿，庶不往返道途曠違職業。」從之。

《國榷》卷五六　甲寅，户、工部張雲、林庭棉致仕。

壬戌，户科給事中胡汝霖劾嚴嵩强辨。有旨「今後大臣被劾，宜静候。」

《世宗實録》卷二〇一　癸亥，刑科都給事中田濡陳弭災三事。

《國榷》卷五六　甲子，南京吏部右侍郎林文俊卒。贈南京吏部尚書，謚文修。

乙丑，起秦鉞右副都御史。

《世宗實録》卷二〇一　己巳，立秋，祫享太廟，時享獻皇帝廟。

《國榷》卷五六　癸酉，虜入宣府，指揮趙鏜敗没。

甲戌，江西右布政使胡岳爲右副都御史，巡撫江西。吏部左侍郎兼翰林學士温仁和爲工部尚書，仍兼官。

丙子，養心殿成。

《世宗實録》卷二〇一　丁丑，吏科都給事中高擢等條陳考察三事。

《世宗實録》卷二〇二　辛巳，陞江西右布政使李崧爲本司左布政使。

《國榷》卷五六　壬午，故南京禮部左侍郎內江劉瑞，贈南京禮部尚書，隆慶中謚文肅。

甲申，左春坊左諭德江汝璧、司經局洗馬歐陽衢主試應天。

丙戌，免隨州、沔陽、漢陽水災田租，仍賑之。

《世宗實録》卷二〇二　戊子，南京禮部尚書霍韜，與給事中尹相等争坐，相劾其怨望。嘗飲郊壇松下，户部右侍郎袁宗儒期喪，强之進表。後以期喪失實，奪相等俸二月。韜褻飲，奪俸四月。

《國榷》卷五六　壬辰，暫停沙河行宫。

甲午，吏科給事中李瀚言：「文華殿成，請時御經筵。」上以有言何待經筵，謫浙江布政司照磨。

《世宗實録》卷二〇二　以水災免湖廣承天、武昌、黄州、衡州、荆州、岳州各府屬州縣及蘄州、沔陽等衛税糧有差。

《國榷》卷五六　癸卯，免寧國、太平、安慶田租。

乙巳，前户部尚書鄒文盛卒。贈太子少保，謚莊簡。

八月壬子，設員丘油幕。上帝用玄，配位用青。南京禮部尚書霍韜言：「吏部文選郎中楊育秀私用承差寫疏，得賂坐選美官。」謫育秀。

癸丑，翰林院侍讀學士姚淶、左春坊左中允孫承恩主試順天。

甲寅，雲南巡撫右僉都御史汪文盛言：「安南莫氏遣僞知州阮景、裴行儉等入覘，被擒。」

庚申，總督陝西右都御史劉天和上總兵任傑議，築新邊于徐斌水至鳴沙州百二十里，内遷紅寺堡退守。以棄地奪俸六月。蓋自唐龍以來，歲築王瓊所規塞，至是又築乾溝、乾澗凡三百里以扞東，城鐵柱，梁家泉以備西。造兵車獨輪，輓之以施火器。

辛酉，禮部祠祭主事許論上《九邊圖論》。

壬戌，優恤兩京、山東、河南、陝西、浙江災傷，敕撫按蠲賑。

《明通鑑》卷五七　時掌詹事府顧鼎臣言：「今歲夏秋多雨，京城内外房舍傾圮，軍民多壓死者。又聞南、北直隸、山東、河南、陝西、江、浙各被水災，而湖廣尤甚，衝没城邑，人多漂溺。幸而存者，家産蕩盡，勢必聚而爲盜，請敕行優卹。湖廣災重，仍宜遣大臣徧祀山川，循行郡邑，振救安輯，分遣有司掩骼埋胔。」詔從之。尋遣成國公朱希忠祭告顯陵。

《國榷》卷五六　甲子，免順天、永平、保定、河間水災田租。

《世宗實録》卷二〇三　戊辰，朝鮮國王李懌遣陪臣刑曹參判南洗雄等來謝詔諭，併賀皇嗣生。

《國榷》卷五六　庚午，吏部左侍郎張邦奇兼翰林學士，署院。

辛未，免兗州、福、泉、韶、肇慶田租。

甲戌，虜四萬餘騎自野狐嶺犯大同。東路副總兵郝鏜、中路參將張世臣等合拒之。【略】虜南掠懷仁而退，寇宣府，伏右衛城東柳溝，以數騎薄城。參將張輔國遽逐之，伏發，大敗，失千餘人，輔國亦没。總兵張鎮出兵水關，懼而不前，輒報虜退。巡按御史閻璘以聞，詔逮鎮入京。

《國榷》卷五六　九月己卯，增南京工部虞衡司主事一。吏部右侍郎張潮爲左侍郎，兼學士，仍直經筵。兵部右侍郎李如圭改吏部。

戊子，左副都御史張衍慶爲兵部右侍郎。

己丑，南京禮部尚書霍韜訐内閣、吏部之短，「吏部選給事中劉文光等忽報罷。給事中李鳴鶴考察降調，尋復原官。乞陛下明示中外黜陟之故。如出閣臣密奏，宜宣布在廷，仍諭吏部毋受指使」。鳴鶴疏辨。命不得互排，傷國體。翰林修撰龔用卿、户科給事中吴希孟使朝鮮。

《世宗實録》卷二〇四　以水災免江西進賢等處税糧有差。

《明通鑑》卷五七　辛卯，命咸寧侯仇鸞掛印充總兵官，鎮守寧夏。鸞，鉞之孫也。

《國榷》卷五六　甲午，申諭諸王表格。鄭王厚烷上章，弟而不臣，稱皇兄不帝號，奪長史俸三月。

丁酉，停刑。

《世宗實録》卷二〇四　兵部覆議户科左給事中曾烶等所言修飭營務四事。

《國榷》卷五六　庚子，郭勛、李時、夏言請立太子。未許。

癸卯，應天程録評語失注名，又策問戌祀涉譏訕。考官左諭德江汝璧、洗馬歐陽衢逮下獄。提調府尹孫懋、府丞楊麒、監試御史何宏、沈應陽下南京法司。已，謫汝璧福建市舶司提舉，衢南雄通判，同考官、學正許文魁等下各巡按就理。貢士王諷等罷公車。

十月庚戌，總督糧儲右副都御史宋景還臺。

《世宗實録》卷二〇五　以鳳陽等處水災，詔蠲免税糧，仍以倉庫見儲銀米賑濟。

《國榷》卷五六　壬子，巡按廣東監察御史余光請遣使安南宣諭，語引五季六朝。奪歲俸。免昌平歲派三分之一，念其衝困也。前刑部尚書趙鑑卒。贈太子太保，謚康敏。

乙卯，南京兵部右侍郎潘旦引疾，語侵毛伯温，勒致仕。

《世宗實録》卷二〇五　以災免山東濟南、兗州、萊州等府屬州縣田糧有差。

己未，陞廣東按察使蔣淦爲江西布政司右布政使。

己巳，以災免直隸蘇、松、常、鎮四府屬州縣民屯糧有差。

《國榷》卷五六　作七陵祭器。

壬申，山東左布政使楊惟聰爲南京光禄寺卿。

癸酉，故南京禮部尚書顧清，謚文僖。

《世宗實録》卷二〇五　詔賜原任太子太保、兵部尚書王憲祭葬，贈少保，謚康毅。

《國榷》卷五六　十一月丙子朔，初南京禮部尚書霍韜與御史龔湜、郭本訐奏，俱貸不問。

丁丑，吏部尚書許讚進太子少保。

癸未，禮部尚書嚴嵩摘廣東試録如聖謨帝咨、四郊上帝等失宗上，稱陳白沙、倫于岡非君前臣名之義。逮巡按御史余光于法司，考官學正王本等、布政使陸杰等、按察使蔣淦等並下巡按御史。山西大同總兵官魯綱、傅鐸，俱失事，落職。

《明通鑑》卷五七　丙戌，冬至，祀天于南郊之圜丘，以足疾，遣郭勛攝行。

《國榷》卷五六　庚寅，修築海鹽海塘。

癸卯，張延齡詞連張孚敬，詔勿問。

《世宗實録》卷二〇六　乙未，陞河南按察使楊銓爲廣東右布政使，廣西按察司祝續爲本布政使司右布政使。

《國榷》卷五六　甲辰，前撫治鄖陽右副都御史夏從壽卒。【略】賜祭葬。

《明史》卷一一七《世宗紀一》　故昌國公張鶴齡下獄，瘐死。

《明通鑑》卷五七　初，鶴齡既削爵，降南京錦衣指揮。至是有奸人班期、于雲鶴誣告延齡兄弟挾左道咒詛，辭及太后。鶴齡遂自南京坐逮，瘐死獄中，期、雲鶴亦坐誣謫戍。

《國榷》卷五六　十二月丙午朔，工部尚書甘爲霖、内官監太監温璽稽緩陵工，並奪職，郎中李仁下獄。

癸丑，鑿野雞等口上流。

《明通鑑》卷五七　是冬，詔開地丘店、野雞岡諸口上流四十餘里，由桃源集丁家道口入舊黄河，截渦河水入河濟洪，從總河副都御史于湛議也。

《國榷》卷五六　己未，故右副都御史寧州周季麟，贈右都御史，謚僖敏。右都御史毛伯温爲工部尚書。

《明通鑑》卷五七　癸亥，以順天、永平二府災尤重，詔發太倉銀二萬兩、通州倉米二萬石振之，都御史巡撫順天党以平請之也。

《世宗實録》卷二〇七　癸酉，陞户部右侍郎王充封爲都察院右都御史。

嘉靖一七年（戊戌、一五三八）

《國榷》卷五六　正月壬午，江西陶器違期，巡按御史陳袞謫韶州推官。

丁亥，大計，降斥有差。

己丑，山西副總兵署都督僉事周尚文總兵，鎮守延綏。

庚寅，天方國貢使求遊覽中國。卻之。

壬辰，巡撫陝西右副都御史任忠卒。

乙未，山西游擊將軍、署都指揮僉事祝雄爲副總兵，鎮守山西。廣西道監察御史吴悌請容應天貢士會試。不許，下悌鎮撫司，尋釋。

《世宗實録》卷二〇八　丙申，海西禿都河等衛女直都指揮僉事董山等，建州等衛女直都督也隆哥等，建州左等衛女直都督方中幹黑納阿都赤等三百餘人入貢，宴賚如例。

《國榷》卷五六　再訊張延齡獄，籍其家。

《明通鑑》卷五七　丙申，下巡視東城御史涑讓于獄。初奸人劉東山以射父坐死戍邊，復亡命，讓檄兵馬司捕獲之。東山復謀脱己罪，乃誣告張延齡，並搆讓及遂安伯陳鏸數十人，冀以悦上意。奏入，下錦衣衛窮治。讓在獄中上疏言：「東山扇結奸黨，圖危宫禁。陛下有帝堯既睦之德，而東山敢爲陛下言漢武巫蠱之禍；陛下有帝舜底豫之孝，而東山敢導陛下以暴秦遷母之謀；離間骨肉，背逆不道，義不可赦。」疏入，上頗悔悟。指揮王佐典其獄，鉤得東山情奏之，乃械死東山，赦讓、鏸等，而延齡長繫如故。

《國榷》卷五六　己亥，召南京户部右侍郎袁宗儒于户部。

壬寅，禮部請釐正文體。從之。江西漕運指揮陳欽等毆監兑户部主事鄭質夫。

《世宗實録》卷二〇九　二月丙午，陞雲南右布政使李顯爲貴州左布政使。

《國榷》卷五六　丁未，吏部主事史際及禮科都給事中李充濁等請簡東宫官僚。部議上，命俟之。

己酉，南京大理寺卿王潮爲户部右侍郎。署詹事府禮部尚書顧鼎臣、吏部左侍郎張邦奇主禮闈。

《世宗實録》卷二〇九　庚戌，陞陝西按察司副使吴瀚爲陝西行太僕寺卿。

壬子，陞貴州按察使沈教爲雲南右布政使。

《國榷》卷五六　宣府總兵右都督王効卒，謚武襄。

癸丑，免順天水災田租。

甲寅，錦衣衛都指揮使王佑卒。

《世宗實録》卷二〇九　庚申，陞巡撫貴州都察院右副都御史汪珊爲南京大理寺卿。

《國榷》卷五六　壬戌，吏部左侍郎張邦奇、太常寺卿兼侍讀學士陸深纂修玉牒。

甲子，前大學士張孚敬請立東宫。優答之。

丁卯，四川左布政使張鉞爲右副都御史，巡撫貴州。濬薊州運河。

戊辰，上祭山陵。發京師，次沙河。

辛未，上祭長陵，餘遣祭。還，蹕沙河。

壬申，還宫。

三月庚辰，裁兖州同知一。

乙酉，署都督僉事郝鏜爲總兵官，鎮守宣府。

戊子，廷策貢士，賜茅瓚等進士及第、出身有差。免各巡撫官入朝議事。

《世宗實録》卷二一〇　己丑，陞巡撫遼東都察院右僉都御史任洛爲右副都御史，巡撫陝西。

《國榷》卷五六　癸巳，琉球入貢。

己亥，户部尚書梁材致仕，以總督倉場、提督西苑農事户部尚書李廷相代之，仍兼翰林學士。雲南左布政使劉渧爲右副都御史，巡撫遼東。陝西總督劉天和以被劾乞休，奪俸三月。

辛丑，咸寧侯仇鸞爲征夷副將軍，總兵南征。提督工部尚書毛伯温改兵部尚書兼右都御史，參贊軍事。

《明通鑑》卷五七　先是雲南巡撫汪文盛傳檄安南：「登庸如束身歸命，籍上輿圖，待以不死。」于是登庸父子遣使奉表乞降，且投牒文盛及黔國公沐朝輔，具述「黎氏衰亂，陳暠叛逆，己與子方瀛有功，爲國人歸附。所有土地已載《一統志》中。乞貰其罪，修貢如制」。至是朝輔等奏聞。而黎寧承前詔，懼天朝竟納其降，備以本國簒弑始末及軍馬之數、水陸進兵道里來。上俱下兵部集廷臣議，僉言「莫氏罪不可赦，亟宜進師」，遂有是命。

《國榷》卷五六　四月乙巳，代府逋禄，山西巡撫都御史韓邦奇奪月俸。

丁未，右副都御史王堯封爲户部尚書，總督倉場，提督西苑農事。

己酉，刑部左侍郎楊志學爲工部尚書，提督工程。

《明史》卷一七《世宗紀一》　庚戌，如天壽山。

《國榷》卷五六　辛亥，起張鎮署都督僉事總兵官，鎮守陝西。

癸丑，祭文皇帝于聖蹟亭。還，次沙河。夏言行帳火，燬章奏。引罪，宥之。

《明史》卷一七《世宗紀一》　甲寅，還宫。

《國榷》卷五六　丙辰，右副都御史秦鉞劾罷。鎮遠侯顧寰總兵，提督漕運，鎮淮安。巡撫鳳陽右副都御史周金爲左都御史。

《明史》卷一七《世宗紀一》　戊午，罷安南師。

《明通鑑》卷五七　先是張經至粵，上言：「安南進兵之道有六，兵當三十萬，一歲之餉需百六十萬，舟馬制器犒軍之費又須七十餘萬。況我調大衆，涉炎海，與彼勞逸殊勢，不可不審處也。」疏方上，欽州知州林希元復力陳登庸可取狀。兵部不能決，復請廷議。及議上，上不悦曰：「朕聞卿士大夫私議，咸謂不宜興師。爾等職司邦政，漫無主持，悉委之會議，既不協心謀國，其已之！」仇鸞、毛伯温，令在京别用。

《世宗實録》卷二一一　陞山西按察使丁汝夔爲本布政使司。**《明通鑑》卷五七**　武定侯郭勛，請復各處鎮守内臣，命取礦課以資國用，上命于雲南、兩廣、四川、福建、湖廣、江西、浙江、大同各用一人。

《國榷》卷五六　庚申，京師旱，發賑。

丁卯，南京兵部右侍郎蘇民改刑部右侍郎。兵部尚書毛伯温，巡撫順天、右副都御史党以平俱佐院。

辛未，虜犯大同丁家村，參將張世忠等禦之，斬二十六級。

壬申，太子少保刑部尚書唐龍終養。錦衣衛千户范鏞等分勘山礦。

《國榷》卷五六　五月甲戌，吏部尚書許讚條入覲官宜裁革者八：清里甲、清田糧、清驛傳、革總理、稽庫積、議宗禄、禁興造、議均役。命行之。

乙亥，提督四夷館、太常寺卿劉棟爲南京兵部右侍郎。福建左布政使陸珂爲右副都御史，巡撫保定，兼提督紫荊等關。定武舉試牘，分邊腹南方。

丙子，楊志學改刑部尚書。

《世宗實録》卷二一二 丁丑，端午節，賜百官宴于午門。

《國榷》卷五六 辛巳，前兵部尚書兼右都御史姚鏌卒。前南京户部尚書王承祐卒。贈太子太保，謚康僖。

癸未，周叙爲工部尚書，提督工程。南京御史張悌、沈應陽私事訐奏，謫悌秦州判官，應陽邳州判官。

《世宗實録》卷二一二 甲申，陞浙江按察使萬雲鵬爲福建右布政使。

《國榷》卷五六 乙酉，南京司業李舜臣爲尚寶司卿，太僕少卿王暐爲南京太常寺卿。應天府尹孫懋致仕。

丙申，倭僧石鼎來貢，求還前二年所遺貨。法司不可，遂申十年一貢之例。

《世宗實録》卷二一二 己亥，陞陝西布政使袁檟爲應天府府尹。

《國榷》卷五六 六月甲寅，總理河道右副都御史于湛以母年九十歸養。

丙辰，禮部尚書嚴嵩等以前通州同知豐坊請復明堂，尊皇考獻皇帝稱宗，入廟配天。因議明堂秋享之禮。

《明通鑑》卷五七 尚書嚴嵩上言：「諸儒論禮不一。臣惟明堂、圜丘，皆以事天地，今大祀殿在圜丘之北，正應古之方位，明堂秋享之禮，即此可行，不必更建。至於侑享之禮，傳以爲萬物成形於秋，故秋祀明堂，以父配之，自漢武迨唐、宋諸君，莫不皆然，主親親也。至於錢公輔、司馬光、孫抃、程、朱諸賢所論，主祖宗之功德，今以功德則宜配文皇，以親則宜配獻皇。第揆以嚴父之旨，以皇考而不得配，陛下庸有所弗寧矣。至於稱宗之禮，則未有稱宗而不祔太廟者，臣不敢妄議，惟聖明裁擇。」上以示夏言，言不敢議。上曰：「明堂秋享，宜於奉天殿行之。其配享皇考稱宗，不爲過情，何在爲不宜也？」復命集議。户部侍郎唐胄疏争之。尚書嵩乃上言：「考秋享成物之旨，嚴父配天之文，皇考侑享，允合周道。」上嘉納之。

《明史》卷一七《世宗紀一》 下户部侍郎唐胄於獄。

《國榷》卷五六 辛酉，裁諸庫局巡視科道官，從武定侯郭勛奏。

丙寅，改巡撫山東右副都御史胡纘宗總理河道。

戊辰，虜寇宣府。總兵官郝鏜，故僨帥，僅令指揮周冕禦之姚莊，敗没，逮鏜下法司。

《世宗實録》卷二一三 巡撫山西右副都御史韓邦奇乞致仕。許之。

《世宗實録》卷二一四 七月癸酉，陞四川按察使馮時雍、廣東按使陳卿俱爲布政使右布政。

《國榷》卷五六 甲戌，撫治鄖陽右僉都御史于桂巡撫山西。順天府尹曹蘭爲右副都御史，巡撫山東。

丁丑，免濟南、東昌、兖州夏税。

《世宗實録》卷二一四 壬午，陞浙江右布政使邵錫爲順天府府尹。

丙戌，陞江西按察使劉儲秀爲浙江右布政使。

《國榷》卷五六 己丑，户部右侍郎袁宗儒爲左侍郎。光禄寺卿王以旂爲右副都御史，撫治鄖陽。

《明史》卷一七《世宗紀一》 辛卯，開河南、雲南銀礦。

《明通鑑》卷五七 上初即位，閉大理銀場，其後薊、豫、齊、晉、川、滇，所在進礦砂金銀。會大工頻興，復議開採，遂有是命。

《明史》卷一七《世宗紀一》 癸巳，慈寧宮成。

丙辰，禮部尚書掌詹事府事顧鼎臣兼文淵閣大學士，預機務。

《世宗實録》卷二一五 八月癸丑，命署都督同知牛桓僉書右軍都督府事。

《國榷》卷五六 甲辰，虜吉囊犯河西，總督劉天和部署吏卒禦之，斬百八十三級。進天和兵部尚書兼左都御史。

《世宗實録》卷二一五 丁未，祭先師孔子，命大學士夏言行禮。

癸丑，陞河南按察司鄭氣爲本省右布政使。

《國榷》卷五六 丙辰，故太子少保南京户部尚書李充嗣贈太子太保，謚康和。

署詹事府、太子太保、禮部尚書顧鼎臣兼文淵閣大學士，直閣。

《明通鑑》卷五七 時李時爲首輔，而夏言荷上眷，專甚，鼎臣素柔媚，不敢與抗，惟充位而已。

《國榷》卷五六 乙丑，工部尚書兼翰林學士温仁和改禮部尚書，署詹事府。

九月癸酉，召太子少保南京工部尚書蔣瑶爲工部尚書。

戊寅，免遼東屯租及畿郡田租。

辛巳，改謚太宗文皇帝啓天弘道高明肇運聖武神功純仁至孝文皇帝，廟號成祖。皇考獻皇帝上謚欽天守道洪德淵仁寬穆純聖恭儉敬文獻皇帝，廟號睿宗。是日，祔孝宗廟。禮畢，仍歸主于原寢。

《明通鑑》卷五七 先是上既定明堂大享配位，乃命議稱宗祔廟之禮，集文武大臣于東閣。嚴嵩等初議稱宗，不及祔廟，上大不悅，乃著《明堂或問》以難之。嵩等惶恐，盡改前説，乃言：「古者父子異昭穆，兄弟同世次。故殷有四君，一世而同廟，宋太祖、太宗同居昭位，前事可據。今皇考與孝宗當同一廟。」奏上，羣臣無敢異議。上又念太宗永無配享，無以謝廷臣，至是復諭曰：「文皇帝與高帝同創大業，宜同稱祖號。獻皇帝躬備大德，延及朕躬，宜薦宗稱。」于是議遂定。

《國榷》卷五六　乙酉，奉大享神位于玄極寶殿。成祖、睿宗位于景神殿。大享增日月星辰、雲雨風雷、太社帝社、太稷帝稷、司土司穀八壇。

戊子，前總督南京糧儲右副都御史杭淮卒，年七十七。

丁亥，南京右都御史周用爲南京工部尚書。

《明史》卷一七《世宗紀一》　辛卯，大享上帝於玄極寶殿，奉睿宗配。

《明通鑑》卷五七　時議撤大祀殿，建大享殿，未成，權于元極殿行之。殿在宮右乾隅，即舊欽安殿也。

《國榷》卷五六　癸巳，定顯陵祭儀，一如長陵。

乙未，上詣山陵行秋祭禮，次沙河。又明日，祭長陵，餘遣祭。

《明史》卷一七《世宗紀一》　丁酉，還宫。

《國榷》卷五六　十月癸卯，刑部右侍郎蘇民卒。

甲辰，南京刑部右侍郎王爌爲南京右都御史。

己酉，諭停刑。

辛亥，宣府總兵官張鎮失事免。

癸丑，巡撫都御史王浚爲南京刑部右侍郎。

戊午，右僉都御史吴山、廣東左布政使陸杰並爲右副都御史，山巡撫南、贛、汀、漳，杰巡撫湖廣。

辛酉，定至日上南郊。明日祭内殿，行慶成禮。

《明通鑑》卷五七　甲子，上以天垂景雲，祭告元極寶殿。旋詣南郊，恭上上帝尊號曰「皇天上帝」。

《世宗實録》卷二一七　庚午，陞浙江按察使楊守禮、雲南按察使洪珠俱爲右布政使，守禮四川，珠廣西。

《國榷》卷五六　十一月辛未朔，上詣南郊，上皇天上帝尊號。還，詣太廟。改上太祖高皇帝后尊號：太祖開天行道肇紀立極大聖至神仁文義武俊德成功高皇帝，孝慈貞化哲順仁徽承天育聖至德高皇后。

《世宗實録》卷二一八　壬申，頒百官曆。

《國榷》卷五六　丙子，禁游民斥生潛居京師。昌平古佛寺僧田園造妖言，入京師，僞授千户陳贇安國公，事泄并誅。

戊寅，太僕寺卿李欽爲右副都御史，巡撫四川。

癸未，免甘肅田租，仍出二萬金賑之。禮科給事中顧存仁上五事。【略】上怒，杖六十，安置塞上。

甲申，南京光禄寺卿楊維聰改太僕寺卿。

乙酉，賑武昌。

《世宗實録》卷二一八　丙戌，上詣太廟，恭行改題皇祖高皇帝高皇后神主。

《國榷》卷五六　總督倉場户部尚書王堯封以收支失職，劾罷。巡撫山西都御史何贊乞復河套，報寢。

辛卯，上南郊。還，御奉天殿受賀，詔赦天下。

《世宗實録》卷二一八　壬辰，以大儀告成，上御奉天殿，文武群臣上表行慶賀禮。是日賜百官慶成宴于奉天殿。

《國榷》卷五六　乙未，免江西旱災田租。

丁酉，吏部右侍郎李如圭爲户部左侍郎，總督倉場，督理西苑農事。

十二月癸卯，章聖慈仁康静貞壽皇太后崩。

《明通鑑》卷五七　先是上營壽陵于大峪山，欲遷顯陵改葬焉。至是太后崩，諭禮、工二部曰：「大峪山在成祖長陵之西南，林木茂鬱，岡阜豐衍，別在諸陵之次，實爲吉壤。朕欲奉皇考山陵遷祔于此，其詳議以聞。」尋又諭禮部曰：「兹事重大，不可緩。其即奏遣重臣，于天壽之大峪山建造顯陵，一面南奉皇考梓宫來山合葬。」于是武定侯郭勛、大學士夏言等議，以「皇考山陵遠在江漢，每厪陛下歲時之感。兹慈馭上賓，聖情中切，合葬之事，揆之古禮而正，即之聖心而安，此皇上大孝舉也。」

《國榷》卷五六　甲辰，刑部右侍郎顧璘改吏部右侍郎。

《明通鑑》卷五七　丁未，命駙馬都尉崔元、尚書張瓚等爲奉迎禮儀使。

《世宗實録》卷二一九　己酉，行大祫禮于太廟，命武定侯郭勛代，以大行皇太后喪也。

《國榷》卷五六　辛亥，上御西角門，羣臣奉慰。敕太師武定侯郭勛知山陵建造事，大學士夏言、顧鼎臣同知山陵建造事。

壬子，上發京師，詣大峪山。

甲寅，還宫。

乙卯，少傅兼太子太師吏部尚書華蓋殿大學士李時卒。贈太傅，謚文康。

戊午，免寧夏旱災田租，仍賑。

乙丑，議月晦除服。

丙寅，上慈孝貞順仁敬誠一安天誕聖獻皇后尊謚，詔天下。工部左侍郎吴大田服貂行禮，奪俸六月。

《明通鑑》卷五七　以大行皇太后之喪，罷明年元旦朝賀。時禮部以十二月三十日已當二十七日除服之期，仍復疏專請是日御殿受朝，奉旨詰責。然猶素服御殿，百官行八拜禮，鳴鐘，鼓鞭，奏堂下樂，上以服除，令如議行，皆嚴嵩等所請也。

《國榷》卷五六　丁卯，大理寺卿屠僑爲刑部右侍郎。虜犯深井堡，大殺掠，至清水河。官軍列九營，欲半渡擊之。總兵江桓怯虜，縱之出。俘婦哭聲聞數里。議者謂自來乘虜無便于此，桓罪深矣。

嘉靖一八年（己亥、一五三九）

《國榷》卷五七　正月庚午朔，上御奉天殿受朝。安南莫福海嗣，以方瀛死。

辛未，諭輔臣考訂《禮記》、《檀弓》等篇禮儀制度，仍圖注。並緝祭葬全儀備覽。定梓宫南祔顯陵。

乙亥，録延綏、寧夏斬獲功，各賚金幣。

丙子，巡撫湖廣右副都御史顧璘還吏部右侍郎，仍留任，督顯陵工，改工部右侍郎兼右副都御史。

《世宗實録》卷二二〇　癸未，改巡撫江西都察院右副都御史胡岳爲大理寺卿。

《國榷》卷五七　丁亥，南京工部右侍郎韓荊卒。

乙未，南京太常寺卿王暐爲右副都御史，巡撫江西。

丙申，勅諭南巡視山陵。工部郎中岳倫上疏請止。倫時監鞏華城工，不即成，上惡其徐也，下詔斥爲民。

丁酉，命太監袁亨、工部主事袁越自涿州至承天豐樂縣，治行宫。

《明通鑑》卷五七　禮部以上帝尊號及皇祖謚號禮成，奏遣使詔諭朝鮮。

《國榷》卷五七　戊戌，進武定侯郭勛翊國公，大學士夏言上柱國，少師、文淵閣大學士，顧鼎臣少保兼太子少傅、武英殿大學士，成國公朱希忠、駙馬都尉崔元俱太子太傅，英國公張溶、禮部尚書嚴嵩俱太子太保，宣城伯衛錞太保，遂安伯陳鏸兼太子太保。

己亥，工部右侍郎江曉治南巡馳道。巡按監察御史胡守中劾其慢，下獄，削籍。

《明史》卷一七《世宗紀一》　二月庚子朔，立皇子載壡爲皇太子，封載垕爲裕王，載圳景王。

《國榷》卷五七　辛丑，詔赦天下。

《明史》卷一七《世宗紀一》　起黄綰爲禮部尚書，宣諭安南。

《國榷》卷五七　工部右侍郎宋景爲左侍郎。

壬寅，起前大學士翟鑾，改兵部尚書兼右都御史，充行邊使。兵部尚書毛伯温總督宣、大、山西三關軍務。左侍郎樊繼祖提督薊州、山海關邊備。

甲辰，作御寶十一。

乙巳，前少師兼太子太師吏部尚書華蓋殿大學士張孚敬卒。贈太師，謚文忠。

兵部右侍郎張衍慶督理扈從。鑄嘉靖通寶錢。

《世宗實録》卷二二一　丙午，起原任都察院右副都御史張潤協管院事。

《國榷》卷五七　丁未，咸寧侯仇鸞、東寧伯焦棟爲左右副將軍扈行。翊國公郭勛攝中軍，佩都護將軍印，成國公朱希忠副之。參將任鳳、趙卿爲左右先鋒，出舊時行在諸司印給從官。吏部尚書許讚諫南巡，左都御史王廷相復疏上。並不聽。監察御史劉士賢、户科都給事中曾烶等各疏上，罰俸二月。工部郎中岳倫請還陵。歲貢生陳良鼎言不在送葬。下詔獄，宥之。祈穀于玄極寶殿。授永豐曾質粹五經博士，世襲。曾子六十代孫。

戊申，起劉淵都督僉事總兵，鎮守薊州。翰林院侍讀華察、工科左給事中薛廷寵使朝鮮頒詔。

《世宗實録》卷二二一　辛亥，禮部上東宫監國事宜，凡二十有三事。

《國榷》卷五七　壬子，召大學士夏言、顧鼎臣、尚書嚴嵩于文華殿，賜皇考御書。遼東饑，賑之。

癸丑，選東宫官僚。署詹事府、禮部尚書温仁和進太子少保，户部尚書李廷相、吏部左侍郎張潮、張邦奇並太子賓客。安南莫方瀛遣阮文泰詣鎮南關乞降，籍田土户口以獻。

甲寅，命皇太子監國，宣城伯衛錞、遂安伯陳鏸留守使，大學士顧鼎臣同留守使。賜勑兵部尚書張瓚參贊機務，太監麥福内提督團營，刑部右侍郎屠僑等分守九門。

乙卯，上發京師，后妃從。有卒孫堂夜入御座前，言「沿途治行幄，勞苦吏民，非便」。下獄。京山侯崔元、大學士夏言、尚書吏部許讚、禮部嚴嵩、户部李廷相、兵部王廷相、刑部楊志學、工部蔣瑶等扈行。致一真人邵元節疾不能從，薦方士黄岡陶典真，授神霄保國宣教高士，給誥印。典真即仲文，以縣吏除海州庫大使，革秩，依元節所。

丙辰，順天治中潘璐失候，下錦衣獄。

辛酉，次真定，望祭北岳。

癸亥，南京御史胡賓等疏止南巡。不聽。

乙丑，駕行而趙州臨洺鎮二行宫火。知州范昕罰俸六月，逮守吏。

丁卯，汝王祐梈朝于衛輝。以屬尊，上避坐受之。王退，復入東幄。從官以次謁，遣勞如趙王。夜，行宫火，宫人所遺燭也。閹婢多死，法物寶玉爲盡。上幾殆，或曰錦衣陸炳負出之。命左都御史王廷相簡閲餘燼。

戊辰，逮督理兵部右侍郎張衍慶、河南巡撫右副都御史易瓚、巡按監察御史馮震、左布政使姚文清、按察使龐浩、左參政樂濩、僉事王格下詔獄，削籍。衛輝知府王聘、署汲縣事侯郡縛駕前，至承天，杖戍。

初户科左給事中李逢言：「民饑盜熾，陛下離深宫遠出，設有不測，誰執其咎。」上怒，下之獄。至是思逢言，釋之，謫永福典史。提督兩廣、兵部右侍郎蔡經討斷藤峽各巢賊，會師五萬有奇，分十道並進。賊大奔，經逐之，斬千三百五十餘級，俘四百五十人。

三月己巳朔，以右副都御史胡纘宗巡撫河南。起朱裳右副都御史，總理河道。

庚午，巡撫保定右副都御史陸鈳、巡按直隸監察御史王應以供具不備，削籍。命御史江都桑喬巡按順天，辭疾。左都御史王廷相劾其規避，下詔獄，戍九江，卒于戍所。隆慶初，贈光禄寺少卿。

《明史》卷一七《世宗紀一》 辛未，次鈞州，望於中嶽。

《世宗實録》卷二二二 甲戌，以災傷免順天、永平、保定、河間諸州縣衛所税糧有差。

《國榷》卷五七 丙子，吏部尚書許讚推調不稱旨，罰俸二月。郎中以下六月。諭留守各官趣大峪陵工。

戊寅，至承天豐樂縣。

庚辰，宿舊邸慶雲宫，謁皇考于隆慶殿。

辛巳，御龍飛殿受朝，誓戒致齋三日，詣顯陵，改營玄宫。户部尚書李廷相、禮部左侍郎張璧、詹事陸深，俱失送親王，降俸二級，科道罰俸二月。

壬午，拓顯陵周垣。

《明史》卷一七《世宗紀一》 甲申，享上帝於龍飛殿，奉睿宗配。秩於國社、國稷，徧羣祀。

《國榷》卷五七 丙戌，太子少保、兵部尚書兼都察院左都御史王廷相秩滿，進太子太保。

《世宗實録》卷二二二 丁亥，上賜書諭慰皇太子并言回鑾有期。

《國榷》卷五七 荆州知府李士翔改承天，進俸一級。

戊子，上受朝于龍飛殿，詔天下，宣諭父老子弟，賜饌，免承天田租三年。

庚寅，回鑾，辭皇考于龍飛殿。

《世宗實録》卷二二二 行在工部尚書蔣瑶條陳顯陵事宜。

《國榷》卷五七 甲午，湖廣左布政使徐乾、按察使吴允禄私饋御史胡守中，被劾，下行在鎮撫司訊之。

《世宗實録》卷二二三 四月己亥，加延綏鎮餉銀四萬九千五百兩。是時虜衆壓境，募新軍三千，各配以馬。撫臣奏請加餉，乃議增年例銀二萬。

《國榷》卷五七 次滎澤。發帑金二萬賑饑民，時道上啼號相續。

癸卯，諭行在禮部：「純德山聖靈安悦，道上行宫勿復治。」時上意顯陵毋動，而葬先后大峪山也。

《世宗實録》卷二二三 庚戌，御史劉士逵以巡狩陳言二事。

《國榷》卷五七 辛亥，葉縣知縣李浦分迎各扈從官，以勞民削籍。

壬子，上還京，入宣武門。羣臣失迎者千一百四十一人，罰俸有差。

甲寅，禮科給事中戴嘉猷疏請回鑾。上道得之，忤旨，並前南京都給事中曾埏、右給事中周珫、給事中謝廷蒞並下鎮撫獄，謫之。

丙辰，復議葬大峪。河南道監察御史吕光洵劾留守大學士顧鼎臣納賄，下令補教官。尚書張瓚納邊將賄，上責實。

丁巳，雲南道監察御史蕭祥曜劾吏部左侍郎張潮徇顧鼎臣，私鄉人吴崐補吏部主事。以瑣摘下祥曜獄，奪潮月俸。鼎臣乞休，不許。

辛酉，御奉天殿受賀。

壬戌，湖廣災，免田租有差。甲子，上發京師，至沙河，抵天壽山。乙丑，上祭長陵，餘遣祭。丙寅，諭禮部尚書嚴嵩曰：「大峪地勢空淒，不如純德山完美也。定母后南祔，即日還京。」

《國榷》卷五七　五月戊辰朔，閣擬宫僚屠應埈、華察、胡經、薛僑、胡守中、史際、張衍慶、温仁和、李廷相、費寀、黄易、白悦、皇甫涍俱被劾。

己巳，大學士夏言進居守敕稿緩，切責之，奪所賜手敕先後四百五道，銀章一，革勳階，勒致仕。

《明通鑑》卷五七　言爲首輔，郭勛害其寵。嚴嵩與言同鄉，謹事之，而言畜以門客，嵩恨甚，至是以言在承天失上意，遂與勛交搆之。會上還京，復幸大峪山，言進居守敕稍遲，大怒，責言「怠慢不恭」，命還前賜銀章、並累降手敕。言惶懼謝罪，請「免追銀章手敕，爲子孫百世榮」，詞甚哀。上怒不已，疑言毁損，令禮部追取。言乃以手敕四百餘並銀章上之。尋削言勳階，令致仕。

《國榷》卷五七　前禮部左侍郎黄綰趨召，請關防節制雲、貴、兩廣。許之。並考訂安南沿革與加兵勝敗。又請科道部屬偕往。下所司。

辛未，應天府尹袁濱爲右副都御史。逮浙江布政司右參議曾存仁、指揮孫榮下法司。時中官崔成等開礦觀海衛，應之緩。

癸酉，增寧夏治餉郎中。

甲戌，南京兵部尚書王軏年七十四，乞休，疏稱享年若干，非告君語。削籍，旋復冠帶家居。總理河道右副都御史朱裳卒。贈户部右侍郎，謚端簡。內官監左監丞閻綬、錦衣衛指揮使趙俊整治梓宫馳道，瀆貨怙侈，巡按監察御史劉士逵劾之，上逮綬訊治。

乙亥，定列聖忌祭。

丙子，起户部尚書梁材、禮部左侍郎署通政司陳經原秩。

《明通鑑》卷五七　材初長户部，以力除宿弊忤權貴，失上眷，遂以侍郎閒住。至是上知其廉，廷臣復交薦之，會廷相致仕，召復原官。未幾，考察京官，特命材監之，又命兼掌刑部事。

《國榷》卷五七　丁丑，巡撫陝西右副都御史任璐爲户部左侍郎。致仕少保、禮部尚書夏言復少傅兼太子太傅、禮部尚書、武英殿大學士，還任。

戊寅，巡撫延綏右僉都御史張珩爲右副都御史，提督操江。

己卯，以星變修省，盡撤鎮守内臣。虜寇遼東開原。

壬午，大理寺卿胡岳卒。

甲申，慈孝獻皇后梓宫南祔。翊國公郭勛、大學士夏言護行，御史王行、連鑛監視。

乙酉，諭禮部暫免早朝。

《世宗實録》卷二二五　六月丁酉朔，酉刻，雷震奉先殿左吻及東室門。勑下諸司修省三日。

《國榷》卷五七　癸卯，命東宫啓事如永樂初。刑部尚書楊志學，户、刑、工部侍郎高公韶、屠僑、周叙，右副都御史党以平，大理寺少卿錢學禮俱雷變自陳，許致仕。

《世宗實録》卷二二五　戊申，朝鮮國王李懌差陪臣户曹判書李芑等奉表貢方物，賀册立皇太子，宴賞如例。

《國榷》卷五七　庚戌，南京吏部尚書湛若水改南京兵部尚書。山西左布政使陳講爲右副都御史，提督雁門等關，兼巡撫山西。

辛亥，賚南巡供事效勞諸臣河南湖、廣巡撫胡纘宗、陸杰等金幣。

丙辰，右都御史周期雍爲刑部尚書。

丁巳，增宣府口北道參議。右副都御史王杲爲户部右侍郎。

戊午，給邊軍耕地。

己未，覈蘇、松、常、鎮、杭、嘉、湖隱田，改正豁除。蓋里胥移糧作荒，而荒更代糧也，顧鼎臣先諭德時，痛陳之。罷南京誠意伯劉瑜操江。右副都御史簡霄時閲兵，與提督魏國公徐鵬舉争坐，見劾。

《世宗實録》卷二二五　壬戌，陞廣西按察使陸銓爲山東右布政使，福建按察喻茂堅爲浙江右布政使。

《明通鑑》卷五七　七月庚午，頒御製《大狩龍飛録》於文武羣臣。

《國榷》卷五七　乙亥，東宫恩賚養濟院貧民五千八百五十餘人，人米四斗。

丙子，南京户、禮部右侍郎王潮、吕柟自陳致仕。

辛巳，吏部文選郎中黄禎貪婪，見劾下獄，並前郎中楊育秀落職。尚書許讚待罪，宥之。御史劉士逵復劾讚，被謫。逮山東按察僉事于廷寅。初梓宫南行，臨清主事侯珮閉閘蓄水，于廷寅舟阻，怒決之，捕掠官吏。撫按交劾，並及珮，宥之，廷寅削籍。

壬午，免濱、德災傷田租。

癸未，逮宣府總兵官、署都督僉事郝鏜獄，戍邊。前歲戊戌失事，反詐功。

庚寅，巡撫南、贛、汀、漳右副都御史吴山爲刑部右侍郎，巡撫甘肅右副都御史牛天林爲大理寺卿。

《世宗實録》卷二二六　起用原任都察院右都御史熊浹爲南京禮部尚書。陞河南左布政使郭持平爲都察院右副都御史，總理河道。

《國榷》卷五七　南京禮部尚書霍韜、吏部郎中鄒守益共上《聖功圖》，引古十三事，如文王問安視膳等。上以語涉謗訕，宥韜罪。

閏七月丙申朔，應天府尹袁檟失覲梓宫，落職。

丁酉，遼東廣寧衛胡卒佟伏等作亂，夜鼓噪城樓，總兵右都督馬永擊斬四十人，俘二人，乃定。刑部囚逸，即格殺之，下主事曹亨鎮撫司。

《明通鑑》卷五七　己亥，遼東軍復亂，總兵官馬永討平之。遼東自十四年軍變，但禽首惡數人，而遺孽未盡，時有不逞心。至是因歲饑，糾惡少四十餘人，乘夜倡衆爲亂，城中人無應者。永率家丁三百餘人捕之，千户張斌先登，被殺；衆兵繼進，斬首四十級，生禽二賊，無一人得脱者。事聞，賜敕奬勵，陞永左都督。

《世宗實録》卷二二七　癸卯，改南京刑部尚書聞淵于南京吏部。起用原任工部尚書甘爲霖提督工程，仍令吏部移檄，促之赴任。

《國榷》卷五七　日本國王源義復來貢。自嘉靖二年宗設等後不至。

丙午，諭内閣「常朝俟春和。郊廟重典，親舉，亡敢怠」。免杭、嚴、紹興、金華、衢、處水災田租。

《世宗實録》卷二二七　陞通政使司右通政居楷爲南京太僕寺卿，廣東按察使詹瀚爲福建右布政使。

《國榷》卷五七　丁未，故襄城伯李全禮贈太子少保，謚恭敏。

己酉，詹事府少詹事兼翰林院侍讀學士崔銑爲南京禮部右侍郎。

庚戌，大理寺卿汪珊、巡撫應天右副都御史歐陽鐸爲南京户、兵部右侍郎，撫治鄖陽右副都御史王以旂還院。

壬子，總督糧儲右副都御史邊憲劾免。

甲寅，叙廣西斷藤峽諸賊巢功，總兵安遠侯柳珣進太子太保，提督兵部右侍郎蔡經進兵部左侍郎，太監馬廣蔭錦衣衛鎮撫，餘陞賚有差。

戊午，南京工部尚書周用改南京刑部尚書。

庚申，獻皇后祔顯陵。

辛酉，禮部尚書兼翰林學士黄綰使安南，未行，乞贈誥，落職。上問安南事云何，廷議「莫氏狡，難信其降，宜耀師」。于是敕咸寧侯仇鸞、兵部尚書毛伯温南征。

甲子，宣府總兵官張鎮以虜入萬全右衛怯敵，論大辟。

《世宗實録》卷二二八　八月丁卯，祭先師孔子，命大學士夏言行禮。陞大理寺右少卿王道中、福建布政使司左布政使陳卿俱府尹，道中順天，卿應天。

《國榷》卷五七　辛未，慈孝獻皇后祔太廟。

壬午，大享于玄極寶殿。

甲申，陞湖廣右布政使馮時雍爲福建左布政使，山西按察使曹嘉爲江西右布政使。

癸巳，京察。二月，因南巡緩之。免河南、陝西田租。虜入花馬池，僨帥魏時不能軍，走保硝河城。虜東出乾溝，任傑諸將襲其後行，捕斬二百餘級。

九月乙未朔，免真定、順德、廣平、大名田租。

壬寅，止漕運都御史周金入京議事。總兵官仍入議。

乙巳，吏科都給事中薛廷寵、監察御史戴景拾遺，劾禮部尚書嚴嵩、兵部尚書張瓚等不職。

《世宗實録》卷二二九　庚戌，上曰：「嵩、瓚，朕所簡用也。」嵩等以被論自陳，嵩言：「今日之臣，必使主孤立自勞，率皆觀望禍福。」上以爲然，命「盡心供職，不必辭避」。

《國榷》卷五七　命户、工部侍郎胡璉、吴大田，巡撫山東都御史曹蘭致仕。提督南贛都御史鄭坤、侍讀學士廖道南、右司直張寅、通政使郭秉聰、順天府尹王道中、户部主事曹儒閒住。清黄通政吕希周、太僕寺卿李邦直削籍。餘皆留。吏部希嵩意，欲外遷廷寵，亡何卒。免太倉、崇明、嘉定、上海、華亭、鹽城、海門、興化、如皋、通州水災田租。

己酉，南京工部右侍郎胡訓爲南京右副都御史，右副都御史王學夔提督操江。光禄寺卿趙廷瑞爲右副都御史，巡撫陝西。

癸丑，免甘肅屯租及湖廣田租。

乙卯，咸寧侯仇鸞奏帶省祭官十八人，有旨劾治。

丙辰，免應天、安慶、蘇、寧國、廣德水災田租。增湖州通判，駐烏鎮捕盜，兼水利。

辛酉，上發京師，次沙河。

《明通鑑》卷五七 是日，車駕發京師。敕駙馬都尉崔元、刑部尚書周期雍居守。

《國榷》卷五七 户部右侍郎王杲兼右僉都御史，賑河南。

《世宗實録》卷二三〇 十月乙丑朔，上躬祭長陵，立成祖文皇帝陵碑。

丙寅，禮部上慶賀皇太子千秋儀注。

《明史》卷一七《世宗紀一》 還宫。

《國榷》卷五七 巡撫貴州右副都御史張鉞爲南京工部右侍郎。貴州左布政使李顯爲右僉都御史，巡撫山東。諭停刑。

壬申，進户部尚書梁材太子少保。甲戌，起白爵都督僉事總兵官，鎮守宣府。

《世宗實録》卷二三〇 乙亥，以水災出兩淮運司餘鹽銀五萬兩振恤。

《國榷》卷五七 壬午，大同弘賜、鎮邊、鎮川、鎮虜、鎮河五堡成。

庚寅，祝雄爲署都督僉事、總兵官，鎮守大同。

辛卯，湖廣提學副使江以達削籍。初楚王迎祭梓宫，欲先出，以達居守，不聽，遂訐奏下獄。

十一月丙申，至日，上祀南郊。

己亥，户部左侍郎李如圭爲南京工部尚書。雲南左布政使韓士英爲右副都御史，巡撫貴州。免南昌、臨江、吉安、南康、九江、瑞、撫、饒水災田租。南京兵部尚書湛若水條留守十事。

癸卯，免山西田租。

《世宗實録》卷二三一 改南京光禄寺卿楊麒爲光禄寺卿。

《國榷》卷五七 丙午，初南京監察御史錢籍，論考功郎中章袞不職，以不先劾，侍中察上之。置不問。

戊申，兵部右侍郎張潤改户部左侍郎，總督倉場，督理西苑農事。南京兵部尚書湛若水上《治權論》，欲激安南吏民共討莫氏分地，可不煩兵而下。部覆迂之。壬子，起右副都御史王大用、劉士元等。

《世宗實録》卷二三一 陞大理寺左少卿王守爲南京光禄寺卿。

《國榷》卷五七 戊午，起陶諧兵部右侍郎。

《世宗實録》卷二三二 十二月辛未，以水災免南京錦衣等四十二衛屯糧如例。

《國榷》卷五七 癸酉，逮前宣府總兵官江桓、參將賈英、指揮周才、李璽、何圖，追其再失罪也。

乙亥，河南巡撫右副都御史胡纘宗以公署燬及符敕，免官。

《明通鑑》卷五七 免浙江被災税糧。

《國榷》卷五七 庚辰，河南左布政使傅鑰爲右副都御史，巡撫河南。

乙酉，存問前南京工部尚書餘姚陳雍，年九十。

《世宗實録》卷二三二 陞廣西布政使司左參政歐陽必進爲浙江右布政使。

《國榷》卷五七 丙戌，河南道監察御史聞人銓請正文體。

癸巳，時傳上明春欲南巡。太子太保、禮部尚書霍韜以聞，且請治南巡從官道賄之罪。上責實，韜委之郭勛。上又責實，竟不置對而罷。諸大臣應制，無逸殿賜直廬，上齋居西內，諸臣不時召，或至夜分。所應制俱元壇青詞，太師翊國公郭勛、成國公朱希忠、京山侯崔元、駙馬都尉鄔景和、大學士夏言、翟鑾、尚書嚴嵩。

《明通鑑》卷五七 是冬，大同五堡成。大同自五堡之役殺張文錦，尋又殺總兵李瑾，由是兵益驕，文武大吏不敢要束。廷議以爲憂，移陝西總兵官梁震往鎮大同。震畜健兒五百人，至則下令申約束，無不帖服。寇至，累破之。會毛伯温督師巡邊，震議修五堡，不數月工成。

嘉靖一九年（庚子、一五四〇）

《國榷》卷五七 正月甲午朔，上疾，不視朝。

壬寅，上始朝。

《明通鑑》卷五七　嚴嵩等請之也。是日，上拜于元極殿，禮畢，遂御朝。

《國榷》卷五七　丙午，行邊使兵部尚書兼都察院右副都御史翟鑾入朝，仍太子太保、禮部尚書兼武英殿大學士，直閣。

《明通鑑》卷五七　鑾之行邊也，文武大吏俱櫜韃郊迎，餽遺不貲；既事歸裝用以遺貴近，遂復入閣。

辛亥，俺答入大同，伏五百騎於太廟灣，以四十騎分掠。參將張守忠、守備林椿追之，中伏，殺指揮周奇等二十九人。

《世宗實録》卷二三三　甲寅，海西扎真河兀者可冷河等衛女直都指揮僉事奴渾尚右卜剌答等各來朝貢馬，俱宴賞如例。

《國榷》卷五七　乙卯，增顯陵守户二十人。

庚申，巡按雲貴監察御史謝瑜劾禮部尚書嚴嵩貪汚强辨，動引明堂、大禮、南巡事爲解，請斥之。不聽。

《世宗實録》卷二三三　御史舒汀條上鹽法三事。

《國榷》卷五七　顯陵太監傅霖乞定諸司相見禮，命如皇陵天壽山。安南莫方瀛死。登庸立其子福海嗣位。

二月丁卯，浙江布政使右參政翁萬達改廣西。萬達才武，以討安南添設湖廣按察副使，至遷浙江，提督蔡經奏留之。大學士翟鑾請原海西諸衛。

《世宗實録》卷二三四　祭先師孔子，遣大學士翟鑾行禮。

《國榷》卷五七　辛未，湖廣清軍監察御史姚虞上流民圖，皆河南饑民聞顯陵工就食者，命賑之，俾復業。

戊寅，南京兵部右侍郎歐陽鐸爲吏部右侍郎。裁餘杭等山縣商税，多私鹽故。

己卯，罷武舉。

《明通鑑》卷五七　時兵部請開武科，上以累科未見得人，遂報罷。給事中王夢弼請以六年一試，著爲令，上責其妄議，奪俸二月。

《國榷》卷五七　乙酉，廣西道監察御史舒鵬翼劾湖廣提學僉事劉汝楠文尚險怪，宜斥。部覆汝南漸就平正，遂仍留。

辛卯，初上擬清明節謁陵，至是以日食輟行。

《世宗實録》卷二三五　三月癸巳朔，鎮守遼東後軍都督府左都督馬永卒，賜祭葬如例。

《國榷》卷五七　乙未，巡撫河南都察院右副都御史傅鑰卒。

《世宗實録》卷二三五　吏部奏明年當大計。

丙申，諭各撫按官於所屬官員無計崇卑，悉心詢訪，親自擬注，務出至公。

《國榷》卷五七　戊戌，修西苑仁壽宮。議故禮部左侍郎薛瑄從祀孔廟，尚書霍韜等俱右之。

癸卯，巡鹽右副都御史黄臣勒免。

乙巳，湖廣江華苗、羅田、竹溪盜作亂，殺主簿張文莫。尋平之。

己酉，太常寺少卿、提督四夷館崔桐爲太常卿，署國子祭酒。

辛亥，許罪弁贖粟。賑都匀、思南、銅仁旱災。

丁巳，户部右侍郎鄭伸爲左侍郎，巡撫四川右副都御史李□爲工部右侍郎。

戊午，設遼東金、復、海、蓋兵備僉事，繫銜山東。

《世宗實録》卷二三五　命中軍都督府都督僉事李鳳鳴掛印，充總兵官，鎮守遼東地方。

《國榷》卷五七　四月丁卯，欽州知州林希元請伐安南，圖上方略。

辛未，刑部尚書周期雍鐫俸一級。初錦衣指揮樊瑶以長子綱常有罪，不當嗣，請立庶子緯。綱疏辨，刑部謂子訐父私，其罪均。命再訊。於是坐瑶奏事不實。上以瑶事與他奏不同，責對狀，引伏。

甲戌，定五品以下有司官不職，許撫按立訊，毋奏瀆。

己卯，湖廣道監察御史包節劾兵部尚書張瓚鬻爵。瓚疑左都御史王廷相嗾之，遂訐廷相私事。俱不問。

《明通鑑》卷五七　庚辰，上以入春雨澤愆期，躬禱宫中，復行所司祈禱。

《世宗實録》卷二三六　辛巳，户部議覆武定侯郭勛條陳邊務五事。

《明通鑑》卷五七　癸未，雨。于是輔臣夏言、尚書嚴嵩等皆表賀。

《國榷》卷五七　翊國公郭勛請宥海州副總兵時陳死罪。不許。督工工部尚書甘爲霖言：「諸工垂成，請罷採木，第覈其未竣者。」從之。

丁亥，延綏總兵官周尚文劾罷。太子太保禮部尚書嚴嵩以員外郎衛元確、行人孟廷相使藩邸不即報，乃吏科都給事中丁湛寬其限市恩，俱下鎮撫司。謫元確、湛於外，廷相贖還職。嵩蓋忿臺諫前摘，借修其怨也。

五月甲午，前太子少保禮部尚書李浩卒。謚莊簡。

《明通鑑》卷五七　丙申，國子司業王同祖言：「世禄之家，鮮克由禮，失教故也。請敕兩京公、侯、伯子弟，凡未仕者悉入成均，俟學有成，方請敘蔭，不率者治之。」上是其言，尋命已任事者亦送監肄業。自是少年勳戚頗以入學爲榮。

《國榷》卷五七　壬寅，定巡撫官限郡縣輸賦京邊，杜其侵緩。

乙巳，應天府尹陳卿爲右副都御史，巡撫甘肅。

丁巳，南京户部右侍郎王潮卒。

《世宗實録》卷二三七　戊午，陞南京太僕寺少卿戴金爲應天府府尹。

《國榷》卷五七　太子太保工部尚書蔣瑶、南京兵部尚書湛若水並六年考滿，以踰耆，並令致仕。

《明通鑑》卷五七　瑶既改北部，會大工頻仍，歲募民充役，費二百餘萬，瑶以爲言，請停不急者。又營建率役京軍，多爲豪家占匿，瑶清出之。上亦浸不悦，遂以老罷。若水與王守仁同講學，後各立宗旨，守仁以致良知爲宗，若水以隨處體認天理爲宗。守仁言「若水之學爲求之于外」，若水亦謂「守仁格物之説有不可信者四」。又曰：「陽明與吾言心不同。彼所謂心，指方寸而言。吾所謂心者，體萬物而不遺者也，故以吾之説爲外。」一時學者遂分王、湛之學。

《國榷》卷五七　六月丁卯，户部左侍郎張潤爲工部尚書。太子少保户部尚書梁材罷。初諸宫殿繁興，役外衛班軍四萬六千人，不足。郭勛以失期者人輸金顧役，秋期四千人，春加其一，月粟四斗。材不許，勛劾其擅。

《明通鑑》卷五七　嘉靖中歲，大臣多阿上取寵，材獨不撓，以是終不容。自材去，邊儲國用大窘，上乃嘆曰：「材在，當不至此！」

《國榷》卷五七　戊辰，浙、直蝗大饑。

庚午，復設江淮總兵。大盜常熟黄艮、通州秦璠並自崇明出入海上肆劫，漕舟出孟瀆，掠其七。遂逮鎮江知府張瑶、丹陽知縣周寧，起湯慶左府都督僉事、總兵官，捕盜。

《明通鑑》卷五七　南京兵科給事中楊雷以其事聞。下兵部，以設官本末查覆，因請「設總兵官，命以旗牌敕符，俾駐劄鎮江，提督沿江上下兵防，西自九江、安慶，東及淮、揚、蘇、常諸郡。凡備倭守備衛所及有司巡捕官，悉受節制。」從之。已而金山、儀真守備官各加以將領之號，分領江南、江北地方，凡衛所掌印巡捕諸官，悉令服屬。

《世宗實録》卷二三八　御史舒鵬翼條陳三事。

《國榷》卷五七　甲戌，南京工部尚書李如圭改户部尚書。巡撫順天、左僉都御史張漢爲户部左侍郎，總督倉場兼理西苑農事。

《明通鑑》卷五七　先是蔣瑶在工部，以「節年營建，兵部撥軍，户部支糧，工部止于辦料。邇年以軍數不足，議令工部雇夫津助，計内外工程共用銀六百三十四萬七千餘兩，中間辦料約四百二十餘萬，其餘盡係雇夫車價之數。請將各衙門工程悉暫停止。」上不許，令工部會户、兵二部詳議以聞。潤既代瑶，乃復上四事，【略】疏入，詔仁壽宫、欽安殿速爲之，餘暫止。

《國榷》卷五七　乙亥，南京禮部尚書熊浹改南京兵部尚書。

辛巳，初瓦剌自相仇殺，至是瓦剌卜陸王桶孛刁忽還來款塞。總督尚書劉天和言：「土魯番入寇，必藉其力。今及其困而撫之，感恩自倍。如不受，必入于土魯番，爲後日憂。」下廷議。

丙戌，禮部右侍郎張璧、刑部左侍郎宋景爲南京禮、工部尚書。

戊子，修寧武、偏頭等邊垣。咸寧侯仇鸞、尚書毛伯温言莫登庸未服罪。因籍廣東水卒三萬六千人，廣西土兵七萬五千人，粟三十八萬石，金八十八萬，別徵兵若干。命南中奏至，部覆毋越三日。仍留廣東歲賦、鹽課備餉。

七月癸巳，翰林學士張治、左諭德兼侍讀龔用卿主考應天。

《世宗實録》卷二四〇　乙未，陞禮部右侍郎蔡昂爲本部左侍郎，詹事府少詹事孫承恩爲禮部右侍郎。

《國榷》卷五七　丙申，宣府總兵官白爵言：「鎮兵八萬，馬四萬，而兵不振者，其弊有五。【略】欲振其弊，惟命大臣總兵，庶其有濟。」上是之。寧夏總兵官都督僉事任傑移鎮延綏。

丁酉，土魯番以奸夷火者皮列誘之，違例入貢，不納。陝西右布政使尹嗣忠爲右僉都御史，巡撫延綏。刑部右侍郎吴山爲左侍郎，南京刑部右侍郎王浚還部。

戊戌，設郡縣置倉積穀。御史舒遷言之。邊報多不實，遣給事中張良貴覈宣大、山西功罪。總督陝西劉天和言平虜城伏兵邀虜，斬二十八級。賜金幣有差。廕郭勛、朱希忠錦衣百户，進禮部尚書嚴嵩少保兼太子太保，工部尚書甘爲霖太子少保，餘陞賞有差。

癸卯，虜犯宣府右衛，總兵白爵戰于宣平，敗之。副總兵雲冒又敗之。爵追戰于北莊。

甲辰，南京太常寺卿衛道爲南京刑部右侍郎。

壬子，虜涉桑乾河，半渡值雨，官軍急擊之，斬百有六級，獲馬六十四。

癸丑，增翊國公郭勛歲禄百石。方士合肥段朝用假丹術結勛，進銀器。上悅。又進萬金助雷壇，授紫府宣忠高士。後術不驗，其丹銀即勛帑，幻攝之。

甲寅，增湖廣解額五人，共九十人。前刑部尚書聶賢卒。贈太子少保，謚榮襄。

《明史》卷一七《世宗紀一》 戊午，振江西災。

《世宗實録》卷二三九 陞順天府府丞王禎爲南京太僕寺卿。

《國榷》卷五七 己未，吏科給事中劉大直言：禁科斂、止餽遺、處公廨、審斥陟、公採訪、戒科求。從之。虜由萬全右衛入寇，總兵白爵出戰，敗績。掠蔚、朔、懷仁、渾源、靈丘、馬邑。參將章鎮計伏蔚東山，又參將徐珏扼美峪口，虜不得東。鎮邀擊于大比莊，斬七十餘級，虜引去。

《明通鑑》卷五七 八月壬戌，禮科給事中曾鈞言：「用人之術，莫先於端士習。」疏入，上以鈞所論深中時弊，嘉納之。

《世宗實録》卷二四〇 癸亥，復置黄巖縣河泊所大使一員。

《國榷》卷五七 湖廣清軍御史姚虞言軍屯不當兩分。始命清軍御史兼管屯田。

甲子，令南京鑄嘉靖錢。

丙寅，左春坊左庶子兼侍講童承叙、左中允兼修撰李學詩主考順天。

甲戌，虜萬騎入平涼，副總兵魏慶戰敗，流劫岢嵐、石州、静樂。

丙子，署太常寺事、禮部左侍郎金贇仁上所輯各年增定儀注，名曰《太常總記》。虜自寧武關南犯岢嵐、静樂等縣，殺掠萬計。山西副總兵魏慶不敢戰，僅尾虜後，有二虜直貫其營，慶懼不敢出。

丁丑，翊國公郭勛以風霾請大臣自陳，聽科道拾遺。于是刑部尚書周期雍獨休去。

戊寅，羽林前衛指揮同知劉永昌下鎮撫司。時上欲静攝，命東宮監國，大臣固争，永昌獨言其便，上惡之。

《國榷》卷五七 太僕寺卿楊最言：「皇上静攝，東宫監國之命，揆厥所由，不過悮信方士耳。」

《明史》卷一七《世宗紀一》 太僕卿楊最諫服丹藥，予杖死。

《明通鑑》卷五七 上好神仙術，給事中顧存仁、高金、王納言皆以直諫得罪。會有方士段朝用者，以所煉白金器百餘，因郭勛以進，云：「以盛飲食物，供齋醮，即神仙可致也。」上立召與語，大悅。朝用因言上：「深居無與外人接，則黄金可成，不死藥可得」，上益悅，諭廷臣：「令太子監國，朕少假一二年，親政如初。」舉朝愕不敢言。最抗疏諫曰：「陛下春秋方壯，乃聖諭及此，不過得一方士，欲服食求神仙耳。神仙乃山棲澡練者所爲，豈有高居皇屋，衮衣玉食，而能白日。」

《國榷》卷五七 己卯，裁南京五府都事、光禄署丞各一。

癸未，前巡撫遼東右副都御史劉滰卒。

戊子，設浮梁景德鎮陶窑通判。虜吉囊二萬騎犯定邊營，戹于牆不進，詭襲黄毛虜，我師懈，以三騎坎而登。指揮郭卿等擲弓走，衆驚潰。虜入固原，總督劉天和斬指揮使牛斗、郭卿等以徇。會久雨，濘没馬足，虜狼狽反。天和嚴兵以待。

九月己丑朔，虜營哨河，我軍夾攻，大敗之，斬四百五十級，殺吉囊次子小十王，餘遁去，分營東勝、賀蘭山。我大同兵邀東勝虜，斬九十級。莊浪、寧夏兵邀賀蘭山虜，斬百八十一級。虜大詘，庚子，遁出塞。郭勛請營馬萬八千四百二十匹。命發四十萬金，市于河南、山西。

辛卯，夏言乞休，上諭之勿負朕心。

甲午，大享上帝于玄極寶殿，奉睿宗配。

辛丑，廣西道監察御史舒鵬翼言「近來大臣報怨攻擊」。上詰實，鵬翼指霍韜、夏言、郭勛而不著其事。上怒，謫山西布政司檢校。

壬寅，運糧千户李顯言：「運河南自瓜儀，北至淮安，袤三千餘里，皆藉諸湖水。寶應氾光湖廣且百二十餘里，風濤爲患。今宜從湖隄東開月湖，令運艘循之以達。」報可。

癸卯，召南京户部尚書錢如荆爲刑部尚書。

《世宗實録》卷二四一 丙午，以灾傷詔免蘇、松、常、鎮四府正官入覲。

《國榷》卷五七 己酉，徵咸寧侯仇鸞。鸞至廣東，責安遠侯柳珣以屬禮，不受，遂互劾。命改珣征南副將軍。

乙卯，順天府丞蔣淦爲工部右侍郎。

十月庚申，南京禮科給事中曾鈞等言各路採礦，得不償費，乞盡罷。報可。

辛酉，弛私鹽擔負之禁。

《世宗實録》卷二四二　以旱蝗免山東濟南等府、德州等州、歷城等縣、東昌等衛所，北直隸保定等府、霸州等州、保定等縣，涿鹿等衛並宣府、大同二鎮各民屯秋糧有差。

壬戌，陞四川右布政使張鑢爲江西左布政使。

癸亥，順天府府尹蔣淦條陳均徭四事。

《國榷》卷五七　前太子太保户部尚書梁材卒。贈少保，謚端肅。

甲子，少保兼太子太傅、禮部尚書、武英殿大學士顧鼎臣卒。

乙丑，署詹事府太子少保，禮部尚書霍韜卒。

丁卯，皇太子疾。上禱于上玄，諭停刑。

戊辰，兵部左侍郎楊廷儀卒。

《世宗實録》卷二四二　己巳，陞湖廣左布政使劉勳爲順天府尹。

丙子，總督三邊左都御史劉天和奉詔舉薦邊將。

丁丑，陞河南按察使龍大有爲河南右布政使。

《國榷》卷五七　庚辰，前巡撫應天右副都御史陳克宅卒。

辛巳，南京國子祭酒馬汝驥爲禮部右侍郎。

甲申，都指揮僉事王升總兵官，鎮守大同。四川都指揮同知沈希儀署都督僉事，總兵官，鎮守貴州。

十一月己丑，上不豫，百官候起居。

庚寅，安南莫登庸入鎮南關來降。

甲午，免蓬溪、南充旱災田租。

戊戌，奉安皇穹宇神位。上屬疾，遣郭勛、嚴嵩。

《世宗實録》卷二四三　壬寅，冬至，大祀天於圜丘。

《國榷》卷五七　改陝西總督劉天和爲南京户部尚書。

丙午，巡撫寧夏右副都御史楊守禮爲右都御史，總督陝西三邊軍務。

壬子，秉一真人陶典真進少保、禮部尚書，署太醫院事。禮部左侍郎許紳進工部尚書。

癸丑，寧夏巡撫楊守禮請築鎮遠關黑山營。從之。

甲寅，河間盜平。録敗虜功，進劉天和太子太保，世錦衣正千户。總兵周尚文、任傑、魏時並都督同知。巡撫陝西趙廷瑞、延綏尹嗣忠並兵部右侍郎。楊守禮兵部尚書。並如故。巡按御史張光祖擢京堂。吕光洵進一級。御史與戰功自此始。以幃幄進夏言少師，翟鑾、張瓚少保，世錦衣衛副千户。

乙卯，宣、大、遼東選布政司官理餉。

《明通鑑》卷五七　乙亥，以沙河行宫成，免順天八府明年税糧三之一。

《國榷》卷五七　巡視山海關御史黄鏜行部至振武營，參將張文懿郊迎。會虜入失援，謫鏜浙江按察司知事。

丙辰，初海盜王艮等敗副使王儀，勢張甚，陰榜南京城中，語多悖。上怒，罪當事者。亡何，總兵湯慶破斬之。

《世宗實録》卷二四三　江淮總兵湯慶條陳防勦事宜。

《明史》卷一七《世宗紀一》　慈慶宫成。

《國榷》卷五七　十二月辛酉，順天府尹劉勳爲右副都御史，巡撫寧夏。復設益都顔神鎮捕盜通判。

乙丑，處士王艮卒。

《世宗實録》卷二四四　庚午，陞南京通政使司右通政劉臬爲順天府尹。

《國榷》卷五七　甲戌，增寧武、偏頭、雁門三關戍守。

乙亥，沙河行宫成。侍郎樊繼祖添註工部尚書，餘各陞賞有差。

壬午，吉囊駐牧賀蘭山。

癸未，許鳳陽守備太監張信如黄準例，統攝廬、淮、揚、徐、滁、和，毋預民事。

乙酉，吏部尚書許讚上《嬰童百問》，下禮部梓之。

嘉靖二〇年（辛丑、一五四一）

《國榷》卷五七　正月乙未，南京户部右侍郎汪珊卒。

《明通鑑》卷五七　丙申，上以陽九日拜天於元極殿。尚書嚴嵩等請拜畢御殿受羣臣朝賀。從之。

《國榷》卷五七　戊戌，吏部大計。

壬寅，免廬、鳳、淮、揚、徐、滁、和災傷田租。

《世宗實録》卷二四五　乙巳，以災傷免蘇州、松江府屬各州縣秋糧有差。

《國榷》卷五七　丙午，西海虜卜兒孩款塞。

己酉，吏部文選郎中林春、主事許穀被劾。不聽。

《世宗實録》卷二四五　庚戌，户部尚書周世昭以出使復命後期，下法司問，輸贖還職。

《國榷》卷五七　辛亥，留入覲官陪祀祈穀，著爲令。

壬子，前刑部尚書楊志學卒。贈太子太保，謚康惠。前刑部左侍郎陳琸卒。

《世宗實録》卷二四五　丙辰，陞布政使司右布政使俞夔、車純、劉彭年、徐嵩、柴經俱爲本司左布政使。

《明史》卷一七《世宗紀一》　免南畿被災税糧。

《國榷》卷五七　二月戊午朔，湖廣巡撫陸杰以顯陵軍校侵民田，與太監傅霖交奏，奪俸三月。

癸亥，兵部右侍郎陶諧爲左侍郎，右副都御史王以旂爲兵部右侍郎。河南左布政使范鏓爲右副都御史，巡撫寧夏。

甲子，署詹事府事禮部尚書温仁和、翰林院侍讀學士張袞主禮闈。

乙丑，顯陵寶城及舊宫殿成。頒賞，免承天田租三年。

《明通鑑》卷五七　時上經年不視朝，日事齋醮，工作煩興，嚴嵩等務爲諂諛。

《國榷》卷五七　丙寅，河南道監察御史楊爵言：「今天下因仍苟且，兵戎廢弛，奢侈僭踰，公私困竭。【略】」上怒，逮之。【略】下詔獄，杖之。居數日，視無恙，復杖之，備受酷訊。

庚午，方士段朝用其徒王子巖以丹術不驗，訐之。下朝用鎮撫司。

乙亥，上喜邊儆息，敕奬大學士夏言。

丙子，築陝西三邊墩堡。

戊寅，承天知府吴悝乞修府志，遂下巡撫工部尚書顧璘任之。

《世宗實録》卷二四六　己卯，陞都察院右副都御史張珩爲左副都御史，右僉都御史胡守忠爲右副都御史，仍兼詹事府府丞。

《國榷》卷五七　甲申，虜入甘肅，總兵官楊信敗卻之。虜寇蘭州，參將鄭東敗没。

《世宗實録》卷二四六　乙酉，順天府請進蠶母、蠶種，詔俱穀雨前十日進。

《世宗實録》卷二四七　三月癸巳，詔暫罷皇后親蠶。

丙申，陞巡撫江西副都御史王暐爲南京户部右侍郎。

《國榷》卷五七　庚子，定勳臣歿後畢葬，子孫方得嗣爵。

辛丑，策貢士，賜沈坤等進士及第、出身有差。

壬寅，科道巡視光禄寺歲額年終册報。

己酉，督工工部尚書甘爲霖署部事，仍督工。

庚戌，太僕寺卿汪玄錫爲右副都御史，巡撫江西。

《世宗實録》卷二四七　辛亥，陞陝西布政使司左參政侯綸爲山東右布政使。

《國榷》卷五七　四月丁巳朔，前總理應天糧儲右都御史陳鳳梧卒。

己未，宥安南莫登庸罪。

《明史》卷一七《世宗紀一》　改安南國爲安南都統使司，以登庸爲都統使。

《國榷》卷五七　進毛伯温太子太保。蔡經右都御史兼兵部右侍郎，仍提督。安遠侯柳珣太子太傅。黔國公沐朝輔太子太保。餘陞賞有差。

辛酉夜，太廟災。是日晡，東草場火，都人訛言火在太廟。薄暮，大雨雹風霆，自仁廟火，延爇各廟俱盡燬，仁廟主惟睿廟存。明日，上祭告内廟，祭上帝謝譴，避殿撤樂，御西角門召見羣臣，共修省，求直言。

壬戌，給事中胡汝霖、巡城御史聶静、李乘雲劾大學士翟鑾救火之緩。上責其私忿，俱下鎮撫司。謫汝霖太平府經歷，静建平縣丞，乘雲太倉州判官。

《世宗實録》卷二四八　癸亥，上諭禮部以是月九日奏謝南郊，次日北郊，俱夜中行事。

甲子，以廟灾暫罷大禘禮。

《國榷》卷五七　乙丑，上身謝南郊，停内外工作。

丙寅，謝北郊，暫止蘆溝橋役。

丁卯，上祭告景神殿及太社、太稷。

己巳，上祭告帝社、帝稷。

庚午，始御西角門視事。給寧夏總兵田三頃六十畝，副總兵百五十畝，游擊將軍百二十畝。蓋養廉舊有田。

甲戌，刑科給事中戚賢等劾郭勛、張瓚、樊繼祖、李廷相、胡守中等，薦聞淵、熊浹、劉天和及兵部郎中王畿、主事程文德等。上以王畿僞學，責對。賢引罪，謫議浚黄河孫家口等濟漕。

丙子，上青袍御奉天殿，詔寬恤天下。

戊寅，奉安成祖、仁宗帝后神主。自二陵迎入京。

《世宗實録》卷二四八　己卯，禮部祠祭司郎中熊過等以進繳詔書不至，爲尚書嚴嵩所劾。

《明通鑑》卷五七　壬午，杖户部主事周天佐，下獄死。天佐，晉江人，以楊爵下獄，欲論救之。

《國榷》卷五七　上怒，杖六十，下鎮撫司獄。創甚，兩夕卒。

乙酉，漢中流盜平。

五月丙戌朔，賑保定饑。

丁亥，漕河淤。河道右副都御史郭持平鐫三級，餘一級，戴罪修理。兵部右侍郎王以旂兼右僉都御史，督理河道。湖廣布政司右參議方遠宜乞開海運，報寢。

戊子，議廟工。起潘鑑工部右侍郎兼左副都御史，往湖廣。應天府尹戴金爲左副都御史，往四川。

《明史》卷一七《世宗紀一》　採木於湖廣、四川。

《國榷》卷五七　己丑，南京禮部右侍郎崔銑致仕。罷鑄錢，息不償費也。

壬辰，虜犯開原，參將孫繼祖擊斬二十三級，備禦指揮金潮死之。

己亥，叙卻虜功，甘肅巡撫都御史陳卿進兵部右侍郎，總兵官楊信署都督同知。

《世宗實録》卷二四九　總督漕運都御史周金奏運船淺阻。

甲辰，夏至，大祭地于方澤。

《國榷》卷五七　戊申，前南京禮部右侍郎崔銑卒。

壬子，司禮太監鮑忠録囚。

癸丑，山東濟寧盜起。

甲寅，發帑金五萬賑遼東。

《世宗實録》卷二五〇　六月丙辰朔，陞陝西左布政使喻茂堅爲都察院右副都御史，提督撫治鄖陽等處地方。

《國榷》卷五七　豁畿内營屯增課。

丁巳，定各路水利官毋他委。

《世宗實録》卷二五〇　戊午，琉球國中山王尚清遣陪臣殷達魯、蔡瀚等來朝，貢馬及方物，宴賚如例。

《國榷》卷五七　己未，朵顔衛都督革蘭台自以捕虜功，求增六百人入貢。不許，敕諸邊戒嚴。免順天、永平災傷田租，仍賑之。

《世宗實録》卷二五〇　庚申，陞山西左布政使徐嵩爲都察院右副都御史，整飭薊州等處邊備，兼巡撫順天府等。

癸亥，陞貴州左布政使洪珠爲應天府府尹。

《國榷》卷五七　戊辰，遼東參將趙國忠擊虜于太康堡，敗之，斬百十二級。

壬申，大賑山西饑。

癸酉，南京刑部尚書周用，右侍郎衛道、張越，大理寺卿董天錫，鴻臚寺卿胡森，太僕寺卿李舜臣俱自陳致仕。

甲戌，河南右布政使龍大有爲右副都御史，巡撫大同。

壬午，總督漕運右副都御史周金爲南京刑部尚書。

七月丁亥，南京前府食禄誠意伯劉瑜卒。

《世宗實録》卷二五一　辛卯，陞户部右侍郎王杲爲都察院右都御史，總督漕運兼巡撫鳳陽等處。巡撫山東，都察院右僉都御史李中爲右副都御史，總督南京糧儲。太僕寺添註少卿劉渠爲右副都御史，巡撫雲南。

《國榷》卷五七　丙申，免濟南災傷田租，仍賑之。

丁酉，治宣大失事諸臣，總兵官白爵免。俺答款大同塞求貢。時俺答阿不孩强盛，屢入掠。至是遣所掠漢人石天爵言「許市易，漢達兩利。近以貢道不通，每歲入掠。邇因人畜多災，卜之神，言入貢吉。若許即歸報彼，約束其下，令邊民墾田塞中，夷衆牧塞外，永不相犯」。【略】廷議以虜狡不許。命添注兵部尚書樊繼祖兼右都御史，總督宣大。發帑金九十萬，遣科部官贊理。時邊備大疎，而史道遣石天爵還，賂其無犯所部，遂大舉内犯，邊患始棘。兵部右侍郎任洛、左副都御史張珩，前推總督山西，珩以鄉鎮辭，或譖之怯不受，並劾免。

癸卯，免西安鳳翔、鞏昌田租。

丁未，免開封田租。

《明通鑑》卷五七　左都御史王廷相罷。初廷相居憲職，請以六條考察差還御史，上允行之。及九廟災，詔廷臣修省，因責廷相曰：「卿總憲有年，自定六條後，不聞考黜一人，宜痛加修省。」廷相皇恐謝。

《國榷》卷五七　八月甲寅朔，江西道監察御史葉經劾嚴嵩汚首通賄宗室。下所司，【略】上不問。

《世宗實録》卷二五二　乙卯，陞都察院右副都御史胡中爲左都御史，左僉都御史周煦爲右副都御史，命提督倉場户部左侍郎張漢回部管事，陞山東左布政使沈教爲光禄寺卿。

《國榷》卷五七　辛酉，昭聖恭安康惠慈壽皇太后張氏崩，即日發喪。

壬戌，頒遺詔。翰林院學士兼右春坊右諭德張治爲南京吏部右侍郎。

甲子，俺答阿不孩犯石嶺關，嚮太原。吉囊入平虜衛。各數萬騎。命保定副總兵周徹守紫荆、倒馬等關，參將任鳳領京兵三千人。上聞虜深入平定盂縣，令東官廳總兵趙卿以二千人赴真、保、山西酌禦。起翟鵬右僉都御史，總督直隸、山西、河南，兼理糧餉。左副都御史胡守中爲兵部右侍郎，仍兼左副都御史，總督薊遼。起總兵官周尚文等。

《世宗實録》卷二五二　乙丑，兵部又條上防守京城五事。

《國榷》卷五七　戊辰，署太常寺事禮部左侍郎金贇仁秩滿，廕其徒協律郎陳自暹，不爲例。

己巳，虜二千騎入大同長安嶺。

《世宗實録》卷二五二　庚午，陞光禄寺卿楊麟爲工部右侍郎。

《國榷》卷五七　甲戌，虜移營太原北道，游擊將軍周宇戰于侯城村，敗没。虜越而南，殺掠亡筭。

乙亥，安南莫登庸死。或曰義子阮敬鴆之。後莫文明告變亦然。孫福海主國事。

丁丑，上孝康靖肅莊慈哲懿翊天贊聖敬皇后尊謚。

己卯，廣西副總兵，署都指揮使張經爲都督僉事，仍故任。以平猺功。

庚辰，少師大學士夏言以疏對謬悮切責，因乞休。上怒，落職，以少保、武英殿致仕。言復條上備虜事宜，下所司。

辛巳，太子太保、兵部尚書兼右都御史毛伯温署院，趣之。

癸未，逮山西總兵官魏慶及游擊周宇、守備雷澤、高宗泰、邢勳、李承祖、劉珮，去年秋失事追劾。虜驟至寧武關石湖嶺，山西副總兵丁璋戰没。

九月丙戌，署通政司事、禮部左侍郎陳經爲户部尚書，提督倉場，督理西苑農事。刑部左侍郎吴山爲尚書。

《世宗實録》卷二五三　陞四川左布政使司柴經爲都察院右副都御史，提督操江。

《國榷》卷五七　戊子，朵顔衛都督革蘭台以不得請，當萬壽節不入貢，禮部讓之，仍悔謝。山西虜自大同左衛出塞。

《世宗實録》卷二五三　己丑，太子賓客、吏部左侍郎兼翰林院學士張潮陳言六事。

《國榷》卷五七　庚寅，俺答入平虜衛，至朔州，欲復犯山西。命樊繼祖遏之。趙卿扼寧武關。

壬辰，工部左侍郎鄭紳爲工部尚書。

甲午，行大享禮于玄極寶殿。

乙未，南京工部右侍郎葉相爲刑部左侍郎，右副都御史周煦爲左副都御史，起張景華右副都御史。大同壯士劉文明等糾衆斬虜六十四級，擒十人，獲諜二十二人，功出官軍上，授所鎮撫。翊國公郭勛有罪下獄。

己亥，太子太保南京户部尚書劉天和改兵部尚書，提督團營軍務。成國公朱希忠提督團營並五軍營。

庚子，署詹事府禮部尚書温仁和致仕。

癸卯，免台州災傷田租。

《世宗實録》卷二五三　甲辰，總督薊州軍務右侍郎胡守中條上邊事。

《國榷》卷五七　辛亥，虜深入，至石州。集議防邊。

壬子，山西提學副使胡松上禦虜十二策。兵部尚書張瓚嫉其言，請加松官，即行之。尋遷左參政，備三關。工部右侍郎楊麒爲左侍郎，巡撫貴州，右副都御史韓士英爲工部右侍郎，南京太常寺卿居楷爲南京工部右侍郎。

十月癸丑朔，紀功給事中張翼翔、監察御史張光祖劾總督樊繼祖等失事。責戴罪力戰。上念山西連被虜，詔復徭役二年，發六萬金，以户部侍郎張漢賑之。

《世宗實録》卷二五四　淮、揚灾傷，詔以兑運米二萬石，改徵折色。

《國榷》卷五七　隆慶州妖人張雄等作亂，巡撫都御史楚書擊斬之。

己未，南京給事中高節、御史陸湖等劾兵部尚書張瓚附郭勛通賄。不聽。

辛酉，袷享列聖于景神殿。太常寺誤作樂，奪俸四月。復宣、大、遼、薊、蘭州、永平、花馬池治餉户部郎中。

丁卯，復夏言少傅、太子太師、禮部尚書、武英殿大學士。起許讚仍太子太保、吏部尚書。

戊辰，巡按陝西監察御史浦鋐言：「楊爵下獄日久，懲創必深。乞宥之，寘諸朝列。」上怒，命緹騎逮下詔獄，命日笞二百，七日卒。諭停刑。

丁丑，巡撫延綏兵部右侍郎兼右僉都御史尹嗣忠卒。

壬午，以虜逼，召翟鵬、趙卿入京，械參將徐珏治罪。巡撫山西都御史陳講免。

十一月癸未朔，南京兵部右侍郎王教卒。

己丑，總督薊遼胡守中科罰横斂，【略】進上及東宮，請樓名。切責之。

《明史》卷一七《世宗紀一》 辛卯，葬敬皇后於泰陵。

《國榷》卷五七 癸巳，免潼川、廣安、蓬、劍、遂寧、蓬溪、樂至、安樂、安岳、中江、鹽亭、富順、内江、西充、儀隴、渠、威遠、南充、大竹災傷田租。它運宣府十萬石、大同十五萬石，俱輸懷來倉。發帑二十萬金，修築三關。增西安州游擊將軍，領三千人，備援蘭、靖、莊浪。

《明史》卷一七《世宗紀一》 丙申，免四川被災税糧。

《世宗實録》卷二五五 陞順天府府尹劉臬、陝西左布政使萬潮俱爲都察院右副都御史。

《國榷》卷五七 丁酉，停清理鹽法都御史，並議餘鹽。

庚子，選翰林院庶吉士。

癸卯，南京吏科給事中王燁劾尚書張瓚、嚴嵩，侍郎胡守中，俱結納大奸郭勛。瓚則分賄，嵩則代營邸第，守中則縱妻赴飲。近又劾勛賣直，乞斥之。章下所司。

乙巳，紀功給事中張翼翔、監察御史張光祖以修邊報緩削籍。

《明通鑑》卷五七 丁未，冬至，祀天于圜丘。

《國榷》卷五七 戊申，罷冬至朝賀，免慶成宴節錢。前南京中府都督同知楊宏卒。改紫荆關守備爲參將。

《世宗實録》卷二五六 十二月壬子朔，添設陝西布政使司分守關南道參議一員等。

《國榷》卷五七 乙卯，免山西田租有差。災傷慮患。進士齊準等九十二人依親，許之。

《世宗實録》卷二五六 丙辰，陞廣東左布政使楊銓爲順天府尹。

《國榷》卷五七 丁巳，巡撫大同右副都御史龍大有叙功及于閣部。上以邊功歸閣部非制，後叙及者參劾。

戊辰，臨清獲虜諜一人，下詔獄。

《明通鑑》卷五七 甲戌，詔發通州倉米十萬石于宣府，十五萬石于大同，並敕户部遣官督解。是時兩鎮旱荒，米價翔踴，從撫臣之請也。

《明通鑑》卷五七 乙亥，增遼陽游擊將軍，領三千人，專援開原、遼陽。

《國榷》卷五七 禮科給事中章允賢，劾奏「總督薊州，兵部侍郎胡守中，當郭勛勢盛之時，甘心比附，同惡相濟。及勛之敗，復覬望以圖反噬。今勛當會審之際，他無一言，惟言『守中負我』，此其爲黨明甚」。因條列守中在薊州諸不法狀。上方惡勛，得旨「守中監候處決」。

《國榷》卷五七 辛巳，監察御史伊敏生、鄭芸、陳策，劾嚴嵩京邸乃郭勛代治，宜籍没。各降一級。

嘉靖二一年（壬寅、一五四二）

《國榷》卷五七 正月丙戌，御馬監太監麥福奏：「勇士營多脱伍，請補五千人。」兵部言：「額故五千三十人，安得脱逃至此？」不許。

戊子，吏部尚書許瓚以邊匱，請發帑借俸，括財鬻爵。上以借俸括財，非盛事也，不允。裁餘鹽，置印簿。

己丑，始許元夕奏事。向元旦至元夕不奏事，至是毛伯温朝見。

庚寅，巡撫雲南都御史汪文盛甫聞命，疾，許以免。

丙申，增户部山東、浙江、陝西、河南、江西、山西司主事各一。

丁酉，前刑部尚書王時中卒。巡撫順天右副都御史徐嵩以胡守中同事削籍。下各巡按御史覈邊功。

壬寅，吏部尚書許讚條選法諸弊。團營兵部尚書劉天和條營務。上是之。

乙巳，吏部左侍郎兼翰林學士張潮教習庶吉士。

《世宗實録》卷二五七 己酉，遣醫視大學士夏言疾。

庚戌，改南京户部右侍郎王暐於户部。陞山東左布政使侯綸爲都察院右副都御史，整飭薊州邊備，兼巡撫順天。

《明通鑑》卷五八 是月，户部尚書李如圭條上鹽法四事。御史吴瓊又請各邊中鹽者皆輸本色，詔皆從之。然令甫下，而尚書許讚復請開餘鹽以足邊用，部議從之，于是餘鹽卒不能禁。

《國榷》卷五七 二月壬子朔，前太子少保南京吏部尚書吴一鵬卒。贈太子太保，謚文端。

庚申，太子賓客、吏部左侍郎兼翰林學士張邦奇署詹事府。

辛酉，總督漕運右都御史王杲、總理河道右副都御史郭持平奏：「睢州野雞岡原有支河，通徐、吕二洪。比黄河衝截渦河南徙，今可捍塞野雞岡。通孫繼、扈運、李景運三口，令水勢東行，入于運河。」從之。

《明通鑑》卷五八　癸亥，啓蟄，行祈穀禮于元極寶殿，遣成國公朱希忠代。命建春祈大齋于朝天宫三日。

《國榷》卷五七　丙寅，太子賓客、吏部左侍郎兼翰林院學士張潮署院。

己巳，罷大同修邊。初兵部員外郎傅頤上議，竟絀于力。

庚午，山西三關失事總督樊繼祖免，巡撫陳講削籍，總兵王陞、白爵戴罪立功，餘分别治罪。虜寇蘭州。

辛未，兵科給事中胡賓以通州倉積粟六百餘萬，宜發糶。上謂輸京轉糶非計，不許。

乙亥，巡撫應天右副都御史夏邦謨爲南京户部右侍郎。

《世宗實録》卷三五八　丙子，詔暫罷籍田，遣官祭先農之神。

《國榷》卷五七　召南京吏部右侍郎張治于吏部。

丁丑，南京刑部尚書周金改南京户部尚書。

戊寅，靈丘王聰滆以絳州卑隘，求徙平陽避警。不許，命拓之，作臨清外城。

己卯，册淑妃張氏等。定京軍脱班之罰。

庚辰，停邊將養廉田，其塞下遏虜自闢者聽。

三月壬午，整飭直隸、山西、河南軍餉右僉都御史翟鵬爲兵部右侍郎兼右僉都御史，總督山西軍務。

《世宗實録》卷三五九　户科都給事中郭鋆等條陳六事。

《國榷》卷五七　東官廳總兵官周尚文、老營堡參將段堂協守大同。

丁亥，承天督工尚書顧璘上所輯《興都志》，賜金幣，仍下禮部删定。還莫氏土目裴行儉等六人。

乙未，南京大理寺卿王學夔爲吏部左侍郎，太常寺卿、署國子監事許成名爲南京吏部右侍郎。

丙申，大學士夏言一品九載，復少師，宴禮部。顧璘改南京刑部尚書。撫治鄖陽右副都御史喻茂堅改總理糧儲，兼巡撫應天。

辛丑，廣南知府趙□爲陝西行太僕寺少卿。初廣南鄰交趾，宋狄青殺儂智高處，儂遠孽至今爲土酋，未靖。趙至諭儂仕獬下之，立署教子弟束髮讀書如内地，凡四年，得編户四十八里，七年還國初舊境，得召用。

《國榷》卷五七　四月辛亥朔，總督採木右副都御史戴金爲大理寺卿。翰林院侍讀學士張袞爲太常寺卿，署國子監。

壬子，起閔楷南京兵部右侍郎。浙江左布政使詹瀚爲右副都御史，撫治鄖陽。

丙辰，作南郊泰享殿。

《明通鑑》卷五八　先是上命撤大祀殿以爲明堂大享之所，至是諭禮部曰：「周之明堂，與郊祀並重。曩以季秋享地未定，特祭于元極寶殿，朕心歉焉。玆朕自作制象，立爲殿以祀上帝，配以皇考睿宗恭薦，名曰『大享』，行禮如南郊，陳設如祈穀。其令工部速濟大工，以稱朕寅奉上帝之至意。」

《國榷》卷五七　戊午，秦王惟焯、周王朝堈及諸宗多捐助太廟，上勞之。已，周府南陵王睦楧捐禄三之一，以常禄止之。

己未，巡按直隸監察御史黎循典請墾山東郯城、費、沂、滕、嶧閒田，招流移，給牛種。從之。

庚申，西苑大高玄殿成。

《明通鑑》卷五八　先是上欲别祀天神，爲民祈福，命于西苑建殿，舉安神大典。至是成。

《國榷》卷五七　巡撫南贛右副都御史李顯爲南京大理寺卿。

辛酉，增松江青浦縣。山東魚臺盜平。

癸酉，大理寺少卿虞守愚爲右副都御史，巡撫南、贛、汀、漳。署詹事府事、吏部左侍郎張邦奇爲禮部尚書，仍署府事。

丙子，賑順天永平。

丁丑，户部尚書李如圭以翟鵬請鹽引百萬濟餉。上切責之。署都察院毛伯温申明憲綱八事：禁酷刑、慎舉劾、革騷擾、懲勢豪、省繁文、明職守、正士風、備兩造。上嘉納之。

《明通鑑》卷五八　是月，總督兩廣軍務右侍郎張經，會同總兵安遠侯柳珣討思恩九姓土司，平之。

五月辛巳朔，張經、柳珣奏：「勦廣東瓊州黎賊，禽斬五千有奇，殲其賊首三十八人，俘獲男女一千二百餘人，招撫餘黨七千有奇。」捷聞，詔加珣少保，陞經兵部尚書。

《國榷》卷五七　乙酉，給純德山守備都督僉事蔣華敕諭，護營田土。

《世宗實録》卷三六一　戊子，陞甘肅行太僕寺卿張問行爲陝西按察司。

《國榷》卷五七　壬辰，賑延綏、榆林。

丁酉，令太醫院藥貧民。

戊戌，上先禱雨太素殿，至是雨，羣臣表賀。

庚子，戒諭琉球國王尚清。初漳州陳貴等販海，與國争利，有殺傷。長史蔡廷美遂幽貴等，没其貲。尚清械貴等七人赴京也。

《世宗實録》卷三六一　壬寅，提督團營成國公朱希忠等言十二營及東西官廳馬匹事。

《國榷》卷五七　戊申，存問前少保大學士毛紀，時年八十。

《世宗實録》卷三六一　己酉，夏至，大祭地于方澤。先期視牲，命成國公朱希忠代。

《國榷》卷五七　己酉，上手檢方藥濟疫。

閏五月辛亥，甘肅巡撫兵部右侍郎陳卿失援蘭州，落職。督木侍郎潘鑑爲右都御史，督採大木。定撫按舉劾。初以毛伯温言許六品以下徑問黜。已吏科都給事中沈良才奏府佐縣令不得擅。

《世宗實録》卷三六二　壬子，命提督團營、成國公朱希忠掌右軍都督府印，不妨營務。

癸丑，海西兀者右衛等女直都督僉事歹卜等貢馬及方物，宴賚如例。

《國榷》卷五七　甲寅，順天巡撫、右副都御史侯綸請百里内按伏防虜兵行餉。以竊冒不許。

乙卯，湖廣邵陽盗平。

壬戌，尚寶司卿詹榮爲南京太僕寺少卿，陝西左布政使底蘊爲右副都御史，巡撫甘肅。

戊辰，虜復使石天爵款大同，巡撫右副都御史龍大有誘執之，並殺滿受秃、滿客漢報功。進兵部右侍郎兼右副都御史，餘各陞賞。磔天爵，傳首九塞。

庚午，總督宣大侍郎翟鵬言，虜三十萬且入寇，急調陝西、薊、遼兵赴大同，請鹽課。上以潰奏負託，奪鵬官，罷總督不設。郭勛黨方士唐珠珊捕至，戍邊。子貢士輔，編管塞上。清理兩淮、淮安、廬、揚、徐、滁驛傳徵金。

《明通鑑》卷五八　六月庚辰朔，初言復入閣，上雖優禮，然恩眷已不如初。慈慶、慈寧兩宫晏駕，郭勛嘗請改其一以居太子，言不可，與上意合。至是上猝問：「太子當何居？」言忘前語，念興作費煩，對如勛指，上不悦，又疑言官劾勛出言意。及建大享殿，命中官高忠監視，言不進敕稾。入直西苑諸臣，上皆令乘馬，又賜香葉、束髮巾，用皮帛爲履，言謂非人臣法服，不受，又獨乘腰輿。上積數憾欲去言，因手敕歷數其罪，而嚴嵩之間遂行。嵩久恨言，會言失上意，嵩日以柔佞取寵。言懼斥，呼嵩與謀，嵩則已潛造陶仲文第，謀齮言代其位。言知，愠甚，諷言官屢劾嵩，上方憐嵩，不聽也。兩人遂大隙。一日，嵩燕見，頓首雨泣，愬言見淩狀。上使悉陳言罪，嵩因振暴其短，自是上不直言矣。

《國榷》卷五七　辛巳，上手諭都察院，列夏言罪狀布中外。蓋欲科道糾之也，而尚疑言之復用，相顧莫敢發。上罪夏言擅署慈慶宫爲東宫府，羅織郭勛獄，私興苑中，違所賜香巾不服，軍國重事徑自家裁之。

丙戌，前應天尹柴奇卒。

丁亥，安南都統使莫登庸卒，訃聞。

辛卯，閲警。調游兵防守三關，進楊時都督僉事節制主客兵，仍敕薊州嚴備並京城戰守。

《世宗實録》卷二六三　虜騎十餘萬，從左衛舊古城雙山墩入寇。

《明通鑑》卷五八　上既歷數夏言之罪，復曰：「郭勛已下獄，而言猶千羅百織。言官爲朝廷耳目，專聽言主使。朕不早朝，言亦不入閣。軍國重事，取裁私家。王言要密，視等戲玩。欺謗君上，怒及神鬼。」言大懼，請罪。居十餘日，丙申，值睿宗諱辰，猶召言入拜，候直西苑。言因謝恩，乞骸骨，語極哀。疏入，留中八日。

《國榷》卷五七　庚子，虜至馬邑。

《明通鑑》卷五八　壬寅，寇入雁門，犯廣武，官軍敗績。

《世宗實録》卷二六三　癸卯，陞廣東按察使侯緘爲貴州左布政使。

《國榷》卷五七　免西安、鳳翔、臨洮、鞏昌田租。總理河道王以旂進兵部右侍郎。增東西官廳前後左右哨參將徐府、祁勳、劉振、蔡瑢。

丙午，虜陷沙溝墩。

丁未，虜犯太原，大殺掠。移營南犯平陽、澤、潞。贈羅田布衣萬福敦爲清微神霄演法真人，陶仲文師也。善符水，能白晝招鶴。年九十三。子朴，薦授太常官，不受。

七月己巳朔，勅大學士夏言閒住，切責之。御史喬佑等、給事中沈良才等始各劾夏言。上以前日緘默，下部院考課。于是喬佑、錢應揚、楊僎、高時鐫一級調用，何允魁、章檠、白賁、朱箎、黎修典、焦璉、李臻、余嬪龍遂改外。前南京禮部右侍郎吕柟卒。贈禮部尚書，謚文簡。前南京刑部尚書周倫卒。贈太子少保，謚康僖。

庚戌，官軍擊零虜于孝義之師同橋，斬十三級，始移營而北。徵宣薊兵防蘆溝橋，密雲總兵官祝雄分戍黄花等鎮。

《世宗實録》卷二六四　甲寅，命提督神機營豐城侯李熙掛印，充總兵官，鎮守湖廣。

《國榷》卷五七　乙卯，仍命翟鵬總督宣大。

丁巳，復井陘兵備副使。

戊午，議築京師外城。

己未，掩答至潞安，大掠沁、汾、襄垣、長子。命河南進兵山西，山東進兵河南，聲援，翟鵬兼督。

丙寅，俺答復回太原。自忻、崞、代出雁門關白草溝北去，殘縣道四十，掠殺男女二十萬，雜畜二百萬，衣襆金錢稱是，焚公私廬舍八萬區，踰月乃出。京師戒嚴。

《世宗實録》卷二六四　丁卯，致仕右副都御史張文魁卒。賜祭葬如例。

《國榷》卷五七　故山西西路參將張世忠贈右都督，謚忠愍。詔逮大同總兵李棨於鎮撫司。

戊辰，敕翟鵬督兵候虜，懸賞格，嚴軍令，遣科道官紀功。

壬申，設沙河城守備。

《世宗實録》卷二六四　乙亥，新陞順天府府尹廣東左布政使楊銓引疾乞休，詔以原職致仕。

《國榷》卷五七　八月戊寅朔，設延壽大齋于朝天宫三日。大同巡撫龍大有、山西巡撫劉臬失事，及參政胡松並免。宣府巡撫楚書、保定巡撫劉隅、延綏巡撫萬潮、督餉李瀚並調任。

庚辰，起趙錦巡撫大同，李珏巡撫山西，並右僉都御史。山西右參政王儀、陝西右布政使任維賢並爲右僉都御史，巡撫宣府、延綏。而維賢見劾，以河南左布政使張摠爲右副都御史，巡撫延綏。

辛巳，禮部尚書嚴嵩條邊事。上嘉歎得人之論，令廷臣亟察文武才名者以聞。已疏入，命再酌議録用。徵各路忠勇之士，復開餘鹽。

壬午，發十萬金賑山西殘于虜者，仍免租三年，罷催糧主事。

乙酉，敬皇后小祥。上始御西角門視事。

《世宗實録》卷二六五　丁亥，祭先師孔子，命尚書張邦奇行禮。

《國榷》卷五七　丁亥，萬壽節，御殿受賀。

戊子，虜四萬餘騎復寇朔州，尋遁。

癸巳，進成國公朱希忠、駙馬都尉崔元太保。輔臣翟鑾少傅兼謹身殿大學士。禮部尚書嚴嵩兼武英殿大學士，入閣，仍署禮部，免奏事承旨。

《明通鑑》卷五八　嵩自夏言罷後，上日益親信之。時上方修玄教，醮祀青詞，非嵩無當意者。嵩入閣，年已六十餘，不異少壯，朝夕直西苑板房，未嘗一歸洗沐，上益嘉其勤。而嵩無他才略，惟一意媚上，竊權罔利。上英察自信，果刑戮，頗護己短，嵩以此得因事激上怒，戕害人以成其私，誅斥者不可勝計云。

《國榷》卷五七　乙未，吏科都給事中沈良才劾嵩貪污奸諂，不宜玷命。不聽。

《世宗實録》卷二六五　戊戌，陞太僕寺少卿高擢爲順天府尹。

《國榷》卷五七　己亥，團營兵部尚書劉天和、户部尚書李如圭並被劾。天和致仕，如圭落職。廣西馬平諸猺作亂。

壬寅，孝康敬皇后主祔太廟。

丙午，周尚文爲總兵官，鎮守山西。

九月戊申朔，大享玄極寶殿。

己酉，許翟鵬分兵便宜行事。改巡撫陝西兵部右侍郎趙廷瑞爲户部右侍郎兼右僉都御史，總督糧餉。

辛亥，陽和衛百户李錦通虜伏誅。

甲寅，修顯陵稜恩殿、舊邸龍飛殿，命内官監太監黄錦同湖廣巡撫右侍郎陸杰督工。兵部尚書張瓚兼督團營。

《世宗實録》卷二六六　丙辰，命都察院右副都御史丁汝夔巡撫保定，兼提督紫荆等關。

《國榷》卷五七　南京户部尚書周金秩滿，進太子少保。增山西參將，孫仁、鍾繼、楊崇、高暘分守太原、潞安、平陽、石隰、岢嵐。

《明通鑑》卷五八　庚申，巡按山西御史童漢臣論劾吏部尚書許讚，並劾嚴嵩。

《國榷》卷五七　癸亥，作祐國康民雷殿于太液池西，命工部郎中趙愈和、員外郎朱文質爲植。虞衡司員外郎劉魁言：「泰享殿、大高玄等殿未竣，又事雷殿，無以寬民力。請止之，專事廟工。」上怒，下鎮撫獄，杖而錮之。

《世宗實録》卷二六六　陞江西布政使司右參政應大猷爲雲南右布政使。

《國榷》卷五七　乙丑，延綏總兵官任傑疾免。

戊辰，福建右布政使車純爲右副都御史，巡撫湖廣。

己巳，總督漕運右都御史王杲爲户部尚書。

《明通鑑》卷五八　上以邊備急務，命吏部速推大臣有才望者。部臣會推前工部尚書張潤、兵部尚書王廷相及杲，上特用杲。

《國榷》卷五七　庚午，總河右副都御史王以旂言：「運河仰藉山東諸泉，今濬舊泉百七十有六，新泉三十有一，各隨入濟運，第疏瀹不繼，尋就堙塞。即設有泉官，恐源多，獨力難徧，宜分責守臣兼其事。」從之。

十月丁丑朔，頒曆，監生喧争，太常寺卿署國子祭酒張袞降南京太僕寺少卿。免泉州水災田租。南贛巡撫李顯、福建巡按李宗魯請覈寺觀田地，還官召買。報可。

己卯，舉崇報歲成大典於大高玄殿，停刑禁屠。逮山西失事總兵白爵、黄陞、張達。

癸未，前都察院右副都御史陸銄卒。

甲申，都察院右副都御史張景華總督漕運兼巡撫鳳陽。

乙酉，郭勛獄死。法司以録囚上，上怒其淹期市恩。刑部尚書吴山削籍，侍郎葉相，屠僑鐫二級，刑科給事中劉三畏、劉養直、廖天明謫外。戒明年毋踵緩，宥郭勛妻子財産，并郭憲減死戍邊。

《世宗實録》卷二六七　戊子，發太僕寺馬價銀八萬兩于宣、大二鎮市馬，從御史候度請也。

《國榷》卷五七　己丑，起路迎右副都御史，巡撫陝西。

庚寅，南京給事中張永明、監察御史周諒等劾張瓚，給事中王熠、監察御史陳詔劾嚴嵩及其子世蕃貪虐。俱不聽。

辛卯，復設延綏游擊將軍。

癸巳，嚴嵩求去，不允。

《明通鑑》卷五八　丁酉，上宿端妃曹氏宫，宫婢楊金英等謀逆，伺上熟睡，以組繫上項爲死結，得不殊。有張金蓮者，知事不就，走告皇后，后馳至解組，上得甦。后立命内監張佐等捕宫人雜治，言王寧嬪實首謀，又言端妃亦預知。時上病悸不能言，后傳旨收端妃、寧嬪及金英等同謀者，不分首從，悉磔于市。仍剉尸梟示，並收斬其族屬十人，餘給付功臣家爲奴。時諸婢爲謀已久，上幾危，中外震恐。次日，始知聖躬無恙，羣心乃定。久之，上始知端妃冤甚，憫之。

《國榷》卷五七　戊戌，上移御西苑，自是不復還大内。免平陽田租。

庚子，南京吏部尚書聞淵改刑部尚書，南京刑部右侍郎文明爲工部右侍郎。起王道國子監祭酒。

乙巳，少保兼太子太保、兵部尚書張瓚卒。國子司業王同祖請改元延壽，削籍。

《國榷》卷五七　十一月丁未朔，遣成國公朱希忠等告謝天地宗廟社稷。嚴嵩請詔告天下。

辛亥，工科給事中林廷壆覈功遼東。巡撫孫禬報斬虜二百餘級。巡按御史胡良輔言建夷入鳳凰城，殺守備李漢、指揮佟恩等。部覆「建夷非三衛比，自討平董山以來，五六十年晏如也，何猖獗至此？」故遣廷壆往。

乙卯，總理南京糧儲右副都御史李中卒。

丙辰，命安南夷目莫福海襲都統使。初淛潦等四峒民久不忘漢，歲時舉正朔，告先人，服漢衣冠，出峒始易之。屢結邊民訴督府求復，輒杖死。至是得歸。

《世宗實録》卷二六八　壬戌，原任大學士、閒住夏言上表候起居，并賀冬至令節。報聞。

《國榷》卷五七　癸亥，署太醫院工部尚書許紳進太子太保、禮部尚書，以藥餌保聖功。

乙丑，前兵部左侍郎黎奭卒。

壬申，改毛伯温兵部尚書，仍兼團營。

《世宗實録》卷二六九　十二月丁丑，致仕南京工部尚書陳雍卒。

《國榷》卷五七　己卯，南京兵部尚書熊浹改兵部尚書兼右都御史，署院。

廣賊蔡子顯流劫贛縣。

《世宗實録》卷二六九　壬午，以歲暮行大祫禮于景神殿。

《國榷》卷五七　戊子，增河南武陟縣守備。

辛卯，巡撫河南右僉都御史魏有本改提督南京糧儲，司經局洗馬兼翰林侍讀徐階爲國子祭酒。吏科給事中周怡言：「邊報方殷，近日相臣之意氣何如？各邊總督、户、兵二部之作用何如？督撫更易，經數月迄不聞建一議，畫一策，爲久遠計。恐機會日失，年復一年，深爲可憂。」上嘉納之。沙河城守備、署都督僉事欒棨劾免，命豐潤伯曹松守備。

壬辰，留考察調用官赴部候補。

癸巳，太子賓客、吏部左侍郎張潮爲禮部尚書，署詹事府，仍教習庶吉士。

丙申，修太醫院三皇廟，祀伏羲、神農、黄帝及配食三十四人，太牢，籩豆、簠簋，專仲春、仲冬上甲日。著爲令。

《世宗實録》卷二六九　丁酉，改兵部左侍郎費寀爲禮部左侍郎兼翰林院學士，掌翰林院事。

《國榷》卷五七　起王堯封南京兵部尚書，徐問南京禮部右侍郎，張珩爲右副都御史，巡撫寧夏。敕塞上墾田。

庚子，兵部職方主事劉鳳池、劉燾往宣大贊畫，總督翟鵬薦。

癸卯，發三十三萬金備宣大芻粟。命户部條餽餉屯田鹽法，并計歲用以聞。

貴州銅仁苗叛，陷石阡府，執推官鄧本中。

嘉靖二二年（癸卯、一五四三）

《世宗實録》卷二七〇　正月己酉，都察院右副都御史萬潮卒。

《國榷》卷五八　辛亥，户部左侍郎張漢改兵部左侍郎，總理河道。工部右侍郎郭持平改南京刑部右侍郎。改給山西三關參將敕。

癸丑，市馬山西，分給太原、石隰、平陽、潞安四營。

甲寅，詔各撫按以屬吏考課殿最送吏部，備大計，永爲令。錦衣衛都指揮僉事孫堪爲前府僉書，署都督僉事。

丁巳，起周用工部尚書，總理河道。户部右侍郎王暐爲左侍郎，巡撫江西右副都御史汪玄錫爲户部右侍郎。

《世宗實録》卷二七〇　兵部尚書毛伯温上言馬政五事。

《國榷》卷五八　己未，郎中林廷琛等、主事周卿等、御史蔡叆等俱元旦失朝，謫外。

辛酉，貴州銅仁苗作亂，流劫湖廣麻陽。時苗首就撫，麻陽知縣朱崇方道辰溪，縛苗人致變。密雲參將改副總兵。

甲子，改派淮鹽課三十四萬餘金給宣大。鹽引九十萬有奇。

《世宗實録》卷二七〇　丙寅，兵部集廷臣會議上防邊二十四事。

《國榷》卷五八　丁卯，嚴覈山東西真、保等路兵備、兵巡及有司治狀，蓋虜患備内。

戊辰，祈穀玄極寶殿。光禄寺少卿陳叔頤等十四人不陪祭，謫外。糾儀御史來聘、鄭光溥失糾，廷杖，謫聘丹稜知縣，溥澄城知縣。

己巳，操江右副都御史柴奇劾免。

庚午，立山西二忠祠，祀贈都指揮周宇、丁璋。

辛未，御馬監太監麥福求免科道官巡視。部科不許。尚寶司丞桂輿免。太廟災，私擬增建廟制圖上之，并進所撰《頌聲俗辨》。其言夸，禮部謂當罪贖。上以萼之子，予閒住。

壬申，禮科給事中陳棐請行大閱大射禮。報寢。起右都督張鳳總督宣大、偏、寶、山東、河南軍務。

甲戌，增延綏西路安寧、安定二堡。

《國榷》卷五八　二月乙亥朔，召南京禮部尚書張璧爲禮部尚書。預派各邊鹽引百四十餘萬，備軍興。論山西失事諸臣罪，總兵李棻、張達、黄陞、白爵，副總兵段棠，游擊張文懿、成梁，參將何堂、李朝陽俱大辟，巡撫龍大有、劉臬俱逮獄戍邊。

《世宗實録》卷二七一　丁丑，祭至聖先師孔子，命大學士嚴嵩行禮。

《國榷》卷五八　戊寅，工部請加總河尚書周用憲職。以非故事，不允。

辛巳，宣府總兵雲瑁劾免。

甲申，免耕籍田。起馬理南京光禄寺卿。

辛卯，設諸陵祔享妃位紙牌，祭訖焚之。

《世宗實録》卷二七一　壬辰，罷鎮守遼東總兵官李鳳鳴河南都司，掌印都指揮僉事。

《國榷》卷五八　黔國公沐朝輔訴有司更制侵職，甚及莊田家事。上申舊制毋軼。

丙申，七陵工竣，遣祭。署都督僉事郤永總兵官，鎮守宣府。趙忠總兵官，鎮守遼東。

己亥，妖人段朝用論死。朝用假丹術干郭勛見上，授紫府宣忠高士。已改羽林衛千户，改紫府宣忠散人。乘勛獄，脅其奴十萬金行賄，不應，掠縶之死。懼敗，奏奴行刺而致斃，仍署衛羽林衛千户。上怒，下鎮撫司，議没其妻子財産，竟瘐死。

庚子，巡撫甘肅右副都御史底蕴卒。

壬寅，賜嚴嵩銀章曰「忠勤敏達」，以識密奏。

《世宗實録》卷二七一　改分守保定副總兵爲鎮守。增設龍泉故關參將一員。總督宣大侍郎翟鵬言山西募兵。

《國榷》卷五八　三月庚戌，起樊繼祖工部尚書兼右副都御史，採木湖廣。其四川專于潘鑑。

癸丑，兵部舉堪大將咸寧侯仇鸞，前署都督同知何卿，前署都督僉事沈希儀、鄭卿、霍璽，提督操江伏羌伯毛漢，前署都指揮僉事尤聚，請徵之。報可。毛漢仍操江。

乙卯，起萬鏜右副都御史，勘湖貴夷情，開府辰州。

辛酉，南京兵部尚書王堯封勒免。

癸亥，咸寧侯仇鸞僉書左府。

甲子，定御史試職一年實授。時右副都御史周煦等以試御史喻時等請，蓋僅四月，非制也，切責之。户部奏宣大三關自去秋九月至今，已輸客兵銀百七十四萬金有奇，主兵粟二十五萬石，乞邊臣挫敵，毋藉口餉匱。上然之。

乙丑，南京吏部尚書張邦奇改南京兵部尚書。

戊辰，諭兵部，召莊浪前都督魯綱兵赴總督所。

辛未，延綏督糧僉事王訥言以苛覈游兵芻餉致譁。事聞，削籍。

《明通鑑》卷五八　癸酉，奉安列聖神位，配祀大高元殿，遣成國公朱希忠祭告。

《國榷》卷五八　毁禁城北大慈恩寺，驅番僧。先是内官監太監高忠嘗譴繫掖庭獄。雖釋，俄宫變，上疑甚。及忠以大享殿定磉聞，改定頂。上以欺罔，即定磉何諱也，命法司論斬。數日，刑部請下之獄，宥之。自是文牒仍定磉。

甲戌，召巡撫遼東右僉都御史孫禬、治餉郎中張天麟，以相忤妨邊計也。鎮守兩廣少保兼太子太傅安遠侯柳珣卒。贈太保，謚武襄。宣府總兵郤永出塞，襲李家莊。虜雖數百，屬朵顔部，不通諸大營，狡而善射，不爲大營困，至是斬四十餘級。

《世宗實録》卷二七三　四月丁丑，鎮守大同總兵官周尚文奏請糧餉馬匹，并乞停止近募新軍。

《國榷》卷五八　戊寅，寧夏副總兵陶希高以報功失實，戍原衛。

己卯，南京工部尚書宋景改南京吏部。湖廣左布政使顧遂爲右副都御史，巡撫遼東兼贊理軍務。命總督陝西楊守禮調游兵赴大同。

庚辰，山東道監察御史戴維師擅笞兵馬指揮鄭思賢、金夏，損其牙牌，被訐。謫維師江西布政司都事。亡何，吏部調思賢夏州同知，蓋畏上嚴明，莫敢魚肉之也。禮部尚書張璧至自南京，大學士嚴嵩解部事。

癸未，給事中林廷壆報命，罷建州用兵。止懸賞購叛酋那磕。

甲申，山西按察副使陳燿、僉事趙瀛前坐失事，降燿萊州同知，瀛鄖陽通判。

乙酉，嚴撫按薦舉及境内人才之禁。吏科給事中周怡言湖廣巡撫陸杰濫薦官吏。又考察閒住廖道南預焉，宜重其事。從之，置杰不問。

丙戌，雷霆洪應殿成。

乙未，安南入貢。減其宴賜，以降都統司，不得列陪臣也。

《世宗實録》卷二七三　戊戌，發陝西行太僕寺馬價銀三萬兩，付延綏撫臣，市馬給軍，從都御史張聽請也。

《國榷》卷五八　辛丑，録《九經性理大全》，藏皇史宬。

五月丙午，上禱雨内殿，至是大雨，廷臣表賀。定湖廣所部清浪、鎮遠、五開、平溪、偏橋五衛軍生寄學貴州者，鄉試貴州。署太常事禮部左侍郎金贇仁，其徒太常寺丞陳自暹婪剥侵官帑，又娶婦私壇地，下獄。贇仁削籍，自暹永戍。

《世宗實録》卷二七四　辛亥，陞山西左布政使吴瀚爲應天府府尹。

癸丑，陞南京都察院右都御史胡訓爲南京工部尚書。

《世宗實録》卷二七四　己未，加派遼東京運年例銀一萬四千九百兩有奇，爲本鎮新添。

《國榷》卷五八　壬戌，兵部右侍郎王以旂爲南京右都御史。

癸亥，巡按湖廣監察御史褒善以承天太監傅霖訐其笳吹震陵寢，謫滁州判官。
丙寅，增三關墩臺。
戊辰，巡撫順天右副都御史侯綸爲兵部右侍郎。前大理寺卿汪文盛卒。千户火力赤襲虜至豐州灘北，值牧虜，斬虜二十三級，奪械馬若干。將入塞，追及，頗失去。上嘉其功勞。
〔六月〕丙子，南京翰林院侍讀黄佐爲右春坊右諭德兼修撰，同禮部左侍郎費寀纂修玉牒。
《世宗實録》卷二七五　丁丑，少傅兼太子太傅、禮部尚書、大學士翟鑾三年秩滿，遣中官賚賜羊酒寶鈔。
《國榷》卷五八　辛巳，署太醫院事、太子太保、禮部尚書許紳卒。贈少保，謚恭僖。平江伯陳圭爲總兵官，鎮守廣西。署都督僉事王縉爲總兵官，鎮守陝西。
壬午，免鳳陽水災田租。
癸未，裁冗官，以添注者填補。
乙酉，大虜駐牧河套。初歲四月出套東渡。
戊子，命兵科給事中楊上林、河南道御史沈越覈京衛、京營官匠冗濫。奏革外戚指揮使等七十一人，諸衛指揮使等三千六百五十人，冗軍五千人。
己丑，肅府金壇王真洵奪歲禄，以外戚張瑞論死，劫出之。
庚寅，顯陵工竣，召工部右侍郎陸杰還京。
甲午，占城國王沙日底齋來貢。
丁酉，安南莫福海遣宣撫同知阮敬典上表謝賜文綺。
辛丑，禁士民冠服詭異。
壬寅，吏部尚書許讚以翟鑾私禮部主事張惟一求銓部，嚴嵩私監生錢可教求東陽令，并所託文選郎中王與齡書上之，乞省戒二輔。鑾等各引罪自理，嵩直諉書非臣出。上乃責讚「果清絶，亦不必訐奏。王與齡脅持之耳。」與齡削籍，謫員外郎吴伯亨、主事李大魁、周鈇，下可教鎮撫司。吏科給事中周怡疏大臣互争，不能率下，責對狀。杖之，下獄。與齡辭朝還邸舍，遣鄰人瓶盎，徑上馬去，當事不能中也。
七月甲辰朔，分遣樂舞生祭帝王先聖陵墓。禁尼僧。
己酉，翰林院侍讀華察、右春坊右中允兼修撰閔如霖主試應天。
《世宗實録》卷二七六　辛亥，陞廣東右布政使胡松爲本司左布政使。
癸丑，是時久旱，上躬禱穹壇。是日大雨，文武大臣、侍從等官各具疏賀。
《國榷》卷五八　辛酉，海西夷人都指揮僉事王中爲都督僉事。
壬戌，免鞏昌、蘭靖、伏羌、會寧旱災田租。
戊辰，萬壽節，建醮朝天宫七日。白鶴四十舞于空，英國公張溶以聞。
《世宗實録》卷二七六　致仕禮部尚書兼翰林院學士温仁和卒。賜祭葬如例，贈太子太保，謚文恪。
己巳，發太倉銀四萬二千兩於宣大三關，賞延綏、寧夏、固原、遼東調征軍士。
《國榷》卷五八　壬申，許實授中書舍人陸煒應鄉試，錦衣都督炳之弟。
八月乙亥，臨清新城成。巡撫右僉都御史曾銑進右副都御史。
丙子，泰安知州馬逢伯獻瑞麥佳禾，西苑獻瑞穀。
丁丑，復孫禬巡撫遼東。
《世宗實録》卷二七七　戊寅，秋祭太社太稷，命成國公朱希忠代。
《國榷》卷五八　己卯，左春坊左中允兼修撰秦鳴夏、左贊善兼修撰浦應麒主試順天。
壬午，萬壽節，上拜天玄極寶殿，不賀。
己丑，初顧遂巡撫遼東，代孫禬，不即任，降山東布政司左參政。
《世宗實録》卷二七七　庚寅，發太倉銀十萬兩於遼東。
《國榷》卷五八　丁酉，福建按察僉事侯廷訓棼苛削籍。
戊戌，審決。刑部主事戴梗、吴元璧、吕顒審決兩畿、江南北，以牒往，失對外號。蓋故事，刑部編決囚外號，印給各郡，至遣官領牒，對内號簿而行。至是梗等失驗，内設遂與外籍異同，被劾。謫梗順德，元璧揚州，顒河南，俱通判。虜犯延綏，深入至綏德，游擊張鵬拒走之，總兵吴英等追至塞外。適東路參將周文夾擊，敗之，斬百餘級。建州那磕入犯，敗之。
《世宗實録》卷二七七　詔以本年分漕糧除原額折色，并薊州、天津二倉納本色外，其餘以十分爲率，令運本色七分入倉折色，三分解京濟邊，不爲例。
《世宗實録》卷二七八　九月丙午，行季秋大享禮于元極寶殿，命英國公張溶攝行。
《國榷》卷五八　庚戌，免安吉、烏程水災田租。

《世宗實録》卷二七八　辛亥，陞廣西按察使姜儀爲福建右布政使。

《國榷》卷五八　南京大理寺卿李顯曠歲不至，削籍。

戊午，免應天、廣德、建陽水災田租。

《明通鑑》卷五八　逮山東巡按御史葉經，嚴嵩以私憾搆之也。初嵩官禮部，以秦、晉二藩宗人襲封事受重賄，經奏劾之，嵩懼甚，力彌縫，得免，是以殺異己，自經始也。先是，謝瑜劾嵩，嵩以初得政，未敢顯爲擠陷，上雖誚讓瑜，未深罪也。自經之死，嵩益肆志報復，其後卒以大計囑主者黜瑜，遂除名。于是給事中王勰、沈良才、陳瑲、御史喻時、陳紹及山西巡撫童漢臣、福建巡按何維柏等相繼得罪，皆與瑜先後劾嵩者也。

《國榷》卷五八　御馬監太監孫銘以故太監周紳從子千户天禄、蒼頭周太乙求指揮等官。不許，詔武職非軍功乞陞者重罪之。上覽山東程録第五策，北虜内侵，禦應失策。爵賞冗濫，征求四出，財竭民困爲言。下禮部參議。尚書張璧等言：「今歲虜懾于天威，乃不歸上功，而以飽虜爲詞，宜罪。嚴嵩詞旨。以首義繼體之君，德非令主，尤謗訕。」于是監臨巡按御史上虞葉經、提調布政使陳儒、參政張臬、監試副使談愷、潘恩等，考官教授周鑛、李弘、教諭劉燁、陶悦、胡希言、程南、吴紹曾、葉震亨、胡僑俱逮獄。經廷杖八十，削籍，遂卒。經嘗劾嚴嵩也。陳儒謫宜君典史。

庚申，總理應天糧儲右副都御史喻茂堅爲南京大理寺卿。移遼東金州兵備僉事于開原。

壬戌，榆林衛降人白世峯斬虜一級來歸，授百户。

戊辰，巡撫保定右副都御史丁汝夔改總理糧儲，巡撫應天。諭停刑。

辛未，前南京右都御史何瑭卒。

十月壬申朔，議廟制。一奉睿廟統于都宫，拓舊之門街。一奉睿廟近内廟，與都宫統一。命再議。請孝、睿二宗並一廟爲昭。上問題額，稱昭第一、第二、第三，穆亦如之。上以牽泥舊文，世序未見考析，寢之。

乙亥，應天府尹吴瀚爲右副都御史，巡撫保定兼提督紫荆等關。

戊寅，撤宣大防秋兵。

己卯，作大享神御殿。工部增營繕司員外、郎中一人，治琉璃窑。進總督陜西楊守禮太子少保，巡撫延綏張總兵部右侍郎，總兵官吴英都督同知。守禮好武任氣，每防秋，親陞塞垣，夜間視虜不得盜塞。益募降胡梟騎，襲取近塞帳。遣死士任勇等數人，以舟渡套絶河，潛行胡中，至偏關而還，獲甲首三，亡一人。薦勇于朝。然亦好飲，或方之季布。

庚辰，免真定水災田租。

《世宗實録》卷二七九　辛巳，兵部尚書毛伯温預陳防虜七事。

《國榷》卷五八　辛巳，覈京榜竄籍貢士。餘姚錢仲實、慈谿張和爲禮科給事中陳棐所劾。又陸光祚、毛廷魁、陳策隨任得免。其鄭夢綱、陶大壯、沈譜、丁子載、陸可承、翟鍾玉俱奪貢士，還籍。

《世宗實録》卷二七九　丁亥，陞雲南右布政使應大猷爲廣東左布政使。

《國榷》卷五八　癸巳，釋安南偵者杜文莊。嘉靖十六年下廣東按察司獄。

甲午，上偶疾，廷臣上起居。免開封水災田租。

丙申，吏部考功郎中胡鯨、稽勳郎中李愷劾免，命于各部訪舉調補。前南京右副都御史趙載卒。

己亥，朵顔三衛夷寇墓田谷，殺守備陳舜，副總兵王繼祖擊斬三十餘級。

《國榷》卷五八　十一月癸卯，監察御史王德温舉劾泛濫，謫松江推官。

《明通鑑》卷五八　丙午，貴州道御史何贊言：「京師苦寒，小民凍餒枕藉，乞多方振救，並行江北諸郡，加惠以廣德意。」上曰：「今歲嚴寒，困窮可憫，所奏宜亟行之。仍行各省一體振恤。」

《國榷》卷五八　禮部右侍郎兼翰林院侍講學士馬汝驥卒。贈尚書，謚文簡。

《世宗實録》卷二八〇　陞南京太僕寺少卿王禎爲光禄寺卿。

《國榷》卷五八　丁未，宣大事寧，召總兵官張鳳、督餉侍郎趙廷瑞等入朝，翟鵬解督山東河南軍務。

庚戌，召南京吏部右侍郎許成名于禮部。

《世宗實録》卷二八〇　辛酉，大理寺卿戴金因訊治山東等都司領班指揮吴璧等罪。

《國榷》卷五八　壬戌，復太廟舊制。前爲太廟，後爲寢，又後爲祧。時祫祭享，奉太祖南向，各廟同堂而序，睿廟與焉。禮畢奉主各歸寢。貴州監臨官巡按御史魏洪冕削籍，蓋試録舛刺也。布政使侯緘降雲南副使，布政司參議翁學淵降真定通判，按察副使王積降兩浙運副僉事，施昱降茶陵州同知，教授楊伯元等降鹽課司大使。

甲子，太監高忠、工部尚書甘爲霖提督太廟工。

《世宗實録》卷二八〇　戊辰，陞湖廣按察使石簡爲貴州左布政使。

《國榷》卷五八　十二月壬申，增北樓口游擊、應州南路參將。

甲戌，採木事竣，進工部尚書樊繼祖太子少保。右都御史潘鑑工部尚書，還里需次。戴金爲右副都御史，仍署大理寺。餘賜金幣有差。

乙亥，勘處湖貴夷情右副都御史萬鏜言：「苗酋龍求兒等雖就撫，其黨龍朗七等流劫如故，宜兵之。」上命酌機勦撫。

丙子，國子司業江汝璧爲左春坊左庶子兼翰林院修撰，纂修玉牒。

庚辰，吏部推河間通判周鈇爲南京吏部主事。上以「鈇謫任未四月，何驟也」？責尚書許讚對狀，引罪，奪俸二月。

乙酉，免蘇、松、常、鎮水災田租。陝西獲虜諜張尚仁等五人，詔斬以徇。

丙戌，毛憐衛降夷十三人，安置兩廣。

丁亥，湖廣總兵新寧伯譚綸，坐贓罪下法司。

《世宗實録》卷二八一　己丑，原任禮部尚書兼武英殿大學士冠帶閒住夏言以元旦恭上起居。

《國榷》卷五八　己丑，復去輔夏言舊銜，致仕。巡撫寧夏右副都御史張珩爲兵部右侍郎，兼右僉都御史，總督陝西三邊軍務。

庚寅，順天治中嚴世蕃改尚寶司少卿。

辛卯，禁朝覲官徧謁大臣。以河南道御史吴悌言之。

壬辰，黜武學冒籍者。

乙未，陝西右布政李士翺爲右副都御史，巡撫寧夏。

嘉靖二三年（甲辰、一五四四）

《國榷》卷五八　正月庚子朔，上不視朝。

丁未，總督宣大侍郎翟鵬欲盡徵延、綏、薊、遼之兵防宣大。兵部謂：「各鎮有警，計安出？」遂止調延、綏二游兵。

庚戌，置錢糧簿籍，朝覲官領還，聽巡按御史稽考。

癸丑，吏部大計，降斥有差。

甲寅，發十六萬餘金于宣、大、山西，備犒。

辛酉，作嘉靖通寶錢，如洪武。

《世宗實録》卷二八三　癸亥，陞雲南按察使朱純、江西按察使鄭重俱爲右布政使。

《國榷》卷五八　虜寇甘州。土官百户馬能説總兵楊信以魯迷等國留使九十一人禦之。寫亦阿力等九人死。事聞，信免，下馬能于理，歸死者之喪。

乙丑，總督宣大侍郎翟鵬請大臣督餉。上從部議，令鵬兼理軍餉。

丙寅，宣府旱饑，發京粟十萬石于懷來，給吏卒。故刑部右侍郎林鶚，贈尚書，謚恭肅。虜白通千餘騎寇黄崖關，我軍敗之。前太子太保南京兵部尚書秦金卒。贈少保，謚端敏。

戊辰，咸寧侯仇鸞總兵，鎮守甘肅。

《世宗實録》卷二八三　復發銀六十萬兩于宣大山西三鎮。命總督侍郎翟鵬酌量地方緩急，召買糧草，分貯備用。

《國榷》卷五八　二月辛未，提督雁門等關兼巡撫山西右僉都御史李珏疾歸。調兵部右侍郎侯綸南京。免貴州巡撫都御史彭年。南京河南道監察御史包節追劾辛丑主試官尚書温仁和、分試官編修嵇世臣賄私貢士徐履祥、陳志、潘仲驂，又及左庶子童承叙、右贊善郭希顔、編修袁煒，並不堪典試。上不問。大同巡撫趙錦、甘肅巡撫詹榮各易鎮。時錦與總兵周尚文不協，故移之。

壬申，薊鎮總兵署都督僉事祝雄卒。

丙子，巡撫山東右副都御史曾銑改提督雁門等關兼巡撫山西。署詹事府事禮部尚書兼翰林學士張潮、左春坊左庶子兼翰林院修撰江汝璧主禮闈。

《世宗實録》卷二八四　丁丑，祭至聖先師孔子，命大學士翟鑾行禮。

《國榷》卷五八　戊寅，虜白通復寇大水峪，被射死。

壬午，巡撫陝西右僉都御史路迎爲兵部右侍郎。巡撫雲南右僉都御史劉渠移貴州，進右副都御史。

甲申，署詹事府事禮部尚書張潮卒于禮闈。

戊子，陝西左布政使翁萬達爲右副都御史，巡撫陝西。

癸巳，祈穀大高玄殿，禁屠停刑七日。

丙申，工部尚書潘鑑改兵部尚書兼右副都御史，提督兩廣軍務。

三月己亥朔，禮部左侍郎兼翰林學士費寀爲禮部尚書，署詹事府。

甲辰，施藥朝天宫。禮部左侍郎孫承恩、錦衣衛指揮使陸炳提督。

《世宗實録》卷二八五　詔歲加三關例銀三萬兩，給新募軍馬支用。

《國榷》卷五八　癸丑，策貢士瞿景淳等三百十七人，賜秦鳴雷、瞿景淳、吴情等進士及第、出身有差。宣府修邊卒值虜五百餘騎寇龍門所，總兵官郤永自滴水崖會參將劉環等，夾擊于盤道墩，斬五十餘級，又追斬三十六級。進翟鵬兵部尚書兼右副都御史，郤永都督同知。

甲寅，上以安静，設醮謝上帝，停刑十二日。

戊午，右副都御史周煦卒。左贊善浦應麒免。以北闈私貢士馬鑾等，給事中吕時中劾之，鑾等削籍。

四月己巳朔，承運庫太監任舉派浙直織幣值三十萬金，部議三年遞完。報可。

《世宗實録》卷二八六　庚午，建州右等衛女直都督阿剌哈等，海西忽兒哈等衛女直都指揮僉事失勒得等九十七人入貢，宴賚如例。

《國榷》卷五八　丁丑，巡撫保定右副都御史吴瀚劾免。南京太僕寺少卿張袞爲南京光禄寺卿。

戊寅，前户部尚書張雲卒。贈太子少保。

壬午，刑部左侍郎葉相致仕。

癸未，海盜蕭顯、王直合攻太倉四十餘日。又自梅里、福山攻常熟，別部攻崑山，崑山知縣祝乾壽拒卻之。五月各解去，出劉家河。州同知張魁、千户田應山追斬四百四十餘人。

丙戌，山西右布政使鄭重爲右僉都御史，巡撫保定。

己丑，陽城典史王標逐盜死，命復其家。

《世宗實録》卷二八六　辛卯，陞山西按察使及宦爲山西右布政使。

《國榷》卷五八　癸巳，總督漕運右副都御史張景華劾免。議太廟規制，廷臣議同堂異室。

丙申，詔京官四五月俸米，二石折銀七錢。捌卜你求貢，遼東巡撫孫禬不善應之，遂寇清和堡，指揮佟杲、楊錦、佟奇敗績。

《明通鑑》卷五八　禮、工二部方新太廟，左贊善郭希顔言：「周建四親廟，我太祖創造之初因之。今宜立太廟以祀太祖，立世室以祀成祖。成祖世室居左，其右則但立四親廟，祀皇高祖以下至皇考睿宗，而祧孝宗、武宗。」禮臣力斥其安，上以「希顔所陳亦臣子之心，然廟制已定，毋庸更議」。于是論劾希顔之御史劉存德奪俸半年，希顔三月。未幾，太僕寺丞吴寵復請更定廟制，上惡其瀆擾，詔：「自今有妄議廟制者罪之。」

《國榷》卷五八　五月戊戌朔，刑部右侍郎屠僑爲左侍郎，南京大理寺卿喻茂堅爲刑部右侍郎。

壬寅，提督操江伏羌伯毛漢總督漕運，鎮淮安。

癸卯，提督南京糧儲右僉都御史魏有本爲南京大理寺卿。

甲辰，南京禮科給事中游震得陳東宫出閣就講事宜。上然之。

丙午，遼東總兵官趙國忠落職，都督同知、巡撫孫禬鐫二級。初建州李撒赤哈等犯邊，入鴉鶻關，誘官軍入伏，都指揮康雲敗没，都指揮趙奇、佟勳、把總王鎮援之，皆死。

丁未，安南都統使莫福海入貢。

己酉，再覈戚畹冒濫及宂官。

庚戌，撫治鄖陽右僉都御史王守改提督南京糧儲。

辛亥，夷李哈哈尚素朝貢，偵報虜情副總兵李景良乘其入市，囚之。巡按御史賈大亨懼激變，以聞。

勘處湖貴夷情右副都御史萬鏜初討銅仁鎮筸叛苗，不克，知鎮溪土指揮田應朝，苗所信也，令任巡捕。應朝少辰州諸生，巧黠多詐，至是益横，征則殺良，撫則脅賄，故久無功。一日召苗渠帥，必索質。以千户某往，渠帥龍求兒來見，誅之，苗亦殺千户。復遣監司招撫，給魚鹽口糧，渠帥龍許保予冠帶。鏜遂上善後事宜，班師。召鏜入朝，被劾。

丙辰，浙江左布政使歐陽必進爲右副都御史，撫治鄖陽，定分守、分巡官徧歷郡縣。

《世宗實録》卷二八六　陞江西按察使蕭一中爲浙江右布政使。

《國榷》卷五八　壬戌，劾免漕運總督伏羌伯毛漢。

乙丑，前府都督僉事劉璽提督漕運，鎮守淮安。

丙寅，召前松潘副總兵何卿，疾辭。奪都督銜，勒赴部。

六月戊辰朔，故南京禮部左侍郎王瓚謚文懿。徵延綏奇兵三千人，戍宣大。

《世宗實録》卷二八七　甲戌，致仕少保兼太子太保、吏部尚書、武英大學士方獻夫卒。

《國榷》卷五八　丙子，巡撫順天右副都御史許綸疾歸。

戊寅，免鳳陽旱災田租。汰團營兵，成國公朱希忠請留，許之。

己卯，安南莫福海遣宣撫同知段師直上表謝。

癸未，光禄寺卿王禎爲右副都御史，整飭薊州邊備兼巡撫順天。御史舒汀劾免。

七月戊戌朔，前户部尚書兼翰林學士李廷相卒。贈太子少保，謚文敏。

《明通鑑》卷五八　庚子，以大理寺右丞朱方爲右僉都御史，整飭薊州邊備，兼巡撫順天。

《國榷》卷五八　辛丑，河南右布政使雒昂爲右副都御史，巡撫河南。刑部尚書聞淵滿九年考，進太子少保。陝西總兵官都督同知魏時卒。贈左都督。

丙午，改周用兼右副都御史，總督漕運兼巡撫鳳陽。

己酉，提督兩廣軍務兵部尚書潘鑑疾歸。免甘蘭、秦金、靖虜諸衛旱災田租。增大同破虜、滅虜、寧虜、殺胡、拒胡、威虜、迎恩各堡守備官。翟鵬言：「虜嘗避實擊虚，今知大同有備，必移犯宣府。或由以窺京師，宣豫計之。」兵部覆議徵兵將。進萬鏜兵部右侍郎，入朝。

庚申，徵太倉太僕寺各十萬金入内。

辛酉，虜諜劉天柱入京，捕誅之。

壬戌，前詹事兼翰林學士陸深卒。贈禮部右侍郎，謚文裕。

《世宗實録》卷二八八　陞貴州按察使何鰲爲河南右布政使。

《國榷》卷五八　癸亥，罷南京刑部尚書顧璘。定各邊勘功期限，量地遠近爲差。凡山西、宣、大、薊、遼期二月，陝西、湖廣期三四月，甘肅、川、廣、雲、貴期六七月，踰者罪。

甲子，免福、興、泉、漳旱災田租。

丙寅，起韓邦奇右副都御史，總督河道。巡撫江西右僉都御史張岳爲右副都御史，提督兩廣軍務兼理巡撫。虜數萬騎入大同前衛，總兵官周尚文擊敗之于黑山，斬五十餘級。

八月丁卯朔，秉一真人、少保、禮部尚書陶仲文進少傅兼少保，支正一品禄。

戊辰，日本貢期十一年。先是己亥來貢，今又至，非期，卻之。

己巳，進嚴嵩太子太傅。

辛未，天下多災傷，太倉積四百萬石，遂折漕十之三，仍賑饑。

癸酉，免順天、永平、保定、河間、順德、大名田租。

癸未，增潞安通判一。起唐龍南京刑部尚書。應天府尹戴儒爲右僉都御史，巡撫四川。即劾免。

乙酉，免承天田租。

《明通鑑》卷五八　嚴嵩入閣，〔翟〕鑾以資地居其上，嵩惡之。會鑾子汝儉、汝孝與其師崔奇勛、姻親焦清同舉進士，嵩遂屬給事中王交、王堯日劾其有弊。下吏部都察院會勘，鑾疏辯。上怒曰：「鑾被劾待勘，敢先瀆擾耶？二子縱有才，何至與其師並進！」遂勒鑾父子及奇勛、清並分考官編修彭鳳、歐陽晚俱爲民，而下主考江汝璧及鄉試主考秦鳴夏、浦應麟詔獄，杖六十，褫其官。鑾自以行邊起用，通賄賂，得再柄政，聲譽日衰。至是復爲其子所累，訖不復振。踰三年卒。

是月，户部言：「江南災甚，請以應天等十一府州今年各項糧收事例銀兩與本處贓罰解邊餘銀俱糴穀備振。」並議應天巡撫丁汝夔所條振荒事宜。皆報可。【略】又以大同軍餉支用不給，敕户部預發明年年例銀六萬兩，以補宣軍月餉之需。

《國榷》卷五八　九月己亥，廣西土舍黄球、黄寧等奏事用印，以未嗣職，命釐正。起王大用右副都御史，巡撫四川。

壬寅，給事中徐養正上馬政六事：禁馱載、革占用、練軍實、擇統領、嚴賞罰、重操練。議行之。免杭、湖、嘉興、紹興、金華、台、衢田租。

癸卯，前太子太保兵部尚書王廷相卒。

乙巳，召貴州總兵官沈希儀不至，奪都督銜，勒赴部。

丁未，吏部尚書許讚兼文淵閣大學士，禮部尚書張璧兼東閣大學士，並直閣，然不入西苑應制。嚴嵩事取獨斷，不復相關白。讚等默默歎曰：「何必奪我吏部，使我旁睨人。」提督兩廣軍務兵部尚書兼右副都御史潘鑑卒。贈太子太保，謚襄敏。

壬子，免臨洮雹災田租。

《世宗實録》卷二九〇　發銀五十萬兩于宣、大、山西。詔守臣及今秋成預備明年芻餉。

《國榷》卷五八　賑湖廣。時饑甚，岳州知府嘉善陸垹不待報，發帑金易粟，活者亡算。巡按御史伊敏生始疑其擅，而巡他郡，饑民哀籲，入岳州寂如，乃更薦之。

丙辰，兵部尚書、右都御史熊浹改吏部，禮部尚書費寀回部。

丁巳，署都督同知張經總兵官，提督江淮巡捕。

戊午，進嚴嵩兼吏部尚書，謹身殿大學士。額武舉四十人。

己未，前刑部尚書錢如京卒。

十月戊辰，召周用爲左都御史，還院。免開封、衛輝、懷慶、彰德、汝寧、南陽田租。

壬申，虜將犯宣府，命備之。

甲戌，户部左侍郎王暐爲右都御史，總督漕運兼巡撫鳳陽。王良輔爲署都督僉事總兵官，鎮守貴州。俺答寇膳房堡，總兵郤永禦之，不克入，自萬全右衛潰牆入，大掠蔚州，至廣昌，攻破村堡，殺掠三千餘人。將逼紫荆，入蔚州南山，山峻隘，欲斬導者，遂尋路出。而郤永合五戰鋒之師，值之，都指揮使李彬戰死，餘四營登山以避，不之救。後贈彬都督同知，謚忠愍。

乙亥，俺答至順聖川。詔余勛守居庸、白羊各關，責翟鵬、王儀自効。

《明史》卷一八《世宗紀二》 戊寅，掠蔚州，至於完縣。

《國榷》卷五八 庚辰，户部右侍郎汪元錫爲左侍郎。改南京兵部右侍郎閔楷于户部。

辛巳，裁漢陽府同知、通判各一。發粟二萬石餉居庸關。俺答攻浮圖峪，副總兵周徹遇之，不敢戰。虜夜分兵散掠，至完縣，列營自土王溝至廣長川，長四十餘里。命參將羅文豸、劉震西援，京師戒嚴。嚴嵩督視太廟工。

甲申，以趙卿爲署都督僉事。

乙酉，都督僉事尤聚屯通州，都指揮何卿屯蘆溝橋。

兵科給事中戴夢桂言薊州巡撫朱方早掣兵，故虜乘間入。命逮朱方及總督翟鵬下獄，以兵部左侍郎兼右僉都御史張漢總督宣、大、山西。

《明通鑑》卷五八 先是寇以春入，詔調各鎮兵至大同防秋，會寇退，方建議掣之。鵬在朔州聞警，夜半至馬邑調兵食，復趨渾源遣諸將遏敵。于是御史楊本深劾「鵬逗留，致震畿輔」，給事中戴夢桂亦劾「方掣兵太早，藉口惜費，使寇得以乘間深入」。上方倚鵬殄寇，所請無不應，聞之，大怒，立遣官械鵬及方至京師。而御史舒汀等復劾「兵部尚書毛伯温用職方郎中韓最議，朦朧題覆。況方建議撤薊州客兵，乃並宣、大二鎮客兵一律罷遣，則本兵之罪也」。

《國榷》卷五八 兵部尚書毛伯温被劾，削籍。職方郎中韓最杖八十，戍邊。

丁亥，何卿復總兵，分守松潘。

己丑，刑部左侍郎屠僑同都督尤聚通州防守。叛人王三伏誅。

壬辰，俺答自天城出塞。東官廳總兵官許國往守天壽山，懼虜窺陵。

十一月丙申朔，廣東右布政使顧遂爲右副都御史，巡撫南、贛、汀、漳，提督軍務。

戊戌，禮部左侍郎孫承恩改吏部左侍郎，署詹事府。

《明史》卷一八《世宗紀二》 庚子，京師解嚴。

《國榷》卷五八 諭禮部：「擒叛銷氛，俱朕禱玄之功，即設醮謝上帝。秉一真人、禮部尚書陶仲文加少師，其少保、少傅如故。」自後南北告捷俱謝玄。

《明通鑑》卷五八 上自遭宫婢之變，移居西内，日求長生，郊廟不親，朝講盡廢，君臣不相接，獨仲文得時見，見輒賜坐，稱之爲師而不名。于是小人顧可學、盛端明、朱隆禧輩皆因緣以進。仲文前加保、傅，至是兼領三孤，前此未有也。

《國榷》卷五八 壬寅，前南京兵部尚書張邦奇卒。贈太子太保，謚文定。

癸卯，前吏部左侍郎歐陽鐸卒。贈工部尚書，謚恭簡。

甲辰，禮部右侍郎許成名爲左侍郎，國子祭酒徐階爲兵部右侍郎，右僉都御史劉訒爲大理寺卿。

丙午，以擒叛人王三，遣官告謝南北郊、太廟、社稷及景神殿，罷賀。户部右侍郎汪玄錫卒。

己酉，户部左侍郎鍾芳卒。

《明通鑑》卷五八 癸丑，免大同被災秋糧。

《國榷》卷五八 乙卯，總督翟鵬、巡撫朱方下詔獄，永戍。方廷杖八十，卒。

丙辰，户部右侍郎閔楷爲左侍郎。改南京户部右侍郎夏邦謨于户部，提督操江右僉都御史楊行中佐院。

十二月丙寅，裁南京宂官。工科給事中何雲雁按宣府功罪。

己巳，巡撫延綏兵部右侍郎張[illegible]改南京户部右侍郎。

《世宗實録》卷二九三 少保兼太子太傅、吏部尚書、謹身殿大學士嚴嵩以從一品再考，詔加少傅，餘官照舊，仍兼支大學士俸，廕一子爲中書舍人，給與應得誥命。嵩疏辭，不允。

《國榷》卷五八 錦衣衛指揮使陸炳閲視廟工兼提督官軍。

甲戌，申定卹典事例。**《世宗實録》卷二九三** 行大袷禮于景神殿，命成國公朱希忠代。

《明史》卷一八《世宗紀二》　丙子，振江西災。

《國榷》卷五八　壬午，右副都御史翁萬達爲兵部右侍郎兼右僉都御史，總督宣、大、偏、保軍務兼理糧餉。

乙酉，寧夏後衛燬芻二十萬束有奇。詰吏卒，奪郎中侯珮俸。

《世宗實録》卷二九三　辛卯，發餘鹽銀于陝西，以三萬兩修邊，以五萬兩召買糧米備客兵支用，以七千三百五十兩給新兵月糧。

壬辰，改南京刑部尚書唐龍爲南京吏部尚書。

《國榷》卷五八　河南左布政使柯相爲右副都御史，巡撫陝西。

甲午，禮部請元旦受賀。不許，諭各竭職務，則天下自安，仍如今年例行。

嘉靖二四年（乙巳、一五四五）

《國榷》卷五八　正月乙未朔，上不視朝。

丙申，禮部上諸司賀表字有訛，奪儀制郎中汪集俸二月。

乙巳，録二祖、列聖《御集》、《聖學心法》、《九經性理大全》、《二十一史》成，賜輔臣金幣。城鎮羌四堡，巡撫詹榮又于弘賜諸堡之北添設，以相犄角。共築鎮羌、拒牆、拒門、助馬，云塞外四堡。仍施藥朝天宫，孫承恩、陸炳如前。命遣錦衣千户、百户同道録司官賫藥赴療宣、大、山西。

己酉，楚世子英燿弑楚王顯榕。兵部右侍郎路迎兼右僉都御史，督修宣、大、偏關山險。

甲寅，輸大同粟十萬石于宣府。

《世宗實録》卷二九四　乙卯，陞廣西右布政使李香爲本司左布政使。

《國榷》卷五八　戊午，刑部左侍郎屠僑爲南京刑部尚書。

辛酉，朝鮮攝國事李峼以國王李㛓喪來訃。賜謚恭僖。

閏正月甲子朔，刑部右侍郎喻茂堅爲左侍郎，右副都御史韓邦奇爲刑部右侍郎。

戊辰，大學士嚴嵩言：「臣每獨蒙宣召，于心未安。思往歲夏言惡與郭勛同列，以致生隙。大臣子比肩事主，豈宜嫌異？今臣、希忠、臣元、臣讚、臣璧乞同宣召，如祖宗蹇、夏、三楊故事。」報聞。嵩蓋欲示厚希忠等，且見言妬也。

《明通鑑》卷五八　上雖不納，而心益喜嵩。

《國榷》卷五八　吏部右侍郎張治爲左侍郎兼翰林學士，署院。

壬申，錦衣衛都指揮同知陸炳署衛事。

癸酉，遣户部郎中李愈覈真定軍儲。

甲戌，兵部尚書戴金劾罷。

《明通鑑》卷五八　先是刑科給事中張永明，劾金嘗爲巡鹽御史加增餘鹽羨銀，沮壞邊計，不宜吏主部事，金疏辯乞休，不允。至是給事中楊上林復劾金器小才偏，不堪重任，得旨令金致仕。

《國榷》卷五八　乙亥，賑廬、滁、和饑。

丙子，禮部右侍郎徐階改吏部。起于湛右副都御史，總理河道。

丁丑，太子太保、南京吏部尚書唐龍改兵部尚書。

己卯，命朱希忠、嚴嵩覲東宫，同許讚、張璧、熊浹。

癸未，詔徵兖州馬價三年，興濟一年，閔水災也。

甲申，叙功，進總督陝西張珩右都御史，咸寧侯仇鸞太子太保，廕錦衣衛鎮撫。都御史戴時宗以子罪劾免。

乙酉，起服闋工部尚書張潤于南京吏部，召南京禮部右侍郎崔桐于禮部。廣東布政使應大猷爲右僉都御史，巡撫雲南。

戊子，岢嵐州右參將高暘永戍邊衛。暘與知州馮友有隙，嗾中軍指揮僉事王尚武縱卒辱之。

己丑，詔中外嚴禁奢靡，從禮科給事中查秉彝之言。叙黑山功，進大同總兵官周尚文右都督，巡撫詹榮右副都御史。

辛卯，禮部右侍郎盛端明予告。

癸巳，續纂《大明會典》。自嘉靖八年始，總裁大學士嚴嵩、許讚、張璧。

二月戊戌，遼東東□、新安、清河、靉陽、鹻城五堡比歲值虜患，至是參將武鏜，守備韓成式除名，指揮常鵬等七人下臺訊，降巡撫董珊、總兵趙國忠、副總兵郝承恩俸二級。總督直隸、河南、山東軍務兵部左侍郎張漢請選將練兵，信賞必罰。

《明通鑑》卷五八　且請「申嚴軍令，大將得專殺偏裨，而總督亦得斬大將。如此則人知退怯必死，自争赴敵」。上不欲假臣下權，惡之。兵部言漢老邊事，言皆可用，上令再議。部臣乃言「漢議皆當，惟專殺大將一事，與《會典》成制有違」，上姑報可。至是以考察拾遺都給事中盧勳等劾「漢剛愎自用」，遂命錦衣官械繫下詔獄，謫戍鎮西衛。

《世宗實録》卷二九六　丁酉，祭至聖先師孔子，遣大學士許讚行禮。

《國榷》卷五八　庚子，初禮科右給事中陳棐請帝王廟罷祀元世祖，禮部議如之，遂撤兩京廟像并墓祭，改廟祀碑。

《明通鑑》卷五八　壬寅，以順天永平府屬饑，發通州倉粳米萬七百石、太倉銀二千兩振之。

《國榷》卷五八　癸卯，巡撫四川右僉都御史丘養浩改巡撫江西，劾免。

甲辰，議皇太子冠禮。方十歲。太廟將成，欲上謁。

《明史》卷一八《世宗紀二》　戊申，詔流民復業，予牛種，開墾閒田者給復十年。

丙辰，禮部尚書費寀等上冠禮儀注。

《國榷》卷五八　廣西古田盜韋公珣等作亂。

丁巳，大同東路右參將紀振殺降冒功，論死。

庚申，裁工部都水司管南旺閘主事、虞衡司管節順庫主事。

《明通鑑》卷五八　三月丙寅，復以保定府饑，發臨清廣積倉銀萬一千兩振之。

《國榷》卷五八　辛未，吏部內計奉上，降黜如議。惟户部主事桑志道、工部主事周玉、御史謝瑜如貪酷，例削籍。刑部主事朱執中落職，出考功上。

壬申，祈年朝天醮五日。

丁丑，和川王府奉國將軍充灼、潞城王府鎮國中尉俊振等行劫，奪歲禄。

戊寅，吏部擬京堂自陳當罷者。上特留右通政顧可學，以藥餌也。

壬午，内計拾遺。

癸未，左副都御史周煦卒。

戊子，南京禮部右侍郎徐問爲南京户部尚書。

辛卯，諭東宮冠禮秋行之。

《國榷》卷五八　四月癸巳朔，福建左布政使姜儀爲右副都御史，巡撫湖廣。保定副總兵都督同知周徹爲總兵官，鎮守薊州。

乙未，上閔歲，嚴諭户工二部，加惠賑卹，并治貪殘。

《明通鑑》卷五八　丙申，陞尚寶司少卿嚴世蕃爲太常寺少卿，掌尚寶司事。時嚴嵩請爲其子改別職，遂命兼官。

《國榷》卷五八　丁酉，前工部右侍郎韓士英爲南京户部右侍郎。

戊戌，兵部尚書唐龍提督團營。

壬寅，命司禮太監温祥、駙馬都尉□□、刑部左侍郎喻茂堅、錦衣衛指揮使袁大章按楚獄，巡按御史伊敏生以英燿弒逆聞。

癸卯，巡撫應天右副都御史丁汝夔爲左副都御史。

丙午，户部左侍郎閔楷爲南京禮部尚書。增陝西岷州，隸鞏昌。

戊申，定去冬宣府失事罪，總兵郤永降俸，薊州巡撫王儀降調。

己酉，停工部鬻爵事例。裁大同副總兵，并免姜奭。

丙辰，刑部署郎中趙文華爲通政司左參議。

戊午，户部右侍郎夏邦謨爲左侍郎。撫治鄖陽右副都御史歐陽必進改總督糧儲，巡撫應天。

庚申，命内使行人往賻朝鮮。停浙江、江西刷卷，歲災故。

五月甲子，南京吏部考功郎中薛應旂調外。初嚴嵩銜南京□科給事中王燁之首劾也，令尚寶司丞諸傑柬應旂斥之。應旂以白尚書張潤，止之。而傑故南京兵部主事，有貪跡，至是斥。又常州知府符驗，前南御史也，被調。于是福建道御史桂榮劾應旂私怨斥其鄉郡守。上以考察不欲變，第謫應旂。

乙丑，逮巡按福建監察御史何維柏。維柏論大學士嚴嵩姦邪，宜罷。嵩疏辨：「以禮部右侍郎盛端明諳藥石，陛下自問其姓名，而謂臣薦之。右參議顧可學進秋石方書，寓臣所。曾請別館居住，而謂臣豢之。」上慰留嵩，逮維柏。

己巳，工部尚書樊繼祖、光禄寺卿陳煥、南京刑部右侍郎郭持平並免。太僕寺卿毛渠調南京。

《世宗實録》卷二九九　陞山西左布政使及宦爲光禄寺卿，廣東左布政使潘潢爲南京光禄寺卿，南京太僕寺卿姜志德爲太常寺卿。

《國榷》卷五八　辛未，吏科給事中李文進、御史趙炳然往宣、大、山西，覈嘉靖十五年後邊費。右副都御史任維賢撫治鄖陽。

《世宗實録》卷二九九　以歲歉加給密雲沿邊軍士今歲五月糧銀，視舊增一錢五分。及將本鎮軍士十月分月糧并馬匹料豆，預于五月内借支一半，待後關支照數扣除。從巡撫郭宗皐請也。

《國榷》卷五八　庚辰，罷宣府總兵官郤永，趙卿代鎮。

癸未，誅楚世子英燿，磔護軍徐景榮等三十六人，斬長史孫立、承奉王憲、張慶。

乙酉，災傷，停順天今年刷卷。

戊子，免東昌、濟南、登、兗旱災夏租屯租。

辛卯，復開納事例。故太子太保兵部尚書毛伯温卒。

六月癸巳，太廟成。禮部欲秋享暫于景仁殿，上不可，促令秋享一如先朝之舊，後增儀節悉除之。

丁酉，禮部覆，禮科給事中胡叔陽以兩京主考避本鄉，各省主考改京官會試，内簾置御史監試，杜散卷徇私之弊。得旨不盡行也。前大學士毛紀卒。贈太保，謚文簡。修薊州邊牆。逮四川巡按御史石永、冉崇禮，按察副使朱憲章，以論囚不候旨也。

戊戌，故總督兵部尚書兼右副都御史翟鵬卒于獄。免太原、平陽、潞安旱災夏税。

己亥，加大同歲餉十五萬四千二百五十三金。

庚子，進河南歸德州爲府，增商丘，割睢州、考城、柘城隸之，其寧陵、鹿邑、虞城、永城如故。免保定、河間、真定、順德、廣平、大名旱災田租。

辛丑，上御無逸殿，諭禮部尚書費寀：「太廟禮儀既從舊，諸樂章器物四祭歲祫亦如之，罷大禘之禮。」

壬寅，湖廣道試監察御史鄢懋卿言：「太廟初成，不可遣祭。」上以遣代係舊制，再言者罪之。

乙巳，貴州道試監察御史周冕言：「太廟告成，乞秋期親享。」上怒其抗旨，下詔獄，謫。

壬子，總督宣大總兵官、右都督張鳳仍提督西官廳軍務。

乙卯，免延安、鞏昌、平凉、鳳翔、慶陽、西安旱災田租。

丙辰，吏部尚書熊浹諫止仙箕。上以章示嚴嵩，嵩代爲解，乃釋。

己未，定太廟位。太祖中焉，左四序：成、宣、憲、睿；右四序：仁、英、孝、武。大享殿且成，名皇乾殿。發太僕寺十四萬四千金，市馬于直隸、河南、山東。

七月辛酉朔，奉安皇祖列聖帝后神位于太廟。吏部尚書熊浹滿六年考，進太子太保。

壬戌，廷臣表賀，詔赦天下。

甲子，廕太監高忠錦衣指揮僉事，陳準、馬廣、王朝、張陽並百户，成國公朱希忠百户，進嚴嵩太子太師，許讚少傅，張璧太子太保，工部尚書甘爲霖少保兼太子太保，禮部尚書費寀太子少保，兵部尚書唐龍太子太保，錦衣衛都指揮同知陸炳都督僉事，餘各陞賞有差。制敕房通政司通政使張電進工部右侍郎。

戊寅，前刑部左侍郎葉相卒。

庚辰，聞虜聚東勝州，敕各邊嚴備。

辛巳，嚴嵩請寬何維柏獄。維柏在道久，嵩不測上意，以嘗上，竟廷杖。

乙酉，提督兩廣右副都御史張岳以廣東封川叛獞，廣西馬平、來賓叛獞請討。從之。

丙戌，西海虜酋整克款甘肅，乞徙内地。下督撫酌之。令宣大總督駐陽和城，便節制。

丁亥，虜入延綏，犯安塞、保安，副總兵李琦戰，不利。

庚寅，南京右僉都御史傅炯還院。河南左布政使張時徹爲右副都御史，巡撫四川。

《明通鑑》卷五八　致仕謹身殿大學士毛紀卒。

《國榷》卷五八　八月辛卯朔，進朱希忠、崔元、嚴嵩俱少師。

壬辰，加秉一真人陶仲文伯爵。辭之，請贈廕，報可。右通政顧可學爲工部尚書，食禄，專煉秋石。

癸巳，臺基廠草場火。

甲午，減海州里數。原百十六里，知州奏荒罷不任職，併爲六十里。徙海門縣于金沙場，避水患。

戊戌，永和王知焕進白兔，擇日告廟，免賀。

己亥，京山縣産嘉禾六十餘本。

《明通鑑》卷五八　辛丑，大享殿成。禮部請行秋享于新殿，上命是秋仍于元極寶殿行禮。自是，歲遣官行之以爲常。

壬寅，釋御史楊爵、給事中周怡、工部員外郎劉魁于獄，赦其罪，放還原籍。時上惑于卟仙，會有神降卟言三人冤，立出之。

丙午，詔瘞京城九門暴骸。

《國榷》卷五八　丁未，琉球王尚清、安南都統使莫福海各來貢。

戊申，裁揚州通判。

己酉，大學士張璧卒。贈少保，謚文簡。

丙辰，虜入遼東長勝堡，殺守備張文瀚。

戊午，建州右衛酋李撒赤哈屢患邊，至是被擒，梟塞上。虜犯大同中路，總督翁萬達以故總兵張達將右，戰鐵裏門，虜卻。

《國榷》卷五八 九月甲子，禁陵祭官託故代行。御史黄如桂言之。

乙丑，光禄寺卿及官爲南京右副都御史，提督操江。

戊辰，遼東長勝堡指揮王勳、孟儒嘗匿逃夷，及虜入寇，紿殺逃夷冒功。事泄，奪總兵趙國忠職。

己巳，陶仲文往太和山祝醮。

庚午，復太廟時享四孟朔。旱災，詔浙、直、江西、湖廣、河南田租折徵。

《明通鑑》卷五八 尚書熊浹言卟仙之妄，上怒曰：「我固知釋爵，諸妄言歸過者紛至矣。」復令東廠追執之。

《國榷》卷五八 壬申，禮部尚書費宷請「留用儀制郎中周琓、祠祭郎中高簡，臣方賴之。又大理寺評事孫學思假嚴嵩之名求出使，臣執不與。學思，嵩私人也，多機警，好以萋菲中臣。臣以孤危而失此二臣助，愈難自立矣」。因乞休。上以託指攻訐，切責之。時上微覺嵩横，張璧死，思用夏言。宷故善言，而不能得嵩意，故偵之。

丙子，發帑四十萬金，分各鎮防秋。

丁丑，敕召大學士夏言，行人張鍊往促之。吏部尚書熊浹擬刑部郎中翁大立補文選郎中。吏科都給事中楊上林言大立傾險。上責吏部，奪浹等俸三月。

己卯，朝天宫秋報，大醮六日。

甲申，前遼東巡撫右副都御史孫禬調光禄寺卿。

丙戌，復故總兵張鳳原官。

己丑，何卿爲署都督僉事總兵官，提督東官廳。

十月壬辰，先是大同、平虜、威遠、玉林、渾源、陽和、山陰各草場火，總督翁萬達疑其奸。適科臣覈邊，邏卒于胡峪口獲闌穴者王儀，云「虜酋青台吉俾入山陰縱火」。既代府和川王被盜，詞連襄垣王輔國中尉充燉等。所司拷其家僮，不承，第云分人縱火草場。于是捕治其客李錦等。云「奉國將軍充灼及充燉等八人勾虜不軌，先焚積聚也」。會充燉等所勾虜者衛者、衛俸等四人闌出塞，獲之。事聞，誅儀，逮充灼等下詔獄。翁萬達言：「大同瘠隘，禄食不給，且地邊胡，易生反側。請量遷和川、昌化等于山陝就食，而襄垣初自蒲州徙，宜還本封。」禮部議止徙和川、昌化等。報可。

癸巳，作琉璃河橋，發帑五萬金。

甲午，諭停刑。禮科給事中查秉彝上言：「宗藩議封禄，重恩典，按會典斟酌刊定。肅閫教，各藩設有樂院。宜申私婚狎倡之禁。杜交結。禁士豪投獻莊田。飭藩度，擇王官。」上從之。

戊戌，巡撫湖廣右副都御史車純免。初藩變求去，不許。至是薦各司二十餘人，謂避難市恩也。

己亥，勞山西、宣、大三關吏卒十萬金。

庚子，免大同旱災田租。

壬寅，成山伯王洪卒。

丁未，吏部尚書熊浹奪俸六月。初南京户部員外郎焦希程坐草場火，降調。南京吏部題實授官，悞列希程，浹等覆如之，致詰責。

戊申，貴州龍里衛長坡山箐苗作亂。

《世宗實録》卷三〇四 己酉，發太倉銀五十萬兩於宣、大、山西三鎮，充明年客餉。

《國榷》卷五八 壬子，增綏德守備、米脂把總各一。

乙卯，陝西左布政使龔亨爲右副都御史，巡撫河南。

戊午，進錦衣衛千户許瑒一秩。

《世宗實録》卷三〇四 陞陝西右布政使王昺爲本省左布政使。

《國榷》卷五八 十一月庚寅朔，奉皇穹于大高玄殿，設醮。

戊辰，至日，南郊，遣成國公朱希忠代。羣臣奉拜奉天門，命覈之。玉田伯蔣榮等俱不至，凡百三十八人，俱罰俸六月。御史路可由、劉瑶糾俱武臣，亦罰俸六月。逮鈞州知州陳吉及巡撫雒昂、巡按御史王三聘。初徽王厚爝徵國賦，吉不爲理。又嘗笞軍校，長史李應時率衆詬吉，吉忿，與應時相訐，且發徽王陰事。王疏辨，故械吉。以昂等不早聞，併逮。

辛未，勅應天巡撫右副都御史歐陽必進開三吴水利。

壬申，遼東總兵趙國忠劾免。南京户部尚書徐問致仕。

甲戌，纂修玉牒成。

戊寅，故浙江按察副使陶成及子湖廣左布政使魯，祠于廣州，復其家，從錦衣衛指揮僉事陶鳳儀之請。

《明通鑑》卷五八　癸酉，巡按御史賈太亨言：「今年河決，南入鳳陽，沿河諸縣，議徙五河、蒙城避之，而臨淮當祖陵形勝，不可徙。請敕河臣亟濬碭山河道，引入二洪，以殺南注之勢。」從之。

《國榷》卷五八　辛巳，大學士許讚屢乞休，忤旨。吏部尚書熊浹削籍，以諫仙箕，屢督過之，再罰俸，因乞休，上大怒，除名，仍官校攝之還里。時嚴嵩擅柄，諸曹受請囑如外府，獨浹持不肯行，莫能難也。

癸未，免宣府、保安雹災田租。前太常寺卿魏校卒。贈禮部右侍郎，謚恭簡。

丙戌，西官廳右都督張鳳總兵鎮遼東。前都指揮同知沈希儀爲署都督僉事總兵，提督江淮巡捕。

《世宗實録》卷三〇五　己丑，陞山東右布政使於敖爲都察院右僉都御史，巡撫遼東。

《世宗實録》卷三〇六　十二月辛卯，以山東都司掌印署都指揮僉事賈席充右參將，協理漕運。

《國榷》卷五八　癸巳，太子太保、兵部尚書唐龍改吏部尚書。濬南京後湖。

乙未，巡撫四川右副都御史張時徹、總兵官都督僉事何卿攻白草□番。都指揮丁勇以六千人進石泉，游擊龔銳以四千人進壩底，曹克新以三千人進龍州。錦衣衛署都督僉事陸炳爲都督同知，巡捕都指揮使袁大章爲都督僉事，俱緝捕功。

丙申，覈虚銜及雜流牙牌。

壬寅，給事中李文進、御史趙炳然報宣大邊費。奪巡撫詹榮、曾銑等俸三月，前巡撫史道、樊繼祖等閒住削籍有差。浙江昌國衛指揮僉事馬光等失守遣戍，署都指揮僉事李釜詐報降秩，海門衛指揮使朱恩貪縱下獄，俱巡按御史高懋劾奏。

甲辰，給太傅兼太子太傅、成國公朱希忠，駙馬都尉崔元三代贈誥。吏部言：「勳臣爵高公孤止流階，尊而兼卑，非舊典。」不聽。兵部左侍郎路迎爲兵部尚書，兼提督團營。右僉都御史端廷赦爲左副都御史。給宣大牧馬二萬八千金。

乙巳，南京禮部尚書閔楷改南京户部尚書。

戊申，少師兼太子太師、吏部尚書、華蓋殿大學士夏言入朝。進嚴嵩少師。言復據嵩上，愈驕，凡有所擬旨，行其意，不復顧問嵩。嵩唯唯不能吐一語，心恨甚。故事，堂饌，言與嵩對案，不食大官供，而自攜庖甚豐，亦不以及嵩也。

辛亥，吏部右侍郎王學夔爲南京禮部尚書。南京大理寺卿婁志德爲右副都御史，巡撫山東。

甲寅，前太子太保、兵部尚書劉天和卒。贈少保，謚莊襄。

丙辰，寬南京鋪户。罷湖貴總制，以事屬貴州。

嘉靖二五年（丙午、一五四六）

《國榷》卷五八　正月己未朔，上拜天玄極寶殿，出御奉天殿，受朝賀。

戊辰，兵部右侍郎萬鏜爲左侍郎。

庚午，大理寺卿劉訒爲吏部右侍郎。撫寧侯朱岳命提督西官廳總兵官，聽征。

己卯，沅江土舍那鑑殺叔土知府那憲，奪其印。詔討之。

庚辰，通倉粟匱，改京衛軍給于京倉。不爲例。分遣刑部郎中等官卹刑京省。

甲申，工部請遣官徵外省逋課。上憫災，第檄往。

丙戌，貴州道監察御史周冕請東宮講學。上怒其擅議，謫雲南通海典史。吏部覆薦遺佚工部尚書章拯、兵部侍郎劉源清等三十人。上以拯等黜當其罪，餘又年老非才，俱寢。土魯番馬黑麻速檀據哈密求入貢，許之。其求地内遷，不許。

二月戊子朔，止江西陶器一年。

《世宗實録》卷三〇八　己丑，建春祈大典於朝天宮，三日夜。遣廣寧伯劉泰行禮。

《國榷》卷五八　築大同長城。

癸巳，巡撫山東右副都御史婁志德卒。

乙未，集宣大援兵。停各處募丁，惟河南、山東民兵訓練候調。設大同鎮羌、助馬二堡守備官，拒牆、拒門二堡操守官。

《明通鑑》卷五八　丙申，總督宣大侍郎翁萬達奏：「濟農子駐牧河西，諳達引兵渡河。除調客兵應援外，請募山東長鎗手三千以備山險。」兵部議：「三千之數，但取長鎗，不無老弱充數。且調延綏游兵二枝，寧夏、固原、遼東游兵各一枝，務滿三千人。期以五月初旬赴宣大聽候調遣。」詔從之。

是月，翁萬達奏「請修築邊牆，議自大同東路陽和口至宣府西陽河，須工費銀二十九萬」，上已許之。兵部撓其議，以「大同舊有二邊，不當復于邊内築牆」，上不聽。

《國榷》卷五八　戊戌，朝鮮攝國事李峘送通夷者六百十三人，上義之。其人俱漳、泉，下巡按福建御史訊治。

癸卯，春祈大典，行于雷霆洪應殿。

壬子，南京户部尚書閔楷，總督糧儲、都御史劉渠劾免。封川縣猺賊平，進總兵泰寧侯陳圭太子太保，提督右副都御史張岳兵部右侍郎，賜金幣。

癸丑，户部尚書陳經改禮部尚書，署通政司。巡撫江西、右副都御史虞守愚爲大理寺卿。

三月戊午朔，增甘肅高臺千户所。虜入甘州中衛，都指揮僉事周廣等失事，罪戍。

庚申，逮巡按湖廣監察御史包節，戍肅州。時承天守備太監廖斌横甚，節欲繩之，語泄，斌因候節謁陵，遽撤膳，誣節麾出之。莊民訟斌庇奸豪周章等，以指揮黄恩、邵勛收章，下同知范昕訊治。章死，斌遂訐節元旦不謁陵，又麾膳，大不敬。而節奏後至，謂飾罪。遂逮節、昕、恩、勛等，節永戍，昕、恩、勛各戍邊。

甲子，永禧仙宫成，醮謝九日，停刑禁封。總督陝西兵部右侍郎張珩爲户部尚書，提督倉場兼理西苑農事。户部左侍郎夏邦謨爲南京户部尚書。巡撫甘肅、左僉都御史傅鳳翔移江西。

乙丑，前撫治鄖陽右副都御史詹瀚總理河道。順天府尹高擢、江西□布政使何鰲並爲右副都御史，擢提督南京糧儲，鰲巡撫山東。

戊辰，四川白草番作亂，攻陷平番堡□□關，執把總丘仁，殺百户耿爵。巡撫都御史王大用、副總兵高岡劾免。署都督僉事何卿領副總兵官，分守松潘。

丙子，起張經兵部尚書，總督陝西三邊軍務。巡撫陝西右僉都御史柯相改河南。進右副都御史山東布政司左參政楊博爲右僉都御史，巡撫甘肅。前刑部尚書高友璣卒。贈太子少保，謚恭簡。

癸未，賑兩淮竈民。

《世宗實録》卷三〇九　陞太僕寺少卿胡奎爲順天府府尹。

《國榷》卷五八　乙酉，起任惟賢南京刑部右侍郎。河南左布政使謝蘭爲右副都御史，巡撫陝西。

四月庚寅，總督陝西張珩言：「臣先備虜，十二月虜踏冰不能入。」上責其無事言功，仍偏諭各邊督撫。

乙未，巡撫山西兵部右侍郎曾銑總督陝西三邊軍務。

《明通鑑》卷五八　先是上已起用前總督兩廣尚書張經，旋爲給事中劉起宗所劾。上以「經簡自廷推，已有成命」，下廷臣議。兵部尚書唐龍執奏經可任，上以經既論劾，令更推可用者，乃以命銑。

《國榷》卷五八　丙申，山東左布政使葉照爲右副都御史，撫治鄖陽。

戊戌，兵部定招降賞格。

庚子，前廣西署都指揮僉事萬表爲署都督僉事總兵官，提督漕運，鎮守淮安。

辛丑，陝西布政司左參政楊守謙爲右僉都御史，提督雁門等關，巡撫山西。

甲辰，前署都督僉事張達充副總兵官，協守宣府。

五月癸亥，安南都統使莫福海卒。

乙丑，安平侯方鋭卒。贈太保，謚榮靖。子承裕嗣，以皇后濟難功，不爲例。逮鎮江知府林華，以擅徵赦後贖鍰，掠死多人，已削籍。

戊辰，南京刑部右侍郎任惟賢，前撫治鄖陽，疏留鄖陽知府柯實卿蓋貪酷見劾者，至是吏科都給事中楊上林并劾，惟賢免官。延綏隱敗，兵科給事中鮑道明、御史曹邦輔核上，逮總督張珩、巡撫張子立、總兵吴瑛、參將楊鋭，各治罪。珩子立戍邊，瑛、鋭立功。虜俺荅阿不孩遣使保兒寨款大同左衛，求貢九白駝、九白牛、白馬及金銀鍋各一，講好申前約。邊卒狃石天爵事，仍殺使者三人，報首功。總督翁萬達上言：「虜情雖秘，第當謹備。王者待夷狄，來則勿拒。今歸我漢人，玉林衛百户楊威。遣彼族類，懇求通款。借曰不許，猶當善其詞說，乃誘而殺之，此何時也？曲既在我，且彎弓報怨，請亟正法，榜之塞上，明非朝廷之意。」兵部竟議貸罪，第嚴兵待之。報可。

辛未，少保、工部尚書甘爲霖劾免。

癸酉，河南右布政使張問行爲右副都御史，巡撫延綏。發六萬金賑延綏。

甲戌，右僉都御史傅炯爲左副都御史。

甲申，南京右都御史王以旂爲工部尚書，太常寺卿潘璜爲户部右侍郎。

六月丙戌朔，土魯番馬黑麻速壇貢馬。宥大同游擊戴昇、張文懿、山西都指揮僉事潘棟、守備寧武關雷澤、神池堡高宗泰、寧武參將賈英死，戍邊立功。

丁亥，巡按廣西監察御史馮彬請大征獞猺。兵部以廣西獞人半之，猺人三之，居民二之，事難卒舉，下撫按集議，上是之。

戊子，張經、高擢劾免。

庚寅，前太子太保、刑部尚書張子麟卒。

壬辰，服闋國子祭酒王道爲南京太常寺卿。

癸巳，兵部尚書路迎被劾免。

《明通鑑》卷五八　是月，給事中何光裕，劾兵部尚書路迎，怠廢戎務。疏甫下，迎輒投劾乞休；上責令陳狀，迎言「臣才不勝任，以亟賜罷歸爲幸」。上怒，令革職閒住。改禮部尚書管通政司事陳經于兵部。時吏部先推侍郎萬鏜、韓邦奇，繼推尚書王(果)〔杲〕等，上俱不允，特旨用經。給事中宋伊，言「經小心退抑，僅能自守，非折衝禦侮之材」。上以經用出自特簡，責伊妄奏。經尋疏辭，不允。

《國榷》卷五八　甲午，總督右都御史王暐爲户部尚書，總督倉場兼理西苑農事。大理右寺卿楊宜爲右僉都御史，提督南京糧儲。

辛丑，增陽和兵備副使。

《明史》卷一八《世宗紀二》　甲辰，犯宣府，千户汪洪戰死。

《國榷》卷五八　辛亥，前吏部左侍郎兼學士董玘卒。贈禮部尚書，謚文簡。署通政司事禮部尚書陳經改兵部尚書，提督團營。

壬子，刑部左侍郎喻茂堅爲右都御史，總督漕運兼巡撫鳳陽。

七月戊午，增貴州解額五人。

己未，吏部尚書唐龍削籍。廣東道監察御史陳九德劾前吏部文選郎中高簡貪縱。下簡獄，杖戍。吏科都給事中楊上林、給事中徐良輔先不糾正，事敗上章，俱削籍。切責龍，除名。左、右侍郎徐階、韓邦奇鐫二級。

壬戌，宣武門外天寧寺建壇聚衆，命錦衣衛捕治。仍下禮部禁榜天下。

甲子，左都御史周用爲吏部尚書。翰林侍讀學士郭朴、右春坊右中允孫陞主試應天。

乙丑，虜犯宣府北路龍門所，參將董麒不即報，遽擊斬三十餘級。明日，守備陳勛戰死，游擊呂陽戰三日，敗歸。宣府游擊將軍呂陽以營兵屯新河口，參將董麒分守北路，相會議出塞襲擊李家莊諸虜。至其巢，斬三十餘級還。會大雨，虜追及，兵不能戰，遂敗。麒懼，先入塞，陽亦間關獲免，守備陳勛死焉，失騎百餘人。事聞，麒等俱抵罪。

丁卯，户部尚書王杲條財用十事。有旨：「漕糧減折，各邊奏乞者不得妄許。山場湖陂官税屬王府者勿攙奪。曠役工食亦免追。餘如議行。」

戊辰，逮遼陽清河失事指揮孫洸等十一人。總督翁萬達上俺答阿不孩求貢番文，兵科給事中徐自得極言虜不可信，部覆亦如之。令再詳詰。

癸酉，故太子太保、吏部尚書唐龍道卒。贈少保，謚文襄。

《明史》卷一八《世宗紀二》　以醴泉出承華殿，廷臣表賀，停諸司封事二十日。

嗣後，慶賀齋祀悉停封奏。

《國榷》卷五八　甲戌，進翁萬達右都御史兼兵部左侍郎，大同總兵官、右都督周尚文進太子太保、左都督，餘各陞賞。

乙亥，南京兵部尚書宋景爲左都御史，户部右侍郎劉訒爲左侍郎。虜犯保安、慶陽，大殺掠，總督曾銑遣參將李珍出塞，夜襲之，斬百十一級。捷上，巡按監察御史盛唐言敗狀，命覈之。

己卯，作宣大火器。

《世宗實録》卷三一四　八月戊子，祭太社稷，命成國公朱希忠代。

《國榷》卷五八　庚寅，左春坊左中允□□、右春坊右贊善吴山主試順天。

壬辰，前太子少保、南京户部尚書周金卒。贈太子太保，謚襄敏。俺答由青泉堡入寇宣府北路，雲州守備易綱聞警，以數十騎馳至永鎮堡，據險射之。游擊將軍陳言介而馳，寇少卻。綱跳入言軍，請身爲鋒，遂同進。赤城守備戴綸又以家丁邀擊，奪被掠人畜，逐出塞而還。

癸巳，加封真人陶仲文神霄紫府闡範保國弘烈宣教振法通真忠孝秉一真人，掌道教事。工部帶俸尚書盛端明、顧可學並爲禮部尚書。

壬寅，裁邊將奏帶人數。

丁未，舉秋報大典，醮朝天宫三日。

壬子，免畿内、山東水災田租。陝西保安縣歲貢生任時上所撰《道學參兩貞明圖》。其説不經，下法司削籍。虜犯鎮原縣東北石家堡，大殺掠。

九月丙辰，南京工部尚書胡訓改南京兵部尚書。

丁巳，吏部擬户部主事王尚學、禮部司務李世德調本部。不許，命如嘉靖十七年詔，毋更調啓競。

《世宗實録》卷三一五　壬申，陞工部左侍郎楊麒爲南京工部尚書，巡撫南贛左副都御史顧遂爲南京刑部右侍郎。工科給事中楊宗氣條陳邊防弊政所當釐革者。

《國榷》卷五八　癸酉，起范鏓右副都御史，巡撫河南。貴州銅仁等司及湖廣鎮筸諸苗復叛。

甲戌，柳州、馬平等賊平，進泰寧侯陳圭太保。

己卯，免鳳陽、淮安、揚、宿水災田租。

庚辰，吏部右侍郎韓邦奇爲右副都御史，工部右侍郎文明爲左侍郎。召南京户部右侍郎韓士英于工部，起服闋光禄寺卿□□爲通政使。

辛巳，虜犯錦義。明日大至，圍參將周益昌。以指揮鍾世威援至夾擊，斬三十餘級，俘二人。

甲申，廣東□布政使朱紈爲右副都御史，巡撫南、贛、汀、漳。

十月丁亥，虜犯清平堡，游擊高極中伏死。

戊子，南京太常寺卿王道爲南京户部右侍郎。

癸巳，奉國將軍充灼及俊桐、充煍、充𤏡、俊概、俊椽、俊棠、俊棖俱伏誅，餘罪有差。

甲午，論囚五十八人。首建昌侯張延齡，總督薊遼侍郎胡守中等。

丁酉，巡按山東監察御史張鐸進銅銃砲大小彈。

壬子，兵部右侍郎劉儲秀改吏部。復歐陽德南京鴻臚寺卿。

十一月己未，巡撫河南右副都御史范鏓爲兵部右侍郎。令邊人殺降冒功，即梟示，毋逮入京。

乙丑，南京户部右侍郎王道改禮部右侍郎，署國子祭酒。録擒叛功，進周尚文太保，廕錦衣正千户。翁萬達左都御史，廕國子生。詹榮兵部右侍郎。餘陞賞有差。

丁卯，令洮河、西寧歲積餘茶減價易金。

辛未，延津人李應時奏入其女弟。許之。初李拱辰進女，官錦衣正千户，子應時效之。

《明通鑑》卷五八　癸酉，冬至，祀天于圜丘，朱希忠攝行。

《國榷》卷五八　辛巳，開甘肅河西屯田。甘肅巡撫右僉都御史楊博議「新開永勿賦。其開而仍荒，蠲十年」。

十二月庚寅，宣府參議劉珂、蘇志皐，户部郎中劉棟、褚寶坐淆餉，鐫三級。

癸巳，張岳陞刑部右侍郎，仍總督兩廣。柯相仍巡撫河南。

庚子，總督陝西兵部右侍郎曾銑上修牆、復河套二策。

《明通鑑》卷五八　銑素以功名自喜，及總督三邊，感上知遇，益圖報稱。念寇居河套久，終爲邊患，乃會巡撫謝蘭、張問行等上疏，略曰：「寇據河套，侵擾邊鄙將百年，孝宗欲復而不能，武宗欲征而不果。使濟農據爲巢穴，出套則寇宣大、三關以震畿輔，入套則寇延、寧、甘、固以擾關中，深山大川，勢顧在敵而不在我。封疆之臣，曾無有以收復爲陛下言者。蓋軍興，重務也，小有挫失，媒孽踵至，鼎鑊刀鋸，面背森然。臣非不知兵凶戰危，而枕戈汗馬，切齒痛心有日矣。竊嘗計之，秋高馬肥，弓矢勁利，彼聚而攻，我散而守，則彼勝。冬深水枯，馬無宿藁，春寒陰雨，壞無燥土，彼勢漸弱，我乘其弊，則中國勝。臣請以鋭卒六萬，益以山東鎗手二千，每當春夏交，攜五十日餉，水陸交進，直擣其巢。材官騶發，礮火雷激，則寇不能支。此一勞永逸之策，萬世社稷所賴也。」遂條八議以進。是時銑與延寧撫臣欲西自定邊營、東至黄甫川一千五百里，築邊牆禦寇，請帑金數十萬，期三年畢功。疏並下兵部，部臣難之，請令諸鎮文武將吏協議。詔報曰：「寇據套爲中國患久矣。朕宵旰念之，邊臣無分主憂者。今銑倡恢復議甚壯，其令銑與諸鎮臣悉心上方略，予修邊費二十萬。」于是銑鋭意行之。

《國榷》卷五八　乙巳，巡撫延綏右副都御史張問行引疾，除名。調山西巡撫楊守謙代。

《明通鑑》卷五八　曾銑既建復套之議，諸巡撫皆難之，問行與謝蘭及寧夏巡撫王邦瑞等遷延不應。銑怒，請于上，上爲責讓諸撫臣。

《國榷》卷五八　湖廣守備太監廖斌進皇莊銀，劫于新鄉。責河南巡撫柯相戴罪捕盜，逮巡按御史侯度、布政司參政常時平、按察僉事劉佐、衛輝知府李用和、新鄉知縣侯東等于鎮撫司。侯度不勝拷，卒。

丁未，歐陽德爲太常寺卿。免開封、歸德水災田租。賑延安、慶陽饑。

嘉靖二六年（丁未、一五四七）

《國榷》卷五九　正月甲寅朔，虜犯永昌，副總兵蕭漢禦之，敗績。

庚申，左都御史宋景卒。贈太子少保、吏部尚書，謚莊靖。

乙丑，陝西布政使孫繼魯爲右副都御史，巡撫山西。

丙寅，吏部大計，降斥有差。

戊辰，延綏報虜入犯，請止宣大之戍。從之。

己巳，署都督僉事戴濂爲總兵官，鎮守遼東。

壬申，太子少保吏部尚書周用卒。贈太子太保，謚恭肅，予祭葬。

甲戌，江防總兵官沈希儀改副總兵，鎮廣西。遂定將領生自川、廣、雲、貴留用其地，不得推入京營西北邊，著爲令。

丁丑，山東布政使胡宗明爲右副都御史，巡撫遼東。

庚辰，刑部尚書聞淵改吏部尚書。

辛巳，南京工部尚書胡訓滿六年考，進太子少保。巡撫順天、右僉都御史郭宗臯請止減京兵分鎮，陛賞屬夷。忤旨，免官。

二月癸未朔，吏科給事中胡賓劾胡宗明拾遺漏網，上怒其抗命，謫。

己丑，吏部左侍郎兼翰林學士、署詹事府事孫承恩，署翰林院事張治主禮闈。

丁酉，工部尚書王以旂爲右都御史。湖廣按察使孫應奎、布政司左參議丁汝夔並爲右僉都御史，應奎巡撫順天，汝夔巡撫河南。罷宣府別立戰鋒五千人，俱歸本營聽征。

己亥，定兩雍監、丞、博士、助教，太常寺博士俱許考選科道。增築鎮番衛關廂及涼州柔遠、懷安、靖邊三堡。

辛丑，選宫女三百人。

《明通鑒》卷五九　總督宣大都御史翁萬達會宣大、山西鎮巡官議上邊防修守事宜，復請帑銀六十萬兩，修大同西路、宣府東路邊牆凡八百里，詔許之。時曾銑建復套之議，輔臣夏言實主之。萬達數以通貢議請，不許。其在邊也，上以其吏事久，深倚之，所請無不從，獨言諳達事與上意左，上既力絀貢議，乃以復套事行邊臣議之。

《國榷》卷五九　壬寅，□科給事中陳棐以敕諭朝覲官，作十箴。上責其比並制書，謫。

甲辰，召南京刑部尚書屠僑于刑部，工部左侍郎文明爲工部尚書。裁南京糧儲都御史，歸于户部。并裁巡倉御史二之一。

三月乙卯，兵部左侍郎萬鏜爲南京刑部尚書，南京工部右侍郎屠楷爲左侍郎。初乙巳十月，土魯番馬黑麻納欵，火者阿力克等八百餘人延入甘州。有詔議五年貢期，傳送五十人，留三百餘皆阻回。海西虜欵塞求市。不許。

壬戌，耀州獲虜諜何萬良等五人。

乙丑，户部左侍郎趙廷瑞改兵部，巡撫寧夏右副都御史李士翔爲大理寺卿。

丙寅，策貢士胡正蒙等三百一人。

丁卯，巡撫四川都御史張時徹劾免。

《明史》卷一八《世宗紀二》　庚午，賜李春芳等進士及第、出身有差。

《國榷》卷五九　癸酉，撫治鄖陽都御史葉照被劾，引疾去。

丁丑，青州礦盜平。

庚辰，土舍虜近塞，總督陝西侍郎曾銑擊斬二十七級，俘一人。

四月壬午朔，總理河道右副都御史詹瀚爲刑部右侍郎。陝西布政司左參政王邦瑞爲右僉都御史，巡撫寧夏。巡撫雲南右僉都御史應大猷改四川，進右副都御史。

丙戌，總督宣大翁萬達請移山西兵防大同，巡撫山西右副都御史孫繼魯爭之，交章上聞。竟逮繼魯獄。

《明通鑒》卷五九　兵部是繼魯言，上不從。下廷議，廷臣請如萬達言。上方倚萬達，怒繼魯騰私書引往事議君上，而夏言亦惡繼魯，不爲地，遂逮下詔獄，疽發於項，瘐死。

《國榷》卷五九　乙未，汶上妖賊平。

丙申，户部右侍郎潘璋爲左侍郎，南京右副都御史及官爲户部右侍郎，巡撫保定右僉都御史蘇祐移山西。起于湛右副都御史，撫治鄖陽。

癸卯，太僕寺少卿吴章爲右副都御史，大理寺左少卿周鐸、太僕寺少卿李仁並爲右僉都御史，章巡撫雲南，鐸提督操江，仁巡撫保定。

《世宗實録》卷三一一　庚子，陞兵科都給事中扈永通爲南京太僕寺卿。

《國榷》卷五九　乙巳，前吏部尚書羅欽順卒。贈太子太保，謚文莊。四川白草番平。

己酉，定翰林院庶吉士，吏部左侍郎兼翰林學士張治、徐階教習庶吉士。虜俺荅遣李爵復求欵貢，乞耕具墾塞外田。【略】總督翁萬達、巡撫詹榮、總兵周尚文以聞。有旨「虜詭詐，不許，其益治兵」。蓋夏言主復套，故力詘其説。日本使臣周良等來貢，凡四百餘人，舟四艘。以非期，發外海，罟山泊一年，候貢。

五月丙辰，令邊方守令精選進士舉監任之，并行于川、廣、雲、貴。

丁巳，户部尚書王杲滿六年考，進太子少傅。署都督僉事周于德爲總兵官，提督江淮巡捕。

庚申，大學士夏言考滿，特授繼孫朝慶尚寶司丞。

壬戌，起侯綸南京户部右侍郎。

丁卯，吏部右侍郎劉儲秀爲左侍郎，禮部右侍郎署國子監事王道改吏部右侍郎。廣東左布政使胡松爲右副都御史，總理河道。

《明通鑑》卷五九　總督三邊曾銑襲套寇，敗之。先是，銑以初春出塞掩擊，敗還，匿不以聞。至是復選鋭卒擊之，斬首二十七級，生禽一人，餘斃于矢石者甚衆，獲馬牛駝器械以千計。寇移帳漸北，間以輕騎入掠，銑復督諸軍驅之，遂遠徙不敢近塞。捷聞，陞銑俸一級，賜銀幣。銑復列上諸臣功罪，論功則參將李珍、韓欽爲最。又請卹陣亡之千户鄭稍、百户徐相。皆從之。

《國榷》卷五九　戊寅，總督翁萬達乞遣户部官核修邊諸費。上以萬達區畫已詳，不必遣。

己卯，南京太常寺卿歐陽德改太常寺卿，署國子祭酒。

六月丁亥，太子少保、禮部尚書費寀進太子太保。

庚寅，裁瓊州參將。南京守備太監丘得請復直廳軍六十人。南京給事中雷賀、御史方克等劾其本江彬黨，減戍孝陵賁用，又妄請隱占，遂仍戍孝陵。

丙申，四川馬羅番寇平。

丁酉，四川左布政使王崇慶爲南京太常寺卿。

戊戌，災傷，免鳳陽、淮、揚夏税。

庚子，雲南總兵官、太子太保黔國公沐朝輔卒。贈太保，謚恭僖。

癸卯，復巡撫浙江兼轄福、興、泉、漳提督軍務。時海上貴勢家積通倭，負其貨，遂相搆争，守臣不能制，巡按御史楊九澤請重臣巡視。

戊申，鄭王厚烷言：「宗室赴京奏事，亦非得已。皆親王、郡王規利阻尼，有十歲未名，終身不嫁娶者。宗子日盛，支子日窮。其宗室犯法者，罰所統親郡王禄米。」命下禮部，徧諭諸王。麻陽苗破湖廣辰州，執參將楊欽。

七月癸丑，陝西總兵官王縉移寧夏。

丙辰，兵部尚書陳經滿六年考，進太子太保。

《明史》卷一八《世宗紀二》　河決曹縣。

《明通鑑》卷五九　水入城二尺，漫金鄉、魚臺、定陶、城武，衝穀亭，漂没廬舍，人民死者甚衆。

《國榷》卷五九　丁巳，巡撫南、贛、汀、漳，提督軍務、右副都御史朱紈改浙江兼福興、建寧、漳、泉海道。增四川鹽井二衛守備官。

庚申，修居庸關外岔道城。

壬戌，山西總兵張達移陝西，俟防秋訖赴鎮。

丙寅，湖廣左布政司龔輝爲右副都御史，巡撫南贛。

丁卯，定各邊年例銀正月奏給，毋預支。

庚午，吏部右侍郎王道卒。

壬申，度道士二萬四千人。

八月庚辰，前少保兼太子太保、工部尚書甘爲霖卒。上中年不朝，時徇于賄。工部爲霖、兵部張瓚、禮部嚴嵩、吏部許讚皆黷甚，清議鄙之。

丙戌，免鳳翔、鞏昌、西安、慶陽災傷田租。

丙申，宣大主兵餉屬郎中，客兵餉屬守巡道，多影没。至是巡按御史黄如桂言之。命主客餉皆屬郎中，仍給五路通判銅章。

己亥，秉一真人，少師、少傅兼少保，禮部尚書陶仲文滿六年考，授特進、光禄大夫，柱國兼大學士俸，廕子世恩尚寶司丞。

壬寅，勒禮部右侍郎許成名、崔桐，少詹事王用賓，黄佐致仕。以覬吏部左侍郎，給事中吕時中、徐霈劾之。奪吏部尚書聞淵俸六月，文選郎中張舜臣等下獄贖職。

甲辰，太子太保、兵部尚書陳經，太子少保、南京兵部尚書胡訓被劾自免。

戊申，前少保兼太子太保、禮部尚書、武英殿大學士賈詠卒。贈太保，謚文靖。

九月丙辰，左都御史王以旂爲兵部尚書，提督團營。巡撫河南右僉都御史丁汝夔爲吏部右侍郎。

丁巳，湖貴苗積亂，流劫沅州、麻陽、清浪，殺沅州衛百户陳恩等。切責總督王學益，巡撫姜儀，總兵白泫、李熙，各停俸，議討之。

己未，免徐、沛、蕭、宿、五河、虹災傷田租。

癸亥，大享于玄極寶殿，配獻皇帝。免承天、襄陽災傷田租。

甲子，前巡撫山西右副都御史孫繼魯卒于獄。

丁卯，水災，折曹縣、城武、金鄉馬價三年，魚臺、單縣二年。

戊辰，免吉安、臨江、撫、瑞、袁田租。河南撫按官請發帑補宗禄。户部謂非例，以保定歲辦及開納銀抵之。下户部尚書王杲、巡倉監察御史艾朴于詔獄。收兩淮鹽課銀色惡，員外郎余善繼管庫，爲禮科給事中馬錫所劾。上怒杲等，拷訊。户科給事中厲汝進、查秉彝、徐養正、劉起宗、劉禄謂罪由署鹽運副使張禄賄通太常寺少卿嚴世蕃，順天府丞胡奎、總督尚書王暐皆受請，宜治。嚴嵩疏辨，謂「言官污臣，借及臣子」。上益怒，詰汝進等不早劾，各廷杖六十，汝進八十，謫汝進亦佐典史，秉彝定邊典史，養正通海典史，起宗茘浦典史，禄茘波典史，杲、朴戍邊，王暐、張禄削籍。時嵩怙寵，子世蕃干請亡忌。王杲素謹厚，竟委罪至于榜戍大臣，喪體。雖刑部尚書聞淵不能救正，有波靡耳。杲竟戍卒，公論冤之。

己巳，南京户部尚書夏邦謨爲户部尚書，屠僑爲左都御史。河南左布政使張綱爲右副都御史，巡撫河南。

乙亥，仍武舉，詔取七十人。

丙子，南京右副都御史韓邦奇爲南京兵部尚書，太常寺卿署國子監事歐陽德爲禮部左侍郎。

丁丑，前工部左侍郎吴大田卒。

《世宗實録》卷三二八　閏九月壬午，陞吏部左侍郎劉儲秀爲户部尚書，總督倉場，督理兩苑農事。

《國榷》卷五九　乙酉，玄殿、良鄉橋俱成。

丙戌，江淮總兵官周于德劾免。

丁亥，增築甘肅嘉峪關外墩臺。

戊子，總督漕運兼巡撫鳳陽右副都御史喻茂堅爲刑部尚書，户部左侍郎潘潢改吏部左侍郎。

辛卯，逮貴州巡撫右僉都御史王學益。以會湖廣征銅仁鎮筸叛苗兵不至被劾。參將楊欽道辰州，爲賊縛，湖廣巡撫姜儀委學益，失期不至，四川巡按御史袁鳳鳴劾學益。

丁酉，兵部左侍郎趙廷瑞爲南京户部尚書，户部右侍郎及官爲左侍郎，工部右侍郎韓士英改户部右侍郎。

庚子，陝西按察副使聶豹先守平陽，值虜寇，括民財佐費，罰重囚，被劾，下錦衣獄。

辛丑，總理糧儲兼巡撫應天右副都御史歐陽必進爲兵部右侍郎，總理漕運兼巡撫鳳陽。

甲辰，沐融嗣黔國公。朝輔子，年四歲。朝弼爲都督僉事，佩印總兵，代鎮雲南。融予半禄優給。

丙午，免成都田租，仍賑之。前太僕寺卿毛渠卒。

十月庚戌，禮部左侍郎兼司經局正字張電卒。

辛亥，提督兩廣兵部右侍郎張岳爲兵部左侍郎，還朝。廣東左布政使周延爲右副都御史，總理糧儲，巡撫應天。

甲寅，免昌平、霸、灤、良鄉、房山、大城、寶坻、昌黎災傷田租。

《世宗實録》卷三二九　丙辰，陞南京太僕寺卿嚴時泰爲都察院右副都御史，巡撫四川。

《國榷》卷五九　增定斬級賞五十金，通行九塞。逮山東巡撫右副都御史何鰲。以單縣妖寇，勞師匱餉，妄引例開俸兒劾，降福建布政司右參議。

己未，湖廣道試監察御史陳其學劾錦衣衛都督同知陸炳逐客騷擾，私鹽請託，宜罪。炳引服，不問。炳急時賂夏言，長跽而解。于是比于嚴嵩，思中言。言不悟。

壬戌，總督漕運兵部右侍郎兼右副都御史歐陽必進改提督兩廣軍務兼巡撫廣東。太常寺卿徐可成爲禮部右侍郎，仍舊任。遼東巡撫右僉都御史於敖、總兵官張鳳有罪免。廣寧指揮李鉞及中軍都指揮陳守節紿殺貢夷把把亥等七人，致入寇，大殺掠。鉞、守節伏誅，餘謫降。逮四川都指揮丁勇，以戎縣都掌蠻叛故。

癸亥，免濟南、東昌、兗州災傷田租。

戊辰，役順天、永平、通州軍民，濬海口新河。

十一月壬午夜，宮中火。詔釋御史楊爵獄。爵長繫七年。至是建醮高玄殿。火時，上恍聞呼楊爵及工部員外郎劉魁、吏科給事中周怡名，次日，皆釋爲編氓。

癸未，琉球入貢。

壬辰，户部右侍郎韓士英爲左侍郎兼右副都御史，總督漕運兼巡撫鳳陽。

光禄寺卿彭黯爲右僉都御史，巡撫山東。

癸巳，少師嚴嵩滿九年考，兼華蓋殿大學士。佛郎機夷人掠漳州，海道副使柯喬禦之，遁去。命逮把總指揮丁桐及前按察副使姚翔鳳，蓋受賄縱之入境。

乙未，皇后方氏崩。上痛其拯難，喪禮如元后。定各總督、都御史、清軍巡鹽等御史糾劾即按覈，不候專差撫按。

丁酉，日本國王源義請遣使周良等，以六百人泊海港，待貢明年。上以先期，下巡撫朱紈議。

丁未，總督陝西侍郎曾銑上邊務十八事。【略】下廷議，令上方略，銑進營陣圖。

十二月己酉，大理寺左少卿方鈍爲太僕寺卿。

辛亥，初琉球貢使陳賦同蔡廷會至。先閩人蔡璟永樂中遣琉球，世任楫産，故在閩以給事中黄宗槩舊戚，至則通餽。事聞，奪廷會賞。山西總兵官王繼祖移甘肅。

甲寅，安南都統司同知鄧文値、阮如桂等遣使告去年五月莫福海卒。

丙辰，署都指揮僉事□□總兵，鎮延綏。

《世宗實録》卷三三一　辛未，陞西官廳右哨參將趙國忠爲署都督僉事，充總兵官，提督東官廳。

《國榷》卷五九　辛酉，甘肅總兵官咸寧侯仇鸞貪虐，爲曾銑再劾。逮下錦衣獄。

癸亥，大理寺卿李士翔、南京太常寺卿王宗爲户、工部右侍郎。

戊辰，謚大行皇后孝烈。

乙亥，刑部左侍郎劉訒爲南京右都御史，右僉都御史朱廷立爲大理寺卿。海寇犯寧波、台州。逮分守布政司參議鄭世威、按察副使沈瀚、都指揮梁鳳。

丁丑，監察御史饒天民、張登高各上復套議。下所司。總督陝西侍郎曾銑率師數萬，除夕襲套虜，適餉不繼，未即進。虜聞之，傳矢擁衆犯邊。雲南永昌祐柯夷作亂，兵備副使韓廷偉撫定之。

嘉靖二七年（戊申、一五四八）

《國榷》卷五九　正月己卯，因陝西山移風災，諭廷臣修舉實政。

癸未，兵部尚書王以旂條復套事。調山東河南良家子，神機營火器，求聖裁。上遂罷復套，命緹校逮曾銑。科道官俱袖視，廷杖，奪俸四月。兵部尚書王以旂兼右僉都御史，總督三邊軍務。罷大學士夏言，褫餘官，以尚書致仕。初言與嚴嵩同鄉晚進，而言驟貴不爲下，嵩善事之。後相失，争權久，各待時發。

《明通鑒》卷五九　言素以經濟自許，思建立不世功，會銑請復河套，遂贊決焉。初江都人蘇綱者，言繼妻父也，雅與銑善，爲延譽于言，言遂密疏薦之，謂羣臣無如銑忠者。銑鳩兵繕塞，數破敵，上亦雅嚮之，令言擬旨優奬者再。銑益鋭志出師，條上方略，廷議一如銑言。及是上下銑議于九卿科道，覆奏甫上，上意忽中變，諭輔臣曰：「今征逐河套，不知出師果有名否？兵食果有餘，成功可必否？一銑何足言，如生民荼毒何！」嚴嵩知上意，遂極言「河套必不可復」，廷臣王以旂等亦如嵩指，盡反前議。于是嵩力攻言，謂「向擬旨褒銑，臣皆不預聞」。言大懼，謝罪，且言：「嵩初並無異議，今胡乃盡諉于臣。」而上已入嵩譖，怒不可解，乃遣錦衣官校逮銑，而盡奪言官階，令致仕。初，言再召，陵嵩甚，而海内士大夫方怨嵩貪忮，謂言能壓制之，深以爲快。而言以廢棄久，務張權；唐龍之罷，高簡之戍，許成名、崔桐、王用賓、黄佐之斥逐，以及王(果)〔杲〕、孫繼魯之獄，皆言主之，朝士因之失望。最後御史陳其學劾崔元、陸炳，言擬旨令陳狀。二人懼，皆造言請死，炳長跽，乃得解。于是二人日與嵩比而搆言，言未之悟也。上數使小内竪詣言所，言傲岸奴視之；及詣嵩，嵩必延坐，親納金錢袖中；以故日譽嵩而短言。言進青詞晚失上指，嵩愈精治其事，由是嵩益被寵而言眷漸移。至是嵩復從中搆之，以至于敗。上既譴言，復以科、道官無一人論言者，命錦衣官悉逮至，杖之于廷，各奪俸四月。

《國榷》卷五九　總督倉場户部尚書劉儲秀調兵部尚書，疏辭忤旨，削籍。總理河道右副都御史詹瀚言：「昨歲河決曹縣及金鄉、魚臺、定陶、成武等處，衝穀亭。運河雖幸不淤，然上流不分，終不能泄。今可多穿趙皮寨支河，更堅厚隄防，以相捍護，則雖漲不害。」從之。

己丑，前工部尚書章拯卒。贈太子少保，謚恭惠。

辛酉，南京户部右侍郎劉棟劾免。大同總兵周尚文言，前延綏巡撫賈啓陷臣子君佐、君佑、君仁戍邊，求宥。不許。

甲子，城薊州石匣營，增定昌兵三千，設游擊將軍。

乙丑，孫承恩爲禮部尚書，仍署詹事府。張治、韓英爲南京吏、户部尚書。

丙寅，開大同屯田。

戊辰，吏部左侍郎兼翰林學士徐階署院。薊州總兵周徹劾免。密雲副總兵羅希韓爲署都督僉事、總兵，鎮守薊州。

乙亥，總理河道右副都御史胡松總理漕運。延綏副總兵李琦爲署都督僉事總兵，鎮守遼東。前太子太保兵部尚書胡訓卒。

壬辰，南京户部尚書趙廷瑞爲兵部尚書。

辛丑，賑鞏昌、漢中。徙汧陽縣于城東三里。

《世宗實録》卷三三一 發太倉銀十萬，補延綏主兵月糧，并備緩急之用，不爲例。

《國榷》卷五九 癸卯，給宣大鎮將養廉田。前都督同知郤永卒。謚愍隱。報吉囊將犯延寧，上以曾銑開釁，獄益不可反。

乙巳，前南京禮部右侍郎趙永卒。

丙午，咸寧侯仇鸞訐曾銑子淳掩敗，因蘇綱賂夏言，飾罪復套。蓋嚴嵩欲深言罪，代鸞草奏。命逮淳等，遣給事中申價、錦衣衛千户李永核邊。虜孛只郎中寇長寧等堡，遼陽總兵戴廉擊斬百七十八級，尋突入鎮静堡，犯廣寧，官軍失利。

二月戊申，吏科都給事中齊譽等言曾銑黷貨誤國。上責其不早言，謫譽，餘宥之。

癸丑，定孝烈皇后陵曰永陵。

甲寅，南京兵部尚書張潤改户部尚書，總督倉場，總理西苑農事。

戊午，廣東連山縣猺寇作亂。

三月丙子朔，蘇松兵備兼理糧餉。

庚辰，祈年于雷霆洪應殿。

甲申，堵築薊鎮各隘。

乙酉，總督宣大侍郎翁萬達修邊成，上圖，乞專重大同。

庚寅，巡撫湖廣右副都御史姜儀以征麻陽苗未克，降廣東布政司左參議。

辛卯，作克敵弩。錦衣衛軍匠馮經獻雙矢三矢弩。

《明史》卷一八《世宗紀二》 癸巳，殺曾銑，逮夏言。

《國榷》卷五九 錦衣衛都督同知陸炳讞曾銑，具如仇鸞指。遂戍蘇綱，逮夏言。坐銑交結近侍官員律，殺銑西市，妻子流三千里。銑字子重，江都人。嘉靖己丑進士。果鋭有機略。初御史，平遼之叛卒，用是著。敢任勞怨，其死不當罪，天下聞而冤之。蓋嚴嵩借銑陷夏言，而仇鸞厚賄嵩，及都督陸炳搆其獄。自後以套事爲諱。

丁酉，浙江左布政使林雲同爲右僉都御史，巡撫湖廣。右僉都御史王守服闋，總理河道。

辛丑，總督宣大侍郎翁萬達言，虜中歸人祈貢市。詔備之。

癸卯，釋咸寧侯仇鸞。

四月丁未，下夏言鎮撫司。言至丹陽被逮，知不測，指道旁樹曰：「白楊白楊，爾能知我此去不反乎？」言疏辨：「河套罷兵，諭下不兩日，仇鸞方就逮，何以知上語即疏？至此明係嚴嵩陷臣。」上不省。言聞銑所坐，驚墮車，曰：「噫，吾死矣。」復疏辨，其詞甚苦。刑部尚書喻茂堅、左都御史屠僑、大理卿朱廷立等據曾銑律以請，而言當議貴議能。上怒，切責茂堅等阿附，竟論死，妻子流三千里。

壬戌，先是順天庫歲核，户科都給事中羅崇奎請三年始核。從之。總督倉場户部尚書張潤致仕。

癸酉，給巡撫浙江兼福建海道右副都御史朱紈符幟。初漢人豔諸番貨，私與市。嘉靖十七年，閩人金子老爲番舶主，據寧波之雙嶼港。後閩人李□□、歙人許棟繼起。負金錢多不償，則推豪貴聞于官，逐之。番大恨，出没島嶼，東南之難自此始。朱紈搗雙嶼，盛兵集港口，挑之。夜風雨，賊逸。我火攻破之，擒二酋，餘趨浯嶼。副使柯喬、參將盧鏜又破之，獨許棟逸。紈渡海至港，議留屯。衆難其險絶，築塞而返。歙人王直收許棟之黨，巢烈港。陳思盻亦聚百舫巢横港。别部王丹有舫五十，思盻迎入横港，夜鴆之，奪其舟。部人不平，潛通于直。而烈港出没，必經横港，屢邀劫。直伺思盻生辰方宴，襲殺之。由是海上寇悉受直節制。朱紈督分巡副使柯喬出海，搗靈官澳，大破之，擒渠帥三，真夷六十。漳人大恐，往聚觀，偶語籍籍。紈益排根窮治，豪右惡之于朝。

五月丙子，罷延綏總兵官韓承慶。陝西總兵官張達移延綏。

辛巳，前兵部尚書戴金卒。

壬午，禮部上孝烈皇后神主奉安坤寧宮儀注。初故事，在奉先殿左夾室，上不可。

丙戌，孝烈皇后葬永陵。

壬辰，增浮圖峪把總。

《世宗實録》卷三三六　陞户部右侍郎李士翱爲本部左侍郎，總督倉場，督理西苑農事。

《國榷》卷五九　癸巳，成勳爲署都督僉事總兵官，鎮守陝西。令給事中御史編審京師商户。

乙未，修天壽山感恩殿。

戊戌，虜犯宣府四海冶，官軍失利。

六月甲辰朔，故少師大學士楊一清贈太保，謚文襄。

丙午，以巡撫宣府右僉都御史孫錦請增邊餉，户部詰總督翁萬達及錦歲費陳狀，量發十八萬金。已各引罪，奪錦俸四月，萬達俸二月。陝西流寇平。

丁未，右副都御史張岳總督貴州、廣西軍務，討叛苗龍許保。初苗久不靖，至執指揮張治、百户錢用，巡撫貴州都御史李義壯請設總督，節制三省。

戊申，日本貢使周良等六百餘人求朝貢。朱紈以聞，許如十一年例，送五十人入京，餘留寧波嘉賓館。先是三月，貢使在館，有蜚書「巡撫欲殺使者，可先發，殺巡撫」。衆洶洶，朱紈堅卧定海，鎮之，頗疑推官張德熹，遂以聞。

己酉，停監生告改遠方例。

庚戌，周府鎮國中尉勤熨廢爲庶人。勤熨前奏禄糧，奪歲禄，復潛至京，言「臣建言得罪，資身無策。陛下厭棄萬幾，齋醮興作」。引秦皇、漢武、宋徽爲比。上大怒，幽之鳳陽。增延安游擊將軍。

辛亥，禮部請立皇后，不許，諭欲傳位太子。尚書費寀復言：「内禪事未敢仰承。」上然之，併寢立后之命。

丙辰，許張緒襲正一嗣教大真人。吏部言初襲當授真人，不宜濫封。不聽。

庚午，海盜屯刦福寧。

辛未，增承天府儒學樂舞。

七月甲戌朔，巡撫浙江兼福建海道、提督軍務、右副都御史朱紈改巡視。監察御史周亮、□科給事中葉鏜各言其遥制不便，蓋豪右中之也。

丙子，免泗州、盱眙、天長、懷遠田租。

戊寅，前兵部右侍郎潘珍卒。廣西賀縣盜倪仲亮、連山縣盜李金等平，官軍擊斬三千餘級，俘二百八十六人，廕總督張岳錦衣百户。

壬午，工部右侍郎王宗慶改禮部，南京國子祭酒李本改北。

癸未，增遼東義州、太清等堡、寧遠前屯城中右所戍兵三千人。

乙酉，刑部右侍郎詹瀚爲左侍郎，右副都御史傅炯爲刑部右侍郎。

戊午，復舊制，親王、郡王不得服内襲封。浙江左布政使李默爲太常寺卿，署南京國子祭酒。起顧應祥右副都御史，巡撫雲南。

壬戌，前少傅兼太子太傅、吏部尚書、文淵閣大學士許讚卒。贈少師，謚文簡。

辛丑，福建兵備副使張謙擊福寧盜，敗之。

八月辛亥，命秉一真人、禮部尚書陶仲文支伯爵俸，成國公朱希忠、駙馬都尉崔元加禄百石，輔臣嚴嵩食正一品俸，進禮部尚書費寀少保，顧可學、盛端明各太子少保。萬壽節恩。命工部進礦銀。南贛山盜平。歲稔，發帑金各邊積穀，從總督宣大翁萬達議。

《明通鑒》卷五九　癸丑，京師復震，遼東廣寧衛、山東登州府同日地震，祭告如初，仍敕「百官修省，各條時政得失以聞」。踰月，京師復地震有聲。

《國榷》卷五九　壬申，翰林檢討全元立爲修撰。虜犯大同鎮邊等堡，不克，伏其衆，以二十騎誘，指揮顧相千餘騎往，伏發，圍于彌陀山。總兵周尚文急出塞，敗之，相與指揮周奉、千户吕凱、郝京、百户利貞先戰死。尚文轉戰逐北，賊伏蘆草溝，我力戰，斬大酋一，乃遁。虜遂犯山西，乘不備，連入水口、紅門、猴兒山，官軍失利。

《明通鑒》卷五九　壬午，寇犯宣府東路，深入永寧、懷來等處，畿輔震動。

《國榷》卷五九　九月甲戌，聽歲貢生入監外留部選教官。

丙子，巡撫鳳陽、右副都御史胡松爲户部右侍郎。

辛巳，免淮安、鳳陽、揚、徐災傷屯租。治曾銑黨，延綏巡撫右副都御史張問行削籍，陝西巡撫右副都御史謝蘭降級，紀功御史盛唐謫□□□。逮參將李珍、延安衛署都指揮僉事田世威、寧夏衛指揮同知郭震，謂減餉餽銑子淳也。

《明通鑒》卷五九　上既誅曾銑，怒不已，遣給事中申價等往勘冒功通賄狀。珍起自徒中，爲銑録用，功最多，至是價等希指劾珍與指揮田世威、郭震爲銑爪牙，遂坐逮，連及巡撫謝蘭、張問行、御史盛唐，皆貶黜。又請勒曾淳、蘇綱贓，卹陣亡軍士及居民被難者。銑嘗檄府衛銀三萬兩製軍仗，亦責償于淳。既下獄，酷刑拷珍，令實剋餉行賂事。珍幾死，卒不承，淳用是得免。踰年，珍竟論死，世威、震坐謫戍。

壬午，虜俺荅自鎮安堡入犯，翁萬達預檄總兵官趙卿往。虜遂佯攻獨石，卿違令悉兵以援。虜遂踰長安嶺，掠雲州、赤城、永寧、隆慶、懷來，游騎至岔道八達嶺，關輔震動。命京營參將王佐、許策等援之。

《世宗實録》卷三四〇　甲申，以歲稔命户部發銀於各邊積穀，仍敕撫臣具有司催科殿最以聞。

《國榷》卷五九　丁亥，右副都御史龔輝總督漕運兼巡撫鳳陽。命京營戍卒分城防守。

己丑，聞掩荅出塞，命邀擊之。

壬辰，核京官。禮部員外郎徐鉉等二十四人俱借差，尚寶司卿汪宗凱等七人俱營差，户部司務周戴等三十一人俱滯差，兵部主事唐穆等三人俱差竣不歸。上責徐鉉等，調汪宗凱等，下周戴、唐穆等于法司。

甲午，令鄉官不得論本處有司。初給事中胡賓論河南巡撫魏有本，有本進南京刑部右侍郎，禮科給事中程時思又劾之，命有本留。免河間、瀋陽、蔚州、廣昌雹災屯租。陝西右參政李經以崇王載境訐其家居不法，命按之，削籍。

乙未，以災傷免陝西屯租。

丙申，巡按河南御史張坪謫。坪薦地方人材，及削籍御史張光祖，吏部糾之。南京工部尚書楊麟卒。

丁酉，制敕房光禄寺卿談相秩滿，請廕，許之。子文明録入太學。故事，雜流考滿不廕。

己亥，江西左布政使俞智爲右副都御史，巡撫南贛。梁尚德服闋，仍右僉都御史。

庚子，免順天、永平水災田租。

十月癸卯，殺少師、大學士夏言。

《明通鑒》卷五九　言既下獄，嚴嵩數以邊警激上曰：「此夏言、曾銑開邊釁，故報復耳。」上不悟，然尚無意殺言。會有蜚語聞禁中，謂「言怨望訕上」，上怒，趣命決于西市。或曰「蜚語即嵩所搆」，或曰「嵩以災異，密疏引漢誅翟方進故事」，上意遂決，然其事祕，世莫得知也。言强直自遂，初與嵩共事，輒遇事裁抑之，世多稱言。及大用後，頗修恩怨，物議遂不悉協。及嵩擠言至死，專權黷賄，禍及天下，久乃多惜言者。

《國榷》卷五九　命湖廣保靖宣慰使彭藎臣等約束各寨苗夷。

乙巳，許河南、山東人入金陝西，濟餉補官。

丙辰，虜入隆慶八達嶺，距天壽山七十里。巡按監察御史王應鍾夜赴昌平，鞭戍卒之不備者，劾守備石美中及提督太監王敏，俱奪官。

戊午，免承天、長沙、寶慶水災田租。增潮河川總兵，蘇、松、常、鎮督糧參政。

戊辰，兵部右侍郎萬鏜爲左侍郎，巡撫大同兵部右侍郎詹榮佐部，大理寺卿朱廷立爲工部右侍郎。

《明通鑒》卷五九　十一月甲戌，免山東被災税糧。

《國榷》卷五九　乙亥，巡撫四川右副都御史嚴時泰爲南京工部右侍郎。起郭宗臯右僉都御史，巡撫大同。

丙子，議孝烈皇后祔廟，祧仁宗，不果行。

庚辰，總督河道右僉都御史王守爲南京右副都御史。廣東左布政使李春爲右副都御史，巡撫四川。

丁亥，巡撫河南右副都御史張綱卒。

壬辰，前南京兵部右侍郎張楝卒。

己亥，巡撫遼東右僉都御史李珏爲大理寺卿。太僕寺卿方鈍爲右僉都御史，總理河道。

十二月甲辰，詔墾太原、平陽、澤、汾荒田萬七千四百餘頃，補宗禄。

乙巳，錦衣衛都督僉事袁天章爲都督同知，鎮撫司指揮同知張柏齡爲指揮使。

丙午，南京右副都御史劉訒爲南京工部尚書。應天府丞蔣應奎爲右副都御史，巡撫遼東。

《世宗實録》卷三四三　戊申，漕運總兵官萬表請給帑銀造船，并減折運米以紓民困。

《國榷》卷五九　壬子，御馬監太監李慶等爲故司禮太監鮑忠乞恩陞從子八人，補勇士營五十人，兵科給事中劉體乾言其濫，遂陞三人，收勇士二十人。

甲寅，少保兼太子太保、禮部尚書兼翰林學士費宷卒。贈太保，謚文通。漕運總兵官署都指揮僉事萬表爲南京中軍都督府僉書。

丁巳，署詹事府事禮部尚書孫承恩還部。兵部左侍郎范鏓兼右僉都御史，往潮河川修築關城。

戊午，海盜流劫蘇、松，官軍敗之。前應天府丞朱隆禧爲大理寺卿。隆禧以大計免，陶仲文往太和山，諂附之，託其進方書，賜金幣，因入謝干進，上以挂察典，進秩致仕。

庚申，山東左布政使駱顒爲右副都御史，巡撫山東。

辛酉，鎮遠侯顧寰爲總兵官，提督漕運，鎮守淮安。

丙寅，罷寧夏總兵官王縉。坐曾銑失事。虜犯遼陽，大殺掠。貴州守備柳之文討銅仁叛苗，賊卒至，衆驚潰，之文手刃數賊，死之。

嘉靖二八年（己酉、一五四九）

《國榷》卷五九　正月壬申朔，上不朝。黄振爲署都指揮僉事，總兵官，鎮守寧夏。

己丑，前户部侍郎顧珀卒。

辛卯，定漕運、河道二臣久任。初巡按監察御史陳其學言：「前年秋冬間，推胡松總河，韓士英總漕。去春士英進南京户部尚書，松代之。不踰月，進户部左侍郎。彼此視如傳舍，宜久任而責成之。」報可。

甲子，禮部尚書孫承恩劾罷。

乙未，太子太保、禮部尚書盛端明致仕。套虜自西海還掠永昌鎮羌，邊將拒卻之。

壬寅，增海州參將。

癸卯，撫治鄖陽右副都御史于湛，巡按湖廣監察御史賈大亨互訐，俱免官聽勘。去秋九月既望，月食當晝刻，例不護救，湛悮行之，被劾，遂訐大亨淫婪不職。

甲辰，停江南丈田，御史劉奉言其滋蠹也。

乙巳，發四萬金賑陝西，并免臨洮、鞏昌田租。

《世宗實録》卷三四五　丁未，祭至聖先師孔子，遣吏部尚書聞淵行禮。

《國榷》卷五九　丁未，宣府報警。總督翁萬達請以大同總兵官周尚文代宣府總兵官趙卿，分布待戰。從之。時宣府總兵趙卿以隆永之役在論，未得代。總督翁萬達得諜報，檄卿住兵滴水崖，而慮無可援也，檄大同總兵官周尚文曰：「若當援滴水崖。」尚文得檄尚猶豫，而萬達慮尚文猾而矜，幸鄰變，援師少延，無濟也，因奏尚文得暫代卿將，援可速也。詔下，尚文果甲而馳。未至，虜已攻滴水崖，而卿已聞代，付兵三千人于守將董暘、江瀚，自歸。暘，瀚故驍將，時營官隨卿，因出禦之。虜一出我前，一出我背，夾攻。暘、瀚猶揮刃力戰，殺數級而死。于是虜復東向懷來，而尚文之兵至，值于石柱村，軍容甚堅。虜未敢卒犯，遣間來約曰：「詰朝相見。」比曉，虜伐樹拆屋毁門闗，令步卒肩之以禦矢石，而騎隨之，譟且突陣。舊列營必列木爲栅以拒侵軼，其夜，尚文以栅目可見，不若穴地爲暗窖，乃令人劚七窖于壁外，窖深及膝，大容馬蹄，及戰，虜馬多僕，軍爲發火器擊之。凡二日，陣百餘合，虜死數千人，大沮，然恃其衆，不歸也。俺荅拔刀曰：「不勝，且刎吾首。」乃復攻圍，我軍俱憊，萬達曰：「兵三日戰必疲，不援尚文，棄師也。」因鼓行而前，未至虜營十五里，虜拔營遁。

辛亥，南京吏部尚書張治改禮部尚書兼文淵閣大學士，國子祭酒李本爲少詹事兼翰林學士，並直文淵閣。

壬子，山西營田大稔，巡撫楊守謙力也。詔各塞如之。

乙卯，大同總兵官周尚文赴宣府。值虜曹家莊，大戰浹日。西路參將姜應熊等自懷來鼓噪而東，虜不測，宣府總兵趙國忠分道促之，遂遁。

《明史》卷一八《世宗紀二》　丙辰，宣府總兵官趙國忠又敗之於大滹沱。

《國榷》卷五九　吏部左侍郎兼學士徐階爲禮部尚書。巡撫保定右僉都御史李仁爲右副都御史，巡撫宣府。

丁巳，虜至永寧。周尚文追及之，斬其後勁，虜自黄家黑峪北走。南京禮部尚書王學夔改南京吏部尚書。順天府丞任瀛爲右僉都御史，撫治鄖陽。

戊午，禮部左侍郎歐陽德改吏部左侍郎兼翰林學士，署詹事府事，教習庶吉士。

庚申，賈席爲署都督僉事總兵官，提督江淮巡捕。錦衣衛指揮同知鄭璽除名。撫寧侯朱岳、英國公張溶罷營務。定西侯蔣傅、惠安伯張鑭，署都督僉事孫堪各奪俸二月。先是給事中楊允繩偕岳等于武場較閲官舍，訛言虜至沙河，各驚走，損威重。

癸亥，汀、漳盜巢悉平。

乙丑，刑部尚書萬鏜改南京禮部尚書，禮部右侍郎王崇慶爲左侍郎，工部右侍郎朱廷立改禮部右侍郎。

三月壬申，南京工部尚書劉訒改南京刑部尚書，巡撫陝西右副都御史謝蘭爲工部右侍郎。

丁丑，巡撫江西右僉都御史傅鳳翔爲右副都御史，巡撫陝西。操江都御史周襗劾免。

壬午，工部左侍郎屠楷爲南京工部尚書，巡撫寧夏右僉都御史王邦瑞爲南京大理寺卿。敘逐虜功，進總兵官周尚文太保兼太子太傅，總督翁萬達兵部尚書，各賜金五十，幣六，萬達幣四，總兵官趙國忠幣二。嚴嵩蔭中書舍人，兵部尚書趙廷瑞進太子少保，餘陞賞有差。

甲申，皇太子冠。上不御殿，罷傳制，餘如禮。是日，北郊。泰祈坊風壞。

丙戌，巡鹽監察御史劉時進溢薦至四十餘人，非詔例，謫。

丁亥，皇太子載壑薨，年十四。

戊子，起張時徹兵部右侍郎兼右僉都御史，提督操江。

癸巳，刑部右侍郎詹瀚劾免。

乙未，右副都御史楊行中爲工部左侍郎。

丙申，册謚皇太子莊敬。

四月戊申，巡視右副都御史朱紈敗倭于詔安。巡按監察御史楊九澤上捷違例，謫九澤。

庚戌，禮部右侍郎朱廷立、大理寺右少卿閻璘干進被劾免。責吏部尚書聞淵私濫，奪郎中□□□俸六月。巡視浙江右副都御史朱紈俘海盜九十六人，斬之。巡按監察御史陳九德劾其專殺，罷紈，命兵科給事中杜汝禎即訊。紈窮治豪右如□□僉事林希元等，諸貴臣相呴紈不休，卒解任。

辛亥，兵部尚書趙廷瑞劾罷。

癸丑，先是安南莫正中搆兵來歸，舊臣范子儀收餘卒，妄言莫宏瀷夭，迎正中還國，因流劫廉、欽間。事聞，命督撫驅勦。

丙辰，經理兩關兵部左侍郎范鏓爲兵部尚書。疏辭云：「衰朽之年，栖栖可恥。」忤旨，削籍。

丁巳，初二月，虜寇宣府，射書求欵，且還所掠人，云不許貢且復犯宣大。總督翁萬達以聞。上以虜狡，徒沮邊略，不許。然我前殺其使，故但射書，又累入得利，嘗怯我，意欲狃我，非其情也。

己未，築大同、宣府內外邊，總督翁萬達請築內塞。又萬達請還乘塞之兵。

壬戌，福建備倭都指揮俞大猷【略】改駐欽、廉。方山王府奉國將軍知睒、知㷺殺其兄知煦，賜死。

丁卯，甘州副總兵吉象、延綏副總兵陳鳳並署都督僉事總兵官，象鎮守寧夏，鳳鎮守大同。

五月甲戌，宣大總督兵部尚書翁萬達還部。

乙亥，太保兼太子太傅、左都督、大同總兵官周尚文卒。贈太傅，謚武襄。

戊寅，巡撫宣府右僉都御史郭宗皐爲兵部右侍郎兼右僉都御史，總督宣大。

己卯，禮科給事中沈束請周尚文卹典贈爵。上以尚文矜肆怨望，束不即繩而私之，下鎮撫司，廷杖，錮于獄。

癸未，刑部右侍郎傅炯爲左侍郎，巡撫山西右僉都御史蘇祐爲刑部右侍郎。河南按察使李良爲右副都御史，巡撫宣府。

《世宗實録》卷三四八　己丑，兵部侍郎詹榮疏陳預處防秋十事。

《國榷》卷五九　甲午，四川左布政使石遷高爲右副都御史，巡撫山西。

丁酉，錦衣衛右都督陳寅卒。

六月己亥朔，兵部右侍郎詹榮爲左侍郎，南京大理寺卿王邦瑞爲兵部右侍郎。

庚子，前太子太保、兵部尚書趙廷瑞卒。

丁未，陝西左布政使王昺遲悞織幣，降浙江布政司左參政。裁團營官三十六人。

辛亥，太傅兼太子太傅、駙馬都尉京山侯崔元卒。謚榮恭。

己未，免鳳陽水災田税。

壬戌，大學士張治、學士李本、禮部尚書徐階直無逸殿。

丙寅，兵部尚書翁萬達提督團營。

七月壬申，緝捕閩、浙通倭豪猾。

《明通鑒》卷五九　初祖制設浙江市舶提舉司，中官主之，駐寧波，海舶至則平其直，制馭之權恆在上。及上撤天下鎮守中官，并市舶司罷之，而濱海奸人遂專其利。初猶市商主之，及通番禁嚴，遂移之貴官家，復屢負其直，倭使互市者留海濱，輒喪其資，不得返國，大恨。而大奸若汪直、徐海、陳東等，遂竄其中，以内地不得逞，悉逸海島爲主謀。倭聽指揮，相煽入寇，而海中巨盜，亦襲倭服飾旂號，分艘掠内地。自朱紈至，始稍稍治之。紈既罷，海禁益弛，亂滋甚。時海上承平日久，民不知兵，聞警則竄走一空。終嘉靖之世，遂無寧歲。

《國榷》卷五九　癸酉，翰林侍讀敖銑、修撰黄廷用主試應天。

丁亥，禮部尚書徐階考汰太醫院醫士。勒撫賞三衛貢夷之額。

庚寅，旱災，免河南、西安夏税有差。

癸巳，巡撫雲南右副都御史顧應祥爲南京兵部右侍郎，巡撫山東右副都御史駱顒爲大理寺卿。

戊戌，山東、廣東左布政使應檟、韓楷爲右副都御史，檟巡撫山東，楷巡撫雲南。

八月己亥，户部歲終會計出納分四則：歲徵、歲收、歲支、歲儲，呈御覽。

甲辰，翰林院侍讀康太和、右春坊右贊善兼翰林院檢討閻樸主試順天。

己酉，前南京兵部左侍郎潘旦卒。贈工部尚書。

辛亥，禮部尚書徐階子璠倩人入棘鄉試，事泄，被縛而逸。監試御史楊順、張鑑以聞。南京吏部考功主事華亭楊豫孫急足報階。階先密疏辭廕，略曰：「陛下以臣犬馬之勞，澤及其胤，令子璠備數南雍。今南中人來，臣私詢訪，知其意氣不倫，交遊非類。臣日夜媿懼，不能教子以負上恩。爲此披誠，請革璠廕，使臣不以不肖子冒恩澤，亦使臣子知聖主督過，能自遷悔，是所以造就微臣，不獨名位寵榮也。」疏入，上大悦。旬日，御史疏至，上不問。已，南京給事中萬文宲將論階，有愛吏泄于豫孫。豫孫以兵部主事茅坤善文宲，探得之。階先爲備，仍不問。文宲奪官，謫，豫孫改北禮部儀制主事，坤降廣平通判。

己未，録甘肅禦套虜功，進總兵官王繼祖都督同知，巡撫楊博右副都御史。西夷總牙日羔剌等以迫土魯番，入肅州雜居。監生李時暘奏，恐貽患内地。巡撫楊博檄副使王儀、參將劉勳修威虜并金塔寺古城，徙七百餘帳，男婦三千四百餘人，給耕爨，朔望互市，諸番頓首受約。瓊州黎作亂。敘州戎珙等蠻平。虜入大同左衛及威遠、平虜，毁墻入，至寧武，殺掠，久之遁。

甲子，兩浙都轉鹽運司副使郭希顔復上廟議及《周禮廟祧》一篇。上不問。

九月丁卯朔，獻瑞穀于玄極寶殿及太廟，齋朝天宫三日。虜三千餘騎寇榆林，參將劉繼先等戰却之。

乙亥，禮部尚書顧可學乞假遷葬。

丙子，豫開各邊鹽引。

戊寅，太子太保、吏部尚書聞淵致仕。虜三萬騎掠萬全左衛，總督郭宗皋督兵禦之，遂引而東，駐沙嶺堡。

己卯，刑部尚書喻茂堅致仕。

庚辰，嘉興、湖州饑，免秋租，仍賑之。

辛巳，俺荅入宣府左衛。翁萬達計出深井、順城兩川，蔚州兵足恃，南出紫荆關亦足備，若出雞鳴，趨新舊保安、懷來，可虞也，乞京兵援。命督鎮熟計。

壬午，總兵趙國忠拒虜沙嶺堡。遂漸西，參將趙臣尾之，大同總兵陳鳳、副總兵林椿、游擊焦澤、張騰各追至鷂兒嶺，伏發苦戰，臣、騰被創。會大風雪而退。明日，復斬一酋。遂自萬全右衛頹垣出。三衛及花當導小王子犯遼東沙河堡，數騎挑戰，張景福出戰，伏發，殺景福及百户成策、李松。

《世宗實録》卷三五二　甲申，建秋報大典于大高玄殿，命英國公張溶等分祭各宫廟。

《國榷》卷五九　乙酉，免徐、宿、碭水災田租。

癸巳，户部尚書夏邦謨爲吏部尚書。時推禮部尚書徐階，不許。上素重禮部，應制在吏部上。自階被旨後，會推吏部，更不敢及禮部。凡閣臣出，六卿避輿，獨吏部抗揖，邦謨、何邑始避。

十月庚子，天壽山守備太監劉遠請符幟，如鞏華城副總兵胡潭例。不許。

辛丑，免順天、河間、保定、真定、大名災傷田租。

癸卯，總督湖廣川貴右副都御史張岳言：「貴州銅仁叛苗，往日布政使石簡嘗撫之，賜魚鹽、牛酒、花幣，給口糧，冠帶其酋，衿弁其子弟，不旋踵而叛掠。此撫爲亡益，徒養寇之明驗也。必大兵創之，後撫可定，守可固。」從之。

乙巳，召南京刑部尚書劉訒于刑部。前河南道監察御史楊爵卒。

丙午，諭苑田瑞穀停刑。

辛亥，總督陝西尚書王以旂滿六年考，進太子少保。吏部左侍郎潘璜爲户部尚書。巡撫順天右僉都御史孫應奎爲左副都御史，佐院。總理河道右僉都御史方鈍爲南京大理寺卿。

乙卯，巡撫雲南、右副都御史韓楷疾去。吏部右侍郎丁汝夔爲左侍郎，兵部右侍郎王邦瑞改吏部右侍郎。河南左布政使王汝孝、應天府丞何鰲並爲右副都御史，汝孝巡撫順天，鰲總理河道。

辛酉，兵部尚書翁萬達憂去。左侍郎詹榮當署事，引疾乞假，忤旨罷。

癸亥，吏部左侍郎丁汝夔爲兵部尚書，提督團營。免山東、貴州、遼東旱蝗秋租有差。

十一月戊辰，議孝烈皇后祔廟。初禮部議奉先殿東室，上非之。于是嚴嵩議太廟睿皇后後寢安主，從祔姑之義。上不可，諭遵祖制，祧仁宗。

壬申，免大同糧芻。先是隕霜殺苗也。

乙亥，太常寺卿署南京國子祭酒李默爲禮部右侍郎，刑部右侍郎蘇祐改兵部右侍郎。順天府尹胡奎爲右副都御史，巡撫雲南。

《世宗實録》卷三五四　庚辰，陞湖廣左布政使任翰爲都察院右副都御史，巡撫貴州。

《國榷》卷五九　辛巳，巡撫河南右副都御史彭黯爲刑部右侍郎。治宣大失事罪。

甲申，孝烈皇后祔太廟。

丙戌，起端廷赦右副都御史，巡撫河南。河南按察使陳耀爲右僉都御史，巡撫大同。

庚寅，工部尚書文明卒。

乙未，免沔陽、荆門水災田租。

十二月丙申朔，前大理寺卿李珏卒。

戊戌，寧夏左參將吴鼎爲署都督僉事總兵官，鎮守延綏。

壬寅，貴州左布政使郜相以前郎中進俸，後陞任四川布政司左參政，兼支從四品俸，被劾，下巡撫訊之。遂定内外官非軍功遷，後不許兼支，著爲令。

丁未，提督倉場户部左侍郎李士翱爲工部尚書。

庚戌，南京兵部尚書韓邦奇致仕。

甲寅，巡撫山東右副都御史應檟改山西。

己未，賑淮安。

辛酉，琉球來貢。

壬戌，南京吏部尚書王學夔改南京兵部尚書。起應大猷右副都御史，巡撫山東。麻陽縣苗破印江縣，執知縣徐文伯。

是年，宗人府上玉牒。親王至庶人，見在萬有九千八百九十三人。其未開陽曲、永和二府及南京齊庶人、建庶人後，不下千人。郡主、縣主、郡君、鄉君等共九千七百八十二人。

嘉靖二九年（庚戌、一五五〇）

《國榷》卷五九　正月丙寅朔，上不朝。

《世宗實録》卷三五六　丁丑，後軍都督府掌府惠安伯張鑭卒。賜祭葬如例。

《國榷》卷五九　戊寅，吏部大計，降斥四千六百餘人有差。亦佐典史厲汝進削籍，前户科都給事中，論嚴氏謫也。

乙酉，增陝西清水、高家、清平三堡守備。

《世宗實録》卷三五六　乙酉，琉球國中山王尚清遣陪臣梁顯等入貢，宴賞如例。

《國榷》卷五九　辛卯，前南京户部尚書徐問卒。

癸巳，保定、河間、定州官軍防守乞定賞格。凡大征五千里外踰歲，人賞五金。三千里外踰八月，次之。千里外踰六月，又次之。五百里外踰三月，又次之。

甲午，户部上去年會計録，歲共入銀三百九十五萬七千一百十六金，出乃四百十二萬二千七百二十七金。請一切節用，報聞。

乙未，南京工部尚書屠楷改南京吏部尚書。

二月丙申朔，巡撫湖廣林雲同、雲南道監察御史李廷春並免。廷春任石首知縣，有墨聲，雲同嘗笞之，至是恐報復，劾其贓私，互訐，俱影響，各閒住。

《世宗實録》卷三五七　丁酉，祭先師孔子，命禮部尚書兼翰林院學士徐階行禮。

《國榷》卷五九　己亥，起陳經太子少保、户部尚書，總督倉場，督理西苑農事。

《世宗實録》卷三五七　辛丑，陞山東按察使鮑象賢、四川按察使岑萬俱爲右布政使。

《國榷》卷五九　壬寅，禮部尚書兼文淵閣大學士張治，署詹事府事吏部左侍郎歐陽德主禮闈。

《明通鑑》卷五九　甲辰，宣府諜報，寇移帳駐威寧海子；已復報寇朔州。兵部議：「寇入宣府，則衡黄花、白馬、古北等隘。今日廟謨所當先定者，惟亟備薊鎮，屏蔽京師。請發河間兵一枝駐密雲，保定兵一枝駐通州，俱聽薊州撫鎮節制。」從之。

《國榷》卷五九　乙巳，福建左布政使屠大山爲右副都御史，巡撫湖廣。

丙午，刑部左侍郎傅炯爲南京刑部尚書。

戊申，墾甘肅荒田。

《世宗實録》卷三五七　癸丑，陞南京鴻臚寺卿陸邦爲南京光禄寺卿。

《國榷》卷五九　甲寅，南京兵部尚書王學夔致仕。

乙卯，陳文德補南京國子祭酒，工部左侍郎楊行中改南京刑部。故安南都統使莫福海子宏瀷求封，俟後命。

丁巳，琉球遣陪臣子五人入太學。

戊午，增陝西平川堡守備。

《世宗實録》卷三五七　庚申，禮部會試，取中式舉人傅夏器等三百二十名。

《世宗實録》卷三五八　三月乙丑朔，陞南京太僕寺少卿鄭曉爲南京鴻臚寺卿。

《國榷》卷五九　辛未，巡撫南贛都御史喻智、應天府尹呂顓劾免。定京師逃户助役銀。初永樂間，徙浙、直富人三千户直役宛平、大興，其後逃户人徵二金助役。至是止徵本户，毋他累。

癸酉，吏部右侍郎王邦瑞爲左侍郎，禮部右侍郎李默改吏部右侍郎，南京户部尚書韓士英改南京兵部尚書。左副都御史孫應奎爲户部右侍郎，總督倉場，督理西苑農事。增瓊州參將。命欽州守備、署都指揮使俞大猷爲右參將，往守瓊、崖。

丁丑，前户部右侍郎及官卒。

己卯，策貢士傅夏器等三百二十人，賜唐汝楫等進士及第、出身有差。恩榮宴命内閣少詹事李本序坐二品末。

辛卯，户部右侍郎胡松爲左侍郎，大理寺卿駱顒爲户部右侍郎，詹事王用賓爲禮部右侍郎。

壬辰，兵部右侍郎蘇祐爲左侍郎，工部右侍郎謝蘭改兵部右侍郎。太僕寺卿盧勳爲右僉都御史，提督南、贛、汀、漳軍務。錦衣衛親軍指揮使郭守乾，故武定侯勛長子，求嗣爵，以勳戚，許之。

癸巳，通政使孫禬爲工部左侍郎。

《世宗實録》卷三五八　甲午，録陝西懷遠堡諸處斬虜死事功，官軍王暹等三十七人陞賞有差。

《明通鑒》卷五九　是月，貴州苗賊龍許保襲思南府之印江縣，執知縣徐文伯及石阡推官鄧本忠以去。

《明史》卷一八《世宗紀二》　是月，瓊州黎賊平。

《國榷》卷五九　四月乙未朔，陞廣西左布政使鄭漳爲應天府尹。

戊戌，禮部左侍郎王崇慶爲南京户部尚書，提督兩廣右副都御史歐陽必進爲南京右都御史。

《明通鑒》卷五九　己亥，以久旱，遣官祭告郊廟，並敕羣臣修省。

《世宗實録》　卷三五九　降補巡撫大同都察院右副都御史李仁爲陝西延安府神木縣典史。

《國榷》卷五九　丁未，總督漕運右副都御史龔輝、巡按直隸御史戴德，各言祖陵泗州，逼近淮河，地勢窪下，今黄河水衝入淮，下流壅塞，勢必上溢，恐爲陵寢憂，宜急開支河口以通下流。又衝潰當防，并築陳莊劉家溝。從之。

己酉，龔輝爲大理寺卿。總督糧運右副都御史周延爲兵部右侍郎兼右僉都御史，提督兩廣軍務兼巡撫廣東。

辛亥，前陽武知縣河間王聯居里淫暴，至毆其父良。良訴于御史閻鄰，論死。久之，良告息詞。出獄又殺人，仍論死，百方求脱不得，以是憾先後御史胡植、馮璋、張洽等。知上喜告訐，而令陽武時，巡撫胡纘宗值上幸楚，供帳不備，笞聯，已御史陶欽夔論其贓。至是訐奏纘宗迎駕詩「穆王八駿空飛電，湘竹英皇淚不磨」。爲呪詛，并及都御史劉隅、參政朱鴻漸、御史陶欽夔、胡植、閻鄰、馮璋、張洽、前知府項喬、賈應春、推官蔣珊、知縣郭咸休、田甸、高儒、給事中鮑道明、苑馬少卿袁淮等，意所忤輒搆入之。令子朝策冬至日入朝聲冤，奏之。上大怒，分逮纘宗等，下法司會訊。刑部尚書劉訒以纘宗詩頌德，非謗也。聯原坐殺人，朝策詐朝臣重論。獄上，以訒市恩，削籍，法司堂上官各奪俸六月，司官下鎮撫司拷訊。杖纘宗四十，削籍。聯仍坐殺人罪，子朝策如擬。大學士嚴嵩嘗申辨，嘉之，令兼支大學士俸，嵩辭免。

乙卯，巡撫延綏右僉都御史楊守謙爲右副都御史，巡撫保定兼提督紫荆等關。

戊午，通政司左參議趙文華爲右通政。

壬戌，封掌道教事禮部尚書陶仲文恭誠伯，以禱雨平獄也。浙江左布政使張烜爲右副都御史，總理糧儲兼巡撫應天。

五月乙丑，廣西副總兵都督僉事沈希儀爲總兵官，鎮守貴州兼提督平清等衛。

丁卯，南京户部右侍郎侯綸卒。

戊辰，工部尚書李士翔爲刑部尚書。

《世宗實録》卷三六〇　乙亥，陞太僕寺少卿高燿爲太僕寺卿。

《國榷》卷五九　丙子，南京刑部右侍郎魏有本爲右副都御史，總督漕運。被劾而去。

己卯，户部右侍郎胡松爲工部尚書，禮部右侍郎王用賓爲左侍郎，南京國子監祭酒程文德爲禮部右侍郎。都督同知張經爲副總兵，鎮守廣西。

壬午，時邊報日棘，西海逋虜寇甘、凉，吉囊寇延綏、固原。俺荅屯威寧、海直、開平，歲犯宣大。朵顔三衛數引土蠻犯廣寧、遼陽，睨白馬關，逼黄花鎮。于是兵部言：「飭營關以嚴內治，飭邊鎮以固藩籬。務實政以嚴邊備，廣儲積以嚴邊塞。時餽餉以安募卒，重犒賞以激將士。開使過以策奇功，開受降以殺敵勢。急撫按以固人心，正軍法以正紀綱。」議即行之。

辛卯，重修《大明會典》成。

癸巳，朵顔猛可等犯馬蘭谷。

六月甲午朔，大理寺卿龔輝爲工部右侍郎。

戊戌，申宗室越關入奏之禁。

《世宗實録》卷三六一　辛丑，建州等衛女直都督卜刺荅等七十人、建州右等衛女直都督真哥等四十人入貢，宴賚如例。

《國榷》卷五九　壬寅，察處陝西苑馬寺少卿李紳訐兵部右侍郎謝蘭，前撫陝西，疑陷之也。吏部覆：紳挾私，謫戍。

癸卯，南京大理寺卿方鈍爲南京户部右侍郎，巡撫四川右副都御史李春爲大理寺卿，總理河道右副都御史何鰲改總督漕運兼巡撫鳳陽。

甲寅，巡撫江西兵部左侍郎兼右僉都御史張時徹爲南京刑部右侍郎。南京太常寺卿汪宗元爲右副都御史，總理河道。

乙卯，四川左布政使張素爲右副都御史，巡撫四川。

丙辰，停江淮捕盗總兵，巡按監察御史趙錦言其無益。

丁巳，故黔國公沐朝輔母李氏訴次子朝弼忌姪輩孤弱，乞護輩至京，俟長還鎮。許之。輩尋殤，朝弼奏留母侍養。亦許之。免濟南、兗、登、青、廣平、真定、河間旱災夏税屯糧。

戊午，俺荅以數萬騎寇大同。

《明通鑑》卷五九　時諳達移駐威寧海子，勢將南下，乃由墩口潰牆而入，悉精兵伏林箐中，而以羸師往來誘我。總兵官張達意輕之，兵未合，遽率麾下馳擊之，伏發，圍之數匝，達馬蹶，遂遇害。副總兵林椿，方擊餘騎于彌陀山，聞達被圍，亟引兵西救。會矢下如雨，椿亦中流矢，死之。

《國榷》卷五九　閏六月乙丑，陞江西左布政司吴鵬爲右副都御史，巡撫江西。免山西夏税。

《世宗實録》卷三六二　大同敗書聞，上嘉總兵張達、副總兵林椿効忠死事，贈達爲左都督，謚忠剛；椿爲都督同知，謚忠勇，仍各立祠，賜祭葬，廕一子。

《明通鑑》卷五九　時咸寧侯仇鸞坐廢家居，以賄嚴世蕃，屬之兵部，薦其謀勇可任，即日復太子太保，充總兵官，鎮守大同，以署都指揮僉事徐珏副之，俱令星馳赴鎮。

《國榷》卷五九　丙寅，免隆慶州永寧縣去年田租之半，以被虜故。

戊辰，免開封、歸德、衛輝、懷慶旱災夏税有差。

癸酉，逮總督宣大侍郎郭宗皐，巡撫大同右僉都御史陳耀。

《明通鑑》卷五九　先是大同之敗，宗皐、耀各奏言「張達、林椿雖敗于陣，而寇亦旋退」。給事中唐禹言「達、椿効死先登，全軍陷没，獨達二子張世傑、張俊以血戰潰圍得出。此數十年邊闕未有之大衄。而宗皐等不自席藁待罪，乃敢蔓語彌縫，冀逃罪譴，死何以見達、椿，生何以謝二子？乞明示賞罰，以昭激勸」。上以禹奏公平，賜達二子同廕。命錦衣官校械繫宗皐、耀，既至，命各杖于廷，耀死杖下，宗皐謫戍邊。

《國榷》卷五九　丙子，大同缺督撫，命兵部左侍郎蘇祐攝總督兼右僉都御史巡撫。起守制兵部尚書翁萬達總督宣大，前右僉都御史趙錦巡撫大同。以萬達家廣東，未即至，先遣祐。兵科給事中任有齡言大臣䘏典，費亦不貲。近年乞請太煩，不無濫與。【略】有旨文武官如議，戚屬宜從厚，不許請。文武大臣䘏典，雖成例應得，德業未著，以次遞降。如譴甚，不復給。上從之，惟外戚如故。

丁丑，從禮科給事中楊允繩之言，慎選督學官。免淮安、鳳陽、揚、徐、安東旱災等夏税有差。

《國榷》卷五九　己丑，免順天、河間、真定、保定、山西旱災夏税有差。屬夷復犯河坊口。初順天巡撫王汝孝忿三衛脅賞，因襲殺之，致屢盗邊。至八月，勾虜大入。

七月甲午，起孫承恩仍禮部尚書兼翰林學士，署詹事府事。

庚子，大同總兵咸寧侯仇鸞以守備單弱，請小堡歸併大堡，隨營截殺。部覆從之。

辛丑，兵科給事中楊允繩言：「申明縣官改調之法，量繁簡、邊腹、衝僻三等，毋請託規避。」報可。兩廣總兵平江伯陳圭、提督侍郎歐陽必進討平瓊州黎賊那燕。敘功賞。户部尚書潘璜調南京，改刑部尚書，以李士翔爲户部尚書。時上憂帑絀，會核弊端，璜條上，大率邊餉非舊額，而屯收鹽鈔諸課尚未查覆。言官謂其浮漫，璜引咎。

癸卯，命保定巡撫楊守謙移漢達軍分駐通、易東西二廳。總兵劉鼎戍居庸關，辛昇戍黄花鎮，完成戍古北口，詹祥戍白羊口，任俊戍白馬，陳燦戍懷來。

丙午，前太子少保、禮部尚書盛端明卒。

《世宗實録》卷三六三　陞太僕寺少卿陳儒爲南京太僕寺卿。

《國榷》卷五九　戊申，俺荅、脱脱、辛愛等自威寧徙斷頭山，合吉囊部十餘萬騎謀深入。詔各邊戒嚴。

己酉，南京兵部右侍郎顧應祥爲刑部尚書，户部右侍郎駱顒爲左侍郎，巡撫河南左副都御史端廷赦爲户部右侍郎。

庚戌，兩廣總兵平江伯陳圭告老。命工科給事中李用敬核各監局錢糧。先是用敬被命，太監高忠沮之，營繕主事黄元恭執争，得如議。

《明通鑒》卷五九　壬子，逮巡視浙閩都御史朱紈並副使柯喬、都指揮盧鏜等。紈既罷職聽勘，給事中杜汝楨、巡按御史陳宗夔勘上，悉如陳九德言，遂坐逮。方按問，趣紈對簿，紈聞之，慷慨流涕曰：「吾貧且病，又負氣不能相下。縱天子不欲死我，閩、浙人必殺我。吾自決之，不須人也。」製《壙志》，作《絶命詞》，仰藥死。鏜、喬等皆論死，繫按察司獄。自紈死，並巡視亦罷不設，中外諸臣自此摇手不敢言海禁事。

《國榷》卷五九　密雲、易州二兵備道舊轄順義、懷柔、營州左屯衛，昌平、涿鹿左衛，興州、中屯，房山、宛平、良鄉、通州、居庸等隘，俱改屬霸州道。春夏駐霸州，秋冬駐昌平。其密雲、霸州二道受薊撫節制，易州道受保定巡撫節制。兵科給事中杜汝楨報，前巡視浙江兼海道右副都御史朱紈所俘斬乃滿剌加國人販海者，非倭也。鎮遠侯顧寰爲總兵，鎮守兩廣。

乙卯，陝西左布政使葛守禮爲右副都御史，巡撫河南。

丙辰，裁崇文門税課主事，歸巡視南城御史督察。

《世宗實録》卷三六三　丁巳，詔復征山海關税。

《國榷》卷五九　許湖廣土官如兩廣例，立功襲職加散官。從總督張岳請。

己未，虜屯古城川，去塞二十里。命兩官廳參將詹祥等兵二部往。免陝西旱災夏税。

八月壬戌朔，復虞守愚大理寺卿，初失讞被劾。虜俺荅糾套虜大舉趨獨石，屯金字河。

甲子，虜犯宣府兩河口，官軍拒之，不克入。

《明通鑒》卷五九　先是諳達大舉入寇，將擁衆窺大同。時仇鸞方受命蒞鎮，惶懼無策，其廝養時義、侯榮者説鸞曰：「勿憂，吾爲主解之。」乃爲鸞持重賂賂諳達，令移寇他塞，毋犯大同。諳達受貨幣，遺之傳箭以爲信，而與之盟，遂東去。及至宣府，有備不得入，遂寇薊鎮。

《國榷》卷五九　都督僉事郭琮總兵提督漕運，鎮守淮安。

丙寅，聖誕恩，進成國公朱希忠特進、光禄大夫、柱國，閣臣嚴嵩上柱國，尚書張治、徐階、顧可學並太子太保，少詹事李本、吏部右侍郎兼東閣大學士。嵩辭有曰：「《傳》云尊無二上。上非人臣所宜居，累朝曠而不授。唐太宗嘗爲尚書令，唐臣無敢爲尚書令。郭子儀大功，特授不拜。臣識昧古今，頗知敬畏，乞特免此官，仍著爲國典，以昭臣節。」允之，進子世蕃太常寺卿。命仇鸞兼將各路客兵，宣府總兵趙國忠助之。時鸞趨懷來，國忠趨龍門、赤城。

《世宗實録》卷三六四　丁卯，祭先師孔子，命大學士李本行禮。

戊辰，祭太社稷，命英國公張溶代。

《明通鑒》卷五九　己巳，寇自獨石邊外東行至大興州，去古北口百七十里，仇鸞知之，率所部馳至居庸關南。而順天巡撫王汝孝駐薊州，誤聽諜者，謂寇向西北，兵部尚書丁汝夔信之，請敕鸞還備大同，勿東。未幾，興州報至，始命鸞壁居庸，汝孝守薊州。

《國榷》卷五九　癸酉，仇鸞賂虜，舍大同而東駐大興州，去古北口百七十里。仇鸞率所部至居庸關，佯奏虜或侵薊，請身壁居庸。或隨賊轉戰，或徑趨通州，防守京師，惟上所命。順天巡撫王汝孝駐薊州，諜報虜趨西北，宜止鸞兵還備大同。上令鸞駐居庸俟援，汝孝嚴守薊鎮鞏華城，副總兵劉通赴天壽山。

乙亥，虜循潮河川南下，至古北口，薄關城，總兵羅希韓等禦之，不能卻。

丁丑，攻古北口，我兵矢石卻之。虜悉衆綴我師，間道從黄榆溝等潰墻入，乘我後。王汝孝等兵大潰，虜遂自石匣營至密雲，轉掠懷柔、順義，圍之。聞保定兵在焉，乃解而南。大同總兵官仇鸞請通虜貢市馬，謂邊臣違禁私交，利歸于下，孰若大開賞格，恩出于上，功相萬也。章下兵部。京師戒嚴，時聞奸人潛欲焚各場積芻，給事中王德請積芻半給騎卒，半運入城。發御馬分牧近縣，悉收太僕寺馬入城。遣重臣守通州，録用武舉待試之士。徐階請「出罪帥戴綸、李珍、麻隆、曹鎮、歐陽安于獄，復其官，各予兵萬人或數千人，俾敵愾自効。外帥時陳、周益昌、劉大章亦宥召之，終必有用。關廂之民，不啻十數萬，相攜入城，乞錦衣與五城御史分住，食費相通，候事寧筭還。并募健丁爲兵。仇鸞見在居庸，急召入衛，仍令兼督城外諸營。彼千里入援，宜厚賞以勸戰士。」並從之。

戊寅，俺荅至通州，阻白河不渡，營東岸孤山，分掠密雲、懷柔、三河、昌平。詔成國公朱希忠、遂安伯陳鏸、署都督僉事郭琮、前署都督僉事尤聚、兵部右侍郎謝蘭等防守京城。宥罪將戴綸、李珍、麻隆、曹鎮、歐陽安、劉大章、周益昌、時陳各復秩。時事卒起，請武庫兵，閹人例索千金，京兵俱游惰不習，卒驅之出，泣下。鸞軍無紀律，往往掠村落間，故虜益横。徐階請「聖駕暫還大内，嚴皇城門禁。又軍機貴密，一切事宜宜召諸臣面議，而不可章疏者許求面對，皇上特御文華殿，親賜裁決」。上善之。諭「九門先閉是自困，但當詰問耳。仇鸞至，或在内可以制外。」階答：「鸞在外，便于調擊，蓋捍外所以衛内，不必令入城也。」保定巡撫右副都御史楊守謙入援，至良鄉，命屯崇文門。時户部主事長泰盧岐嶷説守謙曰：「今主上震怒，士卒願決死，奈何禁之。」守謙曰：「吾孤軍無援，士未見大敵。若輕舉爲所襲，則大事去矣。」岐嶷曰：「若大營不動，而以偏師獵其游騎若何？」楊無以對。副總兵朱楫、參將祝福、馮登亦至彰義門。

《世宗實録》卷三六四 吏部尚書夏邦謨等陳十八事，侍讀敖銑等陳六事，給事俞鸞等陳七事，御史黄如桂等陳五事，大畧皆請録用賢能，申明賞罰，清補營所滿籍。

《國榷》卷五九 己卯，俺荅營白河東，去京二十里。仇鸞率副總兵徐珏、游擊張騰兵至通州，列河西，移京軍入備内釁。山西布政司參政艾希淳爲右僉都御史，同工部左侍郎孫襘治濠塹關廂。諭九門啓閉以時，毋先閉關自困。

庚辰，寇駐通州，大殺掠。巡按御史王忬斂舟河西，不得渡。忬初奏潮河川有徑道，一日夜可達通州，因疾馳爲備。寇大殺掠，執内侍楊增。宣府副總兵孫勇、游擊賀慶兵入援。錦衣衛右都督陸炳言「大同兵遠來饑疲，户部宜亟餉。令伺寇歸路邀擊之」。上立責户部餉各軍，發倉粟五萬石平糶，定賞格。晡刻，俺荅渡通州河而西，前鋒七百餘騎至安定門，仇鸞邀其後于白河孤山，斬十三級。

辛巳，徐階求暫出，同陸炳領户、兵、工部巡視九門。

壬午，俺荅薄都城大掠。總兵高秉元、都指揮柏昂、徐鏞等擁兵不動。召朱楫亟援大通橋漕糧。分給客兵，宣府總兵趙國忠、參將趙臣、孫時謙、袁正、游擊姚冕、山西游擊羅恭俱入援，營玉河。命兵部核各鎮兵額勞之。尚書丁汝夔素長厚，受嚴嵩旨，謂：「都門咫尺地，勝負難掩，飽虜欲，當自去耳。」下令勿輕戰。諸將皆觀望不前，偵騎率望風而返，其于敵之虚實遠近茫如也。俺荅縱内官楊增持嫚書，係漢文，求欵，否即歲一髠而郭。上召輔臣于西苑，徐階曰：「賊深矣，不可激怒。許則操左券以責我，臣請計緩之。」上曰：「何謂緩？」曰：「遣辨士風諭以無攻，且徵其情實，實則令聽命于甌脱，爲外臣，通貢市。往返少日，我備完而兵益集。虜且退，不退從而拒之，其勢必得所欲。」上稱善，因同嚴嵩請視朝，命廷臣議。群臣唯唯相視。國子司業趙貞吉抗言：「虜無狀，奈何爲城下盟？第録故帥周尚文功，釋沈束，捐帑金百萬，以百金易一首。不效，貞吉任其咎。」檢討毛起言：「虜近，姑許而後寒之，若何？」貞吉怒，叱之。上聞，壯貞吉，即進左春坊左諭德兼監察御史，稱詔賚五萬金，勞行營吏卒。仇鸞爲平北大將軍，節制諸路兵，聽軍法從事。楊守謙爲兵部左侍郎兼左副都御史，協同都督諸軍。鸞兵直東直門，報斬虜六級。守謙兵薄敵營而陣，堅壁不動。上自是嗛守謙。

癸未，上御奉天殿，宣諭群臣。召前總督陝西三邊兵部尚書楊守禮，總督宣大、侍郎劉源清，兵部左侍郎許論。時勤王兵遠至，犒牛酒，費不知所出。户部移檄往復，越二三日，吏卒始得數餅餌，給粟則爨釜無地。大同兵往往掠村落，辮髮詐稱虜，捕之，或自詭爲遼陽軍。虜中朵顔爲遼陽軍，京城訛言遼陽軍叛。鸞方被寵，所擒部兵殺掠者，不敢置法。上付大將軍撫處，鸞殊不爲禁。丁汝夔禁勿捕大同兵，即捕至，輒笞捕者。大同兵益無忌，民苦之，甚于虜，遂謂汝夔山東人，庇遼陽。汝夔怨謗大作，流聞禁中。上切責汝夔并楊守謙。汝夔不自安，求身出城禦敵，侍郎謝蘭攝部事，不允。命總督倉場、户部右侍郎孫應奎餉行營，開都門聽民入城。

甲申，禮部尚書徐階集議俺荅稱臣求貢。然信使不入，表不上，其文皆漢書，真僞難據。宜遣通事勅諭，果悔罪退兵欵塞，否則致討。上諭勸殺，不得輕信，墮敵計。

《明通鑒》卷五九　通政使樊深上禦寇七事。【略】上謂其攻鸞，削深籍。

寇退。先是上趣諸將戰甚急，丁汝夔以咨嚴嵩，嵩曰：「塞上敗，可掩也；失利輦下，上無不知，誰執其咎？寇飽，自颺去耳。」汝夔遂承嵩指，戒諸將勿輕舉。楊守謙以孤軍薄寇營，而陣無後繼，亦不敢戰，于是皆堅壁不發一矢，輒以汝夔及守謙爲詞。寇掠内地凡八日，本無意攻城，且所虜獲已過望，遂整輜重趨白羊口去。

《國榷》卷五九　户部尚書李士翺、侍郎駱顒、兵部尚書丁汝夔、侍郎謝蘭、工部尚書胡松、侍郎孫禬各被詰引罪。下汝夔獄，褫士翺官，奪松等俸。寇縱掠近郊，至西山，中貴人園宅别業多焚蕩，環上泣，謂汝夔、守謙故若此。仇鸞率兵去城實遠，不見寇。守謙營外城東北隅，不敢戰。上以鸞遠出禦敵，而守謙恇怯不出師，故及汝夔，皆屢詰責。大名兵備副使殷學調守涿中。逮通州右僉都御史王儀，參將劉錦，以王忬爲右僉都御史，歐陽安爲參將，代領其軍。逮提督兵部左侍郎楊守謙，同丁汝夔廷訊。吏部左侍郎王邦瑞攝兵部尚書，右僉都御史艾希淳領守謙兵。

乙酉，俺荅退至清河北，分掠天壽山東山口康陵菓園。逮順天巡撫右副都御史王汝孝、總兵羅希韓、副總兵盧越。

《明通鑒》卷五九　丙戌，京師解嚴。

《國榷》卷五九　侍郎王邦瑞請躡虜歸路擊之，御史吕光洵亦以爲言。上趣郎中江晃、董茂中等分詣行營督戰。左諭德兼監察御史趙貞吉謫荔浦典史。貞吉出城勞軍，仇鸞計難貞吉，拒不受。貞吉語鸞進兵，鸞曰：「如雨何？」貞吉曰：「此正虜失利之時。聞虜出白羊口，皆山隘險塞，若奇兵趨出賊前，令回古北口故道，則我可大克。若縱賊半渡擊之，可半克。止望賊塵送之，則爲亡策。」貞吉即報命，忤旨，杖五十，貶官。貞吉前廷議，見嚴嵩于西苑，辭焉。貞吉怒，叱閽者。右通政曰：「公休矣。天下事當徐圖之。」貞吉罵曰：「爾權門犬，何知天下事？」嵩大恨之。

丁亥，仇鸞尾寇至白羊口。俺荅飽掠，輜重亡算，白羊守將扼險不得出，稍棄婦女牛羊關下，擁衆東南行。至昌平，猝直鸞軍，鸞不意虜返，遽潰，失亡千餘人，鸞幾見獲，裨將戴綸、徐仁救免。虜騎長驅至天壽山，總兵趙國忠陣于紅門，去之。命總督李鳳鳴鎮守薊州、永平、山海，游擊將軍徐仁分守密雲、古北隘。兵部左侍郎王邦瑞兼提督團營。詔京營將尤聚、許策等以萬人趨薊州，防虜東掠。山西寧武關守備劉潭入援，千二百人駐蘆溝橋捕盜。殺兵部尚書丁汝夔、左侍郎楊守謙。汝夔赴西市，歎曰：「王郎中勸我出師，嵩誤我，誤我。」職方郎中王尚德減論。汝夔妻流三千里，子戍鐵嶺衛。刑部右侍郎彭黯、左都御史屠僑、大理寺卿沈良才緩獄，各杖四十，鐫俸五級。刑科給事中張侃、杜汝楨、烏從善如例覆讞，各杖五十，侃削籍。

戊子，俺荅出横嶺口，趨懷來川。總督蘇祐、宣大巡撫趙錦、李良各邀擊四十級，俘二人。

己丑，虜出塞，疲不能軍，仇鸞等僅尾之石匣營及張家、古北等口，斬十七級，俘四人。鸞報八十餘級，皆割死虜及難民也。是日，勞鸞及趙國忠、徐珏、張騰、王臣、王倫、趙臣、孫時謙、袁正、姚冕、羅恭金幣有差。

庚寅，禮部尚書徐階薦前都御史何棟、副使聶豹。納之。遼東左參將楊應奇、山東都指揮蕭國勳各入援，命從大將軍。停九月武舉。

《明通鑒》卷五九　是月，户部尚書李士翺以各營軍餉不時給，被劾罷。時侍郎孫應奎暫攝户部事，踰二月，始代之。

九月辛卯朔，諳達悉衆出塞，由石城匣及張家、古北等口而去。仇鸞掩敗不聞，令諸將收斬遺尸，得八十餘級。捷上，優詔荅之，尋加太保，賜金幣。詔「振畿内被寇之民，並蠲免税糧，令户部覈實以聞」。已而順天府尹郭鋆請于傷重之各州縣，先蠲免而後查覈，報可。又敕「京師城外及薊州、昌平等處廣瘞暴骸」。

《國榷》卷五九　發金粟，遣户部左侍郎駱顒督司官九人賑難民，先蠲免，後核給。議處團營，罷成國公朱希忠、遂安伯陳鏸提督，委科道巡視，歲易。逮東山口參將陳燦，論死，坐虜入不能禦。發大通橋積粟二十三萬五千石有奇，餉官軍。

癸巳，暫免陵祭。王汝孝、羅希韓、盧越各逮至，減死戍邊。汝孝以首功自解，俱賄嚴嵩以免。貴州進兵勦銅仁叛苗。

乙未，工部左侍郎孫禬改兵部左侍郎兼右僉都御史兼薊州軍務，節制河間、真定、保定、遼東兵。更營制，咸寧侯仇鸞總兵，總督三營，裁十二營兩官廳名。

丙申，促仇鸞還京。副總兵徐珏總兵，鎮守大同。

《明通鑒》卷五九　丁酉，邦瑞復條上興革六事，中言「宦官典兵，古今大患，請盡撤提督、監鎗中官」，報可。

《國榷》卷五九　裁團營太監高忠。徵河南、山東、大寧、中都等班軍十六萬餘，各五月赴京操練。陝西總兵官成勳、宣府副總兵孫勇、西官廳總兵官高秉元、神機營右哨營官仲繼俱協同提督，勳、勇五軍營。

戊戌，諭徐階：「昨會議疏，欲遣間探賊乎？」階答：「彼書漢字，恐出叛卒。今戰守未備，故欲遣間，一探之，一欵之，非敢謂可許也。今各處募兵，專委之書生，未必堪用。不如推重將官同往，聽選訖，就令統理，庶得實用。」

《世宗實録》卷三六五　己亥，改吏部左侍郎王邦瑞爲兵部左侍郎兼都察院右僉都御史，贊理京營軍務。

《國榷》卷五九　癸卯，起潘璜南京工部尚書。

乙巳，工部右侍郎龔輝爲左侍郎，巡撫陝西、右副都御史傅鳳翔爲工部右侍郎。延綏副總兵孫賓爲署都督僉事總兵，鎮守陝西。定國公徐延德、懷寧侯孫秉元、豐潤伯曹松、南寧伯毛重器、襄城伯李應城、成山伯王熊各辭免營務。命給事中王德、楊允繩，御史徐洛、陶欽臯，主事張才、許士元、汪宗尹、張重分募兵于兩京、山東、河南、山西。

丁未，宣諭朵顔三衛，貢使毋導寇。

戊申，免順天各郡旱災田租。

辛亥，陝西左布政使鮑象賢爲右副都御史，巡撫陝西。起王學益右僉都御史，提督操江。

癸丑，桂林猺賊殺陽朔知縣張士毅，討誅之。論入援功，進仇鸞太保兼太子太保，賜金五十，幣四。副總兵徐珏、游擊王禄、徐仁、指揮陳榮各賜金幣，餘陞賞有差。

甲寅，旱災，免大同夏税，遼東屯租。

丙辰，吏部右侍郎李默爲左侍郎，巡撫山東、右副都御史應大猷爲吏部右侍郎。

丁巳，罷户部尚書李士翱。降兵部右侍郎謝蘭一秩，調南京。兵部右侍郎蘇祐總督宣大，起翁萬達兵部尚書。

戊午，定五府府軍前衛錦衣衛堂上官，值考選歲各自陳，仍科道拾遺。總督張岳討銅仁苗薛一龍、許保。十二月報捷，斬獲二千餘人，獲龍、許保家屬，班師。

十月辛酉朔，改京營提督曰總督京營戎政，鑄戎政之印，給仇鸞。

癸亥，户部右侍郎孫應奎爲户部尚書，順天巡撫右僉都御史聶豹爲兵部右侍郎。

《世宗實録》卷三六六　甲子，陞湖廣左布政使孫世祐爲都察院右副都御史，巡撫山西。

《國榷》卷五九　仇鸞請御史四人徵各邊兵赴京防秋，擬總兵王黼、副總兵時陳、參將崔麒、羅賢、張堅、徐洪、戴綸、鄭紀等領之。兵部執奏，量調選用。鸞固請，從之。

乙丑，脩通州新城。

丙寅，吴嘉會復整飭薊州邊備，巡撫順天。勒巡撫雲南都御史胡奎免官，坐順天府尹時縱盜庫。

壬申，户部右侍郎端廷赦爲左侍郎，總督倉場，督理西苑農事。免鳳陽、淮安、揚州、彰德、衛輝旱災田租。

癸酉，諭内閣議兵食及仇鸞練兵選將。左諭德兼侍講茅瓚、修撰王維楨主武舉會試，録九十人。

甲戌，山東左布政使石簡爲右副都御史，巡撫雲南。大學士張治卒。

《明通鑒》卷五九　時輔臣多贊玄修，治不自得，悒悒而病。及卒，上不悦，賜謚文隱。

《國榷》卷五九　己卯，開長蘆殘鹽二十萬九百九十二引。

辛巳，刑部郎中徐學詩言：「頃者逆胡入犯，詔群臣盡言，而大學士嚴嵩奸貪異常，撫鎮争致金寶，釀成虜患。」

《明通鑒》卷五九　上覽疏，頗感動。方士陶仲文密言：「嵩孤立盡忠，學詩特爲所私修隙耳。」上於是發怒，下學詩詔獄，削其籍。

《國榷》卷五九　嵩乞休，不允，請遣世蕃歸田。不允，令給假隨任侍嵩。學詩言雖不見用，天下誦之。仇鸞請「來歲三月大舉征虜。乞假臣經略節制遼、薊、宣、大、偏關之兵。臣十二月赴宣大，伺虜進止，必不貽憂皇上」。下兵部議兵食。

《世宗實録》卷三六六　癸未，詔免四川涪州民糧一千二百一十四石有奇。以糧額太重，民多逃亡故也。

《國榷》卷五九　丙戌，定祧仁宗昭皇帝陞祔孝烈方皇后。

十一月辛卯，免順義、懷柔、平谷諸縣租役，蓋被虜甚慘。

壬辰，巡撫山東右副都御史孫世祐改總理糧儲兼巡撫應天。遼陽副總兵李淶爲署都督僉事總兵官，鎮守山西。

《明通鑒》卷五九　癸巳，分遣御史魏謙吉等選邊軍入衛。先是仇鸞總戎政，請「調宣大、延綏各邊兵更番入衛，分隸京營」。下兵部議，「各邊均屬重地，使患在心腹，則肢體固輕，若盡撤藩籬，則堂奧之守何賴？今不權時勢，輒行調取，命使四出，非計之得也」。鸞固執前議，上特許之。乃詔選各邊兵六萬八千人與京軍雜練，復令京營將領分練邊兵。自是塞上有警，邊將不得徵調，邊事日壞矣。

《世宗實録》卷三五七　甲午，冬至，大祀天于圜丘，命成國公朱希忠代。

《國榷》卷五九　戊戌，提督薊州軍務兵部右侍郎孫禬改通政使。起何棟右副都御史，提督薊州軍務。

己亥，南京太常寺卿趙汝濂爲南京右副都御史，工部右侍郎傅鳳翔改户部右侍郎。兵部左侍郎王邦瑞爲兵部尚書，以翁萬達家嶺南，未至。免金華、衢州、台、温災傷田租。

壬寅，祧仁宗昭皇帝。

甲辰，孝烈皇后祔太廟第九室。

《明通鑒》卷五九　時上終欲祔孝烈入廟，而自爲一世，復下禮部議。尚書徐階抗言：「女后無先入廟者，宜祀之奉先殿。」禮科給事中楊思忠亦以爲然。上大怒，階等皇恐謝罪。

《國榷》卷五九　丙午，分三營兵爲二班，輪五日聽練，從仇鸞議。

庚戌，廣開事例，募富民出粟助邊。

辛亥，以左副都御史梁尚德爲工部右侍郎。以福建左布政使王積爲右副都御史，巡撫山東。免重慶旱災田租。

戊午，阜城門外設民兵教場。

己未，翁萬達入朝，奪兵部尚書改用。

十二月庚申朔，定兩淮餘鹽、正鹽同開邊，召商報中。

壬戌，右僉都御史商大節爲左副都御史，佐院，仍經略京民内外。

癸亥，益民兵月餉。

甲子，總督漕運都御史何鰲爲南京兵部右侍郎。

《世宗實録》卷三六八　丙寅，咸寧侯仇鸞奏請革薊州總兵李鳳鳴、大同總兵徐珏，復薦京營副將成勳代鳳鳴，密雲副總兵徐仁代珏。上皆從之。故事：正副總兵缺，兵部會推堪任者二人，請上裁。至是旨從中下，獨鸞擬定，尚書王邦瑞等皆不得與聞。

《明通鑒》卷五九　兵部尚書王邦瑞條上安攘十二事。

《國榷》卷五九　丁丑，巡撫山西右副都御史應檟爲兵部右侍郎兼右僉都御史，總督漕運兼巡撫鳳陽。前大理寺卿虞守愚起南京，尋進南京刑部右侍郎。

甲申，南京刑部右侍郎張時徹改兵部右侍郎，順天府尹郭崟爲大理寺卿。刑部尚書顧應祥上詳定問刑條例，刊之。命兵部右侍郎張時徹、梁尚德、右副都御史商大節、錦衣衛右都督陸炳築正陽、崇文、宣武門外城。

嘉靖三十年（辛亥、一五五一）

《世宗實録》卷三六九　正月己丑朔，命成國公朱希忠代行拜天禮於玄極寶殿。上不御殿。

《國榷》卷六〇　徵南京工部十五萬金，治兵械戰車。

戊戌，宣府募兵，增年例十萬金，有旨。以河南左布政司馬坤爲順天府府尹。東寧伯焦棟總兵，鎮守湖廣。

庚子，仇鸞請申明賞罰，科道官從軍驗功陞降，自立功失事日爲始。從之。

錦衣衛經歷沈鍊劾嚴嵩十罪。

《明通鑒》卷六〇　因併論吏部尚書夏邦謨謟諛黷貨狀，請均罷斥，以謝天下。上大怒。

《國榷》卷六〇　下錦衣衛拷訊。

《明通鑒》卷六〇　搒之數十，謫佃保安。

《國榷》卷六〇　仇鸞請抽京營餘丁實伍。不許，命勾補正軍。

《世宗實録》卷三六九　乙卯，陞禮部右侍郎程文德爲本部左侍郎，國子監祭酒孫陞爲禮部右侍郎。刑部右侍郎彭黯爲兵部左侍郎兼都察院右僉都御史，巡撫應天。

《國榷》卷六〇　丁未，增派各省軍餉。仇鸞言，簡鋭千人爲先鋒，乞增游擊將軍三人領之。兵部不可而止。

戊申，總督何棟等修築關隘。

庚戌，免宣府、大同旱災田租。

二月己未朔，禮部尚書徐階請立太子。不允。

辛酉，南京兵部右侍郎何鰲爲刑部右侍郎。翰林院侍讀學士閔如霖爲太常寺卿，署國子祭酒。

甲子，罷耕籍禮。

《世宗實録》卷三七〇　丁卯，祭先師孔子，命大學士李本行禮。

《國榷》卷六〇　兵部尚書王邦瑞言安攘大計。【略】上以虚文塞責，責對狀。引罪落職，冠帶視事。

《明通鑒》卷六〇　初仇鸞聲言大舉擣巢，請廣集兵糧以備北征，命户部遣使盡括南都及各省布政司儲積，且督歷年逋賦，又欲罷薊鎮邊牆，邦瑞皆以爲不可。鸞銜甚，益搆之於上。會邦瑞復陳安攘大計凡五事，末言：「京師之大防在薊州，薊鎮修邊牆，爲禦寇第一義。頃因甲可乙否，遂棄而不舉。敵之寬伺無時，邊兵豈可常調？」疏入，上怒其摭拾虚詞，責令自陳狀。邦瑞引罪，詔落職，以冠帶辦事。居數日，邦瑞因考察自陳，竟除名，以兵部侍郎趙錦代之。於是鸞益横。

《國榷》卷六〇　癸酉，吏部内計，降斥有差。

乙亥，工部尚書胡松致仕。

辛巳，協理戎政、兵部右侍郎兼右僉都御史趙錦爲兵部尚書。

丙戌，京察拾遺。

《明通鑒》卷六〇　是月，吏部尚書夏邦謨、工部尚書胡松俱以考察罷，刑部尚書顧應祥改南京。

《世宗實録》卷三七一　三月辛卯，陞吏部左侍郎李默爲本部尚書，南京右都御史歐陽必進爲工部尚書。

《國榷》卷六〇　壬辰，虜俺荅去冬欵宣府求貢，屢請益堅。至是遣數騎詣寧虜堡，攢刀誓，求貢市。上問嚴嵩，請歲二市，上然之。起致仕兵部右侍郎史道兼右僉都御史，赴大同經略邊事。總督湖廣、川貴右都御史張岳分勦苗寇。

《世宗實録》卷三七一　丙申，改南京禮部尚書萬鏜爲刑部尚書。户部右侍郎傅鳳翱爲兵部左侍郎兼右僉都御史，協理京營戎政。南京户部右侍郎方純爲户部右侍郎，提督撫治鄖陽。

《國榷》卷六〇　戊戌，懷柔縣草場火。

己亥，浙江布政司右布政連鑛爲右副都御史，總理河道。

《明通鑒》卷六〇　癸卯，兵部主事，署員外郎容城楊繼盛聞開馬市，以爲讐恥未雪，示弱辱國，乃抗疏陳十不可、五謬。

《國榷》卷六〇　甲辰，盡徵京省餘銀給馬市。江西左布政使戴鰲爲右副都御史，巡撫四川。大理寺左少卿沈良才爲右僉都御史，撫治鄖陽。

丙午，南京吏部計疏上，降斥有差。裁直隸屯牧都御史，令屯田御史兼理。

《明通鑒》卷六〇　丁未，免昌平、順義、懷柔、密雲去年被寇秋糧。

《國榷》卷六〇　辛亥，工部右侍郎梁尚德爲左侍郎，巡撫湖廣右副都御史屠大山爲工部右侍郎，户部右侍郎方鈍爲左侍郎。巡撫河南右副都御史葛守禮爲户部右侍郎，總督倉場户部左侍郎端廷赦爲南京右都御史。

四月己未朔，湖廣左布政使翁溥爲右副都御史，巡撫湖廣。巡撫南、贛、汀、漳右僉都御史盧勳改南京操江。

《世宗實録》卷三七二　癸亥，增設貴州銅仁府撫苗通判一員。

《國榷》卷六〇　己巳，前兩廣總督兵部尚書張經改户部尚書，總督倉場，督理西苑農事。

《明通鑒》卷六〇　庚午，貴州銅仁叛苗龍許保、吴黑苗等攻破思州，執知府李允簡，中途釋之歸，允簡竟死。巡按御史董威以聞。初，總督三省張岳奏：「自舉兵以來，未閲四月，禽斬賊一千八百有奇，惟賊首龍許保未獲。」至是許保、黑苗復要結殘苗七八千人，扮永、保二司兵衣甲出哨者，遂入之。嚴嵩奏：「岳言湖苗聽撫，而許保仍在湖苗寨中，與之攻劫思州，請逮治岳。」徐階持不可。乃奪岳右都御史，仍以侍郎銜戴罪任事。

《國榷》卷六〇　增大同參將四人。

《世宗實録》卷三七二　庚午，總督宣大、山西都御史蘇祐等疏陳邊防四事。

《明通鑒》卷六〇　庚辰，振畿内保定等六府饑。

《明史》卷一八《世宗紀二》　壬午，下經略京城副都御史商大節於獄。大節經略京城内外，爲仇鸞所制，乃上言：「臣初無重兵，而鸞督京營，分布人馬，但留營軍柔脆者防守九門，而自以精鋭五萬中途截掠。一旦寇至，以一隊衝鸞軍，又以一隊趨京師，在鸞則進退無據，在京師則救援無兵。昨年之事，爲鑒不遠。且臣奉命所得節制者，參將麻宗等及巡捕官軍耳，鸞又任意分調，不令臣知。一旦姦宄竊發，倉猝之間，束手坐困。請敕兵部詳議，或從敕諭所開載，或從仇鸞所分布。麻宗諸人，或屬之臣，或屬之鸞，或屬之兵部。其修築城堡，操練兵馬，所需糧餉，應屬何人，乞早賜裁斷，以便遵行。」疏入，上怒其當秋防在邇，諉過避難，命錦衣衛械送鎮撫司杖訊。法司希指，當大節失誤軍機論斬，嚴嵩爲之申請，不許。

《國榷》卷六〇　丙戌，大同鎮羌堡開馬市。俺荅等就市，馬二千七百餘匹。虜貪漢物，互市不絶，我歲費數十萬，所獲馬皆駑下，而小寇如恒時。

五月丁酉，署通政司事兵部左侍郎孫襘改户部左侍郎，總督倉場，督理西苑農事。巡撫江西右副都御史吴鵬爲工部右侍郎，右僉都御史王學益爲左副都御史。

壬寅，增户部浙江、江西、河南、四川、雲南司主事各一。

乙巳，提督兩廣兵部右侍郎周延爲刑部左侍郎，巡撫湖廣右副都御史翁溥改江西。俺荅市畢，貢馬九匹，表謝。敕賜衣幣，仍許宣府、延綏、寧夏並開市。史道親詣經理。

庚戌，宣府新開口堡開馬市，虜把都兒、辛愛、伯腰卜、郎台吉、禿凡兒慎台吉就市，易馬二千餘匹。

《世宗實録》卷三七三　癸丑，詔停應天府及浙江等省加派糧銀。

丙辰，兵部覆給事中朱伯辰奏兵戎要務。

《世宗實録》卷三七四　六月庚申，增設神機營坐營官一員，專理火器，以原任總兵官、署都督僉事黄振爲之。

《國榷》卷六〇　壬戌，經略侍郎史道索叛人蕭芹、喬源于虜。初大同市畢，隨犯左衛，詰之，云芹等導之，皆白蓮教，亡命虜中，不利欵。語俺荅：「彼毒水上流，伏甲市場，若且殆。」左右復詭言芹、源術能頹城，又樹黨左衛内應，謀泄，遁。史道讓虜，虜内媿，使千騎隨芹，源試其術，不效，遂縛芹、源等二十餘人來獻。

甲子，户部右侍郎葛守禮爲右僉都御史，督理宣、大、山西糧餉。汰内府各監局工匠。

丙寅，福建布政司左參政王璣爲右僉都御史，充徐、淮、兗、歸招撫營田使。順天府尹馬坤爲大理寺卿。前應天府尹孫懋卒。

《明通鑒》卷六〇　乙亥，陞應天府府尹鄭漳爲南京刑部右侍郎。

《世宗實録》卷三七四　貴州苗平。先是賊破思州，復糾諸寨殘苗攻石阡府，張岳率總兵沈希儀、石邦憲等屢敗之。岳徧搜山箐，餘賊懼，乃縛許保並思州印以獻，湖廣兵亦破禽首惡李通海等。岳以捷聞，請械許保至京，詔就地梟示。而是時吴黑苗未獲，嚴世蕃督趣之。未幾，邦憲竟得黑苗以獻。自是苗患乃息。

《世宗實録》卷三七四　丁丑，改巡撫陝西都察院右副都御史鮑象賢巡撫雲南。

《國榷》卷六〇　壬午，廣西猺賊刼慶遠府庫，殺人。

癸未，修通州城成。仇鸞請以京兵民兵合營迎虜大戰，邊兵出外擊虜零騎。兵行許食民禾，户部載煤以從。大學士嚴嵩疏止之。

丙戌，南京户部右侍郎駱顒爲户部左侍郎，總督漕運兼巡撫鳳陽。陝西左布政使賈應春爲右副都御史，巡撫陝西。兵部左侍郎兼右副都御史傅鳳翔卒。贈右都御史。

七月己丑，仇鸞奏借民田車備戰守。不許。免延安旱災田租。

己亥，開淮安三里溝，運船由淮入河。

庚子，移靈州參將于横城，平虜守備改參將。

《世宗實録》卷三七五　戊申，都察院左都御史屠僑六年考滿，詔太子少傅。

《國榷》卷六〇　甲寅，通政司左通政趙文華爲通政使。南京太僕寺卿陳儒爲南京户部右侍郎，總督糧儲。

《世宗實録》卷三七六　八月丁巳，祭先師孔子，命吏部尚書李默行禮。

《國榷》卷六〇　己未，初馬市議幣布米麥易虜馬牛羊，至是議富虜馬易幣，貧虜牛羊易菽粟。史道言其便，朝議「虜欲無厭，既易幣布，復請菽粟，後難繼也」。議久未決。道復以爲請，總督宣大蘇祐、巡撫何思等懼後禍，各言不可，「一牛數庾，一羊數釜，粟米如珠而牛羊如山，竭稟不能厭也。虜無親而貪，寒盟其心耳。互市以安邊也，朝市暮掠，何危如之。勿許便」。仇鸞惑之，請廷議。俱右祐等。上以問嚴嵩，亦如之。有旨不許，專意戰守。已俺荅謝衣帽之賜，乞職役誥命。上瀆之，即召道還京，然邊臣尚與互市紓急。逾年，虜好復絶。

辛未，命仇鸞以兵二萬七千餘人赴白羊口分布關隘。

戊寅，仇鸞請討朵顔導虜之罪，兵部尚書趙錦及總督侍郎何棟等各争之，得寢。

《世宗實録》卷三七六　陞廣東左布政使張鏊爲南京太常寺卿。

《國榷》卷六〇　乙酉，兵部尚書史道兼右僉都御史，協理京營戎政。

九月丙戌朔，制敕房通政使張文憲爲工部右侍郎。仇鸞以家丁劫趙時春民兵營，自辨乞休。不允，慰之。

己丑，光禄寺卿高澄爲右副都御史，巡撫河南。

《明史》卷一八《世宗紀二》　乙未，京師地震，詔修省。

《國榷》卷六〇　戊戌，給事中何光裕等、御史龔愷等劾兵部尚書史道馬市之議。

《明通鑒》卷六〇　疏入，上謂「史道業已召回，諸臣逆探朝廷意指，且欲藉以論仇鸞」，詔光裕、愷各廷杖八十，餘俱奪俸。

《國榷》卷六〇　壬寅，吏、兵部右侍郎應大猷、聶豹爲左侍郎，户部右侍郎葛守禮改吏部右侍郎。

《世宗實録》卷三七七　丙午，大享禮於玄極寶殿。

《國榷》卷六〇　己酉，免蘇、松、常、鎮、寧國、太平、鳳陽、徐、邳、宿、潁、河南災傷田租。

《世宗實録》卷三七七　陞順天府府尹寶一桂爲太僕寺卿。

甲寅，以水災詔淮安所屬州縣及揚州之寶、泰，鳳陽之泗、時、五河，徐州之蕭、碭改兑米於德州倉，支運二萬石仍如例蠲也。

《國榷》卷六〇　十月丙辰，免順天、河間、真定、保定、順德、廣平、大名、永定災傷田租。

《世宗實録》卷三七八　己未，户部類覆科道官各疏議錢穀事宜。

《國榷》卷六〇　庚申，巡撫遼東右副都御史蔣應奎爲户部右侍郎。免遼東屯租。浙直織紵絲紗羅八萬六千三百匹。

壬戌，免山西田租。

《世宗實録》卷三七八　丁卯，以災傷免貴州銅仁、思恩二府所屬田糧如例。

《明通鑒》卷六〇　己巳，總督薊遼侍郎何棟，禽獲朵顔逆酋哈舟兒、陳通事于白馬等關，詔械送京師，磔于市，仍祭告郊廟。

《國榷》卷六〇　己巳，免東昌、兖州田租。吏部尚書李默削籍。

甲戌，改總兵官徐珏駐保定。副總兵朱楫分駐易州，聽節制。初並駐保定。

《世宗實録》卷三七八　乙亥，兵部覆科道等官何雲鴈等條上邊事。

《國榷》卷六〇　丙子，刑部尚書萬鏜改吏部尚書。

十一月丙戌，誅叛人哈舟兒、陳通事。

丁亥，吏部左侍郎應大猷爲刑部尚書。於敖爲右僉都御史，駐守昌平。

戊子，大理寺卿馬坤爲户部右侍郎，翰林檢討林廷機爲國子司業。

己丑，前禮部左侍郎許成名卒。

庚寅，告郊廟，大賚群臣。進仇鸞太傅兼太子太師。

《明通鑒》卷六〇　以獲哈舟兒等功，加仇鸞、何棟及閣部嚴嵩、徐階等陞銜。

《世宗實録》卷三七九　己亥，冬至，大祀天于圜丘。先期視牲，遣英國公張溶代。

《國榷》卷六〇　癸卯，禮部右侍郎程文德爲吏部左侍郎，南京大理寺卿郭鋆爲大理寺卿。

甲辰，户部右侍郎馬坤兼右僉都御史，督理薊州糧餉。

乙巳，令巡撫官久任。

庚戌，前南京工部右侍郎嚴時泰卒。

《明史》卷一八《世宗紀二》　十一月，俺答犯大同。

《明通鑒》卷六〇　初史道還京師，寇欲牛羊易穀豆者，久不得命，遂分道肆掠無虚日。十一月間，大入邊三次，搶虜人畜甚衆。邊臣遣人詰問，則曰：「諸部貧者無所得食，禁之不可。中國法雖嚴，能禁民間無盗竊耶？我自不犯，焉能禁部下之不爲盜也！」及十二月，諳達之衆與别部争市，奪其馬匹，掠人口而去。事聞，上以非時開市，詰責巡撫何思等，下巡按御史勘狀。會諳達又遣人以馬三百餘匹求互市，請駐牧弘賜堡，御史李逢時以非時，叱之去，逮諸通事于獄。于是諳達縱部下入掠，攻堡殺人，數日之間，凡三犯雙溝、團山及張家堡，官軍數敗。事聞，廷議咸追咎馬市非計。仇鸞慮見譴，上疏「請選死士萬人以待，如寇入犯，且令薊鎮古北口諸將縱之南下，臣當率士死戰，而别出精兵擣其巢。內外夾攻，寇不足平也」。又言：「臣欲開馬市，實陰修邊備。而內外諸臣計欲殺臣，乃故弛備以招寇，欲其早負市約而因以中臣。」疏入，兵部尚書趙錦言：「畿輔重地，豈可縱之深入！即使聚而殲旃，而震驚內地，摇動根本，所喪固已多矣。況我軍積弱之後，雖嚴法重賞以驅之戰，猶恐不前，而可預令以勿遏乎？」上是其言，仍敕鸞加意防邊。是時鸞實無意討賊，第爲大言以自解。而輔臣嚴嵩，見上寵信深，亦欲因事間之，乃請「覈鸞用兵以來各項糧餉帑銀，令户、工二部籍其出入以聞」。

《國榷》卷六〇　十二月甲寅朔，陝西馬市成。總督王以旂等陞賞有差。

丙辰，仇鸞欲移大寧都司于薊鎮。慮安士重遷，先免大寧所屬外衛班軍京操，改防薊鎮。兵部言改戍甚便，報可。

癸亥，左春坊左庶子兼侍讀學士吴山爲太常寺卿，署國子祭酒。

乙丑，前兵部左侍郎詹榮卒。

甲戌，設總報大典于大高玄殿，醮七日。

《世宗實録》卷三八〇　乙亥，陞南京太僕寺卿余胤緒爲南京大理寺卿。

癸未，發太倉銀二萬六千兩于薊州，十八萬八千餘兩于宣府，爲防禦春班官軍及征調客兵之用。

《國榷》卷六〇　是年，平緬酋莽瑞體據古剌宣慰司，殺其酋長，遂入孟養、八百、老撾。瑞體，莽紀歲幼子，避思倫法難，奔洞吾，近于古剌。古剌兄弟相攻，爲解之。遂擁衆絶其道路，二酋皆死，盡有其地。緬自此始强。

《明通鑑》卷六〇　是歲，户部通計京、邊歲用至五百九十五萬，尚書孫應奎蒿目無策，乃議於南畿、浙江等州縣增賦百二十萬。加派于是始。嗣後京、邊歲用，多者過五百萬，少者亦三百餘萬，歲入不能充歲出之半。由是度支爲一切之法，其箕斂、財賄、題增、派括、贓贖、算税契、折民壯、提編、均徭、推廣事例興焉。其初亦賴以濟匱，久之諸所灌輸益少。

嘉靖三十一年（壬子、一五五二）

《世宗實録》卷三八一　正月甲申朔，上不御殿。

丁亥，大同自尚書史道回京，虜欲以牛羊易穀豆者候命不得。遂分散爲盜，無虚日。十一月間人入邊三次，搶擄人畜甚衆。

《國榷》卷六〇　仇鸞見邊警旁午，懼開市見譴。請「諸臣各修戰備，每鎮簡鋭萬人歸臣。如犯古北口，毋扼虜，俟深入，中外夾攻之」。兵部尚書趙錦謂深入我傷實多，鸞議詘。虜分犯大同左右、威遠、高山衛、懷仁、山陰，大殺掠，至戊戌乃出。

壬辰，虜入石匠河。掠威遠城。命户、工二部核帑金出入以聞。

《世宗實録》卷三八一　甲午，免上元節宴，以東安縣大水，蠲糧差一年。

《國榷》卷六〇　前總督漕運右都御史魏有本卒。虜三千騎入弘賜堡求市，御史李逢時以非期卻之，遂攻陷羊圪塔等堡。

乙未，延綏馬市成。賞吉囊狼台吉衣帽，如俺荅把都兒。遼東總兵官李琦劾免。宣府總兵官都督僉事趙國忠移遼東。

丁酉，更定邊方官陞除降調格：巡撫僉都御史三年滿，進副都御史，封廕。副都御史滿，進侍郎，恩廕亦如之。侍郎滿，進右都御史。右都御史滿，進尚書，量加宫保。俱留任，必六年以上始内召。守巡知府滿三年進二秩，稍淺進一秩。視内地量減年資，不易地。

辛丑，虜數犯大同，仇鸞不自安，請出塞擣虜。上以問嚴嵩。嵩知其淫酗無闘志，謂「須擒斬虜酋，方爲上功」。上不許。語鸞：「若零虜無煩卿也。」海盜蕭顯以二百餘人犯松江吴淞所，泊宋家港。崇明兵屯浦東岸，戰敗。顯遂逼上海東門，僉事董邦政拒之。二月戊午始解去，邦政遣縣丞劉東陽兵追之，敗死。兵備僉事任環再擊卻之。

癸卯，延綏總兵官署都督僉事吴鼎移宣府。

甲辰，禮部尚書徐階請裕王、景王冠婚。令上儀注。

《世宗實録》卷三八一　丁未，陞巡撫山東右副都御史王積爲南京兵部右侍郎。

《國榷》卷六〇　宣府巡撫右僉都御史劉璽言：「自開互市，大同多盜，而宣府晏如。容臣漸次縻虜。」兵部謂原額五萬金、馬五千匹，雖歲數市可也。許之。靈州參將韓欽爲署都指揮僉事總兵官，鎮守延綏。

《明通鑑》卷六〇　是月，户、工二部奉旨奏上各邊軍餉用銀實數。户部奏：「自二十九年十月至于是月，所入正税加賦餘鹽五百萬有奇，外項搜括四百餘萬，計九百九十餘萬。所出自年例各邊主客兵銀二百八十萬外，新增軍餉二百四十五萬有奇，及修邊、振卹諸費共八百餘萬。」工部奏：「計工食料價銀共三十四萬五千兩。」上以費用過多，其中必有虚冒侵尅者，乃分遣給事中王國禎、御史徐紳等各勘實參劾以聞。

《世宗實録》卷三八二　二月癸丑朔，更名西苑御宫爲永壽宫。

《國榷》卷六〇　宣府大同大饑，人相食，量借軍餉賑濟，遣前督餉侍郎馬坤賚帑金三十萬往。

丁巳，兵部左侍郎聶豹、左副都御史王學益同翰林侍讀郭朴清理軍職貼黄。

虜寇大同鎮羌、得勝二堡，圍參將孫麟于洞兒溝。游擊呂勇、劉潭救之，虜分騎迎戰，各身免。虜還攻二堡不下而遁。是日，又千騎犯弘賜堡。

己未，俺荅移帳並天城平虜堡駐牧，兵部請申軍令：「許臨陣總督得斬都指揮以下官，總兵得斬士。」報可。

庚申，舉歲例大祈于大高玄殿，停刑禁屠五日。

《世宗實録》卷三八二　禮部上裕王、景王冠禮儀注。

《國榷》卷六〇　辛酉，俺荅入大同塞，指揮王恭死之。先是上諭兵部，大振兵威，用張殺伐。尚書趙錦上言：「大將仇鸞領入衛邊兵六萬八千，天下精兵無以踰此。若復觀望依違，坐悮事機，臣等萬死何贖。第鼓勇奏功，以副皇上眷遇之隆，則在大將軍當自盡耳。」鸞偃蹇畏懦，不敢發兵，又恃通市，不爲戍守。大同總兵徐仁復驕縱，百務廢弛。巡撫何思亦以通市，禁邊軍敢拒殺者抵死。故北兵出入關隘無忌，動稱貢市。有司廪餼惟謹，其狡黠者，變服入城，奸辱婦女，莫敢誰何。至是萬騎入塞，抵懷仁縣之管家堡大掠。總兵徐仁、副總兵王懷邦、參將張騰、游擊劉潭各觀望不進，潭又陰約嚮路，獨中軍指揮王恭戰于管家堡，力屈，死之。

《明通鑑》卷六〇　乙丑，復犯平虜堡。時總督蘇祐奏敵兵三萬，上趣兵部遣人馳視，還報「寇前後無過二千騎」，乃以偵報不實切責祐等。又聞恭戰死甚烈，逮參將孫麒、游擊劉潭。寇且犯且請開市，無敢應者。至是復遣使來，詔斬之大同市，梟首各鎮，遂罷大同馬。

《國榷》卷六〇　命仇鸞逐虜。鸞掣大同大邊次邊墩軍，止守三邊。時虜並邊駐牧，大邊次邊反隔在外，懼通虜泄漏，故掣之。

《明史》卷一八《世宗紀二》　己巳，建内府營，操練内侍。

《國榷》卷六〇　壬申，修太和山玄帝宫。

《世宗實録》卷三八二　乙亥，發太僕寺馬價銀二萬三千兩於遼東市馬。

《國榷》卷六〇　丙子，湖廣守備太監陳德訐奏都督蔣華當祀大不敬。廉其事不實，逮德詰狀，貫華不問。

丁丑，召還保定督餉主事，專責巡撫兵備官。定裁革武職條例及南北印馬御史，三年一遣，不候代。

庚辰，逮大同失事參將孫麒、游擊劉潭。先是總督蘇祐虚報虜騎三萬，實二千騎。切責之。自弘賜堡拒市後，虜屢求欵。不之應。至是夷使丫頭智復至，云否且入犯。通事官林叢蘭誘縛之。智曰：「殺我易耳，中國不得休矣。」總督蘇祐上功，梟智塞下。

壬午，械大同參將張騰、千户王舉等入京。游擊將軍時陳值虜大同西路，擊敗之。虜二萬騎奄至，相持兩日而退。

參將盧鏜擣賊宋家港，掠其舟。巨寇陳義問入松江城，識者密擒之，餘皆遁于浙。倭突定海關，奪舟，關人擊却之。王直移金塘之烈港，去定海水程七十里而近，奸徒日附，夷航孔棘。

《世宗實録》卷三八三　三月癸未朔，裕王、景王行冠禮。

《國榷》卷六〇　丁亥，代府饒陽王充⿱吉灬言：「總兵徐仁狃和戎，一籌莫展。游擊劉潭詭虜貢馬，巡撫何思不加審，輒勤朝使以幣至，實無一虜。諸將懼而招市，勿給賞。副總兵王懷邦幾被擒，賄免。近虜酣飲館舍，益横。諸將禁殺虜如殺人之罪。宣府亦開市晏然，則處置得宜也。」事下巡按御史李逢時，逮徐仁詔獄，何思、王懷邦免官。改駐守昌平右僉都御史於敖巡撫大同，宣府副總兵孫時雍暫總兵大同。

戊子，命大將軍仇鸞率兵赴大同逐虜，過昌平，供帳擬于乘輿，一鵝至三金，道路以目。

己丑，總理漕運都御史駱顒、南京兵部右侍郎王積俱被劾。顒免，積疾去。

《世宗實録》卷三八三　辛卯，命少保兼太子太保、禮部尚書徐階兼東閣大學士入閣辦事，仍掌部事。

《明通鑑》卷六〇　初階掌禮部事，撰青詞獨稱旨，屢與閣臣同召直無逸殿，並賜飛魚服及上方珍饌、上尊無虚日。廷推吏部尚書，不聽，不欲階去左右也。嚴嵩仇夏言，置之死，而階爲言所薦，嵩以是忌之。及階以請立太子拂上意，復以冠婚請先裕王，後景王，上皆不懌。嵩因謂階可閒也，中傷之百方。一日，嵩獨召對，語及階，徐曰：「階所乏非才，但多二心耳。」蓋指請立太子事也。階危甚，度未可與争，乃謹事嵩，而益精治齋詞迎上意，左右亦多爲地者。上怒漸解，尋加少保，遂入閣。

《國榷》卷六〇　甲午，裁山東海右道僉事，改青州兵備僉事爲分巡副使。總督河道右副都御史連鑛總督漕運兼巡撫鳳陽。山東左布政使謝存儒爲右副都御史，巡撫河南。

乙未，起歐陽德禮部尚書。德方守制，上急之，俾服闋即入。

戊戌，諭吏、兵二部，更置宣大文武官吏。宣府副總兵孫時謙、中路參將柴縉、游擊將軍姚冕、大同西路參將朱雲漢皆免。

己亥，河南右布政使曾鈞爲右副都御史，總理河道。

壬寅，總督薊遼侍郎何楝分薊鎮爲八區，區各參將領之。

甲辰，海盜犯瓊州，殺指揮陳忠言、胡松、百户都瑛。

丁未，定遼右衛軍餘徐打成陷虜，入之。至是假兀里奚山衛指揮納兒勅貢馬，事覺，伏誅。

己酉，倭九十餘人登松江南門焚掠，千户童元戰死。

辛亥，催各省逋課。

壬子，存問唐府鄖城王彌鋠，年八十，有賢行。奪户部尚書孫應奎俸二月，郎中汪宗凱削籍，坐信奸商奏開水鄉鹽引也。松江各賊期黄浦出海，會大風雨，覆焉，復登岸，分據周浦、下沙、新場、川沙。陳東、蕭顯、徐海分據柘林作犄角，襲南匯所，哨官李府戰死。浹旬，把總婁宇練壯勇伺賊零劫，勦殺之。賊遂畏婁宇兵。

四月癸丑朔，河間知府尹耕爲河南兵備僉事，仍四品服俸，轄民兵耕，自起廢數月，遷兵部員外郎出守，給事中李幼滋劾之。至是吏部希嚴氏，稱其知兵創用。給事中張萬幾歷數其棼狡不法，且四品改五品，有乖選法。上怒，逮耕鞫問，以嵩故，竟無重譴。

乙卯，諭兵部促仇鸞出戰。鸞始出師，屯兵三十二萬，騎十八萬。鸞誇虜强盛，意脅和，徒藉兵爲威重，殊無意行也。鸞恨嚴嵩而侮之。其所詆諆嵩，上亦心動，宣召略稀。錦衣衛右都督陸炳與鸞争寵妬，嵩乃厚收炳伺鸞。鸞出鎮川堡，至貓兒莊，伏虜起溝中，喪卒二十八人，傷二百十二人，失馬二百餘匹，僅斬虜五級。

丁巳，倭五百餘人步自上海，偪松江東門。

癸亥，倭纘至八百人。

戊午，諭二王出閣。禮部徐階卜四月二十五日。已，諭七月終行之。

《世宗實録》卷三八四　壬戌，法司上大同失事將官罪狀。

《國榷》卷六〇　兵部欲留宣大游兵，不必預調。閣臣申言之，報可。

乙丑，賜周王在鋌勅，約束宗人，如伊王例。

丙寅，把都兒二萬餘騎犯遼東前屯，入自新興堡。指揮姚大謨、百户常禄以二百人扼三道溝，被圍。指揮劉楝、劉啓基以四百人援之，并敗没。寇亦創甚。備禦指揮王相又以四百人赴之，戰寺兒山，殺傷略相當。相創甚，寇移沙河驛，千户葉廷瑞以百人佐相，明日，邀擊黎山，力屈死，指揮張策、百户程克政、胡鎮及卒吏死者無慮三百人，廷瑞創甚，寇引去。贈相都督同知，廕正千户。策楝、啓基、大謨都指揮使，禄、克〔政〕、鎮指揮僉事。是役也，把都兒、辛愛，謀克錦義知有備，突犯前屯。禄、大謨等孤軍抗鋒，人心震恐。幸相等赴死如歸，危邊賴之。廷瑞創甚，死復甦，賞不及。罪參將郭世勛、守備李尚文失援，奪官。總兵趙國忠、巡撫許宗魯俱停俸。

己巳，許諸邊壯士從軍，懸賞格。

乙亥，賜仇鸞金幣，以鎮川堡之役。兵部難之，上以吏卒暴露，稍録之。

丙子，海盜自舟山象山登陸，流劫台、温、寧、紹，攻陷城寨，殺掠亡算。先是海盜番人多，倭少。歙人王直，任俠好施與，跳身販暹羅、日本諸國。從渠帥許楝司出納，漸行貨于倭，引其人至。直又計殺别部陳思盼，自是海盜俱受直節制。凡中國之畿民、罷吏、衣冠亡行生，羶而附之。招徐海、陳東、葉明、辛五郎爲將領。揚言宣力本朝，指所殘破云：「某島寇也。」以殺思盼功，叩關告捷，求通市，勿許。乃引倭據定海之烈港，並海郡縣交聳，攻遊仙寨，殺百户秦彪。已寇温州，破黄巖，巡按御史林應箕告急，遂議復巡撫都御史，提督浙、福，各設參將領戍。

《世宗實録》卷三八四　庚辰，户部會廷臣議之邊儲三事。

《國榷》卷六〇　五月壬午朔，倭七百餘人薄松江城，礟中二酋死，士兵斃一酋。賊退入白龍潭寺流劫，時巢柘林，分趨太倉、崑山。戒諭邊臣。

癸未，增兩淮、浙江巡鹽都御史。

甲申，韓士英爲户部尚書，户部尚書孫應奎調南京，工部尚書屠楷爲南京兵部尚書，罷大同巡撫於敖。停宣大選兵入衛，召仇鸞還京。鸞不自安，乞休，不允。鸞在鎮驛騷，與家卒争妓。守備沙潮不堪命，自刎。

《明通鑑》卷六〇　時諳達糾各部及朶顔三衛之衆，出没塞上，勢張甚，諸邊相繼告急。而自馬市既開，邊牆爲寇壞者十之五六，鸞恇怯無計，乃請以七月防秋之際，調宣、大二鎮選兵分布于保安、懷來間，以衛畿輔。兵部議：「宣、大爲京師門户，未有門户不守，而堂宇能固者。且合二鎮之兵力以自守，猶恐不足，一旦簡其精鋭，留其羸弱，則門户必不能支，必待其深入而後圖之，晚矣。」上深然之，乃敕鸞暫還京師議事。

《國榷》卷六〇　乙酉，順天府尹王紳爲右僉都御史，清理淮、浙鹽法。

己丑，山西兵備副使侯越爲右副都御史，巡撫大同。

《世宗實録》卷三八五　壬辰，以久旱命順天府官祈雨，百官修省。

《國榷》卷六〇　南京兵部尚書韓士英改户部尚書。福建盜李文彪等寇南安，提督軍務右副都御史張烜遣兵禦之于聶都嶺，敗績。

壬寅，倭陷黄巖，殺署縣知事武暐，七日而遁。

丙午，虜八百騎圍陝西紅城子堡，尋退。修宜春宮。

戊申，復許讚少傅兼太子太傅、吏部尚書、文淵閣大學士。南京工部尚書潘璜改南京吏部尚書。

六月癸丑，仇鸞請調京兵守宣、大、薊州，各三千人。報罷。上疑鸞權重，稍裁之，鸞憒不知懼。

己未，免淮安、鳳陽水災夏税。

《世宗實録》卷三八六　甲子，加延綏鎮年例銀十一萬兩，充新兵糧餉。

戊辰，兵部覆原任南京兵部尚書韓士英條陳馬政。

《國榷》卷六〇　庚午，核王府侵占里甲莊田之税，即充歲禄。

甲戌，城順義縣。

乙亥，給宣、大馬各千匹。

丙子，罷户部尚書韓士英，時未至被劾。

乙丑，禮科給事中袁洪愈劾翰林檢討梁紹儒交通權要，吏部文選郎中白璧招權鬻爵。上切責鏜、守禮，令對狀。下璧鎮撫司，削籍，紹儒免。紹儒父事嚴嵩，不能庇，則上性嚴馭也。仇鸞奏四出塞，斬級八十。賞吏卒有差。

庚辰，南京刑部右侍郎鄭漳劾罷。仇鸞請調遼東、固原、甘肅、寧夏兵各三千人。許之。倭陷霩衢城。

《明通鑑》卷六〇　以户部侍郎方鈍爲本部尚書。先是孫應奎罷，以兵部侍郎韓士英代之，未至，爲南京科道官所劾，遂不用。至是復以命鈍。

《國榷》卷六〇　七月癸未，詔開例軍民納馬。盧鏜擊川沙倭，中伏敗。俺荅由野狐墩犯宣府，參將史略禦之。寇預伏，略方依崗爲陣，胡騎衝突，火器猝不及發。又佯却，官軍前追數里，伏發，截官軍爲二，略與守備任鎮死之，士卒死傷過半。

丁亥，申明南京内監薦新格式。

《世宗實録》卷三八七　戊子，添設太僕寺寺丞一員。

《國榷》卷六〇　免山東班匠徵金解京。

庚寅，右春坊右中允兼翰林院修撰尹臺、郭鎜主試應天。

壬辰，户部右侍郎馬坤爲左侍郎，順天府尹盧紳爲户部右侍郎。

癸巳，浙江參政曹汴赴任踰期，劾免。

乙未，免平凉、鳳翔、延安災傷夏税。

戊戌，命兵部侍郎張時徹、工部侍郎吴鵬從大將軍，蓋仇鸞請之，一主調遣，一主器械。

《明通鑑》卷六〇　壬寅，以倭警，命巡撫山東都御史王忬巡視浙江兼轄福建濱海諸府。自朱紈罷後，巡撫並巡視官不設者四年，倭患益熾。于是給事中王國禎、御史朱瑞登交章言，【略】上從其言，且令暫復巡視，遂以命忬。初國初沿海要地建衛所，設戰船，董以都司、巡視、副使等官，控制周密。迨承平久，船敝伍虚，及遇警，乃備漁船以資哨守。兵非素練，船非專業，見寇舶至，輒望風逃匿，以故賊帆所指，無不殘破。忬至，乃任參將俞大猷、湯克寬爲心膂，分隸諸將，布列沿海各鎮堡，嚴督防禦。而是時内地居民，勾引嚮導，益以大奸汪直、徐海之等爲之主謀，遂至不可撲滅云。

《國榷》卷六〇　禮部尚書東閣大學士徐階請二王講學，詔擇吉行。

癸卯，南京右都御史端廷赦卒。

丙午，增貴州宣慰司儒學廪額四十人。

己酉，起張珩右副都御史，巡撫延綏。前戍邊六年。山東左布政使沈應龍爲右副都御史，巡撫山東。

《世宗實録》卷三八八　八月辛亥朔，巡按浙江御史林應基奏報海賊攻破黄巖縣治，并參論失事所由。

《國榷》卷六〇　甲寅，鄭府盧江王祐棉獻瑞穀，告廟受賀。虜俺荅把都兒、打來孫等聚薊州近邊，謀犯喜峰、古北口。仇鸞疾命諸路兵聞警即入，無俟徵調。協理戎政侍郎蔣應奎申飭守備。

丁巳，左春坊左庶子兼翰林院侍讀郭朴、修撰秦鳴雷主試順天。

戊午，少林僧兵應募至，擊柘林倭，以鐵棍斃賊一。賊佯死，反刃刃之，僧兵潰。

己未，收大將軍仇鸞敕印。侍郎蔣應奎署京營，游擊將軍時陳爲都督僉事，户部左侍郎孫禬改兵部左侍郎兼右僉都御史，俱提督軍務。時鸞疽甚，求輿疾出師，免陛辭。不許。會宣、薊警日至，兵部尚書趙錦以印在大將所，諸偏裨令不行，自請假大將軍出禦。上謂本兵不外，詔鸞納敕印。錦即夜至鸞第收印綬。徐階言鸞疾未愈，乞早賜斷處。

壬戌，乾光殿成。咸寧侯仇鸞死。鸞聞收印綬，恚憤，疽益劇，先是見夏言、曾銑斧其後，俄疽孽。

《明通鑒》卷六〇　初鸞與嚴嵩約爲父子，已，鸞挾寇得專寵，嵩浸惡之，乃密疏毁鸞。鸞亦陳嵩、世蕃貪横狀，上稍疏嵩，嵩入直，不召者數日，至在第中父子對泣。時陸炳掌錦衣，方與鸞争寵，嵩乃結炳共圖鸞。會鸞病死，炳盡發其通虜納賄狀，上大怒，命炳會三法司（提元）〔擬，于〕是法司奏「鸞謀反，律當追戮」。乙亥，詔暴鸞罪，追戮其尸，傳首九邊，其黨時義、侯榮等皆伏誅。

《世宗實録》卷三八八　己巳，裕王、景王請出講讀。

《國榷》卷六〇　壬申，南京大理寺卿余胤緒爲户部右侍郎，總督倉場，督理西苑農事。胤緒時入賀，當謝不至，落職。

乙亥，追僇仇鸞于市，籍其家。初大學士徐階密疏鸞通虜悞國，而錦衣衛右都督陸炳早刺鸞陰事，備悉之。鸞死，怵其義子錦衣指揮時義、侯榮、姚江逃之虜而道執之。乃發鸞先鎮大同賂虜，虜遺矢纛約不犯。今事發，亡命勾虜。上怒，廷鞫，當謀反律，梟鸞，其妻子及時義、侯榮、姚江皆斬。女妾給功臣家，餘黨戍邊。下制暴其罪。鸞少讀書能文，頗有勇略，然貪戾險狠，累鎮兩廣、甘肅，輒訐督撫。庚戌，自大同入援，最寵信。因縱恣取禍，其坐謀反非實也。鸞剖棺，與丁汝夔、楊守謙同月日，人謂其報不爽。大同軍五百人，出塞二日擣虜，斬八級，被追，轉戰二百里，失二百人。把總劉欽、旂牌官范世傑死之。

丙子，福建參將湯克寬，請募徐、邳盜爲兵。許之。

戊寅，免兖州、東昌水災田租。豐城侯李熙總督京營戎政。

己卯，虜二萬餘騎寇大同平虜衛，分兵深入朔、應、山陰、馬邑，攻夷村堡，殺掠數千人。自盤道口欲犯關南，不克。

九月庚辰朔，虜自紅土墩出塞。是日，又虜三萬騎自弘賜堡入，掠左右衛及安東十七衛、大同、懷仁二縣。

壬午，虜自鎮川堡北遁。又萬騎自威遠滅胡等堡犯平虜，仍散掠朔州、馬邑、山陰。前大理寺卿葛浩卒。

《世宗實録》卷三八九　癸未，以仇鸞伏誅，上親舉謝典於内殿。

《國榷》卷六〇　免順天旱災夏税。免河南開封、彰德、汝寧水災新租。

乙酉，北虜分攻山西三關，三晝夜不克，遁去。

壬辰，虜七千騎寇寧夏蔣鼎、林臯等八堡，殺二千餘人，掠畜産萬計。

乙未，提督軍務都督時陳請分兵石匣營、古北口、密雲、昌平、黄花鎮、横嶺、懷柔防守。從之。

丙申，刑部尚書應大猷擬獄，被劾罷。始遣科道官巡視大倉銀庫。柘林倭攻青村所城旬日，千户陳元恩射死一酋，乃退。仍分駐川沙、柘林。

丁酉，總督陝西王以旂秩滿，進太子太保。

《世宗實録》卷三八九　兵部以武職銓選前徵條例不一，乃定擬六事。

《國榷》卷六〇　應天府尹歐陽塾爲南京工部右侍郎，南京操江右僉都御史盧勳爲南京大理寺卿。巡撫貴州右副都御史任徹疾去。兵部覆上戎政事宜。

庚子，兀思哈里衛指揮使汪止灰，阿剌山指揮僉事台出者帖，列山衛指揮僉事兀納哈，毛憐衛指揮使家奴失勒羊，建州左衛指揮使兀者，右衛指揮同知兒瓦赤各洗改敕書。副總兵岳懋罰俸三月。戎政兵部右侍郎蔣應奎、左通政唐國相子各冒功，給事中淩汝志劾之，逮應奎，國相杖闕下，削籍。

壬寅，南京户部尚書王崇慶爲南京禮部尚書，刑部左侍郎周廷爲南京右都御史。江西右布政使蔡克廉爲南京右僉都御史，提督操江。太僕寺少卿劉大直爲右僉都御史，巡撫貴州。南京光禄寺卿扈永通爲應天府尹。

癸卯，罷馬市。初大同停市，宣府未之絶也。至是市張家口，明日犯常峪口。巡按御史蔡樸言其害，於是禁，後開者斬。逮工部主事胡朝臣、都督劉鼎，坐造火器弓矢濫惡。

《世宗實録》卷三八九　乙巳，陞刑部右侍郎何鰲爲本部尚書，命兵部左侍郎聶豹協理京營戎政。

《國榷》卷六〇　丙午，免平陽旱災夏税，賑淮安、鳳陽、揚、徐水災。

戊申，虜數萬騎犯神池、利民等堡，山西總兵李淶禦卻之，斬二十二級。

十月壬子，工部右侍郎吴鵬改刑部右侍郎。

癸丑，禮部尚書歐陽德入朝，大學士徐階解部事。

丁巳，倭又攻青村所，指揮徐承宗、千户葉緒出擊之，中伏，失亡二百人。

戊午，兵部右侍郎張時徹爲左侍郎，起楊博爲兵部右侍郎，右副都御史王學益爲刑部右侍郎。南京廣東道試監察御史吴山、王宗茂劾嚴嵩貪黷數十事，事皆有實，并論吏部考功郎中萬宷附權納賄。上怒其恣肆，謫平陽縣丞，憂去，壬戌卒。隆慶初，贈光禄寺少卿。

己未，兵部尚書趙錦戍極邊，光禄寺卿董懋中編管塞上。前錦撫大同，懋中爲職方郎中，皆附仇鸞，給事中郭鑰追論之。按錦諳邊事，本兵時多失鸞意，坐黨禍，頗冤錦。懋中少年練典故，庚戌後邊事倥偬，口占題覆，日數十上，敏決如流。起翁萬達兵部尚書。

庚申，以秉一真人陶仲文陰兵懾虜，加歲禄百石，廕子入太學。

壬戌，免南昌、臨江、吉安、瑞、袁、撫、贛、南安旱災田租。免大名、保定、河間、順德、廣平水災田租。

甲子，裁太僕寺添設寺丞。

丁卯，防秋畢，命提督侍郎孫襘還朝。罷守邊卒，量地遠近戍之。

己巳，虜小王子、打來孫等數萬騎寇遼東錦州，殺掠千餘人。總兵趙國忠禦卻之，斬四十七級，各堡壯士斬八級，獲馬二百二十匹，戰傷三百三十餘人。

《世宗實録》卷三九〇　庚午，勒遼東巡撫都御史許宗魯致仕，罷漕運總兵郭琮閒住，以給事中朱伯辰論其衰殘不職故也。

《國榷》卷六〇　辛未，兩廣總兵官鎮遠侯顧寰移提督漕運，鎮守淮安。

癸酉，山西左布政使江東爲右副都御史，巡撫遼東。定西侯蔣傅總兵，鎮守兩廣。

甲戌，兩京停刑。

戊寅，兵部左侍郎張時徹請釋商大節。奪俸。

十一月壬午，巡撫四川都御史戴鰲劾免。

癸未，提督軍務兵部左侍郎孫襘仍改户部左侍郎，總督倉場，督理西苑農事。復楊繼盛兵部武選員外郎。繼盛以狄道典史遷諸城知縣。

甲申，禮部奏：「累朝親王婚禮，洪武間以父婚子，皆行禮禁中，將之國而後出外府。弘治、宣德間，以兄婚弟，移出外府，既成婚而後之國。今二王婚禮，似當從皇祖之制，行于禁中。」得旨，行禮外府。

庚寅，陝西左布政使張臬爲右副都御史，巡撫四川。

《世宗實録》卷三九一　辛卯，原任兵部尚書翁萬達卒。贈太子少保，賜祭葬。

《國榷》卷六〇　乙未，核宣大兵餉。

己亥，大理寺卿郭鋆爲工部右侍郎。銅仁參將、署都指揮僉事石邦憲爲署都督僉事總兵，鎮守貴州。

辛丑，總督湖、廣、川、貴兵部右侍郎張岳奏，擒銅仁叛首吴黑苗。黑苗以捕急，深自匿。岳故緩其令，盡釋其親黨，密檄土官索之。至是土官某襲斬之。驗實，岳報，用兵事竣。免大同雹災田租。增南京浦子口邏卒。總兵湯克寬敗于朱涇。初相持，自卯至酉，克寬以謁直指離所部，遂大潰。

《世宗實録》卷三九一　乙巳，冬至，大祀天於圜丘。

《國榷》卷六〇　十二月己酉朔，選民女三百人入宮。

壬子，總理河道右副都御史曾鈞言治河方略。

癸丑夜，倭乘雪襲陷青村所。

甲寅，朝鮮國王李峘言：「國初賜樂器敝壞，求律管。仍遣樂官赴京習之。」報可。

丁巳，内官監太監杜泰提督光禄寺，貪甚，乾没巨萬。光禄少卿馬從謙劾其罪，泰亦誣從謙誹謗不忠狀。巡視給事中孫允中、御史狄斯彬劾泰如從謙言。且劾寺卿高燿失核。命下從謙、泰鎮撫司。讞上，允中、彬謫下吏，從謙杖八十，遠戍，泰免。從謙卒杖下。

戊午，巡撫陝西都御史張鎬失事劾免。工科右給事中李用敬奏開膠、萊新河，部覆從之。

《世宗實録》卷三九二　庚申，陞南京通政使司右通政鄭大同爲南京太僕寺卿。

《國榷》卷六〇　壬戌，南京大理寺卿盧勳爲大理寺卿。

甲戌，山西民兵戍京者三千人，遣還鎮。

丁丑，錦衣衛帶俸指揮僉事趙汝成乞修居第。以千户時給價，例不再，著爲令。

嘉靖三二年（癸丑、一五五三）

《世宗實録》卷三九二　正月戊寅朔，巡視浙江都御史王忬奏海防賞格四事。

《國榷》卷六〇　揀選京營兵。豐城侯李熙論京營四事，其班軍折糧不允。刑部左侍郎吴鵬賑徐、邳等流民。疏黄河下流，增築高家堰長隄及新莊等閘。

《明通鑒》卷六〇　庚辰，逮禮科都給事中楊思忠，予午門外杖之百，罷爲民。初，思忠議孝烈皇后不宜祔廟，上銜之，後吏部屢以資序擬陞，不許。至是科臣表賀正旦，上摘其表中「元禧申錫」一語，以爲不順，遂坐罷，科臣悉奪俸。

《國榷》卷六〇　己丑，漕艘阻于新安口，户部行各省量減折漕糧三之一。

庚寅，吏部大計，降斥有差。

壬辰，嚴嵩等請及春婚二王。從之，擇二月。嵩又言：「府第淺狹，在親王則可，今日事體不同，俱婚禁中便。」上謂其摇于外議，命舉册立事。嵩言：「此舉實天下臣民所久望，今迫婚期，其册立俟行之。」上答曰：「出府不可，害及二王，害及朕。卿等明言。」對曰：「儲貳名分未正，而又外居，雖應得者亦有危疑。府第連隔一垣，從者衆情各爲主，易生嫌疑，在二王不可不慮。先朝上有太后，有中宫、東宫，體勢增重，主上尊安。今列后不在，至親惟在二王，乃俱外之，在聖躬不可不慮。」上謂皆不足恤，人無能勝天者，二子依分，毋再瀆。

丙申，修復延安、慶陽城堡斥堠。

丁酉，雲南巡撫右副都御史鮑尚賢集兵七萬，討沅江叛酋那鑑。那鑑窘，自殺。諭降其黨，戕職官者伏誅，宥鑑子恕，立那從仁暫統其衆。

己亥，禮部上二王婚儀注。

庚子，兵部武選員外郎楊繼盛劾大學士嚴嵩無丞相之名。有丞相之權。

《明通鑒》卷六〇　初上既誅仇鸞，罷馬市，乃思繼盛言，自典史四遷至兵部員外郎。時嚴嵩方用事，恨鸞初凌己，善繼盛首攻鸞，欲驟貴之，復改兵部武選司。而繼盛惡嵩甚于鸞，且念起謫籍，思所以報國，抵任甫一月，即草奏劾嵩。

《國榷》卷六〇　下鎮撫司。坐詐傳親王令旨律，論死，杖之百。

《世宗實録》卷三九二　辛丑，禮部奏上二至婚禮儀注。

《國榷》卷六〇　增淮鹽三分之一。初中鹽正引一，餘引二，各二百八十五斤。正鹽開邊，南京給引。餘鹽輸金，運司給票。定淮南五錢五分，淮北五錢，歲課共百十萬餘金。至是定引鹽五百五十斤，淮南七錢，淮北五錢，商販不復赴邊。坐失飛輓，鹽法益壅。湖廣軍器一年繕造，二年徵金。

癸卯，協理京營戎政兵部左侍郎聶豹爲兵部尚書。整飭薊州兵備副使劉燾終制，前奪情起家。

乙巳，命吏部左侍郎程文德知貢舉。時禮部左侍郎孫陞遣祀承天，右侍郎閔如霖治二王婚禮。提督湖廣川貴兵部右侍郎兼右僉都御史張岳卒。贈太子少保，謚襄惠。

《世宗實録》卷三九三　二月庚戌，取太倉銀十五萬兩進承運庫，買辦金寶珍珠。

《國榷》卷六〇　癸丑，巡撫山西兵部右侍郎許論協理京營戎政。

甲寅，少保大學士徐階、侍講學士敖銑主禮闈。

乙卯，裕王醮戒文華殿，親迎妃李氏，出就邸。

戊午，景王醮戒文華殿，親迎妃王氏，出就邸。巡撫湖廣右副都御史屠大山爲兵部右侍郎兼右僉都御史，總督湖廣、川貴軍務。太子少保禮部尚書署詹事府事孫承恩致仕。

壬戌，命工部右侍郎陸杰作太和山玄像，立坊曰治世玄岳。

癸亥，奉先聖先師神位于文華殿左室。向祀文華殿，十六年移永明殿後。工部尚書歐陽必進辨楊繼盛所劾嚴效忠冒功。事下兵部，武選郎中周冕奏發其奸，上以擅覆，下詔獄，削籍。冕前御史建言被謫，起官。尚書聶豹講學負時名，媿冕多矣。

甲子，順天府尹馮岳爲右副都御史，巡撫湖廣。

丙寅，倭犯温州，參將湯克寬擊之，俘斬四十餘人，餘多溺。

丁卯，令二王授《尚書》《大學》，習字，閣臣點閱。

《明通鑒》卷六〇　戊辰，以陸炳發仇鸞密謀功，加少保兼太子太傅，歲支伯爵禄。

《世宗實録》卷三九三　己巳，陞太常寺少卿雷禮爲順天府尹。

《國榷》卷六〇　大同兵荒，遣給事中徐綱核賑，併增月餉。

《明史》卷一八《世宗紀二》　壬申，俺答犯宣府，參將史略戰死。

《國榷》卷六〇　甲戌，南京兵科給事中賀涇請開膠州河備非常，下所司相度。倭泊松江之五團，殺金山衞百户，遂沿海掠，至杭州。

乙亥，駐守昌平右僉都御史周珫劾免。俺荅犯河曲老營堡。

三月丁丑朔，陝西大饑，賑之。

戊寅，倭三十六人登青村所焦墩，百户王河禦之，鋒未交而潰，河被殺，寇鋭甚，莫敢拒。月餘，往金山衞，至午浦遇浙兵，擒剿之。

《世宗實録》卷三九四　辛巳，陞廣東按察使張元冲爲本省右布政使。

《國榷》卷六〇　吉能犯延綏，副總兵李海敗没。吉能者，吉囊之子，分部直延綏。

壬午，吏部左侍郎兼翰林學士程文德署詹事府事，兵部右侍郎楊博兼右僉都御史，巡邊。

甲申，山東饑，賑之。南京兵部尚書屠楷致仕。後府平江伯陳圭，總督軍營戎政。

乙酉，倭二百餘人自金山犯海鹽，去之。

丁亥，靈寶縣礦盜伏誅。巡按雲貴監察御史趙錦上言：「【略】嚴嵩以奸佞之雄，怙恩寵以張其威權。【略】」上以欺謗，逮下鎮撫司，杖四十，削籍。

辛卯，策貢士曹大章等四百五人，賜陳謹等進士及第、出身有差。

壬辰，成國公朱希忠署後府。

癸巳，賜故大學士楊士奇祠，春秋致祭。

壬寅，禮部左侍郎孫陞改吏部左侍郎，兵部右侍郎楊博爲兵部左侍郎，巡撫陝西右副都御史賈應春爲兵部右侍郎。

癸卯，吏部尚書萬鏜滿九年考，進太子少保。鏜才庸，更通賄，雖嚴嵩引之，心輕焉，故加銜僅故事也。

甲辰，虜數萬犯宣府，入青邊口。游擊孫邦、丁碧戰卻之，已尋入深井堡，殺副總兵郭都(督)。千户王國血戰，士卒半死不爲懾，力盡，死之。遂犯大同。都，遼人，後贈都督同知，謚忠壯。

丙午，兵科給事中朱伯辰請築京師外城。從之，命戎政平江伯陳圭、侍郎許論、錦衣右都督陸炳相度。

《世宗實録》卷三九六　閏三月丁未朔，裁革廣東增城縣烏石驛。

《國榷》卷六〇　己酉，太子太保、兵部尚書總督陝西軍務王以旂卒。贈少保，謚襄敏。

壬子，吏部請主事等官改選科道，以啓競。不許。

《世宗實録》卷三九六　乙卯，陞禮部右侍郎閔如霖爲本部左侍郎，太常寺卿管國子監祭酒事吴山爲右侍郎。陞河南左布政使謝九儀爲都察院右副都御史，巡撫陝西。命成安伯郭應乾僉事中軍都督府事。

《國榷》卷六〇　丁巳，兵部右侍郎賈應春兼右僉都御史，總督陝西三邊軍務。前福建巡海副使柯喬坐擅斬海盜削籍。

《世宗實録》卷三九六　庚申，兵部覆給事中徐綱條奏邊務四事。

《國榷》卷六〇　辛酉，戒諭韓王融燧，奪將軍旭櫚等爵，幽鳳陽。

乙丑，大道殿成。作京師外城，總督戎政平江伯陳圭、錦衣衞少保左都督陸炳、戎政侍郎許論、工部左侍郎陶尚德、内官監右少監郭暉提督工程，錦衣衞都指揮僉事劉鯨、都指揮使朱希孝監之。巡撫江西右副都御史翁溥爲兵部右侍郎。翰林侍講學士敖銑爲太常寺卿，署國子祭酒。

甲戌，海盜王直糾倭，連舟百餘，犯浙直濱海郡縣。蕭顯自浙登松江寶山恣掠。

《明通鑒》卷六〇　乙亥，倭攻破浙江昌國衞，屯踞凡五日，參將俞大猷以舟師攻之，始去。

《世宗實録》卷三九七　四月丙子朔，都御史王忬條上海防事。

《國榷》卷六〇　倭二百餘人焚海鹽南門，知縣莆田鄭茂拒之，五日乃解。

丁丑，裁巡鹽、屯牧、營田及駐守昌平都御史。

《世宗實録》卷三九七　陞南京太常寺少卿錢邦彦爲南京光禄寺卿。

戊寅，陞湖廣右布政使鄒守愚爲河南左布政使。

《國榷》卷六〇　增古北口參將。

己卯，江西左布政使蔡雲程爲右副都御史，巡撫江西。

壬午，山東、江北饑盜平。

乙酉，杭州衞指揮陳善道、吴懋宣擊倭于赭山，敗死。又陷昌國衞，殺百户陳表。觀海衞指揮張羅追之崎頭洋，斬五十級。參將俞大猷搗倭巢于烈港，不利，倭亦尋遁。

丙戌，浙江舟師破賊于松門港。

戊子，五軍營副將署都督僉事劉大章爲總兵官，鎮守宣府。

《明通鑒》卷六〇　倭犯太倉州，攻城不克，分衆四掠。復有他舟載倭四十人，突至浙江乍浦所，遂及平湖、海鹽、海寧之境，肆其焚掠，官兵前後遇之輒敗。凡殺指揮四，把總一，千户一，百户六，縣丞一，所傷官軍數百人。凡十六日，始徜徉奪舟去。

《國榷》卷六〇　癸巳，倭破上海。初松江通判劉本學以五百人戰十九保連賓華橋，大敗，死傷甚衆。上海知縣俞顯卿遁，遂破。掠于市，去而復至。

丁酉，倭破吴淞南匯所城，分掠江陰。南京吏部尚書潘璜改南京兵部尚書。

庚子，倭掠海州，時乘風揚帆，倏忽千里，莫測其向。

辛丑，前太子少保兵部尚書史道卒。

壬寅。倭破臨山衛，乘勝西犯，松陽知縣羅拱辰督民兵禦之。賊浮海走，參將俞大猷邀擊，斬六十九級。甘州左副總兵姜應熊爲總兵官，鎮守寧夏。

甲辰，倭破福寧之秦嶼所。松江倭出海。

《世宗實録》卷三九八　五月丁未，夏至，大祭地于方澤。

《國榷》卷六〇　選翰林院庶吉士萬浩等。署詹事府吏部左侍郎兼翰林學士程文德教習。

己酉，倭圍海鹽，不克。

壬子，松江兵值倭高昌渡，失利。未幾，倭千餘從太平寺入市，市人潰，大掠，趨焚漕艘。

癸丑，倭復破上海。

甲寅，又倭百餘人掠海鹽、海寧。

丙辰，總督倉場户部左侍郎孫禬疾去。

丁巳，倭復約海口、周浦兩道，寇松江，鎮海衛指揮武尚文、建平縣丞宋鰲調至，戰敗死，邑里爲墟。

庚申，總督宣大侍郎蘇祐言，先年擺邊非策。

壬戌，倭陷乍浦所，知縣羅拱辰來援，倭流刧奉化、寧海。參將湯克寬追敗之獨山，賊半爇死，餘遁于海。起王用賓、楊行中吏部左侍郎，行中總督倉場，督理西苑農事。虜五百餘騎犯遼東上榆林堡，副總兵岳懋禦卻之，追至小長山，斬四十七級。

癸亥，增金山參將。

《世宗實録》卷三九八　甲子，經略邊務侍郎楊博條上薊州、保定二鎮事宜。

《國榷》卷六〇　庚午，復江淮副總兵，提督海防，移福、興、漳、泉參將湯克寬爲之，駐金山衛。

壬申，倭復至上海，鎮撫吴賢戰于上海之黄泥浜。自後浦東沿海二百里，新舊倭無虚日，延及蘇州太倉、吴淞千户所、金山衛。

辛未夜，倭復破上海。

六月辛巳，定王府庶人口糧歲七十石，妻子預焉，擅婚者五十石，傳生者二十五石。虜犯宣府西路新開口堡，參將史禄死之，贈右府左都督，廕指揮僉事。時虜氛甚熾，朶顔諸夷挾之索賞，邏卒出塞，輒縛之取贖。諸將偷旦夕幸，醵軍資賄之，巡按御史蔡揚金白其狀。

壬午，總督漕運兼巡撫鳳陽右副都御史連礦匿饑盗不以聞，調外，以吴鵬爲兵部左侍郎兼右副都御史，代之。

《世宗實録》卷三九九　庚寅，總督宣、大、山西軍務兵部左侍郎蘇祐六年考滿，陞都察院右副都御史，兼原職管事。

《國榷》卷六〇　倭復寇嘉興、海鹽、澉浦、乍浦，又寇蘇州崑山、太倉、崇明。聚散不常，偏于川陸，而柘林爲巢矣。參將湯克寬以邳州兵於葉謝港，擊斬五十餘級。

壬辰，調處州坑兵二千人勦倭。

癸巳，刑部右侍郎王學益爲左侍郎，巡撫雲南右副都御史鮑象賢爲刑部右侍郎，巡撫河南右副都御史謝存儒爲南京兵部右侍郎。

甲午，聽薊州各村大築城堡。

戊戌，起孫世祐右副都御史，巡撫雲貴。經略兵部左侍郎楊博還朝。

壬寅，倭泊上海北宫，前指揮黎鵬舉鎮撫胡賢禦之。賢戰死，倭焚縣治，始議築城。設海防道，六合知縣董邦政爲按察僉事，而倭寇吴淞、嘉定、青村、南匯、金山。邦政信陽人，以廉勇聞。

《世宗實録》卷三九九　甲辰，順天府尹雷禮條上恤災六事。

《明通鑒》卷六〇　戊申，巡撫應天都御史彭黯，巡視浙閩都御史王忬，各以倭寇出境浮海東遁聞。倭自閏三月登岸，至六月中，温、台、寧、紹、杭、嘉、蘇、湖、揚、淮十郡各州、縣、衛、所，被其攻破焚掠者凡二十餘，留内地三月，飽而去。

《國榷》卷六〇　七月乙巳朔，右僉都御史倪嵩爲左副都御史。虜儆，京師九門列營，户部左侍郎馬坤治餉，時陳分屯昌平、順義、懷柔，陳圭屯郭門。徵山西老營堡游擊劉承惠赴良鄉。

《世宗實録》卷四〇〇　辛亥，命兵部發帑銀二萬五千兩分犒陝西八衛遣兵，仍賜提督時陳銀四十兩。

《國榷》卷六〇　丁巳，大理寺卿盧勳爲南京刑部右侍郎，大理寺左少卿馮天馭爲右僉都御史。南贛巡撫都御史張烜、提督操江都御史蔡克廉各劾免。虜俺苔把都兒等寇大同，自弘賜堡犯渾源，下靈丘、廣昌。

庚申，虜入紫荆關，浮圖峪，突犯山西。總兵李淶等屯廣昌，戰于永安堡。相持數日，大同總兵吴漢軍黄土溝，宣大總兵劉大章軍黑石嶺，各觀望不進，淶遂敗績。虜徧掠蔚、應、渾源、靈丘，至磁窑口，爲伏砲所中。

甲子，撫治鄖陽右僉都御史沈良才爲大理寺卿，廣東左布政使談愷爲右副都御史，巡撫南、贛、汀、漳。河南右布政使史褒善爲南京右副都御史，提督操江。改王忬提督軍務兼巡撫浙江并福、興、漳、泉。其應天、鳳陽、山東、遼東、巡撫都御史，俱兼理海防。松陽知縣羅拱辰、六合知縣董邦政，各添註浙江按察僉事，俱率民兵禦倭。

戊辰，作大通橋門、彰義門城樓。

庚午，柘城盜師尚詔陷歸德。尚詔本販鹽行刼，巡撫謝存儒誤委爲伯長，聽訟自恣，守臣欲誅之，遂反，攻入郡，殺檢校董倫，屠掠甚衆。戒勿犯學舍子弟，故官吏匿免。而柘城少年乘尚詔出掠，淫其家，遂攻柘城，磔少年。還攻鹿邑、太康、儀賓、沁水。韓魏寓太康，率衆拒賊四日，死之。

辛未，固原游擊陳鳳、寧夏游擊朱玉來援，過浮屠峪，夾擊之。虜馳去，鳳、玉急進，守者具蓐犒。鳳、玉曰：「毋緩虜，吾旋軍享之。」追虜三家村，大戰竟日，殺傷過當。

壬申，虜欲北，慮鳳、玉躡之，以騎綴我，分衆出廣昌、石門峪等塞。上聞之，大悦，立進都督僉事，賜金四十，文綺二。

《世宗實録》卷四〇一　八月乙亥朔，陞雲南右布政使王鈁爲廣東左布政使，湖廣按察使陶欽夔爲河南右布政使。

《國榷》卷六〇　虜東犯蔚州，自平型關入掠代州繁峙，八日始出塞。

丙子，小王子自宣府獨石犯赤城滴水崖，攻掠慘甚。越四日而去。

丁丑，張經爲南京户部尚書。肇慶府猺賊作亂。

戊寅，英國公張溶攝祭太社太稷不敬，奪歲禄。

己卯，吏部尚書萬鏜及兵科右給事中朱伯辰削籍。時推通政使趙文華撫鄖陽，伯辰劾文華貪佞。文華自言，「通政使例不外推。鏜欲出臣，借廷推嗾劾。」上怒，皆斥。鏜望輕，向翰林編檢持後輩禮事冢卿，至鏜均禮，其體遂不復。

癸未，李默復吏部尚書，趣之任，出特旨。

丙戌，吉能分掠延安、慶陽，駐鄜、延踰旬，移屯中部，窺涇原，關中大震。會久霖，乃自安塞、保安遁去。河南巡撫右副都御史謝存儒、歸德知府尹一仁劾免。山東盜李自名流刼濟寧、鄆城、泗水。

丙申，太僕寺卿張舜臣爲右僉都御史，撫治鄖陽。

《世宗實録》卷四〇一　戊戌，以災傷詔免山東兖州、東昌、濟南、青州所屬州縣税糧有差，仍命有司設法賑濟。

《國榷》卷六〇　平樂縣猺賊平。增浙西兵備副使參將。

辛丑，河南兵擊賊于霍山，賊圍之，副使曹邦輔身督戰，遂破賊，斬四百餘級。賊走太康，勢復振。

壬寅，蘇州府同知任環禦倭功，進整飭蘇松兵備、山東按察僉事。環率民兵躬出戰，徧其身書姓名，曰：「死綏職也，遺體不可棄，識者爲收其骨。」屢戰有功。

《世宗實録》卷四〇一　癸卯，陞福建按察使范欽爲雲南右布政使。

《國榷》卷六〇　九月丙午，虜萬餘騎入大同平虜衛，犯山西利民等堡。山西巡撫右僉都御史趙時春禦之。至廣武，諸將皆會，時掠八角堡，諜僅二十騎，去此兩舍，可掩也。時春擐甲前，總兵李淶諫，不聽。至蟲嶺，中伏，淶與子松及大同參將馮恩、游擊李桂、神池守備孔賓、偏頭守備高遷、太原指揮陳金、中軍把總尹忠皆戰死，軍殲焉。時春走土墩，哨卒縋上之，乃免。虜尋遁。贈淶少保右都督，廕指揮使，謚忠愍，立祠。恩謚莊愍，桂謚毅勇，俱贈都督僉事。

師尚詔自永城東攻宿州，欲犯鳳陽，出奉高墻罪宗。官軍追之五河，奪舟分屯，水陸待之，大破賊。

戊午，前前軍都督僉事孫堪卒。刑部右侍郎鮑象賢改兵部右侍郎兼右僉都御史，提督兩廣軍務。

己未，免河南災租。

庚申，免大同田租。

《世宗實録》卷四〇二　辛酉，以諸邊報捷，奏謝郊廟社稷。

《國榷》卷六〇　敍功，進宣大總督蘇祐兵部尚書兼右副都御史，廕錦衣千户。總兵劉大章都督同知，巡撫艾希淳右副都御史。兵部尚書聶豹太子少保，廕錦衣千户。餘陞賚有差。

壬戌，禮部左侍郎閔如霖兼翰林院學士，同教習庶吉士。

癸亥，河南官兵連敗賊于蒙城、商丘。師尚詔勢蹙，變服遁。賊起蹂四旬，破城八，屠僇十萬餘人，中原震動。

甲子，免廬、鳳、淮、揚田租，仍賑之。

乙丑，薊永總兵官韓承慶爲都督僉事總兵官，移鎮山西。

《世宗實録》卷四〇二　辛未，陞禮部右侍郎吴山爲本部左侍郎，左春坊左庶子兼翰林院侍讀學士郭朴爲右侍郎。

《國榷》卷六〇　倭百餘人掠華亭、掠金山衛。先是六月，倭東遁，江南稍寧。崇明、南沙有流倭三百人，舟壞不能去。總兵官湯克寬、兵備僉事任環列兵守之，久不克。又告警。

十月甲戌朔，盜警。分賑河南粟三萬石，山東四萬石。

乙亥，吏部左侍郎程文德請賑荒河東、山東、徐、邳、淮、揚。課有司册記。報可。

己卯，總兵官湯克寬以徐、邳等兵擊南沙倭，失利，亡卒四百餘人。免北京、宣府、遼東、紹興、寧波、台州災傷田租，其海鹽、平湖准折兑，仍賑之。

《世宗實録》卷四〇三　辛巳，陞南京大常寺卿鄭曉爲刑部右侍郎。

《國榷》卷六〇　戊子，湯克寬擊倭于寶山，追敗之，斬七十三級，俘十四人。

庚寅，前總督漕運右副都御史連礦卒。巡撫延綏右副都御史張珩爲南京兵部右侍郎。

《世宗實録》卷四〇三　壬辰，陞宣府參將張堅爲署都督僉事，充總兵官，鎮守大同。命古北口參將周益昌充副總兵官，協守永平。

《國榷》卷六〇　倭三百餘人突犯上海、太倉，至常熟，知縣王鈇禦卻之。

乙未，定武舉三登鄉科徑會試。

丙申，行人侯東萊賫賞諭南直隸、山東撫按等官，破格賑饑，刊示百姓。河南、山東中都班軍，仍分春秋入衛。自二十九年虜患併班，俱四月初入衛，十月初還。

丁酉，南京兵部尚書潘璜劾免。逮前河南巡撫、右副都御史謝存儒至京。南京户部尚書張經改南京兵部尚書。起王輪右僉都御史，巡撫延綏。

戊戌，上憂民乏食，問嚴嵩，請發太倉粟數萬石平糶。其山東、河南，發臨清、德州粟賑之。上又憫暴骸，嵩請巡城御史、撫按各督有司掩埋，仍賑京民二萬石煮粥。命亟行之。

己亥，諭户部計處錢法。嘉靖錢七百准一金，舊錢倍之。禮科給事中王正國往按延綏功罪。初總督侍郎賈應春報斬虜二百八十五級，巡按御史吉澄言，米脂、綏德、延川、延安、甘泉、洛川、鄜州、中部、宜君共殺千七百六十餘人，掠千九百七十五人。以捷衂互異，故遣正國。

《明史》卷一八《世宗紀二》　庚子，師尚詔伏誅，賊平。

《明通鑒》卷六〇　河南賊平。時官軍獲師尚詔于山東莘縣，詔即所在斬之。賊起四十餘日，破府一，州二，縣八，屠戮十餘萬人，三省大震。

《國榷》卷六〇　辛丑，京師外城成。

壬寅，流倭登興化南日舊寨流刼，殺千户王巨卿。把總指揮張棟以舟師擊之，走獨山，知府董士弘圍而殲之。時倭警，真夷十三，我奸民十七。

十一月癸卯朔，南京右都御史周延爲南京吏部尚書。

甲辰，湖廣龍潭安撫司土夷黄俊、黄中等作亂，據雲、萬、奉節，大殺掠。

乙巳，倭復犯上海，至嘉定。

丁未，命守備張啓元暫住田州。田州土官岑芝卒，子大壽四歲，僞孽莫葦冒岑氏，及土官岑施相搆亂。

戊申，南京工部尚書孫應奎改南京户部尚書。

《世宗實録》卷四〇四　丙辰，陞總理糧儲、巡撫應天兵部左侍郎彭黯爲南京工部尚書。

《國榷》卷六〇　丁巳，出内府錢，折文武官俸及軍餉。

辛酉，江西右布政使方任爲右副都御史，巡撫應天。

癸亥，兵科都給事中王國楨上邊務九事，具論形勢，嚴守外邊，用戒前失。

乙丑，總督漕運兼巡撫鳳陽兵部左侍郎兼右副都御史吴鵬爲南京右都御史。

庚午，提督兩廣兵部右侍郎右僉都御史應檟卒。俺荅犯宣府紫溝堡。御史吉澄言：「軍有烽堠，猶身有耳目。近以通虜故，議罷墩軍，專重哨探。然天下之事，貴因時救弊，不可因弊廢法。墩軍孤處單外，寧能抗虜哉，其通虜也，計畫無從耳。寇來靡定而變靡常，先事則資哨探，將事則資烽火。若之何可以偏廢。若撫而厚之，則易彼之耳目爲我之耳目也。」上從之，命修復。

辛未，吏部尚書李默入朝。

十二月癸酉朔，輔臣請立太子。不聽。

甲戌，運倉粟十萬石于宣大，十二萬石于昌平。增紫荆、倒馬、居庸諸關隘隆慶諸衛卒月餉銀二錢。

《明通鑒》卷六〇　乙亥，嚴嵩言：「户、工二部，覈計鑄錢一千九百萬錠，需工料銀三千二百八十二萬七百七十兩有奇。今户部太倉庫貯銀僅一百五十三萬六千兩，已不敷京、邊歲用之數；工部節慎庫貯銀僅七十萬，盡數鑄錢，尚不及十分之一；行之各省，又恐擾民。今時值災荒，無從籌措。請嘉靖通寶量爲依式製造，陸續進用。」從之。

《國榷》卷六〇　庚辰，刑部右侍郎鄭曉改兵部右侍郎兼右僉都御史，總督漕運，巡撫鳳陽。

甲申，蠲蘇、松、常、鎮逋賦及改派蠲停各項。

丙戌，會議各邊總督鎮巡優劣。罷薊遼總督何棟，降宣府巡撫劉璽，免山西巡撫趙時春。

庚寅，南京户部右侍郎陳儒改刑部右侍郎。兵部左侍郎楊博兼右副都御史，巡撫山西。河南布政司右參政劉廷臣爲右僉都御史，巡撫宣府。宣府參將歐陽安爲署都督僉事總兵官，鎮守保定。

己亥，漕河成，總理河道右副都御史曾鈞爲工部右侍郎兼右副都御史。

嘉靖三三年（甲寅、一五五四）

《國榷》卷六一　正月壬寅朔，上不朝。禮科都給事中張思静等疏賀萬壽，字平失抬，各杖四十。

壬子，康妃杜氏薨。大興杜林女，裕王母也。禮部尚書歐陽德等議喪禮。

《世宗實録》卷四〇六　改總督湖廣、川貴軍務兵部右侍郎屠大山爲南京兵部右侍郎。陞巡撫河南右僉都御史楊宜爲南京户部右侍郎，總督糧儲。詔發太倉米給各處就賑饑民。

乙卯，以水災停徵淮安、鳳陽二府起運兑改本色米七萬五千餘石。

《國榷》卷六一　丁巳，吏部尚書李默言：「故事歲六選，頃年加邊選，吏道益雜。」命格之。

戊午，巡撫湖廣右副都御史馮岳爲兵部右侍郎兼右僉都御史，總督湖廣、川貴軍務。河南左布政使鄒守愚爲右副都御史，巡撫河南。

己未，海盜蕭顯以七艘二百人突入吴淞所。時崇明兵戰于黄浦，不利。賊薄城，僉事董邦政以神槍禦卻之。二月六日，解圍去。邦政遣縣丞劉東陽兵躡之，潰死。參將盧鏜以二千人追至嘉定境，焚其舟，斬百餘賊。陳義詐降，入上海，跡露被誅，顯乃遁。

戊辰，倭自太倉潰圍出海，轉掠蘇、松。

己巳，吏部文選郎中楊載鳴貶將樂典史。時安慶推官郭來朝内召，被劾削籍，責吏部之濫，尚書李默等奪俸二月。

《世宗實録》卷四〇六　辛未，清理四川、雲南鹽法。户部主事陳惟譽言七事。

《國榷》卷六一　二月乙亥，贈故歸德府檢校董倫同知，柘城貢士陳聞詩鳳陽同知。倫大谷人，師尚詔之亂，巷戰死，妻賈氏及從子皆遇害。賊重聞詩，劫脅之，僞諾，絶粒三日，縊于鹿邑。

癸未，南京刑部尚書顧應祥罷。去年論囚得報，踰冬至二日竟決之，南京監察御史李尚智論當覆請，遂予致仕。

《世宗實録》卷四〇七　甲申，陞兵部右侍郎翁溥爲本部左侍郎，召總督三邊兵部右侍郎賈應春回部視事。陞山東左布政使汪大受爲都察院右副都御史，巡撫湖廣。

《國榷》卷六一　甘肅總兵官王繼祖、巡撫王誥以降人王真率百餘人出塞搗虜那木孩巢，斬三十三級。

丁酉，故户部尚書督理西苑農事臨汾張潤，贈太子少保，謚恭肅。倭患，械應天巡撫彭黯，下南京法司，削籍。黯時進南京工部尚書。

己亥，參將盧鏜敗倭于史家浜，焚其舟無遺。

《世宗實録》卷四〇八　三月辛丑朔，陞工部左侍郎陶尚德爲南京刑部尚書，巡撫遼東。右副都御史江東爲兵部右侍郎兼都察院右僉都御史，總督陝西三邊軍務。

《國榷》卷六一　代府饒陽王充⿱⿰弓古灬奪爵，幽鳳陽。充⿱⿰弓古灬利口捷給，數侵代王廷琦，假言邊事，陷巡撫何思、總兵徐仁等。又數訐代王及巡撫侯鉞，奏奪禄。抗不肯承，遣司禮監少監王瑜即訊，始盡得其奸。

甲辰，南京兵部右侍郎屠大山爲兵部右侍郎兼右僉都御史，總理糧儲，提督軍務兼巡撫應天。

丙午，工部右侍郎陸杰兼右僉都御史，督修顯陵。

戊申，時錢法惡濫，前制下，七錢准銀一分，并舊錢亦然，藉藉稱不便。監察御史何廷鈺上時政八事，中及錢法，多迂瑣難行。户部郎中劉爾牧，才吏也，覆上，不盡如廷鈺，恚而劾爾牧謗毁玄修，杖之百，削籍。

己酉，總督倉場，督理西苑農事、户部左侍郎楊行中爲南京工部尚書。國子祭酒茅瓚爲南京吏部右侍郎。山西右布政使蘇志皋爲右僉都御史，巡撫遼東。

《世宗實録》卷四〇八　庚戌，免蘇松二府三十三年應派料價充海防軍餉。

《國榷》卷六一　辛亥，諭吏、兵二部恤民養軍。

壬子，督修顯陵工部右侍郎陸杰卒。

癸丑，雲南總兵沐朝弼嗣黔國公。沐翆殤，大母李氏爲請。

甲寅，户部右侍郎盧紳爲左侍郎，總督倉場，總理西苑農事。翰林侍讀學士康太和爲南京禮部右侍郎，巡撫江西。右副都御史蔡雲程爲南京兵部右侍郎。

丁巳，勅雲南道監察御史何廷鈺開膠萊新河。

庚申，起陳深右副都御史，巡撫江西。巡撫陝西右副都御史謝九儀爲户部右侍郎，左諭德李璣爲國子祭酒。

辛酉，桂陽猺賊作亂。南沙倭續至二千餘人，分掠崑山、蘇、松。參將湯克寬戰採陶港，斬百八十級。

《世宗實録》卷四〇八　癸亥，禮部尚書兼翰林院學士歐陽德卒。

《國榷》卷六一　甲子，太子少保右都御史屠僑滿九年考，進太子太保。

乙丑，大風雷，倭舟多覆海，復登陸南掠上海，百里内俱虚。葉麻屯周浦寺，屢敗官軍，蓋不識地理中伏。其北趨通、泰等州縣，流掠青、徐，山東大震。倭入如皋之掘港，主簿閻士奇以鄉兵擊于曹家莊，敗之。

丁卯，吏部左侍郎王用賓爲禮部尚書。

庚午，工部右侍郎郭鋆爲左侍郎，南京刑部右侍郎盧勳改工部右侍郎。陝西左布政使唐時英爲右副都御史，巡撫陝西。都司劉恩星、指揮張四維以舟師追倭于三岳山，斬二十級。尋合指揮潘亨追勦，擒三十餘人。倭自赭山渡江至曹娥，涉三江瀝海，直走定海之王家團，復據普陀山，焚刧海鹽龍王塘、乍浦長沙灣、嘉興、嘉善。參將盧鏜與把總劉隆、潘鼎邀于石墩洋，斬二百餘級。參將俞大猷勦普陀山倭，半登，賊突戰，失亡三百餘人。海盜蕭顯敗于慈溪。

《世宗實録》卷四〇九　四月甲戌，詔發京、通二倉米賑順天府屬飢民，其流民就賑者命有司設粥食之。

《國榷》卷六一　乙亥，都人大疫，設藥散米賑之。衡、永間盜起。倭自海鹽趨嘉興，參將盧鏜戰于孟家堰，喪卒千有四百七十五人，指揮李元律、千户薛綱、宋應瀾等死之。乘勝據海寧石墩山，都指揮周應禎擊之，亦敗没。

戊寅，倭陷嘉善，廣西百户賴榮華死之。

辛巳，禮部左侍郎兼學士閔如霖署院。倭攻嘉興城，兵巡副使陳宗夔禦卻之，分犯平湖、海寧。

壬午，吏部右侍郎葛守禮爲左侍郎，禮部右侍郎郭朴爲吏部右侍郎，南京大理寺卿張鏊爲工部右侍郎。倭薄通州城，揚州衛千户洪岱、文昌齡、泰州所千户王烈來援通州，至西門三里橋，敗没。參將解明道守通州，卻之。有鄉人曹鼎勇甚，屢殺倭，功第一，竟戰死。倭屯掘港，恣掠，守備張壽、楊縉先後失利。

乙酉，倭夜陷崇明，殺知縣唐一岑。贈光禄寺丞，予祠廕。

癸巳，諭閣臣，宣大總督蘇祐年老，罷之。進賈應春爲兵部左侍郎兼右僉都御史，總督宣大。虜寇宣府嵩峪等堡。

丁酉，録外城工勞。虜自宣府柴溝堡潰牆入，大掠而去。

戊戌，工部右侍郎盧勳兼右僉都御史，督修顯陵。海盜王直巢柘林，連絡二百里，一趨太倉，一趨崑山。虜寇雲州赤城，毁堡二十餘座，殺掠人畜。

《世宗實録》卷四一〇　五月庚子朔，陞南京太常寺卿鄭大同爲南京大理寺卿，改南京吏部右侍郎茅瓚爲禮部右侍郎。陞翰林院修撰沈坤爲右春坊右諭德，署掌南京翰林院事。

《國榷》卷六一　辛丑，災傷，折淮安漕八千六百石。

《明通鑒》卷六〇　壬寅，倭自崇明薄蘇州，大掠至崑山，百户劉愛臣死之。

《國榷》卷六一　癸卯，安置薊鎮降夷百有四人于南方。

丁未，倭陷崇德縣，大掠而去。

《世宗實録》卷四一〇　戊申，陞南京光禄寺卿錢邦彦爲南京太常寺卿。

《國榷》卷六一　己酉，户部右侍郎謝九儀改兵部右侍郎。

庚戌，設整飭淮揚兵備，湖廣副使張景賢專理海防，駐泰州。

壬子，兵部左侍郎賈應春仍提督陝西三邊，協理戎政。兵部左侍郎許論兼右僉都御史，總督山西、宣大。議遣參將李逢時以山東民兵三千人勦南倭，徐階言其怯劣，宜改選。

丙辰，虜寇水溝墩，寧夏參將王寶拒卻之。

丁巳，倭患，南京兵部尚書張經兼右副都御史，總督浙、直、山東、兩廣、福建軍務，便宜從事。

庚申，倭攻如皋，不克，主簿閻士奇敗之東陳鎮。已薄城，值潁州兵，擊敗之。

辛酉，左副都御史倪嵩爲户部右侍郎，兵部右侍郎謝九儀協理京營戎政。

甲子，命福建道御史温景葵、兵部主事張四知募兵山東禦倭。

乙丑，議招海盜王直。兵科都給事中王國楨言非策。兵部以「直本徽人，同徐惟學、李大用入海，已悔之，嘗捕寇自贖。有司不急收之，遂貽大患。臣等欲倣岳飛之收楊么黨黄佐故事，即降直，無害」。上信國楨言，令張經一意勦賊，彼脅從宥之，戎首不赦。

六月壬申，順天府尹雷禮爲工部右侍郎，大理寺卿沈良才爲兵部右侍郎。籍京師原募民兵充巡捕營。

癸酉，虜萬餘騎犯五堡、大同左衛、威寧等處，總兵岳懋適巡邊，迎擊之。至青屹塔，陷伏，死之。贈少師、左都督，謚壯愍，世廕指揮使，立祠。兵部尚書聶豹言：「虜勢不啻風雨，而鎮卒疲困。今欲與抗，徒覆亡無益。夫本折相兼，按月給稍，祖宗舊制苟爲不復，是孤注兩鎮也，其何以覆盂三輔。」于是命遣御史覈議邊餉。

《世宗實録》卷四一一　丁丑，改應天府府尹扈永通爲順天府府尹。

《國榷》卷六一　癸未，裁湖廣冗官。

甲申，倭轉掠吴江、嘉興，都指揮僉事夏光敗于王江涇，死之。時海盜鄭宗興、何八、徐銓、方武等分掠閩粤，尚未破城邑，惟浙直間杭、嘉、湖、寧、紹、台、温、蘇、松、常無非賊，而柘林最劇。

乙酉，國子監祭酒李璣爲南京吏部右侍郎，巡撫山東。右副都御史沈應龍爲南京刑部右侍郎，南京大理寺卿鄭大同爲大理寺卿。宣府副總兵焦澤爲總兵，鎮守大同。

丙戌，許山西開納武職。把都兒台吉射書宣府城中，乞互市。不許。

戊子，南京太僕寺卿吕懷致仕。

壬辰，改王忬右副都御史，巡撫山西，督理軍務。徐州兵備副使李天寵爲右僉都御史，巡撫浙江及福、興、漳、泉，提督軍務。

《明通鑑》卷六〇　擢徐州兵備副使李天寵以僉都御史巡撫浙江，代王忬也。時上已命張經總督南直隸、浙、閩等凡六省，專任勦倭事。會宣大告警，乃改忬右副都御史，巡撫大同，而浙設巡撫如舊制，乃以命天寵。

《國榷》卷六一　甲午，定土官襲職納粟折銀例。如宣慰使粟千石，納五百金。次五百石，納三百金。自知府下各有差。免其赴京。

丙申，南京刑部右侍郎沈應龍劾免。

丁酉，增揚州府同知，駐瓜州捕盜。

七月庚子，發帑金十萬，賑宣大。番賊糾倭入寇，廣東官軍擊敗之。

壬寅，福建左布政使劉宲爲右副都御史，巡撫山東。南京國子祭酒尹臺爲國子祭酒。

丙午，倭自蘇州掠嘉善，轉趨松江出海。參將俞大猷敗之吴淞所，斬百十三級，擒七人。

乙卯，倭遁，出金山洋，指揮任錦邀擊之銅礁，斬三十八級，擒十三人。

戊午，駙馬都尉鄔景和、安平伯方承裕、吏部尚書李默、禮部尚書王用賓、左都督陸炳並直西内。署詹事府事吏部左侍郎程文德、署翰林院禮部左侍郎閔如霖、吏、禮部右侍郎郭朴、吴山並撰玄文。

《明通鑑》卷六〇　上崇奉玄修益篤，以贊玄勳戚惟朱希忠一人，特命駙馬都尉鄔景和、安平伯方承裕同入直西内。又于輔臣嚴嵩外，特命吏部尚書李默、禮部尚書王用賓及左都督陸炳皆入直，復以侍郎程文德、閔如霖、郭朴、吴山供撰青詞。景和以不諳玄理辭，上不悦，遂罷入直；已而賚在直諸臣，景和猶預焉，景和辭免。**《國榷》卷六一**　癸亥，量蠲浙直兵荒田租。

戊辰，免大名、内黄水災田租。

《世宗實録》卷四一二　户部請催督起運各省存留餘銀，以濟京邊之急。

《世宗實録》卷四一三　八月己巳朔，命總督漕運侍郎鄭曉督修如皋、海門、泰興、海州、鹽城等處城池寨堡。添設掘港把總官一員備盜。

《國榷》卷六一　辛未，壽節恩進徐階太子太傅、武英殿大學士。李本太子太保、文淵閣大學士。嚴嵩子世蕃工部右侍郎，治部事。嵩以任子辭。朱希忠、陶仲文各廕錦衣百户。

乙亥，虜數萬騎分道寇平虜衛。

庚辰，虜至朔州，掠六日。

癸未，柘林倭攻嘉定，募兵參將李逢時、許國以山東茅兵六千人戰新涇橋，敗之。賊退據羅店鎮，追及之，擒斬八十餘人。

乙酉，虜出朔州。

《世宗實録》卷四一三　丁亥，增設湖廣蘄、黄、德安三衛所守備官一員，于黄陂縣駐守。

《國榷》卷六一　庚寅，起周琉右僉都御史，總理糧儲，提督軍務兼巡撫應天。撫治鄖陽右僉都御史張舜臣爲南京大理寺卿。山東兵追倭至採淘港，乘勝深入。賊僅數舟，蒙絮被，射之不動。忽蘆葦中十六人横刀躍出，我兵大潰，殺溺千餘人。初新涇之捷，李逢時功最，許國媿之，乃别從間道進，欲分其功。會大雨，指揮劉勇、千户孫升、胡應麟、鎮撫李繼孜等先敗没，諸軍繼之，倉卒不整，遂大敗。

乙未，虜寇宣府小白陽堡、雲州鵰鶚、永寧、懷來，時軍士逃亡且半，總兵劉大章畏虜不敢戰，遥望數日，引軍而歸。

丁酉，免順天水災田租。

《世宗實録》卷四一三　增造南京新江口兵船二百艘。先是新江口額設船四百艘，以操江都御史潘珍奏減其半。至是魏國公徐鵬舉以海寇繹騷，請改沙船，增復舊額。

《國榷》卷六一　九月己亥朔，免蘇、松、常、鎮田租。

庚子，套虜屢患邊，總兵姜應熊委千户孟鸞以千人至紅井，值之，斬一百四十餘級。

《世宗實録》卷四一四　辛丑，大享，視牲，遣駙馬都尉謝詔代。陞都察院右僉都御史馮天馭爲左副都御史，協管院事。湖廣左布政使劉伯躍爲都察院右副都御史，撫治鄖陽。

《國榷》卷六一　壬寅，前禮部尚書黄綰卒。

丙午，前南京右都御史王爌卒。

戊申，免東昌、兗州水災田租。直文華殿工部右侍郎嘉興談相下獄。相善書得幸，初歸葬，命事竣亟返。既稱疾愆期，以違命，論死。

甲寅，南京右都御史吴鵬爲工部尚書。

《明通鑒》卷六〇　乙卯，倭以七十餘人犯海門縣，焚舟登岸，淮揚兵備副使張景賢禦之于吕泗場，盡殲其衆。

《國榷》卷六一　丁巳，罷提督軍務都督僉事時陳。

己未，虜寇平虜城，官兵擊走之，斬百七十級。蠲武昌、漢陽、承天、德安、荆、岳、黄旱災田租。

壬戌，故太子太保、吏部尚書熊浹卒。暹羅國王勃略坤息利尤池呀來貢。總督京營戎政、平江伯陳圭，兵部尚書聶豹争班軍職掌，命歸之戎政。駙馬都尉鄔景和削籍。景和直西苑，辭玄文不習，上不悦。

癸亥，倭患，罷浙江貢鮮。

乙丑，免保定水災田租。東虜把都兒、打來孫等數萬衆自虎頭山突犯潮河川龍王峪，總兵周益昌馮牆禦之。

丙寅，益昌擊虜多傷。又虜攻沙嶺孤山，俱不克。

丁卯，虜薄古北口，又犯大同平虜衛。

《明通鑒》卷六〇　十月己巳，寇攻蘇鎮牆，百道並進，總督楊博、總兵周益昌率軍士擐甲登陴，宿止古北口垣上，寇攻之，不克。時上遣廠、衛卒校往詗之，歸報將士據牆守禦狀，上喜，遣官奬犒，並賜博、益昌各服色衣一襲。

《國榷》卷六一　庚午，虜遁，楊博募死士潛入虜營，夜齊發，虜驚擾徹旦。

壬申，械前應天巡撫兵部右侍郎屠大山、參將許國、李逢時、副總兵官解明道至京，大山削籍，國等論死，以禦倭失事也。

甲戌，妖賊吕鶴通虜就擒。總督許論進右都御史，仍總督。

乙亥，倭犯海門健跳所松門關，薄于霊門，台州知府宋治與把總劉堂、太平知縣方輅擊破之。停刑。

《世宗實録》卷四一五　兵部覆太僕寺少卿黄懋官條陳馬政四事。

《國榷》卷六一　丙子，大同牆外增築墩臺。

丁丑，刑部左侍郎王學益爲南京右都御史。

戊寅，海盜犯潮州柘林，指揮黑孟陽以舟師殲之。

辛巳，改張經右都御史兼兵部右侍郎，專總督軍務討賊，解兵部事。南京吏部尚書周延改南京兵部尚書。

癸未，浙倭續至萬餘人，分掠樂清、黄巖、東陽、永康。

戊子，賑濟宣大侍郎陳儒還部。

壬辰，倭三千餘人自金山突掠西海口。

甲午，告南北之捷于郊廟社稷。

《世宗實録》卷四一六　十一月癸卯，舉謝玄大典于内殿，遣文武大臣英國公張溶等祭告各宫廟。大同巡撫王忬疏陳，預給馬草，酌增糧銀，督催民運，折徵屯糧諸事。户部覆議。

《國榷》卷六一　總督薊遼楊博進右都御史兼兵部右侍郎，總督宣大許論兵部尚書兼右副都御史，各廕錦衣千户。進安平伯方承裕兵部尚書，聶豹並太子太保，吏禮部尚書李默、王用賓並太子少保。

戊申，吏、禮部尚書李默、王用賓俱兼翰林學士，侍郎郭朴、吴山俱兼侍讀學士。

甲寅，倭犯松江青村所，官兵禦之，不克。

《明通鑒》卷六〇　乙卯，冬至，祀天于圜丘，朱希忠攝行。

《國榷》卷六一　戊午，刑部右侍郎陳儒爲左侍郎，南京兵部右侍郎蔡雲程改刑部右侍郎，四川巡撫右副都御史張臬爲南京刑部右侍郎。

壬戌，柘林倭分掠嘉、湖。

甲子，順天府尹扈永通赴任失期，降河南按察副使。提督兩廣兵部右侍郎鮑象賢爲南京兵部右侍郎。太僕寺卿羅廷綬爲右僉都御史，巡撫四川。倭二百餘人登海門港，趨台州、仙居、新昌、嵊縣，屯于紹興柯橋村，署海道副使陳應魁、參將俞大猷率會稽典史吴成器擊破之。

十二月丁卯朔，總督陝西兵部左侍郎賈應春進右都御史。司禮太監黄佐、錦衣左都督陸炳各廕錦衣百户，廠衛録緝獲功。

《明通鑒》卷六〇　壬申，禮部彙奏天下災異，乃敕廷臣以禱雪之日爲始，各青衣視事，修省九日。

《國榷》卷六一　癸酉，南贛巡撫右副都御史談愷爲兵部右侍郎兼右僉都御史，提督兩廣兼巡撫廣東。

甲戌，遣還山東民兵。調永順宣慰使彭明輔、保靖宣慰使彭藎臣兵各三千人勦倭。

乙亥，龍潭安撫司叛夷黄俊就擒，施州平。

戊寅，都下盜起。詔前貴州總兵官沈希儀、松潘副總兵何卿各率私屬聽張經勦倭。

己卯，司禮太監黄錦等乞免核各監局匠役。許之。

《世宗實録》卷四一七　辛巳，兵部覆上總督張經條陳。

《國榷》卷六一　癸未，南京光禄寺卿汪尚寧爲右副都御史，巡撫南、贛、汀、漳。兵部尚書聶豹請申飭督撫，繕城治械，守要害，練土著，明賞罰，及有司去留，甚者軍法從事。上是之。豹初盛稱南北戰功，謝玄受賞，及警甚虞譴，故言此避責。

《世宗實録》卷四一七　丁亥，陞江西左布政使汪宗元爲應天府府尹。

《國榷》卷六一　己丑，太保兼太子太傅總督京營戎政平江伯陳圭卒。贈太傅，謚武襄。

庚寅，倭陷青村所。

《世宗實録》卷四一七　陞山東右布政使馬森爲江西左布政使。

《國榷》卷六一　南京兵部右侍郎鮑象賢劾免。

癸巳，鎮遠侯顧寰復總督京營戎政。增整飭昌平兵備僉事。

嘉靖三四年（乙卯、一五五五）

《世宗實録》卷四一八　正月丁酉朔，遣成國公代行拜天禮于玄極寶殿。是日上不御殿。

《國榷》卷六一　柘林倭犯乍浦、海寧，攻陷崇德，趨杭州。復攻德清，殺把總梁鶚，指揮周奎、孫智，百户陸陵、周應辰，副理問陶貫。倭警，南京左府豐潤伯曹松專督孝陵防護。南京中府僉書署都督僉事萬表總兵，提督漕運，鎮淮安。

戊申，太子太保左都御史屠僑卒。

庚戌，刑部左侍郎陳儒核宣大侵没屯田，宣府四千五十餘頃，大同五百八十餘頃，定則起科。

《世宗實録》卷四一八　南京應天府死囚吴恭伯等十五人越獄，奪城門走。詔錦衣衛逮府尹李珊來京訊治，革守備魏國公徐鵬舉任。已鵬舉上符勑請罪，乃命奉祀孝陵於南京中府。

《國榷》卷六一　癸丑，改保定總兵官、署都督僉事歐陽安充總兵官，鎮守宣府。命紫荊關參將祝福改副總兵，鎮守居庸、昌平。

庚申，南京兵部尚書周延爲左都御史，南京工部右侍郎張鏊改南京兵部右侍郎。

癸亥，增常鎮兵備副使、參將各一。

《明通鑒》卷六一　甲子，振華亭、上海、嘉定、崇明四縣被兵災者，並蠲蘇、松二府去年稅糧。

《國榷》卷六一　乙丑，前兵部左侍郎張時徹爲南京兵部尚書，巡撫雲南右副都御史孫世祐爲南京工部右侍郎。虜諜趙龍等伏誅。總督京營鎮遠侯顧寰、工部尚書吴鵬修山陵橋垣。

二月癸酉，罷開膠萊河議。

丙子，開密雲白河濟糧運。

丁丑，山西巡撫右僉都御史王崇古爲兵部右侍郎兼右副都御史。前大同總兵官吴瑛坐奸欺下法司。遼東總兵官趙國忠劾免。虜分寇宣府、懷來、龍門城。

《世宗實録》卷四一九　戊寅，府事南寧伯毛重罷卒，賜祭葬如例。陞鎮守廣西副總兵署都指揮僉事劉遠爲署都督僉事、僉書南京中軍都督府事。

《國榷》卷六一　己卯，南京禮部尚書王崇慶改南京吏部尚書。四川左布政使周采爲右副都御史，巡撫雲南。

庚辰，工部右侍郎趙文華上備倭七事，首祀海神。禮部左侍郎朱隆禧請增巡視福建都御史，開互市。上從之。兵部尚書聶豹覆奏，上責其摭舊，降俸二級，并趣張經勦賊。

辛巳，刑部尚書何鰲上律例九事。從之。

《世宗實録》卷四一九　陞四川右布政黄光昇爲本司左布政使。

《國榷》卷六一　癸未，署詹事吏部左侍郎程文德改工部。文德撰玄文不稱旨，會推南京吏部尚書，疑其自遠，故調之。文德疏辭，瞻望闕廷，徬徨躑躅，以欺訕削籍。倭百餘人自桐鄉回青村所，把總金漢、千户陳元恩追斬四十餘級。明日，出南匯所，參將婁宇盡殲之。

丙戌，工部右侍郎趙文華祭告海神兼察視江南軍情，由嚴嵩薦之。益馮寵納賄，戰士解體，徵兵半天下，賊勢愈盛，嵩引用匪人之罪也。禮部右侍郎茅瓚、國子祭酒尹臺並改少詹事兼侍讀學士，同撰玄内直。尹臺尋署翰林院事。

戊子，禮部左侍郎閔如霖改吏部左侍郎，署詹事府事。

辛卯，修南京城。

壬辰，災傷，折淮、揚漕十之三。兵部尚書聶豹免。虜千餘騎入馬蘭峪寬佃谷，參將趙傾葵、指揮褚文明、李湘、周官、千户黄世勳、段啓元、百户孫世爵同敗没。總兵周益昌自建昌營馳援，分據關隘，虜不意大兵至，遽引去，餘衆多棄馬緣崖而走，獲二十餘級，馬四百二十餘匹。贈傾葵都督同知，廕副千户，謚忠壯。

三月丙申朔，總督薊、遼、保定右都御史楊博爲兵部尚書。

《世宗實録》卷四二〇　戊戌，發太僕寺馬價銀六萬兩於遼東市馬，太倉銀二千兩給賞遼東遊兵戍薊鎮者。

《國榷》卷六一　庚子，簡山東、河南民兵三千人入衛，餘班軍徵金助邊。

辛丑，大同巡撫兵部右侍郎王忬爲兵部左侍郎，總督薊、遼、保定。

壬寅，倭五千餘人登上海。董邦政戰浦東陸氏園，不利。有紅衣賊躍馬舞刀甚鋭，防兵陳瑞斬之。賊懼，退。邦政立拜瑞千户。

癸卯，湖廣藍山縣猺賊平。四川右布政使齊宗道爲右僉都御史，巡撫大同。

甲寅，蘇松兵備僉事任環督參將解明道等以舟師敗倭于南沙野茅洪，斬百八級。

己未，翰林編修高拱爲侍讀。

癸亥，清理四川鹽法。

《世宗實録》卷四二一　四月戊辰，兵部尚書楊博等奉詔議處民兵。

《國榷》卷六一　廣西田州土官婦瓦氏率土狼兵應調至蘇州。瓦氏，岑彭妾也，整暇善兵。總督張經以分屬俞大猷等殺賊，奏聞。詔賞瓦氏及其孫岑大壽、大禄。俞大猷以狼兵擊倭于曹涇，敗績，喪二千餘人。賊初畏狼兵，稍戢，至是復肆掠。

乙亥，倭登通州餘東場、海門東夾港，流刧狼山、利河、吕四、餘西。

丙子，江北倭突入通州西門。遼東塞外屬夷孫臏穩克等俘斬北虜，賞之。

戊寅，議雲南鑄錢。凡兩廣、福建、山東産銅者俱如之。

己卯，吏部左侍郎葛守禮爲南京禮部尚書。汰侍衛官旂將軍二百三人，留千二百八十六人。

辛巳，巡按浙江監察御史胡宗憲請移檄日本國王詰叛夷。許之。濬蘆溝河。

壬午，前南京工部尚書彭黯卒。

癸未，永順宣慰司官舍彭翼南、保靖宣慰使彭藎臣各兵三千人，致仕宣慰司使彭明輔等兵二千人，俱至松江。

《世宗實録》卷四二一　兵部尚書楊博議上平倭賞格。

《國榷》卷六一　敍兩廣戰功，進總兵定西侯蔣傳太子太保，提督侍郎鮑象賢蔭子入監，餘陞賞有差。柘林賊過金山衛，總兵官俞大猷、游擊白泫以田州兵擊之，敗績。賊遂犯浙江。虜寇青邊口堡，宣府參將李光啓禦之。兵潰見執，索賄，光啓奮罵死。指揮黃添祥、尚真、蔡陞、千户郝廉、賈璽、尚志、百户郭勛、王永皆遇害。贈光啓都督僉事，謚節愍。添祥、真、陞俱贈都指揮僉事。

乙酉，南京吏部尚書王崇慶致仕。倭犯鹽城。

《世宗實録》卷四二一　丁亥，陞總督漕運兵部右侍郎鄭曉爲吏部左侍郎。

《國榷》卷六一　己丑，江西進陶器，色淺，以饒州同知楊錫文、通判陳煉下巡撫訊之。倭掠常熟西境。

辛卯，川沙窪倭出海。官軍燬其巢，游擊白泫邀于戚家墩，斬三十七級。

癸巳，淮揚海防參政張景賢敗倭于狼山。柘林新倭攻金山衛，禦卻之。再至，俞大猷擊之，斬三百人。

《明通鑒》卷六一　五月甲午朔，總督張經大破倭賊于王江涇。自軍興以來，戰功稱第一，而趙文華劾經之疏已先至矣。

《國榷》卷六一　刑部左侍郎陳儒爲右都御史，總督漕運，巡撫鳳陽。柘林倭四千餘人流掠李塔匯、張莊、小崑山，趨泖湖而北。保靖宣慰使彭藎臣追之，抵蘇州六涇墩。突犯嘉興，總督張經以參將盧鏜往。保靖宣慰使彭藎臣戰石塘灣，敗之。走王江涇，急擊，又大敗之，斬千九百八十餘級，奔溺甚衆，自倭患來，東南戰功爲最。

丁酉，山西提學副使陳棐請自領冀北道試士。初大同虜警，失試士，遂奏以冀北分巡道攝之，至是從棐請。

戊戌，川沙窪倭賊流刧周浦、泗涇、北簳山。兵備僉事董邦政、游擊周藩追擊，死之。賊屯石塘橋，刧崑山石浦。

辛丑，南京兵部右侍郎張鏊改刑部左侍郎。

甲辰，倭自山東日照流刧東安衛，至淮安、贛榆。又倭突登吕四場，副使李政擊斬四十五級，殲之。

乙巳，新倭千餘人突犯蘇州青村所，攻城不克，自焚其舟流刧。時新倭大至，南沙、烏口、浪港皆登掠，合犯蘇州婁門。南京都督周于德來援而敗，鎮撫孫憲臣死之。賊分部，一自齊門歷滸墅，一自胥門、木瀆歷横塘。蔓于常熟、江陰、無錫，出入太湖，無禦者。

《世宗實録》卷四二二　丙午，革太常寺厨役一百名、光禄寺厨役二百四十名。

《國榷》卷六一　戊申，詔江西南安、贛州、吉安行廣鹽，袁州、臨江行淮鹽。

己酉，逮總督浙直軍務右都御史張經及參將湯克寬，以侍郎趙文華劾其失機玩寇也。初田州、東蘭、南丹、歸順等狼兵六千人至，輕進嗜利，聞倭富有財貨，亟欲取之。居民苦倭，朝夕冀倖一戰。文華至嘉興，屢檄經戰。經曰：「賊狡且衆，狼兵勇而易潰。倘失利，遠近駭聽。俟保靖、永順土兵合攻之。」文華言再四，終不聽。文華挾内援，頤指經，經以大臣自重出。文華劾經，謂其才足辦也，特家閩避賊仇，故嚄唶縱賊耳。上問嚴嵩，對具如文華言，并罪克寬。方文華上章時，永順、保靖兵至，即有石塘灣之捷。文華云：「徵兵四集，未有進期，蓄經秘密。」文華、胡宗憲輩佻淺，不輕與言耳。今戰勝，嵩言文華、宗憲合謀，督兵擐甲致捷。經聞乃至，殊失實。狼土兵服經威名，經被逮，解體。由是倭患日熾，狼土兵驛騷不堪矣。時日旁若數黑日，光相盪旬日，識者憂在東南大臣，果驗。大同總兵官焦澤移鎮山西，山西總兵官韓承慶移鎮大同，從總督許論請也。未幾，澤失事褫職，承慶以激變下詔獄。柘林倭出海遁。

《世宗實録》卷四二二　壬子，添設工部主事一員。

《國榷》卷六一　乙卯，初倭攻三山所，參將劉朝恩力守，發矢如雨，不一中，知其幻，投以犬首，旋射斃其帥，賊遁。趨陸涇壩，蘇松兵備任環，總兵俞大猷等進攻陸涇壩，斬賊二百七十餘級，焚三十餘艘，賊奔潰。

丁巳，浙江按察使曹邦輔爲右僉都御史，提督軍務，巡撫應天。倭自蘇還攻常熟，知縣東陽王鈇拒卻之。移三里橋，邑守制江西左參政錢泮率民兵同鈇追之上滄港，敗没。鈇，乙未進士。贈鈇太僕寺少卿，泮光禄寺卿，各廕錦衣衛百户，賜祠。泮村居，倭碎其父柩，忿甚，治兵。鈇家京師，不能還，留家常熟。

辛酉，倭六百人刧湖州南潯。至王江涇，總兵俞大猷、參將宋禮夾擊之，賊遁，斬二百五級。

癸亥，開延平、建寧鐵冶。倭八百餘人自松江趨蘇州，參將周藩、把總婁宇追至唐行鎮，中伏，藩赴水死，兵民失千計。

六月甲子朔，兩廣總兵太子太保定西侯蔣傳卒。

《世宗實録》卷四二三　乙丑，陞分守通州副總兵署都指揮僉事段堂爲署都督僉事、僉書南京左府事。

《國榷》卷六一　丙寅，南京工部尚書楊行中改南京吏部尚書，巡撫江西右副都御史陳洙爲南京兵部右侍郎。

庚午，倭百餘人登上虞爵溪所，突犯會稽蒿埠，奪民居樓房，據之。知府劉錫、千户徐子懿圍之，賊潛逸，邑御史錢鯨值之蟶浦，見殺。自西興流刼杭州，西歷於潛、昌化。

甲戌，薊鎮巡撫仍駐遵化，秋出昌平。三丈浦倭出海，總兵官俞大猷擊斬百三十餘級，沉七艘。賊走三板沙。徐階上言：「將校主戰而守令主守，將校北輒用軍興法而守令亡恙。及城潰矣，復坐將校死而僅左降守令。是文武異刑而法不一也。民進止視守令，不視將帥。今兵一而民百，奈何以戰守併責將帥，將校履肝肺以死，文吏待口舌以制，難以責其振矣。守令勤則餉儲具，守令果則哨探嚴，守令警則間不容，守令仁則兵必力。臣以爲重責守令可也。」

丙子，定勳爵宗支册籍。徐階言：「二麥大稔，每石直四錢，乞乘時收買數十萬石，加贐價，出居庸關輸宣府，出紫荆關輸大同。」從之。倭犯江陰蔡涇閘，分衆犯唐頭，知縣錢錞統狼民兵逐之，至九里山，敗没。

丁丑，户部左侍郎馬坤爲南京工部尚書，保定總兵官署都督僉事李賢移山西。

戊寅，浙江倭還侵吴江，兵備參政任環、總兵官俞大猷敗之鶯脰湖，平望，斬七十九級，擒五人。

庚辰，三板倭出洋，任環、俞大猷擊之馬蹟山，斬九十三級，擒五十七人。是日，有流倭舟壞，有五十七人匿嘉定民家，爇而盡之。

《明通鑑》卷六一　壬午，罷總督南直隸、浙閩等處都御史周珫，巡撫浙江都御史李天寵。先是趙文華劾天寵嗜酒廢事，遂薦宗憲。而珫任總督，爲文華所制不得展，坐奪俸，至是與天寵並黜爲民。珫在官僅三十四日耳。尋改南京户部侍郎楊宜代珫，而宗憲遂代天寵。未幾，御史葉恩以北新關之敗劾天寵，而宗憲亦言其縱寇，遂逮天寵下獄。

《國榷》卷六一　南京户部右侍郎楊宜改兵部右侍郎兼右僉都御史，總督浙直、福建軍務。巡按浙江御史胡宗憲爲右僉都御史，巡撫浙江。虜黄台吉駐獨石塞外，遣諜四人偵滴水崖，縛斬之。山西礦盗宋愛等流刼定州、阜平、曲陽，行唐，官軍捕誅之。

癸未，督察侍郎趙文華上蘇、松失事罪狀，下按臣覈實。諭户部，收糴山東、河南，濟宣大饑。蔡涇倭至夏港，副使王崇古擊之，走靖江，斬四十餘級，匿民家，殲之。

戊子，户部右侍郎倪嵩爲左侍郎。巡撫河南、甘肅右副都御史鄒守愚、王誥爲户部右侍郎，誥總督南京糧儲。

庚寅，虜寇大同鎮山墩，參將馬芳、游擊劉環戰失利，會援兵至，圍解。

辛卯，倭三百餘自南潯突至松江之葉謝，總兵湯克寬、都指揮同知文奎、守備解明道戰浦中，倭死三十餘人。東岸倭渡水來戰，俱溺于浦。

七月乙未，巡按直隸御史李鳳毛言：「俺答匪茹，其謀皆出丘富、周原。乞令朔州兵備副使楊順計獲。」詔給順萬金，無問出入。

戊戌，翰林侍讀嚴訥、潘晟主試應天。

乙巳，蕭山蒿埠倭西逃至淳安，財六十七人。官兵急擊之，自濠嶺盤山入歙之黄柏源，吏卒俱潰。過涇縣，知縣丘時庸戰敗。趨南陵，縣丞莫逞又戰敗。遂入縣城，于是建陽衛指揮繆印、當塗縣丞郭映郊、蕪湖縣丞陳一道、太平府知事郭樟各承檄以兵來援，值南陵東門，射之。賊悉手接其矢，諸軍駭潰，一道獨力戰死之。

戊申，核太倉中庫積貯。裁金山備倭都司。設參將，蘇松一，常鎮一。

己酉，播州亂寇平。

壬子，增應天兵備副使，駐句容、溧陽、廣德。

癸丑，南涇、許浦、白茆港諸倭皆出海。總兵俞大猷屢敗之茶山、馬蹟山，斬六十七級，擒四十三人。江陰蔡港倭出洋而敗，又大風沉二十餘艘，仍登掠。而倭巢周浦，松江知府方廉使諜毒其井，賊死千人。

丙辰，南陵倭至蕪湖，義兵擊之，斬十級，擒二人。趨太平，操江右副都御史袁善禦之，敗績。東犯江寧鎮，指揮朱襄、蔣陞禦之，襄戰死，失亡三百餘人。賊趨應天大安德門，其酋擁蓋策馬沿外城窺我。會獲其奸諜，趨秣陵關。

《世宗實録》卷四二四　丁巳，亟令督撫等官矢心勦逐，以靖地方毋忽。總督直隸、浙、福軍務右都御史張經、浙西參將湯克寬逮繫至京，詔下法司議罪。經、克寬竟論死，繫獄。

《國榷》卷六一　壬戌，蘆溝橋成。

八月癸亥朔，應天推官羅節卿、指揮徐承宗以千人守秣陵關，自潰。倭至溧水楊林橋，典史林文景兵不能禦，入城。

甲子，整飭蘇松兵備參政任環聞喪，詔奪情勦倭。

《世宗實録》卷四二五　丁卯，祭先師孔子，命太子少保、禮部尚書兼翰林院學士王用賓行禮。

《國榷》卷六一　己巳，右春坊右諭德王維禎、翰林侍讀袁煒主試順天。

辛未，柘林倭出海，參將盧鏜等追殺六十八人。時賊大疫，總督楊宜、浙江提督胡宗憲分道設伏，賊迫而遁，遭颶風溺，官兵逐之，復回柘林，尚百九十八艘。欲往川沙，嘉定縣丞張潮及上海兵殲之柘林。倭焚舟示無去意，僅存十二艘于沙外。于是追及金山海洋，盡犂其舟，脱者定海兵遏之。

甲戌，溧水倭復趨徽州，還至東壩，由溧水而東，爲老人所紿，引至太湖之木瀆鎮。至滸墅，巡撫曹邦輔與副使王崇古、僉事董邦政等恐其合柘林之寇，乃分地。崇古等爲正兵，知府林懋舉、知縣唐世耀屯吴林廟爲援。又分奇兵左右哨，度賊走太湖，募水師。賊至吴林廟，斬二十七人，餘走陽山。

《世宗實録》卷四二五　己丑，以旱災免陝西西安、延安、平凉、慶陽、鳳翔五府州縣衛所税糧有差。

《國榷》卷六一　壬辰，大同獲奸諜二十三人，誅之。提督漕運總兵官萬表以疾去。

《明通鑒》卷六一　巡撫應天僉都御史曹邦輔，殲倭寇于滸墅關。先是倭自南京出者，由溧水流劫溧陽、宜興，聞官兵自太湖出，遂越武進，抵無錫，駐惠山，一晝夜奔百八十餘里，遂抵滸墅關。是時柘林倭遁入海，遭風，壞三舟，餘賊三百有奇，登岸至松江之陶宅鎮，據之。邦輔慮二賊合爲患也，乃親督副使王崇古，會集各部兵扼其東路，四面蹴之。會僉事董邦政、把總婁宇督兵守陶宅，邦輔計陶宅賊據險且衆，未可遽進，乃檄邦政、宇合勦滸墅之賊，敗之，斬首十九級。賊始懼，欲潛走太湖，爲官軍所遏，追及于楊林橋，殲焉。是役也，賊不過六七十人，而經行數千里，殺戮戰傷者幾四千人，歷八十餘日乃滅。趙文華欲攘其功，而邦輔捷奏已先上，文華銜之。

《國榷》卷六一　九月甲午，提督昌平都督僉事趙卿總兵官，鎮守大同。

乙未，南京右府僉書署都督僉事方恩爲總兵官，提督漕運，鎮淮安。督察侍郎趙文華大集浙直兵攻倭陶宅港，華亭。敗績，指揮邵昇、姚泓、千户劉勳死之。文華恥不與滸墅之捷，欲殲陶宅倭見功，竟喪卒千餘人。

戊戌，前撫治鄖陽右副都御史于湛卒。

《世宗實録》卷四二六　諭禮部選民間女子十歲以下者一百六十人入宫。

《國榷》卷六一　甲辰，南京兵部尚書張時徹、右侍郎陳洙各敕免。

乙巳，刑部左侍郎張鏊爲南京兵部尚書，南京刑部右侍郎張臬改南京兵部右侍郎。總督侍郎楊宜徵順天保定射士千人。

丙午，虜大舉分犯宣大、山西。

戊申，倭二百餘人據舟山之謝浦。又倭數百登海門，刼仙居、黄巖。官軍追之，走奉化及鄞江橋，出四明山，據紹興龕山，胡宗憲率盧鏜處州兵擊斬之。

庚戌，免濟南、東昌、青、兗旱災田租。

壬子，先是魏國公徐鵬舉被劾，罷守備，撫寧侯朱岳代之，輒據班首。鵬舉疏争之，仍鵬舉領班。

甲寅，户部左侍郎倪嵩爲南京右都御史，蔡雲程爲户部左侍郎，鄭大同爲刑部右侍郎。

戊午，虜復入宣府龍門，犯懷來。

己未，復惠州捕盗通判。

辛酉，虜自保安出東嶺。參將馬芳以千餘人夜擣其營，虜大驚，斷爲二，西奔出張家口。

《世宗實録》卷四二七　十月壬戌朔，欽天監奏進明年大統曆，頒賜文武群臣。

《國榷》卷六一　乙丑，署詹事府事吏部左侍郎閔如霖賀表忤旨，降俸三級，罷其撰玄，以翰林侍講袁煒代之。

庚午，琉球入貢，貢使市民舟還國。

辛未，總督河道工部右侍郎兼右僉都御史曾鈞爲南京刑部右侍郎，南京大理寺卿張舜臣爲大理寺卿。

丙子，免太原旱災田租。

《明通鑒》卷六一　巡撫應天曹邦輔方報滸墅關之捷，不數日而陶宅敗問至。于是趙文華奏劾「邦輔及僉事董邦政，不能協力進兵，顧乃避難擊易，致師後期」。兵部議「二寇多寡雖殊，然以流刼者之慓悍，濟以屯聚者之繁衆，若使合而爲一，益復滋蔓難圖。今蘇州之賊既滅，陶宅之勢自孤。宜令邦輔、邦政亟圖進兵，侯陶宅寇平，徐議功罪可也」。乃宥邦輔，逮邦政，敕總督楊宜按問。

《國榷》卷六一　丁丑，曹邦輔攻周浦倭，敗績，奔溺數百人。

己卯，湖廣五衛、四川永寧宣撫司附貴州鄉試，解額止三人。

《世宗實録》卷四二七　壬午，巡按山西御史劉應熊疏劾鎮守總兵署都督僉事李賢。

《國榷》卷六一　勒總兵何卿、李希儀閒住。卿、希儀將川廣兵勦倭無功，巡撫直隸御史周如斗劾之。

癸未，涼州副總兵署都指揮僉事何淮爲署都督總兵官，鎮守山西。

庚寅，殺總督浙直、兩廣、福建右都御史張經，巡撫浙江右僉都御史李天寵、兵部員外郎楊繼盛。上無意殺繼盛，附諸邊臣論上，遂不免。經嘗有功，天寵亦亡罪，趙文華、胡宗憲搆陷之，天下益惡嚴氏。制敕房辦事工部右侍郎談相，并死西市。張經死時，上方震怒，莫敢言其功。萬曆中，其孫懋爵訟冤，復其官，謚襄愍。前南京兵部尚書潘璜卒。隆慶中，贈太子少保，謚簡肅。

辛卯，倭二百人登樂清，流刼瑞安、平陽。守備都指揮劉隆戰死。掠黄巖、仙居，至楓樹嶺、慈谿，領兵主簿畢清、義士杜文明見殺。歷餘姚、上虞，渡曹娥江，犯會稽。胡宗憲遣游擊將軍曹克新、副使任環搗川沙倭巢，敗之，餘黨走清水窪。

十一月壬辰朔，提督操江右僉都御史史褒善爲南京大理寺卿。給事中楊巍言其脱倭寇，得美遷，遂還原任。

癸巳，均京城甲役舖户。

《世宗實録》卷四二八　丁酉，陞南京太常寺卿錢邦彦爲南京大理寺卿。

《國榷》卷六一　乙未，倭二百人犯莆田鎮海、鎮東等衛，千户戴洪、高懷德、張鑾並戰死。

己亥，敘東西諸鎮遏寇功，進許論太子太保，王忬右都御史，各廕子正千户。總兵周益昌進右都督。

辛丑，倭二千餘人登川沙匯，合舊倭流刦。

壬寅，許江南暫用客兵。

乙巳，減兩浙鹽課。

丙午，湖廣左布政使郝維嶽爲右副都御史，巡撫雲南。

戊申，南京中府署都督僉事劉遠爲總兵，總理浙直海防。

壬子，倭登海鹽秦駐山肆掠，指揮使徐行健等殲之。

戊午，倭犯平陽，殺指揮祁嵩、百户劉慤。又倭犯舟山，追屯謝浦，參將盧鏜禦之，不克，指揮閔溶死之。

庚申，遣祀南郊。命禮部錦衣衛督察諸臣怠玩。

閏十一月癸亥，按察僉事焦希程以川兵趨周浦。賊懼而攻之。賊走川沙窪，游擊曹克新邀斬百三十餘人，四川、山東兵連擊之，賊出海。副總兵俞大猷、兵備副使王崇古追斬百七十餘級，擒四十七人。餘賊奔上海浦東。

癸酉，川兵游擊曹克新追倭嘉定之高橋，斬三十八級。俄酉陽兵先潰，諸軍遂敗。越二日再戰，斬七十餘級。酉陽兵又自潰，賊乘之，我大敗，千户李燦、百户郭彦昇死之。官軍奪氣，時客兵恣睢，督撫不能馭，每戰自爲進退。酉陽兵既敗，即大譟奪舟，徑歸蘇州。

《明通鑑》卷六一　己巳，副總兵俞大猷，兵備副使王崇古，合兵入洋，追及之于老鸛嘴，焚其巨艦八，餘賊奔上海浦東。

庚午，胡宗憲進攻平陽之賊，遣守備劉隆禦之于三港，官兵敗績，隆及千户劉綱、百户張剛、張澄俱死之。

《國榷》卷六一　丙子，户部右侍郎鄒守愚爲左侍郎，巡撫保定右副都御史艾希淳爲户部右侍郎。

丁丑，免順天、保定、河間、大名水災田租。

壬午，倭自會稽東關走龕山，典史吴成器等殲之，斬百二十餘級。又象山倭過四明山，攻上虞、蕭山，壁于錢清。巡撫胡宗憲督兵備副使許東望等統麻陽土兵擊斬五百餘級，盡擒之。餘孽自諸暨出東陽臨海，至太平浦歧巡檢司，得舟而遁。

《世宗實録》卷四二九　己丑，督察浙直軍務侍郎趙文華陳區畫地海防三事。大要言松江宜守，浙江宜攻，福建宜撫。

《明通鑑》卷六一　十二月甲午，振陝西饑。

《國榷》卷六一　癸巳，立南京振武營。

戊戌，巡撫宣府都御史劉廷臣疾免，巡撫大同都御史齊宗道調外。

己亥，敘禦倭功罪，逮應天巡撫右僉都御史曹邦輔，以趙文華忌之，并及僉事董邦政、把總婁宇，盡没滸墅之功。

壬寅，山西、陝西、河南地大震。報斃官吏軍民有名者八十三萬餘人。

《明通鑒》卷六一　乙巳，趙文華疏請還朝，許之。文華視師數月，怙寵恣睢，百司震慴；公私財賄，填集其門；因而牽制兵機，顛倒功罪。雖徵兵半天下，而倭勢益熾，官軍屢敗，文華率諉過于督撫。及甎橋之挫，始知賊未易平，欲委責去。會川兵破賊于周浦，俞大猷破賊于海洋，文華遂言「水陸成功，江南清晏」，故有是請。

《國榷》卷六一　己酉，酉陽兵赴浙直，道刼，九江鎮撫典禮阻之，被殺。

甲寅，台州倭走嵊縣，容美兵復敗之。

戊午，前總督陝西太子少保、兵部尚書兼右都御史楊守禮卒。俺答大舉犯大同，總兵馬芳卻之。

嘉靖三五年（丙辰、一五五六）

《世宗實録》卷四三一　正月辛酉朔，上不御朝。

《國榷》卷六一　倭自福寧向温州。同知福安黄釧戰于水北洲，中伏，軍潰。同官欲遁，釧怒曰：「吾黨寧效卒伍耶。」竟死之。贈右參議，廕子，立祠。

壬戌，許黔國公沐朝弼節制土漢軍。諸司奏謁，如先朝故事。朝弼自都督嘗被劾見輕，至是自請也。

癸亥，福建倭入浙江，合錢塘倭。前留守王倫、容美土司田九霄等扼之曹娥江，不克渡，走三江民舍，連斬二百級，追滅之黄家山。

甲戌，吏部大計，降斥有差。遼東屬夷寇永寧。

乙亥，兵部尚書楊博憂去。命總督宣大、太子太保兵部尚書許論回部。虜寇莊浪。

《世宗實録》卷四三一　直隸巡按御史李鳳毛劾上三十四年九月中大同三邊失事狀。

《國榷》卷六一　戊寅，起江東兵部右侍郎兼右僉都御史，總督宣大、山西軍務。

辛巳，巡撫湖廣都御史汪大受察免。

壬午，陳東巢新場，殺參將尚允紹于呂四場，喪四百餘人。

《世宗實録》卷四三一　己丑，定推廣開納事例。

《國榷》卷六一　總督浙直侍郎楊宜乞調邊兵、河南兵勦倭，部覆選練鄉兵，止調河南。新場倭趨紹興，巡撫胡宗憲馳救，值之江橋，夾河而軍。宗憲望見曰：「是賊弱，吾且試之。」馬上揮幟，賊聚視，宗憲笑曰：「易與耳。」渡河襲之，賊走後梅民家，火攻之，幾盡。

《世宗實録》卷四三二　二月壬辰，陞江西右布政使石永爲山西左布政使。

《明通鑒》卷六一　壬辰，停徵南直隸華亭、上海、嘉定兵災税糧。

《國榷》卷六一　户部左侍郎鄒守愚往祭山西、河南山川，仍賑卹災民。

《明通鑒》卷六一　甲午，以地震，發銀四萬兩振山西平陽府、陝西延安府諸屬縣，並蠲免秋糧。

《國榷》卷六一　乙未，大學士李本、少詹事尹臺主禮闈。

己亥，罷總督浙直、福建兵部右侍郎楊宜。御史邵惟中論其闇淺，非應變才，宜懲張經之敗。曲事趙文華，文華正月入朝，薦胡宗憲代宜。會惟中疏上，特罷之。

庚子，川貴叛苗千餘人攻壅壁等寨，平越衛百户安大朝拒卻之。進大朝銅仁守備。

壬寅，南京户部尚書孫應奎引年致仕。南京户部右侍郎王誥爲兵部左侍郎兼右僉都御史，總督浙直、福建軍務。

乙巳，命調九江、安慶兵防京口圌山等處，設把總、指揮領之。

《世宗實録》卷四三二　丙午，陞提督四夷館、太常寺少卿盧宗哲爲南京太僕寺卿。

《國榷》卷六一　丁未，總督倉場、督理西苑農事、户部左侍郎盧紳爲南京户部尚書。順天府丞高燿爲南京户部右侍郎，總督南京糧儲。

戊午，下吏部尚書李默獄。初上憂南寇，趙文華對：「殘寇行且滅，不足慮。」而寇如故。上屢問嚴嵩，嵩曲爲解，文華内懼。本兵楊博憂去，文華幾得之，默所推絶不及。見默欲有陳，默嚴拒之，怏怏而退。默嘗部試策選人，有「漢武征伐四夷而海内虚耗，唐憲功成淮蔡而晚業不終」句，文華摘其語爲謗訕。又推總督舍胡宗憲而用王誥，蓋欲敗東南事，爲其鄉人張經報仇。上大怒，即日下鎮撫司掠治。刑部尚書何鰲擬子罵父律，論死。默性卞急，不能容人過，接士大夫少愉色，援引才俊，不使人知之，得大臣體。既得罪，禮部尚書咸寧王用賓心冤之，禮部、都察院參上，詞稍寬假。上不懌，移法司對簿重論，用賓由是失上意。罷王誥，進胡宗憲兵部左侍郎兼左僉都御史，總督浙直、福建軍務。湖廣按察使張景賢爲右僉都御史，巡撫應天。徐海復巢柘林，陳東自新場合之。

《世宗實録》卷四三二　己未，命大學士李本暫管吏部事。

《國榷》卷六一　三月癸亥，署吏部事大學士李本請考察兩京大臣。許之。品第大臣列三等，曰衰庸當罷。南京吏部尚書楊行中、禮部尚書葛守禮、刑部尚書陶尚德、户部右侍郎艾希淳、刑部右侍郎鄭大同、工部左侍郎郭鋆、南京右通政何雲雁、南京鴻臚寺卿王楠、太僕少卿張秉壺、南京太僕少卿陳邦修、光禄寺丞丘秉文、巡撫右副都御史張烜、郝維嶽、汪尚寧、右僉都御史張鶚翼，得旨俱罷。希淳、雲雁調外，許致仕。李本蓋徇嚴氏意也。列工部尚書吴鵬、右侍郎嚴世蕃等第一。

甲子，前陝西總兵都督同知魯經卒。經驍勇敢戰，久鎮西陲，以功名終，時稱良將。

《世宗實録》卷四三三　丙寅，掌吏部事大學士李本奉詔考察不職科道官共三十八人不謹。

《國榷》卷六一　丁卯，誅虜諜二十二人。叛人王青等專通虜，偵我山西三關，邏卒縛之。

庚午，南京户部右侍郎高燿爲户部右侍郎，總督倉場，督理西苑農事。

辛未，工部尚書吴鵬改吏部尚書。自是選人惟嚴氏指，政以賄成，益不可問。留兩淮餘鹽銀之半，備海防軍興。

甲戌，策貢士金達等三百人，賜諸大綬等進士及第、出身有差。

乙亥，陞兵部左侍郎翁溥爲南京刑部尚書，巡撫順天、兵部右侍郎兼右僉都御史吴嘉會爲户部右侍郎。陞浙江左布政使潘恩爲右副都御史，巡撫河南。廣東左布政司王鈁爲右副都御史，巡撫南、贛、汀、漳。山西左布政使石永爲右僉都御史，巡撫延綏。江西布政司參政胡汝霖爲太僕寺少卿。

丙子，命俞大猷充總兵官，鎮守浙直。盧鏜充副總兵，協守。

《世宗實録》卷四三三　丙子，兵部奉旨覆議九卿科道條陳禦倭事宜。陞河南右布政使陳仕賢、山西右布政使閻煦、山東右布政使魏良貴俱爲左布政使。仕賢浙江，煦本司，良貴廣東。

《國榷》卷六一　庚辰，進李本少保兼武英殿大學士，酬考察之役。

辛巳，禮部覆宣諭日本，寢之。

《昭代典則》卷二八　壬午，陞吏部左侍郎鄭曉爲南京吏部尚書。

《國榷》卷六一　癸未，工部右侍郎趙文華爲工部尚書，進太子太保。賞其訐發不臣之功。

甲申，雲南、貴州左布政使高翀、陳錠並爲右副都御史兼贊理軍務，錠巡撫雲南，翀巡撫貴州。

丙戌，倭大至乍浦，流劫松江、嘉興，據蔡廟堡。參政任環、參將喬基等擊賊蔡廟堡，七遇皆敗之。而新倭自南匯登犯，任環及參將婁宇、把總王應祥遞敗之。董邦政又敗之。賊入吴淞江，俞大猷設伏海口，斬三百五十級，沉十三艘。

四月己丑朔，南京吏部尚書鄭曉爲右都御史兼兵部右侍郎，協理戎政。禮部尚書王用賓爲南京吏部尚書，禮部左侍郎吴山改吏部左侍郎，起孫陞禮部左侍郎。協理京營戎政、兵部右侍郎謝九儀，工部右侍郎雷禮並爲右侍郎。撫治鄖陽、右副都御史劉伯躍爲工部右侍郎。

《世宗實録》卷四三四　聽調户部右侍郎艾希淳乞以原官致仕。許之。

《國榷》卷六一　辛卯，户部浙江司郎中金九齡下獄削籍，前廷試時私入禁門見執故也。

甲午，吏部左侍郎吴山爲禮部尚書兼翰林學士，右侍郎郭朴爲左侍郎，禮部左侍郎孫陞爲吏部右侍郎，右侍郎茅瓚爲左侍郎，翰林侍講學士袁煒爲禮部右侍郎。

戊戌，南京工部右侍郎孫世祐改刑部右侍郎。山西左布政使孫應奎爲右副都御史，總理河道。

己亥，倭二十餘艘登觀海衛，攻陷慈谿，殺邑人副使王鎔、知府錢渙等，知縣柳東伯遁。

辛丑，新倭三千餘人犯鎮江、瓜洲、儀真，焚漕粟三萬四千餘石。攻揚州，殺同知朱裒、都指揮張恒、千户羅天爵、曾沂。鹽賈善射者卻之。而徐海、陳東各擁萬人，併攻乍浦。時川湖諸兵俱罷，獨容美河朔兵五千人在，巡撫阮鶚夜半趨乍浦，胡宗憲屯塘棲，相犄角。

癸卯，倭攻江陰幾殆，主簿曲阜曹廷慧以火器卻之。

甲辰，江北倭流劫圌山。

丙午，倭復入慈谿。時兩浙俱被倭，而浙東焚掠慈谿獨慘，餘姚次之。浙西柘林、乍浦、烏鎮、皂林間皆爲賊巢，前後至者二萬餘賊。

庚戌，倭犯直隸西庵沈莊清水窪。總兵官俞大猷、蘇松海防僉事董邦政擊斬三百五十餘級，賊遁陶山。

辛亥，賊自乍浦趨杭州。阮鶚以河朔兵及于阜林，賊鼓噪而前，鋭甚。皇急入保桐鄉，佐擊將軍宗禮、義官霍貫道率九百人禦之于崇德三里橋。張左右翼，三戰俱捷，斬三百餘級，賊首徐海等皆辟易，稱爲神兵。會絶嚮導，不得善地，頗飢疲。詰旦，賊輕其孤壘，縱擊我。我戰益力，會火藥絶，橋陷軍潰，禮與貫道及鎮撫侯槐、何衡俱死之。賊乘勝圍桐鄉，不克。鶚蠟書請師五，宗憲不報，自此相隙。禮，大興人，驍勇敢戰，所部皆壯士，用寡敵衆，雖陷敗，兵興以來，稱血戰第一，徐海等氣奪，未幾，遂就撫。贈禮都督同知，謚忠壯，廕指揮僉事，貫道贈光禄寺丞。

丁巳，户部右侍郎莆田鄒守愚賑陝西，還至河南，道卒，贈右都御史，謚襄惠。胡宗憲得詔，移諭日本。知盜權在王直、徐海，可以賂遺設利降也，因使使潛諷直。直遣養子毛烈款定海關謝。直，歙人。少落魄任俠，亡入海。頗尚信，有盜道，夷主亦愛服之。直嘗要我防海將討五島，我將饋粟百石，直大詬，投之海。宗憲以鄉人，輦其母爲書招之。宗憲計直與徐海脣齒也，因遣諜説海曰：「直已款關，朝廷赦之矣，汝獨無意乎？且新總督推心置人腹，不乘此時解甲謝過，更復何待？」海遣使宗憲，厚遺之如直，使歸以報海。明日復來，待如初。凡數復而海意始堅。薩摩王弟書記陳東心疑海有他端，海遣酋私語桐鄉守兵曰：「吾已款督府矣。城東門陳黨也，其善備之。」是夕，海道崇德而西，陳東攻桐鄉益鋭，盛爲樓櫓撞竿，知縣金燕力禦之。撞竿幾壞城，一男子爲縣索，竿至，挽而上，鋸之。又煮鐵汁灌城下，不敢逼，圍解。宗憲説海縛其書記葉麻明，又詐爲葉麻明書與陳東，令舉兵殺海，而悞致之海所。海讀之涕下，謀縛東自效。而阮鶚自圍中急，與宗憲相猜，異論始起。

五月戊午朔，總兵歐陽安、副總兵張琮劾免。倭五十餘艘自吴淞所犯上海，圍之。署縣通判劉本學力拒十七日，不克。賊夜梯西南堞，且登，役者楊鈿乘女牆大呼，賊擊之。鈿墜城外壓梯上，賊亦墜。官軍羣擊，賊退涉濠。適潮至，溺六十七人，皆刀甲真倭也。賊即南去閔行。倭犯瓜州，鹽役百人擊走之。倭夜犯揚州，同知朱裒、高郵衛經歷晏鋭率千户賈勇子恩出戰，敗死，贈裒左參議，廕子入太學。

壬戌，兵部右侍郎沈良才兼右僉都御史，提督浙江軍務禦倭。郎中郭仁、員外郎王遴從軍贊畫。

癸亥，南京工部右侍郎孫世祐卒。

《國榷》卷六一　乙丑，復遣工部尚書趙文華提督浙、直軍務。

《國榷》卷六一　太子太保、工部尚書趙文華兼右副都御史，提督浙直軍務。時沈良才命下，上復諭嚴嵩，令文華以南事對。嵩知詞窮且見譴，令文華自以意請視師。嵩復言良才不任，江南引領傒文華久矣。上乃改文華。文華薦副留守朱仁、守備朱廕、户部郎中陳惟舉、工部郎中陳茂禮、雷州知府盧孝達、漳州通判黄元恭，俱從軍。

《明通鑒》卷六一　丙寅，免山西去年秋糧，以地震也。

《世宗實録》卷四三五　甲戌，陞南京光禄寺卿楊大章爲南京工部右侍郎。

《國榷》卷六一　再調永順保靖土兵六千人于浙江。

乙亥，慈谿倭入海，泊魚山。毛烈助官軍追擊之，斬百八十級。

丁丑，徐海歸我俘二百人。陳東自桐鄉退屯乍浦，閔行倭自斜塘趨蘇州，吴江兵邀之。乃轉掠蘇州西關，焚劫七日解去。

己卯，司禮太監黄錦、南京守備太監郭倣同南北法司録囚，貰減有差。五年審録。

庚辰，薊州王旺峪進礦砂百五十觔。

癸未，兵部左侍郎謝九儀改户部左侍郎。前巡撫雲南右副都御史周采卒。

丁亥，始命兩廣、河南、湖廣歲進葛八百匹。

《明通鑒》卷六一　六月己丑，户部主事張芹進山東寶山諸礦金二百十七兩，礦銀二百兩有奇。上以爲少，命「從實開取，嚴禁官民隱匿侵盜者。其未取之所，仍令奏聞」。尋又遣主事沈應乾赴河南。自是礦使四出爲民患。

《國榷》卷六一　右副都御史王崇古回部。

壬辰，倭寇潮州。

甲午，山西左布政使閔煦爲右副都御史，提督雁門等關兼巡撫山西。上海倭還浦出海，犯浙東，薄仙居。知縣姚本崇戒戍卒，如賊不犯城去之，鳴鐘三。賊且去，聞鐘聲，疑兵出，遂攻城，陷之，屯四十餘日。知府譚綸率兵逐之。桐鄉倭由千墩東出朱涇，泊呂港四掠。

丙申，蘇松倭出黄浦，新安衛百户帥印擊倭于青村得勝港，死之。倭將入海，我飛艦逐之，無生還者。董邦政擒倭四十餘人。

丁酉，總督漕運陳儒聽調，巡撫江西右僉都御史蔡克廉改右副都御史，總督漕運兼巡撫鳳陽。虜寇懷安，近城殺掠，守將畏懦不出。致仕參將周鎧忿之，率舍人十餘逐之，戰死。又寇萬全，右衛指揮僉事蔡隆禦于黑沙梁，身被數創死，贈都指揮僉事。

《世宗實録》卷四三六　辛丑，虜三萬餘騎犯宣府黄王梁等處，遊擊張紘率兵千餘迎戰，敗死，一軍盡没，脱歸者僅十六人。

《國榷》卷六一　癸卯，朵顔屬夷都指揮伯思哈兒私引虜諜數人窺邊，守備詹承恩廵徼，盡殺之。下御史核實。倭圍江陰甚亟，人無固志，知縣某惴惴。或勸主簿曹廷慧自爲計，廷慧叱之，手斫家人一耳，又欲刃其子，衆遂定。索薪貫火擲城外，又灌鐵汁，乘風發火藥，倭始退。

戊申，江西左布政使馬森爲右副都御史，巡撫江西。

辛亥，吴淞江賊萬人欲西合徐海。胡宗憲遣諜説海，禦之朱涇，夜遁。俞大猷伏舟師邀之，溺且盡。海懼，以飛魚冠諸寶貨輸宗憲，遣其弟洪入質。我亦厚遺之。海麾下麻葉明數阻海，謂幣重而言甘，勿可聽。宗憲乃遣羅龍文諷海誘縛麻葉明獻幕府，于是海部曲之心益離。

乙卯，故監察御史包節卒于莊浪。

《國榷》卷六一　七月丁巳朔，録倭犯兩浙前後官軍死事者。

甲戌，署太常寺事禮部右侍郎徐可成爲工部尚書，仍署任。

《世宗實録》卷四三七　戊寅，陞都察院左副都御史馮天馭爲刑部右侍郎。

《國榷》卷六一　宣府總兵官歐陽安移鎮薊州、永平、山海。胡宗憲以簪珥遺徐海侍女翠翹、緑珠，令日夜説海縛陳東以報朝廷。東蓋薩摩王弟書記，海重王弟，不能也。宗憲出麻葉明囚中，令詐爲書于東，反兵賊殺海。故不遺東，陰泄之海。海且惑。而趙文華方治兵擊海，宗憲佯曰：「彼且縛獻陳東，何戰爲。」海果賂王弟，詐請東代掌書記，即縛以獻。于是海勢日孤。又誘乍浦賊出巢，官兵乘之，斬三百餘級。海自念數有功，又信羅龍文誘，約八月二日入謁督府于平湖。海先期以數百人胄而入城，宗憲、文華與阮鶚坐堂上，海等叩罪。海欲再款宗憲而未之識，諜目示之。海復謝宗憲。宗憲下堂摩其首曰：「若既内款，朝廷且赦若，慎勿再疑。」厚犒遣之。海既出，知官兵大集二十萬，陰收陳東餘黨。宗憲遣童華往解之曰：「官兵防東黨耳，非有他也。」海請居東沈莊，陳東黨居西沈莊。又令東詐爲書遺其黨曰：「海約官兵夾勦汝矣。」東黨果疑，相攻。海降，遣裨將辛五郎歸島。宗憲密令俞大猷等分海道要衝，責盧鏜擒五郎。計誘之金塘之麓，後獻俘。

癸未，右僉都御史趙大祐爲左副都御史。

八月辛卯，興大同屯田。

丁酉，前南京刑部右侍郎郭持平卒。

己亥，虜千餘騎犯神木。

《明通鑒》卷六一　壬寅，上以古用芝草入藥，詢之尚書吴山等，皆云：「久食輕身，而服食之法，未有傳者。」乃詔有司採于元岳、龍虎、三茅、齊雲及五岳，仍訪之民間。會宛平縣民張巨佑得芝五本，獻之，上悦，賚以銀幣。自是臣民獻芝者踵至。

辛亥，胡宗憲破海賊徐海等于梁莊。初海既縛陳東等，退屯梁莊聽撫。宗憲與之約，海先期猝至，留甲士平湖城外，率酋長百餘胄而入。趙文華懼，欲勿許，宗憲强許之。海自擇沈莊屯其衆。沈莊者，東西各一，以河爲塹。宗憲居海東莊，而以西莊處陳東黨，令東致書其黨曰：「督撫檄海夕禽若屬矣！」東黨懼，乘夜攻海，海挾兩妾走間道，中稍。明日，官軍圍之急，海投水死。會盧鏜亦破大隅島賊，禽其島主辛五郎至，遂俘海弟洪及陳東、麻葉、五郎並海首獻京師。海餘黨奔舟山，宗憲遣俞大猷以冬月雪夜焚其柵，殲焉。兩浙倭漸平。

《國榷》卷六一　錦衣千户金天爵進鑛銀三千五百金，上善之。户部疏頌，并宣示四川、山東、河南採官搜其僻。從之。

壬子，命于福建、廣東番舶購龍涎香，并及雲南，時迫求之。論者罪陶仲文、顧可學始其事。

《國榷》卷六一　九月己未，免武昌水災田租。

庚申，海西建州降夷六人，朵顔三衛降夷七十一人，安置兩廣。

《世宗實録》卷四三九　辛酉，以北直隸各府水災減免秋糧有差。

《國榷》卷六一　壬戌，虜二萬餘騎入遼東平川、錦川等堡，參將羅克阜等禦之，失利，指揮劉洪臣、千户黄相、李承宗、百户管振死之。

乙丑，徽王載埨有罪，詔廢爲庶人。免應天、池、太、蘇、松、常、鎮田租。

丙寅，免南、贛、汀州水災田租。

戊辰，翰林學士董份，侍讀瞿景淳主武闈。

己巳，吏部左侍郎署詹事府事閔如霖爲南京禮部尚書，順天府尹汪宗堯爲通政使。

戊寅，少詹事尹臺爲南京吏部右侍郎。

《世宗實録》卷四三九　乙酉，發太倉銀十萬兩于宣府，十萬兩于大同，四萬兩于山西，三萬兩于遼東，三萬兩于延綏，一萬兩于寧夏，一萬兩于固原，一萬兩于甘肅，三萬兩于薊州，三萬兩于密雲，一萬兩于昌平，一萬兩于易州，各充防秋主客兵餉。

《世宗實録》卷四四〇　十月丙戌朔，頒明年大統曆。上不御殿，百官於奉天門行禮。户部覆南京户部右侍郎王誥言三事。

《國榷》卷六一　戊子，虜十萬餘騎分掠大同紅門及老營等堡，總兵孫朝等拒卻之。

辛卯，録倭寇揚州死事諸臣，故揚州同知朱裦贈左參議，廕子學伊國子生。餘各有差。

壬辰，湖廣總兵官平蠻將軍東寧伯焦棟疾歸。

丁酉，免遼東、寧夏屯租。總督湖廣、川貴侍郎馮岳爲右都御史，總兵官石邦憲署都督同知，各仍任。

己亥，安遠侯柳震爲總兵官，鎮守湖廣。

乙卯，前南京吏部尚書朱希周卒。

十一月戊午，打來孫以十餘萬騎深入遼東，廣寧總兵殷尚質、游擊閻懋官敗没。贈尚質少保左都督，謚忠勇，廕指揮同知。懋官都督同知，廕正千户，立祠。

己未，大學士嚴嵩年七十餘，免廷賀，惟直西内，賜肩輿。

庚申，密雲副總兵羅文豸爲總兵，鎮守遼東。

《明通鑑》卷六一　乙丑，冬至，祀天于圜丘，朱希忠攝行。

《國榷》卷六一　庚午，朝鮮歸倭寇被俘者三十餘人，賜國王李峘金幣。録平海功，進提督尚書趙文華少保，廕錦衣千户；總督侍郎胡宗憲爲右都御史兼兵部右侍郎，巡撫阮鶚右副都御史。餘陞賞有差。

丁丑，廣東峒賊陳以明等平。

己卯，前吏部左侍郎兼翰林學士謝丕卒。

辛巳，虜打來孫以數萬騎屯青城，分犯一片石、三道關，總兵歐陽安拒卻之。明日夜，入喜峯口，殺哨卒四十人。知有備，乃遁。

乙酉，大同妖賊張邦奇、吕仲佑伏誅。倭犯會稽，以報沈莊之役，官兵莫能禦。胡宗憲軍龕山，促盧鏜戰，以士疲宜少休，宗憲夜召親兵襲破之。達旦，諸營方知，入賀，鏜大慚服。

十二月丙戌朔，河南左布政使鄭綱爲右副都御史，巡撫保定兼提督紫荆等關。

《世宗實録》卷四四二　乙未，少保、工部尚書趙文華以海寇平上疏，歸功元輔，辭免陞廕。上優答之，不允。

《國榷》卷六一　丙申，益都盜楊思仁平。思仁善騎射，任俠，坐逮，遂流掠昌樂、安丘、莒州，衆且三百餘人。度事急，潛遁。竟跡逋誅二十一人。

戊戌，免大同雹災田租。

己亥，刑部尚書何鰲疾免。

《世宗實録》卷四四二　癸卯，尚書趙文華條陳防海事宜六事。

《國榷》卷六一　乙巳夜，大雪。總兵俞大猷襲舟山倭，殲之，斬百四十餘級，餘焚溺爲盡。

丙午，起歐陽必進太子少保、刑部尚書。

丁未，虜五千騎犯陝西環縣、慶陽，總兵袁正等禦之，斬四十三級。

《明通鑑》卷六一　海賊陳東等伏誅，告于太廟。

《國榷》卷六一　是歲上睿皇帝道號三天金闕無上玉堂都仙法主玄元道德哲慧聖尊開真仁化大帝，獻皇后號三天金闕無上玉堂總仙法主玄元道德哲慧聖母天后，孝烈皇后號九天金闕玉堂輔聖天后掌仙妙化元君。

嘉靖三六年（丁巳、一五五七）

《世宗實録》卷四四三　正月乙卯朔，上不御殿。

《國榷》卷六二　辛酉，南京錦衣衛僉事署都指揮僉事黄印爲署都督僉事總兵官，提督漕運，鎮守淮安。

《明通鑑》卷六一　丁卯，改巡撫浙江阮鶚于福建，其浙江巡撫命總督胡宗憲兼理，從趙文華之請也。鶚自桐鄉解圍，遂東渡錢唐禦他賊，亦以附文華故得不劾。福建沿海之地，向歸浙江巡撫兼轄，至是文華請特設之，遂以命鶚。

《國榷》卷六二　辛未，東寧伯焦棟卒。贈太子太保，謚莊僖。

乙亥，故南京兵部尚書韓邦奇賜祭葬，贈太子少保，謚恭簡。

甲申，倭數千人登福建之三沙，偏掠海上，至寧德，殺備倭都指揮劉炌等。

《世宗實録》卷四四四　二月丁亥，祭先師孔子，命禮部尚書吴山行禮。

《國榷》卷六二　戊子，錦衣衛左都督陸炳劾司禮太監李彬盜帑數十萬計。下鎮撫司獄，論死，籍銀四十萬有奇，金寶亡算。

乙未，城寶應縣。

丁酉，吏部内計。

《世宗實録》卷四四四　己亥，吏部會都察院考察在京官。

戊申，科道官趙釴、陳志等以考察拾遺，論劾。

《國榷》卷六二　南京禮部尚書閔如霖、漕運右都御史陳儒、通政使汪宗元、提督兩廣兵部右侍郎談愷、南京鴻臚寺卿户部左侍郎謝九儀各致仕。總理河道右副都御史孫應奎，巡撫應天、宣府右僉都御史張景賢、張渙，巡撫陝西右副都御史唐時英，兵部左侍郎沈良才各閑住。時科道拾遺，不及九儀、良才，出特旨，亦異舉也。

癸丑，薊鎮總兵官右都督周益昌卒。虜把都兒以數萬騎犯永平遷安，副總兵蔣承勳敗没。越二日遁。贈承勳都督同知，世正千户，立祠。虜萬餘騎陷大同拒胡堡，殺守備唐天禄、把總汪淵。南犯威遠、平虜、井坪。又萬餘騎屯天城，攻殺胡等堡。

三月甲寅朔，總督陝西右都御史賈應春爲南京户部尚書。户部右侍郎吴嘉會爲左侍郎，總督漕運。巡撫鳳陽右副都御史蔡克廉爲户部右侍郎。陝西、四川左布政使殷學、黄光昇並右副都御史，巡撫陝西、四川。山西布政司右參政張鎬、趙忻並右僉都御史，鎬巡撫宣府，忻總理糧儲，巡撫應天。

丁巳，起王學益右都御史，總理河道。巡撫南、贛、汀、漳右副都御史王鈁爲兵部右侍郎兼右僉都御史，提督兩廣軍務。巡撫山東右副都御史劉采爲南京兵部右侍郎。

戊午，敍舟山功，進俞大猷都督同知。

《世宗實録》卷四四五　庚申，建祈年大典于大高玄殿五日，停封禁屠止刑例。

《國榷》卷六二　總督湖廣、川貴右都御史馮岳爲南京刑部尚書。巡撫寧夏右副都御史王夢弼爲兵部右侍郎，總督陝西三邊軍務。南京户部右侍郎王誥爲右都御史，總督漕運，巡撫鳳陽。

《世宗實録》卷四四五　辛酉，發太倉銀三萬兩于山西，三萬三千兩于宣府，一萬三千兩于大同，爲防秋客兵糧餉。

《國榷》卷六二　丙寅，總督宣大右副都御史江東爲兵部右侍郎。左侍郎王崇古兼右副都御史，總督湖廣、川貴軍務。江西、山西左布政使傅熙、周滿並右副都御史，巡撫山東、四川。湖廣右布政使王鎬爲右僉都御史，巡撫寧夏。工部右侍郎盧勳爲左侍郎，署通政司事。

庚午，南京吏部内計。

辛未，户部右侍郎吴嘉會改兵部左侍郎。巡撫大同右副都御史楊順爲兵部左侍郎，總督宣大、山西。

丙子，兩廣總督靖遠伯王瑾討廣東扶黎山賊馮天恩，斬七千八百餘級。

己卯，巡撫雲南右副都御史陳錠劾免。

癸未，吏部右侍郎孫陞爲南京禮部尚書。倭千餘人合三沙倭劫福州洪塘，焚戰船百餘。虜數百騎寇延綏常平堡，副總兵陳鳳敗没，贈右都督，立祠。又虜犯大同中西二路，官兵追斬八十餘級，指揮湯汲、百户李朝死之。

《明通鑑》卷六一　三月，有諳達别部婁巴圖爾，擁衆數萬入犯永平、遷安等處，副總兵蔣承勳力戰，死之。越二日，引去。詔切責王忬，降右侍郎。贈承勛都督同知，立祠祀之。

《國榷》卷六二　四月戊子，刑部右侍郎馮天馭改吏部，户部右侍郎蔡克廉爲左侍郎，大理寺卿張舜臣爲户部右侍郎。湖廣左布政使王昺爲右副都御史，巡撫雲南。

己丑，上問輔臣邊牆所始。嚴嵩對：「五代石晉割幽燕十六州，歷宋元入明初，徐達自古北口築至山海關。歷朝遞修，今乞補葺關隘。」議行之。

《世宗實録》卷四四六　癸巳，陞福建右參政王爚爲南京通政使司右通政，江西按察使寇陽爲浙江右布政使。

《國榷》卷六二　甲午，巡撫河南右副都御史潘恩爲刑部右侍郎，光禄寺卿胡叔謙爲大理寺卿。

《明通鑑》卷六一　倭犯如皋，登岸焚劫，官兵追擊，敗之于白滿鎮。是時浙江自徐海、陳東等授首後，諸寇略平。而倭之在江北者，犯常、鎮，燒漕艘，官吏不能禦，至是勢復熾。

《國榷》卷六二　丙申，大雷雨，戌刻火作，奉天、華蓋、謹身三殿，文、武二樓，奉天、左順、右順、午門及午門外直廬俱焚。明日辰刻始熄。上大懼，引罪。

丁酉，遣告郊廟社稷。

戊戌，移朝儀于端門。倭五十餘人登衢山，浙江海道副使王詢誘縛之。

庚子，江北倭大至，二千餘人寇通州海門，應天百户俞憲章死之。

壬寅，頒災詔。羣臣忽聞門樞聲，班大亂，不問。倭攻通州，不克，西犯如皋、泰興。是日，又倭七艘登金沙。

戊申，提督撫治鄖陽右僉都御史章焕改巡撫河南。

己酉，倭突揚州廟灣港，盧鏜追沉其五舟，斬四十餘級。出安東，復依船爲巢，池河守禦劉顯擊破之，斬百餘級，餘黨遁去。浙倭犯樂清、瑞安、臨海，台州知府譚綸、同知毛德京、參將戚繼光等禦之，並失利。

庚戌，免作奉天門午門。

辛亥，巡撫遼東右僉都御史蘇志皋進右副都御史。

《明通鑒》卷六一　五月癸丑朔，倭轉掠揚、徐二州，遂入山東界，官兵禦之，多敗，百户劉魁、許勇、邵宗智、王介等死之。

《國榷》卷六二　己未，高郵倭入寶應，信宿而去，突犯淮安，掠民舟，復入寶應。

癸亥，工部右侍郎劉伯躍爲右僉都御史，總督湖廣、四川，採辦大木。户部右侍郎張舜臣改工部，採石大石窩。

《明通鑒》卷六一　己巳，揚州倭犯天長縣，都司沃田、把總丘君寵禦之，不克，皆死焉，亡卒一百七十餘人。賊遂掠盱眙，攻泗州，不克，遂入高郵、寶應。丙子，犯淮安。

《世宗實録》卷四四七　以揚州倭患，聽留兩淮餘鹽銀叁萬兩，仍提編明年均徭助用。

《國榷》卷六二　辛未，巡撫山西右副都御史閔煦爲户部右侍郎。

壬申，寶應倭泛舟東鄉，自鹽城入廟灣，出海遁。

丙子，南京右都御史倪嵩致仕。巡撫甘肅右僉都御史魏謙吉爲右副都御史，巡撫山西。進寧夏總兵官姜應熊右都督。

《世宗實録》卷四四七　發太倉銀五萬兩於薊鎮修邊。

《國榷》卷六二　辛巳，倭陷安東。

六月壬午朔，刑部左侍郎蔡雲程爲南京右都御史。虜犯宣府馬尾梁，參將祁勉以二百人禦之，虜走。追至李家梁，中伏，死之。祁勉之代李光啓也，懲往事玩寇，因亟爲扼塞計。虜數往來長城下擾之，勉曰：「不殲虜，我士人安所耕牧？我安所飭備也？」未幾，虜東下，勉率兵直前，士卒多死傷。監司謂傷勇，劾奏之。將罷官，候代，至是虜又至。勉曰：「我固將去，然義不得避艱險。」仍引擊，以兵寡被圍，力屈，死之。

癸未，盜劫平涼府獄。

甲申，裁鴻臚寺序班、五城兵馬司添設副指揮及各房監倉庫官吏。淮安兵備副使于德昌擊安東倭，參將王介、劉顯率苗兵突戰，斬其渠帥，賊卻。諸軍乘之，斬百餘級，餘多焚溺，因自刀門港遁。

癸巳，南京工部右侍郎楊大章爲刑部右侍郎。

《世宗實録》卷四四八　丙申，發太倉銀肆萬壹千肆百餘兩于山西鎮收買芻糧。

《明通鑒》卷六一　甲午，罷陝西礦。

《國榷》卷六二　庚子，徵户部中庫十萬金。

乙巳，國子祭酒郭鎜爲南京工部右侍郎。

己酉，揚州備倭參將王介劾兵備副使馬慎貪黷阻撓，奪級。又言奪己所斬賊級爲馬公子功，蓋尚書馬坤子也。慎免官，訊馬公子及介自贖。

庚戌，順天府尹黄懋官爲南京户部右侍郎，總督糧儲。太常寺卿署國子祭酒敖銑服闋，補原秩。

七月丙辰，總督宣大楊順議罷大同總兵趙卿、副總兵田世威。從之。

庚午，詔順天市珠四十萬枚，廣東採珠九十萬枚。

丙子，廣東、福建始進龍涎香。蔣洲以倭酋德陽左衛門、善妙松柴門等五十餘人泊舟山，胡宗憲以聞。

《明通鑒》卷六一　福建撫臣進龍涎香十六兩，廣東撫臣進十九兩有奇。

《世宗實録》卷四五〇　八月壬午，朝鮮國王李峘差陪臣刑曹參判宋麒等入賀萬壽聖節，宴賚如例。

丁亥，祭先師孔子，命大學士徐階行禮。

《國榷》卷六一　庚寅，加贊直諸臣官，朱希忠益禄百石，方承裕少保，陸炳少傅，嚴嵩兼尚書俸，徐階少傅，李本太子太傅，禮部尚書吳山太子太保，侍郎郭朴、茅瓚、袁煒俱太子賓客，仍三品服。各春坊進太常寺少卿。已諭侍郎兼學士，除侍講。

丙申，諭改奉天殿名。

辛丑，總督宣大侍郎楊順劾懷隆道兵備副使胡賓、冀北道參議左希祖不赴任。逮之，謫。

《明通鑑》卷六一　趙文華罷。初文華掌工部時，上于西苑造新閣，久不成。一日登高，見西長安街有高甍，問誰宅，左右以文華新宅對。又一人言：「工部大木，半爲文華作宅，何暇營新閣！」上益愠。會三殿災，上權視事于端門，亟欲建正朝門樓，文華猝不能辦，上不懌；且聞文華視師江浙黷貨要功狀，思逐之，重違嚴嵩意，以問嵩，嵩乃言：「文華觸暑南征，疾尚未愈，請添註侍郎一員協理。」上以「大工方興，不宜稱疾自便」。嵩尋令文華上章引疾，上手批令回籍休養。制下，舉朝稱賀，嵩獨不怡者累日。

《國榷》卷六一　改刑部尚書歐陽必進爲工部尚書。

《明通鑑》卷六一　甲辰，浙直總督胡宗憲奏稱前遣諭日本之生員蔣洲還。初汪直送陳可願還，留洲徧諭各島。洲至豐後被留，令僧人往山口等島傳諭禁戢。于是山口都督源義長具咨送還被掠人口，而咨乃用國王印。豐後太守源義鎮遣僧德陽等具方物奉表謝罪，請頒勘合，修貢送洲還。前楊宜所遣鄭舜功出海哨探者，行至豐後島，島主亦遣僧清授附舟來謝罪，言「前後侵犯，皆中國奸商潛引諸島夷衆，義鎮等實不知」。於是宗憲疏陳其事，言：「洲奉使二年，止歷豐後、山口二島，或有貢物而無印信勘合，或有印信而無國王名稱，皆違朝典。然彼既以貢來，又送還被掠人口，實有畏罪乞恩意。宜禮遣其使，令傳諭義鎮、義長轉諭日本王，禽獻倡亂諸渠及中國奸宄，方許通貢。」詔可。

《國榷》卷六一　丁未，新作午門。南京户部尚書賈應春改刑部尚書。虜犯遼東義州太平等堡，指揮姚良柱、千户鄭堂、百户崔孝忠俱戰死。

《國榷》卷六二　九月辛亥朔，前工部尚書趙文華削籍。上悉文華罪，言官噤不敢言。子錦衣千户懌思請假送親，時聖誕祈典停封，遂晦日上之，謂朔日御覽亡害也。上怒，責文華：「引疾欺君，況賊殺亡辜，朕大宥之。而其子故冒吉期，不敬。」黜文華，戍懌思。因詰禮科失糾，令對狀。都給事中謝江等、右給事中鄭國賓、給事中周殷大、操守經、陳麟、楊乾亨並引罪，各廷杖，削籍。露其江南不法事示嚴嵩，嵩皇恐自謝。

虜二十萬騎入寇，破應州七十餘堡，掠朔州、懷仁、馬邑。總督侍郎楊順見失律當坐，乃令總兵殺避兵民婦，上首功以自解，得不罷。命陝西茶課九十萬斤易番馬，餘百萬斤納邊鎮備餉。

甲寅，祀故大學士顧鼎臣于崑山。南京工部尚書馬坤改南京户部尚書。

《明通鑑》卷六一　癸亥，殺前錦衣衛經歷沈鍊。宣大總督楊順、巡按路楷等，承嚴嵩指搆之也。初鍊謫保安，未有館舍，賈人某詢知其得罪故，空家舍授之；里長老亦日致薪米，遣子弟就學，鍊語以忠義大節，皆大喜。塞外人素戇直，又稔知嚴嵩惡，爭詈嵩以快鍊。且縛草爲人，象李林甫、秦檜及嵩，醉則聚子弟攢射之，或踔騎居庸關口，南向戟手詈嵩，慟哭而歸。語稍稍聞京師，嵩大恨。順、楷皆黨嵩，受嵩子世蕃屬，且許以厚報，于是相與日夜謀中鍊。會蔚州獲妖人閻浩，詞所連甚衆，順喜，謂楷曰：「是足以報嚴公子矣！」竄鍊名其中，誣浩等師事鍊，聽其指揮，具獄上，嵩父子大喜，下兵部擬罪。尚書許論，前總督宣大，常殺良民冒功，鍊貽書譙讓，論銜之，至是覆如順等奏。詔斬之宣府市，戍子襄極邊。

《國榷》卷六二　甲子，總理河道右都御史王學益爲南京工部尚書。免蒲、絳災傷田租。裁南京錦衣衛左僉書。

丙子，陝西左布政使王廷爲右副都御史，總理河道。免徐、蕭、定遠水災田租。倭患，免寶應、清河、天長、盱眙、安東田租。山西總兵官署都督僉事孫朝移鎮甘肅。

丁丑，盜劫上元縣獄。罷撫寧侯朱岳，守備太監郭倣。王直、毛烈、葉宗滿等同夷商千餘人泊岑港。毛烈自詣軍門乞降求市，胡宗憲令還俟後命。虜數萬騎入大同右衛，抵應、朔、懷仁、馬邑，攻毀七十餘堡，大殺掠。虜入遼東鎮武等堡。盜劫樂安縣庫。

十月庚辰朔，大理寺卿胡叔謙疾去。福建副總兵署都指揮僉事張承勛爲署都督僉事總兵官，鎮守山西。

《世宗實録》卷四五二　丁亥，命原任南京都察院右僉都御史李遂提督軍務，兼巡撫鳳陽。

《國榷》卷六二　癸巳，南京大理寺卿錢邦彥改大理寺卿。

丁酉，兩浙稍寧，汰水陸募兵三萬餘人。

《明通鑑》卷六一　免畿內被災秋糧。

《世宗實録》卷四五二　戊戌，陝西巡茶御史梁汝魁疏陳茶馬積弊。

《國榷》卷六二　庚子，裁畿內冗官。

辛丑，巡撫延綏右僉都御史石永爲南京大理寺卿。

甲辰，襄陽知府李一經、工部郎中戴愬、儀真知縣師儒各遲悮大工，逮入京，削籍。

丁未，作太廟門。

《世宗實録》卷四五三　十一月辛未，冬至節，大祀天于圜丘。

《國榷》卷六二　免山東災傷田租，仍賑之。

乙卯，總督浙直、福建右都御史胡宗憲報擒海盜王直。

《明通鑒》卷六一　初蔣洲等既還，直乃集山口、豐後二島主源義長、源義鎮等備方物入貢，遂遣夷目善妙等四十餘人隨直來，于十月泊舟山之岑港。浙人聞直以倭舟至，大驚，巡按御史王本固亦言不便。聞于朝，朝臣謂宗憲且釀東南禍，令陳兵嚴備之。直乃遣汪滶即毛海峯詣宗憲曰：「我等奉詔來，將息兵安境，宜遣使者遠迎，宴犒交至。今盛陳軍容，禁舟楫往來，公得毋紿我耶？」宗憲解諭至再，直不信，復令滶以書招之。直因要一貴官爲質，宗憲立遣指揮夏正偕滶往。宗憲嘗預爲《赦直疏》，引滶入臥内陰窺之，滶還，以語直，直疑稍解，乃偕其黨葉宗滿、王清溪等入謁。宗憲慰藉之甚至，令至杭見本固，本固遂下直等獄。宗憲疏「請曲貸直死，俾戍海上，繫番夷心」，本固争之强，而外議且疑宗憲納賊賂，宗憲懼，易詞以聞。直論死，宗滿等戍邊。滶等聞，大恨，遂支解夏正，柵舟山，阻岑港而守，于是賊復流入閩、廣界。

《國榷》卷六二　戊午，大光明殿成。

丙子，總督漕運右都御史王誥卒。

丁丑，虜酋辛愛妾桃松寨來逃。桃松寨以私部目收令哥，懼誅，相率入大同新平堡求降。總督楊順詡爲奇功，致之闕下。辛愛，俺答子，士馬雄冠諸部，最兇狡。因騎索之，縱掠大同左右衛，云：「不得，患不止。」巡撫大同右僉都御史朱笈言：「强虜恥失妾，益咆哮，後將何備？」虜益兵圍右衛，順大恐，言虜願以叛人趙全、丘富等易逃婦。兵部信之。于是遣桃松寨、收令哥等還。行至白登，順令人誘收令哥、桃松寨，自西陽河夜逸，西出塞，導辛愛追僇之。虜薄順等無能，散牧威平間，攻圍右衛益急。

十二月癸未，工科給事中徐浦劾胡宗憲、阮鶚及通政使吕希周等軍興濫費。下巡按御史核實。免寧波、紹興、台、温、處水災田租。

甲申，總理河道右都御史王學益引疾去。前太子少保工部尚書蔣瑶卒。

乙酉，前大理寺卿牛天麟卒。

庚寅，廣東扶黎葵梅等山峒賊平。

辛卯，刑部右侍郎潘恩爲南京工部尚書。

《世宗實録》卷四五四　甲午，陞江西按察使翁大立爲廣東右布政使。

《國榷》卷六二　丙申，巡撫江西右副都御史馬森爲刑部右侍郎。琉球國中山王尚清世子尚元遣正議大夫蔡廷念等入貢，且請封。

《明通鑒》卷六一　戊戌，以冬寒，暫停保定及山東、山西採礦，召主事張芹等還。時一歲先後所入各礦金銀不過數萬兩，而礦使之爲民患者日甚，久之盜且起。

《國榷》卷六二　丙午，山西平遥盜田武就擒。

戊申，免遼東水災田租，仍許入關糴買。虜入遼陽，殺掠數千人，副總兵王重禄禦之，喪卒四百人。總兵羅文豸奪俸三月。總督湖廣、川貴侍郎王崇古破貴州叛苗。

《明通鑒》卷六一　是月，胡宗憲奏平嘉、湖賊。

嘉靖三七年（戊午、一五五八）

《世宗實録》卷四五五　正月庚戌朔，命成國公朱希忠代拜天于玄極寶殿。上不御殿。

《國榷》卷六二　戊午，虜圍大同右衛，逾月不解。右衛地斗入胡中，其南通川賊分騎塞道，楊順告急。命發帑金十五萬，調游兵八枝援之，遣户部郎中謝教給軍。

《世宗實録》卷四五五　庚申，户部覆給事中許從龍條議漕規十事。

《國榷》卷六二　倭犯潮州之駝浦，陷蓬州千户所。

癸亥，罷河南採礦。

乙亥，敕獎琉球國世子尚元。歲丙辰，倭入其境，盡殲之，還我掠者金坤等六人，至是并獻，敕賜金五十，幣四。

《世宗實録》卷四五五　丁丑，以順天、永平二府災傷，命均派河南一省及北直隸保、真定等府每歲共出銀十萬兩助輓皇木，從巡撫都御史馬珮奏也。

戊寅，命故寧陽侯陳繼祖男維藩襲爵。

《國榷》卷六二　潁州妖人高普仙夫婦主白蓮教，自稱帝后。其妻捕獄死。

二月乙酉，廣東指揮僉事萬仲部兵擊倭而潰，千户魏岳、高洪死之。

甲午，大同右衛千户魏昂走虜還，索其婦子。副總兵尚表擒之，伏誅。

丙申，錦衣衛匠餘陳岳援例輸二千三百金，兵部奏授都指揮僉事，南鎮撫司視事，月支俸，子襲一輩。兵科都給事中湯日新等言其非制。上是之，改岳註所分帶俸，奪兵部司官俸三月。

戊戌，户部尚書方鈍以倉庫匱乏，上便宜七事。得旨切責。再議先發金五萬，粟二萬石，菽萬石援右衛。報可。胡宗憲分兵六路進岑港。都指揮戴冲霄爲鋒，殺傷頗多。宗憲戒勿取級，蹂屍而戰，賊大敗，奔舟，已復登陸死戰，我兵稍卻，賊得入營固守。宗憲檄諸將曰：「賊當解久矣。不解者有狀，度春汛及新寇須來援耳。我疎則彼合矣。」亡何，果有數十舫泊普陀山王澂，失風溺死。

《明通鑑》卷六一　是月，大同右衛告警。〔上深以爲憂，詔諸司亟發兵措餉。時〕賦入太倉者僅七萬，帑儲大較不及十萬，户部尚書方鈍等憂懼不知所出，乃乘間具陳帑藏空虚狀，因條上便宜七事。上復命廷臣各條理財之策以聞。

《世宗實録》卷四五七　三月己酉朔，户部都給事中趙錫等以大同右衛被圍日久，糧餉匱乏，條陳邊餉急務五事。户部議覆。

《國榷》卷六二　辛亥，山西寧化王奇沄等以宗禄不給毆傷左布政使劉望之。革禄三之二，餘降罰有差，行晉王戒飭。

癸丑，大同右衛久圍，致仕參將尚表率諸吏卒固守。諭户部議餉，兵部議戰守。革大同總兵龔業、巡撫右僉都御史朱笈、朔州兵備副使薛騰蛟職。于是以總兵張承勛鎮大同，山西按察副使楊選爲右僉都御史，巡撫大同，參議王之誥爲朔州兵備副使。

丙辰，刑科給事中吴時來劾總督宣大侍郎楊順殺良冒功。如桃松寨一妖婦，損威受侮。去冬虜入應州，屠堡七十，巡按御史路楷飾報，兵部尚書許論雷同附和，順遂叨世廕。俱宜罪斥。上密問嚴嵩云何，嵩言：「順强幹，胡婦事稍失當，宜住俸，楷免官。」上曰：「督鎮同罪，且順亦常才。」命逮順、楷入京，嵩皇恐不敢救。命兵部右侍郎兼右僉都御史江東暫往宣大。兵部尚書許論削籍，起楊博爲兵部尚書。罷户部尚書方鈍，以賈應春代之。

戊午，遼東大饑，人相食，發五萬金賑之。

甲子，協理京營戎政兵部右侍郎鄭曉爲刑部尚書。逮提督福建軍務右副都御史阮鶚入京。鶚狡誕貪縱，借講學獵名，諂事趙文華、胡宗憲。躐撫閩不措一籌，極意豐殖，所至帷幣盤盂，俱綺錦金寶，歲時賄嚴氏甚厚。昨倭犯福州南臺洪塘，不能兵，則以藩庫金數萬及絹數萬匹、金花千枝、牙輿數乘賂之，并遺以巨舟六艘，俾載而去。御史宋儀望悉發其奸，上始怒。

丙寅，浙江布政司右參政王詢爲右僉都御史，提督軍務兼巡撫福建。

丁卯，寧夏副總兵王懷邦爲署都督僉事總兵官，鎮守山西。

戊辰，前薊鎮巡撫吴嘉會，以築邊倖成旋圮被劾，逮下獄。刑部尚書鄭曉署兵部，兵部右侍郎江東爲左侍郎，户部右侍郎閔煦改兵部右侍郎。

己巳，南京兵部右侍郎劉采爲兵部右侍郎，協理京營戎政。

辛未，虜千餘騎自滴水崖犯永寧，宣、薊告急。

乙亥，巡撫遼東右副都御史蘇志臯削籍，以前不援廣寧，妄報功也。

丙子，刑部右侍郎馬森改户部右侍郎。山西按察副使路可由爲右僉都御史，巡撫遼東。南京大理寺卿石永爲南京兵部右侍郎。刑科給事中吴時來、刑部主事張翀、董傳策各劾嚴嵩納賄。嵩以時來、翀皆次輔徐階門生，而傳策又階鄉人也，乃密奏時來等同日搆臣，必有人使之。且時來已遣使琉球，疑其悔行，欲藉口自脱。因封進時來、翀試録。遂下時來等鎮撫司，訊所使以聞。錦衣左都督陸炳心嚮階，坐翀、傳策相主使，時來避遠役。獄上，各遣戍，翀都匀衛。初階附嵩得入相，倭寇海上，市宅南昌，稱嵩鄉人通姻，其交至密。又時時爲人語時政，輒太息流涕，微示異同。自時來等交章，始疑階而郄，并及炳。

《明通鑑》卷六一　嵩尋上疏乞罷，上雖慰留之，然自是亦稍厭嵩矣。

《世宗實録》卷四五八　四月戊寅朔，詔留蘇州府本色正兑糧二萬石，松江一萬五千石充本處兵餉。

《國榷》卷六二　庚辰，前大同巡撫右僉都御史朱笈削籍，罷副總兵王尚忠。

辛巳，新倭大至，犯台、温、樂清、臨海、象山及福、泉、興化，海上同時燹掠。

癸未，左副都御史趙大祐爲刑部右侍郎，應天府尹葉鏜爲南京大理寺卿，左副都御史趙大祐爲刑部右侍郎，應天府尹葉鏜爲南京大理寺卿。命薊州副總兵馬芳援右衛，益甲五百人。是日，右衛致仕參將尚表諜至云，三月戊辰，官軍突圍，擊斬一人，俘十八人，俺答孫某壻某與焉。退舍十里，遣諜十二人，僅一至。上悦，進表都督僉事，參將麻禄爲都指揮使，部曲陞賞有差。再命御史吉澄賑遼東，發二萬金。

丙戌，太子少保、兵部尚書楊博奉詔趣大同。

《明通鑒》卷六一　丁亥，總督浙直胡宗憲得白鹿于舟山，獻之。是年之春，新倭大至，嚴旨責宗憲，宗憲懼得罪，上疏陳戰功，謂「賊可指日滅」，所司論其欺誕，上怒，盡奪諸將俞大猷等職，責宗憲，令剋期平賊。而趙文華已死，宗憲失内援，見寇患未已，思自媚于上，遂有是獻。上果大悦，行告廟禮，厚賚宗憲銀幣。

《國榷》卷六二　己丑，右僉都御史鄢懋卿爲左副都御史。

壬辰，大同右衛圍解。自去年九月入犯，故參將尚表轉餉入城，于是益兵圍之，隻騎不得出。表力守不下，至是江東、楊選、張承勛大集兵，始遁。初上屢問嚴嵩，嵩意欲棄之，難于發端，謂本兵許論習塞事，可召對。論言：「向者東西堡寨聯絡，今悉遺于虜。一孤城在絶塞外，當宿重兵，費餉五十萬，庶可保也。」論故設難，欲上自棄之，上不爲動，益措兵食，得全。大同右衛乏食，勢不能支。會千户張大用奉命逮總督楊順還，具以告錦衣左都督陸炳。炳疏聞，命選官往勞，而語總督江東急設策救之。炳復遣大用及百户謝麟以行，至則宣上德意。江東所市芻餉亦集，各授兵會于左衛城，歃血盟諸將。以四月朔鼓行而西，虜解圍去。説者謂遲五日則右衛不守矣。

丙申，倭陷福清，執知縣葉宗文。貢士陳見率蒼頭禦賊，訓導鄔中涵同被縛，罵賊死。

丁酉，賑大同右衛，給屯種各二萬金。户部尚書賈應春請遣官各省督逋，上不許，第令吏部限本官完十之七，方推轉。

癸卯，倭千餘攻惠安，知縣林咸力禦之，五晝夜不克。

五月戊申朔，倭焚南安。

己酉，留楊博總督宣大。免渾源旱災田租。楊博言各邊功次。裁河南按察副使、開封府通判各一。

《明通鑒》卷六一　甲戌，福建倭結艘自海口出港，參將尹鳳督武舉楊承業等引舟師擊之，衝沈賊舟七，斬首六十八級，生禽七人。餘舟敗遁，鳳等追至東洋，斬首百餘級而還。

六月丁丑朔，侍郎江東至京師。上欲召尚書楊博，以問嚴嵩，嵩言：「博修築墩堡，宜令按日蒇工。博才足有爲，且以本兵臨之，則令行而事易集。兹且令江東署部事，俟秋防既畢，徐議其宜。」上以爲然，乃不召博。

《世宗實録》卷四六〇　以宣、大二鎮兵荒，暫免居庸關商税。

《國榷》卷六二　己卯，逮大同北路參將周現入京戍邊。現分守拒門等堡，通虜開市，素遣往來。楊博疑之，下法司，奪其世襲。命在京軍民詞訟各官，巡城御史不得徑理。

癸未，蠲大同被虜田租。

乙酉，增狼山副總兵，署都指揮僉事鄧城爲之。遼東總兵劉文豸劾免，密雲副總兵楊照爲署都督僉事總兵官，鎮守遼東。提督福建軍務右副都御史阮鶚削籍。鶚賂嚴嵩，爲請于刑部尚書鄭曉，薄其罪。

丙戌，倭分掠樂清、永嘉。金盤衛指揮劉茂、朱廷鑰、千户周賓、李爵、劉源禦之白塘港，敗没。賊大掠臨海，前廣東僉事王德率鄉兵戰龍灣，見殺。贈德太僕寺少卿，賜祠祭，廕一子百户。

戊子，巡撫南、贛、汀、漳都御史周滿疾去。江西左布政使宋淳爲右副都御史，巡撫南、贛、汀、漳。會劾免，起何思有僉都御史，巡撫南、贛、汀、漳。

辛卯，大朝門、午樓、左右順門俱成。虜牧近邊，選將守獨石偵備，仍移口北道駐之。參議改駐赤城。禁屬夷不許内徙。

癸巳，盜殺安慶守備王佐于江中。改池州、安慶守備，並九江兵備節制。

丙申，倭分寇興化、漳、泉，陷福清、南安。南京工部右侍郎郭鎜卒。

癸卯，西苑作壽明殿。

乙巳，命遼東苑馬寺卿駐金州，放各島商船不税。胡宗憲逐普陀山倭，走朱家山，岑港賊亦走，宗憲度其必合沈家門，馳諭定海，令夷僧私招之。兩賊猜疑相擊，我乘之，賊大亂，火其巢。賊走柯梅嶺，宗憲伏卒山下，挑以小艇，賊逐利悉至，伏發，夾擊殆盡。

七月戊申，兵部左侍郎吴嘉會削籍，致仕總督侍郎何棟閒住。論修邊侵冒之罪。

己酉，械延綏游擊徐綱赴京。綱前守備大同殺胡堡，私卒胡大順生擒虜單騎游塞内者曰燒漢。燒漢兄以甲馬來贖，綱利其物，縱之。楊博請懲綱貪玩，仍録大順功。

癸丑，量減薊鎮防秋調兵。

《明通鑒》卷六一　兵部尚書楊博請敕薊鎮入衛兵聽宣大調遣。

《國榷》卷六二　丙辰，翰林侍讀瞿景淳、陳陞主試應天。岑港倭未平，奪總兵官俞大猷、參將戚繼光等職級，刻期平賊。

戊午，廷臣各舉將才前侍郎郭宗皋、都御史曹邦輔、吴嶽、王紳、祭酒鄒守益、修撰羅洪先、御史吴悌、方涯、主事唐樞、參政周大禮、曹亨、參議劉志、知府黄華等，吏部覆用，御史羅廷唯乞更詳覈。上責吏部濫舉，俱寢。

庚申，兵部署職方郎中唐順之覈兵薊鎮。順之久廢，趙文華視師江南，薦順之及其友徐鳴夏于嚴氏。起兵部主事，鳴夏道卒，時頗病之。初俺答陰令東虜入犯箭桿、黑峪諸路，我軍頗損。兵部言：「各邊選士戍薊，疲困已極。而薊卒選愞坐食，諸臣皆不任練習，實負陛下。請以郎中唐順之按視。」

甲子，增京城提督巡捕右參將。

閏七月丙子朔，虜犯遼東根單堡，副總兵劉岳拒卻之，擒斬一百四十人。

丁丑，操江都御史高捷以盜熾劾免。

壬午，裁湖廣、廣西冗官。

《明通鑒》卷六一　癸未，楊順、路楷被逮下獄，下三法司擬罪。初輔臣嚴嵩父子，深德順、楷之殺沈鍊。當二人初逮，右衛勢方危急，嵩見上怒甚，欲緩其獄，乃言「楷受金當勘」，而令其黨給事中鄭茂往。至是茂還，事事爲順辨，復言「楷受金無左證」。法司乃更與輕比，順免死戍邊，楷降雜職用，由是朝論皆謂出嚴嵩父子指。而主刑部者爲鄭曉，阮鶚及順、楷之獄，曉不能執，時以爲失出云。

《國榷》卷六二　庚子，雲南巡撫都御史王昺爲南京工部右侍郎。

癸卯，定漕糧掛欠違限之罰。

《世宗實録》卷四六二　更定漕糧掛欠違限之罰。把總官每欠糧一萬石、銀二千兩，運官欠糧一千石、銀五百兩，各遞降一級，待其後運補完方準復職。若三年之外不完者，罷其領運，子孫亦止於降級上承襲。其違限三月、五月者行各該衛所住俸。違六月提問。從户部尚書賈應春等議也。時漕政廢弛，嘉靖三十六年共欠糧十四萬九千九百餘石、銀二萬七千九百餘兩。於是都督黄印坐論降一級，把總吴臣而下六百九十人以失期妄報，罰治有差。

《國榷》卷六二　八月辛亥，太常寺少卿兼翰林院學士董份、翰林侍讀高拱主試順天。

《明通鑒》卷六一　壬戌，以宣、大有秋，詔發太倉銀十五萬兩，遣御史一人會同管糧郎中及時糴買米豆，分貯宣、大各要地倉場備用。

《國榷》卷六二　丙寅，山東左布政使游居敬爲右副都御史，巡撫雲南。按察副使李文進爲右僉都御史，巡撫大同。

己巳，虜犯宣府赤城，官兵擊斬十二級，把總馮尚才死之。

癸酉，兵科給事中鄭茂上邊務八事。

九月辛巳，停開納事例。

壬午，山西巡撫右副都御史魏謙吉爲兵部右侍郎，總督陝西三邊軍務。

戊子，河南左布政使范欽爲右副都御史，巡撫南、贛、汀、漳。

庚寅，兵部職方郎中唐順之還自薊州，言「鎮兵九萬一千有奇，見卒五萬七千有奇，逃亡三萬三千有奇。又多老弱不習戰」。

《明通鑒》卷六一　〔唐順之言〕：「總督王忬、總兵官歐陽安、巡撫馬珮及諸將袁正等，俱宜按治。」乃降忬俸二級。初，忬以才器見重，所請無不從，及爲總督，邊將數以敗聞，漸失上眷。嚴嵩故不悦忬，會以議練兵事，上問嵩：「邊兵入衛，舊制乎？」嵩曰：「祖宗時無調邊兵入内地者，惟正德中劉六之亂，始調許泰、郤永領邊兵討賊。庚戌之變，仇鸞選邊兵十八支護陵、京，未用以守薊鎮，至何棟始借二支防守。忬始盡調邊兵守要害，去歲又徵全遼士馬入關，致寇乘虛入犯，遼左一空。若年復一年，調發不已，豈惟糜餉，更有他憂。」由是忬遂得罪。

《國榷》卷六二　辛卯，兩廣總兵靖遠伯王瑾劾免。運登、萊米救濟遼東。敘門工，進工部尚書歐陽必進太子太保，左侍郎雷禮添注尚書，錦衣衛左都督朱希孝太子太保，内官監太監袁亨、楚英各廕錦衣衛總旂，餘陞賞有差。

壬辰，以雲南左布政使鮑道明爲應天府府尹。

丙申，令有司官賦額未登，雖陞遷不得離任。

《明通鑒》卷六一　是月，唐順之條上薊鎮兵食九事，其爲補兵言者凡六，爲築牆工食及邊糧言者凡三。

《國榷》卷六二　十月丙午，前署太常寺事工部尚書徐可成卒。

辛亥，詔邊餉委附近有司支放。南京監察御史李瑚劾胡宗憲誘王直啓寇。巡按浙江御史王本固、南京給事中劉堯誨劾宗憲老師濫賞。宗憲疏辨，上心知其功，不問。

《世宗實録》卷四六五　癸丑，禮部類奏四方所進芝一千八百六十四本。詔有徑尺以上者，仍廣求以進。

己未，命兵部署郎中唐順之往浙直視師，與胡宗憲協謀勦賊。

《國榷》卷六二　辛酉，進楊博太子太保兼右副都御史，仍總督。

壬戌，上問户部薊鎮兵食之數，尚書賈應春等以不知對，請科道核實具報。上責部册歲報，何諉也？于是部檄薊、密、昌平司餉者，各上清册。

甲子，大同左副總兵都督僉事尚表進都督同知，致仕。

壬申，虜土蠻十萬騎薄界嶺口，建昌副總兵馬芳禦卻之。分犯黑谷墩，大掠邊山，把總馮時雍死之。明日，二百餘騎還奔界嶺口，芳及總兵歐陽安力戰敗力，擒三人，斬三十八級。

《世宗實録》卷四六六　十一月丙子，冬至，大祀天于圜丘。

《國榷》卷六二　壬午，械應天巡撫都御史趙忻、松江同知劉敏政、吴江知縣賈一麟入京。初忻巡松江，會金山卒譟，刃突松江城下，諭之乃解。而崇明戍卒索餉，囚同知周魯，署縣判官薛仕數日。給事中蘇景和劾忻貪墨，敏政、一麟濟惡。忻、敏政各降二級，一麟除名。虜入遼陽東州等堡。

癸未，江西右布政使陳錠爲右副都御史，總理糧儲，提督軍務，巡撫應天。

甲申，陝西番夷犯莊浪，百户常棟等死之。

乙酉，免平陽太原雹災夏租。

《世宗實録》卷四六六　陞山東按察使郝良臣爲江西右布政使。

《明通鑑》卷六一　丙戌，浙江柯梅倭出海，總督俞大猷自沈家門引舟師横擊之，沈其米艘，稍有斬獲，賊遂揚帆南去。自是倭患盡移于福建，並湖廣間亦紛紛以倭警聞矣。

《國榷》卷六二　增建昌、撫州守備。左都御史周延滿六年考，進太子太保。

《世宗實録》卷四六六　庚寅，兵部覆總督薊、遼、保定都御史王忬條陳。

《國榷》卷六二　丙申，蠲湖廣承天、常德、岳州、荆州、衡州，直隸廬、鳳、淮、揚水災田租。

己亥，順天府尹劉養直爲户部右侍郎。

十二月癸酉朔，陞太僕寺卿劉大實爲順天府府尹。

丁未，增御史查刷光禄錢糧。

丙辰，南京刑部右侍郎曾鈞致仕。

庚申，大理寺卿錢邦寧爲南京刑部右侍郎。

甲子，大築宣大邊牆。初總督尚書楊博請之，詔發帑銀十萬五千兩，太僕寺銀三萬五千兩。

己巳，甘肅總兵官孫朝免。

庚午，定歲進内庫銀，每年連折俸銀百萬，外加預備欽取銀，不許虧負。虜大入遼東。

《明通鑑》卷六一　十二月，巡撫遼東都御史路可由連疏告饑，乞大破常格，以保重鎮。詔復發太倉庫銀三萬兩，並山東折布折糧銀共九萬餘兩給之。給事中魏元吉等復條陳救荒四策，得旨允行。

嘉靖三八年（己未、一五五九）

《世宗實録》卷四六八　正月癸酉朔，上不御殿。

《國榷》卷六一　乙亥，吏部大計，降斥有差。

《世宗實録》卷四六八　乙酉，吏部會都察院考察天下諸司官。

《國榷》卷六二　戊子，廣東黄岡倭流劫海陽、饒平、潮陽、惠來。

甲午，嚴嵩年八十，許苑中乘肩輿，支伯爵禄，賜宴及金幣。嵩辭宴并舊支二俸，許之。上甚禮嵩，而間取獨斷。嵩與子世蕃能得其竅，欲有救，必順上意極詈之而婉爲辭，中上所不忍。其欲排陷，必先稱其熾。若與密者，而冷語中之。或觸上所恥諱致其怒。以是籠絡，卒不能脱，威福益廣。

乙未，湖廣左布政使傅鎮爲南京右副都御史，提督操江。

丙申，總督湖廣、川貴兵部右侍郎王崇古巡撫遼東。

壬寅，南京兵部右侍郎石永爲兵部左侍郎兼右僉都御史，總督湖廣、川貴軍務。光禄寺卿盧宗哲疾去。募山東民兵三千人戍蘇、松、常、鎮，備倭。虜寇甘肅山丹衛，守備副千户謝天賚、把總指揮王卿、劉繼忠、百户黄堂死之。

二月乙巳，江西巡撫右僉都御史何遷請調粤兵，選府佐或守巡官部領之，毋爲民害，否則罪部領官。從之。

丁未，巡撫保定右副都御史鄭絅爲南京兵部右侍郎。

己酉，署詹事府事吏部右侍郎李璣、翰林學士嚴訥主禮闈。

辛亥，應天府丞喻時爲南京太僕寺卿。

甲寅，總督宣大尚書楊博言，三鎮歲中招降千六百四十人。敍功有差。

庚申，廣東倭流突詔安、漳浦。

癸亥，禁伐雁門關北樓諸路樹木，蓋障虜騎也。

庚午，虜把都兒等數萬騎入潘家口，渡灤河，進三屯營，責督撫官立功自效。

虜先駐會州，屬夷影克哈孩等導之，反誑我欲東犯義院冷口。王忬不察，兵遽東，疲于奔命。虜犯延綏清水營鎮北墩。

《世宗實録》卷四七〇　三月乙亥，發太倉銀二萬兩于薊鎮，三萬兩于懷來。戊寅，南京工部右侍郎王昺，巡撫甘肅都御史陳棐各被劾，昺免，棐調外。

《國榷》卷六一　丁丑，土魯番、天方、撒馬兒罕、魯迷、哈密等番俱入貢。

己卯，虜自遵化東掠遷安、薊州、玉田，大掠五日乃出。

《明通鑒》卷六一　掠遷安、薊州、玉田，駐內地五日，京師大震。詔巡按、巡關御史勘寇所從入及諸臣失事狀，于是御史王漸、方輅等交章劾忬，言「寇屯集會州，垂涎薊鎮，爲日已久。屢詔督撫增兵應援，而忬等倉皇失策，以致敵深入內地，荼毒生靈，飽騰而去」。上怒，褫總兵歐陽安等職，下按臣逮問，忬坐奪俸。

《國榷》卷六一　壬午，南京光禄寺卿趙貞吉爲南京工部右侍郎。

丁亥，策貢士蔡茂春等三百二十人，賜丁士美等進士及第、出身有差。

戊子，廣東蘇羅峒賊流劫歸善等處，惠州通判洪章以鄉兵敗潰見執，尋放還。提督京城巡捕署都督僉事李廣爲總兵官，鎮守薊州、永平、山海。

壬辰，南京刑部尚書馮岳引疾去。

癸巳，倭犯象山之何家礮、金井等處，樹柵自固。海道副使譚綸計曰：「此嘗我也。」令俞大猷率師後繼，身先馳之。諸將以士疲請休，綸曰：「賊易我，宜出不意進兵。」馬岡賊繼至五百人，移兵先擊之，賊敗走。明日，綸搗何家礮，賊殊死戰。我奇兵間出賊後，破之，斬七十二級。賊攻樂清、圍桃渚，綸追之不及，回軍松門衛。入門，度賊夜至，可悉軍通逵備巷戰。丁夜，賊千人襲西門，縱火。綸擊斬其酋，乃退。綸尾之，度且出全清閘，鑿二舟塞之。賊至，欲起塞舟，綸偃旗，使斬可成詐爲新城老人，遺賊書，輸千金，賊乃不起塞舟。明日，綸出南門力戰，擒斬千人，餘賊遁海去。

甲午，增宣府分巡僉事。胡宗憲劾總兵官俞大猷，參將黎鵬舉擊柯梅倭不力釀害。下大猷、鵬舉于巡按御史，逮入京。柯梅之遁，實宗憲意，閩人謂宗憲嫁禍，故委罪大猷自飾。

己亥，浙直副總兵署都指揮僉事盧鏜爲署都督僉事總兵官，鎮守浙直。署都督僉事李琦提督京城巡捕。

庚子，南京右都御史蔡雲程爲南京刑部尚書。

辛丑，倭掠崇明。

四月壬寅朔，倭數百艘轉掠揚州。賊初利江南富厚，獨王直知淮揚多大賈，始浸尋于江北，每至，屬厭而去。巡撫李遂素有略，閱兵通州，聞之，即赴泰州，以副使劉景韶兵扼如皋。

《世宗實録》卷四七一　丙午，禮部覆南京國子監祭酒潘晟議。

《國榷》卷六一　新倭大至。攻福寧，陷福安。教諭績溪程箕、訓導海陽謝君錫守西門，死之。其長樂、福清俱患倭，閩廣被擾。提督兩廣兵部右侍郎王鈁爲南京右都御史。江北倭知如皋有備，趨通州。副總兵鄧城禦之，敗績，指揮使張谷死之，失四百餘人。倭進據白蒲鎮。李遂曰：「賊過如皋，由黄橋、泰興犯瓜儀，則阻漕，留都動摇。若驅之海安以北，沿海東出，無能爲矣。」盛集兵泰州。賊乃出富安，遂馳淮安，約諸將搗廟灣賊巢。賊分衆一由西亭，一由白蒲、丁堰以牽我。遂曰：「丁堰、西亭二賊，景韶足辦矣。必我也當大敵。」騎而趨淮安。倭犯丁堰，毛兵敗績，千户李良、吕忠戰没。貴州巡撫、右副都御史高翀平普安亂卒。

辛亥，北洋有倭二十餘艘。副總兵盧鏜巡海，急攻之，斬百二十三級，擒一人，倭入三沙不出。

壬子，南京兵部右侍郎鄭炯改兵部右侍郎兼右僉都御史，提督兩廣軍務。太原募兵李廷甫等殺參將高鵬，劫係獄都指揮畢文作亂。

甲寅，新倭自福寧、連江、羅源流劫懷安、閩縣，合攻福州，不克，環而守之。是日，參將黎鵬舉擊倭海中七星山，斬六十七級，擒六十八人。

丁巳，巡撫陝西右僉都御史殷學爲南京兵部右侍郎。免刑部左侍郎楊大章。江北倭以海道副使劉景韶連敗之丁堰、如皋、海安，共斬百餘級，至是聚衆西犯揚州。景韶率游擊丘陞擊斬八十級，焚百七十九人。賊奔潘家莊，盡鋭攻之，斬百二十八級。刑部右侍郎趙大祐爲左侍郎，漕運總督右副都御史傅頤爲刑部右侍郎。

庚申，廟灣倭合攻淮安。巡撫李遂率參將曹克新等禦之姚家蕩，破之，斬四百七十八級。奔姚家莊，火攻之，死二百七十餘人。奔陳家莊，追斬七十四級。餘退保廟灣。

丙寅，巡撫河南右僉都御史章焕爲右副都御史，總督漕運。陝西左布政使郭乾爲右副都御史，巡撫陝西。海道副使劉景韶擊倭于印莊，斬四十五級。次日，戰新洲，斬七十八級。奔新河口民家，火攻之，斬二百十六級，殲焉。而江北流倭殄矣，惟廟灣倭固守不出，官兵環攻之。

丁卯，逮江北副總兵鄧城、參將米仁入京。

五月壬申朔，江北兵攻廟灣倭，斬四十餘級，我兵死傷相當。

癸酉，誅虜哱素大力赤等，以窺大同邊堡被擒。

丁丑，山西左布政使張永明爲右副都御史，巡撫河南。山東左布政使翁大立爲右副都御史，巡撫應天。

戊寅，倭圍福州，匝月始解。

辛巳，巡按直隸監察御史方輅劾總督薊遼侍郎王忬調度失策，逮入京。改總督宣大、山西兵部尚書楊博代之。初唐順之行邊，嚴嵩洒之曰：「此王中丞物，惜官不相及也。」順之遂劾忬，語特甚。世蕃删其草，止存一卒不練等語，奪俸俟後命。忬懼，求輅露章，冀譴去，不謂聖怒由此不釋也。

壬午，倭陷永福。

甲申，巡撫保定右僉都御史張松爲右副都御史，總督宣大、山西。

乙酉，福建山盜突劫永安、泰寧、龍巖、歸化，守臣勦平之。

丙戌，裁山西冗官。

丁亥，增大同府同知二，理宣大屯政。

己丑，南京太常寺卿林庭機爲南京工部右侍郎。崇明三沙倭踵至，官軍邀擊之，斬百餘級。

甲午，南京翰林院侍讀學士全元立爲南京太常寺卿。廟灣倭久困不出，副使劉景韶逼壘而陣，載葦焚其舟，倭宵遁。刑部尚書鄭曉擬王忬戍邊，中軍游擊張倫棄市。上加忬罪，手批曰：「諸將皆斬，指揮出令者却不治，是何法律？」于是論死。

《明通鑒》卷六二　初嚴嵩屢搆忬，而忬子世貞，復用口語積失歡于世蕃，嚴氏客又數以世貞家瑣事搆于嵩父子。楊繼盛下吏受杖，世貞時在刑曹，進湯藥；其妻訟夫寃，復爲代草；既死，經紀其喪。于是嵩父子益銜之，至是以灤河之敗，遂得行其計。方輅之劾忬，乃嵩黨鄢懋卿以嵩意屬草授之也。忬既繫獄待決，世貞解官奔赴，與弟進士世懋日蒲伏嵩門，涕泣求貸，嵩陰持忬獄，而時爲謾語以寬之。兩人又日囚服跽道旁，遮諸貴人輿，搏顙乞救，諸貴人畏嵩，不敢言。明年，忬竟死西市。

《國榷》卷六一　丙申，福州倭出梅花洋，參將尹鳳等擊斬百有七級，擒九人。

己亥，福建出海倭回泊澳頭。

六月壬寅，裁登萊管糧通判，改注于濟南、兖州。

乙巳，虜黄台吉數萬騎突犯大同弘賜、鎮川等堡，侵宣府，陷西安驛堡，殺掠浹旬，士民禦之，斬三十三級，損官軍四十七人。

丁巳，出塞。

辛亥，延綏入衛兵專屬昌平總兵。

《世宗實録》卷四七三　甲寅，户部尚書賈應泰以疾乞致仕。許之。改南京户部尚書馬坤爲户部尚書。

《國榷》卷六一　丁巳，倭出梅花洋，參將尹鳳追斬百二十餘級于横山，擒三十二人。前工部尚書署通政司事鄭紳卒。贈太子少保。

戊午，楊博定薊鎮兵備，畫地分守。

己未，虜自大同鎮川堡入掠宣府東西二城旬日，會久雨，遁去。

《世宗實録》卷四七四　七月庚午朔，總督尚書楊博言，宣大荒田水利宜加意開濬。

《國榷》卷六二　户部左侍郎蔡克廉爲南京户部尚書。虜數萬騎由麻峪口寇懷來、保安，游擊將軍董國忠引兵馳逐之，以無援敗死，師殲焉。

癸酉，前南京禮部尚書閔如霖卒。

丙子，兵部右侍郎劉采爲户部左侍郎。

壬午，改南京兵部右侍郎殷尚學協理戎政。

丙戌，三沙倭突登海門七里港。

《明通鑒》卷六二　戊子，詔發通倉米一萬石，太倉銀二萬兩，分振薊州、遵化、豐潤、玉田等州縣之被寇者。

《國榷》卷六二　給事中羅嘉賓、御史龐尚鵬核浙直邊費。于是胡宗憲被劾，策勵供職諸將各治罪。

《明通鑒》卷六二　先是巡按浙江御史王本固，復會南京御史李瑚劾胡宗憲岑港養寇、温台失事、掩敗飾功狀，詔下查盤科、道官羅嘉賓、龐尚鵬等從實覈報。至是嘉賓等奏覆三十六年以後禦倭功罪，而獨劾宗憲爲奸邪巨蠹欺君誤國之尤者。疏入，上以宗憲有功，卒不問。

《國榷》卷六二　復設永平、遵化二守備。

甲午，神機營副將署都督僉事趙應總兵，鎮守寧夏。海門倭趨揚州，副使劉景韶、參將丘陞戰于鄧家莊，斬六十九級。走仲家莊，火攻之，斬二百八十餘級，宵遁。

戊戌，官兵追倭于鍋團，參將丘陞輕騎先進，賊併戰，陞馬蹶，被殺。已我兵大至，賊走。陞，偏頭關人，山西驍將，江北之捷皆其力，屢勝輕戰，諸軍無不惜之。

林縣妖人李遇新以白蓮教惑人，百户孫禄約内應。知縣方民懷預備，賊夜薄城，已勒民列守，賊遁，獲之，孫禄自殺。初縣東南四十五里羊兒池，周四畝，深丈有六尺，相傳池水清，邑有兵，是年水清。

八月己未，江北倭自鄧莊敗後，沿海覓舟不得。我軍急擊之劉家橋白駒場，俱捷。會雨，走劉家莊就食。我圍之，胡宗憲遣副總兵劉顯以鋭卒千餘人來援，江北兵懼奪其功，李遂檄江北兵盡屬之，顯先登陷堅，斬一百十四級。賊走白駒場，又敗之，斬四百餘級，賊殪盡。

壬戌，賜嚴嵩京邸堂曰「忠正」。南昌樓曰「寶翰」，堂曰「耆德」。

癸亥，巡撫鳳陽右僉都御史李遂爲南京兵部右侍郎。

甲子，遼東饑，發六萬金召糴輸運，三萬金措給牛種，仍借太倉粟五萬石賑之。

乙丑，前刑部尚書何鰲卒。虜寇順聖東西二川，至于蔚州，掠人畜數萬。官軍竟避其鋒，不戰也。虜犯土木。

九月庚午，薊州總兵官李廣劾免。

壬申，大同總兵官張承勛移薊州。

乙亥，賑兩淮貧竈六萬五千六百餘人。

辛卯，前刑部尚書劉訒卒。虜犯宣府洗馬林，蔚州游擊董國忠等敗没。

十月戊戌朔，前南京工部左侍郎程文德卒。設廣東廣寧縣，隸肇慶。免順天、河間、保定、永平、大同水災田租。

甲辰，免蘇、松旱災田租，仍賑之。

丙午，浙江左布政使陳仕賢爲右副都御史，巡撫湖廣。免杭、湖、嘉興、金華旱災田租。

丙辰，免福州興化災傷田租。虜犯遼東，游擊賈冕戰死，贈都督僉事。

戊午，免遼東災傷屯租。

癸亥，大玄都殿成。

乙丑，召楊博回部。起許論兵部尚書兼左副都御史，總督薊遼。

《明通鑑》卷六二　是月，總督浙直胡宗憲，請定列死事諸臣爲三等：有功而又能死事者爲一等；雖無功而能忠于所事者次之；勤無可録而事適不幸者又次之；其或失機僨事，雖身故仍須追奪官蔭。部議從之。

《世宗實録》卷四七八　十一月辛巳，大祀天于圜丘。

《明通鑑》卷六二　初蘇州自倭寇興，招集武勇以爲義兵，市中惡少起應之，後遂羣聚剽劫，有「打行」「紮火」諸囮名，武斷坊廂間。巡撫應天翁大立至，稍稍禁戢之，諸惡少咸懼，乃于是月大立攜孥至蘇，相與歃血，以白巾抹額，各持長刀巨斧，攻吳縣、長洲及蘇州衛，劫獄囚，鼓譟攻都察院，劈門入，大立率妻子踰牆逃出。諸惡〔少〕乃縱火焚公廨，及大立所奉敕諭符驗旗牌，一時俱毁。復引衆欲劫府治。知府王道行督兵敗卻之。諸惡〔少〕乃衝葑門，斬關而出，逃入太湖。官司遣兵分路搜捕，獲首從周二等二十餘人。

《國榷》卷六二　丙申，誅王直于寧波，宥葉宗滿、王汝賢戍邊。直繫獄二年，嚴嵩入其賂，將議釋，廷議謂戎首也，誅之。妻子給功臣家。

丁酉，復故翟鑾禮部尚書謹身殿大學士，從其子汝忠請。

十二月乙巳，提督操江右副都御史傅鎮疾去。

《明通鑑》卷六二　贈故蘇松參政任環光禄卿，敕有司建祠蘇州祀之。環志在平倭，衣服皆自識其姓名，誓必死。倭猝犯蘇，諸城皆閉，鄉民被寇者不得入，繞城號泣。環按劍開門納之，全活以數萬計，蘇人德之。後以母喪守制，遂不起。至是因給事中徐師曾之請，特贈官秩祀以報其功。

《國榷》卷六二　庚戌，太子太保、兵部尚書楊博回部，辭兼左副都御史。

《明通鑑》卷六二　時嚴嵩雅不善博，秋防屢竣，不召，至是廷臣復以爲請。鄭曉言：「博在薊遼則薊遼安，在兵部則九邊俱安。」遂召之。

《國榷》卷六二　癸丑，免金鄉、魚臺、曹、單水災田租。

丙辰，總督宣、大、山西右副都御史張松言邊務，末云：「守邊要務，莫先保寨。」

庚申，山西左布政使孟淮爲右副都御史。增金山衛游擊將軍。

癸亥，虜災，免遵化、玉田、薊州、豐潤屯租。

嘉靖三九年（庚申、一五六〇）

《世宗實録》卷四八〇　正月丁卯朔，上不御殿。

《國榷》卷六三　丙戌，虜犯宣府洗馬林等堡，副總兵馬芳拒卻之。福餘衛夷長孛羅等入市開原，索賞不遂，夜殺哨卒而遁。

《明通鑒》卷六二　辛卯，盜百餘人夜入揚州之泰興縣，劫庫殺人，守臣以聞。時江南禦倭，所募水兵，多游手少年，烏合之衆，及事寧散遣，無所歸，流落江湖間，遂相聚爲盜云。

《國榷》卷六三　壬辰，吏科給事中胡應嘉上四事：端士習，敦節儉，公銓法，慎舉薦。上是之。

二月己亥，增懷柔、永平兵備二副使。

庚子，福寧桐山倭自前岐突犯泰順莒岡。江北倭未平，設狼山水兵把總、曹沂民兵把總，城海安鎮。

《明通鑒》卷六二　更定浙東守巡官信地。以台、金、嚴爲一道，文官則以分巡寧紹僉事改爲台州分巡，兼管三府兵備，武官則添設參將一員；以寧、紹爲一道，其原設寧、紹、台兵備副使及參將，俱令止領寧、紹二府；以温、處、衢爲一道，其原設温、處兵備副使，令兼領衢州。從總督胡宗憲議也。

《國榷》卷六三　甲辰，敘擒王直功，進胡宗憲太子太保、左都御史兼兵部右侍郎，總督如故，廕錦衣衛副千户。總兵盧鏜、俞大猷、參將戚繼光、都指揮戴冲霄等俱准贖。指揮夏正贈都指揮使，廕正千户。餘陞賞有差。

乙巳，修京城。

《明通鑒》卷六二　丁巳，南京振武營軍變。振武營者，南京尚書張鏊募健兒以禦倭寇者也，素驕悍。舊制，南軍有妻者月糧米一石，無者減其四，春秋二仲，米石折銀五錢。馬坤掌南户部，奏減折色之一；而督儲侍郎黄懋官又奏革募補者妻糧，諸軍大怨。代坤者蔡克廉，方病，諸軍以歲饑，求復折色故額于懋官，懋官不可，給餉又復踰期。諸軍大怒，遂以都肄日殺懋官，裸尸於市。守備太監何綬等，遣吏持黄紙許給賞萬金，卒輒碎之；許犒十萬金，乃稍定。侍郎李遂託病閉閣，給免死券以慰安之，而密捕首惡二十五人繫獄。事聞，追褫懋官官，止誅叛卒三人；而三人已前死，兵自此益驕。

《國榷》卷六三　前左春坊左中允郭希顔廢久，馳疏立儲。【略】上怒，下廷議。【略】下巡按御史斬之，傳首四方。

己未，賑順天、永平水災粟二萬五千石。倭六千餘人流劫潮州。南京掌右府事誠意伯劉世延疏復軍餘替役收糧，蓋兵部尚書張鏊所革者，世延陰詈魏國公徐鵬舉等名，鵬舉自辨，世延坐免。

甲子，揚州兵亂，走儀真掠舟，將入海，右僉都御史唐順之討定之。

三月甲戌，初給事中郭汝霖、行人李際春使琉球未發，而貢使正議大夫蔡廷會稱受世子命，以海道叵測，請如正德中封占城故事，自賫詔册，不煩天使。禮部執不可。從之。

乙亥，南京户部尚書蔡克廉、兵部尚書張鏊、臨淮侯李庭竹、前户部尚書馬坤俱劾免，户部員外郎方攸躋、主事安謙削籍。捕亂卒首禍者。

《明通鑒》卷六二　丙子，以副都御史鄢懋卿總理兩淮、兩浙、長蘆、河東鹽政。舊制，分遣主事督理鹽課，無一人總理四運司者。至是上以「鹽法久弛，須力加整頓」，户部請「如先年耿九疇、王瓊等例，遣重臣一人理之」。乃以懋卿總治其事，蓋嚴嵩薦之也。懋卿至，驟增鹽課至一百餘萬，所至驛騷。

《國榷》卷六三　戊寅，南京山東道監察御史林潤等劾國子祭酒沈坤居鄉暴酷，截胡鑾手，糾衆防倭，擅殺不知名人爲敗卒。私鹽抽引，逼奪人産。遂削坤籍，逮入京。坤跌宕負氣，不諧里黨。倭患作，倡鄉兵，稍犯輒榜笞之，多怨。而給事中胡應嘉仇坤，布流謡搆之于潤，俱無指實，所截胡鑾手固亡恙也，他皆類此。坤竟獄死，士論冤之。

己卯，兵部左侍郎江東爲户部尚書，户部左侍郎劉采爲南京户部尚書，總理河道右副都御史王廷爲南京户部右侍郎。

壬午，總督倉場户部右侍郎高燿爲左侍郎。南京太僕寺卿林應亮爲右副都御史，總理河道。大同總兵官劉漢出鎮河堡，搗虜于灰河，斬二十八級。時虜聚喜峯塞外，窺薊鎮，漢乘虚出塞以牽之，果狼狽而西。自多事來，我兵積怯，虜嘗留巢並塞，無敢出問。漢創爲之，各鎮往往乘隙出，虜稍遠徙其幕。

丙戌，巡撫遼東右僉都御史侯汝諒言：「遼陽饑，宜開山東登、萊、直隸天津二海道，轉粟賑濟。」

丁亥，畿内饑，命户部詳議賑濟。虜五萬餘騎陷廣寧中前所，殺百户武守爵、黄廷勛。

己丑，大理寺卿馮森爲户部右侍郎，總督倉場，督理西苑農事。翰林侍讀學士高拱爲太常寺卿，署國子祭酒。吏部尚書吴鵬滿六年考，進太子太保。兵部右侍郎閔煦爲左侍郎，總督三邊。兵部右侍郎魏謙吉回部。前兵部左侍郎張珩卒。贈工部尚書，謚襄敏。倭由南臺寇福州。

乙未，巡撫應天右副都御史翁大立劾免。

《明通鑒》卷六二　是月，南京科、道官劉行素、趙時春等，言「諸軍激變，始于馬坤之議減折色」。詔罷坤，黜爲民，以兵部侍郎江東陞任户部尚書代之。

己亥，户部尚書江東改太子太保、南京兵部尚書。罷宣大總督右副都御史張松。上以松非其才。保定巡撫右僉都御史葛縉爲左副都御史，總督宣大。

《國榷》卷六三　四月丙申朔，巡撫鳳陽右僉都御史唐順之卒。

壬寅，南京兵部右侍郎李遂密捕叛卒，論死三人，戍二十二人，遂尋以計悉斃之，軍中始定。時以留都重地戕殺大臣，竟姑息不盡問，非法也。

甲辰，户部左侍郎高燿爲户部尚書。巡撫延綏右僉都御史董威，湖廣、陝西左布政使谷嶠、程軏並爲右副都御史，威巡撫保定兼提督紫荆關，嶠撫治鄖陽，軏巡撫陝西。

辛亥，雲南道監察御史耿定向劾吏部尚書吴鵬納賄，凡六事，首及其壻翰林學士董份，各疏辨，不允。

壬子，增大同邊堡。賑順天、永平饑民。

甲寅，總督湖廣、川貴兵部右侍郎石永爲户部左侍郎。罷刑部尚書鄭曉。

《明通鑒》卷六二　初曉任吏部，歷考功郎中。會夏言罷相，上惡言官不糾劾，詔考察去留。時大學士嚴嵩欲因以去其所不悦者，而曉去喬佑等十三人，多嵩所厚，嵩銜之。後以争趙文華調考功及嵩子世蕃遷尚寶丞，益忤嵩，遂以事貶和州同知。稍遷太僕丞，歷南京太常卿，召拜刑部侍郎，歷兵部、吏部，右都御史，擢至刑部尚書。嵩勢益熾，曉雖不善嵩，而其時大獄所置輕重典，皆出嵩意，曉遂不能執持。故事，在京軍民訟，俱投牒通政司，送法司問勘，諸司有應鞫者，亦專送法司，無自決遣者。後諸司不復遵守，獄訟紛拏，曉奏請循故事，報許。于是刑部間捕囚畿府，而巡按、御史鄭存仁，謂「訟當自下而上」，檄州縣，「凡法司有追取，毋輒發」。曉聞，遂率侍郎趙大祐、傅頤守故事争之，存仁亦據《律》執奏。章俱下都察院，會刑科平議。議未上，曉疏辨，嵩遂激上怒，切責曉，落職，兩侍郎亦貶二秩。

《國榷》卷六三　丁巳，復設南京提督糧儲都御史，改督漕右副都御史章焕爲之。前南京兵部尚書湛若水卒。虜犯遼東廣寧，大掠。

辛酉，巡撫四川右副都御史黄光昇爲兵部右侍郎兼右僉都御史，總督湖廣、川貴軍務。套虜都剌兒台吉等寇寧夏河東，將趨靈州，總督魏謙吉、總兵趙應禦之，斬六十二級，虜遁。

甲子，巡撫江西右僉都御史何遷、四川左布政使羅崇奎並右副都御史，遷總督漕運，崇奎巡撫四川。

《世宗實録》卷四八四　五月戊辰，陞江西左布政使張元冲爲都察院右副都御史，巡撫江西。

《國榷》卷六三　甲戌，初四川東川軍民府土官禄慶死，子佐幼，妻安氏攝郡事。有營長阿得革頗擅權，得罪，走武定州，見殺。其子阿堂奔水西，糾衆入東川，囚安氏，奪其印。貴州宣慰使安萬銓攻阿堂，破之。其妻走霑益州，尋見殺。堂怨霑益土官安九鼎，時相攻，訟于朝，下撫按訊問。去年八月，堂服罪，願獻印，還霑益侵地。時禄佐及弟僎俱死，堂幼子詭爲禄哲當襲，不納印，又攻九鼎。巡撫右副都御史游居敬謂堂怙亂，議討。

乙亥，胡宗憲請定節制禮儀，視三邊例。上嘉其任事，進兵部尚書兼右都御史，悉從所請。協理京營戎政兵部右侍郎殷尚學引疾，被劾削籍。南京兵部右侍郎李遂改兵部，協理京營戎政。

己卯，湖廣溆浦縣猺賊平。

壬午，兵部左侍郎閔煦爲刑部尚書，巡撫山東右副都御史丁以忠爲南京兵部右侍郎。

丁亥，協理京營右侍郎李遂爲左侍郎。山東左布政使朱衡爲右副都御史，巡撫山東。

戊子，御史、沈陽户部郎中張大化清理畿内莊田，入官二千五百二十九頃有奇，量給則萬六千二百六十四頃有奇，其追奪宜千九百餘頃有奇。從之。

壬辰，盗入博羅，殺知縣舒顓。

甲午，福建盗攻平和、詔安等縣，破崇武所城。

《國榷》卷六三　六月丙申朔，起王邦瑞兵部尚書，協理京營戎政。

《明通鑒》卷六二　邦瑞坐罷十年，會京營乏人，上曰：「非邦瑞不可。」乃起故官。

《國榷》卷六三　戊戌，兵部右侍郎魏謙吉入朝，道卒。贈右副都御史。

壬寅，給事中羅嘉賓、御史龐尚鵬核浙直軍費，其文牘灼然可考。督察尚書趙文華侵盜十萬四千金，總督周琉二萬七千金，胡宗憲三萬三千金，前巡撫阮鶚五萬八千金，操江都御史史褒善萬一千金，應天巡撫趙忻四千七百金，至于操江高捷，則明移餽文華江防銀二千金。命罷忻、捷，趙文華所任郎中郭仁削籍，惟宗憲功最，不問。

《明通鑒》卷六二　尋宗憲奏辯，言：「臣爲國除賊，用間用餌，非小惠不成大謀。」上以爲然，更慰諭之。

《國榷》卷六三　甲辰，制敕房工部右侍郎張文憲爲尚書，辦事。

庚戌，逮順天慶都縣知縣張弛入京訊問，貪酷，削籍。

乙卯，南京禮部尚書孫陞卒。虜由古北口入犯薊、通、順、密及都城以北，大殺掠。先是被擄人還，傳虜聚三十萬住獨石邊外明沙灘，謀寇關南及宣府。總兵官趙國忠帥兵入衛。半月，虜遂由白羊口出，過懷來、保安，抵宣府城下。呼守陴者曰：「無恐，知爾兵在南，所守婦女城耳。且不爾攻，我所攻固人人足也。」時所掠關南人，行竟日不絶，泣聲動地。守陴者力不能救。是夜，虜營于西門外二三里，勢久酣寢，城中無一兵劫砦。次日，虜至萬全右衛，由野狐嶺出塞去。白羊口在京城西，其北直懷來城，路在兩山中，山勢峭立，路亦曲狹，虜逶迤行，二日始得達平野。方虜入口時，如官兵以數營尾之，堵其南；以數營邀之，堵其北，虜隻騎不得返也，而計不及之；徒令大得志去，智者不能無憾云。

七月乙丑朔，虜把都兒犯薊西，游擊胡鎮以五百騎出塞，破其前鋒。回至河防口，力戰，諸將皆馮墻禦之，遁去。大同總兵官劉漢以三千人出塞，抵豐州，疾擊之，斬八十三級，擒七十二人，餘衆奔匿。豐州直大同右衛，自玉林舊城，北經黑河，灰河，歷三百餘里。崇山環合，美水草。叛人丘富等築城郭宫殿，墾田數千頃，接東勝川。時俺答西掠且二年，留千餘人守豐州。不耐暑，每夏徙帳大青山外，故漢襲之，焚其宫殿。丘富先隨虜去，趙全匿墩上，參將麻禄攻墩，半墮，會虜大至，且戰且卻，引還。往返凡五日。進漢都督同知，總督葛縉兵部右侍郎右僉都御史。

《世宗實録》卷四八六　戊寅，詔取太倉銀二十萬兩入内用。

《國榷》卷六三　己卯，户部左侍郎石永卒。

壬辰，右副都御史章焕疏經略中原。

八月甲午朔，加恩贊直諸臣，嚴嵩、陸炳益禄二百石，徐階兼太子太師，李本少傅，吴山少保，茅瓚、袁煒各食二品俸，少卿嚴訥、學士董份各禮部右侍郎兼學士，世蕃仍兼食尚寶司俸。

《明通鑒》卷六二　戊戌，胡宗憲復獻芝草五，白龜二，上悦，名曰「玉龜仙芝」。禮部請謝玄告廟，許之。賚宗憲銀幣加等，並賜金鶴衣一襲。宗憲性喜賓客，招致東南才學士，如山陰徐渭、歸安茅坤及歙之余寅、鄞之沈明臣同幕府，用是名日起。

《國榷》卷六三　己亥，福建叛兵三百餘人攻泰寧，破之，守備王坒、千户戴權戰死。賊趨樂安、廣昌，走永豐遁去。贈坒都指揮使，權正千户。

乙卯，前户部尚書賈應春卒。

丁巳，吏部右侍郎署詹事府事李璣爲南京禮部尚書。時推吏部左侍郎郭朴爲南京禮部尚書，加太子少保。朴辭，請撰玄思效，不願遠離。上嘉之，命新銜，仍兼翰林學士，署詹事府，内直。

戊午，巡撫南、贛、汀、漳右副都御史范欽爲兵部右侍郎，巡撫雲南右副都御史游居敬爲南京户部右侍郎，南京工部尚書潘恩改刑部尚書。

己未，禮部左侍郎茅瓚改吏部左侍郎，禮部右侍郎袁煒爲左侍郎，禮部右侍郎李春芳署翰林院。

壬戌，裁蘇州領軍同知。貴州巡撫都御史高翀、湖廣巡撫都御史陳士賢各劾免。太子太保、禮部尚書顧可學卒。

《世宗實録》卷四八七　癸亥，刑科給事中侯廷柱條陳問刑七事，刑部覆行其三事。

《國榷》卷六三　九月甲子朔，應天府尹鮑道明、廣東左布政使楊伊志並爲右副都御史，太僕寺少卿劉畬河南右布政使，南京右都御史王鈁爲南京工部尚書。

乙丑，逮撫治鄖陽右副都御史谷嶠，廷杖削籍。嶠陞任迂道抵家，被劾。

丙寅，故巡撫湖廣右副都御史胡纘宗卒。

己巳，工部左侍郎盧勳爲南京右都御史。

庚午，虜寇大同拒門等堡，遂犯朔州。虜擁衆塞外，總兵劉漢南保應州，虜偵其亡備，潰墻入。免順天、永平、保定、河間旱蝗田租。

辛未，虜犯朔州。

壬申，夜，虜三百餘騎突攻廣武墻，不克。

甲戌，虜南攻山西盤道梁越關，大掠。山西總兵王懷邦不意虜遽至，佯棄戰馬千餘啖之，急引兵自静樂入太原，去虜營五百里避之。

丙子，起劉伯躍工部左侍郎。山西左布政使謝淮爲右副都御史，巡撫寧夏。

《世宗實録》卷四八八 以旱災免山西太原等府縣税糧有差。

《國榷》卷六三 己卯，虜循代州而南，轉掠五臺、崞縣。

庚辰，套虜突犯米脂。俺答居西海患腫，部下疾死，遂率衆東回。犯涼州莊浪，殺掠甚慘。

壬午，虜出寧武關北遁去。

戊子，户部右侍郎劉養正爲左侍郎，順天府尹劉大賓爲户部右侍郎。

己丑，光禄寺卿黄廷用爲工部右侍郎，提督大石窩。

壬辰，免濟寧旱蝗田租。玉熙宫成，進工部尚書歐陽必進少保，餘陞賞有差。開桑乾河，通大同運道，巡撫大同右副都御史李文進議，水程七百二十七里。虜數十騎入掠土木，副總兵茅國忠、王孟夏追及于楊家山，虜突出數千騎斷我兵，國忠死之，孟夏等潰走。虜復自洗馬林入犯蔚州。

十月癸巳朔，免延安、慶陽旱災田租。

甲午，永壽宫成。

乙未，逮前雲南巡撫右副都御史游居敬入京。初令川貴會勦東川阿堂，居敬不俟命，發兵五萬，南土騷動。巡按御史王大任以聞，居敬謫戍。

戊戌，廬、鳳、淮陽折漕八萬石。

庚子，總理河道右副都御史林應亮爲南京户部右侍郎。

《明通鑒》卷六二 壬寅，諭輔臣嚴嵩等，以「景王府成，當遵祖宗制，令之國」。于是吏部請設王府官僚，工部請遣官經理德安府第，俱報可。初莊敬太子薨，廷臣言裕王(次)〔次〕當立，上以前太子不永，遲之。晚信方士語，二王皆不得見，時並居外邸，居處衣服無别。景王年少，左右懷窺覬，語漸聞，中外頗有異論。至是忽夜半中旨涣頒，京師士民無不躍躍稱慶。

《國榷》卷六三 戊申，諭停刑。免真定、順德、大名、廣平旱災田租。免畿内被災税糧，仍以臨清、德州、天津三倉米一萬石振之。

辛亥，山西總兵官王懷邦、大同總兵官劉漢並免。

壬子，南京兵部右侍郎范欽劾免。

戊午，總督宣大兵部右侍郎葛縉回部，應天府尹吕光洵爲南京大理寺卿。

湖廣災，折漕十萬石。

己未，中書科舍人劉芬削籍。

庚申，趙王厚煜自經。免彰德、衛輝、懷慶、歸德旱蝗田租。

壬戌，殺薊遼總督兵部右侍郎王忬、户科左給事中楊允繩。忬字民應，太倉人。嘉靖癸未進士，授行人，拜御史，按湖廣、順天。其按順天，以禦虜通州功，擢右僉都御史，治軍餉。移撫山東、浙福、大同。至總督。

十一月癸亥朔，巡撫大同右副都御史李文進總督宣、大、山西。

《世宗實録》卷四九〇 以災傷存留保定、河間、真定、順德、大名、廣平六府見貯。工部開納例銀一萬一千三百餘兩充賑。

《國榷》卷六三 甲子，械南京糧儲右副都御史章焕，以赴任遷延被劾，戍邊卒。

《明通鑒》卷六二 初南京兵變，吏部請改督儲憲職，遂以命焕。焕自淮安督漕運過淮，遷延數月，仍假道過家。于是南京給事中馬負圖等言：「國家近以留都兵變，百姓驚疑。而焕不畏簡書，逗留半歲，未有視事之日，請賜罷斥，以儆怠曠。」疏入，上以焕所奏經略中原，語近欺謗，特命逮之，下三法司擬罪。于是刑部尚書潘恩，坐「衝突儀仗妄行奏訴律」論遣戍。焕竟死于戍所。

《國榷》卷六三 丙寅，大理寺卿吕光洵爲南京右副都御史，提督糧儲。

丙子，免西安旱災田租。

辛巳，禮部上景王之國儀注。

乙酉，貴州都匀、銅仁叛苗平。

《明通鑒》卷六二 丙戌，冬至，祀天于圜丘，朱希忠攝行。

《國榷》卷六三 秉一真人陶仲文卒。

辛卯，除雲南巡撫贊理軍務。八寨猺賊夜入廉州，劫庫殺人。

十二月癸巳，泰寧衛叛夷果力簡屢導虜入寇，至是巡撫都御史侯汝諒紿之入市，伏甲擒之，并黨四十餘人。事聞，伏誅。

己亥，賑京師貧民。

壬寅，錦衣衛太保兼少傅左都督陸炳卒。贈忠誠伯，謚武惠，祭十三壇。

癸卯，後府左都督朱希孝署錦衣衛事，提督東司房。

壬子，復杭州捕盗水利通判，駐塘棲。

癸丑，監生廣德蔡如蘭授□衛鎮撫，子啓元贈太僕寺丞，俱從胡宗憲軍中。

己未八月，啓元逐倭奉化之南渡橋，戰死。

乙卯，前大理寺卿胡叔廉卒。

丙辰，虜入遼東海州東勝堡，南趨耀州堡，轉掠海、蓋，大殺掠。總兵楊照禦之，把總李元勳兵先進，夜襲虜，斬五十級，元勳死之。

戊午，大同立兵車七營，車一輛，隊卒四十人，合十三隊爲小營，合十小營爲大營，皆俞大猷規畫。俺答嘗掠大同妓桃花，妓誘其第七妾來奔，邊臣納之。嚴嵩不以聞，置詔獄別室。俺答以兵脅我，遂佯棄塞外，見殺。

嘉靖四十年（辛酉、一五六一）

《世宗實録》卷四九二　正月壬戌朔，上不御殿。

《國榷》卷六三　丙寅，虜萬餘騎踏冰渡河，掠五花營，守備王世臣、千户李彪等戰于冰橋，死之。虜遁。

戊子，賑順德、永平、河間、保定。增薊鎮撫賞銀。倭犯寧德，知縣番禺李堯卿與參將王夢麟歃血盟衆，有進逃遁之策者，立斬之。攻三日，城陷，皆死之。

《明通鑑》卷六二　是月，御史潘季馴巡按廣東，倡行均平里甲之議。其法先計州縣之衝僻，以爲用度之繁簡，令民各隨丁力輸銀于官。每遇供應過客及一切公費，官爲發銀，使吏胥老人承買。其里長止于在官勾攝公務，甲首則悉放歸農，廣人便之。

《國榷》卷六三　二月辛卯朔，賑山東粟五萬石。南贛叛兵馮天爵等平。

壬辰，械彰德知府傅汝礪、通判田時雨入京。論汝礪戍邊，斬時雨于河南。

辛丑，太子少保、左都御史周延卒。贈太子太保，謚簡肅。

己酉，諭内戢凶賊，外嚴邊備。

庚戌，罷太子賓客、吏部左侍郎茅瓚。

壬子，巡撫河南都御史張永明爲南京刑部右侍郎。

癸丑，代府奉國將軍聰浸等言，宗禄積逋。

甲寅，嚴訥爲禮部左侍郎，李春芳添注吏部左侍郎，董份署翰林院，並特旨。

南京禮部右侍郎康大和爲南京工部尚書。

《世宗實録》卷四九四　三月壬戌，命户部發米一萬二千石賑濟京師饑民。

《國榷》卷六三　癸亥，督工工部尚書雷禮回部，仍兼提督，南京工部右侍郎林庭機爲南京禮部右侍郎。

刑部左侍郎趙大祐、錦衣衛指揮僉事萬文明等按報伊王典楧不法，攘人妻女至四百餘口，奪民廬舍至三千餘，誑脅人財至三萬餘金。晝閉河南府，大選民女十二歲以上七百餘，留其姝麗者九十人，不留者令具金贖，厭惡者委投圂虎。府第立磚城，重門紅鋪，作清和鴛鴦騰光殿、百花臺，乘風御氣閣，僭擬不道。下廷議，令壞僭城，歸奪女，出羣小人付有司。悛改。廣東惠潮山盜黄啓薦等衆數千人流劫海豐、碣石、歸善，破甲子門千户所，殺百户魏祚。命勦之。追論羊房堡鎮羌堡失事，逮前宣府參將雷龍等十六人，大同參將王臣等二十一人，永安堡百户葉承勛等五人，下按臣論罪。

乙亥，罷禮部尚書吴山及太子太保、吏部尚書吴鵬。嚴嵩度山失上意，諷吏科都給事中梁夢龍劾山剛愎，并鵬以示其公。上初無意去鵬，以山故，令鵬致仕。山去後，上嘗念之，謂嵩曰：「吴山今安在，山遂忘朕耶。」

《明通鑑》卷六二　初山與嚴嵩鄉里，嵩子世蕃欲與爲婚姻，不可，遂與嵩父子有隙。上欲用山内閣，嵩陰沮之。會因日食救護，吏科梁夢龍等見上怒山甚，欲劾之，而山直諒有時望。鵬在吏部，凡百官進退，一聽命于世蕃，中外人心，無不鄙薄憤恨。于是以山與鵬並劾之。詔鵬致仕，山冠帶閒住。時皆惜山而甚快鵬之去云。

《國榷》卷六三　吏部左侍郎袁煒爲禮部尚書，進太子太保。

戊寅，少保兼太子太保、左都御史歐陽必進爲吏部尚書。上嗛必進，嚴嵩曰：「臣老矣，恃此人執政而後快。」允之。

壬午，褫大祀衮冕皮弁。涼州副總兵吕經爲署都督僉事總兵官，鎮守甘肅。南京兵部尚書江東以寬懦被劾。戒諭坐營都督徐珏改南京右府僉事，進浙直副總兵劉顯署都督僉事，提督振武營，以私卒五百人往。

乙酉，延綏總兵官李輔劾免。

丁亥，刑部尚書潘恩改左都御史，大理寺卿葉鏜爲刑部右侍郎，南京太常寺卿全元立爲南京工部右侍郎。

戊子，保定總兵都督僉事孫勇移延綏。

《世宗實録》卷四九五　四月辛卯，工部尚書劉麟卒。賜祭葬如例。

《明通鑑》卷六二　壬辰，京師疫。上以所發米粥藥餌，有司給散非法，切責之。又以流民來京數多，發京倉米四千石，内庫制錢三百萬，給貧民歸費，仍視道里遠近以爲多寡之差。

《國榷》卷六三 甲午，吏部右侍郎馮天馭爲刑部尚書，右僉都御史邢尚簡爲大理寺卿，南京太常寺少卿王材爲南京太常寺卿。

《明通鑒》卷六二 初，吴山罷，天馭及袁煒以署印題請，特旨陞煒，而以天馭暫攝部事。至是煒任禮部，乃陞天馭于刑部。

《國榷》卷六三 乙未，大理寺丞吉澄爲右僉都御史，巡撫遼東。居庸關總兵官署都督僉事雲冒移遼東。神樞營副將署都督僉事祝虬爲總兵，鎮守保定。

戊戌，總理河道右僉都御史胡植回院。

庚子，南贛招撫新民葉槐作亂，圍安遠縣。岑岡舊盜李文彪圍龍南縣。各不下萬餘人。

辛丑，五軍營副將署都督僉事何涯爲總兵官，鎮守居庸、昌平。虜入延綏，殺繕卒三千人。

丁未，總督漕運右副都御史何遷爲南京刑部右侍郎。光禄寺卿孫植爲右僉都御史，總理河道。

辛亥，初賊百餘艘入浙海中，官兵適至馬嶴河埈，賊惶遽奔陸，把總章延廩設伏舟山，約水兵合擊，賊大敗。又登劫周洋港。胡宗憲曰：「賊分侵以牽我，而我分擊則墮其計，宜併力合勢，先其重大。」賊軍松門，寧海告急。兵備僉事唐堯佐曰：「賊睥睨台州，先發寧海，直以走我兵耳。」乃留一軍海門，令參將戚繼光居中爲應，兵既出，賊果大至。癸丑，賊趨新河，唐堯臣破之城下，餘黨夜遁。明日及之温嶺，又破之。而海賊以繼光來，悉遁去。賊他部復偪台州，繼光自桐岩趨台，遇賊花街，敗之。又及于瓜陵，皆自沉死。

丁巳，右僉都御史胡植爲右副都御史，總督漕運。

己未，圻頭賊焚舟起，擁衆趨台州。戚繼光馳救，誓師曰：「毋掠輜重、毋尚首功、毋輕殺首功。」其以前驅者連逐賊，盡而割賊首，畢以獻，獻五百級，予前驅者千金，七百倍之，千又倍之。破賊後，所獲輜重徧賜軍中。若賊未破而争取財者，罪死。又立一白幟，凡脅從者空手伏幟下。

五月癸亥，定京官有司官不得援納。

乙亥，裁淮陽督軍巡撫，仍漕臣兼之。總督漕運右副都御史胡植兼提督軍務，巡撫鳳陽。少傅兼太子太傅、禮部尚書、武英殿大學士李本憂去。東川叛夷阿堂爲其營長阿易所殺，子阿哲就擒，年八歲。貴州宣慰使安萬銓藏東川府印，以府經歷印畀故土知府禄位妻寧著攝府事，照磨印畀羅雄土官者濬，留水西兵三千人護東川。萬銓本水西土官，議者謂萬銓欲陰據東川也。

《世宗實録》卷四九九 丁丑，御史唐繼禄以旱霾爲灾，條上修省十事。

《國榷》卷六三 壬午，考察朝臣，降斥六十七人。

丙戌，罷南京兵部尚書江東。時池河新營兵變，縛英武衛千户吴欽，事聞，東被劾。户部左侍郎傅頤、漕運右副都御史胡植、巡撫山西右副都御史孟淮、巡撫甘肅右僉都御史胡汝霖、尚寶司卿白啓常、翰林侍讀張春俱調南京，改官。敕兩廣、南贛、福建會討饒平盜張璉。

戊子，兵部左侍郎李遂爲南京兵部尚書。户部右侍郎黄光昇爲工部左侍郎，提督大石窩。順天府尹萬寀爲大理寺卿。

閏五月壬辰，太僕寺卿查秉彝爲順天府尹。定五城兵馬司每歲終巡視御史舉劾。

癸巳，南京户部右侍郎林應亮改户部右侍郎，總督倉場，督理西苑農事。提督操江右僉都御史喻時改巡撫山西。前南京太僕少卿戴才爲右僉都御史，巡撫甘肅。山西右布政使楊宗氣爲右副都御史，總督漕運，巡撫鳳陽。

甲午，前南京兵部尚書屠楷卒。贈太子少保，謚恭簡。

丙申，兵部右侍郎葛縉爲左侍郎，總督陝西三邊右副都御史郭乾爲兵部右侍郎。南京大理寺卿董威爲右副都御史，總督湖廣、川貴軍務。撫治鄖陽右僉都御史張雨巡撫湖廣。

戊戌，大學士嚴嵩妻歐陽氏卒。子世蕃不欲歸，嵩言：「臣子獨世蕃，乞侍養。」令孫鵠護喪而南。

乙巳，順天府尹查秉彝卒。

丁未，南京光禄寺卿黄養蒙爲南京户部右侍郎。湖廣左布政使汪俅爲右副都御史，撫治鄖陽。山西左布政使萬虞愷爲南京右僉都御史，提督操江。前兵部右侍郎張臬爲南京大理寺卿。

戊申，巡撫陝西右副都御史程軏總督陝西三邊軍務。

甲寅，張臬爲兵部右侍郎兼右僉都御史，提督兩廣軍務。河南右布政使裴紳爲右僉都御史，巡撫陝西。

乙卯，流盜犯江西泰和，殺按察副使汪一中、指揮王應鵬、千户唐鼎。執僉事王應時，贖歸。時盜自光澤、寧化突窺新城、廣昌，轉掠萬安、泰和。

戊午，調孟淮應天府尹，胡植南京光禄寺卿。四川榮山土舍張問、韓甸等糾生苗掠湖廣境，貴州總兵石邦憲等討之，斬百餘人。

六月庚申，巡撫貴州右副都御史鮑道明爲南京大理寺卿。

庚午，前總督陝西兵部右侍郎兼右僉都御史王夢弼卒。

《明通鑒》卷六二　壬申，山西太原、大同等府，陝西榆林、寧夏、固原等處，各地震有聲，寧、固尤甚，城垣墩臺房屋皆圮，壓死軍民無算。蘭州、莊浪天鼓鳴。

乙亥，發太倉銀十五萬兩，差憲臣一員赴宣、大二鎮收糴，以備來歲客兵餉需。復發大同主兵銀三萬兩，宣府、遼東各二萬兩，山西、延綏、寧夏、固原、甘肅、薊州、密雲各一萬兩，山西客兵銀二萬兩，延綏、薊州、密雲、昌平、易州客兵銀各一萬兩，令管糧官收糴以實邊儲。

《國榷》卷六三　丁丑，南京户部尚書劉采、工部右侍郎全元立自陳罷。右通政蔡梁降。

甲申，總督薊遼尚書許論以侵費劾免。

《明通鑒》卷六二　論與故大學士讚，皆故吏部尚書許進之子，兄弟並列顯要。值嚴嵩柄政，讚在内閣無可否，以年老落職歸。論主兵部，將帥黜陟，兵機進止，一聽世蕃指揮，聲望由此日損云。給事中梁夢龍等，以李本憂去，請簡閣臣，疏薦五六人，上不悦，曰：「此窺測沮間耳。」奪夢龍俸半年，餘二月、一月有差。

《國榷》卷六三　丙戌，裁濟南、兗州料價通判。作仁和宫。

丁亥，刑部尚書馮天馭劾免。巡撫大同右僉都御史楊選爲右副都御史，總督遼、薊、保定軍務。

戊子，提督大石窩工部右侍郎黄光昇爲南京户部尚書。大同總兵劉漢出塞搗虜，虜追戰，我軍蹙入黑河，巡撫楊選、總督李文進報捷。巡按御史董學劾漢失事，奪漢俸。

七月癸巳，南京刑部尚書蔡雲程爲户部尚書，巡撫山東右副都御史朱衡爲工部右侍郎。裁青村、南匯二所把總。

甲午，右諭德兼侍讀吴情、侍讀胡杰主試應天。

《明通鑒》卷六二　己亥，發太倉銀二萬兩振遼東。又以江南水患饑荒，詔留蘇、松、常、鎮四府開納事例銀並滸墅、北新兩關船料銀備振。

《國榷》卷六三　南贛巡撫右副都御史楊志伊失事免。

壬寅，盜入玉山。南京右副都御史盧勳爲南京刑部尚書。山東左布政使謝東山爲右副都御史，巡撫山東。江西左布政使陸穩爲右副都御史，提督南、贛、汀、漳軍務。湖廣鎮軍參將署都指揮僉事俞大猷移鎮南贛。

庚戌，虜犯宣府，分數道入，副總兵馬芳拒卻之，斬十八級，擒十四人。

辛亥，裁蘇松練兵同知，改海防同知，兼水利。

壬子，刑部左侍郎趙大佑爲南京右都御史。江西左布政使胡松爲右副都御史，巡撫江西。

《明通鑒》卷六二　八月壬戌，南京御史林潤，劾總理鹽法鄢懋卿貪冒五罪：一需索屬官餽遺巨萬；二受狀取富民財；三宴會日費千金；四虐殺平民；五加派揚州鹽商，幾至激變。懋卿疏辨，仍令照舊供職。懋卿倚嚴嵩勢，所至市權納賄，氣燄熏灼。其按部，常與妻偕行，製五綵輿，令十二女子舁之，道路傾駭。

《國榷》卷六三　甲子，司經局洗馬兼翰林侍讀裴宇、侍讀胡正蒙主試順天。

辛未，諭閣臣，語楊博備虜，博上守禦機宜，命即行之。

乙酉，總督湖廣、川貴右副都御史董威拾遺調外。前總督糧儲右副都御史毛思義卒。前太子少保、署詹事府事禮部尚書孫承恩卒。

九月己丑，逮江西、福建都指揮王端、張啓謨，俱通賊敗事。

癸巳，總理鹽法左副都御史鄢懋卿奏派各運司殘鹽，得百萬金有奇。

己亥，福建山盜陷鎮海衛。

庚子，虜六萬餘騎犯居庸岔道口，官軍禦之。前總兵官姜應熊先進，圍于南溝，創甚。參將胡鎮力戰，奪應熊以歸，虜遁。

《明通鑒》卷六二　蘇、松、常、鎮、杭、嘉、湖七府大水，平地水深數尺，詔撫臣破例振之，並免本年秋糧。

《國榷》卷六三　提督京城巡捕署都督僉事李琦爲總兵官，鎮守寧夏。

甲辰，刑部右侍郎葉鏜爲左副都御史。鄢懋卿爲刑部右侍郎，提督南京糧儲。右副都御史吕光洵爲南京工部右侍郎。巡撫四川右副都御史羅崇奎總督湖廣、川貴軍務。

《明通鑒》卷六二　以陝西固原、寧夏地震，命發太倉銀八千兩及留本省例銀三千兩振之。

《國榷》卷六三　神機營副將署都督僉事孫驥爲總兵官，鎮守薊州、永平、山海。進胡宗憲少保，戚繼光都督僉事，義烏知縣趙大河爲按察僉事，專練土兵。

己酉，前南京户部尚書盧紳卒。南京操江右僉都御史萬虞愷爲右副都御史，巡撫應天。河南左布政使雷賀爲右副都御史，巡撫四川。採木事竣。漕運參將馬陽輝爲署都督僉事，提督京城巡捕。

壬子，免保定、河間、真定、順德、廣平、大名旱災田租。

丙辰，採木都御史李憲卿回院。大同零虜出没，總兵劉漢令平虜城守備劉晉臣追之，被執。

十月辛酉，嚴登、萊海禁。宗室越關入京者禁給驛，令順天尹解回。

壬戌，山西副總兵都督僉事馬芳進左都督。

戊辰，總督薊遼楊選進兵部右侍郎。

庚午，起守制浙江按察副使譚綸領浙兵，即湖廣討賊。御史段顧言協計用兵。

甲戌，禮科都給事中丘岳劾應天考官右春坊右諭德吴情試録刊後屢改，翰林侍讀胡杰失救正。謫情廣東市舶司提舉，杰廣平通判。

丁丑，定内府工役萬七千一百七十人，錦衣衛萬六千四百人，光禄寺三千六百人，太常寺千一百人。

《明通鑒》卷六二　癸未，禮部彙奏四方進芝共七百六十九本，其五色盈尺者尚不多得，請申諭明年加意取採。從之。

《國榷》卷六三　丙戌，罷户部左、右侍郎劉大賓、趙貞吉。時稽邊餉，推右僉都御史霍冀，兵科都給事中張益劾其避事。宣府副總兵左都督馬芳爲總兵官，鎮守宣府。巡按直隸監察御史黄紀劾黄花鎮守備太監紀陽貪殘不法，内鎮盡革，獨留黄花鎮，宜裁去。從之，逮陽詔獄。陽誣紀索賄，并逮紀面質，調大理寺評事，守備不復補。

十一月甲午，太子少保、禮部尚書袁煒進太子太保、户部尚書兼武英殿大學士，直閣。

庚子，太子少保、禮部尚書兼翰林學士、署詹事府事郭朴回部。罷太子太保、吏部尚書歐陽必進，改朴吏部尚書，兼官如故。時推朴及南京禮部尚書李璣任禮部。上責必進等，撰玄諸臣久不擅改，兹擬朴，何也？必進等謝咎，勒致仕。嚴世蕃猶誇于人曰：「用必進，上無若我何。棄必進，我亦無若上何。」大同總兵劉漢罷。

癸卯，順天府尹吕時中爲户部右侍郎，總督倉場，督理西苑農事。

庚戌，虜二萬餘騎犯陝西寧夏螺山城柱泉小鹽池，薄固原，循下馬關而西，殺掠數日始遁。叛人丘富率虜攻榆坡，不克，中流矢死。總督陝西程軏防秋。前右都督姜應熊爲副總兵，協守宣府。

辛亥夜，西苑萬壽宫災，乘輿服御及先世寶物盡燬。禮部請頒詔修省，以非正朝，不許。上暫御玉熙宫。

甲寅，總理河道右僉都御史孫植爲南京大理寺卿。福建右布政使游震得爲右僉都御史，巡撫福建。

十二月丙辰朔，告郊廟社稷，以宫災。

丁巳，工部尚書雷禮言：「玉熙宫湫隘，請及時修萬壽宫。」上是之。嚴嵩以大朝殿方急，懼繁費，欲上還大内則不敢，乃請徙南城之離宫。南城，英宗故稱太上皇時所居也。上問徐階，階爲規畫營萬壽宫甚詳。三殿有餘材，其小而不中程者，可當萬壽宫，且省費而力易。上大悦，專責雷禮提督。階子尚寶司丞璠兼工部主事，同閲視。

丙寅，虜犯遼東，陷蓋州熊岳驛，殺指揮楊世武等。總兵官雲冒免。

丁卯，前南京工部尚書王學益卒。

戊辰，協理戎政兵部尚書王邦瑞卒。

庚午，免承天水災田租。

辛未，南京振武營都指揮僉事吴英爲署都督僉事總兵官，鎮守遼東。

癸酉，陝西總督、右副都御史程軏、延綏總兵官孫勇失事免官。

丙子，起江東太子少保、兵部尚書，協理京營戎政。

己卯，總督漕運右副都御史喻時總督陝西三邊軍務。

嘉靖四一年（壬戌、一五六二）

《國榷》卷六三　正月丙戌朔，上不朝。

丙申，吏部大計。嚴訥爲禮部尚書，李春芳爲吏部左侍郎，董份領詹事府。

庚子，總督宣大李文進言：「敗將劉晉臣歸自虜中，云叛人丘富去年十一月十日死。」

乙巳，命入覲各官逋賦毋遷轉。免崇仁等縣及淮安兵災田租。

丙午，科道拾遺，劾山東左布政使王宗沐等，調之。

《明通鑒》卷六二　免江西被寇州縣税糧，又免南直隸淮安府被災税糧。

丁未，江西寇盜充斥，巡撫楊伊志爲巡按段顧言所劾，遂罷之，陞布政使胡松爲江西巡撫。至是松條陳軍政五事，又奏設南昌、南豐、萬安三營，皆報可。

《國榷》卷六三　兵科給事中鄧棟上查理薊鎮軍需數。時虚耗以巨萬計，命嚴治之。

《世宗實録》卷五〇五　辛亥，都察院左都御史潘恩等言四事。

《國榷》卷六三　高拱、陳陞爲禮部左、右侍郎。巡撫南、贛、汀、漳右副都御史陸穩上言弭盜。

《世宗實録》卷五〇五　癸丑，陞湖廣左布政使李遷、廣西左布政使陳光俱爲都察院右副都御史，光巡撫四川，遷巡撫保定，兼提督紫荆等關。

《世宗實録》卷五〇六　二月乙卯朔，修春祈大典于大高玄殿。停常封三日。兵部尚書楊博等覆江西撫按官奏四省會兵剿寇事宜。

《國榷》卷六三　裴宇爲翰林侍讀學士，署院。

丁巳，大學士袁煒、禮部左侍郎董份主禮闈。

辛酉，罷親耕親蠶。時禮久不行，然禮官猶徇故事請，寢之。

《明通鑒》卷六二　初上于耕蠶二禮久不親行，然每歲禮官猶以故事請，因命户部官祭先農，女官祭先蠶。至是以爲虚文，並罷之，令所司勿復奏。

《國榷》卷六三　壬戌，命户部進二十萬金爲内用，仍別貯二十萬備取。倭陷福建永寧衛城，脅指揮王國瑞等降之。釋巡撫遲鳳翔獄，調外。逮故延綏總兵官趙應至京，以去年失事也。

《世宗實録》卷五〇六　丙寅，以京城多盜，令兵部侍郎葛縉、都督朱希孝晝夜巡衛西苑。於是兵部尚書楊博疏請處補巡捕馬匹官軍。

《國榷》卷六三　乙亥，吴鼎爲都督總兵官，鎮守寧夏。兩廣總督張臬請勦山賊張璉。

壬午，甘肅副總兵許經爲中軍都督僉事總兵官，鎮守固原。

《明通鑒》卷六二　是月，嚴嵩孫錦衣都指揮僉事鵠，獻玉兔一，靈芝六十四本，方士藍道行獻瑞龜，詔遣官獻太廟，羣臣表賀。

《國榷》卷六三　三月乙酉朔，曹忭爲右副都御史，巡撫雲南。

庚寅，撫治鄖陽右副都御史汪俅罷。四川總兵官右都督石邦憲大破播州築山副長官土舍韓甸。

《明通鑒》卷六二　陝西寧夏地震，邊牆傾圮，詔發太倉銀二萬二千兩充修築及振濟之費。

《國榷》卷六三　辛卯，吏科給事中劉祐上四事。

丙申，免山西民兵入衛，人徵五金輸薊鎮。以胡宗憲言，改設南贛副總兵，建寧、撫州、鄱陽各參將，南昌設游擊將軍。

己亥，策貢士王錫爵等二百九十九人。賜徐時行、王錫爵、余有丁等進士及第、出身有差。宣大總督右都御史李文進卒。

《世宗實録》卷五〇七　陞南京鴻臚寺卿徐綗爲南京太僕寺卿。

《國榷》卷六三　己酉，萬壽宫成。上悦其速，加恩徐階、朱衡有差。

《明通鑒》卷六二　初大學士徐階請治永壽宫，可計月而就，上悦，復命階子尚寶丞璠兼工部主事董其役，十旬而功成。至是以階忠，進少師，兼支尚書俸，璠亦超擢太常少卿。自是嚴嵩乃日屈。

《世宗實録》卷五〇八　四月甲寅朔，命太子少保、兵部尚書、協理京營戎政江東兼都察院右副都御史，總督宣大、山西等處軍務。

《國榷》卷六三　乙卯，上御新宫，舉迎恩大典五日，羣臣表賀。

庚申，土蠻大舉寇遼東，攻東關驛錦川營，破之。上聞警，擇兵部左侍郎葛縉兼右僉都御史，往督視軍情。縉舉武庫司郎中張志孝、京營副將劉大章自隨。報可。

癸酉，方士鄒縣王金進五色龜、靈芝。上大喜，授太醫院御醫，命成國公朱希忠告廟，表賀。

《世宗實録》卷五〇八　乙亥，都察院左副都御史李憲卿以疾乞歸。許之。命淮、浙兩運司各發銀二萬兩，運浙直軍門充餉。

《國榷》卷六三　辛巳，蔡汝楠爲兵部右侍郎，協理戎政。趙炳然爲左副都御史。

五月乙酉，監察御史顔鯨言倉場四弊。

丙戌，上憂廣寇。

《明通鑒》卷六二　丁亥，命南京都督僉事劉顯充總兵官，鎮守廣東、南贛，參將俞大猷副之。一應戰守事宜，悉聽二臣會同督撫協謀勦賊，仍令江西紀功御史段顧言兼覈廣東功罪以聞。從兵部尚書楊博議也。

《世宗實録》卷五〇九 戊子，陞吏部右侍郎張永明爲刑部尚書。

《國榷》卷六三 胡堯臣爲右副都御史，巡撫河南。裁延綏、定邊營游擊、都司二員，增副總兵一。遼東屬夷王杲導虜入寇東州堡，撫順副總兵黑春率游擊徐維忠等敗之。上憂南寇，南贛巡撫右副都御史陸穩言：「三月中署平和縣府知事胡期亨、典史談蘊領鄉兵敗之城下，擒五人，斬三十二級。」總督兩廣都御史張臬亦報程鄉賊王子雲、陳福保等皆就擒。上大悦，歸感玄恩，論諸臣功有差。

壬辰，榆林兵亂。時游擊高廷相築三坌川堡，饑民應僦就食。或掠田蔬，副總兵張琮榜掠者，因大噪入，刼掠商貨。都司謝朝恩等擊斬四十餘人，乃定。下總兵孫勇等臺獄。

丙申，停選庶吉士。改漳州南路參將爲副總兵，以楊縉爲之，從胡宗憲請也。朱衡爲吏部右侍郎，方廉爲右副都御史，巡撫湖廣。命廷臣條議理財。

《世宗實録》卷五〇九 己亥，以財用缺乏，命户部集九卿、科道條議足國裕民之計以聞。

《國榷》卷六三 壬寅，大學士嚴嵩免。

《明通鑑》卷六二 下嵩子世蕃于獄。初世蕃留京邸，以居喪不得入直，嵩遇票擬，受詔多不能答，每遣人持問世蕃，值其方縱淫樂，不以時答。中使相繼趣嵩，嵩不得已自爲之，往往失指。所進青詞又多假他人手，不能工，以此漸失上歡。會上以營萬壽(官)〔宫〕，方嚮次輔徐階，顧問多不及嵩，即及嵩，祠祀而已。未幾，方士藍道行以扶卟得幸，故惡嵩，上問：「天下何以不治？」道行因詐爲卟語，具道嵩父子弄權狀。上問：「上仙何不殛之？」答曰：「留待皇帝自殛。」上心動，欲逐嵩。御史鄒應龍方避雨内侍家，偵知之，因抗疏專劾世蕃。其略曰：「世蕃憑藉父勢，專利無厭，私擅爵賞，廣致賄遺。每一開選，則視官之高下而低昂其值；及遇陞遷，則視缺之美惡而上下其價；以致選法大壞，市道公行，羣醜競趨，索價轉鉅。如刑部主事項治元以萬二千金而轉吏部；舉人潘鴻業以二千二百金而得知州。至于交通贓賄，爲之關節者，不下百十餘人。而伊子錦衣衛嚴鵠、中書嚴鴻、家奴嚴年、中書羅龍文爲甚。即數人之中，嚴年尤爲黠狡，世蕃委以腹心，諸所鬻官賣爵自世蕃所者，年率十取其一，不才士夫競爲媢奉，呼曰『鶴山先生』，不敢名也。遇嵩生日，年輒獻萬金爲壽。」【略】疏入，上猶降旨慰嵩，而以嵩溺愛世蕃，負眷倚，令致仕，馳驛歸，有司歲給米百石。世蕃既下獄，嵩爲請罪求解，不聽。法司奏論世蕃及其子錦衣鵠、鴻、客羅龍文戍遠邊；其疏内有名人等，悉逮送鎮撫司拷訊，從之。特宥鴻爲民，使侍嵩，而錮其奴嚴年于獄。擢應龍通政司參議。

《國榷》卷六三 免山東巡撫右副都御史謝東山。以千户林棟、百户李仁捕盜株及平民有死者，被劾也。

丙午，下藍道行獄，論死。嚴世蕃詗其陰事，賄太監黄錦萬金教使發之。下刑部，侍郎葉鏜、鄢懋卿誘使誣伏前僞狀而引徐階。道行不聽。上思嚴嵩贊玄功，意忽忽不樂，乃諭徐階等，欲傳位退居西内，專祈長生。階諫，上曰：「必皆仰奉上命，闡玄修仙乃可。臣下有再言嵩者，併鄒應龍斬之矣。」嵩知上意動，乃賂上左右各十萬金，發道行怙權及矯稱玉詔，諸奸利不法事，遂得罪。

己酉，設寧前道兵備副使。

《世宗實録》卷五〇九 以淮陽二府災傷，停徵漕糧，改折銀有差。

《明史》卷一八《世宗紀二》 壬子，土蠻攻湯站堡，副總兵黑春力戰死。

《明通鑑》卷六二 六月甲寅，總督宣大尚書江東上言：「禦寇之策，以保全邊堡爲第一。【略】」疏入，兵部議從之。

《國榷》卷六三 于江西興寧、廣東程鄉、安遠、福建武平四縣間城之，曰「伸威」。以俞大猷爲協守南、贛、汀、漳、惠、潮副總兵，方逢時爲廣東兵備副使，彈壓之。增設把總二。大學士徐階請增閣員。上不悦，曰：「有旨卿等知有同心輔政者，何不具聞？」階等媿謝，不敢妄請，上意乃解。

《世宗實録》卷五一〇 己未，陞南京大理寺卿孫植爲南京工部右侍郎。

《國榷》卷六三 浙江參將戚繼光以七千餘人援閩。倭屯寧德之桂嶼，環水險隘，官軍踰年不一戰。繼光令人填東葦而進，遂大破之，俘九十餘人，斬二千六百餘級，焚溺亡算。又敗福清牛田寇，追殲之興化。

《世宗實録》卷五一〇 辛酉，陞光禄寺卿徐陟爲南京大理寺卿。

甲子，户部覆巡撫貴州都御史趙釴言二事。

丙子，巡按陝西御史董鯤劾奏總督陝西三邊都御史喻時久不赴任，規避防秋，乞別選知兵任事大臣代之。得旨令策勵供職。

《國榷》卷六三 庚午，張璉伏誅。兵部擬獻俘，上命即彼地梟之。

己卯，大理寺卿萬寀、刑部右侍郎鄢懋卿、太常寺少卿萬虞龍，以御史鄭洛劾免。降虞龍四川按察僉事。

《世宗實録》卷五一〇　七月丙戌，陞山東左布政使唐寬爲太僕寺卿。兵部議覆薊遼總督侍郎楊選所陳秋防四事。

《世宗實録》卷五一一　改太僕寺卿張守直爲光禄寺卿。

《國榷》卷六三　癸巳，户部集廷臣上理財議十四事：省兵食、慎調遣、先節省，完積逋、清屯糧、牧馬匹、均修邊、停外修、處銅價、減供應、杜奏留、議補助、議漕河工銀、定稅法。

《明通鑒》卷六二　戊戌，玉兔又各生子。癸卯，西苑產嘉禾一莖三穗者二，雙穗者三十一。皆循故事告廟表賀以爲常。

《國榷》卷六三　八月丙辰，兵部尚書楊博上防禦事宜。

丁巳，上以醮事急索龍涎香，而宫災時有私收得者，户部尚書高燿密購八兩以進。上大悦，倍給七百六十金，進燿太子少保。燿附嚴氏，嚴氏敗，又爲固位計。

《世宗實録》卷五一二　乙丑，詔重録《永樂大典》。

《國榷》卷六三　禮部左侍郎高拱右春坊右諭德，管司業事。張居正各解原務，入館校録。拱兼學士，同左諭德兼侍讀瞿景淳充總校官。居正仍以右中允兼編修，同修撰林爌、丁士美、徐時行、編修呂旻、王希烈、張四維、陶大臨、檢討吴可行、馬自强分校。初《大典》貯于文樓，上甚好之。

《明通鑒》卷六二　初三殿災，文樓藏《永樂大典》，其帙甚鉅。上聞變，趣命左右登文樓出之，甲夜中傳諭三四，是書遂得不燬。至是欲重録其副，貯之他所，以備不虞，乃諭内閣徐階等曰：「及此秋凉，可理也。」于是禮部集儒士程道南等百餘人，就史館分録，選各色善楷書人，命禮部左侍郎高拱，右中允、管國子監司業事張居正，各解原務，入館校録。拱仍以侍郎兼翰林院學士，同左諭德兼侍講瞿景淳充總校官。居正以中允兼翰林院編修，同修撰林爌、丁士美、徐時行，編修呂旻、王希烈、張四維、陶大臨，檢討吴可行、馬自强充分校官。

《世宗實録》卷五一二　癸酉，以蘆溝西南堤壞，命工部尚書雷禮往視。禮還上言修築事宜。

《國榷》卷六三　丁丑，陳陞、秦鳴雷爲禮部左、右侍郎。

《世宗實録》卷五一二　辛巳，命工部右侍郎吕光洵提督蘆溝橋工程，尚書雷禮仍月一往視。

《國榷》卷六三　九月甲申，更奉天殿曰皇極，華蓋殿曰中極，謹身殿曰建極，文樓曰文昭閣，武樓曰武成閣，左右順門曰會極、歸極，東西閣門曰弘政、宣治，奉天門曰皇極。百官表賀，詔天下，閣臣請赦，上以「赦爲小人之幸，彼拽石運木者誰與」？不許。

《世宗實録》卷五一三　丙戌，陞撫治鄖陽都察院右僉都御史遲鳳翔爲大理寺卿。

《國榷》卷六三　癸巳，左都御史潘恩罷。

丁酉，發祭錢七百萬糴穀，入京、通二倉備賑，從御史顔鯨之言。

戊戌，工部右侍郎劉伯躍、南京刑部右侍郎何遷、南京通政司右通政胡汝霖、南京光禄寺少卿白啓常、前湖廣巡撫右僉都御史張雨、廣西按察副使袁應樞、右春坊右諭德唐汝楫、南京太常寺卿署國子祭酒王材俱劾免。伯躍女適嚴嵩孫應樞，嵩壻遷躁進好名，其撫江西，厚餽嚴氏。汝霖、雨貪恣不檢，啓常匿喪轉光禄，至粉墨塗面，供世蕃懽笑。汝楫父事嵩，得第，與材同出入卧内，交通請託。至是各被論。蓋嵩專政而耄，日夕奉玄，委柄世蕃。世蕃狡黠，頗諳往牒。時四方多事，輒據舊典參綜陳説。每諸司關白，嵩必曰「與小兒議之」。世蕃故凶侈無賴，遂受賂無忌，朝士羣而趨之。至是朝署爲清矣。

《明通鑒》卷六二　己亥，給事中張鳴瑞，奏劾已故三邊總督魏謙吉及原任福建巡撫王詢，皆以諂事嚴嵩父子進用，詔追奪謙吉贈蔭，詢削籍。

《國榷》卷六三　户部定邊儲不完降罰格。

《明通鑒》卷六二　丙午，户科給事中何煃條陳五事。其第一爲寬民力。是時東南被倭，南畿、浙閩多額外提編，江南至四十萬。「提編」者，加派之名也。法以銀力差排編十甲，如一甲不足，則提下甲補之。及倭患漸平，煃建議裁革加派，其後應天巡撫周如斗亦以爲言。部議從之，而提編之額卒不減。

《國榷》卷六三　戊申，遼東巡撫右僉都御史吉澄劾罷。召吕光洵、李登雲爲工部左、右侍郎，孫植爲刑部右侍郎。廣東布政司進龍涎香五十七觔有奇。

己酉，張永明改左都御史。

十月甲寅，户部覆給事中趙灼等言賦役五事。

《世宗實録》卷五一四　乙卯，裁革常鎮兵備副使及松江府添註海防同知二員，以海寇漸寧故也。户部覆給事中趙灼及御史潘清宣等議處賦役五事。

《國榷》卷六三　丙辰，福建新倭大至，分兵犯政和，知縣貴溪周尚友堅守四旬，乏援，城陷，與縣丞徐九經皆死之。

丁巳，黄光昇爲刑部尚書，鮑道明爲南京户部尚書。論平張璉功，進兩廣提督張臬右都御史，廕監。

《世宗實録》卷五一四　户部以邊費不足，條上開納事例。

《國榷》卷六三　辛酉，論江西平流寇功罪。

《明通鑒》卷六二　副總兵俞大猷攻程鄉之賊，敗之。初江西盜熾，大猷會巡撫胡松等迭次進勦，稍稍平之，而廣東程鄉之劇賊梁寧、林朝義、徐東洲等，出没贛、吉二府。大猷以副總兵協守南、贛、汀、漳、惠、潮諸郡，乃乘勝引兵夜襲寧巢，寧懼而遁；敗東洲于武平，禽之。朝義復約河源賊首黄積山謀大舉，官軍乘積山無備，捕斬之，朝義遁去。

《世宗實録》卷五一四　壬戌，以南京錦衣并鳳、揚等衛所屯田旱澇相仍，許折徵秋糧有差。

《國榷》卷六三　山東巡撫右僉都御史張鑑上墾田議。革太倉出納餘銀。甲子，鮑道明爲南京户部尚書。裴宇爲太常寺卿，署南京國子祭酒。詔户、兵二部議禦盜、治盜方略。免江西水災田租有差。

《世宗實録》卷五一四　丙子，詔免各省歲解軍器，改徵折銀，聽工部自行成造，以濟實用，從尚書雷禮請也。

丁丑，工科左給事中李瑜條陳二事。

《明通鑒》卷六二　庚辰，廣東官兵追捕程鄉賊首林朝義，禽之。

《國榷》卷六三　十一月辛巳朔，虜犯山西神池等處，大掠數日而去。總兵官吴徵詐稱戰功，御史王好問劾之，詔逮徵。

《世宗實録》卷五一五　癸未，起原任總督糧儲南京户部右侍郎王廷爲南京刑部右侍郎。

《國榷》卷六三　延綏總兵官趙岢分兵出神木堡，搗虜于半坡山，出定邊營，搗虜于收麥湖，共斬百十九級。

《世宗實録》卷五一五　督視遼東軍情侍郎葛縉條陳十事。

《明史》卷一八《世宗紀二》　乙酉，分遣御史訪求方士、法書。

《明通鑒》卷六二　上晚年求方術益急。時豐城縣方士熊顯進法書六十六册，詔留覽，賜顯冠帶銀幣。乃命御史姜儆、王大任分行天下，訪求方士及符籙祕書。閱二年還朝，上所得法祕數千册，薦方士唐秩、劉文彬等數人。儆、大任俱擢侍講學士，秩等賜第京師。是時嚴嵩已罷，陶仲文、藍道行之等，或死或譴，而上亦倦勤，冀得天眷以祈長生，故有是命。

湖廣御史尹校，劾「掌詹事府吏部侍郎董份，前主戊午鄉試，私其妻父尚書吴鵬之子紹，置前列」，上以「前秋事至此方劾，非公也」，命份視事如故。

《國榷》卷六三　丁亥，逮少保總督浙直、江、福兵部尚書兼右都御史胡宗憲入京。左副都御史趙炳然爲兵部右侍郎兼右僉都御史，巡撫浙江。罷總督浙直不補。南京户科給事中陸鳳儀劾宗憲欺横貪淫十大罪也。

丁酉，遣成國公朱希忠代祀南郊。是日天爽，上大悦，進希忠太師，餘有差。

《明史》卷一八《世宗紀二》　辛丑，吉能犯寧夏，副總兵王勳戰死。

《國榷》卷六三　壬寅，初兩淮餘鹽額徵六十萬金，嘉靖癸丑，新開工本鹽引增至九十萬。總理鄢懋卿又增至百萬，商人苦之。巡鹽御史徐爌言：「祖宗淮鹽曰常股、曰存積、曰水鄉，共七十萬五千一百八十引，每引二百斤，邊中每引納銀八分，永樂後納粟二斗五升。邇年遞增，算及毛髮。正鹽之外，既有餘鹽。餘鹽之外，又加工本。添單添引，且加以割没。鄢懋卿見掣鹽阻滯，欲爲疏通，不知前鹽有掣無售，商人困極。乞户部盡捐加額，仍歲徵六十萬。」從之。免湖廣災傷田租有差。

《世宗實録》卷五一五　丙午，陞總督漕運都察院右副都御史毛愷爲左副都御史，回院管事。

《國榷》卷六三　起馬森南京工部右侍郎，張舜臣户部左侍郎。

《世宗實録》卷五一五　陞山西左布政使魏尚純爲應天府府尹。

《國榷》卷六三　己酉，伸威營副總兵俞大猷爲總兵官，鎮守福建，仍駐伸威營。改福建總兵官曰分守，聽節制。倭陷興化，同知黄岡、奚世亮等死之。倭破興化，乘勝以四千餘人攻仙游西鄉，叛民附之。【略】相持五十餘日，戚繼光兵至擊賊，去之。

十二月辛亥朔，王廷爲户部右侍郎，總督漕運。

《世宗實録》卷五一六　甲寅，以水災免淮、揚所屬泰、徐等州七州縣馬價有差。

壬戌，南京兵部右侍郎丁以忠以病乞致仕。許之。詔南京户部每遇大造黄册畢日，將新舊户口田糧之數彙成一帙進覽。户部覆御史徐爌條陳鹽政事宜。

乙亥，户部覆御史顔鯨言漕運六事。

《國榷》卷六三　延綏巡撫孫慎類報斬虜百八十三級，陞賚有差。胡宗憲逮至。上曰：「宗憲起御史，皆朕擢用，非嵩黨。三呈玄瑞，近上玄祕，皆致一手書。任事數年，不聞指摘，近鄒應龍發嵩奸邪，諸臣復彈罷大臣不已，本兵始議獲王直者五等封官。今罪之，後來誰與我任事？其釋令閒住。」虜犯遼東海、金等處，大掠七百餘里，殺擄幾二萬。總兵官吴瑛畏不敢出。

《世宗實録》卷五一六　戊寅，法司類奏天下矜疑重囚之數。

嘉靖四二年（癸亥、一五六三）

《世宗實録》卷五一七　正月庚辰朔，陞燕河營副總兵署都指揮使佟登爲署都督僉事，充總兵官鎮守山西。

《國榷》卷六四　壬午，徐階請增閣員。

己丑，上諭閣臣誰堪任者。徐階對曰：「知臣莫若君。廷臣才品，誰逃聖鑒？但此官不專于才，須平正謹實。」參將戚繼光爲副總兵，守福寧。廣東倭犯惠、潮二府黄岡、大澳等處。

乙未，虜輕騎犯固原白羊川，打剌赤去靖虜百餘里，總兵官許經追之，頗斬獲。踰河值冰泮，後騎多溺。

《世宗實録》卷五一七　庚子，御史姜儆進所訪法秘書二十帙，詔留覽。

壬寅，陞湖廣左布政使徐南金爲都察院右副都御史，巡撫湖廣。

《國榷》卷六四　乙巳，免江北災傷田租有差。設澄海、普寧二縣。虜五千騎犯宣府滴水崖，參將宋蘭、游擊麻錦等戰敗，遂掠永寧、隆慶，駐東西紅山，窺岔道。前大同總兵官劉漢力戰，卻之。遂西由柳溝據虎皮寨，攻張家堡，不克而遁。

丙午，兵部覆巡撫順天都御史徐紳所陳驛傳事宜。

丁未，提督兩廣都御史張臬、紀功御史段顧言各條陳廣東善後事宜。户部覆行三事。

二月庚戌朔，恭順侯吴繼爵充總兵官，鎮守兩廣。

《世宗實録》卷五一八　乙卯，兵部覆巡按直隸御史吴守陳爲政七事。

丁巳，祭先師孔子，命禮部尚書嚴訥行禮。

《明通鑒》卷六三　癸酉，諳達犯遼陽，副總兵楊照引兵擊敗之。復寇長安堡，照設伏繞出其前，斬首七十五級，獲馬五十匹。

《國榷》卷六四　乙亥，考察朝臣。

丙子，免湖廣水災田租有差。户、兵部侍郎吕時中、葛縉罷。

《明通鑒》卷六三　丁丑，命提督兩廣都御史張臬總督廣、閩軍務。時巡按御史李邦珍，劾巡撫福建游震得，興化之敗，一籌莫展，宜簡命大臣有濟變才者，假以重權。遂有是命。復擢參政譚綸兼僉都御史，巡撫福建。

《世宗實録》卷五一八　戊寅，兵部議覆御史申佐條陳薊鎮邊防七事。

《世宗實録》卷五一九　三月庚辰，副使譚綸爲都察院右僉都御史，巡撫福建。罕東左衛都督日羔剌等請欽定貢期，部覆當令五年一貢，人馬俱不得過三十，其三十人内以十七人留邊，十三人赴京領賞。從之。

《國榷》卷六四　乙酉，南京禮部尚書李璣、户部尚書霍冀、右副都御史曹忭、羅崇奎、右僉都御史蔣宗魯俱考察拾遺罷。

《世宗實録》卷五一九　丁亥，巡撫浙江侍郎趙炳然奏：「各省募兵多浙之義烏人。夫福建所以致亂者，民變爲兵，兵變爲盜，其所由來漸也。」

辛卯，發太倉銀九萬九千六百餘兩于山西，充客餉。

《國榷》卷六四　壬辰，馬森、王國光爲户部左、右侍郎，郭乾爲兵部左侍郎，胡松回部，萬虞愷爲南京刑部右侍郎。敖宗慶爲右副都御史，巡撫雲南。吴維嶽爲右僉都御史，巡撫貴州。

甲午，嚴訥爲吏部尚書，李春芳爲禮部尚書，董份回部。

《世宗實録》卷五一九　戊戌，户部進太倉銀十萬兩，制錢六十錠，入内用。

己巳，發太倉銀十萬兩于宣府，增買糧料。陞五軍營練勇參將、署都指揮僉事尹秉衡爲署都督僉事，充本營副將。

《國榷》卷六四　四月庚戌，嚴嵩上祈鶴文檢及法祕。嵩歸至南昌，延道士田玉等爲上醮鐵柱宫，玉因以所藏召鶴符驗法書附奏。嵩、玉皆賞賚有差。

《世宗實録》卷五二〇　乙卯，改應天府府尹魏尚純爲順天府府尹。

《國榷》卷六四　己未，修《興都志》，從禮科都給事中丘岳之請。

《明史》卷一八《世宗紀二》　庚申，倭犯福清，總兵官劉顯、俞大猷合兵殲之。

《明通鑒》卷六三　時平海倭引舟出海，把總許朝光以輕舟抄之。賊敗，乃盡焚其舟，還屯平海衛。

《國榷》卷六四　癸亥，刑部左侍郎葉鏜、右副都御史裴紳調南京。南京刑部尚書盧勳、宣府巡撫右僉都御史趙孔昭俱劾免。

甲子，郭乾爲右都御史兼兵部右侍郎，總督陝西三邊。周相爲右副都御史，巡撫江西。

《世宗實録》卷五二〇　陞四川按察使陳紹儒爲右布政使。

《明通鑒》卷六三　丁卯，副總兵戚繼光統浙兵至，與劉顯、俞大猷合攻平海衛之賊。巡撫譚綸令繼光將中軍，顯左，大猷右。繼光率中軍先登，左右軍繼之，遂大破倭，復興化，斬級二千二百，還被掠男婦三千餘人。自倭起以來二十餘載，攻破城邑，殺傷官吏軍民，不可勝紀，轉漕增餉，海内騷然，至是始大創而去。浙、閩以次漸平。

《國榷》卷六四　尹臺爲南京禮部尚書。吴桂芳爲右副都御史，總理河道。

《世宗實録》卷五二一　五月己卯，以山東、河南、北直隸等處錢糧積逋數多，論掌印及管糧官知府賈天爵等罪，降調罷黜有差。

庚辰，浙江侍郎趙炳然陳海防八事。

《國榷》卷六四　刑科左給事中陳瓚請斥遺奸，採遺賢。遺奸爲文選郎中南軒，遺賢謂在告諸臣。部覆，軒悞則有之，贓則否。上調軒，責瓚欺擾，杖六十，削籍。

癸未，户部覆巡鹽御史伍令議鹽法，每引仍三百五十斤。

乙酉，遼東總兵官吴瑛下御史論罪，以去冬怯虜也。

庚寅，許安南入貢。

壬辰，林庭機爲南京工部尚書，胡松爲兵部左侍郎，蔡汝楠回部，孫植、萬虞愷爲刑部左右侍郎。

《世宗實録》卷五二一　陞湖廣按察使劉斯潔爲山東右布政使。

《國榷》卷六四　甲午，陳其學爲右副都御史，巡撫陝西。吴百朋爲右僉都御史，撫治鄖陽。

《世宗實録》卷五二一　命遼陽副總兵都督同知楊照充總兵官，鎮守遼東。

《國榷》卷六四　丁酉，裴宇爲南京禮部右侍郎。喻時爲兵部右侍郎，協理戎政。

癸卯，免興化田租三年。

《世宗實録》卷五二一　甲辰，陞南京都察院右都御史趙大佑爲南京刑部尚書，山東右參政劉焘爲都察院右僉都御史。

《國榷》卷六四　廣東程鄉賊平。

《世宗實録》卷五二一　乙巳，禮部覆給事中王楷奏請申飭朝儀。

《世宗實録》卷五二二　六月庚戌，巡按御史李邦珍勘上福建勦平舊倭狀。

甲寅，改巡撫南、贛、汀、漳兵部右侍郎兼右僉都御史陸穩爲南京兵部右侍郎，陞户部左侍郎張舜臣爲南京都察院右都御史。

戊午，建州女直夷人都督等官木力哈等入貢，宴賚如例。

《國榷》卷六四　釋通政司右參議胡朝臣獄。朝臣初爲工部主事，作革甲，工人侵牟不之察，下鎮撫司，坐贓五百四十金，非其罪也，在繫十餘年，至是得白，釋爲氓。

辛酉，馬森、黄養蒙爲户部左、右侍郎。

《世宗實録》卷五二二　庚午，方士趙添壽進獻符法三十六本。

《世宗實録》卷五二三　七月癸未，兵部覆巡按遼東御史楊柏條上邊事。

《國榷》卷六四　甲申，諭撫按官徧歷郡縣察奸弊。

《明通鑒》卷六三　上諭閣臣徐階等以今日外官貪肆虐國病民狀，階以示吏部尚書嚴訥。訥因言：「近日藩、臬有司，不能體皇上爲國爲民之心，或贓罰（紙）〔抵〕贖之隱匿，或折乾常例之濫收，或羨餘火耗之侵漁，或里甲夫馬之索取，或科派勸借之横加，或壽儀節禮之概受，或廣市土産以結歡于勢要，或極腆供億以善事乎上官。淫刑以逞，飾詐以欺，潛賄以杜法，假公以濟私。有臣如此，國安得不虧，民安得不病！陛下洞見弊源，明祖宗法度，而命臣等以力行，敢不奉詔。惟是人不易知，知人不易。萬一有力者行其苞苴，有挾者憑于城社，有智者巧設機械，善于彌縫，如此則大奸反得漏網，而悃愊孤寒之輩乃輒及之。明有國典，幽有天道，不可欺也。仍乞陛下親降德音，申諭撫、按，實力奉行，從公劾奏，庶無負保國爲民至意。」上是之。

《國榷》卷六四　總督戎政鎮遠侯顧寰條京營事宜。

八月丙辰，定操江信地。初南京兵科給事中范宗吴言：「操江都御史專江防，應天、鳳陽二巡撫專海防。後因倭患，以鎮江而下通、常狼、福等處，亦隸之操江。今宜定圌山、三江會口屬操江，其下屬二巡撫。」從之。

戊辰，左都御史張永明言六事。前工部左侍郎郭鋆卒。

《世宗實録》卷五二四　癸酉，都察院左都御史張永明等疏陳六事。

《明通鑒》卷六三　乙亥，北寇諳達等聚衆遼東、廣寧塞外，陞任總兵官楊照督兵由鎮夷堡出塞，分道掩擊。照夜行失道，離塞六十里遇伏，中流矢死。游擊線補衮等馳至，力戰，斬首二百餘級。寇引去，乃奪照尸還。亡失官軍五十餘人。

《世宗實録》卷五二五　九月辛巳，陞大理寺左少卿王鶴爲南京太僕寺卿。奪兵部右侍郎協理戎政喻時俸一月。工部奏進貢夷人賞格。

《明通鑒》卷六三　復令崇文門宣課司商税收錢。初户部請于雲南即山鼓鑄，乃敕巡撫以鹽課銀三萬兩爲工本。越數年，巡撫王昺、巡按王諍，俱以費多人少請罷鑄，部臣復用主事范燧議，每錢七文當銀一分。于是宣課司收税及官俸仍用銀，而民間所蓄舊錢益壅滯不行，錢法遂壞。至是給事中孫枝，請罷前令而復收錢之舊，部議從之，乃有是命。

《世宗實録》卷五二五　丁亥，行大享禮于玄極寶殿。

《國榷》卷六四　上偶使人醮壇，道士嘉定龔中佩不在，有惡刑部員外郎邵畯者，言中佩飲畯所。上怒，皆捕杖之。中佩杖死，畯削籍。初中佩由道士諳道家神名游燕，諸大臣撰青詞，輒問其所出，因官太常博士，至少卿，實與畯無交也。陳堯爲户部右侍郎。康朗爲右僉都御史，撫治鄖陽。

戊子，嚴嵩乞宥子世蕃、孫鵠侍養。不許。

《世宗實録》卷五二五　甲午，陞廣西按察使侯一元爲河南右布政使，吏部考功司署郎中張巽言爲陝西右參政。

《國榷》卷六四　乙未，佟登爲遼東總兵官。

丙申，故海寇漳州洪迪珍降，伏誅。迪珍，王直餘黨也。

癸卯，雲南巡撫右副都御史敖宗慶罷。胡鎮爲山西總兵官。蠲徐、沛、豐、碭水災田租。

乙巳，總督兩廣福建軍務張臬罷。

《明通鑒》卷六三　十月辛亥，擢戚繼光爲福建總兵官，鎮守全閩，徙俞大猷仍鎮南贛，從福建巡撫譚綸議也。

《國榷》卷六四　狼山副總兵改鎮守總兵官，兼轄江南北，特命劉顯。

《世宗實録》卷五二六　癸丑，南京各衛所新增草場租銀先以兵部尚書江東奏准蠲免，至是尚書李遂代東，謂：「田已開闢，所增租不當盡蠲。請就中擇其多獲薄徵之，使寬卹之中不失綜核之意。」從之。

《明通鑒》卷六三　西域烏斯藏、闡化等王遣使入貢請封，禮官循故事遣番僧二十二人爲正副使，以序班朱廷對監之。至中途騷擾，不受廷對約束，廷對還，白其狀。禮官請「自後封番王，即以誥敕付使者齎還，或下守臣擇近邊僧人賫給。自此不遣京寺番僧，著爲令」。

《國榷》卷六四　庚申，閒住湖廣按察僉事趙祖鵬論死。諭停刑。

丁卯，虜入墻子嶺。虜屯平谷，掠通州。

戊辰，總兵官胡鎮、孫臏、游擊趙溱等逐虜于三河。虜大掠順義、三河，分兵圍下店，胡鎮、孫臏、趙溱等援之。虜大至，圍鎮數重，命祝福馳赴，未至而敗，溱、臏死之，鎮潰圍出，殲三千人，遂大掠灤東諸縣。

己巳，諭户部，發粟賑避虜流民，發冏金五千犒援兵。

庚午，徐階請九門賑粥。是日，楊選報虜東退。

癸酉，逮楊選、徐紳及密雲兵備副使盧鎰、分守墻子嶺參將馮詔、延綏游擊將軍嚴瞻、通州參將胡燦、指揮楊瀛等，下鎮撫司。命宣大總督江東嚴兵追勦。

乙亥，大同巡撫右僉都御史劉燾爲右副都御史，總督薊遼。進胡鎮都督同知，鎮守薊遼總兵官。大同總兵官姜應熊敗虜于密雲，斬三十餘級。虜自三河漸北，京師稍解嚴。李遷爲工部右侍郎，總理河道。

十一月丁丑，虜遁，京師解嚴，遣馬芳、姜應熊回鎮。録戰功，進江東太子太保，廕子入監。

《明通鑒》卷六三　自總督江東、總兵胡鎮以下陞賞有差。會姜應熊擊寇退，寇復東躪順義、三河，飽掠去，東等壁順義不敢追。寇以精騎殿後北行，諸將悉望塵尾之，疾徐以敵爲節。會敵疲失道，衆亂，諸將無敢發一矢者，敵去，乃稍取零騎及失道之罷殘以報首功。上怏怏，諭楊博曰：「寇復飽颺，何以懲後！」是役也，上雖厚賞東、鎮等而本兵不及，由是始怒博。

《國榷》卷六四　前太子太保、兵部尚書聶豹卒。吕光洵爲右都御史，巡撫雲南。遲鳳翔爲户部右侍郎，巡撫河南。魏尚純爲右副都御史，巡撫保定。趙炳然進右都御史，仍巡撫浙直。兵科都給事中丘橓等陳邊臣善後事宜：破邊官之常套，除邊人之積蠹，略邊務之虛文。上初慍楊選之啓釁，以橓不早言，下錦衣獄，杖六十，削籍，餘謫邊吏。

《世宗實録》卷五二七　丙戌，致仕太子太保、吏部尚書聞淵卒。賜祭葬如例，贈少保，謚莊簡。

《國榷》卷六四　辛卯，進趙炳然右都御史，巡撫如故。

壬辰，大學士徐階言二事：「曰尊主權。【略】曰定國是。」

丁酉，兵部左、右侍郎喻時、蔡汝楠改南京。

己亥，誅楊選，流妻子二千里。巡撫徐紳論死，副使盧鎰等戍邊。李登雲爲工部右侍郎，李遷回部，張守直爲大理寺卿。

《明通鑒》卷六三　楊選、徐紳等至京師，下錦衣衛拷訊，具服，命法司議罪。尚書黄光昇援「引奸細入境泄軍情律」論斬，詔即會官梟選于市，妻子流二千里，紳繫獄待決。初寇入内地，上方祠醮，尚書楊博不敢奏，謀之内閣徐階，檄馬芳等自宣府入援。會上見城東火光，知寇已逼，大驚，諭階議退敵計。而芳已先至，階請亟賞之，令專護京師。及寇退，上怒博不早聞，欲與選同論罪，階力爲救解，乃得免。

十二月乙巳朔，工部尚書雷禮奏：「京師永定等七門，當添築甕城；東西便門接都城止丈餘，又垜口卑隘，壕池淺狹，悉宜崇甃深濬。」上諭禮亟行之。

《國榷》卷六四　丙午，太僕寺卿劉畿言馬政廢弛。

丁未，户部會邊臣條議邊餉十二事。

己酉，禁遼東通糴于登、萊。

《明通鑒》卷六三　初遼東饑，暫許通登、萊糴穀，已而遼商利之，私載貨物往來山東。守臣以海禁漸弛，恐有後患，疏請禁止海運，從之。

《國榷》卷六四　諭禮部，宣示朵顔三衛屬夷，毋懷二心。

癸亥，宣大總督江東條議主客錢糧盈縮事宜。

壬申，官軍敗速卜亥于沙河鋪，斬百餘級。

嘉靖四三年（甲子、一五六四）

《明通鑒》卷六三　正月戊寅，諭兵部尚書楊博謹邊防。

《國榷》卷六四　丁亥，東虜土蠻黑石炭等萬騎犯薊東一片石、黄土嶺，參將白文智、總兵官胡鎮、游擊董一元等據墻拒之。

甲午，諭兵部，擇京營大將。

丙申，增永定等七門甕城。

《世宗實録》卷五三〇　二月甲辰朔，雲南進寶石七百六十餘兩。上嫌其碎小，命更採青紅色二寸、黄色徑寸并紫英等在以獻。

《國榷》卷六四　乙巳，潘晟爲南京吏部右侍郎，霍冀爲南京兵部右侍郎。陳堯爲工部右侍郎，總理河道。劉體乾爲通政使。免順天三河等被虜田租。

《世宗實録》卷五三〇　丁未，陞浙江右布政使華鏘爲湖廣左布政使。

《明通鑒》卷六三　己酉，伊王典楧有罪。

《世宗實録》卷五三〇　壬子，陞翰林院侍讀學士瞿景淳爲太常寺卿。浙江道御史王汝正條陳兵食事宜。

丙辰，陞鴻臚寺左少卿蕭瀾爲本寺卿。

《國榷》卷六四　歲饑，免真定、順德、廣平、大名田租有差。

《明通鑒》卷六三　丁巳，韓王府宗室一百四十餘人，越關至陝西會城索逋禄。是時宗室繁衍，歲禄增至十二萬五千有奇，歲給不及其半，節年積逋至六十餘萬。至是諸宗室擁衆環巡撫陳其學第，鼓譟詬詈，其學爲不啓門者數日。檄布政司先後搜括各項，給銀七萬八千兩有奇，諸宗室猶不肯去。其學與巡按御史鮑承廕以狀聞，詔切責韓王融燧，廢宗室融燸等爲庶人。

《國榷》卷六四　戊午，福建總兵戚繼光追仙游殘倭，大敗之，斬數百級。復敗之同安。又走漳浦之蔡丕嶺，攀崖而上，擒斬又數百人，餘走廣東，掠漁舟入海。

壬戌，南京户部尚書鮑道明致仕。

《明通鑒》卷六三　是月，更定鎮守江南分守信地，以江南屬之劉顯，專駐吴淞江；江北屬之副總兵王應麟，專駐狼山，俱給關防。

《世宗實録》卷五三一　閏二月甲戌朔，論去年八月虜犯大同威虜堡失事罪。

丙子，禮部覆南通御史史官所陳兩京鄉試革弊事宜。

《國榷》卷六四　丁丑，吏部尚書嚴訥、禮部尚書李春芳、吏部左侍郎兼翰林學士董份直西苑。

戊寅，免南昌、瑞州、九江水災田租有差。張舜臣爲南京户部尚書。虜犯遼東果松谷，守備王繼屏禦卻之。

《明史》卷一八《世宗紀二》　丙申，盜據漳平，知縣魏文瑞死之。

《世宗實録》卷五三一　丁酉，治三十八年正月虜入大同失事罪，總兵官張承勛論死。

《國榷》卷六四　壬寅，孫植爲右都御史。

《世宗實録》卷五三一　先是工部覆巡視京營科道官辛自修等議請將軍器、兵仗二局所造盔甲火器，俱付巡視衙門及本部官督理。有詔允行。已而兵仗局内臣執奏，本局掌造上供御器，例不關白外廷。詔該部再加酌議。部覆奏至，等初議，欲委官至該局清查，乃軍器非御器也。

《世宗實録》卷五三二　三月己酉，起原任南京刑部右侍郎錢邦彦爲刑部左侍郎。

《國榷》卷六四　甲寅，廣東官軍擊潮州倭寇，敗之。

《明通鑒》卷六三　初歸善縣盜伍端、温七作亂，敗參將謝敕。未幾，俞大猷改鎮潮州，七被禽，與端首軍門，求殺倭自效，大猷乃與總兵吴繼爵受其降。會巡撫吴桂芳至，使爲前驅討倭，官軍繼之，圍倭于鄒塘，四面舉火，一日夜連克三巢，焚斬四百餘人。上以廣東連年征勦無功，聞捷，大喜，賜桂芳、繼爵等銀幣。

《國榷》卷六四　辛酉，署訊，宥大辟二十一人戍邊。

《明通鑒》卷六三　前給事中沈束，以請卹總兵周尚文得罪，長繫獄中，自司業趙貞吉以請寬束得罪，自是無敢言者。束繫久，衣食屢絶，惟日讀《周易》爲疏解。後同邑沈錬劾嵩，嵩疑與束同族爲報復，令獄吏械其手足，徐階勸，得免。迨嵩去位，束在獄十六年矣。妻張氏上書言：「臣夫家有老親，年八十有九，衰病侵尋，朝不計夕。往臣因束無子，爲置妾潘氏，比至京師，束已繫獄。潘矢志不他適，乃相與寄居旅舍，紡績以供夫衣食，歲月積深，悽楚萬狀。欲歸奉舅，則夫之饘粥無資；欲留養夫，則舅又日暮待盡；輾轉思維，進退無策。臣願代夫繫獄，令夫得送父終年，仍還赴繫，實陛下莫大之德也。」法司亦爲請，上終不許。

《國榷》卷六四　四月乙亥，免畿内水災田租有差。

《世宗實録》卷五三三　戊寅，詔巡撫山東右副都御史張鑑回籍聽用，陞太僕寺卿鮑象賢爲户部右侍郎兼都察院右僉都御史代之。

《國榷》卷六四　乙酉，秦鳴雷、高儀爲禮部左、右侍郎，黄印爲湖廣總兵官。

《明通鑒》卷六三　戊子，福建巡撫譚綸，以寇平請終喪。許之。順天府尹劉畿請城張家灣，從之。

《國榷》卷六四　庚寅，陳以勤爲太常寺卿，署國子監祭酒。

《世宗實録》卷五三三　辛卯，以宗室越關者多，詔禮部榜示各驛遞，今後凡遇宗室往來，不得擅給口糧夫馬。仍查本身之外如有私帶姦徒，聽所在官便宜收捕其額外重征諸獘，以通商貨。

丁酉，陞福建左布政使曾于供爲太僕寺卿，廣東右布政使林懋舉爲廣西左布政使。

《國榷》卷六四　辛丑，徐仁爲陝西總兵官。巡撫雲南右都御史吕光洵會兵討武定叛人鳳繼祖，併擊貴州土司安國亨于霑益，敗走之。

《世宗實録》卷五三四　五月壬寅朔，廣東進珠二千兩。上發視，少之，命户部別選大珠兼督催香木以獻。

《國榷》卷六四　癸卯，定邊方督撫官考績例：僉都御史三年陞副都御史，副都御史陞侍郎，俱如舊。如僉都廕子、副都給二品服俸，止許極邊，仍臨期奏請。其山西、保定、陝西近邊不概給，或極邊功少亦不許。巡撫保定右副都御史魏尚純疾去。

《世宗實録》卷五三四　己酉，陞江西右布政使王遵爲福建左布政使，江西按察使陳暹爲廣東右布政使。

庚戌，海西女直都指揮等官孛羅等來朝貢馬，宴賚如例。

癸丑，陞山東按察使萬士和爲江西右布政使。

《明通鑒》卷六三　乙卯，上夜坐庭中，獲一桃于御幄後，左右言自空中下，上喜曰：「天賜也。」詔修迎恩醮五日。明日，復獲一桃。是夜，白兔生二子。上益喜，謝玄告廟。未幾，白鹿亦生二子，廷臣表賀。上以奇祥三錫，天眷非常，手詔褒答。是時嚴嵩既罷，藍道行亦被譴，宫中數見妖孼，上春秋高，恒邑邑不樂，中官因設詐以娱之。

《世宗實録》卷五三四　革浙江總兵楊尚英職回原衛，以給事中邢守庭劾其貪縱故也。

《世宗實録》卷五三五　六月辛未朔，南京吏科給事中楊銓等條奏考課四事。

《國榷》卷六四　壬申，監察御史朱炳如上鹽政四事。

癸酉，命總兵官劉顯鎮守浙江。

《世宗實録》卷五三五　兵部覆延綏巡撫胡志夔條陳防守事宜。

丙子，命巡撫山西右副都御史楊宗氣以原職總理南京糧儲。

戊寅，陞翰林院編修金達爲南京國子監司業。

《國榷》卷六四　辛卯，廣東總兵官俞大猷、副總兵湯克寬大破倭于海豐。大猷圍守二月餘，賊欲走，克寬伏兵大埔寨，擒斬千二百餘人。又各哨零級千餘人。自是餘倭無幾，逃山藪間，漸捕盡。

《明通鑑》卷六三　初，倭自福建流入廣東，會兩廣、南贛所調土、漢兵大集，乘其初至，敗之。倭悉奔崎沙、甲子諸澳，奪漁舟入海，舟多没于風，脱者二千餘人，還保海豐金錫都。大猷圍之兩月，賊食盡欲走，副將湯克寬設伏邀之，手斬其梟將三人。參將王詔等繼至，賊遂大潰，禽斬千二百餘人。初潮州大盜吴平，與倭相犄角，時諸峒自伍端、温七外，有藍松三、葉丹樓之輩皆附之，日掠惠、潮間。大猷既平海豐之倭，乃移師潮州，以次降松三、丹樓，遂使招降吴平，居之梅嶺。

《國榷》卷六四　丁酉，京師重城成。

《世宗實録》卷五三六　七月辛丑朔，加給防秋官軍口糧，以新選精兵。

《國榷》卷六四　壬寅，毛鵬爲右副都御史，巡撫山西。

乙巳，監察御史董堯封上薊遼等處練兵數。總兵官尹秉衡等奪俸有差。

丙午，南贛官軍討程鄉盜余大春、范繼祖，擒之。

《明通鑑》卷六三　時廣東大埔盜藍松山、余大春等，聚衆千百，流劫福建漳、延、興、泉諸府，爲官軍所敗，奔至永春，與山賊蘇阿普、范繼祖等連兵，出没漳平、龍巖等處，聲言聽撫，以緩我師。至是南贛巡撫吴百朋知其詐，乃撤各道，罷兵納降，伺其懈，率官軍四面擊之，賊黨大潰。松山爲程鄉知縣顧若愚所禽，大春逃匿銀溪山，爲饒平知縣張孔修、縣丞章良辰所禽，繼祖勢窮，自縛請降，亦被執，惟蘇阿普逸去。事聞，賞百朋等銀幣，令嚴捕蘇阿普以靖地方。

《國榷》卷六四　定三衛海西夷人入貢無過百人。

《世宗實録》卷五三六　辛亥，以廣東倭亂，免惠、潮、韶、肇等府州縣正官入覲。

《國榷》卷六四　前吏部尚書夏邦謨卒。

《世宗實録》卷五三六　己未，故南京太僕寺卿王鶴爲太僕寺卿。

《國榷》卷六四　庚申，加河南左布政使趙希夔俸一級。時秩滿，以藩戚不得内轉，故加俸。著爲令。

戊辰，劉畿爲右副都御史，巡撫浙江。

八月庚午朔，集議京營戎政。前户部左侍郎傅頤爲南京太僕寺卿。

《世宗實録》卷五三七　乙亥，陞大理寺左少卿張玭爲順天府府尹，調原任户部左侍郎傅頤爲南京太僕寺卿。

《國榷》卷六四　丙子，以萬壽節，進徐階兼建極殿大學士，子璠進尚寶司少卿。進袁煒少傅兼太子太傅、建極殿大學士。吏部尚書嚴訥、禮部尚書李春芳各太子太保。朱希忠子時泰進都督僉事，賜都督朱希孝肩輿。吏部左侍郎董份加工部尚書。

九月壬寅，停百官食鹽。

《世宗實録》卷五三八　陞南京太僕寺卿傅頤爲南京户部右侍郎。

《國榷》卷六四　丙午，疏潮河川。録囚，宥大辟十九人。户部右侍郎傅頤被論免。增遼東參將，從巡撫王之誥之請。諭户部：「選上米千石進内，卿等思足國安在？」尚書高燿上八事。

《世宗實録》卷五三八　癸丑，陞大理寺左少卿李敏爲南京太僕寺卿。兵科都給事中邢守建等以近日軍政條例爲官民章奏所亂，不便遵行，因陳四事。

《國榷》卷六四　辛酉，上密諭徐階：「太倉餘否？」對曰：「上年米賤，太倉餘二十餘萬石。緣折兑每石該七錢，二十萬石宜十四萬金。今給軍每石五錢，是二十萬石止十萬金。則省金四萬，餘米八萬。」

《明通鑑》卷六三　以兩廣兵荒，詔留嘉靖四十年至四十二年原派蘇州軍餉銀共十八萬兩，留本省備用。

《國榷》卷六四　臨淮侯李庭竹鎮守湖廣，郭江爲陝西總兵官。

十月丙子，命谷中虚以原官巡撫湖廣。

《世宗實録》卷五三九　丁丑，發太倉庫銀三萬六千四百五十兩，充薊鎮軍餉。内二萬九千五十兩補交閏二月不敷之數，七千四百兩給召募新兵。

己卯，諭法司停刑。

庚辰，命户部發銀五萬兩，亟買黄香料以進。尚書高燿等以倉卒應詔，召買不前，乃先進金五千五百兩、香二百五十斤，共用價銀二萬九千一百兩。上命收其餘銀補足十萬之數，輸之内庫。命南京提督操江豐潤伯曹文炳掌南京左軍都督府事。

《明通鑑》卷六三　己丑，詔「自今兩京鄉試同考官，仍擇年力精壯、文行俱優之教職充之」。初上用張璁議，各省主試多遣京官，而兩京房考亦各加科、部官一員。至是給事中辛自修、御史羅元禎等，交摘去年順天科場奸弊，語侵科部。禮部議，「分考官就近選用，人得預擬，浮議獨多，請仍循舊例，選用各省教職」，從之。自是各省主考亦罷京官不遣。

《國榷》卷六四　劉自强爲右副都御史，巡撫四川。巡撫山西右副都御史毛鵬罷。

《世宗實録》卷五三九　己亥，陞兵部右侍郎萬恭爲本部左侍郎兼都察院右僉都御史，提督鴈門等關，巡撫山西。

《國榷》卷六四　減各處積穀之半。

十一月庚子朔，詔清各監匠役。已，太監滕祥等言：「若付有司，動延旬月，有悮供用。」遂寢。

《明通鑒》卷六三　辛丑，南京御史林潤劾嚴世蕃及其黨羅龍文諸不軌狀。初世蕃戍雷州，未至而歸。嵩既罷，歸至南昌，值萬壽節，使道士藍田玉爲上建醮鐵柱宫。田玉善召鶴，嵩取其符録並己《祈鶴文》上之，因乞移世蕃近地以便就養，上不許，而世蕃遂返。龍文一詣戍所，即逃還徽州，數往來江西，與世蕃計事。世蕃大治園亭，勢燄不少衰，其監工奴見袁州推官郭諫臣，不爲起。會潤按視江防，因與諫臣謀，馳疏盡發其罪，言：「臣巡視上江，備訪江洋羣盗悉竄入逃軍羅龍文、嚴世蕃家。龍文卜築深山，乘軒衣蟒，陰有不臣之心。而世蕃日夜與龍文誹謗時政，摇惑人心，近假名治第，招集勇士至四千餘人，道路洶洶，咸謂變且不測。乞早正典刑，以絶禍本。」上得疏大怒，即詔潤逮捕至京師，下法司治罪。

《世宗實録》卷五四〇　壬寅，陞浙江左布政使劉望之爲應天府府尹。

《國榷》卷六四　乙卯，罷寶源局鑄錢。

《明通鑒》卷六三　以錢法日壞，私鑄盛行，詔「内外諸司嚴加訪治。寶源局所鑄制錢，各色匠役人等侵減工料，以致輕小濫惡，不堪行使，令部臣訪送法司從重治罪」。于是工部悉發作工、爐頭及監鑄官凡二十餘人，執送刑部，拷訊歷年侵盗及冒破工食之數，並監造副使段相等受賄故縱狀，黜革有差。尋裁革寶源局副使一員，吏一名。

《國榷》卷六四　丁巳，王之誥爲兵部右侍郎。

戊午，户部覆刑科給事中張岳議查庫藏事宜，定三六九日同科道驗發。更定歲貢法，務得人，毋循廪次。如部試省斥五人，提學官降級。

安南入貢。自二十七年例格，至今始上。

《世宗實録》卷五四〇　庚申，户部集議漕規八事。

乙丑，吏科都給事中趙灼條陳考察四事。

丙寅，更定歲貢法令。

《國榷》卷六四　十二月壬申，刑科右給事中張岳上治道六事。

《世宗實録》卷五四一　丁丑，禮部類奏，是歲天下災異惟四川、廣東二省地震數次。法司上是歲天下恤刑官所讞矜疑重囚之數，南直隸江北五十七人、浙江三十二人。

《明通鑒》卷六三　上以户部所進金色不純，疑傾銷鋪户及裝匣者有奸，下詔窮治。尚書高燿皇恐謝罪，因請更進足色以贖前誤，上意稍解。

甲申，給事中王霆，劾應天巡撫周如斗科取罰贖及縱弟受屬官賄，事下吏部，覆言：「如斗昔按蘇松，名稱藉甚。今偶罹訾議，非其志節殊也。蓋昔當蠲賦之時，今有督糧之責，安静則頌聲易興，嚴急則怨讟交作，所處之勢使然耳。况科罰交賄，皆風聞無實證，不當議罷斥。」乃令如斗視事如故。

《國榷》卷六四　張玭爲南京户部右侍郎。直隷提學御史徐爌議革宛平、大興冒籍諸生五十餘人，諸生囂然不平，給事中何起鳴罪爌失士心，致互相詆，各奪月俸，時深以爌謬也。

壬辰，廣西古田鳳凰山賊夜入桂林，刼布政司庫四萬餘金，金珠若干。參政黎民衷以謂宗室也，諭止之，見殺。仍縋出。

丁酉，虜犯山西太原、岢嵐等處，殺掠八千餘人，游擊將軍梁平、守備祁謀死之，賜祠祭贈。順天、山東大饑。大同新平、新遠三堡兵襲虜，斬三十餘級，虜恨之，分擾宣大。掩答五千餘騎入朔州。

嘉靖四四年（乙丑、一五六五）

《世宗實録》卷五四二　正月己亥朔，命成國公朱希忠行拜天禮于玄極寶殿。上不御殿。户部議覆巡關御史陳省條陳薊鎮糧餉六事。

《明通鑒》卷六三　丁未，景王載圳薨，無子，國除。王薨後，大學士徐階奏奪景府所占陂田數萬頃還之民，楚人大悅。

《國榷》卷六四　賑畿内饑民。

《世宗實録》卷五四二　辛亥，上不豫，百官奉表起居。

《國榷》卷六四　甲寅，寧夏兵出清水營擊虜，斬獲七十人。

乙卯，吏部大計。

《世宗實録》卷五四三　二月己巳，奪鎮守兩廣總兵官恭順侯吴繼爵禄米。提督軍務、侍郎吴桂芳，南贛巡撫都御史吴百朋俸各二月，仍趣令勦平賊黨，以靖地方。

《國榷》卷六四　乙亥，延綏兵出塞，斬獲一百三十四人。

丙子，上疾愈，太醫院使徐偉加右通政使。遂舉吉典于大玄都殿七日。

《世宗實録》卷五四三　陞江西右布政使萬士和爲左布政使。

丁丑，巡按直隸御史温如璋條陳議處江南兵食二事。

《明通鑑》卷六三　復湖廣衡州、江西吉安仍行廣鹽。初湖廣、江西全省俱行淮鹽，後因兩廣用兵，都御史葉盛等，建議設立鹽廠，廣西則于梧州，許行湖廣衡、永二府，廣東則于潮州，許行江西南、贛二府，嗣復增袁、吉、臨三府。未幾，袁、臨旋罷，惟南、贛、吉、衡、永五府行廣鹽。久之，及鄢懋卿始議改衡州，御史朱炳如復議改吉安俱行淮鹽，民以爲不便。至是總督兩廣吴桂芳、南贛巡撫吴百朋，皆謂「國課頓減，無以充餉，請各行廣鹽如故」，户部覆議，從之。

庚辰，禮部集廷臣議處王府事宜凡六十七條上之，詔爲書頒行，賜名《宗藩條例》。

《國榷》卷六四　前南京吏部尚書王崇慶卒。贈太子少保。套虜犯寧夏，總兵吴鼎值于興武營之鹻灘，斬七十四級，始遁。

《世宗實録》卷五四三　戊子，上諭内閣曰：「累年詔户部訪取龍涎香，至今未足三四斤數。此常有之物，只不用心耳。昔梁材誹爲世無之者，皇祖《永樂大典》内有此品。」

《國榷》卷六四　三月己亥，大明門千步廊火。明日，遣告郊廟社稷，命百官修省三日。

戊申，吏部尚書嚴訥請咨訪卑職雜流。從之。

己酉，復命壽恩宫曰萬壽。

《世宗實録》卷五四四　巡撫遼東都御史王之誥條陳開墾荒田八事。

《國榷》卷六四　壬子，御萬壽新宫，改二十一日進士傳臚。

丁巳，策貢士陳棟等三百九十四人于□□□。賜范應期、李自華、陳棟等進士及第、出身有差。少傅大學士袁煒疾篤致仕。

己未，以兩房中書闕，徐階請就下第貢士選文學能書者題授。

辛酉，嚴世蕃伏誅。嚴世蕃、羅龍文逮至，御史林潤再劾之，下刑部，讞上論死。上曰：「世蕃蓄逆非常，爾等皆不推究，總挈潤疏。如其説足示遠耶？其會同都察院、大理寺、錦衣衛再鞫之。」尚書黄光昇乃上言：「世蕃交通倭虜，謀逆有狀，請亟正典刑，以快天下。」上尚銜嵩，曰：「曷不言逆本？」命即斬世蕃、龍文，籍其家，戍其孫文武官及舍人二十七人。【略】嚴氏追贓二百萬，其貲稍佚，蔓及無辜，一省騷然。龍文贓二十萬。世蕃急時厚賂徐階，階方遲疑，楊豫孫慫恿之，令速死。

《明通鑑》卷六三　初上命林潤捕械世蕃，會世蕃子紹庭官錦衣衛，聞之，亟報世蕃，使詣戍所。方二日，潤已馳至，世蕃猝不及赴，乃械以行。龍文亦捕得于梧州。既至，潤因復上書數嵩及世蕃罪，【略】疏入，上怒，詔下法司訊狀。先是潤與郭諫臣發世蕃罪，並及寃殺楊繼盛、沈鍊狀。世蕃聞之，抵掌曰：「任他燎原火，自有倒海水！」已而聚黨竊議，謂「『賄』字自不可掩，然非上所深惡。惟聚衆通倭之説，得諷言官使削去，而故填楊、沈下獄爲詞，則上必激而怒，上怒，乃可脱也。」謀既定，乃令其黨揚言之。刑部尚書黄光昇等亦以爲然，如其言，具稿詣徐階議之。階固已豫知，姑問：「稿安在？」吏出懷中以進，閲畢，曰：「法家斷案良佳。」延入内，屏左右語曰：「諸君子謂嚴公子當死乎？生乎？」曰：「死不足贖。」曰：「然則此案將殺之乎？生之乎？」曰：「用楊、沈，正欲抵死。」徐階曰：「别自有説。楊、沈事誠犯天下公惡，然楊以計中上所諱取特旨，沈暗入招中取泛旨，上豈肯自引爲過！一入覽，疑法司借嚴氏歸過于上，必震怒；在事者皆不免，嚴公子騎款段出都門矣。」衆愕然，請更議。曰：「稍遲，事且洩，從中敗事者必多，事且變。今當以原疏爲主，而闡發聚衆本謀。」乃出一稿于袖中，獨案「羅龍文與汪直交通，賄世蕃求官，世蕃用日者言，以南昌會地有王氣，取以治第，制擬王者；又結宗人典楧，陰伺非常，多聚亡命，南通倭，北通虜，共相響應」。即呼寫本吏入，扃户令疾書，用印封識。而世蕃不知也，竊自喜計行，謂龍文曰：「諸人欲以爾我償楊、沈命，奈何？」龍文不應，執其手耳語曰：「且暢飲，不十日，釋縲絏善歸。上因此念吾父，别有恩命未可知。雖然，先取徐階首，當無今日，吾父養惡，故至此。今且歸，用前計未晚。誰謂阿儂智者！」龍文喜，問故，曰：「第俟之。」已而階改疏上，上覽疏，命法司鞫訊，具實以聞。階因速具疏，言「事已勘實，具有顯證，請亟正典刑」。上從之，命斬世蕃、龍文于市。二人聞，相抱哭。家人請寫遺書謝其父，不能成一字。都人聞之大快，各相約持酒至西市看行刑。籍其家，黄金可三萬餘兩，白金二百餘萬兩，他珍寶服玩所值又數百萬。嵩及諸孫皆爲民。後二年，嵩老病，寄食墓舍以死。

《國榷》卷六四　虜犯遼東寧前小團山，參將線補袞禦卻之，追至黄土臺，虜大至，被圍，與游擊楊維潘死之，俱贈都督僉事。

四月壬申，大學士徐階一品十五年考滿，授上柱國，廕尚寶司丞，宴禮部。辭銜宴。

《世宗實録》卷五四五　丙子，裁革直隷華亭縣添設主簿一員等。巡撫寧夏都御史王崇古條上邊務六事。

《國榷》卷六四　庚辰，吏部尚書嚴訥、禮部尚書李春芳俱兼武英殿大學士，直文淵閣。

《明通鑒》卷六三　袁煒去，徐階數請增閣臣，故有是命。上眷侍直諸臣厚，凡遷除皆出特旨，春芳自學士至入閣凡六遷，未嘗一由廷推云。

《國榷》卷六四　盜劫金壇縣庫。

壬午，少傅兼太子太傅、户部尚書、建極殿大學士袁煒卒。董份爲禮部尚書。虜犯肅州，總兵劉承業等禦之，斬十餘級。明日虜大至，擊斬八十六級，始遁。

癸未，王廷爲户部左侍郎，毛愷爲刑部右侍郎。改陝西巡撫陳其學總督南京糧儲。起吴維嶽爲右副都御史，巡撫貴州。刑科給事中張憲臣請覈供用庫錢糧。從之，因命御馬監上馬匹實數。夷目啞喏喇歸氏浮海求貢。

甲申，倭犯通州，官軍敗之，走三沙。副總兵郭成等追敗之海中，沉其舟。

戊子，倭犯温、台。官軍擊敗之塢口竹嶼，逐之海外。

己丑，陝西總督郭乾報延綏、寧夏搗虜功，敍賞有差。雲南叛夷阿萬、李向陽等平，進巡撫右都御史呂光洵兵部尚書兼右副都御史，餘陞賞有差。

《明通鑒》卷六三　梅嶺降賊吴平叛。平爲俞大猷招降，使居梅嶺，殺賊自効。久之，平私造戰船數百，聚衆萬餘，築三城守之，行劫惠、潮，遂及福建詔安、漳浦等處。福建總兵戚繼光督兵襲之，平移其輜重入舟，率衆遁入海保、南澳。詔「督、撫等官協力會勦，毋再以招安爲名，養寇貽患」。

《國榷》卷六四　五月丁酉，吏部右侍郎朱衡爲左侍郎。馬森爲右都御史，總督漕運。張瀚爲右副都御史，巡撫陝西。

戊申，罷雲南鑄錢。

《世宗實録》卷五四六　戊申，太醫院醫士申世文進法秘三種。

庚戌，夏至，大祭地於方澤，命成國公朱希忠代。陞大理寺卿張守直爲户部右侍郎，總督倉場，督理西苑農事。改總理河道工部右侍郎陳堯爲刑部右侍郎。起用太子少保吏部尚書兼翰林院學士郭朴。

丙辰，命大學士嚴訥、李春芳充重録《大典》、纂修《承天大誌》總裁官。陞巡撫貴州都察院右副都御史吴嶽爲本院左副都御史，協理院事。右僉都御史孫慎爲右副都御史，總理河道。應天府府尹劉望之爲大理寺卿。

庚申，陞太僕寺卿王鶴爲應天府府尹。

《國榷》卷六四　辛酉，方士黄岡、胡大順下獄。

《明通鑒》卷六三　方士胡大順、藍田玉等伏誅。大順，故陶仲文徒也，以術敗斥去，希復進用。而田玉亦藍道行之徒，往來京師，通于内侍趙楹。至是以詔求方書，大順乃僞造《萬壽金書》一帙，使其黨何廷玉齎至京師，因田玉介楹以獻，言「是帙係吕祖以卟授者」。上問：「扶卟人何在？」田玉等遂詐傳僞旨，徵大順至京，更名胡以寧。及至，有發其前事者。上以問輔臣徐階，階力陳其矯誣狀。尋下刑部拷訊，皆伏法。

《國榷》卷六四　虜數千騎突入延綏黄甫川。初，數騎漢服叩關，云役自大同，閽人入之。大衆奄至，把總高尚鈞中流矢死，焚掠四日，攻堡不克而去。

《世宗實録》卷五四六　壬戌，陞撫治鄖陽右僉都御史康朗爲右副都御史，巡撫貴州。

《國榷》卷六四　南京刑部尚書趙大祐疾去。山西巡撫萬恭言邊事。

《明史》卷一八《世宗紀二》　六月甲戌，芝生睿宗原廟柱，告廟受賀，遂建玉芝宫。

《國榷》卷六四　戊寅，朱衡爲南京工部尚書。陳志爲右副都御史，撫治鄖陽。禮部尚書董份削籍，罷江西巡撫右副都御史周相，各被劾也。

《明通鑒》卷六三　禮部尚書董份罷，給事中歐陽一敬劾之也。份故黨于嵩氏，世蕃下獄，有傳其賄份爲之營解。至是一敬劾其「縱令家僕攬商網利」，詔黜爲民。

《國榷》卷六四　丙戌，貴州巡撫右副都御史康朗罷。

《世宗實録》卷五四七　張居正充《承天大誌》副總裁官。

戊子，陞吏部左侍郎兼翰林院學士、掌詹事府事高拱爲禮部尚書，仍兼翰林院學士。

《國榷》卷六四　甲午，胡松爲吏部左侍郎。周如斗爲右僉都御史，巡撫江西。陳洪濛爲右副都御史，巡撫貴州。虜入宣府，遂掠大同。

七月辛丑，秦鳴雷爲吏部左侍郎，署詹事府事。進吳百朋爲右副都御史，巡撫南贛如故。

《明通鑒》卷六三　癸卯，河決沛縣。初曹縣新集屢淤，新集地接梁靖口，歷夏邑丁家道口、馬牧集、韓家道口、司家道口至蕭縣薊門，出小浮橋，此賈魯河故道也。自河患亟，別開支河以殺水勢，而本河漸淤，遂決，趨東北段家口，析而爲六，俱由運河至徐、洪；又分一支由碭山堅城集下郭貫樓，析而爲五，亦由小浮橋會徐、洪；而新集至小浮橋故道二百五十餘里，遂淤不可復矣。

《國榷》卷六四　丙午，總督宣大尚書江東言經略邊事。

《世宗實録》卷五四八　乙卯，陞鴻臚寺卿張文瀾爲太僕寺卿，仍官本寺事。

《國榷》卷六四　己未，禮部右侍郎高儀爲左侍郎。管國子監祭酒事陳以勤爲禮部右侍郎，巡撫山東。右僉都御史鮑象賢爲兵部左侍郎。謝登之爲右副都御史，巡撫應天。南京吏部尚書王用賓改禮部尚書。吏部左侍郎茅瓚上《萬壽節頌》。户部右侍郎張玭改工部。

甲子，南京刑部右侍郎蔡汝楠卒。

《世宗實録》卷五四九　八月丁卯，祭先師孔子，命尚書郭朴行禮。

戊辰，秋祭太社、太稷，遣鎮遠侯顧寰代。

《國榷》卷六四　虜黄台吉突犯宣府洗馬林散掠，把總江汝棟伏二百人，不知爲黄台吉也，出而搏之，墮馬，佹獲之。虜衆力奪去，得其刀胄。黄台吉傷重，越日乃蘇。自是頗有戒心，數年不敢犯。

癸酉，南京兵部右侍郎霍冀改户部右侍郎，巡撫山東。

《世宗實録》卷五四九　丁丑，改禮部左侍郎高儀爲吏部左侍郎兼翰林院學士，教習庶吉士。

《國榷》卷六四　巡按江西御史成守節上嚴氏籍産。

《明通鑒》卷六三　並受寄、借貸諸奸黨，如原任大理寺卿萬寀、副使袁應樞、通判張澤、經歷熊亥、同知趙濂等。

《國榷》卷六四　户部議籍産半餉邊，半貯庫。金寶等入内庫。

《明通鑒》卷六三　廣寇吳平等駕船四百餘艘，出入南澳、浯嶼間，謀再犯閩，把總朱璣、協總王毫引兵擊之海中。賊掩至，圍官軍數重，璣、毫俱戰没，平遁去。

《世宗實録》卷五四九　壬午，上諭禮部曰：「頃二日，朕所常御褥及案上有藥丸各一，蓋天賜也。」

《國榷》卷六四　癸未，南京刑部尚書朱衡爲工部尚書兼右副都御史，總理河漕。

《世宗實録》卷五四九　己丑，上建謝瑞典于紫皇殿，命大學士徐階、嚴訥、李春芳、尚書郭朴、高拱、伯方承裕爲上香。使督視官道仍分詣各宫廟行禮。

辛卯，建毓德宫。

《世宗實録》卷五五〇　九月乙未，陞刑部侍郎錢邦爲南京刑部尚書，禮部右侍郎陳以勤爲本部左侍郎，南京吏部右侍郎潘晟爲禮部右侍郎，南京光禄寺卿徐養正爲南京户部右侍郎。翰林院侍讀學士胡正蒙爲太常寺卿，管國子監祭酒事。

《國榷》卷六四　保定白蓮妖賊馬相等伏誅，賞賚有差。安平典史陳萬卷以功進保定府通判。

丙申，初議開寧波市舶如廣東。巡撫浙江右副都御史劉畿言：「浙江海港多，兵船少，最難防哨。此釁一開，島夷嘯聚，害不可弭。」乃寢。虜犯延綏鎮靖堡，中路參將魯聰率指揮權世爵、千户李朝鸞等禦之，俱敗死。

己亥，前南京刑部尚書顧應祥卒。户科給事中周舜岳劾户部尚書高燿私受解户商人金錢。虜聚衆威遠塞，窺大同，警報日數至，詔總督劉燾督將吏預防。

庚子，吏部左侍郎高儀署翰林院。

《世宗實録》卷五五〇　吏部左侍郎兼翰林院學士高儀，掌院事，侍講學士王大任協同總校《大典》。

《國榷》卷六四　改喻時南京兵部右侍郎，徐陟南京工部右侍郎。總督宣、大、薊、遼兵部尚書江東卒于懷來。

《世宗實録》卷五五〇　辛丑，陞南京太常寺少卿江治爲南京光禄寺卿，陞刑部右侍郎陳堯爲本部左侍郎，改巡撫河南户部右侍郎遲鳳翔爲刑部右侍郎，陞太常寺卿管南京國子監祭酒事瞿景淳爲南京吏部右侍郎，改巡撫陝西都察院右副都御史張潮爲大理寺卿，陞南京太常寺卿王爚爲南京大理寺卿。

甲寅，户部議覆總督倉場侍郎張守直條陳四事。

庚申，户部議覆順天府府尹徐綱條陳七事。

《國榷》卷六四　始定兩淮運司工本鹽。初鹽課歲七十萬五千引，開邊報中爲正引。後每引加餘鹽，納價運司解部。至嘉靖三十二年，御史黄國用以運司割没餘鹽八萬二千餘金給竈户充工本，增收三十五萬引，共額百五十萬引，俱作正鹽。開邊仍帶餘鹽如例，户部用以抵各邊年例，凡十七萬六千金有奇。行之數年，運司積鹽如山，引亦不售，鹽法大滯。至是巡鹽御史朱炳如極言其弊，謂此法不罷，將正鹽一切失之。户部乃請以明年盡停兩淮所增工本鹽三十五萬引，其運司扣留割没餘銀八萬二千餘金仍解部濟邊。

《世宗實録》卷五五一　十月甲子朔，起原任都察院右副都御史譚綸巡撫陝西。

《明通鑒》卷六三　乙丑，以瑞鹿奏謝玄極寶殿，告于太廟，廷臣表賀。

《國榷》卷六四　林樹聲爲太常寺卿，署南京國子祭酒。

壬申，戎政兵部尚書趙炳然總督宣、大、山西。

《世宗實録》卷五五一　巡按宣大御史胡惟新條上邊務十二事。

《國榷》卷六四　工部右侍郎張玭卒。

甲戌，巡按直隸御史董學疏陳地方事宜。

丙子，河道總督右副都御史孫慎被命不即赴，劾免。

丙戌，山西巡撫萬恭上人耕水車二法。

《明通鑒》卷六三　逮閒住都御史胡宗憲至京師。初宗憲既罷，上思其功，會萬壽節，宗憲獻祕術十四，上大悦，將復用。及羅龍文誅，御史汪汝正籍其家，得宗憲手書，乃被劾時自擬旨授龍文以達世蕃者，遂有是逮。宗憲至，自陳平倭功，徒以獻瑞爲言官所嫉，且訐汝正受贓事。上終憐之，並下汝正獄。宗憲竟瘐死獄中，汝正得釋，而宗憲通書事亦罷勿勘。萬曆初，始追復宗憲官，謚襄懋。

《國榷》卷六四　丁亥，免濟寧等十四州縣旱災田租有差。詔停刑。

《世宗實録》卷五五一　癸巳，添設四川成都府通判一員。

《世宗實録》卷五五二　十一月甲午朔，總理河道漕運工部尚書朱衡劾奏管理曹濮副使柴涞怠緩不任事，宜從調處。并乞申飭河道、漕運二臣協心共濟，無分彼此，仍行各濱河巡撫駐劄近地，以便咨確，且親督所屬，共圖成績。詔從之。

《明通鑒》卷六三　己亥，以大理少卿潘季馴爲僉都御史，總理河道。

《世宗實録》卷五五二　庚子，陞太常寺卿師宗記爲禮部右侍郎，仍掌寺事。

辛丑，直隸巡按御史王汝正奉旨籍没逆犯羅龍文家財，銀十四萬二千二百餘兩，尚少銀五萬兩。部議將見完銀兩遵照前旨，一半官用，一半濟邊，未完者仍嚴限進解。報可。

壬寅，以災傷免遼東廣寧左屯等十一衛税糧有差。

癸卯，户部尚書高燿言國家歲入財賦有限而京邊支費無窮。

《國榷》卷六四　癸卯，户部令各邊上錢穀數。

《明史》卷一八《世宗紀二》　嚴訥致仕。

《國榷》卷六四　甲辰，改張守直工部右侍郎。

乙巳，監察御史張檟言：「頃置嚴世蕃于法，顯陟鄒應龍以旌其直，中外翕然稱快。乃先年諸臣如吴時來、董傳策、張翀、王宗茂輩，皆首發嵩、世蕃罪者，今或雜戍行，或流瘴癘，臣竊痛之，乞赦過録用，以厲直臣。」上大怒，逮治之。

《世宗實録》卷五五二　己酉，户部議覆直隸巡按御史張振之條陳漕運八事。

庚戌，萬歲山壇舉一陽大典。

《國榷》卷六四　辛亥，孫吴爲大同總兵官。

辛酉，郭琥爲山西總兵官。

《世宗實録》卷五五二　癸丑，冬至，大祀。

戊午，陞山東按察使陳慶爲廣西右布政使。

《世宗實録》卷五五三　十二月戊辰，户部議覆總督南京糧儲都御史陳其學條奏三事。

癸酉，陞巡撫四川右副都御史劉自强爲户部右侍郎，總督倉場，督理西苑農事。山西右布政使王繼洛爲都察院右僉都御史。御史李輔條上經略陰山三事。

《國榷》卷六四　乙亥，臨安府同知何啓蒙、河陽知縣嚴傑，俱貪酷被劾，命削籍，仍下傑臺獄。南京兵部尚書李遂致仕。

己卯，作真慶殿及大玄都殿。陝西甘泉民李應乾與河内民李元俱妖讖惑衆，陰搆板升諸虜，匿永寧王府鎮國中尉睦杧家，刻期舉兵。事泄，走庶宗睦𣟗所。捕三十餘人，誅戍有差。睦杧、睦𣟗幽鳳陽。

癸未，故大學士翟鑾謚文懿，賜祭葬。

丙戌，重修玉牒。四川妖賊大足蔡伯貫習白蓮教，從者日盛，僞稱大唐大寶元年。

戊子，胡松爲南京兵部尚書。改譚綸巡撫四川。

壬辰，總督宣、大、山西尚書趙炳然條奏經畧事宜。

嘉靖四五年（丙寅、一五六六）

《世宗實録》卷五五四　正月癸巳朔，命成國公朱希忠代拜天于玄極寶殿，上不御殿。

《國榷》卷六四　上密諭徐階：「劉文彬進藥可服否？」對曰：「文彬素不知醫，其藥不宜服。自古人君悮于方士甚多，願勿進也。」

甲辰，敕南京兵部節制振武諸營領兵都督以下，會各巡撫備倭。

癸丑，徐階請帑金二萬，助城張灣。從之。

丙辰，吏部右侍郎毛愷爲左侍郎。谷中虛爲右副都御史，巡撫陝西。

戊午，四川官兵討妖賊蔡伯貫等，擒之，降七百餘人。

罷惠潮總兵官俞大猷，蓋討吴平無功。命戚繼光兼領。

《明通鑒》卷六三　初吴平出入南澳，大猷將水兵，戚繼光將陸軍，大破之，平僅以身免，奔據饒平鳳皇山。繼光留南澳，大猷部將湯克寬、李超等躡賊後，連戰不利，平遂掠民舟出海。閩廣巡按交章論大猷，乃褫職，命繼光以福建總兵兼管惠、潮二府討賊事。

《國榷》卷六四　辛酉，徐階請考補四夷館譯字生。從之。

《明通鑒》卷六三　二月癸亥朔，户部主事海瑞見上久不視朝，專意齋醮，督撫大吏争上符瑞，廷臣表賀，無敢言者，乃獨上疏諭之。上得疏，大怒，抵之地，顧左右曰：「趣執之，無使得遁！」宦官黄錦在側，曰：「此人素有癡名。聞其上疏時，自知觸忤當死，市一棺，訣妻子，待罪于朝，僮僕亦奔散無留者，是不遁也。」上默然。少頃，復取讀之，爲感動太息，留中者數月。嘗曰：「此人可方比干，第朕非紂耳。」會上有疾，煩懣不樂，召徐階議内禪，因曰：「海瑞言俱是。朕今病久，安能視事！」又曰：「朕不自謹惜，致此疾困。使朕能出御便殿，豈受此人詬詈耶！」遂逮瑞下詔獄，究主使者，尋移刑部論死。獄上，階力救，奏遂留中。

《世宗實録》卷五五五　令應天府府尹王鶴回籍聽調。

乙丑，陞河南左布政使孟養性爲都察院右副都御史，巡撫河南。

《國榷》卷六四　丁卯，前南京工部尚書王鈁卒。設大同新平堡參將。

甲戌，上密諭徐階：「我疾閱十四月，欲南幸承天，拜陵取藥。」階曰：「聖躬至重，宜加静攝，南途遼遠，輦行勞頓，且取藥何躬勞之有？」

《世宗實録》卷五五五　史館諸臣纂修《承天大志》成，上之。

《國榷》卷六四　乙亥，褫前通政吕希周、御史嚴杰、按察副使茅坤、知府潘仲騶秩，爲編氓。

辛巳，上居恒念承天生長地，與徐階及司禮太監黄錦屢議南幸。至是會承天水災，顯陵垣墻傾，守備太監張方、湖廣巡撫右副都御史谷中虚以聞。上意益決，諭閣臣曰：「朕疾十四月矣，不見愈。當南幸承天。此原受生地，必奏功。諸王不必朝迎，用臥輦。至七月還京。」徐階諫不可。居數日，上復曰：「朕修理龍飛等殿，一視之心乃安。」階曰：「陛下自南幸至今二十七年矣，自度精力何如往日？四方無警，塞陲宴然，又何如曩者？六飛遠狩，根本空虚，萬一叵測，得無驚虞，惟陛下深思。」上乃罷，而意猶不懌，時時念郢中不置云。

改遲鳳翔兵部左侍郎，協理戎政。王本固爲左副都御史。工科右給事中何起鳴往勘河工。

《世宗實録》卷五五五　禮部議上考選譯字生十一事。

甲申，陞廣東左布政使萬士和爲應天府府尹。

《明通鑒》卷六三　遣工科給事中何起鳴往勘河道。

《國榷》卷六四　乙酉，張桐爲湖廣總兵官。

丙戌，劉體乾爲刑部右侍郎，刑部左侍郎陳堯罷。湖廣山寇黄中降。

《明史》卷一八《世宗紀二》　是月，俞大猷討廣東山賊，大破之。浙江、江西礦賊陷婺源。

《國榷》卷六四　三月癸巳，虜千餘騎犯宣府龍門等處，總兵馬芳追斬三十六級。

《世宗實録》卷五五六　戊戌，令户部右侍郎黄養蒙、工部左侍郎專登雲回籍聽用，罷浙江左布政使李盤、江西左布政使僕一元、貴州右布政使丘預達、廣東右布政使陳志等致仕。

《國榷》卷六四　己亥，吏部尚書王用賓、户部尚書高燿俱秩滿，進太子太保。土魯番速檀馬速叩關請賞，許之。

《世宗實録》卷五五六　丙子，巡按山西御史陳桂覆劾上四十三年十月、十二月虜兩犯山西興風等處諸吏功罪。

《國榷》卷六四　丁未，工部右侍郎張守直爲左侍郎，徐綱爲右侍郎。

壬子，太常寺少卿丘岳爲禮部右侍郎。

癸丑，洪朝選爲右副都御史，總理南京糧儲。

己未，吏部尚書郭朴兼武英殿大學士，禮部尚書高拱兼文淵閣大學士，同直文淵閣。

《明通鑒》卷六三　朴、拱皆由徐階薦，而朴以供奉青詞，與袁煒、嚴訥、李春芳入直西苑，時稱「青詞宰相」。

《國榷》卷六四　浙江巡撫右副都御史劉畿爲兵部右侍郎兼右僉都御史，總督浙直、江西軍務。增總轄徽、饒、嚴、衢兵備副使。

《世宗實录》卷五五六　己未，朴、拱俱疏辭，上優詔不允。户部進珠一百三十八兩有奇，上命再取六號者五十顆，九號者二萬顆。又命取太倉中庫所積永樂、宣德間舊銀十萬兩以進。

《明通鑒》卷六三　四月壬戌朔，閩廣官兵追擊海寇吴平，大敗之。初，平出海，爲官軍所敗，將奔安南，巡撫吴桂芳檄安南萬寧宣撫司發兵會勦，遣參將湯克寬、都司傅應嘉等，以舟師夾擊賊于萬橋山下。會暮，大風，我軍用火攻，焚平所乘舟，平軍大潰，赴水死者無算。閩、廣奏報，或稱平已遠遁，或稱平已溺水死，然自是不復犯閩、廣矣。

《國榷》卷六四　甲子，歲給京營各家丁冬布花衣銀。著爲令。

《明通鑒》卷六三　是月，以吏部侍郎高儀爲禮部尚書，以高拱入閣代之也。南京兵部尚書胡松爲吏部尚書，代郭朴也。

《世宗實録》卷五五七　丁卯，禮科給事中周世選條陳四事。

《國榷》卷六四　癸酉，吏部左侍郎秦鳴雷教習庶吉士。張居正爲翰林侍讀學士，署院。

丙子，郭乾爲南京兵部尚書。

丁丑，上又欲南幸。徐階言：「南幸自己亥至今二十七年矣。皇上自度精力較彼時何如？又邇來十四月相較復何如？雖天祐萬康，然輦行不及宮居之安，途次不及殿庭之適。」上乃止。裁廣東潮州兵備僉事，併于海防道。更定各衞所屯租，虧三分以上，屯官鐫二級，印官一級，遞至七分以上，屯官戍邊三年，印官降級。

《世宗實録》卷五五七　陞雲南按察司劉慤爲浙江右布政使。

《國榷》卷六四　己卯，兵部右侍郎陳其學總督陝西三邊。先是，有旨清理京師鋪行。時錦衣官校，多占市籍，大興知縣高世儒等奉詔召之承役。左都督朱希孝言：「禁衞親軍，例當優免，世儒奉詔無狀。」御史顔鯨言：「禁軍依馮城社，操奇贏以遊都市。既非人人在官，晏然囊金籯帛，吏不得問其尺帛銖金。世儒召行户，非勾禁軍也。希孝庇羣小，撓法市恩。」忤旨，謫鯨。

《世宗實録》卷五五七　乙酉，陞巡撫甘肅左僉都御史戴才爲右副都御史，巡撫陝西。

《國榷》卷六四　丙戌，倉場户部右侍郎劉自强回部。虜犯遼東西興、西平二堡，備禦苟麒、把總張禄中伏死之。

五月壬辰，虜自西平出塞，轉掠河東鹽場。清河守備郎得功扼之張能峪口，斬七十五級，驅還擄掠甚衆。四川龍州宣撫使薛兆乾伏誅。定考滿官見都察院禮。

庚子，吏部左侍郎秦鳴雷罷。

《世宗實録》卷五五八　辛丑，户部尚書高燿等條陳清理軍餉事宜。

《國榷》卷六四　壬寅，定守令非三年不得遷。

丙午，陳以勤爲吏部左侍郎，教習庶吉士。

戊申，詔天下核補原額守城民兵。

甲寅，潘晟爲禮部左侍郎。改右副都御史洪朝選巡撫山東，兼督理營田。

己未，命南直隸巡鹽御史兼水利。

《世宗實録》卷五五八　兵部覆巡撫延綏都御史王遴條陳四事。

《國榷》卷六四　六月辛酉，禮部請修太學。從之。

甲子，增宣府柴溝堡參將。

《世宗實録》卷五五九　乙亥，陞刑部右侍郎劉體乾爲户部左侍郎，總督倉場，督理西苑農事。應天府府尹萬士和爲都察院右副都御史，總督南京糧儲。

《明通鑒》卷六三　癸酉，河決沛縣，壞馬家橋新築東西二堤。初朱衡決計開新河，時廷臣以潘季馴言請勘新集、郭貫樓諸上源地。衡極言「故道必不可復，惟當開廣秦溝，使下流通行，修築南岸長堤以防奔潰，可以甦魚、沛昏墊之民」。詔便宜行之。衡乃開魚臺、南陽抵沛縣，留城百四十餘里，而濬舊河自留城以下抵境山、茶城五十餘里，由此與黄河會。又築馬家橋堤，東西三萬五千二百八十丈，石堤三十里，遏河之出飛雲橋者，趨秦溝以入洪。至是工未成而河復決，敗馬家橋堤。言者交章論衡，詔「衡及季馴再勘，及此水盛之時，循視上流，務圖上策，以拯災黎」。

《國榷》卷六四　丙子，王治道爲遼東總兵官。罷福建巡撫右副都御史汪道昆。

《世宗實録》卷五五九　戊寅，詔取籍没嚴世蕃、羅龍文贜銀二十萬以進内。

《國榷》卷六四　七月庚寅朔，虜寇萬全右衛。

《世宗實録》卷五六〇　癸巳，陞山東右布政使李一瀚爲應天府府尹。

《國榷》卷六四　乙未，命宣、大、薊、遼各預圖戰守，並令大同伏兵于天城、陽和間伺虜。虜深入至永寧水峪口，宣府總兵馬芳率把總解生、參將補子漢等擊斬十八級。大同、山西總兵孫吴、董一奎等各援之，乃遁。

《明通鑒》卷六三　是役也，總兵官馬芳赴援西路，遇寇于馬蓮堡，堡圮，衆請塞之，不可；請登臺，亦不可。開堡四門，偃旗鼓，寂若無人；比暮，野燒燭天，囂呼達旦，芳高臥，日中不起。敵騎窺者相屬，莫測所爲。明日，芳蹶然起，乘城指示衆曰：「彼軍多反顧，且走。」勒兵追擊，大破之。

《國榷》卷六四　癸丑，兵科給事中魏時亮言安民之要六事。

丙辰，虜萬餘騎自延綏平山墩入寇。

戊午，始通天津海運，轉餉永平。

八月己卯，南贛巡撫吴百朋請討和平之岑岡賊、龍南之高沙、下歷賊。蓋三巢賊衆數萬。從之。

甲申，廣東山賊李亞元等平。

乙酉，虜寇延安。

九月己丑，薊鎮總兵官胡鎮罷，王孟夏代之。

壬辰，修乾元殿。

癸巳，修咸福宫。吏部尚書胡松請重舉劾。從之。

丙申，遣工部左侍郎張守直修顯陵。更作龍飛殿，採川廣大木。

丁酉，俞大猷仍鎮守廣西。

《明通鑒》卷六三　時給事中歐陽一敬言：「兩廣舊各巡撫一員，後因提督開府蒼梧而巡撫遂罷；今地方多事，請復設巡撫于廣東。其廣西總兵官，原以流官都督爲之，後改用勳臣，與提督同駐梧州，重爲地方繁擾；今宜召恭順侯吴繼爵還京，仍選用流官，移鎮廣西會城。」部議請暫設廣東巡撫，而以大猷鎮廣西代繼爵，從之。尋給大猷平蠻將軍印。

《國榷》卷六四　戊戌，前南京工部右侍郎龔輝卒。古田獞賊韋銀豹等降。

《世宗實録》卷五六二　辛丑，南京吏科給事中張崇倫等劾奏南京刑部左侍郎葉鏜、南京兵部右侍郎喻時、南京大理寺卿王爚俱哀痛不職。詔鏜閒住，時、爚各回籍聽用。

《國榷》卷六四　故刑部尚書鄭曉卒。

己酉，禁戒壇僧尼説法。時白蓮教盛行，西山盜劫戒壇，御史鮑承廕請絶左道。從之。

《世宗實録》卷五六二　庚戌，裁革湖廣沅州竹寨、安江二水驛，併沅陵縣清浪驛於北容驛。

《國榷》卷六四　新河成。至是通漕，羣囂始息。

《世宗實録》卷五六二　辛亥，陞大理寺卿張翰爲刑部右侍郎，南京太僕寺卿吴悌爲南京大理寺卿。

《國榷》卷六四　吴桂芳爲南京兵部右侍郎，徐陟爲南京刑部右侍郎，南京禮部尚書尹臺劾罷，雷龍爲寧夏總兵官。

癸丑，修築西黄河墻城。

十月己未，濬豐潤縣環香河。轉餉太平等寨。

辛酉，王廷爲南京禮部尚書，任一憑爲南京工部右侍郎，吴三樂爲大理寺卿。故大理寺卿萬寀、廣西按察副使袁應樞遣戍，刑部右侍郎鄢懋卿下臺獄，俱嚴氏寄貲者。

《明通鑒》卷六三　時籍没嚴嵩家産不及二百萬，詔旨嚴急。官司乃指寀等寄頓侵匿，遂皆得罪。

《國榷》卷六四　壬戌，左都御史張永明罷。永明清厲自持，吏部文選郎中胡汝桂、都給事中胡應嘉等煽議，公卿多避之。永明不爲撓，故給事中魏時亮攻去之。復設廣東總兵官，以湯克寛爲之。

丁卯，套虜自定邊營寇固原，總兵郭江率千總李大本等擊之。值于暗門，敗没。命户部開鹽銀本末。

壬申，雲南按察僉事桐城張澤討武定寇鳳繼祖，死之。

癸酉，户部進餘鹽額價五萬金。初上趣之，尚書高燿謂今入數，止之。詔諭登、萊、遼東沿海居人各徙内地。虜寇偏頭關，掠寺鳴等堡，殺守備左保。前南京兵部尚書李遂卒。

甲戌，諭停刑，以建紫宸殿也。詔先修顯陵隆慶稜恩殿，以承天大水，餘姑已之。

《世宗實録》卷五六三　乙亥，以湖廣水災，詔免各府衛屯糧料價有差，仍改折漕糧十四萬石。

《國榷》卷六四　丙子，譚綸爲兵部右侍郎，總督兩廣軍務。賑徐、淮饑民萬二千金。

《世宗實録》卷五六三　丁丑，陞大理寺卿李敏爲順天府府尹，大理寺右少卿裴天祐爲光禄寺卿。

《國榷》卷六四　己卯，吏部尚書胡松卒。贈太子少保，謚莊肅，予祭葬。

庚辰，王廷爲左都御史。大同總兵姜應熊坐縱虜互市激陷朔州，戍邊。郭震爲陝西總兵官。

辛巳，户部司務何以尚請宥海瑞。上怒，杖之百，下鎮撫獄錮之。釋故給事中沈束獄。以尚窺上旨不欲死瑞，故救之。自敍購龍涎香已得四十兩，又欲以詭道希合。以尚，廣西興業人。由建昌教諭隆慶初復官，遷光禄寺丞。

《明通鑒》卷六三　壬午，浙江道御史王時舉劾刑部尚書黄光昇，言：「内官李永，以訴事犯乘輿，本無死比，乃擬真犯；奸人王相，私閹良民者三，本無生法，乃擬矜疑；若非聖明獨斷，則永爲含寃之鬼而相爲出柙之虎矣。宜敕致仕，以爲法司故出入人罪者戒。」疏入，上以其輕出大言，詔編氓口外，光昇置不問。

《國榷》卷六四　癸未，兵部尚書楊博改吏部。上欲用高燿，衆不可而止。

甲申，議貢士考試法。

乙酉，貴州巡撫右副都御史陳洪濛罷。

丙戌，免遼東水災屯糧。虜犯定邊營。上復不豫，手諭徐階。自是疾漸篤，宸札不復出。

閏十月己丑，宣大總督兵部尚書趙炳然回部，尋進太子少保。監察御史方新言事忤旨，削籍。

庚寅，紫宸殿成，工部尚書雷禮進少傅。

辛卯，王之誥爲兵部左侍郎，總督宣大軍務。任士憑爲兵部右侍郎，巡撫江西。杜拯爲右副都御史，巡撫貴州。總督浙直江西兵部右侍郎劉畿遣都指揮陳大成、成大器等分勦開化礦賊，平之。

壬辰，虜千餘騎復犯延綏，焚掠六日，去之。

《世宗實録》卷五六四　癸巳，以水災蠲山東登、萊等府秋糧有差。浙江道御史李輔疏陳酌議憲條四事。

《國榷》卷六四　乙未，故太子太保、兵部尚書許論卒。雲南、四川官軍討叛酋鳳繼祖，敗走東川。土官鳳氏初助之，見官軍皆集，其黨斬之以獻。

《世宗實録》卷五六四　丁酉，改原任太僕寺卿曾于供爲南京太僕寺卿，陞四川按察使孫應鰲爲湖廣右布政使。

《國榷》卷六四　辛丑，徐養正爲户部左侍郎，吴桂芳爲兵部右侍郎。命户部購大小珠千五百餘顆，凡四等，直二萬二千五百餘金。上曰：「未如數，抑無廿黄玉，其毋悋直市之。」

甲辰，虜千餘騎犯大同威遠衛，參將崔世榮引兵二百禦之，殊死戰，不利，及其子大朝、大賓死之。

庚戌，總督浙直、江西兵部右侍郎劉畿請汰民兵。從之，仍行之閩、廣。

壬子，劉畿爲南京兵部右侍郎，魏尚純爲大理寺卿。

癸丑，總督陝西陳其學、巡撫戴才罷。起霍冀兵部左侍郎兼右僉都御史，馬森爲南京户部尚書。

《世宗實録》卷五六五　十一月戊午，冬至，大祀天于圜丘。

《明通鑒》卷六三　己未，上不豫。初上遣御史王大任等求方書、方士，大任遂于陝西、湖廣諸省招致方外之士王金等，自稱能合丹藥。上方修玄西苑，謂長生可得，不死之藥可致也。金獻所合丹，上服之，輒病躁。時方士至者日衆，上知其妄，無殊錫。金等乃思所以動上者，復僞造諸品仙方，與所製金石藥同進。其方詭祕，藥性燥烈，上御之，火稍稍作，以是病久不愈。

《國榷》卷六四　庚申，前兵部尚書聶豹卒。

壬戌，毛愷爲南京禮部尚書，汪鏜爲南京工部右侍郎。張師載爲右副都御史，巡撫浙江。

庚午，吴嶽、林樹聲爲吏部左、右侍郎。

癸酉，王本固爲刑部左侍郎。張瀚爲兵部左侍郎，總督漕運。萬士和爲南京户部右侍郎。

乙亥，吏科都給事中胡應嘉劾高拱不忠二事。

《明通鑑》卷六三 時上在西苑，閣臣直廬皆在苑中。拱未有(于)〔子〕，移家近直廬，時竊出。一日，上不豫，誤傳非常，拱遽移具出。拱初侍裕王邸，徐階引之輔政，然階獨柄國，拱心不平，頗負氣忤之。應嘉，階鄉人也，以曾劾拱姻親自危，且瞷階方與拱隙，遂以拱不守直廬、驟移器具二者爲不忠，上時方病，弗省也。拱疑應嘉受階指，大憾之。

《國榷》卷六四 丙子，左都御史王廷言六事。

戊寅，李一翰爲左副都御史，曾于拱爲右副都御史，總督南京糧儲。

庚辰，復鄭曉刑部尚書銜。

壬午，改題顯陵明樓碑曰「大明睿宗獻皇帝陵」。初上廟號，未及題碑。總理河道右僉都御史潘季馴憂去，命朱衡兼理河道。南京吏部尚書王用賓致仕。

《世宗實録》卷五六六 十二月丁亥朔，陞南京通政使司右通政譚大初爲應天府府尹。

《國榷》卷六四 戊子，毛愷爲南京吏部尚書，協理戎政。兵部左侍郎遲鳳翔回部。禁宗室遺人久留京師。

壬辰，四川龍州宣撫司改龍安府，以江油、石泉隸之，轄州西道。設四川隆昌縣，屬敍州。設福建海澄、寧洋二縣，隸漳州。增重慶府通判，駐隆橋驛。蓋盜藪也。

《世宗實録》卷五六六 以鳳揚府壽州水災，停徵四十五年分備用馬價。

乙未，陞太僕寺少卿陳道基爲南京鴻臚寺卿。

丙申，總督倉場、户部左侍郎劉體乾條上四事。

《國榷》卷六四 戊戌，王本固爲兵部左侍郎，協理戎政。

己亥，南京工部尚書林庭機爲南京禮部尚書。

《世宗實録》卷五六六 庚子，上疾甚，還大内，午時崩于乾清宮。是日輔臣徐階等啟請裕王入主喪事。王舉哀，貝黑翼善冠、青布袍、黑角帶，由東安門步入至乾清宮，釋冠服，披髮至御榻前叩頭。哭畢至喪次，命各門内外官員謹宿衛發喪。辛丑小殮，須遺詔。

壬寅大殮。上在位四十五年，壽六十。尋上尊謚爲欽天履道英毅聖神宣文廣武洪仁大孝肅皇帝，廟號世宗，葬永陵。

明穆宗部(起公元一五六六年,迄公元一五七二年)

《明史》卷一九《穆宗紀》 穆宗契天隆道淵懿寬仁顯文光武純德弘孝莊皇帝,諱載垕,世宗第三子也。母杜康妃。嘉靖十八年封裕王。

嘉靖四五年(丙寅、一五六六)

《國榷》卷六五 十二月庚子,世宗上賓,裕王入治喪。壬子,(裕王)即皇帝位。詔曰「惟我祖宗,聖聖相承。【略】乃遵遺詔,以是月二十六日,祇告天地宗廟社稷,即皇帝位,明年為隆慶元年。」

隆慶元年(丁卯、一五六七)

《穆宗實録》卷二 正月丁巳朔,以大喪免百官朝賀。

《國榷》卷六五 桂陽州藍山縣大水。

《穆宗實録》卷二 戊午,上御宣治門視事,文武百官行奉慰禮。

《國榷》卷六五 葬常嬪高氏、王氏。議大行皇帝謚。

己未,議生母榮淑康妃杜氏謚。

庚申,大理寺左少卿鄒應龍爲太僕寺卿。

辛酉,吏科都給事中胡應嘉等言:「喪禮稍暇,每朝罷必御文華殿,令輔臣面議裁決,事屬六部,則召對諸卿;義當問難,則顧問儒臣。又前代宰相入閣議事,必諫官隨之。國朝六科輪直,亦其遺意。乞此後更番隨入,聽面折是非,或退而參論。」上是之。

録建言得罪諸臣:通政使樊深,都給事中丘橓、楊思忠、尹相、魏良弼、李用敬,左給事中陳瓚,給事中吴時來、周怡、沈束、顧存仁、趙輄、張選、袁世榮,御史何維柏、趙錦、張登高、黄正色、方新、張檟、凌儒、申仲、王時舉、馮恩,郎中徐學詩、周冕,主事張翀、董傳策、劉世龍、唐樞,大理寺正毋純德。是日,補瓚、時來吏科,輄禮科,世榮兵科,儒、登高浙江道,新江西道,檟湖廣道,錦、維柏河南道,仲山東道,時舉山西道,翀、傳策刑部,餘需次。

吏部請卹諸臣,第爲三等。一僇死。若兵部員外郎楊繼盛、左中允郭希顔、錦衣衛經歷沈鍊、給事中楊允繩,宜贈廕諭祭。一杖死。若太僕卿楊最,編修王思,給事中薛宗鎧、何光裕、裴紹、張原,御史浦鋐、曾翀、葉經,主事周天佐、仵瑜、臧應奎、殷承敍,宜復官贈廕。一譴死。若左侍郎唐胄,都御史李璋,學士豐熙,修撰楊慎,編修楊名,檢討王元正,贊善羅洪先,大理左少卿徐文華,都給事中張翀、張侃、劉濟、劉琦,御史馬録、程啓元、盧瓊、陳讓、桑喬、包節、王宗茂、余翱、方一桂,員外郎劉魁,郎中余寬、黄待顯、陶滋、相世芳、王與齡,僉事章鐫,宜復秩贈官。吏部尚書熊浹諫止箕仙,御史楊爵彈擊權倖,當與杖死同卹。從之,贈浹少保,謚恭肅。

癸亥,詹事府吏部左侍郎陳以勤上謹始十事:定志、保位、畏天、法祖、愛民、崇儉、攬權、用人、接下、聽言。上嘉納之。

《明史》卷一九《穆宗紀》 丙寅,罷睿宗明堂配享。

《國榷》卷六五 上御宣治門視事。修永陵。禮部會議郊社及祔葬祔享之制。郊仍分祀,東郊歲甲丙戊庚壬,西郊歲丑辰未戌,親祭,餘遣官籍田登極行之。罷祈穀祭。停南郊大享及常社常稷。祔廟惟一帝一后,祔葬不論。起前南京禮部尚書葛守禮,户部右侍郎趙貞吉,兵部右侍郎郭宗皋,右副都御史林雲同,右僉都御史曹邦輔,左布政鍾卿,按察副使曹金、金立敬、殷邁,僉事謝廷莁等。

戊辰,禮部請立皇后、皇太子。上諭立后即行,皇子年幼,先賜名,徐議册立。

《明通鑒》卷六四 復鄭王厚烷爵。初,王以上《四箴》、《連珠》忤先帝旨,遂爲孟津王見濍子祐橲所搆,廢爲庶人,錮之高牆,時皆寃之。至是上念王無罪,始令復爵之藩。王自少至老,布衣蔬食。世子載堉,篤學有至性,痛父非罪繫,築土舍宮門外,席稾獨處者十九年,洎王還邸始入宮。

《穆宗實録》卷二 己巳,大學士徐階奉詔自陳求退。不允。

《國榷》卷六五 罷西苑督農侍郎,歸司禮監。減御用監香蠟額,如嘉靖初。

《穆宗實録》卷二 方士王金等下獄論死。金初以修煉,夤緣真人陶仲文子世恩,希求恩澤,乃僞造五色靈龜、靈芝,以爲天降瑞徵。又與世恩及陶倣、劉文彬、申世文、高守中僞造諸品仙方，養老新書，七元天禬，護國兵策及以金石藥進御。倣得遷太醫院使，世恩太常寺卿，金太醫院御醫，文彬太常寺博士。至是，以遺詔逮金等鞫問，遂皆伏法。

辛未，大學士李春芳、郭朴、高拱各奉詔自陳求退。上俱優詔褒留，令益展猷爲，以副眷任。吏部左侍郎、掌詹事府事陳以勤，翰林院侍讀學士、掌院事張居正各以考察自陳。上以其學行素優，俱令供職如故。

《國榷》卷六五　辛未，京察自陳，户部尚書高耀致仕，調禮部右侍郎丘岳、光禄卿裴天佑、通政使吴三樂、右僉都御史趙鏜。

壬申，勅禮科左給事中王治、御史王好問覈内府歲額已，太監崔敏等奏免，户科給事中張憲臣劾其違命。上命覈自嘉靖四十一年始，非詔中者毋覈。治等言其不可。不聽。

甲戌，名皇子翊鈞。御史何維柏爲大理寺左少卿。侍讀學士王大任、姜儆劾免。復江南巡漕御史，江北以兩淮巡鹽攝之。時漕滯失期。放各廠衛軍歸伍。

乙亥，上世宗欽天履道英毅聖神宣文廣武洪仁大孝肅皇帝尊謚。奪工部尚書徐杲及其子錦衣指揮文燦官。

丙子，南京禮部尚書葛守禮爲户部尚書，起郭宗皋刑部右侍郎，樊深通政使。

丁丑，上孝恪淵純慈懿恭順贊天開聖皇太后尊謚。户科給事中張憲臣、工科都給事中王元春、吏部郎中余敬中爲浙江、江西、廣西右參政，編修李貴、御史李廷龍爲四川、河南副使。前刑部侍郎鄢懋卿匿嚴氏金，戍邊。追奪故真人邵元節、陶仲文官誥，籍其家。撤西苑諸宫殿額。初議盡毁之，禮部惜其費，僅去額。

己卯，萬壽節，免朝賀。

辛巳，吏科都給事中胡應嘉削籍。應嘉劾吏部尚書楊博考察失公，私憤謫給事中鄭欽。御史胡維新、閣臣郭朴以應嘉佐察，復撓察典，越法重擬。而應嘉前劾高拱，俱疑出階意。于是兵科給事中歐陽一敬等論救侵拱。徐階薄擬應嘉謫外，拱疑階之嗾一敬也，隙滋甚。然應嘉傾險善訐，士論輕之。

壬午，翰林侍讀學士張居正爲禮部右侍郎兼學士，兵部主事海瑞爲尚寶司丞，南京通政司右通政鄭世威爲右僉都御史。

丙戌，言官拾遺，南京刑部尚書錢邦彦，右僉都御史劉秉仁、吏部郎中劉孝仍任，調南京太常少卿吴遵、工部左侍郎張守直、南京工部右侍郎汪鏜、太常寺少卿羅良。

《明通鑑》卷六四　是月增設江浙巡漕御史，從户科給事中何起鳴議也。是時漕運失期，舊制，江北糧米當十二月以内過淮，遠者不過次年之三月，時有遅至次年六七月者；山東糧米當四月運完，遠者不過七月，時有遅至十一月者。至是起鳴「請于南直隸、浙江杭、嘉、湖增設御史一員，令專理漕運。其濟寧以南河道舊屬兩淮巡鹽御史帶管者，亦並委之，監兑時則巡歷淮安以南，水盛時則巡歷徐州以北，庶河道、漕運可兼攝而並舉」。從之。

《明史》卷一九《穆宗紀》　二月戊子，祭大社大稷。

《國榷》卷六五　庚寅，外戚錦衣衛指揮僉事杜繼宗封慶都伯，正千户李銘德平伯，副千户陳景行固安伯，各禄千石。

辛卯，福建左布政鍾卿爲光禄寺卿。命遼東總兵官移遼陽，使海州、瀋陽之援。

《穆宗實録》卷四　壬辰，陞古北口副總兵署都指揮僉事申維岳爲署都督僉事、充總兵官，鎮守山西三關。

《國榷》卷六五　巡撫雲南兵部尚書兼右都御史吕光洵爲南京工部尚書。

《穆宗實録》卷四　癸巳，命恭順侯吴維爵掌中軍都督府事，南和伯方炳掌右軍都督府事。

《國榷》卷六五　定朝儀。自翰林、科道、鴻臚、尚寶如近例，餘敍資品。襄王厚熲薨，謚曰莊。

甲午，起林雲同刑部左侍郎，魏尚純爲工部左侍郎。命中外歲盤錢糧，專于巡按，不會巡撫，其五年京盤并入歲盤，專敕各邊巡按御史。

《明通鑑》卷六四　乙未，册妃陳氏爲皇后。李春芳、郭朴並少保，舊講官高拱進少保兼太子太保、武英殿大學士。

《明史》卷一九《穆宗紀》　吏部侍郎陳以勤爲禮部尚書兼文淵閣大學士，禮部侍郎張居正爲吏部左侍郎兼東閣大學士，預機務。

《國榷》卷六五　殷士儋爲禮部右侍郎。

丁酉，雲南左布政陳紹儒爲順天府尹。議錢法馬政。户部言：禁僞錢，餘舊錢聽民間兼行。其税課等准收錢。兵部言：災傷郡縣，每馬折八金，五年審牧。並從之。先是太僕寺少卿武金請去種馬，可得金百二十萬。許之。初，種馬北七萬，南三萬，歲五萬，京解其一給各軍。後寄牧順天屬縣，曰寄養。山西、陝西又設苑監官牧。上苑萬匹，中苑七千匹，下苑四千匹。陝西茶馬司，洮河、西寧等衛番族給金牌四十一，納馬萬四千五十一匹，曰差發，給茶百萬斤，取于蜀。後金牌制廢，止給茶易馬，似互市云。

戊戌，福建左布政陳用賓爲右副都御史，巡撫雲南。加恩藩邸官校及内臣，太監黄錦廕錦衣指揮僉事，太保兼太子太保、左都督朱希孝進兼太子太傅，餘陞賞有差。

辛丑，上孝潔恭懿慈睿安莊相天翊聖肅皇后、孝烈端順敏惠恭誠祗天翊聖皇后尊謚，加恩内臣。

癸卯，曹邦輔爲左副都御史，吴百朋爲大理寺卿。趙岢總兵，鎮延綏。郭琥降大同副總兵。

甲辰，加謚元妃李氏孝懿皇后。定孝潔皇后祔世宗廟，别祀孝烈皇后于景雲殿，改曰弘孝。汰内府匠役濫官。時太僕、少卿二，苑馬卿二，布政司參議二，郎中一，員外郎三，餘鴻臚寺丞、光禄署正等銜至百數，内官監太監李芳請裁革。下吏部，斥減有差。

《明通鑒》卷六四　乙巳，罷睿宗玉芝宫專享。是月，北寇犯廣寧，總兵官王治道擊卻之。

《國榷》卷六五　起趙貞吉吏部左侍郎兼翰林學士，署詹事府。

戊申，減内府歲供米麥麻菽丹礬銅蠟等額。

《穆宗實録》卷六　三月庚申，南京禮部尚書林庭機乞致仕。許之。

《國榷》卷六五　辛酉，降雲南提學僉事萬廷言二級，調外。給事中周世選劾工部尚書雷禮私忿中傷光禄寺丞廷言外補。禮疏辨，吏部覆：廷言主事，不五年陞光禄丞，出之雲南，猶爲儒臣，禮安得與？從之。裁内官監屬增給，從太監李芳之請。

《穆宗實録》卷六　己巳，陞四川布政使司右參政魏文焲爲湖廣按察司按察使。

《國榷》卷六五　庚午，直隸提學御史耿定向奏：「科場主考宜簡學行，不論年資。分考取卷正備俟裁，文限字六百。提學官驗硃墨解部。監生編號同諸生。」從之。復貢士坊費。嘉靖三十七年減助餉，至是浙江巡按御史王得春言之。

《穆宗實録》卷六　辛未，陞大理寺卿吴百朋爲兵部右侍郎兼都察院右僉都御史，仍提督軍務巡撫南贛。陞陝西按察司副使朱綱爲四川布政使司右參政。

《明通鑒》卷六四　壬申，葬肅皇帝于永陵，孝潔、孝恪兩皇后並祔焉。

《穆宗實録》卷六　癸酉，直隸巡按御史周弘祖言：淮安府所屬十一州縣水災重大，【略】請仍以三年爲限，將逃户種馬折價，悉與蠲免，俟其歸復，仍舊徵解。

乙亥，贈故南京兵部尚書李遂太子少保，賜祭二壇，命有司營葬。

《國榷》卷六五　監察御史王得春上四事：清宫闈、禁諂諛、慎題覆、嚴貢選。從之。

丁丑，世宗祔太廟，同孝潔肅皇后。

戊寅，署太常寺事禮部侍郎師宗記降少卿，太常寺少卿魏學詔、袁好禮降寺丞，皆羽流濫躐。自是限用科目。

庚辰，祀孝恪皇太后于神霄殿，祔孝懿皇后。大學士徐階等請開經筵，許之。

壬午，册貴妃李氏、賢妃汪氏。毁紫極殿紫宸宫，改建翔鳳樓。尋閣臣、言官力止之。吏部左侍郎吴嶽爲南京禮部尚書，太僕寺卿鄒應龍爲太常寺卿，南京刑部右侍郎徐陟疾免。

甲申，修《世宗實録》，敕太師成國公朱希忠監修。少師、大學士徐階，少保、大學士李春芳、郭朴、高拱，大學士陳以勤、張居正總裁。禮部尚書高儀、詹事府吏部左侍郎趙貞吉、吏部右侍郎陸樹聲、署院禮部左侍郎潘晟、右侍郎殷士儋副之。左諭德兼侍讀姜金和等纂修。

乙酉，諭開經筵日講。故刑部左侍郎安福、劉玉贈尚書，予祭葬，謚端毅。

《穆宗實録》卷六　巡按直隸御史蘇朝宗條奏監法六事。

乙酉，陞陝西布政使司右參政王道行爲湖廣按察司按察使。

《國榷》卷六五　虜犯遼陽長安堡，指揮王承德戰没，贈都指揮使。指揮宋世舉、都指揮高惟忠及副總兵楊四畏下巡按御史訊之。

《明通鑒》卷六四　是月，吏科給事中王治，上疏陳四事：「一定宗廟之禮以隆聖孝。【略】一謹燕居之禮以澄化源」。【略】其二「請勤朝講，親輔弼」。疏入，報聞。

四月丙戌朔，享太廟。時以大行几筵未撤，禮部議「遵正德元年例，先一日，上常服祭告几筵，祇請諸廟享祀」。自是時享、祫祭在大祥内者皆如之，著爲定制。

《國榷》卷六五 定西侯蔣祐等百五十餘人不至，奪月俸。河南道監察御史陳聯芳上五事：資輔弼之益，務從諫之實，重詔令之施，慎爵賞之權，復執奏之規。報聞。

丁亥，戎政兵部左侍郎王本固改吏部。

庚寅，南京吏部右侍郎瞿景淳爲禮部左侍郎，湖廣左布政使畢鏘爲太僕寺卿。

兵科都給事中歐陽一敬再劾高拱專擅國柄，亟宜斥。上以拱舊講臣，不聽。

癸巳，敕太師成國公朱希忠、少師大學士徐階知經筵事。少保大學士李春芳、郭朴、高拱、大學士陳以勤、張居正同知經筵。

丙申，禮部言郊廟諸祭，太常寺止奏日，不奏時，故陪祀多失期，今後日時並奏。從之。起劉采南京工部尚書，趙大佑刑部右侍郎。改郭宗臯兵部右侍郎，協理戎政。提督操江、右僉都御史盛汝謙爲大理寺卿。兵部尚書趙炳然致仕。

《穆宗實録》卷七 丁酉，陞山東布政使司左參政熊桴為本省按察司按察使。

戊戌，海西者刺等衛女直夷人都督阿失卜等來朝貢馬，宴賚如例。

庚子，禮部尚書高儀請立太子，不允。重録《永樂大典》成。進徐階俸正一品，李春芳、郭朴、高拱並少傅，陳以勤太子太保，張居正禮部尚書兼武英殿大學士。國子祭酒林燫加太常寺卿。南京兵部尚書郭乾改北。治延綏丙寅失事諸將罪。

壬寅，署讞，釋輕囚。

癸卯，南京光禄寺卿江治爲太常寺卿。

乙巳，工科給事中李貞元劾高拱剛愎褊急，無大臣體，亟宜罷。不聽。

丙午，禮部尚書高儀等言：「我朝列聖相承，每接見輔弼，延訪大臣，或同游詠和，或燕對無時。明良喜起，太平之業，端肇于此。我皇上登極數日，即出御門，朝宁威儀，已復祖宗之舊。但大廷之上，體統森嚴，拜起唯諾，勢相懸隔。若止循例具文，上有懷而不得問，下有見而不敢陳。竊恐情意不接，見聞日壅，諸司奏牘，中外事機，豈能一一盡白于聖衷耶？今山陵已畢，講幄復舉，惟便殿親政，尚未之及。伏望朝罷即御文華殿，輔臣隨入，其部院大臣不時召見。賞罰黜陟、典禮刑獄、軍機會計凡當酌議者，特降清問，許部院陳述始末，輔臣即擬可否，睿斷親裁。科道官各輪二人隨進，如議擬未當，許公同評正。」上報可，卒寢不行。

《明通鑒》卷六四 丙午，禁四方毋得獻珍禽奇獸。

丁未，御經筵。時内閣徐階等言：「自古帝王，莫不以講學爲首務。茲山陵事畢，祔廟禮成，經筵日講，正惟其時，請特舉行。」從之。

《國榷》卷六五 前吏科都給事中魏良弼加太常寺少卿，户科給事中張選加通政司左參議，南京浙江道御史馮恩加大理寺丞，大理寺正毋德隆、南京兵部職方主事劉世龍加尚寶司少卿，各致仕。吏部以先朝遺直，而年七秩上，例宜陞秩示優也。徐階銜恩語吏部曰：「建言中有望雖素著，年力衰遲者，宜酌處。」時馮恩年七十五，竟加大理寺丞致仕，魏良弼等六人並如之。階弟侍郎陟曰：「奈何爲馮一人而遏五老哉？此輩皆天下人望，抑困若干年而不一起，非朝廷獎直拔滯之意。」

戊申，户部尚書葛守禮等言：「直隸、山東有司變法，起科太重，徵派不均。夫因田制賦，按籍編差，國有常經。今不論籍之上下，惟計田之多寡，故民皆棄田避役。沂、費、郯、滕之間，荒田彌望，招墾莫應。今行差役，將舉山東爲沂、費、郯、滕也。夫工匠傭力自給，以無田免差。至襏襫胼胝，終歲勤動，乃更受其困，此所謂舛也。乞下明詔，正田賦、罷科差，使小民不離南畝，則流移漸復，農事可興。又國初徵賦，户部定倉庫額價，分派各省，小民照倉上納，完欠瞭如。近年定條鞭法，不倉不石，每畝銀若干。吏胥因緣爲奸，增減灑派，弊端百出。宜罷條鞭法，均税額。」從之。

己酉，尚寶司丞海瑞爲大理寺右寺丞，南京太僕寺卿袁洪愈爲南京光禄寺卿。吏部議太常、鴻臚卿仍用進士，別途得爲少卿，任久加俸，兩房中書舍人不得陞九列。

庚戌，南京刑部尚書趙大佑改南京兵部尚書。

禮部右侍郎殷士儋改吏部右侍郎，通政使樊深爲刑部右侍郎。

壬子，刑部尚書黄光昇致仕。

甲寅，故新建伯南京兵部尚書王守仁贈新建侯，謚文成。太保、左都督周尚文贈太傅，謚武襄。少傅、大學士蔣冕贈少師，謚文定。少保、吏部尚書喬宇贈少傅，謚莊簡。禮部尚書汪俊贈太子太保，謚文莊。太子太保、户部尚書王杲贈太子太師。刑部尚書喻茂堅贈太子少保。少詹事黄佐贈禮部右侍郎。右僉都御史朱方贈右副都御史。各予祭。南京禮部右侍郎吕柟贈尚書，謚文簡。太子太保、吏部尚書、武英殿大學士石珤贈少保，謚文介。追奪尚書顧可學、徐可成，侍郎朱隆禧、郭文英贈謚告身，仆其諭祭等碑。奪侍郎張電誥。時議奪工部尚書甘爲霖祭葬，禮部言爲霖雖庸劣，非雜流比，得免。太僕寺少卿李一元爲鴻臚寺卿。套虜數犯陝西。

五月乙卯朔，南京禮部右侍郎裴宇爲南京吏部右侍郎。巡撫應天右副都御史謝登之爲通政使。南京右都御史孫植爲南京刑部尚書。南京大理寺卿吴悌爲南京刑部右侍郎。

丁巳，上告廟，請太祖高皇帝配北郊。

戊午，召南京吏部尚書毛愷爲刑部尚書。

《明通鑑》卷六四 己未，黄河決口工成。初，朱衡開新河有成效，世宗命兼理河道，終其事。至是河成，西去舊河三十里。舊河自留城以北經穀亭而至南陽，新河亦自留城而北經夏鎮而至南陽，與舊河合，謂之夏鎮河。論功，加衡太子少保。

《國榷》卷六五 引鮎魚諸泉、薛沙諸河注馬墕三河口，瀹舊河，修馬家橋隄，遏河出飛雲橋者盡入秦溝，漕道大利。

《明通鑑》卷六四 辛酉，夏至，祀地于北郊。

《國榷》卷六五 癸亥，江西左布政使范惟一爲南京太僕寺卿。廣東總兵官俞大猷進署都督同知，勦盜功。

甲子，諭禮部，將出幸舊邸，備議從。尚書高儀言巡幸無名，恐開佚游之端。給事中何起鳴、御史王好問各諫，不聽。故大學士楊廷和、尚書王廷相、梁材、劉訒、聶豹、翟鵬，侍郎江曉、程文德、曾銑、楊守謙、商大節、張漢，副都御史孫繼魯各復秩。户部請頒賦册定式于天下，自嘉靖三十六年至末年，郡縣所徵輸及民負，各詳于册，明年入覲送部。從之。

俺答犯大同，參將劉國禦卻之。

《明通鑑》卷六四 自此山西數被寇矣。

丙寅，上幸舊邸，即日還宫。

《國榷》卷六五 纂修《實録》，下各提學官採送事跡，遣免。

庚午，罷寶坻縣採魚。自今薦新上供，俱出光禄寺，不遣内臣，著爲令。

《穆宗實録》卷八 辛未，改南京工部尚書劉采爲南京吏部尚書。

《國榷》卷六五 右諭德兼侍讀吕調陽爲南京國子監祭酒，巡撫遼東右僉都御史劉應節改河南，劉采爲南京吏部尚書，郭宗臯爲南京右僉都御史，巡撫湖廣右副都御史方濂爲南京大理寺卿。

壬申，命御史譚啓往浙直，馬明謨往江、福、兩廣，張問明往川、湖、雲、貴，趙岩往山、陝、河南，名覈歲賦。甘肅總兵傅津免。

癸酉，故南京户部尚書張舜臣贈太子少保，予祭葬。

甲戌，監察御史齊康謫外。康劾徐階「險邪貪穢，專權蠹國」。

丙子，故南京兵部尚書湛若水贈太子少保，南京刑部右侍郎周熿贈右都御史，右僉都御史王雲鳳贈右副都御史。

丁丑，大學士高拱乞休。許之。上方嚮用拱，傾朝攻之，疏至二十八。上知不可留，予告乘傳，賜金幣，遣行人導行。張居正素善拱，見其狀不平，往請于徐階。不聽。一日，階咨事。居正曰：「某今日進一語，明日爲中傷矣」。户部尚書葛守禮獨不預，侍郎徐養正、劉自强以請。守禮曰：「人所見不同，何可强乎？」侍郎乃自疏上，守禮尋去，養正即遷南工部尚書。後二年，拱再相，劉自强長刑部，拱語：「前事何忍也？」自强曰：「時若無此疏，安至今日？」拱曰：「葛公尚在此耶？」

《明通鑑》卷六四 先是正月考察，吏部尚書楊博主之，黜給事中鄭欽、御史胡維新，而山西人無下考者。吏科給事中胡應嘉，劾博挾私憤，庇鄉里，且論救欽等。拱因修舊隙，謂應嘉實佐察，自相牴牾，將重罪之。方下閣臣議，郭朴奮然曰：「應嘉無人臣禮，當編氓。」徐階從旁睨拱方盛怒，重違其意，遂擬旨斥爲民。于是言路謂拱以私怨逐應嘉，相與大譁。而兵科給事中歐陽一敬，詆拱奸險無異蔡京，且言：「應嘉前疏，臣實預聞，黜應嘉不若黜臣。」會給事中辛自修、御史陳聯芳疏争，階乃調應嘉建寧推官，拱益不平。踰月，御史齊康劾階，言官以康受拱指，羣集闕下，詈而唾之。一敬首劾康，康亦劾一敬，然康竟坐黜。于是言路論拱者無虚日。至是拱不自安，乞罷歸。拱之奏辯也，階擬旨慰留，而不甚譴言者，以是二人嫌益深。

《國榷》卷六五 己卯，曹邦輔爲兵部右侍郎，協理戎政。劉承業爲總兵，鎮守甘肅。

《明通鑑》卷六四 六月甲申朔，諳達犯朔州，參將麻錦禦卻之。

《國榷》卷六五 乙酉，新河鮎魚口驟水，溺人舟亡算。

《穆宗實録》卷九 丁亥，户部尚書葛守禮以母老乞終養。許之。

《明通鑑》卷六四 時内閣高拱與徐階不相能，舉朝皆右階而攻拱，守禮不可，遂求罷。

《國榷》卷六五　壬辰，京師霪雨。兵部郎中鄧洪震言：「災異叠見，豈無致之者？陛下臨朝端拱，未嘗清問民情，奏章少覽。聞後宫游幸，嬪御充斥左右。近習恩廕，徇情賜予頗濫。號令非一，前後背馳。惟陛下惕然深思，暫罷游宴，務齋戒感格。敕户、工二部覈民田宅傾没之數，量行蠲恤。」上是之。

癸巳，上視朝晏，輟日講。禮科給事中何起鳴、户科右給事中張鹵等以爲言，報聞。

甲午，召南京户部尚書馬森于户部，工部左侍郎魏尚純爲南京工部尚書。詔停刑。

《穆宗實録》卷九　乙未，修理河西務馬營道口等處堤岸，以水災衝決也。

《國榷》卷六五　丙申，初御史張檟請皇極等殿門仍太祖舊額，太監李芳言南北郊合祀。並下禮部，議曰：「我皇祖名奉天殿，蓋明王奉若天道之意。先帝因變鼎新之，更曰皇極，義取洪範。【略】今山陵甫畢，一日舉而盡更之，竊所未忍。【略】世宗議定四郊，如洪武初制，非先帝創之，實遵聖祖初意。若復輕改，臣等未見其可。」上從之。上閔水災，命各御史分賑貧民。敘河功，工部尚書朱衡進太子少保，右僉都御史潘季馴進右副都御史，先後河臣陞賚有差。

《穆宗實録》卷九　丁酉，都給事中何起鳴等以邊鎮地方雨雹，京師霪雨不止，疏請早朝晏退，詢大臣、開言路、遠聲色、戒佚遊、重邊防、節財用，并下所司，務修舉實政以應天心，弭災害。報聞。

《明史》卷一九《穆宗紀》　戊戌，以霪雨修省，素服避殿，御皇極門視事。

《國榷》卷六五　覈内府各監局積貯。

《穆宗實録》卷九　己亥，修理泰陵門殿廊廡，其橋梁暫停止。以詔書初止興作也。

《國榷》卷六五　辛丑，兵部覆御史王友賢邊務六事：重將領、嚴清勾、革贊畫、罷關税、清撫賞、節貢夷。上是之。

壬寅，裁畿内冗官。

癸卯，户部左侍郎劉體乾爲南京户部尚書。

《穆宗實録》卷九　甲辰，刑科右給事中李臺論劾南京工部尚書魏尚純貪緣通顯，宜罷。尚純亦兩疏乞休，上不許，令仍供職。

《國榷》卷六五　丙午，命朝覲官即賚萬壽賀表。

丁未，初給事中趙軏、御史周弘祖請故禮部左侍郎薛瑄從祀孔廟，御史耿定向舉故新建伯王守仁。禮部言：「嘉靖初議瑄從祀，以論久後定，宜俟將來。守仁代近，恐衆論不一。」上是之。

《穆宗實録》卷九　戊申，以霪雨，詔免宣府鎮南山一帶衛所屯糧有差。

《國榷》卷六五　故少師、大學士楊廷和謚文忠，太子太保、兵部尚書兼左都御史王廷相謚肅敏，太子太保、兵部尚書聶豹謚貞襄，太子少保、户部尚書梁材謚端肅，兵部侍郎曾銑謚襄愍，楊守謙謚恪愍，商大節謚端愍，孫繼魯謚清愍，各予祭葬。南京國子祭酒鄒守益謚文莊，予祭。

己酉，故太子太保、刑部尚書林俊謚貞肅，南京工部尚書吴廷舉謚清惠，户部左侍郎唐胄予祭葬，罷故江西按察副使汪一中專祠。南京□科給事中岑用賓言俊、廷舉皆先朝名臣，汪一中失機殞身，卹録太厚。奪故禮部尚書盛端明贈謚，前吏部文選主事史際勒免。御史陳省言端明以方藥、際以醮祝也。翰林院檢討許國、兵科給事中魏時亮頒詔朝鮮。禮部覆御史王得春，凌儒請釋放宫女，不報。

《穆宗實録》卷九　庚戌，改南京户部右侍郎萬士和爲户部右侍郎，總督倉場。

《國榷》卷六五　壬子，户部以供用庫太監翟廷玉等催辦茶鹽米蠟各料，據科道册報，内庫尚贏，乞免派如初詔。從之。汰江南北兵餉。改常鎮清軍同知爲海防分守。虜輕騎犯遼東，伏三千人塞外，誘中軍王世禄入伏，總兵王治道援之，亡卒七十餘人，殺把總佟國勳等，因攻鎮静堡，去之。

七月丙辰，諭内閣以科道欺肆，宜處之。御史李惟觀言：「皇上即位，首録建言得罪諸臣。今過生疑慮，逆折讜論，非所以謹天戒，一衆聽也。」工科都給事中馮成能亦言之。有旨：「昨諭謂妄言失實者，爾等其擇之。」

丁巳，右僉都御史鄭世威爲左副都御史。起游震得南京户部右侍郎，總督倉儲。

戊午，譚國佐嗣新寧伯。

庚申，贈楊廷和太保，王廷相、聶豹少保，梁材太子太保，劉訒、林俊、吴廷舉太子少保，張漢、曾銑、楊守謙、商大節兵部尚書，程文德禮部尚書，江曉工部尚書，孫繼魯兵部左侍郎，鄒守益禮部右侍郎。仍廕廷和子尚寶司丞。復故太子少保吏部尚書兼翰林學士李默官，予祭葬。

《穆宗實録》卷一〇　辛酉，以應天府鄉試，命左春坊左諭德兼翰林院侍讀王希烈、右春坊右中允兼翰林院編修孫鋌爲考試官。

《國榷》卷六五　丙寅，故左贊善羅洪先、兵部員外郎楊繼盛贈光禄寺少卿。洪先謚文恭，繼盛謚忠愍。譚太初爲工部右侍郎，江治爲南京工部右侍郎。

《穆宗實録》卷一〇　丁卯，禮部尚書兼翰林院學士高儀引疾乞休。上優詔慰留之，儀回稱疾篤，不允。

戊辰，上以霖雨爲災，避殿御皇極門視事。罷南京振武營諸選募。

《國榷》卷六五　散淮陽民兵。勑兵部左侍郎遲鳳翔兼右僉都御史，閱薊鎮邊墻。修京師重城。

庚午，太僕寺卿畢鏘爲應天府尹，光禄寺卿袁洪愈爲南京太常寺卿。刑科給事中韓楫上君道三禮：勵聖志、覈聖政、弘聖智。上是之。盜劫威遠縣庫。

辛未。太常寺卿鄒應龍言，洪恩靈濟宫歲三十餘祭，殊瀆，宜祭以春秋。不聽。

《穆宗實録》卷一〇　總理河道工部尚書兼都察院右副都御史朱衡辭免太子少保新命。不允。

《國榷》卷六五　壬申，朝鮮國王李峘來貢，賀先帝尊謚。禮部議謚號非所賀，第遠夷宜特受之，遂勞幣有差。

《穆宗實録》卷一〇　降兵部右侍郎吴桂芳俸二級，仍趨令赴任，坐總督兩廣時擅離職任，爲南京兵科給事中徐尚所劾也。工部尚書雷禮引疾乞休。不允。

《國榷》卷六五　巡按湖廣御史陳省劾太和山守備太監吕祥罪狀，乞徵祥還，罷其官。兵部言「内臣自成化初第提督道流不預民事，宜如省言」。上遂撤祥，停其分守。已司禮監以御馬監右監丞劉進往，仍提督分守。兵科都給事中歐陽一敬言「劉進本名俊，嘗守顯陵，罪敗戍孝陵。今易名希用」。上悟，罷進，以内官監左監丞柳朝往，仍分守。兵部尚書郭乾言「前旨已出，旋復易之，殊駭傳聽」。遂改提督太和山關防，停分守。

《穆宗實録》卷一〇　甲戌，禮部尚書兼學士高儀以病固乞休致。上遣内使賜羊酒米菜慰留之。

《國榷》卷六五　乙亥，少保兼太子太保、吏部尚書楊博九年秩滿，進少傅兼太子太傅。户科都給事中李用敬等追論尚書趙文華、都御史阮鶚、周琉、史褒善侵帑之罪，命各巡按御史訊之。

丙子，貴州左布政使姜廷頤爲南京光禄寺卿。

《明通鑒》卷六四　辛巳，遣使招撫山東、河南被災流民，給復五年；其糧長、稱收、火耗、大馬、折乾、廪給、扣送諸弊，一切釐革，從刑科給事中王之垣請也。

《國榷》卷六五　朝鮮表賀中宫，使臣洪春年等乞留觀幸太學，許之。虜入宣府得勝堡，總兵官馬芳擊卻之。

是月，海盜陷碣石衛。

八月癸未朔，上幸太學，釋奠，御彝倫堂。祭酒趙貞吉講《禹謨》「后克艱厥后」，上心動，問之，知其初召。

《穆宗實録》卷一一　山東按察司副使吕承壽爲本布政司左參政。

《國榷》卷六五　工科左給事中吴時來言：「臣從漕河來，睹治河之弊，在議論繁而要實未審也。新河三難之説，豈不以馬家橋易淺，沙河易淤，薛河易衝之爲患哉？此患在委耳。源之不通，委將安屬？故治源者急也。夫新河與青原山至近也，而東兖以南，費、嶧、鄒、滕之水注焉。以一隄而捍羣流，又當大山瀉下之勢，能保其不潰乎？故疏濬分殺之謀宜豫也。夏村迤邐數十里，地高必導水于薛河，非開支河引薛河上流以分其派，及三河口、鮎魚泉諸地鑿口築隄，置閘啓閉，能免衝決淤塞之虞乎？故蓄泄之計宜慎也。願自今河事，憲臣一人與藩臬之佐一人專之。罷濟、沽、南旺部臣之分理。」上是之，下尚書朱衡議。

甲申，上御皇極殿。衍聖公孔尚賢率三氏子孫、詹事府吏部左侍郎署國子祭酒趙貞吉、司業萬浩等表謝。河決三河口，工部尚書朱衡鐫俸一級。故太子太保兵部尚書彭澤贈少保，謚襄毅。刑部尚書顔頤壽贈太子少保。南京工部右侍郎何孟春贈禮部尚書，謚文簡。太僕寺卿楊最贈右副都御史，謚忠節。

《穆宗實録》卷一一　乙酉，陞廣西布政司右參政徐貢元爲光禄寺卿。

《國榷》卷六五　丙戌，南京兵部尚書趙大佑母老，辭不赴。前山東按察副使王世貞訟父薊遼總督、右都御史兼兵部左侍郎忬之冤。

《明通鑒》卷六四　言爲嚴嵩父子所害，大學士徐階左右之，詔復忬官。

《穆宗實録》卷一一　戊子，大學士郭朴引疾乞致仕。上以朴年力未衰，温旨諭留之。未幾，朴復求去。不允。

《國榷》卷六五　戊子，右春坊右諭德兼侍讀丁士美、右中允兼編修□□主試順天。太常寺少卿周怡上五事：定君志以修德業，畏天命以消災異，敬大臣以尊師道，擇左右以慎近習，勤朝政以飭臣工。語多觸忤，降山東按察僉事。罷遮洋運糧把總。

《穆宗實録》卷一一　己丑，陞浙江布政司右參政郭朝賓廣東布政司右參政，郭應聘爲按察司按察使，朝賓本省，應聘廣西。

《國榷》卷六五　辛卯，總督宣大兵部左侍郎王之誥秩滿，進右都御史。

《穆宗實録》卷一一　仍無兵部左侍郎，總督如故。近例：西北邊督撫兵備官三年秩滿稱職，即得叙陞，之誥以三年考滿故也。

《國榷》卷六五　勞薊鎮修邊吏卒二萬金。

癸巳，始日講文華殿。

甲午，御經筵。

《穆宗實録》卷一一　原任南京户部尚書馬森上疏辭免新命。上以森性資純實，才識明達，趣令赴任，不允辭。

《國榷》卷六五　丙申，巡撫延綏右都御史王遴罷。

辛丑，裁内府各監局官匠及山西、浙、直、廣東冗員。

壬寅，遼東總兵王治道計擒叛人黄勇。勇降胡也，復走胡，導速把亥寇邊。夏四月，開馬市，速把亥部冒朵顔人以入，治道捕得三百七十五人，因諭速把亥以易黄勇，遂執獻。遼人以勇黨大哈剌七人尚在胡，又吾臺卒見掠者，宜及此要之，乃留十七人不遣。胡怒，數入寇，我輒敗之。

癸卯，召兩廣總督譚綸入朝。

《穆宗實録》卷一一　升陝西按察使史直臣爲布政司右布政使。

甲辰，以水災免順天、永平二府所屬州縣并榮州前屯、永清等衛屯糧有差。

《國榷》卷六五　南京兵部右侍郎劉畿罷。

丙午，巡撫山東右副都御史洪朝選爲南京户部右侍郎，提督漕運、兵部左侍郎兼右僉都御史張瀚總督兩廣。

戊申，諭内閣，幸天壽山秋祭。徐階等言：「【略】天壽山後即黄花鎮，鎮外即虜，萬一卒入，何以禦之？【略】」上悟，乃止。

庚戌，南京大理寺卿方廉爲右副都御史，總理漕運兼提督軍務，巡撫鳳陽。南京光禄寺卿姜廷頤爲右副都御史，巡撫山東。

辛亥，户部請今後錢俱留太倉餉邊，毋入内庫。從之。

《明通鑒》卷六四　是月，給事中吴時來言：「兩廣總督譚綸，總兵俞大猷、戚繼光，宜使專練邊兵，以省諸鎮徵調。」兵部覆言：「大猷才宜于南，嘗試于北不效，且老矣。」乃召綸、繼光至京師。

《國榷》卷六五　九月癸丑，太監吕用、高相、陶金監團營。又命修内教場，勑中貴習騎射，兵部尚書郭乾争之，未聽。

甲寅，太常寺少卿徐公遴爲南京光禄寺卿。

乙卯，虜俺答寇大同，井坪、朔州、老營、偏頭關。

丙辰，兵科都給事中歐陽一敬等巡視京營。給事中孫枝、御史韓君恩等各諫内臣監營，徐階繳旨，遂寢之。

《穆宗實録》卷一二　己未，南京工部尚書魏尚統以疾乞致仕。許之。陞巡撫寧夏都察院右僉都御史王崇古爲右副都御史，巡撫如故，以三年秩滿也。

《國榷》卷六五　虜至嵐縣，諸將不扼險，遂長驅而入。會黄台吉窺宣府，土蠻逼灤河，並告急。命王之誥護陵，所徵兵盡東，不暇西及。

《明史》卷一九《穆宗紀》　癸亥，俺答陷石州，殺知州王亮采，掠交城、文水。

《國榷》卷六五　男女死者數萬人，總兵申維岳住大武店，距城四十里，不救，僅尾之。報至，命發兵二萬往援。度勿及，罷師。虜分犯洓水、交城、平陽、介休，遣間入汾内應。參政宋岳擒之，焚其僞書以安衆。攻八晝夜而去。罷宣府副總兵任勇，起董一奎代之。

庚午，俺答東趨雁門，而大同總兵孫吴連諸鎮兵屯箒泊村。巡撫王繼洛趨吴擊其輜重，吴曰：「不敵，祇取辱耳。」張幟疑之。寇走故道，且行且掠。

辛未，山西副總兵田世威條安攘大計三十事。【略】上下兵部採行。會世威失事下獄而寢。

壬申，土蠻寇薊鎮，掠昌黎、樂亭、撫寧、盧龍，游騎至于灤河。命薊遼總督劉燾、總兵李世忠、巡撫耿隨卿東禦土蠻，昌平總兵劉漢西防黄台吉。京營左參將陳良佐、游擊將軍趙勇護陵，宣大總督王之誥還懷來，保定巡撫曹亨移通州。

《穆宗實録》卷一二　癸酉，虜入陝西滅武、常樂等處，官軍拒敵出寨，斬首三十級，奪馬五十匹。總督蹇翼、巡撫王遴以捷聞，命賞總兵趙岢及遊擊高天台等八人銀幣有差。

《國榷》卷六五　經略邊事兵部左侍郎兼右僉都御史遲鳳翔督兵駐昌平。

甲戌，鄖襄水災，免田租。大學士郭朴致仕。始李春芳、嚴訥事徐階謹，郭朴、高拱雖階所薦，稍自倨，又鄉曲甚歡，階勿善也。拱既去，御史龐尚鵬、凌儒移攻朴，力引疾去，時頗不平。南場監生去皿字號，解額虧四分之三。試官王希烈、孫鋌謁太學，下第監生羣詬之。事聞，逮其首數人遣戍。司業金達罰俸三月，守備魏國公徐鵬舉視變奪禄，其卷號仍舊。

《明通鑒》卷六四　乙亥，李世忠東援永平，與敵遇于撫寧縣南，斬首五十級。京師戒嚴，詔：「五城御史詰察非常，漕糧集河下者，令巡倉御史督護入城。」敕羣臣條議京城防守事宜。

時諳達尚在山西，而土默特之寇薊鎮者，三日始引去，出義院口。會大霧，迷失道，墮崖中，人馬枕藉死者甚衆，諸將乃趨割其首而還。

《穆宗實録》卷一二　戊寅，以水災免順天、永平、真定、保定、河間。

《國榷》卷六五　辛巳，罷湖口縣船料。

十月癸未，南京吏部右侍郎裴宇爲南京工部尚書，刑部左侍郎林雲同爲南京右都御史。

乙酉，上日講畢，問輔臣石州事，諭選將調兵。

《穆宗實録》卷一二　陞河南按察司按察使李敏德爲本布政司右布政使。以山西失事論，劾兵部尚書郭乾、侍郎遲鳳翔各衰懦不職。會乾方移病乞歸，許之。鳳翔亦自求罷，得旨降俸三級用。

《國榷》卷六五　撫治鄖陽右僉都御史劉秉仁免。秉仁被劾，擬調，給事中吴時來言秉仁前議革分守太和山内臣，已薦太監李芳，亡大臣節，坐罷。

《明史》卷一九《穆宗紀》　丙戌，寇退，京師解嚴。

《國榷》卷六五　計損我人畜數十萬。巡按御史王漸劾王繼洛，士蠻東出義院口，會大霧迷失道，墮棒棰崖中，崖深十餘丈，騎填焉。延綏游擊張臣等趨之，報斬九百五十五級。總兵李世忠多濫殺稱功。

工部尚書朱衡因三河口決，請從東邵開支河三泄之。又開支河于東邵之上，歷東滄橋，達于百中橋。又鑿渠豸溝等處，使水入赤山、吕孟諸湖，下景山而去。又築壩沙河支流下，令水自鮎魚泉以出，更對泉治塘隄以納流殺勢。修改楊莊南陽佃户屯留城諸閘，以時節宣。從之。

丁亥，畏寒，停經筵日講。閣臣言徹講太早，不聽。御史陳省劾遼王憲㸅僭侈亂倫，多殺無辜。命奪真人賜印，所任奸人下于理。總督陝西左侍郎霍冀爲兵部尚書。

戊子，總督劉燾、王之誥，巡撫耿隨卿、王繼洛，總兵申維岳、李世忠，俱失事奪禄。

己丑，工科都給事中馮成能言：「臣從新河來，度其地，自南陽而下，抵鮎魚三河口，地高平，故水漫溢。且閘渰隄潰不可制。三河匯衆流西注，下達新河，猶高屋建瓴，衝激爲淤，旱潦皆可慮。夏村以南，多藉閘泄其水，勢高下相懸，幾及于丈。由此觀之，功雖告成，猶宜預備。」上下朱衡熟議之。

庚寅，覈江南寄田灑糧之弊，立册釐正。

《穆宗實録》卷一三　庚寅，陞浙江按察司按察使郭朝賓爲本省布政司右布政使，廣東布政司右叅政劉蚧爲貴州按察司按察使。

《國榷》卷六五　甲午，巡撫陝西右僉都御史楊巍爲右副都御史，提督雁門等關兼巡撫山西。南京太僕寺卿劉光濟爲右副都御史，巡撫江西。湖廣右布政使孫應鰲爲右僉都御史，撫治鄖陽。免永平田租及天津治河之役。巡撫寧夏右副都御史王崇古爲兵部右侍郎，總督陝西、三邊軍務。

《穆宗實録》卷一三　陞江西布政司右叅政蔡文爲按察司按察使。

《國榷》卷六五　乙未，刑部右侍郎樊深爲左侍郎，南京户部右侍郎洪朝選爲刑部右侍郎，南京吏部尚書劉采改南京兵部尚書。召福建總兵官戚繼光入朝，協理戎政，總督薊遼劉燾免。

丙申，户科都給事中魏時亮請祀先臣薛瑄、陳獻章、王守仁于孔廟，下部議。逮山西巡撫王繼洛，薊鎮巡撫耿隨卿，總兵官申維岳、李世忠及保定都司吴光裕、永平游擊齊進忠獄。上當維岳逗撓棄市，繼洛謫戍，王之誥以備懷來自解，奪一官。

戊戌，南京禮部右侍郎陳陞卒。陞餘姚人，嘉靖辛丑進士，贈尚書，謚文僖。前署都督僉事郭琥起總兵官，鎮守永平、山海。

己亥，大理寺卿盛汝謙爲南京户部右侍郎，南京户部尚書吴嶽爲南京吏部尚書，工部左侍郎張守直爲南京大理寺卿。兵部右侍郎曹邦輔爲左侍郎兼右僉都御史，總督薊遼、保定，巡撫河南右僉都御史劉應節改整飭薊州邊備，兼巡撫順天。

辛丑，下前宣大總督楊順、巡按御史路楷獄。順、楷殺經歷沈鍊，吏科左給事中陳瓚追其寃戍未蔽辜，遂逮入，論棄市。

《明通鑑》卷六四　甲辰，寧夏總兵官雷龍、靈州參將何其昌，出塞擊河套寇，敗之。

《明史》卷一九《穆宗紀》　諭羣臣議邊防事宜。

《國榷》卷六五　乙巳，巡撫保定右僉都御史曹亨爲兵部右侍郎，協理戎政。巡撫湖廣、右僉都御史楊豫孫爲大理寺卿。

戊申，詹事府吏部左侍郎兼學士趙貞吉爲南京禮部尚書。

己酉，山西副總兵田世威、參將黑雲龍等逮獄。總督王之誥免。

十一月丙辰，故朝鮮國王李峘謚恭憲，命中官姚臣、行人歐希稷往祭。從子昖封朝鮮國王。起陳其學兵部右侍郎兼右僉都御史，總督宣大、山西。

丁巳，廣東總兵官湯克寬免，切責總督張瀚。克寬前撫海盜曾一本，居潮陽之下澮，潛劫海上，致攻揭陽。

庚申，署翰林院禮部左侍郎潘晟改吏部左侍郎，署詹事府。

辛酉，徐階等既廷議禦虜，上十三事。【略】上褒答，其即行之。

《明通鑒》卷六四　癸亥，冬至，祀天于南郊。

己巳，郭成爲署都督僉事總兵官，鎮守廣東。

《國榷》卷六五　丙寅，鴻臚寺卿李一元爲太僕寺卿。

庚午，兵部右侍郎吴桂芳爲左侍郎。召練兵兵部右侍郎兼右僉都御史譚綸佐部。右副都御史鄭世威爲南京吏部右侍郎，太常寺卿鄒應龍爲大理寺卿，太僕寺少卿李用敬爲鴻臚寺卿。

乙亥，右僉都御史何維柏爲左副都御史，順天府尹陳紹儒爲太常寺卿。

丁丑，琉球國中山王尚元來貢。

戊寅，國子監祭酒吕調陽爲南京禮部右侍郎。

山東左布政使李豸滿六年考，宗戚不内遷，命進俸一級。裁江西冗官。

己卯，光禄寺卿徐貢元爲順天府尹。

十二月辛巳朔，命吏部博訪人材。

癸未，太常寺少卿趙錦爲光禄寺卿。

己丑，故禮部左侍郎何瑭謚文定，復大學士夏言官。

癸巳，起戴才右副都御史，巡撫河南。

汰錦衣衛軍校及監局冗役。

乙未，故南京户部尚書贈太子少保徐問謚莊裕。

丁酉，故刑部尚書蔡雲程贈太子少保，予祭葬。

戊戌，工部主事楊時喬言時政幾之當慎者三。【略】弊之最重者九。【略】勢之偏重者三。【略】上是之。諭户部覈内庫太倉出入之數。尚書馬森言：「太倉見金百三十五萬四千六百五十二兩，歲支禄糧百三十五萬有奇，邊餉二百三十六萬有奇，補年例百八十二萬有奇，共五百五十三萬有奇；今計僅足三月。京倉見糧六百七十八萬三千一百五十一石，歲餉二百六十二萬一千五百餘石，值閏月加二十二萬餘石，今計足二年有餘。顧念國儲之匱乏，恤民生之艱難，視銀數之少若此，則百金之費，必思所以惜之。視糧數之少若此，則九年之蓄，必思所以致之。守此不變，力由節儉，一切權宜搜括。」上手詔：「帑匱至此，朕用度毫未妄費，卿其悉心計之。」

己亥，吏科都給事中王治等言吏治三事：定等則以辨才賢，公論劾以一事體，修實政以圖治安。上是之。

乙巳，復故太子少保、吏部尚書萬鏜官，贈太子太保。巡撫山西右副都御史江潮贈兵部左侍郎，並予祭葬。

隆慶二年（戊辰、一五六八）

《國榷》卷六五　正月辛亥朔，直隸巡按監察御史顧廷對上六事：治貪墨、酌遷除、慎選代、議兵餉、清國税、查班銀。上覽之曰：「貪官止斥免，誠無以懲。其令部院以罪上。」

癸丑，虜賓兔台吉寇靖虜城。

丙辰，減内府加增米四千五百石，青白鹽三萬斤，從太監李芳之請。

戊午，享太廟。已遣成國公朱希忠代。閣臣徐階言：遠國來王之初，宜致謹廟享。從之。

庚申，禮科給事中張鹵乞覈建言卹録未盡諸臣。從之。

壬戌，大計，謫免千六百六人。按察副使張天復、知縣汪堯仁等尤墨，下訊所司。兵部左侍郎吴桂芳疾免。巡撫順天都御史劉應節等言：「永平西門直抵海上，至天津五百餘里，可漕。」議令永平通判及指揮等募舟赴天津領運還永平，户部派薊鎮十萬石與之。

《穆宗實録》卷一六　癸亥，禮部尚書高儀等復上疏請立東宫，上乃許之，命擇日具儀以聞。

《國榷》卷六五　乙丑，進李春芳少師兼太子太師、建極殿大學士，陳以勤少傅兼太子太傅，張居正少保兼太子太保。殷士儋爲禮部尚書，仍署詹事府。

戊辰，陝西按察副使姜子羔請朝覲官各獻羡餘：布政三百金，按察二百金，遞下有差。上不許，仍禁科斂累民。

己巳，移皇太子座于文華殿東廡，西向。故事箋賀設座殿上，嘉靖十五年，殿易黄瓦，專經筵。裁浙兵八千人。省紹興兵備官，歸其事海道副使。

《穆宗實録》卷一六　庚午，山西督撫官陳其學、楊巍條上邊防三事。【略】上從之。

《國榷》卷六五　辛未，刑部左侍郎樊深罷。鳳陽南山盜殺鎮撫張希賢。

《穆宗實録》卷一六　陞江西按察司按察使張柱爲布政使司右布政使。

《國榷》卷六五　戊寅，户部右侍郎萬士和改禮部右侍郎，巡撫南贛兵部右侍郎兼右僉都御史吴百朋爲南京兵部右侍郎。

《明史》卷一九《穆宗紀》　己卯，給事中石星疏陳六事。

《明通鑒》卷六四　曰養聖躬，講聖學，勤視朝，速俞允，廣聽納，察讒譖。疏入，上怒，以爲惡言訕上，命廷杖六十，黜爲民。

《國榷》卷六五　庚辰，工科左給事中王璽等言：「内庫之弊，在外有三：曰包攬，曰解户私逃，曰那移延緩。在内有四：曰鋪墊，曰守門科尅，曰私儀，曰棍徒需索。乞盡革之。」報可。兵部左侍郎鮑象賢卒。贈工部尚書，予祭葬。

二月辛巳朔，禮科左給事中張鹵言：「皇子方在睿齡，宜敕司禮監擇端良識大義者日侍左右，口授書，陳民事。」上然之。南京刑部右侍郎吳悌卒，予祭葬。

《穆宗實録》卷一七　治嘉靖四十一年十月大同平虜衛及山西老營堡等處失事罪。

壬午，留山西巡撫應解贓罰銀十分之四修石州城，以總督陳其學等奏。

癸未，陞河南按察司副使談從儉爲江西布政使司右參政，湖廣按察司副使熊琦爲福建布政使司左參政。

《國榷》卷六五　論石州被寇功罪，總兵申維岳、田世威，參將劉寶大辟，巡撫王繼洛、副使王學謨遣戍，總督王之誥鐫二秩，餘治罪有差。游擊方振、參將尤月力戰陞賞。

甲申，譚太初爲户部左侍郎，總督倉場。

《穆宗實録》卷一七　丙戌，會試天下貢士，以少傅兼太子太師、吏部尚書、建極殿大學士李春芳，禮部尚書兼翰林院學士、掌詹事府事殷士儋爲考試官。

《國榷》卷六五　大學士徐階再滿九載，命支伯爵俸，廕錦衣正千户，宴禮部。階辭俸、宴。

丁亥，祠楊繼盛于保定，曰「旌忠」。

庚寅，廷臣會薦邊才百有八人，命酌用。吏部左侍郎兼學士潘晟予告。

《明通鑒》卷六四　户部尚書馬森等，給事中王治、御史王友賢等，各奏薦邊才見任大理寺卿鄒應龍等四十五人，聽用僉都御史王輪等十八人，凡六十三人。

《國榷》卷六五　辛卯，通政使謝登之爲工部右侍郎。奪黔國公沐朝弼兵符。兵科都給事中歐陽一敬劾其殘忍暴横，私用兵符，遣伺京師起居，請治其罪。

壬辰，御經筵。

《明史》卷一九《穆宗紀》　丁酉，寇犯柴溝堡，守備韓尚忠戰死。

己亥，耕耤田。

《國榷》卷六五　庚子，詔諭備邊于延、綏、榆林、慶陽四衛。

辛丑，召南京禮部尚書趙貞吉直講，添注詹事府，調吏部右侍郎林燫南京。

壬寅，南京户部右侍郎盛汝謙罷。選恩貢生。命承天内臣市茶以進，毋擾民。

《穆宗實録》卷一七　南京户部右侍郎盛汝謙以疾乞休。許之。禮部覆提學御史周弘祖奏正士風五事。

《國榷》卷六五　癸卯，大理寺卿鄒應龍爲左副都御史，總理兩廣、江浙、福建、廣東、雲貴鹽屯。南京右僉都御史唐繼禄爲右副都御史，總理河東、川陝、宣大、山西鹽屯。太僕寺卿李一元爲通政使。

乙巳，改石州曰永寧。

丙午，南京國子祭酒姜金和致仕。

《穆宗實録》卷一七　取會試天下中式舉人田一儁等四百名。陞浙江布政使司右布政使郭朝賓爲本司左布政使。

《國榷》卷六五　三月丙辰，刑部右侍郎洪朝選爲左侍郎，南京吏部右侍郎鄭世威改刑部右侍郎。

《明通鑒》卷六四　丁未，車駕詣天壽山謁陵。

庚戌，祭長陵、永陵。即日還京師。免所過税糧十之三。

《穆宗實録》卷一八　陞陝西布政使司左布政使靳學顔爲太僕寺卿，山東按察司按察使熊桴爲浙江布政使司右布政使。

《國榷》卷六五　丁巳，大同總兵官孫吳搗虜于亂山子，斬二十四級。

戊午，仍命太監李佑往蘇杭織造。工部以明詔方撤，毋渝大信，上趣佑亟往。都給事中孫枝、御史郝杰各言之，不聽。

《明通鑒》卷六四　辛酉，立子翊鈞爲皇太子。李貴妃出也，時方六歲。詔赦天下。

乙丑，詔廣西總兵官俞大猷討廣東賊。

《國榷》卷六五　策貢士田一儁等，賜羅萬化、黄鳳翔、趙志臯等及第、出身有差。

丙寅，南京工部尚書裴宇改南京禮部尚書，起林樹聲仍吏部右侍郎。兵部右侍郎譚綸爲左侍郎兼右僉都御史，總督薊、遼、保定。四川右布政使嚴清浙江右布政使。

甲戌，巡撫河南右副都御史戴才爲大理寺卿，户部左侍郎徐養正爲南京工部尚書，南京大理寺卿張守直爲南京户部右侍郎，巡撫宣府右僉都御史冀鍊爲兵部右侍郎。

丙子，上幸南苑。

《明史》卷一九《穆宗紀》 戊寅，京師地震，命百官修省。

《穆宗實録》卷一九 四月庚辰朔，陞陝西行太僕寺卿梁明翰爲陝西布政使司右參政。

《國榷》卷六五 辛巳，議覈勳戚莊田。

壬午，令內承運庫太監崔敏以户部六萬金市黄金一萬。尚書馬森等難之，言先帝曾市金二千，色惡，見貯太倉。命進之。

《明通鑒》卷六四 癸未，河南懷慶、南陽、汝寧及陝西、寧夏同日地震。

乙酉，陝西鳳翔、平涼、西安、慶陽地震，壞城傷人。時屯田御史周弘祖言：「近四方地震【略】事涉内廷，輒見撓阻。皇莊則親取子粒，太和則榷取香錢，織造之使累遣，糾劾之疏留中；內臣爵賞，謝詞温旨，遠出六卿之上，尤祖宗朝所絶無者。」疏入，不報。

《穆宗實録》卷一九 丙戌，大學士徐階引疾乞休。【略】不允辭。

《國榷》卷六五 戊子，宣府邊垣竣。

己丑，貴州隆阡等寨叛苗平。

庚寅，改贈林俊少保。俊刑部尚書致仕，進太子太保。

壬辰，翰林檢討成憲、禮科右給事中王璽頒詔朝鮮。後府僉書署都督僉事徐珏有罪免。

癸巳，延綏總兵官趙岢等搗虜，斬六十七級。復岢祖職。

乙未，甘肅總兵官劉承業免。

辛丑，故左都御史張永明贈太子少保，謚莊僖。

壬寅，故吏部右侍郎王道贈禮部尚書，謚文定。南京兵部尚書湛若水贈太子少保，謚文簡。

乙巳，復趙岢署都督僉事，改鎮守大同。

丙午，傳制封新會王睦㰂、崑山王謨琬、河南王新墳、鄒平王頤在、崇德王載陞。

《穆宗實録》卷二〇 五月庚戌朔，陞浙江按察司副使李攀龍爲浙江布政使司左參政。命宣府副總兵署都督僉事董一奎充總兵官，鎮守延綏等處。

《明通鑒》卷六四 辛亥，總督薊、遼、保定軍務譚綸請調薊鎮、真定、大名、井陘及督撫標兵三萬，分爲三營，令總兵、參、遊分將之，而授戚繼光以總理練兵之職。又言：「練兵非旦夕可期。今秋防已近，請速調浙兵三千以濟緩急。」部議從之，乃詔繼光以都督同知總理薊州、昌平、保定三鎮練兵事，自總兵以下悉聽節制。

《穆宗實録》卷二〇 甲寅，陞原任山西布政使司左參政宋岳爲山西按察司按察使，致仕。

《國榷》卷六五 順天府尹徐貢元爲南京大理寺卿。

戊午，許王守仁新建伯世襲，補誥券。刑部贖鍰入户部濟邊，著爲令。

《穆宗實録》卷二〇 陞江西布政使司左布政使曹三暘爲順天府尹。

《國榷》卷六五 辛酉，故廣東按察僉事王德殉倭，廕温州衛百户，至是改錦衣衛。

癸亥，趙錦爲右副都御史巡撫貴州。

《穆宗實録》卷二〇 陞應天府丞史朝賓爲南京鴻臚寺卿。光禄寺卿趙錦爲都察院右副都御史，巡撫貴州兼督湖北、川東等處軍務。

甲子，瀋府永年王理封薨。命陝西行都司僉書署都指揮僉事張承業爲署都指揮僉事僉書山東都司事。

《國榷》卷六五 丙寅，上親北郊。

《穆宗實録》卷二〇 戊辰，巡視薊遼等處兵部左侍郎兼都察院右僉都御史王之誥以疾乞休，得旨准回籍調理。

辛未，輟經筵日講。

《國榷》卷六五 兵部右侍郎冀鍊兼右僉都御史，巡視山西、宣、大、薊、遼、保定。

丙子，太監趙玢往南京織造，工部止之，不聽。兵科給事中陳邦顔疏入，奪俸二月。

丁丑，虜入寧夏大掠。

《穆宗實録》卷二一 六月庚辰，遣刑部主事卜相往北直隸關内，主事戴濂往北直隸關外，主事陳文謨往南直隸江南，主事胡心得往南直隸江北審決重囚。

辛巳，改太僕寺卿靳學顔爲光禄寺卿。

《國榷》卷六五 壬午，裁揚州參將。

甲申，山西樂昌王充爊訴宗禄積負，求兩淮殘没鹽濟匱。不許，別給萬金。

《穆宗實録》卷二一 乙酉，總理河道漕運工部尚書兼都察院右副都御史朱衡以疾乞休。不允。

丙戌，陞太僕寺少卿董傳策爲本寺卿。

丁亥，命福建行都司僉書署都指揮僉事錢鳳翔掌廣西都司事。

《國榷》卷六五 戊子，蠲河東積逋鹽課。

《穆宗實録》卷二一 太監趙玢請議處織造工料銀兩。工部言【略】宜令會同南京戶、工二部及科道估計，【略】宜與太監李佑一體痛革宿弊。得旨，【略】應用錢糧，工部即行，【略】不得遲誤。

《明通鑒》卷六四　己丑，廣東賊曾一本寇廣州，殺知縣劉師顏。

《國榷》卷六五　辛卯，賑陝西被震災民。

癸巳，南京國子司業金達劾免。總督薊遼兵部左侍郎譚綸上三營練兵事宜：「臣與戚繼光專其事，毋預巡按、巡關御史。」從之。巡按御史劉翾、巡關御史孫代以爲言。命兵事悉付綸，御史歲閱。

《穆宗實録》卷二一　甲午，陞貴州石阡府知府王管爲遼東行太僕寺卿。

丙申，陞雲南布政使司右參政徐栻爲雲南按察司按察使。

戊戌，陞四川按察司副使莫如善爲雲南布政使司右參政。

《國榷》卷六五　乙巳，汰錦衣衛冗役三百五十九人。

丁未，給薊鎮火器戰車之値。

七月己酉，盜入廉州，劫庫，傷吏卒。

《穆宗實録》卷二二　庚戌，命原任總督延綏等處邊務兵部左侍郎劉燾添註本部左侍郎，佐理部事。燾引疾辭，不允。工部尚書雷禮上疏乞休。不允。

《國榷》卷六五　辛亥，刑部左侍郎洪朝選、錦衣衛指揮僉事程堯相往按遼王憲㸅罪狀。朝選請偕河南布政司右參議董文寀、山東按察副使吳道直。從之。

《穆宗實録》卷二二　壬子，御史馬明謨條陳四事：一嚴徵賦之期，二覈扣存之數，三重侵冒之罰，四復屯田之舊。戶部覆四事俱當如議。

《國榷》卷六五　甲寅，總理山西等屯鹽右副都御史唐繼禄疾罷。

《穆宗實録》卷二二　乙卯，南京戶科給事中張應治等以災異頻仍條陳脩弭七議：一勤政，二親賢，三立信，四足兵食，五平寇盜，六復軍儲，七察幽枉。【略】上意頗不懌，第下其章於所司。已而，復謂兵部不當題覆，切責之。

《國榷》卷六五　丙辰，內使毆巡視中城御史李學道于左掖門外。內使許義嘗挾刃脅人金錢，學道遽笞之。會朝罷，其黨羣捽學道蹌地。上聞之，命執數人，首杖之百，遠戍，餘戍孝陵。學道坐擅笞謫。

《穆宗實録》卷二二　己未，陞陝西按察司按察使沈應時爲山東布政司右布政使。

庚申，兵部尚書霍冀自劾求罷。不允。陞江西布政司左參政曹金爲陝西按察使。

《國榷》卷六五　辛酉，戶科都給事中魏時亮言天下有三大患：藩禄不給也，邊餉不支也，公私告匱也。【略】上大是之。

《穆宗實録》卷二二　癸亥，陞江西按察司副使方攸績本布政司左參政。

《國榷》卷六五　總督宣大山西右都御史陳其學上防秋事宜。【略】部覆從之。

甲子，戶科左給事中張齊劾大學士徐階不職，「先帝神仙土木之事，皆階贊成，及草遺詔，歷數其過。與嚴嵩處十五年，締交連姻，嚴氏敗即攻之，大節虧久。比者諸邊告急，屢塵宣諭，猶養交固寵，擅作威福」。上怒其誣詆，謫。

乙丑，徐階疏辨乞休，不許。巡撫浙江右僉都御史趙孔昭爲戶部右侍郎，太常寺卿陳紹儒爲南京刑部右侍郎。

《穆宗實録》卷二二　太僕寺少卿夏栻陳言六事：一曰修朝講之實，二曰肅郊廟之儀，三曰愼燕息之容，四曰降心膂之託，五曰重耳目之寄，六曰專督撫之臣。疏入報聞。

《國榷》卷六五　丙寅，大學士徐階致仕。賜敕，遣行人護行。

丁卯，福建都指揮僉事傅應嘉受海盜吳平賂，縱之。伏誅。

己巳，科道並乞留徐階。報聞。

壬申，起谷中虛右副都御史，巡撫浙江。廣西左布政使陳慶爲太常寺卿。

癸酉，禁南京入貢內臣濫用馬船。

《穆宗實録》卷二二　甲戌，陞廣西右布政使周俶爲本司左布政使。

《國榷》卷六五　乙亥，除大名、真定馬地餘銀。

《穆宗實録》卷二二　陞廣西按察司郭應聘爲本司右布政使。

《國榷》卷六五　八月己卯，雲南叛酋鳳繼祖伏誅。官軍窮追，其黨斬首來獻。

《穆宗實録》卷二三　辛巳，禮科給事中何起鳴條上四川茶鹽二事。【略】保寧、重慶、嘉定、潼川、夔州商人不利跋涉，宜量增引票，使之就近告納。仍嚴立禁防，使奸商不得影射官吏，不得誅求。得旨允行。

癸未，開日講。

乙酉，朝鮮國王李昖遣陪臣睦詹等來朝，進馬及方物，宴賚如例。

戊子，御史蒙詔條上漕運十事。得旨允行。

己丑，開經筵。

《國榷》卷六五　故薊州參將吳昂贈都督僉事。初昂禦虜墻子嶺，死之，予葬費。御史劉翾言，昂挺身殉寇，畢命窮沙，吏議見挫，僅得薄賞。是驅命同于數金，覩望賢于一死。乞重加卹録，以勵邊臣。

辛卯，優録宣大降人白春、魏良桐、田汝光、田注、王現等。仍定招降賞格。初大同妖人丘富走虜，令築城堡宮室于豐州，曰「板升」，逃人萃焉。每入寇，輒前驅鄉導，塞上苦之。前購賞格多自歸。白春等各有部落畜產，聞風來降，命授近衛百户，勞五十金。仍懸賞塞外，各邊皆然。

壬辰，陝西盜魏太清流劫絳州太平，尋渡河遁。

《穆宗實録》卷二三　乙未，南京户部尚書劉體乾條議鳳陽倉糧六事。

《國榷》卷六五　庚子，淮揚巡鹽監察御史孫以仁侵帑數千金。龐尚鵬劾之，奪官。

癸卯，吏部左侍郎王本固自劾乞罷，不聽。尚書楊博令本固出試目，蒼頭泄之爲奸，故投劾，上命法司罪蒼頭共事者。甘肅旱饑，免屯租。

甲辰，湖廣饑，議蠲卹。**《明通鑒》卷六四**　内閣張居正條上六事：一省議論，二振紀綱，三重詔令，四覈名實，五固邦本，六飭武備。上嘉其忠懇，下部院勘議以聞。

《穆宗實録》卷二三　南京吏部尚書吴嶽引疾乞休。不允。

《穆宗實録》卷二四　九月丁未朔，太僕寺卿董傳策乞給假歸省。許之。

《國榷》卷六五　庚戌，下廣東總兵官湯克寬于撫按訊之，時失事被劾。

辛亥，禮部左侍郎瞿景淳致仕。

《穆宗實録》卷二四　陞陝西布政司右布政使朱大器爲太僕寺卿。

甲寅，陞福建按察司使黄華爲右布政使。

《國榷》卷六五　徵江南及山西屯鹽都御史鄒應龍、凌儒，歸其事撫按。江北都御史龐尚鵬，總九邊屯鹽如故。盜竊太倉庫金，謫户部郎中宋諾、員外郎劉自化、許自新、主事王宇等。定管庫主事任三年，匣三千金。

丙辰，還故兵部右侍郎曾銑没入田十頃。

丁巳，都察院裁定入覲官道費，監司遠則百五十金，近八十金，餘遞減。

戊午，户部預開明年中邊鹽引。

《穆宗實録》卷二四　協理南京營戎政兵部右侍郎曹亨引疾乞休，且舉左侍郎劉燾自代。上不允。

庚申，陞禮部右侍郎萬士和爲本部左侍郎，改南京禮部右侍郎吕調陽爲本部右侍郎。

《國榷》卷六五　翰林院侍讀學士諸大綬、左春坊左諭德兼侍讀張四維主武闈。

辛酉，少傅工部尚書雷禮言：「錢糧奉詔節省，太監滕祥仍横索不已。【略】臣力不能争，乞早賜罷。」上不懌，予致仕。禮自土木見拔，夙事徐階，知衆不容，託中官去之。

《世宗實録》卷二四　癸亥，陞江西按察使殷邁爲布政使。

甲子，禮部尚書兼翰林院學士高儀再疏乞休，上仍優詔不允。

乙丑，南京兵部右侍郎吴百朋引疾乞休。不允。

丙寅，直隸巡按御史周禧申議僉漕四事，【略】部覆從之。

丁卯，陞雲南右布政使江珍爲左布政使，浙江右參政殷正茂爲按察使，山東副使陸璜爲右布政。珍貴州，正茂江西，璜四川。

《國榷》卷六五　戊辰，兵部覆請大閲。許之。

己巳，總理河道工部尚書朱衡還部。

《穆宗實録》卷二四　陞廣西按察使陳善爲雲南右布政使。

《國榷》卷六五　庚午，增武舉百人。起翁大立右副都御史，總理河道。

乙亥，議大征廣東山海諸盜。

十月丁丑，南京工部尚書魏尚純卒。

戊寅，免臨洮、鞏昌、慶陽夏税，鳳陽、淮安、揚、徐、滁秋糧，並災故。

《穆宗實録》卷二五　命分守浙江寧紹參將朱冠充副總兵，鎮守南直隸江南。陞山東領班指揮使韓國鎮爲署都指揮僉事、僉書河南都司事。

庚辰，以山西旱災，減免本年應輸義兵銀一萬五千兩及明年站糧銀八萬兩。

辛巳，處決重囚。戮原任總兵申維岳，守備楊瀛、參將畢高等二十四人。

《國榷》卷六五　庚寅，南京織染局内使張進朝詐稱敕採宮女，江南嫁娶立盡。事聞，進朝論死。

癸巳，裁南京太僕寺少卿之一。巡按浙江御史蒙詔請穿寶應湖月河。因近隄民田，令計畝受直蠲税。已得旨，工科都給事中孫枝言：「比來江淮諸郡蕭然煩費，月河之役，請俟有年。」上是之。

《明史》卷一九《穆宗紀》　己亥，廢遼王憲㸅爲庶人。

《國榷》卷六五　壬寅，王正億嗣新建伯。

癸卯，災傷，免保定、河間、真定、順德、廣平田租。

《穆宗實録》卷二五　甲辰，陞江北運糧把總署指揮僉事張一正爲署都指揮僉事、僉書湖廣都司事。

《明通鑒》卷六四　免畿內、河南被災秋糧。

《穆宗實録》卷二六　十一月己酉，以水災免浙江台州府税糧有差。

壬子，陞福州右衛指揮使朱璣爲署都指揮僉事、僉書福建行都司事。

《國榷》卷六五　宣府總兵官馬芳率參將劉潭等出獨石，襲虜于長水，敗之。虜追及于鞍子山，復戰，又敗之，擒斬八十餘人。賜金幣。

乙卯，朝臣考察行堂上官覈注送部院。

《穆宗實録》卷二六　丙辰，以河南災荒，免徵河夫曠工銀兩，從巡撫李邦珍奏也。

丁巳，總理江南屯鹽都御史鄒應龍條上鹽法四事。户部覆議從之。

《國榷》卷六五　己未，定任子陞官例，不堪民牧者，得陞太僕丞、鹽運司同知。如稱職，遞陞左右參政。

庚申，陳大紀嗣寧陽侯。

《明通鑒》卷六四　辛酉，免江西被災税糧。

《國榷》卷六五　乙丑，杖閒住太監李芳，下刑部獄。尚書毛愷言芳罪狀未明，莫知所坐，非所以示天下。芳善書，慕呂强、張承業之名，數直諫忤旨，命錮之。

戊辰，至日，上親南郊。

《明史》卷一九《穆宗紀》　己巳，命廣東、福建督撫將領會剿曾一本。

《穆宗實録》卷二六　癸酉，琉球國中山王尚元遣人貢方物入賀，宴賚如例。

《國榷》卷六五　十二月丙子，禮部右侍郎吕調陽兼翰林學士、實録副總裁。户部都給事中魏時亮上三札：曰先憂、曰養士、曰久任。吏部覆從之。

《穆宗實録》卷二七　戊寅，陞山東按察司副使曹科爲布政司右參政。

壬午，以水災免四川順慶府廣安州渠縣田租一年，停徵夔州府雲安、大寧二場鹽井鹽課之半。其餘災輕州縣各免税糧子粒有差。

《國榷》卷六五　癸未，兵部左侍郎劉燾爲右都御史、總督兩廣，巡撫寧夏右僉都御史朱笈移大同。

甲申，立武定府儒學。

《穆宗實録》卷二七　戊子，以災傷詔免湖廣宜城、光化、應城、雲夢等縣，陝西山陽、洛南二縣秋糧及荆州右二衛屯田。

《國榷》卷六五　己丑，山東右布政使沈應時爲右僉都御史，巡撫寧夏。

《明史》卷一九《穆宗紀》　庚寅，世宗神主祔太廟。

《國榷》卷六五　諭户部購寶石，期三日。尚書馬森言其不辦，上趣之。科道上章，並不報。

《穆宗實録》卷二七　辛卯，户部尚書馬森以母老稱疾乞歸，不允辭。陞浙江布政司左參政李攀龍爲河南按察使。

《明通鑒》卷六四　丁酉，限勳戚莊田，從户部議也。

《國榷》卷六五　先是，限勳臣五世田百頃，戚畹七百頃至七十頃，廢絶及奸冒並入官。巡按直隸御史劉世曾報。【略】遂定世勳二百頃，兼勳戚百五十頃。

己亥，魯王頤坦、德王載墱各減禄給其宗人，賜奬敕。

庚子，光禄寺卿靳學顔爲右副都御史，提督雁門等關，巡撫山西。

辛丑，故南京兵部尚書潘潢謚簡肅，禮部右侍郎劉瑞謚文肅。

《明通鑒》卷六四　是冬，江西巡撫劉光濟請行「一條鞭法」。初，嘉靖中葉，邊供費繁，帑藏匱竭，乃有「提編」、「加派」名目；而逋欠愈多，規避亦益巧，一時有司乃併爲一條行之。其法，總括一州縣夏税、秋糧、存留、起運之額，及均徭、里甲、土貢、雇募、加增之額，通十歲爲一條，總征而均支之，丁糧畢輸于官。一歲之役，官爲僉募，力差則計其工食之費，量爲增減；銀差則計其交納之費，加以贈耗。一切計畝徵銀，折辦于官，均其輕重，通其苦樂，立法較爲簡易。至是江西始請行之，仍下部詳議以聞。

《國榷》卷六五　是年，巡撫應天右僉都御史林潤奏：「江南均糧，惟松江未均，乞暫設官丈之。」遂命松江同知鄭元韶進湖廣按察僉事，專敕丈田。凡上鄉等平米一石，准田二畝七分三釐。中鄉米一石，准田三畝一分二釐。下鄉米一石，准三畝六分三釐。其不時加派，俱論糧加耗。當時便之。

鎮守貴州右都督總兵官石邦憲卒。邦憲世清平衛指揮使，嘉靖九年，守備都清，平流寇，積功至今官。贈右都督。

隆慶三年（己巳、一五六九）

《國榷》卷六五　正月乙巳朔，陝西右布政使黄華爲光禄寺卿。

戊申，前南京兵部尚書趙大佑卒。大佑，浙江太平人。嘉靖乙未進士，授鳳陽推官，拜御史，歷南樞，終養。博大和雅，至輒有聲。晚屢薦不赴。

壬子，大同總兵官趙岢出弘賜堡值虜，敗之，擒斬百有七人。賜金帛。

癸丑，兵部覆巡撫甘肅右僉都御史王輪，以令甲邊臣贓至二百金戍邊，四百金者斬，法至嚴也。惟論劾無實，其罰不行。宜刊誥令制律，俾論劾者核實正法。莊浪土官赴京遥遠，待襲者七十餘人。至凉、永、山、甘，求降爲軍，尤可憫也。乞代賚聽襲。從之。

乙卯，敘闖廣勦寇功，賜金幣。總理薊、昌、保定練兵署都督同知戚繼光上言。【略】章下兵部。【略】改繼光總兵官，鎮守薊州、永平、山海。南兵勿調，餘下督撫詳議。

丁巳，故尚書金獻民、潘潢、韓士英贈太子少保，右副都御史陳講贈兵部右侍郎，大理寺卿湯沐贈工部右侍郎。盜入犍爲、榮昌。

《穆宗實録》卷二八　戊午，禮部尚書兼學士高儀等疏請東宫出閣講學。疏入得旨：「待十齡來説。」

己未，陞陝西按察司按察使曹金爲布政司右布政使司。

《國榷》卷六五　庚申，虜數千騎犯遼東，官軍失利。

《穆宗實録》卷二八　壬戌，陞貴州布政司右參政張任爲陝西按察司。

《國榷》卷六五　癸亥，宣府總兵官馬芳以廕千户，辭之，贖副總兵田世威、參將劉寶死。御史王圻劾芳黨護，上不許。

己巳，大理寺左少卿王諍言刑官不諳律例，引近事一二證之。上下部院議，諍與尚書毛愷屢辨難。上心是之。

《穆宗實録》卷二八　庚午，陞福建按察司副使羅一道爲貴州布政司右參政。

《國榷》卷六五　辛未，設長寧永安縣。以惠州之河源、歸善地廣，割置之。

壬申，户部尚書馬森致仕。

甲戌，左都御史王廷覆定犯奸條例。

《穆宗實録》卷二九　二月丙子，改南京户部尚書劉體乾爲户部尚書。

《國榷》卷六五　戊寅，上躬祭太社太稷。禮科都給事中王之垣等復請還皇后于宫。命俟疾愈。

《穆宗實録》卷二九　辛巳，大學士李春芳、陳以勤、張居正各以考察自陳乞休。上皆降旨褒諭不允。

《國榷》卷六五　己卯，南京太監邢保侵工費謫戍。

庚辰，蠲西安、鳳翔、慶陽、平凉、延安今年田租。

壬午，宗人府駙馬都尉鄔景和卒。贈少保，謚榮簡。景和尚永福長公主。

癸未，薊遼總督譚綸請築墩臺三千座。臺高五丈，周二十丈，約住百人。階三重，預儲芻械。若攻垣則兩臺火矢交及。計周垣二千四百餘里。先其要害，築臺千二百，後漸加築，期三年。從之。又築邊墻層層如齒，外出可以下瞰，謂之瓦籠城，堅甚不可攻，虜至其下輒引去。又製大礮，每發斃數百人。

甲申，起郭乾南京户部尚書。

乙酉，考課京官，刑部右侍郎鄭世威罷。

丙戌，開經筵。明日日講。

《穆宗實録》卷二九　戊子，陞河南布政司右參政陳瑞爲廣東按察司按察使。

《國榷》卷六五　戊子，停太監閱視京營。向三年一遣，至是將大閱，罷之。

庚寅，荆世子常泠坐殘賊淫縱，廢爲庶人，幽之。泰寧王常洁攝國事。

《穆宗實録》卷二九　陞浙江按察司副使萬思謙爲布政司右參政。

《國榷》卷六五　辛卯，趣蘇杭織造太監李佑新織千八百六十匹。工部言民力不堪，不聽。

《穆宗實録》卷二九　壬辰，陞甘肅鎮城中軍坐營指揮僉事姚潤爲署都指揮僉事陝西行都司事。

《國榷》卷六五　癸巳，右僉都御史龐尚鵬請止延、綏、寧夏入衛兵，補植薊鎮之木，資障蔽。兵部移入衛兵于薊。

甲午，刑部左侍郎洪朝選被劾致仕。尋奏辨，勒免。

丙申，巡按直隸御史張啓元劾鳳陽守備太監趙芬貪殘驕僭，宜下吏，裁守備官勿遣。兵部覆：「芬罪先捕治，其廢守備容更議。」報可。廣西道監察御史賀一桂劾内織染局太監陳洪五罪，蓋日者妄請織染五罪事也。

己亥，林雲同爲南京工部尚書，大理寺卿戴才爲刑部右侍郎。

庚子，起張師顔右副都御史，巡撫陝西。

甲辰，勅衍聖公孔尚賢統束家衆。

三月乙巳朔，南京工部右侍郎江治罷。西安、鳳翔、慶陽、平凉、延安旱饑，多盜，命賑之。

丁未，改程番府曰貴陽，時新移省。定各鹽運司官任三年，課竣方敍遷。延慶官軍先後搗虜，斬百二十七級。

己酉，存問前户部尚書方鈍、南京吏部尚書楊行中、刑部尚書應大猷。

庚戌，進戚繼光右都督，前勦吴平功。

癸丑，外戚賜田如勳臣，令有司代徵。

甲寅，廣西討宜山獞賊，破之。

《穆宗實録》卷三〇　陞湖廣按察司副使陳一松爲陝西布政司左參政。

乙卯，大學士李春芳以親老懇疏乞休，上不允。巡按直隸御史謝廷傑上言馬政八事。【略】兵部覆議俱從之。

《國榷》卷六五　丁巳，命廷臣引疾，吏部覈實，毋概覆。

戊午，設定南縣，割贛州之龍南、安遠、信豐也。故總理河道右副都御史朱裳，贈户部右侍郎，謚端簡。光禄寺卿馬理贈右副都御史，並予祭葬。

《穆宗實録》卷三〇　裁革河北守備官。

《國榷》卷六五　庚申，起趙炳然太子少保、南京兵部尚書兼右都御史。南京兵部右侍郎吴百朋爲刑部右侍郎，前太僕寺卿董傳策爲南京光禄寺卿。

辛酉，故貴州總兵官右都督石邦憲贈左都督。

壬戌，廢靈丘王鼒鎌爲庶人。以淫刑戮死曾叔祖宗人某，相訐脅，斃之。懼禍，殺中官某抵飾。

甲子，故户部左侍郎孫禬贈工部尚書。

丁卯，通政司右通政趙灼疾去。李遷補南京兵部右侍郎，巡撫貴州右副都御史趙錦爲大理寺卿，巡撫鳳陽右副都御史方廉爲南京工部右侍郎。故兵部尚書丁汝夔、右副都御史吕經、吏科都給事中董進第、兵科給事中程軺、浙江道監察御史王三聘、户部郎中劉爾牧、大理寺評事杜鸞、山東按察副使陳大綱，並復官。

《明史》卷一九《穆宗紀》　戊辰，曾一本陷碣石衛，裨將周雲翔殺參將耿宗元叛，附於賊。

《國榷》卷六五　上奪總督張瀚一秩。

庚午，定各藩支子不得襲爵，著爲令。雲南總兵官黔國公沐朝弼有罪免，子昌祚攝事。

辛未，景寧王載埁坐蒸恣廢爲庶人。

《明通鑒》卷六四　是月，上免喪，臨朝，未嘗發言。給事中吴時來上《保泰九劄》。【略】疏入，報聞。

《國榷》卷六五　四月乙亥，故户部郎中楊淮、刑部郎中魏應召、太平知府謝賁、監察御史胡瓊，各贈太常寺少卿。兵部司務李可登贈光禄寺少卿。故户部尚書李士翺、南京刑部尚書顧璘、兵部左侍郎劉源清、刑部右侍郎王啓，巡撫河南右副都御史雒昂、延綏右副都御史張問行、給事中錢薇、沈漢、安磐、王科、陸粲、御史潘壯、謝瑜並復官，予祭葬。贈士翺太子太保，源清兵部尚書，昂户部右侍郎，薇、漢、磐、科、粲並太常寺少卿，壯、瑜並太僕寺少卿。

庚辰，趙孔昭爲户部左侍郎兼右僉都御史，總督漕運，提督軍務。

癸未，徵太倉三十萬金。户部尚書劉體乾言其匱，不聽。閣部科道各沮之，諭進十萬金。

甲申，選宫女三百人。許吏部侍郎林樹聲養疾不赴。

《穆宗實録》卷三一　丁亥，改南京刑部右侍郎陳紹儒爲户部右侍郎。

戊子，陞浙江按察司按察使蔡文爲河南布政司右布政使。

《國榷》卷六五　己丑，套虜綽力兔、小黄台吉等牧河東，揚言寇掠。寧夏總兵雷龍等自興武營出塞，襲敗之，斬百二十級。捷聞，進總督王崇古右都御史，龍署都督同知，餘陞賚。

庚寅，司禮監太監滕祥奏汰工匠二千四百四十人。

辛卯，起游居敬南京刑部右侍郎，王之誥兵部左侍郎，協理京營。

《明通鑒》卷六四　乙未，遣官録囚。

是月，遼陽副總兵李成梁，擊諳達别部于夾河山城，殲其卒百六十有奇，餘衆遠徙，遂空其地。成梁以功進秩一等。

《國榷》卷六五　五月丙午，兵部議京營訓練。

丁未，上憫都人僉商之累，特諭寬恤，聞者快之。改鑄南京户部鹽引銅版。

辛亥，平山大安峒盜平。盜出掠海豐渡河，總兵郭成適至，值南贛巡撫張翀所遣參將蔡汝蘭共趨大埔，入于平山，夾攻月餘，擒斬千三百七十五人。叛將周雲翔突圍走，成獲之。

壬子，提督太和山太監柳朝乞留香税四千三百餘金葺宫觀。許之。户部尚書劉體乾言：税不止此，請歸之有司，如太山例。忤旨，奪俸六月。

甲寅，雲南道監察御史詹仰庇言：臣覈内官監錢糧，如各庫廠及房租地租，一切糜費輒指御前供用，陰入私槖，歸過朝廷。乞部科覈出入多寡之數，以杜奸欺。又人君奢儉，繫四方安危。陛下前取户部金，臣謂充内帑，備緩急，乃盡造鰲山，修宫苑，藥欄、龍鳳船、鞦韆架、櫝盆之費。俾羣小乾没，累聖德不小。伏望念生財之有限，思國計之甚艱，近侍逢迎玩好者悉罪斥之，以彰聖斷。忤旨，杖之百，削籍。裁各監局科道。

《明通鑒》卷六四　先是正月，中官製烟火，延燒禁中廬舍，仰庇請按治，左右近習多切齒者。仰庇爲御史僅八月，數進讜言，竟以獲罪。

《國榷》卷六五　丁巳，存問前南京吏部尚書王學夔、南京刑部尚書陶尚德。

戊午，閣部科道各救詹仰庇，不聽。

《穆宗實録》卷三二　大學士李春芳、陳以勤、張居正以詹仰庇事獲重譴，乃上言。【略】疏入，俱報聞。

《國榷》卷六五　辛酉，禮部儀制郎中戚元佐上言：「國初，親王、郡王、將軍止四十九人，女財九人。今二百餘年，玉牒至二萬八千四百九十二人，視國初不啻千倍，況十年之後，所增寧復幾何？又將何以給之？法窮則變，臣敢僭擬五事。【略】」命下禮部議之。設山海關參將。

甲子，户部預開明年各司鹽引。

丙寅，礦盜入婺源縣焚劫。

丁卯，裁荆瞿兵備道僉事。

己巳，裁濟寧閘工部主事。

庚午，禮部右侍郎吕調陽改吏部，仍直經筵。

辛未，上親北郊。兩廣總督張瀚憂去。

《穆宗實録》卷三三　六月乙亥，陞國子監祭酒王希烈爲禮部右侍郎。

《國榷》卷六五　戊寅，裁兵部武庫主事一人。

甲申，大學士張居正以南京刑科給事中駱問禮言「大閲非今時所急，不必仰煩聖駕。自臣建議後，禮官訂儀注，科道條事宜，屢勤章奏。一旦停罷，若四方觀聽何」？上是之。

乙酉，令各鈔關同府官收税。

己丑，故南京太常寺少卿夏良勝贈太常寺卿。

《穆宗實録》卷三三　辛卯，陞河南布政司右布政使蔡文爲貴州左布政使。

癸巳，陞山西按察司按察使梁夢龍爲河南布政司右布政使。

甲午，陞河南布政司左參政金立敬爲山西按察司按察使。

《國榷》卷六五　乙未，駙馬都尉李和卒。贈太子太保。

丙申，通政司右通政海瑞爲右僉都御史，總理糧儲，提督軍務兼巡撫應天。

己亥，前太子少保兵部尚書趙炳然卒。贈太子太保，謚恭襄。

《穆宗實録》卷三四　閏六月甲辰，總督薊遼侍郎譚綸言：「新選達兵獷悍難馭，宜隸之總督標下，設裨將一人統之。無事就彼訓練，春秋督發入衛。」薊鎮因薦原任總兵馮登可充遊擊將軍統領。兵部覆議，從之。總理鹽屯都御史龐尚鵬條上宣大屯田事宜。【略】詔悉如議。

《國榷》卷六五　乙巳，裁户部山西、陝西、貴州司主事各一。南京吏部尚書吴嶽上六事：勤召對、限輪對、容直言、崇節儉、正題覆、復奏執。上納之。總督兩廣軍務右都御史劉燾、巡撫廣東右僉都御史熊桴，請募浙兵五千人爲先鋒討盜，歲一踐更。從之。

《穆宗實録》卷三四　戊申，陞大理寺左少卿黄正色爲南京太僕寺卿。命浙江都司、僉書署都指揮僉事徐正，山東都司、僉書署都指揮僉事李希周各掌本司事。陞四川銅仁守備指揮同知謝崇爵爲署都指揮僉事、僉書四川都司事。

《國榷》卷六五　壬子，武定叛酋鳳曆伏誅。

甲寅，裁江西驛傳按察副使。

辛酉，番僧違例入貢。奪四川署都指揮僉事槐寅等俸各二月。

癸亥，陝西盜何勉等殺百户魯卿、巡檢黄鸞，尋就擒。

丙寅，四川妖人蔡伯貫以千人掠銅梁、大足等縣，尋討平之。

《穆宗實録》卷三四　命分守福建南路參將張元勳爲副總兵，管參將事。

丁卯，南京禮部尚書裴以疾乞休。不允。

戊辰，命四川行都司僉書署都指揮僉事景應元掌湖廣行都司事。陞廣東南韶守備、指揮僉事王克振爲署都指揮僉事、僉書福建都司事。

《明通鑑》卷六四　是夏，以光禄卿靳學顔巡撫山西。

《昭代典則》卷二八　本月，山西巡撫靳學顔上理財疏。何起鳴上宗藩議。

《國榷》卷六五　七月壬申朔，交城王表柤襲兄爵。例當奪，以自請，止爵其身。前南京刑部右侍郎虞守愚卒。初徵光禄寺二十萬金，寺臣言庫僅十五萬，命以十萬進。部科各争之，不聽。

《穆宗實録》卷三五　甲戌，陞山東布政司右參政王道行爲河南按察司按察使。

《國榷》卷六五　乙亥，定文武官卹典。

庚辰，減入貢番僧賜賚。

壬午，先是令作懸燈鰲山，工部言：「災異旱蝗，奏報踵至，宜停止興作，以應天心。即朝殿燈不可缺，稍加修葺，該監足辦，何至費三萬餘金也。」上遂罷鰲山，僅修朝燈。河决沛縣。自考城、虞城、曹、單、豐、沛抵于徐，壞田廬亡算，阻漕艘二千餘于邳州。諭卹徐、沛災民。

《穆宗實録》卷三五　癸未，吏科都給事中鄭大經上用人理財急務疏，下吏、户二部覆，如大經議，報可。

《國榷》卷六五　乙酉，户科都給事中劉繼文請撫按覈有司積穀之數備賑。從之。

丙戌，裁山東曹濮、青州二兵備副使，濟南、兖州同知、青州通判各一。賑河間、保定、廣平、真定、順德、大名災民。

《穆宗實録》卷三五　直隸巡按御史傅孟春條上鹽法七事。【略】上允行之。

《國榷》卷六五　丁亥，修乾清宫。

戊子，賑文安、薊州、遵化、遷安災民。

《穆宗實録》卷三五　辛卯，總督薊遼兵部左侍郎譚綸陳理財五事。

《國榷》卷六五　壬辰，諭户部發二萬金，遣官同河道右副都御史翁大立賑沿河災傷，仍酌量蠲免。前禮部左侍郎兼翰林學士瞿景淳卒。初，禮部議裁太常寺協律郎等四十八人，檄太常寺卿陳慶擬定。【略】吏部覆，移牒宜仍舊。從之。

癸巳，沐昌祚爲都督僉事，暫領總兵官，鎮守雲南。

《穆宗實録》卷三五　甲午，廣東巡按御史楊標言：「海賊曾一本雖已會師夾勦，而他寇尚多如林。道乾最號黠狡，及林容、程老、王老等皆四出鹵掠，宜乘勝蕩平，勿貽將來之患。」兵部覆如標言。上然之。

丁酉，修理重城。

辛丑，刑科給事中魏休明條陳五事：一懲酷刑、一慎議讞、一戒淹滯、一省詞訟、一禁廠衛。刑部覆奏得旨，淹禁獄囚，在外者行所司速爲伸理，在内者法司具以名聞。

《國榷》卷六五　八月壬寅朔，上祭夕月壇。

戊申，上祭太社太稷。兵部左侍郎曹邦輔爲南京右都御史。

庚戌，御日講。裁南京刑部浙江、江西司員外郎，廣東、雲南司主事，大理寺左右評事各一。

辛亥，諭停刑。

壬子，兵部右侍郎曹亨爲左侍郎，巡撫山西右副都御史楊巍爲兵部右侍郎。束鹿大水，免田租。

癸丑，御經筵。敍平曾一本功，進總督劉燾左都御史，巡撫福建涂澤民、巡撫廣東熊桴並右副都御史，進廣西總兵都督同知俞大猷右都督，福建廣東總兵都督僉事李錫、郭成並署都督同知。餘陞廕，賜金幣。蓋閩、廣夾攻賊于柘林澳，敗之，走馬耳澳，又敗之，擒一本，斬三千餘級，焚溺三萬人，桴卒軍中，贈兵部左侍郎。

丁巳，賑蘇、松水災。

《穆宗實録》卷三六　戊午，詔罷東西巡閲御史，令巡御史兼領其事。

《國榷》卷六五　庚申，巡撫遼東右副都御史魏學曾設戰車營于廣寧。車二輛，中設拒馬，槍塞其隙，載槍砲，每車二十五人，車百二十輛，卒三千人，游擊將軍馬文龍領之。

《明史》卷一九《穆宗紀》　壬戌，禮部尚書趙貞吉兼文淵閣大學士，預機務。

《明通鑒》卷六四　貞吉前佐户部，以忤嚴嵩罷。上改元，起禮部侍郎，掌詹事府，尋改充日講官。貞吉年踰六十，而議論侃直，進止有儀，上深注意焉，及是遂命入閣。

《國榷》卷六五　癸亥，賜岷府廣濟王定燿遵訓書院。山西王府各立宗學。

乙丑，禮部覆給事中王之垣、御史趙焞疏請御便殿，俾九卿科道大事面奏取決，具奏文字，務便省覽。得旨：「自後章奏詞簡明字粗如嘉靖初，便殿面奏俟後命。」

丙寅，工科都給事中嚴用和請罷浙直織造，召太監李佑，甦民困。南京給事中駱問禮亦言之。工部尚書朱衡覆如用和等言。上詰其沽直名，以狀對，衡引咎，乃已。

《穆宗實録》卷三六　丙寅，命吏部右侍郎兼翰林院學士呂調陽充日講官。

《明通鑒》卷六四　丁卯，振南畿、浙江、山東災。時三省皆被水，户科給事中劉繼文請發帑遣官分振。

《穆宗實録》卷三七　九月辛未朔，兵部議，上大閱賞格。

《國榷》卷六五　癸酉，總理河道右副都御史翁大立請于徐州子房山、梁山至境山別開漕渠八十里，其利有十云云，亦有三難。工部集議行之。

甲戌，刑部尚書毛愷言：「災異頻仍，由刑獄冤濫，其弊有六：濫詞、濫拘、濫禁、濫刑、濫擬、濫罰。」上大是之，下中外諸司痛革其弊。蠲江南北蘆課。

丙子，虜數萬騎犯大同右衛鎮川堡，分掠山陰、應州、懷仁、渾源等。命宣府總兵馬芳援之。

《明通鑒》卷六四　時總督陳其學以捷聞，爲御史燕如宦所發，兵部僅議貶秩；輔臣趙貞吉争之，事竟已。

《國榷》卷六五　丙子，淮水溢，自清河縣至通濟閘及淮安城西，淤三十餘里，決方信二壩入海。又莒、沂、郯城等之水溢出邳州，溺人亡算。翁大立繪水災圖十二上之。

丁丑，傳旨宥副總兵田世威、參將劉寶死，戍邊自贖。兵科都給事中張鹵等言中旨非法，奪鹵俸二月。

庚辰，前南京兵部右侍郎劉畿卒。

壬午，裁南京户部廣西司員外郎、廣東司主事各一。

丙戌，巡撫廣東右副都御史熊桴疾罷，尋卒。

《穆宗實録》卷三七　戊子，以杭州、嘉興、湖州三府水災，改折湖州漕糧六分，杭、嘉三分，南京各衛倉米一年，每石六錢并免，從撫臣之請也。

《國榷》卷六五　己丑，廣東左布政使熊汝達爲右副都御史，巡撫廣東。

辛卯，上大閱于京營教場，敕諭戎政官及諸吏卒。

《明通鑒》卷六四　大閱久不行，至是以爲曠典，百官稱賀。

《國榷》卷六五　壬辰，總督戎政鎮遠侯顧寰等表謝，廷臣稱賀。上御皇極殿受之。兵部上大閱將領及勳臣錦衣衛官射格，第賜金幣。襄城伯李應臣、中軍尚鋭等在下格，寘之。免太倉、崇明、靖江、嘉定、溧陽、吴江、天長、高淳、六合田租。命建昌、臨江、袁、撫、南陽、鎮平、唐、鄧、泌陽、桐柏專行淮鹽，南召、内鄉、新野、淅川、裕、葉專行解鹽。

《穆宗實録》卷三七　甲午，念大閱扈從各官，賜休沐三日，休卒五日。

乙未，刑科右給事中許天琦奏今刑獄之濫。【略】刑部覆奏報可。

丙申，陞廣西布政司左參政丁湛爲廣西按察司按察使。

《穆宗實録》卷三八　十月辛丑朔，總督兩廣都御史劉燾以海寇既平，辭免兼理福建軍務。上皆從之。

《國榷》卷六五　甲辰，補三大營官軍滿十萬。

丙午，裁唐府、崇府長吏各一，開封、彰德、衛輝、懷慶通判各一。慶成王知熑薨。免寧波、紹興、温、台、處田租。

辛亥，長陽王寵游薨。免鳳陽、淮、揚及徐州鐵麻之直。

《穆宗實録》卷三八　癸丑，裁革河南嵩縣新設參將一員。

《國榷》卷六五　甲寅，免山東屯租，改漕粟十之五。

戊午，中府署都督僉事郭琥爲總兵官，鎮守山西并提督雁門等關。

《穆宗實録》卷三八　辛酉，巡按直隸監察御史傅寵論劾禮部尚書高儀往事。

《國榷》卷六五　甲子，故巡撫廣東右副都御史熊桴敍功贈兵部左侍郎，予祭葬。參將王詔子之野手擒曾一本，授指揮僉事，世襲。餘賜金幣。

《穆宗實録》卷三八　乙丑，陞湖廣按察司按察使何寬爲都察院右僉都御史，巡撫福建。以水災免河南開封等府所屬州縣及宣武等衛所屯糧，仍改折漕糧有差。

丙寅，户部覆御史王友賢奏請，覈諸州縣發倉賑貧者必使民得實惠，毋以虚文塞責。從之。

丁卯，陞山東布政司左參政吴承燾爲湖廣按察司按察使。

《國榷》卷六五　上省牲南郊。

《穆宗實録》卷三九　十一月庚午朔，以水災免真定、保定、順德、廣平六府州縣并各衛所屯糧有差。陞張家口守備、指揮僉事張士藝爲署都指揮僉事，充宣府入衛，遊擊將軍。

壬申，陞廣西按察司副使吴文華爲山東布政司參政。

《國榷》卷六五　甲戌，上親南郊。還御皇極殿，羣臣行慶成禮。年災不宴，但胙之。

乙亥，初諭户部，問開納及户丁鹽糧所入之數，至是尚書劉體乾上之。

戊寅，録寧夏搗巢功，諸臣賜金幣。是秋，套虜吉能屯白城，伺我撤兵入掠。總督王崇古聞之。檄諸鎮先發，各出花馬池長城，抵白城，斬百七十七級，寧夏總兵雷龍功爲最。

庚辰，南京刑科給事中諸暨駱問禮上十事。其五曰「公採納以廣言路」。【略】上怒其妄，鐫三級。吏部擬南京國子監學正，不允，謫之。京師地震有聲，諭廷臣修省三日。

癸未，大同山陰縣地震。

甲申，修承乾、永福二宫。浙江布政司左參政王世貞爲山西按察使。

乙酉，謫巡視皇城御史楊松。時尚衣監右少監黄雄給事乾清宫，間出徵子錢而閧，兵馬司捕送御史。未決，而内監遣趣，云駕帖召雄。按之亡狀，乃劾雄外横詐稱詔。雄自辨。坐松奏事不實，擅拘内使，貶官。調雄南京兵馬司，削籍。四川茶鹽、水利合爲一道。

《穆宗實録》卷三九　丙戌，陞陝西按察司副使曾省吾爲浙江布政司左參政。禮部尚書兼翰林院學士高儀以疾乞休。不允。

辛卯，詔免應天等府今年蘆課之半，以南京工部奏也。

《國榷》卷六五　壬辰，山西右布政使柳英致仕。

乙未，巡撫遼東右副都御史魏學曾疾去。禮部尚書高儀乞休。許之。

《明通鑒》卷六四　儀掌禮部四年，遇事秉禮循法，甚稱職。引疾章六上，皆慰留。會御史傅寵以先帝時撰文叩壇事劾儀，儀四疏求去，乃加太子少保，馳傳歸。

《國榷》卷六五　丁酉，免順天水災屯租。

戊戌，江西按察使殷正茂爲右僉都御史，巡撫廣西。初，總督兼巡撫，以古田盜起，專節焉。

十二月己亥朔，諭輔臣，災異頻仍，因部院營私傷和，令廠衛偵之。刑部尚書毛愷等引咎，已尚書吏部楊博、户部劉體乾、兵部霍冀、工部朱衡、左都御史王廷、禮部左侍郎萬士和等乞休。不允。元氏典史張儀改南京□□倉大使，怨望訐吏部文選員外郎滕伯輪樹私及右僉都御史温如璋、兵備副使何東序、真定知府倖遷狀。上怒，下儀法司編管。

辛丑，湖廣布政司右參政領荆州府事趙賢致仕。

壬寅，通政使李一元爲南京刑部右侍郎，詹事府禮部尚書殷士儋歸禮部。山西布政司右參政方逢時爲右僉都御史，巡撫遼東。陝西盜郭孟行、何術等皆平。

《穆宗實録》卷四〇　以水災，命湖廣歸州、公〔安〕縣等處，河南鄧州等處税糧俱以分數改徵折色有差。

《國榷》卷六五　丙午，起吏部右侍郎兼翰林學士陸樹聲署詹事府，教習庶吉士。楊思忠爲通政使。

《穆宗實録》卷四〇　己酉，起原任少保兼太子太保、禮部尚書兼翰林院學士吴山爲南京禮部尚書。陞通政使司右通政楊思忠爲通政使。

《國榷》卷六五　乙卯，吏部尚書楊博致仕。

丙辰，總督漕運、户部左侍郎趙孔昭濬河，自板閘至西湖嘴，功垂成而内水復塞，乃請工費，濬清江五十里，高家澗七十里。從之。

《穆宗實録》卷四〇　戊午，户部尚書劉體乾等言：「國家經費一歲所入，不足以供其所出，而陳乞支給者，又每出於額外。民窮財盡，【略】容臣等以內外一切經費錢糧應存應革者擬奏，請旨刊成書册以頒中外。」【略】上是其言。

庚申，以水災，改折松江府華亭縣、上海縣漕糧十分之五，存留蠲免亦如之。

《國榷》卷六五　庚申，起高拱少傅兼太子太傅、吏部尚書、武英殿大學士，署吏部事。丹陽邵藝，任俠好結納，走拱里中如故交，乞一札至江南醵金，爲再召地。入京，賂太監陳洪及兩京臺諫請復拱，而張居正又善拱，合起之。故事閣臣不理部事，理部事不復預閣務。拱繫銜掌吏部，不言兼，若部臣然，不遣行人賚勅而僅部咨。後擢藝錦衣千户。

《明通鑒》卷六四　拱性强直自遂，頗快恩怨。及再入閣，盡反徐階所爲，凡先朝得罪諸臣，以遺詔録用、贈卹者，一切報罷。

《國榷》卷六五　提督漕運總兵官時福被劾免。

乙丑，尚寶司丞鄭履淳因災異上言。【略】上以妄議，杖之百，下刑部獄。

丁卯，延綏總兵官董一元被劾，下巡撫御史。

隆慶四年（庚午、一五七〇）

《穆宗實録》卷四一　正月己巳朔，日食，免朝賀。

《國榷》卷六五　大同總兵官趙岢、宣府總兵官馬芳、大同巡撫李秋、遼東巡撫方逢時各易鎮。總督京營戎政鎮遠侯顧寰提督漕運總兵官，鎮淮安。

庚午，上始御皇極殿，受朝賀，不宣表。

《明通鑒》卷六五　辛未，上避殿，詔修省三日。

《國榷》卷六五　乙亥，恭順侯吴繼爵總督京營戎政。寧夏總兵署都督同知雷龍爲靖虜副將軍總兵官，鎮守延綏。諭兵部以畿輔捍衛。尚書霍冀等上十事：更置守令、修繕城堡墩臺、製造火器、栽植樹株、豫計防守、嚴謹收斂、責成兵備。上然之。蠲嘉靖乙丑、丙寅兩年馬價之逋者。

《穆宗實録》卷四一　丙子，以春防屆期，命薊、遼、宣、大、山、陝諸鎮臣加謹邊備。

《國榷》卷六五　丁丑，復故太子太保、兵部尚書兼左副都御史許論原官。

《穆宗實録》卷四一　巡按直隸監察御史燕儒宦條陳六事。【略】上允行之。

《國榷》卷六五　戊寅，內承運庫太監傳空札徵户部十萬金。尚書劉體乾奏：「下片紙，不姓名，不印，安知真僞？」給事中劉繼文亦言之。上命如前旨。廣東海盜許瑞擒渠帥林容等來獻。赦瑞，給田宅。朱秉忠爲都督僉事總兵官，鎮守寧夏。

己卯，大學士趙貞吉上言：「高皇【略】令內外衛兵分隸五府，以杜强臣握兵之害。【略】宜將見操軍分左右前後中營，各擇將統之。開營訓練，各程其能，文臣巡覈之，加賞罰焉。收戎政印歸之內府，有事則太阿獨持。輦轂之下，常有數萬精兵，可戰可守。」上善之，下兵部集議。兵部尚書霍冀以爲然，請營制不必更，可收戎政印，三大營各一將領之，賜敕，設文臣總理。從之。

庚辰，廣東兵破荔浦盜韋公海等。

《穆宗實録》卷四一　命左軍都督府僉書臨淮侯李庭竹掌中軍都督府事。

《國榷》卷六五　辛巳，禮部請東宫出閣講學。俟後命。

壬午，刑科都給事中舒化，論巡撫應天海瑞迂滯不通變，乞改兩京清秩。上以瑞節用愛人，勤政任怨，不許。

癸未，定光禄寺署正，以乙榜知縣教官及例貢參之。

《明通鑒》卷六五　復月食。工科給事中陳吾德言：「歲首日月並食，天之大災，陛下宜屏斥一切玩好，應天以實。」疏入，報聞。

《國榷》卷六五　甲申，總督宣、大、山西右都御史陳其學罷，工部左侍郎徐綱俱劾。

《穆宗實録》卷四一　丙戌，戊任少傅兼太子太傅、吏部尚書、武英殿大學士高拱疏辭召命。不允辭。

《國榷》卷六五　丁亥，總督陝西右都御史兼兵部右侍郎王崇古改宣、大、山西。

己丑，進大學士趙貞吉太子太保。

丁酉，左都御史王廷致仕。故工部左侍郎李登雲贈尚書。總督陝西右都御史王崇古上言。【略】章下兵部。

戊戌，協理京營兵部左侍郎兼右僉都御史王之誥爲右都御史兼兵部左侍郎，總督陝西三邊軍務。

《明史》卷一九《穆宗紀》 是月，倭入廣海衛城。

《明通鑑》卷六五 總督劉燾以戰卻聞，給事中温純劾其欺罔。會召燾督京營，置不問。

《國榷》卷六五 二月己亥朔，太子太保、禮部尚書兼文淵閣大學士趙貞吉署都察院。四川戎縣都蠻阿大等寇掠高、筠等縣。巡撫嚴清請師，薦貴州安大朝。從之。

辛丑，刑部尚書毛愷致仕。初王廷、毛愷倡議攻高拱。及拱再入，不自安也。南京中府太子太保、魏國公徐鵬舉卒，予祭，毋葬謚。

壬寅，霍山、舒城、六合水災，免田租。

《穆宗實録》卷四二 户部奏將每歲額解承運事銀扣減二十萬兩，抵補存積鹽引。太監崔敏争之。【略】上然之。

《國榷》卷六五 甲辰，禮部右侍郎王希烈祭三皇于景惠殿，退言三皇繼天立極，非止醫也，既祀之歷代帝王廟，又祀之文華殿東室，乃醫雜之，褻甚，宜罷祭，存其祀。春秋太醫院官止祀先醫如聖濟殿。禮部覆上，寢之。荆王翊鉅薨，謚曰恭。湖廣金峒安撫司土舍覃璧作亂。

乙巳，貴州總兵安大朝進攻土舍安國亨。國亨殺故宣慰使安萬銓子信，逐其兄智。智上變，巡撫王諍鋭意請兵，智約以兵餉内應。及兵至陸廣河，智不應，諍懼欲止，會大朝渡河進師。

丙午，命大學士署吏部高拱、署都察院趙貞吉並免奏事承旨。

戊申，李遷爲兵部右侍郎兼右僉都御史，總督兩廣軍務。

《穆宗實録》卷四二 巡撫保定都御史朱大器條陳田賦五弊。【略】部覆詔如議。

《國榷》卷六五 庚戌，舊講官禮部尚書殷士儋進太子太保。

辛亥，起葛守禮刑部尚書，工部右侍郎謝登之爲左侍郎，巡撫山西右副都御史靳學顔爲工部右侍郎。

癸丑，南京太僕寺少卿殷從儉請調狼兵勦古田盜。從之。

乙卯，兵部尚書霍驥以給事中楊鎔見劾，意趙貞吉嗾之，訐其私憾。貞吉疏辨。上罷驥，慰留貞吉。王錫爵改國子監司業。光禄寺卿黄華予告。

丁巳，治蘇、松水利，開吴淞江。《穆宗實録》卷四二 陞江西布政使司右布政使方弘静爲廣東左布政使。

《國榷》卷六五 戊午，南京右都御史曹邦輔爲左都御史，閲視京營。巡撫山東右副都御史姜廷頤爲南京兵部右侍郎，兵部右侍郎楊巍予終養。

己未，復故大學士夏言原官，賜祭葬，謚文愍。

庚申，前南京刑部右侍郎曾鈞卒。贈尚書，謚恭肅。

《穆宗實録》卷四二 陞山東布政使司右布政使陳瓚爲光禄寺卿，陞貴州按察司按察使劉玠爲江西布政使司右布政使。

《國榷》卷六五 辛酉，更築西安城，浚涇陽之洪堰。

癸亥，應天巡撫右僉都御史海瑞改總督南京糧儲，巡撫保定。右僉都御史大器爲右副都御史，巡撫應天。大學士高拱請兵部添設右侍郎二。上許之。

乙丑，恭順侯吴繼爵署都督僉事，袁正、焦澤分領五軍神樞、神機營。

《明史》卷一九《穆宗紀》 分設三大營文武提督六人。

《國榷》卷六五 丙寅，南京太僕寺卿黄正色致仕。開封、歸德、彰德、衛輝火災，留馬價賑之。巡撫山西右副都御史靳學顔請徵義勇分番，罷民壯，出京兵遞戍，宣、薊立倉積穀。章下所司。

丁卯，改南京户部尚書郭乾于兵部。户部左侍郎劉自强爲南京右都御史，巡撫浙江。右副都御史谷中虚爲兵部右侍郎。安大朝敗績于水西。安國亨詐降，大朝信之，深入絶食，賊合攻我，殺數千人。

《明通鑑》卷六五 是春，應天巡撫海瑞請開白茆河。

《穆宗實録》卷四三 三月戊辰朔，命真定遊擊將軍署都指揮僉事管英充分守山海關參將。

《國榷》卷六五 庚午，南京刑部尚書孫植、國子祭酒姜寶、誠意伯劉世延俱罷。自助教鄭如瑾削籍，嗾給事中王楨劾徐鵬舉嬖其少子。世延受賂，密語寶，而植不詳讞也。故並聽勘。禁提學憲臣聚徒講學，從禮科給事中胡檟之請。

壬申，監察御史宋纁爲順天府丞，四川右布政使殷邁爲南京太僕寺卿。

癸酉，虜犯威遠。總督陳其學屯高山，移總兵馬芳軍威遠，郭琥軍老營。虜驚曰：「馬太師安得先在是乎？」亟遁。西襲老營，琥又在也。攻二日不克，亦遁。祥符知縣謝萬壽暴酷削籍。時任淺，吏部特如令甲示戒。

甲戌，恭順侯吳繼爵，恥與流官爲伍，辭京營總兵。不許。

《穆宗實録》卷四三　祀孝陵。陞河南按察司按察使王道行爲四川布政使司右布政使，江西布政使司右參政王元春爲陝西按察司按察使。

《國榷》卷六五　乙亥，起黄光昇南京刑部尚書，南京户部右侍郎張守直爲户部左侍郎，巡撫宣府右副都御史王遴爲兵部右侍郎，巡撫遼東右副都御史熊汝達移浙江，巡撫延綏右僉都御史李尚智移保定。

《穆宗實録》卷四三　陞山西布政使司左參政孫一正爲按察司按察使。

《國榷》卷六五　戊寅，寬積穀之例。

庚辰，廣西忠州土官黄賢相等作亂。尋就擒。

《穆宗實録》卷四三　辛巳，陞福建布政使司右布政使劉子興爲廣西左布政使。

《國榷》卷六五　鑄隆慶通寶錢。虜萬騎突至威遠，蓋計我軍且東。馬芳追斬十六級，奪馬千五百匹。

壬午，三大營總兵官改提督。定西侯蔣佑領神樞營，平江伯陳王謨領神機營，同恭順侯吳繼爵。

《穆宗實録》卷四三　癸未，陞福建按察司按察使周賢宣爲福建布政使司右布政使。

《國榷》卷六五　甲申，傳令南京加織十萬匹。工科都給事中龍光執奏，命造供御三分之一，餘准歲額。徙思南府城于平溪衛。

丁亥，南京大理寺卿徐貢元爲南京户部右侍郎。吏部定巡按御史于州縣佐貳，量罪輕重按問，以季報。

庚寅，裁南京吏部驗封司主事，户部雲南、江西司員外郎，禮部儀制司主事，刑部四川司主事，工部營繕司員外郎，都察院都事，通政司右參議，光禄寺少卿，國子監博士、學録，太僕寺寺丞各一。

壬辰，裁南京督糧都御史，歸其事南京户部侍郎。仍設巡倉御史。

癸巳，巡撫湖廣右僉都御史劉慤爲南京大理寺卿。

乙未，命市綿二萬五千斤。户部尚書劉體乾以湖州貢至宜罷。不聽。都給事中李己言：「京師非綿鄉，三月非綿時，奈何以倉卒具也。」遂止市萬斤。

《穆宗實録》卷四三　乙未，寧夏副總兵張德以贓革任。

《國榷》卷六五　丁酉，留蘇、松、常、鎮贖鍰助河工賑饑。

《穆宗實録》卷四四　四月庚子，以鳳陽等處水災，留泗州淮大等衛班軍防守陵寢。

《國榷》卷六五　辛丑，太常寺少卿歐陽一敬移疾歸。一敬前劾高拱，遂道憂死。

《穆宗實録》卷四四　癸卯，廣西布政使司右布政使郭應聘爲本司左布政使。

《國榷》卷六五　甲辰，令勳衛與已襲年三十以下者，聽京營提督文臣教習。

乙巳，廣西按察使丁湛以年至令致仕。河道都御史加提督軍務，轄近地兵備官。

《穆宗實録》卷四四　陞湖廣按察司按察使吳承燾爲廣西布政使司右布政使。

《國榷》卷六五　丙午，四川巡撫嚴清以逋盜被劾。大學士趙貞吉言其潔己愛民，不宜遽罷。命改秩。虜俺荅大舉犯平虜，南趨朔應，知總兵郭琥、馬芳等各有備，乃轉攻平虜城，副總兵張剛以幣賄虜，使移衝棚于威遠。總督王崇古遣馬芳以精卒當之。漢虜相紛拏，殺傷大當，虜退。追剛下吏。

《穆宗實録》卷四四　戊申，改南京光禄寺卿尹校爲光禄寺卿。

《國榷》卷六五　己酉，豁輕囚。

壬子，起吏部右侍郎陸樹聲掌詹事府，仍疾不赴。樹聲嘗與客議徐階，適徐氏僕竊聽，階甚銜之。雖不能中，然終不推轂。

癸丑，大學士高拱請卹京商，錢法從民便。下部亟議。裁軍官冗禄。

丙辰，京營吳繼爵請改文臣閱視爲提督。許之。已右都御史曹邦輔求議職守酬酢，不聽。

戊午，陝西左布政使栗永禄爲光禄寺卿。永禄女適宗室，例不内任。至是女没，撫臣爲請。

己未，吏部右侍郎吕調陽爲左侍郎，掌詹事府。

辛酉，諭户部趣貢金及市寶石。户科都給事中李己請止之，尚書劉體乾言諸珠寶不易致，不聽。

丁卯，工部右侍郎靳學顔改吏部左侍郎。

《明史》卷一九《穆宗紀》 是月，陝西賊寇四川。

《明通鑒》卷六五 巡撫嚴清以聞，巡按御史王廷瞻劾清縱寇。清解官聽調。

《國榷》卷六五 五月戊辰朔，吴時來以操江濫舉調外，吏部因定陞遷行取，任淺毋概薦。

壬申，提督京營左都御史曹邦輔專督五軍營。起兵部左右侍郎陳其學、劉燾提督神機、神樞。

癸酉，户科都給事中李己、給事中陳吾德言：「内承運庫方監崔敏等請買年例金寶，與登極詔失信。計臣未有所出，奈何以玩好費數十萬之貲。敏等目擊時艱，亦當惜財，乃獻諂供用，實充私橐。竊恐將來效尤希進欺蔽，不空人之國不已也。」上怒，杖己百之，下刑部，吾德削籍。

《穆宗實録》卷四五 己卯，輟經筵日講。

《國榷》卷六五 巡撫雲南右副都御史陳大賓爲工部右侍郎兼右僉都御史，總理河道，提督軍務。

庚辰，裁廣東巡撫，以總督李遷兼之。

甲申，順天府尹曹三暘爲右副都御史，巡撫雲南。南京户部尚書譚太初致仕。

丙戌，南韶盜流掠始興、仁化、桂陽、羅平。尋滅。

丁亥，修延綏定邊、寧夏横城等大邊。

戊子，光禄寺卿栗永禄爲順天府尹。

己丑，南京右都御史劉自强爲南京户部尚書。

辛卯，沐昌祚嗣黔國公，總兵，鎮守雲南。

癸巳，陝西左布政使劉斯潔爲光禄寺卿。

《穆宗實録》卷四五 户部尚書劉體乾等奏進夏季京庫銀十七萬兩，尚欠原額八萬兩，乞行府縣督徵。有旨，切責體乾過期支吾，令亟以太倉銀補進。奪該司官俸一月。

《國榷》卷六五 乙未，兵部左侍郎曹亨爲南京右都御史。

《穆宗實録》卷四五 丙申，陞陝西布政使司右布政使曹金爲本司左布政使。

《穆宗實録》卷四六 六月戊戌，陞江西按察司按察使楊守魯爲陝西布政使司右布政使。

《國榷》卷六五 庚子，太原、平陽、潞安、澤、遼、沁旱災，免逋租。署吏部大學士高拱上言：「邊方有司，非雜流則遷謫。待之既薄，志意隳沮。宜吏治日偷，民生日蹙也。國家用人，不當爲官擇地，但當爲地擇官。自今邊方有司，擇强年軼才兼通武事者，三年爲率，加等擢用。如禦敵著績，超任之。果才略恢弘，即由此而兵備、而巡撫、而總督，亦無不可。若地方不効，降三級調用。推委誤事，輕則罷斥，重則軍法治罪。」

《穆宗實録》卷四六 陞四川布政使司左參政楊成爲江西按察司按察使。

《國榷》卷六五 辛丑，前户部右侍郎黄養蒙卒。

《穆宗實録》卷四六 甲辰，陞雲南按察司副使鄧棟爲山西行太僕寺卿。

《國榷》卷六五 乙巳，進李春芳少師。滿六年考。

丙午，潮州知府侯必登進三品服俸。高拱言，必登勸農弭盜，治行爲粵東最，特優異之。

丁未，追論前巡按浙江御史龐尚鵬，削籍。以輸幣粗紕。左布政李磐、右參政薛天華、按察使徐貢元、僉事王宇並鐫二級。

己酉，罷浙江提學副使林大春，以試目割裂見劾。

辛亥，北城兵馬司指揮孫承芳廷杖，削籍。内臣李陽春殺人，令禁卒棄骸北安門外，承芳以聞，陽春言：「其人卧疾，護出之而死。承芳乃擅拷校尉，何也？」上遂反坐承芳。

癸丑，禮部左侍郎萬士和致仕。

乙卯，大學士陳以勤上六事：慎擢用、酌久任、處贓吏、廣用人、練民兵、重農穀。上嘉答之。

丙辰，總督宣大陳其學、巡按陝西監察御史潘民模坐薦有司失格，奪月俸。高拱申定薦格，凡陞任俸淺及當久任不得列。前總督糧儲南京右副都御史楊宗氣卒。

辛酉，京師久雨。諭都察院問民疾苦，免問架錢。

壬戌，禮部右侍郎王希烈爲左侍郎，翰林院侍讀學士諸大綬爲禮部右侍郎，仍各兼侍讀學士。巡撫江西右副都御史劉光濟爲南京户部右侍郎，提督糧儲。

丙寅，作光泰殿、瑞祥閣于長信門南，部科交諫，止之。故大學士張治改謚文毅。罷真定、河間等衛居庸之戍。

七月戊辰，南京刑部右侍郎李一元改兵部右侍郎兼右僉都御史，巡撫江西。

《明史》卷一九《穆宗紀》 己巳，禁章奏浮冗。命撫、按官嚴禁有司酷刑。

《穆宗實録》卷四七 辛未，巡撫宣府兵部右侍郎王遴奏上清理屯田事宜。

《國榷》卷六五 始註選河南、山東京糧道左參議吴兑、馮謙。司經局洗馬馬自强，翰林侍讀陶大器主試應天。

甲戌，王府官六年考察，如京官例。

丁丑，起任士憑爲南京刑部右侍郎。兵科都給事中温純等言：薊鎮可慮者四。【略】其當議者七。【略】部議從之。

己卯，雲南貢金不至，詔責户部尚書劉體乾抗旨，勒罷。

壬午，户部左侍郎張守直爲尚書。

甲申，巡撫陝西右副都御史張師載罷。

《穆宗實録》卷四七 丁亥，總督山西、宣大軍務右都御史王崇古條機宜。

《國榷》卷六五 吏科給事中賈三近言：「近來守令率重甲科而輕鄉舉。【略】宜吏部毋偏重進士，毋濫署印。」命行之。提督神樞營左都御史兼兵部左侍郎劉燾以賂遺劾免。

戊子，少傅兼太子太傅、禮部尚書、武英殿大學士陳以勤致仕，進太子太師、吏部尚書，遣行人護行。總督漕運户部左侍郎兼右僉都御史趙孔昭還部。户部右侍郎陳紹儒爲左侍郎，總督倉場。通政使楊思忠爲右副都御史，巡撫陝西。

《穆宗實録》卷四七 總督陝西三邊軍務侍郎王之誥陳防事宜。

《國榷》卷六五 辛卯，南京工部尚書林雲同致仕。海鹽捍海塘成。

癸巳，工部右侍郎翁大立改左侍郎，南京户部右侍郎劉光濟爲户部右侍郎，大理寺左少卿王正國爲通政使，巡撫遼東右副都御史魏學曾提督神樞營。右僉都御史陳炌爲右副都御史，總督漕運兼巡撫鳳陽。

乙未，成都龍安旱災，免田租。免昌平寄牧馬三年。

八月丁酉，南京右都御史曹亨爲南京工部尚書，大理寺卿趙錦爲工部右侍郎。起潘季馴右副都御史，總理河道，提督軍務。

辛丑，户部尚書張守直言：「天下錢穀歲入僅二百三十萬有奇，歲出京師百餘萬，而邊餉至百八十餘萬，其溢請不與焉。自嘉靖十八年始中虜，邊臣日請兵餉，蓋五十九萬增至二百八十餘萬。士馬豈盡皆實數，芻餉豈盡皆實用耶？宜令廷臣酌裁，不得過歲入常數之外。」上是之，下各督撫詳其實。

壬寅，工部左侍郎謝登之爲南京右都御史，南京光禄寺卿董傳策爲大理寺卿。起喻時南京户部右侍郎，提督糧儲。右春坊右諭德兼翰林院侍讀丁士美、修撰申時行主試順天。

甲辰，署吏部事大學士高拱等言：「自今撫按糾劾有司，即解官俟命。得旨即覆，如考察例。」從之。

丙午，南京工部右侍郎方廉致仕。

戊申，賜遼東總兵官王治道等金幣。初虜犯錦州，治道自廣寧援之，虜退，聞其屯蓮花山，出塞襲斬四十級。

《明通鑒》卷六五 庚戌，諳達及子錫林阿大舉入寇，宣大告警。

《穆宗實録》卷四八 陞陝西西安府知府邵畯爲遼東行太僕寺卿兼山東按察司僉事。

《國榷》卷六五 辛亥，太僕寺卿顧存仁致仕。

癸丑，御日講。山東左布政使姚一元爲太僕寺卿，四川左布政使楊賢爲南京光禄寺卿。

甲寅，河東巡鹽監察御史郜永春以鹽池南北産鹽，今採鹽于北不于南。請南岸開門，招貧民取鹽，令商人即支。從之。

《穆宗實録》卷四八 南京兵科給事中李崧疏言：南京織染局續添機張，增募臣役，皆已奉詔革去，而太監劉安等輒以上供所亟奏請復之。

《國榷》卷六五 乙卯，刑部左侍郎戴才改户部兼右僉都御史，駐通州督餉。提督神樞營右副都御史魏學曾爲兵部右侍郎。

丁巳，順天府尹栗永禄爲右副都御史，防護山陵。

己未，釋給事中李己獄。刑科都給事中舒化等請釋李己等，刑部尚書葛守禮以李己及内犯張恩等十人原未定罪爲請，上獨宥己，餘如故。始意恩等有奥援，至是服上之斷。

辛酉，起王國光刑部左侍郎。南京兵部尚書劉采致仕。

癸亥，順天府丞朱勳上試録，有複紙，勳及考官丁士美、申時行各奪俸二月。

《國榷》卷六六 九月丁卯，復浙江總兵官劉顯署都督僉事。

己巳，南京吏部尚書吴嶽改南京兵部尚書。

庚午，廣州知府戴科下巡按御史。初廣東副提舉黄屏臣，才而狡，科乘屏臣出，搜其貲五百餘金。御史楊標下按察司詰屏臣狀，迫自經。標遂怒科，劾其挾私誣陷也。

壬申，削故太保陸炳職，籍其家，御史張守約追論之也。

癸酉，陝西大水，酌蠲賑。

《明通鑒》卷六五　癸酉，陝西大水，詔州縣發倉廩振濟，並蠲免税糧。

《國榷》卷六六　甲戌，河決邳州。治河諸臣俱戴罪責後效。

《明通鑒》卷六五　時總督河道翁大立内召爲工部侍郎，旋改兵部，受代者未至。而山東沙、薛、汶、泗諸水驟漲，決仲家淺諸處，黄河又暴至，茶城復淤。已而淮水亦大溢，自泰山廟至七里溝亦淤十餘里。乃起潘季馴以故官再理河道，未至，而河復決邳州，自睢寧白浪淺至宿遷小河口，淤百八十里，糧艘阻不進。大立言「比來河患，不在山東、河南、豐、沛而專在徐、邳」，乃議開泇河口以避洪水之險。時部議主塞決口，而大立亦旋罷，事遂中寢。

《國榷》卷六六　乙亥，土魯國王馬黑麻先遣謝。其兄弟瑣非速檀、虎來火速檀，阿卜哈亦速檀各入貢，久待命。督撫議例外增夷使四人。禮部以此非令甲，第不欲失遠人意，令瑣非等各附一使從馬黑麻，不爲例，許之。

丁丑，太僕寺卿姚一元爲順天府尹。

戊寅，國子祭酒孫鋌爲南京禮部右侍郎，大理寺卿劉慤爲南京工部右侍郎。

壬午，巡撫應天右副都御史朱大器爲南京大理寺卿。武昌、承天、德安、荆、黄旱饑，保定、大名、廣平、真定、河間水災，免田租。京師解嚴。協理兵部事吏部右侍郎靳學顔、督餉户部左侍郎戴才各還部。

癸未，前南京户部尚書孫應奎卒。虜二百餘騎入大同之蒿溝，副總兵錢棟禦于長林。或言虜少，即輕騎三百往。至白道溝，伏發，棟及指揮張汝詔、把總喬文奎死之。録囚殆五百，分二日畢之。

甲申，虜俺荅孫把漢那吉來降。

《穆宗實録》卷四九　乙酉，以水災免徐州、高郵、興化、寶應、山陽、清河、桃源、宿遷、睢寧、東安十州縣正官朝覲。

《國榷》卷六六　丙戌，南京兵部尚書吴嶽卒。

丁亥，吏部左侍郎王本固爲南京吏部尚書。

《明通鑒》卷六五　戊子，錫林阿復犯錦州，總兵官王治道、參將郎得功以十餘騎入敵，死之，乃擢副總兵李成梁爲遼東總兵官。是時諳達諸部數犯塞下，十年之間，殷尚質、楊照及治道三大將死焉。成梁乃大修戎備，甄拔將校，收召健兒以爲選鋒，軍聲始振。

辛卯，署吏部事大學士高拱言：「先帝臨御四十五年，享年六十，壽考令終。前閲方士王金等獄詞，謂金等進丹藥，致大行悮服。又用麝香、附子、熱藥及百花酒，丹田發熱，先帝爲其所害，然耶否耶？金等自有當誅之罪，奈何以先帝殞于非命不得正終者罪之？」上命訊實以聞。于是會鞫午門，坐以左道惑人，王金、陶世恩、陶倣、劉文彬編置遠外，赦妻子。申世文、高守忠削籍。吏科給事中趙奮言：「金等坐前律固不當，而熒惑先帝，事有指，宜坐斬勿赦。若以金等爲從，孰其首之？彼陶仲文死久矣。」章上，報聞。拱議雖可採，意摘徐階也。

甲午，分榆林爲東中二路，增副使一，駐神木堡。復京營舊制。以兵科都給事中温純言六提督紛諉不便，遂罷之，仍擇總督協理大臣。

先是營制屢更，尋改三營總兵官皆爲提督，又設三文臣，亦稱提督，遂有文武六提督，遇事各持意見，旬月不決。給事中温純極言其弊，乃罷之，趙貞吉亦不能争也。

《國榷》卷六六　十月己亥，虜二萬騎去平虜城六十里而軍，使伍奴柱索那吉勢張甚。王崇古、方逢時遣百户鮑崇德出雲石堡，責其稱兵。【略】整兵西出拒門堡。

《穆宗實録》卷五〇　辛丑，初以應天巡撫海瑞議裁革江南募召客兵，【略】撫臣朱大器言，【略】兵部請留用官兵如大器言。

《國榷》卷六六　甲辰，吏部右侍郎靳學顔爲左侍郎，翰林學士張四維爲吏部右侍郎，仍直經筵日講。南京户部尚書劉自强改南京兵部尚書。總督薊、遼、保定兵部左侍郎兼右僉都御史譚綸爲右都御史兼兵部左侍郎，協理京營戎政。綸在鎮多所建畫，立車營，治墩臺，專委戚繼光，薊遂稱勁。

丁未，巡撫順天右僉都御史劉應節爲兵部右侍郎兼右僉都御史，總督薊、遼、保定。駐守通州，提督保定等援兵右都御史兼兵部左侍郎劉燾疾去。廬、淮水災，免屯租。授把漢那吉指揮使，阿力哥正千户，各賜緋衣一。諭王崇古悉心區畫。時兵部覆奏持兩端，高拱奮主款，張居正和之，得勝算矣。

戊申，南京禮部尚書吴山、黄光昇未赴，給事中韓楫劾之，各令致仕。

己酉，河淤阻漕，總兵鎮遠侯顧寰、總督漕運侍郎趙孔昭、總理河道侍郎翁大立罰俸六月。巡撫遼東、甘肅右僉都御史李秋、王輪劾罷。提督漕運總兵鎮遠侯顧寰引疾去。

壬子，曹邦輔、陳其學爲南京户、刑部尚書，潘晟爲南京禮部尚書。南京刑部右侍郎任士憑辭疾不至。

癸丑，平江伯陳王謨提督漕運總兵，鎮淮安。

甲寅，王崇古再遣鮑崇德。俺荅難我，欲先得把漢，不可。令副總兵苑宗儒以其子爲質。俺荅喜曰：「太師誠語我，負德不祥。」

丙辰，監察御史葉夢熊論那吉不宜納，將結仇激禍，引宋郭藥師、張穀爲喻。上責其妄，謫之。

丁巳，諭高拱考察科道。

己未，署都察院事大學士趙貞吉疏上，考察毋以葉夢熊波及諸臣。蓋知高拱之修郄也。上不聽。高拱請偕都察院，許之。

庚申，趙錦、鄒應龍爲工部左、右侍郎。

壬戌，考察，太僕寺少卿前給事中鄭大經等俱才力不及，各降斥如例。因戒諭科道。

《明通鑒》卷六五　時高拱掌吏部，趙貞吉掌都察院事，皆主考察。時拱考察多挾私憾，以貞吉得其情，憾甚。至是届考察，拱欲去貞吉所厚者，貞吉亦持拱所厚以解，于是斥者二十七人，而拱所惡者咸預焉。拱意猶未慊，乃謀去貞吉以快其私。

《穆宗實録》卷五一　十一月丙寅，陞湖廣按察司姚世熙爲浙江布政司右布政使巡按陝西。

戊戌，陞山東布政司左參政楊綵爲湖廣按察使。

庚午，户部奏各省府歲運内庫京邊錢糧率被解户攬頭侵冒，【略】乞下詔切責當事臣工。

《國榷》卷六六　辛未，巡鹽監察御史蘇士潤言：「濟南、東昌、兖州官鹽，積滯四十餘萬引。前奏罷四萬，復令開中，是愈壅。青、登、萊本行竈鹽，請停開中買補之例，給票鬻鹽，毋越境。票責有司季繳。部覆停引不便，量減三萬引。從之。賑湖州水災，免秋租。彰武伯楊炳協守南京。署後府鄭印爲署都督僉事總兵官，鎮守甘肅。

《明通鑒》卷六五　丁丑，詔達乞封貢。

《國榷》卷六六　命賜把漢那吉幣四、布百匹。

己卯，至日，上祀南郊。還御皇極殿，羣臣行慶成禮。

《明通鑒》卷六五　舊制，郊畢行慶成宴，自世宗倦勤，久不舉，上即位三載，亦未及行，至是禮部尚書殷士儋始考定舊儀行之。

《國榷》卷六六　癸未，俺荅遣其黨伍那住收捕趙全、李自馨、吕老祖等七人，梏以獻。

甲申，巡撫四川右僉都御史陳瓚爲左副都御史。

乙酉，大學士署都察院事趙貞吉致仕。貞吉既忤高拱，于是吏科都給事中韓楫劾其庸横，爲變亂營制。

《穆宗實録》卷五一　丁亥，掌吏部事大學士高拱上疏乞罷，不允辭。

《國榷》卷六六　巡按宣大御史姚繼可劾巡撫方逢時狃寇縱掠，當罷。吏部以逢時秘畫，不宜輒易。從之。

己丑，太子太保、禮部尚書殷士儋兼文淵閣大學士，直閣。

庚寅，刑部尚書葛守禮爲左都御史，光禄寺卿劉斯潔爲右副都御史，巡撫四川。太子少保恭順侯吴維爵掌左府。

辛卯，吏部右侍郎靳學顔疾去。

癸巳，南京禮部尚書潘晟、劉自强爲禮、刑部尚書。故山西總副兵錢棟贈都督僉事。南京禮部右侍郎孫鋌卒。鋌，餘姚人。

十二月丁酉，總督陝西右都御史兼兵部左侍郎王之誥爲南京兵部尚書。總督殷正茂、巡撫李遷、都督同知俞大猷徵諸道兵十四萬人，進攻古田盜，克其巢。盜奔合潮水巢，據其巔。

叛人趙全等既至，遂歸把漢那吉，遣康綸送之。把漢感泣，攜妻往。留阿力哥及虜二使爲質。俺荅迎于河上，祖孫嗚嗚相勞苦，曰「帝，天也，覆露我多矣」。南向拜者再。使打兒漢入謝。奏「酋腊毒我也，不如御之，毋引慝焉」。總督王崇古言：「先帝開市時，虜勢方張。邊臣媚而致之，故盟未幾而寒。今虜鄉我，若黍苗之仰陰雨也。昔制在虜，今制在我。何疑于虜，而不使之徹聲聞于天上耶。」詔下三鎮議。外戚李偉進都督同知。

戊戌，前户部尚書馬坤卒。

庚子，户部左侍郎戴才爲右都御史兼兵部右侍郎，總督陝西三邊軍務。

乙巳，吏部右侍郎張四維爲左侍郎，兵部右侍郎魏學曾改吏部。

庚戌，大學士張居正秩滿，進兼太子太傅、吏部尚書。

《穆宗實録》卷五二　都察院左都御史葛守禮等言：「【略】申明禮制自朝儀始。【略】」章下禮部，申明禁約，從之。

《國榷》卷六六　乙卯，上御午門受俘，趙全等伏誅。

《明通鑒》卷六五　磔趙全等于市。上以罪人既得，行受俘禮，祭告郊廟。加王崇古太子少保、兵部尚書，總督如故，方逢時以下陞賞有差。

《國榷》卷六六　丁巳，左都御史葛守禮言：「畿南水患，請修橋梁，開屯種。」下部議行。

戊午，進閣臣李春芳中極殿大學士，支尚書俸。高拱少師兼太子太師，建極殿大學士。張居正少傅兼太子太傅，建極殿大學士。各廕尚寶司丞。殷士儋少保、武英殿大學士，與大學士趙貞吉各廕中書舍人。

《穆宗實録》卷五二　癸亥，行大祫禮于太廟。遣太常寺官祭太歲月將及五祀之神。

隆慶五年（辛未、一五七一）

《國榷》卷六七　正月己巳，賑文安、永清、薊、霸等水災，免其屯租。

辛未，享太廟。

甲戌，吏部大計，旌入覲卓異。【略】下貪酷知府徐必進等二十五人于巡按御史，追入之。

《穆宗實録》卷五三　刑部覆右給事中張書等所奏恤刑事宜。從之。

乙亥，詔取太倉銀十萬兩入内用。

《國榷》卷六七　己卯，户部請覈覲官逋賦，計其數駐俸鐫級。從之。

《穆宗實録》卷五三　癸未，陞湖廣布政使司右布政使孫一正、河南右布政使劉曰材俱爲左布政使。江西按察司按察使楊成、福建按察使陳一松、山東按察使楊衍慶、四川按察使方攸績、廣東按察使張子弘俱爲布政使司右布政使。

《國榷》卷六七　乙酉，湖廣土寇覃壁平。

《穆宗實録》卷五三　丙戌，陞河南、湖廣按察司按察使湯賓、楊綵爲布政使司右布政使，江西福建布政使司參政陳絳、熊琦俱爲按察司按察使。

戊子，陞廣西按察司按察使萬思謙爲布政使司右布政使，陝西布政使司左參政温如春、河南左參政吴道直、山東右參政吴文華俱爲按察司按察使。

《明通鑒》卷六五　是月，大學士李春芳言：「先朝故事，東宫未出閣時，閣臣以朔望次日行謁見禮，不惟臣等獲遂瞻仰之私，而東宫亦藉以嫻習禮儀，養成儲德。即今春和，乞舉行如例。」上許之，命以二月二日謁見。

《國榷》卷六七　辛卯，徵光禄寺二十萬金。以部科諫，半之。

《穆宗實録》卷五三　陞宣大、山西總督標下原任總兵胡鎮爲署都指揮僉事，充副總兵管提調南山參將事。刑部都察院及科道諸臣廷劾朝覲官員及在外見任者皆玩愒，歲時不修政務，請治其罪。上謂諸臣怠廢職業，宜逮治，今姑宥之，令其還任悉心幹理。在外者仍移文策勵之。

《國榷》卷六七　署都督同知廣東總兵官郭成改四川，討山寇。

二月甲午，廷臣及入覲官謁東宫于文華左門。

乙未，左都御史葛守禮言禁奢僭厲風俗一事。上是之。

戊戌，祭太社太稷。

己亥，開日講。少傅、大學士張居正、詹事府吏部左侍郎兼翰林學士吕調陽主禮闈。

庚子，總督尚書王崇古上言，互市甚利。【略】且命下兵部廷議。

《穆宗實録》卷五四　庚子，以政績卓異，調陝西按察司副使徐學古于山西，加從三品服俸。

《國榷》卷六七　辛丑，雲南道監察御史汪文輝上治體四事。

《明通鑒》卷六五　是月，謫御史汪文輝爲寧夏僉事。時内閣高拱兼掌吏部，權勢烜赫，其門生韓楫、宋之韓、程文、涂夢桂等並居言路，日夜走其門，專務搏擊。文輝亦拱門生，心獨非之，至是疏陳四事，專責言官。疏奏，下所司。拱惡其刺己，甫三日，遂出之外。

《國榷》卷六七　癸卯，總理河道侍郎翁大立、總督漕運侍郎趙孔昭皆劾罷。

處州諸生毆分守參議方岳，戍十二人。

甲辰，刑部右侍郎游居敬、順天府尹姚一元勒致仕。應天府尹周俶操江右僉都御史，調雲南。副使吴時來罷。江西左布政使馮惟訥乞休。以清慎，加光禄寺卿。

《穆宗實録》卷五四　乙巳，詔留廣西隆慶四年以後事例銀兩二年，給軍需。以古田用兵。

丙午，陞山東布政使司右布政使徐栻爲江西左布政使。

戊申，大學士李春芳再上疏乞休，上仍褒留不允。

《國榷》卷六七　浙江、雲南左布政使郭朝賓、鄔璉爲順天應天府尹。

己酉，兵部右侍郎谷中虚爲左侍郎，巡撫山西。右僉都御史石茂華爲兵部右侍郎，南京大理寺卿朱大器爲刑部右侍郎。

《穆宗實録》卷五四　陞廣東按察司按察使陶承學爲布政使司右布政使。

《國榷》卷六七　庚戌，通政司右通政胡杰爲南京太常寺卿。

《穆宗實録》卷五四　陞浙江、雲南、河南布政使司右布政使姚世熙、陳善、楊綵俱爲左布政使，世熙、善俱本省，綵山西。

辛亥，陞廣東布政使司右參政何鏜爲本省按察司按察使。

《國榷》卷六七　鎮遠侯顧寰仍總督京營。

壬子，南京廣積、廣惠庫火。遣内臣往陝西織絨。部科止之，不聽。

《明通鑒》卷六五　翊鏐，上第四子也。

《明史》卷一九《穆宗紀》　己未，封皇子翊鏐爲潞王。

《國榷》卷六七　朱冠爲署都督僉事總兵官，鎮守浙江。

庚申，陝西左布政使曹金言，地曠事冗，乞增左參議一，分守關内道；按察僉事一，管屯田水利；郡縣佐貳及教官各數員。從之。

三月壬戌朔，古田盜平，擒斬七千三百人有奇，而渠帥韋銀豹【略】械京師，磔于市。

《穆宗實録》卷五五　癸亥，陞貴州按察司按察使郭斗、浙江按察司按察使朱袗俱爲布政使司右布政使。

《國榷》卷六七　甲子，兵科都給事中章甫端言：「虜得封號，則衆且益附，是假之翼也。入我境則窺我文物，是啓其心也。【略】」詔下廷議。諸臣言利者十一，言害者十九。

丁卯，復議膠萊運道，户科給事中李貴和言之，命工科給事中胡櫝往視。

《穆宗實録》卷五五　陞山西按察司按察使于錦爲本布政使司右布政使。

《國榷》卷六七　己巳，上御文華殿。日講畢，輔臣李春芳等具言封貢之利。上曰：「卿等議定，其即行之。」自是浮論稍息。庚午，册榮妃汪氏等。巡撫浙江右副都御史熊汝達爲南京刑部右侍郎。山西左布政使楊綵爲右僉都御史，巡撫山西。兵部尚書郭乾再集議封貢。【略】于是弛招降之令。

壬申，復山東督糧左參議。張元勳爲署都督僉事總兵，鎮廣東。

癸酉，新昌王厚熥薨。謚端僖。

甲戌，禮部覆吏科都給事中韓楫，以藩戚入任，除同祖親文外，得推陞京秩。從之。

丙子，策貢士于皇極殿。

《明史》卷一九《穆宗紀》　賜張元忭等進士及第、出身有差。

《國榷》卷六七　兵部右侍郎王遴歸省。左都御史葛守禮申明巡按事宜：正體統、修本務、慎訪察、簡受訟、嚴舉劾、倡節儉。命即行之。

丁丑，兵部尚書郭乾劾罷。

《穆宗實録》卷五五　辛巳，陞河南布政使司右布政使史直臣爲左布政使。

《國榷》卷六七　壬午，順天府尹郭朝賓巡撫寧夏。沈應時爲右副都御史，巡撫浙江、江西。南京太常寺卿胡杰卒。

乙酉，禮科都給事中張國彦請召對大臣，并録先帝要事二十九則以進。報聞，録留覽。起少傅楊博爲兵部尚書。太子少保高儀掌詹事府，高拱薦之。

丙戌，改古田縣曰永寧州，立守禦千户所。

己丑，封俺答順義王，賜緋蟒衣一，綵幣八。

庚寅，江西左布政徐栻爲順天府尹。陝西總督王之誥議「吉能子弟二年不犯，可許市」。總督宣大王崇古上言：「吉能即俺答親姪，勢相依倚。許俺答不許吉能，是錮其首而舒其臂也。俺答必陰呼吉能之衆市晉，而吉能亦必陰藉俺答之衆窺秦。是晉爲秦受困，而秦爲晉申禍也。」兵部復言：「近者互市，與往日不同。昔捐官，今資商。或有不足，宜權爲應。當此物力方虚，慎毋以官市犯先帝所禁。」陝西西鄉盜平，下巡城御史緝游民。倭入廣東。

《穆宗實録》卷五五　陞山東布政使司右布政使陶承學爲河南布政使司左布政使。

《國榷》卷六七　四月壬辰朔，命饒州作陶器十萬有奇。工科都給事中龍光等請減十之三四，且寬其程。不聽。

癸巳，大理寺卿董傳策求改南京便養。許之。

《穆宗實録》卷五六　拔第一甲進士張元忭爲翰林院修撰，劉瑊、鄧以讚爲編修。陞福建布政使司右布政使陳一松爲左布政使，江西按察司按察使陳絳爲右布政使。

《國榷》卷六七　甲午，河再決邳州。

乙未，河東巡鹽御史郜永春劾總督王崇古弟、侍郎張四維父並怙勢壞鹽法。各疏辨，不問。

《穆宗實録》卷五六　陞福建按察司按察使熊琦爲布政使司右布政使，江西布政使司右參政施篤臣爲按察司按察使。薊遼督撫官劉應節等議上御史傅孟春所陳折支積貯事宜。【略】户部覆奏，從之。

丁酉，以直隸淮安府所屬州縣災傷，詔停徵積逋馬價。

《國榷》卷六七　辛丑，釋輕囚。

癸卯，南京給事中王禎等、御史潘允哲等請罷貢市。報聞。

甲辰，刑部定各省如熱審例，減徒杖以下罪。

《穆宗實録》卷五六　丙午，陞巡撫陝西都察院右副都御史楊思忠爲南京户部右侍郎，提督糧儲。巡撫湖廣右僉都御史張翀爲大理寺卿。

己酉，掌吏部事大學士高拱請解部事。上曰：「其勿辭。」

《國榷》卷六七　辛亥，授虜酋昆都力哈（俺答弟把都兒）。黄台吉、都督同知，賜獅衣一、綵幣四。賓兔台吉等十人指揮同知，那木兒台吉等九人指揮僉事，打兒漢台吉等十八人正千户，阿拜台吉等十二人副千户，恰台吉等二人百户。

《穆宗實録》卷五六　丁巳，南京科道官以督府事恭順侯吴繼爵掌南京錦衣衛事，署都指揮僉事耿文光當解任。得旨落繼爵閒住，文光革任回衛。

《國榷》卷六七　庚申，左都御史葛守禮上官箴士節六事：端趨向、崇節儉、正心術、勤職業、敦禮讓、弘器度。上然之。

《穆宗實録》卷五六　陞雲南按察司按察使陳時範爲布政使司右布政使，雲南布政使司右參政莫如善爲按察司按察使。

《穆宗實録》卷五七　五月壬戌朔，大學士李春芳再上疏求退，上温旨慰留，不允。

《國榷》卷六七　南京禮部右侍郎秦鳴雷爲南京禮部尚書。起汪道昆右副都御史，巡撫湖廣兼贊理軍務。敘古田功，進提督侍郎李遷右都御史，巡撫殷正茂兵部右侍郎，各仍故任，餘陞賚有差。

丁卯，順天府尹徐栻爲右副都御史，巡撫江西。河南右布政使凌雲翼爲右僉都御史，提督撫治鄖陽。巡撫廣西右僉都御史殷正茂請修舉鹽法，足兵食。販鹽在廣西，出鹽在廣東，行鹽在湖廣，官出貲，歲市二百艘。時值消息，可充歲餉。從之。

《穆宗實録》卷五七　己巳，陞陝西布政使司左布政使曹金爲順天府府尹，陞山西按察司按察使鄭洛爲布政使司右布政使。

辛未，陞陝西布政使司右布政使李敏德爲左布政使，右參政張佳胤爲按察司按察使。

癸酉，陞陝西按察司按察使馮舜漁爲本布政使司右布政使。

《國榷》卷六七　甲戌，大理寺卿張翀爲兵部右侍郎，南京國子祭酒萬浩爲南京禮部右侍郎。

丁丑，司禮太監陳洪同法司録囚。

戊寅，少師兼太子太師、吏部尚書、中極殿大學士李春芳致仕，遣行人曹銑護歸。

《明通鑒》卷六五　初春芳代徐階爲首輔，務以安静稱上意。同列陳以勤，故端謹，而張居正恃才淩物，視春芳蔑如也。方階罷，春芳嘆曰：「徐公尚爾，我安能久！容旦夕乞身耳。」居正遽曰：「如此，庶保令名。」春芳愕然，三疏乞休，不允。既而趙貞吉代以勤，剛而負氣。及高拱再入閣，淩春芳出其上，春芳不能與争，自飭而已。會拱逐貞吉，勢益張，修階故怨，春芳常從容爲階解，拱益不悦。南京給事中王禎，希拱意，疏詆之，春芳求去益力，遂以乞養請。

《國榷》卷六七　朝臣予告，堂上官按其實代奏，始部覆。

己卯，漢陽知府孫克弘罷。克弘遣蒼頭入京，或妄傳徐階所使。給事中韓楫、宋之韓欲中階，自往捕之。求階事亡跡，僅克弘所通故人書也。之韓謂階子太常卿璠、少卿琨等乾没松江上供金錢，使引徐氏舍人，悉逮而籍之。給事中張博等復論階三子，下巡按御史，逮克弘，免官。

《穆宗實録》卷五七　以左軍都督府逸出繫囚，奪經歷蔡迎恩俸一月，下守獄。

丁亥，命户部置金寶等物進用。部科諸臣以庫藏匱乏，宜崇節儉停採買爲請。上以爲年例，令亟買進。

《國榷》卷六七　戊子，大學士高拱以首揆辭銓務。不允。御史蕭廩言，薊鎮入衛兵，即于掣兵之日放歸，免留備冬春。從之。

《明通鑒》卷六五　是月，土默特犯遼東。

《國榷》卷六七　六月辛卯朔，京師地三震，詔修省三日。前吏部左侍郎靳學顔卒。

《穆宗實録》卷五八　壬辰，吏科都給事中韓楫疏薦原任大學士郭朴等，上是之。

《國榷》卷六七　乙未，張齊補順天通判。兵科左給事中周芸、御史李純朴爲故給事中張齊訟冤，幷論刑部尚書毛愷、左都御史王廷迎附徐階。削廷籍，奪愷原官。

己亥，吏部定督撫出入更調，須實俸考滿，其候代地方者亡論。

壬寅，選翰林院庶吉士。鼎甲自嘉靖丙戌後不受課，至是復故。

甲辰，許西虜通貢。授吉能都督同知，其下四十九人授指揮千百户有差。賜吉能獅袍一、綵幣四。

乙巳，吏部言任子自宗人五府出，多雲貴、兩廣遠郡守，不旋踵輒罷，非厚也。乞自今任子得陞部署及京府治中、太僕寺丞等官，果稱職則陞郡守藩臬，不必遠地。郡守藩臬又稱職，又遞遷之，毋限格。從之。

《穆宗實録》卷五八　起用原任太子少保、禮部尚書兼翰林院學士高儀。中途稱疾，不允。

《國榷》卷六七　丁未，禮部集議宗藩廩禄。【略】從之。

戊申，南京兵部右侍郎姜廷頤考滿，廷見聲輕，許致仕。

壬子，大理寺右少卿王治爲太僕寺卿。署都督僉事謝朝恩爲總兵官，鎮守寧夏。

甲寅，順義王俺答及昆都力哈等貢馬五百九匹，使者六十四人。表進上馬三十匹，銀鞍一。太子少保、禮部尚書高儀，署詹事府吏部左侍郎呂調陽並教習庶吉士。

乙卯，高拱言：「國初進士鄉舉並用，今進士偏重，鄉舉甚輕。欲與治理，宜破拘攣之見，開功名之路，凡保薦考選，勿拘出身。」從之。

丙辰，俺答縛趙全餘黨趙宗山等十三人來獻。賜金三十、幣四。

戊午，高拱言：「行太僕、苑馬寺、鹽運司官皆要政，非閒局也。近視之甚輕，輒劣處者充任，殊非設官初意。乞推補廉謹有才望者。又定其格，卿視參政，運長視副使，遷陞如故事。」從之。

庚申，工科左給事中胡檟還奏，上遂罷膠河之議。

《穆宗實録》卷五九　七月辛酉朔，録宣大招徠虜中人口功。

《國榷》卷六七　乙丑，改新鄭徑隸開封府。舊隸鈞州，去縣遠。

丙寅，大理寺丞孫丕揚罷。蒲城知縣呂宗儒貪敗，疑丕揚嗾人劾之，至是入京自理，而丕揚嘗劾高拱，故坐斥。

《穆宗實録》卷五九　丁卯，陞鴻臚寺卿李際春爲太常寺卿，陞陝西布政使司右參政羅瑶爲廣東按察司按察使。

《國榷》卷六七　己巳，上御皇極殿，受俺答貢。羣臣表賀。

庚午，蔡國熙爲按察副使，整飭蘇松兵備。國熙前守蘇州，潔惠及民。徐階僕横于蘇，窮治之，御史不善也，遂引去。至是高拱擢之以跡階，松人羣起訟之。階三子皆就繫，擬以城旦，革其廕敍，入田四萬畝于官。廣西總兵俞大猷被劾罷。

辛未，南京工部尚書曹亨劾織造太監劉安不法忤旨，罰俸三月。

壬申，賚俺答及其妻各部目衣幣，其上馬每匹酬緞二絹一。

乙亥，巡撫福建右僉都御史何寛爲大理寺卿。

戊寅，開經筵。

己卯，日講。大學士高拱等言：「庚戌以來，先帝屢詔修塞，卒無成效。非徒當事者不力，實以虜擾應接不暇，尺寸未成而尋丈已壞矣。今幸虜款，勢若可爲。且諸邊戍卒非減也，司農歲額不能省也，而卒以益疲，吏以益狎，則患豈必在虜。乘此閒暇，培根固本，雖虜欲背成，而我歲有歲功，月有月效，十年無事，常勝在我矣。則和可戰可，虜戰于守虜守于和亦可。不然齎空橐而戰，戰不可；畫空城而守，守不可；抱空約而和，和又孰可？臣請自今每三歲遣近臣視九塞，以八事殿最邊吏：積餉、修險、練卒、鍛甲、督屯、理鹽、養馬、招降。皆以數課吏，治其功罪。績著者同斬虜，廢壞者倣失機。」上從之。

《穆宗實録》卷五九　癸未，改太僕寺少卿王之垣爲鴻臚寺卿。

《國榷》卷六七　甲申，南京刑部右侍郎熊汝達改南京兵部。右僉都御史李棠爲右副都御史，巡撫南、贛、汀、韶提督軍務。

丁亥，前兵部右侍郎兼右僉都御史李一元待降，稱疾篤不任，上以怨望削籍。故少詹事兼翰林侍讀學士黄佐贈禮部右侍郎，謚文裕。

《穆宗實録》卷五九　己丑，提督兩廣右都御史李遷以水災請蠲内府錢糧。

《穆宗實録》卷六〇　八月庚寅朔，陞四川按察司副使黄宏宇爲浙江布政使司右參政。建極殿大學士、掌吏部事高拱疏言，輦轂之下，【略】誆騙者尤多，【略】伏望皇上勑下廠衛及巡視五城御史嚴加緝訪。【略】上深然之。

《國榷》卷六七　壬辰，南京刑部尚書陳其學致仕。

己亥，提督兩廣右都御史兼兵部左侍郎李遷爲南京刑部尚書，尋致仕。

辛丑，總理河道工部右侍郎兼右僉都御史陳大賓卒。

癸卯，許西虜開市。總督戴才請寧夏市清水營，延綏市紅山墩。

丙午，漕舟阻于邳河。奪總督陳炌、總兵陳王謨俸，命御史張憲翔催督。

己酉，各軍行糧，惟警調得支，餘皆冒支論。工部尚書朱衡請開泇河，下廷議。

庚戌，定南糧就船支放。薊鎮、昌平敵臺成，進總督譚綸兵部尚書兼右副都御史，仍協理戎政。餘陞賚有差。

甲寅，巡撫廣西兵部右侍郎兼右僉都御史殷正茂總督兩廣軍務兼巡撫廣東。

乙卯，敕各邊督撫修邊備。

丁巳，廣西左布政使郭應聘爲右副都御史，巡撫廣西。

戊午，定薊鎮募南兵九千人，減主兵如之。

《穆宗實録》卷六〇　薊遼督撫官劉應節、楊兆及御史余希周各條上議處薊鎮主客兵事宜。

《穆宗實録》卷六一　九月庚申朔，陞江西布政使司右布政使楊成爲廣西左布政使。

《國榷》卷六七　復山東參政，專理蘇、松、常、鎮糧稅。浙江分巡僉事兼蘇松水利。

辛酉，復引見朝鮮使臣。時定諸夷使俱不至御前，以朝鮮恭順，特許。

《穆宗實録》卷六一　總督倉場侍郎陳紹儒條上漕政五事。

壬戌，陞江西按察司按察使施篤臣爲本布政使司右布政使。

《國榷》卷六七　減各鎮巡官符驗之半。兵部尚書楊博主録囚。

癸亥，裁陝西行太僕寺、苑馬寺丞，增少卿一，與寺卿並兼按察僉事分理，中東西三路專屬巡茶御史。

《穆宗實録》卷六一　乙丑，陞廣西布政使司右參政柴淶爲按察司按察使。

《國榷》卷六七　丙寅，禁遼人渡海居山東。巡撫大同右僉都御史劉應箕言：「巡撫總兵，失事同罪，嫌于太苛。請兵餉責巡撫，戰守責總兵。」上疑之。兵部楊博請酌其功罪，臨陣有功，則鎮將敍撫臣上；退却冒餉，罪在鎮將。若巡撫調度失策，亦皆同罪。從之。

《穆宗實録》卷六一　戊辰，重陽節，詔以故禮部左侍郎薛瑄從祀孔子廟。

《國榷》卷六七　位在呂祖謙下。

己巳，兵部右侍郎張翀予告。

癸酉，翰林侍讀學士丁士美、左中允兼編修申時行主武闈。

庚辰，前右副都御史党以平卒。

《穆宗實録》卷六一　以廣東惠、潮二府兵荒，免徵隆慶元年、二年未完存留糧，停徵嘉靖四十三年至四十五年起運糧。

《國榷》卷六七　癸未，宣大、山西馬市竣。俺答市大同得勝堡，黄台吉擺腰兀慎市新平堡，昆都力哈永邵卜大成市宣府張家堡。共馬七千餘匹，費六萬緡，犒費四千緡。進總督王崇古太子太保，餘陞賞有差。

甲申，免武昌、漢陽、荆州水災田租十之五。

乙酉，山東巡撫右僉都御史梁夢龍等議試海運，派粟十二萬石自淮入海。許之。

戊子，前總督宣大兵部尚書兼右都御史蘇佑卒。前南京國子祭酒姜寶削籍。追免南京刑部尚書孫植。奪誠意伯劉世延俸六月。復助教鄭如瑾官。初給事中王楨論寶徇情亂法，及南京法司希高拱指，坐寶賂千金。

十月癸巳，戎政兵部尚書兼右副都御史譚綸予告。

《穆宗實録》卷六二　以水災命改折南京錦衣等衛所及直隸揚州等衛所屯糧有差。

甲午，改南京光禄寺卿楊豎爲太僕寺卿。

《國榷》卷六七　番賊犯岷州衛文縣，官軍失利。

《穆宗實録》卷六二　丁酉，陞大理寺左少卿劉一儒爲南京光禄寺卿。

《明通鑒》卷六五　己亥，河南、山東大水，詔工部「飭管河官經理上流河防，以備衝決」。

《國榷》卷六七　庚子，罷漕運都御史陳炌。

辛丑，南京兵部右侍郎熊汝達奏謝，命侍郎以下省之。貴州宣慰司土舍安國亨降，執獻其黨，上官其子及安智子國貞。河道右副都御史潘季馴請盜決河防之罪。舊以在山東、河南論戍，徐、邳而下止城旦，乞概戍。從之。

壬寅，保定侯梁繼璠爲總兵官，提督漕運，鎮守淮安。

甲辰，刑部左侍郎王國光爲南京刑部尚書。兵部右侍郎王遴爲左侍郎兼右僉都御史，協理京營戎政。南京太僕寺卿汪鏜爲南京工部右侍郎。山東左布政使王宗沐爲右副都御史，總督漕運，兼提督軍務，巡撫鳳陽。翰林侍讀學士丁士美爲太常寺卿，署國子祭酒。前司業林士章爲南京國子祭酒。

《穆宗實録》卷六二　南京法司奏是歲會審重囚之數。

乙巳，以浙江安吉州、孝豐、歸安、武康等縣水災命改折南京糙糧及蠲免存留糧有差。

《國榷》卷六七　少詹事兼翰林侍讀學士馬自強署院。左、右中允兼編修申時行、王錫爵爲左、右諭德兼侍讀，直日講。錫爵署南院。西虜吉能等貢上馬二十，餘馬百八十。俺答代進表，賞衣幣有差。

辛亥，賑南昌、九江、瑞、贛、饒、南康水災。

甲寅，免徐、淮田租。監察御史趙應龍劾大學士殷士儋因太監陳洪入相，士儋疏辨，上慰諭之。巡撫雲南右副都御史曹三暘爲南京刑部右侍郎。山西按察使張佳胤爲右僉都御史，巡撫應天。

丁巳，吏部左侍郎張四維予告。

《穆宗實録》卷六二　陞江西布政使司右布政使施篤臣爲山東布政使司左布政使。

《明通鑒》卷六五　是月，楊博至京師，專理兵部，乃陳薊鎮戰守方略。

《穆宗實録》卷六三　十一月己未朔，陞陝西布政使司右參政侯東萊爲按察司按察使。

《國榷》卷六七　壬戌，工部右侍郎鄒應龍爲兵部左侍郎兼右僉都御史，巡撫雲南。

丙寅，陝西貢市竣，各加陞賚。

丁卯，沐朝弼葬母至南京。巡撫右副都御史曹三暘言其怙惡，乞留。詔還鎮閒住省愆。

戊辰，吏、刑部右侍郎魏學曾、朱大器爲左侍郎。改户部右侍郎劉光濟于吏部，南京兵部右侍郎熊汝達于工部，順天府尹曹金爲刑部右侍郎，補吴百朋刑部右侍郎，巡撫河南右副都御史栗永禄爲兵部右侍郎。

己巳，大學士殷士儋致仕。

《明通鑒》卷六五　初趙貞吉罷，高拱素善侍郎張四維，欲引共政，士儋以内援得入，遂怨拱及四維。四維父擅鹽利，爲御史郜永春所劾，事已解，他御史復及之。拱、四維疑出士儋指，益相搆，嗾御史趙應龍劾士儋進由陳洪，不可以參大政。士儋再疏求去，不允，而拱門生都給事中韓楫復揚言脅之。士儋以入閣會楫，面詬楫，並及拱，曰：「若逐陳公、趙公，復逐李公，今又爲四維逐我。若能常有此座耶？」奮臂欲毆之。張居正從旁解，亦誶而對。于是御史侯居良復劾士儋始進不正，求退不勇。士儋再疏請益力，乃賜乘傳歸。家居十一年卒。

《國榷》卷六七　庚午，總督京營戎政鎮遠侯顧寰罷。

辛未，湖廣左布政孫一正爲順天府尹。

壬申，彰武伯楊炳總督京營。

《穆宗實録》卷六三　陞湖廣布政使司右布政使湯賓爲本寺左布政使。

《國榷》卷六七　甲戌，起傅頤南京兵部右侍郎。巡撫山東右僉都御史梁夢龍爲右副都御史，巡撫河南。

《穆宗實録》卷六三　乙亥，陞山西按察司按察使施堯臣爲湖廣布政使司右布政使。

《國榷》卷六七　丙子，巡撫浙江右副都御史郭朝賓、左副都御史陳瓚爲户部左、右侍郎。

丁丑，南京工部尚書曹亨致仕。

辛巳，琉球入貢，歸我掠者，賜國王尚元金五十，幣四。户部左侍郎陳紹儒爲南京工部尚書。

《穆宗實録》卷六三　癸未，陞江西布政使司左布政使陳一松爲應天府府尹，陞廣西按察司按察使桂嘉孝爲雲南布政使司右布政使。

《國榷》卷六七　甲申，至日，成國公朱希忠代祀南郊。

丁亥，召俞大猷南京右府僉書右都督。

《穆宗實録》卷六四　十二月己丑朔，陞山東布政使司右布政使陳絳爲江西左布政使，河南布政使司右參政高秦爲廣西按察司按察使。

《國榷》卷六七　庚寅，南京刑部尚書王國光改户部尚書，總督倉場。

《穆宗實録》卷六四　癸巳，陞陝西按察司按察使曹科爲山東布政使司右布政使。

乙未，陞山東布政使司右參政徐衍祚爲陝西按察司按察使。

《國榷》卷六七　丙申，錦衣衛左都督朱希孝總理東宫侍衛。

丁酉，户部進珠寶，值三萬餘緡。上薄之，詰所司對狀。尚書張守直引罪，請再市。上奪郎中袁三接、員外郎賈實俸六月。

壬寅，裁陝西新設參將。監察御史劉良弼以封貢上言六漸。【略】上以示總督王崇古，崇古條對稱旨。

《穆宗實録》卷六四 壬寅，禮部進東宫加冠儀注。

《國榷》卷六七 丙午，免文安、寶坻、薊州等田租。

辛亥，下户部，檄雲南廣東採辦珠石。虜寇遼東，總兵官李成梁戰于卓山，大破之，斬五百八十餘級，獲馬六百餘匹，甲二百。進李成梁署都督同知，廕正千户，巡撫張學顔右副都御史，餘陞賞有差。罷總理河道都御史潘季馴。

癸丑，上御皇極殿門宣捷，明日稱賀。命廕高拱、張居正錦衣正千户。

丁巳，治順天、永平、保定、河間水利。

隆慶六年（壬申、一五七二）

《國榷》卷六七 正月己未，命雲南、廣東歲進寶石二萬枚、珠八千兩，三年而止。科道諫沮，不聽。

《穆宗實録》卷六五 癸亥，勅吏部加大學士高拱柱國，進中極殿大學士，張居正少師兼太子太師，餘官如故。

《國榷》卷六七 甲子，成國公朱希忠攝享太廟。御史田子堅疏諫，切責之。

《穆宗實録》卷六五 丁卯，禮科左給事中雒遵條陳條治運河五事。刑科給事中張楚城請御便殿召見羣臣。報聞。

《國榷》卷六七 戊辰，工部尚書朱衡兼左副都御史，治河。衡因築徐州至宿遷長隄三百七十里，并治豐、沛大黄隄。

辛未，通政司右通政王凝爲光禄寺卿。監察御史張克家等請教皇太子，引程頤坐講之説。上怒其肆，謫克家，餘奪俸一年。山東布政司參政潘允端遷駐淮安，理漕務，裁漕運參將。

《明通鑑》卷六五 命工部尚書朱衡兼左副都御史，經理河道。

《穆宗實録》卷六五 丙子，户部尚書張守直條例漕政事宜。上從之。

《國榷》卷六七 丁丑，南京右都御史謝登之爲南京刑部尚書。起萬恭兵部左侍郎兼右僉都御史，總理河道，提督軍務。

己卯，巡撫陝西兵部左侍郎張瀚以修西安城及涇陽等洪堰，敘監司守令等功。有旨「此乃常職，何功也」？奪瀚俸二月。

庚辰，山西布政司右參政孫枝、左參議査鐸當入賀萬壽節，辭焉，被劾免。各鎮積省歲費，賜督撫王崇古、劉應節等金幣有差。

癸未，罷兵部左侍郎谷中虚、大理寺卿何寛。初，福建參將王如龍、游擊金科、僉書朱珏被劾，部下撫按訊之。既未減，總兵戚繼光檄其送南兵。巡按御史杜化中謂科、珏託繼光私于中虚等也。時以如龍等有戰功，獄且具，而化中等欲陷繼光，文致之，殊無事實。

《穆宗實録》卷六五 户部覆總督漕運副都御史王宗沐奏請，於春訊時移駐揚州料理海防軍務。

《國榷》卷六七 甲申，定卹刑官不得辨復問革官吏。

丁亥，巡撫陝西兵部左侍郎兼右僉都御史張瀚爲南京右都御史。切盡西掠。瓦剌令賓兔台吉主市賞，賓兔以清水遠，改市寧夏中衛。切盡上番文假道，詔許並塞外行，毋擾我邊鄙。

二月戊子朔，改大同東北路參將于得勝堡，專理互市。

己丑，增陝西關内道布政司左參議，督糧儲驛傳。立新寧州，割南寧地界，思明、羅陽諸土司者創之。

《穆宗實録》卷六六 巡撫陝西侍郎張瀚言「蘭河二州【略】宜申嚴盤詰之令，以防不虞」。【略】兵部覆奏，上允行之。

庚寅，改調原任巡撫貴州都察院右副都御史杜拯爲應天府府尹，陞山東按察司副使周鑑爲浙江布政司右參政。

《國榷》卷六七 庚寅，吏部請另立廣東舉劾科條。

癸巳，虜款。量撤防秋擺邊兵及備禦班軍。

甲午，皇太子冠。

乙未，上御殿受賀，仍賀皇太子於文華左門。

丙申，四川總兵郭成劾免。倭分犯廣東化州、石城，陷神電衛錦囊千户所。

丁酉，巡撫貴州右僉都御史阮文中爲右副都御史，巡撫湖廣。

《穆宗實録》卷六六 辛丑，起吏部左侍郎兼翰林院學士張四維，以原官協理詹事府事。

《國榷》卷六七 壬寅，貴州總兵署都督僉事劉顯改鎮守四川。

《穆宗實録》卷六六 甲辰，勒福建布政司右布政熊琦致仕。

乙巳，命廣東都司、僉書署都指揮僉事王承恩掌廣西都司事。

《國榷》卷六七　丙午，徵太倉十萬兩。宣府邊工成。

戊申，貴州左布政使蔡文爲右副都御史，巡撫貴州，提督軍務。

辛亥，遣内臣蘇杭織造。

《穆宗實録》卷六六　陞山西布政司右布政使于錦爲貴州左布政使，湖廣按察司按察使温如春爲福建右布政使。

《穆宗實録》卷六七　閏二月丁巳朔，陞廣東布政司右參政江一麟爲本省按察使，復除山東布政司右參政。

《國榷》卷六七　兵部右侍郎石茂華、右僉都御史陳省、左春坊左諭德兼侍讀申時行清理貼黄。

《穆宗實録》卷六七　己未，南京户部尚書曹邦輔奏南京各衛倉糧事。

《國榷》卷六七　壬戌，湖廣布政司左參政温純致仕。虜黄台吉遣掠車夷革固等帳房，革固夷流駐宣府塞外。巡撫吴兑請馳使俺答老把都黄台吉，詰令遣還，築堡自衛。從之。

癸亥，提督四夷館、太常寺少卿韓楫爲通政司右通政，提督謄黄。高拱弟□爲都督府都事，居拱邸後，楫等數攜飲。拱自公歸，過弟所，值飲爲恆。楫等乘其懽，輒言其私人，果得遷。或所憾言官，輒曰：「某某將論吾師。」雖力止之，如後何。」拱即屬選郎外補。衆咸畏拱，實楫等導之，拱不自覺也。

《穆宗實録》卷六七　陞江西按察司副使張岳爲廣西布政使司右參政。

《國榷》卷六七　丁卯，上御皇極門，疾作還宫。召高拱、張居正、朱希忠入乾清宫門。上執拱手歎曰：「何事非内臣壞耶？朕身後事，卿等詳計之。」輔臣出宿西闕門直廬。明日，上稍安。

《穆宗實録》卷六七　甲戌，巡撫山東右僉都御史傅摯奏山東民兵事。

《國榷》卷六七　乙亥，廣東兵擊倭于外村烏嵾，敗之。

丁丑，復廣西總兵官。

《穆宗實録》卷六七　己卯，提督兩廣軍務右侍郎殷正茂條議四事。

《國榷》卷六七　庚辰，上疾漸平，傳示各官。南京户部右侍郎楊思忠疾去。

甲申，南京右府僉書右都督俞大猷總兵官鎮守福建及浙江台、温。

三月戊子，上復視朝。皇太子出閣就學。

《穆宗實録》卷六八　辛卯，南京户部尚書曹邦輔參奏管倉主事張振選違抗不職狀，乞如例罷黜。【略】工部尚書朱衡條陳經理北河八事。

《國榷》卷六七　癸巳，增廣州海防同知。

丙申，命軍機事兵科毋貼報，諸司疏未下科毋傳旨。嘉、湖水利歸應天撫臣兼督。

《穆宗實録》卷六八　禮科給事中蔡汝賢奏請寬恤東南民力。

《國榷》卷六七　己亥，延綏巡撫都御史郜光先繪本鎮形勝圖，并上五論。

庚子，東虜速把孩歹青等忿前敗，復犯長勝堡，守備范芝拒卻之。

辛丑，貴州兵破猺賊。

乙巳，禮部尚書兼翰林學士潘晟致仕。吏科左給事中宋之韓倡同官賈待問、匡鐸等遞攻去之，搏擊取勝，時論不與。

《明通鑒》卷六五　丙午，總督漕運右副都御史王宗沐言海運事，于是海運議行三百艘。

《國榷》卷六七　戊申，尚寶司卿劉奮庸上五事。

《明通鑒》卷六五　初奮庸侍上于裕邸，及即位，擢是職。已藩邸舊臣相繼柄用，獨奮庸久不調。大學士高拱亦故講官也，再起任事，頗專恣，奮庸疾之。疏入，上但報聞，不怒也。

《國榷》卷六七　己酉，安慶軍譁。户科給事中曹大埜論大學士高拱大不忠十事。【略】上責大埜妄言。

《明通鑒》卷六五　拱方掌部事，陽爲二臣祈寬。上不許，竟謫大埜乾州判官，奮庸興國知州。

《國榷》卷六七　辛亥，高拱疏辨且乞休，上慰留之。兵部尚書楊博等、給事中雒遵等、御史唐鍊等各倡疏留拱。識者詬之。

四月丁巳，命順天尹禳旱，停刑禁屠。越三日乃雨。

庚申，巡撫雲南右副都御史曹三暘罷。

辛酉，應天府丞丘有巖免。時家居翰林編修曹大章、苑馬卿韓子允詐取人財，有巖庇之，被劾。

《穆宗實録》卷六九　陞浙江布政司左布政使姚世熙爲太僕寺卿，大理寺左少卿羅良爲南京太僕寺卿。

癸亥，陞浙江布政司右布政使郭斗爲本司左布政使。

甲子，提督兩廣侍郎殷正茂言：「廣東山海之羅，日益充斥。民疲于奔命，死徒過半。【略】上供不可缺，宜稍殺之。」上從之。

乙丑，陞浙江按察司按察使謝鵬舉爲本省布政司右布政使。

《國榷》卷六七　巡撫四川右副都御史劉斯潔爲左副都御史，還院。山西岢嵐兵備副使蔡可賢罷。俺答市場近岢嵐堡，要可賢往，直入其帳，相揖受觴，貽所嬖甥女金幣，狎焉。謂將吏曰：「此陳平所藉以解白登也。」市費才三百金。」可賢中蜚語去。

戊辰，太子少保、禮部尚書高儀兼文淵閣大學士，直閣。通政使王正國爲南京刑部右侍郎，前應天府尹畢鏘爲南京户部右侍郎。

己巳，命釋輕繫。土蠻臨近邊，遼東戒嚴，不入。

《穆宗實録》卷六九　庚午，陞湖廣布政司右參政趙賢爲浙江按察司按察使。

壬申，陞雲南布政司右參政羅元禎爲本省按察司按察使，浙江按察司副使鄭雲鎣爲湖廣布政司左參政。

《國榷》卷六七　吏部左侍郎呂調陽爲禮部尚書，太常寺卿李際春爲通政使，光禄寺卿王凝爲太常寺卿。

甲戌，蘇松兵備副使蔡國熙改山西提督學校。國熙按治徐階子璠、琨論戍，瑛編氓。又倉頭坐戍十餘人，籍田六萬畝，獄上。高拱擬旨謂太重，令改讞。徐氏稍得安。

丁丑，太常寺少卿路王道爲光禄寺卿。復故總督浙直太子太保、兵部尚書胡宗憲官，予祭。兵科右給事中劉伯燮訟其寃。

己卯，太常寺卿署國子祭酒丁士美兼侍讀學士，侍班東宫。吏部左侍郎兼學士張四維署詹事府。廣西府江、右江諸傜獞復亂，巡撫右副都御史郭應聘議大征。

庚辰，召南京禮部右侍郎萬浩於禮部，署國子祭酒。

五月乙酉朔，作瓜州閘。

丁亥，成國公朱希忠攝北郊。

《穆宗實録》卷七〇　戊子，刑科給事中秦舜翰條陳廣東内治六事。

《國榷》卷六七　壬辰，南京工部右侍郎汪鏜改南京禮部。免高、雷、廉、惠、潮田租十之三，蠲積逋。時廣東用兵。

己亥，復居庸、山海巡關御史。

庚子，南京大理寺卿董傳策爲南京工部右侍郎。巡撫南贛右副都御史李堂討山寇，平之。

《穆宗實録》卷七〇　辛丑，賜虜酋吉能祭如女直夷人都督同知例。加彩幣二表裏。

《國榷》卷六七　甲辰，減湖廣禄糧九萬九千九百餘石，馬價九萬八千八百餘金。蓋景遼國除及罷採木。

乙巳，總督王崇古請給順義王印，貢使入京給鐵鍋，撫賞親屬人給紬繒二匹，布十匹，米一石。

丙午，上不豫。

《穆宗實録》卷七〇　丙午，陞貴州按察司按察使馮成能爲四川布政司右布政使。

《國榷》卷六七　賜俺答順義王鑲金銀印。

《穆宗實録》卷七〇　工部尚書朱衡及漕運都御史王宗沐奏上造船積弊。

《國榷》卷六七　始遣工部主事造船清江，設徐、邳防河舖役。俱尚書朱衡等議上。

己酉，上大漸。召大學士高拱、張居正、高儀入乾清宫。上倚榻，皇后、貴妃侍，東宫左立。上困甚，太監馮保宣顧命曰：「朕嗣統方六年，今疾甚，殆不起，有負先帝付託。東宫幼，以屬卿等，宜協輔遵守祖制，則社稷功也。」拱等泣拜而出。

庚戌，上崩，年三十六。明日發喪。

《國榷》卷六八　皇太子主喪。巳刻，傳太監馮保入司禮監。保狡黠，嘗訐故司禮監陳洪，高拱勿善也。至是掌司禮太監孟沖譖逐之，薦保據其位。

辛亥，馮保稱遺旨，大行疾篤，促召閣臣至恭默室北。張居正吏姚曠趨奔於前，持密函。高拱問「誰何」，曰「與馮司禮」。拱問何所言，居正色動，遽曰「遺詔事」。拱默然，既而曰：「我當國，事當首裁，何所私而内之也？」俄拱奉遺詔及諭皇太子，俱云同司禮監，則居正爲馮保地云。禮部左侍郎王希烈往天壽山擇陵。提督兩廣軍務兵部左侍郎殷正茂以倭犯廣東新寧、惠來，陷電白錦囊所城。

六月乙卯朔，卯刻日食。時百官哭臨思善門畢，赴禮部行護日禮。

丁巳，禮部上登極儀注。

庚申，大學士張居正同司禮太監曹憲卜山陵。居正請視嘉靖七年例，遣禮工卿貳及科道各一。于是户部尚書張守直、禮部右侍郎諸大綬、工部左侍郎趙錦、禮科都給事中陸樹德、江西道御史楊家相、工部主事易可久同詣天壽山潭谷嶺，營視山陵。

明神宗部(起公元一五七二年,迄公元一六二〇年)

《明史》卷二〇《神宗紀一》 神宗範天合道哲肅敦簡光文章武安仁止孝顯皇帝,諱翊鈞,穆宗第三子也。母貴妃李氏。

隆慶六年(壬申、一五七二)

《國榷》卷六八 六月甲子,上即皇帝位。以明年爲萬曆元年。大赦,頒昭天下。

丙寅,賜京朝文武諸臣金幣有差。

丁卯,大學士高拱上新政五事。

朝鮮國王李昖來貢方物馬匹。

增工部司官三人,治上陵。

《神宗實録》卷二 申飭陝西三邊及時修築邊墻城堡墩濠,務期堅固垂久,不得曠時糜費。

戊辰,寧夏地震。

差江西道御史周於德督理兩淮鹽課,兼理河道。

《國榷》卷六八 己巳,聖母皇后居慈慶宫。

庚午,罷大學士高拱。

辛未,巡撫山西右僉都御史楊綵請以行太僕少卿住寧武,帶憲銜兼管兵備,裁新添僉事及寺丞。從之。

《神宗實録》卷二 辛未,睿宗獻皇帝忌辰,祭于奉先殿。

《國榷》卷六八 癸酉,上御平臺,特召張居正,慰勞之。

甲戌,提督兩廣軍務兵部侍郎殷正茂奏平河源、從化、英德等賊。

命吏部尚書楊博解兵部事,回吏部。

《神宗實録》卷二 應天巡撫張佳胤奏:安慶衛亂軍獄辭法司比謀叛律,梟八人,遣十三人,釋二人。仍定爲條例,頒行天下。

丙子,上御宣治門,縗服視事,百官行奉慰禮。

尚食監太監穆進德請復薦新銀魚,上以業有詔停止各項採辦,不從。

《國榷》卷六八 丁丑,大學士高儀疾,是日卒。

庚辰,召見張居正于平臺,議兩宫尊號。

辛巳,定昭陵。命兩京文武官四品以上各總督巡撫等,俱自陳去留,取上裁。

復設開封府捕盜通判。

《神宗實録》卷二 壬午,以山東登州府旱災,蠲其夏税有差。

《神宗實録》卷三 七月甲申朔,初享太廟。上駕及門,雷雨大作,頃雨止成禮,乃還宫。

《國榷》卷六八 丙戌,上大行皇帝尊謚契天隆道淵懿寬仁顯文光武純德弘孝莊皇帝,廟號穆宗。

丁亥,頒尊謚詔于天下。

《神宗實録》卷三 起陞吏部右侍郎兼翰林院侍讀學士陸樹聲爲禮部尚書。

《國榷》卷六八 己丑,諭兵部申飭邊防。

《神宗實録》卷三 庚寅,吏部等衙門考察,奏黜吏部員外郎穆文熙、都給事中宋之韓、程文等三十三員,吏部主事許孚遠、御史李純樸、杜化中、胡峻德、盛時選、劉曰睿、張集,左右給事中涂夢桂、楊鎔、周蕓、張博等五十三員降調外任。

《國榷》卷六八 壬辰,上穆宗元妃李氏孝懿貞惠順哲恭仁儷天襄聖莊皇后尊謚。

《神宗實録》卷三 乙未,户部奏:太倉銀庫本年六月終,實在各項銀共二百五十二萬五千六百一十六兩,金四百六十五兩,銅錢一千六百一十九萬九千四百八文。

詔均派兩直隸、山東、河南河夫於各州縣,不得偏累瀕河地方。

戊戌,刑部奏:熱審釋放發落笞杖等罪犯人三百四十三名口。

己亥,諭禮、兵二部:「朕即位之初,重念守邊官軍勤勞,宜加賞賚,禮部便會同兵部查遼東至甘肅沿邊一帶官軍實數來看。」

《國榷》卷六八 庚子,禮部上兩宫尊號。仁聖皇太后陳氏,皇貴妃慈聖皇太后李氏。
辛丑，江陵、公安、松滋、枝江、宜都、石首、監利大水，命蠲恤。
甲辰，提督漕運總兵官保定侯梁繼璠以病免。
《神宗實録》卷三　癸卯，降原任廣西總兵官俞大猷職二級，戴罪管事。
乙巳，大同巡撫劉應箕疏請修增右衛、威遠二城。從之。
廣東瓊州府萬、强二州夜大風雨，空中有聲，海水暴漲，合山水沖城郭，壞官衙民舍，漂溺及壓死居民無筭。
《神宗實録》卷四　八月甲寅朔，敕取户部銀三十萬兩，兵部馬價銀三十萬兩，工部銀二十萬兩，并内庫一百萬兩，給賞内外官軍，如隆慶元年例。差給事中四員往各邊會同總督撫按賞主客邊軍，自遼東至甘肅，凡六十六萬四千三百一十九人，銀各二兩。
乙卯，南京守備懷寧侯孫世忠奏報本年上半年官軍數目，馬步官旗軍士舍餘並安插夷人原額九萬五百三十七員名，實在並撥補過三萬二百八員名，事故六萬二十九員名。
丁巳，遣大學士吕調陽祭先師孔子。
己未，上禦宣治門視事。
《國榷》卷六八　辛酉，張居正請八月開經筵。從之。
甲子，議祧宣宗。
乙丑，祁、定二州大雨雹，傷禾菽，斃二人。
《神宗實録》卷四　癸酉，上禦文華殿講讀，遂以爲常。
賞朝鮮國陪臣三十三人衣服絹布靴襪等物有差。
《國榷》卷六八　丙子，令有司蠲逋限報三月。
癸未，神樞營左副將傅津充總兵官，鎮守保定。
《神宗實録》卷五　九月甲申朔，復設青浦縣，鑄縣印，並儒學條記各一顆。
丙戌，祧宣宗章皇帝神主。是日免朝。
順義王俺答差夷使表貢馬二百五十匹，及鞍轡弓矢等物。套酋吉能部落貢馬二百匹。上嘉其誠順，詔賞大紅蟒白澤獅子紵絲衣各一襲，妻彩段二十三表裏，其子及小頭目部落各照例賞賚有差。
丁亥，旌表湖廣節烈婦王氏等二十九人。
《國榷》卷六八　淮安，揚，徐大水，蠲賑有差。
壬辰，增陝西延安府守備。
甲午，葬穆宗莊皇帝于昭陵。
乙未，東夷王杲阿革等犯撫順、寧前、錦義。
《神宗實録》卷五　丙午，陝西茋哂木沙等族番人焦吉章哈爾節等凡到京及留邊共一千五十一人，共貢馬一百一十匹，並盔甲腰刀等物件，給賞段絹鈔銀如例。
丁未，祔穆宗莊皇帝、孝懿莊皇后神主于太廟。
《國榷》卷六八　庚戌，上始御皇極門視事。勞遼東吏卒萬金，賞其功。
辛亥，敕修《穆宗莊皇帝實録》。
《神宗實録》卷五　四川江油縣知縣趙佐以侵克邊糧銀兩數多，依監守自盜例論斬。
《國榷》卷六八　十月甲寅朔，御皇極門頒曆。
乙卯，革四川鹽課提舉司、天全招討司、經歷司都事，雜造局、碉門茶馬司各官吏。
《神宗實録》卷六　丙辰，四川重慶府巴縣土陀驛改移鐵山，仍隸巴縣，彭水縣黔南驛改移沙鎮，隸長壽縣，江津縣白波驛改隸墊江縣。
戊午，靈藏贊善王差你麻堅咎等一百三十五名貢方物馬匹，如例給賞表裏銀五百四十兩。
《國榷》卷六八　庚申，廣西懷遠猺賊叛，殺知縣馮希武。
辛酉，命停刑。
乙丑，免台州水災今年田租之半。
《神宗實録》卷六　會審減死罪二十一人，釋三人。南京會審減絞罪二人。
《國榷》卷六八　丙寅，許養病官三年之内到任，三年外仍準收選。
《神宗實録》卷六　復歸河南黄河退灘地三百三十頃於杞縣。
庚午，慈慶宮後西連房火。
丙子，升賞甘肅賺馬坑等處斬獲陣亡傷故員役一百四十三員名。
戊寅，革寧夏總兵官謝朝恩任閑住。
免淮安東西所班軍歲赴京操，分撥海上巡哨，以防海運。
己卯，户部奏請開浚榆河，自鞏華城達於通州渡口，運糧四萬石，給長陵等八衛官軍月糧。從之。

《國榷》卷六八　辛巳，分守延綏右副總兵張傑充總兵官，鎮守寧夏。

土蠻五六百騎窺舊遼陽北河，近塞二十里。總兵李成梁自赴寧遠堡拒之，夜襲斬二十餘級。

十一月癸未朔，巡按陝西御史蕭廩奏勘七苑牧地，共五萬五千三百二十二頃，除見牧馬八千七百七十匹，給地一萬二千二百五十一頃外，餘共徵銀八千二百二十二金。

甲申，增貴州壩陽守備官，摘兵三百人戍之。

《神宗實録》卷七　己亥，山西撫臣奏今年秋禾旱災，請行分别蠲賑及屯田折徵有差。從之。

陝西三邊總督戴才奏：套虜并俺答部落住嘉峪關西及海上者不下數萬，情態莫測，請發所欠工本鹽銀並來年年例及工本鹽銀，趁今秋成，亟買糧料，并本鎮收過墾屯糧石各另積貯，備警急客餉。疏下户部，言來年年例已經預發，並扣剩布花贓罰等銀共二萬二千九百餘兩，止有未發銀七兩，餘與工本鹽銀，俟明春計處，墾屯糧石原議扣抵年例所欠工本鹽銀，除本鎮屯糧節省二頃扣抵外，止該銀二萬八千六十二兩。從之。

《國榷》卷六八　辛丑，蠲昌平州寄養馬匹以奉山陵，如泗州例。量撤延寧、固原邊戍，仍酌衝緩，分調本鎮標兵貼守。

壬寅，補給延綏入衛馬六百六十匹，著爲令。各營馬到鎮斃二百匹以上者，不準補。

《神宗實録》卷七　癸卯，遣户部四川司郎中劉易從催僭白糧並漕運京儲。

乙巳，改駐永昌甘肅遊擊胡燦量加參將職銜，仍兼遊擊事務，照舊駐永昌，專圖修守及應援警急。永昌守備范子忠移駐寧遠堡，改爲守備寧遠等堡。地方官銜聽參將管轄，著爲令。

《國榷》卷六八　丁未，太僕寺卿方弘静爲右副都御史，巡撫浙江。

戊申，延綏、寧夏互市竣，晉總督戴才兵部尚書。

己酉，内承運庫太監崔敏請買金珠寶石。張居正謂前六月間奉旨停止，今忽有此舉，則前詔不信，乞暫停之，少甦民力。因封還敏疏，遂報罷。

定議漕舟徑抵土石二壩。

十二月癸丑朔，命順天府尹祈雪。

兩廣總督殷正茂以征惠州盗，乞兵三萬，募浙兵八千，餘募土兵。報可。

丁巳，平江伯陳王謨充總兵官，鎮守湖廣。

《神宗實録》卷八　戊午，上視朝。文武官撫寧侯朱岡等一百七十三員以失朝，各罰禄俸三月。

己未，陝西昌府地震，岷州尤甚。聲響如雷，城墻樓臺，官民房屋，十倒八九，塌死人畜不計其數。居民陳學房前搖出紅水一穴。

辛酉，以榆林、延綏秋禾不登，蠲折民屯税糧有差，仍議賑之。

壬戌，兩淮巡鹽御史張守約題稱，自隆慶五年七月至六年十月，掣過餘鹽銀除解部外，存銀一十八萬六千四百七十三兩零，乞留八萬收買邊引，餘仍解濟邊。部覆從之。

以三年緝獲盗賊功賞提督巡捕署都督僉事張時春等銀兩有差。凡獲盗二百二十四人。

《國榷》卷六八　丁卯，遣俺答舊使火力赤奴謀赤北還。嘉靖間來使六人，以内犯下獄二十二年，餘物故，至是釋之。

定陝西牧地税八千金資餉。

戊辰，裁甘州中右二衛知事，甘州、凉州監牧判官，各設府同知，專理屯田鄉兵。

《神宗實録》卷八　己巳，革京營千總等官十員。

《國榷》卷六八　甲戌，張居正請明年正月上旬即開講。

庚辰，陝西左布政使馮舜漁爲右副都御史，巡撫延綏，贊理軍務。兵部議仍遣御史三人清軍。

是年，隴川宣慰司目把岳鳳弑其主多士寧，走緬甸。

萬曆元年（癸酉、一五七三）

《國榷》卷六八　正月戊子，李鶴特授都督同知，不爲例。

乙未，禮部上經筵儀注。

丁酉，陝西妖逆齊芳、劉汝清伏誅。

己亥，南京禮部尚書秦鳴雷論罷。

《明通鑒》卷六六　庚子，起妖人王大臣之獄。

大臣者，浙中傭奴，以浮蕩入都，僞爲内侍服，與宫中小竪交暱，竊其牌帽巾服入乾清宫，爲守者所執，詔下東廠究問。馮保欲緣此以陷故輔高拱，令家人辛儒飲食之，納刃其袖中，俾言「拱怨望，與太監陳洪謀大逆」。遂發緹騎馳械高氏奴，圍拱里第。張居正亦請詰主使。舉朝洶洶，謂且逮拱。吏部尚書楊博、左都御史葛守禮詣居正力解，居正憤曰：「二公意我甘心高公邪？」奮入内，取廠中揭帖投博曰：「是何與我！」揭帖有居正竄改四字曰「歷歷有據」，守禮識居正手跡，笑納諸袖。居正覺，曰：「彼法理不諳，我爲易數字耳。」守禮曰：「回天非相公不能。」居正奏緩其獄。博陰囑錦衣怵大臣吐實，又以拱僕雜稠人中令大臣識别，茫然莫辨也。

會上命守禮偕錦衣都督朱希孝會決加刑，大臣疾呼曰：「許我富貴，乃搒掠我邪？且我何處識高閣老？馮家僕教我。」希孝不敢鞫而罷。保懼，以生漆酒瘖大臣，移送法司，坐斬，拱獲免。由是舉朝多惡保，而不肖者多因之以進。

《神宗實録》卷九　癸卯，發撫夷銀七千兩於薊鎮。

丁未，移建湖廣光化縣治於北集街，避水勢也。

《國榷》卷六八　〔辛亥，〕罷陜西左布政使馮舜漁。時巡按蕭廩薦之，擬擢巡撫延綏，而巡按陳文焕又劾其貪，故吏部謂勘明方服也。

是月，減各省重囚四十八人。

東虜黑石炭速把亥等自紅羅山犯遼陽。

廣西官兵平府江猺賊，斬四千六百六十七級，俘四百四十八人。

二月壬子，起尹臺仍南京禮部尚書。

《神宗實録》卷十　勒襄城伯李應臣閒住。科臣賈待問劾其荒淫狂悖刑禁捕官也。

《國榷》卷六八　癸丑，上始御經筵，賚諸臣金幣有差。

甲子，許播州宣慰使楊應龍統撫夷民。

丙寅，故吏部右侍郎兼翰林院侍讀學士諸大綬贈禮部尚書。

丁卯，蠲宣府屯糧十之二。

癸酉，誅王大臣。

設江西花園洞巡檢司。

《神宗實録》卷一〇　丙子，以朝鮮國王李昖送回被倭搶去人口，賞銀一百兩，錦四段，紵絲十二表裏，仍賜勑獎勵。

以原任總督京營戎政臨淮侯李庭竹南京中軍都督府掌印管事，守備南京地方。原任遼東鎮城坐營中軍都指揮使蘇承勳銓註遼東都司，貴州畢節守備孫世泰銓注雲南都司，俱僉書管事。

《國榷》卷六八　戊寅，罷大同總兵官左都督馬芳。

《神宗實録》卷一〇　庚辰，宣大督撫王崇古等題主兵正用不敷銀一萬三千五百八十一兩，河曲營又議增新軍添餉銀二萬四千六百二十八兩，乞要增發。户部覆准，暫發銀三萬八千二百九兩，以後年分將河東運司鹽課抵充。

是月，減釋各省重囚一百一名口。

《神宗實録》卷一一　三月辛巳朔，宴海西者剌等衛女直都督并四川金川寺都綱頭目等人。

《國榷》卷六八　山西總兵官都督僉事郭琥爲將軍總兵官，鎮守大同。

仍給各將養廉田，勿苛摘。

時有逆卒勾虜窺老營堡，幾陷，琥知之，有備，急引去。恰台吉修怨于殺胡堡守備，擁衆壓境，琥勒兵諭以得失，乃退，重修大邊，自陽和至丫角山，亙六百餘里，繕城修倉，有備邊功。

癸未，詔增供用庫黄蠟歲二萬五千斤，白蠟三萬五千八百十六斤。

甲申，鑄科臣巡視光禄寺關防。

修宣府北路邊墻。

《神宗實録》卷一一　辛卯，給賞海西者剌等衛朝貢夷人金段、衣服、靴襪等物。

《國榷》卷六八　乙未，定有司虧賦住俸、閒俸、降級、改調、革職例。

丙申，令朝臣四品以上及科道總督鎮巡各舉將才。

以互市馬不服水草，令變價貯太僕寺，遂罷内地寄牧之例，從科臣梁許議也。

己亥，蠲大同屯租，仍賑之。

頒順義王俺答番經。

庚子，福建布政司右參政宋儀望爲太僕寺少卿。

辛丑，除高淳縣下田淹租八百六十餘石。

聽民徙居鞏華城。

《神宗實録》卷一一　癸卯，令沿海衛所春班京操官軍存留地方，防守海運。

丙午，宴海西古城等衛進貢都指揮同知等員役。

是月，減釋江南、陝西重囚二十二名。

《國榷》卷六八　四月辛亥，再鑄欽天監曆日印。

《神宗實録》卷一二　乙卯，新設山西樓子營守備官一員，唐家會操守官一員，河曲縣羅圈堡各防守官一員，分發募兵一千七百，供屬河西營參將管轄，分投操練，以備防禦。

《國榷》卷六八　丙辰，設山東海運哨船。海道凡三哨，各舟二十，經二千餘里。

順義王俺答請印，從之，給鍍金銀印。

戊午，許四川布政司左參議胡汝嘉終養。

［乙丑］潮惠賊平，俘斬萬二千二百餘人，擒渠賊藍一清等六十一人。晉殷正茂右都御史，廕錦衣衛副千户，總兵張元勳晉署都督同知，廕本衛百户。

《神宗實録》卷一二　給賞女直夷人金段、衣服、靴襪等物，并馬價折賞銀兩。

《國榷》卷六八　丙寅，土蠻犯鐵嶺、鎮西等堡，李成梁擊斬五十七級，獲馬二百餘匹。

戊辰，勘寧夏鎮地。

《神宗實録》卷一二　己巳，減釋刑部重囚十二名。

《國榷》卷六八　庚午，上禱雨宫中，明日雨。

壬申，宣府總兵官趙岢論罷。

丙子，復曲阜孔氏世職知縣。

丁丑，延綏總兵官都督同知雷龍爲鎮朔將軍，鎮守宣府。

《神宗實録》卷一二　己卯，以通州草場主事帶管張家灣宣課司商税。

《國榷》卷六八　五月辛巳，上御經筵，諭春講二月十二日至五月二日免，秋講八月十二日至十月二日免。永爲例，不必一一題請。

久旱，遣禱山川社稷。

復歸黑沙洲柴課于南工部。

甲申，令兩京内外官矜慎刑獄。

丁亥，代王廷琦薨。謚恭王。

庚寅，四川巫山縣設巴中驛。

《神宗實録》卷一三　庚寅，申嚴宗室越關奏擾之禁。

辛卯，以廣東惠、潮二府兵傷，行布政司調停各項差徭及罷免一切不急之務。

《國榷》卷六八　癸巳，令提督兩廣侍郎殷正茂勦海盜林道乾。

乙未，開廣西府江水陸諸路，復四土巡檢司，尋改昭平都司爲參將。

辛丑，山東左布政使施篤臣爲順天府尹。

壬寅，發帑金三十七萬，雜買各邊糧草，備明歲。

癸卯，增雲南解額五人。

《神宗實録》卷一三　癸卯，陞山東右布政曹科爲左布政。

靖江王府宗室經諭有罪，勒令自盡。

乙巳，陞浙江按察使勞堪爲山東右布政使。

《國榷》卷六八　六月己酉朔，在鈉嗣瑞淦王。

辛亥，鑄蘇、松、常、鎮糧道關防。

丙辰，增紫荆等邊敵臺。

庚午，總督薊、遼、保定兵部右侍郎兼右僉都御史劉應節爲右都御史，仍兼兵部右侍郎總督。

《神宗實録》卷一四　辛未，以代王廷琦薨，輟朝三日。

壬申，以淮安水災異常，發常盈倉米六萬石賑之，仍緩徵今年起運錢糧，及准明年改折。

《國榷》卷六八　丙子，張居正請稽查章奏：「隨事考成，凡部院遇各章奏，或奏旨，或欽依，轉行各衙門，俱先酌道之遠近，事之急緩，定期署簿，每月終注銷。其轉行、覆勘、提問、議處、催督、查覈等項，另造二册，各註略節及原限，一送科注銷，一送内閣查考。各撫按奉行事理，有遲延者，該部院舉之，各部院注銷册有隱蔽者，該科舉之，六科繳奏有隱蔽者，臣等舉之。如此月有考，歲有稽，不惟使聲必中實，事可責成，而參驗綜覈之法嚴，即建言立法者，亦將慮其終之罔效而不敢不慎其始矣。」從之。

七月己卯朔，初立商丘縣儒學，先附府學也。

發帑金八千于薊鎮，備撫夷之用。

《神宗實録》卷一五　宴女直進貢夷人。

丙戌，發主客兵餉銀二十二萬六千八百兩有奇，於薊、密、永、昌四鎮，合在鎮各項併先發共銀一百四十三萬二千一百三十八兩有奇。通共額餉銀一百六十五萬八千九百三十八兩四錢九分九釐二毫四。忽又發易州鎮客兵銀二萬五千一百一十七兩有奇。

發太僕寺馬價銀七千兩於薊鎮，亦備加添撫賞支用。

《國榷》卷六八　戊子，設湖廣黄堡驛，裁霞流、新關二驛。

《神宗實録》卷一五　給女直夷人職事衣服金帶金頂大帽。

命侍郎汪鏜待朝鮮國陪臣上馬筵宴。

賞女直朝貢夷人金段、衣服、靴襪，仍折給馬價，併正賞銀兩。

庚寅，催解各處拖欠鳳陽倉糧。該倉歲派二十七萬一千五百餘石，自嘉靖四十三年以來欠至一百二十萬有奇，南京户部侍郎栗永祿奏請催之。

乙未，陞貴州按察使劉侃爲福建右布政使。

《國榷》卷六八　戊戌，設青浦縣于唐行鎮。

甲辰，增大同軍營游擊，兼巡撫標下中軍。

丁未，故四川總兵官劉顯戴罪勦都掌蠻。張居正與總督曾省吾書曰：「夫將必劉顯，而郭成其次也。顯束髮與蠻戰，著名，蠻人言顯輒震慴，而成父被賊殺，仇不共天而勇，故可用。」

命陝西巡撫右僉都御史郜光先勦回賊。

荆州、承天大水。

是月，俺答請于甘涼開市。王宗古言：「套虜諸酋，移穴中山，而令市寧夏，往來千里，拂其情矣，何以固盟。」不許。

《明通鑒》卷六六　秋七月，河決徐州之房村。茶城河復淤。

《神宗實録》卷一五　是月，釋減江西重囚二十三名。

《國榷》卷六八　八月庚戌，除寧夏虚糧萬二千餘石。

《明通鑒》卷六六　癸丑，罷海運。

時海運至即墨，颶風大作，覆七舟，給事中賈三近、御史鮑希顔及山東巡撫傅希摯俱言不便，遂罷之。

《神宗實録》卷一六　甲寅，扣留河州起運西寧、固原二倉及蘭州廣濟倉糧銀一千四百兩有奇，補給參將營軍士月糧，以鎮原縣起運一條城堡糧銀撥補前三處倉庫之數，永爲定額。從撫臣郜光先議也。

《國榷》卷六八　庚申，蠲折平陽府旱災屯租有差。

辛酉，濬天津衛新河。

壬戌，楚府通山王英炊薨。謚莊懿。

癸亥，減江西積穀。以地方繁簡貧富爲差，上等減十之五，次十之六，下十之七。

壬申，南京户部尚書曹邦輔致仕。

癸酉，命兩廣、浙、福協勦逋賊林道乾。

是月，茶城河淤，阻漕舟數千艘。

《神宗實録》卷一六　是月，減釋雲、貴重囚二十四名。

《國榷》卷六八　九月癸未，廣西右布政使李淑終養。

蠲荆州、承天、濟南災租有差，仍賑之。免永清縣水災田租之半。

丙戌，夜，四川官兵克九絲城，都掌蠻平，斬獲共四千六百十五人。

《神宗實録》卷一七　丁亥，命總督陝西三邊戴才以兵部尚書掌南京都察院事。

《國榷》卷六八　戊子，湖廣按察使王世貞爲廣西右布政使。

吏部尚書楊博引疾去。

《神宗實録》卷一七　己丑，以招徠歸正人口，賞山西總兵官郭琥銀二十兩。琥招凡五十四名口。

《國榷》卷六八　辛卯，南京工部尚書張瀚爲吏部尚書。初，吏部推左都御史葛守禮、工部尚書朱衡及瀚。是日，上于文華殿示張居正，孰可者。居正歷言各官履于上，曰守禮固端人，年頗衰，于衡有貶詞。遂問張瀚何如，對曰：「得之矣。品格甚高，兼善文學政事，且拔之疏遠，彼圖報必倍。」上從之。蓋居正憚守禮之方嚴，以朱衡豪邁不爲下，而瀚柔愼，薦之。

《神宗實録》卷一七　以修築延綏、固原二鎮邊墻，奬賞同知張孔修、知縣喬承。詔并各營委官其兵備、參遊等官已經閲視之賞者不復及。

發太僕寺馬價銀七千二百一十二兩，於薊鎮買補入衛倒死馬驢。

《國榷》卷六八　甲午，録囚。命工部尚書朱衡主讞。

乙未，禁宗室越境選儀賓及抑勒需索者。

丁酉，以虜酋歹青及青卜言切盡台吉等謀内犯，諭邊臣備之。

癸卯，命停刑。

蠲江南蘆洲逋課。

《神宗實録》卷一七　差南京御史何玉德巡視屯田。

差御史趙燿巡禁陝西、洮河、西寧茶馬。

《國榷》卷六八　丁未，太師兼太子太師成國公朱希忠卒。

《明通鑒》卷六六　召總督宣大王崇古入爲戎政兵部尚書。

《神宗實録》卷一八　十月庚戌，賞四川長寧安撫司進貢夷人段絹銀鈔如例。

《國榷》卷六八　壬子，東虜兀魯思罕等三千騎犯遼東寺兒山臺，總兵李成梁拒却之，斬七級。

乙卯，汝陽王府革爵庶人勤臙，有罪賜死。

《神宗實録》卷一八　丙辰，命英國公張溶補充兩朝實録監修官。

丁丑，陞賞遼東州堡及五味子衝口獲功陣亡官軍一百九十員名如例。

戊午，陞江西左參政姚弘謨爲南京太常寺少卿。

《國榷》卷六八　庚申，廣西右布政使王世貞爲太僕寺卿。

復設陝西省城參將。

巡撫雲南右僉都御史鄒應龍發兵襲姚安鐵鎖箐等夷，敗之。初，夷詐請撫，應龍間道入姚安，預徵兵約期至，二十七日至赤石，分三道進兵，斬三百餘級，降二千餘人，事平。

《神宗實録》卷一八　癸亥，以京營班軍完缺，行該營該撫按獎賞降罰，各罰付本官及都司衛所掌印官如例。

乙丑，罷補增設兵部侍郎。

《國榷》卷六八　丙寅，覈陝西三邊歷年軍餉。

戊辰，增各署歷事監生百有九人。

諭工部覈昭陵之費，凡三十九萬九百三十二金，木石不預焉。

令各省直覈解積負，節省錢糧。

《神宗實録》卷一八　辛未，順義王俺答差都督同知黄台吉等表獻鞍馬，併乞陞録効忠夷人。上謂今歲虜酋貢市益堅恭順，命加給賞。

宴泰寧等衛補賀夷人及四川長寧安撫司頭目如例。

壬申，復臨、德二倉積貯舊額，從江西撫臣徐栻議也。

《明通鑒》卷六六　十一月庚辰，立章奏考成法。

初，諸司章奏，部、院覆行撫、按勘者，常稽不報。至是張居正言：「近年來章奏繁多，各衙門題覆無虚日，然敷奏雖勤而實效蓋鮮。請申成憲，先酌量道里遠近，事情緩急，定程限，立文簿，月終註銷。撫、按稽遲者，部舉之；部院容隱欺蔽者，六科舉之；六科容隱欺蔽者，閣臣舉之。月有考，歲有稽，則名必中實，事可責成。」從之。自是政體爲肅。

《神宗實録》卷一九　辛巳，命太僕寺發馬一千匹，并馬價一萬八百有奇於薊遼軍門。

辛卯，發太倉銀三萬八千二百九兩於山西鎮，備主兵歲用不敷，及河曲營新舊軍馬加添月糧之數，從總督王崇古請也。後遂爲年例。

《國榷》卷六八　張居正六年考滿，進中極殿大學士，廕中書舍人，支正一品俸。

《明通鑒》卷六六　己亥，慈寧宮後室火。

給事中陳吾德言事，張居正不悦，出爲饒州知府。以建昌王失印事，爲居正客操江都御史王篆，劾其部下失盗，遂謫馬邑典史。御史又劾其蒞饒用庫金市學田，遂除名。

《神宗實録》卷一九　庚子，巡視庫藏工科給事中梁式等請行各省立限追解內府拖欠錢糧，并回報該部及巡視衙門，以憑查考，奉輔臣居正所請也。

《國榷》卷六八　壬寅，光禄寺少卿王緝等言：工部器皿歲造八千四百件，南京工部歲三千六百件，今器用完好，乞明年量造二千件，餘暫停止。從之。

乙巳，琉球國中山王世子尚永入貢，表求嗣封。

《神宗實録》卷一九　是月，減釋山東重囚二十七名。

《神宗實録》卷二〇　十二月丁未朔，賞四川馬湖府蠻夷長官司進貢土舍綵段表裏鈔錠如例。

《國榷》卷六八　戊申，諭中外臣工毋引疾辭避，從給事中秦耀言也。

鄒應龍招鐵鎖箐等夷，降二千人，事平。

庚戌，蠲監利、黄梅、當陽、荆門及荆州右衛田租。

甲寅，禮部尚書兼翰林院學士陸樹聲致仕。

《神宗實録》卷二〇　丙辰，巡視廠庫工科給事中梁式等奏查盤營建昭陵錢糧數。工部四司共用銀五十萬一千五十兩有奇，營繕二十萬四千四百二十二兩有奇，虞衡一萬三千一百四十五兩有奇，都水一十一萬八千八百五十四兩有奇，屯田一十六萬四千六百二十八兩有奇，除户、兵二部銀一十一萬一百一十九兩，工部實用銀三十九萬九百三十二兩有奇。

《明通鑑》卷六六　己未，以遼東、廣寧、錦州、義州、海州諸處旱災，米價翔踴，詔發太倉銀二萬兩振濟軍士。

《國榷》卷六八　盜劫豐城縣庫。

甲子，禮部左侍郎署國子祭酒萬士和爲禮部尚書。

《神宗實録》卷二〇　丁卯，以廣西懷遠用兵，准留事例等項邊餉銀三萬六百兩，凡三年，從撫臣郭應聘請也。

《國榷》卷六八　兵部奏行查未結事件，立限奏報，仍置青册送閣科，按候註銷。于是各部院率凜凜效之。

己巳，混酉補貢馬百匹。

乙亥，潮州副總兵李誠立失事免。

《明通鑑》卷六六　是月，朵顔察克圖犯塞。

萬曆二年（甲戌、一五七四）

《國榷》卷六九　正月己卯，前南京户部尚書鮑道明卒。

壬午，兵部敍款貢功，加王崇古少保，廕子入國子監，吴兑右副都御史，賜金幣。

癸未，改居庸關通判，仍管昌平鎮糧餉。

《神宗實録》卷二一　戊子，大同總兵官郭琥以失落符驗，降祖職一級。

辛卯，上御皇極門，鴻臚寺官宣奏四川克平都蠻捷音。

陞薊鎮總兵官戚繼光實職一級，爲左都督。昌鎮總兵官楊四畏署職一級，爲署都督同知。各賞銀幣。以薊鎮總督劉應節稱其勞績久著也。

《國榷》卷六九　甲午，上御皇極門，引見朝覲廉能官浙江左布政使謝鵬舉等二十五人，面加獎勵，各賜金幣鈔宴。大理知府史詡不至，下獄，貪酷保定知府賈淇等十八人，命下法司。

朝鮮國王李昖遣禮曹判書李陽原等謝諭改正宗系，貢方物。

己亥，上御皇極門，朝覲官免冠承旨，參差不一，並不問，奪鴻臚寺堂上官俸半年。

辛丑，户部乞遣御史三人覈邊餉。命巡按御史兼覈，毋遣。

《神宗實録》卷二二　二月丙午朔，以考察不及，調湖廣左布政施克臣於廣東，山東按察使劉孝于陝西。

《國榷》卷六九　癸丑，虜酋賓兔以千餘騎欲掠西番，且求市涼州。命宣大總督檄順義王諭之。

《神宗實録》卷二二　甲寅，户部覆總督倉場侍郎郭朝賓：咨稱京倉粟米不敷一月支放，通倉粟米約可侯陳五年。合將萬曆改兑二年三年粟米盡改京倉，將應上京倉兑運粳米，照數抵撥，以足通倉歲額。省下脚價，劄坐糧郎中乞貼改運粟米進京之費。從之。

丁卯，薊鎮督撫劉應節等題修築遼東西臺墻共七百九十一里，調軍夫一萬，匠役六百，扣算須四十餘年報完，用官銀四十餘萬。兵部覆該鎮勘估先造土墻，乃甃之甎，又築之臺，又爲之舖，邊長工鉅，爲力甚難。莫若先舉臺工，計地百丈，建臺一座，如昌平鎮之制。空心實下，庶可經久。兩臺之間，止用磚與亂石爲墻。蓋有臺可據，即墻未高厚，亦可限隔。先修寧前西接石門一帶，次及錦義、廣寧以東，其工程衝緩錢糧軍夫等項再行該鎮估計。會奏從之。

戊辰，上視朝。御史糾查文武官失朝者，撫寧侯朱岡等凡二百七十四人，各奪俸一月。

《國榷》卷六九　丙辰，入貢回回把部剌朵思麻，自嘉靖四十一年至京牧獅，求例授官。令與指揮僉事錦衣衛帶俸。

丁巳，海盜林鳳復寇惠、潮，泊錢澳脅款。命兩廣提督殷正茂、福建巡撫劉堯誨合勦之。鳳屢敗走，至六月壬戌，不克獲而還。

《神宗實録》卷二二　戊午，陞賞錦州大興堡地方斬獲功次，官軍吴夢豹等三十五員名。

乙丑，户部題内府供用庫，萬曆二年分本色黄蠟一十一萬斤，折色黄蠟九萬斤，本色白蠟三萬五千八百一十六斤，折色白蠟一十二萬五千八百一十六斤，鹽二十四萬一千六百六十六斤一十一兩，芽茶四萬七千九百五十九斤一十一兩，茶葉四萬九十三斤，燈草二千斤，蒲杖三千五百斤。

《國榷》卷六九　是月，懷遠猺賊平，班師，先後斬三千五百四十二人。

《神宗實録》卷二二　取會試中式舉人孫鑛等三百名。

《神宗實録》卷二三　三月戊寅，陞浙江右布政使江一麟爲本省左布政使。

己卯，户部題：萬曆二年分行各省直歲辦甲丁二庫物料，甲字庫銀硃三萬五千斤，烏梅四萬斤，靛花青二萬一千斤，黄丹四萬二千斤，碌礬一萬五千斤，紫草一千四百斤，明礬四萬二百斤，光粉一萬五千斤，黑鉛二萬一千斤，水膠八萬斤，槐花七萬斤，藍靛三萬一千斤，五棓子三千五百斤；丁字庫生漆十一萬斤，桐油九萬八千斤，黄熟銅三萬三千斤，紅熟銅二萬五千斤，黄蠟二萬斤，錫二萬斤，牛筋四千斤，黄牛皮一千張，生銅一萬斤。從之。

《國榷》卷六九　丙戌，故慶王鼒枋，謚曰惠。王好學，善能以禮飭諸宗，世宗時表之。

庚寅，策貢士孫鑛等二百九十九人于皇極殿，賜孫繼臯等進士及第、出身有差。

《神宗實録》卷二三　辛卯，先南京户部題：查得南京承運庫見貯并見派生絲絹共八萬六千二百餘疋，以每年支放折俸并内官各衣舖蓋等項計足支七年有餘，幾至腐壞，而在庫銀止一千九百餘兩，不足一年支放。合將萬曆三年以後應徵絹疋俱放折色，以備折俸，待絹疋放將盡，另行查議。其歷年採下精絲絹疋并司鑰寺庫兑積開元銅錢一百六十餘萬，搭配放給，以疏積貯。户部覆如其議。但隆慶五年奉有明旨不許輕議，改折合應仍徵本色，其折俸銀兩不足者，即給本色，既不壅滯，豈至壞朽。詔曰可。

陞賞遼東義川大青堡獲功官軍寧子周等一百四十一人。

《明通鑒》卷六六　是月，廣東總兵官張元勳討潮州餘賊，平之。

先是潮賊林道乾之黨諸良寶，既撫復叛，襲殺官軍，掠六百人入海。再犯陽江，敗走，乃據潮故巢，居高山巔不出戰。官軍營淤泥中，副將李誠立挑戰，墜馬傷足，死者二百人。賊出掠而敗，走巢固守，元勳積草土與賊壘平，用火攻之，斬首千一百餘級。捷聞，進世蔭一級。

遺孽魏朝義等四巢亦降。尋與閩將胡宗仁共平良寶黨林鳳，于是惠、潮遂無賊。

《神宗實録》卷二四　四月丙午，户部覆兵部：咨修築大同邊墻照例本部該發銀二十六萬二千六百六十八兩四錢二分，分作五年，每年發五萬兩，至末一次發六萬二千六百六十八兩四錢二分。動支太倉銀庫。從之。

癸丑，上始習屬對。

甲寅，南京禮部尚書尹臺以病乞休。許之。

乙卯，陞協守甘州左副總兵署都指揮僉事李震爲署都督僉事，充甘肅總兵官。

《國榷》卷六九　戊午，慈聖皇太后發三千金建涿州聖母廟。工部阻之，不聽。

己未，南京工部尚書林濂改南京禮部。南京太僕寺卿李世達爲右僉都御史，巡撫山東。

琉球國中山王世子尚永遣陪臣高忠叟表賀登極。

《神宗實録》卷二四　辛酉，户部覆工部：咨稱湖廣撫按趙賢等題湖省當江漢之委，荆州、承天等處頻遭水患，其民恃堤爲命。而隄所恃以固者，惟穴口分洩之力。祇因舊穴堙塞，以致水勢横決。今議開荆州采穴、新衝二口，承天泗港，謝家灣各穴口，以殺水勢。前此節經撫按奏修隄塍，請銀一萬五千餘兩，水患如故。合將庫貯德安倉糧銀并減存備用各禄銀三千二百二十二兩，未完廣阜倉銀五千三百三十一兩五錢，准令支用，以後年分徵解濟邊，不許一槩混用。從之。

《國榷》卷六九　禮部奏：蜀王宣圻以慶宴禮載《祖訓》《會典》，乞行各衙門遵守。其出入承運門，《會典》不載，既系舊制，遵守如故。其非《會典》所載，及雖系前規于典制無當，不得越禮瀆擾。從之。

《神宗實録》卷二四　壬戌，發户部銀一萬一千一百四十餘兩，給甘肅五道修邊。

宴賞烏思藏大乘法王并法藏等六寺、魯班等七寺。

《明通鑒》卷六六　丙寅，詔内外官行久任法。

《國榷》卷六九　户部請預開萬曆三年兩淮常股存積鹽，共五十九萬四千七百六十九引一百四十九斤，引價三錢五分，甘肅減五分。長蘆常股存積鹽共十八萬八百八引八十五斤，引價二錢。山東常股存積鹽共九萬六千一百十引十九斤，引價一錢五分。報可。

《神宗實録》卷二五　五月丙子，吏部尚書張瀚再疏乞休。慰留之。先是，改各部主事爲監察御史，刑部主事侯堯封除授甫二月與焉。吏科給事中張楚城疏論，方議久任，而乃取人于兩月，所謂歷練民事者安在。侯堯封乞仍供前職。瀚奏主事、御史同爲京官，不在陞擢之例，考選之日，止據刑部堂上官稱堯封辦事勤慎，頗習刑名，遂信而用之，于是實無半面之識。因乞罷職，不允。

《國榷》卷六九　壬午，海寇諸良寶等平，俘斬千二百五十人。

《神宗實録》卷二五　癸未，建左州、新寧州儒學，各設學正一員，從兩廣督撫殷正茂等題稱，二州改土爲流，正用夏變夷之機也。

《國榷》卷六九　乙酉，裁南京馬快船百五十一隻。

辛卯，淮水大決。

壬辰，上聞張居正父母各年七十，特賜緋蟒衣一襲，銀錢二十兩，玉花墜七件，紗六匹，仍賜居正金一鎰。居正表謝。

《神宗實録》卷二五　癸巳，禮科給事中林景暘論劾工部尚書朱衡。因再疏乞休，許之，加太子太保，給驛去。

乙未，録遼陽等城、清河等堡斬獲功次，陞賞官軍馬千兒等一百二十八員名。

《國榷》卷六九　庚子，復設三江口守備。

辛丑，先是饒陽王充嵸，于嘉靖三十三年譴入高墻，隆慶初赦出，仍國廢，猶斬册印，求如鄭王厚烷例。禮部議，革爵庶人，豈得冒禄，今後罪宗入高墻，先奪册印。從之。

《明通鑒》卷六六　奉穆宗神主祔廟。

時禮臣議當祧廟室，禮科給事中陸樹德言：「宣宗于穆宗僅五世，請仍祔睿宗于世廟而宣宗勿祧。」掌詹事府于慎行言：「仁宗以下，必實歷六世，而後三昭三穆始備。孝宗與睿宗兄弟，武宗與世宗兄弟，昭穆同，不當各爲一世。世宗升祔，距仁宗止六世，不當祧仁宗。穆宗升祔，當祧仁宗，不當祧宣宗。」引晉、唐、宋故事爲據，其言辨而覈。

並下禮部，部臣議：「宣宗世次尚近，祧之未安。考古者以一世爲一廟，非以一君爲一世。故晉之廟十一室而六世，唐之廟十一室而九世，宋至光宗升祔，增爲九世十二室，以太祖、太宗同爲一世，徽、哲同一世，高、欽同一世也。今自宣宗至穆宗凡六世，上合二祖僅八世。準之宋制，可以無祧，但于寢殿左右各增一室，則尊祖敬宗並行不悖矣。」詔「如舊敕行」，遂祧宣宗。

《神宗實録》卷二六　六月甲辰朔，陞户部左侍郎郭朝賓爲工部尚書。

丙午，户部覆南京户部尚書傅頤等題，南京錦衣衛所新收軍士九千三百餘名，每年約用銀九千餘兩，米九萬餘石。今南京庫銀積貯頗多，雖增新軍折色支用有餘，其糧米當于萬曆三年秋糧内派浙江二萬五千石，江西四萬五千石，湖廣二萬石，徑解南京户部交納，以備增軍之用。報可。

戊申，改南京刑部尚書謝登之爲户部尚書，總督倉場。

辛亥，改南京兵部尚書掌都察院事戴才爲南京刑部尚書。

壬子，以招降歸正人口賞總兵郭琥、副總兵麻錦、參將奚元銀兩有差。

《國榷》卷六九　〔庚申，〕朵顔屬部董狐狸悔罪來款，復其撫賞。

壬戌，楚王英㷿薨。二子幼，命武岡王顯槐攝府事，多剋削，改命東安王顯梡攝之。

甲子，南京兵部尚書劉體乾致仕。

《神宗實録》卷二六　乙丑，户部題宣大山西三鎮年例銀兩：宣府鎮主兵銀五萬六千四百四十兩；大同鎮主兵銀一十二萬三千九百三十四兩，客兵銀三萬兩；山西鎮主兵銀四萬四千六百九十八兩，零客兵銀三萬七千五百兩。准給發。

户部題：薊、密、永、昌四鎮額餉銀兩，時已季夏，防秋伊邇，除已發外，仍當補足額數，以備緩急。薊州鎮該二萬七百三十四兩零。密雲鎮該一十三萬五千九百五十八兩零，外補上年丁絹銀五十二兩零。永平鎮該四萬八千四百三十兩零。昌平鎮該四萬六千八百八十六兩零。易州鎮量發六千兩，良、涿二千五百兩。准給發。

《國榷》卷六九　丁卯，南京刑部尚書戴才改南京兵部，應天府尹楊成爲右副都御史，巡撫江西。

己巳，夜，福建永定縣大水，溺七百餘人。

七月癸酉朔，韓王朗錡奏封庶長子璟瀾郡王。許之。

《神宗實録》卷二七　甲戌，賞巡撫浙江都御史方弘静銀兩表裏，副使劉翾、副總兵王尚文等着巡按御史覈奏。時倭賊突犯寧、紹、台、温等處，官兵拒敵外洋，沉獲倭船，斬首七十八顆也。

戊寅，給還崇福寺僧真偈地五頃四十三畝，供奉各夫人香火。以後但有夫人亡故，都就彼安葬，不必再行撥給。

庚辰，南京吏部尚書王大固乞休。許之。

甲申，翰林院進《穆宗皇帝實録》，百官朝服慶賀。

禮部覆：靖江王府僻在邊隅，分封以來，將軍中尉止請本身名封，所娶妾氏并未奏請封號。緣本府去京萬里，差人往返，動必經年，是以列代相傳，特蒙寬恤。至嘉靖四十四年，奏有宗藩條例，將前後名封不合條例者俱作擅婚，一槩停閣。年復一年，名封未授，俯仰無資，所以靖江王長子任昌奏乞破閣寬處。今按宗藩條例，則擅婚者止許請名，不許請封。但本藩委係遼遠，與近藩無故擅婚者殊爲有别，一槩停罷，似乎抑之太過，若盡爲寬處，則違條例者又無以垂戒。合無酌量裁處，凡本藩應請封爵者，俱裁減禄食三分之二，以懲其相沿擅婚之罪。一面勘結明白，俱准請名封，以申朝廷敦睦之恩。以後本藩所生子女請名請封，俱照近例，一體遵行。詔從之。

《國榷》卷六九　甲申，慶成王庶子表橲有罪，廢爲庶人。

《神宗實録》卷二七　乙酉，給發薊鎮新添撫夷銀八千兩，從總督劉應節請也。

丙戌，以《穆宗莊皇帝實録》成，加監修公張溶少保，總裁輔臣張居正兼支尚書俸，廕一子，中書舍人吕調陽加少保，給與應得誥命。居正等再疏辭免，特准辭廕。陞副總裁申時行少詹事，王錫爵侍讀學士，仍與四品服色。王希烈等各陞俸一級，纂修官羅萬化等各陞一級，范應期等各陞俸一級，催纂等官吴自成等各陞級、陞俸有差。

庚寅，陞總督薊遼右都御史劉應節爲南京工部尚書。

壬辰，發河南班價銀二萬七千七百兩零，太僕寺馬價一萬四千三百四十二兩零，爲宣府修築北路龍門所。

《國榷》卷六九　壬辰，建州李兒禿等四人來降。來力紅追之，守備裴承祖勿與，糾三十騎入核桃山臺，掠卒五人。承祖怒，時王杲貢馬五百及方物若干，休傳舍，度杲必不能棄其輜重修怨，至是將三百騎詣來力紅寨，被圍，王杲佯入謁，詰之，因捕斬亂者，殺傷相當，總督李成梁、副將總兵楊騰、參將曹簠於撫順援之。杲等請款，千户王勳聞承祖圍急，乃逮屬衛三十九人下獄，把總劉承奕即出塞四里，直搗來力紅寨。來力紅執承奕及承祖，百户劉仲文，並遇害。事聞，詔絶王杲貢市。

丙申，淮安大風雨，海溢，壞廬舍萬餘區，溺千六百餘人。

戊戌，巡撫甘肅右都御史廖逢節調南京。

《神宗實録》卷二七　己亥，户部覆巡撫甘肅都御史廖逢節題：甘肅府所遺甘凉鎮番莊田，逐年收糧不同，中間必有欺隱。今歲秋成後逐一丈勘，明開實地若干，每歲該銀若干，報部照固原事例，立爲定額，本部于年例如數扣除。其隆慶六年、萬曆元年收過租銀七千餘兩，候抵萬曆三年年例。從之。

《國榷》卷六九　是月，馬邑、大同積雨四旬，壞民居千餘家。

《神宗實録》卷二八　八月壬寅朔，兩淮巡鹽御史王琢玉題稱：兩淮運司所屬吕四等三十場，大旱之後，加以惡風暴雨，江海驟漲，人畜渰没，廪鹽漂没，廬舍傾圮，流離饑饉，請乞賑恤竈丁。户部覆議，將運司餘剩鹽銀并扣賑挑河銀内動支二萬兩賑恤。從之。

《國榷》卷六九　甲辰，致仕工部左侍郎熊汝達令閒住，朱衡勒致仕，餘降謫有差，以昭陵被水也。

乙巳，禮部尚書萬士和請禁縉紳侈靡。上是之，但大臣身當率下，不得空文戒飭。

《神宗實録》卷二八　戊申，户部覆大同督撫官方逢時等題：本鎮勘過應追補糧料一十萬四千五百八十餘石，草一百一萬四千八百四十餘束，俱係開報實在，項下乃虧損至此，遽欲開豁改正，殊可駭異。况前項侵欺數多，各有正犯，若使逐年追比，豈無一二追完。且稱小票支出及差錯應改正，係何年、何官，因何久不開除，明係侵盗。假若輕易開豁，則今日所稱應追償者，捱以歲月，又將請乞併豁矣。合行撫按吊取一應人犯逐一根究，干礙經管官員人等參奏提問勘明回奏。以後召買糧草，各道會同郎中定議時估，催督上納，仍置循環，互相稽查。詔如議。

《國榷》卷六九　辛亥，吏部題：辦事進士不得借差引疾。

《神宗實録》卷二八　户部覆巡撫遼東都御史張學顔題，山東額派本鎮軍餉拖欠銀一十四萬九千七百餘兩，時值秋防，合將太倉貯庫銀借發三萬兩，仍行山東撫按，勒限催完，將借過太倉銀扣還。從之。

甲寅，德府臨清王載埭薨。訃至，上輟朝一日，賜祭一壇。謚曰温懿。

戊午，發太倉庫銀九千六百七十餘兩，充遼東新添進遊兵行糧，定爲歲額。

《國榷》卷六九　辛酉，賑海豐、永安、長樂、河源諸縣被寇者。

乙丑，發預備倉糧賑涿、永清、東安、固安、武清水災。

丁卯，岳陽王府輔國中尉英琰、永安王府輔國中尉英熑，有罪廢爲庶人。

己巳，蠲賑應、朔、山陰、馬邑、大同等縣，安東、中屯、山陰、陽山、高山、天山、鎮虜等衛災民。

九月癸酉，蠲公安、石首、安鄉等縣災租，仍賑之。

《神宗實録》卷二九　工部題：萬曆二年分實在南北二京長隨内使人等一

萬五千二百二十一員名，該折色靴料銀七萬九千五百七十餘兩，查本部屯田司庫貯料銀不敷，合于營繕司及本司柴夫銀內借給。報可。

甲戌，豁減鎮江府丹徒、丹陽、金壇三縣及常州靖江縣錢糧，以水旱災傷，從巡撫應天宋儀望請也。

乙亥，准復安昌王在鉷禄米，以河南撫按查勘其侵匿南陵王銀兩事無實證也。

《國榷》卷六九　丁丑，命守令不許查盤，守巡不許陪巡。

辛巳，刑部請録囚，慈聖太后欲停之。上問張居正。對曰：「春生秋殺，天道之常。皇上即位以來，停刑者再矣，稂莠不除，反害嘉穀，兇惡不去，反害良民。」上曰然，言于太后，從之。

己丑，浙江右布政使鄭洛爲右副都御史，巡撫山西。

是月，泉州大雨水，壞廬舍民畜亡算。

番賊攻陷蘇山關。

《神宗實録》卷三十　十月乙巳，給原任總督倉場户部尚書謝登之祭葬。

原任吏部尚書楊博卒。

《國榷》卷六九　戊申，妖人齊房伏誅。

《明通鑒》卷六六　甲寅，決囚。

初，嘉靖末，崇奉玄修，又好祥瑞，遇事輒停刑。上即位，停者再矣，至是審録重囚至四百餘人。張居正言：「縱釋有罪，無以懲惡，請如祖宗舊制，每歲一決囚。」從之。

《國榷》卷六九　乙卯，總督宣大、山西侍郎方逢時奏：俺答進鞍馬弓矢，求鐵鍋農器互市，并部目某某乞量授正副千户。户部議：農器毋概給，鐵鍋如朵顔三衛，量給若干。從之。

《神宗實録》卷三〇　丁巳，遼東各鎮招過降夷並回鄉人口通共八百三十八名，總兵李成梁、巡按張學顔各陞賞有差。

《國榷》卷六九　雲南拇撥作亂，巡撫侍郎鄒應龍、總兵官黔國公沐昌祚徵兵擊斬千餘級，平之。

己未，賑淮、徐，截漕十六萬石，銀六萬餘金。

《神宗實録》卷三〇　辛酉，福建海賊林鳳自彭湖逃往東番魍港，總兵胡宗仁、參將呼良朋追擊之，傳諭番人夾攻。賊船煨燼，鳳等逃散。巡撫劉堯誨請賞賚有差，部覆從之。

壬戌，以原任禮部尚書兼翰林院學士潘晟爲南京禮部尚書。

《國榷》卷六九　免永清等縣水災芻豆。

甲子，提督操江永康侯徐喬松罷，以蕪湖失盜也。

《神宗實録》卷三〇　乙丑，逆酋王杲入犯六次清河，遊擊王惟屏督兵奮勦，斬獲首級五十三顆。海西夷酋王台送進王杲原擄軍士八十二名，真夷一名，總督楊兆請賞賚。上命楊兆、張學顔等功次都紀録，候處置王杲事完，一併奏奪。

丙寅，以恭順侯吴繼爵掌南京中軍都督府事。

丁卯，上視朝，親臨銓選。

《國榷》卷六九　十一月辛未朔，山海關總兵戚繼光、昌平總兵楊畏、遼東總兵李成梁、保定總兵傅津，並久任有功，破格敍賚，從薊遼總督劉應節之請。

壬申，命西虜仍寧夏中衛互市。

《神宗實録》卷三一　丙子，薊遼總督楊兆奏：總兵李成梁攻勦建州衛酋首王杲，斬獲甚衆。即王杲死生未的，然兵出不過八日之間，功成迨逾十捷之外。王台部落以唇亡而喪膽，環遼諸酋以觀釁而寢謀。請敍録文武官員。上命擇日宣捷太廟。

以平江伯陳王謨爲前軍都督府僉書，魏國公徐邦瑞爲南京中軍都督府僉書。

《國榷》卷六九　壬午，告廟，宣建州之捷。

壬辰，議修崇王府，例未五十年，止給二萬金葺。

《神宗實録》卷三一　兩淮巡鹽御史王琢玉言：查過呂四等三十場災傷，十分九分被災。極貧竈丁七萬六千七十三丁，次貧丁六千三百三丁，已發銀二萬兩賑濟，止可救秋冬之急，若明春青黄不濟，尤爲可慮。議請于餘鹽銀內借留三萬兩，以待來春接濟。部覆從之。

發太倉銀四萬四百五十餘兩，于薊鎮充官軍行月二糧，仍于萬曆三年額餉銀扣除。

《國榷》卷六九　丙申，禮部覆宣大總督方逢時，以俺答貢使于元年增百有四員，今後宜加節制，毋遞增。從之。

庚子，英國公張溶代祀南郊。

《神宗實録》卷三二　十二月乙巳，以德王戴垶薨，輟朝三日。

《國榷》卷六九　乙巳，禁左道。

丁未，北虜貢市成，加方逢時左都御史，兼官如故，餘各賜金幣有差。

壬子，張居正上職官書屏，奏曰：安民之要，在于知人。辨論官方，必考其素。顧人主尊居九重，坐運四方，于臣下之姓名貫址尚不能知，又安能一一別其才否而黜陟之乎。朝宁之間，百司庶府尚不能識，又安能旁燭四方郡國之遠乎。謹查兩京各内外文武官，府部而下，知府而上，姓名籍貫及出身資格造屏。并繪天下疆域之圖，左文右武，各浮帖以便更換。請列文華殿後，朝夕省覽。如某官闕，該部推舉，即知原係某官，果堪任否。某地有事，即知某見任能辨此事否。臣等日侍左右，皇上可詢問商榷，一指顧間，而道里險易，職務繁簡，官吏賢否，舉莫逃于聖鑒矣。

《神宗實録》卷三二　總督方逢時題議：大同鎮停發銀三萬兩照舊解發，其宣府原撥發銀一萬兩免行撥。尚書王國光覆准，發銀一十四萬兩。

《國榷》卷六九　乙卯，倭陷廣東銅鼓、碣石雙魚城，官兵追敗之，進總兵張元勳都督同知。

丙寅，四川土舍楊正魁襲耶洞長官司正長官，仍不支俸。

《神宗實録》卷三三　閏十二月壬申，發太倉銀二萬一千九百四十五兩零，爲甘肅抵還修邊軍餉之數。

己卯，增湖州府同知，駐烏鎮捕盜。

《國榷》卷六九　戊寅，松山虜酋款塞，貢市成。

癸未，巡按浙江御史田樂乞除方孝孺姻黨戍籍三百七十餘户。不允。

己丑，先是西虜賓兔求西河互市，邀索刀仗村莊，朝議絶之。兵部言：以一部啓各鎮拒絶之心，非計也，宜諭俺答，令其改圖。遂命督撫石茂華、侯東萊酌之。

癸巳，前工部尚書胡松卒。

是月，番賊掠階州，執守備范延武，知州徐旭斂民財贖之。

是年，海盜寇潮陽，殺縣丞黄時春。

平遥縣撫民丘經等復叛，劫知縣滕表章。明年始平。

萬曆三年（乙亥、一五七五）

《國榷》卷六九　正月庚戌，四川屯田歸併清軍道副使，驛傳歸併鹽茶水利道僉事。

流倭攻陷雙魚所。

《神宗實録》卷三四　甲寅，太僕寺造報缺官寄庫銀共七萬五百七兩，起嘉靖三十年，至萬曆二年閏十二月止。

戊午，鎮守宣府總兵官雷龍聞報，萬曆二年下半年馬步軍馬之數，通鎮共一十四萬五千四百五十二員名，實在七萬九千六百五十一員名。

庚申，工科左給事中李熙等上言：禦虜長技，火器爲先。而今營中絶少。宜將浙江歲造軍器内一半改造鳥銃，福建、廣東一半改造熟鐵佛郎機百子銃，造作不精，不如式者駁回，管造官參究。工部覆：得旨，惟廣東用兵之際，免改造。

癸亥，原任寧夏總兵牛秉忠以實職都指揮僉事降三級，以貪殘被論劾故。

《國榷》卷六九　甘州石硤口備禦都司王朝被番人射死。

《神宗實録》卷三四　乙丑，查覈各省撫按官員名下未完事件，撫按諸臣五十四人未完，共二百七十三事。鳳陽巡撫王宗沐、巡按張更化，廣東巡撫張守約，浙江巡按蕭廩，俱以未完數多，鐫俸二月。

丙寅，以安慶兵變論將領罪，安慶衛指揮僉事馬負圖遣戍，守備楊遇春革任。

《國榷》卷六九　己巳，巡按廣西御史李采菲請卹懷遠知縣馬希武。不許。初，希武招撫土猺，俱願編氓，因無城，督役過峻，匠者謂市猺，俟築城畢，勦若曹耳，遂復亂，殺希武及典史余冕。

時套虜據西海，嘉峪關總督右都御史石茂華乞收撫番族，如國初授官秩敕印，准世襲，授田廬，藉爲羽翼。從之。

《神宗實録》卷三五　二月甲戌，工部尚書郭朝賓、兵部尚書譚綸、户部尚書王國光、刑部尚書王之誥、禮部尚書萬士和、協理戎政少保兼太子太保、兵部尚書王崇古，俱以考查自陳乞罷。不允。

戊寅，上親祭太社、太稷。

《國榷》卷六九　庚辰，南京户科給事中徐懋學上五事：崇惇大，親謇諤，慎名器，戒紛更，防諛佞。【略】上怒，切責之，削其籍。

辛巳，南京吏部右侍郎翁大立爲刑部左侍郎。上因諭吏部：「南京職務清簡，官不必備，先朝有一人兼六部者，今後員闕，不系要職，不必一一推補。」

賑應、朔、大同、馬邑、懷仁等縣，大同陽和等衛饑民。

《神宗實録》卷三五　壬午，詔查隆慶元年起至萬曆二年止，省直贓罷已未解完數目及各撫按官職名。

癸未，遼東諜報，虜酋土蠻入犯，分爲二枝，東住鵰背山，西住廣平山。兵部題行薊、遼二鎮嚴加防禦，薊西兵馬漸移而東，相機應援。

《國榷》卷六九　己丑，屬夷長昂糾衆入犯，我兵逐之，獲其叔長禿。其親屬部落俱哀乞款，兵部謂必長昂悔禍，歸我所掠，詣關補貢而後可。上然之。

辛卯，先是靖江王府擅婚子女，先帝奪禄三之二，而各宗貧困，撫按謂其遠在天末，且父祖相沿之失，非身干之也。于是皆給全禄，戒各藩毋例引。

寧夏邊墻成。

壬辰，賑保德、代、崞等七縣。

癸巳，宣府西順聖川及懷安保安右衛等處災。

《神宗實録》卷三五　總兵李成梁襲虜酋土蠻營破之，虜引兵却。

廣東總兵張元勳大破倭于儒峒，擒斬八百餘級。

《明通鑒》卷六六　丙申，始設起居注。

《國榷》卷六九　承運庫以上供漸匱，檄户部移太倉備邊之儲。尚書王國光盡列積年京庫欠目，且云：「所移于太倉者，幾二百萬矣。倘有意外，何以待之。」上責户部，檄各撫按嚴督有司完賦，否則以不職論。

戊戌，奉遷孝烈皇后、孝恪皇后神位于永陵。

《神宗實録》卷三六　三月庚子朔，署廣積庫事太監焦科題：辦硝三百萬斤，黄百五十萬斤。工部言焰硝十年一派，每派二百萬斤。今已派過一百萬斤，其未派者尚縮一年，未及期也。惟内府各邊不時請給，係干軍機，相應酌處，補硝一百萬斤，以足前數。另派一百萬，以抵後十年之數量。派黄五十萬斤送庫，新舊相兼支放，以後務照舊例。奉旨是。

《國榷》卷六九　丙午，四川永寧倉改隷貴州。

《神宗實録》卷三六　癸丑，嘉定王載瑞卒，無嫡子，以庶第一子鎮國將軍翊鈖改封爲嘉定王長子，管理府事。

乙卯，給遼東官軍胖襖、袴鞋一萬三千一百一副。

戊午，陝西總督石茂華、巡撫郜光先題修蘭靖邊垣二百七十里，該銀八萬八千二百餘，議留應解户部商税、課程税、契路引，併備荒屯田，及隆慶六年節省等銀兩事下兵部，覆允轉咨户部，户部言乘時修邊委係良圖，然所議錢糧皆原解部濟邊之數，一槩奏留，非户七兵三之故也，宜攤分之，以節省依舊解部費，不足者兵部以三足之。後議修邊費者，皆準是。報可。

《國榷》卷六九　己未，提督兩廣兵部尚書殷正茂追勦雙山寇。

《神宗實録》卷三六　丙寅，兵部郎中熊秉元勘報：延鎮修理邊垣，用銀十萬二千九百兩，修過邊垣六百七十一里有奇。論功賞原任總督戴才、今總督石茂華銀三十兩、紵絲二表裏。原任巡撫郜光先陞俸一級，今巡撫張守中陞都察院右副都御史，賞銀二十兩、紵絲二表裏，仍舊巡撫。原任總兵官雷龍、今總兵程九思各陞祖職一級，賞銀二十兩、紵絲二表裏，副使李承式陞俸一級。餘文武將吏各賞有差。

《國榷》卷六九　是春，倭寇至馬蹟山洋，金山參將詹廷傑等捕斬七十六級，燔十六艘，溺者甚衆。

《神宗實録》卷三七　四月己巳朔，申嚴各撫按官交代違限之禁。

辛未，以山西、河東鹽法事宜改屬按察司清軍驛傳副使，改鑄關防，換給勑書。

癸酉，廕遼東總兵左都督李成梁男李如松爲都指揮同知，世襲。

《國榷》卷六九　甲戌，俺答子賓兔駐牧西海，役屬兒革白利等番，隨令傳松潘番人託迎佛造寺，屢傳釁息。四川撫按曾省吾、郭莊以聞，乞令陝西總督諭俺答嚴戢賓兔，毋覬他境。

南京户部尚書傅頤致仕。

丙子，茂州刁農等夷千二百十九人内附，比于編氓。許之。

丁丑，司設監太監曹憲等乞治宫中帷帳茵褥等物。閣票司禮監查議裁減，不拘往例。太監馮保因言諸事誠宜減省。上閱憲奏，用紵絲四百匹，布萬三千餘匹。曰：「歲辦幾何，而費若是。」憲等具言供御所需，皆不可已。上命覈之。于是保以實聞，減於舊。上善之。

《神宗實録》卷三七　戊寅，巡撫寧夏右僉都御史羅鳳翔奏言：寧夏屯田，國初地饒賦輕，屯軍樂墾。其後以地饒加增賦額，又以軍興加增税畝草束，以致逋欠流移。近依減徵事例，多方招墾，稍有應者。計新墾入額田一十三頃三十四畝，合見在實徵共一萬八千七百二十頃七十八畝。

戍原任總理遼東糧儲王念，以侵盜故。

己卯，巡撫河南右僉都御史孟重奏：萬曆二年，該省所屬共招撫過人民一千二百二十三户，墾荒三百八十四頃九十六畝。

《國榷》卷六九　辛巳，土魯番酋速壇馬黑麻阿力卜把都兒新立爲王，入貢。

乙酉，土蠻聲言犯山海關，直抵開原。命薊、遼各嚴備互援。

《神宗實録》卷三七　己丑，巡撫山西右僉都御史鄭雒奏：所屬萬曆二年招撫流民二千三百餘，開墾荒田五百四十頃八百九十餘畝。

《國榷》卷六九　庚寅，故南京工部左侍郎贈禮部尚書程文德謚文恭。

癸巳，隆平侯張桐卒。

甲午，淮、徐大水。

《神宗實録》卷三七　乙未，湖廣巡按御史李栻奏：萬曆二年各屬招撫人户千五百餘名，墾荒田糧一萬五千九百餘石。

《國榷》卷六九　是月，總督石茂華討階州番，河州參將陳堂先退，兆州參將劉世英失利，守備朱憲、史經死之。

《神宗實録》卷三八　五月己亥，兵部題覆南太僕卿王之垣疏。議處南直拖欠馬價銀兩三分四分以上者，罰俸一月。五分六分以上者，降俸一級。七分八分以上者，降俸二級。俱戴罪督催，候完日准復原俸。著爲定例。得旨。

《國榷》卷六九　俺答言：賓兔因甘肅不許開市，苦寧夏途遠。宣大總督方逢時以聞，且言在西陲善處。兵部覆議，陝西鎮臣每遇虜警輒坐視，諉其責于宣大。上切責石茂華等，仍相機撫禦。

壬寅，延平大水。

乙巳，修康陵成。

《神宗實録》卷三八　己酉，户部按季奏報：太倉銀庫萬曆三年四月終止，實在銀四百八十一萬三千六百餘兩，金四百六十餘兩，銅錢一千四百六十三萬六千餘文。

《國榷》卷六九　癸丑，上視朝。羣臣不至二百八十三人，各罰月俸。

乙卯，淮水大決。

吏部申明官員赴任違限例。

丁巳，上御日講畢，問張居正：「遼東邊警何如？」對曰：「寇冒暑衆疲，度不能逞。」上曰然。居正請再賑饑卒，允之，命發帑三萬金。有頃，示聖母御書一帙。

《神宗實録》卷三八　庚申，申嚴山西五臺、繁峙二縣姦民結聚盗採礦砂之禁，從巡撫鄭雒之奏也。

《國榷》卷六九　壬戌，召兵部尚書譚綸于會極門，手詔問：「遼東虜報内犯，朕憂之旬日，何又杳然？該部竟不以聞。」先是張居正言其事，故有是問。

是月，西海虜賓兔侵諸番以報其掠馬，因圖請市。巡撫甘肅侯東萊言：「河西彫瘵，開市爲難，顧諸酋懸待，拒之生患。臣謂苟可安邊，何惜一隸人垣而不以豢彼也。」遂立大市于甘州，小市于莊浪。

六月辰戊朔，杭州、嘉興、紹興、寧波大風海溢，渰人畜廬舍亡算。

《神宗實録》卷三九　己巳，暹羅國及剌麻番僧各進貢，賜宴，待如例。

壬申，陝西總督石茂華、巡撫陳省題稱，麻山關番賊跳梁，遵議設法擒勦，已將番族焚燒勦殺將盡，但爲隣番所掩，陣亡守備操守一員，及參將弟男各帶軍舍共三十餘名。兵部覆奏，以爲番賊肆逆，委宜勦治，俾知懲創，但事熟慮，謀貴萬全。即使機有可乘，兵宜速進，亦當計其山川險阻，步步爲營，反客爲主。奈何欲掩其不備，遂不計慮後艱，使鄰番得肆其反噬，殲將折軍，得不常失耶。先事官員宜行勘處，仍將助逆鄰番及勦處事宜悉心計處，先後遲速俱聽便益，不從中制。但務鑒覆轍，期收全功。奏聞。

上切責茂華，令姑與陳省等悉心計議，相機勦處，以靖地方。事平之日，該部查明，論功定罪。

《國榷》卷六九　癸酉，提督兩廣殷正茂遣副總兵梁守愚、陳璘勦高要六灣諸山賊。刻期發，璘失期，賊得遁。璘殺降冒功。頃之，裴應璋劾守愚賄狀，守愚坐法免。

戊寅，吏部言甲科、舉、貢三途並用。

《神宗實録》卷三九　壬午，改南京户部尚書陳瓚爲都察院左都御史。

乙酉，陞提督兩廣兵部尚書殷正茂爲南京户部尚書。

吏部題：爲酌定官恩生選規，謂官生乃敍功之常典，恩生實例外之殊恩。蔭敍不同，授官宜別。至于循例選除，不較才藝，則試爲虚文，人無激勸。宜酌爲定規，以便遵守。一品、二品官生俱授五府都事，二品恩生與三品官生除授大小九卿僚屬，如通政司經歷等官。三品以下恩生，又擇僚屬職事少次者授之，願告外任者查照節年事規選授，考選之時，文理欠通者，各照資格授以稍次之官，明示裁抑。凡先遇事例獲廕恩生，後經考滿，例不再廕者，聽具由告部改廕。官生先以三品考滿獲廕官生，後歷官至二品，照舊得准二品官生除授。奉旨是。

《國榷》卷六九　壬辰，南京右副都御史趙錦爲南京刑部尚書，南京刑部右侍郎王宗沐爲工部左侍郎。

《神宗實録》卷三九　甲午，上因兵部條陳驛遞事下旨：今後官員人等，非奉公差，不許借行勘合。非係軍務，不許擅用金鼓旗號。雖係公差人員，若轎槓夫馬過溢本數者，不問是何衙門，俱不許應付。撫按官故違明旨，仍蹈前弊，不著實清查的，你部裡併該科務要指實參治。庶題奏不爲虚文，疲民得沾實惠。若部科相率欺隱，朝廷别有所聞，定行一體治罪，决不輕貸。

《國榷》卷六九　暹羅國乞補印修貢，許之。

《神宗實録》卷四十　七月丁酉朔，户部覆議總督〔宣〕、大、山西方逢時疏：酌定三鎮貢市馬價，宣府以一萬八千匹爲率，該銀一十二萬兩。大同以一萬匹爲率，該銀七萬兩。山西以六千匹爲率，該銀四萬兩。旨爲定規，以便遵守。户科都給事中光懋言，先年貿市不多，經費有數，邇來市馬漸廣，市本倍增，若不量馬節減，將來不可收拾。奉旨：這市馬既議定額數，以後再不許加增。

《國榷》卷六九　庚子，屬夷王台縛建州衛都指揮使王杲及家室二十七人以獻。初，罷王杲市賞，杲改名科勺，素善星術，及走重古路，自推命不當死，尋就縛。

壬寅，吏部尚書張瀚秩滿，晉太子少保。

《神宗實録》卷四十　戊申，户部按季奏報：萬曆三年六月終止，外庫實在銀共五百四萬三千餘兩。

《國榷》卷六九　鎮守山西總兵官劉國玓免。

庚戌，神機營左副將白允中充總兵官，鎮守山西。

《神宗實録》卷四十　壬子，大同撫按鄭雒等疏言：本鎮王府禄糧，歲派山西大同并河東運司共一十八萬六百餘兩。自隆慶三年至萬曆三年止，拖欠應支禄糧二十季，該銀八十餘萬兩。今年荒米貴，各宗枵腹。乞嚴行拖欠地方將現在銀兩那解以濟急用。又言逋負數多，曰派於各府州縣，名爲存留，遂至延緩不行。催徵乞照京邊未完事例，一體查參。從之。

乙卯，總督京營戎政彰武伯楊炳題稱：神機戰兵二營，神樞車兵三營，軍士二枝，調發薊鎮防秋，應將本年冬衣布花預散各軍，置辦衣裝。户部覆奏，許之。

《國榷》卷六九　甲子，王杲俘至京。

《神宗實録》卷四一　八月辛未，論擒獲王杲功。上命械解王杲獻俘正法，以王台縛送首惡，忠順可嘉，加授勛銜，二子俱陞都督僉事，仍賞銀幣，以示優獎。總督楊兆、巡撫張學顔、總兵李成梁等各賞銀幣有差。

壬申，司禮監傳奉聖旨，内庫銀兩缺乏，光禄寺銀暫取十萬來用。户科都給事中光懋、給事中周良寅俱疏言，該寺所貯三十三萬尚不足支三年之費，若一番索取，動至十萬，何以爲繼，乞收回成命。浙江道御史朱光宇亦言之。上曰：「你每説的是，該銀兩偶以缺乏取用，後不爲例。」

乙亥，給參將管逵幹、劉葵旗牌各三面，督發京營。戰車二枝，輪流赴薊鎮防守。

《國榷》卷六九　丙子，張居正請增閣臣。許之。即日命張四維爲禮部尚書兼東閣大學士，隨元輔入直，元輔上所自注。

丁丑，河決高郵、碭山，及邵家口、曹家莊。

己卯，設階州參將，以鄰于番也。初，階、文、西固各設守備，而總于洮泯參將，勢難遥制，故石茂華易置之。

《神宗實録》卷四一　輔臣張居正題東閣大學士張四維充實録總裁，同知經筵日講。報可。

癸未，陞國子監祭酒王錫爵爲詹事府少詹事，兼翰林院侍讀學士，署掌本府印信，仍侍講經筵，充實録副總裁。

安南都通使莫茂洽遣使入貢。

丙戌，朵顔等衛都督長昂等差夷目一百一十七員名以萬壽聖節入貢薊鎮。撫臣以聞。

琉球入貢。

戊子，淮、揚、鳳、徐四府州所屬大水災。户部覆撫按奏，將本年夏季税糧存留者照例蠲免，係起運者暫准停徵，其三年應運漕糧再准改折一年。各衛屯糧亦視災重輕，照例折處。其巡撫、巡按、巡監當年贜罰及徐州商兑銀兩准留支以備賑恤。報可。

《神宗實録》卷四二　九月戊戌，先是，應、安、寧、太、蘇、松等府州縣各有弓兵民壯，前年查扣工食濟邊，至是應、安以江防增兵，蘇、松以海防增兵，操江及撫按各具疏，請留民壯銀餉。部覆此銀出均徭，無存留之理。但江防缺餉，姑准于民壯銀内動支九千三百六十兩。蘇、松近報災傷，將民壯糧内動支一萬二千六百一十二兩，餘盡數解部。得旨：卿等説的是。但今江海防守緊急，這扣解民壯銀兩，自萬曆四年爲始，姑准照數扣留三年接濟軍餉，其以前拖欠及以後年分，俱照舊依限徵解，不許曲狥勢豪請託，致虧國計。

己亥，時蘇、松、常、鎮水災異常，撫按具疏，要將太倉、華亭、上海、常熟、嘉定、丹徒、丹陽七州縣，將漕糧改折并減免，應徵錢糧改折三分。從之。

《國榷》卷六九　庚子，予故兵部尚書霍冀祭葬。

辛丑，許刑部尚書王之誥終養。

《神宗實録》卷四二　壬寅，准浙江海鹽縣改折本色錢糧，其存留錢糧與平湖、海寧、定海照例分別蠲免。浙東鄞縣、山陰等縣，聽撫按衙門從宜撥派。以海潮災故。

《國榷》卷六九　丁未，廣西忠州改屬南寧府。初隸思明府，屢仇殺，改隸布政司，土官黄賢相益横。

《神宗實録》卷四二　壬子，免徵保定、河間所屬安州等六州縣本年存留糧，以地畝水淹也。

癸丑，以少保兼太子太保、兵部尚書王崇古改刑部尚書。

減免長沙、荆州等府被災地方錢糧有差，仍將徵積穀賑濟。

丙辰，以南京工部尚書劉應節改兵部尚書，協理戎政。

戊午，京師地震。禮部請百官素服三日視事。

禮部尚書萬士和求乞致仕，准馳驛去。

庚申，以刑部右侍郎翁大立爲南京工部尚書。

户部覆題：加增延綏主兵年例銀五萬兩，增入該鎮内，以爲定規。從之。

甲子，陞日講官吏部左侍郎兼翰林院侍讀學士馬自强爲禮部尚書兼翰林院學士，仍充纂修副總裁經筵講官。初，上意仍欲兼日講，輔臣居正等部事煩重，恐難兼理，乃止。

《國榷》卷六九　是月，海盜林鳳克吕宋國，自稱國王，又來彭湖，屯魍港。總督劉堯誨遣諭吕宋國，招番兵五千人襲破之，幾盡，僅舟四十餘艘，鳳走潮州。吕宋獻俘，請入貢比暹羅、真臘。泉州知府常熟陸一鳳曰：「不聞職方氏有吕宋也，奈何以小蠻效順，煩我鴻臚。」遂止。

《神宗實録》卷四三　十月丙寅，吏部覆題：廣東宜以副使一員巡視海道駐劄東莞南頭城，平時則操練稽察，有事督兵出海勦捕。即以本省副使劉經緯調補。從之。

陞江西按察使陰武卿爲陝西右布政。

薊遼總督楊兆、順天巡撫王一鶚題：薊、昌二鎮預計萬曆三年秋季起至萬曆四年夏季止，應補倒死馬匹，乞照上年事規，給發寺馬價銀。兵部覆允，命太僕寺于寄養馬内調取一千匹委官兑給，再于庫貯馬價銀内動支一萬八千兩，差官解送本鎮。預赴宣鎮收買臕壯以備給補。

丁卯，京師地震。詔百官修省三日。

《國榷》卷六九　戊辰，前巡撫雲南鄒應龍削籍，追論其僨寇再敗也。

命停刑。以初行郊禮也。

庚午，南京織染局右監丞劉佐等下南京法司，以織幣不工也。

壬申，定西侯蔣佑卒。

丙子，俺答乞佛像蟒段，且城市成，求賜名。賜城曰歸化，量給經像。

丁丑，翰林院修撰趙志皋、田一儁注起居。

《神宗實録》卷四三　癸未，淮安分司所屬劉莊等十塲大水，巡監御史許三省先發在庫賑剩併折稻銀三千八百餘兩，給散被災竈丁，而後以聞。許之。

丙戌，申嚴舉人入監之法。令各該巡按御史督令有司備本地舉人，有未經入監及監事未畢告回者，以文書到日爲期限，三箇月起送到部，發監肄業。願入南監者仍赴該監。會試年分查入監者方許會試。其下第及中副榜，不願就教者，照前例盡數分送南京國子監肄業。並不許假借名色，告回原籍。赴部會試者除監滿撥歷外，其餘必由兩監起文，方許會試。從祭酒孫應鰲之請也。

戊子，定南京編審鋪行之期，以五年一次爲例。

定各省御史出差期限，往回一體遵守，以辭朝交代之日爲始，違者從實參奏，用左都御史陳瓚請也。

《國榷》卷六九　壬辰，太監張宏請遣内臣榷真定木税。部科執奏，不聽。

《神宗實録》卷四四　十一月乙未朔，修天壇工完。計用錢糧共七萬一千七百餘兩，工部具揭進呈，併照例請查盤。

《明通鑒》卷六六　乙巳，祀天于南郊。

《神宗實録》卷四四　庚戌，三邊總督石茂華以勦洮番捷報，敘文武將吏有功人員，下兵部。

刑部主事常存仁江南審決，復命違限，刑部尚書王崇古以聞。奉旨，常存仁罰俸半年。

癸丑，以故定西侯蔣祐嫡長男蔣建元承襲祖爵。

辛酉，海寇林鳳復犯閩，不利，更入廣而留船于魍港爲窟宅。兵部議在廣猺獞之役所宜暫停，而併力于鳳，在閩亦宜搜勦窟宅以絶禍本。議行閩廣督撫鎮巡等官嚴督所在水兵，同心戮力，務使片帆不遺，方許收兵，無更言招撫以蹈覆轍。奉旨是。

《神宗實録》卷四五　十二月乙丑朔，考選京衛所官軍政，存留、選補、調補四千七百十員，其職業不修、官箴有玷，照例帶俸差操。

庚午，户科都給事中光懋等上疏，言國初額設屯田，所在無幾，今欲復屯田，先清軍額。軍數明則田數明，據册一查，軍不可得而少，地不可得而縮，又專設屯田僉事及府州僚佐，責其沿丘履畝，一一丈量。視舊額有無，分别肥瘠，俟有定効，管屯官員舉薦超遷。部覆如議。從之。

丙子，命英國公張溶著照舊供職，武平伯陳大策等都革任。

陝西總督石茂華奏：兩廣貢市告成，後與虜互市，共官易馬二千一百四匹，牛羊五十八隻，商民易過馬騾牛羊共二萬二千有餘。章下兵部。

己卯，提督兩廣凌雲翼奏稱：海賊林鳳流突廣福，總兵胡守仁追至淡水洋，衝沉賊船二十餘隻，逃往西番。

癸未，通山王薨，輟朝一日。

丁亥，上視朝。點文武官失朝者二百五十員，各罰俸有差。

癸巳，陞雲南按察使顧言爲右布政。

申嚴清勾之法。

萬曆四年（丙子、一五七六年）

《神宗實録》卷四六　正月癸卯，命工部左侍郎何寬提督京通倉厫，不妨部務。

《國榷》卷六九　總督倉場户部左侍郎畢鏘言：太倉老庫專扃鑰，外庫專支放。嘉靖二十三年，老庫支八十八萬九千兩外，餘一百十三萬六千四百八十兩有奇。歷隆慶三年，財一百萬八千七百六十九兩。萬曆三年，新舊合七百三萬四千二百八十七兩有奇。宜增老庫百萬，封貯數歲。但外止三百九十餘萬，各邊主客兵年例、修城賞賚、官俸商價等俱資之，須加節省。上曰然。

《神宗實録》卷四六　丙午，鑄給分守下川南道關防。

大同督撫方逢時等以修築邊墻，乞留本鎮入衛兵，并扣徵河南班軍工食以助募夫。時西酋貢市頗堅，詔以石塘嶺一枝量留助工，即將原派黄花鎮寧夏一枝調補石塘嶺，而以昌平標兵盛京營官軍酌議一枝調補黄花鎮，共河南應戍大同班軍，自萬曆四年始至六年上緊免上班，盡扣班價徵解。

罷松潘副總兵沈鯨。行御史提問鯨貪横有聲，爲蜀撫所劾故也。

《國榷》卷六九　丁未，巡按遼東御史劉臺上言三事：更援兵以蘇疲鎮，慎互市以伐敵謀，廣墩臺以資保障。上是之。

《神宗實録》卷四六　戊申，改廣西雒容縣治于盧塘，以舊城爲堡，留兵百名守之。移慶遠守備駐河池，徵東蘭、南丹、那地三州兵各五百名，戍柳州。

《國榷》卷六九　己酉，高郵清水隄決。

《神宗實録》卷四六　督漕侍郎張翀以修築寶應隄工，議于江南各府州并浙江、江西、湖廣每糧一石加派一斗，折銀五分，先于餘鹽銀内借用，候次年徵完解補。弗許。詔以漕糧脚米六升，每歲計銀三萬三千三百餘兩，及蠲免七升内量復一升，每歲計銀一萬兩爲修築之費。又命于河道衙門轉發修河銀五萬兩。如不敷，或留漕米，或借工本鹽銀，或山東、河南香錢例銀及德州倉銀，并准湊用。

癸丑，廣西撫按官郭應聘、李采菲言：宣化縣係左江屬邑，歲派糧銀一千五百餘兩輸右江；向武、奉議、都康等州係右江屬州，歲派糧銀亦一千五百餘兩輸左江，以致兩皆逋負。乞將宣化還之南寧，向武等州還之柳州，各徵所屬糧銀。而南寧存米良多，宣化糧銀宜解藩司充宗禄兵餉之費。從之。

甲寅，以編修沈淵、黄鳳翔充起居注館編纂章奏官，鳳翔兼充實録纂修官。陞總督宣大山西右都御史兼兵部右侍郎方逢時爲兵部尚書兼右副都御史。

丙辰，薊州大安口草場火，延燬草束以萬計。奪郎中高世兩俸三月。

《明史》卷二〇《神宗紀一》　丁巳，遼東巡按御史劉臺以論張居正逮下獄，削籍。

《國榷》卷六九　前南京兵部尚書王學夔卒。【略】贈太子少保，予祭葬，謚莊簡。

《神宗實録》卷四六　准遼東巡撫張學顔男承祚廕。

發太僕寺馬價銀五千六百兩，充薊鎮本年撫賞。

鐫定遼後衛指揮同知王延祚等各職三級。先是，延祚等守備不設，令虜得大掠歸，法應議戍。第賊衆我寡，情可矜原。部議欲審入犯大小，以別將領罪。

犯小責守堡，稍大責參遊，備禦最鉅，總鎮任之。遂著爲例。

己未，以軍政考選，罷左軍都督府掌府事安遠侯柳震、前軍都督府掌府事安鄉伯張鋐、南京前軍都督府僉書張時春。

庚申，詔以南關商税餘銀三萬兩留備織造，仍該料價銀二十二萬二千一百九十餘兩，行浙江布政司照例派徵。

《國榷》卷六九　是月，階州番平。

《神宗實録》卷四七　二月乙丑朔，命太僕寺發銀一萬兩，充山西鎮本年馬價。

丁卯，命太僕寺于寄養馬内調取八百八十七匹，分給五軍等三大營五百一十七匹，通州營七十匹，勇士營三百匹，各缺馬軍勇領騎。

命延綏鎮椿棚銀除修邊外應補給備市者依户七兵三例支給，備次年市貨。

《國榷》卷六九　癸酉，分高、肇、韶、廣參將爲二。陳璘守高州，陳典守肇慶，韶、廣另設游擊，專練兵。

乙亥，鑄提督會同館關防。

命廣西總兵官李錫統轄全省兵務。

《神宗實録》卷四七　戊寅，命山東登州寧海等衛所秋班軍三千九百二十名留赴新河開濬。

《國榷》卷六九　己卯，户部尚書王國光致仕。南京吏部尚書劉光濟改南京兵部尚書。

《神宗實録》卷四七　庚辰夜，薊遼地震。

辛巳，又震。灤河斷流。

《國榷》卷六九　〔壬午〕，總督薊遼侍郎楊兆報擒斬虜酋速把亥抄化等部落功。

甲申，刑部右侍郎張掵疾去。

乙酉，南京工部尚書翁大立改南京禮部，南京户部尚書殷正茂爲户部尚書。

《神宗實録》卷四七　乙酉，諭户、工二部，萬曆通寶制錢照嘉靖式鑄二萬錠，内金背一萬四千錠，火漆六千錠，與嘉靖、隆慶等錢兼行，仍以一千萬文進内庫。工部請分八千錠行南京鑄造。從之。

《國榷》卷六九　戊子，總督倉場户部左侍郎畢鏘爲南京户部尚書，南京户部右侍郎曹三暘爲南京工部尚書。

《神宗實録》卷四七　庚寅，遼東鎮新添客兵一千五百餘員名防守寧前。又調河東設伏。上命每年給行糧銀一萬六千餘兩，無事掣回，銀即停止。

原任户部尚書王國光進《萬曆會計録》。上嘉之，仍命户部再訂繕寫進覽。

陝西督撫石茂華丈勘過固原鎮地額，微有增益。

《神宗實録》卷四八　三月甲午朔，甘州人李蕃以侵盜沿邊倉糧四百八十餘石梟示。

戊戌，劇盜楊鳳鸞等伏誅。鳳鸞湖廣瀏陽人，匿江西寧州盧源洞中流劫，至是害始除。

《國榷》卷六九　己亥，命各巡撫年終巡按還朝報王府官賢否，如有司例，按其年勞遞陞。

《神宗實録》卷四八　命山西督撫加給偏、老二營軍本色三分，仍嚴督三關兵備將領等官各將應徵屯糧，瘠地召人開墾，務足原額，有曠土者查參。

庚子，巡按雲南御史郭廷梧言：國初京師有寶源局，各省有貨泉局。自嘉靖間省局停廢，民用告匱。況滇中産銅，不行鼓鑄而反以重價遠購海肥，孰利孰害。下户部。覆可，俾開局行。

《國榷》卷六九　庚子，移定遼右衛軍于寬奠堡，又開永奠堡互市。

癸卯，兵部以東虜土蠻伯言不速把亥等攻開原。總兵李成梁令入衛，李惟一援之，戚繼光移兵灤州。

丁未，初，金花銀乏，户部以邊餉二萬二千二百抵進。上曰：「金花銀系正用，且折納甚輕，又分季解進，何嘗累民，而積逋至一百六十萬。一加查覈，輒稱催科嚴急，豈祖宗立法之意。各撫按其督有司歲解，否者并罪撫按。」户部左侍郎李幼滋言：「近來行條鞭法，金花與各項錢糧無別，詔免各項錢糧，愚民爲金花亦在内，有司莫辨。乞分單開明，每户秋糧若干，本折若干，金花銀若干，漕糧若干，倉糧若干。某項急，某項次，庶民便輸納。命中外諸司，凡事一遵祖法，毋妄言更改，以滋弊端。」

庚戌，供用庫太監鄭直以香品缺，請採廣東二十八萬斤。工部議止派八萬斤，未允。户科給事中光懋執奏。命視嘉靖六年、七年例兩進。蓋嘉靖六年六萬斤，七年五萬斤。

辛亥，内承運庫太監崔敏求遣官織造。工科都給事中侯于趙、御史麻永言各疏諫。命上供各減一半，定五萬九千二百六十匹。

《神宗實録》卷四八　壬子，以秦王敬鎔薨，輟朝講三日。命秦世子宜漍主喪并理府事，遣武英殿中書唐應運造墳。

賜山西糧儲道參政專勑一道，命兼理邊腹屯田，務清軍額、括地畝，復舊制，俟五年成熟後起科，如屯官台玩督率失宜，及勢豪侵占，即指名參呈撫按劾治。

《國榷》卷六九　丁巳，惠、潮參將魏宗瀚、王如澄及碣石把總朱相俱論死。先是，盜曾一本犯潮州，瀚等擁兵行，浹旬始至。盜自碣石衛鶯州夜遁，復犯雷州，值瀚等，僞降，墮其計，舟師焚僇殆盡。朱相從碣石來，再戰再勝，瀚等不之援，相亦卻走。盜始横，致廣州之敗。

癸亥，發帑四萬二千餘金，修薊州昌平邊墻。

《神宗實録》卷四九　四月乙丑，應天撫按宋儀望、唐鍊皆言，安慶衛軍糧舊額四萬石，因減二萬石濟邊，不足支用。乞將嘉靖三十三年原派應天等府米一萬三千七百九十石併饒州府米八千六百三十六石、南康府米四千四百六十八石仍留接濟，而以九江米一萬三千一百五石折銀解部。從之。

《國榷》卷六九　丙寅，除泗州草料減馬價十之六，巡按御史舒鰲言之也。

丁卯，定供用庫香品，歲二萬斤爲率。

戊辰，吏部尚書張瀚條外官考滿事宜。

《神宗實録》卷四九　封長沙等王子常淠等共一百八十二位各禄爵有差，爲王長子者三，王長孫者二。

己巳，命兩法司并錦衣衛見監罪囚笞罪無干證者審放，徒流以下減等發落，重囚情可矜疑并枷號者奏請。

《國榷》卷六九　禮部右侍郎署國子祭酒孫應鰲請禁社生黜生及民間庸子弟入監。從之，惟納光禄寺監及序班如舊。

土魯番入貢。

《神宗實録》卷四九　庚午，寘陝西平凉縣民賀禄于理。以冒稱天潢、詐傳詔旨故也。

《國榷》卷六九　辛未，虜酋黑石炭大委正等自大青山分犯河東，窺錦義。總兵李成粱潛師行二百里，薄其營。次日，火器擊之，虜駭亂，自相蹂踐，斬六十一級。

壬申，定錢法各省如一，仍嚴私鑄。

《神宗實録》卷四九　乙亥，以府江積寇平，復設昭平縣。

《國榷》卷六九　免廣西土民遠戍，衹編各衛所充伍。

《神宗實録》卷四九　己卯，上視朝畢，命覈朝參不到者襄城伯李應臣等一百七員，各奪禄俸二月。

《國榷》卷六九　工部言：制錢擇精銅，凡萬錢用銀十四兩八錢九分。侍郎何寬董之，員外郎沈文主事，韓濟分理。上令再議。于是銅價各減十之一。

《神宗實録》卷四九　甲申，户部覈江北無災地方官未完糧二分以上住俸，四分以上降俸，并改折仍欠者住俸帶催，其重要水患者候豐年帶補。報允。令毋因循，致虧國課。

《神宗實録》卷五〇　五月癸巳朔，巡漕御史陳功報：本年糧舡八千三百一十隻，于四月十四業盡過洪。

《國榷》卷六九　乙未，設養利州儒學，凡改土爲流者俱如之。

四川静州長官司招岐山溝口生番等，雜公寨木部女寨生番願充編氓。巡撫右副都御史羅瑶言：威茂，古維州也。在宋元，西羌據之，我朝置化外。今羌夷嚮風，宜給賞示勸。命撫恤之。

《神宗實録》卷五〇　丙申，陞廣西按察使吴一介爲河南右布政使。

兵部尚書劉應節以河工罷，上書自劾乞休。上温詔留之。

原任南京兵部尚書劉體乾卒。贈太子少保，予祭葬，仍予謚。

丁酉，以侵盜織造銀，下内官監右監丞劉佐及奉御馬西、侯朝、周珣、辛寵于法司，各革職杖贖。

辛丑，湖廣巡按御史向程言：郭家洲拐堤二處洲田原屬光澤王始祖欽賜業，爲遼庶占據，卒混入籍没册中，乞改賜。户部覆覈無異，遂歸之。

《國榷》卷六九　敕太監馮保同法司録囚，釋輕繫。

壬寅，河南撫按議立各王府宗學，設先師殿、祖訓堂。從之。

庚戌，上始束髮。

《神宗實録》卷五〇　壬子，削涼州衛掌印指揮戴世勳籍，以百户蔡明冒襲受賄不舉故也。

《國榷》卷六九　右江諸賊平。

《神宗實録》卷五一　六月壬戌朔，内織染局署局事太監張鉞等請勑差官蘇杭織造。工科都給中劉鉉等、山西道御史賈如式等交章極言民力匱乏，供應浩繁，乞賜停止。上曰：「織造事非得已，科道官既言民力困敝，各項俱減三分之一，遣廉慎内官往督。工費着户、工二部議處，毋復加派病民。

乙丑，以修築新平、平遠二堡未幾傾圮，參守楊爾干等行巡按訊。

罷新河。兵部尚書劉應節猶以用過夫役器具等項銀共三萬二千二百二十餘兩，請下所司。

丙寅，御馬監太監陳輔等言：壩大等七處尚無牧地，乞准暫支草料。許之。

巡按陝西御史劉光國獲咸寧縣妖人李一真等，并其宣淫倡逆罪狀以聞。詔一真等即便處決，劉安等徙口外，其妖邪惑衆之民各撫按嚴加禁戢，犯者悉炤此例不貰。

己巳，户部議改折保定府額解宣鎮本色米麥五千八百一十餘石。從之。

辛未，以久雨命順天府官致禱。

《國榷》卷六九　癸酉，錦衣衛正千户王學禮嗣靖遠伯，以兄學詩亡子也。

方澤壇成，修諸王館。

玉牒成。

中軍都督府署都督僉事佟登疏稱祖爵。上曰：「武臣非世勳不稱爵，其改正。」且問五府官與勳臣同班立，是否。禮部言：都督立班匹錦衣衛，後稍上之匹六部，後與南北司無職事者班同而上之。命著爲令。

乙亥，貴州天界賊平。

丁丑，承運庫太監崔敏等請採買金珠寶石以備大婚。户科都給事中光懋奏止之，不聽。

復置榆林衛所管屯官，命延綏鎮各兵備兼屯田。

庚辰，命司禮太監孫隆往蘇杭織造。

壬午，張居正等請重修《大明會典》。從之。

鑄工部盔甲廠、節慎庫、驗試廳各關防。

薊鎮屬夷炒蠻挾賞不遂，潛犯古北口。參將施宗儒及前總兵湯克寬等，中軍傅楫，千總高大朝、蘇學追至十八盤山，死之。兵科都給事中裴應章，摘及戚繼光練南兵無效。上不問，奪繼光及巡撫王一鶚俸。

巡按山西御史孫代，以樂昌王長子廷壖私娶王氏，生齡兒不報，宜如宗藩條例編入户下爲氓。上曰：雖濫妾，而改姓易籍，殊非情理。《會典》此例宜改正。

癸未，張居正、吕調陽、張四維總裁《會典》。

丙戌，改貴州猓平等二十四寨隸貴陽府。先隸臥龍長官司，爲丹行司羅繼祖争殺，故改屬府，以大龍司土舍龍見圖領之。

《神宗實録》卷五二　七月乙未，詔太僕寺發馬價銀一萬三千三百三十六兩，備延綏次年互市。

〔丁酉〕，封琉球國世子尚永爲中山王。

戊戌，詔靖江王任昌禄米一千石，本折中半兼支。

《國榷》卷六九　分遣刑部司官録囚畿省。

《神宗實録》卷五二　壬寅，户部條上開納事例以濟邊。從之。

命發太僕寺馬價銀一萬兩解遼東，買馬支用，不爲例。

總督陝西右部御史石茂華、巡撫延綏右僉都御史宋守約請建神木、榆林、靖邊、定邊四道敵臺共八百座，工料銀共一十五萬二千五百兩。上命兵部先發銀一萬二千兩築建。

《國榷》卷六九　癸卯，設鞏華城守備。

《神宗實録》卷五二　命南京户部借發官軍俸糧折銀二萬一千四百兩，給南京工部鑄萬曆通寶金背火添制錢，鑄成仍以制錢抵還。

《國榷》卷六九　甲辰，修泗州祖陵。

《神宗實録》卷五二　乙巳，詔通州營操軍每防秋時，暫炤京軍月給行糧六斗一季。

辛亥，命太僕寺發馬價銀七千兩，解充薊鎮本年撫賞。

壬子，開館重修《大明會典》。

《國榷》卷六九　丙辰，頒賜萬曆制錢。

戊午，以河南撫按報州縣積穀數少，奪各官俸有差，仍命積賑專責有司，衛所官弗預焉。

己未，寧州山賊流劫。

庚申，閲視薊、遼、保定左副都御史郜光先上各邊形勝圖。

《明史》卷二〇《神宗紀一》　八月壬戌，釋奠於先師孔子。

《國榷》卷六九　乙丑，總督陝西石茂華、巡撫董世彦報：撫洮州境外生熟番夷七十一族，古陸阿不角答畏罪遠遁，獻罪酋四級。上宥之。

《神宗實録》卷五三　丙寅，命右中允兼編修何雒文、右贊善兼簡討許國充順天府鄉試考官。

戊辰，上祭太社、太稷。

壬申，蘇松兵備副使王叔杲擒獻海寇嚴大邦等，命梟之。

《國榷》卷六九　癸未，裁永從縣儒學。

建州左右二衛昂巳阿召襲都督僉事，孛羅襲都指揮僉事。

《神宗實録》卷五三　發太僕寺馬價銀于薊鎮，以七千六百二十兩給入衛寧延官軍，四千六百二十兩給宣大官軍，各買馬，補倒死數。

《國榷》卷六九　己丑，敕褒朝鮮國王李昖，以歸難民九十四人也。

是月，渾源州雨雪殺禾。

《明通鑒》卷六六　是月，河決崔鎮。

先是，二月以後，江北旱，河水斷流。至是河決韋家樓，又決沛縣縷水堤、豐、曹二縣長堤，于是徐、豐、沛、睢寧、金鄉、魚臺、單、曹八州縣，田廬漂没無算。河流齧宿遷城，吴桂芳請「遷縣治，築土城以避之」，報可。

《神宗實録》卷五四　九月辛卯，陞廣東按察使史朝宜爲湖廣右布政使。

壬辰，河南右布政使吴一介以病乞休。許之。

命修顯陵。

癸巳，刑部尚書王崇古題請會官審録，上命九月二十四日行。

甲午，奪撫治鄖陽右副都御史王世貞俸，以薦舉涉濫，爲吏部所糾也。

《國榷》卷六九　乙未，呂宋敗賊林鳳于海，幷貢方物。

《神宗實録》卷五四　壬寅，總督河道右僉都御史傅希摯奏報：河決韋家樓約三里餘，又決沛縣縷水隄二處，一長一百三十一丈二尺，一長九十五丈七尺，又豐縣決長隄二處，一長五十餘丈，一長六十餘丈，曹縣決長隄七十餘丈，約三里餘。下所司。

癸卯，巡撫山東僉都御史李世達奏劾，博興縣五月内冰雹打傷禾地三千九十八頃四十畝有奇，打死男婦卞守才、蕭氏等四十二名口，樹木折倒、牲畜死者無數，乞將夏税及臨、德二倉米麥盡數蠲免。下户部覆議。臨、德二倉米俱免五分，德州倉麥每石減折二錢，以示寬邮。從之。

甲辰，陞山東按察使龍光爲本省右布政使。

丁未，命實録纂修官簡討王弘誨兼充會典纂修官。

壬子，以保、河二府災，折徵存留秋税及馬草屯糧，以示寬恤。

癸丑，録囚。

《國榷》卷六九　蠲折朔州馬邑田租。

《神宗實録》卷五五　十月癸亥，給薊、昌二鎮太僕寺馬千匹，銀一萬八千兩。

《國榷》卷六九　甲子，總督薊、遼、保定兵部右侍郎兼右僉都御史楊兆爲都察院右都御史。

《神宗實録》卷五五　戊辰，戮罪人申柱、張大金等六十九名于市。

己巳，户部以陝西撫按石茂華等欲增募神木兵三千，該餉二萬七千一百六十三兩，開入年例，仍先發三分之一，計九千五十四兩有奇，就于陝西布政司所收四川改解銀内支發。覆議以請，從之。

鑄給管理淮鳳水利墾田僉事關防。

工部以山西臺基二廠木乏，請發庫貯荆州廠所解税銀三萬八千九百兩遣司屬賫往儀真、瓜洲買木。許之。

庚午，詔預發遼東鎮主兵餉銀八萬二千兩。

《國榷》卷六九　乙亥，少保兼太子太保、禮部尚書、武英殿大學士呂調陽考滿，晉太子太傅、吏部尚書，廕子中書舍人。

賑豐、沛、徐、睢寧，蠲金鄉、魚臺、單、曹水災田租。

《明通鑒》卷六六　丙子，晉張居正左柱國，俸如伯爵。

《神宗實録》卷五五　丁丑，以預造盔甲缺鐵料至一百一十萬六千七百斤，主事韓濟議將羨餘幷損壞盔槍甲葉等鐵抵用。工部覆請，從之。

《國榷》卷六九　戊寅，遷宿遷縣治儒學。時黄水嚙其地。

庚辰，罷福建巡撫右副都御史劉堯誨、南京大理寺卿王世貞，以刑科都給事中楊節論堯誨貪甚，世貞大節已虧也。

《神宗實録》卷五五　戊子，修裕陵祾恩殿祾恩門及兩廡。

《國榷》卷六九　甲寅，復夷婦襞只及炒蠻之賞，前以不能制所部致犯鴉鶻庵，至是縛獻十七人正法，復之。

《神宗實録》卷五五　丁巳，修山西嵐縣，徐溝、祁縣各磚城，動糧羨傍税無礙銀二萬四千四百十六兩有奇，從督臣方逢時議也。

發太僕寺銀六千四百九十九兩二錢，爲戎政各官冬春催募軍伴之費。

《神宗實録》卷五六　十一月壬辰，詔免山東舊逋班軍缺額名糧銀。

丁酉，以黄水衝渰，詔山東曹、單、金、魚四縣徭編淺鋪閘溜河夫等銀及存留永豐、廣盈等倉米銀暫與蠲免，其臨、德二倉小麥亦令停徵，有司仍動支倉庫賑恤。俟水落地出，招撫復業，量給牛種，務使均霑。

《國榷》卷六九　辛丑，北虜土蠻速把亥部落犯威遠堡，副總兵曹簠禦卻之。

加總督方逢時太子少保，巡撫吴兑兵部右侍郎，兼右僉都御史，鄭洛右副都御史，敍貢市功。

改折大同屯糧有差。

甲辰，夜，費縣隕星四，天鼓鳴，質明，有紅點墜城西北，色如砂，長二里，衡一二尺。

丙午，虜土蠻速把亥部落犯沙河。

甲辰，犯東關。

廣西官兵征羅旁猺賊。

《神宗實録》卷五六　丁未，户部尚書殷正茂題：頃奉聖諭，盡蠲各省直隆慶二、三、四年解京各本折錢糧及五、六年未完十分之一。今南京户部尚書畢鏘將本部徵收各省府各年錢糧逐項查出比例請蠲，而南京户科給事中王蔚亦言南京户、工二部額派二稅料價等未完錢糧比例當蠲，除係工部者咨覆外，臣等查得南京户部隆慶二、三、四年額徵銀未完一十三萬二千六百九十九兩二錢三分，本色米豆未完二千三百四十四石五斗四升，花絨未完八千二百三十斤，隆慶五、六年全徵折色銀未完七萬三千六百九十九兩九錢三分，本色米豆未完三千四百三十四石二斗八升，花絨未完一萬一千七百五十八斤，農桑絲絹未完三千六百一十七疋一丈七尺，稻草未完二百二十一束。徐州隆慶三年起至五年止，茶葉未完二百六十二斤。應天府隆慶六年課鈔未完二千三十九貫五百三十九文，銅錢未完二千三百三文鈔，折銀未兩一十三兩七錢一分。乞盡數蠲免。報可。

癸丑，寧州賊首詹孔舜就擒，地方寧謐。

工部進鑄完新錢三百萬，金背二百萬，火漆一百萬。

《神宗實録》卷五七　十二月己未朔，命禮部官祈雪。

《國榷》卷六九　壬戌，陝西總督石茂華，以莊浪土達殆二萬，僅協守，其魯束統之非便，議增防守土官于紅城子、古城、野狐城，各土人屬之，西大通堡增防守土官，以連城五旂屬之，聽莊浪參將節制，仍立鄉約，建社學。報可。

太僕寺請明年徵馬匹如萬曆三年例。兵部覆，從之。凡本色改折色者，徵三十金，原折色者，徵二十四金。

壬申，前太子太保、禮部尚書兼文淵閣大學士趙貞吉卒。

乙亥，蠲京師都稅，宣課二司羊酒雞鵝雜貨等稅。

《神宗實録》卷五七　丁丑，免河南本年應徵河夫堡夫銀三萬二千餘兩，未調夫役免追曠工，已調實夫更班歇役。

《國榷》卷六九　辛巳，以潮州囚逸，下知府丘霽雲臺訊。

壬午，播州宣慰使楊應龍貢馬。

丙戌，巡按浙江御史鮑希賢請繕海鹽縣捍海塘。從之。

《神宗實録》卷五七　丁亥，南京太僕寺卿石星以淮揚一帶連歲水災，民困已極，奏免節年拖欠馬價草料塲租銀在淮安者一十一萬五千二百九十三兩零，在徐、碭、高郵、興化、寶應者一萬五千餘兩，已徵者起解，未徵者悉蠲。鳳陽府屬一十八州縣并泰州等六州縣量免十分之五，應徵五分，三年帶完。可之。

萬曆五年（丁丑、一五七七）

《國榷》卷七〇　正月己亥，部院大計，黜布政使鄒光祚等八十三人。吏部請上御門面奬廉能，上令紀録其貪者臺訊。

庚子，兩宫諭選婚。

辛丑，山西按察使孫應元爲右僉都御史，巡撫山西，提督雁門等關。

《明通鑒》卷六六　己酉，詔鳳陽、淮安力舉營田，從巡撫都御史邵陛議也。

《神宗實録》卷五八　辛亥，陞福建右布政使劉維文爲江西左布政使。陞雲南按察使沈人種爲廣東右布政使。

《國榷》卷七〇　壬子，諭法司曰：「近各處歲報重囚，全省或千餘人，臨決僅三四人，餘仍淹斃。巡按違旨沿習，其參摘以聞。」于是刑部尚書王崇古奏：各御史如劉光國原囚九十四人，決四十九人，陸萬鍾原囚四十九人，決四十三人。命光國、萬鍾紀録，餘奪俸。

《神宗實録》卷五八　癸丑，以文安縣司丘等里水災，命見在寄養馬三百餘匹先行調兑，其站銀暫免派徵一年。

甲寅，命發太僕寺馬價銀五千六百兩，給薊鎮本年撫賞。

《國榷》卷七〇　乙卯，兵部議免真定等府站銀一年。有旨：朕念民困，因清查驛遞，乃撫按徇私。聞朝覲官擅乘傳，何也？其嚴禁之。餘如議。

《神宗實録》卷五九　二月己未朔，諭薊、昌二鎮秋防將領罪，都司程照等革任，中軍千總李茂春等下御史問。

户部言：各鎮年例錢糧，請先發一半，以備支用。報可。

乙丑，命大學士張四維、申時行爲會試主考官，取馮夢禎等三百名，輔臣張居正子嗣修得中式。

以廣西飢荒，留萬曆四年事例銀三千九百餘兩賑濟，并留五年以前税課柴薪以助兵餉。

丁卯，停河東運使李廷觀等俸，候補完欠額八分以上具奏定奪，以虧額課二十四萬也。

《國榷》卷七〇　戊辰，上祭太社、太稷。

《神宗實録》卷五九　庚午，停陝西宜君、米脂二縣見徵糧草，以奏報災傷故也。

發太倉銀二萬七千餘兩，給寧夏兵餉。

壬申，命開工部事例三年，以大婚，錢糧不敷故也。

論萬曆四年虜犯廣寧官軍失事罪，都指揮宋承恩等戍邊。

《國榷》卷七十　〔癸酉〕，命各府庶宗止請名糧，毋婚費，著爲令。

甲戌，敍延、寧、甘肅功，進總督石茂華兵部尚書，巡撫羅鳳翔右副都御史。

《神宗實録》卷五九　丙子，免文安縣存留税糧馬草二分，盡以恤里分之被災者。

丁丑，陞河南右布政使鄭雲鎣爲左布政使。

令南京太常寺卿萬恩謙致仕，四川巡撫羅瑶調南京别用，順天巡撫王一鶚留用，從部覆南京糾劾冒濫奏也。

己卯，命蠲濟寧等衛所欠班工價銀四萬九百餘兩，以撫按疏請寬恤也。

辛巳，雲南騰越州地震二十餘次，次日復震，山崩水湧，倒壞廟廡官舍監倉一千三百餘間，民房十分之七，壓死者百七十餘人。

《國榷》卷七〇　三月戊子朔，徵太倉、光禄寺各十萬金。户科都給事中光懋争之，不聽。

兩淮滯引已通，户部奏仍開中。報可。

《神宗實録》卷六〇　先是，京營每年防秋口糧戰兵六斗，車兵半之，城兵一斗。至是，户部議革城守口糧，而車戰二營通以三斗爲率。從之。

《國榷》卷七〇　甲午，復龍虎山提點張國祥真人印號。先隆慶間革去，至是國祥請復，禮部言不可。上以真人係正一品，載官制，從其請。

乙未，潞王翊鏐冠，明日，出見羣臣于文華殿東廡。

《神宗實録》卷六〇　兵部覆直隸印馬御史孫成名奏言，原額種馬十二萬五千餘匹，不獨專爲孳生，亦以備濟緩急。邇年議題變賣，十去五六，今沂、費、郯、完、唐五縣歲被災傷，見養種馬量賣三分之一，每匹估價十兩，解寺草料暫免二年。又密雲公占牧地三百四十五頃，每三頃五十八畝養馬一匹，應照數減免。報可。

《國榷》卷七〇　丁酉，大學士張居正、吕調陽以子嗣修、興周廷試，各避讀卷。不允。

戊戌，寧夏總兵官劉濬劾免。

己亥，免山東沂、費、郯城等州縣站銀四萬一千金有奇。

壬寅，策貢士三百一人于皇極殿。

前少保兼太子太傅、禮部尚書吴山卒。

甲辰，俺答欲赴西寧青海寺，會番僧齋醮，開市茶馬。又求都督金印。巡按御史邢玠言，茶市不可開，金印不可與。兵部言：前歲俺答丙兔乞立寺西海，朝廷助之，蓋借以化之耳。今出塞設齋醮，原無他意，所須食物宜給，至各酋並無印，可理諭也。上從之。

《神宗實録》卷六〇　己巳，賜貢士沈懋學、張嗣修、曾朝節等及第、出身有差，百官致詞稱賀。

丁未，革甘肅總兵李震任，爲巡按御史所劾也。

《國榷》卷七〇　總督兩廣軍務兵部尚書凌雲翼討平羅旁猺賊，徵師十五萬，分八道，克木夷山，破岩洞五百六十四，斬一萬六千一百四級，俘二萬三千餘人，降六千四百餘人，返掠萬餘人。

壬子，城桐城縣。

丙辰，免江西金花通銀六萬六千金有奇。

《神宗實録》卷六一　四月己未，原任户部尚書方鋭卒。

《國榷》卷七〇　乙丑，吏部請會推陝西、宣大總督止同九卿科道，不必會五府。報可。初，兵部會推副總兵李如楨，上問副總兵會推何始也。兵部奏始弘治十一年。上謂今後京營總督、副將，各鎮守漕運總兵俱部推，不必廷會。

丙寅，刑部尚書王崇古改兵部尚書。山西右布政使高文薦爲右僉都御史，巡撫山西。

戊辰，協理戎政兵部尚書劉應節改刑部尚書。

壬申，總督宣大兵部尚書兼右副都御史方逢時協理京營戎政。

癸酉，蠲四川、湖廣、福建、直隸太平等隆慶四年以上料價蘆課。

戊寅，陝西番族上笆籬鋒鐵城等貢馬。

辛巳，巡按山西御史趙允升行部河東，道沙嶺驛。值虜入墻流掠，走免。因言邊墻頹廢將領畏避狀。上責兵部，向報邊功何虚也。巡撫楊愈茂鐫二級調用。

《神宗實録》卷六一　兵部覆浙江徐栻奏：該省總兵標下水陸軍兵缺少，請加募陸兵一千二百名，與舊兵共足二千；水兵一千四十名，貼駕車兵五百二十名。報可。

《國榷》卷七〇　壬午，山西總兵官白允忠爲平羌將軍，鎮守甘肅。甘肅總兵官麻錦調山西。

上御皇極殿，傳制封慶惠王世子倪熿爲慶王，德恭王世子翊鏞爲德王，又衡府翊鏉嗣平度王，韓府璟浴嗣綏平王。

甲申，命陝西臨河二堡官軍聽河州參將節制，西安海剌都三堡改屬固原守備。

乙酉，太和王府輔國將軍載燧，有罪廢爲庶人。

《明通鑒》卷六六　四月，兵部尚書譚綸卒。

《神宗實録》卷六二　五月癸巳，上以久旱，率百官修省齋三日，令順天府官致禱。

甲午，孟瀆河以三月初興工，至是報竣，共用銀一萬六千五十餘兩。

乙未，原任南京刑部尚書林雲同卒。

《國榷》卷七〇　丙申，土蠻犯遼東錦州。值大雨，移日出塞。

己亥，總督倉場户部右侍郎沈應時籍帑金，共四百七十八萬四千餘金。

《神宗實録》卷六二　辛丑，命停内北中門等處工程，以工部言庫貯匱乏故也。

户部奏進大婚鋪宫錢糧各樣珍珠計重八萬兩，足色金二千八百兩，九成色金一百兩。

《國榷》卷七〇　修乾清宫成。

《神宗實録》卷六二　癸卯，命發太僕寺馬價銀七千兩于薊鎮，備本年撫賞。

《國榷》卷七〇　丁未，上御皇極門，宣羅旁之捷。瀧水縣改羅定州。立神電衛。

六月丁巳朔，順天大雨。自是月至九月始止，渾河溢，田禾殆絶。

戊午，大内工竣。廕太監馮保錦衣衛副千户，張宏百户，工部尚書郭朝賓等各陞賞有差。

癸亥，免大同右衛逋餉一萬六千九百餘金。

戊辰，靖江王府輔國中尉經捷，逆母致縊，賜自盡。

己巳，録囚。

壬申，免山東、浙江所負隆慶三、四年馬價銀四千七百二十金。

《神宗實録》卷六三　發馬價銀二萬兩，差官犒賑禦虜將士及軍民之被害者。

《國榷》卷七〇　甲戌，臨清、德州二倉米積腐，户部請支抵山東官餉，後照數抵納。從之。

是月，蘇、松雨連旬，寒如冬，傷稼。

七月丙戌朔，以遼東米貴，發帑金二萬于本鎮買糴備餉，後不爲例。

《神宗實録》卷六四　己丑，廣西梧州府大火，延燒官舍民房三百五十間。

丙申，蠲免淮、徐災傷州縣萬曆二年以前未完錢糧。

己亥，蠲免淮安府屬隆慶三年以前未完馬價銀四萬二千餘兩。

壬寅，命鑄給廣西督理糧儲分守桂平、蒼梧、左江、右江各道關防。

癸卯，命發太倉庫錢一萬六千二百兩于遼東，備薊、昌兵馬駐防寧前三月糧料。若薊鎮人馬未出關，不許動支。

《國榷》卷七〇　甲辰，先是命撫按薦科貢必四之一，至是兩淮巡鹽御史王曉薦各屬乙榜七人不及格，奪俸三月。

辛亥，應天巡撫右副都御史胡執禮奏革練湖佃田。從之。

乙卯，吏部申明官吏敍爵迴避，除巡按外，餘皆以卑避尊，不得以族屬論，著爲令。

《神宗實録》卷六五　八月丁巳，蠲免淮、揚萬曆二年以前未完藥材、牲口、北羊等項銀兩，以歲被災傷故也。

戊午，上親祭大社、大稷。

《明通鑒》卷六六　癸亥，河復決崔鎮。

《神宗實録》卷六五　甲子，四川撫按奏該省驛傳站銀共十二萬五千八百九十餘兩，自奉例裁省，節年餘銀積有前數，請抵充萬曆六年徵額。許之。

《國榷》卷七〇　甲戌，上世宗肅皇帝寶訓、實録。

《神宗實録》卷六五　丙子，勅吏部加恩實録監修總裁官英國公張溶加少傅兼太子太傅，輔臣吕調陽加少傅兼支大學士俸，張四維加太子太保兼文淵閣大學士。于是溶、調陽、四維各疏辭，調陽再辭，上皆不允。

《國榷》卷七〇　丁丑，停蘇松兵備參政王叔果等俸，上海下砂場盜三十餘人殺傷官也。初，有司秘盜，莫以聞，張居正特嚴其禁，少匿諱，雖循吏必斥，得盜即報斬決。有司凜凜，盜賊畏死，爲衰減。

己卯，四川總兵劉顯求去。初，九絲蠻叛，于隆慶五年設總兵，非例也。顯求去，且言有司阻撓。上以祖宗朝總兵官體統最重，近來有司不服節制，非禮抗違，殊乖政體，今後有違玩，許自參治。

《神宗實録》卷六五　蠲免福建未完隆慶五年以前軍餉銀二十二萬六千九百餘兩，以巡撫龐尚鵬奏稱地方稍寧，兵食頗足故也。

《神宗實録》卷六六　閏八月乙酉朔，午正一刻，日應食六十三杪，雲遮不見。

丁亥，上視朝。命查文武官失朝者襄城伯李應臣等五百八十七人，奪禄俸各一月。

己丑，洮、岷邊外生番羶藏率衆來降，願歲納馬匹中茶。按臣以聞，許之。

壬辰，命發太倉銀一萬三千六百九十餘兩，兵部馬價銀一萬三千六百四十餘兩，爲寧夏皂㸘溝等處築墻之用。

丙申，巡撫福建都御史龐尚鵬言：該省額編站銀十四萬四千四百有奇，今遵旨減派，止徵銀十二萬九千有奇。其近年扣取防夫銀兩尚欠一萬一千一百九十餘兩，乞與豁免。部覆允行。

戊戌，蠲唐、完二縣積欠解京折色銀一千二十餘兩，以撫臣奏報災傷故也。

庚子，卯初四刻，月應食不食。

《國榷》卷七〇　〔己酉。〕先是，雲南土官普崇明、崇新兄弟相仇殺，崇明召廣南儂兵，崇新引黑脚交兵，互争。尋解去。巡撫鄒應龍輕聽中軍楊一廉等勦之，失利，應龍免。巡撫王凝計擒元惡，乃安，至是命礫一廉等。

庚戌，總督宣大尚書方逢時上北虜款貢圖。

辛亥，刑部尚書劉應節罷。刑科都給事中周良寅疏應節不考察恤刑司屬，輕出城從雲南參政羅汝芳談禪。應節疏辨，令致仕，并罷汝芳。

《神宗實録》卷六七　九月甲寅朔，蠲免松江、鎮江兩府萬曆元年二年未完米折草折鹽鈔銀一萬七千三百餘兩。

陞南京都察院右都御史吴百朋爲刑部尚書。

《國榷》卷七〇　己未，俺答上書甘肅巡撫求茶市。初，西番羶藏請納馬保塞，衆議勿受。巡茶御史李時成行部洮州，羶藏上書言：漢人所獲撒馬爾失剌諸族多數百人，我羶藏無有焉，明我不侵叛矣，幸爲我昭白，我且歲貢馬三十，否者以我彎弓千人走卓龍耳。時成譯以聞，且曰：羶藏生西番中，族極遠，未嘗通貢市。一朝率衆來降，彼誠畏我威靈，第以洮西極邊地更得此族，不益厚固藩籬耶。矧今急須馬，歲增三十匹，何渠不利。上從之。俺答以番人入漢，久且慢我，遣其所部大都巴石虎啓幕府，請得比番開茶市。衆議且許之。李時成奏：番人飲酪，素相須茶，今俺答求市茶者，意不在茶，在得番人耳。夫洮西一帶，抵嘉峪金城，綿亙數千里，番族星羅，虜之不敢長驅而南，以番爲之蔽也。顧番人以茶爲命，一日無茶，則病且死。我祖宗于西寧、甘州、洮河建置茶市，歲事招中，故番人之命懸于中國，俾世受約束，藩我西土。脱以茶市假之虜，虜逐利而專意于番，番求生而制命于虜，番虜合爲一，其貽患可勝道哉。且番市歲得馬五千六百餘匹，是省中國六萬五千餘金，若虜市開，則番人之心失，番人之心失，則河以西無復安枕日矣。上韙之。兵部謂茶市不可許，但虜至稱迎佛僧寺，必須用茶，量給數十篦示恩。報可。

癸亥，巡撫浙江徐栻請免湖州災租，與黄巖等縣分數蠲恤。從之。

乙丑，右春坊右諭德何洛文、翰林院修撰高啓愚主武闈，得八十人。

浙江按察副使徐雲程，先以盜劫官銀住俸，至是盜多獲，僅逸其二。吏部請開俸，而雲程業陞參政。有旨：既住俸戴罪官，俱送部傳陞，不得蒙混。

己巳，論因三十七人。

庚午，令原任總督陝西兵部尚書石茂華致仕，吏科都給事中陳三謨劾其弛廢不職也。

《神宗實録》卷六七　戊寅，錦衣衛帶俸指揮使王偉奏乞軍較部覆照例撥給二衛較軍各三十名。許之。

《國榷》卷七〇　己卯，大學士張居正聞父喪，次輔吕調陽、張四維代奏，且引先臣楊溥、金幼孜、李賢奪情起復故事，得温旨。又手札：爲朕抑哀以成大孝。已諭吏部如之，命太監慰問居正，視粥藥止哭，絡繹道路，三宫賻贈白金共千五百，鈔萬貫，綵幣三十雙，白粲六十石，麻布百五十匹，香蠟薪炭稱是。其恩踰他相數等，而未有意留之。居正錯愕無定見。所善同年李幼滋等倡奪情，居正惑之。故事，首輔去位三日，次輔遷坐左，僚屬緋而謁。吕調陽雖不遷坐，竟受謁。居正謂我尚在，不少顧忌，如一出春明門，寧我入乎。陽乞守制，露意馮保使留之，識者不謂然，相顧結舌。

《神宗實録》卷六七　癸未，户部覆巡撫山西都御史高文薦奏邊關春時米貴，各軍苦于糴買，請以應支銀兩趁賤先買，臨時平放。所易夷馬羸憊不堪，請以三月料價折湊，其原賣銀兩易買膘壯。報可。

《神宗實録》卷六八　十月甲申朔，欽天監進明年大統曆。上御皇極殿受之，分賜文武羣臣，頒行天下。

以畿輔災傷，凡存留税糧照勘災分數蠲免。衛所屯糧照例折徵，其帶徵之數，係被災七分以上者停之。

《國榷》卷七〇　丙戌，張居正乞終制。不允。

丁亥，兵部尚書王崇古罷。崇古屢被論，乞休，許之。

〔戊子〕，張居正再乞守制。不允。

辛卯，張居正又請。不允。命司禮太監魏朝同其子編修嗣修代歸司喪，葬畢即迎卿母來京侍養。又手諭之。

《神宗實録》卷六八　壬辰，命協理京營戎政兵部尚書兼都察院右副都御史方逢時回部管事。

《國榷》卷七〇　海鹽捍海塘成。

甲午，初，吏部尚書張瀚奉命諭留張居正，未即復。上詰責，瀚引罪。瀚素徇居正，藉以自固，而不以奪情爲是。

乙未，御史曾士楚等奏留張居正。報聞。吏科都給事中陳三謨，故客張氏，尼于同官，聞居正怒，蒲伏涕泣求解，尋奏留。

廣西思恩府，弘治中改土爲流。嘉靖初，王守仁遷府治于荒田，至是割南寧府武緣縣隸之，而思恩舊治，爲九土巡檢司，至是改武緣屬思恩，移梧州巡道于鬱林，分轄北流等縣，移府同知于慶遠府西德勝鎮，督捕河池，控東蘭、南丹、那地三土州，更增同知一，居中撫馭。

丙申，張居正請在官守制，不造朝，竟入閣理政。及侍經筵，辭歲俸。許之。日給酒饌一席，月白粲十石，香油各百斤，燭三百枝，茶三十斤，薪炭稱是，計直踰于俸賜。

丁酉，吏部尚書張瀚罷。

《神宗實録》卷六八　兵部尚書方逢時辭免原兼憲職。許之。

庚子，上以星變未弭，禁中火警，諭禮部建醮朝天宫三日。仍徧告各宫廟百官修省，停刑禁屠。

辛丑，命支運司庫銀一萬兩，稻六百六十餘石，賑兩淮各場竈丁，以水災重大故也。

甲辰，命南京兵部尚書劉光濟致仕，以御史曾士楚劾其曠廢也。

《國榷》卷七〇　乙巳，吴中行、趙用賢、艾穆、沈思孝並廷杖。

丙午，戒諭羣臣曰：「羣奸小人，藐朕沖年，忌憚元輔，乃借綱常之説，肆爲擠抑，欲使朕孤立于上，得以任臆自恣。兹已薄處，如或黨奸懷邪，欺君罔上，必罪不宥。」蓋奪情事創起，諸言者得罪，謂居正兆彗，街議巷謫，作謗書于兩長安門，以居正且反，故宣諭于朝。謗稍息。

《神宗實録》卷六八　命山西額編站銀免派一年，以該省積有餘銀十二萬八百餘兩，足抵正額也。

《國榷》卷七〇　丁未，刑部觀政進士鄒元標上言：張居正三疏守制，皇上三留之，意銜哀懇求，必見允而後已，何求歸之情未切，暫留之疏遂上。臣冀當言責者有言也，今且乞留矣。皇上之留居正，豈以其有利社稷耶。居正才雖可爲，學術頗偏，志雖欲爲，自用太甚，所設施乖張，請舉其最者言之。曰進賢未廣，限郡邑進學，何寥寥也。曰決囚太濫，各省駢首，何纍纍也。曰言路不通，凡建白不先稟命，有今日陳言，明日罷罪。曰民隱未周，如水潦旱災，有司不以聞，恐妨大臣德政。其他用刻深之吏，阻豪傑之才，不可枚舉。此而可留之耶。伏讀皇上諭曰：朕學尚未成，志尚未定，先生此去，前功盡棄。居正脱不測，學且終不成，志將終不定耶。御史曾士楚倡議保留，明日陳三謨等效之，身服豸繡，心同犬羊，不斬士楚、三謨，臣死不瞑目。奏上，杖一百，戍都匀衛。又布衣餘姚韓萬言疏摘居正，杖一百，回籍。

《神宗實録》卷六八　戊申，起原任户部尚書王國光爲吏部尚書，以兵部尚書方逢時暫署部事。

《國榷》卷七〇　是月，俺答發豐州，西迎活佛。其人烏思藏僧鎖南堅錯，或曰節闡化王答賴刺麻也，專傳經說法，戒淫殺，虜中尊禮之。

貴州威清衛有虎入城，害三百餘人。

《神宗實録》卷六九　十一月癸丑朔，以星變，命四品以上京堂官自陳，庶官聽部院考察。

《國榷》卷七〇　己未，南京吏部尚書潘晟等各奏留張居正。報可。

《神宗實録》卷六九　辛酉，上命户部設法疏通其税課房號等項都用錢上納，有違法私鑄及勢豪射利阻壞錢法者重治之。

壬戌，命兖州府沂、費、郯城折色馬價每匹止徵銀十八兩，賣過種馬草料銀兩俱免追徵，以奏報災傷故也。

甲子，降兩淮運使崔孔昕一級調用。以運司舊屬海防道統轄，孔昕不行屬禮，爲按臣所劾也。

江西撫按官潘季馴、趙燿奏該省驛遞站銀每年派徵十萬六百五十餘兩，近因節省減編，止編銀七萬二千六百餘兩。又節年支剩已未完銀八萬五千二百三十餘兩，欲將數内已徵在官者抵免萬曆六年徵額，未完者帶徵。部覆如議。上以季馴等能奉行德意，令吏部紀録，其拖欠者盡行蠲免，以甦民困。時各省直奏到者未及十處，計其免徵一年及借留織造之數不下四十餘萬云。

《國榷》卷七〇　丙寅，以内府輸納滋弊，巡視科道部官不行查覈，命部院考察汰斥。得户部員外郎賈實等四十八人，降免有差。

德安知府王憑爲兩淮鹽運使。上以運司經理國課，選用賢能，今撫按卑視，失朝廷選任之意，其以王憑爲運使。

丁卯，吏部察處五十一人。

甲戌，隆平侯張炳掌府軍前衛事。

《神宗實録》卷六九　先是，真定、廣平、順德、大名、河間五府，饒陽、南和、黄、寧津、盛、清六縣，每年協濟大興遞運所夫銀二千二百八十兩。自清查後，每年約用銀八百兩餘，剩銀一萬八千餘兩。于是順天撫按官議將萬曆六年至八年各處協濟銀通行蠲免，以見在餘銀支用。其九年以後減編，止編銀一千四百兩。得旨，畿輔民窮，深軫朕念，所奏俱依擬，以甦民困。

丁丑，時湖廣武漢等府屬災傷，撫臣疏請蠲免存留，暫停帶徵，改折南糧屯糧。報如議。

《國榷》卷七〇　辛巳，荆州水災，免萬曆二年以前逋租。

協理戎務兵部右侍郎張學顔考滿，爲右都御史，協理如故。

是月，令天下度田。

十二月癸未朔，南京右都御史李幼滋爲工部尚書。

琉球入貢。

《神宗實録》卷七〇　丁亥，罷南京禮部尚書何維柏。維柏前爲吏部左侍郎，以不保留居正，與尚書張瀚同被旨詰責，未幾南轉，至是自陳，遂罷之。

《國榷》卷七〇　戊子，命臨清、德州二倉歲額，二百里者徵本色，三百里外者徵折色。

己丑，總督漕運兵部右侍郎吴桂芳爲工部尚書兼右副都御史，總理河漕，提督軍務。改李世達别用。時淮河南徙，吏部推桂芳，有旨：「邇來當事諸臣，意見不同，動多掣肘，致無成功。今專屬吴桂芳，暫裁總理河道都御史。」

壬辰，總督兩廣軍務凌雲翼奏平廣西岑溪六十三山、七山、那留、連城等賊。

乙未，南京吏部察處，降免二十九人。

《神宗實録》卷七〇　己亥，浙江海鹽修塘工竣，計築海塘十八里，用銀十二萬兩。

庚子，陞總督薊遼都察院右都御史楊兆爲南京刑部尚書。

《國榷》卷七〇　壬寅，上御文華殿，講《酒誥》。上因論酒失曰：「比奉慈訓，宴飲一切省減，元夕燈宴，今歲裁之矣。」又曰：「近星變，占者云應在吴地，聖母念吴中水災，如織幣虧二十萬，命見織者輸上，其未織者停之，不但蠲二十萬也。」張居正曰：「聖諭欲俟孫隆二運袍服至，始擬停免，蓋軫念民窮，宜即傳户、工二部臣。」上然之，立諭户工二部停免。

命軍器仍送内庫。其庫官需索者罪之。先是，戊字庫外解弦矢，自嘉靖間改折色，又改料解于盔甲王恭二廠，内臣掌之。至是，庫監欲徵本色，工部謂不便，上竟歸内庫。

《神宗實録》卷七〇　己酉，先是，淮、揚、廬、鳳四府，徐、和、滁三州驛遞額編站銀二十三萬九千六百八十餘兩。至是因節省減編，止編銀十八萬三千六百餘兩。其萬曆六年以前小民拖欠者，命盡蠲免，以甦疲困。

萬曆六年（戊寅、一五七八）

《神宗實録》卷七一　正月癸亥，陞福建右布政勞堪爲浙江左布政使，湖廣右布政劉志伊爲左布政使。

以太子少保兵部尚書方逢時加太子太保，復職管事。逢時疏辭，不允。

《國榷》卷七〇　癸亥，勞朵顏等衛貢夷百八十二人絹服，加賜都督長昂二人綵幣，以前賀冬至及萬壽也。

《神宗實録》卷七一　丁卯，兵部覆題：巡撫延綏宋守約稱萬曆六年應修甎臺二百座，合用銀四萬一千五百兩，照依户七兵三事例，本部該出銀一萬二千四百五十兩於太僕寺馬價銀內，户部該出銀二萬九千零五十兩於客餉銀內，應動支給各道收買給發等項支用。然工程浩鉅，邊塞貧苦，尤宜審時度勢，酌議裁省。有旨如議。

《國榷》卷七〇　庚午，命英國公張溶充納采問名使，張居正副之。

《明通鑒》卷六七　癸酉，慈聖皇太后還慈寧宮，以上將大婚也。

《國榷》卷七〇　甲戌，户科給事中石應岳等言：自考成之法一立，計撫按諸臣胡執禮、鄭國仕等七十六人，完報愆期，法當參奏。但接管有先後，歷任有淺深，乞區別量罰。上宥之。

《神宗實録》卷七一　己卯，户部覆議處撫夷買馬錢糧，每年舊額户、兵二部發銀一萬二千六百兩，户部該七千兩外，量加銀八千兩，兵部該五千六百外，量加七千兩，共一萬二千六百兩。合前通共二萬七千六百兩，以充撫夷支用。俱候秋季另行請發外，其額例銀兩相應題請給發。得旨准給。

《明通鑒》卷六七　是月，泰寧部長博斯呼糾土默特大入，營于劈山。總兵官李成梁馳至丁字泊，寇方分騎繞墻入，成梁夜出塞二百里，擣破劈山營，獲級四百三十，馘其長五人。捷聞，上爲告謝郊廟。

《神宗實録》卷七二　二月壬午朔，户部題：浙江一省舊欠京邊錢粮積至二十餘萬，若不分別年月久近，量爲徵免，民何以堪。今將節年兵餉除存縣抵解及募壯那移等項速補外，其隆慶六年以前共未完一十二萬餘盡數蠲免。萬曆元、二年未完四萬餘，每年帶徵二分。三、四年未完一十一餘萬照數全徵。萬曆五年以後并前項帶徵全徵銀兩，有司官不得拖欠。從之。

《國榷》卷七〇　前太子少保、左都御史葛守禮卒。【略】謚端肅，予祭葬。

戊子，上冠。

初議海運，至是河恬，仍從河。

《神宗實録》卷七二　壬辰，太子太保、禮部尚書吴山卒。賜祭葬如例。

《國榷》卷七〇　丁酉。刑部右侍郎潘季馴爲右都御史兼兵部左侍郎，總理河漕兼提督軍務。

《神宗實録》卷七二　戊戌，免山東兖、青、登、萊府屬沂、費、郯城、莒州、昌邑、即墨、萊陽、文登等州縣自隆慶二年至萬曆二年未完存留麥米一百五十一萬四千一百三十一石八斗七合四勺三抄七撮五圭二粟一粒六微。

《國榷》卷七〇　庚子，大婚禮成。

壬寅，詔天下。

甲辰，烏斯藏闡化王男札釋藏卜來西海遣僧募化，俺答求封。遂各授大覺禪師及都綱秩，徵户部、光禄寺各十萬金。

《神宗實録》卷七二　乙巳，減萬曆六年河南滏陽、鄴城等五十六驛馬驢，磁州時和等三十八遞運牛夫及協濟等項編銀十萬二千七百三十八兩，止實徵銀三十萬五千七百九十四兩。遇有閏月，照例加派。其見貯在庫餘銀二十三萬九千八百六十四兩內，將一十五萬二千八百九十七兩准作萬曆六年春、夏二季正支，本年止徵二季外，仍剩銀一萬五百一十七兩，照數收貯庫，待後積多，足給一年之用，再議免編並備災荒不敷之用。仍咨浙江撫按衙門額計河南馬價銀兩照原編數目均減四分之一，每季共減派銀四千九百四十兩，止徵解銀一萬四千九百。永爲定例。

丁未，江西、湖廣二省，直隸安慶、寧國、太平三府額解，江淮、濟川二衛馬船工料價銀，自嘉靖四十五年以前共欠一百三十餘萬，至是盡數蠲免。唯隆慶元年以後帶徵。

《國榷》卷七〇　己酉，進呂調陽建極殿大學士。吏部尚書張四維少保、武英殿大學士，廕中書舍人。張居正求守制，不允。

《神宗實録》卷七二　庚戌，減陝西鎮原、雒川、宜君、靈臺、靜寧、隴西、通渭各州縣站價銀兩，共七千二百八十六兩五錢七分。其新添軍士令報部知會。此外餘銀布政司收貯，不得別項開銷。

《國榷》卷七〇　司禮太監馮保姪邦寧進原廕五級，任都督同知，不爲例。

王臻、張宏各廕錦衣百户。

《神宗實録》卷七三　三月壬子朔，截留本年漕糧八萬石，分貯沿河各倉，聽河漕衙門支用，其遺下輕齎等銀仍照數類解濟邊。

甲寅，大學士張居正給假回籍。

戊午，減山東編驛傳銀兩。

《國榷》卷七〇　己未，頒徽號詔，百官表賀。

辛酉，敕張居正歸葬。

《神宗實録》卷七三　兵部覆原調山西義兵所以實薊，嗣因孱弱不堪，扣派工食以給軍需。行之已久，遽難更議。但户、兵二部既有山西年例，山西兵銀解往薊鎮跋涉多艱，今後每年將應解薊鎮義兵銀一萬五千兩存留本鎮，數内銀五千兩解赴三關管糧衙門，抵作客餉，一萬兩解發岢嵐道，抵作馬價。户、兵二部照數扣除，改發薊鎮支用。從之。

壬戌，給兵部尚書方逢時應得誥命。時嘉禮方成，遼鎮大捷，逢時調度有功，故有是命。

《國榷》卷七〇　甲子，命司禮太監張宏郊送張居正。御史朱璉、商爲正統率，挽轍大慟，求即返。用步輿廣丈有四尺，深倍之，内設座，舁以百二十人，馬三百疋，俱白綾鞍轡，輿從皆白。過滹沱河、漳河，俱浮舟爲橋。過南陽，檄撫按爲李賢立坊，表其宅里。

丙寅，上手敕吕調陽等：事宜祖舊，其大事以俟元輔裁決。

丁卯，趙錦爲南京吏部尚書。

戊辰，封華煃爲楚世子。

南陽妖人喬濟時伏誅。

《神宗實録》卷七三　壬申，益王薨。賜益府世孫翊鈏出郭送喪。

陞鎮守保定等處總兵官署都督同知傅津充總兵官印，鎮守延綏地方。

丁丑，潞王出閣講讀。

巡撫應天都察院右副都御史胡執禮疏稱：三吴水利工費浩繁，今先開蘇州府之吴松江，吴江縣之長橋，松江府之黄浦等，請將本府原派剩未解宗人府等衙門米折銀八千兩，工部料價銀一萬二千兩，以充修濬之費。從之。

《國榷》卷七〇　庚辰，遼東告捷。命兵部馳報張居正敘功。時泰寧衛酋速把亥合土蠻黄台吉等三百騎，屢犯遼左，又東北堡，李成梁敗之劈山，斬一千有九級，又八百八十四級。

四月壬辰，釋輕囚。

《神宗實録》卷七四　乙未，減四川報存邊腹未完錢糧，自隆慶二年至萬曆二年共三十八萬六千六百九十四兩。其湖廣武漢、黄、岳、承、德、長、寶、衡水、辰常、彬、靖等府，并夷陵、歸州、枝江、宜都、遠安、長陽、巴東、興山等八州，自隆慶二、三、四年未完者，盡數豁免。

壬寅，河東歲額鹽課止六十二萬。至是巡鹽御史陳用賓奏稱：設法給單稽查完欠增至三十一萬七千零引，即以補作萬曆元年四月欠數，其已追在庫銀三千一百三兩九錢，原係鹽丁出辦，應當准作辦課修堤之用，不得别項那移。部覆如議。

《國榷》卷七〇　丙午，工科都給事中王道成請停採辦金珠寶石香品。

《明通鑒》卷六七　詔户部歲增金花銀二十萬兩。

初，金花銀歲進内庫，以百萬爲額，至是又增買辦銀二十萬以爲常。

《國榷》卷七〇　庚戌，張居正乞葬後俟秋將母入京。命錦衣官馳趣之，仍留前太監魏朝候其母入京。吏科都給事中陳三謨請趣元輔還朝。從之。

《神宗實録》卷七五　五月己未，以斬獲土蠻速把亥共四百七十員級，上御皇極門，鴻臚寺宣奏捷音，仍遣官祭告郊廟，以彰盛舉。

辛酉，兵部題：沿河口係保定鎮要害，墻垣頽傾，防禦爲難，要砌新城三百五十四丈於紫荆關中。千户所庫貯修臺支剩銀内動支二百九十兩爲修築之費。從撫按之議也。

免河南班軍三年，即令折價解到宣府巡撫衙門收貯，以備修工及軍器之用。

《國榷》卷七〇　高郵河隄成。

壬戌，增階州同知一，駐西固所城。

《神宗實録》卷七五　戊辰，免江西原編協濟順天、保、河、真定、鳳陽、山東等府并徐、滁二州馬價。自萬曆三年以前拖欠銀兩，其四年、五年以十分爲率，除已前完解外，七分追解各驛，接濟三分聽留，燒造瓷器紙張等用。六年以後照今議派七分之數，永減三分，以爲定例。

辛未，以吏部左侍郎嚴清爲刑部尚書。

《國榷》卷七〇　癸酉，浙江鑛盗平。

戊寅，左都御史陳炌，論巡按湖廣御史趙應元瓜期忽託疾求去，宜罷職爲戒。上怒，削籍。于是户部員外郎王用汲上言，邸抄：張居正葬父時，陳瑞、陶承學、徐學謨及地方官畢至，獨應元不及敍及。夫撫臣千里來臨，足以榮親，按臣持秉風裁，不爲私交，臣竊爲臺中有人矣。未幾，應元患病乞休，都御史陳炌以欺罔參之。夫疾病人所時有，獨内臣得以病告者，蓋爲其無地方之責，非出于推避。廷臣告病者何限，若以炌言推之，則諸臣皆懷欺之甚，不容一日立其位矣。亡論遠者，即應元疏入先後數日間，工部司務吕潛以病告矣，序班郭英稷等、署臣李舜臣、南京刑部主事孫一星、劉玉成又告矣。吏部題覆，皆奉旨俞允，何獨無一人推託者，謂非有差委在考覈之例也。如近日巡按廣西、陝西、山西御史陸萬鍾、劉光國、陳用賓則告矣，皆差委已竣，未受考覈，與應元一也。並聽吏部題覆。炌殊不論其託疾，豈萬鍾等皆不可遽療之病，獨應元强健爲無病之人乎。且亡論諸臣，先朝炌亦養病家居十年，己則行之，而以責人。孟子曰：長君之惡其罪小，逢君之惡其罪大。臣謂逢君之惡其罪小，逢相之惡其罪大。應元已斥，非賤臣所能回天，但羣情洶洶，臣懷忠入告，將使權臣聞之，或稍斂戢。有旨責其逞肆越職，削籍。

《神宗實録》卷七五　己卯，留福建解部濟邊外見在倉糧二萬六百餘石，并未完侵那銀四萬六千六百三十六兩，米三萬六千九百一石，以備地方緊急之用，從巡按御史商馬正之請也。

《國榷》卷七〇　六月辛巳朔，清河大水，溢固安。

《神宗實録》卷七六　癸未，免保、河間所屬十四州縣、河南所屬永寧五縣拖欠帶徵柴直銀共一萬三千三百七十二兩七錢三分零。其河南見徵的姑准完限，仍飭各省直務要當年完解，不許過期，歲終查參。從之。

甲午，修寧前衛要邊臺一十九座，以萬曆七年爲始，調寧前參遊二營無馬步軍二千四百一十七名，每年共修臺六座，每名日給米一升五合，鹽菜銀五釐，於南衛夫丁銀内支用。

乙未，大學士張居正抵京，上賜宴於真空寺，慰勞備至。

《國榷》卷七〇　丙申，上召見張居正于文華殿西室，賜金幣羊酒。又遣司禮監引至慈慶、慈寧朝兩宫，謝出。

前山西按察副使隋府，居鄉藪盜，巡按山東御史王藻論之，降府二級，邊方用。

《神宗實録》卷七六　甲辰，户部尚書殷正茂屢疏乞休，至是得旨，准致仕。

減順義、懷柔二縣馬額三分之一，自萬曆七年爲始，俟人力稍舒再行議派。各州縣不爲例。

乙巳，免廣東借用解部銀一十三萬六百一十三兩。

丙午，大學士張居正入閣辦事。

給都督王偉房價銀一萬五千兩，莊田五百頃，錦衣衛千户劉應節、楊臣各房價五千兩，莊田一百頃。

《國榷》卷七〇　湖廣靖州諸生賈邦奇謀亂，伏誅。

丁未，南京右都御史汪宗伊爲户部尚書，總督倉場。

《神宗實録》卷七六　己酉，上召居正於文華後殿。時御案有三疏，一爲户科停買珠寶，二爲科道請開滹沱河，留中已久。上以手授居正。居正奏：「今皇上既立，中宫又恭上兩宫聖母徽號，諸費不貲，但查京庫銀兩原止百萬，外俱是太倉濟邊，不敢動支，容與部臣酌處。」上又曰：「滹沱河非運糧之道，已之。」居正遂言：「今者修治河工，錢糧不敷，又不敢請帑，該臣議將江南漕糧通行改折一年，除正糧解部外其折耗齎及運軍行糧等項俱令接濟河工，既不取之内帑，又可以寬東南民力，似亦可從。」上允行之。

《國榷》卷七〇　是月，西虜賓兔，挾俺答掠熟番甘藏諸族，大獲，自此番人苦虜。

《神宗實録》卷七七　七月乙卯，大學士吕調陽乞休。至是十疏矣。上曰：「卿同心協贊，委用方殷，乃以久疾未痊，特准回籍調理，宜慎加調攝，以俟召用。」尋賜白金一百兩，紵絲織金斗牛衣不一。調陽疏謝。

丙辰，發太僕寺馬價二萬兩，給遼東軍士買馬。

丁巳，舊例，薊鎮、延、寧、大同入衛馬價共三萬二百四十兩，俱發宣鎮後，薊鎮收回半價，而大同亦改還，則所發宣鎮止有薊鎮九千兩，延寧七千七百六十四兩，所以夷情日携，軍士日困。今擬兩鎮照數給發外，每年再支馬價一萬二千兩，及該鎮見貯減哨銀内歲准動支二萬兩，相兼接濟。

戊午，以天氣暄熱，免南京刑部罪囚論死發遣者四人，免追贜者七人。

壬戌，發太倉銀一萬三千一百五兩給薊鎮防秋之用，其布花銀三千一百八十五兩零，即於糧草鹽價銀内支給。

癸酉，南京工部尚書曹三暘以老病疏乞致仕。許之。

丙子，詔鳳陽巡撫都御史及咨都察院轉行巡按南直御史備行營田僉事，令民年十五以上無産無田者，挨户從實開報到官，每名給牛一隻，及附近荒田五十畝，責以開墾，仍給印信執照爲業。其田糧差役俱照三年以後認納。從御史崔廷試之議也。

戊寅，詔以古北口、黄花鎮及各路緊要墻臺儘令三年修完，其餘以次增築。三年遞歇，三年遞修，工完之日，聽督撫將劾勞人員分别功罪具奏。

《神宗實録》卷七八 八月庚辰朔，陞刑部左侍郎徐栻爲南京工部尚書。

免萬曆元、二年山東解京銀一十一萬九千五百一十四兩五錢零，并隆慶二年至萬曆二年本省歲支存留麥米五十八萬八百四十六石，盡行蠲免，從巡撫趙賢之請也。

辛巳，發太倉銀十二萬一千二百兩于延綏，十萬九千二百二兩于薊州，一十二萬九千三十兩于密雲，六萬七千五十八兩于永平，六萬三千七百九十二兩于昌平，以巡撫宋守約、侍部汪道昆各奏軍餉也。

壬午，詔以浙江等處漕糧暫折二百萬，以甦民困。其折色銀兩以一萬兩解部，以五十九萬五千餘兩協濟河工。著各撫按督率上緊嚴限徵完，本折一併起解。

己亥，以丙字庫綿花餘剩太多，暫改折色二年解納。

辛丑，發主客兵銀十五萬五千六百九十三兩于宣府鎮，二十萬四千二百十九兩于大同鎮，七萬一千二百九十六兩于山海鎮。

免保定府唐、完二縣所欠柴夫、胖襖、瓶料、匠價自隆慶五年起至萬曆三年止，盡數蠲免，以甦民困。

《神宗實録》卷七九 九月辛亥，留保定府庫貯銀一萬三千四百五十六兩，爲易州修城之用。

癸丑，南京户部尚書譚大初卒。

甲子，減桂林平樂等府編銀，本年爲始，每年減五千八百六十六兩五錢七分。仍將梧州支剩銀一萬三百九十一兩内動支七千六百五十八兩八錢，抵充該府本年分。各驛遞正用本年，免派一年，其萬曆元年至四年止未完銀一萬一千三百九十八兩盡數蠲免，以蘇民困。

丙寅，宣鎮修完五年分城堡三處，土石墩臺六十一座，瓮城營城十座，敵樓六座，墩營房二百七十六間，鐵裹石境門五十二座，邊墻界墻五千零七丈三尺，剷削偏坡八百三十七丈一尺，挑濬濠一百六丈六尺，瓶包堡墻一十五丈六尺，水道石漕一千一百七十七丈三尺，井一十七眼，幫修堡臺四十四座。工成，賞總督方逢時、吴兑等銀各有差。

《明通鑒》卷六七 庚午，詔蘇州諸府開墾荒田，六年後起科。

辛未，停刑，以大婚故也。

《神宗實録》卷七九 丙子，修築易州城垣，動支保定府庫貯贓銀七千兩，存糧銀六千四百有奇。

《神宗實録》卷八〇 十月戊寅朔，欽天監官進明年大統曆，上御皇極殿受之，分賜文武羣臣，頒行天下。

戊子，詔以催處節年發換不堪布絹，毋令貽累小民。南直隸蘇、松、常三府絹九千一百一十二疋，浙江湖州、(吉安)〔安吉〕等府州縣絹二萬八千七百一疋，湖廣長沙等府一萬二千七百一十五疋，各撫按官俱要細查嚴催。限萬曆七年四月内追究起解，再有怠玩的参治不貸。

己丑，加遼東鎮家丁賞賜布花銀一千一百九十兩七錢，墩夜月糧銀一萬三千七十兩，自萬曆六年九月爲始，俱增入主兵額餉數内，一併查發。其兩河軍士防守月分將萬曆七年應發糧銀二萬一千兩先行預發，以示優恤至意。

辛卯，大學士馬自强卒。

丙申，免追山東布政司前欠銀兩一萬五千四百六十一兩，從巡撫趙賢之奏也。

丁未，江北海門縣餘東塲地方生擒倭賊十人，斬獲首級一十八顆，有功官員兵備等官龔大器等聽吏部紀録，副總兵等官戚繼美等本部紀録，及二等有功員役行彼撫按，照依萬曆四年原題賞格，分别奬賞，被傷兵役量行優恤。

《國榷》卷七〇 十一月辛酉，祀天于南郊。

《神宗實録》卷八一 甲子，撤回薊、昌二鎮秋防兵馬，仍將各標兵酌量地方衝緩分班貼守，以備冬防。

己巳，以開濬白茆塘錢糧缺少，准留宗人府派剩銀八千兩動支。

庚午，准南京户部尚書畢鏘致仕。

〔乙亥〕，徵廣東見貯在庫鹽課銀一千三百二十一兩餘。其海北二提舉司等處，自嘉靖四十三年至萬曆二年鹽課銀五萬八千捌百盡數蠲免。

《神宗實録》卷八二 十二月戊寅，免山東沂、費、郯三州縣變賣種馬不敷價銀。

甲申，詔：以京城内外錢法壅滯，重困小民。各地方不著實奉行，顯是違抗。今後再行申飭，有犯私鑄及倡言阻撓的，除私鑄爲首依律論死，餘各問罪不貸。

乙酉，詔：自今以後，凡武職高于子者仍舊，進階畢者直炤子官大職品級，其文武品級相同者并行封贈，階亦如之。著爲令。

丁亥，兵部議：以山海關參將吴惟忠出關應援寧前，于該關步兵内挑選精健三百四十三名，無馬家丁一十二名，共撥給太僕寺寄養馬三百五十五匹，其月糧料草悉于永平該鎮額餉内通融，炤例關支。報可。

戊戌，以陝西積穀少四分以上，奪平涼知府張崇謙等俸三月；少五分以上，安化知縣張附翔俸半年；七分以上，涇州知州張四維等八月；九分以上，文縣知縣王三錫等一年。

萬曆七年（己卯、一五七九）

《國榷》卷七〇　正月乙卯，享太廟。

丁巳，移雲南金滄守備于騰越，同永昌撫夷同知勘處夷情。

《神宗實録》卷八三　己未，舊制設養種馬，固爲孳生，亦備緩急，先因沂、費、郯城地災民困，故撫按題請曲與調停，非例也。而金鄉、魚臺復以災累爲辭，疏乞比例。若他州縣相繼奏乞，必將盡廢馬政。兵部覆議，將魚臺縣見養種馬量賣三分之一，金鄉縣四分之一。從之。

乙丑，户部題覆，各邊年例銀兩照經制數目先行給發一半，以便急用。從之。

《國榷》卷七〇　戊辰，命天下書院私建者俱改公廨，前常州知府施觀民科徵民力作書院，免官，并及各省禁之。

己巳，妖人王鐸等伏誅。鐸，武成中衛軍餘也，師事妖人林福，習其教，自稱三陽會首，僞封三十六大將，煽惑六千餘人，云度劫爲名。事覺伏法。

《神宗實録》卷八三　甲戌，行天下武舉鄉試條格。

《國榷》卷七〇　二月丙子朔，改明年春籍田。

庚辰，命築大同鎮屯堡二百五十七所，敵臺一千二十八所。

巡按福建御史商爲正入朝踰期二日，不問。

《神宗實録》卷八四　癸未，定薊、永、密、昌等四鎮額餉銀數。

《國榷》卷七〇　丙戌，增宣府互市二萬金。

《明通鑒》卷六七　己丑，遣使分閲邊防。又分遣科、道等官，往各省察地方官，有科斂及侈費者劾之。

《神宗實録》卷八四　新陞左僉都御史劉思問以京堂官到任前當面見謝恩，時遇免朝，上命即到任管事，候御朝日但補面恩，不必面見。着爲令。

辛卯，蠲畿屬邑馬房子粒之逋負者，以巡撫陳道基、巡按于鯨題請災傷，故免。

癸巳，虜王索開茶市于洮州，以馬五百匹易茶，陝西巡按羅應鶴請論止之。章下兵部。

《國榷》卷七〇　丙申，少傅兼太子太傅、吏部尚書、建極殿大學士吕調陽致仕。

户部覆兩浙巡鹽御史李士棟議蠲嘉靖間虧課十六萬。從之。

庚子，定考課法。各官考滿稱職則給由，平考不准給，陞任俸短一日，亦不給。

四川卭部羌寨傀廈作亂，焚鎮西站，射百户魏繼武死焉。

《神宗實録》卷八四　壬寅，勅親王諭諸宗屏逐俳優。河南宗室繁衍，以汰侈相煽，民間轉相倣效，優戲充斥閭巷，巡按御史張簡具題。得旨。

癸卯，編金、復等衛士兵五千七百一十五名，并永寧監恩軍二百七十八名，着爲定制。每年于十月初旬委官管領在城堡操防，至次年二月終撤放歸農，用廬五千四百九十三頂，甲四千五百八十四副，于軍器内照數查給。

添造四川扇柄七百。四川貢扇原有定額，是年巡撫王廷瞻奏造完，御批添造，歲以爲常。

《國榷》卷七〇　甲辰，賜楚世子華奎金寶。楚府金寶，自莊王至愍王六世，以英燿之逆追還，至是奏歸之。

三月丁未，衡州越重囚三十餘人，守臣降革有差。

遼東總兵李成梁進師，勦屬夷都督王兀堂。兀堂所部七千餘人，侮我邊吏，成梁率游擊熊朝臣、參將楊燮馳，河東副總兵孫朝梁兵亦至，兵備副使張崇功監軍。

戊申，巡撫甘肅侯東萊子世思私傳事發，奪廕，罰東萊俸。

庚戌，王兀堂輕騎當我，我逐至滚馬嶺，斬三級，會參將姚大節。虜分六百騎，一走靉陽堡，指揮王宗義死之；一走黄岡嶺。

築昌平長伸堡。

《神宗實録》卷八五　改侵盗腹裏錢糧加侵盗邊海錢糧一倍者罪，照邊海事例，着爲令。

《國榷》卷七〇　甲寅，上始視朝。先召張居正于平臺，勞之，賜金幣，即御皇極門受賀。還詣兩宫，凡文武廷臣問安者，賜金幣有差。

户部言：自來太倉粟多少放，通州倉粟少多放，各半年，以京師根本宜積，通州非可概論也。近者太倉饒溢，恐其積腐，宜如督臣議，于支給折色二月改通州倉，亦調停新陳法。從之。

丙辰，虜百六十餘騎入孤山臺，不敢攻。

［戊午］，虜千餘騎入永奠堡十岔口。李成梁命孫朝梁擊之，虜敗走，成梁窮追，令逗留者斬，出塞二百餘里。至鴨兒匱，虜匿故寨。頃之，吹螺前格戰，我力攻破之，斬七百五十四級，奪獲男婦百六十人，馬三百六十一匹。我傷死百九十人，失馬三百四十五匹。

己未，遼陽屬夷阿丑哈等，盗土蠻馬畜，懼露，叩我長定堡乞降。越二日，車營游擊陶承譽詐犒，掩殺之。事聞，總督梁夢龍曰：「彼嘗窺邊，殺之是也。」巡撫周詠曰：「殺降冒功，宜追論。」至是兵科給事中龍懋論承譽僥倖不足惜，而此聲一傳，羣酋鼓掌，閫外之威，不折自摧，甚非所以勸將帥而鼓軍士也。請奪其職。從之。

《神宗實録》卷八五　甲子，户部題：淮、揚地方自隆慶四年以來，黄水衝决，今築堤就緒，水落田出，尚屬荒蕪，當此流民新集，尤宜寬恤。將萬曆六年以前舊欠錢糧盡行蠲免，七年以後酌議再免二三年，至於處給牛種，加厚貧丁及一切優恤事宜，聽督撫官便宜施行，仍悉心體察，毋使有災者横被奇追，無災者秉機影射。從之。

《國榷》卷七〇　丁卯，外戚都督同知王偉封永年伯，禄千石。

張居正言時享之制，大袷侑祀壽春王等，親屬已遠，止稱本爵，去其皇高伯祖之稱。從之。

戊辰，張居正言：户部計萬曆六年錢糧出入之數，云萬曆五年所入四百三十五萬九千四百金，六年所入三百五十八萬九千八百金，則已少八十餘萬矣。五年所出三百四十九萬二百餘金，六年所出至三百八十八萬八千四百餘金，則已浮四十餘萬矣。歲出則浮于前，歲入則減于舊，不可不知也。

是月，裁懷安縣，入于侯官。

《神宗實録》卷八六　四月丁丑，晉王慎鏡薨。無嗣，其弟輔國將軍慎鏉襲見爵，爲其嫂周氏請給養贍。部覆：慎鏉以弟繼兄，與以子繼父者不同，宜將慎鏉應支禄米内歲撥二百石養贍周氏終身。仍載入《會典》，永爲例。報可。

《國榷》卷七〇　己卯，嚴守令到任違限之禁。一月以上問罪，三月以上別用，半年上革職。庶官及京官一月上降調，八月上奪職。

《神宗實録》卷八六　辛巳，四川巡撫王廷瞻題稱：羅打鼓那竹等寨生番血熱等住牧邊外，負固難馴，因九絲蕩平，刁農内附，遂率一百六十二户援例附籍。兵部題覆：准其附入編户，一體當差，仍量行給賞一次。

以天氣暄熱，命審釋在獄無辜。凡徒流以下俱减等擬審發落，仍卹及重囚可矜疑者。

戊子，薊鎮督撫梁夢龍言：先年修築臺墻工銀六萬兩用盡，請再給六萬兩，以備邊費。部覆謂各邊修築工費俱已折色，今册開犒賞多用餅酒，不惟委官易致侵漁，亦恐軍士毫無實惠。莫若每名每日量折多少，按月預給，庶可均沾。若臺墻連年修築已稱堅固，即有衝塌，損壞無幾，宜先期踏勘，計工限修完，日揭報兩院及本部，以便稽查。報可。

《國榷》卷七〇　甲午，内庫闕錢，命工部鑄進。張居正言：「先朝制錢呈式，非供上用也。萬曆二年呈樣錢一千萬，其後歲半之，已非本意。若闕錢鑄進，是以外府之儲取供内府，大失舊制矣。」奏入，上從之。

丙申，建昌官軍進攻邛部叛羌，克之，指揮王選功爲最。

《神宗實録》卷八七　五月壬子，吏部尚書王國光等疏請朝覲考查寬期詳覆。得旨：今後考察朝覲官員務從容詳慎，但以事完爲期，不必拘定一日兩省。内有詿誤及被誣者，許來朝二司官于説事之日，從公分辯，即與開豁，毋致虧枉。

《國榷》卷七〇　丙辰，遼東總兵官李成梁封寧遠伯，歲禄八百石。時兵部覈海州東昌功，張居正言：「成梁屢立戰功，忠勇爲一時冠，加以顯秩，亦不爲過。况流爵非世襲比，亦鼓將士振邊事之一機也。」從之。

《神宗實録》卷八七　丁巳，户部題嚴催各省節欠秋糧并派剌折色以濟邊儲，計二十九萬三千三百有奇，列款上請。從之。

户部覆江西撫按劉斯潔等奉旨查解絹價并解脚銀共八萬三千一百有奇，以充内用。

《明通鑒》卷六七　癸亥，祀地于北郊。

《神宗實録》卷八七　戊辰，户部以南京銀庫錢糧册籍浩繁，請三年差科道官清查一次。從之。

《國榷》卷七〇　己巳，金華知府王懋德表進新茶，印文模糊，命易印。凡各衙門印模糊者，並如之。

《神宗實録》卷八七　〔辛未〕，户部奏酌停僧道納銀事例，并申明舊制，以弭役患。一停在京請給，一禁私自披剃，一立僧道名籍，一議查給文引，一禁私建院觀。得旨依擬行。

《國榷》卷七〇　壬申，禁南京勳臣乘輿。

《明通鑒》卷六七　是月，蘇、松大水。

《神宗實録》卷八八　六月乙亥朔，左軍都督府鎮遠侯顧衆自陳老疾乞休，上以其清慎老成，効勞年久，准辭任，加少保兼太子太保，以示優異。

丁丑，户部題覆：各廒倉糧米，除正耗支放外，積有附餘米豆俱登報循環，作正支放，著爲令。

庚辰，户部題：分别延綏鎮主客兵餉原有定項給發，若因主餉不足，借支客餉，一旦有事，調用客兵，於時何所支給。雖今歲暫准借支，然查本鎮自嘉靖四十五年，議定經制發銀二十一萬七千餘兩，後兩次增至七萬，計亦足用，何以動支不敷。問有主客改入榆林修邊工費者，今邊工已停，宜覈其收支，其歲解本折餉額拖欠未完者，當嚴其追補。條覆上請，從之。

乙酉，瀋王恬烄爲其庶第五子珵壋請封。不許，仍着爲令。

《國榷》卷七〇　辛卯，户部題覈兩畿、山東、陝西各勳戚莊田，溢漏者俱清丈，止給正數，其餘地租銀輸部。從之。

甲午，山西閒宅罪宗知㷖等三十一人，以請糧越奏，巡撫高文薦言：閒宅内未封未名者，如近例釋放，不計口糧，令自爲生。禮部覆從之。

丙申，山海關參將吴惟忠，以虜犯寧前不預報坐免。

庚子，嚴山海關逃軍之禁。

癸卯，定各宗擅婚子女，不論授封前後，俱不許援請名封。

《神宗實録》卷八九　七月乙巳朔，甘肅總督郜光先、巡撫侯東萊奏稱：甘涼等衛所于萬曆五六年間開墾清查共地一百九十頃三十五畝有奇，請將行太僕寺卿馬出圖擢用，通判張桂陞轉。户部覆奏依擬，仍令所查田種照例起科，徵糧報部。

《國榷》卷七〇　戊申，屬夷炒蠻先挾賞窺鴉鶻關，至是悔禍叩關，乞復原賞。許之。

己酉，撫治鄖陽右僉都御史楊俊民奏：商南縣小，乞派客户入籍。從之。

《神宗實録》卷八九　壽、徐等十二州縣水災，命勘别輕重，量議停免。

壬子，蘇州水災，撫按官請先行賑飢，旋蠲免。得旨：以災傷重大，命撫按官作速勘處。

山東莒州、沂水等州縣催解薊、密、永、昌四鎮民運銀未完一萬九千六百有奇，撫按官趙賢、錢岱等以地方災疲追徵不前，奏乞每年帶徵三分，期以三年全解。其各州縣掌印管糧官免參，仍將考成註銷。部覆許其三年完解，暫銷前註考成。

《明通鑒》卷六七　乙丑，以水災，復罷蘇杭織造。

命五草場各備草二十一萬八千束收納如法，仍出陳易新，以豫秋防及三園營馬匹支用。

戊午，昏刻，地震二次。

《國榷》卷七〇　癸亥，提督兩廣軍務劉堯誨，以屬官積穀不及額，降罰有差。

瓜洲屯場河及儀真便河成。

是月，海西夷入市寬奠堡，參將徐國輔弟國臣減直捶市夷數十人幾死，忿訴總督梁龍，御史周詠論國輔如法。

八月乙亥，免順天巡撫張夢鯉入京議事。初，景泰五年，巡撫例八月入京，後寢之，惟順天、保定二撫仍之。至是以防秋乞暫免，竟概止之。

戊寅，上祭太社、太稷。

《神宗實録》卷九〇　釋鳳陽高墻已故罪宗栱柂等家屬聶氏等一百四名。

甲申，命給發本年薊、遼、保定等處撫賞彩段等物銀兩，以免臨時踴貴，及别項那借科尅之弊。

《國榷》卷七〇　巡按湖廣御史郭思敬奏：布衣何心隱私立求仁書院。命捕治之。

庚寅，萬壽節，御皇極殿受賀。有儒士韓萬年于墀下稱獻策，執下法司，仍申門禁，著爲令。

戊戌，諭内閣曰：昨御門見真人張國祥隨班入賀，宜俟聖母壽節畢令還山，凡值壽旦，在本山祝釐，永爲例。又命衍聖公入賀，原賓禮，不必朝參，亦著爲令。

《明通鑒》卷六七 是月，詔減蠲徭征派。

自嘉靖間行一條鞭法，民頗稱簡便。而諸役冗費，名去實存，有司追徵如故，百姓苦之。至是覈減銀凡一百三十萬有奇。

《國榷》卷七〇 九月乙巳，禁五府堂食錢紅紙等。

《神宗實録》卷九一 庚戌，兩浙巡鹽御史李捒查議原奏仁和等場減追引價銀三千九百餘兩，欲以紹興所加餘鹽銀二十兩抵補未敷。又查有華亭、上海等鹽場各新增沙塗陞科票税等項銀二千五百餘兩，處補既有餘饒。部覆報可。

辛卯，許給大同鎮馬價銀一萬二千兩，以備明年市本。

《國榷》卷七〇 己未，設大同聚落城守備。

《神宗實録》卷九一 辛酉，薊鎮屬夷長昂等因挾賞不遂，阻攔入貢夷馬，該鎮奉旨停其撫賞。至是率領部落叩關補貢，督撫梁夢龍奏謂：悔罪輸服，乞通貢復賞，以示生全。兵部覆奏，許之。

戊辰，巡撫都御史胡執禮、巡按御史田樂奏：勘蘇、松二府所屬太倉、吴江等十州縣，災各有等，除存留錢糧照例蠲免，尚欲于漕糧盡數改折，見徵五分，蠲免五分，及鈔關贓罰銀兩悉留賑恤。部覆照嘉靖年事例，將今年額派存留錢糧如數蠲免。從之。

辛未，蘇、松等屬邑水災，田荒賦逋，詔減各驛馬價十之四，併停徵以前未完者。

《神宗實録》卷九二 十月乙亥，泗州等七州縣水災，巡撫江一麟請于本年應免漕糧通行改折，且分作三年徵解。部覆從之，令以二年解完。

丙子，土魯番速壇阿卜納西見呵黑麻襲立爲王，授例特遣頭目卯剌納等備方物馬匹謝恩求貢。命差貢使及所進方物悉照先年額數，不許過多，仍照五年一貢期限，不得違例奏瀆。

辛巳，以蘇、松水災，賜減明年牲口藥材等銀十之五，併暫停徵以前通欠者。

《國榷》卷七〇 刑科請旨論囚。諭暫免。張居正言：「慶賞刑威，乃朝廷大政。去歲以大婚免，今又何名？若以刑殺有所不忍，則各犯有殺父母有殺兄弟及劫殺毆殺者，被死含冤，不尤可憫乎。若不盡誅，乞擇其罪重者量決數十人，則好生之仁、懲惡之義並得矣。」上從之。

癸未，誠意伯劉世延擅乘輿被劾，奪歲俸。

《神宗實録》卷九二 乙酉，虜酋土蠻等統四萬餘騎從前屯綿川營等堡深入攻掠，敕薊鎮總督梁夢龍并遼東鎮總兵李成梁等嚴加哨備，酌發兵赴援，併力逐勦。

〔丙戌〕，蠲蘇、松二府段疋軍器等十之四，仍于舊逋者暫行停徵，以水災異常故也。

丁亥，江西解絲絹原徵本色但非地産，買解實難，撫按官會題本折中半。部覆：自八年以後俱准本色六分，折色四分，相兼起解，着爲額。

戊子，命沂、莒二衛所等班銀，自萬曆四年秋班起至五年秋班止，其應追春秋二班工價名糧銀兩悉與蠲免，以甦軍用。

停武學生納監事例。以武官子弟視爲捷徑，異省生儒許冒籍貫，故命停之。

乙未，廣西獠猺盤據八寨，肆毒幾載，叛服無常。撫按張任、顧鈐等會同總督劉堯誨奏議進勦，仍以貯解鹽銀五萬七千二百餘兩留充兵餉。報可。

《國榷》卷七〇 丁酉，酌免應天、太平、鎮江、常、杭、嘉興、湖災租。

賑柳州府五州縣饑。

庚子，免蘇、常、松江、安慶萬曆元年牲口銀。初，隆慶六年詔概免，後因四郡先輸上，故抵之也。

是月，土蠻以五萬騎犯前屯，總兵李成梁、戚繼光，參將楊栗等拒走之。

《神宗實録》卷九三 十一月癸卯朔，應天巡撫吴執禮、直隸巡按田樂、董光裕等題：常、鎮府屬江陰、靖江、金壇等州縣水災，議以協濟各驛邊馬價自萬曆五年以前未完者三縣俱暫停徵。部覆從之。

《國榷》卷七〇 己酉，巡按廣西御史顧鈐，薦廣西總兵官王尚文可備五府之任，及參將倪中化等。有旨：總兵官重任，非概同文武官舉劾，命改正。

丁巳，張居正等言：工科都給事中王道成請減織造段匹，原有歲額，萬曆三年派織九萬有餘，爲大婚賞賜，該部設處，今四年方織完，而添織之旨又開七萬三千匹，須四五十萬金。在庫藏已竭，在小民則疲。今浙直水災，蒙恩蠲濟，方撤織又復加派，非聖意所以愛養元元也。近因賞三衛夷人段匹，闕虎豹一色，故請增織，至于上供，已自足用，不必又取辦于歲造矣。乞減其半。從之。

己未，提督兩廣侍郎劉堯誨請兩廣會攻八寨叛猺。從之。

《神宗實録》卷九三　十二月壬申朔，詹事府掌府事禮部尚書汪鏜以衰病累疏乞休。許之。

癸酉，大學士申時行以三年考滿，加恩陞禮部尚書兼文淵閣大學士，廕一子，給與誥命。

丁丑，加吏部尚書王光國太子太保。

戊寅，工部尚書李幼滋以久疾乞休。許之。

《國榷》卷七〇　壬午，御馬監太監張誠乞再選太僕寺馬三千匹調習，備籍田護駕。兵科給事中戴光啓奏止之。

丁亥，陝西行太僕寺少卿職掌屯牧，與各道牽制。巡按御史黄應甲議行裁革，仍以屯田令守巡道分理，牧馬隨屯帶管，著爲令。

甲午，覈屯租。

禮部上宗藩條例節要，命纂入《會典》。

丙申，張居正服闋，召見平臺，慰賜有加。居正奏辭俸薪，命光禄寺日送饌，月送米十石，油二百斤，茶三十斤，鹽百斤，燭百枝，柴、炭各三十肩。

萬曆八年（庚辰、一五八〇）

《國榷》卷七一　正月辛丑朔，前少傅兼太子太傅、吏部尚書、建極殿大學士吕調陽卒。

《神宗實録》卷九五　甲寅，議在京五草場，除已放外，例貯一百五十萬束。今秋宜照數買足，遞自十二年以後，隔年一放一召買，三年一次，出陳易新，不必另立臺名，積之門外。報可。

《國榷》卷七一　二月丙子，禮部議塞山陵徑路，責提督守備官植樹，禁樵採。

《神宗實録》卷九六　〔戊寅〕陝西三邊總督郜光先爲延綏主兵餉銀不敷，奏請加級。部覆，謂該鎮所需糧料七十八萬八千八百七十餘兩，而舊額合民屯鹽引糧草等項及京運只七十一萬四千九百有奇，節年借用客兵餉銀大約七萬兩。今宜即以此數加給，爲主兵年例定額。客兵餉銀合鹽引京運共一十萬九千七百五十兩，今虜款已久不煩調，兵部年所用多不過三萬，少止二萬，宜每歲以五萬兩爲客兵年例定額，即有非時虜警，而每年尚剩二萬餘兩，亦足支用。上從之。

《國榷》卷七一　戊子，上親祀先農壇，耕藉田。

丁酉，給沿邊沿海各巡按御史勑令，查盤軍需錢糧，依期奏報。

戊戌，詔蠲兩淮鹽場自嘉靖二十九年起至隆慶四年止，消折鹽二十八萬七千五百引，以寬竈丁。

河工成，加總理河道潘季馴太子太保、工部尚書兼左副都御史，總督漕運江一麟右都御史兼户部右侍郎，漕運總兵官靈璧侯湯世隆太子太保。餘陞賞有差。

《神宗實録》卷九七　三月癸卯，命户部發銀一萬兩，兵部行太僕寺，支馬價銀一萬兩給遼鎮，充斬級頒賞之用。

乙酉，裁廬、鳳、淮、揚四衛本色馬匹，廬、鳳減七分，馬六分，淮、揚減新增一分二釐，仍舊四分。著爲定例。從南京太僕寺卿蕭廩請也。

《國榷》卷七一　辛亥，上奉兩宮太后率后妃謁陵，發京師，宿鞏華城。

壬子，次感恩殿，諭户部，捐所過田租。

癸丑，謁長陵、永陵、昭陵，餘遣祭。即日回鞏華城。

《神宗實録》卷九七　鎮武堡城内忽起火二，塊大如斗，風迅延燒軍民房屋五百餘間，燬館驛并堆積官木三百餘根，及男婦十數人，盔甲弓箭糧米無算。

甲寅，户部奏蠲免田租旨，查隆慶二年例，昌平州及宛、大二縣免十分之五，調取大匠供應器具地方免十之三。從之。

東勝堡降天火，延燒軍民房屋四百餘間，燒死軍士男婦一百四十餘人，糧草盡燒絶。

《國榷》卷七一　戊午，俺答表貢駝馬。

庚申，前刑部尚書閔煦卒。

甲子，策貢士蕭良有等三百人于皇極殿，賜張懋修等進士及第、出身有差。懋修兄敬修在二甲，得禮部主事，俱張居正子，其策俱何洛文代爲之。

四月壬申，以兩淮各竈場饑，命該處按臣發運司貯濟銀一萬二千兩賑之。

癸酉，江北等處連年饑，命支營田銀一萬五千兩并各倉貯粟賑之。

己卯，陽夏王載韭私納妾生子，冒請名封。事發，奪歲禄之半，子降封鎮國將軍，其冒請名封俱革之。
癸未，蠲陝西各縣帶徵錢糧。
甲申，周府鎮國將軍朝坰，淫穢，廢爲庶人。
辛卯，作薊鎮衝鋒器械。總兵官戚繼光，匠意以木拒馬臨戰，先南兵，次騎，次輕車，四人運之如飛，追虜利器齊發，步卒間出，俱長鎗筤筅。
甲午，封華奎楚王，載堅淮王，翊鈏益王，壽鉁福安王，充燦宣寧王。
辛亥，南京吏部尚書趙錦致仕。
壬子，海盜林道乾出没廣海，以大流暹羅爲窟。有通事言：大流暹羅苦其侵略，願協力擒獻。提督兩廣劉堯誨議重賞購之。
癸丑，左春坊右中允兼翰林院編修高啓愚清理軍職貼黄。
《神宗實録》卷九八　己未，蠲免福建所屬驛遞累年逋賦二十九萬八千餘兩。
庚申，廣西十寨猺賊平。
《神宗實録》卷九九　閏四月丁未，兵部題覆薊鎮督撫梁夢龍等條上買馬事宜。一議平價召買。謂該鎮歲補馬五千匹，俱係各營路委官私相貿易，故侵剋多端，馬不堪用。今宜於密雲鎮城適中之處，委廉能識馬文武各一員，公同收買，刻日定估揀選，不得虛費官銀。一議清耗還官。謂往年薊、昌兩鎮買馬，並無羡餘，今日萬曆六年夏季至七年春季，密雲市上餘銀二千八十餘，以後宜將每年所餘各隨城衛發貯聽用，嚴禁私收，以杜侵没。一議徵馬價。該鎮各營每年例該馬五千匹，除兩鎮自行補買三千匹，太僕寺歲兑一千匹外，果係缺少，許奏請討補，但不過五百匹，每匹銀十二兩，於太僕寺馬價内支給。其永、順二府州縣徵俵寄養俱照舊行。上可其議。
己酉，添山海路參將標下援遼家丁六十名，馬三百六十九匹，騾九十頭，且令他路不得援以爲例。
發太僕寺馬價銀一萬六千二百兩，解送寧夏互市支用。
辛酉，蠲免山東驛遞逋賦以蘇民困。
癸亥，修築永平、通州、薊州、豐潤、玉田、遷安、撫寧、遵化、懷柔等城。
甲子，蠲陝西苑馬寺牧地積租六萬八百餘兩，以寬牧軍。
《國榷》卷七一　釋輕囚。
乙丑，宣府總兵官馬芳疾去，山西總兵官署都督同知麻錦代之。
《神宗實録》卷一〇〇　五月丙子，命挑濬白溝河，以便運船。
己卯，鐵嶺新募軍三千，發餉銀一萬六千七百餘兩給之。且定爲年例，增入主兵數内。
《國榷》卷七一　命淮安、徐州、臨清、德州、天津管糧主事，俱三年滿任。
上諭户部：先年淮鳳、饑竄，專設僉事開荒招撫，三年閲實。今踰期不覆。部臣請科道往勘，上切責之，勑郎中梁承學往勘。
飭兩廣總督劉堯誨，浙江、福建巡撫吴善言、耿定向各督將士勦海上餘倭。
《神宗實録》卷一〇〇　庚辰，撤薊、昌二鎮防春兵馬。舊例撤期在夏末，以多閏月，念各兵勞於久戍，故先一月以休其力。
丁酉，定江北積穀額數，廬州府一千四百石，淮安府一千五百石，鳳陽、揚州二府一千八百石，著爲令。
《神宗實録》卷一〇一　六月〔辛丑〕，山西撫按高文薦、黄應坤清查該省均徭里甲等項公費，奏省太原、平陽、潞安三府澤、遼、沁、汾四州併所屬歲額五萬四千四百餘兩。上令吏部紀録敘用。
癸卯，增臨清各衛軍上班月餉，與平山、濟寧等衛同照原額加三之一。
定浙江積穀額數，嘉興府三千石，紹興府二千五百石，金華府一千八百石，杭州寧波温州三府各一千五百石，處州府一千二百石，湖州、台州、衢州、嚴州四府各一千石，著爲令。
裁革三河霸州守備及長峪城提調并密雲、遵化、永平三府武學提調各一員。
甲辰，以淮安府安東縣田荒民逃，准改折漕糧，俱於該府鑄錢餘利及軍餉商税并該縣運軍行月糧等銀抵解，其本色暫借修河漕米四千石，限三年後帶徵補還。
裁革廬州府麻阜鎮把總一員。
丙午，上以近來邊腹地方兵備守巡及武職參遊等官添設太多，非舊制，着各撫按會議裁革，以稱朝廷省事尚實至意。
《國榷》卷七一　武安侯鄭崐卒，予祭葬。
奪南京工部尚書沈應時歲俸，以部差不行，考覆見糾也。
《神宗實録》卷一〇一　己酉，蠲免廣東隆慶六年以前逋餉一十八萬五千六百餘兩。
壬子，修顯陵工成。
癸丑，裁革楊舍守備一員。

《國榷》卷七一　前南京禮部尚書林燫卒。

《神宗實録》卷一〇一　己未，裁湖廣總兵官，命懷寧侯孫世忠回京聽用。

《國榷》卷七一　辛酉，凌雲翼爲兵部尚書兼右副都御史，同潘季馴經理河漕，尋改季馴南京兵部尚書，仍令俟九月水平赴任。

《神宗實録》卷一〇一　丁卯，裁京、通二倉經歷六員。

《國榷》卷七一　七月辛未，停納級衛閒住不預事者衛所官，通給半俸。

《神宗實録》卷一〇二　乙亥，議修街渠及砌築内外城墻估計一十三萬六千二百有奇。

壬午，裁革延、寧、甘、固各遊擊及守備八員。

癸未，裁省延慶、保安二州并永寧縣均徭等項歲課三分之一，著爲定額。

甲申，蘇松水利御史林應訓奏稱所屬地方復被水災，議設法蠲賑。上以報災請恤乃地方撫按事，應訓疏洩無功，又代請掩罪，命工部同該科會查以報。既而部科爲地方水患因人事未盡，亦天時適逢，宜寬之以責後効。乃令之策勵供職。

《國榷》卷七一　戊子，湖廣巡撫王之垣奏通錢法，以武昌、衡州、荆州三局鑄錢，議其多寡通塞，上謂錢法不宜與民争利，第禁私鑄私販及所鑄惡錢。

《神宗實録》卷一〇二　辛卯，命兵部撥營軍一千名採薪，以供各廠燒造。

《國榷》卷七一　乙未，左軍都督府僉書武靖伯趙光遠掌南京後府，協同守備。

蠲順天隆慶二年至萬曆六年逋租。

是月，西海貢夷丙兔越河掠番，混掠漢人畜，殺六人。

五開衛軍叛，據城攻掠。

八月戊戌朔，命畿省開屯田實數，毋踵弊虚造。

《神宗實録》卷一〇三　甲辰，磔河南妖逆曹崙、王遷善、楊廷友於市，而斬吉廷有等十二人，餘各處治如律。

戊申，上親祭太社、太稷。

庚申，南京工部尚書沈應時致仕。

南直隸廬、鳳、淮、揚等處水災，詔准改折漕糧，及停徵歲額，以被災輕重爲差。

辛酉，革雲南右參政吴孔性職閑住，以違禁馳驛，在奉旨查參之後也。

《國榷》卷七一　壬戌，東浦寨酋鄭青輔等伏誅，林道乾黨也。

《神宗實録》卷一〇三　癸亥，時急秋防，詔將錦義見修未完臺工暫止，撤回修防官軍，各守城堡信地，其效勞人役，俟來春工完併議敍。

丙寅，陞工部左侍郎楊成爲南京工部尚書。

《神宗實録》卷一〇四　九月己巳，減河南所屬均徭里甲公費歲額一十一萬八千七百二十四兩有奇。

辛未，諭禮部宫中六尚缺人，其選民間淑女二百人入内，尋復罷之。

甲戌，南京吏部尚書汪宗尹以病乞休。許之。

丁丑，懷仁王府鎮國中尉廷圤肆行不法，爲逋盜藪，事覺革爲庶人。

己卯，命左春坊左諭德兼翰林院侍讀陳經邦、翰林院侍講朱賡典武舉試。

《國榷》卷七一　辛巳，慶府真寧恭簡王倪烄，瀋府雲和王銓鐨，宿遷王恬熿各卒。無子，繳印。

《神宗實録》卷一〇四　癸未，裁革福建督糧右參政一員，及運鹽司判官、提舉司提舉、吏目。又以省城並設三縣不便，乃裁懷安縣，自知縣以下俱革。

甲申，裁革遼東行太僕寺少卿及本寺主簿。

乙酉，右部御史陳瑞爲南京刑部尚書。

丙戌，裁減山東所屬地方均徭里甲歲額銀九萬六千四百有奇，以寬民力。

命發太僕寺寄養馬千匹，及常盈庫馬價萬五千兩於薊、昌二鎮。

《國榷》卷七一　前户部尚書馬森卒。

《神宗實録》卷一〇四　丁亥，裁減福建里甲均徭歲額六萬四千五百餘兩。

《國榷》卷七一　命貴州巡撫勒兵餉成書。

安丘王府奉國中尉壽鏃有罪，廢爲庶人。

《神宗實録》卷一〇四　己丑，裁革福建行都司屯局僉書一員。

辛卯，南京府軍并建陽等衛所屯田災，命南京户部選委司官一員，同管屯御史親詣查勘，將本年屯糧以被災重輕遞減其折銀分數。

壬辰，裁革廣西昭平參將，改設守備於本地方。

《國榷》卷七一　丙申，甲字庫太監王効等稱闕歲額銀硃等料，户部尚書張學顔奏：登極一詔，盡停不急之務。乞令各監局所造器用，量爲停罷，勿滋冒費。上然之。

是月，虜入寧遠興水縣堡，失吏卒三十八人。

《神宗實録》卷一〇五　十月辛丑，協理京營兵部尚書楊兆，以有旨令本部侍郎帶管，乃疏辭協理，上命之供事候裁，仍勅吏部查議南京大小九卿及各屬，有冗濫者俱裁之。

《國榷》卷七一　乙巳，賑常熟、吴江、長洲、崑山，餘蘇、松、常、鎮，量折田租。

〔丁未〕，巡撫應天右僉都御史孫光祐，請修蘇松水利，浚下流，則黄浦、婁江、白茆諸港，一築圩岸，一疏溝壑。報可。

己酉，東虜數犯錦義，以有備而遁，賞邊臣金幣。

《神宗實録》卷一〇五　庚戌，薊遼總督梁夢龍奏稱：遼鎮軍餉折色價輕，本色糧少，請以萬曆九年應發年例，如發四月，即將本鎮屯鹽本色酌量存積，計三年可餘一年，俟倉有餘積，或停發一年，或照常給發。從之。

河南懷慶等府災，詔蠲本年額賦及減折屯糧有差，仍支倉貯賑之。

甲寅，裁革雲南督糧參政一員。

戊午，詔編審光禄寺上供商人，其行户繁重者家道殷實照舊存留，中有消乏者審實退役，責令衆商公報頂補，不得仍前重報，致滋規避。

庚申，勘過定國公等莊田，應召佃收租者勅布政司官爲徵收，令各爵家人支領，以杜侵占之弊，其額外應折徵者解充各府禄糧。

甲子，勅京堂官給田者照舊規單奏面引，大選文武官員皆于常朝面奏。選期定以雙月，吏部二十六日，兵部二十九日，俱著爲令。

《神宗實録》卷一〇六　十一月丁卯朔，命改廣寧伯劉允中庶長子嗣德承襲伯爵。

戊辰，命加禮部尚書兼翰林院學士潘晟太子太保，以六年秩滿也。

《國榷》卷七一　壬申，徵户部、光禄寺各十萬金。户部言：溢取非制，且悖明旨。上從之，命光禄寺進十五萬金。給事中郝維喬、蔡時新、張鼎思等各章請停。不報。

《神宗實録》卷一〇六　乙亥，裁省貴州所屬均徭里甲各歲額二千一百有奇。

丙子，裁四川督糧右參政及鹽茶、水利、驛傳僉事與敍、馬、瀘兵備僉事。糧務歸併右布政，鹽茶、水利、驛傳歸併清軍副使，敍、馬、瀘兵備歸併分巡副使。

户部奉旨，令各省直清丈田糧，條爲八款以請。

貴州苗坪夭漂夷酋藁銀阿盖等歸附納貢，改其地名歸化，編入版籍。

夷酋王几堂等復糾衆從寬奠堡入犯，副總兵姚大節都督兵追擊之，斬首虜六十七級，生擒一十一名。

大虜糾衆入犯錦義大凌河右屯等處，總兵李成梁督率將領軍丁奮勇邀擊出境，頗有所獲。

丁丑，裁革雲南臨元參將，改設守備。

《國榷》卷七一　戊寅，上夜宴，惑于内侍孫海客，因杖二内使幾斃。慈聖聞之不樂，訓戒甚切。上悔悟，降孫海客，安置南京，宣諭司禮監等，又示閣臣。張居正等謂降斥未盡其辜，宜充浄軍。從之。明日，復諭閣臣力諫，使朕爲堯舜之君。居正奏司禮監孫德秀、温泰，兵仗局周海罪狀，亦不在孫海客下，宜各降斥。其各監等令自陳，老成廉慎者存之，謟佞放恣者汰。皇上亦宜痛改，戒飲宴以重起居，專精神以廣繼嗣，節賞賚以省浮費，卻玩好以定心志，親萬幾以明庶政，勤講學以資治理，端趨向以肅士風，則聖德愈光矣。上然之。

壬午，裁廣東陽電海防及潮州陸路參將幷總鎮下把總各一。

癸未，裁浙江料價徭編歲額八萬八千七百四十餘金。

乙酉，揚州鄉官前湖廣參議常三省，以淮安高家堰且興工，揭其有妨祖陵以撓之。總河潘季馴疏其舛謬，請行勘。上命仍築，削三省籍。

《神宗實録》卷一〇六　戊子，詔保定等六府起解京邊錢糧，自委官部運所給損解雇募車夫盤費外，不許再用官車，以擾小民，着爲令。

乙丑，户部奏造黄册，將專督理覈田數，清户口，嚴里書，發寄莊，別飛詭，慎推收，均里甲諸項刊刻成書，頒布天下府州縣，著爲式。

癸巳，裁革山西大同府所屬均徭銀力歲額五千七百餘兩。

乙未，蠲免河南所屬萬曆九年分應派河堡夫銀六萬兩。

《神宗實録》卷一〇七　十二月丙申朔，兵部考覈軍政，令總兵、副總兵自陳，參遊以下照各省直開註賢否，存留降革俱如例。

戒有司積穀備賑，不得指名科罰，以充貪吏囊橐，違者參治。

癸卯，太子太保、禮部尚書兼翰林院學士潘晟五疏乞休，上乃允。

戊申，以泗州等處連災，詔免萬曆六年以前改折漕糧一十三萬三千七百九十兩有奇。

《國榷》卷七一　己酉，史科給事中秦燿請禁絶饋遺。從之。

《神宗實録》卷一〇七　歲減江西所屬里甲均徭請費五萬三千六百八十餘兩。

庚戌，陞刑部左侍郎徐學謨爲禮部尚書。學謨，首輔張居正所厚善也。

乙卯，命武平伯陳永禄掌府軍前衛印。

戊午，吏部引奏大選給繇官員，上親裁決如制。

辛酉，兵部引奏大選官員，上親裁決如制。

《國榷》卷七一　癸亥，降揚州知府虞德燁服俸三級。初命賑饑，奏報八萬八千餘金，實無有也。倉粟五十四萬餘石，止三萬六千石。巡撫以聞。

是月，巡撫湖廣右副都御史陳省，徵兵四千餘人分道討五開衛叛軍，參政賀邦泰、僉事龍宗武、參將鄧子龍擊破之，斬數十人。

萬曆九年（辛巳、一五八一）

《神宗實録》卷一〇八　正月庚午，上諭内閣，今日風氣不祥，恐有邊事，卿等宜申飭邊臣，加意儆備。輔臣張居正等言，當即傳示兵部及薊、遼、宣、大總督，令其欽遵聖諭，加謹防備。

《國榷》卷七一　辛未，裁户部浙江、湖廣、河南、福建、廣東、廣西司主事各一。江西、雲南、山東、四川、山西、貴州司各二。陝西司三。禮部儀制、祠祭、主客司主事各一，鑄印局副使一。兵部武選司郎中、車駕職方司郎中各一，優給主事一，管存衈主事一，武科司管京衛武學主事一。刑部各司主事各一。工部營繕司管重城員外郎一，屯田司管臺基廠主事一，虞衡司管遵化鐵冶郎中一。雜造局大使一。都察院司獄一。右通政一，謄黄右通政一，左評事一。順天管軍匠通判各一。都税司正陽門分司各副使一。助教四，學録一。太常博士一，協律一，贊禮郎三，司樂十二。光禄寺典簿一，大官署丞一。尚寶司丞一。上林苑監蕃育署、良牧署録事各一。户科四，禮科二，兵科五，刑科四。中書舍人二。行人司右司副一，行人五。詹事府録事一。限所裁官歲内除補。

《神宗實録》卷一〇八　癸酉，大虜二萬餘騎犯遼東，從大鎮堡入，突攻錦州，分掠小凌河、松山、杏山等處。總兵李成梁督兵馳援，斬獲虜首一十八顆，翌日虜出境。

《國榷》卷七一　甲戌，虜五百餘騎犯遼陽長寧堡，副總兵曹簠擊斬五級，游擊周之望陣没，贈都督僉事，廕子立祠。

《神宗實録》卷一〇八　丁丑，發太僕寺銀一萬兩于薊鎮，充春防犒賞。

辛巳，詔裁革南京各衙門官吏。禮、兵、刑、工侍郎各一員，大理寺寺丞一員，太常寺少卿一員，户部湖廣司員外郎一員，山西雲南司主事各一員，工部虞衡司主事一員，大理寺左右評事各一員，太常寺山川壇署奉祀一員，鴻臚寺鳴贊一員，序班一員，應天府管馬通判一員，五城兵馬副指揮各一員，留守五衛千户所吏目各一員。

丙戌，兵部覆：順天撫按張夢鯉等題稱，順、永二府所屬州縣額編驛遞站銀并軍衛協濟及外省南馬價銀共一十四萬九千餘兩，近遵例查議，于地畝均徭内通融酌量減徵五萬七千四百有奇，實編銀九萬一千五百兩有奇，乞永爲遵守，以寬民力。其外省協濟馬價，在永平者相應照舊解給，在順天者仍解該府收貯，以備各驛遞閏月及荒歉不虞之用。上命如議行。

丁亥，户部覆：順天、湖廣、陝西、四川新減存留銀數，順天實編銀二十九萬六百餘兩，減去銀一十一萬五千九百餘兩。湖廣實編銀五十七萬三千七百餘兩，減去銀一十一萬九千七百餘兩。陝西實編銀五十一萬七千九百餘兩，減去銀七萬五千餘兩。四川實編銀五十二萬九千餘兩，減去銀五萬六百餘兩。乞刊成書，行所屬永爲遵守。從之。

詔吏部：今後選南京户部山西司管糧主事本官憑内添註。鳳陽倉定限三年，照邊鎮管糧郎中事例，仍聽本部考覈。

戊子，發太僕寺銀三萬八千七百兩于宣府，充本年市本。

《國榷》卷七一　兵部請大閲，命定三月三日。

辛卯，吏部内計，大臣例自陳。

《神宗實録》卷一〇九　二月乙未朔，吏部考察京官，光禄寺署丞蕭德輝等，及先經奉旨罷斥原任刑部山西司員外郎艾穆等，共二百六十四員，詔黜降如例。

《國榷》卷七一　丁酉，遼東總兵官李成梁擊虜于襖郎兔，敗之。時東虜土蠻黑石炭等駐塞外，謀犯廣寧。成梁知之，于正月甲申出大寧堡，離寨四百餘里，至襖郎兔，值虜，擊走之。次日，虜來追，又戰。共斬三百四十三級，獲馬四百三十，兵器八百，俘大酋八人。

戊戌，八塞捷上，告廟。

《神宗實録》卷一〇九　庚子，裁革省直保定等府同知、通判及州判、丞、簿、倉巡等官共五十五員。

癸卯，户部題覆：河南撫按褚鈇、許子良奏稱，所屬州縣額編驛遞銀四十五萬一千六百餘兩，裁過十萬有奇，今遵旨查覈，復裁十萬有奇，止編二十四萬七千七百餘兩，通行各屬，永爲遵守。得旨依擬行。

丙午，汰、蘇、松、徽、寧兵備所轄官兵七百七十九員名，歲省餉六千六百兩有奇。

給事中秦燿、御史錢岱等以考察拾遺論劾兵部尚書方逢時、南京禮部尚書陶承學、工部左侍郎金立敬，丁憂刑部左侍郎王宗沐、南京户部右侍郎程嗣功、大理卿張鹵、巡撫甘肅侯東萊、原任聽調巡撫曾同亨、順天府尹施堯臣、巡撫雲南饒仁侃、南京掌院事右諭德范應期等不職當罷。既而南京科道外吴琯、楊際熙等復糾逢時、宗沐、嗣功、堯臣、東萊及侍郎胡執禮等宜罷，陶承學宜致仕。得旨：方逢時、程嗣功留用，陶承學、王宗沐、金立敬、侯東萊、曾同亨致仕，施堯臣、饒仁侃各降一級，調外任，張鹵、范應期調南京别用，胡執禮策勵供職。

己酉，考察南京庶官六十七員，黜降如例。

丁巳，河東巡鹽御史房寰上言：遼、沁六州縣舊食河東引鹽，路遠難至，虧額病民，乞改行太汾票鹽，照例抽税供邊，官民兩便。部覆從之。

癸亥，詔裁減湖廣驛遞銀六萬六千二百五十兩，實編銀一十二萬六千七百九十兩有奇。

《神宗實録》卷一一〇　三月甲子朔，以大閲，發太僕寺銀三萬兩，給賞各營軍人三錢。

減杭州等府額編驛遞銀一萬七千七百三十兩有奇，米一百五十石，永免派徵。

丙寅，大閲。

丁卯，上諭兵、工二部：近年兩廠所造盔甲俱粗糙不堪，徒費錢糧，無益實用，着照昨營中式樣，另造五千副給與官軍。披戴每一年造千副，限五年通完。或將先年未完交進者相兼改造，着兵、工二部議處來説。後二部議上，得旨，這盔甲係特旨傳造，務要打造精堅，足堪實用，以副朕詰戎利器之意。

甲戌，薊遼督撫梁夢龍等題稱：遵化鐵冶廠每年額辦課鐵二十萬八千斤，計價不過二千七百餘兩，而專設官吏軍役等費逾萬金，宜盡行裁革，將額徵銀兩解部買鐵支用，其柴薪車輛等項銀悉免僉派，以蘇民困。部覆從之。

《國榷》卷七一　乙亥，遼東三萬衛松山堡災。

《神宗實録》卷一一〇　辛巳，定直隸府州縣積穀分數，酌上中下三等。

《國榷》卷七一　壬午，樂安王多燫等乞罪宗子孫名糧。不許。

《神宗實録》卷一一〇　癸未，職方郎中費堯年查勘薊、昌二鎮邊工，薊鎮修邊墻五千三百六十三丈，敵臺一百一座，剷削偏坡五百八十七丈，建潮河川大橋一座。昌鎮修邊墻四千六百四十一丈，敵臺十座，剷削偏坡五十五處。俱高堅壯麗，錢糧更無破冒。兵部乞録該鎮効勞諸臣。上以薊、昌密邇京陵，與尋常邊工不同，詔加梁夢龍太子少保，戚繼光廕一子，錦衣衛百户。楊四畏陞右都督，張夢鯨陞俸一級。該鎮文武陞賞有差，仍敕叙録後閲視，不得再叙。如有損壞虚冒，仍照前旨查參。其餘緊要隘口，即自十年興工，不必拘定遞歇之期。惟延綏等處入衛邊兵，今後再不許用做工，務加意撫循，養其鋭氣，以備防薊援遼調用。

乙酉，巡撫寧夏蕭大亨題稱：萬曆九年互市，以八年用過錢糧爲則例，計少銀一萬七千餘兩，乞于本鎮客兵銀二萬兩内動發一萬兩，以備本年互市應用。以後年分定爲規則，照數給發。部議互市覊虜，固不可驟行減賞，亦不可每年加增。萬曆七年，以虜王俺答東歸，該鎮請討客兵銀四萬兩，本部酌發銀二萬，作八年年例，備互市支用。今復請討客兵銀一萬兩，作九年互市，又欲開銷借過銀兩，費溢往時，年復一年，何所底止。臣等酌議，客餉當每歲量支，主餉當禁其再借，乞將陝西布政司庫貯商税鹽課等銀共足一萬之數，聽備該鎮九年互市。以後年分，准發客兵銀一萬兩，不許將主兵銀擅行借支。上如部議。

應天撫按孫光祐、陳薦題稱，徽、寧、池、太、安、廣六府州所屬驛遞節年支剩銀一萬八千六百九十兩有奇，抵充萬曆九年分應編支應等數，各府州應編站銀自十年爲始，每年共減編一萬九千七百五十兩有奇，永免派徵。實編六萬八千一百三十兩有奇，乞通行遵守。部覆從之。

戊子，賜壽陽長公主莊田二千五百九十五頃八十二畝。

辛卯，裁革浙江布政司等衙門都事等官二十員。

壬辰，詔停差漕運理刑主事，其理刑事務聽總督官委所屬。

《神宗實録》卷一一一　四月丁酉，巡撫山西辛應乾等奏稱：去歲解州夏縣等七處旱澇相仍，蒲州、臨晉等處秋禾將成，復遭霜隕，小民艱食。乞將各處預備社倉動支倉穀六萬四千七百三石零，庫貯無礙銀一千五百三十兩零，及應動撫按紙贖銀一千二百一十五兩，分賑被災州縣，使軍民共霑實惠。上從之。

己亥，詔河南各衛所拖欠三鎮班銀自六年以前俱蠲免，仍定宣大上班半年銀一兩二錢，榆林上班一年一兩四錢。

庚午，兵部尚書方逢時累疏乞休。允之。

乙巳，户部郎中粱承學奏稱：查勘過鳳、淮、徐三府所屬共墾田一萬一千八百六十餘頃，招復三千九百一十六户，男婦一萬六千五百一十九名，買牛建倉等項用銀四萬七千九百四十兩有奇，但原報開田十分，今計止二分，招復人户十分，今查止四分，府州縣治農等官均應參究。部覆分别上請。上以各官捏報招墾虚數，罔上要功，降周守愚二級，餘依擬行。

虜克石炭以兒鄧小歹青等聚衆，從長安堡深入，遼陽副總兵曹簠領兵馳追至堡東，陷虜伏中，殺傷千總陳鵬，把總曹汝楫，陣亡官軍三百一十七員名，射死馬四百六十四匹，擄去男婦二百九十八口，牲畜糧米數百。御史于應昌上聞，因劾簠寡謀喪師，都司張奇功策應觀望，備禦崔吉等設備不嚴，乞分别重處。撫鎮官素有功，相應免究。上命革曹簠、張奇功任，并崔吉等下巡按御史提問，周詠等免究。

丁未，命總督薊遼兵部尚書梁夢龍回部管事。

發太僕寺馬價銀六千兩于薊鎮，充造新兵營房。

己酉，詔壽陽長公主五日一朝，若過節令，不拘日期。

甲寅，應天撫按孫光祐等題稱：應天、蘇、松等十一府州縣條編均徭里甲驛傳，每歲原編銀八十七萬八千六百三十餘兩，今遞減公費等銀七萬八千五百餘兩，又改入平米銀一萬一千七百四十餘兩，實編銀七十七萬八千三百八十餘兩，乞刊册頒布，以便遵守。部覆如擬。

丁巳，裁革四川司府州縣佐貳雜職等官共二十六員。

己未，户部題稱順天八府州縣丈出并首出宫勳、備邊、牧馬、軍屯等地共二千八百三十五頃有奇，每年額徵銀六千九百二十兩、糧二十四石有奇，及勳戚新舊莊田一萬一千五百五十餘頃。除成國公朱應楨等應照舊管業，其駙馬戚畹子孫謝文銓等酌議減奪有差。報可。

《國榷》卷七一　户部以外進金花銀不敷，宫費太濫，乞加意撙節，停買辦，庶復舊額。上不聽，以午節近，暫以太倉銀庫抵進。

詔再免河南班軍三年扣價，解班資造兵器。

《神宗實録》卷一一二　五月癸亥朔，得旨：河南地方既災重民饑，各項拖欠錢糧准盡行蠲免，以甦民困。着撫按督率有司徧行曉諭，使知朝廷恩惠。

丁卯，户部言：勳戚莊田先因冒濫數多，該屯田御史沈陽節行查出共地二萬二千七百二十五頃六十畝零，每年徵銀四萬一百六十兩有奇。既經追還官，即當照例徵銀解部，而州縣官不行嚴追，容縱欺隱，致原額漸缺。乞將順天、保定、河間三府節年備邊銀兩嚴查有無侵匿，其未完銀兩嚴限追究，如仍虧原額，并原經催各官分别參奏。得旨允行。

《國榷》卷七一　戊辰，陝西寧化王府庶宗伴哥弑母殺弟，伏誅。

庚午，代府鎮國中尉廷墣、奉國將軍俊槨等沮撓丈田，稱赴闕，擅出城樹旗，不許闌截。巡撫賈應元以聞。有旨廢俊槨庶人，餘革禄，仍丈田如故。

《神宗實録》卷一一二　辛未，裁革南京中左二府錦衣衛各僉書大教場等營把總八員。

壬申，詔裁革南、贛、貴州司府縣驛等官共十員。

《國榷》卷七一　庚辰，裁湖廣總兵官懷寧侯孫世忠。

鑄太僕寺督理馬政關防。

《神宗實録》卷一一二　乙酉，保定撫按辛自修等奏：保定六府均徭里甲銀計九十二萬一千一百四十餘兩，内解部及兵餉等銀二十九萬五千八百二十餘兩，無容議減。其公費并工食等銀六十二萬五千三百一十九兩，先題議減銀五萬五千八百五十餘兩，今復議減銀六萬兩餘，實徵銀八十萬五千二百八十五兩有奇。乞刊行各屬，永爲遵守。詔如議行。

丙戌，部覆南京屯田御史陳王道奏，南京錦衣等四十二衛屯田坐落星散，官舍豪民詭名冒種，占爲世業。前委官清查，丈出餘地一千九百八十餘頃，科糧二千六百餘石，銀三千一百餘兩，行令各衛輸納，更給新繇，以便各軍拚種。從之。

《國榷》卷七一　戊子，南京禮部尚書林士章、太常寺卿張鹵被論，命罷鹵。已，士章引疾致仕。

辛卯，太僕寺少卿裴應章議馬政歸併屯軍。時南京湖廣道御史于有年乞裁無用種馬。

兵部覆議變賣種馬曰：洪武初，馬皆官牧。二十八年令民牧，永樂十年，行于永平等七府。宣德四年，行于兗州三府。正統十一年，行于河南彰德等四府。弘治六年，太僕寺少卿彭禮，以户丁有限，請止設種馬十萬匹，歲取駒二萬五千匹，始有定額。正德二年，御史王濟以户馬日弊，請令民買解。嘉靖間，浙江道御史錢璞等，請變賣南通州等七州縣馬四千一百八十六匹。二十九年，應天都御史翁大立亦議之。隆慶二年，太僕寺少卿武金請種馬盡數變賣，命革一半以蘇民困。萬曆二年，直隸巡按御史胡秉性，請變賣安東等四縣馬七百五十四匹。至今存者累芻牧，革者累津貼，其他勞費，難以悉數。蓋種馬原額十二萬五千三百六十六匹，今太僕寺存額八萬八千有奇，見馬四萬一千有奇。南京太僕寺額三萬七千四百六十六匹，實一萬四千八百八匹。若盡變價，收貯太僕寺，以蘇山東、河南兩畿之困，草料折徵，歲十二萬五千金有奇，積十年可得百萬。上從之，盡行變賣。

《神宗實録》卷一一三　六月甲午，協理戎政尚書楊兆再疏乞歸。許之。

乙未，鳳陽撫按凌雲翼等題：江北七府州縣每年額編里甲均徭銀七十九萬七千九百七十四兩，今減銀一十二萬五千一百九十六兩，實存銀六十七萬二千七百七十七兩有奇。自十年始，乞照數均派，永爲遵守。從之。

南京兵部尚書潘季馴言：南京各衙門節次裁革官員，直堂銀應減二千二十五兩，宜行各省直審，極衝疲州縣免編，其柴薪銀兩，照舊徵解。部覆從之。

《國榷》卷七一　丁酉，兵部上各鎮主客兵馬錢糧之數。

貴州思恩參將李應祥爲四川松潘副總兵，仍故地，以應祥諳悉夷情也。

兵部議于虜陣救回被擄二人者，視斬級，賞五十金，著爲令。

《神宗實録》卷一一三　癸卯，薊遼總督吴兑奏稱：薊鎮撫賞屬夷歲用帑銀二萬七千六百兩，今歲上半年已經給發，其下半年及明年應發銀，乞總于今歲六月給發，以後著爲定例，俱先一年總發，委官于出産地方總買，則價值既省，物更堪用。部請如議。

甲辰，詔兑太僕寺五百匹給遼陽軍士，後不爲例。

《國榷》卷七一　丙辰，復浙西鹽兑主事。

《神宗實録》卷一一三　庚申，發宣大、山西主客兵餉四十萬六千三百九十八兩。

《神宗實録》卷一一四　七月壬戌朔，上親享太廟。

總督漕運凌雲翼奏稱：儀真閘税宜酌水勢，不必拘泥取盈。其瓜、儀各閘壩應歸併南河郎中管理，不必添設主事。部覆如議。因言河道歲修錢糧，宜勑督臣照各邊年餉事例，歲費若干，存留若干，悉解工部貯庫。遇河工缺乏，通融請給。從之。

乙丑，考試，實授范鳴謙等十四人爲各道監察御史。

《國榷》卷七一　以杭、嘉、湖水災，賑倉穀六萬四千七百八十八石。

《神宗實録》卷一一四　丁卯，河南撫按奏稱：裁過都司領班守備及所屬宣武十五衛所指揮等官各供應額銀六千五百八十餘兩，後有越外科斂占役者，聽撫按指實參糾。部覆報可。

庚午，山西督撫鄭雒等言，該鎮總副參遊衛所等官公費每年原編一萬四千三十餘兩，今減二千一百八十兩有奇，各官軍伴等役三千二百九十四名，今減六百七十一名，乞永爲定規遵守。部覆從之。

甲戌，巡按御史陳用賓以淮、鳳等府災傷，欲將萬曆八年以前拖欠錢糧通行蠲免，九年京邊漕糧盡數免徵，以興水利。部議：江北地方頻年旱潦，荷蒙聖恩，事多破格。自隆慶二年至萬曆七年，已蠲過折色銀九十二萬餘兩，本色糧九十萬石，賑濟一十三次矣。今查四府州所屬，除停免外，應徵各項俱係内府各邊緊急供應之數，在彼少解一分，當于别項另補一分。今春雖有微災，已累發銀賑濟，秋禾將成，若無故免徵，後將何繼。况所賑貧民，貧民未必有糧，所蠲富民，富民不係饑困，用賓所題難以輕允。各該地方水利果當疏濬者，宜行州縣長吏加意疏通，沿河處所隨宜建閘俾蓄洩有資，以備旱澇，勿仍前視爲虚文，全無實效。上從部議。

丙子，鑄廣東清軍兼督糧道及湖廣管理驛傳屯田關防，從兩省督撫請也。

戊寅，裁革湖廣、廣東、鄖陽等處司府州縣佐貳雜職等官共七十四員。

甲申，宣大總督鄭雒等查奏：該鎮各官公費歲額銀一萬一千七百餘兩，減銀三千八百四十餘兩，官伴人役二千一百二十三名，減一千一十五名。貴州撫按王緝等查奏：總參等官歲額公費銀一萬三百二十餘兩，減一千二百一十八兩，差占人役八千三十三名，減三千八百七十二名。各乞定爲經制。疏俱下部覆議行。

乙酉，裁革廣西司府州縣佐貳雜職等官共四十九員。

戊子，詔淮安、揚州、鳳陽等府屬州縣自八年以前積欠馬價等銀都准豁免，以甦民困，從南太僕寺卿李輔等議，各府連歲災疲故也。

《國榷》卷七一　八月丁酉，命汝南、漢中各道聽湖廣巡撫節制舉劾。

《神宗實録》卷一一五　發馬價銀一萬二千兩於大同鎮，備萬曆十年市本，從督撫鄭雒請也。

戊戌，上親祀太社、太稷。

庚子，遼東定遼等衛雨雹如雞卵，秋禾盡傷，自長安堡至青石嶺約百餘里。

《國榷》卷七一　辛丑，户部覆陝西撫按所參州縣官積穀捏報，各降斥有差。

《神宗實録》卷一一五　壬寅，懷遠侯常胤緒襲爵。

丁未，揚州、泰興、海門、如皋等處狂風大作，屋瓦皆飛，驟雨如注，塘圩坡埂盡決，漂没官民廬舍數千間，男婦死者不計其數。

《國榷》卷七一　己酉，諭選淑女備九媛。

《神宗實録》卷一一五　辛亥，巡撫湖廣陳省奏：全楚錢糧浩繁，起解頭緒甚多，每年一派，小民不知額數，吏書因以低昂。乞將應徵各項錢糧編刻成書，使民知遵守，以絶弊端。其每年應解南京倉糧乞本折均派，永爲定規。疏下部議，以南京倉糧額派湖廣三十萬石，舊例俱徵本色，前因侍郎程嗣功奏稱糧多易壞，始議七年、八年改折一半，今撫臣欲定額折半，以省轉運之勞，南户部議酌量改折，以爲儲蓄之計，均有見。臣等查得南京見在倉糧足支六七年，况南京地方卑濕，糧久浥壞數多，乞將應運南糧自萬曆十年起至十二年止，准徵本折各半，仍移咨湖廣巡撫，每年查水旱地方准與改折，其豐稔之處仍徵本色。上允行之。

丁巳，上視朝，吏部引奏大選官員，上親裁決如制。

己未，鳳陽撫按凌雲翼等以地方屢被災傷，乞將今歲漕糧量改折十五萬石，酌派重災州縣，立限催徵。部覆上請，上允行之。

《神宗實録》卷一一六　九月乙丑，裁革直隸蘇州等府遞運所等官八員，雲南臨安等府知事等官三員。

丁卯，兵部覆敘萬曆七年勦廣西十寨蠻賊功，漢土官旗軍民鄭以忠等七千六百五十員名陞賞有差。

辛未，兵部覆：江西撫按官王宗載等題減該省膳夫差馬工食料價銀三萬六千五百七十餘兩，貯庫俟積多，免該省一歲派徵。允之。

詔以山東災疫，青、登、萊三府八年以前拖欠班餘俱准蠲免，九年以後減半徵解。

乙亥，山東撫按何起鳴、陳功奏：奉旨清丈通省軍民屯糧地，民地原額七十六萬三千八百五十八頃，丈出地三十六萬三千四百八十七頃零，屯地原額三萬六千九百一十五頃，丈出地二千二百六十八頃，糧悉照舊。往日荒地包賠者以餘地均減。先是丈地均糧屢奉明旨，有司通不遵行，惟山東首先完報，又調停疲累，區畫周詳，上深嘉之，併司道官楊一魁等都着吏部紀録。

丙子，給壽陽長公主莊田二千五百九十五頃零，有司徵銀解給。

《國榷》卷七一　戊寅，織染局御馬監太監張奎請三宫及潞王公主等段匹共十二萬。工科給事中李廷儀言：萬曆四年二月，上供止織二萬九千餘匹，五月織大婚袍服，又減三分之一，止五萬八千。今該監胡爲有額外之請耶？命次第續織以進。

少傅兼太子太傅英國公張溶卒。

庚辰，移靖州參將于五開衛，移辰州通判于靖州。

《神宗實録》卷一一六　癸未，定四川兵馬錢糧，見在總數以萬曆七年爲額，實在衛所官軍五萬三百三十八員名，馬一千九百二十三匹，添設總副參遊官軍三萬二千七百六員名，馬七十四匹，歲支俸廩衣甲本色米豆十八萬九千九百四十餘石，折色銀三十三萬九千八十餘兩。

移廣西潯梧參將于岑溪縣連城鄉，爲撫插猺獞也。

户部覆：廣西撫按郭應聘等題廣西通省均徭里甲兵餉驛傳銀歲編一十七萬三千四百零，視舊額實減去一萬□千七百四十一兩，乞刊册遵守。從之。

丙戌，增雲南武定府學生員廩、增各五名。武定于隆慶元年設學，人材驟盛，巡按御史劉維以尋甸事例請，故有是命。

丁亥，建潞王及五公主府第興工。

刑部奏請處決重囚，上命暫免行刑。

戊子，户部奏：臨、德二倉節年全收本色，以防漕糧缺額。今河道通行，漕額無欠，兩處積粟至一百萬石，年久恐成朽腐，合無暫住本色，改解折色，俟陳糧支放過半，仍收本色爲便。從之。

以湖廣歷年水旱，免本省積欠協濟貴州等項銀兩，又命該省起運欽賞諸絹悉改官解，不得復僉小民承運，庫貯絹見支二年，許折價一年。

《國榷》卷七一　是月，總督兩廣劉堯誨勦龍川縣妖賊鮑時秀，捕斬三千四百九十人，俘五百五十九人。

《神宗實録》卷一一七　十月甲午，以新寧伯談國佐掌南京左軍都督府事。

丙申，定福建所屬各州縣積穀額數。先是巡撫劉堯誨已有册報，所列過多。後撫勞堪恐有司積不如額，反因而横斂爲害，列上中下三等徵之。

丁酉，鑄山東清軍兼管驛傳鹽法道關防，以傳鹽歸併清軍道也。

戊戌，定浙江兵馬錢糧，見在總數以萬曆七年爲額，實在衛所併附支官軍共六萬四千九百一十二員名，歲支月糧六十二萬六百二十餘石，添設備倭防礦將領軍丁三萬三千二百九十員名，歲支餉銀三十四萬八千三百一十餘兩。

兵部覆：兩廣總督劉堯誨等會題修舉十寨善後事宜，徙南丹衛，設參將一員，土巡檢三員，開闢道路四百一十里，大熟田二萬七千九百五十畝，照畝起科。事畢上效勞員役職名。堯誨又奏拓廣東羅旁兩山，復田五萬八千四百一十畝。上命兵備劉世賞、徐時可以下，給賞有差。

詔以山西應、渾、朔、大同懷、仁、山、馬七州縣災傷甚重，自四年至六年拖欠民屯銀糧本折盡蠲，七年後方帶徵二分，又右衛等十九衛兒年應納屯糧俱與改折，仍動支預備倉穀分別賑濟。

發鳳翔知縣王明汲充軍，以按臣龔懋賞劾其累贓幾至八百，刑斃至于六命故也。

己亥，定直隸保定、河間、真定、順德、廣平五府驛遞站銀歲編一十八萬七千一百九十餘兩。舊額三十三萬有奇，節年驛禁通行應付簡少遞減十四萬有奇，其江浙蘇、松等府協濟馬價並免派徵。

《國榷》卷七一　東虜土蠻糾虜萬餘入鎮安、鎮靖二堡，分攻廣寧義州十三山。總兵李成梁擊走之，斬十八級，名酋二級。

《神宗實録》卷一一七　辛丑，發太僕寺寄養馬一千匹於薊、昌二鎮，補各營路倒死缺額，仍撥馬價一萬五千兩給之。

革衍聖公孔尚賢供應女樂二十六户，其林廟灑掃及大禮奏樂聽於廟户内撥用。

壬寅，貴州苗坪天漂等一百五十六寨苗民黨銀阿蓋等相率歸附，更其寨爲歸化，編入都勻府版籍。

裁操江軍餉供費銀三百三十餘兩，及應革軍舍餘丁歲減糧餉一千五百五十餘石。

《國榷》卷七一　癸卯，虜三千騎從寧遠長嶺山入，圍連山驛，李成梁擊走之。

《神宗實録》卷一一七　戊申，稽查應天等府書院先後共六十四處，或改公署，或給原主，或行毀廢，其紫陽、崇正、金山、石門、天泉五書院存留如故。

辛亥，發誠意伯劉世延原籍爲民。先是，南京兵科等衙門會勘世延違法及詆毀皇祖明旨事情，法司奏當論死。上念其祖佐命功，止革職爲民，撫按官羈管禁住，仍許子孫承襲。

裁寧夏鎮領班都司一員，其春秋上下班軍悉歸併操捕都司，從巡撫蕭大亨等議也。

丙辰，詔汰浙江各衛所衙門供費銀二千五百六十二兩，各官軍伴五百九十二名，裸役三百六十名，各營効勞員役不係衛所實職，盡行裁革，仍刊册以便遵守。

《神宗實録》卷一一八　十一月辛酉朔，以南京都察院右都御史劉斯潔爲南禮部尚書。

丙寅，兵部覆雲南撫按劉世胄等題稱，該省松林等二十六驛係站户親當，原無站銀，惟滇陽等三十三驛額設站銀一萬九千有奇。今減去三千五十一兩，實編一萬六千餘兩，其支剩見銀一千四百六十七兩，貯本省庫，俟積彀一年抵該驛一歲派徵。上依擬。

山東金鄉、魚臺二縣水災，詔酌免本年存留錢糧，仍勘實免數具奏。

原任少傅兼太子太保、工部尚書雷禮卒，照例給與祭葬，加贈太保。

《國榷》卷七一　戊辰，南京刑部尚書陳瑞爲兵部尚書，總督兩廣軍務。許虜酋滿五大及坡兒哈都台吉貢市如故，以前部夷銀定倘不浪等甘罰故也。

《神宗實録》卷一一八　乙亥，修泗州城外石隄。泗城陵寢重地，勢極窪下，舊有石包土隄，藉以護城禦水，久被淮流衝壞，撫按凌雲翼、陳用賓等請大舉修築，以爲一勞永逸之計。詔亟行之。

《國榷》卷七一　辛巳，少師兼太子太師、吏部尚書、中極殿大學士張居正一品滿十二年，賜金幣，敕勞之。

癸未，命張居正支伯爵俸，加上柱國、太傅，廕尚寶司丞。

《神宗實録》卷一一八　〔甲申〕，革南京五城有役弓兵先後八十四名，白役弓兵三百四十一名，除白役原無工食外，其有役弓兵工食盡行裁革，俱于蘇、松等府疲憊縣分酌量免編，及嘉靖元年至隆慶六年，果係小民拖欠者悉蠲之，萬曆元年至九年每年帶徵三分解部，從南京兵部尚書潘季馴議也。

減湖廣巡撫衙門歲解贓贖銀五千兩，如江西撫治例，歲分二次解部濟邊，其萬曆八年以前未解銀數各官既皆去任，俱免補解。

丙戌，以直隸真定、順德、廣平三府風災，從巡按御史范鳴謙奏，分別蠲賑，夏税全徵者，秋糧内抵免之。

丁亥，增雲南歲進九成金一千兩。

戊子，酌免福建汀、邵、延、建、興、漳、泉七府驛站銀免編一年，以歷年節省積剩貯庫銀足抵一年故也。

裁徽州府營兵一百名，及各縣偵卒三百名，歲省銀五千五百一十二兩。池州池陽營額兵五百，减二百名，歲省銀一千七百二十六兩。

《國榷》卷七一　己丑，遣刑部司官䘏刑京省。

《神宗實録》卷一一九　十二月辛卯朔，以原任貴州總兵郭成爲鎮守四川總兵官。

壬辰，兵部奏裁過大小文武京職一百六十五員，應減柴薪直堂五百八十九名，歲省銀六千九百七十四兩，行直隸、山東、山西、河南四省直照例免派，從之。

甲午，原任南京禮部尚書林廷機卒。

原任左軍都督府掌府事少保兼太子太保鎮遠侯顧寰卒。

丁酉，定四川巡按衙門解部贓罰銀額歲八千兩，陝西巡茶御史歲六百兩。

己亥，丈江西六十六州、縣官民塘池，原額外丈出地六萬一千四百五十九頃五十四畝，免另行陞科，即將抵補該省節年小民包賠虚糧。又查出南豐縣召佃租田四萬七千三百石，武寧縣未賣没官田三百七十一畝，通行認價，得銀三萬六千四百九十兩，解部濟邊。其清丈官撫按王宗載、陳世寶及參政喬懋敬等六十二員紀録有差。

庚子，減徵薊鎮均徭銀三千一十三兩，昌鎮五百三十一兩。

城太平府。

壬寅，減保定總兵參遊等官公費八百九十一兩，保定左等二十五衛所均徭銀八千五百一十三兩，無銀力差人役原額二萬一千五百一十七名，止存一萬九千六百七十五名，各關營將官差占人役二千二百七十八名，止存一千一百三十四名，永免僉派。

庚戌，定福建總兵副參及都司守備把總等官公費柴馬屯耗等銀，原額八千七百七十四兩，止存七千一百十兩七錢，差役軍丁八千二百五十二名，止存六千五百八十九名，餘悉裁減，永免派徵。

兵部題參管理紅盔官軍豐城侯李環、南和伯方煒、遂安伯陳澍占賣直軍八百五十餘名，革任閒住，平江勛衛陳胤兆占用直軍一百名，革俸半年。得旨依擬行。

丙辰，更調福建總兵呼良朋、廣西總兵王尚文各還舊地，從兵科王致祥題請也。

萬曆一〇年（壬午、一五八二）

《神宗實録》卷一二〇　正月丙寅，發太僕寺馬價銀一萬兩，備薊鎮春防。

《國榷》卷七一　庚午，巡撫保定右僉都御史辛自修奏：丈田清出一萬七千五百八十餘頃。

《神宗實録》卷一二〇　辛未，巡撫山東右副都御史楊俊民奏：該省民窮財盡，應節減以蘇重困。除歲額解京銀三千五百一十三兩有奇照舊徵收外，其公費銀共該徵一萬九千兩有奇，今裁十之一，差占軍丁人役通共九千九百五名，今裁一千四百六十八名。部覆報可。

通、泰、淮安三分司所屬豐利等三十塲風雨暴作，海水泛漲，一時淹死男婦二千六百七十餘丁口，淹消鹽課二十四萬八千八百餘引。

壬申，四川巡撫張士佩奏，川省衛所銀差太重，民力不堪，除火器火藥操賞祭需等均額銀一千六百三兩有奇，及茶絹布僱各足用俱照舊徵收外，其餘紙劄等項額銀八千九百四十九兩有奇，減二千三百一十七兩有奇，力差軍伴識字額數四千八百一名，減一千九百五十一名，又革把總千總家丁等項二百二十四員名，每年省本色米一百三十六石零，折色銀一千四十七兩有奇。部覆如議。

《國榷》卷七一　戊寅，户部題：張居正子編修嗣修恪遵庭訓，盡革親族冒免者。各省遵行，清出人丁四萬四百八十餘人，糧六萬三千八百八十石有奇。乞刊優免定例于石。從之。

《神宗實録》卷一二〇　壬午，户部覆鳳陽巡撫凌雲翼題淮安府屬安東縣原額六十一里，徐州屬蕭縣四十六里，沛縣三十八里，邇因黄河變遷，地失人逃，議併安東縣爲四十里，蕭縣三十七里，沛縣三十里，仍嚴督各縣官查明見存人户，照軍民匠竈原籍歸附里甲當差填註賦役册内，永爲遵守。報可。

兩廣總督劉堯誨題：清查過廣東通省總副參遊守把都司衛所營路等官一

應常餉軍需，共裁減銀四萬二千三百一十一兩有奇，革去食糧餘丁本折米七百六十三石，清出占用旗軍三百四十三名，舍餘四百五十三名，報聞。復定大理寺左寺官六員，以浙江、福建、山東、四川、廣東、貴州六司道獄詞屬之，右寺官七員，以江西、湖廣、河南、山西、陝西、雲南、廣西七司道獄詞屬之。

《國榷》卷七一　甲申，以山西修邊，隔占應州民地一百八十六頃。又邊牆壕塹占民地一百二十六頃三十畝，豁其租。

乙酉，裁陝西長岳、靈武二監正，開城、廣寧、黑水、安定、清平、萬安、武安七苑圉長，改七苑爲七監，申飭馬政。

《神宗實録》卷一二一　二月癸巳，起致仕户部尚書殷正茂爲南京刑部尚書。

北虜順義王俺答卒。邊臣以聞，上嘉其恭順，特命賜祭七壇，綵段十二表裏，布一百疋，以示優恤。

巡撫鳳陽都御史凌雲翼議裁減所屬軍衛公費銀六千六十三兩有奇，人役一千六百三十六名。部覆從之。

丁酉，修蘭州城，費銀三千五百四十二兩有奇，皆動支於修邊支剩銀內。

薊遼總督吴兑等題：各馬房牧地與民社互相錯雜，今照巡青衙門原題數逐一清查，通州、昌平、武清、東安、順義各原題少，而今報多，香河、大興、宛平各原題多而今報少，議以多餘之地補失額之糧，除抛荒水占不堪耕種及牧馬、養贍、公廨、營房、道路、河渠雜占外，實在現徵子粒地共一萬八百一十七頃一十一畝有奇，徵銀二萬三千三十一兩有奇，歲爲定額。

《國榷》卷七一　户部按江南蘇、松逋七十一萬一千三百三十餘金，淮、揚等逋二十四萬九千六百三十餘金，兵部覈帶徵未完銀十九萬六千九百九十一金，逋十六萬四千二百六十餘金，南京户部按未完銀二十一萬五千餘金，俱蠲免焉。視蠲租之詔過之矣。

壬寅，割四川播州八司。

甲辰，裁湖廣澧州順林驛。

丁未，户部言：各省贓罰銀，自萬曆九年至十年，增舊共四萬五千七百三十八金，恐解數稍增，餽用不減，撫按必以多責司道，司道必以多責有司，有司希上官指，務多相勝，罪一人而連數人，應無力而概有力，止贖杖則擬滿徒，當給主則擬入官，甚至罰干證，科良民。有司曰不加益則上官駁讞，撫按曰不加益則歲解不敷，是本部清查贖金之議，爲殃民剥下之媒。朝廷富有四海，何用此贖金爲貪吏口實耶。凡撫按公費紙紅薪菜吏廩等項，皆正項應支，餘賞公差，餽鄉官，殊負皇上禁貪責實之意。上命禁之。

甲寅，禁外官儀從毋越禮。

宣府右參將孫國臣爲平羌將軍總兵官，鎮守甘肅。

《神宗實録》卷一二一　乙卯，發宣府客餉銀三萬兩充市本，從宣大總督鄭雒等奏也。

《神宗實録》卷一二二　三月己未朔，增築保定府雄縣横堤八里，工食取諸修城餘銀。退河間府任丘縣東堤自滿堂村至吕公堡二十里，工食取之裁省淺夫銀。以滹沱水患。

《明通鑒》卷六七　庚申，杭州兵變。

《神宗實録》卷一二二　甲子，發户部太倉兵部馬價銀五萬五千二百三十一兩有奇於薊、昌二鎮，備修築犒恤之用。

鎮江府妖僧汪元珙等潛謀不軌，事露伏誅。

《國榷》卷七一　庚午，修山西西中東邊牆墩堡。

癸酉，保定浮圖峪災。

甲戌，減山西武鄉、榆社、和順賦額千五百二十餘石。

《神宗實録》卷一二二　修《宗藩要例》書成。

《明通鑒》卷六七　丙子，泰寧部長博斯呼，與弟綽哈、子布延圖入犯義州，李成梁禦之鎮夷堡，設伏待之。參將李平胡射中博斯呼脅，墜馬，蒼頭李有名前斬之。寇大奔，追馘百餘級，綽哈等慟哭去。

博斯呼爲遼左患二十年，至是死。上大喜，賜成梁甲第京師，世襲錦衣指揮使。

《國榷》卷七一　己卯，倭寇温州，官兵擊走之，奪舟二，俘五十二人，斬五級，溺者甚衆。

《神宗實録》卷一二二　癸未，賜永寧長公主莊田二千五百餘頃，如壽陽長公主例。

丙辰，兵部覆：應天巡撫孫光祐、蔡夢説題，蘇、松、常、鎮所屬各將領部下汰名色把總等官三十九員，家丁百長等役七十八名，減銀一千五百四十兩有奇，蘇、松等衞吴松等所減公費銀一千六百八十九兩有奇，徽、寧等處所屬新安等衞減公費銀一千二百六兩有奇，革建陽、安慶二衛軍舍，歲省糧一千五百五十五石零，九江衛軍舍安慶等營各將領部下歲減廪給紙劄銀二十二兩有奇，通自萬曆九年編派已定者，炤舊徵貯官庫，聽候别項公用，十年以後悉免派徵。從之。

丁亥，户科左給事中萬象春以鎮江妖僧倡亂，請嚴剃度之禁。禮部覆：在京責巡視御史，在外責巡按，嚴禁毋許容留游食僧道。報可。

《國榷》卷七一　是月，貴州銅仁苗叛。銅仁錯壤楚蜀，其苗最悍，數爲患，有龍木哈，黠甚，有司議令約制諸苗，歲贍米糒魚鹽有差。木哈得漢物，因役屬諸寨，視官家外府也。及老，子龍俸受事，争兵帥。總兵胡守仁不能制，誘木哈賀歲，杖斃之。于是諸苗怨叛，守尉頗利啗之，參議秦舜翰以擒木哈自爲功，終敗。

《神宗實録》卷一二三　四月戊子朔，鑄給福建清軍兼理糧餉關防。是時督糧參政已裁，而諸務總歸右布政使，故有是給。

《國榷》卷七一　癸巳，户科覆：户科都給事中姚學閔等所參河南丈田册報多虚，撫按褚鈇、趙楫奪俸。

《神宗實録》卷一二三　甲午，寧夏靈州土軍馬景等作亂，殺參將許汝繼，屠其家，巡撫晉應槐捕斬之。

裁革福建林墩驛。

丙申，少保兼太子太保鎮遠侯顧衆卒。

《國榷》卷七一　庚子，以旱，停刑禁屠，令羣臣修省七日。

釋輕囚。

《神宗實録》卷一二三　壬寅，廣西馬平等處獞賊韋王朋等謀亂，殺死撫按千總留報罷官二人，及謀刼仗量縣官。總督劉堯誨、巡撫郭應聘、總兵王尚文等督兵討平之。是役也，擒斬俘獲以千計，兵部行巡按御史覆勘以聞。

癸卯，禁湖廣官違例謁顯陵。

《國榷》卷七一　乙巳，順天府尹張國彦請豁房税，張居正擬如之。有旨改擬，居正疏止。不報。

《神宗實録》卷一二三　己酉，發太僕寺馬價銀七千四百十五兩有奇於遼東，備寧前買馬給新軍。

庚戌，給慶都伯杜繼宗墳價銀一萬五千兩，墳地十六頃。繼宗，孝恪皇太后之弟也，援武清伯李偉例以請。上以例不合，特給半價。繼宗時以年老子幼，預行陳乞，事殊創見云。

辛亥，户部覆兩廣總督劉思誨題，總計廣東軍餉歲派四十三萬，邇來民間拖欠者查追不嚴，軍伍雜陳者稽覈不密，以致積剩存留數少。今查任内存積餉銀見貯庫二十四萬四千五百餘兩，各屬未完銀六萬八百九十餘兩，分别各貯，以備緊急，一切歲支常餉不得那移。詔可。

甲寅，增邊鎮馬匹草料銀四千四百餘兩。

增歲供木炭三百萬斤。

《神宗實録》卷一二四　五月己未，惠州府、祁門縣各大水，發倉穀四千七百餘石賑之。

庚申，駙馬都尉梁邦瑞卒，上輟朝，予祭葬如例。時尚主甫一月。

乙丑，發太僕寺子粒銀三千兩于戎政府給貧軍。是時瘟疫盛行，營軍死者衆。

《國榷》卷七一　丙寅，五開衛逆卒胡國瑞等二十五人伏誅，遣戍二十九人，調指揮鍾鳴震等邊衛。

《神宗實録》卷一二四　丁卯，以從化、番禺、增城、龍門四縣水災，蠲免九年以前拖欠夏秋存糧有差。

己巳，免河東運司逋糧。先是，自萬曆元年至九年，共該宣大、山西年例銀一百五十五萬六千四百餘兩，未完尚八萬五千二百九十餘兩，節因水旱，池鹽不生，以致逋欠，于是巡鹽御史邢侗比炤帶徵民糧事例請蠲。從之。

《國榷》卷七一　庚午，户部請免雲南加金，不允。張居正申言之。且曰：或如撫按言，准其輸價來京，命户部如數買進。從之。

辛未，鎮守四川總兵劉顯卒。

《神宗實録》卷一二四　甲戌，減淮王載堅歲禄米一千石，比秦、晉等府例也。

鄭王厚烷請補修府第銀一萬八千兩。不許。

《國榷》卷七一　丁丑，蠲寧夏萬曆六年以上樁棚銀。

乙酉，巡撫浙江張佳胤，杭州民變，擒斬之，賜飛魚衣一襲，金三十，幣一雙，御史張文熙金二十，幣一雙。

《神宗實録》卷一二四　丙戌，山東巡撫楊俊民題：該省兗州等六府庫貯各驛遞節年積剩站銀共一十二萬一千三百餘兩，請免編萬曆十一年分額徵銀兩，以寬民力。部覆從之。

《國榷》卷七一　是月，烏蒙禄榮、烏慮二酋搆兵。

貴州普定衛大水。

《神宗實録》卷一二五　六月己丑，免雲南巡撫贓罰銀一千一百兩有奇。

癸巳，兩廣總督劉堯誨題：該省見在衛所官軍共三萬四千一百一十三名，應支月俸糧米四十萬一千五百五十石有奇，將領水陸官兵征馬共三萬九千一百一十八員名匹，應支餉銀三十八萬二千四十二兩有奇，解部濟邊銀二萬九千九百九十二兩有奇，其餘米四千五百八十三石零及餘銀二萬一百九十三兩零，留備緩急。部覆從之。

以胡守仁充總兵官，鎮守浙江。

叛人綽力哥伏誅。力哥係漢人，勾水泉堡伏虜入犯，殺傷官軍，故誅。

甲午，致仕少保兼太子太保、禮部尚書、武英殿大學士殷士儋卒。

丙申，改江西贛州府捕盜通判專管兩關商税，練兵同知兼管捕盜。

丁酉，發太僕寺馬價銀一萬兩，賞該鎮軍士。

以南京右軍都督府僉書戚繼美充總兵官，鎮守貴州。

《國榷》卷七一　壬寅，太原、平陽、潞安大饑，蠲年例贓罰八千金，賑萬金，并發倉粟。

《神宗實録》卷一二五　癸卯，遣司禮監太監張鯨齎手勅諭太師張先生：「今日聞先生病勢不粥，朕爲深慮，國家大計當爲朕一言之。」仍賜八寶四十兩，食物有差。居正力疾疏謝，因具密揭封進，蓋薦潘晟、余有丁也。

乙巳，上視朝。輔臣取原任太子太保、禮部尚書潘晟以原官兼武英殿大學士，陞掌詹事府事，吏部左侍郎余有丁禮部尚書兼文淵閣大學士，俱入閣辦事。

丙午，太師兼太子太師、吏部尚書、中極殿大學士張居正卒。

庚戌，浙江道試御史潘士楨言，大學士潘晟清華久玷，不聞亮節異能；廉耻盡捐，但有甘言媚色。其初爲禮部尚書也，穢跡昭彰，先帝常斥之；其再起也，輿情共惡，皇上又斥之。彼得以鄙夫冒宫保，優游林下，已爲過分，乃兹舉具瞻之位，論思之職，一朝畀而予之，臣恐貪榮競進之徒有以窺皇上之舉動也。幸收回成命，罷遣行人，更擇耆碩，以昭平明之治。上以晟係元輔遺疏特薦，不聽。已而給事中張鼎思、王繼光、孫瑋、牛惟炳，御史魏允貞、王國各有言。晟不得已具疏辭，遂令新銜致仕。

《國榷》卷七一　壬子，臨淄王勤琰子朝[卯/土]爲濫妾所生，降襲奉國將軍。

新鑿淮安永濟河成，亘四十五里，賜總督尚書凌雲翼金幣。

《神宗實録》卷一二六　七月丙辰朔，宣府巡撫蕭大亨題：清丈過該鎮額地六萬三千一百頃三十六畝零，均派糧一十九萬四千九百一十八石零，比舊額多三分之一。其保安、延慶、永寧丈出餘地一千四百六十七頃四十一畝零，各炤民地額例通融減徵外，將衛所地各炤等則酌量遞減，其養廉、贍軍、學田等地有原未徵銀者量行，徵糧地多糧少、地肥糧輕與有地無糧者俱盡數丈出，以補水灘沙壓有糧無地、糧重減輕之數。包賠者悉與開除，影射者盡行釐革，及將參議等官王學書等酌量録用，通判馮明世等分别罰治。部覆從之。

庚申，保定巡撫陰武卿等題：清查過萬曆七年以前拖欠保定府清苑等八州縣草場京營租粒草料銀四千八百六十五兩零，協濟順天、河間二府站銀九百四十三兩零，河間府静海等州縣驛站夫皂銀五千七百八十四兩零，俱係逃亡貧户拖欠，應一併蠲免，以霈聖澤。兵部覆請，詔曰可。

復設山東濟南府、東昌府各管馬通判。

《國榷》卷七一　〔辛酉〕，江南丈田，原額四十五萬一千五百八十頃五十餘畝，多餘九千五百四十餘頃，各衛所屯田九千八百九十九頃。

癸亥，丈出貴州額外民田十四萬二千三百十四畝，屯田一萬七千一百八十一畝。

甲子，廣西丈出官民田七百六十八頃八十七畝。

《神宗實録》卷一二六　乙丑，户部題：順天府撥過世廟莊順安榮貞靖皇貴妃洗氏并榮惠宜妃楊氏墳所贍墳民地各五頃，該價銀一千九百二十五兩，應行宛、大二縣于存留銀内炤數支給，其應免税糧馬草等項錢糧炤數豁除。上可之。

《國榷》卷七一　〔丙寅〕，蠲廬鳳淮揚徐萬曆七年以前驛站銀五萬六千九百五十七金。

《神宗實録》卷一二六　丁卯，江西巡撫王宗載題：該省奉新、萍鄉、萬載三縣改建磚城合用工料銀二萬七百二十四兩，除將庫貯無礙贓贖等銀應用外，尚少銀一萬八千二百一十五兩，無從措處，應于南豐、武寧二縣變賣官田價銀二萬兩内動支。部覆許之。

戊辰，保定巡撫陰武卿題保定騎營新買完馬一千五百匹，每年該料草銀三千一百三十七兩有奇，應于年終存留餘剩銀内炤數動支，併將九年存剩銀内動支二千四十五兩零，補九年冬季應支草料之數，如已借支別項銀兩，管糧郎中炤數扣還。部覆如其言，從之。

《國榷》卷七一　庚午，陝西平涼、慶陽、延安災，臨洮、鞏昌次之，巡撫蕭廩乞均賑，報可。

敍御道功，歷三年，費三千餘緡。

丙子，蠲河南站銀三萬三千三百餘金，山東馬價銀站銀四萬六百餘金，及江浙馬價四萬三千七百餘金。

己卯，浙江丈出田一萬六千一百十二頃十七畝，軍田三十四頃五畝有差。

庚辰，晉府與寧化王争田，撫按清丈，定歸寧化王。

辛巳，兩淮鹽運使陳楠，以貪墨削籍，下臺訊。

哈密衛都督同知米兒馬黑麻乞襲祖職，許之。

《神宗實録》卷一二七　八月戊子，上親祭太社、太稷。

丙申未時，皇元子生。恭妃王氏出也。

《國榷》卷七一　丁酉，徵太倉二十萬金，光禄寺十萬金，備宫賞。户部求約省，報聞。

《神宗實録》卷一二七　戊戌，保定巡撫辛自修題：清查過保定府新城縣未完備邊銀四百九十七兩零，係景府等府重復改撥地土無從徵解，河間府静海縣、滄州、天津三衛未完八千四百二十八兩零，俱係地方旱災，花户拖欠，勢難追徵，應一體蠲免。部覆從之。

丁未，蠲涉縣、湯陰、林縣、盧氏、陜州、新安、沔池七州縣夏税，以災故。

祁門縣水災，發粟賑之。

發延寧客餉一萬兩，賑延安、綏德、榆林三衛，以亢旱。

《國榷》卷七一　戊申，倭寇興化、漳南，官兵擊斬三十餘人。

《神宗實録》卷一二七　癸丑，陝西總督高文薦題：寧夏全鎮災傷，乞蠲折本色屯糧及動支主餉銀二萬兩，召集流民，興築邊堡城垣，計工給食，以寓賑恤，仍于成熱堡寨趁時收買糧食，以備困急。部覆報可。

以亢旱，免保定、河間、真定、順德、廣平、大名六府夏秋税。

《神宗實録》卷一二八　九月丁巳，雲南進年例金二千兩，上以後期詰問，輔臣張四維等疏請寬宥。從之。

《國榷》卷七一　戊午，河南丈出田八千九十三頃十七畝有奇。

辛酉，頒元子恩詔。

壬戌，上仁聖懿安康静皇太后徽號。

乙丑，上聖母慈聖宣文明肅皇太后徽號，兩宫禮成，詔天下。

《明通鑑》卷六七　丙辰，以皇長子生頒詔天下。大赦，免各省田租三之一。

癸丑，總督京營彰武伯楊炳進太子太保。

鑄崇文門、通州草場各分司關防。

《國榷》卷七一　壬申，先是，廣積庫太監焦科請買浄硝三百萬斤，熟黄百五十萬斤備用。工科給事中李廷儀言：該庫硝黄，例十年一派，二百萬斤。將庫貯黄生熟煎剔借用。今期未及先例，不過利其出納耳。工部不能執，命買硝百五十萬斤，黄五十萬斤，今後仍十年一派，毋越奏。

〔丁丑〕，建州虜侵曹子峪，官軍禦卻之，斬三十九級，并獲喜樂温河指揮使銅印一。

隰川王府鎮國中尉廷徑匿名越奏，廢爲庶人。

《神宗實録》卷一二八　癸未，聖母發帑銀二十萬兩，太僕寺馬價三十萬兩，犒賞守邊軍士。

《神宗實録》卷一二九　十月乙酉朔，頒萬曆十一年大統曆。

以覃恩發銀二十萬，犒京邊軍士。

《國榷》卷七一　〔己丑〕，以寶城成，賜各部金幣，加工部尚書曾省吾太子太保，太監張城廕錦衣百户，馮保賞如閣臣，張鯨等殺之。時工部敍内臣功甚侈濫矣。

《神宗實録》卷一二九　丙申，以水災蠲賑蘇、松等府有差，總計衝毀廬舍十萬區，漂流田禾十萬頃，淹死人口至二萬。財賦奥區，遭此昏墊，故有此賑。

丁酉，雲南道御史楊寅秋糾吏部尚書王國光六罪。上覽疏大怒，詔：王國光欺君蔑法，念係大臣，姑落職冠帶閑住。復胡誥職，黜江學詩爲民。

庚子，發太僕寺馬價銀九千六百兩于京營買馬。

《國榷》卷七一　前左都御史潘恩卒。

辛丑，予德府嘉祥王常浕民校二十人，例也。

甲辰，太子太保、兵部尚書梁夢龍改吏部尚書。

《神宗實録》卷一二九　甲辰，延綏巡撫王汝梅題：清丈過榆林、綏德、延安三衛原額屯地三萬九千七百五十三頃四十三畝，原額屯糧六萬七千七百三十三石有奇。節年失額併沙灘水壓甚多，今次清丈除補足原額外，尚多抛荒屯地三十頃四十三畝，徵糧七十一石有奇，以備正額召墾不盡之數。地多糧少，地肥糧輕，與有地無糧者悉釐正。有糧無地，糧重地輕者悉開除。及將副使文作等紀録，指揮紀綱等分別降問。户部覆請，詔曰可。

《國榷》卷七一　庚戌，命皇弟潞王歲禄萬石，今在京，且支三千石，鈔萬貫，給旗尉六百人、軍千人隨侍。

癸丑，南京禮部尚書劉斯潔致仕。

是月，雲南討緬甸叛夷。初，緬甸酋莽瑞體，生時值大雪，其室獨無，夜有光，及長，沈鷙善用兵，拓地萬里。嘉靖間，據罷古，威劫諸夷，爲永騰患。是年死，子應禮繼之，益肆。江西人岳鳳游麓川，冒爲宣撫，多民土目，後遂自立。懼討，嗾應禮作亂，永騰大震。

《神宗實録》卷一三〇　十一月乙卯朔，命薊遼總督太子少保、兵部尚書吴兑回部管事，兑疏辭不允。

《國榷》卷七一　丁巳，宣嶺南遼東之捷。先是，廣東數苦倭，而蛋賊梁本豪復購倭流劫海上，總督尚書陳瑞擊破之，斬本豪，先後擒斬倭千六百有奇，沈二百餘艘，無遺類。建州屬夷王杲，遣子阿台誘北虜犯孤山，總督吴兑追斬一百八十餘級，并殲各酋五十六人，獲馬五百。

《神宗實録》卷一三〇　山西災，免徵十年秋糧，從巡撫年應乾請也。是役也，免徵銀二十萬六千九百九十餘兩，其起運存留邊倉及代府禄糧十萬四百六十餘兩，皆歲支正數，不可缺議。留本年撫按各衙門紙贖及事例抛荒銀二萬六千二百二十餘兩外，尚少七萬四千二百三十餘兩，在積餘主兵銀内酌量動支。

《國榷》卷七一　壬戌，免大同屯租。

丁卯，以潞王婚禮徵金珠各色，金三千八百六十九金，青紅寶石八千七十塊，各色珍珠八萬五千餘顆，珊瑚二萬四千八百餘顆。户部告匱，不聽。

戊辰，固安伯陳景行卒。

辛未，虜寇宣府新興堡，游擊劉寅泰擊走之。

丙子，元子命名常洛。

《神宗實録》卷一三〇　丁丑，全陝沙磧荒蕪，正供多逋。總督高文薦言：七年帶徵屯糧終難望完，請炤民糧一體蠲免。寧夏糧草不敷支放，應于節省主客糧草數内處補。部覆宜從，是之。

《神宗實録》卷一三一　十二月丁亥，陝西撫按蕭廪、陳薦題：全陝地方頻年苦旱，錢糧追徵原難。今歲夏秋災沴尤甚，議將延、慶、平三府州縣除蠲免存留外，量免起運邠、耀二州，潼關、三水等五縣，止免存留，俱于萬曆十年應徵夏秋糧内除豁，共實免過起存本折糧銀四千九百四十六兩有奇。恐虧國課，查有節年收貯夏糧併扣門皂工食等銀可以抵補，其平凉、固原、慶陽、安東、環縣等衛所屯糧暫改折色，西安、鳳翔二府被災稍輕，分別賑恤。部覆從之。

《國榷》卷七一　戊子，户科給事中王繼元劾工部尚書曾省吾十罪。勒免。

《神宗實録》卷一三一　壬辰，以司禮監太監張鯨掌東廠。是日，江西道御史李植參司禮監太監馮保當誅十二罪。有旨保欺君蠹國，罪惡深重，本當顯戮，念係皇考付託，效勞日久，姑從寬降，奉御發南京閑住，伊弟侄馮佑等都革職，發原籍爲民。張大受等降，小大者發孝陵司香。仍將各犯財産抄没入官。

《國榷》卷七一　順天府尹張國彦請禁收火耗，收商税，各郡縣官玩忽者，不時查參。報可。

甲午，吏部左侍郎王篆免。先是，巡按直隸御史王國論馮保招權納賄，張居正没，令徐爵納其名琴七，明珠九，珍珠簾五，金三萬，銀十萬，王篆餽保銀三萬，玉帶十，謀領都察院。篆奏辨，有旨調南京。御史李廷彦復論篆貪縱不法，令冠帶閒住。

《神宗實録》卷一三一　乙未，陝西總督兵部侍郎高文薦題：本鎮三廠互市，酋首最多，止設寧夏二道，飭備督餉，經理難周。議將靈州駐劄行太僕寺中路少卿郭汝經理清水營互市，兵糧道副使劉堯卿經理平虜、中衛互市，各請給勅諭一道。部覆從之。

《國榷》卷七一　壬寅，四川道御史孫繼光請宥前編修吴中行、檢討趙用賢、員外郎艾穆、主事沈思孝、進士鄒元標，又南京給事中余懋學、御史趙應元、傅應楨、朱鴻謨、孟一脈，南京員外郎王用汲，以開言路。已，吏科給事中陳與郊、雲南道御史向日紅又言之。有旨：朕一時誤聽，致降罰失中，今俱起用，復郭惟賢職，許王國光原官致仕。

乙巳，南京户部尚書楊巍爲工部尚書。

丁未，刑部尚書嚴清改吏部尚書。時籍馮保家，朝臣多交通，獨無嚴清名，上甚賢之。

《神宗實録》卷一三一　戊申，陝西延安、慶陽、平凉、臨洮、鞏昌各府大饑，借延鎮主客銀四萬兩充賑。

陝西巡撫蕭廪題：清丈過全陝官地共一千二百八十頃四十七畝零，比原額少一頃二十七畝零。民地五十萬二千二百九十九頃二十五畝零，除足額外，多地三萬九百八十八頃二十三畝零。應通融減派，均攤足額。其鄜州等二十七州縣仍少額拋荒民地一萬九千五百三十八頃六十六畝零，固原鎮東河等衛所少額屯地一千五十頃八十七畝零，併前少額官地俱係先年虚增拋荒之數，應與除豁，及將左布政孫坤等紀録擢用，華州知州王覺等分別罰治。部覆如議行。

萬曆一一年（癸未、一五八三）

《神宗實録》卷一三二　正月己未，改南京兵部尚書潘季馴爲刑部尚書。

《國榷》卷七二　壬戌，御史張應詔劾南京刑部尚書殷正茂、總督兩廣兵部尚書陳瑞皆餽張居正、馮保。命免正茂、瑞官。

丁卯，陝西總督高文薦報延綏、寧夏丈出荒田一萬八千九百九十餘頃，招荒民墾之，三年起科。閲科蕭彦之户部請墾荒永不起科。二鎮多砂磧，未盡可耕，宜聽軍民告官自占。從之。

戊辰，湖廣巡撫右副都御史陳省削籍，以御史黄鍾論其私張氏也。

張大受二弟恩棟，徐爵子行忠，俱永戍。何宗弟志，劉忠姪應魁，劉定兄福，李忠弟禄，楊舟姪景年，俱削籍。馮保、馮邦寧並瘐死。

己巳，吏部大計，降斥有差。

辛未，濬韓家口引渠出徐州，工竣。

癸酉，南京刑科給事中阮子孝論張居正、王篆私其子濫登科第，乞除名。張四維奏張氏子並能文，以連捷高第見嫉。王篆二子，不知其才，宜覆試。上不聽，手批張懋修等並除名。

《神宗實録》卷一三二　御史魏允貞劾兵部尚書吴兑附高拱、張居正，餽馮保金一千兩，署名摽封宛然尚在。又裝送兵器火器賂俺答，乞正兑欺肆之罪。章下所司。

甲戌，刑科給事中馮露、御史韓國楨各疏劾總督三邊兵部左侍郎高文薦。言文薦附逆保，饋遺無算，娶王篆侍妾之妹，交通納賄，妄傳靖虜衛産金，索取未遂，輒行加糧，致回酋聚衆據黄河。貪鄙若此，豈堪重鎮之任。得旨文薦革任閒住。

乙亥，兵部尚書吴兑因允貞論劾，乞休。不允。

詔原任兩京四品以上官員才品可用的著科道官從公會舉，其餘吏部酌量起用。

丁丑，起原任兵部尚書掌南京都察院事石茂華爲兵部尚書兼左副都御史，總督陝西三邊軍務。

庚辰，户部乞停買金珠，或量支太倉銀兩，交進庫内徑自收買。不允。

壬午，復順天、鄖陽二巡撫。

《國榷》卷七二　是月，緬甸莽應禮糾衆攻姚關，時參將鄧子龍守永昌，游擊劉綎守騰衝。

《神宗實録》卷一三三　二月甲申朔，黜錦衣衛千百户王杲等，遣戍爲民有差。

〔乙酉〕，以陝西臨、鞏、平、延、慶五府旱荒，盡蠲十年起運民糧。詔發太倉銀十五萬，太僕寺馬價銀二十萬，分解餉司補民糧未完之數。仍諭陝西督撫多方賑恤，務濟民艱。

發太僕寺常盈庫貯馬價銀一萬五千七百有奇，給薊鎮備萬曆十二年撫賞，及補還薊、密、永、昌四鎮額餉。

戊子，祭太社、太稷。

承天府地震。

《國榷》卷七二　少保兼太子太保、左都督、薊永總兵官戚繼光移鎮廣東。

《神宗實録》卷一三三　己丑，會試天下貢士。以大學士余有丁、吏部左侍郎兼侍讀學士許國爲考試官。

户科給事中王繼光劾兵部尚書吴兑交結逆保，多受將領餽遺。侍郎賈應元先開府時，太平王被參，以停封爲辭，致該府餽銀九千，仍勒送萬金，方許請封，而罷追贓，及賂游七、馮保諸不法狀。上令行彼處巡按御史勘應元受代府贓數，而置吴兑不問。

壬辰，命禮部選民間女子年十一以上、十五以下者三百人，進宫預教。

《國榷》卷七二　甲午，禁富平、蒲城、朝邑私煎灘鹽。

丙申，浙江巡撫張佳胤請宥故尚書趙文華侵餉六萬有奇。上以乾没十餘萬而免之，何以懲惡，姑戍其子慎思于邊。

詔浙江總兵官移杭州。初駐定海，時杭州兵民再變也。鎮守居庸、昌平總兵官右都督楊四畏改鎮守永、薊、山海。

庚子，皇城内外設欽依把總，分轄東西。

《神宗實録》卷一三三 屯田御史王國清查出豐潤、玉田等縣，成國公朱應禎退出葦地及民間告墾未入册地寔丈過通徵銀八千有奇，豆一千九百一十一石有奇，永爲定額，俱解備邊。報可。

《國榷》卷七二 辛丑，宣府副總兵董一元爲署都督僉事總兵官，鎮守居庸、昌平。

壬寅，賜廣西陽洞長官司土舍韋昌金冠帶。先屬貴州黎平府，正統間叛，今昌金率衆來歸，命三年後果輸賦，令襲祖職。

《神宗實録》卷一三三 庚戌，會試，取中式舉人李廷機等三百五十名，近額三百名，以皇嗣覃恩命增五十名。

《國榷》卷七二 徵雲南庫貯鑛課銀二十萬。張四維言：雲南遥在萬里，緬賊肆擾，宜留彼濟急。從之。

壬子，命定國公徐文璧、彰武伯楊炳護蹕。鎮遠侯顧承先同左軍都督李文全、勳衛孫承恩以帶刀府軍等二十人、大漢將軍三百人侍直。

建州王杲子阿台復誘阿海等深入松山、杏山、小凌河。李成梁自大寧堡出塞四百餘里，直擣襖郎兔，轉戰四日夜，大破之，斬阿亥恰脱奈等三百四十餘級，死十四人，失馬六百八十。

《神宗實録》卷一三四 閏二月甲寅朔，起原任南京户部尚書畢鏘爲南京工部尚書。

《國榷》卷七二 乙卯，上覽刑部録進王大臣爰書，欲覈原問官與馮保質對。張四維言，原問官即馮保及朱希學，罪決十年矣，重究恐駭觀聽。上乃止。

《神宗實録》卷一三四 丙辰，諭：朕兹謁陵，賞扈衛圍宿大漢將軍及各項官軍銀三萬兩，山後守備并巡山各官軍銀二萬兩，御馬監勇士官軍及内官監拽船、東廠錦衣衛團宿官較旗軍銀一萬兩，着户、兵二部各措處三萬兩支給。

己未，周府歲禄不給，河南撫臣疏請留解部濟邊銀九萬。上令閣臣擬旨。大學士張四維等持不可，命該部酌議經久之法。

《國榷》卷七二 辛酉，鎮守大同征西將軍都督同知總兵官郭琥致仕，進左都督，給廪役，以麻貴代之。

《神宗實録》卷一三四 壬戌，户科都給事中蕭彦等言：户部停買金珠，折價五萬以輸内庫。金珠湊買，非額也，折價，非名也，乞賜停免。不允。

《明通鑒》卷六八 甲子，詔封諳達子徹辰汗爲順義王。徹辰汗者，鴻台吉更名也。

《國榷》卷七二 乙丑，上謁陵，奉兩宫行。潞王送于德勝門，宿鞏華城。

《神宗實録》卷一三四 戊辰，命經過昌平、宛、大地方煩勞百姓，本年分田糧除恩詔蠲免外，仍照八年例。其未經駐蹕應免三分者，并恩例共免六分。駐臨之處應免五分者全免。

己卯，革南京錦衣等衛巡倉御史，歸併鳳陽倉差。

《國榷》卷七二 前少師兼太子太師、吏部尚書、建極殿大學士徐階卒。

《神宗實録》卷一三五 三月甲申，上覽大理寺所上游守禮、馮昕等獄詞，命奪張居正上柱國、太師兼太子太師，伊子錦衣衛指揮張簡修爲民，潘晟冠帶閑住，游守禮、馮昕、胡守充等大辟，遣戍有差。

乙酉，吏部題請推官知縣歷俸四年以上、政行足稱者坐名行，取其中行博士等官，候臨選之時一體取選。所取之數以缺爲差。上命舉貢、推官、知縣以四分之一選用。

户部題：南京供用庫蠟茶等料恩例應免十分之三，但已于十年二月内預行題派，如今年尚未徵收，遵詔減免，若已全徵在官，乞于十二年内減免三分。報可。

〔癸巳〕，户部言：延鎮撫賞，原以商税充用，易馬市本在客餉剩餘銀内量支，自萬曆八年虜王西牧，支費浩繁，商税數少，故九年借用客餉二千四百有奇，爲撫賞用。十年又借三千二百有奇。該鎮連年荒歉，商賈罕通，税銀自少，當准令開銷。其十一年撫賞不足，准亦在應支市本内湊用。十二年以後，仍用税銀，不得再議動支。報可。

《國榷》卷七二 甲午，四川總兵官郭成免，以永寧沙卜事被論。

《神宗實録》卷一三五 丙申，以陝西延安、慶陽、平凉三府旱荒，詔蠲十一年以前未免錢糧，仍以巡按御史所積贓贖三萬兩分發賑濟。

丁酉，詔給潞王莊地二千頃，食鹽一千引。

《國榷》卷七二 策貢士李庭機等三百四十一人于皇極殿。賜朱國祚、李廷機等進士及第、出身有差。

狼山副總兵沈思學爲署都督僉事總兵官，鎮守四川。

《神宗實録》卷一三五　乙巳，復陝西宜禄鎮爲長武縣，設長武縣知縣、典史、儒學教諭各一員。裁邠州駐劄宜禄鎮同知一員、訓導一員。

丁未，太子少保、兵部尚書吴兑再以休徵言乞罷，准令致仕。

庚戌，山西巡撫辛應乾題：該省去年參田未種，今春亢旱相仍，饑民死傷，已將庫貯贓罰商税銀四萬五千有奇及各州縣倉穀發賑訖。乞准開銷，仍乞酌發京運銀兩接濟賑救。上令賑過銀穀准銷，仍動支該省積剩主兵銀三萬兩，分别賑濟。

《神宗實録》卷一三六　四月癸丑，改户部尚書張學顏爲兵部尚書。

賜潞王通州等處抄没莊宅，炤原租十分減一徵收。

《國榷》卷七二　戊午，大學士張四維憂去。

己未，署詹事府吏部左侍郎兼翰林院侍讀學士許國爲禮部尚書兼東閣大學士，直文淵閣。

御史江東之論駙馬都尉侯拱辰子一誠占産，命究之。

庚申，置皇莊。即清河馮邦謙南城馮祐遺産也。

虜犯細河及關門。

《神宗實録》卷一三六　癸亥，直隸巡按御史蔡夢説劾南京前府掌府事西寧侯宋世恩侵奪民産。世恩疏辯，上命撫按官從公勘問，世恩革任聽勘。

丙寅，起原任協理京營戎政兵部尚書楊兆爲工部尚書。

戊辰，命太僕寺于常盈庫貯馬價銀内支一萬兩，解發遼東。巡撫湊先給賞馬價五萬兩，爲本年買馬支用，十二年以後，於年例一萬兩外，每年准增銀三萬兩，的係在陣倒損馬疋方准買補。

己巳，以蘇、松二府災，免驛傳馬價銀六萬八千九百有奇。

壬申，南京吏部尚書趙賢以病乞休。許之。

復設利名堡、偏頭關守備各一員。

甲戌，承天府大雨，江水暴漲入城，漂没官民廬舍，溺死人畜無算。

《國榷》卷七二　乙亥，廣東副總兵陳璘免。以腹餉致富，營兵大噪。

《神宗實録》卷一三六　丙子，雲南納樓茶甸長官司副長官土舍普鼎禄、貴州赤溪湳洞長官司土舍楊國威，俱准就彼襲授祖職。

辛巳，起原任南京吏部尚書趙錦爲原官。

《國榷》卷七二　虜把漢台吉出獵墜馬死，賜祭，子朝木台吉襲昭勇將軍。

是月，官軍敗莽應禮，斬六百四十五級。

五月壬午朔，禁外官濫罰。

丁亥，巡按陝西御史陳薦議捕盗條格，下刑部。部覆：萬曆二年條格著爲令。

《神宗實録》卷一三七　辛卯，裁革汀州捕盗通判。

裁革都税司及正陽門宣課司各大使。

甲午，吏部尚書嚴清以病乞休，上温詔令慎加調攝，暫解印務，着張士佩署掌。

命抄没犯人馮保通州等處房地，通給與潞府管業。

《國榷》卷七二　乙亥，兵部覆：巡撫順天御史李植，近日驛傳裁革過苛，因申明禁。從之。

《神宗實録》卷一三七　戊戌，山西總督鄭雒、大同巡撫胡來貢題稱，山西河南等處民糧歲解大同，原有定額，恩詔蠲免十一年分十分之三，共免過該鎮額銀二十三萬五千六百有奇。今該鎮庫貯止有十萬一千，儘抵前免之數，尚少歲額一十三萬四千六百有奇，乞發帑銀接濟。户部覆：該鎮所缺歲額係主兵軍餉，勢不可缺，發帑銀八萬接濟，餘行該鎮別項銀兩另行處補。從之。

癸卯，陝西巡茶御史王世揚題稱，陝西苑馬寺開城等七監十分災苦，牧卒逃亡，馬匹凋耗，當亟爲破格議處。一要將續賑借動過茶課銀二千兩特准開銷。一要將赦後應追馬匹、應課馬駒共七千五百四十二匹俱准蠲免。一要將開城等七監十年未納餘地糧及十一年見徵銀兩悉行蠲豁，兩年糧數係額解固原邊糧勢須抵補，要將見貯茶課銀動支二千一百六十三兩解抵十年之數，其十一年候本年新課解到分作兩年補給。一要增買種馬二千匹，每匹議定價銀八兩，於平凉府庫貯陝西行太僕寺朋合地畝銀内動支一萬六千兩，發令關西等道買馬解監。户、兵二部覆如奏。

丙午，革總兵官麻錦任，下巡按御史勘奏，以御史陳性學劾其貪淫酷暴也。

《國榷》卷七二　己酉，山西寧武關兵囂脅餉。

《神宗實録》卷一三八　六月辛亥朔，秦强王府輔國將軍充炶以稔惡敗倫賜死。

《國榷》卷七二　壬子，虜犯大靖等堡及黑谷關峯台寨。蓋黑石炭岔敗，復萬騎入寇。副總兵曹簠逐卻之，捕斬大相當。宣府分巡道議春秋駐赤城，冬夏回鎮，上以原住赤城，撫按遮飾，切責之。

《神宗實録》卷一三八　丁巳，户部覆延綏巡撫王汝梅，言延東中二路軍士月糧每月本色二斗，折色八斗，今值旱荒米貴，軍士告乏。議于折色八斗之中改給本色一斗，照依時估折銀二錢，除七分仍作主兵正支，餘銀一錢三分借動修邊召軍馬價銀二萬兩加給四個月，候停止之日查明的數請補。許之。

《國榷》卷七二　己未，免貴州逋税。

丙辰，順義王妾大嬖只率所部六百餘人犯古北口塞外，掠我馬百七十餘匹，殺夜丁十一人，執我兵十七人。事聞，游擊戚金、提調陳泰奪俸。

巡按宣大御史陳性學劾大學士許國衰劣不孚輿論，國引疾。

庚申，免沂、滕等衛所屯糧萬二千三百七十餘金。

《明通鑒》卷六八　乙丑，賑承天、漢陽、鄖陽、襄陽災。

時四府皆罹水患，命巡按御史等動支布政司庫錢糧，並發近府縣所貯銀與倉穀相兼，分道振卹。

《國榷》卷七二　庚午，命各撫按覈積穀實數，毋虚費。

《神宗實録》卷一三八　乙亥，户部覆宣大總督鄭雒、巡撫宣府蕭大亨言：宣府鎮歲入民運等項錢糧係主兵額餉，近奉恩詔，十一年分蠲免過銀二十四萬五千有奇，本色糧三萬九千八百五十九石有奇，歲額不敷。該鎮庫貯主兵餘銀見存九十四萬七千有奇，本色糧見存三十二萬四千三百餘石，乞于此内照數動支，抵補前項蠲免之數，御覽大閲等項册内明白附記開銷，准以實數比對。從之。

丁丑，命五軍等營撥軍士三千名，採打雜草蘆葦，以供燒造。以後照舊例一年一次行。

《神宗實録》卷一三九　七月壬午，達虜犯大寧堡，守堡官端世武死之，殺掠官軍一百有奇。上命巡按御史查勘失事文武官，仍以秋防諭督撫總兵，申飭備禦，毋得疏怠。

甲申，吏部尚書嚴清以病乞休，賜馳驛回籍調理。

《國榷》卷七二　乙酉，復京省裁革官。

命户部浙江、江西、福建、山東、山西、河東、四川、陝西、雲南、貴州等司，禮部儀制、祠祭、主客等司，兵部武選、職方等司，各復主事一。車駕司添設主事一。刑部浙江、江西、廣東、廣西、河南、山西、四川、雲南、貴州等司，各復主事一。工部營膳司復設重城員外郎一，屯田司復設臺基廠主事一。通政司復左通政，大理寺復左評事一。太常寺復博士一，典簿一，協律郎一，贊禮郎三，司樂七。順天府復管軍匠通判一。光禄寺復典簿一，大官署丞一，監事一。太僕寺復西路少卿一，寺丞一。尚寶司復司丞一。上林苑復蕃育署、良牧署各録事一。户、禮、兵、刑科各復給事中一。行人司復右司副一，行人五。中書舍人科復舍人二。詹事府復録事一。

丙戌，復南京户部湖廣、江西司員外郎一，山西、雲南司，禮部儀制、祠祭司，刑部浙江、湖廣、廣西司主事各一。工部營繕司員外郎一，虞衡司主事一，通政司右參議一。大理寺右寺丞一，左評事一。太常寺贊禮郎一，山川壇祠祭署奉祀一。鴻臚寺鳴贊一，序班二。應天府管馬通判一。

丁亥，北虜黄台吉嗣封成，加總督鄭洛兵部尚書兼右副都御史。

《神宗實録》卷一三九　兵部覆：薊鎮督撫周詠等題密雲標下右營召完民兵九百名，應用馬九百匹，例于太僕寺寄養馬内兑給。許之。

《國榷》卷七二　己丑，復山東督糧道參政一，光州管馬兼捕盗判官一。臨清兵備改兵巡東昌道，曹濮兵備改分巡兖州道，沂州、濟寧二道併焉。復山西糧屯道右參政一，太原府鹽收同知一，代州監收同知一，徐州管糧判官一，沁州巡捕判官一，

庚寅，科道會舉京官三品，外官方岳以下，汪文輝、岳相、陳有年、王鑑等三十九人，宜昭雪用之。下吏部酌議。

《神宗實録》卷一三九　賜靖江王任昌造墳全料。以靖江分封不宜與他郡王例，特給之。

〔辛卯〕，以蘇、松二府災，免十年分應徵禄米鹽布等項，錢糧四萬四千五百有奇，停徵九萬二千六十兩有奇。

壬辰，户部覆：薊鎮督撫官周詠等題，山東民兵銀五萬六千兩，係薊鎮額餉，今已奉旨將三萬二千兩留本省支用，合動支太倉銀庫銀補給薊鎮。從之。

辛丑，延綏巡撫王汝梅題：榆林、綏德、延安三衛，貧病屯餘，雖經賑恤，今夏初青黄不接，較之去冬危急猶甚。借支庫貯銀兩賑濟過極貧屯餘共三萬五千二百餘人，借過班價銀一萬九千一百九十七兩六錢，乞准作正開銷。報可。

《國榷》卷七二　神機營右副將都督僉事李如松爲總兵官，鎮守山西。

《神宗實録》卷一三九　癸卯，宣大督撫鄭雒等言：大同額餉所蠲免民運之數，已蒙發帑銀八萬補給，尚欠銀五萬四千六百有奇，再乞發帑抵補。許之。

蘇、松二府以災免額派南京庫寺各項錢糧二萬二千有奇。

〔甲辰〕，以四川鹽井堋塌，免無徵解銀九千五百餘兩。

蘇松巡撫郭思極、巡按邢侗題：萬曆十一年各項錢糧恩詔俱免十分之三。蘇、松、常三府白糧係歲供額數，勢不可免，計數應免二萬六百餘石。乞將起運漕糧照數免徵，抵充應免白糧之數。户部覆如議。

《國榷》卷七二　丙午，命甘肅行太僕寺卿仍兼按察僉事，駐鎮城，總理屯田鄉兵，兼轄甘、涼、肅等馬政，并通鎮驛傳不設。改陝西按察副使駐莊浪，整飭兵備，兼理莊浪、西寧二道馬政。

《神宗實録》卷一三九　戊申，以陝西平、臨、鞏三府災，發帑銀三萬兩，抵補民運拖欠之數，以充額餉。

《神宗實録》卷一四〇　八月庚戌朔，河東巡鹽御史王國祚言：解池旱涸，鹽花不生，商人預納包陪積至九十餘萬，該司額鹽六十二萬引，乞每年撥十萬引補還各商，餘五十二萬引徵完分解各鎮。得旨，准撥十萬引，如遇鹽花盛生之年，仍行奏請額外添撥。

辛亥，復設福建布政司督糧右參政一員，分守福寧道參政，仍駐興化府兼管福、泉二府。福寧一州海道副使移駐省城，汛期巡歷沿海兼理邊儲。

復設山西按察司大同兵備副使一員，駐劄左衛，仍管北西中盛遠三路城堡，整飭邊備，守巡二道各照原轄地方管，分守道仍駐朔州，换給敕書關防，其大同南路通判專駐平虜城。

壬子，免河東花馬大池萬曆八年以前拖欠消折鹽七十六萬五千九十八石有奇，小池一百四十九萬九百石有奇。

癸丑，户部覆：浙江撫按張佳胤、張文熙各疏言，浙省傜役條鞭之法，刻成《均平録》，經久可行，近編《經制書》裁削太過，以致釀變兵民。自萬曆十一年爲始，每年派銀四十四萬九千五百三十一兩零，以《均平録》爲准，永爲遵守。從之。

《國榷》卷七二　甲寅，工部覆：浙江撫按請減織幣之半，不許。

丙辰，免石樓、永和、大寧、汾西、寧鄉今年夏秋田租，其隰、吉、永寧、臨縣、武鄉、榆社、和順免夏税。遵化獲北諜打木兒云，九月初土蠻内犯永平、遵化。

戊午，追奪張居正謚。

《神宗實録》卷一四〇　庚申，協理京營戎政太子少保、兵部尚書凌雲翼以病乞休。許之。

裁革批驗茶引所官吏。

命山西恩免過軍餉錢糧十一萬六千九百八千餘兩，本色糧八千八百七十九石，准于該鎮積剩客餉内照舊抵補。

《國榷》卷七二　丁丑，敕武清伯李偉，太子少保、刑部尚書潘季馴居守，右都御史攝兵部左侍郎張佳胤爲兵部尚書。

是月，雲南耿馬酋罕虔助莽應禮出兵查理江，官兵敗之，不克渡。

九月庚辰，虜犯山海關。

癸未，復陝西督糧左參政一，平涼監收通判、同州判官各一。

甲申，上奉兩宫謁陵，宿鞏華城。

《神宗實録》卷一四一　戊子，命昌平州宛、大二縣田糧春間免過，尚剩四分者盡數蠲免。

甲午，復設南京中左二府僉書。

以災傷命長沙等府八年、九年分未完各項錢糧暫停催徵，十年分解剩贓罰銀，十一年分應解贓罰銀共七千五百兩留停該省賑濟。

乙未，以吉壤禮成，加恩前任輔臣張四維廕一子，入監讀書，賞銀五十兩，彩段四表裏。首輔申時行加少傅兼太子太傅，改吏部尚書、建極殿大學士，廕一子入監讀書。余有丁加少保，改户部尚書。武英殿大學士許國加太子太保，兼文淵閣大學士。餘官照舊各給應得誥命。定國公徐文璧加少保兼太子太保，彰武伯楊炳加太子太傅，禮部尚書徐學謨、工部尚書楊兆各加太子少保。

丙申，命巡關御史准復差一員。

庚子，以協理京營戎政兵部尚書張佳胤兼都察院左副都御史，總督薊遼。

癸卯，復設淮安府管河同知一員。

東西二虜犯前屯。上命兵部行與該鎮巡官用心防禦，相機堵截。

《國榷》卷七二　乙巳，總督宣大兵部尚書鄭洛協理京營戎政。

《神宗實録》卷一四一　丁未，復設寧鎮屯田都司一員。

《國榷》卷七二　十月庚戌，御史孫繼先、曾乾亨各劾兵部尚書張學顔，撫遼時嫉巡按劉臺，誣揭其贓送張居正，營入本兵，右李成梁而左言官。上以黨馮景隆，各謫外。

辛亥，命武舉額百人。

《神宗實録》卷一四二　癸丑，設東鹿縣百尺巡簡司。

乙卯，西虜哈不慎、北虜大委正等糾聚大衆入犯前屯，至山海關中前所高嶺驛等處，薊、遼二鎮官軍拒堵退之。

癸亥，命畿輔地方今歲都免行刑。

甲子，復設順天府宛平縣、大興縣各縣丞一員，通州本州遞運所、三河縣遞運所、薊州南關遞運所、玉田縣藍田遞運所、豐潤縣東關遞運所各大使一員，保定清苑縣管糧主簿一員，復設鳳陽府知事一員，簡較一員，壽州倉副使一員，徐州永成庫大使一員，霍山縣巡簡一員。鳳陽府太和縣倪丘集已革巡簡司改復于洪山廟地方，名洪山巡簡司，廬州府焦湖已革河泊所復焦湖巡簡司，各復設巡簡一員。

辛未，吏科給事中鄒元標疏言：南京户部尚書張士佩去年一撫臣耳，未幾吏部侍郎，未幾而尚書，有驟進之嫌。禮部尚書徐學謨山陵回後，物議沸騰，猶復靦顔就列，無易退之節。疏下所司。士佩疏請罷斥，命以吏部左侍郎致仕。學謨疏言元標左袒梁子琦，微詞冷擊，迫臣之去，乞放歸田里。得旨准令致仕，仍賜馳驛。

以水災，命河南商水等四十四州縣分別賑恤。

壬申，六科十三道周邦傑等各舉邊才。

《國榷》卷七二　甲戌，總督陝西三邊兵部尚書兼右副都御史石茂華卒。

《神宗實録》卷一四二　〔乙亥〕，以水災免湖廣寧鄉等二十七州縣十一年分存留税糧，照被災分數減免有差。

丁丑，陞太子賓客、吏部左侍郎兼侍讀學士、掌詹事府事陳經邦爲禮部尚書。

《神宗實録》卷一四三　十一月癸未，以災免延安、綏德、榆林三衛應徵十年分屯糧五萬四千七百三十八石，其免過之數照例每石補銀三錢，准於布政司庫貯織造變價支剩及夏秋糧銀内動支抵補。

庚寅，命給太僕寺馬一千匹，仍發馬價銀一萬五千兩，于薊、昌兩鎮買補倒死馬匹。

辛丑，以災分别蘇、松二府十一年分起運工部錢糧應徵、應停、應免有差。

癸卯，以災命揚州八、九、十年分工部錢糧應免、應停有差，并准改派段運之期。

甲辰，起原任總督陝西三邊軍務右都御史兼兵部左侍郎郜光先爲原官，陞刑部左侍郎。吴文華爲右都御史兼兵部右侍郎，總督兩廣兼巡撫廣東。

丁未，雲南巡撫都御史劉世曹題：永騰設在滇西之極，莽酋猖亂，兩處各募兵三千名防守，備多力寡，乞將永騰募兵各加二千名，以足五千之數，操練防勦。目今主客兵餉除庫貯堪動銀五萬五千九百二十九兩，仍將節年未解扣罰官俸鹽課等項及礦課等銀五萬一千一百八十三兩留湊支用。萬曆十二年以後募兵糧餉將額解撫按贓罰等項銀共七萬三千三百四十七兩，俱存留，與扣剩備邊税糧等銀相兼支給，仍乞行川、湖二省各借庫貯官銀十餘萬兩協濟，以補不足。兵部覆如議，從之。

戊申，復設大同威遠參將。

《國榷》卷七二　十二月己酉朔，徵太倉十萬金，光禄寺五萬金。閣臣言之，不聽，專徵光禄寺十萬。

逞加奴、仰加奴糾大虜攻猛骨孛羅，謀犯開原、遼、瀋，傷備禦霍九臯、宿振武，李成梁擊斬二奴，共三百十一級。李成梁聞礟馳新寨，又伏兵寨上，邀斬一千二百五十餘級，獲馬千七十二匹，餘畜産器甲亡算。

《神宗實録》卷一四四　丙辰，復設雲南臨元參將一員，添設順蒙參將一員。

《國榷》卷七二　己未，吏部左侍郎張士佩爲南京户部尚書。

癸亥，免畿内行刑。

復宛平、大興縣丞各一。

《神宗實録》卷一四四　甲子，户部尚書王遴等言：太倉銀庫歲入銀三百六十七萬六千一百有奇，歲出銀四百二十二萬四千七百有奇。萬曆十一年分奉詔蠲免并災傷織造議留共銀一百七十六萬一千有奇，俱該太倉抵補。歲入視歲出共少銀二百三十萬一千有奇。況歲入未必能如數完解，歲出則毫末不容減少。今太倉存積除老庫外僅三百萬餘兩，不足當二年抵補之資矣。國家歲運漕糧四百萬石，今京、通二倉實在糧共一千八百一十八萬五千四百石有奇，每年軍匠在官人等實支本色米二百二十萬石，銀少糧多，臣等擬改折一百五十萬石，暫行三年，此計之兩得者也。上曰：「漕糧改折了，一時要米怎能得到。」大學士申時行等復言：近年京倉積米足支八九年，愈多則愈浥爛，且議折三分之一，固非全折，但欲暫行三年，則爲期太遠，本色太虧，宜暫准一年，以濟目前之急。上從閣擬。

停徵萬曆十一年分蘇、松二府牲口銀兩。

丁卯，命陝西漢中府羊税，咸陽縣皮布税，及涇、咸、静、平等十七州縣並雪陽、永樂二鎮店私立税銀盡行裁革。

戊辰，贈原任太子少保、吏部尚書兼翰林院學士李默爲太子太保。

命修築山海關城，其工費于太僕寺馬價内照數動支。

《國榷》卷七二　庚午，賑商水等州縣饑。

《神宗實録》卷一四四　辛未，南京兵部尚書劉堯誨以人言乞罷，准令致仕。

丙子，命發太倉銀十一萬三千四百七十兩，并固原、延綏鎮庫貯節省客餉銀十萬兩，發陝西四鎮，抵補西、鳳等五府蠲免民糧之數。

以陝西災傷重大，民困未蘇，臨、鞏二府所屬十八州縣并延安等二十衛所未完八、九年分帶徵錢糧盡行蠲豁。

萬曆一二年（甲申、一五八四）

《神宗實録》卷一四五　正月庚辰，禁諸宗室陳乞。

蠲淮、揚等處萬曆二年至八年拖欠牲口銀兩，從御史孫繼有請也。

《國榷》卷七二　辛巳，前太常寺少卿陳三謨、御史曾士楚削籍，浙江道御史張文耀論其保留居正也。

前禮部尚書萬士和爲南京禮部尚書，不赴。

《神宗實録》卷一四五　乙酉，陞南京都察院右都御史郭應聘爲南京兵部尚書。

己丑，兵部覆：遼撫趙維卿請增廣寧等馬贏料價，允之。

《國榷》卷七二　復湖廣總兵官。

《神宗實録》卷一四五　辛丑，以巡撫郭思極言蘇州等十府、上元等八縣災，詔免四司料價及黄白麻魚課等十之三。

《國榷》卷七二　甲辰，吏科給事中鄒元標降南京刑部照磨。

《神宗實録》卷一四六　二月己酉，無逸殿災。

丙辰，户部覆：甘鎮孤懸絶塞，今墾四百一十頃零，徵銀五百六十二兩有奇，合著爲年例定額。即一時召種不完，各該地方權宜湊放，俟地闢民聚，即徵輸處補，不必取給内帑。承委官員年終分别奬戒，悉聽撫臣便宜。報可。

《國榷》卷七二　丁巳，三鎮互市成，進張學顔太子少保。

《神宗實録》卷一四六　辛酉，從陝西巡按御史陳功請，免金州水災錢糧，於槩州均攤抵補。復從户科給事中蕭彦請，免淮、揚、鳳三府、徐州一州萬曆二年起至六年止未完錢糧。

甲子，陝西巡按御史王世揚題：莊浪迤西一帶住牧番人寫爾等八族，近因虜酋尋搶仇殺，歸附求免，今蒙招撫給茶，各番感戴，願將様馬請易茶篦，歲爲例。許之。

己巳，雲南巡撫劉世曾報征緬捷，先斬穿紅頭目數十，從賊千餘，後擒斬六百餘名口。

免浙江所屬府州縣小民拖欠馬站銀米，從巡撫蕭廪請也。

丙子，兵部題：薊鎮半買夷馬等項銀兩俱應如數給發，合行太僕寺于常盈庫貯馬價銀内動支薊鎮半價九千兩。延綏客兵馬價銀四千一百六十四兩，原議本鎮市木銀一萬二千兩，再歲增一萬兩，共三萬五千一百六十四兩，本部照數給發。宣府與該鎮減哨銀兩相兼接濟專備萬曆十二年市木之用，其寧夏客兵馬價銀三千六百兩聽候另發薊鎮支用。從之。

《神宗實録》卷一四七　三月辛巳，裁革廣東潮州守備，復設參將。

甲申，命兵部右侍郎辛自修、左僉都御史石星清理貼黄。

兵科給事中張維新言：工部右侍郎劉志伊，昔在湖廣科場，取故相居正子懋脩中高等，附權欺罔，難膺大工之任。令致仕去。

《國榷》卷七二　己丑，先是雲南耿馬賊罕虔寇姚關，參將鄧子龍擒之，共擒八十二人，斬二百九十六人。命誅罕虔。孟養、孟密、木邦三司俱降附。

庚寅，前工部尚書曾省吾、浙江按察僉事曹一夔削籍，以工科給事唐堯欽論省吾同王篆媚張居正，而曹一夔籍省吾結馮保，巡鹽長蘆，送保不下萬金，往四川，餽徐爵千金，言之實污齒頰。

户部請丈田後豁免虚糧，除民累。從之。

丙申，南京工部尚書孫應鰲、右侍郎胡執禮俱劾罷。

《神宗實録》卷一四七　己亥，南京山西道御史田一麟疏，參商爲正、曹一夔皆奔走居正門下，素行可鄙。上令削一夔籍，爲正致仕。

工科都給事中王敬民極言磁器燒造之苦，與玲瓏奇巧之難。得旨：棋盤、屏風減半燒造。

《國榷》卷七二 命南京正額防軍舍餘各回營操練，毋仍前占役。

壬寅，宥革除株戍姻黨，除伍萬一千七百六十三人。

《神宗實録》卷一四七 甲辰，户部言：工部開納事例款目與本部侵奪，不便。上令照嘉靖年間例，與工部並行。

《國榷》卷七二 丙午，逮臨江知府錢若賡，以巡按御史韓國楨參其杖斃二百人也。

是春，虜長禿長昂董狐狸犯遼東三山營，備禦祖承訓擊斬二級。已伏太康堡、大定堡，皆塞外沙地，總兵李成梁追斬百三十五級，所殺皆兀魯孩子部曲。

四月戊申，先是禮科給事中王士性，御史江東之、李植、楊四知，各劾吏部尚書楊巍附閣臣申時行，排丁此吕，謫馮景隆、孫繼先、曾乾亨等，阻塞言路，且時行實黨張居正。上不聽。傳諭時行盡心贊理，放高啓愚，留此吕，獨未及巍。于是大學士余有丁、許國爲楊巍解，上諭時行即出供職。

《神宗實録》卷一四八 壬子，陝西道御史馬朝陽請豁山、陝二省新墾荒田起科。部覆從之，併行各邊鎮，悉與釐正。

己卯，遼莊王府次妃王氏奏張居正謀陷親王，强占欽賜祖寢，霸奪産業，勢侵金寶。【略】已而，刑部查居正在京莊房值價一萬六百七十兩，原住宅内金二千四百餘兩，銀十萬七千七百餘兩，金器三千七百一十餘兩，金首飾九百餘兩，銀器五千二百餘兩，銀首飾一萬餘兩，玉帶一十六條，蟒衣、紬段、紗羅、珍珠、瑪瑙、寶石、玳瑁尚未的據。

《明通鑒》卷六八 丁巳，游擊劉綎、參將鄧子龍等討雲南隴川賊，平之。

《神宗實録》卷一四八 庚申，御馬監奏討騙馬三千匹。兵部言：按《會典》，每歲進該監乳馬五十匹，並無奏討民馬之例。上命照數給與。給事中王三餘、御史張文耀各争之，不聽。

癸亥，諭今天氣暄熱，兩法司并錦衣衛見監罪囚笞杖無干證者釋之，徒流以下減等，擬審發落。重囚情可矜疑并枷號者，備奏以聞。

丁卯，命總兵官戚繼光住劄廣東會城，巡歷潮、惠、廣、肇。

壬申，内承運庫行户部討零陵香二千斤。户部言此香先已停止，如果事不容已，請減其半。不允。

《國榷》卷七二 甲戌，虜寇錦義，官軍禦之，斬百三十餘級。

乙亥，莽應禮攻陷阿瓦，殺孟密宣慰司思忠，進至猛外，把總范斌等敗之。尋抵蠻莫，又敗于把總楊任。

五月丁丑，李文全嗣武清伯。御史房寰等言：世宗定外戚爵及其身，子孫不得襲。今文全援洪熙以後例，非制也。吏科都給事中齊世臣言如之。並不聽，命襲一輩，不爲例。

《神宗實録》卷一四九 南京屯田御史方萬山言：廬、鳳、滁、和等處田土墝埆，萬曆九年加糧數多，各軍訴苦。欲將新增銀兩處補坍江之數及抵減重則之糧。户部覆，御史言是，允之。

己卯，准發宣、大、山西三鎮年例主客兵餉銀二十四萬五千七百有奇。

《國榷》卷七二 前按察使賀邦泰削籍，以中張居正子也。

復湖廣屯鹽道副使。

甲申，作潞王府于衛輝。

丁亥，命禮部，凡各省直鄉試硃卷，悉送内簾，其墨卷貯外簾，以杜私弊。

《神宗實録》卷一四九 戊子，從應天巡按郭思極請，覆勘太倉等十五州縣田糧。

《國榷》卷七二 辛丑，靖州守備周弘謨乘夜襲叛苗全道等，斬四十四人。

壬寅，准各郡縣糧米暫改折，于臨清、德州二倉撥補。

癸卯，逮荆州知府郝如松，以太監張誠奏張居正子禮部主事敬修自經也。時詔使拷掠長子懋修，自誣寄曾省吾、王篆、傅作舟、高志進諸家凡三十餘萬，各追併有差。已，荆州知府趙賢、岳州知府李時漸，以屋直估輕，並罷。

六月丙午朔，復廣東糧儲道參議及廣州府清軍同知。

《萬曆起居注》第二册 以皇第三女生，傳諭禮部，安嬪王氏出也。

丁未，免廣東順德等逋賦二萬一千七百七十餘金。

《神宗實録》卷一五〇 庚戌，起原任南京刑部尚書孫植爲南京工部尚書。

辛亥，以雲南用兵免該省夏税秋糧及一應逋負。

《國榷》卷七二 壬子，故遼王憲㸅子術壐奏逆閹楊秀陷王，命下張誠等逮訊，後伏誅。

《神宗實録》卷一五〇 甲子，南京等科給事中孫世禎等合詞諫止内操併還董基原職。上怒其黨護，奪爲首者俸一年，餘各五月。南京等道御史田一麟等言如之，亦奪俸。

丙寅，發馬價銀八萬二百七十五兩，給賞遼東瀋陽、撫順等堡戰功。

戶部覆：湖廣撫按李江、任養心會同太監田玉勘過屯田佃戶：均州所額屯原奉勑建修武當山優免，宣德間修山軍丁絶，故頂種者非修山人，數報納仔粒六百六十餘石，萬曆初丈出餘屯二萬三千餘畝，徵銀二百七十八兩，二分解充鄖陽軍餉，一分存留本所備賑。命遵守行。

《國榷》卷七二　丁卯，禮部定卹典事宜，命纂入《會典》。

《神宗實録》卷一五〇　己巳，以延、慶、平三府災，免其逋賦。

壬申，南京右都御史袁洪愈爲南京禮部尚書。

《神宗實録》卷一五一　七月戊寅，以武安侯鄭維忠掌府軍前衛事。

《國榷》卷七二　己卯，傳問：張居正家自縊二人，何云饑死十餘人也？閣臣言：湖廣奏事人輕口，前諸臣遽入奏，誠無所逃罪。上令詰其實。工科給事中楊毓陽言，臣實風聞所誤。奪歲俸。

《神宗實録》卷一五一　甲申，工部疏請減織造，議處工費。從之。

《國榷》卷七二　己丑，刑部尚書潘季馴削籍。

庚寅，土蠻四千騎自三山、道溝、錦川三路入犯。

甲午，順天巡撫右副都御史張國彦請招陷胡漢人，消其逆黨。從之。

庚子，御史周弘祖爲太僕寺卿，御史李植、江東之、羊可立爲太僕、光禄、尚寶少卿。時上銜故輔甚，疑諸大臣黨護，及劉一相疏入，心益動，以李植逐潘季馴，遂深嚮用，諭吏部以李植、江東之、羊可立盡忠發奸，不次擢用，故有是遷。

《神宗實録》卷一五二　八月甲辰朔，准河北三府冲疲改折漕運。

戊申，平樂營兵鼓噪，殺傷四十餘人，執擄鄉官。王佩瑶等勒官兵討之，斬馘略盡，叛首徐凱被擒自縊死。兩廣督吴文華以聞。有旨逮知府周祈來京問。

壬子，山東撫按李輔等以登、萊二府水旱相仍，請蠲二府拖欠存留麥米一十七萬四百餘石，草鈔銀四千二百餘兩，并留香税雜錢一千九百四十六萬五千餘文備賑。從之。

《國榷》卷七二　丙辰，徵戶部、太僕寺各三十萬金。閣臣力請減，遂半之。又因秋祭山陵，徵太倉五萬金，太僕寺十萬。兵部復持不可。不聽。

法司以故輔獄上，命榜其罪于天下：誣衊親藩，侵占王墳，箝制言官，蔽塞朕聰，私廢遼王，假丈量田地騷動海内，專權亂政，罔上負恩，謀國不忠，本當斲棺僇屍，念勤勞有年，姑免盡法。其弟都指揮居易，子編修嗣修，孫張順、張書，俱戍邊。

《神宗實録》卷一五二　己巳，薊遼總督張佳胤、巡撫張國彦會題三屯遵化各營主兵照今議改支折色七箇月，草一束折銀一分九釐，豆一石折銀三錢四分，其收買本色行令各兵備會同各鎮管糧司官，一應糧草，務趁秋成嚴行。州縣正官取具的確時估，呈部派商收買，仍舊攝以州同，其應行文卷悉付州同接管。該鎮管糧通判關防徑呈禮部，改給薊州州同關防。該漕糧二萬七千石自十三年爲始，于内再折一萬三千二百石，每石照例折銀七錢。戶部覆，從之。

壬申，戶部尚書王遴言：御馬監舊額馬該料四萬七千餘石，草一百七十餘萬束，新增馬匹該料以石計者四萬三千餘，草以束計者一百八萬，每歲約費銀一十萬五千餘，以十年計之，費銀一百九十五萬，臣等將何術以應該監之需。得旨准減六分之一，不必加派擾民。

癸酉，諭兵部駕詣天壽山行秋祭，各衙門執事披甲等項官長隨内使小火者太監陳政等四千一百四十三員名，每員名馬一匹。

《神宗實録》卷一五三　九月乙亥，上御午門樓，刑部以雲南俘獲緬賊岳鳳等獻，詔磔之。

《國榷》卷七二　屬夷長昂以千餘騎入劉家口琵琶堡，守兵拒卻之。又糾西虜哈不慎等，欲大舉。諜聞。

《神宗實録》卷一五三　丙子，諭戶、兵二部各措處犒賞園宿官軍銀三萬兩。

《國榷》卷七二　庚辰，遼東總兵李成梁乞休。命慰留。閣臣言李氏權盛，宜召還山西總兵李如松署府事。從之。

《神宗實録》卷一五三　薊遼總督張佳胤題：薊、昌兩鎮馬匹，近奉欽依每年給發寺馬并給銀買補，今查萬曆十二年秋季起至次年夏季止，該兑給寺馬一千匹并馬價一萬五千兩，密雲左右營原有延綏、大同馬軍二千餘名，今召募民兵，已將延大兵馬減撤，其倒死馬每年約三百匹，每匹給價一十二兩，見增銀三千六百兩，移彼與此，增請不多。兵部覆：于寄養馬内調取一千匹分給，于常盈庫貯馬價銀内動支一萬五千兩，及今議撤大同客兵馬價一千八百兩，減撤延綏客兵馬價一千八百兩，俱發該鎮買馬，永爲定例。是之。

《國榷》卷七二　丙戌，上行秋祭禮，謁山陵，宿鞏華城，諭量免所過州縣田租。

己丑，登大峪山。乘馬導兩宫駐幄山上，上立侍，遂定壽宫。

戊戌，保定總兵官署都指揮僉事張爵鎮守山西。

加定國公徐文璧太保，彰武伯楊炳少傅，各兼太子太傅。

庚子，鎮守宣府總兵官趙岢罷。

《神宗實録》卷一五四　十月乙巳，勅左府僉書都督僉事王國勳以原官掛印，充總兵官，鎮守宣府。

丙午，以貴州浸谿免被衝田地糧差。

己酉，工部以壽宫營建事宜請，勅定國公徐文璧、大學士申時行知建造，兵部尚書張學顔、工部尚書楊兆總督工程，侍郎何起鳴、提督王友賢、催儹陰武卿專管，禮部尚書陳經邦總擬規制，又太監張宏、總督劉濟、提督張清、王昇、馬良管理。欽定壽宫式樣丈尺。

巡視太倉禮科右給事中王繼光等言：金花銀兩每年一百萬兩，分四季類進，自萬曆六年始，每季加五萬，外解不前，因以邊餉銀那進，今借邊餉一十七萬有奇，乞將加進二十萬停免。不允。

壬子，勅馬蘭峪副總兵張臣爲鎮守薊鎮總兵官，副總兵陶世臣調馬蘭。

丁巳，諭刑部：今歲兩直隸并各省俱免行刑，以廣朕欽恤好生之意。

壬戌，許禮部尚書陳經邦致仕。經邦再疏乞休，遂令給驛以行。

薊遼總督張佳胤言：遼鎮官軍計一十二萬二千而縮，宜加餉者約八萬六千四百而贏，歲該加銀八萬六千四百八兩，三年一閏，費銀二萬六千餘，乞一併給發。户部覆：太倉歲入止三百六十七萬六千餘兩，而歲出則四百二十二萬四千餘兩。遼鎮主兵始定一十六萬三千九百九十八兩零，自萬曆二年起至九年止增銀一十四萬三千九百二十六兩零，客兵原定四萬兩，今亦增六萬二千餘金。河東自歲十一月至春正月，河西自歲八月至冬十月，每名月加銀一錢，後又增至一錢五分，歲支折色八箇月增八萬一千九百餘金，頃免扣門銀四分，又歲增六萬七千七十五兩，約一年之内，增至三十餘萬金，所以卹之者，至矣。今復欲增八萬餘，令臣部取盈何地。至閏月銀兩，本部向無此例，遼鎮勢既孤危，相應酌給。上是之，且勅各鎮毋援例。

丙寅，南京刑部尚書今起工部尚書孫植奏衰老不堪就職。章下吏部，准致仕。

以水旱雹蝗災詔免湖廣、山東各被傷地方民屯錢糧。

丁卯，陞吏部左侍郎沈鯉爲禮部尚書兼翰林院學士。

《神宗實録》卷一五五　十一月癸酉朔，陞刑部左侍郎舒化爲刑部尚書。

《明通鑒》卷六八　癸酉朔，大統曆推日食九十二秒，回回曆推不食；已而《回回曆》驗。禮科給事中侯先春請以回回曆纂入大統曆中以備考驗，報可。

《神宗實録》卷一五五　甲申，寧夏總兵李晌以病罷。

乙酉，復設雲南布政使司督糧鹽法道。

《國榷》卷七二　丙戌，虜犯高墻鋪。

己丑，少傅兼太子太傅、户部尚書、建極殿大學士余有丁卒。

庚寅，詔先臣王守仁、陳獻章、胡居仁從祀孔廟。

甲午，少保左都督廣東總兵官戚繼光罷，以兵科給事中張希皋等劾之。

戊戌，右軍都督僉事劉鳳祥爲總兵官，鎮守廣東。

貴州新歸化苗頭撈柳等入貢。

《神宗實録》卷一五六　十二月甲辰，陞王錫爵禮部尚書兼文淵閣大學士，王家屏吏部左侍郎兼東閣大學士，俱入内閣辦事。

己巳，以緝獲功廕太監張鯨弟侄一人爲錦衣衛百户，賞羊酒新鈔。

丙午，工部覆：應天巡撫王元敬議留蘇州府織造銀兩，除十年、十一年、十二年共十一萬五千七百二十四兩零准留外，已後大工不得再留。報可。

庚戌，廣西饑。

壬子，已故永樂間忠臣都御史景清戍所丁絶，連累親故，陝西撫按李汶、曹一鵬以爲言。部覆奏，詔令豁伍。

庚申，從尚書郭應聘言，准南京會同館增復原額，以後解到馬騾夫價不必扣庫作正支銷。

戊辰，通政司缺左通政，廷議舉海瑞、吴時來。上以吴時來爲左通政，海瑞原任都御史，令查相應職起之。

庚午，勅司禮監太監孫政守備承天。

萬曆一三年（乙酉、一五八五）

《神宗實録》卷一五七　正月壬午，起僉都御史海瑞爲南京都察院僉都御史。

《國榷》卷七三　鑄隴川宣撫司及孟定府印。猛密安撫司進爲宣撫司，增安撫司二，曰蠻莫，曰耿馬，長官司二，曰猛臉，曰猛養，千户所二，曰姚關、猛林砦，皆隸鎮安，並給印。立大將行署于蠻莫。

癸未，石城王府奉國將軍拱栴，有罪廢爲庶人。時請禄，詬巡撫馬文煒。

己丑，除閏考之法。初外計三年，內計六年。後執政私指考察曰閏考，時參政王時槐、林梓等皆下考，巡撫南贛張岳特薦之，吏部謂非時，閏考宜革，不得妄請。報可。

都督僉事四川總兵官沈思學除名。思學初平都掌蠻，開府其地，標兵頗驕，驟裁之，大噪，焚其署，幾死。巡撫雒遵不能制，以李應祥代之。

壬辰，詔毁天下私創菴院書院，以户部尚書王遴議，從之。禮部恐激變，數日，復諭都察院停之。

《神宗實録》卷一五七　蠲海門縣坍江糧一百九十一石，從鳳陽撫臣王廷瞻之請也。

丁酉，命南京左軍都督府署都督僉事李應祥以原官充總兵官，鎮守四川。

戊午，虜犯瀋陽静遠堡，遂掠懿路，從蒲河之十方寺堡出邊，一晝一夜，殺掠無算。

銀作局太監孫暹奏：慈寧宫鍍造用黄金三千二百兩。

總督薊遼尚書張佳胤等奏：薊、昌兩鎮共修邊墻六千四十丈，敵臺、墩臺一百四十七座，帶修遵化城工七百餘丈，所省工價犒邺不貲，皆文武將吏之功，宜分别敍録，其都司郭畹等罰治提問。從之。

庚申，詔蠲順天府屬田租，以順天府臣言前歲駕出謁陵也，供張除道者十之五，調發所及十之三，昌平一州全免。

丁卯，京師旱。自去秋八月至于今春二月不雨，河井竭，諭内閣傳禮部祈雨。

《國榷》卷七三　二月壬寅朔，詔定科場事宜，如嘉靖七年例，遣朝臣主省試。

癸卯，巡撫廣西右副都御史吴善舍、廣東總兵戚繼光、廣西總兵呼良朋，擊懷集叛獞嚴秀珠等，斬之。

甲辰，好地坪番族郝卜、羊家保等貢馬及方物，土魯番頭目沙亦等貢方物，套虜威正等道劫之，巡按御史屠叔方請絶其撫賞，聲言勦殺。從之。

《神宗實録》卷一五八　戊申，置雲南六驛十三堡。

《國榷》卷七三　壬子，出宫費三萬金，繕慈寧宫。

《神宗實録》卷一五八　甲寅，詔發太僕寺常盈庫馬價銀遼鎮五萬兩，充萬曆十三年分買馬，宣鎮三萬三千三百六十四兩，寧夏一萬九千一百五十八兩，俱備萬曆十三年市本。薊鎮三千六百兩，餉灤陽新募官兵，又一萬二千六百兩，備萬曆十四年撫賞。

《國榷》卷七三　三月壬申朔，始作壽宫。御史鄧鍊以旱請停役，不報。

丁丑，諭止内操。

《神宗實録》卷一五九　南京户部尚書魏學曾再疏乞休。許之。

戊寅，薊遼總督張佳胤等奏：薊、昌兩鎮修邊工價四萬二千一百兩有奇，犒邺銀三萬一千五百兩有奇，户七兵三，例也。又以橋工鉅，賞格宜厚，有功各役，請陞實級。從之。

己卯，詔改折各省直萬曆十三年分起運漕糧一百五十萬石，甲字庫綿布一十萬二千四百一十疋，承運庫絹四萬三千五百二十有二疋，採户科給事中蕭彦之議。時萬曆十二年年終奏繳歲出浮于歲入一百一十八萬，國用不足也。

《國榷》卷七三　己丑，巡撫遼東侍郎李松、總兵李成梁出師，大敗虜于塞外，斬八百二十四級，獲馬五百四十九匹，我兵失亡六百九十三人。時虜伯言把都復糾鄧兒台吉萬餘騎犯瀋陽，游擊周思孝逐之，虜走遼河，李成梁追破之，出塞百五十里，奏大捷。

《神宗實録》卷一五九　庚寅，定山東均徭、銀力二差及里甲公費爲八十三萬五千八百兩有奇，刊刻書册，永爲遵守。有司私派小民者，撫按官以名聞。

兵部尚書張學顔入疏乞休。許之，仍給驛歸。

《國榷》卷七三　前少師兼太子太師、吏部尚書、中極殿大學士李春芳卒。

《神宗實録》卷一五九　壬辰，詔減袍服織造，從浙江撫臣王世揚之請也。舊例每年一萬疋，後增至一萬二千疋，至是一年二運，一運止四千疋矣。

詔發太倉折糧草銀一十九萬五千六百兩有奇，充大同年例。

詔減尚衣監料銀。尚衣主造冠服龍鳳鞠衣，其料價自嘉靖以至萬曆四年皆六百六十兩，十年增至二千一百兩有奇，工部以爲言。有旨視十年之數減其半焉。

釋革除年坐忠臣方孝孺等謫戍者浙江七百一十三人，江西三百七十一人，福建二百四十四人，四川四十一人，廣東三十四人。

以王遴爲兵部尚書，畢鏘爲户部尚書。

庚子，倪光薦爲工部尚書，仍管通政使事。

《神宗實録》卷一六〇　四月丁未，東虜哈不慎寇邊。

詔減湖廣長、衡、荆、辰、靖等府，銅五等衛，永順宣慰司軍餉米二千九百石有奇，銀七千六百兩有奇，酌爲定數，刊入賦役全書。

《國榷》卷七三　戊申，釋輕繫，詔釋鳳陽庶宗百四十六人。

《神宗實録》卷一六〇　湖廣饑，以鄖陽府庫餉軍銀八千兩，同前次餉軍銀五千兩，分賑鄖、襄、承、德四郡。

辛亥，詔發南京户部銀十萬兩于雲南。

《問刑條例》書成。

壬子，詔增發南京户部銀二十萬兩于四川採木，從御史龔懋賢之請也。

戊午，詔郡縣免被災今年田租，其帶徵者酌定。

《國榷》卷七三　癸丑，城宣府南衛青泉等十三堡。

《神宗實録》卷一六〇　庚申，加都御史趙錦兵部尚書，掌院事如故。

乙丑，户部言：太倉銀庫每歲加金花銀二十萬兩，内操馬三千匹，歲加芻料銀七萬餘兩，此皆額外之數，歲可三十萬，十歲則三百萬矣。請金花之銀仍復舊額，内操之馬散歸京營。上未之許也。兵部亦以隨操馬爲請。有旨留用，減芻五十萬束，料五千石。

《神宗實録》卷一六一　五月辛未朔，詔開西安、鳳翔、漢中三郡茶禁。

丁丑，諭户部取金銀作局。太監張守義題稱：五公主婚禮，合用黄金，行户部買進。該部奏：萬曆六年二月内奉旨，每季添進金花銀五萬兩，採買金珠，迄今七年，通進過一百四十萬兩，自壽陽長公主以下婚禮咸取給焉。又嘉靖三十三年、三十五年，恭遇公主下降，該局亦嘗取金，然不過三百兩，爲數不多。今聞奏各色金至二千三百餘兩，珠寶稱是，太倉之積非如流泉，其何能支。户科亦有疏争之。得旨減三之一。

乙酉，宛平縣玉河鄉大雨雹，傷人畜以千計。

丙戌，雨。

丁亥，虜犯瀋陽，遊擊韓元功死之。

詔改折浙江一省萬曆十三年分漕糧十之三，并免徵行糧，新城、於潛、昌化三縣全改折一年。

丙申，雲南車里宣慰力糯猛來降，獻馴象、金瓶花、象齒、西洋布、緬盒、旃檀諸物，以沅江府土舍那恕招之也。有詔受之，聽襲祖職，仍與那恕各賞銀幣有差。

《神宗實録》卷一六二　六月辛丑，慈寧宮成。

户部以内操馬匹增派山東芻料銀一萬四千兩有奇。時東省方旱，撫臣李輔疏争之，詆尚書遴助天爲虐，遴不得已，就派徵數内減其七千八百兩有奇，俟馬歸冏寺仍復原額。從之。

壬寅，建武所亂卒范大龍等伏誅。

詔豫發户部年例銀二十六萬有奇于延鎮，充十四年分主客餉銀，總督郜光先議儲糧穀借爲糴本也。

順天府府尹徐元太以該府所屬雜派、銀力二差四萬兩有奇，題請均擬各省直代辦。事下户部，題覆量于草束銀内減派三千兩，以蘇畿民。報可。

《國榷》卷七三　戊申，胡檟、龍宗武永戍。以吴仕期事，法司擬戍，大理寺少卿王用汲不肯署名，上欲論主使律斬，閣臣曰：「豈以一用汲廢三法司乎？」乃論戍。上于邊衛上加永遠焉。

庚戌，前工部尚書郭朝賓卒。

壬子，寶應越河成。初，寶應氾光湖號重險，東爲運道，萬曆壬午，風溺千餘人。甲申，壞漕舟數十艘。至是于石隄東開越河以避之。費二十餘萬，石閘三，減水閘二，隄九千三百四十丈，石隄三千三十六丈，子隄五千三百九十丈。

《神宗實録》卷一六二　丁巳，以直隸真、順、廣、文四府旱災，詔蠲夏税，存留錢糧其起運京邊，俟秋成徵十之五，餘待次年帶徵，補解衛所屯糧每石折銀三錢。

《國榷》卷七三　戊午，令貴州土西安國亨採木，贖竊礦之罪。

〔壬戌〕，薊鎮兵備副使顧養謙爲右僉都御史，巡撫遼東。

乙丑，征西將軍都督僉事寧夏總兵官劉承嗣改平羌將軍，鎮守甘肅。

是月，松潘夷犯普安堡，殺百户陳克勤。

《神宗實録》卷一六三　七月庚午朔，上親享太廟。

癸酉，詔發太倉銀五十三萬兩有奇，充薊、永、密、昌、易、井陘諸鎮年例。

蠻莫安撫司安撫思順出奔金沙江。

乙亥，陞署都指揮同知張惟忠爲署都督僉事充總兵官，鎮守寧夏。

《國榷》卷七三　裁平谷縣。

戊子，雷震郊壇廣利門及齋宮齋門鴟吻，命修省。

《神宗實録》卷一六三　復四川建武兵備僉事，以兵部車駕司郎中鄭東昇爲之。

詔發太倉銀四萬兩于大同鎮，抵本年蠲免額税，以該王禄軍餉亟需難缺，撫按爲之請也。

《神宗實録》卷一六四　八月己亥朔，改鑄南京户部銅版鹽引者十有三，茶引者三，新舊並藏于庫。

甲辰，詔以太僕寺馬七百九十四匹分給三大營戰士。

丙午，發太僕寺銀一萬二千兩于大同，充十四年分市本。

巡按四川御史赫瀛以鹽法日壞，豁免廢井課銀三千六百兩有奇，清出新井增課銀二千三百兩有奇，其一千二百兩有奇，以巫山縣買鹽牙用銀及州縣私鹽變價紙贖銀抵之，舊額仍足。部覆從之。

己酉，京師地震。

勘哈酋犯雲川堡。

己未，陞兵部左侍郎陰武卿爲南京工部尚書。

庚申，夷酋小阿卜户叩關服罪，求復馬松二路撫賞。許之。

丁卯，户部言：錢之輕重不常，輕則斂之，重則散之，故無壅閼匱乏之患。今之錢法，萬曆金背每銀一分五文，嘉靖金背銀一分四文，及查嘉靖、隆慶、萬曆之初鑄也，一分十文，火漆旋邊亦如之，僅踰十年，而輕重不同，不啻相半。凡市巷間荷擔而販負，耒而耕，手尺布，肩斗粟所需於錢獨多，錢重而物價騰貴。又壽宫吉典方興，工匠軍夫無慮二三萬人，此時坐視低昂不爲亟處，錢必日重一日。今宜以術散之，將庫貯萬曆金背俟各商領價給十之二，視官俸一體關支，以八文准一分，且隆慶金背先帝臨御之年號，銖兩體質與二金背無別也，乃至沉積在庫，何謂哉。宜將見貯庫中者與萬曆金背酌量多寡通給官商，如有阻撓，聽巡城御史治之，庶見錢流溢，物價平而民困蘇也。報可。

《神宗實録》卷一六五　九月己巳，詔河南陽武等縣被災地方各照災之輕重蠲免夏税，存留糧分數有差。

壬申，夷酋長昂遣其姨母土阿等叩關服罪，求復撫賞。許之。

詔工部鑄萬曆金背制錢十五萬錠。

《國榷》卷七三　辛巳，諭兵部徵十萬金。

《神宗實録》卷一六五　詔免泉州府屬潯、浯、汭三場鹽課加復米銀及定潯、浯、汭、惠四場税兵銀二百兩，漳州府屬漳浦、詔安、海澄三縣民户税兵銀九百兩，即充本處軍餉。

丁亥，諭户、兵二部：朕茲閲視壽宫，賞扈衛團宿將軍并官軍及山後守巡在工各官軍共銀五萬兩，御馬監勇士、内官監拽船、東廠錦衣衛團宿官旗銀一萬兩，户、兵二部各出三萬兩支給。

戊子，南京刑部尚書陳道基以被言乞休。許之。

《國榷》卷七三　兵部尚書王遴罷。

壬辰，敕武清伯李文全、太子少保、兵部尚書兼左都御史趙錦居守。

《神宗實録》卷一六六　閏九月戊戌朔，鳳陽、淮安二府所屬災，詔留漕折銀一十五萬兩賑之。漕折例不准留，以淮、鳳重地也。

起兵部右侍郎楊俊民爲户部右侍郎，總督漕河軍務，巡撫鳳陽。

《國榷》卷七三　廣東開建縣、廣西懷集、賀縣界金鵝、黄沙諸峒爲盜窟，總督吴文華會兩省兵勦斬七百九十一級，俘賊屬二百人。而廣西復有府江之捷。府江爲粵中孔道，江之兩岸，峯巒幽翳，猺獞居之，通洛容、象州諸賊巢，出没爲亂，官軍討之，斬九百三十四級，俘一百九人，獲賊屬七百餘人。廕賚有差。

乙卯，東虜銀燈煖兔、西虜以兒鄧等，合數萬騎犯蒲河、瀋陽，殺中軍張良棟、把總張治。李成梁聞之，命參將李平胡等，自大静堡尖山門出塞三百五十餘里，伏于那林，遣蒼頭軍先挑虜，破之，斬首百有八級，虜乃遁。

戊午，復套虜寧夏互市于清水、中衛、平虜三廠。初，虜抄胡兒青把都諸酋請迎佛，繼牧河西，市廠隔遠，故撫臣改于甘鎮之扁都，至是諸酋挫于回達，漸歸巢矣，故復舊。

庚申，以覆定壽宫，諭天下停刑，刑部請各省直如京師例也。

户部覆給事中姚學閔請各邊各省墾荒，鑿陂塘，築圩岸，貧户資以牛種倉穀，所開地每畝納穀三升。上命撫按力行之。

《神宗實録》卷一六六　增派河南十三年分税糧馬軍綿花顔料等銀八千九百六十五兩有奇。按臣劉士忠請以本院所餘庫貯贓罰補之，無派及小民。部覆如議，惟綿花顔料應納本色者照舊徵解。報可。

《神宗實録》卷一六七　十月丁卯朔，上親享太廟。

庚午，雲南總兵官黔國公沐昌祚請設坐營中軍，比各邊總鎮。上以非舊制，不許。

陞山西總兵官署都督僉事張爵僉書後軍都督府事。勑宣府副總兵署都指揮僉事李迎恩以都督僉事充總兵官，鎮守山西。

以考滿加吏部尚書楊巍太子少保。

癸酉，復舊州地方守備。

壬午，原任少師兼太子太師、吏部尚書、中極殿大學士張四維卒。

甲申，加房山縣知縣馬永亨同知永平府銜，以礦盜起，特重縣令事權。

《國榷》卷七三　十一月癸卯，貴州黎平苗秦銀、應喬等作亂。

丁巳，松潘夷犯平夷堡，巡撫徐元泰請兵之，命大舉。

《神宗實録》卷一六八　戊午，詔五城食貧民，籍其名二千九百四十四人，支米一千三百八十六石，薪價銀三百一十五兩，起仲冬訖于孟春。

以秩滿陞總督陝西三邊軍務右都御史兼兵部左侍郎郜光先爲兵部尚書兼都察院左副都御史，總督如故。

塞登州龍灣決河，以泰山香稅銀二千兩給之。

《國榷》卷七三　甲子，六安罪人夏鉞上疏，株連多人。下内閣欲逮其首惡，閣臣謂細民事一一煩宸聽，將來不勝其瀆，乞下撫按。從之。

《神宗實録》卷一六九　十二月丁卯朔，詔裁惜薪司冗官，減大炭以斤計者一十五萬。時山廠設于易州，而數百里外林麓都盡。舊額長裝大炭歲五十五萬，嘉靖間以齋醮復加三十萬，又各廠中貴五百六十八員皆有分例，邊商苦之。工科給事中王敬民以爲言，工部題覆。于是改加三十萬爲十五萬，候積剩足用，併與停止。而司禮太監陳政等亦奏該司自掌廠僉書等官存留外，其餘不許預收放，止令帶銜供事。

添設山東滕縣沙溝鎮守備，裁沙溝、犁溝二巡簡司。

減四川新採大木三之一。

《國榷》卷七三　庚午，播州宣慰使楊應龍貢馬三十匹，大木六十。

〔辛巳〕，烏思藏大乘法王及長河宣慰司番僧邑錯領真等入貢，例賞約九千二百金有奇。工部以節慎庫匱，議移之四川布政司。番僧訴于禮部，引萬曆六年奉旨事，仍命工部給之。

復薊鎮遵化輜重營及其將領。

甲申，鎮守保定總兵官署都督同知董一元爲鎮朔將軍總兵官，鎮守宣府。都督僉事侯繼高爲總兵官，鎮守浙江。張邦奇爲總兵官，鎮守居庸、昌平。陶世臣爲總兵官，鎮守保定。

《神宗實録》卷一六九　詔留遼鎮按差贖鍰三千兩，及魚鹽市稅銀一千兩，給河東家丁之戍河西者，以杜扳報之擾。

《國榷》卷七三　乙酉，總督漕運户部尚書王廷瞻改南京刑部尚書。

壬辰，鎮守湖廣總兵官懷寧侯孫世芳提督漕運，鎮守淮安。

軍政考察，罷山西總兵官張爵、陝西總兵官李真。

虜酋哈不慎立誓悔罪，求貢市。復之。

乙未，上袷祭太廟。

雲南羅雄人者繼宗作亂，巡撫右都御史劉世曾、總兵劉綎討之，斬者繼宗，俘千餘人，降四千人。貴州巡撫右都御史舒應龍協攻，斬五十餘級，降萬一千四百人。事平，改羅平州設流官，移曲靖左中所于羅雄，曰定雄所。

順義王乞慶哈黄台吉死。

是月，前南京吏部尚書丘橓卒。

萬曆一四年（丙戌、一五八六）

《國榷》卷七三　正月庚子，皇次子常洵生，貴妃鄭氏出。

辛丑，傳陞禮儀房供事錦衣衛指揮僉事等殆百餘人。兵科都給事中顧九思等諫沮，不聽。

《神宗實録》卷一七〇　壬寅，上以宫中賞賚内庫缺乏，命取太倉銀二十萬兩。輔臣持奏：近日京邊歲費日增，太倉積貯日少，司計之臣方以匱乏爲慮，一時遽取二十萬，爲數太多，伏望少加裁節。于是擬帖取十萬兩。上仍添五萬兩，明日諭户部取進。

《國榷》卷七三　南京協同守備署後軍都督府事武靖伯趙光遠爲總兵官，鎮守湖廣。副總兵王撫民爲總兵官，鎮守陝西。

《神宗實録》卷一七〇　丙午，兵部覆：巡視京營科道舉參將等官王治等五十二員，參指揮同知等官陳直等二十二員革任。

戊申，發薊鎮義兵銀一萬兩，充春防犒賞。

庚戌，吏部等衙門題考察方面官員，副使等官鄭一信等共六十八員得旨罷黜降調如例。

《國榷》卷七三　乙卯，陳尚忠襲錦衣衛副千户。

壬戌，禮部請廣會試額。命取三百五十人，著爲令。

癸亥，六科查參考成者，閣擬罰俸。上疑其輕，以閣疏再，從之。

辛自修爲左都御史。時推刑部尚書舒化等，上特用之。

《神宗實録》卷一七〇　革福建總兵官于嵩任，廣東總兵官劉鳳翔著策勵供職，四川總兵官李應祥准戴罪管事，依兵部覆科道糾拾也。

甲子，兵部覆鄭雒題：本鎮北東路邊垣城堡俱已修葺完固，惟鎮河、鎮虜二堡尚係土築，不堪防守，應用甎石包砌，合用軍夫匠役應支口糧俱于河南班軍所省行糧每年一萬石之數内動支，鹽菜炭價木植等銀俱于河南班軍價銀内動支，自本年三月起工，限萬曆十五年九月完報。俱依擬，從之。

《國榷》卷七三　是月，松番夷萬人犯蒲江關，參將朱文達力拒之。

二月戊辰，内閣申時行請立東宮曰：「自萬曆十年元子誕生，五年于兹，麟祥螽斯，方興未艾，正名定分，宜在今日。昔英宗爲皇太子，年二歲，孝宗爲皇太子，年六歲，武宗爲皇太子，未及歲也。蓋升儲明震器之重，冲年端蒙養之功。」有旨，元子嬰弱，稍俟一二年舉行。

己巳，禮科給事中王三餘請選翰林院庶吉士，吏部覆擬二十餘人，著爲令。

乙亥，禮部請立東宮。不聽。

《神宗實録》卷一七一　戊寅，命南京前軍都督府僉事吴鯨以原官充總兵官，鎮守福建福、興、泉、漳、延、建、邵武、福寧并浙江金、温地方。南京守備掌南京中軍都督府事臨淮侯李言恭總督京營戎政。

甲申，上以江北旱澇，蠲免鳳陽班軍名糧，從撫按請也。

丁亥，兵部題：逃故軍人解補原伍，此係清勾舊例，自改編之事例一開，而告改衛所者源源相繼，將符伍日漸消耗，軍衛日就空虚，即薊、遼、山、陝一帶重鎮軍人，且將望風逃匿，國脱邊伍，是尤不可不爲之慮者。莫若仍炤舊例，遵行爲便。有旨：軍人南北改編既稱不便，以後勾軍補伍只遵炤舊例，勿得輒議紛更。

戊子，發太僕寺馬價銀三萬三千三百六十四兩于宣府，爲萬曆十四年市本之用。

《國榷》卷七三　庚寅，四川總兵李應祥陳師鎮平，分道並進。會國師喇麻以灣仲占柯來寇歸化，游擊周于德伏兵鐵爐溝，敗之，殲其大寨。各將勦阿孝龍溪康卜諸寨，連十餘戰，羌潰走。不踰月，河東悉平，河西寇奪氣。

《神宗實録》卷一七一　甲午，禮部取中會試舉人袁宗道等三百五十名。

《國榷》卷七三　三月丁酉，册皇貴妃鄭氏、德妃許氏。

戊戌，風霾，求直言。

庚子，中使段慶、孔明等爲馮保等營解。杖之，遣戍孝陵。

傳作天燈等物。初擬十萬金，減費可七萬，工科都給事中王敬民又請停止。上不得已減二萬五千金。

辛丑，上朝畢，召輔臣于暖閣，出前疏稱善曰：「燒造、織造，原非得已，可減之。京東水田，人情甚不便，不宜强行。」申時行曰：「高田宜黍麥，下田宜粳稻。今惰民蕪其下田，故議墾非欲盡熟田也。」上曰：「荒田可墾，水田不可作。」時行退疏其利，不聽，切責徐貞明擾民，竟中輟。時開墾已成，收穫甚富，一聞詔下，盡徹隄毁防，斥爲閒田，垂成之功，廢于一旦，良可惜也。蓋諸閹多北人，慮且倣江南起税，倡言撓之。

《神宗實録》卷一七二　兵部覆宣府督撫鄭雒等題，稱宣鎮各路應修緊要堡臺合用修工軍夫匠役共該口糧一萬七千三百二十八石零，於附近倉厫節年積餘主客兵餉内動支，挨東關支鹽菜工料六千二百一十三兩零，于萬全都司庫貯班價銀内動支，及稱工程浩大，不必拘定年限，量各路步軍多寡分班就近修理，相應依擬。從之。

《國榷》卷七三　癸卯，上憂旱，令有司條奏便宜。時部曹多言貴妃事，上怒，欲重譴，尋解，疏並留中。

《神宗實録》卷一七二　丙午，准原任總督漕運巡撫鳳陽兼管河道户部尚書兼都察院左副都御史今改南京刑部尚書王廷瞻回籍。

湖廣撫按奏：武、郴等八府州所屬存留驛遞夫馬銀自萬曆八年至十一年未完銀二萬一千三百三十四兩有奇，委係小民拖欠，乞炤數蠲免，以甦民困。部依覆，從之。

《國榷》卷七三　庚戌，策貢士袁宗道等三百六十人于皇極殿，賜唐文獻等進士及第、出身有差。

《神宗實録》卷一七二　乙卯，改貴州程番爲定番州，屬貴陽府管轄，設知州、同知、吏目各一員，儒學學正各一員。

兵部覆左侍郎辛應乾題，稱萬曆十三年各營馬匹倒損變賣共一千四百五十三匹，數委不及一分，萬曆十四年朋銀應炤例准免，以示激勸。從之。

《國榷》卷七三　丙辰，許遼東總兵官寧遠伯李成梁引疾三月，如重事，同撫按酌行。

壬戌，禮部覆閣臣及科道等疏請立皇長子。不聽。

《神宗實録》卷一七三　四月乙丑朔，應天撫按各題稱蘇州府萬曆十二、十四兩年共該織段四千三百二十疋套副，應用料價等銀共八萬八百四十八兩有奇，内除原留存銀并本府放存鹽鈔等銀共二萬一千七十四兩七錢有奇，其餘無從措處。乞要留用本部工料事例銀共五萬三千四百一十二兩三錢，并滸墅關稅銀六千三百六十一兩，輳數支給。部覆謂關稅係邊需，難以准從，工料等銀合依擬。從之。

戊辰，南京兵部尚書郭應聘引疾乞休，上令其在部調理。

庚午，兵部覆御史劉霖條議，北直、山東、河南宜查被災輕重，十五年馬價每匹量減二兩，其順天、保定、河間三府，自萬曆十三年冬季以前倒失馬匹馬價免其追賠，相應依擬。從之。

《明通鑑》卷六八　壬午，土默特率諸子糾泰寧部巴圖爾綽哈等以三萬騎馳遼陽挾賞，李成梁偵得之，率副將楊燮、參將李寧等以輕騎出鎮邊堡，晝伏夜行二百餘里，掩敵不意，襲之于可母林，獲首功九百，斬其長二十四人。

《神宗實録》卷一七三　戊子，准南京兵部尚書郭應聘回籍。

己丑，欽賞遼東間原地方獲功陣亡被傷官旗家丁該銀四萬一千八百兩，上令兵部于馬價銀内炤數給發，再不必奏請内庫，以爲定例。

《國榷》卷七三　庚寅，裁漢陽府學訓導二，保定管馬通判一。

辛卯，盜失文淵閣印，限六月朔補賜，自後相權日輕。

四川總兵李應祥討西羌，爲浮橋六，夜濟師，諸將畢渡，河西諸寨以次克，諸殘羌走保絶壁，兵不得上，師環攻之。播州土司楊應龍先登，焚其巢穴，羌乃潰，兩河皆平。諸殘羌願得保塞，獻驍逆一人，坑而斃之，以誓曰：埋奴道旁。盟曰：「後有反者，有如此塚。」凡下二十八寨，斬一千七十五級。于是巡撫徐元泰立平番堡，設守備，戍三千五百人。

戊戌，協守延綏定邊副總兵署都指揮僉事杜桐爲總兵官，鎮守延綏。

《神宗實録》卷一七四　五月乙巳，陞工部左侍郎王友賢爲南京户部尚書。

《國榷》卷七三　敍遼東功，進王一鶚右都御史兼兵部右侍郎，仍總督。顧養謙右副都御史，仍巡撫。

丙午，諭内閣：令户部市金珠，内承運庫司禮太監孔成，以皇六妹婚禮急需金寶，計各色金四千三百兩，青紅寶石九千九百二十一枚，西珠六百枚，各等珠九萬二千七百十七枚，珊瑚三萬六千枚，珊瑚等料二十七斤七兩，翠羽一千七十五枚，各色香九千八百三十四兩，酥合香油亡算。户科都給事中田疇求節省停免，不允。閣臣揭請，允之。

甲寅，户部尚書畢鏘致仕。

《神宗實録》卷一七四　庚申，户部覆陝西督撫題，延鎮所轄三衛去冬無雪，今春亢旱，條議緩徵急賑二事，賑用節省客餉銀一萬兩，與見貯班價倉穀等銀。從之。

《國榷》卷七三　壬戌，總督倉場户部左侍郎宋纁爲户部尚書。

是月，江南北、江西大水，河南、山西、陝西大旱。

《神宗實録》卷一七五　六月戊辰，駙馬都尉萬煒奏討軍伴，准炤例給與三十名。

己巳，發臨、德二倉米二十二萬石，賑河南及真定等處。

《國榷》卷七三　乙亥，虜屢犯肅州，官軍禦卻之。

丙子，上視朝，羣臣不至者二百三十八人，各罰俸。

壬午，前少傅兼太子太師、吏部尚書、武英殿大學士陳以勤卒。

癸未，户部以沿海沿邊軍需錢糧重大，巡按御史兼覈，請各給敕。從之，命視薊、昌例行。

《神宗實録》卷一七五　户部覆：大同巡撫題，爲勘報災傷欲于十分處所炤例准免夏税七分，衛所屯糧災重者，每石准折銀三錢，輕者三錢五分，所有免過夏税糧銀，合于該鎮節年存積太倉庫貯未發主客兵銀内量動支銀四萬四千九百一十五兩，差官解運營糧衙門收貯，聽候抵補軍馬糧料與禄糧支給未免三分之數。從之。

丁亥，上以壽宫工程浩大，未有次第，聞嘉靖年間朝殿等工撫按官各進有助工贓罰銀兩，是否可行，令工部議。

《國榷》卷七三　戊子，賑柳、潯、平樂饑。

庚寅，申時行等言：「諸臣助工，似宜停罷。如後費不支，臣等當率在京文武官辭俸薪佐公家之急。」不許。

《神宗實録》卷一七五　辛卯，保定撫按題稱天津三衛城垣急宜增修，估計物料應用錢糧共銀二萬二百二十四兩，要將天津三衛庫貯各項官銀一萬六千七百六十五兩并河間府庫貯候解户部米麥銀三千四百五十八兩動支置辦，限一年完報。該部依覆，從之。

《神宗實録》卷一七六　七月甲午朔，户部覆陝西督撫奏，興安州修建城垣用過銀三千九百六十一兩九錢有奇，糧五千二百五十一石有奇，既經覈實無弊，准令開銷。支剩見貯銀二千七百三十一兩有奇，糧七百五石有奇，仍貯倉庫備荒，道府官紀録。從之。

《國榷》卷七三　夏縣大水，溺三百餘人。

己亥，申禁干謁。

辛丑，禁塞上屯田將領隱占。勢豪占引，阻壞鹽法。從南京禮部尚書袁洪愈之請。

河南淇縣盜起。

《神宗實録》卷一七六　以災傷蠲免山西地方錢糧有差。

户部覆河南巡撫袁貞吉奏報，該省災傷十分重大，比之尋常不同，審時度勢，要宜破格優恤。乞將吏承貼班等項銀共三萬七千九百三十六兩有奇奏留備賑，仍將被災地方分別輕重蠲免。俱從之。

甲辰，山東撫按官李戴等題稱，地方亢旱，二麥無收，小民失望。要將各府見徵本年秋冬二季站銀六萬二千四百四十二兩盡數蠲免，以寬民力。其驛遞應支銀兩，即于各府數年積剩銀一十一萬四千三百八十三兩炤數動支抵給，其各府仍剩餘銀炤舊收貯，以備通融支銷及凶荒不敷之數。兵部依覆，俱從之。

《國榷》卷七三　庚戌，蠲真定、順德、廣平、大名災糧，仍賑之，折免山東田租有差。

《神宗實録》卷一七六　辛酉，户部覆浙江撫按以運船缺損數多，料銀無從湊處，欲將今歲漕糧十分之内改折一分三釐五毫，其缺船數限以二年補完。查漕糧改折原無五錢之例，姑准比例萬曆十一年恩詔，不分兑改，每石俱折銀六錢，其改折行糧炤例免徵。從之。

陞協守潮、漳等處副總兵劉大勛爲鎮守福建、福興、泉、漳、延、建、邵武、福寧，并浙江金、温地方總兵官。

《國榷》卷七三　八月癸亥朔，南京奉御馮保專恣，戍孝陵。其黨客用杖八十，受役。

《神宗實録》卷一七七　乙丑，勘過江西贛州府屬等地方災傷，分別重輕，蠲賑有差。

丙寅，上命禮部傳示，益府進獻花木，恐沿途擾民，今後再不必進。禮部傳諭題覆報聞。

己巳，户部覆屯田御史劉霖題稱：查撥過永清等三十七州縣地方共二千五百九十五頃八十二畝，各徵銀不等，共徵銀七千七百八十七兩四錢六分，相應撥給瑞安長公主及稱長垣縣地一百六十餘頃，俱每畝徵銀五分一釐，除輳足該府銀數外，尚多銀二百六十一兩五錢七分零，仍應扣出備邊。以上地銀自萬曆十四年爲始，查炤原徵銀數，每年依期解部轉給，炤依題覆。上是之。

庚午，諭户部取皇祖時銀二十萬兩，不必又行執奏。

《國榷》卷七三　甲申，蠲賑臨洮、鞏昌有差。

《神宗實録》卷一七七　丙戌，發萬曆十五年市本馬價銀一萬二千兩，給大同備市。

《國榷》卷七三　丁亥，大學士許國考滿，進柱國、少傅兼太子太傅，廕國子生。

《明通鑒》卷六八　九月壬辰朔，大學士王家屏丁繼母憂，詔賜銀幣馳傳歸。

《神宗實録》卷一七八　動支馬價銀一千八百兩補供用庫牛驢頭隻。

《國榷》卷七三　許嘉定折漕三年，以地不産米也。

戊戌，申時行等請補閣員。不允。

甲辰，以開封、彰德、河南、南陽並汝州漕糧三十一萬石，全折一年，蘇被災之民。

《神宗實録》卷一七八　戊申，户部覆：陝西巡按董子行題稱查勘過西、延、平、慶、鳳、漢等六府各屬州縣衛所災傷重大，各炤分數蠲免起存錢糧，共應補銀六萬四千二十二兩一錢六釐零，准于布政司庫及慶陽府庫見貯賑濟，歲餘支剩布花并夏秋税糧等銀三萬四千二百五十六兩五錢零，炤數動支抵補，其不敷銀二萬九千七百六十五兩六錢，准于延鎮存積客餉銀内動支一萬五千兩，固鎮存積客餉銀内動支一萬四千七百六十五兩六錢零，補足蠲免之數。上俱依擬。

壬子，以真、順、廣、大四府災傷重大，各炤分數蠲停折徵。

《國榷》卷七三 命武舉取百人，不爲例。

《神宗實録》卷一七八 乙卯，發太僕寺馬價銀四萬二千六百兩解薊遼，分發各道市馬。

以保、河、真、順、廣、大等六府災傷，將萬曆十五年分馬價每匹量減二兩，以蘇民困。

以災傷特免完縣馬價銀四百七十四兩，唐縣一千二百六十四兩。

《國榷》卷七三 停刑，章下所司。

己未，選户部司官五人，賚帑金三十九萬分賑各省。固原六萬，甘肅、延綏各三萬，山西六萬，遼東、真、順、廣、大及河南各五萬，淮、揚、鳳陽、山東各三萬。

户部進金珠寶石雜料，共費七萬八千六百三十五金。

《明通鑒》卷六八 十月丙寅，杖禮部主事盧洪春于廷。

上久不視朝，自九月望後，連日傳免，又以頭眩暫罷日講。孟冬時享太廟，遣官攝行。洪春乃上疏言：「禮莫重于祭而疾莫甚于虚，陛下春秋鼎盛，豈宜有此。抑臣所聞，更有異者。先二十六日傳旨免朝，即聞人言藉藉，謂陛下試馬傷額，故引疾自諱。果如人言，則以一時馳騁之樂而昧周身之防，其爲患猶淺；若如聖諭，則以目前衽席之娱而忘保身之術，其爲患更深。請明示廷臣：若真疾耶？則當以宗社爲重，毋務爲豫樂以基禍；若非疾也，則當以詔旨爲重，毋務爲矯飾以起疑。」疏入，上大怒，傳諭内閣百餘言，極明謹疾遺官之故，責洪春悖妄，命擬旨治罪。閣臣擬奪官，不從，乃杖六十，斥爲民。御史先後申救，奪俸有差。

《神宗實録》卷一七九 辛未，户部進折珊瑚價銀九千六百兩。

戊寅，户部覆：河南巡撫都御史衷貞吉題該省災傷，合依查看輕重，各照例免存留糧銀有差，具加派御馬供用等倉庫麥豆、芝蔴、草束該銀一萬九百七兩九錢一分零，准將撫按秋冬兩季明年春夏兩季贓罰銀八千兩暫行抵補，不足者聽查各屬庫貯贓罰銀照數補解。上俱依擬。

己丑，户部覆：巡按御史韓國禎題議，畿輔災傷，地方宜照被災輕重遵依災免則例，俱於本年存留糧内照依分數遞行蠲免，開墾水田借過豐潤、玉田、遵化三縣庫銀一萬五千兩，又薊鎮積貯銀一萬五千兩，准典開豁，免其補還。上俱依擬。

《神宗實録》卷一八〇 十一月壬辰，兵部覆：山東撫按題濟、兖、東三府災傷重大，乞將所屬州縣萬曆十五年分馬價每匹量減二兩，仍將十五年應派本色馬匹及沂、費、郯三州縣原改折色并種馬草料俱暫停徵一年。從之。

己亥，兵部覆：南京兵部尚書傅希摯等題稱，留都根本重地，城外地廣人稀，以馬軍二百名常川遊巡，人馬日無休息。乞于庫貯草塲銀内動支五千二百五十兩，赴江北産馬地方，揀買三百五十匹，發各營騎巡。其分班禁約事宜悉如所議施行。上報可。

辛丑，上以天氣嚴寒，發帑銀一萬五千兩給賞隨駕擺隊官旗軍士，仍命部科官公同給散，務使俱沾實惠。

丁未，發太僕寺馬價銀二萬兩解寧夏，備本年互市之用。

《國榷》卷七三 庚戌，前禮部尚書萬士和卒。

《神宗實録》卷一八〇 戊午，户部覆：兩淮巡鹽御史陳遇文題稱兩淮各塲霪雨爲災，要將運司庫貯備賑贓罰等銀共一萬七千七百四十一兩有零于内動支，將被災竈丁及淹死男婦各分别賑恤，其淹消虧鹽責令各竈完補，聽商關支，相應依擬。從之。

《神宗實録》卷一八一 十二月乙丑，遼東撫按會題：遼鎮今歲雨水風蟲相繼爲災，議炤被災輕重蠲免有差，共虧餉銀二萬六千八百八十六兩，即于賑銀五萬兩内炤數扣抵，餘銀二萬三千一百一十三兩，分發五道多寡有差。該部依覆，從之。

《國榷》卷七三 丙寅，四川巡撫徐元泰討建昌桐槽黑骨諸夷，各有斬獲。又議討邛部叛夷膩乃。

甲戌，發臨清、德州二倉米于大名，爲明春煮粥賑饑也。

丙子，太子太保、兵部尚書張佳胤致仕。佳胤屢被劾乞休，始允。

《神宗實録》卷一八一 壬午，起原任吏部尚書嚴清以原官管兵部事。

更定山西驛遞頭役增銀召募，從撫按請也。且令嚴禁冒濫，務清宿弊。

《萬曆起居注》第二册 癸未，命翰林院編修陸可教編纂六曹章奏。

《國榷》卷七三 甲申，禮部上《宗藩條例》。

是年，榆林套虜莊酋擁衆過西環海上，名掠番族，因求樺林川駐牧，遂擾西寧，闖榆林，趨水塘，環水塘皆番也。莊酋屢寇邊。

萬曆一五年（丁亥、一五八七）

《神宗實録》卷一八二　正月壬辰，發帑金賑宗室充𤊹等，仍命照數給之。

《國榷》卷七四　甲午，諭兵部：非世弁武舉，不許領敕行事及蒙陞咨用。

《神宗實録》卷一八二　己亥，申明門禁：武官三品以上，文官四品以上，入朝得以四人自隨，五品以上三人，六品以下二人，衞官管事者一人，從人非懸帶印信木牌不許擅入。

庚子，上視朝，午門外緝獲詭服三人，以守門官吏平昔疏縱不能稽察姦細處之。仍諭京城内外及各省直地方，但有學左道煽惑人心，緝事巡捕嚴行訪拏究治，地方敢有隱匿，一體治罪。

《國榷》卷七四　甲辰，申時行等上重修《大明會典》。

乙巳，考察朝臣，謫降一百九十五人，甲榜三十二人，見秩僅十人，不及詞林臺省。

壬子，禮科都給事中王三餘、御史何倬、鍾化民、王慎德各奏建儲，不報。閣臣請建儲封王，命候旨行。

丙辰，工部右侍郎何起鳴爲尚書。

建昌土酋伍咀咱窺我出兵，乘間掠西溪，尋官兵追獲之，餘羌降者千人。官兵移攻榈槽黑骨諸夷，斬獲二千八十六人。

二月癸亥，設松潘南路黄沙壩守備，戍五百人。

庚午，工部尚書何起鳴被劾自免。

《神宗實録》卷一八三　乙亥，户部覆：漕運都御史楊一魁等題稱淮揚地方旱澇相仍，米價騰貴，乞將淮、大二衞見運蘇州府未經過淮兑運漕糧内量留四萬石，分派缺米地方平糶，每米一石運耗輕齎折銀七錢，共該銀二萬八千兩，借動贓罰等銀折價解部以補漕額。上可其奏。

户部題：遼東去年水災原議留貯通糧一十萬石，不足遼軍兩月之餉，乞將新運漕糧共留二十萬石，貯天津倉，以待遼東軍兵自運。又乞發去糧米每石一平一尖，運糧船隻仍准帶貨，以爲工食。每石折銀六錢，事例於該鎮應發年例軍餉銀内照數扣銀三萬六千兩解發天津倉，折放軍士月糧，再扣銀六萬兩留貯太倉銀庫，以備四月、十月折放官軍月糧。從之。

《國榷》卷七四　癸未，詔責科道官紛紛攻擊，予奪進退，皆不由上，今何起鳴已去，爾科道灼見何人堪任，不許推諉。

戊子，免淮、揚逋租四萬二千四百九十四石，銀一萬九千五百十二金。

三月庚寅朔，左都御史辛自修罷。自修出特簡，以申時行忮之，故與何起鳴並罷。

戊戌，兵部左侍郎石星爲工部尚書，吏部右侍郎吴時來爲左都御史。

己亥，司禮太監張誠閲視京營，司禮太監黄勷提督太和山兼分守行都司。

《神宗實録》卷一八四　癸卯，户部題：國家財賦歲輸太倉銀三百七十餘萬兩，外供九邊兵馬芻餉之需，内備京師官軍俸糧之用，計入計出僅僅相當。萬曆六年歲增買辦銀二十萬兩，歲增一歲，去年賑蠲停抵各項總計不下二百餘萬兩，歲出浮於歲入，以至帑藏匱竭。近據管庫主事劉兑揭報，除老庫窖房外，止餘銀九萬兩。前項歲增買辦銀二十萬兩，先該本部及科臣疏請停取，奉旨俟數年之後，積貯稍充，即行停止，仍復舊額。今自萬曆六年至十四年，除舊額歲進金花銀二百萬兩外，計共添進買辦銀一百八十萬兩。正值民窮財匱，今歲買辦銀兩春季已先進五萬兩，尚該銀十五萬兩。夫此十五萬兩，自宫闈節之甚易，自災民斂之甚難，乞軫念特艱，將前銀暫賜免取，候來歲照例按季恭進。有旨：内用缺乏，且照舊行。

《國榷》卷七四　壬子，户部覆：兩浙巡鹽御史李天麟請開金塘、大榭等山以盡地利。謂先因倭患，遂成荒蕪，經同知陳文丈田三萬六千餘畝，山四萬七千餘畝，令定海人開墾，待三年賦之。又革鹽捕以鋤民患。俱從之。

《明通鑒》卷六八　乙卯，封徹辰汗子徹哩克嗣爲順義王。其妻三娘子，故諳達所奪之外孫女而爲婦者也，歷配三王，主兵柄，爲朝廷守邊保塞，諸部畏服之。上嘉其功，敕封忠順夫人。

《神宗實録》卷一八五　四月庚申朔，陞總督薊遼等處右都御史兼兵部右侍郎王一鶚爲兵部尚書。

辛酉，留保定等處贖銀三千六百四十八兩，爲修理北嶽廟。

甲子，以户部左侍郎張國彦爲右都御史，總督薊遼等處。

《國榷》卷七四　乙丑，時火落赤及炒胡兒糾海虜掠洮河以西諸番，總督郜光先遣通事副千户李福保等六人諭之，爲生番思哥奇密所殺。

《神宗實録》卷一八五　丁卯，起致仕兵部侍郎胡執禮總督倉場。

《國榷》卷七四　己巳，釋輕囚。

庚午，進播州宣慰司楊應龍都指揮使。時進大木七十，求如祖楊斌賜蟒服，工部持不可，乃止。

乙亥，廷臣失朝四百四十二人，各奪俸三月。

壬午，蠲山東竈户虧課，又賑之。

是月，梧州參將吴伸閲大峒軍，撻哨官梁鳳，兵大譁。兵巡道來經濟慰解之，後調伸，誅悍卒五人。

《神宗實録》卷一八六　五月壬辰，兵部覆：山東撫按李戴等題支剩站銀見在銀兩抵免應徵之數，總計六府庫貯積餘站銀七萬五千五百六十二兩三錢七分零，除動支四萬四千九百五十六兩零抵補春夏二季免徵外，兖、青、東、萊四府共剩銀三萬六百一十兩零，將濟南等六府春夏二季站銀悉行免徵，即於各府積餘銀内動支，抵補給發各驛遞應用。上是其議。

《國榷》卷七四　甲午，時京師大疫，施藥。

《神宗實録》卷一八六　丙申，改南京兵部尚書傅希（掣）〔摯〕爲兵部尚書，協理京營戎政。

己酉，陞丁家泊堡官軍姚太節等九百三十四員，賞楊德秀等一千一十七員，併領兵斬首陣亡傷故母承宣等四百一十四員，俱於太僕寺馬價銀内給發。

壬子，免石灰甎等項税銀。

戊午，刑部尚書舒化致仕。

《國榷》卷七四　六月己未朔，户部題：漕軍三七行糧給本官，如遇盤剥，要呈明督運參政或管理河閘倉鈔部屬及兵備等官，批照方支，此天津以南事也。天津以北，設有官剥船等，脚價隨地遠近以爲多寡，載在議單，運官不得另雇民船，以滋靡費。自桃花淺至王家渡等處，俱呈請鈔關主事。自李二壩至西壩，俱呈請通州管糧郎中。不許奸旗賫私貨以圖盡剥。報可。

丙寅，南京兵部尚書李世達改刑部尚書。

〔己巳〕，工部題：承運庫太監稱上供服飾等件及官旗夷人賞項段匹各色紵絲、紗羅、綾紬、錦布，共十二萬七千三百十五匹。按萬曆七年至十年，不過十萬七千餘匹，奉旨戒勿再派，然已一萬八千餘匹。萬曆十一年至十四年，歲欠二萬六千餘匹。今該前目約費一百六十餘萬，今復以十二萬餘匹，費何所出。與其新派而難完，不若徵舊之爲便。遂命減三分之一。

《神宗實録》卷一八七　壬申，命修理卿雲宫。

《國榷》卷七四　甲戌，命臨清、河西務、滸墅、九江、淮揚、北新等各關税，自今年七月始，本折兼收，折色輸太倉，本色輸廣惠庫。

丙子，南京工部右侍郎吴善爲兵部右侍郎，總督兩廣軍務兼巡撫廣東。

《神宗實録》卷一八七　庚辰，准給密雲鎮年例銀一十八萬五千五百六十八兩六錢六分四釐八絲八忽，薊州鎮銀二十二萬五千五百八十四兩六分一釐八毫六絲四忽，俱於太倉庫貯折糧銀内支給。

《國榷》卷七四　丁亥，大風雨壞民居，時又饑，命順天尹賑貧户米五斗，銀五錢，壓死者每口倍之，傷者米七斗，銀七錢。

《神宗實録》卷一八八　七月癸巳，户部題：韓王朗錡奏稱各宗應得本色稱糧自萬曆十年起至十五年止，共欠銀二十九萬餘兩，折色自萬曆元年至今止得二年，相應咨查，果與奏符，行原派西安、平凉、鳳翔、漢中、慶陽、臨洮、鞏昌七府屬州縣速爲催解，及查司府庫貯有何堪動銀兩，酌量題請補給。報可。

《國榷》卷七四　乙未，虜寇遼東鎮夷堡。

丙申，南京兵部尚書傅希摯改兵部尚書，協理京營戎政。

丁酉，夜，大風雨，通州各壩漂損漕米八千一百七十三石。

丙午，南京右都御史袁洪愈爲南京吏部尚書。

戊申，江南、河南大雨水，陝西旱。

乙卯，前南京工部尚書陸光祖爲刑部尚書。

丁巳，蠲折江南災租有差，量免河東巡鹽贖鍰十金。

建昌桐槽、越嶲黑骨等夷平，共斬獲二千八十六人。

八月庚申，諭吏部都察院曰：南北水旱災沴頻仍，百姓何辜，罹此酷罰，朕心閔焉。守令爲民父母，宣達下情，乃貪墨之吏，剥下罔上，肥己瘠民，或軟欵廢業，縈耀博名，侈費傷財，阿承取悦，朝廷蠲賑，惠不及民，其斷獄情，每多冤抑，傷和致災，皆由于此。今後選擇守令，毋用匪人，毋縱不職。仍敕撫按官懲貪理冤，糾察所屬。

《神宗實録》卷一八九　改南京兵部尚書李世達爲刑部尚書。

壬戌，命太僕寺於馬價銀内動支一萬二千兩，解大同收買貨物，備萬曆十六年市本。

《國榷》卷七四　禁有司交際。

丙寅，命勳臣襲爵未任事者，總協教習騎射策論，應襲者授勳衛，原薦授勳衛者一體酌用。

《神宗實録》卷一八九　詔免河南被災地方今年站銀有差，即將各府節年積剩驛傳銀兩抵補。

《國榷》卷七四　丁卯，保定總兵官陶世臣劾免。

戊寅，命御史出巡，務遵憲綱行事，從左副都御史詹仰庇之請。

庚辰，薊鎮副總兵楊紹勳爲總兵官，鎮守保定。鎮守宣府總兵官董一元改鎮薊州、永平、山海關。

壬午，提督京城巡捕營李如松爲鎮朔將軍總兵官，鎮守宣府。

《神宗實録》卷一八九　乙酉，上以大工繁重，錢糧不敷，命兵部於太僕寺、南京工部於葦課等銀各動支三十萬兩協濟，從工部尚書石星之請也。

《神宗實録》卷一九〇　九月己丑，以災傷重大，各省直暫免行刑。

癸巳，降慶成王府輔國中尉新趚爲庶人，以越關來京也。

甲午，吏部題：欽天監、太醫院及太常寺寺丞以下并文華、武英二殿制誥、兩房帶俸等官有九年考滿，官階已盡，例應陞俸者，則其所陞之俸即其所任之官，降俸級另行扣算，毋得混引，不拘陞俸之説，朦朧通考。著爲令。

《國榷》卷七四　乙未，皇第四子常治生。

丙申，徵光禄寺二十萬金。

《神宗實録》卷一九〇　壬寅，户部覆：浙江巡撫滕伯輪、巡按傅好禮各題災傷重大，乞停織造折漕糧，留鹽課預賑恤等事，相應依擬。惟鹽課贓罰係濟邊正項，難以准留。上是之，詔民屯錢糧應停免改折者俱如議，以蘇民困。

癸卯，詔陝西、山西被災民屯錢糧蠲折有差。

《國榷》卷七四　甲辰，貴州分守思仁道移駐思南，兼管撫苗，播州分巡思仁道移駐銅仁，兼撫苗，兼制鎮遠、畢節、平茶、酉陽等處，其平清二衛，改屬思仁道兼制，偏鎮二衛，仍屬新鎮道。

十月庚申，諭機密事不許抄泄，從兵科給事中邵庶之言。

壬戌，詔順天、廣平、大名災租蠲停有差。

丙寅，命西安水利廳清軍道管理鳳翔、漢中、延安、平涼、臨洮、鞏昌，各守巡兵道各銜，增兼管水利，各府清軍同知通判亦兼管水利事務。

《神宗實録》卷一九一　以災傷免派江西紙劄銀一萬三千八百二十九兩四錢，于工部事例銀内扣留造辦。

丁卯，詔保、河二府被災民屯錢糧蠲抵改折有差。

庚午，工部題壽宫開納事例。從之。

辛未，南京都察院右僉都御史海瑞卒。

《國榷》卷七四　乙亥，命工科都給事中常居敬勘河。

浙江撫按乞停浙西織造，工部覆：留六年蘇、松、浙江事例銀備費。報可。

《神宗實録》卷一九一　丁丑，以災傷詔廬、鳳、淮陽、徐、滁、和等處民屯錢糧徵免改折有差。

癸未，以災傷詔密雲、昌平、霸州、薊、永五道所屬州縣民屯錢糧蠲折抵補有差。

甲申，以水災，詔免蘇、松藥材銀及量免牲口料銀，以甦民困。

《神宗實録》卷一九二　十一月丙戌朔，以災傷詔量停免徐州、泰興、江都、如皋、(儀)〔宜〕興、海門、寶應、興化等縣拖欠工部料價銀有差。

以災傷詔順天府三河縣應解工部木柴料價、協濟軍器等銀共七百三十三兩七錢八分，緩徵一年。灤州一州，盧龍、遷安、樂亭三縣應解工部料價、挑河夫銀、鐵冶民夫軍器等銀三年帶徵。

《明通鑒》卷六八　戊子，鄖陽兵亂。

時僉都御史撫治鄖陽李材，好講學，遣部卒供生徒役，卒多怨；又徇諸生請，改參將公署爲學宫。參將米萬春諷門卒梅林等大譟，馳入城，縱囚，毁諸生廬舍，直趨軍門，挾賞銀四千，洶洶不解。居二日，萬春脅材更軍中不便十一事，令上疏歸罪副使丁惟寧、知府沈鈇等，材隱忍從之。惟寧責數萬春，萬春欲殺之，惟寧跳而免，材遂復劾惟寧激變。

事聞，詔貶惟寧三官，材還籍聽勘。御史楊紹程劾萬春首亂宜罪，政府申時行庇之，置不問。

《神宗實録》卷一九二　壬辰，命河南撫按將存積贓罰銀一萬兩糴買雜糧分發賑濟。

《國榷》卷七四　戊申，四川巡撫徐元泰，討邛部叛酋膩乃假者，進兵至官廖河，賊迎戰，以天全、酉陽土司兵擊之，而潛師自上流繞賊後，賊驚潰，斬白禄子阿則等，逐北至冷溪河，獲頭目阿擺。賊退據馬蝗山，我進奪其積粟。賊復據大鷹崖固守，欲老我師，我除夕擣其虚，斬白禄，方大雪，冒險以進，賊大潰。

《神宗實録》卷一九三　十二月丙辰，詔遼鎮災傷重大，屯站錢糧徵折蠲免有差。

《國榷》卷七四　丁巳，南京提學御史詹事講劾吴縣兵部尚書凌雲翼僕毆諸生章士偉死，誘辱通庠，命撫按訊之，奪秩閒住。

庚申，先是京師煮糜賑饑民，上命不拘數，期以兩月。

《神宗實録》卷一九三　以山東荒歉暫減萬曆十五年應解贓罰銀二千兩。

甲子，南京工部署部事户部右侍郎方弘静言：准工部題奉欽依于南京工部庫貯銀兩動支協濟壽宫，查得本部錢糧除節年各項正支外，止有堪動銀九萬二千三百二十一兩八錢一分零，及漆鐵皮張料價銀一十八萬八千七百二十二兩六錢五分零，共銀二十八萬一千四十四兩四錢六分，盡數解濟工部。覆再將葦課銀内動支一萬八千九百五十兩有餘，湊足欽定三十萬之數，解部濟工。從之。

乙丑，詔免陝西苑馬寺七監應徵十五年收租銀二千一百七十一兩五錢七分五釐，准于茶課内如數動支解補。

己卯，以災傷詔蠲免徐州拖欠牲口銀及量免揚州、寧國拖欠藥味銀五分。

《國榷》卷七四　壬午，以京師米貴，預支軍匠明春銀米各五斗。

是年冬，龍虎將軍切盡台吉死。總督郜光先言其勤慎，垂死，戒其婦妣吉善自保部衆，毋忘朝廷。命諭祭一壇。

是年，安南黎維邦死。鄭簡子松立其次子維潭，居清華。

萬曆一六年（戊子、一五八八）

《神宗實録》卷一九四　正月乙未，命貴州土司普定、平壩、定莊、安南、主儒俱附有司提調，土司不得争執，從都御史蕭彦請也。

丁酉，户部題覆：陝西巡撫王璇查過韓府禄糧自十一年起至十三年止拖欠至七萬七千五百八十五兩有奇，准將司庫正項禄銀并柴馬夏糧鳳翔貯庫糴本等項抵補。上從之。

庚戌，套虜卜失兔圪阿諸酋在陝西邊者市賞已畢，而結聚不解，意圖窺伺，挾求無已，爲我軍截殺數多，擒三人，皆驍悍虜將，獲其馬四十匹，羣虜大創。卜酋乃爲謝過，量求加賞。督臣郜光先、撫臣梅友松以聞。

《萬曆起居注》第三册　命錦衣衛、鴻臚寺查點不到文武官其八十二員，各罰俸二個月。

《神宗實録》卷一九五　二月庚申，免陝西西安、鳳翔府屬州縣衛所起存銀兩三萬四千有奇，以蘇災民。

《國榷》卷七四　丁卯，申嚴驛禁，仍諭各衙門公差列名奏遣，不許擅委。

《神宗實録》卷一九五　乙亥，工部員外馮時泰請疏通溝渠。上命會同廠衛及巡城御史嚴查修濬，如有勢豪越占，參奏拏究。

戊寅，户部覆議：河南撫按奏稱，該省連歲災荒，民食無措，請蠲免停徵，宜照陝西例分别量允。其京邊緊要錢糧以商税抵解，開、歸二府改食長蘆山東鹽引，南陽、汝寧、歸德三府倉儲許開封等處重災地方平糶賣粥，收價俟秋成買補。詔依擬行。

《國榷》卷七四　三月己丑，薊遼總督張國彦、總兵李成梁，發兵剿北關卜寨那林孛羅。二酋爲逞仰二奴子。初，兩酋圍歹商，我檄諭之，不聽，乃提數千騎，降夷二百人，東抵海州，夜至開原，令吏卒毋擾南關，給歹商白布，披其肩爲識，旦出威遠堡三十里，至落羅寨，亦北關部夷也，叩馬閉壁戒不犯，卜寨那林孛羅寨各去數里，恃險不聽撫。將戰，我攻之，游擊吴希漢陷堅，中流矢不退，軍薄城下，虜力拒我。虜石城外重栅立八角樓，守具甚備，破重栅而石城堅，我仰攻輒死，發大砲洞堅，斬把當亥等五百五十四級，獲馬九十八匹。又植雲梯與中城等，上置砲，卜寨那林孛羅始懼乞命，與南關分敕入貢，成梁許之，乃旋師。

〔辛卯〕，改折南京上倉米豆，較被災輕重爲差。

管理太倉主事張悌奏：臣視事三月，收各省銀五十五萬五千一百九十兩有奇，見貯交代于劉主事，則九十萬二千九百三十八兩有奇，共一百四十五萬八千有奇。而月俸禄米、軍匠賞勞、料價及邊鎮年例，出至一百四十二萬二千兩，尚不給，則發窖房六十萬足之。是一月之入不足以抵其出。因議太倉米足支七年，而米價騰貴，官軍月糧以本色與之，人既樂從，省太倉銀可十餘萬，亦斟酌虚盈之道也。部覆，上從之。

甲午，設蘇、松水利副使，係銜湖廣按察司，以山西副使許應逵改任。

辛丑，改土司思明州屬太平府。時思明土舍黄拱聖謀篡，殺兄拱極，而思明知府黄承祖乘亂掠其村寨，撫按請誅拱聖，革承祖職，立功自贖。

《神宗實録》卷一九六　癸卯，兵部題：改平、梧二府清軍同知各加江防職銜，府門等五驛爲水馬驛。從兩廣督臣吴善請也。

《國榷》卷七四　戊申，江南北、山西、陝西、河南大饑疫。詔修江南水利。

是月，神木、孤山兩堡卒闕餉大譁，巡撫延綏右副都御史梅友松捕禍首誅之。

《神宗實録》卷一九七　四月甲寅朔，准截留漕糧二萬石，發鳳、淮、揚、滁四府州，平糶賑饑，從漕臣舒應龍請也。

《國榷》卷七四　丙辰，巡按直隸御史任養心言：遼東總兵李成梁子如松駐宣府，如柏駐密雲，弟成材駐黄花鎮，而李平胡、李興、李寧、王維藩皆姻舊厮養，爲列鎮參游甚多，神京左右，盤據驕横，而如柏尤貪淫跋扈，不早去，恐釀變。上罷如柏，仍諭成梁等毋牽及。

《神宗實録》卷一九七　戊午，直隸大名、河南開封等五府水旱相仍，餓殍載道。從御史孫琉奏，發歸德米價銀五萬兩，直隸存留銀七千兩，分行賑濟。

辛酉，廣東巡按御史蔡夢説勘覈嶺東勦平岑岡功次，擒斬二百四十六人，俘獲賊屬四十口，奪獲器械牛馬若干，安插男婦一千五百五十丁口，俘虜除審決及監故外，惟有江樑綵等四名俱幼監候，待長發邊遠充軍調度。文臣吴文華等及將士洪夢鯉等以次議賞。報可。

庚午，工科給事中梅國樓薦原任刑部尚書潘季馴堪總河之用。

《國榷》卷七四　丁丑，申時行六年考滿，進左柱國，兼支尚書俸，蔭中書舍人。

《神宗實録》卷一九七　辛巳，河南饑。廣西御史陳惟芝奏：臣鄉異常饑荒，周南尤甚，人民相食，枕籍死亡，滿城滿野，有鄭俠不能繪者，露根之餘，可爲寒心。雖節經勑諭，奉行者緩不及時，與其待既斃而賑不如存而賑之爲有濟也。請發懷衛見貯倉粟七千石。上允。

《神宗實録》卷一九八　五月丙戌，湖州饑，巡按御史傅好禮動支漕折銀一萬兩賑濟，先發後部覆，免議，責令如數抵解，仍申勑擅動之罰。

戊子，命原任兵部尚書凌雲翼革職閑住。

《明通鑑》卷六八　乙巳，以軍儲倉火，諭禮部，言：「軍糧草束，乃國之至要者。今天下災傷重大，民窮時艱，上天示警，宜存敬畏。」乃敕内外官修省。是時南、北諸省並告災，諸司撫輯振救之疏日上，而訖無良策，故有是命。

《神宗實録》卷一九八　丁未，大學士申時行等奏上太祖高皇帝、成祖文皇帝實録各十五卷。

己酉，山東巡撫右副都御史李戴題稱，魯王順坦捐禄買糴至一千二百餘石以助賑恤，上賜勑奬諭。

《神宗實録》卷一九九　六月乙卯，禁見官生祠，行撫按查燬參治，從科臣李汝相疏也。

庚申，山西道御史陳登雲疏請册立東宫，並究戚畹鄭承憲驕横之狀。上不報。

甲子，詔年來傳派織造段疋未解者，浙江暫停，蘇州減半，以恤災民，從工部尚書石星之請也。

《國榷》卷七四　進王錫爵太子太保，蔭國子生，以三年考滿也。

庚午，報順義王西行，與瓦剌仇殺于甘肅塞外。

《神宗實録》卷一九九　壬申，兵部覆革湖廣總兵並罷武靖伯趙光遠。弗許。

《國榷》卷七四　閏六月甲申，兵部言：近來外戚紛紛請尉軍。《會典》，皇親尉軍、行錦衣府軍二衞，撥給三十人，旗尉原備直駕充儀衞。《會典》，公主出府，錦衣衞撥尉三人，軍三十七人，郡主俱二十四人，而外戚反過之，可乎。上從之，命查革如例。

福建道御史潘士藻言，今召對久曠，君臣之情不通。誠倣往事行之，面議人才之用舍，大工燒造之當停，金花之當蠲，時與商略修省之實，毋過于此。上怒，謫外。

《神宗實録》卷二〇〇　乙酉，户部覆：頃據報有重災地方議發南京户部銀二十五萬往陝西、山西分糴，又發臨、德二倉米二十四萬運山東、河南、北直隸等處減價平糶。今據省直奏報，糴本各有剩餘，宜乘兹夏麥頗收，官爲增價和糴，貯常平倉，以備異日。不則新麥幾何，災民公私窘急，必且賤售，不待秋成，閭閻空虚如故，倘秋成不繼，困苦更甚矣。疏入，有旨：近來地方官平時不以備荒爲事，一遇災傷賑救無策，這所議著實行，糴本開除實在報明部科查考。

壬寅，禁各差御史不許濫出馬票，占用坐馬，違者都察院參奏。

甲辰，上視朝畢，命錦衣、鴻臚寺簡文武官不至者七十一人，奪俸二月。

《國榷》卷七四　己酉，總理河道潘季馴請嚴閘河啓閉之法云，黄河水濁而强，汶、泗清而弱，其交處則茶城也。每伏秋，黄水發入淮，沙停而淤，勢也。黄水消，漕水隨之，沙隨水刷而通矣，縱有淺阻，不過旬日。如萬曆十年，中河郎中陳瑛，立石洪、内華二閘，遇水發即下板以遏其横，而黄水落則啓板以出泉水。臣前月望至宿遷閲視，同知徐申謂本月望前黄水長至丈餘，漫入洪口，即下閘板，至二十一日水稍落，于是啓閘通漕，至閏六月等日亦然，前不過七日，後不過三日，隨長隨落。此二水勝負通塞之故也。建閘易，守閘難。運貢之馳行，勢豪之開放，程不能待，而利害决矣。乞嚴啓閉之法。報可。

是月，大同新平堡擺腰開市，虜以千騎折牆入，掠人畜。

《神宗實録》卷二〇一　七月乙卯，巡按山東御史吴龍徵請蠲免東阿等三十七州縣夏税丁口鹽鈔銀糧，以甦民困。從之。

原任禮部尚書陸樹聲疏謝存問。上報聞。

《國榷》卷七四　乙丑，皇四子常治殤，謚曰懷，追封沅王。

己巳，延綏西路隕霜殺稼。

《明通鑒》卷六八　庚午，定邊臣考績法。

《國榷》卷七四　巡按陝西御史鍾化民請寬馬禁，謂西塞土寒，無他産，獨産馬。禁其出境外通蕃，至併民牧于境内貿易廢之，此因噎廢食之説也。請少寬禁。部覆從之。

《神宗實録》卷二〇一　辛未，周王肅溱奏魯陽王勤灰因水旱時聞，皇澤覃敷，願將歲支禄米一千石自本年起至終身止俱扣留京師，以資公用。上賜勅嘉奬。

《神宗實録》卷二〇二　八月癸未，頒行徵糧册式，各省直逐項按季分註數目，不許隱漏混淆，從户科姚德重請也。

户部覆：巡撫甘肅右副都御史曹子登奏討本鎮站銀，計甘肅一鎮，京運二萬二千九百餘兩，客餉鹽課五萬四千兩，此嘉靖四十五年例也。隆慶元年增二萬八千五百餘，萬曆十二年增主餉一萬，客餉二萬。十三年再加主餉四萬。則是嘉靖例七萬七千外，增至十萬許，而邊臣告急之疏，荒歲停徵之令，内外猶鰓鰓也。主計且柰之何，乞咨議撙節。報可。

《明通鑒》卷六八　乙未，詔取太倉銀二十萬，充閲陵賞費。

上頻年詣大峪視壽宫，至是車駕將出，故有是命。

《國榷》卷七四　己亥，刑部尚書李世達覆參駙馬都尉侯拱辰貪横不法，命奪任，送太學省愆百日。

丁未，太子少保、禮部尚書沈鯉奏：聖壽屆期，乞早册立。報聞。

日講官吏部右侍郎朱賡爲禮部尚書，署詹事府事。

吏科都給事中張鼎思、刑科給事中陳燁，與江西按察副使房寰互訐。寰前南京提學御史，謂鼎思私囑，以巡撫王元敬手書上之。有旨責給事，各飾辨。上愈怒，各降二級聽調，元敬落職閒住。

《神宗實録》卷二〇三　九月乙卯，太子少保、禮部尚書沈鯉引疾懇乞致仕。上諭：「卿學行素優，典禮清慎，朕委任方殷，乃屢以疾辭，情詞懇切，暫允調理，痊可具奏起用。」仍賜金幣馳驛。

《國榷》卷七四　賑魏縣饑。

嚴漢中保寧私茶之禁。

《神宗實録》卷二〇三　己未，刑部請停刑。上諭：「朕親閲壽宫，方行吉禮，決囚准暫停免。」

《明通鑒》卷六八　甲子，次石景山，觀渾河，見水勢洶涌，因問：「黄河何如？」輔臣申時行等對以「十倍未止」，上愕然。乃詔修黄河，護陵寢。

《神宗實録》卷二〇三　己巳，調昌鎮總兵官張邦奇鎮守山海。

庚午，以浙省災，免牲口銀兩十分之三，從巡按御史馬朝陽請也。

壬申，陞薊鎮副將麻承恩都督僉事，充總兵官，鎮守昌平。

《國榷》卷七四　甲戌，敍壽宫功，工部尚書石星進太子少保，侍郎曾同亨進尚書，餘文武賚廕有差。

己卯，禁邊將私招屬夷。

《神宗實録》卷二〇四　十月乙酉，從御史何廷奏，蠲湖廣龍陽等州縣屯糧存留等銀，以蘇災民。

巡按廣東御史蔡夢説請釋故相張居正子嗣修雷州之戍，憫其情罪未確，流離困苦也。上不允。

丁亥，勅工部員外馬玉麟監修卿雲宫。

《國榷》卷七四　戊子，西虜炒胡兒把漢及青把台吉火落赤等會東虜店囊合掠瓦剌。事聞，命鎮夷游擊移鹽池，肅州參將移臨水，備之。

己丑，寧夏報墾荒十一萬四千一百餘畝。

《神宗實録》卷二〇四　丙午，勅分守洮岷副將李昫以原官掛印，充總兵官，鎮守甘肅。

丁未，山西道御史王道增論奏：甘肅總兵劉承嗣激變軍士，罪當嚴斥。今撫按皆坐議，而承嗣得僉書後府，非法之平。疏下兵部，覆議。得旨，承嗣赴總督軍門聽用。

《國榷》卷七四　十一月庚申，甘肅海虜瓦剌他不囊，擁衆自南川入，殺副總兵李魁及中軍何承印等。

甲子，增河南撫臣敕書兼理河道，與督臣協同行事。

蠲河南商、永等二十五州縣屯糧。

丙寅，前太子太保、兵部尚書王崇古卒。

《神宗實録》卷二〇五　戊辰，命選收浄身男子二千人。禮部尚書朱賡奏：中涓之役，祖宗朝限制甚嚴，近萬曆十四年有男子曾萬壽等叩閽求用，嚴行驅逐。今曹進忠未經取選，與曾萬壽同，宜行禁絶。竟以内庭缺人留二千人，禮科給事中苗朝陽、江西道御史荆州俊相繼疏論，不聽。

《國榷》卷七四　己巳，前禮部尚書兼翰林院學士汪鏜卒。

甲戌，折蘇、松、杭、嘉、湖漕米三分之一。

十二月己卯朔，吏科給事中李沂劾東廠太監張鯨不法，獨未伏罪，非法之平。上怒，下沂鎮撫司。又刑科唐堯欽亦言之，上不問。時流言張鯨進賄，而司禮太監張誠故黨馮保惡鯨，沂疏引馮保、張居正，故上怒之。

《神宗實録》卷二〇六　辛巳，順天巡按御史孫旬勘報：密雲、薊州、昌平、永平各道所屬府州縣災傷，請照例蠲免民屯錢糧，以卹災民。上從之。

《國榷》卷七四　癸未，杖李沂六十，削籍。

丁亥，蠲折湖廣五十二州縣屯糧。

庚寅，時上怒李沂，連日稱疾不朝。申時行等奏問起居，許國自引罪乞罷，不許。

《神宗實録》卷二〇六　潞王之國，供用金寶費至二十餘萬。内府既竭，商辦尤苦，户部尚書宋勳、侍郎胡執禮、巡視科道張應登等各上疏争論，語語切至。有〔旨〕減三分之一，餘辦進。

《國榷》卷七四　辛卯，石砫宣撫司馬千斛攻馬廷蘭，秦選等各寨，敗之。

丙午，起王家屏禮部尚書兼東閣大學士，直文淵閣。

壬寅，右軍都督府僉書張臣爲總兵官，鎮守山西。

癸卯，罷開訾家營支河。

萬曆一七年（己丑、一五八九）

《國榷》卷七五　正月甲寅，大盜劉汝國，黄梅人，結黨于太湖、宿松，鄰黄州山中，于楓香驛倡亂。初數十人，旬日間至數百，張旆恣焚劫焞前驛，官兵不能制。撫按不報，兵科右給事中李廷模稍列其狀，章下兵部，奪兵備巡捕各官俸。

《神宗實録》卷二〇七　丁巳，安慶指揮陳越率兵攻劉汝國于陳漢山，大敗死之。又蘄州兵與戰于長溪山，殺傷略相當。

己未，逐浄身男子。

庚申，吏科給事中張應登請册立東宮，以應青陽，爲第一急務。太常寺卿李尚思等、南京禮科給事中朱維藩等、南京兵科給事中杜縻各有疏，俱不報。

《國榷》卷七五　癸亥，部院大計，降斥如例。

甲子，延綏東虜乘小市之期，犯鎮羌、神木，我預伏，擒六人。虜執我永興操守魯槐，邊臣久之始報。

《神宗實録》卷二〇七　辛未，户部覆：鳳陽撫按舒應龍等疏言，江北水潦，米價騰踴，將應兑漕糧三十萬石留十分之三，每石折銀七錢，先動庫貯無礙銀六萬三千兩，與本色漕糧一齊運解，候青黄不接之時糶價還庫，餘銀與同輕賫蓆銀貯府，將本年新運輕賫銀内各照數減徵。從之。

丙子，密雲草場火，燬草四十六萬一千九百八十一束，罰管糧主事孫瑀俸兩月。

丁丑，提督工程尚書曾同亨等以壽宫工程已有次第，事務漸簡，請裁減内外各項員役二百四十七員名，廪馬鹽糧等項住給以後每廠作過事完次第撤回，以節冗費。從之，止留錦衣衛催工官六員。

《神宗實録》卷二〇八　二月庚辰，四川巡撫徐元泰請以採木未獲除銷筭外該還官銀一十三萬四千四百兩有奇，米三千五百石有奇，穀一萬一千四百石有奇，照數追還。今歲秋成有歉，議將夏税、秋糧免十分之三，所應起解京料先儘正供，其貴州布米錢糧將支散扣回并積餘銀米如額抵解。户部覆：田租免十分之二，其追補如議。從之。

户部覆：陝西總督郜光先等言，甘鎮銀兩共欠六十二萬八千七百餘，緣全陝連災，逋負數多，今西、鳳、平、漢、臨、鞏六府歲頗有收，前欠糧銀應乘時設法陸續徵解。報可。

裁山東濟南參將、曹州武定守備。

壬辰，户部覆：陝西總督郜光先等疏言，延鎮缺餉，其預發年例該二十五六萬兩，今帑藏空虚，候有解到銀兩，請發所有十七年應補主客二餉銀七萬六千三百九十兩有奇，即于庫貯動支解運。得旨：延鎮缺餉數多，軍士困乏，可憫，户部預發年例銀五萬兩，兵部借馬價銀五萬兩，與見補一同給發。

《國榷》卷七五　申明雲南銀場疆界。部覆：雲南巡撫蕭彦等，以臨沅、金滄、洱海三守道各有礦場，宜照屬分管，不必專屬臨沅。又麗江不得市劍川界内夷田民田。又武定、雲南二府軍務，俱屬普安道，即改爲兵巡道。又霑平守備，聽臨安參將節制。並從之。

乙未，戒章奏未奉旨毋抄報。

劉汝國平。吴淞參將陳懋功等敗之，斬獲二百五十餘人。

丙申，海盜李茂犯萬陵。

《神宗實録》卷二〇八　丙午，禮部取中會試舉人陶望齡等三百五十名。

《國榷》卷七五　三月戊申朔，李茂犯樂同，復還文昌。

《神宗實録》卷二〇九　辛亥，以廬、鳳、淮、揚等被災府州縣萬曆十六年分起運本色米每石改折銀六錢，麥每石改折銀四錢。

壬子，薊鎮夷酋小阿卜户猛可真等將部落毛什哈所擄我戍卒送還，其被殺者縛獻作歹真夷克什箇抵償，叩關服罪，以求額賞。督撫張國彦等以聞，并請釋放古北口留質諸夷，而誅其就縛者，予賞如故。從之。

工部以江南數郡屢遭水旱，未完四司料銀等項銀兩係十四、十五年者，常、鎮二府每年帶徵二分，蘇、松二府尤宜緩徵。從之。

《明通鑑》卷六九　丙辰，不視朝，免陞授官面謝。自是臨御遂簡。

《神宗實録》卷二〇九　戊午，户部覆：河南撫按疏言，河南非産稻地方，潞王歲該禄米一萬石内，徵本色粳米四千石，其六千石每石折銀九錢。從之。

己未，協理戎政兵部尚書傅希摯再疏乞休。準加太子少保致仕，馳驛去。

《國榷》卷七五　壬戌，策貢士湯賓尹等三百四十七人，賜焦竑等進士及第、出身有差。

癸亥，雲南騰衝、姚安二營兵大譁。

己巳，虜犯義州，財二三十騎，掠井家溝而出。次日，復入太平堡，把總朱永壽追之，至賈家莊，值虜二百餘，殊死戰，又虜四五百，西北至永壽，指揮潘應商敗没。

《神宗實録》卷二〇九　大學士王家屏復以病辭。旨令沿途調理，仍宜加慎，以副眷懷。

辛未，巡城御史陳汴請驅逐山人遊客，因論列周訓等十人諸不法事，有旨下錦衣衛捕逮法司究罪。

壬申，陞兵部右侍郎蕭大亨爲右都御史，兼官如故，總督宣、大、山西軍務。

《國榷》卷七五　四月己卯，廣東海盜李茂、陳德樂等，先告撫復叛，因捕之。參將陳居仁、楊友桂各利其貲，縱去。賊渡海破清瀾城，又犯潮州陵水。

甲申，姚安叛卒入雲南，道掠，走楊林。黔國公沐昌祚、巡撫蕭彦追斬八十四級，捕六百八十人，土同知禄華誥擊斬五人，因詐降，明日突出，寧州、武定、臨安、雲南尋甸兵夾攻之。

乙酉，妖僧李員朗伏誅。員朗于廣東始興縣謀亂。

太子少保、兵部尚書兼左副都御史總督陝西三邊軍務郜光先卒。

丁亥，移廣西總兵于賓州，蓋兩江門户也。

旌臨清嫠婦秦鐣妻張氏，以助賑八百石也。

戊子，錦衣衛都督同知鄭承憲卒。子國泰請嗣，兵部言非例而不力，竟授都指揮使。兵科給事中張希皋言流官例不承襲，《會典》昭然，乞收回成命。不報。

《神宗實録》卷二一〇　壬辰，内閣考過願就教職舉人三百九十三名，取中上卷八卷，中卷三百六十八卷。

《國榷》卷七五　丙申，以漳州人販海通倭，定東西二洋各派船四十四艘。

丁亥，四川總督兵官李應祥冒餉劾免，賄巡按御史傅霖千金，勅免。

《神宗實録》卷二一〇　己亥，禮部尚書兼東閣大學士王家屏入閣辦事。

《國榷》卷七五　丙午，提督京城巡捕史綱爲總兵官，鎮守四川。

五月庚戌，薊鎮酋幹多羅忽悔罪，獻逆夷七人，輸馬。

壬子，四川道御史李光祖上言：國匱民貧，輕用太倉窖銀。夫供用庫寺監局必有原額，今進太倉，則原派置何地乎。或費用太侈，賞賚太濫，抑經制未定，侵冒未清耶。上不懌，罰俸。

《神宗實録》卷二一一　己未，大同巡撫王基言：本鎮缺餉，請以十七年下半載扣除預借臨清倉銀五萬兩補發，暫濟目前，俟令秋解有民運，容俱于十八、十九兩年主兵年例數内扣除。户部議：本鎮十七年例銀該扣十五萬兩，恐其不敷，止于上下半年各扣五萬兩，其五萬兩擬于十八年扣除。今有此奏，姑將下半年扣過客兵銀二萬五千兩照數補發，此項銀并未扣銀五萬兩總于十八年主客年例銀内扣除。報可。

詔修守清河浦運道。

庚申，皇六女靈丘公主薨，禮部擬喪葬儀如制。

《國榷》卷七五　壬申，閩人何守岳作亂于廣業里，斬戍有差。即其地立大祥巡簡司。

《明通鑑》卷六九　是月，順義王徹哩克西徙，假道甘肅趨青海。是時套部布色圖遣使邀之，遂以赴承華爲名。自是套寇遂出没塞下。

《國榷》卷七五　六月甲申，浙江颶風大發，沿海潮溢，壞廬舍田産亡算。

《神宗實録》卷二一二　乙酉，南京禮部尚書姜寶以年踰七旬乞休，加太子少保致仕。

《國榷》卷七五　戊子，薊鎮旱，給糧三萬石。

户科都給事中王繼先等請以山東、山西、河南、真、順、廣、大見銀及存餘事例等銀，糴穀備賑，從之。令各處實奏。

己丑，套虜阿計犯神木、永興等堡。

《神宗實録》卷二一二　庚寅，内閣會同翰林院官考過願就教職，歲貢上卷十卷，中卷三百一十八卷。

《國榷》卷七五　乙巳，浙直大旱，太湖兩淮涸，斗米三錢，道殣相枕。撫按奏䘏，上閔之，發太僕寺金二十萬，南京户部金二十萬賑饑。令户科右給事中楊文舉往，以二十萬賑南畿，十萬賑浙。文舉出申時行之門，應天巡撫周繼郊迎，餽席三百金，幣四十，他郡倣效，追復命舉劾，以賂爲高下。

七月丙午朔，前太子少保、南京吏部尚書袁洪愈卒。

乙卯，吏部推于慎行補禮部尚書，不報。又覆推謫臣姜應麟、孫如法，又不報。許弘綱、王孟煦各疏六，留中。兵科給事中薛三才言，此三事匪輕，乞賜裁決。報聞。

戊午，禮部尚書朱賡憂去。

《神宗實録》卷二一三　己未，大學士王錫爵辭免差官，奉母留京。從之。

《國榷》卷七五　甲子，吏部左侍郎署詹事府事于慎行爲禮部尚書。

乙丑，湖廣道御史林道楠言白糧輸納之苦。白米一石，不過加耗五升耳，今至四斗五升。米百石，不過鋪墊脚價等銀七八金耳，今至二十餘金。乞諭司禮監，令各監局内官盡革前弊。有旨從之。

《神宗實録》卷二一四　八月丙子朔，户部言：舊例金花銀一百萬兩，坐派蘇、松、江浙、福建、廣東、湖廣等處，每季分進二十五萬兩。此祖宗定例。至萬曆六年，奉旨每季加銀五萬兩，作買辦應用。計每年增進銀二十萬兩。原無坐派，今已一十二載，計銀已二百餘萬。乞念邊餉爲急，錫予爲緩，每季買辦銀五萬兩暫准停止。不允。

丁丑，南京工部尚書曹三暘卒。

《國榷》卷七五　己卯，禮部請朝講，不報。諭閣臣，朝講待數日且御。

辛巳，管太倉銀庫户部主事楊應宿言：八月二日應進買辦五萬金，今踰數日，乞免補進。忤旨，罰俸三月。

《神宗實録》卷二一四　癸未，光禄寺卿盧惟禎言：本寺無錫縣上白粳米專供上用，歲派一千三百三十一石零，歲用七百餘石，累歲積見有一萬二千餘石。南直隸、浙江各府上白粳米係翰林院等衙門供給歲派一萬二千一百一十五石，累歲積見有四萬餘石。乞于原折二分外，再折三分，則新解可以足歲供而舊貯者可與中白兼放，東南民困或少濟其萬一也。從之。

戊子，發太僕寺馬價銀一萬二千兩于大同，備明年互市貨物。

辛丑，大學士許國滿六年考，晋兼太子太師、吏部尚書，餘官如故，廕一子中書舍人。累辭不允。

壬寅，詔嚴禁匿名投揭造謗者。是時南都有傳流一書，名曰《逐客嗚冤》，中多指斥朝政之語，南給事中杜欒、徐桓以爲言，故奉兹諭云。

《國榷》卷七五　九月庚戌，吏部覆定南道揭堂，論事以三日，參劾以五日。著爲令。

己未，東虜腦毛太結西虜白洪大，入遼東平虜堡。總兵李成梁禦之，備禦李有年手刃數虜，被驍騎圍殺之，把總馬文昇赴救陣没。轉戰良久，虜稍却，遂班師。斬三十四級，我亡失百二十餘人。明日，吳大績等追虜于鎮邊堡，斬五十五級。虜遂犯瀋陽蒲河，多殺掠。又分數千騎入榆林堡，凡七日出塞。督撫按之報稍異，其後給事中李琯謂長昂入犯，李成梁損兵八百人，邊吏不以聞。

《神宗實録》卷二一五　壬戌，詔給太僕寺馬價銀四萬二千六百兩于薊鎮，從督撫張國彦請也。

癸亥，直隸巡按徐申請動支順、永、保、河四府贓罰發各府糴穀備賑。允之，仍著爲例。

甲子，原任南京禮部尚書姜寶以業田千畝創立義莊，賑給貧族，請旨照先年大學士徐溥事例，將地畝册籍印發府縣，永遠遵守。許之。

《國榷》卷七五　命録囚，户部尚書宋纁主讞。

《神宗實録》卷二一六　十月壬午，調原任宣府總兵李如松于山西，調山西總兵李迎恩于宣府。如松偶經論劾，兵科給事中葉初春疏薦之，請與別鎮總兵互相更易，故有是調。

《國榷》卷七五　癸未，以各處奏報災傷，暫免行刑。

甲午，上命内閣傳諭九卿，因藥餌罔效，不克視朝，閣臣即日疏候。

《國榷》卷七五　癸卯，黄河决口塞，河工成。

禮科右給事中吴之佳請速發章奏。不報。

《神宗實録》卷二一七　十一月乙巳朔，陞南京工部右侍郎張西銘爲南京户部尚書。

癸丑，兵科左給事中胡汝寧言：甘肅被虜，其將士怯弱，糧餉不敷，乞將馬價銀兩給發數萬，以振士氣。兵部議支太僕寺銀十萬兩，解貯該鎮。如正項解運未到，許借支，解到日補還，萬不得已，奏請開銷。從之。

《國榷》卷七五　乙卯，徵潞紬五千匹。工部尚書石星言非正額，乞寢之。命以次進。工科都給事中張養蒙諫止，不聽。

《神宗實録》卷二一七　辛酉，皇第二女薨，喪葬視靈丘公主例行。

《國榷》卷七五　癸亥，順義王撦力克及夫人龍虎將軍一克黄台吉，以數萬騎西出賀蘭山後，求寧夏督撫開馬市，如俺答赤木口例。固請，許之。市賞八千餘金。

乙丑，鎮守雲南黔國公沐昌祚求閣者二十人。不許。

《神宗實録》卷二一七　己巳，原任南京右副都御史今陞總督倉場户部尚書耿定向復以疾乞休。許之。

《國榷》卷七五　十二月丙子，故少保、兵部尚書于謙改謚忠肅，浙江巡撫傅孟春請之也。

《神宗實録》卷二一八　戊寅，陞兵部左侍郎楊俊民爲户部尚書，總督倉場。

《國榷》卷七五　己巳，吏部尚書楊巍屢請去。上切責諸臣，忿争求勝，有失和衷之誼，不允所請。

《神宗實録》卷二一八　丙申，巡青右給事中吴之佳等報：驗過壩大二十四馬房等處，壯馬六百三十四匹，駒七十五匹，駝四隻，牛羊驢騾各有數。

四川南、渠二縣飢，發倉賑卹。

萬曆一八年（庚寅、一五九〇）

《明通鑑》卷六九　正月甲辰朔，不御殿。

召見閣臣申時行等于毓德宫，以雒于仁四箴疏示之。上自辨甚悉，將置之重典。時行等委曲慰解，見上意不可回，乃曰：「此疏不可發外，恐外人信以爲真。願陛下曲賜優容，臣等即傳諭寺卿，令于仁去位可也。」上乃頷之。居數日，于仁引疾，遂斥爲民。自此，章奏留中，遂成故事。

《神宗實録》卷二一九　甲寅，兵部以三年京營閲視，例應欽命太監一員。上命張誠同往。

命鎮守陝西總兵官署都督同知張臣以原官掛印鎮守甘肅等處。

《國榷》卷七五　庚申，前後軍都督府僉書署都督僉事劉承嗣爲總兵官，鎮守陝西。

《神宗實録》卷二一九　詔發太僕寺馬價銀一萬兩于薊鎮，以備春防犒賞。

《神宗實録》卷二二〇　二月丙子，以協理京營戎政兵部尚書鄭雒總督倉場，户部尚書楊俊民充經筵侍班官。

《國榷》卷七五　壬辰，禮部請朝講。不報。

戊戌，王錫爵請册立。皇上自己有長幼之説，臣等不必争歲月之早晚，惟豫教一事，則皇長子年九歲，次子年五歲，俱當出閣。不報。

《神宗實録》卷二二〇　庚子，吏部尚書楊巍累疏乞休。上特准致仕，着馳驛去，仍令有司歲給人夫月米。

大學士申時行等請上御朝講。不報。

《神宗實録》卷二二一　三月丙午，實授御史樊玉衡等三十六員。

《國榷》卷七五　廣西賊李茂、陳德樂等平。

《神宗實録》卷二二一　丙辰，以宋纁爲吏部尚書。

辛酉，遼東寨兒山堡火起，狂風大作，焚毁城堡器械，傷軍丁男婦九十餘人。

壬戌，起原任南京禮部左侍郎韓世能爲禮部左侍郎兼翰林院侍讀學士，工部右侍郎魏時亮爲南京刑部尚書，以石星爲户部尚書。

《神宗實録》卷二一二　四月癸酉，禁擅擊登聞鼓。令各王府宗室軍民人等非係重大事情蓦越禁地擊鼓稱寃者，依律重懲。

丙子，陞大理寺左少卿任養心爲右僉都御史巡撫江西，大理寺卿周寀爲兵部右侍郎兼右僉都御史，總督漕運，巡撫鳳陽等處。

詔發太僕寺馬價銀一十一萬七千兩有奇，于遼東買補馬匹，從巡撫郝杰請也。

《國榷》卷七五　革西胡明愛、威正二虜市賞。

辛巳，廣寧九衞不産銅鐵，軍器局歲造俱販之海州，于是改設套峪，發軍匠就其地作之。

《神宗實録》卷二一二　詔以山東布政司庫貯衡府奏辭任支銀兩給發七千九百九十餘兩，量補本府歷年欠禄。衡府新封，匱乏甚于諸藩，至是王以爲請故也。

《國榷》卷七五　癸未，釋輕繫。

《神宗實録》卷二一二　甲申，工部議以全楚災傷，自十七年春起至十八年冬止，該省未解事例銀兩盡數扣留，以濟饑民。從之。

丙戌，詔發太僕寺銀六千兩，差官犒賚遼東從征軍士，從督撫諸臣請也。

《國榷》卷七五　己丑，設廣東東山參將，移東安縣，西山參將，移西寧縣，中路守備，移羅定州。秋冬駐掘峒，掘峒爲羅定要地，而二縣爲兩山根本也。

甲午設四川平武縣，隸龍安。

丁酉，巡撫應天右副都御史周繼爲南京户部右侍郎，總督糧儲。

五月癸卯，王家屏言：臣來浹歲，嘗陳天下大計，竟寢。又臣亡狀，不能導主德于緝熙，保聖躬于元吉，大本未定，隱憂更多，故自劾乞休。不報。

《神宗實録》卷二一三　己酉，大學士王錫爵乞假調理。許之，令痊可即出。

庚戌，左都御史吴時來以病乞休。准回籍調理，仍令馳驛去。

《國榷》卷七五　丙辰，上視朝。以各處災傷勉出，命速議蠲賑。于是閣臣言：旱災甚廣，自畿内、河南、山東、江北，夏麥俱枯，秋禾未種，小民望恩，甚于饑渴。若不待奏報，先布德音，尤足收拾人心。上諭户部：朕念旱災，着撫按勘分數蠲免，其積穀處即盡放賑。又諭兵部緝盜。

《神宗實録》卷二一三　丁巳，上命文書官李相到閣，著輔臣時行等傳與家屏，令到閣辦事。時行等疏請仍乞發下家屏原疏，不報。是日，家屏隨具疏謝，仍請假調理，許之。

陞刑部尚書李世達爲左都御史。

甲子，陞南京吏部尚書陸光祖爲刑部尚書。

《國榷》卷七五　丙寅，廣西總兵官仍駐會城，另選參將移賓州三里。

《神宗實録》卷二一四　六月己卯，户部議真、順、保、大四府各被災地方存留夏税起運錢糧分别蠲停，以蘇民困。從之。

《國榷》卷七五　甲申，西虜虎落赤等四千餘騎入犯舊洮州古爾占堡，流掠洮岷。副總兵李聯芳追擊包家山，陷伏死，軍潰，把總何大衢、魏承勳，千總賀守文，中軍李如玉、李國瑞俱没。

户部奏：去年因荒蠲免歲入三百三十九萬金有奇，出數加百萬有奇，賴老庫發一百八十三萬。今歲入數不下四百餘萬，除已發外，見庫僅四十餘萬，老庫僅一百十七萬。諸費何出，猶少百餘萬。命下集議。工科都給事中邵庶等言，今日利孔已盡，無復可開，而歲入彌縮，歲出彌浮，宜行嚴察。如錦衣之帶俸官役，禮部、鴻臚之譯字生、通事、序班，光禄寺之廚役，各監局之工匠，在外佐貳首領之添設，九邊年例與主客市賞之供億，諸如此類，或昔無今有，昔設今增，酌其急緩，漸以裁汰，是謂以節之道生之也。又增修城垣，其役可止。報聞。

《神宗實録》卷二一四　乙酉，總理河道都御史潘季馴以增修泗洲石堤經用不足，工部議給淮安府庫貯濬草灣銀四百四十餘兩。許之。

《國榷》卷七五　丙戌，河南盧氏縣多盜，移嵩縣守備冬春駐欒州。

丁亥，順義王撦力克爲西虜火落赤所購，以三千騎渡河，至臨洮，聲欲東寇保定撒剌，西犯洮、岷、松、茂諸邊，遂屯莽剌、湟二川。

甲午，督理荒政給事中楊文舉報竣。

戊戌，原任吏部尚書嚴清卒。給祭葬如例。

《神宗實録》卷二一五　七月庚子朔，户部以太倉年例缺乏，議動廣東存積銀一十五萬兩解京，以備九邊支用。從之。

《國榷》卷七五　議添設洮河官兵。其河西鄉兵，舊隸行太僕寺及兩同知，今聽各道總理。復金城關巡檢司，復監守同知。并梅友松所請。

《神宗實録》卷二一五　甲辰，以錦衣衛僉書都指揮同知許茂樨管提督街道事，復陝西行都司原設屯田僉書一員。

戊申，户部奏言：福建寺租等銀先因倭變題留，今倭寇久息，宜勅該省量解四萬兩，以濟目前之急，仍勅以後年分酌量四分存留六分起解。從之。

《國榷》卷七五　火落赤犯河州，攻景古城。總兵劉承嗣禦之，會大雨，兵敗，失亡甚衆。虜踰二旬始退，西陲爲震。總督梅友松請以土指揮魯光祖爲游擊將軍，提千人援西寧，光祖弟光國襲指揮。

《神宗實録》卷二二五　辛亥，户部覆：給事中劉弘寶奏言，萬曆十年屯田御史王國大查屯種餘地竝達官地共一萬一百八十五頃有餘，量徵銀六千四百三十兩有奇，今年久成熟，人樂佃種，宜酌量加科，改爲濟邊正數。從之。

甲寅，詔發太僕寺馬價銀十萬兩於甘肅，以備支用。

《明通鑑》卷六九　乙丑，召見閣臣議邊事，命廷臣推舉將才，諭曰：「將材不拘文武。昔之杜預、諸葛亮，皆文臣也。」

申時行等以款貢請，上曰：「貢市豈可久恃！徒使敵人驕蹇，輕中國耳。」時行等唯唯而退。

己巳，以兵部尚書鄭洛經略陝西四鎮及山西、宣大邊務。

《國榷》卷七五　八月庚午朔，西虜指揮僉事莊禿賴及紅山市夷犯甘州之高臺黑城，掠我六十九人。莊禿賴時降時叛，雖革市賞，屢復之。

《神宗實録》卷二二六　癸酉，兵部以火落赤犯洮河，乞飭邊臣速議兵食，共圖戰守，竝勅宣大督撫撘酋市賞暫行停止，俟其悔悟方奏請。報可。

命兵部武庫司主事梁雲龍、遼東兵備僉事萬世德隨經略大臣行邊，仍於宣、大二鎮各選家丁三百名隨行，竝發太僕寺馬價銀二萬兩軍前支用。

户部以山東旱災，奏請蠲折民屯錢糧以甦民困。從之。

《國榷》卷七五　乙亥，修京城。

己卯，以屬夷史二官兒等，攜男婦二千餘人出塞，邊將失撫，各降罰有差。

庚辰，總督薊遼兵部尚書兼左副都御史張國彦協理京營戎政。兵部左侍郎蹇達兼右副都御史，總督薊遼。

《神宗實録》卷二二六　壬午，以寧夏都司守備趙備改大壩堡守備，徐應禎改清水營堡守備。

南京給事中徐常吉請復設常、鎮兵備。上以官多民擾，裁革已久，已之。

己丑，工部以各省直歲造軍器多不堪用，請半議改折，以裕經費。從之。

〔甲午〕，户部奏言沿江一帶廬洲田不止萬有餘畝，宜設法清理，應追復者追復，應起科者起科，應開墾者開墾。報可。

户部以河南應納臨、德二倉米改折一年，以濟邊用。

《神宗實録》卷二二七　九月辛丑，工部議減本年織造之半，以舒民困。從之。

《國榷》卷七五　辛亥，命内臣問内閣，屢疏開礦，何未覆也？申時行等言：開礦貽害軍民。時易州人周言請開礦，御史邵以仁力言其不可，乃止。

《神宗實録》卷二二七　乙卯，户部請停歲進買辦銀兩以濟邊費。不允。

戊午，壽陽長公主薨。

庚申，詔發太僕寺馬價銀二十萬兩以備西鎮支用。

丙寅，以洮河失事論罪，總兵劉承嗣革任，隨軍立功。副總兵原進學降充遊擊管事。參將鄧鳳、嚴唯忠等，提門總督梅友松革職爲民。巡撫趙可懷冠帶閑住。僉事郭宗賢等各降罰有差。

《國榷》卷七五　巡按陝西御史崔景榮議增洮河總兵。不允。命分守洮河副總兵改協守，如值警，則固原總兵官策應。

《神宗實録》卷二二八　十月己巳朔，詔以經略尚書鄭雒兼管陝西總督事務，其總督官候經略次第之日具奏另推。

發太僕寺馬價銀二十萬兩於固原，以備支用。

壬申，命協守大同副總兵尤繼先充總兵官，鎮守陝西。以原任甘肅遊擊王國柱充左參將，分守莊浪。原任鎮守陝西總兵官李真充參將，分守榆林、保寧等堡。

癸酉，詔定助邊陞賞則例，輸銀千兩者陞一級至三級，而止加銜至閑散五品止，其五千兩以上，從優酌議。

戊寅，詔蠲賑臨洮被虜地方軍民。

《國榷》卷七五　甲申，兵部覆：保定撫按言，湯家莊等處深曠，銀礦難尋，即有一二，亦鉛多銀少。命仍閉之。

《明通鑑》卷六九　是月，廷臣以儲位未定，交章請册立，閣臣至合疏以去就争。上不悦，傳諭數百言，切責廷臣沽名激擾，指爲悖逆。

申時行等相顧錯愕，各具疏再争，杜門乞去。獨王家屏在閣，仍請速決大計。上乃遺内侍傳語：「期以明年春夏。廷臣無所奏擾，即于冬間議行。否則待踰十五歲。」家屏以口敕難據，欲上特頒詔諭，立具草進。上不用，復諭「二十年春舉行」。家屏喜，即宣示外廷，外廷歡然。而上意實猶豫，聞家屏宣示，弗善也，傳諭詰責。時行等合詞謝，乃已。

《神宗實録》卷二二九　十一月甲辰，兵部覆：巡撫延綏賈仁元等奏稱套酋卜失兔甘心罰服，乞照常市賞。其莊禿賴明愛台吉亦遣使叩關，送還所掠人畜，又俛首承罰，似當因其屈服，用吾覊縻之術，仍賞貢馬互市，所擒獲虜醜亦應放還。得旨如擬，仍敕以後再犯即行革絶，議勤督撫等官不許隱蔽姑息。

《國榷》卷七五　癸丑，巡撫湖廣右副都御史秦燿免，河南右布政使戴光啓致仕。御史郭實論燿阿附權貴，光啓科場徇私也。初，燿檄取衡、永八百金，桂陽、郴州、道州三百金，耒陽等縣各六十金，以餽京官，仍繳原檄。時有旨留用。衡州同知沈鈇奏其黷貨，所徵全楚萬五千金，言官交論，遂落職。

丙寅，前工部尚書何起鳴卒。

十二月乙亥，兵部考察天下軍政。

壬午，詔清理南京織染局匠役。

《明通鑑》卷六九　甲申，遣廷臣九人分閲邊防。

時兵部題奏，邊防廢弛，閲視宜嚴，乃于九邊各遣御史一人往，並嚴覈邊臣之失事者，參劾重處。

《神宗實録》卷二三〇　鎮守湖廣武靖伯趙光遠自陳不職，令光遠回京聽用。

《國榷》卷七五　庚寅，累朝訓録竣，共一千九百二十八卷。

辛卯，宣城伯衛國本革任。

《明通鑑》卷六九　是月，套部布色圖西犯永昌，欲入青海，總兵官張臣禦之于三道溝，相持月餘。總督鄭洛設伏掩擊之，布色圖僅以身免。章圖哩後至，聞之，亦退去。

是歲，播州宣慰司楊應龍叛。

萬曆一九年（辛卯、一五九一）

《國榷》卷七五　正月戊戌朔，免朝賀，閣臣詣會極門行禮。

己亥，申時行等請躬享太廟。上稱疾不任，遣代。

乙巳，中軍都督府僉書侯之胄爲總兵官，鎮守貴州。協守大同副總兵署都督僉書李東陽爲鎮朔將軍總兵官，鎮守宣府。

丙午，經略鄭洛報：甘肅拒路西虜不從，毁水泉營邊墻，擊斬八十八級。其炒胡兒、青台吉、打兒三部虜，共五千七百帳，俱驅出塞外。

《神宗實録》卷二三一　丁巳，裁革順天府遵化縣平谷倉副使一員，永安府永豐倉大使一員，江西瑞州府高安、上高、新昌等縣各捕盜主簿一員，雲南武定軍民府元謀縣縣丞一員。

《國榷》卷七五　戊午，鄭洛報卜失兔駐牧甘肅，屢盜邊，仍率衆西行，應援火落赤，共擊斬九十三級，大酋級五，奪畜産一萬八千有奇，甲帳三千六百有奇。

《神宗實録》卷二三一　甲子，工科楊其休奏題：請停減燒造磁器。不允。工部復疏稱午樓磁器見貯甚多，供用未乏，燒造即不准停，亦當量減。大學士申時行亦以爲言。不報。

乙丑，周王肅奏稱，鎮國中尉睦榒以歲歉計詘，願捐禄米四百石以助國用。詔撫按備禮旌奬，仍敕褒嘉，以示優勸。

《國榷》卷七五　二月戊辰朔，威茂諸番攻新橋，圍普安等堡，官軍援之，乃退。

壬申，靖遠伯王學禮署前軍都督府事。學禮以弟襲兄爵，户部奏禄例減百石，如旁支例減二百石，減而不及五百石者准免。

户部主事王堦請停遣閲視官。不聽。

經略陝西、宣、大、山西尚書鄭洛辭總督三邊軍務，專于經略，從之。

《神宗實録》卷二三二　癸酉，陞狼山等處副總兵朱光充總兵官，鎮守廣東地方。

乙亥，經略陝西、宣、大、山西等處邊務尚書鄭洛以考滿加少保。

《國榷》卷七五　乙酉，御史劉會請停各省京考。不聽。

《明通鑑》卷六九　總兵官尤繼先擊莽拉川之餘黨，逐走之。

時鄭洛方入西寧，控扼青海。徹哩克聞之，西徙二百里，還洮河所掠人口，與忠順夫人輸罪請歸，于是浩爾齊及賓士子之據兩川者即莽拉、聶恭兩川，見前。皆夜遁。洛乃遣繼先逐其餘黨，趣徹哩克北歸。洛焚青海，置戍西寧、歸德而還。

《神宗實録》卷二三二　丙戌，慶府管理府事綏德王伸域薨。准親弟鎮原王伸誰暫行管理，以伸域子尚幼，未便請封也。

《國榷》卷七五　乙未，招降甘肅番族三千餘人。

三月乙巳，誠意伯劉世延占人産被論，奪歲禄。

《神宗實録》卷二三三　丁未，以和川王府奉國將軍廷堂用鐵尺擊死蕭天福，分裂其屍，革爲庶人，照例發高墻禁住。

戊申，户部題：萬曆二十年各邊鹽引當預爲開派，查照節年題准事例，遵依時估，定擬斗頭斤重，永爲遵守。内除遼東本折兼開外，其餘各邊俱令上納本色糧草分貯，專備主客兵馬支用。限本年十二月盡數完報。各邊常股、存積鹽共一百四十五萬六千八百六十八引，每引價銀，甘肅鎮淮鹽四錢五分，浙鹽三錢；延綏、固原、寧夏鎮淮鹽五錢，浙鹽三錢五分；宣府淮鹽五錢，蘆鹽三錢，土商仍舊二錢；大同鎮淮鹽五錢，蘆鹽二錢；遼東鎮淮鹽五錢，山東一錢五分；山西神池等堡淮鹽五錢，浙鹽三錢五分，山東一錢五分；薊鎮長蘆鹽三錢，永平新增蘆鹽價三錢。着如議行。

《國榷》卷七五　庚戌，申時行一品滿九年，進太傅，支伯爵俸，廕尚寶司丞。辭太傅伯俸。

《神宗實録》卷二三三　辛酉，起原任南京户部尚書魏學曾爲兵部尚書兼都察院右副都御史，總督陝西三邊軍務。

壬戌，工部尚書曾同亨題：該監成造上用冠頂袍服等項，自嘉、隆二朝至萬曆七年銀額止六百六十兩，節加至十年，遂有二千一百餘兩，于時本部争執，十三年蒙減半送用，十六年復照十年處給。今且以漸增加，幾至四倍，且兩奉明旨，已經減半。乞查例節省，著爲定規。有旨：該監歲用不敷，着照十六年例處給。

《神宗實禄》卷二三四　閏三月辛未，以遼東邊報孔棘，馬匹缺乏，亟須買補，發給太僕寺常盈庫馬價銀十一萬七千七十五兩，着支給造册，送部查考。

丙子，陞副總兵童元鎮爲都督僉事，掛印充總兵官，鎮守廣西地方。

《明通鑑》卷六九　丁丑，以星變，敕羣臣修省。

己卯，以星變，責言官欺蔽，給事中、御史俱停俸一年。

《神宗實録》卷二三四　己卯，金花銀二十五萬，係各省直徵解，萬曆九年因徵解不前，進用不敷，暫于太倉庫湊進，節年共借銀一百三十八萬有奇。户部題請今後解徵有踰數者宜查照年數補庫，以備急用，既不缺各省應進之數，亦不貽解官久候之苦。着依擬行。

壬申，户部以太倉缺乏，支放官俸月錢不給，臨時開鑄費難區處，乞于司鑰、廣惠二庫見貯萬曆金背錢每季量發三百萬文，至給散布花量發五百萬文，以備搭放支給，待太倉庫少充即行停止。不允。

癸未，蘇、松、常、鎮民值疊災，去歲秋冬復值霪雨爲害，國計難充。應天撫按官議：先見徵以足正賦，緩逋賦以足見徵。自十四年至十七年除金花漕折并内府庫寺錢糧及十八年見徵錢糧一併照舊徵解外，餘帶徵各項乞俱准停徵一年。其安慶被災尤甚，雖經請折，然折銀係已完解，亦乞暫停各年帶徵。部覆以松江府派剩米折等銀已經奉文蠲免，何以覆請停徵，查有無沉匿及侵欺等情弊，須查明造册繳奏。着如議行。

以寧夏衛百户封朝宰盜侵倉糧米麥三百餘石，着革世襲，發邊衛永遠充軍。

《國榷》卷七五　己丑，令逐遊僧。

四月戊戌，議勘播州楊應龍事。時巡撫貴州葉夢熊欲五司改土爲流，悉屬重慶。巡撫四川李尚思不以爲然，因求去。不允。

《神宗實録》卷二三五　己亥，准給壽陽公主護墳地土一千五百頃，餘退還入官，其造葬銀一千六百九十九兩零，給駙馬侯拱宸自行營造。

《國榷》卷七五　丙辰，刑部尚書陸光祖爲吏部尚書。

《神宗實録》卷二三五　丁巳，大學士申時行等疏請視朝。上傳諭以廟享回一向頭目眩暈，體未大安。時行等復疏恭候。

《國榷》卷七五　庚申，南京禮部主事湯顯祖，因星變劾首輔申時行欺蔽天日，如吏科左給事中楊文舉賑荒通賄，禮科給事中胡汝寧號蝦蟆給事，皆時行所黨護也。忤旨，謫徐聞典史。

《神宗實録》卷二三六　五月丁卯，以山西河東苦地灘地五十一頃零，行安邑、夏縣居民召佃，每畝徵銀一錢，共徵銀五百一十二兩八錢充餉，從御史林祖述之請也。

己巳，以原任兵部尚書趙錦補刑部尚書。

甲戌，户科給事中王繼光議覆邊餉，行各鎮道查議，密、薊、永、昌四鎮主客錢糧，勢不可裁者，仍議照舊。其有因事增設而沿爲舊規，因事歸併而類浮于額，與凡浮費冗役，悉從裁減。計可永省者，每歲共省折色銀二萬二千三百二十餘兩，本色米四千五百餘石，豆六百四十餘石，照數扣除。部覆依議行。

乙亥，吏部尚書宋纁卒于官。准照例與祭葬還與謚。

《國榷》卷七五　吏車二酋寇邊，革賞。又犯邊，擊敗之。

壬午，四川四哨番賊作亂，官兵擊斬七百餘級。

乙酉，吏部右侍郎王用汲爲南京刑部尚書。

《神宗實録》卷二三六　庚寅，寧夏巡撫党馨言：寧夏應墾荒地一千一百一十頃六十五畝，今實墾過四百四十三頃八十四畝，緣皆沙磧山岡，開墾徒費人工，收獲全無，花利實納之糧一百二十二石有奇，勢難取盈，無裨邊餉。議將不堪墾地准令開豁，稍可墾地一千七百九十三頃四十三畝零，照例寬以年限，每年盡以實墾地土徵糧入額，分别多寡，徑行獎戒。户部覆：聞謂該鎮原報墾地數多，如何節年縮減，又稱難責招墾，非係前官輕率虚報，即係彼官避事因循，着閲視官嚴加査覈。

《神宗實録》卷二三七　六月甲午朔，以工部左侍郎陳于陛總督漕運，巡撫鳳陽。

《國榷》卷七五　乙未，兵部覆：兵科給事中李汝華言，順義王之歸，原爲火落赤之勢。今順義王僅移帳狼灣，去仰華寺纔五百里，虜亡慮數萬，經略兵止數千，原馬價三十二萬，止餘十四萬，餉費不貲，此時不當求虜，惟先自治，須集兵儲餉，豫據險要，俾戰則勝，守則固，虜之歸不歸，第聽之耳。

甲辰，巡撫四川右副都御史李尚思報勦松坪惡番，斬獲二百六十五人。

《神宗實録》卷二三七　甲寅，山東巡按奏留本省民屯錢糧，以備地方災異。上令將二分解京濟邊，餘銀悉留本省。

《神宗實録》卷二三八　七月甲子朔，先是，西寧地方原有馬户八百名，人不吃糧，馬不支草，自備鞍馬器械，遇警殺賊。後緣款貢裁革。至是經畧鄭洛請復之，仍斬獲照例陞賞，每春秋聽教閲武藝，量行賞罰，大約增兵四千一年，省餉數萬。部議以土著制禦番虜，最得寓兵于農之意。從之。

《國榷》卷七五　先是，遼東解額五名附順天，皆南人占之，御史胡克儉請卷上註邊字，著爲令。

《神宗實録》卷二三八　戊辰，户部奏請十三年以前各省直税銀馬草雜派銀兩及浙直十四、五、六年分起運鹽鈔等銀，已經盡行蠲免，其拖欠在民者不追，而已徵在官者宜解。今查浙江册報已徵在庫銀一萬九千零，江西册報一萬六千九百零，宜勅各省直將已徵未解銀限二箇月盡行起解，以佐邊需。從之。

光禄寺供應紅器、柴炭二項，自萬曆元年至今，歲增一歲，靡有紀極。工部尚書曾同亨議：以紅器一項，將萬曆十九年之數該成造一萬四千八百七十件，著爲額例。柴炭則以十九年刻票爲額例。此外即爲續添。俱係本部召商買辦，庶額例常存，續添縱多，不致濫額太甚。從之。

《國榷》卷七五　丙子，順義王撦力克假道言歸，復改從鎮羌堡，吉囊亦佯服，陰購套虜。巡按陝西御史王有功以聞，請停順義王歲賞二十萬，資甘肅戰守，仍諭其速歸，海上諸虜亦諭令解散。命議行之。

庚辰，大風。寧波、紹興、松江、蘇、常濱海潮溢，傷稼，渰人畜亡算。明日，太倉訛言倭至，閉城，人争門而溺。甲申，復大風。

癸未，浙江、福建報日本倭誘琉球入犯，許國以聞。

《神宗實録》卷二三八　乙酉，各監局匠，先是隆慶元年，額定一萬五千八百八十四員名，此爲舊典。至隆慶三年，額定一萬三千三百六十七員名，此爲新典。科臣楊其休以詐冒多端，蠹耗爲甚，請于新典額數之外，有缺勿補。上謂匠役額數已有明旨，只照舊行，不必議減。

以甘肅流虜未歸，兵荒錢糧缺乏，准于四川貯庫銀二十一萬五千二百兩内量支一十二萬，起解甘肅濟用，從兵部之請也。

《神宗實録》卷二三九　八月癸巳朔，時遼東敝壞已極，邊臣罔欺太甚，科臣王德完以李成梁、李如松一門兵權太盛，乞量加裁抑。上以秋防在邇，李成梁父子都着策勵供職。

丁酉，以河南地方連歲災傷，民困已極，准于十六年分，如新鄉、獲嘉、汲縣等十三州縣不分起運存留，盡行蠲免。温縣、孟縣、濟原等十一縣係在留者聽留本處支用，如係起運京邊錢糧現貯在庫者限一月内解部，十七年未完銀兩盡數徵完，十五年帶徵二分，一併解部。從撫按之請也。

《國榷》卷七五　臨鞏兵備道劉光國報：收生熟番部落二萬一千三百餘人，西寧分巡肅州等道報招熟番八千二百七十餘人。

己亥，禮部請御朝，上引疾未允。

癸卯，皇五子常浩生。

甲辰，廣東總兵官朱先、廣西總兵官董元鎮互調。

《神宗實録》卷二三九　乙巳，福建沿海船隻水陸主客官兵向以承平減設，至是倭報洊至，撫臣趙參魯請于五寨共添福鳥船四十隻，海壇遊增福船一隻，鳥船四隻，浯銅遊增福船二隻，鳥船四隻，共用船價五千九百餘兩，應增器械火藥約用三千餘兩，北中二路共增浙兵三營共一千九百名有零，歲增餉二萬四千七百餘兩，其銀宜留解邊錢糧支用。部覆從之。

丁未，以户部尚書石星改兵部尚書。

《國榷》卷七五　壬子，工部營繕司主事萬有德言：大禮届期，儀物未備，請即圖之。上怒其煩擾，奪俸三月。諭：册立事俾二十一年舉行。

癸丑，申時行久在告，請申前諭明春册立之旨。報聞。

工部尚書曾同亨請明春册立，毋改期。不聽。

總督倉場户部尚書楊俊民爲户部尚書。

九月乙丑，命薊鎮、宣府、大同督撫官勦叛夷史車二酋。

丙寅，中軍都督府僉書王化熙爲總兵官，鎮守廣西。

《神宗實録》卷二四〇　丁卯，陝西巡撫葉夢熊會同經略尚書鄭洛題稱，見駐客兵并家丁至年終尚欠餉數月，民運拖欠每至四十餘萬。合將延、慶等二府雜本開荒支剩銀并買糧銀，蘭州見貯馬價交剩銀共有八萬四千，悉准動支。尚有陝西巡茶、河東巡鹽等官十七年贓罰册内解京剩銀一萬七千兩，儘數解送，接濟軍需。從之。

《國榷》卷七五　戊辰，泗州大水，淹公署三尺，因淮水高于城，反灌，溺人亡算，浸及祖陵。

《神宗實録》卷二四〇　壬申，大學士許國四疏乞歸，准回籍調理，仍命馳驛去。

癸酉，以協守寧夏副總兵解一清任鎮守山西地方總兵。

甲戌，大學士申時行十一疏求去。許之，仍賜乘傳差官護送。

丙子，大學士王家屏入閣辦事。

丁丑，以大學士趙志皋、張位入閣辦事。

原任太子少保、兵部尚書王一鶚病故。

革大同總兵麻貴官職。令巡按御史勘問回奏，以曾乾亨劾其墮壞城堡，採青剩軍，占地盜糧，冒馬媚虜，子復冒功陞職故也。

戊寅，禮部尚書于慎行以老病求致仕。許之。

《國榷》卷七五　嘉興、湖州大雨水傷稼，折免田租有差。

陝西總兵尤繼先罷，尋命仍鎮固原。

《神宗實録》卷二四〇　己卯，閲視給事中張貞觀条論山西岢嵐道按察使李時芳奏報失實，市賞加額，應宜降調，以後撫賞額定五萬四千兩，永爲遵守。部覆從之。

壬午，吏部尚書陸光祖奏稱，故事凡推吏、兵二部尚書，三邊總督、内閣大臣，俱吏部九卿科道會推。近聞申時行密薦趙志皋、張位，今乃果然。雖二臣之賢不負所舉，然一聽獨舉密薦，恐開狗私植黨之門。得旨：閣臣既士論稱服，足見元輔至公，後不爲例。

《國榷》卷七五　癸未，免真定、順德、廣平、大名旱災田租有差。

乙酉，鎮守居庸、昌平總兵官麻承恩爲鎮朔將軍總兵官，鎮守宣府。

丁酉，史酋合安兔以二千騎犯宣府。

己丑，協守大同副總兵倪尚忠爲總兵官，鎮守保定。

《明通鑑》卷六九　十月癸巳，京營武弁譁于長安門。

時工部尚書曾同亨督工，請清釐内府工匠；會同亨弟監察御史乾亨，請裁冗員以裕經費。京營諸武臣謂減己月俸也，大譟，伺同亨出朝，圍而辱之。閣臣王家屏遺諭之曰：「天下有叛軍，寧有叛臣？若曹于禁地辱大臣，罪且死！」乃散去。尚書石星，言貴臣被辱，大傷國體；給事中鍾羽正亦言之，不報。家屏力争，乃奪掌後府定國公徐文璧禄半歲。同亨屢疏乞休，不允。

《國榷》卷七五　壬寅，王家屏乞發章奏留中者。

揚州邵伯湖隄，高郵州南北闗，以大風雨水決。

乙巳，減保定、平谷二縣寄養馬匹。

丙辰，太子少保、刑部尚書趙錦赴召，卒于蘇州。

《神宗實録》卷二四二　十一月戊辰，以彰德府宫焚燬，命該布政司將見在住支派剩禄銀一萬六千一百兩零先給修建，仍照魯府事例量留香税銀兩一半，以充修繕，從宋應昌議也。

甲戌，户部覆：鳳陽巡撫陳于陛所議戰船每樣各造二隻，大船一隻爲正兵團，以小船十隻爲奇兵，船費俱于淮揚庫貯商税船税銀内動支。又漕庫積有餘銀三萬九千二百零，見今差官起解，時值海報緊急，合將前銀仍留淮庫，以備急需，事寧仍解濟邊。報可。

《國榷》卷七五　乙亥，吉囊以二千騎犯河西，游擊姜河拒之，斬五級。

戊寅，巡按蘇、松、常、鎮御史甘士價報：五六月蘇、松大水，淹人數萬，蠲折田租有差。

壬午，鎮守居庸、昌平總兵官楊紹勳爲征虜將軍總兵官，鎮守遼東。

己丑，延綏定邊副總兵王保爲總兵官，鎮守居庸、昌平。

《神宗實録》卷二四三 十二月甲午，大學士王家屏疏乞明春建儲，以塞道路揣摩之口，銷墻帷牽制之私。不報。

制定戚臣莊田。皇后家派傳五世，留一百頃。皇貴妃并貴妃家派傳五世，留七十頃，以爲香火地。后家不論旁枝別派，永遠給付遵守。妃家無正派，傳至三世，不論多少，盡數還官。其駙馬傳至三世，准留十頃，以爲公主香火地，永遠給付遵守，餘着還官。王棟、陳承恩、李鶴、鄭國泰姑准照舊。以後養贍香火莊田遞減都照今規則，永遠爲例。

丙申，以協理京營戎政兵部尚書兼右副都御史張國彦爲刑部尚書。

《國榷》卷七五 己亥，罷延綏總兵官杜桐。

庚子，禮部請建儲，不聽。

壬寅，刑部尚書張國彦屢被論，致仕。

乙巳，協守寧夏副總兵董一元爲總兵官，鎮守延綏。

丁未，王家屏乞勉出視朝，不報。

己酉，以閲視敍各官勞，進張國彦太子少保，郝杰右副都御史，仍巡撫。

丁巳，工部尚書曾同亨致仕。

前南京右都御史孫丕揚爲刑部尚書。

是年，安南黎維潭攻都統使莫茂洽，茂洽敗走嘉林縣春社。

萬曆二〇年（壬辰、一五九二）

《神宗實録》卷二四四 正月壬戌朔，上不御殿，免百官朝賀。

《國榷》卷七六 乙亥，濟南、青、登、萊災，命税糧帶徵停徵有差。

辛巳，禁潞府人沿途販鹽，户部請之也。

《明通鑑》卷六九 春正月，禮科都給事中李獻可偕六科諸臣疏請豫教，言：「元子年十有一矣，豫教之典，當及首春舉行。倘謂内廷足可誦讀，近侍亦堪輔導，則禁闈幽閒，豈若外朝之清肅；内臣忠敬，何如師保之尊嚴！」疏入，上大怒，摘疏中誤書弘治年號，責以違旨侮君，貶一秩，調外，餘奪俸半歲。大學士王家屏封還御批，上益不悅。

吏科都給事中鍾羽正，言「獻可之疏，臣實贊之，請與同謫」。吏科給事中舒弘緒，亦言「言官可罪，豫教必不可不行」。上益怒，出弘緒南京，而羽正及獻可並以雜職徙邊方。

大學士趙志皋論救，被旨譙讓。吏科右給事中陳尚象復争之，坐斥爲民。于是户科左給事中孟養浩，御史鄒德泳，户、兵、刑、工四科都給事中丁懋遜、張棟、吴之佳、楊其休，禮科左給事中葉初春，各上疏論救。而養浩極言有五不可，略曰：「元子天下本，豫教之請，實爲宗社計。陛下不惟不聽，且從而罰之，是坐忍元子失學而敝帚宗社也。不可者一。長幼定序，明旨森嚴，天下臣民既曉然諒陛下之無他矣。然豫教册立，本非兩事；今日既遲回于豫教，安知來歲不游移于册立！是重啓天下之疑。不可者二。父子之恩，根于天性。豫教之請，有益元子明甚，而陛下罪之，非所以示慈愛。不可者三。古者引裾折檻之事，中主能容之，陛下量侔天地，奈何言及宗社大計，反震怒而摧折之？天下萬世，謂陛下何如主。不可者四。獻可等所論，非一二言官之私言，實天下臣民之公言也。今加罪獻可，是所罪者一人而實失天下人之心。不可者五。祈陛下收還成命，亟行豫教。」疏入，上尤怒養浩疑君惑衆，丙戌，命錦衣衛杖之百，除其名。德泳、懋遜等六人，並貶一秩，出之外。獻可、羽正、弘緒亦除名。

當是時，上一怒而斥諫官十一人，朝士莫不駭歎。然諫者卒不已，禮部員外郎董嗣成、御史賈名儒，特疏争之。御史陳禹謨、吏科左給事中李周策，亦偕其寮論救。上怒加甚，奪嗣成職，名儒謫邊方；又追怒德泳、懋遜等，並削籍，禹謨等停俸有差。禮部尚書李長春等亦疏諫，上復詰讓，獻可、養浩，永不敍用，自後中外交薦悉報寢。

《國榷》卷七六 二月壬辰朔，録水泉莽剌鎮羌及西寧石羊等功，俘獲計四百，斬名王一，賜經略鄭洛、巡撫葉夢熊、賈待問等金。

甲辰，山西總兵官解一清魄巡按御史喬璧星禮幣，發之，罷一清。

《神宗實録》卷二四五 乙巳，論平五臺山礦盗功罪，總督蕭大亨、原任兵備吴同春、守備黄天愛、叅將劉爲棟等賚銀幣有差，知縣陳讜、王允中削職爲民。

陞協守延綏、定邊副總兵王撫民爲總兵官，鎮守山西。

丙午，伏羌伯毛登卒。

戊申，改南京兵部尚書舒應龍爲工部尚書，總督河道，管理軍務。

《國榷》卷七六 己酉，寧夏卒作亂，殺巡撫右僉都御史党馨、督儲道兵備副使石繼芳。嘉靖中，黄毛虜哱拜得罪于其酋，來降，隸平虜城守備鄭印麾下，敢戰數有功，歷官都指揮使。萬曆五年，以游擊將軍統標兵家丁千餘，得專制寧夏。例入衛，本兵王崇古欲遣拜，張居正曰：「彼降夷，欲以入衛，何震之有。」拜因自免，巡撫羅鳳翔以其忠勇，補原官。十年，進參將。子承恩承寵，義子哱塞、哱雲、哱洪大皆勇悍難制。己丑，加副總兵，致仕。承恩襲寧夏衛指揮。恃所部善戰，輕邊卒。辛卯，閲視尚寶司丞周弘禴薦承恩及守備土文秀等，而党馨來開府，性嚴刻，好箠人，號党八十，初任寧波同知，或薦其才，張居正曰：「其人戔戔小才，刻而且暴，是奚能撫大衆。」既士心不附，又覈冒餉，拜益怨望。會諸軍請三年冬衣布花銀，業示期，而繼芳爲馨里戚沮之，僅給一年，悍卒劉東暘、許朝等岔而巷議，拜等嗾之曰：「若等任爲之，有我在。」是日，露刃排入撫署，馨匿廁樓，度不免，自下，立刃死，因往殺繼芳，焚各公署，收印符，發帑釋囚，脅總兵官張惟忠奏馨等扣餉激變，請招安承恩。承恩推東暘主盟。党馨、石繼芳俱益都人，馨隆慶戊辰進士，繼芳貢士。

辛亥，總督尚書魏學曾巡花馬池，聞變，遣張雲、郜寵諭哱拜等。

《神宗實録》卷二四五　甲寅，經畧陝西四鎮及宣、大、山西邊務兵部尚書鄭洛再辭京營戎政之命，以病乞罷。許之。

《國榷》卷七六　游擊土文秀、哱雲，以兵五百自中衛互市歸，合叛卒殺游擊梁琦、守備馬承先。

丙辰，賊奪總兵官張惟忠敕印，惟忠自經。明日，劉東暘自稱總兵，哱承恩、許朝左右副總兵，土文秀胡種、哱雲左右參將，遣騎出掠，執玉泉營游擊傅桓，諸將風靡俱遁，奪城堡四十餘。惟平虜營參將蕭如薰堅守不下，手射哱雲死，賊氣稍奪。又王虎等略鳴沙洲，將趨河東，全陝震動，總督檄副總兵李昫攝總兵官，進師。

戊午，趙志皐乞徵王家屏入直讀廷試卷。不報。

庚申，山西道御史彭好古言：「今後廷推閣員，乞九卿同翰林官。」上切責之。

三月甲子，免延安、慶陽、平涼十四、十五年帶徵錢糧。

《明通鑑》卷六九　戊辰，總督魏學曾以博拜反狀聞。

時學曾聞變，檄副總兵李昫率游擊吴顯趨靈州，別遣游擊趙武趨鳴沙洲，沿河扼賊南渡，而自駐花馬池以當賊衝。

辛未，輔臣王家屏致仕。

《神宗實録》卷二四六　癸酉，虜犯寧前等處，殺虜二百餘人，牛畜一百有奇。論各弁疏玩罪，革原任協守副總兵王維貞任，并失事各官白耀武等下巡按御史，剋期勘奏。

《國榷》卷七六　甲戌，吏部尚書陸光祖致仕。光祖在事，不與避閣臣，屢執議見難。

《神宗實録》卷二四六　乙亥，策(士)〔試〕天下貢士。

丁丑，命魏學曾馳赴寧夏便宜處置。

協守洮、岷副總兵董一奎爲征西將軍，署都督僉事總兵官，鎮守寧夏。

戊寅，賜翁正春等三百名進士及第、出身有差。

《國榷》卷七六　遼東錦州游擊桓朝翠出塞採木值虜，中伏，死之，失亡三百餘人。

癸未，潞王食兩淮鹽，以衛輝道遠，改支長蘆鹽。

乙酉，賊攻平虜營，蕭如薰伏兵南關，誘敗之。

戊子，南京兵部尚書孫鑨爲吏部尚書。

《神宗實録》卷二四七　四月庚寅朔，以蘇、松、常、鎮四府災，所屬應解鳳陽、淮安、滁州等倉糧蠲免帶徵有差。

遣寧遠伯李成梁督選宣、大、山西兵往寧夏，從御史梅國楨、涂杰薦也。復以兵部尚書石星言，起原任副使蔡可賢及解餉職方司主事趙夢麟，俱赴督臣魏學曾軍門贊畫。

《國榷》卷七六　壬辰，定常朝班，尚寶少卿列侍讀、侍講下，司丞列修撰、編檢下。

《神宗實録》卷二四七　發馬價銀三萬，命兵部主事邢雲路齎往延鎮賞恤有功及陣亡官軍，以明安等部入犯，斬其名酋俘馘五百，從兵部賞不逾時奏也。

甲午，命總督薊遼右都御史兼兵部右侍郎蹇達協理京營戎政。

丁酉，改南京工部尚書衷貞吉爲南京兵部尚書叅贊機務，陞總督倉場右都御史温純爲南京吏部尚書。

《國榷》卷七六　癸卯，魏學曾檄胡毋助逆，又請調宣大驍兵。

罷寧夏總兵李蕡，起故大同總兵官麻貴行副總兵事。

甲辰，命李如松提督陝西軍務總兵官。

乙巳，巡撫甘肅右僉都御史葉夢熊請提兵身討寧夏賊。從之。

《神宗實録》卷二四七 丁未，詔發行軍犒賞銀二十萬，賞從征寧夏軍丁每名二兩，其中軍千把總等官聽總督酌給，餘備臨陣先登、斬獲等用。

命陝西巡撫沈思孝移駐下馬關，爲魏學曾聲援。保定、山西、河南撫按官各防守潼關。

戊申，鑄給李如松討逆軍務關防。

《國榷》卷七六 己酉，許瀋王珵堯二弟珵塏、珵埏俱封郡王。部科執論，命不爲例。

辛亥，詔三邊總督巡撫，責司道有司買運糧芻，以備軍需。

《神宗實録》卷二四七 甲寅，發馬價銀三千給監軍御史梅國楨、督軍李如松，沿途犒賞。

《明史》卷二〇《神宗紀一》 甘肅巡撫都御史葉夢熊帥師會魏學曾討賊。

撦力克擒賊，叩關獻俘，復還二年市賞。

《明通鑑》卷六九 總督河道尚書潘季馴罷。

《神宗實録》卷二四八 五月丙寅，詔發庫貯濟邊銀十萬兩，給補甘肅鎮經畧借支及備召軍之用，從兵部覆議撫臣葉夢熊奏也。

己巳，朝鮮國王咨稱倭船數百直犯釜山，焚燒房屋，勢甚猖獗。兵部以聞。詔遼東、山東沿海省直督撫道鎮等官嚴加整練防禦，無致疏虞。

丙子，以雲南廣西府知府沈橋爲兩淮鹽運使，四川龍安府知府阮尚賓爲長蘆鹽運使。

戊寅，協守洮、岷副總兵陸賢不堪衝邊，改調，以原任陝西總兵官劉承嗣充副總兵代之。陞山東都司僉書倪思立爲山西都司掌印官。

庚辰，總督薊遼蹇達揭報，倭犯朝鮮，遼左戒備，乞將保定總兵倪尚忠移駐天津，總管二鎮兵馬。從之。

辛巳，再發庫貯濟邊銀五萬兩，給巡撫沈思孝備募兵月糧之用。

癸未，南京刑部尚書王用汲再以病極乞休。吏部覆請，許之。

《國榷》卷七六 甲申，巡撫浙江右僉都御史常居敬，遣參將楊文以千人助討哱氏。

《神宗實録》卷二四八 丁亥，以泗州水災，免原議協濟徐、邳河夫銀四百五十兩。

《神宗實録》卷二四九 六月己丑朔，以泗州水災，改折漕糧三年，每石銀五錢，後不爲例。

陞副總兵蕭如薰爲署都督僉事，充寧夏討賊總兵官。

《國榷》卷七六 賜魏學曾尚方劍，副將以下不用命者聽法。時旨詰學曾討賊未效，致虜助逆。

庚寅，遼東發兵三千人，以副總兵祖承訓、游擊史儒往援朝鮮。

《神宗實録》卷二四九 庚寅，命遼東撫鎮發精兵二枝應援朝鮮，仍發銀二萬解赴彼國犒軍，賜國王大紅紵絲二表裏慰勞之，仍發年例銀二十萬給遼鎮備用。

《國榷》卷七六 〔壬辰〕，右軍都督僉事尹秉衡練南北兵防倭。

丙申，順義王撦力克貢馬五百。

丁酉，逮寧夏副總兵李昫，奪總兵劉承嗣官，從軍自效。

己亥，順天府丞郭維賢爲右僉都御史，巡撫湖廣，提督軍務。總督倉場右都御史李戴爲南京工部尚書。兵部右侍郎周世選爲左侍郎，協理京營戎政。

庚子，蠲河東、河西今年屯租。

魏學曾遣總兵張傑入寧夏諭賊，不出。

辛丑，復莊秃賴明愛台吉市賞。

甲辰，虜犯甘肅，總兵楊濬擊斬七十級。

乙巳，嚴責魏學曾討賊，誅逃將熊國臣。

前右副都御史姚繼可起原官巡撫陝西，贊理軍務。前左都御史辛自修爲南京刑部尚書，户部左侍郎徐元泰總督倉場。

丙午，官兵渡河。明日薄寧夏，攻城，不克。

前户部尚書王廷瞻卒。

《明史》卷二〇《神宗紀一》 丁未，諸軍進次寧夏，賊誘河套部入犯，官軍擊却之。

《國榷》卷七六 戊申，朝鮮報斬倭百有十級。

宣大簡兵萬六千人，求遣大臣理餉。

己酉，總兵董一奎、李昫、麻貴報參將馬孔英等擊虜北遁，賊入寧夏，擊斬八十餘級。

《神宗實録》卷二四九 癸丑，陞吏部左侍郎羅萬化爲禮部尚書兼翰林院學士。

《國榷》卷七六　命總兵蕭如薰同董一奎討賊。

乙卯，兵部請擇威信服虜大臣經略寧夏，又擇知兵文武大臣援朝鮮。命廷議。

丁巳，改總兵官董一奎鎮守陝西，蕭如薰鎮守寧夏，各易敕。以一奎威望著于洮、岷，爲秋防計也。

《神宗實録》卷二五〇　七月壬戌，原任湖廣巡撫秦燿被論，候代五月，票取各府州縣贓罰，無礙官銀除鄉紳交際支用一千三百外，私收六千有奇。都察院據撫按確查題請，奉旨：秦燿追贓完日，遣戍邊衛。

《國榷》卷七六　乙丑，南京吏部右侍郎張一桂爲禮部右侍郎，刑部右侍郎沈節甫爲工部左侍郎。山東按察使鮑希賢爲右僉都御史，巡撫遼東，贊理軍務。

庚午，京城門樓成，進工部尚書曾同亨太子少保，臨淮侯李言恭少保，錦衣衛都指揮使許茂橓爲都督僉事，司禮太監張誠廕錦衣衛正千户，内官太監陳朝用、李禄廕冠總旗，餘文武陞賚有差。

《神宗實録》卷二五〇　癸酉，户部覆：刑科給事中張問達題寧武賊未滅，防患當預。全陝錢糧自十四年至十八年一切拖欠帶徵盡行蠲免。從之。

《明通鑑》卷六九　甲戌，倭陷朝鮮，入王京，劫王子、陪臣，掠府庫，八道幾盡沒，旦暮渡鴨緑江，請援之使絡繹于道。

廷議以朝鮮爲國藩蔽，在所必争，遣行人諭李昖以興復大義，揚言大兵且至。而倭業抵平壤，游擊史儒等率師至，戰死。副總兵祖承訓渡鴨緑江援之，敗績，承訓僅以身免。中朝震動。

《國榷》卷七六　己卯，復長蘆鹽運司儒學教授、訓導各一。

《明通鑑》卷六九　甲申，給事中許子偉，劾魏學曾惑于招撫，師久無功，詔罷學曾三邊總督，以葉夢熊代之，賜劍如故。

《國榷》卷七六　八月戊子朔，命固原、甘肅、延、綏、寧夏兵屬總兵蕭如薰，而麻貴副之。宣、大、山西、遼東兵屬李如松，餘兵屬總督，俱聽節制，軍法從事。

敍延綏出塞功，進總督魏學曾太子少保，世錦衣衛副百户；巡撫賈仁元進兵部右侍郎，世百户；總兵官杜桐世本衛指揮使。餘陞賞有差。

夜，哱承恩乘間決隄購虜，魏學曾斬守隄都司吴世顯。

《神宗實録》卷二五一　庚寅，詔：金花上供屢旨太倉凑納，是何政體，着立限與撫按官督催。有司住俸，徵完方許開支。

辛卯，陞副總兵管延綏參將事張剛充鎮守陝西總兵官。

《國榷》卷七六　逮前總督魏學曾。

壬辰，遼東副總兵祖承訓敗報至。倭入平壤，游擊史儒、把總張國恩、馬世龍等俱傷，官兵失利。前臨洮副總兵原進學，以失律戍邊。

甲午，着力兔遺書哱拜，約騎三萬餘渡河相助。官軍得書，巡撫朱正色命爲備。李如松、蕭如薰、李寧等擊敗之，斬二十五級，擒十四人，奪畜産千一百有奇。又達賊萬餘渡河，仍率麻貴、馬孔英等擊，斬九級。

《神宗實録》卷二五一　兵部題：寧賊勾虜，糧道阻絶，固原一帶無重兵，萬一長驅，關陝震動。今宜深計者，惟討賊、禦虜、轉餉、飭兵四事。決水灌城，固應亟行。尤令官兵晝地分守，如賊出虜入于信地，以失機論。亟發精兵截虜。陝西巡撫調集各堡兵軍預責地方收斂，使無所掠。儻運道已梗，則陝西原貯舊糧量支數萬濟急。仍發馬價十萬解往犒軍。行南京户部發銀二十萬，付陝西巡撫召募戰守之用。從之。

乙未，兵部請于宣、大、山西三鎮再選兵三千，四川選兵三千，俱與安家行糧，擇驍將統赴陝西，聽總督撫鎮節制調遣。

《國榷》卷七六　丁酉，建州衛乞賞冠服敕書，又言朝鮮殺所部五十餘人。

召西寧副總兵魯光祖，碾白游擊祁德、土官李春先赴寧夏行營。前總督魏學曾言其家各有驍卒，合殆萬人也。

勘河工科給事中張貞觀會總河尚書舒應龍、總漕陳于陛、巡按御史彭應參、王明上言：淮、黄趨海同，而淮之自河達海，惟在清口。自海沙滯而河身日高，河流倒灌，故清口日塞，淮水停盱、泗間，上浸祖陵，下墊民社。近漫及高郵、寶應、泰州，隄亦潰矣。司道諸臣議濬清口，計費二萬有奇，議分黄流，計費三十四萬。分黄于淮之上流，先殺其勢也，上流必于清河之上十里，不致爲運道梗。分于上復合于下，衝海之力專也，合必于草灣之下，恐其復衝正河，爲淮城患也。鮑家口、王家營必塞者，二決横衝新河，恐散溢無歸也。合淮東下，河身滌而漸深，海口刷而漸廣，亦事理所可料者。部議從之。

工部覆薊遼撫按言，通州、天津二倉積儲數百萬，倭船可達通州，乞修新舊二城。從之。

《神宗實録》卷二五一　戊戌，兵部再議鄖陽撫治衙門挑選標兵一千，擇委驍將統赴陝西討賊。從之。

乙亥，調山西總兵王保爲鎮守薊、永、山海總兵官。

《國榷》卷七六　己亥，朝鮮報燬倭舟百十隻，斬首三百二十級。

乙巳，以兵部右侍郎宋應昌爲總督保定、薊、遼，經略朝鮮。

己酉，命各省直督撫招選將才。

着力兔萬餘騎自四撤灣渡河，提督李如松新至，選鋭令麻貴、李如樟預伏張亮堡，如松力戰，斬退卒二人以徇，前伏兵馳至，右翼攻着力兔，遂卻，追至賀蘭山，斬六十八級。至是胡不敢助賊矣。

庚戌，命總兵官張邦奇仍薊鎮，王保仍山西。

漕運總兵懷寧侯孫世忠疾去，南京守備魏國公徐惟忠劾免。

壬子，許經略宋應昌便宜行事，本部主事袁黄劉、黄裳從行贊畫，發太僕寺金二十萬，治械砲。

癸丑，新建伯王承勳爲總兵官，提督漕運。

乙卯，暫停泗州河工。

《明通鑑》卷六九　九月己未，參將楊文提浙兵至，苗兵、莊浪兵俱至。後五日，水浸北關，城崩。南關薛永壽等約内應，官軍陽調舟筏擊北關，博拜子承恩及許朝果趨北關鏖戰。李如松、蕭如薰潛以鋭卒掩南關，總兵牛秉忠，年七十，賈勇先登，遂畢登，總督葉夢熊入城勞苦百姓。承恩等見南關下，氣盡奪，乃亟縋張傑下城，懇貸死，夢熊陽許諾，益治攻具。

《國榷》卷七六　命葉夢熊罷招安之議。

乙丑，停制敕房中書舍人考選科道。

丙寅，河南道御史郭實請停經略，忤旨，謫懷仁典史。

《神宗實録》卷二五二　庚午，以河、蘭、臨洮等州縣夏災，蠲免存留税糧折賑有差。

《明通鑑》卷六九　壬申，寧夏賊平。

《國榷》卷七六　丁丑，報李如松擊虜，斬百二十級。

虜由廣武入犯寧夏，總兵蕭如薰等兵至井溝，敗之。

癸未，暹羅入貢。

十月丁亥朔，蠲真定、順德、廣平、大名水災秋糧，仍賑之。

《神宗實録》卷二五三　改南京工部尚書李戴爲户部尚書兼都察院右副都御史，總督漕運，巡撫鳳陽。

戊子，以都察院左都御史李世達六載考績，加太子少保。

《國榷》卷七六　己丑，監軍御史梅國楨乞宥魏學曾。不報。

《神宗實録》卷二五三　朝鮮陪臣鄭崑壽等以國王越在草莽，實主辱臣死之秋，乞免賜宴。禮部請照例折給，俾得遄歸。從之。

《國榷》卷七六　命參將義烏吴惟忠率南兵三千人期五日往遼東。又遼東兵萬人赴義州，同朝鮮協禦，薊鎮、保定各簡五千人，宣府、大同各八千人，步卒半之，並東征，聽經略調遣。又徵四川總兵劉綎兵。

甲午，宣雲南之捷，前勦丁攻十寨，斬千二百級，擒百四十人，俘賊屬千九百有奇，撫脅從六千六百人。

丙申，禮部尚書李長春屢請册立，疏十有四。不報。

丁酉，蜀府德陽王府輔國中尉宣堣，汶川王府奉國將軍承選，並被薦協理宗學。

辛丑，命沿海防禦，仍聽薊鎮、密雲、永平三道整備，增入敕内。

《神宗實録》卷二五三　壬寅，以提督陝西討逆軍務總兵官李如松充提督薊、遼、保定、山東等處防海禦倭總兵官。

《國榷》卷七六　甲辰，巡撫廣西右僉都御史陳蕖爲右副都御史，提督兩廣軍務。

《神宗實録》卷二五三　乙巳，浙江金、衢、嚴、湖四府災，命蠲免存留錢糧，發倉賑濟有差。

《國榷》卷七六　丁未，賜雲南巡撫吴定等金幣，前擊緬甸賊，斬百七十餘級。

己酉，朝鮮報斬倭千二百五十餘級，燬舟百二十艘。

《神宗實録》卷二五三　癸丑，鑄提督軍務防海禦倭關防。

乙卯，河南確山、封丘等州縣，信陽等衛所共三十五處罹水旱災，蠲免存留秋糧，發倉賑濟有差。

《神宗實録》卷二五四　十一月庚申，命右軍都督僉書尹秉衡充鎮守保定總兵官。

壬戌，工部題：鑄造制錢九萬錠，舊規以六分爲率，一分進内府司鑰庫，五分進太倉，計每年該鑄送内庫錢一萬五千錠。昨奉明旨，再送内庫五千錠。工科都給事中劉弘寶執奏，内供賞賚非加于昔，羽檄旁午，軍興取給太倉者萬倍于昔，奈何欲減太倉之額以增內供，且內庫進錢鋪墊銀歲費一千一百有奇，爐商困苦不堪，乞諭鑄進如例。從之。

《國榷》卷七六　賑寧夏難民。

前漕運總兵懷寧侯孫世忠卒。予祭葬。

《神宗實録》卷二五四　癸亥，户部題：春汛伊邇，寧、紹、温、嘉一帶倭警戒嚴，儲餉徵兵萬不容已。撫臣常居敬、按臣李以唐議將該省田地山蕩，每畝量派三釐，共銀一十二萬六千五百兩，藉以養兵衛民。事宜停止，允爲便計。上是其言，仍命清查嘉靖年間，該省田地山蕩銀兩未經蠲除曾否支銷乾没，撫按從實以聞。

《國榷》卷七六　甲子，旌卹寧夏殉難宗室官民。

戊辰，寧夏獻俘，哱承恩、承寵等磔于市。

己巳，釋魏學曾獄，削籍。學曾始惑于招撫，其措置兵將，亦終賴之。

乙亥，鑄管理蘇、松、常、鎮糧儲水利及提督備倭僉書各關防。

戊寅，協理京營戎政兵部左侍郎周世選爲右都御史兼户部右侍郎，總督倉場。山西布政使陳蕙爲右僉都御史，巡撫雲南，贊理軍務。

壬午，兵部左侍郎徐元泰爲右都御史，協理京營戎政。

《神宗實録》卷二五四　甲申，户部尚書楊俊民正二品考滿復職，乞將父楊博照馬文陞例進勳加贈，吏部覆請得旨：楊博歷事三朝，勳猷茂著，准加贈左柱國、太師。

命山西總兵王保、薊鎮總兵張邦奇互相更調。

《國榷》卷七六　是月，安南鄭松、計通、丘民、裴文奎等内叛，襲殺都統使莫茂洽。

《神宗實録》卷二五五　十二月庚寅，工部覆勘河科臣張貞觀題稱，泗城護陵大隄向因裏口未添幫石，致多損壞。議行添砌，勒限興工，計費一千二百五十有奇，即于該州庫貯賑濟餘銀動支。從之。

壬辰，户部題：南京屯田御史自二十一年爲始，將旗手等四十二衛田畝銀盡革，各衛造册工食聽南京户部于庫貯新增銀支用。從之。

甲午，以寧夏逆賊蕩平，布告天下。

戊戌，以水災，蠲免静海、青縣、興濟、滄州、河間、獻縣京倉備邊等糧，仍發德州倉漕糧二萬石，分給天津、静海等縣、彭城等衛賑饑。

《國榷》卷七六　庚子，總督倉場右都御史張士佩新命被劾，辭不赴。兵部購平倭賞格。

辛丑，東征兵漸集，兵部罷播州兵不發。

丁未，上念兩浙饑，停徵舊租一年。各省亦如之。

壬子，工部尚書曾同亨致仕。

大發兵東援朝鮮。經略宋應昌、左都督總兵官李如松，誓師七萬人，渡大同江。李如柏將左軍，張世爵將右軍，楊元將中軍，軍容甚盛。游擊沈惟敬還自倭，請畫江爲界。如松止不遣，遂進師。總戎臺謁例橐鞬叩首，出易冠帶，爲加禮，如松以提督，又負功，竟鈞禮。

是年，連城縣姑田里竹生米數萬斛，饑民賴之。

萬曆二十一年（癸巳、一五九三）

《萬曆起居注》册四　正月丙辰朔，元旦，免百官朝賀。

《神宗實録》卷二五六　甲子，南京刑部尚書辛自修爲工部尚書。

甲戌，以總督薊、遼、保定兵部右侍郎郝杰協理京營戎政。

《國榷》卷七六　大兵克平壤。李如松兵至肅寧，倭使名迎沈惟敬，實覘我。命縛之，倭猝起格鬬，止擒三人。如松按游擊李寧申令，一軍股栗，進次平康，箕子所都也。城據山上，旁多林翳可伏，且薄城下，倭守小西門，我攻城東南，倭發矢石如雨，軍稍卻，如松手斬先退者以徇，募死士援梯鈎而上，殺數人，不退。倭悉衆來拒，奇兵間道趨小西門，赤幟出堞上。我軍望之益力，吴維忠中鉛，血殷踵，奮呼督戰。如松馬中砲，易而進，遂破倭。斬渠帥宗逞、平秀忠、平鎮信等，斬級千五百有奇。是日，大風雨晝冥，浿水爲沸，倭北走大同江，先使人斫江冰，溺死無算，追及開城，又斬數百級，已阻臨津而陣，倭走王京。

丁丑，王錫爵上密揭，請三皇子並封王。上善之，報曰：「朕昨讀祖訓云，立嫡不立庶，况皇后年尚少。今卿奏將三皇子並封王，少待數年，皇后無出，再行册立。」御札至閣，錫爵獨袖歸私第。復擬二諭曰，依明德皇后抱妃子爲子，曰三王並封。

《神宗實録》卷二五六　己卯，禮部覆：南直隸巡按曹楷以淮、陽、廬、鳳四府災，請蠲十八、十九年以前藥材猪羊銀兩，或難俯從，乞允停徵，以昭子惠。報可。

《國榷》卷七六　辛巳，諭禮部曰：「朕三子長幼，自有定序。但思祖訓立嫡之條，少遲册立。今三子並封王，以待將來有嫡立嫡，無嫡立庶長子。禮部擇日具儀。」尚書羅萬化、給事中張貞觀等難之，物論駭異。

癸未，光禄寺丞朱維京上言，前有二十一年册立之旨，今忽改分封，失臣民仰望之心，爽人主大信之道。臣聞立嗣以嫡，無嫡以長。但謂少遲册立，以待嫡嗣，則祖宗以來實無此制。給事中王如堅亦言之。上並怒。

禮部儀制主事張納陛、顧憲成、工部都水主事樂元聲合疏沮並封。不聽。

甲申，光禄寺少卿余傑、寺丞王學曾、禮部主事陳泰來、于孔兼各疏止並封。禮科都給事中李汝華、張貞觀、許弘綱，吏科給事中史應麟等見王錫爵于直廬，沮之。錫爵語塞。次日，朱維京、王如堅、余傑、王學曾俱戍邊。錫爵揭救，免戍，削其籍，餘罰俸。禮部尚書羅萬化疏沮並封上。諭已有旨。翰林院編修周應賓等亦疏上，不報。庶吉士李騰芳上錫爵書曰：「聖明在上，議者俱杞憂，以公苦心，疑爲集菀，此皆妄也。但聞古賢豪將與立權謀之事，必度其身能作之，身能救之，以我始之，以我終之，則不難晦其跡于一時，而終可皎然于天下。公欲暫承上意，巧借王封，轉作册立，然以公之明，試度事機，急則旦夕，緩則一二年，竟公在朝之日，可以遂公之志否。恐王封皆定，大典愈遲，他日繼公之後者，精誠智力稍不如公，或壞公事，而罪公爲尸謀，公何詞以解。此不獨宗社之憂，亦公子孫之禍也。」錫爵讀訖，命坐，曰：「諸公詈我，我無以自明。如子言願受教。但謂我子孫計，我每奏皆手書，秘跡甚明，似亡虞也。」騰芳曰：「揭帖手書，人何由知其所言謂何，公反欲自持，異日能使天子出公手書傳示天下否？」錫爵默然良久，復問：「古人留侯、鄴侯皆以權勝。」騰芳曰：「鄴侯不欲以建寧爲元帥，而詠摘瓜詩以衛廣平，此經也，非權也。但與肅宗私議家事，恐上皇不安，而遲廣平爲太子，另是一則，然建寧之死胎此矣。若子房以强諫爲無益，而招致四皓，有似行權，然未嘗請太子與趙王並封。且行權必大智也，委曲宛轉，或立語則移，或默然而定，若需之數年，更以他人，雖聖人不能保矣。」語次，錫爵不覺泣下。明日，閣試《四皓論》。

二月庚寅，詔朝鮮國王李昖還居平壤。

辛卯，王錫爵疏引三誤，乞容改正。上報曰：「朕恥爲臣下挾制，卿自引咎，置朕何地。三子俱不必封，少俟一二年，中宫無出，再行册立。」

丙申，誅四川建武營悍卒。先是調劉綎東征，兵畏行而譁，命誅其首禍。

《神宗實録》卷二五七　癸卯，倭奴結聚王京。經畧宋應昌請添兵馬，兵部議以南兵備登、萊者往援，從之。

乙巳，慶府鎮王伸誰以哱賊幽禁，勒索金幣，糧食一空，上書求賑，并求移住腹裏。上以分封定制，止允其賑。

《國榷》卷七六　〔戊甲〕，諭户、兵二部，以經略宋應昌乞餉，爾户部發銀，或自山東海道召商貴糴，或就近輸運，務使東征四五萬人可飽半年。兵部催新兵接濟，早平大寇。

三月辛酉，以户科給事中王建中等閲實厩馬，下司禮太監王坤，減料二千石，芻十萬束。

光禄寺卿王汝訓上言，本寺歲入共二十三萬有奇，而十八年、十九年供應簿歲費二十四萬有奇，不勝駭汗。臣嘗備員寺丞、少卿，昔歲用不過二十萬，踰六七年，費滋至此。若盡出乘輿玉食之供與兩宫孝養之具，臣何敢輕議。惟是上下相蒙，轉相倣效，延至今日，勢難少待。按《會典》，凡内外衙門官吏、監生人匠等應給酒食，俱本寺支給。餘如回回哆思麻等，畫士革鑑等，調士臣柏達等，傳賜越數十年，仍日支酒飯，此等冒濫，不可殫述。乞覈各官名下酒飯，應兼支、半支、住支。又如西三夷進貢經年，累本寺歲費數千金，宜勒限趣還。又《會典》本寺日給内府衙門官吏、監生、錦衣衛將軍、力士及各監局等衙門軍民等匠，近據各衙門册報，半屬成、弘間人。又按十五年後，六科廊匠、經廠匠、織染局匠各請增數千人，不知果係部文投補。堂堂天朝，使人竄名爲餬口計，法紀謂何。乞開除年久物故者，明開某年月日部文增收各役，親詣關給，革其詭代。不允。

甲子，增淮、揚沿海兵將。

癸酉，寧夏逋卒鍾普等五十一人自虜營來降，貰其罪。又虜着力兔縛獻叛卒七人，誅之。

丁丑，安南莫敦讓告急。

《神宗實録》卷二五八　四月丁亥，敘平寧夏功。

《國榷》卷七六　癸巳，議沿邊括庫藏，募輸粟，御史高舉言之也。

乙未，貴州總兵官侯之胄有罪免。

《神宗實録》卷二五九　丁酉，户部題：慶藩横遭哱逆，先該巡撫朱正色將馬價銀二千八百餘兩分送慶世子及各宗養贍，今御史劉芳譽又奏諸宗死節被害男婦不等，俱應卹録，合議動支銀一萬兩，賚彼賑助。上曰：「遭亂貧宗，賑卹宜厚，還再加銀五千兩，速發去。」

《國榷》卷七六　辛丑，吏部尚書孫鑨罷，右侍郎蔡國珍攝部事。

癸卯，雲南左布政使林喬相爲右副都御史，巡撫貴州。太常寺卿楊一魁爲南京户部右侍郎，總督糧儲。

倭出王京。初，平秀吉據龍山倉，李如松遣參將查大受間道焚其粟數十萬。李寧、祖承訓軍開城，楊元軍平壤，李如柏軍寶山，查大受軍臨津，而如松身往來節制。俄沈惟敬使倭，云許獻王京，歸朝鮮王子陪臣。是日，出王京而南，退屯釜山。如松入王京，餘粟數萬，芻菽稱是。朝鮮幾定。

《神宗實録》卷二五九　丙午，大學士王錫爵揭請視朝。不報。

改南京吏部尚書温純爲工部尚書，從陪推也。

《國榷》卷七六　丁未，神機營左副將署都督僉事陳汝忠爲總兵官，鎮守貴州。寧夏副總兵署都督僉事麻貴爲總兵官，鎮守延綏。

辛亥，諭釋輕繫。

《神宗實録》卷二六〇　五月甲寅朔，保定巡撫劉東星奏：静海、天津、滄州、河間被災軍民仳離之狀最苦。該部題覆，發德州漕糧二萬石分賑，又八萬石平糶煑粥給米。從之。

庚申，薊鎮青山口雷火焚臺內火箭，斃官軍數十人。

癸亥，延綏巡撫李春光題：延鎮二十年分應墾地一千九百四十七頃一十二畝，因虜騎充斥，開耕失時，少墾地四百三十八頃零，虜情叵測，請暫行停罷。上以開墾係實邊要務，該管官用心經理，毋以虜患爲辭，因循怠廢，倚納内帑。

己巳，户部題覆：御史薛繼茂疏，順天府災，議以本府屬預備倉穀共計十萬餘石賑之。報可。

《國榷》卷七六　南京吏科給事中陳容淳以雷火請册立。不報。

辛未，前少傅、大學士郭朴卒。

《神宗實録》卷二六〇　壬申，以提督京城内外巡捕右都督杜桐爲鎮守保定等處地方總兵。

《國榷》卷七六　甲戌，吏部左侍郎趙焕爲南京右都御史，總督倉場。右副都御史兼户部右侍郎周世選爲南京户部尚書。通政司右通政魏允貞爲右僉都御史，巡撫山西。

丙子，賑鳳陽、淮、揚饑。

辛巳，命總督兩廣軍務陳蕖，相機處置安南。時鄭松復擒莫敦讓于大茭村，莫履機等奔嶺東欽州，莫敬恭、莫履遜奔廣西思陵州。莫敬邦有衆十餘萬，起京北道，用武汝諧等攻走黎黨，敦讓得復歸，衆推敬邦署都統使，諸僑居欽州、思陵者護出境。未幾，黎兵轉攻南策州，殺敬邦，而莫敬璋屯新安，敬恭、敬用屯諒山，懼黎氏追，亟竄憑祥龍州境上。

賑寶坻、武清、東安、香河饑。

是月，邳州、高郵、寶應大雨水，湖決壞隄，沈丘大霖雨傷稼。

六月乙酉，南京後軍都督府僉書馬繼武爲總兵官，鎮守浙江。

《神宗實録》卷二六一　己丑，户部覆：雲南撫按所奏緬賊聲勢甚熾，設兵防禦餽餉不備，乞將該省見貯南京、四川銀二十萬兩内暫准支用，併將前項加增例金特允量免，令以買金錢糧佐軍興經費。上量減例金一千兩。

庚寅，釋前雲南巡撫李材于獄。

《國榷》卷七六　辛卯，發畿縣預備倉粟并天津軍需萬石賑饑。

故保定總兵官尹秉衡，以江西道御史楊宏科發其贓，命按之。

甘肅流胡入犯，禦卻之。

甲午，罪人李榮論徒，且往，母劉氏以孤老求贖。法司以聞，特許之，著爲令。

《神宗實録》卷二六一　丁酉，大學士王錫爵等題：吏部尚書孫鑨第十次乞休疏，臣等先因本官稱病甚危，執詞甚決，心切苦之。然大臣告休，閣中無徑自票允之理，去留通候聖裁。如皇上尚欲留鑨，乞將臣等所票御史牛應元疏，先將鑨所薦鄒元標等酌量叙録，行鑨之言，則鑨庶乎可留耳。不報。

己亥，征倭歸兵以賞犒不至鼓譟，總督顧養謙題參遊擊吴天賞等。

鑄給福州、興化、泉州三府海防同知，山西東路管糧防礦通判各關防一顆。

《國榷》卷七六　辛亥，申飭京官非二品以上不得輒辭遺。浙江道御史趙標言近來廷臣皆飾讓成習，上然之。

《神宗實録》卷二六二　七月癸丑朔，賜吏部尚書孫鑨乘傳回籍。

兵部議留劉綎、吴惟忠、駱尚志所部南兵及沈茂兵，分防大丘、烏嶺、王京各險要，而遼東繫朝鮮要害，量留精兵三千，以備叵測。查南北將領謀勇者，酌留數員，各帶親信家丁、慣熟砲手從宜隨駐，各鎮兵馬盡行撤放。天氣炎蒸，恐途中纏擠，應先發薊鎮、宣、大有虜患者，次山西，次保定，各照例給與行糧料草，途中不得騷擾，違者軍法從事。從之。

《國榷》卷七六　丁巳，禮科都給事中張貞觀請親廟祀。章再上，不報。

《神宗實録》卷二六二　己未，河南巡撫趙世卿言：衛輝府獲嘉縣路居衝要，差役浩繁，兼自萬曆七年以來，災沴頻仍，瘟疫盛作，人户逃亡過半。户部議請將本縣孝和等社硝磏荒地一百四十四頃五十三畝有奇，該糧六百一十八石有奇，盡行除豁，併蠲其已前積逋。從之。

辛酉，總督倉塲覆御馬監倉塲，原額料歲派四萬七千石，三塲草共一百七十四萬束，自萬曆十三年增添内操馬三千匹，歲增料二萬五千石，草六十萬束。去歲業經户科條議，本部題覆，清查見在馬騾驢頭共止二千六百六十五匹，又查出餘積四色料共七萬九百九石，三塲餘積草共一百四十五萬六千九百九束，題請酌議裁減，隨奉減料三千石，草十萬束之旨。夫題請清查馬匹，正欲據見在實數，酌派料草，無使虚冒也。其清查料草，正欲據羨餘實數作正支銷，可減召買也。今馬匹清矣，而料草不爲酌議，與不清何異。羨餘報矣，而不得作正支銷，與不報何異。據查餘積料七萬餘石，僅減三千餘，積草一百四十餘萬束，減十萬，與不減又何異。且料如豌豆、黑豆尚可久積，若菉豆、大麥，則一年即壞耳。料積而腐，草積而朽，孰與存銀在庫，不慮虧折乎。腐朽則不可飼馬，孰與盡行支放，使馬常食新乎。夫歲費十六七萬金以供，馬匹日耗則餧養之無效可見。去歲大師庵草盡被災，而草尚積餘，則草料之當減甚明。始無原額馬匹草料，即十三年增馬三千，增料二萬五千，草六十萬矣。乃今見在馬匹止二千六百有奇耳，不惟原額無存，且於增添之數不滿，然則原派草料尚可議裁，況新增草料猶然不革乎。臣查該塲註銷文簿，止有收放數目，並無馬匹及日支數目，虚冒顯然。况該倉塲見有餘料七萬九百，足支二年，餘草一百四十五萬六千九百九束，亦足支年半，若不及今支放，必到腐朽，是以有用之物而置諸無用之地也。不允。

《國榷》卷七六　壬申，倭還朝鮮王子陪臣，自釜山移西生浦。

丙子，霍丘、霍山大雨水，渰人畜亡算。

丁丑，協守洮岷副總兵署都指揮僉事劉承嗣爲總兵官，鎮守四川。

辛巳，虜寇遼東。

八月壬午朔，定御史差選。

癸未，王錫爵以星變，言：天以皇上爲子，皇上以太子爲子，就一家而言，此足相當。天子之象帝星，太子之象前星。就三垣而言，又最相近。方今禳彗第一義，莫如早册立。上慰答之。

魏國公徐惟治卒。

甲申，王錫爵再請册立。

《神宗實録》卷二六三　己丑，命南京吏部尚書陳有年爲吏部尚書。

《國榷》卷七六　潁州大水，頃刻百餘里，溺人畜亡算。

《神宗實録》卷二六三　辛卯，傳催紗金彩膝襴蟒衣三千疋。署部事左侍郎沈節甫上疏諫，上以天變民窮，減三分之一。

甲午，陞吏部左侍郎兼翰林院侍讀學士陳于陛爲禮部尚書兼翰林院學士，掌詹事府事，日講教習如故。

吏科都給事中許弘綱劾南京工部尚書朱天球、寧夏巡撫朱正色、河南布政張更化、廣西布政徐汝翼、山西參政李琦、河南參議李化龍、陝西副使李承志、雲南僉事楊廷諫，下所司分别議上。上留天球，調正色南京别衙門，加更化太僕寺卿致仕，汝翼、琦廷諫俱致仕，化龍、承志降用。

《國榷》卷七六　乙未，王錫爵諫催蘇杭織造。不報。

《神宗實録》卷二六三　辛丑，准以晉王禄糧剩銀歲給無名貧宗及無禄寡婦人。仍行諸藩爲例。

癸卯，户部覆：御史綦才所奏鹽塲濱海水災，三十鹽塲被災，竈丁分别極次貧計算丁口，動支運司倉貯備穀二千一百八十石，并收貯巡鹽項下積餘贓罰與挑河等銀内通融湊賑。從之。

《國榷》卷七六　丁未，以建南土夷啓隙，通判張材降，都指揮潘繼祖除名。

九月壬子朔，巡撫山西右僉都御史吕坤請嚴薦舉連坐法。劾參議和震、副使陳九疇、平陽知府任甲第，屬官多不肖，止報一人，幽本當黜而注云可薦，參政李琦、僉事周應中未嘗出巡，而考政致以循良，貪懦當罰。上大是之，下部院科道如典例。

《神宗實録》卷二六四　癸丑，户部覆：廬、鳳、淮、揚水災特甚，除京運錢糧照舊徵納，其餘照各州縣被災輕重分别蠲賑。從之。

《國榷》卷七六　甲寅，蠲寧國鎮江應天屯糧十分之三。

乙卯，署詹事府事禮部尚書陳于陛請修本朝正史。

丙辰，修孝陵成。

戊午，頒省刑條例。刑部尚書孫丕揚上省刑罰約束十六則，上善之，下各撫按有司。

己未，王錫爵求召對不報。

壬戌，倭求封貢。廷議謂經略宋應昌不宜許。【略】諭：朕以大信受降，豈追既往。可傳諭宋應昌嚴備，勸彼歸島，上表稱臣，永爲屬國。仍免入貢，虞内地勾引生釁。

乙丑，折徵開封、歸德、河南、汝州水災田租，每石五錢。

《神宗實録》卷二六四　丙寅，准工部尚書温純侍養。

《國榷》卷七六　戊辰，兵部尚書石星言：宋應昌遣使行間，臣實與謀。今科臣張輔之等，疑書揭之異同，按臣周維翰慨事機之已去，尤在封貢之事。倭本難信，雖退還王京，送回王子，跡似效順，然封號不可假。況行長尚在西生浦，闞白未具表文，宜敕經略速諭行長，率衆歸巢，毋得留滯。上是之。

《神宗實録》卷二六四　壬申，審録重囚，遣尚書石星主筆。

《國榷》卷七六　丙子，敕朝鮮國王李昖曰：爾國雖介海中，傳祚最久。近者倭奴一入，而王城不守，原野暴骨，廟社爲墟。追思喪敗之因，豈盡適然之數。或言王偷玩細娱，信惑羣小，不恤民命，不修軍實，啓侮誨盜，已非一朝，而臣下未有言者，前車既覆，後車可不戒哉。惠徼福于爾祖，及我師戰勝之威，俾王之君臣父子相保，豈不甚幸。第不知王新從播越之餘，歸見黍離之故宫，燒殘之丘隴，與素服郊迎之士衆，噬臍疾首，何以爲心。改弦易轍，何以爲計。朕之視王，雖稱外藩，然朝聘禮文之外，原無煩王一兵一役，今日之事，止以大義發憤，哀存式微，固非王之責德于朕也。大兵且撤，王今自還國而治之，尺寸之土，朕無與焉。其可更以越國救援爲常事，使爾國恃之而不設備，則處堂厝火，行復自及，猝有他變，朕不能爲王謀矣。

己卯，命給軍士布花期十月初旬，著爲令。

《神宗實録》卷二六五　十月辛巳朔，總督倉場户部侍郎褚鈇奏：各省直自萬曆十四年起，至二十年止，共欠京運銀七百六十四萬一千一百餘兩，乞嚴責撫按官酌量挨定年分報完。從之。

乙酉，陞劉綎爲備倭副總兵署都督僉事，暫留朝鮮。

丙戌，武進、江陰等縣大冰雹，損五穀。

〔丁亥〕，命山西右布政使韓取善巡撫遼東。

癸巳，延綏巡撫李春元題：近見三二總兵不繇督撫會題，竟自稱病乞歸，避難之風易熾。請今後總兵有病許督撫具題，託病釋負者立案不行。上是之。

乙未，陞沈思孝大理寺卿，賈仁元都察院右都御史兼兵部右侍郎，協理京營戎政。

《國榷》卷七六　丙申，命停刑。

辛丑，蠲寶慶、長沙、荆、襄水災田租，賑之。

壬寅，吏部起削籍科臣張棟。奪尚書俸二月，降司官雜秩。閣臣申救，上責部堂市恩，免奪俸，司官俱謫外。已科道交救，以許弘綱首之，奪俸四月，餘各二月，文選郎中孟化鯉等削籍。

左都御史李世達致仕。世達議趙用賢絶婚爲是，户部郎中鄭材論之，遂乞休。閣臣擬留，上方怒吏部，允其去。

命總兵官不得擅自請告。

戊申，山東災，蠲賑有差。

《神宗實録》卷二六六　十一月癸丑，户部覆：浙江巡按彭應參所報各屬地方亢旱異常，分别蠲折賑濟。從之。

《國榷》卷七六　癸亥，賑葉縣礦徒。時河南多饑盜，撫治鄖陽右僉都御史董裕奏，各礦盜乞厚卹以散其黨。上從之，因發彰德、懷慶、衛輝漕粟九萬餘石輸河南分賑。

甲子，刑部尚書孫丕揚爲左都御史。

丙寅，諭皇長子出閣用常禮，待册儲始冠。

緬甸酋莽應禮來貢。

巡撫四川右僉都御史王繼光奏，播州楊應龍不聽勘，更虐士民，繕兵器。巡撫貴州右副都御史林喬相亦奏其惡，請正法。上命便宜擒治，不許貪殺。

《神宗實録》卷二六六　〔丁卯〕，浙江巡撫報：杭、嘉、湖三府屬安吉、仁和、錢塘等一十五州縣災。部議分輕重漕糧改折，從之。

戊辰，户部題覆：應天撫按所奏望江等四縣，太平等十縣，被災輕重，分改折蠲賑多寡。從之。

《國榷》卷七六　己巳，萬壽節。上御皇極門受賀畢，召閣臣王錫爵于暖閣。錫爵求册儲。上曰：「朕意久定，豈爲人言所動。」又曰：「倘中宫有出奈何。」錫爵曰：「皇長子年十三，無曠學之理。」又請速斷。上温諭良久，乃退。

兵部言：經略宋應昌于十月二十三日遣沈惟敬諭倭，閱月至海上，又閱月方通日本，又月餘而後知表文至否，則歲終事也。提督李如松報倭衆浮海，有行長兵千餘，守候小西飛回信亦然，則久戍非宜。即將吴維忠、駱尚志等留守南北，盡撤官兵，仍留劉綎，聽擇地駐札。兵科給事中吴文梓言：撤兵是也，爲善後計則否，今日議貢，明日議封，僅能誘之至西生浦，倘乘虚而入，劉綎數千之師，果可禦强倭乎。命兵部議之。

《神宗實録》卷二六六　陞趙焕刑部尚書。

戊寅，大學士趙志皋、張位疏請册立。不報。

《神宗實録》卷二六七　閏十一月壬午，諭禮部：皇長子册立一事，久已斷自朕心。但以方在壯年，不妨待嫡稍緩。今欲明春先行出閣講學禮，其皇三子少待次年另行。長幼之序，即此爲定。爾部便傳諭各衙門如敕奉行，不許又來激擾，一應禮儀臨期酌議來看。

癸未，皇親錦衣衛帶俸都指揮使鄭國泰親伯順天府儒學附學生員鄭承恩奏請册立東宫，以彰皇貴妃之賢，以免鄭國泰之罪。上怒，黜承恩爲民。

都察院覆問過管理夏鎮署郎中事主事佘繼善、慶陽府同知寧夏理刑王道俱追贓爲民。

乙酉，户部覆：宣大各屬衛所災荒，分别蠲賑。從之。

戊子，命尤繼先以原官掛印，充鎮守遼東總兵。

《國榷》卷七六　辛卯，裁長蘆運司儒學。

壬辰，巡閲御史吴弘濟劾楊應宿，上怒弘濟不候處分瀆救，鐫二級調用。王錫爵揭救。

戊戌，定臺差法。孫丕揚等言：舊御史巡按，始必中差，滿而得代，輪次遞擬。近者多變，乞仍其舊。順天即近，不專資深，以防擇人；廣、貴即遠，不遺初授，以防擇地；江、浙即大，不再酌差，以防擇差。不中差者，非甚缺人不按差；不歲深者，雖甚遠不擬代；不循次者，非果南北原籍不易處。上善之，著爲令。

己亥，御史黄紀賢等奏救吴弘濟，奪首俸一年，餘七月，降弘濟極邊雜秩。

庚子，給事中吴文梓等奏救吴弘濟，奪首俸一年，餘八月，弘濟削籍。

有因盗兵仗局庫銅計千餘金，刑部擬斬，係雜犯，送司禮監充净軍。上謂當斬，疑司官賄賣，謫外。

《神宗實録》卷二六七　甲辰，户部題覆：遼東撫按官所奏金州衛黄骨島等屯堡灾，蠲屯料一半。從之。

《國榷》卷七六　十二月丙辰，王錫爵以皇長子出閣，傳買金玉三十餘萬，乞停止。臣意明諭部臣，即册立，錢糧令從容辦納。

《神宗實録》卷二六八　兵部題稱：東征大兵既撤，合撤回經畧，專任督撫。上以大兵盡撤，宋應昌、李如松俱取回，倭情變詐，未可遽稱事完，督撫官遥制不便。顧養謙才畧素聞，星夜往彼處相機料理，務保成功。其薊鎮虜防暫令順天府巡撫代管。宋應昌仍候顧養謙至日交代回京。餘依擬。

《國榷》卷七六　辛亥，前少保、禮部尚書徐學謨卒。

壬戌，楊濬爲署都督僉事總兵官，鎮守陝西。

乙丑，召禮部尚書羅萬化。

《神宗實録》卷二六八　庚午，陞蔡國珍南京吏部尚書。

户部覆：兖、東、萊、登四府民饑，留本省漕折糧銀二萬兩，分發兖、東二府賫賑。原發馬價糴運遼存剩米豆七萬三千五百九十二石，免其還價，動支一半賫賑萊、登二府饑民，存其半以備防汛。從之。

《國榷》卷七六　丁丑，浙江道御史劉曰梧言：歲中京營，如鄭洛以未任而予告，蹇達以未任而憂去，南京户部尚書周世選以六月任，十一月改兵部，徐元泰以十一月任，不二月陞尚書。如陳有年、蔡國珍，皆不半歲而遷，朱鴻謨以四月廷推，七月受任，不五月而遷。夫將之才武，兵之精練，軍中之大利大害，非旦夕所能察，如不能其官，不宜驟陞，如能其官，則當此日何數數遷徙也。

是年，巡撫雲南右僉都御史陳用賓于騰衝築八城，曰萬仞，曰神護，曰巨石，曰銅壁，曰鐵壁，曰虎踞，曰天馬，曰溪頭。設守備二。自是緬甸人不敢深入。廣西知府漆文昌力也。

烏禄襲烏蒙知府。

萬曆二二年（甲午、一五九四）

《國榷》卷七六　正月庚辰朔，上不朝。

丙申，廣東道御史唐一鵬論李如松貪功、掩敗、釁禍三罪，因及宋應昌。命廷勘。禮科給事中趙完璧言：倭託貢以覘我，幸皇上格其説，又託封以嘗我。夫倭嗜利，經略惡利之名託爲貢，貢不行又易爲封，名在此而實在彼也。

《明通鑑》卷七〇　己亥，詔曰：「昨歲各省災傷，山東、河南及徐、淮爲尤甚。朕雖居深宫之中，念切痌瘝，不遑寢處。曾經屢旨蠲振，不知有司曾否奉行，小民有無沾惠？值此公私交絀之時，不知各該地方，除内帑、漕糧或留或發之外，别有急救便宜措置方略否？其各處礦徒劫盜，嘯聚成羣，又不知果已安插歸農，防禦有備否？目今四方吏治，全不講求荒政，牧養小民，惟以搏擊風力爲名聲，交際趨承爲職業。費用侈于公庭，追呼偏于閭里；囂訟者不能禁止，流亡者不能招徠。遇有盜賊，則互相隱匿，或故意徇縱，以求免地方失事之咎。而各撫、按官亦止知請振請蠲，不能汰一苛吏，革一弊法。如此上下相蒙，釀成盜賊之患，朕甚憂之。自今當以安民弭盜爲有司之黜陟，如有仍前欺隱及玩視詔令者，其重治不宥。」

《神宗實録》卷二六九 庚子，從山西巡撫呂坤奏，凡巡按録囚除未奉決單及曾經駁問情可矜疑者，照常送審，其情真罪當者，册報免解，以省煩累。

《國榷》卷七六 壬寅，户部覆工科給事中桂有根所請發帑停徵，議河南留六萬金，山東、江北各二萬金。又河南、山東借備倭米豆三萬餘石，漕折銀二萬金，各平糶給賑。從之。

山西道御史梁銓奏辨建言諸臣非黨。上以銓沽名，奪歲俸。

《神宗實録》卷二六九 壬寅，允兵部覆鳳陽撫按議，將沿海通、泰等七衛所秋班軍二千九百餘名盡留防海，事寧入衛。

甲辰，刑科給事中李先芳以青、徐、兖、豫災祲上諸事，户部言借運米一款合依先芳議，酌定平糶米價解部，竢豐歲召商和糴。至槩免贓贖，貧民雖奉沾恩，富奸反致漏網，其委係難完者准豁，餘照舊追徵，二分買穀備賑，八分解部濟邊。允之。

《國榷》卷七六 戊申，禮部上元子出閣儀注。上以未册立，免侍衛儀仗。

《明通鑑》卷七〇 二月癸丑，皇長子出閣講學，時已十三歲矣。

上手諭輔臣，令議出閣講學禮儀。免御門慶賀，用輔臣侍班，詞臣六人侍講讀，俱如東宫儀。大學士王錫爵言：「皇長子出閣，輔臣每日一人侍班，此隆慶年新例，但今天顔尚不得時親，而于皇長子進見頻數，似涉嫌疑，請自初講二日以後，間十日輪侍。」從之。

《神宗實録》卷二七〇 都給事中劉弘寶劾武當提督太監黄勳，謂工部原議本山解銀一萬兩，織造本宫項帳，勳止解四千有奇，大是欺抗，請照舊例，會同司道收支香稅發倉備賑。奉旨：本山量解七千兩，工部補足三千兩。

《國榷》卷七六 庚申，進玉牒。故事，太祖列四祖下，成祖冠帝系世表，今首太祖。

上御文華殿受賀。

刑科給事中楊東明上中州饑民圖説。上閔之，命蠲賑。尋敕光禄寺丞鍾化民兼河南道監察御史，賫十五萬金往賑，仍發漕粟十五萬平糶。

左都御史孫丕揚請寬御史奉差出京程限。從之。

《神宗實録》卷二七〇 辛酉，工部以江西土瘠民貧，連年灾祲，請停減燒造磁器。不從。

《國榷》卷七六 詔有司奉旨蠲緩後仍徵派，以墨論。

甲子，發八萬金，命鍾化民往賑河南，其山東、江北，分賑停徵有差。

《神宗實録》卷二七〇 戊辰，以倭患，允兵部題留鳳、淮、揚三府馬價草料等銀四萬七千兩。

己巳，兵部以河南、山東、淮、揚等處歲荒盜起，而河南更甚，請蠲停給賑，曉諭解散，一面訓練兵壯，以資防勦。俱依擬，仍詰責地方積穀何在，撫按節年保舉何憑，令會同户部查問奏聞。

《國榷》卷七六 辛未，進王錫爵少傅兼太子太傅、吏部尚書、建極殿大學士，廕中書舍人。趙志皐少保兼太子太保、户部尚書，張位太子太保，各廕子入太學，以玉牒成。

壬申，巡撫雲南左僉都御史陳用賓報平緬犯蠻莫告急。許發四川庫十萬金，同黔國公沐昌祚勦處。

癸酉，巡撫山西右僉都御史魏允貞，請興宗學，立宗約，令長史教授，擇齒德者任之。報可。

《神宗實録》卷二七〇 甲戌，工部以災警頻仍，請暫停新派綾紗紙劄。不許。

丙子，雲南巡撫陳用賓復請滇餉。著給發南户部庫銀十萬兩。

《國榷》卷七六 戊寅，潁州饑民作亂，沈丘知縣劉世光捕平之。

三月己卯朔，巡按河南御史陳登雲奏河南饑民食雁糞，併上雁糞。上以示閣臣。于是王錫爵請捐俸助賑，上褒答之。時皇貴妃鄭氏賑五千金，又傳各宫出助賑中州。

《神宗實録》卷二七一 壬午，户部奉旨通查各處賑濟銀米。河南則存留那借及太倉給發共銀三十七萬九千四百八十兩零，留漕米十萬石。山東則存留及太倉給發共銀十萬兩，動支備倭豆米三萬六十九百石。江北則存留及太倉給發共銀八萬二千五百兩，發臨清倉及留漕糧共米二十四萬七千五百石。議將本部開納事例銀發本地收納。

《國榷》卷七六　甲申，山東災，命留漕折十萬金、米十萬石賑之。御史吴崇禮請益，加二萬金。

　朝議多斥封貢。兵部尚書石星奏：封貢虚事也，休兵實利也。或疑海外叵測，表文難辨。或疑催促可異，私親可駭。臣以爲料敵貴審，當機貴斷。今貢市嚴絶，則窺竊無繇，禁約若明，則勾引可杜。故必令小西飛入京審訂，倭既退，請遣科道勘實予封，否則罷議。若不論倭之退否，先拒絶失事，非臣之所敢知也。因擬劉綎還遼東。上是之。

　丁亥，兩宫出三萬三千金助賑河南。

　戊子，播州楊應龍拒殺官兵，命川貴協勦。

　己丑，南京工部右侍郎邊維垣爲南京户部右侍郎兼右僉都御史，總督糧儲。右通政李盛春爲右僉都御史，巡撫保定，提督紫荆等關。

《神宗實録》卷二七一　癸未，加貴州制額五名。

　調薊鎮遊擊李皆春駐劄建昌，統領南兵。

　辛丑，應天巡撫朱鴻謨以安慶府屬望江等縣旱灾，請改折二十一年分應解南京各衛倉糧黑豆并安慶倉米。從其議。

《明通鑑》卷七〇　癸卯，詔修國史。

《國榷》卷七六　甲辰，瓊州軍器局火。

　乙巳，榆林衛地震。

　戊申，國子司業周應秋刊《十三經註疏》成。

《神宗實録》卷二七二　四月己酉朔，諭禮部爲皇長女擇婚。

大學士王錫爵密奏：原任大學士王家屏才望大爲人情物論所歸，乞還舊職。

《國榷》卷七六　庚戌，巡按福建御史陳子貞奏開海山、海壇、南行等處荒田，裁通省寺田，清屯田，通雷、廉、高、潮商販。部覆行之。

　戊午，大同墾荒報千八百七十餘頃。

　癸亥，敕行制錢。時錢法壅，御史張蒲請贖鍰輸錢，例監輸錢三之一，户口、商税、驛傳、各役工食俱錢。從之。

《神宗實録》卷二七二　丁卯，以兵部右侍郎李汶協理京營戎政。

陞通政使吕鳴珂爲兵部右侍郎兼右僉都御史，巡撫陝西。

以兖州灾許該撫按動支官銀五千兩，分給宗儀，酌量極貧、次貧有差。

周王肅溱暨母妃袁氏捐銀一千兩，原武王朝埨、永寧府宗室睦攡各捐銀一百兩，鎮平府宗室睦採捐穀三百石，散賑貧宗。又安昌王在鉷及睦攡孝義著聞，各分别褒勵。

《國榷》卷七六　壬申，瀋王珵堯進銀千金、粟千石助賑，敕旌之。

　乙亥，太常寺卿徐作爲通政使，少詹事曾朝節爲南京禮部右侍郎，太子少保、禮部尚書沈鯉爲南京禮部尚書。

　丁丑，巡撫雲南右僉都御史陳用賓遣兵擊平緬，擒多俺及其子，斬之。旋師。又檄暹羅同攻平緬，夷罷于奔命，稀入寇。

　五月戊寅朔，兵部尚書石星彙朝議奏曰：或降敕付小西飛，歸諭關白，盡撤釜山兵，以觀誠僞，則有如羅萬化議。或遣使往諭，必如中國約，乃許倭使賫表請封，及守鴨绿以西，盡責督臣，則有如孫鑛議。或封貢並絶，自修内備，令朝鮮淬礪圖存，而我遥爲聲援，則有如陳有年、趙參魯議。而衆論之所同，則汲汲于選將練兵，儲器待餉，屯田阨險，皆本計也。上命顧養謙諭倭衆盡歸，表至，即奏請處分。

《神宗實録》卷二七三　己卯，福王捐禄三千兩助賑，遣官齎勑幣嘉奬。

《國榷》卷七六　乙酉，土魯番速壇阿黑麻王等五十九王各入貢。

　丙戌，贊善王入貢。

　丁亥，吏部推閣臣王家屏、沈鯉、孫鑨、沈一貫，左都御史孫丕揚，吏部右侍郎鄧以讚，少詹事馮琦。上以推及部院，不允。

　辛卯，禮部尚書陳于陛、沈一貫兼東閣大學士，直文淵閣。上以吏部推閣員違制，謫文選郎中顧憲成。而户科右給事中盧明諏、逯中立先後疏救，上益怒，憲成削籍，謫明諏、中立陝西按察司知事。時閣臣謂卜相宜特命，不必廷推，吏部尚書陳有年争之。

《神宗實録》卷二七三　遼東缺馬，兵部議將寄養馬匹調取三千給發。及督撫又云損馬數多，兵部覆議給馬價銀五萬兩。太僕寺卿楊時喬力争，謂京師根本，遼則邊疆，未聞舍根本而事邊疆者。乃遼鎮一隅，半年内折色五萬，本色三千，費本寺四中之一，後豈能應。勑下部議。

《國榷》卷七六　甲午，禮部儀制郎中何喬遠奏救顧憲成，謫廣西布政司經歷。

戊戌，論遼鎮失事之罪。先虜衆數萬寇錦義，深入七日，殺掠男婦五千餘人。遂下副總兵楊紹勳臺訊，逮參議馮時泰，免巡撫都御史韓取善。

己亥，罷遼東總兵官尤繼先。

庚子，大學士王錫爵八疏乞休。許之，進吏部尚書、建極殿大學士。

壬寅，中軍都督府僉書都督同知董一元爲總兵官，鎮守遼東。

乙巳，潞王助賑三千金。

六月戊申朔，吏部尚書陳有年盡列待罪司屬，請裁。上置之，閣臣申救，意稍解，謫稽勳員外郎章嘉楨羅定州同知。

《明通鑑》卷七〇　己酉，大雷雨，西華門樓火災。敕羣臣修省。

《國榷》卷七六　庚戌，覈各邊鎮錢穀實數。

丁巳，流胡入犯甘肅，官軍擊走之。

《神宗實録》卷二七四　庚申，南京刑部尚書徐元泰、户部尚書郝杰皆以病乞休。許之。

《國榷》卷七六　辛酉，盡免宣府備災留糧。

壬戌，禁私立先師廟。初，福清海上設孔廟，歲訓導分祭，巡按陳子貞裁之。

《神宗實録》卷二七四　〔癸亥〕，直隸巡按林寅賓以大同各屬秋灾，疏請蠲租并十八年以前拖欠。部覆：被灾民照分數蠲免，其本鎮額徵係軍儲，不可缺，合於該鎮支剩及所省别項聽令抵補，無煩仰給帑金。報可。

《國榷》卷七六　丁卯，潁州王自檢作亂，聚衆千人，兵備李驥等計擒之。

《神宗實録》卷二七四　庚午，蠲廣東饒平縣積欠鹽課，續增浮額銀三千五百有奇，後止舊額。

辛未，崇明縣報獲倭船一隻，倭三十四名。兵部言：但令應天撫按研審真僞，不必解。從之。

《神宗實録》卷二七五　七月庚辰，以兵部左侍郎孫鑛兼右僉都御史代顧養謙，總督薊遼經畧。養謙回部管事。

《國榷》卷七六　辛巳，東征功久不敍，兵部尚書石星請再勘，上已之，命即擇吉告廟宣捷。

癸未，盡蠲寧夏萬曆二十一年逋租。

《神宗實録》卷二七五　上以吏部尚書陳有年屢疏稱病乞休，准暫調理，着趙參魯署印。

乙酉，遣武城中衛經歷孫臣解銀河南賑飢。臣曾捐銀千兩備賑，又施莊田助學，向能慕義，故命之，仍令吏部優叙。

《明通鑑》卷七〇　丙申，河套部長布色圖寇延綏。

《神宗實録》卷二七五　戊戌，府軍右衛經歷陳維賢捐穀千石赴濟南、南陽等府賑饑。上命優叙示勸。

《國榷》卷七六　癸卯，鳳陽、廬州大水。

〔甲辰〕，西虜火落赤謀犯寧塞，守備杜松先引騎出亂雲澗，擊斬十九級。

八月丁未，開館修正史。

戊申，左都御史孫丕揚爲吏部尚書。

庚戌，吏部推原謫御史何選爲刑部主事。文選司郎中馮生虞等俱謫極邊雜秩，閣疏解，降一級謫外，餘各奪歲俸。

《神宗實録》卷二七六　辛亥，順妃常氏薨逝，照端靖榮妃王氏喪禮行。

壬子，刑科給事中喬胤等疏救馮時泰，謂臣等與刑部諸臣俱以法事陛下，今查時泰所犯罪止於杖，律無可加。且聖諭謂已問擬明白，柰何因一不識忌諱之言，遽加重譴，乞褫職免戍。上怒，改時泰烟瘴地面，永遠充軍。

丁巳，四川播酋楊應龍奏：何恩之愬七姓之詞皆屬讎陷，乞戴罪立功。不允。

《國榷》卷七六　西海駐牧虜酋永邵卜并瓦剌他卜臺乞款，下督撫酌之。

《明通鑑》卷七〇　癸亥，布色圖深入固原，轉掠至下馬關，總兵麻貴督副將蕭如蘭等連戰，敗之，斬首二百三十有奇，獲畜産萬五千。上爲告廟宣捷，進貴都督同知，予世廕。

《國榷》卷七六　丁卯，總督陝西葉夢熊言：延綏、甘肅二鎮專主戰，不得疑貳，仍持兩端，致墮虜計。在寧夏時或調停，在固原陽施籠絡，何其可乘。部覆從之。

九月丙子朔，邢玠爲兵部左侍郎兼右副都御史，總督四川、貴州，勘勦楊應龍。

論東征功，進經略宋應昌右都御史；李如松太子太保，增禄百石；贊畫劉黄裳、督餉艾維新各文武陞賞有差。

《神宗實録》卷二七七　己卯，陞總督倉場户部右侍郎褚鈇爲尚書兼副都御史，總督漕運。

以總督河道工部尚書舒應龍回部管事。

《國榷》卷七六　庚辰，光禄寺丞兼河南道御史賑饑鍾化民事竣，上《饑民圖説》。

《神宗實録》卷二七七　壬午，陞南京總督糧儲户部右侍郎邊維垣爲右都御史，總督倉場。

陞兵部左侍郎顧養謙爲工部尚書，總理河道。

《國榷》卷七六　甲申，福建道御史龔體劾趙志皋，君德有虧，不能匡正，諫臣降謫，不能申救，倭虜交犯，不能整頓，今萬不可留。上詰其指使，語益厲，鐫三級，謫之。

禮部尚書羅萬化致仕。

《明通鑑》卷七〇　己丑，朝鮮國王李昖請許倭封貢。

初，昖進方物謝恩，禮部郎中何喬遠奏：「昖使金晬等涕泣言：『倭寇猖獗，朝鮮束手受刃者六萬餘人，乞特敕亟止封貢。』」時廷臣交章皆以罷封貢、議戰守爲言，而顧養謙已定講貢議，請封關白爲日本王，上猶未決。至是昖亦以許貢保國爲請，上乃切責羣臣，追怒前主議撓封貢者，以御史郭實倡首，斥爲民。並敕石星盡録異議者名，將大譴責，内閣趙志皋等力解，乃已。

《國榷》卷七六　辛卯，兵部尚書石星論誠意伯劉世延兇横不法。時世延欲論星也，勒世延回籍。

丁酉，江西等道御史姚思仁等合救龔體。已，給事中林材等亦合救。上益怒，罰首俸一年，餘八月。起趙可懷南京右副都御史，提督操江。禮部左侍郎劉元震改吏部，舒應龍進太子少保。

戊戌，韓莊新渠成。

庚子，總督兩廣陳蕖爲南京户部右侍郎兼右僉都御史，總督糧儲。

辛丑，旌南昌義民朱光昊，以助賑千石。

廣東吴川賊平。

十月丁亥，時部院考選不下，趙志皋疏請。不報。

領詹事府事吏部左侍郎范謙爲禮部尚書。巡撫廣西右僉都御史陳大科爲兵部右侍郎兼右副都御史，總督兩廣軍務。

罷寧夏總兵蕭如薰，延綏副總兵姜直，下臺訊，前套虜入鹽場堡沙梁不戰也。

《神宗實録》卷二七八　戊申，唐王碩熿捐銀賑貧宗貧民及府縣師生之貧者。撫按上其事，命撰勑奬之。

蠲被災望江、懷寧等税糧有差。

庚戌，復德州二衛軍人布花銀。向因京操裁革，今戍守永平臺頭等處，照防邊例給之。

辛亥，陞陝西布政使戴燿爲右副都御史，巡撫廣西。

勑居庸總兵解一清以原官掛印，鎮守寧夏。

勑陝西總兵楊濬以原官掛印，鎮守甘肅。

《國榷》卷七六　甲寅，遼東副總兵張世爵爲總兵官，鎮守昌平。大同副總兵黄明臣爲總兵官，鎮守陝西。

乙卯，南京右諭德馮夢禎爲左庶子，正史副總裁。

《明通鑑》卷七〇　己未，以南京兵部右侍郎邢玠總督川貴軍務，討楊應龍。

初，應龍從征倭，已啓行，而封貢議定，遂報罷。會巡撫都御史王繼光至，嚴提應龍勘結，應龍抗不復出。繼光馳至重慶，與總兵劉承嗣、參將郭成等分道進勦。軍至婁山關，屯白石口，應龍陽令其黨穆炤等約降，而統苗兵據關衝殺。都司王之翰軍覆，殺傷大半。未幾，繼光論罷，御史薛繼茂旋主撫，而應龍遣其黨攜金入京行間，至是執告變之把目何恩詣綦江縣，遂反。事聞，乃以玠總兩省軍務，兵部郎中張國璽、主事劉一相充軍前贊畫，討之。

《國榷》卷七六　召前禮部尚書沈鯉，辭疾不至。

南京大理寺卿周思敬爲南京工部右侍郎。

辛酉，致仕禮部尚書羅萬化卒于寶應。予祭葬，贈太子少保，謚文懿。

《明通鑑》卷七〇　丁卯，詔倭使小西飛入朝。集多官面議事：一勒倭盡歸巢；一既封不與貢；一誓無犯朝鮮。倭俱聽命，以聞。上復諭之于左闕，語加周複，封議遂定。

《神宗實録》卷二七八　戊辰，河南開封、南陽等府，陳州、尉氏等州縣水災。巡按御史勘報五十六處蠲免州縣應徵本年存留糧銀，折徵衛所屯糧。其免折分數以被災輕重爲準。

山西巡撫魏允貞題：三晉屯田地瘠薄，半是山嶺，錢穀不敷，兼苦水旱。惟節省一法可以惠民，督率屬吏凡冗役虚費悉從裁減，計每歲共減銀二萬八千一百四十餘兩，竪石永遵。上善之，通行各省巡撫，照允貞所議酌裁具題。

己巳，贈甘肅遊擊謝詔爲都督僉事，另廕一子正千户。贈百户馬載圖爲指揮僉事，加陞其子副千户，各世襲。仍於本鎮立祠致祭，賜額愍忠。以海虜入犯，二人堵截戰殁也。

庚午，亥時，皇第六子生。

《明通鑑》卷七〇　泰寧部綽哈犯遼東。

初，綽哈以其兄博斯呼之怨，與博斯呼子巴圖魯，數結土默特，東、西相倚擾邊。至是總兵官董一元，遣部將孫守廉馳右屯禦西部，而自將大軍匿鎮武外，爲空營以待。敵騎深入，官軍奮擊破之，逐北七十餘里。巴圖魯中矢走，西部亦解去。一元復以歲晏，敵不設備，率健卒踏冰渡河，疾馳四百里抵寇巢，斬二百餘級，獲牛馬甲仗無算。巴圖魯旋死。諸部悉遠遁。

《國榷》卷七六　是月，項城盜三百餘人掠南頓鎮。

十一月乙亥朔，勞遼東吏卒二萬金。

戊寅，册端妃周氏，敬妃李氏。

《神宗實録》卷二七九　戊寅，户部題：河南士民之捐資賑饑者，侍郎何雒文等四員名，輸穀千石以上，官爲建坊。御〔史〕何倬等五員名，輸錢穀五百以上，給坊價自竪。尚書張孟男等一百七十四員名，輸四百以下，各給門扁。凡見任官另加紀録，家居者有司禮獎，義民給冠帶免差。又内鄉王勤烰賜匾獎諭。詔可。

《國榷》卷七六　己卯，兵部尚書石星言：既許封關白，宜令游擊姚洪徵小西飛至京，寓朝陽門外朱氏莊，沈惟敬館伴。其朝見、册封、遣使等儀，並如朝鮮、琉球例。大抵封事責臣，館穀防護責總協李言恭、李汶。又令陳雲鴻同沈嘉旺往釜山，宣諭平行長速退候封使。上從之。仍行總督孫鑛飭備，禁沮撓者。小西飛，行長書記也。

《神宗實録》卷二七九　庚辰，以養心殿頻壞，命葺之。工科給事中張濤切諫，降一級，調外任用。大學士趙志皋等疏救，不允。

先有旨，湖廣改進鱏魚鮓，該省起解在前，進鮓如故。上怒，布政司官俱降三級，調極邊用，撫按官各罰俸二月。

《國榷》卷七六　壬午，户部覆，山東巡撫鄭汝璧所議積粟，青、登、萊軍屯不贍，民屯多負，宜聽民三分之二納雜糧穇穀豆黍之類。又議開島登州長山諸島，以登州營軍耕之，作遼船十六隻利涉。從之。

四川撫按譚希思、吴孔嘉言：楊應龍負固，再使詰諭，應龍再請官臨勘，潛遣人奏辨，宜革其宣慰銜再諭。如縛赴綦江，俾五司無改舊業，七姓悉還故區，該司表貢，止書播州土司，降其子朝棟爲土舍，督催糧馬，俟五年後奉法許襲秩。如抗諭，則合貴州兵討之。詔可。

《神宗實録》卷二七九　甲申，起南京禮部尚書黄鳳翔補原職。

乙酉，陞順天府府丞沈桐爲右僉都御史，巡撫福建。

起原任巡撫賈待問爲南京右副都御史，提督操江。

原任福建道御史陞湖廣副使饒位以病乞休。上以位外轉兩司，輒以病告，准其去，不許推陞，以後科道外轉告病者照此例行。

己丑，以原任威茂兵備道李士達爲四川左布政兼僉事，整理播州事務。

陞四川副使章潤爲廣東參政，分守嶺西。

辛卯，延綏巡撫李春光議復客餉。

《國榷》卷七六　蠲山西永寧等二十四州縣秋糧有差。

癸巳，慈聖皇太后千秋節。上御門，召輔臣暖閣。趙志皋奏封倭等事，俱優答之。

《神宗實録》卷二八〇　十二月甲辰朔，永寧長公主薨逝，與已故駙馬都尉梁邦瑞合葬，并祭一壇。

以薊鎮副總兵李熙充總兵官，鎮守昌平。

丁未，免廣西全州、陽朔等處墾荒虚糧。前是撫按以墾田多寡爲有司殿最，而深山窮谷多不可耕，率僞增田數虚糧遺累，兹下所司查豁。并開府江，桂林、蒼梧，水陸險阻，斬木剗石，决淤疏湍，俾猺夷不得出没叢薄，江流無衝激之患。從撫按陳大科、涂宗濬請也。

《國榷》卷七六　乙卯，趙志皋請上御門見小西飛。上謂夷情未審，下部議，釜山倭退盡始封，仍審小西飛于左闕門。

吏科都給事中林材，劾吏部侍郎劉元震、國子祭酒成憲、詹事馮夢禎，語侵閣臣，以暗傷善類鐫三級，謫程鄉典史。

冀體、任彦蘖削籍，南京兵科給事中盧大中等疏救，各奪俸。

丙辰，崇明縣獲琉球失風舟三十三人，命貢使鄭禮攜歸。

丁巳，折太倉、上海、嘉定水災田租有差，又停布銀。

己未，秦王誼漶爲庶弟鎮國將軍誼漻求郡王，部科不可，上特許之。

辛酉，小西飛入京，譯其語，并上册封條例。上諭兵部諗其誠僞，且議封名。先遣二官諭平行長毋留釜山，諭朝鮮待倭歸盡奏封。

丙寅，羣臣集左闕門，進小西飛詰其兵端。云：日本曾託朝鮮求封，不遂，又殺日本人，故尋兵。今得封即去，其運糧築室，俱候天使，誓無侵叛。上諭待回島，朝鮮奏封，即遣封。

庚子，河南道御史崔景榮等疏救林材，罰歲俸。

癸酉，從石星之請，命臨淮侯勳衛署都督僉事李宗城，五軍營右副將署都督僉事楊方亨，各賜一品服，往封平秀吉。

寧越守備吳文傑移黎州，以黎州土舍馬應龍恣掠也。

萬曆二十三年（乙未、一五九五）

《國榷》卷七七 正月甲戌朔，上不朝。

丙子，敕部院申飭考察之法。

庚辰，禮部尚書范謙請給豐臣平秀吉皮弁冠服紵絲等項及誥敕印章。時小西飛稱日本已無國王，禮部擬封順化王。有旨，封平秀吉日本國王。永樂初，賜日本龜紐金印，小西飛云失之，乞更給。從之。

癸未，鑄青州、萊州、登州各海防同知兼管清軍、驛傳、鹽捕關防。

乙酉，授日本豐臣行長、豐臣秀家、豐臣長盛、豐臣玉盛、豐臣吉繼、豐臣家康、豐臣輝元、豐臣秀保各都督僉事。

丙戌，劉綎陞四川總兵官，私餽巡撫宋興祖，興祖發之，奪原銜，仍視事。

癸巳，兵部覆：巡撫廣西陳大科議絶戍當清。從之。

乙未，河外虜卜失兔犯靖康堡，官兵擊斬一百二十七級，寧夏中衛游擊石尚文又斬五十級，總督葉夢熊以聞。

《神宗實録》卷二八一 丙申，户部題：南兵陣亡病故可憫，月糧銀兩既經總督孫鑛等查核相應照例户七兵三，移劄倉場管理銀庫主司如數補給，以示優叙。從之。

《國榷》卷七七 丁酉，四川道御史綦才言三事：曰抑武臣，曰懲賄臣，曰寬謫臣。上命議處劉綎、張世爵各有差，而綦才因事黨救，奪俸六月，尚耕削籍。

部院大計，降斥有差。浙江海道副使丁此呂以貪處。此呂御史時，追論張居正故善沈思孝、吳中行等，大爲不平。

《神宗實録》卷二八一 己亥，總督薊遼經略孫鑛題：奉上旨，動馬價銀二萬兩，將臨陣將士各官給賞宴待，其見獲駱駝五百隻解京。舊例每駱駝給發銀十兩，今通計銀五千兩。臣會同遼東巡撫李化龍查得近日解到川兵月餉見有餘剩，合無于内扣除五千兩給發駝價，以慰戰士心。從之。

《明通鑑》卷七〇 是月，鄭世子載堉，奏請「宗室子弟，皆得儒服就試。中式者毋論中外職，視才器使」，從之。禮臣議，「奉國中尉以下入試，輔國中尉以上爵尊，不得與」。其後尚書李廷機言：「封爵、科目，原自兩途。彼既願從科目入仕，應照士子出身資格銓除，何拘原爵。」詔亦從之，惟不得除京朝官。

總督邢玠至蜀，察永寧、西陽等土司，皆楊應龍姻婣，而黄平、白泥諸司，久爲仇讐，計先翦其枝黨。以檄曉譬應龍，謂：「來者當待以不死，不則國家懸萬金購爾頭。若早爲計，吾不爾欺也。」

當是時，七姓惟恐應龍出得貰罪；而四方亡命竄匿其間，又幸應龍反，因以爲利；院道文移，輒從中阻。

《國榷》卷七七 二月丁未，虜寇遼東鎮武堡，總兵官董一元擊斬四百十級，奪駝馬二千餘。

南京右都御史楊一魁爲工部尚書兼右副都御史，總督河道。

《神宗實録》卷二八二 庚戌，原任南光禄署正王汝立捐銀三千兩助築淮安廟灣城，撫按請加銜建坊，以示激勸。又管清江廠工部員外包應魁將廟灣鹽所抽分柴席銀一千五百兩助役，併乞紀録。工部覆奏宜如所請，從之。

《國榷》卷七七 壬子，工科都給事中吳應明奏：奉旨陝西織羊羢七萬四千七百有奇，費百六十餘萬。關中連災，户口逃亡，豈堪此役。不報。

《神宗實録》卷二八二 丙辰，户部議織造協濟乞仍照户三工七之例。詔從之。

《國榷》卷七七 虜犯陝西靖虜等衛，官軍擊斬百六十餘級。

〔己未〕，敍遼東鎮武功。

《神宗實録》卷二八二 癸酉，禮部覆四川巡撫譚希思，咨稱年例貢扇常數外，奉新旨添造扇柄解到二千六百柄，謹送内府交收。詔著爲例。

兵部議陝西布政司積欠民運二十五萬九千有奇，延綏大鹽池欠課銀六千五百有奇，皆寧鎮緊急軍需所係，先行催解一半，以濟燃眉，其餘設法立限，盡解接濟，庶紓皇上西顧之憂。報可。

《國榷》卷七七 三月丙子，御史彭應參削籍，烏程知縣張應望戍邊。

戊寅，故禮部尚書董份卒。

己卯，着力兔謀犯錦義，總兵董一元出塞，踏冰渡河，度墨山，天大雪，倍道三日，夜襲其巢，乃遁。

壬午，敍平緬功。初，平緬莽氏據蠻莫，至是盡復侵地。

乙酉，陝西總督葉夢熊邊備修舉，加兵部尚書，廕子監生。

丙戌，策貢士，賜朱之蕃等進士及第、出身有差。

長昂岔革賞，率千餘騎犯石門路木馬谷，復令小郎兒入喜峯口，被縛。敍功有差。

〔戊子〕，寧夏副總兵移玉泉營，增戍二千人。

虜犯遼東，官軍擊斬百八十四級，擒真虜六人。

《神宗實録》卷二八三　禮部題：會試下第舉人七百餘名，乞恩就教。然恐舉人署職之多，有妨貢途，合將三年内乞恩副榜酌定三百名，與貢士各擬分數，相次待選。庶科貢並收，起賢書者，進取有階，而資禄養者亦不至久淹黌序。從之。

癸巳，原任南京兵部尚書、今起南京工部尚書吴文華力懇乞休。吏部覆奏謂其辭情迫切，請俯容休致，優以月米歲夫，以成其志。上允之。

《明通鑑》卷七〇　乙未，賜朱之蕃等進士及第、出身有差。

《神宗實録》卷二八三　丁西，户部尚書楊俊民題：奉旨長公主婚禮成，合用金兩珠石，勑户部照數買進。臣等念災沴頻仍，邊餉倍缺，帑金既竭，珠寶難市。查瑞安公主婚配時蒙皇上俯念本部錢糧缺乏准減三分之一，乞照例減免。户科右給事中李先芳亦以爲言。上從部疏，減三分之一。

庚子，工部覆：薊遼總督孫鑛、撫按李化龍、宋興祖所請，戊字庫舊貯盔甲、弓箭、撒袋及京庫舊貯三眼鎗、快鎗合行量給，以濟軍興，他邊鎮不得援以爲例。從之。

《國榷》卷七七　壬寅，許倭使小西飛渡江，俟朝鮮奏至，同册使往。

《神宗實録》卷二八四　四月乙巳，户部因陝西總督葉夢熊請發帑金四十萬，以備芻餉。覆言：内帑匱詘，委難支發。合無將南京庫貯銀内借動二十萬兩，以備緩急。如虜不大舉，就留作二十四年京運年例，不許那移别用。且兵食相須，查得固鎮二十一年册報官軍六萬六千八百餘員，今揭報僅七千餘名，非向時僞增，則今何頓減，中間虚糜冒破，豈可不覈。至寧夏以剿逆增餉，今逆平亦應減餉，當一併議處。疏入，詔如議，申飭。

詔禮部擇在京子弟年十四五歲，容止端莊有家教者，充長公主駙馬之選。

丙午，兵部題：寧鎮閲臣李楠議增馬匹并新丁安家銀共三萬二百兩，前因督臣具請，已發過太僕寺銀二萬五千兩，今仍劄太僕寺動庫貯草料銀五千二百兩，以足前數，令完日造册奏繳。從之。

《國榷》卷七七　己酉，以甘肅横城失事，副總兵王國翰、參將李鯤下臺訊，兵備荊州俊奪俸三月。

庚戌，命儒臣講《大學衍義》。

甲寅，巡視陝西茶馬御史李楠，請禁湖南茶引以絶夾帶，建紫陽茶坊以絶假造，收岷州番馬以充征騎。從之。

〔己未〕，臨洮參將移河州，洮州副總兵駐臨洮，其河、洮、蘭、階四參將，聞警互援，各率三千人。如巡撫吕鳴珂言。

癸亥，册使李宗城奏：四月七日渡鴨緑江至義州，遣沈惟敬諭倭釜山。

《神宗實録》卷二八四　刑部尚書趙焕復以疾請。上見其情懇，准馳驛回籍。

《國榷》卷七七　丁卯，巡撫福建許孚遠奏：福州海壇山墾田八十萬三千八百畝有奇。

戊辰，工部左侍郎沈思孝爲右都御史兼兵部右侍郎，協理京營戎政。

時泗州水侵祖陵，前遣勘科即奏，未上。于是工部左侍郎沈思孝言：河患亦天時人事適然，未盡諸臣咎。上怒甚，謂河工歲糜金錢百萬，而害如故。前總督河道工部尚書舒應龍因時艱停工，南京工科都給事中劉弘寶、給事中陳洪烈各請緩，遂追罪之。應龍削籍，弘寶已遷浙江左參政，降惠來典史，洪烈馬邑典史。

時疑思孝挑激，思孝奏辨求去，不允。

《明通鑑》卷七〇　四月，楊應龍得檄不至，請遣使就勘。邢玠乃調成都知府王士琦代史記勳守重慶，令奉檄詣綦江趣應龍聽勘。

士琦屬綦江令前往宣諭，應龍使弟兆龍治郵傳儲糧郊迎，叩頭致脯資餼牽如禮，曰：「應龍久縛渠魁待罪，然不敢自來。使君幸枉車騎臨睨，敬布腹心。」綦江令具白于士琦。時應龍在松坎，士琦乃率單騎往。

《國榷》卷七七　五月癸西朔，御史吴楷請上親北郊。不報。

神機營坐營陳雲鴻、總督孫鑛，遣官駱一龍抵行長營，行長率諸將迎。倭衆回巢大半，僅留如干人候天使，兵部以聞。乞命楊芳亨前駐居昌，李宗城與小西飛等前駐南原，示彼大信。從之。

《神宗實録》卷二八五　乙亥，户部題：據宣大督臣蕭大亨所舉，東市陽和道參政劉葵、同知王良佑計省市賞銀三萬一千有奇，而撫臣梅國楨殫勞體國，功俱可紀，例應旌異。詔梅國楨、劉葵、王良佑各賞銀有差。

《國榷》卷七七　丙子，御史謝廷策以陳于陛有接見大臣、録用人才之奏，上言：皇上静攝以來，朝講中輟，輔臣至歲終不接，恐宫府漸隔，而煬竈之患隨之。諸臣言激直戇，不能無罪。前後譴削百十餘人，錮以終身，是明予人以名而暗自失，非便計也。上以窺探市恩，降外。

《神宗實録》卷二八五　丁丑，詔總督宣大蕭大亨入爲刑部尚書，太子太保如故。

戊寅，兵部題：下馬關置將增兵，所給馬價羸餘七千二百三十六兩，於内扣除兵三月餉外，尚餘五千一百五十二兩，准扣作二十四年募丁月餉之需。從之。

《國榷》卷七七　己卯，趙志皋請發留中諸疏。不報。

時頒四川扇式，御史周希聖言蜀困不堪。上怒，奪歲俸。

辛巳，復遼東屬夷伯言部落市賞。

御史袁可立請録謫臣，不許，奪歲俸。

《神宗實録》卷二八五　庚寅，兵部覆：宣大總督蕭大亨參論總兵張世爵貪倨狀，請罷其職，另推以代。報可。

《國榷》卷七七　甲午，賜孟津王載堥書院額曰勉學。

乙未，吏部尚書孫丕揚立掣籤法，銓制庶官量才高下授秩。丕揚苦徇請，大選立掣籤法，每闕書一籤納筩中，選人自探得之，一時稱公，識者不謂然也。其後猾胥擇善闕，上下其手，不復能詰，時號籤部。

廣西總兵官王化熙、廣東總兵官童元鎮互調。以化熙嘗鎮浙江，諳海道，元鎮嘗歷柳、慶，習夷事也。

丙申，琉球國使者于伯爲世子尚寧求封。許之。

汾州改府，附郭設汾陽縣，轄永寧州、寧鄉、臨縣。又平陽之靈石、沁源、武鄉益之，隸分守冀南道。

套虜青把都兒犯甘肅，總兵柳濬等擊斬百七十餘級，副總兵何崇德亦有功，共斬六百三十餘級。

丁酉，巳刻，京師再地震。

戊戌，命修省。

辰、沅屬衛哨兵作亂，尋戢。

《明通鑑》卷七〇　是月，王士琦至松坎，應龍果面縛道旁，泣請死罪，膝行而前，叩頭流血，請治公館，執罪人及罰金。士琦因爲之請，邢玠乃遣贊畫張國璽、劉一相及道府詣之。應龍囚服郊迎，縛獻黄元、阿羔、阿苗等十二人，案驗，遂抵應龍斬，論贖，輸四萬金助採木，仍革職。子朝棟，以土舍受事，次子可棟，羈府追贖，黄元等梟斬重慶市。

是時倭氛未靖，兵部欲緩應龍，專事東方，上亦以應龍有積勞，許之。加玠右都御史，還朝，以士琦爲川東兵備使彈治之。然應龍益怙終不悛。

《神宗實録》卷二八六　六月癸卯，總理河道工部尚書楊一魁以御史秦懋義論其力薄不堪艱鉅，乃上疏乞罷。且言清口宜濬，黄河故道宜復，高堰不必修，石隄不必砌，減水閘壩不必用。乞查臣先後奏議併行司道文移，苟有可採，勿因臣去而廢其言。詔以盡心任事，不允辭。

改廣西總兵官王化熙署都督同知，鎮守廣東。改廣東總兵官童元鎮以原官掛印，鎮守廣西。以元鎮習于西鎮，故互調以盡所長，從兵部請也。

甲辰，詔設青州守備一員，團練民兵，彈壓瀕海劇盜，從撫臣鄭汝璧請也。

乙巳，大學士趙志皋等奏：皇長子講讀日期禮部原擬盛夏輟免，今三伏大暑將臨，天道炎熱，氣候鬱蒸，臣等擬于本月初九日至七月初九日暫輟，待秋氣清爽，照舊講讀便。詔以工夫不可間斷，不允。

〔丙午〕，户部請以南直隸之江南及浙江一省舊免漕糧脚米量復二升折銀二萬一千餘兩，以爲河工溜夫工食。報可。

丁未，雲南撫按官陳用賓、李炳奏稱，請汰虚冒老弱之兵，歲可省餉五萬三千二百八十兩，并清出新增礦鹽二課莊糧等項銀三萬三千餘兩，并舊額税糧等銀約勾官兵餉銀十二萬九千餘兩，自此兵以漸消，餉以漸積，而川省軍興協濟之銀或可免借。户部具覆，報可。

戊申，直隸巡按錢夢得請以贖鍰二萬四千兩分給畿南四郡，量地方大小、民生貧富，糴穀貯倉，倣古常平之法，以備災荒。户部覆，從之。

《國榷》卷七七　庚戌，命雲南土司思化復居蠻莫。

御史區大倫言節省大要。不報。

乙丑，登、萊總兵官楊文正、山東按察僉事李根，俱貪虐論免。

丁卯，福建偵倭把總劉可賢、贊畫姚士榮下臺訊，以擒夷僧入，且受貨也。

庚午，曹允成嗣豐潤伯。

辛未，賜晉王敏淳書院曰寶善。

《神宗實録》卷二八七　七月戊寅，以泗州水患，從撫臣請，免本州馬價草料三歲。

以直隸嘉定縣土不宜稻，令漕糧永折每石六錢，著爲令。

申飭陝西四鎮，以甘鎮新捷，恐虜乘秋圖報。復督撫蕭大亨等官，當厲兵秣馬，鼓舞番族，以備不虞。因敕宣、大、山西，嚴諭市虜，堅守貢約，仍令動支草糧銀六萬兩解赴該鎮，以充賞功。

以甘肅總兵官楊濬僉書中軍都督府。

壬午，詔減折泗州漕糧，著爲令。

山西巡撫魏允貞奏：金作贖刑，自古不廢。我朝令甲，徒流以下，皆准納贖，專聽備荒。臣屬三府四州所屬八十州縣，生齒雖不甚繁，而小民率多健訟，計臣任事二年，共積贖銀二萬有奇，除地方正務支過外，尚剩銀六千餘兩，請行有司，將前銀糴穀一萬餘石，貯之各處，以備荒年賑濟借貸之用。上從之。

甲申，命協守臨洮副總兵王賦業充總兵官掛印，鎮守甘肅。

《國榷》卷七七　丁酉，游擊沈惟敬報倭焚柵渡海。

己亥，徐弘基嗣魏國公。

庚子，朝鮮以日本謝恩人舟取道對馬島經我，恐復啓釁，願如總督顧養謙所議，貢道仍出寧波。兵部惟徇沈惟敬，不許。

是月，安南黎惟潭復遣官目黎早用等，從安邦浮海來廣西請罪，求納款。左江道副使楊寅秋奉檄令龍州求莫敬用等居地，云敬恭居海東，敬璋居安樂，已，敬恭願徙高平。

《神宗實録》卷二八八　八月辛丑朔，勒原任浙江巡撫常居敬閑住，以科臣勘河失護祖陵罪也。

《國榷》卷七七　虜把兔兒謀犯遼東，總兵董一元出塞擊斬百十九級。

乙巳，署翰林院事余繼登，以纂修正史請兼採家乘、鄉評。報可。

副總兵劉綎爲總兵官，鎮守臨洮。

《神宗實録》卷二八八　壬子，陞分守四川松藩副總兵萬鏊爲鎮守四川，充總兵官。

丙辰，御史馬經綸以恭逢聖壽懇請臨朝受賀。不報。

《國榷》卷七七　虜犯寧塞，深入二百餘里，飽掠去之。

壬戌，浙江金盤衛守備獲島舟，乃琉球人失風者，命歸之。

癸亥，固原游擊梁繼祖，以虜犯西安州不戰戍邊。

廣西昭平參將白斯清剿貴縣五山賊，失利。賊四掠，左江道副使楊寅秋設方略定之。

乙丑，祖陵積水落。

戊辰，宋金領錦衣衛事。時衛闕二年有奇。

永寧土婦奢世續奏：臣子崇周嗣職，從討楊應龍有功，僕沙白蠱毒死，請以白就史。從之。

《神宗實録》卷二八九　九月庚午朔，河南巡按御史涂宗濬以陳州等州縣災荒，議留解部種馬草料及缺官柴馬等銀備賑。兵部以軍興正殷難允，上從部議。

辛未，免河南陳州等處被災州縣雜役各有差。

《國榷》卷七七　賑河南饑，截漕八萬一千一百石、銀二萬六千八百金有奇。

癸酉，四川道御史牛應元請復建文年號。下部議。

甲戌，占墾荒屯地俱贍邊。

乙亥，四川左布政使余一龍爲南京太僕寺卿。

丙子，命京省各提學官博採所部人物行實，以備正史。

丁丑，報固原、延綏將領巡邊，斬虜九十餘級。

罷臨洮副總兵，設總兵鎮守，轄河、洮、岷、階。

戊寅，改折江西新建等縣田租有差。

海虜永邵卜等犯甘肅，參將達雲、游擊白澤等擊斬六百七十餘級。

己卯，南京禮部尚書黃鳳翔不至。

清河、盱眙、桃源、高郵、寶應、興化，以被水折徵田租二年。

〔乙酉〕，套虜犯延綏寧塞、靖安，官軍失利。

《明通鑑》卷七〇　詔以建文朝事附國史太祖本紀末，復其年號。

先是禮科給事中楊天民、四川道御史牛應元言：「建文年號，不宜革除。見值纂修國史，當更正洪武三十二年至三十五年年號，以復建文元、二、三、四年之舊。」禮部議從之，故有是命。

《國榷》卷七七　辛卯，西虜青把都兒部落伯顔兔報，西虜在甘肅邊外三人山，謀入犯，游擊葛賴等追斬四十七級。

乙未，總督川貴邢玠同川貴撫按譚希思等奏楊應龍聽勘并善後事宜。命革應龍宣慰使銜，子朝棟冠帶土舍，可棟羈重慶，追四萬金贖罪。

己亥，册使李宗城報：倭先後去，候受封始盡。兵部上册封事宜，禁冗役，禁訛言，禁妄報，禁啓釁。報可。

兵部覆邢玠勘播州事。以楊應龍就勘，其黄平、草塘、白泥、餘慶、重安五司，舊隸播州，乞改隸黄平通判。又卹七姓奏民。又增設安邊府，以重慶捕盗通判改撫夷同知，移駐松山北松坎南。播州土同知羅時豐避應龍于貴竹土司，今宜歸里，移安溪巡檢司爲松坎巡檢司。上從之。

十月辛丑，虜炒忽兒沙計等犯常樂堡，官軍擊斬百二十餘級。

甲辰，以直隸長洲等十六州縣大罹水災，准漕糧改折。

工部請停罷山西應解潞紬以寬民力。不允。

蠲蘇、松等鹽課。

《神宗實録》卷二九〇　丙午，蠲免江北被災州縣自萬曆十四年起至萬曆二十一年止未完存留錢糧各有差。又准折被災州縣漕糧各有差。仍清查各州縣備賑銀米，酌量時勢，分别賑濟。

發太僕寺馬價銀一萬，賞甘肅鎮有功將吏。

留江北鳳、廬等府漕糧二十四萬石爲河工挑濬口糧，仍留太倉助工銀十二萬兩抵折，亦以江北被災故也。

《國榷》卷七七　己酉，南京吏部右侍郎曾朝節爲禮部尚書協理詹事府，爲正史副總裁。翰林院編修楊道賓纂修正史。

折歸安、烏程、長興、德清水災田租之半。

辛亥，敍延綏功，進總督葉夢熊太子少保，巡撫李春先右副都御史，都督麻貴再廕百户，前廕正千户，俱世襲。

己未，套虜卜失兔等糾火虜寇延綏，深入八日，殺掠無算。

鎮守雲南總兵官黔國公沐昌祚疾致仕，子叡鎮守雲南。

壬戌，遼東副總兵劉敏寬，覘虜永瓦等入犯，伏待之，大破于爾朵峽，斬六百八十餘級。

《神宗實録》卷二九〇　兵部覆奏甘鎮、西寧大捷，擇日祭告宣捷，其賞功銀兩該鎮應用借支者俱准開銷補發，仍以太僕寺馬價銀二萬兩給下次懸賞之用。報可。

《國榷》卷七七　甲子，敍甘州功，進前總督葉夢熊太子太保，田樂兵部左侍郎，廕錦衣衛百户。

乙丑，進趙志臯少保兼太子太保、户部尚書，張位太子太保，陳于陛、沈一貫各太子少保，並賜金幣。

十一月己巳朔，免湖廣、江西河工折米。

辛未，秦王誼漶請如周、晉二王增給引鹽。命以本色給之。

時議分黄水。淮安知府馬化龍言分黄五難，總河褚鈇上之，給事中林巡春請分黄導淮。工部覆開腰浦支河。從之。

《神宗實録》卷二九一　甲戌，吏部尚書孫丕揚稱痼病廢事，請以右侍郎孫繼臯暫理印務。上不允。

寧夏總兵解一清老病乞回衛。許之。

戊寅，兵部尚書石星辭少保。許之。

改貴州總兵都督同知李如栢以原官掛印，充鎮守寧夏總兵官。

癸未，以起復南京禮部尚書王弘誨爲南京禮部尚書，太子少保。南京兵部尚書楊成以原官起掌南京都察院事。

陞四川松潘副總兵沈尚大爲署都督僉事，充鎮守貴州總兵官。

《國榷》卷七七　丁亥，御史袁九臯請檢發章奏，速補大僚。不報。

《神宗實録》卷二九二　十二月己亥朔，追封會寧莊惠王長子弼樌爲會寧王，從其子會寧王縉𦢊請也。

《國榷》卷七七　乙巳，增設河會守備，築堡寘戍，拒套虜于河上。

己酉，敕魏國公徐弘基奉祀孝陵。

緬甸莽應禮，前託孟艮二土司求款，且致方物。命材官黎宗桂等以金幣往，至境不受。禮部謂據土司轉申，黎宗桂傳説，于莽應禮無據，遂不問。

辛亥，錦衣衛中所副千户霍文炳，未奏陞輒署指揮僉事。上以擅濫，奪兵部尚書石星俸二月，武選郎中韓范謫太和典史，員外郎曹偉芳謫賓州判官，兵科都給事中劉仕瞻謫漳州府知事。

《神宗實録》卷二九二　詔以山東長山島關墾成熟田地，令原撥官軍照舊耕種，其收獲米豆另廒收貯，聽抵軍餉支銷。

甲寅，革鎮守大同總兵官李東暘等任回衛，原任廣寧副總兵方時春等回衛聽候降調，從科道官考查拾遺請也。

丁巳，户科都給事中耿隨龍以畿南盜賊竊發，請復民壯舊制。州縣大者二百名，次者百五十名，小者百名，揀選勇健，授以器械，時常操練，量懸賞格，以專捕盜賊。兵部覆奏，報可。

《國榷》卷七七　己未，京師賑粥。

庚申，上以霍文炳事責兩京都給事中署道御史，各鐫三級謫外。兵科都給事中吴文梓謫崇善典史，河南道御史俞價謫兩淮運司知事，四川道强思謫長蘆運司知事，兵部武選司主事江中信謫葭州判官，程僖謫雅州判官，陳楚産謫鬱林州判官，司務錢銑、胡士奇謫慈利、仙遊訓導。霍文炳，司禮太監張誠蒼頭也。怙勢冒秩，命籍其家，并張誠没入之。誠兼東廠内官監印，弟勳，私娶武清侯李氏，所任内官蕭玉、王忠俱婪肆，上斥誠，命田義領司禮監，孫暹總督東廠，其張誠、張楨及張勳、張紹寧等，霍文炳、文燦及王玉、錢恩、李承德、李輔、耿遜、馬義、王用、馬章、蕭玉、王忠、段秉忠、張懋忠、霍朝、王詔、喬進、金忠，各籍其家。誠謫南苑浄軍，勳、文炳及内官張楨等十餘人論死。後錢恩、張勳、蕭玉、王忠伏誅。

乙丑，時謫科道三十四人，部曹九人。閣臣疏救謫臣，不報。

萬曆二四年（丙申、一五九六）

《神宗實録》卷二九三　正月辛未，奪應天巡撫朱鴻謨等俸有差，以其解進段疋不堪，仍勑自後各該織造地方撫按嚴率司府等官用心督造。

《國榷》卷七七　辛未，前總督兵部尚書魏學曾卒。

癸酉，大學士陳于陛、沈一貫各疏宥謫臣。不報。

丁丑，給事中耿隨龍、鄒廷彦、黄運泰、黎道照、孫羽侯、毛一公、伍文焕、費必興、盧大中，御史李宗延、姚三讓、王慎德、薛繼茂、馮從吾、顧際明、袁可立、綦才、吴禮嘉、王有功、李本固、柳佐、聶應科、李文熙俱削籍，以霍文炳事，不糾也。吏部尚書孫丕揚、左都御史衷貞吉等各疏救，不聽。

戊寅，紹興、金華、衢州南糧，自今年改折，户部恐倉糧不繼，命改折五年，仍徵本色。

己卯，神樞營右副將署都督僉事任自强爲總兵官，鎮守居庸、昌平。

庚辰，兵部循例請考察京營將領，從之。命三月司禮太監田義閲視團營。

鳳陽守備太監杜用免。

己丑，河南道御史馬經綸言：皇上近來厭惡言官，動責以聒擾，忽又以箝口責之。臣竊見言官之箝口者有五罪焉。皇上不郊享，言官不争，罪一。皇上不廟祀，言官又不諫，罪二。皇上輟朝講，言官不請，罪三。皇上任賢不篤，去邪不決，言官不能救，罪四。皇上好貨嚴御，言官不能止，罪五。上怒，不報，諭吏部鐫二級調外，毋推用。

庚寅，工科都給事中林熙春等疏救馬經綸，謫熙春茶陵州判官，經綸東鄉典史。

江西等道御史鹿久徵等疏救謫臣，降久徵澤州判官，餘奪歲俸。

甲午，吉王翊鑾請以庶長子龍陽王常淳進封世子，其次子常汶、常潊例鎮國將軍，爲乙郡爵，上特許之，不爲例。

《神宗實録》卷二九四　二月庚子，差御史葉永盛巡視壩大馬房。

《國榷》卷七七　壬寅，禮部尚書范謙請皇長子冠禮。報聞。

《神宗實録》卷二九四　癸卯，户部題賑濟白河、平利、洵陽等三縣及興安州，酌量彼災多寡行之。報可。

《國榷》卷七七　丁未，安南黎維潭復使至，言款事如約。

戊申，西虜卜失兔謀入寇，巡撫李春先、總兵麻貴等分三道出塞擣其巢，擊斬四百九級。初，西寧孤亘山南，控扼青海，國初設安定、罕東、曲先、赤斤蒙古四衛以撫降羌。正德中，套虜亦不剌闌入，殘四衛。嘉靖末，俺答南牧。萬曆六年，寄徑迎佛，于海南立仰華寺，而永邵卜遂負海稱雄。火落赤等並渡河南牧，兩河東西皆虜。經略鄭洛斷其市道，焚其寺，而永邵卜仍挾市内窺，至是始靖。

《神宗實録》卷二九四　辛亥，户部題：應天高淳縣水患，改閘築壩，將該縣漕糧一萬六千八百五十石照依嘉定縣近例，永遠改折。從之。

錦衣衛緝獲犯人霍文炳，送鎮撫司嚴鞫。

《國榷》卷七七　癸丑，敘西寧功，進李汶兵部尚書兼左副都御史，廕錦衣副千户，餘陞廕有差，進石星少保。

王允忠嗣成山伯。

甲寅，兵部請科臣往勘東封，從之。

乙卯，修延禧宮。

夜，延安舊安邊營佛郎機上有光，二更熄。

丁巳，海寧縣海塘成。

《神宗實録》卷二九五　三月戊辰朔，巡漕御史况上進言，今日清口積沙亟當闢。從之。

庚午，趙志皐從一品三年考滿，進少傅兼太子太傅、建極殿大學士，廕尚寶司丞。

癸酉，陝西官軍擊虜于沙嘴，斬二十二級。

閣臣乞行取外官補科道。報聞。

乙亥，戌刻，坤寧宫災，延爇乾清宫。上時居養心殿，籲禱甚切。皇長子入侍，上攜手曰：「吾不德至此，爾有福，爲予拜禱。」自後不復召。

戊寅，告災郊廟，諭修省。

庚辰，户部覆：山西巡撫魏允貞揭汾州府照依令定穀數，每年額積一千三百石，及行汾陽縣每年額積七百石，皆自二十四年爲始。從之。

《國榷》卷七七　辛巳，沈舟聞外虜掠番，又欲内犯臨洮。總兵劉綎出擊，至莽剌川，斬百三十六級，獲畜産二萬有奇。

《神宗實録》卷二九五　戊子，工部奏：乾清、坤寧被災，乞減織造、燒造二事，留此數百萬之費，以充大工之用。奉旨：這都是現缺應用進兩宫聖母及賜各宫年例賞賚内外并夷人等，義不可缺，難以停減，還著遵前旨行。

《國榷》卷七七　己丑，賑廣西恭城、平樂等三十三州縣饑，蠲其租。

壬辰，以兩宫災，詔天下。

四月丁酉朔，工部議大工：曰徵逋負，曰協濟，曰開事例，曰鑄錢，曰查庫料，曰分工，曰採木川、貴、湖、廣，曰木石，曰車户，曰燒磚，曰發見錢，曰大匠，曰明職掌，曰鋪户，曰會估。各從之。

《明通鑑》卷七一　己亥，朝鮮正使李宗城自倭奔還王京。是時沈惟敬至釜山，私奉平秀吉蟒玉、翼善冠、地圖、武經、良馬。而宗城以貪淫爲倭守臣所逐，棄璽書夜遁。事聞，詔逮宗城下獄。

《神宗實録》卷二九六　甲辰，户部覆：總督褚鈇奏摘陳緊要河工。上曰河工重大，夫役待哺，錢糧不敷，准借與鹽銀五萬兩，令工部作速補還，仍截留漕糧六十萬石濟用。

丙午，户部覆：陝西巡按御史喬廷棟題，嚴追廣儲倉侵欺糧料一萬四千有奇，員役擬斬戍徒者二十四名，乞正罪。得旨。

丁未，户部覆：大同巡撫梅國禎題，大同府屬各州縣歲派徭役銀兩係先年撫按定數，難以再減。今次編審力差行令一條鞭徵，以從民便。報可。

《國榷》卷七七　戊午，廣州海防游擊彭信古，賂總督陳大科千金，被發，下臺訊。

命釋輕繫。

命内閣補録寶訓、實録。

己未，前太子太保、兵部尚書吴兑卒。

工部都水郎中樂元聲論石星誤國，乞勅廷臣議戰守。不報。

吏科給事中戴士衡乞選補臺省。不報。

辛酉，命總督孫鑛移近朝鮮，便調度。其薊、保事，順天巡撫李頤署之。

甲子，吏科給事中戴士衡論石星五大罪。不報。

乙丑，册使楊方亨報正使李宗城雖逃，倭情未改。兵部乞以所封敕印即授方亨。有旨，逮李宗城，選科臣同楊方亨往封。

總督京營臨淮侯李言恭免。

《神宗實録》卷二九七　五月戊辰，勅陳良弼總督京營戎政。

勅王保以原官充海防禦倭總兵。

《明通鑑》卷七一　河套部復西犯甘肅，總兵官楊濬等大破之。

庚午，復議封倭。

時石星力主款，上惑之，欲遣給事中一人充使，因察視情實。御史曹學程抗疏言：「邇者封事大壞，而楊方亨之揭謂封事有緒，星與方亨表裏應和，不足倚信。爲今日計，遣科臣往勘則可，往封則不可。星很愎自用，趙志皐碌碌依違，東事之潰裂，元輔樞臣俱不得辭其責。」

是時上因遣使不得要領，罷之，即以方亨爲正使，惟敬副之，而學程方督畿輔屯田，不知也。疏入，上大怒，疑前之被譴諸臣暗囑關節，詔逮學程下錦衣衛嚴訊，搒掠無所得，移刑部定罪。尚書蕭大亨請宥，不許，命坐逆臣失節罪斬。刑科給事中侯廷佩等訟其冤，志皐及陳于陛、沈一貫言尤切，皆不省。自是救者不絶，且言「其母年九十餘，哭子待斃」，上卒不聽；數遇赦，亦不原。其子正儒，朝夕不離犴狴，見父憔悴骨立，嘔血仆地，久之乃甦。因刺血書，奏乞代父死，終不省。自是長繫者十年。

《神宗實録》卷二九七　甲戌，諭吏部急推風力科臣一員來用。

《國榷》卷七七　乙亥，虜犯固原永安堡，守備李如圭、防守党師尉失利，下臺獄。

丁丑，增各省直協濟大工銀有差。

庚辰，閣部大臣各疏救葉繼美等。上于禮部尚書范謙疏切責其違旨，司官周嘉賓等、司務徐文斗等俱削籍，毋推用。

辛巳，兵部報關白怨清正阻封，今盡撤清正等渡海，責行長正成治舟，館穀天使，已焚各營，今沈惟敬住護屋，爲日本要地，則倭情無變，命補給誥敕冠服。

吏部以東事告急，鬻爵開事例。從之。

《神宗實録》卷二九七　户部題：南京創修虎賁等衛倉廒一十五座，計工料銀五千二百五十九兩，户四工六動支，修造完日繳。報可。

壬午，命各省直府州縣官員缺官俸銀、收過商税及無礙錢糧查出解部，協濟大工。

《國榷》卷七七　丁亥，松虜復據莽剌川，掠番人内犯，官軍禦卻之。

辛卯，定海衛鎮遠樓災。

《神宗實録》卷二九八　六月丁酉朔，户部覆：浙江巡撫劉元霖題，將蠟茶銀兩暫借織造，其贓罰銀兩解部協濟大工。從之。

《國榷》卷七七　戊戌，通政司使田蕙奏：楊應龍遣人楊鰲餽萬金。下鰲法司。

套虜吉能謀入寇，巡撫李春先、總兵麻貴檄擊之，參將杜松出清平，斬十五級。計松虜以我小捷，必弛備，復令部將李義等出波羅堡，乘虜後，夜襲斬四十五級。

壬寅，司禮太監田義乞留發内外章奏。

甲辰，增天津路總兵。

許閣部等捐俸助大工。

丁未，司禮太監田義乞寛宫人、内官刑罰。不報。

庚戌，賑福、漳、泉、興化水災。

癸丑，設青州顔神鎮捕盗同知，給關防。

丁巳，前總理倉場户部尚書耿定向卒。

庚申，免泗州盱眙田租。

府軍前衛副千户仲春請開銀礦助大工。從之。下户部，命户部、錦衣衛各一人同仲春開採。户科給事中程紹、工科給事中楊應文各疏諫，不聽。紹曰：「嘉靖二十五年七月命採礦，自十月至三十六年，委官四十餘人，防兵千一百八十人，糜器鉛炭共三萬餘金，纔得二萬八千五百餘金，得不償費。」

虜自洮河口犯洮、岷，參將孫尚賢拒卻之，斬十八級。

《神宗實録》卷二九九　七月丙寅朔，命户、兵部出銀二萬兩一千有奇，約户三兵一，給臨洮總兵劉綎家丁充餉。即劉綎移鎮，以原議省兵輪戍，前餉停。

《明通鑑》卷七一　丁卯，吏部尚書孫丕揚言：「數月以來，廷推擱矣，行取停矣，年例廢矣。諸臣中或以功高優敘，或以資深量遷，或服闋而除補，或覆題而註授。其生平素履原不在擯棄之列者，乞體因政設官之意，念國步多事之時，將近日推補官員章疏簡發。間有注擬未當，亦乞明示，别推酌補。」疏入，不報。

是時地方官亦多缺不補，御史王以時，奏言地方缺官之害：「藩司、臬司等官職掌，各有攸司。每遇員缺，則撫、按必擇近便者一人使之攝理，職錢穀而攝軍屯，職兵戎而攝鹽馬；夙昔未能嫻習，旦夕豈能旁通！顛末未暇究心，晷刻難于判發。聰明少有未遍，寧免乖違；才力稍有不同，輒形愆謬。舞文者乘此弄其機械，玩法者藉以恣其侵漁。文移之往來，獄訟之聽斷，近者數十里，遠者數百里，又遠者千有餘里。道路奔走，歲月牽纏，費用不支，勞苦勿恤。或鬻賣其妻子而事尚未完，或轉死于溝洫而寃莫可訴。司道缺官，廢事病民，其爲害既如此。至于郡縣守令，最爲親民。民之倚命于守令，不啻赤子于其乳母。使郡縣而可缺官，則是赤子而可斷乳也；使守令而可使常署攝，則使赤子而可終歲寄養也。蓋專官如柙匱之典守，故任怨勞而不辭；攝職若傳舍之經過，誰肯竭心力以從事！乞行推補。」亦不報。

《國榷》卷七七　錦衣衛百户陸松、鴻臚寺隨堂官許龍等，順天府教授馮時行等，經歷趙鳳華等，各言開採助大工。從之。

命户部于真定、保定、薊、易、永平開礦。詹事府録事曾長慶奏開夏縣礦。從之。

己巳，刑科都給事中侯廷佩請弛獄，釋曹學程。不報。

松虜犯寧夏，都指揮僉事劉繼爵坐視不出，副總兵馬孔英、來保拒卻之，繼爵免。

吏部文選郎中唐伯元言：數月以來，章奏留中，臺省郎署方面，赴京候補，動至經年，内外官俸，大率踰期不遷，誠臣擬議不當，乞賜罷斥。不報。

壬申，御史劉景辰監督工程。

癸酉，楊方亨報六月望日渡海東封。

户部尚書楊俊民言：真定、保定、薊、易、永平開礦，恐妨天壽山龍脉。上謂距陵遠，且皇祖嘗開之，毋借阻。

甲戌，兵部乞禁訛言。從之。

《神宗實録》卷二九九　戊寅，仁聖懿安康定皇太后崩。

《明通鑑》卷七一　乙酉，始開礦于畿内，遣户部郎中戴紹科、錦衣指揮張懋忠往，以中官王虎領之。

初，畿輔奸民慫慂中官，多言礦利，以申時行、王錫爵力持之而止。至是承寧夏、朝鮮用兵之後，國用大匱，營建宫室，計臣束手。于是府軍前衛副千户仲春請開礦助大工，允之，自是獻礦洞者踵至。

丙戌，遣錦衣指揮楊宗吾開礦汝南，領以中官魯坤。于是山東陳增，永平王忠，昌黎田進，山西張忠，浙江曹金，陜西趙鑒相繼遣領，中使四出，皆給以關防，並偕原奏官往。

《神宗實録》卷二九九　己丑，潞王進銀一萬兩助工。上覽王奏捐禄助工，嘉其忠愛，勑撰書復王，而自是王府捐助之請亦累至。

辛卯，發銀二十萬六千有奇，補給薊鎮後半歲主客兵餉。

《國榷》卷七七　壬辰，兵部給關白誥敕，報七月八日抵釜山。

是月，廣東大旱。

《明通鑑》卷七一　楊應龍之輸贖也，會其次子可棟死于重慶，應龍趣取屍棺，以勘報未完不肯發，趣其完贖。應龍大言曰：「吾子活，銀即至矣。」擁兵驅千餘僧招魂而去。分遣土目置關據險，搜戮軍民，劫掠屯堡，殆無虚日。

是月，應龍掠劫餘慶、草塘二司，徧及興隆、都匀各衛，又遣其弟兆龍引兵圍黄平，戮重安司長官張熹一家，又撫用苗兵，皆願爲之出死力。

《神宗實録》卷三〇〇　八月丙申朔，命浙江杭、湖、衢、嚴四府退换絹數至十四萬疋，二十四、五年次第完納，無致虚耗。

戊戌，大學士趙志皋等題：御史員缺大差之人，乞將都察院前疏發票。不報。

《國榷》卷七七　炒化卜言等謀犯廣寧，副總兵李如梅出塞三百餘里，襲斬百餘級。

〔壬寅〕，西華門城樓工竣，命侍郎徐作祭告后土司工之神。

癸卯，上大行皇太后尊謚爲孝安貞懿恭純温惠佐天弘聖皇太后，頒詔天下。

蠲廣東積逋。

甲辰，頒尊謚詔。

乙巳，誠意伯劉世延下南京刑部獄，以南京御史朱吾弼論其擅用關防牌要私造兵器也。

開礦河南唐縣，從指揮僉事陳永壽之奏。

《神宗實録》卷三〇〇　己酉，勑黄明臣充總兵官，鎮守昌平、居庸等處地方。

《國榷》卷七七　庚戌，招礦盜開採，仍編富民爲礦頭，太監王彪言之。

《神宗實録》卷三〇〇　辛亥，禮部奏寧夏平虜城獲功，該賞功銀三千六百餘兩。命于兵部馬價給。

《國榷》卷七七　壬子，萍鄉人羅正彝上所輯《帝範録》二部。

丁巳，通州城成。

己未，總兵官麻貴罷。

大學士張位乞罷，不許。時吏部尚書孫丕揚乞休疏二十，位擬放，而丕揚實無去意，故銜之。

《神宗實録》卷三〇〇　甲子，勑侍郎李禎管理乾清、坤寧二宫大工班軍。

《國榷》卷七七　閏八月乙丑朔，太監陳增同府軍衛指揮曾守約開青、沂、棲霞、招遠等礦。時錦衣衛百户江文通言沂州礦，指揮郝承爵言費縣礦，指揮劉鑑言棲霞、招遠等礦，指揮馬清言文登縣礦，千户趙良將言沂水、蒙陰、臨朐礦。

丁卯，西虜青台吉犯甘肅羊營堡，官兵禦卻之。

吏部尚書孫丕揚罷。

戊辰，協理京營戎政右都御史兼兵部左侍郎沈思孝罷。

《神宗實録》卷三〇一　命太監陳增于山東沂州龍扒山、虎頭溝、三山洞等處開礦。

命保定總兵杜桐填補延綏總兵。

己巳，下李宗城于法司從重擬罪，以其辱命損威，偷生惑衆，爲兵科左給事中徐成楚參奏故也。

差錦衣衛僉書莊德福往楚府查明王弼家財。

免山東秋班官軍調京。

《國榷》卷七七　癸酉，朝鮮國王李昖乞官兵暫屯鴨緑江以西爲聲援。上命户部裕餉。蓋自李宗城逃後，倭情屢變，一兵不撤，或云沈惟敬被縛，總督李化龍日治兵，欲赴同暹羅觀變，而朝鮮苦大兵，冀封事于萬一也。

《神宗實録》卷三〇一　户部題覆總督孫鑛議，朝鮮設防以糧餉爲先，欲將東昌五倉米豆共一十萬餘發用。又本部原發防倭銀一十二萬兩，以其半抵年例，餘暫留爲朝鮮遇警應援之助。得旨，如議行。

《國榷》卷七七　丙子，裁海北提舉司。

庚辰，倪尚志爲總兵官，鎮守保定。

癸未，陝西妖賊羅元伏誅。

播州楊應龍進大木二十。

增懷慶縣捕盗通判。

命甘肅巡撫田樂召買回青，蓋去吐魯番買頗艱。

停修工部戰車。

勅太監王忠採涞水、房山礦。

己丑，録囚，命户部尚書楊俊民主讞。

《神宗實録》卷三〇二　九月戊戌，雲南巡撫馬鳴鸞奏停止開礦。上勑用心防護，隨宜區處，毋致滋亂。

《國榷》卷七七　河工成，總理河道楊一魁、總督漕運褚鈇等陞賚有差。

太常寺少卿鍾化民爲右僉都御史，巡撫河南。起顧養謙都察院右都御史，兼兵部右侍郎，協理京營戎政。

己亥，巡撫山西右副都御史魏允貞乞停採礦。不報。

改景東衛儒學屬景東府。

庚子，火落赤入犯平虜營，禦卻之，斬二百七十五級。

《神宗實録》卷三〇二　甲辰，山西巡撫魏允貞參革慶成王府輔國中尉新墤爲庶人，送閑宅。以其致死人命抵罪。

丙午，户部題：賑濟真定府武邑、安平二縣災傷，發倉穀九百石，蠲免大名府長垣縣秋糧四分，支倉穀一千三百六十五石，易銀抵補災免之數。依議行。

《國榷》卷七七　辛亥，報虜入寧夏奮威堡，官軍擊斬三百二十六級。

癸丑，虜犯薊鎮石塘路，官軍禦卻之。

甲寅，復通灣官店雜糧。

《明通鑑》卷七一　乙卯，葬孝安莊皇后。梓宫發引，上託疾不送，遣官代行。吏部侍郎孫繼臯言之，上怒，抵其疏于地。員外郎王就學復抗疏言：「送死乃人子一大事，于此而不用其情，烏乎用其情！于此而可忍，烏乎不可忍！恐難以宣諸詔諭，書之簡册，傳示天下也。」不省。

《國榷》卷七七　己未，命太監田進開礦昌黎。

庚申，户部郎中戴紹科奏薊州、永平事繁礦微。命分道開採。

《明通鑑》卷七一　是月，河套部犯寧夏，總兵官李如柏邀之于平虜横城，敗之，斬首二百七十有奇。

《神宗實録》卷三〇三　十月戊辰，給太監田進昌黎開礦關防。

庚午，蠲陝西金縣、秦州、秦安、會寧、秦州衛、蘭州衛二十二年以上逋賦，河州漳縣、甘州中護衛、臨洮衛、鞏昌衛、狄道、渭源、伏羌、階州、隴西河州衛、階州千户所二十一年以上逋賦。

户部題：徽州府税契銀俱照各省直每兩三釐起數，原税每兩二分，以其獨重議改。從之。

户部題：雲南賦役各將應徵税糧徭費數目增編後每歲實省銀一萬六千八百五十餘兩，黑白安五肆提舉司原編歲用并續增應朝路費每歲一裁，省銀六百九十三兩，著爲令。

辛未，革江西左布政張世則職閒住，以吏科給事中劉道亨再論貪肆故也。

《國榷》卷七七　刑部尚書蕭大亨請釋曹學程。上怒其抗違，論死。

〔壬申〕，御史蔣春芳上河工善後事宜。

丙子，諭暫停刑。

丁丑，刑科都給事中侯廷珮等乞推廣停刑，普及天下。不報。

戊寅，左副都御史張養蒙奏：今日三輕二重：部院之體漸輕，科道之職漸輕，撫按之任漸輕，進獻之塗漸重，内差之勢漸重。疏上，不報。

己卯，折徵杭、湖、嘉興水災秋糧有差。

遼東總兵官董一元劾免。

辛巳，甘肅番僧着爾剌麻宛卜請立寺岔口鏵尖堡塞外。許之。

壬午，曲阜知縣孔貞教有罪免，命于本縣科貢内選補。

都察院右都御史徐作提督乾清、坤寧兩宮工程。

西虜火落赤突犯松潘，攻漳臘堡，守將張良賢等擊敗之，斬百十五級，退屯阿土嶺，時購擒火落赤，許世爵。

癸未，薊鎮總兵都督同知王保爲征北前將軍，鎮守遼東。

薊鎮報羅文峪敗虜，斬四十九級。

《明通鑑》卷七一　乙酉，始命中官張曄徵税通州張家灣，尋命中官王朝督徵天津店租。自是二三年間，税使四出，多兼礦務，羣臣屢諫，不省。

《神宗實録》卷三〇三　丙戌，刑部題各省直恤刑官照例寬限。報可。

丁亥，户部題：河南扶溝等州縣，弘農等衛所七十四處各罹秋災，其漕糧正折照災傷分數如例徵收。從之。

辛卯，給太監張燁徵收通灣租税關防。

敕尤繼先鎮守薊州、永平等處地方，兼備倭總兵官。

《神宗實録》卷三〇四　十一月丙申，蜀王進助工銀六千兩，命工部收答王書。

戊戌，蠲免河間等府被災應錢糧。

《國榷》卷七七　己亥，許烏撒土官安效良世襲知府，暫令禄墨妻安氏仍舊冠帶，催賦奉約，不得相傾。仍責安紹慶等獻阿備贖罪，其烏撒印，責奢隴高獻出。

庚子，户部郎中戴紹科進礦沙銀。自後進者踵至。

英國公張元功卒。

辛丑，遼東副總兵祖承訓戍都勻衛。

《神宗實録》卷三〇四　癸卯，河南開礦太監魯坤恭進樣砂銀一百二十兩、砂三百斤進收。

甲辰，湖廣蘄州生員李建元奏進《本草綱目》五十八套章，下禮部書留覽。

丁未，停止助工超選。

敕成山伯王允忠提督操江兼管巡江，不妨府事。

肅王、衛王各進銀一千兩助工。

户部題：應天等府照災傷分數改折徵收。從之。

戊申，横嶺開礦太監王忠進樣銀三百兩、樣砂六十斤進收。

乙酉，户部題：平虜衛破石槽等處冰雹災傷，乞行蠲免。從之。

差御史汪以時管屯田印馬。

命工部嚴催木植甎石以濟大工急需。

《國榷》卷七七　辛亥，命嚴訊楚府寄貲。

《神宗實録》卷三〇四　壬子，昌黎等處開礦太監恭進樣銀一百七十兩、樣砂三十斤進收。

甲寅，命宣武門東河橋小門南北各拆十丈，便運木石。

乙卯，開山東金嶺等處礦。

《神宗實録》卷三〇五　十二月甲子，給新選駙馬楊春元誥命。

命兵部嚴行催促班軍以濟大工。

《國榷》卷七七　丙寅，套虜卜失兔切盡夷婦等悔禍乞款，諭兵部：須定約束，俟一年毋犯而許之。總督薊遼孫鑛奏關白因朝鮮不遣王子致謝，議入犯，宜備。章下兵部。

《神宗實録》卷三〇五　己巳，命鑄山西開礦内官關防。

壬申，差太監曹金開採浙江孝豐、諸暨等處礦洞。是日，又差太監趙鑒開陝西西安等處礦洞。

《國榷》卷七七　甲戌，楚王奏寄貲之妄。上悟，停遣官。

乙亥，太子太保、禮部尚書兼文淵閣大學士陳于陛卒。

《神宗實録》卷三〇五　崇王進助工銀一千兩。

《國榷》卷七七　丁丑，開藍田、信陽等州縣礦。

戊寅，大學士張位、沈一貫言：留守中衛王一清請税煤炭極害民。不報。

《神宗實録》卷三〇五　己卯，增直隸贓罰銀四百兩以濟大工。

庚辰，楚王進助工銀二萬兩，上嘉其意，進收復王書。

丙戌，横嶺開礦太監王忠進樣銀六百零四兩、樣砂六十斤，着銀兩進收，不必再解。

萬曆二五年（丁酉、一五九七）

《國榷》卷七七　正月壬辰朔，上不朝。

丙申，楊方亨還釜山。石星奏關白平秀吉迎候使臣如禮，其謝表代爲封上，免入京。第日本責望朝鮮，朝鮮咨報謂情形叵測。今平行長書稱，已與秀吉講明，聽天朝處分。而沈惟敬揭結局無難，則日本調兵渡海之事雖宜防，不必過爲張皇也。今方亨先回，惟敬暫駐釜山，調輯兩國，朝鮮禮文當修，而王子必不可遣，餘倭當撤，而王子必不可索，釜山仍朝鮮，對馬島仍日本。上以釜山餘兵未撤，非約，兩國互疑，爾部檄日本全信，朝鮮修好。餘如議。

《神宗實録》卷三〇六　己亥，刑科給事中李應策疏言：銓法偶廢，印務漸積，乞勑查例選補并决侍郎孫繼皋去留，以明祖制。留中。

辛丑，工科給事中楊應文請究處錦衣衛百户李綸，以其請差内官總理採木也。

《國榷》卷七七　壬寅，河決黄堌口。

己酉，朝鮮陪臣鄭期遠等奏倭情，賜衣幣。

庚戌，皇長女封榮昌公主，駙馬都尉楊春元尚之。

《明通鑑》卷七一　丙辰，朝鮮遣使求援，以倭留釜山不去也。

初，楊方亨詭報「去年從釜山渡海，倭于大版受封，即回和泉州」，然倭方責備朝鮮，留兵釜山如故，謝表後時不發，方亨徒手歸。至是沈惟敬始投表文，案驗潦草，前折用豐臣圖書，不奉正朔，無人臣禮。而寬甸副總兵馬棟，報「清正擁二百艘屯機張營」，方亨始直吐本末，委罪惟敬，並呈石星前後手書。上大怒，命逮惟敬等，石星革職待勘。

《國榷》卷七七　庚申，修乾清坤寧宫。

《神宗實録》卷三〇七　二月癸亥，大學士趙志皋等以日講請，因言經書俱已講過，我祖宗嘉謨善政比隆帝王，具載《實録》中，欲每日摘取一條進講，以備皇上法祖通今之助。不報。已得旨：《詩經》講完時請旨别講他書，不得輙撰講章。已，再請欽定經書，亦不報。

《國榷》卷七七　丙寅，朝議倭情。

庚午，罷昌黎開礦太監田進，以與王彪争採也。

壬申，議援朝鮮。簡宣、大、薊、遼七千人，募浙兵三千七百人，令朝鮮設海司道官。

《神宗實録》卷三〇七　丙子，兵部尚書石星請自往朝鮮諭兩國就盟退兵。不許。

命鎮守南直隸江西副總兵署都督僉事朱文達以原官充總兵官，鎮守廣東地方。

命原任鎮守延綏等處總兵官署都督同知麻貴以原官充備倭總兵官。

《國榷》卷七七　烏撒故土知府安雲龍弟效良率阿備來降。初，雲龍妻隴氏，與安國正謀殺雲龍遺腹子官保，以非其出，欲立雲龍弟紹慶子效良。紹慶陰令阿備推效良，據鹽倉以請，部議擒阿備聽命。至是降。巡撫江東之請紹慶鈐束阿備。從之。

丁丑，署兵科事刑科左給事中徐成楚奏：倭將豐茂等以六十餘艘復入竹島，合西生浦等倭又五百餘艘，絡繹海上，清正深入晉州，則朝鮮存亡不可知。奸臣黨蔽，謂兩國争禮文，誰信之也。

巡按浙江御史唐一鵬，以時事可虞，暫停開礦。不報。

駙馬都尉楊春元尚榮昌公主。

《神宗實録》卷三〇七　辛巳，改南京吏部尚書蔡國珍爲吏部尚書。自丕揚去後懸缺數月，至是始補印務。命户部尚書楊俊民暫署，以俟國珍。

甲申，福建巡按御史徐兆魁以福建瀕海，産鹽地廣，食鹽户多，乃運司舊例每歲止行附海鹽引一萬二千餘，苦于不敷，議添依山鹽引三萬三千四百四十引，先期請發給商，相兼辦課。部覆允行。

《國榷》卷七七　開山西安邑等縣礦，西河王知燧言之也。

丁亥，顧養謙辭協理京營戎政，不赴。

己丑，阿木等族番人安巴等入貢。

是月，屬夷暖兔犯殺虜堡，副總兵李如梅出鎮西堡百餘里，擊斬九十一級，獲馬百四十匹。

《神宗實録》卷三〇八　三月壬辰，職方司郎中申用懋奏：軍機緊急，題覆久稽，乞賜早斷，以安邊疆。不報。

禮部請舉行皇長子冠禮、婚禮。不報。

〔甲午〕，上諭禮部：皇長子冠、婚二禮其擇日具儀以聞。皇三子出閣讀書于明春舉行。

乙未，遼陽副總兵李如梅從鎮西堡出塞邀虜失利，殺將十員，軍丁一百六十餘名，馬四百餘匹事聞。

己亥，贈原任太子太保、禮部尚書兼文淵閣大學士陳于陛少保，廕一子中書舍人。

《國榷》卷七七　兵部以倭將清正欲移慶州，乞命總督趣吴惟忠、楊元各往朝鮮，扼險赴救，仍趣總兵麻貴。從之。

庚子，皇七子常瀛生，皇貴妃李氏出。

《神宗實録》卷三〇八　命發太倉庫銀四萬二千三百七十餘兩爲固鎮下馬關四營新丁本年月餉，從總督請也。

《國榷》卷七七　壬寅，張位等言：吏部會推遼東參政楊鎬右僉都御史，經理朝鮮。不報。

《神宗實録》卷三〇八　癸卯，泗州大火，延燒民房四千四百餘間，燒死男婦五人，盱眙縣同時火，延燒民房一百六十餘間事。命撥漕糧二萬石以賑被災者。

《國榷》卷七七　甲辰，初，御史李楠巡視陝西茶馬，議禁湖南茶，杜私販。至是御史徐僑請仍行湖茶。户部議專漢中保寧茶，湖南茶兼之，各商先漢引，完日方給湖引。從之。

朝鮮國王李昖乞援。

乙巳，户部左侍郎李春先改兵部，協理京營戎政。

覈邊臣不諳邊務者，改用有差。

丁未，豁朔州衛虚糧四百九十餘金。

乙卯，總督陝西李汶，以西寧、甘州番族降萬餘人，宜善撫之勸後。報可。

敬妃李氏薨。妃有寵，内臣劉用以石星故進異寶于妃。妃薨，上閲其奩，詰所自，用即自經。上以此惡星，追封皇貴妃，葬天壽山。

戊午，張位等薦邢玠可總督，蕭大亨可本兵，楊鎬宜奪情。不報。

《明通鑑》卷七一　己未，以兵部侍郎邢玠爲尚書，總督薊遼、保定軍務，經略禦倭。

《國榷》卷七七　濬小浮橋、沂河口、小河口工成。自河南徙徐、邳，復見清泗，議者謂全河水微妨運，決口不塞，恐下嚙歸仁隄，爲二陵患。獨總河尚書楊一魁謂黄堌口深淵難塞，議浚小浮沂、泗，築小河口，果利運。

四月癸亥，刑部左侍郎吕坤言收拾人心之要。【略】不報。

《神宗實録》卷三〇九　户科給事中程紹言：倭變礦變，勢難兼防，乞停浙江、山東沿海開採之役。不報。

戊辰，千户尹英言：揚州設官鹽引，逐季搭賣，可得銀六萬兩。大學士張位等以廢壞成法，請寢。不報。

《國榷》卷七七　己巳，寧夏總兵官李如柏疾免。

庚午，命經略楊鎬奪情視事，如譚綸例。

安南黎維潭降，詣欽州鎮南關繫組跣伏昭德臺下，思明府同知李陶成解組，維潭起，衣履拜訖，上疏謝罪，進代身金人及通國臣民公疏。總督陳大科等諭還國俟後命，其代身金人，舊像囚首面縛，維潭以恢復立狀似倨，改鑄俛伏狀，背鐫安南黎氏世孫臣黎維潭，不得蒲伏天門，恭進代身金人，悔罪乞恩字。莫氏原銀印，許維潭暫用，俟新印至歸上。黎使二十四人至京，大科奏，莫氏之篡黎，其事逆，先朝猶赦其愆，而黎之復仇，其名正，今日宜許其順。以夷治夷，祖宗成法。上從之，授安南都統使。

《神宗實録》卷三〇九　辛未，户部尚書署吏部楊俊民請公舉邊才，并嚴舉主之法。報可。于是科道各疏所知以聞。

以陝西綏德等十六州縣重災，蠲免存留錢糧，并賑鄜州等十四州縣衛所之被災者。

甲戌，命鎮守延綏總兵官右都督杜桐以原官掛印，鎮守寧夏。南京前軍都督府僉書朱先充總兵官，鎮守廣東。

丙子，刑部右侍郎吕坤以病乞歸。許之。

己丑，陞山東布政張思忠爲都察院右僉都御史，巡撫遼東，贊理軍務，兼管備倭。

《明通鑑》卷七一　四月，黄堌口復大決，溢夏邑、永城。先是總河楊一魁分黄洩淮，泗陵水患漸平。惟一魁專力桃源、淮、泗間，而上流單縣之黄堌口以爲不必塞，督漕尚書褚鈇、直隸巡按御史李春芳力争之。議者又言：「黄堌不塞，恐下齧歸仁，爲祖陵患。」歸仁者，潘季馴所築堤，以護陵寢者也。一魁復奏辨。已而果決。

《神宗實録》卷三一〇　五月辛卯朔，命分守西寧署都督同知達雲以原官掛印充總兵官，鎮守延綏。

丙申，發太僕寺馬價銀二十五萬七千兩，以備水陸各兵三月糧餉及防倭官兵犒賞。

乙巳，户部言遼東所積米豆及朝鮮見報糧數止二十餘萬石，恐經用不足，請行山東發公帑三萬金，委官買糴，運至登、萊海口，令淮舡運至旅順，遼舡運至朝鮮，又偕臨、德二倉米各二萬石運至登、萊轉運。得旨：事關軍機，不許延悞。

戊申，鄖陽巡撫馬鳴鸞以採礦利薄，民困難堪，乞賜停止。不報。

庚戌，協理京營戎政兵部左侍郎李春光以選鋒數少，議增七千名，以足二萬。部以糧餉太費，量增二千名。得旨，准增一千名。

《國榷》卷七七　辛亥，敍廷綏功，進總督李汶太子太保，賜金四鎰，幣四雙，飛魚服一襲。巡撫李春先加右都御史，廕錦衣衛試百户，世襲，金三鎰，幣同。麻貴都督同知，廕本衛正千户，金幣同。餘陞賞有差。惟石星不敍。

〔壬子〕，福州饑民誼掠，巡撫許孚遠抑米價，商民相持，尋定。

《神宗實録》卷三一一　六月辛酉，户科給事中程紹以礦變多端，火光示異，請罷開採。不報。

庚午，吏部尚書蔡國珍言：目今南北九卿、布、按、道、府缺官數多，自今凡臣部推擬，或正或陪，惟上所用。或正陪不當，明示另推。其郎署有司而下曲賜允從，至于起復病痊，各官亦應還其故物。不報。

南京吏科給事中祝世禄言：倭舡鱗集海上，假和懷戰，請復登、萊防禦舊制，擣釜山牧獵巢穴，並乞亟補樞臣。不報。

癸酉，命右軍都督府僉書署都督僉事陳霞以原官充總兵官，鎮守臨洮。

《國榷》卷七七　丙子，誠意伯劉世延釋獄，命還青田。世延仍居南京不去。

《明通鑑》卷七一　戊寅，皇極、中極、建極三殿災。

時火起歸極門，延至三殿及文昭、武成二閣，周圍廊房，一時俱燼。

時上鋭意聚財，多假殿工爲名。言者謂「天以民困之故，災三殿以示警。奈何復因天災以困民！」不納。

《國榷》卷七七　庚辰，閣臣請停開礦皇店。

《明通鑑》卷七一　癸未，以皇極門左右兩廊被災，閣臣張位等請停止國史纂修事務，從之。

《國榷》卷七七　許吏部左侍郎孫繼皐引疾。

己丑，翰林院庶吉士劉綱，以屢災宜實圖修省，語侵趙志皐，不報。

工部請停陶器織幣。不報。

《神宗實録》卷三一二　七月壬辰，吏科給事中張正學言：天變異常，輔臣張位言礦店二事逢迎遷就，甚爲欺罔，乞速停止，以回天意。并容輔臣解任，別置輔弼，共圖泰理。不報。

癸巳，直隸巡按馬從聘言：近日泰山崩，相離一里有餘，實由開礦斷絶地脉所致，請亟停止，以圖消彌。不報。

《國榷》卷七七　戒諭百官，例御門視事。是日，命暫行于文華殿。

乙未，予故太子少保協理京營戎政兵部尚書傅希摯祭葬。設揚子江永生洲把總，戍千人。

丁酉，詔曰：朕惟嗣服之初，蓋亦無時豫怠，第緣歲積，頗恃政成，兼以多病侵尋，猶須深居静攝。郊廟闕躬承之禮，朝講希臨御之時，喜怒有失其平，用舍未歸于當。章奏每滯，官曹半虚。忠言寡聞，民隱莫達。方隅多故，兵食之征調日繁；營造又興，開採之征求四出。加之旱乾水溢，析民室家；污吏貪官，朘民膏血。叢此人怨，屢干天和。六月十九日，皇極等殿被火震驚，寢宮煨燼。曾幾何時，正殿崇嚴，又復罹此。震驚列聖，憂壓慈幃，踏地蹐天，靡所容措。况一人臨御之地，乃萬國衣冠所歸，天意若斯，朕實不德。兹已虚中籲禱，痛加艾懲，祓志改圖。誓從今始嚴敕庶位，各獻忠猷。惟天視聽在民，惟民歸依在德。爰稽典制，特布詔條。庶藉有衆之懽，以回皇穹之眷。銷咎徵于已往，迓福祉于將來。所有寬卹事宜，條列于後。云云。於戲，我國家忠厚，比于行葦，舊德弘深；余一人警戒，切于苞桑，新恩普被。式慰渴懸之民望，仰承仁愛之天心。敷告四方，咸宜知悉。

時大臣循例自陳，惟刑部尚書蕭大亨、侍郎朱鴻謨、都御史郭惟賢、詹事侍郎劉元震、京營都御史李春先、順天府丞劉士忠疏不下，閣臣請簡發。不報。

司經局洗馬鄒德溥削籍。初，籍霍文炳宅一區，瘞金五萬五千有奇。德溥門生王良材偵知之，同德溥僦居而分之。至是東廠以聞，巡城御史况上進論其僞學盜臣。時德溥方命主試應天，被斥，仍追入其貲。

癸卯，進總督李汶太子太傅，敍去秋九月敗套虜功。餘陞賞有差。

丙午，左軍都督府僉書署都督同知蕭如薰爲總兵官，鎮守陝西。

庚戌，遼東西路副總兵署都指揮僉事趙夢麟爲平羌將軍署都督僉事，鎮守甘肅。

丙辰，總督邢玠計拘沈惟敬，命下獄。惟敬在倭娶呵哩馬女，令王桂、葉芳雕僞印上表，又遺闗白金珠駝馬，闗白答曰：「爾獻方物，具見恭謹。」

戊午，巡按直隸御史周盤言修省之實，郊廟必親，朝講必舉，正儲位，收礦使，起罪廢，貸枉直，補闕官，發章奏，出帑藏，止採辦，御近習，減織造。不報。

《明通鑑》卷七一　是月，楊應龍劫掠江津縣及南川，尋入合江，索其讐袁子叶，縋城下臠割之。益統苗兵侵及貴州、湖廣，詗原奏讐民宋世臣父子，慘戮以徇，勢遂大熾。

《神宗實録》卷三一三　八月辛酉，命發窖房銀十五萬三千六百八十餘兩，解運薊、永、密三鎮，爲新募南兵六千名行月二糧并馬匹料草之用，以户部言庫貯不敷也。

丙寅，大學士趙志皐以久病屢疏乞休，至是復進閣辦事，疏請册立冠婚，又請復常朝。皆不報。

加總兵麻貴提督南北官兵禦倭總兵官，原任總兵董一元以原官充總督標下參贊。

《明通鑑》卷七一　丁丑，倭破朝鮮閑山。

閑山島在朝鮮西海口，右障南原，爲全羅外藩，一失守則沿海無備，天津、登、萊皆可揚帆而至。是時我水兵三千甫抵旅順，經略檄守王京西之漢江、大同江，扼倭西下。未幾，清正圍南原，乘夜猝攻，守將楊元遁。倭破南原，遂犯全慶，逼王京。

《神宗實録》卷三一三　罰各省撫按官趙文炳等俸五月，以考成未完也。

戊寅，大學士趙志皐等以倭情緊急，請點本兵，力薦蕭大亨。不報。

《神宗實録》卷三一四　九月庚辰，大學士趙志皐等請改蕭大亨爲兵部尚書，言侍郎李楨原非將才，惟大亨精通兵計，可計大事。不報。已，又固請，亦不報。

壬辰，命錦衣衛逮兵部尚書石星下法司議罪，以其謟賊釀患，欺君欺國也。

《國榷》卷七七　趙志皐請設天津、登、萊撫臣，特遣御史監軍。從之。

乙未，逃將楊元下經略罪之。

丁酉，起陳璘副總兵，以廣東五千人援朝鮮。

《神宗實録》卷三一四　庚子，兵部先後調發浙江、吴淞、福建、南京、江北、廣東水兵二萬一千名。旨令催趲速到應用，毋得遲悞。

辛丑，三法司會審前兵部尚書石星釀患禍國，擬極邊永戍。上以法司狥私朋比，切責回話，石星另擬罪。于是刑部尚書蕭大亨等惶恐引罪。命革大亨宫銜，世襲恩廕，白棟革職爲民，餘奪俸一年。石星坐隱匿軍情失悞律論死，妻子俱流發烟瘴永戍。獄成，刑科給事中羅棟仍數星十二罪劾奏，上是其説。

調天津兵備許守恩爲易州道，易州道兵備汪應蛟爲天津道，以才地互更也。

壬寅，甘鎮海虜清永等酋糾衆分犯，官軍先後擒馘一百七十有奇。

《國榷》卷七七　乙巳，巡撫山西右副都御史魏允貞，以織幣踰限，奪俸半年。

《神宗實録》卷三一四　丁未，户部奏：遼鎮歲額淮鹽六萬三千九百二引二十斤，每引官價銀五錢，召商中納。萬曆二十二年議加四萬四百三十三引八十斤，二十四年復停增引。今議炤舊開中，海、蓋各開一萬五千引，召商上納本色以備禦倭支用。報可。

《國榷》卷七七　戊申，浙江副總兵周于德提督天津、登、萊、旅順防海禦倭總兵官。

庚戌，時倭入朝鮮公州，犯稷山，副總兵解生中等拒卻之。參將彭友德等追至青山，共斬百五十二級。經理楊鎬馳赴王京，擊斬二十九級，倭少戢。

癸丑，太監陳增劾福山知縣韋國賢阻撓開採，逮下獄。巡撫萬象春奪歲俸。

逮天津兵備副使許守恩。邢玠議修海舟，守恩不即應，且言海運不可行，海舟不可用，故被劾。

《神宗實録》卷三一五　十月辛酉，户部覆：督餉侍郎張養蒙條議：一動支東省預備倉糧；一再借臨、德倉糧各五萬石；一北直、山東今歲稔熟，宜收本色，以省糴擾；一山東逋欠糧銀百餘萬，宜令青、登、萊三府酌收本色以充海運；一開事例；一增關税，河西務原額四萬六千餘兩，今增一萬五千兩，臨清八萬三千餘兩，今增二萬五千兩，滸墅四萬兩，今增一萬二千兩，九江一萬五千餘兩，今增五千兩，北新三萬三千餘兩，今增一萬兩，揚州一萬三千餘兩，今增五千兩，淮安二萬二千餘兩，今增一萬兩；一增開鹽引；一開種傍海荒田。俱依議行。

壬申，命翰林院編修吴道南充皇長子講讀官。

《明通鑑》卷七一　甲戌，詔授黎惟潭爲安南都統使。

《神宗實録》卷三一五　丁丑，南京四川道御史陳煃言，倭報日急，内地阽危，乞亟停礦使店税，以甦民困。不報。

甲申，加南京坐營陳雲龍遊擊銜，領水兵三千名赴天津。

《國榷》卷七七　丁亥，吏科都給事中劉可楫言：御史始差引奏回道考察，制也。頃者楊俊民換差之説行，廢其制，乞切責俊民。不報。

十一月甲午，故工部尚書楊兆孫新芳與叔汝業争産，訐其通夷不法及侵剋軍餉百萬，奢僭。上遣官没入之，奪誥廕，并逮沁源知縣方簡。趙志皐揭救，不報。

《明通鑑》卷七一　泰寧部綽哈糾土默特寇遼東，入瀋陽，殺掠無算，凡八日去。

《神宗實録》卷三一六　壬寅，經畧尚書邢玠以倭夷遊據釜山，擬調兵馬十萬于今冬進剿，計來歲用糧八十萬石，以十萬石取辦朝鮮，七十萬石酌派山東、遼東、天津三處。部覆，得旨令督發接濟。

逮繫前文選司員外郎蔡應麟至京邸訊，以方簡招賄陞知縣也。

庚戌，宣鎮市賞歲額二十三萬六千兩，自萬曆十九年至二十四年，共節省銀二十三萬一千七百七十餘兩，足抵一歲市本。上嘉督撫功，蕭大亨、王世揚各賞銀三十兩，王象乾二十兩。

巡視中城御史佴祺言：楊新芳原奏楊兆置買在京房屋二十餘所，奉旨封訖。但新芳稱房俱係客民賃住，房内貨物委實與楊無干，資本皆係各商自備，并無揭借情由。伏望皇上俯念衆商無辜，止將原房没官，其房内所有貨物准令炤舊與衆商貿易。不報。

《神宗實録》卷三一七　十二月戊午，南京兵部尚書周世選、總漕尚書褚鈇各以病累疏乞休，俱令回籍調理，痊可起用。

甲子，禮部奏：皇長子明年十七歲，冠婚之禮萬不可緩，專候勑旨舉行。不報。

湖廣潛江、景陵、漢川三縣水災，議免拖欠府倉銀兩，仍發賑濟，從按臣趙文炳請也。

甲戌，雲南御史劉景辰言：歲序方新，乞舉皇長子冠婚大典，亟允部疏，以便備辦。不報。

遼陽監軍御史陳効奏達賊抄花兒糾謀土蠻罕部落衆踰十萬，結營百餘里，搶殺人畜動以萬計，而楊昶、白清兩民寨被禍尤慘。參瀋陽遊擊陳志、吴希漢革任回衛。

乙亥，時原任禮部尚書范謙病故，員缺兩月不補，署印事左侍郎劉楚先請亟補正卿，并辭印務。旨令楚先炤舊署掌，尚書員缺吏部推舉以聞。

《國榷》卷七七　己卯，麻貴進攻蔚山，游擊擺賽以輕騎誘倭入伏，獲四百餘級，倭悉走島山，築三砦。

庚辰，我攻島山。游擊茅國器以浙兵先登，連攻之，斬六百六十一級，倭堅壁不出。島山石城而固，我仰攻多傷，第據水道困倭。旬日，倭饑甚，至嚙紙。我發砲輒命中而怠，倭佯約降緩攻，而行長來援，又慮我襲釜山也，選鋭三千人，列幟江上。

癸未，陝西按察使尹應元爲右僉都御史，巡撫山東。

是年，隴川宣撫司多安民叛歸平緬，殺鎮撫林承恩。

雲南大侯州叛酋莽廷瑞平，改土爲流，置雲州。

萬曆二六年（戊戌、一五九八）

《國榷》卷七八　正月丁亥朔，上不朝。

《明通鑑》卷七一　己丑，行長兵驟至，諸軍聞之，大懼。楊鎬不及下令，策馬先奔，麻貴繼之，一時九將皆潰。賊前襲擊，死者無算。副將吴惟忠、游擊茅國器斷後，賊乃還，輜重多喪失。是役也，謀之經年，傾海内全力，合朝鮮通國之衆，委棄一旦，中外嗟恨。

鎬等奔趨慶州，懼賊乘襲，盡撤兵還王京，與邢玠詭以捷聞。時諸營上軍籍，士卒死亡殆二萬，鎬大怒，屏不奏，止稱百餘人。贊畫主事丁應泰聞敗，詣鎬咨後計，鎬出張位、沈一貫手書，揚揚自得。應泰憤，抗疏列敗狀，言鎬當罪者二十八，可羞者十，並劾位、一貫扶同作奸。疏入，上震怒，欲行法，首輔趙志皋力爲營救，乃免逮，因遣給事中徐觀瀾查勘以聞。

《國榷》卷七八　甲午，禮部請皇長子冠婚。閣臣及禮科給事中項應祥等皆言之，不報。是後廷臣交請，皆不報。

乙未，李如松爲征虜前將軍總兵官，鎮守遼東兼備倭總兵官。言官交論，不報。

戊戌，廣西總兵童元鎮、浙江總兵李應詔各易鎮。

朝鮮閑山失利，亟需舟師，閣議募閩海商船資防剿。從之。

己亥，發太僕寺金五萬犒東軍。

庚子，閣臣請墾田山東。以巡撫舊敕原有營田事，今特責成，令巡撫委廉能官招流人報名墾荒，辨其衍沃原隰之宜，以生五穀六畜之利，不數年可稱天府。從之。

壬寅，漳州府火藥局災，傷人畜無數。

《神宗實録》卷三一八　癸卯，東征又以捷聞。詔賚總督、撫鎮諸臣邢玠、楊鎬、麻貴等白金有差，并發太僕寺馬價銀五萬兩犒將士。

《國榷》卷七八　甲辰，趙志皋請添設兵部侍郎二三員，備督撫之選。

甲寅，安南蠻復侵欽州，百户孔榕死之。

乙卯，濟寧州設備倭游擊。

是月，前吏部尚書陳有年卒。

二月丁巳，令天津巡撫移萊州，山東巡撫移濱州，順天巡撫移山海，保定巡撫移天津。

戊午，左僉都御史郭惟賢上泰交三事：亟補闕官，亟下行取，亟録逐臣。不報。

辛酉，吏部文選郎中白所知削籍，以吏科給事中戴士衡論其大選未竣匿喪營陞也。尚書蔡國珍代辨，且求去。上斥所知，留國珍。御史況上進論國珍。

壬戌，廣東冒籍貢士許鳴轂、柯雨江除名。

甲子，趙志皐請欽定行取官。不報。

順天府丞支可大爲右僉都御史，巡撫湖廣。浙江左布政使曾如春爲右副都御史，巡撫河南。

乙丑，兵部右侍郎余立爲左侍郎，協理京營戎政。

總理河道工部尚書楊一魁兼總理漕運。御史馬從聘言河漕一柄兩操，矛盾易生，故合之。

《神宗實録》卷三一九　癸酉，户部題稱薊鎮東南濱海適當京都左臂，今從巡撫之請，添設副總兵一員，遊擊二員，及募補東征調去臺兵三千二百餘名。其月餉并馬匹料草銀，本部該發一十一萬一千九百九十兩有奇。今帑貯空匱，酌先發一半，於濟邊銀内動支，運發薊州，聽各兵備道給散。其新募北兵月餉，平常防守月給一兩二錢，有事征援，行、月二糧與南兵一例支給，事寧照舊，著爲例。報可。

丙子，户部題稱巡撫天津萬世德議增鹽引以充軍餉。本部如議題請，得旨：於長盧運司開增鹽引十萬，每引納銀三錢，共銀三萬兩，解赴天津餉司貯收。支費約徵餘没銀六錢，共銀六萬兩，解部濟邊。今防倭戒嚴，餉宜從厚，防海標兵除每名月糧八斗、行糧四斗五升外，加給月餉銀一錢三分，守城軍除支月糧八斗外，加給行糧四斗五升，巡撫標下馬步二兵原給月餉已厚，今再每名月加行糧四斗五升。各府快壯團操即成乃其分内，且原有額派工食，今每名歲給鹽菜銀一兩。其加給標兵快壯銀兩俱於運司新增充餉引價三萬兩内動給，其本色行糧徑赴天津倉關支。至於馬步遊擊中軍等官公費，已經題奉欽依保定、山東等處各於地丁内派解供應，如一時徵解不前，暫于前項引價内通融湊處，其餘没銀六萬兩仍行解部。從之。

戊寅，鑄給副總兵都督僉事陳璘充禦倭總兵官關防。

《國榷》卷七八　三月丙申，兵部署印左侍郎李楨言：貴州土司安疆臣，先貴竹司，改新貴縣，土目夜莫等叩闕瀆奏，疆臣詭獻地爲解，崛強若此，且改縣多年，孰得易之，不必再勘。報可。

《神宗實録》卷三二〇　兵部題：浙江巡撫劉元霖咨稱，副總兵周于德、遊擊徐成、茅國器，水陸兵三枝共借用過浙江鹽諫等銀一十二萬一千八百三十兩有奇，其行糧路費銀若干，該户部出；其安家、製器、旗幟、修船、船租銀若干，該兵部出；其月餉銀，户七兵三出。本部共應補還户部鹽課銀五萬三千四百二十六兩有奇，請劄付太僕寺於常盈庫貯馬價等項銀内動支。其另募浙兵四千，合用安家、月餉等銀仍咨浙江巡撫，共念時艱，多方措處。報可。

庚子，廷試天下中式舉人顧起元等三百人。

《國榷》卷七八　工部覆工科給事中楊應文議開泇河。泇河在滕、嶧、沂、沭下流，南通淮海，隆慶以來，數議未决，舒尚書應龍嘗鑿韓莊，中輟。時河决單縣黄堌口，請終其功。報可。

《明通鑑》卷七一　癸卯，賜趙秉忠等進士及第、出身有差。

《國榷》卷七八　壬子，趙志皐請皇長子冠婚。是日，禮部署印侍郎劉楚先等，吏部尚書蔡國珍等，前軍都督府徐文煒、太常寺卿范崙、禮科給事中項應祥、御史黄紀賢等，俱詣文華門上章候旨，云必得命乃退。命司禮太監田義諭曰：此大典也，稍候時月，何相挾爲。羣臣頓首退。

是月，銀歹等酋犯寧夏中衛，總兵杜桐令參將蕭如薫進至水塘溝，斬六十二級，廣武營游擊張詩斬二十五級。

四月丙辰，時東師九萬人，以前副總兵鄧子龍善水戰，命領旅順等水營副總兵事出海。

《神宗實録》卷三二一　戊午，監生喬士濬捐穀一萬石助餉。

《國榷》卷七八　壬戌，禮科給事中曹大咸條議會推掣選之法。凡籤宜倣會試例，設南北中三等，其福建、兩廣、雲貴屬南籤，北直、山東西、河南、陝西屬北籤，南直、浙江、江西、湖廣、四川屬中籤。南人掣南，北人掣北，中人掣中，則土俗民情俱習。又稱趙南星才品。有旨，會推大臣，必九卿科道各舉一人，吏部司官闕，令部院各開送，待朕自定。趙南星前斥，不許推用，今後科道官不許稱薦吏部。

副總兵陳璘以廣兵譁于山海關，命副總兵吴廣同璘領之。

癸亥，命吏部同都察院甄别朝野司官。既列上，命留南企仲、王永光、馬大儒、梅守峻、潘洙，其錢養廉、王就學、王之棟、穆深並削籍，前文選主事馮養志、稽勳員外郎韓策、文選主事常道立、常守信並外補，文選員外郎甕幼金、前文選郎中唐伯元、鄒觀光、劉學曾、驗封郎中李復陽、曹愈恭、稽勳郎中蓋國士、考功員外郎趙邦柱、文選主事張泮、武之望、閔廷甲、梁見孟、考功主事洪文衡調南京。

《神宗實録》卷三二一　乙丑，設欽依把總一員于海壇。

丙寅，以李如梅以原官充備倭總兵。

《明通鑑》卷七一　丁卯，土默特寇遼東，總兵官李如松率輕騎遠出塞擣其巢，遇伏力戰死。

初，如松棄倭班師，言路交章詆其和親辱國，上置不問。會遼東總兵董一元罷，廷推如松代之。如松感知遇，氣益奮，至是遂及于難。詔以其弟如梅代之。

《神宗實録》卷三二一　庚午，改銅仁土司爲銅仁縣，以土官李永授貪酷殃民，罪既貫盈，勢難久貸。

《國榷》卷七八　辛未，前吏部尚書陸光祖卒。

《明通鑑》卷七一　壬申，京師旱，敕羣臣修省。

時禱雨于黑龍潭，加封黑龍潭龍王廟號，勒碑紀之。

《國榷》卷七八　甲戌，李如梅爲征虜將軍，鎮守遼東兼備倭總兵官，董一元爲禦倭總兵官。

辛巳，全椒知縣黄岡樊玉衡，先以御史論惠安伯張元善等謫無爲州判官，進知全椒，有治聲，至是奏皇長子册立冠婚，略曰：皇長子睿質尚弱，岐齡有需，即聖意牽制，藉口從容可也。今皇長子年且十七矣，有室有家，父母之心，人皆有之，皇上獨無是心乎。臣庶之家，冠婚亦必及時，况帝王典禮，祖宗彝憲，册立冠婚，尤不可以毫髮爽者，使天下萬世，謂有子不立，有子年十七而不冠婚，蔑常棄典，自我皇上始乎。皇上雖無廢長立幼之意，而牽于皇貴妃，濡遲隱忍，甘以社稷爲戲，祖宗朝豈無一二親愛疑似之人，而終不以易是典禮，先皇帝遲莫春宫之日，天下已不勝憂，而冠婚一禮，亦未過而不舉，蓋以昭繫屬之重，杜窺伺之萌，鑒前古之亂亡，建萬年之長策，不可易也。疏上，戍雷州衛。

〔壬午〕，命鴻臚寺序班范光裕給安南都統使黎維潭勅印，仍收舊印。

五月辛卯，房守士爲右副都御史巡撫大同，贊理軍務。

《神宗實録》卷三二二　甲午，薊遼總督邢玠題：吴廣領水兵屬劉綎節制，陳璘領水兵赴鴨緑江。從之。

鑄給董一元備倭總兵關防。

《國榷》卷七八　丙申，逮雲南監軍參政李先著下獄。初，大侯州叛酋猛廷瑞，與婦翁奉學攻從兄思賢，所過州縣，殺掠亡算。巡撫陳用賓議剿，遣參將吴顯忠直抵順寧，敗賊，圍之旦下，先著間有旨令廷瑞擒奉學自贖，遂班師。廷瑞走觀音山，勢復振，顯忠再剿，誅奉學，擄廷瑞，而用賓以先著受賄縱賊，下詔獄論死。

庚子，諭内閣：待新宫落成，行皇長子冠婚禮。

《明通鑑》卷七一　五月，刑部侍郎吕坤疏陳天下安危。

《國榷》卷七八　六月甲寅朔，命各巡按御史清賦額，起解濟國用，回道日考課，從户部尚書楊俊民之言。

丙辰，前南京禮部尚書陶承學卒。

丁巳，東征贊畫主事丁應泰奏：經理楊鎬、總兵麻貴、副將李如梅蔚山之敗，失亡無算，既不以聞，而張位、沈一貫密札與鎬，往來欺蔽。張位有禍福利害與君共之之語，一貫有以後大疏須先投揭而後上，以便措手。因列鎬罪二十八，可羞十，李如梅可斬六，可罪十。上怒，下廷議。遂免楊鎬，令邢玠速赴王京視師，留麻貴、李如梅，遣兵科給事中徐觀瀾同丁應泰勘。張位疏辨，上謂楊鎬乃卿密薦，何朋欺僨事耶。命冠帶閒住，而寬沈一貫。

戊午，命内臣李敬採珠廉州。户科給事中包見捷等疏沮，不聽。

戊辰，江應蛟爲右僉都御史，經理朝鮮軍務。

甲戌，上以昨論大學士張位受美珠削籍，值赦不宥。

耿定力爲南京右僉都御史，提督操江，兼管巡江。

丙子，改萬世德經略朝鮮，汪應蛟巡撫天津，以監軍陳效專任朝鮮紀功，另遣御史巡按遼東。

起李戴吏部尚書，曾同亨南京吏部尚書。劉東星工部左侍郎兼右僉都御史，總理河道、漕運。

田樂爲兵部尚書。

是月，吏部覆禮科給事中曹大咸所議掣籤法，言二等未便，分籤東西南北四筒，東北則北直、山東爲主，而河南之汝、彰、歸、衛，南直之廬、鳳、淮、揚附之。東南則南直、浙江、福建、廣東爲主，而廣西之梧、平樂、桂林附之。西北則陝西、山西，而河南之懷慶、開封、河南、南陽，湖廣之鄖陽附之。西南則湖廣、四川、雲貴，爲主，而廣西之柳、南、寧遠、潯、太平附之。科貢考選前三名，與進士同掣，其餘舉監，仍與進士概選。至首領佐貳，有錢穀詞訟之責，本省易嫌，難照教職例。上從之。

《明通鑑》卷七一　七月丙戌，遣中官魯保鬻兩淮没官餘鹽，鴻臚寺主簿田應壁請之也。給事中包見捷極陳利害，不聽。

保既視事，遂議開存積鹽。户部尚書楊俊民言：「明旨鬻没官鹽，而存積非没官也。額外加增，必虧正課，保奏不可從。」御史馬從聘亦争之，俱不聽。保乃開存積八萬引，引重五百七十斤，越次超掣，壓正鹽不行，商民大擾。而姦人蠭起，董璉、吳應麒等争言鹽利，山西、福建諸税監皆領鹽課矣。百户高時夏，奏浙、閩餘鹽歲可變價三十萬兩，巡撫金學曾勘奏皆罔，疏入不省。于是福建解銀萬三千兩有奇，浙江解三萬七千兩有奇，借名苛斂，商困引壅。户部尚書趙世卿指其害由保，因言：「額外多取一分，則正課少一分，而國計愈絀，請悉罷無名浮課。」不報。

同時千户朱仁，奏湖口船税可萬餘金，復遣中官李道督湖口長江税，均許節制有司。科臣趙完璧、郝敬等交章諫，不省。

《神宗實録》卷三二四　革福山知縣韋國賢職爲民，以礦監陳增奏其阻撓税務故也。

《國榷》卷七八　丁亥，兵部以巡撫貴州江東之奏水西宣慰使安疆臣跋扈狀。初，疆臣殺土官安國貞次子定，巡按奏革冠帶，疆臣不受命。

己丑，督餉户部右侍郎張養蒙回部。

《明通鑑》卷七一　庚寅，平秀吉死。福建都御史金學曾偵得之，奏報「秀吉死于七月九日，各倭俱有歸志」。是時朝鮮王李昖，請回乾斷，崇勵鎮撫，以畢征討，上許之，趣諸將進兵。

《國榷》卷七八　戊申，内官魯保經理淮鹽，李道督税湖口，俱許節制有司。户科給事中包見捷、趙完璧、郝敬等各言之，不聽。

壬子，陸萬垓疾去，夏良心爲右副都御史，巡撫江西。陳惟芝爲右僉都御史，巡撫應天。徐三畏爲右僉都御史，巡撫甘肅。

癸丑，陳州妖人任世身謀亂，伏誅。

八月丙辰，趙志皐進累朝寶訓、實録二千三百四十五卷。

戴燿以原官總督兩廣軍務兼理糧餉鹽法，兼巡撫廣東。

丁巳，太常寺少卿傅好禮言近郊假官抽税。上未報。越三日，好禮伏文華門求面對，曰：不得旨，明當復來，上怒，降廣昌典史。大理寺卿吳定疏救，降陝西右參議。又科道疏救，削定籍，而假官二十八人下鎮撫司。

設潞南州儒學。

乙丑，惜薪司柴炭歲額，兵、工二部二十餘萬，至是求益，户科給事中賈維春言：「歲進物料，上用僅十之二三，餘盡入私囊。今復求益，不過厭其溪壑耳，豈真爲國家計盈縮哉。」不報。

己巳，播州楊應龍日殘虐，議擇將統兵駐札五司。

《神宗實録》卷三二五　丙子，革原任禮部主事萬建崑職爲民，以奏辯御史趙之翰疏論僞書合謀等事也。

《國榷》卷七八　辛巳，前太子太保、兵部尚書張學顔卒。

《神宗實録》卷三二六　九月癸未朔，遣王賦業以原官充總兵，鎮守臨洮地方。

丁亥，兩廣總督陳大科奏：沿海多虞，乞罷開採。不納。

《國榷》卷七八　辛卯，大同神機庫自崩，火藥激傷人畜甚衆。

壬辰，免浙江水災田租有差。

癸巳，益都知縣歙縣吳宗堯奏：提督礦務太監陳增，罔上營私，制官毒民，益都有鉛沙，無銀礦，增强之入銀，業非法矣。更强採者代納，如稍緩逮吏民。陛下所得十一，而增私橐十九，罪不容誅。

癸卯，河南撫按曾乾亨、崔邦亮言潞王微行游戲，上切責之。

邢玠合兵七萬，分三道，以總兵劉綎、董一元、麻貴領之。

乙巳，巡撫山東右僉都御史尹應元劾陳增之罪，忤旨，奪歲俸，削吳宗堯籍。

丙午，督徵天津店税内使王朝死，巡撫汪應蛟、工科包見捷各請勿補。上切責之。

慈聖皇太后傳戒潞王微行，上亦賜書規之。

己酉，立顯忠祠，祀故欽天監五官監候楊源。

《神宗實録》卷三二六　庚戌，詔賞宣大總督王世揚銀幣，以任內節省銀一十萬二千餘兩故也。

《國榷》卷七八　辛亥，以陳增誣奏前益都知縣吴宗堯侵欺加派銀，逮下鎮撫司。

《明通鑑》卷七一　是月，東征將士分道進兵。劉綎進逼行長營，約行長爲好會。翌日，行長至，司旗鼓者遽傳礮，行長覺有異，騰躍上馬，奪路而去。我兵進攻城，斬首九十二。陳璘以舟師協堵，擊毁倭船百餘。行長潛出千餘騎扼之，綎不利，退，璘亦棄舟走。麻貴至蔚山，頗有斬獲，倭僞退誘之，貴入空壘，伏兵起，遂敗。

董一元進取晉州，乘勝渡江，連燬二寨。倭退保泗州老營，鏖戰，下之，游擊盧得功没於陣。前逼新寨，寨三面臨江，一面通陸，引海爲濠，海艘泊寨下千計，築金海、固城爲左右翼。官兵四面攻之，不拔。

《國榷》卷七八　十月甲寅，御史劉景辰、給事中侯慶遠請寬吴宗堯。不報。

《明通鑑》卷七一　乙卯，董一元攻倭于新寨，敗績。時一元遣將環攻，用火器擊碎寨門，兵競前拔栅。忽營中火藥崩，烟焰漲天，倭乘勢衝擊，會固城倭亦至，我兵大潰，奔還晉州。徐觀瀾以敗聞，詔「斬游擊馬呈文、郝三聘以徇，一元等各戴罪立功。」會平秀吉死問至，諸軍乃稍稍復振。

《國榷》卷七八　丙辰，諭天下停刑。

《神宗實録》卷三二七　庚申，刑部尚書張國彦卒。

甲子，詔今歲南京及各省俱炤例暫免行刑。

發沈惟敬妻子于功臣家爲奴。

《國榷》卷七八　給老撾軍民宣慰司印。

丙寅，倭將清正從朝鮮遁。

御史秦懋義請酌開採之額。不報。

〔己巳〕，官軍復松山。松山界甘肅、寧夏間，自流虜賓兔據之三十餘年，鎮番中衛中斷，虜因窺我兩河。督撫李汶、田樂搜逐，虜徙帳而北，拓地五百里，議築垣堡，移兵將焉。

《神宗實録》卷三二七　辛未，遷徐州碭山縣城于秦家塘地方。

乙亥，詔畿輔重災，宜加蠲恤。但大工方興，正需急用，凡進宫錢糧，毋得擅議蠲除。

戊寅，陞楊芳爲都察院右副都御史，巡撫廣西地方。

《國榷》卷七八　庚辰，潯州五山守備陞任湖廣行都司僉書晉江林武直征猺賊叛，卒于軍，五山夷民咸泣下，爲立祠。總督戴燿上其功，贈驃騎將軍都指揮使。武直萬曆壬辰武進士。

《明通鑑》卷七一　是月，閣臣趙志皋以養病請。許之。

志皋自爲首輔，數爲言官論劾，而給事中劉道亨詆之尤力。志皋言：「昔日之閣臣，勢重而權有所歸，則相率附之以媒進；今日之閣臣，勢輕而權有所分，則相率擊之以博名。」因求退益力，詔慰諭之。

初，日本封貢議起，石星力主之，志皋亦冀無事，相與應和。及封事敗，議者蜂起，凡劾星者必及志皋，志皋求罷，上多譴言者以謝之；後言者益衆，則多寢不下。至是星論死，張位亦以楊鎬故罷官，上雖不譴及志皋，而志皋已病不能視事。自是在告者四年。

《神宗實録》卷三二八　十一月甲申，奪保定巡撫李盛春、直隸巡按黄紀賢各俸四月，以查簡店税銀兩，久不進解故也。

《國榷》卷七八　丁亥，初，閣員闕，廷推五閲月而不下，至是沈一貫以請。

《神宗實録》卷三二八　壬辰，特旨降九江府經歷樊圃充雜職，以湖口税監李道劾其阻撓商税故也。

癸巳，以災傷免蕭縣等縣本色錢糧。

《明通鑑》卷七一　戊戌，倭棄蔚山遁。時行長、清正以關白死，皆懷去志，清正發舟先走。陳璘提督水軍，副將鄧子龍、游擊馬文焕等皆屬焉。戰艦數百，分布忠清、全羅、慶尚諸海口。會賊將遁，璘亟遣子龍偕朝鮮將李舜臣邀之。子龍素慷慨，所在立戰功，至是年踰七十，意氣彌厲，駕三巨艦爲前鋒，邀之釜山南海，攜壯士三百人，躍入朝鮮舟，直前奮擊，賊死傷無算。他舟誤擲火器入子龍舟，舟中火起，賊乘之，遂與舜臣俱戰没。會副將陳蠶、季金等軍至，夾擊，而倭無鬬意，官軍焚其舟，賊大敗。其得脱登岸者，又爲陸兵所殲，焚溺者萬計。

時劉綎方攻行長，奪曳橋寨，璘以舟師會擊，復焚其舟百餘。行長黨石曼子引舟師來援，璘邀之半洋，擊殺之，于是諸倭揚帆盡去。其餘賊退保錦山，官軍挑之不出。

《國榷》卷七八　戊申，諭選皇長子婚。

庚戌，南海錦山倭戰敗後，各逃匿山谷間。辛亥夜，總兵陳璘提兵深入岩洞，偃旂息鼓，天漸旦，舉砲，倭衆駭走，共追斬千一百餘級。

十二月癸丑，西路總兵劉綎以戰車燔倭寨六十餘間。明日，水陸夾攻，陸兵殺傷相當，水兵失利，東路總兵麻貴襲斬頗有功。

詔責播州楊應龍擒首禍自脱。應龍妾田雌鳳淫妬，誣妻張氏死之，并屠張氏外家，恣殺無忌，所屬五司七姓之民訴撫按，再逮不至。

《神宗實録》卷三二九 丁巳，詔雲南路南州創設儒學，從撫臣請也。

辛酉，逮天津土虎張子和等三十二人至京究問，以天津税監馬堂論其曲蔽徵租也。

甲子，皇長子選婚，祭告奉先殿，詔内臣于京城内外及裏八府刷選淑女。

《國榷》卷七八 丁卯，巡按貴州御史應朝卿奏楊應龍慘虐。

庚午，宣甘肅之捷。前剿青把都火落赤等巢，斬百六十級。

壬申，録甘肅功，進李汶少保兼太子太保，田樂太子太保，各加世廕一級。

己卯，以虜衆西歸，復蕭大亨太子太保，進王世揚右都御史，並視事，餘陞賞有差。

是年，太監楊敬採礦雲南。

萬曆二十七年（己亥、一五九九）

《國榷》卷七八 正月壬午朔，上不朝。

丙戌，命部院京察，毋徇舊。

戊子，兩淮鹽税御馬監太監魯保乞常没外行存積鹽引，歲進十二萬金。從之。保又論兩淮鹽運司副使丁偕抗違，削籍。

庚寅，户科都給事中包見捷等劾税監馬堂、劉忠、魯保。不報。

應天句容等十五縣災，改折有差。

松山善後事宜，設扒沙營、蘆塘川參將二，阿壩嶺、紅水河守備二，裴家營、土門、蘆塘湖防守三。

《神宗實録》卷三三〇 甲午，吏部言：聖明德意宜廣，人材廢業堪憐，乞分别録用降斥諸臣，以慰人心。不報。

《國榷》卷七八 丁酉，御馬監左監丞高宷榷京口供用庫，官暨祿榷儀真。時錦衣衛正千户鄭一麒進横嶺礦十六金，言税溢，羽林左衛中所百户馬承恩亦言之。已，得命，閣臣揭沮，遂罷京口，而儀真如故。

陳增誣吴宗堯贓私，詞連青州府各官及商民，各追籍其家。得旨。給事中郝敬極言陳增鍛鍊。不報。

庚子，吏部文選主事魏可簡縱下，鐫一秩調外。

《神宗實録》卷三三〇 辛丑，以災傷免山西夏縣等州縣秋糧有差，其太原左衛等免糧改折，以被災輕重爲率。

《國榷》卷七八 丁未，奪甘肅總兵官達雲俸四月。時海虜犯西寧，參將趙希顔敗没，西寧兵備副使劉敏寬鐫一級。

沈一貫言：東倭發難七年，今已蕩平。此十萬吏卒，執鋭被堅，萬里遠征，勞不可泯。而丁應泰云賂倭賣國，則吏卒皆當罪，不得言功，恐人心忿怨，萬一激變，損國威重，亦未可知。賂倭之情，豈敢懸斷。古稱功宜從重，罪疑從輕，今日之事，宜溥加恩澤。若因小争致淹功賞，不惟有事難以用人，即今日十萬衆未易收拾，臣之憂也。時應泰疏且下，上得揭而止。

庚戌，河南道御史牛應元請慎會推。不報。

《神宗實録》卷三三一 二月壬子，以百户張宗仁奏，復置浙江市舶，遣内官劉成徵收税課。

《國榷》卷七八 户部趣各省直税契銀。

《神宗實録》卷三三一 戊午，以千户陳保奏，遣内官李鳳開採雷州等處珠池兼徵市舶司税課。

命湖廣守備内官會同撫按，查千户韋夢麟所奏荊州府辛劾忠店税。

命工部行文蘇杭織造内監炤依裁定數目織解合用段疋，其工料錢糧著户、工二部通融計處，先年傳造未完者暫行停緩，俟今次傳派通完之日炤數補解。

己未，户部言：該庫所貯贓物自萬曆十五年折放之後，新舊相仍，積貯頗多。科道臣陳維春、李光輝會同郎中劉昶等詣庫估驗，共估銀一十四萬一千四百五十六兩四錢，每銀一兩折鈔三百五十貫，造册到司，乞炤向行事例，折放文武官員俸鈔。詔可。

庚申，巡撫陝西賈待問進追過犯人杜逢時等鹽本銀共一萬一千三百兩。逢時等即楊新芳所訐奏已故尚書楊兆家人也。

《國榷》卷七八 庚申，沈一貫請罷浙江市舶。不報。

選畿内淑女。

遼東三萬、遼海二衛及清陽堡地震。

遼東總兵李如梅免。

修慈慶宮。

《神宗實録》卷三三一　乙丑，户科給事中包見捷等乞罷諸道税使之遣，正陳保、張宗仁等之罪。不報。

户部尚書楊俊民等疏論開採榷店及市舶之害，乞報罷。不聽。

《國榷》卷七八　戊辰，設福建市舶司，命内臣高寀兼礦務。

命内臣楊榮開採雲南，陳奉徵荆州店税，陳增徵山東香税及馬匹土産，孫隆帶徵蘇杭等處税課，魯坤帶徵河南，孫朝徵税山西。時奸弁馮綱等望風言利，皆朝奏夕遣。

工部言：内承運庫太監孫順開婚禮紵紗、羅、綾、錦共萬二千七百四十匹。鋪户以織金暗色暗雲花非民間物，一無興販，係冠婚急需，恐誤臨期，乞派原織地方解料，惟常、鎮、徽、揚、寧國及福建行限守催。從之。

副總兵杜松出安邊口，值火落赤，擊之，身中二矢，戰益厲，斬三百六十餘級，火落赤遁。時築松山，火落赤欲擾功，總督李汶檄延綏、寧夏分道邀擊以牽之，收番族千七百有奇，馬駝牛羊萬四千有奇，羌胡道絶。

逮南康知府吴寶秀、星子知縣吴一元，以湖口税監李道激變，因誣其朋撓也。

辛未，蠲順天、永平屯田逋租，又魚臺、滕縣苦河工，免其逋租。

罷贊畫主事丁應泰，命兵科給事中徐觀瀾往王京會勘。

編修黄輝、劉曰寧爲右中允兼編修，直皇長子日講。

甲戌，楊應龍大殺掠。

命皇莊菓樹、煤窑並歸上林苑監。

命内監丘乘雲徵税四川兼礦務，梁永徵税陝西，各以原奏千户翟應泰、樂綱往。

命征倭總兵劉綎還師，仍鎮四川。時播州楊應龍恣擾故也。

丙子，命御馬監奉御潘相督理江西磁廠，前珠池太監李敬兼廣東礦税。

丁丑，沈一貫言變法征利。略曰：中使衙門皆創設，並無舊緒可因。大使中使一員，其傔從可百人，分遣官不下十人，此十人各須百人，則千人矣。此千人每家十口爲率，則萬人矣。萬人日給千金，歲須四十餘萬。及得纔數萬，徒斂怨耳。今分遣二十處，歲糜八百萬，聖思偶未及之也。乞盡撤之。不報。尋河南、山東、蘇、松、常、鎮皆併税于礦使。

是月，安南都統使黎維潭，以新印如銅色，求頒真銀印。

《神宗實録》卷三三二　三月庚辰朔，命内官王忠帶徵密雲税課，張燁帶徵蘆溝橋税課，從百户柳勝秋、劉思忠之請也。

陳增、馬堂争税。上命堂税臨清，增税東昌等處，不得叠徵。

壬午，義勇右衛百户王官同把總徐希昌、舉人林章等進銀一萬二千兩，乞許於淮南買鹽行引，仍求于天寧州、黄天蕩二處養兵列營以防鹽寇。章下閣票，大學士沈一貫上言：王官等以萬金之利，玩侮至尊，進上者甚少，而費國者甚多。且黄天蕩在大江之中，原係浩渺賊藪，彼欲得之爲巢穴，因而聚衆起事，此其志不小，若不處治，恐致他日滋蔓。上嘉輔臣忠愛懇切，思慮周詳，命錦衣衛逮官等治之。

《國榷》卷七八　癸未，改孤山參將爲協守副總兵，王威節制神木、高家二堡。

甲申，歙縣吴養晦投税監魯保言：大父守禮逋鹽課二十五萬，乞追入給占産。從之。

乙酉，設綦江、合江游擊二，備楊應龍也。

《神宗實録》卷三三二　戊子，户部奏請裁省各監所取索，以軫邦計。不從。時各監前後索金已逾二萬七千三百兩，復以兩宫將成，供應天燈等項，索金三千二百四十餘兩，銀三千九百十七兩。上皆令户部如數辦進。

《國榷》卷七八　壬辰，户科都給事中包見捷等極言礦税之害，乞撤中官。上怒，謫貴州布政司都事，餘奪歲俸。

《神宗實録》卷三三二　乙未，雲南土夷沙儂等稱兵焚掠。撫臣陳用賓調集漢土官兵，遣道府臣劉庭蕙等相機撫勦，生擒矣年、大蘇等二十三名，餘黨悉就招撫。撫臣酌議功罪以聞，部覆如議。上命賚道臣劉廷蕙、府臣陳忠禄等白金有差，矣年等監候正法。

命征倭總兵麻貴、陳璘、董一元俱撤回聽用。李承勛以原官提督南北水陸官兵，充防海禦倭總兵官，往朝鮮任事。周于德調鎮守山東備倭總兵官。

《國榷》卷七八　丁酉，左春坊左庶子葉向高請罷礦使。不報。

戊戌，發太僕寺金二萬賚延綏、寧夏吏卒。先是延綏報斬虜千七百三十三級，寧夏報斬虜九百二十六級。

《明通鑑》卷七二 起前都御史李化龍兼兵部侍郎，總督川、湖、貴三省軍務。

《國榷》卷七八 壬寅，播州楊應龍反，寇平越飛煉堡，殺都指揮楊國柱、指揮李廷棟。

癸卯，兵科給事中徐觀瀾與總督邢玠互訐，請改勘臣。

丙午，嚴常州烏溪、定化、蘭後三港決防之禁，以通太湖藪盜也。

四月庚戌朔，税監魯保請理民訟。不許。

《神宗實録》卷三三三 乙卯，大學士沈一貫以疾在告。上命章奏送私寓擬票，仍諭以慎加調攝。

丙辰，大學士沈一貫病可進閣，催補閣臣。

遼東廣寧地震，天鼓鳴，蓋州三萬、遼海鐵嶺等衛俱地震。是月慶雲、鎮遠等各衛堡同日火，畿輔災。

詔蠲諸逋賦，發粱城所及山海關各倉糧，委官分賑，仍嚴禁有司怠玩、苛刻、侵没等弊。

己未，户部尚書楊俊民上疏極陳礦税之害，乞撤回中使，仍重繩原奏官民之罪，以謝四海。不報。

《國榷》卷七八 〔庚申〕，寶源局鑄錢。

壬戌，户部尚書楊俊民致仕，命侍郎陳蕖署部事。

甲子，賑乾州災民，蠲田租。

〔乙丑〕，許總兵官李承勳帶駐朝鮮。

丁卯，河南礦監魯坤言：礦砂贏縮不一，或均派官民，或包課。上命官民派之。

己巳，密雲税監王忠與張煒争税，命定界勒限。

庚午，兵部覈貴州失事之故。

《明通鑑》卷七二 甲戌，御午門受倭俘，磔平秀政、平正成于市。

《神宗實録》卷三三四 閏四月己卯朔，户部發銀十四萬，委官分給東征將士。別發年例鹽課銀餉宣大及天津水兵。

庚辰，逮臨清守備王煬。時税監馬堂縱羣小横征，民不堪命，市人數千環譟其門堂，懼，令衆隨從内發矢，射殺二人，衆遂大譁，火其署，格殺衆隨三十四人，堂窘甚，賴王煬救之，得免。堂初甚德煬，業以狀聞，而其黨鄭惟明以前嫌故，疑煬陰鼓衆而陽救堂自解，遂詭易堂奏逮煬云。

壬午，四川巡撫譚希思奏乞留餘積及抽減民兵歲銀，爲防播、採木之費。許之。

《國榷》卷七八 癸未，貴州總兵官沈尚文除名。

《明通鑑》卷七二 丙戌，以倭平，詔天下蠲東征加派田賦。

《國榷》卷七八 禮部左侍郎余繼登言修省之實：曰親郊廟，曰皇長子婚，曰停礦税。報聞。

逮儀真守禦楊應龍，以税監暨禄委官激變，歸其罪也。

戊子，時礦使四出，人情洶洶，中外諫沮不能得。進士謝廷讚奏釀亂激變，語甚切，司禮太監田義亦言之。並不報。

己丑，諭旱災修省。

童元鎮爲總兵官，鎮守貴州。

甲午，署都督僉事李文達爲總兵官，鎮守福建。

乙未，前太子少保、左都御史李世達卒。

《明通鑑》卷七二 丙申，詔取太倉銀二千四百萬兩，爲册立、分封諸費。時皇長子年十八，諸請册立冠婚者日益迫，上乃責户部以困之。而户部果告匱，乃遣中官嚴覈天下積儲，由是外帑日耗。

《國榷》卷七八 丙申，戒税監額外苛征。

丁酉，左都御史温純等申飭憲綱：曰重激揚，抑趨承，恤民隱，慎刑獄，禁酷濫，重彈壓。

己亥，山海關灤州盧龍等地震。

庚子，西虜入花馬池安定堡五日，吏卒匿不報。

壬寅，大雨，告謝郊壇。

《神宗實録》卷三三五 五月丁巳，户部言：庫藏懸罄，措辦不前，請暫借内庫或太僕寺馬價五十萬，凑結邊餉，仍嚴行各邊清查尺籍，以杜虚冒。至於典禮上供，臣前所進約費四十餘萬，除退换珠寶容刻日辦進，餘乞垂憐停免。上允借太僕寺銀以濟邊餉，仍諭典禮錢糧費不容已，中外各官咸宜仰體德意，將各處節年逋賦積餘及漕折等項勒限徵解，分别考覈，邊臣亦宜加意撙節，不得虚張冒破。

以買辦怠緩，切責户部，奪堂官俸二月，司官及順天府官俸半年。令嚴限辦進。

壬戌，内官牛雲鵠等嚇詐税課，命錦衣衛逮治之。

丁卯，命皇長子暫輟講，俟七月初二日開讀。

《國榷》卷七八　壬申，貴州道御史涂宗濬劾遼東税監高淮横甚。不報。

癸酉，楊應龍寇綦江。

北關屬夷那林孛羅急攻南關，猛骨孛羅不能支，走建州衛乞兵，被其誘殺。邊吏往詰之，乃還其次子革庫，而以女歸長子吾兒忽答，名爲撫養，實羈留不遣也。北關至是畏建州强，求還忽答守靖安，廷議不能決，建州遂併南關。

六月戊寅朔，裁陝西黄甫川波羅寧塞守備，改設參將。

丁亥，内監王彪兼理真定、保定、永平、薊州礦務。

《神宗實録》卷三三六　詔薊鎮防春客兵撤還休息，其主兵南兵分布信地，以防不虞。

《明通鑑》卷七二　己丑，遣中官沈永壽開礦廣東，兼領税務。

《國榷》卷七八　庚寅，皇幼女殤。追封香山公主。

丁酉，五軍營左副將施朝卿賄敗，戍雷州衛，託延三年，兵部趣發之。

《明通鑑》卷七二　己亥，楊應龍陷綦江。

時應龍乘大兵未集，亟攻城。城中新募兵不滿三千，賊兵八萬奄至，圍綦江城數匝。參將房嘉寵誤爇火礮，反傷城上兵，賊乘勢登城，嘉寵率師巷戰，蜀兵争譟走水上，嘉寵乃殺其妻，與游擊張良賢俱死之。

應龍因劫縣令，縱囚焚掠，出綦江庫犒師，依倉就食，盡取貲財子女去。老弱者殺之，投其尸，蔽江而下，水爲之赤。尋退屯三溪，以綦江之三溪、母渡，南川之東鄉壩，立石爲播界，號宣慰官莊，聲言「江津、合江皆播故土」，益結九股生苗及紅黑脚等苗，負險弄兵爲助。

時郭子章調土、漢兵漸集，軍聲始振，賊未敢鼓行深入，但以争界給葬爲詞，仍具文求撫。會總督李化龍至，以援師未集，蜀人畏賊如虎，亦欲以計緩之，時時移文詰責，示無遽絶意。而應龍僞軍師孫時泰，説應龍直取重慶，擣成都，劫蜀王爲質，然應龍尚冀曲宥，遷延不進。化龍至成都，亦謬爲好語縻之。

已而上聞綦江破，追褫兩省巡撫譚希思、江東之各爲民；賜化龍劍，假便宜討賊，調各路兵至，以圖大舉。

《神宗實録》卷三三六　革常鎮遊擊錢世禎回衛，復四川總兵萬鏊官，改添註南京後府僉書。以劉綎爲四川總兵，率兵赴蜀，不得遲延。

《國榷》卷七八　丙午，諭兵部嚴門禁。沈一貫言：東征川兵内土官多楊應龍之族，恐其兵雜大工軍匠混入也。

七月戊申朔，工科左給事中郭如星請罷選貢，部覆從之。

《神宗實録》卷三三七　癸丑，命四川總兵仍舊移駐建武，協守副總兵駐松潘，裁建武遊擊。

《國榷》卷七八　甲寅，户部言：順天府官所買珠寶無見商。上切責之，府尹萬自約降兩浙鹽運司副使，餘鐫三級調外，通判何天申謫無爲州，張九敍謫澧州，大興知縣馮運泰謫荆門州，俱判官，宛平縣丞張九功謫廣東布政司照磨。

雲南進金色惡，奪布政使王紹慶等歲俸。

丙辰，殺臨清人王朝佐。先是税監馬堂激變，獨朝佐承其罪。

《神宗實録》卷三三七　丁卯，命南京守備太監郝隆、劉朝用開礦於南直寧國、池州等處，仍令會同撫按查議鋪税以聞。

《國榷》卷七八　癸酉，前巡撫四川、貴州右僉都御史譚希思、江東之，追論播州事削籍。

乙亥，户科給事中李應策、姚文蔚以播警乞停中官礦税。不報。

是月，安南都統使黎維潭卒。時易印未至，弟維新嗣。

《神宗實録》卷三三八　八月丁丑朔，詔薊遼副總兵戴延春、遊擊葉邦榮、山西叅將盧應亮、陝西都司丁尚智、原任代州叅將余德榮、固原叅將陳松等各率親兵赴川貴總督聽用。有願往貴州自效者，所在給廪，傳遣之，將領應更補俱聽督臣便宜行事。

《國榷》卷七八　賜總督李化龍尚方劍。

己卯，詔暴楊應龍罪狀，頒賞格。

辛巳，趣劉綎、陳璘赴蜀。

刑科左給事中楊應文劾報斬倭二千二百二十八級。

乙酉，兵部尚書田樂以楊應龍私賂于家，執其人以聞。

戊子，國子祭酒方從哲等乞罷礦税。不報。

《神宗實録》卷三三八　户部言：臣頃者議處征播兵餉，將湖廣應解京庫銀及川省解陝年例、雲南原借川銀總計共五十餘萬，俱係解部正賦。名雖外解，實出帑額，既省跋涉轉輸，又便鄰近接濟。但恐滇、楚司道等官秦、越相視，起解濡遲，緩不及事。合再請旨嚴催，如有支吾推諉致務軍機者，指名条奏。從之。

《國榷》卷七八　甲午，狄道縣東山崩，其山南忽涌小山五，約高二十餘丈。

丁酉，雲南税監楊榮虐諸生見詬，榮劾巡撫右副都御史陳用賓，命下諸生于理。

戊戌，四川左參政謝紹、右參政張楝、貴州按察使楊寅秋、左參議張存意並爲監軍，給敕。

辛丑，陳璘爲湖廣總兵官，鎮守偏沅。

是月，安南莫敬恭復舉兵，鄭松攻卻之。未幾，莫氏遁。

《明通鑑》卷七二　是月，荆州推官華鈺、黄州經歷車重任，並以忤税使中官陳奉被逮。

《國榷》卷七八　九月己酉，命湖廣巡撫移住沅州，徵廣西南丹、東蘭、泗城諸土司各簡三千人，征楊應龍。

《明通鑑》卷七二　辛亥，太白經天。

《國榷》卷七八　壬子，設畢節參將，尋罷。

《神宗實録》卷三三九　甲寅，户部進大珠龍涎香，命内庫驗收。仍以大珠不堪及退出未進者，諭令精求速辦，毋悮典禮。

《國榷》卷七八　乙卯，敍東征功。

《神宗實録》卷三三九　戊午，以畿輔災，蠲起運京邊折銀，命有司多方設法賑救，從户部請也。户部請罷礦税，不從。

己未，以東倭蕩平推恩，輔臣趙志皋加兼太子太師，進中極殿大學士，廕一子尚寶司丞。沈一貫加少保，改吏部尚書，廕一子中書舍人。仍各賚銀幣，給誥命。

《國榷》卷七八　乙丑，命楊鎬以巡撫原官録用。

禁各處内官奏擾。

戊辰，命免肩負之税。

己巳，遼東總兵官孫守廉、廣東總兵官侯繼高並劾罷。

馬林爲征虜前將軍總兵官，鎮守遼東兼備倭。

辛未，誅沈惟敬等十九人。

壬申，免保定、河間存留災租有差。

癸酉，虜掠大凌河，復犯大寧堡。明日至義州，飽掠而去。

《明通鑑》卷七二　是月，土默特犯錦、義二州，縱掠七日，總兵官李如梅坐擁兵畏敵，被劾罷。

《國榷》卷七八　十月己卯，兵部留總兵張榜以四千人，李承勳以三千六百人，助守朝鮮。

癸未，賑浙江饑民。

沈一貫請寬華鈺等。不聽。

《神宗實録》卷三四〇　丙戌，以征播乏餉，從户部議，命四川、湖廣地畝權宜加派，總督于三省通融支用，仍禁有司豪右巧避侵漁等弊，毋累窮民。兵罷之日，即行蠲免。

《國榷》卷七八　丙戌，四川總兵官劉綎改南京右軍都督府僉書，褫總兵萬鰲。綎受命不即進，鰲通夷納賄也。

山西饑。

命總督李化龍駐重慶，調度川、貴、湖、廣官兵。

戊子，朝鮮請水師八千人協守，餘軍乞駐遼陽易援。

《明通鑑》卷七二　戊子，貴州宣慰使安疆臣有罪，請討播州賊自贖。

《神宗實録》卷三四〇　戊子，兵部言：東征以來借用臣部銀二十二萬七千餘兩，今渡江之兵挨程請餉，朝夕待哺，乞敕户部亟爲接濟，勿致推諉。上可其奏。

庚寅，命浙江税監劉成、福建税監高寀會同撫按查理鹽場積銀，其徐州沿江船料等項據奏見存貯銀七十萬兩，令山東税監陳增公同撫按查實奏請。

户部言：朝鮮戍兵給餉，除本邑錢糧聽該國自行供億外，其折色銀兩查有義州等倉見貯支剩米豆二千餘萬石，乞以此抵月餉。從之。

遣户部主事俞推宇解銀十二萬往永平，給散東征回兵。

《明通鑑》卷七二　壬辰，命中官李鳳徵收廣東土物。時廣洋衛鎮撫戴君恩奏廣東遺鹽及絨錦珠寶等土産，故有是命。

《國榷》卷七八　甲午，進劉東星工部尚書兼右副都御史。

癸卯，設大同鎮守備及馬營守備。

《神宗實録》卷三四一　十一月丙午朔，户部言：臣前後辦進珠寶等項約銀七十餘萬，祝皇上大婚之費，已逾八倍。今邊餉告急，帑藏垂罄，臣等左那右補，心血俱枯。竊念大禮必簡，無貴服飾之華；婚姻届期，何取綺靡之飾。伏乞聖慈諭令該庫稍從節縮。不聽。

戊申，户部言：浙江税課已經撫按酌議以新增關税抵充，仍以搜查漁税留充餉銀。許之。

命宣府總兵董一奎仍舊視事。奎初以科臣論其年老，督撫爲言，奎雖老，尚矍鑠可用也，故有是命。

命山西督撫簡老營等兵馬二千，以遊擊袁登統之，前往赴河守禦。自十一月初爲始，至正月終撤回，防套虜也。

己酉，中州災，各府州縣以輕重免徵改折有差，仍勑有司多方賑救。

發通州倉三千石，賑三河及興營、神武等三衛飢民。

《國榷》卷七八　己未，沈一貫屢請閣員，命吏部推朝野才望者。

甲子，御史楊宏祥、姚思仁、于永清、徐元正、趙文炳、李思孝、畢三才、吴楷閲視各邊。

丁卯，以馬尚仁報通州如皋新洲田九萬餘畝，命太監邢隆、守備劉朝用覈理。

己巳，貴州總兵童元鎮以怯敵奪官，仍從戎自贖。起李應祥貴州總兵官。

《神宗實録》卷三四一　辛未，户部題留湖廣本色漕糧二十一萬二千二百六十五石，并耗尖米十六萬一千三百餘石，以充征播軍餉，從科臣李應策之請也。

《國榷》卷七八　壬申，内府火，延爇尚寶司、印綬監、工部廊至銀作局。火起印綬監，右監丞王進、太監崔卿降三級。

癸酉，發粟三十萬石，以十萬石賑畿輔，餘平糶。

免亳州、鳳陽等旱災田租，且賑之。

《神宗實録》卷三四一　乙亥，四川督按舉刺採木官員分别勸懲，仍以播酋煽亂，乞暫停採辦。上從之。

《明通鑑》卷七二　十二月丁丑，武昌、漢陽民變。

先是，中官陳奉徵税湖廣，恣行威虐，慘毒備至。興國州奸人漆有光、許居民、徐鼒等，掘唐相李林甫妻楊氏墓，得黄金巨萬，奉奏之，上命奉括進内庫。奉因毒拷責償，且悉發境内諸墓。巡按御史王立賢言：「所掘墓乃元吕文德妻，非林甫妻。奸人訐奏，語多不實，請釋不治，而停他處開掘。」不報。

時巡撫支可大以下，事奉唯諾惟謹，獨分巡僉事馮應京以法裁之。至是有武昌、漢陽諸生妻被辱，訴上官，市民從者萬餘，哭聲動地，蜂擁入奉廨，争投瓦石擊奉，奉被傷，諸司馳救之，乃免。應京捕治其爪牙，奉怒，陽餉食而置金其中，應京復暴之，益慚恨。尋置酒邀諸司，以甲士千人自衛，遂舉火箭焚民居。民羣擁奉門，奉遣人擊之，多死，碎其屍，擲諸途，可大噤不敢出聲，應京獨抗疏列其九大罪。奉亦誣應京撓命，淩敕使，上怒，命貶應京邊方雜職。給事中田大益、御史李以唐等交章劾奉，乞宥應京，上益怒，除應京名。

是時襄陽通判邸宅、推官何棟如、棗陽知縣王之翰，亦忤奉被劾，詔宅、之翰爲民，棟如遣逮。

《神宗實録》卷三四二　戊寅，命總督邢玠照舊供職，王士琦褫職回籍，張與行、莫睿行巡按御史劾明具奏，以按臣趙標追論勘播前罪也。

《國榷》卷七八　庚辰，罷延綏巡撫王見賓，褫總兵趙夢麟職。

《神宗實録》卷三四二　甲申，兵部題發冏寺馬價一萬一千兩，犒東征回兵。

湖廣災，蠲華容等縣存留及折徵各有差，仍令有司設法賑龍、沅二縣。

戊子，畿輔災，流民就食京師。命順天府及五城兵馬設法賑之。

壬辰，山東税監陳增進追罰吴時奉等銀一萬二千五百兩，仍爲吴宗堯乞貸。上命銀兩查收，隱匿未完者，嚴提追究。吴宗堯始褫職爲民，不許推用。

《國榷》卷七八　是年，總督李汶、巡撫楊時寧，遣材官金成以甲士三十六人自寧夏泛舟，繞出河套，斬虜十六級。

萬曆二八年（庚子、一六〇〇）

《國榷》卷七八　正月丙午朔，上不朝。

丁未，吏部言考選久稽。不報。

石砫宣慰司馬千乘敗賊于鄧坎，時楊應龍分兵攻龍泉司。

戊申，禮部尚書余繼登請先册立皇長子，而後冠禮可致祝詞，婚禮可致醮詞，此定序也。不報。

庚戌，楊應龍寇龍泉司，守備楊惟中託臺謁走思南，土官安民志死之。龍泉爲賊衝，戍兵不二千人，副總兵陳良玭守偏橋，不之援。

辛亥，巡按貴州御史宋興祖請停採大木，專力討播。

《神宗實録》卷三四三　壬子，定國公徐文璧、駙馬侯拱宸等各疏請舉行皇長子三禮。俱不報。

丙辰，吏部題：撫臣待命已久，封疆關係匪輕，請批發王象乾、魏允徵、李植、陳用賓、金學曾去留各疏。不報。

丁巳，户部題：貴州巡撫郭子章以播寇突出，需餉甚急，閩(越)〔粤〕之銀路遠到遲，欲就近于滇、蜀借銀二十萬，即以閩、粤照數解補。倘再不敷，允隣省堪動錢糧聽總督先動後題，各省官不許支吾推委。從之。

戊午，户部題：勘過順天府屬水澇蟲災，乞照勘寔分數酌量蠲緩折徵倉谷賑卹。從之。

《國榷》卷七八 設偏沅巡撫，監總兵陳璘之師。

己未，酉陽宣撫使冉御龍敗賊于官壩，賊棄龍泉遁。

丙寅，令各省直助貴州餉。

丁卯，逮西安府同知宋言，税監梁永劾其激衆倡亂也。

吏部催考選。不報。

《神宗實録》卷三四三 己巳，户部題：每年四季額進金花銀一百萬兩，萬曆六年奉旨添進五萬兩，近因省直飢荒，正項俱不能敷，萬難那湊，乞賜停免額外五萬兩。奉旨：帑藏空乏，民力凋敝，軍國供需多缺，你部處置難前，朕豈不常加憫念。但宫用有常，亦難減省。着照增定額數解進，果難措處，但許稍寬日期，不得減少。待有積貯之時，即當停取。省直拖欠嚴行催儹，毋得姑息，致虧接濟。

辛未，兵部題：播酋猖獗，勢所必誅，調兵集餉，急如星火。不得已將盧、鳳、淮、揚萬曆二十七年分應解馬價六萬七千兩，又將二十八年折色馬價扣除三萬三千兩，湊足十萬，暫濟川、貴之急。今淮撫李三才稱候爲價解發必悞機，先借漕庫船料三萬兩，鹽課五萬兩，并廬州府二十七年馬價二萬兩起解，而以前議未解馬價抵補，此權宜之計也。從之。

《國榷》卷七八 刑部員外郎夏爋以按中璫失火罪，璫嫉之，降貴陽通判。

二月丁丑，閣擬皇長子開講，復請之。不報。

令兵部選一武臣往封琉球國世子尚寧。

《明通鑑》卷七二 己卯，遣内監暨禄徵鳳陽、安慶、徽、廬、常、鎮税，又命邢隆税沿江洲田。

辛巳，遣魯坤開彰德、衛輝、懷慶等礦洞。

《神宗實録》卷三四四 癸未，命給礦税、鹽課、市(的)〔舶〕、珠池、寶井内臣牙關防一十四顆。

甲申，户部以黔省增兵防禦，餉甚緊急，滇、黔唇齒相依，勢宜相救。合將雲南應解本部撙節公費、税契、商税、事例、空月、柴馬等銀四千二百有奇解赴貴州充餉，其應還四川内未完二萬九千二百餘兩，搜刮别項官銀湊足解黔，不得推諉。上從之。

《國榷》卷七八 甲申，鳳陽饑，多盗。巡撫李三才以聞，命有司多方軫恤，嚴飭中外毋生事擾民。趣各省直織造料銀。

《明通鑑》卷七二 丙戌，總督李化龍率兵分道討播州。

《國榷》卷七八 戊子，錦衣衛百户王體仁奏徵長江船鈔遺税，從之。命提督廣寧店内官陳奉往，其浙江、江西、山東、臨清以北，罷其複。

己丑，我兵連克三峒。

荆州受賊重餽，宜如童元鎮例革職受事。上從之，命充爲事官，剿賊自効。

命湖廣巡撫支可大移偏橋衛。

丙申，河南永城縣饑，賊流劫。

戊戌，南京守備太監邢隆，以勘廬州洲田，另給欽差督管洲田關防。

己亥，命閣臣查對京省試録出格。應天、浙江、江西、湖廣、河南考官各量罰有差。

是月，貴州皮林苗吴國佐作亂。

三月甲辰朔，楊應龍子朝棟等分三道拒我，劉綎擊走之。

鳳陽妖人趙古元被逮入京。

乙巳，平越兵克四牌。

《神宗實録》卷三四五 丙子，兵部題：麻城距光山二百四十餘里，供億不便，該都御史支可大議于王家樓添設一驛。上從之，賜名太平。

《國榷》卷七八 庚戌，兩淮鹽務少監魯保參税監陳增，委官程守訓，假武英殿中書舍人恣虐。不報。

壬子，貴陽兵克烏江關。

甲寅，克河渡關。

平越兵克青岡囤。

丙辰，朝鮮入貢，併歸我流人。

《神宗實録》卷三四五 丁巳，兵部題：大同援遼之兵原爲一時濟急，今東事既寧，豈容久假不歸。既該總兵馬林查議應留應撤，其馬匹糧料仍于遼東馬價年例内扣除，所遺馬七百四十五匹，除各存留軍丁領騎，餘者歸于何處，亦要查明。從之。

《國榷》卷七八　戊午，播賊突犯烏江河渡，參將楊顯、守備陳雲龍、阮士奇、白明逵、指揮楊續芝等死之。

偏橋兵克板角橋。

己未，南京禮部右侍郎葉向高等乞行皇長子三禮。不報。

水西兵至楊亡水，克大紅落濛關，平越兵渡構皮河。

庚申，修南城清和閣。

巡按湖廣御史王立賢奏：百户仇世亨所奏興國州民徐鼎掘唐相李林甫夫人楊氏墓，有金牌、金童、壺、杯、鑪、瓶俱黄金，又金銀窖若干。臣等訊之云，杯碗數枚，其地爲大冶縣，非興國也，墓爲吕文德，非李林甫也，即此知所奏不足信。不報。

癸亥，土蠻犯遼東大鎮堡。

甲子，犯西平。

丁卯，户科都給事中李應策追論播事，前四川巡撫艾穆、貴州撫院林喬相俱革秩。

己巳，諭内閣曰：元子册立冠婚禮甚重，原宫狹小，修慈慶宫已成，典漸可行，卿等撰勑，禮部擇日具儀注。更示諸臣，不得繁阻。

壬申，水西兵擊賊于大水關，破之。劉綎入婁山關，楊應龍前門也，最險阨。

是月，刑部郎中徐如珂謫連州判官，員外郎林曜謫南安推官，主事鍾鳴陛澧州判官，曹文煒福寧州判官，各添注。

四月甲戌朔，官軍屯白石，楊應龍身突戰，敗之。

虜五百餘騎犯黑莊渠等堡。

乙亥，報雲南賊平。初，順寧府逆酋猛廷瑞，助大侯州逆酋奉學爲亂，攻州城，官軍擊平之。

江鐸至沅州。

〔丁丑〕，刑部主事謝廷讚請建儲，謫貴州布政司照磨。

《神宗實録》卷三四六　庚辰，加雲南中軍張澍遊擊職銜，統兵八千援黔。

甲申，雲南礦税、寶井内臣楊榮參尋甸知府蔡如川、趙州知州甘學書及生員人等抗擾開採。

工部廠掌司蔡可仁參涇陽、固節二驛驛丞應付違誤，俱命緹騎逮繫赴京究問。

《國榷》卷七八　乙酉，珠池、市舶、税務内監李鳳激變新會縣，因參鄉官吴應鴻、貢士勞養魁、鍾聲朝、梁斗輝，民李芸易等，俱命逮治。

平越兵克黄灘關。

丙戌，水西鎮雄兵克桃溪，焚楊氏衛舍家廟。

《神宗實録》卷三四六　丁亥，户部題：各邊鎮額餉近因典禮、征伐，各項那借，以致踰時，歷季不能給發。乞將老庫銀暫借五十萬，分發各邊，以安三軍之心，俟事完陸續補還。從之。

《國榷》卷七八　己丑，工部員外郎楊爲棟税及賑米，貶靖州同知。

庚寅，議罷朝鮮兵。

辛卯，水西鎮雄兵入播州，官軍圍海龍囤，賊窘，死守，詭令婦人哭，拜表詐降。

〔甲午〕，免京師牙税。

乙未，巡按直隸御史吴達可上《饑民圖説》。

《神宗實録》卷三四六　丁酉，兵部題：先奉旨緝獲有功員役陞寔千户爲止，今東廠太監陳矩題副千户張國光、游浹緝獲功，奉旨各陞一級，俱應指揮僉事，於前例不合，爲此復請。上命各陞本衛指揮僉事，後不爲例。

戊戌，户部主事劉光祚爲運官抗旨，凌轢官民，參指揮路必道、高光，浙派華亭漕糧共勒索米數千石，銀二千餘兩，乞嚴究追贓。不報。

《國榷》卷七八　是月，套虜犯寧塞營，杜松禦卻之。

《神宗實録》卷三四七　五月乙巳，督理山西税務内臣孫朝奏：巡撫魏允貞抗旨阻税，燬燼大木并贓税三十餘萬。上即下部院參看來説。

丁未，工部尚書楊一魁題：小庫之設，原爲内工大匠領錢暫時寄貯，不虞毛鳳光乘便那移，請工完之日裁革。從之。

《國榷》卷七八　逮故總兵童元鎮，留巡按貴州御史宋興祖仍一年。

戊申，朝鮮請留戍三千人，時議撤不一。

《神宗實録》卷三四七　辛亥，督徵浙江税務内臣劉成題：清查各省歲額會銀及餘積無礙銀兩，在浙省者應屬之臣，庶責有專一。從之。

《國榷》卷七八　壬子，巡撫貴州郭子章報，鎮雄土知府隴澄斬楊維棟僞提調等五十餘人，爲諸路倡。下兵部議旌。

丁巳，始命工部主事管琉璃黑窑廠，三年代之。

己未，李化龍聞喪。命奪情視師。

《神宗實録》卷三四七　南京守備邢隆進贜罰銀七百餘兩，礦銀四千一百餘兩。納之。

《國榷》卷七八　甲子，延慶長公主薨。

《神宗實録》卷三四七　丁卯，工部題：奉旨見新大高玄殿，該監估計物料應用銀二十萬兩，夫匠工費半之。方今庫藏若洗，浙江袍段工料五十餘萬，陝西羊羢又五萬餘，舖商上過錢糧、夫匠做過工食二十餘萬，皆無從措辦。應給未給，何暇及此不急之費。乞停止一切，并力以營三門三殿。又龍舟、橋梁、亭軒等項俱應暫止，以俟徐圖。奉旨：大高玄殿見新以稱朕供養神明之意，不必執奏。

《國榷》卷七八　復故總督浙、直、江、福兵部尚書張經官，廕其孫懋爵入國子監。

富平知縣王正志奏稅監梁永、趙欽棼横。不報。

庚午，水西宣慰司安疆臣、鎮雄土知府隴澄還師。或言水西通賊，總督令退舍。疆臣曰：「吾不爲亡播續也。」與澄先引去。

西虜火落赤等犯寧夏安定堡、花馬池，副總兵李崑被圍甚急，寧塞營副總兵往援，走之。

《明通鑑》卷七二　六月壬申朔，越三日，天忽開霽，官軍攻海龍囤益急。明日，劉綎身先士卒，進克土城。楊應龍益迫，散數千金募死士拒戰，諸苗皆駭散，無應者。其夜四更，總兵官陳璘、吴廣率兵銜枚上，斬其守關者。應龍方提刀自巡壘，見四面火光燭天，旁皇長嘆，泣謂其妻子曰：「吾不能復顧若矣。」詰朝丁丑，官軍遂登囤，破其大城入。應龍倉皇同愛妾二，闔室縊，且自焚。廣獲其子朝棟及兆龍等百餘人。

《神宗實録》卷三四八　己卯，兵部題：春坊客兵久戍勞苦，天氣漸炎，哨無驚報。相應以六月初十爲期，通行撤放，如有期前完工者，亦即先放，未完者務令全完，以示勸懲。應留防夏延綏、宣大兵馬嚴加調度，務保無虞。從之。

《國榷》卷七八　［丙戌］，廣西思恩州土官黄大錫絶嗣，歸其地永康縣，名永康州。

丁亥，修琉璃河橋。

《神宗實録》卷三四八　戊戌，奪階州知州蔡思和、成縣知縣王三錫、西河知縣甯晉芳等俸有差，以開礦内臣趙欽奏礦徒劫殺，各宜正罪，州縣不能禁戢也。

己亥，逮富平縣知縣王正志，以礦監趙欽參其不應對子户馬匹也。

庚子，吏部尚書李戴引疾求去。上命准暫調理，痊可即出，不允辭。

辛丑，户部題：金花銀兩應于七月初二日解進，今各省直起解愆期，伏乞暫賜寬限，容作速儹解，陸續補進。奉旨：金花銀兩係供内帑應用，時不容緩延，嚴行各省直作速催儹，依期解進。

禮部題請舉行皇長子典禮。奉旨：朕念皇長子氣質清秀，且典禮隆重，時值盛夏溽暑，誠恐不耐煩勞，故少俟舉行。朕心自有裁定，爲臣子的也都要仰體朕愛重之意，静俟不可又來擾阻，還候旨行。

《神宗實録》卷三四九　七月壬寅朔，四川巡按崔景榮奏：四川總兵官吴廣貪酋賄賂，甘墮術中，贊理監紀馬塒、知府蔡宗憲同奸相濟，共謀緩兵，欲受賊降。劉珽、周國桂膺一路之司，應援不速，均屬有罪。兵部覆：吴廣革總兵職銜，量充爲事官，戴罪殺賊自贖。劉珽、周國柱案候事完通論。從之。

《國榷》卷七八　通州同知邵光庭、香河知縣焦光卿，以太監王彪論，降一級。

《神宗實録》卷三四九　丁未，大學士沈一貫再疏催清速點遼東巡撫往代李植。不報。

《國榷》卷七八　戊申，江防參政沈孟化、蘄州知州鄭夢楨，以稅監陳奉訐其阻撓，降調有差。

庚戌，閣臣請皇長子講學。命俟九月。

辛亥，滋陽知縣楊盛明以盜劫解金，謫新貴典史。

《明通鑑》卷七二　旱。敕修省祈禱。

工科給事中王德完奏言：「致旱有由，縱其所以毒民者是也；弭災有法，衛其所以保民者是也。今出柙中之虎兕以吞饜羣黎，逸圈内之豺狼以搏噬百姓，怨憤無處得伸，鬱結無時可解。霖雨以天怒而屯，肥蟲緣人妖而出，如之何不旱！亟改前弦，將各省黷貨之使一旦撤回，則修省以實不以文，何旱災之不禳哉！」疏入，不報。

《神宗實録》卷三四九　甲寅，户部議停征播加派稅糧，凡四川、湖廣各布政司所屬加派銀兩未徵者，即行停止。已徵在官者，另項收貯，不得侵漁隱匿。如議。

乙卯，户部覆：總督倉場侍郎趙世卿奏，自本年爲始，將運到漕糧于應上京倉數内摘取四十八萬石，通倉數内摘取二十四萬石，止令照舊搬運進倉，曬陽乾潔，囤貯堆放，不必受收入厫過。應放軍士月糧之日，各課監督官責令運糧官旗就囤兑給，以省耗費。所有耗米作正支放，脚價解太倉以佐軍需。至每年坐放月糧，京、通粳粟各有定例，聽總督衙門酌量糧米進倉先後緩急，權宜支放一月，以免運軍守候之苦。從之。

丁巳，禮部尚書余繼登卒于官。詔贈太子少保，謚文恪，予祭葬如例，仍加祭一壇，廕一子。

《國榷》卷七八　戊午，守備湖廣少監杜茂誣奏諸生沈希孟等劫税，命嚴訊之。巡按御史王立賢奏税監陳奉貪暴激變。不報。

時陳奉道承天之金花灘，勒居民黄金，訊及婦人，并拘鍾祥知縣鄒堯弼，遠近大震。

己未，陝西税監梁永訐富平知縣王正志，仍請敕巡邊盤庫。許之。

壬戌，報西寧軍逃叛。

《神宗實録》卷三四九　乙丑，户部題：九邊年例已題准發一百四十一萬，乃今或逾一年，或逾年半，太倉已竭，轉運全無。各處告急之文日三四至，乞發帑銀一百萬，分給緊急缺餉諸邊，其餘容臣部次第湊發。得旨：會各省直撫按官嚴限催取起解，以濟急用，不得專指内帑，以爲接濟。

丙寅，發備邊等銀八百兩，抵放戍解官兵本年三月以後接支糧餉。

選貢監生周廷旦等奏乞量時增廣制額，以弘聖化。禮部覆：北監增十五名，南監增五名。允之。

《國榷》卷七八　戊辰，許偏沅巡撫江鐸守制，仍裁其官。

興武衛指揮周原茂請開採。貴州道御史李時華參之，不報。

己巳，前太子少保、南京兵部尚書楊成卒。

庚午，討皮林苗，四川、湖、貴、廣西兵協擊。

是月，興化府大雨水浸城。

《神宗實録》卷三五〇　八月辛未朔，慈慶宫工成，遣工部侍郎姚繼可謝后土司工之神。

兵部覆：延綏總兵官王威革任，回衛聽用，以科臣王士昌論其故降冒功故也。

壬申，四川礦税太監丘乘雲解進鹽引歲銀三千二百八十兩有奇，茶引税銀四千四百兩有奇，并查奏庫藏積餘贓罰等銀。得旨：茶鹽税課既奉旨徵收，税銀三萬兩，額外之課，昨把總韓應龍朦朧重復具奏，顯欲妄用圖利擾害，姑不究。其茶鹽税課照前旨徵收解進。該省所産名木，就令丘乘雲會同撫按查勘採取，以濟三殿大工。奏内清查積餘無礙銀兩，上緊會查，毋得阻撓取罪。

《國榷》卷七八　甲戌，宣府總兵官都督同知麻承恩改鎮守延綏。

《明通鑑》卷七二　丙子，罷朝鮮戍兵。

《國榷》卷七八　戊寅，宣府副總兵梁秀爲鎮朔將軍總兵官，鎮守宣府。

乙酉，捕遼東孤山堡妖人金得時等。

丁亥，設貴州新貴縣儒學。

辛卯，工科都給事中王德完言：國家歲入僅四百萬，而歲出輒至四百五十萬有奇，居恒已出浮于入。邇來因事加增，如寧夏用兵數月，約費餉一百八十七萬八千餘金。朝鮮用兵七年，約費餉五百八十二萬二千餘金。又地畝米豆援兵等餉費三百餘萬金。平播之師期年，費一百二十一萬六千餘金，連川中湊辦共二百餘萬。婚禮珠寶等項約九百三十四萬三千餘金。傳造袍服四萬一千餘匹，約一百萬四千餘金。山西潞紬續織四千七百餘匹，婚禮傳買段一萬二千七百餘匹，約十萬餘金。磁器口傳二十三萬五千件，約費二十餘萬金。濬三山口趙家圈等處，費二十四萬餘金。而省直災傷，欠段價料銀一百二十四萬五千金。又欠廚料九萬六千餘金。積之亦既二千六百餘萬，當帑空之時，講濟虚之策，惟節省最要。臣請減織造以拯民命，止營建以贍邊儲，停珠玉以貽燕翼，審採辦以濟國用，趣大工以省煩費，發内帑以救燃眉。不報。

《神宗實録》卷三五〇　癸巳，工部題：琉璃河橋年久坍塌，蒙皇上特發帑金一萬兩，及各處進助銀兩，差官上緊修建。但此時内工浩繁，庫藏空虚，輒措辦擬先將坍塌三空亟行修建，以濟時艱，其餘候錢糧完日以漸修理。允之。

《國榷》卷七八　丙申，命大河南北山東設法賑災。

戊戌，許總督李化龍終制。

九月辛丑朔，謚祐聖夫人徐氏曰勤敬榮安，氏乳上。閣臣兩擬，上並用。閣臣謂無例，答不爲例。衛應爵嗣宣城伯。

《神宗實録》卷三五一　癸卯，通灣宣大税鹽張燁疏參原奏書役毛鳳騰擅坐肩輿，假丈田地，恐嚇民財，輕蔑民命，及侵盜子粒銀兩，紛擾緊峙地方諸奸欺狀。上令燁鎖押出關，備查三鎮牧馬水旱地土應徵子粒銀兩，候對理完日，從實奏請之奪，不許從容延緩。

丙午，刑科右給事中陳維春以朝審屆期，奏請停刑。疏入，留中。

丁未，貴州宣慰使安疆臣以萬壽聖節貢馬慶賀。

《國榷》卷七八　庚戌，總督兩廣陳大科劾罷。

《神宗實録》卷三五一　壬子，原任太子少保、户部尚書褚鈇卒。詔賜祭葬如例。

《國榷》卷七八　己未，諭停刑。兵部尚書田樂等乞釋曹學程獄，上怒，命待論。

是月，套虜吉能大舉犯延綏高家諸堡，薄葭州。副總兵杜松語總督李汶擣火落赤之巢以牽之，遂夜出定邊營，擣雷、赤二部，多殺傷。自東路歸，虜萬騎邀之，松力戰，被數矢不懾，虜因圍之，松下馬步擊得解，斬兔哈五級，餘虜五十一級。虜傳烽糾衆圍之，寧夏總兵杜桐馳援，乃免。

《神宗實録》卷三五二　十月辛未朔，户部覆：南京屯田御史王藩臣乞豁秋糧。疏言前項錢糧係各軍額餉，難以議豁，但既稱節年水旱，無從取辦，若不改折，則屯伍荒虚。宜令御史同户曹官勘核災傷屯地，分别輕重，照例改折。輕者每石折銀三錢伍分，重者止折三錢，通融作數，抵放軍糧，仍備册覈考。允之。

《明通鑑》卷七二　貴州皮林苗叛。

《國榷》卷七八　癸酉，朵顔三衛入貢。

丙子，廣東税監李鳳奏專署，命改義倉爲之。

雲南税監楊榮，以阿瓦猛密土夷貢寶石牙毯等物，并求寶井專敕使開採。從之。

壬午，李三才請乞休，懇罷礦税。不允。

乙酉，諭内閣來春册儲。

《神宗實録》卷三五一　丙戌，工部題催浙江撫按劉允霖、李楠改造段疋暫行停止。疏言該省段疋原派三萬七千疋，除解外未完止一萬十四疋，似應依期織進。但工料銀兩悉取部額備查，解部留用外，自二十一年起至二十三年止，止十萬餘兩，俱係未來之數，已爲婚禮袍段留用，尚因不敷，題借户部併議留江西料銀段價，未蒙俞允，今復將改段與袍段並織，其料銀又添九百餘兩。該省既無措處，本部又無别金，允霖等寔見時勢之難，是以懃懇疏請，伏望俯念窮絀，將未完段疋暫行停止，候婚禮袍段完日，然後織解，庶工料可陸續措處，而賞用必不至一旦缺乏也。得旨允之，仍令户部江西銀兩依議留借。

《國榷》卷七八　壬辰，命湖廣、川貴、廣西各督撫就近協勦皮林苗。

丁酉，工科給事中張問達主試山東，道奏流民饑苦狀，請亟罷礦税卹民。不報。

《明通鑑》卷七二　庚子，下給事中王德完于獄。

時鄭貴妃日有寵，而王皇后多疾。左右咸竊意后崩，貴妃即正中宫位，其子爲太子。中允黄輝，皇長子講官也，從内侍微窺得其狀，謂德完曰：「此國家大事，旦夕不測，書之史册，謂朝廷無人。」德完乃屬輝具草，及是上之。疏入，震怒，立下詔獄拷訊。尚書李戴、御史周盤等連疏論救，忤旨，切責，御史奪俸有差。閣臣沈一貫方在告，力疾草奏，爲德完解，上亦不懌，命杖德完百，除其名。復傳諭廷臣：「諸臣爲皇長子耶？爲德完耶？如爲皇長子，慎無瀆擾，必欲爲德完，則再遲册立一歲。」廷臣乃不復言。

《國榷》卷七八　十一月壬寅，妖人趙一平伏誅。

癸丑，真、保、薊、永税監王虎求徵屯租，復鹽商侵占葦地。從之。

甲寅，吏部左侍郎裴應章爲南京工部尚書。

《神宗實録》卷三五三　户部題：差郎中胡三省、主事曹志遇解銀十萬給餉遼東。上允發。且念邊軍寒苦，令應給者速處，或借老庫以示德意，毋使懸望。

《國榷》卷七八　辛酉，督理廣西税務御馬監太監沈永壽死。巡按御史吕圖南籍其税六萬餘金，乞寬税務，濟邊用。不報。

丁卯，沈一貫以正一真人張國祥奏免徭役及本山上清宫，夫天下田土，除皇莊外，無不供徭，今祈免非制，且糧二百八十石，加三百五十石，計田二萬餘畝，恐盡邑境，安可盡蠲耶。

十二月甲戌，天津税監馬堂進大西洋歐邏巴國人利瑪竇所貢方物。命利瑪竇入京。

《神宗實録》卷三五四　癸未，户部覆：河南撫按會勘衛輝府屬災傷事宜，其停輝、嘉二縣帶徵，改汲、新六縣折色，應暫準一年，用紓目前之困。省免糴貿之費，以後年分仍照數帶徵起解本色，不得籍曰拖欠，上虧國課。復議改折致欠軍需至宗禄一節，議將衛輝應補周禄分別停徵，路府官旗月米量于彰德改撥，削量得宜，公私兩便，合依擬行。允之。

丙戌，吏部推謫籍何喬遠、逯中立，責之，引咎。

《國榷》卷七八　甲申，山西税監張忠參夏縣知縣袁應春，謫永寧衛經歷。

辛卯，湖廣税監陳奉遣武弁開礦穀城，不獲，脅庫金，邑人大懼，羣擊之，走免，餘多溺江中。

乙未，上御午門。播州獻俘六十九人，寒甚，大呼稱枉。誅楊朝棟、兆龍等，釋宋承恩，餘遠戍。白氏、楊勝保給功臣家。

〔戊戌〕興武衛指揮周原茂請採貴州礦税。御史李時華以思、貴被兵後不堪擾，疏留中，寢之。

萬曆二九年（辛丑、一六〇一）

《國榷》卷七九　正月庚子朔，上不朝。

甲辰，沈一貫請簡閣臣，不報。時趙志臯引疾。

丁未，禮部請卹川、貴之民，宥正月以前徒杖等罪。從之。

己酉，署禮部事右侍郎朱國祚言：皇長子年已二十，淑女習禮踰年，乞早定三禮，并冠諸皇子分封。命徐俟之。

《明史》卷二一《神宗紀二》　壬子，以播州平，詔天下，蠲四川、貴州、湖廣、雲南加派田租逋賦，除官民詿誤罪。

《國榷》卷七九　丙辰，吏部大計，外官降斥有差。

戊午，趙志臯等請定皇長子講期。推少詹事范醇敬、侍郎曾朝節，左右庶子唐文獻、楊道賓，左右諭德黄汝良、蕭雲舉，左右中允區大相、黄輝直講讀。不報。

户部尚書陳蕖等言帑匱，今年例闕二百萬金，又御用監取辦金寶雜料如珍珠須銀一千五十七萬有奇，乞增開事例助用。從之。

甲子，河南劇盜王好問等逃太行山未獲，罰守備馬永光等有差。

乙丑，偏沅巡撫江鐸出鎮静州，合總兵陳璘等，率副總兵李遇文等，分七路進攻皮林苗。

《神宗實録》卷三五五　是月，天津税監馬堂進銀内庫新增鹽課銀凡六千五百餘兩，租税銀六萬五千餘兩，助琉璃橋工銀五百兩，無礙官銀四千五百餘兩，節省銀二千兩。四川税監丘乘雲進銀内庫額外茶税銀四百五十兩，鹽引銀三千八十兩，礦金四十四兩，礦銀五百三十五兩，又銀一萬五千兩，漏税一百五十兩。通灣監税張燁進銀内庫税銀八百七十五兩，牧馬子粒等銀二萬四千三十餘兩，長蘆鹽税銀二千六百兩。

《國榷》卷七九　二月庚午朔，天津督税御用監太監馬堂進大西洋利瑪竇土物。禮部言：《會典》止有西洋國、西洋瑣里國，而無大西洋，其真僞不可知。又寄住二十年方貢，則與遠方慕義獻琛者不同。且所貢天主女圖既屬不經，而囊有神仙骨等物，夫仙則飛昇，安得有骨。韓愈謂凶穢之餘不宜令入宫禁，宜量給冠帶令還，勿潛住京師。不報。

壬申，命皇長子十四日出講。閣臣請補侍班講讀官，不報。

《神宗實録》卷三五六　癸酉，户部以川省採礦並興、大軍並集，請從總督李化龍之請，該省夏税秋糧蠲免有差。不報。

起原任太子少保、吏部尚書孫丕揚爲南京吏部尚書。

甲戌，户部以大同宣府被災請以本年應徵錢糧酌量蠲賑。從之。

乙亥，以鎮守陝西總兵官署都督同知蕭如薰鎮守寧夏。

《國榷》卷七九　丙子，敘松山功，進李汶少保，賈待問兵部尚書兼右副都御史，徐三畏右副都御史，總兵達雲左都督，蕭如薰都督同知，兵部尚書田樂進少保兼太子太保，梅國楨、魏允貞等各陞賞有差。

《神宗實録》卷三五六　己丑，湖廣收税御馬監監丞陳奉奏：僉事馮應京故違明旨，阻撓税務，乞勑下究治。奉旨：馮應京抗違阻撓，凌辱欽使，本當拏解究問，姑且降雜職調邊方用，不許朦朧推陞。

《國榷》卷七九　癸巳，皮林苗平。官軍擊斬五百八十三級，俘吴國佐等，總兵陳璘等班師，廣西參政寧德陳昺深入苗寨，撫降萬計，竟瘁卒，賜祭葬，贈太僕寺卿，萬曆甲戌進士。

丙申，遼東税監右少監高淮誣劾總兵官馬林，罷之。

戊戌，言官論救馮應京。上怒，削應京籍。

湖廣税監陳奉參襄陽府通判邸宅、推官何棟如、棗陽知縣王之翰抗違，俱削籍，仍逮棟如。陳奉欲開礦青山，王之翰以近顯陵拒之，因誣及邸宅、何棟如。

三月己亥朔，虜歹青犯錦州。遼人在京者求李成梁復鎮。沈一貫以聞。

癸卯，兵科給事中無錫侯先春論救馬林，謫廣西按察司知事。林戍邊，先春謫。

乙巳，兵部尚書田樂請寬馬林。上切責之。

《神宗實録》卷三五七　己酉，命協守薊鎮副總兵署都督僉事管一方以原官充總兵官，鎮守陝西。

丙辰，雲南巡按劉會奉旨清查各省歲額會銀及餘積無礙銀兩，得銀一萬五千二百四十餘兩，及布政司貯庫石珠，交該監解進，并極言滇省萬分匱乏，礦脉盡竭，硐民逃散，乞免再行開催。不報。

《國榷》卷七九　戊午，命〔寧〕遠伯李成梁以原官掛印，鎮守遼東。

户部以邊餉告急，乞暫借太僕寺馬價銀一百萬。不報。

禮部請發册立勅諭。不報。

《國榷》卷七九　乙丑，進趙志皋兼太子太師，沈一貫兼太子太傅，敍府江平叛徭功。

《明通鑑》卷七二　是月，武昌民再變。

時逮馮應京等緹騎抵武昌，民知應京獲重譴，相率痛哭。陳奉大書應京名，列其罪，榜之通衢，士民益憤，聚數萬人圍奉廨，誓必殺奉。奉逃匿楚王府，衆乃投奉黨十六人于江，并傷緹騎。以巡撫支可大助虐，焚其轅門，可大不敢出。日已晡，猶紛亂，應京囚服坐檻車，曉以大義，乃稍稍解散，奉匿楚府踰月不敢出。

應京被逮至京師，下詔獄拷訊，長繫獄中。三十二年九月，上以星變修省，廷臣請釋繫囚，于是應京及宅、棟如獲釋，而王之翰先瘐死獄中。

武昌之再變也，給事中田大益上言：「陛下驅率狼虎，飛而食人，使天下之人剥膚而吸髓，重足而累息，以致天災地坼，山崩川竭。釁自上開，憤由怨積，奈何欲塗民耳目以自解釋，謾曰權宜哉！今楚人以奉故，沈使者不返矣，且欲甘心巡撫大臣矣；中朝使臣不敢入境偵緩急，踰兩月矣；四方觀聽，惟在楚人。臣意陛下必且曠然易慮，立罷礦税以靖四方，奈何猶戀戀不能自割也！夫天下至貴而金玉珠寶至賤也；積金玉珠寶若泰山，不可市天下尺寸地，而失天下，又何用金玉珠寶爲哉！今四方萬姓，見陛下遇楚事而無變志，知禍必不解，必且羣起爲變，此時即盡戮諸璫以謝天下，寧有濟耶！」上怒，留中。

《國榷》卷七九　四月戊辰朔，貴州旱饑，斗米四錢。

〔庚午〕，吏部言：行取諸臣待命二年，乞録用。不報。

丙子，司禮、司設二監奉命趣户部鋪宫費。

壬午，督理直隸税監暨禄上言：臣徵廬、鳳、徽、安遺税并沿江船税，各撫按皆云重叠不敷，題請寬處。臣未敢憑。二項共十二萬金，今已半年，徵不及萬，始信撫按爲可據而原奏人無憑也。乞軫念民瘼以實徵解，毋拘原奏人揣摩之數。上從之。時榷使苛暴，獨暨禄請寬恤凡五。

川湖總督李化龍、巡按御史崔景榮各奏總兵劉綎餽金銀玉帶，命免綎官，永不敍用，仍追其賂助工。從之。

《神宗實録》卷三五八　癸未，山東税監陳增言：山東東昌府六府并香税課税，一歲額銀六萬兩，今已全完。莒州知州江一右題贓罰銀兩，經年又完，乞重加罰治。又治徐州等處河道繇閘等銀三萬三千二百八十餘兩。又言：曹縣庫貯河道銀二萬四千五百餘兩，知縣成伯龍自言地畝錢糧緊急，那借去九千餘兩，一年有餘，尚未補還，其爲侵欺可知，乞提究追解。上命銀兩交内庫查收，江一右罰俸六箇月，成伯龍那借情繇爾便會同撫按嚴提追完解進，如有抗阻的爾便指名奏來處治。

督理雲南礦税尚膳監太監楊榮進銀一萬五千二百四十餘兩，金二十兩，樣銀一百六十餘兩。又進紅寶石一百一十三塊，青寶石一十七塊。命内庫查收，仍會同撫按嚴追侵隱課羡店户黄存等，不許推諉遲誤。

奉聖旨，傳諭内府：各項缺人數多，着照例收用净身男子三千人，又奉旨添收一千五百名，其不選進男子遵旨。

《國榷》卷七九　乙酉，松潘副將總兵仍改總兵，鎮守四川，駐要道，西控松潘諸番。

設播州總兵，立貴州威遠衛。

丁亥，左軍都督同知馬應元改南京左軍都督府，鎮守昌平總兵官都督僉事黄陽臣改南京後軍都督府僉書。

癸巳，巡按直隸御史安文輝請蠲賑畿輔。不報。

丙申，設四川遵義軍民府，分播州地爲二郡，以關爲界。

《神宗實録》卷三五九　五月戊戌朔，命成山伯王允忠守備南京，掌中軍都督府事，協守山西。副總兵署都督僉事姜顯祚充總兵官，鎮守山西。防海禦倭兵總署都督僉事李承勛鎮守貴州。

《國榷》卷七九　己亥，畿内、山東、河南、山西、遼東大旱饑，遣告郊祀。

前貴州總兵官童元鎮逗遛，逮入京，遣戍。

壬寅，賑貴州饑。

《神宗實録》卷三五九 丙午，奪錦衣衛帶俸都指揮使鄭國泰俸。國泰疏請立册冠婚，奉旨：大典已有屢旨，況典禮所用不貲，珠寶乃王侯冠飾，非他可比。鄭國泰等每以戚畹出位擅言朝政，好生可惡。本當都拿問究治，姑念懿親，且罰俸一年。

乙卯，命保、河二府照被災分數各蠲存留銀有差。

丁巳，以左副都御史萬世德總督薊、遼、保定等處。時吏部兩推，皆不允。上以世德經理朝鮮，熟知邊情，命陞兵部右侍郎兼右僉都以往，蓋特簡云。

戊午，河南巡撫曾如春查報積餘銀兩二萬一千八百餘兩、錢八十九萬有奇，以中州民困已極，帑藏畫空，乞留一半，以備不虞。不報。

甲子，命鎮守四川總兵官都督僉事吴廣准復原職，仍加贈二級。

《國榷》卷七九 乙丑，裁興隆衛訓導，設印江縣教諭，以勸苗子弟也。

《神宗實録》卷三五九 丙寅，山西礦監張忠進銀内庫，鹽銀凡一萬二千兩，礦銀一萬三千九百六十七兩。

《明通鑑》卷七二 五月，山西巡撫魏允貞罷。

時中官張忠、孫朝，先後領山西礦税，誅求百方，允貞每事裁抑，疏暴其罪；朝怒，劾允貞抗命阻撓。上留允貞疏不下，而下朝疏于部院，將加譴責。吏尚李戴、都御史温純力争，請下允貞疏平議，上並留中。山西軍民數千人，詣闕爲允貞訟冤，言官亦連章論救，上置不問。

允貞父年九十餘，乃乞歸侍養，廷議以税使害民，非允貞不能制，固留之。允貞請益力，聽歸。

《國榷》卷七九 六月己巳，司禮監太監孫隆督税浙直，駐蘇州，激變，市人殺其參隨黄建節等數人。撫按詰亂民，有葛成獨引服，不及其餘，下獄論死。

辛未，發臨清倉粟十二萬石賑順天諸郡。

《明通鑑》卷七二 京師自去年六月不雨，至是月乙亥始雨。時畿輔、山東、河南赤地數千里，山西亦旱。

《神宗實録》卷三六〇 庚辰，户部尚書陳(渠)〔蕖〕言：先後進過承運庫、御用監、司設監珠玉等項計價銀二百二十餘萬，似足供典禮之用。乃臣等營之甚艱，而内臣視之甚易。見進者方其多而未已，未進者嗔此後而彼先，若真爲題討，千萬之數可責完于旬日者。乞勅下御用監，將見進珠寶驗收償造，勿過求備，致稽盛典。仍勅承運庫且停守催，毋得一時逼索無措。奉旨：今國計詘乏，邊餉告急，及進過錢糧數目朕豈不知，但典禮所需亦難缺少，着各各該監局將見收珠寶驗收做造，其缺用的爾部還設法催辦，毋得推調，且舉行吉期内外(請)〔諸〕臣静聽旦夕傳示，毋得聒擾，以致稽遲。

甲申，命紫荆、馬水軍士月餉每歲給本色三月，豆一月，仍以所發臨、德倉糧分賑。時巡按御史于永清巡視邊關，至馬水口公署，二守卒餓甚，割山澗死人肉且炙而且啖，永清聞其臭，搜而得之，爲之流涕，遂以上聞，故有是命。

《國榷》卷七九 丙戌，寧夏東路副總兵杜松因忿削髮，命還衛。

丁亥，臨洮總兵官蕭如薰奪俸四月，以燒荒在冬春間而遲至夏季。

《明通鑑》卷七二 法司請熱審，不報。自後數年皆停熱審，獄囚久繫多死。

戊子，山西按察使黄嘉善爲右僉都御史，巡撫寧夏。

己丑，襄陽府推官何棟如逮至，奏辨。遂下鎮撫司。

《國榷》卷七九 七月丙申朔，先是陝西撫按奏歲貢羊羢四千匹，自去年九月至今四月，共成三千一百匹，春命改織盤龍，又降柘黄、暗花二則，每匹修五丈八尺，日織一寸七分，半年得匹，自五月至九月，豈能如額，乞悉改織。不報。

《神宗實録》卷三六一 庚子，大學士沈一貫以吏科缺掌印官四月，大選等官尚未領憑，盤費罄盡，羣擁朝門號哭，乞即賜批發。不報。

丁未，督理山西等處税務尚衣監右監丞孫朝奏進贓銀一千一百五十二兩，并言在内叅隨員役丁文燦等指官索害，已盡行革逐。奉旨拏黜姦棍，安静地方，具見内外官員同心協恭，盡心職業，時巡按山西御史趙文炳也。

《國榷》卷七九 己酉，魏國公徐洪基爲南京右軍都督府僉書，襄城伯李承功領南京右軍都督府，提督操江兼管巡江，浙江總兵官都督僉事李應詔、甘肅總兵官都督同知張邦奇各爲前後軍都督府僉書。

是月，永春縣大雨水，流溢泉州。

《神宗實録》卷三六一 是月，天津税監馬堂進銀内庫税銀五萬三千兩，省費銀二百兩，節省銀八百八十兩，鹽務銀六千五百二十六兩。

兩淮鹽税魯保進銀内庫税銀一萬六千九百三十九兩，引價銀五萬六千兩，補解銀七百五十兩，輸獻吴時修等銀九萬兩。山西礦監張忠進銀内庫礦銀一萬八千兩，鹽價銀一萬三千兩，無礙銀六萬九千七百兩。四川税監丘乘雲進銀内庫礦銀一萬六千五十餘兩，金四十五兩，額外税銀七千七百兩，贖罪銀三百二十兩，節省餘銀一千兩。

《國榷》卷七九　八月庚午，虜犯寧夏平虜城、興武營等處，官軍擊斬二百餘級。

《神宗實録》卷三六二　己丑，户部言：廣德州漕糧四千九百石已經二次改折六，民力不無少蘇，以後照舊徵收，不得再議改折。報可。

《國榷》卷七九　辛卯，兵科左給事中桂有根言：套虜吉囊莊卜諸酋叩關求欵，許之。自延綏舊撫臣王見賓也，解任後豈能復行其約束，乞下新撫臣孫維城詳議利害。報可。

甲午，沈一貫上言：《詩》有《既醉》之篇，臣祝其君曰：「君子萬年，介爾景福。」繼曰：「君子萬年，永錫祚胤。」則願其子孫之多。又曰：「釐爾士女，從以孫子。」願配淑媛而生賢子孫也。有《斯干》之篇，頌築室既成曰：「築室百堵，西南其户，爰居爰處，爰笑爰語。」美新宫也。繼曰：「吉夢維何，維熊維羆，維熊維羆，男子之祥。」言吉祥善事，當生聖子神孫于無窮也。今萬壽稱觴，兩宫美成，在廷同祝，而迎禧導瑞，啓天之祥，實自聖心始。皇上大婚及時，故得聖子早。今皇長子大禮，必備其儀，推念真情，不如早諧伉儷之爲適。皇上孝奉聖母，朝夕起居，不如早遂含飴弄曾孫之爲懽。乞今年先皇長子大禮，明春後遞舉諸皇子各禮，子復生子，孫復生孫，坐見本支之盛，享令名，集完福矣。上心動，諭即日行之。

《明通鑑》卷七二　秋，八月，復命李成梁鎮遼東。

《神宗實録》卷三六三　九月乙未朔，吏部覆：兩廣總督奏瓊州府添設撫黎通判一員，駐劄水蕉大，會撫戢黎岐，編甲立籍，開設虚市，又於定安縣青寧屯地方設立巡簡司衙門，其文昌縣青瀾倉大使永議裁革。報可，巡簡司與名清寧。

《國榷》卷七九　丙申，少詹事范醇敬侍皇長子班，左右庶子唐文獻、楊道賓，左右諭德黄汝良、蕭雲舉，右中允莊天合侍講讀。

丁酉，山東右布政使黄克纘爲右副都御史，巡撫山東。

《神宗實録》卷三六三　己亥，命總河諸臣踏看河道，及時定議以聞。

朝鮮國王李昖奏請誥命冕服。禮部覆：朝鮮世篤忠貞，頻遭倭寇，皇朝所頒誥命冕服因變淪失，今據奏請補給，相應俯從。報可。

《明通鑑》卷七二　壬寅，河決開封、歸德。

《神宗實録》卷三六三　丙午，嚴旨申飭嚴貪官問遺之例，重道府連坐之條，遵行一年，可救民間無名之供二十餘萬。從之。

丁未，少傅兼太子太傅、吏部尚書、建極殿大學士趙志皋卒。

《國榷》卷七九　壬子夜，諭内閣，即舉皇長子三禮，次及諸子。

癸丑，總督河漕工部尚書兼右副都御史劉東星卒。

《明史》卷二一《神宗紀二》　癸丑，振貴州饑。

《國榷》卷七九　戊午，禮部尚書兼翰林院學士沈鯉、朱賡並兼東閣大學士，直文淵閣。時廷推九人，上已點朱國祚、馮琦，而沈一貫密揭，二臣年未及艾，曷少需之，先爰立老成者，蓋爲賡地也。先鯉任禮部，與閣臣申時行相左，請告擬放，上不許。吏科都給事中陳與郊望旨劾鯉，益求去。上私語曰：「沈尚書不曉我意。」有老宫人銀香聞之，令小豎密告鯉，正色絶之，竟引去。

《神宗實録》卷三六三　以畿輔災荒暫蠲保、河、真、順、廣五府本年秋季本折馬匹。

太常寺卿劉四科爲右副都御史，整飭薊州邊備，巡撫順天。

《國榷》卷七九　是月，雲南礦監楊榮進金内庫凡税銀一萬五千四百餘兩，礦金三十兩，礦銀一千九百三十七兩。河南礦税太監胡濱進古藏銅器。

《神宗實録》卷三六四　十月乙丑朔，上不御殿，頒行萬曆三十年大統曆如常儀。

丙寅，户部尚書陳蕖言：今歲金花春夏二季解完，秋季進過銀二十一萬八千二百餘兩，尚欠金花買辦銀八萬一千七百十餘兩，而十月分應進者又至矣。目前太倉如洗，各邊年例尚有一百三十餘萬未發，冬衣布花尚在拮据未辦。今江西各省陸續有文報解歲額萬無散失。伏乞聖慈憫念，將八月、十月分應進金花但遇解到容陸續補進該庫，不得剋期逼索。奉旨：進内金花銀兩係是常規，朕撙節儉用，毫無浪費，尚然不足，卿等何不體念。既各省有文報解，着剋期上進，不得再行延緩，在外各官不以急公爲事，還指名參治，無得曲徇。

《國榷》卷七九　甲戌，閣擬慈聖宣文明肅皇太后徽號，曰貞壽，曰端獻，上並用之。

屬夷伯牙兒妻唐翠阿不亥叩關求款，命給半賞。

乙亥，時諸典費未備，上欲改期，沈一貫封還聖諭，力言不可，乃定。

丙子，諭内閣，册寶未完，容補賜，可否。沈一貫請如命，俟上慈聖徽號日補賜。

《明通鑑》卷七二　己卯，立皇長子常洛爲皇太子。

時太子年二十，廷議有欲先冠婚後册立者，沈一貫不可，曰：「不正名而茍成事，是降儲君於諸王也。」上意亦悟，命即日舉行，漏二鼓，詔下。既而上復悔，令改期，一貫封還詔書，言「萬死不敢奉詔」，上乃止。

初，鄭貴妃要上至大高玄殿禱神設誓，立其子爲太子，上因書一紙緘玉合中，賜妃爲符契。後廷臣爭之力，慈聖太后復堅持立長，而妃又忽失歡，于是皇長子遂得立。上遣人取玉合，封識宛然，發合，蟲蝕書盡矣，上悚然異之。

同日，封諸子常洵爲福王，常浩瑞王，常潤惠王，常瀛桂王。

《明史》卷二一《神宗紀二》　壬辰，加上慈聖皇太后尊號。

《國榷》卷七九　癸未，命皇太子二月移居。責户部治費，尚書陳蕖引罪。

《明通鑑》卷七二　是月，以侍郎馮琦爲禮部尚書。余繼登去年七月卒，至是始以琦代之。

《國榷》卷七九　十一月乙未朔，禮部尚書馮琦上東宫及諸王冠禮儀注。

丙申，大禮成，進沈一貫兼太子太傅、建極殿大學士，蔭尚寶司丞。

《神宗實録》卷三六五　丁酉，户部覆奏天津屯田事宜。先是，保定巡撫汪應蛟［言］，天津葛沽一帶地廣人稀，臣爲之相度疆理，督行道府副協等官買牛制器，開渠築堤，計葛沽、白塘二處耕種地共五千餘畝，内水稻二千畝，其糞多力勤者，畝多四五石餘，三千畝種蔔豆者，畝收一二石，種旱稻者則以鹹立稿，大約水稻可收六千餘石，蔔豆可收四五千石。天津當多事之後，見在兩營水陸官兵尚四千人，歲費餉六萬餘兩，俱取給於加派。今幸而屯田可成，若盡依今法爲之墾地，七千頃歲可得穀二百餘萬石，此非獨可給天津六萬之餉，即以充近鎮之年例，省司農之轉饋，無不可者。且地在三岔河外，海潮上溢，則取以灌溉於運河無妨。白塘以下多窪地，原無糧差，白塘以上爲静海縣民地，或五畝十畝而折一畝糧差，不過一分八釐，民願賣則給價，不願則田成給種於民，亦便。議將天津防海官軍六千人春秋免赴防薊，合水陸兩營兵共計萬人，除人各耕種外，每歲［開］渠築堤可成田數百頃，召募殷實居民及南人有貲本者，聽其承種，少或五十畝，多不過一二頃，悉命倣照南方取水種稻，本年姑免起科，次年每畝定收稻米五斗，數年之後永爲世業。其軍兵除自種五畝，每畝定收稻米一石五斗。數年之後，荒穢盡闢，各軍兵且投且練，民間可省養兵之費。章下所司，至是覆請，命如議行之。然得不償失，迄無成功。

辛丑，以南京吏部孫丕揚三疏辭病，命在籍調理，病痊具奏。起用南京工部尚書裴應章赴任供職。命遼東巡撫李植以原官在籍聽用，從勘臣之議也。

壬寅，命保、河二府被災州縣照勘實分數如例蠲免存留，從户部之請也。

《國榷》卷七九　丁未，免開封災租。

己酉，改黎平府永從縣及十二長官司屬湖廣，改平溪、清浪、偏橋、鎮遠四衛屬貴州都司，各就其地近也。

《神宗實録》卷三六五　壬子，以大同鎮災荒，命以通倉截留漕糧兑給八萬石，作明歲年例預支之數，其民税屯糧照被災分數減免。

《國榷》卷七九　甲寅，禮部尚書馮琦請萬壽正旦長至節，特御文華殿。報可。

乙卯，禮部右侍郎敖文楨直日講，教習庶吉士。

丙辰，李頤爲右都御史兼工部右侍郎，總理河道、漕運。

《神宗實録》卷三六五　戊午，起原任太子少保工部尚書曾同亨爲南京吏部尚書。

《國榷》卷七九　辛酉，前總督兩廣軍務右都御史陳大科卒。

《神宗實録》卷三六五　是月，更蘇、常四府税監孫隆，以劉成代之。遼東税監高淮進銀内庫樣銀二百兩，達馬二十一匹，又馬十四匹。湖廣守備太監杜茂進銀内庫税銀二萬四千四百兩，船料五千兩，積餘銀三萬一千五百兩，買辦方物銀一萬三千兩。山西礦監張忠進銀五庫礦銀一萬五百三十九兩。江西税監潘相進金銀内庫礦銀六百一十兩，金二兩四分，税銀三萬七千五百兩。

《國榷》卷七九　十二月甲子朔，朝鮮國王李昖奏對馬島倭求款。

丁卯，誅皮林叛苗吴國佐。國佐原洪州司特峒寨苗也，叛後自稱天皇上將。

《神宗實録》卷三六六　庚午，户部以二十九年各邊未發年例銀共一百五十餘萬兩，議暫借宣府鎮貯銀三十餘萬兩，轉發大同、山西，爲權宜借濟之計。得旨：邊餉多缺，地又荒歉，亟宜處給，以慰軍心。各省直逋欠、權宜、借兑著上緊督催起解，刻限考成，各該衙門務宜分猷共念以軍國之急，無得各分彼此，仍前玩視。該部科不時查參究治，不許姑息。

辛未，命開復朶顔各夷馬、木二市，并復寧前木市。初，遼東馬市許令海西并朶顔等三衛夷人買賣，開原每月一次，廣寧每月二次。此成化十四年事也。百餘年來，互市馬貨，利在中國。又以互市之税，即賣市夷，且貢夷詗虜聲息，即有大舉，我得收保預備，其利多矣。萬曆二十三年，小歹青欲在義州大康堡開木市，聽各夷取木，順河運進買賣。撫臣李化龍爲請，亦以木脱多寡撫賞市夷，然視馬市報箭規格則有不同。二十六年撫臣張思忠稱土蠻之子揺臣憨糾合小歹青每年既得市賞又要比照宣大賞，時肆搶掠木、馬二市，繇此議罷。自此以後，大舉零竊，歲無虚時，闔鎮皆苦之。而諸酋亦數來求市。歹青揺臣憨等咸集近邊，願准二十三年撫賞，一聽約束。總兵李成梁斷以爲復市便，請身任其事。長昂、董狐狸、老綵孩子三酋亦請復寧前木市，總兵尤繼先許之。薊遼總督萬世德以聞，且言遼之馬市視他鎮不侔，他鎮皆係貢虜，搶必不市，市必不搶，歲出數萬，明以爲餌，彼亦嗜漢財物，不敢動也。若遼之二市，止可當他鎮之民市，民以爲利，故虜雖有順有逆，終不爲之絶市。且虜情不可知，即嘉、隆之間，何年不開市，何年不大搶，不過外示羈縻，内修戰具耳，豈可以往年之虜或市或搶，恐人之議其後而不爲擔當哉。天下事未有全利而無害者，利多害少則爲之，若有利無害復持兩端以觀望，豈人臣所以計安邊境者乎。疆埸利害關係至重，須如古之權，不中制亦不外監，行無掣肘而事有底績。伏乞天語叮嚀戒諭，使得畢力封疆，不誤大計，臣等之上願也。兵部如世德言，覆請。從之。

《國榷》卷七九　壬午，許福王出閣。

癸巳，皇太子及諸王皆冠。

《神宗實録》卷三六六　是月，薊永開礦太監王虎進金銀内庫銀三千一百兩，金十兩。户部奏進慈慶宫子粒銀二萬七千八十七兩，乾清等宫子粒銀二萬四千五百兩。

《國榷》卷七九　是年，思明土官韋承祖死。禄州夷酋韋達禮作亂，犯思陵州，思陵土官韋紹曾馭下慘刻，失人心，遂突州境，執紹曾去。

萬曆三〇年（壬寅、一六〇二）

《國榷》卷七九　正月甲午朔，上不朝。

丁酉，工部請敕總河侍郎李頤便宜行事。許之。

《神宗實録》卷三六七　甲辰，户部覆：巡青給事中張鳳翔議，太倉陪庫官分董京糧以明職掌，慎稽覈，意固甚美，第陪庫官原司覺察，倘令分管，是一柄二持，似非政體，宜令銀庫主事仍管其事，以後凡有僭用，如例先請後發。今將各省直解到京糧銀兩先儘正項支用，餘一十二萬餘兩，倘有急用，本部題請借發，仍知會巡青科道，以便稽查，俟太倉稍裕，陸續補還。報可。

甲寅，湖廣潛江、沔陽、石首、巴陵、華容、廣濟、景陵、平江、荆門、安鄉、大冶、興國等州縣衛司災荒，巡按御史王立賢將改折、緩征、蠲免、賑濟，列款以請。許之。

《國榷》卷七九　丙辰，立遼陽自在州儒學。

丁巳，增東宫官屬。

千户王應魁請遣貴州税監，沈一貫擬旨力阻之。

己未，福王暫講武英殿西廡。

增設漕河道，以霸州兵備參政汪可受爲山東按察使，專其事。

《明通鑑》卷七二　以四方災異，敕羣臣修省。

《國榷》卷七九　壬戌，設沅州游擊，統兵轄辰、常、平、清、偏、鎮六衛。

《神宗實録》卷三六七　應天巡撫曹時聘言：自萬曆十九年倭奴攻陷朝鮮，聲勢震隣，前道臣議增兵置艦，以備不虞。前歲東事敉寧，當事矜恤民隱，議撤西府協濟蠲田上新餉，各兵停募不補。今倭警日聞，補牢宜講。雖不能盡復十九年添設之數，酌量于蘇州府復兵一千七百四十六名，沙船六十五隻，將應減存新餉銀四千四百餘兩仍編徵，及四府新增協濟量復一萬五千兩。松江府復兵七百四十一名，將應減新餉銀四千七百二十二兩有奇仍編復。常州府補舊兵三百七十八名，留新兵一千一百九員名，量編復田上新餉銀一萬二千兩。鎮江府補舊兵一百二十六名，留新兵一千一百六十八員名，量編復田上新餉銀七千四十七兩有奇。蓋視四府地方之緩急以爲多寡，而又必將領人地相宜，議將夏永昌調福山把總，仍以都指揮體統行事，虞宗詡以原官調崇明把總，楊守愚調中平鎮把總，趙躍龍調遊兵把總。户部覆，俱如議。

癸亥，吏部尚書梁夢龍卒。

《神宗實録》卷三六八　二月乙丑，蠲揚州府屬額解蘇、鐵、蒲草銀兩，因按臣以災請也。

丁卯，罷國學納貢例。

庚午，以災荒蠲山東鉅野、嘉祥、武城、曹州、濟寧、定陶、嶧縣、魚臺、朝城、觀城、濮州、金鄉、滕縣、莘縣、單縣糧税有差，改折一年。

《國榷》卷七九　甲戌，蠲晉江、南安、惠安、同安、莆田、仙遊田租有差，仍賑之。

丙子，皇太子婚。配妃郭氏，費二百萬有奇，倍上婚時。

己卯，皇太子受賀于文華門，上免賀，不出。

《明通鑑》卷七二　上不豫。

時皇太子姻禮甫畢，上忽有疾，急召諸大臣至仁德門。俄，獨命首輔沈一貫入啓祥宮後殿西煖閣。皇太后南面立，稍北；上稍東，具冠服，亦南面；太子諸王跪于前。一貫叩頭起居畢，上命之前，諭曰：「朕病篤矣。礦税事，朕因三殿、二宮工未竣，權宜採取，今可與江南織造、江西陶器俱止勿行。所遣内監，俱令還京。法司釋久繫罪囚，建言得罪諸臣，咸復其官。」言已，就臥。一貫尋叩頭出，擬旨以進。

是夕，閣臣、九卿俱直宿朝房。漏三鼓，中使捧諭至，具如上語一貫者，惟中加「南京供應機房係舊制，并蘇、杭織造内有御用及婚禮袍服，俱著仍舊。已採徵在官金銀等件，并織完絨疋，燒完磁器，還著原差内官押解進用。如有姦惡截阻，及驛遞應付遲慢者，指名參處」數語。諸大臣期即奉行。

翼日，上疾瘳，悔之，遣中使二十輩至閣，追取前諭，一貫不能持，惶遽繳入。時司禮太監王義方在上前，力争曰：「王言何可反汗！」上怒，欲手刃之。義言益力，而中使已持前諭至。後義見一貫，唾曰：「相公稍持之，礦税撤矣，何怯也！」自是大臣、言官疏請者日相繼，皆不聽。

《國榷》卷七九　癸未，諭内閣曰：「朕前眩暈，面諭卿事，礦税等因兩宮三殿未竣，帑藏全虚，權宜採用，待工畢停止，餘事可擬上。」

《明通鑑》卷七二　甲申，重建乾清、坤寧宮。

《神宗實録》卷三六八　命禮部鑄給河漕道關防。

《國榷》卷七九　丁亥，吏部尚書李戴、户部尚書陳蕖等各請遵行前諭。不聽。

庚寅，太僕寺卿南企仲言：聖諭已頒，自是獄無繫囚，野無遺賢。乃數日來不聞吏部復職何人，且以發訪單爲詞，則尚書李戴當罷；亦未聞刑部釋囚何人，且以勒保結爲詞，則尚書蕭大亨當罷。上怒其市恩，鐫級調外。

辛卯，諭内閣礦税俟三殿成停之。

廣東採珠太監趙安道臨淮，以知縣林錝不遣役，誣其抗掠，逮下獄。巡撫鳳陽李三才疏其枉，不聽。

壬辰，吏部尚書李戴請宥建言得罪諸臣。不聽。

《神宗實録》卷三六九　閏二月甲午朔，户部覆：貴州巡撫郭子章議，貴州地瘠産微，力難自給。矧値播事之後，重以災祲，以川、湖應解銀抵爲賑濟，又非分外之徵。既蒙欽允，經徵各官任行拖逋者，應各罰治，以懲違慢。仍乞天語叮嚀，川湖撫按諸臣將長沙府屬未完糧銀先那三萬兩，并烏撒、烏蒙、鎮雄、東川四土府未完本色米一十二萬六十餘石，銀一萬兩，刻期立限，通發黔省賑饑支用。其餘未完協濟糧銀，務要一併完解，毋得視爲秦越，如前推諉。詔從之。

《國榷》卷七九　保定巡撫汪應蛟及劉四科、楊時寧、安文璧、黄克纘，巡按趙標、黄吉士等先後請停礦税。不聽。

《明通鑑》卷七二　丙申，復河套諸部貢市。

《神宗實録》卷三六九　〔丁酉〕，運太僕寺銀二十一萬三千五百一十二兩於遼東，補萬曆二十七、八、九三年年例買馬之用，從巡撫趙楫請也。

己亥，福建候代巡撫金學曾題：自撫閩以至候代，六年之内，節省過兵餉，查出應補庫銀一十二萬七千四百兩有奇，乞行新撫臣會巡按御史將前銀先扣還借給新兵銀四萬七千二十四兩五分，其次扣還借給舊兵銀七萬餘兩，及將帶徵欠餉藩司立法置册各分年限，聽撫按互相稽覈。户部覆如議，報可。

《國榷》卷七九　癸卯，工部右侍郎姚繼可爲尚書，司禮太監田義閲京營。

甲辰，翰林院簡討王圖爲南京右春坊右中允，署翰林院事。

辛亥，論寧夏功，進沈一貫少傅，田樂兼太子太傅，各賜金幣，餘陞賞有差。巡撫寧夏楊時寧進兵部尚書。

《明史》卷二一《神宗紀二》　戊午，河州黄河竭。

《神宗實録》卷三七〇　三月癸亥朔，兵部覆議，貴州銅仁苗賊告警，總兵官李遇文稱疾不赴，屬規避，請革其任回衛。上從之，仍諭令後總兵官如有托言規避者，指名參治。

甲子，諭吏部：今帑藏空虚，邊餉告急，户部堂官豈得互相嫌疑推委，印務半月無著。既各借詞告病，不肯代君分憂，大義何在。朝廷亦不强留，以誤軍國大事。陳蕖、張養蒙都令致仕去，即與倉場侍郎趙世卿掌管，員缺便會推來。

《國榷》卷七九　丙寅，上怒給事中蕭近高、御史余懋衡、李培申，所請録建言諸臣，切責之，各奪歲俸。並及前沽名鄒元標、沈一貫疏救，命鐫二秩者奪歲俸，降雜秩者鐫一級，削籍者仍留。

《神宗實録》卷三七〇　丁卯，陞延綏總兵都督同知麻承恩爲大同等處地方掛印總兵，湖廣偏橋總兵都督同知陳璘爲鎮守貴州兼提督平清等衛地方總兵。

《國榷》卷七九　己巳，宣府饑，蠲田租，賑之。

《神宗實録》卷三七〇　庚午，户部署部事侍郎趙世卿言：九邊待哺既急，帑乏更無可處請，借太僕寺馬價一百萬，分救饑餒。上從之，諭俟後充足，照數補還，你部仍多方催徵，節省接濟將來。

甲戌，調鎮守廣西地方總兵李如樟爲掛印鎮守延綏等處地方總兵。

《國榷》卷七九　〔丁丑〕，御馬監太監徐鋭以寶坻等縣牧馬草場千三百餘頃爲豪占，請勘。沈一貫疏論，不報。

己卯，上疾瘳。禮部請視朝，不報。

甲申，總督倉場户部右侍郎趙世卿爲户部尚書。巡撫河南右都御史曾如春爲工部右侍郎兼右僉都御史，巡撫大同。通政司左通政許弘綱爲順天府尹。

《明通鑑》卷七二　雲南騰越民變。

《神宗實録》卷三七一　四月丁酉，以太常寺卿孫瑋爲都察院右副都御史，巡撫保定等府，提督紫荊等關。

發内庫銀五千一百一十五兩于甘肅，爲給賞獲功員役之用。

辛丑，蠲賑順天、永平二府被災州縣衛所有差。

《國榷》卷七九　雲南緬酋雍罕糾衆十萬攻蠻莫土官思正，巡撫陳用賓議剿撫。

以延綏巡撫孫維城派軍扒沙，軍譟，命誅首禍者。

癸卯，倭將清正歸我漢人八十七人及倭書二函，與通事王天祐還閩，巡撫福建右僉都御史朱運昌奏之，兵部令嚴備。

《神宗實録》卷三七一　禮部尚書兼東閣大學士朱賡行取到京，詔即入閣辦事，候補面恩。

《明通鑑》卷七二　乙巳，京師旱，敕修省。

《國榷》卷七九　時大旱，部科交章請罷礦税。不報。

《神宗實録》卷三七一　丙午，户部尚書趙世卿言：福建積餘鹽價，先該御史劉應龍議，權宜給票輸課濟邊。今税監高寀亦議，將前銀湊足一萬有奇，具疏兩請。得旨，下部院。臣仰體聖意垂念邊計，借助大工均不可緩，第以今時邊餉似爲尤急，鹽課儻餘一分則邊餉藉用一分，望俯俞屢請，令臣等轉行該省按臣同税監協力共濟，將前後題共湊銀一萬三千餘兩刻期解部，湊抵邊餉，少救軍士倒懸之苦。報可。

戊申，准蘇、杭水災地方將婚禮袍服未織三運，分作六運，每年二運織解，從太監孫隆請也。

《國榷》卷七九　癸丑，陝西税監梁永請鎮守衛及清理花馬池、慶陽等鹽池，兵部執争，不報。

辛酉，寬灤州、三河、豐潤、昌黎、樂亭、保定、大城等縣站銀。

五月癸亥，吏部稽勳郎中趙邦清爲御史金忠士、給事中張鳳翔所劾，力辨。如欽選東宫淑女楊氏買爲妾，置不辨，降邦清三級調外。

《神宗實録》卷三七二　乙丑，工部尚書姚繼可言：河工缺乏無措，惟有請發内帑及河道歲積錢糧。近以税使搜括五萬三千有奇，望諭令照數還給，以濟目前急用。得旨：内庫缺乏，各項進供待用，有何積餘，兹不得已且借用太僕寺馬價三十萬兩，其原屬河道錢糧五萬三千亦令留用，以後不必搜括。其户部原議之數依擬，此外尚須接濟，爾部尚悉心計處。

《國榷》卷七九　戊辰，太監劉成徵税蘇、松、常、鎮，激變。

乙巳，廣西荔波州，以獨山州土酋蒙天眷、南丹州土官莫之厚恣掠，截縣道，撫按以事上。

《明通鑑》卷七二　乙亥，法司請熱審。不報。

戊子，江西税監潘相，素爲衆所忿，一日輿而出，會歲試諸生童指目之。相怒，禽四人入，其一則謀託，輔國將軍之庶宗也，捶之傷甚，各宗大鬨，毀門入，相走免。誣劾上饒知縣李鴻報怨，鴻坐除名。

《神宗實録》卷三七三　六月辛卯朔，從總督三邊尚書李汶、甘肅巡撫徐三畏之請，將甘肅鎮二十九年分將領等官克修馬政與保馬無法者分别賞罰，達雲、柴國柱、孫鑾紀録，劉衍祚、何希閔、潘國振、董時清、阮承祖、王國均、楊國相獎賞，馮時等三十六員住俸，朱明翰等四員革免。

丙申，山東齊河等州縣災，命地方官踏勘以聞。

與朝鮮陪臣收買弓面，于年例二百之外，量加一百，以便禦倭，後不爲例。

丁酉，吏部尚書李戴先擬稽勳司郎中趙邦清降調兩淮都轉運鹽使司判官，不當上意，復擬山西平陽府絳州同知。詔趙邦清罪惡甚多，革職爲民。

《國榷》卷七九　戊申，朵顔衛頭目納喇更名失留速阿卜亥，貢馬，陞都指揮僉事，給敕。

己酉，太師兼太子太傅領後軍都督府定國公徐文璧卒。贈光禄大夫、柱國，謚康惠。

承天府人訛言選婚福王，嫁娶立盡。

甲寅，廣西東蘭州土官韋文第爲思吉鎮土餘韋文燦所殺，劫印。

《神宗實録》卷三七三　丁巳，京師霪雨，壞民房。刑科給事中楊應文奏監房倒塌，壓傷二十餘犯，請勑下法司，鞫其情有可矜者釋放，以普好生。不報。

《神宗實録》卷三七四　七月庚申朔，工部尚書姚繼可疏言：臣部頻年以來册立、册封、大工、河工，多方那借，正額尚缺七八十萬，今又值福王婚禮叢集，一時爲費不貲。實在庫貯止一百零二兩，臣與司屬正切憂惶。兹值羊絨銀兩臣部不能如期解發，尚冀户部三萬或可先發接濟。乃户部又稱邊餉窘急，亦在那借，兩部勢窮力詘，于時爲甚。及查已解絨服等物充斥内庫，積久易蛀，不無可惜。陝西累年土瘠民貧，已搜處二十萬兩，今若再行搜括，民不堪命，釀禍無窮。請將已織在官者解進，其餘未織者停止，俟河工告竣，婚禮俱完，物力少充，再行織解。庶兩部錢糧或得少憩，而關陝疲命可暫息肩矣。得旨：上供難缺，已裁減歲定四千疋，爾户、工二部帑藏空虛，姑准織進三千疋，以示寬省民力。爾各部亦須仰體德意，講求財計而以待急用。

《國榷》卷七九　癸亥，巡按四川御史畢三才同總督王象乾，以貴州地界責宣慰使安疆臣獻之。

《神宗實録》卷三七四　戊辰，以廣東斬獲黎賊二千三百有奇，甘肅斬獲虜首三百七十八顆，宣捷，遣侯郭大誠于南郊，徐文煒于北郊，駙馬侯拱宸于太廟，各行祭告禮。

《國榷》卷七九　乙亥，誅奸人鳳陽徐應龍。應龍亡命走貴州之銅仁苗寨，僞稱親王，恫喝諸夷，恣掠九閱月。漸露，購捕之。

戊寅，太子少保、禮部尚書兼東閣大學士沈鯉入朝。

癸未，署兵部事刑部尚書蕭大亨等，以遼東税監高淮既獲逃軍，列銜鎮守協同關外，其銜胡爲乎來哉。外廷不聞簡命之頒，而儼然竊之，何也。有旨，高淮協管關務，置不問。

丙戌，左都御史温純論礦税之害，請撤李鳳、陳增、楊榮、高淮等，云鳳淫縱，至污婦女六十六人，私貨至三百肩六十艘。不報。

薊鎮屬夷兀良哈部獐兔，糾虜犯紅山溝，守將敗之，斬三十級，俘五十人。

《明通鑑》卷七二　是月，緬甸犯騰越。

《神宗實録》卷三七五　八月庚寅朔，户部尚書趙世卿言：薊州等鎮管糧郎中胥從化稱本部年例後期，營路兵馬兩月糧銀未關，本月十六日各軍洶洶，即欲鼓譟，幸撫院多方安慰，稍稍暫止。及今如何接濟，尚可遏亂未萌。萬一延緩，蠢動之衆必見謂給己而疑之，前謀復起，空言何施。伏乞軫念肘腋重地，權宜緩急，速發年例，援濟目前。報可。

《國榷》卷七九　丁未，德妃許氏薨，謚莊靜。初，兩宫災，妃屢刺上昏主不知省，上怒幽之。至是命禮葬。

壬子，令有司錢糧，分定則例考成，定殿最。

丙辰，浙江按察僉事汪先岸謫福建都司副斷事，山東道御史劉九經謫兩浙運司知事。先岸前廣東道御史，劾工部尚書姚繼可。九經以通政使沈子木匿其奏也。

《神宗實録》卷三七六　九月己未朔，發太僕寺馬價二萬六千二百有奇于薊、昌二鎮，連前議留永平府馬價等銀，共足三十年秋季至三十一年夏季額。

《國榷》卷七九　甲子，停江西浮梁等十六縣二十七年以上逋租十之二。

《神宗實録》卷三七六　丙寅，革總兵麻承恩回衛。先是，承恩以違禁餽遺，被科道交章論劾，候旨處分，上疏陳瀆，故有是命。

《國榷》卷七九　丁卯，沈鯉請撤内臣，罷礦税，釋纍臣。不報。

乙亥，給甲、丙、天財三庫本色綿布一十九萬八千七百一十九疋，綿花二十九萬五千五百六十二斤，鈔九十八萬五千九十錠，支太倉庫折本色布銀三萬二千八百一兩六錢有奇，銅錢八百二十萬四百一十文零，分賞軍士人等。

庚辰，陞大同副總兵焦承勳爲掛印總兵，鎮守大同等處地方。

辛巳，陞貴州安順州爲安順軍民府，銓補知府、推官、經歷各一員。禮部題鑄印信。

壬午，松江南匯獲夷男婦五十七人，似琉球人；浙江獲夷婦三人；命付福建歸之。

戊子，兵科給事中洪瞻祖使琉球。聞喪，改兵科右給事中夏子陽往。

《神宗實録》卷三七七　十月己丑朔，應天宿松、望江二縣重災，准改折休寧、祁門、婺源等縣，以差賑恤。

《萬曆起居注》册七　壬辰，恭祝乾清、坤寧宫工程。

《國榷》卷七九　癸巳，代王鼒匀乞免考察護衛官。許之。

甲午，巡撫遼東右僉都御史趙楫奏：太監高淮請廣寧夏馬市、義州木市，前撫張思忠以諸夷内訌，故罷之，近酌議未決，何淮忽有此請也。

丙申，孝陵災。

《神宗實録》卷三七七　戊戌，泗州虹縣等十三州縣災，以差蠲賑。

《國榷》卷七九　己亥，總督薊遼右都御史萬世德卒。

《神宗實録》卷三七七　乙巳，禮科都給事中張問達以星變，請罷礦税。不報。

戊申，四川分守松潘副總兵周國柱棄職夜逃。詔巡按御史嚴提究問，本衛指揮堯咨等各罰俸三月。

丙辰，刑部以朝審竣，奉旨今歲兩京各省暫免行刑，因疏請釋矜疑幽繫。不報。

《國榷》卷七九　十一月戊午朔，初，吏部郎中倪斯蕙與御史何淳之、胡鶚等争班。禮部議，國初論品，隆慶初定科道自爲一等，列部曹前。皇上登極以來，常朝四班先科臣，次吏曹，五班先御史，次各部曹，今遽昂彼抑此，非也。命仍隆慶初。

《神宗實録》卷三七八　辛酉，河南税監胡濱以千户李承恩聽信審理正徐文煒，稱河南布政司絶王庫内收貯約銀百萬餘兩。奉旨使其同該撫按等官查勘。回報云：臣入省同巡按楊光訓到布政司同左布政姚學閔、右布政易登瀛、參政陳所緼、朱思明盤庫内，原無絶王庫名色，因詰問徐煒、李承恩，彼稱事出風聞，原未親見。臣以前册開徽、汝、伊三府相繼故絶，徵收禄糧六十一萬二千一百餘兩，及周府、永寧等九王故絶，省銀一萬八十三百餘兩，詢之各官，咸稱此數十年積集，至今隨徵隨放，撥補周藩繁衍之用，各府糧銀雖有定數，小民拖欠與年遠故絶開豁者多，若遽追徵，合省閭閻閧然怨讟，萬一他虞，非所以仰體朝廷愛養黎元之德意也。今擬通融措備，見有在庫銀五百二兩二分，又二十一年至二十七年應徵徽、伊二府禄銀二萬四千五百三十五兩，追完解進，此外毫無措處矣。臣不得已，遂依所議，謹將會查始末奏請定奪。得旨：收貯絶王禄糧既經内外官公查別無積貯，乃徐煒、李承恩誤聽風聞，妄奏欺玩，爾便同撫按官解赴法司問擬，其銀兩俱令解進應用，餘拖欠既稱年遠，特准免徵，以示寬邺小民德意。

《國榷》卷七九　癸亥，巡撫陝西太子少保、兵部尚書兼右副都御史賈待問卒。

甲子，真人張國祥乞母諭祭，予六壇。禮部尚書馮琦謂真人無例，伊祖彦頫父永緒引方士邵元節、陶仲文例得之，非制也。不聽。

《神宗實録》卷三七八　辛酉，户部尚書趙世卿言：二十九年分金花銀兩，各省俱于三十年解足，惟江西止解二十八年分，竟壓徵一年，例應儹解，請定限三十一年内儹早兩季、三十二年内儹早兩季，以後年分俱照各省挨接當年完解，勿得仍前墜欠，以便本部按季供進。詔依擬。

甲申，陞南京太常寺少卿鄭汝璧爲都察院右僉都御史，巡撫延綏等處地方，贊理軍務。起都察院右都御史蹇達總督薊、遼、保定等處軍務，兼理糧餉。經略禦倭右僉都御史尹應元巡撫浙江等處地方，提督軍務。

《國榷》卷七九　十二月辛卯，江西税監潘相開採廣信封禁山木，又採泰和縣山石膏。巡按御史吴達可争之，不報。

《神宗實録》卷三七九　庚子，普陀山在浙之定海縣三百里外洋海中，舊有寺，上嘗欽頒藏經于寺，彼寺被焚，至是復遣中官相度營建。巡撫劉元霖疏言，搆宇聚徒，恐以多蓄起釁，勾倭爲患。昔寺之毁，所欽頒藏經無恙，嗣復賜藏經，本年旋造大殿五間，可以貯奉，不宜大興土木，内爲亡命之淵藪，外啓狡夷之垂涎。請將見議興工停止。不報。

壬寅，吏部以兩京大小九卿、各省直巡撫司道知府員缺原推姓名備開，乞簡補以疏仕路。不報。

《國榷》卷七九　辛亥，故播州叛黨吴洪等作亂，貴州巡撫責安疆臣縛斬之，盡俘其衆。

《明通鑑》卷七二　大學士沈一貫等奏：「天下御史巡行差務凡十有三處，今缺其九。請遣各御史分往受事，庶監察有所責成而綱紀可振。」疏入，不報。

鳳陽臨淮知縣林錡，以忤税監被逮下獄。

是歲，兩京缺尚書三，侍郎十，科、道九十四，天下缺巡撫三，布、按、監司六十六，知府二十五。兵科都給事中田大益力請簡補，不報。

萬曆三十一年（癸卯，一六〇三）

《國榷》卷七九　正月戊午朔，上不朝。

己未，海虜千餘騎掠番漢，兵備副使李有實同西寧參將張大紀擊斬百三十六級，家丁某冒級下獄，夜鼓譟越城而遁，奪大紀官。

丙寅，內監王朝採煤西山，帶營兵擾民，窑人幾變。朝議恐以阻撓奏，閣臣及刑科都給事中楊應文、工科給事中白瑜、兵科都給事中南大益各請停採，不報。尋太監陳永壽言之，撤朝。

丁卯，前翰林院檢討王肯堂謫海鹽縣丞，以善申時行、王錫爵鄉戚獲譴，人頗冤之。

許廣東市舶太監李鳳兼南雄橋稅。

庚午，順義王撦力克入貢。

乙亥，內監魯保兼浙直織造。

《明通鑑》卷七三　春正月，復營乾清、坤寧兩宮。輔臣沈一貫等入視工程，因亟言巡漕、巡倉二差及河南、陝西二巡撫缺，應補授差遣。上頷之。

詔户、兵二部覈軍實。

時內府供億浸多，户部困不能支。九邊軍額八十六萬有奇，將弁率以空名支餉，且多尅減，邊民屢譁。上憂之，乃有是命，然卒不能振刷也。

《國榷》卷七九　二月己丑，崇王常津請重補額妾三人。禮部尚書馮琦謂非例，遂罷其一。

《神宗實録》卷三八一　乙未，輔臣等再申巡撫、試御史之請。不報。

降工科都給事中白瑜三級，令外補，吏部以湖廣布政司照磨除之，上命邊方用。

戊戌，諭內閣：朕昨節間恭謁聖母，面奏正月二十六日天壽山長陵等處興工修建，親奉慈恩，欽發助工銀五千兩，犒工新舊錢一百定，皇后、皇貴妃等、皇太子與福王等進助工銀三千三百兩，新舊錢三十定，卿等傳示作正支銷用，務使人匠軍夫得沾實惠，作速修建報完，上慰聖母同朕懸望之誠心。

户部請如例將薊鎮三十二年撫夷銀二萬六千一百三十兩有奇，於濟邊銀兩預先充付各道，委官領回本鎮，專備撫夷支用。從之。

庚子，户部題：本部錢糧出入之數，稅糧、馬草、農桑、鹽鈔爲正課，實入太倉者三百七十餘萬，事例、贖鍰、缺班爲雜課，實太倉者將一百萬，合此二者始足當每歲四百五十餘萬之出。乃各省直遇事輒議題留改納。自外入者，額內日求其減；自內出者，額外日求其增。況絨段隸在司空，優恤隸之司馬，賑荒自有積穀，軍餉自有存留，邊儲自有民運，朝廷每一事設有一事之錢糧，乃有司怠緩而不徵，豪猾乾没而莫問。乞明旨申飭自三十一年爲始，凡遇地方有事，即照額派本項錢糧內自行區處，不得輕題留改，其前此借用錢糧俱要上緊補完。從之。

《國榷》卷七九　辛丑，禮部奏：朝鮮國王李昖舍長立次，以次子琿戡亂而置長子何地，今貢未可受也。或虞彼疑畏，姑收之。報可。仍令國王確議以聞。

〔癸丑〕，貴州永寧土司奢世續、奢崇寅争立，燒普市。

《明通鑑》卷七三　三月戊午，吏部奏天下郡守缺者幾十之五，請敕吏部推補。不報。

《神宗實録》卷三八二　〔己未〕，駙馬許從誠原賜莊田七百頃，已故，例減半給予，户部以請，從之。

甲子，監生吴養都等五人以進獻輸工銀十四萬爲兩殿中書舍人。吏部以重名器爲請，不報。

《國榷》卷七九　丙寅，虜犯洮岷，陝西總兵官蕭如薰等禦于松山，奔捏工川，斬八十一級，番人二百五十五級，收降番五千餘人。

虜犯甘鎮，總兵官達雲擊斬六十五級。

《神宗實録》卷三八二　戊辰，刑部尚書蕭大亨一品六年考滿，未奉命，輔臣以爲請。不報。

壬申，南京吏部以卿、寺、科、道、郎署員缺有至六年未補者，具奏以聞。下部知之。

乙亥，總督倉場尚書謝杰陳積儲大命四事：一總漕撫臣宜久其事任，不可使一日缺人，議留李三才。二放糧舊規，每年四月十月應放折色。三臨清、德州二倉所積糧米運二十萬石入都，以補本年災傷折色之數，倘四五月間南漕不至，即括二倉所有盡數起解，俟豐熟抵還。四工部宜趁冰涣速以修倉爲事，倉完則工匠不得溷入，車脚不難稽查，盜米之姦可以立革。户部覆奏，上以漕運事重，令李三才併事候代，放糧折色、臨德二倉補數，令户部議妥行，早修倉廒。仍著爲令。

《國榷》卷七九　丁丑，初，清河口遽涸阻運，御史蔣以化、巡撫鳳陽李三才各以聞，且請寬過淮過洪之期。許之。

《神宗實録》卷三八二　辛巳，户部以災傷改折湖廣黄梅縣二十八年南糧七千五百六十五石，每石折銀五錢，并席竹等銀槩解南京户部交納。從之。

《國榷》卷七九　丙戌，遼東大福堡火。又地火見太原堡，大如輪。

四月戊子，兵部以寧夏黄草灘等處地方獲功軍丁王來等勘明，奉旨應賞銀二萬九千四百四十八兩八錢，請劄太僕寺於常盈庫貯馬價銀内動支，差官給賞。從之。

庚寅，兵部以河上急需，請於南京兵部總庫動支二十萬兩，淮、揚馬價一十萬兩。兵部疏議陪京備用亦屬吃緊，不得已，酌動五十萬，先後給發。兵部覆請，從之。

乙未，户部查薊鎮本年分例該京運餉銀四十二萬餘兩，因庫倉匱竭，請以臨、德等倉折銀并買米扣省銀六萬兩，合湊太倉之數，量發銀十萬兩權濟急需。報可。

丁酉，户部議行條鞭法。

户部請發内帑給邊餉，上命借太僕寺馬價二之一。

《神宗實録》卷三八三　己亥，户部揭稱各鎮請餉數多，逋負催徵無期，請内帑百萬與太僕寺五十萬一時齊發。輔臣以聞。

庚子，上以户部借冏寺馬價太多，下旨切責輔臣。

戊申，宣大督臣楊時寧請將該鎮原汰戰馬四千疋，歲該料草銀二萬兩，遵照十九年題准充市本，需其復額馬匹錢糧亦照二十七年題，准于軍門節省標兵行糧銀内取給。户部如議以覆，從之。

《國榷》卷七九　己酉，李化龍以工部右侍郎總理河道。

太僕寺舊庫，自正德二年至萬曆五年，共種馬價銀四百萬，遼自累歲借給，今止百二十萬。太僕寺卿王明言狀，上命仍如前旨。

〔壬子〕，敕許總河節制江北、河南、山東等處巡撫官。

《神宗實録》卷三八四　五月辛酉，輔臣等爲熱審届期，擬傳諭一道進呈，未報。再請題旨，亦不報。

《國榷》卷七九　諸大臣及科道各劾遼東税監高淮不法，俱不聽。

《神宗實録》卷三八四　丁丑，刑科給事中錢夢皋以熱審舊例，請頒恩詔，併言逮繫諸臣之寃抑。不報。

刑部尚書蕭大亨以病乞休。上以其老成練達，兼攝兩部，精力有餘，不允，但令吏部具兵部尚書員入覽。

戊寅，以楊登山署都督僉事充總兵官，鎮守四川等處地方。

壬午，裁福建等司民科當該一十一名。

《國榷》卷七九　癸未，復以平越府清溪、平浪、偏橋、鎮遠四衛隸湖廣，黎平府隸貴州。

薊鎮屬夷獐兔犯車廠莊及冷飯谷，官軍拒卻之。

《神宗實録》卷三八五　六月丙戌朔，四川新谷安撫司差都綱番僧仰羊堅藏等八名貢珊瑚左髻等方物，各賞給絹鈔食茶。

遼東太監高淮進子粒銀一千八百餘兩，礦税銀二萬三千兩，金六十兩，馬匹貂鼠等物。上命收進。

《國榷》卷七九　己丑，巡按貴州御史畢三才請總督王象乾同貴州巡撫平亭水西疆界。

《神宗實録》卷三八五　癸卯，河南開礦錦衣衛指揮楊宗善進礦銀五千五十二兩。上命收進。

《國榷》卷七九　癸丑，泰安州大水，淹男婦八百餘人，壞民居數千區。

《明通鑑》卷七三　六月，黜楚中尉華趆爲庶人。

《神宗實録》卷三八六　七月丙辰，天津餉司條議，各軍防汛行糧本折將屯田所收稻穀及保、河各府扣剩二分糧銀照數充抵，水陸兩營月餉六萬餘兩，將六府地畝攤派與暫借屯田稻穀抵放，候解到補還，仍作三營行糧之用。新增左右營并通津營軍本色，仍於額收漕糧及各衛所屯糧内取足，折色於餉司舊額折銀内動支一千二百四十七兩二錢，屯地上加徵六千二百三十六兩，行令各衛所如數加派，有司設法徵解。户部如議上請，報可。

癸亥，河南巡撫缺至一年，吏、户、兵三部先後請簡，未報。

甲子，户部據貴州巡按畢三才奏納欸苗夷共四千八百七十户，男婦共一萬六千七百六十名口，認納秋糧三百零二石二升八合，内二十三石六斗三升八合，每石折銀五兩，共折銀一百一十八兩一錢九分，馬館銀二百零三兩七錢二分，俱以三十年爲始，照數徵收。其金臺盤等七十二寨，付土舍劉一方，滚水崖理等二十二寨，付土舍何鰩各管理約束，所供糧馬即屬註鎮興隆同知督責上納。甕柄等三十二寨，付土舍張體乾，甕谷等二十寨，付土舍馮國瑞各管理約束，所供糧馬應附黄平州徵納。至於附近鎮遠府梁上、巴野等二十四寨，每年認納草米二千七百八十秤，既未附籍當差，尤宜預防不測。仍將前項户口錢糧增入各項圖册報部，以便稽查。從之。

《國榷》卷七九　丁丑，兵部以永寧宣撫司土婦奢世統與妾子崇周争印仇殺，立從子崇寧，諸奸附水西，立阿利，因四出㓨掠，請檄水西安疆臣，撤阿利，息其争。從之。

《明通鑑》卷七三　丁丑，京師大雨雹。

時祁州、安肅並大風，雨冰雹，頃刻水深尺餘，拔樹折木，苗稼盡傷。祁州復大水，田廬盡没，城垣傾壞。

《神宗實録》卷三八七　八月丙戌，山東税監陳增進漏税罰贖羅絹銀六百七十兩三錢，追進贜銀三百兩，抽買馬騾十七匹頭，又進礦金一百七十四兩，銀六千四百六十兩，俱奉旨收進。

《國榷》卷七九　丁亥，泉州大雨海溢，溺人萬餘，壞民居亡算。

辛卯，歸朝鮮流民二十九人。

是月，主試京省，順天庶子蕭雲舉、中允翁正春，應天諭德陶望齡、中允周如砥，浙江檢討高克正，户科右給事中梁有年，江西編修郭湣，吏科右給事中陳治則，福建編修陳之龍，工部員外郎李之藻，湖廣檢討孫如游、吏部主事董復亨，河南尚寶司少卿趙標，兵部主事王一楨，山東工科右給事中宋一韓、兵部主事徐鑾，山西吏部員外郎王士騏、户部員外郎李作舟，陝西刑部主事費兆元、工部主事馬從龍，四川户部員外郎江盈科、户部主事崔師訓，廣東兵部主事龐時雍、中書舍人吕圖南，廣西兵部主事沈光祚、行人謝廷諒，雲南刑部主事程寰、大理寺左評事姜志禮，貴州兵部主事朱化孚、行人張國儒。

《神宗實録》卷三八八　九月甲寅朔，户部覆總督倉場議：請將杭州運到京、通食糧并邊糧俱借運昌鎮上納，俟後到原派昌鎮者撥補京、通。從之。

改平越、普定二衛學爲平越、安順軍民二府學，設黄平州學正一員，即將所裁平越訓導俸薪移給。設新貴縣教諭一員，即將所裁宣慰司訓導俸薪移給。餘慶、湄潭、甕安三縣子弟附黄平州學，龍泉縣子弟附石阡府學。平越、安順廩額二十名，一年一貢，黄平、新貴各廩額十名，三年一貢。黄平等州縣新民子弟稍通文理者，准入學，不准應試。以萬曆三十年爲始，起貢須十年外，應試須二十年外，其各府州縣儒學印鑄造給發。

《明通鑑》卷七三　甲子，江北盗起。

《神宗實録》卷三八八　戊辰，勅神機營右副將都督僉事林桐以原官充總兵官，鎮守四川等處地方。

戊寅，直隸巡按左宗郢奏通州火燔剥船糧一千餘石。

《神宗實録》卷三八九　十月甲申，刑部請審録重囚，上令免今歲行刑。

丁亥，户部覆：山東撫按疏，將被災十分至八分濟寧、金鄉等一十五州縣應徵本年漕糧不論正改，每石俱折銀五錢，後不爲例。從之。

戊子，户部覆：川貴總督王象乾疏，議新定夷方田糧宜輕，各州縣學驛經費宜停減者停減，其播、真原額貴州糧銀三千一百兩，播地既經川、貴分豁，糧銀亦應二省均攤，與夫軍屯養廉田地候勘明疆界之日補撥編徵，另行具奏。又題稱委官清查過司府州縣各庫原貯征播扣回支剩并加派地畝夫價，見徵未完銀共九十八萬五千五百四十兩有奇，内除抵補蠲免協濟湖廣賑災、借給播民牛種外，尚有銀五十萬五千一百六十七兩有奇，米一十萬七千二百九十二石有奇，自二十八年十月起至三十年十一月止官兵月糧，添設官員驛站夫馬修築城池等項支銷共用銀四十三萬九千三百八十四兩七錢有奇，計所剩存併見徵未完銀七萬九千五百六十兩八錢有奇，共用米一十萬八十一石一斗有奇，豆麥二千七十七石四斗有奇，外剩存變價還官米六萬一千七百六十六石一斗有奇，俱行該司將未完者追納，見存者備用，其支過銀米徑自開銷。俱從之。

《國榷》卷七九　戊子，西山大木厰災。

《神宗實録》卷三八九　庚寅，遼東税監高淮進歲額銀七千兩，馬五十匹，上命收進。

《明通鑑》卷七三　丙申，河南睢州賊楊思敬作亂，有司討禽之。

《國榷》卷七九　丁酉，折免淮、揚、鳳陽災租有差。

《神宗實録》卷三八九　戊申，横嶺太監王忠進礦金十四兩，礦銀二千二百兩。上命進收。

《神宗實録》卷三九〇　十一月癸丑朔，上以福王婚禮期迫，錢糧亟缺，令查該司官職名，將治之。户部請將通糧廳隨糧輕賫等銀所存二萬四千八百餘兩盡數給商，責令辦進，併乞寬假司官存之。

〔乙卯〕，南京吏部等衙門尚書等官曾同亨等奏請急罷礦税，謂上如不停，下將自停，上如不止，下將自止，至於自停自止，而天下事如癰疽之決裂矣，豈臣子所忍言哉。不報。

《國榷》卷七九　戊午，諭户部：福王歲禄萬石，今在京，歲支三千石，鈔萬貫，待之國全支。

己未，蠲金鄉等十六州縣貧民鹽鈔及濟寧、任城屯糧。

《明通鑑》卷七三 甲子，復起妖書曰《續憂危竑議》，閣臣朱賡獲之于寓門外。其詞假鄭福成爲問答，鄭福成者，謂鄭氏子福王當成也。大略言：「上立東宫出于不得已，他日必當更易。其用朱賡爲内閣者，以『賡』『更』同音，寓更易之意。」詞極詭妄，時人謂之「妖書」。上大怒，敕有司大索奸人。

《國榷》卷七九 辛未，慰諭皇太子。又傳戒内外執事者，上自泣下，皇太子頓首謝。

《神宗實録》卷三九〇 癸酉，湖廣守備太監杜茂進礦税船糧銀二萬八千九百餘兩，又進買辦方物銀一萬二千兩，以助大工。上命收進。

《明通鑑》卷七三 十二月丙戌，上召見皇太子于啓祥宫，諭曰：「我之慈愛教訓，爾宜知之；爾之純善孝友，我亦知之。近有捏造妖書者，離間我父子，動摇天下，已有嚴旨緝捕正法。爾宜安心讀書，勿存驚懼。」復賜手詔慰諭之。皇太子見上言之淚下，亦含淚叩首辭去。

《神宗實録》卷三九一 己丑，總督三邊少傅兼太子太傅、兵部尚書李汶以從一品俸六年考滿，加左柱國。具疏辭免。上以其久著邊功，宜膺懋賞，不允。

《國榷》卷七九 甲午，册福王妃鄒氏。

丁酉，楚府東安王英燧、武岡王華增、江夏王華堩等復請勘假王，上切責之。吏部尚書李戴上章謝罪，誤用印，勒致仕。初，訊周嘉慶時，戴不忍慘視，起入中堂，上聞而惡之。一日，取御前文武職名，於戴、嘉慶上各粘寸紙，示閣臣曰：「皆延津人，豈無私耶。」

癸卯，前禮部尚書兼東閣大學士王家屏卒。

丁未，那林孛羅與白羊骨侵吾兒忽答，南關力不支，因投建州，自後不復返。而南關之勅書屯寨人畜，盡爲建州有矣。

萬曆三十二年（甲辰、一六〇四）

《國榷》卷七九 正月壬子朔，上不朝。

己未，琉球入貢，賀東宫。

癸亥，署詹事府事禮部尚書兼翰林院學士曾朝節卒。

己巳，福王婚費三十萬金有奇。

甲戌，禮部覆樊山王府鎮國將軍翊䥢請立宗學，領以宗室，略比流官。從之，即授翊䥢。

乙亥，閣臣再請下大計。未報。

〔辛巳〕，思明府土目陸佑叛入安南，旋殲之。

二月丙戌，大學士朱賡、禮部右侍郎唐文獻主禮闈。

丁亥，少詹事黄汝良直東宫。

設貴州夜郎巡檢司于播州。

戊子，吏部乞留入計諸臣選科道。不許。

庚寅，署兵部事刑部尚書蕭大亨言：萬曆二十五年九月恩詔内勾軍，其遠年祖軍族盡者准銷，有丁者許附近衛。萬曆三十一年十月，山東巡撫黄克纘則盡改近衛，邊地必至空虚。臣今酌議，未經赴部題請者，如撫臣議停止。從之。

《神宗實録》卷三九三 庚寅，江西税監潘相言：禁山甚難開採，聽所屬七縣里老民人告稱，情原包納山價三千兩認買此山，永爲封閉。上報可。

《明通鑑》卷七三 壬寅，閣臣請補司道、郡守及遣巡方御史，沈一貫擬敕以上，不省。

《國榷》卷七九 甲辰，鎮安府泗城州土官岑奇鳳等入貢。

丙午，駝龍奔古阿著等族番人竹節永肖等入貢。

己酉，駙馬都尉楊春元微服走固安。命錦衣衛官追之，教習禮部主事鮑應鰲及其父免官。

庚戌，四川、貴州、廣西、湖廣等，萬里箐寨等并宣慰司安疆臣入貢。

《神宗實録》卷三九四 三月辛亥朔，吏部言：福王講讀官宜于兩京助教等官及進士内選用。詔講讀官資俸深者准酌量陞轉，著爲令。

乙卯，户部尚書趙世卿言：河工用乏，宜動支徐州分司庫貯商税，并漕米變價銀四萬四千三百三十八兩協濟。從之。

《國榷》卷七九 丙辰，兵部言：海西、建州二夷，歲貢交通，積猾分外需索。宜如朵顔三衛例，留賞塞上，于十人令一人入京。而督撫云：貢夷横肆，應革賞，選材官四五員輪押，三年内有功者薦用，違犯者永革。報可。

《明通鑑》卷七三 甲子，乾清宫成，敘賞工部官有差。

乙丑，賜楊守勤等進士及第、出身有差。

《國榷》卷七九 丙寅，騰驤右衛千户李英請清御馬監牧地，歲可二萬金。

命御馬監右監丞王昇往。閣揭沮之，不聽。

丁卯，遼東稅監高淮奏：昨十一月，千總楊于世以家宰李戴書及符繻往遼東。命逮于世，同周嘉慶、皦生光、袁鯤等對鞫。

戊辰，敕御馬監左監丞王昇徵收牧馬草場租課。

戊寅，詔革楊春元駙馬都尉，切責之。

庚辰，左都御史温純言礦稅毒虐，乞逮廣東稅使李鳳，撤陝西稅使梁永、雲南稅使楊榮。不報。

永寧土司奢世續、奢崇明事平。

四月壬午，閣臣請下考選科道。不報。

乙酉，提督東廠司禮太監陳矩奏妖書獄，移皦生光刑部論斬。上欲加等，以謀危社稷律論磔。矩素清直，妖書事保全善類爲多。

甲午，總督倉場户部尚書謝杰卒。

《神宗實録》卷三九五　丙申，禮部以酌議歲貢試期請。上曰：今後歲貢著於四月十五日初試，五月十五日再試，著爲令。

《國榷》卷七九　庚戌，陝西道御史康丕揚參楚宗華越等謀陷親王之罪，并刺巡撫趙可懷等模稜觀望。命下所司。

《明通鑑》卷七三　磔皦生光于市。

《神宗實録》卷三九六　五月戊午，順義王撦力克并套虜卜失兔等各進貢鞍馬弓矢，奏討陞賞，准量陞級，關給賞賚如例。

己未，卯時，皇太子第一女生。

乙丑，户部尚書趙世卿奏：臣待罪版曹，攝官銓部，兩營莫効，三疏控辭。乞委左右侍郎署掌。上曰：「銓部印卿既懇辭，着侍郎楊時喬署。」

壬申，兵部覆：福建總兵朱文達等擒斬倭賊功次，沉奪倭船二十五隻，擒斬一百三十二名顆，奪回男婦一百七十五名口，器仗一千二百九十三件。詔實授朱文達都督僉事，僉事王在晉、徐應奎等各陞職一級。

《明通鑑》卷七三　癸酉，雷火焚長陵明樓。

《國榷》卷七九　甲戌，建州衛夷入貢。

乙亥，南京大理寺卿游應乾爲户部右侍郎，提督倉場。

馬鳴鑾爲右僉都御史，巡撫宣府，贊理軍務。

六月丙戌，諭補兩京大僚，釋輕繫。

戊子，雲南臨安嶍峨盗起。

《神宗實録》卷三九七　乙未，考選庶吉士王家植等二十三人送翰林進學。

建州毛憐等衛夷人都督台失等一百名進馬二百匹，補二十二、三年分貢，給雙賞絹鈔如例。

辛丑，諭内閣發御前積省銀二萬兩，修理祖陵工程。所有修省實政，少俟次第發行。大學士沈一貫等言：仰惟皇上因祖陵大變，震動於心，首發内帑，急圖工作，此回天之漸也。但今日祖宗之所望於皇上者，豈止工作。必當仰法聖祖，每夜思四方之政，五鼓而興，待旦而行，如坐針氈，如寢火薪。何能頃刻遲緩，而猶曰少俟。俟之爲言，有何底極。臣等非不欲俟，而天下危亂，恐有不能俟者。乘天下未變而圖之，則權在皇上，但一下明旨，而海宇大定。待天下有變而圖之，則權在匹夫，一經嘯聚，便難措手。在天之靈蚤已先見幾微，以示皇上，望皇上念之。臣等敢奉聖諭次第舉行一語，以爲左券。

甲辰，酉時，皇第八子生。

《神宗實録》卷三九八　七月己未，禮部奏：入貢番人昔藏等貢籍不載。詔却回貢物，仍量與賞賜，慰其遠來之意。

辛酉，户、工二部接出聖諭：天雨連綿，京城坍壞房屋數多，壓傷人民甚衆，朕心甚惻然。便着太僕寺給發銀十萬兩，交與該部該科及五城御史，會同查勘分明，每房一間欽賞銀五錢，以資修理。賑濟及醫藥津送之費，務先儘貧難下户，仍不許官吏侵冒，必令霑受實惠，有舊例及時宜該舉行的着題來行。

癸亥，順天巡撫劉四科疏：畿輔水災，永平府等州縣淹死男婦無數。奉旨户部看議。

戊辰，諭户部：朕思雨水連綿，京師米價日貴。着于通州倉糧暫借十萬石運赴京倉支放，該月折色軍匠米糧候新糧到日即與補還。其五城房號銀兩除舊例免徵外，再着免徵一箇月，以昭朝廷權宜救災德意。

《國榷》卷七九　甲戌，禮部署部事左侍郎李庭機定京省提學官三年内歲考科考，毋類考。從之。

《神宗實録》卷三九八　丙子，諭户部：朕憫西山被災窑户，令比京城下户一體給賞，即于見發太僕寺銀十萬兩内通融分與。還着該部科及順天府會同給散，務令人霑實惠，水占窑口免征課銀三月。

《國榷》卷七九　八月辛巳，閣臣奏：辛丑庶吉士擬科道，及二十六年行取候補給事中吴道行、沈鳳翔、汪若霖、朱一桂，候補試御史朱熹，又起復候考熊鳴夏、周若庠、蕭淳臣等，屢催請，乞早降德音。

甲申，册順妃李氏。

庚子，巡撫山東右副都御史黄克纘報河決蘇家莊，淹豐、沛，黄水逆流，灌濟寧、魚臺、單縣，而魚臺尤甚，邑地十五社，止一舍不及水。

《明通鑑》卷七三 辛丑，九卿、科、道大小羣臣伏文華門，公疏請修舉實政，詔切責其瀆擾朝儀。

沈一貫言：「欲朝儀静肅，當收天下之心；欲收天下之心，當恤天下之言。近年天下久罹礦税之害，而又習聞停止之言，跂望恩綸，以日爲歲。諸臣千章萬牘，總出懇誠，豈可罪之爲激爲瀆乎！」不省。

《神宗實録》卷三九九 丙午，武驤左衛百户陳起鳳請採巨材充國用。疏上，上震怒，曰：「上天示儆，朕正修省，舉行施仁恤民德政。陳起鳳糾聚棍徒奸黨，指稱採木，誑惑朝廷，希圖利己，好生欺玩。陳起鳳姑着革職爲民，永不叙用。其餘奸黨，便着廠衛、城捕、緝事衙門嚴行訪拿驅逐。再有違犯奏擾的，依律重治不饒。」

《明通鑑》卷七三 分水河工成。

《國榷》卷七九 福王常洵因天變辭崇文門外官店。不允。

《神宗實録》卷四〇〇 九月戊申朔，翰林院簡討蔡毅中節署《皇明祖訓》中有關礦税者爲註疏二十二卷進呈。留中。

户部覆：孫瑋請儲救災疏，言漕糧萬不可借，而六府所積尚有倉穀一十八萬五千餘石，庫銀一十一萬七千四百餘兩，錢十萬八千餘，相應覆請支動。上以畿南災祲異常，心甚憫惻，即行與撫按屯田衙門作速查勘，明實開報，以憑賑濟。既漕糧必不可動，於所屬六府預備社義等倉積穀并庫貯勘動銀錢盡刷出分別給散，本倉庫不足取給隣府，再不足方留贓罰銀兩濟用。有司均宜悉心體國，稱朕愛養元元之意，勿得自分彼此，致取罪譴。

《國榷》卷七九 庚戌，山西左布政使李景元爲右僉都御史，巡撫山西，提督雁門等關。

癸丑，朝鮮國王李昖貢方物，求次子琿封爲世子。

《神宗實録》卷四〇〇 甲寅，吏部覆：原任吏部尚書倪岳，名臣耆德，子孫式微，近雖有年遠親盡不准補給之例，而岳之嫡曾孫倪翰儒尚在君子五世之内，擬將翰儒題補原遺廕典，以示嘉賢。其有才品不如岳者不得援例。從之。

《國榷》卷七九 壬戌，巡撫雲南陳用賓奏平緬夷内附。

癸亥，巡撫鳳陽李三才報税監陳增搜參隨程守訓、王惟忠等橐貲亡算，守訓供四十萬，請盡其法。詔逮諸黨翼。

乙丑，夜客星見西南，赤黄色大如彈丸。

戊辰，南京刑部右侍郎王基爲南京户部尚書兼右副都御史，總督糧儲。

庚午，禮部言：朝鮮舍長子臨海君珒，立次子光海君琿，非法。上是之，諭李昖再思，毋後悔。

魏國公徐弘基爲南京中軍都督府僉書。

壬申，釋馮應京、華鈺、何棟如等獄，永不敍用。

是月，套虜炒忽兒等犯延綏孤山東路，副總兵杜松卻之，矢中忽兒而死。

閏九月壬子，楚宗人蘊鍪等殺巡撫兵部尚書兼右副都御史趙可懷。

《神宗實録》卷四〇一 丁亥，户部尚書趙世卿言：各鎮下半年年例通該給發銀一百五十七萬八千餘兩，查本庫見在各項止四千五百六十五兩零，無憑給發。乞借發老庫若干，馬價若干。詔支太倉銀二十萬，太僕寺銀三十萬，作速解邊，待有餘時，務行補足。

《國榷》卷七九 庚寅，遣刑部官卹刑省直。

乙未，許安南禄州夷官韋達禮贖罪，仍令頭目鄭松約束。先是達禮聽叛目陸祐等寇思陵，執土官韋紹曾。

《神宗實録》卷四〇一 太僕寺言：冏藏十分匱竭，馬政十分可虞，勢難那借。有旨：該寺積貯無多，朕已知悉，但邊餉緊急，着遵旨借給，仍令補還。以後各衙門不得濫請。

《國榷》卷七九 己亥，諭中外諸臣曰：朕近年雖事静攝，而萬幾未嘗不親。威福予奪，柄不下移。今歲考察，見科道數多。又近年行取及散館起補各官，諸衙門市恩屢瀆，未經簡發，恐差用乏人，故將被察科道概留，皆斷自朕心，誰能參預。乃劉元珍造謗惑人，特諭爾等，各宜捐私體國，毋更起疑端，淆亂國是。元珍降一級，調極邊。

乙巳，諭：平播功陞賞不及世爵云何。

丙午，沈一貫言：宣德九年平松潘功，總兵方政止右都督，成化二年平都掌蠻功，提督程信止兼大理寺卿。萬曆二年平九絲蠻功，巡撫曾省吾止侍郎，總兵劉顯止都督同知。今播功雖大，而總督一，巡撫三，總兵五，其功同，概爵則濫，歸一則偏，不若優其陞賞也。謹擬李化龍少保世錦衣衛指揮使，總兵劉綎復原官，陳璘進左都督世指揮使，馬孔英出降胡，吳廣、李應祥出武生，世正千户，巡撫郭子章、江鐸，俱量加官。從之。

湖廣左布政使梁雲龍爲右副都御史，巡撫湖廣。

薊遼總督蹇達進兵部尚書兼右僉都御史。

十月庚戌，諭鄖陽、江西、河南撫按，南京守備官，協剿楚叛。

壬子，户部尚書趙世卿請核邊餉。報可。

丁巳，楚府叛宗皆下獄。先三十三人，繼四十三人。

《神宗實録》卷四〇二　己未，大學士沈一貫等因畿輔災荒，再請秋問所發太僕寺賑濟京師餘剩銀六萬六兩給與薊、保巡撫，以救目前垂斃之民。又言：祖宗舊制米豆粟麥不許抽税，況今救荒大事，經過關津，自合申明此意。未報。

改刑部尚書蕭大亨爲兵部尚書。

甲子，海西支帖等衛夷人三官兒等一百七十六名，補進二十七、二十八年分貢馬三百五十二匹，各給雙賞絹鈔如例。

丁卯，直隸巡按孔貞一題：畿南水患異常，乞行煮賑。詔以太僕寺賑濟餘銀分賑保、薊各三萬兩，各撫按亦宜自設方畧，便宜處置，盡心轉糴，關津不許留難，豐熟處所不許遏糴，違者參處以聞。

癸酉，陞巡撫應天右僉都御史曹時聘爲工部右侍郎，總理河道，提督軍務。

《神宗實録》卷四〇三　十一月己卯，湖廣巡按吳楷疏報叛宗就擒。

乙酉，陞通政司左通政周孔教爲都察院右僉都御史，巡撫應天地方，督理軍儲。

丁亥，税監馬堂請停天津、河間等處米糧柴薪肩挑背負等税。得旨：此税前已有旨免徵，以舒民困，都着遵行。

兵部覆：福建進撫徐學聚等奏，紅番闖入内洋，宜設法驅回，以清海徼。勾引奸民潘秀、張嶷等均應究處。上曰：「紅毛番無因忽來，狡僞叵測，着嚴行拒回，呂宋也着嚴加曉諭，毋聽奸徒煽惑，擾害商民，潘秀等依律究處。」

癸巳，兵部題：賞夷布查歷年買一十二萬八千三百七十三疋，今改買山東粗布加一萬三千二百九十二疋，每布三千疋爲一車，計布填車，其赴蘇杭應用船隻廪糧馬匹亦酌填勘合，不許阻難及委官夾帶需索。從之。

《國榷》卷七九　甲辰，總督漕運李三才奏税監陳增死。令儀真税使内官監暨禄兼理。

是月，虜犯河西新河。

《神宗實録》卷四〇四　十二月庚戌，太僕寺卿王明言：頃見光禄寺卿王守素題爲寺帑殫竭，奉旨借户部銀三萬兩，太僕寺銀二萬兩。查照光禄、太僕衙門錢糧各有正項，支用毫無干涉。該寺不爲朝廷節費催逋，乃侵漁馬價。馬政不修，何以爲軍，軍容不肅，何以爲國。乞行兵部查議米鹽之費應否借，及軍需亟賜停借。上以該寺錢糧匱乏，暫借數亦不多，着遵旨行。

丁巳，上以輦下饑民多，令部司御史速行救濟。且言太僕寺銀兩既科臣孫善繼係積出羨餘，准與給用。命下，人情大悦。

己未，兵部言：准、徐南北咽喉，按臣目擊災黎愁苦之狀，要將本部馬價草場租銀二十八年以前議蠲，二十九年、三十年停候，三十三年帶徵，三十一年照舊徵解。合無量允自二十八年以前已徵在官者截數起解，拖欠在民者准蠲六分，其應徵四分并二十九年、三十年分錢糧准候三十三年一齊帶徵完解，三十一年者照舊徵，庶寓寛郵于催科，而冏庫亦無告乏矣。報可。

萬曆三三年（乙巳、一六〇五）

《國榷》卷八〇　正月丙子朔，上不朝。有男子趙應元登午門樓，報之。

《神宗實録》卷四〇五　丁丑，巡按直隸監察御史張似渠奏：奉旨撥給福王府贍養莊田二千八百一頃九十一畝，徵銀六千五百八十四兩。報聞。

《明通鑑》卷七三　庚辰，故松山部伊勒登岱青犯鎮番，總兵官達雲遣副將柴國柱擊之。

《國榷》卷八〇　辛巳，總督四川、湖廣、貴州兵部右侍郎王象乾憂去。

丙戌，吏部左侍郎楊時喬請京察期主，上即命時喬。沈一貫忌時喬清嚴，擬兵部尚書蕭大亨主計。不允。

壬辰，廣東撫按戴燿、林秉漢奏：税監李鳳憾潮州推官姚會嘉，遮辱于廣州。不報。

甲午，罷四川遵義兵備左布政崔應麒，褫兵備參議徐仲佳、通判鄭弘烈職，奪總兵官林桐俸二月。初，總督王象乾以遵義人羅學茂等詣土事，令千總周世禄詢之，學茂等述水西侵地狀，誘安疆臣弟順臣攜衆四百人及西人七百餘家來歸，稱獻地，疆臣勒兵追之，訴巡按御史李時華，捕學茂，得道臣諭帖鄭弘烈書，因劾應麒等，請歸其西人。

辛丑，修天壽山諸陵。

癸卯，吏部京察，老疾三人，貪酷十人，罷軟六人，不謹九十人，浮躁三十九人，才力不及三十二人。疏留中。

定河南開福王府，内監孔一龍，工部主事房楠監工。

《神宗實録》卷四○五　户部奏：山東及南直隸江北州縣以重災改折漕糧，應照單例于臨、德二倉預備糧内支運一十七萬石，以足額數。從之。

甲辰，准四川長官司土舍何紹堯就彼襲授祖職，仍不支俸。

移福建泉州府管糧通判于安海堡，兼督該鎮捕務，鑄給關防曰駐鎮安海堡關防，從該撫按官議也。

《國榷》卷八○　二月丙午，諸大臣自陳乞罷，俱留之，惟工部尚書姚繼可不報。

己酉，巡按廣東御史林秉漢上三事：清仕路，籌邊餉，厚宗藩。因言楚宗戕撫臣，罪固罔赦，其言假王，豈全無影響，宜如憲宗朝故事，或下撫按，或遣廷臣往勘。如假則正法，如真則治枉罪。不報。刑科給事中錢夢臯駁其私郭正域，臣被察，因當事代爲正域地。有旨謫秉漢。

庚戌，總督宣、大、山西太子太保、兵部尚書楊時寧自陳，許致仕。

《神宗實録》卷四○六　甲子，乾清等宫各宫眷并司禮監兩宫管事牌子近侍各衙門執事内官共進到祖陵助工銀一萬三百六十兩有奇，命工部作正支銷。以收完涇府所遺禄米二千石，給福王五百石，景恭王妃、汝安王繼妃、寧安大長公主、瑞安長公主、榮昌公主各二百石。

乙丑，南京吏部會同南京都察院考察南京五品以下官，老疾禮部司務馬千官等十人，貪應天府照磨李鋭等二人，不謹户部郎中王道正等三十四人，罷軟兵馬汪一麟等三人，浮躁吏部主事林汝詔等十人，才力不及户部郎中張凌雲等十四人。疏留中。

《國榷》卷八○　辛未，修孝陵成。

三月丙子，宣府總兵官梁彦免。失援清河，且冒捷也。

《神宗實録》卷四○七　丁丑，改命淮揚巡按御史高攀枝儹運糧儲，勑御史黄吉士巡按淮揚。

己卯，直隸撫按言：淮安府安東縣地方爲黄、淮二瀆入海之路，嘉靖以來草灣衝決，海套沙淤，僉欲廢其縣治，因歲額貢生無所附着，止議歸併里甲，永折漕糧而已。第查江北永折事例如泗州、興化皆折五錢，今安東荒瘠尤甚，且連被重災，而户部議折七錢，實難完辦，乞照例通以五錢折解。下户部覆議，該縣雖稱疲敝，較之豐、沛節被河患者尚爲有間，姑准三十二年暫折五錢，向後仍以七錢永折，不得議減。從之。

《明通鑑》卷七三　辛巳，詔留去年大計被黜之科、道官。

《神宗實録》卷四○七　戊子，四川總兵官林桐引疾乞罷。下兵部覆議，許之。

庚寅，命司禮監太監田義會總督戎政泰寧侯陳良弼、署協理戎政兵部尚書蕭大亨、巡視御史李楠閲視三大營將領等官，分别賞賚及罰俸、降黜如例，賜良弼等羊酒有差。

《國榷》卷八○　乙未，江南副總兵侯國弼爲署都督僉事總兵官，鎮守四川。山西總兵官都督僉事姜顯祚爲鎮朔將軍總兵官，鎮守宣府。

丁酉，裁馬湖府通判一。

辛丑，立長陵碑，侍郎李庭機祭告。

南京總督糧儲王基以拾遺自辨，上特留之。

壬寅，敕總兵官馬棟鎮守山西。

《神宗實録》卷四○八　四月丙午，裁革陝西同州判官、鎮原縣縣丞、狄道縣摩雲嶺巡簡、安定縣巉口巡簡各一員。

山東撫按言，青州原設馬步壯快九百七十四名，以管操指揮統領。嗣因地方多事，設立守備，至萬曆二十五年倭氛孔棘，增兵四千餘名，改設遊擊一員，而移守備于安東。今事定兵減，除舊額壯快外，在青州官兵止六百七十餘名，在安東石臼營止七百五十餘名，宜裁遊擊而存原設之守備，俾兼攝安東、石臼事務。平時則并集青州，隨營訓練，訊期則撥兵防海，以千總統之。至於遊擊既裁，則中軍可無用，而兩營既併，千總亦各裁其一。所省廪糧，悉免編派。其新兵共一千四百餘名，猶屬過多，若老弱必汰，事故不補，限以三年裁去七百餘名，止存六百名，亦足防禦。下兵部覆議，遊擊員缺免推，安東守備何式即移駐青州。餘如擬。

《國榷》卷八○　己酉，辛賽誘殺慶雲堡守備熊鑰，命革市賞。

庚戌，修感恩殿。

《明通鑑》卷七三　辛亥，楚宗人藴鈐等伏誅。

《神宗實録》卷四〇八　戊午，予南京吏部〔尚〕書曾同亨致仕。

甲子，蜀王宣圻以贍養不敷，求復原辭禄米一千石。詔特許之，仍不爲例。

《國榷》卷八〇　辛未，上不御殿。

《神宗實録》卷四〇九　五月丙子，准伏羌伯毛國器給假省墓，命馳驛去，仍戒毋生事騷擾。

癸未，工部言：年來部務日繁，差委日濫，曠廢官常騷擾驛遞。宜申飭萬曆十八年部議，除王府及大臣造葬關係典禮，臨清甎價、易州炭價關係錢糧，應差司官前去，其餘雜差槩行停寢，一切任子貲郎不得借差滋擾。或遇緊急傳催，即移咨兵部，馬上差人。一使一騎既不苦供億之難，一往一來亦不至躭延之久。永爲遵守，不得紛更。詔從之。

《國榷》卷八〇　乙酉，東虜二百餘騎流掠遼東戚家堡。

《明通鑑》卷七三　丙申，鳳陽大風雨，毁孝陵正殿神座。

庚子，大雷電，擊毁南郊望燈高杆。杆高十丈餘，碎上段三丈餘爲百數十片，皆有火痕，其下六丈餘，左右各有爪損痕。

辛丑，廣西陸川縣地震，聲若頽山，城垣屋宇多壞，壓死男婦無筭。

《神宗實録》卷四一〇　六月甲辰朔，保定督撫按官議：修天津衛城垣，合用料價等銀六千一百八十餘兩，于該衛庫貯部發支剩備倭安家、雜流廪糧等銀內動支，其夫匠等役將左營今歲秋防并三十四年左右二營春秋兩防及三十五年右營春防各軍士免其赴邊，除撥發屯田外，俱留供修城之用，限以三十月報竣，行糧照防汛支給，事完造册報部。下兵部覆議，從之。

丁未，以天氣暄熱，命兩法司及錦衣衛見監罪囚笞杖無干證的放了，徒流以下便減等擬審發落，重囚情可矜疑及枷號的都開寫來看。

《國榷》卷八〇　戊申，敍廣東錦囊、南澳、欽州等禦倭功。

丙辰，宣臨洮、河州之捷。

戊午，吏部言：終養之例，惟京官外方面官得陳乞，府佐以下不多見也。近多濫觴，必歷三年經薦者，方許代題。從之。

東虜百五十騎犯戚家堡。

《神宗實録》卷四一〇　癸亥，以熱審逾期，命侍郎董裕即出到任，督同司官審録具奏。

《國榷》卷八〇　己巳，領中軍都督府寧晉伯劉允正卒。

庚午，陝西嘉石草坡等族番人來貢。

七月戊寅，趣琉球封使渡海。

辛巳，太子太保、左都御史温純致仕。錢夢臯、鍾兆斗各避疾，京察始得奏，太常寺少卿桂有根調南京，鴻臚寺卿張棟閒住，太僕寺少卿王立賢調外。

前太子少保、禮部尚書兼翰林院學士陸樹聲卒。

《神宗實録》卷四一一　壬午，陞河南左布政使霍鵬爲右僉都御史，巡撫大同地方，贊理軍務。

甲申，南京科道拾遺疏，得旨：王基、支可大、陳洙予致仕，李植調南京別衙門用，金侍取等下吏部覆議，金侍取、顔洪範、譚好善各冠帶閑住，劉冠南降一級調外任用。

癸巳，陞河南都司僉書藍汝忠爲山都司掌印遼東，岫巖備禦高寬爲遼東都司僉書，大同右衛城守備曹岱爲宣大總督標下遊擊。

丁酉，推湖廣黄梅、華容二縣本色南糧自三十一年爲始改折十年，每石照例五錢，其餘州縣不得援以爲例。

戊戌，命延綏總兵官李如樟中軍都督府僉書管事。

《明通鑑》卷七三　復五路台吉貢市。時東部宰桑守禦熊鑰，詔獨革之。

《神宗實録》卷四一一　庚子，予工部尚書姚繼可馳驛回籍調理。疏至此凡四十五上矣，乃有是命。

《神宗實録》卷四一二　八月甲辰，陞協守孤山副總兵杜松署都督僉事，掛印充總兵官，鎮守延綏等處地方。

以夷酋五路台吉悔罪認罰，賞順義王、忠順夫人各銀三十兩，大紅紵絲四表裏，素囊台吉銀十五兩，紵絲二表裏。

戊申，保定巡撫孫瑋續報所屬地方災傷，乞賜查勘蠲緩并議留各衙門未解贓罰銀兩，以備賚賑。得旨：近畿根本之地，連年荒歉，今又災傷，可慮之甚，户部上緊看議來説。

壬子，户部覆：山東、河南各州縣未完京邊錢糧，知州等官詹玉鉉等三十九員各照例住俸、降俸、降級、革職有差。或念地方災疫，各遞減一等，責令戴罪督催。許之。

甲寅，督理漕儲御史高攀枝恭報糧船八千一百三十四隻，糧二百九十二萬一千四百五十一石一斗六升三合，于六月初八日盡數過洪，薦舉先今河臣李化龍、曹時聘，漕撫李三才，總兵王承勳及部屬官劉不息等十一員。章下户部。

《國榷》卷八〇　乙卯，下劉世延于南京刑部獄。

丁巳，廣東惠潮兵巡道右參議朱東光失印，踰月得于井，則僞也。調貴州。

乙丑，東虜入許家營口，把總許承忠死之。

《明通鑑》卷七三　己巳，停刑。

《國榷》卷八〇　辛未，前總督宣、大、山西軍務兵部右侍郎兼右僉都御史梅國楨卒。

司禮太監田義死。

《神宗實録》卷四一三　九月壬申朔，户部覆：陝西布政司咨韓世子擇葬民地，夏税秋糧照例豁免。從之。

《國榷》卷八〇　癸酉，裁貴州興隆參將。以都清守備駐楊老，清鎮守備駐偏橋。

丁丑，前四川總兵官林桐提督京城巡捕。

《神宗實録》卷四一三　戊寅，工部以浙直撫按疏奏水旱頻仍，物力耗竭，舊欠段價已數十萬，今奉傳造又復不貲，乞從本部前疏，准令補織舊欠一萬餘疋，其餘新增暫賜停免，或量減十之三四，仍每年定解一運，所用錢糧查照舊例户四工六出辦。上謂進賜所需必不可缺，前已有旨，還着設處遵行。

《國榷》卷八〇　戊寅，南京兵部尚書臧惟一罷。

壬午，山東左布政使沈季文爲右副都御史，巡撫河南。

《神宗實録》卷四一三　甲申，奪廣東同知潘日新俸二月，以税監李鳳奏其起解稽遲也。

《國榷》卷八〇　丙戌，宥隴川土舍多罕，安置永昌。

丁亥，教坊司左韶舞李澤懷牒自經于會極門，命即牒訊其人。

壬辰，設貴州安化縣。

《明通鑑》卷七三　丙申，官軍于盔甲廠支取火藥，藥年久，凝如石，以斧劈之，火突發，聲如震霆，刀鎗劍戟迸射百步外，軍民死者無算。

《國榷》卷八〇　庚子，纂修玉牒成。

《神宗實録》卷四一四　十月壬寅朔，准户部奏京衛軍士冬衣布花比照三十年例，每名給本色、折色各一疋銀錢，兼支綿花鈔錠如例。

《國榷》卷八〇　癸卯，裁四川、湖廣、貴州總督。

己酉，套虜銀定等三千騎犯凉州以西懷安、三岔等堡，掠男婦千計，驅牲畜數萬。巡撫徐三畏報官兵斬十四級，巡按史學遷揭其妄。

虜犯大同陽和堡。

辛亥，陝西永泰、鎮虜、保定三堡成。

裁陝西行太僕寺卿少卿，歸其事于固原、榆林各道兼攝。

增設遼東咸家堡游擊。

天津税監馬堂，真、保定税監王虎，江西税監李道，山西税監孫朝各進税金有差，堂兼提督寶坻銀魚廠，獻銀魚千雙。

乙卯，征貴州叛苗。左都督陳璘、監軍參政洪澄源討水硍山苗，克之。監軍布政使趙健、紀功按察使尤錫類督兵都指揮高垣討西路苗，克之。

乙丑，禮部請親郊，上引疾不允。

《神宗實録》卷四一四　丙寅，户部疏議：河工大挑錢糧，除江北被災州縣改折漕糧銀一十五萬二千五百八十餘兩聽候取用外，尚欠四萬七千四百一十一兩，于附近臨清倉發米九萬四千八百二十二石，共足河臣原請二十萬兩之數。詔從之。

工部奉旨酌議開納事例以濟河工。報可。

丁卯，山東巡撫黄克纘以所屬濟寧、魚臺、單縣、金鄉四州縣水災重大，乞將派俵馬匹折價徵解，仍自三十四年爲始，改折二年，俟黄河順流，另行議處。下兵部覆議，從之。

戊辰，遥授江西隱士章潢爲順天府儒學訓導，令有司旌表其門，仍量給月米。

庚午，朝鮮國王李昖奏乞員辦硝黄火藥。下兵部覆議，准令進貢陪臣自備價值，每年一次收買三千斤，仍照舊給與車輛沿途遞送，俟該國兵强警息之日，另議停止。詔從之。

《明通鑑》卷七三　十月，濬朱旺口。

《國榷》卷八〇　十一月辛未朔，許黄應聘襲思明知府，降土官黄應雷爲土舍。時應聘七歲，事歸流官，設儒學教授。

癸酉，閲視塞上報功。

《神宗實録》卷四一五　甲戌，山西税監孫朝病故，原管税務命有司照數按季徵收，歸併礦監張忠兼管類進，待朝門三殿工有次第奏請停免。

丙子，户部覆：山東巡按嚴一鵬勘過所屬災傷地方議。得旨：這被災地方既覆勘明實，依擬蠲免，以蘇民困。

戊寅，准儀真税監暨禄奏，徐州原額税銀四萬兩，于内除去山東郯城、館陶等處過税，每年徵銀二萬兩解進應用，以昭朝廷寬恤商民德意。禄又言：故監陳增誤聽人言，妄稱山東運司積餘引目十年可徵銀十五萬兩，今移文會議，原係挨掣正引，豈容變賣，止擬每年割户部餉銀一萬五千兩，三年而止，共銀四萬五千兩解進應用。上并從之。

庚辰，户部奉旨，分認大挑工費七萬之數。議將直隸桃源等縣未完三十二年漕折銀一萬三千六百八十三兩七錢二分，督解淮庫，再留三十四年分頭運輕齎銀二萬一千三百一十六兩二錢八分，共足三萬五千之數，聽總河衙門支用。如有餘剩，照數歸還，勿仍昔年分黄導淮將本部多餘銀兩徑自留用，致以四分之一執爲三分之一也。制曰可。

《明通鑑》卷七三　辛巳，免淮、揚被災田租。

《國榷》卷八〇　甲申，夜，皇孫由校生，東宫選侍王氏出。尋命禮部進封選侍，擬夫人，不允。上自按《皇明典禮》定爲才人。

英國公張惟賢進太子太保。惟賢攝郊祀四年。

辛卯，敍三鎮修舉功。

《神宗實録》卷四一五　乙未，陞漕運總督李三才爲左副都御史，照舊任事，勑書補給。

《明通鑑》卷七三　十二月壬寅，詔罷天下礦税。

自礦税使設，廷臣諫者不下百餘，悉寢不報。自二十五年至是年，諸璫所進礦銀幾三百萬兩，金珠、寶玩、貂皮、名馬，雜然進奉，上以爲能。

《神宗實録》卷四一六　壬寅，兵部會五府錦衣衛考選軍政官員，擬上存留、選補、調補、革黜等項，詔悉如擬。

户部覆：山東巡按嚴一鵬，勘過所屬再罹秋災地方，分别被災分數，蠲免改折有差。得旨：東省叠罹災傷，兼有河工力役，委宜軫恤，既經勘實，依擬照例蠲折，以蘇民困。

《國榷》卷八〇　丙午，巡撫甘肅兵部尚書徐三畏兼右都御史，總督陝西三邊軍務兼理糧餉。通政司右通政黄紀善爲右僉都御史，提督軍務兼撫治鄖陽。

進錦衣衛左都督王之楨太子太保。

免河南災租有差。

戊申，南京通政司使趙欽湯爲南京户部右侍郎兼右僉都御史，總督糧儲。

釋承天諸生沈機等十三人獄。

己酉，免江西災租有差。

《明通鑑》卷七三　乙卯，以皇長孫生，詔赦天下。

開宗室科舉入仕。以鄭世子載堉之請，至是始行之。

罷採廣東珠池，雲南寶井。

《國榷》卷八〇　前南京吏部尚書趙焕爲工部尚書，前南京工部尚書裴應章爲南京吏部尚書，前右副都御史郭惟賢爲户部左侍郎，前巡撫遼東鮑希賢爲工部右侍郎，南京光禄寺卿徐大任爲南京工部右侍郎。巡撫延綏鄭汝璧爲兵部右侍郎，兼右副都御史，總督宣、大、山西軍務兼理糧餉。起前巡撫鳳陽右僉都御史甘士價巡撫浙江，提督軍務。順天府尹許弘綱爲右副都御史，巡撫江西，兼理軍務。

刑部尚書董裕致仕。

辛酉，沈鯉以供用庫趣所欠蠟茶，追徵細碎，即盡予以與民可也，謹原票附揭上。從之。

《神宗實録》卷四一六　己丑，大選進士崔士成等以下共三百五十二員。

萬曆三四年（丙午、一六〇六）

《國榷》卷八〇　正月庚午朔，上不朝。

軍政拾遺，左軍都督府鎮遠侯顧大禮，後軍都督府同知陳汝忠，陝西、廣東總兵官管一方、孟宗等並免。

《神宗實録》卷四一七　甲申，署工部事刑部右侍郎沈應文言：挑河之後三省直官統領二千萬衆，鱗集河上，而所請原估工費八十萬，奉旨處給六十五萬者，今户部二十七萬争執減去三萬五千；南京兵部十萬，以省直久欠馬價柴值抵去五萬；南京工部三萬，又以應天等府拖欠匠班織造等銀抵數均派有漕；省直二十萬，應天該銀七萬三千七百有奇，巡撫周孔教又以災民丐免，而銓部事例復因酌議延閣，致令河臣皇皇無策。乞下明詔，一應允給之餉未足之銀，應催應補者，俾令速赴河濱，以濟急用，庶免他虞。上嚴旨，命該部馬上移文南京兵、工二部，各省直撫按，照數借發，不得再有爭執。

《國榷》卷八〇　丙戌，貴州總兵官左都督陳璘、監軍布政使趙健、參政洪澄源、何偉征東路叛苗，克之，擒三百二人，斬三千七百三十一級。

己丑，皇子常溥殤。追封永王，謚曰思。

《明通鑑》卷七三　癸巳，逮陝西咸陽知縣陳時濟下獄。

時停礦詔已下，稅監梁永堅執咸陽、潼關委官不宜罷，益樹黨播虐，巡撫顧其志捕惡黨置之法，永大恨。尋檄時濟取絨氈千五百，時濟不予，遂誣時濟劫稅。詔逮時濟，閣臣揭沮之，不報。

《神宗實録》卷四一七　乙未，罷徵甘肅、延綏二鎮鹽引稅銀。

真、保、薊、永開礦太監王虎奏繳開採進過金銀數目，自萬曆二十四年閏八月至三十二年正月，共金五百五十七兩零，銀九萬二千六百四十二兩零，石青一百一十九斤，然計歷年開礦所費工值物料亦至十餘萬，得不償失也。

戊戌，新起工部尚書趙焕以親老乞在籍侍養。許之。

《國榷》卷八〇　二月甲辰，江西左布政使吴獻台爲順天府丞。　時恩詔有布政司正官再考稱職，予内轉。

安南都統使黎維潭子維新貢方物請封。維潭卒，維新不計，令其國臣韋達禮、土目陸祐等侵思陵。檄責之，縛祐以獻。至是叩關上言，維新世嫡，國事未定，故未告哀請貢，因韋達禮犯順，懼譴因循。章下所司。

丙午，陝西開礦太監趙欽掊克累數十萬，歸途車牛外又九十六簏，各四人舁之。給事中姚文蔚乞正其罪，不報。

《明通鑑》卷七三　庚戌，以皇長孫生，加上皇太后尊號，進封恭妃爲皇貴妃。

《神宗實録》卷四一八　甲寅，河南撫臣沈季文奏：頃者大挑朱旺口河南出夫六萬外，加跨夫十二萬，食用甚夥，恐臨期缺食。況三省夫役蝟集一方，河上米價每斗用銀二錢二分，各夫工食幾何，而能堪此。合將開、歸二府逼近河上處所州縣應解臨、(得)〔德〕二倉麥折米扣留一萬石，以救目前，即扣河工銀八千兩起解户部，以償米價。從之。

《國榷》卷八〇　己未，南京内官監丞徐壽僞造印牒，稱中旨，徵南工部杉枋三千件。下守備太監劉朝用訊之。

辛酉，藺州土舍奢崇明襲永寧宣撫使。

以下川南兵巡自瀘州移永寧，以永寧赤水、畢節等衛，與五土司俱勅載節制。

三月己巳朔，閣臣沈鯉、朱賡言：秦人恨梁永甚，宜撤。不報。

庚午，賜閣臣《皇明典禮》書。

《神宗實録》卷四一九　甲戌，減徵南直隸揚州等九府米稅銀二萬兩。

乙亥，江西礦稅太監潘相以礦撤觖望，移住景德鎮，上疏請專理窑務。又言：描畫瓷器須用土青，惟浙青爲上，其餘廬陵、永豐、玉山縣所出土青顔色淺淡，請變價以進。從之。

釋咸陽知縣宋時際免逮，命撫按勘實奏請。復咸寧知縣滿朝薦官，仍俸一年。時閣撫疏救切至，上心動，故有是命。

丁丑，仍以江西湖口稅務歸稅監徵收。

《明通鑑》卷七三　己卯，雲南指揮賀世勳等殺稅監楊榮。

《神宗實録》卷四一九　以元孫誕生，册封皇太子生母恭妃王氏爲貴妃。

裁湖廣崇陽、通城二縣教官各一員，添設巡簡一員。

庚辰，改定河工開納事例。運副、運判、正兵馬必真輸粟河上者方准納選，其中書加府判及從五品服俸，已任改銜吏員加歷監生。准貢一切停止。

《國榷》卷八〇　丁酉，賑真定、順德、廣平、大名饑民。

《神宗實録》卷四一九　是月，儀真太監暨禄進徐州稅銀一萬一百兩，山東礦稅并折金方物銀五萬一千二百餘兩，積餘引課七千五百兩，五府帶徵稅銀三萬兩，船料等銀一萬七千五百兩，公費銀三千六百兩。蘇、松稅監劉成進稅課銀二萬一千兩。遼東稅監高淮進人參一百三十五斤。江西稅監潘相進稅銀三萬七千五百兩。天津稅監馬堂進長蘆額外增課三萬兩，内銀六千五百七十八兩，額稅一萬三千兩。河南稅監胡濱進礦金二十八兩，銀四千七百八兩。

《國榷》卷八〇　四月乙巳，巡撫貴州兵部右侍郎郭子章平叛苗吴老喬、阿倫、阿皆等，俘斬三千餘人。

釋羅學茂還遵義。學茂始祖羅錦，唐乾符間，因楊端開播受官，世播人，居黄王坎沙溪間，後地入水西，學茂依焉。及播平，還于播。又水西夷安順臣忤兄疆臣，來奔，疆臣訴貴州撫按，謂學茂盜官木銀五千金，巡按金忠士信之，奏械學茂還貴州。得旨，總督王象乾明其枉，聽居遵義。

《神宗實録》卷四二〇　庚戌，陝西宗室敬鎔等私出禁城，毆殺衛官。事聞，詔發敬等高墻禁住，長史高薦、廖惟俊，教授董策、楊可教以輔導無狀，百户張策以防範疎縱，各杖之。

丙辰，上諭吏部：今後陞任朝覲進表等官，俱須依限赴任，有在家以病乞休者，聽爾部審實，速爲覆處。其擅日久者，照嘉靖二十七年例革職閑住，不許姑息。

戊午，進封恭妃王氏爲皇貴妃。

《明通鑑》卷七三　癸亥，朱旺口河工成。

是役也，凡役夫五十萬，六閱月工竣。自朱旺達小浮橋，延袤百七十里，渠廣堤厚，河歸故道焉。

《國榷》卷八〇　甲子，封元孫生母王氏才人。

丙寅，命順天尹禳雨。

《神宗實録》卷四二〇　裁天津海防副將，改設遊擊一員，統領水陸兵二千五百名，計歲減廪餼兵餉馬料等銀四千有奇，從薊遼總督蹇達、保定巡撫孫瑋等議也。

《神宗實録》卷四二一　五月癸酉，套虜火落赤以去年追罰蓄憤，鳩衆分犯中西二路，官兵擊走之，馘斬二百有奇。

庚辰，皇第十女薨。

仍復池河營市税。

甲申，諭法司：天氣暄熱，兩法司并錦衣衛見監罪囚無干證者准釋放，徒流以下減等發落，重囚情可矜疑併枷號者俱開寫具奏。

《國榷》卷八〇　〔乙酉〕，順義王撦力克始表貢。

戊子，鹿邑知縣楊應魁苛墨，爲部民所訟，命捕治之。

〔丁酉〕，巡撫鳳陽右副都御史李三才言：恩詔中格，流傳二説：一新政原非聖意，故旋開旋閉；一沈一貫恐朱賡、沈鯉妨位，恥事不出己，計傾左右，致善事不終。上怒，奪俸三月。一貫奏辨，不問。

《神宗實録》卷四二一　加雜谷安撫司貢番口糧。時計番口共一千二百七十四人，舊額賞本不簿，至是番酋請益。

太子少保、南京户部尚書張孟男卒。

《神宗實録》卷四二二　六月戊戌朔，陞大理寺左少卿涂宗濬爲右僉都御史，巡撫延綏。

《國榷》卷八〇　己亥，河決郭煖樓茶城鎮。

《明通鑑》卷七三　癸卯，緬甸攻木邦，陷之。

《國榷》卷八〇　庚申，命守令于十月税糧並完方離任。

〔壬戌〕，停浙江萬曆二十九年逋織。

許福建土産方物折價轉納，如江西、山東例。

《神宗實録》卷四二二　丙寅，河南太監胡濱進税銀三萬五千八百餘兩，礦銀四千八十一兩，金十五兩。廣西税監沈永壽進税銀八千九百六十兩，礦銀三百八十兩。

《國榷》卷八〇　是月，興化府大旱。

《明通鑑》卷七三　是月，畿内順天、文安、永清、三河、寶坻諸縣皆大蝗，自春正月至夏不雨故也。

《神宗實録》卷四二三　七月戊辰朔，調貴州總兵左都督陳璘爲廣東總兵。

《國榷》卷八〇　甲戌，南京協同守備撫寧侯朱繼勳爲南京守備，領中軍都督府。四川松潘副總兵藺臺爲總兵官，鎮守福建。寧夏副總兵鄧鳳爲總兵官，鎮守陝西。延綏定邊副總兵王國棟爲鎮朔將軍總兵官，鎮守宣府。山東靖海副總兵楊宗業爲總兵官，鎮守浙江。俱都督僉事。

蠲真定、順德、廣平、大名派税。

丙子，命司禮太監陳矩録囚。

定山西、保定、陝西邊臣考滿，同延、寧、甘、固嘉靖四十三年例。

戊寅，河南左布政使易登瀛爲右副都御史，巡撫湖廣。

辛巳，宋廣夏嗣西寧侯。

《明通鑑》卷七三　癸未，閣臣沈一貫、沈鯉並致仕。

丙戌，京師大雨雹，平地水深數尺，又大風拔朝日壇樹。

《國榷》卷八〇　辛卯，安南黎維新誅韋達禮，獻其首。

是月，套虜太台吉以三千騎復犯保寧，巡撫涂宗濬、總兵杜松議擊之，遣都指揮僉事杜文煥以千騎爲先鋒，擊斬四十六級，松引五千騎逐之，虜遁。

《神宗實録》卷四二四　八月丁酉朔，廣東、廣西、山西督撫按各上税課額數。廣東正額一十五萬九百二十三兩，加方物公費銀三萬兩。廣西正額五萬一千八百二十餘兩，加方物公費六千三百八十餘兩。山西正額四萬五千二百兩，加方物公費五千七百一十七兩。命特減廣東歲各一萬兩，停解廣西鹽稅銀一千一百五十六兩，留充兵餉。皆從撫按議請也。

《國榷》卷八〇　丁酉朔，始令宗室將軍中尉同諸生應試科貢。

戊戌，南京鴻臚寺卿丁賓爲右僉都御史，提督操江。

《神宗實録》卷四二四　庚子，虜酋抄花卜言顧等以二百餘騎犯遼陽鎮邊堡，官軍擊走之，斬獲三十餘級。

壬寅，蘇杭太監孫隆進稅銀一萬二千六百兩，紵綵三千三百四十六疋。

《國榷》卷八〇　丙辰，録囚。奏釋大辟七十一人，俱遣戍，如罪勳李宗城等，惟曹學程如故。太監陳矩、刑科左給事中梁有年以請，不報。

己未，招寬甸等六城人歸故土。初，築六城新疆，周八百餘里，偪近建州衛，夷夏錯居，走集六萬餘人。至是移其人內地，盡棄其土。

是月，主試京省。

沙計等台吉犯延綏高家堡，杜松以二百里即走其巢邀之，斬六十六級。

九月己巳，貢士山陰鄭汝鑛戍遼東。

壬申，福建漳浦奸人劉志邁、程可兆謀亂。

《神宗實録》卷四二五　乙亥，起原任總兵王威爲延綏西路總兵。

戊寅，以泇河通，建驛于嶧縣萬家莊，命名萬家驛，添設驛丞及台家莊巡簡各一員，從山東撫按議也。

癸未，琉球國中山王世子尚寧遣長史等進貢方物。

〔丙戌〕，虜犯鎮羌古城等堡，大松山都司王從諫、涼州副總兵柴國柱等率兵擊走之，斬首二十餘級。

《國榷》卷八〇　甲午，總督薊遼蹇達報東西二虜約長昂內犯，命備之。

乙未，以朱賡言，釋御史曹學程獄，戍湖廣寧遠衛。

《神宗實録》卷四二六　十月丙申朔，頒萬曆三十五年曆。

命工部主事房楠往河南營建福王府第。命停刑。

甲辰，擺言太本拜等酋率千驍犯邊，我兵擊走之，斬首四十四級。

《國榷》卷八〇　是月，前刑部尚書董裕卒，贈太子少保。

《明通鑑》卷七三　十一月己巳，朵顏糾韃靼諸部台吉等，以萬騎迫山海關，總兵官姜顯謨禦卻之。長安復以三千騎窺義院界，偵邊將有備，乃引去。長安不久死，諸子稍衰，于是三衛始靖。

《神宗實録》卷四二七　丙子，命户部於考察前較覈天下司府州縣應解錢糧，有原未被災及雖被災未及六分以上而無故他延者，照見行叅罰事例，送部議處，以示懲創，從尚書趙世卿議也。

戊寅，命宗人府經歷不許乞差。禮臣李廷機言：宗人經歷所掌玉牒及王府報生事宜，皆宗藩緊要事，與本部相關，向無差遣，近間有之。本府別無佐領，遂將五府經歷都事等官暫委署篆，事體既難練習，胥吏又易夤緣。倘臣部有所稽查，殊多不便，宜行禁止。從之，著爲令。

辛巳，工部上四司錢糧出入之數，合計四司歲入止得五十七萬七千餘兩，以當出數尚欠六十二萬兩。

壬午，裁旅順遊擊，改設守備官一員，汰官兵六百二十員名，餉三千七百六十兩。

癸巳，除免河南被災鹿、嵩等三十四州縣額課有差。時河南大荒，巡按御史王業弘議將各州邑本年見徵一應起運暫行停緩，及有帶徵舊欠，俱寬至來歲麥熟徵收。户部尚書趙世卿以帑藏空虛，邊腹索餉甚急，奏格前請，惟令照被災分數於年存留糧內各除免若干。從之。

甲午，以冬深撤薊鎮兵馬如例。

《國榷》卷八〇　十二月乙未朔，總理惜薪司內監楊致中杖殺燕山右衛指揮僉事鄭光耀。部科劾致中，不報。

戊戌，建州衛都督都指揮速兒哈赤等入貢。先是減建人車價，禮部左侍郎李庭機代兵部，減車價，建人争之，久不貢。李庭機遣序班李維葵往詰之，維葵勸諭，仍補貢。

《神宗實録》卷四二八　甲辰，重修南海普陀寺成，命所司建碑其地，御製碑文記之。

戊申，互調薊鎮總兵尤繼先爲延綏鎮總兵，延綏鎮總兵杜松爲薊鎮總兵。先是，繼先收養降夷至八百餘人，倚爲精鋭，薊遼督臣蹇達忌之，上議以薊鎮與他鎮不同，修守爲上，收息蕃多，恐夷情難馭，致貽後患，請調繼先於別鎮。章下兵部，樞臣蕭大亨覆如議，而以延綏總兵杜松廉威素著，與繼先更調，仍令繼先將所蓄夷丁携至新任安插停妥，用清隱憂。上皆從之。仍諭薊鎮督撫道將各將見在南北主客官兵從公挑選，時加簡閱，務使可戰可守，斯爲完策。其二官聞命可即日就道，勿得遲滯。

《明通鑑》卷七三　壬子，南京妖賊劉天緒謀反，事覺，伏誅。

《國榷》卷八〇　壬戌，皇次孫由樑生。

萬曆三五年（丁未、一六〇七）

《國榷》卷八十　正月乙丑朔，上不朝。

丁卯，户部尚書趙世卿攝計，吏部左侍郎楊時喬佐之。故事，主計正月既朔，時喬方料理，聞命暫格。

己巳，巡按陝西御史余懋衡劾税監梁永，且乞休，不報。懋衡入秦再中毒，皆得解，拷庖人，云梁永啖之賂我。

《神宗實録》卷四二九　庚午，署吏部事楊時喬請辭印務。不許。

《明通鑑》卷七三　辛未，給事中翁憲祥，言撫、按官解任，不宜聽其自去。是時官方多滯，撫、按官候代，或十餘年不歸，部郎倖深，多借差以出。會有江西巡撫許弘綱，以父艱告歸，薦陸長庚、王佐自代，不復俟命，解組而去。憲祥因言：「故事，正郎不奉使，撫、按必俟代。今皆反之，宜申明舊制。」疏入，不報。時大僚多缺，憲祥以爲有傷國體，因復陳補闕官、起遺佚數事，報聞而已。

《國榷》卷八〇　許王明輔襲祖爵永年伯。楊時喬謂非例，以特恩，不爲令。

己卯，吏部大計，降斥有差，以貪論者五十六人。

丙戌，設保寧參將、波羅守備。

壬辰，廣渠門内監邢朝等苛索，梃擊泰興知縣龍鏜死，下獄，邢朝等三人戍邊，趙禄抵死。

《神宗實録》卷四三〇　二月丁酉，勅在京舊太倉、南新濟陽倉、海運新太倉、北新大軍倉、西新太倉併通州大運中南倉、大運西倉七監各鑄關防。在京五倉監督，舊例差三年減作一年，以均勞佚。

交酉武德成攻雲南教化八寨，總兵官沐叡等帥師禦之。

原任太子太保、吏部尚書李戴卒。

庚戌，定磨勘律，申前割卷論罪之令也。其法以鄉會試卷揭曉畢日，本生自簡續將中式卷送部科勘對，如有誆騙人財物割卷包許中式情弊者，俱拏問重枷三箇月，發極邊烟瘴地方充軍，其央浼營幹之人，被誆騙者無論知情不知情、中式不中式，俱一體同罪。

《國榷》卷八〇　乙卯，禮部左侍郎李廷機請亟補講官。不報。

戊午，朱賡屢請補閣員，又給事中汪若霖見攻乞休。不允。

辛酉，刑科給事中周曰庠請革九門之税。不報。

是月，署禮部事左侍郎李廷機，以建州衛奴兒哈赤久不貢，遣序班李維葵往遼東，俾撫按詰之。

《神宗實録》卷四三一　三月甲子朔，緩浙江織造歲運。

《國榷》卷八〇　丁卯，巡撫宣府右僉都御史馬鳴鑾爲兵部右侍郎兼右僉都御史，總督宣、大、山西軍務，兼理糧餉。

辛未，薊鎮總兵官左都督尤繼先免，因總督蹇達論其收集降夷也。

《神宗實録》卷四三一　乙亥，薊鎮、密雲軍士缺冬十二月、正、二月糧，借支京糧庫銀十萬。

戊寅，廷試禮部貢士施鳳來等三百一人。

《明通鑑》卷七三　辛巳，賜黄士俊等進士及第、出身有差。

《神宗實録》卷四三一　甲申，户部計天下歲欠金花絹布。蘇、松兩府自萬曆十四年至二十五年所欠金花四十八萬有奇，自二十一年至三十四年布疋之欠共三百一萬餘疋。江西金花三十三年欠踰六分，三十四年金花布疋各欠全分，絲絹自二十一年至三十四年欠八萬二千餘疋。湖廣稱是。而蘇州一府欠至十四萬三千餘疋，浙省所欠亦踰三萬。

南京兵部尚書孫鑛題稱，留都營兵額數一十二萬七千有奇，萬曆十三年尚四萬四千九百，至三十四年實在之數僅三萬六千一百餘員，視原額不及三分，而較前又減八千八百。及今不處，必至無兵。議將在册餘丁挑選精壯發伍操練，每年終仍將選補實丁照例奏報。從之。

南京兵部請添設中軍標營，將大教場八營見操軍士選一千餘名，設中軍叅將統練。從之。

《國榷》卷八〇　辛卯，蠲裕州、沈丘、商丘、永城、夏邑、舞陽、葉、上蔡、新蔡、西平、遂平新租。

罷右中允陳之龍，以御史宋燾論沈一貫姻黨也，命回籍聽覆。

四月乙未，復宰賽市賞，梟哈大得捧于關外。自長昂復貢而宰賽來欵，執哈大得捧，解新河之忿。

丁酉，蘭州夷目閻宗傳等攻掠永寧。

戊戌，銀定、歹青等二酋犯河西，凉州副總兵柴國柱破之，斬百二十八級。總兵達雲、副總兵官秉忠等又戰紅崖，斬百三十九級。

《神宗實録》卷四三二　廷試就教舉人三百五十名。

癸卯，兵部題稱，禁兵久弛，牌面器仗遺失參差，查《會典》叉刀圍子手額軍二千名，應牌一千面。今食糧軍只一千九百九十二名，而銅牌少四名，牌面隨軍亦其恒也。至紅盔之設，與叉圍事體相同，查原額金牌七百五十三面内損失一十三面，時日不一，尚寶司已節次參治矣。至遞年額領甲止七百二十五副，盔止七百二十三頂，金瓜四十把，刀六百五十九把，共止六百九十九件。夫盔甲瓜刀宜與牌數相副，而甲少於牌，盔少於甲，瓜刀又少於盔。牒藉不存，明徵無據，謹行兵仗局造給，以合令甲之舊，並所少金銅牌令尚寶司補鑄。從之。

戊申，命陝西撫按速處韓藩禄米，以濟貧宗。

《明通鑑》卷七三　壬子，順義王徹哩克卒，未有嗣，忠順夫人率所部仍効貢職。

《神宗實録》卷四三二　戊午，工部鋪商王梁等六人，以大工煩興，鋪墊受累，各赴午門聲寃。有司原之。

《國榷》卷八〇　五月癸亥朔，總督宣大諭順義王部落，毋久駐青海。

《神宗實録》卷四三三　乙丑，大學士朱賡復入閣視事。

丙寅，命連標爲副都御史，巡撫宣府地方，贊理軍務。

辛未，以盛暑，命法司省刑，輕罪羈繫者俱釋放，徒流以下減等發落。

議減旅順防兵，令山東與北直分餉。

《國榷》卷八〇　丁丑，閣員會推于慎行、趙世卿、劉元震、葉向高、楊道賓、李庭機、孫丕揚，吏科都給事中陳治則嘗劾庭機，難之。兵科給事中宋一韓謂楊、李俱宜罷，請改推。御史葉永盛請列上。亡何，刑科右給事中曹于忭及宋一韓、工科右給事中王元翰、兵科左給事中胡忻、福建道御史陳宗契各排庭機，上不聽。禮部右侍郎黄汝良不允，以吏科都給事中陳治則議枚卜刺及之，時晋江三人，楊道賓、李庭機、黄汝良。

甲申，光禄寺署正范光裕送安南使臣之國。

乙酉，夜有星如丸，自牛宿流東南行近濁。

丁亥，禮部尚書于慎行進太子太保，南京禮部右侍郎葉向高、禮部左侍郎李庭機並爲禮部尚書兼東閣大學士，直文淵閣。又諭朱賡曰：「卿思舊輔王錫爵，忠誠正直，可濟時艱，其召之，同卿夾輔。」

《明通鑑》卷七三　己丑，復召致仕大學士王錫爵，三辭，不允。

《國榷》卷八〇　己丑，順義王妻忠順夫人求封，總督馬鳴鑾、巡撫霍鵬以聞。

《神宗實録》卷四三四　六月甲午，總督陝西李汶告病。許之。

巡撫鳳陽等處李三才以税監暨禄病故，請罷天下税使。不從。

戊戌，命大同巡撫霍鵬策勵供職，福建巡撫徐學聚回籍聽用，南京太常寺卿顧雲程以左布政聽調，湖廣巡撫易登瀛以見職致仕，從南臺省之疏也。

命魏國公徐弘基爲南京協同守備兼掌南京後軍都督府事。

陞協守漳、潮等處副總兵黄岡充總兵官掛印，鎮守廣西。

庚戌，起少保、兵部尚書李化龍爲兵部尚書，協理京營戎政。

辛亥，調鄧鳳充總兵官掛印，鎮守延綏。陞袁世忠爲南京後軍都督府僉書。馬孔英充總兵官，鎮守貴州。

壬子，改凱里宣撫司爲凱里長官司，降宣撫楊燧爲正長官。

辛酉，光禄大夫、太子太保、南京吏部尚書曾同亨卒。

《明通鑑》卷七三　六月，湖廣黄州府、蘄州、黄岡、黄梅、羅田等處大水，漂没廬舍。武昌、承天、鄖陽、岳州、常德等府，先各亢旱，入夏大雨，民舍漂没凡數千家。南直隸寧國、徽州、太平等府，山水大涌，繁昌、黟縣、南陵等縣，溺死男婦無算。浙江嚴州山水大涌，建德、桐廬、淳安、遂安、分水等縣，漂没者數千户。

《神宗實録》卷四三五　閏六月壬戌朔，吏部申請許新第進士俱題許假回籍。

甲子，光禄大夫、柱國、太子太保、左都御史温純卒。

戊辰，以凉州副總兵柴國柱充總兵，鎮守陝西。

癸酉，大寧長公主薨。

《明通鑑》卷七三　甲戌，復朵顔貢市。

《神宗實録》卷四三五　丁丑，起用大學士王錫爵及禮部尚書于慎行、南京吏部右侍郎葉向高，辭職不允，各温旨趣任。

《國榷》卷八〇　乙酉，京師大雨。

丙戌，廣西左布政使蔡應祥爲右副都御史，巡撫廣西。太常寺少卿張問達爲右僉都御史，巡撫湖廣。太常寺卿衛承芳爲右副都御史，巡撫江西。

己丑，諭廷臣曰：昨枚卜閣臣，會疏請自上裁，有何密囑，而給事中王元翰、胡忻，呶呶求勝不已，疑君誣人，莫此爲甚，罰俸半年。于是李庭機請寬二臣，不聽，而攻庭機者未息也。

七月辛卯朔，總督漕運李三才請補大僚，選科道，用廢棄。

壬辰，巡按陝西御史王基洪劾税監梁永陳兵殺傷吏民，而巡撫顧其志奏至平臺，不言殺掠，梁永反以藉口，上益疑言者矣。

《神宗實録》卷四三六　大學士李廷機入閣視事。

丙申，命沿河州縣撈挽木植。

《國榷》卷八〇　丁酉，朱賡上選庶吉士定制。

己亥，時傳採川、貴、湖、廣大木，撫治鄖陽右僉都御史黄紀賢言採木之累。不報。

朱賡以京師大水引咎，請補大僚，選科道，起廢官，罷榷使，賑民困，閔商困。上命補大僚俟另旨，其救災，發粟、平糶、疏渠，即行之。

《明通鑑》卷七三　庚子，京師久雨，溝洫皆壅閉，晝夜如傾，壞廬舍，溺人民，東華門内城垣及德勝門城垣皆圮。

《神宗實録》卷四三六　壬寅，查核通灣所失糧艘，自閏月甲申以前戊寅以後，屢有漂溺，凡損艘二十三隻，米八千三百六十三石，渰死運軍二十六名，其沿河民户漂没者不復能稽。

《國榷》卷八〇　乙巳，命户部出太倉粟二十萬石平糶，發十萬金賑之，命工部浚渠疏水道。

丁未，皇太子久不出閣，吏科都給事中邵庶等請蒞學。不報。

賑保定水災。

前禮部尚書兼翰林院學士李長春卒。

《神宗實録》卷四三六　庚戌，總督宣大兵部右侍郎、右僉都御史鄭汝璧卒。

丙辰，命太僕寺發銀三十萬借户部，分給各邊，從户部趙世卿請也。

命太僕寺發銀十萬兩，賑救壓傷窮民，從御史李應魁請也。

丁巳，總督倉場户部右侍郎游應乾核諸倉垣草廠浸塌者三千一百三十餘丈，濕米二十九萬餘石，密雲沿河漂失米數尚計外未查。

戊午，宣大總督馬鳴鑾以宣鎮三路修築城堡限宜報完，而防範事殷，力不並及，稱各寬限一年。從之。

《神宗實録》卷四三七　八月丙寅，命户部支太僕寺銀十萬與五城御史，查勘災荒的實，先儘京城，次及裹八府，劑量輕重，一體賑救。房號免租三月，平糶之法依擬實行，煑粥著于窮冬新歲，動支掃倉餘米行三箇月，其外省饑民行撫按官查，例預備義社等倉及搜括庫藏堪動銀兩，多方賑拊，毋使枵腹遠奔，流離失所，以虚朝廷愛養元元之意。從户部請也。

《國榷》卷八〇　丙寅，巡撫貴州兵部尚書郭子章引疾去。

《神宗實録》卷四三七　癸酉，命户部：所借邊餉於太僕寺減支十五萬，准動老庫銀十萬，於東西二庫再湊五萬，以濟急需。爲部借數多，冏寺困乏也。

乙酉，雲南巡按周懋相稱，雲南貢金歲五千兩，每歲發價給商往川陝等處採辦，計司發直歲幾三萬二千兩，而民間互相貼辦數亦如之。邊徼賦税無多，兵餉金價俱仰礦税。自嘉靖間開採垂百年于兹，十二營之兵餉與五千之貢金額不可減，則礦難終閉。自去歲禁封搜括庫藏以完金餉，今庫藏已空，窮民失業，亡命潛聚，夷盜日滋。採該司之議，詢衆庶之情，如石羊等二十四場累民者，誠不可不閉，而表羅、普古郎、永盛、新興、西山凹、礁石、白塔、北衙中場、明直、濛孜共十場之有濟者，勢未可終封，宜爲酌量照例開採，以濟貢金兵餉之費。從之。

《國榷》卷八〇　九月癸巳，以閻宗傳降，隴澄告退，命四川撤兵。

《明通鑑》卷七三　甲午，停刑。

《神宗實録》卷四三八　以甘鎮兩捷功，加總兵達雲子奇功陞襲二級，世襲爲凉州衛都指揮同知。

以協守定邊副總兵王威充總兵官掛印，鎮守延綏。以提督南直狼山等處副總兵萬邦孚充總兵官，鎮守福建。以協守四川松潘副總兵孔憲卿充總兵官，鎮守廣東。

己亥，南京前軍掌都督府事靈璧侯湯之誥卒。

户部議：動通糧五萬石，發行薊鎮平糶。從之。

庚戌，雲南巡按御史周懋相改差巡按蘇、松。

《神宗實録》卷四三九　十月庚申朔，户部言：運司鹽課自萬曆三十四年夏至三十五年春兩淮課額欠至一百餘萬，長蘆欠至十八萬餘，山東欠至七萬餘，玩延如此，邊餉安得不匱。宜遣官守催嚴爲責成，如有怠玩，揭到即行叅處。從之。

丁卯，陞巡撫山西僉都御史李景元爲右副都御史。吏部題稱，景元履任三年，預蓄三關本色節省銀一十萬七千六百餘兩，招撫復業人户三千九百六十餘名，賑恤災傷田六百餘頃，屢立勞績，宜示酬嘉，故有是命。

《國榷》卷八〇　例給延綏、寧夏各酋子冠帶。

壬申，巡按直隸御史宋燾論救姜士昌，語刺李庭機，庭機奏辨。上以燾賄囑，謫燾平定州判官，加謫姜士昌興安典史。

《明通鑑》卷七三　癸酉，山東饑。

各屬以旱災告，其被災最重者禹城、濮州、臨邑、陵等二十六州縣，次重者商河、平原、鄒平、德平等二十三州縣，又次者沂州、寧陽、長清、德州、肥城等十二州縣，俱酌量振濟蠲免有差。

《神宗實録》卷四三九　兵部以清軍勾擾，議將已清年遠無頂項軍人一千八百九十四名咨都察院行各省直住勾，嗣後不得以勘結冒請。從之。

《國榷》卷八〇　丁丑，命畿内六郡災民發德、通二倉粟各五萬石平糶。

《神宗實録》卷四三九　户部題：蘇州府所欠布花自先年蠲免八十萬外，萬曆二十九年起至三十五年止，尚欠八十三萬二千三百八十一疋，内嘉定所欠獨多。參嘉定管徵知縣陳一元、崑山知縣王時熙、太倉知州李世鰲、蘇州府署印同知先韓子祈，令王照等各住俸催徵。

《國榷》卷八〇　癸未，福王長子由崧生。藩例五歲請名，至是特百日賜名。

《神宗實録》卷四三九　戊子，大學士廷機復入閣視事。

《神宗實録》卷四四〇　十一月壬辰，以寧夏副總兵王邦佐掛印充總兵官，鎮守甘肅地方。

癸巳，以軍士缺冬衣，備查各省所欠絹布錢糧。自蘇州一府前以特旨督催外，自二十九年起至三十四年止，松江府欠梭綿布共七十八萬一千五百三十五疋，河南欠綿布十二萬二千九百餘匹，山東欠綿布一萬六千七百餘疋，蘇州尚欠絹五萬五千六百餘疋，湖廣欠絹四萬七千六百餘疋，江西欠絹一萬四千七百餘疋，尚自三十一年起欠苧布十九萬一千九百餘疋，俱限三月，令各官住俸督催。

《國榷》卷八〇　辛丑，大學士葉向高入朝，李庭機次之，于慎行亦至，疾未入直。

肅王紳堯進馬五十匹。

壬寅，前太子少保督理糧儲南京户部尚書王基卒。

《神宗實録》卷四四〇　甲辰，裁革湖廣竹谿、鄖西二縣管糧主簿，房縣廣積倉大使，上津縣江口鎮巡簡，瀏陽、新寧、麻陽三縣訓導，從鄖陽巡撫黃紀賢議也。

己酉，命山東濟南、兖、東昌三府明年俵馬量派一分，餘悉改折，從保定六府之例。

《明通鑑》卷七三　壬子，大學士于慎行卒。

《國榷》卷八〇　金沙夷阿克鄭舉等破武定，殺指揮金守仁、千户梅應時、黄桂、王應爵、金榮等。

戊午，巡撫福建徐學聚劾税監高寀不法。

《神宗實録》卷四四一　十二月癸亥，命查議隴氏存絶，並覆安堯臣功狀。

《國榷》卷八〇　丁卯，刑部右侍郎沈季文請重囚病故非梟首者不必僇屍。從之。

命户部治壽寧公主婚禮，金珠直十九萬有奇。

辛未，司禮太監陳矩卒。

壬申，罷浙直織造太監孫隆，以劉成代之。

阿克陷元謀，知縣毛文彩遁，攻羅次、禄勸、尋甸，殺禄豐知縣蘇夢暘。

丙子，陷嵩明州。

壬午，延綏、寧夏虜酋補進馬匹，乞襲秩。從之。

丁亥，交趾賊七百餘人自龍門港犯欽州，陷之，殺學正李嘉諭。明日遁。

萬曆三六年（戊申、一六〇八）

《國榷》卷八〇　正月己丑朔，上不朝。

乙未，巡撫雲南陳用賓令守備王之瑞等攻賊，直抵元謀，敗之。僞總管鄭舉乘官兵未集，進攻羅次，知縣熊尚謨拒卻之。攻禄豐，又陷元謀、嵩縣。官兵進復武定，禄豐賊遁，遺金餌兵，又棄印于地，我兵争印，啓篋，無有也。阿克走東川，爲土酋兄弟所獲。

《神宗實録》卷四四二　壬寅，户部尚書趙世卿再疏請七公主婚禮錢糧比照長公主事例，折價進與該庫，令其自行給造。仍嚴勅該監務遵祖制，弗得違例妄求。從之。

《國榷》卷八〇　戊申，閣部請東宫出閣就學。不報。
辛亥，吏部左侍郎楊時喬請定六科内補外補、正推閏推一遵舊制，以息競端。從之。
壬子，司禮太監成敬同兵部閱視京營。
《神宗實録》卷四四二　工部右侍郎劉元霖言：福府之建，宜依潞府規則，擇吉興工。惟是崇本書樓一節《會典》原無此式，遵祖制以昭儉德，取自聖裁。至措處銀兩，共得四十一萬七千七百三十三兩零，止缺三萬九千八百餘兩，再行派辦，議留班軍助工，并劄監督主事房摘留心綜覈。得旨，如擬行。
丙辰，兵部言：畿輔重地，年來災傷疊臻，三十五年霪雨異常，民不堪命。請如户部咨勘薊州十二團營地畆應徵萬曆三十五年分解本部，籽粒錢糧照例蠲免三分，其應徵七分與香河縣助邊充餉，神機營牧馬草場等項錢糧俱行暫緩。許之。
《國榷》卷八〇　安南賊復侵欽州，百户孔榕、把總祝國泰等死之。
是月，虜犯甘肅，官兵先後斬一百四十五級。
《神宗實録》卷四四三　二月戊午朔，添設吏部司官一員，專管册庫。
癸亥，互調總兵，柴國柱掛印鎮守甘肅等處地方，王邦佐鎮守陝西等處地方。
《國榷》卷八〇　〔乙丑〕，兵部覆巡撫雲南陳用賓請討叛夷阿克。
己巳，進兩廣總督戴燿太子少保，廣西巡撫楊芳右都御史。
壬申，忻城伯趙世新領南京前軍都督府。
《神宗實録》卷四四三　丁亥，兵部言：雲南巡撫陳用賓乞要南京、兩廣各動發五萬兩，以濟急用。臣愚以爲不可賴以應猝請，先發冏金五萬兩，差官星馳解至軍前應用，其户、工二部所議仍行一并續發，收復人心，保全滇省。從之。
《明通鑑》卷七四　是月，飭邊備。時蒙古喀爾喀諸部悉歸于大清，薊遼總督蹇達疏請爲備，廷臣亦請亟罷礦税以安人心，不省，尋有是命。
《神宗實録》卷四四四　三月己丑，户部定接濟雲南軍前糧餉，南京户、兵二部共湊三萬兩，兩廣五萬兩。從之。
《國榷》卷八〇　戊戌，兵部議立鎮雄土司，下撫按訪其的裔。
癸卯，雲南參將張名世，伺鄭舉等以二千餘人從阿克劫營，預伏以待。夜，賊果至，大破之，斬阿克凡三百十二級，益搜捕其黨，先後共六千一百餘級，鄭舉逃東川。
戊申，誅劇寇安南新安州酋長潘都該。
乙卯，巡撫雲南陳用賓、總兵官黔國公沐叡奪俸，尋免用賓，以阿克失事也。
《神宗實録》卷四四五　四月戊辰，户部請發臨、德二倉糧米各一萬石，分撥與東省被災地方施粥賑濟。從之。
壬申，大學士朱賡等會同翰林院官考試禮部送各處歲貢、恩貢一千一百六十八名，取中歲貢上卷三卷，中卷一千六百六十三卷，恩貢中卷二卷。
《國榷》卷八〇　己卯，朝鮮陪臣告國王李昖薨，次子光海君琿嗣，母金氏請封。上命國人詳議，臨海君何廢，光海君何立，具以聞。
起劉綎雲南討賊總兵官。
壬午，河西虜銀定歹青入犯，總兵柴國柱先後擊斬百六十二級。
《神宗實録》卷四四五　乙酉，鑄給劉綎雲南討賊總兵關防，事平即繳。
《國榷》卷八〇　五月己丑，兵部言：朝鮮鴨緑江西爲奴兒干夷，豆滿江北爲忽剌温，沿江則藩胡專報聲息。自兩酋締婚，忽剌温侵及諸胡并之，且勿侵及忽剌温。奴、忽之間，有迴波部落，業折入于奴，目中寧有朝鮮哉。望敕朝鮮飭備，宣諭奴兒干夷，各守界毋擾。從之。
《神宗實録》卷四四六　己亥，先是，兵部起用總兵劉綎，不繇會推，科臣宋一韓疏駁，部覆以後推用總兵不論正缺特用俱繇廷推，惟緊急之際，督撫坐地坐名奏請者，部與題覆，永著爲令。從之。
壬寅，大學士朱賡等會同翰林院官考試吏部，開送願就教職，歲貢、恩貢取中上卷四卷，中卷一千五十六卷。
《國榷》卷八〇　乙卯，劉蓋臣嗣誠意伯。
《神宗實録》卷四四七　六月戊午，鑄給貴州新設貴定縣印。
庚申，以税監高淮誣奏，逮同知王邦才、叅將李獲陽來京究問。
辛酉，許良鄉縣將寄養馬匹額内量減二百匹接濟驛遞。
甲子，停革兩廣督臣戴燿安南執叛欽賞，以太僕寺少卿申用懋言，失事不可冒功，冏金不可濫予也。
己巳，鑄給廣平府糧馬分督捕務通判關防。
庚午，户部請權于太僕寺馬價銀内動借五十萬兩，工部分解濟工銀内動借二十萬兩，分給各邊，以抒目前之急。得旨：于季進拖欠買辦銀數内扣留十萬兩，及借工部濟工銀十萬兩，太僕寺馬價銀四十萬兩。

辛未，熱審録囚。法司請釋矜疑三十餘人，久未奉旨，刑部刑科各疏懇發。不報。

甲戌，准遼東總兵官寧遠伯李成梁解任回京。

丙子，原任工部尚書姚繼可卒。

己卯，增設大平伐地方守備一員，以原任守備貴州前衛指揮使薛紹瑄署管，仍俟有績，方與實授。

乙酉，薊遼總督蹇達再疏請撤税使高淮。上曰：「開礦抽税，因助大工急需。礦已封閉，税着有司徵收，内監稽核類進。高淮擅自出巡，騷擾地方，今又扣尅軍士糧餉。且各邊軍士卧雪眠霜，勞苦萬狀，九死一生，何堪虐害。高淮便着該督撫鎮巡官差官護送回京，交司禮監奏請定奪。其福陽店及遼東二項額税准督理通灣税務張燁兼管。」

《國榷》卷八〇　是月，雲南官兵擒鳳恩弟，問阿克，鄭舉安在。云三月十七日敗走。問前所斬首非克乎，云嘗飾年貌似阿克者二三人防不測，今當往東川也。于是檄東川酋禄壽、禄哲獻賊，否且問罪。禄氏期厚購，果縛獻焉。

設欽州守備官，罷交夷互市。

七月乙酉朔，大理寺左少卿牛應元爲右僉都御史，巡撫南、贛、汀、韶。通政使右通政王永光爲右僉都御史，巡撫浙江。起前右副都御史張悌巡撫遼東。南京太常寺卿徐申爲南京通政司使，前右副都御史王汝訓爲南京刑部右侍郎。

禮部右侍郎楊道賓請恤南京水災。報可。

京師地震。

丙戌，前太子太保、總督薊遼、兵部尚書兼右都御史蹇達卒。

《神宗實録》卷四四八　辛卯，滇南兵事漸平，詔撤劉綎，不必至滇。

調薊鎮總兵官署都督僉事杜松以原官掛印充鎮守遼東地方，兼備倭總兵官。

《國榷》卷八〇　癸卯，山西總兵官都督僉事馬棟調薊州、永平、山海總兵官兼備倭總兵官。

己酉，宣府副總兵署都督僉事王尚忠爲總兵官，鎮守山西。

甲寅，薊虜煖兔等屢挾賞，以千騎犯界嶺石，杜松亟擊之，追斬二十二級。

八月己未，刑部右侍郎沈應文爲刑部尚書。巡撫應天右僉都御史周孔教爲右副都御史，總理河道。巡撫保定兵部右侍郎兼右僉都御史孫瑋爲右都御史兼户部右侍郎，總督倉場。

《明通鑑》卷七四　癸亥，以武定失事，逮雲南巡撫陳用賓、總兵官沐叡至京師，俱下獄論死。

《國榷》卷八〇　辛未，四川右布政使周嘉謨爲右副都御史，巡撫雲南。起前右僉都御史趙燿巡撫保定兼理海防軍務。起陳薦刑部右侍郎。太常寺少卿項應祥爲右僉都御史，總理糧儲兼巡撫應天。

《神宗實録》卷四四九　庚辰，吏部言：新起遼東巡撫張悌病篤情真，宜令在籍調理。許之。

户部覆南京科臣金士衡賑災諸議，其東南被災與留都同比照，一並批發。得旨：留都平糴及江南、江北、嘉、湖等處賑濟，俱依議一體預支，仍行南部酌議給發。

《明通鑑》卷七四　九月甲午，武定賊平。【略】械阿克等至京師，磔于市。乃悉置流官。

《國榷》卷八〇　丙申，湖廣左布政使胡桂芳爲右副都御史，巡撫貴州兼督理湖北、湖南、川東軍務。順天府丞李炳爲右僉都御史，巡撫遼東。起王象乾右都御史兼兵部右侍郎，總督薊、遼、保定。起孫丕揚太子少保、吏部尚書。

甲辰，總督陝西三邊軍務太子少保、兵部尚書兼右副都御史徐三畏卒。

總督兩廣戴燿令總兵官孔憲卿、海南兵備副使蔡夢説征交寇，擒渠帥十二人，斬千五百餘級。

《神宗實録》卷四五〇　丁未，命户部于拖欠買辦銀内給發五萬兩賑救浙江災民。

《神宗實録》卷四五一　十月癸亥，工部覆：街道官景昉議疏溝渠、挑城河，請乞申飭，以便行事。得旨：都城街道溝渠墊塞已極，亟宜修理，民居占壓水溝，盡行拆毀，勢豪阻撓的叅治，仍嚴禁皇墻都城下穵土。

丁卯，革總督兩廣兼巡撫廣東地方兵部尚書戴燿職爲民，以欽州失事也。

己巳，命貴州新舊巡撫官速行交代。

〔庚午〕，禮部言庚辰進士缺題名，及丙戌、己丑二科一并補造，從之。

《國榷》卷八〇　庚辰，許朝鮮李琿嗣封。

《神宗實録》卷四五一　癸未，湖廣巡撫張問達、史弼會題：武昌府屬江夏等州縣各被水災異常，議于該年各存留倉米銀悉照原勘分數，依例蠲免。部覆允行。

《國榷》卷八〇　是月，銀定歹青犯寧夏廣武營，巡撫黄嘉善檄兵援之。總兵蕭如薰同署副總兵馬允登、鎮城游擊潘國振、廣武營游擊江應詔、玉泉營游擊賀維楨合兵至井溝，斬八十三級。

河東虜犯甘肅，屯昌寧，官軍擊斬百十六級。

《神宗實録》卷四五二　十一月甲申朔，吏部言：本部効勞各役濫冒已極，乞設法裁革。從之。

庚寅，補原任山東副使朱汝器于山西，分巡河東。

辛卯，發薊、昌二鎮買補馬騾銀如例。

丙申，命兵部借給都水司例解賞海、建貢夷銀兩，後不爲例。

庚子，准少傅兼太子太傅、兵部尚書蕭大亨馳驛歸里。

癸卯，命戎政尚書李化龍署掌兵部印務。

《國榷》卷八〇　甲辰，薊遼總督王象乾報來暈大台吉三千騎入河流口，蹂躪千餘里。

戊申，前太子少保、户部尚書畢鏘卒。

壬子，少保兼太子太保、吏部尚書、文華殿大學士朱賡卒。

貴州定番、平伐叛苗平。

十二月甲寅朔，葉向高請補閣員。

《神宗實録》卷四五三　戊午，户部覆：應安六郡災沴異常，各項錢糧相應照例蠲折。得旨：依議行，仍于給賑浙西鹽課，税銀二項内各撥一半分給，以昭彼此均偏至意。

鳳陽巡撫李三才題：江北災傷，請乞酌量蠲恤。從之。

辛酉，原任太子少保、兵部尚書王世揚卒。

甲子，兵部尚書李化龍請閱視各邊。御史熊廷弼、黄吉士、孔貞一、吴亮、劉光復、楊一桂、穆天顔、侯執蒲共奉勑八道，務令事完方許奏繳。從之。

梟示山東大盗柳廷瓚等。

乙亥，兵部言：薊鎮實神京肩背，藩籬一決，則烽火達于甘泉，徒驅無衣無食之卒，以當十方方張之虜，所謂腐肉之齒利劍，必無幸者也。皇上重念安危大計，莫如大發帑金，增守戰之具。户部仍預解春季之餉，預給軍士，以養其力。萬不得已，則請先發太僕寺銀五萬兩，與户部額餉，星夜解至軍前，頒給戍卒，准備衣械。至於薊遼一總督節制策應宜聽指麾，且杜松，薊之舊帥，若能募集敢死士萬人，從山後搗其巢穴，則東虜狼顧，薊賊必潰。宣府撫鎮將領尤當一面修防，一面宣諭西虜，令其歛束部落，毋聽勾引。旨命先發太僕寺馬價銀五萬兩，户部仍陸續給發，其三鎮併力防援事宜，俱如擬速行。

《國榷》卷八〇　先是虜來暈大台吉犯薊鎮河流口，大掠而去。復糾遼虜插漢兒台吉等入寇連山驛，總督王象乾、巡撫劉四科等請杜松搗東虜之巢，牽其内顧。松出中左所之長嶺山，夜至哈流兔，襲拱兔營，斬二百四十六級，復寧遠。兵備副使馬拯謂拱兔乃款夷也，巡按熊廷弼以聞。

虜寇錦州，陷大靖屯。

萬曆三七年（己酉、一六〇九）

《國榷》卷八一　正月甲申朔，上不朝。

《神宗實録》卷四五四　乙酉，吏部言：武清侯李文全先蒙詔旨准襲伯爵，本係特恩，今其子李誠銘又蒙再襲原封，將爲世及，請行裁定。上以孝奉聖母恩厚戚臣，特許之，後不爲例。

《國榷》卷八一　壬辰，王象乾調薊鎮總兵官王國棟，以黑峪口夷丁道兔兒山晨炊，清河人誤謂虜也，爭入安定德勝門，重城晝閉。司禮太監成敬曰：此必訛也，果警，兵部置塘報。上始安。

葉向高請補兵部、戎政兩侍郎，不報。

乙未，閣臣請東宫講學。不報。

裁浙江户部監兑主事，改巡視河南山東屯馬御史，年滿例轉舉劾。

《神宗實録》卷四五四　戊戌，以浙西郡災，准海寧、餘杭、臨安三縣漕糧與從改折。上以漕糧每年俱完折色，反致拖欠，豈不有負朝廷德意，軍國大計，何容泛視，着地方官嚴行催督，毋得遲緩。

《國榷》卷八一　己亥，邊民訛警，流都門者數百人，九門盡閉，命分營兵守備。

《神宗實録》卷四五四　戊申，户部尚書趙世卿言：各省直歲欠金花銀兩將及三十二萬，見奉嚴旨催責，查三十五年拖欠之數，係未災以前，暫將經承各官罰俸薄治，立等督催。其三十六、七年容于本年、來年立限續解。許之。

《國榷》卷八一　壬子，貴州仲夷阿牙等作亂，定番、金筑間多殺掠。

李化龍仍少保、兵部尚書，還部。總督漕運李三才進户部尚書兼左副都御史。高舉、于若瀛爲右僉都御史，巡撫浙江、陝西。

二月甲寅，建州衛夷來朝。有火哈等二人上書，語甚謾。略曰：故地九百餘里，新立碑爲據，遼東六萬餘人，俱逃避徭役。蓋欲沮勘地者。于是御史房壯麗、馮嘉會等益追劾李庭機遣使召侮也。

乙卯，故朝鮮國王李昖謚昭敬。命行人熊化封李琿朝鮮國王及妃柳氏。

《神宗實録》卷四五五　丙辰，上以薊、密警急，着借太僕寺馬價銀十萬兩，仍户部湊處十萬兩，速解該鎮充餉備用。其依馬折價各省直將今年本色折價一年補還其數，毋得偏執奏擾。

丁巳，户部以浙江撫按請杭、嘉、湖等府各衛倉糧正米共九萬一千九百餘石，准盡數改折。南京供用庫白熟粳米三千五百石，係内供急需，照舊徵解。本色定倉草折銀三千四百餘兩，與一半蠲免。杭州府各衛倉派剩米折銀二百餘兩，係太倉濟邊正額，照舊徵解。從之。

《國榷》卷八一　戊午，魏國公徐弘基領南京右軍都督府。

壬戌，工科給事中王元翰請遼撫檄諭奴兒哈赤，往市貢止許三百餘人。近建州、海西諸夷闖入關千五百餘人。

癸亥，巡撫順天劉四科進兵部尚書兼右副都御史。

乙丑，閣臣上講章及東宫就學。不報。

丁卯，册壽寧公主。駙馬都尉冉興讓尚之。

《神宗實録》卷四五五　壬申，以前府僉書武靖伯趙祖蔭掌南京後軍都督府印管事。

《國榷》卷八一　甲戌，鳳阿克等入京，以小醜不獻俘，誅之。

《神宗實録》卷四五五　乙亥，時營造福府，監督主事房楠帶在京商在于地方告討預支所增料價至三四十萬。工部奏請行文該省禁業，或將京商撤回。上遣中使持問輔臣：此疏與福王府第有相干否。輔臣以府第已照潞王規無容别議，獨奸商貪緣冒破，爲害不小，工部言撤回是。上從之。

丙子，命湖廣買辦方物銀兩隨税銀一併留採大木應用。

以江西水旱災傷，准將魚課銀兩自三十六年以後一併豁免。

《國榷》卷八一　辛巳，陝西總兵官孫仁于青羊永樂城值虜，斬十級。

是月，北虜犯寧夏以西，巡撫楊時寧、總兵杜桐禦之，斬八百餘級。副總兵馬孔英斬百五十級，游擊馬躍龍斬六十一級，中軍江廷輔斬三十七級，平虜參將鄧鳳漸斬二百五十四級，玉泉營游擊崔張名斬二十九級，大壩守備石棟斬十三級，廣武營游擊李永芳斬二十七級，中衛參將蕭如蕙斬三十四級。套虜尋復犯河東，靈州參將吴宗堯斬十四級，興武營游擊高廷梧斬四十六級，花馬池副總兵蕭韶成斬五十級。

《明通鑑》卷七四　以禮部侍郎吴道南署本部尚書。

《國榷》卷八一　三月壬午朔，虜銀定歹青犯寧夏中衛。

《神宗實録》卷四五六　丙戌，武昌火，自草阜門外延燒居民百三十餘家。越二日又火，燬居民三十七家。舊歲，楚中大水，渰没十三郡，災重者二十四邑。至是撫臣張問達復以三十六年秋冬二季税銀爲請。按臣史弼以石首、監利等七縣原欠三十四年南糧正米共四萬一千六百餘石，乞與三十五、六等年一例改折。不報。

丁亥，北虜忠順夫人率部夷備表箋鞍馬弓矢補三十六年貢，又五路台吉補完三十四、五兩年貢馬，所乞陞夷人打來倘不浪等三名與量授百户，賜夷酋六枝勑書共六道。仍宣諭忠順，恪守貢約，毋得聽信奸人，致悮欵事。

《明通鑑》卷七四　辛卯，套部貢圖寇大勝堡。

《神宗實録》卷四五六　壬辰，西寧境外生番盜營馬，守備李希梅追之，被没。叅將張應學革任，提問該道馬朝陽勘明另議。

乙未，薊遼總督王象乾以各營馬匹運歲芻餉不繼，征調不時，倒死過多，乞允給太僕寺馬三千匹，以備征操，俟于下年應發馬價陸續扣除。許之。

戊戌，南京守備撫寧候朱繼勳引疾回京。

辛丑，命發太僕寺馬價銀一萬兩，解赴遼左，賞哈流兔功也。

總督河道工部尚書曹特聘卒。

壬寅，命故貴州土官安疆臣弟安堯臣襲職，于原司到任管事，仍着安静地方，守法鈐束夷民，不得别生事端，有負朝廷恩德。

《國榷》卷八一　癸卯，平江伯陳啓嗣爲前軍都督府僉書。

〔丙午〕，申飭科場事宜。

戊申，内監請神器，工部執争。中使至閣求如擬，葉向高封還原奏。

己酉，前太子太保、南京刑部尚書趙參魯卒。

《明通鑑》卷七四　大學士葉向高請發言官章疏。

《神宗實録》卷四五六　辛亥，以臨洮總兵孫仁掛印鎮守延綏。

准給借京糧廳銀七萬兩，解赴遼東。

《國榷》卷八一　是月，倭入琉球，擄國王尚寧。

《神宗實録》卷四五七　四月己未，兵部尚書李化龍上救遼患保疆土三事。**【略】**上曰：遼左孤懸，三面防虜，民困軍疲，朕甚軫念。稅銀准留充本鎮餉用，以昭朝廷加惠窮邊、體恤元元至意。軍餉匱乏，著照薊鎮例發馬價銀十萬兩，户部湊處十萬兩，作速解赴該鎮充餉。備用馬價銀仍著户部補還。其戰守事宜，督撫鎮守官務要相機進止，不得躁動生事，亦不得怯戰示弱。其餘修邊制虜務要，還著條議詳細來看。

《國榷》卷八一　庚申，誠意伯劉世延獄死，宥柳懋勳。

辛酉，前兵部尚書王遴卒。

甲子，駙馬都尉冉興讓尚壽寧公主。

有旨罪擅去諸臣。給事中孫善繼倡之，削籍。户科給事中劉道隆、工科右給事中王元翰、左諭德顧天峻、李騰芳，各鐫三秩，陳治則鐫一秩。錦衣衛左都督王之楨被劾，准辭少保。

遼東總兵杜松罷。大勝堡之陷，兵部議戴罪禦胡，松忿甚，盡焚其鎧甲器仗，一切兵事勿問也。

丙寅，復烏思藏等八番入貢。

丁卯，吏部尚書孫丕揚入朝。

《神宗實録》卷四五七　癸酉，以魏國公徐弘基提督操江，兼管巡江，仍掌右軍都督府。懷遠侯常胤緒爲南京守備，掌中軍都督府事。武靖伯趙祖蔭爲南京協同守備，仍掌後軍都督府事。

以江南副總兵李光先掛印充總兵官，鎮守廣西。神機營左副將劉三省充總兵官，鎮守臨洮。延綏總兵王威以原官掛印，鎮守遼東。

甲戌，兵科給事中胡嘉棟劾奏福建總兵萬邦孚、廣東總兵孔憲卿貪黷有據，罷之。

《國榷》卷八一　〔己卯〕，倭犯温州。

五月壬午，巡撫福建右僉都御史徐學聚報獲倭船，内二十七人俱日本人，餘朝鮮、吕宋流人，當待以不死。

甲申，成國公朱應槐領左軍都督府。

《神宗實録》卷四五八　丙戌，貴州巡撫郭子章以清平縣地狹小而重安司舍民赴黄平州梯山絶江納糧不便，請割重安屬清平，而改重安土官爲清平土丞土簿。户部請行撫按交本布政司詳議，從之。

《國榷》卷八一　庚寅，建昌土官安世隆爲蒼頭那固所弒，妻禄氏殺那固，烏蒙土知府禄承爵欲併之，俾禄承令襲秩，於是京山沈嶠等大掠。

甲午，總督陝西三邊軍務顧其志考滿，進右都御史兼兵部右侍郎。

庚子，延綏副總兵張承胤爲鎮西將軍總兵官，鎮守延綏。

《神宗實録》卷四五八　建寧等四府大水，丁口失者逮十萬。江西南昌等八府同日災。

《國榷》卷八一　乙巳，刑部言熱審逾期。不報。

丁未，誅滇賊鳳阿克、鄭舉等。

建州衛都督奴兒哈赤遣子器骨奴以萬騎修南關寨，又勒七千騎進屯廣順關，犯靖安堡。

《神宗實録》卷四五九　六月庚戌朔，上諭法司：如今天氣暄熱，兩法司併錦衣衛見監罪因咎罪無干證的放了，徒流以下便減等擬審發落，重囚情可矜疑併枷號的都寫來看。

乙卯，更鑄武定印併武定所百户貳伍印，及嵩明州兔兒關巡撿司印各一顆。仍諭禄壽用心鈐束土夷，不得生事取罪。

戊午，以巡撫郭子章請，命貴州改食淮鹽，如户部覆議。

《明通鑑》卷七四　辛酉，甘肅地震，軍民壓死者八百四十餘人，邊墩毁壞者八百七十里。東關地裂，南山崩，絶河流數日。

《神宗實録》卷四五九　給壽寧公主莊田順天屬地二千五百九十頃。

《國榷》卷八一　己巳，吏科都給事中久不補，教官候憑者至七八百人，或窮死。吏部請權宜給札，閣臣持之，請速補掌科。不報。

庚午，領中軍都督府英國公張惟賢改後軍都督府。

壬申，奴兒哈赤以五千騎叩撫順關，挾參索直。

《神宗實録》卷四五九　命户部倉場尚書孫瑋到任管事。

《國榷》卷八一　甲戌，南京通政司使王國爲兵部右侍郎兼右僉都御史，巡撫保定、山西。左布政使魏養蒙爲右副都御史，巡撫山西。太僕寺少卿李思孝爲右僉都御史，巡撫河南。

《神宗實録》卷四五九　延綏虜猛克什力等以挾賞，沿邊抄刼，犯保寧之波羅，叅將高繼光等禦之，格斬賊級二百五十餘顆，報聞。

《國榷》卷八一　七月庚辰朔，遼東開原靖安、慶雲堡各增戍千五百人，遼陽清河堡、瀋陽各增千人，寧遠前衛量增二三千人。給餉三十萬，鎧甲七千。

《神宗實録》卷四六〇　辛巳，户部以朝覲届期，請勑各省直撫按，嚴催三十六年分漕糧折色。報允。

癸未，以浙西災重，免杭、嘉、湖三府本年協濟外省馬價銀一萬九千有奇。

《國榷》卷八一　乙酉，日本對馬島酋玄蘇平景直等貽書朝鮮入貢。朝鮮以聞，兵科給事中宋一韓議，當事者便宜一札以折其謀。

丙申，始增遼士解額五人。

戊戌，右都督杜桐爲總兵官，鎮守保定。

八月己酉朔，命刑部司官審決江南北、關内外。

寧夏副總兵凌應登以原官提督京城巡捕。

《神宗實録》卷四六一　〔壬子〕，先是，長蘆鹽課自萬曆二十一年至二十九年，各拖商銀一萬二千有零，俱奉恩詔蠲免。各商乞比照萬曆八年事例，將餘設銀抵補運司。議比照先年大同票鹽事例，以票代引，約行二萬餘引。除餘設銀兩抵補所欠外，各商每引仍納引價三錢，及帶鹽四分，共增國課七千餘兩。長蘆御史畢懋康以爲抵補商課議無容緩，但以票代引，弊實易滋，不如仍題給二萬餘引，限以三關銷掣，庶事無窒礙，國課、商情兩爲稱便。户部覆上，報可。

《國榷》卷八一　丁丑，是月，京省主試。

《明通鑑》卷七四　八月，山西宣府饑。江西大水。江南徐州以北及山東濟南、青州諸府蝗。湖廣、四川、河南、陝西、貴州大烈風，白氣亘天，歲歉。

《神宗實録》卷四六二　九月己卯朔，欽定散館庶吉士上卷林欲楫等一十三人，中卷梅之焕等四人。輔臣以翰林官壅滯日甚，難以疏通，合照往例隔科一選，明歲暫停。報可。

《國榷》卷八一　丙戌，申飭遼東屯田。巡按御史熊廷弼奏遼地可耕，遼兵八萬，以十三屯田，歲可百二十萬石。上善之。

辛卯，神機營都督僉事施德政爲總兵官，鎮守福建。廣東副總兵鄧鍾元爲總兵官，鎮守貴州。

倭至昌國衛，參將劉炳文不敢擊，又不報，遂掠温州之麥園。

甲午，擇惠王妃劉氏。

丁酉，故黔國公沐叡卒于獄。

戊戌，左副都御史詹沂拜疏去，命冠帶閒住。

己亥，國子祭酒周如砥自去，命冠帶閒住。

庚子，遼東自總兵外，原設左右二協，西協今寧前也。至是總督王象乾增于開原，曰東協，改遼陽東協曰中協。

《明通鑑》卷七四　癸卯，署左都御史詹沂封印自去。

《國榷》卷八一　乙巳，套虜沙計犯神木、蔡家溝，參政杜焕率兵誘之，入伏，獲三十七人。又虜入雙墩子，踰月入阿壩堡。

《神宗實録》卷四六二　丁未，詔各省直暫免行刑。

撫寧侯朱繼勳自南京守備回至臨清，溺死。坐鈔關主事許鼎臣勒稅羈留，恨恚投水。山東撫按奏聞，户部以事連榷司，請行查勘。奉旨：許鼎臣回籍聽勘，事關勳臣，巡按官作速明白具奏，不得回護。

兵部議：以操營缺軍，如數募補，歲動支班軍老幼銀三百兩，給與操賞，以中軍丘垣加都指揮體統行事，責理捕務。從之。

《國榷》卷八一　南京兵部尚書孫鑛罷。

是月，虜擾寧夏東邊，總兵杜桐追至吾剌苦素，斬百二十八級。

十月乙卯，霍丘王府輔國中尉延臺詐爲僧，入京奏父鎮國中尉充候爲充犖毆死，擊登聞鼓。刑科給事中杜士全論其越關奏擾，禮部閔其意，與出城赴闕者有間，上是之。

《神宗實録》卷四六三　丁巳，上以工部催請所乞借冏金九萬一千一十六兩以襄典禮者，諭瑞王婚禮期迫，着太僕寺照數給與。

戊午，上以黔國公沐昌祚管攝鎮守。昌祚疏言老病，兵部言沐之子姓，非無可以承襲祖爵者，恐驕稺成習，仍復僨轅，不若求舊爲便。上仍着昌祚遵旨管事。

己未，兵部議：增造百子銃千門，以補京營之缺。命於班軍老幼銀内動支二千四百兩給用。

壬戌，浙江巡撫高舉言：湖州府屬桑田渰没，請將三十六、七兩年實徵白絹歲一萬七千八十餘疋盡行改折，其兩年絲綿與三十八年以後絹疋仍徵本色，不得援爲成例。户部兩覆請，至是得旨。

己巳，以原任湖廣左布政薛三才爲右副都御史，巡撫宣府。

命五城將房號銀兩賑濟貧民。

《國榷》卷八一　乙亥，浙江總兵官楊宗業免，以倭寇坐視也。

丙子，前南京吏部尚書裴應章卒。

銀定寇甘肅，官軍擊斬百六十餘級。

《神宗實録》卷四六四　十一月辛巳，宣大總督、太傅、兵部尚書楊時寧卒。

癸未，山東巡撫黄克纘言：兩疏報災，槩不蒙發，已將該省災重濱州等州縣十七處權宜改折征收，請治專擅之罪。命該部看了來説。

壬辰，户部以推廣事例爲請，言本部事例，先因工部分去，續以選法有礙，爲吏部停止二十餘款。今中外殫竭，乞將工例歸還，其先經咨停，如署正、正兵馬、運副、運判、提舉、准貢等六款照舊，停止其餘。一應原題事例，悉行開納。許之。

命太僕寺動夫馬價銀一萬六千零，補發薊遼，以備本年秋季至來年夏季年例買馬之用。

乙未，户部趙世卿以京邊匱極，設處計窮，條邊餉四事：一兩淮運司見積餘銀二十五萬五千有奇，應取解三分之二。一兩淮長蘆帶鹽本以征哱權宜事平停止，今該鎮前課相應掣回。一開納事例原爲濟邊，後以大工暫准開行，今後有次第，仍當還歸本部。一省直税銀先後奉旨半解内庫，半解該部助工濟邊，今工部助工已收四年，嗣兹濟邊當解臣部。上曰：今内外各稱匱乏，難以裒益。但爾部以邊餉窘急，屢次苦請，事例銀准暫歸還，其税銀原是暫用權宜之計，且留助工，餘依議行。

戎政少傅、兵部尚書李汶卒。

《國榷》卷八一　丙申，免應天屬縣災租。

蠲賑畿南。

丁酉，太僕寺少卿徐民式爲右僉都御史，巡撫延綏。

戊戌，南京右軍都督府僉書王鳴鶴爲總兵官，鎮守廣東。

《神宗實録》卷四六四　命撤薊、昌防秋兵馬。

辛丑，兵部覆：以遼左添改三協將領，如督臣議。獨遼陽添設遊擊一員，即以遼陽僉書一員裁減其一，改爲騎兵遊擊。從之。

乙巳，是時，户部本年省直共解銀僅二百六十二萬八千餘兩，尚書趙世卿復以爲言，乞嚴限三月以裏，盡數究解。上以該部錢糧拖欠數多，萬分難處。撫按官上緊催解，如仍前延緩，該科分别叅奏處治。

《神宗實録》卷四六五　十二月壬子，徐州吴家庄盜劫殺如皋之任知縣張藩。

〔戊午〕，都察院左都御史竟不得命，經歷趙壬吉催請署印。是日命總督倉場右都御史孫瑋署掌。

《明通鑑》卷七四　己巳，詔留畿内、山東諸省税銀三之一振饑民。時各省皆報災傷重大，户部請借馬價二十五萬並工部税銀十五萬，解給各鎮支用，其北直、山東、河南、山西、陝西、福建、四川，常年徵在官聽解内帑税銀，請以二分解部留充軍餉，一分振饑民。報可。

《國榷》卷八一　庚午，敕宗人府續修戊戌以後玉牒。

甲戌，左庶子馮有經拜疏去。

乙亥，虜犯遼陽長定堡，陷屯堡二十四，殺千五百餘人，飽掠而去。

是年隴川平。

萬曆三八年（庚戌、一六一〇）

《國榷》卷八一　正月戊寅朔，上不朝。

乙未，總督薊遼王象乾上所輯《皇明開天玉律高皇帝聖訓》。

丙申，吏部大計，外官降斥有差。

戊戌，刑部尚書沈季文致仕。

猛克什力犯延綏，總兵王威擊敗之，共斬二百五十餘級。

薊鎮總兵官王國棟劾免。

壬寅，定覲官見鴻臚寺禮。府官自南廡至堂，如賓，出北廡。府佐及縣官執單自南甬道至露臺立，收單出北甬道，候演禮。餘首領官仍舊。

《明通鑑》卷七四　春正月，大學士葉向高復請皇太子及福王出閣講學，又請增補閣臣，皆不報。

《神宗實録》卷四六七　二月戊申，湖廣、四川、貴州等，馬湖府、沐川等長官司，阿角等族、新貴等州縣土官等衙門，并貴州宣慰使安饒臣各備馬匹，差土舍悦咸慰、安德等三十員赴京朝貢，各賞給表裏段絹。

己卯，會試天下貢士。

真人張國祥以龍虎山宫殿爲水衝倒，懇恩修理。得旨：留本省税監潘相三十八年應解内外税銀三萬兩，令國祥自行修理，工完造册具奏。

《國榷》卷八一　戊午，翰林院庶吉士林欲楫、張廣、李光元、唐大章、李標爲編修，李康先、來宗道、張鼐、韓文煥、丁紹軾、汪元極爲檢討，梅之焕、姚宗文爲吏、户科給事中，徐養量、傅振商爲浙江、江西道御史，潘潤民爲禮部儀制主事。

甲子，朝鮮國王李琿入貢，求封其子祬。

《神宗實録》卷四六七　庚午，户部疏請修理浙江杭州府餘杭縣南湖。查古制合用錢糧四萬餘兩，行杭、嘉、湖三府借辦興工，以湖水利三府也。報可。

《神宗實録》卷四六八　三月丁丑朔，兵部尚書李化龍奏：向因題增惜薪司每歲柴炭銀一萬八千二百兩，計無所出，議將各省直缺官銀兩動支協濟。又續添壽宫廩給，新增獄卒工食皆于是取給，各該司府分宜嚴催起解，以應急需，乃敢托名借支，那移不解，日復一日，將必化爲烏有。乞天語申飭各省直撫按按季將所屬見貯缺官銀兩有無那借，盡數查出，先造册報部，星夜差官起解。以後無論多寡，俱每年終類解，如違朞不到，并那移别項情弊，聽撫按將經承官吏指名揭報，本部以憑參處。得旨，如議行。

戊寅，勑遣寧夏總兵蕭如薰以原官鎮守薊州、永平、山海。

勑遣總兵麻貴掛印鎮守遼東。

以中軍都督府僉書姚國忠爲總兵，勑遣鎮守陝西固原。

壬午，勑遣張鳴岡以兵部右侍郎兼都察院右僉都御史，總督兩廣軍務，巡撫廣東。

丙戌，命内官監安監冉登往朝鮮，册封嫡世子李祬，從國王李琿請也。

《國榷》卷八一　壬辰，黄嘉善爲右都御史兼兵部右侍郎，總督陝西三邊軍務。劉士忠爲右僉都御史，總理河道。

《明通鑑》卷七四　癸巳，賜韓敬等進士及第、出身有差。

《國榷》卷八一　丁酉，改東川土司聽雲南巡撫節制，以巡按雲南御史鄧漢言之。

《神宗實録》卷四六八　户部覆：總督倉場户部侍郎孫偉疏，言舊例官軍支放月糧，京倉六閲月，通倉四閲月，四、十兩月給折色。年來省直災祲頻仍，應解本色往往議改折色。抑且經費叠出，帑藏空虚，各邊餉銀動缺鉅萬。又不得已應放折銀年來亦折本色，馴至京倉僅僅二年之積，緩急奚賴。合無如議，即將本年閏三月分京通官軍月糧，盡數坐派通倉。庶都城儲蓄稍餘，根本緩急有備矣。至改折尤宜嚴勑各該撫按衙門，此後毋得輕議，致虧軍需。凡遇應放折色月分，臣等酌量歲稍有充餘，照例給領。本部仍移會戎政衙門，如遇開操之朞，暫歇數日，以便各軍赴通關領。上是之，且命以後非重大災傷，不得輕議改折。

《明通鑑》卷七四　是月，吏部尚書孫丕揚請留朝覲俸深各官。【略】疏入，不報。

《神宗實録》卷四六九　閏三月己酉，原任巡撫大同都察院右副都御史、新起遼東巡撫張悌引疾乞休。上命該部查議。部覆病實，許以原官在籍調理。

授一甲第一名韓敬爲修撰，二名馬之騏、三名錢謙益俱編修。

《國榷》卷八一　癸丑，陝西左布政使崔應麒爲右副都御史，巡撫陝西。

《神宗實録》卷四六九　丙辰，起陞原任經理朝鮮都察院右僉都御史楊鎬爲右副都御史，勑遣巡撫遼東。

乙丑，山西總兵王尚忠革任回藉，以誤刑宗室故。

壬申，原任致仕吏部尚書蔡國珍卒於藉。

乙亥，命御史馮嘉會巡按山東。

勑遣總兵張國柱鎮守山西等處。

《明通鑑》卷七四　閏月，京師旱。

《神宗實録》卷四七〇　四月戊寅，刑科給事中杜士全因旱灾，請亟赦滿朝薦、卞孔時等，及命官清理刑部輕重獄囚。不報。

《國榷》卷八一　甲申，南京户部右侍郎兼右僉都御史提督糧儲趙欽湯致仕。

李邦鎮嗣臨淮侯。

庚寅，虜狡兒兔歹青等數萬騎駐蒲河，謀犯遼陽。

《神宗實録》卷四七〇　廷試天下歲貢、恩貢生員李九經等共一千四百三十一人。

《明通鑑》卷七四　辛卯，以久旱，敕廷臣修省，並諭各舉職業，勿彼此攻訐。

《國榷》卷八一　乙未，武昌大冶縣蝗。

辛丑，發金十五萬、粟三十萬賑畿内、山東、山西、河南，留四川、福建今年税，賑其旱饑。

《神宗實録》卷四七一　五月己酉，先月上諭户部齎解官即會同各處撫按商議賑濟，所有罪贖銀兩，盡行買穀濟荒。至是部覆以選委官止應齎付銀兩，設法惠民，必在專任，似不如獨責撫按之便。其罪贖銀兩除照舊解部濟邊外，其餘盡行買穀。因開順天撫屬擬發銀八千兩，通倉米四萬石，撫按差官領運。保定撫屬擬發銀二萬二千四百兩，通倉米十五萬石。山東擬發銀二萬五千兩，臨清倉米四萬石。河南擬發銀二萬五千兩，臨清倉米四萬石。四川擬發銀四萬兩。山西擬發銀四萬六千兩，通倉米一萬石，臨清倉米二萬石。各差官解。宣大撫屬共發銀四千兩，各撫按差官領運。得旨，各官令速前去，其賑濟事宜如議，專責撫按官悉心料理，務使分毫皆得及民，方稱實惠。朕又念山西灾傷更甚，着於近便倉米加發二萬石。已而兩宫内外執事并各衙門及諸陵墳、各門廠等處各捐資俸助賑銀一萬九千八百七兩五錢，上命給該部與同前降銀兩分發賑濟。户部議哀益前派以補不足，順天撫屬爲根本重地，加派銀三千兩。四川前此倉粟未及，應加發銀一萬兩。鄖陽去歲灾，近據撫臣揭請，欲留荆襄兩地税銀以爲賑濟，今於内加給銀六千八百七兩五錢，以廣皇仁。報可。

《國榷》卷八一　戊午，順天府尹汪可受爲右副都御史，巡撫大同。太僕寺少卿崔景榮爲右僉都御史，巡撫寧夏。

《神宗實録》卷四七一　己未，廷試歲、恩貢生吴易能等一千一百五十七人。

癸亥，南京户部尚書鄭繼之疏，議改折應天高淳、溧陽、溧水三縣每年額解太常寺黄豆二百石，因犧牲牛食輒病斃，改用菉豆，其黄豆虚積，日久耗蠹。議自本年始，黄豆每石折銀五錢。又鳳陽留守等九衛歲額解米麥共六萬七千餘石，上納各倉。查官軍俸糧本折各半歲不過六七萬石，尚有廬、鳳、淮、揚所屬民糧十餘萬石抵支，量入爲出，亦自有餘。其前項米麥冀如壽、亳衛所永折事例改折，每米一石折銀三錢五分，每麥一石折銀三錢，十年不足另議。部覆，詔如議行。

戊辰，命御史馬孟禎、河東延塩楊師程長盧巡塩。

己巳，命雲南茶甸長官司土舍普延齡四川右耶涸長官司土舍楊先都俱襲授祖爵，仍不支俸。

《神宗實録》卷四七二　六月庚辰，上以天氣暄熱，命法司録繫囚無干證者放，徒流以下即減等擬審發落，重囚情可矜疑并枷號者詳具以聞。

《國榷》卷八一　辛巳，巡撫順天兵部尚書兼右副都御史劉四科卒。

庚寅，領前軍都督府寧陽侯陳應詔總督京營戎政。

《神宗實録》卷四七三　七月甲辰朔，命刑部郎中王璽往關内，舒應鳳往江南，主事李獻明往關外，主事王家禎往江北，各審决。

《國榷》卷八一　辛亥，蘇禄國王恭定東王五代孫安守孫等奏復原糧七十五石。不報。

壬子，曾皋辭湖廣按察副使不赴，加太僕寺卿，致仕。

辛酉，琉球國中山王尚寧告倭警緩貢，命續進。

《神宗實録》卷四七三　癸亥，兵部疏議柴直柴炭缺官銀兩。先是柴直額徵七萬餘兩，僅充歲出之數，後遇添註帶俸官多，特浮于入，拖欠至二萬二千六百餘兩，柴炭額派二萬三千有奇。萬曆十年、二十六年惜薪司先後題增一萬八千二百兩，部難加派，議支缺官銀協濟，遂沿爲例。乃缺官銀兩不以時解，蓋缺無定額，數無稽查，郡邑司道多易隱報那用。至是部奏，柴直柴炭銀議嚴起解，信叅罰行，省直將先年積欠數目勒限解完，從三十八年後，每年應解柴炭柴直銀兩務於本年四月内起解，十月限完，歲終通查。除衛所官拖欠照例叅罰提比外，其柴薪欠三分上，部將經承府州縣叅奏罰俸，五分上仍照會典行巡按提問住俸，完日方許開支。于缺官銀兩議核隱那二弊，各省直司府縣以後逐月扣缺，直隸府限季終，浙江等省限歲終，俱將扣過多少官員應解銀兩若干盡數造册報部，陸續起解武庫司，于解官到日收銀簿上逐一填註年分，每年將報册比對，如缺漏報漏解或全無報册者，隱匿侵那無疑，本部將經承官員酌叅罰治。得旨，如議，且令勒限完解，違者分别叅罰，着實行。

己巳，勑遣分守凉州右副總兵孫邦熙掛印充總兵官，鎮守宣府等處。

壬申，命雲南廣西府師琮州王舍瓏有光襲祖職。

《神宗實録》卷四七四　八月戊寅，刑部熱審過，情可矜疑等項犯人吴萬宗等八十名口以請。上命免其枷號，查照原擬發落釋放。

己卯，翰林院修撰張以誠等疏，乞早命皇太子出講，以重國本慰人心。不報。

壬午，陞山西右布政使王邦俊爲都察院右僉都御史，勑遣整飭薊州等處邊備兼巡撫順天等府地方。

《國榷》卷八一　丙申，總督宣大軍務兵部右侍郎兼右都御史馬鳴鑾卒。

《神宗實録》卷四七四　壬寅，勑遣廣西總兵署都督僉事李光先以原官鎮守浙江等處。

《神宗實録》卷四七五　九月癸卯朔，命鎮守居庸、昌平總兵都督僉事常世爵爲左軍都督府僉書管事。

《國榷》卷八一　工科給事中馬從龍言：内臣楊進昇派蘇杭袍緞四萬匹，乞止之蘇民困。已，工科右給事中劉元霖、閣臣葉向高亦言之，得減三之一。

辛亥，刑科右給事中周曰庠請録囚。未報。

《神宗實録》卷四七五　陞户部主事郭佳鎮爲郎中，管遼東糧餉。

命彭城伯張守忠爲後軍都府僉書管事。

壬子，命後軍都督府帶俸西寧侯宋光夏爲右軍都督府僉書管事。

甲寅，陝西總督顧其志上言：國家蓄馬以備馳驅，養軍以備征戰，原非爲往來迎送之資也。即各邊有站贏撥馬，亦以伺探緩急，傳報軍情，與腹裏驛遞專供應付者不同。先經本部題奉欽依通行禁革外，今延鎮諸路俱當虜騎要衝之區，乃一切陞調總副叅遊坐守各鎮公差員役視爲孔道，絡繹不絶，站贏不足，而索之營馬，動經數百，往返二三百里，既疲其力，又缺其養，以致倒損，貽累貧軍，其何以堪。今議總兵官家丁一百名，用馬一百騎，副總兵三十名，叅、遊各二十名，守備八名，用馬贏皆不得過額。且各鎮等陞遷將官分定經由邊腹之路一體申令，使品級攸分，越例難循，又必嚴查勘單牌票，附近巡撫者繇巡撫衙門掛號辦驗，真正合例，方准應付。既可省奔馳之苦，亦可杜假借之弊。部覆報可。

丁巳，改會試天下武舉官生，命右春坊右諭德兼翰林院侍讀顧秉謙、司經局洗馬兼翰林院撰修劉一燝爲主考，大理寺寺丞吴崇禮知貢舉。

《國榷》卷八一　乙丑，起趙焕刑部尚書。

《神宗實録》卷四七五　頒給誥勑，自韓府等府、襄陵等王、輔國將軍譔踁等及原任一品贈太師李汶以下，共四百八十三道。

《神宗實録》卷四七六　十月乙亥，山東巡按馮嘉會以濟、青、登、萊四府旱灾，視連年更劇，疏請本年存留秋糧照例蠲免，臨、德等倉小麥每石折銀六錢五分，其被灾十分丘縣、堂邑等縣酌量賑恤。部覆報可。

庚辰，豁免原任四川成都衛經歷許紳侵解未完臟銀一千一百二十三兩七錢七分，發邊衛永遠充軍。

《國榷》卷八一　丁亥，皇孫由模生。

己丑，載坒襲鎮國將軍，攝陽城王府事。

壬辰，宛平知縣李嗣善下法司。

乙未，署工部事右侍郎劉元霖請禁私錢。從之。

辛丑，諭停刑。

《神宗實録》卷四七七　十一月戊午，勑遣鎮守南直隸江南副總兵鄭印掛印充總兵官，鎮守廣西等處。

勑遣神樞營右副將都督僉事胡承勳充總兵官，鎮守居庸、昌平等處。

《明通鑑》卷七四　丁卯，以軍餉匱乏，諭廷臣陳足國長策，不得請發内帑。

《神宗實録》卷四七八　十二月壬申朔，鑄給延綏東路、西、中路各管糧同知關防、河州監收錢糧關防各一顆。

《國榷》卷八一　乙未，皇次孫由檢生，東宫選侍劉氏出。

庚子，前少保兼太子太保、吏部尚書、建極殿大學士王錫爵卒。

《神宗實録》卷四七八　是歲，運米三百三十九萬八千八百七十二石六斗三升六合至京師。内漂燬二萬四千八百五十三石六斗三合三勺，俱以免曬免尖者補足。外永折三十四萬四千三百四十七石七斗八合，灾折二十三萬二千五百九十五石三斗八升六合，計山東九萬八千一百三十三石二升六合，河南一十三萬四千四百六十二石三斗六升，天津截留二萬四千一百八十四石二斗七升。

《明通鑑》卷七四　是年，侍郎王圖主庚戌會試，賓尹以庶子爲分校官。舉人韓敬，嘗受業賓尹，及會議，敬卷爲他考官所棄，賓尹越房搜得之，與各房互换闈卷凡十八人，强圖録敬爲第一；知貢舉侍郎吴道南欲劾之，未果。至是賓尹已爲祭酒，而圖方掌翰林院，銜之，遂起明年京察之獄。

萬曆三九年（辛亥、一六一一）

《國榷》卷八一　正月壬寅朔，上不朝。

《神宗實録》卷四七九　兵部尚書李化龍題稱：督撫汪可受揭帖，虜酋聽命闕氏，其來已久。忠順夫人自俺答來，麀配三王四十餘載，揸力克物故又經四年，恭順無異。今卜石兔婚封不就，咸議停止市恩貢，恐反携衆志，非朝廷字小之仁。宜許其貢市，以安忠順夫人、五路台吉素囊等之心，復令曉諭五路諸酋，仗義挾公，速成王封，以安卜石兔之心。仍敕督撫防戰保衛，飽士結虜。報可。

巡按直隸御史喬允升題稱：河間地方强賊嘯聚至八千餘，逼近京畿，隄備宜蚤。上諭兵部内外嚴行緝捕。

《國榷》卷八一　癸亥，閣題東宮侍班官。

《神宗實録》卷四七九　戊辰，兵部尚書李化龍請廣高家堡外城，以便軍民居處，一應工費取給本鎮，無煩動之。從之。

《神宗實録》卷四八〇　二月辛未朔，陞延綏巡撫涂宗濬爲兵部右侍郎兼右僉都御史，督提宣大等處軍務。

甲戌，兵部奏：薊州鎮團營地亂春夏旱蝗，入秋水災，禾黍無收，賦難供辦。乞將三十八年分應徵本部子粒錢糧照例准蠲五分，其餘五分，俟三十九年麥熟徵解。報允。

丙子，以軍政考核，總兵麻貴等復職，焦承勳、楊宗業革任。

吏部奏請嚴農民冒籍之禁，復都吏當該揀撥之規，寢户、工二部速化之例，清聽選官籍貫歸一之册。上諭以嚴行毋縱。

《國榷》卷八一　己亥，設廣西思恩縣、天柱縣、永康州各儒學。

庚子，甘肅報虜犯紅崖、青湖等處，官兵擊斬五百餘級。

《明通鑑》卷七四　是月，鳳陽巡撫都御史李三才罷。

《神宗實録》卷四八一　三月辛丑朔，光禄寺卿趙健等請裁兩殿書畫、醫局等官賞卓。謂額派錢糧，每年二十四萬一千二百餘兩，而費至二十九萬九百餘兩，已苦出踰所入，而諸官於常俸供給之外，一日常卓每月至以八九百計，尤屬不經，亟宜裁革。

《國榷》卷八一　壬寅，始京察。

丙午，河南道御史湯兆京參金明時撓察。

戊申，吏部尚書孫丕揚以金明時倡言要挾逃察，命下都察院議處。明時奏辨，誤犯御諱下一字。

甲寅，刑部山西司主事秦聚奎言：大臣結黨欺君，假公害正。去年十一月，金明時論翰林王圖，今考察先一日，孫丕揚論明時要挾嚇逃，而卒之明時撓察之疏，杳乎無聞。今天下大勢，趨附秦人，今之丕揚，非復昔之丕揚矣。于是吏科都給事中曹于汴、河南道御史湯兆京、江西道御史喬允升俱以撓察論聚奎。

丙辰，孫丕揚參秦聚奎，并以湯賓尹等七人訪單送内閣。閣臣葉向高疏如丕揚議。

庚申，金明時以不謹例免官。其干犯，聽部院議罪。

乙丑，南京刑部尚書李楨擅去，命冠帶閒住。

是月，河南大雨水傷稼。

《神宗實録》卷四八二　四月庚午朔，鑄給兖州府管理泇河、滕、嶧、馬捕關防。

《國榷》卷八一　壬申，多思譚襲隴川土同知。

庚辰，孫丕揚請發計疏，并論秦聚奎。命聚奎閒住，湯賓尹、張嘉言、徐大化、劉國縉、王紹徽、喬應甲、樂和聲等視考察處分。金明時削籍，吏部參其犯諱也。

《神宗實録》卷四八二　乙酉，准撫治鄖陽都御史黄紀賢回籍。

廷試天下歲貢生員。

《國榷》卷八一　丙戌，旱，命禱雨。

《神宗實録》卷四八二　户部會計内庫供用庫歲用。嘉靖初，每年止派黄蠟五千斤，白蠟四千斤。後緣該庫題稱不敷，陸續增至本折黄蠟共二十萬斤，白蠟共一十六萬一千六百二十八斤。内該送庫本色黄蠟一十六萬，白蠟六萬五千八百有奇，斤折銀四錢。白粳八萬二千四百五十二石，鹽二十四萬一千六百一奇，茶、豆、芝蔴、蒲杖、穀草照額上供。

《國榷》卷八一　戊子，隴鶴書襲鎮雄土知府。

壬辰，改蕭雲舉吏部左侍郎兼翰林院學士，署詹事府事。

癸巳，兵科給事中朱一桂論察典，刺孫丕揚、王圖云：東林一脈，人言頗不滿。或謂其把持有司，或謂其遥執朝政。舊歲顧憲成遺閣部書强辨李三才，致淆國是。今歲吳正志一書請處七人，止漏徐兆魁。彼自悦劉季陵之高風，强預人事，此足定東林與參東林之斷案乎。近公車之牘俱云起廢，獨今日一東林，明日一東林，即知時局，又何怪丁元薦出死力爲異日地哉。時無錫顧憲成及高攀龍等修宋儒楊時東林書院，倡同志士大夫講學，黨名始矣。

《神宗實録》卷四八二　丙申，詔陝西富平縣、直隸西安府：一切文書不必再繇耀州轉理，其協濟本州柴馬夫役等銀六百九十一兩歲解如故，以從民便。

巡按遼東御史熊廷弼上設長平倉，括鍰糴穀備邊之數。上曰：常平有裨邊鎮，以後接管官着照例奏報，仍載入考成。

《國榷》卷八一　丁酉，移四川總兵官于越巂。以南日土官安世隆被刺後，妻禄氏又没，各土寨倡亂。

《神宗實録》卷四八三　五月辛丑，陝西慶陽府歲貢劉鳳德候選判官，籍假推官名色，借用勘合，馳驛用轎損夫至二百六十九名，隨從人騎驛馬一百四十匹，旗幟各項稱是。巡按御史畢懋康以聞，命吏部重處，以後各衙門題差不許徇情濫及，其假借名色勘合，一槩嚴禁，違的叅奏處治。

《明通鑑》卷七四　壬寅，御史徐兆魁劾東林講學諸人，【略】疏入，不報。

《神宗實録》卷四八三　癸卯，詔吏部：百官既考察停當，年老有疾并老疾者勒令致仕，貪酷爲民，罷輭不謹冠帶閑住，浮躁不及降一級調外任。先是三月初二日，吏部等衙門以察疏上，至是始下。

《國榷》卷八一　庚戌，翰林院修撰韓敬疾去。

癸丑，吏部驗封郎中沈孚先、考功郎中王宗賢俱引疾去。

是月，廣西大水，廣東江溢，壞田禾廬舍，溺人畜亡算。

《神宗實録》卷四八四　六月壬申，總理河道巡撫鳳陽等處僉都御史劉士忠題：淮安、鳳陽蝗旱災傷，乞賜行勘，分別蠲賑。命户部知之。

丁丑，寧夏鎮自二十二年始，督撫按會題營伍空虛，增兵設將，議增淮、蘆鹽引價銀四萬五千兩。嗣因召商支掣不便，改議就引帶鹽徵銀，解部轉發。該鎮三十七年部以前項因剿逆而增，原非額餉，議扣留不發，題奉欽依。至是巡撫侍郎黄嘉善言裁之不便，乞照舊議發，仍補給兩年未發之數，併催河南原兑欠三十四年例八萬四千九百餘兩。户部署部事侍郎孫瑋具覆宜如故，除以前年所減銀不補，暫發三萬兩接濟，移咨河南，速解足額，以保重鎮。從之。

己卯，南直隸柘林營信地獲日本夷人三名，因航海過暹羅颶風覆舟飄至，撫按以聞。部議分解陝西延綏等處戍邊安插。從之。

《國榷》卷八一　丁亥，總督宣大涂宗濬三年考績，進兵部右侍郎兼右都御史。

《神宗實録》卷四八四　癸巳，吏部尚書孫丕揚言：急大選官，成化以前，原無對月領憑之例，嘉隆以後益長潛留借貸之風。自今始，凡有司教官定限選後半月内領憑辭朝，不許潛住京師，庶可卹旅情、端士習而肅官常。依擬行。

《國榷》卷八一　丁酉，建州衛奴兒哈赤以車價遲貢，并勒歲貢。至是督撫王象乾、楊鎬云，彼車價聽裁，歲貢十減其八，代爲請。兵部覆許之。

右春坊右諭德朱國楨爲左春坊左庶子兼翰林院侍讀，清理軍職貼黄。起劉曰寧禮部右侍郎兼翰林院侍讀學士，及禮部右侍郎翁正春、吏部左侍郎蕭雲舉直日講，翰林院修撰趙秉忠、編修黄國鼎爲右中允兼編修，檢討盛以弘、王毓宗、丘禾實、張光裕爲左右贊善兼檢討。先是内閣題催久不報，而戊戌科詞臣至十四年不遷，前此未聞也。

是月，海大風，温州獲異船三，有七十三人，有二十五人，有三十七人，俱安南人，遣歸之。

《明通鑑》卷七四　六月，南、北兩畿及湖廣皆大水，撫、按官請罷榷税以甦民命。不省。

《神宗實録》卷四八五　七月戊戌朔，調左坊左庶子馮有經、翰林院簡討汪元極南京别衙門用，吏部主事今陞丁鴻陽，禮部郎中張嗣誠照浮躁例，工部郎中周之龍、刑部郎中王廷槐姑照不及例，俱降一級調外任用，從吏科都給事中曹于汴、掌河南道御史湯兆京等糾拾也。南京户部郎中徐來儀照不謹例冠帶閑住，禮部郎中袁思明、户部郎中王點照浮躁例，户部主事史啓元、工部員外屈之乘照不及例，俱降一級，調外任用，從南京禮科給事中晏文輝、貴州道御史張養正等糾拾也。

《國榷》卷八一　庚子，命黔國公沐昌祚約束莊户，該地方官各務存體統。

癸卯，右春坊右庶子黄輝、朱之蕃爲少詹事兼翰林院侍讀學士，纂修玉牒。

庚戌，諭吏部會推閣員。

《神宗實録》卷四八六　八月戊辰朔，播州平後，建設屯衛，以土官舍軍功及獻土一事分别改授職級，填補新衛。羅天冠原四品土同知，准授指揮僉事。袁見龍、袁起龍以所鎮撫因獻土加二級，各改授副千户。劉謙、王憲以冠帶總旗加一級，改授試百户。石良授冠帶總旗，至子孫革去冠帶，照總旗管伍。各移住威遠衛任事，一應軍政考察等項及折俸田畆，悉照原議查行。

《國榷》卷八一　庚辰，右春坊右諭德沈漼爲左春坊左庶子兼翰林院侍讀，左諭德孫慎行、何宗彦爲左庶子，趙用光、郭淐洗馬，南師仲爲右庶子，俱兼侍讀。左中允朱延禧爲左諭德兼侍講，國子司業邵景堯爲洗馬兼修撰。

辛巳，許閣臣暫用翰林院印。

《神宗實録》卷四八六　丙戌，改蕭雲舉爲吏部左侍郎兼翰林院侍讀學士，掌詹事府印信。

原任太子少保、工部尚書爲民遇恩詔冠帶閑住舒應龍仍以太子少保起，改兵部尚，協理京營戎政。陞福建左布政使丁繼嗣爲都察院右副都御史，提督軍務，巡撫福建地方。起原任大理寺左少卿劉懷恕爲都察院右僉都御史，提督軍務，撫治鄖陽。以刑部右侍郎林燫爲南京工部尚書。

庚寅，密雲縣民以養馬疲累，比照昌平、良鄉事例，告求蠲免。總督王象乾爲之請，照通州劑量每地十頃養馬一匹，計地二千七百餘頃，共馬二百七十匹，所減馬三百一十二匹，行俵馬州縣照例折銀，解太僕寺貯庫。兵部議覆，從之。

《國榷》卷八一　九月辛丑，工部虞衡司主事沈正宗言明盔甲之濫。工科給事中馬從龍言：條例有拆修、量修、連補三項，今概爲補造，戰士俱暗甲，惟南郊謁陵大閲，用明甲以壯軍容。始萬曆九年三月傳造五千付，今盡化爲烏有，臣謂決無容補造也。上是之。

癸卯，諭户部趣轉漕，毋阻凍。

《明通鑑》卷七四　己酉，肅靖皇貴妃薨，皇太子生母也。

《神宗實録》卷四八七　甲寅，兵部尚書李化龍題請閲視各邊御史勑八道。詔與之。

《國榷》卷八一　己未，陝西狪賊渡黄河，流劫山西之平陽。

辛酉，兵部尚書李化龍請止武途加納。從之。

《明通鑑》卷七四　是月，起終養尚書趙焕任刑部尚書。

《神宗實録》卷四八八　十月丁卯朔，户部尚書趙世卿請告，不得命，徑自去。

世卿既去，始以侍郎李汝華署代。

戊辰，准發太僕寺馬價銀二萬兩，解赴遼鎮，給賞斬獲虜級官軍。仍諭作速勘明叙録。

《國榷》卷八一　癸酉，葉向高請補閣員。蓋向高獨任四年，請枚卜疏且百上，不報。

《神宗實録》卷四八八　丙子，内官監太監盧進孝、鄧進、張進忠酗酒毆死軍人李忠，法司執之以聞。命俱著提了問。進孝擬絞，秋後處決。進減等杖一百，徒三年。張進忠、劉忠減等杖九十，俱照例運甎贖罪，完日送司禮監發落。得旨：盧進孝監候處決，餘依擬。

《國榷》卷八一　戊寅，建州衛奴兒哈赤補貢，加勞金幣。

辛巳，總督薊遼王象乾報炒化糾東西虜犯清河，官軍拒卻之。

《明通鑑》卷七四　甲申，停刑。閣臣請釋輕犯，不報。

《神宗實録》卷四八八　陞王象乾爲兵部尚書兼都察院右副都御史，照舊總督，廕一子入監讀書，給與應得誥命。

《神宗實録》卷四八九　十一月辛亥，巡撫江西右副都御史衛承芳以宗禄之數，今浮於昔，歲派之銀，出倍於入，適今不爲區畫，親與民日益俱困。湖廣禄米本色每石折給五錢，河南折給三錢五分，惟江西獨以八錢。初，以禄多宗少也，今禄少而宗多矣。議自萬曆四十年而後應封者名爲新封，照例減給五錢。見在食禄各宗名爲舊封，俱准免減。異日耆數漸稀，歲額如故，後生輩出，支數無加，更逾數十年，有新無舊，而一百人之禄可攤一百六十人，財力亦少紓矣。此一筴也。新封儻未彀支，或於舊封銀内按其米石扣出若干，以湊給之。舊者稍縮于八錢之内，新者不出于五錢之下，十年五年一次，備覆攤匀數目題知扣發。世不限封爵，世不裁禄糧，只儘各宗見支之折額而均及于將來待封之子孫，原非奪此以與彼，且人知定分，互相稽查，冒封冒禄者自清矣。此又一筴也。支額不敷，或量增千百，至新封民較工食每名限七兩二錢，以恤差徭。禮部具覆，量增禄銀三千九百兩，以足十七萬之數，永爲定額，不許加派。俾小民少甦，各宗亦免重困矣。依議行。

《國榷》卷八一　癸丑，禮部上學政條約，命各提學官遵之毋易。

副總兵初繼祖爲總兵官，鎮守陝西。

以閲視功，總督倉場孫瑋進兵部尚書，仍總督倉場。

十二月庚午，禮部薦曆學，如前陝西按察使邢雲鷺、兵部郎中范守己，又翰林院檢討徐光啓、前南京工部員外郎李之藻，大西洋人龐迪峩、熊三拔等。不報。

《神宗實録》卷四九〇　壬午，鑄給寧太分巡兵備道關防一顆。

庚辰，少傅兼太子太保、兵部尚書李化龍卒。

丙子，日講官吏部左侍郎王圖出城需命八閲月，至是移近地請命，命責赴。

萬曆四〇年（壬子、一六一二）

《國榷》卷八一　正月丙甲朔，上不朝。

《神宗實録》卷四九一　丁酉，兵部言：遼東新增兵馬，先因督撫按官諜報叵測，虞東夷蠢動，河東兵力單弱，本部議覆請增兵馬人練三大營，以壯先聲，搜括南北藏金三十萬爲募買兵馬之用。復議折班價借鹽引等銀以贍新兵。議以三年警息停掣，本一時救急權宜。今掣兵之期已將及矣，乃督撫謂衆心易動，有不容于盡撤，外夷蓄怨，亦不便于示削，仍欲久留此兵，請給班價鹽引等銀，以資十年之旅。臣等斟酌其間，恐遽散則不能，而久留則又不繼。請比照善後事例，前項新兵仍留戍等，姑以五年爲率，歲用餉料銀四萬三千一百二十餘兩，除四十年至四十一年該鎮見在銀兩已可足用，其四十二、三、四年共用銀一十二萬九千三百六十餘兩，合將原議河南、山東等處折班并絕軍糧銀于三十九年停止，免折二年之内，業足十二萬一千二百餘兩。雖量欠八千兩，除逃故伏減尚有盈餘。太僕寺新增馬價一萬一千兩，照議免行解發，兩淮鹽引銀五萬六千兩俱聽户部運發正項邊餉。從之。

《國榷》卷八一　己亥，葉向高請會推考選大僚。不報。

癸卯，虎墩兔憨以三萬騎寇遼東長静堡，官兵擊斬四十一級，獲馬三百五十四，槖駞六十七。

《神宗實録》卷四九一　癸丑，巡按湖廣御史史記事以勘實地方水災，請將漢川、黄梅、景陵三縣南糧改折，餘各動支銀穀賑卹有差。

《國榷》卷八一　丁巳，瀋陽等營兵追虜，斬二十六級。

戊午，總督薊遼尚書王象乾還爲兵部尚書。

巡漕御史孫居相言申飭漕規：三月終舟不過淮安，督運司道等官及領運把總以下各鐫一級，四月終不過吕梁、徐州二洪，概參究。從之。

辛酉，工部以皇貴妃葬，暫開事例。

《神宗實録》卷四九二　二月丁卯，陞大理寺右少卿吴崇禮爲都察院右僉都御史，整飭薊州等處邊備，巡撫順天地方。

《國榷》卷八一　辛巳，前少傅兼太子太保、兵部尚書蕭大亨卒。

壬午，復松虜市賞，前犯清河口悔罪也。

《明通鑑》卷七四　癸未，吏部尚書孫丕揚拜疏自去。

《神宗實録》卷四九二　己丑，命刑部尚書趙焕署掌吏部，倉場總督孫瑋署掌兵部。

庚寅，改山東巡撫兵部尚書兼都察院右副都御史黄克纘爲南京兵部尚書，參贊機務。

《神宗實録》卷四九三　三月戊戌，增陝西鄉試解額五名。

辛丑，以庶吉士魏廣微授翰林院簡討，錢龍錫授編修，麻僖授給事中。廣微甲辰榜，龍錫、僖丁未榜。輔臣屢疏催請，至是始下。

《國榷》卷八一　雲南老撾宣慰司使遣土目光倫等貢方物。萬曆二十六年失印，補給又燬，仍求補給。許之。

壬寅，前太子太保、南京兵部尚書邢玠卒。

《神宗實録》卷四九三　命御史張五典巡按遼東。

《國榷》卷八一　乙巳，巡撫廣西右僉都御史蔡應科爲南京户部右侍郎兼右僉都御史，總督糧儲。

丙午，金筑安撫司改新州，轄貴陽，土舍金大章乞改流官，遂授土知州，世襲。

《神宗實録》卷四九三　刑部覆：河南巡撫參宗室打死三命。有旨，勤烽著令自盡，餘發高墻禁住。

《明通鑑》卷七四　丙午，振京師流民。

時順天府饑民流移，皆集京師，户部請給米煑粥以振，從之。

《國榷》卷八一　丁未，朱自洪嗣武進伯。

銀定歹青等以千騎犯三眼井得勝堡，官軍禦却之，斬十三級。

《神宗實録》卷四九三　乙酉，兵部覆：太僕寺少卿徐兆魁條陳馬政，内云：給全價。宜行州縣預審殷實，務俾以三十金易一馬，勿令射利之徒視爲奇貨，重貽馬户之累。裁買補。今後除走失者買補，其倒死及瘦損者，應量年納價，不出十四兩以内，蓋羸馬有不如無，而存價即以存馬。兑薊馬。言薊鎮爲神京左輔，宜自今著爲定例，每歲將薊鎮附近州縣寄養馬兑給各軍，以千匹爲率，其應發該鎮年例馬價銀兩另貯一庫，不得别項借支，廣儲蓄而備緩急，亦一策也。俱依議行。

乙卯，兵部覆：雲南舉人段師文請將尋甸戍軍撤歸嵩明。今該省撫按謂宜以二分守府，一分守州，庶爲兩得。從之。

丙辰，都察院覆：各差御史不準告病，著爲令。從之。

《神宗實録》卷四九四　四月乙丑朔，兵部覆：貴州撫臣胡桂芳奏，金築土司改流，應每年選撥營兵八十名防守。從之。

丁卯，左給事中周曰庠疏辭兵垣印務，請命李瑾署掌。因言：見今六科乏人，册封典試伊邇，轉盼聖壽嵩呼及巡青存恤，太倉、節慎、光禄諸差誰與分理。

乞令新沓科臣到任供職，并允補起復魯六德等三臣。有旨：印著該科見在官署掌。

《國榷》卷八一　戊辰，福王府成。禮部請期之國，不報。時費四十萬餘金，倍于潞府。

辛未，叙延綏功。

《神宗實録》卷四九四　丁丑，起陞戎政尚書舒應龍。

庚辰，命天下軍民黄册布政司差官總解。故事，民黄册如雲南、貴州、廣東、廣西、福建、浙江、江西、山西俱布政司彙解。直隸及山東、河南、陝西、湖廣等處，俱州縣徑解。四川按臣宋萬春以川道遠險，解役勞苦繁費，請將軍黄册比例彙解爲言。部覆如議，通行各省直，軍黄文册俱解本布政司，同民黄册總解。因言：如經駁回，依例司道自造，不許復累所屬。造解之費，應于稅契銀内處給，非係京駁，不許濫罰。從之。

《國榷》卷八一　辛丑，鎮西將軍延綏總兵官張承胤改征虜前將軍總兵官，鎮守遼東。

《神宗實録》卷四九四　己酉，遼東總兵官麻貴稱病乞休。許之，仍著馳驛去。

《神宗實録》卷四九五　五月甲午朔，陞四川總兵官侯國弼爲南京後軍都督府僉書，管事兼提督神機營。

《國榷》卷八一　庚子，命福餘衛頭目安也革更名貴英，授都指揮僉事，敕節制四衛部落。

永寧衛所隸貴州土司改隸四川。

《神宗實録》卷四九五　乙巳，命署都督同知官秉忠掛印充總兵官，鎮守延綏。黎平叅將楊應光陞署都督僉事充總兵官，鎮守四川。

《國榷》卷八一　壬子，山東左布政使李同芳爲右副都御史，巡撫山東。

《神宗實録》卷四九五　丙辰，兵部覆：總督黄嘉善甄别練兵官員，舉甘肅總兵柴國柱加實授都督同知，劾總兵劉三省等革任回衛。從之。

《明通鑑》卷七四　是月，南京光禄少卿顧憲成卒。

《神宗實録》卷四九六　六月庚午，浙江總兵官楊崇業奏：偵報倭情，言探得日本以三千人入琉球，執中山王，遷其宗器。三十七、八兩年叠遣貢使，實懷窺竊。近又用取對馬島之故智以愚朝鮮，而全、羅、慶、尚四道半雜倭奴矣。嘉靖之季，海禁大弛，遂有宋素卿、徐海、曾一本、王直之徒爲之禍始，今又十倍往時，宜勑海上嚴加訓練，著實舉行。至於稽查海外夷使，責在撫道，併移咨朝鮮國王，嚴禁倭奴之入。全、羅、慶、尚者一如中國之禁。從之。

《國榷》卷八一　壬申，温肅端靖純懿皇貴妃發引。

己酉，葬天壽山。皇太子送至玄武門。

《神宗實録》卷四九六　庚辰，陞總兵李懷信署都督僉事充總兵官，鎮守臨洮。

以通惠衝決，奪指揮馬鴻功等俸三月，仍行河臣嚴飭挑濬修築。

《國榷》卷八一　戊子，順義王忠順夫人死。訃聞，諭祭七壇，賻絹帛各如禮。

七月癸巳朔，應天府丞衛一鳳爲右僉都御史，撫治鄖陽。

《神宗實録》卷四九七　丁酉，覆起原任總兵麻承恩，以原官入遼，聽撫鎮調遣。

《國榷》卷八一　己亥，巡撫福建左副都御史丁繼嗣奏：琉球使人柏壽、陳華等報中山王尚寧已歸國，特修貢，雜日本物，請留正使候旨，餘給廩遣還，非常所貢者并掣回。從之。

虜犯寧夏，巡撫崔景榮令平虜營叅將潘國振偵虜塞外，總兵姚國忠同副總兵王宣先馳至平虜營，虜果竊入，戰大青口沙山灣再日，斬百七十七級，銀定頭目白奈哈與焉。

《神宗實録》卷四九七　乙巳，起原任御史余懋衡補河南道，管理大計。

丙午，予保定巡撫王國休告養病。

丁巳，陞大理寺左少卿劉學曾爲右僉都御史，巡撫保定。

《神宗實録》卷四九八　八月壬戌朔，套虜犯延綏，保寧邊總兵官秉忠、叅將杜文焕等敗之於白土澗，一日再捷，共斬獲首虜二百五十四級，馬二百二十八匹，斬其頭目啞班哈等十二人。督撫俱以捷聞。

《國榷》卷八一　癸亥，虜六千騎犯遼東鎮遠堡，掠軍丁三百人，牲畜亡算。

《神宗實録》卷四九八　庚辰，陝西鄉試以是日初場，癸未二場，丙戌三場。

癸未，四川巡按彭端吾奏：建昌兩河黑骨猓玀，素稱桀驁，近者糾集逆黨，究出燒刼越嶲衛南關并南所屯，共殺死男婦八十餘人，擄去二百餘人，燒燬房屋一百六十三家。

《明通鑑》卷七四　八月，以刑部尚書趙焕兼掌吏部尚書。

河决徐州。

《國榷》卷八一　九月壬辰朔，東虜炒化犯大清堡，官軍擊斬三十六級。

甲午，虜三百騎犯延綏高家堡，游擊劉國鎮報千餘騎，建昌堡操守周一夔報三千餘，我兵始懼，虜大掠而去。

癸卯，南京國子監學録梁曉福等赴任違限，訊之。

吏部以辛亥京察，科道糾拾大僚未得命，南疏下而北疏不下，庶僚下而大僚不下，于舊章謂何。不報。

《神宗實録》卷四九九　户部覆：漕運總督奏酌派水次輪轉，以平軍民之情。言隆慶六年設立會單，每年有税派之議，意臨時有便、不便故也。如今鎮海不願，常熟、華亭不願，豹韜之類軍民交受其累，法無若輪派可久，即以蘇、松四府論，當全漕四分之一，該兑糧一百一十萬四百五十七石，可分四總。以蘇之五十九萬五百餘石，又非一總可任，當與松、常、鎮哀益增而爲五，各量道里遠近，酌船隻多少，分凑漕糧，通五年爲一周，均便不便而並受。每年親派之意自存，軍民偏累之苦可釋。並將輪派領兑糧船數開列，以爲永規。

《國榷》卷八一　甲辰，四川總兵官侯國弼，以番人入建昌免。

丙午，前太子少保、南京右都御史顧其志卒。

庚戌，駙馬都尉冉興讓落職。

《明通鑑》卷七四　辛亥，李廷機罷。

《國榷》卷八一　通政司左通政羅朝國爲右僉都御史，提督操江。

癸丑，時淮揚鹽監魯保死，命内官監太監劉朝往驗錢糧解京，其三省歲造歸劉成，鹽課税歸馬堂。

戊午，巡撫宣府右副都御史薛三才爲兵部右侍郎兼右僉都御史，總督薊遼軍務。山西左布政使樊東謨爲右副都御史，巡撫山西。湖廣左布政使董漢儒爲右副都御史，巡撫湖廣。山西左布政使張偲爲右僉都御史，巡撫貴州。

《神宗實録》卷四九九　庚申，吏部覆：江西撫按題裁革南安、會昌二所吏目。從之。

《明通鑑》卷七四　是月，副都御史許弘綱署刑部尚書。辛亥京察，弘綱兼署院事，至是復兼署刑部，代趙焕也。

《神宗實録》卷五〇〇　十月辛酉朔，户部覆：漕運總督以清厰之銀造船，請那借淮課十餘萬兩。部議謂額課壓欠已多，各鎮需餉尤亟，勢難移借。有旨，命工部再行議處。

命萬曆三十八年考選過科道官李成名等十七員各授吏科等科，給事中潘汝禎等五十員各授河南等道，各試御史黄建中等三員各授南京户科等科，給事中郭一鶚等八員各授南京河南等道。各試御史諸臣候命數年，屢催不發，省臺缺員甚多，曠廢益極，至是始下，中外懽然。

《國榷》卷八一　癸亥，南京吏部右侍郎史繼偕改禮部右侍郎，左庶子沈潅爲少詹事，纂修玉牒。右諭德孫如游爲右庶子，管理清黄。

戊辰，南京兵部右侍郎衛承芳爲南京户部尚書。應天府尹汪道亨爲右副都御史，巡撫宣府。

命申飭章奏毋汗漫瑣褻。

《神宗實録》卷五〇〇　丁丑，命纂修萬曆二十七年以後玉牒。

《國榷》卷八一　庚辰，封卜石兔爲順義王。撦力克長孫也，其把漢比伎封忠義夫人。

壬午，龍虎將軍五路台吉進都督同知，指揮同知兀慎台吉進龍虎將軍，都督僉事素囊台吉進都督指揮，餘陞秩有差，以虜就封也。

甲申，諭停刑。

丙戌，會議庚戌科韓敬等試墨，以不謹閒住。

丁亥，罷鎮守雲南黔國公沐昌祚，加沐啓元都督僉事總兵官，鎮守雲南。

戊子，惠安伯張慶臻爲後軍都督府僉書。

十一月辛卯朔，兵部考選軍鎮，錦衣衛左都督王之楨、都督僉事李楨國、南鎮撫司指揮僉事田爾耕、指揮同知駱思恭等俱免。又南京中軍都督府僉書定遠侯鄧紹。

《神宗實録》卷五〇一　丁酉，命兵部尚書王象乾帶管戎政尚書印務。

戊戌，兵部尚書王象乾辭兼都御史銜。從之。

壬寅，大學士葉向高言：蒙發擬吏部尚書趙焕等各官辭，本臣不勝喜慰。惟被論各官，内如袁奎、徐兆魁，外如崔應麒、楊鎬、李思孝、劉士忠、李同芳等或居府寺，或列封疆，皆爲重任，若不一明白處分，則議論不息，綱紀日隳，故臣擬令吏部盡爲議覆，以聽聖裁。至於科場一事，紛紜未結，遂至部院三臣皆因此求去，亦須公平併議，以了前局，故臣于禮部疏擬及。臣非徇人言而多事也，以爲事不了則言愈多，言愈多則事愈枝蔓，遂有因此事而連及彼事，因後事而後牽前事。又有因事而累及人，因人而累及事，展轉紛紜，朝端之所以不靖，蓋在于此。於是思孝、同芳並得放去。

《國榷》卷八一　乙巳，禮部議：琉球所貢係倭產者，悉擕歸國，係其國産，許福建收進，給賞即回，不必入朝。上從之。

戊申，浙江左布政使吴用先爲右僉都御史，巡撫四川。

《神宗實録》卷五〇一　庚戌，吏部覆：四川巡按題留馬湖等府，廣西巡撫題留思明等府，永寧等州縣，陝西三邊總督題留綏德等州縣，各正官免覲。從之。

辛亥，起原任四川總兵劉綎以原官鎮守四川等處地方，仍命兵部勒限赴任，不得遲延取罪。

命南京給事中高節巡視銀庫。

甲寅，予寧陽侯陳應詔，請告解戎政總督任，印着代管協理官署掌。

《國榷》卷八一　虜蟒全兄弟乘我兵燒荒，入圍山堡，掠曹莊，寧遠參將李應選失亡官軍九十四人。

《神宗實録》卷五〇一　乙卯，命御史史弼巡視京營。

《國榷》卷八一　閏十一月丁卯，禮部言：哈密等虜駐肅州幾數百人，歲糧二千餘石。又土魯番等國貢夷，除入京七十人外，尚留三百人，半居甘州，半居肅州，每人月糧一石五斗，自三十六年入貢未回。夫距京六千餘里，豈有四年不還者，宜勒回，限往返二年。從之。

庚午，總督宣大涂宗濬遣序班王弘憲賫封敕至塞下，卜石兔不至。

辛未，吏部覆：大同巡撫題留大同府縣各正官免覲。從之。

《神宗實録》卷五〇二　命嚴諭要緊衙門，禁朝覲官餽遺。

甲申，以永康侯徐應坤總督京營。

《國榷》卷八一　己丑，禮部言：福王府第成，請擇吉之國。有旨，預備錢糧整辦。

《神宗實録》卷五〇三　十二月庚寅朔，兵部題：販海之禁屢經申飭，不意猶有如李文美等公行無忌，迹其盤驗，雖非通倭之貨，但脱逃可疑，應行原籍衙門拘審。仍通行所屬沿海軍衛有司，禁戢軍民，不許私出大洋，興販通倭，致啓釁端。從之。

甲午，四川巡按以蜀王於十一月癸巳薨逝聞。

丙甲，吏部覆：河南巡撫題留河南府州縣各正官免覲。從之。

己亥，原任鳳陽巡撫起陞南陞刑部侍郎李誌疏辭新命，上不允。且諭：近來各衙門每稱乏人，乃已經點用的又率推辭不赴，以致大僚愈乏，責將誰諉，都著行文嚴催，不得遲慢。其例不應辭的不許瀆陳。

辛丑，予遼東巡撫楊鎬請告，仍命料理邊務候代。

革錦衣衛都指揮使陳居恭南鎮撫司僉書任，閑住。

壬寅，起原任總兵王學書以原官掛印充總兵官，鎮守宣府地方。

甲辰，以臨淮侯李邦鎮掌府軍前衛印管事。

辛亥，吏部題：三十八年諮訪考選行人馮從龍、知縣王道成等六員，制滿赴部，請各暫擬授部銜，候臺省員缺考選。從之。

陞大理寺右寺丞張濤爲都察院右僉都御史，巡撫遼東。

《國榷》卷八一　癸丑，總督倉場孫瑋仍以兵部尚書兼左都御史，巡撫甘肅。周磐爲右副都御史兼兵部右侍郎，協理京營戎政。南京大理寺卿錢夢得爲右僉都御史，巡撫河南。

萬曆四一年（癸丑、一六一三）

《神宗實録》卷五〇四　正月己未朔，上不御殿。

《明通鑑》卷七四　庚申，諭朝鮮練兵防倭。

《神宗實録》卷五〇四　壬戌，命户部侍郎李汝華署總督倉場印。

甲子，南京工部尚書林烴引疾乞休。許之。

《國榷》卷八二　丙寅，禮部左侍郎翁正春請東宮開講，福王就國，瑞王婚禮，桂王選婚。不報。

癸酉，總督宣大涂宗濬言卜石兔不領封，下部議。兵科給事中趙興邦請收回成命，待其款關而後予之。上諭兵部曰：邊事但飭備，虜封遲速，豈足爲中國重輕，督撫不得要挾，急于竣事，以貽後患。

《神宗實録》卷五〇四　壬午，虜犯鎮番，甘肅副總兵王允中等禦却之，斬級二十餘，巡撫都御史周盤以聞。

乙酉，總督河道右副都御史周孔教卒。

戊子，命兵部右侍郎魏養蒙署協理京營戎政印。

《國榷》卷八二　二月癸巳，大學士葉向高、吏部左侍郎方從哲主禮闈。閣臣止向高，上特命之。向高言票擬未便，命仍送閣中票擬，前此未有也。

《神宗實録》卷五〇五　巡按南直隸御史房壯麗以江南差煩賦重，請折徵布銀并蠲免叠稅。

《國榷》卷八二　辛丑，御史劉廷元劾光祿寺少卿于玉立依附東林，翻覆風波，宜顯斥。不報。

《神宗實録》卷五〇五　丁未，巡撫南贛右僉都御史牛應元、巡撫陝西右僉都御史崔應麒俱引疾乞回籍調理。許之。

庚戌，命會試增額五十名。先是，廷臣以人文日盛，制額宜廣爲言。禮部左侍郎翁正春乞照癸未、丙戌、己丑等科三百五十名例。從之。

《國榷》卷八二　三月辛酉，朵顏衛頭目小思更名脱來，福餘衛頭目伯忽孛來更名火燒赤，各授指揮僉事，賜勅。

《神宗實録》卷五〇六　癸酉，策試天下貢士，賜周延儒等三百五十名進士及第、出身有差。

甲戌，番猓攻圍鄧家灣等處，殺掠無算。巡撫四川都御史吴用先請增兵懲創，并陳剿撫事宜。

丙子，户部覆：鳳陽等處巡撫陳薦議言，淮陽邊海之地，倭夷相望之所，尤爲利害所關，其兵餉寧可缺乎。見在官兵及戰馬、戰船各糧等銀共一十五萬八千六百九十餘兩，除揚州府有抵餉銀一萬二千餘兩，其十四萬六千六百九十餘兩應派所屬徵解，以備防海官軍支用。俟地方無事，兵馬漸減，查將應減數目從實題裁，不得虚冒監派，以甦民力。得旨允行。

《國榷》卷八二　丁丑，甘州、凉州各設協守總兵。

乙酉，命禮部嚴覈庚戌搜卷中式十八人硃墨。

革清江廠船務提舉，以淮、揚二府同知領之。

命修建倉厫歸户部。

《明通鑑》卷七四　是月，加淮、揚田賦。

《國榷》卷八二　四月壬辰，兵部尚書王象乾請福王之國。有旨：親王之國，祖制在春，今踰期矣，其明春舉行。

《神宗實録》卷五〇七　壬寅，改福建副使鄭三俊、河南副使吕邦耀各提督本省學政。

《國榷》卷八二　乙巳，建州衛奴兒哈赤以八百騎屯清河湖市中。又合西虜瓜兒兔、卜兒宰賽等二十四營同掠北關，問匿壻狀，巡撫張濤告急。

辛亥，東虜炒化糾宰賽、煖兔等以二萬騎屯玉文谷，陷七臺，殺千總佟脩鳳等。我失亡五百四十八人，張濤稱堵截功，兵科都給事中張國儒駁之。

《神宗實録》卷五〇七　乙卯，改江西副使戴燝爲四川副使，提督學政。

《神宗實録》卷五〇八　五月己未，陞少詹事孫慎行爲禮部右侍郎，署部事。

《明通鑑》卷七四　己巳，誡廷臣毋植黨妄言。

《國榷》卷八二　〔辛未〕，左庶子何宗彦爲少詹事，署翰林院事。

乙亥，巡視兩淮鹽法御史徐縉芳贓至巨萬，工科給事中劉文炳論之三；縉芳再辨，署都察院事刑部左侍郎張問達言不可不問，遂下巡按訊之。

《神宗實録》卷五〇八　命左車營修工軍一千八百名，分爲三班，防守黄花鎮。

《國榷》卷八二　壬午，卜石兔五路台吉等始市得勝堡。

癸未，裁貴州新添衛參將。

乙酉，烏撒土舍安效良與安雲翔争立。朝議以效良嫡裔，立之，雲翔益悍，逐效良，焚劫烏撒。四川撫按吴用先、彭端吾各言效良爲安雲龍從子，雲翔其從弟，親疎判然，仍立效良，姑復雲翔冠帶。報可。

《明通鑑》卷七四　是月，以禮部侍郎孫慎行署本部尚書，時翁正春改吏部侍郎也。

六月乙未，以布色圖襲封順義王。

《神宗實録》卷五〇九　戊戌，福王之國，奏討食鹽。户部覆查潞王事例，歲支本色食鹽一千引，外加三百引，聽本府差官徑赴兩淮關支。報可。

壬寅，拜酋乞復貢賞，許之。先年拜酋入犯南水谷，停其貢賞，至是畏禍悔罪，叩關乞盟，願抵罰贖罪，并願革三十九年秋冬貢賞。督撫臣薛三才、吴崇禮等以聞，得旨，其四十年貢賞准炤例開復。

先是，遼東撫臣議調薊兵五千援遼，兵部尚書王象乾以薊兵單弱，不堪調邊，議止援兵，增募兵一千七百有奇，合麻承恩見統一千二百九十餘名，曹文焕見統一千名，共是四千之數，合爲一營，訓練防禦。既有濟于遼，而又無困于薊，兩利之道也。詔可。
癸卯，命錦衣衛帶俸勳衛張嘉猷襲彭城伯爵。
戊申，以災免湖廣鄖縣田糧有差，并停徵積逋。
户部議：福府禄米一萬四千石，徵派本色六千石，每石折銀九錢。得旨：照潞王事例行。
《明通鑑》卷七四　乙卯，綽哈復犯大寧，皆要求撫賞，許之，乃去。
是月，通惠河決。以工部侍郎劉元霖任本部尚書。
《國榷》卷八二　七月丁巳朔，禮部請瑞王婚。時王年二十三，選淑女待期者四年。
己未，始立韓府宗學。
《神宗實録》卷五一〇　初，淮安府安東縣每年額徵漕糧一萬四千七百石，先年題准永折每石七錢，共銀一萬二百九十四兩，内有府税銀二千八百五十九兩五錢，助凑其額。後因府税不足，議停歲助，悉歸該縣徵糧田地。至是因災患頻仍，田地衝閼，巡撫鳳陽都御史陳薦、巡按御史王九叙請自萬曆四十一年爲始，每石永折五錢，以蘇疲邑民。命户部覆議，從之。
《明通鑑》卷七四　甲子，兵部尚書掌都察院事孫瑋拜疏自去。
《國榷》卷八二　丁卯，宣府、大同雨雹傷稼。
總督兩廣兵部右侍郎兼右僉都御史張鳴岡爲南京刑部尚書。
是月，貴州苗賊劫鎮遠衛，官軍失利。
《明通鑑》卷七四　副都御史署刑部尚書許弘綱罷。
《國榷》卷八二　八月己丑，瓊州生黎羅活等掠儋、崖、瓊、定諸郡，合熟黎勦之，以官兵驛騷，反敗。命褫知州林應材等秩。
《神宗實録》卷五一一　甲午，命雲南永寧府土知府阿鈴襲父爵。
命法司并錦衣衛熱審。
乙未，山東濟、兖、東、萊、登五府大水，青州府大風雨，拔木傾城屋。
辛丑，以湖廣水災，折徵漢川縣南糧，停徵黄梅、長沙、湘陰、善化等縣兵、工部逋税，并議賑貸。
乙巳，命錦衣衛釋滿朝薦、王邦才、卞孔時。朝薦等以忤税監梁永、高准等逮繫詔獄八年，廷臣無人不爲控籲，上俱未允。至是，聖壽届期，特命釋之，且以輔臣力陳爲諭。
丁未，命考選庶吉士，于八月二十四行，照甲辰科事例選二十三名。
庚戌，命勳衛趙祖芳承襲武靖伯爵。
壬子，詔增武舉額三十名。
命南京五品以上官照例赴京給繇，其餘俱免赴京考滿，從吏部尚書趙焕請也。
裁革廬州府倉官。
《國榷》卷八二　甲寅，虜克敖等犯遼東中後所，官軍擊斬二十級。
九月丙辰朔，建州衛奴兒哈赤遣子巴卜海入質。巡撫張濤以聞。自攻北關，越耕遼地，遣使千骨里訴舊耕地，一成化某年，一萬曆二十七年，至今無異。又北關匿壻，非我犯順也，願質其第七子，妾真哥出，巴卜泰弟也。濤信之，遣官藉大成往諭。同頭目阿都、千骨里等三十餘人至廣寧，兵部言真僞難辨，留之見紿，不如遣還。從之。
丁巳，巡撫貴州右僉都御史胡桂芳勦蜡業阿抱，克之。初，普安衛指揮王嗣統追賊見殺，至是檄宣慰安堯臣兵，乃克。
庚申，虜犯大寧堡，官兵禦卻之。
隆卜、雙善二族番人掠田家寨，巡視陝西茶馬御史張銓以聞。
癸亥，總理河道工部右侍郎兼右僉都御史李景元卒。
《神宗實録》卷五一二　丙寅，南京刑部尚書李禎卒。
《國榷》卷八二　庚午，虜撒勒台吉等犯榆林，總兵官秉忠敗之。
復炒化撫賞。
辛未，兵部尚書王象乾請福王封船如往日潞王例。時通灣集快船二百二十有奇，民船四百有奇，候久資竭，人多苦之。
《明通鑑》卷七四　庚辰，吏部尚書趙焕拜疏自去。
是月，遼東大水。
《神宗實録》卷五一三　十月乙酉朔，浙江嘉興縣民陳仰川、杭州蕭府楊志學等百餘人潛通日本貿易財利，爲劉總練、楊國江所獲，巡按直隸御史薛貞覈狀以聞。因請申飭越販之禁：一巨海風浪，惟雙桅沙船可恃無恐，自嘉靖年被倭，復嚴禁寸板不許下海後，因鹽課失額，稍容濱竈小船樵捕補課。今直隸浙江勢豪之家私造雙桅沙船，伺風越販，宜盡數查出，不許違禁出海。則通倭無具，私販者無所施其計矣。一江南與浙之定海、楚門、石塘、石浦、馬墓等處，江北之通州、如皋、泰州、海門等處，互相往來，是在一體禁戢，使浙江之船不得越定海而抵直隸，江北之船不得越江北而走浙江，則通倭無路而鄰國不至爲壑矣。下部議可，從之。

《國榷》卷八二　戊子，許左都御史孫瑋致仕，仍以大臣徑去責之。

己丑，建州衛奴兒哈赤攻北關，圍金台失、白羊骨十九寨，二酋告急。總督薛三才、巡按張五典請援北關甚切，發火兵三百人助之，并粟菽千石，鍋六百，建人引去。

《神宗實録》卷五一三　以南直隸宿松、望江、懷寧、桐城、銅陵、東流、當塗、繁昌等縣災，折徵充軍米照重災事例，每石五錢，高淳縣永折，亦如之。　以災折徵南直隸屯糧比輕災事例，每石三錢五分。

《國榷》卷八二　壬辰，以廣東稅監李鳳疾久，命內臣阮昇往。

《神宗實録》卷五一三　丁酉，命兵部尚書王象乾署吏部印。

命工部尚書劉元霖署都察院印。

己亥，四川番猓自萬曆十四年掃平之後，餘孽跳梁，近益劫堡屠屯，戕官梗道，前撫臣喬璧星奉旨鵰剿，隨抱病杜門，未經舉行。至是巡撫吴用先發檄安撫，愈肆猖狂，決計討之。因報進攻機宜，議用兵四萬，師期半年。請發帑金數萬，允留額稅二年以給軍需。從之。

《國榷》卷八二　丙午，諭內閣曰：聖母稀齡在邇，朕當親率皇太子、諸王祝賀，擇次歲春三月涓吉。而外議以上藉口祝壽留福王也。禮部請期，諭如之。葉向高封還御札，力言其不可。

《神宗實録》卷五一四　十一月己未，録甘肅麻山湖等處斬獲銀歹諸酋功，陞周盤兵部尚書，廕一子，世錦衣衛千户。

《國榷》卷八二　録延綏響水、保寧功。

《神宗實録》卷五一四　庚午，山西水災，巡按御史李若星請發帑賑貸。

南直隸水災，巡按御史薛貞請停徵積逋。

《國榷》卷八二　壬申，長至日，御馬太監邢洪毆巡城御史凌漢翀于朝。洪侵馬料斃人，騰驤四衛千户蘇應詔等訴于漢翀，逮治其校人，故銜漢翀。復羣誶獄門，欲奪校人。事聞，御史俞誨、李徵儀、李凌雲等乞嚴訊。不報。

《神宗實録》卷五一四　癸酉，以災免江西稅務燒造閏月稅銀。

保定等處水災，巡撫都御史王紀請發內帑賑恤。

廣東水災，巡按御史周應期請停重稅，或准留稅銀賑恤。

《國榷》卷八二　是月，虜銀定歹青等犯西邊，官軍共斬一百五十五級。

《神宗實録》卷五一五　十二月甲申朔，以災蠲南直蘇、松等府漕折積逋，自萬曆十五年至十八年止。

丁亥，廣西水災，巡撫都御史吴中明、巡按御史穆天顔請發內帑金錢，或留本處稅銀賑恤。

〔庚寅〕，命福王于次年三月二十四日之國。

《國榷》卷八二　辛卯，時臺省分門户交攻。御史湯兆京、孫居相、周啓元、李邦華等皆以東林，而姚宗文、劉廷元、官應震、吴亮嗣、田一中等攻之，户部郎中李朴爲東林不平，論科道結黨黷貨，于是葉向高爲解，降朴三級調外，仍戒諭科道。

《神宗實録》卷五一五　癸巳，鑄給老撾軍民宣慰司印。

丙申，福王請減莊田。上特允之，遂定額二萬頃。

壬寅，陞太僕寺少卿楊應聘爲都察院右僉都御史，巡撫寧夏地方。

山西左布政使郭光伏爲都察院右副都御史，巡撫遼東地方。

《明通鑑》卷七四　甲辰，寇犯寧遠，參將郭有功死之。

《國榷》卷八二　丁未，皇太子元妃郭氏薨。

庚戌，國子司業孟時芳爲右春坊右諭德，署翰林院事。

萬曆四二年（甲寅、一六一四）

《國榷》卷八二　正月甲寅朔，上不朝。

庚申，日講官領詹事府事禮部左侍郎兼翰林院侍讀學士翁正春歸省。

巡撫河南右副都御史錢夢得卒。

癸亥，設寧夏古水井守備。先是，松山既復，流民漸聚，而河凍虜輒馳擾，寧夏中衛不及援，兵部酌要地以守之。

《明通鑑》卷七五　乙丑，總兵官劉綎討建昌叛猓，平之。

《神宗實録》卷五一六　丁丑，兵部尚書王象乾又言：頃奉明旨，會議查得四十一年共欠京運銀一百八十三萬三千六百兩有奇，此萬萬不可不急處，以救窮軍一旦之命者也。伏望皇上勑下部寺衙門，于節慎庫借銀三十萬兩，太僕寺庫借銀五十萬兩，本部寄貯冏庫班價等銀一十四萬八百兩有奇，南京兵部借銀十萬兩，户部工部各五萬兩，以上共銀一百一十四萬八百兩有奇，尚欠六十九萬二千八百兩有奇。兩淮、兩浙、長蘆、山東、山西、各運司正額鹽課各有拖欠，乞敕户部立限嚴追，如期解補。倘或未完，先于司庫存積銀内借解，同舟共濟，可作九十四萬八百兩之實數矣。第南京及運司各項銀兩，道路迂迴，必非旦夕所至，惟有慨發帑金百萬，沛浩蕩之洪恩，快臣民之想望，使九塞被德，四夷聞風，不其爲一時之盛哉。奉旨：邊軍勞苦，缺餉甚多，已有旨着九卿各秉公從長會議，務求每歲充足。今該部各省直應進内庫正供金花銀兩拖欠數多，遇節進賜各官賞賚于各處税銀接濟支放尚且不敷，爾部還會同工部等衙門各炤議借用以濟緊急。其兩淮等處運司拖欠正額鹽課等銀多着户部差官嚴限守催如數解，不得仍前延遲，如有違慢的該部查參來説。餘依議行。

《國榷》卷八二　戊寅，南京工部右侍郎胡桂芳改工部右侍郎兼右僉都御史，總理河道，提督軍務。太常寺少卿提督四夷館添註劉一焜爲右僉都御史，巡撫浙江。通政司右通政梁見孟、河南左布政使梁祖齡、南京太僕寺卿錢士完、四川布政使徐成位俱爲右僉都御史，巡撫湖廣、河南、山東、雲南。前太常寺少卿史孟麟補原官，提督四夷館。

《神宗實録》卷五一七　二月甲申，總督陝西三邊軍務兼理糧餉都察院右副都御史兼兵部右侍郎黄嘉善陞兵部尚書，協理京營戎政。南京吏部尚書鄭繼之改吏部尚書。

丙戌，詔兵部左侍郎魏養蒙護送福王之國。

《明通鑑》卷七五　辛卯，慈聖皇太后李氏崩。太后性嚴明，萬曆初政，保護之力居多。姜應麟以疏請建儲被謫，太后聞之，弗善也。一日，上入侍，太后問故，上曰：「彼都人子。」蓋内廷呼宫人曰「都人」，指皇太子生母也。太后亦由宫人進，遂大怒曰：「爾亦都人子！」上伏地不敢起，儲位由是定。

福王之藩，期屢易，鄭貴妃欲遲之明年，以「祝太后七十誕」爲詞。太后曰：「吾潞王亦可來上壽乎？」貴妃乃不敢留。王未行而太后崩。

《神宗實録》卷五一七　丙申，總督糧儲南京户部右侍郎兼都察院右僉都御史趙欽湯卒。

《國榷》卷八二　甲辰，刑部訊壬子劉琛賄有狀，朱良棟罰三科，張世偉削籍，侯三科後聽復試，房考王象春，如鄒之麟例于任日降用。

《神宗實録》卷五一七　己酉，詔户部發倉米五萬石，賑濟直隸饑民。

《國榷》卷八二　庚戌，上孝定貞純欽仁端肅弼天祚聖皇太后尊謚。

辛亥，頒詔。

太僕寺少卿李時華爲太僕寺卿，轄東路。

三月庚申，順義王封貢成，進總督涂宗濬太子太保，餘加敍有差。

辛酉，工部尚書劉元霖卒。

甲子，福建税監高寀在閩久，怙惡通倭，抑勒行户不予直，福州人激怒，圍其署，寀出火箭，射焚民居亡算，所殺傷百十人。巡撫袁一驥不應寀，寀策馬挾劍，蒼頭横刃，突入撫署鈴閣，軍衛遽散，手拉一驥步行市中，劫副使李思誠、僉事呂純如、都司趙庭、張鶴翀等爲質。明日，同知陳豸爲代，乃還諸公。

辛未，減陝西織造羊絨袍服三分之一。

乙亥，巡撫延綏兵部右侍郎兼右僉都御史劉敏寬總督陝西三邊軍務，兼理糧餉。

《明通鑑》卷七五　丙子，福王之國。

《國榷》卷八二　是月，虜犯平虜等堡，官軍拒卻之。

建州衛奴兒哈赤復墾前罷耕地，開原參議薛國用力請驅逐，會巡撫郭光復新任，援兵踵至，朝廷發三十萬金募兵，而光復遣佟養性往，怵以利害，復遵約退地定界。國用又議併三坌、撫安、柴河、靖安及白家衝、松子爲界，巡按御史翟鳳翀助之，于是依界鐫碑，番書「或盜漢馬，僇之于碑下」，示恭順。

《神宗實録》卷五一九　四月甲申，上諭：宫用浩繁，屢遇大典，各項進賜賞賚甚多，各省直額進税課接濟急需尚且不敷，三分減去一分以彰恤民德意，停止之意已明。朕復簡閲釋楚宗幽禁一條，但其事不止爲毆一巡撫而已，且初起群哄誣訐楚王，今朕又添改各省直災傷内，朕亦添改批發于卿等謄進詔帖上，可今改寫，詔于四月初四日頒行。

《明通鑑》卷七五　丙戌，以大行皇太后遺命赦天下。

時楚宗人之獄，亦稱太后遺詔釋之，從孫慎行之請也。

《神宗實録》卷五一九　戊子，原任工部右侍郎總理河道提督軍務都察院右僉都御史李景元卒。

甲午，巡撫甘肅荆州俊疏言：黠虜分兵謀犯，官軍協力堵勦，斬首三百八十有奇。

《國榷》卷八二　五月甲寅，葉向高言：祖制，凡母后神主神位並不書太，蓋臣子尊稱之曰太，若神主神位，列于帝側，于禮未宜。臣等謹遵故事，題孝定貞純欽文端肅弼天祚聖皇后。從之。

丁巳，安南都統使黎維新入貢。

《神宗實録》卷五二〇　己卯，潞王薨。

《神宗實録》卷五二一　六月乙酉，遣内官奉勑往吊潞王，仍勑王妃炤例管理府事。其輔導諸務責成長史司，如不稱職，聽撫按官条處。

庚寅，皇太后梓宮發引。皇上躬率皇太子、諸王、諸皇孫步送，自慈寧宮至永天門外，告廟禮成，面諭奠獻使駙馬侯拱宸途中恭護，再三諄摯，既至承天門外，升橋佇望，哀慕不勝。

《明通鑑》卷七五　甲午，葬孝定皇后于昭陵。

《國榷》卷八二　戊戌，太常寺丞趙一鑑以夕奠梓宮遲至奪歲俸。内官監某受把總李貞等四百餘金，募市丐應役，致梓宮徐行，下李貞等法司，下内官于司禮監。

召高寀還，税歸江西潘相，并免承天守備太監杜茂。

《神宗實録》卷五二二　七月甲寅，詔：百户蘇應誥等侵欺進辦公用銀兩，着法司嚴究追贓。

禮科都給事中等題瑞王婚期。時瑞王年二十有四，交章催請。不報。

癸亥，上諭：如今天氣暄熱，兩法司并錦衣衛見監罪囚，咨罪無干證的放了，徒流以下便減等擬審發落，重囚情可矜疑并枷號的都寫來看。

《國榷》卷八二　己巳，前少師兼太子太師、吏部尚書、建極殿大學士申時行卒。

辛未，貴州新添平越叛苗平。

《神宗實録》卷五二三　丁丑，大學士葉向高、方從哲因候憑各官羈留困守已及半年，疏請原推吏科都給事中李瑾立刻點用。不報。

《國榷》卷八二　是月，辰沅苗作亂。

八月辛卯，前太子太保、吏部尚書孫丕揚卒。

《明通鑑》卷七五　甲午，禮部侍郎署尚書孫慎行拜疏自去。【略】以禮部侍郎何宗彥署代。

《神宗實録》卷五二三　戊戌，太子太保、兵部尚書王象乾屢疏求去，俱荷温旨慰留，至是人言繼至，乃出城候命。上曰：「卿耆德舊臣，職司樞務，軍國重寄，倚任匪輕。朕念君臣終始之義，已屢次慰留，乃引疾固辭，情詞愈切，準回籍調理。」馳驛去。

《明通鑑》卷七五　癸卯，大學士葉向高致仕。

《神宗實録》卷五二三　丙午，命宣大總督太子太保、兵部尚書兼都察院右副都御史涂宗濬仍以太子太保、兵部尚書回部管事。

陞原任湖廣巡撫都察院右僉都御史李得陽爲南京工部右侍郎。太僕寺少卿添註馬從聘爲都察院右僉都御史，巡撫延綏等處地方，贊理軍務。山西右布政曹愈恭爲都察院右僉都御史，巡撫雲南，兼建昌、畢節、東川等處地方，贊理軍務，兼督川貴兵餉。廣西左布政林欲厦都察院右副都御史，巡撫廣西地方。太僕寺卿陳禹謨爲都察院右僉都御史，提督軍務，兼理撫治鄖陽等處地方。陞陝西右布政張鶴鳴爲都察院右僉都御史，巡撫貴州，兼督理湖北、湖南、川東等處地方軍務。

《國榷》卷八二　九月庚戌朔，吏部奏列廢謫待起諸臣。不報。

《神宗實録》卷五二四　乙卯，改給黑鹽井鹽課司之印一顆。

《國榷》卷八二　辛酉，大學士方從哲請召舊輔沈鯉。不報。

癸亥，吴崇禮爲兵部左侍郎兼右僉都御史，總督宣、大、山西軍務兼理糧餉。

《神宗實録》卷五二四　庚午，詔朝審准暫免，矜疑的待次年議豁。

《國榷》卷八二　甲戌，總督陝西三邊黄嘉善奏猛克什力諸虜犯懷遠、保寧，官軍擊斬一百二十餘級。

《神宗實録》卷五二五　十月庚辰朔，改南京户部尚書衛承芳爲南京吏部尚書。

癸巳，以貴州道御史徐鑒提調廬、鳳、連、應、安六府，滁、和、廣三州學政。

甲辰，鑄給新設兩淮鹽法道關防一顆。

《國榷》卷八二　丙午，陝西道御史劉廷元論宣大總督涂宗濬遣官邀貢使，避難躁進，遂拜本兵。

《神宗實録》卷五二六　十一月辛酉，兵部題覆朝鮮擒獲倭夷散不朗識等三名，疑爲姦細，遠解入關。督臣行道譯審，乃稱買賣遭風，卒爾就擒，于法似難輕宥。第其入汛就擒俱在朝鮮境内，中國處之無名，仍令陪臣順押回國，聽該國任日處分。至于硝黄一節，令甲所禁，邊炤年例貿易，似難准從加買。上從之。

《國榷》卷八二　乙丑，陝西道御史劉廷元參李三才占廠盜皇木等不法，今結内侍起官。不報。

協理京營戎政兵部尚書黄嘉善進太子太保。

丙寅，河南道御史劉光復參李三才擅用皇木起宅，侵東廠地百餘畝。時給事中劉文炳、姚若水、官應震、御史劉弘元、潘汝楨等交論之。俱不報。

丁卯，户科給事中姚宗文等，以福王請蘆洲，請故相田地，且請立馬店、鹽店、炭廠、竹廠、山場等廠，今并食鹽而欲貨賣矣，宜申諭遵守成法，毋惑羣小。

《神宗實録》卷五二七　十二月壬午，兵部覆議薊鎮總兵蕭如薰回籍。從之。

《國榷》卷八二　乙未，前都督同知甘肅總兵官張臣卒。

廣西歸德州土目黄餘率狼兵千餘争羅定田屯種村落，不數日，衆至二千，恣掠，官兵大集而遁。

甲辰，左庶子兼翰林侍讀韓爌爲少詹事兼侍讀學士，協理詹事府，纂修玉牒。

《神宗實録》卷五二七　乙巳，禮部右侍郎兼翰林侍讀李士協事府事教習庶吉士顧秉謙八懇聖恩給假看母。上曰：顧秉謙念母情殷，准暫假歸省，還依限前來供職。

《國榷》卷八二　建州衛奴兒哈赤以五百騎叩關，訴北關負婚。

是月，廣東崖州黎作亂，總督張鳴岡分兵剿平之。已，貴州道御史魯之賢劾其招寇媚璫，謂諸黎不足兵也。

萬曆四三年（乙卯、一六一五）

《神宗實録》卷五二八　正月戊申朔，上不視朝。

辛亥，以甘肅進貢馬匹，例有欽賜銀兩，内庫缺之，詔太僕寺給與。

革昌〔平〕總兵計輔、寧夏總兵姚國忠、甘肅總兵王允中，俱令回籍。時兵部奏輔建立無聞，昏瞶畢露，國忠借權自便，百計誅求，允中登壇之始偏任私人，投杼之疑横辱裨將，故革之。

《國榷》卷八二　丙辰，禮部請瑞王婚禮。禮科給事中姚永濟亦言之，並不報。

壬戌，前户部尚書趙世卿卒。

《神宗實録》卷五二八　工部爲驗收四川大木及會勘舊巡撫李三才用木占廠事情，推兵科給事中吴亮嗣同監察御史往勘。從之。

乙丑，時福府差承奉往東省丈田，所在擾害。山東巡按趙日亨疏言：東人向苦旱，近苦水，今每畝三分，倍踰五分之額，而又以狐假者索之，必至溝殍道殣。且其地半濱海半聯遼，今中州之窮搜，全楚紛擾，蘆州鹽店之屑瑟，具叢衆怨，而適以烏合觀聚者倡之，能必其不揚航操戈與之嚮應乎。夫田畝不足須丈，界至不明須丈，頃坐派四十四百八十畝零，無尺寸虧也，額租一萬三千四百五十兩零，無纖毫減也，册籍具明，租户各定，有司征不加少，中使營不加多。乞陛下俯收清丈之命，亟停藩閹之差，每畝三分，逐歲有司徵收，依期解納，一如部議。巡撫錢士完亦極言中使清丈之害。上曰：福府田地，既奉有明旨，自行管業，本府差官查丈田地與册相同者查收，外近有姦民，故將膏腴藏匿，以荒蕪朦朧搪抵，與册互異，豈得不行查丈，不必又來煩瀆。山西巡撫吴仁度奏：山西軍卒暴露，窮年枵腹，民運逋負，京運愆期。今税監張忠物故，乞皇上俯念税額已定，無煩再遣中官，容令臣等責成有司按季征收。上曰：張忠病故，其徵收見在税課錢糧等項，公同查明，交付差去内官齎進忠押解進用。原管税課事宜著歸併内官張燁，不妨原務，兼攝督理解進。

《明通鑑》卷七五　徐州決河工成。

總河劉士忠，開韓家壩外小渠引水，自是壩以東始通舟楫。工甫成而士忠已卒。

《神宗實録》卷五二八　庚午，詔兵部發撫賞銀解往薊鎮，發馬價銀解往宣大。

壬申，命李懷信鎮守甘肅，杜文焕鎮守寧夏，白慎修鎮守山西，劉國光鎮守居庸昌平等處，俱以原官掛印充總兵官，與之勑。

乙亥，以瑞王婚禮傳令欽天監擇日。

丙子，中極殿大學士沈一貫卒。

《國榷》卷八二　丁丑，王應麟爲右副都御史，總理糧儲，提督軍務兼巡撫應天。

《神宗實録》卷五二九　二月己卯，以詹事孫如游爲禮部右侍郎，仍兼翰林院侍讀學士，掌院事。

命御史李徵儀巡按江西。

辛巳，命御史潘汝禎巡按山西，王雅量巡按遼東，金汝諧巡視光禄。

諭户部：朕弟潞王新蕘，伊子尚幼，養贍不敷，所請禄米難拘常例。准着減半給與，以示朕優恤至意。其湖廣莊租着遵前旨行。

命南京户科給事中張篤敬巡視南京京營。

以神木、榆林二道冲邊難缺，金忠士、張聯奎准照原推陞補，仍令刻期赴任。

壬午，初福府從官房屋河南撫按已將棚殿變價凑足二萬兩解府，自行蓋造，未幾復以添蓋爲請。工科給事中劉文炳言：中州當土木大典之後，水旱頻仍之時，民膏已盡，宜如河南撫按所奏，將前二萬折價通融蓋造，不必另派。儻或不敷，即於折膳銀内補之。如必欲另解，即於秋冬二季税銀估計留之。工部如其言覆焉。上命工部行文傳與河南撫按，准照益藩奏請莊棚修葺事例，于額税銀内如數凑給房價銀二萬兩，作速送府，俾内監官孔寵蓋造，毋得遲悮。其餘額税銀兩照舊類送税監解進，接濟應用，不許再來繁擾，以後各王不許援例奏瀆。

《國榷》卷八二　壬午，太僕寺卿劉曰梧爲右僉都御史，整飭薊州邊備兼巡撫順天。

甲申，南京署兵部事工部尚書丁賓，以南京衛所官入京襲職苦費，其官皆國初世臣，且貼黄在南京，不同外衛，請臣部勘結，會官比試類奏，移咨兵部候襲。從之。

《神宗實録》卷五二九　乙酉，准總河侍郎胡桂芳回籍調理，病痊奏薦起用，仍諭河工甚亟不可缺員，吏部作速推補。

丙戌，河東巡鹽御史萬崇德疏請福府食鹽改支于河東。上不允，仍命照例給引于兩淮，夫取本色解府應用。

壬寅，命雲龍川改土設流，從雲南巡撫周嘉謨之議也。

《國榷》卷八二　甲辰，虜銀定犯甘肅紅沙堡。

是月，益王常遷薨，謚曰敬。

三月丁未朔，建州海西衛奴兒哈赤等入貢。建州日强，每入貢，千五百人，横索車價，毆驛卒，當事裁之，令在邊給賞，至是止十五人。

《神宗實録》卷五三〇　辛亥，以蘇杭織造内監劉成病故，命撫按官將劉成所收見在上用龍袍税課及一應錢糧等項，即委的當官員與同差去内官吕貴公同簡查明白，仍差官押解恭進應用，如有乘機盜竊隱匿者緝拏治罪。

《國榷》卷八二　〔壬子〕，巡撫福建右僉都御史袁一驥言：琉球貢限十年，既癸丑修貢，昨冬十一月遣蔡堅貢馬，遵前命勒還。

《神宗實録》卷五三〇　丙辰，准遼東總兵張承胤回籍調理，病痊奏薦起用。

己未，以陝西右參政兼僉事分巡寧夏道趙可教，右叅政兼僉事分巡河西道董宋儒各攝本鎮學政。

庚申，詔兵部發貢市馬價銀解往大同。

壬戌，下罪弁吴希漢于嶽。希漢者，原署遼陽協守事叅將也。萬曆二十五年十一月内，虜犯遼瀋，深入内地，住幾匝旬，時全鎮兵馬已厚集于沙河等處，希漢蓄縮觀望，遂致虜騎縱横殺戮，燒燬村落成墟，勾叅題迄今十有八年矣，案猶未結，且鑽謀起官。於是巡按山東御史翟鳳翀奉旨勘問具奏，兵部題覆：擬將吴希漢監候處决，與陳志子孫各不許承襲委官，汪國泰以下降罰有差。上惡其玩寇殃民，從之。

甲子，命楊桂以原官充總兵官，鎮守臨洮地方。

《國榷》卷八二　改福府食鹽于長蘆。

《神宗實録》卷五三〇　己巳，准南京各衛所官即于彼處襲職，免其赴京。從兵部議。

諭工部：朕昨以聖母欽降修理胡良、巨馬二橋，帑金併朕餘積及后妃、皇太子、王、公主内外人等各捐進助銀四萬二千七百九十二兩三錢，着督理工程内官監管理李忠戴進同工部督工司官領去作修築橋工之用。如有不敷，准留橋税銀兩接濟。爾部遵前旨行。

《國榷》卷八二　癸酉，虜犯燕河路。

《神宗實録》卷五三〇　甲戌，命税監張燁將永、宣、大拖欠額税銀兩即移文撫按嚴催徵解進用。其長蘆運司鹽税遵照前旨催徵解進，有推諉延緩者叅奏治罪。

以大同繁峙節年拖欠銀兩數多，一時難追，姑准蠲一半，以示優恤邊民至意。

《國榷》卷八二　四月己卯，虜犯曹路。

《神宗實録》卷五三一　山東撫臣錢士完言：青、登、萊三府兩歲連災，請將臣本年二月内題留布政司收貯解部税銀一半批發賑濟，并將未完四十二年、見徵四十三年税銀一體蠲免。上曰：這所奏地方既連年叠罹災傷，准將解部一年額税銀兩留一半賑濟，以昭朝廷優恤德意。其拖欠四十二年及見徵四十三年内庫税銀照舊如數徵解進進，以濟急需。

壬午，火發於黃花鎮柳溝地方，延燒數十里，至旬日方滅。

己丑，以部科諸臣執奏殿門宜建，玄宮非急，於是諭工部曰：「靈應宮修理，係朕追遵聖母敬奉至意。且聖母在御時，朕以天下孝養豈惜此費，但今内庫缺乏無措，爾爲臣子亦當仰體。爾部還遵前旨作速處辦應用，以全朕孝敬誠意。鼎建三門侯旨行，不必再來瀆奏。」

《國榷》卷八二　庚寅，福府隨校八百人譁于河南東門，蓋千户龔孟春嗾之也，巡按御史張至發以聞。

《神宗實録》卷五三一　辛卯，廷試天下貢生四百三十七名。大學士方從哲會同翰林院掌院孫如游將試卷封進御覽。

准福建巡撫袁一驥回籍調理，病痊撫按官奏薦起用。

兵部以三廠新舊及未收楠木近二萬株，堆垛甚難，議將中都等班軍共撥一千一百五十名分派各廠苫蓋，務要正身赴役，不得復仍雇折。其分番接替并隨工鹽糧等項俱照先年撥工舊例。報可。

《國榷》卷八二　丁酉，虜犯薊鎮馬蘭谷。

己亥，兵部左侍郎崔景榮署部事，攝京營戎政。

《神宗實録》卷五三一　辛丑，以冗員不便地方，裁去昌鎮右軍營遊擊。

户部覆：浙江撫按疏稱浙省水旱災傷，議將本省稅銀五千餘兩，南北二關新增稅銀各二千四百兩，贓罰銀内姑留一半，計三千三百五十兩，賑濟饑民。已經三請，未蒙俞允，復請如初。上曰：「這贓罰等銀依議留賑，以昭朝廷軫恤災民德意。」

壬寅，銀作局張棟等奉買辦四十三年册封榮府等府一十三處，合用七成金六百七十四兩九錢，足色金二十二兩二錢。命户部知之。

甲辰，協理京營戎政兵部尚書舒應龍卒。

《神宗實録》卷五三二　五月丙午朔，南京禮部尚書王弘誨卒。

丁未，大學士方從哲具疏謝恩，以是日入閣辦事。

戊申，大學士吴道南欽召到見朝。

己酉，以册封遣駙馬侯拱宸詣内殿祭告，免升殿。

是日酉時，有風癲男子一名持棗木棍入慈慶宮，擊傷守門内官李鑑，直至前殿簷下，爲内官韓本用等所獲，付東華門守衛指揮朱雄收之。

庚戌，皇太子遣奴婢韓本用等以闖宮事奏聞。上命法司提問。

己卯，欽天監奏：瑞王婚禮擇于五月十五日搬移，二十九日上冠，六月十五日納徵發册，二十七日安床，七月初六日午時開面，初十日卯時親迎。報可。

丙辰，發遼東、大同、密雲各鎮年例銀兩。

壬戌，詔户部賞賚遠戍邊兵如例。

乙丑，延綏套虜旗撒猛克等酋率部夷一千餘騎入犯波羅堡，遙見保寧營兵馬東來，從原口去。

《明通鑑》卷七五　丙寅，刑部十三司會審梃擊之案。

時郎中胡士相等不欲再鞫，趣尚書張問達具疏請旨，度疏入必留中，其事可遂寢。惟刑部員外郎陸夢龍力争之，趣問達再訊，必得實。

是日，十三司官胡士相、陸夢龍、鄒紹光、曾曰唯、趙會楨、勞永嘉、王之寀、吴養源、曾之可、柯文、羅光鼎、曾道唯、劉繼禮、吴孟登、岳駿聲、唐嗣美、馬德澧、朱瑞鳳等皆預焉，惟之寀與夢龍合。

將訊，衆咸囁嚅，夢龍呼刑具三，無應者，擊案大呼始具。張差長身駢脅，睨視傲語，無風癲狀。夢龍呼紙筆，命畫所從入路，須臾成。具供：「馬三舅名三道，李外父名守才，不知姓名老公乃修鐵瓦殿之龐保，不知街道宅子乃住朝外大宅之劉成。」且言：「二人豢我已三年，予我金銀壺各一，令我打上宮門。打得小爺，喫有著有。」「小爺」者，内監所稱皇太子也。又言：「有姊夫孔道同謀，凡五人。」獄乃具。

于是給事中何士晉乃明詆鄭國泰。先是國泰聞陸大受疏中「奸戚」語，大懼，急出揭自明。至是士晉言：「大受之疏，未嘗實指國泰主謀，何張皇自疑乃爾？因其自疑，人益疑之。然人之疑國泰，不自今日始也。陛下試問國泰：三王之議何由起？《閨範》之序何由進？妖書之毒何由搆？此基禍之疑也。孟養浩等何由杖？戴士衡等何由戍？王德完等何由錮？此挑激之疑也。王曰乾，逆徒也，而疏中先有龐保、劉成名，此不軌之疑也。三者積疑，至今日忽有張差一事，正與往者舉措相符，安得令人不疑！國泰如欲釋人疑，惟明告貴妃，力求陛下速執保、成下吏。如果國泰主謀，是大逆罪人，非但貴妃不能庇，即皇上亦不能庇。設與國泰無干，請令國泰自任，凡皇太子、皇長孫一切起居，悉屬國泰保護，稍有疎虞，罪即坐之，則臣與廷臣亦願陛下保全國泰，無替恩禮。若國泰畏有連引，熒惑聖聰，久稽廷訊，或潛散黨與，俾之遠逃，或陰斃張差，以冀滅口，則罪愈不容誅矣。」疏入，上大怒，欲罪士晉，念事已有跡，恐益致人言，而吏部先以士晉爲東林黨，擬出爲浙江僉事，遂謫之外。

自士晉明指國泰，語侵貴妃，而廷臣如方從哲等，無不以速決張差一獄請矣。

《神宗實録》卷五三二　戊辰，户部再陳：瑞王婚禮，御用監奏討，祇以冠頂爲辭，及查當時承運庫奏討之疏，已有冠頂在內。本部二次辦進，已有冠頂錢糧。不意本月十七日，户科抄出該監疏，忽爾奏討，謂冠頂未辦。將謂所進錢糧該庫别用乎，而臣部所進青緑珠石原係冠飾之物。將謂九萬不敷乎，臣查皇上婚禮七萬而足，潞王婚禮九萬而足，何嘗無冠飾也。今進過錢糧視皇上例則已過，視潞王例則已同。又查三十五年該監爲婚禮奏討冠頂，臣部謂有解庫之例，無解監之例。已奉明旨，該監奏討無例，著自行那處矣。今國家當艱窘危急之秋，何敢不量入而出哉。乞諭令該監遵照原題舊例關領成造，或有不敷，于金花銀內量爲湊借，容臣續補。上不允，仍著遵旨上緊辦進，毋得臨期遲悞。

《明通鑑》卷七五　辛未，輔臣方從哲、吴道南等言：「張差一事，供招甚明，數日之間，未蒙乾斷。竊以此獄早完一日，則人心早安一日。不然，遷延日久，枝節横生，恐有意外之禍。」

是時上以王曰乾告變言巫蠱事，辭連劉成，至是復及之，爲之心動，諭貴妃善爲計。貴妃窘，乞哀皇太子，自明無他。上令太子白之廷臣，太子亦以事連貴妃，大懼，請上速具獄，毋株連。

癸酉，上御慈寧宫，召閣臣方從哲、吴道南及文武諸臣入見。因執太子手謂諸臣曰：「此兒極孝，朕極愛。使朕有别意，何不早更置！外臣何意，輒以浮言間朕父子耶！」因命内侍引三皇孫至石級上，令諸臣熟視，曰：「朕諸孫俱已長成，更何説！」顧問太子：「有何語？與諸臣悉言無隱。」太子具言瘋癲之人宜速決，并責諸臣，言：「我父子何等親愛，而外廷議論紛如。爾等爲無君之臣，使我爲不孝之子。」上復謂諸臣曰：「爾等聽皇太子語否？」申諭再三，諸臣始叩首出。

初，從哲等進見時，御史劉光復跪班後，大言曰：「皇上極慈愛，太子甚仁孝。」其意固將順也。上不甚悉，問爲誰，中使以御史劉光復對。光復又前跪，大言申奏。上謂：「地近皇太后几筵，大言非敬。且越班進對，失人臣禮。」令中使縛之，下刑部重擬罪，方從哲及廷臣力救，不允。宗人中尉充鮒、駙馬王昺，疏救光復，以詞激，充鮒幽禁，昺褫冠帶閒住。

方梃擊事起，光復亦請「速下部院根究情實，務期元惡伏辜，以安慰皇太子，以解通國之惑」。又言：「致辟行刑，一獄吏任耳。似不必言官詫之爲奇貨，居之爲元功也。」蓋爲陸大受、王之寀等而發云。

甲戌，張差伏誅。諭三法司：「張差風顛奸徒，闖入東宫，持梃傷人，罪在不赦，著即會官處決。內官龐保、劉成，嚴提審明擬罪。馬三道等應屬誣攀，斟酌擬罪。此外不許波及無辜。」先是，上欲並決保、成，至是中變，遂先決差。尋命司禮監隨同九卿、三法司于文華門會勘龐保、劉成，皇太子復請從輕定罪，從之。

《國榷》卷八二　乙亥，日本原家康以兵三十萬攻平秀賴於大坂，秀賴敗，入保內城。家康鑿地道放火，秀賴等死之。因分據其地，收六十六州。

《明通鑑》卷七五　六月丁丑，司禮監拷掠龐保、劉成于内廷，遂斃之。

《神宗實録》卷五三三　己卯，命管文書内官監太監冉登總督正陽等九門并永定等七門巡視點軍，寫勑與之。

癸未，諭户部：瑞王婚禮錢糧，近據該庫奏，節經大典，奏進已竭，昨有旨准減三分之一，如何抗違不遵，屢次瀆擾，姑且不究。見今期迫，所造冠頂等項錢糧應用不敷，即遵前旨，上緊辦進成造。如再推延，臨時違悞，罪有所歸。

《國榷》卷八二　丙戌，諭吏部、都察院，戒科道徇情市恩。

戊子，刑部擬馬三道、李守才、孔道俱流，李自强、李萬倉俱笞。獄上，從之。

庚寅，册瑞王妃劉氏。

浙江、江西、福建、湖廣、山東、山西、河南、廣東、四川各增解額五人，廣西三人，雲南、貴州各二人。南京增諸生解額七人，監生二人。北京增諸生解額六人，監生四人。上更益南京三人，浙江二人。

工部主事葉大受監修胡良、巨馬二橋，帑金四萬，署部事林如楚言其節省若干，上以沽名，謫大受。

辛卯，前少保兼太子太保、禮部尚書、文淵閣大學士沈鯉卒。

山東布政司登、萊道參議姜志禮奏：今五月二十日，福府莊田二萬頃，派河南、湖廣、山東，承奉徐進徵租登、萊，恣肆狂擾。自國初以來，封王子弟，有莊田二萬頃跨連三省者乎。瑞王、惠王、桂王，倘以例請，與之乎，抑拂之也。上怒，降廣西府兵備僉事。

《神宗實録》卷五三三　乙未，陞新起吏部左侍郎教習庶吉士劉楚先爲禮部尚書兼翰林院學士，暫管詹事府印務，教習如舊。

壬寅，諭刑部、都察院、錦衣衛：如今天氣暄熱，兩法司并錦衣衛見監罪囚笞罪無干證者放之，徒流以下便減等擬審發落，重囚情可矜疑并枷號者都開寫來看。

《國榷》卷八二　甲辰，前禮部尚書兼翰林院學士陳經邦卒。

《明通鑑》卷七五　是月，免滸墅、蕪湖關税三分之一。

《神宗實録》卷五三四　七月丁未，保定侯梁世勳奏欽例季終會官查點侍衛人員。報可。

《明通鑑》卷七五　己酉，振畿内饑。

時畿輔久旱，通州、三河等處饑民乏食，劫掠者衆。薊鎮總督薛三才以蠲振請，詔發通州倉米七萬石振濟，臨清、德州倉米十萬石平糶，並發本屬備荒穀及收買鄰近豐收地方雜糧以資之。

《神宗實録》卷五三四　甲寅，兵部覆：萬曆四十一年十月內巡按陝西畢懋康題薦平虜原任叅將潘國振，雖於三十九年因出邊採木微有疏失，緣係該道有行催促，所損人畜不多，已經追回過半。至四十年，銀酋再犯，國振揮戈逐虜，賈勇先登，共斬首至一百七十七顆，奪獲馬騾夷器以千百計。而本官部丁獨斬七十二顆。自此一戰之後，四年來銀定離邊，款虜遵約，兩河烽火不警，邊民耕牧宴然，全鎮大受其利。而國振罷官，何以激勵敢戰之士。合無將潘國振准以原官起用，遇有叅將員缺即行推補，仍重加優賚，庶賞罰明而邊將益知感奮矣。上從其議。

《國榷》卷八二　乙卯，瑞王婚。

丁巳，吏科給事中梅之煥言聖政漸寬疏通，言路不宜獨塞。奪歲俸。

《神宗實録》卷五三四　癸亥，簡查蘇杭織造錢糧内監呂貴解進春季龍袍，并乙查點督織官員。上曰：「這所奏春運龍袍撫按委官押解前來，已收用矣。其秋運龍袍并簡查各項錢糧爾還即會同撫按速行清查明白，解進應用。」

《國榷》卷八二　壬戌，甘肅撫按荊州俊、董定策請開武科本鎮。云一道兩試，真、保之已事可尋，列鎮開科，遼、宣之成規見在。從之。

丙寅，太常寺少卿史孟麟請册立皇太孫。上怒，謫兩淮鹽運司判官，添註。

王永恩嗣靖遠伯。

《神宗實録》卷五三四　丁卯，發密雲、遼東餉銀，差官解給。

《國榷》卷八二　戊辰，駙馬都尉王昺請釋劉光復。上怒，削籍放歸。

山東大旱蝗，青、登、萊爲甚，多饑盜。

甲戌，諭停刑。

《神宗實録》卷五三五　八月乙亥朔，户部覆延綏巡撫馬從聘疏，言該鎮所欠民屯數踰百萬，是專指民運言也。又云京運四十一、二年欠二十七萬，則京運另言明矣。京運之欠，臣部當任其責。民運之欠，該鎮宜分其任。今太倉匱乏，各省直水旱不時，外解錢糧，雖有考成新例，不無拖負躭延。而國家邇來屢次大典，取給于太倉者又皆舊額所不載。如該鎮已題未發銀自應速發以完前欠，此後接濟皆未敢緩至。四川、河南每歲有額解，該鎮年例四川四萬兩，河南三萬三千兩，近來積欠數多，該撫臣自應發行催取。如經年不發，自應照新例查叅，歲終一舉，庶逋負可免。若云改解太倉轉行給發，則舍近圖遠，非計也。上曰：「延鎮秋防正亟，年例應發者爾部便速行給發，其兩省積欠餉銀，著各該撫按官依期征解，毋致躭延，以後民運不完者都著遵照新例一體查叅。」

《國榷》卷八二　壬午，巡撫貴州右僉都御史張鶴鳴討仲苗，分六路進師。

《神宗實録》卷五三五　以冗員裁革咸寧等縣訓導等官。

丁亥，以畿南、東省兩地旱災，發臨、德二倉粟米平糶，每處各十萬石。

《國榷》卷八二　甲午，報西虜虎墩兔憨聚衆塞外，謀犯河西。

《神宗實録》卷五三五　河南巡撫梁祖齡言：本省每年例該正改兑米三十一萬石，臨、德二倉米八萬石。不意自春抵夏，河北三府點雨未沾，汝南一帶霪雨如注，禾黍渰没，水旱並見，人情洶洶。懇乞軫念民艱，俯查往例，將正兑米每石折銀九錢五分，改兑米每石折銀七錢五分，臨、德二倉米每石折銀八錢，俱限十月内徵完解納，庶國課無虧而民生亦有賴矣。户部覆稱糧糈倉庾，實關軍國，全折則邊儲可虞，不折則救災無策，應量改折一半，其一半仍令運納本色。上命如議行。

《國榷》卷八二　丙申，禮部請禁科目走報。從之。

是月，京省主試。

閏八月乙巳朔，命内官呂貴暫提督浙江織造，命江西税監潘相檄催福建、廣東税課。

盗入安丘，劫庫出囚，知縣梁聘孟走免。

丙午，禮部請惠王、桂王選婚。

丁未，修南京奉先殿成。

《神宗實録》卷五三六　鑄給遼東馬政同知等關防。

《明通鑑》卷七五　庚戌，重建三殿。

《神宗實録》卷五三六　辛亥，通州糧船火起，燒去米四千六百四十二石及空船三十三隻。

《明通鑑》卷七五　丁巳，振山東、湖廣饑。

時山東自三月至六月久旱，盜起，貧民乏食，巡撫錢士完請發帑振濟。上命以布政使庫貯解部税銀六萬六千兩有奇、本年臨清應解税銀四萬兩留東備振，又以臨清、德州倉米六萬石振濟，四萬石平糶。

湖廣水旱頻仍，巡撫梁見孟奏請災重者漕糧并折，稍輕者折一征二。其無漕、南二糧處所，酌量加振。從之。

《神宗實録》卷五三六　己未，南京吏部尚書衛承芳卒。

《明通鑑》卷七五　丁卯，河套諸部犯延綏。

《國榷》卷八二　己巳，虎墩兔憨六萬騎分五校入犯，官兵拒之，出大安堡，設伏敗官兵，堡陷。

庚午，陝西寧州有盜數十騎殺襄樂巡檢司李柰，劫印去。

命沐昌祚仍鎮守雲南，子啓元待昌祚老聽襲。

九月甲戌朔，西虜火落赤犯清水營。

丁丑，江西湖口税廨火。

兵部左侍郎魏養蒙署部事，左侍郎管右侍郎事崔景榮協理京營。

戊子，順天府尹李長庚請粥饑民。從之。

壬辰，大學士吴道南請罷湖口商税。不報。

永康侯徐應坤卒。

《神宗實録》卷五三七　丁酉，兵部言：清勾與發遣之軍，雖分二款，而苦於解部則一。請自今除在京衙門問擬與欽依饒死充軍者照舊本部定衛轉發解外，其各省直撫按行所屬問申呈撫按定衛者，止招達部知與恤刑。饒死充軍咨部定衛者，俱徑自僉要起批解各該府司道，繇都司發衛所着伍，通免解部，司府年終造册送部查考。至於清勾軍士，律例有云：在京者起解兩京兵部，在外者徑解該衛，亦未嘗不論遠近，一槩繇部掛號而始發也。如州縣僉解外衛必赴部投文，及解至衛而又回部掣批，往還艱難，動經數月，無辜之長解賠累益甚。請自今除各府州縣解京衛之祖軍及在京發遣之軍照舊赴部掛號定衛外，其各省直軍不論新舊徑解各營衛所，取有收管，仍赴撫院及所在附京兵道掛號回銷，年終巡撫造充發軍册，巡按造清勾軍册，各類報部，永爲遵守，庶軍政畫一，不至爲民階厲矣。上是其議，命軍犯以後俱免解。

《國榷》卷八二　戊戌，南京户科給事中王建中言：今六月，嘉善縣人稱，萬曆九年，被豪户朱均等隱田三萬三千五百畝于嘉興秀水，全不輸糧，乞敕户部下撫按行勘。從之。

庚子，遼東總兵官李懷信免。

《神宗實録》卷五三八　十月壬子，諭户部：軍士冬衣布疋見今内庫不敷，部覆又稱缺乏，准着一半折價，其餘令該庫查給。時日甚迫，勿再争執，以致稽遲。各處拖欠布疋數多，着上緊嚴催，解庫應用，不許仍前怠玩，其復制催徵還即酌議來説，以圖經久之計。

《國榷》卷八二　癸丑，套虜吉囊等臨邊脅賞，且謀犯延綏。巡撫馬從聘等執不與。

《神宗實録》卷五三八　癸亥，户部題覆山東按臣趙日亨所勘東省州縣災至十分者十之七八，餘亦皆八九分，絶無輕災之地。以蠲言，自歷城至德州一百四州縣，其有糧者免存留，其無糧者免鹽鈔，所當聽其除豁補給者。以折言，自歷城至單縣七十三州縣，漕糧槩折五錢，自諸城至蓬萊二十九州縣，原無漕糧，惟納倉米，槩從五錢折納，所當聽其酌數徵解者。至賑恤一節，頃蒙皇上慨給税銀八萬六千餘兩矣，臣部請發平糶十萬石，今又請改六萬石爲賑濟矣，其所望大沛雨露惟除六郡包税并發帑金，實該省臣民所爲手額而祈者也。上曰：「東省災傷異常，朕衷惻憫。前已有旨准留額税銀兩并臨、德倉糧賑濟，以昭朝廷恤念災黎德意。其六郡包税銀兩既稱地方旱蝗困苦，准將今歲下年包税蠲豁，明年以後税銀照數徵收解進，接濟急需，毋得再來瀆擾。蠲折賑恤等事俱依擬。」

甲子，詔法司將異常姦惡段自雲監候處决。

乙丑，命五城煑粥濟饑。

《國榷》卷八二　戊辰，時爭福王食鹽，上諭内閣曰：「昔潞王食兩淮鹽，三年改長蘆。今福王先食淮鹽，一年改長蘆，二年後支河東鹽。」閣臣附奏，不報。

盜入北安左門，劫酒醋局内官焦進朝。

庚午，巡撫寧夏右僉都御史梁問孟卒。

《明通鑑》卷七五　十一月戊寅，振京師饑民。

《國榷》卷八二　庚辰，朝鮮國王李琿奏：前貢使市《吾學編》、《弇山堂別集》、《經世實用編》、《續文獻通考》，各紀本國事如舊，乖錯乞删正。禮部覆：李成桂《會典》已改正，今又來請，乞悶其誠，以原奏付史館，俟纂修成案示天下，庶白其冤。上然之。

禮科給事中余懋孳請修弭災異。不報。

壬午，杜松擊西虜于明水湖，斬四十二級，又敗火落赤于柳門，斬百九十九級。

己丑，命京省簡練民兵，從陝西巡撫李楠之請。

《神宗實録》卷五三九　辛卯，南京屯田御史孫光裕奏報：南直屯田灾傷，議將滁州、天長、全椒、鳳陽、泗州等五州縣屯糧比炤重灾事例，每石折銀三錢，并將四十年以前積逋暫停一年。户部議覆，上是之。

《國榷》卷八二　乙未，蠲折通州、三河、寶坻、密雲、平谷災租有差。

丙申，陝西總兵官秉忠免。

壬寅，禮部再請止納貢，上然之。

《神宗實録》卷五四〇　十二月丁未，授熙明遇馬兵科給事中，署掌印務，以湖廣道御史耿鳴雷管河南道事。

辛亥，兩浙巡監御史楊鶴、蘇松巡按御史薛貞俱已差滿，奉旨差回道管事。

壬子，准總督宣大兵部南書涂宗濬回籍調理，病痊奏薦起用。

《國榷》卷八二　乙卯，巡撫山東右僉都御史錢士完奏：饑民九十餘萬，多盜劫。亟乞部臣一駐遼東，運米十萬石救遼東。又部臣一駐淮揚，運米二十萬救東省。從之。

丙寅，國子祭酒劉一燝爲少詹事兼翰林院侍讀學士，纂修玉牒。

命户部借太僕寺馬價銀十六萬，再發臨清倉粟六萬賑山東饑，又平糶米六萬石。

萬曆四四年（丙辰、一六一六）

《國榷》卷八二　正月壬申朔，上不朝。

《明通鑑》卷七五　百官賀正旦。禮畢，至端門。有革任督捕淩應登突擊御史淩漢翀。

《神宗實録》卷五四一　乙亥，陞吏部左侍郎李誌爲刑部尚書，仍署都察院事。

庚辰，禮部奏：會試同考諸臣，翰林科部皆有定員，惟本部無之，請增本部司官一員充同考試。從之。

以畿南六郡災，命蠲存留緩帶徵給平糶米五萬石賑之。

戊子，以忻城伯趙世新爲京營戎政總督，改寧夏總兵杜人焕爲延綏總兵，陞大同副總兵張萬邦爲山西總兵。

壬辰，勑諭天下朝覲官回任供職。

遣御史過庭訓往賑山東濟民。時山東饑甚，人相食。上以饑民數多，賑濟難徧，且搶掠四起，大亂可虞。命户、兵二部會議，借太僕寺馬價銀數萬兩，臨清倉米六萬石，設法給濟。兵部侍郎疑數之一字欲覆請，而東人官輦下者合牘趣之，言若待覆請，窮民且盡，既有破格區處之旨，非數十萬不可。于是户部請發冏金十六萬兩，及分賑米六萬石，平糶米六萬石。上從之，遣御史董其事，仍勑速行，以慰東人仰望之心。

《國榷》卷八二　己亥，敕内官吕貴提督浙直織造。稿下内閣，上手增鹽法税務，閣臣請删，從之。

辛丑，禮部定會試同考官坊翰十二人，科部各四人。上從之。

《神宗實録》卷五四一　禮部左侍郎何宗彦覆奏會場要務内言，各省鄉試取中不滿百人，猶有十四五房分閲，會試取數已逾五倍，而分考不及二十人，繙閲未詳。宜從科臣請，增易一房，則詞臣十二人，科部各四人，非特人數適平，亦且分閲較易。上從之。于是同考始爲二十房。

《明通鑑》卷七五　正月，大清太祖高皇帝受羣臣尊號，建元天命元年。

《神宗實録》卷五四一　二月壬寅朔，淮徐饑。上曰：「省直饑民數多，朕心憫惻，見貯溢税并正項銀俱准動支，賫粥賑濟。」于是户部覆請行淮安府將庫貯四十二年分四税溢額銀八千兩，俱委官易粟發淮、徐所屬地方賫粥，以贍饑民。

丁未，以禮部尚書兼東閣大學士吴道南、禮部尚書兼翰林院學士掌詹事府事劉楚先充會試主考。

《國榷》卷八二　巡撫山東右僉都御史錢士完疾去。

總督陝西劉敏寬報沙計諸酋入雙山建安堡，有降夷泄之，總兵官秉忠等設伏斬二百二十餘級。

戊申，渾河徙東安縣。

辛亥，總兵蕭如薰爲征西將軍，鎮守寧夏。王宣鎮守保定，麻錦鎮守廣東。

丙寅，陝西左布政使李維翰巡撫遼東，順天府尹李長庚巡撫山東，太僕寺少卿錢桓巡撫南、贛、汀、韶。

《神宗實録》卷五四二　丁酉，户部覆請蠲長蘆鹽運司鹽課一千三百餘兩。自四十二年詔免各運司浮課，而稅監張燁尚未遵行，至是以御史牟志夔言，始罷之。

戊辰，會試天下舉人。中式三百五十名，以沈同和爲第一。都下竟傳爲白丁。

己巳，免順天府屬過路、落地二税。以府尹李長庚言州縣叠罹灾傷，民困殆甚，閣臣復代爲請，遂從之。

《國榷》卷八二　三月辛未朔，逮前電白知縣崑山周玄暐下刑部獄。

大學士吳道南、禮部尚書劉楚先自簡舉求斥，同考官吏科給事中韓光祐自劾，上俱原之，命覆試沈同和。

《神宗實録》卷五四三　庚辰，命兵部發馬價銀六萬兩解濟黔師。

壬午，陞總兵李堦、黄越、黄守魁爲署都督僉事，堦鎮守貴州，越廣西，守魁四川。

癸未，以總兵劉孔胤鎮守宣府，霍廷振鎮守臨洮。李邦鎮提督漕運，鎮守淮安。

《國榷》卷八二　乙酉，策貢士三百五十人，賜錢士升等進士及第、出身有差。

丙戌，覆試，沈同和文荒悖，下法司，械禮部前，遣戍，趙鳴陽除名。

戊子，安地南犯，思明州參將趙廷等赴援，卻之。

礦盜突入靈寶縣。

南京左軍都督府僉書李光先兼督浦口、池河二營軍務，右軍都督府僉書喬承恩兼督大教場水陸二營軍務，神機營副將朱拱極提督京城巡捕。

交岡叛酋刁春琪等誘交賊據雲南五邦、五畝等寨，官兵擊斬七十八級。

虜犯遼東寧遠前衛小團山，參將線補衮禦之，追至黄土臺，虜大至，圍數重，游擊楊維藩死之，補衮手殺數人，中二矢，突出，還營數日死。贈補衮、維藩俱都督僉事。

是月，松虜犯蘆溝墩等處，官軍擊斬三百餘級。

四月丙午，雷火焚通州稅監張燁樓居，巡視東城御史金汝諧以聞，請罷稅監。不報。

《神宗實録》卷五四四　庚戌，陞總兵李維功、徐一鳴、王良署都督僉事，維功鎮守遼東，一鳴福建，良浙江。以總兵張承胤鎮守薊、永、山海。

癸丑，大同巡撫石崑玉引病乞休。許之。

乙卯，工科給事中劉文炳劾奏兩淮巡鹽御史徐縉芳貪穢狀。上命撫按勘問，以實聞。詔削籍爲民。

丙辰，陞户部左侍郎李汝華爲本部尚書。

《明通鑑》卷七五　〔戊午〕，河南盜起。

《神宗實録》卷五四四　庚申，勑遼東新巡撫李維翰兼程赴任，以鎮虜報急故也。

命陝西道御史李養志巡按陝西。

《國榷》卷八二　五月辛未，倭犯温州。

丙子，福王莊田額湖廣四千四百五十頃未報，王奏量減千頃。

《神宗實録》卷五四五　丁亥，巡撫延綏右僉都御史馬從聘以六年考滿，引疾乞休。上允回籍調理。

《國榷》卷八二　己丑，翰林院庶吉士葉燦、陳玄暉、劉鴻訓爲編修，姜逢元、曾楚卿、繆昌期、李國榗、王應熊、馮銓、王祚遠、羅喻義、孟紹虞爲檢討。時解館殆十月始得命，餘擬科道暴謙貞等五人尚未下。

巡撫四川右僉都御史吳光先致仕。

《神宗實録》卷五四五　辛卯，上以足疾未愈，不便視朝，且文華殿狹小，難以行禮，欲俟三殿工成，乃出陞殿，傳諭閣臣，示該部勿得瀆請。

《國榷》卷八二　〔甲午〕，江北、山東大蝗，積地尺許，俄赴海死，或蜂螫之，死亦化蜂，羣螫之，兩日而盡。流人集淮上三十餘萬。

《神宗實録》卷五四六　六月壬寅，巡撫遼東右副都御史郭光復卒。

《明通鑑》卷七五　河套寇犯延綏。

《神宗實録》卷五四六　乙卯，琉球國中王山尚寧遣通事蔡廛來言：邇聞倭寇各島造戰船五百餘隻，欲協取鷄籠山，恐其流突中國，爲害閩海，故特移咨奏報。巡撫福建右副都御史黄承玄以聞，謂雞籠逼我東鄙，距迅地僅更數水程，倭若得此，益旁收東番諸山以固其巢穴，然後蹈瑕伺間，惟所欲爲。指臺礵以犯福寧，則閩之上游危。越東湧以趨五虎，則閩之門户危。薄彭湖以瞰漳、泉，則閩之内地危。非惟八閩患之，恐兩浙未得安枕也。若夫琉球之告，有謂借以相恐喝省，有謂假以温貢道者，又有謂中山不能自專，直狡倭遣以探我虚實者，臣不能逆覩，但乞早爲之備耳。疏下兵部。

達虜駱駝等酋入犯潘家口，總兵張國柱率衆却之。

《國榷》卷八二　丁巳，平陽、開封蝗，蒲、解、鄢陵爲甚。

己未，山東武安盜三千人殺主簿孫光燿。

《明通鑑》卷七五　丁卯，河決開封。

《神宗實録》卷五四六　貴州巡撫張鶴鳴報擒斬苗仲千四百名，時暑，兩軍士多病，請暫息兵，俟秋再舉。從之。

《國榷》卷八二　安南禄州夷數千人攻廣西上思州城，官軍禦卻之。

《神宗實録》卷五四七　七月壬申，陞錦衣衛指揮使駱思恭爲都指揮僉事，掌理衛事。

甲戌，陞陜西右布政金忠士爲都察院右僉都御史，巡撫延綏。山西左布政王士琦爲右副都御史，巡撫大同。

《國榷》卷八二　乙酉，巡撫貴州右僉都御史張鶴鳴議處紅苗。上策如嘉靖間張岳例，十路進兵。中策湖廣設一副將，駐十二哨中，戍三千人截江口，使川貴苗不得東，八蠟苗不得西；四川設一副將，駐西陽，戍三千，貴州、銅仁總兵增戍二千，各出兵鵰剿。若下策，川湖犄角，各守要隘，來則截，去則不追。章下所司。初，苗圍施秉縣，四衛皆震，約湖廣兵共勦，不應，反撓之。請設總督，亦不聽，功竟無成。蓋與楚監司齟齬，事焉濟。

戊子，前少保兼太子太保、兵部尚書方逢時卒。

《神宗實録》卷五四七　起原任都察院右副都御史李起元巡撫陜西。

壬辰，河南安陽諸縣大蝗。按臣令民捕斗蝗者給以斗穀，倉穀殆盡，蝗種愈繁。田婦至有對木號泣，立而縊死者。

《明通鑑》卷七五　乙未，套寇沙津、濟農等復犯高家堡，誘殺都指揮王國安，糾蒙克錫里連犯雙山、波羅二堡。總兵官杜文焕擊敗之，追奔二十餘里，斬首四十一級而還。濟農等懼，又知西部已和，勢孤弱，亦乞和，獻罰九九者二。

《國榷》卷八二　奉御汪良德奏修咸安宮。得旨，内使馳白署工部事右侍郎林如楚。閣臣言：旨必發内閣，下該科。今二監突傳部臣之私邸，非制。不報。

八月壬寅，皇太子出閣講學。蓋曠期十有二年。是日，詹事劉一燝、少詹事韓爌侍班，右庶子張邦紀、趙師聖，左諭德公鼒，右諭德龔三益、薛三省、楊守勤侍講，中外大悦。僅一見而輟。

《神宗實録》卷五四八　癸丑，加陜西潼關衛學廪膳十名。

丁巳，以懷寧侯孫承廕掌府軍前衛事。

辛酉，命江西道御史胡繼升巡鹽兩浙，廣西道御史王遠宜巡鹽河東。

《神宗實録》卷五四九　九月癸未，會試天下武舉。以左諭德公鼒、右諭德薛三省爲考試官。

原任南権部尚書王弘誨卒。

己丑，户部奏：八閩巨省，産鹽最多，鹽課僅二萬二千餘兩，似屬太少。前按臣徐鑒言該省額派三萬七千五百六十五引，而鹽行六幫，引少幫多，以致私幫横行。議增引目二萬六千七百七十五通，歲解部銀七千三百三十九兩，此宜着爲定議。又查漳、泉、興三府原會典行鹽之地，近乃不食官鹽，不忍國課有違祖制，乞嚴行查明，亦可助國計萬分一也。報可。

《國榷》卷八二　壬辰，禮部請補給蜀王賜書如祖訓王國典禮等，以舊燬于火也。

《神宗實録》卷五四九　禮部覆：貢生廖汝忠疏言，教職之設，原以待明經之選。自舉人與副榜下第乞恩者衆而貢途之陞日壅。請自今以後，下第舉人乞恩限定三百名，永爲定額。其授過教職，會試不第，除原係副榜及本科新中副榜，再准告留會試一科，其餘吏部即爲推陞，不准通狀願留會試，以塞貢士陞遷之路。從之。

乙未，免江北抽扣節省銀兩。先是征播、征倭兵餉無措，户部通行省直，凡冗役公費等項可以節省抽扣者，解部充餉，故廬、鳳等四府三州，每年共節省二萬七千餘兩。及倭、播平復而此項未蠲，甚至攤派善良，追徵頗苦。淮揚巡按唐世濟援恩詔以爲請。户部言：自本年以前已徵在官者，盡數起解。拖欠在民者悉與蠲除，以後不得如前抽扣。從之。

《國榷》卷八二　十月辛丑，套虜猛克什力復犯波羅堡，總兵杜文焕預備，擊敗之，斬四十一級。

提督雁門三關右僉都御史吴仁度疾去。

前巡撫廣西右僉都御史吴中明爲南京户部右侍郎兼右僉都御史，總督糧儲。

虜銀定歹青等二千騎夜犯永昌，參將祁秉忠提兵三百拒之，浹日援至，虜遁，追斬二十餘級。

《神宗實録》卷五五〇　丙午，陞太仆寺卿饒景暉爲右僉都御史，巡撫四川。

〔丁未〕，命免今歲各省直行刑。

丙辰，户部以邊餉告急，議借兵部銀三十萬兩，工部銀二十萬兩，南京户部銀二十萬兩，南兵、工二部銀各五萬兩。疏入，得旨，令刻期解發。仍諭該部不得爭執，致悮邊計。

丁巳，禮部尚書掌詹事府事劉楚先、吏科右給事中韓光祐屢疏乞休，不報，出城候命，越宿遂行。

《國榷》卷八二　十一月戊辰朔，前總督漕運巡撫鳳陽右副都御史李三才削籍。三才居通州，以市皇木侵倉址勘實也。

《明通鑑》卷七五　己巳夜，隆德殿災。

《神宗實録》卷五五一　庚辰，上以英國公張惟賢宣勞年久，命加少傅兼太子太傅。

壬午，大學士方從哲入閣辦事。

丁亥，原任禮部尚書兼東閣大學士李廷機卒。

甲午，户部覆：山東巡按畢懋康疏言，東省比歲災傷，民困實甚，乞將本年存留夏税盡行蠲免，其臨、德倉米每石折銀七錢解納。從之。

《神宗實録》卷五五二　十二月丁酉朔，工部奏：頃江西按臣陳于庭以江省薦饑，洪水暴漲，浮屍相枕，題留户、工二部税銀及蘇鐵等項一年，一備蠲賑。但該司稱弓箭、胖襖繫軍務要需，難以留賑，惟暫寬一年，以竣帶徵。至事例銀一節，户七工三，宜照舊例共留一年給賑。從之。

《國榷》卷八二　丙午，發遠夷王豐肅等于廣東，聽歸本國，俱利瑪竇後人，以在京生事也。

辛亥，總督薊遼兵部右侍郎薛三才爲兵部尚書，協理京營戎政。總督兩廣兵部左侍郎周嘉謨爲南京户部尚書。浙江左布政使陳所學爲右副都御史，巡撫山西。

遼東清河游擊馮有功下巡按御史王雅量訊之。

户部尚書李汝華以山東司郎中袁世振鹽法十議，見引二分，帶行積引一分，上從之。

《神宗實録》卷五五二　〔癸亥〕，土司韋酉結引交夷數千人，侵犯內地，所過鄉落，殘破殆盡，直薄上思州城。官軍力拒之，始退。兩廣督撫周嘉謨等疏請於受降城築一大營，募兵三千，分布要害，增餉非二萬餘金不可。宜將該省榷税留充兵餉，仍行各土司歲撥目兵戍守蒼梧等處。得旨，令該部議覆。

萬曆四五年（丁巳、一六一七）

《國榷》卷八三　正月丁卯朔，上不朝。

乙亥，禮部以五年例議謚先臣：户部尚書雍泰、譚太初、余懋學，南京吏部尚書畢鏘、裴應章，刑部尚書趙參魯、魏時亮，户部尚書汪宗伊、林泮，禮部尚書黄鳳翔、曾朝節，兵部尚書張佳胤、魏學曾，刑部尚書王之誥，工部尚書劉一儒，吏部侍郎楊起元、盛訥，户部侍郎董堯封，禮部侍郎敖文禎，刑部侍郎段民、朱鴻謨、何源、王宗沐、李棠，工部侍郎沈節甫，南京兵部右侍郎姜廷頤，工部右侍郎王治，都察院副都御史龐尚鵬、李中，僉都御史張允濟，山西巡撫姜洪，太常少卿周怡，南京光禄寺卿馬理，祭酒陶望齡、傅新德，修撰楊慎，給事中賀欽，御史陳茂烈，郎中黄鞏、莊杲，提學副使李夢陽，僉事朱冠、馮應京，霍州學正曹端，共四十四人。

《神宗實録》卷五五三　丙子，户部尚書李汝華請裁馬户積濫。内稱馬房驢頭七百八十有奇，歲費銀一萬四千餘兩，印烙無憑，倒死不報，徒飽中涓，罔裨牧事。裁之便。疏留中。

《國榷》卷八三　辛巳，方從哲、吴道南請京察之期。不報。

壬午，太常寺卿林學曾等請釋劉光復。不許。

《神宗實録》卷五五三　己丑，大學士方從哲三年考滿，加太子太保、文淵閣大學士，廕一子中書舍人。

《國榷》卷八三　庚寅，兵部以套虜吉能乞款，議補七年市賞。先是吉能覬封王金印并龍虎將軍號不遂，因入犯東路大柏油、西路定邊等處，屢敗。悔罪，獻罰九九，鑽刀設誓。九九者，駝馬牛羊之類也。兵科給事中趙興邦言：一歲兩市，金繒費八萬有奇，七年間幾六十萬。如歲資我芻餉，則士飽馬騰，即長驅虜庭可也，何至恣犬羊之求，填谿壑之欲，示弱至此哉。下部議。仍咨督撫議歲一市，其舊賞半給。報可。

《神宗實録》卷五五三　辛卯，大學士方從哲、吴道南復請速發京察日期。不報。

《神宗實録》卷五五四　二月丁酉，大學士方從哲、吴道南復請批發皇太子開講日期。不報。

癸卯，原任總督三邊軍務太子太保改兵部尚書黄嘉善總督薊遼軍務。右都御史兼兵部右侍郎薛三才總督兩廣軍務，兼巡撫廣東地方。右都御史兼兵部右侍郎周嘉謨、大理寺卿管少卿事何熊祥巡撫應天。右副都御史王應麟巡撫山東，右副都御史李長庚巡撫福建。

丙午，時駙馬侯拱宸爲其子昌國乞恩，欲比先朝駙馬蔡震、李知子孫及見任都指揮使李承恩例。上許之。章下，大學士方從哲以承恩初授指揮使，後陞都指揮使，因照兩例擬兩票以進。上隨命照例做都指揮使。

《國榷》卷八三　己酉，諭内閣曰：朕多疾，視朝等禮不必瀆擾。

泰安、歷城、章丘、萊蕪等乘饑盗起，巡撫李長庚分兵剿捕之。

庚戌，福王常洵庶長子由崧封德昌王。

《神宗實録》卷五五四　辛亥，准武清伯李誠銘加侯爵，從其母吴氏請也。

壬子，准武定侯郭應麒襲祖爵。

《國榷》卷八三　三月癸酉，始京察。重處東林王之寀輩，如竇子偁、陸文瀛皆至清被斥，輿論不平。

《神宗實録》卷五五五　乙亥，大學士方從哲、吴道南復改擇本月十七、二十兩日爲皇太子講學之期。上以兩日俱無入學，且祈禱齋素，禮儀不便，命於四月内擇之。

以江西水災，准留二監額税銀二萬兩賑濟，從巡按御史陳子庭請也。

戊寅，吏科等署科事左給事中徐紹吉等拾遺，糾劾原任兵部尚書王象乾、兵部尚書管都察院左都御史孫瑋、吏部左侍郎兼翰林院侍讀學士翁正春、順天府府尹喬允升、總督漕運巡撫鳳陽户部尚書兼都察院右副都御史陳薦、原任吏部右侍郎兼翰林院侍讀學士王圖、兵部左侍郎魏養蒙、總督陝西三邊兵部左侍郎兼右僉都御史劉敏寬、原任國子監祭酒朱國楨、南京太僕寺卿劉汝康、原任太僕寺卿管少卿事李時華、原任吏部稽勳司管員外郎事主事范鳳翼、原任禮部主客司主事今候補陳以聞、户部山西司主事馬之駿、刑部河南司主事王之寀，歷指詆臣蒞官居鄉不法事，請旨處分。

己卯，户部尚書李汝華覆：長蘆巡鹽御史牟志夔題稱，萬曆二十九年起至三十四年止，各竈拖欠商税一十八萬二千七百三十二引八分九毫。四十二年四月遇蒙慈詔蠲免，請乞准商行鹽一萬八千二百七十三引二分八釐零，以餘没抵補欠課，仍每引納銀三錢及帶鹽二分解部。從之。

癸未，鑄造福王庶第一子德昌王由崧麒麟鈕鍍金印。

封德王常潪庶第九子由椅爲寧陽王。

己酉，以原任都察院左副都御史許弘綱爲都察院右都御史兼兵部右侍郎，總督兩廣軍務，巡撫廣東地方。原任兵部右侍郎汪可受爲兵部左侍郎兼都察院右僉都御史，總督薊、遼、保定等處軍務。

《神宗實録》卷五五六　四月乙未朔，大學士方從哲、吴道南以皇太子講學日期奉有四月内改擇之旨，因擇四月初七、初九兩日以進。

《國榷》卷八三　交賊督勝犯思明州，殺掠那利村，下石州土官閉國藩遁于那利江，遇賊死。

《神宗實録》卷五五六　丁酉，武清侯李誠銘承襲祖爵。

己亥，貴州巡按楊鶴奏：官兵南北兩路，擒斬賊二千九百六十餘級，需餉萬分緊急，乞發川、湖二省借解額餉以濟燃眉。

《國榷》卷八三　鄭養性特襲左都督，以父國泰前送孝定梓宫也。兵科給事中趙興邦奏止，不聽。

庚子，蜀府至湘嗣南川王。

總督漕運巡撫鳳陽户部尚書兼右副都御史陳薦、總督陝西三邊兵部右侍郎兼右僉都御史劉敏寬並勒致仕。南京太僕寺卿劉汝康調外。前國子祭酒朱維楨仍養疾。前吏部右侍郎王圖、前太僕寺卿李時華冠帶閒住。以科道拾遺也。兵部左侍郎魏養蒙等俱留，刑部河南司主事王之寀等俱免官。時鄭繼之主計，吏科都給事中徐紹吉、河南道御史韓浚佐之，所處皆東林也。

辛丑，巡撫大同右副都御史王士琦劾去。

戊申，户部郎中袁世振爲山東按察副使兼布政司右參議，管兩淮運司事，疏理鹽法，特給印。

癸丑，福建有臺山游兵獲一舟，自日本回者，被阻，執見海道副使韓仲雍。其人董伯起，云長岐島，即肥前洲也，專監市販。今頭目柴田勝來販。問其何以侵雞籠、淡水，何據北港，何内掠，俱以甘言對。仲雍諭以爾經自浙境，浙南爲臺山，爲礌山，爲東海，爲島坵，爲彭湖，爲彭山，皆我門户，非汝所可涉也。因遣官傳送定海所而去。

《神宗實録》卷五五六　五月丙辰，差御史朱堦巡按浙江，姚鏞巡按淮揚。

丁巳，兵部左侍郎魏養蒙復疏求罷，上允之，命崔景榮署本部事。

己未，巡撫河南右僉都御史梁祖齡以名掛彈章，疏乞休致。上允之，命候代。

《神宗實録》卷五五七　己巳，允順天府府丞喬允升回籍，以被拾乞休故也。命李與善暫署府事。

《明史紀事本末補遺》卷三　辛未，復虎墩兔市賞。

癸酉，復移清浪守備于施秉縣。以叛苗攻縣，舊戍二百五十人。

福建東沙洋飄倭船三艘，凡二百餘人，登山參將沈有容攻之。明日，大舟一，漁舟二，外至，擊沈之，縛倭三十三人，餘所獲流倭不一。

《神宗實録》卷五五七　乙亥，鑄給疏理兩淮鹽法關防。

丁丑，命前軍都督府帶俸優給清平伯吴遵周承襲祖爵，仍入監習學。先是遵周父國乾於三十九年身故，乾繼妻秦氏妄以乾第國坤奏襲，隨查乾實有子，遵周妾李氏所出也，時年八歲，已登世系圖册，李氏亦奏稱其子應襲，比例優給，上從之。

戊寅，内閣會同翰林院考試願就教職歲貢，取中上卷四卷，中卷二百九十一卷。

己卯，差江西道御史駱駸曾提督淮揚學政。

戊子，湖廣叛苗龍滔誘殺指揮魏繩武。巡按御史彭宗孟以聞，下兵部，治生釁同謀把舍張良謨等罪。

梟斬河南刼賊。

己丑，陞少詹事韓爌爲禮部右侍郎，協理府事。

户部覆奏畿輔旱形可危，乞賜蠲税以存孑黎。上諭：畿輔近地災荒，朕心惻憫，其順天、永平二府州縣，過路、落地二税銀兩准免今年一年，以昭朝廷寬恤窮黎至意。其明年税銀仍徵收解監應用，以濟缺乏，待三殿工有次第奏請停止。

《神宗實録》卷五五八　六月甲午朔，陞户部主事王繼章爲貴州司郎中，密雲管糧。黄衮陝西司郎中，甘肅管糧。

乙未，南京禮部奏：奉旨發遣遠夷王豐肅等，遞送廣東撫按，督令西歸本國。

《國榷》卷八三　兵部左侍郎崔景榮言：天下見任大小將官，各歷俸以世職武舉等項，詳揭堂屏。從之。

《神宗實録》卷五五八　辛丑，湖廣巡按彭宗孟奏：起解福府地租，四十三、四年分銀七千三百五十八兩九錢四分七釐五毫八絲四忽。

《國榷》卷八三　壬寅，封趙王由棪、益王由本、嘉祥王由桱、建寧王由楗、寧陽王由椅、永壽王存桀。

《神宗實録》卷五五八　庚戌，兵部題叙延鎮、甘肅斬獲功，原任陝西三邊總督兵部尚書顧其志加太子少保，廕一子錦衣衛副千户，世襲，賞銀五十兩，大紅飛魚衣一襲。原任甘肅總兵柴國柱加右都督，原廕男正千户加陞二級，賞銀四十兩，大紅紵絲四表裏。

辛酉，大學士方從哲、吴道南言：部推工部尚書，户部、兵部侍郎及總督、巡撫等官，兩月未蒙點用，工部職司營建錢糧浩大，事務殷繁，即今門殿鼎新，經營伊始，匪得尚書提衡於上，何以率屬勤事，收子來不日之功。户部職司錢糧，煩劇倍於他曹，而倉場左右一時並缺，兼其任者李汝華一人而已。兵部職掌兵戎，關係尤爲重大，而本兵協理俱未履任，攝其事者崔景榮一人而已。三邊經略全陝數千里封疆咸資保障，而漕河事關陵運，國家根本命脉，舉屬於斯。至若四處巡撫所轄皆腹心重地、邊海要區，彈壓無人，候代日久，地方安危似未可以度外置之也。不報。

《神宗實録》卷五五九　七月丁卯，大學士吴道南守制回。

《國榷》卷八三　丁丑，太子少保、吏部尚書鄭繼之六年考績，進太子太保。

巡撫寧夏右副都御史楊應聘爲兵部左侍郎兼右僉都御史，總督陝西三邊軍務。巡撫江西右副都御史王佐爲工部左侍郎兼右僉都御史，總理河道。巡撫保定右副都御史王紀爲户部左侍郎兼右僉都御史，總理漕運。

《神宗實録》卷五五九　壬辰，大學士方從哲以皇太子講讀先于四月間再奏明旨，待秋爽擇吉舉行，因擇八月初六日、初九日兩日以進，復言帝王之學與韋布不同，區區星日之説有不必盡拘者。不報。

兵部左侍郎崔景榮請給隴川宣撫多安靖司印。先是，雲南巡撫官以安靖不從叛逆論功，論序應予宣撫之職，祇因幼弱，議將司印暫貯州庫，俟其長成請給。今安靖成立，夷情共戴，委應遵照成命頒給。上如詔議予之。

《神宗實録》卷五六〇　八月戊戌，大學士方從哲請補閣員。言萬曆十一年間首輔張四維守制回籍，時尚有申時行、余有丁二臣，不數日即補許國。邇年沈一貫獨任，補沈鯉、朱賡，朱賡獨任，補于慎行、葉向高等四人，向高獨補臣從哲與臣道南，未有終於不補者。如臣衰病纏綿，乞罷免以全末路。得旨：覽奏俱見忠誠。朕壽節在邇，卿輔弼元臣，宜表率百僚稱慶，豈可久延私寓，還着鴻臚寺堂上官宣諭即出贊襄，以慰眷倚。推補閣臣知道了。

《國榷》卷八三　巡撫延綏右僉都御史金忠士奏，邊將失守之律重，虜嘗脅邊將曰：我一入犯，爾罪立至。故邊將嘗利啗之，使其或東或西而不出于所轄之境，嫁禍于鄰。似宜寬文網以責成之。

命代府虛世子位，俟鼎渭子長。

總督兩廣周嘉謨檄安南黎氏、莫氏擒渠惡贖罪。

《神宗實録》卷五六〇　辛丑，大學士方從哲覆請補大僚、補科道、點按差及宥過恤刑、賑荒蠲税諸事。上以所請諸事俟次第簡發，閣務繁重，命即出輔理。

壬戌，大學士方從哲言：東宮開講之期，臣等遵旨改擇二十五、二十七兩日，乃吉期已過，俞旨未宣，中外不勝惶惑。蓋自皇太子輟講以來，踰十餘年，而皇上始允臣等之請，既其允而出講也，率以是日開即以是日止，有一暴十寒之患，而無日就月將之功。皇上試思，自古及今，有如此作輟而可名爲講學者乎，有如此講學而可以稱諭教、稱燕翼之謀者乎。即今秋序漸深，去立冬不遠，過茲以往，天寒又將乍寒，講讀之期又不可多望矣。日復一日，畢竟何時可講，而皇太子早歲勤學工夫何時可繼耶。昨部科諸臣連章懇請，且謂在廷之臣將擬伏闕力争，以祈聖明之必允，無非爲國家根本慮，非有他也。臣叨輔弼近臣，於儲講一事尤有專責，而顧不能感格宸聰，致令明旨不信於天下，溺職之罪，何以自解。謹擇得九月初四日、初六日兩日皆吉，伏望欽定一日舉行，則曠典修而國家億萬年無疆之緒實基之矣。上仍以二日俱無入學之吉，着另擇行。

《國榷》卷八三　九月甲子，狼山副總兵張彦芳爲總兵官，鎮守貴州。前遼東總兵爲新設山海關總兵官。

《神宗實録》卷五六一　乙丑，大選主事等官瞿士連等二百六十一員。

丙寅，急選州同知等官范一儒等一百八十三員。

乙亥，先是福王之婚借太僕馬價銀二十萬，瑞王之婚借九萬一千，益以繕司三萬，虞、屯二司各五千。工部以惠、桂二王並婚請仍借太僕寺二十萬，又大工建暨無期，暫借一二十萬如舊開三七分事例補還。上許之。

壬午，先是皇太子講學吉期擇于十七、二十兩日，嗣後大小九卿及臺省勳戚諸臣連章懇請，講讀各官預備講章以待。上以講學吉禮還當以入學爲吉，且秋暮暴寒，命於春和舉行。大學士方從哲因改擇九月二十五、二十八兩日以進。

乙酉，陞山西左布政靳于中爲都察院右僉都御史，巡撫保定等府，提督紫荆等關，兼理海防軍務。

户部尚書李汝華覆：河南巡按張惟任題沈丘等五十州縣因旱蝗爲害，漕粟難輸，議將該省正改兑糧及臨、德二倉粟米共三十九萬石内改折五分，每石徵銀六錢，限十月終通完解到，接濟軍需，其餘五分仍照本色依期起運。

戊子，大學士方從哲以所擇東宮講期二十五日已過去，二十八日止隔兩日，過此即爲十月輟講之期，復具疏請賜批發。上仍以秋暮冬臨，天氣甚寒，命於明春擇吉行之。

《神宗實録》卷五六二　十月癸巳，大選學正等官戴旦等三百五十四員。

丙申，兵部覆：薊、昌二鎮修邊工犒，自四十三年春防起至四十五年秋防止，計銀五萬六千三百一十四兩有奇，除先請過銀三萬七千六百一十九兩，其餘俟臨期查請，已經覆奉欽依。今該督撫題稱見在銀一千九百三十二兩外，今止請發六千兩，以完本年秋防之工，應照户七兵三事例兵部動支太僕寺馬價銀一千八百兩給之。報可。

丁未，封代王庶一子鼎渭爲代世子。

以山西布政使文球爲都察院右僉都御史，巡撫大同地方。

庚戌，急選府同知等官郭之祐等一百五十二員。

《國榷》卷八三　朝鮮國王李琿言：正月日本對馬島主平義成遣使以日本國王源秀忠書，欲遣使通好及歸朝鮮俘口，謹以聞。兵部議不宜遽絶，該國自爲酌計。上是之。

《神宗實録》卷五六二　甲寅，允雲南巡撫曹愈恭養病回籍。

丙辰，户部題：瑞王出府請討食鹽，查照福王事例給食鹽一千引，行兩淮運司變價一千二百兩，解府應用。從之。

己未，户部覆：應天巡按李嵩題報南直災傷，議將被災八分以上六合等十縣該年漕糧盡數改折，每石折銀五錢。被災七分如建平縣、安慶衛縣米每石折銀七錢，衛米向折三錢五分，今減折五分。被災五分以上繁昌等七縣改折一半，正兑每石折銀七錢，改兑每石折銀六錢，隨糧輕賫耗羨一切蠲免。旨允行。

《神宗實録》卷五六三　十一月癸亥，時王婚並急，工部錢糧無措。上命于馬價及大工銀暫借，待陸續補還。兵部左侍郎崔景榮因言：臣部名爲司馬，必馬匹有餘，然後可以振國威。粵自種馬法廢，改爲俵解，而馬少矣。又以邊需浩繁，二分起派，八分折價，而馬又少矣。初意謂折銀在庫，遇有緩急，可用價以買馬，乃各邊馬價市本及懸賞銀兩俱取足於内。年例解發，毫不可缺，而户、工兩部及光禄寺節年借貸不下五百餘萬，皆在制額之外，何曾分毫補還，以致老庫四百萬之積僅餘八萬，何以堪再借。況馬價銀兩坐派南北兩直及山東、河南，今旱蝗相繼，無處不災，則本色折色必不能完。既額發邊需，尚恐無措，而何可又言借貸乎。天下非無事之日也，倘變起一隅，倉卒徵發，向臣部索馬而馬無，索銀而銀無，水衡之臣肯任其責否。得旨：冏庫空虚可慮，但錢糧無措，恐誤婚期。還遵前旨借給，以濟急用。

選主事等官程光陽等二百六十五員。

《國榷》卷八三　甲子，玉牒成，進駙馬都尉侯拱辰太子太保。

《神宗實録》卷五六三　丁卯，鑄給協理宣府副總兵關防一顆。

甲戌，命武定侯郭應麟承襲祖爵。

《國榷》卷八三　丙戌，方從哲屢請補科道各官，有旨俟目疾稍愈行之。

十二月乙巳，禮部請申飭學規。報可。

《神宗實録》卷五六四　壬子，上諭元輔方從哲曰：朕因動火致有目疾，尚在調攝未愈。卿所請諸事朕已悉知，況履端節屆，閣務繁重，卿小恙已愈，豈可久延私寓。諒卿心亦自不安，宜仰體朕衷，即出入閣輔理，以慰朕眷倚至意。其請用人諸事朕即次第簡發，不必再有所請，特諭卿知。

鳳陽巡撫王紀、淮安巡按姚鏞題報查勘所屬州縣被災分數，酌議改折減免蠲停事宜。户部覆將六合等五十五州縣四十五年存留米麥照依被災分數減免，漕糧除永折并無漕糧與災輕州縣俱不議外，其餘俱照議軍事例改折。淮、徐所屬被災處所，三十九年以前未完本部錢糧停侯二年帶徵。四十年起至四十三年止，未完錢糧麥熟徵解。屯糧照例折徵，未完暫緩停徵。

戊午，附選過主事等官王惟光等二百四十六員。

己未，急選知州等官藍士龍等一百五十員。

萬曆四六年（戊午、一六一八）

《國榷》卷八三　正月甲子，尚寶司奏失金牌十有三，命兵部補造。

《神宗實録》卷五六五　丁卯，陞太僕寺少卿包見捷爲右僉都御史，巡撫江西。大理寺右少卿王士昌爲右僉都御史，巡撫福建。

《國榷》卷八三　戊辰，貴州苗掠鎮遠衛曾旗堡。

庚午，太常寺少卿李養正爲右僉都御史，巡撫河南。

《神宗實録》卷五六五　辛未，命御史張銓巡按江西，王象恒巡按順天，張至發巡視京、通二倉，唐世濟巡視京營。

己酉，南京兵部等衙門尚書黄克纘等奏修築浦口城工。

戊子，陝西巡撫李起元等奏：秦地饑饉相仍，欲蠲帶徵，以蘇民困，議改折以蘇屯困，酌開納以實倉廩，勸義輸以佐賑濟。該部覆：帶徵、開納原爲邊軍之需，事難輕議。至改折、勸輸，官民兩便，當如所議行。從之。

《國榷》卷八三　二月己亥，北關金台失入貢，仍補貢去年，命再給賞。司禮太監金忠守備鳳陽皇陵，乞操練兵馬。兵科駁之。

《神宗實録》卷五六六　辛丑，廣東巡按田生金奏留粵東鹽餉，半充本省軍需。國家邊需强半借資鹽筴，兩淮歲納課六十八萬，邊中正引又四十萬餘，而粵東舊額十萬餘，後户部以用度不足，增引至九千二百六十餘道，增餉至一萬六千五百有奇，欲盡解太倉，至是按臣欲半留以充粵餉，而該科請遵照勅書留十分之三本處備用，庶邊計、司帑兩濟。從之。

差御史潘汝禎巡關。

癸卯，工部奏：各省直有司有未完本部科價等項錢糧者，當勅吏部不准給繇。從之。

乙巳，貴州撫臣張鶴鳴以平定兩江倡亂日甚，請餉剿之。上曰：「各省餉銀着遵前旨速解協濟，楚撫侯即點用。」

江西税監潘相奏：湖税持議日久，地方原額不加。上曰：「湖口税課已有屢旨了，爾即徹回其委官，着撫按查照李道事例，照數按季征解。該監如再不遵，定行重治。所有見在税銀即會同差官驗收解進，以濟軍需，其分解部銀待下次征收解用。」

以廣東水澇災傷，准將四十五年解部稅銀留賑，以昭朝廷寬恤德意。

戊申，陞廣東左布政臧爾勸爲都察院右副都御史，巡撫寧夏地方。福建左布政陳道亨爲南京右副都御史，提督操江。

工部奏：惠王、桂王婚禮錢糧，奉旨借用冏寺十萬，今需用甚急，而該寺俟發無期。上命作速給發。

辛亥，吏部尚書鄭繼之以病行。

丁巳，兵部侍郎崔景榮屢疏乞休不允。至是以人言，于大明門叩辭出城候旨，而刑部尚書李誌、侍郎張問達皆相繼求去。上曰：「今九列乏人，豈人臣相率求去之時。着遵屢旨速出，毋得再陳。」

《國榷》卷八三　是月，安南交賊寇欽州四峒。

《神宗實録》卷五六七　三月辛酉，兩廣總督周嘉謨奏：廣、肇所屬南海、三水、高要、四會、高明等縣，洪水衝决圩基三萬九千五百八十餘丈，恐春深不便修築，已權將撫按解留贖鍰銀兩動支一萬一千三百六十一兩七錢七分零，協以民派銀六千九百一十九兩九錢九分零，築完圩基一百七十五處，效勞各官例應優敘，乞勑工部移咨吏部紀録，以爲勤事者勸。

壬戌，改武銓大選于次月補行。

《國榷》卷八三　癸亥，諭吏部：以各尚書、侍郎相繼求去，是何法紀，可傳示，毋蹈前轍。

《神宗實録》卷五六七　丁卯，户部題：臨、德二倉凑補改折漕糧。上曰：「漕糧不許輕議改折，已有屢旨，臨、德二倉尤宜嚴禁，以備支運，違者照例条處。」

准給福府德昌王禄米，命非帝孫者不許援爲例。

己巳，陞刑部左侍郎張問達爲户部尚書，總督倉場。

《國榷》卷八三　庚辰，巡撫延綏右僉都御史金忠士卒。

《神宗實録》卷五六七　壬午，户部奏：江省興安蕞爾南糧止七百五十九石，又處崇山峻嶺，民運甚艱。該省撫按及南户部查議前未相應覆請，乞命下本部移咨彼處，聽其改折，折價照南、新二縣事例，每石折銀七錢九分，務要當年徵完，解赴南京，給散宗禄，漕糧仍徵本色，萬無輕改，以滋告折之漸。從之。

戊子，准應天、高淳、六合等縣改折。

《明通鑑》卷七五　三月，振陝西饑。陝西西安、南寧等州縣，去年俱被災，至是始以應解稅監正耗銀二萬二千兩及延綏管糧衙門贓罰銀三千兩並留筏稅銀一年，分别振之。

《神宗實録》卷五六八　四月庚寅朔，命兵科給事中吴亮嗣巡視京營。

〔辛卯〕，吏部題：二月大選改四月二十五日，四月大選改閏四月二十五日。從之。

貴州兩江苗攻破總場，已圍巴團哨，圍縣城。巡撫張鶴鳴奏：苗氛剿亦無難，若平定就緒，去兩江不過三四百里，將雲集之兵沿江而下楚，但有一旅爲犄角之勢，期一月可以蕩平。而湖廣巡按彭宗孟三疏謂張鶴鳴未經會議，擅開兵釁，責楚一時難辦之役，于是鶴鳴請集九卿科道會議，并乞罷斥。上曰：「兩江苗患方殷，正宜乘機進剿，兩省各官都要協心任事，應會議者仍俟撫按會議。鶴鳴照舊供職。」

癸巳，山東撫按奏：該省三歲大祲，民貧賦逋，議將霑化永作上疲七分免条，濱州永作次疲八分免条，其餘泗水、鄒平姑從五年減等，萊蕪、莒縣、高苑姑從三年減等，免其条罰，以後照舊查条。上從之，今後不許援以爲例。

甲子，户部奏：廣東巡按田生金題，廣東雙思場鹽課失額已久，窮民虚疲不堪。請將見在鹽田二百三十三項五十三畆零，起徵計課銀六百九十二兩七錢四分餘，悉從蠲免。從之。

《明通鑑》卷七五　甲辰，大清兵至撫順，圍其城，執一人，遣書諭游擊李永芳降。永芳得書，冠帶立城南門上，許通款，旋令軍士備守具。時大清兵已樹雲梯登陴，永芳遂出城降，守城千總王命印死之。于是撫順東州、瑪根、丹三城及臺、堡、寨共五百餘悉下。徙城中人口歸廣寧。

《國榷》卷八三　乙巳，建虜分陷東川、馬糧口二堡，殺守堡官李弘祖，執馬根山守備李大成。

兩淮巡鹽御史龍遇奇奏立鹽政綱法。祖制：淮鹽歲七十萬五千一百八十引，自套搭行而課額虧，淮南舊引二百萬，淮北舊引百四十萬。今淮南編十綱，每綱刊定二十萬，其挂掣未行引十七萬附之，歲帶行一萬六千，十年而淮南舊引可盡。淮北編爲十四萬，每綱二十一萬，帶行舊引，十四年而盡。上從之，著爲令。

《明季北略》卷一　〔努爾哈赤〕因以漢字傳檄清河，言有七事啣恨，大略以護北為辭。

《明通鑑》卷七五　庚戌，總兵官張承廕率師援撫順。

承廕，故都督臣子也，時巡撫李維翰趣之急，承廕率副將頗廷相、參將蒲世芳、游擊梁汝貴等諸營並發，次撫順。承廕據山險，分軍三，立營浚濠，布列火器。甫交鋒，大清兵蹴之，大潰，承廕、世芳皆戰死；廷相、汝貴已潰圍出，見失主將，亦陷陣死。將士死者萬人，生還者十無一二。舉朝震駭。

《神宗實録》卷五六八　丙辰，選主事俞曰都等三百七十人。

丁巳，起原任寧夏總兵官右都督李如柏以原官掛印，鎮守遼東。以英國公、吏、兵諸大臣交薦之也。

《國榷》卷八三　戊午，方從哲請發帑金。召前兵部右侍郎楊鎬兼右僉都御史，經略遼東。前總兵杜松駐山海關。

募兵于真定、順德、保定、河間。時宰賽煖兔諸虜集遼河西岸，虎墩兔憨亦屯鎮靖塞外，東西煽動，羽書狎至。

閏四月己未朔，建虜同西虜二萬騎入瀋陽邊政堡。

《神宗實録》卷五六九　陞宣大總督吴崇禮爲右都御史，仍兼兵部右侍郎，總督如故。

《明通鑑》卷七五　起原任總兵杜松以原官駐劄山海關。

〔庚申〕，起楊鎬爲兵部左侍郎兼僉都御史，經略遼東。

《神宗實録》卷五六九　陞順天府丞董可威爲右僉都御史，巡撫宣府地方。

起原任四川總兵劉綎，薊鎮總兵王國棟，甘肅總兵柴國柱，延綏總兵官秉忠各以原官添註五府僉書，從樞臣及科道之請也。

《國榷》卷八三　〔戊辰〕，虜滿旦犯馮家谷，石塘路游擊朱萬良拒卻之。

移保定巡撫靳于中于易州，順天巡撫劉曰梧于山海關。

庚午，巡撫江西右僉都御史王佐總理河道。

《神宗實録》卷五六九　命户部尚書李汝華署掌吏部印務。

壬申，初設山海鎮。

上諭内閣曰：朕覽兵部所奏募兵之餉，即傳内庫速查給發。該庫奏節年該部所欠金花等銀至一百四十三萬九千八百餘兩，庫藏空虚，僅撥得先年餘積銀十萬兩，即已給發户部湊集應用。軍餉缺乏，非朕不體念，但無所處，卿可傳示户部上緊那借湊處，不得遲緩，致悞軍機。

丙子，陞太僕寺卿徐兆魁爲右僉都御史，巡撫湖廣。

己卯，廷試貢士一千三百七十九人。

壬午，鑄鎮守山海關應援薊遼總兵官關防并符驗旗牌，以本鎮新設也。

《國榷》卷八三　是月，發遼餉十萬金，半黑脆如土，煎之不耗。

《神宗實録》卷五七〇　五月庚寅，雲南巡撫曹愈參有疾，准回籍調理。

贈遼東陣亡總兵李如松少保，寧遠伯，賜謚立祠，加祭塋葬，廕一子李性忠爲遼東鐵嶺衛指揮，使世襲。

甲午，兵仗局奏武備空虚。上命先年發出熕砲等件作速補造，庫藏損壞者即與修葺。

乙未，命貴州黄道宣慰司土舍劉時行承襲宣慰司。

丙申，命暫止河工，候班軍至日挑濬。

直隸巡按周師旦奏繳宣、大兩鎮造完大將軍、滅虜等砲，鳥銃、三眼銃等共一萬二千七百五十三件，暗甲、牛心盔共二萬六百八十七副，分給各城堡。

辛丑，遼東海、蓋參政金礪乞致仕，許之。以原任湖廣副使康應乾爲山東副使，整飭海、蓋。原任山東副使閻鳴泰補山東參政，分守遼東東寧道。仍命今後該鎮各官不許託疾避難，違者從重參處。

《明通鑑》卷七五　丁未，大清兵克撫安、三岔、白家沖三堡。

《神宗實録》卷五七〇　戊申，陝西總督楊應聘奏：四月二十二日陝西等處大雨雪，凍死各營馬贏駝共一千九百九十九匹頭隻。乞照先年事例動支馬價銀兩買補，并俵牧茶馬匹以便秋防。從之。

《國榷》卷八三　癸丑，南京太僕寺少卿未任吴炯助遼餉萬金。

前巡撫大同右副都御史王士琦卒。

〔甲寅〕，建虜入開原。

楊鎬至山海關，奏遠近徵兵。兵部議兵餉，宣、大、山西萬人，餉四萬金。延、寧、甘、固六千人，餉八萬金。并摘調薊鎮臺兵，借大工馬價各五十萬資遼餉。

西虜乃蠻炒化等内犯。

《明通鑑》卷七五　是月，貴州苗復亂，巡撫張鶴鳴討平之。

《神宗實録》卷五七一　六月己未，山東巡撫李長庚奏：先年倭犯朝鮮，召募南兵五百餘名，嗣後漸撤，及挑發援遼外，止存九百餘名。遼既被兵，登安可無備。議將登州衛京操班軍暫留防守。從之。

辛酉，户部議添設督餉司屬，以便責成。謂援兵糧餉除請發内帑十萬、太僕寺二十萬、工部二十萬，先已解去，又議借南京户、兵、工銀五十萬，今已差官領解。此後收支頭緒甚煩，請照援朝鮮例，添設司屬一員，加郎中職銜，給勑書，關防等項，隨軍督餉，府佐軍衛營操等官悉聽舉劾，有勤勞聽本部考核優敘。從之。

癸亥，革遼東巡撫李維翰職爲民，以疏于備禦也。

差御史陳王庭巡按遼東兼監軍事，傅宗皐巡視上江。

時遼左饑，有倡議開登、萊海運者，召商集船，將有次第。東撫李長庚言，本折船隻脚力防海之費浩繁，部覆以爲無所利。上因命停止之，米價轉發餉司，就近糴買。于是動支太倉銀庫清折銀六萬兩，差郎中李若訥解往遼東，平價買糴，以備軍興。

乙丑，總督三邊楊應聘奏：本年四月二十二日固鎮大雪，凍死在場營馬贏駝共一千九百九十九匹頭隻，議于固原州倉收貯椿朋肉臟老馬馬駒銀内動支六千一百二兩，再動陝西苑馬寺馬價銀五千兩，給各營委官買補。并照先年舊例，額外俵給七監羣外牧馬四百九十九匹，招中茶馬五百匹，始于秋防有裨。從之。

《國榷》卷八三　建虜同西虜攻開原鐵嶺衛，告急。

發太僕寺六萬金，遣户部照磨萬有孚市馬宣大，發帑二十萬治餉。

辛未，起趙焕爲吏部尚書。

《神宗實録》卷五七一　新造遼東餉司關防。

壬申，原任總兵柴國柱言：破虜全用火器，請行山、陝督撫各借三百位解赴遼東。從之。

《國榷》卷八三　己卯，虜炒化寇廣寧大小黑山，轉犯河東，俱建虜勾之也。

《明通鑑》卷七五　辛巳，蒙古綽哈犯遼東，總兵官李如柏督諸將擊卻之。

《神宗實録》卷五七一　壬午，選過工部營繕司主事陳敏吾等二百六十四人。

截發漕糧五萬石運赴遼東，從直隸按臣王象恒之請也。

癸未，廣西巡撫林欲厦以老乞休。許之。

《國榷》卷八三　是月，乃蠻犯大靖堡。幸款夷預報，拒卻之。

《神宗實録》卷五七二　七月戊子，太僕寺少卿趙士諤言：寺帑空虚，將各州縣寄養俵馬本折各半，以重馬政。從之。

《國榷》卷八三　己丑，建虜謀犯清河，攻北關金台失，又于撫順城外二十里築城屯兵，經略楊鎬遣游擊劉遇節、祖天壽，保定總兵王宣各以兵往，而開原援兵過瀋陽，值西虜而潰。

癸巳，申飭秋防。

《明通鑑》卷七五　丙午，大清兵自鴉鶻關入，圍清河堡城。守城副將鄒儲賢、參將張旆，以兵萬人固守城上，巨礮矢石俱發。大軍樹雲梯以登，遂克之，儲賢、旆皆戰死。其一堵牆、鹻場二城官民，皆棄城遁，乃毁二城，盡遷其糧穀而還。

《神宗實録》卷五七二　戊申，禮部題：齊庶口糧分别革除。如慶炽等二十四名，已經請名，應照舊支給。宁諫等七十六名未經請名，應咨部彙題奏請支給。至睿圿等三百一十名捏名開領盡應革汰。以後三分各擇年長者一人按季報部，本部造實在册咨送户部，方准支給。從之。

《國榷》卷八三　時清河兵民萬人皆陷没。援兵俱在數百里外，獨賀世賢自靉陽馳赴，克敵一栅，斬一百五十一級。

庚戌，前巡撫貴州兵部尚書郭子章卒。

《神宗實録》卷五七二　丙辰，加西協副總兵李光榮總兵職銜，仍管西協副總兵事，移駐寧遠。

《國榷》卷八三　八月己未，交夷大舉犯欽州，恣掠，執把總查友真。

《神宗實録》卷五七三　福王常洵奏討内使，上準撥六名赴王府供用。

庚申，新設遼東餉司，以潘宗顔爲之，命于廣寧設立衙門，專理東征糧餉。

《國榷》卷八三　潮州大風潮溢，潮陽、澄海、揭陽、饒平、普寧漂數萬人，壞田舍亡算。

《神宗實録》卷五七三　癸亥，差御史王九敘巡按山西。

敕賜楊鎬尚方劍，總兵以下不用命者，聽軍法從事。

《國榷》卷八三　乙丑，朝鮮國王李琿請敕從征建虜。從之。

《神宗實録》卷五七三　戊辰，陞周永春爲遼東巡撫，趙士諤爲宣府巡撫，從閣臣之請也。

《國榷》卷八三　己巳，援遼總兵麻承恩論死，以失援清河也。

《明通鑑》卷七五　壬申，開海運，通餉遼東。

時議行登、萊海運，山東巡撫李長庚言：「自登州望鐵山西北口至羊頭凹，歷中島、長行島抵北信口，又歷兔兒島至深井，達蓋州，剥運一百二十里，抵娘娘宫，陸行至廣寧一百八十里，至遼陽一百六十里，每石費一金。」部議以爲便，詔行之。

《神宗實録》卷五七三　甲戌，以神機二營遊擊鮑承先改充五軍二營叅將，領官軍三千四百六十四員名赴薊遼。

戊寅，山東巡撫李長庚奏：水兵調撤援遼，要地疏防非策，請另募六百名，并遺下三百餘名，共湊一千之數，立爲三營，以備目前秋防。從之。

《國榷》卷八三　庚辰，西虜乃蠻等七營各悔罪求款，願九九之罰，經略楊鎬增舊賞二百餘金，受盟。

《神宗實録》卷五七三　辛巳，刑部以該年審決請。上曰：今歲各省直俱暫免刑。

引選過主事丁魁楚等共三百九十五員。

《國榷》卷八三　〔癸未〕，諭兵部，今各總兵出關駐何地，各援兵俱集否，令經略分地專責。

九月丙戌朔，朝鮮報日本國王源秀吉求通。

戊子，朝鮮義州鎮節制使李善報建虜八月二十日謀攻遼陽、廣寧，如不戰，誘之野戰，楊鎬以聞。

己丑，建虜以五千騎自撫順關入犯，總兵李如柏、游擊尤世功等分擊，斬七十六級。是日，杜松、馬林出清河。

《神宗實録》卷五七四　丙申，禮部以發還漂海人丁，應賞朝鮮國押送陪臣銀八百二十兩。上以内庫缺乏，命太僕寺支給。

庚子，兵部以調募主客二兵僅止七萬，分防勢孤，議欲再調宣大三千，山西二千，延綏三千，寧固二千，真定二千五百，其安家月糧等費照前發新餉銀二十五萬，差官分解各鎮，按數給發，以原管千把總統之。如兵馬不精，則責在督撫，沿途催督騷擾，則責在領兵官。以秋防將撤，各鎮猶可隨爲募補也。從之。

《國榷》卷八三　壬寅，巡撫貴州張鶴鳴報銅仁坡西等營兵鼓噪，紅苗乘之恣掠，尋撫之。

《神宗實録》卷五七四　甲辰，户部奏：本年錦衣衛軍士布花俱折銀錢。從之。

戊申，裁革臨邑、霑化、蒙陰等縣縣丞，武定大使、蒙陰訓導等官。

《國榷》卷八三　命户部發二十萬金，勞遼東吏卒。

庚戌，命總兵柴國柱移山海關。

建虜犯會安堡，殺掠千餘人。

《明通鑑》卷七五　辛亥，加天下田賦。

時户部以遼餉缺乏，援征倭、征播例，請加派直省正賦，惟貴州地磽有苗患不派。其浙江十二省，南、北直隸，照《會計録》所定田畝七百餘萬頃，每畝權加三釐五毫，實共派額銀二百萬三十一兩有奇。軍務竣時，即行停止。從之。

《國榷》卷八三　癸丑，固原游擊佟國祚援遼，師次昌平，聞父總兵鶴年降建虜，明日，脱身逃去，事聞，命逮治之。

《神宗實録》卷五七五　十月丙辰朔，差兵部武選司員外董承詔解銀二十萬，犒賞遼左主客將士。

辛酉，浙江巡撫劉一焜遣兵援遼，以挑選四千人分爲八營，總捕彭天翔爲主將，領左右中前後五營，原任備倭把總周冀明爲副將，領正奇遊三營，給以衣甲器械。因奏本官職卑，難以統馭，請加遊擊、備禦等銜。從之。

癸亥，户部奏行五城動支贓罰銀兩，煮粥賑濟。從之。

福王常洵奏其子由崧討内使，上准給李吉祥等六人往，并爲書與王。

甲子，差御史吴允中巡按湖廣。

《國榷》卷八三　丁卯，寬順天、永平田租。

壬申，改折南京倉糧一年助邊。

《神宗實録》卷五七五　戊寅，急選府同知周承恩等二百二十六員。

己卯，户部奏：蘇、松、常、鎮四府漕糧，萬曆元年漕臣王宗沐題定兑糧水次，三十餘年，軍民相安。後漕臣陳薦因官旗控訴，始創爲五年輪派之法，而勒索愆期，往往不免。今總漕王紀欲復定派水次之規，既經會議僉同，合應覆請俟命。下移咨總漕衙門，將四府錦衣旗手下江、淮、大、揚州、五總照三十四年水次盡數改爲定派，永著爲例，違者重治，則軍民咸知遵守，漕政有裨。從之。

辛巳，山東巡按陳王庭奏：援遼總兵張萬邦以病乞回衛，所統山西大同軍馬四千五百餘名，擇海州叅將丁碧統領，與本官原領海州兵一千五百五十名爲一營，照依分派鐵嶺信地，聽總兵馬休節制。從之。

《神宗實録》卷五七六　十一月癸巳，經畧楊鎬爲議定軍餉畫一，以免紛擾。謂不分南北援兵行月糧餉，總以一兩五錢爲定，至于馬料除領本色者，給以豆三升、草一束，以十四斤爲例，折銀則日給以三分。本鎮新兵月糧一兩一錢五分，照舊料草于月支四錢五分内再加給一錢五分，各總鎮除有見任公費者不議外，餘諸鎮合議月給公費銀三十餘兩，將領守備銀九兩，折粳米銀三兩，千總則日給肉菜銀五分，把總則鹽菜銀四分，係職官者將見支粟米改給粳米，千總中軍每日三升作銀六分，把總三升作銀四分，以示體恤。以十一月初一爲始。户部以爲便，從之。

《國榷》卷八三　乙未，建虜犯瀋陽等堡，游擊楊于渭等掩敗不以聞，巡按御史陳王庭議其罪。

《神宗實録》卷五七六　丁酉，工部右侍郎林如楚奏昏耄溺職，聞言增愧，數章求去。上曰：「工作正煩，林如楚着安心供職，不准辭。鄒之麟出位妄言，却又擅自離任，着該部從重議處。」

《國榷》卷八三　戊戌，安南都統使黎維新入貢。

河南道御史房壯麗請革有司徵糧火耗。從之。

壬寅，設廣州香山澳參將。

《神宗實録》卷五七六　癸卯，甘肅巡撫祁伯裕奏：臣屬河東五道，河西五道，周環六千餘里，材官所出，前巡按御史董廷策巡歷河西，議開河西武闈，已蒙旨每科另額取武舉三十名，遵行一次，已而巡歷河東，彼中武士乞同河西一體應試，且臨、鞏兩郡均係院屬，委宜併入一闈，改設武闈于鞏昌，仍以三十名爲額，一切供用十道均攤。兵部以爲合試便，從之。

《國榷》卷八三　乙卯，前巡撫遼東右僉都御史韓取善卒。

《神宗實録》卷五七七　十二月丙辰朔，户部奏：有司徵比錢糧火耗加收漸重，請如御史言，亟行禁革。上曰：錢糧拆封加耗乃近來通弊，頃因虜警，不得已量爲加派。若有司再加朘削，民生何繇保安。依議通行禁革，違者着撫按官特疏糾參，追贓治罪。司道等官有隱匿不報的一併參處，務期積習一清，稱朕察吏安民之意。

癸亥，陞李燾爲右副都御史，巡撫雲南兼督川貴兵餉。

《國榷》卷八三　北關金台失遺子得兒革台州來告捷。以十一月襲建虜，俘四百有奇，斬八十四級，獲甲百十，馬七十，牛羊稱是。命勞三千金，幣二十。

乙丑，楊鎬奏定建虜賞格。

《神宗實録》卷五七七　丁卯，户部言：加派錢糧原係援遼正額，而山西督撫諸臣議以抵積年京運欠數。若各處援例扣留，遼何以濟。乞勅下臣部移咨該鎮，仍將加派錢糧責令速解，以充兵餉。其所欠京運劄庫多方湊發，以濟彼處燃眉，庶東西軍儲有濟。從之。

戊寅，原任遼東巡撫張濤卒。

萬曆四七年（己未、一六一九）

《國榷》卷八三　正月乙酉朔，上不朝。

《神宗實録》卷五七八　壬寅，勅御史沈珣巡按貴州。

《國榷》卷八三　丁未，兵部購東事賞格，刊示中外。

命給潞王米萬石。

《神宗實録》卷五七八　戊申，命户部尚書張問達署掌刑部印信。

《國榷》卷八三　辛亥，吏部大計竣，降斥有差。

《神宗實録》卷五七八　癸丑，酌議惠王、桂王婚禮，各計七萬金，以東事軍典煩費節物力也。户部覆奏以聞。上命每王辦進十四萬金，不得借言遲緩，致悮大典。

《神宗實録》卷五七九　二月乙卯朔，以吏部右侍郎兼翰林院侍讀學士史繼偕，禮部右侍郎兼翰林院侍讀學士、協理詹事府事韓爌爲會試正副考試官。

庚申，上諭户部曰：遼左征勦届期需餉甚急，其令入覲官作速回任，將加派及各項錢糧那借起解，不許延遲悮事。違者參處。前借工部太僕寺未完銀數一併給發，以濟急用。

《明通鑑》卷七六　乙丑，楊鎬誓師于遼陽。

《神宗實録》卷五七九　丙寅，以總兵李光榮移駐廣寧，副總兵竇承武移駐前屯，從兵部奏請也。

乙亥，命工部發銀十萬兩接濟遼餉。

丙子，勅户部右侍郎兼都察院右僉都御史李長庚專督遼餉。

丁丑，户部奏條列倉務，上以有裨漕政，從之。

戊寅，廣會試額數三百五十名。先是會額止三百名，至是特增五十名，命禮部著爲令。

《國榷》卷八三　壬午，麗江土知府木增輸遼餉萬金。

癸未，劉綎進兵至馬家寨，斬八十五級，俘八十八人。

《明通鑑》卷七六　三月甲申，西路總兵官杜松敗績。

乙酉，北路總兵官馬林敗績。

《神宗實録》卷五八〇　庚寅，以御史倪應眷爲長蘆巡鹽。

《明通鑑》卷七六　東路總兵官劉綎敗績。

時西北兩路兵敗，楊鎬聞之，亟檄止綎及李如柏二軍。如柏得檄還；而綎軍已涉險深入，距都城五十餘里，尚未知西北敗信也。

《神宗實録》卷五八〇　丙申，命督臣汪可受移駐山海關，調度兵馬，撫臣李長庚即來任事，專理糧餉，從巡撫周永春之奏也。

戊戌，策試天下貢士。

庚子，勅貴州巡撫張鶴鳴爲兵部右侍郎兼都察院右僉都御史，總督陝西三邊軍務兼理糧餉。勅大理寺右寺丞韓浚爲都察院右僉都御史，巡撫保定等府，提督紫荆等關，兼理海防軍務。勅口北道副使杜承式爲都察院右僉都御史，巡撫甘肅等處，贊理軍務。勅江西左布政王在晋爲都察院右副都御史，巡撫山東等處，督理營田，提督軍務。

初鑄督理遼餉關防。

勑都督僉事王尚忠鎮守保定地方，兼備倭總兵官。

辛丑，賜莊際昌、孔貞運、陳子壯等三百五十名進士及第、出身有差。

《國榷》卷八三　諭内閣，發税金三十六萬及宫費給遼餉。

乙巳，延綏總兵杜文焕疾罷。

《明通鑑》卷七六　丙午，起大理寺丞熊廷弼兼河南道御史，宣慰遼東。

《國榷》卷八三　戊申，西虜虎墩兔憨詣鎮靖堡脅賞。

《神宗實録》卷五八〇　己酉，以賀世賢加陞副總兵，專管援遼。總兵李如柏專禦東虜。總兵李光榮專禦西虜。

庚戌，以御史孫之益爲兩浙巡鹽。

《國榷》卷八三　辛亥，調宣府總兵官劉孔胤出關。

壬子，起蕭如薰鎮西將軍總兵官，鎮守延綏。孫邦熙鎮朔將軍總兵官，鎮守宣府。署都督僉事祁秉忠爲平羌將軍總兵官，鎮守甘肅。

《神宗實録》卷五八〇　癸丑，勑御史楊州鶴巡按河南。

《神宗實録》卷五八一　四月丙辰，大學士方從哲捐俸一年助餉。

戊午，初鑄給鎮守遼東駐廣寧總兵關防，以新改李光榮專禦西虜也。

庚申，勑錦衣衛右都督李如楨以原官掛印，鎮守遼東、河東地方，兼備倭總兵官，從兵部會議，往代如柏也。

《國榷》卷八三　壬戌，署禮部事左侍郎何宗彦請卹陣亡諸臣。從之。

丁卯，兵部主事莫在聲趣援兵以聞。

戊辰，兵部言貴州紅苗流毒，宜命川貴、湖廣各守界上。

《神宗實録》卷五八一　廷試本年分歲貢生三百六十五人。

辛未，協理京營戎政兵部尚書薛三才卒。

唐王捐禄五千兩餉邊。

勑總兵朱國良以原官爲南京後軍都督府僉書，仍兼提督神機營務。

癸酉，免京軍遠調出防。

《明通鑑》卷七六　盔甲廠災。

時邊事日急，馬匹盔甲器械不敷，兵士恤家行糧諸需均缺。兵部尚書黄嘉善議：「各直省絶軍變産銀，缺官柴馬銀，拖欠太常寺馬價銀，皆宜全解臣部。又各直省税契銀，布政司吏承納班銀，各州縣倉穀平糶一半折價銀，各運司積餘鹽課銀，又如中州之河工節省銀，兑軍買米撙節銀，王府、宗藩、勳臣、土司議助銀，内外各官捐俸銀，皆半解兵部，爲恤家買馬之用。現在暫借太僕寺銀十萬兩，南京兵部銀十萬兩，南京户部銀十萬兩，南京工部銀十萬兩，早購馬匹，以濟急需。其應造盔甲器械，聽工部議動項速造，務祈兵到即給，以便訓練。」從之。

《神宗實録》卷五八一　乙亥，陞守備鄧起龍加都司職銜，統領川兵。

初立平夷營，以叅將賀世賢領之，招集舊兵，另創新伍。

丙子，命兵部尚書黄嘉善代署戎政尚書印務。

《國榷》卷八三　辛巳，逮宣府總兵官劉孔胤。以援遼兵譁脅撫臣，人給二金始息。

五月乙酉，吏部候選儒士蔣定國奏採山西夏縣等礦。疏不由通政司，通政使姚思仁糾之。

南京鎮南衛運糧千户李一忠奏餉匱，請搜東南積羨，郡各二萬金，兵五百人。通政使姚思仁又糾之。

《神宗實録》卷五八二　丁亥，改大選期於五月。

辛卯，命户部尚書李汝華暫署工部印務。

《國榷》卷八三　癸巳，京師河水溢。

丁酉，思明等府向武、萬承等州土官各貢馬失期，減賞。

己亥，延綏游擊袁大有以援遼兵千餘人至昌平，私逃七百餘人。

壬寅，巡撫南、贛、汀、韶右僉都御史錢烜疾罷。

乙巳，歙人曹致廉等奏，乙同内監搜江南富家借餉數百萬。通政使姚思仁又糾之。

辛亥，建虜大舉入撫順關。

思明府奸人搆禄州夷酋何焞入掠思陵上下石忠江等州二百七十餘村，西至下凍，東至剥岩，五百餘里。

《神宗實録》卷五八三　六月壬戌，遼東原任武安知縣李登輸粟千石，折銀五百兩，交納太倉，以助軍餉。

乙丑，諭後軍都督府、吏部、户部、禮部、兵部：朕第六子惠王年已長成，其歲支禄米一萬石，今在京歲，且支三千石，鈔一萬貫，待之國米全支，依先年瑞王例。便選學行端正者，除王府官，誠實的當者除儀衛司及羣牧所官，撥堪用較尉六百名，王府隨侍于後府，及在京衛分共撥精壯夫一千名，于羣牧所用，其餘合行事宜悉依瑞王例，如勑奉行。故諭。

《明通鑑》卷七六　丁卯，總兵官馬林敗没于開原。

時鐵嶺衛率兵三千來援，爲大清兵追擊，敗之，遂進兵鐵嶺。

《國榷》卷八三　庚午，西虜三萬騎攻鎮西堡。

《神宗實録》卷五八三　壬申，福王損禄三千兩助餉。

巡撫宣府趙士諤免，以宣軍鼓譟引罪罷也。

遼東缺盔甲器械，工部奏戊字庫關支。從之。

《明通鑑》卷七六　癸酉，擢熊廷弼爲兵部右侍郎兼右僉都御史，經略遼東。

《神宗實録》卷五八三　丙子，勑甘肅總兵李懷信以原官鎮守薊門、永平、山海等處地方，兼管備倭。

己卯，黄克纘爲兵部尚書，協理京營戎政。

辛巳，以泰寧侯陳良弼總督京營戎政。

《神宗實録》卷五八四　七月甲申，惠王出府成婚。

晉王捐禄三千兩助餉。

丙戌，代王捐禄一千兩，潞王捐禄三千兩，各餉邊。

《國榷》卷八三　己丑，建虜萬餘騎陷十方寺堡。

《神宗實録》卷五八四　丙申，以總兵柴國柱、遊擊朱萬良各領兵出援遼東。

己亥，勑張經世陞都察院右僉都御史，巡撫宣府地方，贊理軍務。勑陳邦瞻陞都察院右副都御史，巡撫廣西地方。

癸卯，以南京户部尚書周嘉謨爲工部尚書。

甲辰，經略楊鎬奏：開原失陷，起於署道推官鄭之范貪婪異常，致失軍心，據該城官生軍民告揭，贓私巨萬，天日爲昏，棄城脱逃，法應逮問。從之。

《明通鑑》卷七六　丙午，大清兵克鐵嶺。

時鐵嶺被圍，城外各堡兵俱退入城，不得入者悉潰散。大清兵進攻城之北隅，守將游擊喻成名、史鳳鳴、李克泰督兵拒守，鎗礮矢石交下。大清兵乃登雲梯，毁陴堞，摧鋒突入，城上兵驚潰。成名、鳳鳴、克泰陣殁，餘衆盡殲。

《國榷》卷八三　丁未，胡應台巡撫應天，總督軍務。周應秋巡撫南、贛、汀、韶，總理軍務。李橒巡撫貴州兼督理湖北、湖南、川東軍務，俱右僉都御史。沈儆炌巡撫雲南兼建昌、畢節、川東，督理軍務兼督川貴兵餉，兼右副都御史。

左春坊左贊善徐光啓請使朝鮮諭夾攻，上壯之，拜少詹事兼河南道御史，賜一品服。

命吏部右給事中姚宗文閱視遼東。

八月辛亥朔，北虜萬餘自石塘路攻白馬關高家、馮家等堡，游擊朱萬良告急。

左都御史李誌致仕。

癸丑，經略熊廷弼入遼陽。

招屬夷北關金台失、白羊骨二酋，令總兵李如柏屯瀋陽，賀世賢屯虎皮驛。

乙卯，濟南、東昌、登州蝗，議蠲災租。運遼東米豆三年帶徵。

《神宗實録》卷五八五　衡王捐禄二千兩餉邊。

丙辰，天津税監馬堂奏那解税銀。得旨：所奏解部税銀爾即遵前旨查催解監，差官暫解户部一年，以充軍餉。

丁巳，遣禮部侍郎何宗彦致祭先師孔子。

勑郭增輝以原官充總兵官，鎮守保定等處地方，兼管備倭。

勑何奮武充總兵官，鎮守山海關，應援薊遼。勑王汝金陞署都督僉事充總兵官，掛征西將軍印，鎮守寧夏。勑紀光憲陞署都督僉事充總兵官，鎮守廣東地方。

戊午，桂王出府成婚。

己未，秦王捐禄三千兩，德王捐禄一千兩，各助餉。

《明通鑑》卷七六　癸亥，逮楊鎬下獄。

《神宗實録》卷五八五　甲子，趙王、襄王各捐禄一千兩助餉。

《國榷》卷八三　丙寅，以虜滿旦謀犯薊門石塘等路，命京營副將江應詔以三千人，自順義牛欄山大水峪，沿邊往援。

《明通鑑》卷七六　辛未，大清兵克北關，滅葉赫。

《國榷》卷八三　甲戌，前山西右布政高出、山西右參議邢慎言俱監軍遼東。

安南禄州酋何惇廈入犯，至是檄都統使黎維新擒獻首禍三人。

《神宗實録》卷五八六　九月庚辰朔，刑部奏請審決。上曰：「今歲各省直俱暫免行，俱令牢固監候。」

《國榷》卷八三　甲申，許總兵麻承恩、劉孔胤納馬贖罪。承恩八百匹，孔胤五百匹。

熊廷弼論河東總兵李如柏失開原、鐵嶺之罪，請李懷信代之。移開原道僉事韓原善于瀋陽。報可。

《明通鑑》卷七六　戊子，廷臣再伏文華門。時邊警日至，方從哲等請上御文華殿召見廷臣，面商戰守方略。吏部尚書趙焕又率廷臣詣文華門，固請上臨朝議政。抵暮，遣中官諭之退，而諸軍機要務廢閣如故。焕等復上疏趣之，且作危語曰：「他日薊門蹂躪，鐵騎臨郊，陛下能高拱深宫，稱疾卻之乎？」上深嗛焉。

《神宗實録》卷五八六　戊子，勑劉渠陞署都督僉事充鎮守薊鎮、永平、山海等處地方總兵官。

己丑，允薊遼總督汪可受回籍。

庚寅，勑御史薛敷政巡按四川。

勑劉惟忠巡按山西。

癸巳，勑四川道御史周萬鑑巡按真定，陝西道御史馮瑛巡按蘇、松，雲南道御史王尊德巡按廣東，四川道御史姚祚端巡按陝西。

丙申，勑貴州道御史蕭毅中巡按宣大。

勑山西巡撫都察院右副都御史陳所學陞南京户部右侍郎兼南京都察院右僉都御史，總督糧儲。

丁酉，勑大同巡撫文球陞兵部右侍郎兼都察院右僉都御史，總督薊、遼、保定等處軍務，兼理糧餉，經畧禦倭。

勑原任侍郎崔景榮起陞兵部左侍郎兼都察院右僉都御史，總督宣、大、山西等處軍務，兼理糧餉。

戊戌，罷山海總兵何奮武，以臺臣交章糾劾故也。

癸卯，勑副將白兆慶陞署都督僉事，提督京城内外巡捕。

乙巳，初鑄給欽差閲視邊務關防、欽差管理練兵關防各一顆。

《國榷》卷八三　丙午，修通州張家灣二城。

戊申，熊廷弼誅左翼營游擊陳倫，以盜餉三千餘金。

朝鮮以建虜繕治牛毛寨萬遮嶺，廣造攻具，購蒙古炒化煖兔諸酋，意不在小，來言于朝。經略熊廷弼慮瀋陽空虚難守，決計保遼陽，挑濠掘塹，徵戰守兵凡十八萬。

十月庚戌朔，房山人陳槐，前于萬壽節日呼冤午門，云東宫王才人爲次女王昇冒之，至是復呼冤，方從哲請辨真僞。不報。

壬子，建虜謀犯海州，斷餉道，巡撫周永春以聞。

《神宗實録》卷五八七　甲寅，唐王捐禄三千五百兩，韓王一千兩，華陽王三千兩，崇王二千兩，各助餉。

乙卯，荆王捐禄二千兩助餉。

丁巳，命五城煮粥濟貧。

《國榷》卷八三　戊午，周永春乞增鎮江戍守，蓋朝鮮貢道也。從之。

《神宗實録》卷五八七　丙子，周藩各郡王父宗正等捐禄三千兩助餉。

丁丑，大同遊擊焦垣領兵八百名援遼，至懷安城夜譁，城幾不測。

戊寅，楚王捐禄三千兩助餉。

《神宗實録》卷五八八　十一月辛巳，總督京營戎政泰寧侯陳良弼言：京軍遠戍，寒苦倍常，乞照在京守衛官軍比例，俯給胖襖褲襪，以溥皇仁。從之。

吏部尚書趙焕卒。

《國榷》卷八三　甲申，前巡撫福建右副都御史黄承玄卒。

丙戌，前巡撫南、贛、汀、韶右僉都御史孟一脉卒。

前巡撫山東右僉都御史錢士完卒。

戊子，兵部左侍郎楊應聘請調湖廣永順宣慰司兵八千人，都指揮使彭元錫領之。保靖宣慰司兵五千人，宣慰彭象乾領之。酉陽宣撫司兵四千人，宣撫冉躍龍領之。石砫宣撫司兵四千人，應襲馬祥麟同秦邦屏領之。遵義參將董仲揆統焉。仍以四川副總兵陳策加援遼總兵官統各軍。報可。

乙未，建虜數萬騎自開原松山堡入，收穫去之。

《神宗實録》卷五八八　丁酉，兵部左侍郎楊應聘題：先該本部因援遼之兵抽調不足，議於各邊招募精兵共二萬名，延綏、大同地各五千，昌平、宣府、山西、固原、寧夏各二千，每兵議給馬價銀一十二兩，安家銀五兩，盔甲器械衣裝等銀八兩，計兵二萬名，該銀五十萬兩。先於户部湊發，業已題奉明旨，咨行户部，屢稱匱乏，不能全發，止認安家發太倉庫銀四萬，兑外省稅銀六萬，共十萬兩。謂馬價二十四萬兩，該太僕寺出，盔甲器械衣裝銀一十六萬兩，該工部出。節經移催，工部全不能應，而太僕寺馬價止那湊八萬兩。幸南部解到原題借買馬銀兵部五萬兩，已解未到。工部十萬兩合太僕寺與户部銀共三十三萬兩，應先酌發急募。通計宣、大、山西先募兵七千名，共該銀一十七萬五千兩，延寧、固原先募兵五千名，共該銀一十二萬五千兩。各差官解發，作速募完，委戰將統領，嚴限赴遼。又延綏邊衝抽調多於各鎮，該鎮咨討借支過安家馬價銀一萬八千九百四十一兩八錢三分三厘四毫，相應補解，併給尚剩南部銀一萬一千五十八兩一錢六分六厘六毫，聽買馬支用。前題冏寺發銀五萬兩解貯永平府庫，聽閱視科臣姚宗文便宜取用，各取實收繳部附卷。從之。

《國榷》卷八三　己亥，虜圍宋家泊堡。

癸卯，虜五萬騎屯養善木。

《神宗實録》卷五八八　乙巳，巡撫順天都察院右副都御史劉曰梧奏：臣病日益沉危，邊事日益廢閣，乞恩允放。疏凡十二上，許之。

命户部尚書李汝華署掌吏部印務，命戎政尚書黄克纘署掌工部印務。

丙午，宣府總兵孫邦熙以病免。

戊申，命兵部左侍郎楊應聘暫署本部印務。以本部尚書黄嘉善八疏乞休，暫令調理也。

《神宗實録》卷五八九　十二月庚戌朔，命改進士倪啓祚等二十三人授翰林院庶吉士。

甲寅，命總督倉場尚書張問達署掌都察院印務。

《國榷》卷八三　丙辰，報西虜黄把兔等合五萬騎窺河東。

戊午，敕總兵王威，仍原官移鎮薊州、永平、山海關，劉蕖鎮守山海關應援總兵官。

己未，固原妖人李文等伏誅。

庚申，命故總兵劉孔胤駐海州，犄角遼陽。麻承恩駐三岔河，應援廣寧。

《神宗實録》卷五八九　壬戌，命桂王歲支禄米一萬石。

南京太僕寺少卿吴炯捐銀二萬兩餉遼。

壬申，慶王捐禄一千兩助餉。

萬曆四八年（庚申、一六二〇）

《國榷》卷八三　正月庚辰朔，上不朝。

釋御史劉光復獄，削其籍。諭内閣曰：先太后祔廟時，朕欲赦之，以各官黨救，故未也。

《神宗實録》卷五九〇　癸巳，兵部覆：薊遼總督汪可受議增設關南海口，關外羅城地方守備二員，以千總閻輔、署鎮撫李茂春俱量陞指揮僉事職銜，管守備事務。從之。

《明通鑑》卷七六　庚子，朝鮮乞援。

《神宗實録》卷五九〇　癸卯，總督漕運兼巡撫鳳陽等處都御史王紀疏議：泰州分司東臺場刱建城垣計城高一丈七尺二寸，連箭垛高二丈二尺二寸，共該銀一萬六千七百七十餘兩，應用委官東臺等場官。陳大成等五員堪以分委，其總委一官稽覈出入錢糧，有運同何廷相堪任。部覆請悉如所議，從之。

《國榷》卷八三　熊廷弼奏：兵部贊畫主事劉國縉募新兵萬七千四百餘人，分戍鎮江、寬奠、靉陽、清河等防守。昨十二月，清河兵逃盡，鎮江、寬奠、靉陽亦多逃。今如南衛逃者，責成海蓋道康應乾調處，河西兵逃，責成分巡道張鳳翼。以贊畫之法難行于鄉里，而兩道之法可行于地方也。從之。

甲辰，湖廣永順土司都指揮使彭元錦加都督僉事，保靖土司彭象乾加指揮使，各統兵援遼。元錦稱疾，遣頭目行，僅三千人。

朝鮮告急，時建奴分兵攻朝鮮滿浦等堡，命援之。

乙巳，城泰州東臺場。

《神宗實録》卷五九〇　丁未，命神樞六營右副將江應詔以原官掛印充總兵官，鎮守宣府[等]處地方。神機一營左副將楊肇基以原官掛印充總兵官，鎮守大同等處地方。

戊申，户部覆：湖廣巡撫徐兆魁疏言，湖廣連年荒旱，如四衛五寨黎靖一帶，所藉以禦諸苗衛全楚者，尤宜體卹。議將該府州縣義社等倉積穀一年糶賞濟餉，其存剩一半及藩司有可那動銀兩，聽撫臣便宜酌處，以分賑飢民。從之。

《國榷》卷八三　二月庚戌，巡按遼東御史陳于庭奏，新兵熊錦報逃千九百餘人，楊于渭報逃千五百餘人，卞爲鵬報逃二千六百餘人，李如柏報逃四百七十餘人，趙率教報逃四百九十餘人，宜增募兵馬，且陳危遼單弱。不報。

《神宗實録》卷五九一　辛亥，工部題：遼鎮急需大砲，合行各廠局及戎政府湊發二千位，至馱運脚價則本部無此項銀兩。上曰：「大砲准給發，脚價著作速區處，毋得遲緩悮事。」

《國榷》卷八三　丁巳，水西賊掠霑益，守備方策失利。以安效良逃至霑益，賊追索之，策遽戰大敗，賊恣掠。

甲子，廷臣以用人行政各候旨文華門。傳命各歸署，毋瀆。

己巳，神樞營左副將達奇勛爲總兵官，鎮守居庸昌平。

丙子，太常寺少卿徐紹吉爲右僉都御史，提調雁門等關兼巡撫山西。密雲按察使喻安性爲右僉都御史，整飭薊州邊備兼巡撫順天。

《神宗實録》卷五九二　三月甲申，署刑部事户部尚書張問達等奏：先該經略熊廷弼題爲申明守備不設律例，奉旨該部會議具奏，看得守巡官以兵備爲名，則牧寧疆圉豈異人任，若平日不能選將練兵，臨變不能督戰盡力，城寨陷没，猶卸擔將帥以自寬，則敕書責成謂何。若僅僅以一爲民了事則全軀保妻子之臣，安往而不規避哉。今查照得嘉靖二十九年舊刻續題條例，守巡兵備官駐劄該城，致有失陷者，照舊例充軍。原無定駐，至是遥制失陷者，照舊例爲民。其被賊侵入境内擄掠人民不致失陷，即係駐劄處所降三級調用。至于條例一定，法在必行，凡有邊方失事應遣戍者必遣戍，應爲民者必爲民，應降級者必降級。朝無錯貸之法，自人有效死之忠，肅軍令而伸國威，所係非渺小矣。上曰：「這律例既會議歸一，著著爲令，永遠遵行。」

《明通鑑》卷七六　庚寅，復加天下田賦。

時遼餉缺乏，經略熊廷弼言：「四十七年十二月赴户部領餉二十萬兩，十二月領餉十萬兩，四十八年正月領餉十五萬兩，俱無發給。現貯庫銀僅二萬餘兩，止足正月，未領糧料支用各倉糧草止數千石，尚不敷補支去年十二月未領之數。豈軍到今日尚不餓，馬到今日尚不瘐不死，而邊事到今日尚不急耶！軍兵無糧，如何不賣襖褲什物，如何不奪民間糧窖，如何不奪馬料養自己性命，馬匹如何不瘐不死！而户部猶漠然不一動念，得無銷兵太速，釀禍太劇耶？」

疏入，下户部等衙門議，令各直省田地每畝再加派二釐，以敷兵、工二部之用，從之。通前二次加派，共增九釐賦五百二十萬，遂爲歲額。所不加者，畿内八府及貴州而已。

《神宗實録》卷五九二　癸巳，總督薊遼文球言：滿酋叩關乞款，悔罪認罰。合將滿旦母丁歷年停住額貢二賞除罰革外，俱准開復。又其夫阿暈古北舊賞先因助逆暫停，未幾悔罪，已經前督撫准復在卷，亦應並開，量增賞物事。下兵部覆奏，從之。

《國榷》卷八三　乙未，遼陽火藥局災，斃二百餘人。

《神宗實録》卷五九二　癸卯，工部奏：經略廷弼急請硝黄。查有兩廠造成預備細藥，合先發五萬斤，即于二十四日裝載解運，仍限以時日抵關。所討硝黄五十萬斤，隨亦陸續趲運接濟，庶幾急用有需。上是之。

《國榷》卷八三　丙午，兵部贊畫主事劉國縉以招兵萬人全伍脱逃被劾。不報。

四月辛亥，建虜數千騎屯撫順。

《明通鑑》卷七六　癸丑，皇后王氏崩。

《神宗實録》卷五九三　丙辰，命禮部右侍郎孫如游署掌本部印信。

癸亥，廷試天下貢士一千二百五十四名。

《國榷》卷八三　辛酉，上召見皇長孫，悦之，賜二千金。

己巳，詔告天下：右諭德張鼐往河間、廣平、遼東，户科給事中李奇珍往福建、浙江，大理寺副曹文衡往兩廣，中書舍人于緯往雲南、貴州，行人黎國俊往河南、湖廣，甘學闊往陝西、四川，劉芳往南畿。

乙亥，命工部尚書周嘉謨、禮部右侍郎孫如游同内監官汪良德巡視廠庫。

巡撫湖廣徐兆魁劾永順宣慰司彭元錦援遼引疾，熊廷弼乞命元錦身領八千人自効。從之。

遼東獲建虜間諜二十餘人，云糾伯要兒歹青等營謀入犯。

《明通鑑》卷七六　是月，徵石砫女土官秦良玉率兵援遼。

《國榷》卷八三　五月戊寅朔，西虜萬餘騎攻沙嶺堡，戍卒銃卻之，遂圍墩臺。少頃，西寧千總方綬以百八十騎來援，次牛莊，備禦楊汝柏以百二十騎擊之。午刻，海州參將黄璽又至，墩下之圍解。已，總兵李光榮至，沙嶺圍解。

《神宗實録》卷五九四　辛卯，給管練軍事務徐光啓所請民兵軍器。

甲午，兵部覆奏遼東巡撫周永春請廣寧添兵防守，竊計自援遼以來，各邊鎮調募已空，况添兵一萬，即須餉銀二十五萬，臣部從何得此錢糧。雖會議加派，奈本部分撥不多，即應經臣十八萬之數尚恐不足，又安能增廣寧兵二萬。議將景國佐、李成龍見領山陝民兵家丁九百餘名與劉、麻二罪帥罰贖家丁一千八百，不在原題十八萬之内，計十八萬數外，約餘畿輔募兵一萬。今河西勢急，應量留前項之兵合廣寧新兵七千，與該鎮原設主兵，以足爲廣寧分防之用。上從部議。

《國榷》卷八三　乙未，虜千騎犯花嶺山城，守將尤世功、周守廉不出擊，恣掠。

《神宗實録》卷五九四　辛丑，兵部奏：援遼延綏將官袁大有領兵一千名，至昌平關支行糧料草，各兵約有七八百名脱逃去。訖方今援兵四至，正人情觀望之時，一處作俑，效尤何極。乞勑下臣部行令本官多方招集，仍舊赴遼，准贖前愆。如不能招回，别生事端，併行彼處督撫鎮等衙門，依軍法究懲。仍乞嚴旨申飭，以後各省鎮督發援兵務要慎擇統領將官，申嚴軍令，無致中途疏虞。上曰：「援兵脱逃數多，領兵官紀律何在。袁大有着該督撫從重究處。以後各省鎮發兵務要慎擇將領，毋致疏虞。」

《國榷》卷八三　六月丁未朔，經略熊廷弼以四百騎歷撫順清河探邊，經歷程崙止之，不納。

戊申，熊廷弼奏：建虜自稱後金可汗，傳檄招降。上詔中外曰：建虜横肆詬侮，朕切憤恨，中外當事諸臣，尚厲同仇之義，協力矢心，亟圖殄滅，以雪國恥，毋仍怠緩，自甘僇辱。

《神宗實録》卷五九五　乙卯，加陞廣西總兵黄鉞爲南京左軍都督府僉書兼提督浦口、池河二營事務。四川總兵黄守魁爲南京右軍都督府僉書兼提督大教場、水陸二營事務。俱給敕書。

《國榷》卷八三　丁巳，敕諭朝鮮助勦建虜。

庚申，熊廷弼歷鳳凰城而還。

辛酉，建虜乘經略閲邊，以三萬騎自撫順關東州堡分道深入渾河。熊廷弼令總兵賀世賢、柴國柱設防瀋陽，多有斬獲，敵始退。

庚午，建虜畏遼、瀋之戍，乃旁掠山城、克花嶺、許毛子山等寨。

辛未，靖夷營總兵李懷信疾免。

《神宗實録》卷五九五　改工部尚書周嘉謨爲吏部尚書，以戎政尚書黄克纘署掌工部印信。

《國榷》卷八三　七月戊寅，夜，保靖宣慰使彭象乾至通州而疾，部兵三千人逃。

己卯，發户部三十萬金，勞遼東吏卒。

辛巳，熊廷弼劾免兵部贊畫主事劉國縉。

己酉，建虜分犯瀋陽奉集堡。柴國柱以二百人屯奉集，賀世賢以三百人屯瀋陽，敵乃旁掠屯堡，殺掠人畜。于是靖夷營游擊祖天壽、千總于文魁、撫順游擊周守廉各下臺訊。

戊子，光禄寺少卿沈儆炌爲右副都御史，巡撫雲南兼建昌、畢節，贊理軍務兼督川貴兵餉。

壬辰，方從哲率廷臣入思善門問疾。久之，司禮監諭退。

《神宗實録》卷五九六　癸巳，兵部覆：遼東巡撫周永春疏謂，贊畫原募新兵一萬一千，此情願投充者，難容姑貸，宜擇壯者以戍南衛，弱者以趕牛車。其戍南衛者無離索之苦，雜差仍不許優免。且各軍既坐食家門，則月餉亦宜稍從減削。其僉兵七千有奇，原以免票哄誘，一時非出情願，宜追還安家，聽其寧家，照舊派差，合如所議。唯是僉兵派差如故，安家能有幾何，窮迫能無攫乎。宜以待募兵者待之，若募兵守寬、靉較戍南衛尤得力，戍南衛者守臺奥，戍寬、靉者守門户，故戍寬、靉者便惟所募者堪實用，則月餉可無減也。不然亦汰其弱者，任轉運以抵僉兵之差。上命俱依議行。

《國榷》卷八三　甲午，召英國公張維賢、大學士方從哲、尚書吏部周嘉謨、户部李汝華、兵部黄嘉善、戎政黄克纘、署刑部事總督倉場尚書張問達、禮部署事右侍郎孫如游等入弘德殿。上御榻整冠被袗，勉諸臣勤職。周嘉謨請補大僚臺省，上曰：「待朕小愈。」黄嘉善言邊事，上倦不答。諸臣遂出。日旰，皇太子尚侍于門。楊漣、左光斗遣人語東宫伴讀曰：「上疾甚，不召太子非上意，薄暮可還宫，詰朝力請入侍，嘗藥視膳，即夜毋輕出。」

丙申，上崩于弘德殿，壽五十八。遺命封皇貴妃鄭氏爲后。

《明通鑑》卷七六　丁酉，皇太子以遺詔發帑金百萬充邊賞，罷礦税、榷税及監税中官。

己亥，再發帑金百萬犒邊。

辛丑，熱審，録囚。

七月，總兵官李如楨罷。

明光宗部（公元一六二〇年）

《明史》卷二一《光宗紀》 光宗崇天契道英睿恭純憲文景武淵仁懿孝貞皇帝，諱常洛，神宗長子也。母恭妃王氏。萬曆十年八月生。

泰昌元年（庚申、一六二〇）

《國榷》卷八四 八月丙午朔，皇太子即皇帝位。晨，遣泰寧侯陳良弼、恭順侯吳汝胤等告天地宗廟社稷。上親告先帝几筵，易袞冕，詣文華殿告天地，詣奉先殿告列祖，再詣先帝孝端皇后、溫靖端肅皇貴妃各几筵。出御文華殿，命勿賀，大赦天下，詔以明年爲泰昌元年。

丁未，方從哲上言：輔理之職，非臣獨辦。先帝欽點二臣，亟宜允用。從之。

巡按直隸御史田生金言：工部坐派應天、徽、寧、廣德織幣三萬二千九百匹，歲造不預焉。原無額編，惟留工部各司料價支之。按價值舖墊等銀三十二萬五百九十兩有奇，節年存庫及見徵料價止十六萬一千二百餘兩。除初運外，次運僅十之二三，後運不知安出也。大抵一運之費，非三年料價不能供。三運之需，非三年蓄積不能辦。除歲造例進外，其改造三運，乞賜停止。從之。部覈蘇、杭當停者。

《光宗實録》卷三 戊申，諭內閣傳起建皇極門殿，擇日興工。以文華殿窄小，百官朝賀列班不便也。時遼餉愈急，大工起建，有司莫措，乃以工部請發内帑二百萬，刻日起工。

陞河道總督工部右侍郎兼右僉都御史王佐爲工部尚書。

起陞原任兵部侍郎汪應蛟爲南京户部尚書。

《國榷》卷八四 户部尚書李汝華，以山東巡撫王在晉題海運六十萬石欠其半，欲留解部銀。夫京邊急需，惟平糴可以通融，今東省報倉穀七十餘萬，請以其半糴，四十八年加派該五十四萬餘，將二十萬餘漕海，三十四萬餘收糴，爲明歲備，庶爲兩便。從之。

己酉，署工部刑部尚書黃克纘請發帑二百萬作皇極殿。從之。

命史繼偕、沈潅並爲禮部尚書兼東閣大學士，直文淵閣。起朱國祚南京禮部尚書。

《光宗實録》卷四 庚戌，頒賜各王府銀幣。據萬曆元年例，向無姪孫一項，今參酌應與姪同。上以福王、潞王懿親，常賜外特加銀三百兩，紵絲羅各十表裏，紗十疋，錦四疋，鈔二萬貫。

命原任户部山東司主事鹿善繼復職。

《國榷》卷八四 廷試歲貢生。

《明通鑑》卷七六 起前御史劉光復爲光禄寺丞。

《光宗實録》卷四 壬子，欽定新陵名曰定陵。

甲寅，改兩廣總督右都御史許弘綱爲兵部尚書，協理京戎政務。以漕運户部左侍郎王紀爲户部尚書，總督倉場，巡撫陝西。兵部右侍郎李起元陞右侍郎，總督陝西三邊軍務，兼理糧餉。巡撫山東副都御史王在晉陞工部右侍郎，總督河道軍務。俱兼都察院右僉都御史。

《國榷》卷八四 遼東旱饑，户部尚書李汝華言：臣部再加派，每年共畝止七釐，先因增兵加二釐，今外解既稀，遼餉難緩，乞容臣咨各省直，以四十七年准今年七釐及兵、工二釐，解其見徵者。從之。

乙卯，兵部尚書黃嘉善言：延綏兵調至昌平，逃七百人。命訊領將袁大有，仍補其額。

兵部尚書黃嘉善，以遼東西平失事將官顧大訓宜奪，李國樑宜贖。從之。

戊午，諭内閣：皇長子幼弱，明年先開講，待禫服後册立。方從哲言：茲奉聖諭，臣不勝驚愕。攷祖宗朝册立之期，英宗以六歲，孝宗以二歲，武宗則才周歲，未有年十六而名位未正、教諭未行者。況禫服之制，在民間則二十七月，在朝廷則二十七日，禮部擇九月九日，其當允行無疑。不報。

《光宗實録》卷五 通政司詣欽定御門引奏，照例每日二起。從之。

己未，陞巡撫廣西副都御史陳邦瞻爲兵部右侍郎兼都察院右僉都御史，總督兩廣軍務，兼理糧儲，帶管鹽法，巡撫廣東。陞河南巡撫李養正爲户部右侍郎兼都察院右僉都御史，總督漕運，提督軍務，巡撫鳳陽等處地方，兼理海防。陞山西左布政趙彥爲都察院右副都御史，山東巡撫，督理營田，提督軍務。山東左布政胡思伸爲保定巡撫，提督紫荊等關，兼理軍務。太僕寺少卿呂兆熊爲陝西巡撫，贊理軍務。徐養量爲甘肅巡撫，贊理軍務。楊述中爲鄖陽巡撫，提督軍務。陝西右布政周懋相爲寧夏巡撫，贊理軍務。江西左布政洪佐聖爲江西巡撫，兼理軍務。俱都察院右僉都御史。

庚申，御史王象恒詣裁革安定、德勝二門稅課司大使，永平府盧龍縣裁訓導一員，汰冗員以裕國課也。下部覆，從之。

《國榷》卷八四　辛酉，上不豫，免朝。

《光宗實録》卷六　壬戌，命給户部專理遼東新餉關防。

《國榷》卷八四　癸亥，命前禮部左侍郎何宗彦、禮部右侍郎劉一燝、韓爌並進禮部尚書兼東閣大學士，直文淵閣。

甲子，命建瑞王、惠王、桂王府第。

遣卹刑官分往京省。

孫如游爲禮部尚書，衛一鳳爲南京兵部尚書。

《光宗實録》卷六　乙丑，起用原任大學士葉向高于家。以南京禮部尚書朱國祚爲大學士，入閣辦事。

陞禮部左侍郎孫如游爲禮部尚書兼翰林院學士。

陞湖廣左布政陳德元爲都察院右副都御史，巡撫廣西。陞光禄寺卿張我續爲都察院右副都御史，巡撫河南，提督軍務。

丙寅，諭免永順、宣、大、山西等處逋稅。

《國榷》卷八四　工部左侍郎王永光請暫停浙直織造三運。上命續解，巡按浙江御史彭鯤化請緩之，不許。

戊辰，颶風壞登、萊漕船百餘艘，溺米三萬九千餘石。

庚午，雲南巡撫沈儆炌上言：雲南貢金，隆慶前額止二千，隆慶四年命增之，以撫按之奏而止。萬曆十年增千金。亦以守臣之言而止。惟皇上立沛德音，盡行蠲免，或解原額二千以救危疆。從之。

諭刑部釋輕繫。

辛未，户部請增山東司郎中一，專理新餉。命補主事楊嗣昌。

諭選侍李氏封皇貴妃。

刑部奏熱審矜疑，改戍七十六人，恩赦五百四十一人。

奪西陽土官冉躍龍新銜，命即發兵援遼。前躍龍以四千人援遼，至夷陵，以疾還，四川巡撫饒景暉劾之。兵部尚書黃嘉善以冉天胤、雷安民先後出關兵三千六百人，其子師行不擾，難掩其功，第兵數多逃，宜追奪躍龍指揮僉事，仍勒限補發赴遼。上從之。

甲戌，太子太保、禮部尚書、文淵閣大學士方從哲進少保、户部尚書兼武英殿大學士，賜金百，坐蟒衣一。從哲疏辭，未下，上大漸。有内臣以鴻臚寺丞李可灼進藥思善門。已，召英國公張惟賢，輔臣方從哲、劉一燝、韓爌，尚書周嘉謨、李汝華、孫如游、黃嘉善、黃克纘，左都御史張問達，給事中范濟世、楊漣，御史顧慥，問安訖，上語多氣逆，諭册立選侍等事，諸臣以東宫對。上因顧皇長子，命從哲等輔導爲堯舜之君。又語及壽宫，從哲等以先帝山陵對。上自指曰：「是朕壽宫。」從哲等俱曰：「聖壽無疆，何慮爲。」上趣之。因問鴻臚官藥安在，從哲云未宜輕進，不聽。諸臣退，可灼至，診視，具言狀。上悦，命進藥。從哲復出，與御醫議之，未決。劉一燝曰：「吾鄉兩人用此藥，其一即愈。」孫如游難之，諸臣方相視囁嚅，隨呼乳媪至，趣和藥，諸臣同入。上服訖，喜曰：「忠臣忠臣。」諸臣出宫門，少頃，聞聖意暢適思食，各懽躍而退。可灼及御醫留宫門，未刻，可灼出。輔臣問之，云上恐藥力少，欲再進。諸臣言不宜驟，而趣之急，因再進。諸臣問之，云平善如初。

九月乙亥朔，卯刻，上崩于乾清宫。方召廷臣，急趨候，不及待矣。

文武諸臣入臨乾清宫，請見皇長子。未出，兵科都給事中楊漣排闥入，内臣呵之，漣厲聲曰：「宫車晏駕，正臣子入臨之會，誰敢廷辱天子從官者。」手披之。良久，皇長子出。大學士劉一燝、英國公張惟賢左右之，吏部尚書周嘉謨請御文華殿，擁至文華殿，叩慰畢，請登位。俟禮部儀注上，司禮監太監盧受已老，王安亦先帝青宫舊閹，居中柄事，諸臣議上暫駐慈慶宫，大臣自英公以下，日二人儤直。

《明通鑑》卷七六　丙子，廷臣合疏請選侍李氏移宫。

時選侍圖專大權，欲與皇長子同居，諸大臣慮皇長子無嫡母、生母，勢孤甚，亦欲託之選侍。給事中楊漣抗聲曰：「天子豈可託婦人！且選侍昨于先帝召對廷臣時，强皇長子入，復推之出，是豈可託幼主者！」

先是，皇長子還居慈慶宫，而選侍仍居乾清宫。閣臣劉一燝奏言：「今乾清宫未浄，殿下請暫居此。」尚書周嘉謨曰：「今日殿下之身，是社稷神人託重之身，不可輕易即詣乾清宫哭臨。」並請皇長子俟諸臣到乃發。漣語中官王安曰：「外事緩急在諸大臣，調護聖躬在諸内臣，責有攸歸。」安等踴躍稱諾。于是嘉謨等合疏請選侍移居噦鸞宮。

御史左光斗上言：「內廷之有乾清宮，猶外廷之有皇極殿也。惟皇上御天居之，惟皇后配天得共居之。其餘嬪妃，雖以次進御，遇有大故，即當移置別殿，非但避嫌，亦以別尊卑也。今大行皇上賓天，選侍既非嫡母，又非生母，儼然居正宮；而殿下乃居慈慶，不得守几筵，行大禮；名分倒置，臣竊惑之。且殿下春秋十六齡矣，內輔以忠直老成，外輔以公孤卿貳，何慮乏人，尚須乳哺而襁負之哉！倘及今不早斷，借撫養之名，行專制之實，武后之禍將見于今。」選侍得光斗疏，大怒，將加嚴譴，數使宣召光斗，光斗曰：「我天子法官也，非天子召不赴。若輩何爲者！」選侍益怒，邀皇長子議之。皇長子深以光斗言爲善，趣擇日移宮。而首輔方從哲，徘徊其間，顧欲緩之，劉一燝曰：「本朝故事，仁聖，嫡母也，移慈慶；慈聖，生母也，移慈寧。今何日，可姑緩耶！」議遂定。

《國榷》卷八四　丁丑，御史王安舜言李可灼紅鉛之罪及謬薦輕賞者，命奪歲俸。

戊寅，頒遺詔命皇長子嗣皇帝位。上在位一月，壽三十九歲。

明熹宗部（起公元一六二〇年，迄公元一六二七年）

《明史》卷二二《熹宗紀》　熹宗達天闡道敦孝篤友章文襄武靖穆莊勤悊皇帝，諱由校，光宗長子也。母選侍王氏。

泰昌元年（庚申、一六二〇）

《國榷》卷八四　〔九月〕庚辰，上即皇帝位于皇極殿。詔以明年爲天啓元年，大赦天下。

《明通鑑》卷七六　甲申，上皇祖大行皇帝尊謚曰顯皇帝，廟號神宗。丁亥，上皇祖妣孝端皇太后、孝靖皇太后尊謚，頒詔天下。

《國榷》卷八四　禮部上言：帝統必不可遺，世系必不容紊。先帝升遐之日，猶存萬曆庚申之年，而明歲改元之期，即爲天啓辛酉之始，似乎萬曆之後，天啓繼之，而泰昌年號虛而無實矣。然神宗之統，則傳之先帝也，皇上之統，則受之先帝也。上尊謚則有廟號，修實録則有徽稱，倘非繫以泰昌，則繼萬曆而開天啓者，屬之誰乎。會議與臣部符合者十居八九，伏乞聖斷，敕天下自八月始至十二月終俱爲泰昌元年。從之。

《明通鑑》卷七六　辛卯，逮遼東總兵官李如柏。如柏起自廢籍，中情恇怯，惟左次避敵而已。去年以鐵嶺之敗，如柏奉楊鎬檄還，大清哨兵二十人見之，登山鳴螺，作追擊狀，如柏軍大驚奔走，相蹴死者千餘人。言官交章論劾，給事中李奇珍連疏争尤力，神宗終念李氏，詔還聽勘，而言者不已。至是入都，下獄，遂自裁。

《熹宗實録》卷一　命造督運軍餉糧併督運馬草各關防。

《明通鑑》卷七六　甲午，賜太監魏進忠世廕，封乳母客氏爲奉聖夫人。

《熹宗實録》卷一　丙申，以總督河道侍郎王佐爲工部尚書。

《明通鑑》卷七六　戊戌，御史賈繼春揭内閣，請安選侍。是時選侍移宫雖迫，而上侍養甚備，會宫奴劉朝、田詔等于移宫時盜内府祕藏，過乾清門仆，金寶墜地，上怒，下法司按治。

《熹宗實録》卷一　收用浄身男子三千名。

庚子，發帑金五十萬，以濟陵工。

辛丑，兵部尚書黄嘉善以病免。

《明通鑑》卷七六　傳諭内閣：「朕幼沖時，選侍氣淩聖母，成疾崩逝，使朕抱終天之恨。皇考病篤，選侍威挾朕躬，要封皇后。朕暫居慈慶，復遣李進忠、劉遜等，命每日章奏先奏選侍，方與朕覽。朕今奉養選侍于噦鸞宫，仰遵皇考遺愛，無不體悉。其田詔等盜庫首犯，事干憲典，原非株連，可傳示遵行。」輔臣方從哲讀諭驚愕，具揭封進，言「皇上既仰體先帝遺愛，不宜暴其過恶，傳之外廷」。上不允。

十月丙午，葬神宗顯皇帝、孝端顯皇后于定陵，孝靖皇后遷祔焉。

《國榷》卷八四　丁未，袁應泰爲兵部右侍郎兼右僉都御史，經略遼東。

《熹宗實録》卷二　己酉，户部奏：遼東新餉自萬曆四十六年閏四月起至泰昌元年九月止，共發過一千五十一萬五千七百二十三兩有奇。

癸丑，陞山東遼海道右參政薛國用爲都察院右僉都御史，巡撫遼東。

丁巳，欽賞九邊軍士銀，每名二兩，薊、遼、昌、易四鎮賞銀八十六萬六千二百四十四兩，宣、大、山西三鎮賞銀四十二萬八千四十四兩，延綏、寧夏二鎮賞銀一十五萬五千六百八十四兩，固原、甘肅二鎮賞銀二十七萬二千七百四十六兩。

辛酉，上始御文華殿講讀。

命造專理新餉銀庫關防。

甲子，蠲雲南貢金二千兩。

丙寅，命禮部尚書孫如游以原官兼東閣大學士入閣辦事。以宣大總督兵部左侍郎崔景榮爲兵部尚書。

丁卯，改刑部左侍郎陳道亨爲工部左侍郎兼都察院右僉都御史，總理河道。陞山東布政使司右參政孫好古爲本省按察使，川東道。陞四川布政使司右參政李右諫爲湖廣按察使，湖北道。

《明通鑑》卷七六　噦鸞宫災。

《熹宗實録》卷二　壬申，命御史李凌雲巡按順天。

癸酉，發内帑一百八十萬犒邊。

《明通鑑》卷七六　十一月丙子，追謚皇妣孝元貞皇后，生母孝和皇太后。

《熹宗實録》卷三　丁丑，撤回天津採取銀魚内官徐貴。

丙戌，淮、揚、浙江共募水兵六千六百餘名，令叅將管大藩統領赴遼，撫按各疏以聞。

戊子，神機三營選鋒三千員名，赴古北石塘路地方防守。時值隆寒，總督戎政泰寧侯陳良弼等援例請給胖襖、鞵襪。兵部覆請，許之。

癸巳，國初種馬課駒原無寄駟，正統十四年始于孳牧内歲取借用馬二萬匹，寄養北直隸、河南、山東等處，歲取備用，大約定解七分，分春秋二運。其後或本色，或折色，增減分數節年不等，至是寖失其額。兵部覆：寄駟二萬爲額，冏寺原有定例，前因民力尚艱，以缺額四分三釐先俵本色三分餘，恐東事未寧，正俟量時酌量。兹春防在邇，各營戰守馬匹不得不爲預備，合將本年應俵未解馬一分三釐，除永年府屬馬價不敷，照議免派外，其直隸、河南、山東等處通限年終解俵，同前運三分，務是原額，以備調發不時之需。從之。

丙申，命造專理海運淮糧關防。命造定陵祠祭署印。

專督遼餉户部侍郎李長庚、巡撫江西洪佐聖各以病求罷，俱不允。未幾佐聖輿疾徑去，以沿途候命請詔，查無記故，姑准回籍調理。

《熹宗實録》卷四　十二月甲辰朔，添設鳳陽府通判，命鑄關防曰鳳陽府捕盜收鈔兼壽州衛屯糧通判。

《國榷》卷八四　丙午，諭選婚。

《熹宗實録》卷四　辛酉，大學士方從哲屢疏乞休，上俱慰留，至是疏六上，始報允。

癸亥，陞應天巡撫胡應台爲兵部右侍郎兼都察院右僉都御史，總督兩廣。陞太僕寺添註少卿商周祚爲都察院右僉都御史，巡撫福建。起原任宣府巡撫都察院右僉都御史董可威巡撫大同。

乙丑，工部遵旨，題給針工局年例冬衣計兩京中使長隨共九千一百一十五員名，折冬衣八萬一千五百九十四兩。

己巳，兵部郎中賀萬祚解欽賞銀五十萬八千八百二十八兩至遼，經督撫按約同鎮道率主客官兵奏謝。報聞。

天啓元年（辛酉、一六二一）

《熹宗實録》卷五　正月丁丑，遣御史袁化中巡按宣大。

《明通鑑》卷七七　己卯，復發帑金五十萬充邊餉。

《熹宗實録》卷五　壬午，延綏巡撫董國光以病告，部覆許之。

《明通鑑》卷七七　甲申，御文華殿講讀。

時輔臣劉一燝、韓爌等，以上爲皇孫，未嘗出閣講學，並請以後經筵日講，宜悉循舊例。從之。

《熹宗實録》卷五　丙戌，内帑發解賞邊銀薊、遼、昌、易八十八萬四千九百六兩，宣、大、山西四十二萬九千四百三十八兩，延綏、寧夏一十五萬五千六百八十四兩，固原、甘肅二十七萬二千七百四十六兩。

壬辰，發馬價銀七千五百兩於薊鎮，以督撫疏稱山海、永平等處騎兵乏馬故也。

經略袁應泰議：摘調各鎮家丁一萬名赴遼應用，以備戰守。省畿輔募兵與彭象乾士兵一萬八千之數。部覆如議調發，從之。

《明通鑑》卷七七　追謚伍文定等七十二人。

《熹宗實録》卷五　癸巳，陞太僕寺少卿王象恒、大理寺寺丞房壯麗、陝西左布政使張之厚俱右僉都御史，象恒巡撫應天，壯麗巡撫江西，之厚巡撫延綏。

《明通鑑》卷七七　丁酉，上行冠禮。

《熹宗實録》卷五　戊戌，命禮部增收净身男子二百名，其未完西北二城仍照舊會同該監揀選。

辛丑，發帑金五十萬以襄陵工。

《明通鑑》卷七七　壬寅，詔：「給奉聖夫人客氏田二十頃爲護墳香火貲。」又詔：「魏進忠侍衛有功，待陵工告竣，並行敍録。」

二月癸卯朔，給事中毛士龍復疏論三案，言「諸臣如孫慎行、陸夢龍、陸大受、何士晉、馬德禮、王之宷、楊漣等，有功社稷，而或掛神武之冠，或墮九原之淚，是功罪之反也。」上是其言。

甲辰，復當朝面奏及召對故事，從言官之請也。

《熹宗實録》卷六　乙巳，復原任太子太保工部尚書楊兆官，從吏部請也。兆身後以網利被訐蒙褫，至是乃復。

丙午，陞把總李維業都司職銜，統兵援遼。

丁未，工部尚書王佐以内監派辦川漆、雲母石等料重疊縻費，乞賜裁省。上不許。

發盔甲器械物料於遼陽。仍命遼東軍需以後俱於新餉司支給。

工部奏稱供應紅白器皿係吉凶大典急需，續會原數二萬二千五百餘件，但今部帑磬懸，經費務從裁省，宜減半造辦，該一萬一千二百八十八副件，仍照例南北均造。報可。

戊申，以署都督僉事李秉誠爲征夷營總兵。

庚戌，撥給親郡王應用浄身男子二千六百九十名。

《國榷》卷八四　辛亥，御史方震孺請省議論。一國本一案，次則門户之説，東林之中，原多依草附木，然不當因不肖以及賢，如清冽之葉茂才、朱世守，經濟之董應舉、趙南星，勁挺之魏雲中、馬孟禎，浄潔之高攀龍、劉策，練達之李邦華，苦節之鮑應鰲、劉宗周，有何罪而錮之終身耶。又其次則移宮之事，公道不彰，羣疑愈熾，同官馬逢皋所以請會議也，楊漣之去就，實繫聖躬，乞早賜召對，以釋羣疑。上許之。

《熹宗實録》卷六　辛酉，起陞原任吏部文選司主事王伉爲福建按察司僉事，管屯田水利。

改河南按察司副使岳駿聲於山東，管淮安漕運。

壬戌，頒泰昌錢式。

癸亥，補考選御史楊新期河南道，魏光緒雲南道。又補崔呈秀河南道。部覆：科臣王繼曾疏趙邦清，姑俟酌議。另用張國儒，仍赴遼監軍。從之。

甲子，補考選御史李應薦廣西道。

乙丑，鑄遼東監軍關防給監軍道牛維曜。

發馬價二萬二千四百兩於寧鎮。

辛未，兵部發新募訓練浙直官兵二千五百七十三名，以守備黄調焕、徐璉統之，赴遼東防勦。

《熹宗實録》卷七　閏二月癸酉朔，南京吏部尚書沈應文具疏乞休。許之，仍以覃慶給與恩典。

乙亥，命御史左光斗提督北直隸學政，御史彭宗孟巡視京營。

命鑄遼東監軍關防給監軍道張應徵。

《國榷》卷八四　丙子，刑部會訊楊鎬、李如楨，論死。

《熹宗實録》卷七　丁丑，發冏寺馬價銀一萬八千三百六十四兩於延鎮。

庚辰，命南京諸司預建黄册庫房，慎重圖籍。

癸未，命太僕寺支草料銀二萬兩，備遼鎮功賞。

丙戌，封外戚郭振明爲博平伯，王天瑞爲永寧伯，王昇爲新城伯，各食禄一千石。

《明通鑑》卷七七　丁亥，輔臣孫如游罷。

《熹宗實録》卷七　補考選御史周邦基河南道，賈三策貴州道。

己丑，遣御史田珍巡按宣大，因袁化中以艱歸。

甲午，起原任兵部尚書掌都察院左都御史事孫瑋爲南京吏部尚書。原任兵部右侍郎魏養蒙爲南京户部右侍郎兼右僉都御史，總督糧儲。命太僕寺發解馬價銀三萬兩充遼東撫賞。

丙申，赦建文時兵部尚書齊泰戚屬後裔之在戍所者駱應鵬等三十八家，除其戍籍，仍查黄子澄戚屬，一體豁戍，從御史田生金之請也。

己亥，復四川保縣儒學，鑄給儒學印，移灌縣學官一員掌之。

辛丑，以署都督僉事楊茂春、白慎修、張國柱、何斌臣俱充總兵官，茂春鎮守薊州、永平，慎修鎮守居庸、昌平，國柱鎮守大同，斌臣鎮守浙江。又陞副總兵魏世德、薛永壽署都督僉事，充總兵官，世德鎮守寧夏，永壽鎮守甘肅。

《國榷》卷八四　上責賈繼春以違忤逼逐，輕污朕躬，捏造李選侍雉經、皇八妹入井之罪。輔臣申救，命削籍。

《熹宗實録》卷七　壬寅，加陞協守西路副總兵賓承武實授總兵，照舊管事。

陞副總兵賀世賢爲征夷總兵。

《熹宗實録》卷八　三月甲辰，杭州大火，一日夜始熄，延燒六千一百餘家，男婦死者三十五人。

戊辰，發太僕寺銀三萬兩，爲遼陽買馬之需。

陞副總兵孫顯視署都督僉事充總兵官，鎮守山海。以都督僉事滕國相、文應奎俱仍原官，充總兵官，國相鎮守保定，應奎鎮守山西。

《明通鑑》卷七七　壬子，大清兵入渾河。

甲寅，圍瀋陽。

《熹宗實録》卷八　丙辰，以薊、昌援丁乏騎，命太僕寺調發各州縣寄養馬匹一千三百一十八匹，分給兩鎮。

發冏寺馬價銀二萬七千八百七十五兩于遼鎮。

《明通鑑》卷七七　庚申，大清兵乘勝長驅，規取遼陽。經略袁應泰，方撤奉集、威寧諸軍，并力守禦，開太子河，引水注濠，沿濠列火器，四面環守。是日，大清兵薄城，總兵李懷信等率兵五萬出城五里結營，應泰亦身督總兵侯世禄等出城迎戰。大清兵左右布陣，太宗文皇帝自引軍衝擊其營，懷信兵不支；復遇大清四旗兵至，夾攻之，遂大亂，奔潰。大兵追擊六十里。

時遼陽兵自西關出援，亦遇紅旗兵邀擊驅回，兵争入關，蹂藉死者甚衆。其夕，應泰宿營中，不入城。

辛酉，大清兵掘城西閘以洩濠水，分兵塞城東水口，擊敗諸將，總兵官梁仲善、朱萬良及援遼之總兵官楊宗業父子皆死之。大兵遂渡濠大呼而進，掩擊遼兵于東門外，遼步騎兵皆敗，望城奔竄，殺溺死者無算。應泰乃入城，與巡按御史張銓等分陴固守，諸監司高出、牛維曜、胡嘉棟及督餉郎中傅國並踰城遁，人心離沮。

《熹宗實録》卷八　吏部覆大同巡撫董可威回籍調理，許之。

壬戌，南京孝陵奉祀提督操江兼管巡江右軍都督府掌府事魏國公徐弘基以疾乞解任。許之，命加太子太保。

《明通鑑》卷七七　大清兵攻城急，應泰督諸軍列栅大戰，又敗。薄暮，譙樓火，大清兵自西門入，城中大亂，民家多啓扉張炬以待，或言城中降人實導之也。

丙寅，諭兵部曰：「國家文武並用。頃承平日久，視武弁不啻奴隸，致令豪傑解體。今邊疆多故，大風猛士，深軫朕懷。其令有司于山林草澤慎選將材以備邊用。」

丁卯，京師戒嚴。

《熹宗實録》卷八　戊辰，遣御史李九官巡按宣大。

己巳，兵部尚書崔景榮言：今遼左惟有河西一塊土耳。若不并力固守，何以遏其長驅。先遣總兵官王威、達奇勳、王國樑、郭增輝等各領南北兵馬應援，去今撫臣告急，合將昌鎮兵馬撫臣挑三千，選一材勇將官統領，星夜援遼。山海關内外城堡晝夜嚴守，不可頃刻懈怠。薊、昌徵調空虚，兵力單弱，今行宣府巡撫總兵領兵六萬移駐昌平陽和軍門，及大同總兵領兵七萬移駐宣府，山西巡撫總兵領兵五萬移駐陽和，山東巡撫領兵四萬移駐境上，河南巡撫領兵四萬，移駐磁州。其延綏、寧夏、固原撫鎮亦整兵秣馬，以聽再調。得旨，如所請。

陞山西左布政使高第爲都察院右僉都御史，巡撫大同。

庚午，上俞兵部請發帑金一百萬，以佐急需。

《熹宗實録》卷九　四月壬申朔，兵部言：營軍虚冒，急須簡練，協理應增一人，大理寺少卿楊東明舊爲科臣，巡視京營，吏部宜加以相應職銜，在營練兵。京城延袤四十里，十一萬兵尚覺其少，今宜廣招壯士，多多益善。在京即責成總協巡視會同簡練科道招募，上等者月糧二石，次等一石五斗，務得壯士，不拘定數。其在外招募聞科道官有願往者，容臣會同都察院該科議定另題。得旨，依議行。

遼陽潰兵約三四萬桴河而渡，官兵拒之，輒援弓相向，聲言直奔山海。山海關主事莫在聲以聞。

癸酉，兵部奏請京營照五府事例，各設經歷一員，稽覈諸弊。從之。

甲戌，禁發抄軍機。

命總督文球暫攝經略事。

陞大理寺少卿李宗延都察院左僉都御史，協理京營戎政，添設管事。

《國榷》卷八四　丙子，以薛國用爲兵部右侍郎兼右僉都御史，經略遼東。王化貞爲右僉都御史，巡撫遼東。畢自嚴爲右僉都御史，駐天津。王國禎爲右僉都御史，駐通州。

《熹宗實録》卷九　丁丑，陞順天府府丞王國禎爲都察院右僉都御史，駐劄通州，督理糧儲，招兵練士。

《明通鑑》卷七七　戊寅，募兵于通州、天津、宣府、大同。

《熹宗實録》卷九　發太僕寺馬價銀八萬兩，分解宣、大、山西各督撫，給散援丁。

癸未，南京工部尚書丁賓以病乞休。許之。

甲申，支大工銀五萬兩，發解山海關，修築城壕。

命鑄經畧遼東等處關防，巡撫天津等處關防，巡撫通州等處關防。

乙酉，發盔甲、弓矢、器械、火藥等項于廣寧。

命鑄添設通州、薊州兵備各關防。

丙戌，兵部覆：工科給事中李春燁請以大工銀十萬兩修山海邊牆。許之。

廷試天下貢生，取上中卷有差歲貢四百一十一名，恩貢一千八十名。

己丑，倭船入福建彭湖地方，官兵擒斬賊首黄十二等于虎井嶼。撫臣王士昌具疏上聞。

辛卯，原任山海總兵劉渠爲援遼總兵。

癸巳，兵部題：蒙發帑銀一百萬兩，隨分發户、工二部各二十萬，臣部留用六十萬。此内即補還借解過太僕寺銀十萬，遼鎮招兵銀十萬，宣、大二鎮調兵銀共十萬，山西調兵銀二萬，延綏調兵銀五萬，山、陝、河南等處科道招兵銀共四萬，張懋忠通、津等處招兵銀四萬，萬邦孚宣、大等處招兵銀二萬，傅宗龍招兵銀五千，三大營科道練兵銀今議一萬二千，薊鎮調兵銀五萬，真保調兵銀三萬，張應吾帶解銀五千。以上共用過五十七萬二千兩，僅存寄寺銀二萬八千兩。

《明通鑑》卷七七　甲午，募兵于陝西、河南、山西、浙江。

《熹宗實録》卷九　丁酉，命王象乾、涂宗濬俱以太子太保、兵部尚書原官起用，象乾提督九邊，宗濬提督陵京軍務，星馳受事。

《明通鑑》卷七七　戊戌，立皇后張氏。封后父國紀爲太康伯。

時大學士劉一燝及御史畢佐周、劉蘭，請遣客氏出外，上戀不忍捨，曰：「皇后幼，賴媪保護，俟皇考大葬後議之。」

又以大婚禮成，廕魏忠賢姪二人。忠賢，即進忠賜名也。給事中程沅、周之綱奏：「祖制非軍功不襲，國典不宜濫與。」不聽。

《熹宗實録》卷九　五月壬寅朔，巡撫遼東右僉都御史王化貞上言：遼、瀋既陷，河西洶洶，一無可恃，徒寄命于衣帶水，必須重兵纔堪防禦。乃廣寧存城之兵不滿千人，又半係創殘之餘，雖以大義激發，士人應者頗衆，所招殘兵亦餘萬人，然皆赤身徒手，馬匹械仗無處尋覓，其望援兵不啻眼穿。今河上防兵上千人，以守百五十里之長，處處堪渡，分派不周。臣非不知各鎮所在空虚，調發最苦，然自各鎮言之，或可以無遼，自國家言之，有遼與兼遼孰利，此不待詞之畢矣。伏乞敕下該部，將原議調取家丁及薊、昌、宣、大新調之數，勒限催赴。再就近兑發馬匹一萬，盔甲、鎗刀各一萬，以給新募鄉兵。庶遼人有所恃而不恐，奴酋有所憚而不來。得旨：守河急須重兵，所請兵馬器甲，著該部刻期督發，不得稽延。

甲辰，兵部三日一報，收過壯丁一百三十五名。

發寄養馬一千疋給關外督撫。

《國榷》卷八四　丙午，敕召熊廷弼曰：朕惟爾經略遼東一載，威懾夷酋，力保危城，後以播煽流言，科道官風聞糾論，敕下部議，聽令回籍，朕尋悔之。適遼陽淪陷，眷爾前功，爾當念皇祖環召之恩，今朕沖年，遘兹外患，勉爲朕出，籌畫安攘，其即日叱御前來，庶見君臣始終大義。

《明通鑑》卷七七　丁未，貴州紅苗賊平。巡撫張鶴鳴，論功遷兵部右侍郎，總督陝西三邊軍務。未幾，遂内召。

《國榷》卷八四　戊申，命内織染局下蘇杭織造。

兵部尚書崔景榮免，以王象乾代之。

《熹宗實録》卷一〇　兵部報：收過壯丁一百九十名。

辛亥，兵部報：收過壯丁三百二十名。

發帑銀十萬兩，解宣大差官買馬。

壬子，宣大總督董漢儒遣馬曠將兵三千入援，命移駐通州。

甲寅，禁訛言。

己未，發帑金十萬，給宣、大調兵。

《明通鑑》卷七七　辛酉，陝西都指揮陳愚直，以固原兵入援，敗于臨洺，寧夏援遼兵亦潰于三河。

《熹宗實録》卷一〇　癸亥，兵部發銀於廣寧前後扣留及解發共一百萬兩，爲撫賞粆巴之費。

丙寅，户部發山西主客餉銀五萬兩，薊、遼犒賞銀五萬兩，遼鎮餉銀十萬九千八百四十九兩，大同鎮餉銀七萬兩，寧夏鎮三萬兩，又撫臣王化貞請發虎酋加賞銀四千兩。

《國榷》卷八四　以御史馮三元、張修德，給事中魏應嘉排擠熊廷弼，降三級調外，姚宗文傾陷削籍。

《明通鑑》卷七七　戊辰，諭祭遼陽陣亡將吏。

《熹宗實録》卷一〇　己巳，命天下朝覲官員順帶軍器。

《熹宗實録》卷一一　六月癸酉，大學士何宗彦入閣辦事。

差中書舍人吴士弘解宣府馬價銀三萬兩。

甲戌，革遼東總兵李光榮職，聽勘，以援遼總兵劉渠代之。

乙亥，户部尚書李汝華九疏乞身，許之，命加太子太保，馳驛以歸。

差經歷徐天鼎等解銀二十四萬五千兩赴廣寧。

丙子，大學士朱國祚入閣辦事。

陞熊廷弼兵部尚書，兼都察院右副都御史，駐劄山海，經畧遼東等處軍務。

命涂宗濬仍以太子太保、兵部尚書協理京營戎政。

陞登州道按察使陶朗先都察院右僉都御史，巡撫登、萊等處地方。

薊遼總督文球屢以病請。許之。

戊寅，以兩闈恩貢數多，加順天府解額十五名，應天府五名，後不爲例。

己卯，開史館修神宗顯皇帝、光宗貞皇帝兩朝實録。

庚辰，差户科給事中朱欽相管太倉銀庫。

《明通鑑》卷七七　辛巳，以兵部尚書王象乾總督薊、遼軍務。崔景榮罷，起象乾代之，尋命督師援遼。

《熹宗實録》卷一一　癸未，順天巡撫李瑾報薊、昌二鎮發過出關家丁官軍二項，共一萬零一千二百二十八員名。

丙戌，改南京户部尚書汪應蛟爲户部尚書，改南京都察院右都御史何熊祥爲南京工部尚書。陞南京太常寺卿王之寀爲都察院右副都御史，巡撫寧夏。

乙未，賜都督同知張國紀房價銀一萬五千兩，莊田五百頃，錦衣衛千户王學段、黄彝房價三千兩，莊田一百頃。學等復援神祖昭妃、宣妃父例以請命，各加給二千兩。

戊戌，禮部尚書兼東閣大學士沈㴶至京陛見。

户部題：發宣府鎮年例銀五萬三千一百五十六兩，又延綏鎮五萬兩。

《熹宗實録》卷一二　七月壬寅，巡視光禄户科給事中阮大鋮等題：查户工二部積欠寺銀，户部兩年欠該寺銀二萬一百三兩，工部六年共欠該寺銀二萬四千餘兩，典禮隆重，供應殷繁，雖當烽火在郊，豈能缺二簋之享。乞勅二部將積欠銀兩速行解發，下所司補給。

《明通鑑》卷七七　增設各路監軍道，從熊廷弼議也。

《熹宗實録》卷一二　乙巳，命簡選京營兵五千名，馬六千匹，及將官薛來胤等隨經畧熊廷弼出關。各兵於月糧外加給行糧，照援兵例，從廷弼請也。仍命俟援兵集後撤回，以實禁旅。

大學士沈㴶入閣辦事。

添設松江等處巡海兵備道一員，專治沿海衛所營哨。

丙午，添設西平堡監軍道，督河上之師。盤山驛監軍道，督防黄泥窪之師。

《國榷》卷八四　辛亥，命降司禮太監王安爲浄軍，發南海子，復禁私通往來。

《明通鑑》卷七七　壬子，以軍興，免織造三之一。

《熹宗實録》卷一二　丁巳，起原總督漕運户部侍郎陳薦南京刑部尚書，陞南京户部侍郎魏養蒙南京户部尚書。

己未，留登州班軍八百四十名于登防哨，俟遼平仍赴京操。

乙丑，兵部覆：御史張慎言、太僕寺卿丁懋遜疏言太僕俵馬原供京營騎操，非各邊所得擅用。年來夷氛未靖，各鎮調援始借兑，繼扣留，以致寄養無種，冏寺全無。臺臣憂先根本，欲扣本年馬價，差官買補。臣惟遼事未寧，竭天下物力皆爲遼用而不足，豈遼有餘金補還前件者哉。除遼撫三次兑馬七千匹俟事平議補，山東巡撫留俵解馬四百匹議于次年陪還外，給薊道一千一百匹，昌平道一百十八匹，承平道三千匹，密雲道一百九十二匹，署天津道二百三十一匹，應炤馬數扣留差官領價于宣、大、甘肅等處急市馬匹，以實營操。從之。

兵部右侍郎張經世奏：查報出關官兵三萬九千三百一十九員名，召將殘兵二萬九千四百餘名，召募鄉兵一萬六千一百餘名，共八萬四千八百餘員名，其河西額設兵及留守山海官兵在外。

《國榷》卷八四　丁丑，禮部左侍郎鄭以偉上言：光宗貞皇帝、孝元貞皇后山陵將畢，祔廟有期，當定祧遷之制。禮部會議，憲宗當祧。太常卿洪文衡揭，睿宗以藩入宜祧。禮臣議，凡祫以近屬遠，祧從遠超近，禮也。入當原其始，而祧當稽其序，是入一法，祧一法也。太常云睿宗非繼體之君，不宜躋武宗，是議改，非議祧也。臣謂不在入廟而在稱宗稱考，不在稱考而在承大統，既承大統矣，可不考睿宗乎。既考矣，可不宗乎。既宗矣，可不廟乎。既入矣，可逆祧乎。祖訓，親王便殿敍家人禮，來朝天子以祖宗所執大圭見之，藩禮則然。若既稱宗，則均貴矣，勢不得復以大圭臨之。故曰在稱宗不在入廟。今制祝文稱玄孫嗣皇帝，嘉靖間祝文，于睿宗曰皇考，于武宗曰皇兄，不得不然。然則《春秋》譏躋僖非歟。曰，僖乃閔之庶兄，而閔先承統，均諸侯也，而同出于莊公，兄弟不得相君臣，穀梁謂以親親而言尊尊之故非之也。睿，武既均貴，而武出于孝，睿出于憲，視閔，僖不同，況閔、僖之躋，或同一廟，而今制萬曆間圖，睿宗在世宗上爲昭，孝宗、武宗、穆宗爲穆，宋人所謂以東西爲昭穆，而非以昭穆爲尊卑，亦未始有躋之之嫌矣。故曰在稱考不在稱宗。自正德遺詔有繼統之語，又有兄終弟及之文，實遵祖制。斯詔一出，孝宗則有子，世宗非繼後，天下無無父之子，不考睿宗而考誰乎。故曰在承統不在稱考。肅皇帝不忍以天下易其考，遂剏千古不經見之典，宣宗當祧，先臣陸樹德亦疏請先祧睿宗，天下非不韙之，乃累朝終順祧而不改，亦不忍奪肅皇帝之不忍以成一順，不獨本于情，亦限于敍耳。推太常之意，祧而奉之玉芝宮，蓋以袷可合食也，四時可共享也，則祧與不祧等，豈非忠孝之極思哉。然苟可袷也，何必先祧，祧子而後父，于迹非順，于序未妥。于是遂祧憲宗。

《熹宗實録》卷一二　陞操江都御史孟養浩南京户部右侍郎兼右僉都御史，總督糧儲。

戊寅，加駙馬萬煒太子太保，自以例請也。

壬午，以帑銀十萬兩付宣大市馬，解赴廣寧。

《熹宗實録》卷十三　八月庚午朔，命蘇、松四府武舉，是科倍取五十名。先是，戊午歲以乏按臣廷試，至是巡按御史馮英請補前額。許之。

壬申，命申飭陝西四鎮秋防。差貴州道御史羅汝元巡按雲南。

《明通鑑》卷七七　丙子，擢參將毛文龍爲副總兵官，駐師鎮江城。

戊子，杭州復火，延燒萬餘家，詔停織造。

《熹宗實録》卷一三　癸巳，以御曆初年暫免刑行。

甲午，貴州巡撫李橒引疾罷。

乙未，陝西總督李起元、甘肅巡撫徐養量各疏言：鎮兵屢調空虛，諸虜伺隙蠢動，乞量免抽調，仍補給月餉。兵部覆議：除原調兵一千二百名照數速發外，以後俱免抽調，若聞警馳發，自是督撫職分。其宣大順義王、延鎮吉囊等部落加意撫賞，無開邊隙。要以督撫多方静鎮于西虜，而後臣部得一意決計于東夷。得旨依議行。

差經歷吴懋法解新餉二十萬兩遼撫支用。

丁酉，工部製完泰昌通寶錢二百萬文，命内府司鑰庫收貯，另將五十萬發山陵給賞工匠員役。

《明通鑑》卷七七　九月壬寅，葬貞皇帝于慶陵，孝元貞皇后、孝和皇后並祔焉。

《熹宗實録》卷一四　丁未，通州巡撫王國禎以近畿重鎮議添設標下兵馬馬兵二千名，步兵一千名，兼議設總兵及安家操賞諸費。兵部尚書張鶴鳴覆言：撫臣新設，事屬創始，標下兵不容不議。惟是通州以地言，止宜守不宜戰。以守言，止宜步不宜馬。近招募延綏馬兵二千，本地步兵八千矣，就中簡馬兵一千，步兵二千，爲親兵，令中軍統領操練，以備緩急，仍設標左右兩營，遊擊各一員，每營操練三千五百名，不必另設總兵也。冏寺寄養爲匹原備京營騎操，通撫前募馬兵二千，亦足供標下之用矣。本地募兵與援兵遠募不同，安家行糧既議定，姑照前議，至錢糧、盔甲、器械、營房聽户、工二部酌議，其操賞初起一年姑於新餉銀内動支三千兩，自後於各兵曠缺銀内酌用。從之。

《明通鑑》卷七七　乙卯，四川永寧宣撫司奢崇明反。

丙寅，陷遵義府。府中道臣、參將皆以督兵援遼赴重慶，城中守備空虚，通判袁任，先期棄城遁，遂陷焉。

丁卯，陷興文。

《熹宗實録》卷一四　乙丑，協理戎政兵部尚書涂宗濬卒。命刑部尚書黄克纘暫攝戎政。

丙字庫尚衣監太監高洪以兼直婚喪典禮，應用絲料數多，乞下工部查例買辦，串五細絲八萬七千斤，黄白長荒絲六萬五千斤，併加添典禮軍需應用串五細絲、黄白長荒絲各三萬斤，以備不時支用。部科查參言，須知内款開該監細、荒二絲，四年一買，所買不過二萬五千斤，間或遇缺召買，大略歲不過五千兩，查萬曆三十五年絲價十萬餘兩，分三次辦送，計十萬，合供二十年之用，須五年後方可題辦，今遇婚喪大典姑將該庫所題量辦四分之一以濟急需，其加添絲料仍於前數内支用，每年總不過五千，不必又别立名色，爲日後援比口實。奉旨：仍著照數召買，分運解進，不得議減。

《明通鑑》卷七七　是月，遣客氏出宫。

時大葬畢，閣臣劉一燝等請遵前詔，不得已始遣之。然思念流涕，至日旰不御食，已，宣諭復入。

十月戊辰朔，御史吴江、周宗建抗疏論客氏，言：「天子成言，有同兒戲；法宫禁地，僅類民家。聖朝舉動有乖，内外防閑盡廢。此輩一叨隆恩，便思踰分，狎溺無紀，漸成驕恣，衅孽日萌，後患難杜。王聖、朱娥、陸令萱之覆轍，可爲殷鑒。」忤旨，切責。

己巳，擢太常少卿王三善爲右僉都御史，巡撫貴州，代李橒也；兼督湖廣、川東軍務，討奢崇明。

《熹宗實録》卷一五　庚午，降吏科給事中倪思輝、朱欽相三級調外任。思輝疏言客氏一保姆耳，皇上黨一時眷戀不能釋，則歲時伏臘遣一二中貴問遺存慰，亦無不可，而憶泣何爲者。臣願皇上孺慕一念用之于慶陵，勿用之于客氏，以啓外庭猜疑之端，開近習干預之漸。欽相言欲净奴氛，先除女戎。凡中國與君子陽也，故君子登庸，中國之盛因之；夷狄婦寺陰也，故婦寺進用，夷狄之禍因之。自逆奴披猖，政賴陽明之氣，剋其幽陰。乃有處分客氏一事，客氏已出矣，又召之入。將來倏而入，又倏而出，其出也翕弄威權以惶怖其里閭，其入也傳煽流言以熒惑聖聽，因而濁亂宮闈，因而干預朝政，因而援引邪險，傾害善良，陰氣殺運，相爲感召。皇上憂東奴而忘目前之女戎，所謂明不能見目睫也。上切責思輝、欽相，逞臆姑妄，欺朕幼冲，本當重處，姑從輕俱降三級，調外任用。

大學士劉一燝等疏救，不納。御史王心一亦疏救，内言：漢袁盎卻慎夫人坐，文帝容之，今欽相、思輝論客氏，尚不如漢臣犯妃匹之嫌，有卻坐之戆。且明旨謂内廷與外廷何與，此李勣所謂陛下家事，何必更問外人，流禍唐室者也。得旨：屢諭不許瀆擾，王心一如何又來激聒，且本内引用前代故事謬悖不倫，本當重處，始從輕降三級，調外任用。

改兵部署部事尚書張鶴鳴爲本部尚書。

陞南京兵部侍郎饒景暉兵部左侍郎，協理京營戎政。陞太常寺少卿王三善右僉都御史，巡撫貴州兼督湖南、川東等處軍務。

丙子，大學士史繼偕入閣辦事。

辛巳，留應天、常州、寧波派剩米草折銀及折黄蠟鹽鈔富户等八萬六千八百四十兩，南京應解北部銅料工食二萬二千四百一兩，俱付南京鑄錢。留荆州所屬加派銀九萬三千三百一十二兩，付荆州鑄錢。

《國榷》卷八四　甲申，閔洪學爲右僉都御史，巡撫雲南。

《熹宗實録》卷一五　乙酉，發京營軍士布花給遼左，其營軍盡給折色。

《明通鑑》卷七七　奢崇明圍成都，僞號大梁，設丞相以下官。時城中僅鎮遠營兵七百餘人，左布政使朱燮元將入覲，蜀王以亂，留治軍事。

《熹宗實録》卷一五　丁亥，加都司金冠遊擊將軍同守備保世寧等統領淮兵四千六百三十九員名，戰船一百三十八隻，出海援遼。

己丑，改楊愈懋四川總兵，薛來胤湖廣總兵，俱著星夜前去到任。復發帑金十五萬於工部製造盔甲、器械。

《明通鑑》卷七七　壬辰，葉向高還朝，入閣爲首輔。

《熹宗實録》卷一五　癸巳，上諭：大學士葉向高請發帑金五萬兩給賞川湖援遼兵將，仍令鼓舞約束，作速前行，到彼聽經撫官獎賞優叙。

發帑金二百萬爲東西兵餉之用，亦從向高之請也。因諭户、兵、工三部：内帑所發已多，全無實用，且兵餉分毫難省，而動稱無兵，有餉無兵，是何緣故？經撫各官不思覈餉，設法討賊，但苦告訴窮，推罪卸擔，甚孤朝廷委任之意。今後都著用心料理戰守事務，毋致踈虞，其道將等官但有推避退縮，三尺具存，必不輕貸。發出帑金還酌量緩急，撙節通融，不得仍前冒破，其所用之數仍先行奏聞，以後不得再行陳瀆。

《熹宗實録》卷一六　十一月甲辰，京營募新兵三千四百四十八名，總督戎政泰寧侯陳良弼請每兵賞銀一兩，隨營收操。除挑選三百十九名赴錦衣衛指揮萬邦孚收練外，以鎮撫陳煥章加坐營操練龍驤衛，三科武舉張承恩充新兵營中軍，仍會兑馬五百匹給軍騎操，歲增犒賞銀三百兩，坐營中軍千把總歲增軍伴銀三百九十六兩，俱以天啓元年六月十八日歸營爲始。從之。

命河南南陽等處毛兵一千一百餘名出關，其陝西募兵五千發薊鎮操練，候調出關。

丙午，遼東巡撫王化貞請發賞功銀三十萬，命户部于題留帑金内給發十五萬，餘令兵部湊給。

甲寅，差吏科給事中趙時用巡視京營。

戊午，河南募兵二千一百七十九人赴關。

《國榷》卷八四　丙寅，四川石砫女官秦良玉奏川兵大變，率衆討賊，上嘉之。

吏部尚書周嘉謨罷。

十二月戊辰朔，建虜窺廣寧，以兵屯海州。

《熹宗實録》卷一七　丁丑，陞巡撫河南右副都御史張我續兵部右侍郎兼都察院右僉都御史，提督四川、貴州軍務，兼制雲南、湖廣等處地方，駐劄順慶調度，鑄給關防，仍賜尚方劍便宜行事。命陝西巡撫移鎮漢中，鄖陽巡撫移鎮夷陵防守應援。仍令湖廣總兵薛來胤督率南還川兵繇巫峽趨忠、涪併力討賊。

己卯，御用監題造聖駕儀衛，計寶纛、龍旗併盔甲、刀槍等項，估物料不下數十萬金，工部乞照萬曆三年實數裁減。上許減三分，其七分辦送應用，不得延緩。

陞太僕寺少卿馮嘉會都察院右僉都御史巡撫河南，兼督軍務。

《明通鑑》卷七七　庚辰，援遼浙兵譁于玉田。

《熹宗實録》卷一七　辛巳，改太子太保、左都御史張問達吏部尚書。

復設岷州守備。

己丑，保定總兵滕國相、延綏總兵杜文煥、遼東遊擊安雲龍、熊錦俱革任回衛。

庚寅，命東寧伯焦夢熊、南京協同守備誠意伯劉藎臣南京提督操江兼管巡江。命都督許世臣鎮守薊、永、山海，蕭如薰掛印鎮守寧夏，白兆慶掛印鎮守延綏，魯欽鎮守保定，紀元憲掛印鎮守廣西，崔天賜鎮守廣東，劉國鏞陞署都督僉事鎮陝西，各總兵。

《國榷》卷八四　辛卯，川兵復安岳。

《明通鑑》卷七七　遣使宣諭熊廷弼、王化貞。

《熹宗實録》卷一七　甲午，差大理寺寺副梁旭押解山西鎮年例銀五萬兩，薊、密、永、昌銀八千六百六十六兩。

乙未，差中書舍人陳思忠押發宣鎮銀五萬兩。

天啓二年（壬戌、一六二二）

《國榷》卷八五　正月丁酉朔，藺賊數千人大噪而出，爲旱船，形如舟，高丈許，長五百尺，樓數重，標羽旂簞茀左右，板如平地，一人披髮仗劍居中，數百人各挾機弩，牛羊千，運石轂行之，旁翼兩雲樓，如左右廣，俯視城中，老穉皆哭。燮元曰：「此呂公車也，破之非礮石不可。」以巨木爲杆柱，置軸柱間，轉索運杆，千鈞之石，飛擊如彈丸，賊舟不得近。復募死士擊敗之。裨將劉養鯤言：「諸生范祖文陷賊中，遣孔之譚來言，賊將羅乾象欲歸正。」燮元即遣之譚復往，與乾象俱來，燮元與飲戍樓，酣寢達旦，乾象誓以死報，縋而出，後賊營纖悉畢知者，乾象之力也。又使牙將周斯盛詐降，質其來，預伏待之，崇明果至，甫懸一人上，守兵不知而噪，崇明走免，獲其從騎數人。崇明謀遁，乾象內變，四面火起，崇明父子拔營走，乾象來歸。成都圍凡百有二日而解，賊歸重慶。

《熹宗實録》卷一八　辛丑，命都督僉事郭欽以原官提督京城內外巡捕。

丁未，川、湖、雲、貴總督張我續請以延綏總兵杜文煥調至四川，同新任總兵楊愈懋協力討賊。從之。

《國榷》卷八五　戊午，廣寧兵潰。

《熹宗實録》卷一八　丁巳，建虜破西平堡。

庚申，工部奏稱，製造寶纛、龍旗、盔甲、刀槍等項以備護衛，雖奉旨減去三分，止辦七分，尚該銀一十四萬兩。今水衡告絀，遼費甚多，乞炤萬曆三年事例辦料送監修造。得旨：准再減二分，其五分上緊辦進。

壬戌，改刑部尚書黄克纘爲兵部尚書，協理京營戎政。

遼東監軍御史方震孺馳疏以平陽之潰聞，命兵部速議方畧。命發銀十萬兩解賑山東流移遼民。

癸亥，大學士葉向高等合詞言廣寧兵潰，勢已不支。督臣王象乾告急，兼請餉銀，近畿薊、昌諸鎮皆缺餉數月，軍士若乘此爲亂，更大可憂，乞允户部之請先發帑金百萬以濟然眉。上從之。

《明通鑑》卷七八　西平敗問至。尚書張鶴鳴內慙，且懼罪，自請視師，詔加太子太保，賜蟒玉及尚方劍。

鶴鳴憚行，逗留十七日，始抵山海關，至則無所籌畫，日下令捕間諜，及厚啗蒙古綽哈、宰桑諸部而已。

《國榷》卷八五　甲子，魏養蒙爲南京兵部尚書。

《明通鑑》卷七八　乙丑，京師戒嚴。

《國榷》卷八五　水西賊攻安順、安莊、永寧諸城。土司羅應魁僞順天王，沙國珍僞忠順王，何五僞成天王。

二月戊辰，監軍高出、胡嘉棟再逃，逮之。

辛未，命大學士何宗彦、朱國祚主會試。

兵部左侍郎王在晉請招遼東潰兵流民。從之。

吏部舉卓異布政洪翼聖等二十二人。

《明通鑑》卷七八　癸酉，貴州水西土目安邦彦反。

《熹宗實録》卷一九　丙子，命鑄南京户部督理錢法關防。

丁丑，命發帑銀三萬兩，著錦衣衛千户陳正論會同譚謙益速製戰車。

大同總兵張國柱以病去，即以本鎮協守新陞薊鎮總兵許世臣補之。

《明通鑑》卷七八　戊寅，免天下帶徵錢糧二年及北畿加派。

以孫承宗爲兵部尚書兼東閣大學士，預機務。

己卯，逮王化貞，削熊廷弼職，回籍聽勘。

《熹宗實録》卷一九　改倉場户部尚書王紀爲刑部尚書。

《國榷》卷八五　庚辰，諭加派以北直隸頻年煩纍，免之。有司團練鄉兵，遼民來歸内地，發穀賑濟，俾墾閒田，録其智勇。

丁亥，解經邦爲兵部右侍郎兼右僉都御史，經略遼東。

甲午，敕陽武侯薛濂奉命招集潰兵。王在晉上言：潰兵已過通州玉田，無可招，莫若令招真、保士兵各五千人。許之。

乙未，王永光爲户部尚書，總督倉場。陳薦爲南京户部尚書。

《明通鑑》卷七八　三月丁酉朔，大學士劉一燝罷。

《熹宗實録》卷二〇　〔戊戌〕，命户部發銀二千兩，著山海關監軍僉事袁崇焕募兵。

《明通鑑》卷七八　己亥，舉内操。

《熹宗實録》卷二〇　庚子，新陞遼東經略解經邦三疏力辭重任。上以經邦託詞避難，甚失臣誼，著革職爲民，永不叙用。

辛丑，工部進鑄成天啓制錢一百萬文。

壬寅，發帑金二十萬兩，付袁崇焕等調募。

《國榷》卷八五　癸卯，設科敗官兵于黑橋，結安邦彦、奢寅，遂欲犯曲靖，敗于元江。

甲辰，王在晉爲兵部尚書兼右副都御史，經略薊遼。

李長庚爲南京刑部尚書。

《熹宗實録》卷二〇　乙巳，發太僕寺銀二萬三千七百九十三兩零，爲延安添兵設將之用。

庚戌，遼東監軍巡按御史方震孺差滿，稱病請告。許之。

《國榷》卷八五　辛亥，策貢士三百五十人，賜文震孟等進士及第、出身有差。

《熹宗實録》卷二〇　乙卯，發新餉銀十萬兩解湖廣，從巡撫薛貞請也。

丁巳，以川貴並急，發帑金三十萬爲援剿兵餉之用。

《明通鑑》卷七八　敕湖廣、雲南、廣西官軍援貴州。

《熹宗實録》卷二〇　己未，工部尚書王佐引疾乞休。允之，仍予馳驛。

《國榷》卷八五　庚申，設科攻陸涼州，殺補鮓。

以孫承宗爲兵部尚書兼東閣大學士。

《熹宗實録》卷二〇　甲子，起陞宣府總兵江應詔署都督同知充總兵官，鎮守山海，經略遼東。

《國榷》卷八五　四月丙寅朔，川兵復新都。

己巳，登、萊巡撫陶朗先免。

辛未，姚思仁爲工部尚書。袁可立爲右僉都御史，巡撫登、萊。余茂衡爲右僉都御史，協理戎政。李邦華爲右僉都御史，巡撫天津。

《熹宗實録》卷二一　發年例銀二萬兩於寧夏。

乙亥，命工部尚書管右侍郎事姚思仁爲本部尚書。陞太常寺卿白瑜爲通政使司通政使，大理寺左少卿余懋衡爲都察院右僉都御史，協理京營戎政。

丁丑，貴州巡撫王三善以黔事危急，募兵需餉，乞將所屬湖南五府舊額京邊新餉二十四萬盡數與黔，以供軍儲。疏下部議，户部尚書汪應蛟題覆：請以一半解貴州，充目前募兵支費，一半仍舊解部，俟蜀平再行酌議。上從之。

《明通鑑》卷七八　己卯，禮部尚書孫慎行追論紅丸事，劾方從哲庇李可灼。

時議者一百十有餘人，紛紛俱罪從哲，獨刑部尚書黄克纘及給事中汪慶百等數人右之，希内廷意也。慎行復疏折之，且言克纘之謬。會王紀代克纘掌部事，復偕侍郎楊東明署議，言「不逮可灼，無以服天下；不逮崔文昇，無以服可灼；不削奪從哲官階禄蔭，無以洩天地神人之憤」。而光禄少卿高攀龍亦乞亟正文昇典刑，並劾戚畹鄭養性。

于是大學士韓爌，述進藥始末。尚書張問達等合奏，言：「慎行論可灼進紅丸事：可灼先見内閣，臣等初未知。及先帝召見乾清宫，輔臣與臣等俱慎重未敢決。及宣臣等入宫，先帝問可灼安在。可灼至，進紅丸，少頃復進一丸。先帝服藥微汗，身温熱就寢，臣等所共見聞。輔臣視先帝疾，急迫倉皇，『弑逆』二字何忍言！但可灼非醫官，且非知醫脈者，以藥嘗試先帝，龍馭即上升，非但從哲未能止，臣等亦未能止，均有罪焉。乃從哲反賚可灼，及御史王安舜有言，先止罰俸，繼令養疾，失之太輕，何以慰皇考，服中外！宜如從哲請，削其官階，爲法任咎。至可灼罪不容誅，而崔文昇當皇考哀感時，妄進大黄涼藥，罪又在可灼上，法皆宜顯戮以洩公憤。」議上，可灼遣戍，文昇放南京，而從哲置不問。

《國榷》卷八五　庚辰，熊廷弼、王化貞獄上，論死。

辛巳，董應舉爲太僕寺卿兼御史，屯田天津至山海關，安插遼民。

《熹宗實録》卷二一　癸未，户部題奏：天啓二年分薊州鎮該主兵銀二十三萬三千六百二十六兩一錢一釐九毫，除題發過帑銀一十六萬二千一百八十五兩外，今再發二萬五千兩。密雲鎮該主兵銀一十五萬一百四十二兩九錢七分二釐，除題發過帑銀八萬一千一百三十六兩外，今再發二萬五千兩。永平鎮該主兵銀一十四萬五千一十八兩三錢三分六釐，除題發過帑銀一十一萬一千四百四十六兩外，今再發一萬兩。昌平鎮該主兵銀八萬三千一十六兩四錢三分三釐九毫五絲四忽，除題發過帑銀二萬一百五十八兩外，今再發二萬兩。易州鎮該主兵銀一十四萬五百九十五兩六錢二分，除題發過帑銀二萬二百三十七兩外，今再發三萬兩。聽各鎮差官領運。上是之。

乙酉，改新陞河東鹽運使吳從誠于長蘆。

革天津總兵王學書任，以巡按御史張慎言糾其縮朒猾狡也。

丁亥，遣給事中許可徵巡視京營。

《國榷》卷八五　辛卯，設科攻霑益。

《明通鑑》卷七八　五月戊戌，復故大學士張居正原官。

己亥，詔恤方孝孺遺嗣，尋命予祭葬及謚。

《熹宗實録》卷二二　庚子，授原任都司僉書張士顯總兵職銜，另練户部招募新兵六千餘名。

壬寅，御史侯恂疏劾總兵許世臣，姑著回衛。

《明通鑑》卷七八　丙午，山東白蓮妖賊徐鴻儒反。

《熹宗實録》卷二二　丙辰，准告病御史王尊德回籍調理。

庚申，上以帑金有限，勑括各省見存庫銀如故。

《明通鑑》卷七八　癸亥，復重慶。

時樊龍收餘衆數萬，據重慶險塞。朱燮元督秦良玉等奪二郎關，總兵官杜文焕破佛圖關。諸將逼重慶而軍，城中乏食，燮元遂以計禽龍，殺之，張彤亦爲亂兵所殺。生禽龍子友邦及其黨張國用、石永高等三十餘人，遂復重慶。尋又復瀘州。

六月戊辰，徐鴻儒結四川妖賊陷鄒縣、滕縣。鄒縣五經博士孟承光被執，不屈死。滕縣知縣姬文允視事甫三日，城破，登堂自經死，以印畀小吏魏顯照及家僮李守務。賊掠顯照索印，顯照潛授其父，而與守務並駡賊死焉。

《熹宗實録》卷二三　加副總兵毛文龍署都督僉事，平遼總兵官。

己巳，以妖賊猖獗，起原任總兵官楊肇基爲山東總兵官。

辛未，以恭順侯吳汝胤總督京營戎政。陞副總兵孫祖壽署都督僉事充總兵官，鎮守薊、永、山海等處。李維新署都督僉事，充總兵官，鎮守陝西。

《國榷》卷八五　乙亥，貴州宣慰同知安邦彦叛。

《熹宗實録》卷二三　發帑金五十萬兩，爲遼東築墻建臺之用。

《國榷》卷八五　辛巳，安邦彦破烏撒衛，指揮管良相死之。

《熹宗實録》卷二三　奢酋僞總兵張武等擒僞丞相何若海以降。

丙戌，發年例銀八萬兩于雲鎮，以充市賞。

山西巡撫徐紹吉屢以病請，部覆許之。

庚寅，天津巡撫畢自嚴報：閩兵三千一百三十五員名，兵船六十隻，已抵津門，請勑兵部調發。疏下部議。

［王］在晋又再申築城前議，于關外繇八里鋪繞角山而東，傍三道關起脚，逶迤至海，計長三十七里，畫地築墻建臺，結寨造營房，設公廳共估九十三萬，請發帑金。上許發帑金二十萬，仍諭令斟酌節省，毋致虚糜。

辛卯，户部又以蜀、黔援剿勢迫，亟請内帑。上念地方危急，姑再發二十萬兩解四川，十萬兩解貴州。其湖廣遼餉亦照此數動支。

《國榷》卷八五　壬辰，李可灼、崔文昇戍南京。

四川巡撫朱燮元復瀘州。

《熹宗實録》卷二四　七月戊戌，南京吏部等衙門孫瑋等各捐俸一年助餉。報聞。

己亥，協理戎政太子太保、兵部尚書黄克纘屢疏請告。上允之，命加太子太傅，仍馳驛去。

壬寅，大學士葉向高以疾乞假。許之，命稍可即入閣辦事。

發帑金十萬于滇，命督撫官協勦藺賊。

《國榷》卷八五　甲辰，刑部尚書王紀削籍，以久稽佟卜年案也。

《明通鑑》卷七八　奢崇明再陷遵義。

戊申，山東賊擾及韓莊、夏鎮，掠漕艘四十餘。河道侍郎陳道亨守濟寧，扼諸要害，援兵至，連破之，運道始通。

賊奔滕縣，與鄒縣賊合攻曲阜，領馬步萬餘至城下，知縣孔某率民兵禦之，賊不能克，引去。復劫官營，都司湯國盛大敗，游擊張榜等皆死之。

《熹宗實録》卷二四　己酉，命總兵杜應魁以見招新兵勒限統赴山海，并著兵部即調李懷信赴山海，從御史帥衆之請也。

癸丑，大學士沈㴶屢疏請告。上允之，著馳驛去，仍加銜廕賚，令地方官以時存問。

甲寅，禮部尚書孫慎行屢疏請告。上允之，暫准回籍調理，稍可，撫按奏請起用。

差光禄寺監事孫如琯押解宣鎮銀五萬七千四百兩。

乙卯，兵部尚書張鶴鳴屢疏請告。上許之，即令兵部遣官守催輔臣孫承宗回任管事。

戊午，加四川總兵杜文焕總理職銜，督同各總兵官協力討奢賊，并頒敕印，以便行事。給山東總兵楊肇基平東敕印，督兵剿妖。

辛酉，從御史易應昌議，准改折溧水縣漕糧，他處不得爲例。

天津巡撫李邦華發兵三千，以都司僉書董世賢、周之禮將之，保定巡撫張鳳翔亦遣參將張體乾等將兵三千，兩路師俱以山東監軍道僉事來斯行督之，並趨山東協討妖賊。

《熹宗實録》卷二五　八月丁卯，户部題通行制寶并各省直鼓鑄事宜。上命各巡撫一體遵行，京局所鑄大小制錢著每季凑進五百萬，以供頒賞等用。

添設雲南彌勒州學正一員，富民、陽宗二縣訓導各一員。裁彌勒州同知、昆明縣河泊所河泊、蒙化衛知事、蒙化府甸頭巡簡，及雲南、澂江二府儒學所改訓導各員，從雲南撫按之請也。

己巳，專勅山西道御史侯恂督理餉務。

庚午，河南巡撫馮嘉會以中州多事，請於磁州增兵一萬，以防妖賊。命所司覆行。

甲戌，原任兵部左侍郎今陞南京兵部尚書魏養蒙以疾辭不赴。上許之。

乙亥，向高等復爲雲南請帑。言前此所發皆川、貴之餉，雲南未沾分毫，況遼民賑濟銀復那作屯田之用，今户部所請十萬，雖充雲南兵餉，實留此賑濟遼民，即將兩廣遼餉抵解雲南，是亦兩利之道也。謹將原票改正請旨。上從之，以許發雲南帑金五萬兩留賑遼民，命該部行文兩廣總督官，於遼餉内對支五萬兩解給雲南。

改南吏部尚書孫瑋爲刑部尚書，户部右侍郎董漢儒爲兵部左侍郎協理戎政，陞太僕寺少卿劉策爲右僉都御史巡撫山西。

己卯，發帑銀二十萬、蟒等段八百疋於山海關，爲撫賞西虜之用。

《國榷》卷八五　大學士孫承宗自請督師，經略遼東軍務，進太子太保，賜蟒玉金幣。

壬午，顧秉謙爲禮部尚書，王在晋爲南京兵部尚書，閻鳴泰爲右僉都御史，巡撫遼東。

《熹宗實録》卷二五　癸未，以南京禮部尚書周應賓爲禮部尚書兼翰林院學士，掌詹事府印。增武舉制額三十名。

己丑，設科犯越州衛。

《國榷》卷八五　丙戌，封皇弟信王。

《熹宗實録》卷二五　發年例銀三萬五千六百四十九兩八錢於固鎮。

庚寅，調新推陝西總兵李時新爲四川總兵，勒限赴任。

《國榷》卷八五　壬辰，董漢儒爲兵部尚書，陳薦爲南京吏部尚書。

《明通鑑》卷七八　九月甲午朔，光宗神主祔太廟。

《熹宗實録》卷二六　乙未，命通州兵部右侍郎王國禎以原官總督宣、大、山西等處軍務，兼理糧餉，限九月内到任交代，不得延遲。

裁直隸太平府知事一員，應天府河泊所官二員，池州府貴池、東流河泊所官二員。

戊戌，户部以遼餉缺乏，乞嚴參罰。得旨：各官銷引未及分數均當降處，以後但有未完錢糧，俱不許陞轉。

庚子，南京都察院掌院事兵部尚書祁伯裕以衰病乞歸。許之。

《明通鑑》卷七八　壬寅，御史馮英請設州縣兵，按畝供餉。從之。

《國榷》卷八五　設科攻羅平，不克，後攻烏撒衛，陷之。

《熹宗實録》卷二六　丙午，命在京練兵總兵張士顯并所統兵調赴通州鎮守，從樞輔孫承宗之請也。起原任總兵麻鎮提督土漢官軍援黔。

己酉，改南京刑部尚書李長庚爲南京户部尚書，陞吏部左侍郎黄汝良爲南京禮部尚書，命張經世仍以兵部左侍郎協理京營戎政，王永光仍以南京户部尚書管南京都察院右都御史事。

庚戌，户部奏：諸邊索餉甚殷，外解嚴催不至，乞就近於陜西新餉借十萬兩，以應延綏。於山西借十萬兩，以應宣大。仍望嚴勒各處速催舊餉解補，以濟急用。上從之。

《明通鑑》卷七八　甲寅，陜西平涼、隆德諸縣及鎮戎、平虜諸所，馬剛、雙峯諸堡，同時地震如翻，壞城垣七千九百餘丈，屋宇萬一千八百餘區，壓死男婦萬二千餘口。

乙卯，封皇弟由檢爲信王，諭册于皇極門外東廡，百官行禮。停刑。

《國榷》卷八五　己未，初命是日客氏出宫，上諭内閣，客氏朝夕侍朕，今日出宫，午膳至晚未進，暮思至晚，痛心不止。着時進内奉慰，外廷不得煩激。

《熹宗實録》卷二六　庚申，原任經畧遼東今改南京兵部尚書王在晋再疏乞歸。命暫回，以需召用。

《國榷》卷八五　壬戌，山東巡撫趙彦攻滕縣，賊黨縛徐鴻儒出降，安插鄉民二萬七千餘人，獲騾馬千匹，神槍八百杆，大砲二百六，弓刀亡算。

十月甲子，給事中侯震暘論客氏不宜自入，乞收回成命。切責之。

《熹宗實録》卷二七　乙丑，陞總督漕運户部右侍郎李養正爲南京刑部尚書。左僉都御史鍾羽正爲户部右侍郎，總督倉場。

《國榷》卷八五　己巳，御史馬鳴起言：日見聖諭，保姆外出，憶念痛心。夫以一品之名號，加以第宅，廕其胤子，則酬不爲不厚矣。若内乏調護，則中闈有主，兩宫順承，左右朝夕，不可謂無人。客氏既出而復入，已去而復召，戀戀不忍割，使綸綍拂經，喜怒乖錯，豈所以令天下後世者也。極言不便有六。上欲廷杖，以輔臣揭救，奪歲俸。

《明通鑑》卷七八　辛未，水西賊犯雲南，官軍擊敗之。

《國榷》卷八五　設科攻霑益州，尋退，復攻陷之。

甲戌，給事中郭興治糾鄒元標講學之非。大學士葉向高疏救元標，致仕，進太子少保。

陳道亨爲南京兵部尚書。楊述中爲兵部右侍郎兼右僉都御史，巡撫偏沅。蘇茂相爲户部右侍郎兼右僉都御史，總督漕運。

庚辰，修撰文震孟上勤政講學疏。時内宴爲偶人之戲，宴畢，忠賢曰：「文狀元疏中以偶人比萬歲，殆難宥。」傳旨杖八十。閣臣力救，票罰歲俸，有旨放歸。

《明通鑑》卷七八　辛巳，官軍復鄒縣，山東賊平。

壬午，以總兵官魯欽總理川貴、湖廣軍務，援貴州。

《熹宗實録》卷二七　丁亥，工部尚書姚思仁以陵工乏用，乞借南部存積銀十萬兩。從之。

庚寅，差大理寺評事黄承異解銀三萬兩赴山海關。

《國榷》卷八五　辛卯，庶吉士鄭鄤言：修撰文震孟疏，候命浹旬，未蒙報可，是留中之漸也。留中不下，是壅遏之萌也。壅遏不通，是竊弄之機也。本朝此弊，惟武廟與神祖末年最多。在武廟時，蓋因權璫之煬竈；在神祖時，則係奸輔之藉叢。臣歷稽史册，凡召亂之端有二，而今皆見之，曰内降也，留中也。内降之屢旨，用以頻斥大臣，其機關使人駭。而留中之一綫，或以陰淆聖慮，其徑竇使人疑。清明之朝，豈宜有此。願皇上早圖之也。上諭：朝儀大典，纍朝成規，文震孟如何比擬偶人，鄭鄤黨護同鄉，俱降二級調外。

《熹宗實録》卷二八　十一月甲午，原改南京兵部尚書未任魏養蒙卒。

《國榷》卷八五　乙未，貴州巡撫王三善大會將士曰：「省城不能待矣，外援不至，吾輩死法死敵等耳，尚何俟耶。」命道臣何天麒督兵七千從清水江進，爲右部；道臣楊世賞督兵萬人從都匀進，爲左部；三善自將二萬，與道臣向日升從中路進，當賊鋒。

《明通鑑》卷七八　戊戌，山東巡撫趙彦解徐鴻儒等十八人至京師。磔鴻儒于市，餘皆伏誅。

《熹宗實録》卷二八　甲辰，雲南在京鄉紳兵部員外郎孫學詩等合疏，以滇事危急，請發帑金。上諭：帑金給發已多，該省餉銀着户部于黔餉内一併議處。前發五萬兩仍查明速解。

《國榷》卷八五　辛丑，趙南星爲左都御史，房壯麗爲工部右侍郎兼右僉都御史，總理河道。

《熹宗實録》卷二八　壬子，以山東登、萊及川、貴、滇南、廣西偏沅地方多艱，司道州縣官准減俸陞擢，如各邊例。

《明通鑑》卷七八　癸丑，以朱燮元總督四川及湖廣荆、岳、鄖、襄、陝西漢中五府軍務，兼巡撫四川。

《熹宗實録》卷二八　丙辰，吏部遵旨會議，請分設黔、蜀總督。上從之。

丁巳，發主客兵餉于延、寧、甘、固四鎮各三萬兩，倒馬關二萬兩。發帑金五萬兩于山海關賑濟遼民。

《國榷》卷八五　戊午，李可灼戍邊。

《熹宗實録》卷二八　辛酉，偏沅巡撫楊述中爲兵部右侍郎，兼都察院右僉都御史，總督貴州，兼制湖廣辰、常、衡、永十一州，并雲南軍務，兼理糧餉。四川巡撫朱燮元爲兵部左侍郎兼都察院右僉都御史，總督四川，兼制湖廣荆、岳、鄖、襄四府，陝西漢中一府，督理糧餉，兼巡撫四川地方。仍令該部上緊救黔，不得以設官了事。

《熹宗實録》卷二九　十二月癸亥，户部等衙門會議黔、滇兵餉，請發帑金。大學士葉向高亦爲代請。上許發三十萬，仍諭：內帑給發已多，以後不許瀆請。

《明通鑑》卷七八　己巳，貴陽圍解。

是役也，〔李〕橒、〔史〕永安及提學劉錫元功最多，三善卒破賊。而我〔張〕續無寸功，乾没軍資六十萬，言官交劾，詔解職聽勘。

《國榷》卷八五　庚午，吕兆熊爲户部右侍郎，總督漕運。熊明遇南京操江右僉都御史，周起元右僉都御史，巡撫應天。

《熹宗實録》卷二九　甲戌，南京吏部尚書陳薦乞休。許之。

乙亥，差户部貴州司主事王儀解帑銀三十萬赴貴州。

原任工部尚書兼太子太傅王佐卒。

《國榷》卷八五　癸未，何熊祥爲南京吏部尚書。朱光祚右副都御史，協理戎政。孫居相右僉都御史，巡撫陝西。

《熹宗實録》卷二九　己丑，命兵科給事中彭汝楠巡視京營。

庚寅，户部尚書汪應蛟七疏乞休。上許之，以主計勤勞加太子太保，命馳驛回籍。

天啓三年（癸亥、一六二三）

《國榷》卷八五　正月己亥，玉牒成。

辛丑，安邦彦糾藺賊，與雲南安效良合衆數萬併力攻陸廣，黔兵敗績。

《熹宗實録》卷三〇　己酉，命禮部右侍郎朱國禎陞禮部尚書兼東閣大學士，禮部尚書顧秉謙以原官兼東閣大學士，禮部右侍郎朱延禧、南京禮部右侍郎魏廣微各陞禮部尚書兼東閣大學士，同首輔向高等入閣辦事。時廷推首原任禮部尚書孫慎行，日講官禮部左侍郎盛以弘次之，俱不點用。于是輔臣向高等上言：「從來大臣點用皆炤名次，即臣等叨濫亦以列名在前。舊歲都察院之不用鄒元標，工部尚書之不用孫瑋，皆争論紛紛，有許多疑忖。況在閣臣，尤人所觀望，與他官不同。而首推二臣主不蒙點揆之，人情政體殊爲未妥，物論揣摩，何所不至。一番盛事及滋多口，在慎行或以前在禮曹條議有所觸忤，以弘日侍講讀居官清慎，何爲而併置之。伏望詳察，于二臣内再點一員，庶于舊章不致盡失，而煩言可省。」得旨：「既言名次，何必請點。孫慎行前因輒辯紅丸，論劾舊輔非公，自慚告歸，有何觸忤，遽難簡用。盛以弘現在講幄，但語言弗爽，難以佐理，俟另行擢用。況予出奪出自朕衷，推舉豈可盡點，外廷有何疑猜，卿等不必顧畏。還遵前旨行，如有市恩瀆奏者，重治不宥。」向高等再疏争之，不聽。

壬子，周、唐二王例進石榴、山藥、乾魚、鮮柿。上謂軍興以來，驛傳疲纍已極，各王差役往回，不無騷動。特諭停免，著爲令。

《國榷》卷八五　黔兵進龍里，賊黨何中蔚據險扼師，援兵不進。

《明通鑑》卷七八　乙卯，紅夷據澎湖。

《國榷》卷八五　丁巳，命鄭養性居于遠方。

滇兵攻黑耳寨，破之，盡降其衆，遂移兵師宗。

二月辛酉朔，羅平圍解。

《熹宗實録》卷三一　癸亥，考察在京庶官，年老有疾户部郎中郭坦等四十九人，貪兵馬副指揮林守庇等一十八人，酷兵馬副指揮宋貞明等三人，素行不謹兵部主事洪啓初等八十九人，浮躁淺露左中允馬之駿等四十五人，才力不及翰林院簡討劉鍾英等二十九人，罷輭無爲應天府知事任槐等二人。得旨：各革職閑住，降調如例。

罷大同總兵李懷信回衛。

《國榷》卷八五　甲子，吏科都給事中魏應嘉等拾遺，糾兵部尚書黄嘉善、崔景榮、張鶴鳴，工部尚書姚思仁，南京兵部右侍郎徐必達，前保定巡撫韓浚，太僕少卿李之藻。上命進姚思仁太子太保，免之。調李之藻南京，黄嘉善、崔景榮、張鶴鳴許致仕，韓浚免。

丁卯，河南道御史胡繼升等拾遺，糾前詹事范醇敬、前巡撫靳于中、太常少卿王紹徽，巡撫徐兆魁、王士昌、陶朗先，南京太僕少卿郭一鶚。上命王士昌許在籍聽用，徐兆魁、郭一鶚致仕，陶朗先劾奏。

己巳，盛以弘爲禮部尚書，李長庚户部尚書，張輔之南京工部尚書。

庚午，滇兵敗賊于羅平。三戰俱克，擒賊渠阿勒。閔洪學請以安南長官司土官沙源改宣撫使，許之。

《熹宗實録》卷三一　辛未，上諭都察院：以後各巡按官復命赴任都著依限，不得請寬。

癸酉，工部尚書姚思仁以新任點自陪推爲科臣所糾，具疏以病請至再。上以其情切，允之，仍以思仁年來典禮軍需皆與有勞，陵、門二工方在録敘，特加太子太保，給與應得誥命，賜馳驛去。

甲戌，上覽吏部之奏，言添註原非舊章，且員數冗濫，故行停止。但念起廢人多，姑准將見在添註各官遇缺遞轉陞補，仍限至四年冬止。

丙子，原任漕運總督户部尚書李三才爲南京户部尚書。

《國榷》卷八五　戊寅，諭兵部：發内庫佛郎機神砲八十位，神銃二百五十位，盔甲千五百二十副，槍一千，斧四百，弩二百，箭如之，弓三十，箭三千，特命太監劉朝賫赴山海關督師行營，勞銀十萬，色蟒百五十匹，孫承宗賜金一百，蟒衣一襲。

《熹宗實録》卷三一　己卯，准收净身男子一千五百名。

考察南京庶官，素行不謹户部員外郎王進臯等四十人，罷輭無爲户部郎中項際明一人，貪北城兵馬指揮楊樟等二人，浮躁淺露原任吏部考功司郎中于倫等一十四人，才力不及户部郎中李士高等一十一人，年老鴻臚寺序班魯嶸一人，革職閑住、致仕、降調如例。

《國榷》卷八五　庚辰，雲南巡撫閔洪學，以洱海道謝存仁、參將袁善、清浪游擊許成名援黔，請加存仁左布政監軍，善副總兵，成名參將。從之。

《熹宗實録》卷三一　壬午，陞倉場户部左侍郎鍾羽正爲工部尚書。

《國榷》卷八五　丁亥，川兵破賊于長寧，奢崇明父子借力水西諸夷，犯遵義，總督朱燮元合長寧、納谿兩路之兵併進。

戊子，御史周宗建糾科臣郭鞏黨魏進忠，把持察典，編輯羣臣數十餘人，彙爲一册。又造匿名文書，于省則劉弘化、周朝瑞、熊德陽，于臺則方震孺、江秉謙，俱欲一網盡之。上責宗建回奏，奪俸二月。

《明通鑑》卷七八　遣中官刺邊事。

《熹宗實録》卷三二　三月辛卯朔，命陝西臨洮總兵官崔廷振爲南京前軍都督府僉書管事，兼提督小教場事務。

丁酉，陞户部左侍郎陳大道爲户部尚書，右侍郎李宗延爲户部尚書，總督倉場。

《明通鑑》卷七八　癸卯，朝鮮國人廢其主李琿，立其從子綾陽君倧，以昭敬王妃之命權國事，令議政府移文督撫代奏。時總兵毛文龍集兵皮島，仰給于朝鮮，至是文龍爲之揭報。登州巡撫袁可立上言：「琿果不道，宜聽太妃具奏，以待中國更立。」疏留中未報。

《熹宗實録》卷三二　工部覆：博平侯郭振明奏，乞伊父母造葬卹典，合照孝定皇后父李偉例給造葬折價三萬兩。得旨：外戚恩典自宜從厚，但昨王昇乞恩造葬，該部以錢糧匱乏，再三執奏，止給銀五百兩，似難異同。還著照舊例行。

戊申，命御史劉重慶巡按真定，張黜巡按宣大，徐卿伯巡按山西。

庚戌，命太僕寺給馬價銀二萬一千四百兩，解交順天巡撫，爲四年撫賞之用。

《明通鑑》卷七八　甲寅，釋江南罪宗之禁高牆者。

《國榷》卷八五　四川總兵李維新出師攻永寧。

《熹宗實録》卷三二　乙卯，甘肅總兵薛永壽自請率兵赴山海關。上勑諭褒美，命作速前來，仍著該部將一應責任事宜議妥速奏。

《明通鑑》卷七八　四月壬戌，釋江西罪宗。

《熹宗實録》卷三三　癸亥，詔太僕寺發馬價銀三萬解赴大同撫院，預備天啓四年本鎮互市馬價之用。

《明通鑑》卷七八　己巳，大學士朱國祚罷。

《國榷》卷八五　壬申，川師復遵義。

藺賊安鑾帥妻子所部降。

癸酉，川師復永寧。

安邦彦知官兵潰，復誘苗仲糺合宋萬化，欲犯貴州，使其黨何中蔚據龍里。李二督四十八莊兵圍青山巖，斷糧道，宋萬化督洪邊兵苗仲爲左翼，吴楚漢結八姑蕩平八莊苗仲爲右翼，自統水西兵，約共犯會城。王三善遣游擊祁繼祖統盧吉兆、左世選兵下龍里，破蓮花堡，焚三牌賊寨百五十處。何中蔚敗逃深箐，龍里路通。遣參將王建中、劉志敏、宋迪救青巖，斬三百餘級，焚賊寨四十八莊。李二中神槍，逃歸水西，定番路通。諜賊糺八姑蕩洪邊兵欲犯會城，三善夜遣王建中、祁繼祖率兵一萬五千進勦八姑蕩，焚寨二百餘處，斬首五百級，焚其積聚，賊糧絶，謀遂寢。宋萬化遣人詐降，三善佯許之，而調劉志敏、祁繼祖潛師赴之，遂擒萬化及僞軍師劉洪祖。萬化驍勇善戰，邦彦依之，至是奪氣。秦民屏兵至平越，復還守龍里，諸叛苗相繼降。

《熹宗實録》卷三三　丁丑，以乏餉裁冗員，淮安府知事、訓導各一員，邳州儒學訓導一員，沭陽縣縣丞、山陽縣河泊各一員。

戊寅，以牧地災傷，蠲薊州及香河縣應徵天啓三年分草場租銀。

《明通鑑》卷七八　戊子，王三善破水西賊于大水塘，大敗之。

《熹宗實録》卷三四　五月庚寅朔，禮部尚書盛以弘再疏乞休。許之，命馳驛歸。

庚子，詔禮部會司禮監官揀選净身男子。

以河決，蠲睢寧縣天啓元年、二年各項錢糧。

《明通鑑》卷七八　辛丑，四川官軍復永寧。

《國榷》卷八五　登、萊巡撫袁可立奏朝鮮廢立。

《熹宗實録》卷三四　丙午，總督倉塲户部尚書李宗延奏：《大明會典》會計録漕糧議單炳如日星。《會典》遠矣，會計録在萬曆十年，未有遼變也，議單乃四十三年所定，奈何敝屣視之。邊塞年例三百二十二萬三千有奇，乃借漕折，混充邊餉，以致漕折實在二十九萬二千六百五十七兩零，藐無絲毫在庫，可怪也。國初永折一十七萬有奇，兹且加倍矣。天啓三年又折數萬石矣。然天災流行，何國蔑有，滄海桑田，變易無常。二百六十年陡爾永折，猾民何幸，可怪也。臨、德二倉歲積米石專備抵補災荒，今災折三十餘萬，而兩倉無顆粒之抵，且駕言豐年補徵，以致省直拖欠銀二十萬有奇，可怪也。遼餉新編四百餘萬，任怨而飽煖，新軍乃用漕糈，遍應緊急併海運該銀一十六萬兩有奇，未見補還些須，可怪也。天津一鎮爾，額運、新運、海運預支運總計百萬有餘，尚多于京倉收受之數，是股肥于腰，可怪也。漕院坐派有疏矣，有咨矣，運官覬覦于請上官狎暱鄉曲中道求截，實繁有徒，可怪也。萬曆初年，朽腐相陳，可支十年，今括十有一，倉儲待僅當一年之用，誰司國計而空匱若此，可怪也。追思弊源，一在改折太多，一在截留太濫，惟毋因陋就簡則漕有厚幸矣。得旨：漕糧關係國計，先年太倉積貯有餘，近因改折截留，以致虚耗。這所條奏甚悉，著嚴行申飭。以後經管各官查照議單各款著實舉行，不許徇情議折，軍興不係至急，亦不得輕議截留，有不遵的指實參處。

己酉，准留楚省漕糧八萬石以充黔餉。

《國榷》卷八五　滇賊攻平夷衛，右布政謝存仁、參將袁善拒却之。

《熹宗實録》卷三四　丁巳，户部題：發天啓三年分各鎮年例銀延綏三萬兩，寧夏二萬五千兩，甘肅三萬兩，固原二萬兩。

《國榷》卷八五　戊午，羅乾象督兵克藺州，焚九鳳樓，蕩夷其巢。

雲南亦佐縣營長安應龍合霑益賊首補鮓爲亂，圍羅平，巡撫閔洪學攻羅平，克之，應龍遁普安，復入烏撒。已安效良乞降，責其縛補鮓、應龍自贖，效良遂縛應龍以獻。

水西藺賊合兵窺遵永，時藺賊奢崇明戰屢敗，與安邦彦合兵，一犯遵義，一犯永寧。官兵合長寧、納谿兩路，敗之于芝蔴塘，賊遁入青山。

《明通鑑》卷七八　是月，客、魏肆惡，慮妃嬪白其罪，乃矯旨賜光宗選侍趙氏自盡。趙出光宗賜物列于庭，西向禮佛，痛哭自經。

幽裕妃張氏于别宫，絶其飲食。天雨，妃匍伏承簷溜飲之而死。

皇后張氏，素嚴正，數于上前刺客、魏過失。是時后有娠，客氏密布心腹宫人，以計墮之，上因此乏嗣。

又于上郊祀，掩殺上所寵馮貴妃，左右無敢言者。

慧妃范氏以客、魏讒失寵，李成妃爲之乞憐，客、魏知之，亦幽成妃别宫。成妃故鑒裕妃飢死，預備食物壁間，半月不死，斥爲宫人。

《熹宗實録》卷三五　六月辛酉，管理屯田太僕寺卿董應舉請以存在户部餉庫未領銀三萬兩接濟毛文龍。勑該部作速給發。

壬戌，陞遵化兵備右參政張鳳翼爲都察院右僉都御史，巡撫遼東、山海關等處地方。

甲子，工部尚書鍾羽正以内璫索冬衣銀兩，羣集部堂，横肆詈辱，具疏奏聞，因求去。得旨：冬衣延久未給，自當速爲措處解進。但部堂公署不宜羣集喧嚷，著司禮監官查明具奏，錢糧匱乏卿多方那量，還安心供職，不必介意求去。

《國榷》卷八五　丁卯，吏部遵遺詔續議闡幽，姜士昌等共一百十人，議贈官優恤。

《熹宗實録》卷三五　戊辰，初以浄身男子申萬壽等陳乞收録，奉旨准收一千五百名，至是諭令再選年力精壯者一千名，進内分派各衛門應役。

丙子，户部請發宣府、大同、山西三鎮天啓三年分主客兵年例銀兩。上是之。

《明通鑑》卷七八　丁丑，南京御史劉之鳳上疏，别白孫承宗、王象乾、閻鳴泰本末，請定去留，而撤毛文龍海外軍，令居關内。又請亟罷内操。忤忠賢，傳旨切責，復宣諭廷臣，再瀆奏者罪無赦。

《國榷》卷八五　甲申，大學士朱國楨入朝。

貴州總兵魯欽進兵擒叛目何中蔚，遂營紅崖。紅崖素稱天險，官兵未有至者。總兵張彦芳擊賊于羊耳，亦敗之，追至鴨池河，斬首一百七十餘級。

《熹宗實録》卷三五　戊子，詔停不在京官員禄米。

《國榷》卷八五　七月辛卯，山東巡撫趙彦，以英國公遠族張樞假英國公騷驛，嚇滕縣屠城，擬戍。上命棄市。

工科給事中方有度言：遼左發難，民間新餉歲四百八十五萬有奇，通五年約二千餘萬。頃見天津督餉侍郎畢自嚴疏，每歲山海内外騎步兵十一萬有奇，本折草料海運及文武將吏軍匠役人等俸給雜項之費共四百餘萬。此就關兵言，而款西虜即視壬戌年例七萬金不與也。此外己未年登、萊增水陸兵二萬，天津增水陸兵一萬四千，庚申年京師立振武營，增新兵三千三百，辛酉年通州增騎步兵九千八百，壬戌年密雲增車兵一萬，張家灣增新兵六千，京師十六門新兵八千，毛文龍海上兵二萬，共九萬一千有奇。除登、萊之兵餉半支本省坐派銀，振武營十六門之兵餉，坐支京師倉米，其餘新兵歲費九十萬不與也。此外壬戌年薊鎮舊兵議增餉，歲約數萬不與也。有軍則有操賞之費，有牧馬之費，有修舟車之費，有官役俸廩雜項之費。即毛文龍海運贍費已五萬，歲費約十餘萬不與也。自山海關四百萬外，各處新兵歲費百二十萬，合之約五百二十萬矣。歲派四百八十五萬，毫釐不虧，盡充軍需，已缺三十五萬。然而不能也。今北直加派四十三萬免矣。山東四十四萬八千作登、萊兵餉，併市米運天津矣。湖廣七十一萬九千，廣西六萬，四川二十二萬，雲南一萬六千，俱作黔餉。以上蠲免留用外，計歲加派四百八十五萬，又虧百七十九萬矣。至水旱之不時，分數之不及，臣未暇計也。以前浮于加派之外三十五萬，今縮于加派之内百七十九萬，二項共虧新額二百十四萬。又舊額遼餉五十二萬合應補入，則山海一路歲虧百六十二萬矣。夫此百六十二萬也，將仍問之民間乎，民生實難。計天下正供九邊餉額，歲入太倉銀庫約三百四十餘萬，今遼事加派至四百八十五萬，視正供數則倍且餘四，此外缺餉百六十二萬，則于加派見額又溢十之三。由今之道而無變計，即令東師長伏穴中，不西向遺一矢，而天下已坐敝矣。乞敕户、兵部總計之，養兵補餉，不病國，不厲民，毋待其變而後圖之也。上從之。

《明通鑑》卷七八　壬辰，川、貴賊合。

丁酉，安南寇廣西，巡撫何士晉禦卻之。

《熹宗實録》卷三六　己亥，大學士史繼偕復具疏引疾，詔許，給驛歸，仍加少保，廕一子爲中書舍人，併賜銀幣，遣官護行。

丙午，會議事例銀兩，准以户七工三分用，不必再爭。

丁未，工部尚書鍾羽正復請休致，拜疏後即封印出城。得旨慰留，仍責其有負眷倚。已而再疏稱疾愈懇，乃准回籍調理，仍給驛歸。

《國榷》卷八五　辛亥，以實録成，監修英國公張惟賢進太保，廕監。總裁葉向高進上柱國兼尚書俸，廕尚寶司丞。韓爌支俸同，廕中書舍人。何宗彦、史繼偕、孫承宗進少傅兼太子太傅。朱國楨、朱延禧、顧秉謙進太子太保，文淵閣大學士，並廕監。已改向高左柱國。副總裁林堯俞進太子太保，鄭以偉加俸一級，周如磐進太子賓客，錢象坤加二品服俸。纂修官周炳謨、張鼐進太子賓客，二品服俸。董其昌進禮部右侍郎兼侍讀學士，協理詹事府。來宗道等各加俸一級。

《熹宗實録》卷三六　甲寅，詔以太監王體乾、宋晉、魏進忠等青宫舊勞，梁棟等、王朝忠等，均著勤慎，將原廕錦衣揮使、揮同、揮僉、正千户、百户等官炤先年黄錦、王本、馮保例，俱准世襲凡十二人。奉聖夫人客氏奉侍年久，宜加殊恩示酬，伊子原廕錦衣揮僉侯國興，特准世襲，給與誥命。兵部尚書董漢儒等疏奏：臣部邦政條例一款，凡武職非軍功不准世襲。又查得皇親及内官家人傳奉陞職及保陞職級者襲替俱減革。又内外文武子弟人等非征戰軍功以技藝勤勞傳乞陞者，襲替之日查革。唯皇親官員子孫原奉欽依有世襲字樣者許襲一輩。煌煌祖制，載在《會典》，所以慎名器，杜冒濫，誠世世率由之舊章也。【略】得旨：所奏非軍功不襲，朕知道了，各監官亦面奏懇辭，但朕念其服勞年久，登極以來，未曾加恩，且有兩朝舊例，故查炤補行，已有屢旨，不必瀆陳。

乙卯，南京吏部尚書何態祥乞侍養。許之。

丙辰，兵部尚書董漢儒以母病再疏請假，不允，旋以艱去。

《國榷》卷八五 八月己未朔，安氏僞總兵何中蔚、何應良、陳勝八磔于市，宋步玉、何年第、宋祖胤、丁氏等十八人俘至京伏誅。內使王文進毆戴進忠死，下司禮監，餘付法司。刑部尚書孫瑋等請從法司，不許。

莊士元棄市。士元爲鄭養性及內侍劉朝草揭者。

庚申，大學士韓爌求如同官何宗彦例移贈本生祖父少傅，上命特給。

吏部左侍郎王舜鼎爲工部尚書。

《熹宗實録》卷三七 乙丑，發內帑銀十萬兩，充邊關二、三月糧餉。

《明通鑑》卷七八 丙寅，御史胡良機復請罷內操。不報。

《國榷》卷八五 丁卯，巡視布花禮科給事中郭興言：以戍卒賞給布花愆期，至正月報竣，將何以禦寒。今後省直起解，本年九月完全，十月初給散。又該部歲賞踰二十萬，臣謂户部宜專委司官一，同兵部令各營衛印官預造年貌册監閱。從之。

戊辰，總督薊遼尚書王象乾以諸虜叩關請撫賞，出帑金十萬、冏寺金十萬給之。

《熹宗實録》卷三七 己巳，户部題：霪雨滂沱，饑卒無依，請發山海帑金。上曰：糧餉緊急，已有旨會議，如何不行，又不設法措處，職掌何在。念邊關事重，姑准發帑銀十萬兩，以後不得再瀆。

詔奉差官俸薪銀兩准計限扣算，過限即住支。

壬申，戮逆族佟瑞年、佟守仁于西市。

甲戌，命巡撫山東兵部尚書趙彦回部管事。

《國榷》卷八五 辛巳，命總督恭順侯吴汝胤等核京營。

壬午，余懋衡爲南京吏部尚書，曹于汴爲吏部左侍郎。時正推李三才、馮從吾，不用，輔臣以爲言，不聽。

前右贊善李標爲右諭德，纂修實録。

癸未，先是御馬監以郊祀所用五方纓甲馬等，天啓元年疏請太僕寺寄牧二千匹發監調習，至是上將親郊，趣之。太僕卿柳佐争之，言御馬監有三千餘匹，每匹用軍二人，自萬曆以來，費何啻數百萬，而不以供一日之用，何也。上竟許千匹。

丙戌，貴州都督僉書黄運清以解圍敍功，新撫王三善劾其貪殘，縱卒淫掠，擬追贓二十萬濟餉。從之。

《熹宗實録》卷三八 九月庚寅，户部尚書陳大道連章求去。許之。

《國榷》卷八五 壬辰，刑科給事中解學龍言：額餉當核，額兵當清，軍需當節，馬兵當酌，冗將當裁，若合天下而講求之，亦有可得而言者。高皇帝時，文官五千四百有奇，軍職二萬八千有奇。神宗朝，文官增至一萬六千餘矣，軍職增至八萬一千餘矣。今日又不知增幾倍。臣以爲主爵者肯細心商度，凡可裁者裁之，縱不能盡如祖制，亦可歲得餉數十萬。如布、按二司，其屯田、水利、督糧、清軍各道，可以相兼而理，每司裁一二員，同知、通判設至四五員，每官裁一二員，首領官有三員，有四員，每府裁二員，教官則府學裁二員，州縣學裁一員。裁官則省俸，併輿皂公費而省之。乞敕撫按確查應裁之官若干，俸薪輿馬若干，皂快公費若干，稽實册奏，每年隨京邊解貯餉部可也。此文臣之可言者也，餘及武職將兵吏役等。上是之。

癸巳，滇師兩路援黔，參將袁善出平夷，襲破土官營，達于安南衛，布政使謝存仁出黄草壩，各有斬獲，安南衛自二年二月被困，至是始解。

《明通鑑》卷七八 給事中陳良訓疏陳防微四事，忤魏忠賢，因摘其疏中「國運將終」語，下鎮撫司窮治主使。輔臣葉向高揭救，至以去就争，乃奪俸。

《熹宗實録》卷三八 丙申，命總督倉塲户部尚書李宗延回部管事。

辛丑，太子少保、禮部尚書林堯俞請申明章疏定式，惟據事直書，按人定論，毋太枝蔓，毋作隱語，即多亦不過五六百字而止。得旨：章奏簡明體裁既經申飭，務須遵守，不得仍前違玩。其各衙門覆疏止括取原本緊要節畧，以便省覽。

乙巳，原任太子太保、户部尚書兼文淵閣大學士吴道南卒。

丁未，南京禮部尚書周應賓引疾求罷，疏凡五上，詔許之，仍以兩朝日講勤勞，特加太子太保。

《國榷》卷八五 壬子，擒設科于霑益別寨。

《熹宗實録》卷三八 癸丑，太子太保、吏部尚書張問達十三疏乞歸，詔賜馳驛去，仍加少保，予以新銜誥命。

裁施歸兵道、西瀼把總各一員，從兵部覆鄖陽撫治蔡復一奏也。

《國榷》卷八五　十月辛酉，平遼總兵毛文龍報劉愛塔之死。遣都司張盤潛師夜復金州，今欲據金州，圖三衛。又滿浦昌城之捷，斬百三十八級，俘四人。總兵沈有容報三日內統師出海，彼已棄金州不守。又報六月張盤風入麻洋島，船壞寄居。又報九月二日彼偵金城有人襲殺二百餘人，張盤向住麻洋島，敵燬其城。塘報互異，命核之。登、萊巡撫袁可立奏：劉愛塔事泄而金州空，沈有容以兵寡不可守，而張盤入據。聞金州有人率衆逼張盤于麻洋島，此金州復而不復之實也。上敕奬文龍，賜百金蟒服，勞吏卒三萬金。

甲子，袁善屢敗賊，屯安南衛。

丙寅，廷讞李維翰、楊鎬、李如柏等九人，出入長安右門，俱舍人持械鐐。上聞之，刑部郎中徐繩訓、主事洪聲遠、副兵馬段杲、張新聘並謫。

己巳，皇長子慈炅生，旋殤。

戶部尚書李宗延言屯田，太僕寺兼御史董應舉稱畿東屯地極多，亦易爲效，所領帑金，開荒止二萬餘，收麥黍稻見五萬五千餘石，黑豆粟雜糧及涿州水旱子粒未報，明效已見。臺省交章請加節鉞，有旨加銜巡撫。

《熹宗實録》卷三九　癸酉，陞左都御史趙南星爲吏部尚書。

甲戌，陞五軍營副總兵萬化孚爲總兵官。

《國榷》卷八五　葉向高等復請停刑。

貴州總督楊述中奏：副總兵左世選等破安氏碗蛤坣、羊雀坣等，俘斬千二百餘級，獲人畜亡算。

丙子，葉向高等固請停刑。許之。

丁丑，轉漕粟十萬石餉毛文龍。

《明通鑑》卷七八　己卯，皇次子慈焴生。

《國榷》卷八五　癸未，徵戶部二十萬金，冏金十五萬，光禄寺、順天府各五萬，頒賞。

乙酉，巡視光禄戶科給事中陸文獻言：本寺見金五萬五千有奇，今徵五萬，寺臣何喬遠銜命不敢盡進，不得已進三萬金，猶未蒙俞旨，望皇上矜允。命下部議。

《熹宗實録》卷四〇　閏十月辛卯，陞吏部左侍郎蕭雲舉爲禮部尚書兼學士，掌詹事府事。太常寺卿管國子監祭酒事南師仲爲禮部右侍郎，協理詹事府事。

《國榷》卷八五　乙未，大學士葉向高擬恩詔，請收降謫翰林科道各官，如文震孟、鄭鄤、毛士龍、侯震暘、熊德陽、賈繼春、江秉謙等七人，上以震孟難遽釋。

《熹宗實録》卷四〇　戊戌，以刑部尚書孫瑋爲吏部尚書，管都察院左都御史事。起禮部右侍郎張邦紀以原官管理軍職貼黄。

陞兵部左侍郎張經世爲戶部尚書，總督倉場。

平遼總兵毛大龍塘報：董骨寨大捷，斬級二百三十有奇，生擒四人，獲馬九十四匹，器械二百三十件。所司勘實。上嘉其功，降勑奬勵，賜以金蟒，仍發帑金三萬兩充賞功等費，其糧餉令戶部議處。

《明通鑑》卷七八　壬寅，以皇子生，詔赦天下。

《熹宗實録》卷四〇　庚戌，陞陝西三邊總督李起元爲南京戶部尚書。

癸丑，加協理戎政左副都御史朱光祚爲兵部尚書。

《明通鑑》卷七八　是月，貴州巡撫王三善屢破水西賊，遂次大方。

《國榷》卷八五　十一月己未，推恩外戚，太子太保新城伯王昇進侯，子錦衣指揮僉事王國興進指揮同知，從子國泰正千戶，都督同知張國紀進右都督，指揮使王學段、黄彝並都指揮僉事，皇貴妃范氏弟錦衣衛指揮僉事范守仁進都督同知，守義指揮僉事。

《熹宗實録》卷四一　壬戌，命福建道御史李思啓浙江巡按，四川道御史練國事巡督漕儲。

甲子，陞刑部左侍郎喬允升爲本部尚書，保定巡撫兵部左侍郎張鳳翔回部管右侍郎事，寧夏巡撫李起元爲三邊總督。

《國榷》卷八五　監軍布政使謝存仁、右參議王鍈、副總兵袁善會于普安，一日夜抵八納山，斬渠帥尹王保。

丁卯，寧夏巡撫右副都御史李從心爲兵部右侍郎兼右僉都御史，總督陝西三邊軍務。

《熹宗實録》卷四一　陞寧夏巡撫副都御史李從心爲兵部右侍郎兼右僉都御史，總督陝西三邊軍務。

庚午，吏部尚書管都察院左都御史事孫瑋三年考滿，加太子太保，給與應給誥命，廕一子入監讀書。疏辭不允。

《國榷》卷八五　〔甲戌〕，哈喇慎部夷朗素貴英糾三十六家挾賞，謀犯中右所。參將王樬行邊至仙靈寺，遇伏死之。

丁丑，川師入龍場，奢寅中創而遁，擒奢崇明妻安氏弟崇輝及僞大學士蔡金貴、僞經略李健、僞丞相張問極、僞總督王三思等，斬千餘級。

《熹宗實録》卷四一　庚辰，革援黔副總兵金汝佐職，提問追贓，以按臣侯恂糾其不律也。

壬午，添設門工右侍郎一員，以通政使吳用先爲之。

《國榷》卷八五　貴州巡撫王三善劾援黔總兵官麻鎮援黔避粤，借募侵餉，逗留觀望，致悮圍城。上命逮之。

保定巡撫張鳳翔言：保定舊七營各不過千人，練兵營則抽各營二三百，頭緒紛紜，于是并爲五營，可裁僉書一。真定亦七營，各不過千三四百人，練車營則抽各營亦三五百，亦頭緒紛紜，于是亦并爲五營，餘官皆裁。每營中軍一，把總領五百人，不設千總。兵部咨到加銜官共二百四十餘員，正考留九員。上從之。

十二月丙戌朔，遼東巡撫張鳳翼言：今日請敕該部以收拾人心爲第一義，遼官無祿者，准舊餉補支。遼士無歸者，准前衛設官署事。遼人陷虜求還者，准撫賞內濟贖。凡指揮千百户文武生童及各被虜男婦，行關內關外寧前各道查明安置，更慨發軍需以資急用。原設遼東每年馬價，求查發市馬。部覆如議。

泰寧等衛夷人炒禿等貢馬，頒賞衣段本色絹靴韈折給，至是並求折價。禮部爲請，從之。

工科左給事中楊維新言：屯田董應舉報收紅白稻一萬五千餘石。今關外缺餉，當本色抵新餉，聊濟斗米四錢之厄。從之。

丁亥，貴州巡撫王三善會師十萬于明宗渡。分五路，道臣岳具仰等監之，值賊敗之，追渡河，復渡烏江，七戰皆捷。

戊子，御史蔣允儀巡按陝西，魏光緒巡按山東，高推巡視京營。

癸巳，登萊總兵沈有容罷。東兗總兵楊肇基代之，即裁東兗總兵，設參將。

《明通鑑》卷七八　命朝鮮李宗暫統國事。

《熹宗實録》卷四二　乙未，協理京營侍郎朱光祚遵旨請改敕書，併繳關防。

《國榷》卷八五　辛丑，兵部尚書趙彦復言開路通滇之宜：封疆之事，議創不如議因，闢新不如闢舊。漢諸葛亮南征雍闓，由越嶲入，而五月渡瀘者即建昌路也。又按輿圖，自四川雅州入雲南省城，驛站相距餘于百里者無幾，不過添驛遞四五所，而不足于百里者，更相其山川之險易，人居之密疎，以增郵驛。請除部餉六萬爲建昌開路費。從之。

《熹宗實録》卷四二　丙午，户部尚書管南京都察院事王永光再疏引疾乞休。許之。

《國榷》卷八五　己酉，總督貴州兵部左侍郎楊述中報巡撫王三善入巢屢捷，安邦彦、奢寅等僅以身免，首功萬八千餘級，械畜亡算。官軍行過河。上悦，諭户部勞吏卒三萬金。

廷議以督輔在，停總督，惟偏沅仍巡撫及按臣督餉。從之。

總督薊遼少傅兵部尚書王象乾言：兩年三季撫賞共金三十二萬六千九百有奇，視舊歲額二十萬爲減，且求去。命候代。

總督四川兵部右侍郎朱燮元言，總兵官李維新、監軍副使李仙品、僉事劉可訓等各五道進兵，入龍場，擒奢崇明及僞軍師蔡金貴并婦安氏，斬千餘級。

《明通鑑》卷七八　庚戌，以魏忠賢提督東廠。

《國榷》卷八五　辛亥，王三善自引兵克金銀山。

乙卯，黎維祺襲安南都統使。初，黎維新于萬曆己未年死，維祺僅十三齡，政在衆目，至是遣官請襲。

天啓四年（甲子、一六二四）

《明通鑑》卷七九　正月丙辰朔，長興縣民吳野樵作亂。

《熹宗實録》卷三八　戊午，貴州巡撫王三善以大方餉盡，議班師。陳其愚輸情於賊，私樹嫖焉，賊急進我，副總兵秦明屏被殺，秦佐明、祚明突圍出，賊勢復張。

乙丑，王三善兵敗於鴨池，自刎不死，擁衆執之不屈，遇害。

庚午，少傅兼太子太傅、户部尚書、武英殿大學士何宗彦卒。

壬申，御史崔其觀劾漳南道副使程再伊聽副使張嘉策受紅夷三萬金，許澎湖互市。

丁丑，妖人王好賢從徐鴻儒而逃，至是獲誅。

《國榷》卷八六　戊寅，蘇州府同知楊姜削籍，以織監李實奏其擅減袍服，得嚴旨。巡撫周起元言姜守官清正，特謁織監不行屬禮，亡罪被誣，竟奪職，起元之禍蘖矣。

《熹宗實録》卷三八　辛巳，吏部推鄒元標南京吏部尚書，不聽。左副都御史鄭三俊爲户部添設右侍郎，時與元標同推，獨用。

工部尚書王舜鼎言：各鎮器甲自造，不得專乞京庫，虚其根本。從之。時鎮樂和聲、總兵王威各求發京庫。

裁施歸兵備僉事。

《熹宗實録》卷三九　二月丙戌，吏部再推鄒元標南京吏部尚書。上老之，不允。葉向高言元標精勤可任，不聽。

辛亥，南京工部尚書張輔之致仕。

壬辰，總督倉場户部尚書張世經致仕。

《國榷》卷八六　乙未，戎政兵部左侍郎朱光祚奏核練餉節費。先是元年發練餉三萬，二年發帑三十萬，逾歲費殆二十萬。債帥奸徒出入莫問，光祚核銀十四萬六千二百六十餘，勒石貯庫。

戊戌，南京刑部尚書李養正致仕。

辛丑，應天府尹畢懋良爲户部右侍郎，總督倉場。

鄧漢爲右僉都御史，巡撫順天。改撫治鄖陽蔡復一爲兵部右侍郎兼右僉都御史，巡撫貴州。

《熹宗實録》卷三九　壬寅，東廠太監魏忠賢奏減香品。從之。

癸卯，工部左侍郎陳長祚爲尚書，總督兩廣。兵部右侍郎胡應台爲南京刑部尚書，南京太僕卿林才爲南京通政使。起俞安性爲右副都御史，巡撫遼東。

己酉，進錦衣衛田爾耕少保兼太子太保，魏良材等各陞級，以緝捕功。

《國榷》卷八六　三月乙卯朔，初，廷議裁薊遼總督，以山西道御史王昌祚言。仍之。

丙辰，宣大總督兵部右侍郎兼右僉都御史吴用先改總督薊遼。廣西巡撫何士晉爲兵部右侍郎兼右僉都御史，總督兩廣。

《熹宗實録》卷四十　丁巳，總督薊遼兵部尚書王象乾去冬聞訃，至是代去，進少師兼太子太保。

登、萊巡撫袁可立罷。

辛酉，户部尚書李宗廷請發帑銀八十萬救黔。上命部先措十萬，借價十萬，餘俟外解，毋請帑塞責。

浙江道御史袁化中言弭灾實政，請召鄒元標、王紀、毛士龍、熊德陽、侯震暘、江秉謙、賈繼春、文震孟、鄭鄤、徐大相等。上許之。

甲子，河南巡撫兵部右侍郎兼右副都御史馮嘉會改總督宣大。陝西參政宋槃爲右僉都御史，巡撫陝西。太僕少卿董元儒爲右僉都御史，巡撫廣西。

己巳，翰林編修方逢年纂修實録。

辛未，太僕寺卿程紹爲右副都御史，巡撫河南。太常寺卿武之望爲右副都御史，巡撫登、萊。

乙亥，左都御史孫瑋言：御史奉使回道考察，舊制也，今多稱疾不繇本院。請自今考察回道，俱定於御前復命，違限二月以上炤《會典》參處。各御史果疾，在地方巡撫代題，如到京，臣院代題，不得自奏。從之。

丙子，進田爾耕少傅兼太子太保。

《國榷》卷八六　丁丑，魏忠賢廕錦衣百户，賚金幣，時緝僞札，吏科右給事中彭汝楠言其濫，不聽。

總兵蕭如薰鎮保定，黄越鎮貴州，提督平清等衛。王雲鵬署都督僉事總兵，鎮湖廣。

《明通鑑》卷七九　杭州兵變。

時九營兵以正月有諸生家張燈，火起，延燒房屋，諸亂卒乘之起，拆錢唐門外更樓十座。有楊把總者，約束營兵勿預亂，而各兵遽縛本弁還營，懸之高竿，欲以弓矢斃之。兩游擊撫之乃定，竟革把總職。

《國榷》卷八六　四月丙戌，總督雲貴楊述中免，總兵魯欽、裨將尹伸等並戴罪，止調南京浙廣兵，以御史王政新劾述中貪庸誤國也。

庚寅，蔡復一爲總督雲貴、湖廣、辰常等軍務，兼巡撫貴州。

甲辰，司禮太監王體乾、魏忠賢各乞祠額。禮科給事中霍守典言：此卹典也，在身後不在身前，在二臣爲非禮之請，在皇上爲非禮之予。不聽。

《明通鑑》卷七九　乙巳，下内閣中書汪文言鎮撫司獄。

《熹宗實録》卷四一　己酉，諭仍行當十大錢，嚴私鑄。

諭楚王進鯉鮓百斤，黄魚十，甜糟茄、瓜、薑、蔓蒿各一器。又中宫鱭鮓、鰣鮓、鯉鮓各百斤，並暫免餘加額。

工部尚書王舜鼎卒。

《明通鑑》卷七九　是月，封李倧爲朝鮮國王。

五月甲寅朔，福寧兵變。

時倉官林廷柱乾没軍儲，餉不以時給，亂卒張天錫等煽流民揭竿而起，脅衆閉城，辱官毆吏，城門閉塞者十有三日。守道宋震生撫之，乃定。

《國榷》卷八六　錦衣衛指揮同知署北鎮撫司劉僑以寬汪文言削籍，許顯純代之。

己未，巡撫浙江王洽，以浙兵驕，易鼓亂，求免調援黔。許之。

《熹宗實録》卷四二　壬戌，增鹽課。除陝西河東池鹽雲南應額不增，兩淮、兩浙、長蘆、山東、福建、廣東、四川共增課五十四萬七千九百九十三兩。

貴州總兵黄鉞求沿途招募。不許。

《國榷》卷八六　甲子，沈漼卒。漼烏程人，萬曆壬辰進士，選館，歷太子太保、禮部尚書、文淵閣大學士。

《熹宗實録》卷四二　丁卯，孫承宗求去，舉趙彦自代。不許。

甘肅松山銀定台吉糾海西古六台吉犯甘肅。榆林兵備宋槃、遊擊周世顯以報，巡撫李若星豫備之，總兵董繼舒擊斬二百七十七級，大創去。

庚午，平遼總兵毛文龍請餉百萬，部議四十萬，報可。

《國榷》卷八六　甲戌，工科都給事中楊維新請發帑助慶陵。并嚴挪借考成之法，言外解虧百六十餘萬，非盡在民也，或州縣解府，府解司，各移而用之，上下相蒙，撫按不核，安得不愈久愈多耶。今限州縣解銀，係某項即鑿某項字于上及年月，册上之府，府册上之司，司並府州縣册上之部，則挪移之弊可祛矣。至考成之法，應解錢糧，越一季作何罰治，越二季罰倍之，越一歲則漸加焉，以十分爲率，完及八分亡罰，虧二三分作何罰治，四五分罰倍之，六七分則漸加焉。府不責之州縣則罰府，司不嚴之府則罰司，撫按不嚴之司則並及撫按，斷在必行，如此而猶虧額，臣不信也。上以金花銀不許，餘如故。

己卯，南京禮部尚書黄汝良致仕，進太子少保。

壬午，督師大學士孫承宗上《車營圖説》。計騎步二十四營，合爲車營，外有前鋒後勁，騎兵七營，合騎步九萬二千八百五十六人。內步兵四萬一千八百五十六人俱足，騎兵五萬一千人。見少一萬五千七百八十九人，議催各鎮兵，可得萬人。其馬宜六萬三千六百十三匹，今少六千五百八十九匹，擬于京營量選三千五百，太僕寺量兑三千一百。其各營所需細大之數約七十餘萬，乞發帑金二十四萬。上是之，發十萬。

安南禄州酋韋德成殺何惇來獻。

《明通鑑》卷七九　六月癸未朔，左副都御史楊漣，抗疏劾魏忠賢二十四大罪。【略】疏上，忠賢懼甚，求解于韓爌，爌不應，遂趨上前泣訴，且辭東廠。而客氏從旁爲剖析，王體乾等贊之。上懵然不辨也，遂温諭留忠賢，而于次日下漣疏，嚴旨切責。

《熹宗實録》卷四三　丙戌，通州新兵譁，户部急以漕折萬金餉之。

丙申，皇子慈焴薨，謚悼懷太子。

丁酉，内官調進等騎入禁内，仍傷守卒。

戊戌，撫寧侯朱國弼論魏忠賢，命閑住，奪禄三年。仍命錦衣衛逮書奏人及舍人。

《國榷》卷八六　壬寅，兵部覆：兵科給事中吴弘業修屯設戍，疏言建昌以五衛八所扼四十八洞寨之蠻猓，額軍五萬有餘，屯糧五萬有餘，内地協濟糧米十三萬有餘。今僅存五千二百餘人，欲以禦千五百里之烏道，其可得乎。今留永寧、遵義兵萬餘，簡精鋭戍越嶲，亦急則治標之着，即以開路銀六萬爲餉，所薦僉事胡平表、都司陳廷對，即留任鎮守建南。從之。

逮巡城御史林汝翥，杖之百，削籍。

《熹宗實録》卷四三　丙午，禁京營冒兑官馬。

丁未，四川總督朱燮元俘僞都督李遠達等二十五人至京。

《明通鑑》卷七九　杖工部郎中萬燝于廷，斃之。

《熹宗實録》卷四四　七月癸丑朔，順天巡撫右僉都御史鄧渼言、林汝翥畏罪潛逸，懼如萬燝隕命羣璫之手，上命逮入杖之。

乙卯，御史潘雲翼言羣璫毆死萬燝，有傷國法。

《明通鑑》卷七九　辛酉，大學士葉向高罷。

《國榷》卷八六　壬戌，兩廣總督胡應台言，廣州民變，以米貴由于私販，毆知府程光陽，辱及按臣，立斬首亂五人乃定。

朱光祚爲工部尚書，總理河道。南師仲爲南京禮部尚書。

御史李應昇訴萬燝之冤。

《明通鑑》卷七九　〔癸亥〕，河決徐州魁山堤，東北灌州城，城中水深一丈三尺。一自南門至雲龍山西北大安橋，入石狗湖；一由舊支河南流至鄧二莊，歷租溝東南以達小河，出白洋，仍與黄會。徐民苦墊溺，議集貲遷城，給事中陸文獻上徐城不可遷六議，而勢不得已，遂遷州治于雲龍山，河事置不講矣。

《熹宗實録》卷四四　乙丑，南京給事中楊棟朝論魏忠賢罪。已，御史趙應期、楊玉珂交劾之。

《國榷》卷八六　丁丑，南京兵部尚書陳道亨、右侍郎岳元聲等合言：忠賢惡貫既滿，必不可容。楊漣疏詞逼真，必不可棄。此豈盡仇于忠賢而比昵于楊漣哉，凡以公聽並觀，見忠賢假心小勞，恣其大逆，邇來朝政參差，國勢搶攘，物力凋耗，豈無召致而然。乞將忠賢罪狀，即賜處分。不聽。

《明通鑑》卷七九　是月，封光宗選侍李氏爲康妃。

初，上暴選侍罪狀，命停其封號。至是魏忠賢爲之請，從之。

《熹宗實録》卷四五　八月甲午，左都御史孫瑋卒。

時推楊漣署印，不報。御史李先春請總憲簡推召望，以給事中陳良訓疏補總憲。諭取在朝俸深者，意户部尚書李宗延也，故先春及之。

戊戌，禮科給事中霍守典劾都督李如恩乞恩乘轎之違例。是日，申明《會典》輿服之禁。

壬寅，給事中羅尚忠言内廷之留中漸多，刺及忠賢。

癸卯，高攀龍爲左都御史。

辛亥，李維禎爲南京禮部尚書。

《熹宗實録》卷四六　九月壬子朔，勑各省搜訪志傳備史館，從御史劉芳之請。

己未，工部尚書陳長祚免。

庚申，貴州巡按御史傅宗龍奏誅安氏黨陳其愚。其愚兇狡多計，至是伏誅。

《國榷》卷八六　戊辰，督師大學士孫承宗疏救楊漣、熊廷弼、王化貞，求末減遣戍。又云：經撫不可兼設，廷弼、化貞兼設之害，致兩相牽而不得盡。向使任一人以責其成而事不中制，人不多言，彼一人其何説之辭。至于佟卜年，姑付臣爲招降之用。如其事有可疑，臣從軍中法，易行耳。諭：楊鎬等朕姑待以不死，佟卜年果係軍機，再密奏定奪。

刑科給事中顧其仁等請誅遼左失事之臣李維翰、楊鎬、熊廷弼、王化貞。

左都御史高攀龍劾兩淮巡鹽御史崔呈秀貪穢，命奪秩勘奏。

《熹宗實録》卷四六　庚辰，馮從吾爲工部尚書。

《熹宗實録》卷四七　十月己丑，戒諭百官，勑曰：近日蹊徑岐分，意見各别，愛憎毁譽，附和排擠。大臣顧(昔)〔惜〕身名，動思引去。小臣瞻風望氣，依違自合。職業不修，政事隳廢，當由紀綱不肅，結黨徇私，以至於此。特戒諭爾等滌慮深思，更私易轍。

《國榷》卷八六　壬辰，吏科都給事中魏大中、御史李應昇劾魏廣微驕蹇，祀太廟不至，被糾悻悻，疾視諸臣。廣微遂引疾乞休。

甲午，會議陳九疇參謝應祥及魏大中、夏嘉遇相訐事。上以謝應祥于魏大中有師生之雅，事屬自欺，且去輔專以門生招議，大中欺朕幼沖，把持會議，夏嘉遇陳九疇互相攻訐，成何政體。大中、九疇、嘉遇各降三級調外。給事中沈惟炳疏救，降一級謫之。

丁酉，吏部尚書趙南星乞休。許之。

命鴻臚寺官諭留魏廣微。

《明通鑑》卷七九　己亥，左都御史高攀龍罷。

《熹宗實録》卷四七　辛丑，戒諭羣臣，有「元兇已放，羣小未安」之語。

壬寅，給事中許譽卿等申救趙南星，謫之。

丙午，前大學士朱國祚卒。

己酉，吏部右侍郎陳于庭、左副都御史楊漣、左僉都御史左光斗削籍。時推喬允升、馮從吾爲太宰，謂黨庇也。吏部郎中張光前、御史房可壯、袁化中並調外。

《熹宗實録》卷四八　十一月辛亥朔，汪天瑞進永寧侯，郭振明進博平侯。

乙卯，四川總督朱燮元加兵部尚書，毛文龍爲左都督。

壬戌，以崔景榮爲吏部尚書，李宗延改吏部尚書，署都察院。

《明通鑑》卷七九　己巳，大學士韓爌罷。

《國榷》卷八六　壬申，給事中陶宗道言四事：慎起居、去疑吏、慎民命、鑒下情。降三級謫外，以疏有旁蹊借徑語也。

諭：近例轉各官多不公，徐大化、孫杰可陞京堂，霍維華、郭興治、賈繼春、楊維垣俱起原官，以御史潘士良署河南道，許宗禮爲吏科都給事中。

上出内帑六千金，給宛平、大興煮粥賑饑。

《明通鑑》卷七九　是月，大學士孫承宗請入覲，不果。

貴州官軍敗賊于普定。

《熹宗實録》卷四九　十二月辛巳朔，征南將軍黔國公沐昌祚卒。

《明通鑑》卷七九　復逮汪文言下鎮撫司獄。

牛得用。

《熹宗實録》卷四九　甲申，巡撫陝西右僉都御史宋槃奏，兩當民變，殺知縣

己丑，周希聖爲南京户部尚書。

《國榷》卷八六　壬寅，大學士朱國楨罷。

刑部尚書喬允升罷。

以黄克纘爲工部尚書，郭尚友巡撫保定，張樸巡撫大同。

乙巳，命史記事、李炳恭、丁元薦、賀烺、沈應奎仍照計典革仕，毛士龍削籍，王元翰、李邦華閒住，孫鼎相、魏大中回籍聽勘，汪文言仍逮治。

巡撫應天右僉都御史周起元削籍，以疏救同知楊姜，悖旨曲庇及前劾朱童蒙也。

天啓五年（乙丑、一六二五）

《熹宗實録》卷五五　正月辛亥，詔以蘇松等府扣留新餉銀五萬兩賑濟江南災民，務沾實惠，不得虚冒塞責。

《國榷》卷八七　許崔呈秀復官。

甲寅，給事中李魯生言：朱童蒙疏論講學，亡何例轉，遽以病去，皇上特旨留之，而周起元參疏至矣。諸奸傾陷正人，動曰中旨。夫旨不自中而誰出哉？執中爲帝，宅中者王，而旨不得稱中，必由汪文言之關説王安之交通閣部之雷同而後爲旨，則旨真外矣。自小人得志，屏逐忠良，如阮大鋮、陳爾翼、張素養、李嵩、張捷等，或例轉，或病去，願皇上再起之。命召阮大鋮等。

丁巳，南京禮部尚書李維楨引疾去。

《熹宗實録》卷五五　辛酉，兵部請於常盈庫貯馬價銀内動支一萬兩，差官解赴陝西布政司，以備天啓五年分互市之用。上報可。

准浙江帶運遼米暫折一年，後不爲例。

壬戌，發户部銀四萬一千三百二十六兩零，解山海關撫夷道衙門，爲撫賞錢糧。

己巳，命考選科道官限四十名内，不得過多。

壬申，補發天啓四年冬季山西鎮主客兵年例銀二萬一千四百五兩零。

乙亥，命太僕寺發馬價銀二萬二千四百兩，又加增銀二千八百兩，解運順天撫院衙門，爲天啓六年撫夷之用，從樞臣趙彦請也。

起原任南京刑部尚書李養正爲刑部尚書，陞禮部左侍郎兼翰林院侍讀學士董其昌爲南京禮部尚書。

《國榷》卷八七　戊寅，慶陵成。進孫承宗少師兼太子太師，顧秉謙、朱延禧少傅兼太子太師，魏廣微少保兼太子太傅，廕中書舍人。舊輔葉向高加上柱國，朱國楨進少師兼太子太師。内臣俱廕，惟魏忠賢廕都督同知。工部尚書柳佐等各陞賞有差。

《熹宗實録》卷五五　發帑金十萬兩應黔省急需。

己卯，新設苑馬寺儒學銓除教諭一員。

《國榷》卷八七　南京兵部尚書陳道亨罷。

《熹宗實録》卷五六　二月庚辰朔，命保定總兵蕭如薰仍以原官充總兵官，鎮守永平等處地方，專管馬、松、喜、太四路。

辛巳，發太僕寺馬價銀一萬兩解陝西布政使司咨寧夏巡撫衙門。

癸未，發太僕寺馬價銀二萬兩解薊遼總督衙門，發太僕寺馬價銀二萬兩解宣府撫院衙門，爲本年馬價之用，從樞臣趙彦請也。蠲正陽等門廊房租税。

戊子，户部請發天啓五年春季各鎮主客兵年例銀，延綏鎮九萬四千兩，寧夏鎮二萬七千兩，甘肅鎮四萬一千兩，固原鎮一萬八千兩，下馬關上半年年例銀二萬一千兩。上是之。

《國榷》卷八七　辛丑，命京堂自陳。張鶴鳴、申用懋、王永光、許弘綱、商周祚俱需用，徐良彦鐫三級，從御史崔呈秀疏薦也。

癸卯，前南京吏部尚書余懋衡引疾。許之。

《熹宗實録》卷五六　丁酉，户部請發天啓五年春季各鎮主客兵年例銀，薊州鎮一十萬六千七百一十七兩零，密雲鎮九萬一千三百四十七兩零，永平鎮七萬二千四百六十六兩零，昌平鎮三萬五千五十八兩零，易州鎮三萬六千六百四十八兩零。上是之。發太僕寺馬價銀一萬兩解密雲交管餉通判衙門，爲天啓六年犒賞之用。又發馬價銀三千六百兩，解薊州餉司，爲本年灤陽兵餉之用。

辛丑，詔停止准貢事例，永不許開。

甲辰，總理河道工部尚書朱光祚乞休。許之，著馳驛去。

《國榷》卷八七　乙巳，下李承恩鎮撫司，以擅用赭黄袍、龍盒等。

《熹宗實録》卷五六　丁未，揭榜中式舉人華琪芳等三百名。

《明通鑑》卷七九　二月，檢討丁乾學、方逢年、顧錫疇、吏科給事中郝士膏、

禮科章允儒、兵科董承業、户科熊奮渭、主事李繼貞俱降調，尋斥爲民。

《熹宗實録》卷五七　三月壬子，太子太保、工部尚書協理部事柳佐卒於官。

癸丑，刑部疏奏問過犯官陶朗先侵盜餉銀四十萬二千七百二十七兩，監候追贓。得旨：著該部上緊立限，嚴追其各犯來還銀兩，并著該撫按作速追完具奏。

《國榷》卷八七　甲寅，起南京兵部尚書王在晉爲南京吏部尚書，南京户部尚書王永光爲南京兵部尚書。

《國榷》卷八七　上幸太學。内臣魏忠賢、王體乾皆賜坐，大臣不得賜茶。

丁巳，烏撒叛目安效良寇霑益炎方，不克，副總兵袁善、宣撫使沙源力戰，敗之。

《熹宗實録》卷五七　己未，兵部尚書趙彦搜班軍折價銀共一十一萬九千八百餘兩助工。

《國榷》卷八七　癸亥，策貢士于皇極殿，賜余煌、華琪芳、吴孔嘉等進士及第、出身有差。

《熹宗實録》卷五七　甲子，起陞原任薊遼總督文球爲兵部右侍郎兼都察院右僉都御史，協理京營戎政。起陞原任大同巡撫董可威爲工部添設右侍郎，協理工程事務。

陞南京太僕寺卿申用懋爲右副都御史，巡撫順天地方。陞山西按察使張曉爲右僉都御史，巡撫宣府地方。

丁卯，命後軍都督府都督僉事沐啓元襲祖爵，掛印充總兵官，鎮守雲南等處地方，仍著和衷撫按，協力援黔，以報國恩。

《國榷》卷八七　戊辰，命太監王敏政、胡良輔封李倧爲朝鮮國王。道皮島，賜毛文龍金蟒，又金四萬，蟒紵一百二十，以備賞功。

《明通鑑》卷七九　甲戌，以朱燮元總督雲、貴、川、湖、廣西軍務。

時貴州之敗，廷臣以王三善等失事，由川兵不能協助，議合兩督府併歸一人，兼督五路之師，乃有是命。

《熹宗實録》卷五七　起原任户部尚書李長庚以户部尚書管右侍郎事兼右副都御史，督理遼東糧餉兼巡撫天津等處地方，備兵防海。

《明通鑑》卷七九　丁丑，繫汪文言獄，逮前副都御史楊漣、僉都御史左光斗、給事中魏大中、御史袁化中、太僕少卿周朝瑞、陝西副使顧大章。

《熹宗實録》卷五八　四月辛巳，汪文言死於獄。鎮撫司以聞，得旨：汪文言不以病聞，如何遽死，許顯純好生疏縱。以後監犯務要著實防範，有病亦須醫治。

《國榷》卷八七　甲申，周應秋爲刑部尚書，協理部事。

《明通鑑》卷七九　乙酉，詔重修《光宗實録》。

《熹宗實録》卷五八　丁亥，發衛車一百輛并隨車銃砲於山海關。

癸巳，裁革山海關管糧通判。

《國榷》卷八七　南居益爲工部右侍郎，總理河道。王之臣爲兵部右侍郎，總督薊遼。

《熹宗實録》卷五八　戊戌，借冏寺銀十萬兩給薊鎮兵餉。

《明通鑑》卷七九　己亥，削大學士劉一燝籍，以霍維華論三案，首詆之也。

《國榷》卷八七　庚子，復王業浩、游鳳翔御史，高攀龍削籍。鳳翔例轉廣州知府，上言：方高攀龍貪用，臣有濫蔭、濫官、濫起之疏，故忌臣，囑夏嘉遇外補也。

甲辰，前御史方震孺削籍逮入，户科給事中郭興治劾其黨庇熊廷弼也。

乙巳，御史田景新、曾應瑞各論總督張我續及職方郎中方孔炤，削奪官誥。

《熹宗實録》卷五九　五月戊申朔，以盛暑暫輟日講。

己酉，起陞原任福建巡撫商周祚爲兵部右侍郎兼都察院右僉都御史，總督兩廣軍務。

兵部尚書趙彦三疏乞罷。得旨：卿定亂功高，筦樞猷懋，倚任方新，求退愈懇，准回籍調理，還著馳驛去。

《國榷》卷八七　庚戌，烏撒叛目安效良敗回。至清勒，值水西安邦彦兵至鹽倉，復攻霑益。效良者，邦彦之親也，順逆惟水西是視。水、藺皆叛，滇撫閔洪學以兵力不足，暫縻之，令擒賊自贖。效良亦佯順，擒安應龍以獻。至是見黔師出陸廣，滇師入霑益，有撫背扼吭之勢，遂合藺、水、霑益、安南諸部三十九營直攻霑益，副總兵袁善、宣撫使沙源力戰五日夜，破走之。

《熹宗實録》卷五九　辛亥，發宣府鎮年例銀七萬四千五百七十八兩六錢九分五釐，大同鎮一十萬九千七十二兩八錢二分八釐八毫。

《國榷》卷八七　壬子，御史崔呈秀請括保定、河間民兵，鎮江備倭軍需，并嚴追贓捐助。于是檢括帑羨，勒派助工，陪京郡國，所在騷然。

丁巳，詹事府禮部尚書翁正春罷。

庚申，賊至馬龍，副總兵袁善擊破之，斬三千餘級。已犯尋甸，又敗之。

《明通鑑》卷七九　癸亥，給事中楊所修，請集梃擊、紅丸、移宮三案章疏，仿《明倫大典》例，編輯爲書，頒示天下。霍維華亦以爲言，從之。

《熹宗實録》卷五九　發太僕寺馬價銀二萬二千二百九十二兩有奇于宣府。

丙寅，命山海戴罪總兵李秉誠、副總兵孫諫回部候用。

丁卯，吏部擬推原任宣大總督吴崇禮、南京吏部尚書王在晉爲兵部尚書。上以二臣路遥不便到任，著于在朝諸臣中多推幾員來看。

《國榷》卷八七　禮部尚書翁正春罷。

辛未，高第爲兵部尚書。

《熹宗實録》卷六〇　六月丁丑朔，命兵部尚書高第暫署工部印信，其本部尚書黄克纘、侍郎董可威著吏部速催到任。

禮部尚書蕭雲舉乞歸。上以兩朝講臣加陞太子太保，給與誥命，仍著馳驛去。

庚辰，督理遼餉兼巡撫天津户部尚書李長庚疏辭新命。准在籍調理，員缺命即推在京有心計者來用。

《國榷》卷八七　壬午，延綏巡撫右僉都御史翟鳳翀削籍。

乙酉，起商周祚兵部右侍郎兼右僉都御史，總督兩廣。

《明通鑑》卷七九　丙戌，内閣朱延禧罷。

《熹宗實録》卷六〇　起原任禮部尚書黄汝良爲禮部尚書，兼翰林院學士，掌詹事府事。陞太子賓客、吏部左侍郎周如磐爲禮部尚書兼翰林院學士，協理詹事府事。

癸巳，以總兵孫祖壽爲鎮守永平等處總兵官。

甲午，兵部覆：巡撫大同劉遵憲酌定三鎮貢市馬價，請命太僕寺照例動支馬價銀一萬五千兩，解赴大同巡撫衙門，預備天啓六年分本鎮互市馬價之用。報可。

《國榷》卷八七　丁酉，選庶吉士楊汝成等十八人。

削奪前禮部尚書王圖、巡撫遼東右僉都御史程正己、吏部主事程國祥、禮部主事趙昌運、南京光禄寺少卿彭遵古、御史李日宣官誥。

庚子，九門提督太監金良輔劾御史倪文焕擅杖官軍，有旨切責文焕。

《明通鑑》卷七九　甲辰，下楊漣、左光斗、袁化中、魏大中、周朝瑞、顧大章於鎮撫司獄。魏忠賢矯旨，「令嚴刑追比，五日一回奏，俟追贓完日，送刑部擬罪」。

是月，逮御史方震孺下獄。

《熹宗實録》卷六一　七月戊申，南京刑部尚書胡應台革任回籍，以御史莊謙奏爲邪黨也。

南工部尚書沈儆炌、南兵部侍郎岳元聲各捐俸助工。得旨：捐俸所濟幾何，以後各部俱照南京兵部，節省贓罰及無礙銀兩，盡數搜括解部，以支匱乏。

《國榷》卷八七　辛亥，太僕寺卿韓策、汪先岸削奪官誥。

《熹宗實録》卷六一　壬子，差户部山西司主事仇夢台解山海撫夷銀三萬兩。

命鎮守延綏都督同知楊麒以原官充總兵官，鎮守山海關南海口等處地方。

丁巳，遣鴻臚寺堂上官宣諭大學士魏廣微入閣辦事。

戊午，武清侯李誠銘進助大工銀三萬兩。

《明通鑑》卷七九　壬戌，毁首善書院。

御史張訥上疏，力詆鄒元標、孫慎行、馮從吾、余懋衡等，請毁其講學書院，從之。

《熹宗實録》卷六一　乙丑，吏部尚書崔景榮六疏乞休，賜馳驛回籍。

以都督僉事宋偉充總兵官，掛印鎮守延綏等處地方。

丁卯，甘肅巡撫李若星進搜括助工銀二千八百九十兩有奇。

《明通鑑》卷七九　庚午，副都御史楊漣、僉都御史左光斗、給事中魏大中卒于獄。

《熹宗實録》卷六一　天津巡撫黄運泰奏：海運萬分緊急，乞勑部速發應給脚價，以無悮關鮮大事。得旨：即將河南布政使司解到新餉銀十萬兩給發。

《明通鑑》卷七九　壬申，大學士韓爌削籍。

甲戌，削故巡撫李三才、光禄少卿顧憲成等籍。

時逆黨石三畏，追論萬曆辛亥、丁巳、癸亥三京察，首劾三才、憲成，遂及王圖、孫丕揚、曹于汴、胡忻、王元翰、王淑抃、湯兆京、王宗賢、王象春、趙南星、張問達、王允成、涂一榛，共十五人。死者追奪誥命，存者悉除名。

《熹宗實録》卷六一　丙子，以吏部尚書掌都察院事李宗延仍以吏部尚書回部管事。

《熹宗實録》卷六二　八月戊寅，巡撫河南都御史程紹奏進節省銀共六千三百兩助大工。

《明通鑑》卷七九　壬午，詔毁天下書院。東林、關中、江右、徽州各書院，俱行拆毁，變價助工，從逆黨張訥議也。

《熹宗實録》卷六二　丙戌，上念海外兵士乏餉，發帑金二十萬，遣官曹維信、郝國儒等解赴東鎮。維信等頗有侵没，平遼總兵毛文龍以諸臣航海艱苦，不録其過，疏請下部優擢，爲王事賢勞者勸。上謂：此番盜去銀六千兩，如何含糊不明，以後差官解銀到彼，必驗數實收奏報，有攜帶貨物抵銀者，不許容情濫收，以虚朝廷優卹孤軍至意。

《明通鑑》卷七九　戊子，暴楊、左及熊廷弼罪。諭内閣：「言官有陰懷觀望，借題報仇，或捏寫蜚書，希圖翻案者，朕按祖宗紅牌之律，以説謊欺君之罪治之。」皆忠賢矯旨也。

《國榷》卷八七　周如磐以原官兼東閣。丁紹軾、黄立極爲禮部尚書、馮銓爲禮部右侍郎，並兼東閣大學士。

《熹宗實録》卷六二　兵部尚書、大學士孫承宗開報：汰過關門兵馬總數，原額官兵一十三萬四千四百三十三員名，今共汰過一萬七千三百四十七員名，見在官兵一十一萬七千八十六員名。原額馬騾驢駝牛五萬九千五百一匹頭隻，今汰過五千六百四十九匹，見在五萬三千八百五十二匹頭隻，歲省餉銀及米豆草等項共六十餘萬兩。上命該部知之。

乙未，南京吏科給事中郭如闇等奏進後湖歷年節省銀四千兩助大工。

《明通鑑》卷七九　御史袁化中卒于獄。

《熹宗實録》卷六二　丁酉，起陞原任宣大巡撫吴從禮爲南京刑部尚書。

己亥，大學士魏廣微四疏乞休，命加少傅兼太子太師，廕一子中書舍人，加賜銀一百兩，綵段四表裏，大紅紵絲坐蟒一襲，遣行人護送馳驛歸里。太子太保、禮部尚書林堯俞三疏乞休，命馳驛去。

巡鹽御史陸世科奏進節省銀三萬二千八百三十兩助大工。

《明通鑑》卷七九　壬寅，殺前遼東經略熊廷弼。

甲辰，太僕少卿周朝瑞卒于獄。

朝瑞嘗請宥熊廷弼罪，令守山海；逆黨徐大化與之相訐，至是遂竄入汪文言獄中，坐受廷弼賄，斃之。

《熹宗實録》卷六三　九月戊申，户部尚書李起元請發各鎮主客兵年例，額設秋季餉銀薊鎮十萬六千七百一十七兩九錢五分七釐三毫三絲七忽五微，密雲鎮九萬一千三百四十七兩九錢一分六釐五毫，永平鎮七萬二千四百六十六兩六錢二分，昌平鎮三萬五千五十八兩一錢一分八釐四毫八絲八忽五微，易州鎮三萬六千六百四十八兩九錢五釐，各兑發如額。

《國榷》卷八七　辛亥，吕飛熊爲户部尚書，總督倉場。

《明通鑑》卷七九　壬子，遼東總兵官馬世龍，誤信降人劉伯漒言，遣前鋒副將魯之甲、參將李承先襲取耀州，敗于柳河，皆死之。

《熹宗實録》卷六三　癸丑，兵部題：遼鎮秋季撫賞虜酋虎拱紗花等銀，原題二十一萬三千九百三十七兩五錢，已解十萬，合再補發十一萬三千九百三十七兩五錢，乞令解官於太僕寺分領。報可。

《明通鑑》卷七九　甲寅，以門工，蔭魏忠賢弟姪一人錦衣指揮僉事，一人都督同知。

《國榷》卷八七　丁巳，前兵部左侍郎孫居相、尚寶司丞史記事並削奪官誥，工科給事中虞廷陛論其黨李三才也。

前南贛巡撫梅之焕，以出趙南星之門，削奪官誥。户科給事中陳序糾之，并及孫居相賄賸節鉞，託言問餽，至二萬一千有奇，又票取共金九千餘兩，命撫按逮訊追贓。

戊午，總督河道工部右侍郎南居益削奪官誥，吏科給事中黄承玄論其倚黨躐陞也。

右僉都御史楊鶴、御史江秉謙、夏之令削奪官誥，起蘇琰、余合中、林一桂原官，以御史卓邁疏糾薦也。

起邵輔忠順天府丞，姚宗文太常寺卿，各添注。起元詩教、趙興邦給事中，李徵儀、牟志夔御史。

己未，削奪周道登官誥，以黨故。

《明通鑑》卷七九　庚申，前陝西副使顧大章卒于刑部獄中。

《國榷》卷八七　壬戌，前吏部尚書崔景榮削籍，御史倪文焕劾之。

御史夏之令詆毛文龍幾誤封疆，命逮之令及中書舍人吴之瑞、海運通判吴世科，並下詔獄。世科以千金寄弟之瑞，事覺，後並戍。

癸亥，顧秉謙推周道登纂修實録，不許，以黨人削籍。

丙寅，督輔孫承宗發兵襲耀州。

《熹宗實録》卷六三　丁卯，會試天下武舉，取姚萬憲等一百名。

戊辰，陞總督三邊軍務、兵部右侍郎兼右僉都御史李從心爲工部尚書，總理河道。

《國榷》卷八七　括南京大内舊銅鑄錢。

賜魏忠賢、客氏金印各一，篆曰欽賜顧命元臣忠賢印，欽賜奉聖夫人客氏印，各重二百兩。

逮惠世揚。仍追楊漣、左光斗、周朝瑞、魏大中、袁化中、顧大章遺贓。後世揚論死。

十月丙子朔，皇子慈炅生，容妃任氏出。

《熹宗實録》卷六四　刑部讞矜疑犯人朱嘉壽等十九名，得旨釋放及改戍各有差。

《國榷》卷八七　壬午，兵部尚書高第經略遼東。宣至文華殿，賜尚方劍及蟒玉金綵。

癸未，廕魏忠賢都督僉事。

《熹宗實録》卷六四　丙戌，以皇子生，允刑部覆各省直暫免行刑。

戊子，户部以天寒，循例賑濟京師饑民。南城原額米三百九十六石，再增六百石。東城原額米三百九十六石，再增三百石。中、西、北三城原額一百九十八石，再增米各二百三十八石三斗。以上賑米劄京糧司官如數給發，聽五城兵馬官支領，增添煤柴銀兩照舊於房號銀兩動支，其安插事宜仍聽巡城御史料理查覈，務使貧民均沾，以普皇仁。報可。

《明通鑑》卷七九　庚寅，大學士孫承宗罷。

《熹宗實録》卷六四　辛卯，改南京吏部尚書王在晉爲兵部尚書。

《明通鑑》卷七九　丙申，逮中書舍人吴懷賢下獄。

《熹宗實録》卷六四　戊戌，陞協理戎政尚書許弘綱爲南京兵部尚書。

《明通鑑》卷七九　庚子，以皇子生，詔赦天下。

《國榷》卷八七　壬寅，兵部尚書高第經略遼東，裁巡撫。第抵鎮，檄撤錦右、寧前之兵，捐關外地四百里。寧前道副使袁崇焕争之力，止罷錦右之戍及屯田兵民入于關。

《熹宗實録》卷六四　甲辰，户部覆蜀黔兵餉，議將四川天啓五年分應解錢糧除事關内供及潞府各部見行查議者，仍照數解進，其餘各項銀共十九萬三千有奇，聽督臣通融接濟，以爲會勦之需。上從之。

《熹宗實録》卷六五　十一月丙午朔，進封容妃任氏爲皇貴妃，命禮部擇吉具儀。

裁革遼撫，命喻安性即謝事以候改用。

丁未，總督京營戎政恭順侯吴汝胤開報：京營馬匹除舊管新收開除外，五軍營見在官軍選鋒馬八千九百三十六匹，神樞營五千八百三十一匹，神機營五千四百八十六匹。報聞。

發秋季撫賞銀五萬兩於山海關。

戊申，各藩府進助工銀兩，福王一萬兩，唐王一萬兩，潞王三千兩，襄王二千兩，韓王一千兩，德昌王一千五百兩，餘各進有差。上皆賜書褒之。又兩京文武暨省直内外諸臣，各捐俸捜括助建。上俱報聞。

工部以殿工急需物料，商人因税阻滯，請免税以勸來者。上從之，仍命户部行一切内外關津門禁，凡係殿工物料，俱照例免税。

辛亥，詔停止南都解茶，以彰朝廷恤民德意。

《國榷》卷八七　癸丑，大學士周如磐罷。

己未，逮揚州知府劉鐸。

《熹宗實録》卷六五　丙寅，寧國府歲貢木瓜，得旨暫行停免，以彰朝廷恤民德意。

甲戌，鳳陽守備太監劉鎮進獻新果栗棗等共五十槓。上曰：驛遞煩苦，這獻新果品每樣只用二槓，餘俱蠲免，以昭朝廷恤民德意。

户部言：寧安大長公主嫡男李承恩已經拏問，新城侯王昇奉旨削爵，原賜田地子粒或照例遞減，或盡行追奪，乞賜上裁。得旨：李承恩、王昇養贍地土盡數還官，其裁扣見年子粒銀三千七十餘兩，著監部科道宣收，以助大工。

户部請發各鎮本年秋季年例主客兵餉，宣府七萬四千七百八十九兩一錢九分五釐，大同鎮一十一萬二千六百五十九兩五錢。各給解如額。

督餉御史王祚昌奏各守原派額數。得旨：這帶運三十萬專爲遼設，自當解充，關餉漕糧免截，著爲定例，以後該部覆疏還當斟酌畫一，毋致參差。

《熹宗實録》卷六六　十二月乙亥朔，巡撫山西右僉都御史柯杲、巡撫河南右副都御史程紹各引疾乞休。許之。

丙子，工部進天啓通寶制錢二百五十萬文。

己卯，户部覆薊遼總督王之臣等疏，以恒山新兵無餉，查畿南六府優免稅契、抽扣、平糴、典鋪、馬夫、祗候六項，共銀十萬兩有奇，就中准留五萬四千兩，用充新餉，以後容臣部臨時再爲酌議奏請。上是之。

命山海關南海口總兵官楊麒仍以原官掛印，鎮守山海，經略遼東。

《國榷》卷八七　辛巳，吏部尚書李宗延、刑部尚書李養正罷。

癸未，禮部左侍郎周炳謨，以前薦王之宷勒致仕。大理寺丞張廷拱，以鑽營削奪官誥，御史石三畏糾之，并罷南京工部尚書沈儆炌。

《熹宗實録》卷六六　甲申，命前軍都督府帶俸僉書楊國棟爲鎮守山海關南海口總兵。

乙酉，發天啓五年冬季年例主客兵餉銀五萬一千五百七十五兩於山西鎮。

禮部尚書兼翰林院學士薛三省請告，著閑住。

《明通鑑》卷七九　榜東林黨人姓名示天下。

丙戌，以緝獲功，廕魏忠賢甥傅應星左都督。

戊子，前吏部尚書趙南星謫戍。

《熹宗實録》卷六六　己亥，命太僕寺發馬價銀六千二百四十三兩於薊鎮。

《明通鑑》卷七九　辛丑，杖御史吴裕中于午門。

《熹宗實録》卷六六　壬寅，太子太保、工部尚書黄克纘以病乞休，准馳驛回籍。

癸卯，南京禮部尚書董其昌引年致仕，准馳驛回籍。

甲辰，差中書舍人駱中行解餉銀五萬，接濟海外兵糧。

天啓六年（丙寅、一六二六）

《國榷》卷八七　正月乙巳朔，周應秋改左都御史，起岳和聲右僉都御史，巡撫順天。

《熹宗實録》卷六七　戊申，上傳與户部：榷稅暫復，用濟急需，當在關津渡口商賈湊集之處。其蘆溝橋及各處負販柴米者悉與停免，毋得概徵滋擾。

《國榷》卷八七　己酉，故御史方震孺永戍。

《熹宗實録》卷六七　辛亥，命鎮守山海關南海口總兵官楊國棟星馳赴任。

《國榷》卷八七　壬子，逐外戚新城侯王昇。

癸丑，陸卿榮爲右僉都御史，巡撫浙江。

丙辰，工部尚書黄克纘罷。克纘八旬重聽，魏忠賢侮之。

《明通鑑》卷八〇　戊午，命纂《三朝要典》，從霍維華、楊所修議也。未幾開館，以顧秉謙、黄立極、馮銓爲總裁，施鳳來、楊景辰、孟紹虞、曾楚卿副之，極意詆諆東林，暴揚罪惡。其論梃擊，以「王之宷開釁骨肉，爲誣皇祖，負先帝」。論紅丸，以「孫慎行創不嘗藥之説，妄疑先帝不得正其終，更附不討賊之論，輕詆皇上不得正其始，爲罔上不道」。論移宫，以「楊漣等内結王安，故重選侍之罪以張翊戴之功」。于是遂以之宷、慎行、漣爲三案罪首。時方修《光宗實録》，凡事關三案，命即據《要典》改正。

《熹宗實録》卷六七　壬戌，監察工程太僕寺卿楊夢衮等奏：收放過宗藩文武助工銀八十三萬一千四百五十七兩零。上報聞。

甲子，陞禮部左侍郎兼翰林院侍讀學士李思誠爲禮部尚書兼翰林院學士，工部左侍郎董可威爲工部尚書。宣大總督馮嘉會爲兵部左侍郎兼都察院右僉都御史，協理京營戎政。改南京右都御史畢自嚴爲南京户部尚書。

乙丑，順天府府尹沈演疏稱：前爲福建右布政使時，見藩司西庫有備用銀三十餘萬，可取助工。得旨：著工部作速差官會同該撫按盡數起解，以助大工。

《明通鑑》卷八〇　丁卯，大清兵圍寧遠，經略高第、總兵楊麒擁兵不救。寧前參政袁崇焕，集將士誓死守，盡焚城外民居，攜守具入城。檄前屯及山海關，凡將士逃至者悉斬。人心始固。大軍戴楯穴城，矢石不能退。崇焕令閩卒羅立發西洋巨礮，時督屯通判金啓倧以燃礮死。己巳，圍解。

《國榷》卷八七　閻鳴泰以原官兼右僉都御史，整飭薊鎮邊備，巡撫順天。

《明史紀事本末》卷七一　春正月，削曹欽程籍爲民。

《明通鑑》卷八〇　二月乙亥朔，以袁崇焕爲僉都御史，專理軍務，駐寧遠。

《國榷》卷八七　丙子，御史高弘圖言東事方殷，請暫停營建。不許。

《熹宗實録》卷六八　丁丑，命總理川、湖、貴州提督土漢官兵總兵官魯欽以原官鎮守貴州。

丙戌，增設天津管理清軍海防兼管兵糧同知一員。

庚寅，太子太保、禮部尚書周應賓卒。

《國榷》卷八七　辛卯，李思誠爲禮部尚書，董可威爲工部尚書，畢自嚴爲南京户部尚書，張鶴鳴爲南京工部尚書，仍太子太保。

《明通鑑》卷八〇　戊戌，提督蘇杭織造太監李實，誣劾前應天巡撫周起元及前左都御史高攀龍、吏部員外郎周順昌、諭德繆昌期、御史李應昇、周宗建、黄尊素等，皆遣緹騎逮之。

《熹宗實録》卷六八　壬寅，命四川進年例扇柄，以後折價解助大工，俟工完仍舊進扇。

命巡捕提督郭欽爲鎮守浙江總兵官，南京右軍都督府僉書徐一鳴爲鎮守廣西總兵官，神機一營左副將張鴻功爲鎮守山西總兵官。調登、萊總兵官楊肇基鎮守延綏總兵，管前部彰武營事趙率教鎮守山海關。

《國榷》卷八七　是月，建虜攻覺華島，焚右屯，共燬糧七十萬石，總兵楊麒不救，島將姚與賢、李士登、王錫斧、王鰲、李一葵、張其性、翟繼皋、徐國蕃、金士騏俱敗没。

《熹宗實録》卷六九　三月丙午，經略遼東高第再疏乞休，詔許給驛以歸。命總兵官滿桂以原官鎮守寧遠。

《國榷》卷八七　戊申，太子太保、左都督魏良卿封肅寧伯，世襲，賜誥券。

諭内臣出鎮，司禮太監劉應坤鎮守山海關，御馬太監陶文、紀用協守。御馬監太監孫茂、林武俊、王莅朝分守中軍，並駐山海關。時閣臣進揭，兵部尚書王永光等特疏，吏部尚書王紹徽等公疏止之。丁紹軾又再揭，以爲分將吏之精神，害一；掣戰守之肘，害二；文武相害，陰嗾鼓噪，害三。且太祖禁内臣不得典兵，世宗罷除鎮守，今何遣也。上覽之心動，欲寢。而首揆意右内臣，工科給事中虞廷陛入内閣工，魏忠賢問閣部云何，各相顧未發，馮銓曰：「上意已決，即行何害。」

庚戌，袁崇焕爲右僉都御史，巡撫遼東山海。

《明通鑑》卷八〇　安邦彦犯貴州，總理川貴、湖廣軍務魯欽死之。

《熹宗實録》卷六九　壬子，户部請給魏良卿田土。得旨：肅寧伯養贍地土准照例從優給賜七百頃。

《國榷》卷八七　己未，前左都御史高攀龍卒。

《明通鑑》卷八〇　庚申，蘇州民變。

緹騎至蘇，首逮周順昌。順昌故有德于鄉，士民聞其被逮，憤怒號寃，開讀日，不期而集者數萬，咸執香爲周吏部請命。諸生文震亨、楊廷樞、王節、劉羽翰等請于撫按，以民情上聞，旗尉厲聲罵曰：「東廠逮人，鼠輩敢爾！」大呼「囚安在」！手擲銀鐺于地，聲琅然。衆益憤，曰：「吾始以爲天子命，乃東廠魏太監耶！」遂蜂擁上，勢如山崩。旗尉東西竄，衆縱横毆擊，立斃一人，餘負重傷踰垣走。巡撫毛一鷺不能發一語；知府寇慎，吴縣知縣陳文瑞，素得民，曲爲解諭，衆始散。順昌乃自詣吏。

是日，旗尉往浙江逮黄尊素者，泊舟胥門外，市人知城中有變，擊其舟而沈之。旗校泅水以遁，失駕帖，不敢往。尊素聞，即囚服自投詔獄。

《熹宗實録》卷六九　甲子，命王之臣爲兵部尚書兼都察院右副都御史，經略遼東、薊鎮、天津、登、萊等處軍務。閻鳴泰以原官總督薊遼等處事務。各刻期到任。

丙寅，大學士顧秉謙等題少詹事姜逢元充日講官。得旨：姜逢元呈身門户，久濫清華，豈宜復列講筵侍從，著冠帶閑住。

辛未，初工部以寧遠軍需告匱，請於兵部收過内外諸臣捐助銀兩内分給六萬，以補户部虧欠本部會議原額之數。有旨，令兵部分給三萬。兵部覆言：臣部原題應解寧遠犒賞銀十萬兩，在京文武各官陸續輸到銀僅及二萬兩，併那借太僕寺馬價已經解過銀四萬五千六百兩，尚欠五萬四千四百兩。見在續收候解銀止一萬四千五百六十餘兩，若悉索以應工部之請，河西將士聞之，將謂朝廷義舉盡充司空正項支銷，而將來醪纊付之不問，孳重賞之望，灰效死之心，而於諸臣倡義激勸之初心亦不無刺謬。請於見在銀内量給一半，如臣部後來續收不足十萬之數，亦斷不能爲無米之炊矣。上仍命照數全給，以便措辦。

《熹宗實録》卷七〇　四月癸酉朔，賜肅寧伯魏良卿第宅朝房。工部尚書董可威議，照寧遠伯近例，動節慎庫銀一萬九千兩作買價修理之費。又武清侯有東西朝房，那一所改付本爵。從之。

乙亥，各王府進助工銀：秦王一萬兩，周王一萬一千五百餘兩，晋王四千兩，鄭王二千兩，寧化王二千兩。上俱慰嘉之。秦王子存機等又進銀五千兩助工。先是，秦藩以中尉進封，其諸子例仍襲中尉，乃覬覦王爵，展轉瀆擾，至使其子三十婚配未舉。又因進銀助工希如初請，禮部據例具覆。得旨：存機等俱照例封奉國中尉，准令選婚，不得復有他覬。

丙子，協理戎政兵部左侍郎馮嘉會三年考滿，加陞兵部尚書，廕一子入監讀書。

天津巡撫黃運泰擬將津門兵二千一百員名分爲三班，輪流更番防守覺華。兵部覆：酌量分爲二班，每班須一千五十名，原派船八十隻，必當湊足。從之。

《國榷》卷八七　己卯，命南京守備太監劉敬、楊國瑞，遣胡良輔、劉文耀覈應天、淮揚鹽運司各庫銀約百五十餘萬，助工。

《明通鑑》卷八〇　庚辰，原任少保兼太子太保、兵部尚書黃嘉善卒。

《熹宗實録》卷七〇　癸未，下諭德繆昌期于詔獄。

《熹宗實録》卷七〇　裁革浙江桐江巡簡并廣東海安錦囊各倉大使。

乙酉，户部尚書李起元覆：大學士孫承宗疏，山海收過銀一百七十一萬三千三百一十七兩，支過一百三十五萬八千五百七兩，見在及借大等銀三十五萬四千七百九兩，磨對無異。報聞。

丁酉，巡視京營工科給事中楊文岳等查參捕營額軍一萬止五千人應役，營馬盡各乘坐。得旨：限五日内務要照數清還，不許仍前隱占。

戊戌，刑部尚書徐兆魁等問過，遊擊宋鴻儒招兵赴山海，在路逃過南兵九百八十二名，計費安家銀一萬三千七百四十八兩，應於鴻儒名下追完，照例遣戍。依擬。

《熹宗實録》卷七〇　己亥，以原任總兵李維新充貴州總兵官，兼提督清平等衛地方，行令星馳到任。

庚子，下周順昌北鎮撫司獄。

《熹宗實録》卷七一　五月癸卯朔，工部尚書董可威再疏乞休。上命加太子太保，馳驛去。

丙午，原任左春坊左諭德繆昌期斃於獄。

以副總兵侯良柱陞署都督僉事充總兵官，鎮守四川等處地方。

丁未，南京工部右侍郎盧大中疏言，奉旨取顔料等銀，職等多方那借，止共湊得三萬五千兩進助大工急需。此外二次應解顔料乞量免一次，容臣湊辦一十三萬九千八百七十五兩陸續補進。不准免。

陝西巡撫喬應甲進解各項犯官銀五萬五千六百餘兩，又書院變價銀一千三百餘兩助工。

《明通鑑》卷八〇　戊申，王恭廠災，火藥局也。是日雷震，火藥自焚，地中霹靂聲不絶，煙塵障空，白晝晦冥，軍民被焚及暈仆死者無算。

《熹宗實録》卷七一　福建巡撫朱欽相言：該省西庫貯銀三十七萬，除勦夷開除外，尚有實銀一十九萬三千餘兩。上命盡數解進，不必存留。

《明通鑑》卷八〇　己酉，以廠災，敕廷臣修省。

《熹宗實録》卷七一　平遼總兵毛文龍報：島將王輔、毛永嘉等奮勇深入，趁奴斂民北上，欲逞志於西寇，直搗會安堡，陣擒活夷改補等三十六名，接回順民一千三百餘人。

癸丑，督察工程崔呈秀請借大工銀一萬收低假大錢，隨改鑄小錢，便民用，以助大工。從之。

《國榷》卷八七　丙辰，崔呈秀請停百官俸助工。從之。

己未，納采女陳氏、楊氏、周氏。

《熹宗實録》卷七一　山海太監劉應坤奏：頒給官軍犒賞銀九萬二千四百四十四兩，表裏四十六疋，見在銀十萬七千五十兩，表裏一百五十四疋，清册貯庫。報聞。

辛酉，兵部尚書王永光覆袁崇焕疏：關外五城並築，關内邊牆傾圮，將十二營内軍丁照三分之一，以二分出關，一分留薊。從之。

甲子，吏部會推工部尚書。得旨：大工緊急，崔呈秀督察不能暫離，故點陪推薛鳳翔陞工部尚書。

兵部尚書王永光疏報：在京各衙門捐俸犒兵銀通共二萬七千九百六十九兩。

丙寅，南京户部尚書畢自嚴清查事例銀兩，見存庫銀二千三百七十七兩，併遺存鑄本二項共一萬兩，解濟軍需。

丁卯，上傳與户、工二部，所收大錢速發兩局，多設爐頭，改鑄小錢用使，不許冒破。

庚午，上諭：户、工二部據奏，工部爐頭比户部三分之一，即著李廷芳一員監督，每日鑄錢務足銀一千七百兩之數。户部爐頭共一百二十名，責令苗自成和于朝作速料理，每日鑄錢須足銀五千兩之數。匠役工食，兩部自爲處給。不許仍前夾帶私鑄，致妨官鑄。

大學士顧秉謙等恭進纂修成實録副本。得旨：卿等所進纂修成皇祖實録副本，自隆慶六年五月起至萬曆十年十二月止，共一百三十一册。朕虔盥恭閲，具見殫忠紀述，深叶朕心。仰惟我皇祖享國綿長，政務煩鉅，卿等即傳諭副總裁等官，更加博訪周詳，務要矢心矢慎，即將十一年以後之稿遵奉屢旨上緊催修，俾登竣萬世信史，以慰朕羹牆若見之思。其加恩示酬，統需後命。

《國榷》卷八七　是月，貴州都指揮使張雲鵬擊安邦彥于趙官堡，大敗之。忠順夫人卒。

《熹宗實録》卷七二　六月丁丑，辰時，皇太子薨逝。素服輟朝三日，命照悼懷太子例行喪禮，併祔葬墓側。

戊寅，户部尚書李起元請賑恤王恭廠被灾人户，乞發大内銀六千兩。得旨：王恭廠一帶居民災傷甚苦，賑卹宜優，據請六千金似未足用。兹特發御前銀一萬兩，著西城御史會同户科官一員照依查明被災人户數目，酌量加攤，逐一當官給散，務使均霑實惠，昭朕敬天愛民至意。

辛巳，湖廣巡按陸獻明奏木政銀兩清查已明。得旨：這木政銀六十七萬有奇，既稱節次那借，有官有吏有年，自有款項，著逐一指名具奏，查果曾解京的准與銷算，應追補者作速催解，以濟急需。

《國榷》卷八七　壬午，諭羣臣毋挾縱横之術熒惑人心，自是詔獄諸臣益絶生望。

《熹宗實録》卷七二　丙戌，兩淮巡鹽御史陸世科清查批掣徵鹽引并兩次助工，通共銀一百一萬六千三百八十六兩。

戊子，太僕寺卿魏應嘉搜本寺嘗盈庫，有嘉靖、隆慶年間潮銀一萬一百九十六兩，擬備正項給發。奏聞。

《明通鑑》卷八〇　吏部員外郎周順昌卒于獄。

己丑，御史周宗建卒于獄。

《熹宗實録》卷七二　甲午，兵部尚書管左侍郎事劉遵憲乞終養。許之。

巡視庫藏，給事中蘇兆先緝獲攬頭周應時匿焰硝總計四萬二千六百斤，乞勑下法司，究贓正法。得旨：焰硝係軍國急需，五年不解，堆放道房，是何法紀。攬頭周應時著送法司，究贓治罪。仍行該撫按將逃回解役胡朝進提解來京嚴究，并查印信真假，以正三尺。

工部覆清查木政銀兩。得旨：這木政銀兩除消算外，應追銀三十七萬二千四百四十兩有奇，著作速徵解，不得稽遲。并查撫按先年那解贓罰有無冒濫，從實開報。

《國榷》卷八七　己亥，命逮歙縣吴養春。養春世以貲雄，前與弟養澤争黄山，巡按駱駿曾奏其半入官，旨不下。養澤没，蒼頭吴榮得罪，脱入京，訐養春私黄山事，贓六十餘萬，株及富室程夢庚、吴君實等。

《明通鑑》卷八〇　閏六月辛丑朔，御史黄尊素卒于獄。

《國榷》卷八七　壬寅，浙江巡撫右僉都御史潘汝楨請立魏忠賢生祠，許之。大學士馮銓免。逮監生程夢庚。

戊申，前福建道御史李應昇卒于獄。

《熹宗實録》卷七三　丁巳，户部尚書李起元言：本部應發秒花等夷賞額撫賞銀一十一萬六千六十二兩，一時難以盡發，但秋賞届期，且將本年秋季銀先發五萬兩，差官起解。報可。

巡視中城御史龔萃肅奉諭查過霪雨爲灾五城地方，塌倒民房七千三百三間，損傷男婦二十五名口。得旨：五城倒塌房屋既已查明，即照王恭廠事例，發御前銀一萬兩，給發優卹，以彰朝廷德意。

辛酉，漕運總督蘇茂相欽奉聖諭，進搜括助工銀三十萬三十三兩。得旨：募兵挖河及康丕揚、魯保剩下銀共計八十餘萬，今止解三十萬三十三兩，還著照前數盡行搜括，以助大工，不得短少遲悞。

浙江巡撫潘汝禎追罪撫陶朗先贓銀二萬三千四百一十六兩起解。得旨：陶朗先贓私數多，止進二萬三千四百有奇，何得終局。還著詳比嚴追，如數解進。

《明通鑑》卷八〇　下前應天巡撫周起元于鎮撫司獄。

《國榷》卷八七　癸亥，吏部尚書王紹徽免，御史袁鯨劾其贓私狼藉也。

《熹宗實録》卷七三　乙丑，太監劉文燿奉旨查覈兩淮運司錢糧一百五十萬助工。揚州府知府顔容暄新任，猝未能應，文燿劾容暄阻撓。得旨：這解到鹽運司貯庫銀二十萬兩，著監部科道照數查收，以助大工。其未解銀一百三十兩，著欽遣内臣胡良輔、劉文燿恪遵前諭，作速催解，不得聽知府顔容暄抗諭阻撓，稽緩誤事。顔容暄著削了籍，爲民當差。

《國榷》卷八七　丁卯，刑部尚書徐兆魁、御史温國奇罷。

是月，黔兵攻匀哈諸苗。

《熹宗實録》卷七四　七月癸酉，發六年夏季年例銀兩，宣府七萬四千七百八十九兩一錢九分五釐，大同一十一萬二千六百五十九兩五錢。

陞都察院左都御史周應秋爲吏部尚書。

甲戌，太子太傅、兵部尚書王永光再疏乞休，命給傳以歸。

乙亥，裁革山西平定州屯留、祈縣訓導各一員，陽城縣丞、長子主簿及潞安府稅課大使、永和巡簡各一員。

丙子，裁山東曹州營參將，改除守備。曹州向以蓮妖設參將一員，統新募兵二千名，事平裁去，僅留兵四百，以守備領之，從巡撫呂純如之請也。

發撫賞銀四萬兩於山海關。

《國榷》卷八七 己卯，房壯麗爲左都御史，馮嘉會爲兵部尚書，薛貞爲刑部尚書。

刑部尚書蘇茂相爲督倉户部尚書，户部尚書李春燁爲戎政兵部尚書。

河決淮安，逆于駱馬湖，灌邳、宿。

《明通鑑》卷八〇 辛巳，殺前揚州知府劉鐸。

《國榷》卷八七 丙戌，户部尚書趙彦罷。仍乘傳。

《熹宗實録》卷七四 丁亥，命工部催解福建存積銀兩以助大工。初，福建布政司西庫貯銀三十七萬兩，備防海之用，以紅夷發難，調兵增餉，動支開銷十七萬兩，尚存二十萬兩，布政使沈演以聞，上即命解進。尋以解官，劉日珩遷延未到，傳諭趣之。

辛卯，工部言：陵工急需錢糧，旦夕難緩，河道見貯庫銀三十三萬七千有奇，乞量取十分之五，以濟然眉。其徐州船稅歸併中河郎中管理，以清冒蠹。上從之，仍命河道節年拖欠者勒限徵解。

陞兵部左侍郎郭允厚爲户部尚書。

壬辰，命副總兵徐永壽署都督僉事充總兵官掛印，鎮守甘肅。

陞總督漕運户部左侍郎兼都察院右僉都御史蘇茂相爲户部尚書，總督倉場。

《國榷》卷八七 癸巳，命湖廣給滇餉二十五萬金。

《熹宗實録》卷七四 乙未，陞督察大工工部左侍郎崔呈秀爲工部尚書兼都察院左副都御史，管事如故。刑部左侍郎曹思誠爲吏部左侍郎，管右侍郎事。兵部左侍郎李春燁爲協理京營戎政兵部尚書，巡撫延綏。

己亥，免山西靈丘縣本年應徵錢糧，以恤災民，從撫按王點、張素養之請也。

《熹宗實録》卷七五 八月甲辰，起原任遼東巡撫張鳳翼爲都察院右僉都御史，巡撫保定紫荆等關，兼理海防軍務。

戊申，發撫賞銀七萬三千九百三十七兩于山海關。上諭工部：朔風將起，朕念兵士寒苦，皮襖炤舊例加銀二錢，每給銀八錢，以彰朝廷優卹至意，著作速解關，不得遲悮。

己未，遼東督師王之臣復具陳兵馬多寡互異之故。言樞輔孫承宗簡汰疏册，原額官兵一十三萬四千四百三十三員名，汰過一萬七千四百三十員名，實在官兵一十一萬三千三員名，此實數也。其開報兵馬臣與撫道多寡互異者，或因關外修工未回，止據見在開報，至工竣撤防，而始按數造入。或因戰馬太少，議將更番回鎮舊馬補價留用，而續有增添。又因鎮臣内臣隨帶陸兵五千餘員名，臣調募新補兵丁六千餘員名，原在關步兵夫匠二萬餘員名，前册已備造明悉，而司道所報者，或收餘前後參差，此多寡懸殊之故也。應撤者撤，應更者更，應補者補，自是臣等職掌。便宜調度，難以膠柱。兵馬既有更移，錢糧亦有消長，總之不出額外而已。除修工客兵援兵移易不常，難於定額，鹽菜食米俟酌數另請外，其主兵關内官軍夫匠見在五萬一千九百餘員名，應募補八千餘名，共足六萬。馬贏見在一萬五千六百餘匹，應補八千三百餘匹，共足二萬四千。歲共該月餉馬乾銀一百二十八萬兩，米三十五萬石豆三十萬石，草三百六十萬束。關外官軍夫匠見在五萬二千八百餘員名，應募補七千餘名，共足六萬。馬贏見在二萬三千餘匹頭口，該買補六千餘匹，共足三萬。歲共該月餉草乾銀一百五十三萬兩，米三十五萬石，豆三十七萬石。乞著以爲額，勅部按數支給。得旨：據奏兵馬多寡互異之故種種明悉，餉銀、米豆、草束應照額給發。

給遂平長公主莊田二千五百九十五頃八十二畝，如寧德長公主例。

發太僕寺馬價銀一萬八千兩於宣府。

庚申，南京刑部尚書吳崇禮乞致仕。許之。

《國榷》卷八七 壬戌，總督兩廣商周祚進紅夷砲十。初，萬曆末紅夷船沈，砲已解京三十二，尚存其十也。

甲子，追程夢庚等贓十三萬六千金，吳養春六十餘萬。其黄山木價三十餘萬俱助工。廕魏忠賢世錦衣指揮使。

丁卯，廣西按察副使曹學佺削籍，毁其所撰野史。

《明通鑑》卷八〇 八月，陝西流賊起，由保寧犯廣元。

《熹宗實録》卷七六 九月辛未，發秋季年例主客兵餉於各鎮，薊鎮一十六萬六千七百一十七兩九錢一分，密雲九萬一千三百四十九兩九錢，永平七萬四千四百六十六兩六錢二分，昌平三萬五千五百五十八兩一錢一分八釐，易州三萬六千六百四十八兩九錢五分。

癸酉，督察工程工部尚書崔呈秀請制錢以給大工經費。得旨：户、工二部、寶源局各發銀五千兩，每百兩鑄錢五萬五千文，以便每日按工給散，週而復始，工完停止。

工部左侍郎徐大化言：大工之舉經費甚繁，自然之利錢法甚便。請領内庭需用之餘銅十萬觔付寶源局，臣親督鑄，即以子錢上供，而錢母仍留該局易銀買銅，循環不絶，堪効涓埃永利。上從之。

《國榷》卷八七　丙子，熊廷弼前餉關外十七萬二千金，下撫按録其家助工，以御史梁夢環清核遼餉也。

《熹宗實録》卷七六　辛巳，陞户部左侍郎靳于中爲南京刑部尚書。

《明通鑑》卷八〇　前應天巡撫周起元卒于獄。

《熹宗實録》卷七六　戊子，以關門修築城垣，命工部發銀一萬一百六十七兩，爲犒賞主客兵之用。仍諭户兵二部照户七兵三例量爲處給，以充犒賞。從遼東督師王之臣等請也。

《明通鑑》卷八〇　庚寅，顧秉謙罷。

秉謙爲首輔，魏忠賢傾害忠良，皆屬其票擬；《三朝要典》，秉謙爲總裁，是非悉稟忠賢指。及是羣小各有所左右，同黨中如魏廣微、馮銓輩，日夜交軋，秉謙不自安，遂乞歸。

《熹宗實録》卷七六　辛卯，起陞太常寺少卿李待問爲都察院右僉都御史，總理糧儲軍務，巡撫應天地方。

壬辰，命京營僉書保定侯梁世勳總督戎政。

《國榷》卷八七　甲午，上御皇極殿受朝賀，諭停刑。

《熹宗實録》卷七六　丁酉，奴酋哈赤死於瀋陽，四子與長子争繼未定。遼東督師王之臣、巡撫袁崇焕以聞，得旨：奴斃已真，其子争位，狡黠叵測，著嚴加防禦，整兵以待。

《明通鑑》卷八〇　己亥，魏良卿進封肅寧侯。

是月，參將楊明輝齎敕招諭水西安位，令禽首惡，遂爲安邦彦所殺。自是撫議遂絶。

《國榷》卷八七　十月庚子朔，莽賊僞車里宣慰司，直攻上江，執宣慰司刁韞猛及子召河琁而退。

《熹宗實録》卷七七　辛丑，詔肅寧侯魏良卿照武定侯歲支禄米二千五百石。原給莊田七百頃外，再加三百頃。

《明通鑑》卷八〇　戊申，進魏忠賢爵上公，魏良卿寧國公，予誥券，加賜莊田一千頃。時殿工成，太監李永貞歸功于忠賢，尚書周應秋繼之，遂有是封。

己酉，以皇極殿成詔天下，一時官匠雜流陞授者，九百六十五人。

《國榷》卷八七　壬子，豐城侯李永祚請内臣出鎮登、萊，監督軍餉。

《熹宗實録》卷七七　癸丑，裁革廣東香山場鹽課大使一員，以課銀歸併本縣縣丞帶徵。

乙卯，發宣、大二鎮六年秋季分主客兵銀，宣府七萬四千七百八十九兩一錢九分，大同一十一萬二千六百五十九兩五錢。

丙辰，詔給魏良卿禄米照魏國公事例，歲支五千石，所賜莊田再加一千頃，以示眷酬。

丁巳，户部題：薊、永二鎮，本年應派草二百六十一萬餘束，除餘剩草七十八萬抵算外，實該見買草一百八十餘萬束，每束銀五分，共銀九萬一千七百六十三兩三錢，聽各鎮餉司赴部支領。報可。

《明通鑑》卷八〇　己未，順天府丞劉志選劾太康伯張國紀。

國紀，后父也。后性嚴明，見魏忠賢、客氏亂政，數于上前言之，客、魏交恨。

《熹宗實録》卷七七　庚申，給發京衛軍士冬衣布花計本色棉布四萬五千五百十一疋，本色棉花一十萬九千九百九十五斤，折色銀七萬三千六百八十三兩六錢，銅錢一千八百四十二萬九百文，鈔一百九萬一千六百二十五錠，於甲丁丙等庫開支，散散如例。

起原任天津總兵官張繼先爲湖廣鎮守總兵官。

壬戌，工部尚書薛鳳翔請加忠賢弟宅。得旨：廠臣内營宫殿，外靖邊塞，奇勳種種，爵爲上公，第宅宜優，除給過一萬九千兩外再給三萬五千二百兩，以示朕優禮元臣至意。

給遂平長公主駙馬齊贊元禄米，以成婚之日爲始，歲給二千石。

乙丑，復追左光斗贓銀三千四百六十一兩，湊足二萬之數，以助大工。

《熹宗實録》卷七八　十一月乙亥，南京户部尚書畢自嚴具疏乞休。許之。

戊寅，裁革廣東提舉司香山場鹽課司大使、瓊州府陳村樂會場鹽課司大使各一員。

己卯，南京兵部尚書許弘綱引疾乞歸。許之。發宣、大二鎮本年冬季年例主客兵銀一十八萬七千四百四十八兩七錢。

己丑，發太僕寺馬價銀一萬四千二百九十二兩於宣鎮。

賜寧德、遂平二公主莊田五千一百九十一頃，歲徵銀七千七百八十七兩，自天啓六年爲始，順天各府務及時解部轉給，以稱朝廷親親之意。

以河南、山東各府節年拖欠芝蔴一萬二千九百餘石，黄蠟二萬八千五百餘觔，奪各該府知府郭竹微、王建和、樊時英俸，俟督催完日方許開復，不得朦朧陞轉。守催官彭堯泰躭延違悮，削籍爲民。

賜魏良卿鐵券。

《國榷》卷八七　辛卯，劉廷元爲南京兵部尚書。

壬辰，特命太監葛九思鎮守宣、大、山西，張守成、李應江副之，田奉、張大興爲中軍，各駐鎮城，清軍核餉。

《熹宗實録》卷七九　十二月庚子，裁革上林苑監蕃育、良牧二署録事，一應事務歸併本署二丞管掌。

壬寅，以山海工程告竣，廕魏忠賢族姪魏希孟錦衣衛指揮同知世襲，復以秋防敘廕其甥孫馮繼先錦衣衛指揮同知。

加薊遼總督閻鳴泰太子太保，兵部尚書兼都察院右副都御史，照舊總督。

己酉，陞工部左侍郎范濟世爲南京户部尚書。

辛亥，命留工部四司料價兩年濟楚省。

《國榷》卷八七　壬子，遼東巡撫袁崇焕遣西番喇嘛僧弔建虜于瀋陽。以建虜方金方納温台什至，獻貂參銀鞍。事聞，有旨：驕則速遣之，馴則徐間之，無厭之求，慎毋輕許，有備之跡，須使明知，嚴婉互用，操縱並施，勿挑其怒，勿墮其狡。

《熹宗實録》卷七九　壬戌，命南京工部尚書張鶴鳴仍以太子太傅改兵部尚書，兼都察院右都御史，總督川、貴、滇、廣軍務，兼督糧餉，巡撫貴州偏沅地方。

陞總督兩廣兵部右侍郎兼都察院右僉都御史商周祚爲南京工部尚書。

乙丑，順天等府進乾清宫六年分原額莊地併未央、慈慶、慈寧三宫子粒共四萬七千七百七十四兩四錢零。

《國榷》卷八七　丙寅，許給雲州、歸化、三泊、南寧、河陽、元謀各儒學印。

《熹宗實録》卷七九　戊辰，湖廣巡撫李棲鳳奏：追楊漣贓一萬四千兩，梅之焕八百兩。命照數查收，仍嚴追未完再報。

削禮部尚書李恩誠、吏部主事于志舒籍爲民，追奪誥命。

天啓七年、後金天聰元年（丁卯、一六二七）

《國榷》卷八八　正月辛未，逮山西懷來道右布政丘志充至，下鎮撫獄，以餉金三千託太醫院吏目王家棟營京堂，東廠跡之，論死。

《熹宗實録》卷八〇　壬申，户部覆：雲南巡撫閔洪學請接濟災荒，議將廣西原借欠銀五萬兩，併湖廣南糧改折未解銀一萬兩，乞勅兩省督撫作速措處解滇。依議行。

《國榷》卷八八　甲戌，給山海太監紀用敕章。

命南直撫按入吴養春贓六十萬。

諭内閣：以司禮太監涂文輔總督太倉銀庫，節慎庫太監崔文昇、李明道總督漕運，疏通河道，覈京通等倉。

乙亥，給順天尹李春茂萬金，助藩費。

戊寅，詹事府禮部尚書駱從宇罷，吏部左侍郎汪煇削奪。時從宇推禮部尚書，煇次之。

《熹宗實録》卷八〇　己卯，詔以魏忠賢節省原賜蓋造府第銀三萬五千二百餘兩解發山海、寧遠，備修葺城堡之用，廕弟姪一人爲錦衣衛指揮使世襲，仍賜獎賞，同日又以緝獲奸商汪仲引等，陞賚有加。

辛巳，勑後府、吏、户、禮、兵四部：朕第五弟信王年已長成，其歲支禄米一萬户，今在京歲且支米三千石，鈔一萬貫，待之國米全支，炤《會典》例，便選學行端正者除王府官，選誠實的當者除儀衛司及羣牧所官，今在京先行摘撥旗尉三百名王府隨侍，于後府及在京衛分共撥精壯軍六百名，内先撥一百名爲背什物之數，其餘聽兵部臨期具奏，如勑奉行。故勑。

《國榷》卷八八　壬午，仍設孟河欽總官。

庚寅，信王辭景府田租六千三百餘金，命以汝王、福王遺租給之。

辛卯，趣前兩淮巡鹽御史徐縉芳贓四萬四千餘金助工。

《明通鑑》卷八〇　辛卯，免榷潼關、咸陽商税。

《熹宗實録》卷八〇　甲午，改南京禮部尚書來宗道爲禮部尚書兼翰林院學士。

改南京工部右侍郎李逢節爲兵部右侍郎兼都察院右僉都御史，總督兩廣軍務，巡撫廣東。

《國榷》卷八八　二月戊戌朔，倉場總督蘇茂相言：津撫黄運泰暫借湅糧，以帶運抵補。許之。第帶運遼糧，例不尖耗，而漕額每石耗七升，尖四升二合。今津門截漕，尖耗共足十五萬。上如其議。

己亥，遼東巡撫袁崇焕，以去年虧餉七萬餘石，軍士告飢。今天津餉臣所截湅糧，求速給。

《熹宗實録》卷八一　廕魏忠賢弟侄一人爲錦衣衛指揮使，賞銀五十兩，綵段四表裏，并羊酒新鈔，還賜勑獎勵。以內承運庫太監李敬言其節省庫藏錢糧以百餘萬計也。

工部開報搜括捐俸等項銀兩收存放貯數目，天啓六年分通共收過各項助工銀二百二十萬二千三百七十六兩三錢三分有零，金二百一十三兩。又天啓五年分庫內存貯銀二萬三千四百三十二兩八錢五分有零，又借用南京解進銀二十一萬兩，三項總計銀二百四十三萬五千八百九兩一錢九分有零。內除本年給發過見工三山各窑廠鋪商夫匠役料工價銀共二百四十一萬七千八百七十六兩二錢五分有零，見存貯在庫銀一萬七千九百三十二兩九錢三分有零，金如前數。外有南京太監劉文曜、胡良輔及光禄寺解進銀五十六萬二千兩，內除見工借用銀二十一萬兩，又工部借用冬衣銀五萬兩，見貯在庫銀三十萬二千兩，查明銷算報聞。

癸卯，工部估計修理蘆溝橋[石刷]岸共該實用銀一十一萬六千三百五十九兩五錢，因庫藏罄乏，特請多方設處。得旨：令該部給銀五萬兩，其有不敷的內府湊處接濟，務期早完，以利萬方攸往。

甲辰，山海城壕告竣，加督臣王之臣、閻鳴泰俱太子太傅，撫臣袁崇焕從二品服俸，劉詔從三品服俸。

《國榷》卷八八　諭遣總督登津鎮守海外，便宜行事。御馬太監胡良輔提督登津副鎮守海外，御馬太監苗成中軍，御馬太監金捷、郭尚禮俱駐皮島，與毛文龍協議，給帑金五萬，紵二百，布四百，及砲甲等。

《熹宗實録》卷八一　丁未，寧國公魏良卿請給肩輿。許之。

《國榷》卷八八　庚戌，刑部左侍郎潘濬爲南京刑部尚書，陪推兵部左侍郎王之宷勒免。

辛亥，登、萊巡撫李嵩報建虜已抵三岔河東岸，揚鞭則向關門，鼓棹則通海路，業分水師遏之。報聞。

壬子，兵部尚書馮嘉會言：督師王之臣報建虜攻克艾州昌城，又往鐵山。鐵山毛文龍所居，乘其孤而攻之，業檄登撫航海策應。又命餉臣補餉七萬石，國家羈縻西虜，以捍建虜。

《熹宗實録》卷八一　丙辰，户部覆巡撫鳳陽郭尚友災傷改折疏，分别被災輕重，如海州、桃源准折五分，徐州、邳州、泗州、臨淮、清河、宿遷、睢寧、鹽城准折三分，泰州、碭山、盱眙、五河、虹縣、蒙城、潁上、靈丘、鳳陽、興化、泰興准折二分，其餘被傷稍輕，仍令徵本色。從之。

《國榷》卷八八　壬戌，工部尚書言南銅鑄訖。上以廠臣佐急，大善之。

甲子，毛文龍援朝鮮，擊建虜於義州，敗之。

乙丑，工科給事中陳維新奏：工部四司額派料銀八十六萬有奇，今外解自萬曆四十四年至天啓六年，共虧一百十三萬九千七百餘金，總由考成不嚴。莫若將工部錢糧，悉如户部京邊例注入考成，稽覈逋負類造，吏部不准給由陞遷，再遲參論。謹擇其要領禁之，一四司不得兑支，一撫按不得題留，一郡縣不得挪借，因頌廠臣搜括內庫蠲免外帑所節省二十萬。上以廠臣節省不下幾百萬，此云二十萬，猶未十之一。餘如議。

丁卯，東廠太監魏忠賢請蠲草料。命加原廕二級，賜金五十，綵幣二，酒羜及新鈔三千貫，仍賜勑。

降夷阿引等殺奢寅來歸。

《明通鑑》卷八〇　是月，召經略王之臣還。

《熹宗實録》卷八二　三月戊辰朔，以原任總兵官杜文焕鎮守寧夏地方。

《國榷》卷八八　辛未，直隸巡按御史楊茂春以黄山册上。言黄山介徽、寧間，延袤二百餘里，山西北距太平縣八十餘里，細民之業，山東南距歙縣百二十里，共計山七千七百餘畝，其吴養春山三千四百畝，前旨變價三十萬，自養春之山論也，謂多年木植，利不下二十萬，似概山而論也，除養春三千四百四十六畝入官之山，罰其逋税變贓助工外，至原屬百姓，容樵採納税。上從之。

壬申，薊遼總督閻鳴泰、順天巡撫劉詔並言，中協最衝莫若喜峰口，以其當三衛夷使之貢道也。客秋賴廠臣給料頒賞，鎮臣陶文等稽核，河上臺城俱修訖，其次董家口修磚城二十三丈，橋五洞，計役九千餘人，願以薊鎮班軍派東西二協者再留二三千，餘需主兵。從之。

《明通鑑》卷八〇　癸酉，豐城侯李承祚請開采珠池銅礦。不許。

《熹宗實録》卷八二　甲戌，陝西巡撫張維樞言：瑞王之國期迫，措辦無計，請留七、八年分料價一項，銀二萬四千五百九十九兩八錢，匠價等五項，銀共六萬八千二百九十九兩，以爲府宫安置并途次供億之費。得旨：料價不准扣留，餘俱依議。

丁丑，加總兵趙率教左都督。

《國榷》卷八八　戊寅，瑞王之國。

户部覆登、萊巡撫李嵩疏言：臣部歲發米二十萬石養兵，而遼民聽其屯種自養，今嵩請加額，宜於登州歲買十萬外加買二萬石，故時津糧爲首運，俟抵鮮回空，再發登糧，必值秋季，風勍易没，今于年前改運，次年春利涉，至民間輸金，准本色上納，免其以米易錢，以錢易銀。從之。

《熹宗實録》卷八二　己卯，命南直、浙江撫按將原報助工事例銀兩六萬八千二百餘兩，湊以南直納附事例銀共足十萬，俱解荆州，監督買銅，赴京收貯。

《國榷》卷八八　壬午，薊遼總督閻鳴泰言：薊、遼相越僅百餘里，遵化兼太平、喜峰二路，不設一監司，非便。宜併于薊州道，其遵化道可裁。從之。

癸未，禁閉霸、易、涿、房山、淶水礦洞。

《熹宗實録》卷八二　乙酉，鳳陽巡撫郭尚友疏請釋高牆已故罪宗槐山、朝諠家口一十八名，放回本府，照庶人例給口糧。從之。

丙戌，户部發年例銀寧夏三萬五千兩，延綏二萬五千兩。得旨：延鎮欠餉數多，饑軍可憫，著再行湊解。其嚴催省直夙逋，守催官照額全完，方許回部。查覈錢糧完欠遲早皆本部郎中之責，不許討差自便，著申飭行。

己丑，惠王之國。

《國榷》卷八八　甲午，前禮部尚書林堯俞卒。

丙申，户部覆：陝西總督王之采言，瑞王贍田陝省毋執六千頃之數，宜秦任其一，四川、山西、河南分任其二。從之。

薊鎮邊外虎墩兔以逋貢責哈喇慎，興兵伐之。

《明通鑑》卷八〇　四月丁酉朔，下前刑部侍郎王之寀詔獄。

《熹宗實録》卷八三　己亥，太子太師、兵部尚書馮嘉會卒。

庚子，改兵部協理尚書王之臣爲兵部尚書，太子太傅仍舊。

辛丑，鎮撫司鞫問王之寀贓銀八千兩，命速追以助大工。

癸卯，以海外報警，差工部主事崔源之督造沙唬戰船二百隻，命撫按官設處銀兩，限三個月報完。

戊申，工科左給事中陳維新言：惜薪司外解錢糧，逋久不至，苦累柴炭鋪商，請定限四季截解，季終嚴查，永著爲令。報可。

《國榷》卷八八　庚戌，召石匣總兵尤世禄、寧夏總兵杜文焕、前總兵侯世禄，俱選鋭到關聽遣。

辛亥，廷試貢士。

前南京工部尚書盧大中卒。

壬子，罷工部尚書徐大化、太僕寺少卿管寶源局葉憲祖、屯田郎中周鳳岐。以大化借柴薪銀八萬五千、大工銀十九萬市銅，鳳岐謬奉堂札，憲祖擅給也。

《明通鑑》卷八〇　癸丑，桂王常瀛之藩衡州。

《熹宗實録》卷八三　甲寅，工部尚書薛鳳翔覆：總鎮登津太監劉應坤疏言，水營之設誠制奴要著，但所議泰州召募沙船一百二十隻，及舵工水手工價共二萬有奇，司官計窮力詘，懇暫借陵工河道未解銀二萬兩，星馳以供急需。得旨：龍武水營之設以控奴援鮮而助毛帥，誠廠臣帷幄良謀，召募沙舡柁工水手之費，准于原題未解助陵工河道銀八萬餘兩内暫那二萬，行清江廠主事劉錬，上緊召募，星夜抵關，以資調遣，無得遲緩。

乙卯，王之寀死于獄。其贓銀八千兩仍着撫按提家屬嚴追。

原任吏部尚書李宗延卒。

《國榷》卷八八　丙辰，馬允昇充總兵官，督防延寧。

南京户部尚書范濟世致仕。

庚申，宣大總督兵部右侍郎張樸爲南京户部尚書，正推南京户部右侍郎倪斯蕙勒罷。

癸亥，以建虜切警，命杜文焕駐寧遠，尤世禄駐錦州，侯世禄駐前屯，左輔進總兵，駐大凌河，滿桂仍駐關門，節制四鎮及燕建四路，賜尚方劍。

予外戚陳正誼祭葬。

甲子，敕趣各京省捐助搜括等銀二百十七萬八千四百有奇，勒期輸京師。

建虜解錦州之圍，攻寧遠，巡撫袁崇焕擊卻之，滿桂、尤世禄等兵至，多捷。

乙丑，海盜鄭芝龍聚衆數萬，舟數百，犯中左所，飽掠三月，去之。

《熹宗實録》卷八四　五月丙寅朔，詔以天氣暄熱，命法司併錦衣衛獄囚笞罪無佐驗者釋之，徒流以下即從末減，重囚情可矜疑者具録以聞。

《明通鑑》卷八〇　己巳，監生陸萬齡，請以魏忠賢配孔子，忠賢父配啓聖公。疏言「孔子作《春秋》，廠臣作《要典》；孔子誅少正卯，廠臣誅東林黨人；禮宜並尊」。持疏詣司業林釪，釪援筆塗抹，即夕挂冠櫺星門去。司業朱之俊爲奏請，從之，釪坐削籍。

《國榷》卷八八　乙亥，建虜大舉趨錦州。

丙子，給皮島金十萬，輸天津之粟五萬。

丁丑，建虜圍錦州，總兵趙率教、左輔、朱梅合拒之，連攻十四日不下，趨寧遠。

己卯，午刻，建虜渡河至閭陽驛，聲言徑往山海。

命祖天壽移山海，滿桂移前屯，趙率教、左輔、紀用移錦州，袁崇焕移寧遠，黑雲龍移一片石。

《熹宗實録》卷八四　調原任陝西總兵官右軍都督府都督同知侯世禄鎮守山海。

《國榷》卷八八　辛巳，官軍敗建虜于柘浦，虜屯塔山。

癸未，張曉爲兵部尚書，總督宣大軍務。孫國禎爲右副都御史，巡撫登萊。

《熹宗實録》卷八四　甲申，發太僕寺撫賞銀三萬兩解赴山海，以濟春賞。

乙酉，總督遼餉户部尚書黄運泰題：奴報方急，乏餉無措，乞速賜給處，以便接濟。得旨：關、寧奴犯方急，海外接濟雖緩，這奏餉額委宜速措。該部即將應增關餉一十三萬三千五百石，并應補倉場扣除囤糧一萬七千石，不拘何項，作速措處，以便遄發。其先傳發凍糧三萬石，尚未經倉場寔給，并著即爲處補，時係軍需緊迫，毋得延緩躭悮。解運五萬石不必發，已有旨了。

錦州告急，以定州、忠順二營共調精强兵馬二千五百餘名赴援，令營將慕繼勛等領之。

《國榷》卷八八　丙戌，滿桂遣兵攻塔山，虜鑿三重濠于錦州城外，留兵困之，自領大兵攻寧遠，于灰山、首山、窟窿、連山、南海結九大營。内臣高起潛欲城守，滿桂不可，與總兵尤世禄等屯教場。

《熹宗實録》卷八四　戊子，裁革貴州鎮遠府通判、都匀府來遠驛驛丞各一員。

己丑，發太僕寺銀一萬兩解關賞犒，仍定賞格，以鼓士氣。

辛卯，發津門、標振二營官兵三千九百八員名及戰馬二百十四匹，赴援山海。

《國榷》卷八八　癸巳，袁崇焕出寧遠城十里，虜大至，諸將擊之，殺王子浪蕩寧谷，箭傷召力兔及固山四人，牛鹿二十餘人，虜退東山坡。次日，發紅夷砲擊建虜，斃八百餘人，俘八人。俄滿桂、尤世禄、楊嘉謨等各至，合戰，走之，屯八里山，錦州圍解。

乙未，建虜復圍錦州，日以萬騎往來，斷其出入，夜則舉火擾之。

《明通鑑》卷八〇　六月庚子，錦州圍解。

《國榷》卷八八　辛丑，發御前金五萬，勞寧遠吏卒。

癸卯，太監胡良輔奏：歲餉六十萬不給。許增本折四十萬。

辛亥，袁崇焕又報捷。上以一月三捷，大悦。命侯世禄住山城堡，犄角錦寧。

癸丑，建虜招誘寧遠人書，有南朝文武俱婦人，止知開口談兵，豈知鋒刃之苦等語。我亦書報之。

庚申，上不豫，閣臣候安。

甲子，福建巡撫朱一馮報海寇。

《明通鑑》卷八〇　七月乙丑朔，錦州以捷聞。上不豫，遣魏良卿告南北郊及太廟，代行禮。

丙寅，罷巡撫袁崇焕。

《國榷》卷八八　丁卯，賜太子太傅、兵部尚書王之臣尚方劍，督師薊、遼、登、萊、天津軍務，兼巡撫遼東右都御史。海盜鄭芝龍突犯漳泉銅山，殺傷官兵亡算。

《熹宗實録》卷八六　己巳，督師兵部尚書王之臣赴關，請户、兵二部給銀十萬兩，作募兵犒賞之費。許之。

改花馬池協守爲總兵，以原任山海總兵孫顯祖任之，一切事宜俱照花馬池新例行。

庚午，以原任薊州東路副總兵黑雲龍爲鎮守宣府總兵官，以見任宣府協守副總兵鄒國盛爲鎮守保定總兵官。

壬申，户部奏：天啓七年夏季分錢糧各督撫奏報，薊州鎮主客兵餉發銀一十萬六千七百一十七兩有奇，密雲鎮主客兵餉發銀九萬一千三百四十七兩有奇，永平鎮主客兵餉發銀七萬二千四百六十六兩有奇，昌平鎮主客兵餉發銀三萬五千五十八兩有奇，易州鎮主客兵餉發銀三萬六千六百四十八兩有奇。報聞。

《明通鑑》卷八〇　己卯，敘錦州功，封魏忠賢從孫鵬翼爲安平伯。鵬翼尚在襁褓中。一時文武，冒濫增秩賜蔭者數百人，而崇煥止增一秩而已。

《國榷》卷八八　庚辰，宣府巡撫秦士文報捷，歸功上公。遂蔭魏忠賢錦衣指揮使，葛九思千户，張守成、李應江百户，並世襲，田奉等百户。上公之稱始此。

《明通鑑》卷八〇　壬午，前禮部尚書孫慎行遣戍寧夏。

慎行以《要典》紅丸一案削籍，至是劉志選復追劾之，遂論戍。

《熹宗實録》卷八六　追朱大洽等贓銀三千七百八十兩，邢元吉八千四百八十九兩，官秉彝等二百五十六兩。

甲申，協理戎政太子太保、兵部尚書李春燁以母年九十乞終養。不允，尋再疏，請命，加太子太傅，馳驛以歸。

《國榷》卷八八　乙酉，閻鳴泰仍太子太師、兵部尚書兼理京營戎政。

八月甲午朔，司禮太監梁棟提督蘇杭織造。

《明通鑑》卷八〇　丙申，加魏良卿太師，魏鵬翼少師。

戊戌，中極、建極二殿成。

敘三殿功，魏忠賢弟姪一人世襲侯爵，復封忠賢從子魏良棟爲東安侯。

《熹宗實録》卷八七　辛丑，南京兵部尚書劉廷元疏：進南京各衙門柴薪銀七千五百一十二兩，太僕寺附解柴薪銀四千九百八十餘兩，各助大工。

乙巳，命浙江總兵官郭欽以原官鎮守昌平。

《明通鑑》卷八〇　上疾不愈，召見閣、部、科、道于乾清宫，諭以「魏忠賢、王體乾皆恪謹忠貞，可計大事」。內閣黄立極等對曰：「皇上任賢勿貳，諸臣敢不仰體！」上悦。

《熹宗實録》卷八七　丙午，加授東安侯魏良棟爲太子太保，併賜第宅，給銀三萬七千一百四十二兩，禄米歲支二千五百石，本色一千七百五十石，折色七百五十石，擇腴地一千頃爲贍田。

戊申，巡撫湖廣右僉都御史姚宗文奏：進熊廷弼贓銀二萬兩，及楊璉續完贓銀五千四百七十八兩。

庚戌，截漕接濟寧、錦發過津幫船一百六十隻，載糧十一萬一千二百七十三石七斗，淮幫船一百二十隻，載糧八萬八千七百二十六石三斗，通共糧二十萬，共用船二百八十八隻，派陸續起運往關外寧遠前屯等處交卸。

以後府僉書崔凝秀充總兵官，鎮守浙江。

《明通鑑》卷八〇　甲寅，上大漸。

乙卯，帝崩于乾清宫，年二十三。遺詔以皇五弟信王由檢嗣皇帝位。王即夕入臨，居宫中，比明，羣臣始至。

明思宗部(起公元一六二七年，迄公元一六四四年)

《明史》卷二三《莊烈帝紀一》　莊烈湣皇帝，諱由檢，光宗第五子也，萬曆三十八年十二月生。母賢妃劉氏，早薨。天啓二年，封信王。六年十一月，出居信邸。

天啓七年、後金天聰元年(丁卯、一六二七)

《崇禎長編》卷一　〔八月〕丙辰，上具衮冕服行告天禮，隨赴奉先殿，謁告祖宗畢，詣皇祖宣懿昭妃前行五拜三叩頭禮畢，詣皇后前行四拜禮畢，詣中極殿，餘如常儀。

《明通鑑》卷八〇　丁巳，信王即皇帝位，大赦天下。以明年爲崇禎元年。

《崇禎長編》卷一　戊午，户部請出納公文仍用朱印以杜弊端。

庚申，命倉塲尚書蘇茂相祭太倉之神

壬戌，發户部太倉銀三十萬兩、工部銀二十萬兩、光禄寺銀三萬兩、順天府税契等項銀一萬兩爲邊軍登極恩賚，人二金。

《國榷》卷八八　巡撫登、萊右副都御史孫國楨敘毛文龍宣川功，頌及廠臣。

丙辰，禮部上登極儀注。

巡撫登萊右副都禦史孫國楨報江東之捷。

癸亥，大賚文武諸臣及邊士，共二百三十萬金。

《□宗□皇帝實録》卷一　〔九月〕，東廠太監魏忠賢辭任。不許。

《崇禎長編》卷二　乙丑，直隸巡撫汪裕報翻刻《三朝要典》成。

《國榷》卷八八　平遼總兵毛文龍奏不平五事，乞身求代，不許，語頗激，上優容之。

《□宗□皇帝實録》卷一　丙寅，奉聖夫人客氏出外宅。

《國榷》卷八八　太監魏忠賢乞免户部喪禮香蠟三萬金。從之。

西虜犯寧夏鎮朔堡洪廣營，總兵吴盡忠拒卻之。

總督倉塲户部尚書蘇茂相請復放折兩月之例。從之。

丁卯，司禮太監王體乾辭任。不允。

戊辰，平遼總兵毛文龍訴乏餉。

定頒詔使臣。

己巳，户部尚書郭允厚言國諱印色藍易濃溷，請錢糧事獨硃印。許之。

庚午，户部奏令山東、河南、北直漕河、黄河兩岸二百里内郡縣應解金太倉京邊，各照時價改本色，運至河上，官自爲解，庶軍民交濟。上從之。

《崇禎長編》卷二　丙子，巡撫福建朱一馮以漳、泉兩郡各設路將一員，南路參將駐銅山泉，南遊擊駐中左汎地，各分不相統屬，續因倭警，欲重海外事權，故假以泉南之節制，衙門不殊，體統頓異，年來幾成争府，猜嫌日積，悮事可虞，請仍各保地方，不相節制。

《國榷》卷八八　丙子，朝鮮國王李倧告困，諭先帝已棄羣臣，朕嗣位，其知之。

瑞王府成，督工漢中工部郎中王惟先入朝，奏頌廠臣。

《明史》卷二三《莊烈帝紀一》　甲申，追謚生母賢妃曰孝純皇后。

《明通鑒》卷八〇　太后初入宮爲淑女，生上後漸失光宗意，被譴薨。光宗中悔，恐神宗知之，戒掖庭勿言，葬于西山；及熹宗封上爲信王，追進賢妃。太后之薨，上時尚幼，及長，問近侍曰：「西山有劉娘娘墳乎？」曰：「有。」每密付金錢往祭。及即位，始追封，加尊謚。

《崇禎長編》卷二　庚寅，東廠太監魏忠賢疏請停止建祠。允之。

《明史》卷二三《莊烈帝紀一》　庚寅，册妃周氏爲皇后。

《明通鑒》卷八〇　后以天啓中選入信邸，時神宗劉昭妃攝太后寶，宫中之事，悉稟于熹宗張皇后。故事，宫中選大婚，一后以二貴人陪，中選則皇太后幕以青紗帕，取金玉跳脱繫其臂，不中即以年日帖子納淑女袖，償以銀幣遣還。張后疑后弱，昭妃曰：「今雖弱，後必長大。」因册爲信王妃，至是立之。

追尊光廟選侍李氏爲莊妃，蓋東李也，位居西李前而寵不及。上幼失母，育于西李；已而西李生女，光宗改命東李撫視。至是即位，東李已薨，乃以撫育功，追加尊謚，並賜莊妃弟成棟田。

《崇禎長編》卷二　癸巳，江西撫按楊邦憲等請爲太監魏忠賢建祠。

《明史》卷二三《莊烈帝紀一》　甲午朔，享太廟。

《國榷》卷八八　廣西大盜胡扶龍平。

兩江之盜始息。

《明通鑑》卷八〇　庚子，上大行皇帝尊謚曰哲皇帝，廟號熹宗。

《崇禎長編》卷二　辛丑，大學士黄立極等請開經筵及日講，帝諭以經筵俟明春，日講命於本月十六日舉行。

《□宗□皇帝實録》卷二　壬寅，增武舉二十人。

《國榷》卷八八　司禮太監王體乾、魏忠賢廕錦衣衛都指揮僉事，贊襄典禮也。

《明通鑑》卷八〇　是月，崔呈秀罷。

上素知忠賢惡，及即位，其黨自危。于是楊所修、楊維垣先劾呈秀，用以嘗上；乃以奪情爲詞，令歸守制。會賈繼春提學南畿，亦馳疏劾之；而給事中許可徵復劾其子鐸中式通關節事，下吏部勘處。呈秀遂罷。

削浙江巡撫潘汝禎籍，以建祠作俑也。

《崇禎長編》卷三　〔十一月〕甲子，工部進新鑄崇禎通寶制錢式。

《□宗□皇帝實録》卷三　户部主事劉鼎卿劾大學士黄立極。報聞。

《明史》卷二三《莊烈帝紀一》　安置魏忠賢于鳳陽。

《明通鑑》卷八〇　先是諸逆黨頌忠賢功德及請建生祠者，絡繹于道。比楊邦憲疏至，上甫即位，且閱且笑，忠賢覺其意，見疏僞辭，輒報允。

于是主事錢元慤首劾之，言：「忠賢本梟獍之資，先帝假以事權，羣小蟻附，稱功頌德，布滿天下，如王莽之妄引符命；列爵三等，畀及乳臭，如梁冀之一門五侯；偏植奸黨，分置要津，如王衍之狡兔三窟；輿珍輦寶，藏聚肅寧，如董卓之郿塢自固；廣開告訐，誅鋤士類，如曹節、王甫之鉤黨株連；陰養死士，陳兵自衛，如桓温之壁後置人。皇上待以不死，宜勒歸私第；魏良卿等有玷茅土，並宜褫革。」員外史躬盛、主事陸澄源亦交章論之。

而嘉興貢生錢嘉徵，更劾忠賢十大罪：「一曰並帝。内外封章，必先關白。稱功頌德，上配先帝。及奉俞旨，必曰『朕與廠臣』，自古未聞有此奏體。二曰蔑后。皇親張國紀，于御前面折逆奸，遂遭羅織，欲置之死，賴先帝神明，祇膺薄懲，不然，皇親危則中宮危矣。三曰弄兵。祖宗朝不聞内操，忠賢外脅臣工，内逼宫闈，操兵禁中，深可寒心。四曰無二祖列宗。高皇帝垂訓，中涓不許干預朝政，乃忠賢一手障天，流毒縉紳，凡邊腹重地，漕運咽喉，多置腹心，意欲何爲！五曰尅削藩封。三王之國，莊田賜賚甚薄也；而忠賢封公、侯、伯之土田，膏腴萬頃。六曰無聖。先師爲萬世名教主，忠賢何人，敢祠太學之側！七曰濫爵。古制非軍功不侯，忠賢竭天下之物力，佐成三殿，居然襲上公之爵，靦不知省。八曰掩邊功。遼左用兵以來，墮名城，殺大將，而冒侯封伯。九曰傷民財。郡縣請祠遍天下，一祠所費不下五萬金。敲骨剥髓，孰非國家之脂膏！十曰褻名器。崔呈秀之子鐸，目不識丁，賢書遂登前列。」疏上，上召忠賢，使内侍讀之。忠賢震恐喪魄，急以重寶啗信邸太監徐應元求解。應元，故忠賢博徒也，上知之，斥應元，遂有是命。

《明史》卷二三《莊烈帝紀一》　戊辰，撤各邊鎮守内臣。

《明通鑑》卷八〇　天啓六年，各邊俱增鎮守太監，至是上諭兵部：「先朝于宣大、薊遼、東江之地分遣内臣協鎮，一柄兩操，甚爲無謂。且宦官觀兵，自古有戒，其悉罷之。」

己巳，魏忠賢自縊死。

時上榜忠賢罪示天下，尋諭曰：「逆惡魏忠賢，擅竊國柄，誣陷忠良，罪當死，姑從輕發鳳陽。乃不思自懲，素蓄亡命之徒，環擁隨護，勢若叛然，令錦衣衛逮治。」忠賢行至阜城，聞之，與其黨李朝欽俱自縊。

時言者劾崔呈秀爲五虎之首，宜肆市朝，奉旨削籍，遺官逮問。呈秀在家，聞忠賢死，列姬妾，羅珍寶，呼酒痛飲，盡一卮，即擲碎之。飲已，亦自縊死。

《明史》卷二三《莊烈帝紀一》　己巳，魏忠賢縊死。

癸酉，免天啓時逮死諸臣贓，釋其家屬。

《國榷》卷八八　丁亥，巡按山西御史劉弘言四事：勤召對，廣考選，辨冤抑，惜人才。上是之。

錦衣衛左都督田爾耕削籍，籍其家。爾耕婪毒，好羅織，都察院經歷許九皋劾之。

《明史》卷二三《莊烈帝紀一》　癸巳，黄立極致仕。

《明通鑑》卷八〇　時山陰監生胡煥猷，劾閣臣黄立極、張瑞圖等，身居揆席，漫無主持。甚至顧命之重臣，斃于詔獄；五等之爵，上公之尊，加于奄寺，而生祠碑頌，靡所不至。律以逢奸之罪，夫復何詞！

時楊維垣等論煥猷，疑出東林指使，上爲除煥猷名，下吏。立極内不自安，累疏乞休，上猶優詔報留，至是始許之。

《國榷》卷八八　癸巳，户科給事中李覺斯言京中五虎五彪之謡，王守履疏且遺五虎之一，臣訪爲倪文焕，命下文焕獄。雲南道御史楊維垣，特留佐大計。

《□宗□皇帝實録》卷四　十二月甲午朔，廷議崔呈秀罪狀，有旨呈秀負國忘親，通同擅權，雖死尚餘辜，法司其按律暴其罪。

丁酉，覈魏忠賢戚屬諸閹濫廕。

《國榷》卷八八　己亥，上皇嫂張氏尊號懿安皇后，居慈慶宫。

《崇禎長編》卷四　辛丑，革襄陽倉副使一員。

甲辰，大清遺書遼鎮督撫，總兵官滿桂以聞。

《□宗□皇帝實録》卷四　己酉，裁南京兵部左侍郎。

《崇禎長編》卷四　并停補各衛門添設官。

丙辰，户、工二部進崇禎新錢式，帝令每錢一枚重一錢三分，務令實色精彩，不必刊户、工字樣，其工料准動支事例銀兩。

丁巳，錦衣衛都督鄭士毅奏命裁覈冒濫，言舊額旗役三萬人。不許，命同部科往。

是月，諭户部遣覈海外軍餉。

《明史》卷二三《莊列帝紀一》　是月，前南京吏部侍郎錢龍錫、禮部侍郎李標、禮部尚書來宗道、吏部侍郎楊景辰、禮部侍郎周道登、少詹事劉鴻訓俱禮部尚書兼東閣大學士，預機務。

魏良卿、客氏子侯國興俱伏誅。

《明通鑑》卷八〇　上以施鳳來輩皆忠賢所用，不足倚，詔廷推。閣臣仿古枚卜典，召九卿科道入乾清宫，貯名金甌，焚香肅拜，以次探之，得龍錫、標、宗道、景辰。輔臣以天下多故，請益一二人，復得道登、鴻訓。並命入閣。

先是大行皇帝崩，客氏將出外宅，于五更赴梓宫前，出一小函，用黄色龍袱包裹，皆先帝胎髮、痘痂及累年落齒、薙髮，痛哭焚化而去。及是詔赴浣衣局掠死，籍其家。良卿、國興、光先皆棄市，家屬無少長皆斬；嬰孩赴市，有吨睡未醒者。人以爲慘毒之報，莫不快之。

方客氏之籍也，于其家得宫女娠身者八人，蓋將效吕不韋所爲。上大怒，命悉笞殺之。

下逆黨倪文焕、李夔龍、許顯純、田爾耕等于獄。

初，忠賢用事，外廷文武臣之諂附者，有「五虎」「五彪」之目。五虎則文臣崔呈秀、田吉、吴淳夫、李夔龍、倪文焕主謀議，五彪則武臣許顯純、田爾耕、孫雲鶴、楊寰、崔應元主殺戮，故詔書中特著之。若此外有周應秋、曹欽程等，時號「十狗」，又有「十孩兒」「四十孫」之號，不可悉數也。

時御史高弘圖言：「傾危社稷，摇動宫闈，如劉志選、劉詔、梁夢環三賊者，罪實浮于『五虎』『五彪』等。」後皆麗逆案云。

追復熹宗成妃李氏、裕妃張氏封號。二妃皆魏、客所害；成妃未死，後斥爲宫人。至是俱追復之。

是冬，詔「天下所建忠賢逆祠，悉行拆毁變價」。尋逮陸萬齡及其黨曹代、何儲奇等，下法司究問。

初，萬齡等請祀忠賢于國學，朱之俊方奏舉行；會熹宗崩，之俊見璫將敗，乃糾萬齡等借影射利，仍未敢侵及忠賢也。至是貢生錢嘉徵顯劾忠賢十罪之一，詔逮萬齡等，繫獄中，坐監候處決。

崇禎元年、後金天聰二年（戊辰、一六二八）

《崇禎長編》卷五　〔正月〕癸亥朔，帝御皇極殿，受廷臣及朝覲官四方貢使賀，宣讀表文。

《國榷》卷八九　戊辰，大學士楊景辰入朝。

錦衣衛指揮同知許夢麟奏許顯純、孫雲鶴、楊寰、王涖民罪狀。逮大理寺正許志吉。

《崇禎實録》卷一　壬申，户部尚書郭允厚言：「天津餉額米從浙江、湖廣、山東、南直而至，荳從山東、北直而至，道府餉司又實董之，諸臣終歲經營，軍中告匱。臣攷其故，皆收運委官折乾，入私橐甚易，濟實用則無，請命所司嚴禁之。」詔曰可。

《國榷》卷八九　癸酉，翰林院檢討項煜言去邪起廢各當酌。上是之。

禁衣飾侈僭及婦女金冠袍帶等，從御史梁天奇之言。

《崇禎長編》卷五　丙子，巡撫順天右僉都御史王應豸疏言：「薊門缺餉，六月積欠至四十三萬，乞勅户部多方設處，刻期解發，以固封疆。」

《明史》卷二三《莊烈帝紀一》　辛巳，詔内臣非奉命不得出禁門。

《明通鑑》卷八一　上懲魏忠賢之禍，故有是命。

《崇禎長編》卷五　壬午，兵部覆督師王之臣疏言：「趙率教有錦州解圍之功，謂其以屯田啟釁，然未屯田敵何嘗不來？昔人不以二卵棄干城，奈何以一眚失壯士乎？姑且停推，俟論定之日再爲起用。」從之。

《明通鑒》卷八一　癸未，御經筵，發帑金三十萬，分給宣大、東江。

《國榷》卷八九　甲申，劉廷宣爲大理寺右少卿。

命安置降夷于延綏、寧夏、甘肅、固原間。初，兵部請處之山海關三屯營，不許。

《明史》卷二三《莊烈帝紀一》　丙戌，戮魏忠賢及其黨崔呈秀屍。

《崇禎實録》卷一　二月癸巳朔，遼東督師尚書王之臣奏：「遼地千里，今欲尺寸而收之，勢所不能，莫若以遼民實遼土，有力者聽其自墾，無力者酌借屯本爲資，俟秋成徵還。自寧遠以西及左右近城者舊貫可仍，自此而東久爲戎馬之埸，宜分三等，其近城處泉甘土沃爲上者，三年起科，稍遠而瘠爲中者，五年起科，至於窮邊沙鹵之埸爲下者，永不起科。」上命即行之。

《崇禎長編》卷六　停止浙直三運兩川、湖、貴楠杉大木，以休息物力。命巡漕御史綜核河道錢糧，以杜侵牟。工部司官以勞，如京銜者依例核減，加外銜者定格酌陞，俱開送吏部，甄別具奏。提問巨奸趙瑞梓，追贓問罪，魏忠賢廢墳石料，着與拆毀，別用不得，移入紅門，俱從工部陳言也。

《明史》卷二三《莊烈帝紀一》　乙未，禁章奏冗蔓。

《崇禎實録》卷一　甲辰，戒諭廷臣交結近侍。罷薊遼督師王之臣，命袁崇煥爲兵部尚書兼右副都御史，督師薊、遼、登、萊、天津，移駐關門。

《崇禎長編》卷六　辛亥，給還楊漣贓銀五百兩，以贍其母子，仍與贈廕。豁梅之煥、程註、劉弘光、唐紹堯各贓。熊廷弼家産既絶，亦與豁免。減襄府承奉王進忠贜。復進士程良籌官，仍與銓補。

《明史》卷二三《莊烈帝紀一》　癸丑，御經筵。

《崇禎長編》卷六　乙卯，先是貴州道御史甯光先上疏請復巡倉御史，下河南等道議，言巡倉一差頭緒甚紛，稽查甚勞，凡遇此差樂就者少，故六年題倪文煥倉差，魏忠賢遂矯旨裁革，不難舉祖宗二百五十年來欽定之差，矯旨擅更。今皇上事事法祖，則倉差之當復似不再計而決者。從之。

《崇禎實録》卷一　三月壬戌朔，召王永光爲吏部尚書，以王在晉爲刑部尚書。

《國榷》卷八九　癸亥，禮科給事中閻可陛言媚璫諸臣，李蕃建三祠；李精白建兩祠，迎像真定，九拜呼九千歲；毛一鷺建祠于應天；姚宗文、張翼明建祠于湖廣、大同；朱童蒙建祠于延綏，用琉璃瓦；劉詔建祠于薊鎮，冕旒金像；吴淳夫建祠于臨清，毁民萬舍，祠河南，斥民居萬七千間，祠江西，斥澹臺滅明祠。又江夏知縣王爾玉刑逼熊廷弼長子自刎于獄，廷弼妻稱冤，裸杖其二婢，貪暴何如也。又鄒元標、馮從吾之理學，楊漣之節義。沈惟炳、劉懋皆力救楊漣，尚淹其啓事，含一原官，餘復何望哉？命召沈惟炳、劉懋等。

《崇禎實録》卷一　甲子，禁漳、泉人販海，以御史周昌晉言先禁海寇，必先除内地之奸，故有是命。

乙丑，清兵二萬餘騎屯錦州塞，以都令爲鄉導，攻克拱兔男青把都扳城，盡有其地。青把都遁免。

《崇禎長編》卷七　丙寅，福建巡按御史趙蔭昌請禁洋舡下海。下所司議。

《國榷》卷八九　密雲卒乏餉而譁，事聞，命户、兵二部速給。

《明史》卷二三《莊烈帝紀一》　己巳，葬悊皇帝于德陵。

《國榷》卷八九　壬申，援遼總兵官毛文龍奏建虜遣可孤山、馬秀才等五人至皮島求款。

《崇禎實録》卷一　癸酉，盜焚劍州。

辛巳，重脩《光宗皇帝實録》成。

《國榷》卷八九　光廟紀事僅周月，先成，因國本紅丸多煩詞，命重修以進。

《明史》卷二三《莊烈帝紀一》　癸未，施鳳來、張瑞圖致仕。

《明通鑒》卷八〇　御史羅元賓疏糾鳳來等，謂：「綸綍之重任，總歸奄宦之權衡，欲尚公則尚公，欲封爵則封爵，欲建祠則建祠，欲誅殺削奪則誅殺削奪。情面多而擔當少，爵禄重而謀國輕，遂使黄扉爲置郵之所，輔臣若執簿之官。誤國徇私，莫此爲甚！」上是其言，鳳來、瑞圖遂俱乞休去。

《明史》卷二三《莊烈帝紀一》　乙酉，贈恤冤陷諸臣。

《明通鑒》卷八〇　楊漣太子太保，兵部尚書；左光斗右都御史；魏大中、周順昌太常卿；周朝瑞大理卿；周起元兵部侍郎；繆昌期詹事兼侍讀學士；袁化中、顧大章、周宗建、黄尊素、李應昇太僕卿；萬燝光禄卿；並録一子。王之寀復官。丁乾學、吴裕中、劉鐸、吴懷賢、蘇繼歐、張汶，俱贈卹有差。

郭允厚、孟紹虞、閻鳴泰俱先後被劾罷。

《崇禎長編》卷七　戊子，帝御皇極殿，百官進呈《光宗實録》。

《崇禎實録》卷一　〔四月癸巳〕，前大學士方從哲卒。前少師兼太子太師、建極殿大學士葉向高卒。向高字進卿，福清人，以庶吉士歷禮部右侍郎，進東閣大學士，直文淵閣，獨相五年。【略】追贈太師，謚文忠。

庚子，兵科都給事中許可徵奏清錦衣衛詭籍，上從之。許給代府全禄，不爲例。命正一真人張顯庸禱雨。召前大學士韓爌入朝。琉球國中山王世子尚豐入貢。

《國榷》卷八九　己酉，諭通政司，近乞卹典太濫，如會典例不合，毋封進。

《崇禎長編》卷八　庚戌，兵部覆東江移鎮疏言：「東江一旅，未可輕撤，但一應兵馬錢糧將領，俱應聽登撫統轄其屯田，移駐還著督師撫鎮會議確當，登撫仍擇風力司道渡海，查兵數以定糧額。」詔如議行。

《崇禎實録》卷一　甲寅，册立田氏爲貴妃袁氏爲淑妃。

丙辰，大兵以二萬騎經廣寧西援插漢。

五月辛酉朔，孫之獬言要典必不可毁，泣訴于朝，御史吴焕劾其對君無禮，遂引疾去。

《明史》卷二三《莊烈帝紀一》　己巳，李國普致仕。

《明通鑒》卷八〇　國槽與魏忠賢同鄉，然每正論。劉志選、梁夢環劾張國紀以摇中宫，賴國槽調護之。劉鐸咒詛之獄，誣及方震孺與交通，坐大辟繫獄，國槽力爲保全。上即位，胡焕猷劾黄立極等，並及國槽。及焕猷除名，國槽薦復之，人稱爲長者。至是乞歸，薦韓爌、孫承宗自代。卒于家，贈太保，謚文敏。

庚午，毁《三朝要典》，編修倪元璐請之也。

《崇禎長編》卷九　辛未，大清貽書遼東撫鎮，云：「自敖漢乃蠻歸來，我差喇嘛去講，敖漢乃蠻亦差人去勸講，而南朝不講和，是願刀兵也。刀兵有何益乎？前者遼東、廣寧受禍已不淺矣，今爾畢滿朱等，就如前官一樣，不知兵道之難，以民之脂膏爲土苴，以三軍之命脉爲螻蟻，膜不關心，爾既願刀兵，我四月二十邊兵前去，爾可出來迎敵，不可似避鷂之雀，畏鷹之雞，藏頭不出也！素門察哈喇屢説與南朝助兵，今乃畏我，棄其本地西遁，其國議那顔已歸我，無不道其心事，南朝東西受敵，天下翹足而待也。」遼撫畢自肅以聞。

《國榷》卷八九　癸酉，故大學士高拱孫則益廕中書舍人。

巡撫登、萊右副都御史孫國楨言：內官王國興擅到海上，稱密旨召毛文龍，蹤跡詭祕。上謂初撤鎮使，未嘗輕遣內臣，命逮國興，下獄論死。

海盜鄭芝龍掠福、浙海上。

《明史》卷二三《莊烈帝紀一》　甲戌，裁各部添注官。

乙酉，復外吏久任及舉保連坐之法，禁有司私派。

《崇禎實録》卷一　丁亥，清兵攻河西高橋、朱家窪、塔山，又圍大興堡，總兵朱梅禦之，越數日，貽書通欵，邊臣不應。

《國榷》卷八九　六月庚寅朔，虜犯大同，山陰知縣劉以南禦卻之。

《崇禎實録》卷一　癸巳，插漢虎墩兔憨出塞。

乙巳，上召廷臣於平臺，問插漢近狀若何，來宗道曰：「插出口，近已解嚴，因許發帑十萬。」户部侍郎王家楨曰：「已給八萬矣。」上責家楨不爲預備。又以刑科都給事中薛國觀疏營伍之弊，令自宣讀，至闕門虚冒，上稱善，復以其疏示諸臣。召兵部問插漢狀，王在晉對曰：「插已退矣。」上問：「何以即退？」劉鴻訓曰：「寇志流掠，頓兵堅城之下，知其不久。」上是之。召提督京營保定侯梁世勛，戒以訓練，諭科道以民爲邦本，復出御批文册令編閲。命翰林官凡值召對入侍記註。插漢虎墩兔憨欲講賞得勝口，上以得勝口無險可恃，狡謀叵測，勿許。時上鋭精邊事，欲矯弊更轍，以市賞日壞，徒耗金錢，隳軍實，因卜素没革其賞，雖邊臣屢爲插漢請，勿允也。

《崇禎長編》卷一〇　寧遠總兵滿桂塘報束伯二部三十六家俱歸于大清。

《國榷》卷八九　工科給事中劉安行巡視太倉銀庫，奏預支官俸之弊，積侵三十六萬。命安行同户部清覈，自某年某月某人，歷歷查明，限旬日奏上。

丁酉，命予楊漣、魏大中、周順昌廕謚，且祭廠衛冤斃者于京師祈雨壇。

《崇禎實録》卷一　丁未，議招海盜鄭芝龍。芝龍本寠人子，流入海島，倭主女妻之。一日挈舟亡歸，無賴群附，求返內地，軍師納其金爽約，遂寇掠海上。召朱燮元爲兵部尚書兼都察院右都御史，總督貴州、四川、湖廣、雲南、廣西軍務，兼督糧餉，移駐貴竹。

《崇禎長編》卷一一　〔七月〕庚申朔，帝親享太廟。

《崇禎實録》卷一　辛酉，户科給事中韓一良上言：「皇上平臺召對有文官不愛錢之語，然今何處非用錢之地，何官非愛錢之人？皇上亦知文官不得不愛錢乎？向以錢進，今安得不以錢償，內外陞選，俱以賄成，而吏部之始進可知也，科道亦以此得之，館選亦以此得之，而新進之末路可知也。今言蠹民者動歸咎丁守令不廉，不知州縣亦安得廉俸薪幾何，上司督取，不曰無礙官銀，則曰未完抵贖，要路過客，動有書儀，一遇考滿朝覲，輦金滿車，猶憂譴責。此金非天降，非地出，而欲守令之廉得乎？今日之勢，欲求人之獨爲君子，已必不能，惟大爲創逮其贓甚者，使天下之臣視錢爲污，懼錢爲禍，庶幾不受錢之風可覩矣。」次日召廷臣於平臺，命韓一良誦前奏，嘉獎之。

《崇禎長編》卷一一　甲子，初臺省諸臣以帝龍飛首科，請增館選之額，下諸臣議，有增六人之語，然未奉俞旨也。進士張星誤以中書周承禹之言爲然，托同鄉侍講張士範等具公疏上，帝震怒，詰責何人洩中旨，欲重究士範、星，輔臣標等爲申救，言疏實星私具，士範不知，星等初進不諳事，求寬宥。令革士範職，星閒住，并承禹下法司問。

《國榷》卷八九　乙丑，户科給事中韓一良超爲右僉都御史，上嘉其清直。

《明史》卷二三《莊烈帝紀一》　癸酉，召對廷臣及袁崇煥於平臺。

《明通鑒》卷八〇　咨以方略，對曰：「臣受陛下特眷，願假便宜，計五年全遼可復。」上退，少憩。時廷臣咸在，給事中許譽卿叩以五年之略，崇煥言：「聖心焦勞，聊以是相慰耳。」譽卿曰：「上英明，安可漫對！異日按期責效，奈何？」崇煥憮然自失。頃之，上出，即奏言：「東事本不易竣，陛下既委臣，臣安敢辭難！但五年内，户部轉軍餉，工部給器械，吏部用人，兵部調兵選將，須中外事事相應，方克有濟。」上爲飭四部臣如其言。崇煥又言：「以臣之力，守全遼有餘，調衆口不足；一出國門，便成萬里，忌能妬功，夫豈無人！即不以權力掣臣肘，亦能以意見亂臣謀。」上起立傾聽，諭之曰：「卿勿疑慮！朕自有主持。」大學士劉鴻訓等復請賜崇煥尚方劍，假之便宜，上悉從之。

崇煥又以前此熊廷弼、孫承宗皆爲人所排構，不得竟其志，乃上言：「恢復之計，不外臣昔年『以遼人守遼土，以遼土養遼人，守爲正著，戰爲奇著，和爲旁著』之説。法在漸不在驟，在實不在虚，此臣與諸臣所能爲。至用人之人與爲人用之人，皆至尊司其鑰。何以任而勿貳，信而勿疑？蓋馭邊臣與廷臣異，軍中可驚可疑者殊多，但當論成敗之大局，不必摘一言一行之微瑕。事任既重，爲怨實多，諸有利于封疆者，皆不利于此身者也，是以爲邊臣甚難。臣非過慮，但中有所危，不得不告。」上優詔答之。

《國榷》卷八九　乙亥，嚴禁私驛。

《明史》卷二三《莊烈帝紀一》　癸未，海寇鄭芝龍降。

《明通鑒》卷八〇　芝龍少與弟芝虎，從海盜顔振泉爲寇。振泉死，衆盜無所統，約共禱于神，植劍米斛中遥拜之，劍動者推爲長。芝龍預藏磁石袖間，甫拱手，劍躍出，遂雄長海上。以己泉人，不寇泉，令其黨劉香寇之。

泉州官吏招芝龍降，芝龍來受命，芝虎不從，嘯而去，猖獗如故。然芝龍嘗敗官軍不追，獲將士釋不殺，當事知芝龍終可撫，復遣使諭之，竟偕芝虎降。而其黨李魁奇、鍾斌旋叛去，與香仍爲盜。熊文燦巡撫福建，善遇芝龍，頗得其力。魁奇屢抗官軍，守備莫兆熑戰歿，芝龍擊擒之。又敗斌于泉州，斌投海死。

《明史》卷二三《莊烈帝紀一》　甲申，寧遠兵變，巡撫都御史畢自肅自殺。

《崇禎長編》卷一一　乙酉，帝御平臺，召對廷臣，增記注官一員，共四人。

《國榷》卷八九　給袁崇煥十萬金資鼓鑄，仍發餉金二十萬。

《崇禎長編》卷一二　八月己丑朔，宣府總兵侯世禄言，宣鎮兵備交弛，戰卒單弱，請于本鎮八萬之内選練一萬，以資撻伐。旨令與督撫道臣會議行。

《國榷》卷八九　諭通錢法。

壬辰，上于乾清宫大殿額曰「敬天法祖」。

《明史》卷二三《莊烈帝紀一》　〔乙未〕，詔非盛暑祁寒，日御文華殿與輔臣議政。

《國榷》卷八九　丁未，前兵部尚書邵輔忠、户部尚書李精白、黄憲卿削籍。上始御文華殿參詳章奏，翰林、科道各二人備宣讀，中書舍人二人侍班。

《崇禎長編》卷一二　甲辰，四川道御史王相説言：「文華召輔臣商確機務請仍輪詞臣二員，以備記註，臺省臣二員，以備糾參，庶幾古人左右史記言動及諫官隨宰相入聞之意。」從之。

《崇禎實録》卷一　丁未，清兵攻黄泥窪，袁崇煥令總兵官祖大壽禦之。

《崇禎長編》卷一三　〔九月〕己未，朝鮮國遣陪臣入賀。遣官祭歷代帝王。

辛酉，户部尚書畢自嚴陳理財四事：一曰覈民運之逋欠，一曰議屯糧之征收，一曰嚴京邊之考成，一曰汰踰額之營制。薊、密、永、昌四鎮新增鹽菜銀二十二萬六千二百五十四兩九錢五分，係天啓二年原任督臣王象乾議加，原止題發一年，以後并未題發，亟宜議汰。旨從之。

《國榷》卷八九　甲戌，工科給事中顔繼祖言，海盜鄭芝龍既降，當責其報效，今後切勿用閩人。從之。

《崇禎長編》卷一三　甲申，户部左侍郎王家楨疏報鑄錢本息自崇禎元年正月起至九月十五日止，鑄過錢一萬二千九百四十八萬九千九百八十四文，得息銀二萬六千四百五十三兩二錢四分有奇。

《國榷》卷八九 丙戌，裁登、萊巡撫，罷孫國楨。

《明通鑑》卷八一 是秋，革廣寧及薊鎮塞外諸部歲賞。

故事，廣寧塞外綽哈諾穆圖、固英及薊鎮喀爾沁等三十六家，歲有撫賞，至是盡革去之。會諸部歲饑，請粟復不予，遂歸款于大清。

是時察罕部最强，諸部爲所攻，廷臣有請合塞外諸部及三十六家之衆以禦察罕者。上召宣大總督王象乾于平臺，詢方略，對曰：「與其搆之，不如撫而用之。」上曰：「察罕意不受撫，奈何？」象乾復密奏，上善之，命往偕督師袁崇焕共計。象乾至邊，與崇焕議合，因定歲予察罕金八萬一千兩，以示羈縻。

《崇禎長編》卷一四 〔十月〕戊子朔，帝祀太廟。

頒崇禎二年大統曆于天下。

諭吏部都察院：「朕踐祚以來，勤思治理，諸凡政事利弊、人材臧否，亟欲兼聽周知，凡諸臣建白，無不虛懷茹納，即見施行，諸臣敷奏必切寔有用，鑿鑿可行，乃於治道有裨，若浮詞支蔓，徒增囂競，朕無取焉。昨諭科道諸臣嚴加申飭，正爲亶裨忠益，初非厭薄讜言。頃天變頻仍，京師地震，宣大之間尤甚，日光雷霧種種示異，三秦旱魃，浙省水災，朕中夜以思，深用祇懼。今日吏治民生，彝情邊備，事事堪憂，一切整頓救寧，實惟嘉言是賴。爾大小諸臣其敷乃腎腸，各傾忠藎，務本精白之忱，弘抒剴切之論。或灼見人之臧否，摹擬必得其真；或洞悉事之利弊，條奏必中其竅。朕得於省覽，一見了然，黜陟興除，確有的據，使天下受言之利，而朕亦不病言之煩，於以恢弘化理，弭戾召和，於朕宵旰憂勞，仄躬修省至意，庶幾無負。欽哉！故諭。」

諭順天府五城二縣疏通錢法，凡出納俱以錢二分支收，每錢六十五文當銀一錢。

甲午，故事，馬政十年易單一稽核之，其後戎政廢弛，有廿年不換單，馬倒不報者，或馬無印記有一馬而詐十餘單者。兵部主事周夢尹疏陳其弊，因奉命給單，核得跛瘦病馬四百五十四匹，變價解冏寺爲買馬之助。又核得無印無人之私馬二十六匹，改給騎操。糾革兑馬索賄之弁，得寔馬一萬六千三百三十九匹。旨嘉之。

《明史》卷二三《莊烈帝紀一》 戊戌，劉鴻訓罷，尋遣戍。

《明通鑑》卷八一 先是忠賢雖敗，其黨猶滿朝，言路新進者羣抨擊之，諸執政嘗與忠賢共事，不敢顯爲別白；鴻訓至閣，毅然主持，斥楊維垣、李恆茂、楊所修、田景新、孫之獬、阮大鋮、徐紹吉、張訥、李蕃、賈繼春、霍維華等，人情大快。而御史袁鴻勛、史䇿、高捷，本由維垣輩進，思合謀攻去鴻訓，則黨人可安也。鴻勛乃言「所修、繼春、維垣夾攻表裏之奸，有功無罪，而誅鋤自三臣始」。又詆鴻訓使朝鮮，滿載貂參而歸。錦衣僉事張道濬亦攻訐鴻訓，鴻訓奏辯。給事中顏繼祖，言鴻訓朝鮮之役，舟敗僅以身免。乙諭鴻訓入直，共籌安攘之策。至鴻勛之借題傾人，道濬之出位亂政，非重創未有已也。上是之。給事中鄧英乃盡發鴻勛贓私，且言鴻勛以千金賛維垣得御史。上怒，落鴻勛職候勘。已而高捷上疏，言鴻訓斥擊奸之維垣、所修、繼春、大鋮，而不納孫之獬流涕忠言，謬主焚毀《要典》，以便私黨孫慎行進用。上責以妄言，停其俸。史䇿復佐捷攻之，言路多不直兩人，兩人遂罷去。

時上數召見廷臣，鴻訓應對獨敏，謂民困由吏失職，請上久任責成；以尚書畢自嚴善治賦，王在晉善治兵，請上加倚信。上初甚向之，關内兵以缺餉鼓譟，上意責户部，而鴻訓請發帑三十萬，示不測恩，由是失上指，未幾而有改敕書之事。

舊例，督京營者不轄巡軍，惠安伯張慶臻總督京營，敕内有「兼轄捕營」語，提督鄭其心以侵職論之，命覈中書行賄改之，故下舍人田嘉璧獄。給事中李覺斯言：「稿具兵部，送輔臣裁定，乃令中書繕寫，寫訖復審視進呈。兵部及輔臣皆當問。」上心疑其事，乃御便殿，問諸閣臣，皆謝不知，上怒。給事中張鼎延、御史王道直，咸言「慶臻行賄有跡，不知誰主使」。御史吴玉，言「主使者鴻訓也」。慶臻曰：「改敕乃中書事，臣實不預知。且增轄捕卒，取利幾何，乃行重賄！」上叱之。閱兵部揭，有鴻訓批西司房語，嘉璧亦誣伏受鴻訓指，事遂不可解。而侍郎張鳳翔，詆之尤力。閣臣李標、錢龍錫言「鴻訓不宜有此，請更察訪」。上曰：「事已大著，何更訪爲！」促令擬旨。標等逡巡未上，禮部尚書何如寵爲鴻訓力辯，【略】上意卒不可回。乃擬旨：「鴻訓、慶臻並革職候勘。」

無何，御史田時震，劾鴻訓用田仰巡撫四川，納賄二千金；給事中閻可陞，劾副都御史賈毓祥由賂鴻訓擢用。鴻訓數被劾，連章力辯，因言「都中神奸狄姓者，詭誆慶臻千金，致臣無辜受禍」。上不聽，下廷臣議罪。

踰年，吏部尚書王永光等，言「鴻訓、慶臻罪無可辭，而《律》有議貴條，請寬貸；兵部尚書王在晉、職方郎中苗思順，贓證未確，難懸坐。」上不許，鴻訓謫戍代州，在晉、思順並削籍，慶臻以世臣，停禄三年，覺斯、鼎延、道直、玉、時震以直言增秩一級。

鴻訓居政府，鋭意任事，上有所不可，退而曰：「主上畢竟是中主。」上聞，深銜之，欲置之死，賴諸大臣力救，乃得稍寬。後鴻訓竟卒戍所。

《國榷》卷八九　乙卯，漢南盜四百餘人自咸陽、兩當薄略陽，勾土賊三千餘人入略陽。

《崇禎長編》卷一五　十一月戊午朔，户部疏報各撫按變價逆祠銀二萬五千五百三十八兩有奇。

《崇禎實録》卷一　庚申，會推閣員成基命、錢謙益、王永光、鄭以偉、李騰芳、孫慎行、何如(籠)〔寵〕等。

《崇禎長編》卷一五　辛酉，封護漕河神張六五爲靈應英濟侯。

《明通鑑》卷八一　甲戌，陝西流賊大起。

初，喬應甲、朱童蒙巡撫陝西、延綏，諱盜不聞，被害者莫敢告。至是連歲大饑，有司不恤下。有白水男子王二，通于縣役，遂糾衆墨其面，掠蒲城之孝童，韓城之淄川鎮，由是府谷賊王嘉允、宜川賊王左掛並起，遂攻城堡，殺官吏。安(寨)〔塞〕賊高迎祥、漢南賊王大梁，復糾衆應之。迎祥自稱闖王，大梁自稱大梁王。

《崇禎長編》卷一六　〔十二月〕己丑，户部覆宣鎮拖欠民運錢糧，山東巡撫王從義解完二十四萬七千餘兩，急公可嘉，宜增秩以示鼓勵。從之。

《國榷》卷八九　庚寅，嚴私鹽。

《崇禎長編》卷一六　壬辰，初萬曆四十七年遼事起，行各處募兵，河南磁州、山東兖州、真定、恒山各募有兵而未調，至是，袁崇焕議減餉，固請以三處募兵汰之歸農，存餉解部，而各兵則以漸行汰，月汰幾何，減餉幾何。悉從之。

《國榷》卷八九　壬辰，故都察院左都御史鄒元標贈太子太保、吏部尚書，予祭葬，立祠。

《崇禎長編》卷一六　癸巳，督師袁崇焕奏，核定關外官兵七萬一千餘員名，關内官兵四萬二百餘員名，以二年正月爲始，户部視此數給餉。是之。

《國榷》卷八九　乙未，禮部右侍郎錢謙益除名，逮錢千秋。

《明史》卷二三《莊烈帝紀一》　丙申，韓爌復入閣。

《明通鑑》卷八一　時上以錢謙益事，悉置廷推者不用，爌至，遂爲首輔。上御文華殿後閲章奏，召爌等，諭以「擬旨務消異同，開誠和衷，期于至當」。爌等頓首謝。退，言「所諭甚善。而密勿政機，諸臣參互擬議，不必顯言分合。至臣等晨夕入直，勢不能報謝賓客。而商政事者宜相見于朝房，而一切禁私邸交際。」上即諭百寮遵行。劉鴻訓方被重譴，爌至，即具疏申救。不聽。

《國榷》卷八九　壬子，順義王卜石兔私通建虜。

癸丑，周順昌子茂蘭訟冤，上愍之。

《明通鑑》卷八一　是月，固原兵變。時邊兵缺餉，亂卒乘飢民之起，相與譁譟。巡撫胡廷宴，瞶眊不視事，與延綏巡撫岳和聲互相推匿。亂卒劫固原州庫，遂入賊黨。

崇禎二年、後金天聰三年(己巳、一六二九)

《國榷》卷九〇　正月丁巳朔，上御皇極殿，受朝賀。

建虜渡河，官軍拒之。時西虜餽建虜之餉。

壬戌，撫治鄖陽右僉都御史梁應澤以漢南盜告急請兵，時撫標止步兵三百人。

《明史》卷二三《莊烈帝紀一》　丁丑，定逆案，自崔呈秀以下凡六等。

《明通鑑》卷八一　庚辰，召見閣臣韓爌、李標、錢龍錫，吏部尚書王永光、都察院左都御史曹于汴等于文華殿，諭定魏忠賢逆案。先是爌等不欲廣搜樹怨，僅以四五十人上。上少之，令再議，又以數十人上，上不懌，令以「贊導」、「擁戴」、「頌美」、「諂附」爲目，因曰：「忠賢一内豎耳，苟非外廷助虐，何遽至此！且内廷同惡者亦當入。」爌等以不知内侍爲對，上曰：「豈皆不知？特畏任怨耳。」閲日，召入便殿，案有布囊，盛章奏甚夥，指之曰：「此皆奸黨頌疏，可案名悉入。」爌等知上意不可回，乃曰：「臣等職在調旨，三尺法非所習。」上召吏部尚書王永光問之，以不習刑名爲對，乃詔刑部尚書喬允升同審定之。

《崇禎長編》卷一七　辛巳，諭吏部設官分職原有定制，今内外各衙門增設累累，殊爲冗濫，爾部即通行釐正，以勤修職業。

《國榷》卷九〇　甲申，召廷臣于文華殿。先是御史毛九華劾協理詹事府禮部尚書温體仁有媚祠詩刊本，上問體仁，謂錢謙益造陷，又出御史任贊化參體仁疏，其疏褻，上不懌，責以挾私攻訐，後必正法，尋謫任贊化于外。

《崇禎實録》卷二　乙酉，逃兵復掠涇陽，執游擊李英。

《明通鑒》卷八一　是月，周道登罷。

道登嘗召對。上問：「『宰相須用讀書人』，何解？」對曰：「容臣至閣中檢閱回奏。」上有愠色。又問：「章奏内多有『情面』二字，何也？」對曰：「情面者，面情之謂。」左右皆匿笑。道登前在禮部，頗有所争執。及柄政後，排正人，庇私交，屢爲言路所劾，上悉下其章廷議，尚書王永光等言「所劾俱有實跡」，遂放歸。

《崇禎長編》卷一八　（二月）戊子，督師尚書袁崇焕疏言：「東江兵二萬八千，此道臣王廷試之言也。約數十萬，此鎮臣毛文龍之言也。臣屢令人察之，無數十萬，然亦未必正二萬八千。今只計應用兵若干，與能養兵（若）干，亦安能盡遼人而兵之而養之，則二萬八千之外，例如關外，隨便安插，任其自爲屯種可也。」帝從之。

《明紀》卷五二　庚寅，皇長子慈烺生，赦天下。韓爌請盡蠲天下積逋，報可。

《崇禎實録》卷二　甲午，封右都督周奎爲嘉定伯，歲禄千石。海盜李芝奇伏誅。芝奇本鄭芝龍同黨，芝龍忌之，擊斬之粤中。

《明通鑒》卷八一　户科給事中劉懋，請裁驛站冗卒，歲可省金錢數十萬。上悦，從之。

是時秦中加派之賦，曰「均輸」，曰「間架」，曰「新餉」，其目日增，吏因緣爲奸，民大困，多往從賊。而山、陝游民，至是求驛稍者無所得食，于是流賊饑民不可究詰，而山、陝大亂。

《國榷》卷九〇　乙未，楊鶴爲都察院右都御史兼兵部右侍郎，總督陝西三邊軍務。

《崇禎長編》卷一八　丙申，改朝鮮每歲兩貢爲一貢。

《明通鑒》卷八一　壬子，召閣臣韓爌等及尚書喬允升、都御史曹于汴于平臺。

時定逆案，張瑞圖、來宗道、賈繼春皆不與，詰之韓爌等，以瑞圖、宗道無實狀對。上曰：「瑞圖善書，爲忠賢所愛；宗道爲崔呈秀父請卹典，中有『在天之靈』語；非實狀邪？」又問繼春，對曰：「繼春雖反覆，然持論亦有可取。」上曰：「惟反覆，故爲真小人。」于是三人者皆麗逆案。

《國榷》卷九〇　三月丁巳朔，命外夷乞恩，通政司毋上。

己巳，華州妖人張南峯借修華山廟搆黨謀逆，國號大侯永豐，改金斗元年，軍師苗光臣，餘皆照品銅印，約三月戊寅起兵勾虜。州人田學孟訴巡撫劉廣生，下長安知縣孫雲杰捕獲之。

《明通鑒》卷八一　辛未，閣臣韓爌等奏上逆案，上親加裁定。

《明史》卷二三《莊烈帝紀一》　戊寅，薊州兵變，有司撫定之。

《明紀》卷五二　已，朝議汰各鎮兵，給事中劉懋復請裁驛卒，帝以問韓爌。爌言汰兵止當清占冒及增設冗兵爾，衝地額兵，不可汰也。驛傳疲累，當責按臣核減，以甦民困，其所節省，仍還之民。帝然之。

《國榷》卷九〇　戊寅，流盜掠寧州、安化、三水。

己卯，逮巡撫順天右都御史王應豸，以牟餉激變，巡按御史方大任論之，後應豸論死。

是月，袁崇焕奏設東江餉司于寧遠，令東江自覺華島轉餉，禁登、萊商舶海，毛文龍累奏其不便，崇焕不聽，又請自往旅順議之。

《明通鑒》卷八一　以左副都御史楊鶴總督三邊。初鶴以忤忠賢罷去，上即位，起之，尋進副都。鶴見上求治太急，乃上言：「圖治之要，在培元氣。自大兵大疫，加派頻仍，小民之元氣傷；遼左、黔、蜀，喪師失律，封疆之元氣傷；縉紳搆黨，彼此相傾，逆閹乘之，誅鋤善類，士大夫之元氣傷。譬如重病初起，百脈未調，風邪易入，急當培養。而陛下事事勵精，臨軒面質，或問之而未必盡知；事下六曹，或呼之而未必立應；致干聖怒，數取譴訶，竊以爲過矣。今一切民生國計，吏治邊防，宜取祖宗成法委任責成，嚴爲之程，寬爲之地，圖之以漸，鎮之以静，何慮不臻太（乎）〔平〕哉！」疏入，報聞。

尋三邊總督武之望卒官，而是時關中寇熾，廷臣莫肯往，羣推鶴。上召鶴問方略，對曰：「清慎自持，撫恤將卒而已。」遂拜鶴兵部右侍郎，代之望總督軍務討賊。

《國榷》卷九〇　（四月）丙戌，流盜犯涇陽甘峪，游擊高從龍擊之，被殺。

戊子，賊走馬蘭山。

《崇禎長編》卷二〇　甲午，以楊鶴爲都察院右副都御史，兼兵部右侍郎總督三邊。

《明史》卷二三《莊烈帝紀一》　裁驛站。

《明通鑑》卷八一　陝西賊犯耀州，督糧道參議洪承疇，率官兵、鄉勇圍王佐掛于雲陽，幾獲之；暮，大雷雨作，賊潰圍走。

《崇禎實録》卷二　閏月，丙辰朔，清兵渡河，官兵拒之，乃退。

《崇禎長編》卷二〇　督師尚書袁崇煥疏言：「三廠所造盔甲器械絶不堪用，邊吏從不敢駁回内解，積習相仍，以致以卒予敵。今差遊擊柳國樑呈送欵式，請勅工部如式堅利。」從之。

大清皇帝言屢次有與文龍講和，文龍回書語皆飾欺，及送禮講和，又將我人解京，又將我心腹劉愛塔兄弟七人收回島去，愛塔殺死我人二千餘名，又帶我部落四百名、馬四百餘匹及盔甲器械，如今禁海無糧，欲乘機攻殺等語。

《國榷》卷九〇　令科道言事各列名款，即單疏不得挾私瀆奏。

壬戌，停督撫總兵官關行符驗。

《明紀》卷五二　癸亥，流賊犯三水，遊擊高從龍戰殁。

《國榷》卷九〇　壬申，召對記注官顧錫疇。時上諭朝廷以科道爲耳目，凡要緊諸司，令巡視查對，果奉公節覈，監督尚畏憚之，何況吏胥，乃後先效尤，澄刷何賴？朕陰知有故，因工臣疏逮究，務清夙弊，以毖將來。若大臣被誣，自當剖臆控陳。令記之，宣示史館。

己卯，廣東副總兵陳廷對約鄭芝龍勦盜，芝龍敗歸閩，不數日，寇大至，犯中左所近港，芝龍又敗，寇夜薄中左所。

《明史》卷二三《莊烈帝紀一》　癸未，祀地於北郊。

《國榷》卷九〇　五月乙酉朔，日食，上以欽天監分刻不合，責禮部，禮部請查例修改，去萬曆四十年十一月朔日食，欽天監擬未時正一刻，兵部員外郎范守己候申初一刻，嘗累疏駁正。

《崇禎長編》卷二二　庚子，總兵毛文龍疏言：「朝鮮國因遼路斷絶，從登州海運進貢，今若令從鐵山嘴取道進貢，海道險惡，風帆不測，請仍從登州進貢。」章下所司。

《明史》卷二三《莊烈帝紀一》　庚子，議改曆法。

《崇禎長編》卷二二　辛丑，祖大壽等復灤州。

《崇禎實録》卷二　癸丑，毛文龍請餉。初，文龍稱麾下兵二十餘萬，朝廷爲治餉，兵科給事中王夢尹、翰林脩〔撰〕姜曰廣詣島閲視，稱十萬，及登萊道王廷試復裁之，定額二萬八千人，文龍大不平，遂上章求餉。

《崇禎長編》卷二三　六月甲寅朔，免朝遣户科給事中杜三策、行人司副楊掄册封琉球。

《崇禎實録》卷二　乙卯，命汰冗員。

琉球國中山王世子尚豐入貢。

《明史》卷二三《莊烈帝紀一》　戊午，袁崇煥殺毛文龍於雙島。

《國榷》卷九〇　崇煥自出都門至寧遠，專主款。初，崇煥于寧遠捷後即令番僧往唁奴虜，意議和，會罷歸未就。再出，無以塞五年平胡之命，聲言折衝，慮毛文龍泄其計，遂身入島，誘文龍至。

《明紀》卷五二　事聞，帝意殊駭，以文龍既死，且方倚崇煥，乃優旨褒答，俄傳諭暴文龍罪，以安崇煥心，其爪牙伏京師者，令所司捕。崇煥言文龍之衆合老稚四萬七千，勝兵者不能二萬，妄稱十萬，設將領千，今不宜更置帥，即以繼盛攝之，於計便。又言東江一鎮，牽制所必資，今定兩協馬軍，十營步軍，五歲饟銀四十二萬，米十三萬六千，帝頗以兵減饟增爲疑，以崇煥故，特如其請。然島弁失主帥，心漸攜，益不可用，其後有叛去者。

《明通鑑》卷八一　初，文龍鎮東江，歲糜餉無算，所往輒敗衄，詭稱捷冒功。又縱下恣淫掠，驕蹇不樂受節制。崇煥始受事，即欲誅文龍。大學士錢龍錫，以崇煥召對時有「五年復遼」語，因造寓詢方略，崇煥曰：「恢復當自東江始。文龍可用則用之，不可用則處之易易耳。」

比崇煥涖鎮，疏請遣部臣理東江餉，文龍惡文臣監制，抗疏駁之，崇煥不悦。尋文龍來謁，接以賓禮，文龍不讓，崇煥謀益決。至是以閲兵爲名，泛海抵雙島，文龍來會，崇煥相與燕飲，每至夜分，文龍不覺也。崇煥議更營制，設監司，文龍怫然。崇煥以歸鄉動之，文龍曰：「向有此意。但惟我知東事，東事畢，朝鮮衰弱，可襲而有也。」崇煥滋不懌。遂以是月五日，邀文龍觀將士射。先設幄山上，令參將謝尚政等伏甲士幄外，文龍至，其部卒不得入。崇煥曰：「予詰朝行，公當海外重寄，受予一拜。」交拜畢，登山，因詰文龍違令數事。文龍抗辨，崇煥厲聲叱之，命去冠帶縶縛。

文龍猶倔强，崇煥曰：「爾有十二斬罪，知之乎？祖制，大將在外，必命文臣監，爾專制一方，軍馬錢糧不受核，一當斬；人臣之罪，莫大欺君，爾奏報盡欺妄，殺瀕海難民冒功，二當斬；人臣無將，將則必誅，爾奏稱牧馬登州，取南京如及掌，大逆不道，三當斬；每歲餉銀數十萬，不以給兵，月止散米三斗有半，侵盗軍糧，四當斬；擅開馬市于皮島，私通海外諸國，五當斬；部將數千人，悉冒己姓，副將以下，濫給劄付千，走卒輿夫盡金緋，六當斬；自寧遠剽掠商船，自爲盜賊，七當斬；强取民間子女，不知紀極，部下效尤，人不安室，八當斬；驅難民遠竊人參，不從則幽之島上，僵餓死者，白骨如莽，九當斬；輦金京師，拜魏忠賢爲父，塑冕旒像于島中，十當斬；鐵山之敗，喪軍無算，掩敗爲功，十一當斬；開鎮八年，擁兵觀望，不能恢復寸土，十二當斬。」

數畢，文龍噤不能置辯，但叩頭乞免。崇焕召諭其從官曰：「文龍罪狀當斬否？」皆惶怖唯唯。中有稱文龍數年勞苦者，崇焕叱退之。乃頓首請旨，出尚方劍，斬文龍于帳前。然後出諭其部卒曰：「誅止文龍。餘無罪。」皆不敢動。分其兵爲四協，以文龍子承祚及副將陳繼盛等領之，犒軍士，檄撫諸島，盡除文龍虐政。還鎮，以其狀上聞。末言：「文龍大將，非臣得擅誅，謹席藁待罪。」上驟聞，意殊駭，既念文龍已死，方任崇焕，乃優旨褒答。崇焕又上言：「文龍一匹夫，不法至此，以海外易爲亂也。其衆合老稚四萬七千，妄稱十萬，且民多，兵不能二萬，妄設將領千。今不宜更置帥，即以副將繼盛攝之，于計便。」以慮部下爲變，請增餉銀至十八萬，皆報可。

時文龍專閫海外，有跋扈聲，崇焕一旦除之，自謂可弭後患。然東江屹然巨鎮，文龍死，勢日衰弱。且島弁失主帥，心漸攜，益不可用，其後致有叛去者。

《崇禎實録》卷二　癸酉，安南莫敬卯寇欽州。

壬午，命脩熹宗悊皇帝實録。

《崇禎長編》卷二四　〔七月〕丙戌，申溺女之禁。

《崇禎實録》卷二　乙酉，以司禮太監曹化淳提督東廠。

《國榷》卷九〇　壬子，插漢虎墩兔憨兵東迫白馬關外，擄温布等酋，卜喇庫等不能拒，求寄輜重母妻于關内，邊臣以聞。兵部尚書王洽議閔其窮而來歸，爲擇便安置，惟留此質資其外藩，惟邊臣便宜行之耳。洽又言：「巡撫張宗衡云插漢叔桑我賽素不協，有兵若干，不受節制，駐牧西邊，搜殺套虜，動稱請賞，即此人也。」

《崇禎長編》卷二五　八月癸丑朔，免朝。

帝御經筵，開講後即每日講讀。

四川道御史王相説疏言：「召對二字，爲千載盛事，但每次召對，僅聞皇上發揮，不聞諸臣開導，是有召而無對，將漸流於面從，且爲政有體，有清汰一人、稽核一事即可爲治，又何必操切從事哉？」帝怒，責相説回奏。

《崇禎實録》卷二　戊午，僞梁王奢崇明合僞大元帥安卯彦兵數萬攻永寧，兵備副使劉可訓、總兵侯良柱力拒却之。可訓在永寧出兵遏賊，少失利，即入城，貴州兵不之救，賊遂據桃江垻。庚申，侯良柱、許成名約并力攻賊。賊恃其山險，方飲宴，蜀兵乘霧進，搗其寨，賊倉皇接戰，官兵力擊大破之，黔兵夾進，賊走入鵝項嶺。徑長而狹，官兵追迫，矢刃驟交，人馬蹙蹈，傾陷亡算。

《國榷》卷九〇　辛酉，安邦彦敗走，官兵追之。

《明史》卷二三《莊烈帝紀一》　甲子，總兵官侯良柱、兵備副使劉可訓擊斬奢崇明、安邦彦於紅土川，水西賊平。

《崇禎實録》卷二　乙丑，清兵合東不的入大鎮堡，分二道，自杏山高橋鋪，自松山直薄錦州。庚午，入雙臺堡。辛巳，出大小凌河，毀右屯衛城乃出。

《崇禎長編》卷二六　〔九月〕丁亥，應天巡撫曹文衡以奉旨開顧秉謙窖藏，令吴江知縣熊開元同崑山知縣李拯掘出銀四萬四百四十八兩五錢，除秉謙户下應輸各年錢糧一千四百二十四兩三錢七分，餘者抵作崑山小民正項。帝令解工部用。

《明紀》卷五二　癸卯，開曆局。

《明史》卷二三《莊烈帝紀一》　丁未，楊鎬棄市。

《明通鑒》卷八一　忠賢既敗，言官交章爲熊廷弼訟冤，極論鎬與王化貞失陷封疆罪。至是，鎬入秋決，棄市。越四年，化貞始伏誅。

《崇禎實録》卷二　是月，巡撫陝西右僉都御史劉廣生奏報，雒川縣曹店村、宜川縣龍耳嘴各賊混天王、王子順等千餘人掠韓城之龍門渡，守將失利，督糧道參政洪承疇同撫院中軍李滿、都司艾穆、千總費邑宰擊破之。

《明通鑒》卷八一　順天府尹劉宗周上疏曰：「臣伏見陛下勵精求治，宵旰靡寧；然程效太急，不免見小利而速近功。夫今日所汲汲者，非兵事乎？竭天下之力以奉飢軍而軍愈驕，聚天下之軍以博一戰而戰無日，此計之左也。今日所規規者，非國計乎？正供不足，繼以雜派，科罰不足，加以火耗。有司以掊克爲循良而撫字之政絶，上官以催徵爲考課而黜陟之法亡，欲求國家有府庫之財，不可得已。頃者特嚴贓吏之誅，自宰執以下，坐重典者十餘人，而貪風未息，所以導之者未善也。陛下求治之心操之太急，醖釀而爲功利；功利不已，轉爲刑名；刑名不已，流爲猜忌；猜忌不已，積爲壅蔽；正人心之危所潛滋暗長而不自知者。誠默正此心，使心之所發悉皆仁義之良，以育天下，以正萬民，自朝廷達乎四海，莫非仁義之化，陛下已一旦躋于堯、舜矣。」疏入，上歎其忠，然竟不能用。

宗周，山陰人。天啓中，以魏忠賢用事移疾歸。上改元之冬，召起是職，至是始入都。

《國榷》卷九〇 〔十月〕丙辰，閔夢得爲兵部右侍郎，起郭尚賓兵部右侍郎，添設。

《崇禎實録》卷二 戊午，進袁崇煥太子太保。

《崇禎長編》卷二七 甲戌，册立皇太子，遣陳光裕、顧肇迹、冉興讓、王永光祭告，朱純臣持節，韓爌、李標捧册寶。

《明通鑒》卷八一 戊寅，大清兵分三道，一入大安口，一入龍井關，一入洪山口，皆克之。參將張安德等敗遁，張萬春降。

《國榷》卷九〇 己卯，建虜圍薊州。是月，插漢犯延綏，官軍擊斬八百十級。

《明紀》卷五二 太常寺少卿吕維祺奏防微八事，言：「陛下初勤批答，今或留中，留中多則疑慮起，當防一。初虚懷商榷，今擬旨一不當，改擬徑行，豈無當執奏者，當防二。初事無疑厭，疑厭皆諸臣自取，今偏黨説起，共夔並進，當防三。初日御經筵，今始傳免，當防四。初寡嗜欲，慎宴游，今或偶涉，當防五。初慎刑獄，今有下詔獄者，且登聞頻擊，恐長囂訟風，當防六。初重廷推，今間用陪，非常典，當防七。初樂讜言，今或譴呵時及，當防八。」帝優旨報之。

《崇禎實録》卷二 十一月壬午朔，京師戒嚴。

《明史》卷二三《莊烈帝紀一》 乙酉，山海關總兵官趙率教戰没於遵化。

丁亥，總兵官滿桂入援。

《明通鑒》卷八一 大清兵越薊州而西，徇三河、臨順義城，大同總兵官滿桂，宣撫總兵官侯世禄，各率所部入援，戰于城下，俱敗奔京師，城遂下。進至通州，渡河，營于城北。

《明史》卷二三《莊烈帝紀一》 己丑，吏部侍郎成基命爲禮部尚書兼東閣大學士，預機務。召前大學士孫承宗爲兵部尚書，中極殿大學士，視師通州。

戊子，宣、大、保定兵相繼入援。征天下鎮巡官勤王。

《國榷》卷九〇 諭諸臣率家人協同城守，給守卒人各五錢。

庚寅，增兵部職方司官，郭士奇爲郎中，劉維禎、李孔慶爲員外郎，龔可明主事，俱添註。

《明通鑒》卷八一 辛卯，督師袁崇煥率師入援。次薊州。所過撫寧、永平、遷安、豐潤、玉田諸城，皆留兵以守。

上聞崇煥至，甚喜，温旨褒勉，發帑金犒將士，令盡統諸道援軍。

《崇禎長編》卷二八 辛丑，帝念守城軍士嚴寒，每人給錢一百文。

《明史》卷二三《莊烈帝紀一》 大清兵薄德勝門。

《明通鑒》卷八一 時總兵滿桂、侯世禄俱屯德勝門，大兵至，世禄軍潰，桂獨拒戰。督理戎政尚書李邦華督兵守城，令城上發大礮佐桂，誤傷桂軍，桂亦負傷。上遣中官勞以羊酒，令入休甕城。

大軍鏖戰，互有殺傷，時所入謗紛起，謂崇煥縱敵，朝士因前通和議，誣崇煥引敵脅和，將爲城下之盟，帝頗聞之，不能無惑。會我大清設間，謂崇煥密有成約，令所獲宦官知之，陰縱使去，其人奔告於帝，帝信之不疑。

《崇禎實録》卷二 甲辰，召袁崇煥、祖大壽、滿桂、黑雲龍及兵部尚書申用懋於平臺，崇煥不自安，留中使於營，自青衣玄帽入至朝中。

《明通鑒》卷八一 先是崇煥抵薊州，聞大清兵已越薊州而西，遂督總兵祖大壽、都督何可綱等引兵入援京師。至是與桂等同召見，慰勞備至，咨以戰守策，賜御膳及貂裘。崇煥以士馬疲敝，請入休城中，不許；請屯兵外城，亦不許。

《崇禎長編》卷二九 十二月辛亥朔，大清兵以駐通州十里之外，京師尚無偵探，移書問兵部侍郎申用懋，答以止聞在薊，不聞在通，而莊户蔣玉等四人親見大清兵駐營通州，萬鍾具疏以聞。

《明史》卷二三《莊烈帝紀一》 再召袁崇煥於平臺，下錦衣衛獄。

《明紀》卷五二 大壽在旁，戰栗失措，〔成〕基命叩頭，請慎重者再。帝曰：「慎重即因循，何益？」基命復叩頭曰：「敵在城下，非他時比。」帝終不省。

《崇禎實録》卷二 甲寅，遼東兵潰。

《國榷》卷九〇 遼兵素感袁崇煥，滿桂與祖大壽又互相疑，大壽輒率兵歸寧遠，遠近大駭。

《明通鑒》卷八一 袁崇煥之下獄也，大壽在旁股栗，懼并誅，出，即與何可綱等東走，毁山海關出，遠近大震。

大壽先嘗有罪，孫承宗欲殺之，愛其才，密令崇煥救解，故大壽德崇煥。成基命知之，言于上，就獄中取崇煥手書，急遣都司賈登科齎諭大壽，孫承宗亦令游擊石柱國馳撫諸軍。

大壽見登科，言「麾下卒赴援，冀效勞績，而城上人羣詈爲賊，投石擊死數人；所遣邏卒，指爲間諜而殺之；勞而見罪，是以奔還」。柱國追及諸軍，其將士持弓刀相向，皆垂涕言：「督師既下獄，又將以大礮擊斃我軍，故至此。」柱國復前追，大壽去已遠，乃返。

承宗奏言：「大壽危疑已甚，又不肯受滿桂節制，因譌言激衆東奔，非部下盡欲叛也。當大開生路，曲收衆心。遼將多馬世龍舊部曲，臣謹用便宜遣世龍馳諭，其將士必解甲歸，大壽不足慮也。」上喜，從之。

承宗密札諭大壽急上章自列，且立功贖督師罪，己當代爲剖白。大壽諾之，具列東奔之故，悉如將士言，上優詔報之。

《明史》卷二三《莊烈帝紀一》 孫承宗移駐山海關。

《明通鑑》卷八一 諸將聞承宗、世龍至，多自拔來歸者；大壽妻左氏，亦以大義責其夫，大壽乃斂兵待命。

《國榷》卷九〇 修《賦役全書》。

《明史》卷二三《莊烈帝紀一》 庚申，諭廷臣進馬。

《明紀》卷五二 帝不視朝，章奏多留中不報，傳旨辦布囊八百，中官競獻馬騾。劉宗周曰：「是必有以遷幸動上者。」乃詣午門叩頭諫曰：「國勢彊弱，視人心安危，乞陛下出御皇極門，延見百僚，明言宗廟山陵在此，固守外無他計，俯伏待報。」自晨迄暮，中官傳旨乃退。時米價騰躍，宗周請罷九門税，修賈區以處貧民，爲粥以養老疾，嚴行保甲之法，人心稍安。

《崇禎實録》卷二 丁卯，設文武經畧，以梁廷棟、滿桂爲之，各賜尚方劍，營西直、安定二門，桂始屯宣武門甕城內，謂援寡未可戰，中使趣使亟戰，桂不得已，揮涕而出，以五千人同孫祖壽等戰安定門外，俱敗没。

《明通鑑》卷八一 時大清兵緩攻城，屢遣使齎書議和，遂循海子而南，且獵且行。趨良鄉，克其城，知縣党還醇與教諭安上達、訓導李廷表、典史之棟、驛承楊其禮，千户蕭如龍、何秉忠，百户李膾、武舉陳蠡測、生員梅友松皆死焉。大兵復分道攻固安，亦下之。還軍至蘆溝橋。

《明史》卷二三《莊烈帝紀一》 壬申，錢龍錫罷。

《明通鑑》卷八一 御史高捷、史堃皆奄黨，王永光引用之，頗爲龍錫所扼，兩人因是大恨。方袁崇焕之殺毛文龍也，報疏有「輔臣龍錫爲此一事低徊至其寓」語，而崇焕欲成和議，又嘗以書商于龍錫。及是崇焕已下獄，捷、堃遂上言議和、殺將，皆龍錫發蹤指示，宜與崇焕並罪。上以龍錫忠慎，戒無過求。龍錫抗章申辨，捷、堃再疏力攻，詞益危切，上意頗動。龍錫再辨，引疾，乃放歸。時兵事方棘，未暇竟也。

《明史》卷二三《莊烈帝紀一》 癸酉，山西援兵潰於良鄉。

《明通鑑》卷八一 時四方援兵先後集，以缺餉故，多肆剽掠。獨河南巡撫范景文馭軍有紀律，所將八千人，餉皆自齎，秋毫無所犯。移駐東門，再駐昌平，遠近恃以少安。

刑部尚書喬允升下獄。

先是京師之警，城中洶洶，獄囚劉仲企等百七十人破械出，欲踰城，被獲。上震怒，遂下允升及侍郎胡世賞、提牢主事敖繼榮于獄。允升坐絞，旋以年老減死，與繼榮俱戍邊；世賞贖罪，斥爲民。而工部尚書張鳳翔，以軍械不具，並四司郎中皆下獄，瘐死者三人。

《明史》卷二三《莊烈帝紀一》 丁丑，禮部侍郎周延儒、尚書何如寵、侍郎錢象坤俱禮部尚書兼東閣大學士，預機務。

《明通鑑》卷八一 延儒機警伺意指，以會推不預，與温體仁比，數爲言官所刻，上皆不納，至是特命入閣。都城方警，有桀黠者，言都人願以私財聚衆助官軍，如寵力言其叵測，上遣偵事者，還報如如寵言，遂受知。象坤奉命守城，祁寒不懈，上覘知之，因並命入閣。

崇禎三年、後金天聰四年（庚午、一六三〇）

《國榷》卷九一 〔正月〕壬午，宋偉以原官爲總兵官，鎮守山海關，同梁廷棟、馬世龍征進。建虜東趨永平，夜抵宋莊，距城五里。

《崇禎實録》卷三 甲申，召户、兵、工諸給事中於會極門，令註銷案牘，各委給事中一人查理，六曹勅期奏報。清兵入永平府。

《明通鑑》卷八二 乙未，禁抄傳邊報。大學士韓爌罷。

袁崇焕下獄，爌其座主也，于是中書舍人原抱奇，賈人子也，劾爌主和誤國，宜與錢龍錫並罷。上重去爌，貶抱奇秩。無何，庶子丁進以遷擢愆期怨爌，亦劾之，而工部主事李逢申劾疏復繼上。爌三疏引疾歸，許之。

熿先後作相，老成慎重，引正人，抑邪黨，天下稱其賢。初，熊廷弼既死，傳首九邊，屍不得歸葬。後其子詣闕疏請，熿言于上曰：「廷弼之死，由逆閹欲殺楊漣、左光斗，誣以行賄，因盡殺漣等，復懸坐廷弼贓銀，刑及妻孥，此冤之甚者。」上乃許收葬。熿遇事持平多類此。

《國榷》卷九一　丙申，總督陝西楊鶴等至郃陽，解韓城之圍，斬三千級，賊遁，復犯清澗之華家寺，奔懷寧河，官兵追逐數十里。

戊戌，建虜東向，遣二騎持幟致書祖大壽求和，孫承宗斬之，建虜遂西。

壬寅，廣東西洋澳夷陸若漢進大銃。

《明通鑑》卷八二　兵部侍郎劉之綸敗績于遵化，死之。

《崇禎實録》卷三　己酉，議中外七品以上官捐俸助餉，上不許。時廷臣俱進，獨順天尹劉宗周謂養廉不可廢，獨無所進。

《崇禎長編》卷三〇　錦衣衛報獲假印七十餘顆，帝命下僞造者陳偉等於鎮撫司，并通謀作奸諸胥吏並行嚴鞫以聞。劉僑以提督緝獲有功，賚銀三十兩，紵絲二表裡，官旂照例叙賚。

庚戌，總督兩廣王尊德奏裁冗官一百一十五員，應扣解銀六千零五十四兩。

《明史》卷二三《莊烈帝紀一》　是月，朵顏入寇。

《明紀》卷五二　大壽入關謁承宗，親軍五百人，甲而候於門，承宗開誠與語，即日列其所統步騎三萬於教場，行誓師禮，羣疑頓釋。大清兵自京師東行。

《明通鑑》卷八二　王左掛攻宜川，爲知縣成材所卻，轉攻韓城。

時總督楊鶴，素有清望，然不知兵。至則軍中無帥，鶴命參政洪承疇禦之，俘斬三百餘人，圍解。賊走清澗。而是時延綏入衛之兵，潰而西去，與流賊合，延撫張夢鯨憤恚死。甘肅巡撫梅之煥統兵入衛，中途，悍卒殺參將孫懷忠等叛走蘭州，之煥聞變，復西還。于是賊勢益熾。

《崇禎實録》卷三　二月辛亥朔，予故都督滿桂、孫祖壽、趙率教祭葬，并立祠祀之。

《崇禎長編》卷三一　帝以户科條議，欲停給内外文武七品上各官俸薪，傳諭諸臣但能稽核侵冒，杜絶漏巵，清償夙逋，徵完舊額，此即富國安邦第一策。詔禄爲養廉彝典，不必請停。

《明通鑑》卷八二　庚申，立皇長子慈烺爲皇太子。

《崇禎長編》卷三一　辛酉，福建巡撫熊文燦奏裁文職教官雜流八十二員，共節省銀六千二百六十二兩有奇，遇閏加裁三百二十三兩有奇，武職各中軍官二十一員，共節省銀七百八十兩有奇。

《崇禎實録》卷三　癸亥，清兵又至建昌。皇次子殤。禮部上言請定官吏士庶内外宫室器用衣飾之制，一從節儉。詔從之。

丙寅，遣官祭宋丞相文天祥及先朝太傅于謙、少師姚廣孝。

癸酉，命成國公朱純臣監修神廟實録。

《明通鑑》卷八二　是月，延安知府張輦、都司艾穆蹙賊于延川，降其魁王子順、張述聖、姬三兒。

總督楊鶴見賊勢日熾，乃主撫。是時府谷賊王嘉允掠延安、慶陽，鶴匿不奏，而給降賊王虎、小紅娘、一丈青、掠地虎、混江龍等免死牒，安置延綏、河曲間。賊淫掠如故，有司不敢問。

《崇禎實録》卷三　三月辛巳朔，大學士李標罷。

《明通鑑》卷八二　初，與標並相者六人，皆相繼罷，獨標在閣稍久，頗能隨事匡益。然是時方争門户，上亦深疑廷臣有黨，標遂連疏乞休去。

《崇禎實録》卷三　壬午，清兵抵房山。復故大學士張居正二廕。

《國榷》卷九一　禮部請正文體，從之。鑄管理薊鎮陸運餉關防。

《崇禎長編》卷三二　辛卯，户部尚書畢自嚴率屬捐助，優旨褒收。衍聖公孔胤植捐資助餉，優旨褒收。

太常寺奏裁官五員，每歲省銀二百二十五兩有奇，米六十石，汰俸薪官五員，省銀二百二十三兩有奇，樂舞生七十三名，每歲省銀三百二十二兩有奇，命所司知之。

戊申，遣官祭東嶽之神。

朝鮮國陪臣判官李吃等二十九名慶賀册立，入朝。

《國榷》卷九一　丁酉，令惠安伯張慶臻以萬金採煤西山。令有司雇民船轉運並給直，戒關津需索。是春，秦盜入山西，犯襄陵、吉州、太平、曲沃。

《明通鑑》卷八二　是月，刑部尚書韓繼思罷，以胡應台代之。又以閔洪學爲左都御史，代曹于汴也。

《國榷》卷九一　四月庚戌朔，吕維祺爲南京户部右侍郎兼右僉都御史，總督糧儲。

《崇禎實録》卷三　辛亥，朝鮮國王李倧奏辨，報聞。

《明紀》卷五二　乙卯，劉宗周進祈天永命之説，請除詔獄，除新餉，末言君者天之宗子，輔臣者宗子之家相，陛下置輔，率由特簡，亦願體一人好生之心，毋驅除異己，構朝士以大獄，結國家朋黨之禍，毋寵利居成功，導人主以貪强，釀天下土崩之勢。周延儒、温體仁見疏不懌，以時方禱雨，而宗周稱疾，指爲偃蹇，激帝怒，擬旨詰之，且令陳足兵足食之策。宗周條畫以對，延儒、體仁不能難。

《國榷》卷九一　賜故都督戚繼光表忠祠，從其子錦衣衛南鎮撫司指揮使昌國之請。

《崇禎實録》卷三　壬戌，烏思藏僧來貢。

《明通鑒》卷八二　以旱，齋宿文華殿，諭百官修省。

《崇禎長編》卷三三　戊寅，正一真人張顯庸捐資助餉，優旨褒收。

《崇禎長編》卷三四　五月庚辰朔，免朝。

太康伯張國紀借車運米，并輸運資優旨褒收。

《國榷》卷九一　癸未，孫承宗誓師。

《明通鑒》卷八二　辛卯，馬世龍、祖大壽諸鎮兵入灤州，遂由遷安、永平抵遵化。

《國榷》卷九一　壬辰，復遷安。

《明通鑒》卷八二　大清兵東歸。

是月，左諭德文震孟復上疏劾王永光等。

是時逆案已定，其黨相繼去國，而永光輩日乘機思報復，震孟抗疏糾之，不報。至是震孟進官，復抗疏。

六月壬子，下左副都御史易應昌于獄。

時喬允升下獄，上欲置之法；應昌以允升無死罪，執奏再三，上怒，遂並下應昌獄。及允升論絞，尚書胡應台等上應昌罪，上以爲輕，命繫之獄中，論死。

癸丑，流賊王嘉允陷府谷，米脂賊張獻忠聚衆應之。

先是楊鶴撫延綏賊王左掛，及其黨苗順等亦乞降。獨嘉允不受撫，勢益張，襲破黄甫川、清水、木瓜三堡，殺孤山副將李釗，至是長驅入府谷，陷之。

張獻忠者，延安衛柳樹澗人也。初隸延綏鎮爲軍，犯法當斬，主將陳洪範奇其狀貌，爲請于總兵官王威，鞭一百釋之。乃逃去，從叛兵神一元，領紅旗爲先鋒，及是據有米脂諸寨，自號八大王，遂與嘉允互爲聲援。詔以洪承疇巡撫延綏，杜文焕爲總兵官討之。

《明紀》卷五二　己未，授宋儒程頤、邵雍後裔程接道、邵繼祖五經博士，世襲。

《崇禎長編》卷三五　庚申，賜百官香薷湯，以是日始。

《明通鑒》卷八二　辛酉，以禮部尚書温體仁、吴宗達並兼東閣大學士，預機務。

體仁爲人，外曲謹而中猛鷙，機深刺骨。言官屢劾其奸，上謂體仁孤立，益嚮之；周延儒復力爲之援，遂與宗達並入閣。體仁既得輔政，勢益張，宗達徒充位而已。

《崇禎實録》卷三　是月，脩三屯、大安、喜峰、冷口、建昌等處城堡。

山西流盜犯石樓、永和、破蒲州、潞安，官兵敗没。

《明通鑒》卷八二　工部尚書南居益罷。時兵部以試礮炸，劾郎中王守履失職。居益論救，上以爲徇私，杖守履六十，居益坐削籍歸。

《崇禎長編》卷三六　〔七月〕壬辰，大同巡撫張宗衡疏奏：臣昨奉命巡歷邊垣，西自山西，東抵宣府，計大同沿邊六百餘里，衝堡共八百二十六座，俱修築訖，帝報聞。

《崇禎長編》卷三七　〔八月〕戊午，帝以各省驛遞節省錢糧，有全未册報者，怠玩殊甚，命將道府州縣官俱降級停陞，吏書提問，分别罰治，如再逮限不報，兵部截日參奏，撫按一并議處。

《明紀》卷五二　癸亥，磔崇焕於市。帝欲族崇焕，以何如寵救免，兄弟妻子流三千里，籍其家。崇焕無子，家亦無餘資，天下冤之。

《明通鑒》卷八二　先是忠賢遺黨王永光、高捷、史䇲，謀興大獄爲逆黨報仇，遂以「擅主和議，專戮大帥」爲崇焕罪，並及故輔錢龍錫，謂「殺毛文龍之議，龍錫實首倡之」。至是䇲又疏言：「崇焕出都時，重賄龍錫數萬。龍錫轉寄姻家，巧爲營幹，致國法不伸。」上震怒，敕刑官五日内具獄。獄上，召諸臣于平臺，諭以「崇焕謀叛，當置極典，龍錫私結邊臣，蒙隱不舉」，趣廷臣議罪。

是日，羣議于府中，謂「斬帥雖龍錫啓端，而兩書有『處置慎重』等語，意不在擅殺；至議和倡自崇焕，龍錫亦未之許。然軍國大事，私有商度，不抗疏發奸，何所逃罪」。遂逮龍錫而磔崇焕于市，兄弟妻子流三千里，籍其家，無餘貲，天下冤之。時以爲崇焕妄殺文龍，而上實誤殺崇焕。自崇焕死，邊事益無人，危亡之徵見矣。

《國榷》卷九一　甲子，諭舊輔錢龍錫背公逞私，密謀主款，袁崇焕疏語已露，其終不奏聞，并不重罰，何以懲後，削其職，法司確案擬罪，逮至，論死。

《崇禎長編》卷三八　九月丁丑朔，工部右侍郎沈演以足兵恤民勢相牴牾，特陳建堡聚民，教以戰守之法。

辛巳，天方國等三處來貢。

丁亥，四川巡按馬如蛟題汰通省冗員六十八員，共減俸薪紙扎等銀四千四百二十五兩有奇，照數扣解充餉。

《崇禎長編》卷三九　十月丙午朔，以兵部奏李天成諳用地雷，試有成效，命量受職銜，另立一營教練。

《明紀》卷五二　丙寅，巡撫延綏都御史洪承疇、總兵官杜文焕敗賊張獻忠於清澗。

《崇禎實録》卷三　十一月丙子朔，祖大壽率兵出塞，至駱駝山，襲敗清兵。

《崇禎長編》卷四〇　癸未，四川土司女將秦良玉應詔勤王，并捐資濟餉，帝優旨，命約束前來，聽兵部調度。

《崇禎實録》卷三　丁亥，神宗皇帝實録成。

《明紀》卷五二　甲午，山西總兵官王國樑擊王嘉允於河曲，大敗，賊入據其城。會部議設山陝提督，令文焕爲之，乃偕延綏副總兵曹文詔馳至河曲，絶饟道以困賊。

《崇禎長編》卷四〇　辛丑，宴纂修實録各官寧陽侯陳光裕、尚書王永光、畢自嚴、李騰芳、梁廷棟、曹珍、左都御史閔洪學、侍郎涂國鼎諸人侍宴。

帝以朝鮮國王李倧具疏奏慰，兼進戎器，優旨答之。

《崇禎實録》卷三　十二月乙巳朔，時關中大旱，延安四郊皆盜。

崇禎四年、後金天聰五年（辛未、一六三一）

《崇禎實録》卷四　春正月乙亥朔，上不御殿。刑科給事中吴執御上言加派之害，上責其妄言。

《崇禎長編》卷四二　丙子，巡視南城試御史龔守忠上言，邊備已修，宜閉關以釋外憂，專圖秦晉之寇。帝謂閉關非計，勦賊條畫亦未見精詳。

《明紀》卷五三　丁酉，御史吴甡振延綏饑民，以十萬金往，李繼貞少之，帝不聽。

《明通鑒》卷八二　延綏連歲大祲，盜賊四起。職方郎中李繼貞，請發帑金糴米輸軍前，且令四方贖鍰及捐納事例者，輸粟于邊以撫飢民。又言：「兵法撫勦並用，非撫賊也，撫饑民之從賊者耳。今斗米四錢，已從賊者猶少，未從賊而勢必從賊者無窮。請如神宗故事，特遣御史振濟，齎米二十萬石以往，安輯飢民，使不爲賊，以孤賊勢。」上感其言，遣御史吴甡以十萬金往振，繼貞少之，不聽。

甡至延綏，用西安推官史可法主振事，因諭散賊黨。可法，祥符人。奏聞，即命甡巡按陝西，以代李應期。

《崇禎長編》卷四三　二月乙巳朔，工科給事中李春旺以大計事竣，地方不可一日無人，請敕部嚴限水程，令其刻期復任。仍行各撫按重加查核，倘有優游途次、枉道歸里者，重加罰治。其已經褫斥懸缺之官尤宜急補，若留部考選者，恐滋熱中鑽刺之弊，當令移居城外，不許與京官往來，奔競之風，庶可少杜。帝以所言切當，命如議行。

丙午，督治昌鎮侍郎侯恂請發澳彝所造大砲數具，用資防禦。章下所司酌給。

庚戌，兵部疏陳崇禎四年各直省驛站額，增裁解免編錢糧數目，請崇禎二、三兩年按數覈收，四年以後照數起解，其應行免編者實歸小民，留抵援兵衣裝及買馬勦賊諸用者覈實銷筭，節裁之事，即可于兹報竣矣。

《崇禎實録》卷四　辛亥，夜定，邊營降丁大譟，時闕餉五旬，各求給散，守備張天禮同游擊馬科巷諭乃安。降丁仍逃二百餘人，皆副總兵曹文詔所收山西降盜也。

《崇禎長編》卷四三　己巳，以邊遠需材，詔廣今歲進士，額爲三百五十。

《崇禎實録》卷四　壬申，神一魁陷合水縣。

《明紀》卷五三　三月丁丑，總督陝西三邊軍務侍郎楊鶴移駐寧州，一魁求撫，送還合水知縣蔣應昌，别賊拓先齡、金翅鵬、過天星、田近菴、獨頭虎等，亦先後降。

癸未，鶴設御座於城樓，賊跪拜呼萬歲，鶴宣聖諭，令設誓，或歸伍，或歸農，賊陽應之，立赦其罪。鶴又以一魁最彊，致其垍帳中同臥起，一魁果至，數以十罪，則稽首謝，即宣詔赦之，畀以官，處其衆四千餘人於寧塞，使守備吴宏器護焉。已而，羣賊相繼復叛。

御史姜思睿陳天下五大弊：曰加派病民；曰郵傳過削；曰搜剔愈精，頭緒愈亂；曰懲毖愈甚，頹廢愈多；曰督責愈急，蒙蔽愈深。忤旨，切責。思睿，應麟從子也。

《崇禎實録》卷四　庚寅，東川盜攻嵩明。

甲午，大盜劉五、可天飛據鐵角城，混天飛、獨行狼等聚蘆保嶺，衆各萬餘，苦飢。於是鐵角城盜犯平涼、固原，蘆保嶺盜犯耀州、涇陽、三原，混天猴薄寧州，分犯環縣。

《明通鑑》卷八二　己丑，賜陳于泰等進士及第、出身有差。

是月，吏部尚書王永光罷，温體仁薦都御史閔洪學代之。

洪學與體仁同鄉，體仁欲藉以驅除異己者，率由部議論罷，而己內主之，又用史堃、高捷爲腹心，日以傾正人，庇宵小爲事。凡所欲推薦，陰使人發短，己承其後；欲排陷，故爲寬解，中上所忌，激使自怒，上往往爲之移。由是閣、部之權復合。

皮島參將劉興治以叛誅，其黨耿仲裕復叛。

《崇禎實録》卷四　是春，遵化兵五百餘人從畿南雄縣大掠而南，自臨清、濟寧入泰安，又折而東北，至章兵東關，聞省城有兵，乃從丁河口入海。操按余大成、高捷俱報海中必當溺死，時皆笑之。

《崇禎長編》卷四五　四月丙午，樞輔孫承宗以衰病求退，兼舉太僕少卿傅宗龍自代。

《明史》卷二三《莊烈帝紀一》　庚戌，禱雨。

《國榷》卷九一　諭兵部，申禁硝磺、鋼鐵、軍器出境下海，亡論多寡俱梟示。

《崇禎實録》卷四　己未，賊渠神一魁降于楊鶴，鶴責數其罪，俱伏謝。

辛酉，上念旱，釋前工部尚書張鳳。改巡檢司印爲簡，以犯御諱也。

《國榷》卷九一　副總兵曹文詔、都指揮馬科、曹變蛟、艾萬年等克河曲，斬一千五百。傅宗龍爲右僉都御史，巡撫順天，莊祖誨爲右都御史，巡撫應天。兵部尚書梁廷棟免。

《明史》卷二三《莊烈帝紀一》　辛酉，詔廷臣條時政。

《崇禎實録》卷四　丁卯，洪承疇令守備賀人龍勞降者酒，降者入謝，伏兵斬三百二十人。

《明史》卷二三《莊烈帝紀一》　是月，延綏副將曹文詔擊賊於河曲，王嘉胤敗死。

《明通鑑》卷八二　王嘉允久據河曲，文詔圍之六月，至是大敗，嘉允棄城走。時洪承疇、張應昌亦敗不沾泥于葭州，不沾泥殺他賊以降。以南京都御史陳于廷爲左都御史，代閔洪學也。于廷以巡方事重，列上「糾大吏、薦人才、修荒政、覈屯鹽、禁耗羨、清獄囚、訪奸豪、弭寇盜」八事，以回道日覈實課功，上褒納之。

《明史》卷二三《莊烈帝紀一》　五月甲戌朔，步禱於南郊。

《崇禎長編》卷四六　丙子，帝以屠沽久禁，市肆小民生計愈艱，命開此禁，以從所欲。

丙戌，海寇鍾斌貞鄭芝龍兩創之後，潛遁外洋，莫可踪跡，巡按羅元賓與芝龍及劉世科等計議，令其陰布哨探，伺諸金門上下間，已而果得其踪跡於沙洲，官前，芝龍等鳴鉦直進，復潛遣舟師從外洋夾攻，困之於甘桔洋中，賊力竭勢窮，身投蛟窟，獲其所坐之舡，其厮僕沉溺者無算，生擒八十餘人，元賓列狀以聞。帝謂奏中鋪獎過多，仍令確覈覆奏。

《國榷》卷九一　是月，工部郎中李若愚請復建文帝廟號，録殉節諸臣，章下禮部。潞安狥民作亂于壺關、高平、陵川，宣大總督張宗衡剿平之。

《國榷》卷九一　〔六月〕癸丑，王承恩又敗賊于石堡川，斬百二十六級，餘奔澄城界頭山。

甲寅，官兵敗賊于孤堡，斬一百九十五級。

癸亥，賊混天猴、獨行狼等萬餘人謀攻合水縣，自甘泉之甄家灣而東，洪承疇率都司馬科等二千人追之。

丁卯，洪承疇兵追至甘泉山中，斬賊七十餘級，遂乞降。

《明通鑑》卷八三　壬申，河決孟津口。

上年之夏，河決原武，海口壅塞，逡巡踰年，始議興築。至是伏秋水發，黃、淮奔注，興、鹽爲壑，而海潮復逆衝范公堤，軍民及商竈户死者無算。少壯轉徙，丐江、儀、通、泰間，盜賊千百嘯聚。

《崇禎長編》卷四八　七月癸酉朔，孟秋，帝親享太廟。

甲戌，河南巡按李日宣以貢夷紫堯定騷擾驛遞，上言皆由游棍伴弁爲之羽翼謀主，因使其得以恣意肆害，毒及小民，乞敕下禮、兵二部查照新題欵限，必使照原發勘合，速遣遄行，并令河南、陝西、甘肅各撫按嚴飭併弁遵守，不得背旨殃民，庶幾疲地窮驛，稍稍有瘳耳。

《明史》卷二三《莊烈帝紀一》　總兵官王際恩敗賊於鄜州，降賊首上天龍。

《崇禎實録》卷四　戊寅，賊入東關，游擊陳光先率兵巷戰，逐走之。曹文詔自慶陽以千八百騎赴救，至花園寺，聞砲聲，疾馳，賊迎戰。俄，四山伏起合圍，文詔幾不支。文詔力鬬突圍，賊始敗走，追殺頗衆，分路趨驛馬關。

《國榷》卷九一　癸未，逮陝西總督兵部右侍郎楊鶴下刑部獄，明年戍袁州衛。

《崇禎長編》卷四八　甲申，琉球國遣使慶賀東宫，進貢方物。

《明通鑒》卷八二　八月癸卯，總兵賀虎臣擊斬慶陽賊劉六及其黨五百餘人。

丁未，大清兵圍大淩城。

丙辰，大學士何如寵罷。

《崇禎實録》卷四　九月壬申朔，山西流盜犯濟源。

壬申，命洪承疇總督陝西三邊軍務兵部右侍郎兼右副都御史。

《崇禎長編》卷五〇　丁亥，大清兵馬至錦州城外，遼東巡撫丘禾嘉同山海總兵宋偉，團練總兵吴襄率兵禦之。大清數千騎分列五股，直逼錦城兩鎮，張左右二翼迎擊，接刃於教場，連戰十餘陣，不勝，入城固守。大清收兵東北行，巡按王道直以聞。

《國榷》卷九一　己丑，神一魁復叛，據寧塞縣。先是一魁降後頗窘用，而茹成名頗生事，度不能制，謀誅之，遣成名于總督楊鶴所。甲申，鶴收斬之，其黨張孟金、黄友才等疑懼，挾一魁以叛，刼參將吴弘器，縛守備范禮操、守尹鴻臺，辮其髮，焚掠横甚。官兵攻圍之，賊食盡，其黨黄友才斬一魁以獻。

《明史》卷二三《莊烈帝紀一》　丁酉，太監張彝憲總理户、工二部錢糧，給事中宋可久等相繼諫，不聽。

《國榷》卷九一　〔十月〕庚戌，流盜羅汝才陷宜川縣，練國事在三水，遣參將李卑馳斬一百十八級，賊遁。

《崇禎長編》卷五二　〔十一月〕辛未，南京吏部尚書謝陞疏奏，留都近日米薪珠桂，景象蕭條，雀角鼠牙，姦盜蜂起，窮人不能度日，富户無以自存，兼以風俗奢侈，荒淫無度，飲酒賞勝，迎仙醮佛，物力告竭，市價騰貴，實由表率無人而致，波流至此。因條陳嚴官評，定例規，禁詞訟，省燕會四事。帝嘉其得端範維風要術，命所司逐欵覆議以聞。

丁丑，户部尚書畢自嚴覆南户部尚書鄭三俊條議裁買銅解北之官，設南部買銅之差，開輸銅事。

丙戌，帝命太監李奇懋監視陝西茶馬、苑馬，吕直監視登島等處兵船糧餉海禁。

《明紀》卷五三　朝臣具公疏争。

癸巳，召對於文華殿，帝曰：「苟羣臣殫心爲國，朕亦何需乎此輩。」衆莫敢對。南京御史李曰輔疏言：「邇者一日遣内臣四，尋又遣用五，非兵機則要地也。廷臣方交章，而登島、陝西又有兩閹之遣，假專擅之心，駭中外之聽，啓水火之隙，開依附之門，灰任事之心，藉委卸之口，臣愚實爲寒心！陛下踐阼，初盡撤内臣，中外稱聖。昔何以撤？今何以遣？天下多故，擇將爲先，陛下不築黄金臺招頗牧，乃汲汲内臣是遣，曾何補理亂之數哉！」帝怒，謫曰輔。

廣東布政司照磨張彝憲摭火器不中程，劾金鉉，落職。時中璫勢復大振，王坤至宣府，以册籍委頓，劾巡按御史胡良機，帝奪良機官，即令坤按核，給事中魏呈潤言：「我國家設御史，巡九邊，秩卑而任鉅。良機在先朝，以糾逆黨削籍，今果有罪，則有回道考核之法在，而乃以付坤。且邊事日壞，病在十羊九牧，既有將帥，又有監司，既有督撫，有巡方，又有監視，一官出增一官擾，中貴之威，又復十倍御史，偶獲戾，且莫自必其命，誰復以國事抗者？異日九邊聲息，監視善惡，奚從而聞之？」乞召還良機，毋使仰鼻息於中貴。」帝以呈潤黨比，貶三秩，出之外。

置開州，復置施秉縣。

《崇禎長編》卷五三　閏十一月庚子朔，關内道右參政楊嗣昌三疏請代其父楊鶴之罪。帝不允。

丁卯，登州遊擊孔有德率師援遼，次吴橋反，陷陵縣，連陷臨邑、商河、齊東，屠新城。

《崇禎實録》卷四　是月，寧武總兵孫顯祖敗賊于萬全縣，乃蝎子塊所部四營也，走夏縣洪水鎮，佯乞撫，夜襲顯祖營，以有備而遁。

《崇禎長編》卷五四　〔十二月〕己巳，登州亂兵陷臨邑。

辛未，登州亂兵陷商河。

壬申，登州亂兵陷齊東，皆刦庫縱囚。

甲戌，登州亂兵至新城，知縣秦三輔與訓導王協中、在籍同知王象復、舉人王與夔等禦之，俱死，賊入城焚殺尤慘。

丁丑，以大淩築城招釁，奪孫承宗官。

《明史》卷二三《莊烈帝紀一》 丙子，濟南官軍禦賊于阮城店，敗績。

《崇禎長編》卷五四 戊寅，兵部上言：「自大凌被圍，奉旨于八月內檄島兵牽制，十月內檄島兵集覺華，登兵出關門。今既數月矣，凌圍解亦二月矣，乃海上之報既委之風波，而孔有德統兵千餘徘徊于山東內地，橫行于陵縣、臨邑之間。前月二十八日其所領登兵經過吳橋，忽縛其將，結營譁譟，縣官登城撫諭，索取城中騾馬，縱掠而南，稽其踪跡，非投海即投賊，乞敕東登撫道盛兵防勦，殲渠散脅，此急著也！至近日，官兵過處有司止知閉門堅拒，每致生變，是在督撫按預行嚴飭，設法措置，每至激亂擾民。自後兵行所過，督撫差官監護，庶不致處處蠢動也。」帝可其奏，仍嚴行通飭。

《崇禎實録》卷四 乙酉，孔有德攻青州。

庚寅，孔有德攻登州。洪承疇奏撫賊張獻忠、羅汝才等千九百餘人。

《明史》卷二三《莊烈帝紀一》 是冬，延安、慶陽大雪，民饑，盜賊益熾。

《崇禎實録》卷四 是年，上念孝純太后無御容，命新樂侯劉氏求子弟貌似者圖之，又繪孝元太后御容於博平侯家，並如前法，迎入大明門，上早出，百官多未至。

崇禎五年、後金天聰六年（壬申、一六三五）

《崇禎長編》卷五五 正月己亥朔，帝御殿，百官朝賀。兵部尚書熊明遇上言：「監視內臣設立標兵，於法未便，請罷其議，若爲出入防衛計，但令撫鎮選兵二百名，併其家丁共三百名，亦足以示重。」帝從之。

《明通鑑》卷八二 庚子，叛將孔有德入登州。

《明史》卷二三《莊烈帝紀一》 辛丑，孔有德陷登州，遊擊陳良謨戰死，總兵官張可大死之。巡撫都御史孫元化、副使宋光蘭等被執，尋縱還。

《明通鑑》卷八二 先是援遼兵變，登萊總兵張可大率兵赴勦，巡撫孫元化檄止之，不可；次萊州，遇元化，復爲所沮，乃偕還登州。歲將晏，有德薄城，可大請擊之，元化持撫議，不許。可大陳利害甚切，元化期以元日發兵合擊。至是元化兵不發，明日，始發兵合可大擊賊，戰于城東。可大兵屢勝，元化部卒皆遼人親黨，多無鬭志，其將張燾先走，可大兵亦敗，中軍管維城、游擊陳良謨、守備盛洛、姚士良皆戰没。燾兵半降賊，賊遣歸爲內應，元化開門納之，可大諫，不聽。

時耿仲明領元化中軍，方以弟仲裕作亂皮島，朝廷將治其主使罪，日懷叛志。夜半，賊至城，仲明與都司陳光福等舉火，導賊自東門入，城遂陷。可大守水城，拊膺大慟，解所佩印付部卒間道走濟南上之，還署辭母，令弟可度、子鹿徵奉母航海趨天津，以佩劍殺其妾陳氏，遂自縊。元化自刎不殊，與同城僚屬鄉官張瑤悉被執。瑤率家衆登陴拒守，賊擁執之，不屈，被殺，妻女四人並投井死。

有德入城，乃推李九成爲主，己次之，仲明又次之。用巡撫關防檄州縣取兵餉，令元化移書東撫余大成求撫，曰：「畀以登州一郡即解。」大成得書，聞于朝。未幾，有德等縱元化等航海還。

《崇禎實録》卷五 癸卯，賊陷保安縣，又陷合水縣。流賊陷山西蒲州、永寧，且大掠。

《國榷》卷九二 總督洪承疇請留陝西餉銀二十萬資勦費，并以勸農。從之。

《明通鑑》卷八二 壬寅，流賊混天猴復陷宜君。

《明史》卷二三《莊烈帝紀一》 辛亥，孔有德陷黃縣。

丙寅，總兵官楊御蕃、王洪率師討孔有德，敗績於新城鎮。

《崇禎長編》卷五六 （二月）己巳朔，戶部疏覆陝西巡按吳甡，請蠲延安、慶陽、平涼三府，及邠州、耀州、同官、淳化、三水、白水、永壽、武功、麟遊、鳳縣、白河十一州縣新加遼餉三釐，以秦中多事，皇上方不吝十數萬正餉，以求紓西顧之憂，何惜此三釐？加派應如議，將所請三府十一州縣新加三釐，豁免崇禎五年一年，以示皇上軫念疲邑之仁。帝從之。

《明史》卷二三《莊烈帝紀一》 孔有德圍萊州，巡撫都御史徐從治固守。

辛巳，孔有德陷平度。

《崇禎長編》卷五七 三月戊戌朔，帝諭：「章奏科鈔送部最宜迅密，今除兵科掌印官外，每日令輪官一員赴會極門專接奏本，每遇批發邊情軍務，本官親接，隨將某本應鈔傳、某本不應鈔傳註明，如有仍漏洩者查究。至御前封發機密文書許令啟看，即刻封固送部，一面回奏，不須科鈔。參本有應參詳核議者，本官仍會同掌印官商確陳奏，務盡封駁之職。其應密本章須手鈔送部，不得但憑胥役，致滋謄洩。又吏、兵二部推用緊要官員，户、工二部邊鎮緊要錢糧，本下之日，俱著本科官刻期抄出奉行，照例回奏，各科官除差委外其餘俱日入辦事，親收發行。如有官不守科，輕委下役者，查出論治。」

己亥，朝鮮陪臣金蓍國等進貢入朝。

《崇禎長編》卷五八 〔四月〕己巳，川貴總督朱燮元以黔事已寧，請裁添設永寧監軍道、屯田道、安普道、河防道四官。

《明史》卷二三《莊烈帝紀一》 甲戌，劉宇烈敗績於沙河。

《明通鑒》卷八三 時賊自平度還，益兵攻萊城，輦西洋大礮置城下，日穴城，城多頹。徐從治等投火灌水，穴城者死無算；又使死士時出掩擊之，毁其礮臺，斬獲多。而兵部尚書熊明遇卒惑撫議，命主事張國臣爲贊畫，以國臣遼人，令入賊營撫之。國臣爲賊致書從治等曰：「毋出兵壞撫局。」從治知其詐，遣間使三上疏，言賊必不可撫，且言：「國臣妄報，必謂一紙書賢于十萬兵，援師不來，職此之故。臣死當爲厲鬼以殺賊，斷不敢以撫謾至尊，淆國是，誤封疆而戕生命也。」疏入，未報。

時外圍日急，保定總兵劉國柱、天津總兵王洪及山東援軍，皆頓昌邑不敢進，兩撫臣坐困城中。廷議乃以宇烈總軍事，詔總兵鄧玘將薊門、四川兵，副將牟文綬將密雲兵，監以右布政使楊作楫。

宇烈往援萊，比抵山東，與巡按御史王道純、副將劉澤清、參將劉永昌、朱延禄等並集昌邑，所統馬步軍二萬五千，勢甚盛。而宇烈無籌略，諸帥巽懦，進次沙河，日十輩往議撫，縱還所獲賊陳文才。于是盡得官軍虛實，益以撫愚之，而潛兵繞其後，焚輜重殆盡。宇烈懼，走青州，撤三將兵就食。玘等夜半拔營，賊乘之，大敗。國柱、洪走青、濰，玘走昌邑；澤清接戰于萊城，傷二指，亦敗，走平度，惟作楫能軍。三將既敗，舉朝譁然。而明遇見官軍不可用，持撫議益堅。

新任總兵吴安邦，方自寧海至，奉命規取登州。安邦尤怯鈍，耿仲明揚言以城降，安邦信之，遽撤兵，離城二十五里而軍。中軍徐樹聲薄城被禽，安邦懼，走還寧海。

登既不能下，而萊城被圍久，從治、璉、御蕃日堅守，待救不至。癸未，從治中礮卒，萊人大臨，守陴者皆哭。于是山東士大夫官南京者，合疏攻宇烈，請益兵。

《國榷》卷九二 己卯，萊城兵出外搜糧，被掠三四百人。練國事遣副總兵張全昌擊賊耀州，斬四百六十四級。

《崇禎實録》卷五 是月，紅彝千餘人築城彭湖。

《國榷》卷九二 〔五月〕甲辰，總督洪承疇自綏德至西川，與延綏巡撫張福臻合兵同剿，解散脅從八百餘人，擒斬四百餘級。

《明史》卷二三《莊烈帝紀一》 辛亥，禮部尚書鄭以偉、徐光啓並兼東閣大學士，預機務。

《明通鑒》卷八三 時内閣周延儒、温體仁柄政，以偉充位，而光啓亦年老，依違而已。

《崇禎長編》卷六〇 六月丁卯朔，太僕寺少卿賀世壽上言：「罔政之害馬者有二端，一則寄養有司之頑玩，一則營官營軍之作踐，非藉天語申飭，罔政修舉無期。」

《國榷》卷九二 丁卯朔，曹文詔、楊嘉謨等擊隴西賊，斬首百餘級。

《明史》卷二三《莊烈帝紀一》 壬申，河決孟津。

《明通鑒》卷八三 上年之夏，河決原武，海口壅塞，逡巡踰年，始議興築。至是伏秋水發，黄、淮奔注，興、鹽爲壑，而海潮復逆衝范公堤，軍民及商竈户死者無算。少壯轉徙，丐江、儀、通、泰間，盜賊千百嘯聚。

《崇禎長編》卷六〇 己卯，以祈晴，遣官祭告南北郊、社稷、山川、風雲雷雨等壇及護國神應龍王，自是日起，命大小臣工實圖修省，務期感格蒼穹，仍命順天府率屬致禱。

《崇禎實録》卷五 甲申，兵部職方員外郎華允誠上言三大可惜、四大可憂，刺温體仁、閔洪學，上詰責之。允誠又極言其失，上怒，奪允誠俸。

《國榷》卷九二 〔七月〕戊戌，洪承疇擊賊延川，斬二百餘級。福建海盜始流浙江，過温入台。

《明紀》卷五三 辛丑，太監曹化淳提督軍營戎政。

《明通鑒》卷八三 初，張彝憲總理户、工二部，以唐文征提督京營代之，至是罷文征，復以化淳代。

《明史》卷二三《莊烈帝紀一》 癸卯，孔有德僞降，誘執登萊巡撫都御史謝璉，萊州知府硃萬年死之。

《明通鑒》卷八三 先是山東請益兵，詔調昌平兵二千，以總兵陳洪範統之。

洪範亦遼人，熊明遇日跂望曰：「往哉，其可撫也！」

《崇禎長編》卷六一　甲寅，禮部尚書黄汝良以提督會同館員外郎潘承忠縱朝鮮使臣收買違禁貨物，請旨罰治。

《明史》卷二三《莊烈帝紀一》　己未，孫元化棄市。逮劉宇烈下獄，論戍。

《明通鑑》卷八三　熊明遇亦坐罷。

時閣臣周延儒欲脱其死，方援其師徐光啓入閣，欲共圖之，卒不得，遂與張鼒皆以秋決伏誅。

《國榷》卷九二　癸亥，紅夷犯福建銅山。

《崇禎實録》卷五　〔八月〕丁卯，吏部尚書閔洪學罷，以李長庚爲吏部尚書。

《崇禎長編》卷六二　己巳，准宋儒程顥、邵雍嫡派程佳瑛、邵繼祖子程接道、邵養醇俱襲五經博士，以佳瑛、繼祖奉旨世襲，未及拜爵身故也。

辛未，帝諭國事多艱，開講在即，輔臣大半偃卧私第，殊非政體，延儒、體仁、宗達俱令鴻臚寺堂上官敦趣入直，不得再延。

《崇禎實録》卷五　甲戌，曹文詔等擊賊甘泉縣，大敗之，洪承疇令脅從者免殺，降四千餘人，散者亦數千人，官兵疾進，誅其渠帥，餘俱散匿山谷。

辛巳，孔有德精鋭入登州北城，將入海，總兵吴襄等遂擁衆先登。

乙酉，有德引兵去，官軍盡抵城下，復招遠，再復黄縣，始解圍。

《明通鑑》卷八三　甲申，叛賊敗于沙河。

乙酉，萊州圍始解。守者疑賊誘，礮拒之，高起潛遣中使入諭，闔城相慶。已而南路兵亦至。

《國榷》卷九二　癸巳，李長庚爲吏部尚書。

《明通鑑》卷八三　劉國奇等擊孔有德于黄縣，斬首一萬三千，俘八百，逃散及墜死者數萬。有德竄歸登州，官軍築長圍以困之。

先是賊執謝璉等，送之登州，閉于空署。及賊敗，李九成遂殺璉及中官徐得時、翟昇，二人皆從吕直監視登萊者也。

總兵官曹文詔、總督洪承疇等連敗賊于平凉、慶陽。時文詔連敗慶陽賊，賊潰而西，復連兵圍合水。文詔往援，賊匿精鋭，以千騎迎戰，誘抵南原，伏大起。城上人驚相告曰：「曹將軍没矣！」而文詔持矛左右突，匹馬縈萬衆中，諸軍望見，皆出擊。賊大敗，僵屍蔽野，餘衆走銅川橋。文詔率兄子變蛟、總兵楊嘉謨及參軍方茂功等追及之，賊復大敗。參將李卑、馬科又敗之延水關，斬首六百二十餘級。其地東限黄河，賊溺死者無算。科部卒斬混天猴以獻。

尋文詔與寧夏總兵賀虎臣、固原總兵楊麒復破賊于甘泉之虎兕凹，麒窮追數百里，所俘獲甚衆。會洪承疇擊斬可天飛、李都司于平凉，降其魁白廣恩；餘賊分竄者，文詔追蹴之錐子山，其黨殺獨行狼、郝臨菴以降。承疇戮四百人，餘皆散還。李卑擊賊固原，復斬其魁薛仁貴等，關中巨寇略盡。

文詔在陝，大小數十戰，巡撫范復粹論奏首功第一，而承疇抑不敍。巡按御史吴甡上疏推奬甚至，兵部又抑之，卒不得敍。

閔洪學罷。洪學爲温體仁所援，及長吏部，與體仁比，而亂政迹頗露。于是職方員外郎華允誠，以是年六月上疏，言今日之事有三大可惜，四大可憂。【略】上亦悟體仁、洪學兩人同里有私，乃奪允誠俸半年。而洪學亦旋罷去，召前户部尚書李長庚代之。

《崇禎實録》卷五　〔九月〕丁酉，孔有德趨山海，壬申復入登州城，官軍圍之。

《明紀》卷五三　海盜劉香寇福建，巡撫都御史鄒維璉遣游擊鄭芝龍擊破之。

《明通鑑》卷八三　時福建有紅夷之患，香乘之，連犯閩、廣沿海郡邑。廣州都司許當辰勦香，没于陣。時熊文燦升授總督兩廣軍務，議招撫，賊佯許之，文燦遽遣參政洪雲蒸與副使康承祖、參將夏之本、張一傑入賊舟宣諭，俱被執。文燦懼，委罪雲蒸。給事中朱國棟劾之，詔貶文燦秩，戴罪自効。

《崇禎長編》卷六三　乙巳，遼東巡撫方一藻疏題朝鮮國遣其陪臣議政府右議政洪靈、禮曹判書李安、納書狀官司憲府掌令洪鎬等賫進補賜符驗謝恩表文、箋文及請查例追封，并請貢使由登舊路，諸奏本禮物并從人二百七十九名。

《國榷》卷九二　癸亥，磁州道祝萬齡以毛兵八百人逐新鄉賊，走陵川。

甲子，登州叛兵出戰，副總兵丁思侯中砲死。

海盜攻浙江健跳所城，半月去之，犯温州之黄華、磐石。

《明史》卷二三《莊烈帝紀一》　是秋，陝西賊入山西，連陷大寧、澤州、壽陽，分部走河北，犯懷慶，陷修武。

《國榷》卷九二　〔十月〕戊辰，曹文詔等攻餘賊于生高泉，斬八百五十九級，于寧州斬七十八級，再戰于三水官家洞，斬二百十二級。

《崇禎長編》卷六四　己巳，山永巡撫楊嗣昌馳報，登城芻糧已絶，孔有德易衣出逃，爲衆所阻，喧傳欲縛之出降，因防其逃海，已令黄龍發船四十號，兵四千，堵截廟島。

《崇禎實録》卷五　庚午，命前御史金聲、中書舍人王應龍脩曆法。

己卯，定海兵擊海寇，敗之。

《國榷》卷九二　庚辰，海盜劉香犯福建小埕，游擊鄭芝龍以兵擊走之。

《明通鑑》卷八三　〔十一月〕戊戌，劉香寇浙江，詔授鄭芝龍游擊，令爲先鋒，會廣東兵擊賊。

《國榷》卷九二　十二月甲子朔，故大學士李庭機加贈少傅，廕子棨順入監。巡撫大同都察院右僉都御史張廷拱卒。

《明通鑑》卷八三　是月，賀人龍、李卑、艾萬年三將進關中。兵至，總督張宗衡、巡撫許鼎臣爭檄爲己部，人龍等莫之適從。賊乘間入據磨盤山，分其衆爲三：闖正虎據交城，窺太原；邢紅娘、上天龍據吴城，窺汾州；紫金梁、張獻忠突沁州、武鄉，陷遼州，知州李呈章、鄉官楊于楷、張友程、舉人趙一亨、侯標並死之。

既而紫金梁與亂世王有隙，韓廷憲知之，縱諜遺書間之。亂世王果疑，遣其弟混世王就張道濬乞降。道濬知鼎臣方主勦，權詞難之曰：「斬紫金梁以來，乃得請。」混世王怏怏去。賊衆遂分部掠諸郡縣。

是冬，官軍圍登州，築圍牆禦之。城三面距山，一面距海，牆凡三十里而遥，東西俱抵海。諸將督兵分番戍守，賊不能出，發大礮擊官軍，多死傷者。李九成遂出城搏戰，官軍合擊之，馘于陣，賊乃曉夜哭。

賊渠魁五，九成及孔有德、陳有時、耿仲明、毛承禄也，及是殺其二，氣大沮。有德欲棄登州走入海，島帥黄龍遣副將龔正祥等率舟師四千距之海口，颶風破舟，賊突至，正祥被虜，千總毛英死之，有德亦不果行。

會總兵金國奇卒，以吴襄代之。

《崇禎實録》卷五　是冬，令百官進馬，三品以上各貢一匹，餘或合進，俱納御馬監。不過賫金貿之本監也，自外入者，雖駿驥亦却之。

是年，命鬻祠廟倉鋪。

崇禎六年、後金天聰七年（癸酉、一六三三）

《明通鑑》卷八三　正月癸巳朔，降將馬騶、龔正祥等爲賊所殺。時官軍攻圍久，騶陷賊中踰年，至是與正祥謀以元旦孔有德等行香至水城縛之，密遣降卒告官兵，許爲內應。事洩，賊執騶、正祥及陳朝柱、龍韜、董溢、洪聲、劉應宗、岳允陞等凡十四人，皆誅之。

《崇禎實録》卷六　丁酉，畿南盜闖入西山，距順德百里。時大隊尚在山西，零騎數百，分爲二道，一北向西犯平縣，窺固關，一南向河北，懷慶、衛輝盡遭蹂躪矣。

《國榷》卷九二　壬寅，盜在邢臺，于三省交界摩天嶺，窄道山厓，羊腸小徑，直犯武安。

《明史》卷二三《莊烈帝紀一》　癸卯，曹文詔節制山、陝諸將討賊。

丁未，副將左良玉破賊於涉縣，賊走林縣山中，饑民爭附之。

《明通鑑》卷八三　先是良玉奉詔率昌平軍赴援懷慶，未至，圍已解，其寇修武、清化者，亦還走平陽。因令良玉駐澤州，扼豫、晉咽吭，與曹文詔同討賊，有急則秦兵東，豫兵西，良玉從中擊，爲四面援兵。至是賊陷陽城，參將芮琦及邑舉人吴之秀、賈煜、張慶雲、貢生張茂貞及弟茂恂死之，遂乘勢趨河北，良玉擊敗之涉縣西陂。

《國榷》卷九二　〔二月〕乙丑，大學士林釬始入直。

《明史》卷二三《莊烈帝紀一》　癸酉，流賊犯畿南。

《國榷》卷九二　丁亥，流賊再犯濟源、懷慶，中軍曹鳴鶴以兵千餘敗没。

辛巳，沈珣爲右副都御史，巡撫山東。

壬午，曹文詔戰大谷，斬三百三十級，賊千餘走垣曲。

《明史》卷二三《莊烈帝紀一》　戊子，總兵官陳洪範等克登州水城。

三月癸巳，敕曹文詔諸將限三月平賊。

《崇禎實録》卷六　辛亥，刑科都給事中陳贊化劾大學士周延儒以游客李元功、醫官張景韶通賄，命下元功鎮撫司。延儒奏辨，贊化又劾延儒前語去輔李標，上先允放余，即封還原疏，上遂改留，實有回天之力，今上羲皇上人也，此是何語？罪不止輕泄。至指借停刑，以罔賄利，引刑科給事中李世祺爲證。世祺亦奏贊化言實。户科給事中朱文焕亦劾延儒重荷國恩，毫無補救，群喙交攻，萬無可留。報聞。

丙辰，蜀賊攻蒼溪縣不下，遂走廣元，同知張鵬起等戰二郎關，大敗，殺守備張應甲、黄朝璽。

己未，蜀賊攻百大關，守備郭霑辰、陳中敗没。陝州興平等官入覲，賊不得達，巡按陝西御史范復粹以聞。

是月，發十萬金，命御史陳乾陽賑濟山西。

《明通鑑》卷八三　是月，賊轉入河内，左良玉整兵自輝縣逐之。賊奔修武，殺游擊越效忠于清化鎮，追參將陶希謙，希謙墜馬死。賊復走武安，良玉邀擊之萬善驛，連敗之，禽賊首數人。

賊遂西奔，上太行，曹文詔偵知之，邀擊之澤州，賊大敗，走潞安。文詔至陽城，遇賊不戰，自沁水潛師還，擊之芹地、劉村寨，斬首千餘。

賊循陽城而北，僉事張道濬設伏隘口，賊至，伏盡起，禽賊渠滿天星等。賊乃退，結屯自固。

《國榷》卷九二　四月壬戌朔，苗胙土爲右僉都御史，撫治鄖陽。

《明通鑑》卷八三　賊陷平順，知縣徐名揚死之。賊自澤州之敗，退屯潤城，别遣他部陷平順。會曹文詔至，賊走，乃以夜半襲潤城，破賊屯，斬千五百級。紫金梁、老回回、過天星分道走，文詔擊之榆社、武鄉、黎城，皆敗之。

《國榷》卷九二　癸未，承運庫太監奏段匹欠數十萬，命有司勒限輸上。

甲申，故萊州知府朱萬年予祭葬，立祠蔭監。

乙酉，賊犯沙河、臨洺，官兵拒卻之。

安南都統使黎維祺遣陪臣張有禮、楊致澤來貢。

《崇禎實録》卷六　〔五月〕癸巳，户部侍郎劉榮嗣等奏言：「調兵剿寇，非守城也。近撫鎮多設雄兵，株守郡邑，意以城池亡恙，可逭失事之責。不知賊利野掠，何用攻城，此名爲防寇，實同縱寇，蕩平無期，病全在此。請城守委有司撫鎮，率其丁壯，馮高設險，專主援剿。」

己酉，諭兵部：「流賊蔓延各路，兵將雲集，一切功罪勤惰應有監紀，特命内中軍陳大金、閻思印、謝文舉與山西内中軍孫茂霖會各撫道，分入曹文詔、張應昌、左良玉、鄧玘中軍，監紀功過，督催糧餉，安撫百姓。仍着内庫發四萬金，素紅蟒段四百匹，紅素千匹，軍前立賞。」

《明史》卷二三《莊烈帝紀一》　壬子，孔有德及其黨耿仲明等航海降於我大清。

《明通鑑》卷八三　孔有德等爲官軍所追，走旅順，總兵官黄龍邀擊于島中，斬李九成子應元，生禽毛承禄、陳光福、蘇有功等，有德及耿仲明逸去。乃獻承禄等于朝，磔之。至是有德、仲明俱降于大清。

《明史》卷二三《莊烈帝紀一》　癸丑，河套部犯寧夏，總兵官賀虎臣戰没。

《明通鑑》卷八三　先是察罕合套寇五萬騎，自清水、横城分道犯邊，守備姚之夔等不能禦，副將史開先、參將張問政、守備趙訪等皆潰。至是進薄靈州，總兵官賀虎臣亟領千騎入守，旋盡勒城中兵出擊，次沙井。寇突至，虎臣兵未及布陣，且衆寡不敵，遂戰没。指揮韓加爵，被執支解死。虎臣子讚，挾五十騎突圍出。

察罕聞大清兵將往征之，亦遂解去，盡驅其部衆渡河遠遁。時蒙古諸部皆先後納款于大清。

《崇禎實録》卷六　六月辛酉朔，張國元監視山西石塘等路，綜核兵餉，犒賞軍士。

《明史》卷二三《莊烈帝紀一》　庚辰，周延儒致仕。

《明通鑑》卷八三　延儒爲首輔，温體仁欲奪其位，務爲柔佞，取悦于上，上漸向之。復曲謹以媚延儒而陰伺其隙，延儒不知也。體仁與王永光欲起逆案王之臣、吕純如，上以之臣問延儒，對曰：「用之臣，亦可雪崔呈秀矣。」上悟而止，體仁益大恨。

會延儒子弟家人暴邑中，邑中民爇其廬；所薦巡撫孫元化復陷登州。于是言路交章劾延儒，併謂其受巨盜神一魁賄，上意頗動。體仁復嗾給事中陳贊化劾延儒昵武弁李元功，招摇罔利，且謂延儒至稱陛下爲「羲皇上人」，語悖逆。上大怒，下元功詔獄窮治。延儒覘體仁爲援，體仁不應；延儒大窘，引疾歸。體仁遂爲首輔。

是月，川兵潰于林縣。

先是鄧玘奉詔援剿，至濟源，射殺賊首紫金梁，屢卻賊，賊走林縣。楊遇春之死，玘部將也，賊用其旗，並誘殺他將，玘軍遂大敗，而土司馬鳳儀一軍亦覆没于侯家莊。

是時曹文詔大敗賊于沁水，禽其魁大虎，又敗之遼城毛嶺。山西賊既屢敗，避文詔鋒，多流入河北，上乃命文詔移師往討。而賊已敗鄧玘于林縣，文詔率五營軍馳救，夜襲賊，破之。

賊于諸軍中最憚文詔，其次則錦衣僉事張道濬。道濬助文詔平沁水，自督家衆倡鄉人築堡五十四捍賊，賊凡五犯，皆卻走。及文詔移師討河北，道濬勢乃孤。賊旋陷和順，鄉官樂濟衆被執，不屈，投井死。

《崇禎實録》卷六　〔七月〕壬辰，賊屯武安。

乙未，賊屯彰德、汾州。命太監閻思印同張應昌合剿，汾陽知縣費甲鏸以逼迫苦供億，投井死。

《國榷》卷九二　五經博士曾承業論死革襲。

《崇禎實録》卷六　戊戌，命行人召故大學士何如寵。

《明通鑑》卷八三　時周延儒罷，憾温體仁排己，謀起如寵以抑之。而一時廷臣亦慮體仁當國，勸上復召。從之，如寵固辭。于是給事中黄紹傑言：「君子小人不並立。如寵瞻顧不前，體仁宜思自處。」上怒，紹傑幾獲譴，而如寵卒辭不至。

《國榷》卷九二　〔八月〕壬戌，會推閣員，何吾騶、錢士升、姜曰廣、賀逢聖、林釬、姜逢元、李康先、孫慎行、孔貞運、張延登。

《崇禎實録》卷六　乙丑，諭田賦定額，於是户部尚書侯恂上言：「《賦役全書》欵目錯雜，田畝丁口又率不得原額，增減多少，何由稽考？莫若以《萬曆會計録》爲據，合派遼餉另立一門，庶攢造爲易。」

丁亥，流寇過静寧，攻隆德，知縣費彦芳告急。固原道參政陸夢龍駐静寧州，聞警往援，遣把總王珍領二百人往，先遁。明日，隆德陷，彦芳被殺，夢龍戰綏德城外，陣没。

《明通鑑》卷八三　是月，樂平、永和之賊陷沁水。

沁水當賊衝，去來無時，僉事張道濬固守，屢卻賊，至是遂陷。道濬率家衆三百人馳赴擊賊，賊退徙十五里。道濬收散亡，捕賊黨，傾家困以餉，副使王肇生上其功。道濬故以奄黨被議，冀用軍功自湔拔，而言者劾其離伍冒功，巡按御史馮明玠復劾，謂沁城既失，不可言功，卒論戍寧海衛。自曹文詔及道濬相繼去，流賊顯道神等據嵩嵐，四出剽掠，山西賊迄不得平。

《國榷》卷九二　九月庚寅朔，賊犯平山縣。

己亥，張應昌剿豫賊之返晉者于平山，斬百六十級，獲賊魁張有義，即一盞燈也，始知渠帥紫金梁五月死，老𤞑𤞑七月射死，賊以河南畿内山淺，山西深險可巢也。

《明通鑑》卷八三　是秋，總兵官左良玉連敗河北之賊。

先是上命倪寵、王樸總京營兵，皆授總兵官。職方郎中李繼貞曰：「良玉、李卑，身經百戰，位反在寵、樸下，恐聞而解體。」乃令良玉、卑署都督僉事，爲援勦總兵官，與寵、樸體相敵。至是京營兵至，共擊賊，數有功。良玉敗賊于濟源、河内，又敗之永寧、青山嶺、銀洞溝，又自葉縣追至小武當山，所斬賊魁頗衆。然羣帥勢相軋，又以中官監軍，意弗善也。于是諸軍盡壁河北，彼此觀望，莫利先入，故賊無所憚。未幾，遂渡河。

《崇禎實録》卷六　〔十月〕甲子，大學士徐光啓上言：「臣奉命督領脩正曆法，所進曆法書表者三，共七十二卷，日纏月離，恒星經緯，日月交食，各種畧備。今至五月，復令知曆者推算得各色立成表二十卷，日纏交食，及土木火星曆指草稿六卷，雖草創似爲成全，恐稽大典，則用人誠不可緩，御史金聲博綜理數，大理寺評事王應遴學亦通贍，且數請脩曆，堪以委用，令其共相討論，可計期而竣矣。」因繳曆法勑印。尋召李天經督脩曆法。

《明史》卷二三《莊烈帝紀一》　戊辰，徐光啓卒。

《國榷》卷九二　丁丑，游擊白安破五臺賊巢。

戊寅，總兵鄧玘擊平井賊，斬五十九級，賊走五臺山。

《崇禎實録》卷六　癸未，插漢犯寧夏。

《明史》卷二三《莊烈帝紀一》　十一月癸巳，禮部侍郎王應熊、何吾騶俱禮部尚書兼東閣大學士，預機務。

《明紀》卷五三　應熊谿刻彊狠，人多畏之，以酗酒貪污，屢爲馮元飈所劾，廷(維)〔推〕望輕不與，温體仁力援之，特旨與吾騶並入，命下，朝野胥駭。給事中章正宸言：「應熊彊愎自張，縱横爲習，小才足覆短，小辨足濟貪，今大用，必且芟除異己，報復恩讐，混淆毁譽，況狼藉封靡，倫於市行，願收還成命，別選忠良。且訛言謂左右先容，由他途以進，使天下薰心捷足之徒馳騁而起，爲聖德累不小。」帝大怒，下正宸錦衣獄，拷訊，削籍歸。

《明通鑑》卷八三　應熊益得志，日與體仁及尚書張捷比，力引逆黨呂純如等，屢爲言官所攻，上皆不問。

《崇禎實録》卷六　甲午，參將陳龍抵朝鮮王京，面諭國王，王隨輸米一千石助餉，特賜金綺。

乙未，前順天府尹劉宗周應召至京，命俟林釬、孫慎行至同見。十月二十五日見朝，上責其遲緩，宗周引咎乞歸。

《明史》卷二三《莊烈帝紀一》　辛亥，詔保定、河南、山西會兵剿賊。

壬子，賊渡河。

乙卯，陷澠池。

《明通鑒》卷八三　先是，賊盡集河北，高迎祥、李自成、張獻忠、羅汝才等俱至，左良玉、湯九州等扼其前，京營兵蹴其後，賊連戰皆敗，欲逸，阻于河，大困，乃詭詞乞降，監軍内臣楊進朝信之，爲入奏，諸將俟朝命，不出戰。會大寒，河冰合，賊從毛家寨徑渡，河南軍無扼之者。遂首陷澠池，教諭羅世濟督民兵力戰，被執不屈，死之。

《崇禎實録》卷六　十二月己未朔，國子監進《二十一史》。

《明通鑒》卷八三　賊乘勝攻陷伊陽，復犯盧氏。

《國榷》卷九二　丁卯，賊犯孟縣、和順，又孝義縣降丁復叛者七百餘人。

甲戌，賊犯嵩縣。

《崇禎實録》卷六　庚辰，賊假進香客，陷鄖西縣，掠遂平。

《國榷》卷九二　辛巳，賊掠確山，往信陽州，蓋伊汝所由往也，京營兵至横山，追敗之。沁陽賊走南陽唐縣，巡撫玄默恐東犯汝寧，移駐確山。

《崇禎實録》卷六　癸未，東江石城島都司尚可喜降於清。時孔有道、耿仲明在迫力河治舟，可喜因掠長山、廣鹿諸島，縛都司孫奠邦、李承恩等來歸。

《國榷》卷九二　是年，陝西、山西大饑。

總理户、工二部太監張彝憲請入覲官投册以隆體統。許之。

崇禎七年、後金天聰八年（甲戌、一六三四）

《明史》卷二三《莊烈帝紀一》　春正月己丑，廣鹿島副將尚可喜降於我大清。

設河南、山、陝、川、湖五省總督，以延綏巡撫陳奇瑜兼兵部侍郎爲之。

《明通鑒》卷八四　初，流賊既自秦入晉，掠河北、畿南，關中患少紓。奇瑜時撫延綏，復分遣文武將吏禽斬賊渠截山虎等百七十七人，他賊多解散，獨鑽天哨、開山斧據永寧關。關在鎮城東，前阻山，下臨黄河，賊負固數年不下。奇瑜謂是不可以力取，乃陰簡鋭士，陽言「總制檄發兵，令賀人龍將之而西，身爲後勁，直抵延川」，俄，策馬東，曰：「視吾馬首所向。」潛師疾走入山。賊不虞大兵至，驚潰。焚其巢，斬首千六百有奇，二賊俱馘。分兵擊斬賊首一座城等，獲首級五百五十，延水羣盗盡平，奇瑜威名著關、陝。至是賊南渡河，躪湖廣，竄四川。廷議諸鎮撫事權不一，宜設大臣統之，多推薦洪承疇。以承疇方督三邊不可易，乃命奇瑜總督五省軍務，專辦流賊。

《明史》卷二三《莊烈帝紀一》　庚寅，總兵官張應昌渡河，敗賊於靈寶。

《崇禎實録》卷七　壬辰，降盗王剛、王之臣、通天柱等至太原挾賞，巡撫戴君恩於明日設宴，斬剛等，各營共擒斬四百二十九人。王之臣即豹五，通天柱即孝義，土賊也。賊黨稱紫金梁、老狪狪已死，既而偵之，在東山無恙，而西山則有翻山鷂、姬關穎、掌世王三賊，尋生得獻俘，而岢嵐大盗高加討號顯通神，尤横。會大旱灾，饑民投賊者逾衆。張獻忠犯信陽、鄧州，兵科給事中史可鏡請鎮筸兵數千勦楚寇，控扼襄陽、德安，兵部奉調鎮筸五千，以施南等處兵足其數，賊盡入應山，都司僉書周元儒擊敗之。

《明通鑒》卷八四　賊自鄖陽渡漢，薄穀城。

癸巳，犯襄陽，又分犯紫陽、平利。澠池教諭羅世濟子得鴻，練兵守平利，殺賊頗多，城陷，妻子俱死。賊遂擁衆南入四川。

乙卯，陷房縣，知縣貢從貴死之。又陷保康，知縣方國儒、竹溪訓導王紹正死之。

先是諸將追賊于河南，自張應昌外，湯九州、李卑敗之嵩縣、内鄉，及入湖廣，卑又敗之光化。賊聞官軍至，輒以老弱委之，而精鋭分前走，故諸將動稱捷報功，賊勢彌熾，連陷鄖陽諸屬邑，遂入蜀。

《國榷》卷九三　二月己未，故大學士劉鴻訓卒于代州。鴻訓字默承，長山人，萬曆癸丑進士，選庶吉士，授編修，使朝鮮，擢右中允左諭德，憂去，起少詹事，尋璫禍削奪。丁卯冬，復官，拜禮部尚書兼東閣大學士直閣，歷太子太保、文淵閣大學士，以私改敕書減死戍代州。訃聞，許歸葬。

乙丑，建義河工成。

《崇禎實録》卷七　戊辰，慶王上言宗禄虚設，如慶城王府於崇禎六年方給萬曆二十六年之禄。上異之，命追責向來所司。

《明通鑒》卷八四　壬申，賊入瞿塘。

夔關天險，而城中倉猝無備，通判、推官悉遁。同知何承光攝府事，率吏民固守，力竭，城陷，承光整衣冠危坐，賊入，殺之，投屍于江，遂陷夔州。

連陷大寧，知縣高日臨乞援不應，率民兵捍賊北門，兵敗，被執，大罵不屈，賊碎其體焚之。訓導高錫，巡檢陳國俊，皆被殺，國俊之妻及錫妻女皆殉焉。

又陷巫山、通江，巡檢郭纘化、指揮王永年戰没于陣。

自賊起陝西，轉犯山西、畿輔、河南、北及湖廣、四川，陷州縣以數十計，未有破大郡者。至是夔郡失守，遠近震動。

賊所過輒殘破，惟梁山以里居中書涂原，集鄉兵伏密箐間，用竹畚囊石乘高擊之，傅毒弩矢，血濡縷輒斃，賊多死者，乃退去。

《明史》卷二三《莊烈帝紀一》　乙酉，張獻忠突商、雒，凡十三營流入漢南。

《明通鑒》卷八四　時賊之入秦者，又析其黨爲二：一由鳳縣奔寶雞、汧陽；一向漢中，取間道犯城固、洋縣，東下石泉。

《明史》卷二三《莊烈帝紀一》　是月，振登、萊饑，蠲逋賦。

《崇禎實録》卷七　三月丁亥，南京右都御史唐世濟上言：「流寇有四，一亂民，一驛卒，一饑黎，一難氓，宜分别剿撫。」上善之，命專委總督陳奇瑜。

辛卯，上御文華殿，日講畢，閣臣退，命再入，問：「陳奇瑜今安在？」温體仁對曰：「聞在延綏，今彼請餉三十萬。」上曰：「已留新餉。」錢士升曰：「新餉雖留，此時官未盡徵，恐難濟急。至於難氓，勢必資遣，方可得生，但期以免死，勢終爲賊。」上低回久之，乃諭曰：「近來用人拘於資格，乙榜巡撫若以爲怪。」因論及南宫試事，曰：「近來文章俱屬浮習，如董仲舒天人三策真文章也。」

辛丑，策貢士於建極殿，上特裁宸翰，問以恢彊、安邊、屯田、鹽法、漕運、馬政、恤民、足兵、正士習，破資格其道安施，朕將親覽焉。賜劉理順以下三百人進士及(身)〔第〕、出身有差。

丙午，河套插漢合犯寧夏河西玉泉營，總兵馬世龍擊卻之。

《明史》卷二三《莊烈帝紀一》　庚戌，賊自四川走湖廣，副將楊世恩追敗之于石河口。山西自去年不雨至於是月，民大饑。

《崇禎實録》卷七　夏四月丙辰朔，海寇劉香掠海豐。

《國榷》卷九三　丙寅，賊在房縣，婦倍于男，張應昌連擊敗之，共斬六百五十六級。

《崇禎實録》卷七　甲戌，發帑金五萬，命御史梁炳賑飢陝西。時山西永寧州民蘇倚哥殺父母炙而食之。

《國榷》卷九三　癸未，賊往四川，阻大江，謀入西安之終南，分兩道南下直羅，官兵斬百五十餘級。

癸巳，禁烟酒。

是月，秦山盜逸出峪口，欲東走靈寶，西走閿鄉，官兵追卻，仍入秦山。

《崇禎實録》卷七　六月乙卯朔，洪承疇以援甘肅，上言：「漢南諸郡，各接楚、蜀，今大兵皆屯楚、蜀，賊必偪入漢南，陝撫練國事遠駐商雒，按臣范志粹又以會城空虛而移駐，臣以邊急，復離漢南，大盜四集，誰爲反顧？」叙禁旅功，蔭太監曹化淳世襲錦衣衛正千户，袁禮、楊進朝、盧志德各百户，賜金幣餘有差。

《國榷》卷九三　是月，城固、三原、武功之賊官兵擊斬五百十六級。

《明史》卷二三《莊烈帝紀一》　是夏，官軍圍高迎祥、李自成諸賊于興安之車箱峽兩月。賊食盡，僞降。陳奇瑜受之，縱出險，複叛，陷所過州縣。張應昌自清水追賊，敗績。

《崇禎實録》卷七　七月乙酉朔，降盜陷瀧州，陳奇瑜聞之，檄各屬嚴守待命。諭兵部禁札付加御，加築京城。

壬辰，清兵入保安、懷來。

《明史》卷二三《莊烈帝紀一》　大清兵入上方堡，至宣府。

《明通鑒》卷八四　是時大清兵征察罕，還師，見宣府邊城多頽壞，乃興問罪之師。

初，宣府巡撫沈棨，遣使通款于大清，刑白馬定盟，廷議責其專擅，罷之。于是遼東諸將嚴備邊，擾及大清屬部，戕害二十餘人，張家口守臣多匿逋逃，大清責其負約。至是分四路進兵，自宣府趨應州，略大同，下得勝堡，參將李全死之。

《明史》卷二三《莊烈帝紀一》　辛丑，京師戒嚴。

庚戌，大清兵克保安，沿邊諸城堡多不守。

《國榷》卷九三　八月甲寅朔，姜光先爲署都督僉事總兵官，鎮守臨洮。建虜圍蔚州。

《崇禎實録》卷七　丙辰，叛兵自斬其渠楊林降。陳奇瑜報降賊解散，男婦一萬三千八百七十七人，斬渠魁十人，俱延安、安定等縣民，並令還鄉。清兵破代州。

戊午，夜李自成陷咸寧，殺知縣趙躋昌。洪承疇援兵至，遇於城下。賊棄金帛餌我兵，竟西遁。

庚申，張應昌擊咸陽賊。

《明通鑒》卷八四　戊辰，詔總兵尤世威、吴襄等援遼，而以宣大總督張宗衡節制各鎮援兵，總兵曹文詔偕宗衡先駐懷仁固守。

《崇禎實録》卷七　辛未，罷總理監視太監。

《國榷》卷九三　己卯，夜，建虜自拒墻堡出塞。

辛巳，祖大壽以兵四千人西援，命駐防薊鎮、密雲。

《明通鑒》卷八四　是月，賊既軼出車箱峽，大掠所過州縣，張應昌自清水追之，敗績。賊遂連陷麟遊、永壽等七州縣，麟遊知縣董時和死之。邑生員趙應璧奉母避賊，賊至，母投崖死，應璧從之。

時賊之屯漢、興者，亦自略陽來會，關中大震。

賊初叛，潛猝至鳳翔，誘開城，守者知其詐，紿以縋城上，殺其先登者三十六人，餘噪而去。其犯寶雞者，亦爲知縣李嘉彦所挫。

《國榷》卷九三　九月甲寅朔，陳秉衡署都督同知，仍支勳衛俸。諭兵部，居庸、薊鎮鍊勁兵二萬。

乙丑，日講官少詹事文震孟請告，不允。震孟講《春秋》稱旨，温體仁語之曰：「行相君矣，何避也。」

《明通鑒》卷八四　甲戌，以賊悉聚陝西，詔河南兵入潼、華，湖廣兵入商、雒，四川兵由興、漢，山西兵出蒲州、韓城共討賊。

《明紀》卷五三　初賊既渡河去，春夏間，中州幸無事，既而賊軼車箱峽，元默檄左良玉、湯九州等各陳兵要害，守備尚固，諸將斬獲多，及是高迎祥、李自成竄入終南山，已乃分軍三，一向慶陽，一趨鄖陽，一出關趨河南，趨河南者又分爲三，郡邑所在告急，而三晉畿輔獨不受賊禍者十年。

《崇禎實録》卷七　辛巳，洪承疇自平凉遣副總兵左光先等率兵間出華亭，明日抵隴州，賀人龍圍始解。

冬十月甲申朔，兵科給事中史可鏡劾陳奇瑜報撫賊一萬三千人勒回延安，似延安人專盜也。又傅永淳上言：「漢南降盜出棧道，渡渭水，陷城據邑，所在騷然，皆由奇瑜專主招降，謂盜以革心，不許道塗訊詰，入一邑而邑不敢問，入一郡而郡不敢問，開門揖盜，勦撫兩妨，恐種禍不止三秦也。」

《國榷》卷九三　乙酉，琉球國中山王尚真奏贐使臣杜三策、楊掄，辭卻之。

《明通鑒》卷八四　是月，工部尚書周士樸罷。

時中官張彝憲監户、工二部出納，士樸恥之，數與齟齬。彝憲譖于上，士樸疏對，辭直，上無以難。至是以遂平公主塋價引例不合，爲駙馬都尉齊贊元所劾，遂削籍。踰月，以劉遵憲代之。

《崇禎實録》卷七　十一月癸丑朔，陳奇瑜請各巡撫總兵分地責成。從之。時撫局大潰，賊氛日熾，故有是請，欲分委其勢也。

癸亥，蠲免山東五年以上逋租。

《國榷》卷九三　庚午，總督漕運楊一鵬議濬泇河。從之。

《明史》卷二三《莊烈帝紀一》　庚辰，逮陳奇瑜下獄，論戍。

《明通鑒》卷八四　奇瑜以車箱縱賊，給事中顧國寶、御史傅永淳，交章劾其受賊賄，詔錦衣官逮訊，而以洪承疇代之。

時賊已蔓延不可撲滅，首輔温體仁謂山西巡撫吴甡曰：「流賊癬疥疾，不足憂也。」

奇瑜罪當死，以體仁庇之，未幾，僅謫戍邊。

《明史》卷二三《莊烈帝紀一》　乙酉，洪承疇兼攝五省軍務。

《崇禎實録》卷七　十二月癸未朔，以乾清宫管事太監馬雲程提督京營戎政。温體仁乞罷，不允。

甲申，以司禮太監李承芳總督東廠。

丙申，總督宣大楊嗣昌奏：「插漢部落實有數萬，小王子至歸化城俟正月來講賞，先求開市，臣意剿之不能拒之，應就其計，借市馬爲操縱，暫示羈縻，亦是一策。」命部議覆。

《明通鑒》卷八四　是月，賊自陝西出，犯河南。先是賊十餘萬往來關中，連營輒百餘里。別賊萬餘屯雒南，閿鄉，蹂躪郡邑數十。

諸將先後以死事著者，總兵殷體信，没于陣。游擊丁孔應，被執，不屈死。指揮李學牧陷賊中，與王風木等謀舉義，事泄，北面再拜受刃死。守備史大勳，率兵逐賊被執，爲所殺。昌平鎮將淩元機、胡良翰，隸湯九州部下，賊屯閿鄉，九州遣二人搜山，敗没。花馬池營千總蔡應昌，血戰死。

其以長吏殉城死者，甘泉知縣蒲來舉，求救于守備孫守法，不應，城破，手刃數賊，死之。崇信知縣龐瑜，知賊必至，而縣中止貧户百餘，乃率士民築土城以守，流涕誓死。會天大雨，土城盡圮，賊大至，瑜遣家人賫印送上官，端坐堂上，賊悴令跪，瑜罵曰：「賊奴！敢辱官長！」賊拔刀威之，罵益厲，執至野外，剖心裂腹而死。山陽知縣董三謨，與父嗣成、弟三元俱殉難，妻李氏亦攜子女偕死。涇州知州婁琇，城陷死。麟遊再陷，知縣吕鳴世初至，賊不忍加害，絶食六日死。

一時士民仗義者，涇陽布衣王祚以捍賊死，耀州生員宋緒湯以詈賊死。

方賊之出棧道也，聞洪承疇將合諸路兵進勦，賊渠高迎祥、李自成等遂竄入終南。會承疇赴甘肅，賊又出終南，分陷關、隴。比承疇還，引兵而東，賊乃悉衆東奔，遂陷陳州、靈寶，集宛、洛間，河南復震。

賊每營，數萬兵更番進，皆因糧宿飽；官軍寡備，饋餉或不繼。賊介馬馳，一日夜數百里；官軍步多騎少，行數十里輒疲乏，以故多畏賊。

時左良玉扼新安、澠池，陳治邦駐汝州，陳允福扼南陽，皆坐甲自保。良玉前在懷慶，與督撫議不合，因是生心緩追，又多收降寇以自重，督撫檄調，不時應命，漸有跋扈端，實無意殺賊。而賊聞良玉且至，移壁梅山、溱水間，其別部掃地王等復趨江北，攻英山，陷之，又焚霍山。

《明通鑒》卷八四　是歲，京師饑，御史龔廷獻繪《飢民圖》上之。

崇禎八年、後金天聰九年（乙亥、一六三五）

《崇禎實録》卷八　春正月壬子朔，左良玉於汝州南山逐賊，斬獲甚衆。

《明史》卷二三《莊烈帝紀一》　乙卯，賊陷上蔡。

《明通鑒》卷八四　丁巳，屠汜水，陷滎陽。

戊午，陷固始。

《明史》卷二三《莊烈帝紀一》　己未，洪承疇出關討賊。

辛酉，張獻忠陷潁州。

《明通鑒》卷八四　賊聞承疇將出關，大會羣賊于滎陽。老回回、曹操、革裏眼、左金王、改世王、射塌天、横天王、混十萬、過天星、九條龍、順天王及高迎祥、張獻忠，共十三家，七十二營，議敵官軍，未決。李自成進曰：「匹夫猶奮，況十萬衆乎！官兵無能爲也。宜分定所向，利鈍聽之天。」皆曰：「善！」乃議革裏眼、左金王當川、湖兵，混天王、混十萬當陝兵，過天星扼河上，綴河南兵，迎祥、獻忠及自成略東方，老回回、九條龍往來策應。陝兵鋭，益以射塌天、改世王。所破城邑，子女玉帛惟均。衆皆如約。

始，迎祥與獻忠並起比肩，自成乃迎祥支黨，不敢與獻忠偶，及是遂相頡頏，與俱東掠。

丙寅，賊陷鳳陽，焚皇陵樓殿。

先是南京兵部尚書呂維祺懼賊南下，請防護鳳陽陵寢，不報。給事中孫晉亦以爲憂，言于兵部尚書張鳳翼，鳳翼曰：「賊起西北，不食稻米，賊馬不飼江南草。公南人，何憂！」遂不設備。賊漸逼江北，鳳翼乃請敕漕運都御史楊一鵬移鎮鳳陽，温體仁格其議，鳳翼亦不能再請。事益急，給事中許譽卿請速調五千人守鳳陽，而賊已有壽州分部來犯。

鳳陽故無城，留守朱國相率指揮袁瑞徵、呂承蔭、郭希聖、張鵬翼、周時望、李郁、岳光祚，千户陳弘祖、陳其忠、金龍化等，以兵三千逆戰上窯，頗有斬獲。頃之，賊數萬至，矢集如蝟。官軍敗，國相自刎死，餘皆陣没。一鵬在淮安，遠不及救。賊遂燔皇陵，大肆殺掠。千户陳永齡、百户盛可學死之。賊犯衛城，衛經歷胡尚綵獨擊卻之，賊復至，被執不屈，與府照磨蕭懋烈等，凡死者四十餘人。推官萬文英方卧病，賊索之。子元亨，年十六，泣語父曰：「兒不得復事親矣。」出門呼曰：「若索官何爲！我即官也。」賊縶之，極口大駡，斷脛死。文英獲免。

城既陷，公私邸舍被焚者二萬餘間，光燭百里。賊渠張軄自稱「古元真龍皇帝」，合樂大飲，張獻忠、李自成皆在焉。恣掠三日。

《崇禎實録》卷八　己巳，許朝鮮參貨售半，後不許携，次年携參貨至，不索值，不應命，留其貨於關外，自是貢臣不至。

《明史》卷二三《莊烈帝紀一》　壬申，徐州援兵至鳳陽。張獻忠犯廬州，尋陷廬江、無爲。李自成走歸德，與羅汝才復入陝西。

《明通鑒》卷八四　先是自成欲于皇陵，從獻忠求小閹善鼓吹者，獻忠不予，自成怒，偕高迎祥西趨歸德，謀復入關。

獻忠獨東攻廬州，州民乘墉捍賊，有張四哲者，偕弟四美、四奇奮力迎戰，敗没。州城堅，賊百計攻之不克。去，攻舒城，知縣章可試塞三門，開西門誘賊入，陷于坑，奔潰死者千人，賊乃去。

〔二月〕壬午，張獻忠陷潛山，知縣趙士彦死之。

連陷太湖、宿松，皆屠其城。

《明史》卷二三《莊烈帝紀一》　甲午，以皇陵失守，逮總督漕運尚書楊一鵬下獄，尋棄市。

《崇禎實録》卷八　丙午，清兵四萬，號十萬，自瀋陽西趨河套，收插漢餘部。

《明史》卷二三《莊烈帝紀一》　是月，曹文詔敗賊於隨州。

《明通鑒》卷八四　賊既蹂躪江北，復流擾于蘄、黄、汝寧、歸德之間，圍桐城者數月。

三月辛亥朔，督師洪承疇次汝寧。

先是上聞鳳陵之變，晉承疇兵部尚書，賜上方劍，令集諸路兵駐楚、豫適中之地。至是承疇至汝寧，分遣諸將，隨賊所在邀擊，于是賀人龍往鳳陽，鄧玘往麻、黄，左良玉往南陽。

時曹文詔、張應昌自晉中來，未至，客有謂督師者曰：「公中權無帥，即緩急云何？」承疇曰：「吾以俟文詔至也。」

賊見大軍至，復折而入秦。

癸丑，張獻忠陷麻城。

壬戌，豫、楚賊陷寧羌州。

《崇禎實録》卷八　夏四月乙酉，援剿總兵官曹文詔追賊於商州。初，洪承疇囑文詔寇必走商州，宜自新安、宜陽、澠池扼之。賊果屯商州城外二十里，文詔逐之金嶺川，賊據山以千騎逆我，參將曹變蛟力鬬，各營夾擊，卻之，斬九十九級，獲十九人。時承疇至汝州，知賊必入秦，令張應昌、尤文翟自鄖陽征鳳縣、兩當、徽州、呂陽之賊轉赴興安、漢中，自率賀人龍等自汝入秦，檄文詔以師會。

丁亥，承運庫太監周禮言崇禎六年、七年省直金花銀共負八十九萬，命趣之。

《明史》卷二三《莊烈帝紀一》　鄭芝龍擊敗海賊劉香，香自殺，衆悉降。

《明紀》卷五四　香脅洪雲蒸止兵，雲蒸大呼曰：「我矢死報國，急擊勿失。」遂被殺。香勢蹙，自焚溺死。康成祖等脱還，賊黨千餘人詣浙江降，海寇盡平。

《明史》卷二三《莊烈帝紀一》　辛卯，洪承疇會師於汝州，分部諸將防豫、楚要害。

乙巳，川兵變于樊城，鄧玘自殺。

《明通鑑》卷八四　總兵鄧玘，遇其下寡恩，多尅餉。至是奉調赴樊城，標將王允成家丁鼓譟，殺其二僕。玘懼，登樓越牆，誤墮火巷，被焚死。玘由小校，大小數百戰，所向多捷，以久戍觖望，恣其下淫掠；輔臣王應熊以鄉里庇之，玘益無所憚。其死也，人以爲佚罰云。

是時徐來朝不肯入山，兵亦譁于盧氏。

《明史》卷二三《莊烈帝紀一》　丙午，洪承疇西還，駐師靈寶。

《明通鑑》卷八四　〔五月〕甲寅，總兵官曹文詔、參將曹變蛟，大敗商州之賊。

《崇禎實録》卷八　丁卯，祖大壽聞清兵五六千騎屯九華山，即率兵至吴錦廟迎戰，卻之。

《明史》卷二三《莊烈帝紀一》　乙亥，吴宗達致仕。

《明通鑑》卷八四　温體仁當政，宗達能爲之下，在閣六年，交驩無間，至是以衰老乞歸。

《明紀》卷八四　洪承疇迫六月滅賊之期，急進戰，諸將見賊衆兵寡，咸自揣不敵，而勢不可止。

《明通鑑》卷八四　是月，洪承疇追賊至盩厔、鄠二境上，據鞍顧盼，以鞭指謂諸將曰：「此地南距山，北阻渭，中三十餘里，賊出秦入秦之要口，非得專將守之不可。」乃勞享將士，遣游擊王永祥駐潼關，馬獻圖駐藍田，都司高崇選、李世春駐盩厔，監軍道劉三顧節制之。

部署甫定，而前犯西安諸大賊闖王、八大王等圍鳳翔，過天星、蠍子塊等圍平涼。報至，承疇自盩厔、郿縣渡河，抵岐山，向平涼。是時賊分三道，東往涇州、鎮原、寧州，而鳳翔之賊西趨涇陽、隴州，官軍分道追擊，曹文詔自漢中以其兵至。賊大勢盡向静寧、秦安、清水、秦州間，衆且二十萬。承疇以文詔所部合張全昌、張外嘉軍止六千，衆寡不敵，乃告急于朝，請益兵，而勢已不及。

《崇禎實録》卷八　六月己卯朔，朵顔三衛長昂等三十六家至會州楊樹川，執哨總陳尚義求欵。

丙午，上御門召廷臣於階，諭：「諸臣才品朕未徧知，今試各擬其人。」於是，廷臣各擬進，并推在籍諸臣堪任閣員者，共舉林釬、孫慎行、劉宗周，命特召之。曹文詔至婁羅寨，寇大至，力竭自刎。文詔敢鬬，殺賊甚多，爲賊所畏，官軍聞之奪氣。

《明通鑑》卷八四　賊連勝益驕，欲犯西安、涇陽、三原，洪承疇在邠州，憂之，不知所出。總兵官曹文詔，聞艾萬年死，拔刀斫地，瞋目大駡曰：「鼠子敢爾！」即詣承疇請行。承疇喜曰：「非將軍不足辦此賊。顧吾兵已分，無可策應者。將軍行，吾將由涇陽赴淳化，以爲將軍後勁。」文詔乃以三千人自寧州往。丙午，遇賊于真寧之湫頭鎮，參將曹變蛟爲前鋒，直前搏戰，斬賊五百餘級，乘勝窮追三十里。文詔自率步卒殿後，賊伏數萬騎，四起合圍，飛矢蝟集。賊不知爲文詔也，有小卒縛急，大呼曰：「將軍救我！」賊中叛卒識之，甚賊曰：「此曹總兵也。」賊喜，圍益急。文詔左右跳盪，手擊賊數十人，轉鬬數里，力不支，拔刀自刎死。游擊平安以下死者二十餘人。

賊乘勝轉掠，火照西安城中。承疇力遮之涇陽、三原間，賊不得過。

上聞文詔死，震悼，賜祭葬，世蔭，有司建祠祀之。

《國榷》卷九三 〔七月〕丙辰，命求故都督戚繼光之後，止一子，無孫。

《崇禎實録》卷八 甲子，御製《小學新序》，以《小學》頒天下。

《明史》卷二三《莊烈帝紀一》 甲戌，少詹事文震孟、刑部侍郎張至發俱禮部侍郎兼東閣大學士，預機務。

《明紀》卷五四 震孟兩疏固辭，不許。自世宗朝許讚後外僚入閣，自至發始，體仁不能沮震孟，故薦至發以間之。閣臣被命，即投刺司禮太監，兼致義狀，震孟獨否，掌司禮者曹化淳故屬王安從奄，雅慕震孟，令人輾轉道意，卒不往。

致仕大學士成基命卒。贈少保。

《明通鑒》卷八四 震孟既歸，以五年復召，即家擢右庶子。既至，尋進少詹事，直講筵。

先是鳳陽之變，震孟歷陳至亂之源，謂「當事諸臣，不能憂國奉公，一統之朝，强分畛域」，又言「陛下宜行撫綏實政，先收人心以遏寇盜，徐議濬財之源，毋徒竭澤而漁」，語多切中時弊。至是上將增置閣臣，以翰林不習時務，思用他官參之，召廷臣數十人，各授一疏令票擬。震孟引疾不與，至發所擬獨當上意，特命至發與震孟並入閣。

至發以縣令起家，驟擢居政府，蓋異數也。

丙子，總兵尤世威敗績于朱陽關。關即古函谷也。

《崇禎實録》卷八 八月戊寅朔，總督漕運劉榮嗣以駱馬湖阻運，請挽黄河自宿遷至邳州，開河注之，計二百十里，估費五十萬，上切責之。命科部各官分地督運，從太監張彝憲之言也。

《明通鑒》卷八四 壬午，李自成陷咸陽，殺知縣趙躋昌。又陷永壽，殺知縣薄匡宇。

《崇禎實録》卷八 丙戌，命謚理學、遜國諸臣。

《明史》卷二三《莊烈帝紀一》 壬辰，詔撤監視總理内臣，惟京營及關、寧如故。

辛丑，盧象升總理直隸、河南、山東、湖廣、四川軍務。

《崇禎實録》卷八 九月戊申朔，逮總理河道工部尚書劉榮嗣。初，榮嗣以黄水濟宿遷之運，既鑿而黄河故道朝暮遷徙，不可以舟，於是南京刑科給事中曹景參劾之，被逮。中河工部郎中胡璉坐贓多論死，始首事侵費，俱不由璉，人頗惜之。

《明史》卷二三《莊烈帝紀一》 辛亥，洪承疇督副將曹變蛟等敗賊于關山鎮。李自成東走，與張獻忠合。

《明通鑒》卷八四 先是高迎祥、李自成在關中，分道出犯，迎祥略武功、扶風以西，自成略富平、三原以東。承疇遣將追自成，小捷。至醴泉，賊將高傑通于自成妻邢氏，懼事泄被害，挾之來降。承疇復身追自成，大戰渭南、臨潼，自成大敗，東走。

曹文詔既没，變蛟收潰卒，復成一軍，承疇薦爲副總兵，置麾下，至是與高傑破賊關山鎮，逐北三十餘里。又追高迎祥，與戰于鳳翔之官亭，敗之。又與左光先敗迎祥于乾州，迎祥中箭走。迎祥屢敗，東逾華陰、南原絶嶺，偕自成出朱陽關，與張獻忠合。

《國榷》卷九四 乙丑，錦衣衛進活輪戰車式。

丁丑，時漕虧二百餘萬，視舊歲減六十餘萬，上責巡漕御史碻奏。

《明通鑒》卷八四 是秋，秦賊破扶風，知縣王國訓，偕主簿夏建忠、典史陳紹南、教諭張弘綱、訓導陳縞，率生員王守庠、守德等嬰城固守。閲兩月，外援不至，城陷，國訓駡賊，與建忠等俱不屈死。

《明史》卷二三《莊烈帝紀一》 冬十月庚辰，下詔罪己，辟居武英殿，減膳撤樂，示與將士同甘苦。

《崇禎實録》卷八 辛巳，巡撫登、萊、東江備兵援遼恢復金、復、海、蓋贊理軍務兼管糧餉都察院右副都御史陳德元罷，廷推山東布政使勞永嘉，會吏部請裁登撫，遂并罷永嘉。時永嘉欲歸，計得巡撫銜温體仁許之，知登撫且罷，遂以永嘉名上。永嘉爲巡撫三日，解任去，體仁因機納賄類如此。

《明史》卷二三《莊烈帝紀一》 丙戌，户部尚書侯恂請嚴征新舊逋賦。從之。

辛卯，李自成陷陝州。

《明通鑒》卷八四 是月，豫賊、江北賊共攻蘄、黄，黄梅之賊由宿松入潛、太。應天巡撫張國維，檄副將許自强救皖，操江御史王道直，以水軍爲遊邏。時盧象昇總東南軍，改史可法副使，分巡安慶、池州，監江北諸軍，守潛山之天堂寨。

豫賊掃地王等別自霍山趨英山，分掠宿松、太湖間，是時自朱陽關出者，皆集靈寶。會遼東總兵祖寬勒兵至豫，豫撫陳必謙、推官湯開遠引之，同左良玉兵勦賊于靈寶六十里之澗口、焦村，敗之。

張獻忠聯三大營，侯秦賊至，適高迎祥、李自成東走，出朱陽關，獻忠與之合，凡擁衆三十萬，悉聚于閿鄉、靈寶，塵埃漲天，絡驛百里。寬禦之靈寶西，良玉禦之靈寶東，皆不支，于是自成遂薄陝州。

《明史》卷二三《莊烈帝紀一》 庚戌，何吾騶、文震孟罷。

《明通鑒》卷八四 震孟既入閣，體仁每擬旨必商之，有所改必從，喜謂人曰：「温公虚懷，何云奸也！」吾騶曰：「此人機深，詎可輕信！」未幾，體仁窺其踈，所擬不當已意輒令改；不從則徑抹去。震孟大愠，以諸疏擲體仁前，體仁亦不顧。

《明史》卷二三《莊烈帝紀一》 庚申，總兵官祖寬破賊於汝州。

十二月戊寅，城鳳陽。

《國榷》卷九四 壬午，鑄總理直隸、河南、川、湖、山、陝等處軍務兼督糧餉關防。

甲申，前禮部尚書孫慎行應召至京，疾甚，免陛見。

試武剛車于明德殿。

《明史》卷二三《莊烈帝紀一》 戊子，左良玉敗賊於閿鄉。

《明通鑒》卷八四 壬辰，總理盧象昇次信陽，遣副將祖寬破賊高迎祥、李自成，大敗之于確山，斬五百六十四級。

《明史》卷二三《莊烈帝紀一》 癸巳，賊犯江北，圍滁州。

《崇禎實録》卷八 辛丑，清兵二十五騎自昌城渡江，至朝鮮，脅其兵三千人。

癸卯，賜唐王《祖訓》、《會典》、《五經》、《四書》、《二十一史》、《通鑑綱目》、《忠經》、《孝經》。

《明史》卷二三《莊烈帝紀一》 乙巳，老回回諸賊自河南犯陝西，洪承疇敗之於臨潼。

《明通鑒》卷八四 是歲，賊自江北而楚，而豫，而秦，又自秦突出關，迆邐而南，以至江北，蔓延幾半天下。

崇禎九年、清崇德元年（丙子，一六三六）

《崇禎實録》卷九 正月甲寅朔，李自成攻固始，別將陷靈臺。

《明史》卷二三《莊烈帝紀一》 甲寅，總理侍郎盧象升、祖寬援滁，大敗賊于朱龍橋。

《明紀》卷五四 盧象昇請加官户田賦十之一，糧十兩以上同之，侯恂請於未被寇之地士大夫家賦銀兩者加二錢，民間五兩以上者兩加一錢。王家彦言：「民賦五兩上者，率百十家成一户，非富民不可以朘削。」既而概徵每兩一錢，名曰助餉。

《國榷》卷九五 壬子，流賊高迎祥、張獻忠犯滁州，攻兩日夜，不克。行太僕寺卿李覺斯、知州劉大鞏率士民固守，賊雲梯穴地，百計攻城，以死士焚梯礮擊，賊死甚衆。賊怒，掠婦女數百裸淫，斷首環嚮堞，植跗而倒之，露私以厭礮，守陴不忍視，然礮皆裂。覺斯立取圊牏如其數，懸堞外嚮，燃礮皆發，賊大創，攻益急。盧象升馳援，命祖寬以勁卒爲前鋒，賊已墮西北兩關，官軍争奮，賊大潰，逐北五十里，斬一千二百級，獲械甚衆。楊世恩截于定遠，斬六百餘級。劉良佐復扼于廣武，賊遂突池河。

丙寅，户部以措餉，重加典税，額外捐助，從之。

《明史》卷二三《莊烈帝紀一》 〔二月〕乙酉，寧夏饑，兵變，殺巡撫都御史王楫，兵備副使丁啓睿撫定之。

辛卯，以武舉陳起新爲給事中。

《明通鑒》卷八五 啓新上書言：「天下有三大病：士子作文，高談孝悌仁義，及服官，恣行奸慝，此科目之病也。國初，典史授都御史，秀才授尚書，嘉靖時猶三途並用，今惟一途，一舉進士，横行無忌，此資格之病也。舊制，給事御史，教官得爲之，今惟用進士，知縣、監司、郡守承奉不暇，此行取考選之病也。請停科目，罷行取考選，以除積弊。蠲災傷田賦以蘇民困，專拜大將以便宜行事。」疏入，上大悦，遂擢之吏科。朝士深惡之，紛然論劾，皆不聽。其後啓新卒以贓敗。

《國榷》卷九五 辛丑，修太廟。李玄爲順天府尹。封海神護國濟運顯應平浪元侯。

《明通鑒》卷八五　是月，山西大饑，人相食。河南南陽亦饑，有母烹其女者。唐王聿鍵聞于朝，乃振南陽，蠲山西被災州縣新舊二餉。

《國榷》卷九五　丙午，工部右侍郎劉宗周言痛憤時艱。

《明紀》卷五四　疏入，帝怒甚，諭閣臣擬嚴旨再四，每擬上，帝輒手其疏覆閲，起行數周，既而意解，降旨詰問，謂大臣論事，宜體國度時，不當效小臣歸過朝廷爲名高，且奬其清直焉。

《崇禎實録》卷九　庚申，賑南陽灾民三萬金。

《明史》卷二三《莊烈帝紀一》　是月，盧象升、祖大樂剿河南賊。高迎祥、李自成分部入陝西，餘賊自光化走湖廣。

《崇禎實録》卷九　丙子，吏部覆中外官薦舉共二百人，上召對武英殿。

《明史》卷二三《莊烈帝紀一》　戊子，錢士升致仕。

《明通鑒》卷八五　時温體仁以刻覈導上，上下嚣然，士升因撰《四箴》以獻，大指謂「寬以御衆，簡以臨下，虚以宅心，平以出政」，其言深中時病。上優旨報聞，而意不懌。

是月，盧象昇師次襄陽。

《明紀》卷五四　五月壬子，詔赦脅從諸賊願歸者，護還鄉，有司安置，願隨軍自効者，有功一體敍録。

《明通鑒》卷八五　丙辰，延綏總兵官俞沖霄，邀擊李自成于安定，戰竟日，斬獲多，乘勝逐北，賊伏突起，沖霄持矛衝突，賊來益衆，圍之數重，援兵絶，遂没于陣。自成困延綏踰月，至是復振。欲渡河被遏，復西掠米脂，呼知縣邊大綬曰：「此吾故鄉也，勿虐我父老。」將襲榆林，爲賀人龍所敗。河水驟長，賊淤死甚衆，乃改道從韓城而西。

《明紀》卷五四　時楚豫賊及高迎祥等俱在秦、楚、蜀之交萬山中，盧象昇自南陽趨襄陽進兵，賊多兵少，會河南大饑饟乏，邊兵益洶洶。象昇議關中平曠利騎兵，請令祖寬、李重鎮隸洪承疇討賊，會承疇亦請之，寬等遂移軍入陝。左良玉軍最強，又率中州人，故獨久留。象昇以良玉驕亢難用，用孔道興代其偏將趙柱駐霊寶，防雒西，良玉與羅岱駐宜水，防雒東，而襄陽、均、宜、穀、上津、南漳環山皆賊。

《國榷》卷九五　壬戌，上祀北郊。琉球貢使蔡錦等還國。

《國榷》卷九五　是月，故副總兵湯九川擊賊嵩縣，敗没。

降盜張天琳安置延安復叛，謀渡河入山西。

陝西盜混天星、九條龍等在林縣，固原分營，聞張天琳叛，合謀犯蘭州、河州。

兵部尚書張鳳翼以職方員外郎包鳳起賫詔招撫羣盜。

《明史》卷二三《莊烈帝紀一》　六月乙亥，林釬卒。

《明通鑒》卷八五　釬在閣五月，無所建白，時有謹願誠恪之稱。

《崇禎實録》卷九　己卯，清兵入喜峰口，巡關御史王肇坤死之。時昌平垂陷，肇坤悉散家人，策馬冒陣死，積尸北城下。時暑月，迄兵退始出之以殮。事聞，上猶遣勘，以北城誤奏北門，而上心知昌平無北門也。久之，贈太僕寺少卿。

清兵攻居庸關，昌平北路，大同總兵王樸馳援。

《明史》卷二三《莊烈帝紀一》　己亥，總兵官解進忠撫賊於淅川，被殺。

《明通鑒》卷八五　是時盧象昇將入楚，議先搜勦内鄉、淅水山中之賊。賊謀竄鄖、襄，乘間突入豫，犯滎陽，殺知縣王恆言，進忠謀入山撫之，遂遇害。

未幾，混十萬等從山中直薄淅川，象昇遣總兵陳永福連敗之于蘇家溝、清泉山、興化寺。賊不得志于内、淅，而象昇方駐師黨子口，賊不敢東下。天雨糧絶，縛筏謀再渡漢江，爲永福所覺，擊之半濟，仍遁入山中。

是月，大清兵入喜峯口。巡關御史王肇坤拒戰，敗績，還保昌平。

《崇禎實録》卷九　秋七月癸卯朔，國子監祭酒倪元璐乞免。許之。元璐見忌於同邑左庶子丁進，因嗾誠意伯劉孔昭訐之也。

《國榷》卷九五　督修曆法山西按察使李天經與欽天監測驗未合，命博求之。

《明史》卷二三《莊烈帝紀一》　甲辰，内臣李國輔等分守紫荆、倒馬諸關。

《崇禎實録》卷九　丁未，清兵深入。

己酉，清兵間道自天壽山後至昌平，降丁二千人内應，城陷，總兵巢丕昌降，户部主事王桂、趙悦、提督太監王希忠等皆被殺。初，巡關太監及御史王肇坤開門納降丁，至是卒爲害。命文武大臣分守都門。

《明史》卷二三《莊烈帝紀一》　癸丑，詔諸鎮星馳入援。

壬戌，巡撫陝西都御史孫傳庭擊擒賊首高迎祥於盩厔，送京師伏誅。

癸亥，諭廷臣助餉。

甲子，兵部尚書張鳳翼督援軍，高起潛爲總監。

《明通鑑》卷八五　時給事中王家彦劾鳳翼坐視，鳳翼懼，自請督師，令與宣大總督梁廷棟相犄角。

《明史》卷二三《莊烈帝紀一》　是月，大清兵入寶坻，連下近畿州縣。

《明紀》卷五四　盧象昇渡淅河而南，追賊至鄖西。陝西賊有名字者以十數，高迎祥最強，拓養坤黨最衆，養坤所謂蝎子塊者是也。壬戌，巡撫都御史孫傳庭帥賀人龍親擊迎祥於盩厔之黑水峪，禽之，及其僞領哨黄龍、總管劉哲，獻俘闕下，磔死。賊黨乃推李自成爲闖王。

《崇禎實録》卷九　八月壬申朔，唐王聿鍵率護軍千人勤王，汝南道周以典止之，不聽。至裕州，巡按御史楊繩武以聞，命勸阻還國。以天壽山守備魏國徵總督宣府、昌平京營。

《明史》卷二三《莊烈帝紀一》　癸酉，括勳戚文武諸臣馬。

《國榷》卷九五　朝鮮遣使入貢萬壽，至于寧遠。

《明史》卷二三《莊烈帝紀一》　乙未，盧象升入援，次真定。

是月，大清兵出塞。

《崇禎實録》卷九　九月壬寅朔，清兵出冷口。

癸卯，督師兵部尚書張鳳翼卒于行營，或曰懼罪飲藥也。

清兵攻朝鮮，登萊總兵官沈冬魁登島，總兵官陳洪範進師耀州北岸。

己酉，以盧象升爲兵部左侍郎，總督各鎮援兵，賜尚方劍。

《明史》卷二三《莊烈帝紀一》　辛酉，改盧象升總督宣大、山西軍務。

《明通鑑》卷八五　象昇奉詔入衛，至，已解嚴，會梁廷棟卒，命代之。宣大素苦缺餉，象昇乃大興屯利，行二年，積穀至二十萬，詔九邊奉以爲式。

《崇禎實録》卷九　辛未，皇五子慈煥生，皇貴妃田氏出也。

十月壬申朔，起守制楊嗣昌爲兵部尚書。兵科給事中宋權言：「皇上令科甲並用，内外並轉，而吏部止用乙榜以充進士所不欲選之地，故各邊各衛之道臣皆乙榜，而進士居閒地；各邊各衛之巡撫皆外職，而京官自轉京卿，雖設創法，止以營私。」時廷臣力護甲科，故權言及之。

《國榷》卷九五　戊寅，禁文武輿蓋器飾之僭。

甲申，諭中外修職繕備。

《崇禎實録》卷九　甲午，命採銅鐵鉛銀等礦，以儲國用。

《國榷》卷九五　許折内庫米絹一年。

《明史》卷二三《莊烈帝紀一》　乙亥，工部侍郎劉宗周以論内臣及大學士温體仁削籍。

甲申，張獻忠犯襄陽。

《明通鑑》卷八五　先是總兵秦翼明，以二千餘騎禦賊十萬之衆于豐陽、界山、均州及襄陽等處，大小數十戰，頗有斬獲，而賊益衆且强，不能破。巡撫苗胙土逗留汴梁，奉旨切責，乃遣兵救襄陽，大戰于牌樓閣，殺傷頗相當，然卒不能一創賊也。

是時湖廣震動，獻忠欲乘勢窺儀、淮，遂合馬守應等沿江南下。而關中賊以高迎祥死，復推李自成爲闖王，連犯階、徽、汧、隴、鳳翔。于是自成、獻忠分寇西南，各爲雄長矣。

《明史》卷二三《莊烈帝紀一》　十一月丁未，蠲山東五年以前逋賦。

《國榷》卷九五　壬子，總督宣大盧象升奏：「沿邊監司陞轉太驟，請責成久任。」從之。

壬戌，唐王聿鍵劾總督盧象升不朝。

《明通鑑》卷八五　遣太監陳貴總監大同、山西，王夢弼監守宣府、昌平。

《崇禎實録》卷九　是月，廢唐王聿鍵爲庶人，以前擅兵入援也。

十二月辛未朔，先是，命吏部指奏數年銓政之弊，至是吏部覆陳，上切責之，以爾部職專用人，推舉不效，乃反稱綱目太密，使中外束手，且平時陞轉必優京卿、甲科，乃云京卿未必勝外官，甲科未嘗勝乙榜，如此游移，豈大臣實心體國之道。

《國榷》卷九五　癸巳，暹羅入貢。

《崇禎實録》卷九　丁酉，召廷臣于平臺。時清兵十五萬騎侵朝鮮，皆西人，及孔有德、耿仲明爲先鋒。上恐來春復至邊，命邊臣增兵築堡。

《國榷》卷九五　户部類報兩淮鹽課，崇禎六年以前，積虧二百餘萬，巡鹽御史所以有分别議處之旨，蓋淮課在天啓五年，新舊額銀止七十餘萬，崇禎三年加至百二十一萬有奇，四年加至百三十萬有奇，六年加至百五十六萬有奇，因列各官虧完之數，程其功罪。

《明通鑑》卷八五　是冬，漢南之賊分道襲應城，知縣張紹登及教諭李之經、訓導張國勛、鄉官饒可久、徐晤可悉力禦之。國勛曰：「賊不一創，城未易守。」率壯士出擊，力戰一日夜，斬獲甚衆，賊去。

《明史》卷二三《莊烈帝紀一》　是年，洪承疇敗賊於隴州，賊走慶陽、鳳翔。暹羅入貢。

《國榷》卷九五　御覽加派册共二百九十九萬三千七百九十餘金，工部分用九萬不與焉，山東之島餉五十五萬五千七百九十餘金不預焉，浙江加派銀四十二萬二百七十二兩八錢，江西加派銀三十六萬一千三十六兩一錢，福建加派銀十二萬八百二兩五錢，河南加派銀六十六萬七千四百二十一兩五錢，山東加派銀五十萬五千七百五十七兩，陝西加派銀二十六萬三千六百五十一兩四錢，廣東加派銀二十三萬一千一百七十八兩，南直加派銀二十八萬一千八百三十五兩九錢，鳳陽撫屬加派銀二十七萬六千八百八十五兩四錢，北直加派銀先奉旨蠲免外，延慶州加派銀九百五十三兩四錢，保安州加派銀二百七十四兩二錢。

《明通鑑》卷八五　是歲，夏四月，大清太宗文皇帝建國號曰大清，改元崇德元年。

崇禎一〇年、清崇德二年（丁丑、一六三七）

《崇禎實録》卷一〇　春正月辛丑朔，日食，免朝賀。以程國祥爲户部尚書。

甲辰，常熟張從儒訐奏前禮部右侍郎錢謙益，蓋怨家嗾之也。疏上，温體仁脩㤼命逮下刑部獄，幾殆。謙益嘗作故太監王安祠記，曹化淳出王安門，憤其寃，發從儒等陰謀，立枷死。以御馬太監李名臣提督京城巡捕，王之俊副之。

《明紀》卷五四　丙午，老狪狪糾張獻忠、羅汝才諸賊，自襄陽東下，與江北賊革裏眼等合，烽火達維揚，南京大震。

《明通鑑》卷八五　丙午，張獻忠、羅汝才自襄陽犯安慶。

甲子，别賊自潁、亳突入滁州之朱龍橋，營火夜燭數十里，直走池河，設醮太山寺，薦度亡者。遂分屯大江、小江、皇甫、常山諸山，儀真、六合皆震。

《明紀》卷五四　是月，李自成犯涇陽、三原，拓養坤、過天星俱來會，孫傳庭督曹變蛟等連戰七日，皆克，養坤及其黨張文耀降，自成與過天星奔秦州。養坤尋叛去，傳庭諭其下追斬之。我太宗文皇帝親征朝鮮，責其渝盟助明之罪，列城悉潰，朝鮮告急，命登萊總兵官陳洪範調各鎮舟師赴援，旅順總兵官沈世魁、萊州副總兵金日觀俱移師皮島以爲聲援。

《崇禎實録》卷一〇　（二月）甲戌，以司禮太監曹化淳提督東廠。

《明史》卷二三《莊烈帝紀一》　丁酉，賊犯潛山，總兵官左良玉、副使史可法敗之於楓香驛。

《明通鑑》卷八五　時張獻忠攻皖不克，走廬江，入潛山，副使史可法與中州左良玉之兵敗之于楓香驛，三戰皆捷。而馬爌、劉良佐亦連敗賊于廬州六安，賊竄入潛山之天堂寨。張國維檄良玉搜山，良玉不應，放兵掠婦女，屯舒城月餘，竟北去。

《崇禎實録》卷一〇　庚辰，逮巡按山西御史張孫振。孫振貪穢不職，先誣學臣袁繼咸，山西丙子貢士衛周祚等訟其寃，命并逮孫振訊之。繼咸守官奉功令，廉介自持，自書卷外無長物，近之推督學政者必稱焉。

《明史》卷二三《莊烈帝紀一》　是月，朝鮮降於我大清。

《明紀》卷五四　大清兵破江華，禽朝鮮世子，李倧出降，遂與明絶。

《明通鑑》卷八五　先是大清責朝鮮渝盟，興師征之，克義州、安州，遂薄平壤。朝鮮國王李倧懼，率其長子湼及官吏遁南漢山，令次子淏等攜眷屬竄江華島。至是大兵徑渡漢江，直抵南漢城西駐營。太宗遣使諭以禍福，倧猶逡巡不敢出；未幾，以飛船八十攻克江華島。倧知妻子被執，援兵皆敗，南漢旦夕且破，乃獻上敕印，降于漢江東岸之三田渡。太宗親臨受降，赦倧罪遣歸，留其子湼、淏爲質，遂班師。

《國榷》卷九六　（三月）乙巳，田惟嘉爲吏部尚書。

辛亥，敍邊功，進温體仁太保，廕中書舍人，張至發、孔貞運、賀逢聖、黄士俊並太子太傅，文淵閣大學士，廕子入國子監。徐鑛、孟國祚爲大理寺左、右少卿。

《明史》卷二三《莊烈帝紀一》　振陝西災。

甲子，官軍援安慶，敗績於酆家店。

《國榷》卷九六　己巳，總兵陳洪範報東援朝鮮。黔國公沐天波進太子太傅。

《明通鑑》卷八五　是月，楊嗣昌至京師。

嗣昌涉獵文史，多識先朝掌故，有口才。至是召對，上以爲能，所奏請無不從，曰：「恨用卿晚。」

嗣昌議大舉平賊，以陝西、河南、湖廣、江北官軍爲四正，責其分勦專防；延綏、山西、山東、江南、江西、四川爲六隅，責其分防協勦；謂之「十面網」。總督、總理二臣，隨賊所向征討。因議「增兵十二萬，增餉二百八十萬。措餉之策有四：曰「因糧」，因舊額量加，畝輸六合，石折銀八錢，傷地不與，歲得銀一百九十二萬九千有奇；曰「溢地」，土田溢原額者，核實輸賦，歲得銀四十萬六千有奇；曰「事例」，富民輸貲爲監生；曰「驛遞」，前此郵驛裁省之銀以二十萬充餉。議上，上下詔，有「暫累吾民一年，除此腹心大患」語，改「因糧」爲「均輸」，布告天下。

《崇禎實録》卷一〇　四月庚午朔，命南京守備太監孫象賢、張雲漢同兵部尚書范景文清覈兵馬械杖。

壬申，清兵自雲從島入皮島，副總兵白登庸、提督陳洪範俱遁。

癸酉，清兵五萬至鐵山，招皮島總兵沈世魁，不聽。

戊寅，以旱霾，諭清獄，發帑金八千賑灤州、昌黎。

《明通鑒》卷八五　方朝鮮之告急也，登萊總兵官陳洪範督各鎮舟師往援，方出海，朝鮮已下。大清遣孔有德、耿仲明、尚可喜等攻鐵山、皮島，山東巡撫顏繼祖告急于朝，敕洪範及總兵沈世魁堅守皮島。世魁旋戰敗，與洪範走石城島。副將金日觀偕諸將楚繼功等相持七晝夜，力不支，皆戰没于陣，皮島遂下。副將白登庸降。尋下石城，世魁被殺。

《國榷》卷九六　庚寅，兵科都給事中凌義渠劾總兵左良玉東援舒城縱兵淫掠，宜戴罪自贖。命下總理回奏。

《明史》卷二三《莊烈帝紀一》　癸巳，旱，清刑獄。

是月，洪承疇剿賊于漢南。

《明通鑒》卷八五　時承疇因賊破階州，方提兵與戰于大散關。而小紅狼圍漢中，瑞王告急，奉旨譙責，承疇乃率賀人龍兵由兩當趨救，賊解去。

《國榷》卷九六　閏四月己亥朔，撫寧侯朱國弼又論温體仁。不聽。

禮部請預定謁陵大典，命俟十三年行之。

《明史》卷二三《莊烈帝紀一》　壬寅，敕群臣潔己愛民，以回天意。江北賊分犯河南。總督兩廣都御史熊文燦爲兵部尚書，總理南京、河南、山、陝、川、湖軍務，駐鄖陽討賊。

《明紀》卷五四　給事中李汝燦，陳回天四要，論財用政事之弊，又言：「八九年來，干和召災，始於端揆，積於四海，水旱盜賊，頻見疊出，勢將未已，何怪其然。」帝怒，削汝燦籍。中允黄道周言：「陛下寬仁宏宥，有身任重寄，至七八載罔效，擁權自若者。積漸以來，國無是非，朝無枉直，中外臣工率苟且圖事，誠可痛憤！然其視聽一係於上。上急催科，則下急賄賂；上樂鍥覈，則下樂巉險；上喜告訐，則下喜誣陷。當此南北交訌，奈何與市井細民，申勃谿之談，修眦睚之隙乎？」時温體仁方招奸人，構東林、復社之獄，故道周及之。

《崇禎實録》卷一〇　庚戌，命司禮太監曹化淳同法司録囚。

《國榷》卷九六　癸丑，頒《小學》天下。

《明通鑒》卷八五　五月戊寅，李自成奔秦州。先是自成由鳳翔渡渭河，犯涇陽、三原，蝎子塊、過天星皆來會。秦撫孫傳庭，督副將曹變蛟連戰七日，敗之，蝎子塊降。自成與過天星遂自秦州謀入蜀。

《崇禎實録》卷一〇　壬午，島兵殺監軍副使黄孫茂、副總兵白登庸走降于清兵。時已封孔有德恭順王，耿仲明懷順王，尚可喜忠順王。兵部尚書楊嗣昌薦前總督薊遼傅宗龍，巡撫宣府陳新甲俱可佐樞，上是之。

《明史》卷二三《莊烈帝紀一》　六月戊申，温體仁致仕。

《明通鑒》卷八五　體仁在閣八年，流寇躪畿輔，擾中原，民生日困，未嘗建一策，惟日與善類爲仇。其所引與同列者皆庸材，苟以充位，且藉形己長，固上寵。上每訪兵餉事，輒遜謝曰：「臣夙以文章待罪禁林，上不知其駑下，擢至此位。盜賊日益衆，誠萬死不足塞責。顧臣愚無知，但票擬勿欺耳。兵食之事，惟聖明裁決。」有詆其窺上意旨者，體仁言：「臣票擬多未中窾要，每經御筆批改。頌服將順不暇，詎能窺上旨！」上以爲樸忠，愈親信之。官至少師兼太子太師、吏部尚書、中極殿大學士，階在柱國，兼支尚書俸，恩禮優渥無與比。而體仁專務刻核，迎合上意。前二年春，上以鳳陽陵寢之變，下詔寬恤在獄諸臣，吏部以百餘人名上，體仁靳之，言于上，僅釋十餘人。秋決論囚，上再三詰問，體仁略無平反。陝西華亭知縣徐兆麟，蒞任甫七日，以城陷論死，上頗疑之，體仁不爲救，竟棄市。上憂兵餉急，體仁惟倡衆捐俸助馬修城而已。所上密揭率報可。體仁自念排擠者衆，恐怨歸己，倡言「密勿之地不宜宣洩」，凡閣揭皆不發，并不存録閣中，冀以滅迹，以故所中傷人，廷臣不能盡知。當國既久，先後論劾者不可勝計。布衣楊光先上書極論其罪，至輿櫬待命，上皆不省，愈以爲孤立，斥責言者，或至杖死。

《明史》卷二三《莊烈帝紀一》　是夏，兩畿、山西大旱。

《明通鑒》卷八五　時浙江亦大饑，至父子兄弟夫妻相食，四方災祲踵告。

《國榷》卷九六　七月丁卯朔，寇犯廬州，佯攻城，陰趨全椒、六合。安南都統使黎維祺遣陪臣阮維曉、江文明來貢。

（八月）丁酉，司禮太監王之心提督東廠。

《崇禎實録》卷一〇 戊申，寇入鳳陽，掠器械而去，渡河分往河南、泗州。

工部員外郎駱方璽謫外。方璽奏：「皇上以廷臣不足用中官，而內臣邀此曠典，必能捐軀報主，惟皇上善用中官，故中官爲皇上用。」刑科給事中何楷駁其通內呈身，吏部以削籍請上，手勑降謫外職。

《明史》卷二三《莊烈帝紀一》 己酉，吏部侍郎劉宇亮、禮部侍郎傅冠俱禮部尚書，僉都御史薛國觀爲禮部侍郎，並兼東閣大學士，預機務。

《明通鑑》卷八五 國觀陰鷙谿刻，不學少文，温體仁因其素讐東林，密薦于上，遂柄用。時體仁雖罷，而張至發及國觀皆效其所爲，蔽賢植黨，國事日壞。

冠性簡易。宇亮短小精悍，善擊劍，居翰林，常與家僮角逐爲樂，素不嗜書，館中纂修、直講諸事皆不預，座主錢士升在閣時力援之，至是並入閣。

《國榷》卷九六 癸丑，禮部請皇太子出閣就學。許之，擇明年二月七日。

《明史》卷二三《莊烈帝紀一》 庚申，閱城。

《國榷》卷九六 甲子，修天津、通州城。

《明通鑑》卷八五 是月，上聞儀真、六合皆陷，特發禁旅勇衛營一萬二千人，遣內官劉元斌、盧九德及副總兵孫應元統兵赴援江北，與總理熊文燦會討流賊。

《崇禎實録》卷一〇 九月己巳，關寧太監高起潛言，偵諜四五十人服餙如漢，專探內地，命嚴緝之。

《明史》卷二三《莊烈帝紀一》 丙子，左良玉敗賊於虹縣。

《明紀》卷五四 辛卯，洪承疇敗賊於漢中。

《明通鑑》卷八五 先是承疇與秦撫孫傳庭共矢滅賊，承疇戰關以西，傳庭戰關以東，連破賊，先後降其渠一條龍、鎮世王、上山虎等，餘劇賊多授首者。至是復解漢中之圍，關中賊勢漸衰。而李自成踰秦、隴，窺四川備禦單弱，遂乘間取道入蜀。

《明史》卷二三《莊烈帝紀一》 冬十月丙申，自成自七盤關入西川。

《明通鑑》卷八五 自成糾混天王、過天星等，自寧羌分其軍爲三：一由黃壩攻七盤關；一由陽平過青岡坪、土門塔向白水；一由梨樹口、麥坪入廣元。總兵官侯良柱壁廣元，衆寡不敵，禦之失利。

《國榷》卷九六 庚戌，南京兵部尚書范景文劾南京兵科給事中荆可棟婪虐，命逮之。李自成逼成都，土寇附之，巡撫王維章畏賊不出戰。

《明通鑑》卷八五 甲辰，犯劍州，知州徐尚卿料城必不守，集士民泣曰：「若輩速去！吾死此矣。」衆環泣，請皆去，不可。與吏目李英俊、舉人楊于鼎守二日，城陷，尚卿投繯死，英俊從之。于鼎巷戰殺賊，爲賊支解死。

戊申，賊又分其軍，一往綿州，一往鹽亭，一往江油。侯良柱拒戰于綿州，陣没。江油知縣被執，不死。彰明、安縣、羅江、德陽、漢州，皆賊未至而潰。賊陷鹽亭。

乙卯，陷彭縣。次日，掠郫縣，主簿張應奇死之。大抄西充、遂寧等縣，趨潼川、金堂縣，典史潘夢科死之。其由江油入者，徑薄成都。巡撫王維章守保寧，反在外不能禦。成都貢生顧鼎鉉，被執不屈死。賊自庚戌圍成都，至丙辰凡七日，不克，乃解去，分陷三十餘州縣。

《明紀》卷五四 先是高攀龍贈官，許士柔草詔詞送內閣，未給攀龍家。故事，贈官誥屬誥敕，中書職掌。崇禎初，褒卹諸忠臣，翰林能文者或爲之，而中書以爲侵官，其後禁誥文駢儷語。至是，攀龍家請給，士柔已出爲南京祭酒，去撰文時數年矣，主者仍以士柔前撰文進，中書舍人黃應恩告張至發，誥語違禁，至發故謀逐士柔，遂劾之，降士柔二級調用。司業周鳳翔爲疏辨，不報。

《明通鑑》卷八五 是月，四川地震。

先是四月間，四川地震者七，地鳴者一。工科給事吴宇英以爲占者主兵，竊爲蜀中憂之。至是賊果入蜀，地復震。

熊文燦既拜總理之命，即請左良玉一軍所將六千人隸麾下，而大募粤人及烏蠻精火器者一二千人以自護，弓刀甲胄甚整，以六月杪辦嚴過嶺，是月抵安慶。而良玉桀驁不受節制，其下與粤軍不和，大詬，文燦不得已，遣還南兵。然良玉軍實不爲用，楊嗣昌爲言于上，乃以邊將馮舉、苗有才兵五千人隸焉。

當是時，嗣昌建四正、六隅之策，增兵餉大半，期滅賊，賊頗懼。文燦顧決計招撫，刊檄偏懸通都曰：「心示衆家賊，待以不死。」上聞之怒，嚴旨譙責。

《崇禎實録》卷一〇 （十一月）己巳，以司禮署印太監曹化淳、提督京營太監李明哲、提督五軍營鄭良輔總理京城巡捕。

《明史》卷二三《莊烈帝紀一》 庚辰，以星變修省，求直言。

《崇禎實録》卷一〇 庚寅，楊嗣昌請限勦寇之期，令陝西巡撫斷商南、雒南，鄖陽巡撫斷鄖西，湖廣巡撫斷常德、黄州，安慶巡撫斷吴山、六安，鳳陽巡撫斷潁、亳，應天巡撫截潛山、太湖，江西巡撫截黄梅、廣濟，山東巡撫截徐、宿，山西巡撫截陝州、靈寶，保定巡撫扼渡延津一帶，總理熊文燦提邊兵，太監劉元斌提禁旅，河南巡撫率左良玉、陳永福等兵合剿中原，從之。

《明史》卷二三《莊烈帝紀一》 十二月癸卯，黄士俊致仕。

癸亥，洪承疇、曹變蛟援四川，次廣元。

《明通鑑》卷八五 先是寧羌初破，或傳賊以其半入蜀，餘由漢、興、商、雒以入楚、豫。楊嗣昌主兵事，方憂秦賊出關亂勦撫局，則以蜀事不足憂。比劍外衡決，又欲委咎于承疇。而是時三月之期將及，承疇等奔命于秦、蜀間，而文燦之撫事尋敗。

崇禎一一年、清崇德三年（戊寅、一六三八）

《崇禎實録》卷一一 春正月乙丑朔，上以任丘、清苑、淶水、遷安、大城、定興、通州各官貪縱不法，命逮入，蓋内詷得也。因責撫按不先劾溺職，且言近畿如此，遠地可知，命部院申飭。

戊辰，日講官吴偉業奏：「首輔張至發黨附温體仁，新猷方始，故轍猶存，乞申諭改圖，以收後效。」

己巳，諭史館四人。

《明史》卷二四《莊烈帝紀二》 丁丑，洪承疇敗賊於梓潼，賊還走陝西。

《崇禎實録》卷一一 戊寅，工科給事中傅元初請開福建海禁，通市佐餉，命部議行之。

壬午，皇太子冠，明日御殿受賀。

《明通鑑》卷八六 癸未，以玩寇逮四川巡撫王維章及總兵官侯良柱，時不知良柱之已死也。以雲南巡撫傅宗龍代維章。

《明史》卷二四《莊烈帝紀二》 丁亥，裁南京冗官。

《崇禎實録》卷一一 癸巳，蠲漢中逋租，仍賑之。諭曆法仍遵《會典》，行大統曆，如交食、經緯、晦朔、弦望許張守登等旁攷推測。

《明通鑑》卷八六 是月，詔掌詹事府、禮部尚書林欲楫回部，時姜逢元罷也。

《崇禎實録》卷一一 二月己未朔，吏部尚書田唯嘉以保舉試授知州五人，知縣二十一人，州同知三人，判官五人，縣丞、主簿各七人。

辛丑，皇太子出閣就講文華殿。

《明通鑑》卷八六 丙午，御經筵。尚書楊嗣昌方庇熊文燦主招撫，因于講筵誦《孟子》「善戰服上刑」語。上咈然，詰之曰：「今天下一統，非戰國兵争比。羣盗弄兵潢池，不能即撲滅，奈何爲此言！」嗣昌慚不能對。乃召翰詹諸臣顧錫疇等二十餘人，問：「保舉、考選，孰爲得人？」庶子黄景昉言：「保舉多私，近日考選亦不公。推官成勇、朱天麟，廉能素著，乃不能與清華選。」少詹事黄道周言：「樹人如樹木，須養之數十年。近來人才遠不如古，況摧殘之後，必深加培養。」既復班，又詢之，對曰：「立朝之才，存乎心術；督師之才，存乎形勢。先年督撫不諳形勢，隨流賊奔走，事既不效，輒謂兵餉不足。其實歲給餉已踰千萬，果無冒濫，無侵漁，可養兵四十萬，何煩别籌增兵增餉邪！」時尚書鄭三俊方下吏，景昉因請宥三俊，上曰：「三俊雖清廉，何濟！」又命諸臣各陳所見。上曰：「言須可行。如故講官姚希孟，竟欲折漕一年，誤矣。」道周聽未審，謂上將寬三俊、念希孟也，遂言：「故輔臣文震孟，一生謇直，未蒙帷蓋恩。天下士生如三俊，殁如震孟、希孟，求其影似，未可多得。」上以所對失實，令回奏。再奏再詰，凡道周所建白，未嘗得一俞旨。然上自經筵召對後，頗知考選未當；天麟得改官，而三俊以孔貞運揭救，亦旋得釋。

《國榷》卷九六 辛亥，諭兵部開採山西、陝西、河南諸礦，部覆不便而止。召諭吏部于皇極門，裁南京冗官，一久任，一科道堪節鉞之任。

甲寅，總兵官尹先民擊賊衡州黄巢嶺，敗之。

李自成初走蜀，獨身入楚依張獻忠，不許，至竹溪，獻忠謀殺之，遁去。乞憐于羅汝才，得兵數千，行掠閿鄉。

《崇禎實録》卷一一 三月丙寅，插漢部目赤食等六十騎薄張家口，講賞，明日又二百騎脅索，參將姜名武乞備之。

戊辰，清兵攻宣府羊房膳。

《明史》卷二四《莊烈帝紀二》 是月，李自成自洮州出番地，總兵官曹變蛟追破之，復入塞，走西和、禮縣。

《崇禎實録》卷一一 夏四月丙申，奪總督洪承疇爵，仍侍郎，總兵左光先、曹變蛟並奪五級，限五月盡賊。

《明史》卷二四《莊烈帝紀二》　辛丑，張獻忠僞降于穀城，熊文燦受之。

《國榷》卷九六　壬寅，兵部職方主事馬成名言：「臣前官刑部，在繫一千五十餘人，聚居蒸鬱，乞即審結。」上善之。

《明史》卷二四《莊烈帝紀二》　戊申，張至發致仕。

《明通鑑》卷八六　至發嘗詆黄道周，頌温體仁，屢爲言者所攻。内閣中書黄應恩悍戾，至發倚任之，恃勢恣横，頗招權通賄，至發終庇應恩。會復故總督楊鶴官，許給誥命，應恩當撰文，因其子嗣昌得君，力爲洗雪，忤旨，將加罪。至發擬公疏揭救，同官孔貞運、傅冠曰：「曩許士柔事，吾輩未嘗救，獨救應恩，何也？」至發咈然曰：「公等不救，我自救之。」連上三揭，上不聽，特降諭削應恩籍。嗣昌疏救，亦不聽。無何，應恩賕請事敗，詞連至發，至發憤甚，連疏請勘。上雖優旨褒答，卒下應恩獄。至發乃自謂當去者三，而未嘗引疾，忽得旨「回籍調理」。時人傳笑，以爲「遵旨患病」云。至發爲府丞時，以清强稱。及入内閣，一切效法體仁，與黄道周諸正人爲難，時論非之。又起家外僚，諸翰林多不服，上亦以其望輕，故因其乞休，即勒之去。

《明史》卷二四《莊烈帝紀二》　己酉，熒惑逆行，諭廷臣修省。

《明通鑑》卷八六　是月，熊文燦奏舞陽、光山之捷及劉國能、張獻忠就撫狀。楊嗣昌乃譽文燦而詆洪承疇，詔鐫承疇尚書、宫保，曹變蛟、左良玉各奪五官，仍戴罪辦賊。

先是豫、楚之賊凡十五家，自國能、獻忠降，改稱十三家，而馬進忠、馬光玉、李萬慶、惠登相、賀一龍、藺養成、左金王及順天王、順義王九家者尤著云。

《崇禎實録》卷一一　五月癸亥朔，總督盧象升乞守制，總督大同山西等處御馬監太監陳貴奏留，從之。兵科給事中錢增劾楊嗣昌主欵非是，嗣昌引罪。

〔六月〕癸巳，召陳新甲爲兵部右侍郎兼右僉都御史，總督宣、大、山西軍務。先是，有旨并推在籍守制，蓋楊嗣昌爲新甲地也。

《明史》卷二四《莊烈帝紀二》　乙卯，兵部尚書楊嗣昌、户部尚書程國祥、禮部侍郎方逢年、工部侍郎蔡國用俱禮部尚書，大理少卿范復粹爲禮部侍郎，並兼東閣大學士，預機務。嗣昌仍掌兵部。

《明通鑑》卷八六　初，國祥官户部尚書，嗣昌議增餉，國祥不敢違，度支益匱。四方奏報災傷者相繼，國祥多方區畫，亦時有所蠲減，最後建議，借都城賃舍一季租，可得五十萬。勳戚奄竪悉隱匿不奏，所得僅十三萬，而怨聲載途。然上以此眷國祥。至是上將增置閣臣，出御中極殿，召廷臣七十餘人親試之。發策言：「年來天災頻仍，今夏旱益甚，金星晝見五旬，山西四月猶大雪。朝廷腹心耳目臣，務避嫌怨，有司舉劾，情賄關其心。剋期平賊無功，而勦兵難撤，邊餉日絀。民貧既甚，正供猶艱，有司侵削百方，如火益熱。若何處置得宜，禁戢有法？卿等悉心以對。」會天大雨，諸臣面對後，漏已深，終考者止三十七人，顧上意已前定，特假是爲名耳。居數月，遂有是命。時劉宇亮爲首輔，傅冠、薛國觀次之，又驟增國祥等五人，惟逢年起自翰林，餘皆外僚也。

國用前以中書舍人歷工部侍郎，督修都城，需石甚急，不克辦，國用建議用牙石爲之。牙石者，舊列崇文、宣武二街，舊駕出除道者也。上閱城，嘉其功，因大用之。

復粹嘗爲巡按陝西御史，陳治標治本之策，以任將、飭防、留餉爲治標，廣屯、蠲賦、招撫爲治本，上深褒納，遂歷大理左少卿，超擢入閣，尤屬異數。

蓋上欲閣臣通知六部事，故每部任一人，首輔劉宇亮由吏部，國祥以户，逢年以禮，嗣昌以兵，國用以工，刑部無人，復粹以大理代之，然皆委蛇其間，獨嗣昌兼掌兵部最用事，又以奪情居政府，時論譁然。

《崇禎實録》卷一一　是月，清兵屯大青山，議和，巡撫遼東方一藻奏聞，以我弱引隆慶封俺答故事，兵部尚書楊嗣昌陰主之。

《國榷》卷九六　總督宣大盧象升言講市不講賞，許插漢不許建虜。

《崇禎實録》卷一一　秋七月戊戌朔，命楊嗣昌大祀大慶暨傳制、頒詔諸大典不預直閣，素服進朝，日講召見如常，服隨班先。是嗣昌奉詔于二月趨朝，時父服闋十八月，母服纔五月也。工科給事中何楷劾楊嗣昌入閣吉服忌親，上以楷苛求，切責之。

己亥，前少師大學士温體仁卒，贈太傅，謚文忠。甲申，廷議以體仁奸佞異常，貽毒深遠，宜削謚廕，以昭公道，遂奪其謚。

《國榷》卷九六　癸未，特傳楊嗣昌、方一藻及太監高起潛，密發黄金八萬銀十萬賂建虜。

《崇禎實録》卷一一　八月辛卯朔，洪承疇報陝西賊剿降略盡。先是賊自蜀還陝西，爲龍安土司邀擊，賊奔潰，餘半出山谷，承疇勒兵以待，大敗之，乞降，各級免死，票發原籍，仍檄郡縣各與安置。於是賊衆盡散，李自成獨乘騾，日行六百里，走商雒龍駒寨，至淅川老狪狪營，卧疾半年餘，授以數百人，仍攻剽。

《明通鑒》卷八六 是月，豫、楚賊羅汝才等自陜州犯襄陽。先是熊文燦駐裕州，汝才及馬進忠諸賊聚南陽，文燦下令：「殺賊者償死。」賊不肯從，則齎金帛酒牢犒之，名曰「求賊」。上詗得狀，曰：「文燦大言無實。」文燦恐，然終擁兵不戰，謂「張獻忠已就撫，他賊可無慮」。而汝才、進忠等遂驅宛、雒之衆箕張而西，以窺潼關。

《崇禎實録》卷一一 九月丁丑，逮南京御史成勇。勇劾楊嗣昌不終喪制，忠孝兩虧，上怒，逮訊之。先是，南京户科給事中張焜芳劾前巡鹽御史史堃侵鹽課事，時堃已授太僕寺少卿，逮下獄。至是，奏辨兼言焜芳朋黨奸貪狀，不聽，奪焜芳等。

清兵約西人大舉，分入西協墻子嶺、中協青山口。墻子嶺險峻，因蟻附而上，三日夜始入内地，人俱困乏，竟無人襲擊之者。總兵吴國俊守墻子路，戰敗走密雲，總督薊遼兵部右侍郎吴阿衡敗没于密雲。初，監視太監鄧希詔誕日，阿衡及國俊等俱趨賀，聞警倉猝而回，調禦失措，故及于難。清兵入墻子路，待青山之衆以越遷安，薄豐潤，遼東副總兵丁志祥、竇濬等來援，夜戰，清兵稍退引而南下。

《國榷》卷九六 庚辰，楊嗣昌言撫賊未可輕信，凡奏兵馬賊情，不許抄傳。

《明通鑒》卷八六 是月，熊文燦次襄陽，諸將請戰。文燦議分兵進，中官盧九德曰：「兵分則力弱。一失利，全軍摇矣。莫若厚集其力而合擊之。」衆曰：「善！」乃合左良玉、陳洪範、龍在田軍，戰于雙溝，大破之，斬首二千餘級。羅汝才等率九營走均州，其黨李萬慶等率三營走光、固。文燦出師以來，雙溝之捷，差足自贖，而終持撫議，不悟也。

是年，自夏徂秋，孫傳庭、曹變蛟擊秦賊，連破之。初，李自成洮州之敗，其黨號六隊、三隊者，糾大天王、争管王、混天王、仁義王、過天星、混天星等分寇關、隴間。大天王犯慶陽、寶雞，傳庭方扼商、雒，還軍戰合水，破走之，獲其二子，追擊之延安。過天星、混天星等從徽、秦趨鳳翔，逼澄城。傳庭分兵五道擊破之，斬首二千餘級。大天王知二子不殺，遂降。餘賊引而北，犯延安。傳庭策鄜州西、合水東三四百里，荒山邃谷，賊入當自斃，乃率標兵自中部遏其東，檄變蛟自慶陽扼其西，伏兵三水、淳化間。賊饑，出掠食，則大張旗幟，鳴鼓角以邀之，一日夜馳二百五十里。賊大驚，西奔，遇伏而敗；復走寶雞，取棧道，再中伏，大敗；折而走隴州關山道，又爲伏兵所挫。三敗，賊死者無算，過天星、混天星並降。總兵左光先躡賊于秦州，六隊争管王復走成縣、階州，爲變蛟所扼。三隊仁義王、混天王降于光先，六隊還與自成合。自成以秦兵鋭，偕六隊及其黨祁總管避走，復入蜀，副將馬科、賀人龍邀擊之，還走階、文及西鄉，憚變蛟，乃走漢中，又爲光先所扼。六隊、祁總管皆降，惟自成東遁。

《崇禎實録》卷一一 冬十月庚寅朔，戒嚴京師守備，徵遼東前鋒總兵祖大壽入援，留巡撫方一藻、朱國棟、陳祖苞分守，命總督宣大盧象升以總兵楊國柱、虎大威進易州，出其左，且陛見，移青、登、萊、天津之兵出其右，檄總兵劉澤清以山東兵遏其前，高起潛爲應援。

癸(卯)〔巳〕，召文武大臣及總督盧象升于武英殿。上問象升方畧，對曰：「命臣督師，臣意主戰。」上色動，久之，不懌曰：「朝廷未云撫，乃外議，何遽信也？」象升因言清勢甚盛，事機難料，或偪陵寢以震人心，或趨神京以撼根本，或分出犄角，扼我糧道。我集兵備之則寡發而多失，分兵四應又散出無功，兵少不備，食少生亂，事皆可慮。」上壯之，命出與楊嗣昌議。象升甫言戰，嗣昌消阻，齕不能語，徒戒勿浪戰，象升徑起别，還昌平。

甲午，象升以兵三萬扼昌平。時清兵日南，不可遏，象升(曰)召諸帥約曰：「刃必見血，人必帶傷，馬必喘汗，違者斬。」令各選勁卒，期八月十五夜分四路襲營。高起潛遺書阻之。象升請分兵，楊嗣昌以宣府、大同、山西兵屬象升，號二萬，象升誓師于鞏華城，刻期赴晉，即慷慨涕下如雨。嗣昌不能平，亦思有以阻之，奉命令赴通州就起潛，不應，嗣昌又促之，象升嘆曰：「嗣昌不過授意總監撓我師期耳！」恚甚。

《明史》卷二四《莊烈帝紀二》 甲午，括馬。盧象升、高起潛分督援軍。是月，洪承疇、曹變蛟大破賊于潼關南原，李自成以數騎遁。

《崇禎實録》卷一一 十一月辛酉，京師閉門自守。

癸亥，清兵良鄉、高陽、涿州向河間，自入塞，分四道，一趨滄、瀛，一趨山東濟南，一趨臨清，一趨彰德、衛輝。

甲子，括廢銅，鑄錢。

清兵薄德州，渡河歷臨清，分道，一趨高唐，一趨濟寧，合于濟南。

《明通鑒》卷八六 丁卯，攻高陽，前大學士孫承宗率家人拒守。大清兵將引去，繞城而呼者三，守者亦應之三，曰：「此城笑也，于法當破。」圍復合。戊辰，城陷，承宗被執，望闕叩頭，投繯而死，年七十六。子舉人鈐，尚寶丞鑰，官生鉓，生員銘、鎬，從子鍊及孫中書舍人之沆、之滂、之澋，尚寶丞之潔、之濾，從孫之澈、之渼、之泳、之澤、之渙、之瀚，皆戰死。督師中官高起潛以聞，上嗟悼，命所司優卹。當國者楊嗣昌、薛國觀輩陰扼之，但復故官，予祭葬而已。南渡後，始贈太師，謚文忠。

有里居故鄒平知縣魏克家，與承宗同時死，一時官吏皆遁去。

《國榷》卷九六 癸酉，建虜連陷衡水、武邑、棗强、雞澤、文安、霸州、阜城。

《明史》卷二四《莊烈帝紀二》 是月，羅汝才降。

《崇禎實録》卷一一 十二月辛卯，命大學士劉宇亮督察各鎮援兵，奪盧象升兵部尚書，仍同高起潛戴罪。初，欲以孫傳庭代象升，薛國觀、楊嗣昌奏易帥恐緩期，不若留象升責其後效。

乙未，吏部尚書商周祚罷。

丁酉，命洪承疇入援。時清兵連破平鄉、南河、沙河、元氏、贊皇、臨城、高邑、獻縣。

戊戌，賜孫傳庭尚方劍，總督各鎮援兵。

《明史》卷二四《莊烈帝紀二》 庚子，方逢年罷。盧象升兵敗于巨鹿，死之。

《明通鑒》卷八六 先是大兵分道南下，象昇聞之，從涿州進扼保定，遣將出禦，大戰于慶都，猶未敗衂，而一時列城多失守。編修楊廷麟，劾樞輔楊嗣昌誤國，有「南仲在內，李綱無功，潛善秉成，宗澤殞恨」語。嗣昌大怒，奏改廷麟兵部主事，贊畫行營。象昇擢自兵備副使，以數敗流賊著名，至是大軍在前，象昇提五千殘卒，又爲嗣昌所扼，餉不時給，將士饑甚，自知必死，晨出帳，四面拜曰：「吾與將士同受國恩，患不得死，不患不得生。」衆皆泣，莫能仰視。遂率所部行宿于野，次畿南。三郡父老聞之，咸叩軍門請曰：「明公出萬死不顧一生之計，爲天下先。乃奸臣在內，孤忠見嫉，棲遲絶野，一飽無時。明公誠從愚計，移軍廣、順，召集義師，三郡子弟喜公之來，同心戮力，一呼而裹糧從者可十萬。孰與隻臂無援，立而就死哉！」象昇泫然流涕，答曰：「感父老至意。然自予與流賊角，經數十百戰未嘗衂。今分疲卒五千，大敵西衝，援師東隔，事由中制，食盡力窮，旦夕死矣，無徒累父老爲也！」衆號泣雷動，各攜斗粟餉軍。或詒棗一升，曰：「公煑爲糧。」

先一日進師，次鉅鹿賈莊。高起潛擁關、寧兵在雞澤，距賈莊五十里而近，象昇遣廷麟往乞援，因與訣曰：「死西市何如死疆場！吾以一死報君，猶爲薄耳。」起潛不應。象昇行至蒿水橋，與大軍遇，總兵王樸先引兵遁去，獨虎大威、楊國柱從。象昇將中軍，大威率左，國柱率右。戰移時，勒兵還營。夜半，角聲四起，明日，騎數萬大至，環之三匝。象昇麾兵戰，呼聲動天，自辰迄未，礮盡矢竭。大威請潰圍出，象昇不許，奮身鬬。後騎皆進，手格殺數十人，身中四矢三刃，遂仆。掌牧楊陸凱懼衆殘其屍而伏其上，背負二十四矢以死。僕顧顯者亦殉，一軍盡没。宣府參將張巖陷陣死，惟大威、國柱得脱。

起潛聞敗倉皇遁，懼坐誅，諱象昇死狀，嗣昌疑不死，有詔驗視。廷麟得其尸戰場，麻衣猶被體，一卒遥見即號泣曰：「此吾盧公也。」三郡之民聞之，哭失聲，競立祠祀之。

《國榷》卷九六 丁未，總師失利，楊嗣昌鐫三級。

《明史》卷二四《莊烈帝紀二》 戊申，征洪承疇入衛。

《明通鑒》卷八六 是冬，大清兵連下畿輔列城，長吏多望風先後遁，失城四十有三。

《國榷》卷九六 乙卯，建虜陷東昌，我援師雖集，俱觀望縱敵，中外切齒。

崇禎一二年、清崇德四年（己卯、一六三九）

《明史》卷二四《莊烈帝紀二》 春正月己未朔，以時事多艱，卻廷臣賀。

《明通鑒》卷八六 是時軍書旁午，上每省事達旦。以歲朝謁劉太妃于慈寧宫。太妃，神宗昭妃也，自天啓來，嘗居慈寧宫掌太后璽，上禮事之如大母。至是上謁畢就坐，俄假寐。太妃戒勿驚，命尚衣者覆以帔，左右皆植立屏息以俟。有頃，上覺，攝衣起謝曰：「神宗時天下少事，宫中皆晏安，太妃所親見也。今苦多難，兩夜省文書，未嘗交睫。自謂年甫踰壯，尚可應接，不謂早困劣，在太妃前惛然不自持至此。」太妃爲之泣下。

《明史》卷二四《莊烈帝紀二》 庚申，大清兵入濟南，德王由樞被執，布政使張秉文等死之。

《崇禎實録》卷一二 壬戌，清兵入青縣。

《明史》卷二四《莊烈帝紀二》 戊辰，劉宇亮、孫傳庭會師十八萬于晉州，不敢進。

《崇禎實録》卷一二 甲戌，清兵自濟南取東平。

乙亥，入莘縣，復至濟寧、臨清、固城。

丙子取營丘、館陶。

《明史》卷二四《莊烈帝紀二》　丁丑，改洪承疇總督薊、遼，孫傳庭總督保定、山東、河北。

《國榷》卷九七　戊子，大學士楊嗣昌請移登萊總兵于臨清，護南北倉。又郡縣鄉兵，或改府佐爲將領，或改州佐爲守備，縣佐爲把總，否則裁儒學訓導一員，代補武秩，文武相兼，古制也。市馬西寧道遠，近地馬弱，宜以各鎮朋椿銀，委官買山東、河南牝馬，如路將給百匹，守備、把總給五十匹，放牧孳生，十年內將見蕃息。上是之。

《崇禎實録》卷一二　二月己丑朔，以司禮太監崔琳清理兩浙鹽課各項賦税。

《明史》卷二四《莊烈帝紀二》　乙未，劉宇亮罷。大清兵北歸。

《崇禎實録》卷一二　三月壬戌，清兵趨豐潤，副總兵楊德政、虎大威禦却之。京營各鎮兵戰於太平塞北，報捷。

丙寅，清兵至冷口，聞有備，引去，復出青山口。

戊辰，清兵盡出塞。

《明史》卷二四《莊烈帝紀二》　凡深入二千里，閱五月，下畿内、山東七十餘城。

《國榷》卷九七　〔四月〕辛卯，左都督楊德政爲總兵官，鎮守保定。

《崇禎實録》卷一二　戊子，諭兵部彙集崇禎七年後條奏脩練儲備之法，刊布天下。免高淳去年旱蝗田。河南貢士牛金星有罪，戍邊。

《明史》卷二四《莊烈帝紀二》　是月，左良玉擊降賊首李萬慶。

《國榷》卷九七　左良玉率副將陳永福、金聲桓擊賊，斬首二千七百級。

《明紀》卷五五　是月，楊嗣昌議文武諸臣失事罪，分五等，曰守邊失機，曰殘破城邑，曰失陷藩封，曰失亡主帥，曰縱敵出塞。於是順天巡撫陳祖苞、保定巡撫張其平、山東巡撫顏繼祖、薊鎮總兵吳國俊、陳國威、山東總兵倪寵、援剿總兵祖寬、李重鎮、薊鎮總監鄧希詔、分監孫茂霖及他副將以下，至州縣有司，凡三十三人，俱論死，劉宇亮免議，而嗣昌貶削不及，物議益叢。嗣昌乃薦四川巡撫傅宗龍自代。

《明史》卷二四《莊烈帝紀二》　五月甲子，禮部侍郎姚明恭、張四知，兵部侍郎魏照乘，俱禮部尚書兼東閣大學士，預機務。

乙丑，張獻忠叛于穀城，羅汝才等起應之，陷房縣。

乙亥，削孫傳庭籍，尋逮下獄。

《國榷》卷九七　辛巳，楊嗣昌請今科乙榜准貢。從之。

《崇禎實録》卷一二　六月己丑，以蔡國用、范復粹爲户部尚書兼文淵閣大學士。

《明史》卷二四《莊烈帝紀二》　己酉，抽練各鎮精兵，復加征練餉。

《明通鑑》卷八六　是月，畿内、山東、河南、山西旱蝗。時災祲四告，流寇日熾。

《國榷》卷九七　七月丙辰朔，免靈壽等二十六州縣馬價銀十之二。

《崇禎實録》卷一二　戊午，以司禮太監張榮提督九門，司禮太監王裕民總督京營。光禄寺卿李天經上西人湯若望《坤輿格致書》三卷，命進覽。

《國榷》卷九七　壬戌，戒午門、端門諸内臣延欵朝士。

甲子，巡撫應天右副都御史張國維上水利全書。

辛未，禁中外官餽遺請託。

《明史》卷二四《莊烈帝紀二》　壬申，左良玉討張獻忠，敗績于羅猴山，總兵官羅岱被執，死之。熊文燦削籍，尋逮下獄。

《明通鑑》卷八六　是月，左都御史鍾炌罷，以傅永淳代之。

《明史》卷二四《莊烈帝紀二》　八月癸巳，詔誅封疆失事巡撫都御史顏繼祖，總兵官倪寵、祖寬，内臣鄧希詔、孫茂霖等三十三人，俱棄市。

《國榷》卷九七　限疏題奏字六百五十，兵刑錢穀亡論。

《明史》卷二四《莊烈帝紀二》　壬子，大學士楊嗣昌督師討賊，總督以下並聽節制。

《明通鑑》卷八六　嗣昌既解部務，專治閣事，而羅猴山之敗問至，嗣昌疏引罪，上特旨令督師。再疏辭，不允，賜尚方劍，統制諸方兵。

《國榷》卷九七　九月乙卯朔，給楊嗣昌四萬金，賞功牌千五百，蟒紵緋絹各五百。

《明通鑑》卷八六　戊午，復召見〔楊嗣昌〕，密有所諭，左右莫得聞。出御製贈行詩一章，比之周方叔、漢周亞夫，嗣昌跪誦，拜且泣。

庚申，陛辭，復賜膳，令公卿祖于國門。

《明史》卷二四《莊烈帝紀二》　冬十月甲申朔，楊嗣昌誓師襄陽。

甲午，左良玉爲平賊將軍。

丙申，《欽定保民四事全書》成，頒佈天下。

《明通鑑》卷八六　是月，大清兵攻寧遠。

《崇禎實録》卷一二　十一月甲寅朔，逮總理兵部尚書熊文燦。前庶吉士張居請行銅鈔，從之。

《明史》卷二四《莊烈帝紀二》　丙午，下兵部尚書傅宗龍於獄。

《明紀》卷五五　是月，總兵官賀人龍擊張獻忠於興安，大破之，獻忠將走竹山竹溪，楊嗣昌令周遇吉至化石街草店，扼其要害。嗣昌以楚地廣衍，賊難制，驅使入蜀，蜀險阻，賊不得逞，諸軍合而殲之，可盡殄。又慮蜀重兵扼險，賊將還毒楚，調蜀精鋭萬餘爲己用，蜀中兵自是益疲弱不支。邵捷春憤曰：「令甲失一城，巡撫坐，今以蜀委賊，是督師殺我也！」爭之不能得。

《明通鑑》卷八六　初，宗龍巡按貴州，討定叛苗，威名大著，歷薊遼總督，罷官歸。前二年冬，流寇大入四川，陷三十餘州縣，上拊髀而思宗龍，曰：「使宗龍撫蜀，賊安至是哉！」趣即家起宗龍代王惟章，與總兵羅尚文禦卻賊。是年夏，以楊嗣昌薦，召爲兵部尚書。秋八月，至京，召見。

羅汝才糾過天星等竄伏興、房，張獻忠踞湖廣、四川界，謀入蜀。

時楊嗣昌檄賀人龍扼之于秦、蜀間，大敗賊于興安，嗣昌請進秩賜獎。左良玉既佩將軍印，志浸驕，遣使以書謝嗣昌，嗣昌不悦。至是以人龍有功，欲漸貴之以抗良玉，良玉知之，甚恨。

《國榷》卷九七　是年，兩京、河南、山東、山西旱饑，上命正一嗣教真人張應京禳旱。

崇禎一三年、清崇德五年（庚辰、一六四〇）

《國榷》卷九七　正月癸丑朔，天下官來朝。

甲寅，許大臣還私第。

《明通鑑》卷八七　乙丑，逮湖廣巡撫方孔炤下獄。

先是革、左四營賊分屯江北，豕突隨、應、麻、黄間，孔炤駐師上游以備荆州，兼顧陵寢。是時京兵、滇兵皆聚西南，而麻、黄千里委之裨校郭金邦等，賊至，與戰，敗績。會孔炤方奉督師檄，遣副將楊世恩、荆門守備羅安邦等勦羅汝才、惠登相等，以深入覆軍，嗣昌乃歸獄于孔炤，遂有是逮。以荆南宋一鶴代之。

孔炤既下獄，上欲置之法。其子檢討以智，伏闕訟父寃，膝行沙堀者兩年。上爲心動，下議，以護陵寢功多，得減死，戍紹興。

《崇禎實録》卷一三　丙子，以陳新甲爲兵部尚書。

《明紀》卷五五　自弘治初，賈俊後乙榜無至尚書者，兵事方亟，諸大臣避中樞，故新甲得爲之。新甲陳保邦十策，中言天壽山後宜設總兵，徐州亦宜設重鎮，帝並采用之。

《崇禎實録》卷一三　閏月癸未朔，命巡城御史煮粥賑飢發帑。

甲午，中書舍人沈廷揚請試海運。從之。既而巡撫登萊都御史徐人龍又以成山道險不便，請罷議。

《明通鑑》卷八七　是月，督師楊嗣昌檄諸道進兵。

時嗣昌大計兵食，規形勝之地，專倚襄陽爲根本。濬城外爲三濠，造機橋，列橫柸以啓閉。每門設一副總兵，薦故推官萬元吉，委以軍事。

《明史》卷二四《莊烈帝紀二》　二月壬子朔，祀日於東郊。

戊午，總督陝西三邊侍郎鄭崇儉大破張獻忠於太平縣之瑪瑙山，獻忠走歸州。

《明通鑑》卷八七　當是時，李自成潛伏陝右，賀一龍、賀錦等跳梁漢東，勢差緩。而羅汝才雖敗楊世恩、羅安邦軍，聞官軍大集，懼討，與其黨整十萬、黑雲祥、混世王、武自强、小秦王、白貴、闖索、王承恩等遣使乞降，嗣昌佯許之。

獻忠屢敗于興安，其黨托天王、常國安、金翅鵬、劉希原來降，嗣昌亦受之，且令常國安隨良玉進勦。獻忠勢遂孤，以及于敗。

《崇禎實録》卷一三　甲子，給楊嗣昌萬金，賜斗牛服。嗣昌駐襄陽，調度會剿，以陝西興安一路失期，斬其監軍殷太白。

癸酉，禮部請增祀北斗於星辰壇。許之。

《國榷》卷九七　禮部上李天經新曆，有旨，閏法及節氣日躔等異于大統曆，令監局各官詳攷。

《崇禎實録》卷一三　丁丑，令會試貢士先廷對日校射。

《明史》卷二四《莊烈帝紀二》　戊寅，以久旱求直言。

三月甲申，禱雨。

丙戌，大風霾，詔清刑獄。

《明通鑑》卷八七　上布服齋居，連日禱不止。于是上災七十五州縣所舊練三餉並停，中災六十八州縣止徵練餉，下災二十八州縣俟秋成督徵。尋詔清刑獄。

《崇禎實録》卷一三　丁亥，楊嗣昌報捷，上益發銀牌五百，紵絲三百，帑金五千，犒戰士及陣没吏卒。清兵至義州，欲入錦州，總督洪承疇同遼東巡撫方一藻以前鋒祖大壽、團總吴三桂先扼錦州、松山禦之。

《明史》卷二四《莊烈帝紀二》　戊子，罷各鎮内臣。

《國榷》卷九七　辛卯，兵科給事中曾應遴言嘗監刑，或臨決鳴冤，上謂如是即宜停刑，載在《會典》，今後當以聞。

《崇禎實録》卷一三　甲午，賑京城貧民各二百錢。

《明史》卷二四《莊烈帝紀二》　戊戌，振畿内饑。

《崇禎實録》卷一三　丙午，免兩河積逋，其灾甚者緩征之餘免八年、九年十之三。

《明史》卷二四《莊烈帝紀二》　夏四月戊午，逮江西巡撫僉都御史解學龍及所舉黄道周。

《崇禎實録》卷一三　庚申，命撫按薦舉，分治兵治餉才幹實跡，如失實連坐。至考選大典，須科貢兼收，以收人才用之，違者罪之。

丙寅，上以吏部考選不列舉貢，遂命貢士并歲貢士共二百六十三人俱于六部諸司及推官、知縣通行察補，并諭吏部此係特用，後不爲例。

《國榷》卷九七　辛未，司設監官陸永受毆工部主事楊所修。時將北郊，恨所修除道撤其架棚也。事聞，杖永受。

《明通鑑》卷八七　是月，左良玉進屯興安、平利諸山，連營百里。諸將憚山險，圍而不攻。

初，獻忠之敗走也，追且及，遣其黨馬元利操重寶啗良玉曰：「公所部多殺掠，楊閣部猜且專，無獻忠，即公滅不久矣。」良玉心動，縱之去。至是獻忠得在興、房山中，與山民市鹽芻米酪，收潰散自保。未幾，遂走白羊山而西，與羅汝才合。

《明史》卷二四《莊烈帝紀二》　〔五月〕甲申，祀地於北郊。

《崇禎實録》卷一三　庚寅，命洪承疇出山海關。

丙申，以傅永淳爲吏部尚書。上以諸省直山東、山西、河南、陝西各處饑，命地方有司官設法賑濟，招徠流徙，令巡撫、巡按躬行州縣，定殿最以聞。

戊戌，總兵吴三桂、劉肇基出杏山，前鋒祖大壽以副總兵祖澤遠遇清兵松、杏間，三桂受圍，肇基救出之。副總兵程繼儒臨陣怯，承疇斬之，軍士俱用命。

以運河日涸，諭責總理河道工部右侍郎張國維。

《國榷》卷九七　己酉，大學士姚明恭致仕。截漕米萬石賑山東。

《明史》卷二四《莊烈帝紀二》　是月，羅汝才犯夔州，石砫女官秦良玉連戰卻之。

六月辛亥朔，總兵官賀人龍等分道逐賊，敗之，羅汝才走大寧。

《崇禎實録》卷一三　壬子，兵科左給事中陳啓新言海運之利，且臨清副總兵黄胤昌已行之。報可，命上山東按察僉事來斯行膠萊河説。

癸亥，楊嗣昌奏言，薊遼總督必須得人，苟非其人，必當速易。若大小將官、監司府縣，或聽督撫自行選舉，吏、兵二部隨到隨復。上命部議覆之。禁中外官私書。

《明史》卷二四《莊烈帝紀二》　庚午，蔡國用卒。

辛未，薛國觀罷。

《明通鑑》卷八七　國觀柄政，一踵温體仁所爲，導上以深刻，而才智彌不及，操守亦弗如。上始頗信嚮之，嘗燕見國觀，語及朝士貪婪，國觀對曰：「使廠衛得人，安敢如是！」東廠太監王德化方侍側，汗流沾背，于是專察其陰私，而國觀匿史𡎚金事乃發。

史𡎚者，爲御史，無行，善結納中官。巡按淮、揚，嘗攝巡鹽事，先後乾没贓罰銀及鹽課三十餘萬。既，擢少卿，家居，而侵盜迹頗露。檢討楊士聰劾之，得旨，令𡎚自陳，遂訐士聰誣己，請敕淮揚監督中官楊顯名覈奏。尋給事中張焜芳復劾𡎚侵盜事實，又嘗勒富人于承祖萬金，事發後，遣家人齎重貲，謀于揚州黠吏睢承吾，改竄舊籍。上乃怒，褫𡎚職。𡎚急攜數萬金入都，至國觀邸求解，出疏攻焜芳，謂己嘗劾劉鴻訓、錢龍錫，其遺黨日謀報復，遂相搆陷。又言焜芳弟炳芳官内閣中書，向來詔旨漏洩，皆炳芳爲之。閣臣多徇𡎚，擬嚴旨，上不聽，止奪焜芳官候訊。及顯名覈奏上，力爲𡎚解，而不能諱者六萬金，𡎚下獄。會有兵事，獄久不結，瘐死。𡎚所攜貲盡入國觀橐，爲𡎚家人所首告，事大著。國觀猶力辨，上意漸移。

上初憂國用不足，國觀請借助，言：「在外羣僚，臣等任之，在内戚畹，非獨斷不可。」因以武清侯李國瑞爲言。國瑞者，孝定太后兄孫，上曾祖母家也。國瑞薄庶兄國臣，國臣憤，詭言「父貲四十萬，臣當得其半，今請助國爲軍貲」。上始未允，因國觀言，欲盡借所言四十萬者，不應則勒期嚴追。或教國瑞匿貲勿獻，拆毁居第，陳什器通衢鬻之，示無所有。嘉定伯周奎與有連，代爲請。上怒，奪國瑞爵，國瑞悸死，有司追不已。

戚畹皆自危，因皇五子病，交通宦官宫妾，詭云：「孝定太后已爲九蓮菩薩，降神言：『上薄外家，諸皇子盡當殀。』」俄，皇五子卒，上大恐，急封國瑞七歲兒存善爲侯，盡還所納金，而追恨國觀，待隙而發。

國觀素惡行人吴昌時，及考選，昌時虞國觀抑己，因其門人以求見，國觀僞與交驩，擬第一，當得吏科，迨命下，乃得禮部主事。昌時大恨，以爲賣己，與所善東廠理刑吴道正謀，發丁憂侍郎蔡奕琛行賄國觀事，上聞之益疑。

至是督師楊嗣昌有所陳奏，上令擬諭，國觀乃擬旨以進。上遂大怒，下五府、九卿、科、道議奏，頗從輕議。上度科、道必言之，獨給事中袁愷會議不署名，且疏論吏部尚書傅永淳徇私庇國觀，而微詆國觀藐肆妒嫉。上不懌，抵疏于地曰：「成何糾疏！」遂奪國觀職，放之歸，怒猶未已。

國觀出都，重車纍纍，偵事者復以聞。而東廠所遣伺國觀邸者，值中書舍人王陛彦至，執之。陛彦夙與國觀交通爲奸利，一鞫盡得其狀，詞所連及甚衆，永淳、奕琛皆與焉。命下陛彦詔獄窮治。愷再疏，盡發國觀納賄諸事，國觀連疏力辨，詆愷受昌時指使，上不納。

《崇禎實録》卷一三　戊寅，中書舍人沈廷揚運萬石自淮安廟灣出海，十月抵天津。

《國榷》卷九七　戊寅，巡按延綏右僉都御史劉令譽言開渠導河，得水田萬畝，備救荒之策。命漸拓之。

《崇禎實録》卷一三　己卯，輯《武經七書大全》。漕河涸。

《明史》卷二四《莊烈帝紀二》　秋七月庚辰朔，畿内捕蝗。

己丑，發帑振被蝗州縣。

《崇禎實録》卷一三　癸未，皇五子薨，謚曰悼靈王。

辛卯，臨清副總兵黄胤恩上海運圖，曰：「難易不可不審，省費不可不較。河渠淺澁必力加挑濬，而海則無籍也。河水旱乾，又必遠借湖泉，而海又無籍也。此難易審矣。登萊陸運所費三緡，天津海運不及二錢，此費較然矣。」因列上九議。

是月，總兵曹變蛟、左光先、吴三桂合禦清兵于黄土臺，凡三戰，松山、杏山皆捷。

《國榷》卷九七　壬辰，設薊鎮、宣府督餉侍郎。

《崇禎實録》卷一三　〔八月〕辛亥，定淮揚海運五萬石。

庚申，纂脩玉牒成。

《國榷》卷九七　癸亥，遼東前鋒總兵祖大壽敗建虜于大山，斬九十餘級，時建虜五千騎運餉瀋陽。

《明史》卷二四《莊烈帝紀二》　甲戌，振江北饑。

《明通鑒》卷八六　戊寅，發帑振真定、山東、河南饑。

是月，楊嗣昌出師入蜀。

《崇禎實録》卷一三　九月己卯朔，大學士薛國觀削籍，吏部尚書傅永淳罷。下左副都御史葉有聲于刑部獄，以通賄薛國觀也。時株連甚衆，松江知府方岳貢徵上海積逋，忤中書舍人王陛彦，稱岳貢餽國觀七百金，命逮岳貢。

辛卯，諭灾荒停刑，其事關封疆及錢糧勦寇者限刑部五日具獄。

《明史》卷二四《莊烈帝紀二》　癸巳，張獻忠陷大昌，總兵官張令戰死。尋陷劍州、綿州。

《國榷》卷九七　甲申，李自成入四川觀音巖、三黄嶺，又入浄堡。

丙戌，命南直、浙江、江西、湖廣督糧道護漕舟過淮方還任。

癸卯，增蘆洲課銀。

《明通鑒》卷八七　是月，張獻忠既陷大昌，謀入開縣，總兵官張令扼之竹菌坪，不克。賊大至，令力戰，中流矢死。

《崇禎實録》卷一三　冬十月戊申朔，命抵通州漕米每石帶練米八升。以山東、河南飢，十五年爲始，餘從明年。

《明史》卷二四《莊烈帝紀二》　癸丑，熊文燦棄市。

《國榷》卷九七　丁卯，工部請浚胡良河。從之。

《崇禎實録》卷一三　十一月己卯，追封悼靈王爲玄機顯應真君。禮科給事中李焻言諸后祀在奉先殿，傳之天下萬世，似宜仍前徽稱，不可崇邪教以褻聖號。不聽。

《國榷》卷九七　癸巳，禮部請明年正月上辛日躬祭大饗殿祈穀，上以曠典廢久，其議之。

《明通鑑》卷八七　是月，楊嗣昌進軍重慶。

《明史》卷二四《莊烈帝紀二》　十二月丁未朔，嚴軍機抄傳之禁。

辛亥，張獻忠陷瀘州。

《明通鑑》卷八七　乙卯，逮薛國觀。

《明通鑑》卷八七　時國觀已罷歸，而王陛彦通賄獄未成。至是上以行賄有據，命陛彦即棄市，遂逮國觀。

《崇禎實録》卷一三　是月，徵調宣府總兵楊國柱、大同總兵王樸、密雲總兵唐通及曹變蛟、白廣恩、山海關總兵馬科、遼東總兵吴三桂、王廷臣合兵十萬，馬四萬，騾一萬，刻期出關。初，清兵屯義州不出，洪承疇駐寧遠，以劉肇基短于調度，斥去，以王廷臣代之，左光先遣歸，以白廣恩代之。而兵部謂部兵雖退，尚在義州，各邊進兵之數恐尚單薄，來春宜調宣府、大同、密雲、保定之兵合關門、遼左之衆以厚其力，從之。遂命户部輸餉自天津海運，草束召買于薊、永、關、遼，共八鎮兵出塞。是年，兩京、山東、河南、山西、陝西、浙江大旱，蝗，至冬，大饑，人相食，草木俱盡，道殣相望。湖州太守陸自巖以浙西灾，特疏請量折，不許。既而上以禮科給事中沈胤培奏特許麥折十之三，自巖竟盡殺之，不以聞，浙西大擾。

《明史》卷二四《莊烈帝紀二》　是月，李自成自湖廣走河南，饑民附之，連陷宜陽、永甯，殺萬安王采崿，陷偃師，勢大熾。

《明通鑑》卷八七　自成之走河南也，會河南大旱，斛穀萬錢，饑民從自成者數萬，遂自南陽出攻宜陽，殺知縣唐啓泰。

轉犯永寧，知縣武大烈與里居四川巡撫張論協力捍禦，論没，子吏部郎中鼎延及從父治中讚繼之。有獄囚勾賊入，都司馬有義棄城走。大烈、鼎延等固守三日，賊夜半登城，執大烈。自成以同鄉，欲活之，大烈不屈，索印，不予，乃燔灼以死。鼎延匿眢井免，讚及子國學生祚延死之。主簿魏國輔、教諭任維清、守備王正己、百户孫世英，並不屈死。萬安王采鑋，郡藩在永寧，亦被害。

賊移攻偃師，一日而陷。知縣徐日泰大罵不屈，爲賊臠割死。諸生張敏粹率二子佐日泰守城，城陷，大罵，俱被殺。妻藺氏與三女、二孫赴井死。諸生武同芳見賊殺母，噴血大罵，支解死。諸生劉芳名、劉芳世、藺之粹、喬于昆、藺完馪、王光顯、喬國屏、王邦紀、藺相裔、張一鷺、張一鵬、牛一元，皆抗節死，而芳名妻張氏、完馪妻張氏、邦紀妻高氏俱從死。一鷺之父亦罵賊死。

既，又陷寶豐，知縣朱由械死之，益府鎮國將軍常澈子也。

陷密縣，知縣朱敏汀，宗室也，與里居太僕卿魏持衡、舉人馬體健並死之，敏汀妾張氏及一女、一孫，臧獲數人俱殉焉。

自成性猜忍，日殺人，斮足剖心爲戲，所過民皆保塢堡不下。

是歲，兩畿、山東、河南、山西、陝西大饑，人相食。詔免河北三府逋賦，連發帑振濟，令所在有司設法救荒，招徠流徙，撫按躬行州縣，定殿最以聞。而災荒迭告，勦餉、練餉之徵如故，民皆瀕于死，所練兵又不足用。

山西巡按御史陳純德《請卹部民奏》中，極陳抽練之弊，言「兵抽則人失故居，無父母妻子之依，田園丘壠之戀，思歸則逃，逢敵則潰。抽餘者既以餉薄而安于無用，抽去者又以遠調而不樂爲用。伍虚而餉仍在，不歸主帥則歸偏裨，樂其逃而利其餉，凡藉以營求遷秩，皆是物也。精神不以束伍而以侵餉，厚餉不以養士而以求官。伍虚則無人，安望其練！餉糜則愈缺，安望其充！此今日行間大弊也。」意欲諷上除練餉，甦民困，上不能用。

河南登封土寇李際遇，因歲饑倡亂，旬日間衆數萬。前鳳陽通判姚若時居魯莊，被執，誘之降，大罵死。族諸生不顯亦死之。若時子諸生城，思報父讐，數請兵討賊，賊執之于路，亦抗罵死。陝州趙良棟任蓬萊教諭罷歸，寓澠池，寇陷澠池，父子挺身罵賊死，婦與孫亦赴井殉焉。

崇禎一四年、清崇德六年（辛巳、一六四一）

《國榷》卷九七　正月丁丑朔，故大學士薛國觀奏刑科給事中袁愷誣劾出于禮部主事吴昌時意。上不聽。

《明史》卷二四《莊烈帝本紀二》　辛巳，祈穀於南郊。

己丑，總兵官猛如虎追張獻忠及於開縣之黄陵城，敗績，參將劉士傑等戰死，賊遂東下。

丙申，李自成陷河南，福王常洵遇害，前兵部尚書呂維祺等死之。

《明紀》卷五六　〔二月〕己酉，詔以時事多艱，災異疊見，痛自刻責，停今歲行刑諸犯，俱減等論。

《崇禎實録》卷一四　庚戌，張獻忠陷襄陽。獻忠前走四川，出山谷僻徑，直走襄陽，先遣諜入城，通獄盜，又僞爲賈客運車，藏兵車中，爲内應，又詐傳楊督師令矢十八騎取餉入城，夜半舉，大開門，千騎奄入，殺襄王及貴陽王常法，其福清王常澄、進賢王常涹及襄陽知府王承曾等並遁免，推官鄺曰廣死之，掠官屬宫婢，發十萬金賑飢。聞河南破，仍詒書李自成，合攻開封。

《國榷》卷九七　辛亥，諭各撫按捕蝗種。

《明史》卷二四《莊烈帝紀二》　戊午，李自成攻開封，周王恭枵、巡按御史高名衡拒卻之。

《崇禎實録》卷十四　癸亥，上不豫，頒詔大赦中外，命今歲暫免行刑。

《明史》卷二四《莊烈帝紀二》　乙丑，張獻忠陷光州。

己巳，召閣臣、九卿、科道于乾清宫左室。命駙馬都尉冉興讓等齎帑金振恤河南被難宗室。

《國榷》卷九七　庚午，督師大學士楊嗣昌自四川次夷陵，部下請恢復，不答，還荆州，遣人招其家至。

《明史》卷二四《莊烈帝紀二》　三月丙子朔，楊嗣昌自四川還，至荆州卒。

《明通鑑》卷八七　嗣昌在夷陵，聞襄陽陷，驚悸，上疏請死。至荆州，朝于惠王，謝不見，令謁者傳語曰：「先生惠顧寡人，願先之襄陽。」謂襄陽之破罪在嗣昌也。嗣昌慚且恚，復聞洛陽已于正月先陷，福王遇害，益憂懼，語萬元吉曰：「何面目見上！」以後事付元吉，服毒死。

《崇禎實録》卷一四　丙申，洪承疇率曹變蛟、白廣恩、吴三桂等至寧遠。承疇馳松山，度兵將寡不足守禦，乃調宣府、大同王樸、楊國柱、薊鎮唐通、榆林馬科，抽練兵共七萬。清兵自義州大舉入塞，祖大壽合諸軍于錦州，斬三十六級，明日再戰，清兵引退。

《明通鑑》卷八七　去年秋，大清兵圍錦州，克城西九臺，小淩河西岸二臺，總督洪承疇遣兵援之，敗于黄土臺及松山、杏山。至是總兵祖大壽數出戰不利，連章告急，詔承疇及巡撫丘民仰，率宣府楊國柱、大同王樸、密雲唐通，合曹變蛟、白廣恩、馬科、吴三桂、王廷臣八總兵，軍十三萬，馬四萬，並集寧遠。

《明史》卷二四《莊烈帝紀二》　丁酉，逮鄭崇儉下獄，尋棄市。

《明通鑑》卷八七　上始終眷楊嗣昌，因憾崇儉前在蜀撤兵早，不與嗣昌犄角平賊，逮至，卒論死。

是月，張獻忠分兵犯茶山、應城，遂攻隨州。

《國榷》卷九七　五月乙亥朔，命淮安、徐州、天津諸鎮總兵劉良佐、楊御蕃、張汝行護漕防河。

戊寅，諭祭楊嗣昌一壇，閔其盡瘁也。

《明史》卷二四《莊烈帝紀二》　庚辰，范復粹致仕。釋傅宗龍於獄，命爲兵部侍郎，總督陝西三邊軍務，討李自成。

《國榷》卷九七　丙戌，房可壯爲光禄寺卿。

設徐、臨、津、通四鎮以護漕。

《明史》卷二四《莊烈帝紀二》　戊子，祀地於北郊。

《明紀》卷五六　九卿議楊嗣昌罪，禮部侍郎蔣德璟言嗣昌倡聚斂之議，加剿餉練餉，致天下民窮財盡，胥爲盜，又匿失事飾首功，宜按仇鸞故事，追正其罪。帝不從。

《崇禎實録》卷一四　六月己巳朔，户部請設漕運總督，乃以史可法爲户部右侍郎兼右僉都御史，總督漕運兼巡撫鳳、泗、淮、揚。

《國榷》卷九七　丙辰，張宸極爲右通政。

壬申，總督漕運朱大典請專徵本色，可濟兵便民。從之，其麥折米豆不許。

《明史》卷二四《莊烈帝紀二》　是月，兩畿、山東、河南、浙江、湖廣旱蝗，山東寇起。

《明通鑑》卷八七　秋七月己卯，羅汝才與張獻忠不合，走内鄉、淅川，合兵于李自成，犯鄧州。保定總督楊文岳率總兵官虎大威擊之，戰三捷，斬首七百餘級，馘其渠二人，賊遁去。

《崇禎實録》卷一四　戊寅，臨清運河涸。

《明通鑑》卷八七　時運道自棗林牐溯師家莊，頻年患淤淺。遭歲大旱，東平、平陰、肥城諸泉漸塞，南旺湖淤，臨清河遂涸。總督侍郎張國維言：「南旺水本地脊，惟藉泰安、新泰、萊蕪、寧陽、汶上、東平、平陰、肥城八州縣泉源，由汶入運，故運河得通。今東平、平陰、肥城淤沙中斷，請亟濬之。」報可。

時京師大疫，詔設局給醫藥。

《國榷》卷九七　丙戌，上御經筵，以錦州事問兵部，恠近日無報，且曰：「此一舉也，解圍固爲勝着，但兵未離險，朕甚憂之。」

《崇禎實録》卷一四　丁亥，召賜正一嗣教大真人張應京于會極門。時北京甚疫，死亡晝夜相繼，闔城驚悼，故有是召。

戊戌，宴衍聖公孔胤直、五經博士孟聞玉。

庚子，洪承疇誓師援錦州。時兵部職方主事馬紹愉練兵車以待戰。

壬寅，抵松山，夜見清兵屯乳峰山東，承疇兵登乳峰山西，乳峰距錦州五六里，砲石相應，又東西石門並進兵，以分勢，遂立車營，環以木城。部署畧定，清兵大駭。初，西人遼人脱歸，云今秋不得錦州糧，且盡議撤兵歸，故承疇欲待之，而陳新甲信張若麒、馬紹愉言，再趨戰，承疇遂進師。

八月甲辰朔，吏部奏言漕運總督宜重臣駐節淮上，當以史可法總督漕運，巡撫鳳陽朱大典提督鳳陽等處軍餉。報可。

乙巳，合戰，戰甚力，斬百三十級，獲王子及孤山牛鹿，殺二十餘人，陽和總兵官楊國柱陣殁，李輔明代統其兵，祖大壽分步卒三道，欲突圍出兵，圍三匝，克其二，望外援，猶隔不得達。

辛亥，夜，賜故大學士薛國觀死，誅中書舍人王陛彦，各籍其家。

《明通鑑》卷八七　國觀被逮，遷延久不至，上月始入都，令待命外邸，不以屬吏，國觀自度必不死。至是日夕，監刑者至門，猶鼾睡，及聞詔使皆緋衣，蹶然曰：「吾死矣！」倉皇覓小帽不得，取蒼頭帽覆之。宣詔畢，頓首不能出聲，但言「吴昌時殺我」，乃就縊。

癸亥，大清兵陳師于松山、杏山間。

先是太宗親率大兵，利在速戰，晝夜兼程，疾馳六日至，環松山而營。時八鎮軍欲戰則力不支，欲守則餉道已絶。甲子夜，大同總兵王樸先遁，總兵馬科、李輔明及寧遠總兵吴三桂、密雲總兵唐通、遼東總兵白廣恩相繼走，諸鎮兵皆潰。大清遣兵邀之塔山。

丙寅，樸、三桂率殘卒自杏山遁，遇大清兵于高橋，伏四起，盡殲其衆，二人僅以身免。

是役也，承疇所統士卒十三萬，先後失亡五萬餘人，自是錦州圍益急，而松山被圍，外援亦絶。

《明史》卷二四《莊烈帝紀二》　是月，左良玉大敗張獻忠於信陽。

九月丁丑，傅宗龍帥師次新蔡，與總督保定侍郎楊文岳軍會。

己卯，遇賊，賀人龍師潰，宗龍被圍，文岳走陳州。

《崇禎實録》卷一四　辛巳，改東廠提督京營者亦稱總督。

甲申，以楊繩武爲兵部右侍郎兼右僉都御史，總督關、薊、遼、津、通州等處，以洪承疇受圍，故代之。

《明史》卷二四《莊烈帝紀二》　甲申，周延儒、賀逢聖復入閣。

《崇禎實録》卷一四　辛卯，傅宗龍出戰，先令川兵臨陣，虜步兵不能禦騎，命移于後，大亂。李自成乘之，大潰。明日，宗龍走項城，被執，死之。

《明史》卷二四《莊烈帝紀二》　封皇子慈炯爲定王。

《明通鑑》卷八七　先是上諭禮臣曰：「朕第三子慈炯，年已十齡，敬遵祖制，宜加王號。但既受册封，必具冕服。而《會典》開載『年十二、十五始行冠禮』，十齡受封、加冠二禮並行，可乎？」于是禮臣歷考典故，參稽經傳以奏，乃册封爲定王。選新進士爲檢討，國子助教等官爲待詔，充講讀官，以中書舍人充侍書，仍俟至十二歲始行冠禮。

《明史》卷二四《莊烈帝紀二》　壬辰，傅宗龍潰圍出，趨項城，被執死之。賊屠項城及商水、扶溝。

戊戌，李自成、羅汝才陷葉縣，守將劉國能死之。

是月，官軍破張獻忠於英山之望雲寨。

《國榷》卷九七　〔十月〕戊辰，特設裕國足民科、奇謀異勇科，訪求徵辟，稱朕破格旁求之意。

《明通鑑》卷八七　遣中官劉元斌、盧九德率京營兵，與總兵官周遇吉、黄得功合援河南。元斌駐歸德，留四旬不進。

《明史》卷二四《莊烈帝紀二》　十一月丙子，李自成陷南陽，唐王聿鎮遇害，總兵官猛如虎等死之。

《明通鑑》卷八七　初，參議艾毓初分守南陽，賊至，與知府顔日愉禦卻之。至是自成用其軍師宋獻策計，欲取南陽，以圖關中，復率大衆來犯。總兵猛如虎，從楊嗣昌下荆州，詔移駐南陽，因與毓初堅守。賊攻入南門，會總督楊文岳援軍至，賊引退；文岳去，賊復攻之。如虎憑城戰，殺賊數千，食盡援絶，城乃陷。如虎猶短兵大呼衝擊，血盈袍袖，北面叩頭謝，自稱力竭，遂遇害。

《崇禎實録》卷一四　己卯，禁朝臣私探内閣通内侍，于是待漏俱露立，毋敢入直舍。

辛卯，上南郊。遼東大雪丈餘，清軍中糧芻俱盡，將解圍而歸，虜邊兵踂之，俾西人入關講和，兵部尚書陳新甲信張若麒之言，許之。

十二月乙巳，上念歲寒，許刑部囚保外，限二月出獄。

《明史》卷二四《莊烈帝紀二》 甲子，戍解學龍、黄道周。李自成、羅汝才合攻開封，周王恭枵、巡撫都御史高名衡拒守。

《明通鑒》卷八七 是年秋決，刑部尚書劉澤深等言：「二人罪至永戍止矣，過此惟論死。論死非封疆則貪酷，未有以建言者，道周無封疆貪酷之罪而有建言蒙戮之名，于道周得矣，非我聖主覆載之量也。夫陛下所疑者黨耳。黨者見諸行事，道周抗疏，祇託空言。一二知交，相從罷斥，烏覩所謂黨而煩朝廷大法乎！且陛下豈有積恨于道周，萬一聖意轉圜而臣已論定，悔之何及！」仍以原擬請，乃謫戍廣西。

《崇禎實録》卷一四 是月，勅内臣神宫等監及各司局庫等毋干外政，并申戒廷臣交通近侍。

《明通鑒》卷八七 李自成乘勝將復寇開封，連陷其所屬許州、禹州、陳留、通許、尉氏、洧川、鄢陵、臨潁、長葛、新鄭、汜水十餘城。

崇禎一五年、清崇德七年（壬午、一六四二）

《崇禎實録》卷一五 〔正月〕丙子，山東盗平，擒李青山入京。青山本居人，乘機嘯聚數萬人，戰敗，逃山谷中，跡捕，得之。

《明史》卷二四《莊烈帝紀二》 癸未，孫傳庭爲兵部侍郎，督京軍救開封。

《明通鑒》卷八八 上御文華殿召對，問勦賊安民之策，傳庭侃侃言，上嗟嘆久之。比至開封，圍已解。

《國榷》卷九八 甲申，貴州道御史甘惟爔劾兵部尚書陳新甲失職，乞令其舉賢自代。上以松、錦需救甚急，不得輕諉。

平賊將軍左良玉率兵援開封，寇退。

督修曆法光禄寺卿李天經上壬午七政經緯新曆。

《明史》卷二四《莊烈帝紀二》 乙酉，楊文岳援開封，賊解去，南陷西華。戊子，免天下十二年以前逋賦。

《國榷》卷九八 庚子，許淮安、揚州輸麥抵漕粟。

是月，上齋于南城，每子刻同中宫往誦佛，移時還宫。

《明史》卷二四《莊烈帝紀二》 二月戊申，振山東就撫亂民。

《國榷》卷九八 戒錦衣衛校尉奉使需擾。

《崇禎實録》卷十五 庚戌，御經筵。論免崇禎十二年以上贜罰謫罪，從刑部左侍郎惠世揚之請也。詔免省直十二年以前税糧，不許有司混徵，百姓相率歡呼稱慶。

《國榷》卷九八 甲寅，許嘉定、上海豆麥折漕。

《明紀》卷五六 詔天下停刑三年。

《明史》卷二四《莊烈帝紀二》 戊午，大清兵克松山，洪承疇降，巡撫都御史丘民仰，總兵官曹變蛟、王廷臣，副總兵江翥、饒勳等死之。

是月，孫傳庭總督三邊軍務。

《國榷》卷九八 〔三月〕乙亥，諭法司，許罪人贖戍備賑。

初，諭兵部，舊制軍在民之前，後乃罪犯充之，近聞解軍多致道斃，非減等生全之意，可酌議良法。

《明史》卷二四《莊烈帝紀二》 丁丑，魏照乘致仕。

《明通鑒》卷八八 照乘在閣四年，庸碌無所見，御史徐殿臣劾其暱妾棄妻、縱壻爲奸諸醜迹，照乘力辨之。御史劉之勃，謂「大臣不當争辨」，上責其妄議。而照乘内不自安，遂引疾去。

《明史》卷二四《莊烈帝紀二》 己卯，祖大壽以錦州降於大清。

《明通鑒》卷八八 松山既下，寧遠關門勁旅潰喪，錦州城中糧亦盡，人相食。大壽戰守計窮，遣人投軍門乞降，大清遂下錦州。

《明史》卷二四《莊烈帝紀二》 是春，江北賊陷含山、和州，南京戒嚴。

《明通鑒》卷八八 先是張獻忠合于革、左二賊，出入英、霍山中，遂陷亳州。知州何燮以居民逃竄，城不能守，爲賊執，欲降之，不屈，斷足剖胸而死，懸首市上三日，耳鼻猶動。

《國榷》卷九八 四月庚子朔，改稱宋儒六子曰先賢，位七十子下，漢、唐諸儒之上，左丘明亦稱先賢，命纂六子格言。

《崇禎實録》卷一五 丙午，大學士謝陞削籍。周延儒奏議詞臣一員佐兵部，從之，著爲令。免四川貢扇三年。

《明史》卷二四《莊烈帝紀二》 癸亥，李自成復圍開封。

《明通鑒》卷八八 是月，獻賊攻廬州。

《明史》卷二四《莊烈帝紀二》　五月己巳，孫傳庭入關，誅賀人龍。

《明通鑑》卷八八　人龍兵潰，再逃，陣失主帥，且其家在米脂，與自成同鄉里，諸賀多在賊中，時上密授意傳庭誅之。傳庭在道，佯爲之請曰：「人龍臣舊將，願貰其罪，俾從臣自效。」上若不得已許之。及至西安，人龍從數十騎來謁，傳庭乃大集諸將，縛人龍，坐之麾下，數其罪，謂其「開封噪歸，猛如虎以孤軍失利而獻、曹出柙」也，又謂其「遇敵先潰，新蔡、襄城連喪二督」也，趣即斬之，諸將莫不震慴。

《明史》卷二四《莊烈帝紀二》　甲戌，張獻忠陷廬州。

《崇禎實録》卷一五　丁丑，諭釋輕囚。

丁亥，命禮部攷樂律志。

《國榷》卷九八　是月，建虜、西虜各運茶鹽布等歸巢。

《崇禎實録》卷一五　六月庚子，禮科都給事中沈胤培請廣科額，上命省直各加解額有差。發帑金五萬，户部金十萬，及銀牌布幣犒左良玉軍。

《國榷》卷九八　丙午，總督孫傳庭請練兵二萬。得旨，原議練兵五千，可以破賊，何以取盈二萬。且百萬之餉，安能即濟，但得餉一月，便當卷甲出關，共圖殲蕩，不得過執取咎。

《明史》卷二四《莊烈帝紀二》　甲寅，詔天下停刑三年。

《崇禎實録》卷一五　戊辰，以姜瓖爲征西將軍總兵官，鎮守大同。

《明史》卷二四《莊烈帝紀二》　是月，築壇親祭死事文武大臣。山西總兵官許定國援開封，潰于沁水，甯武兵潰于覃懷。

七月己巳，左良玉、虎大威、楊德政、方國安四鎮兵潰於朱仙鎮。

《明通鑑》卷八八　時賊營于西，官軍營于北。左良玉見賊勢盛，欲拔營遁，乘夜縱其軍突諸營，諸營驚潰，良玉軍掠諸營馬贏以去。

《崇禎實録》卷一五　辛未，叙東省功，進周延儒少師、中極殿大學士，蔭中書舍人；陳演太子少保、户部尚書、武英殿大學士。

乙亥，皇貴妃田氏薨，輟朝三日。妃最爲上所寵，能書，有機警，居承乾宮。丁丑，旱，上齋宿武英殿半月，俄欲還宮，妃遣人辭之，太監曹化淳進江南歌姬數人，甚得嬖，妃上疏切諫。及薨，上痛悼，卹禮加等。

《國榷》卷九八　庚寅，故總督楊繩武贈兵部尚書。

設上江五郡糧道。

《明紀》卷五六　八月庚戌，安慶兵變，殺都指揮徐良憲，官軍討定之。

《明史》卷二四《莊烈帝紀二》　乙丑，釋黄道周於戍所，復其官。

《明通鑑》卷八八　道周戍已經年。一日，上御經筵，召輔臣入文華後殿，手一編問曰：「張溥、張采，何如人也？」皆對曰：「讀書好學人也。」又言：「溥已死，采亦未竟其用。」上曰：「亦不免偏。」時周延儒以楊嗣昌已前死，而己方再入相，欲參用公議，爲道周地，即對曰：「張溥、黄道周皆未免偏，徒以其善學，故人人惜之。」上嘿然。蔣德璟、吴甡亦以爲言，且述其清苦，上微頷之。明日，即有是命。

道周既還，召見，因泣曰：「臣不自意今日復得見陛下。臣故有犬馬之疾，願乞假歸。」許之。

《明史》卷二四《莊烈帝紀二》　丁卯，兵部尚書陳新甲下獄，尋棄市。

《明通鑑》卷八八　先是松、錦之失，張若麒逃還，言官劾若麒者悉及新甲，新甲屢乞罷，不從。

新甲雖有才，曉邊事，然不能持廉，所用多債帥。深結中貴爲援，與司禮王德化尤昵，故言者攻之，皆不能入。

當是時，闖賊蹂躪河南，開封屢被圍，他郡縣失亡相繼。總督傅宗龍、汪喬年出關討賊，先後陷没，賊勢愈張。言官劾新甲者章至數十，新甲請罪章亦十餘，上輒慰留之。至是上特惡其洩機事，遂下吏。

初，上以和議委新甲，手詔往返者數十，皆戒以勿泄；外廷漸知之，故屢疏爭，然不得左證。一日，所遣職方郎中馬紹愉以密語報新甲，會新甲視事去，置其書几上，家僮誤以爲塘報也，付之鈔傳，于是道路譁然。給事中方士亮首論之，上愠甚，留疏不下。已，降嚴旨切責，令新甲自陳，新甲不引罪，反自詡其功，上益怒。言官復相繼劾之，遂逮付刑部獄，而和議亦中罷。

新甲從獄中上書乞宥，不許。新甲知不免，徧行金内外。給事中廖國遴等營救于刑部侍郎徐石麒，拒不納。輔臣周延儒、陳演亦于上前力救，且曰：「國法，『兵不薄城，不殺大司馬』。」上曰：「他且勿論，戮辱我親藩，不甚于薄城邪！」遂斬新甲于市。

新甲爲嗣昌引用，其才品心術相似。軍書旁午，裁答無滯，上頗倚之。後給事中沈迅力詆其失，上曰：「令爾作新甲，恐更不如。」迅慚而退。

《國榷》卷九八　〔九月〕己巳，設屯官。

《明史》卷二四《莊烈帝紀二》　壬午，賊決河灌開封。

《明通鑒》卷八八　時諸援軍潰于朱仙鎮，上乃詔山東總兵官劉澤清救開封。城被圍久，食盡，巡撫高名衡、總兵陳永福等猶固守。澤清兵抵河北朱家寨，將士不敢進，澤清曰：「我以兵五千南渡，依河而營，引水環之，以次結八營，直連大堤，築甬道輸河北之粟以餉城中。賊兵已老，可一戰走也。」皆曰：「善！」乃分兵先渡，立營。賊攻之，戰三晝夜，後軍無繼者，甬道不就，澤清拔營去。

賊圍開封者三，所損傷多，積憤，誓必拔之。圍半年，師老糧匱，欲引黃河水灌之，以城中子女貨寶，猶豫不決；聞秦督孫傳庭已率兵出關，恐諸鎮兵夾擊，欲變計。會有獻計請決河以灌賊者，名衡然之。周王恭枵募民築羊馬牆，堅厚如高岸，賊營直傳大堤，河決賊可盡，城中無虞。方鑿朱家寨口，賊已知，移營高阜，具艨艟巨筏，亦驅掠民夫數萬，決河灌城。會大雨連旬，黃流驟漲。癸未，河決，汴梁城圮，丁夫荷鍤者隨堤漂没十數萬，賊亦沈萬人。

河入自北門，貫東南門以出，奔聲如雷。名衡、永福乘小舟至城頭，周王率宫眷及寧陽諸郡王避水棲城樓，坐雨絶食者七日，後得舟，乃從城上泛舟出。同知蘇茂灼，通判彭士奇，久饑不能起，並溺死。賊浮艦入城，遺民俱盡，無所掠，乃拔營而西。

城初圍時百萬户，後饑疫死者十二三。汴城佳麗甲中州，羣盜心艶之，至是盡没于水，得脱者不及二萬人。

上聞，痛悼，猶念諸臣堅守勞，命敍功，加名衡兵部右侍郎。名衡辭以疾，即擢監軍御史王漢代之。漢自開封夜渡河逐賊不利，守備李日舒没于陣，諸軍殊死戰，賊敗，追至朱仙鎮，連戰皆捷，遂以代名衡。

《明史》卷二四《莊烈帝紀二》　己丑，孫傳庭帥師赴河南。

《崇禎實録》卷一五　庚寅，浙江海道副使盧若騰奏，臣八月抵臨清，見内臣田國興聯舟二十四艘，所役九百餘人，擾驛阻閘，上命司禮監覈其郵符。

《明通鑒》卷八八　辛卯，鳳陽總兵官黄得功等擊張獻忠于潛山，大敗之。

是月，擢漕運侍郎張國維爲兵部尚書，代陳新甲也。

國維定《戰守賞罰格》，又列上「嚴世職、酌推陞、慎咨題」等七事，皆報可。會開封陷，條上防河數策，上亦納之。

《國榷》卷九八　十月戊戌朔，總督漕運史可法言，海運在得人，不在增設官屬。上悦之。

《崇禎實録》卷一五　己亥，張猷獻忠攻襄陽，左良玉倉皇夜乘舟去，撫治鄖陽王永祚、監軍僉事熊溯俱遁。

甲辰，命纂脩曆法。

戊午，增明年會試額六十人。

《明史》卷二四《莊烈帝紀二》　辛酉，孫傳庭敗績於郟縣，走入關。

《國榷》卷九八　丙寅，漕欠崇禎八年以上，准蠲，其九年追十之一，其十二年半追。

《明通鑒》卷八八　是月，李自成復陷南陽，知府丘懋素罵賊，全家被害，賊居其城。

《崇禎實録》卷一五　十一月丁卯朔，贈故大學士文震孟，故少詹事姚希孟各廕子入國子監，吏予震孟祭葬。

《明史》卷二四《莊烈帝紀二》　援汴總兵官劉超據永城反。

《明通鑒》卷八八　初，超爲四川遵義總兵，嘗從川貴督撫討賊，忽上書陳功薄，意頗鞅鞅，遂坐怨望奪職，數求復官不得。會李自成圍開封，超請招降土寇協擊之，乃起超保定總兵，令率兵赴援，超憚不敢行。

同縣御史魏景琦方家居，見超日與土寇相往來，未嘗與自成一戰，詆爲通賊。超怒，懟之舉人喬明楷，明楷復譙之，超大憤，殺景琦一家三十餘人，並殺明楷而反。

《國榷》卷九八　己巳，命總理河道兵部右侍郎黄希憲治河，塞決口。

《明史》卷二四《莊烈帝紀二》　庚午，發帑振開封被難宗室兵民。

壬申，大清兵分道入塞，京師戒嚴。命勳臣分守九門，太監王承恩督察城守。詔舉堪督師大將者。

《明通鑒》卷八八　是時關内、外並建二督，又分設二督于昌平、保定，千里之内有四督臣；又有寧遠、永平、順天、密雲、天津、保定六巡撫，寧遠、山海、中協、西協、昌平、通州、天津、保定八總兵；星羅棊置，防兵益衆，而事權不一。

《國榷》卷九八　壬午，建虜盡入内地，分往真定、河間、香河。

《崇禎實録》卷一五　丁亥，張獻忠陷無爲州。

《明史》卷二四《莊烈帝紀二》　閏月，壬寅，大清兵南下，畿南郡邑多不守。

《崇禎實録》卷一五　甲戌，諭羣臣戴罪脩省。

戊寅，左都御史劉宗周削籍，左副都御史金光宸降調。鄭三俊、徐石麒各疏救，不聽。貢士祝淵奏寬宗周，下淵于刑部獄。淵，海寧人。清兵破蒙陰、泗水、鄒縣。

《國榷》卷九八　十二月丙寅朔，李自成、羅汝才合兵四十萬由唐縣而西，左良玉營襄陽近郊，造戰艦于襄樊，人怨其淫掠，縱火焚之，良玉怒，掠賈舟載貲孥其中，而身率諸將營樊城高阜，賊勢既盛，襄民咸焚香牛酒以迎。

《明通鑒》卷八八　廷杖給事中姜埰、行人司副熊開元于午門，皆繫獄。

《崇禎實録》卷一五　丁卯，清兵自長垣趨曹、濮，別將抵青州，入臨淄縣。

《明史》卷二四《莊烈帝紀二》　己巳，李自成陷襄陽，據之。左良玉奔承天，尋走武昌。賊分兵下德安、彝陵、荆門，遂陷荆州。

《明通鑒》卷八八　癸酉，大清兵攻兗州。

《國榷》卷九八　丁亥，平賊將軍左良玉渡江避入武昌，恣殺掠，倡爲據江扼勦之計。

《明通鑒》卷八八　是歲，李自成攻陷開封，一時精鋭悉聚河南，隳名城不勝計。

河南凡八郡，三在河北。自六年蹂躪後，患不紓。其南五郡、十一州、七十三縣，連歲被賊，靡不殘破，有再破三破者，城郭丘墟，人民百不存一。朝廷亦不復設官，間有設者，不敢至其地，遥寄治他所。

崇禎一六年、清崇德八年（癸未、一六四三）

《崇禎實録》卷一六　春正月丙申朔，李自成陷承天，總兵錢中選戰没。巡撫湖廣右僉都御史宋一鶴、鍾祥知縣蕭漢死之。漢知鍾祥有聲，賊戒其部曰：「殺賢令者死。」

《國榷》卷九九　丁酉，黄河口燬漕舟三千五百隻。

《明史》卷二四《莊烈帝紀二》　庚申，張獻忠陷蘄州。

《明通鑒》卷八九　是月，李自成前鋒逼漢陽，轉攻鄖陽，按察使高斗樞、游擊王光恩力守，不克，乃解去。自成遂據承天，自號「奉天倡義大元帥」，號羅汝才「代天撫民威德大將軍」。分其衆曰標營，領兵百隊；曰先、後、左、右營，各領兵三十餘隊。五營以序直晝夜，次第休息，巡徼嚴密。逃者謂之「落草」，磔之。收男子十五以上、四十以下者爲兵，凡精兵一人，從以主芻掌械執爨者十人。軍令：不得藏白金；過城邑不得室處；妻子外不得攜他婦人。寢興悉用單布幕綿甲，厚百層，矢礮不能入。一兵倅馬三四匹，冬則以茵褥藉其蹏；剖人腹爲馬槽以飼馬，馬見人輒鋸牙思噬若虎豹。軍止，即出較騎射，曰「站隊」，夜四鼓蓐食以聽令。所過崇岡峻坂，騰馬直上。水惟憚黄河，若淮、泗、涇、渭，則萬衆翹足馬背，或抱鬣緣尾，呼風而渡，馬蹏所壅閼，水爲不流。每臨陣，列馬三萬，名「三堵牆」，前者反顧，後者殺之。戰久不勝，馬兵佯敗誘官兵，步卒長鎗三萬，擊刺如飛，馬兵回擊，無不大勝。攻城，迎降者不殺，守一日殺十之三，二日殺十之七，三日屠之。凡殺人，束屍爲燎，謂之「打亮」。城將陷，步兵萬人環堞下，馬兵巡徼，無一人得免，張獻忠雖至殘忍，不逮也。諸營較所獲，馬贏者上賞，弓矢鉛銃者次之，幣帛又次之，珠玉爲下。

《明紀》卷五七　二月乙丑朔，大清兵攻下海州、贛榆、沭陽、豐縣，沭陽知縣劉士璟、豐縣知縣劉光先並死之。

《明史》卷二四《莊烈帝紀二》　范志完、趙光抃會師于平原。

《明通鑒》卷八九　先是諸鎮援軍觀望河間，不敢救，尾而南，已，聞塞上警，又驅而北。廷臣交章劾之，乃有是命。

《崇禎實録》卷一六　辛巳，張獻忠陷漢陽。清兵登、萊合軍。

三月甲午朔，暹羅入貢。

《明史》卷二四《莊烈帝紀二》　庚子，李自成殺羅汝才，並其衆。

《明通鑒》卷八九　自成不好酒色，甘粗糲；而汝才妻妾數十，被服紈綺，帳下女樂數部，厚自奉養，自成嘗嗤鄙之。汝才衆數十萬，用山西舉人吉珪爲謀主。自成善攻，汝才善戰，兩人相須若左右手。自成下宛、葉，克梁、宋，兵强衆附，有專制心，顧獨忌汝才，乃召汝才所善賀一龍，即革裏眼也，縛而殺之。晨，以二十騎斬汝才于帳中，悉兼其衆。

初，自成踞中州，所掠城輒焚燬之。及渡漢江，謀以荆、襄爲根本，改襄陽曰襄京，修襄王宫殿居之。改禹州曰均平府，承天府曰揚武州，他府州縣多所更易。

又以牛金星言，設官爵名號，以田見秀、劉宗敏爲權將軍，李巖、賀錦、劉希堯等爲制將軍，張鼐、党守素等爲威武將軍，谷可成、任維榮等爲果毅將軍。置五營，二十二將，上相、左輔、右弼、六政府侍郎，郎中、從事等官。要地設防禦使，府曰尹，州曰牧，縣曰令。封崇王由樻及郡王被執者俱爲伯。官吏降者，並受僞職。僞侍郎喻上猷薦所知李開先、陳萬策賢可用，具書幣徵之。開先觸牆死，萬策自經。

自成既殺汝才、一龍，尋又襲殺藺養成，奪馬守應兵。于是十三家、七十二營諸大賊，降及死者殆盡，而自成、獻忠二人獨存。

《明史》卷二四《莊烈帝紀二》 丁未，賊陷武岡，殺岷王企昇。張獻忠陷黄州、長沙。

《國榷》卷九九 戊申，國子生徐爾斗上故大學士徐光啓《農書》，命梓行。

《明通鑒》卷八九 是月，左良玉軍作亂。

《國榷》卷九九 四月甲子朔，吏部始大計。

《崇禎實録》卷一六 乙丑，改會試期至八月。

《明史》卷二四《莊烈帝紀二》 丁卯，周延儒自請督師，許之。

《明通鑒》卷八九 時大清兵略山東，還至近畿，上憂甚。吴甡方奉命入湖廣，延儒不得已自請視師。上大喜，降手敕，奬以召虎、裴度，賜章服、白金、文綺、上駟，給金帛賞軍。延儒遂行，駐通州。

《明史》卷二四《莊烈帝紀二》 辛卯，大清兵北歸，戰於螺山，總兵官張登科、和應薦敗没，八鎮兵皆潰。

五月癸巳朔，張獻忠陷漢陽。

《崇禎實録》卷一六 甲午，召周延儒入朝。

《明通鑒》卷八九 時大清兵已北還，延儒乃言兵退，請下兵部議將吏功罪。遂歸，繳上督師敕，上令藏貯以識勳勞。論功，加太師，蔭子中書舍人，賜銀幣、蟒服。延儒辭太師，許之。

《崇禎實録》卷一六 庚子，馳賜周延儒金幣。

辛丑，周延儒奏報，臣中夜冒警，自順義抵密雲，趨各督撫，今俱出塞，上温旨勞之。時言官皆劾延儒假道縱兵出塞，上以訛傳不問。

《明史》卷二四《莊烈帝紀二》 丁巳，周延儒罷。

《明通鑒》卷八九 初，上遣廠衛緝事，延儒再相，奏罷之，于是廠衛以失權胥怨。延儒又傲同官陳演，演銜次骨。掌錦衣者駱養性，延儒所薦也，養性狡很，背之。至是延儒自通州還，居數日，養性與中官盡發所刺軍中事，上大怒，責延儒蒙蔽推諉，下廷臣察議，演等公揭救之。延儒席藁待罪，自請戍邊，上猶降温旨，言「卿報國盡忱，終始勿替」。許馳驛歸，賜路費百金，以彰保全優禮之意。及廷臣議上，上復諭「延儒功多過少」，令免議。延儒遂歸。

《明史》卷二四《莊烈帝紀二》 壬戌，張獻忠陷武昌，沈楚王華奎于江，在籍大學士賀逢聖等死之。

《國榷》卷九九 張獻忠據楚府，僞設五府六部，鑄西王之寶，稱武昌曰京城，大殺掠，沿江浮屍千里，蒲圻、嘉魚皆降。李自成聞之，遺書欲獻忠歸附，獻忠亦卑詞報之。

《明通鑒》卷八九 是月，命孫傳庭兼督河南、四川軍務。

《明史》卷二四《莊烈帝紀二》 六月癸亥，詔免直省殘破州縣三餉及一切常賦二年。

《國榷》卷九九 庚午，進孫傳庭督師，總制應天、鳳陽、安慶、河南、湖廣、四川、貴州剿寇軍務，仍總督陝西三邊。

《崇禎實録》卷一六 丁丑，立賞格，購李自成萬金，爵通侯。購張獻忠五千金，官極品，仍世錦衣衛指揮使，餘各有差。左良玉還九江，大掠。

《明史》卷二四《莊烈帝紀二》 丙戌，雷震奉先殿獸吻，敕修省。

《崇禎實録》卷一六 秋七月壬辰朔，督脩曆法光禄寺卿李天經上言日食分數時刻與西法各有異同，上于宫中親測，西法多合，令更考訂，求其畫一以聞。

甲午，發帑金四十萬，貯富新倉，出陳納新，毋得輕動。以史可法爲南京兵部尚書。

《明史》卷二四《莊烈帝紀二》 丁酉，親鞫范志完于中左門。

乙卯，親鞫前文選郎中吴昌時于中左門，徵周延儒聽勘。

己未，戒廷臣私謁閣臣。

《國榷》卷九九 乙未，命駙馬都尉冉興讓告太廟災異，諭百官修省。

乙卯，上自訊吴昌時于中左門，拷掠至折脛乃止，併逮蔣拱宸，俱下獄，尋徵周延儒聽勘。

《崇禎實録》卷一六 庚申，出千金資太醫院療疫，自春二月迄今，京師大疫，死亡日以萬計。

《明史》卷二四《莊烈帝紀二》 八月壬戌朔，左良玉復武昌、漢陽。

《明通鑒》卷八九 先是左都御史李邦華入京師見上，論良玉潰兵之罪，請歸罪于王允成，上乃詔良玉誅允成，而奬其能定變，然良玉卒留允成于軍中，不誅也。良玉以賊萃湖北，不敢嬰其鋒，遂留安慶，久之，徐溯九江而上。

當是時，獻忠僭號武昌，李自成在承天聞之，忌且怒，貽之書曰：「老回回已降，曹操輩誅，行且及汝矣！」獻忠懼。又聞良玉將西上，乃以前月二日大焚武昌，從咸寧、蒲圻而上，遂趨湖南。良玉于望後始提兵出湖口，至是乘獻忠已去，乃殺其僞官吏，遂復二郡，入武昌。城中四十八公署及民居皆燼，故禮部侍郎郭正域第獨存，乃即之以立軍府。諸郡邑聞而應之，楚之下流始稍稍復完。

《明史》卷二四《莊烈帝紀二》 丙寅，張獻忠陷岳州。

《崇禎實録》卷一六 辛未，裁南京操江都御史。

《國榷》卷九九 孫傳庭師次閿鄉，李自成會諸賊于河南，自汜水至滎澤，伐木渡河，總兵劉弘起以兵拒之，乃退。

丙戌，張獻忠陷長沙。

《明通鑒》卷八九 是月，督師孫傳庭出師潼關，自閿鄉次陝州，檄河南諸軍渡河進勦。

《明史》卷二四《莊烈帝紀二》 九月丙申，張獻忠陷寶慶。

《明紀》卷五七 南京操江故設文武二員，帝欲裁去文臣，專任劉孔昭，惠世揚拜副都御史，遲久不至，帝命削其籍，黄景昉具揭争，帝不悦，己亥，景昉致仕歸。

《崇禎實録》卷一六 孫傳庭出關，進討李自成，步騎各五萬。傳庭所部皆關西鋭卒，仗鎧旗幟鮮明耀目，難民夾道歡呼稱慶，傳庭意氣甚盛。

《明史》卷二四《莊烈帝紀二》 辛丑，孫傳庭復寶豐。

庚戌，張獻忠陷永州，巡按御史劉熙祚死之。

《明通鑒》卷八九 巡按御史劉熙祚被執至衡，獻忠據桂王宫，叱令跪，不屈，羣賊自殿墄曳至端禮門，膚盡裂。使降將尹先民説之，終不變，遂遇害。

《明史》卷二四《莊烈帝紀二》 辛亥，賜楊廷鑒等進士及第、出身有差。

壬子，孫傳庭兵以乏食引退，賊追及之，還戰大敗，傳庭以餘衆退保潼關。

《明通鑒》卷八九 時大軍進逼襄城，賊懼，謀降，自成曰：「無畏！吾殺王焚陵，罪大矣。姑決一死戰，不勝則殺我而降未晚也。」

而官軍時皆露宿與賊持，久雨道濘，糧車不得前，士饑。攻郟，破之，獲馬騾，噉之立盡，雨七日夜不止。後軍譁于汝州，不得已退軍迎糧，留陳永福爲後拒。前軍既移，後軍亂，永福斬之不能止。賊追及之南陽，傳庭令反轡還戰。

賊陣五重，饑民處外，次步卒，次馬軍，又次驍騎，老營家口處内。官軍力戰，破其三重。傳庭復麾之進，賊驍騎殊死鬬。官軍陣稍動，降將白廣恩軍將火車者呼曰：「師敗矣！」脱輓輅而奔，車傾塞道，馬絓于衡不得前，賊鐵騎淩而騰之，步賊手白梃遮擊，中者首兜鍪俱碎。自成空壁躡我，一日夜官兵狂奔四百里。參將趙希魁戰没，廣恩走汝州，高傑隨傳庭走河北，至于孟津，死者四萬餘，失亡兵器輜重數十萬。

方傳庭之退兵迎糧也，有僞侍郎丘之陶者，大學士瑜之子。自成陷宜城，瑜父民忠仰藥死，之陶遂爲所得，頗任用。至是之陶欲以奇計誤賊，遣人間道走武關，以蠟丸書貽傳庭曰：「督師當還兵戰，吾詭言左鎮兵大至摇其心，彼必返顧。督師擊其後，吾從中起，賊可滅也。」傳庭大喜，報書如其言，爲賊邏者所得。傳庭恃内應，連營前進，之陶果舉火報左兵大至，自成召而示以傳庭書，責其負己。之陶大罵曰：「吾恨不斬汝萬段，豈從汝反邪！」自成怒，遂支解之。

傳庭既敗，遂取僞道過河，由山西轉趨潼關。

《崇禎實録》卷一六 甲寅，作新鈔，户部尚書倪元璐上言：「内發鈔式命臣詳議，鈔法度一歲有五十萬之入，籌國長計，孰便于斯。或以久廢乍復，人則駭之，不知此即民間之會票也，宋時謂之錢引，終元之世，錢法不行，尚爾用之不匱，况復化裁通變稽古宜民乎？」

《明史》卷二四《莊烈帝紀二》 是月，鳳陽地屢震。

《明通鑒》卷八九 是春以畿輔有警停會試，八月補行，至是始赴廷對。

《明史》卷二四《莊烈帝紀二》 冬十月辛酉朔，享太廟。

《明紀》卷五六 命有司以贖鍰充餉。孫傳庭之敗也，詔加白廣恩蕩寇將軍，緣道收潰卒，以保潼關。李自成乘勝攻之，廣恩力戰，高傑以郟縣之敗廣恩不救，己亦擁衆不救廣恩，廣恩戰敗。

《國榷》卷九九 癸亥，加正一大真人張應京太子太保。

《崇禎實録》卷一六 丙寅，諭有司贖鍰除留額積穀外俱充餉。巡撫陝西都御史馮師孔知寇棘，急入西安。

《明史》卷二四《莊烈帝紀二》 丙寅，李自成陷潼關，督師尚書孫傳庭死之。賊連陷華州、渭南、臨潼。

戊辰，李自成屠商州。

庚午，張獻忠陷常德。

壬申，李自成陷西安，秦王存樞降，巡撫都御史馮師孔、按察使黄絅等死之。

《明通鑒》卷八九　自成大掠三日，改西安曰長安，稱西京。賜顧君恩女樂一部，賞入關策也。大發民修長安城，開馳道。自成每三日親赴教場校射，百姓望見黄龍纛，咸伏地呼萬歲。

諸將白廣恩、高汝利、左光先、梁甫先後降。陳永福以先射中自成目，保山巔不敢下，自成折箭爲誓招之，亦降。獨高傑以竊自成妻走延安，爲李過所迫，折而東，渡宜川，絶蒲津以守。

初，自成剽掠十餘年，未嘗有大志，及席卷湖廣、河南，始萌竊據之志。然地四達皆戰場，所得郡縣，官軍旋復之。至是既入秦，秦藩富甲天下，府庫貲千萬，皆爲所取，又據河山百二之險，遂不可制。

《國榷》卷九九　壬申，括民間廢銅鑄錢。户部尚書倪元璐奏：「有司罰贖，減半徵銅，如稍有力徵一兩三錢，僅輸價直六錢五分。」

庚辰，李自成改西安府曰長安，禁鄉民短後衣。明年糧每石徵一兩三錢，今冬每石折草六千斤，輸長安，各縣遣騾三百，徵粟千石，大其斗，榜掠巨室助餉。渭南工部尚書南居益掠死，涇陽前按察副使楊國柱黄冠遁去，後贈居益太子少保。

癸未，張獻忠在長沙，益招亡賴，立九營。

戊子，禁惡錢。

十一月辛卯朔，御史霍達監軍陝西。

癸巳，張獻忠兵下岳州。

《明史》卷二四《莊烈帝紀二》　甲午，李自成陷延安，尋屠鳳翔。

《明通鑒》卷八九　自成既盡有西安、延安之地，乃詣米脂祭墓，向爲官軍所發，焚棄遺骴，築土封之，求其宗人，贈金封爵以去。改延安府曰天保府，米脂曰天保縣，清澗曰天波府。

《崇禎實録》卷一六　丁未，設南贛兵三千，以副總兵鄭鴻逵統之。

《明史》卷二四《莊烈帝紀二》　癸丑，范志完、趙光抃棄市，戍吴甡于金齒。

《國榷》卷九九　出南京各監局廢銅鑄錢。

戊午，撫寧侯朱國弼提督漕運，鎮守淮陽。

《明史》卷二四《莊烈帝紀二》　十二月壬戌，張獻忠陷建昌。

乙丑，周延儒有罪賜死。

《明通鑒》卷八九　延儒被逮，適舊輔王應熊奉召至京師，延儒知上怒甚，宿留道中，俟應熊先入，冀爲請。上知之，應熊既至，命之歸。比延儒至，安置正陽門外古廟，上疏乞哀，不許。法司以戍請，同官申救，皆不許。至是吴昌時棄市，勒延儒自盡，籍其家。

《明史》卷二四《莊烈帝紀二》　丁卯，張獻忠陷撫州。

《明通鑒》卷八九　顧獻忠終憚良玉，不敢南行。有獻計取吴、越者，謝不用，于是始決策入川中。

《國榷》卷九九　己巳，命工部右侍郎周堪賡繪上河工圖。

《明史》卷二四《莊烈帝紀二》　辛巳，賊渡河，陷平陽，山西州縣相繼潰降。

甲申，賊陷甘州，巡撫都御史林日瑞、總兵官馬爌等死之。

《明通鑒》卷八九　先是自成據西安，遣其黨賀錦、田見秀等徇掠三秦郡縣，于是鞏昌之安定、會寧、秦安皆先後陷。

《明史》卷二四《莊烈帝紀二》　丙戌，左良玉復長沙。

《明通鑒》卷八九　是歲，浙江有許都之亂。

是年爲大清崇德八年。八月，太宗文皇帝崩，世祖章皇帝嗣位，以明年爲順治元年。

崇禎一七年、清順治元年（甲申、一六四四）

《崇禎實録》卷一七　春正月庚寅朔，李自成自建國號曰大順，改永昌元年。自成久覬尊號，懼張獻忠、馬守應相結爲患，既入秦，通好獻忠，獻忠厚幣遜詞，自成遂僭號，拜宋獻策爲軍師，牛金星爲丞相，更定六政府尚書等僞官。

《明通鑒》卷九〇　追尊其曾祖以下，加謚號，以李繼遷爲太祖。設天佑殿大學士，以牛金星爲之。增置六政府尚書等僞官，以宋企郊爲吏政尚書，陸之祺爲户政尚書，鞏焴爲禮政尚書，張嶙然爲兵政尚書。復五等爵，大封諸臣，侯劉宗敏以下九人，伯劉體純以下七十二人，子三十人，男五十五人。定軍制，有一馬儳行列者斬之，馬騰入田苗者斬之。籍步兵四十萬，馬兵六十萬。

令弘文館學士李化鱗等草檄馳諭遠近，指斥乘輿，有云：「君非甚暗，孤立而煬竈恒多；臣盡行私，比黨而公忠絶少。」又云：「獄囚纍纍，士無報禮之心；

征斂重重，民有偕亡之痛。」見者無不扼腕。

時囚衆有丘從周者，都司吏也，長不滿三尺，素懷義憤，伺自成出，乘醉直至其前，戟手罵曰：「若一貧賤細民，今妄據王府，僭稱僞號，逆天悖理，吾見汝屍之萬段也！」自成大怒，立斫殺之。

《崇禎實録》卷一七　丙申，以都督同知方國安爲平蠻將軍、總兵官鎮守湖廣。

戊戌，高傑南下，江北大震。李自成大宴功臣，即席賜列侯銀一萬，金五千，珠一斗，列伯以是爲差。尋自成東行，以秦王、韓王、慶王從，四月殺諸王于山西。

《明史》卷二四《莊烈帝紀二》　是月，張獻忠入四川。

《崇禎實録》卷一七　二月庚申朔，上早朝，忽得僞封，啓之，其詞甚迫悖，末云限三月望日至順天會同館繳還，一時相顧失色。朝罷，遂不復問。

辛酉，停鈔法，前市浙直作鈔等料，仍輸京師，因鑄當一當五錢。清兵薄寧遠關。

《明史》卷二四《莊烈帝紀二》　辛酉，李自成陷汾州，别賊陷懷慶。

丙寅，陷太原，執晉王求桂，巡撫都御史蔡懋德等死之。

壬申，下詔罪己。

《明通鑑》卷九〇　略曰：「朕嗣守鴻緒，十有七年，深念上天陟降之威，祖宗付託之重，宵旦兢惕，罔敢怠荒。乃者災害頻仍，流氛日熾，赦之益驕，撫而輒叛，甚有受其煽惑，頓忘敵愾者。朕爲民父母，不得卵翼之；民爲朕赤子，不得懷保之。罪非朕躬，誰任其責！所以使民罹鋒鏑，蹈水火，殣量以壑，骸積成丘者，皆朕之過也。使民輸芻輓粟，居送行齎，加賦多無藝之征，預支有稱貸之苦者，又朕之過也。使民室如懸磬，田卒汙萊，望烟火而無門，號冷風而絶命者，又朕之過也。使民日月告凶，旱潦薦至，師旅所處，疫癘爲殃，上干天地之和，下叢室家之怨者，又朕之過也。至于用大臣而不法，用小臣而不廉，言官植黨而清議不聞，武將驕懦而軍功不奏，皆由朕撫馭失道，誠感未孚。中夜此心，跼蹐無地。朕自今痛加創艾，深省夙愆。要在惜人才以培元氣，守舊制以息煩囂，行不忍之政以收人心，蠲額外之科以養民力。其罪廢諸臣，有公忠正直，廉潔幹才，尚堪用者，不拘文武，吏、兵二部確覈推用。草澤豪傑之士，有恢復一郡一邑者，授官世襲。即陷没脅從之流，能舍逆返正，率衆來歸，許赦罪立功。能擒闖、獻二賊，仍予封侯之賞。忠君愛國，人有同心；雪恥除凶，誰無公憤！尚懷祖宗之厚澤，助成底定之大勳。思免厥愆，歷告朕意。」

《明史》卷二四《莊烈帝紀二》　乙亥，李自成攻代州，總兵官周遇吉力戰，食盡，退守甯武關。

《明紀》卷五七　議京師城守。

《明史》卷二四《莊烈帝紀二》　己卯，遣内臣高起潛、杜勳等十人監視諸邊及近畿要害。

《國榷》卷一〇〇　壬午，真定陷。

《明通鑑》卷九〇　甲申，賊至彰德，趙王常浹降。常浹，趙王高燧後裔也。

《崇禎實録》卷一七　丙戌，始命詹事府、翰林院四員侍召對。

《明史》卷二四《莊烈帝紀二》　丁亥，詔天下勤王。命廷臣上戰守事宜。左都御史李邦華、右庶子李明睿請南遷及太子撫軍江南，皆不許。

《明通鑑》卷九〇　先是賊陷山西，左都御史李邦華，密疏請上固守京師，倣永樂朝故事，太子監國南京。居數日，不得命，又請以定、永二王分封太平、寧國二府，拱護兩京。上得疏意動，繞殿行，且讀且歎，將行其言。會上召對廷臣，中允李明睿疏言南遷便，給事中光時亨以倡言洩密糾之。上曰：「國君死社稷，正也。朕志定矣。」遂罷邦華策不議。

《明史》卷二四《莊烈帝紀二》　戊子，陳演致仕。李自成陷甯武，周遇吉力戰死之。

《明通鑑》卷九〇　演與魏藻德排去周延儒，演遂爲首輔。上倚信演，臺省附延儒者盡趨演門。當是時，國勢累卵，中外舉知其不支，演庸才寡學，一無籌畫，顧以賄聞。及李自成陷陝西，逼山西，廷議撤寧遠總兵吴三桂兵入守山海關，策應京師，上意亦然之，演持不可。後上決計行之，三桂始用海船渡遼民入關，往返者再，而自成已陷宣、大矣。演懼不自安，引疾求罷，詔許之，賜道里費五十金，彩幣四表裏，乘傳行。演既謝事，薊遼總督王永吉上疏力詆其罪，請置之典刑。演入辭，自言佐理無狀，上怒曰：「汝一死不足蔽辜！」叱之去。演貲多，不能遽行，遂留京師。

《國榷》卷一〇〇　癸未，李自成入大同，六日，殺代府宗室殆盡。

《明史》卷二四《莊烈帝紀二》　三月庚寅，賊至大同，總兵官姜瓖降賊，代王傳㸄遇害，巡撫都御史衛景瑗被執，自縊死。

《國榷》卷九九　命内監分守九門，稽出入。京師武備積弛，禁兵皆南征，太倉久罄，至是命襄城伯李國楨提督城守，各門勛臣一，卿二，初議僉民兵，魏藻德曰：「民畏賊，如一人走，大事去矣！」上然之，禁民上城，諭文武各官輸助。

《明史》卷二四《莊烈帝紀二》　辛卯，李建泰疏請南遷。

《崇禎實録》卷一七　壬辰，復頒罪己詔于天下。

《明史》卷二四《莊烈帝紀二》　召廷臣於平臺，示建泰疏，曰：「國君死社稷，朕將焉往？」李邦華等復請太子撫軍南京，不聽。蔣德璟致仕。

《明通鑑》卷九〇　輔臣蔣德璟罷。

初，周延儒爲相，各樹門户，德璟無所比，性頗直，黄道周召用，劉宗周免罪，德璟之力居多。開封久被圍，自請馳督諸將戰，優詔不允。嘗進《御覽備邊册》，凡九邊、十六鎮新舊兵食之數及屯鹽、民運、漕糧、馬價悉志焉。已，進《諸邊撫賞册》及《御覽簡明册》，上深嘉之。諸邊士馬報户部者，浮兵部過半，耗糧居多，而屯田、鹽引、民運，每鎮至數十百萬，一聽之邊臣。天津海道輸薊、遼歲豆米三百萬，惟倉場督臣及天津撫臣出入，部中皆不稽覈。德璟語部臣：「合部運、津運、各邊民運、屯鹽，通爲計畫，餉額可足，而加派之餉可裁。」因復條十事以責部臣，然卒不能盡釐也。

《明史》卷二四《莊烈帝紀二》　癸巳，封總兵官吴三桂、左良玉、唐通、黄得功俱爲伯。

甲午，征諸鎮兵入援。

乙未，總兵官唐通入衛，命偕内臣杜之秩守居庸關。

戊戌，太監王承恩提督城守。

己亥，李自成至宣府，監視太監杜勳降，巡撫都御史朱之馮等死之。

癸卯，唐通、杜之秩降于自成，賊遂入關。

《崇禎實録》卷一七　庚子，寇薄近郊，中外大震。上日召對，惟問兵餉，以舉朝無人，嘗泣下，廷臣進計惟閉門止出入，餘無一籌。李國楨提督城守，不敢抗王承恩，禮科左給事中戴明説糾國楨城守失措。

《明史》卷二四《莊烈帝紀二》　甲辰，陷昌平。

乙巳，賊犯京師，京營兵潰。

《明通鑑》卷九〇　始，自成欲知京師虚實，往往遣其徒輦重貲賈販都市，又令充部院掾吏，探刺機密，朝廷有謀議，千里立馳報。及陷昌平，兵部發騎偵探，輒被勾去，無一還者，于是賊游騎直至平則門，而都人猶未知也。上召問，羣臣莫對，有泣者。頃之，賊環攻九門。門外先設三大營，賊至，潰降相繼，守埤者寥寥，益以内侍三四千人專守城事，百司皆不敢問。

丙午，自成設座彰義門外，降賊太監杜勳侍。勳射書入城，稱賊勢盛，請上自爲計。上即日下手詔親征，又下罪己詔，盡罷加派新舊餉。尋召駙馬都尉鞏永固，令以家丁護太子南行。永固叩頭曰：「親臣不藏甲，臣安敢有家丁！」相向涕泣而已。

是日晡，外城陷。

時賊架飛梯攻西直、平則、德勝三門，官軍皆潰，而諸璫守城者潛謀内應。于是太監曹化淳啓彰義門，賊盡入。上出宫登山，望見烽火徹天，嘆息曰：「苦我民耳！」徘回久之，還宫，命分送太子、永、定二王于勳戚周奎、田弘遇第。其夕，皇后周氏崩，奉旨自盡也。趣呼左右進酒，飲金巵十數，乃手劍斫長平公主，嘆曰：「汝何故生我家！」又斫昭仁公主于昭仁殿，並袁妃諸嬪數人，惟袁妃及長平公主未殊。

《明史》卷二四《莊烈帝紀二》　丁未，昧爽，内城陷。帝崩于萬歲山，王承恩從死。

《國榷》卷一〇〇　皇太子奔周奎家，奎卧未起，叩門未入，因走匿内官外舍。

《明通鑑》卷九〇　其以布衣殉節者，湯文瓊爲最著。瓊，石埭人，授徒京師，見國事日非，數獻策闕下，不報。京師陷，慨然語其友曰：「吾雖布衣，獨非大明臣子邪！安忍見賊弑君篡國！」乃書其衣衿曰：「位非文丞相之位，心則文丞相之心。」投繯而卒。後李自成得其衣帶語，以責陳演，遂斬演于市。

時都城布衣盡節者，又有范箴聽、楊鉉、李夢禧、張世禧之等，不下百餘人。

帝崩之前夕，宫女皆踉蹌夜出。有宫人魏氏者，臨御河大呼曰：「有志者當自爲計！」遂投河死。頃刻間，從死者一二百人。

是日午，李自成氈笠縹衣，乘烏駮馬入承天門，僞大學士牛金星、僞尚書宋企郊等騎而從，太監王德化等先迎候于德勝門，隨而入。自成登皇極殿，下令大索帝、后，蓋時未得帝崩信，又傳駕已南幸也。時諸監有獻太子及永、定二王者，俱送劉宗敏宅，宅即戚畹田弘遇第也。令勳戚文武百官俱于二十一日朝見。戊申，添設守門兵，及放馬兵入城。

己酉，昧爽，成國公朱純臣，大學士魏藻德、陳演，率文武百官入賀，皆素服坐殿前。自成不出，羣賊争戲侮，爲椎背脱帽，或舉足加頸上相笑樂，百官懾伏不敢動。演首勸進，不許。封太子爲宋王，放刑部錦衣繫囚五品以下張若麒等。

自成自居西安時，建置官吏，至是益盡改官制，六部曰六政府，司官曰從事，六科曰諫議，十三道曰直指使，翰林院曰弘文館，太僕寺曰驗馬寺，巡撫曰節度使，兵備曰防禦使，知府、州、縣曰尹，曰牧，曰令。

召見朝官，自成南向坐，金星、宗敏、企郊等左右雜坐。以次呼名，分三等授職，自四品以下，少詹事梁紹陽、楊觀光等無不汙僞命，三品以上，獨用故侍郎侯恂。自是降者無不悚息待命。賊又編排甲，令五家養一賊，大縱淫掠。民遭荼毒，縊死者相望。

是日，殺成國公朱純臣。

先是帝臨崩，有手敕令百官俱赴東宫行在，蓋上欲託東宫于純臣，令總督諸軍輔太子，不果行。至是自成得硃諭于文淵閣案上，即命收繫純臣。日中，被殺，並其弟及從子皆誅之，籍其家。

《國榷》卷一〇〇 辛亥，改殯大行帝后，出梓宫二，以丹漆殯先帝，以黝漆殯先后，加先帝翼善冠、衮玉滲金靴，先后袍帶亦如之。

《明通鑒》卷九〇 是日，百官降者，按次唱名，自成拔九十二人，送僞吏政府宋企郊分三等授官。俄傳僞旨，自勳戚大臣及文武百官八百餘人，悉囚繫，送僞都督劉宗敏營中拷夾，責賕賂。

時有國子祭酒孫從度，住金台會館，病甚臥床。有僞將羅姓乘馬進館，徑入内室，其妻孫氏罵之，羅遂以鐵索繫孫，並舁從度過己寓。從度尋以拷訊斃，乃索氏貲，凡七拶百敲，十指俱斷，招得窖金七千兩獻自成，自成駭曰：「一翰林富乃至是耶！」于是降官之被拷掠者自此始。

《國榷》卷一〇〇 癸丑，總督鳳陽馬士英、總兵黄得功、興平伯高傑會于淮上。僞禮政府尚書鞏焴與隨駕各官率耆老上表勸進。

《明通鑒》卷九〇 乙卯，平西伯吴三桂自山海關乞師于我大清。

《明史》卷二四《莊烈帝紀二》 丙辰，賊遷帝、后梓宫於昌平。昌平人啓田貴妃墓以葬。明亡。

《明通鑒》卷九〇 越兩月，我大清入京師，始以帝禮改葬，令臣民服喪三日，謚曰莊烈皇帝，陵曰思陵。

《國榷》卷一〇〇 丙辰，李自成大集宫女，頒諸盜。党崇雅爲户政府左侍郎，總督通州倉糧。

追拷朝臣，劉宗敏諭官勒限，完贓即釋，餘賊概拷不限也。

丁巳，唐通遺吴三桂書勸降，且言東宫亡恙，三桂不答。

《明通鑒》卷九〇 〔四月〕辛酉，李自成焚太廟神主。

壬申，我大清睿親王師次翁後，得吴三桂遣將致書。略曰：「三桂以蛟負之身，荷遼東重任。今以寧遠右偏孤立之故，令棄寧遠而鎮山海，思欲堅守東陲而鞏固京師也。不意流寇逆天犯闕，以彼狗偷烏合，何能成事！乃京城人心不固，奸黨開門納款，先帝不幸，九廟灰燼。今賊首僭稱尊號，虜掠婦女財物，罪惡已極，天人共憤。三桂受國厚恩，欲興師問罪，以慰人心，奈京東地小，兵力不支，特泣血求助。乞念亡國孤臣之言，速選精兵，三桂自率所部，合兵以抵都門，滅流寇于宫廷，示大義于中國。乞王轉奏。」

王即遣使報書，略言：「聞流寇攻陷京師，明主慘亡，不勝髮指。用是率仁義之師，沈舟破釜，誓不返旌，期必滅賊，出民水火。伯今遣使致書，深爲嘉悦，即當統兵前進。伯雖向守遼東，與我爲敵，幸勿以前故尚復懷疑。若率衆來歸，必封以故土，爵爲藩王，國讐可報，身家可保。」

先是李自成已于十三日挾太子、諸王東行，僞將唐通出一片石，三桂請速進兵。疾馳至沙河，三桂報賊已出邊，立栅寨。

戊寅，大軍迎擊，大敗通兵于一片石。

己卯，師至山海關，三桂開關出迎。王令三桂兵繫白布爲識，使之先驅，遂入關。

時自成率步兵二十餘萬，陣于關内，自北山亘海。大兵布陣，不能横及海岸，乃令軍士鱗次布列，對賊陣尾，伺其惰，奮擊之，且戒勿越伍違節制。陣既列，三桂居右翼之末，先悉其衆搏戰，圍開復合。戰良久，大清從三桂陣右突出，衝賊中堅，萬馬奔騰，飛矢雨墮，天大風，沙石飛走，擊賊如雹。自成方登高岡觀戰，知爲大清兵，急策馬下岡走，賊衆大潰，自相踐踏，死者無算，僵屍徧野，溝水盡赤。

自成奔永平，大兵追之。三桂先驅至永平，自成使降臣王則堯詣三桂議和，許送太子、二王，皆僞也。三桂送則堯于睿王軍中，斬之，益進兵。自成乃殺其父襄，走京師，尋又殺襄家屬三十四人。

癸未，自成奔京師。【略】鑄金璽及永昌錢，皆不就。及保定之陷，李建泰降，畿内郡縣悉附，山東、河南徧設官吏，所至無違者，自成以爲真得天命，諸臣自牛金星以下，三次勸進，尋以東兵故，且令諏吉肄儀，至是將西奔，乃行之。

丙戌，僭僞號于武英殿。追尊七代皆爲帝、后，立妻高氏爲皇后。自成被冠冕列仗受朝命，金星代行郊天禮。

是夕，焚宫殿及九門城樓，悉鎔所拷索金銀及宫中帑藏器皿，鑄爲餅，每餅千金，約數萬餅，載以騾車。丁亥晦，詰朝，挾太子、二王西奔長安，而使僞將軍左光先、谷可成爲後衛。又勒諸璫，悉取其金玉珠寶，及出宫，令羣賊各執守城白楊杖逐之，不分貴賤，皆號泣徒跣，敗面流血，走出長安門外。

《明通鑒》附編卷一上　五月戊子朔，我大清兵定京師。李自成西奔，大軍追之于蘆溝，于慶都，皆敗之，乃班師。所過郡縣，皆諭以定亂安民，共享太平之意，百姓竄匿山谷者，悉還鄉里，迎降恐後。

于是睿親王整兵入京師，故明諸臣迎于五里外。下令安輯百姓，民間按堵如故。改葬明崇禎帝、后並熹宗皇后張氏、神宗妃劉氏及殉難之公主、妃嬪等皆如禮。

是日，明臣立福王由崧于南京。

庚寅，王監國。

壬辰，以史可法、高弘圖、姜曰廣、王鐸並爲東閣大學士。

壬寅，明福王稱帝于南京，仍稱崇禎十七年，以明年爲弘光元年。

《明史》卷二四《莊烈帝紀二》　是月，謚曰莊烈愍皇帝，陵曰思陵。

史表

《明史·宰輔年表》

清張廷玉等撰

卷一〇九《宰輔年表一》 明太祖初壹海内，仍元制，設中書省，綜理機務。其官有丞相、平章、左右丞、參政，而吏、户、禮、兵、刑、工六尚書爲曹官。行之一紀，革中書省，歸其政於六部，遂設四輔官。又倣宋制，置殿閣大學士，而其官不備，其人亦無所表見。燮理無聞，何關政本，視前代宰執，迥乎異矣。成祖簡翰林官直文淵閣，參預機務，有歷升至大學士者。其時章疏直達御前，多出宸斷。儒臣入直，備顧問而已。至仁宗而後，諸大學士歷晉尚書、保、傅，品位尊崇，地居近密，而綸言批答，裁決機宜，悉由票擬，閣權之重偃然漢、唐宰輔，特不居丞相名耳。諸輔之中，尤以首揆爲重。夫治道得失，人才用舍，理亂興衰，繫宰臣是繫。其賢邪忠佞，清正貪鄙，判若白黑，百世不可掩也。行蹟雖見紀傳，而除免歲月，不能盡悉，故備列於表。《傳》曰：「欲知宰相賢否，視天下治亂。」覽斯表者，可以證矣。

紀年	宰輔拜免			
太祖洪武元年戊申	中書令　時中書及都督府議倣元制，設中書令，太子爲之。太祖曰：「吾子年未長，學未充，更事未多。所宜尊禮師傅，講習經傳，博通古今，識達機宜。他日軍國重務，皆令啓聞，何必作中書令乎？」遂不設。			
	左、右丞相	平章政事	左、右丞	參知政事
	李善長　正月，左丞相宣國公兼太子少師。 徐達　正月，右丞相信國公兼太子少傅，北征中原。	常遇春　鄂國公兼太子少保，録軍國重事，出征。已後凡加省銜而出征者，不具録。 胡廷瑞　正月，同知詹事院事。 廖永忠　正月，同知詹事院事。 李伯昇　正月，同知詹事院事。	趙庸　左丞。正月兼副詹事。 王溥　右丞。正月兼副詹事。	楊憲　五月署汴梁省事。 傅瓛　八月免。 汪廣洋　十二月任。 劉惟敬　十二月任。

紀年	宰輔拜免			
二年己酉	善長 達　十一月還京。		楊憲　右丞，九月任。	廣洋　四月遷陝西參政。 惟敬　三月遷廣西參政。 蔡哲　正月任。五月遷福建參政。 陳亮　十月任。 睢稼　十月任。 侯至善　十一月任。
三年庚戌	善長　十一月改封韓國公，晉太師。 達　正月北征。十一月還京。改封魏國公，晉太傅。		憲　正月賜名華。七月遷左丞。尋伏誅。 汪廣洋　左丞。　月任。六月免。未幾，復除左丞。十一月封忠勤伯。	亮　正月賜名寧。三月出知蘇州府。 稼　四月兼弘文館學士。 至善 胡惟庸　正月任。 李謙　九月任。十二月遷廣東參政。
四年辛亥	善長　正月致仕。 達　正月出征北平。十二月還京。 汪廣洋　右丞相，正月任。		胡惟庸　右丞，正月任。	至善 宋冕　閏三月任。六月遷江西按察司副使。
五年壬子	廣洋		惟庸	至善　月罷。
六年癸丑	廣洋　正月左遷廣東參政。 胡惟庸　右丞相，七月任。			丁玉　六月任。 馮冕　六月任。
七年甲寅	惟庸		丁玉　右丞，四月任。	冕 侯善　五月任。
八年乙卯	惟庸		玉	冕 善
九年丙辰	惟庸		玉　正月出征延安。七月還京。	

紀年	宰輔拜免			
十年丁巳	惟庸 九月還左丞相。 廣洋 右丞相，九月復。		玉 九月改御史大夫。	
十一年戊午	惟庸 廣洋			
十二年己未	惟庸 廣洋 十二月謫海南，賜死。		殷哲 左丞，十一月任。 李素 右丞，十一月任。	方鼒 左參政，九月任。 殷哲 右參政，九月任。十一月降通政，尋升左丞。
十三年庚申	惟庸 正月賜死。		哲 正月罷。 素 正月罷。	
	是年正月，革中書省左、右丞相，左、右丞，參政等官。			
建文四年壬午秋七月，燕王即皇帝位，仍稱洪武三十五年，始簡翰林官直文淵閣。	黃淮 編修，八月入。十一月晉侍讀。 胡廣 侍講，九月入。十一月晉侍讀。 楊榮 修撰，九月入。十一月晉侍讀。 解縉 侍讀，八月入。十一月晉侍讀學士。 楊士奇 編修，九月入。十一月晉侍講。 金幼孜 檢討，九月入。十一月晉侍講。 胡儼 檢討，九月入。十一月晉侍講。			
永樂元年癸未	縉 淮 廣 榮 士奇 儼 幼孜			

紀年	宰輔拜免
二年甲申	縉　四月晉學士兼右春坊大學士。 淮　四月晉左庶子。 廣　四月晉右庶子。 儼　四月晉左諭德。九月改祭酒。 榮　四月晉右諭德。 士奇　四月晉左中允。 幼孜
三年乙酉	縉 淮 廣 榮 士奇 幼孜
四年丙戌	縉 淮 廣 榮 士奇 幼孜
五年丁亥	縉　二月黜爲廣西布政司右參議。 淮　十一月晉右春坊大學士。 廣　十一月晉翰林學士兼左春坊大學士。 榮　十一月晉右春坊右庶子。 士奇　十一月晉左春坊左諭德。 幼孜　十一月晉右春坊右諭德。榮、士奇、幼孜仍兼侍講。

紀年	宰輔拜免
六年戊子	廣 淮 榮 六月丁憂。十月起復。 士奇 幼孜
七年己丑	廣 正月命扈從。 淮 二月命輔東宮監國。 榮 正月起復，扈從。 士奇 二月命輔東宮監國。 幼孜 正月扈從。
八年庚寅	廣 淮 榮、 士奇 幼孜
九年辛卯	廣 淮 榮 士奇 幼孜
十年壬辰	廣 淮 榮 十一月經略甘肅。 士奇 幼孜

紀年	宰輔拜免
十一年癸巳	廣 淮 榮 士奇 幼孜
十二年甲午	廣 淮　閏九月下獄。 榮 士奇　閏九月下獄。未幾，特宥復職。 幼孜
十三年乙未	廣 榮 士奇 幼孜
十四年丙申	廣　四月晉文淵閣大學士，仍兼坊學。 榮　四月晉翰林院學士，仍兼庶子。 幼孜　四月晉翰林院學士，仍兼諭德。 士奇
十五年丁酉	廣 榮 幼孜 士奇　二月晉翰林院學士，仍兼諭德。
十六年戊戌	廣　五月卒。 榮 幼孜 士奇

紀年	宰輔拜免
十七年己亥	榮 幼孜 士奇
十八年庚子	榮　閏正月晉文淵閣大學士兼翰林院學士。 幼孜　閏正月晉文淵閣大學士兼翰林院學士。 士奇
十九年辛丑	榮 幼孜 士奇　正月晉左春坊大學士。
二十年壬寅	榮 幼孜 士奇　九月下獄。尋釋，復舊職。
二十一年癸卯	榮 幼孜 士奇
二十二年甲辰八月，仁宗即位。	士奇　八月晉禮部左侍郎兼華蓋殿大學士。九月晉少保。十一月晉少傅。 榮　八月晉太常卿，仍兼前職。九月晉太子少傅謹身殿大學士。十二月加工部尚書。 幼孜　八月晉户部右侍郎，仍兼前職。九月晉太子少保兼武英殿大學士。 淮　八月出獄。陞通政使兼武英殿大學士。
洪熙元年乙巳六月，宣宗即位。	士奇　正月晉兵部尚書。 榮 幼孜　正月晉禮部尚書。 淮　正月晉少保户部尚書。 楊溥　太常卿兼學士。閏七月同治内閣事。 權謹　三月以孝行由光禄丞授文華殿大學士。九月以通政司左參議致仕。

紀年	宰輔拜免
宣德元年丙午	士奇 榮 淮 幼孜　正月丁憂。尋起復。 溥 張瑛　三月晉禮部左侍郎兼華蓋殿大學士。
二年丁未	士奇 淮　八月致仕。 榮 幼孜 溥 瑛　二月晉尚書兼華蓋殿大學士。 陳山　二月晉户部尚書兼謹身殿大學士。
三年戊申	士奇　八月扈從北巡。 榮　八月扈從北巡。 幼孜 山 瑛 溥　八月扈從北巡。
四年己酉	士奇 榮 幼孜 山　十月專授小内使書。 瑛　十月改南京禮部尚書。 溥　八月丁憂。尋起復。
五年庚戌	士奇 榮　四月晉少傅。 幼孜 溥

紀年	宰輔拜免
六年辛亥	士奇 榮 幼孜　十二月卒。 溥
七年壬子	士奇 榮 溥
八年癸丑	士奇 榮 溥
九年甲寅	士奇 榮 溥　八月晉禮部尚書，仍兼學士。
十年乙卯正月，英宗即位。	士奇 榮 溥
正統元年丙辰	士奇 榮 溥
二年丁巳	士奇 榮 溥
三年戊午	士奇　四月晉少師。 榮　四月晉少師。 溥　四月晉少保兼禮部尚書武英殿大學士。

紀年	宰輔拜免
四年己未	士奇 二月歸省。四月還朝。 榮 溥
五年庚申	士奇 榮 二月歸省。七月還朝。卒於道。 溥 馬愉 翰林院侍講學士，二月入。 曹鼐 侍講，二月入。
六年辛酉	士奇 溥 二月歸省。 愉 鼐
七年壬戌	士奇 溥 愉 鼐
八年癸亥	士奇 溥 愉 鼐
九年甲子	士奇 三月卒。 溥 愉 鼐 正月晉學士。 陳循 學士，四月入直。

紀年	宰輔拜免
十年乙丑	溥 愉 十月晉禮部右侍郎。 鼒 十月晉吏部左侍郎。 循 十月晉户部右侍郎。 苗衷 侍讀學士，十月晉兵部右侍郎入。 高穀 侍講學士，十月晉工部右侍郎入。
十一年丙寅	溥 七月卒。 鼒 循 愉 三月歸省。 衷 穀
十二年丁卯	鼒 循 愉 九月卒。 衷 穀
十三年戊辰	鼒 循 衷 穀
十四年己巳 九月，景皇帝即位。	鼒 八月歿於土木。 循 八月晉户部尚書兼學士。 衷 穀 八月晉工部尚書兼學士。 張益 侍讀學士，五月入。八月歿於土木。 彭時 修撰，八月入。 商輅 修撰，八月入。

紀年	宰輔拜免
景泰元年庚午	循 衷　二月晉兵部尚書兼學士。八月致仕。 穀 時　閏正月守制回籍。 輅　九月晉學士。 俞綱　生員。三月晉兵部右侍郎，內閣辦事。疏辭，出佐兵部。 江淵　刑部侍郎兼學士，八月入。九月晉户部右侍郎。
二年辛未	循　十二月晉少保户部尚書兼文淵閣大學士。 穀　十二月晉少保工部尚書兼東閣大學士。 淵 輅 王一寧　禮部侍郎兼學士。十二月入。 蕭鎡　祭酒兼學士，十二月入。
三年壬申	循　四月兼太子太傅。 穀　四月兼太子太傅。 淵　二月晉吏部左侍郎。四月兼太子少師。九月奔喪。 一寧　四月晉太子少師。七月卒。 鎡　二月晉户部右侍郎。四月晉太子少師。 輅　四月晉兵部左侍郎兼右春坊大學士。 王文　十月，太子太保左都御史入。
四年癸酉	循 穀 文　正月召至。二月晉吏部尚書兼學士。五月丁憂。九月起復。 鎡 淵　四月還任。 輅

紀年	宰輔拜免
五年甲戌	循 穀 文　六月晉少保兼東閣大學士。 鎡 淵　正月撫安山東。七月召還。 輅
六年乙亥	循 穀 文 淵　正月晉太子少師兼工部尚書，視部事。 鎡 輅
七年丙子	循　五月兼華蓋殿大學士。 穀　五月兼謹身殿大學士。 文　五月兼謹身殿大學士。 鎡　五月晉户部尚書。 輅　五月兼太常寺卿。
八年丁丑正月壬午，英宗復皇帝位，改天順元年。	循　正月充鐵嶺衛軍。 穀　正月辭保傅。二月致仕。 文　正月棄市。 鎡　正月爲民。 輅　正月爲民。 徐有貞　正月，兵部尚書兼學士入。三月封武功伯兼華蓋殿大學士，掌文淵閣事。六月下獄，降廣東右參政。七月復下獄，宥死，發雲南金齒衛爲民。 許彬　正月晉禮部右侍郎兼學士入。七月調南京禮部左侍郎。 薛瑄　正月晉禮部右侍郎兼學士入。六月致仕。 李賢　二月，禮部侍郎兼學士入。三月晉吏部尚書。六月下獄，降福建右參政。尋留爲吏部右侍郎。七月復任。 呂原　六月，通政司左參議兼翰林院侍講入，十二月晉學士。 岳正　六月，翰林院修撰入。七月調爲廣東欽州同知。 時　九月，太常寺少卿兼翰林院侍讀入。十二月晉學士。

紀年	宰輔拜免
二年戊寅	賢 時 原
三年己卯	賢 時 原
四年庚辰	賢 時 原
五年辛巳	賢　八月加太子少保。 時 原
六年壬午	賢 時 原　十一月卒。
七年癸未	賢 時 陳文　二月晉禮部右侍郎兼學士入。
八年甲申正月，憲宗即位。	賢　二月晉少保吏部尚書兼華蓋殿大學士。 文　二月晉吏部左侍郎兼學士。 時　二月晉吏部右侍郎兼學士。
成化元年乙酉	賢 文　三月晉禮部尚書。 時　十月晉兵部尚書。

紀年	宰輔拜免
二年丙戌	賢 三月丁憂。五月起復。十二月卒。 文 時 七月歸省。 劉定之 太常寺少卿兼翰林院侍讀學士，十二月入。
三年丁亥	文 八月加太子少保兼文淵閣大學士。 時 二月還任。八月加太子太保兼文淵閣大學士。 定之 八月晉工部右侍郎兼學士。 輅 三月，兵部左侍郎兼學士復入。
四年戊子	文 四月卒。 時 輅 十月晉兵部尚書。 定之 十月晉禮部左侍郎。
五年己丑	時 輅 定之 八月卒。 萬安 五月，禮部左侍郎兼學士入。
六年庚寅	時 輅 安
七年辛卯	時 輅 安
八年壬辰	時 輅 安

紀年	宰輔拜免
九年癸巳	時 輅 五月晉户部尚書。 安 五月晉禮部尚書。
十年甲午	時 輅 安
十一年乙未	時 正月晉少保。三月卒。 輅 四月兼文淵閣大學士。 安 劉翊 四月，吏部左侍郎兼學士入。 劉吉 四月，禮部左侍郎兼學士入。
十二年丙申	輅 二月晉太子少保吏部尚書。 安 二月晉户部尚書。 翊 吉
十三年丁酉	輅 四月兼謹身殿大學士。六月加少保，致仕。 安 四月加太子少保。六月晉文淵閣大學士。 翊 四月晉吏部尚書。 吉 四月晉禮部尚書。
十四年戊戌	安 二月晉吏部尚書兼謹身殿大學士。十月加太子太保。 翊 二月加太子少保兼文淵閣大學士。 吉 二月加太子少保兼文淵閣大學士。
十五年己亥	安 翊 吉

紀年	宰輔拜免
十六年庚子	安 珝 吉
十七年辛丑	安 珝 吉
十八年壬寅	安　十二月晉太子太傅兼華蓋殿大學士。 珝　十二月晉太子太保兼謹身殿大學士。 吉　正月丁憂。七月起復。十二月晉太子太保兼武英殿大學士。
十九年癸卯	安 珝 吉
二十年甲辰	安 珝 吉
二十一年乙巳	安 珝　九月致仁。 吉　十二月晉户部尚書兼謹身殿大學士。 彭華　十二月晉吏部左侍郎兼學士入。
二十二年丙午	安　十月晉少傅兼太子太師。 吉　十月晉少保兼太子太傅。 華　十月晉禮部尚書太子少保。 尹直　九月晉户部左侍郎兼學士入。十月晉兵部尚書太子少保。

紀年	宰輔拜免
二十三年丁未九月，孝宗即位。	安　七月晉少師，十月罷。 吉　十一月晉少傅兼太子太師吏部尚書。 華　三月致仕。 直　十一月罷。 徐溥　十月，吏部左侍郎兼學士入，十一月晉禮部尚書兼文淵閣大學士。 劉健　十一月晉禮部右侍郎兼學士入。
弘治元年戊申	吉 溥 健
二年己酉	吉 溥 健
三年庚戌	吉 溥 健
四年辛亥	吉　八月晉少師華蓋殿大學士。 溥　八月晉太子太傅户部尚書兼武英殿大學士。 健　八月晉禮部尚書兼文淵閣大學士。 丘濬　十月，太子太保禮部尚書入，兼文淵閣大學士。
五年壬子	吉　八月致仕。 溥 濬 健
六年癸丑	溥 濬 健

紀年	宰輔拜免
七年甲寅	溥　八月加少傅吏部尚書謹身殿大學士。 濬　八月加少保户部尚書武英殿大學士。 健　八月晉太子太保兼禮部尚書武英殿大學士。
八年乙卯	溥 濬　二月卒。 健 李東陽　二月，禮部左侍郎兼翰林院侍讀學士入。 謝遷　二月，詹事府少詹事兼侍讀學士入。十月服闋至京，晉詹事。
九年丙辰	溥 健 東陽 遷
十年丁巳	溥 健 東陽 遷
十一年戊午	溥　二月加少師兼太子太師華蓋殿大學士。七月致仕。 健　二月加少傅兼太子太傅户部尚書謹身殿大學士。 東陽　二月晉太子少保禮部尚書兼文淵閣大學士。 遷　二月晉太子少保兵部尚書兼東閣大學士。
十二年己未	健 東陽 遷

紀年	宰輔拜免
十三年庚申	健 東陽 遷
十四年辛酉	健 東陽 遷
十五年壬戌	健 東陽 遷
十六年癸亥	健　二月加少師兼太子太師吏部尚書華蓋殿大學士。五月考滿，加特進。 東陽　二月晉太子太保户部尚書兼謹身殿大學士。 遷　二月晉太子太保禮部尚書兼武英殿大學士。
十七年甲子	健 東陽 遷
十八年乙丑　五月，武宗即位。	健　七月加左柱國。 東陽　七月加少傅兼太子太傅。八月加柱國。 遷　七月加少傅兼太子太傅。八月加柱國。
正德元年丙寅	健　十月致仕。 東陽　十二月晉少師兼太子太師吏部尚書華蓋殿大學士。 遷　十月致仕。 焦芳　十月吏部尚書兼文淵閣大學士入，命仍掌吏部印。十二月加太子太保武英殿大學士。 王鏊　十月，吏部左侍郎兼學士入。十二月加户部尚書文淵閣大學士。

紀年	宰輔拜免
二年丁卯	東陽 芳　八月晉少傅兼太子太傅謹身殿大學士。 鏊　八月晉少傅兼太子太傅武英殿大學士。 楊廷和　八月，南京户部尚書入。十月改户部尚書兼文淵閣大學士。
三年戊辰	東陽 芳 鏊 廷和　八月晉少保兼太子太保。
四年己巳	東陽 芳　五月晉少師兼太子太師華蓋殿大學士。 鏊　四月致仕。 廷和 劉宇　六月，吏部尚書兼文淵閣大學士，即予告。踰年致仕。
五年庚午	東陽　九月加左柱國。 芳　五月致仕。 廷和　二月晉吏部尚書武英殿大學士。九月晉少傅兼太子太傅謹身殿大學士。 曹元　二月，太子少保兵部尚書晉吏部尚書兼文淵閣大學士入。八月致仕。尋黜爲民。 梁儲　九月改太子少保吏部尚書兼文淵閣大學士入。尋晉少保太子太保武英殿。 劉忠　九月掌詹事府事吏部尚書兼文淵閣大學士入。尋晉少傅兼太子太傅武英殿。
六年辛未	東陽 廷和 忠　十一月致仕。 儲 費宏　十二月晉禮部尚書兼文淵閣大學士入。

紀年	宰輔拜免
七年壬申	東陽　十二月致仕。 廷和　十月晉少師兼太子太師華蓋殿大學士。 儲　十月晉少保兼太子太傅謹身殿大學士。 宏　十月晉太子太保武英殿大學士。
八年癸酉	廷和 儲 宏
九年甲戌	廷和 儲 宏　五月致仕。 靳貴　二月，禮部尚書兼文淵閣大學士入。
十年乙亥	廷和　三月丁憂。 儲 貴 楊一清　閏四月，吏部尚書兼武英殿大學士入。
十一年丙子	儲 一清　八月致仕。 貴 蔣冕　八月，禮部尚書兼文淵閣大學士入。
十二年丁丑	儲 貴　四月致仕。 冕　七月加太子太傅兼武英殿大學士。 毛紀　五月，禮部尚書兼東閣大學士入。七月加太子太保兼文淵閣大學士。 楊廷和　少師兼太子太師吏部尚書華蓋殿大學士。十一月服除，入。

紀年	宰輔拜免
十三年戊寅	廷和 儲 冕 紀
十四年己卯	廷和 儲 冕 紀
十五年庚辰	廷和 儲 冕 紀
十六年辛巳 四月，世宗即位。	廷和　加左柱國。 儲　五月致仕，加左柱國。 冕　正月加少傅謹身殿大學士。 紀　正月加少保，改户部尚書兼武英殿大學士。 袁宗皋　五月陞吏部左侍郎晉禮部尚書兼文淵閣大學士入。九月卒。 費宏　四月召，十月入，加柱國少保。

紀年	宰輔拜免
嘉靖元年壬午	廷和 冕 紀 宏
二年癸未	廷和 冕 紀 宏
三年甲申	廷和　二月致仕。 冕　五月致仕。 紀　六月晉吏部尚書謹身殿大學士。七月致仕。 宏 石珤　五月，吏部尚書兼文淵閣大學士入。 賈詠　八月晉禮部尚書兼文淵閣大學士入。
四年乙酉	宏　六月加少師兼太子太師。 珤　六月加太子太保武英殿大學士。 詠　六月加太子太保武英殿大學士。 一清　十一月召。
五年丙戌	一清　五月復吏部尚書武英殿大學士，加少師，仍兼太子太傅入。七月加兼太子太師謹身殿大學士。 宏　七月晉華蓋殿大學士。 珤　七月加少保。 詠　七月加少保。

紀年	宰輔拜免
六年丁亥	宏　二月致仕。 一清　八月晉左柱國華蓋殿大學士。 珤　八月致仕。 詠　八月致仕。 遷　二月召，少傅兼太子太傅禮部尚書武英殿大學士。十月復入。 翟鑾　三月，吏部左侍郎兼學士入。 張璁　十月，禮部尚書兼文淵閣大學士入。
七年戊子	一清 遷　三月致仕。 璁　正月加少保兼太子太保。六月加少傅兼太子太傅，晉吏部尚書謹身殿大學士。 鑾　六月陞禮部尚書兼文淵閣大學士。
八年己丑	一清　九月致仕。 璁　八月罷。九月召還。 鑾 桂萼　二月，少保兼太子太傅吏部尚書武英殿大學士入。八月革去散官及學士，以尚書致仕。九月復少保兼太子太傅吏部尚書武英殿大學士，仍致仕。十一月召復任。
九年庚寅	璁 萼　四月至京，命照舊辦事。 鑾
十年辛卯	孚敬　璁二月改名，七月致仕。十一月召復任。 萼　正月以病乞歸。八月卒。 鑾 李時　九月，太子太傅禮部尚書兼文淵閣大學士入。
十一年壬辰	孚敬　三月至京，晉太子太師華蓋殿大學士。八月致仕。 時 鑾 方獻夫　五月，原任太子太保吏部尚書兼學士，應召至京，晉武英殿大學士入。七月掌吏部事。

紀年	宰輔拜免
十二年癸巳	獻夫 時 鑾　十一月丁憂。 孚敬　正月召復任。四月赴召至京。
十三年甲午	孚敬　正月晉少師兼太子太保吏部尚書武英殿大學士。 獻夫　正月晉少保。四月致仕。 時　正月晉少保。
十四年乙未	孚敬　四月致仕。 時 費宏　七月召。八月入，十月卒。
十五年丙申	時　七月加太子太傅。九月晉少傅兼謹身殿大學士。十一月兼太子太師。閏十二月晉華蓋殿大學士。 夏言　閏十二月，少傅太子太師禮部尚書兼武英殿大學士入。
十六年丁酉	時 言
十七年戊戌	時　十二月卒。 言 顧鼎臣　八月，太子太保禮部尚書兼文淵閣大學士入。
十八年己亥	言　正月晉特進光祿大夫上柱國少師。五月以少保兼尚書致仕，未行，復少傅兼太子太傅禮部尚書武英殿大學士，復入。 鼎臣　正月晉少保兼太子太保武英殿大學士。
十九年庚子	言　十一月加少師兼太子太師吏部尚書華蓋殿大學士。 鼎臣　十月卒。 鑾　正月，行邊事竣，還京，詔以原職太子少保禮部尚書兼武英殿大學士。十一月加少保兼太子太傅尚書大學士如故。
二十年辛丑	言　八月落職致仕。九月詣迎和門辭，詔仍還私宅調理，以俟後命。十月復少傅兼太子太師禮部尚書武英殿大學士，仍赴閣辦事。 鑾

紀年	宰輔拜免
二十一年壬寅	言　三月復少師吏部尚書華蓋殿大學士，勳階兼官悉如舊。七月革職閒住。 鑾　八月加少傅兼謹身殿大學士。 嚴嵩　八月，少保太子太保禮部尚書兼武英殿大學士入，仍掌禮部事。
二十二年癸卯	鑾 嵩
二十三年甲辰	鑾　八月削籍。 嵩　八月加太子太傅。九月晉兼吏部尚書謹身殿大學士。十二月加少傅。 許讚　吏部尚書。九月兼文淵閣大學士入。 張璧　禮部尚書。九月兼東閣大學士入。
二十四年乙巳	嵩　七月加太子太師。八月加少師。 讚　七月加少傅。十一月革職閒住。 璧　七月加太子太保。八月卒。 言　九月復召。十二月復少師兼太子太師吏部尚書華蓋殿大學士原職，起用。
二十五年丙午	言 嵩
二十六年丁未	言 嵩　十一月晉華蓋殿大學士。
二十七年戊申	言　正月削奪保傅，以尚書致仕。十月棄市。 嵩
二十八年己酉	嵩 張治　二月晉禮部尚書兼文淵閣大學士入。 李本　二月，少詹事兼學士入。

紀年	宰輔拜免
二十九年庚戌	嵩 八月加上柱國。 治 八月加太子太保。十月卒。 本 八月晉吏部右侍郎兼東閣大學士。
三十年辛亥	嵩 本 十一月晉禮部尚書。
三十一年壬子	嵩 本 徐階 少保兼太子太保禮部尚書。三月兼東閣大學士入，仍掌部事。
三十二年癸丑	嵩 階 七月晉柱國。 本
三十三年甲寅	嵩 階 八月晉太子太傅武英殿大學士。 本 八月晉太子太保文淵閣大學士。
三十四年乙卯	嵩 階 本
三十五年丙辰	嵩 階 本 二月命暫管吏部事。三月晉少保兼武英殿大學士。
三十六年丁巳	嵩 階 八月加少傅。 本 七月晉柱國。八月加太子太傅。

紀年	宰輔拜免
三十七年戊午	嵩 階 本
三十八年己未	嵩 階　五月晉吏部尚書。 本
三十九年庚申	嵩 階　八月晉太子太師。 本　八月晉少傅。
四十年辛酉	嵩 階 本　五月丁憂。 袁煒　十一月加太子太保户部尚書兼武英殿大學士入。
四十一年壬戌	嵩　五月罷。 階　三月晉少師。 煒　三月晉少保。
四十二年癸亥	階 煒
四十三年甲子	階　八月晉建極殿大學士。 煒　八月晉少傅兼太子太傅建極殿大學士。
四十四年乙丑	階 煒　三月病歸。 嚴訥　四月，吏部尚書兼武英殿大學士入，仍暫掌吏部事。十一月病歸。 李春芳　四月晉禮部尚書兼武英殿大學士入。

紀年	宰輔拜免
四十五年丙寅十二月，穆宗即位。	階 春芳　三月晉吏部尚書。 郭朴　三月晉吏部尚書兼武英殿大學士入。 高拱　三月晉禮部尚書兼文淵閣大學士入。
隆慶元年丁卯	階 春芳　二月晉少保。四月晉少傅兼太子太傅。 朴　二月晉少保。四月晉少傅兼太子太傅。九月致仕。 拱　二月晉少保兼太子太保。四月晉少傅兼太子太傅。五月罷。 陳以勤　二月晉禮部尚書兼文淵閣大學士入。四月加太子太保。 張居正　二月晉吏部左侍郎兼東閣大學士入。四月晉禮部尚書武英殿大學士。
二年戊辰	階　七月致仕。 春芳　正月加少師兼太子太師建極殿大學士。 以勤　正月加少傅兼太子太傅。 居正　正月加少保兼太子太保。
三年己巳	春芳 以勤 居正 趙貞吉　八月，禮部尚書兼文淵閣大學士入。 拱　十二月召還，兼掌吏部事。
四年庚午	春芳　六月晉少師。十二月加中極殿大學士。 拱　十二月晉少師建極殿大學士。 以勤　七月致仕，加太子太師。 居正　十二月晉太子太傅吏部尚書柱國，又晉少傅建極殿大學士。 貞吉　十一月致仕。 殷士儋　十一月，太子太保禮部尚書兼文淵閣大學士入。踰月，晉少保武英殿大學士。

紀年	宰輔拜免
五年辛未	春芳　五月致仕。 拱 居正 士儋　十一月致仕。
六年壬申六月，神宗即位。	拱　正月加柱國晉中極殿大學士。六月罷。 居正　正月加少師兼太子太師。八月加左柱國中極殿大學士。 高儀　四月，禮部尚書兼文淵閣大學士入。六月卒。 吕調陽　六月，禮部尚書兼文淵閣大學士入。八月晉太子少保武英殿大學士。
萬曆元年癸酉	居正 調陽　十一月晉太子太保。
二年甲戌	居正 調陽　七月晉少保。
三年乙亥	居正 調陽 張四維　八月晉禮部尚書兼東閣大學士入。
四年丙子	居正　十月特晉左柱國太傅，俸如伯爵。 調陽　十月晉太子太傅吏部尚書。 四維
五年丁丑	居正　九月丁憂奪情。 調陽　八月晉少傅。 四維　八月晉太子太保文淵閣大學士。

紀年	宰輔拜免
六年戊寅	居正　三月歸葬。六月還朝。 調陽　二月晉建極殿大學士。七月以病回籍。 四維　二月晉少保武英殿大學士。 馬自强　三月，太子太保禮部尚書兼文淵閣大學士入。十月卒。 申時行　三月，吏部左侍郎兼東閣大學士入。
七年己卯	居正 四維 時行　十二月加禮部尚書兼文淵閣大學士。
八年庚辰	居正 四維　六月晉少傅兼太子太傅。 時行
九年辛巳	居正　十一月晉太傅左柱國。 四維　加柱國。 時行
十年壬午	居正　六月晉太師，尋卒。 四維　六月晉太子太師。九月晉少師。 時行　六月晉太子太保。九月晉少保。 潘晟　禮部尚書武英殿大學士，六月命，未任罷。 余有丁　六月，禮部尚書兼文淵閣大學士入。九月晉太子太保。
十一年癸未	四維　四月丁憂。 時行　九月晉少傅兼太子太傅吏部尚書建極殿大學士。 有丁　九月晉少保户部尚書武英殿大學士。 許國　四月，禮部尚書兼東閣大學士入。九月晉太子太保文淵閣大學士。

紀年	宰輔拜免
十二年甲申	時行　九月晉少師太子太師中極殿大學士。 有丁　九月晉少傅太子太傅建極殿大學士。十一月卒。 國　九月晉少保太子太保武英殿大學士。 王錫爵　十二月起禮部尚書兼文淵閣大學士。 王家屏　十二月以吏部侍郎兼東閣大學士。
十三年乙酉	時行 國 錫爵　六月入。 家屏
十四年丙戌	時行 國　八月晉柱國少傅兼太子太傅。 錫爵 家屏　九月丁憂。
十五年丁亥	時行 國　二月晉吏部尚書建極殿大學士。 錫爵　二月晉太子太保武英殿大學士。
十六年戊子	時行　四月加左柱國。 國 錫爵　六月晉太子太保。 家屏　十二月服闋召。
十七年己丑	時行 國　八月晉太子太師吏部尚書。 錫爵 家屏　四月還朝，晉禮部尚書。

紀年	宰輔拜免
十八年庚寅	時行 國 錫爵 家屏
十九年辛卯	時行　三月加太傅。九月致仕。 國　九月致仕。 錫爵　六月歸省。 家屏 趙志皐　九月，禮部尚書兼東閣大學士入。 張位　九月，吏部侍郎兼東閣大學士。
二十年壬辰	家屏　三月致仕。 志皐 位　四月入。
二十一年癸巳	錫爵　正月還朝。 志皐　四月晉太子太保文淵閣大學士。 位　四月晉禮部尚書文淵閣大學士。
二十二年甲午	錫爵　二月晉少傅兼太子太保吏部尚書建極殿大學士。五月致仕。 志皐　二月晉少保兼太子太保户部尚書。 位　二月晉太子太保。 陳于陛　五月，禮部尚書兼東閣大學士入。 沈一貫　五月，禮部尚書兼東閣大學士。十一月入。
二十三年乙未	志皐 位 于陛　十月晉太子少保。 一貫　十月晉太子少保。

紀年	宰輔拜免
二十四年丙申	志皐　三月晉少傅兼太子太傅建極殿大學士。 位 于陛　八月晉太子太保。十二月卒。 一貫
二十五年丁酉	志皐 位　五月晉少保太子太保吏部尚書武英殿大學士。 一貫　五月晉太子太保户部尚書武英殿大學士。
二十六年戊戌	志皐　十月養病。 位　六月閒住。 一貫
二十七年己亥	志皐　養病。四月晉兼太子太師中極殿大學士。 一貫
二十八年庚子	志皐　養病。 一貫　五月晉少保吏部尚書。
二十九年辛丑	志皐　養病。九月卒。 一貫　十一月晉兼太子太傅建極殿大學士。 沈鯉　九月，禮部尚書召兼東閣大學士。 朱賡　九月，禮部尚書召兼東閣大學士。
三十年壬寅	一貫　七月晉少傅兼太子太傅。 鯉　七月入。 賡　四月入。七月晉太子太保。
三十一年癸卯	一貫　四月晉左柱國少傅中極殿大學士。 鯉 賡

紀年	宰輔拜免
三十二年甲辰	一貫 鯉　十月晉少保文淵閣大學士。 賡　十月晉太子太保文淵閣大學士。
三十三年乙巳	一貫　十月晉少師兼太子太師。 鯉　十月晉少傅兼太子太傅。 賡　十月晉少保兼太子太保。
三十四年丙午	一貫　七月致仕。 鯉　七月致仕。 賡
三十五年丁未	賡　三月晉户部尚書武英殿大學士。 錫爵　六月加少保召，辭不至。 于慎行　禮部尚書。五月加太子太保東閣大學士。十一月入，尋卒。 李廷機　五月晉禮部尚書兼東閣大學士入。 葉向高　五月晉禮部尚書兼東閣大學士。十一月入。
三十六年戊申	賡　十一月卒。 廷機　十月養病。以後杜門注籍，不赴閣。 向高
三十七年己酉	廷機　養病。 向高
三十八年庚戌	廷機　養病。 向高　十二月晉太子太保文淵閣大學士。
三十九年辛亥	廷機　養病。 向高

紀年	宰輔拜免
四十年壬子	廷機　養病。九月晉太子太保，致仕。 向高
四十一年癸丑	向高　十一月晉少保兼太子太保户部尚書武英殿大學士。十二月晉少傅兼太子太傅吏部尚書建極殿大學士。 方從哲　九月晉禮部尚書兼東閣大學士入。 吴道南　九月晉禮部尚書兼東閣大學士入。
四十二年甲寅	向高　八月晉少師兼太子太師，致仕。 從哲 道南　未赴。
四十三年乙卯	從哲 道南　五月入。
四十四年丙辰	從哲　十二月晉太子太保文淵閣大學士。 道南
四十五年丁巳	從哲 道南　七月丁憂。
四十六年戊午	從哲
四十七年己未	從哲
四十八年庚申八月，光宗即位。九月崩，熹宗即位。八月以後，爲泰昌元年。	從哲　八月晉少保户部尚書武英殿大學士。十月晉少師兼太子太師吏部尚書中極殿大學士。十二月致任。 史繼偕　八月晉禮部尚書兼東閣大學士。 沈潅　八月晉禮部尚書兼東閣大學士。 何宗彦　八月晉禮部尚書兼東閣大學士。 劉一燝　八月晉禮部尚書東閣大學士入。十月晉太子太保户部尚書文淵閣大學士。 韓爌　八月晉禮部尚書東閣大學士入。十月晉太子太保户部尚書文淵閣大學士。 朱國祚　八月晉禮部尚書，召兼東閣大學士。 孫如游　禮部尚書。十月兼東閣大學士入。 向高　八月召。

紀年	宰輔拜免
天啓元年辛酉	向高　六月晉中極殿大學士。十月入。 一燝　六月晉少保兼太子太保吏部尚書武英殿大學士，又晉少傅兼太子太傅建極殿大學士。九月晉中極殿大學士。十月晉少師兼太子太師。 熿　六月晉少保吏部尚書武英殿大學士，又晉少傅兼太子太傅建極殿大學士。九月晉中極殿大學士。十月晉少師兼太子太師。 繼偕　十月入。晉太子太保文淵閣大學士。 淮　七月入。九月晉太子太保文淵閣大學士。十月晉少保武英殿大學士。 宗彦　六月入。九月晉太子太保文淵閣大學士。十月晉少保武英殿大學士。 國祚　六月入。九月晉太子太保文淵閣大學士。十月晉少保武英殿大學士。 如游　閏二月晉太子太保文淵閣大學士，致仕。
二年壬戌	向高 一燝　三月致仕。 熿 繼偕 淮　七月致仕。 宗彦 國祚 孫承宗　二月晉兵部尚書東閣大學士入，兼掌兵部。八月晉太子太保，出鎮山海關。
三年癸亥	向高　正月晉中極殿大學士。七月晉左柱國。十一月晉上柱國。十二月晉少傅。 熿　正月晉少師太子太師中極殿大學士。七月加特進。十一月晉左柱國。 繼偕　正月晉太子太師文淵閣大學士。七月晉少傅兼太子太傅。尋加少保，致仕。 宗彦　正月晉少保兼太子太保户部尚書。七月晉少傅兼太子太傅。十一月晉太子太師。 國祚　正月晉少保兼太子太保户部尚書。四月致仕。 顧秉謙　禮部尚書。正月兼東閣大學士入。七月晉太子太保文淵閣大學士。十一月晉少保太子太保。 朱國禎　正月晉禮部尚書兼東閣大學士。六月入。七月晉太子太保文淵閣大學士。十月晉少保兼太子太保。 朱延禧　正月晉禮部尚書兼東閣大學士入。七月晉太子太保文淵閣大學士。十一月晉少保兼太子太保。 魏廣微　正月，禮部尚書兼東閣大學士。十月入。十一月晉太子太保文淵閣大學士。 承宗　出鎮。正月晉少保兼太子太保文淵閣大學士。七月晉少傅兼太子太傅。十一月晉太子太師。

紀年	宰輔拜免
四年甲子	向高　七月致仕。 爌　十一月致仕。 宗彥　正月卒。 秉謙 國禎　十二月致仕。 延禧 廣微 承宗　出鎮。
五年乙丑	秉謙　正月晉少傅兼太子太師吏部尚書建極殿大學士。九月晉左柱國少師中極殿大學士。 延禧　正月晉少傅兼太子太師吏部尚書建極殿大學士。六月罷。 廣微　正月晉少保兼太子太傅吏部尚書建極殿大學士。八月致仕，晉少傅兼太子太師。 周如磐　禮部尚書。八月兼東閣大學士入，尋晉太子太保文淵閣大學士。十一月致仕。 黄立極　八月晉禮部尚書兼東閣大學士入。九月晉太子太保文淵閣大學士。 丁紹軾　八月晉禮部尚書兼東閣大學士入。九月加太子太保文淵閣大學士。 馮銓　八月晉禮部侍郎兼東閣大學士入。九月晉禮部尚書文淵閣大學士。 承宗　出鎮。正月晉少師兼太子太師。九月晉左柱國中極殿大學士。十月致仕。
六年丙寅	秉謙　四月晉太保。閏六月晉上柱國太師。九月致仕。 立極　四月晉少保兼太子太保户部尚書武英殿大學士。十一月晉少傅兼太子太傅吏部尚書建極殿大學士。 紹軾　四月晉少保兼太子太保户部尚書武英殿大學士。尋卒。 銓　四月晉少保兼太子太保户部尚書武英殿大學士。閏六月免。 施鳳來　七月晉禮部尚書兼東閣大學士入。十月晉太子太保文淵閣大學士。十一月晉少保兼太子太保户部尚書武英殿大學士。 張瑞圖　七月晉禮部尚書東閣大學士入。十月晉太子太保文淵閣大學士。十一月晉少保兼太子太保户部尚書武英殿大學士。 李國楷　七月晉禮部尚書東閣大學士入。十月晉太子太保文淵閣大學士。十一月晉少保兼太子太保户部尚書武英殿大學士。

紀年	宰輔拜免
七年丁卯八月，莊烈帝即位。	立極　三月晉少傅兼太子太傅吏部尚書建極殿大學士。八月加左柱國晉少師兼太子太師中極殿大學士。十月晉太保，辭免。十一月致仕。 鳳來　三月晉少保兼太子太保户部尚書武英殿大學士。八月晉少師兼太子太師中極殿大學士。十月晉左柱國吏部尚書。 瑞圖　三月晉少保兼太子太保户部尚書武英殿大學士。八月加少師兼太子太師中極殿大學士。十月晉左柱國吏部尚書。 國楷　三月晉少保兼太子太保户部尚書武英殿大學士。八月晉少師兼太子太師中極殿大學士。十月晉左柱國吏部尚書。 來宗道　太子太保禮部尚書。十二月兼東閣大學士入。 楊景辰　十二月晉禮部尚書兼東閣大學士入。 周道登　十二月晉禮部尚書兼東閣大學士入。 錢龍錫　十二月晉禮部尚書兼東閣大學士入。 李標　十二月晉禮部尚書兼東閣大學士入。 劉鴻訓　十二月禮部尚書兼東閣大學士入。
崇禎元年戊辰	鳳來　三月致仕，晉太傅。 瑞圖　三月致仕，晉太保。 國楷　四月晉太保。五月致仕。 宗道　四月晉少保兼太子太保户部尚書文淵閣大學士。六月致仕，晉少傅兼太子太傅。 景辰　四月晉太子太保文淵閣大學士。六月致仕，晉少保。 道登　六月任。七月晉太子太保文淵閣大學士。 標　二月任。七月晉太子太保文淵閣大學士。 龍錫　六月任。七月晉太子太保文淵閣大學士。 鴻訓　二月任。七月晉太子太保文淵閣大學士。十月罷，尋遣戍。 爌　四月召。十二月任。
二年己巳	爌　三月晉太傅。 道登　正月致仕。 標 龍錫　十二月罷。 成基命　十一月晉禮部尚書兼東閣大學士入。 周延儒　十二月晉禮部尚書兼東閣大學士入。 何如寵　禮部尚書。十二月兼東閣大學士入。 錢象坤　十二月晉禮部尚書兼東閣大學士入。 承宗　十一月召，以少師兼太子太師兵部尚書中極殿大學士出鎮山海關。四年十一月致仕。

紀年	宰輔拜免
三年庚午	熿　正月致仕。 標　二月晉少保兼太子太保户部尚書武英殿大學士。三月致仕。 基命　二月晉太子太保文淵閣大學士。九月致仕。 延儒　二月晉太子太保文淵閣大學士。十一月晉少保武英殿大學士。 如寵　二月晉太子太保文淵閣大學士。十一月晉少保武英殿大學士。 象坤　二月晉太子太保文淵閣大學士。十一月晉少保武英殿大學士。 温體仁　禮部尚書。六月兼東閣大學士入。十一月晉太子太保文淵閣大學士。 吴宗達　禮部尚書。六月兼東閣大學士入。十一月晉太子太保文淵閣大學士。
四年辛未	延儒 如寵　八月致仕。 象坤　六月致仕。 體仁 宗達
五年壬申	延儒　二月晉少傅兼太子太傅吏部尚書建極殿大學士。 體仁　二月晉少保兼太子太保户部尚書武英殿大學士。 宗達　二月晉少保兼太子太保户部尚書武英殿大學士。 鄭以偉　五月晉禮部尚書兼東閣大學士入。十月晉太子少保。 徐光啓　五月晉禮部尚書兼東閣大學士入。十月加太子少保。
六年癸酉	延儒　六月罷。 體仁　十一月晉少傅兼太子太傅吏部尚書建極殿大學士。 宗達　十二月晉少傅兼太子太傅吏部尚書建極殿大學士。 以偉　六月卒。 光啓　七月晉太子太保文淵閣大學士。十月卒。 錢士升　九月晉禮部尚書兼東閣大學士入。 王應熊　十一月晉禮部尚書兼東閣大學士入。 何吾騶　十一月晉禮部尚書兼東閣大學士入。 何如寵　七月召，辭不赴。

紀年	宰輔拜免
七年甲戌	體仁　二月晉少師兼太子太師中極殿大學士。 宗達　二月晉少師兼太子太師中極殿大學士。 應熊　二月晉太子太保文淵閣大學士。 吾騶　二月晉太子太保文淵閣大學士。 士升　二月晉太子太保文淵閣大學士。
八年乙亥	體仁 宗達　五月致仕。 應熊　九月罷。 吾騶　十一月罷。 士升 文震孟　七月晉禮部侍郎兼東閣大學士入。十一月閒住。 張至發　七月晉禮部侍郎兼東閣大學士入。
九年丙子	體仁　十月晉少師兼太子太師中極殿大學士。 士升　四月免。 至發　六月晉禮部尚書。十月晉太子太保文淵閣大學士。 林釬　禮部侍郎。正月兼東閣大學士入。六月卒。 黃士俊　禮部尚書。六月兼東閣大學士入。十月晉太子太保文淵閣大學士。 孔貞運　六月晉禮部尚書東閣大學士入。十月晉太子太保文淵閣大學士。 賀逢聖　禮部尚書。六月兼東閣大學士入。十月晉太子太保文淵閣大學士。
十年丁丑	體仁　正月晉左柱國，三月晉太保，俱辭免。六月致仕。 至發　三月晉少傅兼太子太傅户部尚書。 士俊　三月晉少傅兼太子太傅户部尚書。 逢聖　三月晉少傅兼太子太傅户部尚書。 貞運　三月晉少傅兼太子太傅户部尚書。 劉宇亮　八月晉禮部尚書兼東閣大學士入。 傅冠　八月晉禮部尚書兼東閣大學士入。 薛國觀　八月晉禮部侍郎兼東閣大學士入。

紀年	宰輔拜免
十一年戊寅	至發　四月罷。 士俊　正月罷。 逢聖　三月罷。 貞運　六月罷。 宇亮　六月晉文淵閣大學士。十一月出督師。 冠　六月晉文淵閣大學士。八月罷。 國觀　六月晉禮部尚書。 程國祥　六月改禮部尚書兼東閣大學士入。 楊嗣昌　六月改禮部尚書兼東閣大學士入，仍掌兵部。 方逢年　六月晉禮部尚書兼東閣大學士入。十二月閒住。 蔡國用　六月晉禮部尚書兼東閣大學士入。 范復粹　六月晉禮部侍郎兼東閣大學士入。
十二年己卯	宇亮　二月罷。 國觀　六月晉太子太保户部尚書文淵閣大學士。十一月晉少保吏部尚書武英殿大學士。 國祥　四月致仕。 嗣昌　九月督師。 國用　六月晉太子太保户部尚書文淵閣大學士。 復粹　五月晉禮部尚書。六月晉太子太保户部尚書文淵閣大學士。 姚明恭　五月晉禮部尚書兼東閣大學士入。 張四知　五月晉禮部尚書兼東閣大學士入。 魏炤乘　五月晉禮部尚書兼東閣大學士入。
十三年庚辰	國觀　六月致仕。 國用　六月卒。 復粹 明恭　五月罷。 四知 炤乘 謝陞　四月晉太子少保，改禮部尚書兼東閣大學士入。八月晉少保兼太子太保吏部尚書武英殿大學士。 陳演　禮部侍郎。四月兼東閣大學士入。 嗣昌　督師。九月晉太子少保。

紀年	宰輔拜免
十四年辛巳	復粹　五月罷。 四知 炤乘 陞 演 延儒　二月召。九月入。十一月晉少師兼太子太師中極殿大學士。 逢聖　二月召。九月入。 至發　二月召。辭不赴。 嗣昌　三月卒於軍。
十五年壬午	延儒 逢聖　六月罷。 四知　五月晉太子太保。六月罷。 炤乘　三月罷。 陞　四月罷。 演 蔣德璟　六月晉禮部尚書兼東閣大學士入。 黃景昉　六月晉禮部尚書兼東閣大學士入。 吴甡　六月晉禮部尚書兼東閣大學士入。 應熊　十一月召。明年九月至。未任罷。
十六年癸未	延儒　五月晉太師兼太子太師吏部尚書中極殿大學士。尋罷。 演　五月晉太子少保户部尚書武英殿大學士。 德璟　五月晉太子少保户部尚書文淵閣大學士。 景昉　五月晉太子少保户部尚書文淵閣大學士。九月致仕。 甡　三月督師未行。五月晉太子少保户部尚書兼兵部尚書文淵閣大學士。尋罷。 魏藻德　五月擢少詹事兼東閣大學士入。 李建泰　吏部右侍郎。十一月兼東閣大學士入。 方岳貢　右副都御史。十一月兼東閣大學士入。

紀年	宰輔拜免
十七年甲申 三月，莊烈帝崩。明亡。	演　二月免，未行，死於賊。 德璟　三月免。 藻德　二月晉兵部尚書文淵閣大學士，死於賊。 建泰　正月出督師。 岳貢　二月晉户部尚書文淵閣大學士，死於賊。 范景文　工部尚書。二月兼東閣大學士入。三月殉節。 丘瑜　禮部侍郎。二月兼東閣大學士入，死於賊。

《明史·七卿年表》

清 張廷玉等撰

卷一一一《七卿年表一》 七卿，前史無表也，曷爲表？明太祖十三年罷丞相，政歸六部，部權重也。洪、宣以後，閣體既尊，而權亦漸重，於是閣部相持，凡廷推考察，各騁意見，以營其私，而黨局分焉。科道庶僚，乘其間隙，參奏紛挐。馴至神宗，厭其囂聒，置而不論，而被劾多者，其人自去。逮熹宗朝，則正論澌滅矣。莊烈矯之，卒不能救。二百七十年間，七卿之正直而獨立者若而人，偏邪而嫉能者若而人，貪庸而媚宰輔者若而人，備列之，可以觀世變矣，作《七卿表》。自洪武十三年始。成祖遷都，南京止設侍郎。仁宗乃有尚書、都御史而未備。備官自孝宗始。其權位重者曰參贊機務，憲宗後乃專屬之兵部。然累世承平，履其任者，惟養清望而已，無關政本，故不具録。

紀年	七卿除罷						
	吏部尚書	户部尚書	禮部尚書	兵部尚書	刑部尚書	工部尚書	左右都御史
太祖洪武十三年庚申	偰斯 正月任，二月改禮部。洪彝 正月任，尋免。劉崧 四月，禮部侍郎署。五月致仕。阮畯 六月任。	徐鐸 正月任，坐黨逆免。范敏 五月，本部郎中署。	鄭九成 正月任，以後無考。偰斯 二月任。六月致仕。李晃 七月，侍郎試。十月爲江西布政司試參政。	趙本 去年十一月任，以後無考。	呂宗藝 去年十一月任，以後無考。	薛祥 二月任。	安然 正月任，五月致仕。李善長 五月署。
十四年辛酉	畯	敏 正月免。徐輝 二月試尚書。十二月除名。	李叔正 正月任。高信 十二月，郎中試。	李澂 九月任。唐鐸 十一月任。	胡楨 七月，郎中試	祥 十月杖死。	
十五年壬戌	畯 三月致仕。李信 三月任。	郭允道 五月任。曾泰 八月任。	信 二月免。劉仲質 二月任。十一月改大學士。任昂 十一月任。	鐸 十一月改諫議大夫。趙仁 十一月任。	開濟 七月試。	趙俊 三月任。	
十六年癸亥	信 正月卒。陳敬 正月試。十二月致仕。	王時 月任。	昂	仁	濟 二月實授。十二月罪誅。	俊	

紀年	七卿除罷						
	吏部尚書	户部尚書	禮部尚書	兵部尚書	刑部尚書	工部尚書	左右都御史
十七年甲子	余煐　正月任。	栗恕　正月試。六月出爲福建參政。 郭桓　五月試。	昂 趙瑁　十月試。	俞綸　三月試。	劉逵　正月試。 王惠迪　十一月任。	麥至德　正月試。	詹徽　正月任左。 湯友恭　月任右。
十八年乙丑	煐　四月，罪誅。 趙瑁　三月任。未幾罪誅。	桓　正月降侍郎。三月罪誅。 徐鐸　正月任。 茹太素　九月任。十二月降御史。	瑁　三月改吏部。	温祥卿　正月任。六月降主事。	惠迪　三月罪誅。 唐鐸　十月任。	至德　正月降侍郎。三月罪誅。 徐本　正月任。	徽 友恭
十九年丙寅					鐸	本　月免。	徽 友恭
二十年丁卯			李原名　六月試。		鐸		徽 友恭
二十一年戊辰			原名	唐鐸　六月任。	鐸　六月改兵部。		徽 友恭　月免。 凌漢　正月任右。八月降刑部侍郎。
二十二年己巳		楊靖　二月任。	原名	鐸　四月兼詹事。五月致仕。 沈溍　二月任。	趙勉　二月任。	秦逵　二月任。	徽
二十三年庚午	詹徽　六月以左都御史兼。	靖　五月改刑部。 趙勉　五月任。	原名	溍　五月改工部。六月復任。 秦逵　五月任。六月復改工部。 茹瑺　十一月試。	勉　五月改户部。 安童　正月任。 楊靖　五月任。	逵　五月改兵部。六月復任。 沈溍　五月任。六月復改兵部。	徽　四月兼掌通政司。六月兼吏部。

紀年	吏部尚書	户部尚書	禮部尚書	兵部尚書	刑部尚書	工部尚書	左右都御史
	七卿除罷						
二十四年辛未	徽 十二月任，仍兼左都御史。	勉		滔 十月免。 瑺 十一月實授。	靖	逵	徽 十二月遷吏部尚書，仍兼院務。 袁泰 十二月任右。
二十五年壬申	徽 十二月加太子少保。	勉 閏十二月下獄誅。		瑺 十二月加太子少保。	靖	逵 九月自殺。	徽 月解院務。 泰 八月卒。
二十六年癸酉	徽 二月罪誅。 梁煥 二月以給事中署。 翟善 四月以主事署。	郁新 六月任。		瑺	靖 正月兼太子賓客，尋坐事免。	嚴震直 六月任。十二月降御史。	
二十七年甲戌	善 五月陞左侍郎，仍署。	新	任亨泰 五月任。	瑺		王儁 十月以侍郎署。	曹銘 九月任右。
二十八年乙亥	善 閏九月降知縣。	新	亨泰 八月使安南。	瑺		儁 二月任。	銘 九月罪死。 吳斌 正月任左。 王平 二月任右。
二十九年丙子	杜澤 正月任。	新	亨泰 二月還，降御史。 門克新 正月任。八月卒。	瑺	夏恕 七月以大理丞署。	孫顯 六月以侍郎署。	來恭 月任。八月降侍郎。 鄧文鏗 十一月以刑部主事署。
三十年丁丑	澤 十月免。	新	鄭沂 八月任。	瑺	恕 月任。	顯 二月任。 嚴震直 八月任。	楊靖 四月任左。七月賜死。 嚴震直 四月任右。八月改工部尚書。

紀年	七卿除罷						
	吏部尚書	户部尚書	禮部尚書	兵部尚書	刑部尚書	工部尚書	左右都御史
三十一年戊寅閏五月，惠帝即位。	茹瑺 九月任。十二月署河南布政。 張紞 十二月任。	新 王鈍 十二月任。	沂 八月免。 陳迪 八月任。	瑺 九月遷吏部尚書。 齊泰 五月任，參預國政。	恕 暴昭 五月任。	震直 鄭賜 十二月任。	暴昭 四月任。五月遷刑部尚書。
建文元年己卯	紞	新 鈍	迪	泰 十一月罷。 茹瑺 十一月復任。	昭 七月出掌平燕布政司事。 侯泰 七月任。	賜 震直 月巡視河北。	景清 二月任左。 練子寧 二月任右。
二年庚辰	紞	新 鈍	迪	瑺 鐵鉉 十二月任督軍。	泰 昭	賜 震直	清 子寧
三年辛巳	紞	新 鈍	迪 二月加太子少保。	齊泰 正月復，閏三月又謫。 瑺 鉉	泰 昭	賜 震直	清 子寧
四年壬午秋七月，燕王即皇帝位。	紞 七月自經死。 蹇義 九月任。	新 六月歸附，仍任。 鈍 六月歸附。七月致仕。 夏原吉 九月任。 郭資 十一月任，仍掌北平布政事。	迪 六月殉難。 宋禮 七月以刑部員外署。八月陞右侍郎，尋遷左，仍署。 李至剛 十二月任。	泰 六月殉難。 鉉 八月死難。 瑺 六月迎降。九月封忠誠伯，仍任。 劉儁 九月任。	泰 六月殉難。 昭 六月殉難。 鄭賜 七月任。 雒僉 十二月任，仍知保定府。	賜 六月歸附。七月改刑部。 震直 六月歸附。七月同致仕户部尚書王鈍巡視中原。九月卒。 黃福 九月任。	清 六月殉難。 子寧 六月殉難。
永樂元年癸未	義	新 原吉 四月治水蘇、松。 資 二月改行部。	至剛 鄭沂 七月復任。九月致仕。	瑺 儁	賜 僉 二月改行部。	福	陳瑛 正月任。

紀年	七卿除罷						
	吏部尚書	户部尚書	禮部尚書	兵部尚書	刑部尚書	工部尚書	左右都御史
二年甲申	義 四月兼詹事。	新 原吉	至剛 四月兼左春坊大學士。	儁 金忠 四月任，兼詹事。	賜	福 宋禮 十二月任。	瑛 吳中 九月任右。
三年乙酉	義	新 八月卒。 原吉 月回部。	至剛 八月下獄。 鄭賜 九月任。	儁 忠	賜 九月改禮部。 呂震 九月任。	福 四月改行部。 禮	瑛 中
四年丙戌	義	原吉	賜	儁 七月參贊交南軍務。 忠	震	禮 閏七月採木四川。	瑛 中
五年丁亥	義	原吉	賜 趙羾 六月任。	忠	震	禮 吳中 正月任。	瑛 中 正月改工部尚書。
六年戊子	義	原吉	賜 六月卒。 羾 劉觀 六月任。十二月改刑部。 呂震 十二月任。	忠 儁 五月班師。八月復出征。十二月戰歿。	震 十二月改禮部。 劉觀 十二月任。	禮 中	瑛
七年己丑	義 輔太子居守。	原吉 二月扈駕巡北京，兼署行在禮、兵二部及都察院。	羾 扈駕，兼署行在刑部。 震	忠 輔太子居守。 方賓 以兵部侍郎扈駕，兼署行在吏部，三月任。	觀	禮 中 扈駕。	瑛
八年庚寅	義	原吉 扈駕。二月輔導皇長孫，仍兼行在吏、户、兵三部。	羾 扈駕。 震	忠 賓 扈駕。	觀 三月參贊費瓛軍務，征永昌叛寇。	禮 中 扈駕。	瑛

紀年	七卿除罷						
	吏部尚書	户部尚書	禮部尚書	兵部尚書	刑部尚書	工部尚書	左右都御史
九年辛卯	義	原吉	玨 九月下獄。 震	忠 賓	觀	禮 三月督濬會通河。 中	瑛 二月罪誅。
十年壬辰	義	原吉	震	忠 賓	觀	禮 十二月復出採木。 中 白彦芳 三月以陝西參議署。	
十一年癸巳	義	原吉 扈駕，巡北京。	震 扈駕。	忠 賓 扈駕。	觀	禮 中	
十二年甲午	義	原吉 扈駕，征瓦剌。	震 扈駕。	忠 賓 扈駕。八月回北京。	觀 月謫爲吏。	禮 月回部。 中	
十三年乙未	義	原吉 扈駕。	震 扈駕。	忠 四月卒。 賓 扈駕。 陳洽 四月任，參贊交阯。	觀 六月改左都御史。二月復任。	禮 中 扈駕。	劉觀 六月任。
十四年丙申	義	原吉 扈駕。	震 扈駕。 金純 三月任。	賓 扈駕。	吴中 八月任，扈駕，俱十一月回京。	禮 中 扈駕。八月改刑部。	觀
十五年丁酉	義	原吉 扈駕，巡北京。	震 扈駕。 純	賓 扈駕。 趙玨 十一月任，屯戍邊塞。	中	禮	觀

紀年	七卿除罷 吏部尚書	户部尚書	禮部尚書	兵部尚書	刑部尚書	工部尚書	左右都御史
十六年戊戌	義	原吉　扈駕。	震　扈駕。 純	賓　扈駕。 狃	中	禮	觀
十七年己亥	義	原吉　扈駕。	震　扈駕。 純	賓　扈駕。 狃	中	禮　九月敕回京。	觀
十八年庚子	義	原吉　扈駕。 郭資　十二月任。	震　扈駕。 純	賓　扈駕。 狃	中	禮 李慶　十二月任。	觀 王彰　十二月任右。
十九年辛丑 是年，設六部於北京。	義　四月巡撫應天。七月還朝。	原吉　十一月下獄。 資	震　四月巡撫四川，後還朝，署刑部。 純	賓　十一月自縊。 狃　督屯戍。	中　十一月下獄。	禮 慶	觀　四月巡撫河南。 彰
二十年壬寅	義　九月下獄。	資	震　九月下獄。 純　兼署刑部。	狃　督屯戍。二月督餉。		禮　七月卒。 慶　兼署兵部。二月督運。	觀 彰　二月督餉。
二十一年癸卯	義　二月復任。	資	震　三月復任。 純	狃		慶　兼署兵部。	觀 彰
二十二年甲辰 八月，仁宗即位。	義　八月加少保。九月晉少傅。十一月晉少師。	資　十月兼太子賓客。十一月加太子太師，致仕。 原吉　八月出獄復任。十月加太子太傅。十一月晉少保。	震　十月加太子少師。十一月晉太子太保。 純　八月改工部。	狃　八月遷南京刑部尚書。 李慶　八月任。十月加太子少保。	吳中　八月出獄。十月兼詹事，尋改工部。 金純　十月任。	慶　八月改兵部。 金純　八月任。十月改刑部。 黃福　九月交阯召還。十月兼詹事。 吳中　十月任。十一月加太子少保。	觀　八月兼太子賓客。十一月晉太子少保。 彰　九月鎮撫河南。 向瑤　十月任右兼詹事。

七卿除罷

紀年	吏部尚書	户部尚書	禮部尚書	兵部尚書	刑部尚書	工部尚書	左右都御史
洪熙元年乙巳 六月，宣宗即位。	義	原吉	震 加太子太保。	慶 十月改南京。 張本 四月任。	純 正月兼太子賓客。	福 中 李友直 正月任，專管營繕。三月改行部。	觀 彰 珤 九月改南京。
宣德元年丙午	義	原吉	震 四月卒。 胡濙 四月任。	本 八月從討高煦，留撫樂安，尋回部。 陳洽 十一月，交阯戰殁。	純	福 十二月出鎮交阯。 中 友直	觀 彰
二年丁未	義	原吉 郭敦 八月任，尋巡撫陝西。	濙	本 四月撫安山西軍民。	純	福 十一月還。 中 三月加少保。 友直	觀 彰 四月卒。
三年戊申	義 八月扈從。十月解部事，俸給如舊。	原吉 八月扈從。十月解部事，俸給如舊。 敦 五月召還。	濙 八月扈從。	本	純 五月下獄。八月致仕。	福 中 六月下獄，尋釋，奪少保。八月扈從。 友直 五月，四川採木。八月行部，改工部。	觀 六月巡視河道。十月下獄。 顧佐 七月任右。
四年己酉	義 郭璡 四月任。	原吉 敦 郭資 四月召。六月以原官太子太師常部事。	濙 五月兼詹事。	本 十二月加太子賓客。		福 四月出督漕運。 中 友直	佐

紀年	七卿除罷						
	吏部尚書	户部尚書	禮部尚書	兵部尚書	刑部尚書	工部尚書	左右都御史
五年庚戌	義　璡	原吉　正月卒。　敦　資　黄福　八月任。　李昶　閏十二月任。	濙	本　六月兼户部。		福　八月改户部。　中　二月兼吏部。　友直	佐
六年辛亥	義　璡	敦　四月卒。　資　福　昶　十月卒。	濙　正月兼户部。	本　正月卒。　許廓　正月任。		中　友直	佐
七年壬子	義　璡	資　福　八月改南京。	濙　兼户部。	郭　六月卒。		中　友直	佐
八年癸丑	義　璡　閏八月兼都察院。	資　十二月卒。	濙　兼户部。			中　友直	佐　閏八月以疾致仕。　熊槩　九月任右。
九年甲寅	義　九月兼工部。　璡		濙　兼户部。	王驥　三月任。		中　友直	槩　九月兼刑部。十月卒。　佐　十月病痊，復任。
十年乙卯正月，英宗即位。	義　正月卒。　璡		濙　兼掌户部。	驥	魏源　七月任。　施禮　七月任。九月改南京。	中　七月加少保。　友直　正月督易州柴炭。	佐
正統元年丙辰	璡	劉中敷　月任。	濙	驥　十二月下獄，尋釋。	源	中　三月督京倉。　友直	佐　六月致仕。　陳智　六月任右。

七卿除罷

紀年	吏部尚書	户部尚書	禮部尚書	兵部尚書	刑部尚書	工部尚書	左右都御史
二年丁巳	璡	中敷	濙	驥　五月出理甘肅邊務。	源　五月整飭大同邊務。	中 友直	智
三年戊午	璡	中敷　七月下獄，尋釋。	濙　七月下獄，旋釋。	驥　四月回部，兼大理卿。	源　四月回部。七月下獄。十二月又下獄。	中 友直　九月卒。	智　十二月下獄。
四年己未	璡	中敷	濙	驥	源　閏二月釋獄。	中	智　閏二月釋獄。
五年庚申	璡	中敷	濙	驥　四月出征麓川。 柴車　二月自陝西召任，即歸省。	源	中	智
六年辛酉	璡	中敷　十月下獄荷校，尋還職。閏十一月又下獄。 王佐　十二月任。	濙	車　三月還朝。六月卒。 驥　二月總督軍務。	源	中　十月晉少師。	智　六月劾免。 王文　六月任右。
七年壬戌	璡 魏驥　月以侍郎署。	佐	濙	驥　三月還朝。五月封靖遠伯，解部事。 徐晞　五月任。	源	中　四月致仕。六月卒。 王卺　七月任。	文
八年癸亥	璡　正月致仕。 王直　正月任。	佐	濙	晞	源　三月致仕。 王質　三月任。十一月降户部侍郎。 金濂　八月任。	卺	文
九年甲子	直	佐	濙	晞	濂	卺	文

七卿除罷

紀年	吏部尚書	户部尚書	禮部尚書	兵部尚書	刑部尚書	工部尚書	左右都御史
十年乙丑	直	佐	濙	晞 十月致仕。鄺埜 九月任。	濂	沓 黎澄 安南王子。六月任，專供内府事。	文 十月出撫陝西。陳鎰 十月自陝西召還，任右。
十一年丙寅	直 八月下獄，尋釋。	佐 三月下獄，尋釋。	濙	埜	濂 三月下獄，尋釋。	沓 澄 七月卒。	鎰 三月下獄，尋釋。
十二年丁卯	直	佐	濙	埜	濂	沓	鎰
十三年戊辰	直	佐	濙	埜	濂 十一月出征福建。	沓 二月致仕。石璞 五月任，七月出征浙賊葉宗留。	鎰
十四年己巳八月，景帝監國，九月即位。	直 八月加太子太保。	佐 八月歿於土木。金濂 十一月任，加太子太保。	濙 八月加太子太傅。	埜 八月歿于土木。于謙 八月任。十月加少保。	濂 十一月改户部。俞士悦 十一月任。	璞 十二月回部。	鎰 八月出撫畿内。十月改左。十一月回院。俞士悦 八月任。十一月遷刑部尚書。楊善 十二月任右。
景泰元年庚午	直	濂	濙	謙	士悦	璞 十一月出巡大同。	鎰 善 八月改左。王文 閏正月自陝西回院。
二年辛未	直 何文淵 七月任。	濂	濙	謙	士悦	璞 六月回部。	鎰 四月出撫陝西。善 文

紀年	七卿除罷 吏部尚書	户部尚書	禮部尚書	兵部尚書	刑部尚書	工部尚書	左右都御史
三年壬申	直　正月加少傅。四月兼太子太師。 文淵　四月加太子太保。	濂　二月下獄，尋釋，革太子太保，調工部。三月復任。四月加太子太保。	濙　正月加少傅。四月兼太子太師。	謙　四月兼太子太傅。 儀銘　五月任。	士悦　四月加太子太保。	璞　四月加太子太保。	善　正月加太子太保。 文　正月加太子太保。十月入閣。 鎰　三月回院。四月加太子太保。 王翺　二月自陝西巡撫回院。四月加太子太保。七月出督兩廣。
四年癸酉	直 文淵　六月下獄，旋釋，致仕。 王翺　六月任。	濂	濙	謙　二月兼詹事。 銘	士悦	璞　七月出治沙灣決河。	善 鎰　九月致仕。 翺　三月召還。六月遷吏部尚書。 羅通　七月任右。 蕭維禎　七月任左。十一月丁憂。
五年甲戌	直 翺	濂　二月卒。 張鳳　四月任。	濙	謙 銘　七月卒。	士悦	璞　四月奔喪，復任。	善 維禎　七月起復。 李實　五月任右。
六年乙亥	直 翺	鳳	濙　七月兼掌詹事府。	謙 石璞　正月任。	士悦	璞　正月改兵部。 江淵　正月以內閣起復。	善 維禎 實
七年丙子	直 翺	鳳	濙	謙 璞　正月撫安湖廣。	士悦	淵	維禎 實

紀年	吏部尚書	户部尚書	禮部尚書	兵部尚書	刑部尚書	工部尚書	左右都御史
	七卿除罷						
天順元年丁丑 正月，英宗復位。	直 正月奪少傅兼太子太師銜，致仕。翱 正月奪太子太保銜，留任。	鳳 二月改南京。沈固 三月任。	濙 正月奪少傅兼太子太師銜，致仕。楊善 三月以興濟伯管部事。	謙 正月棄市。璞 六月回部，旋致仕。驥 二月以靖遠伯管部事。六月解任。陳汝言 六月任。	士悦 正月謫戍。軒輗 二月任。七月致仕。劉廣衡 八月任。	淵 正月謫戍。趙榮 正月任。	維禎 二月改南京。實 二月爲民。耿九疇 三月任右。六月下獄。改江西布政。馬昂 五月任，出撫山西。十一月回院。寇深 七月任。
二年戊寅	翱	固	善 五月卒。	汝言 正月下獄。馬昂 二月任。	廣衡 十月予告。十二月卒。陸瑜 十月，布政陞。	榮	昂 二月遷兵部尚書。深
三年己卯	翱	固		昂	瑜	榮	深
四年庚辰	翱	固 二月致仕。年富 二月任。	蕭晅 二月，布政陞任。十一月改南京。石瑁 十一月任。	昂	瑜	榮	深
五年辛巳	翱	富	瑁	昂 八月加太子少保。	瑜	榮 八月兼大理卿。	深 七月曹欽叛，被殺。李賓 七月任右。
六年壬午	翱	富	瑁 十二月卒。	昂	瑜	榮 七月致仕。	賓

紀年	七卿除罷						
	吏部尚書	户部尚書	禮部尚書	兵部尚書	刑部尚書	工部尚書	左右都御史
七年癸未	翱	富	姚夔　正月任。	昂	瑜　十二月下獄，尋釋。	周瑄　二月以刑部侍郎署。白圭　三月任。	賓　十一月下獄，尋釋。周瑄　十一月以刑部侍郎署。
八年甲申正月，憲宗即位。	翱	富　四月卒。馬昂　八月任。	夔	昂　八月改户部。王竑　八月任。	瑜	圭	賓　李秉　八月任左。
成化元年乙酉	翱　三月加太子太保。	昂	夔	竑　九月致仕。王復　十月任。	瑜	圭　十二月督師荆、襄。	賓　八月遷南京兵部尚書。秉
二年丙戌	翱	昂	夔	復　八月整飭延綏邊備。	瑜	圭　五月召回。十二月丁憂，起復。	秉　八月整飭大同邊備。
三年丁亥	翱　七月病免。十一月卒。李秉　十二月任。	昂	夔	復　四月改工部。白圭　四月任。	瑜	圭　正月加太子少保。四月改兵部。王復　四月任。	林聰　四月任右。秉　三月召回。五月督師遼東。十一月召回。十二月陞吏部尚書。
四年戊子	秉　正月加太子少保。	昂　九月致仕。楊鼎　十月任。	夔	圭　程信　四月，四川回部。	瑜	復	聰
五年己丑	秉　正月免。崔恭　正月任。五月憂去。姚夔　六月任。	鼎	夔　六月改吏部。鄒幹　八月任。	圭　信	瑜	復	聰

七卿除罷

紀年	吏部尚書	户部尚書	禮部尚書	兵部尚書	刑部尚書	工部尚書	左右都御史
六年庚寅	夔	鼎	幹	圭 信　九月改南京。	瑜	復	聰 李賓　九月任。
七年辛卯	夔　九月加太子少保。	鼎	幹	圭	瑜	復	聰　八月出撫大同。
八年壬辰	夔	鼎	幹	圭	瑜	復	賓 項忠　五月回院，陞左。
九年癸巳	夔　二月卒。 尹旻　三月任。	鼎	幹	圭　八月憂去。十二月起復。	瑜　八月致仕。 王槩　八月任。	復	忠 賓　月加太子太保。 董方　十一月任右。
十年甲午	旻	鼎	幹	圭　十二月卒。 項忠　十二月任。	槩　八月卒。 項忠　十月任。十二月改兵部。 董方　十二月任。	復	忠　十一月遷刑部尚書。 賓 方　二月出撫大同。十二月遷刑部尚書。
十一年乙未	旻	鼎	幹	忠	方	復	賓　二月加太子少保。 王越　二月任左，兼提督團營。
十二年丙申	旻	鼎	幹	忠	方	復	賓 越

七卿除罷

紀年	吏部尚書	户部尚書	禮部尚書	兵部尚書	刑部尚書	工部尚書	左右都御史
十三年丁酉	旻	鼎	幹	忠　六月除名。余子俊　七月召。十月任。	方　七月致仕。林聰　七月任。	復	賓　七月致仕。越　十二月加兵部尚書。
十四年戊戌	旻　二月加太子少保。	鼎　二月加太子少保。	幹　二月加太子少保。	子俊　十月加太子少保。	聰　十月加太子少保。	復	越　十月加太子太保。
十五年己亥	旻　正月加太子太保。	鼎　十二月致仕。陳鉞　十二月召。	幹　十二月致仕。張文質　十二月任。	子俊	聰	復　十二月致仕。劉昭　十二月任。	越　月出征延綏。
十六年庚子	旻	鉞　正月任。	文質	子俊	聰	昭	越　三月回院，封威寧伯，仍督團營。
十七年辛丑	旻	鉞　二月改兵部。翁世資　二月任。	文質　正月憂去。周洪謨　二月任。	子俊　正月憂去。陳鉞　二月任。	聰	昭	越　五月出鎮寧夏。戴縉　三月任右。
十八年壬寅	旻	世資	洪謨	鉞　三月爲民。張鵬　三月任。	聰　閏八月卒。張鎣　九月任。	昭	縉
十九年癸卯	旻　加柱國。	世資　二月加太子少保，致仕。余子俊　三月召。七月任。	洪謨	鵬	鎣	昭	縉　三月改南京工部尚書。李裕　四月任右。
二十年甲辰	旻　十一月晉太子太傅。	子俊　二月出督大同，加太子太保。殷謙　十月任，仍兼倉場。十一月加太子少保。	洪謨　十一月加太子少保。	鵬　十一月加太子少保。	鎣　十一月加太子少保。	昭　十一月加太子少保。	裕　六月改南京。朱英　六月任右。十一月加太子少保。

紀年	吏部尚書	户部尚書	禮部尚書	兵部尚書	刑部尚書	工部尚書	左右都御史
	七卿除罷						
二十一年乙巳	旻	謙	洪謨	鵬 閏四月致仕。 馬文升 十一月任。	鎣	昭	英 七月卒。 屠滽 七月任右。
二十二年丙午	旻 四月奪太子太傅，授太子少保，五月劾免。 耿裕 八月任。十月改南京禮部。 李裕 十月任。	謙 六月致仕。 劉昭 八月任。十二月奪太子少保，免。	洪謨	文升 九月改南京。	鎣 十月憂去。 杜銘 十月任。	昭 八月改户部。 李裕 八月任。十月改吏部。 謝一夔 十月任。	滽 九月改南京。 劉敷 九月召。
二十三年丁未 九月，孝宗即位。	裕 十一月致仕。 王恕 十一月任。十二月加太子太保。	李敏 正月任。	洪謨	余子俊 正月召。七月任，仍加太子太保。	銘 十月致仕。	一夔 五月卒。 賈俊 六月任。	敷 二月任。十一月罷。 馬文升 十一月任左。
弘治元年戊申	恕	敏	洪謨 十月致仕。 耿裕 十月任。	子俊	何喬新 正月任。	俊	文升
二年己酉	恕	敏	裕	子俊 二月卒。 馬文升 二月任，兼督團營。	喬新	俊	文升 二月遷兵部尚書。 屠滽 二月任。
三年庚戌	恕	敏	裕	文升	喬新	俊	滽
四年辛亥	恕	敏 正月致仕。 葉淇 二月任。	裕 四月下獄，旋釋。	文升	喬新 八月致仕。 彭韶 九月任。	俊	滽 二月病去。 白昂 二月任。
五年壬子	恕	淇	裕	文升 五月加太子少保。	韶	俊 五月加太子少保。	昂

七卿除罷

紀年	吏部尚書	户部尚書	禮部尚書	兵部尚書	刑部尚書	工部尚書	左右都御史
六年癸丑	恕　閏五月致仕。耿裕　六月任。	淇	裕　六月改吏部。倪岳　六月任。	文升	韶　七月致仕。白昂　八月任。	俊	昂　八月遷刑部尚書。屠滽　七月召，任右。
七年甲寅	裕　九月加太子太保。	淇　九月加太子少保。	岳	文升　九月晉太子太保。	昂　九月加太子少保。	俊　二月致仕。劉璋　二月任。	滽　九月陞左，加太子少保。
八年乙卯	裕	淇	岳	文升	昂	璋	滽
九年丙辰	裕　正月卒。屠滽　二月任。	淇　四月致仕。周經　四月任。	岳　四月改南京吏部。徐瓊　四月任。	文升	昂	璋　七月致仕。徐貫　八月任。	滽　二月遷吏部尚書。閔珪　四月任。
十年丁巳	滽　四月加太子太保。	經	瓊	文升　九月加柱國。	昂	貫	珪
十一年戊午	滽　二月晉太子太傅。	經　二月加太子少保。	瓊　二月加太子少保。	文升　二月晉少保兼太子太傅。	昂　二月加太子太保。	貫　二月加太子少保。	珪　二月加太子少保。佀鍾　十二月任右。
十二年己未	滽	經	瓊	文升	昂	貫　十月晉太子太保。	珪　鍾
十三年庚申	滽　五月加柱國，致仕。倪岳　六月任。	經　五月晉太子太保，致仕。佀鍾　五月任。	瓊　五月晉太子太保，致仕。傅瀚　五月任。	文升　六月晉少傅。	昂　五月加太子太傅，致仕。閔珪　五月任。七月晉太子太保。	貫　五月加太子太傅，致仕。曾鑑　五月任。	珪　五月遷刑部尚書。鍾　五月遷户部尚書。戴珊　六月任左。史琳　六月任右，經略紫荆關。

紀年	七卿除罷						
	吏部尚書	户部尚書	禮部尚書	兵部尚書	刑部尚書	工部尚書	左右都御史
十四年辛酉	岳 十月卒。 馬文升 十月任。	鍾	瀚	文升 十月改吏部。 劉大夏 十月召。	珪	鑑	珊 琳
十五年壬戌	文升	鍾	瀚 二月卒。 張昇 二月任。	大夏	珪	鑑	珊 琳
十六年癸亥	文升 六月晉少師兼太子太師。	鍾	昇	大夏	珪	鑑	珊 琳
十七年甲子	文升	鍾 五月致仕。 秦紘 五月命。十月致仕，未任。 韓文 十一月任。	昇	大夏	珪 加柱國。	鑑	珊 琳
十八年乙丑五月，武宗即位。	文升	文	昇	大夏	珪	鑑	珊 十二月卒。 琳 屠勛 九月任右。
正德元年丙寅	文升 四月致仕。 焦芳 四月任。十月入閣。 許進 十月任。	文 十一月閒住。 顧佐 十二月任。	昇	大夏 五月致仕，加太子太保。 許進 五月任。十月改吏部。 閻仲宇 十一月任。	珪	鑑	張敷華 正月任。十二月致仕。 琳 正月卒。 勛
二年丁卯	進 八月加太子少保。	佐	昇 閏正月致仕。 李傑 閏正月任。十月致仕。 劉機 十月任。	仲宇 四月加太子太保，致仕。 劉宇 四月任。八月加太子少保，九月晉太子太傅。	珪 閏正月致仕。 屠勛 閏正月任。	鑑 閏正月卒。 李鐩 閏正月任。	劉宇 閏正月任左。四月遷兵部尚書。 屠滽 四月起掌院事。 勛 閏正月遷刑部尚書。

紀年	七卿除罷						
	吏部尚書	户部尚書	禮部尚書	兵部尚書	刑部尚書	工部尚書	左右都御史
三年戊辰	進　八月致仕。劉宇　八月任。	佐　八月致仕。劉璣　九月任。	機　二月丁憂。周經　三月任。十月致仕。白鉞　十月任。	宇　八月改吏部。曹元　八月任。九月加太子少保。	勛　二月加太子少保，致仕。王鑑之　二月任。	鐩　十一月致仕。洪鍾　十二月任。	濂
四年己巳	宇　加少傅。六月入閣。張綵　六月任。十一月加太子少保。	璣	鉞	元	鑑之　正月致仕。洪鍾　正月任。十一月加太子少保，改左都御史。劉璟　十二月任。	鍾　正月改刑部。才寬　正月任。四月出督陝西。畢亨　十二月任。	濂　閏九月致仕。陳金　十月任。十一月出督江西。洪鍾　十一月任。
五年庚午	綵　八月下獄死。劉機　八月任。九月加太子少保。十二月致仕。	璣　八月免。楊一清　八月任，加太子少保。	鉞　九月加太子少保，改内閣，管誥敕。十月卒。費宏　九月任。	元　二月入閣。胡汝礪　二月陞。三月卒。王敞　三月任。九月加太子少保。	璟　九月加太子少保。十二月致仕。	亨　九月改南京。李鐩　九月任。	鍾　三月督師討湖廣賊。
六年辛未	楊一清　正月任。十二月晉少保兼太子太保。	一清　正月改吏部。孫交　月任。	宏　十二月入閣。傅珪　十二月任。	敞　五月致仕。何鑑　五月任。十二月加太子少保。	何鑑　正月任。五月改兵部。	鐩	鍾　討賊。王鼎　五月任。
七年壬申	一清	交	珪	鑑　九月晉太子太保。	張子麟　十二月任。	鐩　十二月加太子少傅。	鍾　九月還京。十二月致仕。鼎　六月罷。陸完　十月任，加太子太保。李士實　七月任右，掌院。

紀年	七卿除罷						
	吏部尚書	户部尚書	禮部尚書	兵部尚書	刑部尚書	工部尚書	左右都御史
八年癸酉	一清	交 六月致仕。王瓊 六月任。	珪 六月致仕。劉春 六月任。	鑑 十一月致仕。陸完 十一月任。	子麟	鐩	完 十一月遷兵部尚書。士實 十一月致仕。石玠 十二月任。
九年甲戌	一清 十一月晉少傅兼太子太傅。	瓊	春	完 七月加太子太保。	子麟	鐩	玠
十年乙亥	一清 閏四月入閣。陸完 閏四月任。	瓊 閏四月改兵部。石玠 五月任。	春 八月憂去。毛紀 八月任。	完 閏四月改吏部。王瓊 閏四月任。	子麟	鐩	玠 五月遷户部尚書。彭澤 五月任左，加太子太保。王璟 五月任右。
十一年丙子	完 七月晉太子太保。	玠 七月晉太子少保。	紀 九月改管誥敕。李遜學 九月任。	瓊	子麟 七月加太子少保。	鐩 七月晉太子少傅。	澤 璟 月加太子少保。
十二年丁丑	完 月加柱國。	玠	遜學 五月改東閣誥敕。毛澄 六月任。	瓊 二月加少保兼太子太保。十一月晉少傅兼太子少傅。	子麟	鐩 月晉太子太保。	澤 二月經略哈密。五月還，致仕。璟 六月遷左。張綸 六月任右。
十三年戊寅	完 月加少保。	玠	澄	瓊 月加柱國。	子麟	鐩	璟 綸
十四年己卯	完	玠 四月致仕。楊潭 五月自倉場回部管事。	澄	瓊 月晉少師兼太子太師。	子麟	鐩 月加柱國。	璟 綸

紀年	七卿除罷						
	吏部尚書	户部尚書	禮部尚書	兵部尚書	刑部尚書	工部尚書	左右都御史
十五年庚辰	完　十一月下獄，充軍。 王瓊　十二月任。	潭	澄	瓊　十二月改吏部。	子麟　月加柱國，晉太子太保。	鐩	璟　月加太子太保。 綸 陳金　六月任。
十六年辛巳四月，世宗即位。	瓊　四月下獄，謫戍。 石珤　五月任。七月改東閣誥敕。 喬宇　八月任。十一月晉少保。	潭　四月罷。 孫交　五月復任。加太子太保。	澄	王憲　正月任。四月罷。 彭澤　五月任。	子麟　十月歸省。	鐩　四月致仕。 林俊　五月任。	璟　四月致仕。 金　四月致仕。 綸　八月致仕。 金獻民　六月任。

紀年	七卿除罷						
	吏部尚書	户部尚書	禮部尚書	兵部尚書	刑部尚書	工部尚書	左右都御史
嘉靖元年壬午	宇　月加柱國。	交	澄　三月晉太子太傅。	澤　月加柱國。	子麟　四月致仕。 林俊　四月任。	俊　四月改刑部。 陶琰　四月任。十一月改南京兵部。 趙璜　十二月任。	獻民
二年癸未	宇	交　十月致仕。 秦金　十一月任。	澄　二月致仕。閏四月卒。 羅欽順　三月召，辭不赴。 汪俊　七月任。	澤　十月晉少保，致仕。 金獻民　十一月任。	俊　七月加太子太保，致仕。 金獻民　八月任。十一月改兵部。 趙鑑　十一月任。	璜	獻民　八月遷刑部尚書。 俞諫　八月任。
三年甲申	宇　七月致仕。 楊旦　八月命，未任免。 廖紀　十月任。	金	俊　三月致仕。 席書　三月召，八月任。	獻民　九月督師甘肅。	鑑	璜	諫　八月卒。 邊憲　六月任。十月卒。 李鉞　十月任。

紀年	七卿除罷						
	吏部尚書	户部尚書	禮部尚書	兵部尚書	刑部尚書	工部尚書	左右都御史
四年乙酉	紀	金	書　閏十二月加太子太保。	獻民　三月回京。六月致仕。李鉞　六月任。	鑑	璜	鉞　六月遷兵部尚書。顔頤壽　六月任。
五年丙戌	紀　七月加太子太保。	金	書　七月晉少保。	鉞　九月致仕。王時中　十月任。	鑑　五月致仕。顔頤壽　五月任。	璜	頤壽　五月遷刑部尚書。聶賢　六月任。
六年丁亥	紀　四月晉柱國少保，致仕。羅欽順　五月召，又辭不赴。李承勛　八月命。十月改刑部。桂萼　十一月任。	金　三月致仕。鄒文盛　四月任。	書　二月加武英殿大學士。三月卒。羅欽順　二月召，辭不赴。吴一鵬　五月自誥敕回部。九月改南京。桂萼　九月任。十一月改吏部。方獻夫　十一月任。	時中　三月引疾。十月復任。李承勛　十二月任，加太子太保提督團營。	頤壽　八月下獄，爲民。桂萼　八月以禮部侍郎署。李承勛　十月任，加太子少保。十二月改兵部。胡世寧　九月任。加太子少保。十月改都御史。十二月復任。	璜　三月致仕。童瑞　四月任。	賢　六月爲民。胡世寧　七月任。九月遷刑部尚書。十月又復任。十二月仍爲刑部尚書。伍文定　十二月任右。
七年戊子	萼　正月加太子太保。六月晉少保兼太子太傅。	文盛　十二月致仕。梁材　十二月任。	獻夫　六月加太子太保。	時中　十月罷。承勛　三月掌都察院。胡世寧　十一月任，加太子太保。	世寧　十一月改兵部。高友璣　十一月任。	瑞　劉麟　七月任。	文定　三月督師雲、貴。李承勛　三月以京營兵部尚書
八年己丑	萼　二月入閣。方獻夫　二月任。	材	獻夫　二月改吏部。李時　三月任。	世寧　正月致仕。承勛　二月任，兼督京營。	友璣　四月致仕。周倫　五月任。九月改南京。許讚　九月任。	麟　七月致仕。章拯　八月任。	承勛　二月遷兵部尚書。文定　二月召回。三月致仕。熊浹　二月任。七月免。王憲　八月任。十二月免。汪鋐　十二月任。

紀年	七卿除罷						
	吏部尚書	户部尚書	禮部尚書	兵部尚書	刑部尚書	工部尚書	左右都御史
九年庚寅	獻夫　九月予告。	材	時	承勛	讚	拯　十一月致仕。 蔣瑤　十二月任。	鋐　十月兼督京營。
十年辛卯	獻夫　七月召，未赴。 王瓊　十二月任。	材　九月憂去。 許讚　九月任。	時　七月加太子太保。九月入閣。 夏言　九月任。	承勛　三月卒。 時中　四月復任。九月改刑部。 王憲　十一月任。	讚　九月改户部。 王時中　九月任。	瑤　七月加太子少保。	鋐　七月加太子太保。
十一年壬辰	瓊　七月卒。 獻夫　七月以内閣掌部事。 汪鋐　九月任，加太子太保。	讚	言　十一月加太子太保。	憲　八月兼督京營。	時中	瑤　月憂去。 趙璜　四月召，未赴卒。 聶賢　九月召，未赴。十月改左都御史。 秦金　十一月任。	鋐　九月遷吏部尚書。 聶賢　十月任。 王大用　九月任右，尋仍巡撫。
十二年癸巳	鋐	讚	言	憲	時中　二月免。 聶賢　四月任。	金	賢　四月遷刑部尚書。 王廷相　四月任。
十三年甲午	鋐　七月加柱國兼兵部尚書，兼督大工。	讚　八月歸省。 梁材　九月任。	言　正月晉少保。	憲　正月加柱國太子太保。	賢	金　四月加太子少保。	廷相　二月加兵部尚書提督團營，仍掌院事。
十四年乙未	鋐　九月免。	材	言	憲　三月致仕。 張瓚　三月任。	賢　七月致仕。 唐龍　七月任。	金　七月加太子太保，改南京兵部。 林庭棉　八月任。	廷相
十五年丙申	許讚　四月命守制，未赴。閏十二月任。	材	言　七月兼太子太傅。九月晉少傅。十一月兼太子太師。閏十二月入閣。 嚴嵩　閏十二月任。	瓚　十一月加太子太保。	龍	庭棉　十一月加太子太保。 甘爲霖　十月任，專督大工。	廷相　四月加太子少保。

七卿除罷

紀年	吏部尚書	户部尚書	禮部尚書	兵部尚書	刑部尚書	工部尚書	左右都御史
十六年丁酉	讚　十一月加太子太保。	材	嵩	瓚	龍　七月加太子少保。	庭梧　六月致仕。爲霖　十二月罷。温仁和　六月任。毛伯温　十二月任。	廷相　毛伯温　五月奪情，任右。十二月遷工部尚書。
十七年戊戌	讚	材　三月致仕。李廷相　三月以倉場回部。	嵩	瓚　毛伯温　三月任，討安南。四月罷行，管右都御史事。	龍　四月歸養。楊志學　五月任。	仁和　八月改管詹事府。伯温　三月改兵部。楊志學　四月任，督工。五月改刑部。蔣瑤　九月任。周敍　五月任，督工。	廷相　伯温　四月以兵部尚書管右。王堯封　　月任右。四月改倉場尚書。
十八年己亥	讚　正月晉少保。	廷相　五月致仕。梁材　五月復任。十月加太子少保。	嵩　正月加太子太保。	瓚	志學　六月致仕。周期雍　六月任。	瑤　正月加太子少保。甘爲霖　督工。閏七月復任。	廷相　三月加太子太保。伯温　二月巡邊。四月回院。閏七月征安南。十月加太子少保。
十九年庚子	讚	材　六月閒住。李如圭　六月任。	嵩　七月晉少保。	瓚　十一月晉柱國少保。樊繼祖　十二月添注協理部事。	期雍　八月致仕。錢如京　九月任。	瑤　五月致仕。張潤　六月任。爲霖　七月加太子少保。	廷相　伯温
二十年辛丑	讚　四月致仕。十月復任。	如圭	嵩	瓚　繼祖　七月出督宣、大。劉天和　九月任提督團營。	如京　八月致仕。吳山　九月任。	潤　三月憂去。爲霖　三月回部管事，仍督大工。	廷相　七月爲民。伯温　四月晉太子太保。八月召還，掌院。

七卿除罷

紀年	吏部尚書	户部尚書	禮部尚書	兵部尚書	刑部尚書	工部尚書	左右都御史
二十一年壬寅	讚	如圭 八月致仕。 王杲 九月任。	嵩 八月入閣，仍掌部事。	瓚 十月卒。 天和 八月致仕。 毛伯温 十一月任。	山 十月削職。 聞淵 十月任。	爲霖	伯温 十一月遷兵部尚書。 潘鑑 閏五月任右，出採木。 熊浹 十二月任。
二十二年癸卯	讚	杲	嵩 四月解部事。 張璧 二月任。	伯温	淵	爲霖	浹 鑑 十二月事竣，解任。
二十三年甲辰	讚 八月加太子太傅。九月入閣。 熊浹 九月任。	杲	璧 九月入閣。 費寀 三月掌詹事府。九月回部。	伯温 十月爲民。 戴金 十月任。	淵 七月加太子少保。	爲霖	浹 九月遷吏部尚書。 周用 十月任。
二十四年乙巳	浹 七月加太子太保。十一月爲民。 唐龍 十二月任。	杲	寀 七月加太子少保。	金 閏正月免。 唐龍 正月任。七月加太子太保。十二月改吏部。 路迎 十二月任，兼團營。	淵	爲霖 七月晉少保兼太子太保。	用
二十五年丙午	龍 七月罷，尋卒。 周用 七月任。	杲	寀	迎 六月免。 陳經 六月任。	淵	爲霖 五月致仕。 王以旂 五月任。	用 三月加太子少保。七月遷吏部尚書。 宋景 七月任。
二十六年丁未	用 正月卒。 聞淵 正月任。六月加太子太保。	杲 五月加太子少保。九月下獄，充軍。 夏邦謨 九月任。	寀 六月加太子太保。	經 七月加太子少保，致仕。 王以旂 九月任。	淵 正月改吏部。 屠僑 二月任。九月改左都御史。 喻茂堅 閏九月任。	以旂 二月改左都御史。 文明 二月任。	景 正月卒。 王以旂 二月任。九月遷兵部尚書。 屠僑 九月任。

紀年	七卿除罷						
	吏部尚書	户部尚書	禮部尚書	兵部尚書	刑部尚書	工部尚書	左右都御史
二十七年戊申	淵	邦謨	寀　八月晉少保。十二月卒。 孫承恩　十二月以掌詹事回部。	以旂　正月出督三邊。 劉儲秀　正月命，未任免。 趙廷瑞　正月任。	茂堅	明	僑
二十八年己酉	淵　九月致仕。 夏邦謨　九月任。	邦謨　九月改吏部。 潘潢　十月任。	承恩　正月免。 徐階　二月任。	廷瑞　三月加太子少保。四月免。六月卒。 范鏓　四月命，未任免。 翁萬達　五月任。十月憂去。 丁汝夔　十月任。	茂堅　九月致仕。 劉訒　十月任。	明　十一月卒。 李士翺　十二月任。	僑
二十九年庚戌	邦謨	潢　七月調南京。 李士翺　七月任。八月免。 孫應奎　十月任。	階　八月加太子太保。	汝夔　八月棄市。 萬達　九月召，未至罷。 王邦瑞　十一月任。	訒　四月爲民。 李士翺　五月命。七月改户部。 顧應祥　七月任。	士翺　五月改刑部。 胡松　五月任。	僑
三十年辛亥	邦謨　二月致仕。 李默　三月任。十月爲民。 萬鏜　十月任。	應奎	階　十一月晉少保。	邦瑞　二月爲民。 趙錦　二月任。十一月加太子少保。	應祥　二月降調。 萬鏜　三月任。十月改吏部。 應大猷　十一月任。	松　二月致仕。 歐陽必進　三月任。	僑　七月加太子少保。
三十一年壬子	鏜	應奎　五月改南京。 韓士英　五月命，未任罷。 方鈍　六月任。	階　三月入閣，仍管部事。 歐陽德　三月召。十月任。	錦　十月充軍。 翁萬達　十月召，未赴卒。	大猷　九月閒住。 何鰲　九月任。	必進	僑

紀年	七卿除罷						
	吏部尚書	户部尚書	禮部尚書	兵部尚書	刑部尚書	工部尚書	左右都御史
三十二年癸丑	鏜 三月加太子少保。八月爲民。 李默 八月復任。	鈍	德	聶豹 正月任，加太子少保。	鰲	必進	僑
三十三年甲寅	默 十一月加太子少保。	鈍	德 三月卒。 王用賓 三月任。十一月加太子少保。	豹 四月加太子少傅。十一月加太子太保。	鰲	必進 四月加太子少保。九月憂去。 吳鵬 九月任。	僑 二月加太子太保。
三十四年乙卯	默	鈍	用賓	豹 二月閒住。 楊博 三月任。	鰲	鵬	僑 正月卒。 周延 正月任。
三十五年丙辰	默 二月下獄死。 吳鵬 三月任。	鈍	用賓 四月改南京吏部。 吳山 四月任。	博 正月憂去。 許論 正月任。	鰲 十二月致仕。 歐陽必進 十二月任。	鵬 三月改吏部。 趙文華 三月任，加太子太保。五月視師江、浙。十一月回部，進少保。	延 鄭曉 四月任右。
三十六年丁巳	鵬	鈍	山 八月加太子太保。	論	必進 八月改工部。 賈應春 九月任。	文華 八月免。 歐陽必進 八月任。	延
三十七年戊午	鵬	鈍 三月改南京用。 賈應春 三月任。	山	論 三月爲民。 楊博 三月任，視師宣、大。	應春 三月改户部。 鄭曉 三月任，兼署兵部。六月，回刑部。	必進 九月加太子太保。 雷禮 九月添注，督大工。	延 十一月加太子少保。
三十八年己未	鵬	應春 六月致仕。 馬坤 六月任。	山	博 十月回部。十二月晉少保。	曉	必進 禮 督工。	延

紀年	七卿除罷 吏部尚書	户部尚書	禮部尚書	兵部尚書	刑部尚書	工部尚書	左右都御史
三十九年庚申	鵬　三月加太子少保。	坤　三月爲民。 江東　三月任。四月改南京兵部。 高燿　四月，倉場回部。	山　八月晉少保。	博	曉　四月閒住。 閔煦　五月任。 潘恩　八月任。	必進　九月晉少保。 禮　督工。	延
四十年辛酉	鵬　三月致仕。 歐陽必進　三月任。十一月晉柱國，致仕。 郭朴　十一月任，加太子少保。	燿	山　三月閒住。 袁煒　三月任，加太子少保。十一月入閣。	博	恩　三月改左都御史。 馮天馭　四月任。六月閒住。 蔡雲程　七月任。	必進　二月改左都御史。 禮　三月回部管事。	延　二月卒。 歐陽必進　二月任。三月遷吏部尚書。 潘恩　三月任。
四十一年壬戌	朴	燿　八月加太子少保。	嚴訥　正月任。	博　月加柱國。	雲程　月致仕。 張永明　五月任。九月改左都御史。 黄光昇　十月任。	禮　三月加太子太保。十月加太子太傅。	恩　九月致仕。 張永明　九月任。
四十二年癸亥	朴　月憂去。 嚴訥　三月任。	燿	訥　三月改吏部。 李春芳　三月任。	博	光昇	禮	永明
四十三年甲子	訥　八月加太子太保。	燿	春芳　八月加太子太保。	博	光昇	禮	永明
四十四年乙丑	訥　四月入閣，仍管部事。 郭朴　四月召。十一月加太子太保。	燿	春芳　四月入閣。 董份　四月任。六月爲民。 高拱　七月任。	博	光昇	禮	永明

七卿除罷

紀年	吏部尚書	户部尚書	禮部尚書	兵部尚書	刑部尚書	工部尚書	左右都御史
四十五年丙寅 二月，穆宗即位。	朴　三月入閣。 胡松　四月任。十月卒。 楊博　十月任。	燿　三月加太子太保。	拱　三月入閣。 高儀　四月任。	博　十月改吏部。 趙炳然　閏十月，戎政回部，加太子少保。	光昇	禮　三月晉少保。十月晉太傅柱國。	永明　十月致仕。 王廷　十月任。
隆慶元年丁卯	博　七月晉少傅兼太子太傅。	燿　正月閒住。 葛守禮　正月任。六月終養。 馬森　六月任。	儀	炳然　四月加太子少保，告病。 郭乾　四月任。十月致仕。 霍冀　十月任。	光昇　四月致仕。 毛愷　五月任。	禮	廷
二年戊辰	博	森	儀	冀	愷	禮　九月致仕。 朱衡　九月任。	廷
三年己巳	博　十二月致仕。 高拱　十二月以内閣兼署。	森　二月致仕。 劉體乾　二月任。	儀　十一月病免，加太子少保。 殷士儋　十二月任。	冀	愷	衡	廷
四年庚午	拱　兼署。	體乾　七月閒住。 張守直　七月任。	士儋　二月加太子太保。十二月入閣。 潘晟　十一月任。	冀　二月閒住。 郭乾　二月任。十二月加太子少保。	愷　二月致仕。 葛守禮　二月任。十一月改左都御史。 劉自强　十一月任。	衡	廷　正月致仕。 趙貞吉　二月以内閣兼掌。十二月解院務。 葛守禮　十一月任。
五年辛未	拱　兼署。	守直	晟	乾　三月免。 楊博　三月起。十月任。	自强	衡	守禮

紀年	七卿除罷						
	吏部尚書	户部尚書	禮部尚書	兵部尚書	刑部尚書	工部尚書	左右都御史
六年壬申六月,神宗即位。	拱 六月罷。 楊博 六月任,加少師兼太子太師。	守直 七月致仕。 王國光 七月,倉場回部。	晟 三月致仕。 呂調陽 四月任。六月入閣。 陸樹聲 七月任。	博 六月改吏部。 譚綸 七月任。	自强 七月致仕。 王之誥 七月任。	衡 正月出治河。六月督陵工。	守禮
萬曆元年癸酉	博 九月致仕。 張瀚 九月任。	國光	樹聲 十二月致仕。 萬士和 十二月任。	綸 月加太子少保。	之誥	衡	守禮
二年甲戌	瀚	國光	士和	綸	之誥	衡 五月晉太子太保,致仕。 郭朝賓 六月任。	守禮
三年乙亥	瀚 七月加太子少保。	國光	士和 九月致仕。 馬自强 九月任。	綸	之誥 三月送親。九月致仕。 王崇古 九月任,加柱國。	朝賓	守禮 六月加太子少保,致仕。 陳瓚 六月任左。
四年丙子	瀚	國光 二月請告。 殷正茂 二月任。	自强	綸	崇古	朝賓	瓚
五年丁丑	瀚 十月免。 方逢時 十月以兵部兼署。 王國光 十月任。	正茂	自强 八月加太子少保。	綸 四月卒。 王崇古 四月任。十月致仕。 方逢時 十月,戎政回部,加少保兼太子太保。	崇古 四月改兵部。 劉應節 四月任。閏八月致仕。 吴百朋 九月任。	朝賓 十一月致仕。 李幼滋 十二月任。	瓚 十月病免。 陳炌 十一月任。
六年戊寅	國光	正茂 六月致仕。 張學顔 七月任。	自强 三月入閣。 潘晟 三月任。	逢時	百朋 五月卒。 嚴清 五月任。	幼滋	炌

七卿除罷

紀年	吏部尚書	户部尚書	禮部尚書	兵部尚書	刑部尚書	工部尚書	左右都御史
七年己卯	國光　十二月加太子太保。	學顏	晟	逢時　月加柱國。	清	幼滋　十二月予告。	炌
八年庚辰	國光	學顏	晟　十一月加太子太保。十二月致仕。 徐學謨　十二月任。	逢時	清	曾省吾　正月任。	炌
九年辛巳	國光	學顏	學謨	逢時　四月致仕。 梁夢龍　四月任。	清	省吾	炌
十年壬午	國光　十月免。 梁夢龍　十月任。十二月免。 嚴清　十二月任。	學顏	學謨	夢龍　十月加太子太保，尋改吏部。 吴兑　十一月任。	清　十二月改吏部。	省吾　十月加太子太保。十二月致仕。 楊巍　十二月任。	炌
十一年癸未	清　七月病免。 楊巍　七月任。	學顏　四月改兵部。 楊巍　四月任。七月改吏部。 王遴　七月任。	學謨　九月加太子少保。十月致仕。 陳經邦　十月任。	兑　三月致仕。 張學顏　四月任。	潘季馴　正月任。	巍　四月改吏部。 楊兆　四月任。九月加太子少保。	炌　七月免。 趙錦　七月召。十一月任。
十二年甲申	巍	遴	經邦　十月致仕。 沈鯉　十月任。	學顏　二月加太子少保。九月晉太子太保。	季馴　七月爲民。 舒化　十一月任。	兆	錦　九月加太子少保。
十三年乙酉	巍　十月加太子少保。	遴　三月改兵部。 畢鏘　三月任。	鯉	學顏　三月病免。 王遴　三月任。九月致仕。 張佳允　閏九月任，加太子太保。	化	兆　六月晉太子太保。	錦　四月加兵部尚書。十一月憂去。

紀年	吏部尚書	户部尚書	禮部尚書	兵部尚書	刑部尚書	工部尚書	左右都御史
	七卿除罷						
十四年丙戌	巍	鏘　五月病免。宋纁　五月任。	鯉	佳允　十二月致仕。	化	兆	辛自修　正月任。
十五年丁亥	巍	纁	鯉　二月加太子少保。	嚴清　正月召，病不赴。王一鶚　四月任。	化　五月病免。李世達　六月任。	兆　二月卒。何起鳴　正月任。二月免。石星　二月任。	自修　月致仕。吳時來　二月任。
十六年戊子	巍　九月加太子太保。	纁	鯉　九月致仕。朱賡　九月任。	一鶚	世達	星　九月加太子少保。曾同亨　九月任，專督陵工。	時來
十七年己丑	巍	纁	賡　七月憂去。于慎行　七月任。	一鶚	世達	星　同亨	時來
十八年庚寅	巍　二月致仕。宋纁　三月任。	纁　三月改吏部。石星　三月任。	慎行	一鶚	世達　五月改左都御史。陸光祖　五月任。	星　三月改户部。同亨　三月回部掌事。	時來　五月致仕。李世達　五月任。
十九年辛卯	纁　五月卒。陸光祖　四月任。	星　八月改兵部。楊俊民　八月，倉場回部。	慎行　九月致仕。李長春　九月任。	一鶚　月致仕。九月卒。石星　八月任。	光祖　四月改吏部。趙錦　五月召，未赴卒。張國彥　十二月任，尋致仕。孫丕揚　十二月任。	同亨	世達
二十年壬辰	光祖　三月致仕。孫鑨　三月任。	俊民	長春　十一月致仕。羅萬化　十二月掌詹事回部。	星	丕揚	同亨　七月加太子少保。十二月致仕。	世達　十月加太子少保。

紀年	七卿除罷						
	吏部尚書	户部尚書	禮部尚書	兵部尚書	刑部尚書	工部尚書	左右都御史
二十一年癸巳	鏞　七月致仕。 陳有年　八月任。	俊民	萬化	星　四月晉太子太保。	丕揚　十一月改左都御史。 趙焕　十一月任。	辛自修　正月任。未幾卒。 温純　四月任。九月終養。 衷貞吉　九月任。	世達　十月致仕。 孫丕揚　十一月任。
二十二年甲午	有年　七月致仕。 孫丕揚　八月任。	俊民	萬化　九月致仕。 范謙　十月任。	星	焕	貞吉　八月改左都御史。 沈節甫　八月以侍郎署。	丕揚　八月遷吏部。 衷貞吉　八月任。
二十三年乙未	丕揚　六月加太子少保。	俊民　六月加太子少保。	謙	星　十月加少保。	焕　四月致仕。 蕭大亨　五月任，仍加太子太保。	節甫　署。 李戴　五月任。未幾憂去。	貞吉
二十四年丙申	丕揚　閏八月病免。	俊民	謙	星	大亨	徐作　六月以侍郎署，尋陞右都御史，仍署部事。	貞吉　月卒。 徐作　十月任右，署工部事。
二十五年丁酉	蔡國珍　二月召。五月任。九月加太子少保。	俊民	謙　十月卒。	星　二月革職候勘。九月下獄。	大亨	作　兼署。	作
二十六年戊戌	國珍　四月病免。 李戴　六月召。	俊民　九月晉太子太保。	余繼登　六月以侍郎署。	田樂　六月任。十二月加太子太保。	大亨	楊一魁　五月召。十二月任。	温純　五月召。十二月任。 作　六月免。
二十七年己亥	戴	俊民　四月致仕。 陳蕖　五月任。	繼登　五月任。	樂　四月晉太子太傅。九月加柱國。	大亨	一魁	純

紀年	七卿除罷						
	吏部尚書	户部尚書	禮部尚書	兵部尚書	刑部尚書	工部尚書	左右都御史
二十八年庚子	戴	蕖	繼登　七月卒。	樂	大亨	一魁　五月加太子太保。	純
二十九年辛丑	戴　六月加太子太保。	蕖	馮琦　十月任。	樂　二月晉太保。	大亨	一魁	純
三十年壬寅	戴	蕖　三月病免。 趙世卿　三月，倉場回部。	琦	樂　三月致仕。 蕭大亨　六月以刑部尚書兼署。	大亨	一魁　二月免。 姚繼可　閏二月任。	純
三十一年癸卯	戴　十二月致仕。 趙世卿　十二月以户部尚書兼署。	世卿　十二月兼署吏部。	琦　三月卒。 李廷機　　月以侍郎署。	大亨　署。	大亨　四月晉少保。	繼可	純
三十二年甲辰	世卿　兼署，五月辭。 楊時喬　五月以左侍郎署。	世卿	廷機　署。	大亨　十月任，兼署刑部。	大亨　十月改兵部，仍署刑部事。	繼可	純　四月加太子太保。
三十三年乙巳	時喬　署。	世卿	廷機　署。	大亨	大亨　兼署。 董裕　四月陞尚書，仍管左侍郎事。十二月致仕。 沈應文　十一月署。	繼可　七月致仕。 趙煥　十二月任。	純　七月致仕。 詹沂　八月以副都署。
三十四年丙午	時喬　署。	世卿	廷機　署。	大亨	應文　署。	煥　正月終養。 劉元霖　十一月以侍郎署。	沂　署。

七卿除罷

紀年	吏部尚書	户部尚書	禮部尚書	兵部尚書	刑部尚書	工部尚書	左右都御史
三十五年丁未	時喬　署。	世卿	廷機　署。五月入閣。 楊道賓　六月侍郎掌翰林院，回部署事。	大亨　三月晉少傅。	應文　署。	元霖　署。	沂　署。
三十六年戊申	時喬　署。 孫丕揚　九月召。	世卿	道賓　署。	大亨　十一月致仕。 李化龍　十一月以戎政尚書掌部事。	應文　八月任。	元霖　署。	沂　署。
三十七年己酉	時喬　署。二月卒。 丕揚　四月任。	世卿	道賓　署。二月卒。 吴道南　二月以侍郎署。	化龍	應文	王汝訓　四月以侍郎署。	沂　署。 孫瑋　五月以倉場尚書兼署院事。
三十八年庚戌	丕揚　十二月加太子太傅。	世卿　九月請告，出城待命。	道南　署。八月憂去。 翁正春　九月以侍郎署。	化龍　兼戎政。	應文　正月致仕。 劉元霖　五月以工部侍郎兼署。 趙焕　九月召。	汝訓　署。五月卒。 元霖　五月再署部事，兼署刑部。	瑋　兼署。
三十九年辛亥	丕揚	李汝華　六月以侍郎署。	正春　署。	化龍　八月加少傅。十二月卒。	元霖　兼署。 焕　九月任。	元霖　署。	瑋　兼署。 許弘綱　月以副都署院事。
四十年壬子	丕揚　二月致仕。 趙焕　八月任。	汝華　署。	正春　署。	王象乾　正月任。二月加太子太保。	焕　八月改吏部。 許弘綱　九月以副都御史兼署。	元霖	弘綱　署院事。九月兼署刑部。

七卿除罷

紀年	吏部尚書	户部尚書	禮部尚書	兵部尚書	刑部尚書	工部尚書	左右都御史
四十一年癸丑	煥　九月致仕。 王象乾　十月以兵部尚書兼署。	汝華　署。	正春　署。四月改吏部侍郎。 孫慎行　五月以侍郎署。	象乾　十月兼署吏部。	弘綱　五月乞休。七月去。 魏養蒙　七月以兵部侍郎署。	元霖　六月任。十月兼署都察院。	弘綱　署。七月致仕。 孫瑋　正月任。七月出城待命。十月歸。 劉元霖　十月以工部尚書兼署。
四十二年甲寅	象乾 鄭繼之　二月任。九月兼署兵部。	汝華　署。	慎行　署。八月自免歸。 何宗彥　八月以侍郎署。	象乾　八月自免歸。 涂宗濬　八月召，不赴。 鄭繼之　九月以吏部尚書兼署。 李鋕　九月以侍郎署。	張問達　三月，以侍郎署，兼署都察院事。	元霖　三月卒。 林如楚　三月以刑部侍郎兼署。	張問達　三月以刑部侍郎兼署。
四十三年乙卯	繼之　正月加太子少保。	汝華　署。	宗彥　署。	鋕　署。八月改吏部右侍郎。 崔景榮　四月以左侍郎署。九月管戎政。 魏養蒙　九月以侍郎署。	問達　署。	如楚　署。	問達　兼署。四月封印於庫。 李鋕　八月以吏部侍郎署。
四十四年丙辰	繼之	汝華　四月任。	宗彥　署。	養蒙　署。 黃嘉善　十月召，未至。	李鋕　正月任，兼署都察院事。	如楚　署。	鋕　正月以刑部尚書兼署。
四十五年丁巳	繼之　七月晉太子太保。	汝華	宗彥　署。	養蒙　署。四月免。 崔景榮　四月以侍郎署。	鋕	如楚　署。	鋕　署。

七卿除罷

紀年	吏部尚書	户部尚書	禮部尚書	兵部尚書	刑部尚書	工部尚書	左右都御史
四十六年戊午	繼之 二月致仕。 李汝華 閏四月兼署。 趙煥 六月任。	汝華 閏四月兼署吏部。	宗彦 署。	景榮 二月封印出城。 嘉善 七月任。	鋕 十一月改左都御史。	如楚 署。	鋕 十一月任。
四十七年己未	煥 十一月卒。 汝華 署。	汝華 五月兼署工部。	宗彦 署。十一月乞歸。	嘉善 十一月養病。 楊應聘 十一月以侍郎署。	張問達 以倉場尚書兼署。	如楚 七月引疾。 李汝華 五月署。 周嘉謨 七月任。 黄克纘 十二月以戎政尚書署。	鋕 八月致仕。 張問達 十二月署。
四十八年庚申 八月，光宗即位，爲泰昌元年。九月，熹宗即位。	周嘉謨 六月任。	汝華 王紀 八月任。	孫如游 四月以侍郎署。八月任。十月入閣。 孫慎行 十二月任。	嘉善 九月免。 應聘 三月卒。 崔景榮 十月任。	問達 署。 黄克纘 七月任，仍加太子少保。	嘉謨 六月改吏部。 王佐 九月任。	問達 七月任。
天啓元年辛酉	嘉謨 九月加太子少保。十月加太子太保。十二月致仕。 張問達 十二月任。	汝華 六月致仕，加太子太保。 汪應蛟 六月任。	慎行	景榮 五月致仕。 王象乾 五月任，六月督師。 張鶴鳴 十月任。	克纘 十月加太子太保。	佐 九月加太子少保。十月加太子太保。	問達 十月加太子太保。十二月遷吏部尚書。 鄒元標 十二月任。
二年壬戌	問達	應蛟 十二月致仕。	慎行 七月致仕。 顧秉謙 八月任。	鶴鳴 正月加太子太保行邊。七月回部，即予告。 孫承宗 二月以内閣掌部事。八月出鎮。 董漢儒 九月任。	克纘 正月改戎政。 王紀 二月任。七月爲民。 孫瑋 八月召，未至。	佐 正月加太子太傅。三月致仕。 姚思仁 四月任。	元標 十月致仕，加太子太保。 趙南星 十一月任。

紀年	七卿除罷						
	吏部尚書	户部尚書	禮部尚書	兵部尚書	刑部尚書	工部尚書	左右都御史
三年癸亥	問達　九月加少保，致仕。 趙南星　十月任。	李長庚　二月任，旋以憂去。 陳大道　三月任。七月免。 李宗延　九月倉場回部。	盛以弘　二月命。五月致仕。 林堯俞　五月任。七月加太子少保。	漢儒　七月憂去。 趙彦　八月任。十月加太子太保。	瑋　三月任。閏十月遷吏部尚書掌左都御史。 喬允升　十一月任。	思仁　二月致仕，加太子太保。 鍾羽正　三月任。七月致仕。 王舜鼎　八月任。	南星　十月遷吏部尚書。 孫瑋　閏十月以吏部尚書銜掌院事。十一月加太子太保。
四年甲子	南星　十月致仕。 崔景榮　十一月任。	宗延　十一月掌都察院。 李起元　十一月任。	堯俞	彦	允升　十二月致仕。	舜鼎　四月卒。 陳長祚　二月任。九月免。 馮從吾　九月召，未至。 黄克纘　十二月任。	瑋　八月卒。 高攀龍　八月任。十月致仕。 李宗延　十一月改吏部尚書掌院事。
五年乙丑	景榮　七月免。 李宗延　七月任。十二月免。 王紹徽　十二月任。	起元	堯俞　二月加太子少保。八月致仕。 薛三省　九月任。十二月乞休。	彦　五月致仕。 高第　五月任。十月經略遼東。 王永光　十月任。	李養正　正月任。十二月免。 周應秋　四月任。十二月改左都御史。 徐兆魁　十二月任。	克纘　十二月免，復加太子太師。	宗延　七月遷吏部尚書。 王紹徽　八月任。十二月遷吏部尚書。 周應秋　十二月任。
六年丙寅	紹徽　閏六月閒住。 周應秋　七月任。十月加太子太保。	起元　七月免。十一月加太子太傅。 郭允厚　七月任。十月加太子太保。	李思誠　正月任。十月加太子太保。十二月削職。	永光　七月加太子太保，致仕。 馮嘉會　七月，戎政回部。十月加太子太保。十一月加太子太傅。	兆魁　六月閒住。 薛貞　七月任。十月加太了太保。	董可威　正月任。五月致仕。 薛鳳翔　五月任。十月加太子太保。 崔呈秀　七月任，仍管大工。十月加太子太保。	應秋　七月遷吏部尚書。 房壯麗　七月任。十月加太子太保。 崔呈秀　十月以工部尚書兼左都御史。

紀年	七卿除罷						
	吏部尚書	户部尚書	禮部尚書	兵部尚書	刑部尚書	工部尚書	左右都御史
七年丁卯八月，莊烈帝即位。	應秋　八月加太子太師。十一月免。 房壯麗　十一月任。	允厚　七月加太子太傅。八月加太子太師。	來宗道　正月任。十一月加太子太保。十二月入閣。 孟紹虞　十二月任。	嘉會　三月加太子太師。四月卒。 王之臣　正月經略回部管事，加太子太保。四月專任，晉太子太師。七月復出經略。 霍維華　七月任。八月加太子太保。 崔呈秀　八月任。十月免。 閻鳴泰　十月任，晉少師。	貞　十一月免。 蘇茂相　十一月任。	鳳翔　八月加少傅兼太子太傅。 呈秀　七月加太子太傅。八月加少傅兼太子太傅，改兵部。	壯麗　八月晉太子太傅。十一月遷吏部尚書。 曹思誠　十一月任，加太子太保。
崇禎元年戊辰	壯麗　四月免。 王永光　五月任。	允厚　二月免。 王永光　三月任。五月改吏部。 畢自嚴　五月任。	紹虞　六月免。 何如寵　六月任。	鳴泰　三月免。 王在晉　四月任。十月免。 王洽　十二月任。	茂相　二月免。 王在晉　三月任，加太子太保。四月改兵部。 喬允升　五月任。	鳳翔　正月免。 劉廷元　正月任。五月免。 李長庚　五月任。十二月憂去。	思誠　四月免。 曹于汴　五月任。
二年己巳	永光	自嚴	如寵　十二月入閣。	洽　十一月下獄死。 申用懋　十一月任。十二月致仕。	允升　十二月下獄。	張鳳翔　正月任。十一月下獄。 南居益　十二月任。	于汴
三年庚午	永光　三月加少保。	自嚴　八月加太子太保。	李騰芳　正月任。十二月加太子少保。	梁廷棟　正月任。七月加太子少保。	韓繼思　正月任。三月削職。 胡應台　三月任。	居益　六月削職。 劉遵義　六月任。 曹珖　八月任。	于汴　二月免。 閔洪學　三月任。
四年辛未	永光　三月免。 閔洪學　三月任。	自嚴	騰芳　五月致仕。 黄汝良　五月任。	廷棟　五月閒住。 熊明遇　六月任。	應台	珖	洪學　三月遷吏部尚書。 陳于廷　四月任。

七卿除罷

紀年	吏部尚書	户部尚書	禮部尚書	兵部尚書	刑部尚書	工部尚書	左右都御史
五年壬申	洪學 八月免。李長庚 八月召。十二月任。	自嚴	汝良	明遇 七月免。張鳳翼 九月任。	應台	珖 二月加太子少保。五月免。張延登 六月召。十月改左都御史。周士樸 十月任。	于廷 三月加太子少保。九月免。張延登 十月任。
六年癸酉	長庚	自嚴 三月下獄。侯恂 五月任。	汝良 三月致仕。李康先 五月任。	鳳翼	應台	士樸	延登
七年甲戌	長庚 八月削職。謝陞 八月任。	恂	康先	鳳翼 二月加太子少保。	應台 閏八月免。馮英 九月任。	士樸 十月削職。劉遵憲 十一月復任。	延登 八月免。唐世濟 八月任。
八年乙亥	陞 三月加太子少保。	恂	康先 正月免。黄士俊 二月任。	鳳翼	英	遵憲	世濟
九年丙子	陞	恂 十一月削職。	士俊 六月入閣。姜逢元 七月任。	鳳翼 七月督師。九月卒。楊嗣昌 十月奪情任。	英	遵憲	世濟 十一月下獄。
十年丁丑	陞 二月免。田維嘉 三月任。	程國祥 正月任。	逢元 十二月免。	嗣昌	英 四月削職充軍。鄭三俊 閏四月任，加太子太保。	遵憲	商周祚 四月任。
十一年戊寅	維嘉 四月免。商周祚 五月任。十一月削職。	國祥 六月入閣。李待問 七月任。	林欲楫 正月掌詹事回部。	嗣昌 六月入閣，仍掌部事。	三俊 三月下獄。劉之鳳 四月任。	遵憲	周祚 五月遷吏部尚書。鍾炌 六月任。

紀年	七卿除罷						
	吏部尚書	户部尚書	禮部尚書	兵部尚書	刑部尚書	工部尚書	左右都御史
十二年己卯	莊欽鄰 正月召。七月未至罷。謝陞 八月復任。	待問	欲楫	嗣昌 九月督師討賊。傅宗龍 五月任。十二月下獄。	甄淑 正月任。	遵憲 十一月加太子少保。	焮 月削職。傅永淳 七月任。
十三年庚辰	陞 四月入閣。傅永淳 五月任。九月免。李日宣 九月任。	待問	欲楫	陳新甲 正月任。	淑 七月免。李覺斯 七月任。十二月削職。劉澤深 十二月任。	遵憲	永淳 五月遷吏部尚書。王道直 八月任。
十四年辛巳	日宣	待問	欲楫	新甲	澤深 十二月卒。	遵憲	道直
十五年壬午	日宣 六月下獄充軍。鄭三俊 八月任。	待問 二月免。傅淑訓 二月任。	欲楫 八月加太子太保。	新甲 八月下獄，棄市。張國維 九月任。	鄭三俊 正月任。八月改吏部。范景文 八月召，未任，改工部。徐石麟 十一月任。	遵憲 四月加太子太保。范景文 十月任。	道直 七月免。劉宗周 八月任。十二月削職。李邦華 十二月任。
十六年癸未	三俊 五月免。李遇知 五月任。	淑訓 五月削職。倪元璐 五月任。十月兼署禮部。	欲楫 十月致仕。倪元璐 十月以户部尚書兼署。	國維 五月免。馮元飈 五月任。十一月告病。張縉彦 十月任。	石麒 正月削職。張忻 八月任。	景文	邦華
十七年甲申三月，莊烈帝崩，明亡。	遇知 三月病去。	元璐 二月解職。三月殉難。	王鐸 三月召，未赴。	縉彦 三月降賊。	忻 三月降賊。	景文 二月入閣。三月殉難。陳必謙 三月任。	邦華 三月殉難。

《明宰輔考略》

清 黄大華 撰

左右丞相

李善長◎	南直定遠
徐達◎	南直濠
汪廣洋◎	南直高郵
胡惟庸	南直定遠

平章政事

常遇春◎	南直懷遠
胡廷瑞	
廖永忠◎	南直巢
李伯昇	

左右丞

趙庸	
王溥	
楊憲	
丁玉◎	山西河中
李素	
殷哲	

參知政事

傅瓛
劉惟敬
蔡哲
陳亮
睢稼
侯至善
李謙
宋冕
馮冕
侯善
方鼐

右左右丞相四人，平章政事四人，左右丞六人，汪廣洋、胡惟庸曾任左右丞，共八人。參知政事十一人。汪廣洋、胡惟庸、楊憲、殷哲曾任參知政事，共十五人。

解縉◎五	江西吉水	洪戊辰	
黄淮◎五	浙江永嘉一三	洪丁丑	文簡
胡廣◎五	江西吉水一七	建庚辰元	文穆
楊榮◎	福建建安三九	建庚辰	文敏
楊士奇◎	江西泰和四三		文貞
胡儼◎五	江西南昌	洪舉人	
金幼孜◎二	江西新淦三十	建庚辰	文靖
楊溥◎	湖廣石首二十	建庚辰	文定
權謹◎五	南直徐州		
張瑛二	北直邢台		
陳山二	福建沙縣		
馬愉◎三	山東臨朐	宣丁未元	襄敏
曹鼐◎三	北直寧晉十	宣癸丑元	文忠
陳循◎	江西泰和十二	永乙未元	
苗衷二	南直定遠	永己丑二	文康
高穀◎	南直興化十三	永乙未	文義
張益◎五	南直江寧	永乙未	文僖
彭時◎	江西安福	正戊辰元	文憲
商輅◎	浙江淳安十八	正乙丑元	文毅
俞綱○三	浙江秀水	諸生	
江淵◎二	四川江津	宣庚戌	

王一寧二	浙江仙居	永乙未	
蕭鎡◎三	江西泰和	宣丁未	
王文◎	北直束鹿	永辛丑	毅愍
徐有貞◎二	南直吴	宣癸丑	
許彬◎三	山東寧陽	永乙未	
薛瑄◎三	山東河津	永辛丑	
李賢◎	河南鄧州十	宣癸丑	文達
吕原◎五	浙江秀水	正統壬戌二	文懿
岳正◎六	北直通州	正統戊辰三	文肅
陳文◎	江西廬陵	正統丙辰二	莊靖
劉定之◎三	江西永新	正統丙辰三	文安
萬安◎	四川眉州一九	正統戊辰四	文康
劉珝◎	山東壽光一一	正統戊辰	文和
劉吉◎	山東博野一八	正統戊辰	文穆
彭華◎二	江西安福	景甲戌會元	文思
尹直◎	江西泰和	景甲戌	文和
徐溥◎	南直宜興一二	景甲戌二	文靖
劉健◎	河南洛陽二十	天順庚辰	文靖
邱濬◎	廣東瓊山	景甲戌四	文莊
李東陽◎	湖廣茶陵一八	天順癸未	文正
謝遷◎	浙江餘姚一四	成乙未元	文正
焦芳*	河南泌陽	天順癸未	
王鏊◎	南直吴	成乙未三	文恪
楊廷和◎	四川新都一八	成戊戌	文忠
劉宇*二	河南鈞州	成壬辰	
曹元*二	北直大寧	成乙未	
梁儲◎	廣東順德十二	成戊戌四	文康
劉忠◎	河南陳留	成戊戌	文肅
費宏◎	江西鉛山	成丁未元	文憲
楊一清◎	湖廣巴陵	成壬辰	文襄

靳貴二	南直丹徒	弘庚戌三	文僖
蔣冕◎	廣西全州	成丁未	文定
毛紀◎	山東掖	成丁未	文簡
袁宗皋二			
石瑶	北直藁城	成丁未	文介
賈詠	河南臨潁	弘丙辰	文靖
翟鑾◎	北直大興一二	弘乙丑	文懿
張孚敬◎	浙江永嘉	正德庚辰	文忠
桂萼◎	江西安仁	正德辛未	文襄
李時◎	北直任邱	弘壬戌	文康
方獻夫◎	廣東南海	弘乙丑	文襄
夏言◎	江西貴谿十一	正德丁丑	文愍
顧鼎臣◎	南直崑山	弘乙丑元	文康
嚴嵩*	江西分宜一一	弘乙丑	
許讚○	河南靈寶	弘丙辰	文簡
張璧	湖廣石首	正德辛未	文簡
李本	浙江餘姚一三	嘉壬辰	
張治	湖廣茶陵	正德庚辰會元	文毅
徐階◎	南直華亭一七	嘉癸未三	文貞
袁煒○	浙江慈谿	嘉戊戌三	文榮
嚴訥◎二	南直常熟	嘉辛丑	文靖
李春芳◎	南直興化	嘉丁未元	文定
郭朴○	河南安陽	嘉乙未	文簡
高拱◎	河南新鄭	嘉辛丑	文襄
陳以勤◎	四川南充	嘉辛丑	文端
張居正◎	湖廣江陵一六	嘉丁未	文忠
趙貞吉◎二	四川内江	嘉乙未	文肅
殷士儋○	山東歷城	嘉丁未	文莊
高儀◎二	浙江錢塘	嘉辛丑四	文端
吕調陽	廣西臨桂	嘉庚戌二	文簡

張四維◎	山西蒲州	嘉癸丑	文毅
馬自強◎	陝西同州	嘉癸丑	文莊
申時行◎	南直吳十四	嘉壬戌元	文定
許國◎	南直歙	嘉乙丑	文穆
余有丁	浙江鄞	嘉壬戌	文敏
王錫爵◎	南直太倉十	嘉壬戌二	文肅
王家屏◎二	山西大同	隆戊辰	文端
潘晟	浙江新昌	嘉辛丑二	
趙志皋◎	浙江蘭谿十一	隆戊辰	文懿
張位◎	江西新建	隆戊辰	文莊
陳于陛◎以勤子		隆戊辰	文憲
沈一貫◎	浙江鄞十三	隆戊辰	文恭
沈鯉◎	河南歸德	嘉乙丑	文端
朱賡◎	浙江山陰	隆戊辰	文懿
于慎行◎	山東東阿	隆戊辰	文定
李廷機◎	福建晉江	萬癸未二	文端
葉向高◎	福建福清十三	萬癸未	文忠
方從哲◎	浙江德清	萬癸未	文端
吳道南◎二	江西崇仁	萬己丑二	文定
史繼偕	福建晉江	萬壬辰二	
劉一燝◎	江西南昌	萬乙未	文端
韓爌◎	山西蒲州	萬壬辰	
沈漼◎節甫子	浙江烏程	萬壬辰	文定
何宗彥◎	湖廣隨州	萬乙未	文毅
朱國祚◎	浙江秀水	萬癸未元	文恪
孫如游◎	浙江餘姚	萬乙未	文恭
孫承宗◎	北直高陽	萬甲辰二	文忠
顧秉謙＊	南直崑山	萬乙未	
朱國禎○	浙江烏程	萬己丑	文肅
朱延禧	山東聊城	萬乙未	
魏廣微＊	北直南樂	萬甲辰	
周如磐＊	福建莆田	萬戊戌	
黃立極＊	北直元城	萬甲辰	
丁紹軾＊	南直貴池	萬丁未	
馮銓	北直涿州	萬癸丑	
施鳳來＊	浙江平湖	萬丁未二	
張瑞圖＊	福建晉江	萬丁未三	
李國𣚴○	北直高陽	萬癸丑	文敏
來宗道＊	浙江蕭山	萬甲辰	
楊景辰＊	福建晉江	萬癸丑	
錢龍錫◎	南直華亭	萬丁未	
李標◎	北直高邑	萬丁未	文節
劉鴻訓◎	山東長山	萬癸丑	
周道登○	南直吳江	萬戊戌	
成基命◎	北直大名	萬丁未	文穆
周延儒＊	南直宜興	萬癸丑元	
何如寵	南直桐城	萬戊戌	文端
錢象坤○	浙江會稽	萬辛丑	文貞
溫體仁＊	浙江烏程	萬戊戌	
吳宗達○	南直宜興	萬甲辰三	文端
鄭以偉○	江西上饒	萬辛丑	文恪
徐光啓◎	南直上海	萬甲辰	文定
錢士升○	浙江嘉善	萬丙辰元	
王應熊◎	四川巴	萬癸丑	
何吾騶○	廣東香山	萬己未	
文震孟◎三	南直長洲	天啓壬戌元	文肅
張至發◎	山東淄川	萬辛丑	
林釬○三	福建同安	萬丙辰三	文穆
黃士俊○	廣東順德	萬丁未元	
孔貞運○	南直句容	萬己未	

賀逢聖◎ 湖廣江夏 萬丙辰二 文忠
劉宇亮○二 四川綿竹 萬己未
傅冠○二 江西進賢 天啓壬戌二 忠烈
薛國觀 陝西韓城 萬己未
程國祥◎ 南直上元 萬己未
楊嗣昌◎ 湖廣武陵 萬庚戌
方逢年○二 浙江遂安 萬丙辰
蔡國○一 江西金谿 萬庚戌
范復粹○ 山東黄 萬己未
姚明恭○二 湖廣蘄水 萬己未
張四知○ 山東費 天啓壬戌
魏炤乘○二 河南滑 萬己未
謝陞 山東德州 萬丁未
陳演◎二 四川井研 天啓壬戌
蔣德璟◎二 福建晉江 天啓壬戌
黄景昉○二 福建晉江 天啓乙丑
吴甡◎一 南直興化 萬癸丑
魏藻德◎二 北直通州 崇庚辰元
李建泰○三 山西曲沃 天啓乙丑
方岳貢◎二 湖廣穀城 天啓壬戌
范景文◎二 北直吴橋 萬癸丑 文忠
邱瑜○二 湖廣宜城 天啓乙丑

右内閣大學士凡一百六十三人，自永樂初至崇禎末止。

史可法◎ 北直大興 崇戊辰 忠正
高弘圖◎ 山東膠州 萬庚戌 忠直
姜曰廣◎ 江西新建 萬己未 忠慤
王鐸 河南孟津
馬士英* 貴州貴陽 萬丙辰
蔡奕琛 浙江德清 萬丙辰
張國維◎ 浙江東陽 天啓壬戌 忠敏
朱大典◎ 浙江金華 萬丙辰 烈愍
熊汝霖◎ 浙江餘姚 崇辛未 忠節
劉中藻○ 福建福安 崇 烈愍
錢肅樂◎ 浙江鄞 崇丁丑 忠節
孫嘉績 浙江餘姚 崇丁丑
沈宸荃◎ 浙江慈谿 崇庚辰 忠節
朱繼祚◎ 福建莆田 萬己未 忠節
張肯堂◎ 南直華亭 天啓乙丑 忠穆
黄道周◎ 福建漳浦 天啓壬戌 忠端
蘇觀生◎ 廣東東莞 諸生
路振飛◎ 北直曲周 天啓乙丑
曾櫻◎ 江西峽江 萬丙辰
顧元鏡
王應華
關捷先 廣東南海
曾道唯
吕大器◎ 四川遂寧 崇戊辰 文肅
何騰蛟◎ 貴州黎平 天啓辛酉舉 忠節
瞿式耜◎ 南直常熟 萬丙辰 忠宣
李永茂
丁魁楚○ 河南永城
吴炳◎ 南直宜興 萬己未
方以智 南直桐城 崇庚辰
文安之◎ 湖廣彝陵 天啓壬戌
陳子壯◎ 廣東南海 萬己未三 忠簡
楊廷麟◎ 江西清江 崇辛未 忠節
王錫袞◎ 雲南禄豐 天啓壬戌
堵胤錫◎ 南直無錫 崇丁丑 文忠
嚴起恒◎ 浙江山陰 崇辛未
朱天麟◎ 南直崑山 崇戊辰

楊畏知◎	陝西寶雞	崇辛未	忠節
吳貞毓◎	南直宜興	崇癸未	忠節
郭子奇	廣東揭陽	崇戊辰	
馬吉翔			
王化澄			
馬思理			
劉沂春			

右福王、魯王、唐王、桂王時自甲申至庚子大學士可考者四十二人。

凡加◎者，表《明史》中有專傳。加○者，表有附傳。加*者，表入《閹黨》或《姦臣傳》。

按：原稿所標數字未審何意，以意推求，籍貫下者大約爲鄉試名次，科名下者必爲科甲名次，而姓氏下者竟不能知其所指也。今一仍其朔，不敢妄刪。

《明史》宰輔不立傳者十七人，如張瑛之旋改禮垣，陳山之授讀內侍，王一寧、袁宗皋、張治或到閣年餘，或數月而罷，以及馮銓、謝陞之受命新朝，其不爲立傳固也。若賈詠、余有丁、朱延禧則入閣三年矣，靳貴、史繼偕則四年矣，苗衷且六年矣，張璧、潘晟雖到閣未久，爲尚書多年矣，何以皆不爲立傳？至李本在閣十三年，其事蹟嘗雜見於他傳中，其不爲立傳，尤屬可怪。至於《七卿表》內共五百八十一人，《明史》有傳者不過十之六七，若尹旻、陳鉞、屠滽、李廷相、徐學謨、羅萬化、王象乾諸人，皆有事蹟可考，亦竟不爲之立傳，吾知當日修史諸公必有說以處此也。

《明七卿考略》

清黃大華撰

洪武
偰斯
洪彝
劉崧◎ 江西泰和 元舉人
阮畯
徐鐸
范敏○ 河南閿鄉
鄭九成
李冕
趙本
吕宗藝
薛祥◎ 南直無爲
安然◎ 河南祥符
李善長◎△
徐輝
李叔正◎ 江西靖安
高信
李澂
胡楨
唐鐸◎ 南直虹
李信
郭允道
曾泰
劉仲質○ 江西分宜
任昂◎ 河南河陰 元進士
趙仁
開濟◎ 河南洛陽
趙俊○不知何許人
陳敬
余熂
栗恕
郭桓
趙瑁
俞綸
劉逵
王惠迪
麥至德
詹徽○ 南直婺源
湯友恭
茹太素◎ 山西澤州 洪庚戌 舉人
徐本
李原名◎ 北直安州
凌漢○ 河南原武
楊靖◎ 南直山陽 洪乙丑
沈溍○ 浙江錢塘
趙勉
秦逵○ 南直宣城 洪乙丑
袁泰
梁煥
翟善○ 南直泰興
郁新◎ 南直臨淮
嚴震直◎ 浙江烏程
任亨泰○ 湖廣襄陽 洪戊辰元
安童
茹瑺◎ 湖廣衡山
王儁

曹銘			
吳斌			
王平			
杜澤			
夏恕			
門克新○	陝西鞏昌		
孫顯			
來恭			
鄧文鑑			
鄭沂			
建文			
張紞◎	陝西富平		
王鈍◎	河南太康		
陳迪◎	南直宣城		忠烈
齊泰◎	南直溧水	洪乙丑	
鄭賜◎	福建建寧	洪乙丑	文安
暴昭◎	山西潞州		
侯泰○	北直南和		
景清◎	陝西真寧	洪甲戌二	
練子寧◎	江西新淦	洪乙丑二	
鐵鉉◎	河南鄧		
永樂			
蹇義◎	四川巴	洪乙丑	忠定
夏原吉◎	湖廣湘陰	舉人	忠靖
郭資◎	河南武安	洪乙丑	忠襄
宗禮	河南永寧		
李至剛◎	南直華亭		
劉儁◎	湖廣江陵	洪乙丑	節愍
雒僉			
黃福◎	山東昌邑	忠宣	

陳瑛◎	南直滁州		
金忠◎	浙江鄞	忠襄	
吳中◎	山東武城	榮襄	
呂震◎	陝西臨潼	洪舉人	
趙羾◎	山西夏	舉人	
劉觀◎	北直雄	洪乙丑	
方賓◎	浙江錢塘		
陳洽◎	南直武進		節愍
金純◎	南直泗州		
李慶◎	北直順義		
王彰◎	河南鄭	舉人	
向瑶			
洪熙宣德			
張本◎	山東東阿		
李友直			
胡濙◎	南直武進	建庚辰	忠安
郭敦◎	山東堂邑	舉人	
顧佐◎	河南太康	建庚辰	
郭璡◎	河南新安		
李昶			
許廓			
熊槩◎	江西豐城	永壬辰	
王驥	北直束鹿	永丙戌	忠毅
正統			
魏源◎	江西南城	永丙戌	
施禮			
陳智			
劉中敷◎	北直大興	諸生	
王佐◎	山東海豐	舉人	忠簡
王文◎	北直束鹿	永辛丑	毅敏

魏驥◎	浙江蕭山	會副	文靖
徐晞			
王晉○	陝西鄜	舉人	
王直◎	江西泰和	永癸未	文端
王質	江西泰和	舉人	
金濂◎	南直山陽	永戊戌	榮襄
鄺埜○	湖廣宜章	永壬辰	忠肅
黎澄	安南國王子		
陳鎰◎	南直吳	永壬辰	僖敏
景泰			
于謙◎	浙江錢塘	永辛丑	忠肅
俞士悅			
楊善◎	北直大興	諸生	忠敏
石璞◎	河南臨漳	永己丑	
何文淵○	江西廣昌	永戊戌	
儀銘○	山東高密		忠襄
王翺◎	北直鹽山	永乙未	忠肅
羅通江◎	江西吉水	永壬辰	
蕭維楨			
張鳳	北直安平	宣丁未	
天順			
李賓○	四川合州	正統壬戌	
沈固○未詳			
陳汝言	陝西潼關		
軒輗	河南鹿邑	永甲辰	
劉廣衡			
耿九疇	河南盧氏	永甲辰	清惠
馬昂	北直滄州	永樂舉人	恭襄
寇深	北直唐縣	貢生	莊愍
陸瑜	浙江鄞	宣癸丑	

年富◎	南直懷遠	會副	
蕭暄			
石瑁	山西應州	宣德癸丑	
李賓			
姚夔	浙江桐廬	正統壬戌會元	文敏
周瑄	山西陽曲	舉人	莊懿
成化			
白圭◎	北直南宮	正統壬戌	恭敏
王竑◎	陝西河州	正統己未	莊毅
李秉◎	山東曹	正統丙辰	襄敏
林聰◎	福建寧德	正統己未	莊敏
王復◎	北直固安	正統壬戌	莊簡
楊鼎◎	陝西咸寧	正統己未二	莊敏
程信◎	南直休寧	正統壬戌	襄毅
崔恭◎	北直廣宗	正統丙辰	莊敏
鄒幹	浙江錢塘	景辛未	
項忠◎	浙江嘉興	正統壬戌	襄毅
尹旻	山東歷城	正統戊辰	恭簡
王概			
董方			
王越◎	河南濬	景辛未	襄敏
余子俊◎	四川青神	景辛未	肅敏
陳鉞	北直獻		
張文質	北直昌黎		
劉昭			
翁世資○	福建莆田	正統壬戌	
周洪謨◎	四川長寧	正統乙丑二	文安
戴縉			
張鵬◎	北直淶水	景辛未	懿簡
張鎣◎	南直華亭	正統戊辰	莊懿

李裕◎	江南豐城	景甲戌	
殷謙			
朱英◎	湖廣桂陽	正統乙丑	恭簡
馬文升◎	河南鈞州	景辛未	端肅
屠滽	浙江鄞	成丙戌	襄惠
耿裕◎九疇子		景甲戌	文恪
杜銘			
謝一夔○	江西新建	天順庚辰元	文莊
劉敷			
王恕◎	陝西三原	正統戊辰	端毅
李敏◎	河南襄城	景甲戌	恭靖
賈俊◎	北直束鹿	舉人	
弘治			
何喬新淵子		景甲戌	文肅
葉淇○	南直山陽	景甲戌	
彭韶◎	福建莆田	天順丁丑	惠安
白昂			
倪岳◎	南直上元	天順癸未	文毅
劉璋○	福建南平	天順丁丑	
周經◎瑄子		天順庚辰	文端
徐瓊	江西金谿	天順丁丑二	
徐貫			
閔珪◎	浙江烏程	天順癸未	莊懿
侶鍾◎	山東鄆城	成丙戌	
傅瀚◎	江西新喻	天順癸未	文穆
曾鑑◎	湖廣桂陽	天順癸未	
戴珊◎	江西浮梁	天順癸未	恭簡
史琳			
正德			
劉大夏◎	湖廣華容	天順癸未	忠宣

張昇◎	江西南城	成己丑元	文僖
屠勛	浙江平湖	成己丑	康僖
焦芳*△			
許進◎	河南靈寶	成丙戌	襄毅
顧佐○	南直臨淮	成己丑	
閆仲宇			
張敷華◎	江西安福	天順癸未	簡肅
劉璣○中敷子		成戊戌	
劉宇○△			
李傑			
李鐩			
韓文◎	山西洪洞	成丙戌	忠定
曹元○△			
白鉞○圭子		成甲辰二	文恪
王鑑之			
洪鍾◎	浙江錢塘	成乙未	襄惠
張綵	陝西安定	弘庚戌	
劉璟	河南鄢陵		
才寬			
畢亨			
陳金◎	湖廣應城	成壬辰	
楊一清◎△			
費宏◎△			
湖汝礪			
王敞			
孫交◎	湖廣鍾祥	成辛丑	榮僖
傅珪◎	北直清苑	成丁未	文毅
何鑑◎	浙江新昌	成己丑	
王鼎			
張子麟			

陸完◎	南直長洲	成丁未	
李士實			
王瓊◎	山西太原	成甲辰	恭襄
劉春◎	四川巴	成丁未二	文簡
石玠○	北直藁城	成丁未	
毛紀◎△			
彭澤◎	陝西蘭州	弘庚戌	襄毅
王璟◎	山東沂	成壬辰	恭靖
李遜學	河南上蔡	成壬辰	
毛澄◎	南直崑山	弘癸丑元	文簡
張綸			
楊潭			
石瑤◎玠弟△			
喬宇◎	山西樂平	成甲辰	莊簡
嘉靖			
林俊◎	福建莆田	成戊戌	貞肅
金獻民◎	四川綿州	成甲辰	
陶琰◎	山西絳州	成辛丑	恭介
趙璜◎	江西安福	弘庚戌	莊簡
秦金◎	南直無錫	弘癸丑	端敏
羅欽順◎	江西泰和	弘癸丑三	文莊
汪俊◎	江西弋陽	弘癸丑會元	文莊
趙鑑			
俞諫	浙江桐廬	弘庚戌	莊襄
楊旦○榮曾孫		弘	
廖紀◎	北直東光	弘庚戌	僖靖
席書◎	四川遂寧	弘庚戌	文襄
邊憲			
李鉞◎	河南祥符	弘丙辰	恭簡
顏頤壽			
王時中◎	山東黄	弘庚戌	
聶賢	四川長壽		
李承勛◎	湖廣嘉魚	弘癸丑	康惠
桂蕚◎△			
吴一鵬◎	南直長洲	弘癸丑	文端
方獻夫◎△			
童瑞			
胡世寧◎	浙江仁和	弘癸丑	端敏
高友璣			
劉麟◎	江西安仁	弘丙辰	清惠
伍文定◎	湖廣松滋	弘己未	忠襄
李時◎△			
周倫			
許讚○進子△			
章拯○懋子	浙江蘭谿	弘壬戌	恭惠
熊浹◎	江西南昌	正德甲戌	恭肅
王憲◎	山東東平	弘庚戌	康毅
汪鋐	南直婺源		
梁材◎	南京右衛	弘己未	端肅
鄒文盛◎	湖廣公安	弘癸丑	莊簡
夏言◎△			
蔣瑶◎	浙江歸安	弘丙辰	恭靖
王大用			
王廷相◎	河南儀封	弘壬戌	肅敏
張瓚	北直滄州		
唐龍◎	浙江蘭谿	正德戊辰	文襄
林庭㭿○	福建閩	弘己未	康懿
嚴嵩*△			
甘爲霖			
温仁和	四川華陽	宏壬戌	

毛伯温◎	江西吉水	正德戊辰	襄懋
李廷相	山東濮州	弘壬戌三	文敏
楊志學	湖廣長沙	弘壬戌	
王堯封			
周敍	河南息縣	正德辛未	
周期雍◎	江西寧州	正德戊辰	
李如圭			
樊繼祖			
錢如京	南直桐城	弘乙丑	
張潤			
劉天和◎	湖廣麻城	正德戊辰	莊襄
吴山◎	江西高安	嘉乙未三	文端
王杲◎	山東汶上	正德甲戌	
聞淵◎	浙江鄞	弘乙丑	莊簡
潘鑑	南直婺源	正德甲戌	
張璧△			
費寀○宏弟		正德甲戌	文通
戴金	湖廣漢陽	正德甲戌	
周用◎	南直吴江	弘壬戌	恭肅
路迎			
陳經			
王以旂◎	南直江寧	正德辛未	襄敏
宋景○	江西奉新	弘乙丑	莊靖
夏邦謨			
屠僑○	浙江鄞	正德辛未	簡肅
文明			
喻茂堅			
孫承恩			
劉儲秀			
趙廷瑞			

潘潢	南直婺源	正德庚辰	
徐階◎△			
范鏓◎	江西樂平	正德丁丑	
劉訒◎璟子	河南鄢陵	正德丁丑	
李士翱			
翁萬達◎	廣東揭陽	萬丙戌	襄毅
丁汝夔◎	山東霑化	正德庚辰	
孫應奎◎	河南洛陽	正德庚辰	
王邦瑞◎	河南宜陽	正德丁丑	襄毅
胡松◎	南直滁州	嘉己丑	恭肅
顧應祥	浙江長興	弘乙丑	
李默◎	福建甌寧	正德庚辰	文愍
萬鏜○	江西進賢	弘乙丑	
趙錦◎			
應大猷			
歐陽必進○			
韓士英			
方鈍○	湖廣巴陵	正德辛未	簡肅
何鰲			
歐陽德	江西泰和	嘉己丑	文莊
聶豹◎	江西永豐	正德丁丑	貞襄
王用賓	陝西咸寧		
吴鵬	江西吉水		
楊博◎	山西蒲州	嘉己丑	襄毅
周延◎	江西吉水	嘉癸未	簡肅
許論○進子		嘉丙戌	恭襄
趙文華*	浙江慈谿	嘉己丑	
鄭曉◎	浙江海鹽	嘉癸未	端簡
賈應春◎	北直真定	嘉癸未	
雷禮			

馬坤			
江東一	山東朝城	嘉壬辰	
高耀	北直清苑		
閔煦			
潘恩○	南直上海	嘉癸未	恭定
郭朴○△			
袁煒△			
馮天馭			
蔡雲程			
嚴訥◎△			
張永明◎	浙江烏程	嘉乙未	莊僖
黃光昇			
李春芳◎△			
董份	浙江烏程	嘉辛丑	
高拱◎△			
隆慶			
高儀◎△			
趙炳然◎	四川劍州	嘉乙未	恭襄
王廷◎	四川南充	嘉壬辰	恭節
葛守禮◎	山東德平	嘉己丑	端肅
馬森◎	北直懷安	嘉乙未	恭敏
郭乾			
毛愷○	浙江江山	嘉乙未	端簡
霍冀			
朱衡◎	江西萬安	嘉壬辰	
劉體乾◎	北直東安	嘉甲辰	
殷士儋○△			
張守直			
潘晟△			
劉自強			

趙貞吉◎△			
潘季馴◎	浙江烏程	嘉庚戌	
王國光	山西陽城	嘉甲辰	
呂調陽△			
陸樹聲◎	南直華亭	嘉辛丑會元	文定
王之誥◎	湖廣石首	嘉甲辰	端襄
萬曆			
張瀚◎	浙江仁和	嘉乙未	恭懿
萬士和	南直宜興	嘉辛丑	文恭
譚綸◎	江西宜黃	嘉甲辰	襄敏
郭朝賓			
殷正茂◎	南直歙	嘉丁未	
馬自強◎△			
王崇古◎	山西蒲州	嘉辛丑	襄毅
陳瓚○	南直常熟	嘉丙辰	莊靖
方逢時◎	湖廣嘉魚	嘉辛丑	
劉應節◎	山東濰	嘉丁未	
吳百朋◎	浙江義烏	嘉丁未	
李幼滋	湖廣應城	嘉辛丑	
陳炌			
張學顏◎	北直肥鄉	嘉癸丑	
嚴清◎	雲南後衛	嘉甲辰	恭肅
徐學謨	南直嘉定		
曾省吾	湖廣鍾祥	嘉甲辰	
梁夢龍◎	北直真定	嘉癸丑	貞敏
吳兑◎	浙江山陰	嘉己未	
楊巍◎	廣東海豐	嘉丁未	
王遴◎	北直霸州	嘉丁未	恭肅
陳經邦			
楊兆			

趙錦◎	浙江餘姚	嘉甲辰	端肅
沈鯉◎△			
舒化◎	江西臨川	嘉己未	莊僖
張佳胤◎	四川銅梁	嘉庚戌	襄憲
畢鏘◎	南直石埭	嘉癸丑	恭介
宋纁◎	河南商邱	嘉己未	莊敬
辛自修◎	河南襄城	嘉丙辰	肅敏
王一鶚			
李世達◎	陝西涇陽	嘉丙辰	敏肅
何起鳴			
石星	北直東明	嘉	
吳時來◎	浙江仙居	嘉癸丑	忠恪
朱賡◎△			
曾同亨◎	江西吉水	嘉己未	恭端
于慎行△			
陸光祖◎	浙江平湖	嘉丁未	莊簡
楊俊民○博子		嘉壬戌	
李長春			
張國彥			
孫丕揚◎	陝西富平	嘉丙辰	恭介
孫鑨◎	浙江餘姚	嘉乙未	清簡
羅萬化	浙江會稽	隆戊辰元	文懿
陳有年◎	浙江餘姚	嘉壬戌	恭介
溫純◎	陝西三原	嘉乙丑	恭毅
衷貞吉	江西南吉	嘉	簡肅
范謙			
沈節甫	浙江烏程	嘉丁未	端清
趙煥	山東掖	嘉乙丑	
蕭大亨			
李戴◎	河南延津	隆戊辰	
徐作			
蔡國珍◎	江西奉新	嘉丙辰	恭靖
余繼登	北直交河	萬丁丑	文恪
田樂○	北直任邱		
楊一魁			
陳蕖	湖廣應城	隆戊辰	
馮琦◎	山東臨朐	萬丁丑	文敏
趙世卿◎	山東歷城	隆辛未	
姚繼可			
李廷機◎△			
楊時喬◎	江西上饒	嘉乙丑	端潔
董裕			
沈應文			
詹沂			
劉元霖			
楊道賓○	福建晉江	萬丙戌二	文恪
吳道南◎△			
李化龍			
王汝訓◎	山東聊城	隆辛未	恭介
孫瑋◎	陝西渭南	萬丁丑	莊毅
翁正春◎	福建侯官	萬壬辰元	文簡
李汝華◎	河南睢州	萬庚辰	恭敏
許弘綱			
王象乾	山東新城	隆辛未	
孫慎行◎	南直武進	萬乙未三	文介
魏養蒙			
鄭繼之◎	湖廣襄陽	嘉乙丑	
何宗彥◎△			
涂宗濬			
張問達◎	陝西涇陽	萬癸未	

林如楚			
崔景榮◎	山西長垣	萬癸未	
李鋕	浙江縉雲		
黃嘉言	山東即墨		
楊應聘			
周嘉謨◎	湖廣漢川	隆辛未	
黃克瓚	福建晉江	萬庚辰	
王紀◎	山西芮城	萬己丑	莊毅
孫如游◎△			
王佐○	浙江鄞	萬癸未	
汪應蛟◎	南直婺源	萬甲戌	
張鶴鳴◎	南直穎川	萬丙戌	
天啓			
鄒元標◎	江西吉水	萬丁丑	忠介
顧秉謙△			
孫承宗◎△			
董漢儒◎	北直開州	萬己丑	肅敏
姚思仁			
趙南星◎	北直高邑	萬甲戌	忠毅
李長庚◎	湖廣麻城	萬乙未	
陳大道			
李宗延			
林堯俞			
喬允升◎	河南洛陽	萬壬辰	
鍾羽正◎	山東益都	萬庚辰	
王舜鼎			
李起元			
陳長祚			
馮從吾◎	陝西長安	萬己丑	恭定
高攀龍◎	南直無錫	萬己丑	忠憲

王紹徽*	陝西咸寧	萬戊戌	
薛三省			
高第○	北直灤州	萬己丑	
盛以弘○	陝潼關衛	隆辛未	文定
王永光			
李養正			
周應秋*	南直金壇	萬乙未	
徐兆魁			
郭允厚			
李思誠○春芳孫			
馮嘉會			
薛貞			
董可威			
薛鳳翔	山東		
房壯麗			
崔呈秀	北直薊州	萬癸丑	
來宗道*△			
王之臣	陝潼關衛		
畢自嚴◎	山東淄川	萬壬辰	
蘇茂相	福建晉江	萬壬辰	
曹思誠			
孟紹虞			
何如龍◎△			
崇禎			
曹于汴◎	山西安邑	萬壬辰	
霍維華	北直東光	萬癸丑	
閆鳴泰	北直清苑	萬癸丑	
王在晉○	南直太倉	萬壬辰	
王洽◎	山東臨邑	萬甲辰	
梁廷棟	河南鄢陵	萬己未	

劉廷元			
申用懋○時行子			
張鳳翔			
南居益◎	陝西渭南	萬辛丑	
黄汝良	福建晉江	萬丙戌	
李騰芳◎	湖廣湘潭	萬壬辰	
韓繼思			
劉遵義			
曹珖◎	山東益都	萬辛丑	
周士樸◎	河南商邱	萬癸丑	
閔學洪珪曾孫		萬戊戌	
熊明遇◎	江西進賢	萬辛丑	
陳于廷◎	南直宜興	萬甲辰	
張鳳翼◎	山西代州	萬癸丑	
張延登			
李康先			
侯恂	河南商邱		
胡應台	湖廣瀏陽	萬丁未	
謝陞△			
馮英			
黄士俊○△			
劉遵憲			
楊嗣昌△			
唐世濟	浙江烏程	萬戊戌	
姜逢元			
田維嘉			
程國祥◎△			
鄭三俊◎	南直建德	萬戊戌	
商周祚			
林欲楫	福建晉江	萬丁未	
李待問	河南中牟	萬丙辰	
劉之鳳	江西分宜	天啓壬戌	
鍾炌			
莊欽鄰			
傅宗龍◎	雲南昆明	萬庚戌	忠壯
甄淑			
傅永淳			
李覺斯	廣東東莞		
李日宣◎	江西吉水	萬癸丑	
陳新甲◎	四川長壽	舉人	
劉澤深			
王道直			
傅淑訓			
張國維◎△	浙江東陽	天啓壬戌	
范景文◎△			
劉宗周◎	浙江山陰	萬辛丑	
徐石麟◎	浙江嘉興	天啓壬戌	
李遇知			
李邦華◎	江西吉水	萬甲辰	忠文
倪元璐◎	浙江上虞	天啓壬戌	文正
馮元飈◎	浙江慈谿	天啓壬戌	
張縉彦			
張忻			
王鐸△	河南孟津		
陳必謙			

補遺

温祥卿洪武			
白彦芳永樂			
柴車◎正統	浙江錢塘	舉人	
江淵景泰△			

趙榮天順

秦紘◎弘治　山東單　景辛未　襄毅

自洪武十三年至崇禎末，凡寔任七卿者五百八十二人，其加尚書、都御史入閣督者暨南京七卿均不列入。

凡加◎者，表《明史》中有專傳。加○者，表有附傳。加*者，表入《閹黨》或《姦臣傳》。加△者，表其人大拜入閣兼詳於《宰輔考略》也。

《殘明宰輔年表》

清 傅以禮 撰

崇禎十七年甲申五月，福王監國南京，是月即位。

史可法　南京兵部尚書參贊機務。五月，以原官兼東閣大學士入。尋晉太子太保，督師江淮。八月，晉少保、武英殿大學士，又晉少傅兼太子太傅。九月，晉少師兼太子太師。十一月，晉太保。

高弘圖　南京户部尚書。五月，改禮部尚書兼東閣大學士入。六月，督漕江上。八月，晉太子少師、吏部尚書、文淵閣大學士，又晉太子太保。十月，罷。

馬士英　兵部右侍郎兼右僉都御史，總督鳳陽。五月，晉兵部尚書、都察院右都御史兼東閣大學士，仍督鳳陽軍務。尋入直，掌兵部事，晉太子太保。八月，晉太子太師、武英殿大學士，又晉少保。九月，晉少傅、建極殿大學士。十一月，晉少師。

姜曰廣　南京詹事府詹事。五月，晉禮部尚書兼東閣大學士，辭，改禮部右侍郎入直。八月，晉太子少保、禮部尚書、文淵閣大學士，又晉太子太保。九月，罷。

王鐸　禮部尚書。五月，以原官兼東閣大學士召。六月，入直。八月，晉太子少師，户部尚書、文淵閣大學士，又晉太子太保。十一月，晉太子太傅。

蔣德璟　太子少保、户部尚書、文淵閣大學士。六月，以原官召，辭不赴。

謝陞　少傅兼太子太保、吏部尚書、建極殿大學士。六月，復原官，晉上柱國、少師兼太子太師，充山陵使，時已迎降，不受。

王應熊　太子太保、禮部尚書、文淵閣大學士。八月，改兵部尚書，總督川、湖、雲、貴軍務，專辦蜀寇。

弘光元年乙酉五月，出奔太平府，蒙塵。六月，唐王監國福京，閏月即位。以七月以後爲隆武元年。十一月親征，移蹕建寧府。

可法　督師。正月，晉太傅、建極殿大學士。三月，晉太師，辭免。四月，揚州府失守，殉節。

士英　正月，晉中極殿大學士。二月，晉太保，辭免。三月，復晉太保。五月，奔浙江。

鐸　正月，晉太子太師、武英殿大學士。二月，晉少保。三月，晉少傅。五月，迎降。

應熊　督師。正月，晉太子太師。三月，兼制雲南、貴州、湖廣、廣西、鄖陽、偏沅各督撫。

蔡奕琛　吏部左侍郎。正月，以原官兼東閣大學士入。二月，晉禮部尚書、文淵閣大學士。五月，迎降。

阮大鋮　太子太保、兵部尚書，巡閲江防。五月，以原官兼東閣大學士，尋奔浙江。

朱大典　太子太保、兵部尚書，巡撫應安。五月，以原官兼東閣大學士，尋走浙江。

德璟　閏月，以原官入。

弘圖　三月，晉太子太傅。六月，殉節紹興府。十一月，以原官召，已卒。

曰廣　三月，晉太子太傅。閏月，以原官召，道阻未至。

傅冠　禮部尚書、文淵閣大學士。閏月，以原官入。

黄士俊　少傅兼太子太傅、户部尚書、文淵閣大學士。閏月，以原官入。

吴甡　太子少保、户部尚書兼兵部尚書、文淵閣大學士。閏月，以原官召，道阻未至。

黄道周　太子太保、禮部尚書。閏月，改吏部尚書兼武英殿大學士入。八月，晉少保兼太子太師兼兵部尚書，總督直省招征事宜，聯絡恢復兩京。十一月，晉柱國、少傅。十二月，兵潰婺源縣，被執不屈死。

蘇觀生　禮部右侍郎，翰林學士。閏月，晉吏部右侍郎兼東閣大學士入。十月，募兵南安。

陳洪謐　兵部右侍郎。閏月，以原官兼東閣大學士召，辭不至。

林欲楫　太子太保、禮部尚書。閏月，以原官兼東閣大學士入。十一月，罷。

朱繼祚　禮部尚書。閏月，以原官兼東閣大學士入。

黄鳴駿　右僉都御史，巡撫浙江。閏月，以原官兼東閣大學士入。十月，督師衢州。

何楷　户部尚書。閏月，以原官兼東閣大學士入，掌都察院事。八月，罷。

葉廷桂　兵部右侍郎。閏月，以原官兼東閣大學士。

李先春　閏月，以原官兼東閣大學士。
呂大器　兵部右侍郎。閏月，晉兵部尚書兼東閣大學士入。
徐人龍　户部尚書。閏月，以兵部尚書兼武英殿大學士召，辭不至。
鄭三俊　太子太保、吏部尚書。閏月，以原官兼東閣大學士召，以目疾辭不至。
陳子壯　禮部尚書。閏月，晉太子太保，以原官兼文淵閣大學士召，辭不至。
陳奇瑜　兵部右侍郎。閏月，以原官兼東閣大學士召，道阻未至。
顧錫疇　禮部尚書。閏月，以原官兼東閣大學士入。八月，督師温州。
王錫衮　吏部右侍郎。閏月，晉禮部尚書兼東閣大學士，督師滇、黔。十二月，死土司沙定洲之難。
曾櫻　南京工部右侍郎。八月，晉兵部尚書兼東閣大學士入，掌吏部事。九月，晉太子太保、吏部尚書、文淵閣大學士。十一月，留守福京。
何騰蛟　兵部右侍郎，總督湖廣。九月，晉兵部尚書兼東閣大學士，封定興伯，總督湖廣、四川、雲南、貴州、廣西軍務。
楊廷麟　左春坊左庶子。九月，晉禮部右侍郎兼東閣大學士，總督江楚恢勦軍務。十月，晉太子少傅、兵部尚書、武英殿大學士。
林增志　右春坊右中允。九月，以原官兼東閣大學士召，辭不至。
熊開元　僉都御史。十月，晉右副都御史兼東閣大學士入，權理都察院事。
路振飛　右都御史。十月，晉太子太保，吏部尚書兼文淵閣大學士入。十一月，晉柱國、少保。
何吾騶　太子太保、禮部尚書、文淵閣大學士。十月，以原官召。
黄景昉　太子少保、户部尚書、文淵閣大學士。十一月，以原官入。

隆武二年丙戌三月，移蹕延平府。八月，如汀州府，遇害。十月，桂王監國肇慶府。十一月即位。十二月如梧州府。

觀生　正月，晉吏、兵二部尚書、文淵閣大學士，督師南安，經略江西、湖廣。六月，晉太子太保、武英殿大學士。十月，走廣州。十二月，失守死節。
德璟　二月，罷。九月，泉州失守，絶食卒。
開元　二月，罷。後爲僧。
冠　三月，督師恢復江省，總理湖南勦撫事宜。五月，罷。十一月，被執不屈死。
大典　二月，晉文淵閣大學士，封婺安伯，督師金華府。六月，失守殉節。
吾騶　五月，入直，晉少保兼太子太師、吏、兵二部尚書、謹身殿大學士。六月，晉少傅。八月，扈從至汀州。汀州失守，走廣州。十二月，迎降。
錫疇　六月，爲温州總兵賀君堯戕害。
應熊　督師。六月，晉少保、武英殿大學士。
振飛　二月，赴浦城安撫兵變。七月，督師安關。八月，走泉州。
櫻　八月，福京失守，走泉州。
景昉　八月，走泉州。
鳴駿　六月，衢州失守，走福州，迎降。
繼祚　八月，扈從至汀州，汀州失守，走興化。
士俊　八月，走廣州。十二月，迎降。
廷麟　十月，忠誠府失守，殉節。
張肯堂　太子少師、户、兵二部尚書。三月，晉少保兼東閣大學士，總制北征，屯鷺門。
吴春枝　兵部尚書。二月，以原官兼東閣大學士，留守建寧，辭不拜。八月，迎降。
郭維經　吏部右侍郎。五月，晉吏、兵二部尚書兼東閣大學士，督師援贛，總理湖廣、江西、廣東、浙江、福建軍務。十月，忠誠府失守，殉節。
劉麟長　兵部右侍郎。□月，晉太子太保、兵部尚書兼東閣大學士。
丁魁楚　太子太保、兵部尚書、平粤伯，總督兩廣。十月，以原官兼東閣大學士入。十一月，晉武英殿大學士。十二月，迎降。
瞿式耜　吏部右侍郎。十月，晉禮部尚書兼東閣大學士，掌吏部事。十一月，晉文淵閣大學士。
李永茂　兵部尚書。十月，起復原官兼東閣大學士。十一月，晉吏部尚書、文淵閣大學士，知經筵，乞終制，辭不拜。
大器　十月，晉中極殿大學士，辭不拜。
騰蛟　督師。十月，晉太子太保、武英殿大學士。
子壯　十一月，晉太保、兵部尚書、中極殿大學士，節制兩廣、江西、湖廣、福建軍務。

永曆元年丁亥正月，如桂林。二月，如全州。四月，如奉天府。九月，次靖州。

十月，如柳州。十一月，還桂林。
式耜　正月，晉太子太保。二月，晉太子太傅、兵部尚書，留守桂林，節制諸軍。
三月，晉少師兼太子太師、武英殿大學士，封臨桂伯。十二月，晉吏部尚書。
錫袞　二月，以原官召，已前卒。
騰蛟　督師。四月，晉柱國、少師兼太子太師，晉封定興侯。
永茂　七月，梧州舟次卒。
子壯　八月，兵敗高明縣，殉節。
應熊　督師。□月，封長壽伯。
文安之　禮部尚書。二月，以原官兼東閣大學士召，未至。
吳炳　禮部尚書。二月，晉吏部尚書兼東閣大學士入，掌兵部事。八月，扈從
至奉天，失守遇害。
嚴起恒　户部尚書。三月，改禮部尚書兼東閣大學士入。四月，晉太子太傅。
方以智　詹事府少詹事。三月，晉禮部右侍郎兼東閣大學士，辭不至，後爲僧。
周鼎瀚　詹事府少詹事。三月，以原官兼東閣大學士入。
唐諴　右春坊右諭德。三月，以原官兼東閣大學士入。
王化澄　兵部尚書。三月以原官兼東閣大學士入，掌禮部事。
晏日曙　兵部右侍郎。三月，晉禮部右侍郎兼東閣大學士。六月，入直，掌禮部事。
堵胤錫　兵部尚書，巡撫湖廣。三月，以原官兼東閣大學士，封光化伯，仍總
督江楚軍務，節制忠貞營，駐長沙。
章曠　兵部左侍郎，巡撫湖北。四月，晉兵部尚書兼東閣大學士，尋晉太子太
保、武英殿大學士，仍總督恢勦軍務。八月，卒於軍。
李若星　吏部尚書。六月，以原官兼東閣大學士入，仍掌部事。九月，奉天失
守，遇害。
二年戊子三月，如南寧。七月，次梧州。八月，還肇慶。
式耜　留守桂林。閏三月，晉左柱國。
騰蛟　督師。閏三月，晉上柱國、太師。
起恒　三月，晉吏部尚書。
鼎瀚　三月，罷。
諴　□月，協守桂林，晉文淵閣大學士，總督五省義師。
化澄

應熊　四月，卒於軍。
大器　五月，晉少保，總督川、湖、雲、貴軍務。
曰廣　六月，晉少師兼太子太師、吏、兵二部尚書、建極殿大學士，督師江西，
恢復京湖閩浙。
吾騶　九月，以原官入直。十月，罷。
士俊　九月，以原官入直。十月，罷。
胤錫
振飛　十一月，以原官召。
日曙　十月，督師袁州、吉安兩府，道卒。
朱天麟　禮部右侍郎。四月，晉禮部尚書兼東閣大學士入。
郭都賢　兵部尚書。八月，以原官兼東閣大學士召，辭不至。
周堪賡　户部尚書。八月，以原官兼東閣大學士召，辭不至。
朱由欑　翰林院侍讀。十月，以原官兼東閣大學士入。
三年己丑，駐肇慶。
式耜　留守桂林。三月，兼督江楚諸軍。
騰蛟　正月，兵潰湘潭縣，殉節。
大器　督師。
曰廣　正月，南昌府失守，殉節。
起恒
諴　正月，義軍潰於湘潭縣，奔肇慶。
天麟　正月，罷。
由欑　正月，罷，下獄，尋赦出。
吾騶　二月，復召入直。七月，罷。
士俊　二月，復召入直。
化澄　四月，罷。
振飛　四月，赴召，道卒。
胤錫　六月，晉上柱國、少傅兼太子太師，吏部尚書、文淵閣大學士，總督天下
兵馬。十一月，卒於軍。
四年庚寅二月，如梧州。十一月，復如南寧。
式耜　四月，晉太保、中極殿大學士。十一月，桂林失守，殉節。

起恒　正月，兼掌兵部事。三月，罷。五月，復召入直，晉文淵閣大學士。
士俊　正月，罷。
天麟　正月，復召入直。九月，晉太子太保、建極殿大學士。
大器　二月，卒於軍。
化澄　二月，復召入直。十一月，走端平，遇害。
櫻　七月，以原官督師閩浙，總理官義兵馬錢糧，恢勦直省。
安之　八月，入直。
郭之奇　太子太保、禮部尚書。二月，以原官兼東閣大學士入。
楊畏知　兵部尚書。十一月，以原官兼東閣大學士入。
五年辛卯十月，次新寧。
安之　十二月，晉太子太保、吏、兵二部尚書，總督川、湖軍務。
起恒　二月，爲孫可望戕害。
櫻　二月，泉州中左所失守，殉節。
之奇　二月，遁入交趾，後爲交人執送軍前，不屈死。
畏知　二月，晉吏部尚書、文淵閣大學士。五月，爲孫可望戕害。
天麟　五月，經略左右兩江土司。
楊鼎和　兵部尚書。正月，以原官兼東閣大學士，總督川、黔軍務。二月，中道爲孫可望戕害。
吴貞毓　户部尚書。三月，以原官兼東閣大學士入。
楊鴻　禮部尚書。五月，晉太子太保，以原官兼東閣大學士，募兵烏羅土司，遇害。
六年壬辰正月，次廣南。二月，如安龍府。
安之　督師。
天麟　正月，隨扈至廣南。八月，卒。
貞毓
七年癸巳，駐安龍。
安之　督師。
貞毓
八年甲午，駐安龍。
安之　督師。
貞毓　三月，孫可望矯旨賜死。
張佐辰　吏部右侍郎。四月，以原官兼東閣大學士入。
九年乙未，駐安龍。
安之　督師。
佐辰
十年丙申三月，移駐滇都。
安之　督師。
佐辰　三月，晉吏部尚書。
扶綱　太常寺卿。三月，以原官兼東閣大學士入。
馬吉翔　少保、兵部尚書、文安侯。三月，以原官兼東閣大學士入。
雷躍龍　吏部左侍郎。三月，以原官兼東閣大學士入。
十一年丁酉，駐滇都。
安之　督師。
佐辰
綱
吉翔
躍龍
十二年戊戌，駐滇都。
安之　督師。
佐辰
綱
躍龍
吉翔
十三年己亥正月，次永昌。閏月，次騰越。二月，入緬甸。
安之　正月，卒於軍。
佐辰　三月，迎降。
綱　三月，迎降。
躍龍
吉翔　二月，扈從入緬。
張煌言　兵部尚書、翰林學士。六月，以原官兼東閣大學士，仍督師浙海，贊理恢勦軍務。

十四年庚子，駐緬甸。

吉翔

煌言　督師。

十五年辛丑閏十月，蒙塵，明亡。

吉翔　七月，爲緬人戕害。

煌言　督師。明亡後，散軍避居南田，被執不屈死。

附

弘光元年乙酉七月，魯王監國紹興府。

張國維　太子太保、兵部尚書。七月，以原官兼東閣大學士入，尋晉少傅兼太子太傅、武英殿大學士，督師防江。

宋之普　户部右侍郎。七月，以原官兼東閣大學士入。九月，罷。

方逢年　禮部尚書、東閣大學士。七月，以原官召。九月，入。

大典　七月，以原官督師金華府。十月，晉少師兼太子太師、文淵閣大學士。

田仰　兵部尚書。八月，以原官兼東閣大學士入。

謝三賓　太僕寺卿。十二月，晉禮部尚書兼東閣大學士入。

魯監國元年丙戌六月，航海入閩。十二月，次中左所，尋改次長垣。

國維　二月，晉上柱國、太傅、武英殿大學士。六月，防江師潰，走東陽縣，殉節。

逢年　六月，迎降，被殺。

大典　六月，金華失守，殉節。

仰　六月，奔閩，封海忠伯，尋迎降。

三賓　六月，迎降。

章正宸　吏部左侍郎。二月，晉吏部尚書兼東閣大學士入。六月，棄官行遯。

熊汝霖　兵部右侍郎。五月，晉兵部尚書兼東閣大學士，仍督師防江。六月，隨扈入閩。

孫嘉績　兵部右侍郎。五月，晉兵部尚書兼東閣大學士，仍督師防江。六月，晉文淵閣大學士，隨扈航海。八月，卒於舟山。

二年丁亥正月，駐長垣。七月，親征。

汝霖　正月，晉太子太傅。

劉中藻　僉都御史，巡撫金衢。正月，晉兵部尚書兼東閣大學士，督師浙、閩。

馬思理　禮部右侍郎。十月，以原官兼東閣大學士入。

三年戊子正月，次閩安鎮。

汝霖　正月，爲建國公鄭彩戕害。

中藻　督師。八月，晉武英殿大學士。

思理　十月，卒。

繼祚　正月，以原官督師興化府。三月，失守，殉節。

錢肅樂　兵部尚書。二月，晉吏部尚書兼東閣大學士入。六月，卒。

沈宸荃　工部尚書。十月，以原官兼東閣大學士入。

劉沂春　右都御史。十月，以原官兼東閣大學士入。

四年己丑正月，次沙埕。七月，次健跳所。十月，移舟山。

中藻　四月，福安縣失守，殉節。

肯堂　八月，以原官入直，晉太傅。

宸荃　十月，晉太保。

沂春　十月，以病免。

五年庚寅，駐舟山。

肯堂

宸荃

李長祥　兵部右侍郎。正月，晉兵部尚書兼東閣大學士入。

六年辛卯七月，親征至吳淞。九月，入閩。

肯堂　七月，留守舟山。九月，失守，殉節。

宸荃　扈從入閩。

長祥　九月，棄官行遯。

七年壬辰正月，次中左所，尋次金門。明年三月，去監國號，奉表行在。

宸荃　八月，舟覆閩海，道卒。

甲申三月，小病杜門，草創是表。今春，復檢諸書，參互考訂，始繕清本。至此蓋四易稿已。戊子四月十一日記。

外王父節子傅公博學多識，喜網羅殘明事實，稗乘逸史，搜剔靡遺。嘗欲纂明史續編，未成，殁。後原稿零落，此《殘明大統曆》及《宰輔表》，蓋僅存之鱗爪也。今夏，刻公華延年室題跋竣，遂并槧此以行世云。宣統元年五月餘杭俞人蔚謹識。

雜録

備録

《皇明本紀》

明佚名撰

大明皇帝，濠、泗州人也，姓朱氏，世爲農業。母太后陳氏，夜夢一黄冠自西北來，至舍南麥場中麥糠内取白藥一丸，置太后掌中，太后視漸長，黄冠曰：「好物，食之。」太后應而吞之。覺，謂仁祖曰：「口尚有香。」明旦，帝生。

生三日，腹脹幾殆，仁祖夢抱之寺舍，欲捨之。抵寺，寺僧皆出。復抱歸家，見東房簷下，有僧坐板凳面壁，聞仁祖至，回身顧曰：「將來受記。」於是夢中受記。天明，病愈。自後多生疾症，仁祖益欲捨之。上自始生，常有神光滿室，每一歲間，家内數次夜驚，似有火，急起視之，惟堂前供神之燈，他無火。及出幼，太后必欲捨之，仁祖未許。

至十七歲，仁祖及太后俱以疾崩，上長兄王亦逝，惟仲兄王存。上自以家計日窘，思昔父母因疾曾許爲僧，于是與仲兄謀，允託身皇覺寺。入寺方五十日，寺主以歲饑，罷飲食。師且有室家，所用弗濟，乃西遊廬、六、光、固、汝、潁諸州，如此三載，復入皇覺寺，始知立志勤學。

方四年，天下兵亂。一日，亂兵過寺，寺焚，僧散。將晚，上歸，祝伽藍，以珓卜吉凶，曰：「若容吾出境避難，則以陽報，守舊則以一陰一陽報。」祝訖，以珓投之于地，則珓雙陰之，如此者三。復祝，謂神曰：「出不許，入不許，神可報乎？無乃欲我從雄而後昌乎？則珓如前。」祝既，投珓，如前。神既許之，于心大驚，復祝曰：「甚恐從雄，願神復與吉兆而往他方避。」祝畢，投珓于地，一陰覆一卓立，特見神意必從雄而後已，因是固守所居。

未旬日，友人以書自亂雄中來，略言從雄大意，覽畢，即焚之。又不旬日，有人來告，傍有知書來者，意在覺其事，上心知之。後三日，斯人果至，與語，觀其辭色，未見相傷，禮待而歸。復幾旬日，又有來告，先欲覺事者，今云不忍，欲令他方人來加害，乞幽察以從吉。上深思之，以四境逼近，訛言蠭起，乃決意從諸雄。

元至正十二年壬辰閏三月，一日晨旦，抵濠城，守者不察，縛而欲斬之。有人覺，報于首雄，良久得免，收入部伍，幾日拔長九夫。首雄，滁陽王郭子興是也。既長九夫，王常召與論，久之，言意相孚。王知上非可久屈，收爲家人，親待同子弟，以孝慈皇后馬氏妻之。然滁陽王之爲人，志雄氣暴，列王上者，其雄有四，俞、魯、孫、潘，意雖同亂，及其處也異志。俞、魯、孫、潘出于農，性粗直，謀智和同，獨王與異。在亂初，防閑守禦，兵之進止，滁陽王本合與焉，而王少出外，而多居内，凡諸事務，四雄者每待王，久亦不能同謀。是後，四人者專主，王若在列與焉，不在則不與。三五晝相會一次，其會也，四雄瞪目視王，王自知禮虧，深思不安，略有赧色。王居邑中，比四雄之志，頗爲聰秀，議事間，四雄言有不當，王出言似有相犯者，四雄含忍姑容之。王久乃覺，謂上曰：「諸人若是，奈何？」上曰：「不過會簡而至是耳。」王曰：「然。」明日出與會，止勤三日，後仍會簡，人事愈疎，彼此防疑，勢將極矣。

遇徐州亂雄敗，其殘雄趨濠梁，合勢共守。其殘雄勢本受制，不料俞、孫、潘、郭反屈節以事之，日旬月來，人各受制，前日防疑之事，頓然釋去。後因趙、彭僭稱王號，勢在魯淮，趙稱名而已。其滁陽王奉魯淮而輕趙。未久，俞、魯、孫、潘闔恃趙威，于市衢擒王。

時上出淮北，聞王被擒，急趨審由。將抵其舍，友人扼道而止曰：「爾主被擒，亦欲擒爾，且勿歸。」上曰：「再生之恩，有難不入，何丈夫之爲也？」即入，見其家止存婦女而已，諸子弟皆匿，上謂諸婦人曰：「舍人安在？」諸婦亦有疑心，佯言不知，上曰：「我家人也，釋疑，從我謀，請知舍人所在。」諸婦乃實告。上曰：「主君平日厚彭薄趙，禍必趙機，欲脫此難，彭必可求。」明日，以次夫人攜二子往告彭君，彭聞忿怒，陡驚曰：「孰敢若是？」遂呼左右點兵搜彊，于是上亦反舍，去長服，披堅執鋭，與諸人行圍孫宅。緣舍入，掀椽揭瓦，諸軍殺彼祖父母，于晦窟中得見滁陽，鉗足繫頂，肌膚被箠打而浮虛，令人負歸，去鉗鎖。

是歲冬，元將賈魯圍城。明年癸巳春賈魯死。夏五月，元將解去。時濠城乏糧，上謁友人得鹽數引，乃泛舟以鹽易于懷遠，得糧數十石以給主家。

十月，方歸鄉里，收元義兵民人七百餘以獻王，王喜，命爲鎮撫。時彭、趙二雄以力禦衆，部下多凌辱人，上以其非道，恐七百人有所累，棄而不統，讓他人統之，惟拔大將軍徐達等二十人有奇，帥而南略定遠。

上中途染疾而歸，疾甚危，殆半月乃醒。瘥方三日，滁陽王扶笻過門，嘖嘖有聲。上卧聞之，問傍人曰：「王適扶笻而過，聲息恨惋，胡爲若是？」傍告之曰：「遠方有兵，聲言欲降，猶豫未決，王知其友人在其中，欲令人往説，奈何家無可行者，故惋恨耳。」時上雖卧病方瘥，未滿旬日，乃曰：「王今越門而警，必將以我爲棄人乎？設不以我爲棄人，方瘥何若是之警耶？予嘗聞之，生我者父母，活我者亦父母，儻不善圖，爲他雄所有，功將何建？生亦何安？」于是扶病詣王寢室。王曰：「汝來何也？」答曰：「聞他方有欲歸者，未定行人，欲扶病親往。」王曰：「汝病方瘥，未可行。」上知王意，決行不辭，王許之。

明日，南行入定遠。及至，復病，三日而起，未瘥速行。又六十里，抵大橋前，病復作，亦三日而瘥。即日又南行十五里外，見他壘勒兵布陳。上所將者二騎九步，步者見彼勒兵，甚恐，欲捨上逃歸，上謂九步曰：「彼衆我寡，况彼馬步相參，我等至此，縱欲逃之，將焉獲存？必隨我入彼營壘，再驗吉凶。」言既，彼陣中遣二將來迎，舉手大呼：「來者爲何？」上遣人答曰：「我來爲公帥首言。」彼歸壘而告，帥首云：「請來者下馬。」上乃下馬，然以久病，步趨艱辛，前逢一渠，九夫中一人欲代上越渠，平凉侯費聚是也。上謂聚曰：「諸人至此，生死不得自由，豈有代者耶？」乃同往。

不逾時而至，首帥逆之曰：「何爲而來？」答曰：「彼此無食，但吾主兵者郭氏與汝故友，知汝壘于是，亦知他敵欲來相攻，恐汝無知，特遣吾報，肯相從之，否則移兵避之。」首帥既聽，應聲願降，請留信物，特賜香囊一枚以爲記信。良久，帥首以牛脯來進。食畢，帥首告之曰：「請帥相從者歸，且待諸軍收拾路費而詣軍門。」上許之。即帥九步歸，中留費聚于彼，以候人情。

後三日，費聚清晨而至，告曰：「事不可諧矣，彼欲他往。」上借兵三百，詣帥所在，謂彼曰：「彼爲他雄所凌，其冤未伸，讎亦未解，一旦從我北向，不能雪前日之耻，特助三百人與讎較，勝負不亦可乎？」其帥首大悦，然而心已自疑，進趨之間，刃器不離左右，已防閑矣。

上知其情狀未易爲也，非智不得。猶豫間，里人過其前，乃平昔里中之力勇者，上諭之曰：「吾欲使汝能乎？」曰：「能。」乃授以方略，佯以首帥來會，彼未來時，密敕三百人，若帥至叢而視之，往則開而縱之，凡此者三，後于叢人中縛之，令壯士五十人密簇而行，擕離營所。去將八里，遣人報彼壘中：「爾首帥往觀營地矣，眷屬當移營就之。」即時焚營廢壘，竭營而行，于是取壯士三千人。七日後，帥此三千東破元將老張知院營，黎明襲入之，老張棄軍而遁，漢軍盡爲我有，精壯二萬。

練未及旬，帥而入滁陽，途中太師韓國公李善長詣軍門而謁，與語，知其胸懷必能成事，使掌案牘。時掌案牘者已數人矣，特以善長與肩之，約曰：「方今羣雄並起，吾見羣雄中持案牘者及謀事者，多非左右善戰之士，人不得盡其能，以至于敗。羽翼既去，未久雄亦亡矣。卿智人，與決大事，掌行文案，無若前非。」善長稽首再拜而謝曰：「謹受命。」遂入滁陽。

未逾月，永義、魯淮二王遣人促兵以駐盱泗，上知非人，弗從。未幾，二王果自相吞併，善戰者多死，魯淮亦亡，惟存永義而已。彼時滁陽王尚受制于盱眙，幾爲相吞，而卒幸免焉。

上遣一介往説永義，縱滁陽王南行。及至，王閱諸軍，獨上兵衆隊伍嚴整，旗幟鮮明，甲兵潔利，王乃大悦。初，王首倡義時，兵八百人，後上亦以七百，部下諸人共招誘者，總不過萬餘。上之兵衆，比王至時，四方來從者共前所得已三萬有奇。

踰兩月，王爲讒所惑，略少疑焉，掣近行掌文案者數人，李、郭等皆預先私相通謀者，願從滁陽久矣。未久，又欲以李善長置麾下，善長弗從，訴于上，涕泣弗行，上諭之曰：「主君之命，若欲要吾首，亦不自由，汝安敢不行？」善長終不棄去。久之，得弗再召，幸久相從。是後四方征討總兵之權，王不令上與。

甲午冬十月，元將脱脱圍六合，被圍者請救，來使，上之友也。中夜而至門首，上聞友人至，即起詣門所，隔門與語，其門上所守之要道，闔闢之機，非王命不敢擅。謂友人曰：「姑少待，吾告滁陽王，闢門而進。」上往告滁陽王，盡訴求救之情，王與六合之雄，舊有讎嫌，纔聞求救，暗嗚奮怒，不發救兵。來使亦與滁陽王少舊，雖盡訴其情，王亦不允。上因與共説之，盡言至日昃，王怒少解，仍令他將統兵以行。諸將懼脱脱之威，皆不敢帥師，假托辭以珓白神，神皆不許。除此之外，別無可帥軍者，王乃召上：「汝亦白神。」上曰：「兵凶事，昔聖人不得已則用之。今六合受圍，雄雖異處，勢同一家。今與元接戰，逼迫甚急，救則生，不救則死，六合既虧，唇亡則齒寒。若命我總兵，神不可白。」于是決出師。東之六合，與脱脱戰，微失利，歸。

彼時海内稱雄者漸廣，與元互有勝負，不辨賢愚，死者甚衆。上思之，設使勝負不分，互有得失，如斯久之，世無人矣。每聞幽有鬼神，嘗云天高地卑，是非監見，于是發誠專意致詞，懇禱于上帝曰：「時元至正，歲在甲午，天下大亂，生民徬徨，生離死絶，數非一人。戰鬥之際，主客不分，未見偃兵息民之期，盛衰孰已？特竭微誠，懇切謹告，願賜覆照，以樂生民，果元運未終，亂雄蚤息，或亂雄有人，元當即覆。然某亦處亂雄中，亂雄無人，擾害生民，亡自某始。」詞成，命黄冠設壇儀章，伏于上帝前，期三月而驗。後三月，上兵愈昌。

時滁陽王名稱尚微，意在據滁陽而稱王號，與上雖不明言，就中覘視可否。上知有不可，概説滁陽一山城也，舟楫不通，商賈不集，非古形勢，非英雄所居，王乃默然。

明年，至正乙未春正月戊寅，上率師取和州。初，兵衆乏糧，議謀征所向。時上數諫王，爲人所譖，初少被言辱，然上終不以爲意，必欲成事，不免數諫。王性聰明，其納言如流，及讒，俄説轉若發機，累受責辱，因是致疾。當議征之際，遣人召謀，因疾不赴，召至再三，終不能會。復遣人至，令定計以出三軍，上許之，謀曰：「曩征民寨，得義兵號二枚，其書曰『廬州路義兵』，皆故衣布爲之，可作此三千，拔勇者，衣青衣，腹背懸此，垂髻左衽，佯爲彼兵。復令萬人衣絳，繼其後，相去二十餘里，慎探騎，謹隊伍，嚴號令，南趨和陽，其城可下。」王乃善其謀，如其算。

兵行，其衣青者在前，衣絳者在後，青者渡陡陽關，和陽斥堠者知，報廬州路義兵至，耆老以牛酒迎之。其前帥青衣者異其道而飲食，帥衣絳者少謀怠智，循正道而抵和陽。元守帥出師以迎之，衣絳之士敗，逐北二十餘里。時帥青衣者將抵和陽，和陽守帥獲勝，至暮而歸，遇青衣者至城下，際昏合戰，一鼓破之，平章帖木兒兵潰遁去。

初，衣絳者敗歸，報滁陽王曰：「衣青者人皆陷陣。」滁陽王驚，怒責上失計。怒問，俄城南報元遣使來招，滁陽王驚恐益甚，召問：「若何？」彼時兵出城虚，特將三門兵合滁陽南門，密令稠簇于南街，然後令來者入。至滁陽王所，上令來者膝行以見王，代王喻之。及其喻也，王言非智，衆議欲殺來者。上謂王曰：「兵出城虚，若殺來使，彼必知我虚而殺其使也，敵反卒至。若生縱還，示以大言，彼必逡巡弗敢加我。」王如其言，縱之。

明日，有人來報元兵遁去，王命上持命復收敗軍及總守和陽兩意。奉命之和陽，所帥者二千人。途中，敗軍聞上親往，喜復從征者千人。南越陡陽關，令兵就息，喻衆曰：「一兵務燃十炬。」以在初昏，令罷兵息。上軍騎帥驍勇者數十人暮抵和陽。及至，知衣青者已破城而守之，是夜入城，與諸將議守。未至之先，元兵日戰甚急，諸將皆欲收子女玉帛而歸，及上至，人心乃定。

然上未至公座署事，静思方今比肩者衆，况人皆年長，語坐之間，進止之際，皆遜讓爲上，即今秉令行事，設使遜讓難爲，必名正言順方可。細思此輩，決無相讓之意，若依命而尊，又恐此輩或不同心。明日陞座，密令左右將州衙公座盡行撤去，惟置木凳于正面東西滿間，其徒不下十餘人，且待明日取齊入衙，觀諸人情况，讓與不讓，悉皆知之。明日，諸人五鼓而至，上黎明而到，惟存東北一位，當時以右爲上，此等雖右末不許，但存在左末。爲位竣，上就之。日有公事，諸人若木偶人，凡公務一切事務，上悉處之，每每如是，至公無私，久之略少心服。

時城未葺，上觀諸人心未效勤，若不身先，不能動彼。于是敕徐達先集故磚，以城爲十分，與諸人分繕，我得幾何。量分集磚將及，而乃與諸人議葺城之道，衆詣城上，各限以丈尺日數。以人覘視，諸人皆無用功者。三日後，會諸人閲城，至城上所分地位，徐達率士卒工將及完，諸人之工，土木並無分毫，間有善良，亦未盡力。于是上作色，以交床置于正面，出滁陽王所命之辭置之於上，令左右呼諸人拜于前，諸人既見王命，拜而弗違。上謂諸人曰：「總兵非我擅專，乃王命也，諸人俾我逆王命，可乎？然我與諸人約帥兵之道，非尋常，自今以後，敢有違令者，吾行總兵之道。」

初，城中殺伐甚衆，存者少，縱有存者，夫婦不相認。一日，暇，上馬臺前一小兒，但能言語，不知人情，上謂小兒曰：「汝父安在？」曰：「與官人喂馬。」「汝母安在？」曰：「官人處，有與父娣妹相呼。」上知不可。明日，會諸人喻曰：「兵自滁陽來，人皆隻身，並無妻小。今城破，凡有所得婦人女子，惟無夫未嫁者許之，有夫婦人不許擅配。」期明日闔城婦女男子盡行會衙門前。明旦，依期而至，上令婦人入衙，以男子列門外街兩傍，令婦人相繼而出，下令曰：「果真夫婦，即便識認，非夫無妄爲。」令既，婦女出，完聚者半之。

辛巳，元將以兵十萬來攻和陽，上惟以萬人守，連兵三月，元兵數敗而死者多。逮夏，元兵解去，和陽乏糧。

時元秃堅太子及樞密副使絆住馬、義兵元帥陳也先等衆分屯新塘、高望、青山、雞籠山，梗塞道路，上親帥師以討之。抵所在，克其羽翼，根本未下。

明日清晨，因宵勞防慎，寢于山側。不寐，復起，有異風來觸，上將謂和陽有兵，先發數隊歸。復寢，未寐，有蛇由右臂而上，傍曰：「蛇上身矣。」上舉臂而視，乃是蛇，類龍而無角，上意其必神也，于是祝蛇入帽絳纓，蛇循祝而入絳纓，隱而弗動。上頂戴其蛇詣敵寨下，設辭以喻寨主，寨主請降，乃得還師。歸至和陽，將及三里，有卒持矛亦歸，問：「何往而歸？」對曰：「適來賊攻和陽，幕官李善長督兵已敗之矣，而又俘獲焉。」上還居處，聞善長已敗敵人，喜氣增益，一時忘蛇在首。久之方悟，取帽視之，其蛇乃隱于絳纓中。時引觴酌蛇，蛇乃即飲微酒，于是縱蛇入家神牌，蛇乃由中升頂，矯首四視，儼若雕刻之狀。良久，升房入脊桁中，莫知所之，此神龍之報吉凶也。未幾，彼衆皆走渡江。

時濠梁舊雄俞、魯、孫、潘亦乏糧，其部下皆挈家就食于和陽四鄉。其雄孫德崖者欲入城，聲言容居數月。上恐此來有機，意在止之，奈彼衆我寡，若阻其來，倘有戰争，我必力不及，且容入城。明日，軍入。

彼時滁陽王信讒，自滁陽起馬，聞多取子女，强要三軍財物，意欲歸罪於上，左右讒者欲因是而致上於死。不旬日，聞滁陽王果至。將至之日，上喻諸官：「此來問罪，恐晝不至，若或夜至，諸人只待我至門首，親闢户而迎。」其後，果夜至，守門者亦讒人在其中，聞至，彼不行報，上亦不候闢户，先開門以迎，至下所乃報入矣。上往視之，滁陽王怒，久而不言，其性剛烈，其言終不能含忍於久，而謂上曰：「誰？」上答曰：「某。」王曰：「其罪何逃？」上曰：「兒女之罪，又何逃耶？家中之事緩急皆可理，外事當速謀。」王曰：「爾言外事急，何事？」曰：「曩與俞、魯、孫、潘有隙，長者受制，某等搜索圍彼宅舍，踰墻升舍，殺彼祖父母，脱長者之患。今讎在斯，彼衆我寡，王此一來，與讎相見，甚慮安危。」王弗信。

明日五鼓間，孫德崖遣人謂上曰：「彼翁至矣，吾將他往。」上大驚，曰：「事不諧矣。」急報滁陽王以備之。上復與孫會，謂孫曰：「何去之速耶？」曰：「彼翁不可相處者也，故行。」上觀孫之辭色，未見行凶，特謂：「兩兵舍城，今一軍盡起，恐下人有不諧者，公當留後，令軍先行。」諾其言，軍出矣。

忽有人邀送友人，時共往，出門一里許，上將辭歸，其初邀者弗舍去，又再囑遠送，于是去城十有五里而止之。後人來報，城内兩軍相傷，小人多死。上聞是，見入彼軍中，事難猶豫，即呼部將耿炳文、吴禎將騎來，騎至，上急策而長驅，左右軍大呼擒住，羣騎追逐。初彼後而我先，追弗及我，未逾刻，途逢來者，皆抽刃以隘道，上倉皇問緣身尋刃，無有，遂單騎挺身入彼叢中，皆舊友人也。彼時人皆疑信未決，乃曰：「彼城中陷某軍士甚多，公豈無知謀乎？」上謂彼曰：「初爲送諸友人，所以遠行，不期諸人在後，我反在先，城中之鬥，吾安能知？」諸人手握馬銜，意在羈以隨行，上謂之曰：「爾衆我寡，何如是之行耶？」中一人曰：「散而同行不妨。」上得脱馬銜，力策而馳之。又羣馬追逐，彼時衣内披甲，雖鎗甚多，皆無重傷，亦無甚損，略有微傷，如麥粒大，皆鎗透連環之甲而傷也。展轉支吾十有二里，爲羣騎所逼，因鎗墜馬，正急間，傍友人至，以馬横于崖，呼來同往，上步奔其所，騙于馬後，同乘載而行之。

復至十五里外，其德崖之弟以鐵鎖繫上，欲加害，友人張姓者謂諸人曰：「我等首帥孫德崖見於和陽，想被擒矣，若此時加害于朱，孫必不存，姑存之，而吾往視焉。」張往入城，見滁陽繫孫之項共案而飲。張歸謂諸人曰：「依衆所爲，幾傷兩命，今各生存，事不難矣。」其諸人猶未捨恨，尚欲加害，張懇切固留，夜與同寢，恐爲他人所傷，並首護抱而終宵。明旦，因入麻湖中羈縻。又明日，復上路行。行間，徐達等奉滁陽王命以數人至，上謂曰：「汝來爲何？」曰：「易爾。」爲是得歸。既歸，亦釋孫歸。彼時，滁陽王聞上被擒，驚疑致疾，後終不復起，卒于和陽。

未幾，潁、汝倡亂者杜遵道、劉福通立韓林兒爲君，都于亳，召亂雄是其門弟子者從之。韓林兒造言宋之苗裔也。時王方卒，歸葬滁陽。未久，聞召諭造言門弟子孰先後之列？今亂之功孰魁？况孫德崖以滁陽部將，意欲統滁陽之子，其子聞之，懼辯不能以文，召上代辯。

上總兵戍于和陽，日與元戰，三軍與羣官聞上有他往，不悦。時諸戰將謂張天祐曰：「公當自察，果能率衆禦胡，則朱往；不然，則公往。」言既，張自知率衆難事，情願代往。時發兵及親率將和陽正西、西南民寨，節次削平。其時張自亳歸，齎亳州杜遵道文憑，授滁陽王子爲都元帥，張爲右副，上爲左副。

未久，和陽乏糧，謀欲渡江，奈無舟濟，諸軍饑餒窘甚。時巢湖内操舟水雄雙刀趙、李扒頭者讎于廬州左君弼，其趙、李力不及，被窘于巢湖，因無依怙，遣人來訴，欲以舟師歸我，訴者凡三至，後上親往。

夏五月，值天大雨，連陰二旬不止，山川溢流，且降者皆船居，若非潦水盈溢，雖有船降，不能得達和陽。水道雖有元蠻子海牙率巨舟以扼其要，不得自由而出，因潦水盈溢，平昔非船不可達之所，其降舟揚帆順趨，直抵和陽。比降舟未至，先說誘蠻子海牙部下以舟來商，後果至，候隘要而擒之首目一、軍士十八人，皆善操走舸者，喻令教我軍士水戰。

壬寅，上率舟師抵裕溪，破蠻子海牙水寨，遂與諸將定渡江之計。是後六月一日，發舟渡江，達江口，時方酉末，去後軍六十里，濃雲障天，轟雷掣電，不敢輕渡。其風雷雲雨約五時整止，于是方弗移。明日，天將明，軍分兩道，右由西南，左由東北，俱會牛渚磯上。其時雷息電隱，西風和暢，軍士歡融，櫓棹齊興，微風揚帆，上與廖將軍首行，不逾時抵江東。比未着岸之先，廖將軍曰：「舟泊何所？」上謂曰：「采石正鎮，陸廣人稠，其牛渚磯，周際江淵，况備者寡，可先取其磯。」舟抵岸，其備者持矛來應，上令甲士應之，彼不敢當，備磯者潰，備鎮者亦潰，遂下采石及沿江諸壘盡破降之。

時諸軍饑餒久矣，一視糧食孳畜，盡意欲取，意在盈舟而歸。上視軍意不過圖財而已，此去再欲復渡，恐事難爲，不能據有江東，因是以刃斷羣舟之纜，推入急流，須臾船漾漾而東下，諸軍恐之。有告上曰：「如此若何？」上謂諸軍曰：「前有州曰太平，子女玉帛，無所不有，若破此一州，從其所取，然後方放汝歸。」令畢，諸軍皆食。食既，帥往太平城下，時元平章完者不花守其城。我軍攻良久，遂拔之，僉事張旭遁去，父老出城迎上。

諸軍已入城矣，思前號令，恣意擄掠。斯軍愚不知也，當未渡江及已渡時，雖曾省會，子女玉帛，從其所欲，不過奬軍行爾，彼時已與幕官李善長寫成禁約，不許擄掠，榜文令吏齎行。一城之民，見軍擄掠，倉皇無措，仍令前吏昭示榜文，諸軍觀榜之後，凜然無敢犯。獨一卒故違禁止，再喻弗悛，于是斬首示衆。自斯之後，太平一郡，即日皆寧。

不逾旬日，元臣蠻子海牙率巨舟封采石，閉姑熟之口，絶我歸路。將及十日，義兵元帥陳也先率兵數萬來寇城下。上按兵于城，觀彼施勇，以窺彼計。逾二時，彼無奇謀，上遣徐達、鄧愈、湯和出姑熟之東，轉戰城之北。不逾時，彼兵潰敗，也先被擒。故生之，其人奸詐多端，忽謂上曰：「生我爲何？」上謂曰：「方今天下中原鼎沸，豪傑並起，自爲聲教者不知其數。汝既英豪，豈不知生汝之故？」也先曰：「欲我軍降爾。」曰：「然。」彼謂上曰：「軍之首目，皆親戚骨肉爲之，今欲來降，甚爲易哉！」書行，明日來降，首目盡至。甲子，克溧水。

七月壬辰，以也先留太平，令部下會我大軍，命元帥張天祐者合勢共取建業。初，攻弗克，軍回。不逾月，再征。其也先者密謀於部下，建業不可力攻，必聲攻城而弗戰，少待得脱羈囚，仍與元合。上知彼不誠意，縱軍妄掠，將以爲俘囚而斬之，恐驚諸雄，于是血牛馬與彼立誓，立誓後，寧可生縱以歸。彼既歸矣，陰與元合。人云方三日，也先忽數嘔血，乃背盟之驗也。然密請元臣左納失里至營，佯言生擒耳，意在誘上詣營。時上卜於黄山東嶽，神弗許，數卜於城隍，連皆一籤耳，亦不許。

九月戊戌，也先謀叛，誘殺郭元帥等數人。時三軍復攻建業，也先背盟棄誓，陰合元帥，敗我軍秦淮之水，殺溺二萬餘。也先因追北我軍，爲義兵所殺，身瘡千竅。當血牛馬時，其誓書乃也先自爲也，誓云：「若背再生之恩，人神共怒，天所不容。」也先之死，天鑒誓言，不一月而亡，定誓之道，非誠意正心，安可輕立也哉？

時蠻子海牙，以舟師泊于采石，密邇姑熟，彼以舟楫之利，不時直造城下，於是命工造巨炮，以舟載之。

至正丙申春二月，上率諸軍親攻采石，自辰抵午擊破之，俘獲人船以歸。其蠻子海牙率殘軍會福壽大夫、高納林大夫、阿魯灰平章共守建業。時采石寧謐，姑熟無後顧之憂，復卜于神祠，神乃許行。三月一日兵起，三日抵其營，也先之姪出，不逾二刻，營壘皆破。也先姪陳七畫以其軍降。明日，點視其軍，馬步三萬六千。

既得之後，也先諸將尚未安寧，時也先善戰勇士五百人已收麾下，觀其情狀，人各有疑，至暮當嚴宿衛。上以心腹舊人處于外，獨五百人托以近衛，上不披甲胄處于中，獨馮勝親侍，上恬寢一宵，無疑彼心。黎明，其五百人自相歡慶，咸相謂曰：「誠生我也。」于是諸軍雄威倍出，願效前驅。

庚寅，帥往建業，攻破其城，元福壽大夫死之，殺其平章阿魯灰、參政百家奴，擒御史王稷，元帥康茂才以衆降。上去城五里，遥見諸軍已拔城矣，江東由是而定。

將欲發兵取京口，上不親行，恐帥首縱諸軍焚燒太甚，猶豫未決。明日，坐徐達以罪，佯謂不生，乃令李善長再三求免，上謂曰：「既犯號令，安可求生？若必全生，令爾率三軍下京口，廬舍不焚，民無酷掠，方免斯罪。」丙申，遣徐達率湯和、張德麟、廖永安等舟師取鎮江。丁酉，克之，殺平章定定，民無兵刃之災，舍無焚燒之廢，京口之民全生，皆達等奉命之篤也。因以徐達、湯和爲元帥守之。

夏四月乙丑，克金壇縣。六月甲子，取廣德路。

秋七月，姑蘇張士誠以舟師來攻鎮江，上遣兵禦之。癸巳，戰于龍潭，破之，焚其船，殺溺甚衆，我師遂乘勝進攻常州。時徐達守東鄙，上謂之曰：「其張士誠者，起于鹽徒，術務經紀，詐出多端，交必有變，鄰必有間，當速出三軍以攻毗陵。倘有説客，勿令擅言，沮其詐術，困其營壘。」于是達等益督兵攻圍常州。未幾，有義兵鄭僉院者率甲士七千叛入常州，反來攻營，達督兵與戰，常遇春引兵自東壘擊之，大破其衆，俘斬大半。復圍常州，逾旬，彼衆宵遁，遂克其城。初，我師攻城急，士誠遣書，卑辭求和，願歲輸米二十萬石，金五百兩，銀三百斤，以充軍用。上命移檄報之曰：「春三月，取鎮江，兵抵奔牛壘城，彼時來降，繼復叛去，皆爾所謀。納我逋逃之人，拘我通好之使，予之興師，亦豈得已？既蒙許給軍糧，中更爽約，原其所自，咎將誰歸？今若果能再監前盟，分給糧儲五十萬石，歸我使者，則常州之師即罷，而争端永絶矣。」士誠不從，故遂攻取之。明年，復破其兵于宜興湖橋，擒其弟張九六，並獲其戰船馬匹。

夏四月丁卯，取寧國，降其守帥，獲其戰士，屬縣皆平。五月壬午，銅陵縣降，遂破雙刀趙兵于青陽縣。克江陰城。七月戊寅，元帥胡大海等克績溪。庚辰，取徽州，以鄧愈守之，及其屬縣皆平。九月甲戌，江浙閫海平章夏章遣使請降。元帥汪同、馬國寶皆降，命仍前職。壬辰，破元潘萬户兵，乘勝克武康縣。

冬十月壬申，擊破池州兵，斬洪元帥，生擒其將魏壽等，遂平池州。甲申，上率諸軍至大通江。樞密張明鑑以揚州降，得其精兵戰馬，以元帥張德麟、耿再成守之。是時，天下豪傑雖多，獨上全有江左及淮右數郡。上宵晝自思固保江東諸郡，以觀羣雄，若仁者治世，當全江東，共樂承平。于是嚴飭諸將，秣馬勵兵，戍守邊鄙。

至正戊戌春正月，院判鄧愈遣兵攻婺源，斬其首將帖木不花，遂克其城。三月，元帥胡大海破長鎗軍，取淳安、建德等縣。

夏四月，苗軍參政楊完者以舟師來侵徽州，大海引兵與戰，破之，擒其將董旺、吕升。明日，元師何世明等復敗其軍，擒其將黄牛兒等。丁丑，總兵李文忠大破苗軍，大海復引兵邀擊之，虜其萬户羅受，其楊完者收餘衆遁還杭州。未幾，張士誠取杭州，遂殺完者。其同僉員成率衆屯桐廬，來乞師，許之。初，士誠以水軍來寇，我師禦之，破其衆于太湖鮎魚口。總兵廖永安又與戰于常熟福山港，大破之。繼而復敗其兵于通州郎山，獲其戰船而還。六月癸酉，取石埭縣，遂克宜興。辛未，取蘭溪州，雙刀趙兵陷建德縣，元帥羅友賢退屯祁門。戊子，友賢引兵與其將張元帥戰于葛公嶺，敗之，斬其萬户汪彦章，復取建德。時聞東浙有隙，婺城可下，密令守嚴州之將胡大海率兵討之，不克。十一月，上親往婺州。十二月，抵其城，營兩日而城下，民市肆不易，敕將守之。凡六月班師，八月，上還京。其後胡大海兵復克諸暨。

至正己亥春正月，總兵邵榮等破張士誠兵于餘杭。復遣兵與戰于湖州，敗之，追至城下，彼衆入城抗守，攻之不克。明日，乃悉兵來戰，我師弗利，遂引兵還營。未幾，榮等聞士誠欲來攻營，乃預設伏兵以待之，戒諸軍堅守勿戰，俟山上旗竪乃起。已而，果遣其將李右丞來攻餘杭、臨安諸營，不能下。榮度其士衆已疲，乃竪旗，于是諸軍鼓譟四出，伏兵一時俱起，敵衆大亂，更相蹂躪，死者盈野。久之，士誠兵復來攻營，爲我師所敗，乃斂兵退守，我師攻之，弗克，亦還。時雙刀趙寇陷太平縣，又陷陵陽、石埭等縣。僉院張德勝率兵與戰于栅江口，破之，殺溺甚衆。

九月癸巳，徐達、張德勝引兵自無爲登崖，復破雙刀趙兵于浮山、青山等處。己亥，追至潛山，斬其首將，遂克潛山縣。繼而雙刀趙爲陳友諒所滅。友諒既取雙刀趙，遂生隙于我，使者往來，觀其辭語，察彼人情，有必戰之計。時徐達、常遇春皆率兵守池州，上命使星馳與之計曰：「陳兵必至，爾諸將當以五千人堅守其城，以五萬人伏于九華山下，彼兵若臨城，城上以旗摇鼓譟爲約，令三軍見此而起，往絶其後，斯必克矣。」使者至軍中，達等如計。明日，陳兵果至，其來甚鋭，直造城下，守者摇旗鼓譟，伏兵見之，緣山而出，循江而下，絶其歸路，一戰俘斬萬餘衆，生擒三千人。常遇春不欲以聞，曰：「此皆勍敵也，既俘不殺，將貽後患。若以聞，上必不盡誅。」達不聽，遂以聞。上謂使者曰：「急回軍中喻諸將，彼先開隙，今初與戰，三千精鋭，未可盡廢，宜釋之，使爲後用。」遇春初聞遣使赴京，密令軍中以三千人皆殺之，黎明，止存三百人。上聞之，再命使往，令生放還，于是俘者歸至陳。陳遣使來告曰：「戰非有謀，乃巡邊者偶戰耳。」十一月，取處州，其參政石抹宜孫遁，屬縣皆平。

至正庚子夏，閏五月，陳友諒舟師寇陷太平，列巨舟于采石，僭稱帝，國號漢，改元大義，遣人約張士誠來夾攻金陵。時羣議皆以爲宜速復太平，上曰：「不可，且太平初起堅壘，豈意彼以巨艦破之，若戰于陸地，彼必不能進。今彼既勢居上流，遣兵與戰，難以取勝。若由水上決戰，則彼舟十倍于我，勢可量也。若親征，彼既見我兵勢，不來接戰，即解纜下流，半日可至金陵，吾步騎非一日不可至，縱使可至，百里趨戰，又非上將利也。」乃令指揮康茂才佯爲謀叛，誘使來攻。

茂才遣人具書以往，將行，以所謀問李善長。善長曰：「方不得寇去，何爲更誘其來？」上曰：「此計之上也，倘今不往，久則生計。陳、張若合，吾何以支？」于是茂才遂遣人行。乃命馮宗義率兵伏于石灰山，徐達列陣南門外，楊璟列兵大勝港，張德勝、朱虎出舟師于龍江關外。

辛丑，友諒果率舟師來寇，泊大勝港口，楊璟禦之。時水路陝隘，其舟師不得進，其弟陳五步軍泊于龍灣江渚。至午，大雨，僅容三巨舟入港口，乃遣萬人登岸立柵。及雨止，伏兵自石灰山起，步騎交至，舟師亦集，大破陳友諒軍。時潮已退，彼舟閣岸不能動，于是其軍二萬餘皆捨舟降，並獲其戰艦。袁州國公歐普祥、參政劉敬遣人來降。時僉院胡大海兵亦克饒、信等州縣。

至正辛丑秋八月庚寅，上率大軍討陳友諒，時舟師既發，乘風溯流而前。戊戌，抵安慶，破其水軍，遂克其城。壬寅，師至湖口，遂與陳友諒戰于江州，大破之，友諒挈妻子遁，遂取江州，南康、饒州悉平。至正壬寅春正月，陳友諒守將胡廷瑞以隆興路降，上親入城撫喻其民，以鄧愈守之。三月，婺州苗軍叛，殺守帥胡大海。繼而處州苗軍亦據城叛，平章邵榮皆擊破誅之。時友諒降將康太據豫章以叛，徐達擊擒之。

至正癸卯，張士誠北寇壽春，上親往援，以徐達爲前先鋒，破其軍，旋師圍金斗城。陳友諒復大舉兵寇豫章，乃命解金斗之圍，以舟師往援。

秋七月，上督諸將率舟師西討。戊子，師次彭蠡，友諒撤圍來戰，達身先諸將，敗陳一巨艘，殺其衆千五百人：自是我軍威振。繼而屢戰，互有勝負，至暮，諸將欲退，上乃御樓船，鳴金結陣，申明約束，喻以死生利害，諸將皆舉手加額，以死自誓，期明日進兵決戰。至期，上親布陣鳴角，時彼我兩軍皆畏懼，戰不力。迨暮，勝負未決，乃以舟載乾荻，令敢死士乘風縱火，直抵其船，焚溺甚衆。

明日，衆復議還師，以圖再舉。上以爲方勝負相等，今若先退，彼必爲敗而來追，當先移船入江，乃能無失。于是兩軍相拒三日，我軍挑戰，彼必不敢應，我舟師欲移入江，以水路隘陝，不得並進，恐爲敵所乘。迨夜，令船置一燈，相隨渡淺，比明，已盡渡矣。乃泊于左蠡，敵不敢進，移軍楮溪相持。友諒令獲我戰士皆殺之，上知之，命悉出所俘陳氏軍，有傷者賜藥療之，遣還。下令軍中曰：「但獲彼軍，皆勿殺。」又令祭其新亡之將及戰死者。乃以舟師邀其歸路，分遣別將取蘄州、興國。時都督朱文正遣兵于南康、都昌絶其糧道。八月壬戌，友諒自率樓船欲迎我師，追之至中流，大戰，良久，友諒中流矢死。明日，降其軍五萬餘衆，其將莽張等走武昌。九月，上率諸軍攻圍之，于是湖北郡縣皆降。十二月，上還京師。

至正甲辰春正月丙寅朔，上即吳王位。二月，車駕復至武昌，破陳丞相張必先兵，擒之，友諒子理肉袒銜璧出降。上禮而命之入城，撫喻其民，厚待友諒父母。湖廣郡縣悉降。

上還京師，下令曰：「予以眇躬，荷天地百神之福，托于億兆臣民之上，戡定綏寧，疆宇日闢。乃者故漢主陳友諒，殺君僭逆，罪惡貫盈，自起兵端，犯我邊境，爰舉問罪之師，以慰來蘇之望。賴天之靈，兵之所至，罔不克捷，江西諸郡，一鼓而下。其陳友諒，稔惡弗悛，仍合餘燼，于癸卯七月，屯兵洪都城下，予乃總率舟師，親與決戰，陳友諒敗死，將士悉降。進攻武昌，子理歸命。布告中外，咸使聞知。」遂大會兵于京師。

至正乙巳春，廣東韶州、南雄及荆、襄、歸、峽等州皆平。命徐達、常遇春等兵取淮東、淮陰諸郡，平之。

至正丙午春，張士誠以舟師寇我鎮江，上引兵擊之，賊聞風而遁。督兵追攻于浮子關，與戰，悉俘其衆。徐達乘勝進攻高郵、安豐，克之。

秋，以相國徐達爲大將軍，平章常遇春副之，率師二十萬東取吳越，上謂諸將曰：「爾等此行，其計若何？」常遇春曰：「此行直搗蘇州，姑蘇既下，則諸郡不勞而下矣。」上意以爲不分其勢，則其援兵四合，難以取勝，不若先攻湖州，使其疲于應戰，然後抵蘇州，則取之可必矣。遂不從遇春之計，作色曰：「先攻蘇州，而或失利，必不貰汝。先攻湖州，而或失利，尚可恕也。爾行矣，從爾自計。」師遂渡大浦口，次洞庭山，遇春以衆攻湖州。上使人覘而知之，喜曰：「能若吾計，此行必勝矣。」

遇春屢敗其兵，湖州守將李伯昇閉城拒守，張九七引衆援之，營于舊館。湯和迎之，遇春以兵圍其營，絶其糧道。士誠聞之，自引衆來援，與之大戰于皂林之野，敗之，遂俘其營甲士六萬，送京師。士誠遁歸，由是軍聲大振，所過州縣皆望風降附。十二月，進抵姑蘇，其屬縣相繼來歸，惟蘇州孤立而已。上不欲煩兵，欲困服之，乃圍其城。

至正丁未，上命以是年爲吴元年。

春，建宫殿及省臺六部，建太廟于宫城之東北。

夏，上以書遺士誠曰：「蓋聞成湯放桀，武王伐紂，漢祖滅秦，歷代帝王之興，兵勢相加，乃爲常事。當王莽之亡，隋之失國，豪傑乘時蠭起，圖王業，據地土，及其定也，必歸于一，天命所在，豈容紛然？雖有智者，事業弗成，亦當革心畏天順民，以全身保族，若漢之竇融，宋之錢俶是也，自古皆然，非今獨異。若能順附，其福有餘，毋爲困守孤城，危其兵民，自取滅亡，爲天下笑。」書至，士誠不降，乃督兵攻之。

秋，城破，士誠自經于家。兵入，尚未絶，解其縊，俘送京師，蘇州平。九月，命參政朱亮祖討浙東諸郡，克之。

冬，以湯和爲征南將軍，吴禎副之，討方國珍。國珍遁入海，追及，與戰，破降之。命楊璟、周得興率兵征廣西，胡美、何文輝征福建，徐達、常遇春進取中原。

冬十月，沂州守將王信遣人奉表納款。詔諭之曰：「惟昔豪傑之士，天下擾亂之秋，集羣衆以鷹揚，據一方而虎視。然遇真主者出，遂知天命所歸，乃披露其誠而歸於有德，如竇融獻河西之地於漢，李勣歸黎陽之衆於唐。睠爾沂州王宣父子，近使苗副樞來通順附之忱，我遣侯正紀往答殷勤之意，兩旬已過，一介未還。且慮天將改物，故元政不綱，誰能霖雨以蘇民？方見龍蛇之起陸，拯此塗炭，實在朕躬。爰命征虜大將軍徐達，副將軍常遇春統率大軍，水陸並進，往戡衆亂，平定中原。嘉爾來歸之義，賜以爵禄之榮，王信可授榮禄大夫、江淮等處行中書省平章政事，其餘官將，仍復舊職。」書至，王宣父子復持兩端，不聽調。徐達兵至沂州，王信往莒、密求援，其父宣閉城拒守。大兵攻破之，宣出降，即令以書招其子信來歸，於是莒、密、海、費等州縣皆降。

時金火二星會于丑分，望後火逐金，過齊魯之分，占曰：「宜大展兵威。」因令徐達進兵益都。達遣人喻其守將老保，保不下，遂急攻之，乃出降，其屬郡悉平。至濟南，守將王保保、弟詹同、脱因帖木兒先期率衆遁去，其屬將達某以城降，于是山東諸郡望風降附。

十二月，百官詣闕勸進，上乃御新宫拜詞，其略曰：「惟中國人民之君，自宋運告終，帝命真人于沙漠入中國爲天下主，其君父子及孫，百有餘年，今運亦終，其天下土地人民，豪傑分争。惟臣帝賜英賢李善長、徐達等爲臣之輔，遂戡定羣雄，息民於田野。今地週迴二萬里廣，諸臣下皆曰：『恐民無主。』必欲推尊帝號，臣不敢辭，亦不敢不告上帝皇祇。是用明年正月初四日，于鍾山之陽設壇備儀，昭告上帝皇祇，簡在帝心，如臣可爲民主，告祭之日，伏望帝祇來臨，天朗氣清，惠風和暢，如臣不可，至日當烈風異景，使臣知之。」

洪武元年春正月乙亥，合祭天地于鍾山之陽。是日日朗風和，臣民復合辭勸進，於是上即皇帝位于南郊，定有天下之號曰大明，以吴二年爲洪武元年。詔曰：「朕惟中國之君，自宋運既終，天命真人于沙漠入中國爲天下主，傳及子孫，百有餘年，今運亦終，海内土疆，豪傑分争。朕本淮右庶民，荷上天眷顧，祖宗之靈，遂乘逐鹿之秋，致英賢于左右，凡兩淮兩浙，江東江西，湖湘漢沔，閩廣山東，及西南諸部蠻夷，各處寇攘，屢命大將軍與諸將校奮揚威武，已皆戡定，民安田野。今文武大臣，百司衆庶，合辭勸進，尊朕爲皇帝，以主黔黎。勉從輿情，於吴二年正月四日告祭天地於鍾山之陽，即皇帝位於南郊。恭詣太廟，追尊四代考妣爲皇帝皇后。立大社稷於京師，布告天下，咸使聞知。」册妃馬氏爲皇后，立世子爲皇太子，諸功臣進爵有差。以李善長、徐達爲左右丞相。征南將軍湯和破延平，擒陳友定。先是，湯和破方國珍，就命率師自慶元海道進取福州，平章胡美自江西取邵武，下建寧，陳友定獨守延平。至是，湯和攻破擒之，興化、泉州皆降。建太學，立欽天監。徐達等兵經棠、棣等州縣，皆平之。抵河南，與詹同、脱因帖木兒戰，敗之。梁王出降。遂西下洛陽，長驅崤、函，直抵潼關。守者拒戰，都督馮勝與戰，拔之，據關而守禦。大將軍歸大梁，北下河内，由鄴下趙州，抵臨清。

秋八月辛未，入元都，元君遁去，燕地悉平。時廣東、廣西亦下，復命徐達西取晉、冀，長驅井陘，盡平其地。赦天下，詔曰：「天生民而立之君，君者奉天而安養斯民者也。昔者元政陵夷，民失安養，羣雄蠭起，疆宇瓜分。朕以布衣入戎伍，憤生民塗炭，提孤軍與豪傑同志者，思所以靖之。賴天之靈，因民之利，干戈所至，强殄弱服，大河之北，以際南海，罔不來臣。重念推戴以來，軍士勞苦，農民罷敝，未有以安之；賢人君子，遯匿巖穴，未有以來之；形亂重典，未有以平之；供億煩重，未有以舒之；是用陰陽差繆，水旱不時，天災屢見，朕甚懼焉。

爰布溥恩，與民更始，可大赦天下。於戲！民墜塗炭，十有七年，蕩析離居，光嶽之氣，於焉始復，繼自今各厚爾生，共享太平之福，以臻雍熙，不其偉歟！」

九月，下求賢詔，詔曰：「朕惟天下之廣，固非一人所能治，必得天下之賢共成之。向以干戈擾攘，疆宇彼此，致賢養民之道，未之深講，雖賴一時輔佐，匡定大業，而懷材抱德之士，尚多隱于巖穴，豈政令靡常而人無所守歟？抑朕寡昧，事不師古而致然歟？不然，賢士大夫，幼學壯行，思欲堯舜君民者，豈固没没而已哉？今天下甫定，日與諸儒講明治道，啓沃朕心，其敢不以古先哲王是期？巖穴之士，有能以賢輔我，我得以濟民者，當不吾棄。」

冬十月，燕都捷至，詔告天下曰：「一海宇以安人心，正國統而君天下，理勢所在，古今皆然。自羣雄乘亂以來，四方思治，惟切元綱已隳，疆土遂分，孰拯斯民，以定於一？顧予非德，造此丕圖，荷上天眷祐，臣鄰翊贊，肇基江左，平定中原。睠惟幽燕，實彼本根，命將北伐，列郡皆順，已於洪武元年八月十二日克取燕城，胡君遠遁，兵無犯於秋毫，民不移于市肆。捷音來奏，殊副朕懷，今改燕城爲北平府，命官屯守。海宇既同，國號斯正，方與生民共此安平之福，尚賴中外臣寮，夙夜公勤，以匡朕之不逮。於戲！上體天心，俾萬邦之咸乂；下從民欲，合四海以爲家，故兹詔示，想宜知悉。」

上自起兵以來，東征西討，未遑制作，至是始命諸儒稽古改制度，易服色，損益咸自聖心，靡不各當其宜，百餘年之胡俗，爲之丕變，而典章文物焕然可還矣。

洪武二年春，遣使往諭諸番。定仁祖陵號曰英陵。乙亥，建碑。常遇春平大同府。命儒臣宋濂等編修《元史》。蠲北平、燕南、河南、山西税。詔曰：「朕本淮右布衣，因天下亂，率衆渡江，保民圖治，今十有四年矣。荷天眷祐，西取陳友諒，以安荆楚，東縛張士誠，以平三吴，遂至八番，直抵交廣，以極于海，悉皆戡定。重念中國本我華夏之君所主，豈意胡人入據已及百年，天厭昏淫，羣雄並起，以致兵戈分争，生民塗炭。是用命將北征，兵渡大河，齊魯之民歡然來迎，饋糧給軍，不辭千里。朕思其民當元之末，疲于供給，今既效順，何忍復勞？有司特加存恤，以副朕懷。」占城、安南來貢。馮勝取陜西，張思道遁去。進克鳳翔。

四月，勝及湯和兵次鞏昌，元平章商暠降。調兵攻臨洮，太尉李思齊以衆降，餘衆多懼罪逃竄，遂詔諭撫之。蠲秦隴税。

五月，追封外祖考爲揚王，妣爲王夫人，皇后父爲徐王，妣爲王夫人，乃立廟以祠之。常遇春取永平，克紅羅山，擒脱火赤丞相，其檀會、宜興、大興諸州相繼而平。遂進克上都，擒其平章鼎住等官屬。秋七月，征虜副將軍常遇春卒于軍，追封開平郡王，謚忠武。

八月馮勝圍慶陽，克之。寧州、黄河等處悉平。冬，安南占城兩國相攻，占城遣使來訴，詔諭解之，兩國遂罷兵。

十一月冬至，祀昊天上帝於圜丘，以仁祖淳皇帝配。是歲，令天下府州縣開學，置師弟子員。

洪武三年春三月，蠲直隸、應天府等税。大將軍徐達引兵至定西州，王保保退屯車道，我軍立柵以逼其壘。

四月，進戰，保保敗走，擒郯王、文濟王等。上始定封建，立子爲秦王、晉王、燕王、吴王、楚王、齊王、潭王、趙王、魯王，姪孫靖江王，詔曰：「朕荷天地百神之祐，祖宗之靈，當羣雄鼎沸之秋，奮興淮右，賴將帥宣力，創業江左。曩者，命大將軍徐達總率諸將，已定中原，不二年間，海宇肅清，虜遁沙漠。大統既正，黎庶靖安，欲先論武功，以行爵賞，緣土蕃之境未入版圖，今年春復命徐達等再征，是以報功之事，未及舉行。朕惟昔帝王之子，居嫡長者必正儲位，其衆子當封以王爵，分茅胙土，以名其國。朕今有子十人，即位之初，已立長子爲皇太子，諸子之封，本待報賞功臣之後，然尊卑之分，所宜早定。」

五月，遣使尋訪歷代帝王陵寢所在，特加修理，仍令三年一祀，著爲定典。平章李文忠、右丞趙庸敗元平章沙不丁、朵兒只八剌等于開平，進次上都。元平章上都罕等降。復取應昌，獲元孫買的里八剌及后妃宫女並諸官屬，得其圭璧符璽。買的里八剌後以六月至京，封爲崇禮侯。中書左丞楊憲、按察使淩説等以奸黨事覺，伏誅。

己亥，制以科舉取士，詔曰：「朕聞成周之制，取才于貢士，故賢者在職而其民有士君子之行，是以風俗淳美，國易爲治，而教化彰顯也。漢唐及宋，科舉取士，各有定制，然但貴詞章之學而未求六藝之全。至于前元，稽古設科，待士甚優，而權豪勢要之官，每納奔競之人，辛勤歲月，輒叨仕禄，所得資品或居舉人之上，其懷材抱德之賢，耻于並進，甘隱山林而不起，風俗之弊，一至于此。今朕統一中國，外撫四夷，方與斯民共享昇平之治，所慮官非其人，有傷吾民，願得賢人君子而用之。自洪武三年八月内，始特設科舉，以起懷材抱德之士，務在經明行修，博古通今，文質得中，名實相稱。其中選者，朕觀策于庭，觀其學識，品其高下而任之以官。果有材學出衆者，待以顯擢，使中外文臣皆由科舉而選，非科舉者毋得與官，敢有遊食奔競之徒，坐以重罪，稱朕責實求賢之意。」

秋八月，高麗、爪哇西洋國來貢。

冬十一月丙申，以中書左丞相宣國公李善長爲太師，改封韓國公。右丞相信國公徐達爲太傅，改封魏國公。封開平忠武王常遇春子茂爲鄭國公。以浙江平章李文忠爲左都督，封曹國公。右都督馮勝爲宋國公。御史大夫鄧愈爲衛國公，皆位特進，其餘功臣封爵有差。

十二月，建奉先殿於乾清宫之東，以奉祖宗神御，每日焚香，時節朔望及生辰日則祭，用常饌，行家人禮，蓋從禮部尚書陶凱之議也。

洪武四年春正月，中書左丞相、太師、韓國公李善長致仕，以中書右丞汪廣洋爲右丞相，參知政事胡惟庸爲中書左丞。命鍾山侯湯和爲征西將軍，率兵征四川。是月，又召王驥等還京師，論功，命驥以尚書兼大理寺卿，二俸並支。柴車陞兵部尚書，仍贊理陝西軍務。僉都御史羅亨信陞俸一級。封都督蔣貴定西伯，任禮寧遠伯，趙安會昌伯，並食禄一千石。

二月甲戌，上策試舉人，賜進士吴伯宗以下一百人及第、出身有差。時高麗舉人金濤亦中選，除東昌府丘縣縣丞，以方言不通，歸仕本國。遼陽行省平章劉益遣其右丞董遵、僉院楊允賢來朝，并進《遼東圖》本。詔建遼東衛指揮使司，以益同知指揮事。

閏三月，詔諭甘肅搭攤等，時甘肅未下，故下詔諭之。詔賜湖州德清縣舉人王瑱金帛。時瑱官于平凉，其父遺以家書，托御史臺幕官宇文桂者達之平凉。既而，文桂以事被鞫，或搜篋中，得書百餘封，奏之，瑱父家書亦在其内。上覽之，嘉其能以忠孝訓子，辭語諄切，于是特遣使者降詔褒美，賜白金百兩及絹帛、藥物，以旌其賢，仍令有司蠲其力役。

夏四月，册立故開平王女常氏爲皇太子妃。立元福壽大夫廟，自國朝取建康，惟福壽爲元死節，故特命立廟祀之。

五月，蠲兩浙秋糧，詔曰：「朕本農夫，深知稼穡艱難，及至躬率六軍征討四方，尤知將士勞苦。重荷上天眷祐，平羣雄，一天下，東際遼海，南定諸蕃，西控戎夷，北靖沙漠，皆以精鋭屯此邊要，用安黎庶，未免科徵轉運，供給繁重，事豈得已？惟爾兩淮之民，歸附之後，民力未甦，兼以貪官汙吏，害民肥己，四載于兹，朕深憫焉。今既掃除奸蠹，更用良善，革舊弊而新治道，以厚吾民，其秋糧及没官田租盡行蠲免。」

六月，征西將軍湯和率舟師進瞿塘關，破其軍，直抵重慶，夏幼主明昇面縛詣軍門。

秋七月，潁川侯傅友德兵克成都。先是，五月己卯，兵克漢州。六月丙申，進圍成都。至是其丞相戴壽以下率衆降，以指揮何文輝守之，因遣詔諭雲南及拂菻、琉球等國。高麗遣使來賀萬壽節。冬，又遣使來貢及賀正旦節。

洪武五年春，高麗遣使來賀平蜀及請遣子入學，上曰：「昔唐太宗時，高麗嘗遣子入學，此亦盛事，但其子涉海來，未免彼此懷思。」令其與羣下熟議行之。遣使齎詔諭雲南，詔曰：「朕惟天生斯民，必立之君，以撫治之。曩者元君失政，海内鼎沸，疆宇瓜分，其盗據境土，擅專生殺，自爲聲教，生民塗炭，十有七年。朕起布衣，挺身奮臂，開基江左，命將四征不庭，其間西平漢主陳友諒，東縛吴王張士誠，南平閩粤，北清幽燕，奠安華夏，復我中國之舊疆。朕爲臣民推戴即皇帝位，定有天下之號曰大明，建元洪武，是用遣使外夷，播告朕意，使者所至，蠻夷酋長，稱臣入貢。惟爾梁王杷郎，平章段光，都元帥段勝，守鎮雲南，亦嘗遣人告諭，不意蜀戴壽等憑恃險隘，中途阻絶，致使朕意不達爾土。去年遂興問罪之師，分命大將率馬步舟師，水陸並進，直抵重慶，明昇面縛銜璧。繼平成都，生縛戴壽，其各郡邑旋即設置官守。西土既寧，復專使往諭爾等，尚恐未達。今因北平送到蘇成，稱係爾等舊遣去北之人，再俾齎語往諭，朕雖不德，不及我中國之先哲王使四夷懷之，然不可不使天下周知。」遣使齎詔諭甘肅。時暹羅及鎖里遣人入貢。

夏五月，下詔敦厚風俗。詔曰：「朕聞三皇立極，導民以時，庖厨稼穡，衣服始制，民居舍焉。五帝之教以仁信，不過尊三皇之良規，益未備之時宜，當時之君，示其所以，天下從之，民用和睦。自周至漢、唐、宋，增減損益用，乃有國昌民受時宜，家和永康。朕蒙皇天后土之恩，命統天下，祖宗之靈，百神護祐，得正帝位，紀元五年。朕本草萊之士，失習聖書，况摧强撫順，二十有一年，常無寧居，一概粗疏，故道未臻，民不見化，市井閭里尚然元俗。天下大定，禮義風俗可不正乎？」先時兵亂，所在居民，或轉他方爲人奴役，至是詔皆放從良，不許拘留。諭民間有貧乏者，令其互相周給。鄉里宴會，以齒爲序。其孤老殘疾者，官爲養贍。又命中書詳定鄉飲酒禮，及婚姻、死葬、冠服等制頒行遵守。民無田業者，許耕官田爲業。其僧道務守戒律。宋國公馮勝將兵抵蘭州，取西凉。

六月，兵至别力篤山口，元岐王太尉朶兒只杷遁去。進兵追之，擒其平章長家奴。復遣兵進抵甘肅，國公上都驢出降，其地悉平。

秋七月，詔諭故元國公白鎖住。時鎖住詐死，潛歸鄉田，故特下詔諭之。

冬十月，蠲應天府、太平、鎮江、寧國、廣德五郡秋糧。詔曰：「嘗聞國以民爲本，民以食爲天，此有國家者所以厚民生而重民命也。朕當羣雄鼎沸之時，率衆渡江，屯兵建業，十有八年，其間高城壘，深濠塹，軍需造作，凡百供給，皆爾近京五府之民率先效力，濟我事難，民力繁甚，朕心不忘。天下一統，今五年矣，雖嘗蠲免四歲稅糧，然猶未足以報前勞，是用申敕有司，今年秋糧特令蠲免。」

是歲琉球國遣人入貢。高麗遣使來賀萬壽節。又比年皆入貢及賀正旦等節，上命中書諭曰：「高麗每歲數次來貢，未免勞民且使臣涉海艱險。古者中國諸侯比年一小聘，三年一大聘，九州之外，世一來見，表誠而已。今高麗文物禮樂頗近于中國，可行三年一聘，或每歲一見，亦可。其所貢方物，不在衆多，但依古禮。」

至元十三年，江南初內附，民間盛傳武當山真武降筆書長短句曰《西江月》者，鋟刻于梓，黃紙模印，貼壁間。其詞曰：

九九乾坤已定，清明節候開花。
米田天下亂如麻，直待龍蛇繼馬。
依舊中華福地，古月一陣還家。
當時指望作生涯，死在西江月下。

《天潢玉牒》

明解縉撰

太祖高皇帝，先世江東句容朱家巷人。熙祖生於宋季元初，太后王氏，二子，長壽春王，次仁祖淳皇帝。渡淮，因家泗州。太后陳氏，四子，長南昌王，次盱眙王，次臨淮王。仁祖年五十遷鍾離之東鄉。天曆元年戊辰，龍飛濠梁。

九月十八日，太祖高皇帝降誕。適遇陳太后在麥場，見西北有一道士，修髯簪冠，紅服象簡，來坐場中，以簡撥白丸置手中，太后問曰：「此何物也？」道人曰：「大丹，你若要時與你一丸。」不意吞之，忽然不知何往。及誕，白氣自東南貫室，異香經宿不散。後不能食，淳皇求醫歸，有一僧奇偉，坐于門側，曰：「翁何往？」淳皇曰：「新生一子不食。」僧曰：「何妨，至夜子時自能食。」淳皇謝，許爲徒，入家取茶，不知何往。至夜半，信然。後十年，遷鍾離之西鄉，時至正丁丑。俄有一老翁造門曰：「你家有一龍。」時太祖正在側。又遷太平鄉縣莊村，復有一翁指淳皇：「好一箇八十公公到了。」歸仁德追封尊號，年符其數。

南昌王與其子山陽王相繼歿，時家貧甚，謀葬無所，同里劉繼祖慨然憫其孤苦，與地以葬。淳皇先夢于彼築室，今葬長子。淳皇嘗言：「我家出一好人，知他小兒能成否。」

至正四年甲申，太祖年十有七，皇考六十有四，皇妣五十有九，俱即辭世，時遭疾疫，人事艱辛，因葬于此，今之皇陵是也。太祖自念嬰孩時多疾，捨入僧寺。及長，淳皇將許之，太后不許，因循未入釋氏。疫癘既侵，遂請于仲兄，師事沙門高彬于里之皇覺寺，鄰人汪文助爲之禮，九月乙巳也。在寺居室，夜有紅光，近視不見，衆咸異之。是年旱蝗。

十一月丁酉，寺主僧以歲歉不足給衆食，俾各還其家。居寺甫兩月，未諳釋典，乃勉而遊食，南歷金、斗，西抵光、息，北至潁州，崎嶇二載，仍還于皇覺寺。有紅衣道士在寺西北，言：「這寺中有好人。」至正乙酉也。

歲丙戌，還舊里，修葺淳皇、太后墳墓，經理穴壙。潛居草野四載。往來濠城有一奇士，指太祖言：「此非凡人。」因避而弗敢入城。

至正辛卯，潁、亳、蘄、黄有警，皆繫紅爲號。壬辰春，陷濠梁。時元將至，略民爲俘，鄰境騷動。太祖爲訛言所逼，懼禍將及，出爲元，恐紅軍至，欲入紅軍，畏元兵至，兩難莫敢前。于是太祖禱于伽藍，神兩不許，一珓卓然而立。後之閏三月，挺身抵濠城，爲門者所執，將欲害之。人以告滁陽王郭子興，親馳活之，撫之麾下，問召與語，異之，取爲親兵，遂以女孝慈皇后妻焉。

時有紅軍首帥彭、趙以兵來駐濠，王遂爲所制，執王于獄。太祖自軍歸，曰：「再生父母，有難可不赴乎？」遂入王家。明日，彭帥聞，遣人釋之。

癸巳春，城圍解，太祖還故里，收殘民數百，獻于上官，授爲鎮撫。是冬，彭、趙多凌辱人，遂棄數百人，内率精鋭者二十四人南遊定遠。甲午夏，雜處兵間，染疾未痊。王聞義兵欲歸，將説之，太祖扶疾往，卒説降之，得其精兵三千。六月，取横澗山，得軍二萬。又襲元將營，既遁，得其民兵男女七萬。又逐元兵，駐師滁州。仲姊駙馬引兒來從，仲嫂亦至，孟嫂攜幼眷屬復完。及彭、趙東屯泗州，挾王以往。時太祖方駐滁州，遣人賂彭、趙，得縱歸。明年乙未，太祖轉戰和陽，會王卒，遂併其兵，納其次室之女。六月，渡采石，遂下太平，宿于倉宇之下，從兵不樂。寧河王開倉視之，見其有積，謂太祖曰：「事可基矣。」衆各乏糧欲劫，太祖傍有覺者，以爲不可，爾居富室，未嘗邀請，今既乏糧，當可求食其所屬要糧。太祖謂曰：「你將名數來，聽我調發，皆與你糧。」一時人馬雲集，有頡頏者，部下收戮之，衆頗定。太祖于是自溧陽破也先于方山陸寨。至正丙申，蠻子海牙復以兵屯采石，南北不通。令開平王急攻破之，悉俘其衆，遂克建康。守南臺大夫福壽爲亂兵所殺，命爲棺衾以葬，以表其忠。致仕元臣徐元之，年八十餘，目不能視，聞太祖出入言語，甚奇之，陳以濟世之略，每聽用焉。發號施令，禁無剽掠，衆咸欣悦，遂都焉。有勝兵十萬，尋克鎮江、廣德。

秋，攻常州，擒張士誠梟將，士誠恐怖，致其儀物，太祖命中山王遏之。

丁酉春，取常州、宜興、長興、寧國。六月，取江陰州，攻常熟，擒張士誠弟士德以歸。取安吉縣、徽州。

秋，取池州、揚州。

戊戌春，取婺源。

夏，取嚴州。

秋，取蘭溪州。

冬，取婺州。

歲己亥取諸暨州。

秋，攻衢州，元守將宋伯顔不花降。又取處州，元守將石抹宜孫戰敗，克之。

庚子，攻安慶，拔趙普勝水寨，敗陳友諒兵于池州九華山。

是年夏，陳友諒復引兵侵太平，寇龍灣，太祖預遣馮勝等合擊，大破之，斬溺數萬，俘獲七千，友諒僅以身免，遂取信州。辛丑，攻九江陳氏僞都，破之，友諒進保武昌。又安慶、饒州、建昌皆下。池州士人羅友賢據神山寨，將與張士誠連合，數州震動，命開平王討平之。壬寅，修安慶城。

太祖聞元將察罕帖木兒爲田豐所害，嘆曰：「天下無人矣。」江西龍興路陳氏守將胡美歸附。袁州歐普祥降，封袁國公，副將黄彬爲參政。吉安龍泉縣彭時中降。削平新淦州鄧克明、永新州周安山寨。命都督朱文正守禦江西。

癸卯，友諒復陷南昌，太祖往援，撫定其民。將歸，有顛者隨來，曰：「告太平。」或醉或蒸，或不與飲食，太飽復納。一日，又曰：「爾打破一隻桶，再做一箇桶。」此是異言。是歲秋，太祖親帥舟師千艘，甲士十萬，由九江往征友諒，顛者隨之，越樅之陽，召問曰：「此行可乎？」應曰：「可。」更問曰：「蓋亦難乎？」以手拂曰：「上面無他的。」又謂：「你可偕行乎？」曰：「可。」曰：「有風。」諸軍捧舟泊岸，顛無正語。至湖口，意在棄溺水中又復生來謁，鞠躬舒頸曰：「你殺之。」謂曰：「且未殺，縱爾去。」遂行，莫知所之。時與陳兵大戰彭蠡，以夜繼日，縱火筏焚舟，風急火烈，湖水盡赤。其梟將張定、張遠走，友諒中流矢斃，士卒皆降。

甲辰春，太祖親克武昌，陳理降。

夏四月，即吴王位。秋七月，取廬州，守將左君弼叛去。九月，中興守將姜珏降。平辰州周文貴、潭州王忠信，平江州王世明，歸、峽、衡州皆下。

歲乙巳，寶慶守將唐道隆遁。陳氏守將熊天瑞以贛、韶、南雄降。四月，取安陸、襄陽。十月，克泰州，張士誠所據。

丙午春，取高郵，執守將俞忠。梅思祖以淮安、泗州降，陸聚以徐、邳州降，宿、亳、安豐皆下，皆士誠所有地也。

秋，命諸將攻浙西，師次太湖，擒張士誠將尹義。士誠聚兵于舊館，連營拒守，大軍破之，得降卒六萬。

冬，克湖州。十一月，杭州、紹興皆下，遂進圍平江。

改丁未年爲吴元年。五月，取松江，平杭州李勝。擒萍鄉州山寨易華。

秋九月，克平江，執張士誠，籍其兵二十五萬，南通州、無錫皆下。乘勢克台、温，方國瑛赴海，方國珍以慶元降。繼而國瑛等收詣京師。就令廖永忠、朱亮祖等南征閩、廣，中山王等北伐。

是秋，取沂州，王信遁。取嶧州、益都，老保降。取鄆陽、濟寧、萊州、濟南、東平。南征師入杉關，取邵武，東甌王由海道入福州。

是歲，不記月日，太祖夢在微時暇遊居舍南，見西北天上羣鳥如燕雀之狀，其中突出一仙鶴，張翼東南，予回首顧之，鶴失所在。有青旛數行，浮空而行。旛過少頃，西北天上有一朱臺，四有稜角，周有欄檻，色皆以朱，廣繩四扯之，上立二人，如金剛，口若宣揚之態。忽臺南向，見幞頭抹額者數人列坐，中立三尊，若道家三清之狀，美貌修髯，人世罕見，回顧于我，仍往西北向。夢在微中歸造嫂曰：「適天神過此，我必得罪。」出門，乃換其景，不在微時，問：「天神何在？」傍曰：「朝天宫去矣。」急趨之。行未久，途又逢數紫衣羽士，以絳衣來授我，揭裏視之，但見五綵，問：「此何物？」道士曰：「有文理，真人服。」予服，忽然冠履俱備。傍一道士授我一劍，靶上如牙齒之狀，持教我行。未數十步，東南逢皂衣禿袖者，露首及兩肱二股，首頂一黿，兩耳，怒目而往西北。予在東南行，見一小川，川南北有房，東西十餘間，東宫衣青而立彼。忽然夢覺，此上帝明命之驗也。

明年，吴二年戊申，正月四日乙亥，告祭天地，即皇帝位于南郊，國號大明，改元洪武。追尊四祖廟，立皇后馬氏暨皇太子。先是，祝天：「如臣可爲民主，伏望帝祇來臨，天朗氣清，惠風和暢。如臣不可，至日當逢烈風異景，使臣知之。」舊臘以來，雪雨連綿，市坰陰晦。及告祭行事，天氣澄霽，風色和暢，香霧上凝下靄，獨露中星，此天開景運之禎也。是歲，爲洪武元年。

春三月，諸將克延平，執陳友定以歸。建寧、汀、泉、興化、漳、潮皆下，閩地悉平。克東昌，取汴梁，元守將李景昌遁走。裕州郭雲降，遂取河南，嵩、汝、陝州皆下，進克潼關。

是月，上幸汴梁，謀取元都。四月，取永、惠、英德、廣州，道、全、郴、桂林、梧、藤、潯、貴、象、鬱林諸郡皆降。七月，海南、海北咸歸附。八月，元都不戰而克，元主北奔，師次太原。時元將擴廓帖木兒兵尚盛，中山王等夜劫其營，擴廓中傷宵遁。取平陽、澤、潞、遼、沁、吉、隰、汾、絳、蒲、解州。

二年己酉春，諸將兵次大同，元將竹真棄城走，河東平。西入秦，張良弼遁。李思齊迎降，奉天、鳳翔、鞏昌、臨洮皆下。五月，元將也速兵侵北通州，命開平王拒之，遂擣永平，略惠州，獲元將江文清，軍馬以千數。至大寧，也速遁去。進破開平，元君深遁沙漠，追至北河，俘宗王三人及平章定住等，得軍萬人，車馬輛，馬三千，牛五萬。是歲，高麗來朝。

三年庚戌春，命岐陽王等北征應昌府，獲元君孫買的里八剌及后妃寶玉，羣臣請行獻俘禮，不許，封爲崇禮侯，待之甚厚。元宗室來降者，皆授以官。時元將擴廓帖木兒領兵尚衆，自河右衝突來攻蘭州城，指揮韓温固守不下，至定西駐馬，命中山王等擊破之，餘衆悉降，擴廓帖木兒單騎走出。

四年辛亥春，命將臣湯和、傅友德等伐蜀，僞夏嗣主明昇降，封爲歸義侯，四川平。

五年壬子春，命中山王等分兵征進和林，獲其大官貴戚，無虚歲。

六年癸丑、七年甲寅，諭曹國公李文忠、西平侯沐英經理洮、岷等處西番。

八年乙亥、九年丙辰、十年丁巳，土番川賊掠烏思藏使者，命寧河王往討其罪，覆其部落，走之，追至崑崙山，斬獲以萬計。

十一年戊午四月，永嘉侯差人來奏：「安東沐陽縣鬼火昏暮繁多。」皇上製文諭之，後遂熄。

冬，征北邊，時獻所獲元臣，賜元相驢兒書。命西平侯等征進洮州三副使瘿嗉子。軍行，祭告西嶽。安南國來貢。

十二年己未、十三年庚申，南番十三國歸附。占城使至。

十四年辛酉，遣延安侯唐勝宗平處州山寇，江夏侯周德興平廣州溪蠻。

十五年壬戌，遣將傅友德、藍玉、沐英等征雲南，諸路克之，郡縣其地，仍用土官爲守長，以西平侯沐英等守。

是年八月丙戌，皇后馬氏崩。九月庚午窆，乃命葬孝陵之左。先是病篤，召秦、晉王、今上洎周、楚入視疾，經漸日久，却藥不飲。臨崩，東宫進啓後事，后曰：「賞當功，罰當罪，任賢能，無妄殺人，子孫必大吾家。」父馬公，宿州閔子鄉新豐里人，母鄭氏，皆早卒，滁陽王郭子興養爲己女。笄，嬪于太祖高皇帝。后親子二人，今上及周王也。女二人，寧國公主，適汝南侯姪梅毅，安慶公主，適歐陽都督子倫。后性恭儉，脱帝于郭氏之危，備糗忍饑，以好生惡殺爲戒。渡江以來，躬拜將帥，親慰其勞。正位中宫，不援親族，府庫節用，服澣濯衣。勸帝罷四方之貢，四方荒旱，以賑恤爲本。懲元之亡，以崇禮侯爲子孫之戒。中饋之禮既周，奉先之祭無缺。接下有恩，均及諸子。宫人有犯，不屈于法。講論后妃之得失。及得疾，勸帝以任賢使能，納忠去佞，勉子孫以勸學，此其大略也。

十六年癸亥、十七年甲子、十八年乙丑、十九年丙寅、二十年丁卯，命楚王征三毛洞，克其巢穴。又命將臣馮勝等征遠東金山，渠首納合樞降，附封海西侯。又命將臣藍玉等統兵十餘萬追胡虜，度大嶺之北，取其傳國寶璽，后妃王子，名王將相三千餘人，士卒男女八萬餘口，橐駝馬驢牛羊無數。元主單騎深遁，朔漠空矣。

二十一年戊辰、二十二年己巳，來降達軍粉紅等作亂，自常德直至延安野猪峽方獲殲之。

二十三年庚午，命今上將兵征迤北元將乃兒不花，克之。二十四年辛未、二十五年壬申，命凉國公藍玉征雲南建昌月魯帖木兒，平之。是年徽州兩當縣妖人作亂，遣長興侯耿炳文往討，至二十七年始克之。四月二十五日，皇太子薨，謚曰懿文。九月，立皇太孫。

冬，上患熱病，危甚。俄，赤脚僧詣闕下，言天眼尊者及周顛仙遣進藥至。上初不欲見之，又思既病，人進藥來，雖未辨其真僞，合見之。出與之見，進藥等，一曰温凉藥二片，一曰温凉石一塊。其用之方，金盆内盛石，背上磨之以服。上從而服之，初服在未時間，至點燈時，遍體搔掣，藥之效也，是夜病愈，精神日强。其藥香味若菖蒲，丹砂鮮紅色，沉墜盞内。命肅王于奉天門設座聽朝政。

二十六年癸酉、二十七年甲戌、二十八年乙亥，命都督楊文征廣西蠻寇。命秦王將兵征土番，回還，以疾薨，謚曰愍。

二十九年丙子，肅王奏遣甘肅都指揮陳晦等征沙州昔耳丁達寇，平之。

三十年丁丑。二月，命肅王監軍北伐，不果行。命楚王、湘王率都督楊文等征五開洞，平之。是年，上親製文告天，其略曰：「賜良弼于後嗣，綏黔黎于兩間。」

三十一年戊寅三月，晉王薨，謚曰恭。召肅王、慶王歸朝。閏五月十日，上崩于西宫，壽七十一。是月十六日，葬孝陵，淑妃李氏殉葬。謚曰高皇帝，廟號太祖。皇子二十四人，第四子今上、第五子周王，高后所生也。長懿文太子、第二子秦愍王、第三子晉恭王，諸母所生也。第六子楚王、第七子齊王、第八子除名潭王、第九子魯荒王、第十子蜀王、第十二子代王、第十八子谷王、第二十二子唐王、第二十三子郢王、第二十四子伊王，皇妃所生也。第十一子湘獻王、第十三子肅王、第十九子韓王、第二十子瀋王，皇貴嬪所生也。第十四子遼王、第十五子慶王、第十七子岷王，皇貴人所生也。第十六子寧王、第二十一子安王，皇美人所生也。皇兄南昌王長子山陽王，先淳皇薨，次子曰文正，文正之子曰除名靖江王守謙，守謙嫡次子贊儀，封靖江王，餘子皆封鎮國將軍。

《建文皇帝遺蹟》

明佚名撰

建文皇帝諱允炆，在位五年，懿文皇太子之長子，太祖皇帝之嫡孫也。母妃懿敬皇后常氏。其先爲句容縣人，宋季時，五世祖懿祖恒皇帝避兵，挈家渡淮甸。未幾，皇高考德祖玄皇帝再遷鳳陽之泗州。傳至皇曾考仁祖淳皇帝，復以元末兵亂，又徙虹縣，而皇祖考太祖高皇帝實生其地。值胡運將傾，天下擾亂，羣雄鼎沸，太祖以天縱之聖，龍飛濠梁，不數年間，翦滅羣雄，遂開六合，掃除百年腥膻之俗，以復三代華風之美，觀其帝德規模，自禹、湯、文、武以來，功烈未有如斯之盛者也。

洪武元年戊申，太祖始正大統于天下，國號大明，改元洪武。皇考以聖子居長，兼又賢德著聞，遂正位春宫。天性慈仁，每見太祖誅戮，輒苦諫止。且友愛諸兄弟，罔有間隙。周王嘗得罪，太祖欲誅之。太子晝夜號泣，爲之代請，太祖不能決。一日臨朝，召問御史袁凱，凱對曰：「陛下欲誅之者，法之正；太子欲宥之者，心之慈。」太祖怒以爲持兩端，命繫于獄。明日視朝，因問弘文館學士劉基，基對曰：「創業之君，法不可不嚴；守成之主，法不可不寬。」太祖意遂決，乃宥周王罪。

洪武十七年秋七月，孝慈高皇后上仙。太子呼號擗踴，大慟幾絕，不食者三日，服斬衰，朝夕痛哭奠之。至是過哀成疾，不久而薨。太祖哭謂侍臣曰：「四海方欲太子平治天下，不期以至孝哀死，此痛何宜哉！爾禮官可上謚議挽章，少伸朕躬哀切之情。」于是謚曰「懿文太子」。時少帝尚髫齔，居皇考喪，盡禮如成人者。每見太祖痛思，輒自掩泣諫曰：「死生固有命耳，勿得過傷，伏望陛下以天下爲重，萬一龍體違和，臣等復驚惶無已。」太祖聞而奇之。尋立爲皇太孫，命儒臣開東閣教之。而少帝年日益富，德日益進，太祖日親寵愛。

是時燕王潛有奪嫡計，而天下莫之知也。初，太祖生十王，燕王即第四子也。母元妃所生。少而悍勇，及長，有落落大志，好遊俠，善騎射。甫冠，爲娶于功臣徐武寧王女。而王嘗不得于君親，然不知何以爲計。太祖恒欲廢棄，賴廷臣力諫得免。太祖嘗因夜寢，夢二龍入殿搏擊，其黄者勝而得氣，其白者負而如蝘蜓。明旦，太祖親朝，見皇太孫居于殿右角，燕王侍于左前，太祖見之怒，以王位居太孫上，始知其有奪嫡計，然不形于言。上命幽于别苑，令宫中不許進食。賴高后憐之，因私自飲食，得不死。久之，始從釋放。洪武中，大分封諸王居國，而王實得燕冀地，與母太妃居北平。

辛未歲，太祖以秦、晉、燕、周等國强大，慮他日太孫難制之，因召選高僧，一國一人，令出守藩府導善，歲以報政。時燕王府得僧道衍。蓋太祖慎天下而防後世之心，可謂至矣。

三十一年丁丑秋七月十二日，太祖高皇帝崩。遺命燕王不許渡江進香，除朝廷大事許令藩臣齎表，毋得擅自離國。時諸王子皆得赴京奔喪吊泣，惟王于中途聞此而止，王大怒，欲令進舟，見江口設兵以阻，遂不果。道衍進曰：「大王以至孝渡江，奈何有違治命，反爲不孝也。惟願殿下養成龍虎之威，他日風雲感會，羽翼高舉，則大江投鞭可斷也，今日何得屑屑于此哉？」王深然其意，遂返國，日與道衍謀畫帳中，共圖大舉。

是月十五日，建文皇帝即位於柩前。明年戊寅，改元建文。翰林院修撰王叔英首陳八策：曰務學問，曰謹好惡，曰辨邪正，曰納諫諍，曰審才否，曰慎刑賞，曰明利害，曰定法制。皆援古證今，鑿鑿可行。且曰：「太祖高皇帝除奸剔穢，抑强鋤梗，不啻如醫者之去疾，農夫之去草。急于去疾，則或傷其體膚；嚴于去草，則或戕於禾稼，固自然之勢。然體膚疾去之餘，則宜調燮其血氣；禾稼草去之後，則宜培養其根苗，亦宜然之理也。」疏入，嗣皇帝覽之，嘉納。侍講方孝孺進曰：「叔英此疏，誠爲陛下經綸遠略之圖，有國者不可不採行之。」孝孺與叔英日見信用，寵命薦加。且孝孺文學英邁，德望素隆，一時倚重，凡將相所行，惟孝孺之咨。

明年乙卯，水旱相仍，下詔求言得失。禮部尚書陳迪條陳清刑獄，恤流民二十餘事，兼陳太祖皇帝時用人，徇其名而不求其實，以小善而遽進之，以小過而遽退之，因歷陳古人所以教養任用之道，嗣皇深采納之。

三年庚辰春二月，廷試進士，賜王艮狀元及第。將傳臚，以貌不及胡廣，遂以廣易之，艮次焉。

夏五月，户科給事中陳繼之上疏，以江南僧道多占腴田，蠶食百姓，乃奏請僧道人給五畝，餘以賦民，從之。工科給事中楊惟中薦舉平江知縣陳彦回文學廉幹，宜加擢用，遂陞徽州知府。明年朝覲，以考覈稱職，蒙賞賚甚厚。

四年辛巳，齊藩不靖，廷議凡藩國所在，悉更置守臣，必素負重望者，使居其地。密奏燕邸終必貽禍邦家，尤宜慎之可也。時朝廷既與燕藩絶好，聲息不通數年，然莫知其潛自治兵，以爲異舉也。乃用黄子澄、齊泰計，尋命風力憲臣張昺爲北平左布政使，令察其機事以聞。及昺至，見掾史李友直頗有智略，遂寄以心腹，于是燕藩謀叛之情，巨細皆知。昺因密陳上，乞速宜備禦其變亂，上猶豫久之，不果伐。

夏六月，天兵靖難師起，昺與都指揮謝貴俱先被執，昺不屈而死。事聞，嗣皇驚懼，即命曹國公李景隆出師十萬禦之。尚書陳迪、齊泰、太卿黄子澄等論景隆奸邪不忠，不可使任兵權，萬一挫辱國威，悔將何及？不聽。時御史練子寧有敢言直諫之風，候景隆辭朝，即于朝班内執其首，數其罪，奏請誅之，不聽。子寧奮激，稽首請先伏誅，言甚剴切，不顧忌諱，上怒，罷朝。景隆師既渡淮，靖江王府長史蕭用道、衡府紀善周以德各上書論大計，凡千餘言，皆指斥用事者罪過，書下羣臣及兩人議。用事者怒，盛氣以詬兩人，因共挫折之，兩人屹不爲動。子寧奮激曰：「國事至此，尚不用直言者乎？顧所論吾過，有則改之，無則加勉。」用事者媿而止。七月庚子，景隆師駐德州。前軍都督府左斷事高巍上疏建議，乞效主父偃下推恩之令，分封宗藩，疏遠子弟，以少其力。遂令巍從曹國公帳前參贊軍務。景隆師至兖州府，山東參政鐵鉉督漕運，飛芻挽粟，水陸並進。時沛縣知縣顔環頗有智略，因督民給軍餉，措畫有方，未嘗之缺。俄而軍士戰敗，景隆南奔，遇鐵鉉、高巍，相見于臨邑，遂協兵固守濟南。既而被圍，相持不下，城有被攻破者，鉉輒完之。

明年壬午正月，奉天兵直擣濟寧，已過徐州，沛縣民皆竄匿，顔環招徠之。尋設沛豐軍民指揮使司，集民壯五千人，築堡備禦。三月，參政鐵鉉師起濟南，圍始釋。事聞，遣使賜以金帛，鐵鉉封及三代。鉉入謝，陞本司布政，仍令保障山東地方。未幾，召陞兵部尚書，佐大將軍歷城侯總天下兵。鉉既去，則東藩一帶不可守矣。

二十二日，靖難師至沙河。大將軍張輔攻沛縣，城將破，知縣顔環遣縣丞胡先詣徐州告急。既而度不能支，預送其子有爲出走，曰：「汝還家白大人，子職弗克盡矣。」夜三鼓，師入東門，指揮王顯迎降。環冠帶升堂，拜哭死之。其子亦還父所自刎，主簿唐子清、典史黄謙亦死之。

吏部侍郎茅大芳、太常少卿盧原質，奏請勑諭天下宗藩勤王，從之。詔略曰：

朕躬冲幼，受領神器，于今五年，寡德闇昧。近被北燕侵耗，圖我社稷，以致遭家不造，國有多難。爾諸王皆太祖皇帝子，其中能有赤心竭忠，奉順殲逆者，必厚獲茅土之薦，世享榮名，不惟有益帝室，抑且自衛國家，是以此舉豈徒然哉！如其各擁强兵，不扞君父之難，吾恐唇亡齒寒，理之自然，他日竄突炎上，棟宇將焚，雖欲悔諸，其可得乎哉？且天命未去，人心未離，尚不可忽也，不則諸藩將有何顔以見，可不省哉！

然卒無至者。

四月初一日，朝廷聞靖難師張大，攻破郡邑無算，邊報羽書日急，于是詔募天下義勇勤王入援。時朝議欲遣使致書燕王，封以强藩大號，請罷兵歸國，卒無敢行者。監察御史曾鳳韶獨請行，至軍前慷慨陳義，聞者駭服。時僧道衍參贊營中，勸却其書，王從之。鳳韶又取竹剖通節入書，鼓風達之，亦不報。既而歸第，大慟曰：「事去矣，我尚何爲哉！」以後斷事高巍，挺身不顧死，激烈之義見于顔面。亦累上書燕王，請罷兵歸國，奈何道衍變詐百出，初陽許之，後竟踰盟。

四月靖難師克山西晉陽、雁門等處。從征斷事高巍度京城不能固守，乃縊死驛舍。五月，天兵渡淮，所過城郭皆降之。事聞，詔命禮部侍郎黄觀、修撰王叔英、知府陳彦回等三十人，令各方募兵，入援國難。未幾，馳報燕王大舉兵，飛渡江北，朝臣束手無策。及聞，嗣王震懼不已，特命都督僉事陳瑄操練舟師，于龍江設備。瑄反獻《渡江策》，率舟師迎濟，燕王大悦，以瑄知順天府，封爲平江伯。

夏六月壬戌，靖難師至金川門，户科給事中龔泰自城上投下死，時泰年三十六。燕王聞泰死，大怒，命剉其屍。時師駐金川門。久之，有約開門迎納者，大理寺丞鄒瑾、監察御史魏冕率同僚十八人，即殿前毆之幾死。其日以兵亂輟朝，二人大呼曰：「請速加誅，臣等義不與同生。」不聽。次日清晨，師克金川，京城陷，時九月某日也。宮中已烟焰漲天，皆爲竄匿奔走，母后與宮中俱自焚，後宮從死者甚衆。初，太祖臨崩，治命密敕一封櫝，召太孫曰：「此櫝不可妄啓，汝若遇難時，速啓視之，即無害也。」至是，靖難師將逼，啓視其櫝，見一刀、一度牒，上有敕曰：「汝欲生，可將此牒投往它處爲僧，後宮某處有密地可通。汝其不然，將刃自盡。」于是少帝竟削髮以逃，天下之人實皆不知其生也。

已而太宗文皇帝師入南京，繼統皇極。工部尚書茹瑺入殿，首賀即位。文帝呼謂之曰：「瑺，吾今日得罪于天地祖宗，奈何？」瑺叩首曰：「殿下應天順人，何謂之得罪乎？」文帝大悦，進封忠誠伯。

文帝以京都已定，欲首詔天下，然後大封靖難功臣。時道衍功居第一，文帝首召，復姚姓，賜名廣孝。尋拜柱國、太子少師，固辭，不許。欲令草詔，廣孝薦方孝孺，三召不至。十月，乃命大學士楊士奇于内閣草詔，其略云：

太祖高皇帝以某年蚤逝，青宫建儲之議，出于皇考之心。初欲立朕，朕躬自揆度，小宗不得干預正統，力辭其命，乃讓太孫。夫何即位以來，素乏人君之度，每存盆子之態，况親倖邪臣，黜逐正人，權佞當朝，國政日壞。兼之以資禀昏庸，罔有聞知。如此欲望其爲君以致治天下，豈不難哉！且祖宗成法，率意變亂，宗親無罪，輒被勦除。又嘗喜怒任刑，無辜受戮，實失四海民望，人心爲之久離，天下聞之痛怨。朕竊思我皇考創業天下，實爲艱難而得，豈一旦付孺子喪之可乎？故不得已行湯武之舉，隨行順旅，直擣江南。朕膺天命寵眷，遂繼祖宗大統。少帝聞天討之威，心實赧惶，潛自引决後宫。朕今釋其前非，復其故號，厚德溥矣。至于僭稱建文年號，可革除之，併爲洪武三十五年。明年癸未，可改元永樂。嗚呼！鼎新革命，再造國家，厥隆懋化，以躋斯世斯民于仁壽之域，豈不同符永樂也哉！

文皇復下故帝二少子于中都之獄，使禁錮終身焉，令子孫世不許出仕。

宣德元年丙午孟春，宣宗章皇帝即位。少帝自江南來歸京師，上書云：「吾當時避難後宫，密竇以出，人不知也。就祝髮爲僧某寺，約居幾十秋矣。吾于革代之際，深自退藏，故人無聞我生者，且皇帝尚有密敕在此可考。吾今年餘七十，來無所望，祇欲還家，死于自土上耳，何得淹没異鄉而不知者哉！他日史官亦知我非自刎也。」于是奏聞，章皇敕當時故老之臣，以物色辨其真僞。至則一老衲而已，莫知其爲故君也。獨一老宦頗憶少帝舊容，遂訪問焉。而故帝視其老宦若素識者，不覺涕泗流溢，乃云：「吾于七夕之時，賜桃實三枚與爾，爾匍匐階下，食其一，以懷其二。吾問爾藏之由，爾對曰：『臣有父老在家，欲懷此以獻。』吾嘉爾孝，復賜五枚，今頗憶此否？」老宦忽覺悟，遂抱持大哭。已後吏部尚書蹇義、右都御史洪英等聞故君復在，皆來訪問先朝密事，歷歷無差謬言，始知其爲不死矣。乃相向拜而泣者久之，一時故臣皆來吊探，莫不哀痛。至是，僉舉以實聞，章皇帝詔厚養于諸王館中。未幾，一夕暴卒，衆皆疑其遇毒也，後命以公禮葬于郊外。少帝在京師有《感懷詩》一律云：「淪落江南數十秋，可憐霜雪已盈頭。乾坤有恨家何在？江漢無情水自流。長樂宫中雲氣散，昭陽殿上雨聲愁。新浦細草年年緑，野老吞聲哭未休。」此詩感慨無窮，含蓄無限，凄凉意思，吾固知其失天下而獨飲恨于萬世矣。嗚呼！是誠可悲哉！讀少帝之詩而不墮淚流涕者，亦幾希。

《李侍郎使北録》

明李實撰

正統己巳，瓦剌不花王及太師也先悖逆天道，侵臨邊境，聲息日至。時太監王振竊弄國柄，請上出征迤北。吏部尚書王直及小大羣臣極諫，不從。是秋七月十六日，上躬率六軍起行，往正虜罪，直至大同。命平鄉伯領軍與虜出戰，敗績，回至宣府。八月十三日，過雞鳴山，遇寇，命成國公朱勇出戰，亦敗績。十五日，至土木。也先人馬四圍，大戰，大軍倒戈，自相蹂踐；虜寇大肆殺戮，邀留上駕。十六日，邊報飛至，奔潰回京者，皆殘傷裸體。京師恐怖。太后命今上監國，立皇太子，詔告天下。九月初六日，今上即皇帝位，上太上皇帝尊號。

景泰庚午六月二十六日戊戌，瓦剌知院參政完者脱歡五人，賫番文赴京請和。二十七日己亥，上御文華殿，文武大臣懇請差人往虜中議和，奉迎太上皇帝。己亥卯時，上命太監興安傳旨：「於大臣中務要選如宋富弼、文天祥者遣之。」二十八日庚子，禮部以五品以上官具名封進。點差時，實任禮科給事中。上命興安召實，問其鄉貫。傳旨曰：「恁累進章朝廷，素知忠節。上欲遣使往虜中，如何？」實曰：「某雖才識不周，適朝廷多事之秋，安敢辭。」興安曰：「諒爾不辱君命！」聖旨：「李實陞兵部右侍郎，做正使；羅綺陞右少卿，做副使；馬顯陞指揮，做通使。便寫敕旨，與他每去，欽此。」本日進本討馬匹等物。本上，欽改禮部右侍郎。三十日，欽給帳房、馬匹、酒脯等物。

初一日，早辭。上御左順門，召實等面諭，曰：「你每去脱脱不花王、也先那裏，勤謹辦事，好生説話，不要弱了國勢。」賞銀三十兩，并衣服一套，綵段三表裏。領賫達達可汗、也先太師、瓦剌知院敕書三道，及各人銀三百兩，綵段二十四表裏。

本日，同虜使參政完者脱歡，及侍郎人等共二十一人起行。宿楡河驛，上命光禄寺設酒。初二日，居庸關給價鈔辦酒席，館待使臣。初三日，宿懷來衛，仍辦酒食館待。初四日，離懷來，賦詩云：「曉出懷來往北行，西風寒颯馬蹄輕。虜營迎復吾皇駕，會見生民享太平。」本日，過長安嶺，賦詩云：「盤旋直上長安嶺，徧覺驅馳路轉賒。遥憶上皇經過日，幾番回首望京華。」過鵰窩堡十里，乏馬一匹，宿荒。

初五日，天曉，忽有達賊二十餘人，各張弓弩，一人仗劍衝入帳邊。完者脱歡急與答話，詢知可汗所差尚書阿魯述等，先送使臣平章皮兒馬黑麻赴京奏事，在彼等候。阿魯述等下馬作禮，復送二十里别。賦詩云：「胡騎長驅入帳來，張弓仗劍怒如雷。譯知兩國通知好，長咲一聲作禮回。」同日，過雲州，夜直雨，赤城温泉口四十里宿荒，被賊盜去馬三四匹。

初六日，過獨石衛，遇也先人馬驅車運糧。有感，賦詩云：「道經獨石停征騎，世事皆非實可傷。守將肆貪營宅第，近臣徒力保邊疆。人家已盡遭兵火，倉廪猶存助敵糧。回首具封希上旨，用懲有罪表忠良。」相離城北五里，宿荒。虜人喜悦歌唱，歡飲乳酪。其夜，被盜去馬六匹。

初七日，過氊帽山二十里，宿荒。《述懷》一詩云：「萬里宿荒傷遠遊，風涼露冷正高秋。山行野宿渾忘險，腥飲羶餐肯解愁。駝馬連營輸餽餉，犬羊夾道喜歌謳。虜酋悔過重朝貢，早奉鑾輿復帝州。」初八日，宿興和衛東珂邊。初九日，宿昂裩岡兒，即海子。初十日，宿失剌失薄秃，即也先邊塞營中。送下程羊二隻。

十一日，至也先營中，地名失八兒秃，與也先併伊婦相見。開讀敕書畢，也先曰：「大明皇帝因何差你每來？」實答曰：「自太師父祖以來至於今日，朝貢朝廷三十餘年。你使臣進馬，往往待以厚禮，遇以重恩。近因奸臣王振專權，減少馬價，以故動兵，拘留太上皇帝聖駕，搶掠人民，殺害軍馬。今瓦剌知院上合天道，下順人心，奏知可汗，禀知太師，特念前好，同差參政完者脱歡賫文赴京以求和好，依舊遣使往來。」也先曰：「這事只因陳友、馬清、馬雲小人上是非，所以動了軍馬，小事兒做成大事。我的實心送太上皇帝到京，你每不差大臣出城迎接。我又着張關保、姚謙去奏，又將他每殺了。」實答曰：「太師既是送駕，軍馬不由關入，漫山而來，肆意搶掠，不過假名送駕。吾朝廷不能無疑！況又分兵各關廝殺。姚謙、張關保既爲使臣，却引達達百餘人各張弓矢，遇敵亂殺。實不知二人爲使臣。」也先曰：「説得是。」又曰：「後又差者盈不花三人赴京奏事，何故不敢放回，因此搶了寧夏、大同一帶人馬。」實答曰：「先因太師人馬南侵，父被害者，子爲報讐；兄被虜者，弟亦報讐。人皆樂爲從軍。今南朝沿邊關口，軍馬多者十餘萬，少者六七萬，極少者亦有二三萬，俱各奮勇，欲報君父之讐。且軍獲一首級，即得陞賞，太師差使臣若無南使同行，或被兀良哈達子，或守邊官軍殺戮，以圖陞賞。」又曰：「後又差李貴，我着人送至大同城裏。因何亦不肯放回？」實答曰：「近得夜不收報，說『哨至大同東邊，離城八十里，見有殺死身屍四十餘人。拾得荷包一箇，內有文書一紙，言是太師差來奏事』。人既不存，未審虛實。想被守邊軍士并別處賊人殺了，並不曾見一人到朝廷。如參政完者脫歡等到京奏事，重加賞賜，禮待筵宴。又差我每同來。兩國和好，必資使臣，以通其情，豈敢殺害，自絕其路。」也先然之。又曰：「我又差喜寧奏事，何以殺之？」實答曰：「喜寧自幼至長，受累朝厚恩，托爲心腹，令賫金帛迎取上皇，却令太師人馬搶掠，復寇寧夏。朝廷已將喜寧明正典刑，凌遲三日，以爲將來不忠之戒。」也先喜其言，曰：「我亦知道。」又曰：「大明皇帝與我是大讐，自領軍馬與我廝殺。天的氣候落在我手裏。衆人勸我殺他，我再三不肯。他是一朝人主，我特着知院伯顏帖木兒，使早晚恭敬，不敢怠慢。你每捉住我時，留得到今日麽？明日着人引你每去見。」實答曰：「足見太師仁厚之心。」也先曰：「你每來得好，我正歡喜，料你每事務成就。若不來呵，我每八月十五日人馬到北京。」也先把酒曰：「路上辛苦，可歡飲數盃。」畢，出，令平章、尚書人等送壯馬一匹，宰馬下程。

十二日，差頭目人等賫達達可汗，并瓦剌知院敕書賞賜，分頭前去。

同日，差平章人等引實等去三十里朝見上皇，同少卿羅綺、指揮馬顯，共進紵絲四疋，及粳米、魚肉、棋炒、燒酒、器皿等物。實泣下行禮畢，惟見校尉袁彬、餘丁劉浦兒、僧人夏福等三人侍左右，上所居者圍帳布幃，席地而寢，牛車一輛、馬一匹，以爲移營之具。上曰：「比先我出來，非爲遊獵私己之事，乃爲天下生靈。躬率六軍，征討迤北，不意被留在此。實因王振、陳友、馬清、馬雲所陷。也先實意送我回京，被喜寧引路，先破紫荆關，搶殺人民，擁至京師，喜寧不肯送回。後至小黄河，也先欲送回，又被喜寧阻住。到乾河，又要送回，又被他阻當。喜寧既凌遲了，陳友等不要饒他。」上問聖母及今上安否？實奏曰：「安。」及問舊臣，一一道其姓名甚悉。上曰：「我在此一年，因何不差人來迎我回！你每與我將衣帽來否？」實奏曰：「陛下蒙塵，大小羣臣及天下生民如失考妣。但虜中數次走回人口，有言見陛下者，有言未見陛下者，言語不一。又四次差人來迎，俱無回報。因此，特差臣等來探陛下回否消息。實不曾帶得衣服、靴帽等物來。」上曰：「你每回去，上覆當今皇帝，并內外文武羣臣，差人來迎我，我情愿看守祖宗陵寢，或做百姓也好。若不來接取，也先說令人馬擾邊十年也不休。我一身不惜，祖宗社稷、天下生靈爲重。」實詢知也先每五日進牛、羊各一隻，以爲上食，殊無米菜。實奏曰：「昔陛下錦衣玉食，今服食惡陋不堪，臣有大米數斗，欲進。」上曰：「飲食之類，小節也。你則與我整理大事。」實奏曰：「王振一宦官耳，因何寵之太過？終被傾危國家，以致今日蒙塵之禍。」上曰：「王振無事之時，人皆不說。今日有事，罪却歸於我。我亦知此人壞大事，不能去之，今悔莫及。」時伯顏帖木兒適來，歷言其故，亦如也先之詞。上賜酒畢，令往帖木兒營相見。帖木兒烹羊，與伊婦把酒歡飲。回見上皇，奉命決議大事。實以上昔日任用非人，當引咎自責，謙退避位。忠言直道，懇切應對。上嘉從之。日暮，深有不忍別之情，欲留宿，館伴者促歸，不果。因賦一絶云：「重整衣冠拜上皇，偶聞天語倍凄凉。腥羶充腹非天禄，野草爲居異帝鄉。始信奸臣專國柄，終教胡虜叛天常。只今來使通和好，翠輦南還省建章。」歸宿也先營中。送下程羊三隻。

十三日，也先宰馬備酒相待，令十餘人彈琵琶、吹笛兒，按拍歌唱。勸酒曰：「你每來，可怕我麽？」實曰：「古今敵國，講和爲上。欲要講和，必命使臣以通兩國之情。中途有賊寇，躬冒危險，尚無所怕。今到太師營中，便是一家，何怕之有？」也先喜而然之。且曰：「有理的不怕。」也先曰：「你每認得上皇，可想他麽？」實曰：「爲臣盡忠，爲子盡孝。君父之恩，豈可忘哉！我每之思上皇，如太師之思可汗耳。」也先曰：「然。既是思想，何不取還？」實答曰：「朝廷四次差人重賫金帛，太師皆不發。今太師既肯差我每迎回朝，自有厚禮，給賞不輕。」也先曰：「大明皇帝敕書內只說講和，不曾說來將駕。太上皇帝留在這裡，又做不得我每皇帝，是一箇閒人，諸事難用。我還你每，千載之後只圖一箇好名兒。你每回去奏知，務要差太監一二人、老臣三五人來接，我便差人送去。如今送去呵，輕易你每皇帝了，再不可言。」待酒畢，送下程羊三隻。

十四日，與也先作辭。備酒相餞曰：「如今我差一人與你每議，一人去大同，調大同并山西黄河一帶人馬。說與大同、宣府，沿邊可放人出郊，緣河採打柴草，我的人馬也不動你來。一面差來接駕的人，約在八月初五日。」實答曰：「差人不差人，奏知皇帝請聖旨，我每豈敢約期。」也先曰：「初五日不到，你每邊上人民吃苦了。」再三不敢約。也先曰：「若來遲呵，可差去兩箇達達同兩箇漢人，務要初五日先到回報，正差使臣遲三五日亦可。若不差人來，軍民擾邊，我每不失信。」勉强與決，各送馬一匹。也先差尚書土木罕同少卿羅綺往大同，調回人馬；差虜使右丞把禿等二十七人，共備馬四十二匹，貂鼠皮五十張，同實等赴京奏事進貢。

本日辭上皇，帖木兒侍側。上皇再三叮嚀迎復之事，惟恐來遲，袖出書三封，令實賫回。上曰：「來時，衣服可放在宣府，便服隨身帶來。路程遥遠，勿辭辛苦！當以國家、天下蒼生爲念。」賜酒飯畢，令辭帖木兒同伊婦。把酒曰：「大人回去，可着人早來，圖成大事。我每也要回去了。」實曰：「皇帝在此，多蒙恭敬。奏知朝廷，給賞慰勞。」送馬一匹。復辭上皇，上皇曰：「你每回去，上覆聖母太后，上覆當今皇帝；也先要者，非要土地，惟要蟒龍織金綵段等物。可着早賫來。」實領命，泣下拜辭。起行至二十里宿荒，送下程羊二隻。

十五日，至中途，過午送下程羊一隻，宰之。宿失剌失薄禿，送下程羊二隻。當夜三更起行。十六日，過續麻嶺，山下宿荒。十七日，從西陽口入關，至萬全左衛午飯，宿宣府。見彼處軍民採打柴草，收割黍粟，搬運木料，人皆喜悦，生意殊盛。十八日，會總兵官驗馬造册，差人奏報，仍宿宣府。

十九日，至土木，右丞把禿指馬顧曰：「上皇在彼被拘，南朝空有人馬衆多，不能戰。」實曰：「中國人民多如草芥。土木失利，出於不意，不可以爲常理。有盛有衰，有隆有替。」把禿曰：「亦非我每勇力，乃天的氣候。」又曰：「元世祖未做皇帝時，與敵國戰。後遣使往戰國，遣針二袋、羊毛一袋。世祖怒，意謂彼處説兵多於此針，彼處戰馬多於此毛。遂與二子并頭目願圖往征之，后諫不聽，後果滅敵。回至中途，世祖病故，乃載屍還。后曰：『二子不聽我諫，敵國雖滅，爾父不得復生。』二子告天，世祖即甦。後滅金，即帝位二十餘年。人馬固多，不足恃。」實曰：「昔項羽號霸王，英雄蓋世，善調軍馬。漢高祖寬仁大度，信任英傑。與項羽戰七十二陣，高祖皆敗。厥後高祖一鼓而擒之，霸王遂滅，有漢四百餘年天下。此無他，蓋因霸王荼毒生靈，天怒於上，人怨於下。況無故興兵搶掠，上天豈有不厭之耶！」把禿咬指仰天嗟曰：「大人言者，大道理。」本日，宿懷來。時在京運糧二萬石至，軍士皆悦。遇朝廷復差都御史楊善、侍郎趙榮同虜使平章皮兒馬黑麻同到哈丹，等下番議和。實將虜情與也先應對之詞一應事情，并迎奉上皇之理，備細言之，使備無虞，以全終始。

二十日，少卿羅綺同尚書土木罕往大同，調回軍馬，軍民俱出郊採打柴草。實別把禿等，預先回京奏事。過居庸關，遇長隨陳瑢賫敕，命實等將虜使坐騎馬匹留在懷來喂養。先是，已將馬匹并各人懸帶弓箭俱留宣府。就領敕賫回，過榆河驛宿朝房。

二十一日早復命。上御文華殿，召實問曰：「也先有甚麽話説？」實悉陳前詞。又問：「太上皇帝如何説？」實拜首奏曰：「上覆陛下。」復陳太上皇帝前旨無遺。上曰：「也先講和之意，虛實何如？」實奏曰：「臣入番境，彼處虜人，舉皆喜悦，夾道謳歌，沿途乳酪，勸臣等飲之，咸願和好。蓋因人馬多病死，又曰離家年久。窺其和意，似有實情。但也先萬一變詐，非臣可知，望陛下處置。」上曰：「一路辛勤驚恐。」賜鈔三千貫、羊二隻、酒十瓶。命太監李三於文華殿右廊待酒飯。

二十二日，少卿羅綺同右丞把禿等到京進貢朝見。二十三日，把禿等奏討使臣。上不許。五府、六部數四上章請遣使，亦不許。二十五日，實進言，其略曰：「臣竊謂先差臣等，未嘗令迎上皇，專爲講和，今已事完。其欲差人迎復之事，及定約日期，皆出也先之口。臣特傳説虜情，伏望陛下如羣臣之請，另差有能大臣奉迎上皇。雖虜情變詐不測，亦可塞彼無詞。倘不差人失約，則直在彼，而曲在我耳！臣若不言，恐日後差人，復不用命。必曰臣實可差，臣自揣違期失約，決不敢去，則彼此猶疑。彼此猶疑，則和議不成。和議不成，則上皇終不可復，干戈終不可息，邊鄙終不可平。今臣頗測虜情，不避鐵鉞，昧死爲陛下備陳，乞早賜乾斷。天下臣民幸甚！」奉聖旨：「也先使臣明日趧上楊善，待楊善來再定奪，欽此。」

二十六日，把禿等回。二十九日早，到虜營見也先。楊善等本日晚到，時也先打圍未回，楊善等八月初三日方見也先，已備酒餞上皇行。

初六日，發程。初十日，入野孤嶺。十一日，到萬全左衛演武亭駐蹕。十二日，宣府南城裏駐蹕。十三日，駐宣府。十四日，到懷來衛，上皇發書一緘，命中使陳瑢賫回。十五日，至唐家嶺，遣使回京詔文武羣臣，言避位之由。十五日，敕文武羣臣免朝見之禮。當日，百官至東安門外迎接。今上於東安門下輦拜迎，上皇亦下轎禮之。百官隨至大内南城殿中，上皇陞座，百官行禮。終始所行之事，悉實之言，無更。噫！上皇之所以回鑾，社稷之所以奠安，實無分寸之功，寓於其間，特紀歲時云。

題爲邊務事。景泰元年七月二十一日，臣胡濙等會同太保、寧陽侯臣陳懋等，并太子太保兼吏部尚書臣王直等，於朝房外詢問得禮部右侍郎李實出使自瓦剌還，言説：「自出口，沿路遇着虜人言説：『官人你每來得甚好，我每都要和了回去。』各進乳酪，十分歡喜。及到也先營裏，也先亦歡喜，就送羊馬下程。言説：『比先我每言語也要不實，如今都是的實。有天在上，意要與你每和了回去。你每差人來接得太上皇回，也得箇好名兒。如今我可汗與同阿剌知院已先回去了。你去看你太上皇。』及實行三十里，纔到營内得見。言説：『如今虜人要和是實情。你每回去説，可將些衣服、緞疋來與我做人情。着我守祖宗陵寢也好，着我做百姓也好。』」據説，臣等切想，虜人悔過請和，此是天地宗廟之福，皇上德威遠人，使其慚愧息兵，彼此生靈俱免勞苦。及太上皇要守祖陵，宜從所言。合無仍差李實將賫衣服等物前去迎接；仍敕邊上總兵官，各整槊人馬隄備，毋致疎虞。謹題。

本日，奉聖旨：「虜人言語虚詐多端，難以測度。李實纔回，楊善方去，今且不差人。也先使臣，您禮部作急整理遣回。仍寫敕書與他賫回。説與也先，將送太上皇帝實情，務要分付楊善明白，上緊打發回來。也先必遣人同送來，到日一發定奪，緣邊已有敕書去了。欽此。」

題爲禮儀事。景泰元年八月初九日，欽奉敕命：「得都御史楊善奏，已迎太上皇帝回京。爾即具迎接朝見儀以聞。如敕奉行。欽此。」欽遵，合將議到禮儀，逐一開坐，具題請旨。

一、禮部堂上官一員，至龍虎臺迎接；

一、錦衣衛差堂上官一員，帶領官校執丹陛駕并擡輦轎至居庸關裏迎接；

一、光禄寺差官牌尉役擡酒飯至龍虎臺及清河二處迎接；

一、各衙門官至土城門外迎接，行叩頭禮；

一、總督并各營總兵官俱於教場門口迎接，行叩頭禮。

太上皇帝車駕從安定門至東中門外，於東上北門南面坐，皇帝出見；畢，文武百官行五拜三叩頭禮，畢，太上皇帝由東上南門入南城大内。

當日，百官於奉天門奏。奉聖曰：「是。居庸關裏接，用轎一乘、馬二匹，丹陛駕於安定門裏接。欽此。」

禮部議到禮儀，開坐具題。奉聖旨：「是。居庸關裏接，只用轎一乘、馬二匹，丹陛駕於安定門裏迎接。欽此。」除欽遵外，考之唐史，玄宗遭天寳之亂，避難西蜀。肅宗即位靈武，尊玄宗爲太上皇帝。後肅宗復兩京，迎上皇還京。上皇至咸陽，肅宗備法駕迎於望賢樓。上皇在宫南樓，肅宗着紫袍，望樓下馬，趨進拜舞於樓下。上皇降樓，撫肅宗而泣，辭黄袍，自爲肅宗着之。肅宗伏地頓首，固辭。上皇曰：「天數、人心皆歸於汝，使朕得保養餘齡，汝之孝也。」肅宗乃受之。此前已行之盛典，實當可効之良規也。兹若欽遵欽依事理，只備駕於安定門裏迎接，不無失之太簡，而禮節有所缺遺，使外夷無所觀瞻，亦恐起宗室輕主上，及下人之譏。議將會官重定禮儀開坐。

本月十一日，太子太傅兼禮部尚書臣胡濙等於奉天門奏事。奉聖旨：「虜人變詐，未可全信。欲備大禮迎接，恐墮賊計。因此，只用車馬迎接，待何真僞之情。但得大兄入城，宗廟奠安，親親尊讓之禮，朕自處置。今若太上皇帝車駕入東安門，朕於門裏迎接，行叩首禮；畢，朕同文武官員隨至南城内便殿，太上皇帝陞坐，朕行禮畢，文武官員行禮。悉遵朕命，再不許紛更。欽此。」

本月十五日，禮部題奏爲陳言事。奉聖旨：「尊親孝弟，其所當然。近得虜營走回之人稍帶太上皇言：『太師也先果送朕來，迎接之禮，尤須簡略。』因此，悉遵行。今言太薄，則譏乎？朕事既已定，不許妄言。欽此。」本日，奉太上皇帝詔，告文武羣臣：「朕以不明，爲權奸所誤，致陷於虜廷，已嘗寓書朕弟嗣皇帝位，典神器，奉欽宗祀。此古今制事之宜，皇帝執中之道也。朕今幸賴天地、祖宗之靈，母后、皇帝惆念之切，俾虜悔過，送朕還京。郊社宗廟之禮，大事既不可預，國家機務，朕弟惟宜。爾文武羣臣，務悉心以匡其不逮，以福蒼生於無窮。朕到京日，迎接之禮，悉從簡略，布告有位，咸體朕懷。」太上皇帝敕諭文武羣臣：朕以眇躬昔受先帝遺命，祖宗洪業俾付於朕。深惟負荷之思，朝夕惶懼，以圖治理。去年秋，醜虜傲虐，背恩負義，拘我信使，率衆犯邊，有窺神器之意。朕不得已，親率六軍往問之罪，不意天示譴罰，被留虜中。屢蒙聖母上聖皇太后、皇帝賢弟篤念親親之思，數遣人迎取。上頼天地大恩、祖宗洪福，幸得還京。爾文武羣臣欲請重以迎接之禮。朕辱國喪師，有玷宗廟，有何顔見爾羣臣。所請不允。故諭。

《朝鮮紀事》

明倪謙撰

景泰元年正月丁丑朔。

丙戌，遼東起程。都司差東寧衛指揮一員、百户四員率領軍馬二百護送。鎮守都御史李純、巡按御史劉孜、左府都督守遼東都司事王祥出城宴，餞別。自遼東抵鴨緑江舊有八站，今廢，官齎帳房隨行。過高麗衙、頭館站、東嶺，至浪子山下人家宿。

丁亥，浪子山起程，過背陰山、盤道嶺至新寨人家宿。

戊子，新寨起程，過高嶺至連山東關口宿。東關係華夷界限。

己丑，出東關，過分水嶺至龍鳳山下營。

庚寅，龍鳳山起程，過八度斜列嶺至鳳凰山下營。

辛卯，鳳凰山起程，過開州站至湯站。朝鮮義州兵馬節制使趙石岡遣通事金滿、吉里送米酒下程迎犒，下營宿。

壬辰，湯站起程，將近鴨緑江，石岡率軍馬供帳逆于江上。宴罷先往，軍馬後發過江，抵義州城外。石岡率僚屬迎詔入義順館。其朝服儀制俱與華同。行禮畢，王遣户曹判書尹炯來迎。拜詔罷，謁見，設宴館堂。侍宴者平安右道首領官羅弘緒、察訪李養儉、義州判官朴孟文、朝散大夫麟山、郡事宣炯、司譯院事艾儉、護軍梅祐。宴罷，宿。

癸巳，留義順館，給遼東軍馬酒飯行糧遣回，約回期，至館接。石岡設宴，宿。

甲午，義順起程，自此至各處俱有軍馬迎送。四十里至所串館，定寧郡事某設宴。過五十里至良策館，秦川郡事李昀、龍川郡事高某設宴，宿。

乙未，良策起程，四十里至車輦館，錢山郡事某設宴。過五十里至林畔館，通訓大夫、定州牧使洪益生，宣州郡事吴仲宇設宴，宿。

丙申，林畔起程，四十里至雲興館，郭山郡事崔潤玉設宴。過五十里至新安館，隨川郡事某、博川郡事鄭得孫設宴，宿。

丁酉，新安起程，七十里至嘉平館，嘉山郡事某設宴。過五十里至安興館，王遣禮曹參判李邊來問安，設宴。盛飾女樂三十餘輩，兩行，各抱樂器升堂跪。邊進云：「此奉王命，自京携至以奉歡。」峻辭却之，退。侍宴者平安道都觀察使韓確、安州牧使朴以寧。宴罷，邊辭回復命，偕確同往，有《卻樂詩》。宿。

戊戌，安興起程，七十里至肅寧館，肅川郡事某設宴。過六十里至安定館，順安縣令禹元球設宴，宿。

己亥，安定起程，六十里至西京平壤府。確先于十數里外遣伶戲來迓。抵近郊，列香亭、龍亭、儀仗、鼓樂，率僚屬迎詔。樂人皆着襆頭束帶，執仗者皆峩冠，葵花衫，金釘帶，與華同。陳百戲，環繞作百獸率舞態，豎若幡幢者四，上書曰：「萬國同歡争蹈舞，兩儀相對自生成。天下太平垂拱裏，海東無事鑿耕中。」入迎導入城，至大同館。門外東南二面各樹鰲山、綵棚山，上下列伶妓諸戲。入館，行禮畢，王遣壻尹師路來問安。拜詔罷，設宴。宴罷，辭回復命。又有黄海道首領官金處、禮察訪宋重孫來迓，亦辭回。平壤府官則少尹金光晬、判官宋仁昌。宿。

庚子，西京起程，六十里至生陽館，中和郡事劉强、咸從縣令朴參設宴。過六十里至黄海道，黄州都觀察使申句謹率僚屬迎詔，列香亭、龍亭、黄儀仗、鼓樂、雜戲及鰲山、綵棚，皆與西京同。入治，行禮畢，王遣判漢城府事李孟畛來問安。設宴，侍宴者豐州郡事具仁寬，海州牧判官金讓，黄州牧判官尹期，長連縣監崔澤。王又遣禮曹正郎安自立來，議受詔敕及賜物儀。口稱殿下有病日久，世子代掌國事，今亦病，不能行禮，王令子代行。謙曰：「王久有病，朝廷亦知，世子病則予不知也。然則世子病幾何時？爲何病？」曰：「病腰疽，將一月矣。」曰：「病將一月，則尹户曹正病中所遣，其初見江上時何以不言有病？今始言病，詐也。毋得因朝廷有事，輒懷二心。且瘡瘍之疾，膿潰即安，非若感傷奇症，不可以月日期也。如果病疽，當已潰膿，予在此坐待其愈始行。十日不愈待半月，半月不愈待一月，無不愈者。若再言不愈，詐可知矣。即當捧詔還朝，奏聞朝廷：臣至朝鮮，國王、世子俱託病不出，無人受詔，因捧詔還。朝廷自有處置。」自立聞謙言，驚愕無措，乃曰：「望且徐行，不必坐待。小官即便馳回啓白，星夜來復。」遂辭去。宿。

辛丑，黄州起程，七十里至鳳山郡，行長淵縣監李師鳴、松和縣監徐習設宴。過三十里至劍水館，不下馬。過三十五里至龍泉館，守瑞興都護府使羅寅、載寧郡事李伯倫、行康翎縣監黄禮軒設宴。詢得尹中官甥金和林在廡下，因以餕餘與之，又以一桌與其守墳家人金仲生。宿。

壬寅，龍泉起程，四十里至安成館。平山都護府使柳陽植、谷山郡事庾智設宴。遇工曹參判南佑良進馬五百匹赴京，來見，面諭朝廷威德而去。三十里至寶山館。行知遂安州事張自息設宴。過三十里至金岩館。新溪縣令李森設宴。京畿道首領官崔敬身，察訪權維、開城府都事李克孝來問安。宿。

癸卯，金岩起程，三十里至興義館。行瓮津縣令張希俊設宴。過三十里至金郊館。牛峰縣令奇效稔、兔山縣令吳用穰設宴。過三十里至開城府。京畿道都觀察使朴仲林率僚屬迎詔。列香亭、龍亭、黄儀仗、鼓樂、雜戲，及鰲山、綵棚，俱與黄海道同。入府，行禮畢，王遣壻崇政大夫許正寧來問安。設宴，出王京攜至女樂，却之而退。侍宴者開城府留守李季疄、斷事官余伯行、經歷李師曾。有《卻樂詩》。王又遣漢城府尹金何來回復議禮事。言：「世子一國之本，自得病來，舉國遑遑，禱於山川鬼神以祈祐，豈敢虛詐。今瘡已潰，膿口尚未合。醫者云：若牽動皮膚，必至引風復發，致傷性命。但望天使垂憫，乞免世子郊迎，容其扶病行禮受詔，則萬萬幸也。」謙顧其辭情懇切，諒是實病，遂允其陳。定與儀注而去。後還朝未幾，王薨。世子襲封，未幾，亦薨。

甲辰，開城起程。三十五里至東坡館。楊州都護府使閔謹、朔寧郡事金恕、臨津縣監張有良設宴。過五里至臨津江。冰已解，乘舟而渡。尹户曹、朴觀察舟中置酒。二十五里至原平府。守原平都護府使柳規、行川寧縣監韓繼胤設宴。宿。

乙巳，原平起程。四十里至碧蹄館。王遣議政府左議政皇甫仍、左參贊鄭苯、左副承旨李季甸來問安。設宴，侍宴者楊川縣監洪演。宿。

閏正月丙午朔，四更，碧蹄起程。四十里至接官廳，工曹、觀察設小宴。遲明，至慕華館。宗親百官具香亭、龍亭、黄儀仗、鼓樂、雜戲迎詔。行禮，導入城。至景福宮門東南，二面盛結鰲山、舞妓。進至勤政殿，宣詔受敕皆如禮。禮畢，世子扶病于殿東幄中相見茶話，諭以朝廷恩意而別。退就太平館。王子首陽君瑈、安平君瑢、臨瀛君璆、錦城君瑜、永膺君琰、和義君瓔、桂陽君璔、義昌君玒、漢南君𤥽、密城君琛、壽春君玹、翼峴君璭、永豐君瑔來見，次百官來見。畢，首陽君代王設宴。館堂設正使、副使二席，南向；主席東向。謙謂首陽曰：「此禮足見尊朝廷。今既代王宴，可只分東西坐。」乃易席就宴。諸王子以次奉觴，至夕罷。未宴前，王先遣禮曹參判李邊來達意曰：「天使遠來，小邦無可爲奉，止有女樂數輩奉歡。聞一路來俱不用，今望天使容其奉侍，庶少盡微意。」又曰：「殿下負病，不能親待，十分惶恐。惟此樂妓，若少見容，殿下心悦，病亦可減。不然，愈加惶恐，病益增矣。」謙峻辭卻之。又曰：「小邦差人進貢赴京，朝廷俱作樂宴待，況天使辱臨，敢不用樂？」謙曰：「朝廷所用是男樂，今是女樂，如何可用？」又曰：「朝廷用男樂是朝廷禮，小邦用女樂是小邦風俗，況小邦止有女樂，無男樂，小官奉旨來，若不聽允，不敢復命。」固請不已。謙曰：「汝云不敢復命，其於途間曾有《却樂詩》，但持此去復命可矣。」遂録二詩畀之，乃去。故宴時不曾用樂。自此在館中。其館伴官：工曹判書鄭麟趾、漢城府尹金和，司庖膳官，迎接都監判事洪某、唐夢賢，副使鄭有臨、尹處信，判官李禮，長林效善趙克仁，通事官，三軍副司直安，至善、三軍司勇張義。

丁未，王遣左承旨李宜治領議政何演來問安。小宴，席南向，陪席東向。午後，首陽又設宴，如初禮，至夕罷。

戊申，王遣都承旨李思哲、禮曹參判李邊送皮襖、胡帽、衣服，繼遣中官送庖羞，又遣左議政皇甫仍來問安，偕司馬洪安去。謁成均館，宣聖廟，陪行者李禮曹、鄭户曹、金漢城。到廟門外下轎，入幄盥沐訖，入廟，上香行禮。其廟扁曰「大聖賢殿」，廟制靈星門、儀門、正殿、兩廡，聖賢俱塑像，並與華同。其春秋丁祭，俱用朝廷頒降雅樂。謁罷升堂，其官有大司成、少司成謁見，次館生謁見。館生曰「生員」，府州郡縣學生曰「生徒」，皆着儒巾襴衫，與華同，但巾用軟羅爲之。坐定，生員擡書案于前講書。謙曰：「汝國音難曉，免講。」茶罷，行。官與諸生送出館，別。有《謁廟詩》，至館有《答鄭工曹詩》。中樞院事金效誠來謁，宴。

己酉，王遣左副承旨李季甸、右參贊鄭甲孫來問安，小宴，有《答鄭工曹詩》。午後，判漢城府事李孟畛來設宴。

庚戌，王遣右承旨李師純、吏曹判事李堅已來問安，小宴，有《答工曹詩》。承文副知院事申叔舟、成三問來惠刀，酬之以詩。午後，首陽偕諸王子來設宴。

辛亥，王遣同副承旨鄭而漢、左贊成朴從愚來問安，小宴，繼遣中官送庖羞。午後，漢城府尹高得宗來設宴，有《答叔舟三問詩》。

壬子，王遣右承言李師純、左參贊鄭苯來問安，小宴。午後，中樞院事安進來設宴，有《答叔舟三問詩》。

癸丑，王遣左承旨李宜治、禮曹判書許朝來問安，小宴，繼遣中官送庖羞。午後，領議政何演、左議政皇甫仍、左贊成朴從遇、左參贊鄭苯、右參贊鄭甲孫來設宴，有《登樓賦》。

甲寅，王遣兵曹判書閔伸、左副承旨李季甸來問安，小宴，繼遣中官送庖羞。自此，每日飯後，申叔舟具書籍于案，講校音韻疑義。午後，漢城府尹高得宗來設宴。

乙卯，辭行。王遣禮曹參判李邊、都承旨李思哲來留。言：「讓謝恩馬先行。在境一日一站將息，至東八站無草料處則速行，至遼東庶不瘦損。待馬行數日，天使一日數站，即至前相遇同行矣。」遂聽其留。繼遣户曹參判朴以昌來問安，小宴。午後，慶昌府尹鄭陟來設宴。有《梅竹詩》。

丙辰，王遣左副承旨李季甸、刑曹判書趙惠來問安，小宴。午後，首陽君來設宴。

丁巳，王遣吏曹參判李審、右承旨李師純來問安，小宴。繼遣中官送庖羞。午後，吏曹判書李堅巳、户曹判書尹炯、禮曹判書許詡、兵曹判書閔伸、刑曹判書趙惠、工曹判書鄭麟趾來設宴。

戊午，王遣右副承旨金浣之、工曹參判李思任來問安，小宴。午後，中書院副使李昇平來設宴。

己未，王遣都承旨李思哲、右參贊鄭甲孫來問安，小宴。繼遣禮曹參判李邊來請遊漢江樓。乃與司馬黄門乘馬自南城出，陪行者：工曹判書鄭麟趾、漢城府尹金和、知院申叔舟、成三問及迎接都監衆官。至樓下，王預遣左副承旨李季甸、禮曹判書許詡設宴。樓下相迓，登樓宴。頃，都監持華扁詣前，跪索詩留于樓上。即席賦詩三章，與之。每一詩出，則衆官聚首争誦，皆縮頸吐舌，向席驚嘆。酒罷，請遊漢江。下樓登舟復酌，賦一章。緣崖遡流而上，復返樓下，月出始還。

庚申，王遣右承旨李師純、禮曹參判李邊來問安，小宴。安平君李瑢遣宗簿判官黄義軒來送字書，酬之以詩。判漢城府事李孟畛來設宴。

辛酉，王遣左副承旨李季甸、判漢城府事李孟畛來問安，小宴。申叔舟來送紙墨筆，酬之以詩。請遊楊花渡。渡瀨漢江，乃乘轎自東城出。比至，王預遣都承旨李思哲、兵曹判書閔伸設幄相迓。入幄啜茗罷，步升石巔，供帳甚盛，蒼松環繞。舉酒極目，風帆沙鳥，景殊幽曠。席上賦詩一章。酒罷，請遊漢江。登舟復酌，賦詩一章。沿流而下，至喜雨亭，王又遣官預置酒亭中。席上又賦詩一章，至暮還。

壬戌，王遣右副承旨金浣之、刑曹判書趙惠來問安，小宴，繼遣中官送庖羞。午後，中樞院事李先齊來設宴，有《漢江游記》。

癸亥，王遣都承旨李思哲、左參贊鄭苯來問安，小宴。繼遣禮曹參判李邊來送土布爲行贐，固卻至再，與之辨難數四，不從而去。午後，首陽偕諸王子來設宴餞行。

甲子，王遣都承旨李思哲、吏曹判書李堅巳來問安，小宴。午後，中樞院事安進來設宴。

乙丑，王遣右副承旨李季甸、户曹參判朴以昌來問安，小宴。宴罷起程，出郊至暮華館。王與世子病不能送，首陽偕諸王子預設宴館中候餞。席上賦詩一章留別。百官預皆依山設帟候送。出館，夾道拜餞，亦賦詩一章留別。至松亭，都監衆官宴餞，亦賦詩一章留別。晚，至碧蹄館，王預遣左議政皇甫仍、禮曹判書許詡、右副承旨金浣之、都承旨李思哲、禮參判李邊設宴候。陪行者金和、申叔舟、成三問。

丙寅，碧蹄起程，至東坡接待過，晚至開城府。王預遣光德大夫鄭孝全設宴。侍宴者京畿道都觀察使朴仲林，有《開城寓宿詩》。

丁卯，開城起程，至金郊，又至興議接待過，至金岩，設晏。宿。

戊辰，金岩起程，至寶山，又至安城接待過，至龍泉。詣尹中官墳上致祭，回，設宴。宿。

己丑，龍泉起程，至劍水，又至鳳山接待過，至黄州。王預遣光德大夫尹季童設宴。侍宴者黄海道都觀察使申自謹。宿。

庚午，黄州起程，至生陽接待過，至平壤府大同館。王預遣光德大夫韓椀設宴。侍宴者平安道都觀察使韓確。宿。

辛未，平壤起程，城中謁宣聖、檀君、箕子三廟，廟皆木主。有《謁箕子廟詩》。出城西，謁箕子墓。有《謁墓詩》。至安定接待過，至肅寧設宴。宿。

壬申，肅寧起程，至安州安興館。王預遣工曹判書鄭麟趾設宴。侍宴者安州牧使朴以寧。工曹以詩留別，即席和答，叔舟、三問亦和以呈，復和答之。宿。

癸酉，安州起程，麟趾、以寧具舟送過薩水。舟中置酒，賦詩留別，工曹和之。涉岸别。午，濟博川，三問復和以呈，即和答之。至嘉平接待過，至新安設宴。宿。

甲戌，新安起程，至雲興接待過，有《孝女四月詩》。至林畔設宴。宿。

乙亥，林畔起程，至車輦接待過，至良策，設宴。宿。

二月丙子朔，良策起程，至所串接待過，至義州義順舘，義州兵馬節制使趙石岡設宴，王先遣中樞院事安進具馬并方物赴京謝恩，會聚於此。遼東軍馬俱在舘迎接。

丁丑，在舘，石岡設宴，給遼東軍馬酒飯行糧。有《留別金和叔舟三問詩》。往復和答數章。

戊寅，義順起程，至鴨緑江。石岡江濱設宴，叔舟賦詞爲別。即席和答之。宴罷登舟，舟中復酌。涉岸，又舉酒，留連不捨。醉後，左右强扶上馬別，遂與安進偕行至遼東，同入朝。

出境不録。

計自鴨緑江至王城，凡歷公舘二十八處，共一千一百七十里。

《天順日録》

明李賢撰

正統十四年間，上在位未嘗有失德事。當時王振擅權，致有土木之變。上既回鑾，入南城，天下人心向慕不衰。及景泰淫蕩無度，臣民失望，一聞上皇復位，無不歡忭鼓舞。及石亨、張軏輩竊弄威權，人又失望。有御史楊瑄自河間來者，言石亨家人霸占民田，上謂賢與徐有貞曰：「御史敢言如此，實爲難得。」亨輩遂謂賢與有貞主使，不然御史安敢如此，遂於上前訴其迎駕奪門之功，且言賢等欲排陷之，悲哭不已。上不得已，依其所言，召言官劾賢與有貞，下之獄。是時，士大夫莫不驚懼，方喜上嘉御史敢言，以爲朝廷清政可卜，不料如此。是日，忽雷雹大作，大風拔木，承天門災，京師震恐。翌日，即將賢等降除參政等官，人以爲感召天變如此其速。亨輩之家，大木俱折，冰雹尤甚，皆恐懼不安，遂有此處置。不然賢等安得即出。上心亦知此輩之非，但以初復位，亨等又自以爲功，日在前後左右，只得徇從。越二日，上曰：「近日主張行事皆是徐有貞一人，李賢在朕前未嘗有妄言，今與有貞同責，於心不堪。」即召吏部尚書王翺曰：「李賢不可放去，還欲用之。」遂轉吏部左侍郎。

上之復位，天下人心無不歡戴。若無亨輩攪擾左右，前後皆得正人輔導行事，三代可復。不幸而遇亨輩，讒言一入，未能遽解。數年之久，言路猶塞，所謂「開國承家，小人勿用」，可不戒哉！

上留賢爲吏部左侍郎，時石亨聞之，愕然而怒，然無可奈何。及見賢，忸怩有慚色，已而反加親厚，且以杯酒接慇懃之歡。或有宣召同事，喜見於面，若獨召賢，心便生疑，惟恐毁其短。久之，見賢推誠無僞，方不介懷。但數日不蒙宣召，心便不安，必假以事而進。出則張大其言及寵恩所加，使人畏其勢而羡其榮。然所言大抵私情十八九，在朝文武之士，疏者雖正以爲邪；其趨媚親附者雖邪以爲正。原其所存，不知天理爲何物，惟利是尚，欲其不敗難矣！

天順改元復位之初，學士陳循輩斥去，惟徐有貞等三人。衆論謂賢宜入閣。石亨聞之，密謂賢曰：「請子入閣。」賢即固辭曰：「不可。」時賢爲吏部右侍郎。亨即言於上曰：「吏部尚書王翺老矣，可令致仕。」即報，翺上疏自陳，已許之矣。亨見賢曰：「翺已休致，君代之矣。」賢曰：「朝廷不可無老成人。翺雖老，精力未衰，以賢輔之可也，賢何敢當此重任。」亨曰：「事已成矣，爲之奈何？」賢懇求不已。明日，亨言於上，曰：「李某以翺不可釋，左右亦贊其説。」遂留之。衆論復欲賢入閣。翺聞賢留之，不樂曰：「吾計已決，何故是沮！」賢曰：「所以留之者，非爲公計，爲朝廷慮也。」已而，賢爲石亨輩嫉而黜爲福建參政，上召翺曰：「李某非其罪，不可釋去。」翺曰：「既不去福建，令往南京可也。」上曰：「南京亦遠，留爲吏部左侍郎。」翺不得已，從之。翺之欲賢遠去者，非惡賢也，恐亨輩害之，幸使離此，庶免其害耳。

天順改元之初，天下人心莫不忻悦。徐有貞以迎立有功，命入閣與議國事。賢亦爲衆論所推入閣，與有貞同事。上鋭意委任，寵眷極隆。賢自念遭逢之難，助有貞展盡底藴，知無不言，謂太平可立而待，凡用人行事，一以公道處之，左右遂不能堪。

初，太監吉祥以有迎立功與國政，不通文墨，恐事歸司禮監，以此極力贊説，凡事與二學士商議而行，意欲籠絡附己。及論薦文武士有狥私者，賢等持公道以沮之，祥亦不悦。會有御史楊瑄言太監吉祥、總兵石亨家人占奪民田，乞加禁約，上嘉其敢言。祥在旁見斥其名，初甚慚懼，已而盛怒，欲罪之，上不許，乃已。及石亨出兵回，聽左右言，忿然訴御史不實，意有貞與賢主使，且激祥曰：「今在内惟爾，在外惟吾，彼欲排陷，其意非善。」初，祥見亨濫冒陞賞，意甚不平，每訐其短。及聞亨言，其勢遂合。曰：「内閣專權，欲除我輩。」上初信其説而從之，遂置有貞與賢於獄。是日晚，雷電大作，雨雹如注，大風拔木。祥之門老樹皆折，亨之宅水深尺餘。明日，即赦而出之。

初，言官欲論亨不能振作兵威，虜復入寇，又歷數不法事情。附勢者潛泄於亨，亦謂有貞主使。其都御史、御史逮之一空，朝野愕然，莫不失望，言路從此不通矣。

景泰間，山東連歲災傷。天順初，人猶饑窘，已發内帑銀三萬兩賑濟，有司以爲不敷，乞增之。上召有貞與賢曰：「可從否？」賢對曰：「可。」有貞怫然曰：「不可。不知其弊者以爲可。臣常見發銀賑濟，小民何嘗沾惠？俱爲里老書手得之。」賢曰：「雖有此弊，猶勝於無銀。」上曰：「增銀是也。」吉祥亦曰：「朝廷錢財如山，不必吝惜。」有貞不得已從之，遂增銀四萬兩。有貞退而不樂，賢曰：「先生誤矣！朝廷欲出内帑濟饑民，而我輩反沮之，萬一迫而爲盜，責將誰歸？」蓋其初不論可否，惟欲事事出於己，古之人惟其事之當而從之，不必出于己也。後上亦覺有貞之非，嘗曰：「如增銀濟民一事，有貞不然先生之言，其謬如此。」

天順初，副都御史年富被石亨侄彪奏害，自大同逮繫至京。上曰：「此人何如？」賢對曰：「行事公道，在彼能革宿弊。」上曰：「此必石彪被富沮其行事，不得遂其私耳。」賢曰：「陛下明見。真得其情，須早辨之，幸甚！」明日，上召錦衣衛指揮門達曰：「年富事情，務在推問明白。」已而進狀，果多不實。賢曰：「須遣人體勘，庶不枉人。」上曰：「然。」乃遣給事中、郎中二人。上曰：「再遣武職一人同往。不然，縱得其實，彼必以爲回護。」賢曰：「陛下所慮極是。」勘回，果無實狀，富遂致仕而歸。

天順初，上以郕王薨，欲令汪妃殉葬。賢因奏曰：「汪妃雖立爲后，即遭廢棄幽閉，幸與兩女度日。若令隨去，情所不堪。况幼女無依，尤可矜憫。」上惻然曰：「卿言是。朕以爲弟婦且少，不宜存内。初不計其母子之命。」一日，上曰：「汪妃既存，不宜在内。欲移居舊府，何如？」賢曰：「如此誠便。但衣服用度不可缺減。」上曰：「朕更欲加厚，豈可減乎！其原侍宫人悉隨之，復遣老成中官數人以備使令。」由是母子保全，甚得其所。

天順初，虜酋孛來近邊求食，傳聞寶璽在其處，石亨欲領兵巡邊，乘機取之。上曰：「何如？」賢曰：「景泰以來，連年水旱災傷，府庫空虚，軍民疲困已極。陛下初復位，正宜與之休息。况酋虜雖近邊，不曾侵犯，今無故舉兵伐之，恐不可。若寶璽乃秦皇所造、李斯所篆，亡國之物，不足爲貴。」上曰：「卿所見極是，莫若只遣通事賫賞賜以與之。」賢曰：「聖慮如此，庶幾允當。」明日，召亨曰：「且未可舉兵，先遣通事探其逆順，俟其回報處置。」亨意方止。於是遣都督馬政往見孛來，厚與賞賜，深知感恩。但其餘部落爲梗，得孛來保送使臣而回。

賢自再入閣，立意退避，必待宣召方趨侍，不然只在閣内整理文書封進。雖十日不召，亦不往。上久而覺之，且厭石亨輩朝退頻入見，或因小事私情，或無事亦報入見。一日，上召賢曰：「先生有文書整理，每日當來。其餘總兵等官無事亦頻來，甚不宜。今左順門閽者今後非有宣召，不許擅進。」上意謂賢當來，賢亦不自入，必有宣召而後入。然上意漸加向從，凡左右薦人，必召賢問其如何，賢以爲可者，即用之；不應者，即不行。但賢惟以正對，上亦漸覺。

二年郊天後，上一日顧曰：「朕居南宫七年，危疑之際，實賴太后憂勤保護。罔極之恩，欲報無由，可仿前代尊上徽號，何如？」賢頓首曰：「陛下舉此，莫大之孝也。」於是，命擬徽號。賢定四字，曰「聖烈慈壽」。詔示天下，人心大悦。慶賀禮成，太后深慰喜之。復加贈其親以榮，所自太夫人董氏，壽方九十；兄弟五人，長廕會昌侯，次皆高品。子孫數十人，皆爵禄之。左右又有爲其次兄求陞者。一日，上謂賢曰：「外戚孫氏一門亦足矣，復希恩澤以爲慰太后之心，不知太后正不以此爲慰。比者授其子弟官時，請於太后，數次方允，且不樂者累日。曰：『有何功於國家，濫受禄秩如此。然物盛必衰，一旦有干國憲，吾則不能救。』今若聞此，必見怒矣。」賢曰：「此足以見太后盛德。」因問：「祖宗以來，外戚不與政，向爲侯者與政，不審太后知乎？」上曰：「太后正不樂此。初爲内廷近侍惑以關防之説，至今猶悔。」賢曰：「此尤足以見太后之高。但侯爲人惇謹，後不可爲例耳。」上曰：「然。」

禮部請太子出閣讀書，上召賢謂曰：「東宫讀書當在文華殿，朕欲避此往居武英殿。但早晚朝太后不便，姑以左廊居太子。卿可定擬講讀等官，卿宜時常照管。」且曰：「先讀何書？」賢對曰：「《四書》、經史，次第講讀。宜先《大學》、《尚書》。」上曰：「《書經》有難讀者，朕讀至《禹貢》及《盤庚》、《周誥》諸篇，甚費心力。」賢曰：「讀《書經》法，先其易者，如《二典》、《三謨》、《太甲》、《伊訓》、《説命》諸篇，明白易曉，可先誦讀。」上曰：「然寫字亦須用心。朕初習字，侍書者不曾開指下筆法，任意寫去。及寫畢，令其看視，又不校正。以此寫字不佳。」賢對曰：「寫字亦不必求佳，但點畫不苟，且率易爲善。」上曰：「然。」及定擬講讀等官將二十人，上一一品其人物高下，皆當其才，明哲如此。

四月中，上召賢謂曰：「如今各邊革去文臣巡撫，十分狼狽，軍官縱肆貪暴，士卒疲憊。」且曰：「朕初復位，奉迎之人紛然變更，以此不便，只得依從，今乃知其謬。卿爲朕舉進才能者用之。」賢因請曰：「遼東、宣府、大同、延綏、寧夏、甘肅六處要人最急。」上復曰：「卿與王翺、馬昂商議推選，務在得人。」且曰：「多舉數人，擇而用之。」於是議推十二人，明日進呈，遂定浙江布政白圭在遼東，山東布政王宇在宣府，僉都御史李秉在大同，監察御史徐瑄在延綏，山西布政陳翌在寧夏，陝西布政芮釗在甘肅，俱以京官巡撫其地。上曰：「武人所以惡文臣者，只是不得遂其私耳。在任者即日遣使召之。」兵部尚書馬昂以貴州賊情甚急，速得一人往理其事，於是復以白圭往。時圭適以考績至京，即陞右副都御史，贊理貴州軍務。復以太僕卿程信爲僉都御史，巡撫遼東。

會昌侯弟顯宗家人私起店房，專利以病客商。事聞，上召賢曰：「皇親豈可如此！法之不行，自上犯之。」賢對曰：「若陛下以至公斷之，誰不畏服！」乃命毁其房，家人抵法，顯宗姑免其罪而戒之。侯初病，既出見上，爲其弟乞恩，終不允。上召賢謂曰：「爲侯者不知自責，反乞恩澤，朕終不允。又以母老爲辭，求之良久，竟從公法。」賢頓首曰：「真可謂王者不私矣！」

吏部左侍郎孫弘聞喪，上召賢曰：「孫弘豈勝吏部？」賢曰：「誠如聖諭。蓋弘以知縣考滿赴京，爲忠國公石亨鄉里，囑留京官。又因奉迎有功，陞工部侍郎，復極力謀求得此，士林鄙之。」上又恐其謀奪情，即令守制。復召賢曰：「吏部侍郎乃天下人物權衡，非他部比，必得其人。先生以爲誰可？」賢曰：「以在朝觀之，無如禮部二人，可擇一用之。」上復問其優劣，賢曰：「鄒幹爲人端謹，但規模稍狹；姚夔表裏相稱，有大臣之量。」上曰：「然。」遂用之。命下，士類皆悦。

禮部郎中李和託一釋子囑權近求爲侍郎，士論紛然不平。上問賢：「此人何如？」賢對曰：「不知。」上悟其意，復問吏部尚書王翱，亦不甚許。他日，以學士李紹對。上復問賢，賢對曰：「此公論也。」上遂決。奉天門朝畢，召吏部發玉音，除紹爲禮部右侍郎，輿論大愜。

兵部尚書陳汝言坐贓下獄，忠國公石亨因齋宿來予朝房内議當此任者，難其人。賢曰：「以在朝言之，惟都御史兩人中擇一人焉。」又問：「誰可？」賢謂：「馬昂行事平易。」亨尚猶豫，復會尚書王翱議，翱薦工部尚書趙榮。賢以爲不可。翱意順其所厚，又以昂是鄉里，避嫌。賢頗不然，云：「此議對之天地鬼神，務出至公。」翱與亨謝而從之。一日，上召賢問：「此任誰可？」賢以昂對。上以爲然。賢請敕廷臣共舉堪任者，若高於昂，當用之；不然，方用昂。洎僉議亦以昂，遂除兵部尚書。

上躬理政務，凡天下奏章一一親決，有難決者必召賢商議可否。且厭左右干預，察知無非私意。嘗於静中召賢，嘆曰：「爲之奈何？」賢對曰：「惟在獨斷，可以革之。」上曰：「非不自斷，如某事某事，某人某人，皆不從其説。」賢對曰：「若常如此，可矣。」上曰：「但依則悦，不從便拂然見於辭色。」賢曰：「於理果不可行者，宜從容諭之。」上曰：「今後彼欲用人不當者，先生亦當執而沮之。」賢曰：「臣若頻沮其勢，必怨。惟陛下明見，自以爲不可，庶幾漸能革之。」上曰：「然。」

上復位之後，因思建庶人輩無辜淹禁將五六十年，意欲寬之。一日，謂賢曰：「親親之意，實所不忍。」賢即對曰：「陛下此一念，天地鬼神實臨之，太祖在天之靈實臨之，堯、舜存心不過如此。」上遂決。即日白太后，許之。左右或以爲不可，上曰：「有天命者，任自爲之。」左右聞之，皆愧服不能止。乃遣中官於鳳陽造房屋。畢日，上召賢曰：「今可送去。」敕軍衛有司供給柴米，一應器用悉令其完具，以安其生。聽其婚娶，以續其後。自在出入，給與閽者二十人，婢妾十數人。遣太監牛玉入禁諭其意，建庶人聞之，且悲且喜，不意聖恩如此。時庶人年五十六七矣。吴庶人已殁，尚有庶母姐妹、老婦五六人，有年八十以上者。庶人入禁時方二歲，出見牛馬亦不識。上召賢，謂：「可發旨意。」賢謂：「此非細事，宜諭文武百官。」上曰：「然。」次日宣畢，人人感嘆，以爲真帝王美事。既而，又有淺見者以利害之言沮之，上不聽。

景泰間，太監興安崇信釋教，每三年度僧數萬，於是僧徒多濫。天順二年又如期，天下僧徒復來京師，聚集數萬。上召賢曰：「僧徒豈可如此泛濫。」賢對曰：「陛下明見最是，宜禁止之。」遂出榜曉諭：「今後每十年一度。擅自披剃，二十以上者俱令還俗，違者發邊衛充軍。度者俱照定額考送。」於是僧徒知懼，皆散去。

上留心政務，漸覺招權納賄在左右者之非，厭其所爲，不能驅遣。嘗於静中屏其人，告賢曰：「爲之奈何？」賢曰：「人君之權不可下移，果能自攬，彼之勢自消，惟此爲良法。其私情既不能行，趨附之人漸亦少矣。」上以爲然。且曰：「無此相礙，何事不順。吾早晨拜天、拜祖宗畢，視朝既罷，進膳後閲奏章，易決者即批出，有可議送去先生處參決。」賢曰：「臣等所見亦有不到處，更望陛下再加參詳斟酌，穩當施行，如此則庶績其疑矣。」上深以爲然。且云：「左右乃曰：『此等奏章，何必一一親覽。』又曰：『亦不必送與閣下看。』又曰：『差使差到底。』奸邪不忠如此。」賢曰：「惟陛下明見。」又曰：「朕負荷天下之重，五鼓二點即起，齋潔具服拜天畢，省奏章剖決訖，復具服謁奉先殿，行禮畢，視朝。循此定規，定時，不敢有誤。退朝至文華殿，或有政事有關大臣者，則召而訪問商榷。復省奏章訖，回宫進膳後，從容遊息至午初，復省奏章。暇則聽内政，至晚而休。若母后處，每日一朝，有命則兩日一朝，隆冬盛暑五日一朝。今左右乃曰：『何乃自勞如此。』」賢曰：「自古賢君修德勤政，莫不皆然。今陛下敬天，敬祖宗，孝母后，親覽政務，則修德勤政之事備矣。臣願陛下持此不衰，堅如金石，可以馴至大堯、舜之道，而爲堯、舜之君矣！」又曰：「如此行之，亦有何勞？不然，則便於安逸而怠荒至矣，雖悔何追？」賢曰：「陛下言及於此，社稷蒼生之福也。」

駙馬趙輝貪財好色，景泰時在南京，天順改元，乞來朝，上許之。既見厚，有所獻，賜左右求封爵。一日，上召賢曰：「趙輝求封，如何？」賢對曰：「名爵豈臣下可求？」左右亟欲成之，上復召賢議，賢謂：「求則不可與，若朝廷念其舊戚，自加恩命則可。」遂從之。已而，輝以賄賂事發，特免其罪，封爵竟亦不行。

先是，兵部尚書陳汝言阿順權宦，將前時送去雲南、兩廣、湖、貴等處達官盡數取回，物論沸騰，以爲不便，下情不能上達。一日，賢從容言於上曰：「達人非我族類，自古爲中國患，幸送之江南遠方。今復取來，甚是不便。聞此類在彼住定，以爲樂土，多不願來。」上曰：「吾亦悔之。初取時，聽其不願最善，若後願去者仍從之。」賢曰：「幸甚。」

錦衣衛官校差出提人，惟財是圖，動以千萬計，天下之人被其擾害不可勝言，此情不能上達。賢一日從容言於上曰：「今天下百姓頗安，惟有一害。」上曰：「何害？」賢曰：「錦衣衛官校是也。一出於外，如狼如虎，貪財無厭，寧有紀極！」上即悟曰：「此輩出外，誰不畏懼？其害人不言可知。今後非大故重事不遣。」賢頓首曰：「幸甚！」

鎮守遼東太監范英乞來朝見，即以部下親昵都指揮高飛乞統遼陽兵，然已有參將曹廣，兵部以爲不可。上欲允之，召賢曰：「可以飛代廣。」賢不能止。明日，復見上曰：「聞飛非統御才，地方所係。」上曰：「已發，奈何？」廣曰：「雖發未行，猶可止。事未停妥，雖行亦止。」上曰：「然。」即召兵部已之。

時祭風雷山川之神，而壇壝在城外，上不欲夜出，問賢：「可以勳臣代之否？」賢曰：「果有故，亦須代，但祖訓以爲不可。」上曰：「今後當自行。但夜出至彼，無所止宿，欲效天地壇爲一齋宫，如何？」賢曰：「可。但宜減殺其制。」上曰：「既有止宿，日未下時至彼，祭畢，拂曙而回，庶免晚間出入。」賢頓首曰：「聖慮極是。」

上一日言：「宦官蔣冕，雖曾效勞，其實讒亂小人。朕初復位時，即於太后前曰：『皇后無子，亦當換。』朕即斥之，方止。及立東宮，又復曰：『其母如何？』朕曰：『當爲皇貴妃。』乃止。一日，命冕選宫人充用，既選，乃曰：『太后處不必知。』朕曰：『不可。』復於太后處曰：『上欲隱之。』及朕白太后，方知其離間，以此遠絶之。」賢曰：「讒説殄行，自古帝王所深惡者，陛下絶之，甚是。」

二年冬，鷹坊司內臣奏乞出外採獵，上不許，復固請，上曰：「爾輩欲出獵，但不許擾害州縣。朕遣人訪之。」既許其出，意彼一時之言，未必追訪。出至州縣，不能獲一禽，有司懼其威，斂之於民，聚鹿、獐、兔、雉而獻之，內臣以爲獵所獲者，遣人領進。上果令人密訪，某州若干，某縣若干，皆得其數，候其至，各杖而黜之。

冬十一月間，上一日屏去左右，召賢從容言政治得失。賢因極言不情之弊：往往差錦衣衛官校出外提罪人，然此輩嗜利，其勢如狼虎，所過無虛，必飽其欲而後已，動以金銀千百計，有司不勝其擾，略達此情。上初不許，且曰：「今後但不可多差耳。」不意差者多左右貴近所囑，因而譖毁，謂賢多言，彼有犯者自當其罪。上聽之，從而見疏。賢初亦覺之，不知所由，已而，左右傳説如此，賢謂：「此弊九重之邃何由得聞？賢既得親近，豈忍隱蔽而不言乎？言而得罪，亦所甘心！」越旬日，復召時，待之如前，蓋聖鑒孔昭也。

時小人欲求倖進者，多不能得，謂賢沮之，莫不怨恨，乘隙誹謗。時刑部尚書缺人，已取山東布政陸瑜，即乘此駕説瑜用賄賂求而得之，朝士紛然，以爲瑜至必不用。又謂石總兵已達於上，謂賢必然見害。後瑜至，上召賢議之，仍以瑜爲尚書，羣小愕然，衆毁方息。

上初雖聽譖，怒言錦衣之弊，復密察之，皆得其實，尤有過於賢所言者，召其指揮者戒之曰：「自後差人，敢有似前者，必重罪不宥。」由是收斂，不敢縱意求索。人或爲賢危之曰：「先生招怨如此，奈何？」賢曰：「若除此一弊，怨亦不辭！」

先是，安遠侯柳溥在涼州任虜冠搶掠，不敢出兵。監察御史劉濬奏其畏怯，以致折損官軍。上怒其所言，且曰：「與賊對敵，安能不損？使將校聞此言，豈不解體！」欲加之罪。賢對曰：「御史是耳目官，所見當言。用其是，舍其非，不宜見譴。」上乃止。終不以爲然。後因錦衣之怨，謂賢護向秀才，且曰：「如某御史多言，便以爲當説。」濬後代還，竟下獄。尋亦悔悟，輕其罰，降職外補而已。

太傅、安遠侯柳溥，以禦寇無功取還。既至，上召賢曰：「溥爲主將，畏縮如此，若不懲治，何以警衆？且有罪不罰，人誰畏法！」即命言官彈劾，罷太傅閑住。越數日，溥以馬駝進，上怒擲其奏曰：「溥無狀如此。莊、涼之人，既被虜寇搶掠，頭畜殆盡，復爲總兵所索，不然從何而得？況無功戴罪，朝廷復受其所獻可乎？」遂却之，且責其非。溥慚懼而退。

冬十一月，聖節及冬至例宴羣臣於奉天殿，上顧謂賢曰：「節固當宴，不惜所費，但計牲畜甚衆，尚有正旦、慶成，一歲四宴，朕欲減之，如何？」賢曰：「大禮之行，初不在此，陛下減之亦是。」由是每歲二宴，至正旦亦或不宴，惟慶成一宴歲不缺云。

景泰不豫，文武羣臣不過俟其不起，請上皇復位耳，時武清侯石亨、都督張軏掌大兵，小人欲圖富貴者以爲少保王文、于謙與中官王誠等欲取宗室立之之説以激亨等，借其勢而成之，亨等遂以迎駕爲功，殺王文、于謙等，再貶謫陳循等數十人。亨封忠國公，軏封太平侯，乃固寵攬權，冒濫官爵，黷貨無厭。方復位之初，人心大悦，及見亨等所行，人皆失望。干動天象，彗出星變，日暈數重，數月不息，乃羣陰圍蔽太陽之象。而亨恬不知戒，賄賂公行，強預朝政，掠美市恩，易置文武大臣，邊將以張其威，有不出於門下者，便欲中傷。中外見其勢燄，莫不寒心，敢怒而不敢言。亨侄彪，頗驍勇，驟陞都督，性尤貪暴。初立邊功，大肆兇惡，謀鎮大同，邀人奏保。朝廷覺其不實，使人廉察，果得虚詐。置彪於法，人心皆快。已而罪連亨，朝廷初念其功，累宥之。未幾，家人傳説怨謗，有不軌之謀，於是置亨於法，籍其家，受禍甚烈，議者以爲天道好還如此。人見其名位、勢力如泰山之安，一旦除之，曾不少阻，蓋幽明寃枉從此伸氣。雖朝廷大法有所不免，亦其罪惡貫盈，人神共憤，助力於其間。當時若以彪鎮大同，誠爲可懼。且在京武官多在亨門下，而亨又握兵權，天下精兵無如大同，稍有變動，内外相應，其禍可勝言哉！此時雖欲撲滅，力不能及。今辨之於早，除此大害，非上之剛明果斷，不能如此，而亦祖宗在天之靈有以默相之，社稷綿遠端兆於此。

天順四年，天下諸司官吏朝覲至京。上召賢謂曰：「朝覲之弊，不可不革。」賢曰：「誠如聖慮。」即出榜禁約，不許與京官交通，餽送土物，亦不許下人挾仇告害。由是肅然不犯。上召賢謂曰：「黜陟之典，亦當舉行。」賢曰：「此祖宗舊制。」即敕吏部、都察院退不職者數百人，旌其才行超卓，政績顯著者布政以下賈銓等十人，賜以衣服、楮幣，禮部筵宴，命太監牛玉、吏部尚書王翱及予三人侍宴，以勵其衆。輿論歡然。隨於其中召布政蕭晅爲禮部尚書，賈銓爲副都御史。先時，吏部舉銓可大用，以其名重，欲任以户部尚書。上問賢：「以爲何如？」賢對曰：「聞其名則可，未見其人。」及銓至京，命賢觀之，貌不稱名，乃別求之。賢以副都御史年富執法不撓，可居此職。上亦以爲然。不意左右不悦富者甚衆，謂賢曰：「上不喜此人，不可再舉。」賢以爲實。然一日上召賢謂曰：「户部之缺，果誰當之？恐非年富不可。」賢曰：「此人不悦者衆，愈見其賢。」上曰：「富之執法正，宜居此。國計所關，豈顧私情不悦者。」遂召爲户部尚書。士林咸以爲宜。

内府庫官奏：「今歲用計之不數年而盡。」於是，敕户部議，欲以蘇、松、嘉歲折糧銀折金五萬兩。上召賢謂曰：「國家錢糧出在東南，而金非其所産。今欲折金，價必湧貴。」賢對曰：「誠如聖慮。」因論雲南各處土人有歲辦金銀，遂令以銀折金數千兩，待十年後不足，再議而行。

會昌侯孫繼宗，因冒報迎駕功陞官者俱有首其子弟冒報者，亦二十餘人，具奏辭免。上召賢謂曰：「此事何以處之？」賢對曰：「以正法論之，盡當革去。但念國戚，於親子弟存之，革其家人冒陞者，庶全恩義。」上曰：「然。但此事若白於太后，必盡革去，雖侯爵未可保也。」賢對曰：「惟陛下裁之。上不失母后之心，幸甚！」上曰：「須如先生之言，然後允當。」卒從之。

上天資英武，益明習政務，天下奏牘，一一親覽，或有毫末差失，便能察見。凡有發下裁斷，賢等一出至公。上知其無私，委任益隆，凡事不肯輕易即出，必召問其可否。或遣中官來問，務得其當，然後行。是以政事無大差失，法度振舉，人心驚懼，平昔縱放者莫不收斂。其中官惟一二耆舊特加重焉，其餘雖一時寵眷至厚，一旦有失，即置於法，略不假借，用是不敢肆然。

法司奏石亨等冒報陞官者俱合查究，上召賢問曰：「此事可否？恐驚動人心。」賢對曰：「若查究則不可，但此等冒陞職者，自不能安，欲自首，猶豫不決。若朝廷許令自首免罪，事方妥帖。」上曰：「然。」遂行之。於是冒陞職者四千人盡首改正，人心皆快。或有議欲追其支過俸糧者，賢曰：「不可。」户部奏請，得旨乃免，人心皆安。石亨既置於法，平日出入門下者無不驚懼。一日，賢言於上曰：「元惡既除，宜戒諭羣臣，且安人心，不究其餘。」遂行之，中外釋然，無不感戴朝廷之恩者。

初石彪事發，言官密奏。明日，大班劾之，即有漏泄於彪者。上召賢曰：「羣臣黨惡如此，不可不戒！」賢對曰：「誠如旨意。」乃敕諭百官：「今後文武大臣，無故不許往來，近侍官不許造大臣新宅，錦衣衛官亦然。」於是，莫不肅静。天下聞之，亦皆悚息，交通之弊遂止。

石亨下獄死，法司請瘞其屍，上召賢曰：「如何？」賢曰：「如此行之，未爲盡善。法司宜執法論罪，欲梟首示衆，朝廷從寬，特全其首領，尤見恩義尚存。」上曰：「然。」即從之。

一日，從容言及迎駕奪門之功，賢曰：「迎駕則可，『奪門』二字豈可示後？況景泰不諱，陛下宜復位，天命人心無有不順，文武羣臣誰不願請，何必奪門？且内府之門，其可奪？『奪』之一字，尤非順。幸賴陛下洪福，得成其事。假使景泰左右先知此事，亨輩何足惜，不審置陛下於何地！」上曰：「然彼時何以自解？」方悟此輩非爲社稷計，不過貪圖富貴而已。賢曰：「臣彼時極知此舉之非，亦有邀臣與其謀者，臣不從。以臣之愚見，景泰果不起，率文武羣臣請出陛下復位，安用如此勞擾！雖欲陞賞，以誰爲功？老臣耆舊依然在職，豈有殺戮、降出之事致干天象？而羣小之計無所施矣！招權納賂何由而得？忠良之士亦無排擠之患，國家太平氣象豈不由此而盛？《易》曰：『開國承家，小人勿用。』言其必亂邦也。於此驗之，爲尤信。」上曰：「然。」

按：天順初，以迎駕爲功者大開賄賂之門，在朝文武之士靡然從風，奔走其門，惟恐或後。以財寶先投者先得美職，無復論才之賢否，風俗大壞，不可勝言。上亦頗知其非，但復位之初，俯而從之。明年，稍自振作，十從其四五。又數月，十從其二三。又明年，凡百自斷，其賄賂之門徒開而已。初時有美要職事一缺，謀之者如蠅聚腥，爭欲得之，自後缺雖多，而謀之者無一人，蓋用人之柄在上，權貴不與焉。雖欲賄賂，何所投乎？向日奔競之風，一變而爲恬退之習，可見士風之振否，顧上之人力行何如耳！

天下氣候關於朝廷，驗之果然。景泰時不孝於親，不敬其兄，不睦其室，至而朝廷之上怨恨，憂鬱之氣充滿，是以六七年間水旱災傷遍天下。天變於上，氣乖於下，一年甚一年。自天順初上復位之後，敬天尊祖，孝親睦族，宫室之中，有恩以相愛，有禮以相接。歲時調和，年穀屢豐，海内之民無饑寒流離之苦。由是觀之，朝廷之氣和，天下亦和；朝廷之氣乖，天下亦乖。《中庸》所謂「致中和，天地位焉，萬物育焉」。聖賢之言，信不誣也。

耿九疇、軒輗皆廉介之士，操履素定，天下信之。天順初，首用耿爲都御史，軒爲刑部尚書，但二人之才不異於衆，特取其行之高於人。洎供職，未有建明。耿欲糾石亨之罪，反爲所排，出爲江西布政，尋轉四川。上知其爲人清正，但爲亨輩所嫉。一日，泛論人才，念及九疇非其罪，賢因曰：「此人操行誠不易得。」遂有召用意。賢竊慮彼時臺憲本無罪，被石亨所排而黜之人皆惜朝政之失，幸而召用，以見朝廷悟亨之非，所係不小。未幾，因禮部缺人，召至京師。上憐其衰，命爲南京刑部尚書，且曰：「遂其優閑可也。」初，軒輗在刑部數月，因疾作懇乞致仕還家，後每念輗之爲人亦不易得。賢曰：「二人素行，海内共知。」一日，南京總督糧儲缺人理之，論及往日能理此事者莫如輗，遂爲左都御史委任之。未幾，九疇卒，上嗟悼良久，曰：「可惜此老，欲其優閑而遽亡邪！」尋以左都御史蕭維禎爲南京刑部尚書。

上因説校尉行事者亦多枉人，且如行臨川王與四尼姑通，及鎮撫司指揮門達問之，實無此情。又聞行事者法司依其所行不敢辨，雖知其枉，付之嘆息，惟門達能辨之。賢因言往時行事者挾仇害人，涉虚者治以重罪。上曰：「若如此，又慮其不肯用心訪察。今後但令鎮撫辨其枉者可也。」

天順四年秋，天下大水，江南北尤甚，田盡淹没。時上意明察，凡事臣下莫敢發端。一日，因召問畢，從容言曰：「臣聞今年水災甚大，數十年來未嘗見此，百姓不能存活。」上曰：「爲之柰何？」賢曰：「若非大施恩典，安得蘇息！」上曰：「何如行則可？」賢曰：「宜下詔免徵糧草。」上曰：「固可，但詔非一二條可行，莫若以旨意與户部，行於天下。」賢曰：「如此尤善。」於是，令被災州縣申報巡撫、巡按官，災重者全免，稍重者免半，又輕者免三分。已而，天下奏水災者無虚日，通政司奏對無日不有。上初以賢言或過，至是見其實。然人或以賢多言取愆，賢嘆曰：「居此尚不敢言，更誰言邪？」

景泰間，陳循、王文之子會試不中，二人以私情怒考官取人不公，皆具奏考之不精，欲殺考官，朝廷不從乃已。天順四年，會試舉子不中者俱怒考官，有鼓其説者，謂賢有弟讓不中，亦怒考官。一舉子遂奏考官校文顛倒，宜正其罪。上見其所言，疑而未定，召賢問曰：「此舉子奏考官弊，何以處之？」賢對曰：「此乃私忿，考官實無此弊。如臣弟讓亦不中，可見其公。」上意方回，乃命禮部會翰林院考此舉子，驗其學，多不能答題意，具奏其狂妄，遂枷於部前以示衆，羣議方息。不然，欲訴考官者尤衆。賢謂此舉子曰：「若爾所作文字有疵不中，是爾學力未至，非命也；若爾文字可取而不中，乃命也。不知安命，可爲士乎！」初，亦有朝臣子弟不中者，皆助此舉子，及見此事發，赧然而愧矣。

四年，秋八月，虜酋孛來大舉入寇，自大同、威遠西擁衆南行。邊將高陽伯李文按兵不敢當其鋒。已而，虜衆直抵雁門關、代、朔、忻州一帶，四散搶掠，炮火徹於京師。人民驚疑，棄家走避，擁入京城莫能止。上初謂此虜窮乏，不過在邊搶牛羊而去。賢見人民驚走如此，乃言於上曰：「京師宜出軍於紫荊、倒馬二關駐劄，非欲與之對敵，一則安撫人民，一則使彼知懼，不致深入久停。」上方欲命總兵者議，會兵部奏，欲遣將統京師軍赴大同殺賊。上曰：「緩不及事，徒勞人馬。駐關之説可行。」於是，遣都督顔彪領兵赴紫荆關，馮宗領兵赴倒馬關。然此虜既有所獲，見我兵不動，去而復來，遂復救二關之軍赴雁門。人民恃此以不恐。上意初不欲，雖勉强而從，終不悦。後見此虜復來，始以爲然。人亦謂賢多言，賢曰：「古之大臣知無不言，今雖不能如此，於此等利害，國家安危係焉，不言可乎？縱得罪疎遠，不可顧也。」

四年秋，上召賢與王翱於武英殿，曰：「今兵部、工部缺侍郎，卿等擇人用之。」賢謂：「副都御史白圭可爲兵部侍郎，其湖廣巡撫亦暫設耳。」上以爲然。翱曰：「南京户部侍郎馬諒服制將終，可轉工部。」上亦以爲然。諒至，適户部亦缺人，因上召言及諒，賢以爲捨正缺而他轉，班序反出其下，莫若就命以户部。上以爲然。命下，輿論亦愜。翱亦曰：「如此處置，甚安。」諒自南京府尹陞此職，錢穀之事久經心矣，賢非一時自定，蓋亦素聞衆論耳。

四年冬，閏十一月十六日早，見月食。欽天監失於推算，不行救護。上召賢曰：「月食人所共見，欽天監失於推算如此。」因言：「湯序以禮部侍郎掌監事，凡有災異必隱弊不言，或見天文有變，必曲爲解説，甚至書中所載不祥字語多自改削而進，惟遇天文喜事却詳書以進。且朝廷正欲知災異以見上天垂戒，庶知修省，而序乃隱蔽如此，豈臣下盡忠之道！」賢曰：「自古聖帝明王皆畏天變，實同聖意。序若如此，罪可誅也。」上曰：「今有此失，法不可容。」於是收下獄，降爲太常少卿，仍掌監事。

四年十二月六日，上於奉天門朝罷召賢曰：「吏部右侍郎不可久缺，況尚書王翱年老，早得一人習練其事。」命與翱訪其人，得巡撫南直隸副都御史崔恭。明日早於文華殿具奏，上喜，以爲得人，以山東布政劉孜代巡撫。因論人才高下，上曰：「若徐有貞，才學亦難得，當時有何大罪？只是石亨、張軏輩害之。寧免後世議論，可令原籍爲民。」賢與翱曰：「聖恩所施最當。」即傳旨下之户部。

天順五年正月，大理卿李茂卒。上召賢曰：「大理寺是審録官法司，因徒皆從此，平允至爲緊要。今雖有寺丞二人，名分猶輕，恐不敢與法司持辨，須得職稍重者一人，卿可擇之。」賢請與吏部尚書王翱議，上曰：「然。」於是議以舊卿李賓最宜，但憂制未終。明日，見於文華殿，上曰：「得其人矣乎？」賢與翱以賓對，遂用之。

五年二月，因錦衣衛指揮所行江西弋陽王敗倫事涉虛，上召賢曰：「宗室中豈願有此醜事？彼初既以爲實，今却云無此事，以此觀之，其餘所行，枉人多矣。」賢曰：「誠如聖諭。」因言法司明知其枉，畏避此輩，不敢辨理。賢曰：「須旨意付法司，但有枉者與之辨理，不許畏勢避嫌。」上曰：「然。」於是召法司戒飭之，人人皆悦。一日，上言及此事，賢曰：「清平之世，若刑獄枉人，實傷和氣，惟陛下明見如此，斯民幸甚！」

天順五年四月，上召賢謂曰：「今府庫錢糧所入者少，所出者多，奈何？且軍官俸一季關銀十四萬餘兩。」賢曰：「自古國家惟怕冗食，今一衛官有二千餘員者。」上曰：「一年四季或以一二季支與布錢，如何？」賢曰：「須與户部議。」一日，上召賢，曰：「同吏、户、兵尚書議此事。」上曰：「爾户部奏來，朝廷復命會議。不然，不惟歸怨朝廷，亦歸怨爾類人矣。慎密之。」賢因言：「在京軍官老弱殘疾者，令兵部漸調出在外，却以軍補其缺，以省冗費。」上曰：「此事特恐難行。」賢曰：「宜安静行之，如無事，然使其不覺可也。」上頷之。賢又言：「軍官有增無減，且天地間萬物有長必有消，如人只生不死，無處着矣。自古有軍功者，雖以金書鐵券，誓以永存，然其子孫不一，再而犯法即除其國，或能立功，又與其爵，豈有累犯罪惡而不革其爵者？今若因循久遠，天下官多軍少，民供其俸，必致困窮，而邦本虧矣，不可不深慮也。」上曰：「此事誠可慮，當徐爲之。」

自天順四年水災以來，天下米穀皆貴，人民艱難。至五年尤甚，賢深憂之。六月中，因陜西、涼州、莊浪一帶虜寇侵犯，圍困城堡，日久不退，及遣將官仇廉領兵自蘭州過河與莊浪合兵，又被虜賊截路殺退，賊益猖獗，過河搶掠羊馬財物，官軍莫敢與敵，關中震恐，乞大軍剿殺。於是，以兵部尚書馬昂總督軍務，懷寧伯孫鏜爲總兵官，京師出軍一萬五千，河南、山東調軍二萬。賢因此事與會昌侯孫繼宗、吏部尚書王翱及馬昂四人言於上曰：「今天下人民艱難，況又起兵，宜寛恤以蘇民困。」上有難色，不得已而允之。太監牛玉亦聞下情如此，力贊行之。於是，開寫十數條最苦於民者，悉皆停止。

内官吉祥居禁庭最久，爲人惟喜私恩小惠，招權納賄，擅作威福。嘗往雲南、福建殺賊，帶去達官軍能騎射取功，因而收於部下，加以恩澤，爲腹心。天順初，呼召此輩迎駕，俱陞大職。此輩亦感吉祥之恩。後石亨事發，冒官者俱革去，此輩又爲吉祥所庇不動。吉祥初以迎駕功，貪圖富貴，以榮一家，弟侄俱各得大官。又賣官鬻獄，瀆貨無厭。上初不得已而從其所欲，後不能堪，稍疏抑之。吉祥輒懷異志，令其侄昭武伯欽糾集所恩之人謀爲不軌。會兵部尚書馬昂、懷寧伯孫鏜統官軍往陝西殺賊，於五年七月二日早辭，欽等乘機欲殺馬昂、孫鏜等，就擁兵入内爲變。幸而孫鏜等先覺，二鼓時即報於内，禁門不開。欽兄弟與同惡者先詣錦衣衛指揮逯杲宅前，遇杲方出，斬其首，碎其屍。蓋杲亦吉祥所恩之人，後朝廷委任行事，且言欽非理之事，所最恨者，先害之。然後分布於各禁門，待其開擁入。三鼓至門，欽兄弟四五人俱在東長安門。

予四鼓到朝房，聞搶馬驚亂，以爲出征之軍。及入房，聞呼：「錦衣衛指揮焦壽、郭英等拿住」，予亦不知何如。俄，人呼予官名，曰：「尋李學士。」予方恐，即出房至門前，見披甲持刀者數人，一人砍予一刀，又打一刀背。曹欽適至，見予不忍殺，連呼尊長，執予手曰：「毋恐。」叱退持刀者，且告曰：「我父子兄弟盡忠迎駕復位，今被逯杲譖毁，反欲相害。」提杲頭示予曰：「誠爲此人激變，不得已也。」予曰：「此人生事害人，誰不怨恨。既除此害，即可請命。」欽曰：「就與我寫本進入。」即令人防予，至吏部朝房尚書王翺處借紙筆寫成，予拉翺同行，於門縫投進。欽見門不開，乃舉火焚，且復欲害予，令持刀者同予尋尚書馬昂，得翺等解之。及天明，上馬呼衆，馳往東安門，又令披甲持刃者一人馳馬尋予，翺等復解之。忽有孫鏜領官軍襲而圍之，予乃得脱。時恭順侯吴瑾、左都御史寇深俱被殺死，予被傷。

在吏部，至晚大雨不止，聞官軍圍欽等於其宅，盡誅之。予慮其脅從者不寧，即投本進入，請急宣聖旨，脅從者罔治，以安反側之心，然後詔之天下，布寬恤之恩。一切不急之務，悉皆停罷，與民休息。吉祥已正典刑，蓋此亂臣賊子肆行反逆，天地鬼神所不容。當時若不早覺，各門既開，此賊擁入縱横，一時不能禦之，其禍不可勝言，畢竟就戮，被其傷害多矣。幸而早撲滅之，此實宗社之福也。

自天順元年石亨竊弄威權，恨御史楊瑄攻其家人侵占民田，謂賢與徐有貞主使，被其誣害，言官方欲劾其不法，亨先知之，即言御史聽有貞主使，排陷大臣，遂將都御史耿九疇等置於獄，十三道掌道御史盡置於法，從此言路閉塞，近侍、風憲無一人敢言者。由是權奸得志，肆行無忌，相繼反逆。賢因言於上曰：「自古治朝未有不開言路者，慮臣下不肯進言，有設敢諫之鼓、誹謗之木者，或導之使言，或設不言之刑以懼之。有直言者，或旌異之、褒奬之、賞勞之，陞用以勸其言，然後臣下始肯進言。且進言者不過言君德之虧欠、刑政之闕失、天下生民之利害、文武百官之貪暴奸邪，皆是有益於國家之事，於己無益也。不但無益於己，又恐觸上之怒而得罪焉。聖帝明王有見於此，故惓惓求言，惟恐不得聞其失也。惟奸邪之臣，惡其攻己，務欲塞之以肆其非爲，莫敢誰何，由是覆宗絶嗣而不悟也。」上曰：「此事吉祥、石亨、張軏、楊善實塞之，今宜速開，可於詔書内列之。」賢曰：「此宗社之福，蒼生之幸也。」於是，言路方開。

都御史寇深被賊害之，上顧賢曰：「此職非輕，須得其人。」賢曰：「宜命六部共舉。」既而舉三人，以南京刑部尚書蕭維禎居首。上命賢用一人，賢以居首者對。上曰：「此人曾在吉祥處通情，吉祥力薦之，非端士也。」復詢六部，皆曰：「但以其曾居此職，遂謂老成，不知其所爲如此，誠不可。」上復問，賢曰：「大理卿李賓年雖少，容止老成，久典刑名，可當此任。臣所見如此，須從衆論。」上召王翺等詢之，皆曰：「可。」遂陞右都御史。

八月十六日，上敕吏部曰：「學士李賢爲賊所傷，乃能力疾供事，忠勤可嘉，特加太子少保，如敕奉行。」賢即具本辭免。上曰：「官以酬勞，朝廷自有公論。卿宜承命，所辭不允。」明日，上召問曰：「先生何故懇辭？」賢曰：「臣實不敢受此加秩，乞容臣辭免。今再進本。」上曰：「先生勞心國事，非他人比，雖進本十次亦不允。」賢不得已，受之。客來必曰：「僉謂先生受此職視前任者士望尤未滿也。」予曰：「朝廷名器不可多用，徒多兼美秩，不思所幹之事稱否。若能盡職務，雖不兼官亦有光，不然，雖兼十官亦非美，祇取士林之議誚也。且景泰間，任其自擇好官兼之，累至五官，太子太保一陞十員，名爵之濫至於此，不三數年，革之一空，能免誅謫以禮去官者兩三人耳。韓子所謂『必有天殃者也』。士大夫宜以此爲戒，不可貪一時之榮，而忘遠慮也。」

五年十一月二十日早，上召賢至文華殿，因説吉祥事曰：「此輩放縱，前日見吉祥敗，稍收斂，近來又放縱。朕每戒曰：『汝等不可如此，且如吉祥，非無功勞，一旦犯法，不可留矣。且朕在南城時，汝輩如何過來？今日不可忘了。朕今在位五年矣，未嘗一日忘在南城時。』此等言語，常時告戒，先生豈知？」賢曰：「古昔聖賢之君，正是如此。安樂不忘患難之時，又以此戒左右之人，最善。」

上言：「朕一日之間，五鼓初起拜天，雖或足疾不能起，亦跪拜之。拜畢，司禮監奏本，一一自看。朝廟行拜禮，入廟皆然。出則視朝，退去，朝母后畢，復親政務。既罷，進膳，飲食隨分，未嘗揀擇去取。衣服亦隨宜，雖著布衣，不以爲非天子也。」賢曰：「如此節儉，益見盛德。若朝廷節儉，天下自然富庶。前代如漢文帝、唐太宗、宋仁宗皆能節儉，當時海内富庶。惟耳目玩好不必留意，自然節儉。」上曰：「然。如鐘鼓司承應無事，亦不觀聽，惟時節奉母后方用此輩承應一日。閑則觀書，或觀射。」賢曰：「前聖經書惟《書經》是帝王治天下大經大法，最宜熟看。」上曰：「《書經》、《四書》，朕皆讀遍。」賢曰：「此時正好玩味。況聖質聰悟，一見便曉，最有益。」上曰：「《二典》、《三謨》真是嘉言。」賢曰：「誠如聖諭。帝王修身齊家、敬天勤民、用人爲政之事，皆在其中，貴乎體而行之。」上曰：「然。朕在正統年間，留心讀書，惟不好寫字。」賢曰：「帝王之學不在寫字，惟講明經書義理最是緊要。」因説景泰全然不理政務，或用人陞官，明日謝恩，不知所以，文武大臣未嘗接言，上下之情何如得通。賢曰：「自古明君，未嘗一日不與大臣相接，商榷治天下之道。所謂接賢士大夫之時多，親宦官宫妾之時少也。」上曰：「如此，天下豈不治安！」

賢曰：「近聞外議，有二事不便。」上曰：「何事？」賢曰：「松潘羌民叛亂，已敕四川三司調兵剿殺。然三司官統兵頡頏，難以成功，須得朝廷命一將官統之，庶得成功。《易》曰：『長子帥師，弟子輿尸。』不可不慮。」上曰：「此慮極是。」聞都督許貴可用，遂取而用之。又湖廣總兵兼統貴州，凡百軍務，貴州將官不得專擅，行必遣人往湖廣計議，山路險遠，往來遲滯，以致事多躭誤，未便。上曰：「然，此等事情誠非穩便。」即日召兵部易之，令各鎮守地方。」

賢曰：「臣聞陛下夏不揮扇，冬不近爐，果然否？」上曰：「實然。暑雖極熱，曾不揮扇，在宫内亦不令左右揮扇；冬雖極冷，曾不近火，亦不披煖耳。稍用之，雙目即熱。」賢曰：「陛下聖質，所禀堅厚如此，蓋由體被中和之氣。聞宋仁宗亦然。若臣等受氣薄者，不用扇、不近爐，不能過也。」

上顧謂賢曰：「今六部尚書庶皆得人，但慮吏部王翺老矣。」時翺年七十八歲。賢曰：「臣聞禄命之説，翺壽最高，尚有十年。」上喜曰：「如此，無慮矣。如户部年富，不易得。」賢曰：「若繼翺，吏部非此人不可。」上曰：「然，朕意亦如此。惟禮部石瑁稍弱。」賢曰：「此人居是位不滿人望，早晚宜致仕。」上曰：「且留之，恐後來者未必過之。刑部陸瑜甚佳，都御史李賓亦可。如工部趙榮亦能辦事。」賢曰：「此人可取。且如曹賊反時，文職皆畏縮逃避，況兵非己任，誰肯出前？惟榮自奮，披甲躍馬呼於市，曰：『好漢皆來從我！曹家是亂臣賊子，當共剿殺。我輩是忠臣義士，不可退避！』於是，從者數十百人。能於陣前鼓舞獎勵士卒滅賊成功，如此存心行事，人莫能及。」上曰：「是亦忠臣。若吏部侍郎姚夔、崔恭亦佳。」賢曰：「二人才器異日皆尚書之選。」上曰：「然。」

天順六年三月，陝西管糧通政司參議尹旻奏：「賊退，河開，軍馬衆多，人民供輸困極。」予謂：「出兵在外，可暫不可久，暫則爲壯，久則爲老。且達賊在邊，安能保其不來侵犯？若慮其復來，不可退兵，更無休息之時。今陝西人民疲困已極，若不趁河開之時暫退軍馬，寬其供給，人民愈加逃竄，糧草極缺，大軍亦難駐劄。況今年不得耕種，明年益乏糧草。寧可暫去暫來，不可久留在彼，庶使民得乘間耕種，日後或再用兵，不致誤事。此時莫若令彼處官軍且耕且守，調去軍馬俱令回還，只留文武官各一員，提督彼處城堡軍馬，庶爲允當。」上以爲疑，意謂虜寇復來，又用調兵，乃命總兵、兵部尚書來閣下會議，卒從予言。

天順六年夏四月一日，奉天門奏事畢，静鞭罷，上起身召禮部尚書石瑁等。上下疾出班趨走，欲上右階，鴻臚寺呼止，方轉回御道，跪承旨，與敕書選妃事。上下金臺，即召賢曰：「石瑁動止粗疏，失措如此，如何爲禮部尚書？不自求退，朝廷難於遣逐。」賢曰：「誠如聖諭，令其自退，庶全大臣之體。」上曰：「若户部侍郎張睿可以代之。」賢曰：「張睿老成人，此職亦宜。」賢即報瑁疏乞致仕，瑁速上陳。上見瑁疏，意却不忍，曰：「瑁爲人篤實，其可因此小失而退。」命太監牛玉敕吏部尚書王翺與賢議，賢等言：「石瑁一淳誠人，但動作遲鈍耳。既留之，張睿可不動也。」上復令玉傳旨：「睿歷任三年，又辦事勤勞，陞户部尚書，仍管糧儲。」已而命下，士論重瑁之求退，美睿之當陞。若非先報，瑁亦不知上意不悦，必不求退，上怒未可測。及上疏求退，而上意遂解。士林且以瑁能見幾而作，無貪位慕禄之心，聲價倍增於前日，蓋亦不虞之譽也。

《謇齋瑣綴録》

明 尹直撰

成化丙申秋，逆賊李子龍伏誅後，聖上自鋭意欲知外事，顧近侍太監汪直年小便黠，乃命選錦衣官校善刺事者百餘人，另置廠于靈濟宫前，號「西廠」，以別東廠也。縱之出入，分命各校廣刺督責，大政小事，方言俚諺，悉采以聞。

時福建都指揮楊曄，以毆死人命，蒙差刑部、錦衣官勘提。曄逃匿京師其姊夫董中書璵家。董托錦衣百户韋英營解。適英正欲從汪刺事而無由，即潛報汪，謂曄東楊少師之曾孫，家資鉅萬，造惡百端，嘗納生人于棺，合置諸穴。今事露，乃挾黄白數千兩來京，賄求内外，將欲招納亡命，下海謀不軌。汪甚喜，昏夜馳至韋家酣飲，發官校掩捕曄等，就韋舍鞫之，發廠監禁。搜得一單，擬送各當道士宦，商閣老及三法司堂上與司禮黄、陳二太監皆與焉。明旦，汪入奏出，追所挾黄、白，曄、璵備嘗刑具。如所謂琶者，錦衣極酷之刑，每上琶，遍身骨節俱離寸許，汗下如雨。幾死復放，如是者三，妄供寄在其叔武選主事仕偉所。遽令數校徑往兵部，捽縛而來，拷掠如曄。又令當駕力士數十人圍守仕偉等，方黎明，數校突入室，一妾以身捍門，妻倉皇攬衣起，及四五妾、婢并獲至廠。汪略加訊責，仍命押回追搜，囊笈傾罄，綁、笞、敲、拶，晝夜苦楚，責追不已，哀號徹天，過者流涕，時成化丁酉二月十四日也。

是日，司禮太監到内閣議他事，商因白璵嘗爲曄通，送金帶一腰，即峻斥之，不容入門。且略縱貪濫，豈忍受前輩先生家物乎？語得轉達，有旨安慰。然同僚劉叔温又乘此擠排，商亦危矣。越三日，曄死于獄中。汪召御史相驗，到遲，罰跪數刻乃釋。而司禮諸太監亦畏汪詆毁，避嫌，莫敢齟齬，遂遣錢太監同英颺馳往閩。時勘提官已械曄父致仕指揮泰等北來，英途中輒具本遞奏勘提官受賄回互，俱坐謫罷。及至曄家，盡没貲財、人口赴京，往還所過，鴟張虎噬，有司賄賂狼籍，送迎旁午。又搜得曄每歲賄結巡按御史及在京當道簿籍，揚言面奏，聞者心驚魄喪。及抵京，英以贓敗，戍邊，簿亦莫達，人痛快之。泰坐死于獄，人口悉發寧家，惟一女婦以逃歸外家，續獲解至，乃發浣衣局。

初，汪太監出廠，士夫無與往還，惟都御史王越世昌日往候之，滋久相得。一日，司馬項忠途遇汪，既過始覺，追回，下輿謝過，汪不爲禮。尋以事遣校卒直上部堂，詞色頗厲，項亦不之禮。王素垂涎代項，復毁短之，汪以是啣項，拾掇之，項危甚。乃約諸堂上疏汪過惡，尹冢宰旻不從。項遂具草，詞意剴切，令郎中張瑾、姚璧持詣諸堂上僉名，而送稿於尹，俾收以自別，尹即潛報汪。疏入，上怒，罷廠，命汪回理司設監事。汪泣奏：「此非外臣意，實黄賜、陳祖生二人所唆。」且中黄以他危事，遂不容二人，見辭，出調南京。時御史戴縉以九年滿，久不得陞，陳言汪所行皆公，不宜革罷。汪即奉命仍舊刺事，縉亦驟進用。汪首發項過，廷鞫，項詞頗真，俱有來歷，竟坐贓罷。商閣老見機求去，乃陞少保，賜敕給驛而回。

汪權勢愈熾。錦衣帶俸千户吴綬營求從汪書辦，綬頗知書，汪任之，歷陞指揮，掌鎮撫司事，言聽計從。而一時諸大臣皆因越附汪，深自結納，乘勢唆科道詆排異己，許各自陳。李都堂賓、董司寇方遂皆如請，餘未允。不浹旬，薛尚書遠，滕兵侍昭，程户侍萬里，楊鴻臚宣，劉寺丞瀚復被劾退，廷紳側目。而翁世資補薛缺，余子俊補項缺，御史馮瓘補寺丞缺，則以首爲鷹犬之故，時成化丁酉五月日也。

是冬，汪發南京太監覃里朋嘗乘馬快船夾販私鹽，毆殺巡檢事，自往南京械繫之。經過水陸，巡河御史、主事以下等官皆跪迎，稍不至，輒見辱。里朋至京，卒以黨援，僅充净軍。大踰年，復回南京内府寫字。黄賜、陳祖生俱復太監，黄賜代覃褒奉敕守備。蓋汪有同家内使李瑾，多不法，嘗爲褒所撻。至是，譖褒于汪，故奪其權。

成化戊戌冬，革興寧伯李震爵閑住。震初鎮守湖廣，累立邊功，以平荆、襄進爵，與參將吴經有隙。經弟綬從汪太監刺事，將甘心於震。適南京後府經歷卜馬益寓一全真道人，學黄白術而爲淫，其妻妾榜赴京首。綬即傅會震嘗隱道人，私習讖緯，遣人籍逮之。途遇汪，震訴一介武夫，蒙恩僭爵，父子富貴已極，更欲何爲？此讎家綬所爲也。汪悟，然已輕信遽發，勢不可已。至京，下錦衣獄鞫問，竟無左驗，僅得不死，革爵閑住。踰年，卜馬益考滿，予署南京吏部侍郎，考不稱，奪職，其子亦以强盗伏誅。天網恢恢，詎不信夫！

成化己亥夏六月，巡撫南直隸副都御史牟俸坐罪充軍。初，俸以僉都巡撫山東，適今鎮守遼東副都御史陳鉞爲左布政，二人皆强悍刻苛，不相能。至是，太監汪直巡邊至遼，鉞以諂佞見喜，乘間言俸過惡。汪還，遣校尉緝得俸貪暴事迹，贓以萬計。俸適以議事到京，遂連俸姻家侍讀學士江朝宗俱下獄，拷訊追贓。俸備受慘酷，行賕指揮吴綬，諷被逮所屬守令潛各代輸，僅半，罷追。

時劉叔温張言，俸以金壺賄萬循吉爲援，欲同傾之，竟無左驗，萬得免。惟朝宗自家起復赴京，俸逆至九江，聯艫並行，沿途有司以俸故，將迎供億加厚。及駐上新河調攝足疾，日久，所屬頗有交通。至是，朝宗尚恃劉平日稔厚，必與維持，殊不知有傾萬意，竟調廣東鹽課提舉，而俸充鎮遠衛軍。時前任江西僉事陳麟，陞副使在雲南，亦坐罪，罷爲民。人謂牟、陳二人皆嘗同擠許聰于死，今聰之冤始得報云。

成化己亥六月，謫兵部左侍郎馬文升戍重慶衛。先是，文升奉命整飭遼東邊務，時巡撫遼東副都御史陳鉞行事乖方，多被文升節制更易。會太監汪直亦來巡撫，鉞懼見罪，乃戎裝遼迓除道，飾厨供張鮮備，賄托傔從，見汪叩頭，狐趨狗媚，無所不至。惟文升與汪抗禮，奴視其左右，以是鼠輩多譽鉞而詆文升，鉞乘間短毁。汪還，奏文升妄起邊釁，謂女直建州諸虜，皆以文升禁不與農器交易，故屢寇邊。朝廷遣林聰司寇同汪往勘，汪稍加恭敬，聰深自結納，勘報一如汪言，遂下文升于錦衣獄。文升言：「實禁鐵器，非農器也。」竟坐謫戍，士論惜之。踰七年，汪敗，文升乃宥還。尋起復用，累遷至太宰、少師。

成化己亥秋，遣太監汪直監督軍務，征建州衛。初，文廟以女直種類歸款，分置建州女直、毛憐、海西等衛，各授指揮等官，所以涣其羣，俾不相統攝，以共戴中國，外禦北虜，誠以夷攻夷之上策也。歷歲朝貢，間有寇邊，不爲大患，惟嚴飭守備，來則逐之耳。

成化初，守臣以建州寡弱，貪功賞，請兵征剿。至是，鎮守副都御史陳鉞又説汪太監，立功固寵，已亦倖進，虚張邊警，妄請出師。汪主於内，遂命撫寧侯朱勇掛印，總兵鉞提督軍務，汪便宜生殺陞賞。時建州頭目六十餘人來貢，遇汪於廣寧，汪誣以窺伺，馳奏請拘囚之。既至，始就鴻臚演禮，入門伏起，三校擒一，格鬭擾攘，困乃就綁，監禁在衛。虜中不意大軍猝至，壯者逃匿，惟餘老弱，或殺或擄，旋凱獻俘。汪將入城，諸大臣皆遠迓，上御文華殿以俟。論功陞賞，汪加禄米三千餘石，勇進爵保國公，鉞進右都御史，未上，改司徒。郎中王宗彝以督餉陞太僕少卿，尋改僉都，鎮遼，餘進階有差。未幾，虜以復讎爲詞，屢侵邊堡，搶去男婦，碓舂火蒸，支解以殉，屯堡屏迹，弗克耕種，遼地騷然，識者憂焉。

【略】

成化己亥秋九月，六科十三道都給事中張海等劾户部尚書楊鼎、工部尚書王復、南京兵部尚書薛遠、吏部侍郎錢溥，謂四方水旱，皆四人妨政失職所致，宜加黜罷。不允。

鼎初與劉叔温極厚，後以干托事多不能盡從，遂見銜。至是，鼎知叔温等所主，與復求致仕，皆見留。鼎又求去，從之。賜敕給驛以歸原籍，官司月給俸米三石，歲僉皂隸四人。

時溥以進表詣京，聞於途。既至，陛見後出。吏部尹冢宰同仁詢江南時事，溥答以南直隸大熟，請以歸諸公，北直隸大水，皆溥與薛當之。同仁笑曰：「諺云『女壻牙疼，却灸丈母脚跟』。」爲之哄然。傳聞禁中，以資笑具。溥不得已，亦乞致仕。先是，遠被劾退，至是年春，以近侍與吴綬等協力起復，參贊南京守備機務。至是，聞劾，亦馳疏辭，有旨褒留。

歲暮，當道者又欲求缺處知己，乃謀於汪，復嗾科道重劾復、遠與鄒宗伯當罷。朝廷遲回數日，不允。汪力贊去之，乃留劾牘於中，傳旨賜歸，惟鄒恩典與鼎同。明年上元日，敕至南都，改户部尚書陳俊代遠任。遠時與俊等同飲于工部，得驛報，不覺失色，衆亦愕然。

成化十三年五月，王越加太子太保，進兵部尚書兼都察院左都御史，增正一品俸，仍掌院事。時越特爲汪直所厚，吏部尚書尹旻偕諸卿或欲詣直，屬越爲介，私問越跪否？越曰：「焉有六卿跪人者耳？」越先入，旻私伺之。越跪白訖，叩頭出。及旻等入見直，旻先跪，諸人皆跪，直大悦。既出，越尤旻，旻曰：「吾自見人跪來，特效之耳。」

成化己亥冬，陞監察御史王億爲湖廣副使。時億見戴縉以頌汪得歷陞副都，不恥效尤，亦進言汪所行不惟可爲今日法，且可爲萬世法。傳聞四方，無賢愚賤貴，皆知唾罵之。不數月，吏部承汪風旨，故有是命。

成化庚子五月内，雲南麗江軍民府巨津州白石雲山，約長四百餘丈，距金沙江計二里許。一日，忽然山裂中分，其一半走移于金沙江中，與兩岸雲山相倚，山上木石依然不動，江水壅塞，逆流淤没田苗，蕩拆民居。州、府具申上司，鎮守太監等官具聞諸朝。時雲南屢有邊報，此山之兆也。

成化十六年六月十三日，兵部覆奏御史强珍劾奏前鎮守遼東副都御史陳鉞等失機隱匿等事。奉聖旨：「達賊入境，搶殺人畜，他每既不領兵遏截策應，却又隱匿不報，本當拏問，但今累有邊報，正當用人，姑從輕發落：吴瓚、崔勝住俸戴罪殺賊，韋朗住禄米半年，侯謙、陳鉞住俸一年，其餘着巡按御史各就彼提問。欽此。」

又明日，六科十三道交章糾劾，嘗謂：「領邊方之重寄而縱寇殃民者，不仁之罪莫大；遇邊患之重事而隱忍欺君者，不忠之咎難逃。切照遼東鎮守太監韋朗、總兵官都督同知侯謙、舊巡撫右副都御史陳鉞，俱以庸才叨蒙任使，並膺敕制之隆，特受閫外之寄，正當瀝肝膽，竭心力，以爲一道之福星，以副九重之倚注可也，奈何心不存于體國，志惟在于邀功。曩者建州醜虜侵犯疆邊，各官平時無防禦之策，臨敵無戰勝之威，致勞王師遠出塞外，旋得克捷，俘馘而歸。然當勝捷之餘，正宜戒嚴之際，却乃心驕志滿，法弛備疏。官軍無撫伏之嚴，墩臺無烽炮之警，遂至醜虜窺伺糾衆而來。一從靉陽，一從清河，長驅四百餘里，曾無結草之虞，延緩十有餘日，如蹈無人之境。殺虜男婦五百餘名口，搶掠牛畜三百餘匹隻，房屋盡燒，家財罄空，此實邊患之重情，所宜朝聞而夕奏也。各官意在急于陞賞，遂將前情隱覆，直至陞賞事畢，然後朦朧奏報，靉陽虜殺人畜，公然隱匿；清河殺虜人畜，揑作奪回。忍心害理，謂生靈血肉不足恤；罔上欺君，謂祖宗法度不足畏。似此不仁不足之事，言之痛心，聞者切齒，若不嚴加處置，則邊臣皆將效尤，視失機爲等閑，以隱匿爲得策，邊事廢壞，必由於此。夫古之人臣，雖飲酒常事，猶不敢欺君，況邊臣重事乎？雖未入仕，猶不忍欺君，況身爲大臣乎？於此見韋朗等之罪真不容誅。及照副總兵都指揮吴瓚、右參將都指揮使崔勝，既不領兵策應，又將前情隱匿，其怯懦欺罔之罪又有甚焉。伏乞聖明，特發乾斷，將韋朗、侯謙、陳鉞及吴瓚、崔勝俱拏送法司，明正其罪，以爲邊臣誤事欺罔之戒，庶幾人心痛快，公論允協。」本月十七日奉聖旨：「恁說的是，他每有誤事，本當重罪，但已發落了，罷。該衙門知道。欽此。」

鉞反怨掌院事王越縱珍，遇越輒詆，越輒避去，不敢與校。未幾，汪太監公差還，鉞出迎至五十里所，訴珍奏越風旨見劾，汪怒。至二十里所，越亦來迓，遂不容見。明日，請遣一心腹指揮往同王宗彝審勘。宗彝等黨附，誣珍所奏數目不同，指揮遂傳以密旨，械珍赴京。汪猝入內，酷刑逼招受越所使，不服。下錦衣獄，會多官廷鞫，謫戍遼東。余司馬子俊并科道各官皆進本認罪。奉旨：「罰子俊等俸半年，該司并科道諸官俸各三月。」越亦認罪，有旨切責之。

成化十九年春，御製《文華大訓》成，命詹事彭華、左中允周經進講，東宮每起立拱聽。内閣萬安等以爲勞，謂講官宜跪，請坐聽。華與經不從，竟得如禮。

成化二十年七月，下陳鉞錦衣衛獄。先是，鉞鎮遼東，同汪太監征剿建州虜寇，因而侵盜邊庫銀兩計數十萬，私匿俘虜子女多人，父子各占一姝。既罷職家居，其寡嫂孤姪，苦其凌轢，潛赴京訴其事。東廠刺事太監即日以聞，遣錦衣官校馳往逮之。執其幼子，考掠具服。所侵庫中玉蝴蝶諸異品，占所俘之妹，俱追解赴京，下錦衣鎮撫司鞫問，人皆爲之危。鉞乃洋洋然對於官曰：「金銀實有之，但當時分送某幾千某若干，子女亦有之，但送某幾人某幾人，同時同事某收幾人某收幾人，而我所收皆衆所棄遺者。」以故大臣曾有所受者，聞之皆膽顫心寒，相與極力營解，遂得無事，仍放爲民。

《馬端肅公三記》

明馬文升撰

《西征石城記》 殘元部落有把丹者，仕於陝西平涼爲萬户。我太祖既平江南，克燕都，下三晉，兵至陝西，而把丹等率衆歸附，授平涼衛正千户。其部落則散處開城等縣爲百姓，抽其壯丁爲平涼衛軍，使自耕食。彼既以養生射獵爲計，而復無徭役，用是殷富，家有畜馬數百而羊至數千者，咸仍胡俗爲樂。

正統己巳，虜酋也先寇大同、宣府，脱脱卜花王寇遼東，阿樂出寇陝西，土達漸遭剽掠。天順庚辰，虜酋孛來、毛里孩統也先餘衆寇固原，而土達生畜被掠者十之八九，生事漸荒。迨成化丙戌，各酋大舉入寇，土達有李俊者獨以羊酒奉孛來，孛來喜，賜以馬，俊遂有北從意。時都御史銅梁陳公介巡撫寧夏，適都督張泰致仕居本鎮而養生於鳴沙州迤南，與土達相鄰，牛馬多被賊擄掠，傳聞非虜賊，即固始土達張把腰等假之也。

丁亥春，陳公移巡陝西，泰令家人狀張把腰擄掠事於陳。陳至陝，遂付分巡僉事石首蘇燮逮問，而張把腰已懼。先是，鞏昌府通渭縣人户逃於把丹孫滿四等堡潛住，縣遣里長追捕，遂爲滿四等所殺，竟不知其由。至是，縣亦上於陳公，逮之，滿四等雅素縱佚，不知官府，益危懼。會新任靖虜等處參將都指揮劉清至固原，守備指揮馮傑索各土達馬匹、鷹翎等物。滿四等因謀於俊，而俊實奸黠，遂倡謀從北虜。

時把丹曾孫滿璹者，四之侄也，襲祖職，以功遷平涼衛指揮僉事。有司移文平涼衛捕張把腰、滿四等甚急，其衛指揮日逼督滿璹，以應解者。璹，戇人也，了不知俊、四等已有叛意，遂率火鎮撫弟火四等二十餘人陰携鐵索刑具往捕之。四等知之，俟璹至堡，紿璹所率散各家具食，盡殺之，因劫璹、四等數人叛入石城。石城者，東西俱山，左山峭壁高數十仞，無徑路，上者俱拽繩而登，西山頂平可容數千人。城中無水，有數石池。外設棧道，而棧道下則築小城護之。前有小山，高亦數仞，如拱璧狀，兩傍空處并後面悉築墻，高亦二丈五六尺，各留一小門，僅容單人馬過之，不知何代人造此以避亂者。城外皆亂山，形甚惡，人至此毛髮聳然。滿四等常圍獵至此，熟知其險可據，遂居之。已而李俊往誘東孛合泥土達，見殺於仗義者。

分守參將劉清領軍自靖虜來與戰，不利。報至，陝鎮守太監黄沁、寧遠伯任壽與都御史陳公介，會遣都指揮邢端、申澄率陝西各衛兵往捕，戰於城下，申澄死之，邢端遁歸，官軍大潰。事聞，遠近驚駭。兵部請以陳介、任壽并寧夏總兵官廣義伯吴琮、延綏都御史王鋭、參將胡愷各率所部兵會討之。寧夏兵先至，陳與吴竟不候延綏兵至，自固原急趨蔡祥堡。夜二鼓，營壘始定，軍士勞苦。比曉，即出兵架梁順嶺而行，去石城十里許，賊數千出迎請降。時軍餘馮信最知兵，隨陳公，言於諸公曰：「賊雖誠僞叵測，然我軍夜間未息，凌晨即行，且乏水飲，無執戈力，不可與戰，姑從彼意退兵，徐議攻討。」吴琮叱曰：「兵已至此，豈可聽彼誘退？」遂麾兵進。賊先遁去，至城，遂驅牛羊數千在前，而精兵後繼，時尚無兵甲器械，各執木挺而鬬，官軍遂敗。任壽、吴琮俱退保東山。陳欲自殺，左右人護下山。遺失軍資器械不下千數，大銅將軍亦二座。兵猶有被圍在山者，皆棄之而歸，盡死於賊。賊遂乘勢猖獗，凡係土達俱逼入城，而於静寧州大路搶掠運送甘州冬衣布花萬餘匹，糧米不可勝計。時兵部主事閻讓催軍至固原，具奏以聞。或傳其黨導以窺陝者，朝野益震，陳與任壽、吴琮、劉清、馮傑俱解赴京師。

八月，乃命都察院右副都御史嘉興項公忠爲總督，鎮守陝西太監劉公祥爲監督，行取回京涼州副總兵劉公玉爲總兵，都督僉事夏正充左參將，都指揮劉清充右參將，監察御史鄧本端監軍，兵部武選司郎中劉洪紀驗功次，益以京營神鎗官軍五千，復調甘、涼、延綏、寧夏、陝西官軍共五萬往討。予時以南京大理寺卿居憂於家，服初闋，奉敕陞都察院右副都御史，巡撫陝西，協剿叛賊。總督總兵等官有事計議，務在戮力同心，共濟邊務，時戊子九月五日也。

予奉命七日即行，十八日至陝。申戒所屬，整點民兵防守城池及儹運糧餉畢，十月一日，至固原項公營。方到一日，是夜二鼓，聞營外一里許砲聲甚近，營中皆驚，予尚未寢，急令官軍嚴守營門。至天明視之，乃賊留文書一紙，云容我每石城居住，免納糧差，奏聞朝廷，饒我每罪等語，衆愕不可測。予曰：「此不過欲緩我兵，何足信？只可整兵以俟進討。」因與項、劉諸公講求用兵方略，地利險易。衆皆言石城之險不可輕進，又以前兩失利，皆難之。乃令善畫者圖其形勢，兵分六路，項與二劉并予及巡按御史任佐、姜孟倫、右布政使余子俊、左參政龐勝屯中路，延綏鎮守太監秦綱、都御史王鋭、參將胡愷、副使鄭安屯酸棗溝，伏羌伯毛忠、鎮守陝西都督白玉、御史鄧本端屯木頭溝，參將劉清、夏正、布政司右參議嚴憲屯打剌赤，寧夏副總兵林勝、參議崔忠屯紅城子，陝西都指揮張英、鞏昌府同知羅豫屯羊房堡，期三日諸路少出精兵先示賊，且探地勢，迺大舉。

比至城外，賊覘知，就來迎敵，延綏官軍恃勇首先利，陣亡者二十餘人，而賊之死傷者亦多，衆益懼。至十三日，會兵復往探山勢水頭，賊復迎敵，佯敗去，官軍逐至城下，時賊尚多居城外者，官軍忽之，貪取財物，賊遂歛衆入城，伏羌伯毛公曰：「賊能有幾多？速進兵剿之。」官軍四攻上城，賊極力拒敵，毛公攻其東山路，險隘不能進，賊奮死捶阨，官軍退敗，墮崖死者衆，而毛公亦被害。賊被鎗砲死者不可勝計，斬首數百顆。予時在中軍，領馬軍五百餘帶草束欲燒賊柵，西路之賊乘勝復回東路，官軍不能支，亦却，總兵劉公被圍於城下，官軍潰散，劉公亦中流矢，家人陣亡者三四人。項公斬甘州退怯千户丁某以狥，官軍懼，復登山。予亦調度所領兵破空填列，以振聲勢，敗軍猶欲遁，予號令敢有逃者斬之，中傷者移置山下，衆稍定，不敢退。俄劉公子斌來報曰：「家父被圍，乞阻敗軍。」予曰：「第入視汝父。」少頃，項公至，憂鬱失色。予從容言：「勝敗兵家常事，況今日之戰，賊死者亦多，勢已不振。此時黄河未凍，賊不北從，無深慮者，徐可再圖。奏報明言伏羌伯忠義奮發，争先登山，斃於流矢，賊勢已窮蹙。」且語所遣舍人陶璽等，至京但言賊當就平，以安中外。時朝廷久望捷奏，至即令宣捷，陞璽等爲所鎮撫。

其月，彗出西方。兵部及撫寧侯朱永、定襄伯郭登議以滿四驍勇，恐其渡河與北虜連和，禍不止西陲，乃交章擬益兵赴援。項公與予謀兵應益與否？予曰：「若不益，萬一賊不能平，益兵晚矣。第請令撫寧侯朱永率宣府、大同精兵五千順邊而來，賊平則止之，未平則併力剿之。」項公從以上請。且日督兵攻圍，賊在山孰視不出戰，官軍至暮則回，項公憂之。予又謀於項公曰：「賊城中既無水，而芻粟亦漸乏，若絶其芻汲，則彼若釜中之魚，當自斃矣。」項公從之。遂令官軍盡焚左右近地之草，賊馬死者殆盡。則又盡以死人馬填塞城外水泉，候賊夜汲者設伏掩襲之，多被擒，益知彼中消息，正難於水。予曰：「此時賊窮蹙已甚，不足慮矣。」

石城南門與東山相近，時令都指揮孫璽領兵數百駐於上，以視賊之出入，迨兵將回，此兵先掣。賊據前山，矢石雨下，我軍不能出。時都指揮魯鑑統莊浪土兵千餘人出爲前鋒，入爲後殿，每被賊襲，至夜方回。予復言於項公曰：「孫璽軍掣之太早故也，俟中軍兵行遠，山上兵方掣。」項公從之。自此賊不得上山，中軍兵結陣而回，賊竟不敢襲。其後獨延綏軍與賊門相對，日被攻圍，中傷者衆，勢不能支。予又言於項、劉諸公曰：「彼處當發兵邀擊，攻其所必救，賊若上山攻我，我以此精兵衝其脇，賊必敗。」衆從予計。乃遣劉公子文同甘州達官指揮亦撒率士兵五百人候賊上山，兵即繼進，以邀其後。賊信胡神，十月八日，神降曰：若今日出戰，勝則利，不勝事不利矣。至日，賊果出攻我山上兵，我兵依法擣之，遂斬首十數級，賊始懼。

會續調甘州都指揮劉晟兵三千至。十八日復會兵攻城，兵已上山，山勢高峻，卒不能克。又日值景短，不久即晡，兵在山上者數千人，彼此皆懼，而賊尤甚。予方憂兵不能掣，而賊復恐我攻山，乃詐請降，欲總督、總兵官詣城下。項、劉二公皆單騎詣彼，久不回。賊披戴明盔甲者數百人環遶門外，而輕騎往來示武。予與太監劉公在溝外，予曰：「賊窮蹙，無信義，萬一二公被遮留，何以言之朝廷？速邀二公歸。」賊堅訴要巡撫大人來，予曰：「若不往，是示怯。」乃從數十騎至溝邊，大聲罵曰：「賊徒無禮，天朝將官咸在此，爾豈應以精兵四外旋遶？」叱去之，賊遂入城。予至城下，滿四同滿璹等乃出訴曰：「我等本良民，被劉參將、馮指揮激變。我今既如此，願赦死請降。」予乃言：「劉參將等激變爾等，朝廷已知之，各官解赴京師矣。爾速降，朝廷必宥爾罪。」賊皆羅拜，兵始獲從容而下，一無所傷。予因問滿璹曰：「爾被逼劫入城，非反者。」璹乞命，予遂帶璹回營。次日，賊即設木柵於山上請戰，不復言降矣。

一日，夜五鼓，城内有李旗者至營外報曰：「今夜城中賊自相讐殺，可乘機剿之。」予與項、劉諸公謀曰：「此言固不可深信，但以理度之，恐不虚。」遂令中營軍士晨餐及傳諸營俱蚤至山下，賊果亂。未久，俱上山，亂矢下射。戰良久，我軍仰面受敵，予與項、劉親在陣前督軍，矢至面無敢避者，賊亦多傷，但不能得其首級耳。日將暮，遂掣兵。晨至山下，則用守城大將軍銅銃往城中擊之，死者不知其數。然天氣嚴寒，軍士不敢燃火，賊堅壁不出。迨暮，始回。軍士頗嗟怨，竊相謂曰：「攻則攻之，使我輩早還。終日受寒，何日得了？」予聞之，又言於諸公曰：「頓兵日久，恐生他變。即黄河一凍，北虜入套，我軍豈能久駐？彼時賊乘間突出，奔入河套與之合謀，貽患有不可言者。莫若攻城破之可也。」衆不敢決。

時城中有一人代滿指揮送鋪陳馬匹到營，有識之者曰：「此陳都堂牢子張馬六兒，陳公軍敗，遂從賊。」予問曰：「爾可回否？」馬六懼不敢對，因留。詢城中事，彼既不吐實，顧復詐誘，欲陷我軍，遂遣人紿送回固原寧家，即於山溝内殺之。

石城外有壕，深丈餘，人馬不能至城下，予思欲用土填之，乃取各城上圍竿木數十縛成天橋，置去廂車軸上，軒昂隨人，亦可用以攻城。至期，遂推至壕邊，低其前以遮矢石。命軍士數百人每人負土一袋以填壕，須臾壕平。車至城下，以竿絜城，果高二丈五六尺，賊乃開舊所立木栅，懸大石以防。予因欲舉此臨城，衆恐傷人，予曰：「豈有攻城不傷人之理？」諸公終猶豫不決，乃止。賊見用是益懼，漸有出降者。予與項公議曰：「此舉不可害也。」遂給軍貼，令旗牌手送出營，任歸家，自此逸出者日衆。賊雖嚴法禁之，終莫能遏。我軍圍困日密，賊既無馬與水，漸有逃散意，乃令曉番語人四外招之。

時回回陽虎力驍勇，有謀略，四倚爲謀主，見勢不可爲，遂以十一月十六日晚出聽招至大營。時予方會諸公籌畫兵事，虎力至，心甚恐，予曰：「汝既聽招而來，不必懼。」劉總戎刮刀與誓曰：「爾若能生擒滿四或殺死來獻，朝廷有榜文賞白銀五百兩、金一百兩，陞爾指揮。」遂以銀示之。送出帳房外，屏人問曰：「何日可戰？」虎力曰：「只在明日，倘落雪，又有水，難以爲力。但滿四最怕神鎗，至日若戰不可放，放則彼即退去。」予又曰：「何處可戰？」虎力曰：「只在東山口。」予復曰：「賊精鋭尚多，爾可計移其兵上山方可信。」項公亦厚慰之，乃遣去。次日，至五鼓，予與項、劉二公整兵而出，至山下，其東山口係延綏兵所守地，而機又不可預泄，乃謂延綏參將胡愷曰：「爾營兵連日傷損實多，中軍兵可代爾守一日。」胡應曰：「諾。」予即命掣其兵，移中軍兵於山口。令人於高山上視之，見有騎白馬出城者，乃四也。既而，東山上果有披戴明盔甲精鋭數百人，項公方信之。劉公恐其子文在彼不利，欲麾兵進，予曰：「不可，兵一進彼必退矣。」如此者三。探者忽來報曰：「今日厮殺，賊箭往上射。」予叱之曰：「賊多詐。」已而，約王公鋭等麾下悉前，兩軍相戰良久，彼此殺傷相當，我軍因奮勇鏖戰，賊遂大敗。俄報滿四等已生擒。少頃送至軍前，争功者不已，予手刃欲殺之，衆方散。予與項、劉諸公議曰：「四既就擒，城中破膽，乘勝逼城，崩之必矣。」劉公曰：「既得四，且罷，若進兵，恐城堅守，卒不能平。」遂以四歸營。官軍大悦，予乃書火牌十數面，行各邊并陝西各府知之，以安人心。賊有馬驥、南斗，俱驍勇過人，四皆待以心腹。次日，復率其衆出戰，官軍輒擒之，賊勢益蹙。乃以擒四等捷聞，且止援兵。有敕獎諭，并賜羊酒犒勞。

不二日，城中復立平涼衛達官鎮撫火敬爲主，以拒官軍，凡逃出者即殺之。項公令諸營各遣夜不收數人夜偵城下，賊北行即報，南行勿追，蓋欲散彼之黨易成擒。二劉總戎議，欲任城中餘賊皆散去不追。項公與予議曰：「賊自叛逆，殺我一伯三都指揮，官軍死者數千人。今若縱之，後稍不遂意即又叛矣，終爲陝西患。論法不可恕。」乃日探之。至十一月二十五日，賊度不能支，一夜潰出四散而去。因悉發諸營兵捕之，擒斬數千級，惟滿四侄太平舍人能最驍黠，逸去。詢其黨洪滿，云能熟知青山洞。用火薰之，方就擒，併獲其家屬百餘口。諸營官軍日搜山，又得賊五百餘人，幼男婦女不下數千，盡分給官軍，止選取十三歲以下者數百以俟取用。陽虎力家口亦被獲，虎力日望救之，予令旗牌手引虎力逐一認之，俱給還，而其親戚以虎力被宥者亦衆，蓋以其預有功也。

惟舊時爲盜者百十人走彗箒山，置帳房數十頂居之，累招不下。項公命攻之，亦不克。予與項公議曰：「此亡命殘賊不足慮，終能得之。第石城之險，非盡夷前後所築城垣，恐後有叛者必據此爲巢穴。」遂令萬人悉平之。至於陣亡官軍之骸骼，久暴於城外，則令右布政余公子俊收聚，起大塚葬之，祭以牲醴。復立石記平賊歲月於山崖，以示永久。乃會項公至彗箒山視之，予方欲設法攻剿，忽延綏報北虜已入河套矣，僉謂我軍久暴於外，倘此虜聞之，擁衆來此，其何禦之？乃留精兵三千於本山之外伺賊，予與項公等於十二月二日并諸營軍馬悉回固原。

予乃宴總督、總兵并各鎮巡撫、將佐。尚有所獲土達老婦人三百餘口，予與衆議以之解京，途中勞費，悉責其親戚放遣之。項公以二十六日歸陝，而諸路兵俱回鎮。其生擒賊千餘，恐生變，即營中斬八百，餘擇留。滿四、馬驥、南斗、火鎮撫等及其黨與之罪大者二百名并滿四妻解赴京師，俱伏誅。且以兵後久安無虞之計上聞，再奉敕獎勵。而彗箒山餘賊，至成化己丑正月十四日，賊首毛哈剌亦叛誅，傳首至陝，餘賊解散。其未殄土達悉不究，令其本分耕牧，蓋慮其奔河套以從大虜也。於是石城迤北古西安州添設一千户所，除官撥軍防守。又以固原千户所改爲固原衛，奏選指揮等官苗鳳等七十餘員理衛事。復添兵備僉事一員，舉鞏昌府階州知州楊勉任之，項公等遂班師。

本年三月，論功行賞，太監劉祥歲加俸二十石，劉玉陞左都督，項公陞右都御史，予與延綏巡撫王公鋭皆陞左副都御史，餘皆陞職有差，而賞亦厚。先是，項公日披堅於石城下督軍殺賊，雖矢石如雨，略無懼色。予嘗勸其持重，公曰：

「奉命討賊，久無成功，死所甘心。」輿論偉之。及是，人猶以功大賞輕，爲不足淬勵人心云。任壽、吴琮、陳介謫戍兩廣，劉清、馮傑亦坐誅。先李俊之侄洪，滿四之侄安亡去，予督捕，竟獲，亦解京棄市。

四月，奉敕諭安所餘士達，予復親詣固原檢其户數拘其老者面諭以生生之樂，釋其驚疑，衆皆叩頭俯伏曰：「誓不敢爲亂。」遂奏給復三年，以安其心，復榜示曉之。選壯丁千名隨軍，皆樂從，願效死力以報。後再奏，復指揮滿璹官陝西西安左衛帶俸，以絶後患。師旅既靖，西方底寧，予年四十有四，濫膺巡撫重寄，於兵事蜂午之際，得偕項公等同心戮力，凡營居野外者六十餘日，親犯矢石者二十餘戰，始克獲醜獻馘，殄平巨寇，迄今三十有六年，歷歷若前日事。偶因項公後人求論次其先烈，而并及其始末之詳如此，使觀者有以知兵禍起於微細，戰功係於謀畫，當思患於未萌，圖成於先事，是亦有志建功爲國者之一鑑也，豈直備史氏之略，著一時同事者之績而已乎！

《撫安東夷記》 洪惟我太祖高皇帝膺天眷命，奄有萬方，以西北密邇胡戎，乃設陝西行都司於甘州，山西行都司於大同，萬全都司於宣府。又於喜峰口外古惠州地設大寧都司，遼東遼陽設遼東都司，陝西、寧夏即趙元昊所居地設寧夏左等五衛。而遼之廣寧尤北虜要衝，復設廣寧等五衛，與各都司并寧夏咸號重鎮焉。時則封肅王於甘州，慶王於寧夏，代王於大同，谷王於宣府，寧王於大寧，遼王於廣寧，以藩屏王室，捍禦胡虜，凡有不庭，即命諸王討之，所以三十餘年胡虜不敢南牧。

迨我太宗文皇帝遷都北平，始徙大寧都司於保定府，而其所屬營州等一十餘衛、所亦省入順天、永平二府地方。時谷府未之國，即改湖廣之長沙，遷寧府於江西之南昌，遷遼府於湖廣之荆州。乃以大寧之地自古北口至山海關立朵顔衛，自廣寧前屯衛至廣寧迤東白雲山立泰寧衛，自白雲山迤東至開原立福餘衛。處虜之附近者既，又以開原東北至松花江、海西一帶金之野人女直分爲二百七十餘衛、所，皆錫印置官，官雖多寡不一，皆選其酋長及族目授以指揮、千百户，間亦以野人之向正者爲都指揮、都督統之，爲我藩屏。而松花江東北一月之程所謂黑龍江之地，則又立奴兒干都司。時遣使往招諸夷，有願降中國者，於開原設安樂州，遼陽設自在州居之，皆量授以官，任其耕獵，歲給俸如其官。當時各衛夷人每入貢，賚賜殊厚，以故凡迤北征討，皆聽調遣，無敢違越。永樂末，招降之舉漸弛，而建州女直先處開原者叛入毛憐，自相攻殺。宣德間，朝廷復遣使招降之，遼東守臣遂請以建州老營地界居之。老營者，朝廷歲取人參、松子地也，名爲東建州。初止一衛，後復增置左右二衛，而夷人不過數千，然亦歲遣使各百人入貢以爲常。其地則遼東自山海關直抵開原，道路如一之字，南瀕大海，三面皆夷虜，至爲難守。其性則建州女直譎詐過於海西，過於朵顔等三衛，蓋海西、建州馬步能戰，而朵顔三衛止長於騎射故也。自北虜也先猖獗，三種之胡遂皆歸之。

正統十四年，也先犯京師，脱脱卜花王犯遼東，阿樂出犯陝西，各邊俱失利，而遼東被殺虜尤甚。以故朵顔三衛并海西、建州夷人處處蜂起，遼東爲之弗靖者數年。至景泰後始克寧謐，而海西野人女直之有名者率死於也先之亂，朝廷所賜璽書盡爲也先所取，其子孫以無授官璽書可徵，不復承襲，惟歲遣使入貢，第名曰舍人。以是在道不得乘傳置，錫宴不得預上席，賞賚視昔又薄，皆忿怨思亂，遼東人咸知之，而時未有以處之也。積至成化二年，建州都督董山等梟雄桀黠，乘是以動海西之夷擁衆入寇。守臣以聞，朝廷命太監黄順、總兵官武靖伯趙輔、左都御史李秉往討之。輔等既降董山，則逮赴京師，而山仍桀驁，北行至廣寧，輔等以爲山若復歸，貽患必大，奏朝廷遂誅山而安置其黨於兩廣、福建，且復進攻之。時雖克捷，而所失亦不少矣，然邊境亦賴以寧。至成化中，元之遺孽滿都魯僭稱可汗，虜酋乩加斯蘭爲太師，節犯宣府，聲勢甚大，警報殊急。予乃以兵部右侍郎奉命整飭遼東邊備以防胡，時成化十二年八月也。九月即抵遼東，遍歷險要，繕城堡，利甲兵，練軍士，選精壯，凡所以爲防虜計者罔不殫心力。虜人覘知我有備，遂不復發。適山東左布政陳公鉞以右副都御史來巡撫遼東，後予而至，凡備禦都指揮等官輒逮於理，既當法則止罰馬罰草而復俾蒞戎政，由是馬之價皆削，諸軍士不復顧忌。予既防胡歸京師，則以十五事上陳，而禁巡撫官罰馬於軍職者亦與焉，陳遂以爲隙。

先是，海西兀者前衛都指揮散赤哈上番書，言開原驗放夷人管指揮者受其珍珠、豹皮，兵部移文遼東守臣勘之。管指揮者懼，乃因本衛都督產察係散赤哈侄入貢歸，賄求產察言管實無所受。散赤哈聞之，深怨產察，聲言聚衆犯邊。邊將以情報守臣，守臣乃譯番書招散赤哈來廣寧面折。散赤哈遂率所部十數餘人欲由撫順關進赴廣寧。時參將周俊等守開原，恐散赤哈至則真情畢露，乃遣使馳報廣寧守臣，詭云海西人素不由撫順關進，恐熟知此道，啓他日患。守臣不虞其詐也，即召其使速阻之。時散赤哈已入關，聞之大怒，折箭誓恨復歸。至撫順所，備禦都指揮羅雄知事不協，具酒食慰遣出關。時建州三衛女直亦欲報誅董山之怨而仝藉海西之勢，緣此遂留散赤哈於建，共來犯邊，勢漸昌熾。向使不阻散赤哈以啓之，邊患爲之息矣！守臣以聞，乃招土兵大征建州，而出榜示衆，徒張虛聲，實皆顧戀私家，不移遼陽。三衛遂得糾合海西人數千於十四年正月乘虛入境，大掠鳳集諸堡。報至廣寧，陳懼，始赴遼陽，而寇出已久矣。獨近邊土著虜人也僧格等十八人家皆有使入貢未還，恐誤罹兵禍及拘留其使，乃走撫順所報訴云：「犯邊者皆海西人。」陳與分守遼陽副總兵韓斌意在撲剿夷人以掩罪，遂皆收繫瀋陽衛，乃乘夜率諸軍襲各寨屠之，訖無所掠人畜，而精壯者間亦脱去。暨回，遂捶死也僧格於獄，乃以搗巢之捷聞。

時太監汪直者勢焰方熾，惑於通事王英，謂往撫可邀大功。上命司禮監出駕帖，太監懷公恩以直年少喜功，於本年三月初四日同太監覃昌等七人至内閣，傳宣兵部尚書余公子俊、侍郎張公鵬暨予。比至，僉言彼既有使入貢，却又屠其家，今若之何可以彌釁？或言宜以大官酬之，予曰：「官不足以釋其忿，且宋以李繼遷爲京官，遂致西夏之患。」懷公曰：「然則遣大臣同大通事往撫之？」衆皆曰：「諾。」尋宣至内府，懷公傳旨：「建州夷人被大軍征剿，恐懷疑懼，着兵部侍郎馬文升、大通事詹昇前去撫安。」已而，王英即謁予於私居，喻汪意欲請與俱，予遂謝絶之。即行，汪深以爲恨，衆皆爲予懼，以事關朝廷，亦無所恤。乃疾馳追及入貢夷使重陽等於中途。

四月初五日抵撫順所，先縱重陽左右一二人歸諭其衆，使知朝廷意旨，遂有十數人來見，即諭以前意遣歸。尋召各衛酋長聽宣璽書，由是纍纍皆至。而被屠之家數百人，悉訴其方遣使入貢無犯邊狀而冒當殺戮，又果無劫掠人畜可證。今雖仰荷朝廷招安，實難於度日。予遂承詔各以牛、布給慰之，且令其酋長赴京。適微聞海西雖來聽撫，猶思寇掠。始歸乃於東寧衛訪嘗爲建州經歷識字熟女直趙安，以招降爲名，陰探於渠魁卜刺荅所，果有海西兵馬與否？不數日，趙安歸云：「有，且賊數千而馬悉肥壯。」時分守開原太監韋朗亦遣人來言：「海西賊俱動，若來時，恐勢不可撫。」予遂以建州事聞於朝，且言夷人雖暫聽撫，觀其言貌詞氣，尚懷反側，難保遽安，仍移文總兵官歐信、副總兵韓斌、參將崔勝各率所部及調開原參將周俊帶領開原、鐵嶺精卒三千各分付鳳集堡一帶，賊以爲無備矣。比予至開原，甫三日，果數路入寇，諸軍以逸待勞，遂斬首二百餘級，生獲數十人及賊馬器仗無算，而所斬者率多海西人。馬參將、崔勝、周俊馳報陳，陳爲功。予因并前所論反側情狀及申虜人背逆天道，既聽招安，旋復入寇，以自取滅亡之禍，請移遼東兵剿之，或既奪其心而姑與更新招撫，遣通事指揮李璟聞諸上。事下兵部，以爲虜人既撫安垂成，只仍招撫以安地方，朝廷從之。

海西人聞之，且感且懼，都督産察等盡歸降。乃一體諭之，遣其酋入京，而遼東守臣奏報十數日方至，以故賞皆不行，陳以是隙益甚。夷既降，予慮其猶踵舍人之怨而檢其先授官子孫之失襲者，皆令來見譯審實，請兵部於内閣驗授官璽書底籍明白，再遣遼東守臣勘實，令襲官者復十數人，夷愈感激。

汪以夷既招安，曷又入寇？復主王英言，請帶領頭目百餘人給令牌令旗往，夷聞其聲勢，久撫一人復出者。汪至開原，更有予原所招出兀者前等衛、野人女直、堵里吉等三百餘人，而予時在撫順，汪不與之接，皆怒欲歸寨。參將周俊恐敗事，乃謂汪曰：「不可不請馬欽差來議。」汪乃遣人至撫順所邀予，予亦馳至開原與汪會，汪曰：「若之何？」予曰：「太監既至此，此夷即太監招出者也，何問彼此？」汪揣知事不易，遂聽予言，俱犒之。既又以謄黄璽書付各寨招安，同以事聞。已而，汪意猶欲再招出，見示己功，予曰：「太監此來既有令牌令旗，彼懼，決無敢出者。太監第回京，可保無虞也。」汪亦欣然與予俱歸遼陽，復會聞於上。予至京師，上賜羊酒寶鈔，汪亦釋然矣。

既而，兵部以失機召信、斌入京，久未訊，汪皆許以復舊任。適汪有事河南，兵部以信等逮訊於都察院。汪回，怒甚。又有李謙者上疏救斌，汪遂請同定西侯蔣琬、刑部尚書林聰往勘，比回，信等獄皆解。有譖予者，汪遂密奏予下錦衣獄，謫戍四川。

成化癸卯，乃蒙恩改都察院左副都御史巡撫遼東，顧軍士雖喜而將臣甚疑懼，予率公以處之，迄今邊境晏然，而東人之心亦安矣。嗟乎！國計私忿不兩立也，予以區區爲國之心，雖一時艱危何恤？然而事久天定，不惟少裨於邊防國事，抑且不愧不怍，神明有不扶持者哉？然則爲人臣者亦可鑒矣。

《彭文憲公筆記》

明彭時撰

景泰元年庚午八月十五日，也先遣兵奉送太上皇帝還京。因思晉懷、愍，宋徽、欽，不能無遺憾於千古。而我太上獨得其悔過，奉送南歸，豈聖德有所感動而然耶，抑虜人計窮而爲此也。臣子之憤於是乎可少舒矣。

景泰數年中，敬禮大臣，寬恤民力，賞罰亦無甚失。獨易儲、廢后二事爲害義，所以失人心者在此也。

東鹿王公，自正統中任都御史，甚有名譽，晚與中貴王誠厚相結納，欲入内閣。是時閣下已有陳、高、蕭、江、商五人矣，而王難言，私以語高，高遂爲具奏添入，有「不拘煩劇、閑散」之語。及會議，陳不知其意，謬曰：「我於煩劇中舉蕭維禎。」高遂曰：「我舉王公。」奏上，果用王。當時人皆駭愕，多咎陳欲私鄉人，故激成此事，然不知陳無意而高有意也。高之意惟商公知之。商語予如此。

歲丁丑改元天順。是年正月，太監曹吉祥、武清侯石亨等與副都御史徐密謀舉兵，迎太上皇帝復位，執于謙、王文、范廣殺之，罷黜陳循等十餘人，充軍爲民，罪其迎外藩也。然實無此事，特諸人欲張己功，假此以爲名云。

天順元年九月初三日，上御文華殿，召臣時入見。令近榻前，問曰：「爾是正統十三年狀元邪？」時對曰：「臣不才，誤蒙聖恩拔擢，至今感戴不忘。」因叩頭者三。又問曰：「第二名陳鑑，第三是岳正。」時對曰：「是。」又問：「今年幾何？」對曰：「臣犬馬齒四十二。」上笑曰：「正好用，出外吃酒飯去。」時叩頭退，已而命下，着文淵閣辦事。先事内閣用徐有貞、許彬、薛瑄。二月，陞李賢於許、薛上。六月，徐、李爲事，薛瑄致仕去，用岳正、吕原與許彬三人。七月，岳爲事，許亦罷黜，復用李賢、吕原，至此乃增時爲三人。蓋當時進退甚輕，希冀者衆，不意復及時也。惟時先見而後出命，豈懲前之未審歟？

是年，徐、李被黜，負權寵者語人曰：「我欲薦彭某入閣，因未與接識，故未果。」其人傳言曰：「可往一見之，彼必喜。」予對曰：「素不慣往見人。」有相愛者曰：「今日持重賂求見不可得，爾徒手一見何傷。」予曰：「承厚愛，然決不能往。去年當諸公合謀時，有沈司歷者三次來家見邀，予避不敢見。」蕭聰郎中又謂予曰：「沈是有力者使來，進用之機在此。今不見，後將有悔。」予曰：「我本無他望，何悔之有？且去年既自守不徒見，今往見之，雖進亦可耻也。」是時，李宜人聞此言亦曰：「官自來爲好，不然雖做尚書，亦何足爲榮。若無事，只如此過亦足矣。」予甚重其言。及入閣之命下，始知顯晦自有時，非人謀所能與也。

文淵閣在午門之内之東，文華殿南面磚城，凡十間，皆覆以黄瓦。西五間中揭文淵閣三大字牌扁，牌下置紅櫃，藏三朝《實録》副本，前楹設櫈，東西坐，餘四間背後列書櫃，隔前楹爲退休所。李公自吏部進，以傍坐不安，令人移紅櫃壁後，設公座。予曰：「不可，聞宣德初年，聖駕在此坐，舊不設公座，得非以此耶？」李曰：「事久矣，今設何妨？」予曰：「此係内府，亦不宜南面正坐。」李曰：「東邊會食處與各房却正坐，如何？」予曰：「此有牌扁，故爲正，彼皆無扁故也。」李曰：「東閣有扁，亦正坐，何必如此？」予曰：「東閣面西，非正南也。」李詞氣稍不平，曰：「假使爲文淵閣大學士，豈不正坐乎？有居是官而不正其位乎？」予曰：「正位在外諸衙門則可，在内決不可。如欲正位，則華蓋、謹身、武英、文華諸殿大學士將如何耶？蓋殿閣皆至尊所御，原設官之意，止可侍坐備顧問，決無正坐禮。」李公語塞，然猶未已。踰數日，上遣太監傅恭送銅範飾金孔子并四配像一龕來，遂置於中間。又數日，遣太監裴當送聖賢畫像一幅來，懸於龕後壁上，乃罷不設坐。蓋李爲人好自尊大，往往不顧是非，直行己志如此。

戊寅年二月，上聖烈慈壽皇太后尊號，詔告天下。詔草已進訖，予謂李公曰：「此事前所未有，宜有恩典及人。」李曰：「先年兩赦，數赦非所宜。」予曰：「非謂赦也，但行優老之政爲宜。若朝官父母年七十者與誥敕，百姓年百歲與冠帶，是即老吾老以及人之老意思。如此恩典，斯與上徽號相稱。」李公喜曰：「是好。」因共擬仁政數條進呈。上大悦，命即行之。比見上英明大度，樂用人言，真聖主也。頒徽號詔畢，上御文華，召時等三人近前，賜銀兩、表裏有差，仍親自授與，和顔慰勉。其鼓舞臣下有如此，令人感激不能忘也。

是年十月十日，扈駕校獵南海子。海子距城南二十里，方百六十里，闢四門，繚以崇墉，中有水泉三處，獐鹿雉兔不可以數計，籍海户千餘守視。每獵則海户合圍，縱騎士馳射於中，亦所以訓武也。是日，扈從官皆蒙頒賜獐鹿雉兔，而内閣三人比諸人差厚云。

己卯四月六日，有聖旨，賜大臣遊西苑。苑在宫垣西，中有太液池，周十餘里。池中駕橋梁以通往來。橋東爲圓臺，臺上爲圓殿，殿前有古松數株。其北即萬歲山，山皆太湖石堆成，上有殿庭六七所，最高處乃廣寒殿也。池西南又有一山如之，最高處爲鏡殿。此皆金、元時所作，其餘殿亭皆金制。而西稍南曰南臺，則宣廟常幸處也。是日賜宴于此，羣臣霑醉而歸。臣時已記其詳，此特其梗概云。

五月五日，賜文武官走驃騎于後苑。其制：一人騎馬執旗引於前，一人馳馬繼出呈藝於馬上，或上或下，或右或左，騰擲趫捷，人馬相得，如此者數百騎。後乃爲胡服臂鷹、走犬圍獵狀終場，俗名曰「走解」，而不知所自始，豈元之遺俗歟？今歲一舉之，蓋以訓武也。觀畢，賜宴而回。

七月，賜尚書王翺、馬昂并内閣學士三人遊南城，中有宫殿樓閣十餘所，皆宣廟與上遊幸處也。是秋，新作行殿一所，東爲蒼龍門，南爲丹鳳門，中爲龍德殿，左右曰崇仁、廣智，殿之北有橋，橋皆白石雕，水族於其上，南北有飛虹、戴鰲二牌樓，東西有大光、雲影二亭，又北壘石爲山，曰秀巖山，上有圓殿，曰乾運，其東西二亭曰凌雲、御風，山後爲佳麗門，又後爲永明殿，最後爲圓殿，因流水繞之，曰環碧。移植花木，青翠蔚然，如夙成者。既畢工，乃命學士李賢、吕原暨時往觀焉，受命預行者，太監裴當也。宴畢乃回，時謹記于此，庶不忘上恩云。

庚辰四月六日辰刻，上御南薫殿，召王翺、李賢、馬昂、彭時、吕原五人入侍，命内侍鼓琴。鼓琴者凡三人，皆年十五六者。上曰：「琴音和平，足以養性情，曩在南宫，自撫一二曲，今不暇及矣。所傳曲調得於太監李永昌，永昌經事先帝，最精於琴事，三人者皆不及也。」賢等曰：「由此不輟，亦可精妙。」因皆叩頭曰：「願皇上歌《南風》之詞，以解民愠。幸甚。」上起，人賜廂鶴頂博帶一條，皆親舉授。五人者皆叩頭而出。

十月二十二日，上御西苑，閲將臣騎射，召時等五人侍見。所閲皆侯、伯、都督、指揮。指揮隸三營把總，管操者總兵官。會昌侯孫繼宗、廣寧侯劉安、懷寧伯孫鏜、都督趙輔，具名籍進呈。令逐一馳馬射箭，以三箭爲率，上親按籍記中否。有中二箭、中一箭者，其有不中而引弓發矢可觀者，比中例。試畢，賜鈔有差，而總兵暨時五人各賜鈔一千貫。十一月，閲御馬監勇士騎射亦如之。先次有二三人畏避不赴者，罪黜之。自是將士咸感德畏威，知所奮勵云。

是年春，廷試，進士第一甲得王一夔等三人。後數日，上御文華閣，召李賢諭曰：「永樂、宣德中，常選庶吉士教養待用。今科進士中，可選人物端正、語音正當者二十餘人爲庶吉士。可止選北方人，不用南人。南方若似彭時者方選取。」賢出以語時，時疑賢欲抑南人進北人，故爲此語。因應之曰：「立賢無方，何分南北。」賢曰：「果上意也，奈何？」已而太監牛玉復傳上命如前，令内閣會吏部同選。時對牛曰：「南方士豈獨時，比優於時者甚多也。」牛笑曰：「且選來看。」是日，賢與時二人同詣吏部考選，得十五人，南方止三人，而江南惟張元禎得與云。蓋上自復位以來，明照百辟，不輕選任，而時不才，獨軫聖懷如此，感激於中，何可忘也。

辛巳年七月二日，昭武伯曹欽反。欽，乃太監吉祥猶子也。吉祥在宣德、正統中屢領兵出征，麾下多達官，驍勇善戰，結以恩惠久矣。天順元年，與石總兵成迎復功，亦恃有此，欽以此驟陞伯爵，頗驕恣。錦衣衛指揮逯杲發其事，稍裁抑之，遂有反謀。適朝廷遣兵部尚書馬昂、懷寧伯孫鏜征西，早朝，謀領達官突入爲變。達官中有曰馬亮者知之，夤夜，詣至恭順侯吴瑾家言之。瑾以告孫鏜，具本達于上，朝門未開而反者至矣。殺逯杲并寇都御史，取其首，舉火攻門，縱横於門外，勢可畏，朝官多避匿不敢出。惟李賢一人被執，賊黨屢挾之以刃，得不死。比明，孫鏜會合出征官軍禦之，戰於四牌樓，抵暮乃平之。吴瑾以戰死。當是時，變起倉卒，在營將士散處于家，且無甲胄器什，非孫鏜有西行之卒，何以禦亂不測，然亦豈非宗社有靈使之然歟。或謂迎復之舉，曹、石二家爲首事，雖順而行之以逆，傷國體、壞朝政多矣。不三年而石敗，又三年而曹敗，雖遲而受禍尤烈，報應之理，爲甚明也。亂臣賊子可以鑒矣。

甲申正月朔日以後，上不豫，猶每日裁決萬機如常。至初十，來疾大漸，乃處置後事。命太監牛玉執筆，口占使書：其一東宫即位過一百日成婚，其二定后妃名分，其三命勿以嬪御殉葬，其四殯斂器服，語意詳盡，皆合天理，當人心。書畢，且命牛曰：「將去閣下看，令爲我潤色之。」既至，臣時等驚愕曰：「何至是？」牛曰：「上意亦謂事不可測，且説下，不用何妨？」臣等欽誦畢，皆嘆曰：「所言皆大體，非英明不能及此。而止殉事，尤高出古今，真盛德事也。不須潤色。」言畢，時不覺淚下。牛備以前言復命，且曰：「彭某尤悲愴。」上聞之亦殞涕，已而曰：「且收著，待我去後遵行。」次日，牛出道其詳，因曰：「上英偉，從來不墮淚。今若此，事可知矣。」至十七日遂崩。嗚呼，痛哉！謹志其略，用彰聖德之高致云。

次日早，儲皇披髮衣素出後右門，召内閣學士李賢、陳文暨臣時并文武執政大臣至前，言曰：「父皇賓天，爾等盡心輔佐。」因泣下。羣臣皆俯伏號哭，良久乃起，叩頭而退。是日有聖旨，命太監劉永誠、夏時、傅恭、牛玉，會昌侯孫繼宗，懷寧伯孫鏜，尚書王翱、李賢、年富、馬昂，侍郎陳文并時爲計議官，公同計議，處置軍馬重務，遵宣德十年例也。預者皆荷銀幣之賜。

二十三日，議上兩宮尊號。內臣夏時懷逢迎心，倡言曰：「錢久病，只尊所生母爲太后。」李曰：「今日合遵遺命，景泰年事不可法。」時曰：「李言是。朝廷所以服天下，只要正綱常。今爲此舉，反遺所當尊，豈不乖大義，失人心，於聖德所損多矣。」李言：「是。」夏曰：「待請命。」既入，少頃出傳仁壽宮旨曰：「子爲皇帝，母當爲太后，豈有無子而稱太后耶？宣德中自有例。」李色變，知事不成，因目時曰：「爾執筆。」時曰：「今日事與宣德年不同，胡后曾上表讓位，退居別宮，故正統不加尊號。今日名分固在，豈得不尊？」夏曰：「既如此，便照例寫讓表。」牛亦助其言。時曰：「正統、天順初未曾如此行，今日誰敢擅寫？爲臣子者，若阿諛順從，是萬世罪人也。」同議者心知不可，皆不發言。夏見諸人不言，乃作色，厲詞曰：「你每偏向懷二心，恐追究來不好！」時拱手向天曰：「太祖、太宗神靈在上，誰敢有二心？錢娘娘已無後，何所利爲之争？所以不敢不極言者，爲全皇上聖德，非有它也。若推大孝之心，則兩宮同尊爲宜。」衆乃皆曰：「如此是好。」夏色少怡，乃請命。良久出曰：「得上位再下勸諭，已蒙俞允矣。」時執筆將書，又曰：「須照上聖例加二字，不然何所分别？」夏曰：「既是同尊，如何又要分别？」時曰：「得二字好稱呼，非有尊卑於其間也。」衆曰：「然。」乃以「慈懿」二字加其上。是日同議懼逆夏意有後患，隱默不言，惟李開端，時極力繼其後。賴皇上孝事兩宮如一，故能委曲勸諭仁壽，以成大禮，仁孝之德於兹可見。以後數日，太監譚包至閣下，言曰：「同尊二母是上位本心，但屈於親母有難言者，而不知禮之人且欲逢迎於其間，非二先生且誤大事。爲人臣正當如此。彼嘿嘿者徒享厚禄，何焉？」時同僚有未發言者，面聽譚語有慚色。

營造山陵，時與同僚李、陳計曰：「前日事費周折如此，今玄宮且從權作三位，庶日後兩全其美。」李曰：「然。」遂具疏言之。已而內臣傳旨曰：「所言固有理，但洪武以來制度只雙穴，未可輕易爲，仍令諸大臣同議。」及議，夏太監堅言不可，衆顧望不言乃已。

成化元年乙丑二月，禮部請上擇日行耕籍田禮，在山川壇之南。十七日早，上率百官祀先農畢，釋祭服秉耒三推，户部尚書馬昂捧青箱後隨，亦府耆老二人馭牛，二人曲躬按犂轅，教坊樂工執彩旗夾隴歌謳，一唱百和，颭旗而行。上秉耒三往三返如儀，殊不以爲勞。既畢，乃坐。三公九卿助耕訖，公五推，卿九推，各用耆老一人傍犂而行。是日，時在九卿之列也。俱耕推畢，教坊向前呈應，用田家典故。觀畢，乃賜宴而回。時生長未親農事，至是始知犂之入土淺深係乎舉手低昂，事非習不能，於此可見矣。

三月初十日，上幸太學，行釋奠先師禮，用大臣八人分獻，時分獻西哲。禮畢，上坐彝倫堂，賜文武三品以上并學士左右侍坐。祭酒司馬恂、司業張業以次進講。講畢，賜茶，乃行。先數日陰雨，至是乃開霽，車駕往來，無一點塵埃。觀者咨嗟，以爲正協文明之象，實聖德感通之兆也。

戊子六月二十八日，慈懿皇太后上仙。次日，內臣傅恭、夏時同司禮監傳旨，左右皆不敢對。時與商、劉二學士後至，又問如前。時對曰：「此一定禮，何可議者？梓宮當合葬裕陵，神主當附廟。」禮部尚書姚夔乃曰：「此是正理。」內臣懷恩心知其正而不敢言，夏時獨曰：「不可，慈懿無子且有病，豈可入山陵！只可比胡后例，葬西山。」時曰：「太后母儀天下近三十年，爲臣子者豈忍議別葬。此事關係非小，一或乖理，何以示天下？」內臣不以爲然，曰：「且散，待請旨再議。」時退謂同僚曰：「此事當力争，不可使上有失德。」二公曰：「然。待他人先言，吾輩贊成之，先言觸怒，則事不可爲矣。」時曰：「如此固當，倘無人言如何？」已而，上御文華後殿，召臣時三人并諸內臣至前面議。上曰：「慈懿娘娘葬禮當何如？」時對曰：「只合依正禮行。」上曰：「朕豈不知依正禮是，但於周娘娘有礙，故令你等議，務要處得合宜。」時曰：「皇上孝事兩宮，聖德彰著，今奉梓宮合葬裕陵，以全聖孝爲宜。」商曰：「外議洶洶，若不附葬，則人心不服，且於聖德有損。」劉曰：「孝子從義不從令，雖聖母有言，亦不可從也。」上默然良久曰：「合葬固是孝，若因此失娘娘心，亦豈得爲孝？」時曰：「皇上大孝當以先帝之心爲心，先帝待慈懿娘娘始終如一，今若安厝於左，虛其右以待後來，則兩全其美，庶不失先帝之意。」夏曰：「此先閣下議作三位已不允，今如何行得？」時曰：「彼時慮有今日，故預爲此議。今須依此處置爲宜。」上雖未允，而色和無怒容。時因曰：「臣等意未盡，欲具本言之。乞皇上再三申勸聖母，以終大事。」上曰：「進本來看。」當晚時等具本進，有旨，令百官議。明日，禮部集公、侯、駙馬、伯、文武大臣議，皆云時等言是。時內批未允，猶欲別擇地。于是百官伏文華殿號泣不已，聲聞於內。內臣傳旨諭衆人退，皆應曰：「不得命不敢退。」時與商、劉進曰：「人心如此，天理所在，望朝廷俯從羣情。」于是內批諭羣臣云：「卿等昨者會議，大行慈懿皇太后合附陵廟，固朕素心，但聖母疑事若有妨，未即俞允，朕心終不自安，再三據禮祈請，聖慈開諭，特賜允諾，卿等其如前議施行，勿有所疑。故諭。」衆聞命咸稱萬歲。蓋此事非上曲全孝道，何以致此。真聖德主也。

是年五月間一日，大風雨，蕭牆以西若雷雹聲，有在地拾取觀之，皆黄泥丸子，圓浄堅實，如櫻桃大，破之，有硫黄氣。劉學士在階西取數丸示予，非親見者不信也。以此觀之，二氣變化何所不爲。

七月間，陝西奏報，平涼府開城縣土達滿四糾衆大恣劫掠，勢甚張。時疑此徒服役久，今忽反，必有不得已者。請敕鎮守官軍，問激變之故。行闈參將劉清禦賊敗績。報至，兵部請命陝西、寧夏、延綏三處合兵殺賊。已而聲息益急，復請調京軍往，以都督劉玉總兵，副都御史項忠提督軍務。項未至，陝西、寧夏二處官軍不待延綏兵至輕進，大敗，死者數千人，軍器悉爲所得。報至京，輿情驚駭。是時賊雖再勝，聞朝廷遣將出師，遂退石城山頂。劉領兵近山，分爲七路圍之，戒前失，深溝高壘，不輕與戰。有副將毛忠，恃勇自領鋭卒登山仰攻之，復敗衄。京師士夫聞失副將，益危懼，以爲安史復出。兵部尚書程信恐劉不勝任，輒請命撫寧侯朱勇再領京軍及邊兵四萬以往。命以下，撫寧難其事，奏定賞格，謂生擒賊首一人，與世襲指揮使，賞金五百兩，銀數千兩，共擒者賞亦然。時見其張大，欲止之，然難於遽止，請命姑整軍裝，待有急報啓行。至十一月，項知賊被圍，守已困，聞已別命將，亦不敢止，但奏宜令總兵星馳赴援，倘不日破賊，則一面奏報止兵。奏至，上命太監懷、許、黄三人召兵部於閣下計議，程曰：「事急矣，行不可緩。」時曰：「前者賊四出攻劫，誠可駭懼。今日依山自保，我軍圍守甚固，不一兩月賊必窮困，可擒取也。京軍何用再行？」商助予言曰：「觀項布置，賊不必憂矣。」程意不平，曰：「項今退在平涼，亦不可知何謂爲固守耶？」尚書白圭、侍郎李震相視不言。時曰：「彼分布已定，無故何以退？且京軍行何時可到？」程曰：「來年二三月。」時曰：「以如此則緩不及事矣。事之成敗，只在歲中，然以項奏詞觀之，勝可必矣。京軍不行爲宜。」諸太監皆曰：「然。」因問邊軍去否？時曰：「邊軍亦不必去。」商曰：「邊軍去，無害也。」乃令邊軍行，留京營軍將不遣。程又請差錦衣千户一員，去看動静，已准行矣。時聞，請追止之曰：「去看無益，徒失將士心。」程忿出危言曰：「項忠軍若敗，必斬一二人，然後發兵出。」衆不察，羣然和附，以爲止軍不行必失關中。相知者咸爲時懼，私問曰：「止軍不發，何所見？」時曰：「觀項疏曲折，知賊決可平。但彼既聞已遣將，亦不敢自擅故也。」衆猶未信，洶洶亦甚。至十二月二十，邊捷音至，知以十一月二十一日執滿四等。至十二月，賊寨悉平，羣言始息。次年正月，解滿四等四十餘人至京，太監親問之。乃云被劉清并指揮馮傑剥削不已，且又追捕爲盗，不得已遂反，非有它故。因下劉清、馮傑於獄，鞫問得實，誅之，中外稱快。

《平蠻録》

明王軾撰

欽差提督軍務南京户部尚書兼都察院左副都御史臣王軾謹題爲捷音事。先節該欽奉敕：「該貴州鎮、巡官奏普安蠻賊福佑、夷婦米魯戕滅土官支屬，謀奪官職地方。近又聚衆拒捕，敵殺官軍，凶惡逾甚。今特命爾前去提督軍務，照依兵部議奏事理，博采衆論，講畫方略，會計錢糧，酌量地方遠近，官兵多寡，隨宜征調，會合剿殺。各該鎮、巡等官俱聽節制，一應軍馬錢糧等事悉從便宜區處。爾須親臨調度，申嚴號令，相機殺賊。士兵所得賊人財物畜産就給本兵，官軍斬獲功次，送巡按御史紀驗明白，以憑陞賞。欽此。」欽遵。

又節該欽奉敕：「逆賊米魯等糾衆據險，將鎮守内官及三司方面等官劫虜殺害，損折官軍。朕念生靈荼毒，賊惡貫盈，不可不痛加剿滅。兵各至日，爾宜斟酌調遣，宣布恩威，明示賞罰，令其奮勇效力，會合剿殺，務俾逆賊授首，地方獲寧，斯副委任。欽此。」欽遵。

臣到貴州，仰遵敕旨，博采羣策，調度兵糧，商榷攻戰，計畫已定。即於弘治十五年正月二十八日進至查城，齊集調到軍兵，會同鎮、巡等官申嚴號令，明示賞罰，謀取衆長，兵分八哨：參將趙晟督領清浪備禦官軍并永順、兩江口等處長官彭世英等士兵從大盤江左哨進，兼提調各哨，都指揮張泰、李堂領普定等衛官軍并西陽宣撫冉舜臣等士兵從小盤江右哨進；都指揮崔鐸、僕宇領永寧等衛官軍并播州、黄平安撫司同知楊才等士兵從右盤江中哨進；兵備副使周鳳督同都指揮黄京等官軍并督領泗州城頭目王傑、班繼、黄琚等士兵從岩布河後哨進。尤慮大兵壓境，各該城池并盤江恐賊窺伺，分委都指揮楊芳、洛忠、王湘、魏紀、司繼先各嚴加固守，總兵官曹愷統兵於盤江東岸劄營遥震。通行督責巡按監察御史戴乾、左布政使黄璉、右參政羅安、左參議王果、僉事龔嵩、朱儀俱隨軍計議。往來督哨軍需賞賜，仍委左布政使黄璉，經理軍儲餽餉，分委參政羅安、參議王果區畫，并知府任儀、羅璞隨同儹運。又恐各哨别有姦弊，行令僉事龔嵩、朱儀隨同御史戴乾巡察。

及行，鎮守雲南總兵官黔國公沐崐、巡撫右副都御史陳金親詣交界地方督率三司，都指揮劉桓、孫輔、李增、左布政使李韶、參政張朝用、參議張璠、副使王臣、包裕、僉事王懋中各整兵備糧，運謀設策。將在彼軍兵亦分爲四哨，從亦資孔、羅雄州、亦佐縣、拖長江肆路進，八面會合，一鼓齊攻。臣領都指揮李政、指揮李佐等軍兵親臨調度，居中節制，遇有各哨報道劾敵時，出奇兵策應。致仕署右都督王通及監軍紀功監察御史黄珂適至軍前，王通贊畫謀略，黄珂欽遵原奉敕内「申嚴號令，明正賞罰」事理，嚴督各哨，軍威益振。

隨該參將趙晟開報，正月二十九日兵住查城，先選驍勇官兵一萬員名取路前進，將賊首米魯、福佑黨惡六墜、管下、阿舊等七寨克破，斬首三十七顆。各賊因見我軍勢盛，抵敵不過，賁夜奔過大江，投依毛口等寨，聚集長牛、皮古蠻賊要來截殺。二月初五日，親率軍兵設法置造排筏、壓二笆等器。至初八日，督令都指揮張泰、季堂等率領軍兵奮勇躧水過江，殺退賊衆，就陣斬首一百三十四顆，餘賊丢棄鎗刀，奔命潰散。本月十一等日，又督軍搭橋過江，連日哨搜六墜山箐，節斬賊級二十九顆。探得餘賊奔入箭迷山，高險難攻，累令鄉導誘撫，不肯下山。十三日，督發軍兵分路齊上，與賊對敵，就陣斬首三十五顆，各賊怕死，情愿投降，照舊當差。十九日，統兵大盤江劄營，瞭見蠻賊藏河西岸下，把截拒敵。當督指揮劉懷等率領軍兵沿河撑船過渡與賊對敵，斬首一十七顆，餘賊奔散。二十日，督軍搭架浮橋二座，修砌挖斷路道二十餘處。二十一日，領軍過江，哨通保、甸哈、禺章等，鋪要路直至安南衛，解圍進城，人心忻悦。連日督發軍兵出哨仰右、定王山寨，遇賊迎敵，各兵齊擁向前，殺敗賊衆，陸續斬首五十一顆。二十三日，又督軍兵哨攻阿蒙山寨，斬首一十六顆。二十四日，攻打大規模寨，斬首一十顆。二十九日，分兵攻打賊首阿舊寨，遇賊出敵，斬首四十四顆，俘獲賊首阿舊母、妻。

三月初二日，移兵進至阿傍寨劄營，督軍前去攻打阿保利硬寨，斬首二十六顆。初三日，復搜阿舊山箐，并哨攻營嶺寨，共斬首一十五顆。初九日，起營至江西坡，遇賊出没，追趕入箐，斬首二顆，就於新興劄營。十一日，發軍出哨歹疎箐，斬首一十二顆。二十四日，統領躧塘探賊，開通普安道路。二十五日，就攻福佑爲惡家奴第三寨，斬首六顆。

四月初二日，督軍攻打猪峒、大竹山箐，哨蠟科箐，共斬賊級四十餘顆。本月二十三等日，哨搜革下、沙索山箐，生擒反賊一名，斬首六顆。通前共擒斬賊級四百八十一名顆，俘獲賊屬男婦大小五十八名口，奪回被虜男婦四十名口，燒毁賊房倉二千餘間，復獲賊牛馬猪羊牲畜米穀無算。

又准總兵官曹愷開報，督領先在盤江東岸劄營，官軍并西陽、保靖等處土兵自二月二十等日節次搭造浮橋過江，用巴山虎、壓貳笆等器，出奇正之兵，用間諜之謀，克取阿滿、扯鮓、享雜等寨，并渡奪盤江，攻搜阿以、沙索等山箐硬寨，擒斬賊級共五百一十五顆，跌崖落水及被火燒死者不計其數。俘獲賊男婦一百名口，奪回被虜旗軍男婦一百八名口，得獲猪羊牛馬萬數，燒毁賊房倉二千五百餘間。

又准致仕署右都督王通開報，率領軍兵自三月初一日過盤江進抵安南衛，因各哨官軍士兵告稱普安蠻賊兇狠難效，累以計謀嚴諭將士，所向克捷。會臣選差鄉導李受等多設計，前去蘆塘賊寨取出被虜太監楊友。又都督指揮葉曇等領兵攻克阿黑、阿鷄、涉索等二十餘寨，斬首二百四十七顆，燒毁賊房倉不計其數。

又據督軍兵備副使周鳳呈報，領兵從此布河進，哨探得蠻賊萬餘在長牌嶺高頂據險立栅，山陡難攻。二月二十日，多方設法督率軍兵猿騰蟻附，併力齊進，賊徒接戰，自寅至申，擒賊級一百四十四名顆，跌崖死者不計其數。兵鋒乘勝長驅，又追斬首級二十七顆。十三日，率兵直抵安南衛，賊方遠遁，圍困已解，連發軍兵三次，哨通盤江官路，接濟軍兵。

本月十七日，又督土兵三萬分路攻打三寶、阿黑、紫塘、大章、邏廷等寨，蠻賊拒敵，軍兵奮勇殺敗，擒斬賊級九十七名顆。二十六日，移營到阿舊寨山下，遇賊對敵，斬獲首級一十八顆。

三月初一日，督兵四萬從地名者羅移營至廖旗箐阿堅地方，瞭見蠻賊數千駐劄高山迎敵，亂下擂石弩箭，軍兵奮勇登上，殺敗斬首四十二顆，餘賊奔散。初二日，又督兵攻打石頭、魯泥、破者、必康等寨，首賊阿烏騎馬率領賊徒拒敵，副使周鳳親冒矢石射中阿烏墜馬，臨陣斬獲首級，軍兵乘勝斬獲餘賊首級三十一顆。初三日，又督軍兵攻打普喇、次雙、蘇羊場、以立堡、所宗賊寨，擒斬賊級一十九名顆。初四日，又督軍兵搜捕廖旗箐，遇賊五百餘騎迎敵，軍兵奮勇斬首一十八顆。初八日，訪得蠻賊藏匿南俄山洞，據險樹栅，當督頭目王傑、班繼率兵二萬尋見賊洞，四面攻圍三日，克破，斬獲賊級一百一十顆。十一日，又督兵哨至蘆塘，賊婦米孕等聚賊三千餘徒迎敵，交戰數合，頭目黄蠻奮勇臨陣，斬獲不知名首賊首級一顆，餘賊潰散。十五日，發兵攻打法泥賊寨，斬獲首級四顆，餘賊遠遁。移兵至安南千户所解圍。當督都指揮魏紀統領安南千户所官軍并營長阿葉達等土兵，月日不等攻打阿克剌、沙查等寨，并搜龍場、楊溪、石門口等山箐，與賊敵戰，軍兵奮勇殺敗，擒斬賊級共二百一十三名顆。又督都指揮黄京、指揮陶英發兵復搜廖旗箐，斬首一十七顆。又督都指揮司繼先、致仕都指揮吴庸統領安籠千户所官軍并安隆洞、黄草壩、保靖等處土兵，日期不等攻打雷欽、欻打等寨，并哨搜色味山，與賊敵戰，殺退斬首共一百一十七顆。又督都指揮張泰、李堂等各哨軍兵，節次攻打馬尾籠、阿雜籠、猪洞、阿馬坡、革下等寨，擒斬賊級共一百五十一名顆。四月初十日，公同都指揮楊芳、致仕都指揮吴庸、保靖舍人彭翰計擒首賊一名米孕，通前擒斬賊級共一千一十一名顆，俘獲賊男婦一百三名口，奪回軍器三百件，被虜旗軍男婦一百三十五名口，得獲賊牛馬猪羊二萬三千餘疋隻，燒毁賊房倉五千七百餘間。

又據坐營都指揮李政呈報，率領總營精鋭軍兵往來督戰截殺。二月二十三日，攻搜盤江等箐，并攻克阿哥、阿朗、白箕、革下五十三寨，軍兵奮勇敵戰，殺敗斬獲賊級二百六十一顆，俘獲賊男婦三十五名口，得獲挨牌鏢弩三百件，牛馬猪羊不計其數，燒毁賊房倉五百餘間。

又據都指揮楊芳呈報，月日不等，節次領兵與賊交戰，奮勇殺敗攻斬賊級三百六十六名顆，俘獲賊男婦一百名口，奪回被虜旗軍男婦一百七十四名口。又據都指揮洛忠呈報，節次督領安南等衛官軍與賊交戰，斬獲賊級五十一顆，俘獲賊男婦六名口，奪回被虜男婦四名口。據都指揮王湘、顧宣、司勳、陳灝、指揮陸儒、趙綱并營長阿贈等呈報，節次把路搜箐，擒斬賊級共六十四名顆。又據都指揮楊芳等呈稱，率兵攻圍馬尾籠寨，蠻賊阿宗等因懼我兵大振，自令通事懦黑等將節年爲惡首賊阿舊綁縛解官，乞免己罪，就給旗榜安插。及楊芳又將福佑管下大頭首賊波衣設計擒獲解官。

又准巡撫雲南右副都御史陳金次報，本年月日不等，准臣移文差官執旗并監軍紀功監察御史黄珂行文，各催督會同總兵官黔國公沐崑親詣平夷衛交界地方，將所調武定等府州縣土官知府等官鳳英等，流官知府王嘉慶、税新等，指揮等官李素等軍兵并召募勇士四五萬數整點齊備，依前行令左布政使季韶、參政張朝用、參議張璠、副使包裕、僉事王懋中、都指揮孫輔、劉桓或分哨督軍，或區畫糧儲。

本年二月初一日，兵至曲靖衛地方駐劄，賊首福佑等正攻打平夷千户所城池，隨即發兵追剿，該所已被攻破。本月初四日，賊首米魯、福佑等領兵會合矣蘭等寨賊兵攻打平夷衛後所、大河、扼勒等屯堡，隨督軍兵與賊對敵，將福佑親男阿昝臨陣砍傷身死。福佑痛恨，又令伊管下火頭阿唐甫領兵前來劫營，各兵奮勇向前迎敵，當被革職指揮把忠將阿唐甫射傷落馬擒獲，餘賊潰散，隨將賊巢矣蘭、沙陀、驢糟、黑納、婆衣等寨箐俱各克破，擒斬賊級四十九名顆，俘獲賊男婦九名口，奪回被虜男婦五名口。本月十五等日，賊首福佑統領賊兵將樂民千户所城池圍困，攻打甚急。又督令官兵會合到彼，賊兵懼退，其圍遂解。本月二十二等日，又督軍兵攻打黨惡阿剛、綁密、陸崖、鬼者、束于、黑松林等寨箐。夜被福佑帶領賊兵攻劫土官阿驥等土營，各兵奮勇向前，擒斬賊級八名顆，俘獲賊男婦九名口，奪回被虜男婦四名口，藥箭射傷賊死者不計其數。次日，土官知府鳳英等督兵將福佑追至陸崖硬寨，與伊對敵，當將伊有名賊徒阿古束斬首，餘賊擒斬一十九名顆。移兵至平夷衛。

本年三月初三等日，僉事王懋中等訪得福佑已歸本寨，督令知府等官王嘉慶等領兵襲其後，土官知府等官鳳英等領兵扼其前，先將本賊隣近諾東、木衣、塊新等寨一一攻打，絶其外援，射傷賊徒一百有餘，擒斬賊級二十九名顆，俘獲賊男婦一十九名口，奪回被虜男婦一十六名口，餘賊奔走入箐。本月初五等日，各官督兵攻打本賊硬寨，奮勇齊心，一呼而破，本賊聞風先遁，擒斬賊級五十一名顆，俘獲男婦六十二名口，奪回被虜男婦六十一名口，當將本賊上下二寨房屋盡行燒毁。彼有福佑親信賊首阿襪車逃在多羅箐藏躲，土官鳳英緝知，發兵將阿襪車擒獲。其平夷衛附近賊黨仍肆縱横，又督併左布政使李詔、副使包裕、都指揮孫輔日逐領兵出哨，將亂石灘、克撒、卜革、洗落、則叢、檢甲、木古、阿哈、阿史密、希濟、鐵池、拜勒、黑泥、毋鮓、撒俄等寨巢一一攻破，擒斬賊級共二百三十二名顆，俘獲賊男婦一百二十三名口。本月十五日，雲南按察司副使王臣公差回任，訪得本官才優識遠，行委領兵，并分巡安普道地方，隨該監軍紀功監察御史黄珂行委紀驗功次。本月十七等日，三司領軍官員訪得叛賊福佑等俱逃往馬尾籠等寨藏躲，隨即發兵追攻，前到地名你工千下營，探得烈名崖洞有賊在内躲聚，門設排栅三重，前有大河，崖勢險惡，各官督兵設法攻破，斬首一百顆。又訪得賊首米朵并蠻賊阿宗弟阿敞等聚集賊徒俱在地名阿匝籠藏躲，各官又督兵前去，各賊預於本寨隘口用石壘砌，險惡尤甚。軍兵奮勇攻破，斬首三百顆，俘獲賊男婦一百五十一名口，奪回被虜男婦三十一名口。本月二十六日，都指揮係輔督兵前到馬尾籠寨江邊駐劄。本日夜，賊婦米魯令伊親信首賊李聰帶領賊伴一十五人前去羅雄等處探路，要行逃走，當被伏路巡哨軍兵緝知，奮勇向前，將李聰等六名擒獲，又斬獲首級九顆。本月二十七等日，三司官員督兵追攻馬尾籠寨，賊首米魯、福佑等率兵拒敵，土官知府鳳英等齊心併力，奮不顧身，將福佑并伊妾適固及賊婦米魯、首賊張保容、張定、王得俱臨陣格殺身死，俱得獲屍。并節斬首級共五十五名顆，俘獲賊男婦六十七名口。

本年四月内，僉事王懋中又訪得福佑管下首賊阿塊傍、阿塊里節次率領賊兵攻打城池屯堡，差遣土舍海岳營長阿保益等領兵搜捕，至諸東山箐得見，各賊行兇拒敵，阿保益等奮勇向前，將阿塊里格殺斬首，阿塊傍生擒。本月初八日，領軍左布政使李詔、副使王臣、包裕、僉事王懋中、都指揮孫輔、劉桓因見馬尾籠寨十分險峻，攻圍七日未克，責令知府鳳英等本寨打話，招諭蠻賊，阿宗依聽，將節年主謀叛逆江西客人龍清、監生洪子華、張禧、福佑妻拜受、男阿雜、米魯使女阿燦俱送出營。龍清仍肆兇惡，當被鳳英格殺斬首與同洪子華等俱獲。本月日期不等，節次督兵攻打白石崖、拖長江、響水崗、小竹山、法那、矣蘭、沙鍋、儘奴、烏蛇等寨山箐，共擒斬賊級八百五十名顆，俘獲男婦四百四十九名口。

五月初一等日，督兵攻搜東山、白馬山、係濟、黑泥、獨木等寨箐，共擒斬賊級三百二十二名顆，俘獲賊男婦二十四名口，有名賊首已獲一十九人，一方之患由兹而息。等因并將賊首米魯、福佑全屍及生擒洪子華等各開解到，臣會同監軍紀功監察御史黄珂審驗明白，隨將米魯、福佑砍取首級，將身屍分解，發各處梟掛。及查得官軍土兵擒斬功次，自三月十六日以前，該巡按貴州監察御史戴乾紀驗，十七日以後，該監軍紀功監察御史黄珂紀驗，各詳審嚴覈，一無妄冒。總計雲、貴各哨生擒一百九十七名，斬首四千八百一十六顆，共該擒斬五千一十三名顆。俘獲賊男婦一千三百一十五名口，奪回被虜男婦五百七十八名口，攻破一千餘寨，燒毁房倉一萬七百餘間，得獲牛馬猪羊三萬三千餘疋隻，一舉蕩平，後不再籍。

臣等議照普安賊首米魯、福佑節年倡亂，乃其勵階，米朵、阿舊、張禧、洪子華等同惡主謀，爲之羽翼，戊威土官支屬，敵殺撫捕官軍，鎮守太監暨方面官員又多殺害，毒流千里，屯堡爲之丘墟；禍及兩藩，生靈爲之塗炭。一旦天厭其亂，神奪其魄，渠魁授首，餘黨伏誅，普安、安南二衛地方俱已寧靖無虞矣。仰惟皇上受天明命，君主華夷，聖謨神威，超越千古，武功文德，光被四方，是以臣等得效犬馬之力，用圖涓埃之報。師出萬全，事無一失，疆土復往時之版圖，道路通舊日之職貢，遠近交懽，軍民胥悦，此皆皇上威德及遠之所致也，臣等不勝慶幸仰戴之至。

其各該文臣武將，宣力效勞，如巡撫雲南右副都御史陳金，遠臨邊徼，嚴督將士，先事運謀，臨敵制勝。鎮守雲南總兵官黔國公沐崑，鎮守貴州總兵官豐潤伯曹愷，致仕署右都督王通，協守貴州右參將都督僉事趙晟，巡按貴州監察御史戴乾，監軍紀功監察御史黄珂，雲貴二處左布政使黄璉、李韶，參政羅安、張朝用，參議王果、張璠，副使周鳳、王臣、包裕，僉事龔嵩、朱儀、王懋中，都指揮李政、楊芳、洛忠、張泰、李堂、崔鐸、侯宇、王湘、司繼先、魏紀、劉桓、孫輔、李增，知府任儀、羅璞、王嘉慶、税新，指揮李佐等或督率兵將致克捷之功，或紀驗功次息軍中之弊，或親臨戰陣極其勞瘁，或整理錢糧盡其心力，此皆功勤顯著者也，不敢不録。除將生擒從賊會審斬首并原獲首級俱發梟掛，俘獲賊屬男婦幼小堪用者養候，老弱不堪者變賣，奪回被虜軍民男婦給親完聚，獲到牛馬猪羊給兵充賞，器械入官。有功等項官軍人等，行紀功監察御史及用過賞功銀兩等項，雲、貴二布政各造册奏繳。其招撫過脅從夷民，行各該州、衛安插復業。漏殄逃匿殘賊，行雲、貴鎮、巡官處設法擒捕，務令盡絶，有功再行紀驗。其賊首米魯、福佑首級并福佑妻男與情重米朵、阿舊、波衣，適得洪子華、張禧等俱發都、布、按三司會同取招，一併解京。及於本年五月十一日班師外，緣係捷音事理，具本專差齎捧，謹具題。

《燕對録》

明李東陽撰

弘治十年三月二十二日，朝食前，司禮監太監韋泰馳至閣，亟呼曰：「宣四先生。」叩其故，曰：「不知。」臣溥、臣健、臣東陽、臣遷亟具衣冠至文華殿。叩頭畢，上曰：「近前。」於是直叩御榻。司禮監諸太監皆環跪於案側。上曰：「看文書。」諸太監取本付臣溥、臣健，又分置硃硯硃筆，授片紙數幅於臣東陽、臣遷。每一本上曰：「與先生輩計較。」臣溥等看畢，相與議定批辭，以次陳奏，得允，乃録於紙上以進。上覽畢，親批本面，或更定二三字，或删去一二句，皆應手疾書，宸翰清逸，略無疑滯。有山西巡撫官本，上顧曰：「此欲提問一副總兵，該提否？」臣溥等對曰：「此事輕，副總兵恐不必提問，止提都指揮以下三人可也。」上曰：「然邊情事重，小官亦不可不提耳。」又禮部本擬一「是」字，上曰：「天下事亦大，還看本内事情，若止批一『是』字，恐有遺失。」因取本閱之，則曰：「是只須一『是』字足矣。」又一本，臣健奏曰：「此本事多，臣等將下細看擬奏。」上曰：「文書尚多，都要一看下去也是，閒就此商量豈不好？」皆應曰：「諾。」上指餘本謂左右曰：「此皆常行事，不過該衙門知道耳。」乃皆叩頭退。上復顧左右曰：「喫茶。」出文華門，尚膳監官捧茶以俟，韋太監喜曰：「茶已具矣。」蓋時出急召，未有宿辦也。自天順至今四十年，先帝及今上之初間，嘗召内閣不過一二語，是日經筵罷，有此召，因得以窺天質之明睿、廟筭之周詳、聖心之仁厚有不可測量者如此。且自是若將以爲常，故謹書之，以識事始云。

十三年六月，召至平臺。上出諸營提督官辭任本，各議去留，臣健等請上裁決。上取英國公張懋本，令擬旨留之。及保國公朱暉、惠安伯張偉皆然。至成山伯王鏞、寧晉伯劉福皆准辭退。問曰：「如何？」臣健等皆應曰：「聖覽極當。」皆擬旨訖，上又問：「新寧伯譚祐較之劉福如何？」蓋祐時亦有言其短長者。臣東陽對曰：「譚祐在營管事，似勝劉福。」上意亦以爲然，但止可令管神機營，提督團營須另選，可令鎮遠侯顧溥代之。因問：「溥如何？」臣健等皆應曰：「溥在湖廣甚好。」臣東陽曰：「況新有貴州功。」上曰：「然。」則令兼管神機營。臣東陽曰：「譚祐掌神機營久，但係伯爵，若與溥同營，即當爲副。溥雖侯爵，但新自外入，若令管五軍營，名在張懋次，而令張偉副祐，似於事體稍便。」上從之，即令撰手敕藁。是日，司禮惟諸太監在侍，餘無一人在左右者，於是扶安李暐舉小紅桌具硃筆硯，臣東陽録藁以進。上親書手敕成，付司禮監官。臣東陽復奏曰：「今邊方多事，皇上留意武臣，親賜黜陟，臣等不勝瞻仰。」皆叩頭出。時已召兵部尚書馬文昇等候於左順門，候敕出行之。

十七年三月十六日，大行聖慈仁壽太皇太后喪。上御西角門，朝退，遣内官召大學士劉健、李東陽、謝遷至門内，扉遂闔。上帶翼善冠，素服腰絰麻屨，御煖閣素幄，起，立牀前。左右皆屏不敢近。臣健等叩頭畢，致詞奉慰。上顧謂曰：「先生輩上來。」臣健等皆至幄内，上曰：「爲陵廟事與先生輩商量。」臣健等仰奏曰：「昨蒙遣太監扶安諭示孝莊睿皇后葬不合禮，欲爲釐正。此盛德事，臣等仰見皇上聖孝高出前古，不勝忻慕。」上袖出裕陵圖一紙，指示陵門内有二隧道，其一西行北轉而至者爲英宗皇堂，虚其右壙而中有道可通往來。其一東行北轉而至者爲孝莊玄堂，相去可數丈，中隔不通。因曰：「此大非禮。」臣東陽奏曰：「此事臣等初不知。」上曰：「先生輩如何得知？都是内官做的勾當。」又曰：「内官有幾箇識道理的？昨見成化年彭時、姚夔輩奏章，先朝大臣都忠厚爲國如此。」臣健、臣遷對曰：「英宗皇帝嘗有遺命：『錢后與我合葬。』大學士李賢記在閣下。」上曰：「既有遺命，當時奈何違之？」臣東陽對曰：「臣等聞當時尚有别議，故委曲至此，恐非先帝本意。」上曰：「先帝亦甚不得已耳。」臣健等奏曰：「誠如聖諭，但今日斷自聖衷，勿憚改作，則天下臣民無不痛快，垂之史册，萬世有光矣。」上曰：「欽天監言恐動風水，朕不以爲然。」臣遷對曰：「陰陽拘忌之説不足信。」上曰：「朕已折之矣。今日開壙合葬，何爲動風水乎？皇堂不通則天地否塞。」因以指畫紙曰：「若如此通，通則風氣流行，惡得言動？惟一點誠心爲之，料亦無害。」臣東陽贊曰：「皇上一念孝誠，可以格天，吉無不利。」臣健等皆力贊曰：「皇上所見高出尋常，萬萬願勿復疑。」上曰：「此事不難，若附廟之禮尤所當講。」臣健等奏曰：「先年奏議已定，兹懿太后居左，今大行太皇太后居右，合祔裕陵，配享英廟。且引唐宋故事爲證，臣等以此不敢輕議。其實漢以前惟一帝一后，唐始有二后，宋亦有三后並祔者。」上曰：「二后已非，若三后尤爲非禮。」臣遷對曰：「彼三后一乃繼立，一則所生母也。」上曰：「事須師古，末世鄙褻之事不足學。」臣東陽對曰：「皇上當以堯、舜爲法。」上曰：「然宗廟事關係綱常極重，豈可有毫髮僭差。太皇太后鞠育朕躬，恩德深厚，朕何敢忘！但一人之私情耳。錢太后乃皇祖世立正后，我祖宗以來惟一帝一后，今若並祔，乃從朕壞起，恐後來雜亂無紀極耳。且奉先之祭，先生輩尚不知，英宗皇祖止設一座，每祭，飯一分、匙一張而已。」臣健等倉卒不解上意，但應曰：「唯唯。」退思之，蓋止容二分，而孝莊尚未配食也。上又曰：「孝穆太后，朕生身母，上尊稱爲皇太后，別祀於奉慈殿。今仁壽宮前殿儘寬，意欲奉太皇太后於此，他日奉孝穆太后於後殿，歲時祭享一如太廟，不敢少缺。」臣健等皆未敢應。聖意蓋謂今皇太后千秋萬歲後也。臣東陽贊曰：「皇上言及孝穆太后，尤見大公至正之心可以服天下矣。」上曰：「此事却難處，行之則理有未安，不行則違先帝之意，又違羣臣會議。會議猶可，奈先帝何？朕嘗思之，夜不能寐。先帝固重，而祖宗之制爲尤重耳。」臣東陽對曰：「願聖見主張得定，臣等無不奉行。」上曰：「朕亦難於降旨，先生輩是朕心腹大臣，好爲處置。」臣健等曰：「須下禮部，令多官議之。」上曰：「雖多官議之，亦不敢主張，仍須先生輩爲之耳。」臣健等曰：「容臣等計議上聞。」上曰：「先生輩辛苦，且回去辦事。」是日，上稱心腹者三，呼先生者以十數，臣健等感激稱謝，皆叩頭起。上前下板階，顧内官啓扉，立送而出。時尊謚議已進，奉旨撰册未上几筵。臣健等乃具題本，稱：當時先帝遇天下難處之事，羣臣爲委曲將順之詞，或者不能無疑，乞敕禮部會集多官再加詳議。次日朝退，上起立，呼内閣臣健等至煖閣幄前，立問曰：「先生輩昨日所進題令多官會議，是幾箇衙門？」臣健等對曰：「即前日進謚議者。」臣東陽歷對曰：「五府、六部、都察院、通政司、大理寺及詹事府、翰林院。」言未畢，上遽曰：「有翰林院最好，考據古今大典禮，須用翰林院。」又曰：「有科道乎？」皆對曰：「有。」上又曰：「好。」少頃曰：「別無説話，回去辦事。」蓋是日專爲翰林問也。自是，每召必於朝退立呼内閣，未嘗呼名。

二十一日，復召。上袖出會議本，問曰：「此事如何？」臣健等對曰：「議得是。」臣東陽奏曰：「未知聖意如何？」上曰：「先生輩如何説？」臣健等對曰：「正是古禮。」上曰：「仍稱太皇太后可否？」皆對曰：「既是別廟，須如此尊稱爲當。」上曰：「如此批答？」臣遷對曰：「須説得委曲。」臣東陽曰：「要見是重事。」上曰：「然宗廟事重要，見今後世世子孫崇奉不缺之意。」此本隨文書下來。臣東陽曰：「臣等領去。」臣健亦云，上即以本授臣健，復目送而出。

二十二日，復召。上袖出《奉先殿圖》，指示曰：「此與太廟寢規制一般，常時祭薦皆在此。」又指其廊間有門通西一區，曰：「此奉慈殿也，舊爲神庫，今廊廡及井皆未動。」又指其東一區別爲門面南五間、東西廊各五間，曰：「此神厨也，然於此建廟可乎？」臣健等皆對曰：「此地最便。」臣東陽曰：「但未知寬窄如何。」上曰：「寬窄有數。」因指其旁小字曰：「東西十幾丈，南北二十丈，後有牆，牆之後爲米倉，蓋較之《奉慈殿圖》深不及八尺。」皆請曰：「牆可展否？」上曰：「須展之。其西偏有井，亭亦須去之耳。」又曰：「欲遷孝穆太后併祭於此，如何？」臣健等皆對曰：「甚當。」再問，再對。上曰：「位序如何？」臣健對曰：「太皇太后中一室，孝穆太后或左或右一室。」上曰：「須在左，後來有如此者却居右。」臣東陽曰：「太皇太后居中乃可。」臣遷奏曰：「會議本未知今日可出否？」臣東陽曰：「外廷瞻仰此本已數日。」上曰：「正爲廟地未定，今既定，即出矣。」皆拜出如前。

二十五日，御批云：「祀享重事，禮當詳慎，卿等稽考古典及祖宗廟制既已明白，都准議。特建廟奉享，仍稱太皇太后，以伸朕尊親之意。後世子孫遵守崇奉，永爲定制。」於是中外翕然稱爲得禮。蓋自丁巳之召不奉接者，已閲八年，龍顔温霽，天語周詳，視昔有加。而明習國事，洞察義禮，惓惓以宗廟綱常爲己任，益非臣下所能涯涘矣。後陵事竟不行，蓋欽天監以爲歲殺在北，方向不利，内官監亦謂事干英廟陵寢，難以輕動。而聖意終不但已，乃於陵殿神坐移英廟居中，孝莊居左，孝肅居其右云。

六月，北虜小王子遣使求貢甚急，大同守臣以聞。已，許二千人入貢。既而不來。六月，聞走回男子報虜有異謀，内閣具揭帖，臣東陽親書以進，乞會同司禮監及兵部尚書照成化年例於左順門詳審。時臣遷在告。二十二日，上朝退，召臣健、臣東陽至煖閣。上曰：「虜情譎詐，今令大通事領走回人，先生輩可密切譯審通事，且勿使近前。」臣健等對曰：「其人若能通漢語，則不須通事。」上曰：「然各邊關糧草須與劉大夏説，用心整理。」臣東陽對曰：「昨日兵部奏請差官整理正爲此。」臣健曰：「雖無此事，亦當整理，況有此聲息，尤當提備。」上曰：「然整理得亦是好事。」臣東陽對曰：「今邊關兵糧實是空虛，不可不急爲之備。」上又曰：「着劉大夏用心整理。」臣健奏曰：「京營官軍亦須整點聽征。」上曰：「然。」臣東陽對曰：「京軍未可輕動，亦不可不整理齊備。」臣健奏曰：「京營總兵須要得人。」上曰：「往年如遂安伯陳韶、成山伯王鏞輩已退二三人矣，今如張懋等亦可。」臣東陽對曰：「退者甚當。今總兵官管事固可，領兵則未知如何？」臣健曰：「須用曾經戰陣者。」上曰：「未必要經戰陣，但要有謀畧耳。」臣東陽對曰：「聖諭甚當，有謀畧與經戰陣者須兼用乃可耳。但京營官軍有名無實，初設團營時有十二萬，今消耗過半。前年選聽征一萬，及再選一萬便不能及數矣。古人云：『足食足兵。』今食不足，兵亦不足。臣等每思及此，寢食不安。」上曰：「軍士須管軍官撫恤，不可剥削。」臣東陽對曰：「誠如聖諭。但近年官軍做工太多，既累身力，又陪錢使用。今外衛輪班皆過期不至，正爲此耳。」上曰：「宣德以前軍士皆不做工，內官監自有匠人云云。此句聽不能悉。」臣東陽叩頭對曰：「皇上明見，朝廷養軍本以拱衛京畿，不爲工役。今後工程望乞減省，不令軍士受累，養其鋭氣，庶緩急有濟。」上曰：「然。」又曰：「京營軍士都着劉大夏用心整理，先生輩亦傳得旨，可以朕意語之。」臣健等對曰：「諾。」臣東陽仰奏曰：「兵部不敢不盡心，若有議擬，乞皇上斷而行之。」上曰：「然。」又曰：「壩上强賊十分猖獗，可令劉大夏設法擒捕。北山又有稱靠山王者，據險爲惡，輦轂近地，不可不除此患。先生輩亦嘗聞之乎？」臣東陽對曰：「亦嘗聞之。昨日兵部奏差京營指揮二人領官軍五百，正爲壩上强賊，而一應併諸賊在其中矣。」上曰：「須揀好軍好馬去，方可了事。」皆應曰：「諾。」上又曰：「先生輩是心腹大臣，有事須説知。昨日所進揭帖不説時，朕不得知。」臣健等皆對曰：「諾。」臣東陽又仰奏曰：「臣等有所聞見，固不敢不盡心陳説，惟望皇上斷而行之耳。」上又曰：「然。」既而曰：「先生輩回去辦事。」皆叩頭出。於左順門會審走回男子，一人云，在虜中聞有議者欲搶黄裏，黄裏者，謂京城也。又三人云朵顔衛頭目阿耳乞鑾領三百人往虜通和小王子，與一小女寄養，似有引誘入寇之跡。各具揭帖以聞。

二十四日，臣健、臣東陽、臣遷議進禦虜事宜。又以兵部奏差廷臣整理邊關糧草缺乏，擬差侍郎顧佐往大同、宣府，郎中等官分往各關，預爲計處。二十五日，復召至煖閣。上袖出所擬，指顧佐名曰：「是常差幹事，力量頗弱，恐不能了此。」臣健等對曰：「户部尚書秦紘行取尚未至，左侍郎王儼可用，但見署印，故臣等擬差右侍郎。惟皇上裁擇。」上曰：「王儼固好，但掌印須留管家當。顧佐亦不必動，凡有事二人商議乃得停當。各衙門官先生輩知之，可推有才力者，不必拘定户部。」又曰：「各關可止用一人，恐官多民擾。」皆對曰：「各關相隔甚遠，非一人可了，巡關御史亦是二人，若差郎中二人亦可耳。」上曰：「然。」臣健等退擬管倉侍郎陳清、刑部右侍郎李士實以進。二十七日，内批：「大同、宣府差左副都御史閻仲宇，各關差通政司參議熊偉。」七月初四日，復召至煖閣。上袖出大同鎮巡官本，言虜賊勢重，近又掘墩殺軍，延綏遊、奇兵累調未至，乞爲增兵補馬，情詞甚急。上曰：「我邊墩臺，賊乃敢挖掘，墩軍皆我赤子，乃敢殺傷，彼被殺者苦何可言！朕當與做主。京軍已選聽征二萬，須再選一萬，整點齊備，定委領軍頭目，即日啓行。」臣健等對曰：「皇上重念赤子一言，誠宗社之福。京軍亦須整點，但未宜輕動。」上屢申前諭，臣健等對曰：「大同亦未曾請兵。」上指其奏曰：「彼固云『臣等拘於新例，不敢上請天兵』。」臣東陽對曰：「用兵事須令兵部議處。」上曰：「兵部既有新例，亦不敢擅自開例請兵，須自朝廷行之耳。」臣遷仰奏曰：「邊事固急，京師尤重。居重馭輕，亦須内顧家當。」上猶未釋。臣東陽奏曰：「近日北虜與朵顔交通，潮河川、古北口甚爲可慮。今聞賊在大同，稍遠，欲往東行，正不知何處侵犯？若彼聲西擊東，而我軍出大同，未免顧彼失此。須少待其定，徐議所向耳。」臣健因備言大同險遠，本鎮尚可支持，潮河川去京師不過一日，最爲切近，誠宜先慮。上曰：「今亦未便出軍，但須預備停當，待報乃行，免致臨期失措。」皆對曰：「聖慮甚當。」退擬通選京軍三萬，令兵部推委領軍官，臨期酌量地方事勢具奏定奪。後三日，召兵部尚書劉大夏面諭出師之意，大夏力言京軍不可輕出。上曰：「太宗朝頻年出兵，逐虜數百里，未嘗不利。」大夏對曰：「太宗之時何時也？有糧有草，有兵有馬，又有好將官，所以得利。今糧草缺乏，軍馬疲弊，將官鮮得其人，軍士玩於法令，不能殺賊，亦且因而害人，徒費財物，有損無益。」大意與内閣議同。上納之，師乃不出。

十五日朝罷，上召内閣來。臣健等隨至煖閣。上曰：「劉宇在大同儘用心，近又慮潮河川難守，欲行令鑿品字窖及以新製鐵子砲送與備用，亦是爲國，可量與恩典，以勵人心。」皆奏曰：「未知聖意是何恩典？」上曰：「陞官亦難，可以賞賜。」皆應曰：「諾。」臣遷曰：「與敕獎勵亦可。」上曰：「然鑿窖、製砲是劉宇獨奏，今難獨賞。吴江、陸闇亦皆用心防禦辛苦，可并賞之。」皆應曰：「諾。」上又曰：「遼東張天祥事亦是大獄，今欲令明白。」臣遷對曰：「張天祥已死矣。」上曰「天祥雖死，張斌尚坐死罪，昨張洪又訴冤抑。」臣健等皆對曰：「此事係御史奏舉，法司會勘，張洪訴本又該都察院覆奏，令巡按御史審勘矣。」上袖出東廠緝事揭帖云：「已令人密訪，其情如此。當時御史王獻臣止憑一指揮告誘殺情詞，吴一貫等亦不曾親到彼處，止憑參政寧舉等勘報，事多不實。今欲將一干人犯提解來京，令三法司、錦衣衛於午門前會問，方見端的。」皆對曰：「如此固好。」上以揭帖付臣健，曰：「先生輩將去整理。」臣健等退具揭帖云：「都察院本既已批出，東廠揭帖又不可批行，須待會勘至日再議。」十六日，上令太監陳寬等於左順門傳聖意，令擬旨施行。臣健等因極論此事衆所共知，公論難掩，傳旨改命於事體大不安。寬等不肯止，然且各有執辯。健等退，再具揭帖云：「臣等非敢固違，但命已出，今別無事由，猝然改命，恐非朝廷大公至正之體。遼東不遠，請仍待會勘至日施行。」

十七日退朝，上面召内閣、兵部來至門上。兵部選鎮撫司理刑官畢，臣健等入至煖閣。上盛氣曰：「張天祥事秘密未行，先生輩昨所進揭帖衹合親書密進，如何令書辦官代爲？」臣健等皆叩頭曰：「東廠揭帖臣等已封定，不曾令書辦官見之。」上曰：「閣下揭帖内乃有提解來京等語，此事尚未行，且欲解京者正欲明白其事，先生輩固以爲不可行，何也？」臣健等對曰：「臣等非敢阻解京，但無故傳旨，事體未便，故欲少待會勘耳。」上曰：「此事已兩番三次，何謂非阻！」皆對曰：「此事情已經法司勘問，皆公卿士大夫，言足取信。」上曰：「先生輩且未可如此説，法司官若不停當，其身家尚未可保，又可信乎！」臣東陽對曰：「士大夫未必可盡信，但可信者多，其負朝廷者不過十中一二耳。」臣遷對曰：「事須從衆論，一二人之言恐未可深信。」上曰：「先生輩此言皆説不得，此是密切令人到彼處體訪得來，誰敢欺也！」皆對曰：「此事干證皆在彼處，恐勞人動衆耳。」上曰：「此乃大獄，雖千人亦須來。若事不明白，邊將誰肯效死。」臣健等皆曰：「賞罰，朝廷大典，正須明白。若有功不賞，有罪不罰，誠恐失邊將心，無以壓服天下。臣等愚見無他，正欲皇上明賞罰耳。」上曰：「賞事重大，朕不敢私，但欲得其實情。若果係撲殺，貪功啓釁，豈可縱之？若果有功被誣，須爲伸雪。」語久，龍顔少霽，曰：「須傳旨行之。」皆應而出。

十八日復召，上從容問曰：「昨因張天祥事，先生輩言文職官不負朝廷，亦不應如此説，文官雖是讀書明理，亦儘有不守法度者。」臣健等皆對曰：「臣等一時愚昧，干冒天威。」臣東陽曰：「臣等非敢謂其皆不負國，但負國者亦少。」臣遷曰：「文官負國者，臣等亦不敢庇護，必欲從公處置。」上笑曰：「亦非謂庇護，但言其皆能守法則不可耳。」因謂：「此事當如何發？初欲傳旨，先生輩謂別無事由，猝然改命。猝者暴疾之意，此亦未爲猝也。如是至再。」皆應曰：「臣等見都察院本已批出，無行，只欲事體安穩耳。」上曰：「緝訪之事，祖宗以來亦有舊規。今令東廠具所緝事題本批行。」皆對曰：「不如傳旨。」上乃令擬旨以進。是日，龍顔甚霽，蓋以昨日之論太嚴，故復示寬慰如此。

七月十九日，召至煖閣。上問：「吴舜、王蓋，吏部、都察院已查考察案卷，今當有處置。」臣健等請曰：「未知聖意如何。」上曰：「吴舜事情尤重，可令爲民。王蓋冠帶閑住。」臣健等同奏曰：「似太重。」上曰：「吴舜事重，除冠帶閑住，更無處置。」臣健對曰：「吴舜令冠帶閑住，王蓋對品調外任足矣。」上曰：「王蓋調外任亦可。吴舜不謹，自該閑住，又查有許多事情，若究竟到底，決難輕貸，今須令爲民。王蓋亦須令閑住耳。」臣東陽對曰：「吴舜事縱使查勘得實，亦不過不謹，恐亦止該閑住。」上未許。臣健曰：「王蓋似輕。」臣東陽曰：「王蓋乃秀才時事耳。」上曰：「王蓋已考作不謹，若止令調任，難爲考察衙門體面。」臣健曰：「大臣是朝廷心腹，言官亦是朝廷耳目。」上曰：「固然，但憲綱明開，不許風聞言事，《大明律》『風憲官犯罪加二等』，皆祖宗舊制。近來言官糾劾大臣多有不實，亦須畧加懲治，以警將來。」臣東陽曰：「科道以言爲職，古人云『言雖不當，亦不加罪』。皇上一向優容諫官，未嘗輕易罪謫，天下人稱頌聖德正在此。」上曰：「在平時或然，今後言事自優容之。此是考察事體，難但已耳。」終不許。乃退。復兩擬王蓋以進，竟從初命行之。

八月二十五日，召至煖閣。上曰：「孝莊睿皇后神牌昨已造完，内臺擇在九月初四日奉安奉先殿，此係内事，於外無行。裕陵神椅，英祖原在左，孝莊在右，今當奉請英祖居中，孝莊居左，孝肅居右。欲傳旨令欽天監擇日遣官行禮，可撰祝文。」臣東陽奏曰：「神椅向似已安訖。」上曰：「尚未。向以孝莊當在左，近有一門似未便。乃今以靠壁移後五尺，今始移矣。」又曰：「昨令禮部禁服色，今可傳旨與鄭旺、趙鑑嚴加緝訪，内府令鄭旺緝訪。蓋近來風俗奢僭不可不治耳。」臣健等復奏曰：「内府亦緝訪最是。」上曰：「在外文職官讀書明理，猶不敢僭爲，内官不知道理，尤多僭妄。」皆對曰：「誠如聖諭。但臣等不知内府該禁花樣。」上歷數其應用花樣甚詳，且曰：「若蟒龍、飛魚、斗牛皆不許用，亦不許私織。間有賜者，或久而損壞，亦自織用，均爲不可。」又曰：「玄黄、紫皂乃是正禁，若柳黄、明黄、姜黄等色，皆須禁之。」又曰：「玄色可禁，黑緑乃人間常服，不必禁。乃内府人不許用耳。」皆諾而退。

二十六日復召。叩頭畢，臣東陽奏曰：「劉健今日肚腹不調，不曾進來。」既叩榻，上曰：「昨先生輩題神牌。」臣東陽對曰：「已題訖矣。」上曰：「欽天監已擇九月初四日奉安，可寫儀註來。」皆應曰：「諾。」上又曰：「昨所言服色事，須寫敕與鄭旺、趙鑑，緣旺等原敕不曾該載此事，故須特降一敕耳。」皆應曰：「諾。」上曰：「昨皆内有玄色、黑緑，黑緑與青皆人間常用之服，不必禁之。」臣遷對曰：「乃玄色樣黑緑耳。」上又曰：「黑緑常服，禁之亦難，正不須説及也。」皆諾而退。

九月初一日，復召。上曰：「初四日奉安神牌，須用儀註并九廟祝文，可寫來。」臣健等皆諾而退。蓋自論張天祥事後，至此一再見，天顔始開霽如故云。

十八日，復召。臣健奏曰：「謝遷有瘡疾，註門籍。」上曰：「吴一貫緣事被提，可差一人代之。」皆應曰：「諾。」臣東陽奏曰：「須再令兵部會推否？」上曰：「邊關事急，若下該部，未免展轉數日，只先生輩推二人或徑寫一人亦可。」因諭曰：「謝先生瘡疾可傳朕旨令善加調理，今便令御醫往看也。」臣健對曰：「亦不甚重。」臣東陽曰：「止是昨日未入，一二日亦當出也。」上問曰：「是何瘡疾？」臣健對曰：「止是癬瘡，因抓破作痛，行步未便耳。」上曰：「癬瘡不害事，亦須從容調理數日，出來辦事，方委托先生輩也。」皆叩頭謝。是日朝退，臣健等具以聖意諭臣遷。不移晷，而遣醫至矣。

二十一日，復召。上袖出大同總兵官吴江本授臣健，曰：「吴江奏，欲臨陣以軍法從事。昨所擬似太重，恐邊將輕易啓妄殺之漸。」皆未敢應。少頃，臣健對曰：「臨陣用軍法，自古如此。兩軍相持，退者不斬則人不效死，何以取勝？」上曰：「雖然，亦不可徑許，若命大將出師，敕書内方有軍法從事之語。各邊總兵官親禦大敵，官軍有臨陣退縮者，止許以軍法嚴令從重處置，如此方可。」臣東陽奏曰：「此事若不説起尚可，今既奏請，若明言不許，却恐號令從此不行。」臣健亦力贊其説。上復申前諭。臣健奏曰：「昨日兵部擬奏儘有斟酌。尋常小敵或偏裨出戰皆不許，似止依所奏足矣。」上曰：「兵部所擬固好，總兵官既奏了一場，若止答一『是』字，亦不爲重。外邊視奏詞亦不甚着意，亦須於旨意説出乃爲重耳。」臣遷曰：「今遵聖諭批答，仍用一『是』字爲宜。且軍法亦不專爲殺，輕重各有法決，打亦軍法也。」上曰：「然，可去整理停當。」皆諾而退。

三十日，復召。上諭曰：「先生輩可做一旨意，如今各邊殺賊功次，行巡按御史查勘多有經年累歲不肯奏報，或至病故不沾恩命，無以激勸人心。可酌量地方遠近，定與限期，若有過違令兵部參究。」臣健等皆奏曰：「誠有此弊。」上曰：「此恐是都察院行。」臣東陽對曰：「兵部咨都察院轉行御史。」上曰：「然。」少頃，又曰：「昨日令李榮來説日講，時劉機講『陳善閉邪』，『陳』字解做『陳説』不是，止云『敷陳其説』乃可耳。」皆應曰：「諾。」臣健曰：「昨李榮又説『以善道啓沃他』，『他』字不是。」上微笑曰：「『他』字也不妨，大抵講書須要明白透徹，直言無諱。道理皆《四書》上原有的，不是纂出，若不説盡也無進益。且先生輩與翰林院是輔導之職，皆所當言。」臣健對曰：「臣等若不敢言，則其餘百官無敢言者矣。」上曰：「然。」臣遷曰：「聖明如此，講官愈好盡心。」臣東陽曰：「今年聖學緝熙，中外臣民無不仰戴，臣等敢不仰承聖意。」皆叩頭謝。上又曰：「先生輩可傳與他不必顧忌，昨所講似有顧忌耳。」又曰：「『他』字亦不妨，昨因話偶及此，意以爲不若『啓沃之』更好，然不必深計也。」皆復謝而出。是日，天顔和悦，似以昨所傳未的，恐講官因此有所觀望，故特示詳悉如此。蓋經筵講章自數歲以來始去舊時諛頌之習，加以規諫，未嘗少忤，及聞此諭，益知上意所嚮云。

弘治十八年四月初七日，臣東陽病起已踰月，上召至煖閣，袖出數本，指一揭帖曰：「此廣東巡按御史聶賢所奏地方盜賊事，須緊鎮巡官。」臣健對曰：「昨所擬已是切責。」上曰：「然凡一應事務當興革者，皆責在鎮巡，今都不見奏報，更須加緊。」皆應曰：「諾。」上又指二本曰：「此南京科道劾兩京堂上官，作何處置？」臣健等對曰：「進退大臣事重，臣等不敢輕擬。」上曰：「彼首言崔志端是道士出身。先年亦有道士掌印者，但不多耳。」臣健對曰：「固然。」上又曰：「彼言周季麟喪師失律，失律者非止一人。」臣健等曰：「周季麟亦是好官。」上曰：「然。洪鍾在薊州時，以潮河川開山致損人命，故人論之不已。」健亦對曰：「洪鍾亦好。」臣東陽曰：「好處儘多。」上曰：「彼言張撫卑諂大臣。要剛正有氣節，若果有卑諂之行，當退。但亦無指實，難遽退耳。」臣健曰：「皇上每值糾劾，欲求實跡最是。」上曰：「若大臣有曠職壞事者，誠宜黜以示戒。今亦無甚不好者，須皆留辦事耳。」臣健等奏曰：「臣等每見『留着辦事』之文，竊有未安。大臣宜甄別賢否，若槩云『留着辦事』，即係該退之人姑容不退，中有好者，似不能堪。」上笑問曰：「然則先生輩意欲如何處置？」皆對曰：「止云『照舊辦事』可耳。」上曰：「然。」又指一本云：「太常寺欠行户錢鈔，昨有旨查洪武等錢緣何市不通使，户部查覆未明，仍須別爲處置，務使通行。」臣健等對曰：「此須自朝廷行起，如賞賜、折俸之類，在下如鹽鈔、船鈔亦用，舊錢乃可通行。且民間私鑄低錢聽其行用，本朝通寶乃不得行，誠非道理。」臣遷對曰：「昨令查議，正欲通行。但私錢不禁，則官錢決不能行。前年鑄弘治錢，曾禁私錢，不二三日即濫使如故。」上曰：「何故如此？」皆對曰：「只是有司奉行不至。」上曰：「今須嚴禁。」臣東陽奏曰：「臣等訪得今所鑄錢徒費工料，得不償失，亦是有司不肯盡心。若止如此，雖鑄何益？」臣遷曰：「昨令查已未鑄造數目，亦是此意。」上曰，「然。」臣健等因奏曰：「今國帑不充，府縣無蓄，邊儲空乏，行價不償，正公私困竭之時，鑄錢一事最爲緊要。其餘若屯田、茶馬皆理財之事，不可不講也。」臣東陽因奏曰：「鹽法尤重。今已壞盡，各邊開中徒有其名，商人無利皆不肯上納矣。」上問：「商人何故不肯上納？」臣健等因極論奏討之弊。上曰：「奏討亦只是幾家。」臣東陽奏曰：「奏討之中又有夾帶，奏討一分則夾帶十分，商人無利正坐此等弊耳。」上曰：「夾帶之弊亦誠有之。」臣健等又言：「王府奏討亦壞鹽法。每府禄米自有萬石，又奏討莊田税課。朝廷每念親親，輒從所請，常額有限，不可不節。」上曰：「王府所奏近多不與。」皆對曰：「誠如聖諭。但乞今後更不輕與，則不敢奏矣。」臣健因奏曰：「臣聞國初茶馬法初行，有歐陽駙馬者販私茶數百斤，太祖皇帝曰：『我纔行一法，乃首壞之。』遂寘極典。高皇后亦不敢勸止。此等故事，人皆不敢言。」上曰：「非不敢言，乃不肯言耳。」因言：「鹽法須整理。」臣遷等贊曰：「請下户部查議。」上曰：「然。」明日，降旨云：「祖宗設立鹽法以濟緊急，邊儲係國家要務，近來廢弛殆盡，商賈不行。各邊開中雖多，全無實用。户部便通查舊制及今各項弊端，明白計議停當來説。」於是中外稱慶，知上意勵精思治如此。是日，天顔甚霽，問答詳悉，藹然家人父子之風，誠前古所罕見也。

十六日，召至煖閣。上問曰：「昨管河通政奏巡按御史陸偁私寄書二册，題曰《均徭則例》，又擅革接遞夫役若干名。陸偁爲御史，奈何寄人私書？於理不當。且夫役係是舊制，不得擅減。」臣東陽對曰：「觀奏詞，恐所寄即是《則例》。」上曰：「書自是書。」皆不敢答。臣健對曰：「均徭事亦是御史所管。」上曰：「何爲不奏？」臣健奏曰：「然則罪之乎？」上曰：「今日陸偁已見，姑令回話，縱不深罪，亦須薄示懲戒。」皆應曰：「諾。」上又出一本曰：「此户部覆奏處置流民本。内推刑部侍郎何鑑，查已服滿。此須會吏部、户部，安得自推？」臣健等對曰：「凡係本部承行事，亦有徑推者。」上曰：「此前人不是。吏部銓衡之職，推舉人才乃其職掌。若使會推，今日不稱，亦無後詞。」臣健、臣東陽對曰：「何鑑誠是好官，能了此事。」上曰：「何鑑雖好，終要經由吏部。」臣健曰：「然則通令吏部會議。」上曰：「處置流民是户部事，只用『是』字答之，不須再會吏部。惟所推官員須會吏部耳。」皆諾而出。蓋上既明習國事，論議層出，或累數十句，臣下雖欲盡一二語，至無間可入，或不竟其辭而退，退而尋繹所受，亦不能悉記也。議事之召訖於是日，不越月而大漸之命至矣，嗚呼痛哉！

弘治十八年五月，聞上不豫。初六日昧爽，司禮監太監戴義出左掖門宣内閣。臣東陽先至，頃之，趣者六七次，臣健、臣遷繼至，乃同入。趣者道相屬。入乾清宫左門，由右階升殿，入東户轉西南，又入户北行數步，穿重幔，上仙橋，又數步見御榻。上着黄色便服坐榻中，南面。臣健等叩頭。上令近前者再。既近榻，又曰：「上來。」於是直叩榻下。上曰：「朕承祖宗大統，在位十八年，今年三十六歲，乃得此疾，殆不能興，故與先生每相見時少。」上玉色發赤，火聲盛氣。臣健等皆對曰：「陸下萬壽無疆，偶爾違和，暫須調攝，安得遽爲此言？」上曰：「朕自知之，亦有天命，不可强也。」因呼水漱口，掌御藥事太監張愉取金盂進水，以青布拭舌，勸上進藥，不答。愉曰：「再進此一服，即無事矣。」上又曰：「朕爲祖宗守法度，不敢怠荒。凡天下事先生每多費心，我知道。」因執臣健手若將求訣者。上又曰：「朕蒙皇考厚恩，選張氏爲皇后，成化二十三年二月十日成婚，至弘治三年九月二十四日生東宫，今十五歲矣，尚未選婚。社稷事重，可亟令禮部舉行。」皆應曰：「諾。」時司禮太監陳寛、李榮、蕭敬等以次畢至，皆羅跪榻外。上曰：「授遺旨。」扶安、李璋奉筆硯，戴義就榻前書之。上又曰：「東宫聰明，但年少好逸樂，先生每勤請他出來讀些書，輔導他做箇好人。」臣健等叩頭，仰奏曰：「臣等敢不盡力。」上復加慰諭而退。事雖在倉卒，天語詳備，累數百言，不能悉記，而其重且大者如此。臣健等出至後左門，請旨傳禮部行之。戴義送出東角門而入。越一夕，而龍馭上賓矣。迫念先皇帝簡任眷遇之恩，顧托委付之意，誠古帝王所不及。俯仰之間，已如隔世，叩地籲天，無所逮及，可勝痛哉！

弘治十八年八月二十日，講畢出至文華門，上遣司禮太監官召臣健等復至煖閣，問曰：「昨差承運庫太監王瓚、崔杲往南京、浙江織造，瓚等請長蘆鹽一萬二千引，户部止與六千引，半與價銀，今可全與。」臣健等同奏曰：「與鹽六千，又與半價，已自足用。」上曰：「既與半價，何不全與鹽引？」臣健等對曰：「户部亦是撙節用度耳。」上曰：「該部既要節用，何不留此半價，却將鹽引與之，聽其變賣，豈不兩便？」臣健等對曰：「價銀有限，不若鹽引之費爲多。」上曰：「何故？」臣東陽對曰：「鹽引有夾帶。且如有引一紙，便夾帶數十引，以此私鹽擁滯，官鹽不行。先帝臨終鋭意整理鹽法，正是今日急務，不可不爲遠慮。」上曰：「若夾帶事發，朝廷自有正法處治也。」臣東陽對曰：「此輩若得明旨，便於船上張揭黄旗，書寫『欽賜皇鹽』字様，勢燄烜赫，州縣驛遞官吏稍稍答應不到，便行綑打，只得隱忍承受。鹽商、竈户雖吃虧到底，誰敢聲説？所以不若禁之於始。」臣健等亦共言之。上正色曰：「天下事豈只役幾箇内官壞了？譬如十箇人也，只有三四箇好，便有六七箇壞事的人，先生輩亦自知道。」如是者再言之，蓋是時已有先入之説矣。上復謂：「此事務要全行。」臣健等奏曰：「容臣等再去計較。」因叩頭出殿中。司禮監追達聖意，亦答云：「已奏過，再去計較。」鹽官遽回，奏云：「先生輩已承行矣。」臣健等至閣，復具揭帖力争，請止從前。明日，内批出，止與鹽六千引，如户部議云。

正德六年四月十三日講畢，復召至煖閣。叩頭畢，上手取《會試録》一本，付司禮監太監張永授臣東陽等。内有白紙票粘於紙上者三，皆指摘所刻文字錯誤處。上曰：「今欲別有施行，但念衙門體面，恐不好看，但與先生輩知之耳。」臣東陽捧《録》叩頭出至煖閣門外，留寘案上。少刻，永令内臣送至煖閣。是年，大學士劉忠累疏辭疾未允，强起主考試事，出院後即乞省墓，已得請。是日陛辭，聞此事而去。比抵家，復具疏乞休致。蓋已有先入之説矣。

正德六年八月十四日，流賊劉七、齊彦明等肆亂北畿，方擁衆北向，京師戒嚴。上命兵部侍郎陸完提督軍務。師已出涿州，忽報賊在固安，甚急。上召臣東陽、臣廷和、臣儲至左順門内。上南向，問曰：「賊在東，師乃西出，恐緩不及事。適令兵部追還陸完等，令東可否？」東陽等對曰：「甚當。且行未遠，一二日内可至。」臣東陽復奏曰：「聞賊船在水套，自陷危地，似來送死，官軍併力擒之不難。但恐人心不齊一，向來累失事機正坐此故。今官軍在北，賊若南奔，逸不可制。」上曰：「張俊等皆在南，料亦無害。」臣東陽對曰：「今須亟敕東南諸將，令嚴謹隄備，以防奔潰。若有意外，查照地方連坐，鄰境不許互相推調，務在萬全。」上曰：「然。先生輩宜用心辦事。」臣東陽奏曰：「臣等敢不盡心，但今盜賊充斥，臣等不能運謀設策，致廑聖慮，俱合有罪。」上曰：「只用心便是。」臣東陽復奏曰：「此賊亦是烏合之徒，但願朝廷賞罰嚴明，諸將效力，必可成功。」上慰諭，令退。臣東陽因復奏曰：「年衰多病，累歲乞休，未蒙矜允，即今勉强供職，實不堪勝。少待事情寧帖，當再陳乞耳。」臣廷和、臣儲遽奏曰：「今已愈矣。」上復加慰諭，因叩頭出。是日，有羊酒之賜云。

《治世餘聞》

明陳洪謨撰

上篇卷之一　丁未歲，鳳陽、亳州并淮安等處，皆報黄河清一月。及秋，今上即位。先是，庚寅春甘露降于郊壇松栢，時憲廟親郊，御齋宫，取以賜百官。翰林院進《甘露頌》，然是瑞實兆今上之在娠。至秋孟朏，乃誕。自古聖帝明王之降生不偶，蓋必有禎祥兆於先，而非人所預知也。況今上實太平天子，天意固有在矣。

內監蟲蟻房，蓄養四方所貢各色鳥獸甚多。弘治改元，首議放省，以減浪費。所司白虎豹之屬，放即害物，欲殺恐非諒闇新政。左右以爲疑，上曰：「但絶其食，令自斃可也。」

戊申歲，縣丞徐頊上疏，請理皇妣薨逝之由，以復不共戴天之讎。疏下内閣擬旨，大學士萬安、劉吉、尹直俱在，萬、劉皆不欲行，只言請上自處。内臣將本去，尹復謂曰：「非不准行，只請上示寬嚴輕重之意，庶好擬旨批示。」踰三日，詢知本在御前。尹語萬、劉曰：「此本不出，徐必再言，或有他人言，必來問所以不行，將何以對？今須請出擬行。」於是内臣將本來擬，尹擬「法司看了來説」。劉曰：「法司便要拿人，且着禮部。」尹曰：「禮部吉凶禮文煩擾不暇。」萬即依劉擬。禮部覆本，請拘萬家親戚内眷曾經出入宫闈者究問。萬家實與吉通好，懼甚，私謂尹曰：「我與萬家多不往來。」尹慰之曰：「此事只宜寬處，若興大獄，株連蔓引，豈先帝之意哉！」劉喜曰：「盛德之言也。」少頃，太監覃安等將禮部覆本來議擬旨。萬曰：「何如？」劉曰「先帝存日」云云。覃摇首不然，久之，目尹曰：「先生如何説？」尹徐應之云「宫闈往事，朕承皇太后洎母后宣慰明白，恁説的都是外面浮議，難憑訪究，姑從輕處」云云。覃曰：「好！好！」初，成化中皇妣紀氏得幸，有娠。萬貴妃既覺，恚而苦楚之。憲廟乃密令託病，出之安樂堂，以痞報，而屬門官照管。既誕，密令内侍近臣，謹護視之。及悼恭薨後，内庭漸傳西宫有一皇子，一二近臣，嘗請賜名付玉牒，或訪其外家，略加表異，使外庭曉然知之，不然，他日何以信服於天下？而大學士彭時又嘗託太監黄賜達云：「漢高外婦之子，且明取入宫，今實金枝玉葉，何嫌而諱？」又有太監張敏，固厚結貴妃主宫太監段英，乘間説之。貴妃驚云：「何獨不令我知！」遂具服進賀，厚賜紀氏母子，擇吉日請入宫。時乙未年五月也。即於十九日下勅定名，徙紀氏處西内永壽宫，禮數視貴妃。中外臣僚，喜懼交并。後紀妃有病，黄賜、張敏將院使方寶、治中吴衡往治。萬妃請以黄袍賜之，俾得生見。次日病少間，自是不復令診視。至六月二十八日卒，是日天色皆赤。以時享致齋，七月朔始發喪，追封淑妃。詳見大學士尹直《瑣綴録》。

是歲，追尊皇妣紀爲孝穆皇太后。哀册有云：「覩漢家堯母之門，增宋室真皇之慟。」上常謂其語語左右。曰：「此尹直所撰。」上曰：「朕固知之矣。」

致仕南京兵部尚書王恕，陝西三原人。上在東宫時，已聞其名。至是，首降勅召之，改吏部，加太子太保。未幾，言官劾各處巡撫及藩臬官，内批黜革。恕以爲不得其職，力求去，不許。既而南臺薦入内閣，上曰：「朕用蹇義、王直故事，委恕吏部，若有謀議，亦無不聽。」三原爲吏書，署于門曰：「宋人有言：受任于朝者以饋及門爲耻，受任于外者以苞苴入都爲羞。今動曰贄儀，而不羞于入，我寧不自恥哉！」一時帖然，無異議者。使非真誠積久而孚，亦自不敢書，書之適足以憎多口矣。

戊申，陝西守臣奏天門開，人馬百萬自下。而浙江處州府亦報景寧縣北屏風山有白馬成羣，首尾相銜，從牛首山迤邐騰空而去。

都御史馬文升奏令南京科道點閘大小教場操軍。御史張昺、給事中周紘往點，亡伍者十之三。主帥成國公朱儀及太監陳祖生、蔣琮恐甚，因摭拾掩飾。朝廷命二人回話，乃直述所以，其事之醜益暴白矣。事下兵部，覆奏解之。有命補外，王太宰恕上章救之，不允。科道復力諍之，乃得調京首領。

己酉，西番貢獅子。其性勁險，一番人長與之相守，不暫離，夜則同宿于木籠中，欲其馴率故也。少相離則獸眼異變，始作威矣。一人因近視之，其舌略黏，則面皮已去其半。又畜二小獸，名曰吼，形類兔，兩耳尖，長僅尺餘。獅作威時，即牽吼視之，獅畏伏不敢動。蓋吼作溺著其體，肉即腐爛。吼猖獗，又畏雄鴻。鴻引吭高鳴，吼亦畏伏。物類相制有如此。

西域土魯番阿黑麻是年誘殺哈密國王罕慎，并虜王母，奪去金印，因求封主哈密。事下兵部，議稱初太宗朝以西域番夷入貢者多，乃即哈密地封元遺孽脱脱爲忠順王，賜金印，凡諸夷入貢，悉令譯文以聞。脱脱故，其子孛羅帖木兒襲封，故，無嗣，王母主國事。被吐魯番鎖檀阿力王虜王母金印以去，甘州守臣奏報。朝廷差官撫處，適鎖檀阿力王故，其子阿黑麻主事。守臣乘間奏以王母外甥畏兀兒種類都督罕慎襲封爲王，後阿黑麻復以罕慎非貴族，假以諸親殺之，遣使入貢求封，且乞大通使往和番。尚書馬公文升謂：「今迤北大虜，亦不遣使通好。阿黑麻自有分地，亦難封彼爲王，彼若入貢，亦所不拒。」請降勅責諭之。後因王母故，本酋乃以金印、城池來歸。馬公奏請訪求貴族元遺孽安定王族姪陝巴襲封忠順王，主哈密。未幾，諸番夷以陝巴無所犒賜，阿黑麻復怒大頭目都督阿木郎嘗尅其賞賜，又嘗虜其部落頭畜，遂殺阿木郎，復虜陝巴、金印以去。報至，適阿黑麻先所遣大頭目寫亦滿速兒等四十餘人入貢，在京師。大學士丘公濬謂馬公曰：「哈密事重，煩公一行。」馬曰：「邊方有事，臣子豈可辭勞。但西域賈胡惟圖窺利，不善射騎，自古豈有西域爲中國大患者？徐當静之。」丘曰：「有識言不可不慮。」因集議，請自往。衆曰：「哈密一方事耳，今虜在邊，四方多故。公往甘、涼，四方邊事付之何人？」乃議以兵部右侍郎張公海、都督僉事侯謙率寫亦滿速兒等往經略之。既抵甘州，議令寫亦滿速兒等數人，并遣在邊通事，先以勅諭阿黑麻順天道，歸陝巴、金印。久未回報，阿黑麻愈肆驕橫，詐稱領夷兵一萬，用雲梯攻肅州城，并蹂甘州。報至，朝野頗驚。馬公以爲彼張虚聲以挾我耳。且土魯番至哈密十數程，中經黑風川，俱無水草，哈密至峪谷又數程，亦無水草。入貢者往返，皆馱水而行。使我整兵以俟，謹烽火，明斥堠，使疋馬不返。夷使入貢至京者，亦以此意曉之，伐彼邪謀。自此阿黑麻不敢復言攻肅州矣。無何，阿黑麻復令頭目牙蘭率番兵二百餘，據哈密。馬公請用漢兵三千爲後援，別選罕東番兵爲前鋒，各持數日熟食，兼程襲之。乃令分守肅州副總兵彭清統領，由南山取捷徑馳至罕東，急調番兵齊足，乘夜兼道襲斬牙蘭。而守臣貪功，乃親率漢兵至肅州，又久駐嘉峪關外，候罕東兵不至。牙蘭預知之，皆遁去。洎兵至哈密，獲城，追勦之，僅斬首六百餘。然自是威震西域，阿黑麻以是悔過，遂遣使入貢，并以陝巴、金印來歸。且求寫亦滿速兒等，乃降。勅賜陝巴蟒衣、綵段、冠服，護入哈密。其三種大頭目都督寫赤蒲仙係回回，奄克孛羅係畏兀兒，并迭力迷失係哈剌灰種類，皆翼佐陝巴者。馬公又慮哈剌灰以獵生爲生，各番頗懼，多不樂居哈密城，請量留其家室之半居肅州，許其往來，以繫其心。離散夷人大小共二千餘名口，咸給牛具種子、衣糧布疋，遣撫夷千户數人，護入哈密。自是阿黑麻甚感朝廷恩威，并黑樓國等處，咸遣使入貢。邊方底寧，九重無西顧之憂矣。

庚戌三月，陝西慶陽府雨石無數，大者如鵝鴨卵，小者如雞頭實，皆作人言，説長道短。奏詞云云。

初，北虜進貢，三年一次。至庚戌，又欲一年兩次入貢，心雖貪利，姦或難測。番文自稱大元可汗，及稱「去年差了三千餘人進貢，止准一半，阻回一半，都生歹心，有小王子死生定了。今再差四千人進貢，若都准了便罷，若只准一二千呵，也不進貢，都生起歹心了。王子那時也主張不得，你也難怪我們」等語。事下兵部，時馬尚書文升查議，宜以容彼進貢爲權，以飾我戰守爲正。且近年例，止許一千五百人進貢，雖成化年間，亦不過一千七百人。於是止許照成化年間例，仍行大同鎮巡官，差人伴送一千五百名進京。其餘存留大同，聽候給賞。其謀稍沮。

庚戌歲，南昌府城隍廟殿下庭中生一石，初出地四五寸，越日已長尺餘，以後日日漸長，既數日，已三四尺。其初生時，無人覺之是石，偶一人見曰：「此處想生出山矣。」因此語遂不復長，其生者至今存焉。

華亭錢福性敏甚，爲文不屬草，是春舉會試第一。廷試策三千餘言，詞理精確，若宿構者。彌封官以無稿難之，衆謂科場必欲具稿者，防代作之弊，今殿陛間衆目所矚，何嫌之避？時劉閣老得其策，嘖嘖不容口，乃請于上，賜第一。福幼時遘疾奇甚，殆。其父夢一人語曰：「乃子吴寛也。」時吴尚未第，後連第，舉省元、殿元。福亦果然。但爲人落魄，不自珍重，卒以行檢不立，考察作有疾黜退。世多惜之。

癸丑五月，京師大風，東廠地忽陷深三二丈，廣亦如之。明時坊白晝間，二人入巡警鋪，久不出。管鋪者疑之，推户視，但見衣二領委壁下，衣傍各有積血而已，二人皆不知何在。

是年，薊州守臣奏：「閏五月既望，辰巳之際，本州忽然晝晦，大雷迅烈，室廬撼動，風勢狂猛，瓦石皆飛，電光交掣，紅紫奪目。見空中雷神無數，形狀不一，顔色難辨，皆披甲胄，各執兵械，或劒斧鎚鑿，或鎗刀旗戟，或縲絏枷鎖。攝人起空中，移時復擲下。其震死者，身手足分裂異處，凡九人。又震牛十九頭，亦皆身足分裂，復拔去舌。又在地震死者，人牛復有十數；攝上而復擲下者八九十人，皆無恙。皇天震怒，誅譴慘烈。州人戰栗駭隕，不知何以獲罪于天也。」或曰：「被擲下者甦云：神攝人至，則審。」

甲寅，蘇州府治西南太湖之濱，有山自移徙，初猶緩緩移動，漸次甚急，望太湖而趨。偶一村民過之，大驚疾呼曰：「此山要走下湖也！」聞者皆愕然而呼。

山隨呼即止，已離舊址數畝餘矣。

是年，朝鮮之海南夷有輸米其國而覆舟於海者。夷賴浮板得半不死，隨漂至島嶼。值巡海官軍舟至，截入浙境。事聞，朝廷令給衣糧，館伴遼東，示以歸路。夷自陳本國米盡失，歸不能自明，罪必死。乃差通事二人送之，仍勅其國王憫其情，毋事苛責。此真柔遠之道也。

岐府等王出閣，例該除輔導官。耿太宰裕一日除庚戌進士六人爲檢討，俟出府，授長史。衆人不樂此選，共約詣部堂，譁然辨論，不肯就職，極言偏私選推不當。耿安慰之，衆愈侵侮。耿復正色叱之，衆亦詆斥。時吴少宰寬乃言曰：「汝諸子務進取，常擬董生、賈傅，向二人亦曾爲王傅，然後名高百世。而諸子縱傲，輒毁主司，厭棄斯職。使選舉從人自擇，可乎？不思汝輩皆某所取士也，所學何事？」衆方退。耿同吴遂奏諸人恣肆，甚傷治體，請以法處之。明日疏入，奉旨以爲首者從軍，餘皆從吏，紀綱乃振。

中官張后欲製珠袍，乘間語上曰：「須差管寶藏庫太監王禮廣東珠池採取，則整齊可觀。」上不聽，乃宣禮及蕭敬同檢内帑所藏。蕭以太祖所蓄不敢動，太宗而下儲物悉取來觀，因擇其光澤明瑩者若干顆，製爲袍，餘復發回原藏貯之。他日，顧禮責之曰：「内帑儘有好珠，汝却藉此欲往廣東，生事壞法，擾害百姓，彼何以堪！這遭且將就罷，今後再敢來説，必剥皮示衆！」先是禮進銀數千兩，浼金夫人啓此釁端。禮聞上言，心甚驚怖，更不敢有失。

上好寫沈字，蓋沈學士名度字民則，松江人，以善書名於先朝。某筮仕時，自左順門接出題本，竊觀硃批清逸豐潤，詢之先達，云：「此御筆也。」實類沈體。又聞嘗命禮部徵其子姓，得度四世孫世隆，特授中書舍人。且宣索其家，得其遺像卷，因撫而歎曰：「沈先生出矣。」卷有楊文定溥所著傳，文貞士奇、文敏榮、金文肅幼孜、胡祭酒儼、曾學士棨諸贊。并留内府，不復降出。

上嘗遣中官至内閣，問龍生九子名目，皆莫能對。惟李閣老東陽記其略，倉卒不敢對，復出詢諸羅編修玘、劉稽勳績，乃備得其詳，因據以聞：九子者，一曰囚牛，龍種，性好音樂，今胡琴額上刻獸，是其遺像。一曰睚眦，好殺，今刀柄上龍吞口是。一曰嘲風，好險，今殿閣上走獸是。一曰滿牢，好鳴，今鍾上紐是。一曰狻猊，好坐，今佛座獅子是。一曰狴犴，好訟，今獄門上獅子是。一曰負屓，好文，今石碑兩旁龍是。一曰蚩吻，好吞，今殿脊獸頭是。

上體稍不佳，即誦詩云：「自身有病自心知，身病還將心自醫。心若病時身亦病，心生元是病生時。」其善於頤養如此。嘗因重陽出一對曰：「今朝重九，九重又過一重陽。」命太監蕭敬等對之，皆不能應。至今亦未聞有能對者。

上篇卷之二

丁巳三月，宣内閣臣徐溥、劉健、李東陽、謝遷至文華殿。上曰：「近前。」於是直叩御榻，司禮監諸太監環跪於案側。上曰：「看文書。」諸太監取本付溥等，又分置硃硯筆，授片紙數幅。上曰：「與先生輩計較。」溥等看畢，相與議定批辭，以次陳奏，得允，乃録於紙上以進。上覽畢，親批本，而或更三二字，或删去二三句，皆應手疾書，宸翰清逸，略無疑滯。有山西巡撫官本，上顧曰：「欲提問一副總兵，該提否？」溥等對曰：「此事輕，副總兵恐不必提，止提都指揮以下三人可也。」上曰：「然。邊情事重，小官亦不可提耳。」又禮部本擬一「是」字，上曰：「天下事亦大，還看本内事情，若止批一『是』字，恐有遺失。」因取本閲之，則曰：「是只須一字足矣。」又一本，健奏曰：「此本事多，臣等將下，細看擬奏。」上曰：「文書尚多，都要一看，下去也是閑，就此商量，豈不好？」皆應曰：「諾。」上指餘本，謂左右曰：「此皆常行事，不過『該衙門知道』耳。」乃皆叩頭退。上復顧左右曰：「喫茶。」出文華門，尚膳官監捧茶以俟。韋太監喜曰：「茶已具矣。」蓋時出忽召，未有宿辦也。東陽《燕對録》曰：「自天順至今四十年，先帝及今上之初，間嘗召内閣，不過一二語。是日經筵罷，有此召，因得以窺天質之明睿，廟算之周詳，聖心之仁厚，有不可測量者如此。」

戊午六月，南京并蘇、松、常、鎮、嘉、湖、杭州、徽州諸處河港潭池井沼，水急泛溢二三尺許。似潮非潮，天亦無雨。沿海去處，約有四尺，千里相應。豈蛟龍妖異所致，抑水爲陰物，過多失常爲災也？

庚申六月，陝西西安府鄠縣道安里軍士毛志學於本里趙綸村泥水河邊澡浴，得古玉。其色純白無瑕，光彩異常，厚一寸，背有螭紐，紐高二寸，方圓一尺四寸，稜角完好，無損缺，其文曰：「受命于天，既壽永昌。」巡撫都御史熊翀等以獻于朝，議欲稱賀。郎中陳仁等建言此不足信，況亡秦之物不足爲重。遂已之。

庚申六月，召内閣諸臣至平臺，上出諸營提督官辭任本，各議去留。大學士劉健請上裁決，上取英國公張懋本，令擬旨留之。及保國公朱暉、惠安伯張偉，皆然。至成山伯王鏞、寧晉伯劉福，皆准辭退。問曰：「何如？」劉健等皆應曰：「聖覽極當。」皆擬旨訖。又問：「新寧伯譚祐，較之劉福如何？」蓋祐時亦有言其短長者。李東陽對曰：「譚祐在營管事，似勝劉福。」上意亦以爲然，但止可令管神機營，提督團營須另選，可令鎮遠侯顧溥代之，因問溥如何。劉健等皆應曰：「溥在湖廣甚好。」李東陽曰：「況新有貴州功。」上曰：「然則令管神機營。」李東陽曰：「譚祐掌神機營久，但繫伯爵，若與溥同營，即當爲副。溥雖侯爵，但新自外入。若令管五軍營，名在張懋次，而令張偉，似於事體稍便。」上從之，即令撰手敕稿。是日司禮惟二太監在侍，餘無一人在左右者。於是扶安、李璋舉小紅卓，具硃筆硯，李東陽録稿以進。上親書手勅成，付司禮監官。李東陽復奏曰：「今邊方多事，皇上留意武臣，親賜黜陟，臣等不勝瞻仰。」皆叩頭出。時已召兵部尚書馬文升等候於左順門，候勅出行之。

舊例通政司奏事，各衙門承旨，惟刑部、都察院同爲一法司，并立聽候。如旨云「法司知道」，兩衙門俱跪而應。若止云「刑部知道」，惟刑部堂上官承旨。云「都察院知道」，惟都察院官承旨。玉音微低，不免混聽，則具本認罪。時白司寇昂每次不差，閔都御史珪屢差，俱蒙温旨不究。李閣老東陽與閔俱甲申進士，因會同年席上謂閔曰：「今早年兄何以又差？」閔答曰：「某一時聽不真。」李曰：「白公只有一耳，何以聽真？年兄有兩耳，何聽不真？」衆皆愕然。李徐笑曰：「刑部字止一耳，都察院非兩耳而何？」一座輾然稱善。

上厭閹豎專擅，將責任大臣。乃御文華殿，召吏部尚書屠滽，謂曰：「治國以禦邊爲急，禦邊以糧餉爲要。今各邊總督糧草官，若侍郎、參政、都指揮各一員，都是混管，不分勤惰，以致功罪賞罰，往往失當。老尚書與朕分派地方，使各有所總，而勤惰功罪，因有可考，賞罰亦可施行。」即授簡與滽，滽慙赧，久不能對，閹豎皆掩口竊笑。上復謂滽曰：「汝畏人怨耶？朕將自定之。」即將户部侍郎使統千里，參政、都指揮各統數百里。命自大同、宣府抵寧夏，溪山險阻，某處則搭木乘渡，某處則作梯飛輓，庶士卒不疲，而糧餉易集。睿算井井，若目中事。而侍郎等皆悦服，領勅而去。滽亦賜茶，命還部。上既入内，以滽不副旨，怏怏終夕。至是召見大臣鮮矣。凡遇大事，上徑自裁之。

辛酉冬，馬司馬文升轉太宰。御史張津、文森、曾大有論馬宜在兵部，且熟知邊事，吏部宜慎擇正人居之。奏上，奉旨：「進退大臣，朝廷自有公道。這御史每如何輒擅銓衡？皆下獄送法司擬罪。」僉謂輒擅銓衡，准律文其罪不小，皆爲危之。後得旨如擬，運炭還職。方知上意初未嘗怒言者，恐論列者衆，故先批如此。聖人之度，何嘗有所適莫哉！方太宰缺時，馬與刑部閔珪皆以資望相應，北人主于馬，南人主閔。推者以馬爲首，遂相嫌。馬在部，移怒於屬司，一年之間，刑部十三司無一轉官者，可謂隘矣。弘治末，爲何御史天衢所劾，遂罷去。

京師好事者扶鸞，有降筆詩：「江山何日許重來？白骨青林事可哀。吾黨莫言清夢返，海東東更有蓬萊。」又云：「斯文古今一堪哀，道學真傳已作灰。鴻鴈未高羅網合，麒麟偶見信時猜。迅雷不啓金縢惑，紫電誰憐武庫才？于此可知同氣數，渾淪來往共盈虧。」莫知爲何人作。扣之，復書曰：「予篁墩學士也。」是時程已没久，其詩類其早年所爲，蓋其拂鬱不平之氣，猶有未散焉者。先是，己未春，程敏政與李西涯同主考禮闈，其第三問策題程所出，以四子造詣爲問。許魯齋一段出劉静修《退齋記》，士子多不通曉。程得一卷，甚異之，將以爲魁。而京城内外盛傳其人先得題意，乃程有所私，爲華給事中昶等所劾，謂私徐經、唐寅等。上命李公覆閲，遲三日始揭曉。言路復論列，欲窮治之。上怒，下都給事中林廷玉等于獄，落言官數人職。而程亦致仕以去，亦一時文運之玷云。

太監李廣以左道見寵任，權傾中外，大臣多賄求之。戊午歲，建毓秀亭於萬歲山上，既成後，適一小公主患痘瘡，衆醫莫効。廣飲以符水，遂殤。宫中方歸咎于廣。未幾，清寧宫災，有謂亭之建，年月不利，犯坐殺向太歲，故有此災。皇太后怒云：「今日李廣，明日李廣，興工動土，致此災禍。累朝所積，一旦灰燼！」廣懼，飲鴆死。上意其藏必有奇方秘書，即令内侍搜索。奉命者遂封其外宅，搜得一帙納賄簿，首進之。簿中所載某送黄米幾百石，某送白米幾千石，通計數百萬石。黄米即金，白米即銀。上因悟廣贓濫如此，遂籍没之。科道請出簿究問，凡與名者，惶懼危甚，各自星夜赴戚畹求救，不期而會者凡十三人。月下見轎影重重，而一人獨乘女轎。事雖得寢不究，而納賄之名，一一盛傳於朝野。靦顔雖甚，久而亦安然無復羞愧矣。時若屠太宰滽、徐宗伯瓊、白司寇昂、沈通政禄、陳瑶諸人，爲尤著。上英明，終漸去之。

北虜火篩寇邊，勢甚猖獗。馬鈞陽文升以少傅兼太子太傅爲兵書，朝廷特所倚重，命閲兵於教場，又命司禮監太監李榮同閲。馬欲與李并坐，往返言再三，榮竟不允。遂各居一幕，而遞閲之。夫以保傅之官，掌本兵之柄，又值弘治之世，而宦官乃若此，其可駭也矣。

太皇太后一日諭上，欲召崇王入朝。上意以太后注念，將從之。復以事體重大，乃令禮部會九卿科道等官集議。時議者不一，展轉久之。給事中屈伸援引故事，謂不宜擅離封守，遂已之。

上勤政，每日清晨視朝，遇雨則免。仍令有事衙門堂上官，由廊廡升奉天門奏事。或因走急滑跌，上多不問。嘗以通政司、鴻臚寺官奉事繁難，若差錯一二字者，有旨不必糾奏。經筵諸講官失儀，尤加寬慰。閒朝有不到者，多從寬宥，不得已罰俸一月。其體念臣下之仁至矣。

辛酉秋，華容劉大夏自兩廣召至京，陞兵部尚書。既受職，一日上召至幄中，問曰：「朕累召用爾，爾因何累以疾辭？」大夏對曰：「臣待罪兩廣，委的年老多病。況見近年四方人窮財盡，易於生變，兵部掌朝廷機務，萬一變生，臣才不足以了此事，憂懼不敢來。」上默然久之，曰：「爾乃盡心辦事。」大夏叩頭退。越數日，又召問曰：「爾言天下民窮財盡，自祖宗以來，徵科賦斂，俱有常制，何以近年民窮財盡？」大夏對曰：「近年徵斂，恐不止於常制。姑以臣巡撫地方言之，如廣西取鐸木，廣東取香料，費用錢糧，動以萬計。」上曰：「鐸木是軍中要用的急務，不得已取之。爾嘗奏來，已令停止了。今後但有分外的徵斂，便令該衙門來説，再斟酌定奪。」

北虜驕橫，各邊俱有警報。時上以兵事屬意於太監苗逵，與逵謀欲舉兵出塞，劫虜營。謀已決，而英國公張懋，兵部尚書劉大夏俱不知。苗逵先與劉大夏在教場論兵事不合，心知二人不欲此舉，密告于上。乃召大夏諭曰：「爾在兩廣，來時苗逵等於延綏河套陰劫虜營，由是虜不敢犯邊。爾知之否？」大夏對云：「嘗聞從征將士言劫虜營時事，當時全仗朝廷威德，幸而逃脱，不然全軍覆没於境外，未可以爲善。」上曰：「永樂中頻年出塞破虜，今何不可？」大夏對曰：「皇上神武，固同於太宗皇帝，奈今之將領，兵力，遠有所不逮。且在當時，如國公丘福，稍違節制，遂令數萬兵俱陷虜地，況今之將又在丘福之下。不若令各邊將料敵戰守，猶似得策。」時左都御史戴珊在側，極贊大夏言爲是。上遽曰：「微爾二人之言，朕幾爲人所誤！」遂寢其謀。大夏等歎曰：「上之聽言從善如轉環。若是前代英君誼主所不能及也。」

上無日不視朝。或三五日朝罷鞭響，上起立寶座上，高聲：「兵部來！」於是尚書劉大夏跪承旨，由西陛以進。上退立寶座後，大夏逕造上前，語移時。羣臣侍班觀望，人人欣戴。間或宣都察院，於是左都御史戴珊亦承旨由西陛而登，上立寶座後，或坐輦中，與二臣相與商搉大事，多或移一二時方退。間亦召吏書馬文升與語，然比二公稍疎。其與劉公語，嘗令左右却立，有欲盡削内官權柄。當時減九門監門官，及禁革過取商税，皆本於此。其朝臣無大小，皆樂趨朝，以仰承德意。間有語及早朝事，不能答者，就知其懶於朝矣。人自愧悔，蓋有不令而自不能安寢者也。

刑部尚書閔珪讞獄不稱旨，上怒甚。一日與尚書劉大夏論及之。劉與閔同年交厚，且知其爲人，欲解救之，而未敢言。俟上論畢，對曰：「法司執法，恩歸朝廷，似未可深怪。」上曰：「爾第云古昔何人如此執法？」大夏見聖怒，莫知所對。上詰之，對曰：「嘗聞孟子云：舜爲天子，臯陶爲士，執之而已。」上默然久之，怒意未解。大夏竊意所對欠避諱，心悔其失。上徐曰：「朕亦知閔珪是老成人物，欲求一人以易之，不可得。但此事執之太過耳。」明日奏下，允刑部之議。吁！上之明燭人心，而强於從善如此。

上嘗召問天下衛所軍士何如，大夏對曰：「與民一般窮，安得養其鋭氣！」上曰：「在衛俱有月糧，征戍又有行糧，何以也窮？」大夏對曰：「自江南衛所困於運糧，江北衛所困於京操。運糧有脚價、還債之費，京操有做工、部料之費。此外浪費，猶有臣等不可知者，所以俱窮。」上曰：「朕在位許多年，不知天下軍民都這等窮。」歎息久之。越數日，詔令各衙門凡損於軍民弊政，俱備查奏。

上篇卷之三 上召左都御史戴珊與劉大夏至榻前論：「爾等各衙門，凡事都奏行巡按御史勘報，豈以此官公道可托耶？」珊顧大夏未敢對，大夏進曰：「無他，以巡按御史一年一换，無久交，不掣肘，故事多責成之。」上曰：「責之固是，但權之所在，惟有識量者能不移其心。不然則恃權，好承奉，任喜怒，將或以是爲非，以賢爲不肖，使民不被其澤。爾珊今後遇差巡按御史，務揀老成有識量者，毋用輕躁新進之人。」仍以此意，行與各巡按御史知道。」珊承命叩頭謝罪，退與劉公俱歎曰：「聖諭諄諄，俱切中時病，明見萬里之外，惜我輩猶不能悉記其詳耳。」戴即通行以警各處巡按云云，欽遵。嗚呼！聖言及此，其精練政體，豈尋常所能到哉！

江西寧府乞换殿宇琉璃瓦，奏准於引錢内支銀二萬兩。時林見素俊以都御史巡視其地，具疏言該府初無琉璃之制，請止之。且云：「毋涉吴王几杖之賜，毋成叔段京鄙之求。」寧深銜之，乃以林出巡外郡爲迂避聖節，不於省城慶賀，朦朧奏令回話，賴上洞知不究。彼寧又向勘事部郎中蕡言説：「林都堂指我是叔段，則以莊公待朝廷矣。」其黠如此。後果爲反逆，林其有先機之見哉！

上一日召劉大夏、戴珊，諭曰：「聞今軍民都不得所，安得天下太平如古昔帝王之時？」大夏對曰：「求治亦難太急，但每事都如近日與内閣近臣講議，必求其當，施行日久，天下自然太平。」上曰：「内閣近臣如大學士劉健，亦儘可與計事，但他們下人太雜，他曾獨薦一人，甚不合朕意。」上不言其所薦之人姓名，大夏等亦不知。既而向劉公等言曰：「劉先生曾説見任副都御史劉宇才可大用，上不答。先生疑上聽之未真，重舉其人言之，上竟未之答。或者是此人未可知。」噫！宇之姦惡，聖明已知之。正德初年，宇果大壞朝政。天下益信堯舜之資，迥出尋常物表也。彼薦之者，寧不愧死耶？

貴州普安土官隆暢妾米魯、米朵等，因其夫故，乃與姦人福佑等乘釁謀襲官職，因而糾集賊衆，攻劫城堡，拒敵官軍，將管糧右布政閆鉦及雲南進表布政梁方圍困安南城内不放。鎮守太監楊友慮陷城池，乃與按察使劉福、都指揮李雄等領兵前去盤江地名寶鈿鋪屯劄。及取梁方、閆鉦到營，梁方次日即行。衆議以寶鈿地方不可久住，請過盤江東岸下營，楊友等不從，又張宴設戲爲樂。米魯貪夜添合蠻賊阿方車等强兵萬餘劫營，當殺死閆鉦、劉福等并都指揮以下千百餘人，又將楊友虜去，送寨拘住。時辛酉年四月也。守臣以聞，兵部請命南京户部尚書公安王軾提督軍務，合雲南、川、廣之兵夾攻。至壬戌春，以捷聞。地方雖獲平定，而官軍損傷者亦多矣。況當時啟釁，不過一二夷婦耳。守土者誠能先事預防，隨機應變，決不致猖獗如是。却乃貪功好勝，不恤人言，以致滋蔓，重貽地方之患，誰之罪耶？

上召劉尚書大夏與戴都御史珊議論人物。大夏言及某一時人物。上曰：「内閣學士劉健屢舉此人，朕已熟察之矣。其人好作威福，好虚名，無誠心爲國家。在陝西巡撫時，與鎮守内臣同遊秦王内苑，厮打墜水，遺國人之笑。及任户部侍郎，令他參贊北征官軍，惟以參奏總兵等官爲事，不能畫一策以裨軍旅。因其誤事，所以退他。這等何以稱爲人物？」大夏等叩頭，不復敢言。

司禮監太監陳寬等奉命揀選坐營近侍内官，上命劉尚書大夏往預其事。大夏對曰：「國朝故典，外官不得干預此事。」候久不退。上笑曰：「豈憂此曹他日害卿耶？有朕在上，何憂之有？」竟令英國公張懋與大夏同往。内有太監岑璋者，久侍寵眷，私乞不欲預選。上已許之，既而諭大夏曰：「若岑璋臨期不至，當據法處置。」大夏等對曰：「既已有旨見容，難再别議。」上曰：「朕雖一時情不能已許伊，然未嘗傳出令爾曹補本，何謂有旨？」及期，璋果不至，遂與陳寬等參伊方命。頃刻即批出云：「本當拿問，且饒這遭。」璋聞之恐懼。衆近侍皆自此檢束不敢肆。

都御史戴珊累以疾辭，不允。上一日召劉大夏并戴同入，行間戴懇劉曰：「少頃進見，當舍己爲我言之。」及見，議論公事畢，上論曰：「爾珊昨日何以又陳老疾求去？」珊顧劉未敢對，遂進曰：「都御史與各道係互相糾劾衙門，若堂上官以病不出，恐爲御史所劾，不得不奏。珊實有病，不敢假。」上曰：「賓客在人家告歸，主人懇留之，亦置家事而止。爾何忍咈朕意如是耶？」珊感而流涕，上亦爲之感動，上下相對，不能言者久之。上曰：「爾等姑退。」珊退謂劉曰：「自此以後，雖死不敢言去矣。」

甲子閏四月，上命大學士李東陽往闕里祭告，其勑諭云：「近因闕里燬于回禄，爰命有司重建，厥功既成，兹遣卿往彼祭告。夫先師道德，萬世之所宗；鼎新廟庭，一代之盛典。以故禋告之禮，特委輔弼之臣。卿其精白一心，寅恭將事，務期聖靈昭假，以副朕隆師重道之懷。事畢，星馳回京。欽哉！故勑。」其祭文云：「皇帝遣太子太保、户部尚書、兼謹身殿大學士李東陽致祭于先師大成至聖文宣王曰：惟我先師，代天立教。禮嚴報祀，四海攸同。嶽降在兹，廟貌自古。頃罹災變，實警予衷。爰勑有司，命工重建。越既五載，厥功告陳。宇棟鼎新，器物咸備。光昭儒道，用妥聖靈。特遣輔臣，遠將祭告。尚期歆格，來享明禋。謹告。」

先是兖州知府龔弘一夕夢謁孔廟，宣聖對之泣下。既寤，不知何祥。次日適當謁廟，禮畢，弘升殿，命諸生揭幔瞻視，正見塑像龕傾損裂，殿瓦穿漏當其上，有水迹下被像面，帷幔亦且弊腐。弘惕然，亟爲整飭完好。未幾廟災，時庚申七月八日也。初，其日未申間，廟庭烟氣鬱勃，既而火起樹杪，延及廊廡室宇，焚蕩樹木甚多。前代碑刻，咸在煨燼。是年建寧書坊及廣信張天師家一時俱罹鬱攸之厄，亦可怪也。

上一日退朝，宣劉尚書大夏，議論國事久之。言及左右，大夏未及對。上曰：「爾趦趄不言者，豈尚疑我是聽左右人言語之皇帝耶？」大夏叩頭謝。

癸亥正月郊，上以微恙不果行，有旨俟平復親舉，於二月中旬，始克行。蓋上謂天子祭天地，不可假諸臣下，必俟疾愈方舉，此見義精也。故鑾輿出郊，遠近快睹，皆呼萬歲。李閣老東陽有詩云：「聖躬已豫思蠲潔，願達平安上紫宸。」紀其實也。

淮、揚大饑，巡撫等官累上疏告急。上召劉大夏諭曰：「淮、揚饑荒，十分狼狽。雖嘗令有司賑濟撫按，不知近來何如，爾曾用心此事否？」大夏對曰：「臣待罪兵部，才短憂亂，實嘗用心深訪，此時可無憂矣。」上曰：「何以無憂？」對曰：「臣聞淮民窮極思變間，偶遇聖旨文書行到，遂寢其謀。」上曰：「是何文書？」對曰：「即近日准各衙門所陳弊政行去的勘合。」上曰：「朝廷政事得失，若非各官陳奏，朕何以知之？今後爾等有所奏言，皆不可避諱。」

張學士元禎，南昌人，爲日講官。上命設低几，就而聽之。蓋張短小不及四尺，且貌寢，然聲音朗徹，聞者竦然，上亦起敬，故設此几以便之。張自七歲能屬文，稱爲奇童。嘗請上讀《太極圖》、《西銘》諸書。上亟索之，内閣以圖本進。上覽而歎之曰：「天生斯人以開朕也。」可謂不偶矣。

甘肅副總兵魯麟自先世歸附，居莊浪之西大同，部落甚衆。至麟，有才智而性頗驕傲，結納嬖近，求爲甘肅掛印總兵官不得，遂棄官西回大同，假托以子幼，奏願歸撫其部落，漸有不臣之風聞於京。奏至，公卿私議，有欲俯令其掛印消其異心者，有欲召至京師處以散地者。上召劉尚書大夏諭曰：「若就令魯麟掛印，是遂彼要君之心，不可。召之何如？」大夏對曰：「無遂彼要君之心，誠如聖諭。但使其不得遂願，即棄任走歸，則恐召之不至，難於處置。莫若從彼撫部落之奏，不逆其心，而陰奪其副將兵權。」上曰：「朕意欲如此，惟恐彼恃其部落胡爲。」大夏對曰：「聞此人貪酷，失部落之心，若失兵權，安能獨爲？」明日覆奏，遂降勅奬伊上世忠順，而從其請。麟竟怏怏成病，不踰年而死。

公卿中有一人善能結納嬖近，每於上前譽其才能。一日，上諭劉大夏曰：「聞某極有才調。」大夏未敢對。上疑大夏聽之未真，復大聲曰：「工部尚書李某，爾知之否？」大夏仍未敢對。上諭其意，遽笑曰：「朕惟聞其人能幹辦耳，未暇知其爲人也。」大夏叩頭曰：「誠如聖諭。」

一日早朝，通政司奏事，無兵部事，劉尚書大夏止在大班中，未出班聽候。上未及見，候朝退，召劉尚書諭曰：「今早意欲召爾，因不見而罷，恐爲侍班御史劾爾故也。且爾同類中，亦有不樂爾者，自今宜慎之。」大夏叩頭謝罪而退。蓋時大臣不平劉獨蒙眷顧，有「偏聽生姦，獨任成亂」之語，因左右聞于上，故有此諭。

劉大夏承上眷顧，思欲薦才報國。予同年王綸，陝西人，因王親除松江推官。爲人譎詐務名，自負兵曆醫卜諸事，無不精曉，欲求爲京官。乃託人延譽于朝，時考滿來京，劉真以綸爲知兵，遂破例薦爲職方主事。命下吏部，馬鈞陽以爲王親不得任京職，此祖宗舊例，似難輒改。上意向劉，又批云：「你每還會兵部議了來說。」馬恐劉在上前有別詞，乃曲從其請。綸得職方主事，其志洋洋矣。劉常對人言：「我非欲破例，但部中多事，得一知兵者在司屬，可以備緩急之用。」然綸實非知兵，徒能言耳。楊都御史一清以其門人故，力薦之於劉，劉亦不察。觀其後從宸濠反逆，爲其行軍，一敗塗地，可見矣。人之難知有如此。

各邊有警，守臣求增兵餉，户部奏稱錢糧不給。上召劉尚書大夏諭曰：「永樂間頻年舉兵北征，况大興營造，費用無貲，當時未聞告乏。今百凡俱從減省，何以反不足用？昔人云天下之財，不在官則在民，今安在哉？」大夏對曰：「祖宗時民出一文，公家得一文之用。今取諸民者數倍，而實入官者或僅二三。」上曰：「歸之何處？」大夏乞退奏。上曰：「正欲與爾面論此事。」詰之至再。倉卒不能對，乃舉所知一事對曰：「臣往年在兩廣時，曾通以省城中文武官俸給，與某官一二人歲用，計之猶不相當。此亦以侵民財之一端也。」蓋指鎮守内官。上曰：「曾有人説今天下應該裁革此官，熟思之，自祖宗來，設置已久，勢難遽革。况中間如某某，亦儘有益於地方。莫若今後有缺，必求如某者用，不得其人則姑停止之。」

上優禮大臣，無大故未嘗斥辱。如尚書劉大夏、都御史戴珊輩，往往召至幄中，從容講論，天顔和悦，真如家人父子。内閣諸臣，皆稱爲先生。李西涯有詩云：「近臣嘗造膝，閣老不呼名。」蓋實録也。

上篇卷之四

上一日召劉尚書大夏，諭曰：「朕嘗欲於附近東西地方，各操人馬一枝，以爲京師左右掖，何如？」大夏對曰：「保定止是一府地方，獨設一都司，統五衛在彼。仰思祖宗之心，恐亦是此意。」未幾，一御史陳言，議欲發回各處輪班京操官軍，因擬將保定兩班一萬人回衛團操。奏入，上可之，遂敕令京營都指揮戴儀往任其事。人不知此出自上意，遂有造飛語者，揭帖子於宫門相誣。上取帖子付太監苗逵，令出以示大夏。明日上復召，面諭之曰：「宫門前豈外人可到？必是忿不得私役此軍者所爲。」大夏叩頭謝。時京東軍亦於密雲、薊州責成巡撫官，城堡已備，因兵力未集，其事竟廢。

《問刑條例》成於弘治庚申，先是有詔，謂：「近例太多，人難遵守，三法司查議停當刊布。」於是尚書白昂，侍郎屠勳、何鑑，都御史閔珪、佀鍾，大理卿王軾等，會委御史王鼎、王恩，郎中楊茂仁等，查出會議，開例以上。再命會同吏部等衙門覆議。皆已停當，白刑書又題請刊行，永爲遵守。未幾，白去位，閔代之。議者紛紛，給事中孫禎、葛嵩、徐昂等則謂「私役軍伴」、「立嗣擇立賢能及所親愛」、「典當田地已勾本利交還原主」等項是起争端，而王府又奏郡王、將軍妾媵定數及冒支官糧之類，皆非所以待宗室，將示與庶民無異，要行革去。奏下，多以爲宜改。而致仕閣老尹直復貽書當道，以爲前日諸臣刑名欠精，率多窒礙，徒爲誨淫長姦之地。時諸司議亦不同。予同年沈員外文華時管章奏，爲閔所重。予謂沈曰：「今若改一條，其餘皆不可存矣。豈永爲遵守之意哉？」衆以爲然。乃質諸閔公，遂覆奏云：「前例數條，委皆停當，但近年奉法者率多拘泥牽合，以致有言。」乃申明數語，稍加增潤上請，遂得俞允。其覆「宗支繁衍，與國初不同。與其犯之而後治以法，非惟無益於事，而傷恩亦多矣；固欲先事豫防，共保全敦睦」，皆深意所存，是古先宮中府中一體之義，尤爲親切。羣議乃寢。

上一日宣内閣臣，諭曰：「遼東張天祥事，東廠緝事揭帖云：『當時御史王獻臣止憑一指揮告誘殺情詞，吴一貫等亦不曾親到彼處，止憑參政寧舉等勘報，事多不實。』今欲一干人犯提解來京，令錦衣衛於午門前會問，方見端的。」大學士劉健等皆對曰：「如此固好。」上以揭帖付健曰：「先生輩將去整理。」健等退，具揭帖云：「都察院本既已批出，東廠揭帖又不可批行，須侍會勘，至日再議。」次日，上又召内閣、兵部來至門上。兵部選鎮撫司理刑官畢健等入，至暖閣。上盛氣曰：「張天祥事秘密未行，先生輩昨所進揭帖，衹合親書密進，如何令書辦官代寫？」健等皆叩頭曰：「東廠揭帖已封定，不曾令書辦官見之。」上曰：「閣下揭帖内乃有『提解來京』等語，此事尚未行，且欲解京者，正欲明白其事，先生輩固以爲不可行，何也？」健等對曰：「臣等非敢阻解京，但無故傳旨，事體未便，故欲少待會勘耳。」上曰：「此事已兩番三次，何爲非阻？」皆對曰：「此事已經法司勘問，皆公卿士大夫，言足取信。」上曰：「先生輩且未可如此説，法司官若不停當，其身家尚未可保，又可信乎？」大學士李東陽對曰：「士大夫未必可盡信，但可信者多，其負朝廷者不過十中一二耳。」大學士謝遷對曰：「事須從衆論，一二人之言恐未可深信。」上曰：「先生輩此言皆説不得，此事密切，令人到彼處體訪得來，誰敢欺也？」皆對曰：「此事干證皆在彼處，恐勞人動衆耳。」上曰：「此乃大獄，雖千人亦須來，若事不明白，邊將誰肯効死？」健等皆對曰：「賞罰朝廷大典，臣等愚見，正欲皇上明賞耳。」上曰：「賞罰事重，朕不敢私，但欲得其實情。若果係撲殺，貪功啓釁，豈可從之？若果有功被誣，須爲伸雪。」語久，龍顔少霽，曰：「須傳旨行之。」皆應而出。後又復召，上從容問曰：「昨因張天祥事，先生輩言文職官不負朝廷，亦不應如此説，文官雖是讀書明理，亦儘有不守法度者。」健等皆對曰：「臣等一時愚昧，干冒天威。」東陽曰：「臣等非敢謂其皆不負國，但負國者亦少。」遷曰：「文官負國者，臣等亦不敢庇護，必欲從公處置。」上笑曰：「亦非謂庇護，但言其皆能守法，則不可耳。」因謂：「此事當如何發？初欲傳旨，先生輩謂別無事由，猝然改命。猝者，暴疾之意，此亦未爲猝也。」如是者再。皆應聲曰：「臣等見都察院本已批出無行，只欲事安穩耳。」上曰：「緝訪之事，祖宗以來，亦有舊規。今令東廠具所緝事，題本批行。」皆對曰：「不如傳旨。」上乃命擬旨，提解至京。上親御午門城上，錦衣衛引囚至，上令三法司都御史戴珊等鞫問回奏。大概謂前事乃以匿名文書而行。上遽曰：「匿名文書，見者即當燒毀，此係律文。如何輒以施行？」羣臣皆慴伏，莫敢仰對。遂決其獄，重輕有差，吴一貫等皆落職。

上鋭意興革，一日召劉尚書大夏至幄中，諭曰：「各衙門應詔查出弊政，雖具准行，然未有及内府事者。朕聞在内弊政莫甚於御馬監、光禄寺，且言官亦嘗論及，朕將親理焉。」大夏對曰：「此皆干係内府，必須皇上見定而自主之。」異日遣科道官同兵部侍郎各一員，奉敕往清其事。既而二處減去浪費，每月以白金計之，各不下十餘萬兩。

上復慮天下有司多不得人，乃召戴都御史珊及劉尚書大夏同至幄中，諭曰：「爾等與各科道官勸朕圖治的説話，雖都准行去了，然使天下府州縣親民官非人，未必不爲文具，百姓安得被其恩澤？欲令吏部擇其賢否黜陟，然天下官多，難得停留。細思之，莫若自今與爾等訪察各處巡按二司官，先當以此輩黜陟停當。爾珊更慎擇各處巡按御史，然後責他們去揀擇府州縣衛所。官得其人，人受其福。庶幾行去的説話，不爲文具也。」二人叩頭退，因與同列共歎曰：「堯舜知人安民之德，不過如此。」

户部主事李夢陽言事，語侵宫禁左右太迫，下錦衣獄。越數日，上召劉尚書大夏議邊事，言畢，諭曰：「李夢陽後生無涵養，進言大戇，因令下獄。有告朕避罪諫官之名，免付法司議擬，止欲杖而放之。爾以爲何如？」劉倉卒未及對，上遽曰：「此言豈真愛朝廷之好心，不過致彼於死以快私忿耳！」大夏叩頭謝曰：「聖明洞見人心如此，豈徒言事之臣之幸！」既而即有旨釋放復職。此乾坤包含之仁，今古鮮儷也。夢陽初爲户曹，怏怏不樂。考滿日，尚書侣公鍾署其考曰：「一官不滿其心，三差不終其事。」人以爲然。夢陽之疏，蓋有所激之耳。然其負才使氣，習與性成。後遷提學副使，乃挾制撫按，凌軋僚友，又與逆藩交通，蝟興大獄。勘官參其士行有虧，亦不誣也。

乙丑五月，上不豫。初六日早，司禮監太監戴義宣内閣臣直至御榻。上著黄袍，便服坐榻中，南面。大學士劉健等叩頭，上令近前者再。既近榻，又曰：

「上來。」於是直叩榻下。上曰：「朕承祖宗大統，在位十八年，今年三十六歲，乃得此疾，殆不能興，故與先生每相見。」時上玉色發赤，火聲盛氣。健等皆對曰：「陛下萬壽無疆，偶爾違和，暫須調攝，安得遽爲此言？」上曰：「朕自知之。亦有天命，不可强也。」因呼水嗽口，掌御藥事太監張愉取金盂盛水，以青布拭舌，勸上進藥，不答。愉曰：「再進此一服，即無事矣。」上曰：「朕爲祖宗守法度，不敢怠玩。凡天下事，先生每多費心，我知道。」因執健手，若將永訣者。上又曰：「朕蒙皇考厚恩，選張氏爲皇后，成化二十三年□月□日成婚。至弘治四年九月二十四日生東宫，今十五歲矣，尚未選婚。社稷事重，可亟令禮部舉行。」皆應曰：「諾。」時司禮監太監陳寬、李榮、蕭敬等以次畢至，皆羅跪榻外。上曰：「授遺旨。」扶安、李璋捧筆硯，戴義就榻前書之。上又曰：「東宫聰明，但年幼好逸樂，先生每請他出來讀些書，輔導他做箇好人。」健等皆叩頭仰奏曰：「臣等敢不盡力。」上復加慰諭而退。其詳具李東陽《燕對録》。

乙丑冬，初建泰陵，時都下盛傳其地有水，吏部楊主事子器直言其事。時督工太監李興素有殊寵，勢焰薰灼，遂下楊錦衣獄，莫敢救。適有起復知縣丘泰，莆田人，到京上疏言：「楊某此奏甚有益。蓋泰陵有水，通京師皆云。使此時畏而不言，萬一梓宫葬後有言者，欲開則洩靈氣，不開則抱終天。今開看無水，此疑遂釋。故云有益。」尋遣司禮監押楊往，衆謂楊必遭興毒手。及至，興率奴客罵詈，欲捶楊。司禮監太監蕭敬則曰：「水之有無，視之即見，李哥何必粗躁！」取茶出曰：「楊先生來换茶。」又顧李曰：「他士大夫，可殺不可辱。」遂得免。回奏實無水。楊榜甚重，衆又謂楊必至降謫，刑部擬奏。太皇太后聞之，曰：「他秀才官，説有水也是他的意，如今没水便罷，如何只要擺布他？」遂得免罪。可謂不偶然矣。楊，慈谿人，好古而有文學，嘗三作縣，俱有異政，但性稍偏，雖數言事，鮮知大體，惟此奏爲人所難也。

時擬上尊謚廟號，禮官集議，以上仁聖，近代罕比，難於模寫。欲擬謚上「敬」字、廟上「孝」字，或以爲未足。内閣有云：「孝爲百行之首，敬爲萬善之源，實不可易也。」議遂定。亦實録云。

《繼世紀聞》

明陳洪謨撰

卷之一 弘治十八年乙丑五月，武宗皇帝即位，大赦天下，改元正德。人謂正德號前代有之，宋世西夏乾順嘗建此號也。時内閣大學士則劉少師健、李宫保東陽、謝宫保遷，與禮部官皆未之深考耳。馬冢宰文升因考科道，出題「宰相須用讀書人」，蓋指此也。由是内閣銜之。未幾，馬被御史何天衢論劾，遂去位，似有由也。乃以禮部焦芳代之，焦亦河南人。

立夏氏爲中宫，京師人儒之女，又立沈氏、吴氏爲妃，皆由大明門入受册。

正德元年丙寅，上嗣位，尚在童年。左右嬖幸内臣日導引以遊戲之事，由是視朝寖遲，頻幸各監局爲樂，或單騎挾弓矢，徑出禁門彈射鳥雀，或開張市肆，貨賣物件，内侍獻酒食，不擇粗細俱納。大臣科道累有章疏，皆不省。

是歲六月，雷震奉天殿鴟吻及太廟脊獸、天壇樹木，宫門房柱多有摧折焚燬。前此，太白嘗晝見，人皆異之。

逆臣太監劉瑾并馬永成、谷大用、魏彬、丘聚、羅祥、張興七人，皆東宫舊侍御，時稱爲七黨。内劉瑾尤姦險，粗知文事，遂干大政。素嫉文臣，與同類屢在上前言：「弘治年間，朝權俱爲内閣文臣所掌，朝廷虚名而已。」每形諸戲劇。又說：「司禮監亦攬權納賄，如各處鎮守出去，皆司禮監舉用，受錢至多。如不信，只將司禮監見掌印李榮抄了，就有金銀可滿三間房。今若將各處鎮守内官取回，另换一番人，着他各備銀一二萬兩送上謝恩，恰不勝如司禮監要了？」由是上信之，傳旨將天下鎮守取回，新用者論地方大小，借貸銀兩進獻，即得差用。如内官韋興、齊玄等，皆先朝犯贓問發，亦夤緣差出分守。所至剥削民財，全無顧忌。

太監王讚、崔通差往南京、蘇、松織造段疋，乞支長蘆官鹽一萬一千引爲路費。蓋逆瑾等主之也。户部韓尚書文執奏再三，止給其半。上召内閣問故，劉、李、謝三閣老對云：「内官裝載官鹽，夾帶私鹽，沿路害人。」上曰：「彼若有犯，朝廷自有法治之。」李對曰：「彼既得旨，即揭黄旗，稱欽賜皇鹽，沿途官吏應答稍遲，便加箠撻。甘心忍受，誰敢來奏？朝廷豈得聞知？户部欲少與鹽引者，少一引則省一分之弊。」上色不樂，辯析愈厲。忽云：「豈獨此數人壞事？文官亦有不好的！譬諸十人，豈能皆賢？亦未免有四五人壞事者耳。」既退，韓尚書文令司屬官徐廷用、李夢陽、王崇文等草疏再沮之，内有云：「自閹宦誤國，漢十常侍、唐甘露之變，至今言之痛心。英宗狎一王振，致有土木之變。乞將劉瑾等拏問，置之俎醢。」韓文又率九卿共劾之。時司禮監太監王岳、范亨、徐智亦厭七人所爲，相與爲内應，劉健等助之。然王岳亦爲上所信任，密奏外朝多官劾奏劉瑾等，不可不從。上不得已，允之。會天晚，待明日發旨捕瑾等下獄。左右有以其事密告瑾者，瑾素與李閣老東陽有舊，重其詩文，密以韓文等所劾詢之東陽，得其大略。瑾等驚覺，遂趨至御前，俯伏哀號。訴岳等内外交通，欲害我等。上以爲無此事。瑾等曰：「若待明旦，臣等再不得見天顏矣。須今晚拏岳等三人送獄方可。」上不得已，頷之。瑾等即出傳旨，夜捕岳等繫獄。明日奏請令劉瑾入司禮監，兼提督團營兵馬，設内行官校巡察，丘聚提督東廠官校巡察，谷大用提督西廠官校巡察，張永等並司營務。王岳、范亨、徐智俱發南京充净軍，行至臨清，將王岳縊殺。由是權歸瑾等，勢傾中外。王岳之死，人頗惜之。巡撫山東朱都御史欽上言「岳謫守祖陵，既不白其罪狀，賜死道中，尤未厭乎人心。臣驗岳爲劉瑾所忌，必瑾讒毁，以惑陛下，啟妄殺之端。伏望察岳之非辜，誅瑾之讒賊」等因。瑾不以聞。乃以朱禁釀非法，逮至京，免官，罰米三百石，輸運大同。人心益懼，不敢言。

大學士劉健、李東陽、謝遷見時勢難爲，屢疏乞致仕。至是，乃令劉、謝二人致仕，李獨留。李不自安，上言：臣等三人，事同一體，而臣獨留，何以自容？不知何以爲處。」章亦屢上，竟不允。東陽門徒最盛。相傳以瑾素重其文名，故得不去。後人傳瑾於朝陽門外創造玄真觀，東陽爲製碑文，極其稱頌。人始信前日泄捕瑾等之事爲不誣也。

逆瑾亟欲陷韓尚書文等，時有進納内府折銀，内有假銀驗出。遂傳旨以韓文不能防姦，罷職爲民。仍令邏卒伺察于途，文知之，止乘一騾，宿野店而歸。邏卒無所得。適郎中張瑋、尚寶卿崔璿各以公差，御史姚祥以陞任，在途各乘轎及帶家小馳驛。邏卒回奏其事，逆瑾方欲竊柄張威，遂差官校逮捕下獄。崔、姚枷于西長安門外，張瑋枷于張家灣。數日垂死，公卿奏乞寬宥，始釋充邊衛軍。自是内外臣工皆重足而立，欲謝政以去，不可得矣。

焦芳先爲翰林謫出，後漸陞用爲禮部侍郎，與瑾相善。嘗建言禦虜方略四事，劉閣老健票旨：「這本所言，窒礙難行。」芳遂銜之，屢於瑾處譖劉所短。因善瑾，遂代馬太宰文升。未幾，同侍郎王鏊皆入内閣。芳仍欲兼部事，瑾累遣人來與李閣老東陽商議。李云：「無此例。」瑾云：「嘗聞李賢是吏部侍郎，入閣後陞尚書，時王翺掌部事。」又問：「前有之乎？」答曰：「蹇義爲吏部尚書，與户部尚書夏原吉五日一赴東閣，與大學士三楊議事，未嘗兼大學士也。」次日吏部請印信，内批：「令焦芳兼管部事。」芳以問李，李曰：「某已言之，此二事實難兼攝。内閣佐天子出令，吏部所擬陞調官，間有可否。今自擬議之，而自可否之邪？又，每日通政司奏事，奉旨『吏部知道』者，即當廷跪承旨。内閣班皆立聽，今亦將出跪而更起立邪？又，部事差繆，或章奏錯誤，小則回話認罪，大則罰俸。脱有之，亦將隨同認罪乎？」芳乃辭部事。

初，李夢陽草疏，亟欲誅逆瑾等，而謀慮不審。疏中既以甘露之變爲言，而又躬自蹈李訓之淺謀，致胎數年衣冠之禍。中官自爲制度，自此不可變更。且草疏者李夢陽，屬官耳。而諸司英朋傑士，平昔以文章氣節取重于世者，乃翕然和之。蓋夢陽素爲李閣老東陽所重，所爲詩文，輒加稱賞。韓户書文素厚李閣老，故亦重夢陽。且其疏一出，而九卿大臣亦皆景從，不敢略出商量萬全之策。後文因事繫獄，罰米千石輸邊，二子皆罷官，夢陽累之也。夢陽亦下獄，人以爲禍出不測。劉瑾家人老姜者告曰：「昔公不得志時，李主事時管昌平倉，曾容吾家納米領價，得志乃忘之乎？」瑾遂釋之，令致仕，仍贈以物，曰：「後當復用之。」

李閣老東陽四歲即能寫大字，順天府以神童薦，召入内庭。過門限，太監云：「神童脚短。」李高聲答云：「天子門高。」即聞于上。抱置懷中，令翰林院作養。與程敏政齊名，後至大位。然專以詩文延引後進，海内名士，多出其門，往往破常格不次擢用，寖成黨比之風，而不能迪知忱恂，舉用真才實學。當時有識之士私相講論，以爲數年後東陽引進一番詩文之徒，必誤蒼生。尚名矯激，事變將作矣。初，劉閣老健爲首相，信陽何景明十三歲登鄉舉，博學有詩文名，十七歲中進士，人以爲必居翰林。後不與選，或以爲疑。劉曰：「此子福薄，能詩何用？」竟除中書舍人。後至提學副使，未四十而卒。人謂劉公知人。李代劉爲首相，事多依附。有一監生以詩獻之云：「文名應與斗山齊，伴食中書日已西。回首湘江春草緑，鷓鴣啼罷子規啼。」蓋譏其「行不得也哥哥」、「不如歸去」之意。及瑾誅，御史張芹劾稱「當瑾擅權亂政之時，東陽禮貌過於卑屈，詞旨極其稱讚，貪位慕禄，不顧名節」等語，人頗然之。李至丙子年卒，贈太師，恩禮極厚，又得謚文正。是歟？否歟？

正德二年丁卯，一日朝罷，内降勅諭，留百官於金水橋南跪聽宣讀，指摘公卿臺諫數十人未退者，勒令致仕。

逆瑾性極貪殘，而假竊大義，沮抑同列。馬永成欲陞百户邵琪，已得旨，瑾力拒以爲不可，争於上前。谷大用得鎮守臨清太監言，傳旨於臨清開設皇店。瑾急捕其獻計者，置於法。東廠太監丘聚忤瑾意，瑾密奏聚交通外臣，調南京孝陵。太監王琇於御馬監建新宅，誘上居之，因奏攬納户數人，專一包納銀草，所得利進於内。琇自爲告示，送户部出榜。尚書顧佐等白于瑾及谷大用，瑾大怒，同谷大用直至御前，言：「安有天子令人包納錢糧之理！」上以爲不知，瑾遂枷其攬納户于户部門外，命矬其枷，不得屈伸，皆即日死。然亦不能加琇罪也。

河南鎮守太監廖堂挾勢奏舉三司官賢能，并劾不職者。乃傳旨令吏部覆奏。許尚書進參稱鎮守太監舉劾三司，非其舊例，遂票旨禁之。後許尚書與瑾不協，辭去歸家。廖堂欲奏其居鄉不法事，以挾其財物，深被其害。瑾之得罪同列者多類此，以是速敗。向使瑾等凡事和同，其爲禍又豈有涯哉！

逆瑾威權日盛，口銜天憲，陰養松江人罷學生員張文冕及其姪婿罷職司務孫聰于私宅，凡一應章奏，初猶送内閣票旨，至是瑾任意批答，或增減字樣，或別爲創造，真僞混出，而文理亦多不通。都察院一日奏審録重囚本，内寫「劉瑾傳奉」字樣重複。瑾大怒，罵之。都御史屠滽率十三道御史謝罪，御史跪階下，瑾數其罪斥責，皆叩頭不敢仰視。自是科道部屬官皆行跪禮，公差出外及回京者，朝見畢，皆赴瑾宅見辭。用涴紅箋紙寫官銜，稱「頂上」字樣以爲常禮。瑾或有本建白某事，或辭陞賞，則送内閣票旨。内閣官争出己見稱美，有曰：「爾剛明正直，爲國除弊。」瑾既奪内閣之權，而李東陽、焦芳等皆其所任引用，坐保富貴，一聽其所爲。芳初爲編修，閣老萬安惡之，調夷陵判官，深恨于心，與南人相處，如冰炭然。及得柄用，遂附劉瑾，假以復舊章、革時弊爲言，多陰助其謀。瑾自以内閣官聽己用，不復短之矣。

朱恩，松江人，與瑾有舊。自河南按察使超陞僉都御史、操江，未幾陞南京侍郎、尚書，事瑾極恭。凡拜帖寫「頂上」，不敢云「拜上」，「頂上」之稱自此起。嘗觀《海語》，謂暹羅國凡臣下見其君，先捫其足者三，復自捫其首者三，謂之「頂上恩」。其有取諸此邪？甚可耻也。

户部主事莊襗公差廣東，奏稱官庫錢糧數十萬，多爲有司侵費。瑾正欲藉此媚上，乃奏差司禮監官同給事中盤勘，且令各盡數解京。由是各省事緒紛紜，不免横斂民財，餽送内外，以圖免禍。

正德三年戊辰，上御經筵講書。故事，講解書義畢，則必獻諷諫之語。是日少詹事楊廷和、學士劉忠直講。既罷，上謂劉瑾曰：「經筵講書耳，何添出許多説話？」瑾與廷和皆舊東宫官，乃奏曰：「此二人當打發南京去。」於是陞二人南京侍郎。時南京無缺，皆添註之。雖若陞之，實遠之也。廷和後陞南京户部尚書，召還入内閣。忠陞禮部尚書，改南京吏部，甚有風裁，科道部屬皆欽畏，不敢縱恣。

卷之二 焦芳既入閣後，以許進爲吏部尚書，劉宇爲兵部尚書，皆河南人。宇素暴横，先任左都御史，恃與瑾厚，責打御史。又與保國公家人朱瀛交通劉瑾，無日不來兵部説話。郎中楊廷儀每伺瀛出，必邀入司署，留坐欵語。四司官不附宇者，必令瀛言於瑾，傳旨外補。廷儀獨諂宇，盡妾婦之態，宇大悦。廷儀能文，凡有奏章，皆其屬草。後焦芳致仕，即以宇代之。又有布政曹元與劉瑾親舊，驟陞至兵部尚書，後又代宇入閣。皆其黨也。

給事中安奎、御史張彧因查盤錢糧還，瑾索賂不足，以爲參官不當，輒發怒，用一百五十斤枷，枷于東西公生門。時暑雨晝夜不輟，莫敢少移。都御史劉孟到任遲延，亦逮至京，枷于吏部門外。御史王時中枷于三法司牌樓下，遠近聚觀垂淚。文臣垂首喪氣，莫敢近覷。給事中許天錫、郗夔皆因事自殺。兵部主事王守仁抗章論瑾等專權亂政，瑾矯旨撻于朝堂不死，降謫貴州驛丞。守仁猶恐不免其死，遂詭秘其蹤跡以遠害。大理評事羅僑亦劾瑾，杖之不死，亦遠謫。

許進初以户部侍郎致仕家居，正德初，起用爲兵部侍郎，尋陞本部尚書，與瑾同提督團營。焦芳入閣，進遂代芳爲吏部。許外若不附瑾，而内實不與抗。初，進致仕時，馬尚書文升在吏部，陝西張綵爲文選郎中。進子許誥爲給事中，屢劾綵過，馬以綵有才，力救之不得，綵以病乞歸。及瑾用事，京官養病久者，悉革爲民，未久者令赴京聽用，綵不得已赴京。綵前在文選時，焦芳爲侍郎，令其子焦黄中薦于瑾，以爲綵乃公之鄉里，極有可用。會文選郎中劉永陞通政，進已議調驗封郎中石確，疏已具，而復以綵易之。進雖用綵，而心内又甚銜之。進素與陝西雍泰相善，泰已致仕，進欲起用，屢薦于瑾，改南京操江都御史，尋陞南京户部尚書。朱瀛每欲謀傾進而轉劉宇，乘間言于瑾曰：「許尚書佯爲恭謹，而外示抗直。如雍泰平昔剛暴，爲山西按察使，辱打知府，爲都御史巡撫宣府，辱打參將，朝廷屢貶謫不用。今欺公舉用，却又揚言于外，曰公因泰同鄉用之，非吏部本意。」瑾大怒，立召綵入内，詰問：「雍泰貶謫來歷，如何不備入奏内？」綵曰：「奏稿備載，許尚書塗之。」瑾索原奏稿視之，果然。於是以進爲詐直，票旨屢以欺罔斥之。進懼，遂乞歸。

劉瑾欲專權，盡除軋己者。一日伺隙言于上，調張永南京，奏既可，即日逐永出就道，榜諸禁門不許放入。永知覺，直趨至御前訴己無罪，爲瑾所害。召瑾至，語不合，永即揮拳毆之。谷大用等解之，令諸近臣具蔬酒和解。由是永得不去，遂深憾之。

戊辰春，天下諸司赴京朝覲。逆瑾令每布政司送銀二萬兩，方放回，瑾等分用。各官皆貸於京師巨家，及回任，括斂民財倍償之。上下交徵，莫有紀極。又有荆州知府王綬、武昌知府陳晦俱在黜列，乃廣賂瑾，復留。綬、晦皆陞參政，仍掌府事。如此者尚多，此其尤甚者也。

是年春殿試，賜吕柟爲狀元，景暘第二，戴大賓第三。大賓莆田人，少有文名，甫二十登第。初聘高氏，未娶，瑾欲納爲姪婿，於是僕從鞍馬衣服之類，極其侈靡。大賓偃然自居，意氣揚揚，復縱酒不檢。瑾薄之，常笑曰：「我不可做牛丞相。」大賓知之，遂請假歸，卒于途。吕柟亦陝西人，内閣不無迎合之意，然吕實無預耳。又傳奉取焦黄中、劉仁并黄芳等數十人爲庶吉士，不由館試，人皆以爲愧。然黄芳數人實由焦黄中等貽累，後亦不免謫降焉。

逆瑾擅政，禁臣民不許用「天」等字爲名。如郎中方天雨但令名雨，參議倪天民爲倪民，御史劉天和爲劉和。中外紛紛，尤爲可異。嘗記北朝周宣帝自稱天元皇帝，不許人有「天」、「高」、「上」、「元」之稱。宋宣和中，丞相蔡京用給事中趙野等奏，凡世俗有以「天」等字爲名稱者，悉皆禁革。共禁人字犯天者，方天任改大任，方天若改元若，甚至承天寺亦改仁能寺。當時有識者憂之。正統十年進士登科録，「元」、「天」字皆作亢，云出内閣意。景泰中幸大學士，謝表内閣自爲之。中「管窺霄，蠡測海」句，蓋亦避「天」字也。識者嘗訝其事。瑾目不知書，故事豈有所襲？明年，瑾以逆誅，無天之罪，其兆如是乎？瑾誅而禁廢，人皆復其舊名矣。

殿試畢，焦黄中、劉仁等自以不得及第，嗾瑾云：「鄉試解額，南方太多，北方太少，乃昔楊士奇私其鄉里。」蓋其宿憤已多，待此而發。給事中任姓者承風旨，上疏請釐正，乃命諸司集議東閣。焦芳盛怒數前人罪惡，且言陝西地幾半天下，當增之，和者一口。李閣老東陽從容問曰：「且謂今當如何，往事不必論已。」禮部不得已，因言陝西可增作九十五名，與江西等。焦忽大聲曰：「尚少，可增作一百名。河南、山東、山西、四川以次而增。」次曰：「湖廣亦地闊，當增。」李不肯從。後不二年，悉改正。

逆瑾用事，賄賂公行，凡有干謁者，云饋一干，即一千之謂；云一方，即一萬之謂。後漸增至幾千幾方，世道益頽矣。

四川鎮守太監羅籥請便宜行事，瑾實主之。由是各處鎮守，皆比例奏要，如巡撫都御史之任，干預刑名諸政，劉瑾捏旨批出，皆許便宜而行。河南太監廖堂亦奏兼管修河，剥取民財，徧于鄉野，輦送數千餘萬于京師。太監畢真初差天津取海鮮，斂財數萬，請換勅，起自天津歷山東沿海，達于蘇、松、福建。所至括取民財，凌辱官吏，莫敢聲言。先朝故事：奏准，六部差官則該部請勅，必具事由送内閣寫勅，未有不由六部，而内閣自出勅者也。畢真輩之勅并近日内官賜祠額護勅，皆瑾與内閣李、焦輩創爲之。時李公爲首相，若肯執奏請勅必由六部具由，此祖宗故事，我輩不敢違，況《大明律》有結黨亂政之法甚重。如此，縱使不從，亦不過如劉、謝等去位而已。乃不能然，誰之過歟？

邊方召商買納糧草情弊，瑾素知其故。一日，因户部奏差給事中三年一次查盤，奏内有「糧粗粃，草浥爛」者，瑾遂票旨逮繫各年巡撫都御史、管糧郎中數人下獄。既而鎖杻差人押至所任地方，加倍賠償。又商人納過糧草，拖欠價銀，亦皆没官不給。由是商賈重困，邊儲漸乏。

劉瑾因户部奏送各邊年例銀兩，瑾以爲先朝無此例，令户部查天順以前年例銀數。顧尚書佐以天順年前無銀例回報。瑾大怒曰：「此户部官通同邊方巡撫都御史共盜内帑銀兩之明驗也。」悉追問致罪，革罷送銀之例，邊儲至是缺甚。蓋自成化八年間設榆林鎮，巡撫余都御史子俊增置城砦，陝西民供餽不繼，奏送江南折糧銀，以補不足。然初亦依江南原折銀例，每米一石，折銀二錢五分放支軍士。其後大同等邊缺乏，亦暫送銀補足，數皆不多，未有以萬計送者。弘治間户部葉尚書淇，淮安人，鹽商皆淇親識，因與淇議：「商人赴邊納銀，價少而有遠涉之虞；在運司納銀，價多而得易辦之便。」時内閣徐溥與淇同年交好，遂從其議，奏准兩淮運司鹽課，於運司開中納銀解户部，送太倉銀庫收貯。分送各邊鹽價，積至一百餘萬，人爲利便，而不知壞舊法也。蓋洪武、永樂以來，天下鹽課俱開中各邊，上納本色米豆，商人欲求鹽利，預於近邊轉運本色，以待開鹽報中，故邊方粟豆無甚貴之時。今廢商人赴邊報中之法，雖曰得價多，而近邊米豆無人買運，遂致騰湧。正德五年，侍郎叢蘭整理陝西邊儲，遂令百姓每石徵銀二錢五分，准米一石。蓋六部政本，少有差錯，貽弊如此。使顧尚書當劉瑾查例之時，答曰：「昔鹽課在各邊上納，故無年例銀之送。後改鹽課納銀解京，故不得不分送各邊。」如此，瑾必不怒而反正鹽法，淇其不免矣。

逆瑾以富國爲名，每欲巧取横斂，且因以窘迫文臣。凡有公錯詿誤者，輒捏旨以姑免提問爲名，各罰米粟以實邊儲。士大夫畏其凌虐，亦甘心從罰。初自一二百石，後漸增至千五百石。坐此破家者甚衆。

自逆瑾用事，文臣裁抑至甚，内官、武弁縱横而行。瑾等數人，皆贈父祖爲都督、都指揮，母爲夫人，造墳祭葬。該部不敢執，科道不敢言。其誥命、祭文，皆内閣所撰。議者以當時内閣諸公，結黨亂政之罪不可掩也。至文臣三品以上祭葬，却沮格不與。如侍郎郝志義故，其子援例乞祭葬，瑾以爲洪武禮制，文臣無祭葬之例，皆後來文臣專權擅加。傳旨，遂下錦衣衛獄，問發充軍。學士武衛病故，其子乞恩，亦下獄。其弄權裁抑文臣如此。

卷之三 初，《大明會典》成，内閣自李東陽而下至翰林、春坊皆陞職。瑾以爲破壞祖宗制書，妄增新例，毁其書，悉追奪各官陞職，惟東陽不奪。瑾又欲挫抑文學官，乃捏旨謂翰林官不識事體，摘十餘人姓名，陞調兩京各部屬官，令其拓充政事。朝野鬨然。

逆瑾又欲革天下巡撫官，云舊制所無，天順間亦曾革罷，遂將各處巡撫都御史取回。後與内閣議不可，止將腹裏巡撫革去，其漕運及邊方都御史俱不革。又欲將各衙門添設官及提學、兵備悉行裁革，後内閣議提學不可革，從之。

華容劉尚書大夏既致仕，逆瑾知其受知先朝，常欲按致于法。又被同年焦芳忌嫉，會廣西土官岑猛先年被大夏與都御史潘蕃奏遷福建，至是厚賂得復。瑾遂以遷徙土官爲非法，通逮至京，欲寘劉等重辟。下之廷議，諸大臣不敢吐一語。獨屠都御史滽曰：「劉大夏此何罪，必欲致之死？當擬『不應』。」瑾怒罵屠惡語：「汝黨劉邪？」明日大臣以屠議奏。瑾謀於焦芳并劉宇，宇又素嫉劉者，乃劾劉某輕將夷人遷徙，與潘蕃俱發邊戍。瑾初擬廣西邊衛，焦曰：「是送二人歸也。」乃定肅州衛。劉赴肅州時，故舊皆避不來會。獨鄉人嚴仲宏贈詩，和答之。《過六盤山寄李閣老》末句云：「寄謝同年老知己，天涯孤客幾時還？」《歸自六盤和前韻》末句云：「憑誰寄語中州子，前度劉郎今已還。」中州子指芳、宇二人也。

劉瑾既止各邊送銀，又禁商人報納邊儲，遂大匱乏。因詢國初如何充足，淺識者以爲國初屯田修舉，故軍食自足，後爲勢家所占，以此軍不自給。瑾遂慨然修舉屯田，分遣郎中胡汝礪、御史楊武、少卿顔頤壽等往各邊丈量屯田，以增出地畝甚多及追完積逋者爲能，否則罪之。又命散銀於近邊州縣百姓，買米陪脚耗運送邊倉交納。奉行苛刻，人不聊生。其增屯田，每至數百餘頃，悉令出租。大理少卿周東在寧夏與都御史安惟學比較屯糧，嚴加刑於軍官妻子，人心憤怨。千户何錦等遂與安化王謀起兵，傳檄以誅瑾等爲名。瑾禍自是起矣。

浙江紹興府勘報經明行修者四人，内餘姚三人。逆瑾以爲謝閣老遷所私，執送錦衣衛鎮撫司問。其一人妄招，詞連謝，因及洛陽。劉瑾以爲奇貨，可騁宿忿，笑曰：「今入我彀中矣。」言于上，必欲置謝于邊戍。賴李閣老曲爲辨析，令其爲民。

江西南城、萬安二縣人蕭明舉等因事叛歸滿剌加國，充本國通事，伴送進貢番夷，道殺其數人，而私貨財。爲邏者所得，瑾寘之極典。因其黨以江西事激之者，乃將二縣人俱照餘姚縣例，不與做京朝官。又欲將江西科舉解額止與三十名，後不果行。

逆瑾用事，中外憤怨。有託名黔國公及魏國公檄書，皆以誅瑾爲名。又有以應天府上元縣生員狄元出名，指斥瑾罪惡數事，吏人謄寫，于公生門下鬻之。爲瑾邏卒捕得，下獄拷訊所從，展轉攀指，竟不知其由。乃遣官校詣上元縣求之，亦無狄元名姓。説者以爲「狄元」者，夷狄胡元也，寓意如此耳。又一日早朝罷，有文書一卷，書瑾等數人過惡，委于丹墀。侍班御史奏請查究，上退坐東角門内，留百官不放班。瑾等自下陛，而詰何人所爲，俱不承認。諸人冒暑忍餓跪久，有仆地者。瑾謂卷在五品以下官班内，即令常校將下班三百餘人送鎮撫司究問，亦無所得。時曬死者已三四人矣。

正德五年庚午，逆瑾日益專恣驕横。霸州、文安諸處響馬强賊生發。瑾不勝忿，欲速除之。用人言，遣御史有能幹者專理捕盜事，許帶家小隨任。甯杲遼東人，於真定；柳尚義湖廣人，於天津；薛鳳鳴南直隸人，於淮陽。責以殄除賊寇，保障地方，有功陞賞。薛鳳鳴尤善射，嘗在歸德與守備指揮石璽會飲，用伶人歌舞爲樂。瑾之邏卒奏之，即傳旨降鳳鳴爲徐州弓手辱之。尚義在天津，稍收斂。惟杲奏立什伍連坐之法，盜賊捕獲無虚日。每械繫盜賊於真定城，輒用鼓吹前導，金鼓之聲，彌月不絶。由是奸宄益多。内官張忠姪張茂爲大賊窩主，杲親往捕獲，斬之，啖其心以取媚權勢。霸州人劉六、劉七、齊彦名輩因是鼓衆爲亂。後杲與尚義皆陞僉都御史，仍管捕盜事。

陝西寧夏指揮何錦、千户周昂、丁廣等謀作亂，殺死巡撫都御史安惟學、鎮守太監趙弼、總兵姜漢等，謀立安化王寘鐇爲主，出給印信票帖，招誘諸路軍馬，以誅劉瑾爲名。且曰：「非敢竊窺神器也。」事聞，特起致仕左都御史楊一清提督軍務，都督神英領兵，太監張永總督。永至中途，即聞遊擊將軍都指揮仇鉞已入城將寘鐇擒獲，及斬殺周昂、丁廣等。事聞，即勅神英班師，仍令張永往寧夏安輯。永既回，欲因是以傾瑾。八月初，永將至京獻俘，瑾令且止良鄉，揀日迎接。不從，輕騎來京。至十三日，永入自東長安門，上親宴勞。永乘間出懷中疏，奏逆瑾一十七事。上猶豫未決，永又因太監張雄、張忠共訴于上，謂：「瑾激變寧夏，心不自安，陰謀不軌，其形已具。若少遲，我等皆爲虀粉，陛下安所之乎？」上允其奏，命牌子頭往召瑾。衆勸上親行，至瑾宅近地觀變。時漏下三鼓，瑾方熟寢。令牌子頭先入，瑾問曰：「上安在？」對曰：「在豹房。」瑾披衣出，謂家人曰：「事可疑矣。」出門，有牌子頭數人執瑾就内獄，黎明送錦衣獄，會集廷臣，拷出瑾包藏禍心、私製兵器、僞造寶印、改制牙牌、袖中藏刀等項違法事情，及搜出暗封同謀吏部尚書張綵、錦衣都指揮楊玉、石文義等王爵文簿。乃坐瑾極刑，凌遲三日。仇家争食其肉，須臾而盡。悉誅其黨，抄没財産若干。京師内外咸頌永功。内閣李東陽、楊廷和亦奏瑾惡，以爲旬日之間，二難交作，悉底于平，且歸功于永等。遂封永兄張富爲泰安伯，弟容爲安定伯，魏彬弟英爲鎮安伯，馬永成弟山爲平梁伯，谷大用弟大玘爲永清伯，封義子朱德爲永壽伯，各給券世世承襲，食禄一千石。廕李東陽、楊廷和、梁儲、楊一清子各一人爲錦衣衛世襲正千户，俱疏辭，改中書舍人。楊一清陞户部尚書，加太子太保。廕兵部尚書王敞子爲錦衣衛百户。時劉瑾雖誅，而政權仍在内臣。魏彬掌司禮監印，決大政。馬永成等又奏，有旨：「凡朝廷大事，須彬等同議。」時東陽、廷和、梁儲、費宏四人在閣，以「窮苦無菜」四字爲題，各作長詩以獻永。東陽爲《窮字詩》，拆點畫，爲句極巧。永大悦，命工刊裝錦軸送人。未久，山東盜起，人以爲窮苦之應，遂秘不以示人。東陽又屬楊一清作《平定寧夏碑》，頌永功德，後亦不復作。

劉瑾既誅，有旨：「凡瑾所壞事情，着科道官指實來説，悉與改正。」又云：「百官緘默順從，皆非得已，且干人衆，都不查究。」楊一清旋改吏部，孫交爲户部尚書，何鑑自刑部改兵部尚書。魏彬奏起李鐩，復爲工部尚書。劉瑾流毒尚在，天下盗賊蜂起，而朝政乖宜，賞罰未當。山東、河南、江西、四川諸處盗賊並起，而天下不勝煩擾矣。

張綵素負才名，爲劉尚書大夏所愛，嘗稱爲可當邊方巡撫。及焦芳薦于逆瑾。每見瑾必談論移時，瑾皆喜納之，驟陞僉都御史坐院，尋陞吏部左侍郎。未幾，劉宇入閣，以綵代之。綵嘗勸瑾：「今天下諸司官有饋送公禮物者，非取于官庫，則斂于小民，取怨貽患，所當知之。」瑾大開納，遂禁察饋遺者。適山東巡按御史胡節回，斂饋未至，瑾偵知之，摭下錦衣獄捶死。少監李杳、侍郎張鸞、指揮趙良差往福建回，斂銀二萬饋于瑾。瑾收其銀於承運庫，李杳降長隨，趙良降南京百户，張鸞以不知斂銀，令致仕。其銀因饋送得罪者甚多，剥削之弊，一時少息。綵又言于瑾曰：「公左右用事者，多騙財壞事。」瑾遂逐去之。其他救正頗多，衣冠之禍亦爲少減。然綵在吏部，惟知敬瑾。其共謀同事者，以爲瑾疎同類，皆綵教之，心多銜嫉。初，劉宇在兵部，武選郎中楊廷儀爲心腹。宇遷吏部，即調廷儀爲考功郎中，親信之。及宇入閣，廷儀不爲綵所親，有所私求，綵皆不聽。廷儀深憾，乃譖之于其兄廷和。又故事，吏部推用大臣，必密謀于內閣。綵以事權在瑾，內閣不得預，多忽之。李閣老東陽等以爲廢內閣之權，共爲不平。及瑾被繫，亦捕下都察院獄，議以交結近侍，符同奏啓，斬罪。適赦免死。內閣後令改擬同劉瑾謀反罪，綵竟死獄中，仍令挫其屍。然以非真謀反，止流其子弟母妻于嶺南，不誅。綵爲郎中時，楊一清嘗薦綵「諳曉韜略，堪任邊方都御史」。及寧夏之變，一清致仕居鎮江，綵薦于瑾，起用，同張永征寧夏。及綵被罪，一清心憐，亦不能救。

抄没逆瑾貨財，金二十四萬錠又五萬七千八百兩，元寶百萬錠，銀八百萬又一百五十八萬三千六百兩，寶石二斗，金鍾二千，金鉤三千，玉帶四千一百六十二束，獅蠻帶二束，金銀湯盍五百，蟒衣四百七襲，牙牌二匱，穿宫牌五百，金牌三，衮袍四，八爪金龍盔甲三千，玉琴一，玉寶印一顆。以上金共一千二百五十萬七千八百兩，銀共二萬五千九百五十八萬三千八百兩。

卷之四 正德六年辛未，林都御史俊征勦四川妖賊劉臬及流寇藍廷瑞、鄢本恕、廖惠等，以捷聞。林素負忠義名，致仕在閩，特起往征。林至夔州，先毁白帝祠以勵人心，傳檄郡縣，威令大振。後又有曹甫、方四等煽亂，復命洪尚書鍾總制，同林勦平。兩川方定，林遂乞致仕歸。

京師之南固安、永清、霸州、文安等處，京衛屯軍雜居，人性驕悍，好騎射，往往邀路劫財，輒奔散不可獲，人號爲放響馬賊。近來內官用事，谷大用、馬永成、張忠等皆霸州、文安諸處人，大盗劉七等嘗因內官家人混入禁內豹房，觀上遊幸之所。及爲甯杲所逼，遂聚衆拒捕。後瑾誅，杲亦得罪繫獄，因而作亂。當時本兵者議遣驍將數人，各統勁兵一千，分路而出，聽其便宜襲捕。惟以平賊爲功，不論首級多寡，不過旬日而平矣。兵部尚書王敞素不諳世務，徒事虚譽。有司擒捕已獲齊彦名，收安肅縣獄，被劉七等十餘人劫出。旬日之間，聚至數百人，所至窮民響應，增至數千。敞束手無策。吏部楊尚書一清建議須推用大將征討，及文臣有才望者提督軍務，又着有能擒斬盗賊三名顆者，陞一級。李閣老東陽從中票旨褒美，悉從所言。但故事：凡大政必下該部詳議覆奏，然後施行；捕盗不關白兵部，徑准施行。由是言官争論王敞不職，遂罷去。

四月講畢，召內閣至暖閣。叩頭畢，上手取《會試録》一本，付司禮監太監張永授內閣李東陽等。內有白紙票黏於紙上者三，皆指摘所刻文字錯誤處。上曰：「今欲有施行，但念衙門體面恐不好看，但與先生輩知之耳。」東陽捧《録》叩頭出，至暖閣門外，留寘案上。少頃，太監張永送至閣。是年大學士劉忠累疏辭疾，未允，强起主考事。出院後即乞省墓，已得請，是日陛辭，聞此事而去，抵家復具疏乞致仕。蓋已有先入之言矣。

辛未八月，流賊劉六、劉七、齊彦名等合夥爲亂，擁衆向北，京師戒嚴。貼張二旗，上書：「虎賁三千，直搗幽燕之境；龍飛九五，重興湯武之師。」時已命兵部侍郎陸完代馬中錫提督軍務，師已出涿州，忽報賊在固安甚急。上召內閣李東陽等至左順門內，上南向問曰：「賊在東，師乃西出，恐緩不及事。適令兵部追還陸完等令東，可否？」東陽等對曰：「甚當，且行未遠，一二日可至。」東陽後奏曰：「聞賊船在冰套，自陷危地，似來送死。官軍併力，擒之不難，但恐人心不能齊一，向來略失事機，正坐此故。今官軍在北，賊若南奔，逸不可制。」上曰：「張俊等皆在南，料亦無害。」東陽對曰：「今須亟勑東南諸將，令嚴謹隄備，以防奔潰。若有意外，查照地方，連坐鄰境，不許互相推調，務在萬全。」上曰：「然。先生輩宜用心辦事。」東陽復奏曰：「此賊亦是烏合之徒，但願朝廷賞罰明，諸將効力，必可成功。」上慰諭令退。初，都御史馬中錫巡撫大同，楊尚書一清等舉中錫堪以提督軍務，惠安伯張偉充總兵官，同征流賊。所領京營人馬，皆未經簡閱。中錫書生，欲效龔遂下渤海盗事，招撫解散。張偉紈袴之子，亦不知兵。師既出，中錫遍檄諸路，榜示劉六等經過所在，官司不許捕捉，與供飯食。若聽撫，待以不死。劉六等聞之，所至不殺掠，然且信且疑。中錫至德州桑園駐兵，劉六等來謁，中錫開城撫之。劉六欲降，劉七曰：「今内臣主事，馬老爺豈能自踐其言乎？」潛使人至京師，探諸中貴無招降意，又以山東所劫金銀輦載赴京，饋權倖求赦，不得，遂大肆劫掠，衆至數萬。中錫故城縣人，賊至故城，戒令勿焚劫馬都堂家房屋財帛。由是謗騰，謂中錫恐賊害己私家，玩寇殃民。遣錦衣官校捕中錫、張偉下獄，罪論斬。後中錫死獄中，張偉革爵閑住。中官因是謂此事非書生所能辦，乃命太監谷大用總督軍務，侍郎陸完提督軍務，伏羌伯毛鋭掛平賊將軍印，充總兵官。所統兵萬餘，亦未簡閲。完雖通達，亦不知兵。鋭已衰老，而大用擁衆自衛，高坐堅城。行至真定所屬地方，遇劉七等，交戰大敗，損折官軍，喪失輜重無算，又失大將軍印。時駙馬游泰子隨毛鋭冒功，亦被殺死。適宣府遊擊將軍許泰領兵至，救之，毛鋭僅以身免，罷回京。因與谷大用同事，得不坐失律喪師之罪。鋭甘肅人，及彭澤爲兵部尚書，以鄉里素厚，特起掛印，鎮守湖廣，被御史張翰論劾，并及澤焉。時有巡捕指揮桑玉與賊交通，劉六、劉七嘗被圍困于村舍，桑玉自外救之，遂逸去。桑玉以近倖□庇，久不寘于法。劉六、劉七、齊彦名并楊虎、趙風子等，擾亂南北直隸、山東、河南等處地方，聚衆數十萬，然多擄掠脅從之徒，其親信驍勇善騎射者，不及千人。因内閣及兵部准行首功之令，官軍每追及賊，賊即先驅逐脅從良民，與官軍對敵，并棄所掠財帛，奔逸而去。官軍争斬首報功，并取棄財帛，以致劇賊脱走，妄殺平人報功以萬計。每一遇賊，斬獲脅從人首級，輒報捷音，降勅獎勵。谷大用、陸完得獎勵勅十餘次，而賊首無一顆者。甚至賊已過，官軍遇被賊擄平民，亦殺之以報功。遊擊將軍江彬過冀州，入人家，殺三十三人。有司申狀詣陸完，皆不問。自出兵後，賊攻破城池，殺擄人民不可勝數，皆不責問提兵者失律之罪。雖劇賊縱横，但得脅從首級，則輒紀其功。後賊大掠吴、楚之間，至蘇州，遇颶風覆舟，始滅。歸而論功，谷大用并代大用者太監陸誾皆封其弟爲伯，陸完加太子少保，一子爲錦衣衛百户，其餘權勢所託，奏帶之人，以首級論陞者千餘人，紀功御史，皆陞京堂。名爵之濫，始於此。

起復陳都御史金征江西流賊。先是，江西饒州、撫州、瑞州、姚源洞諸處强民王浩八等聚衆爲亂，殺死副使周憲、僉事李情，拘禁參政吴廷舉不放。陳公至，撫勦兼施，以漸平定。後有殘黨復作，而新淦、樂安又有强民張元二等爲亂，乃命俞都御史諫南征之，方平。

十二月朔，駕當出郊壇視牲。先是，一夕有傳賊將復至霸州。時日已暝，京城各門已閉。兵部尚書何鑑令人傳於郭外巡視官軍，差人遠探。宫内宣召内閣、兵部議省牲事舉行否。内閣曰：「省牲事重，若聖駕不出，示人以怯，其關於國體不細。宜嚴加禦備，仍舊出郊。」太監張永深以爲然，請自披戴清道。駕以巳刻出，未刻入，人心以安。

正德七年壬申夏，熒惑入南方，將逼斗，旬月而退。是年冬，京師及河、朔之地温燠如春，而徐、淮以南風雪特甚，至洞庭水流出冰有至尺厚者。天時地氣，可謂異常矣。是時，降勅調宣府邊軍三千入衛，却以京軍兑數戍邊，每歲春秋番换，如班操例行。蓋從江彬等之計也。

卷之五　上居豹房，惟錢寧在左右伺候，有言則從。錢寧本雲南臨安人，太監錢能鎮守雲南，收爲家人。年十五，性大機警，能愛之，帶回京。至是見上，賜姓朱氏，累官都督，掌錦衣衛事。寧幼時，有參將盧和者善相，謂其將來必大貴顯，遂深結納。後和坐死罪，寧貽書當路，欲脱其獄，竟不果行。然寧亦不深憾，可謂難矣。他如被方布政良永奏其縱家人賣鈔事，亦不報害，及優恤胡副使世寧于獄中，事皆非他權惡之所爲也。然終蹈誅夷之慘，所謂人妖服妖，其能免乎？

正德九年甲戌正月十六日夜，乾清宫火。上親御午門，傳旨侍衛官兵入救。次日，火煙尚熾。宫中累朝所積，皆爲煨燼。下詔責咎，深切時病。

八月一日日食，晝晦星見。愚時官江藩，午未間救護，少頃即昏黑，咫尺不辨，人皆驚懼。後詢之各處，皆同。

正德十一年丙子，江西地方見天上有紅雲黑雲各一叢，若相鬭者。久之，分爲兩城，人馬洶洶若攻城，城中人應之。又明年，宸濠謀反，南贛之兵自外攻入，是其象也。

正德十二年丁丑九月，上幸陽和城。二十七日方獵，天雨冰雹，軍士有死者。及夜，又有星墜之異。明日駕赴大同城，又明日達賊統衆圍陽和。向無二異，上意未遽回。乃知天之仁愛深矣。

上幸延安，守臣具膳送行。常規：鎮守太監捧酒，巡撫下筯。是日上來遲，巡撫都御史鄭陽將筯收在袖，恐失落也。須臾上至，隨從兵衛擾攘，將巡撫擠下，蓋是時皆戎服，莫可辨。上御席無筯，急呼：「送筯來！」倉卒無處尋。上笑曰：「使我若做撫按官，決不如此怠慢。」是雖戲言，亦可以仰見其弘人之度矣。

江西寧王宸濠性素貪殘僭侈，以文行自飾，交結士流。自弘治之世，已有欺世盜名，陰爲不軌之漸矣。迨正德中，厚賂錢寧、臧賢等爲内應，益肆毒虐，箝制藩臬，剥削軍民。又時常設宴邀請兩司官入府，擇有時名及阿順者，留至夜深方散，或與聯詩，或與論事，曲加禮待。時若左布政鄭岳、提學副使李夢陽皆有文名，濠尤重之。鄭初爲按察使，與李不合。李因鄭遷方伯，帶去舊門子二人，乃誣鄭多收柴薪銀兩及其子侵尅庫銀虚情，白挐其門子取供，又譖于濠云「鄭布政輕侮王府」等語。由是濠掇拾虚供，奏行總制撫按勘問，鄭與李俱下獄，鄭備受凌辱。後奏差大理寺卿燕忠等來勘，鄭爲民，李冠帶閑住，而濠之志益張矣。時則有若參議王泰、白金，僉事李淳、王奎，尤善阿附，受其重賂，爲其出力。各官每留至夜分方回，各司大門留之以待。副使胡世寧不平，乃疏濠不法數事，及稱「二司問刑參吏聽其指麾」及「半夜開門」等語。由是科道官劾稱王泰等惟知王府卵翼之勤，不顧人臣私交之戒。四人皆回籍聽勘。濠賂錢寧，差官校將胡挐問。時胡已遷福建按察，慮其陷害，徑赴都察院跪門投到。奏送鎮撫司勘問，行江西撫按查勘。遷延年餘，方纔回報。而胡竟謫戍遼東。方胡就獄，人謂之必死，不意錢寧曲加矜念，遣人饋以米炭不絶，由是得以保其軀命。雖天之默相忠直，而寧一念好德之美，不可誣也。時寧府奏准覆蓋琉璃瓦，該用銀兩，許于引錢内支給。濠累逼二司會議，引錢數少，欲派之民間。時巡撫俞都御史諫會同巡按徐御史讚，謂地方兵荒之後，難以科派。往返再三，復用計挾逼，乃議作大價五十五萬兩，五年之内遞徵。濠得此，即差其府内官校下各府縣坐併，遠近騷然。而守巡官畏其勢，亦有爲之督催者矣。時予爲參政，與按察司胡副使錠獨不敢阿附。濠每欲招致之，予二人亦不敢應。濠遂奏稱「蒙恩准蓋琉璃瓦，緣工程浩大，必得才能方面官督工，方爲易完。訪得參政陳某、副使胡某俱有才幹，乞勅該部轉行委任」等因。本行數日，予與胡方知，心甚愠懊，然亦無能爲也。不意工部李尚書鐩覆本云：「參政等官俱有守巡地方之責，難以遥定。合咨巡撫從宜徑委該道官督理。」時予分守湖西，胡管清軍，正不係該道也。使當時一爲其管工，不免朝夕相見，非得罪于目前，則不免己卯之大變矣。人之禍福，自有數存也如此。

逆府宸濠於正德二年知政歸宦官，陰賂劉瑾以希寵幸，使南昌儒學生徒頌己孝行，遞相呈達巡撫、巡按官奏聞，降勅褒奬。刑部侍郎李士實字若虚，南昌人，素有詩名及善書，與李東陽交厚。及致仕，避宸濠之害，居别郡。濠必欲招致來南昌，因厚遇之，遂爲知己。陸完字全卿，蘇州人，初爲江西按察使，獨爲濠所器重。嘗曰：「陸先生他日必爲公卿。」士實、完皆以心附濠。寧府南昌護衛并屯田，天順間以事革罷。濠賂瑾，復得之。人知不可，畏瑾威，不敢言。時天下藩臬畏瑾虐害，求退不得。濠因納賂于瑾，薦完與士實可當巡撫都御史之任。瑾令吏部舉完爲都御史，巡撫宣府，士實以侍郎改都御史，巡撫鄖陽。完至京見瑾，言動遲緩，瑾怒，以爲不稱任，改爲僉都御史巡撫。完家巨富，厚賂瑾，復得陞兵部侍郎。瑾敗，言官論劾完「首開賄賂之門，驟遷風憲之職」，内閣庇之得全。李士實亦得陞右都御史都察院管事。陸完官至兵部尚書，士實以年老致仕。及瑾伏誅，寧府護衛、屯田俱革罷。完爲兵部尚書，王酹酒于地，曰：「全卿爲司馬，護衛可復得矣。」自是彼此歲時問遺不絶。濠浼完，欲乞復護衛，完答書曰：「須以祖訓爲言。」伶人臧賢者，有寵于上，左右近習、内臣如張鋭、張雄，錦衣錢寧，文臣如梁儲、靳貴、陸完輩，皆陰結之，以求固寵。臧賢之壻司鉞犯罪，充南昌衛軍。濠令鉞教演江西伶人秦宏等歌樂，因鉞以通於賢。每親書寄賢，輒稱爲「良之賢契」。良之，賢字也。及是乞護衛，輦載金銀寶器藏於臧賢家，分饋諸權要。内閣大學士費宏素知其故，乃大言曰：「寧府以金銀巨萬，打點護衛，苟聽其所爲，吾江西無噍類矣。」錢寧、臧賢再三懇浼陸完題覆，稱：「寧王乞護衛，以典章爲言，事體重大，合會多官議。」中官盧明以本來内閣擬旨，票云：「既王奏缺人使用，護衛、屯田都准與王管業。」言官交章論護衛不可與，竟不行。濠以宏作梗，恐其更改，乃託賢等譖于上曰：「宏私鄉里，取進士黄初及第。」且曰：「乾清宫災，下詔皆宏視草，歸咎朝廷。」時御史余珊劾宏私其弟費宷，遷入翰林，久不認罪。遂罷宏致仕。濠既得護衛，益驕横。聞上巡各邊境，納都督馬昂已嫁妹馬氏于宫中，心懷異謀，陰養盜賊以爲爪牙。賊首閔念四、吴十三等恃王墳廠爲巢窟，肆行劫掠，與民争田不得，令賊屠其家，官司莫敢問。劉六、劉七擾中原之後，兵部申明律禁，不許隱蔽賊情，釀成大患。巡撫江西都御史孫燧捕賊甚急，吴十三等已獲，繫南昌府獄，復爲賊劫出。兵部奏責孫燧行屬責限緝捕。濠恐賊獲于己，謀欲去孫燧以息事。乃令南昌三學教官達賓等率領生徒，裝飾孝行，揑文具呈撫按三司，保舉孝行，逼挾孫燧并巡按御史王金等轉奏。意欲朝廷嘉奬，以固寵眷，以釋嫌疑。差人載金寶於臧賢處，分饋權要，續以書諭差人曰：「事在司禮監，可與蕭敬言之。事成，即與陸公言急去孫燧，別用一都御史來，梁辰、湯沐俱可，王守仁亦可，切不可用吴廷舉。」時江彬寵遇日隆，太監張忠與錢寧有隙，常附彬欲借以傾寧。及是孫燧等奏至，忠因譖于上曰：「朱寧與臧賢交通寧王，謀爲不軌。爺爺不知乎？奏内稱王孝，譏爺爺不孝也。稱王早朝勤，譏爺爺不朝也。」時謝儀者，南昌人，避寧王害，補校尉，赴京投太監張鋭，送入東廠，緝察姦事。鋭信任之，因得往來内閣部院諸大臣家。寧王之謀復護衛也，鋭實受賄，後見寧王益驕横，方絶之。御史熊蘭亦南昌人，其父爲寧王拘繫甚苦。聞孫燧等奏保其孝行，不勝忿恨，播言王必反。密謀于謝儀，求張鋭爲内助，諷言官論王不法事。儀言于鋭曰：「寧王必反，將累公，盍不早附張忠、江彬，禁治寧王爲自全計？」鋭深然之。儀見内閣楊廷和等，以此告之。廷和亦欲復革寧府護衛，以免後患，令儀與熊蘭密以張鋭意託御史蕭淮論之。張鋭、張忠、江彬等共言于上曰：「寧王求勅褒奬，不可從。」楊廷和遂票旨曰：「朝廷處待親藩，自有常典，鎮巡官如何輒來保奏？」時科道因蕭淮奏發，及有旨不從鎮巡之請，方交章論之。廷和欲照先朝故事，遣官責諭，及革罷護衛。恐其謀洩，乃從中密處，不令外庭知之。兵部尚書王瓊剛愎自用，一日在部，晡時未散，駙馬崔元令家人王秀趨部問曰：「適間錦衣衛校尉宣召駙馬明日趨闕，不審何事？」瓊曰：「不知。」乃過廷和宅，入見問曰：「適聞宣召崔駙馬，何事？」廷和應不知。瓊笑曰：「先生欺我邪？」廷和曰：「宣德間趙府有異志，命趙駙馬往諭，事得息。今遣崔公，意亦如此，且革其護衛，幸勿洩。」瓊曰：「止此而已乎？」曰：「然。」明旦至左順門，崔元入内，見勅旨曰「蕭淮所言，關係宗社大計。朕念親親，不忍加兵。特差太監賴義、駙馬都尉崔元、都御史顔頤壽往諭，還革護衛」等語。王瓊欲爲異議，乃言曰：「此大事，宜宣諭文武羣臣而後遣，況非密而可密行乎？」廷和意不平，乃留崔元等不行。昱日，宣文武百官傳諭遣官旨意，然後行，時己卯年五月二十五日也。廷和又欲召兵部議發兵事，瓊曰：「此可議而不可洩者。前因給事中孫懋、易瓚之言，議選精兵操江，爲江西盜賊設備。疏入留中，日久不出。盡力求批出前議，備兵之方，無過此矣。」由是廷和與瓊益不相協。初，京師知崔元等差往江西，不知止革護衛，以爲必擒濠。適王府偵卒徐華等在京，即飛報于濠。至六月十三日到南昌見濠，值濠生日，宴鎮巡三司。報曰：「駙馬等官兼程來矣，後又聞宣兵部，不知何事。」濠大驚，因憶昔日擒荆王時，差太監蕭敬、駙馬蔡震、都御史戴珊，曾過南昌，今此來爲擒我也。罷宴，夜召李士實議所處。士實曰：「事急矣，明早鎮巡三司官謝宴，可就擒之，因而舉事。」乃夜集劇賊吴十三等，各飾兵器。明旦各官入謝，左右帶甲露刃數百人侍衛。拜畢，濠呼曰：「汝等知大義否？」孫燧曰：「不知。」濠曰：「太后有密旨，令我赴京。」燧曰：「請密旨看。」按察副使許逵曰：「天無二日，此是大義。」濠怒曰：「尚敢如此無禮乎！」命左右曳二人出，斬之。仍盡拏三司諸官，鎖杻繫獄。令布政梁辰等用印信咨文，差人遍行天下布政司，告諭親王、三司舉兵之意，大概誣稱「祖宗不血食者十五年」等語。乃分給銀米募兵，修理戰具，以夜繼日。十七日，濠留中官萬鋭等守城，自以妃眷世子登舟，北出鄱陽湖。令僉事潘鵬持檄諭降安慶諸郡。命參政王綸提督軍務，爲兵部尚書，李士實爲軍師，舉人劉養正副之。督率護衛軍并閔念四、吴十三等賊黨五六萬人，盡奪官民舟船萬餘艘，蔽江而下。九江府開門迎納，遂趨安慶。守備都指揮楊鋭、指揮崔文偕知府張文錦竭力禦之，寧兵不徑下南京，而守安慶者十餘日不克。又聞南昌被王都御史守仁進兵攻破，遂棄安慶，復回援救。初，南贛缺都御史，吏部會推蘇人文森堪任，森因江西有難處之事，力以病辭。王守仁餘姚人，曾奏劉瑾專權，被撻幾死，謫遠方驛丞；歷任南京鴻臚卿，陞僉都御史，巡撫南贛。守仁素知其地界連三省，事權不一，發兵攻討，則賊遁入山谷，罷兵招撫，又肆出剽掠，且兵糧無處。乃上疏乞假以重權，及聽臣募兵積糧，便宜區處，庶賊盜可息。疏下兵部，王瓊以爲然，乃覆奏乞改守仁職任爲提督軍務，欽降令旗令牌八面副，軍前得便宜斬殺，所在賦税官錢，聽其自用。守仁由是得以展布，數月得精兵數萬餘。襲破窑賊，斬首無算，民得安生。復建議添設縣治，爲久長計。民立生祠祀之。鎮守江西太監畢真見守仁累獲軍功，欲與同事，通於近倖，奏下兵部。議稱：「兵法最忌遥制，若使南贛用兵而必謀於江西鎮守，斷乎不可爲。惟江西有警，則聽南贛兵徑往策應。」朝廷從之，特勅守仁得以策應江西。蓋廟堂之上，亦素聞宸濠畜有異謀，陰欲爲之備也。至是，福建軍士作亂，乃勅守仁往福建勘處。守仁啟行，由江路過吉安，將至南昌，濠差人迎之。豐城知縣顧佖密以寧賊反狀告之，且勸勿徑下南昌。守仁即變服返舟，值風順，徑至吉安。乃與知府伍文定計議，仍偏行諸路舉義兵，徵調南贛、袁、臨兵四萬餘人，令知府徐璉、邢珣、戴德孺統領，而伍文定總之。兵至南昌，破城入寧府，其守城内官并宫人皆自焚縊而死。遂統衆入鄱陽湖襲濠。遇於湖中，王盡散金寶，犒軍死戰。伍文定爲前鋒，軍少挫，守仁命立斬退者二十餘人。伍文定立舟上，火焚其鬚，不動。守仁令小舟載柴，燃火焚之，乘風直入寧軍，大軍繼之。濠敗，先驅其妃婁氏并世子皆投水中。濠爲知縣王冕軍所獲，溺水死者萬餘人。李士實亦被獲，爲南昌人亂捶而死。守仁因宸濠於南昌，奏捷候旨，有曰：「人徒見兔雉之多獲，而不知王良爲之御。」蓋前此守仁報捷，皆爲此語，以歸功内閣及本兵之意，故此疏亦云然。

時巡撫南直隸都御史李充嗣聞江西變，即馳奏，兵部會官議於左順門。尚書王瓊首曰：「寧王素行不義，今倉卒反，不足慮。宜急降勅，令王守仁自南赣提兵，湖廣巡撫秦金扼黄州，李充嗣守安慶，仍檄江西義士，能擒反者封拜侯爵，王如釜中之魚，安能爲乎？更宜遣大將將兵三千，直趨南京，以奉天討。」時將官在豹房者，各逞所見獻策。上聞此，又欲親征以幸南京。時張忠、江彬擅權，奏差都督許泰往南京把截，都督劉暉直抵江西。未幾，守仁捷至。時車駕已駐良鄉，太監張永隨行，令追回捷奏，待至南京而行。時有御史王佩劾奏王瓊緩兵不舉，通謀宸濠。疏上，不果行。

上在南京，命張永復至江西撫安地方，查盤庫藏等項。許泰等因怪守仁不候伊等至，先將宸濠等解由浙江水路而去，挾私指稱守仁先與濠通謀，將伊門徒用事者皆捕獲逼供。張永獨知守仁有功，不肯依從，由是賴保無虞。逆濠衆犯解至南京江口月，久候廻鑾。至次年春，駕至通州，乃令逆濠等自盡，揚灰江中，不與埋葬。又緝得臧賢、錢寧、秦用、盧明并蕭敬、陸完等與濠往來書簡，通捕獲下獄。駕回，將臧賢等綁縛前導獻俘，議坐重典，籍没家産。後得末減，陸完充福建軍，蕭敬以老，罰銀二萬兩贖罪。王守仁封新建伯、南京兵部尚書，伍文定操江都御史，徐璉等各陞職有差。

正德以來，天下親王三十，郡王二百十五，鎮國將軍至中尉二千七百，郡文職二萬四百餘員，武職十萬餘員，衛所七百七十二，旗軍八十九萬六千餘，廪膳生員三萬五千八百餘，吏五萬五千餘，各項俸糧約數十萬石。

是年工部奏巾帽局缺内侍巾帽靴韈合用紵絲紗羅皮張等料，成化間二十餘萬，弘治間三十餘萬，正德八九年至四十六萬，及是年至七十二萬矣。

卷之六　十五年庚辰，朝覲考察已畢，時聖駕尚在南京未還。吏部奏請，至秋方得旨照例黜罷，來朝官至是方放回任。

二月，會試，取中式舉人三百三十名。禮部請殿試，時楊閣老廷和議稱，臨軒策問，必天子親御，且因是或早有廻鑾之機。一向未舉，延至冬未回。次年辛巳，今上即位，方御西角門賜策問，乃五月十五日也。又次日放榜，賜楊維聰爲狀元，餘如制。内浙人史立模嘗得夢云：「汝巳年進士。」衆以爲寅巳申亥非開科之年，恐無分耳。至是始驗云。

江彬誘惑聖聰巡遊邊境，寵遇日盛，位至都督，掌錦衣衛事，提督廠衛官校。行事所過，科索官民財物無算，人皆畏禍不敢咈。隨駕至南京，禁天下宰猪，遠邇閧然。回至通州，延住月餘，方入京。時上已不豫，彬自知罪大，欲將所統邊軍把守皇城諸門，意出叵測，人心洶洶。時楊内閣廷和亟與張永及兵部議稱：「團營官軍，正該皇城諸門守禦，邊軍離家日久，不可久留，即放出城，不許停住。」實削其羽翼也。楊内閣以彬手握重兵，恐其驚覺，乃與張永密議，假與相好，延至坤寧宫。上崩，即啟皇太后傳懿旨，將彬擒拏，并黨與男婦不走脱一人。逆彬坐凌遲，人皆稱快。時武宗晏駕，迎立今上未至。逆彬手握重兵，使當國者爲謀不審，幾不密，非但適以殺身，而貽宗社之禍亦不細矣。顧乃從容周悉，不勞餘力，而致中外晏然，雖其祖宗在天之靈，而當國者之有功于社稷，亦不可誣也。

漢時張掖郡置金城屬國，以處蠻夷降者。又於匈奴昆邪王故地置酒泉郡，隔絶匈奴與羌酋通路。至宋，俱爲西夏所據。國朝於張掖設甘州五衛，於酒泉郡設肅州衛，命將屯兵拒守。肅州外爲嘉峪關，關外蠻夷各因其種類建衛，曰赤斤，曰苦峪，曰蒙古，曰安定，曰沙州，曰曲先，曰罕東左，降給印信，各命其酋長管束夷衆，内附肅州，外捍達賊。又於肅州外千里許建哈密衛，授官降印如赤斤諸衛之制，而推其番酋之效順者，封爲忠順王，降金印，令其世守哈密，外通土魯番、撒馬兒罕、天方國諸夷朝貢往來。自古據有河西，修飾武備，羈縻羌戎之法，惟本朝最爲精密。守臣相繼撫馭，諸夷一遵舊規，不敢坐視啟釁。所以百五十年來，西陲晏然無事。弘治初年，哈密衛都指揮阿木郎與達賊野乜克力引路，搶殺土魯番人畜，又將賞賜土魯番衣服尅留。土魯番王阿黑麻率衆來哈密，刀刺死阿木郎。彼有陝巴，係元遺孽安定王子，不知阿木郎所爲，土魯番不忍殺，擕歸其國。由是哈密失守，朝廷下諸兵部。馬尚書文升議請合右侍郎張海往經略之。海至彼，上言：「遠夷不可加兵，來則厚撫，叛則拒絶之而已。」朝廷用其策。至弘治十一年，阿黑麻因不得通貢，自將陝巴送回復立，土魯番通貢如舊。弘治十七年，哈密屬夷阿孛剌等怨陝巴掊尅，陰附阿黑麻子真帖木兒，時年十三歲，來攻哈密。陝巴棄城走沙州，真帖木兒亦退避剌木城，曰：「我來恐達賊奪占哈密耳，若有人來哈密，我歸本土，無他意也。」鎮巡官差官舍董傑等同哈密衛都督奄克孛剌、寫亦虎仙至哈密撫諭夷衆，仍令陝巴守國。阿孛剌等執迷不聽，欲真帖木兒守城。奄克孛剌等將阿孛剌等六人擒殺，餘黨方纔畏服。董傑等回報，鎮巡官復差都指揮朱瑄統領官軍，送陝巴到哈密復立。時阿黑麻已死，諸子仇殺離散，真帖木兒不肯回，願依奄克孛剌暫住哈密。朱瑄恐陝巴懷疑生變，携真帖木兒往甘州羈住，正德七年放回。陝巴死，子速壇拜牙郎立，貪酒好色，不行正事，夷哈郎欲訴害之，正德八年走入。土魯番王速壇滿速兒領頭目火者他只丁占守哈密，遣使遺書甘州鎮巡官曰：「哈密城金印在我，與我銀一萬，將城與他。差去使臣速打發出來，不來，我領軍馬往漢人地方去。」巡撫都御史趙鑑、總制都御史鄧璋以土魯番書奏聞，且言逆虜所求不可允。乞照先年差侍郎張海故事，差官經略。」時都御史彭澤，陝西蘭州衛人也，與大學士靳貴同年進士，皆大學士楊廷和門生。澤在四川征勦流賊，事完回京無缺。兵部尚書陸完乃與楊廷和議曰：「番夷挾求賞幣，不可與；差官經略，不可行。彭澤素有才望，請命澤調延寧人馬，外通番夷，內逐達賊。請勑都督奄克孛剌、寫亦虎仙等共守哈密，又勑赤斤等衛如遇番夷內侵，併力捍禦。」命下，御史張麒上言：「鄧璋見在總制，不宜復令彭澤總督。且澤籍貫陝西，不宜差本貫公幹。」給事中伍江上言：「治病藥無二君，弈碁局無二帥，不宜并用二人總制。」皆不聽。澤至甘州，集延寧諸路兵萬餘，借戶部糧價銀買馬，盜取爲賂。侍郎馮清專供甘肅軍餉銀，費以百萬計。適土魯番火者他只丁寇赤斤、苦峪諸處，殺掠甚慘。遣人來甘州，遺書曰：「速送段來！」澤素鹵莽任情，以爲番夷好利，可以利啗，乃故違勑旨，坐視殺掠，按兵不救。遣使直造虜庭，納幣二千，銀酒器一副，贖取哈密城印。哈密都督奄克孛剌、失拜烟答在肅州，寫亦虎仙、滿剌何三在哈密，彭澤遣通事火信、馬訓等納幣土魯番，以寫亦虎仙、火者馬黑木等皆土魯番親族，故遣同往。諭之曰：「忠順王不得城印，與了，小段子兒甚麽希罕？我奏朝廷，蟒衣、膝襴、織金段、紗羅、銀器、珍珠，都討發與爾。」正德七年二月初二日，火信等出嘉峪關，十六日到哈密。三月初八日，候土魯番未至。澤遽奏西事寧，乞休致。奉旨：「彭澤待處置哈密事停當，行取回京。」巡按陝西御史燕澄真定人，澤先爲真定知府，相善。澤陰託澄奏言：「陝西一省，璋、澤二人總統戎務，相掣肘，乞取彭澤回京，委以重大之寄。」澤亦自奏：「西夷就降，事已寧息。土魯番雖欲侵犯肅州，決不可得。」時楊廷和丁憂去任，澤書囑靳貴、陸完轉賂錦衣掌印錢寧，因燕澄之奏，取澤回京。適都察院缺長，薦澤掌都察院印，催就道。方燕澄之奏也，甘肅御史馮時雍奏言：「土魯番之酋長尚爾驕悍，哈密之城印猶未報復。遣使講好，大開溝壑之慾，要我以難從之事，後來之變故無形，非愚臣之所能逆覩。」靳貴令陸完寢其奏。澤又奏言：「土魯番速壇滿速兒王畏威悔禍，已將哈密印、城池獻還。乞將鎮巡等官，各加恩典。」時寫亦虎仙等尚在途，未至土魯番之地得見速壇滿速兒，計議不協。陸完改吏部，戶部尚書王瓊代完。瓊素以馮時雍所奏爲是，乃覆請乞留彭澤在甘肅，候寫亦虎仙等回，處置停當，方許回京。靳貴等從中沮之，竟不可奪。澤之憾瓊始此。是年閏四月，彭澤回京。八月，寫亦虎仙等方到土魯番，交割繒幣，又許送段幣一千五百匹，取回金印，退還哈密城。土魯番差頭目虎都六寫亦、火者撒者兒同來送印取賞，十二月方入嘉峪關。正德十一年四月，土魯番進貢使臣四十二名，哈密進貢使臣六十名，伴送土魯番使臣十名，彭澤原差傳諭夷情送賞撫取城印哈密使臣都指揮火者馬黑木等十二名，驗放入嘉峪關。初，彭澤之納賄求回也，都御史趙鑑與鼓澤、靳貴俱同年進士，澤之賄皆出於鑑，鑑因是亦得轉南京操江都御史，不候代輒離任。陝西左布政使李昆亦貴、澤同年，代鑑巡撫甘肅。時肅州兵備副使陳九疇自稱有才，亦輕率寡謀。印來，以雜幣二百匹付來使亦思馬因、滿剌朵思遺速壇滿速兒、火者他只丁，令其送忠順王密復回國，留虎都六寫亦、火者撒者兒於甘州以制其變。九疇言于昆曰：「彭總督當火者他只丁犯赤斤、苦峪之時，曲爲撫處，厚加賞賜，被其愚弄。猶模稜幹事，不能身任利害以主國是，何復面目立於天地間？」昆不能違。亦思馬因等回，以質留二夷告。速壇滿速兒怒，差火者他只丁、牙木蘭復來占守哈密。差例剌火者來問甘肅消息，陳九疇鹽禁致死。速壇滿速兒又差斬巴思等於肅州，遺番書云：「我幾差人去，爲和好。不從，監禁責打。如箭射石，不得透。」九疇以斬巴思等爲奸細，捶死。滿速兒領兵到沙州，牙木蘭來瓜州，候斬巴思等不回，遂直犯肅州。總兵官史鏞欲自甘州領兵來防禦，九疇以糧乏止之。及肅州急，九疇令遊擊將軍芮寧、參將蔣存禮出兵禦之。番兵鋒甚鋭，芮寧全軍敗没，蔣存禮幾不免。攻破砦堡，殺掠人民甚慘。九疇惶懼，恐哈密夷人居肅州城者謀爲內應，倉卒之際，驅逐出城，夷衆擾亂。都督失拜烟答者，進貢自京，九疇初亦遣出禦土魯番，既而疑其爲變，捶撻繫獄死。又疑通事毛見等通土魯番，皆於賊退後捶死。斬巴思等皆以爲奸細捶死，虎都六寫亦、火者撒者兒亦以爲奸細拘繫。又以寫亦虎仙知土魯番入寇，不行勸阻，及先年許土魯番段一千五百，勾惹邊患，與失拜烟答皆謀背本國，潛從他國，以叛逆論。報至京師，彭澤大懼，密謀于内閣大學士梁儲。事未下兵部，傳旨：「差大臣提督軍務，兵部會史部諸衙門推舉上請。」儲言于吏部、工部，還須彭濟物往。蓋澤自知奸欺敗露，欲自往彌縫，奏討銀五十五萬兩充軍費。先是，芮寧之敗，巡按甘肅御史王光暨兵科都給事汪玄錫等劾奏李昆等負撫綏之重任，昧經國之遠圖，養成回賊之患，大損中國之威。兵部請勑，切責昆等戴罪防禦，事寧勘究。至是，奏差給事中黄臣往甘肅，會同巡按御史趙春勘問。黄臣未至，趙春遽奏李昆有功無過，乞除其戴罪，令吏部推用。兵部不從。及黄臣至，與趙春依憑李昆、陳九疇原案回奏，無一異詞。兵部以彭澤、李昆前後欺罔事跡疏聞，乞令法司按實議罪。毛紀與大學士蔣冕力庇之，票旨令兵部會多官議，密囑付譯者沮兵部奏。吏部侍郎王鴻儒素與澤厚，託禮部尚書毛澄、户部尚書石玠依阿内閣，議稱：「大夫出使於外，苟有利於國家，專之可也。今事須再勘。」兵部王瓊曰：「納幣虜庭，失信夷人，致遺後患。於國家利乎？不利乎？事已勘明，更勘何事？」衆多是兵部議，而無一人復爲曲庇者。奏上，彭澤罷免爲民，李昆、陳九疇等提赴刑部。會多官於午門前，覆審彭澤擅差寫亦虎仙等往土魯番講和，送與段匹。復又審彭澤失信，致啟邊釁，并李昆坐視玩寇，辱國喪師。皆無異詞。楊廷和服闋在閣，與蔣冕、毛紀票旨：「澤已罷免，不罪；李昆降級，陳九疇爲民，黄臣、趙春調外任。」因是内閣與王瓊不協。正德辛巳四月，頒詔捕寫亦虎仙下獄，令法司查黄臣、趙春原擬問奏。又於科道劾官本内票旨，以瓊爲勾引奸夷，令法司查問。法司以事關重大，不敢從。後乃以寫亦虎仙問結後事入罪，死于獄。連及彭澤所差取印夷使火者馬黑木及辨寃供明米兒馬黑麻，皆坐與寫亦虎仙罪同，死之。未幾，御史楊秉中上言：「瓊害澤罷免，乞罪瓊起澤。」乃催取彭澤赴京爲兵部尚書，李昆陞都御史，尋陞兵部侍郎，陳九疇陞都御史，就令巡撫甘肅。土魯番因寫亦虎仙等皆被殺，復聚兵三萬餘。嘉靖三年八月，深入甘州寇掠，以殺降爲詞，攻破堡砦，屠戮人民，其禍甚慘。王瓊繫獄，比黨頗多。給事中史道因劾楊廷和，彭澤參稱史道巧詆元臣。奏下，吏部尚書喬宇乞下法司治罪，遂下道錦衣獄，謫南陽府通判。給事中于桂及御史曹嘉相繼劾廷和、彭澤結黨亂政，扶同奏啟。南北科道官亦交章論劾澤沮塞言路。由是謫曹嘉外知縣，于桂亦陞淮安知府。廷和屢疏乞休，吏科都給事中楊一渶上言：「廷和孤忠，時望所屬，而史道開誣詆之源，于桂則導其流，曹嘉則揚其波。奏乞暴白是非，懇留以慰中外之望。」朝廷降旨是其説，慰安廷和，令速起視事。給事中閔閎平日與曹嘉、史道議論相合，欲攻擊内閣。給事中毛玉、御史劉廷簠遂劾史道、曹嘉、閔閎危疑忠良，變亂國事。由是史道再謫陝西金縣縣丞，曹嘉四川茂州判官，閔閎已陞僉事，復降雲南蒙自縣丞。給事中孟奇、御史吴鎧等十九人相繼論救不得。遊擊將軍靳英以贓敗，御史郭浦劾兵部用人狥私，給事中曹懷論澤「門如市道之交，家有受金之弟」，澤遂致仕而去。

《使琉球録》

明陳侃撰

《使事紀略》 嘉靖丙戌冬，琉球國中山王尚真薨。越戊子，世子尚清表請襲封，下禮部議。禮部恐其以奚齊奪申生也，又恐其以牛易馬也，令琉球長史司覆覈其實，戒毋誑。越辛卯，長史蔡瀚等覈諸輿民，達于勳戚，同然一辭，僉曰：「尚清乃先王真之冢嗣，立爲世子有年。昔先王辱徼福於天朝，願終惠於義嗣者。」具文申部，宗伯韙之。

越壬辰春，禮部肇上其議，請差二使往封，給事中爲正，行人爲副，侃與澄適承乏焉。

命下之日，時夏五望也。有爲予等深憂者曰：「海外之行，險可知也。天朝之使遠冒乎險，而小國之王坐享其封，恐非以華馭夷之道，盍辭之，以需其領？」予等曰：「君父之命，無所逃於天地之間，況我生各有命在天，豈必海外能死人哉？領封之説，出於他人之口則爲公議，出於予等之口則爲私情，何以辭爲？」勿聽。

六月，各賜一品服一襲，侃以麒麟，澄以白澤，俱大紅織金，羅爲表，絹爲裏，綠羅褡褸，青羅摺子，裏亦用絹。使外國必加服者，欲其稱國王位賓主也。帶以玉，則自備。又各賜家人口糧四名，憫茲遐役，優以緝御，恩至渥也。

八月，侃等始治裝戒行，行之若是徐徐者，因封琉球舊案，禮部失於回禄，請查頒賜儀物於內府各監局，彌月而後克明。復分造於所司，亦難卒製，故弗克行，其敢久稽君命。

越癸巳五月，侃至三山，澄亦以六月至。閩之三司諸君承禮部咨文，已將過海事宜會裁已定。造船之制，訪於耆民，得之大小廣狹，惟其制價計二千五百兩有奇。予等初欲各具一艘，見其費之廣也，而遂不敢無益於國而侈其費財之蠹也。惟舊制以鐵梨木爲舵桿，取其堅固厚重，今以輕價索之而艱於得，易以他木，予等必欲倍價以購，後果得之。財固當惜，舵乃一船司命，其輕重有不難辨者。

七月二日定䑸，䑸即船之底木。福州府備祭豕二羊二，予等主祭，三司諸君率府縣官亦與陪焉，重王事也。定䑸之後，方鳩舟人僝功矣，侃等與衆官時巡督之。

十一日，遣承差齎本赴京。「謹題爲求封事。切照嘉靖十一年琉球國世子尚清奉表請封，欽蒙差臣等充正、副使，齎捧詔敕前往琉球，封尚清爲中山王。臣等隨即辭朝前來福建造船，船完之日，過海行禮。所有齎去詔敕，聞弘治、正德年間修撰倫文敘、編修沈燾等曾差往安南國，因彼國欲留詔敕爲鎮國之寶，俱曾題奉欽依聽其請留。臣等思得琉球國襲封事例，遠年無從查考，萬一尚清亦如彼國請留詔敕，臣等堅執不從，恐拂彼敬奉之心，聽其請留，又非臣等所敢專擅，如蒙乞敕禮部查議，應否聽其請留，庶臣等有所遵守而臨期不至錯誤矣。爲此具本，專差承差鄭珂齎捧謹題請旨。」九月承差至京，赴通政司投進。奉聖旨：「禮部看了來説，欽此。」隨該禮部覆題云：「看得欽差吏科等衙門左給事中等官陳侃等題，稱齎捧詔敕前往琉球國封世子尚清爲中山王，惟恐請留詔敕，乞要查議一節，既查有倫文敘等事例，合無准其所奏。本部行令各官臨時斟酌，如彼國王請留之意果出誠懇，亦宜俯順夷情，聽其請留。等因。」奉聖旨：「是，欽此。」

十一月，承差齎儀制司手本至閩，侃等伏覩睿旨，馭夷以誠，敢不祗若明命。是月，琉球國進貢船至，予等聞之喜，閩人不諳海道，方切憂之，喜其來，得詢其詳。翼日，又報琉球國船至，乃世子遣長史蔡廷美來迓予等，則又喜其不必詢諸貢者而有爲之前驅者矣。長史進見，道世子遣問外，又道世子亦慮閩人不善操舟，遣看針通事一員，率夷稍善駕舟者三十人代爲之役，則又喜其不必籍諸前驅而有同舟共濟者矣。大蹇朋來，憂用以釋，即此而觀，世子其賢矣乎！敬使所以敬君也，敬君所以保國也，懷德畏威，邦其永孚于休。

越甲午三月，舟始畢工。其舟之形制，與江河間座船不同，座船上下適均，出入甚便，坐其中者，八窗玲瓏，開爽明霽，真若浮屋然，不覺其爲舟也。此則艙口與船面平，官艙亦止高二尺，深入其中，上下以梯，艱於出入，面雖啓牖，亦若穴之隙。所以然者，海中風濤甚巨，高則衝，低則避也。故前後艙外，猶護以遮波板，高四尺許，雖不雅於觀美，而實可以濟險，因地異制，造作之巧也。長一十五丈，闊二丈六尺，深一丈三尺，分爲二十三艙。前後竪以五桅，大桅長七丈二尺，圍六尺五寸，餘者以次而短。舟後作黄屋二層，上安詔敕，尊君命也；中供天妃，順民心也。舟之器具，舵用四副，用其一置其三，防不虞也。櫓用三十六枝，風微逆，或求以人力勝，備急用也。大鐵錨四，約重五千斤。大棕索八，每條圍尺許，長百丈，惟舟大，故運舟者不可得而小也。小艕船二，不用則載以行，用則藉以登岸也。水十四櫃，海中惟甘泉爲難得，勺水不以惠人，多備以防久泊也。通船以紅布爲圍幔，五色旗大小三十餘面，刀鎗弓箭之類多多益辦，佛郎機亦設二架，凡可以資戎事者，靡不周具，所以壯國威而寒外醜之膽也。

二十五日出塢，塢即造舟之所，亦設祭如定艌之時。其間若豎桅，若浮水，若治索，皆有祭，行祭禮皆如初。靡神不舉，靡愛斯牲者，王事孔艱，利涉大川，祈也。

四月十八日，舟先發於南臺，南臺距海百餘里，大舟畏淺，必潮平而後行，日行數里。故先之架舟民稍用一百四十人有奇，護送軍用一百人，通事、引禮、醫生、識字、各色匠役亦一百餘人，官三員，千户一員，百户二員。官各給銀十二兩爲衣裝費，餘各給工食銀五兩三錢五分。舊時用四百餘人，今革其十分之一，從約也。舊例猶有金銀九十餘器，金廂帶四條，備二使過海之用，福州府造册開報，回文與之云：「職等素守清約，無事華侈。茶鍾、酒盞用銀飾者相應備辦，銀酒素、銀撒盞、銀節盂、金廂帶皆不必用，雖舊有成案，似宜遵奉，但裁而行之，存乎其人，毋得妄斂妄費，以汙職等名節。造完之日，令首領官一員齎領前去，回還之日，照數給領，若此者，貞行也，非以要譽也。」

二十六日，予等啓行，三司諸君送至南臺，包肉于几，釃酒于尊，爵三行，予等起謝曰：「曩時海國之役，必數年而始克竣事，聞之舟不易成也，今未及春月而有航海之期，誰之功也？敢不再拜。」諸君皆歌《烝民》之詩以贈，亦再拜，遂別。是晚宿于舟中。翼日，至長樂，長史舟亦隨行，中途爲淺所傷，臭厥載，具狀伏於階下，求爲之援。予等欲藉其爲前驅，即日將行事已亟不可辭判詞於提舉司，令申海道，假環海衛所禦寇之舟，暫遣其歸，此固爲趙亦爲楚意也。適分守海南道都閫諸君繼至，海道亦以王事爲亟，遂遣之。

五月朔，予等至廣石，大舟亦始至。二日，祭海登舟，守、巡諸君設宴爲餞。是日，北風大作，晝昏如夕，舟人皆疑，予等亦有懼心。有愛之者勸遲遲其行。遲而得已於行，姑少待焉可也，終不能已，遲之何益？今人既集矣，涣之恐難卒萃，舟不速行，器具易窳，有司費已侈，緩則更倍之，遂別諸君，慨然登舟。連日風逆，五日始發舟，不越數舍而止，海角尚淺。至八日，出海口，方一望汪洋矣。風順而微波，濤亦不洶湧，舟不動而移，與夷舟相爲先後。出艙觀之，四顧廓然，茫無山際，惟天光與水光相接耳。雲物變幻無窮，日月出没可駭，誠一奇觀也。雖若可樂，終不能釋然於懷。九日，隱隱見一小山，乃小琉球也。十日，南風甚迅，舟行如飛，然順流而下，亦不甚動。過平嘉山，過釣魚嶼，過黄毛嶼，過赤嶼，目不暇接，一晝夜兼三日之路。夷舟帆小，不能及，相失在後。十一日夕，見古米山，乃屬琉球者，夷人鼓舞于舟，喜達于家。夜行徹曉，風轉而東，進寸退尺，失其故處。又竟一日始至其山，有夷人駕舠來問，夷通事與之語而去。

十三日，風少助順即抵其國，奈何又轉而北，逆不可行。欲泊於山麓，險石亂伏於下，謹避之遠，不敢近。舟蕩不寧，長年執舵甚堅，與風爲敵，不能進不能退，上下於此山之側，然風不甚厲，浪亦未及於舟中，尚未懼。相持至十四日夕，舟刺刺有聲，若有分崩之勢。大桅原非一木，以五小木攢之，束以鐵環，孤高衝風，摇撼不可當，環斷其一，衆恐其遂折也，驚駭叫嚣，亟以釘鉗之，聲少息。原舟用釘不足，艌麻不密，板聯不固，罅縫皆開，以數十人轆轤引水，水不能止，衆曰：「不可支矣。」齊呼天妃而號，剪髮以設誓，予等不能禁，徹夜不寐，坐以待旦。忽一家人匍匐入艙，抱予足，口噤不能言，良久方云：「速求神佑，船已壞矣。」予等聞此，心戰神怖，無可奈何，嘆曰：「各抱詔敕以終吾事，餘非所計也。於此將焉求之而又將焉逃之？」是時惟長年數人色不少動，但云：「風不足懼，速求罅縫而塞之，可保無虞。」衆亦知其然，舟蕩甚，足不能立，心悸目眩，何罅之求？於是有倡議者曰：「風逆則蕩，順則安，曷回以從順，人心少寧，衣袽有備，尚可圖也。」有一人執舵而云：「海以山爲路，一失此山，將無所歸，漂於他國，未可知也，漂於落漈，未可知也。守此尚可以生，失此恐無以救。」夷通事從旁贊之，予等亦知其言有據，但衆股慄啼號不止，姑從衆以紓其懼，彼亦勉强從之。旋轉之後，舟果不蕩，執燭尋罅，皆塞之固，水不能入，衆心遂定。翼午，風自南來，舟不可往，又從而北，始悔不少待也。計十六日且當見古米山，至期四望惟水，杳無所見。執舵者曰：「今將何歸？」衆始服其先見。徬徨躑躅，無如之何。予等亦憂之，亟令人上桅以覘，云：「遠見一山巔微露，若有小山伏於其旁。」詢之夷人，乃曰：「此熱壁山也，亦本國所屬，但過本國三百里，至此可以無憂。若更從而東，即日本矣。」申刻，果至其地泊焉。

十八日，世子遣法司官一員來，具牛、羊、酒、米、瓜菜之物爲從者犒，亦有酒果奉予等。通事致詞曰：「天使遠臨，世子不勝訢踴，聞風伯爲從者驚，世子益不自安，欲躬自遠迓，國事不能暫離，謹遣小臣具菜菓將問安之敬。」予等愛其詞雅，受之。時予之舟已過王所之東，欲得東風爲順，夏月誠不易得。世子復遣夷衆四千人，駕小舟四十艘，欲以大纜引予之舟。通事乃曰：「海中變出不測，豈宜久淹從者，世子不遑寢食，謹遣衆役挽舟以行，敢告。」船分左右，各維一纜，迤邐而行，若常山蛇勢，亦一奇觀也。一晝夜亦行百餘里。十九日，風逆甚，不可以人力勝，遂泊於移山之㟁。法司官率夷衆環舟而宿，未嘗敢離左右。泊至五日，予衆苦之，在舟日久，鬱隆成疾，求登岸以避之而不可得，泣訴於予。予曰：「乘桴浮海，子路喜之，未知浮海之險若此也。人至四千，力亦衆矣，不能挽一舟以行，虎賁三千，猶足以成武功，孰爲浮海爲易耶？」二十三日，世子復遣王親一員，益以數舟而來，風亦微息，始克行。法司官左右巡督，鼓以作氣，自夕達旦，夷衆亦勇於用力無少懈。至二十四日，猶未克到，世子復遣長史來曰：「世子聞至移山，刻期拱俟，六日不詹，中心孔棘。恐爲從者憂，謹遣小臣奉慰。」予等謝之。

二十五日，方達泊舟之所，名曰那霸港。計廣石登舟，至此幾一月矣。予二人局於一艙，不便出入，暑氣薰蒸，脾胃受疾，寢食弗安。兼以風濤之險，日驚于心，得保殘喘以終王事，嗚呼艱哉！是日登岸，岸上翼然有亭，扁曰「迎恩」。世子遣衆官大小百餘員，隨龍亭候於亭下，予等捧詔敕安於龍亭，衆官行五拜三叩頭禮，前行導引至天使館。館距港約五里，不移時而至，龍亭安於中堂，衆官復行禮如初進見，予等亦行禮而退。予等呼長史問曰：「世子不迎詔敕，何也？」對曰：「洪武禮制，凡詔敕至國，世子候於國門之外，數代相承，不敢違制以行。」予等曰：「守制，國之經也，臣之良也，大以字小，惟信之懷，敢惟一己是便而裂信毀制乎？」聽之。然世子雖不至館，館中皆官正蒞事，禮無不肅，用無不周，下逮從人，各有寢舍，時給廩餼，亦使之安。每三日遣大臣一員問安，具酒二壺，菓盒二架，酌酒于斗，跪而言曰：「世子念天使舍崇麗而卑痺是就，恐不能安朝夕，令小臣問候起居。」予受其酒，乃曰：「賓至如歸，不惟其物，惟其誠，世子誠矣，胡弗安之有？」飲畢，復獻牛羊菜菓，初皆麾之，後見其意勤懇，間一或受。每一饋，予等亦遍及於從人，無弗均。六月哉生明，報長史舟至北山。又越五日，始抵國，較之予舟，浹旬之隔。詢之，乃知桅折帆傾，非夷衆之熟于操舟，幾何而不飫魚腹也。

越既望，行祭王禮，王墓不知所在，有寢廟一所在國門外，即於廟祭焉。封其生者而又祭其薨者，厚也，所以勸天下之忠也，祭先於封者，尊也，所以勸天下之孝也。忠孝之道行于四夷，胡越其一家矣。祭品皆欽定之數，牲牷維腯，酒醴維醹，罔敢弗潔。先迎至廟，俟設定後，用龍亭迎諭祭文。予等隨行將至廟，世子素衣黑帶候於門外，感乎其容，儼然若在憂服之中。予等拱而入，至寢廟，神主居東西向，予等居西東向，龍亭居中南向，世子居南北向。宣諭祭文畢，世子出露臺，北面謝恩，進與予等交拜。揖至中堂，予等南向坐定，世子令長史致詞曰：「清蝸處海角，辱玉趾遠臨，當匍匐奔迓，有制不敢違越，徒懷慚竦。今又辱賁及先人，幽明倍感，敬具清酤二卣，以獻左右，聊用合歡，其敢曰休享？」予等曰：「朝廷之制，臣子所當共守而弗斁焉者也。人欲爲善，誰不如我，敢奪人之守乎？賓主初覿，良用合歡，玄堂在邇，恐非其時，敢辭。」世子又曰：「我有嘉賓，鼓瑟吹笙，吹笙鼓簧，承筐是將，禮也。斯可以燕樂嘉賓之心，今皆無之，正以此耳，幸毋辭。」予等愛其言，敬不踰制，忠也；樂不忘親，孝也。忠孝之人，可以言禮，諾之。酒數行，皆親獻，禮儀律度罔弗恭，坐少頃，別。隨遣法司官同長史至館，致世子詞曰：「今日勞從者，爲先人寵光，小國無以爲獻，戔具黃金十兩爲壽。」予等辭曰：「世子知道，而亦以此浼我乎？」令持去，不從。作書與之曰：「君子交際之間有禮焉，有義焉，禮以將敬，義以揆物，賓主各欲自盡而已。今日之舉，君命是將，敬共王事乃其職也，欵我以華筵，亦云厚矣，而又惠我以褢蹄，不已過乎？在賢世子行之固爲盡禮，在侃等受之則爲非義，授受之間天理人欲判焉。辨之明而守之固，敢自欺乎？辭不更贅，恵無再貽。」世子果知禮儀者，得是書不復再饋。

祀事畢，越七月二日封王。是日黎明，世子令衆官候於館門之外，導引詔敕之國，國門距館路三十里，介在山海之間，險側高卑不齊，不能如砥如矢。將至國五里外有牌坊一座，篇曰「中山」。自此以往，路皆平坦，可容九軌，傍壘石牆，亦若百雉之制，世子候於此。龍亭至，行五拜三叩頭禮，導之國門，門曰「歡會門」。內逶迤數步即王之宮，宮門三層，層有數級之堦，至正殿，巍然在山之巔。設龍亭于正中，行大封拜禮，國王升降進退，舞蹈祝呼，肅然如式。先期五日，長史已請儀注，習之熟矣。禮畢，揖予等至別殿，復行見禮，衆官亦拜見如初。王暫退，出臨羣臣。是日，維良受天子新命與一國正始，羣臣但四拜爲賀，臣之尊者親者捧觴爲壽，夷俗以此爲敬，君臣之間亦行之。朝罷，別殿設宴，金鼓笙簫之樂翕然齊鳴，王奉酒勸坐。酒清而烈，來自暹邏者，比之麯米春，醺人更不須一盞，予等但嘗之而已。籩豆之實，備水陸之珍，膷臐膮炙之膳，既旨且多，然不能自製也，皆假予等所帶庖人爲之。蓋夷俗席地而坐，無燕享醵會之事，不知烹調和劑之味，故假以文其陋耳。獻酬交錯，至晡而止。予等令儀從迎詔敕至館，王再拜曰：「小國無以爲寶，璽書以爲寶，先朝詔敕藏之金匱，已八葉于兹矣。今辱賁臨，幸留鎮國，不爾，予小子自底不類，爲先人羞。」予等見其詞意雖誠，猶未信也，令啓其金匱之藏，以驗其留否之實。長史數臣各捧一道而來，奎壁輝映，絢采一堂，遂許留之，王喜甚，重拜而別。予等至館，王親一員同長史來饋禮物，厲色麾之，長跪不起，不得已，姑取扇、布二物以答其誠，餘不之受。復與一書曰：「士君子立身大節，不過禮儀二者，前書備布，想已知之，賢王亦知朝廷之大法乎？今聖天子御極，儀禮制度，萬物維新，羣工濟濟，皆秉羔羊之節，晉如鼫鼠者，愁如摧如而已。侃等叨居近侍，萬里銜命，正欲播君德於無疆，守臣節於不辱，爲天朝增重，乃敢自冒非義，以貽滿橐之譏耶？與者受者，其戾一也。欲馨清議，甘罪不恭。」王見書，令長史來言曰：「聖天子威德被海外，清聞之常號號不自安，惟恐不道爲聖朝棄，況天使之陟降左右者乎？敬君之心，華夷無二，昨聞高論，敢犯朝箴？」

二十二日，復設宴，名曰「拂塵」。使琉球與使他國不同，安南、朝鮮之使，開讀詔敕之後，使事畢矣，陸路可行，已事遄返，不過信宿。琉球在海外，候北風而後可歸，非可以人力勝者。日久不免會多，會多不無情褻，勢所必至也。踽踽涼涼，豈能一日安耶？是宴之設，籩豆尚楚，而方物不復陳矣。但令四夷童歌夷曲，爲夷舞，以侑其觴，傴僂曲折，亦足以觀。舞罷，令世子介子執弟子禮，奉酒三爵。將行，復躬捧玉盃，乃武宗所賜者，引滿勸白，辭以不善飲，一酌而止。

越二十五日之夕，颶風暴雨，倏忽而至，茅舍皆席捲。予館亦几几不安，寢不能寐，起坐中堂，門牖四壁蕩然無存。因念港口之舟恐不及繫，遣人視之，僉曰：「昏黑不辨牛馬，而岐路安可分？盍待之？」風雨果惡，亦不可强質。明而往，王已差法司官率夷人數百守於舟側矣。詢之舟人，乃夜半時至也，法司亦夷官之尊者，路且遥，不避而來。予因嘆曰：「華夏之人，風雨晦冥之夕，塞向墐户以避之，猶恐未安，衝風冒雨而行者，必其骨肉顛沛而不容已，孰能視他事如家事，而艱險不辭者乎？夷之君臣，其亦可感也夫！」

八月中秋節，夷俗亦知爲美，請賞之，因得偏遊諸寺。寺在王宫左右，不得輕易往來，有曰天界寺，有曰圓覺寺，此最鉅者，餘小寺不暇記。二寺山門殿宇弘廠壯麗，亞於王宫。正殿五間，中供佛象一座，左右皆藏經數千卷，夷俗尚佛，故致之多。上覆以板，繪以五彩，下用薦數重，清潔不可容履。殿外亦鑿小池，甃以怪石，池上雜植花卉，有鳳尾蕉一本，樹似棕而葉似鳳尾，四時不改柯易葉，此諸夏所無者。徜徉良久，塵慮豁然。但僧皆鄙俗，不可與語，亦不敢見。然亦知烹茶之法，設古鼎于几上，煎水將沸，用茶末一匙于鍾，以湯沃之，以竹刷瀹之，少頃奉飲，其味甚清。是日，王因神降送迎無暇，遣王親侍遊。至未刻，邀坐，宴不甚豐而情意則款洽矣。諸從人皆召至堦下，令通事勸飲，旅進旅退，各以班序，至醉而止。向夕回館，月明如晝，海光映白，松影篩青，令輿人緩步徐行，縱目所適，心曠神怡，樂兹良遇，忘其身之在海外也。

二十三日，王始至館相訪，令長史致詞曰：「清欲謁左右久矣，因日本人寓兹，狡焉不可測其衷，俟其出境而後行，非敢慢也。」予等但應曰：「已知之矣，海外之國，唯彼獨尊，深居簡出，乃其習也。井底之蛙，豈可與語天日之高明哉！」亦具殽核，留坐移時別去。

二十九日，請餞行，陳席于水亭中，觀龍舟之戲。舟之制與運舟之法皆效華人，亦知奪標以爲樂，但運舟者俱小吏與大臣子弟也。各簪金花，具彩服，雖濡于水而不顧，以示誇耀之意。越九月七日，復請餞，予等訝其煩也，深拒之，懇之再三而後行。至則見其席之所列皆非昔比，山蔬海錯，糗餌粉酏，雜陳于前者，製造精潔，味甚芳旨，但止數品，不能如昔之豐。詢之左右，乃知前此之設，皆假諸閩人，此則宫中妃嬪親製，以表獻芹之敬耳。臨行，長史捧黄金四十兩，王乃言曰：「送贐之禮，振古有之，非清敢自褻，其毋辭。」予等曰：「於義可受，軻氏受薛之餽，不以爲嫌。但予等以君命來，受此而歸，是以君命貨之也，惡乎敢？」王愕然曰：「天使言必稱君，動必比義，清知道矣。」遂不敢强。復手持泥金倭扇二柄，乃曰：「天使遠來，賜清以弁服，即清之師也。此別不復再會，揮此或可以繫一念耳。」予等憫其情，受之，各答以所持川扇，彼喜不自勝，再拜而別。

十二日，登舟，官民送者如蟻，皆以漢官威儀不可復覩，至有泣下而不忍去者，亦足以見夷人天性之良，莫不羨衣冠文物之美，拘于法而不得入，是可哀也。泊舟之港出海僅一里，中有九曲夾岸，皆石，惟滅風而復可行，坐守六日。王日使人侍于其側，且致慰詞，仍遣看針通事一員、夷稍數人護送。又遣王親、長史等官駕昔日所假之舟進表謝恩。

十八日，風少息，挽舟而出，亦斜倚于岸，衆恐其傷于石，大驚，幸前月親督修艌，不爲所傷，復止。二十日，始克開洋，挽舟同行。二十一日夜，颶風陡作，舟蕩不息。大桅原以五木攢者竟折去，須臾舵葉亦壞，幸以鐵梨木爲柄，得獨存。舟之所恃以爲命者，桅與舵也，當此時，舟人哭聲震天，予輩亦自知決無生理，相顧嘆曰：「天命果如此，以計免者得之矣，狐死尚正首丘，嗚呼！狐之不能若也。」舟人無所庸力，但大呼天妃求救，予等爲軍民請命，亦叩首無已，果有紅光燭舟，舟人相報曰：「天妃至矣，吾輩可以生矣。」舟果少寧。翼日，風如故，尚不敢易舵。衆皆廢寢食以待斃，不復肯入艙上去。同行夷舟遂相失，不知所往。

二十三日，黑雲蔽天，風又將作，有欲易舵者曰：「舵無尾不能運舟，風弱猶可以持，烈則不可救。」有不欲易者曰：「當此風濤，去其舊而不得安其新，將奈何？」衆不能決，請命于予等，予等曰：「風濤中易舵，静則可以生，動則可以死，中心惶惑，亦不能決。」令其請珓于天妃，乃得吉兆，衆遂躍然起舵。舵柄甚重，約有二千餘斤，平時百人舉之而不足，是時數十人舉之而有餘，兼之風恬浪止，倏忽而定。定後風浪復厲，神明之助，不可誣也。舵既易，衆始有喜色。

二十六日，忽有一蝶飛繞于舟，僉曰：「山將近矣。」有疑者曰：「蝶質甚微，在樊圃中飛不過百步，安能遠涉滄溟？此殆非蝶也，神也，或將有變，速令舟人備之。」復有一黄雀立于桅上，雀亦蝶之類也，令以米飼之，馴馴啄盡而去。是夕，果疾風迅發，白浪拍天，巨艦如山，漂蕩僅如一葦。稍後距水不下數丈，而水竟過之，長年持舵者衣盡濕，則艙中受水又可知也。風聲如雷而水勢助之，真不忍聞。舟一斜側，流汗如雨，予等懼甚，衣服冠而坐，欲求速溺，以紓其懼。又相與歎曰：「聖天子威德被海内外，百神皆爲之效職，天妃獨不救我輩乎？當此風濤中而能保我數百民命，真爲奇功矣，當爲之立碑，當爲之奏聞于上。」言訖，風若少緩，舟行如飛，徹曉已見閩之山矣。舟人皆踴躍鼓舞，以爲再生，稽首於天妃之前者若崩厥角也。

二十八日，至定海所。十月初一日入城。痛定思痛，不覺傷感，凡接士大夫，敘其所以，無不爲之慶幸。區區二人，何德獲此？實荷聖天子威福，以致神明之佑，不偶然也。今越旬日，同行之舟尚未至，或不免漂溺之患焉，嗚呼危哉！嗚呼危哉！予因是而有所感，浮海以舟，駕舟以人，二者濟險之要務也。今官府造作什器，官之尊者視爲末務而不屑于查理，官之卑者視爲奇貨而惟巧於侵欺，以故種種皆不如法，不久即壞。房舍器用之物，壞則可修，猶未甚害，惟舟之壞，即有覆溺之患，雖有般師在舟，亦無及矣。前之所云古米山之險，其明效也。後之使海外者，軍官不必三員隨行，先擇有司賢者二員委其造舟，舟完令其同行，彼軀命所關，督造必不苟且，萬一藩臬不從，以之請于上命可也。從予駕舟者，閩縣河口之民約十之八，因夷人駐泊于其地，相與情稔，欲往爲貿易耳，然皆不知操舟之術。上文所云長年數人，乃漳州人也。漳人以海爲生，童而習之，至老不休，風濤之驚見慣，渾閑事耳。其次如福清，如長樂，如鎮東，如定海，如梅花所者亦皆可用。人各有能有不能，唯用人者擇之，果得其人，猶可少省一二，此貴精不貴多之意也。一則可以節國之費，一則可以衛衆之生，故不惜辭之煩爲後使者忠告。

《雲中紀變》

明孫允中撰

嘉靖甲申，雲中撫臣建議添五堡禦虜，處置乖宜。參將賈鑑督工苛刑，以營私犯衆怒，殺鑑於工所。分必死，謀叛入虜，凡三日，未決。撫臣命大同知縣往諭曰：「吾弗汝究，速入城。」是夕，悉入。撫臣捕把總指揮關山下獄究所由。衆懼，譁曰：「都堂紿我輩。」洶洶鼎沸，因聯殺撫臣弗靖，鎮守總兵江桓避匿莫救也。

帝命中丞石岡蔡公代撫事，户侍紫山胡公帥師討之。蔡公單騎入城，以安集良善，且俟反側者少定，徐圖之。無何，胡公兵抵陽和衛，距大同百里，羣兇恐，脅善良登城爲死守計。蔡公以賊居中，黨與糾結，蹂躪良善，且憑堅，兵難猝下，上疏力陳其不可，胡公乃移檄索首惡者。桂總兵勇謀誅以獻，衆覺，將不利於桂。胡公因表朱振爲鎮守以代桂，遂頒師，論胡公者紛紛。大兵去，羣兇果弛備，蔡公乃從容展布，縱金廣間，覃恩厚施，破規削矩，離解糾結，從而掩捕顯戮，苗耨髮摘，始終七八年間，誅者近千人，不動聲色，奸黨潛消，境土無虞，有功於國家多矣，積勞拜少司馬。未幾，言者不肯審時度勢，以諒其達權濟變之宜，乃至有浪費無紀之説。嗟夫！以孤危之迹寄於羣兇鼎沸之間，將欲明王法示顯戮，下彌邊方之患，上紓西顧之憂，使恩威竝著，善惡攸分，區區小費，恐不足惜者，竟以此媒孽其短，罷廢以殁，獨何心哉？獨何心哉？嗣是，檗谷王公、鶴亭王公相繼代，未逾年去。太華何公代，未五月去。三峰潘公代，居三月而難作，再歲易撫臣者四人矣。始彭總兵鎮去大同也，大司馬荊山王公曰：「李瑾，才將也。」遂舉以代。

值秋高，虜渡河住牧，撫臣以聞，荊山公曰：「非添總制、提督不可，東圃劉公才巡撫也，可拜總制；郤永才將也，可拜提督。」命既下，東圃公視事，郤永待報啟行。永自請揚兵邊外。事下兵部，荊山公覆曰：「可哉。」得報許焉。李總兵倡議曰：「犬虜近塞，盍浚濠以阻？」檄上，制府曰：「可哉。」分鎮城馬步卒爲兩番往修，起天城，訖左衛，延袤四十里，衆苦之。再旬值番上者歸，乃下令曰：「明晨空城往工，限三日完矣。」夜，六七卒季當子、王寶等酒醉，舉火倡衆，應者六七十人，李遇害。李性嚴急少恩，到鎮未久，軍法外創爲攔馬、纏腰等刑，失將士心，疾視其死而莫之救也。潘公乃倉皇奏曰：「將法刻，兵悉變，請置之勿問。」制臣曰：「兵悉變，法不可廢，請討。」時予先出巡蔚州，聞變，兼程回，入城覘其兵不悉變也，廉得首惡名數，乃謀諸潘三峰、朱總兵、詹角山郎中早圖之。得報，前疏下兵部議矣，荊山公曰：「兵未必悉變，脅從罔治，渠魁必殲。」乃榜善良，以渠魁責撫臣；降敕以相機隨宜責總制，於是撫鎮及予等分布官兵，將倡惡者若干人并器仗生縛以獻，且聞諸上。

時事出倉皇，奏内未列總制、提督姓名。制府復榜諭曰：「五堡之變，朝廷姑從寬處，乃復稔惡不悛，以戕殺主帥，天討所宜加者。」榜出而五堡遺孽輒偶語不自安。予乃帥甲士輿囚徒詣軍門，諫曰：「罪人既得，兵可不血刃也。」東圃公銜其不與有功列也，詭曰：「甲申之役，胡紫山以兵不臨城，言者數十章，吾將犒我師以彈壓地方而已。」予應之曰：「甲申之獻級也，非俘也。往歲之變，幾千人，今不滿二百，事勢易爲也。因一訊，情可立見，黨與未盡，一獄吏足矣。且五堡事朝廷已處分矣，愚民易惑而難悟，況悍卒乎？」東圃公乃已，因付紀功御史蘇公訊，果不滿二百也。未獲者，誠僞未辨也。東圃公乃遣參將趙剛等率甲士三百騎往捕，撫臣驗其姓名，皆捕賊有功者，曰：「此仇攀未可盡信，且駭人。」乃止捕其無功者。比晚，羣心驚惑，拒巷不納，復得八十餘人獻。東圃公曰：「朱振謀主也。」予曰：「試以書招之來，否即心事著矣。」乃移書招振，振聞命即束身詣軍門。東圃公復謂予曰：「汝先入城，以諭安人心，使知首惡已得，兵不濫及也。明午，令解甲棄戈以迎王師。」予曰：「諾。」乃復入城知所諭。比二鼓，約定數人城中吶喊，倡爲洗城譌言，予同趙總兵鎮、戴遊擊廉設伏邀擊，格殺凡二十九人，餘解散。

次日黎明，我師西南二路集城下，斬關而入，殺傷者塞道，財産劫掠一空。城門未啟，内五堡遺孽洞疑，恐喝悍横難制之輩翕然一變。停午，郤永帥師由東路整隊而進，及關，亂兵開門迎戰，殺我師革職參將一人。予與潘公馳往諭，衆咨予曰：「僉事紿我，爲洗城計。」操戈露刃者鱗集蟻附，至輿不得行，予乃笑曰：「聖明不屠城也，老母妻子咸在内，何紿汝爲？」有長者數輩曰：「此兵機也，彼亦紿僉事矣，無殺僉事，令我輩負屈。」予謂潘公曰：「將士貪功，激城中人變矣，冤哉！盍爲請諸朝？」乃爲五六疏公道間行，得達者二疏而已，餘繫治沿途獄。二疏大意云大同士卒起於殺將，脅從罔治，已奉欽依，首惡既擒，似難再討。總制將士貪功，戮及善良，使洗城之説譌言成直，貪生畏死之輩難以猝下，兵連禍結，患生意外，非安國家利社稷萬全之計。總制時止聚落驛不進，亦上疏曰：「叛卒稔惡，拒王師，撫鎮、郎中、僉事皆首惡，撫鎮闘防在叛賊手。」荆山公議曰：「總制權輕，宜重假之，撫臣緩我師，宜置之。」言者望風旨劾撫臣罷去。少宗伯味齋顧公乃颺言曰：「干戈倥偬，將士貪功嗜殺，寧無横罹鋒刃者乎？宜申明紀律，徐爲之處。」帝嘉納之。少宗伯久庵黄公力言用兵之非，忤當道。太宰誠齋汪公望風旨，以他事謫黄公雲南參政。荆山公覆奏宜大發兵糧，且云非再添總制、提督不可。江桓才將也，可提督。命下，言者曰：「甲申之役，桓辱命甚矣，恐無以服人心壯國威。」報罷。久庵公發憤上疏，指當道失，上大感悟，復其官如故。然大發兵糧之説如荆山公請矣。予復出城詣東圃公言曰：「殺將者已悉得，兵乃臨城妄殺，遂至此，請申明紀律，以安衆心。」東圃公曰：「汝毋爲賊説，吾已請兵矣。」因羈留懷仁。

於時雙岩樊公以河南參政母喪服除詣闕，命下參江西政矣，僉曰：「大同之行，非公不可。」乃疏名上請，許之。上西顧，爲之旰食不視朝累日。公即抗章首以主憂臣勞爲言，詞意懇惻。單車之任抵陽和衛，廉得其詳，因悉心謀諸東圃公，大忤意。因上疏曰：「乞假金牌單騎入，諭以禍福，可立下，否即仗節以死無恨也。」末復云：「畏死者計出無聊，謀且勾虜，不早圖，恐遺將來患。」疏入，識者韙之。當道深非焉，並味齋、久庵疏咸寢閣不行。總制下令居庸、紫荆、倒馬、鴈門等闘設卒守之，邏者交錯於道，大同諸臣章疏不能達京師矣。東圃公上疏曰：「宗室登城，自謂曰首惡矣。」復上疏曰：「城中宗室士大悉從賊，負朝廷矣，實天欲厭此城矣。」事下兵部。少司馬養齋徐公議不合，投劾去。王職方郎中議不合，謝病去。王修撰紹甫代荆山爲稿覆上，得中旨，咸云：「作急攻打，進城之日，務分良善。」

予乃貽書東圃公，大略以履正奉公，臣子之節；上下雷同，非國之福。況殺將者已得矣，進兵太驟，人心驚駭，餘與雙岩公議同。東圃公益怒，諷巡撫山西一泉王公劾予離母出城，去其官，仍聽紀功御史勘。已而，東圃公復上疏曰：「城可灌也。」事下兵部，荆山公曰：「可哉。」時冬十二月也。乃命柘泉李郎中、高渠楚主事董其事。又募敢死士百道攻擊，城中守者益堅。部差千户某某入城曰：「原報首惡降，餘悉宥。」衆曰：「紿我輩屢矣，弗敢信，請爲質。」乃各詣軍門降。永懼，且耻功出本兵，詭言曰：「女等第回，令官出，吾弗女欺。」官出，號於衆曰：「吾奉兵部命，不爾欺，可令人取炭爲信。」于時踴躍争隨者約三百人，永分捕刖之，千户乃怏怏去。衆益恚，背城死戰，凡三日，守益嚴，掠金帛，勾北虜數萬大舉入寇。先以數騎誘我師，永帥遼將士往伏，乃發邀擊之，我師失利，死者相枕藉，虜乘勢晝夜夾攻，城中亦鼓譟應。虜覘我師喪氣，乃留精騎相持，餘分投渾、應、朔、懷等州縣鄉村抄掠，凡七日夜，損輜重器具、將卒、馬牛羊生畜、粟芻不可勝計。城中變卒利誘酋長數十入城，指代王府曰：「兵退以此酧女。」虜亦唯唯謝。

羽檄達京師，九門悉分卒守之，中外洶洶。廷議乃曰：「兵力弱也。」分遣科道詣九邊募兵。東圃公復上疏曰：「虜勢外連，叛卒内應，弗能支。」請再添總制禦虜，而己專意攻城。閣擬三人者請，帝降御劄曰：「咈，不可用也，夫大同叛軍先因殺李瑾，此謀殺主將之罪，法不可赦，原非舉城所爲，亦未敢逆朝廷。止是郤永不謀，信從劉源清貪功嗜殺之計，輒便有洗城之訛傳嚇城中，致使逆軍劫囚勾虜，抗拒朝廷。既説專剿逆徒，脅從不問，却又專攻城之計，又引水灌城，看來玉石亦不可得而分也。朕惟宜大爲京師北門要地，皆不可壞，人而無臂，何以衛頭目乎？況此地此民皆祖宗所遺，今源清必欲城破人誅，果忠乎？否乎？前日將二人調置，别命將以專討渠魁，豈有今日之患？今又不可輕聽伊説，卿等亦不可不慮將來事，縱源清幸成功，不知北地何以興復？今祇可罪去二臣，掣還諸路人馬，别遣文武大臣果能曉事者，使專意備虜，密令多方計擒逆賊之魁者，庶免師老傷財。源清既能了事，如何又請添官，豈非官多事擾乎？」劄出而中外始知用兵非朝廷本意。東圃公頗聞劄意，又見軍馬傷殘甚多，虜雖得利去，聲言復大舉入，始詣城下索首惡。詹郎中見虜勢猖獗將復來，我師城下暴露日久，蹂躪之餘，東西兩闘已不守，南北倚草場闘牆自全，糧道絶數日，食且盡，往往謀潰散，重鎮危在旦夕。乃私謀都指揮紀振、遊擊將軍戴廉曰：「事急矣，我輩無以報朝廷者，總制誠索首惡，謀將内應，不成雖闔門虀粉無恨也。」對天出矢言，慷慨泣數行下。時指揮馬昇威震城中，詹郎中移詩檄以大義，昇委心焉，乃相與嚼血盟。密令王鎮撫寧詣雙岩公以情告，雙岩公因曉以禍福，深加奬賞，當令人伴送。東圃公佯許，無誠心。寧入弗敢信，詹郎中復出以情告，東圃公因令穴城，詐給票詹郎中，許動官銀募壯士。詹郎中入，謀且成，穴城者將穿，衆覺，以水灌之，穴者悉死。馬昇恚恨詹郎中等賣己也，將不利，人人自危，盟乃敗。東圃公自惟師老財費，兵馬殘傷，貪功嗜殺之計爲聖明洞燭無遺，乃惶恐上疏曰：「臣兩目昏花，雙足腫痛，請避位。」疏入，帝大怒，罷斥之。

廷議以東瀛張公代，聞命即抗章曰：「大同之事起於殺將，始禍者悉獲，其後來節報姓名難保無冤。」下令諸將曰：「毋攻城，吾將有請。」因遣騎星夜招予詣軍門，使入城開諭，且慰曰：「東圃從僉事言，無以至今日也。」密馳諭梁總兵鎮曰：「脅從罔治，渠魁必殲，事在相機早處。」因兼程趨鎮。東圃公退居陽和衛城，我師聞之，咸舉首加額曰：「天王聖明，宗社效靈矣。」次日，楚高渠主事觀兵城下，城中者悉發陴曰：「我輩非殺將者，怕死自全爾，請入。」楚公已得其詳，遂入。永恐弗利於己也，遮道以拒者十數輩，梁總兵鎮詭曰：「鎮請與俱。」乃入。先是，廷議降者給票免死，票悉具，東圃禁不發。至是，乃悉索入，合城望闕呼萬歲，聲聞數里。詹角山郎中語及敗盟故，楚主事進馬昇等，陳朝廷威德，曉以禍福及屠城聖明意，各感悟。是夜二鼓，乃殺原報首惡黄鎮等二十四級獻軍門。郤永握兵居城外，百計沮撓。樊公恐復變，疾入鎮城，以鎮撫人心。永果令人謡曰：「樊都堂伏兵城中爲内應。」衆果疑，夜驚者數次，公堅卧不起，乃安。明日，予奉東瀛公命以入，推誠開諭，羣疑漸解。先是，乘機無賴者多縱恣不法，老弱饑餓，死者相枕藉，軍士月糧多住支。雙岩公乃榜諭城中，明示朝廷用兵初意，開倉賑濟，不法者輒撾殺，人益信。又明日，東瀛公道出深井，東圃要於路，將以惑衆志，敗成功。東瀛公揣知，間道疾走城下，先掣遼東、陝西兵退各二舍，中外將領以次參謁，公從容閑雅，以安衆志。令洞開諸城門，撤巷口擁塞。約日張鼓吹同御史蘇公由南門入，老穉焚香，羅拜者塞道。乃置酒高會，賚有功，次第以聞。虜之始遠去，公乃還上谷遥制之，上悦。

然主征剿志屠殺者内不自安，諷言者劾論曰：「樊公挫威城下，楚公不宜入城，東瀛公因人成事。」又曰：「樊公振貸市私恩，非奉命。其我師濫殺平民悉以爲功，將士死亡多避匿不報，諸臣有功者多抑遏不紀。」又從而媒孽其短，人心疑懼。會代王奏稱：「請官撫安賑濟。」事下禮部。大宗伯桂洲夏公上疏云：「大同功罪未明，賞罰未當，未免人心疑懼，請差忠讜大臣前去撫安賑濟，查勘功罪。」疏入，得許推一人往，誠齋以二人請，乃簡命少宗伯久庵黄公，賜璽書便宜。往由上谷，與東瀛公、蘇御史遇，會檄徵諸藩臬長貳暨郡守之賢者共按之。永使數人要於路曰：「大同反側未定也，請必無入以罹禍。」久庵公佯許之。上疏以永持兵柄重，往勘不便，請罷遣，許之。公乃相繼入城驗治，永誣奏曰：「黄公未出京，參語先具，請改委更勘之。」蓋黄公孤忠自許，不畏彊禦，故謀國者内不自安，交疾之。疏入，得旨：「該部知道。」故事當報罷，曾給事中忭承風旨參駁，迹似抑永，實促之行也。久庵公到鎮，首以御札及原奉敕旨陳香案，開讀訖，宗室、文武諸臣、父老叩頭謝曰：「聖明天子，明見萬里外，臣等死不恨矣。」公乃告示殺傷殘掠者，許自陳請貸，陰令夏斷事鶚多方研審諸被害，得惡逆未盡者悉捕之，衆心益快。關廂居民乃報曰：「王師臨城之始，妄殺民首數多，除報功外，尚餘二甕瘞民家，俟城破冒功。今城未破，首亦未發，請驗之。」又曰：「北虜入寇，我師失利，殺傷蔽野，永命積而焚之，骨約三數車，請驗之。」暴露足傷，公乃肩輿出郭徧視，因泣下沾襟。各陸續以聞，然後多方賑濟，詳研功罪，閲四月而始畢，據實以聞。其略曰：先任總制劉源清，虚僞獵名，濫叨總制，偶因數卒戕害主將，輒謂闔城背負國恩，欲遂屠城之慘，頓忘相機之謨。事機屢失，人心激變，誣陷宗室，實封邀截，扶同具奏，欺誑朝廷。堅城閉而一策莫施，大虜來而四境受害，寒冬建水攻之策，平原興穴城之功，贓賄交通，行檢大玷。先提督郤永，以黨逆遺奸，竊提督重柄，張大軍情，每生欺天之罪。潛藏詭計，卒集圍城之兵，人心激變，黨惡乘機。紀律不明，縱兵殺掠，迹類長平，狀同流劫。謝撫臣幾隕城上，執途人多斃獄中。盜闕廂糧草而易軍餉之銀，聽厮役撥置乃竊館人之蓄。久頓堅城，全無一策，恡投首之票，刖背炭之人。長蛇布陣，大損軍威，疋馬先迎，卒墮虜計。二臣皆貪功僨事，自行贓賄，縻費錢糧，動逾百萬。捨置元惡，殺傷無辜，不下千餘。城中宗室良善皆欲置之於死，此與賊同處，猶或可諉；關廂村堡居民却乃横肆殺戮，此與賊無干，亦復何説？重鎮幾危，邊方盡壞，軍民有縱虜之機，兵將有崩潰之勢，大事幾去，致厪宸憂。及至事勢難行，方纔勉從撫定，律以《春秋》大義，罪所必誅；擬之國家典章，法難輕貸，相應從重究治，以爲文武大臣誤國殃民，欺君不忠之戒。協守副總兵趙鎮、遊擊戴廉、坐營都指揮楊德、中軍指揮趙春各肯率衆協謀，自足解紛排難，乃坐視主將之急難，自夜半至次日辰時李瑾方纔遇害，各無一言處置以爲應援，蓋緣先年不職，鎮撫諸臣皆從寛典，遂致今日效尤，以上四臣，俱應從重究治，以警將來。被殺總兵官李瑾，雖用刑過酷，以致殺身之禍，然律己廉潔，而多爲國之勞，輿論實不可泯，卹典似不可廢。大同之變，始於亂軍之殺將，成於總制之貪功，而宗室良善、四路官兵固皆無罪被害者也。宗室良善已蒙朝廷賑卹，而四路官軍皆沿邊悍將强兵，朝廷之所倚用者，而時值嚴冬，地居絶塞，屢被亂軍之挫，復遭胡虜之殘，將官懼僨事之罰，多匿報之數，乞行各處巡按一體優卹。總制侍郎張瓚，先督糧餉而轉輸有方，三軍遂宿飽之願。既總戎兵，而軍籌達變，數日散既老之師，重鎮奠安，羣疑消沮。樊繼祖一承撫命，即奮忠貞，單騎入城之奏雖不果行，而膽略可嘉。內應撫按之謀，既夙斷於當時；絶惡掃除之助，又復見於今日，重鎮奠安而功不可泯者：御史蘇祐，發郤永、劉源清之愆而風裁懋著，辨王道、曹林之枉而人心允孚，決詳請於未定，安重鎮於將危。主事楚書，通變之才不泥於執守，靖難之志適逢乎機會，赤手蹈虎豹之穴而衆心悦服，倡言示利害之途而羣疑漸破，潛消脅從之黨，實開平定之基。郎中詹榮，都指揮紀振，鎮撫王寧與戴廉，當兵戈擾攘之際，人心危懼之時，倡大義而密定內應之策，用間諜而潛通外合之機，遂使執迷從惡之輩終爲悔罪效用之人，卒至同惡授首，餘黨歸心，解數月不解之師，救百萬無罪之命。內詹榮一儒生也，而建議獨先，王寧一卑官也，而冒險尤甚，又出紀振、戴廉之上。諸臣內戴廉有不救李瑾之罪，宜另行議處，其餘皆有功可録也，似宜分別大小，量行陞職，以旌其賢能。員外郎李文芝，聞撫定之議相從入城，領決河之命相機而止，亦應量加賞賚，以酧其馳驅之勞。指揮馬昇、千户楊麟，受亂軍之推戴而據城防守，罪固難辭，協諸臣之謀議而斬惡效勞功亦可録，遵照欽定賞格，相應陞職。但二人原在本城爲衆所脅，今雖悔過自新，若是仍在本城，不惟其心終有未安，而仇家報復之禍亦或不測，終非所以保全之道，似宜量以腹裏地方相應職事以全其功。先巡撫都御史潘倣到任未久，事變即臨，暮夜倉皇，致失敕書符驗。數月間關，屢擒惡黨兇徒，朦朧討赦，原非迫脅，懇切止兵，深達機宜。固請楚書入城，密與詹榮定議，備歷艱險之危機，卒成撫定之初志。先分巡僉事孫允中，入城於殺將之餘，已占慷慨；入城於激變之日，實懷撫定。因避黨惡助逆之嫌，遂來避難棄母之議。以上二臣皆被參劾革職，似應議處量加敍用者也。東瀛公等復上疏題稱：「侍郎黄綰奉命兼程到鎮，廣布卹下之仁，獨持國法，復擒漏網之惡，再安人心，數年之積疑以除，一方之隱憂以解。」

曾給事中忭私具稿，乃冒同科公議上疏曰：「總制劉源清不能相觀機宜以圖進止，使虜深入，幾於危辱，罪誠萬死。然八議之典，功賢必議，源清當宸濠之變，有功江西，即舉事少不當，尚當蒙八議之貸。況源清與永乖戾不和，權侔任均，不相□制，妄殺之罪，視永亦當末減。貪功任事之辨，心術隱微未易以形迹論。潘倣養亂蓄殃，以成國難，原赦該部仍罷倣等。楚公奉命築壕，非有軍旅之事，詹榮身陷賊中，本無疆士之責，乃肯越職以謀國，因機而成事，且膽能入圍，口足説賊，陛下録此而稍加黨異，可以爲人臣出疆敢於趨事之勸。若曰大同之功非二臣者莫可就，竊恐天下且窺朝廷矣。若樊繼祖之挫威城下，張瓚之受命軍中，亦復貪天因人，冒昧掠美。」等因。題奉欽依，事下兵部。久庵公乃盡報東圃臓私顯著者，及婚姻貸賄等語，各有指實。荊山乃覆議曰：「郤永侵盗官銀糧餉，求索偏裨財物，紀律不嚴，縱軍殺掠，論其顯過，似當重處。劉源清矯枉過正，舉措乖違，屢失機宜，師久無功，誠爲有罪。但彼時賊勢方張，地方危急，惟知奮勵討賊，不顧國家大體，察其情罪，實有可原。況源清先任進賢有功，誠如該科所論，應否曲全國體，待以不死。楚書當天兵攻困之久，值羣兇窮蹙之機，仗義入城，推誠服叛。潘倣倉卒遭變，屢擒黨惡，備歷艱險，密圖撫定。孫允中離母出城，實懷撫定，迹嫌黨逆，遂彼羈留。二臣原擬敍用，但倣先事不能防變，賊起不即剿平，降志辱身，伏隸叛卒，與允中俱有失事地方之罪。黄綰奉命大同，查勘功罪，窮推盡詰，纖悉不遺，固人臣守法之常，但言論太激，少權事體輕重，議議之間容有過當。給事中曾忭等職司封駁，歷閲原勘奏章，反覆析論，權量輕重之宜，不偏不黨，實天下士論之公。」等因。題奉聖旨：「這大同地方各官功罪既勘明白，劉源清、郤永并趙鎮等事干刑名，情犯深重，都着三法司從公依律會議具奏。張瓚先督軍餉效勞，後能撫定地方，賞銀四十兩，綵段三表裏。樊繼祖、蘇祐銀十兩，綵段一表裏。楚書、詹榮、紀振、王寧各陞一級。李文芝陞俸一級。戴廉准以功贖罪。馬昇、楊麟着調別衛。潘倣、孫允中且着各復原職致仕。葉宗、段堂、李彬、劉江、張鎮、張忠、梁鎮各賞綵段一表裏。徐淮、王鎮、夏杲、李鳳鳴、胡德各罰俸半年。黄綰奉命撫賑查勘周悉，勤勞可嘉，陞俸一級，還賞銀三十兩，綵段二表裏，其餘依擬。曾忭不候覆奏，輒先論擾，言詞欺誑，沮壞國是，着錦衣衛都拿送鎮撫司打着究問了來説，欽此。」曾忭連及同科者二人詣獄，各以輕重被罰。諸臣先行賞罰訖，徵東圃公詣獄，乃聲言屠城之説有所指授，法司諸公相視莫敢發。無何，荊山公以老去，誠齋公被劾去，曾給事中以誠齋故坐緘默不劾去，王修撰外補提學去，聶司徒引年致政，宰臣亦謝病歸，久庵公以母憂去。漁石唐公爲司寇代聶公，時總制全陜未回。始終凡三年間，潘三峰物故，詹郎中以外艱去，楚主事以尚寶少卿册封藩府，一時共事諸臣立朝者無幾矣。漁石公上議曰云云，得報。奉聖旨：「劉源清、郤永奉命討亂，不得隨宜區處，乃固執攻城，以致師老財費，傷殘衆多，損威負任，法當處死。你每既説爲邊防遠慮，請從末減，且事權本出總制，劉源清着爲民，不許朦朧起用。郤永降三級，着在宣府沿邊殺賊以贖前罪。戴廉、徐淮已有旨了，其餘依擬。」

未幾，雙岩公副中臺拜少司馬，詹郎中起復擢光禄少卿，又以內艱去。而朝廷大慶，皇嗣繁衍，九廟禮成，加上兩宮尊號，曠蕩之恩，層見疊出。從戍者放回，削籍者冠服，四五年間如弈局變易，踪跡靡常。而允中母子妻孥幸保丘隴，仰荷聖明，優以致仕，潦倒林泉，祝頌聖壽，歌咏太平。追憶往時，向非皇天悔禍，社稷效靈，主上明聖，洞燭奸欺，御札一出，中外曉然知用兵屠城非朝廷本意，而一時乃心社稷諸臣如桂洲公，讜言正論，獨定國是，久庵公身任安危，屢折不撓，東瀛公達權濟變，轉危爲安，雙岩公委身致命，卒安反側，梁總兵、楚高渠謀勇兼資，詹角山、紀都司、戴遊擊、王鎮撫之忘身狥國，少遲旬日，不知胡虜復來何以支持？士卒潰散何以收拾？宗室良善之衆不免於魚肉，居庸、紫荆以外或淪於左衽，各邊召募之兵恐難卒集，都城守門之卒亦奚足恃？主上西顧之憂或未可以即紓，而一時謀國阿附諸臣其肉可復食乎？如味齋公之先見，徒付之空言而已。是役也，頻年彗星三見，及期星隕如雨。既而果枉死軍民動以萬計，糜費公私不可勝紀，豈非國家之大不幸耶？允中自始事以至卒業，險阻艱難，備嘗之矣。秉耒之餘，追惟往事，端緒叢襍於數歲，文牒散見於諸曹，其一時身親經歷諸臣，升沉牢落，有如晨星，不識曾有紀載其詳者否也。然上而國是攸繫，遠而紀載所關，大而聖朝戎務之詳，細而一方安危之變，以至諸臣經歷之纖悉，廟堂刑賞之大端，日引歲移，毀譽奪於勢利，愛憎混於公私，是非真僞豈能一一昭明乎哉？姑記之以備異日之定國是者取衷焉。

桂洲公諱言，貴溪人。東瀛公諱瓚，滄洲人。久庵公諱綰，黄岩人。雙岩公諱繼祖，鄆人。紫山公諱瓚，永年人。石岡公諱天祐，睢人。三峰公諱倣，洛陽人。養齋公諱問，武進人。味齋公諱鼎臣，崐山人。大司徒聶公諱賢，長壽人。漁石公諱龍，蘭谿人。檗谷公諱大用，莆田人。鶴亭公諱潮，丹徒人。太華公諱棟，長安人。蘇御史諱祐，濮州人。王識方諱學益，安福人。楚高渠諱書，寧夏人。詹角山諱榮，山海人。荆山公諱憲、李栢泉諱文芝、王修撰諱汝孝、荆山公子與東圃公諱源清俱東平人。時當國元老，文臣少傅永嘉羅峰張公孚敬，武臣太傅武定侯郭公勛也。

嘉靖丁酉八月望日，賜進士第、欽復山西按察司僉事致仕東郡孫允中記。

《倭變事略》

明 采九德 撰

嘉靖三十二年癸丑，夏四月二日，一海船長八九丈餘，泊鹽邑演武場北新塘觜。約賊六十餘，皆髡頭鳥音。有鎗刀弓矢而無火器。時備倭把總指揮王應麟率本衛驍兵數百而出。賊見我兵不敢動。王遣陸路指揮王彥忠率兵百餘，至船詢所以來，而譯言莫通。惟以小木櫃置書，其中曰：「吾日本人也，來自吾地，以失舵，願假糧食，修吾舵，即返，幸無吾逼，逼則我爾死生未判也。」時承平久，邑人相携往觀，嘻然莫爲虞。日甫西，彥忠率衆逼船，倭盡起立，以燕尾利鏃射數軍，皆立死。諸觀者始知懼，奔入城，遂塞門爲拒守計矣。會雨，夜昏黑，防少懈。漏四鼓，賊留半在船，其半登陸路而遁。

次日侵晨，軍人胡士澄持火藥數斗，奮身上船，焚之；火發，賊突起，胡遂被殺。酋長有八大王者，從火中奮躍，眉毛盡焦。獨舉二刀拂火飛斫我軍。跳擲數四而倒。焚死者十餘賊，生擒被傷者六賊。縛置北城闉内。刀瘡傷處，見其痕多無血，人咸異之。其遁賊沿塘而北，經白苧橋，就民家索食，由腹裏抵新行鎮，所過殺傷十數人。初四日，官兵追及之，至矮婆橋力戰。是日大雨泥濘，勇士茅堂手梟當先一倭，諸軍咸盡力血戰良久。賊以半出戰，以半伏草麥林莽中；戰酣伏發，而茅堂、舒惠、敖震素稱勇敢者，皆戰殁。我軍死者十八人。賊皆割取其首，排列橋上，此海上兵與倭交鋒之始也。初賊執一民欲導出海口，怪引入腹内，殺之；復執民以髮貫耳鼻，曳而行，自竹林廟經平湖縣地，典史喬父子率兵壯邀擊。喬遇害，兵士死者十七人云。

賊至乍浦，匿天妃宫。把總王應麟率兵圍之。賊以神前長旛編帆，絞縤既備，向軍前紿曰：「我等不敢與將軍戰，乞退舍，俟海潮至，各願自投海死，是爲兩全，勿作刀下鬼。」我師輕信之而退。賊帆縤衝出，掠哨船脱去。

五月二日，青村有賊四十二人，即前賊同夥。緣失風上青村海岸，不知前賊船已焚於吾鹽。沿海覓船不得，由金家灣潛踰梁莊，至白馬廟，匿黄姓民家，登屋哨望，壞壁開扉，以防不虞。指揮滿朝率乍浦軍數十人追及，遂圍之。賊從屋上麾白旗招賊黨出鬬。朝開弓射斃之，賊窘甚，用門屏蔽出入處。朝逼之，不虞白馬廟中更有賊突出，朝腹背受敵，奮勇砍殺，以兵寡難支，死焉。時有千户王繼隆，百户朱堂、康綬俱被殺，官軍死者二十人。賊有善卜筮者，每日侵晨卜筮，爲謀畫勝算，有詩題廟壁云：「海霧曉開合，海風春復寒；衰顏歡薄酒，老眼傲驚湍；叢市人家近，平沙客路寬；明朝晴更好，飛翠潑征鞍。」鄭端簡公論倭奴之變，多由中國不逞之徒如衣冠失職書生，不得志者，投其中，爲之奸細，爲之鄉導，觀此四十賊，亦有能題詠者，則倡亂者豈真倭黨哉？厥後徐海、王直、毛烈等並皆華人，可信矣。

賊屯白馬廟，連四日不出，南北阻絶，無一行者。協總指揮馬呈圖，檄指揮采煉，率澉浦驍兵三百，合衛所軍千餘。屯教場，三晝夜不進。蓋欲俟彼至而擒之，謂以逸待勞計也。時指揮王彥忠帥陸軍三百，指揮徐行健帥湖兵四百，俱屯教場，承平日久，軍心怠忽，若霸上棘門然。

初六日侵晨，我軍星散，至柴家埭炊餉。賊分五六夥而來，服色裝束，與我爲一，衆以爲逃竄民也。且海霧溟濛，天色似明未明，不可細辨。一夥自海霧邊來者擊吾首，一夥自裏塘來者擊吾尾。從中要擊者二三夥。衆皆潰亂奔逃，馬總被一槍穿胸背死。采乘騎擊賊，傷二；賊恚甚，斫其首，胭喉處受數刃而斃。千百户姜節、吕鳳、姚岑、王相等咸被殺。一鼓手擂鼓促戰，賊一槍連鼓釘之地。我軍殁者四十餘人，城上人下看教場，惟見黯黯殺氣，天若爲慘者。是戰也，非賊智勇，亦我軍失策耳。賊穴白馬廟，纔十餘里耳。我軍宿教場三晝夜，觀望不前，鋭氣消阻。官自宿柴家埭民家，官兵散處，統紀絶無。蓋其時備倭把總考選，指揮任之，與指揮俱爲同僚。非若今日受敕參戎，有相臨之分。以故把總不能束指揮，指揮不肯下把總；誰爲先鋒，誰爲後殿，誰爲左右前後奇正之兵，誰爲旗牌監督者在其陣，至於三里而探，五里而偵者，絶無一軍詗報。賊既至前，猶疑爲逃竄之民。迨其四面殺人，自相潰敗，又何尤耶。

是賊既勝，意氣揚揚。有稱二大王者，年二十餘，每戰輒揮扇用幻術惑衆，獨衣紅袍，騎而行，至龍王祠，祠即東關要處。邑典史李茂率勇士四百守東關，賊發數矢不動。李亦塞旗呐喊，放礮示出戰狀，賊不敢逼城；遵海南行，抵馬家堰，就袁姓民家食。執民導行，自腹裏走經礴門，歷園花塘，入海寧縣界。寧禦所軍出擊，被殺者數百餘，竄赭山，數日至錢塘鰲子門。把總指揮陳善道奉軍門調遣提兵來禦，遇害。陳乃參戎萬鹿園壻也，方出師日，家人具饌請食，陳大言曰：「吾滅此而後朝食。」一遇賊而陷於伏矣。萬將軍素好施捨，有少陵僧者，自幼行脚江湖，諳武藝，手執鐵棍，以古大錢貫鐵條於中，長約八九尺，重約三四十斤。嘗德萬公施，欲爲其壻報仇，曰：「吾輩不願受中丞約束，願爲公滅此賊。」隨集黨八十餘迎擊賊，賊戰，每摇白扇，僧識爲蝴蝶陣。乃令軍中各簪一榴花。僧手撑一傘以行。但作採花狀。賊二大王者，望見僧，即若縛手然。蓋以術破之也。僧以鐵棍擊殺之。并殺勇戰者十餘賊。僧欲盡滅此賊，俾無孑遺。我兵從征者争奪首級，至有自相殺傷者。僧怒，闔其傘，賊遂能應敵，且四遁矣。明日，擄錢塘江，入海去。

是月二十日，督府王公忬檄參戎湯公克寬來守鹽，湯號武河，邳洲衛指揮，有志勇，提邳兵三百人，皆雄偉長大慣戰者，且熟知倭情。鹽人自是皆倚湯將軍矣。時邳兵口糧，每日人各八分，重湯帥也。守道潘公恩，巡道姜公廷頤，咸在鹽守禦。城中兵衛，驍兵選鋒六百，縣鹽共四百；處州劉大仲所統坑兵五百，召募湖州水兵共四百。各口糧一日五分，每十日一給，而酒肉犒賞，守巡府縣絡繹與之，是以兵士願出死力戰守焉。

二十三日，乍浦倭船七隻，賊數百，圍薄南城口，索糧食。守禦指揮姚洪度湯帥必援，城上佯許刻日以待。因先剽掠附近村落。

二十五日，湯帥果至，賊即遁去。有遠掠回者數十，取民居門，屏窟高公山，負固獨留。湯率所部邳兵三百，合鹽兵約千餘，公親冒矢石登山督戰，殺賊四十餘，以馘貫長矛凱旋，入鹽東門，人皆頂香盆迎湯，而潘姜二公設宴邑公署中，爲奏凱賀，酒未三行，而倭衆三十七艘至龍王塘矣。

倭船三十七隻泊龍王塘，如蔽天之山，其帆亦如浮空之雲。軍民犬駭懼，湯慰曰「爾衆毋恐，此吾責也，吾爲爾守；第遵吾約：毋梗毋惰」。而守巡二公微服步行城上，惟湯公相視城垣外石砌有凸凹可登處，擕二公指示曰：「使石工鑿平之。某民家附外城者可虞，當拆卸者，卸之。」計城垛共二千有奇，每垛軍一民二，及鄉紳舉監生員之家丁一；每五垛督一邳兵，每十垛監一甲長，每窩鋪城樓屯以兵民二三十人及千百户一二員，每城門一指揮，一千户，一縣僚屬守之，四門皆然。某門有警坐某官，某鋪有警坐某官，某垛有警坐某甲長，某軍民。甚得邳軍監督之力。守城兵民册，籍諸衙門，各一册，或差官或親自點閘。鄉士大俱城上侍湯公守巡之側，而聽命焉。賊衆數千，白晝攻城，矢入城中如雨。弓長七八尺，矢長四五尺，鏃之鐵者如飛尾，鏃之竹者如長槍；城外隔河而射，中城内屋，釘瓦入椽，而没鏃矢。自垛隙中人者，傷死十餘人。湯公關弓射殺，殺數賊，邳兵亦射數賊，俱無虚矢。鳥銃擊數賊，皆立倒。賊雖衆，咸喪膽矣。是日自午攻城，至申益急。時值晦夜，湯命城上舉火如晝，梆鑼鈴鐸，聲震天。有頃，則銃炮絡繹而發。凡一門舉號，則合城吶喊，可聞數十里許。又時時以縤懸木運行垛外，慮賊登堞而上者，是夕，猶有賊蟻附北城二三處，俱及垛，將入，推墮城下而死。是時以三十七艘數千餘倭攻圍鹽邑數重，若釜魚穽兔矣，不有湯公之拒守，潘姜二公之協謀，億萬生靈，又安賴以存也？

時鹽與平湖俱中倭患。銓部乃選癸丑榜中有才名者爲二邑令。壺陽鄭侯諱茂，令鹽邑；而平湖則漢樓劉侯諱存德，同日而任，二邑始有所恃。鄭侯守城，恩威兼濟。籍其貧與富之家爲差别。凡城守民貧者，日給米二升，夜給燭五枝，夜半給餅五枚，間又給衣絮銀。雨則給簑笠。富者不給米絮，等比給燭與簑笠。又二人給一梆，十人給一鑼，梆鑼之聲，日夜不息。親在城上撫摩勞來，間有惰而寢者，即鞭撻之不貸。告人曰：「余每夜巡邏，遶城走七匝，天始辨曙。」壺陽守城之勞有如此。

湯公令軍民取大石重一二百斤者，置垛上，謂賊來攻，多負門板以防矢石。俟至城下，或有附垛上者，推石下之，可以拒賊，使不敢近。城垛之上，又加築高二尺許，有賊方半上北城垛，守者推石而下，賊遂墮地。都閫劍崖張公鐵，以大石不便推發，乃去大石而叠以碎磚。慮守者倦怠，而賊或登垛，則碎磚易傾。一加手而磚與城賊俱可墜地矣。二公各自爲見云。

賊攻城連三夕，東北二門外賊造雲梯，高三四丈者數十。居民乘賊出掠，竊獲獻諸官，守巡命縣每梯賞銀三二兩。賊旋造旋失，以城有備，雖竭力攻之，無益也，遂開船揚帆竟往乍浦。登城樓，躡其巔，望之，知其往乍也，顧謂衆曰：「乍難支矣。」時把總王應麟居守。會大雨，下令曰：「毋擊梆柝，試静聽之。」有頃，賊遂瀰漫四入，而城陷矣。屠戮淫刼，不勝其慘。傷哉此城！誰之咎耶？

直隸吴淞等處賊勢猖獗，乃轉湯公守金山，以松陽令西泉羅侯拱辰來鹽代守。羅廣西人，以教職轉令有膂力，熟弓馬，能擲標鎗於數十步外中賊。督撫知其能，檄守海鹽。暇日邀師生輩，教射會飲談兵。嘗於座上射矢不虚發。擢吾郡同知。未幾擢浙僉憲。

五月十八日，賊數犯平湖，居人死者百餘人。二十日，羅率兵征勦，斬首七級，賊夜遁，擄掠諸物，棄不暇載。

二十八日，海寧流賊七十餘，剽掠村落。六月初一日，羅率兵往勦。先遣哨領項姓者覘虚實，項率所部數十衆，抵石墩，遇賊而戰，殺一賊，餘皆奔匿尖山祠。項獨追入祠，極力推門入，欲擒之，後援不至，被殺。賊復出擊項兵，傷十數人。次日，羅引兵來，賊已擄船下海而去。

張都閫鐵築海鹽土城，用本縣里長民夫及本衛十一屯所軍，餘派軍三民七興築。先濬沿城之河使深，取土築附城之地，高一丈五尺，下視河底，其深倍之。城外隍内，復增一藩籬，土城之下，下猫竹簽鐵菱角等物，賊不敢近城下。鹽人以是爲張公不朽之績。今於農隙時，仍歲用軍民力浚隍修理，無使坍塌，庶無復隍之虞。守土者所宜究心也。

七月六日，平湖流賊匿沈姓民家，時金山湯公會吾鹽羅侯往勦，火其廬。勇士吴壽升屋逐出諸匿賊，斬獲數十，餘皆奔散，追勦連日，漸次擒獲。

八月十四日，澉浦東關泊三倭船，賊二百人，自真君堂掠至李家圩。時民多逃竄，村里蕭索，無所掠，即開洋去。

九月十二日，賊船十餘隻，泊乍浦，湯公率兵來會，吾鹽參戎盧公鏜援之殺賊，賊出奇兵擊我；松陽葉千户、嘉興沈隊長等四人被殺，兵民死者百餘人。

築城上敵樓，三面可望外賊。掫之自壺陽也。

築小東關，尋廢。

築南北敵樓。

十月，增高石城。

十一月造帥府於柴家埭，尋廢。

十一月，築平湖縣城。

此上皆癸丑年事。吾鹽被寇者四，死者約三千七百有奇；平湖、乍浦各三被寇；澉浦、海寧各一被寇；而乍浦城陷之日，有避神祠屋上者，潛窺賊黎明時禱於神前，問：「許我住城數日否？」不許；問：「許我盡殺否？」卜，又不許。遂傳令止殺，僅掠一日而去。賊前後來寇，每每遺三四賊，擒送官拷詢，多江南人，或漳人，舊爲擄去者，今本欲從彼入海，故逃生耳。又云：賊議寇吾鹽，輒呼尖頭村，蓋望見吾邑塔頂，故有是號。

三十三年甲寅，春正月，倭寇松江沿海地方，南祥新城二鎮尤甚，所獲輜重尤多。

二月，賊陷新城鎮，直隸督府借兵於浙，盧參戎、丁總戎帥師往援。我衛驍兵選鋒六百，又四百次之，嘗留守城。時選鋒六百從丁總戎征勦，丁諱僅，號東谷，處州衛指揮，有勇略，其子堯時，號少泉，能振勵諸軍，從征屢有功。我軍多膽勇士，器械精利，以紅布纏頭，嘗搗巢獲利，多願從征。中有柴鸞者，歸語隣人曰：「吾隨丁帥擒賊，丁留我輩六十人守船，衆以爲恥，遂同趨帥告曰：『吾輩願殺賊，不願守船受怯名。』」丁壯其言而遣之，六十人相拜誓戒而前，首衝賊鋒，餘衆從之，遂大勝還。

初，湯公在鹽時，有家兵黄猛者，膂力絶人。先從公守浙東，與賊戰於普陀山。猛被圍數重，身中數十鎗不死，突出重圍。賊亦知其名，謹避之。後在鹽有他遣，歸而城門適閉，呼不得入，植長竿於城下，緣之而上，見者駭異。抱病從征，猶殺六賊而死。

三月，倭船三隻夜泊東城外演武場，人罕知者。時柴家埭置柵門，砍之而入，執漁人蕭憲導至城下。先時城塌，鄭公澹泉家已捐金立使工匠修完矣。賊以憲爲給己，斬於城下。余父春泉公晨起上城，急取號頭吹北城上，官民始知，遂爭趨上城設守。先是有司以木樁沮絶河道。湯參戎曰：「未能阻賊於陸，而欲阻賊於水，徒使吾民避賊者，無生路耳。」欲盡撤之。自是賊掠鄉村，凡舟出遇樁柵，用布代繚曳出，如拔草葦然，水柵亦竟無用。

時獄來寇，多效吾鄉民裝束，又類吾軍裝束，混而無別，遂致常勝。盧丁二帥令軍中各衘墨塊，臨陣塗面，以相別識，賊始駭懼。

我軍始置竹牌，高五尺，闊二尺五寸，先鋒用之，排列於前，各持腰刀，向敵捱牌而進，後隊皆隨牌奮擊，賊爲牌格，不得肆。我軍每賴之取勝。

南沙賊住新城鎮，盧帥圍之；會夜大雨，賊乘之遁。慮爲我兵所覺，懸羊蹄擂鼓柵樓以愚我云。

初八日，流賊二百餘，經乍浦教場，適處州兵四百新調至，飢憊甚。敵遂損其半。次日，賊經吾鹽守巡收餘兵入城以守。賊踰鹽，自礴頭門執鄉民導抵袁花鎮剽掠，刼農船欲入太湖。未幾，聞官兵追逼，乃盡殺操舟人，憤其載入死地也。自是遇人即砍殺，死者無算。盧丁追及之，恐賊伏田麥中，命人先芟之。賊以擄民爲先鋒，使敵我兵而自脱去。處兵有劉大仲一枝衝鋒。劉驍勇，連戰皆勝，斬獲過半，餘黨流入硤石鎮，歷長安臨平諸鎮，至餘杭去。惟此賊深入内地，殺掠甚慘，數百里内，人皆竄亡，困苦極矣。

四月五日，有雙桅大船一隻，泊教場東。時盧丁在南沙，賊止一船，鹽人易之。須臾登岸，自焚其舟，魚貫而上。至龍王塘，數之，五百六十六人。吹螺整隊，遶城外揚旗來攻，城上戒嚴。遂焚小東關人民房百餘家，轉掠西門。吾鹽惟西市民稠貨集，縱火焚刼，烟焰燭天。是夜攻城，用長竿掠城石，以雲梯攻北門，軍民協力拒守，不得入。翌日，賊居鍾、孫二宦家。鍾爲西皐太守，孫爲白峯博，孫出避，遇賊，欲加害，僕以身蔽主，哀言乞代，延頸迎刃，賊義之，釋主而去。自被倭焚掠，吾鹽爲甚。鄭公壺陽使人促盧、丁二帥，一日而四五徵之，且言二公本浙帥，守浙門户，何貪功外境，而不顧門庭之寇若此也。二公日夜兼行至鹽，不惶暇食，遶城外，即抵璵城，而日暮矣。盧宿徽商舍，一漳兵竊銀柸，盧令斬於橋以狥，士卒皆不悦。軍中有漳兵，遂怨盧，乃陰與賊通，令先設伏，臨陣佯潰，且助賊擊殺，兵至孟家堰，夾河而戰，賊誘我軍入伏内，四面攻殺，掌印指揮李元律，處州薛千户及千總劉大仲皆立戰死之。盧有馬能渡江，一家丁控馬，盧附馬而渡，獲免。至澉浦而入，丁亦從之。李有文武才，先入邑庠，屢試棘闈，及官祖職，即中王子武舉第一人，竟死於難，不負所學矣。大仲者，處人，最驍勇，統坑兵五百來吾鹽，多建戰功。凡戰，令部卒各帶石塊數十，俟兵接刃，令兩旁密以石塊擊賊，而中間皆以短兵對敵。賊知交兵，不虞亂石擊面，率以此取勝。凡客兵食吾土者，惟劉兵不愧，至是死之，莫不痛悼。春秋血食宜矣。議者謂孟家堰之役，非戰之罪，由漳兵賣己。緣倭黨中多有漳人故也。是役官兵戰溺死者，共計一千四百七十五人。巡道帶川劉公燾，郡侯唐岩公慤，命有司備棺載至戰場，驗其傷，前者殮之，傷後及溺者，鄉給争錢海石捐田爲義塚，瘞之，邑令備牲醴爲文祭焉。

此賊既勝，由海鹽官塘，直犯嘉興，所過皆以火爲號。午間至錢給舍宅就食。殺農人三四，申後抵郡，先是劉郡侯聞報，即令拆去附城民房，恐緩不及事，悉命火之。賊至宣公橋，官民出禦。令兵民先登屋伏脊，聚瓦石於屋上，俟賊至街，左右擲之，兵半匿市肆間，門闔皆半掩把守，俟賊至，擊刺之，多奇中。俄而剽悍百餘賊，舞刀直突南街，伏脊兵匍匐而下，急閉柵門，上下夾擊，在上者擲石如雨，在下者如户隙中發矢石，賊奔柵楞，俟出，如羊觸藩，不能脱。兩街兵出巷戰，攢殺數十賊，餘皆望風奔遁。俗呼爲「烏鴉竹節陣」。謂瓦飛如烏鴉，柵絶如竹節也。官兵鼓譟而追，直抵落縴鋪。賊有失羣者，匿義塚棺中，越數日，搜獲斬之。是晚，由故道抵曹王廟宿焉。明日復至海鹽，過西門大柵橋，沿烏坵塘，歷八字橋，宿陳家村。明日出塘經馬家堰，入姜家，殺伯姪五人。一姪孩提宿牀上，殺之，取血清酒飲之。又明日，掠宋亭村，登秦駐山，殺牛饗士。又明日，沿海塘經澉浦，歷談家嶺，窟黄灣。

十一日，松江流賊數百，自唐行掠。舟犯嘉善縣，燬民居，刼庫藏，進犯嘉興。燹發雙溪橋，適狼兵至郡。郡侯令賚餉犒兵。狼兵即擊賊。一兵甫弱冠，獨奮身衝鋒，連殺七賊。衆兵乘勝追擊斬獲數十，賊皆披靡乘舟走。自官塘奔抵石佛寺，殺鄉官侍御金燦號豐村者，時年七十餘，遂宿其家。

十二日，賊自松江來者，二百十七人，經新行。午後又有一百六十人來，咸宿東塘橋村。明日由腹地走金山，入柘林窟焉。越數日，黄灣賊千餘，掠袁花鎮，焚刼甚慘。徙商木及民居門屏，築壘石墩，掠二哨船，招集其黨，爲過洋計。時掠未滿意，又南抵海寧，攻城不能破，燬刼塔下徐家。西自袁花，歷黄崗麥墩，西北抵硤石；硤石聚而出禦，民稠市窄，不得入，遂至小墅，抵九都，歷紫雲村，角里堰，談家嶺，抵澉浦。所過數十里無人烟。海寧大姓多罹其害。海灣周氏有二庠生，執之，令負擔，不勝，釘手足於樹，殺之。抵朱家柵，宿其家。守港門賊，用布漬油裹長竿燃之，徹夜如晝。隨處掠刼人口，男則導行，戰則令先驅。婦人晝則繰繭，夜則聚而淫之。是時各地有警，不相援救，棄其鄉民，惟守城郭，如螺閉軀伏，不敢出。老幼水載陸奔，驚恐萬狀，良可悲也！

十九日，中丞公始調兵分屯袁花等鎮要路。

二十三日，賊掠糠篩橋而歸，道出靈泉山。時省城周都閫，及指揮徐行健，率兵兩路追賊。周自山南而下，徐自山北而合，徐失期周行至菩提寺前，陣如半月形。賊望見，齊呼爲牛角陣，以術魘之。周墜馬被殺，兵亡過半。

五月四日晡時，賊船二隻犯秦駐山，掠入音樂墩，抵東洋橋。時民各竄避，無所得，即開洋去。盧參戎率海船以火器破其一艘，傷賊數人而死，餘復登岸，計九十三人，赴石墩賊壘求託焉。石墩賊不納，流於崇德，轉匿積當寺，復次王江，即遣狼兵出勦，購以七百金，獲而殲之。

初六日，賊船一隻泊麥莊涇，掠附塘數家，移時去。十一日，石墩賊攻澉浦城，取民家門蔽身以登城，幾陷鹽。典史李茂率兵飛石擊賊，殺數賊解去。李放佛狼機，誤傷幾墮，幸城陴口隘，得免。賊回壘不得志，殺男婦千餘以泄怒，見者悲痛。

十三日，八槳船二隻，渡賊三十六人，爲哨船，追逼於藍田鋪，上岸抵朱家橋，就計家橋炊食，宿塘内陳姓家。明日由官塘，將犯嘉興，抵石塘灣。郡遣守兵出禦，適吾鹽丁總戎率驍兵千人追之，郡兵望見，疑爲賊黨，郡兵返，賊伏麻田截郡兵百餘殺之，賊夜遁焦山門綿花店中，有宗姓大家，率數商出禦，一商先刃三賊，後援不至，死之。明日，郡侯懸數百金，購狼兵追至松江泖橋，不及而還。本日，又有金山流賊十七人，劫農船載出平湖嚴州，朱百户率兵追次九里亭，爲賊矢傷。進至新豐鎮，朱戰没。郡遣狼兵勦滅之。

十五日，石墩賊復爲攻澉浦狀，明日亦如之，越二日之夜，攜所掠輜重四船開洋。行次白塔山，兵船百餘追擊。時海方吐月，然水氣溟濛，方苦賊船之難辨也，俄而見一船用門屏捍身，併力舉棹，旁翼二船，因而知其爲賊。遂以發熕破其船，殺溺凡三百四十級。明日，海濱獲浮板托命者又三十一人，及白塔山下傷病不能浮海者，悉就勦焉。總計四百有奇。獨一船竄去，追不逮而止。此黨賊留居吾土，凡四旬有三日，殺害數千人，蕩民産數萬家，至此始蕩滅云。愚按石墩一夥流賊最甚，天禍此虜，使得船兵勦獲獻功，亦彼蒼好還之報。因是而知我兵船擒海賊本易爲力，況有火藥諸器長技可施。昔本兵虞坡楊公博上疏云：「防倭之法，防海島者爲上，防港門者爲次，守城郭者爲下。」蓋倭奴長技利於陸，我兵長技利於水也。歷稽往歲用師，凡克捷者，俱任海戰，利害較然明矣。昔人論防倭之功，有言擊來賊僅見什之一二，擊去賊者，又可以獲輜重之利，而因得以文其故縱之愆。識者謂宜以擊來賊之賞，優于追去賊之賞，縱來賊之罰嚴于縱去賊之罰。斯言良得之。

二十一日，有三十六賊自松江來，匿大六匯民家。先是，張參戎、樂把總前後與戰，皆敗。

二十四日，丁總戎統兵來援，賊已遁去。追至廣陳，不及而返。

二十七日，復報三十六賊匿小營盤巡檢司，司有石城，賊先積石城上，丁總戎命作木梯可並登十人者，凡五具。次日攻城，飛石如雨；又命射火藥筒，百矢齊發，賊不能支，城遂下，圍之數重，刀戟森列如蝟。賊入巡司後堂，自分必死。先日斬戰傷者十餘人首，用門窗火煨之。張參戎部下四漳兵入與打話，遂私與賊約，佯爲潰走，縱之出，時獲一賊，道其詳，丁縛四漳兵，送當道驗，果得賊賄，斬之。賊中故多漳人，用漳兵勦之，焉得不僨事乎？

六月十四日，太倉劉家河寇至，約千餘，由官塘，經崑山，抵儀亭。有譚姓家貯米萬石餘，賊諭居民每石價四錢，民往糴，如約，由是旬日米賣盡。遂犯蘇門，焚掠竟日。載錙重百餘舟，經吴江城外，湖口兵船圍之。邑令出城督戰，兵士鼓勇，無不一當百，賊乞生路，一先鋒船殺十七賊，獻首于令，令有畏色，入城闔門，兵遂無戰心。賊用計棄三四空筒及數衣包于水，兵爭奪筒與衣包，賊棄船登岸，兵入船搶物，賊因逸走，而南抵平望鎮矣。翊日湯、盧、夏、丁、劉五帥會勦於王江涇巡檢司前，勝之；繼而丁總戎麾兵渡河就食，賊又乘虚掩擊，失數船，復戰于杉青閘百步橋，我師敗績。夏總戎遇害，殺溺官兵數百人，賊乘勝登北麗橋，城上射死一賊，退就石條街，燬劫一夜，焰燼亘數百里焉。

九月二十一日，賊船一艘四十三人，泊石墩就民家炊食。次日，經破塘關，歷馬鞍山而東，令三賊登高哨望，見草蕩官兵來，迺北避，出三郎廟，渡東洋橋，適與官兵接，時張參戎、丁總戎父子三路出兵，丁駐大步山，其子率兵合擊，賊一先鋒衣紅綃金短襖，舞雙刀突前，衆圍之，斬其首，猶能匍匐數百步，我兵復斫斷其手足。隨斬八賊，餘皆蹈水，斷其橋，據沈姓民家，詈我軍。官軍間從他道渡河奮擊，又殺七賊，追抵馬家，又殺三賊，時昏黑，餘賊沿海北遁。丁又殺九賊焉。時羅公帳下有晉秀才者，帥勇健四十餘，馳馬北追，爲賊襲殺。

時嘉興屢被警，督撫議築外城，費不動官銀，數日募郡人得數萬金，已而中止。

十月初八日，石墩泊一大船，賊百餘，詭言兵船打水，使居人不疑，暮則四掠矣。至十一日開洋。遇兵船，復登岸。十四日，丁總戎僅與徐揮使行健率兵往勦，丁斬八賊，徐殺五賊。明日，兵船生擒二賊。餘黨復開洋。追抵菜子山，火器破其船，斬獲約八十餘，生擒十三賊。赴官司訊問，言如鳥語，莫能辨也。

二十五日，沙上賊數千來寇，總六十八號，每號約六七十人，執白旗，吹螺整隊而來，分八九路。是日一犯我十六都，一犯新行鎮，一犯嘉興諸鄉村。其在新行者，蔓延十數里，燬掠三日，執民載錙重。二十七日還沙口，守巢者出迎相慶，以爲出掠無事，且得利云。十六都賊歷平湖抵嘉善，入嘉興，載錙重百餘船，北抵王江涇，出南潯，掠皂林、烏鎮、雙林等市。

初，有司伐樹木阻塞河道，以爲擒賊計，而舟楫難造，避賊之民，反以爲礙。其沿海窮民，又夤夜冒倭狀劫掠，海寇未除，土賊繼作矣。

時平湖築城，至是畢工。嘉善、崇德、桐鄉咸築城。至是時，客兵數千守吾鹽，每日給餉五分。其乍浦、平湖守兵費亦如之。師旅徵發，額外增税，每田一畝出兵餉至一分三釐，沿海之民，膏血爲之罄盡。

三十四年乙卯，春正月朔，賊數千，乘歲除地方無備，出沙口，焚掠而行。海中澈夜火光，城上人無不見。初二日，至吾鹽，一賊從馬路口踰河跨土城而坐，手旗招黨，賊攻城，城上兵擲一磚，中其首而仆，遁去。復手旗麾衆退，整隊伍而行。有乘騎者，有乘輿者，皆衣紅衣，其酋長也。自辰至午，行始絶。賊中有舊掠袁花鎮祝婦者，葉麻擄獲之，從賊過南關，見我關上有兵，婦按轡行，與賊語，賊若受其約束者，遂抵破塘關。是夜諸賊分宿茶院角里堰，約七八里間，民家歲時酒餚，賊縱飲食之，無一兵敢出城外探勦者。自癸丑年來，以數十賊行海瀕千里之地，殺官兵無算，今賊蓋幾萬矣。孰敢有攖其鋒者？宜乎斂跡固守，以爲得策也。

初三日，有避寇村婦數百，襁負幼小，齊渡西浦橋；值天雨，橋滑，皆棄兒匍匐以渡。河畔積孩屍甚多，悲號震野，賊掠出袁花鎮，載錙重由黄道湖抵硤石。有先鋒六騎，按劍把截硤石口鎮，值年節，男皆酣飲，婦皆粧飾，不虞寇至，燹忽四發，煙塵蔽天，經三宿燼猶未熄，死水火者無算。遂西犯崇德，崇德因初築城未就，初九日攻陷之。執一儒學官一縣尉，咸殺之。縣尹惶懼，急踰城出，折臂傷足，而扶避村落民家。賊所寶在絲綿，入葉序班家，見絲綿庫廣，踴跳而喜。獲鄉官太守姚汝舟，劫其家衆，用千金贖還。姚既脱虎口，憤怨官兵逗遛不進，赴軍門控訴，始督兵進勦。二十三日，先鋒丁總戎駐兵方炊，會大風起，賊冒吾民服色至軍前紿曰：「寇至矣。」兵方卸甲，置器待食，即錯愕而視。賊伏起掩擊，我師大潰，覆千餘人，由是賊勢益振。掠入雙林，出南潯，湖兵熟於水戰，邀擊頗勝，賊棄輜重二十餘舟，復抵杉青。次日，嘉興兵與賊戰，止獲四賊，而喪師三千，没官十二員，賊得勝，復還柘林。

二月初八日，有調來客兵一枝，吹牛角聲爲號，沿海北來，抵吾鹽，呼於北城門外，守者疑而不納。有頃，統兵官至，遞牌入，始知爲山東兵。官既入城，兵散處城外，掠姦索食，不減於賊，民恨無訴。後遣戰於嘉興，蠢懦無比，臨陣逋逃，徒糜兵費，爲吾郡蠹。

二十日，柘林賊犯平湖，置長梯攻城，城上卸大石擊殺數賊，因散去。

三月十二日，廣西田村瓦氏兵，暨白都閫，湯、盧二總戎，羅、任二兵憲，丁、樂二總戎，諸兵入城，以吾鹽爲吉方往鎮一帶沿海要地，兵號二十四萬，屯金山，搗賊巢，賊聞之懼，退保柘林，堅壁不敢出。瓦氏土司岑彭妾也，以婦人將兵，頗有紀律，秋毫無犯。

四月初八日，諸帥揚兵出哨，遇賊，擊殺九賊而覆兵三百。明日，瓦氏姪恃男獨哨，賊復掩擊，瓦姪殺六賊而人馬俱斃。瓦氏來海上，鋭欲建功，數請出戰，諸將集議軍門，輒以固守爲上策，多觀望不進。至是其姪戰死之。瓦氏遂鬱鬱不得志，而思歸焉。是時我軍大會勦，哨兵兩戰不利，賊復鼓氣攻侵；我軍運餉薪魚鯗至張堰，掠去二十六舟，獲糧二千餘石。軍門復移文各縣，備乾糧及役夫，往金山刈麥，以便擒賊。十七日，發刈麥夫二百名，及黏米二十石，丐二百斤，送金山。

二十一日，賊分一枝，約二三千，南來金山。白都司率兵迎擊，白被圍數重，瓦氏奮身獨援，縱馬衝擊，破重圍，白乃得脱。

二十三日，賊自金山戰後，歷乍浦，次吾鹽，至礮頭門。聞澉浦火炮連聲不絶，復轉由吾鹽城西官塘，抵璵城。夜散處，南次於鄭墳，北次於鄔家村。明日炊後，唱名起行，一賊憤病自刎油坊中。又明日，吾鹽發兵北追，郡城遣兵南禦，前後夾擊，斬獲數百級。二十八日，賊餘黨奔蘇門，次寶帶橋西北小堰。有司聞報，先期决去堰埂，至是兩旁水湧，不能渡。復自故道轉竄王江涇。次日，盧、湯、任諸兵會勦，軍門命丁總戎衝鋒，令牌至，丁父子率兵啓行，遇賊，一家兵奮勇執牌而前，兵衆從之，冒刃力戰；前兵方鋭，後陣乘之，須臾賊戈甲棄地，四潰而逃，多伏地受刃，或跽而乞哀者，斬獲二千餘級，獻捷軍門。没兵亦幾千餘人。是爲王江涇大捷云，乃總督胡梅林公籌略功也。

五月初三日，殘寇約二百餘，奔還柘林，由腹裏經烏木橋。有傷不能行者，用民家棹，兩人舁之逸。十四賊匿彭道亭。初四日，報縣遣兵勦之，一賊出哨亭外，我兵攢鎗刺之，賊斫一刀，十數鎗齊折，兵皆徒手而奔。一處兵勇敢能戰，突往抱持一賊，其黨奮援，傷死。至晚，賊就擒。

初五日，報金山瓦氏兵勦殘賊一百五十有奇，則知歸巢者無幾矣。初十日，拓林賊空壘而出，南圍金山城大索。瓦氏緣前戰解白都司圍，知其驍勇，故欲劫其衆也。

十一日，鎮江賊五六千，北沙賊五千，合犯蘇門，燬掠數日，用餅船渡太湖，據洞庭山。軍門移文各地戒嚴。十八日，連報北來賊萬餘，蔓延在道。二十二日次八團圩，經吾鹽，南抵礮頭門，西犯袁花鎮，徙商木結寨，示久屯狀。二十三日，又一黨約千餘，在八團圩。二十四日經吾鹽，次音樂墩，夜雨，散處三四里間。殺傷十數人。二十五日，我水兵船次三官堂橋，火炮聲不絶。賊聞之，遂吹號啓行，西入袁花鎮黨。

二十六日暮，抵長安鎮，鎮爲四方通衢，其市民未四鼓，即啓門張燈，以待上下河所到客船。賊與漳人及所擄民，佯就店家買飯，飯畢，遂分入客店擊殺，鎮民騷動出避，傷者死者塞途；樂土一旦丘墟矣。

二十八日寇省城，犯湖州市，大肆燬掠。東自江口至西興壩，西自樓下至北新關一望赭然，殺人無算，城邊流血數十里。河内積滿千船。斯時也，雖有鎮兵在省，倉皇無措，惟觀望而已。

六月初六日會大風，晚益急，火益熾，烟焰入城，守者不能立，城幾陷。賊掠官船，冒爲夫皂等，誑言軍門往嘉興，擊鼓開船，一路調守港水兵船來迎。至落瓜橋，先有伏賊在村，船中賊數十登岸，舉旗伏發，截殺水兵二百餘人。賊乘勝掠練市及水路所由諸鎮。乃出平望，將掠蘇州，見吴江截樹横水，聞江兵素諳水戰，棄錙重數十船，而復南至，十七日，經嘉興。先是軍門會議，痛恨茲賊猖獗，敢犯省城，務在必擒。命有司壩絶各處河路，止留一水道爲必由路，相地利以爲戰場，鋪門屏以習水戰。至是北麗橋亦鋪木排竹筏，兵劄水際，報寇至。總督張公經怒曰：「如此防守，却無了日！」出掛甲督戰，侍御胡公宗憲親自驅兵，水陸並進，斬獲數十。前兵忽覆，後兵皆溺，胡公亦在溺中，僅露其髮；有勇士沈坤、錢燦急援，出掉小舟濟去。坤郡人，燦硤人。燦犯法繫獄，有舉其能，軍門釋罪，編於行伍。郡侯劉公出視戰所；命解尸牌，合六籮擔，赴府查覈。

十八日，賊舟入魏塘，十九日歷嘉善，盤據張涇匯。

廿四日，朝命以討罪無功，逮張總督經、李都憲天寵、湯參戎克寬去。

是時，阮公鶚督學兩浙，令諸生習武，既而賊犯省城，輒詣軍門指畫兵機，親自監門以防奸細。未幾，擢浙福巡撫，侍御胡公宗憲擢浙直福建總督。

初台州有徐千斤者，負勇力，擾民間，前督學公收之學宫，與之衣巾，使肄業，粗知文，且食公餼，俾其知所自重。後督學者秉公衡文，停其廩，徐入市，遇繼廩者，以指拍其肩，戲曰：「汝奪吾廩耶？」其人爲顰蹙狀，歸，解衣視，血凝如瘢瘡，踰月不散。是秋，復送考，同事諸生假坐染坊，坊人嗔之。徐怒，挾二碾石於街旁，人是以稱徐千斤云，争求識面。又嘗偕友買舟渡江，與其值頗廉，舟人强索，促侣登岸。徐獨横臥舟中，以肩足著力，舟刺刺有聲，人恐，乞哀而止。其有力大率如此。文不足稱也。阮公以用武之時，特加眄睞，後薦用於邊，不知所終。

七月初三日，瓦兵回田州。

是月，錢塘江有一船，渡賊六十餘。賊遇鄉官侍御錢鯨送家衆，抵家，殺侍御併家衆。復登岸。由腹地歷徽州，直抵南京。各路官兵迎擊不克。陣亡武職凡三十餘員，兵以萬計。轉至無錫，望亭官河，見糧船，趨之，復燬數隻，乃奔虎丘，而殺據焉。適趙通政文華奉命祭海神，過蘇州，命兵勦之，圍賊於祠中，一賊獨坐，須臾起如厠，乃一鎗中之而斃，其黨皆駭亂，兵衆奮擊，盡殲之。

九月初四日，金山海口雙桅一艘，賊數百；初五日，五桅八艘，賊數千，先後登犯，屯拓林。軍門調主客兵號二十萬，進金山討之。十三日，白都司及姚指揮洪等，率兵進薄陶宅，與賊戰，先鋒刃三賊，又以銃擊殺數十賊，賊勢稍弱。俄一賊長七八尺，突前衝擊，我師敗績，姚死之，將官遇害二十餘人，兵千餘人。

十一月二十日，賊六十人，自大步門登岸。指揮徐行健率兵出，賊登山以待。徐自間道登山襲之，賊下山而北避破塘關，復抵金水堰，匿民家，即火其廬。徐駐師南山巔，望其出而進擊之。會縣遣巡捕兵至，賊亂行隴麥間，直奔西南去，官兵追抵横涇而暮，賊匿張姓民家。時澉兵隔水圍其南，縣兵遶屋圍其後。須臾一賊嗔目咬牙，作叱咤聲，舉刀對斫，火噴星流，著地舞來，衆兵攢刺十數鎗，尚能跳起四五尺。餘賊闔門以避。縣兵踰垣而入，賊罔敢對敵，有潛榻下者，有避樓中者，有羅拜乞生者，官兵遇即殺之，凡四十九顆。逸十四賊，夜匿秦山之阿。二十二日，徐兵搜山，悉擒斬之。

三十五年丙辰，正月，沙上賊屢犯沙口，據男婦巢中，索贖始還，二十一日，尚都司等率兵薄其巢，與戰，敗績，陣歿官十六員，兵千餘。

二月二十九日，總督胡公巡歷鹽邑，及海寧平湖澉乍沿海諸地；練將卒，閱城濠，稽查糧餉逾月乃還。

時勇士錢燦作亂，燦恃援救胡公功，肆惡劫掠無憚。有桐鄉生員胡鶴齡者，與燦善，同蓄異謀，謀泄，桐鄉金令聞之學道畢公，公在海寧歲試未竣，即託疾居桐鄉觀變。至是燦不自安，遂斬公差及己妻子，夜匿海寧許秀才家。索之急。次日，與其黨蔡又起事硤村，脅衆數百人，裂裳爲旗，揭竿爲戈以逞。官兵追勦，遁入太湖。後聞入湖寇黨，莫知其竟。胡、許死於獄。

二月初四日，諜報海洋賊船大至，南北相望不絶。海船兵官燕千户遇戰敗歿。軍門發廣兵一千二百戍鹽。

二十三日，賊船泊金山海口，桅檣一望如密竹。明日，沙賊出巢，南次金山。

二十六日，水陸賊合衆約萬餘，分寇各地。時賊首徐海、葉麻硯，知嘉杭兵調松江擣巢，各地無兵可恃故也。海率衆先圍乍浦，壞民室爲臺，高於城，置薪臺上，覆以青麥，縱火焚之，烟噴入城，守卒不能立，城幾陷。兵憲劉公躬督男婦運石擲下，賊稍不敢近。旬日外援不至，用健卒善水者，伏水從間道馳赴軍門，請援兵。軍門擇四月四日出兵往援，竟愆期，幸賊自退。

軍門以海寇居島，出没無常，莫得虚實。有生員蔣洲者，犯法拘獄，釋而遣之。又以陳可願、蔡時宜、潘一儒等爲輔行。蔣以徽人王直爲海中雄，先抵其所，説令内附。直遣養子毛海峯與蔣偕至諸西所。蔣喻以禍福，誘之降，奏請官職。賊有洪東岡、黄侃者，相與期之。蔣還報，道出吴淞，又往説沙賊陳東等。胡公曰：「兵法：代謀爲上，角力爲下。」遂鎮節嘉興圖之。而賊從嘉善來，前驅直逼郡城。衆懼甚，胡公取酒百餘罌，投以毒，載之兩舟，選卒之有膽而慧者，衣冠坐舟上作餉軍狀，載向賊所，遇賊即棄舟而走，賊信不疑，取飲之，多死。適保靖宣慰彭藎臣領士兵數千至，胡公使人傳語曰：「賊善伏，且知分合，我兵嘗爲所誘，宜分奇正左右翼擊之。」彭不聽，乘鋭直前，果遇伏，墮賊計，挫於石塘灣。胡公親詣軍營撫勉之，仍指畫地形教之曰：「汝宜分道而伏，賊至前鋒迎敵佯敗走，俟其過伏，盡起夾擊，蔑不勝矣。」彭如其策，賊果大潰，北走平望。

四月初六日，賊衆至吾鹽北王橋。指揮徐行健率兵迎戰，隔河而陣，以鳥銃擊殺十餘賊，既而伏賊四起，前後夾攻，徐力戰死之，兵覆百餘人。

初七日，經吾鹽，抵礦頭門。自日白都司統省兵由海寧來，至角里堰，聞賊在此前，麾兵避之。

初八日，海寧兵與賊遇於西崦倉，蔡尉遇害，兵没其半。時賊蔓延數十里，一屯硤石，一屯袁花，所歷地必焚，相望若舉燧然。十四日，硤賊執民導至富家偏掠，硤賊據惠刀寺山頂，懸大白旗爲號：出掠則揚旗，歸巢則偃之。所掠蠶繭，令婦女在寺繰絲，裸形戲辱之狀，慘不可言。

十八日，賊掠皂林。

十九日，賊掠烏鎮。

二十日，河朔兵有將軍宗禮，裨將霍貫道，調守嘉興。遇賊，戰於皂林，各有斬獲，賊敗去。二十一日，賊登樹而望，見宗等孤軍陷於水濱，且無他援，即縱兵掩擊之，師敗，二將死焉。

軍門阮公聞河朔兵敗，自崇德進保郡城。廿二日至皂林，與賊舟相遇，賊遣二三擄民冒耆民出迎，以弛軍門之備。耆民登舟密語之，故阮錯愕，單舸走入桐鄉，避之。令水兵出戰，不利，賊乘勝圍桐鄉城。

二十三日，賊以阮在桐鄉，期必取之，多爲攻城具。乘一舟於水，又覆一舟於舟上，而匿賊於舟中，直抵城邊，急攻水門，守卒以巨石破其舟，賊中而斃，遂不敢近。

明日，賊又取木爲架，高於城，秤一巨木懸於中，復聯屬其木，長數十丈，下用車輪，推而附於城，以撞擊之。城破，邑令金公令絞綿索爲圈，懸於城之著木處，俟撞至，即收縛秤起而斷之。

又明日，賊又以大舟乘於水，架小樓於舟上，高踰於城，外攢以木，中懸以梯，賊升梯上，挽舟以抵於城且擊且入。時有梨頭村人善爲鑄者，急取鐵鎔汁，俟撞近，輒潑下著木，木焚，賊多斃。

又明日，賊舁銅將軍一架來，守卒望見之，即先以佛狼機待之，賊未發而我已先擊之，如雷震矣。賊退避，又以雲梯望高樓之上，百計攻城，不能下。金邑令以瓦礫數十石於城上，至昏黑時，傾城下，賊聞其聲，疑城圮，十數賊爭至城牆，遂卸城上巨石擊殺數賊，餘駭懼不敢近。賊自寢攻城之念，專意出掠。以故阮公得越城夜去。

初，阮公被圍，日夜望援兵不至。乃募一卒厚賞之，伏兵而出，遺書於總督胡公曰：「賊圍城已二十日，初七日始接手教，弟非敢於輕率，使當時左顧右眄，遲到一刻，今無桐鄉矣。錢燦諸賊引而據爲巢穴，弟恐兩浙不能高枕而卧也。弟之來桐鄉，亟亟爲生民之計耳。至於宗禮、霍貫道原奉兄調去嘉興，適與賊遇，一戰而死，此亦分之所宜，非弟之力所能調也。朝廷遣將，本爲搗巢，今巢賊犯浙月餘，大兵按而不舉，弟實未解。昨南門東門賊夥洪東岡係漳人，黄侃係浙人，兄舊年今年曾令蔣洲、蔡時宜、潘一儒呼他來通貢，再不加兵。今又朱朝鳳等入杭，吾兄再講前事，當此危急而不加兵，甚與賊言相合。若果如此，禍福且不論，又是宋家和議，弟死不敢與也。弟之輕躁，不過去官，不救桐鄉之難，又干滅族之誅。且晝夜攻城，半月不解，其使來者本非有求貢之意，不過緩官兵之迫，以困桐鄉耳。今兄將浙江衙門原募義兵、原選正兵，俱付與弟，則今日之危，不悔矣。舊年滅賊，即此兵也，何今遽謂之弱乎？而不與旗牌關防並交代耶？且處兵不過三千，乃乍浦久困暫甦之卒耳。今調二千浙東，以解餘姚之危；調一千崇德，以阻犯杭之路；至於水兵不能隨戰，兄所知也。此外更無兵矣。昨桐鄉外坍敵臺，内坍城牆，而賊人雲梯、雲樓、望高臺、銅將軍，凡自古攻城之法，無不備矣。兄何忍棄弟至此，不以憂國家爲念，保城池爲心，而反以好兵爲詞，恐非豪傑本心也！禍福自有天命，不當推避如此。心在社稷，不暇他顧，冗中布忱，不忍終默。」

五月十九日，桐鄉賊半引劄崇德西。

二十二日，賊解圍東行，留桐鄉凡二十九日。掠殘鄉市村鎮，凡數十里，錙重千餘舟。

二十三日，賊經嘉禾，舟相屬二十餘里。二十四日，遇湖兵，戰而不勝，棄數十舟，蓋飽欲得志之時，惟營歸計，無心鬭格故也。

二十六日，賊復由故道抵硤石，分三路行：南入袁花，北入王店，東入吾鹽。時諸將有欲扼其歸路者，軍門會議，兵寡賊衆，與其浪戰傷兵，雖勝猶負，不若離間其黨，以計擒之爲得。於是遣蔣洲、蔡時宜、朱尚禮等偕行，復申前約，且曰：「願歸者聽，資之以舟；願降者留，封之以職。」於是諸賊掠輜貨多，陸行則人不能任，水行則海不能渡，計正坐窘，蔣等説，適慰其欲。然賊亦非愚，而隨吾計不過佯假連和之路，以遂營歸之心，非得已也。蔣還，始知賊酋徐海一黨也，洪東岡、黄侃、王亞六又一黨也；陳東、葉麻、吴四自沙來，又一黨也。葉等窟沙，久思歸，不能渡海，從説獨深。六酋中，徐海爲霸，且主盟焉，徐少爲僧，有九金錢卜事，甚中，以故見推於衆。

六月初二日，賊遣使來，報如約，入吾鹽南門。有司勞以酒食，送之軍門。初三日，復遣使温約促備舟。初七日，葉麻遣百餘賊駕六舟至袁花，取祝婦。婦杭人，有姿色。初葉犯袁花，劫以爲妻。居沙久，一日思鄉流涕，葉憐而遣歸。至是得蔣説，六酋晝夜爲計，會飲，徐酒酣，謂葉曰：「兄嫂幾何？」曰：「無。」徐曰：「聞有一祝氏，何曰無？」曰：「去矣。」徐又曰：「佳人不易得，汝棄吾當取之。」葉怒曰：「聞汝六七妻妾，肯與人否？」徐亦怒，二酋交惡，自是有隙。然徐善謀而葉尚勇。徐憚葉，佯笑而解，葉恐其真取，故有是遣，六舟在道，劫財殺人。初八日，既取祝婦歸，由道塘入常姓民家，索飯掠財，婦以爲言，賊稍止。次尚胥橋，壺陽鄭侯以欽取，往郡辭官，適遇賊，幸遇兵船濟之，得免。婦至巢，其黨稱賀者累日。

十一日，賊獻錢燦首級於軍門。燦入賊黨，至是賊使至，因索之，賊乃斬他人首，冒爲燦首來獻，致修好之意。

十三日，軍門聞徐海生子彌月，遣鑷工樂人賫花紅酒禮賀之。明日，海遣使來謝，蓋連和之始，互相愚弄云。

十七日賊遣使各縣促船，限是月二十五日泊乍浦。

時諸賊與軍門通好，徐洪二酋欲封，葉陳諳酋欲歸之心，終始不渝；獨徐機械叵測，較葉等爲甚，其投降取封，不過託言觀變，歸心未露耳。胡公待五酋之禮，於徐獨優。徐親詣平湖城下納款，兵備劉帶川欲放賊入。二十一日，城中士宦慮賊入城爲變，與劉公議左，咸以鐵鍊自鎖其頸，走索劉公同赴京奏辯，謂其與賊交通也。是日，兵備家兵並騷動，城中士夫大亂，胡阮二公及侍御趙公在郡，聞報，急趨平湖解之。

時徐賊降心既決，見葉等將歸，所積輜重較多，徐欲分其所有，吴四等從之，獨葉不許，海恨之。又前醉怒有隙，於是遂有殺葉心，佯謝曰：「汝去，我留固當多得。」潛遣親信遺書軍門以圖葉，告謂：「其勢尚未可擒，俟我假催船爲由，漸收其部屬，而後及其主。」又云：「我遣人與之共事，彼必不疑，事成當釋吾遺者。」軍門得書大喜，報曰：「如約。」

二十五日，賊期乍浦看船設浮舖，南北相連十餘里。

二十六日，葉麻部屬同徐海部屬抵郡城催船。有司宿戒守者，佯不介意，開關放入。郡侯勞遣云：「船隻一時未備，姑少待。」諸賊信之，還報，葉心益安。然意在速歸，督船之使無虚日。

七月初一日，各地羈收促船賊合數百，吴淞亦收之，徐海力也。

初三日，郡收葉麻等八賊。先是徐海用計，動輒以己部在前行。至是説葉親行，恐其疑，乃説洪等陪行，四酋偕來，陳獨不與。暨頭目等八賊呼於郡城門，既入，有司盛筵款之。酒酣，託以花紅爲贈，因而縛之，即刖其大指而拘焉。見軍門，但曰：「予等悔墜徐海計，至此，海不足有爲，我當致其偕來同死耳。」

初六日，天兵入郡，騎兵先至，馳赴吾鹽。明日約十萬衆，入鹽邑。初，朝廷以東南海寇犯邊，三十四年，勑趙通政來祭海神，兼督官兵進勦，遠奏賊勢已緩，勦戮將盡，天顔方喜。至是北沙賊葉麻、陳東等掠裏河數十船，移其輜重出海去，道遇徐海等來寇，戒以河船不堪浮海，因糾入海島僻處議事。旬日，軍門聞報賊去，輒進平倭疏矣。不意葉陳等轉沙口南來，徐海等從海口東至，於是軍門復題請師，謂千里之外，島嶼之間，情難遥度，倭寇復來，勢倍於前。朝廷擬遣將發兵，適吾鹽生員徐藻父爲鉛山教諭，避寇處外，抱恨抵京，乞師勦賊。疏入，内閣義之，召見焉。蓋五月六日也。明日，朝廷特遣工部侍郎沈公良才視師南勦，將行，徐藻以趙通政客歲有祭海督勦之行，乃疏請以趙易沈朝廷從之，乃改敕趙南行，隨調京營神鎗手三千名，涿州鐵棍手六千名，保定箭手三千名，遼東義勇衛虎頭鎗手三千名，河間府義尖兒手三千名，德州兵備道民兵三千名，已上雄兵六枝，咸從德州上船，由運河而來。臨清曹濮二道團，操快手兵三千名，亦由運河而下；河南夏時統領毛葫蘆兵三千名，河南睢陳兵備道團，操馬軍三千名，漢中府礦徒三千名，已上雄兵六枝，由汴河下船而來。定保二司兵三萬，容美等司兵一萬，由陸路進發。合各地主客兵共二十萬。時諸百執事統兵參遊等官，運給兵餉，紀録軍功，各司郎署，及轅門幕客，中軍參謀，不知凡幾。而趙侍郎銜命既至，會同總督胡公、巡撫阮公，咸駐節嘉興，軍聲大振。諸賊聞之，惶怖憂懣，徐海雖降，復欲窺伺，而欲封之念澹然矣。

初九日，徐海遣老倭賫木匣抵吾鹽，教場守卒報，兵備道同羅中書出，老倭叩頭進匣，啓之，乃獻一刀，勞以酒食紗幣，隨送軍門。

十四日，郡收陳東等十三賊。初軍門既收葉麻，令其爲書招東，東與其黨十三賊抵嘉興，並收之。又嘗令葉爲書與東，使陰謀殺徐，乃不遺東，而故示徐，由是徐海益感軍門，不忍倍德。

是日揭示附壘居民，及出兵所經由處，迴避十里，由是民皆震懼遠徙，即不在迴避之限地方，亦相率而逃匿焉。

十六日，徐海遣部屬二人，及率各部屬八人抵吾鹽東關言事。十七日，抵澉城，羅中書在焉。招之，款以盛筵，收而擒之。是日吾鹽亦收六賊，則知五酋部佐收之亦盡矣。

十八日，五酋餘黨見主佐俱擒，各自爲心，密營歸計，乘海口一二應官敝船，夜候潮至，開洋。風作，飄覆吾鹽龍王塘，賊約二百許，移輜上岸。羅中書欲擒，諸將恐驚徐海，以爲不可，釋之去。自是還，謂徐海曰：「吾屬無患矣。」

十九日，徐海取葉麻所遺金盔銀甲，遣使賫送軍門，勞以花幣，答以轎傘，因舁至巢。翌日，請來會議。海猶豫不敢行。

二十四日，大兵出勦，以吾鹽爲吉方，既行中道止之。是時軍門集諸將問計，以爲征勦，不如計取，於是復備船隻百餘，集海口以應其求，移交關會海兵船，俟賊行扼其歸路云。

二十七日夕，徐海移輜於二十七船，將率己黨以行。諸黨怒曰：「汝陷予主何地？今棄我而回耶？」因相格殺，各損百餘。

二十九日，軍門出兵臨行，兵至，賊有去而遠者，有去而尚在海口者，有猶在海岸者，即奮擊斬首數百夥，獲其輜，毁其巢。是日徐海行出海口，見兵船如蜂聚，火砲之聲震海島。懼而復回，劄於梁莊。

三十日，天兵反郡城。

八月初一日，徐海入平湖城，款四公于庭。先是兵備劉公欲放賊入，鄉士夫阻之，至是羣公議協限是月二日進款，而海故示強梗，違期，先一日率其黨陣於外，日與部佐數十入城，諸官兵聯屬直抵各衙門盛陳兵器，令賊縱觀，咸有畏色。及款四公，海頓首口呼「天星爺，死罪死罪！」趙尚書及二軍門慰遣之。緣海欲識總督，通事指之，海復款如初，總督手摩其頂曰：「毋更作孽。」獨侍御趙公震怒不爲禮，謂「汝害我無數百姓，當服何罪！」海俛首伏地久之，若有退避之狀。因開關放出，軍門令擇便地居之。

初四日，巡海兵獲四船，俘斬數百，溺死甚衆。次日，又報海甯兵俘二十賊，江南兵獲數船，此皆所擒諸酋黨也。

初八日，徐海寓平湖沈莊，遣使持書抵軍門，復乞降；且曰：「願買此宅，及田三千畝爲贍，永願投降，不渝前盟。」是時海既讎諸黨，縱得歸，必爲襲擊，欲寓吾土。故掠平湖見沈屋高敞，遂注意焉。

十一日，徐海歸計既不遂，見水陸兵各處戒嚴，始悟連和爲僞，又悔散黨勢孤，乃以計設酒會隣，遍送飲劵，三四里間，以年高者先，民懼不敢往，惟比隣附居不能辭者，乃赴焉。是日，合四十餘人，人設一席，殽核豐腆，結鄉隣久處之盟，各贈席金而散，蓋誘其父兄，將以貨取其子弟也。十二日亦如之，遠近壯夫赴席者至二三百人，酒半，出刀剪髮，髡其首，咸劫爲用。

十五日，平湖守備官遣人邀徐海賞月，不赴，十六日，乍城使使至海巢，海拘留之。十七日，軍門遣使至，並斬之，連和之路，自此塞矣。

十九日，海知危在旦夕，漏二鼓，遣親密護送二愛姬出巢逃遁，會葉麻黨深銜海，夜每伺於巢側，不得出。

二十日，永保等兵進薄賊巢，擒四賊，俘軍門。二十三日，誘斬賊二十餘顆。二十四日，軍門督諸路主客凡二十餘枝，圍徐海數重，賊放發熕，以銀塞熕口，火發，銀如星飛，中人，中土，中水，如雨鳴，衆皆不能進。二十五日，軍門令取民家犬數百爲羣，被以戒服，以常熕擊，復使數人持火雜於羣中，驅之以入。賊但擊前犬，不知火已四發矣，焚溺無算，斬獲千餘。是日，徐爲讎黨偪殺。二十六日，搜巢於溝中，逐出數賊，尚突出與兵鬥，因而擊斃之，渠魁既除，孽黨無不就擒矣。

次月朔，設宴百席奏凱，論功行賞，備銀牌旗帳等物，優恤陣亡官舍軍餘，除奏功加秩外，恤賚有差。指揮滿朝、采煉等每員給銀三十兩；軍餘姚鳳、王來、張仁智等六十九名，每名給銀五兩。

附胡總督奏捷疏。臣胡宗憲爲恭仗天威，蕩平巨寇，飛報捷音事。該職會同提督軍撫都御史阮鶚，勘得賊首徐海等，勾引倭夷，連年流毒浙直地方，昨歲蒙我皇上俯念東南重地，財賦奥區，特勅侍郎趙文華祭告海神，果仗元威，遂有王江涇大捷。比時海雖遁去，逆心未改。今年復率倭賊萬餘，糾同新場賊首陳東等，擁衆攻圍乍浦，遂及桐鄉。職因援兵未至，多方用間，廣布疑兵，與都御史阮鶚及中書舍人羅龍文計議，密遣通事邵丘山、陳欽、童翠峯、高香、朱尚禮等，入巢諜諭，離間腹心，使之自相疑畏，俟間襲滅。復蒙皇上軫念元黎，再遣尚書趙統領天兵來浙直，竭忠殫力，振揚天威，所至克捷，先聲大振。海等益加畏懼，七月至嘉興會同職與阮等，因機用計，令中書羅龍文、贊畫蔡時宜、千户金丹入巢誘降，離散其黨，密授北來諸將方略，及乍浦城内官兵内應，乘其半渡，水陸夾擊，遂有乍浦之捷。於八月初一日，職等題報訖，本月午時，徐海率倭乞降，比時職等以餘倭未殄，永保官兵未至，欲養全力，收功一舉，姑令其回候處分間，海復擅收殺遯零倭，潛移沈家莊屯住，日聽奸民煽惑，謀拒自全。該尚書趙與職等會議，此賊不滅，禍根不除，屢差指揮李昂、王詔，監生謝德行、施良臣等行催都司李經統領永順、保靖二司官兵，前至平湖，會集諸路主客官兵，於本月二十日啓行。兵備劉燾督催官兵，直抵賊巢，永順宣慰使彭翼南，遊擊尹秉衡，守備朱廕、夏時軍其西，以原任參政孫宏軾督之；保靖宣慰使彭藎臣，應襲冠帶舍人彭守忠，總兵徐珏，參將唐玉在灝軍其東，以兵部〔郎〕中郭仁、中書羅龍文督之；留守朱仁、王倫統領容美，宣撫田九霄，把總郭儒軍其南，以工部郎中陳茂禮督之；游擊曹克新，指揮楊永昌、沈希渭、陳光祖，統領致仕尚寶司卿史際水陸家兵，原任都司戴冲霄、朱文，把總朱先，百户沈應潮，鎮撫季臣，立功官羅希韓、盧鐵軍其北，以副使徐洛督之；參將丁僅，把總樂損統領處兵爲奇遊，以同知張文顯督之；又行户部郎中陳惟舉，參政汪楨督理糧餉；僉事李如桂督理軍器船隻；知府盧孝達、宋治，知縣張烈，千户曾勇督放灰瓶火炮；百户胡漢管放發熕；通判顧雯供應餽餉；知府温景葵、黎遵訓，知縣王察言、金燕，各率鄉兵把守關隘；復差應襲舍人管懋光，生員沈遷、徐藻、祝廷宣、周大韶，武生朱見、王彪等，賫捧旗牌，分途督催；直隸提督都御史張督發，參將婁宇，宣撫田九霄、通判韓崇福、主簿曹遲慧、千總車良等，水陸官兵齊進策應，職同尚書趙，提督阮，臨陣親督，四面攻圍，賊負險不出。至二十三日，督令彭翼南没伏誘賊，擒斬倭級二十一顆。至二十五日，職等督令各該官兵鼓噪齊進，直搗巢穴。郎中郭仁令參將唐玉兵、劉進等從南，卿史際家中兵段天恩等，從東職標下正兵從西，永順長官汪相向鑾從北，四面放火燒巢。自寅至酉，連戰數十餘合，各賊大敗。擒斬一千二百餘名顆。焚死倭賊不計。賊首徐海藏伏小溝，各兵重圍達旦，至二十六日辰時搜巢。徐海率領倭賊數十持刀督戰，當被把總官汪浩、田有年等就陣斬首。餘賊一時盡滅。俱赴浙直巡按御史趙周，轉委推官方敏、郭嵩、何全紀驗訖。職惟倭寇之性蠢如禽獸，若非内逆主謀勾引，豈敢連年深犯？恭惟皇上明見萬里，嘗謂内逆不可不除。職等仰體聖心，加意緝訪各逆姓名。惟名山和尚，今知名徐海者，尤係首惡。去年節，曾榜示募能擒之人，懸以重賞；及陳東、葉麻、吴四、王七、胡四、載二、董一、董大、王亞六各爲賊首，每夥不下數千百人，亦嘗出榜募人擒捕。今皆仰仗元威，神輸鬼運，盡歸羅網。雖瀚海浩渺，夷種繁多，不能保其將來；然天討所臨，而勾引首逆一時盡滅，則逃者有所懲創，而聞者莫不震慴矣。且七月二十九日進兵，八月二十五日平賊，功收神速，人力何至於此。且適當聖誕之期，東南士民鼓舞歡呼，舉手加額，頌祝萬壽，皆我皇上保愛萬民之德，昭格上元，蕩平百蠻之威，遠敷滄海，實非職等所能與也。

九月初八日，軍門斬葉麻等五酋於嘉興北教場。

附録

三十六年丁巳，秋九月二十五日，海商徽人王直者，即汪五峯，其黨數千人，泊舟於江口，遣人賫疏抵軍門。初軍門欲覘海寇虚實，遣蔣洲、陳可願等入海説直内附，直果感悦如約，隨遣養子毛海峯款定海關，至是直自分嘗協同官兵擒賊有功，無大罪犯，欲軍門代爲疏請通商，因上疏云：

帶罪犯人王直，即汪五峯，直隸徽州府歙縣民，奏爲陳悃報國，以靖邊疆，以弭羣兇事。竊臣直覓利商海，賣貨浙福，與人同利，爲國捍邊，絶無勾引黨賊侵擾事情，此天地神人所共知者。夫何屢立微功，朦蔽不能上達，反懼籍没家產，舉家竟坐無辜，臣心實有不甘。前此嘉靖二十九年，海賊首盧七搶擄戰船，直犯杭州。江頭西興壩堰，刼掠婦女財貨，復出馬蹟山港停泊，臣即擒拿賊船一十三隻，殺賊千餘，生擒賊黨七名，被擄婦女二口，解送定海衛掌印指揮李壽，送巡按衙門。三十年，大夥賊首陳四在海，官兵不能拒敵，海道衙門委寧波府唐通判、張把總托臣勦獲，得陳四等一百六十四名，被擄婦女一十二口，燒毁大船七隻，小船二十隻，解丁海道。三十一年，倭賊攻圍舟山所城，軍民告急，李海道差把總指揮張四維會臣救解，殺追倭船二隻。此皆赤心補報，諸司俱許録功申奏，何反誣引罪逆，及於一家？不惟湮没臣功，亦昧微忠多矣。連年倭賊犯邊，爲浙直等處患，皆賊衆所擄奸民，反爲嚮導，劫掠滿載，致使來賊聞風倣效沓來，遂成中國大患。舊年四月，賊船大小千餘，盟誓復行深入，分途搶擄。幸我朝福德格天，海神默祐，反風阻滯，久泊食盡，遂劫本國五島地方，縱燒廬舍，自相吞噬。但其間先得渡海者，已至中國地方，餘黨乘風順流海上，南侵琉球，北掠高麗，後歸聚本國菩蕯州者尚衆。此臣拊心刻骨，欲插翅上達愚衷，請爲遊客遊説諸國，自相禁治。適督察軍務侍郎趙、巡撫浙福都御史胡，差官蔣洲前來，賫文日本各諭，偶遇臣松浦，備道天恩至意，臣不勝感激，願得涓埃補報，即欲歸國效勞，暴白心事。但日本雖統於一君，近來君弱臣強，不過徒存名號而已。其國尚有六十六國，互相雄長，往年山口主君強力霸服諸夷，凡事猶得專主。舊年四月，内與隣國争奪境界，墮計自刎。以沿海九州十有二島俱用遍歷曉諭，方得杜絶諸夷，使臣到日，至今已行五島、松浦及馬肥前島、博多等處，十禁三四，今年夷船殆少至矣。仍恐菩蕯未散之賊，復返浙直，急令養子毛海峯船送副使陳可願回國通報，使得預防，其馬蹟志山前港兵船，更番巡哨截來，今春不容省懈也。臣同正使蔣洲撫諭各國事畢方回。我浙直尚有餘賊，臣撫諭歸島，必不敢仍前故犯。萬一不從，即當徵兵剿滅，以夷攻夷，此臣之素志，事猶反掌也。如皇上慈仁恩宥，赦臣之罪，得效犬馬微勞，驅馳浙江定海外長塗等港，仍如廣中事例，通關納税，又使不失貢期；宣諭諸島，其主各爲禁制，倭奴不得復爲跋扈，所謂不戰而屈人之兵者也。敢不捐軀報效，贖萬死之罪。

初，軍門欲得直爲用，以散海中諸酋，乃執其妻子，招致直來。將士百計招之，不來；人有言王千户者，智勇多能，令招之。王冒爲鬻蔬人，載蔬至直所，直見與之語，識其非種蔬者，因厚禮之，久而定交焉。王自是鬻蔬無間日，一夕直至王舟飲，夕且樂，忘其身之在險也。王宿，戒舟人陰釋其纜，順流而及其岸，於是軍門始得見直，待以賓禮，縱之歸。由此直之情與軍門通矣。時徐海已除，直在海上，知爲釜魚，智力俱困，乃詔顯誅王直。胡公得旨，祕而不宣，夜馳至寧波圖方略，密調參戎戚繼光等潛伏水陸要害，而以夏正爲死間，紿直曰：「汝欲保全家屬，開市求官，可不降而得之乎？帶甲陳兵而稱降，又誰信汝？汝有大兵于此，即往見軍門，敢留汝耶？況死生有命，當死，戰亦死，降亦死；戰死不若降死，且萬一有生焉。今朝廷用人之際，不論功罪，或留汝防倭討賊，乃汝轉禍爲福之秋也。」直偵知四面兵威甚盛，終無脱計。況徐海敗没，孤立無援，因歎曰：「昔漢高謝羽鴻門，當王者不死；縱胡公誘我，其奈我何！」乃復曰：「我部無統，欲得毛烈攝之。」胡公知其言，曰：「海上賊惟直機警難制，其餘皆鼠子輩，毋足慮。」諸將亦皆曰：「以犬易虎，不可失也。」遂遣烈往，直乃桀然詣軍門，時十一月也。諸司謀欲縛之，胡公恐激黨生變，乃陰待以禮而羈留之；設供帳，備使令，命兩司更相宴之；直每出入，乘金碧輿，居諸司首，無少遜避，自以爲榮。日縱飲青樓，軍門間移之觀兵，因盛陳軍容，以陰懾其心。

三十七年戊午，正月二十五日，收王直入按察司獄。初，直始降，軍門密疏直已就擒，禁錮待罪。至是按察使孟公知之，恐直逸去，則責有所歸，輒詣軍門謀縛直。計定，直見軍門，軍門曰：「予與若已繹然矣。但孟廉使讓若無狀，似與若有隙，不可不往謝。」直不得已，往謝。孟曰：「朝廷有旨，令予收若獄。」遂拘攣之。直強項不屈曰：「吾何罪！吾何罪！死吾一人，恐苦兩浙百姓。」直雖繫獄，其衣食臥具擬於職官。凡玩好之物，歌詠之什，罔不置之左右，以娱其心，少有不懌，醫進湯藥以調護焉。

軍門以計收直黨葉碧川。越旬日，直黨索主不得，人人自危。毛烈率衆盤據舟山岑港，聲言欲爲直報讎，勢甚張大。胡公分布諸將進薄之。時賊絶塞諸道，止通一徑，險隘難行，官兵魚貫而入，行將盡，賊兵自尾擊之，我兵大潰，死者過半。

二月，把總張四維兵船出哨，遇賊，張力戰，斬賊數十。時賊方期大舉以脱直，省城騷動。幸有此捷，少阻賊氛。舟山之役，張功居首。

三月，風雨交作，山水驟發，溪澗湧溢，賊於山之高塹處，相其可隄者隄之，後官兵進擊，決而注之，兵多漂死。

五月，賊與農民雜耕於舟山山阜處，磽确皆成田。時有朝貢倭數十自京回，軍門厚賚之，令抵舟山解散直黨。至則劫而用之。留數月，直黨有散者，貢倭化喻力也。

秋九月，舟山賊食盡，出巢大肆掠劫，各地戒嚴。

冬十一月，舟山賊留屯久，莫能脱直，貢倭又促之歸。乃毁巢掠舟，移輜而遁。聞爲颶風覆焉。

三十八年己未冬，十二月二十五日，詔斬王直於省城官港口。直繫獄幾二年，不能決。軍門數請旨定奪，朝廷以東南未平，許軍門便宜行事，姑羈養之。至是詔下侍御周公監斬。公適巡嘉興，聞命，即還省，躬詣獄取直，以小肩輿舁至法場。直出按察司，見官兵聯屬，始悟就死地矣。臨刑索子，至，子抱持而泣，直以支髻金簪授其子嘆曰：「不意典刑兹土！」若不勝其怨恨者。遂伸頸受刃，至死不撓。妻子没入成國公家，至今子孫尚在不絶。

《召對録》

明申時行撰

《召對録序》 隆古聖哲，都俞一堂，龍雲類從，魚水交契，故能翼宣至理，躋世熙平，《詩》《書》之文可攷也。漢唐以降，此道寖微，然而英誼側席，忠賢遇巷，宣室召問，柏梁和歌，延英之奏御有呈，崇政之議事不輟，垂之史册，並爲美談。本朝自二祖開基，宣廟嗣統，法宫便殿，燕見非時，内閣平臺，幸御不絶，自後亦復寥寥矣。泰陵鋭意修復，無何而龍馭上賓；永陵取法同遊，未幾而朝儀併廢，堂廉迥隔，晝日闊疏，溉釜列夤，睽隔已甚，昔以爲成規，今以爲曠典。故廬陵有諭對之録，長沙有交泰之編，永嘉任丘，别有私紀，學士大夫，時或稱而道之。臣忝非據，渥荷上恩，九年之中，對郊壇，對山陵感思殿，對渾河，對毓德宫者，各一，對朝門御幄者三，大抵敬天勤民，定元良，容直諫，飭邊備諸政事。史官記注起居，貯之東閣，會三殿災，皆燬于火，臣曩從閣中録得數條，藏之家。語云：「主上明聖而德不布聞，有司之過也。」臣爲此懼，乃倣先正遺意，輯而存之，爲《召對録》以示子孫，使世世瞻戴頌述，無替墜焉。

大學士臣申時行謹書。

《召對録》 萬曆十三年五月十七日戊午昧爽，上親御布素，自武英殿步皇極門，御暖閣，三輔臣侍。太常寺請詣郊壇致祭，上徒步出大明門，三輔臣隨行，百官皆前導。上數目輔臣，使近前，至南郊，上躬禱畢，出御幄，次召輔臣及九卿諭曰：「天時亢旱雖由朕之不德，亦因天下有司官貪贓壞法，剥害小民，不肯愛養百姓，以致上干天和，今後還着該部加慎選用。」臣時行對曰：「皇上爲民祈禱，不憚勤勞，一念精誠，天心必然感格。其屢禱未應，皆臣等奉職無狀所致。今天下有司官果然不能仰體皇上德意，着實奉行，臣等當即與該部商量申飭。」上曰：「還着都察院行文與他每知道，務令着實奉行，毋事虚文。」時行對曰：「今後如有不着實奉行，虚文塞責者，容臣等請皇上重法懲治。」上曰：「先生每説的是。」時行又奏言：「皇上敬天勤民，真切懇至，臣等不勝仰戴。但聖體勤勞，宜倍加調攝。」上曰：「知道了。」將還，近侍請進法駕，上遽麾却，復步至皇極門御座。時行等叩頭云：「皇上步行禱雨，禮成回宫，臣等不勝欣戴。」上答曰：「先生每辛苦。」時行等對云：「聖體勤勞，臣等分當奔走。」因叩頭謝。

萬曆十三年五月十九日上視朝畢，退御暖閣，召輔臣時行等至前，牘授時行曰：「這是陝西巡按御史董子行奏本，先生每看。」時行受牘且披且奏曰：「臣昨日接得董御史揭帖，曾略節看過，其一説撫鎮官當親自巡歷地方，巡撫一年一次，總兵一年兩次，其二説巡撫當久任責成，其三，」時行方檢疏中條件未及言，上曰：「是説方而官。」時行曰：「是説邊方兵備官宜加優異，其四是説沿邊同知通判等官宜慎選用，破格遷除，其所言多是。」上曰：「然。邊務重大，各撫鎮官不親歷地方，專委那小官下人，多不用心整理，豈不誤事。」時行曰：「聖鑒允當，邊事全賴總兵巡撫整理，若每年巡歷地方，則凡險要修與不修，兵馬齊整與不齊整，都身親目擊，下吏不敢躲閃欺蔽，自能盡心整理。」上曰：「然。必須親到地方，看某處該修守，某處該設備纔好。專靠下人查看不得。」時行對言：「巡撫遷轉，昨蒙皇上以方弘静任淺不准推陞，臣等深服聖斷，着令久任最是，蓋在任年久，不惟其才猷得以展布，便是地方百姓也得相安。」上曰：「然。即有年久的寧可加俸加銜，不可輕易更動，這本先生每將去看來。」時行等叩頭謝曰：「皇上留心政務，臣等不勝欣戴。但臣等愚闇，不能仰贊聖明萬一，尤不勝愧悚。」上曰：「今後有政事，再與先生每商量。」時行等復叩頭出。閣臣召對之典，自孝廟而後，久廢不舉。是日朝罷，百官俱北向立候上還宫，忽就暖閣召三臣，即三臣亦不知所以，比奉對出，百官聞狀，無不喜色相慶，謂復見孝廟時盛事，翕然有太平之望矣。

萬曆十三年閏九月初九日，上閲壽宫畢，還感思殿，輔臣時行等迎于道傍。上于馬上回顧四臣，命司禮監太監張誠召入殿門。有頃，上御東室，召四臣入，既叩頭，上面諭曰：「朕親閲壽宫禮成，卿等扈從勤勞，卿元輔特賜玉帶一條，羅衣一襲，次輔國玉帶一條，羅衣一襲，次輔錫爵羅衣一襲，次輔家屏羅衣一襲，以酬卿等之勞。」時行等奏：「壽宫吉壤，斷自聖裁，臣等奔走無功，乃蒙皇上非常特賜，臣等不勝感戴天恩之至。」因叩頭謝。上復諭云：「定國公文璧、彰武伯炳，各扈從有勞，人每賜玉帶一條，羅衣一襲以酬之，卿等傳示。」時行對云：「臣等容即傳示。」叩頭出。及門，上遽命中使止之，仍召入東室。上以部院諸疏授時行等，諭曰：「朕看閲壽宫，自有主張，他每原不知風水，如何紛紛來説。」時行等對云：「大谷山原係吉壤，皇上聰明天縱，一經聖覽，自有定裁。但皇上此行，上自兩宫聖母，下至六軍萬姓，無不願皇上亟賜裁定，近因人言，恐聖心有疑惑，所以九卿諸臣有此陳奏。」上曰：「且待朕看定，如何這等忙迫，是甚麼意思？」

時行對云：「諸臣之意，不過欲仰□聖裁，亦無他也。」上意未釋，復以御史柯挺疏授時行曰：「柯挺初説要向簡山，如何又不説了，着他回將話來。」時行對云：「柯挺初時原有此議，因張邦垣説已亥于景命相妨，所以不敢固執前説。」上復以李植等疏授時行，時行見其疏内有青白頑石語，對云：「李植等説青白頑石大不是，大凡石色麻頑或帶黄黑者，方謂之頑，若其色青白滋潤，便有生氣，不得謂之頑石矣。」上曰：「李植等原擇三地，二處不堪，其寶山一地，亦可著調外任罷。」時行對云：「聖裁允當。」因請將諸疏持出，票擬進覽。上曰：「先生每擬票來朕覽。」又諭云：「朕明日還京。」四臣皆叩頭出。

萬曆十四年三月初六日，上視朝畢，退御暖閣，召輔臣時行等入，因出四臣所上疏，手授時行諭云：「昨覽卿等所奏，深切時政，着該衙門著實議行。」時行等奏：「前日天氣昏濁，塵霾蔽空，臣等不勝憂懼，仰惟皇上，祗畏天戒，軫恤民艱，勑諭臣等，句句都是敬天憂民之誠。但臣等愚陋，不能仰承德意，偶有一得之愚，煩瀆聖聽，伏蒙皇上嘉納，不勝感激。」因叩頭謝。上復諭云：「織造燒造，原非得已，既先生每説重的再減去些。近開水田，人情甚稱不便，既百姓不願，不該強行。」時行等奏：「這水田有説。前者科道官紛紛建議，説京東地方，田地荒蕪，廢棄可惜，相應開墾。京南常有水患，每大水時至，漂没民田數多，相應疏通，故有此舉。昨御史既説滹沱河難治，宜且暫停。若開墾荒田，則薊州等處開成已五六萬畝，不宜遽罷。」上復云：「南方地下，北方地高，南地濕潤，北地鹻燥，且如去歲天旱，井泉都乾竭了，這水田怎能做得？」時行等對：「臣等愚意也只要開墾荒地，不是要盡開水田。」上曰：「荒蕪可開，水田不必做。」時行等對：「聖裁允當。只該相地勢，察人情，不可強民。」上曰：「先生每將去票來。」時行等叩頭欲起，上復云：「朕居深宮，外間民情事務，不得周知，還要先生每調停，有該説的不時奏來。」時行等對云：「臣等幸蒙皇上委託，不敢不盡心盡言。」乃退。

萬曆十五年三月十三日，上視朝，時聖體初安，百官致詞稱賀畢。上召三輔臣至皇極門暖閣，時行等奏：「聖躬萬福，臣等瞻覩天顔，不勝慶忭。」上曰：「朕偶有微疾，不得出朝，先生每掛心。」時行等叩頭謝。上於袖中出二疏，手授時行，乃主事王德新、員外顧憲成疏也。先一日發閣擬票，傳旨欲處二臣，時行等皆擬罰俸。上曰：「如今用人，那一箇不是朕主張，二主事肆言，却説不是朕獨斷，好生狂妄。」時行對云：「皇上天縱聰明，乾剛獨運，即今朝廷政事，各衙門章奏，無一件不經御覽，無一事不出聖裁，司屬小臣，不知妄言，原無損於皇上聖德。」上曰：「臣下事君上，也有箇道理。他每把朕全不在意，朕非幼冲之時，如何説左右簧鼓，先生每擬的太輕，還改票來。」時行奏云：「二臣狂妄，罪實難逭，但臣等仰見皇上明並日月，量同天地，區區小臣，不足以褻雷霆之威，即外論疑及臣等，寧使臣等受誣蒙謗，不必輕動聖怒。」上曰：「先生每是朕股肱，與别的不同，須要爲朕任怨，若只要外邊好看，難爲君上。」時行對：「臣等受皇上厚恩，雖犬馬無知，也當圖報，敢不任怨。」上曰：「他每説話，必有主使之人，着追究出來。」時行對：「建言的，也有幾樣，有忠實的人，出自己見，不知忌諱者，有愚昧的人，不諳事體，道聽塗説者，未必出于主使。」語未竟，上曰：「還是沽名賣直的多，若不重處，不肯休歇。前有旨，各衙門戒諭司屬，通不遵依，也問他。」時行等欲再爲申解，上遽云：「先生每便將去改票來。」時聖躬新愈，未耐久坐，時行等不能畢其説，乃叩頭退。是日初見天顔開霽，詞旨甚温，至語及二臣疏，聲色頗厲，而諄諄亹亹，玉音琅然，三輔臣退而歎息上之聰明英斷如此。

萬曆十五年八月初三日，上御皇極門，視朝畢，退御暖閣，召三輔臣入。上曰：「朕見各處奏報災傷，小民不得安生，心甚憂憫。事有關於吏弊，有切於民生的，卿等深思詳議來行。」時行等對：「臣等竊見近日以來，各處奏報災傷，如陝西亢旱，江南大水，江北又有蝗蟲，河南一帶又被黄河衝決，委的災傷重大。皇上聖德方隆，豈宜有此，這是臣等奉職無狀所致，除臣等痛加修省外，伏望皇上深念邦本，少留聖心。」上曰：「近來有同官貪墨，不恤百姓，又刑獄多有冤枉，撫按官亦不爲伸理，這都傷害和氣，如今懲貪墨，理冤獄，是第一要緊的事，着該部院行與在外衙門知道。」時行對：「有司爲民父母，若是貪贓壞法，百姓果然不得安生，若民間果有冤抑不得伸雪，委得有傷和氣，聖見高明，深切利弊民生，臣等不勝仰服。但臣等一得之愚，竊謂今日救荒之政，還有兩件，一是蠲免，一是賑濟。」上曰：「雖是蠲賑，有司官多侵尅了只充自己囊橐，小民不霑實惠。」時行對：「有司有不才的，只在上官稽察，朝廷恩澤，自不可已。如錢糧出自田地，田地既荒，百姓没了喫的，如何又辦得錢糧？就日加箠楚，終不能辦。皇上若施曠蕩之恩，大賜蠲免，人心纔得少安。如今帑藏空虚，經用不足，蠲免固難輕議。然古人有言，百姓足，君孰與不足。目前雖不足用，那百姓還在田上，還在一年耕穫，便可出辦錢糧，民皆皇上之民，財皆皇上之財，何憂匱乏？」上曰：「災傷須分别輕重，使實惠及民。」時行對：「以災傷之重輕，定蠲恤之分數，此在按臣覈實奏報該部照例施行，聖見允當。」上猶諄諄言有司虛應故事，視詔令如故紙。時行奏：「皇上有此德意，申令既嚴，有司當不敢違犯。臣等尚有賑濟之説，蓋無田無食之民，蠲免所不及者，若不加賑恤，則餓死道路，趁食他方，強暴之徒起爲盜賊。」上曰：「有司刻剥百姓，百姓急了，怎得不做盜賊？」時行對：「爲今之計，須查各處倉庫見貯銀穀，或散與穀子，或煑與粥喫，亦可救日夕之命。賑濟也不容已。」上曰：「先生每到閣有該行的議擬來行。」時行等又奏：「蠲賑事情，若出自臣下所請，則恩歸於下，惟是皇上獨斷，則思出自上，人心必然感悦，容臣等撰擬手勑，上請聖裁施行。」上曰：「然。」時行等乃叩頭退。

萬曆十六年九月九日，駕幸大峪山，臨閱壽宮。明日，循西山，踰石景，至渾河。有頃，中官飛騎傳詔趨召臣時行、臣國、臣錫爵及定國公臣文璧、臨淮侯臣言恭，見於渾河幄次。時行等叩頭畢，上起觀河流，河水迅急，中流架木爲梁，上指河水，顧時行等曰：「此河洶湧如是，聞黄河數決爲民害，當亦同之。」時行對曰：「此滹沱河正流，發源桑乾，從塞上入内地數百里，出琉璃橋，或遇水漲，時有衝決。若黄河則其流更遠，其勢更大，無論前代，即本朝亦屢屢潰決，不惟居民受害，每至漕運梗塞，故國家以治河爲第一要務。」上曰：「經理河務，須在得人。」時行對：「今河臣爲潘季馴，他在河道久，感皇上拔擢之恩，不敢不盡心任事。」上曰：「好着他用心。」時行等叩頭退，因命三輔臣作歌以紀其事云。

萬曆十八年正月朔甲辰免朝賀，上在毓德宫，召閣臣時行等四臣入見於西室，御榻東向，時行等西向跪，致詞云：「元旦新春，仰惟皇上萬壽萬福，臣等不勝欣賀。」因叩頭。又奏云：「臣等久不瞻覩天顔，下情不勝企戀，恭候起居萬安。」又叩頭。上曰：「朕之疾已痼矣。」時行等對云：「皇上春秋鼎盛，神氣充盈，但能加意調攝，自然勿藥有喜，不必過慮。」上曰：「朕昨年爲心肝二經之火時常舉發，頭目眩暈，胸膈脹滿，近調理稍可，又爲雒于仁這本肆口妄言，觸起朕怒，以致肝火復發，至今未愈。」時行等奏：「聖躬關係甚重，祖宗神靈，兩宫聖母，皆憑藉皇上，當倍萬珍護。無知小臣，狂戇輕率，不足以動聖意。」上以雒于仁本手授時行云：「先生每看這本説朕酒色財氣，試爲朕評一評。」時行方展疏未及對，上遽云：「他説朕好酒，誰人不飲酒，若酒後持刀舞劍，非帝王舉動，那是有事。又脱朕好色，偏寵貴妃鄭氏，朕只因鄭氏勤勞，朕每至一宫，他必相隨，朝夕間他獨小心侍奉，委的勤勞。如恭妃王氏，他有長子，朕着他調護照管，母子相依，所以不能朝夕侍奉，何嘗有偏？他説朕貪財，因受張鯨賄賂，所以用他。昨年李沂也這等説。朕爲天子，富有四海之内，普天之下，莫非王土，天下之財，皆朕之財，朕若貪張鯨之財，何不抄没了他？又説朕尚氣，古云少時戒之在色，壯時戒勇戒鬬，勇即是氣，朕豈不知，但人孰無氣？且如先生每也有僮僕家人，難道更不責治？如今内侍宫人等，或有觸犯及失悮差使的，也曾杖責，然亦有疾疫死者，如何説都是杖死？先生每將這本去票擬重處。」時行等對云：「此無知小臣誤聽道路之言，輕率瀆奏。」上曰：「他還是出位沽名。」時行等對云：「他既沽名，皇上若重處之，適成其名，反損皇上聖德，惟寛容不校，乃見聖德之盛。」時行以其疏繳置御前，上沈吟答云：「這也説得是，到不是損了朕德，却損了朕度。」時行等對：「皇上聖度，如天地一般，何所不容？」上復取其疏再授時行，使詳閲之，室中微闇，認字難真，時行稍閲大意，上連語云：「朕氣他不過，必須重處。」時行云：「此本原是輕信訛傳，若將此本票擬處分，傳之四方，反當做實話了。臣等前見疏久留中，在閣中私相頌歎，以爲聖度寛容，超越千古。臣等愚見，謂照舊留中爲是，容臣等載之史書，傳之萬世，使萬世稱皇上是堯舜之君，此乃盛事。」復以其疏返御前。上復云：「如何設法處他？只是氣他不過。」時行等云：「此本既不可發出，亦無他法處之，還望皇上寛宥，容臣等傳語該寺堂官，使之去任可也。」上首肯，天顔稍和，因云：「先生每是親近之臣，朕有舉動，先生每還知道些，那有是事。」時行等對云：「九重深邃，宫闈祕密，臣等也不能詳知，何況疎遠小臣，只是輕信訛言，不足計較。」上曰：「人臣事君該知道理，如今没箇尊卑上下，信口胡説。先年御史有箇党傑，也曾數落我，我也容了，如今雒于仁就和他一般，因是不曾懲創，所以又來説。」時行等對云：「人臣進言，固是忠君愛國，然須從容和婉，如臣等常時不敢輕瀆，惟事體有不得不言者，纔敢陳奏。臣等豈敢不與皇上同心，這小臣臣等亦豈敢回護，只是以聖德聖躬爲重。」上曰：「先生每尚知尊卑上下，他每小臣常這等放肆，近來只見議論紛紛，以正爲邪，以邪爲正，一本論的還未及覽，又有一本辯的，使朕應接不暇。朕如今張燈後，看字不甚分明，如何能一一遍覽這等的，殊不成箇朝綱。先生每爲朕股肱，也要做箇主張。」時行等對云：「臣等荷蒙皇上任使，才薄望輕，不能鎮壓人情，以致章奏紛紜，煩瀆聖聽，臣等有罪。但臣等因鑒前人覆轍，一應事體，上則稟皇上之獨斷，下則付外廷之公論，所以不敢擅自主張。」上曰：「不然。朕就是心，先生每是股肱，心非股肱安能運動？朕既委任，先生每有何畏避？還要替朕主張，任勞任怨，不要推諉。」時行等因叩頭謝云：「蒙皇上以股肱腹心優待臣等，犬馬猶知報主，況臣等受皇上高厚之恩，敢不盡心圖報。任勞任怨四字，臣等當書之座右，朝夕服膺。」語畢，時行復進云：「皇上近來亦進藥否？」上曰：「朕日每進藥二次。」時行等云：「皇上須慎重揀選良藥。」上曰：「醫書朕也常看，脉理朕都知道。」時行等又云：「皇上宜以保養聖躬爲重，清心寡欲，戒怒平情，聖體自然康豫矣。」時行等又奏云：「臣等久不瞻覩天顔，雖有芻蕘之見，不能一一□陳，今日幸蒙宣召，臣等敢不傾吐。近來皇上朝講稀疎，外廷日切懸望，今聖體常欲静攝，臣等亦不敢數數煩勞起居。但一月之間，或二三次，或三四次，間一臨朝，亦足以慰羣情之瞻仰。」上曰：「朕疾愈，豈不欲出？即如祖宗廟祀大典，也要親行，聖母生身大恩，也要時常定省，只是腰痛脚軟，行立不便。」時行等又云：「册立東宫，係宗社大計，伏望皇上蚤賜裁定。」上曰：「朕知之。朕無嫡子，長幼自有定序，鄭妃亦再三陳請，恐外間有疑，但長子猶弱，欲俟其壯健使出就外，纔放心。」時行等又云：「皇長子年已九齡，蒙養豫教，正在今日，宜令出閣讀書。」上曰：「人資性不同，或生而知之，或學而知之，或困而知之也。要生來自然聰明，安能一一教訓。」時行等對云：「資稟賦於天，學問成於人，雖有睿哲之資，未有不教而能有成者。語云少成若天性，習慣如自然，須及時豫教，乃能成德。」上曰：「朕已知之，先生每回閣去罷，各賜酒飯一桌，燒割一分。」時行等叩頭謝，遂出行，去宫門數十丈許，上復令司禮内臣追止之，云：「且少候。上已令人宣長哥來，着先生每一見。」時行等復還至宫門，向上跪良久，上令内臣覘視申閣老等聞召長哥亦喜否，時行等語内臣云：「我等得見睿容，便如覩景星慶雲，真是不勝之喜。」内臣入奏，上微哂頷之。有頃，上命司禮監二太監，謂時行等：「可唤張鯨來，先生每責訓他。」時行等云：「張鯨乃左右近臣，皇上既已責訓，何須臣等？」司禮監入奏，上復令傳諭云：「此朕命不可不遵。」有頃，張鯨至，向上跪，時行等傳上意云：「爾受上厚恩，宜盡心圖報，奉公守法。」鯨自稱以多言得罪。時行等云：「臣事君猶子事父，子不可不孝，臣不可不忠。」鯨呼萬歲者三，乃退。司禮入言上，上曰：「這纔是不辱君命。」久之，司禮太監傳言：「皇長子至矣。」皇三子亦至，但不能離乳保。遂復引入西室，至御榻前，則皇長子在榻右，上手携之，皇三子旁立，一乳母擁其後。時行等既見，因賀上云：「皇長子龍資龍目，岐嶷非凡，仰見皇上昌後之仁，齊天之福。」上欣然曰：「此祖宗德澤，聖母恩庇，朕何敢當？」時行等奏：「皇長子春秋漸長，正當讀書進學。」上曰：「已命内侍授書誦讀矣。」時行云：「皇上正位東宫，時方六齡，即已讀書，皇長子讀書已晚矣。」上曰：「朕五歲即能讀書。」復指皇三子：「是兒亦五歲，尚不能離乳母，且數病。」時行等稍前，熟視皇長子，上手引皇長子向明正立，時行等注視良久，因奏云：「皇上有此美玉，何不早加琢磨，使之成器？願皇上早定大計，宗社幸甚。」乃叩頭出。是日，時行等以傳免朝賀，特詣會極門行禮，忽聞宣召，急趨而入，歷禁門數重，乃至毓德宫，從來閣臣召見，未有得至此者，且天語諄復，聖容和睟，藹然如家人父子，累朝以來所未有也。

萬曆十八年七月二十六日乙丑，上御門視事畢，召閣臣時行、臣國、臣家屏見於皇極門暖閣。上出陝西巡撫趙可懷奏報虜情本，手授時行，且曰：「朕近覽陝西督撫梅友松等所奏，説虜王引兵過河，侵犯内地，這事情是如何？」時行等對：「近日洮州失事，殺將損軍，臣等正切憂慮，伏蒙聖問，臣等敢以略節具陳。洮外邊外，都是番族，番族有兩樣，中茶納馬的是熟番，其餘的是生番，先年虜騎不到，只是防備番賊，所以武備單弱，倉猝不能堵遏。如今虜王過河，是被火落赤勾引，多爲搶番，又恐中國救護他，故聲言内犯。然虜情狡詐，不可不防。」上曰：「番人也是朕之赤子，番人地方，都是祖宗開拓的封疆，督撫官奉有勑書，受朝廷委託，平日所幹何事？既不能預先整理防範，到虜酋過河侵犯，纔來奏報，可見邊備廢弛。皇祖時各邊失事，督撫官都拿來重處，朝廷自有法度。」時行等對：「皇上責備督撫，以不能修舉邊務，仰見聖明英斷，邊臣亦當心服。如今正要責成他，着他選將練兵，及時整理。」上曰：「近時督撫等官，平日把將官輕賤凌虐，牽制掣肘，不得展布，有事却纔用他。且如各邊但有些功勞，督撫官有陞有賞，都認做自己的功。及至失事，便推與將官及些小武官，虚文搪塞。」時行等對：「各邊文武將吏，各有職掌，功罪須要覈實，如總督巡撫只是督率調度，若臨戰陣，定用武官。武官自總兵以下，有副總兵，有參將、遊擊、守備，各分信地，如有失事，自當論罪。」上曰：「古時文臣如杜預，身不跨鞍，射不穿札，諸葛亮綸巾羽扇，都能將兵立功，何必定是武臣？」時行等對：「此兩人都是名臣，古來絶少人才，自是難得。臣等遵奉聖諭，即當傳與兵部，轉諭督撫諸臣，盡心經理，以紓皇上宵旰之憂。」上曰：「將官也要揀選好的，必謀勇兼全，曾經戰陣的纔好。」時行等對：「將才難得，如今都是選擇用的，但是款貢以來，邊將經戰陣的也少了。」上曰：「重賞之下，必有勇夫，要好的也有。只是不善用他，雖有關張之勇，也不濟事。」時行等對：「近日科道官建言要舉推將材，臣等曾對兵部説及早題覆，着九卿科道官會同推舉。」上曰：「前日有御史薦兩箇將官。」時行等對：「薦的將官，一箇是王化熙，曾提督巡捕，臣等親見他也是中常之才，只宜腹裏總兵，一箇是尹秉衡，先年是箇好將官，如今老了。」上曰：「這不論他年老，趙元國也是老將，只要有謀略。」時行等對：「將在謀，不在勇，聖見高明，非臣等愚昧所及。」上又曰：「朕在九重之内，邊上事不能悉知，卿等爲朕股肱，宜常爲朕用心分理。如今邊備廢弛，不止陝西，或差有風力的科道，或九卿大臣前去，如軍伍有該補足的，錢糧有該措處的，着一一整頓。《商書》云：事事有備無患。趁如今收拾還好，往後大壞，愈難收拾了。」時行等對：「當初許虜款貢，原爲内修守備，外示羈縻，只爲人情偷安，日漸廢弛，所以三年閲視，或差科臣，或就差彼處巡按御史。」上曰：「三年閲視，是常差，如今要特差。」時行等對：「臣等連日正在閣中商議，要推舉大臣一員前去經略，且重其事權，使各邊聲勢聯絡，庶便行事，容臣等撰擬傳帖，恭請聖裁施行。」上曰：「還擬兩箇來行。」已復言款貢事，上稱皇考聖斷者再，時行等言：「自俺答獻逆求封，賴皇考神謨獨斷，許通款貢，已二十年，各邊保全生靈，何止百萬。」上曰：「款貢亦不可久恃，宋家之事可鑒。」時行等對：「我朝與宋事不同，宋時中國弱，夷狄強，原是敵國。今北虜稱臣納款，中國之體自尊，但不可因而忘備耳。」上曰：「雖是不同，然亦不可媚虜，虜酋心驕意大，豈有饜足之時？須是自家修整武備，保守封疆。」時行等對：「今日邊事，既不可輕于決戰，又不可專于主撫，只是保守封疆，據險守隘，堅壁清野，使虜不得肆意侵掠，乃是萬全之策。皇上廟謨弘遠，邊臣庶幾有所持循。至于失事有大小，情罪有輕重，若失事本小，而論罪過重，則邊臣觀望退縮，虜酋反得挾以爲重，又非所以激厲人心。目今尤望皇上寬文法，核功罪。」上曰：「如今失事也不輕了。」時行等對：「賴皇上聖恩，從寬處分，容臣傳示于邊臣，使之感恩圖報。」上復問：「王次輔病安否何如？」時行等對：「臣錫爵委實有病，屢疏求去，情非得已。」上曰：「如今有事之時，正宜竭忠贊襄，如何要去？」時行等對：「皇上注念錫爵，具見優厚輔臣至意，臣等亦知感激。但錫爵連年告病，臣等責以大義，遂不敢固辭。今次病勢果係纏綿，臣等親至其臥内，見其形體羸瘦，神思愁苦，亦不好強留他。」上曰：「這等着從容調理，痊可，即出供職。」時行等唯唯，因叩頭奏：「臣等半月不覩天顔，今日視事，仰知聖體萬安，不勝欣慰。」上曰：「朕尚頭眩臂痛，下步不方便，今日特爲邊事，出與卿商議。」時行等叩頭奏：「皇上萬分寶重。」上又曰：「聞山西五臺一路，多有礦賊嘯聚劫掠，地方官如何隱匿不報？」時行等奏：「近日聞河南嵩縣等處，聚有礦賊，巡撫官督率官軍驅逐，已解散了。」上曰：「是山西地方五臺山？因釋氏故知之。」上恐時行等誤以爲失事也，復曰：「釋氏是佛家，曾遣人進香耳。」時行等對：「地方既有盜賊嘯聚，該管官員，乃隱匿不報，其罪不止踈玩而已，容臣等傳示兵部，令查明具奏。」遂叩頭出。初，上切責督撫，聲色俱厲，及論邊事久，天顔愈和，神采煥發，語亹亹不休。時行等退而稱難，上留意邊防，益明習政事如此，宗社生民之福也。

吳邑布衣陳廣日書。

《庚申紀事》

明張潑撰

庚申七月既望庚寅，諸臺省聞内醫言：「神宗病，不食且半月，東宫未得省見。」走謁閣臣方從哲，御史左光斗曰：「公何不率百官問安？」曰：「帝諱疾，即問安，左右不敢傳。」給事楊漣曰：「昔文潞公問宋仁宗疾，内侍不肯言，潞公曰：天子起居，汝曹不令宰相知，將無有他志？下中書省行法。公誠日三問，不必見，亦不必帝知，第令宫中人知有廷臣在耳。公更當宿閣中。」曰：「無故事。」曰：「潞公不訶史志聰，此何時，尚問故事耶？」給事魏應嘉、御史倪應春皆曰：「然。」壬辰，會九卿臺省入思善門，久之，司禮監傳命且退。甲午，帝御榻，整冠被袗，召見閣部大臣，稽首祝萬福。吏部尚書周嘉謨以補大僚臺省請，帝曰：「待朕小愈。」兵部尚書黄嘉善以邊事請，帝倦不答。諸臣遂出。日旰，光宗尚踟躕宫門外，漣、光斗使人語東宫伴讀者：「帝病，力不召太子，非帝意，薄暮可還宫，遲明力請入侍，嘗藥視膳，向後夜無輕出。」丙申，神宗崩，遺詔内閣同司禮監輔太子。丁酉，光宗視含殮畢，以内帑百萬犒遼士卒。戊戌，以百萬犒九邊，已亥撤搉税中官，盡罷天下商税。下諸奏如流，給諫中有要閣臣會極門者曰：「大行皇帝久不覽奏，以令旨行，未見其便下者。封還未下者，屬司禮留中。庶幾先帝正終，新帝正始。」御史張潑曰：「諸奏皆朝臣宿昔之願，如饑食渴飲，留中兩言，天下方顫恐而患之，何得出自我輩？且旨奉父命繼述，大孝也，何不可之？」有閣臣語司禮，司禮曰：「官家閲章奏，恆至夜分，某等何敢留？」是時聞鄭貴妃曲謹事帝，能食其意，知李選侍房燕尤寵，爲請封后以結驩，選侍亦爲鄭請封太后。楊漣趨語禮部侍郎孫如游曰：「皇長子非李所愛，李若后，嫡矣。他日將若何？」大行皇帝愛長孫，亟白輔臣，於遺詔首舉册立，登極後三日即援詔請耳。壬寅，召輔臣問軍事，鋭意剿除，朕不惜費，計安封疆，卿獨相良苦，可令吏部更推六七人。癸卯，發五千金充運餉僦費，無煩郵傳。丙午，光宗即位，諸臣覩天顔和而莊，舉手加額相慶。閣臣密請下神宗所用史、沈二相，帝命更舉。戊申，禮臣請立皇太子。己酉，聞帝小不豫。庚戌，命諏吉建儲。給事范世濟、御史顧造等，請兼用内外臣入閣，無專屬詞林。不報。辛亥，禮臣請三六九常朝，從之。壬子，帝欲諭閣臣封鄭貴妃爲皇太后，閣臣以示禮臣孫如游，即日請收回成命。

疾愈，如期視朝，貴妃以崔文昇屬李選侍進藥，帝苦暴下，日夕數十，憊矣。癸丑，謫給事周朝瑞，以論金花銀宜還太倉助餉也。朝瑞疏侵中官，故崔文昇、李進忠、劉遜等摘疏中發帑不見恩語，激帝怒，將繫而杖之。瑨王安叩頭請，始薄謫云。甲寅，帝不視朝。乙卯，有旨緩建儲期，朝衆愕然。丙辰，閣臣禮臣再請。丁巳，帝視朝，有悴容。戊午，旨封李選侍皇貴妃，召見閣臣，六部吏科河南道御史謂朕虚甚，欲常朝不能，所奏當行事，無不允。閣臣以建儲期請，嘉謨以復周朝瑞官請，帝首肯。是日，欽天監擇九月九日立皇太子，報可。嘉謨疏復朝瑞官，不報。己未，司業李騰芳語楊漣、戚畹、郭家振、王天瑞，言貴妃進文衣之媵若而人，又以其傅婢探刺微密，崔文昇藥，故也，非誤也，皇長子每私泣，父皇體力健，何遽至此？鄭李謀得照管皇長子，包藏禍心。漣曰：「宜率百官訟言於朝以折之。」庚申議神宗謚，給事魏應嘉以恭請，未盡厥美，乃改謚。漣、光斗會諸大臣言：「鄭貴妃當移宫。」故其夜復趣封鄭。辛酉，上神宗謚畢，嘉謨集勳戚文武大臣詰數貴妃姪養性曰：「先朝不早定國本，歸罪若姑，乘至盛而不返，衆讙未息，若宜代若姑固辭封，何久處乾清宫，進寶玉美女，萌非常之念，規求無度，侵欲無厭，事發相重，鄭氏無噍類矣。」養性掩然無聲，若褫魄而退。諸大臣同閣臣具疏，乞揀愿謹内臣，奉皇長子居慈慶宫，帝一意静攝，而閣臣有謂宫中事非外臣得與聞，漣抗言曰：「昔賢調和兩宫非耶，皇長子無母，上慎疾不遑暇，舍閣臣孰任？」又謂以移宫爲離間。漣曰：「帝操心慮患，爲日多矣，識公等意必無疑。」鄭陪僕更相盼伺，揣知衆心成城，即移慈寧宫去，封后旨猶未還也。壬戌，召太醫院官同閣部吏科河南道入，帝曰：「朕日食無一盂粥，申旦不寐，奈何？」諸臣不勝其恐矣。癸亥，給事李若珪疏選侍先聖母封非禮。甲子，諸臣再朝，帝諭以目眩體弱，而吏部推閣臣詞林五人，外臣三人，獨用何宗彦、劉一燝、韓爌三人。乙丑漣疏極論崔文昇妄用藥罪，醫家有餘者泄，不足者補，上日日萬幾，煢煢在疚，精神無不越渫，而反投相伐之劑，遂令聖躬轉劇，復煽播黨與抗言，上爲侍御蠱惑，不慎容止，將以自蓋奸慝，既益上疾，又損上名，罪不容死，懇檢問收攝，解道路紛紛之口，其封鄭貴妃一事，尤乖典常，尊以嫡母，如大行皇后何？尊以生母，如本生皇太后何？敕處别宫，必先奏聞，然後來朝，上曠然包荒，嘉與維新，以嚴名分，杜僭踰，對天下之望。丁卯，特召見兵科及閣部大臣，而宣錦衣官校，衆以漣兵科爲之危，或求閣臣爲解，閣臣謂漣庭詰當引咎。漣曰：「自分穴胸糜骨，必對如初。」諸大臣入，一燝、爌稱名謝，諭以爲朕盡心分憂，注視久之，因言朕舊年七月失調，今年五月方痊，即位後，罔敢暇豫，病發寢尋，體久不平。詞意藹然，今上侍側，目諸臣而手指之：「渠事已妥，服事人俱有定。」已召皇四子出見，禮臣白封選侍事。帝曰：「是事朕有年頗小心耳。」方從哲請皇長子移宮期，帝曰：「朕不忍離，科臣亦有言。」嘉謨曰：「皇長子時侍側爲是，宮可無移。」一爆請帝輔醫藥，厚自持。帝曰：「藥無功，却十餘日不進。」嘉謨曰：「藥猶第二義，惟清心寡慾，則勿藥有喜。」帝曰：「宮中無他事。」因目上：「哥兒説一説。」上曰：「宮中無他事，先生示外人無聽流言。」蓋漣前疏中所云聖躬違和之由，因特召以詔諸臣耳。少選，逐文昇，并停后封矣。辛未再召見，帝聲容如故。甲戌召見，則云朕疾似不可爲，目閣臣：「國家事三卿盡心。」目部院：「卿等與朕分憂，輔皇長子要緊，必輔爲堯舜之君。」復目屬臺省者再，又目上：「哥兒説一説。」上曰：「先生勞苦，聽父皇言。」帝問壽宮事，意殊黯然，諸臣哽咽，莫能仰視，帷中小豎出，附上耳語，上摇首，而一朱衣婦從帝前挾上入，呫囁久之，上踉蹌出，厲聲曰：「父皇要封皇后。」諸臣以爲語急，孫如游曰：「帝欲封李選侍爲皇貴妃，臣等即具儀聞。」帝漫應曰：「爾。」復手指上輔：「此爲要緊者。」再閣臣從哲言：「鴻臚丞李可灼有仙丹可服。」帝曰：「果仙丹，進來。」是日，三見，賜諸臣酒食金幣，君臣父子，情指繾綣。一爆語嘉謨曰：「帝顧念大臣不已，若不欲委身婦寺者，邀福於天，爲萬年明天子。彼朱衣人何無忌憚若是？」各雪涕而出。九月朔乙亥，城頭鼓，紞紞五更，亟召諸臣，比至，登假矣。大臣或議以上託選侍，漣奮曰：「天子豈可託婦人，選侍無德於儲君，有怨於聖母，日者帝前強上入，復強出，豈相放哉？大行皇帝踐祚五日而病，病十五日而棘，不一月而崩，即天命有數，乃其故談之令人憤，不共載天，李鄭連體，蘭形棘心，姦宄輻輳，授太阿柄，養虎遺患，我輩無事新主之日，亟請見皇長子，見即呼萬歲，導駕出宮。」嘉謨曰：「是已。」閣臣至，亦憂上無託，漣曰：「三公在，更問誰託？大行皇帝業已託孤，言猶在耳，棄之若何？」一爆深然之。趨入乾清宮，閹人持梃不令入，漣攘臂大詬：「皇帝召我等，今已晏駕，皇長子少，起居未知安否？汝曹不容諸臣入，意何爲者？」閹人卻，得入，慟哭已，請上出，三四而後可，諸臣呼萬歲，上言不敢當者三，諸臣請六日登極，因封選侍，上不應。從哲言：「社稷爲重，登極不可緩。」上曰：「具儀以聞。」因請出乾清宮，中官王安擁上，一爆奉左手，英國公張惟賢奉右手，諸臣前後導從及閾，内豎大呼：「拉小主何往？主小懼人。」有攬衣欲奪上入者，漣格而訶之：「殿下我主，千官萬姓，四海九州皆臣子，復懼何人？刀鋸之餘，誰宣殿下回宮者？」因至宮門西向坐，大臣各稽首請登輿，至文華殿，乃西向，諸臣拜殿内，奉入慈慶宮，謁孝端皇后几筵。一爆奏：「乾清宮未掃除，殿下暫憩此。」嘉謨奏曰：「殿下之身，天地神人所託重，往乾清宮視大小殮與朝暮奠，必臣等至方啓行。」上首肯。或有指中官中某某可任者，漣曰：「大行皇帝已選擇而使，若曹受兩朝恩，瞻察上飲食動定，警蹕游徼，其不恭命，國有常刑。」又有議封選侍者，漣曰：「范文正不欲仁宗從劉后命封楊太妃，選侍無楊撫養恩，封無謂也。」又以登極當速，或初三日，或即日者，漣與顧造、范世濟爲閣臣，言：「宮鄰昭泰，内無嫡庶之嫌，父死之謂何？含殮未畢，而袞冕臨朝，非禮也。」諸臣謂正位則事定而人心安，漣曰：「安與不安，不在即位早暮，植遺腹，朝委裘，安自如耳。」語次，光斗至曰：「事幾之會，間不容髮，失今日期，脱未安，汝安辭死？」漣色然而駭。已朝臣畢至，嘉謨再屬中官入奏，臣民願即位，摇摇恐夕不至朝。上頷之，徐曰：「日已晏，父皇未殮，宜諏日。」而漣屬錦衣駱思恭簡諸緹騎周廬嚴警，張問達屬中官自乳媪外，無容少年女子入宮。巡視京營給事李若珪增設禁門衛，陳列兵而譙何。漣因與光斗謁嘉謨，極言選侍不可與皇長子同宮，議合。丙子厭旦，哭臨畢，嘉謨與諸大臣公疏，光斗專書請，而光斗疏有唐武氏語。李進忠等從臾選侍，母子同宮爲正，并言諸文書必我看方可發，迮迫從慈慶宮内使，將以武氏語罪光斗。戊寅李進忠等遇漣於麟趾門，曰：「娘娘惱甚。」漣疾言曰：「娘娘爲誰？前在乾清宮，是皇長子，今在慈慶宮，是皇帝，雖鄭貴妃生死唯命，選侍何人，言何以出閫外？皇帝十六歲，非可玩弄股掌之上，乾清宮非彼所得住，不移，汝曹死無處所。」衆語塞，而給事中惠世揚及張潑云：「選侍欲臨朝稱制，及罪光斗事。」共議公疏以争，未果。及夜，李進忠逃矣。已卯，漣聞移宮在初九、十三，亟語從哲趣之。從哲曰：「移何必明日？」漣曰：「昨以皇長子就太子宮爲是，既爲天子，天子避宮人理乎？雖聖母居坤寧，太后居慈寧，選侍何人，居天子宮？」諸璫雜沓往來，或言選侍亦大行皇帝顧命中人，漣斥之曰：「諸臣受顧命，當先顧其子。寧先顧侍媵？庶民家婢，侍主人疾，主人死，子入正房，婢自應遷，尊卑大小，無得混淆，汝曹如食李鄭家食，須殺我輩則已。」一爆、嘉謨助漣言，聲色俱厲，漣復具疏云：「選侍外託保護之名，陰懷專擅之實，既奉旨移宮，假擇吉遲留。明日，上登大寶，無偏處東宮理。夫皇祖與先帝伯叔兄弟，禮必稱臣，兩宮聖母，若在禮必稱皇帝，選侍非母，敢曰我貴妃、我哥兒，臣民噤齘，天子居正宮，宮媵可悍然抗旨而據之乎？遷思回慮，恪遵天語，立入一號殿，守己安分，可無後患。鄭貴妃亦以保護先帝爲名，不離乾清，天啟聖聰，尋即遣徙，而病體所由沉篤，中外痛心疾首，移宮事，臣等言在今日，陛下行在今日，閣部大臣贊決亦惟今日，無負先帝顧命。」言甚剴至。疏未入，而李知不可奪，移一號殿，劉遜、劉朝、姚進忠等以盜逮矣。其夜大雷雨。庚辰昧爽開霽，望氣者言：「日初出，有祥雲糾縵，云上天姿玉裕，音如金石。」無不喜色相告也。已案進忠等如律，而進忠等匿選侍貲，行媚於内，施賂於外，飛語爲惡言，選侍雉經，皇八妹入井，冀復封選侍，則諸罪當萬坐者可末減。御史賈繼春爲揭上，三閣臣不知移宮後，上緣先帝雅意，存問選侍不輟，及噦鸞宮火，賜勞有加。光斗疏請明示避宮原委，上因諭閣臣，悉數選侍陵聖母諸狀，以先帝故加禮，以聖母故罷封，播告中外。而好事者猶不信，謂諭出諸璫手，繼春與給事朝瑞相駁，遂舉雉經、入井爲實。漣於是疏始末之詳，更請於選侍酌加恩數，上優詔答曰：「覽奏，極正極公，極切極真，甚愜朕意，宜宣布中外，以釋羣疑。漣當日竭力憤争，忠直可嘉，所奏諭安加恩，朕知之矣。」

山中人曰：傷哉！庚申之秋也，未三月而歷三朝。牝雞之晨，家得無索，則二三君子是賴，亦宗廟神靈陰騭之耳。定陵御天下四十八年，本朝未有，宿素衰落。新進談及萬曆初事，往往失真，雜以横議漂説，他日修史，將焉取衷？夫三月非遠，搢紳大夫在位耳而目之白著矣，而蟪蛄之聲，違山十里尚有之，何論萬曆初哉！

《先撥志始》

明文秉撰

卷上　萬曆四十八年七月二十一日，上崩于乾清宫。光廟臨喪，哀毁殊至，慘動百官。次日，即傳令旨，命礦税盡行停止，税監張煜、馬堂、胡賓、潘相、丘乘雲等盡行撤回。是時税監遍天下，小民塗炭已極，廷臣請撤者無論百疏，概行留中。辛丑冬十月，神廟抱病篤，甚追悔礦税事，夜半御筆親書片紙傳免。四明沈公既奉旨，尚未即發，忽有内閹二十餘輩踉蹌來追；四明猶豫未定，閹輒自相撲，流血被面；四明惶懼，隨以封進。自是海内重受荼毒者又二十年。光廟首詔傳免，民間歡聲雷動，若更生云。

光廟又念遼東闕餉，軍士勞苦可憫，遵照遺旨，特發内帑銀一百萬兩，解赴經略熊廷弼，犒賞軍士，務沾實惠。又令旨發内帑銀一百萬兩，解赴九邊撫按官，酌量犒賞。并諭兩項共給解銀五千兩，沿途支費，不得騷擾驛遞。其銀毋入太倉，即時散發。

萬曆四十八年八月初一日，光廟即皇帝位，大赦天下，改元泰昌，以明年爲泰昌元年。大行皇帝謚曰顯皇帝，廟號神宗。

初二日，命考選館選諸官，悉遵遺詔補用。即日下巡按巡鹽諸差，并南京巡視各差共五十餘員。大學士方從哲等以疏救御史劉光復，奉旨革職爲民，乞復原爵；允之。旨諭禮部：遵遺旨封皇貴妃鄭氏爲皇后，尚書孫如游執稱「本朝無此例」。復諭内閣以皇考遺命爲言，大學士方從哲等揭奏「先朝有貴妃進封，如慈聖太后，因誕育皇考，母以子貴，若但以侍奉勤勞，遽加尊號，本朝實無此例」。遂止不封，而移居貴妃于慈寧宫，凡朝謁尊禮一如神廟之于慈聖故事。時西李康妃有專寵，鄭貴妃投誠于李，故所求立應。封后者，太后之漸也。竊謂光廟此舉，以消讒間，以釋疑城，厚則厚矣，而不可訓也。獨不思孝靖病篤及既崩，而貴妃挾制事乎！

祖制：宫中服飾器皿，惟后用黄，餘俱用紅。鄭貴妃有寵，神廟代請賜黄，慈聖不許，請之再四，乃曰：「皇帝講分上安得不聽！」因傳懿旨，東西兩宫皆賜黄。神廟遂止，不敢復用。後孝端上仙，一切宫中印務，慈聖俱付西宫范德妃權署。家範嚴整如此。是時穆廟東宫劉昭妃尚在，後熹廟登極，移貴妃于仁壽宫，而迎劉太妃于慈寧宫，禮也。

上親點吏部右侍郎史繼偕，南京禮部右侍郎沈漼，俱陞禮部尚書，兼東閣大學士，入閣辦事，從輔臣方從哲請也。又點何宗彦、朱國祚、劉一燝、韓爌，各陞禮部尚書，兼東閣大學士，入閣辦事。又召輔臣葉向高于田間。又諭禮部，封皇弟瑞王于漢中府，惠王于平陽府，桂王于東昌府。惠王請改荆州，桂王請改衡州，從之。

上御文華殿，傳諭内閣：「朕今早于御門見各官隨從多執灑金大扇，及回至省愆宫，即聞散班官于會極門高聲喝道。朝儀本當嚴肅，豈容慢褻至此！卿等傳示大小九卿科道等官，以後凡遇臨朝，務要十分敬慎。如有仍前肆行違禁，紊亂朝儀者，糾儀官指名參來重治。」

上諭：「天氣炎熱，邊臣暴露疆場，忠勞可念。賜經略熊廷弼，總督文球，巡撫周永春及總兵等官銀幣，各賞賚有差。」

給事中周朝瑞疏奏「慎初三要：一曰信任仁賢，二曰推廣恩澤，三曰斥逐嬖倖。」又請「停止金花銀兩」。内閣激上怒，謂此項銀兩，原係祖制，進内以備萬壽諸費，今朝瑞擅請停止，爲大不敬。幾于廷杖，既念即位之初，姑從輕處，降一級調外。閣部連揭求賜寬釋，不聽。

上諭：「吏部向東宫講讀官，著查現任者即于優擢，其在籍者速與起用，已故者題與贈卹，以示講幄舊恩。」又諭：「用人毋拘資格，凡有才能卓異者，即便破格擢用，以示激勵。其養病致仕各官，内有年力未衰，素行表著者，著量才起用。」左都御史王紀奏請釋宗藩；充訮亦以疏救劉光復，錮繫五載矣。允之。

起陞鄒元標爲大理寺卿，王德完爲太僕少卿。元標鄒公天性剛勁，丁丑甫釋褐，時張江陵聞父訃不奔喪，上疏争者輒予杖。公賫奏疏入朝，適趙艾諸公方受杖，公視杖畢而後詣會極門投疏。直日内閹曰：「若非上奪情疏乎？盍以趙某等爲鑒！」公曰：「吾告病耳。」疏入，而明日果杖。嗣是屢起屢躓，迄不少挫，伏林下二十年，世以出處卜消長，命下起陞，士論稱快。德完王公，既疏請篤厚中宫被杖者，于國本稱爲第一人。原任户科孟養浩、楊東明、程紹，吏部白所知，俱起陞太常少卿。姜應麟、鍾羽正、李本固、丁懋遜、史弼，俱起陞太僕少卿。程紹以礦閹參逮夏縣知縣，疏救草職；應麟以争封貴妃鄭氏謫降者；所知以吏部守制，爲戴士英誣其匿喪營陞革職者；至是俱起陞矣。原任吏部郎中張鳳翔、耿廷柏，俱起陞南京大常少卿。汪應蛟，起陞南京户部尚書。饒伸、馮若愚，俱陞南京光禄少卿。劉元珍、胡克儉、王惟儉、白瑜、原任知府錢策，俱陞光禄少卿。饒位、何棨、馮從吾、黄龍光、鄒德泳、何士晉、邵輔忠，俱陞尚寶卿。區大倫、秦聚奎、涂喬遷、柳佐，俱陞光禄丞。王佐、林材、劉文炳、劉時俊、袁可立，俱陞尚寶丞。吕圖南，陞南京通政司右參議。萬連崑，陞南京禮部郎中。翟鳳翀，南京户部郎中。原任知縣滿朝薦，陞南京刑部郎中。原任通判夏爊，陞工部郎中。原任同知王邦才，陞南京户部員外。郭尚賓，陞南京兵部主事。史孟麟，南京禮部主事。郝名宦，南京刑部主事。原任知縣韋國賢，南京工部主事。一時共起陞大小官四十八員。

上特諭内閣：「文華殿窄小，百官排班喧擠，朝儀不肅。今發内帑銀一百萬兩啓建皇極門殿。著欽天監擇日興工。」

兵部尚書黄嘉善奏：「請將萬曆四十八年九月以前拖欠未徵錢糧，悉行蠲除。并通灣店房遺息，請查豁免。」從之。

光廟御體羸弱，雖正位東宫，未嘗得志。登極後，日親萬幾，精神勞瘁。鄭貴妃欲邀歡心，復飾美女以進。一日，退朝内宴，以女樂承應，是夜一生二旦俱御幸焉。病體由是大劇。八月晦日甲寅，上病漸深，召見閣臣方從哲等，顧皇子諭曰：「卿等輔他爲堯舜之君。」語及壽宮，諭「要緊」者再。時有鴻臚寺丞李可灼，自云有仙丹，介内閣奏聞，上以問從哲，從哲對曰：「臣等亦知之，然未敢輕信。」上即命中使宣傳。諸臣既退，可灼至，又同進診視。具言病原及治法甚合聖意，上喜命進藥。諸臣復出，可灼與御醫各官商確未決，須臾乳媪至，候問皇躬，上趣和藥諸臣復入，可灼調藥以進。前是上飲湯輒喘，及服可灼藥，乃受。上大喜，稱忠臣者再。諸臣出宫門外，候少頃，中閹傳：「聖躬用藥後煖潤舒暢，思進飲膳。」諸臣歡躍而退。可灼與御醫各官留有頃，可灼乃出，閣臣邀詢之。上恐藥力歇，欲再進一丸，諸醫言不宜驟進。傳促益急，遂再進。訖，閣臣即問服藥後何如，可灼云：「聖躬安適如前。」次日五鼓，内宣召甚急，諸臣趨進，龍馭上賓矣。蓋九月乙亥朔也。時外廷盛傳宫中蠱進美女，上體由是虚損，御醫房内閹崔文昇復投相反相伐之劑。給事中楊漣已具疏論其合謀弑逆，至是以服可灼藥，遂至大故，藉藉之口遂漸不可解。光廟初服藥時，傳旨賜可灼銀幣。已賓天矣，從哲猶奉前旨票賜銀幣如故。御史王安舜首疏劾之，略曰：「當聖躬疾篤，正中外危疑之日，李可灼敢以無方無製之藥，駕言金丹，夕進御而朝賓天。即不能深文以伸公討，亦當治以庸醫殺人之罪。」疏入，乃改票可灼罰俸一年。既而可灼席槀待罪，又票著馳驛回籍。御史鄭宗周疏請寸斬崔文昇以謝九廟之靈。從哲票著司禮監議處，衆心益憤不平，于是論者蜂起。嗟乎！可灼、文昇罪實難逃，而從哲回護如此！則紅丸之進，亦難免黨同合謀之疑矣！

《思陵勤政紀》

明孫承澤撰

崇禎上于丁卯十二月己酉，上因月食，下諭曰：「朕披覽載籍，見古昔帝王，無不以敬天恤民為第一義，而其要在用人理財，靖亂庇民，百司各守其官，萬姓共安其業，於以消彌災沴，鞏固邊防，道必由兹邇者，上天垂戒，月食太甚，朕仰觀元象，惕焉不寧。傳曰：月食修刑。得非無辜含冤，兆民愁苦，致此薄蝕與？朕夙夜旁皇，與爾大小臣工，共圖挽回災變之策。即如九邊京運，不副所出，遼黔新餉日增，而猶虞其匱，嗷嗷嗟怨，實在三軍，欲求其充，其道何由？簪笏盈朝，而山林之沉錮者未登，啓事位署，雍滯堪虞，而各衙門散官冗吏，猥濫更甚，分毫無益，徒吸民膏，裁定澄汰，豈可不極力講求？加派之徵，勢非得已，近來有司復敲骨吸髓以實其橐，則懷保百姓，寬刑省罰，潔己愛民，責在良吏，作何選擇，蘇此凋瘵？目今東西交警，戰守迄無定謀，師老財殫，尚鮮成算，禦侮之道，其效安在？況且民貧而歲復祲，吏窳而法日骩，大臣憂讒畏譏，不得靖共之圖，小臣望氣占風，已長紛囂之漸，有一於此，足干和。爾九卿科道，務秉丹誠，各陳所見，即敕諭所未載，不妨悉心條畫，苟可以安民察吏，富國安邊，朕將採行之。諸臣亦宜痛洗夙習，共勵公忠，以副予一人側身脩行之實意，勿徒以虛文塞責，其敬聽朕命。特諭。」

戊辰，正月甲戌，上御文華殿講讀畢，召六部都察院堂上官入，輔臣及講官侍班，上諭曰：「前因月食，朕下詔，令諸臣各條利弊，近科道雖有章奏，茫無定説，部院大臣，如何不見條議？還著各陳所見，以憑裁酌。」因出手諭示之，各臣叩頭起。輔臣施鳳來等跪奏曰：「召對之典久廢，皇上勵精舉行，真聖朝第一美政，天下何憂不治，臣等不勝歡忭。」上曰：「卿等各修職業，以佐平康，朕與卿等共之。」輔臣叩頭謝。勅曰：「朕聞除奸賞俊，人主之大權；畢力竭忠，人臣之大節。故必藉勸懲以維法守，戒覆轍以勵新圖，今爲爾文武百官明詔之。邇者逆惡罪樞，表裏爲奸，招結羣狐，盜竊國柄，上累先帝之明，下結萬民之怨，此固爾諸臣所耳聞目見者也。幸天厭大奸，早正國法，蠹孽盡洗，内外廓清，即爾諸臣，才品各有短長，立身各有本末，殷鑒不遠，其可忽諸？自今爲始，務要滌濯肺腸，各修職業，勿得苟懷私圖，致僨國事，動誘之權奸掣肘，不得自行其志。今大奸既除，職掌還之各司，而猶不致忠竭節，亦非以事朕也。大要爲國節財，爲民擇吏，固圉者以封疆爲重，守土者以民生爲本，其有挾私壞公，逞臆熒聽，不從國家起念，專以窺瞷妄營者，朕不時廉察，決不輕貸。一切奏議有關國計者，遵我祖宗舊章，不得妄議紛更，其惟大法小廉，柔遠寧邇，以佐朕平明之治。特諭。」

戊辰八月甲午，上諭：「左右史記言動，及諫官隨宰相議事，皆史冊美規，以後除文華商確外，召對諸臣仍用記註及諫官二員。如議行。」

上諭：「朕自御極以來，夙夜焦勞，惟兹封疆民瘼，圖維在念，而邊備積弛，閭閻久困，臣工習俗相沿，尚牽情面之故套，政事奉行不實，徒誇紙上之空言，故屢召平臺，時厪商確，期振惰窳之弊，一新明作之猷。第召見以時，則情意未洽，咨詢有間，或參酌未詳，朕欲與大小臣工日相晉接，共籌庶務，而諸司各有職掌，辦理各有公署，宣召頻煩，恐滋躭閣。惟是輔臣職任股肱，誼協心膂，票擬挈封疆之要領，獻納關庶政之權輿，呼吸聯通，斯爲最切。今後除盛暑祁寒之外，朕當時御文華，一切章奏，與輔臣面加參詳，分别可否，務求至當。爾大小臣工，各宜精白乃衷，靖共爾位，有官守者，恪修職業，無飾虛文而隳實事，有言責者，殫竭悃誠，無昧自心而恣剿説。其事關奏對，論宜剖晰者，仍不時傳宣，面垂詢察，核舉廢以程勤惰，按是非以辨貞邪，奉公有特簡，狥私有顯罪，一洗欺玩頹靡之習，共收奮庸熙載之功，爾等欽哉。故諭。」

戊辰六月十二日，禮部接出聖諭：「朕惟國本于民，民艱惟食，今三伏過半，酷旱不雨，秋禾將枯，農田失望，朕心晝夜靡寧，實我君臣治理失宜，愆咎干和所致。朕齋戒文華，痛加修省，爾百官除照部題脩省外，仍各住公署，洗心省愆，各衙門簡舉沉閣事務，三法司清理刑獄，除關係封疆錢糧重大事情，顯然不必議者外，其餘偷盜、人命、婚姻、田土、攀誣、干連等項，詳加辨别結正，□谿者勒限完銷。順天府宛、大二縣各理其獄，附近州縣刑獄，著巡按御史清理，各道府州縣官，都各設法安輯地方，拯救災患，如發倉賑飢，遠糴平糶，停訟禁罰，嚴羨餘，修舉保甲，窒遏奸萌，務使旱不爲災，民不爲盜，境内祀典神祇，精虔祈禱，爲民請命。其前項條件，畿輔省直，一體通行，該撫按仍將遵奉事宜，各照遠近次第奏報。朕雖端拱，慮切民依，每念玉食萬方，思以禔福億兆，爾中外大小各官，受朝廷俸禄，皆下民膏脂，目擊災黎，心寧恝忍，務須虔修實政，撫綏窮閭，感召天和，馴致豐稔，用副朕敬天勸民至意。禮部便傳與各衙門通知遵行，特諭。」

壬申之春，久旱不雨，三月十三日，上召禮部尚書黄汝良等至會極門，傳諭：「爲時將入夏，農事方殷，雨澤未敷，深軫朕懷，著禮部擇日祈求，所有應行事宜，查明開寫具奏。」是日即微雨。十四日，復有遺官分禱，大小臣工實圖修省之命。十八日，雷雨大作，然俄頃即止。十九日，上出宿文華殿，齋居素食，期必得雨而後還宫。至二十二日，靈雨大作，遠近沾足。是時四川道御史路振飛有天心仁愛、聖慮焦勞、謹陳祈禱實事、懇賜施行一疏，謂本年自春徂夏，雨澤未施，三農失望，致厪皇衷，齋居祈禱，即此一念，便可回天，立見甘霖覃敷，原隰均沾，大有之書，史臣珥筆待矣。《詩》曰：「習習谷風，以陰以雨。」言陰陽和而後雨澤施也。蓋天氣不下降，地氣不上升，則不雨，天氣欲下降，地氣欲上升，中有飄風邪霧間之，亦不雨。請譬之，君則天也，臣子則地也，我皇上痛四海之内，兵革未息，重賦繁刑，民不堪命，日思得良臣良牧，以奠安此孑遺，中外臣工，悠悠忽忽，大臣以固寵爲榮，小臣以無事爲福，居端揆之地者，燮理無聞，擁卿寺之堂者，經綸罔見。自言官逮問後，時政利弊，悉爲緘口，有言責者可羞也；自内官分遣，臨事擔當，羣思却步，有官守者可厭也。求其舉賢讓能，反躬自責，以恤天命，以回天變者，終不見一人焉。大哉王言，謂大小臣工，俱實圖修省，務感格，良有見於大臣小臣往日之不脩不省，不實心盡職無二也。爲人臣聞之，寧不跼蹐欲死，此何異於天氣降而地氣不升哉！故時久不雨，天心之警戒深矣。臣愚以爲素服角帶，祇成故事，朝夕跽拜，亦是虛文，惟皇上虔惕之際，御文華殿集閣部大臣，實心講究近日國家之治亂如何，政事之得失如何，生民之休慼如何，賢不肖之進退如何，凡所以仰體天心者，即使大小臣工仰體聖心，刻期舉行，流膏布澤，則九重之雨露，早已徧灑于垓埏，瞻仰昊天，自不禁浩蕩之恩矣。

戊寅，火變屢見，户科給事中章正宸疏云：「昨藥局被火，殞壞官民匠役廬舍無算。因憶去年黄道周占驗非誣矣。天道遠，人事邇，鄭不復火，修禳有徵。比新局火以後，皇上所諭求言空獄，堯舜之用心也。然火變洊臻，天告曉人，具陳深切，臣憂心如焚灼，中宵思過，火于德爲禮，禮者别宜而從地，意者庶民議論舛乖，職業曠溺，禮教不修致斯也。以禮使臣如皇上，無可顧忌，奈何不展布四體，重報禮以幹王事，臣姑列其近者。凡是非斷乎朝，美譽歸于主，大臣何名之有？又何德之避焉？且皇上從未以沽名市德疑大臣也，頃大臣揭救鄭三俊，錢謙益則爲是言以乞憐，疑皇上甚矣，是一無禮也。史𡒄被參候訊，初辨則曰時局，再辨則曰時局。夫此時何時？堯舜在上之時也，明揚側陋，漸有治徵，即讒説殄行，要亦放殛盛軌，烏得以清時爲懟？斥稱無忌，思箝衆口，汙聖治乎？是又一無禮也。朝廷一番令甲，一番私營，非陳啓新循職抄參，則計處不謹之張樫，方借城工復銓職矣，死灰然而天下謂考功之法，可以銀錢贖，亦可越俎謀也，是又一無禮也。官有守如農有畔，磨勘試卷，係該科職掌，明旨煌煌，今閣臣薛國觀即舊科臣，批抹雖嚴，糾參不早，所以豫疏引陳，願偕吏議束躬待罪，自量已審，臣無庸贅，但慮六垣職掌骫私，尤而效之，各狥愛憎，互爲隱蒙，首鼠漸亡紀也，是又一無禮也。災異頻仍，忠愛者尚懇慨發罪己之疏，宣布史館，昭示内外，何物李鳳鳴，輒稱善言不可退星，猶夫揮戈不可却日，以史傳美談，儕諸俳誕，將今日聞災憂憫，出内府金賑恤至意，悉爲迂濶乎？説者謂其首先應募，故與正論矛盾，雖不可知，而抹煞災異，謾讕誣天，是又一無禮也。總之議論不清，必無職業，職業不舉，必無事功，禮教窳頽，類條例見，以陛下明智，誠深思天地之心，近察羣小之失，破大臣之所疑以定是非，斥邪人之所借以申揚遏，杜廢官貪緣之竇，核有司狥隱之端，以禁絶淫詇，崇登雅正，則赫赫大災，庶幾消弭。語曰：齊刑不如齊禮。願庶工稍省臣愚之言，感悟大變，著誠去僞，勵精回天。不然，災害之來未有已，臣滋恐矣。」

戊辰七月，上傳：「欽天監推算日食前後刻數，俱不對，天文重事，這等錯違，卿等傳與他，姑恕一次，以後還要細心推算，如再錯誤，重治不饒。」禮部因具疏請改修曆法。奉旨：「曆法，皇祖朝曾議重修，今日食刻數復差，允宜更正，依卿等所請修改，一應事宜，再著另行具奏。」禮部復奏，略謂：「治曆明時，古人以爲重事，臣等不敢繁引，止據《元史》所載，以宰相王文謙、樞密張易、主領裁奏于上，仍命左丞許衡參預其事，王恂、郭守敬並領太史院事，分掌測驗推步于下，而又博徵楊恭懿諸人助之，然猶五年而成，六年而頒行，十年而進書五種二十六卷，後三十年間，續進書九種七十九卷，則成之甚難矣。高皇帝初定天下，典章散失，止存《授時成法》數卷，方爲《大統曆》，僅能依法布算，而不能言其所以然之故。後來有志之士，亦止將前史曆志，揣摩推度，并未有守敬等數年實測之功力，又無前代灼然可據之遺書，所以言之而未可行，用之而不必驗也。按《大明會典》，凡天文地理等藝術之人，行天下訪取，考驗收用。弘治十一年，令訪取精通天文者，試中取用。嘉靖三年，科臣諫議部覆保舉，于是以户科給事中樂頀、工部主事華湘，俱陞光禄寺少卿，提督欽天監事，然二臣終不能改守敬之舊，所以至今寢閣。臣等考之《周禮》，則馮相與保章異職，稽之職掌，則天文與曆法異科。蓋天文占候之宜禁者，懼妄言禍福，惑人誣人也。若曆法則惟敬授人時而已，豈律例所禁哉？今議通行省直，不拘官吏生儒，草澤布衣，但通曉曆法者，具文前來。但近世言曆諸家，大都宗郭守敬舊法，比于現在監官，藝猶魯衛，無能翹然出于其上也，至于歲差環轉，歲實參差，天有經，地有緯，列宿有本行，日月五星有本輪，日月有其會，惟西國之曆有之。高皇帝命吴伯宗與西域馬沙亦黑翻譯曆法，蓋以此也。萬曆四十年，監正周子愚建議，欲得參用，務令會通歸一，今宜取其説，參用西法，果得會通歸一，即本朝曆法，可以遠邁前代矣。」

《回回曆》爲西域馬哈麻作，元末，其曆始入中國，算法視《授時曆》稍捷，然僅數耳，而不知曆理，行之一時未有久而不差者。至于郭守敬之曆，能通其消長之法，聖人復起，不能易也。

《大統曆》雖本於郭守敬之《授時曆》，然高皇帝精於觀天，而特令劉基召集天下律曆名家，赴京詳議，復自製觀盤、《天文分野》諸書，誠可萬世以爲典要者。自西洋之法入中國，上海徐光啓專習之，後湯若望嗣利瑪竇之教，而李天經、黄應遴等信奉益堅，進新曆書一百四十餘本，日晷、星晷、星球、星屏、闚筩諸器，然其法與舊法稍異，舊法用日法，計日定率，西法用天度，因天立差，舊法用黄道距度，西法用黄道緯度之不同，欽天監官生連疏争之，禮部因議另立新法一科。上允之。

崇禎十四年十二月二十八日，禮部疏略：「自古曆法，輒數十年改，而守敬之曆，已行之三四百年矣，小差者惟日月交食，時同刻異，無大懸絶。至置閏之差，起於春秋分所差二日，而西曆定分之日，即舊註晝夜各五十刻之日也，在今日西法較密，在異時亦未能保其不差。」

丁卯十二月，上諭：「各衙門章奏未經御覽批紅，不許報房鈔發，洩漏機密，一概私揭不許擅行抄傳，違者治罪。」

上傳：「内閣本内凡遇天地祖宗列后字樣，皆要出格，朕不敢與並，列卿等傳與各衙門欽奉遵行。」

上傳：「章奏冗長，不便省覽，以後各衙門條陳章疏，務要簡明，其字不出一千，如詞意未盡，不妨再本具奏，著通政司申飭。」

上諭：「諸臣章奏，倣古人貼黄之法，自撮節要，粘原本進覽，以便執要，著爲令。」

時給事中宋鳴梧有疏云：「召對曠舉，再倣世廟西内當直之法，則諮訪便，一切章疏，令通政司限字，並倣宋人帖黄之法，則省覽便。又會典更宜重修，丘濬《衍義補》宜删其煩複，而增成化以後之新政，則昭代之典籍光矣。」

戊辰，二月辛丑，上傳：「祖宗設立部科衙門，各有職掌，内外覺察，法甚明備。乃近來人情玩惰，廢弛成風，即如各項章奏，或奉旨而科抄久不到部，或已抄而該部久不題覆，以致緊要事務，率多稽遲，殊非政體。除已往不究外，今後各衙門務將已發未發覆奏事件，作速覆奏，不許違誤，自元年二月爲始，一切發行内外章奏，俱限十日内題覆，該衙門仍立考成，著實遵行，部科互相查勘具奏。」

上諭：「近來誥敕文字，繁稱過情，殊爲非體，以後撰擬不由詞臣，繕寫不由中書者，著實查駁。」

尚寶司司丞李日華疏明文教四事：「一曰代言。王者誥敕，必假詞臣之手，所謂口代天言，何如鄭重者，須于奬許之中，微含訓戒，日星霜露之氣備焉。近典誥敕者，輒狥求者之意，駢麗極工，甚有曲諛微美，代祝壽祺，王言之褻甚矣。亟宜敕諭詞館禮曹，須選唐宋内外二制爲體式，一洗陋習。一曰進言。臣子精白一心，敷陳奏對，宜何如恪慎，惟因神祖久御，厭薄臣下囂浮，章奏閣置，攻訐不休，槩賜容覆。今則字字俱經睿覽，安得不擇一二侮慢者示創懲乎？一曰法言。祖宗創制立法，事事修舉，而又授之以章程，諸司執掌，一書備矣。列聖繼起，間有因時更定者，目爲條例，以待後來之援引。惟是新舊雜陳，猾胥任其出入，吏弊不清，莫可究詰，臣以爲部院諸司，各宜歲委屬官一員，專理條例，遇有更張，隨時酌定修入，源潔流清，是助成大化之基也。一曰立言。凡一代必有一代著述，國憲朝章，方輿地志，隨時修纂，皆足從今傳後。宜特諭各省直學臣，令郡國各舉耆儒，將郡邑山川形勝，户口人物，商産田畝，編緝成帙，類送學臣轉申禮部，爲纂修圖經張本，以備掌故，乃興起實學之權輿也。」

己巳，上諭六科：「邇來戎馬倥偬，機務煩劇，明旨非不森嚴，奉行尚多遲慢，欲令計時集事，法當委任責成。爾等表裏六曹，舊有註銷之規，今令再行申飭，各掌印官選委給事中一員，查理六曹，奉旨應行事務，某項某日做起，某日完結，次第情節，勒限奏報，少有違玩，立付白簡，定行責治。如爾等自墮職業，玩忽不遵，或議論囂紛，致令掣肘誤事，一并究處。特諭。」

戊辰三月，重修光宗實録，成熹宗、神宗二廟實録，並修光廟紀事。僅一月，實録先成，進覽後，因國本、紅丸二事載筆者多煩詞，特命重修史臣删削，書成進呈。

國子監司業倪嘉善條議：「將通監諸生，月三課文，又酌一歲之中，合課經書後場於一日，而卷必彌縫，閱必公同，請託必嚴，奸弊必絶。六堂定六名，不分舉貢例廕，惟才是視。其卷仍備正副，封進御覽，以憑欽定，旨下之後，移咨吏部，與以出身。舉人照先年舊例，授以京銜，歲貢恩選，或除州縣正官，或學正教諭，俱准與選，廪附例廕照歲貢量行減年，民生倘有英才拔起，亦照附例，歷滿俱選，于循資歷級之中，寓鼓舞變通之術，太學將多佳士矣。臣又以爲德行之激勸不先，名教之綱維奚藉？宜於歲試發案之先，確訪行脩之士，至期特拔一人，詳核生平，備著實蹟，並呈御覽。旨下，一體移咨吏部，選授教授，若敗簡踰閑之士，亦每歲查一二人，註名于籍，以憑懲儆斥革。」旨允行。

六年，癸酉二月初三日，上諭：「祖制設科取士，專爲致治求賢。近來士習日偷，貢舉失當，人才鮮少，理道不張，由督學、教諭、訓導各官，董率乖方，培養無術，盡失舊制初意，以致朝廷不獲收用人之效。朕思士子讀書進身，乃人才根原，必宜首重德行，幼學壯行，如生平果係孝悌廉讓，自然做官時不貪不欺，盡忠竭節，何必專工文藝？據《會典》及提學敕書内，敦尚行誼，以勵頹俗，不專論文優劣，開載甚明，近來通不遵行。至小學諸書，以及州縣俱有社學，原欲養蒙育德，敷教儲材，近來全不講論興舉。其士子自童時入塾，以迨應試登科，只以富貴溫飽爲志，竟不知立身修行忠君愛國之大道。如此教化不明，士風吏治，安得不日趨卑下？朕惟祖宗朝求才用賢，原不拘科目，至考試文藝，原欲因言徵人，亦非專尚浮詞，務華遺實。今欲祇遵祖訓，起敝還醇，童生必先入社學，遇試先查德行，自儒童以及鄉會，須有實蹟，方許入場，異日敗行，考官挨論。又教官爲士子師長，化導最親，舊制甚重，近皆以衰庸充數，教術全廢，此尤士風不正之源。今設法興起，著吏、禮二部同都察院及該科詳議明確具奏。至海内之大，豈無潛修碩德，純孝鴻材，清志剛正，實堪大用者？更宜特拔一二，以示風勸。至於科道不必專出考選，館員應令先歷推知，并著酌議來行。」癸酉六月，上諭：「取士大典，全在主考得人，著各衙門慎選咨送，不得但拘資次，亦不許聽人規避攙營，降罰者，不必議差，其省直分考各官，一體飭行。」

壬午秋試，楚闈擬正主考郭之祥、副主考沈迅，上點用之祥，於迅名貼一浮紙云：「越序營差，送閣部。」遂以户科左給事中孫承澤請，始點用，時正考已先行五日矣。

崇禎戊辰，廷試卷，閣擬劉若宰第一，莊應會次之，上翻駁再三，竟用劉第一，而抑莊爲二甲首，其第二、第三皆特拔。第三管紹寧，策内誠字少一撇，御書足之，因自號誠齋。

甲戌廷試，閣擬李焆爲第一，上在文華殿翻駁，閲初進十二卷。頃之，閣臣趨出入閣，再搜十二卷以進，特拔第二十三卷劉理順爲第一，而李焆爲二甲首，第二楊昌祚，第三吴國華，皆特拔也。

庚辰廷試，上御輿張蓋，下丹墀，徧觀諸進士對策，及十六日進呈。十七日，上忽召四十人入對文華殿，遂拔通州魏藻德第一，鄞縣葛世振、静海高爾儼俱一甲，而復拔趙玉森、姚宗衡、劉瑄、孫一脉、嚴似祖爲簡討，命蔣德璟、王錫衮教習之，周鼒等爲科道、吏、兵部主事有差。

是日文華召對，問内外交訌，何以復讐雪恥？魏藻德奏謂：「以臣所見，不離明問之中，使内外諸臣，皆知所恥，則才能自生，功業自建。」累數百言，上爲傾耳久之，遂定爲第一。

癸未廷試，在九月十五日，是年以兵事，會試改八月。按建文癸未，以靖難兵渡江，改本年八月會試，天順癸未，以貢院火，改本年八月會試，迨是科而三，皆癸未也。

福建人顔茂猷，于天啓甲子鄉試，崇禎甲戌會試，俱以五經二十三篇得中式，其鄉試則外簾止謄四書三篇，《易經》四篇，爲考官祁彪佳所取，及放榜，始知爲五經也。會試則知貢舉林釬特上疏言茂猷五經，上許俱謄，於是五經房同考，俱有批語，而文太史震孟以《易經》收之。及殿試在二甲第二，而禮部刻會試録，上特命題名于會元李青之前，曰欽賜，亦異典也。

壬申十月，禮科張國維題：「邇者特謚鄒元標等十餘人，其於理學文章，忠諫節義，殆兼盡矣。然自鄒忠介、鴻恭定、顧端文而外，豈無壇壝孔孟，羹牆濂雒者乎？趙忠毅、高忠憲、楊忠烈、魏忠節、周忠介而外，豈無萇弘血碧，范滂丹心者乎？王莊毅而外，豈無功在國本，品著抨彈者乎？唐襄文而外，豈無羽翼經籍，鼓吹休明者乎？滿毅愍而外，豈無斷脰決腹，一瞑而萬世不視者乎？或異時而踵相接，或因事而典稍殊，幽壤久鬱，直道在人，表章誠不容緩。」

癸酉六月，南京户部侍郎吕維祺以議謚遜國諸臣，而謚册未載卓敬，因具在户言户一疏。卓爲建文時户部侍郎也。并及謚册未載者，吏部尚書周嘉謨、户部侍郎周汝登、參政羅汝芳、左僉都御史左光斗、御史袁化中、李應昇、黄尊素、工部郎中萬燝等。又及本鄉户部尚書張孟男、刑部侍郎吕坤、吏部郎中贈光禄寺卿孟化鯉、提學副使何景明、吏部郎中蘇繼□、户部主事尤時熙、山西參政王以晤、貴州巡撫王三善、遼東兵備崔儒秀等。

先是天啓三年癸亥，科臣成明樞請禮部速修易名之典，謂洪武至穆廟時，得易名者五百八十餘人，神廟三十五年至三十七年，議定二十九人，及四十五年，又有四十四人。

崇禎五年，禮部尚書覆禮科都給事中張國維議謚疏，奉旨：「謚法有關風勵，依議詳咨確覈，務協公平，不得狥私憑臆，致乖大典。其□單仍勒限報部，毋再稽遲。」至十五年，部又覆察得原疏請謚舊例，五年一舉，當時已缺至十二年，而今又遲十年矣。自古帝王治天下，惟有賞功罰罪，而謚則賞罰之尤大者。近日名教不靈，廉耻道喪，不知忠孝節義爲何物，則謚法真勵世磨鈍急務也。除鄒元標忠介、馮從吾恭定、顧憲成端文、王德□莊毅、趙南星忠毅、高攀龍忠憲、楊漣忠烈諸臣，理學事功，忠諫節義，皆一代之最，已經賜謚外，據科臣疏，首言革除諸臣，次言軍功，而於會典所稱節概勛猷二語，尤致慎焉。大要節概以死忠爲上，如革除中卓敬、鐵鉉、景清、方孝孺諸人，不待言矣。近之忤璫，如左光斗、周宗建等；抗節，如孫承宗、洪承疇、盧象昇等；殉賊，如傅宗龍等，指尚不勝屈也。勛猷以軍功爲上，如萬曆中平哱、平播、平倭三大案，文武功多可書，近日之何可綱、曹變蛟，以功兼死，尤爲慘烈，亦不可勝屈也。而有宜申飭者三焉。先臣丘濬謂謚兼用美惡，王世貞亦曰高皇帝子秦王謚愍，魯王謚荒，况臣下乎？竊謂文臣二品以上皆宜謚，勛戚凡在公列亦宜謚，侯伯必莅軍府有功方許謚，謚皆兼美惡。二品以下，則庶僚有節烈勛猷，卓然不朽者，亦可謚。不然，官雖貴不謚，則陳乞可請也。唐宋謚議，掌于太常博士，國初令禮部行翰林院擬奏，今宜先以其議責之太常，臣部與吏、禮、兵各科核定，而閣臣詳加折衷，以取上裁，則事出于公，衆論可服也。五年一舉，雖有近例，然人品邪正，萬目難逃，蓋棺定論，即可與謚，不宜少待，致有沉埋，則風勵可速也。至發單博訪，聽各衙門開送，固爲詳慎，而彼此稽延，終致擔擱，既有部科及太常之議，似亦無敢濫狥者，苟有不當，聽科道各官糾舉，誰敢私之？勵世磨鈍，實在此矣。

壬午六月十八日，上御中左門，諭禮部尚書林欲楫等：「洪承疇督師抗節，及松杏將士死守慘殺，宜有特祭，且當親祭。」欲楫奏曰：「承疇家眷在天津，其將士護送，甚言死節之詳。」上遂令設棚東郊，親哭而祭之，故部有議謚之請也而及之。

崇禎庚辰辛巳間，上重齋醮。辛巳正月，偶病，召張真人應京入都。先是，奉命祈雪，上遣大璫與偕，備極虔禮。不效，遣歸，到家未久，至是復召。一路招搖，聞命半載始至，上令賜宴禮部，王公錫衮、蔣公德璟争之，因引西僧賜宴在興隆寺例，令之宴於靈濟宫，而遣大璫陪之。比上幸學，應京又疏乞陪祭，禮部又斥之，不許。於壬午三月間，應京上乞□□三官徽號一疏，禮部糾之，謂：「據道藏，並無三官之説，近世始有之，其以天官、地官、水官爲陳子椿之子，有無不可知。然既經晉號，而應京復請諭旨中外，一體遵奉，其意欲以何爲？近年異教盛行，游惰奸民，棄農不務，逃入二氏之徒，脱漏户口，消滅丁糧，不啻千萬，別有白蓮、無爲等教，夜聚曉散，所在充塞，若復許之，其惑亂有不忍言者矣。漢末之黄巾，以妖術授徒，及應京之祖道陵，以五斗米設教，是也。道陵舊事，姑不深言。自晉及唐，其子孫並無封號，宋崇寧中始賜號張繼先爲虚靖先生，亦並無品級，至元始加真人，稱嗣天師，高皇帝以天豈有師斥之，且責部清釋、道二教，大哉聖謨，一洗元人之陋矣。應京酒肉俗流，前春祈雪，不效而歸，此來沿途祈雨亦不效，反以得雨誑告，蓋與誦《華嚴經》咒蝗者，並笑破天下之口，時惕嗣昌奉命剿賊，忽報天旱蝗生，伊日誦《華嚴經》，蝗皆自死。而尚躭戀京邸，耗蠹不貲，長愚民左道之心，短邊兵血戰之氣，無益有害，斷可知已。」時禮部皆賢者，故能循職糾正如此。

禮部覆張真人賜宴疏云：「真人以異教獲蒙國恩，祭會典郊祀慶成，亦曾有與宴者。自天順中，有真人不必與宴改爲賜饌之旨，而宴禮不舉久矣。即真人朝覲進表時，酒飯亦不聞光禄鴻臚開列，則我朝所爲待真人者，大略可知也。今奉有優待明旨，敢不欽遵，但歷稽往牒，終難妄擬，合無仍比慶成宴例，法王佛子、國師、禪師，僧官、喇嘛，俱宴于大慈恩寺内，以内臣一人待之。臣等竊以爲釋道二教，所争不多，法王禪師，其名號亦重，相應比照遵行，至宴所則宜改慈恩寺爲靈濟宫，各從其類，于禮較妥。又查去春應京奉命祈雪，亦特遣内臣一員主其事，則内臣待宴，于例亦合。」上允之。蓋初意欲宴之于禮部也，賴有此争，所存者大矣。

壬午七月十五日，上諭：「文武卹典多有懸殊，著内閣察奏。」察舊制，于武臣見給物料，於文臣止給價銀，此優卹武臣親爲營葬之義，觀寶源，營繕各局所辦造冥器等項，則其爲加意可知。至於撥給夫匠在京勳臣都督等官而言，所撥夫匠在後府與順天府，而磚灰之類，俱給本色，若在外武官，則原未議及。

御史郁成治疏請復京官肩輿。上曰：「昔年科道官不遵祖制，擅乘小轎，曾經先帝所革，今郁成治恣意妄請，隱名竹兜，好生可惡，姑著降三級，降外任用。」

按以人爲輿，古無此制，三品以上，許用肩輿，武臣即公侯不得用也。二人小輿，京官僭用于神廟之末，屢禁之，不能止也。

《守鄖紀略》

明高斗樞撰

崇禎丙子，予以湖廣副臬，備兵長沙。庚辰，晉右參政。辛巳六月，聞報，晉臬長，移守下荆南，駐鄖陽，故流賊出没，已十年矣。先是庚辰，閣部楊公既敗張獻忠，獲其妻妾，及軍師潘獨鰲。不即殺，而置之襄陽獄中。獻賊入蜀，李自成、羅汝才及老猵猵、革里眼諸賊繼之，蜀撫邵公捷春力不能拒，致被逮。閣部統諸部兵追至蜀中，戰守逾年，賊埶愈熾。至辛巳正月，賊復奔楚，閣部迎戰於楚蜀之交，兵大潰。獻賊遂從巴歸，間道馳至襄，襄有防守兵數百，賊啖以利，反爲賊用。二月初三日半夜，城中四面火起，官民俱不知所繇，已而道臣張君克儉及郡邑各官俱被殺，襄王亦遇害，皆防守官兵所爲也。至次早天明，獻賊至，各兵迎之以入，遂取其妻妾及潘獨鰲以去。報聞，天子大怒，爲逮撫臣袁公繼咸。然袁公先奉閣部檄駐竹山，去襄千里，實非其咎。鄖道萬君言策亦被黜。於是右參政王公永祚晉鄖撫，予遷鄖道，而襄道則調參議冒君起宗云。

予以七月初，於長沙解纜至荆，而臥疾數日，月盡達襄陽。城中一片焦土，向來廛市，止存頹垣敗壁。居民十無二三，皆葺草以居，官署僅有新葺者。徘徊入鄖，則八月初六。鄖城四圍僅六里，又半爲甌脱，居民不滿四千。外六屬俱爲賊破，每年蹂躪四五次，惟郡城獨全。然城外關厢俱燬，無一居民，田疇俱爲蓬蒿者，數百里如一。惟近城之田，則城中人耕種以糊口。是年蝗飛蔽天，野無寸草。七月間，獻賊復繇鄖入秦，督師丁公與左鎮尾之而至。左兵二三萬，一湧入城，城中無一家無兵者。淫汙之狀不可言！數日啓行，復罄洗其家以去。去十許日，而予至，米菜俱無可覓。士民相見，無不痛哭流涕，不恨賊而恨兵，真慘極矣。

大約自荆至襄，所經荆門、宜城，城邑無恙，而村落已空，然猶有十一二僅存者。自襄至鄖，則城邑已不堪言，而出城竟不見一人。村落止存廢址，欲覓一椽一瓦，俱不可得矣！若鄖之六屬，房縣、竹山、竹谿、上津、鄖西、保康，并城郭俱已平夷，城址俱一片蓬蒿，居民僅存者，俱覓山之高而上有平崗者，結砦以居。大縣可三十砦，小縣不過十餘砦。砦之大者可二百人，小者不滿百人，各墾砦下之田以自給。縣令至者，亦居砦上。征輸久停，民貧無訟，胥役盡逃，令與民大率並耕而食，不復能至郡參謁矣。

予以初八日履任，至十三日，忽接猛將軍如虎檄，報獻賊復東來，立可至鄖。是時鄖兵俱發往各路，蓋因賊既西入秦，倘秦兵嚴守，必折而從北也，不意仍從西來。須臾猛將軍至，兵僅百許。次早獻賊至，予率堞夫登陴固守，賊亦不知城内無兵，而又慮督師在後，竟引而東。而城中士民復大恐，謂左兵當復經此也。予即遣役往迎督師且懇其兵無入城。督師答書，已許不入城，而託予於城外覓數間小房，欲暫住以發疏。予先以督師書傳示士民，人心始定。明日督師至，駐一關帝廟，湫隘殊甚，又十日始東。左鎮意殊不懌，以沮其入城也。猛將軍係外國降將，驍勇善鬭，是冬戰死於南陽城上。

鄖城舊爲治院所駐，是時澄川王公移鎮襄陽，而鄖中共事者，守徐君起元，倅陳君萬家，李則朱君翊辯也。營將則房竹營游擊李茂春，兵一千五百；均陽營游擊胡廷聘，兵五百守均，其留鄖者一千；而治標左營百總楊明起、余啓凡各兵三百許人；又游擊王光恩兵可三百許，則降丁也。

余因周視鄖地，東與北俱山麓，而西與南俱漢江。賊善騎而不習舟楫，余謂戰地必在東與北。離城僅丈許，行半里，遇一小山名西壇，遂折而西，繞西壇之外，復折而南，沿至東南城下，離城亦止丈許。予乃於西北及東南兩隘，各繕一樓。一面倚城，一面倚漢水，各甃以磚。樓上多設銃礮，樓下開一間，以通出入。李茂春之兵即營於東南樓之内，沿南城外而居。西壇高出於城丈許，不可無兵，而山頂頗平，量可容兵數百名，則令楊明起居焉。西壇之下，地平如掌，當城之西南，則王光恩居焉。城東亦有二培塿一曰：四鋪嘴，一曰青龍寺，離城甚逼。予令余啓凡居四鋪嘴，分均陽營兵二百名，居青龍寺，其均陽餘兵。則居城中備城上及他調發之用。均陽兵皆鄖城人，與鄖民俱親族，在各營中獨守法，故留之城中。其城北素無濠，城東雖有濠而淺，地埶陡峻，不能畜水，余令東北離城丈許，各築土牆，高八尺；每堵留一銃眼。凡閲三月，而四城防守之事俱備。其一切築牆造樓，及葺蓋兵房，皆用各營兵，而不煩一民云。

辛巳之冬，壬午之春，鄖城幸無賊警。夏間忽接陝西興安道檄，稱川北有賊名摇天動，先時同羣賊入蜀，厥後各賊東來，而此賊獨留川北。今將從興安趨竹山，以及鄖襄，約有萬餘。予令房竹營千總漆尚友、均陽營千總高萬錦，并楊明起，合兵禦之。賊聞竹山有備，遷延不敢入境，仍歸川北。至九月間，王光恩來云，有弟光興在摇天動内，有衆數百，情甘投順，余未之許，而光恩請愈懇。余令光恩招之至，汰其老弱，得精壯百五十人，即隸光恩營；光興改名光泰。後李賊犯鄖，光泰戰甚力。

先是張李各賊，每陷一城，輒大掠以去。至壬午夏秋，李自成、羅汝才每得一城，輒分賊防守，且嚴禁搶掠，以籠絡民心。時已得中州數郡，將取襄、鄖，而左大將軍自開封潰後，久住樊城，全無赴賊之志。治臺王公澄川，亦留左於樊以衛襄，謂大兵在，賊必不至也。及自成、汝才繇汝寧趨襄，左聞風先遁，至荆州；又念荆以江爲界，無路可逸，又改往武昌，而賊遂長驅抵樊。徘徊數日，以大礮擊襄之北城，襄人大恐。一時文武，先取其家屬登舟矣。賊復西去七十里，至白馬灘渡江。王公澄川竟護福清王東下，賊遂入襄，時十二月初三日也。

初八，賊分股攻均州，時降丁惠登相在焉。登相隸左大將軍，而分居於均，素狂悍難馴，不屬鄖鎮節制。至是斂兵登武當，依險自完，賊遂入均。守將高萬錦自溺漢江以死。十二日，賊抵鄖城，予率各營戰於城外。時王光恩、光泰、楊明起、余啓凡戰甚力，賊攻四鋪嘴、青龍寺，晝夜不休，啓凡等以火罐擲之，焚死者相踵，而攻不止，然終不能登。賊又分股直抵北城，予于土牆內，先伏鳥鎗手擊之，百發百中，賊不能近。至十五日，賊始退。是月荆州、承天相繼俱陷。

方賊繇白馬灘渡江，鄖、襄路斷，故鄖中久不知襄已陷也。至攻鄖而退，兵追之，獲賊三十餘人，始言襄陽情形。李茂春素恇怯，始有懼色；且謂治院已東去，鄖兵月餉將安出！而惠登相在武當，貽書勸其遠避，否則賊再來，必不能支。茂春遂於十七日夜，拔營西去，予親往留之，竟不能得。次日，茂春將往金漆潦，會參將徐勇先奉治臺檄守灘，茂春不能過；而營內船少，各兵多步行，兵婦無不嗟怨。又四鄉無一居民，兵無所得食，於是茂春大窘，復統其兵來歸。予下令各營，謂：「茂春罪在不赦，而裨將及各兵則不妨招之入營，茂春必須擒獲議罪。」於是王光恩、楊明起、余啓凡各招房竹營兵，兵盡降，而茂春就擒。余縛送徐參將勇，令其羈於營內，以候請旨。後勇亦去金漆潦至興安，茂春隨之以去，又數月，茂春病死，光恩等三人既分招房竹營兵，又各有召募，三營之兵各盈千；而高萬錦死後，其兵亦歸鄖，仍入均陽營，於是鄖兵有四千餘云。

癸未春，李自成與羅汝才〔即曹操〕同駐襄陽，時已據襄、荆、承德，并汝寧、南陽、河南及開封諸郡矣。自成志圖僭立，欲先吞并各賊。時獻賊在安廬、黄州一帶，自成每與書檄，皆用上司臨屬吏體，獻賊大怒。然畏自成之强，不敢與較，亦不敢復與自成合營矣。老狪狪、革里眼各股，自成以計除其魁帥，并將其衆。惟汝才勢力相敵，自成潛欲除之。忽於三月初六夜自統精賊百餘，直至其營，排闥而入，斬汝才於臥榻之上。汝才部下，初多不服，自成百計籠絡，半月始定。於是中原爲難，一憑自成所爲矣。

惠登相在武當，自成屢招之，登相見其誅鋤同輩，懼而不往。自成大怒，令賊劉某統兵三萬往擒登相，隨攻鄖城。登相聞之，逃往興安。賊追之不及，遂於白河一帶，劫往來之船，欲從漢江順流犯鄖。予念鄖城外西南爲各營所居，獨倚漢江爲險，若賊得順流而來，各營何以自固？又計自興安至鄖，船數不多，因急令水哨馬之服，領兵船十餘，溯流而上，驅捍民船。將至白河，賊已得船五隻。然船户已先逃，賊在船中，不能自駕。之服擒船一，賊十二人。其四船皆走，覆水者二，登岸而逃者二，之服并獲其四空船以歸。賊仍從陸路於均州渡漢而北，竟薄鄖城。

時鄖兵止四千有餘，又益以衛軍三百，及民間丁壯二千，以青衿能事者領之，盡出城搏戰。城上僅留老弱守垛，及均陽營兵二百主砲而已。賊勢甚勇，先用均州静樂宫内門扇約百餘片，列於東北城，以繩綑縛，如木城。我兵直抵其營，連用火罐擊之，火起，賊走，各兵盡撤其木城以入。次日，賊用木梯六十餘條，復抵城下，各營齊出奮擊，殺賊數百，盡奪其梯，賊始退而營於楊溪鋪，離城十里。予因與各將約曰：「賊衆五倍於我，且有馬賊二千餘，我兵出戰，不可遠追。倘賊用馬繞我兵後，則城與兵不能相顧矣。今後兵出城，以一里爲止；又兵與賊相持，倘賊不能遽退，則城上擊大鑼三聲爲號，兵即兩邊疾驅，以開銃路。城上大小銃三百，一齊俱發，則賊未有不傷者。如又不退，而近土牆，則牆内鳥鎗齊發，又佐以城上之砲，必無能爲也。」

自三月杪至四月初，賊傷死甚衆。忽一夜，城上哨者見二十餘丈外，賊暗中往來，徹夜不休，不審其所爲。至曉視之，則已築臺十許座矣。其臺用土一層，即用麥一層平鋪之，層累而上，高與城等。每臺長二丈，闊丈餘，仍用磚石砌垛其上，架銃擊城。凡三夜，成臺三十六座，亘于城之東、北二面矣。又十餘日，予料臺上之賊久而必倦，約各營及民兵盡出攻臺，民之老弱者，盡攜鋤鈀以隨，攻破一臺，輒鋤平之，并攜其麥以歸。自晨至午，已鋤廿二臺。予料各兵饑倦，即令歸營，次日休息，又次日復出兵，盡鋤其臺。賊大窘，復退至楊溪鋪，然尚無去志也。

先是，治臺標下遊擊劉調元，當襄陽陷時，統衆入山，素欲歸鄖，而苦鄖無糧，至是予遣人邀調元，統其所部六百人來鄖。賊聞之，輒分賊渡漢，邀擊調元，予亦發兵千許往援，賊大敗，調元始得至鄖，時五月初一也。予以調元遠來，應休息一日，初三黎明當盡發城内外官民各兵，往楊溪撲賊。至初二午，遥見賊營火起，如欲遁狀，而大雨適至，復不果去。初三日，予起發兵，則賊已遁矣。賊之攻鄖，先後凡四次，而最勇者惟此，官民各兵無不捐軀自效者。

當四月初，予遣一健兵往陝西，請援於督師孫公，且言旬日以來，殺賊三千。孫公笑曰：「爾鄖殺賊已盈萬，而止報三千，何也？」去兵不能應。孫公復曰：「昨有賊來降，自言攻鄖不破，已死一萬兵。」應曰：「方兵與賊戰時，見一賊倒地，即紀一功，故云三千。至賊傷於陣上，回營而死者，鄖中亦不能知，故賊云『滿萬』也。」孫公首肯之。隨發中軍高傑統兵援鄖，傑未至而賊已退。鄖之將士，自此知賊可禦，城可守，人人自奮，無離心矣。而治標降丁苗時化亦在南漳，因統衆來歸。時化驍勇善鬬，鄖兵勢稍振矣。

五月杪，自成聞督師治兵西安，將出關而南，遂至鄧州，忿鄖之堅守，復發兵來攻。予戒嚴以待，數日，賊抵龍門，離鄖八十里，頓而不進，衆不解其故。予曰：「此必畏而不來，又迫於自成之命，不敢歸也。今當每日黎明，發兵五百，營於楊溪山上，日入而歸，次日復然。」又戒之曰：「倘賊悉衆而來，爾即歸鄖，不可輕戰。」如是三日，而遁賊。後問彼地居民，曰：「賊甚畏鄖，不敢前，見楊溪山上有兵，即欲遠去，會五更時，漢江水發，有水石相擊聲，賊於夢中大呼曰：『鄖兵至矣！』遂大亂相殺，或奔或伏。至天明，賊將曰：『未見鄖兵，已作此狀，奈何欲攻鄖乎！』遂引去。」

均州去鄖僅一百二十里，爲賊所據。鄖兵哨探，不能踰均而東。六月間，予令王光恩、苗時化、劉調元往攻之。賊聞兵至，輒遁，遂復均州。

督師孫公駐西安，將出關討賊，自成駐鄧州以待之。予請於孫公，謂：「大兵出關，自成必悉衆迎戰，請以鄖兵直趨光化、穀城，以搗襄陽，乞密示兵期。」孫公約以八月上旬。至七月杪，惠登相、徐勇繇興安直趨均州，奉孫公檄，會鄖兵同攻光、穀。予謂：「督師兵未出關，而自成在鄧，離鄖止三百里，鄖兵不宜遠出，且姑待之。」登相不聽，與徐勇徑趨穀城。予不得已，先令劉調元、苗時化往，俟自成離鄧，再發兵。八月初，惠、徐、劉、苗竟抵穀城之下，賊不料官兵猝至，倉皇無措。然登相不攜攻城之具，賊欲走而兵已傅城，賊不敢出。城上寂無一人，而兵亦束手不能登。至次日，登相等始得木梯、鋤鈀等具，而城上垛夫，及銃砲矢石，排列亦定矣。又數日，襄陽發賊來援，登相與時化迎擊之，斬首數百，生擒一百四十餘人，餘賊奔回，然穀城竟堅守不下。調元爲登相所侵侮，遂渡漢水而北，獨抵光化，書諭守賊傅某，遂以城降。至九月初十，聞督師已出關，自成亦離鄧，予乃發王光泰、楊明起，又分均陽營兵，親統往穀。穀堅守如故，予謂必得内應乃可。又旬日，而僞知縣陳知密請降，約以次早，兵從西南角登城，城遂破。各賊或斬或奔，城内居民，先爲獻賊所屠，不滿二百人。登相復肆擄掠，余力禁乃止。又次日而督師敗報至。

督師出關，自成率賊於襄城、郟縣之間待之，由陝至郟，凡郡邑城俱不置守具。督師至一城，輒入。迨至襄、郟間，去關已遠，糧運頗艱。而自成堅守不戰，分賊萬餘，繞出督師之後，餉道遂絶，督師大驚。總兵白廣恩先降於賊，餘兵遂潰云。

督師敗報至，穀城諸將皆色沮，而登相、徐勇更甚。予亦未審自成行止，未便攻襄，而穀離鄖遠，遂旋師入均，以探自成消息。又一月，知自成入關，且至西安，又遣賊來襄，盡護其妻妾以北。予始統各營攻襄，登相與勇竟不行。襄賊爲李之綱、路應標、楊捷等，聞兵至，開門出戰，苗時化、王光恩奮擊，大破之，斬賊二百餘，賊奔入城。城既高，而北面臨漢江，東、西、南三面皆濠，深廣難渡，賊又恐鄖兵順流而下，乃於漢江當城之西北處，以大船填巨石，沉於江底，自南至北，横截江流。予令各營，於三更時，多負小舟，至東南一帶，渡濠薄城。而城外亦有短牆，牆時連時斷。賊初藏於牆内，見有小舟間渡，齊出牆外，銃箭齊發，舟不能近。予誘賊出戰，而賊終不出。予欲坐困之，而鄖守徐、鄖理朱各以牘來稱：「自成已破西安，徇地至漢中，并商、雒一帶，俱爲賊有。賊已近鄖，而兵乃遠出，乞加詳審。」予然其言。遂於臘月望日，收兵歸鄖，而勇與登相遂各率所部取道襄陽之北界，疾馳而東，奔至武昌投左鎮矣。左駐武昌，擁重兵，糜重餉，而逍遥竟歲。使孫公出關討賊時，左亦從郢入襄，使自成腹背受敵，則必不能猖獗若此也。

甲申春，自成已據全秦，將北犯京師，而恨鄖之攻襄也，復發賊三萬，令路應標、馮養珠等統之以攻鄖。鄖時有胡廷聘、劉調元、王光恩、苗時化、楊明起、余啓凡六營，兵力未減於前。但自崇禎六年，流寇渡黄河而南，無歲不擾鄖襄，遂奉旨停徵，餉無可措，帑藏如洗。癸未四五月，賊圍城，城外二麥俱無收，稻亦不及栽秧。入冬至春，鄖城大饑，營中兵將，各從漢江泝舟至房竹，貿雜糧以自給。

其貧者採食草樹根葉，遇賊傳城，兵民齊奮，大概如癸未四五月。然賊結營楊溪鋪，每三四日一至城下，不至如前次之勢猛矣。予探賊糧運頗艱，各處徵集雜糧，運至均州，復自均餉攻鄖之賊，亦有不繼之時。予與各營議曰：「賊倚均爲窟穴，均城之賊，謂鄖自守不給，必不備我兵之往襲。吾間道襲均，殺其魁帥，燒其積聚，亦退賊之一策也。」遂發兵千餘，楊明起領之。日入時，渡漢江，從南岸往均，黎明而至，均賊果不爲備。各兵奮勇入城，逢人便斫，復燒其聚糧之所而還，賊不知兵何從至，報至鄖城下，城下之賊，遂退三十里，欲與均稍近也。復數日，以糧不繼而去。自正月二十至三月盡云。

自壬午冬，襄陽陷後，朝廷用李公乾德爲鄖撫，復用郭公景昌，俱以路絶，不能入鄖。有訛傳鄖城久陷者，遂置鄖撫不推矣。至癸未六月，予具疏請兵，於是京師知鄖尚在，復議鄖撫，廷議皆謬及於予，會揆路有憎予者持之。此時鄖城萬死一生，尚視爲美轉也！於是以鄖守徐君爲鄖撫，而加予太僕少卿，司李朱君加僉事，路阻不通。至甲申四月，有鄖城舊弁帥千城，自京師伏行歸鄖，具言其狀。於是徐君莅鄖撫任，予以疾還居別墅，朱僉事攝道事云。

是年三月間，予差役往武昌乞援，朱司理亦差役往襄郢，皆賊所據，去役俱破衣行乞以前。至七月，司理所遣役先歸，得楚撫何公手書，知三月京師已陷，前先帝賓天，并聞南都之事。於是城中文武諸臣，俱爲前先帝發喪，哭臨如禮，無不盡哀。又數日，予所遣役歸，始知二月間，予已遷秦撫。蓋自成破西安，廷議欲守漢中興安，以固蜀之門户，而不知漢興俱久陷矣。次日，襄城路應標復來攻鄖。

賊以七月望後至鄖，攻守之狀，大率如前。予雖謝鄖麾，每日登陴，與諸君協力，賊分馬賊千餘，每日巡哨於漢江之南，蓋恐鄖兵復襲均也。鄖兵固疲極，而賊亦艱於糧運，俱欲散去，惟應標不許。至十二月初七，衆賊殺應標而星散矣。

備論

解縉《天潢玉牒》　帝性神武明達，睿智有大度。始渡江時，首兵羣雄多淫湎肆傲，自誇爲驕，帝獨克己下人，旁求賢士，尊以賓禮，聽受其言，晝夜忘倦。書宋真德秀所著《大學衍義》于殿廡，出入覽觀。内政嚴明，宫闈遵職，不預外事，宦寺給使，無所專領。勤於聽斷，四鼓而興，未明而朝，日昃始罷。稍閑暇，輒與諸儒講論經史，晡時復聽政，至昏乃還宫，隆寒甚暑，未嘗少變。體或不豫，亦強出視朝。凡有陳論者，無間卑賤，皆引見。四夷有小警，則終夕不寐，深思弭患之宜。節於自奉，食不用樂，罷四方異味之貢，非宴羣臣，不特設盛饌，功業益崇，愈尚儉樸。謹於禮度，對羣臣必正衣冠，漢、吴之滅，躬拜大將，以謝其勞。訓諭羣下，徵引古道，出言成文，動協典誥，自爲詔敕，頃刻即成，思如宿搆，辭義森蔚，非致思者所及。用兵料敵，機變如神，成算所授，無不克捷。諸將奉命成功，不吝官爵，府庫所儲，于宣力者厚賜不少顧惜。敬天地，嚴於禋祀。先期齋戒，出宿外殿，動止由禮。至期行祀，秉圭促武，夔夔兢畏，若神降臨如在。始時分祭南北郊，帝謂：「天地父母，豈宜異位？」乃采古明堂遺制，爲崇宇並列，合祀六宗，百神各築壇左右以從享，高明閎壯，古莫與偕。革嶽鎮瀆海封號，以正幽明之辨。廟祀古帝王有功德者於京師，復以時祭其陵墓。褒前代死節之臣，或官其子孫之有勳勞者。郡縣皆設壇，以祀餒鬼。或遘災變，省躬自咎，輒肆赦宥。誠心愛民，尤矜貧弱，語及稼穡難苦，每爲涕泣。於大姓兼并，貪吏漁取，深惡嫉之，犯者必置諸法。崇尚教化，郡府州縣皆有學，斥租米數百萬以養新士。作太學數千間，孔子廟木主爲位，不以象設，乘輿臨視，行釋奠禮，學徒之盛，至五千人，海外遠國暨雲南酋長皆遣子受業。四方每歲行鄉飲酒禮，立旌善、申明二亭，以紀淑慝，示懲勸命。佛老之徒皆拜君。親作書誥民，道以遷善，諄諄數十言。所爲文章，數百千篇，皆可傳誦。法令紀綱，禮樂制度，事物範防，靡不修具，焕然可述。天下久安，在位三十一年，訓戒子孫者，祖訓昭鑑，具有成書。春秋以高，彌勤爲治，飭馬政，備邊防，較兵籍，孜孜不息。至於疾大漸，梓宫遺詔，皆預營度。山陵之制，務存節儉，器用陶瓦，服無金玉。嗚呼，可謂神聖之極矣。

黄佐《革除遺事》卷一　謹按，《歷代君鑑》云：「初太祖封建諸子，以燕舊京，且近漠北，擇可以鎮服者，遂以封上。太祖嘗曰：『異日安國家必燕王也。』」建文君崩，上以諸王及文武羣臣之請，即皇帝位。後有言建文所用之人宜屏斥者，上曰：「今之人才皆皇考數十年所作養者，豈建文一二年間便能成就？」又曰：「雖仍其官，不宜置之要地。」上曰：「致治必資賢才。天生材以爲世用，隨器任用，共理天工，何必致疑？」故建文諸臣如黄福、鄭賜、胡廣輩或爲心膂，或官侍從，歸附之後，皆至顯庸。又嘗伏覩洪熙初年御製《大明神功聖德之碑》，有曰：「懿文太子薨，術者言燕地有天子氣。建文君嗣位，左右以望氣之言屢進削奪之計。時諸王多以罪削，於是姦臣造誣飾詐，言皇考責過之書數下。王府羣臣惴慄，皇考諭之曰：『省己不愆，奚恤外言哉？』凡上章自白，姦臣皆匿不奏，而布置其黨於北平三司，繼調八府兵圍王城。護衛羣臣言：『事急矣，寧當俛伏作機上肉乎？』既而兵增三匝，衆忿出鬬，皇考不能止也。圍城兵稍卻，皇考泣曰：『汝輩成吾罪矣。』猶上章自白，冀朝廷之開悟也。又爲姦臣所格不達，而京師數十萬兵奄薄城下。於是皇考誓天曰：『臣不敢負朝廷』，遂以護衛將士朝京師，且面陳姦臣之罪，請誅之，既歸奉藩。時朝廷召四方兵皆至，道途所遇，倒戈迎降。皇考撫而散遣之，多願侍衛不去。既臨大江，江師具舟迎濟，守城親王開門豫待。皇考慮驚，乘輿駐金川門，遣人奉章，言所以不得已來朝之故。姦臣蒼黄，知罪不宥，閉皇城門不内，而脅建文君自焚。皇考聞之大驚，發衆馳救，至已不及。皇考仰天慟哭，曰：『臣之來也，固將清君側之惡，用寧邦家，何不竄耶？』遂備天子禮斂葬，釋親王，因執姦臣，數其罪，斬於市，告謝祖宗。將北歸，諸王及文武羣臣合辭上請：『今國家無主，願留以主宗社臣民。』皇考固讓弗獲。既乃即大位，凡建文姦臣所削諸王封爵，所變亂洪武制度，所廢黜洪武臣僚，其非罪者，咸復之。中外文武之臣無改，大赦天下，改明年爲永樂元年。」嗚呼盛哉！聖人一怒，如雷之奮，摧擊之下，雨澤普施，而萬物勃勃有生氣。故革除諸臣雖曰劉之，而其後則寬宥之，有歸心者則又顯庸之。建文君雖曰追廢，然猶書其没曰「崩」。當其在位，猶尊之曰「朝廷」。仁義並行，蓋有不相悖者。視夫陰陽闔闢，渾渾乎其無間也。嗚呼！帝之德至矣。

焦竑《皇明人物考》卷一　按：孝宗御極，首開經筵，尊禮儒臣，次選官僚，堪任六部，立預備倉而民生賴，築張秋隄而河患除，止上納例而仕路清。招商開市，鹽利溥矣，録用勳裔，世澤遠矣，經略哈密，面命將臣，邊備飭矣。他若減上供，畏天戒，選民壯，謹條例，疏錢法，列職官姓名，召輔臣顧問，委顧命得人，明習國事，勵精圖治，納諫聽言之美尤三代而下不易得者，十八年之治厥有由哉。

【略】

陳建曰：正德間，瀕危者有數事焉：逆瑾滔天，八黨亂政，無異於漢五侯十常侍、唐元和甘露之黨也。流賊之擾遍及於兩畿、山東、河南、川蜀、江西之境，無異於漢黄巾、唐黄巢、元紅巾之亂也。寘(藩)〔鐇〕、宸濠之變，無異於漢七國、晉八王之禍也。如邊兵入京師，無異於何進召董卓之寡也。武皇帝之嬖幸盈朝，政在下臣，巡遊燕樂，荒棄萬幾，無異於秦、隋、漢、唐之季也。嗚呼，前代有一于此，未或不亡，正德朝叢是數者而國家安如盤石，豈非天與。

朱鷺《建文書法擬》附編上王世貞《建文還國辨》 建文之出奔，王文恪、陸文裕、鄭端簡俱詳載其事，以爲天順中出自滇南，呼寺僧曰「我朱允炆也。」胡(濴)〔濙〕名訪張儠傞，其實爲我。」衆聞之，大驚。以聞，詔傳送入朝，衆無識者。僧曰：「固也。」太監吴誠俾來驗之，亦不識。曰：「吾賜汝鵝肉，汝兩手俱有所執，伏于地而口餂之，記否？」誠始拜而哭。命居大内，以壽終，葬西山，不封不樹。而史不及之，豈有所諱耶？薛應旂《憲章録》則言：正統十二年，廣西思恩州獲異僧，陞州爲府，以知州岑瑛爲知府。瑛初遇老僧于道，從者呵之，不避。詰其度牒，乃楊應能也。曰：「此非吾姓名，吾有所託而逃耳。汝不聞金川門事乎？」瑛大驚，送至京師，使尚膳太監吴誠試之，其説如前。攷之史，第云正統五年有僧九十餘自雲南至廣西，給人曰：「我建文也。張天師言我有四十年苦，今爲僧期滿，宜亟返邦國。」以黄紙爲書，命其徒清進持詣思恩府。土官知府岑瑛執送總兵官柳浦，械至京，會官鞫之。乃言真姓名爲楊行祥，河南鈞州白沙里人，洪武十七年度爲僧。歷游兩京、雲南、貴州，至廣西。上命錦衣衛錮禁之，凡四踰月，死獄中。其同謀僧十二人俱謫戍遼東邊衛。此事與應旂紀相近，然應旂實借此附會前説耳，其人乃楊行祥，非楊應能也。建文以洪武十年生，距正統五年當六十四，不應九十餘也。是時英宗少，三楊皆故臣，豈皆不能識，而僅一吴誠識之？識之又何忍下之獄而死，戍其同謀十二人也？且事發于正統五年，非十二年也。思恩固府，未聞某年陞州爲府也。野史又載建文詩凡三首，後二詩不及前之悲切而自然，恐皆好事者附會也。大抵建文出亡與否不可知。僧臘已高，當滅跡以終，必不作此等詩以取禍，亦必不肯出而就危地。所以有此紛紛者，止因楊行祥一事誤耳。

鄧元錫《皇明書》卷五 稗史臣曰：當仁宗章皇帝時，天下新脱於鋒鏑湯火，願休息，而二聖禮賢親輔，撫民恤下，興寧謐於養恬，斯國脉宜單厚哉？又尊宋哲爲天下極，故異時流亡復業，行丐餘糧，畝畆盈，廩庾口，士尊經，尚行無華言，吏務長厚，黎庶滋殖。

鄧元錫《皇明書》卷八 稗史臣曰：臣考聞諸父老言，敬皇帝之世，太平有象也。君臣恭和，海内雍宴，兆甿益殷熾阜裕。學士争游精於三代兩漢之文，洋洋巍巍，斯爲盛。語曰：日中必昃。即欲爲國家建治平無疆之統，斯千載一時矣。末年張元禎勸講，請讀《太極圖》、《通書》、《西銘》，始亟索觀，已讀，乃大喜曰：「天生斯人，以開朕也。」意津津務學。乃未幾殂落。嗚呼，天人之際，詎不難哉。

何喬遠《名山藏》卷九 臣喬遠曰：帝監國有年，明習政事，在位雖淺，膏澤已滲於民矣。若其改過，不吝痌瘝在身，漢文、宋仁未足方也，商高、周成間歟。東莞陳建云。

何喬遠《名山藏》卷一〇 臣喬遠曰：高皇帝承胡元縱弛之弊，宏振威武，以儆天下；成祖以英達之資纘緒大服，海内竦然振厲者五十餘年；昭皇帝至德深仁，不久於位。章帝繼之，乃涵濡以醇懿，陶埴以德義，聞四方有水旱蝗蟲之灾，憂形於色，遣人賑捄，如恐不及；隆寒盛暑，先下法司蘇洗冤獄，奏上刑名，垂神省察，竝從輕典。優禮老成勳舊，具有終始。寤寐思賢，内自廷臣，外及方岳郡守，咨簡詳擇，不以輕畀，褒奬循良，使久於官。是以在任之人奇才異能皆極一時之選，至有文學胥史裒然濯祓，致位名卿。十年之内，吏稱民安，比於文景。下及民間，木埴器用，莫不精堅殊倫，亦可以見一時無呰窳偷惰之風矣。至夫郊廟之禮必躬必親，奉事太后祗敬夙夜。宫中欲用一木架，工匠飾繪金綵，輒命易之。嘗命侍臣遊東苑，指草舍一區曰：「此朕致齋之所，雖不敢上比茅茨，庶幾不忘儉德。」未嘗一日去書，下筆鋒涌，皆傳脩齊治平之道，翰墨圖畫，隨意所在，盡極精妙。歲秋冬巡邊閲武，親櫜鞬騎射，威震乎殊俗。休矣哉，文武恭儉之主也。

何喬遠《名山藏》卷二一 臣喬遠曰：帝在東宫，勤於學問，踐祚之後，猶未嘗輟。一時近倖蠱上冲年，冀幸竊政，然覺敗之後，即裁繩之，可謂天德之剛矣。我明傳序，於帝九世，英宗而上皆嘗經武遏亂，至於憲祖、孝考文教熙洽，息馬投戈，惟帝留意戎事，慨然有肅清海宇、鞭笞夷虜之志，郊畿之外，復見旄頭虎豹之清塵焉。跡夫七萃之士頻從，三洲之詩已奏，而輔導謀議之臣不懈於内，奔走禦侮之良戮力於外。良民則俛首供饟餉，無所怨咨；節士則捐軀赴難，無〔所〕顧悔。雖列聖功德之在天下，亦繇委託得人、紀綱不紊，無急酷之政以傷民心者矣。是以能保祖宗基業以遺之後皇者歟。

鄧士龍《國朝典故》卷一二《奉天靖難記二》 按：自古人君繼體守成，莫大於法祖，故《詩》、《書》所稱不曰「繩其祖武」，則曰「鑒於先王成憲」，曰「毋作聰明，亂我舊章」，聖謨洋洋。夷考建文數年間，官制舊章，變更殆盡，只此已大不是矣。《祖訓·序》曰：「凡我子孫，欽承朕命，無作聰明，亂我已成之法，一字不可更易，非但不負朕垂法之意，而天地祖宗亦得孚佑于無窮矣。」建文親承《祖訓》，陵土未乾，奈何悉取而紛更之？將何以致神明之孚佑？是故亂其紀綱，乃底滅亡，建文只此一事，已足以致亡矣。且改易門名，豈應天變之急務？豈濟時艱之良謨？無益成敗之算，而祇自速戾招尤，徒使靖難之師得以爲詞耳。方正學一代稱賢，不能救正其君之失，反從而附和之，愚故着論，以附於《春秋》責賢者之義。

鄧士龍《國朝典故》卷三〇《否泰録》 又按：景帝當多難之餘，而能任賢選將，南征北距，轉危爲安，易亂爲治，其功可謂不細。惟不欲奉迎英廟，只此一事大不是。事雖不是，而英廟之歸實由於此。何也？蓋無意於迎者，乃所以迎之也，不欲其歸者，乃所以趣其歸。此意也，景帝不知之也，一時廷臣不知之也。使當時急於奉迎，則彼必以爲我所重在此，而挾留爲質，以怵中國。如宋之徽、欽，迎請愈勤，而愈不可得矣，委骸沙漠，爲萬世羞。惟不急其君，而無意於郊，則彼以爲與其抱空質而無用，曷若歸之以樹恩。此漢高分羹之謾語，所以謬敵而致太公之歸。是故英廟之復歸，天也，非人謀之所及也。雖然，亦會逢其適也。值我國家氣運之盛，而胡虜之無大志也。

鄧士龍《國朝典故》卷四六《三朝聖諭録中》 仁廟履極未久，而所行無非仁民之政。且從善轉圜，改過不吝，規摹宏遠，事事可爲後世法。前代商高宗、周成康匹休，漢文帝、宋仁宗未足多也。惜乎享國太淺，民之無禄，痛哉！

鄧士龍《國朝典故》卷四七《三朝聖諭録下》 按：宣廟英武亞於成祖，故平内難，芟外夷皆躬履戎陣，如摧枯拉朽。其所以然者，由宣廟爲太孫時嘗因獵講武，從成祖北征，習知用兵，故遂能如此。亦由去國初未遠，乘祖宗百戰之餘威，將士習于戎陣，戰勝攻克固非偶然也。至正統之末，國家承平已久，英宗生長深宫，王振不知而欲效之，遂致蒙塵之禍。故愚嘗謂正統土木之役，宣廟此役誤之也。【略】

按：宣廟御極六載，巡邊閲武者四焉。實警肅人心，振揚威武，飭勵邊防，有賴于此，胡虜所以知畏，而邊鄙所以不聳也。近日邊防玩弛之餘，聖子神孫能繩祖武，時一行之，其於安邊，不惟無益。或曰後來武宗之屢巡邊關，非然耶？曰宣祖之巡邊也，爲邊防，武宗之巡邊也，爲遊幸。二者得失，相去天淵。

朱國楨《皇明大政記》卷二五 上天資純粹，寬仁大度，改元以來，黜不經之祀，罷無用之作，蠲非藝之征，絶無名之獻，除煩節冗，恤困疏冤，獎遺逸，汰憸邪，供膳減省，掖庭嚴肅，近侍有犯，盡法無貸，言官觸怒，終蒙釋遣。舉大閲之禮，以討軍實；申失律之誅，以正戎章。是以（窮）〔穹〕廬大漠之長，貢市不絶。嘯峒憑林之孽，傳車自詣。難言者數請修御便殿，召對故事皆未之許，然端凝厚重，不殺自威，優崇輔弼，羣力畢收，守祖宗之法，無紛更約束之煩，先儲貳之教，爲長久治安之計。蓋清浄化民，庶幾漢帝；寬仁馭下，比迹宋宗。雖享國六年，而貽謀弘遠矣。

談遷《國榷》卷三二 王世貞曰：太祖之後，而功者孰不知成祖乎，德者孰不知孝宗乎，蓋猶有景帝焉。己庚之際，微帝吾其被髮左衽矣。其德何如，曰：「在知人，在安民。」其不復辟者，理也；易太子者，情也。

李維楨曰：景帝立而後睿帝得還，既已帝矣，履天下之籍，聽天下之斷，偃然如固有之，寧復俛首而爲臣。必以不遜位咎帝，非也。南内之錮也，建儲之易也，謀國者何人，獨于謙受其冤哉。

談遷曰：國家厄會，蓋莫若己巳矣。閩浙瘡夷，黔粤嘯聚，天未厭亂，北狩隨之。閭闔罹白登之困，象魏下陰山之悲。宗社絲髮，僅繫景帝。當時六師新喪，九塞氣沮，南遷之議，獨徐珵乎哉？乃舍姬旦之小節，紹少康之舊勳。坐攝羣囂，獨制長策，犬羊雖狺狺不休，我圻父是任。俾弭耳以退，皇靈遐暢，南北交捷，曾不捐漢繒之尺寸，費宋緡之毫纖，而虞淵返照，事同揖讓。尤卹饑拯溺，納諫信賢，嘉王竑、薄徐珵，具有神識。而或以太上事過責之，斗粟尺布之謡，古人不免焉，政未可以紾臂論也。

談遷《國榷》卷三三 鄭曉曰：上天資英明，冲年嗣位，孝敬重闈，信任舊臣，留心學問，不喜玩好。既親政，崇儉恤民，夙夜孜孜，蠲租省役，每勤詔諭。禮祀羣神，加俸百官，開薦舉，嚴考察，設提學，祀宋儒，謹災眚，勵風憲，輯戚里，文武將相宰執侍從臺諫，皆務擇人久任，尤倦倦卹民間利病。即嘗北狩，本爲社稷，非徒巡狩已也。

談遷《國榷》卷三三 李維楨曰：主少而國不疑，母后臨朝而政不旁落，乘輿蒙塵而復辟，高皇帝在帝左右，式靈之矣。帝能出建文庶人，而深修郄于景帝，猶曰人我異觀。能誅石亨、曹吉祥，而卒不罪王振，則事之不可知者也。

馬晉允曰：英廟超出古今者五事：禮遇孝莊，追謚恭讓，悼念建文，定后妃之分，止嬪御殉葬，皆仁明之盛事也。蓋正統末年，用王振而北狩，天順初年，任曹、石而變多。若夫正統之初，三楊調護，天順之末，李賢柄國，其後績又有足多者。於乎，賢奸之繫國家治亂若此，可不慎與。

談遷曰：英廟狃承平之後，海內富庶，文武恬熙，首事麓川，繼以北伐，一時吏卒，尚有逖榆川之駕，覩石門之烈者，豈知魚潰獸駭，爲晉宋蹈亡哉。沙漠傳書，惓惓郕邸，蓋深爲社稷計也。倏而返蹕，倏而復祚，俱事出望表，史傳未聞，而帝處之坦如也。權不自制，驕及動閣，石亨幾驂乘之誅，吉祥同甘露之逆。始躬決庶政，旁求耆舊，夙興夕惕，蓋無日忘穹廬南城時也。噫，一王振未已也，又吉祥潰之，一馬順未已也，又門達怙之。蓋英主慮失其權，爲人所竊，而其有敗有未敗者，禍有深淺也。

談遷《國榷》卷五一 張邦奇曰：武皇睿智性生，臨朝或有糾奏，或罪或釋，酬應敏甚。作詩揮筆輒就，曾不搆思。惜近暱蠱惑，而忠直之士阻而不得進也。

鄭曉曰：帝英武，剛斷豁達，雖屢巡遊而臣民無恐，兵革時起而賦役不繁，狎弄佞幸而果於用法，不相假借。大漸之際，爲天下得人，竟開太平之治也。

雷禮曰：臣輯我明大政，至正德間事，未始不歎多難迭臻，固天所以開世宗之中興也。自閹宦谷大用等八人蠱上燕游，加以逆瑾乘隙竊柄，竄逐元老，桎梏臣工，杜塞言路，取祖宗紀綱法度，一切變更，賄差閹黨，于兩京各省，操利權威劫三司，剥削生靈，不可盈厭。而又置腹心于吏兵，聽其指授進退文武官，利門大開，民不聊生，故寘鐇以誅瑾反。而流賊徧及于兩畿、山東、河南、四川、江西，猝難撲滅，皆瑾輩貽禍之大也。及瑾伏誅，而閹宦又導上召邊將江彬等入衛，號義子，與上同臥起，賜國姓，屢導上出宮游戲近郊，宣大關陝，無不巡幸，中外皆切隱憂。以致宸濠妄規天意，舉兵指斥乘輿，豈無從中通之乎。及王守仁已平亂奏捷矣，而張忠、江彬輩又導上南征，欲誣守仁，併執爲功，使非張永申救，不將爲逆濠報仇乎？是正德十四年中，驕帥跋扈不恭，劇盜縱橫日熾，強藩稱亂相望，皆閹竪竊政致之也。幸天啓世宗，盡洗正德敝政，與天下更始，而又獨秉乾斷，革天下鎮守閹宦，使不得搖吻于民，蓋心太祖之心，自正統以來而一見者也，非萬世而下所當謹守不變者哉？

陳于陛曰：《詩》曰：「顛沛之揭，枝葉未有害，本實先撥。」武宗八駿四馳，強將在內，皆前代所以致亂，而能信任大臣，朝政不紊，故宗社晏然。

李維楨曰：帝多才藝，能自度曲，被歌聲。羣小伺其欲中之，遂不自制，寬然有八駿萬里之思焉。奄人邊帥，羣盜叛王，四難遞作，伉得無敗耳。

談遷曰：武宗少即警敏，好佚樂。孝皇彌留之命，諄諄諭輔臣，意至殷也。馮其爽德，慆淫是究，違玉几之先諭，耽左璫之近娛，朝講寖廢，刑賞無章。致禍溢朝野，狂燄四沸，鼎軸摧折，鉤黨之獄幾起，甘露之變將形。向非朔方睥睨之師，禍首逆瑾，行見廟社，然而陰翳解駁，叢借無已。盜權如張永、張忠，煽逆如畢真、劉瑯，貪虐如廖堂、廖鵬，天未厭禍，桓靈僖昭，其流非遠，矧益以跋扈之彬、寵幸之寧哉？帝閤沈沈，曾不及新豐之市。繡甲華旌，輕蹄彤矢，日不輟御，雲中上谷，河西金城，遠詘萬乘之尊。擊狐伐兔，馳峻阪，望窮漠，民至不得保其伉儷，享糟糠孤嫠之業。盜橫河北，宗抗江右，推其沴積，豈曰時之無良乎？雖然，積茲亡轍，孼孽萌生，厥祚克延，亦有其繇焉。孝皇之德，厚浹肌髓，而武宗又不罪一諫臣，元相呵護，羣吏奉法。天下之事，壞于劇寇而償于牧守，蠹于權幸而翼于閣部。其南巡時，哀靳貴而詠一清，則鑑裁未始不明也。夜半出片紙縛瑾，不異孤雛，諸養子號肘腋之患，錢寧俛首受罪。況遺弓之際，成王之末命，不是過也。使稍假時日，將與輪臺同悔矣。嗚呼，孝皇一傳而躓，安所謂天定乎？

談遷《國榷》卷六四 史臣曰：「世宗功德，不可縷指。大要以嚴馭吏，以寬治民，以經術爲師，以法律爲輔，以明作修內治，以安靜飭邊防。其于稽古考文之事，尤爲謹備，而皆發之孝思，本之敬一，故功成制定，華裔嚮風，中興大業，視之列聖有光焉。享國四十餘年，追慕獻皇獻后如一日。每遇時節忌辰，侍臣竊窺聖容慘怛，享獻精虔，無不泣下者。晚年雖不御殿，而批決顧問，日無停晷。雖深居淵默，而張弛操縱，威柄不移。升遐一詔，艾悔尤深，真可謂不世出之主矣。」

李維楨曰：「世宗享國長久，本朝無兩，禮樂文章，爛焉興舉。齋居數十年，圖迴天下于掌上，中外儼然如臨，其英主哉。始終則新都、永嘉、華亭功大矣。

吏治繁僞，兵政窳惰，民力虚耗，亦由是始。方之漢武，功不勝過焉。」

范守己曰：「臣于徐少師階處蓋捧讀世廟諭札及改定旨草，云人嘗謂輔臣擬旨，幾于擅國柄，乃大不然。見其所擬，帝一一省覽竄定，有不留數字者。雖全當帝心，亦必更易數字示明斷。有不符意，則駁使再擬。再不符意，則譙讓隨之矣。故閣臣無不惴惴懼者。自古英明之主，亡不受成事，相臣銜上裁聲名而已，攬乾綱如帝者，幾何人哉。國朝中亦惟高、文及帝數君耳。以故大張弛、大封拜、大誅賞，皆出獨斷，至不可測度，輔臣欲有所與，亦從臾之，或揣摩捭闔之耳，而能代有天工哉。至聰睿夙成，宣哲天縱，思與古聖通，動與道法合，其財成典章，潤色鴻業，皆有以洗濯千古，軼三五而上之，亡論東西京諸盛主也。其起弊亨屯，攜欲傾之鼎而厝之磐石之上，大有鎮于宗祏，不淺渺矣。則何以故？蓋帝有不世之奇謨四，無競之偉烈四，而又有震世之獨行五。正世及之大辨；復四郊之大禮；黜胡主廟祀；革榮國侑享；崇奉先師，除象設之陋；釐正諸儒，嚴迪德之選，六奇謨也。革藩鎮之諸閹，廢畿甸之皇莊，奪外戚之世封，抑司禮之柄用，四偉烈也。正嬪御之數，内無女寵；放鳥獸之玩，外無禽荒；不以隆眷而廢刑誅；不以令甲而拘除擢；不以攝生而廢化裁，五獨行也。五行獨至，故六謨顯而四烈彰，所以駕二祖、邁百王，帝道之隆，于斯爲極矣。於戲盛哉。」

何喬遠曰：「臣每見故縉紳父老若爲郎時尚接先朝暬御之臣，多好言嘉靖時事。其謨猷合聖賢，動作掀天地，真中興之主矣。晚節西苑崇玄，帝心固以爲敬天，雖萬幾在宥，而精神無時不運于天下。四十餘年如一日，所以享世獨久與。」

談遷曰：「世廟起正德之衰，釐革積習，誠雄主也。因議禮自裁，好稽古右文之事，諸臣迎附，衹諍于儀節，反實政略焉。方士蝕其心，倭虜撼其末，饑盗幾見，而皇威四訖。駕御得人，則股肱之力爲多。至政地寄腹，往往非其任，靡文塞責，先朝淳厚節儉之遺，蕩然靡餘。狡僞成風，吏民相沿，不以爲非，亦一代升降之關也。好長生術，果享永祚。古人如漢武、唐玄、宋仁各有稱，今治不及開元、慶曆，而亦無天漢、天寶之失，庶幾哉優于漢唐矣。」

尹守衡《明史竊》卷一　臣衡曰：臣聞太祖攻陣埜先，時方假寐，有蛇緣其臂，左右驚以告，視之，類龍也而無角。太祖曰：「異哉！蛇其神乎？神則棲我纓中。」蛇徐徐入纓中，太祖遂舉纓戴之。親帥諸將出，禽埜先而還。脱視之，蛇居纓中無恙。太祖引觴飲蛇，蛇亦蜿蜒出飲，久之乃升屋去。是何神異迺爾乎？其後往攻婺州，城中人見有五色雲，簇擁城西，甚異之。蓋太祖駐師處，云帝王之興，豈固有徵與？於乎！流火之鳥，躍舟之魚，自古記之矣。

尹守衡《明史竊》卷三　論曰：自古一統之君，繼世而亡者惟秦、隋。然秦之暴，隋之侈，無怪也。建文君無一焉，何以亡？人曰：「齊、黄悮之。」殆亦然矣。使燕遂得二人甘心之，難可已乎？故曰：「不有廢也，其何以興，人也何尤？」惟是三四年間，君都臣俞，刑清政簡，蓋亦有足多者。吾學周禮，惡得而没諸？

查繼佐《罪惟録·帝紀卷一》　論曰：帝以布衣不學，意侔造化，諸善政史不勝書。□□以□子孫□□則自祖訓一書，斟酌損益，二十六□□而始定。果世世遵守，神明其意，萬子萬孫之識□直□别解。特法外加刑之□矯元政已甚。豈□□□□□復見壬午之□。然則其所以應天者，較文□□□□□□□益復有進焉。若夫身在馬上，輒尊孔子，祠節義而□□□□罷遠征而禮亡國，謹宫闈之戒，杜戚里之謁，斥侈□□遊幸，却貢獻，辭祥瑞，省躬率物，敬□勤民，以致域外諸長遣子□□□□□□□□□□□□□□□□□也，嗚呼！

查繼佐《罪惟録·帝紀卷二》　論曰：帝以仁柔，海内欲不忘之，遂有遜荒之説。説歷久益增。至史仲彬《致身録》諸鑿鑿，實所疑，如或親見之者。觀吴文定仲彬墓誌，全不及此，一僞皆僞也。且太宗亦正欲以不死慰天下之心，當時實録具載「出亡」二字，安帝隱也。正統五年，遂有僧自雲南至廣西，稱建文天子，事洩，逮京師會審。供云：俗姓名楊行祥。然則所爲楊應能者，行祥所借也。行祥以洪武十七年度爲僧，簿對確，斃獄，本末燎然。又三楊皆故臣，此時尚在朝。寧侯吴亮，既身隱，胡作詩自露？英廟釋建庶人，有云：「憫兹遺孤，持加寬宥。」讓皇而在，自宜倍加優典，胡絶不聞之？總之，行祥敢於冒引，實本前疑，而實録不載行祥事，曰以成前爲實録者之心也。又據天子禮葬，初必有其處，易代以「出亡」二字荒忽之，豈帝出亡，皇后埋骨坏土亦遂不可問乎？存者其名，没者其實，必爾爾也。考出亡蹤跡，見諸稗乘者，二十五六而止，而情事各異，安得以各異者晝爲一定歟？至于胡濙、鄭和之傳，益見附會，果匿亡王，何尚密訪？以靖難聲靈，□□天下，誰曰不可？即何顧忌而出此！且也，子寧血書「成王安在」，何不云彼自遜荒。或云葬西山，不封不樹，何不考帝禮葬原處，與皇后合兆，爲恪遵太宗初制之洽于禮。

查繼佐《罪惟録·帝紀卷三》　論曰：周元公負扆二字，借用之，遂真以《春秋》與魯哉。顧明以再造而長不拔，伊誰力也。設使燕不高飛，臣節克終，迺欲以周官大厭人望，不俟燕，即燕之漢、趙能難之矣。是故北平之功不可没也。或云：太祖果略秦晉而竟及之，可以無壬午諸故。然則教高煦以叛哉？不教且叛，況乎其教之。或曰：「成祖其身教之也。」帝文武全才，寬嚴並濟，若夫睿算宏模，長駕遠馭，徙都北平，雄視九有，五巡漠北，三犁王庭，尤貽燕之大者矣。力辭瑞獻，而仍篤信法王；明於用人，而或堅信内賢；作法簡儉，而尚遠搜玩好；容受直諫，而或溺情讒諛；義責祖訓，而或身先乖貳。幸而天姿清明，旋止於義，而邊弭所及，更擴初造。捐三衛爲筐篚，卒以交南補之，較文景之斤斤克守故物，猶非所屑，顧欲以世廟彷彿之，天淵哉。

查繼佐《罪惟録・帝紀卷八》 論曰：正統十年之前，誠孝李慈，持之於内，閣輔皆賢，號爲治平。自劉球忤監振，缺政實滋，即非土木之變，帝業不光，奈何再造，輒不忘王司禮，招魂而忠旌之也。幸睿憲清明，羣小自敗，有感失步，從善不懈。至於禮遇孝莊，追謚恭讓，悼念讓皇，友愛景帝，升遐治命，正分止殉，遂使朝天之户，列辟無閒，而久錮遺宗，俯仰適志，誠有矯百代之積習，爲獨見其仁惻者。嗟乎！遐莫可企及矣。或疑蔣安之進吊郕邸，意本自帝，顧實録稱帝以景皇粥飲爲幸，隨書郕王薨，以知監安希旨，非奉旨也。即不罪安，顧不聞賞安，可以想兄之於弟，有大過弟之於兄者矣。

查繼佐《罪惟録・帝紀卷九》 論曰：災異之警，無有酷於此二十三年者也。宮中位一女戎，而羣小相緣益進，惑暱導誘，顛倒黜陟，以致傳陞無已，監督四出，閣輔阿循，廠衛搜射。而帝又旋悟旋迷，嘉言罔入，邊釁苗殘，幾無寧歲。天乃致仁，歷以所警貫耳而呼，而其如溺柔，聽者褎不聞也。祇幸蠲賑免租，無少稽吝，猶不致啓中原之怒。且内外寡大故，無所藉以起，幸稱小康。嗟乎，哲婦傾城，危矣哉！

查繼佐《罪惟録・帝紀卷十三》 論曰：帝天性寬仁，初政可觀。東宮時食驢腸，甘之，及至尊，論左右光禄，日死一驢飽我，我不忍也，免之。頗爲内侍所持，好口不奪，且暱遊豫，即流靡不省。至於守祖宗之法，光儲貳之教，則又獨斷宸衷，不爲左右所預矣。

查繼佐《罪惟録・帝紀卷十四》 論曰：帝冲年禮大臣專，得以綜核循祖法，盡息紛更，數年來滋養，可稱中治。迺積歲深居，百職但狗體例，久成痿痺，理淺智索，肌膚價重，遇小緩急，猝呼不起，平樞之不可恃，果然也。帝意稍暱鄭氏，激爲明黨，宸斷不彰。而撥席又率兩可，惟言官東西，漸此不化，再傳至不可問。嗟！人主嚬笑之故，可不慎哉！

查繼佐《罪惟録・帝紀卷十五》 論曰：光廟在青宮，苦極瞻顧，梃擊時，顧不深求，以風差了事，所以安鄭心，所以安帝心也。諸臣之講學者，能體青宮此心存之，使朝野意會，是即宣尼昭公知禮之答，引過不遑深指，而必羣而争之，争之不勝，而益以移宮、紅丸二説，以供口拄，其意皆曰：「吾以死心光廟。」而實光廟之篤孝所不樂出諸此也。顧初失意於上之所暱，其啓處反不若庶人。嘗出閣就講，會冬月，寒作噤，蓋内侍不得命，不敢治烘具。由此推之，鄭氏之氣焰烈宮中哉。及登極，甫一月，大率内侍王安贊助力，而竟以三案水火，憂及國命。社稷福長君，吾不信也。

查繼佐《罪惟録・帝紀卷十六》 論曰：帝好兒弄，既即位，當東西交閧之日，耳目不及文書，嘗呼小璫，手斂搆小室殿階下，草草，爲躊躇滿志。或從西苑挐篙失水，意狗奉聖，即皇儲所以不育者再，不問。前後詔旨大叛，不察。輔臣庸惑，無從一是。於是賢者持理過堅，以抵觸了致身之局，□禮以起。幸上早厭羣臣，頃之，客氏家有娠宮人，且備内尚，九千歲上公進階，當何如也？

查繼佐《罪惟録・附紀卷一八》 論曰：東林諸公徒然□數百口争之，至放廢摧跌破壞不悔，奪諸鄭氏之手，而卒從鄭氏再傳失之。然則鄭氏誠欲貴其所出，誠不貴其所出也。處堂之娱，□短兒子，最奇此數祖鄭者又身其事。

文秉《烈皇小識・自序》 烈皇昔由藩邸入繼大統，毒霧迷空，荆棘滿地，以孑身出入於刀鋒劍鋩之中，不動聲色，巨奸立掃，真所謂聰明睿智，神武不殺者耶！儀鑒於殷，盡徹諸内奄，政事俱歸於外庭，誠千載一時也。然而逆璫遺孽，但知力護殘局，不復顧國家大計，即廢籍諸公，亦閲歷久而情面深，無復有贊皇、魏公其人者。且也，長山以改敕獲戾，而上疑大臣不足倚矣。未幾，烏程以枚卜告訐，而上疑羣臣不足信矣。次年，罪督以私款僨事，而上疑邊臣不足任矣。舉外廷皆不可恃，勢不得不仍歸於内，適又有借不測之恩威，伸其噲之喜怒者，事權乃盡歸於内而不可復收。嗟乎！赫赫師尹，顛倒豪傑者乃爾，即後先臣以講筵荷蒙聖鑒，超拔政府，真有虚己以聽之意。而兩月揆地，一語招尤，致負聖明特達，無以報稱。天乎人乎，豈氣運使然乎？先臣罷而韓城、武陵輩進，雖聖主日見其憂勤，而羣臣日流於黨比，痼疾已成，不復可藥矣。

傅維麟《明書》卷一 史官贊曰：帝以聰明神武之資，憫昏濁之餘以至鼎沸，提三尺蹶起淮甸，心切安民，用以仰承天意。不十餘年，平一中原，掃清荒漠。彼聲教不通之地，咸奉正朔，稽首闕廷。於是民獲所歸，得有共主。雖曰天命云乎，要亦鋒矛所及，戒殺掠以輯甯萬姓之所致也。即位後，釐正典章，制作明備，貽謀創法，過古人遠甚。盡美盡善，不可更僕數。獨其優前代，勵忠節，崇儒重道，下逮卑微，敻莫及矣。第立法過嚴，用刑太峻，而二黨京民之戮，頗傷天和。噫吁！元朝姑息之後，汙久難拔，亦有不得已者。論者謂其再造之功，高乎萬古。洵哉！至出言成文，思如宿搆，則又帝王之餘爾。

傅維麟《明書》卷四 史官贊曰：「帝之亡不亡於四年六月，而於諸王朝文華日已基之。夫諸王具英武資，善用兵，帝以微起躋其上，諸王未嘗一日去諸懷。帝以文弱迂闊遇之，相去正左。及太祖崩，而告變者屢至。若信齊、黃以議削奪，在無形聲之前，則帝爲殘忍忮忌之主。安在數百年，父老多言帝寬仁慈厚，少好文章禮樂，不喜任律法操切，人又何以稱焉？跡其更改祖制，則考之遺經雜記，有所爲陞尚書爲一品，增六部侍中，改户、刑部四司名，罷都察院爲御史臺，改通政爲寺設卿，增補闕拾遺，改各司祭署名，寘資德院，復翰林承旨文學，改謹身爲正心殿，革左右布政設布政，改按察名肅政，增親王賓輔，降府州，省縣邑，汰驛站，增巡檢耳，未嘗有縱欲敗度事。第不數月而戕骨肉，死者死，幽者幽，噫！已甚矣。蓋帝之失，前乏推恩之令，後失禦敵之策，以至於亡。而一時諸臣節義表表，甘死若飴，富貴若浼，非帝深仁厚德在人心不至此。雖然，風砂暴作，天玉其成，燕飛帝畿，逵謌始驗，帝之亡也，悲夫！

傅維麟《明書》卷五 史官贊曰：「雄才大略之主，必不矜細行，拘曲節。如帝之英毅絶倫，自其爲童穉時，言語氣概，常出懿文諸王之上。太祖已識其不凡，雖名號已定，終不能抑有心者於人下。噫！數也。帝臨幾剛果，機智如神，制敵決勝，以帝王之器，具大將材，所以兵一起而易天位。厥後五出三犂，敻絶千古，鋭意圖治，馴至蠻夷琛貢，重譯遠歸，貽子孫以久大之規，天下磐石，有古貞觀之風。説者謂以救死而興，得聖之權，彼三王諸君子胡爲者？然而鄒緝、解縉、楊士奇之倫，言人人殊，皆能名狀神武，歌咏駿烈。是以革除之後，休風孔章，使好古者覽之，有餘慕焉。若非以太祖之嫡胤，纘緒光大，後世鮮不目爲篡云。

傅維麟《明書》卷六 史官贊曰：明之初興，若太祖、太宗，皆雄烈之主，高明而少柔克，而國家元氣培於仁宗實多。在位十月，不啻必世之久，淪浹肌髓，人樂盈寧。其最難者，在監國時，讒譖交作，委曲篤至，仰事英明之父，慈幃先背，傲弟肆耽，倘中藏未誠，安能消釋萌隙若此。況太宗干戈土木，日勤於北，民無怨逞，事皆有濟，皆根本得人、固結羣心之明效也。至御極後大鬯厥施，仁心卓識，德音孔嘉，於危疑震撼之餘，眷然有反本之思，顧念舊京，又以山陵初卜，不忍離棄，託之於子，單敷惠澤，天下歸仁。遺詔初下，百官軍民如喪慈父，號稱至仁，其無愧歟。

傅維麟《明書》卷八 史官贊曰：終帝之世，蠲租之詔屢聞，命官賑救若焚溺切身，稽其數不下鉅萬，亦可謂留心民事，愷悌爲懷者矣。正統間，帝在沖年，權總太后，小人眈眈，不敢逞，故政治稱小康焉。及太后崩，而狐鳴虎噬，咆哮帝側，土木之變，社稷幾危。然原情揆勢，蓋爲纘祖烈、振生民計，與遊畋殊，而不知非其時矣。及復辟之後，敬天勤民，進賢遠佞，嘗曰：「朕小心翼翼，未嘗一日忘艱難時。」以故明慎、精覈，號爲治平。至于禮孝莊，謚恭讓，出建文後，以至止殉葬嬪妃，高出千古。夫帝以一人之身，前後不啻徑庭，蓋前以未諳世故，履明彝之危，後以險阻備嘗，成賢明之治。古云「殷憂啓聖，多難興邦」，帝之謂矣。雖然，皇皇帝主，至于身陷毳廬，而卒獲榮坦，豈非天哉，豈非天哉？

傅維麟《明書》卷一〇 史官贊曰：從來災異警告至帝而極，而卒以垂拱獲治平。蓋帝值重熙之運，承祖宗撻伐之餘，雖有小醜，旋就恬彝。彭、商贊襄於內，韓、馬宜力於外，即雜以劉、萬、汪、李巧媚蠱惑，終無所損焉。縱水旱頻仍，蠲賑多至萬萬，是以上下熙熙，號稱極盛。至其尊禮孝莊，追崇景帝，保汪后、卹于謙，於愛憎恩怨間毫無芥蒂，尤人所難。雖然，使帝能抑內寵，却寶玩，斥遠宵小，以崇儉德而奮剛斷，誠一守成令主也，噫！

傅維麟《明書》卷一一 史官贊曰：古稱周成殷甲，至今想慕風徽，以帝方之，厥庶幾哉。方其凝命璇宫，即能崇御調，隆師傅，謙恭仁孝，天下傳聞其盛節。及御鴻寶，紹休烈祖，克親政務，以弘郅隆。勤緝熙之學，優晉接之禮，每決大疑，斷大事，必霽色怡顔，與大臣從容慎審，而後沛然見諸施行，其上古都俞吁咈之風乎。至於廣闢言路，奬廉懲貪，經筵虚受，每稱先生而不名，君臣一德，大復國初之舊。萬、尹一時罷去，雖耐彈如劉棉花，亦不能安其身，且誅奸鋤佞，使天下曉然知邪道之不可亂政。怠荒是戒，勤勵爲圖，美政善言，史不絶紀。至於保念昭德，友愛諸王，而於祔廟一事尤能抑至情、遵禮制，古云惟聖盡倫，惟王盡制，惟孝子爲能享親，惟天子建中和之極，稱之以孝，殆無愧焉。終帝之世，內外安寧，幾至刑措。朝多耆俊之臣，民懷樂利之澤，洋洋蔚蔚，有豐芑棫樸之盛矣。升遐之日，萬方哀痛，如喪考妣，豈其偶耶。説者猶曰外戚太厚，賜予太廣，此亦自兩宮起見耳。若孝宗者，吾殆無間然。

鎖緑山人《明亡述略·序》 莊烈帝勇於求治，自異前此亡國之君，然承神宗、熹宗之失德，又好自用，無知人之識。君子修身齊家，宜防好惡之辟，而況平天下者乎？雖當時無流賊之蹂躪海内，而明之亡也決矣。惟學校教養之澤，涵濡人心，四方忠義之士，捐軀斷脰，迄國亡之後，猶不絶此，以見太祖法制之善，歷三百年而未敝也。居閒讀史，執筆學爲古文，著明亡之原委本末；而大清積累之盛侔於周，亦即因之見焉。鎖緑山人述。

鎖緑山人《明亡述略》上 余觀莊烈帝時，天變於上，民亂於下，帝苟兢業爲國，則其要在於愛民。顧不得愛民之術，反至於虐民，蓋無治事之人故也。夫流賊非他，皆此饑寒之民也，不爲民而爲賊，情雖可憫，而罪不可赦。然而其始視賊太輕，謂此出於饑寒困迫之餘，可以成而不肯殺，及其勢已成，況有梟雄者爲之首，則又畏之太甚，即可殺而不敢殺，於是賊日強，而兵不可息，餉不可緩，遂日取斂於無辜之民，無待敵國外乘，而其亡已不旋踵。嗟乎，此誰之過哉？然帝躬行節儉，不好聲色，視齊東昏、陳後主、隋煬帝，不啻相懸千萬矣！

汪有典《史外》卷七 汪有典曰：嗚呼！觀於烈帝之用人，而知明之亡也決矣。即位甫三載，閣臣受重譴者九人，享國十七年，易相凡五十餘人，如置棋然。局屢更而局屢敗，無他，好疑自用而與臣下争勝也。他不具論，其戊寅之舉閣員也，帝意已屬嗣昌，故特駁廷推，以彰獨斷，示不測。其始也，假英察之名，濟剛愎之私；其繼也，因剛愎之私，致眩迷之失。措置乖方，萬事瓦裂。至嗣昌二府、三州、十九縣之陷，密本已達，在廷諸臣，秘不令知。護前如此，獨何心哉？蓋其所相五人，自嗣昌外，程國祥倡開架之説，蔡國用持朋黨之議，沈復粹朝夕奉佛，方逢年望風雅拜而已。此皆齷齪駑材，堪任以軍國大計乎？夫欲得仗節忠義之臣，當於犯顔敢諫中求之。如公之面折廷諍，雖古社稷臣，何以遠過？帝顧以其強直疎之，獨於庸鄙畏葸貪汙陋劣之夫，不惜委命焉。夫以祖宗數百年艱難締造之天下，不勝其忿忿之心，與臣下争一日之勝，以僥倖於不敗。臣皆亡，國或亦不盡然乎。

引用書目

書名	作者	時代	版本
明實録		明	影印臺灣中研院歷史語言研究所校勘本，一九八二年版
洪武聖政記	宋濂	明	《國朝典故》本，許大齡等點校，北京大學出版社一九九三年版
國初事蹟	劉辰	明	《國朝典故》本，許大齡等點校，北京大學出版社一九九三年版
皇明本紀	佚名	明	《國朝典故》本，許大齡等點校，北京大學出版社一九九三年版
國初禮賢録	佚名	明	《國朝典故》本，許大齡等點校，北京大學出版社一九九三年版
三朝聖諭録	楊士奇	明	《國朝典故》本，許大齡等點校，北京大學出版社一九九三年版
天潢玉牒	解縉	明	《國朝典故》本，許大齡等點校，北京大學出版社一九九三年版
奉天靖難記	佚名	明	《國朝典故》本，許大齡等點校，北京大學出版社一九九三年版
革除編年	佚名	明	四庫全書存目叢書史部第四六册，齊魯書社一九九七年版影印本
李侍郎使北録	李實	明	《國朝典故》本，許大齡等點校，北京大學出版社一九九三年版
天順日録	李賢	明	《國朝典故》本，許大齡等點校，北京大學出版社一九九三年版
朝鮮紀事	倪謙	明	《國朝典故》本，許大齡等點校，北京大學出版社一九九三年版
彭文憲公筆記	彭時	明	《國朝典故》本，許大齡等點校，北京大學出版社一九九三年版
平夷賦	趙輔	明	《國朝典故》本，許大齡等點校，北京大學出版社一九九三年版
馬端肅公三記	馬文升	明	《國朝典故》本，許大齡等點校，北京大學出版社一九九三年版
謇齋瑣綴録	尹直	明	《國朝典故》本，許大齡等點校，北京大學出版社一九九三年版

平蠻録	王軾	明	《國朝典故》本，許大齡等點校，北京大學出版社一九九三年版
建文朝野彙編	屠叔方	明	四庫全書存目叢書史部第五一册，齊魯書社一九九七年版
立齋閑録	宋端儀	明	四庫全書存目叢書子部第二三九册，齊魯書社一九九七年版
燕對録	李東陽	明	《國朝典故》本，許大齡等點校，北京大學出版社一九九三年版
野記	祝允明	明	《國朝典故》本，許大齡等點校，北京大學出版社一九九三年版
治世餘聞録	陳洪謨	明	四庫全書存目叢書史部第四六册，齊魯書社一九九七年版
繼世紀聞	陳洪謨	明	四庫全書存目叢書史部第四六册，齊魯書社一九九七年版
翦勝野聞	徐禎卿	明	《國朝典故》本，許大齡等點校，北京大學出版社一九九三年版
革除遺事	黄佐	明	《國朝典故》本，許大齡等點校，北京大學出版社一九九三年版
建文皇帝遺跡	佚名	明	《國朝典故》本，許大齡等點校，北京大學出版社一九九三年版
使琉球録	陳侃	明	《國朝典故》本，許大齡等點校，北京大學出版社一九九三年版
皇明資治通紀	陳建	明	四庫禁燬書叢刊第一二册，北京出版社一九九八年版
明紀	陳鶴	明	四庫未收書輯刊第六輯第六—七册，北京出版社一九九八年版
昭代典則	黄光昇	明	上海古籍出版社二〇〇八年版影印本
皇明書	鄧元錫	明	四庫全書存目叢書史部第二九册，齊魯書社一九九七年版
召對録	申時行	明	四庫全書存目叢書史部第四九册，齊魯書社一九九七年版
皇明人物考	焦竑	明	明代傳記叢刊本，臺北明文書局一九九一年版
皇明典故紀聞	余繼登	明	續修四庫全書史部第四二六册，上海古籍出版社一九九五年版
皇明史竊	尹守衡	明	續修四庫全書史部第三一六—三一七册，上海古籍出版社一九九五年版
雲中紀變	孫允中	明	《國朝典故》本，許大齡等點校，北京大學出版社一九九三年版

倭變事略	采九德	明	中國歷史資料研究叢書，上海書店一九八二年版
建文書法擬	朱鷺	明	四庫全書存目叢書史部第五三册，齊魯書社一九九七年版
名山藏	何喬遠	明	續修四庫全書史部第四二五—四二七册，上海古籍出版社一九九五年版
皇明大政記	朱國楨	明	四庫全書存目叢書史部第一六册，齊魯書社一九九七年版
萬曆野獲編	沈德符	明	謝興堯點校，元明史料筆記叢刊，中華書局一九八九年版
萬曆起居注			北京大學出版社一九八八年版影印本
天變邸抄	佚名	明	筆記小說大觀第十七編，臺北新興書局一九七七年版
庚申紀事	張潑	明	叢書集成初編本，中華書局一九八五年版
酌中志	劉若愚	明	續修四庫全書史部第四三七册，上海古籍出版社一九九五年版
思陵勤政紀	孫承澤	明	叢書集成初編本，中華書局一九八五年版
國榷	談遷	明	張宗祥校點，中華書局一九五八年版
明書	傅維麟	明	四庫全書存目叢書史部第三八—四〇册，齊魯書社一九九七年版
□宗□皇帝實録			影印臺灣中研院歷史語言研究所校勘本，一九八二年版
守鄖紀略	高門樞	明	四庫全書存目叢書史部第五五册，齊魯書社一九九七年版
青磷屑	應喜臣	明	臺灣文獻叢刊第二四〇種，臺灣銀行經濟研究室一九七二年版
罪惟録	查繼佐	清	浙江古籍出版社一九八六年點校本
烈皇小識	文秉	清	續修四庫全書史部第四三九册，上海古籍出版社一九九五年版影印本
先撥志始	文秉	清	中國歷史資料研究叢書，上海書店一九八二年版

弘光實録抄	黄宗羲	清	臺灣文獻叢刊第二六六種，臺灣銀行經濟研究室一九七二年版影印本
永曆紀年	黄宗羲	清	臺灣文獻叢刊第二五種，臺灣銀行經濟研究室一九七二年版影印本
魯紀年	黄宗羲	清	臺灣文獻叢刊第二五種，臺灣銀行經濟研究室一九七二年版影印本
隆武紀年	黄宗羲	清	臺灣文獻叢刊第二五種，臺灣銀行經濟研究室一九七二年版影印本
聖安本紀	顧炎武	清	臺灣文獻叢刊第一八三種，臺灣銀行經濟研究室一九七二年版影印本
隆武遺事	顧炎武	清	臺灣文獻叢刊第一八三種，臺灣銀行經濟研究室一九七二年版影印本
風倒梧桐記	何是非	清	臺灣文獻叢刊第二五一種，臺灣銀行經濟研究室一九七二年版影印本
安龍紀事	江之春	清	臺灣文獻叢刊第二三八種，臺灣銀行經濟研究室一九七二年版影印本
求野録	客溪樵隱	清	臺灣文獻叢刊第二三八種，臺灣銀行經濟研究室一九七二年版影印本
也是録	自非逸史	清	臺灣文獻叢刊第二三八種，臺灣銀行經濟研究室一九七二年版影印本
明亡述略	鎖青山人	清	臺灣文獻叢刊第二四四種，，臺灣銀行經濟研究室一九七二年版影印本
南明野史	三餘氏	清	臺灣文獻叢刊第八五種，臺灣銀行經濟研究室一九七二年版影印本

揚州變略	佚名	清	臺灣文獻叢刊第二六八種，臺灣銀行經濟研究室一九七二年版影印本
東明聞見録	佚名	清	臺灣文獻叢刊第二四〇種，臺灣銀行經濟研究室一九七二年版影印本
江南聞見録	佚氏	清	臺灣文獻叢刊第二四二種，臺灣銀行經濟研究室一九七二年版影印本
明史紀事本末	谷應泰	清	中華書局一九七七年點校本
明季北略	計六奇	清	魏得良等點校，中華書局一九六四年版點校本
崇禎長編	萬言	清	影印臺灣中研院歷史語言研究所校勘本，一九八二年版
西南紀事	邵廷采	清	臺灣文獻叢刊第九六種，臺灣銀行經濟研究室一九七二年版影印本
東南紀事	邵廷采	清	臺灣文獻叢刊第二六七種，臺灣銀行經濟研究室一九七二年版影印本
弘光朝僞東宮僞後及黨禍紀略	戴名世	清	臺灣文獻叢刊第二五一種，臺灣銀行經濟研究室一九七二年版影印本
明史	張廷玉等	清	中華書局一九七四年點校本
明通鑒	夏燮	清	沈仲九點校，中華書局一九五九年版
史外	汪有典	清	四庫禁毀書叢刊第二〇册，北京出版社一九九八年版影印本
殘明宰輔年表	傅以禮	清	二十五史補編第六册，開明書局一九三七年版
明宰輔考略	黄大華	清	二十五史補編第六册，開明書局一九三七年版
明七卿考略	黄大華	清	二十五史補編第六册，開明書局一九三七年版

《中華大典》辦公室

主　任：于永湛

副主任：伍　傑

　　　　姜學中

編　審：趙含坤

　　　　崔望雲

　　　　馮寶志

　　　　宋志英

　　　　谷笑鵬

裝幀設計：章耀達

上海市《中華大典·歷史典》工作小組

組　長：王興康

組　員：吕　健

　　　　郭子建

　　　　占旭東

　　　　張旭東

《中華大典·歷史典》編輯部

負責人：吕　健

工作人員：占旭東

　　　　　吕瑞鋒

　　　　　徐樂帥

　　　　　王　珺

　　　　　陳麗娟

　　　　　張旭東

《編年分典·明總部》

責任編輯：李夢生

　　　　　占旭東

圖書在版編目(CIP)數據

中華大典・歷史典・編年分典・明總部 /《中華大典》工作委員會，《中華大典》編纂委員會編. —上海：上海古籍出版社，2017.6
ISBN 978-7-5325-8446-8

Ⅰ.①中… Ⅱ.①中… Ⅲ.①百科全書—中國—現代 ②中國歷史—明代 Ⅳ.①Z227②K248

中國版本圖書館 CIP 數據核字(2017)第 081954 號

ISBN 978-7-5325-8446-8

中華大典・歷史典・編年分典
明總部

編纂：《中華大典》工作委員會
《中華大典》編纂委員會
出版：上海古籍出版社
上海世紀出版股份有限公司
（上海瑞金二路二七二號 郵政編碼 二〇〇〇二〇）
(1) 網址：www.guji.com.cn
(2) E-mail：guji1@guji.com.cn
(3) 易文網網址：www.ewen.co
印刷：中華商務聯合印刷有限公司
發行：上海世紀出版股份有限公司發行中心發行經銷
開本：七八七×一〇九二毫米 十六開
印張：一〇二・五 字數：三三六〇千字
二〇一七年六月第一版 二〇一七年六月第一次印刷
ISBN 978-7-5325-8446-8/K・2323
定價（全二册）：七六〇圓